Pourquoi activer mo

Selon mon édition, l'activation de mon Code me permet d'accéder aux enrichissements suivants, sur ordinateur, tablette et smartphone :

	CODE ÉDITION LIMITÉE*	CODE ÉDITION CLASSIQUE
Lettre d'actualité du Code	✓*	✓*
Accès aux codes officiels secs	✓	✓
Mise à jour en continu		✓
Liens vers la jurisprudence		✓
Accès aux commentaires et textes complémentaires		✓
Accès aux articles des revues Dalloz		✓

www.activation-dalloz.fr

La clé d'activation se trouve sous l'étiquette de couverture

* Disponible pour les titres suivants :
Code civil, Code de procédure civile, Code pénal, Code de procédure pénale, Code de commerce et Code du travail.

CODE
GÉNÉRAL DES IMPÔTS

Annoté

Papier & numérique

DALLOZ

Avec le concours de

GÉRARD ZAQUIN

Docteur en droit

DALLOZ

ÉDITIONS DALLOZ

31-35, rue Froidevaux, 75685 Paris Cedex 14

ISBN 978-2-247-21438-9

AVANT-PROPOS

La présente édition du Code général des impôts Dalloz est à jour au JO du 31 mars 2022. Une mise à jour permanente, tout au long de l'année, est accessible via les portails et applications mobiles Dalloz.

Le ***code général des impôts*** *a été promulgué par un décret du 6 avril 1950 et mis à jour, année après année, par plusieurs décrets et arrêtés de codification. Son application est étendue, depuis le 1er janvier 2014, au Département de Mayotte (L. n° 2010-1487 du 7 déc. 2010, art. 11-I).*

Au code général des impôts proprement dit s'ajoutent les textes réglementaires, sous la forme de ***quatre annexes*** *— reprenant respectivement, après refonte, les décrets en Conseil d'État, les décrets simples et les arrêtés — mises à jour dans les mêmes conditions et aux mêmes dates que le code lui-même.*

La présente édition inclut également le nouveau ***code des impositions sur les biens et services****, constitué par l'ordonnance n° 2021-1843 du 22 décembre 2021. Sauf exception, ce code est entré en vigueur le 1er janvier 2022. Il ne comprend, pour l'instant, qu'une partie législative. Par ailleurs, il devrait, dans un délai de deux ans, être complété par la taxe sur la valeur ajoutée, les octrois de mer et de multiples impositions sectorielles.*

L'ouvrage est enrichi d'un ***appendice****, reproduisant les textes qui n'ont pas modifié directement des articles du code et certains textes non codifiés. Pour une meilleure utilisation de l'ouvrage et chaque fois que cela a pu être fait, les dispositions de ces textes ont été insérées en note et en italique sous les articles qu'elles concernent.*

Dans la tradition des Codes Dalloz, les modifications successives des textes sont précédées de l'indication du texte modificatif (dit « texte source ») et suivies, éventuellement, des indications relatives à leur champ d'application ou à leur date d'entrée en vigueur. Toutefois, compte tenu de la multiplication des modifications apportées aux articles du code et de la moindre lisibilité qui peut résulter de l'accroissement des références aux textes sources, certaines de celles-ci seront supprimées à l'occasion des mises à jour à venir, chaque fois que la lisibilité du texte n'en sera pas affectée, au regard notamment de la prescription abrégée. Le cas échéant, un renvoi aux précédentes éditions du code sera effectué.

Dans tous les cas, les textes originaires et modificatifs des dispositions qu'il renferme sont mentionnés, dans la version numérique du code, sous chaque article du code et de ses annexes afin de pouvoir en reconstituer l'évolution.

Liste des abréviations

⚖	Hyperlien vers la décision intégrale accessible sur le Code en ligne
✎	Hyperlien vers l'article de revue accessible sur le Code en ligne

Adde	Ajouter
AJ	Actualité jurisprudentielle du Recueil (Dalloz)
AJDA	Actualité juridique Droit administratif (Dalloz)
AJDI	Actualité juridique Droit immobilier (Dalloz, à partir de 1998)
AJPI	Actualité juridique Propriété immobilière
Al.	Alinéa
ALD	Actualité législative Dalloz (années 1983-1995)
AMR	Avis de mise en recouvrement
ANC	Autorité des Normes Comptables
Ann.	Annexe
App.	Appendice
Arr.	Arrêté
art.	Article
Ass.	Assemblée du contentieux du Conseil d'État
Ass. plén.	Assemblée plénière de la Cour de cassation
ATD	Avis à tiers détenteur
Aud. sol.	Audience solennelle

BDCF	Bulletin des conclusions fiscales Francis Lefebvre
BFL	Bulletin fiscal Francis Lefebvre
BIBL.	Bibliographie
BIBL. GÉN.	Bibliographie générale
BIC	Bénéfices industriels et commerciaux
BICC	Bulletin d'information de la Cour de cassation
BJS	Bulletin Joly Sociétés
BLD	Bulletin législatif Dalloz
BNC	Bénéfices non commerciaux
BODGI	Bulletin officiel de la Direction générale des impôts
BO douanes	Bulletin officiel de la Direction des douanes
BOI	Bulletin officiel des impôts (doctrine antérieure au 12 sept. 2012)
* *BOI*	Bulletin officiel de finances publiques — Impôts (BOFIP) (doctrine applicable à compter du 12 sept. 2012)
Bull. civ.	Bulletin des arrêts des chambres civiles de la Cour de cassation
Bull. crim.	Bulletin des arrêts de la chambre criminelle de la Cour de cassation

C.	Code
c/	Contre
CA	Code des taxes sur le chiffre d'affaires

CAA	Cour administrative d'appel
CAPC	Commission d'admission des pourvois en cassation du Conseil d'État
CASF	Code de l'action sociale et des familles Dalloz
Cass.	Cour de cassation
C. assur.	Code des assurances Dalloz
CCH	Code de la construction et de l'habitation Dalloz
CCIA	Code du cinéma et de l'image animée
C. civ.	Code civil Dalloz
C. com.	Code de commerce Dalloz
C. consom.	Code de la consommation Dalloz
CD	Code général des impôts directs
CE	Conseil d'État
CEDH	Cour européenne des droits de l'homme
C. éduc.	Code de l'éducation Dalloz
C. envir.	Code de l'environnement Dalloz
C. eur. affaires	Code européen des affaires Dalloz
C. expr.	Code de l'expropriation pour cause d'utilité publique Dalloz
C. for.	Code forestier
CGCT	Code général des collectivités territoriales Dalloz
CGFP	Code général de la fonction publique Dalloz
CGI	Code général des impôts Dalloz
ch.	Chambre
chap.	Chapitre
Ch. mixte	Chambre mixte de la Cour de cassation
Ch. réun.	Chambres réunies de la Cour de cassation
Chron.	Chronique
CI	Code des contributions indirectes
CIBS	Code des impositions sur les biens et services Dalloz
Circ.	Circulaire
CITE	Crédit d'impôt pour la transition énergétique
Civ.	Chambre civile de la Cour de cassation
CJCE	Cour de justice des Communautés européennes
CJUE	Cour de justice de l'Union européenne
C. mon. fin.	Code monétaire et financier Dalloz
CNAMTS	Caisse nationale de l'assurance maladie des travailleurs salariés
COB	Commission des opérations de bourse
Com.	Chambre commerciale de la Cour de cassation
Comm.	Commentaire
Comm. EDH	Commission européenne des droits de l'homme
Comp.	Comparer
concl.	Conclusions
conf.	Solution conforme
Cons. const.	Conseil constitutionnel
Contra	Solution contraire
Conv. EDH	Convention européenne de sauvegarde des droits de l'homme et des libertés fondamentales
C. pén.	Code pénal Dalloz
CPI	Code de la propriété intellectuelle Dalloz

C. pr. civ.	Code de procédure civile Dalloz
C. pr. fisc.	Code de procédure fiscale Dalloz
C. pr. pén.	Code de procédure pénale Dalloz
Crim.	Chambre criminelle de la Cour de cassation
C. rur.	Code rural et de la pêche maritime Dalloz
CSP	Code de la santé publique Dalloz
C. sport	Code du sport Dalloz
CSS	Code de la sécurité sociale Dalloz
CT	Code du timbre
C. trav.	Code du travail Dalloz
C. urb.	Code de l'urbanisme Dalloz
CVM	Code fiscal des valeurs mobilières
D.	Recueil Dalloz
DA	Recueil analytique de jurisprudence et de législation Dalloz *(années 1941 à 1944)*
D. Affaires	Dalloz Affaires
DB	Documentation de base de la Direction générale des impôts
DC	Recueil critique de jurisprudence et de législation Dalloz *(années 1941 à 1944)*
Décis.	Décision
Décr.	Décret
Décr.-L.	Décret-loi
Defrénois	Répertoire du notariat Defrénois
DGFiP	Direction générale des finances publiques
DGI	Direction générale des impôts
DH	Recueil hebdomadaire de jurisprudence Dalloz *(années antérieures à 1941)*
Dir.	Directive
Doctr.	Doctrine
Dr. et patr.	Droit et patrimoine
Dr. fam.	Droit de la famille
Dr. fisc.	Droit fiscal, puis Revue de droit fiscal
Dupont	Bulletin Dupont
esp.	Espèce
FR Lefebvre	Feuillet rapide fiscal social (Francis Lefebvre)
GAJ Fisc.	Grands arrêts de la jurisprudence fiscale, 4e éd., Dalloz 2000
Gaz. Pal.	Gazette du Palais
GPFE	Grands principes de la fiscalité des entreprises, Litec 1999
ibid.	Au même endroit
IFI	Impôt sur la fortune immobilière
infra	Ci-dessous
Instr.	Instruction
IR	Impôt sur le revenu

IR	Informations rapides du Recueil Dalloz
IS	Impôt sur les sociétés
ISF	Impôt de solidarité sur la fortune
J.	Jurisprudence
JCP	Juris-classeur périodique (Semaine juridique)
JCP E	Juris-classeur périodique, édition Entreprise
JCP N	Juris-classeur périodique, édition notariale
JEI	Jeune entreprise innovante
JO	Journal officiel
JOAN Q	Journal officiel, Assemblée nationale, Questions écrites
JOCE	Journal officiel des Communautés européennes
JONC	Journal officiel, numéro complémentaire
JO Sénat Q	Journal officiel, Sénat, Questions écrites
JOUE	Journal officiel de l'Union européenne
L.	Loi
Lebon	Recueil des décisions du Conseil d'État (Dalloz)
Lebon T.	Recueil des décisions du Conseil d'État (Dalloz), Tables
Liv.	Livre
LPA	Les Petites Affiches
LPF	Livre des procédures fiscales Dalloz
Mod.	Modifié
n°	Numéro
NCPC	Nouveau code de procédure civile (devenu Code de procédure civile, L. n° 2007-1787 du 20 déc. 2007) Dalloz
ndlr	Note de la rédaction
nouv.	Nouveau
obs.	Observations
ONU	Organisation des Nations unies
OPCVM	Organismes de placement collectif en valeurs mobilières
Ord.	Ordonnance
P	Arrêt publié au bulletin civil ou au bulletin criminel de la Cour de cassation
p.	Page
Pan.	Panorama
PCG	Plan Comptable Général
Plén.	Arrêt du Conseil d'État rendu par les trois sous-sections fiscales réunies
préc.	Précité
QPC	Question prioritaire de constitutionnalité
QQPV	Quartiers prioritaires de la politique de la ville
Quot. jur.	Le Quotidien juridique

Rapp.	Rapport
Rappr.	Rapprocher
RCM	Revenus des capitaux mobiliers
RCS	Registre du commerce et des sociétés
RD aff. int.	Revue de droit des affaires internationales
RDP	Revue de droit public
Rect.	Rectificatif
réf.	Référé
Règl.	Règlement
Règl. d'exéc.	Règlement d'exécution
Rép.	Réponse
req.	Requête
Rev. adm.	Revue administrative
Rev. sociétés	Revue des sociétés (Dalloz)
RF compt.	Revue française de comptabilité
RFDA	Revue française de droit administratif (Dalloz)
RFFP	Revue française des finances publiques
RFN	Revue fiscale notariale
RJF	Revue de jurisprudence et des conclusions fiscales (Francis Lefebvre)
RTD com.	Revue trimestrielle de droit commercial (Dalloz)

---

s.	Et suivants
Sect.	Section
Somm.	Sommaire
ss.	Sous
supra	Ci-dessus

---

t.	Tome
TA	Tribunal administratif
T. confl.	Tribunal des conflits
TVA	Taxe sur la valeur ajoutée

V.	Voir
v° ou v^{is}	Mot ou mots

ZFA	Zones franches d'activité
ZFANG	Zones franches d'activité nouvelle génération

TABLE DES MATIÈRES

CODE GÉNÉRAL DES IMPÔTS

LIVRE PREMIER

ASSIETTE ET LIQUIDATION DE L'IMPÔT

PREMIÈRE PARTIE

IMPÔTS D'ÉTAT

TITRE I — **IMPÔTS DIRECTS ET TAXES ASSIMILÉES** ...... **1er A – 255 *bis***

CHAPITRE I — Impôt sur le revenu .... 1er A – 204-0 *bis*

SECTION I — *Dispositions générales* .... 1er A – 11

I Personnes imposables .... 2 – 9

II Lieu d'imposition .... 10 – 11

SECTION II — *Revenus imposables* .... 12 – 169

Définition générale du revenu imposable .... 12 – 13

Sous-section 1 — Détermination des bénéfices ou revenus nets des diverses catégories de revenus .... 14 – 155 B

I Revenus fonciers .... 14 – 33 *quinquies*

1 Définition des revenus fonciers .... 14 – 14 A

2 Exemptions permanentes 15

3 Exemptions temporaires .... 15 *bis* – 27

4 Détermination du revenu imposable .... 28 – 33

5 Bail à construction .... 33 *bis* – 33 *ter*

6 Loyers soumis à la taxe sur la valeur ajoutée .... 33 *quater*

7 Bail à réhabilitation .... 33 *quinquies*

II Bénéfices industriels et commerciaux .... 34 – 61 A

1 Définition des bénéfices industriels et commerciaux .... 34 – 35 A

1 *bis* Exonérations .... 35 *bis* – 35 *ter*

2 Détermination des bénéfices imposables .... 36 – 44

2 *bis* Dispositions particulières à certaines entreprises nouvelles .... 44 *bis* – 44 *septies*

2 *ter* Entreprises implantées dans les zones franches urbaines – territoires entrepreneurs .... 44 *octies* – 44 *octies* A

2 *quater* Entreprises de pêche maritime .... 44 *nonies*

2 *quinquies* Entreprises implantées en Corse .... 44 *decies*

2 sexies	Entreprises implantées dans une zone de recherche et de développement – Pôles de compétitivité	44 *undecies*
[2 septies]	Entreprises implantées dans les bassins d'emploi à redynamiser	44 *duodecies*
[2 octies]	Activités créées dans les zones de restructuration de la défense	44 *terdecies*
[2 nonies]	Entreprises implantées dans les zones franches d'activités des départements d'outre-mer	44 *quaterdecies*
[2 decies]	Entreprises implantées dans les zones de revitalisation rurale	44 *quindecies*
[2 undecies]	Entreprises implantées dans les bassins urbains à dynamiser	44 *sexdecies*
2 *duodecies*	Entreprises implantées dans les zones de développement prioritaire	44 *septdecies*
3	Révision des bilans	45 – 49
4	Fixation du bénéfice imposable	50-0 – 61 A
A	Exploitants individuels	50-0 – 59
a	Régime des micro-entreprises	50-0
b		50 – 52 *ter*
c	Régime de l'imposition d'après le bénéfice réel	53 – 59
B	Associés en nom des sociétés de personnes et membres des sociétés en participation	60 – 61
C	Membres des copropriétés de navires et de cheval de course ou d'étalon	61 A
III	Rémunérations allouées aux gérants et associés de certaines sociétés	62
IV	Bénéfices de l'exploitation agricole	63 – 78
1	Définition du bénéfice de l'exploitation agricole	63
2	Évaluation forfaitaire	64 – 68
2 *bis*		68 A – 68 E
2 *ter*	Régime transitoire	68 F – 68 G
3	Imposition d'après le bénéfice réel	69 – 74 B
A	Régimes d'imposition	69 – 71
	Groupements agricoles d'exploitation en commun	71
B	Détermination du résultat imposable	72 – 74 B
	Régime simplifié	74 – 74 B
4	Dispositifs de lissage ou d'étalement	75-0 A – 75 A
5	Régime spécial applicable aux exploitations forestières	76 – 76 A
5 *bis*	Régime spécial des cultures agréées dans les départements d'outre-mer	76 *bis*
6	Répartition du bénéfice en cas de bail à portion de fruits, de changement d'exploitant ou de décès de l'exploitant	77
6 *bis*	Associés d'exploitation	77 A
7	Renseignements à fournir par le propriétaire	78
V	Traitements, salaires, pensions et rentes viagères	79 – 91 I
1	*Définition* des revenus imposables	79 – 81 *quater*
1 *bis*	Dispositions applicables aux salariés détachés à l'étranger et à certains personnels navigants	81 A
[1 ter]	Personnes exerçant temporairement une activité professionnelle en France	81 B – 81 D

2	Détermination du revenu imposable	82 – 85
3	Obligations des employeurs et débirentiers	86 – 89 A
4	Mesures d'application	90
5		91 – 91 I
VI	Bénéfices des professions non commerciales	92 – 107
A	Définition des bénéfices imposables	92 – 92 K
A *bis*		92 L
B	Détermination des bénéfices imposables	93 – 94 D
1°	Organismes d'études et de recherches	93 *ter*
2°	Plus-values de caractère professionnel	93 *quater* – 94 D
C	Régimes d'imposition	95 – 107
1	Régime de la déclaration contrôlée	96 – 100 *bis*
2		101 – 102 *bis*
2 *bis*	Régime déclaratif spécial	102 *ter*
3	Dispositions communes	103 – 107
VII	Revenus des capitaux mobiliers	108 – 150 *bis*
1	Produits des actions et parts sociales — Revenus assimilés	108 – 117
a	Généralités	108
b	Calcul de la masse des revenus distribués	109 – 115 *quinquies*
c	Calcul des revenus individuels	116 – 117
1 *bis*	Rémunérations allouées aux membres du conseil d'administration ou du conseil de surveillance des sociétés anonymes	117 *bis*
1 *ter*		117 *ter*
1 *quater*	Prélèvement sur les dividendes	117 *quater*
2	Revenus des obligations	118 – 119
2 *bis*	Retenue à la source de l'impôt sur le revenu	119 *bis* – 119 *ter*
	Intérêts et redevances versés entre sociétés associées d'États membres de la Communauté européenne	119 *quater* – 119 *quinquies*
3	Revenus des valeurs mobilières émises hors de France et revenus assimilés	120 – 123 *bis*
4	Revenus des créances, dépôts et cautionnements	124 – 125-00 A
4 *bis*	Prélèvement sur les produits de bons ou contrats de capitalisation	125-0 A
4 *ter*	Prélèvement sur les produits de placements à revenu fixe	125 A – 125 C
4 *quater*		125 D
5	Exonérations et régimes spéciaux	125 *bis* – 148
1°	Épargne-construction	125 *ter* – 125 *quater*
2°	Crédit à la construction immobilière	126 – 129
3°	Crédit mutuel et coopération agricoles	130
4°	Société anonyme Natexis ou toute société qu'elle contrôle au sens de l'article L. 233-3 du Code de commerce	131 – 131 *bis*
5°	Obligations négociables — Régimes spéciaux	131 *ter*
6°	Emprunts émis en France par les organisations internationales	131 *ter* A
7°	Emprunts contractés à l'étranger	131 *quater [abrogé]*

8°	Produits financiers bénéficiant aux organisations internationales, aux États souverains étrangers, à leurs banques centrales ou institutions financières	131 *quinquies* – 132
9°	Emprunts émis par l'État	132 *bis*
10°	Obligations reçues en échange d'actions de sociétés concernées par l'extension du secteur public	132 *ter*
11°	Emprunts des départements, communes et établissements publics	133 – 134
12°	Emprunts regroupés	135 *[abrogé]*
13°	Financement de certaines opérations d'exportation.	136 – 137
14°	Fonds commun de placement	137 *bis*
[14° bis]	Fonds de placement immobilier	137 *ter*
15°	Habitations à loyer modéré	138 – 139 *bis*
16°	Sociétés immobilières d'investissement et sociétés immobilières de gestion	139 *ter* – 143 *ter*
17°	Sociétés pour le développement de l'industrie, du commerce et de l'agriculture et leur adaptation à la communauté européenne	143 *quater* – 144 *bis*
18°	Sociétés mères	145 – 146 *ter*
19°	Zones à urbaniser	146 *quater* – 148
6		149 – 150 *bis*
VII *bis*	Profits réalisés sur des instruments financiers à terme	150 *ter* – 150 *duodecies*
VII *ter*	Plus-values de cession à titre onéreux de biens ou de droits de toute nature	150-0 A – 150 VH *bis*
1	Valeurs mobilières, droits sociaux et titres assimilés	150-0 A – 150-0 F
2	Biens et droits mobiliers et immobiliers	150 A – 150 T
	Régime des plus-values des particuliers	150 U – 150 VH
3	Actifs numériques	150 VH *bis*
VII *quater*	Taxe sur les métaux précieux, les bijoux, les objets d'art, de collection et d'antiquité	150 VI – 150 VM
VIII	Dispositions communes aux différentes catégories de revenus	151-0 – 155 B
[01]	*[Versement libératoire des exploitants individuels]*	151-0
1	Détermination des revenus des avoirs à l'étranger	151 – 151 *bis*
1 *bis*	Rémunération perçue par les médecins au titre de la permanence des soins	151 *ter*
1 *ter*	Imposition des plus-values réalisées dans le cadre d'un bail à construction	151 *quater* – 151 *quinquies*
1 *quater*	Plus-values réalisées dans le cadre d'une activité agricole, artisanale, commerciale ou libérale	151 *sexies* – 151 *septies* C
[1-0 quinquies]	Maintien des reports d'imposition dont bénéficient certaines plus-values professionnelles	151-0 *octies*
1 *quinquies*	Plus-values réalisées à l'occasion d'apports en sociétés ou de restructuration de sociétés civiles professionnelles	151 *octies* – 151 *octies* C
1 *sexies*	Contribuables exerçant leur activité professionnelle dans le cadre d'une société de personnes	151 *nonies*

1 *septies*	Déduction des sommes attribuées au titre de l'intéressement	151 *decies*
2	...	152
3	Non-déduction de l'impôt sur le revenu	153
4	Déduction du salaire du conjoint	154
4 *bis*	Déduction de certaines cotisations sociales	154 *bis* – 154 *bis*-0 A
4 *bis* A	Imposition de certains revenus de remplacement	154 *bis* A
4 *ter*	...	154 *ter*
4 *quater*	Déductibilité partielle de la contribution sociale généralisée	154 *quater* – 154 *quinquies*
5	Contribuables disposant de revenus professionnels ressortissant à des catégories différentes	155
6	Sommes perçues par une personne domiciliée ou établie hors de France	155 A
7	Dispositions applicables aux impatriés détachés en France	155 B
Sous-section 2	Revenu global	156 – 169
I	Revenu imposable	156 – 163 *quinvicies*
a	Plan d'épargne en actions	163 *quinquies* D
b	...	163 *sexies* – 163 *sexdecies*
1°	...	163 *sexies* – 163 *terdecies*
2°	...	163 *quaterdecies*
3°	...	163 *quindecies* – 163 *sexdecies*
c	Financement en capital d'œuvres cinématographiques ou audiovisuelles	163 *septdecies*
d	Créateurs d'entreprises	163 *octodecies* – 163 *octodecies* A
e	...	163 *novodecies*
f	Copropriétés de navires civils de charge ou de pêche	163 *vicies*
g	Copropriétés de navires de commerce	163 *unvicies*
h	Souscriptions en numéraire au capital de sociétés agréées de financement de la pêche artisanale	163 *duovicies*
i	...	163 *tervicies*
j	Cotisations ou primes versées aux plans d'épargne individuelle pour la retraite ou dans le cadre de certains régimes de retraite supplémentaire obligatoires ou complémentaire facultatifs	163 *quatervicies* – 163 *quinvicies*
II	Revenu imposable des étrangers et des personnes n'ayant pas leur domicile fiscal en France	164 – 165 *bis*
III	Revenus de l'année de l'acquisition d'un domicile en France	166
IV	Modalités d'imposition des revenus et plus-values en cas de transfert du domicile hors de France	167 – 167 *bis*
V	Évaluation forfaitaire minimale du revenu imposable d'après certains éléments du train de vie	168
VI	...	169
SECTION III	*Déclarations des contribuables*	170 – 175 A
SECTION IV	...	176 – 181 B

SECTION V *Calcul de l'impôt* .... 182 – 200 B

I Retenue à la source de l'impôt sur le revenu .... 182 – 192

II Impôt sur le revenu .... 193 – 200 *terdecies*

1° Imputation des retenues à la source et crédits d'impôt .... 199 *ter* – 199 *quater* A

2° Réduction d'impôt accordée aux adhérents de centres de gestion ou d'associations agréés .... 199 *quater* B

3° Crédit d'impôt accordé au titre des cotisations versées aux organisations syndicales ainsi qu'aux associations nationales professionnelles de militaires .... 199 *quater* C

4° .... 199 *quater* D

5° .... 199 *quater* E

6° Réduction d'impôt accordée au titre des frais de scolarité des enfants poursuivant des études secondaires ou supérieures .... 199 *quater* F

7° .... 199 *quinquies* – 199 *quinquies* G

8° Réduction d'impôt accordée au titre des dépenses afférentes à l'habitation principale .... 199 *sexies* – 199 *sexies* D

9° Réduction d'impôt accordée au titre de certaines primes d'assurances .... 199 *septies* – 199 *septies* B

10° .... 199 *octies* – 199 *octies* A

11° Réduction d'impôt accordée au titre des investissements immobiliers locatifs .... 199 *nonies* – 199 *decies* D

11° *bis* Réduction d'impôt accordée au titre des investissements immobiliers locatifs réalisés dans des résidences de tourisme classées dans les zones de revitalisation rurales .... 199 *decies* E – 199 *decies* G *bis*

11° *ter* Réduction d'impôt accordée au titre des investissements forestiers .... 199 *decies* H

[11° quater] Réduction d'impôt accordée au titre des investissements dans des résidences hôtelières à vocation sociale .... 199 *decies* I

12° Réduction d'impôt accordée au titre de certains investissements réalisés outre-mer .... 199 *undecies* – 199 *undecies* F

13° .... 199 *duodecies* – 199 *terdecies*

14° Réduction d'impôt accordée au titre des souscriptions en numéraire au capital des sociétés ainsi qu'au titre des souscriptions de parts de fonds communs de placement dans l'innovation .... 199 *terdecies*-0 A – 199 *terdecies*-0 AA

15° Réduction d'impôt accordée au titre du rachat d'une entreprise par ses salariés .... 199 *terdecies* A

15° *bis* Réduction d'impôt accordée au titre d'emprunts souscrits pour la reprise d'une entreprise .... 199 *terdecies*-0 B

15° *ter* Réduction d'impôt accordée au titre des souscriptions en numéraire au capital d'entreprises de presse .... 199 *terdecies*-0 C

16° Réduction d'impôt accordée au titre de l'hébergement en établissement de long séjour ou en section de cure médicale .... 199 *quindecies*

17° Réduction d'impôt accordée au titre des sommes versées pour l'emploi d'un salarié à domicile, à une association agréée ou à un organisme habilité ou conventionné ayant le même objet .... 199 sexdecies
18° .... *199 septdecies*
19° Réduction d'impôt accordée, en matière de divorce, au titre des prestations compensatoires en capital versées sous forme de sommes d'argent .... 199 *octodecies*
19° *bis* *[ABROGÉ]* Réduction d'impôt afférente à certains modes de déclaration et de paiement de l'impôt .... 199 *novodecies [abrogé]*
19° *ter* Réduction d'impôt accordée au titre des intérêts de prêts à la consommation .... 199 *vicies*
19° *quater* Réduction d'impôt: différé de paiement accordé à des exploitants agricoles .... 199 *vicies* A
[19° quinquies] Réduction d'impôt accordée au titre du financement en capital d'œuvres cinématographiques ou audiovisuelles .... 199 *unvicies*
[19° sexies] Réduction d'impôt accordée au titre des dépenses relatives aux travaux de conservation ou de restauration d'objets mobiliers classés monuments historiques .... 199 *duovicies*
[19° septies] Réduction d'impôt accordée au titre des dépenses de restauration immobilière dans les secteurs sauvegardés, les quartiers anciens dégradés et les zones protégées .... 199 *tervicies*
[19° octies] Réduction d'impôt accordée au titre des souscriptions au capital d'une SOFIPECHE .... 199 *quatervicies*
[19° decies] Réduction d'impôt accordée au titre des investissements locatifs et des logements donnés en location à loyer abordable .... 199 *sexvicies* – 199 *tricies*
20° Réduction d'impôt accordée au titre des dons faits par les particuliers 200
21° Réduction d'impôt pour versement de dons à des œuvres .... 200 *bis*
22° .... 200 *ter*
23° Crédit d'impôt pour la transition énergétique .... 200 *quater* – 200 *quater* A
23° *bis* Frais de garde des jeunes enfants .... 200 *quater* B
24° Crédit d'impôt pour l'acquisition ou la location de certains véhicules automobiles .... 200 *quinquies*
25° Prime pour l'emploi .... 200 *sexies*
26° Crédit d'impôt au titre des revenus distribués .... 200 *septies*
[27°] Réduction d'impôt pour aide à la création d'entreprise .... 200 *octies*
[28°] Crédit d'impôt pour les assurés contre les risques d'impayés de loyers .... 200 *nonies*
[29°] Crédit d'impôt pour embauche de jeunes .... 200 *decies*
[29° bis] Réduction d'impôt: défense des forêts contre l'incendie .... 200 *decies* A
[30°] Crédit d'impôt pour dépenses de remplacement pour congés des agriculteurs .... 200 *undecies*
[31°] Crédit d'impôt en cas de déménagement pour reprise d'une activité salariée .... 200 *duodecies*
[32°] Crédit d'impôt pour prêts étudiants .... 200 *terdecies*

[33°]	Crédit d'impôt au titre des intérêts d'emprunt supportés pour l'acquisition ou la construction de l'habitation principale	200 *quaterdecies*
[34°]	Crédit d'impôt pour dépenses de travaux forestiers	200 *quindecies*
III	Plafonnement de certains avantages fiscaux au titre de l'impôt sur le revenu	200-0 A
IV	Imposition des gains nets réalisés à l'occasion de cessions de valeurs mobilières et de droits sociaux	200 A
V	Imposition des plus-values réalisées à l'occasion de cessions à titre onéreux de biens ou droits mobiliers ou immobiliers	200 B
VI	Imposition des plus-values réalisées à l'occasion de cessions à titre onéreux d'actifs numériques	200 C
SECTION VI	*Dispositions spéciales applicables en cas de cession, de cessation ou de décès*	201 – 204
SECTION VII	*Retenue à la source sur les indemnités de fonction perçues par les titulaires de mandats électifs locaux*	204-0 *bis*
SECTION VIII	*Prélèvement à la source de l'impôt sur le revenu*	204 A – 204 N
CHAPITRE I *bis*		204 *bis* – 204 *octies*
CHAPITRE I *ter*		204 A
CHAPITRE I *quater*	Taxe sur les produits de placement soumis à prélèvement libératoire	204 B
CHAPITRE II	Impôt sur les bénéfices des sociétés et autres personnes morales	205 – 223 VJ
SECTION I	*Généralités*	205 – 205 D
SECTION II	*Champ d'application de l'impôt*	206 – 208 *septies*
I	Sociétés et collectivités imposables	206
II	Exonérations et régimes particuliers	207 – 208 *sexies*
SECTION III	*Détermination du bénéfice imposable*	209 – 217 *septdecies*
SECTION IV	*Personnes imposables. Lieu d'imposition*	218 – 218 *bis*
SECTION V	*Calcul de l'impôt*	219 – 220 *septdecies*
	Impôt sur les bénéfices des sociétés	220 F – 220 *quater* B
1°	Report en arrière	220 *quinquies*
2°	Crédit d'impôt pour dépenses de production d'œuvres cinématographiques ou audiovisuelles	220 *sexies*
3°	Crédit d'impôt pour investissements en faveur des entreprises implantées dans certains secteurs de la région Nord-Pas-de-Calais	220 *septies*
4°	Crédit d'impôt pour dépenses de production d'œuvres phonographiques	220 *octies*
5°	Crédit d'impôt pour le rachat du capital d'une société	220 *nonies*
6°	Réduction d'impôt en faveur des petites et moyennes entreprises de croissance	220 *decies*
7°	Réduction d'impôt pour souscription au capital de sociétés de presse	220 *undecies*
7° *bis*	Réduction d'impôt pour mise à disposition d'une flotte de vélos	220 *undecies* A

8°	Crédit d'impôt pour dépenses de distribution de programmes audiovisuels	220 *duodecies*
[9°]	Crédit d'impôt en faveur des créateurs de jeux vidéo	220 *terdecies*
[10°]	Crédit d'impôt pour dépenses de production exécutive d'œuvres cinématographiques et audiovisuelles	220 *quaterdecies*
[11°]	Crédit d'impôt pour dépenses de production de spectacles vivants	220 *quindecies*
12°	Crédit d'impôt en faveur des représentations théâtrales d'œuvres dramatiques	220 *sexdecies*
13°	Crédit d'impôt pour dépenses d'édition d'œuvres musicales	220 *septdecies*
SECTION VI	*Établissement de l'impôt*	221 – 221 *bis*
SECTION VII	*Obligations des personnes morales*	222 – 223 *quinquies* C
SECTION VIII	*Groupes de sociétés*	223 A – 223 U
Sous-section 1	Dispositions générales	223 A – 223 G
1°	Résultat d'ensemble	223 B – 223 C
2°	Plus-values ou moins-values d'ensemble	223 D
3°	Non-imputation des déficits et des moins-values par les sociétés du groupe	223 E
4°	Cessions d'immobilisations entre sociétés du groupe	223 F
5°	Report en arrière des déficits	223 G
6°	*[Régime d'imposition des produits de cession ou de concession des brevets et actifs incorporels assimilés]*	223 H
Sous-section 2	Sort des déficits et moins-values subis par la société avant son entrée ou après sa sortie du groupe	223 I – 223 K
1°	Régime des déficits subis avant l'entrée dans le groupe	223 I
2°		223 J *(Périmé)*
3°	Régime des déficits subis après la sortie du groupe	223 K
Sous-section 3	Dispositions diverses	223 L – 223 U
1°	Régimes particuliers	223 L
2°	Paiement de l'impôt	223 M – 223 O
3°	Régimes antérieurs	223 P
4°	Obligations déclaratives	223 Q
5°	Conséquences de la sortie du groupe d'une société ou de la cessation du régime du groupe	223 R – 223 S
6°	Entrée en vigueur	223 T – 223 U
SECTION IX	*Fiducie*	223 V – 223 VJ
CHAPITRE *III*	Taxes diverses	223 *sexies* – 235 *ter* ZF
SECTION 0I	*Contribution exceptionnelle sur les hauts revenus*	223 *sexies*
SECTION 0II	*Imposition forfaitaire annuelle des sociétés*	223 *septies* – 223 *undecies*
SECTION I	*Contribution supplémentaire à l'apprentissage*	224 – 230 H
SECTION II	*Taxe sur les salaires*	231 – 231 *bis* V
SECTION II bis	*Taxe annuelle sur les locaux à usage de bureaux, les locaux commerciaux et les locaux de stockage perçue dans la région Île-de-France*	231 *ter*
SECTION II ter		231 *quater*

SECTION III *Taxe annuelle sur les logements vacants* 232
SECTION IV *Taxe sur les loyers élevés des logements de petite surface* 234
SECTION V bis *Contribution annuelle sur les revenus locatifs* .... 234 *bis* – 234 *quindecies*
SECTION VI *Taxe sur les services d'informations ou interactifs à caractère pornographique* .... 235 *[abrogé]*
SECTION VII *Cotisation perçue au titre de la participation des employeurs à l'effort de construction et de la participation des employeurs agricoles à l'effort de construction*. 235 *bis*
SECTION VIII *Prélèvements de solidarité sur les revenus du patrimoine et les produits de placement* .... 235 *ter*
SECTION IX .... 235 *ter* A – 235 *ter* B
SECTION X *Participation des employeurs au développement de la formation professionnelle continue* .... 235 *ter* C – 235 *ter* KH
I Employeurs occupant onze salariés et plus .... 235 *ter* D – 235 *ter* K
1° Montant de la participation .... 235 *ter* D
2° Exonérations .... 235 *ter* DA
3° Calcul et prise en compte de l'effectif salarié .... 235 *ter* E
4° Employeurs de cinquante salariés et plus .... 235 *ter* F
5° Versement au Trésor public et majoration .... 235 *ter* G – 235 *ter* J
6° Obligations déclaratives, contrôle et contentieux .... 235 *ter* JA – 235 *ter* K
II Employeurs occupant moins de onze salariés .... 235 *ter* KA – 235 *ter* KD *bis*
1° Montant de la participation .... 235 *ter* KA – 235 *ter* KB
2° Versement au Trésor public et majoration .... 235 *ter* KC – 235 *ter* KD
3° Contrôle et contentieux .... 235 *ter* KD *bis* – 235 *ter* KE
III Dispositions communes .... 235 *ter* KF – 235 *ter* KH
IV Financement du congé individuel de formation .... 235 *ter* KI – 235 *ter* KM
SECTION XI *Prélèvement spécial sur les bénéfices résultant de la vente, la location ou l'exploitation d'œuvres pornographiques ou d'incitation à la violence* .... 235 *ter* L – 235 *ter* MC
SECTION XII .... 235 *ter* N – 235 *ter* S
SECTION XIII .... 235 *ter* T – 235 *ter* W
SECTION XIV *Taxe sur les excédents de provisions des entreprises d'assurances de dommages* .... 235 *ter* X
SECTION XIV bis *Prélèvement spécial relatif aux écarts de conversion sur les prêts en monnaie étrangère* .... 235 *ter* XA
SECTION XV .... 235 *ter* Y – 235 *ter* YA
SECTION XVI .... 235 *ter* Z
SECTION XVII *Contribution sur l'impôt sur les sociétés* .... 235 *ter* ZA
[SECTION XVII bis] *Contribution exceptionnelle sur l'impôt sur les sociétés* .... 235 *ter* ZAA
SECTION XVIII .... 235 *ter* ZB
SECTION XIX *Contribution sociale sur l'impôt sur les sociétés* .... 235 *ter* ZC
SECTION XIX bis *Contribution additionnelle à l'impôt sur les sociétés au titre des montants distribués* .... 235 *ter* ZCA
SECTION XX *Taxe sur les transactions financières* .... 235 *ter* ZD – 235 *ter* ZD *ter*

SECTION XXI	*Prélèvement annuel sur le produit des primes ou cotisations additionnelles relatives à la garantie contre le risque de catastrophes naturelles prévues à l'article L. 125-2 du code des assurances*	235 *ter* ZE
SECTION XXI bis	*Taxe pour le financement du fonds de soutien aux collectivités territoriales*	235 *ter* ZE *bis*
[SECTION XXII]	*Taxe sur le résultat des entreprises ferroviaires*	235 *ter* ZF *[abrogé]*
CHAPITRE IV	Dispositions communes aux impôts et taxes, revenus et bénéfices visés aux chapitres Ier à III	235 *quater* – 248 G
SECTION I		235 *quater* – 235 *nonies*
SECTION II	*Impôt sur le revenu et impôt sur les sociétés*	236 – 244 *quater* Y
I	Bénéfices et revenus imposables	236 – 238 *bis* HZ *bis*
1°	Financement en capital d'œuvres cinématographiques ou audiovisuelles	238 *bis* HE – 238 *bis* HM
2°	Souscription de parts de copropriété de navires de commerce	238 *bis* HN
3°	Financement de la pêche artisanale	238 *bis* HO – 238 *bis* HU
4°	Acquisition de contrats à long terme d'approvisionnement d'électricité	238 *bis* HV – 238 *bis* HZ *bis*
0I *bis*	Transferts d'actifs hors de France, réalisés par les entreprises	238 *bis*-0 I – 238 *bis*-0 I *bis*
I *bis*	Réévaluation des immobilisations non amortissables	238 *bis* I
I *ter*	Réévaluation des immobilisations amortissables	238 *bis* J
0I *quater*	Réévaluation des immeubles et titres de sociétés à prépondérance immobilière	238 *bis* JA
0I *quater* A	Réévaluation des immobilisations corporelles et financières	238 *bis* JB
I *quater*	Détermination de la part de bénéfices correspondant aux droits détenus dans une société de personnes, une copropriété de cheval de course ou d'étalon, un groupement d'intérêt économique, un groupement d'intérêt public ou un groupement européen d'intérêt économique	238 *bis* K
I *quinquies*	Régime fiscal des sociétés créées de fait	238 *bis* L – 238 *bis* LA
I *sexies*	Obligation des sociétés en participation	238 *bis* M
II	Régime fiscal des groupements forestiers et de leurs membres	238 *ter* – 238 *quater*
III	Fiducie	238 *quater* A – 238 *quater* Q
IV		238 *quinquies*
V *et* VI		238 *sexies* – 238 *septies*
VI *bis*	Primes de remboursement et intérêts capitalisés	238 *septies* A – 238 *septies* E
VI *ter*	Détermination du résultat réalisé par les entreprises à l'occasion de la cession de certains titres de placements à revenu fixe	238 *septies* F
VII	Plus-values réalisées par les entreprises à l'occasion de la construction et de la vente d'immeubles affectés principalement à l'habitation	238 *octies*
VII *bis*	*[Plus-values réalisées par les entreprises à l'occasion de la cession d'un droit de surélévation]*	238 *octies* A

[VII ter]	*[Modalités d'imposition de la plus-value professionnelle provenant de la transmission ou du rachat de droits relatifs à une société relevant des articles 8 à 8 ter et exerçant une activité immobilière]*	238 *octies* B
[VII quater]	*[Report d'imposition des plus-values réalisées à l'occasion d'opérations d'échange de biens immobiliers effectuées avec l'État, les collectivités territoriales et les établissements publics]*	238 *octies* C
VIII	Imposition des plus-values dégagées à l'occasion de l'aliénation de terrains à bâtir	238 *nonies* – 238 *terdecies*
VIII *bis*	Exonération des plus-values réalisées lors de la cession d'une branche complète d'activité	238 *quaterdecies* – 238 *sexdecies*
IX	Régime fiscal des sociétés de personnes, des sociétés en participation, des groupements d'intérêt public, des sociétés à responsabilité limitée, des exploitations agricoles à responsabilité limitée et des sociétés civiles professionnelles. option pour le régime des sociétés de capitaux	239
X *et* XI		239 *bis* – 239 *bis* A
XI *bis*	Régime fiscal de certaines sociétés à responsabilité limitée. Option pour le régime des sociétés de personnes	239 *bis* AA
[XI ter]	Régime fiscal de certaines sociétés anonymes, sociétés par actions simplifiées et sociétés à responsabilité limitée. Option pour le régime des sociétés de personnes	239 *bis* AB
XII		239 *bis* B
XII *bis*		239 *bis* C
XIII	Régime fiscal des sociétés civiles ayant pour objet la construction d'immeubles en vue de la vente	239 *ter*
XIV	Régime fiscal des groupements d'intérêt économique et de leurs membres	239 *quater*
XIV *bis*	Sociétés civiles de moyens	239 *quater* A
XIV *ter*	Régime fiscal des groupements d'intérêt public	239 *quater* B
XIV *quater*	Régime fiscal des groupements de coopération sanitaire et de leurs membres	239 *quater* C
[XIV quinquies]	Régime fiscal des groupements de coopération sanitaire et sociale et de leurs membres	239 *quater* D
XV	Régime fiscal des syndicats mixtes de gestion forestière et des groupements syndicaux forestiers	239 *quinquies*
XVI	Opérations de crédit-bail	239 *sexies* – 239 *sexies* D
1°	Opérations de crédit-bail réalisées par les sociétés immobilières pour le commerce et l'industrie et les sociétés agréées pour le financement des économies d'énergie	239 *sexies* – 239 *sexies* A
2°	Opérations de crédit-bail auprès de bailleurs autres que des SICOMI	239 sexies B
3°	Amortissement des biens acquis à l'échéance d'un contrat de crédit-bail	239 *sexies* C
4°	Dispositions applicables à certains contrats conclus pour des immeubles situés dans les zones prioritaires d'aménagement du territoire	239 *sexies* D

XVII	Sociétés civiles de placement immobilier autorisées à procéder à une offre au public de titres financiers .	239 *septies*
XVII *bis*	Personnes morales passibles de l'impôt sur les sociétés ayant pour objet de transférer gratuitement à leurs membres la jouissance d'un bien meuble ou immeuble	239 *octies*
XVII *ter*	Organismes de placement collectif immobilier	239 *nonies*
XVIII	Déclaration des commissions, courtages, ristournes, honoraires, des droits d'auteur, des rémunérations d'associés et des parts de bénéfices	240
XVIII *bis*	Information de leurs utilisateurs par les plates-formes de mise en relation par voie électronique	242 *bis*
XIX	Déclaration des revenus de valeurs mobilières	242 *ter* – 242 *ter* D
[1°]	*[Revenus et plus-values distribués par un fonds de placement immobilier]*	242 *ter* B
[2°]	*[Gains nets et distributions afférents à des droits de* carried interest*]*	242 *ter* C
3°	Plus-values distribuées par les organismes de placement collectif en valeurs mobilières et certains placements collectifs	242 *ter* D
4°	Opérations réalisées sur les instruments financiers à terme	242 *ter* E
XX	Information relative au revenu fiscal de référence	242 *quater*
[XX bis]	*[Déclaration des sociétés de gestion de fonds communs de placement à risques et des sociétés de capital-risque]*	242 *quinquies*
[XX ter]	*[Déclaration des investissements réalisés outre-mer]*	242 *sexies* – 242 *septies*
XXI	Mesures de publicité	243 – 243 *ter*
XXII		244
XXIII	Prélèvement sur certains profits immobiliers réalisés par les personnes physiques ou sociétés n'ayant pas d'établissement en France	244 *bis*
XXIII *bis*	Imposition des plus-values réalisées par les personnes physiques ou sociétés qui ne sont pas fiscalement domiciliées en France	244 *bis* A – 244 *bis* C
A	Plus-values de cessions de biens ou droits de toute nature	244 *bis* A
B	Plus-values de cessions de droits sociaux	244 *bis* B
C	Plus-values de cessions de valeurs mobilières	244 *bis* C
XXIV		244 *ter*
XXV		244 *quater*
XXVI	Prélèvements sur les plus-values prévues à l'article 244 *bis*	244 quater A
XXVII	Crédit d'impôt pour dépenses de recherche effectuées par les entreprises industrielles et commerciales ou agricoles	244 *quater* B – 244 *quater* B *bis*
XXVIII	Crédit d'impôt pour la compétitivité et l'emploi	244 *quater* C
XXIX	Crédit d'impôt pour dépenses d'adhésion à un groupement de prévention agréé	244 *quater* D
XXX	Crédit d'impôt pour certains des investissements réalisés et exploités en Corse	244 *quater* E
XXXI	Crédit d'impôt famille	244 *quater* F

XXXII Crédit d'impôt en faveur de l'apprentissage .... 244 *quater* G
XXXIII Crédit d'impôt pour dépenses de prospection commerciale .... 244 *quater* H
XXXIV Crédit d'impôt pour relocalisation d'activité en France .... 244 *quater* I
XXXV Crédit d'impôt au titre d'une avance remboursable ne portant pas intérêt .... 244 *quater* J
XXXVI Crédit d'impôt pour investissement dans les technologies de l'information .... 244 *quater* K
XXXVII Crédit d'impôt en faveur de l'agriculture biologique .... 244 *quater* L
XXXVIII Crédit d'impôt pour formation des dirigeants .... 244 *quater* M
XXXIX Crédit d'impôt pour emploi de salariés réservistes .... 244 *quater* N
XL Crédit d'impôt en faveur des métiers d'art .... 244 *quater* O
XLI Crédit d'impôt pour dépenses de formation à l'économie de l'entreprise et aux dispositifs d'épargne salariale et d'actionnariat salarié .... 244 *quater* P
XLII Crédit d'impôt en faveur des maîtres restaurateurs .... 244 *quater* Q
XLIII Crédit d'impôt en faveur des débitants de tabac .... 244 *quater* R – 244 *quater* S
[XLV] [Crédit d'impôt au titre des primes d'intéressement] .... 244 *quater* T
XLVI Crédit d'impôt au titre des avances remboursables ne portant pas intérêt pour le financement de travaux d'amélioration de la performance énergétique. 244 *quater* U
XLVII Crédit d'impôt au profit des établissements de crédit et des sociétés de financement qui octroient des prêts à taux zéro permettant la première accession à la propriété .... 244 *quater* V
XLVIII Crédit d'impôt en faveur des investissements productifs neufs réalisés outre-mer .... 244 *quater* W
XLIX Crédit d'impôt en faveur des organismes d'habitations à loyer modéré qui réalisent des investissements dans les logements neufs en outre-mer .... 244 *quater* X – 244 *quater* Y

SECTION III *Déduction fiscale pour investissement* .... 244 *quinquies* – 244 *sexdecies*

SECTION IV 245

SECTION V *Impôt sur le revenu, impôt sur les sociétés et taxes visées au chapitre III* .... 246 – 248
I Entreprises de navigation maritime ou aérienne ou exploitant des satellites de communication .... 246 – 247
II .... 247 *[ancien]*
II *bis* .... 247 *bis*
III Présentation et contenu des déclarations fiscales 248

SECTION VI *Dispositions spéciales applicables aux opérations de nationalisation* .... 248 A – 248 D
1° Plus-values mobilières réalisées par les entreprises .... 248 A
2° Plus-values mobilières réalisées par les particuliers .... 248 B
3° Subrogation des obligations .... 248 C
4° Redevances versées par les sociétés nationalisées .... 248 D

SECTION VII	*Dispositions spéciales applicables aux opérations de privatisation*	248 E – 248 G
1°	Plus-values réalisées par les entreprises	248 E
2°	Plus-values réalisées par les particuliers	248 F – 248 G
CHAPITRE V		249 – 255 *bis*
TITRE II	**TAXES SUR LE CHIFFRE D'AFFAIRES ET TAXES ASSIMILÉES**	**256-0 – 302 *bis* ZO**
CHAPITRE I	Taxe sur la valeur ajoutée	256-0 – 298 *septdecies*
SECTION 0I	*Définition du territoire communautaire*	256-0
SECTION I	*Champ d'application*	256 – 264
I	Opérations obligatoirement imposables	256 – 257 *ter*
I *bis*	Territorialité	258 – 259 D
II	Opérations imposables sur option	260 – 260 CA
II *bis*	Location de locaux destinés au logement en meublé	260 D
II *ter*	Opérations imposables sur autorisation	260 E – 260 G
III	Opérations exonérées	261 – 264
SECTION II	*Assiette de la taxe*	265 – 268 *quater*
I		265
II	Régime du chiffre d'affaires réel	266 – 268 *quater*
SECTION III	*Fait générateur et exigibilité*	269
SECTION IV	*Liquidation de la taxe*	270 – 277 A
I	Dispositions générales	270
II	Déductions	271 – 273 *octies*
III	Régime suspensif	274 – 277 A
SECTION V	*Calcul de la taxe*	278-0 – 282 *ter*
I	Taux	278-0 – 281 *nonies*
A	Taux normal	278
B	Taux réduit	278-0 *bis* – 279 *ter*
C		280
D		280 *bis* – 280 *ter*
E		281 – 281 *bis* K
F		281 *ter*
G	Taux particuliers	281 *quater* – 281 *nonies*
II		282 – 282 *ter*
SECTION VI	*Redevables de la taxe*	283-0 – 285 A
SECTION VI bis	*Retenue de la taxe sur les droits d'auteurs*	285 *bis*
SECTION VII	*Obligations des redevables*	286 – 290 *sexies*
I	Obligations générales	286 – 289 C
A	Déclarations d'existence et comptabilité	286
A *bis*	Identification des personnes ne remplissant plus les conditions pour bénéficier du régime dérogatoire prévu au 2° du I de l'article 256 *bis*	286 *bis*
A *ter*	Numéro individuel d'identification	286 *ter*
A *quater*	Tenue des registres	286 *quater*
B	Déclarations de recettes	287
B *bis*		287 A – 288

C	Factures	289-0 – 289
C *bis*	Factures transmises par voie télématique	289 *bis*
D	Désignation d'un représentant en France	289 A
E	État récapitulatif des clients	289 B
F	Déclaration des échanges de biens entre États membres de la Communauté européenne	289 C *[abrogé]*
G	Demande de remboursement de la taxe sur la valeur ajoutée supportée dans un autre État membre	289 D
II	Obligations particulières de transmission d'informations	290 – 290 A
II *bis*	Plateformes de dématérialisation partenaires	290 B
III	Agriculture	290 *bis* – 290 *ter*
IV	Établissements de spectacles	290 *quater*
V	Travaux immobiliers	290 *quinquies*
VI	Opérations portant sur les déchets neufs d'industrie et les matières de récupération	290 *sexies*
SECTION VIII	*Importations*	291 – 293 A *ter*
SECTION VIII bis	*Franchise en base*	293 B – 293 G
SECTION IX	*Régimes spéciaux*	294 – 298 *sexdecies* G
I	Départements d'outre-mer	294 – 296 *ter*
II	Corse	297
II *bis*	Biens d'occasion, œuvres d'art, objets de collection et d'antiquité	297 A – 297 G
III	Produits pétroliers	298
IV	Exploitants agricoles	298 *bis* – 298 *quinquies*
V	Opérations intracommunautaires portant sur des moyens de transport neufs ou d'occasion	298 *sexies* – 298 *sexies* A
VI	Régime de la presse et de ses fournisseurs	298 *septies* – 298 *terdecies* E
VII	Opérations portant sur les tabacs manufacturés	298 *quaterdecies* – 298 *sexdecies*
VIII	Régime applicable à l'or d'investissement	298 *sexdecies* A – 298 *sexdecies* E
IX	Services fournis par voie électronique	298 *sexdecies* F – 298 *sexdecies* G
SECTION X	*Modalités d'application*	298 *septdecies*
CHAPITRE II	Taxe sur certains services fournis par les grandes entreprises du secteur numérique	299 – 300
CHAPITRE II *bis*	Taxe sur les exploitants de plateformes de mise en relation par voie électronique en vue de fournir certaines prestations de transport	300 *bis* – 300 *sexies*
CHAPITRES III *à* V		301 – 302 *bis* E
CHAPITRE VI	Taxe sur les hydrofluorocarbones	302 bis F – 302 bis J
CHAPITRE VII	Taxe de l'aviation civile	302 *bis* K – 302 *bis* K *bis* *[abrogés]*
CHAPITRE VII *bis*	Taxe sur la publicité télévisée	302 *bis* KA

CHAPITRE VII *ter*	Taxe sur les services de télévision	302 *bis* KB – 302 *bis* KC
CHAPITRE VII *quater*	Taxe sur la publicité diffusée par voie de radiodiffusion sonore et de télévision	302 *bis* KD
CHAPITRE VII *quinquies*	Taxe sur les ventes et les locations de vidéogrammes destinés à l'usage privé du public	302 *bis* KE
CHAPITRE VII *sexies*	Contribution pour une pêche durable	302 *bis* KF
CHAPITRE VII *septies*	Taxe sur la publicité diffusée par les chaînes de télévision	302 *bis* KG
CHAPITRE VII *octies*	Taxe sur les services fournis par les opérateurs de communications électroniques	302 *bis* KH
CHAPITRE VII *nonies*	Taxe sur les services de publicité en ligne	302 *bis* KI
CHAPITRE VIII	Taxe forfaitaire annuelle sur les services de communication audiovisuelle	302 *bis* L – 302 *bis* M
CHAPITRE VIII *bis*	Taxe sur certaines dépenses de publicité	302 *bis* MA
CHAPITRE VIII *ter*	Taxe sur le chiffre d'affaires des exploitants agricoles	302 *bis* MB
CHAPITRE IX	Redevance sanitaire d'abattage	302 *bis* N – 302 *bis* R
CHAPITRE X	Redevance sanitaire de découpage	302 *bis* S – 302 *bis* W
CHAPITRE X *bis*	Redevances sanitaires sur les produits de la pêche et de l'aquaculture	302 *bis* WA – 302 *bis* WB
CHAPITRE X *ter*	Redevance sanitaire pour le contrôle de certaines substances et de leurs résidus	302 *bis* WC
CHAPITRE X *quater*	Redevance pour l'agrément des établissements du secteur de l'alimentation animale	302 *bis* WD – 302 *bis* WG
CHAPITRE XI		302 *bis* X
CHAPITRE XII	Taxe forfaitaire sur les actes des huissiers de justice	302 *bis* Y
CHAPITRE XIII	Contribution annuelle destinée à financer le fonds de modernisation de la restauration	302 *bis* Z
CHAPITRE XIV	Taxe additionnelle à la taxe sur les surfaces commerciales	302 *bis* ZA

CHAPITRE XV *[ABROGÉ]*	Taxe due par les concessionnaires d'autoroutes	302 *bis* ZB – 302 *bis* ZB *bis* *[abrogés]*
CHAPITRE XVI	Contribution de solidarité territoriale	302 *bis* ZC *[abrogé]*
CHAPITRE XVII	Taxe sur les achats de viande	302 *bis* ZD
CHAPITRE XVIII	Contribution sur la cession à un service de télévision des droits de diffusion de manifestations ou de compétitions sportives	302 *bis* ZE
CHAPITRE XIX	Taxe destinée à financer le fonds de garantie des risques liés à l'épandage des boues d'épuration urbaines ou industrielles	302 *bis* ZF
CHAPITRE XX	Prélèvements sur les jeux et paris	302 *bis* ZG – 302 *bis* ZO
TITRE II *bis*	**DISPOSITIONS COMMUNES AUX IMPÔTS DIRECTS ET AUX TAXES SUR LE CHIFFRE D'AFFAIRES**	**302 *ter* – 302 *decies***
CHAPITRE I		302 *ter* – 302 *septies*
CHAPITRE I *bis*	Régimes simplifiés d'imposition	302 *septies* A – 302 *septies* A *ter* B
1°	Taxes sur le chiffre d'affaires	302 *septies* A – 302 *septies* AA
2°	Bénéfices industriels et commerciaux	302 *septies* A *bis* – 302 *septies* A *ter*
3°	Dispositions communes aux taxes sur le chiffre d'affaires et aux bénéfices industriels et commerciaux	302 *septies* A *ter* A – 302 *septies* A *ter* B
CHAPITRE I *bis* A		302 *septies* A *quater*
CHAPITRE I *ter*	Détermination du prix de revient des terrains ou ensembles immobiliers	302 *septies* B
CHAPITRE II *[ABROGÉ]*	Récépissé de consignation	302 *octies* *[abrogé]*
CHAPITRE III	Suppression des avantages fiscaux prévus en faveur des entreprises en cas de non-respect des obligations déclaratives en matière de taxe sur la valeur ajoutée	302 *nonies*
CHAPITRE IV	Règles applicables aux représentants fiscaux	302 *decies*
TITRE III	**CONTRIBUTIONS INDIRECTES ET TAXES DIVERSES**	**302 A – 633**
CHAPITRE 0I *[ABROGÉ]*	Alcools, boissons alcooliques et tabacs manufacturés	302 A – 302 V *bis* *[abrogés]*
1° *[ABROGÉ]*	Champ d'application	302 A – 302 B *[abrogés]*

	2° *[ABROGÉ]*	Définition du territoire communautaire	302 C *[abrogé]*
	3° *[ABROGÉ]*	Exigibilité	302 D *[abrogé]*
	4° *[ABROGÉ]*	Exonérations	302 D *bis* – 302 F *ter [abrogés]*
	5° *[ABROGÉ]*	Entrepositaire agréé	302 G *[abrogé]*
	6° *[ABROGÉ]*	Opérateur enregistré	302 H – 302 H *quater [abrogés]*
	7° *[ABROGÉ]*	Opérateur non enregistré	302 I *[abrogé]*
	8° *[ABROGÉ]*	Dispositions applicables aux personnes morales de droit public	302 J *[abrogé]*
	9° *[ABROGÉ]*	Régime fiscal des pertes constatées sur les produits circulant en suspension de droits	302 K *[abrogé]*
	10° *[ABROGÉ]*	Régime suspensif	302 L *[abrogé]*
	11° *[ABROGÉ]*	Formalités et régime fiscal applicables à la circulation des produits	302 M – 302 P *[abrogés]*
	12° *[ABROGÉ]*	Remboursement des accises	302 Q *[abrogé]*
	13° *[ABROGÉ]*	Non-recouvrement des accises	302 R *[abrogé]*
	14° *[ABROGÉ]*	Obligations comptables et de contrôle	302 S – 302 T *[abrogés]*
	15° *[ABROGÉ]*	Obligations déclaratives	302 U – 302 U *bis [abrogés]*
	16° *[ABROGÉ]*	Désignation d'un représentant fiscal	302 V – 302 V *bis [abrogés]*
CHAPITRE I		Boissons	303 – 520 C
SECTION I		*Alcools*	303 – 406 *quinquies*
	A	Production	303 – 357
	I	Alambics	303 – 311
	1°	Obligations des fabricants et des marchands	303 – 305
	2°	Obligations des particuliers	306
	3°	Circulation	307
	4°	Obligations des détenteurs	308 – 310
	5°	Rachat des alambics par l'État	310 *bis*
	6°	Mesures d'application	311
	II	Dispositions générales	311 *bis* – 313
	1°	Conditions d'exercice de la profession de distillateur	311 *bis*
	2°	Déclarations	312 – 313
	III	Compteurs	314
	IV	Bouilleurs de cru	315 – 326
	1°	Définition	315 – 317
	2°	Lieux de distillation	318 – 320
	3°	Déclarations	321
	4°	Cautionnement	322 – 323
	5°	Liquidation de l'impôt	324 – 325 *bis*
	6°	Mesures d'application	326
	V	Bouilleurs ambulants	327 – 331
	1°	Permis de circulation	327 – 328
	2°	Déclarations	329
	3°	Registre journal	330 – 331
	VI	Distillateurs de profession	332 – 342
	1°	Définition	332
	2°	Obligations	333 – 337
	3°	Tenue des comptes	338 – 341
	4°	Mesures d'application	342
	VII	Fabrication de produits divers	343 – 349

1°	Mistelles, vermouths, vins de liqueur et produits similaires	343 – 344 *bis*
2°		344 *ter*
3°		345 – 346
4°	Absinthe et liqueurs similaires	347
5°		348
6°	Produits de parfumerie et de toilette	349
VIII	Boissons de raisins secs	350 – 357
1°	Fabrication	350 – 353
2°	Circulation	354 – 357
B		358 – 361
B *bis*	Régime du rhum	362 – 363
B *ter*		364 – 400
C	Régime fiscal	401 – 406 *quinquies*
I	Définition des produits	401 – 402
II	Droit de consommation	402 *bis* – 406
1°	Tarifs	402 *bis* – 403
2°		404 – 405
3°	Exemptions	406
II *bis*		406 A – 406 F
III *et* IV		406 *bis* – 406 *quater*
V	Corse	406 *quinquies*
SECTION II	*Vins et cidres*	407 – 442 *sexies*
A	Production	407 – 433 A
I	Déclarations	407 – 410 *bis*
1°	Récolte	407
2°	Stocks	408
3°	Dispositions communes	409 – 410 *bis*
II	Vinage	411 – 412
III	Vins mousseux	413 – 415
1°	Fabrication	413 – 414
2°	Appareils à gazéifier	415
IV	Vins doux naturels	416 – 418
V	Sucrages	419 – 427 *bis*
1°	Déclarations	422
2°	Détention et circulation des sucres	423 – 426
3°	Mesures d'application	427 – 427 *bis*
VI	Piquettes et vins de sucre	428 – 432
1°	Définition	428 – 430
2°	Interdictions diverses	431 – 432
VII		433
VIII	Contentieux	433 A
B	Régime fiscal	434 – 442 *sexies*
I	Définition des produits	434 – 437
1°	Vins et cidres	434 – 435
2°	Vins de diffusion	436
3°	Boissons de pommes sèches	437
II	*Droit de circulation*	438 – 442
1°	Tarifs	438 – 438 *bis*
2°		439 – 440
3°	Exonérations et exemptions	440 *bis* – 442
II *bis*, III à V		442 A – 442 *sexies*
SECTION III	*Circulation*	442 *septies* – 481

I	Dispositions communes	442 *septies* – 460
1°	Titres de mouvement	443 – 445 A
2°	Déclarations d'enlèvement	446 – 449
3°	Boissons warrantées	450
4°	Obligations des transporteurs	451 – 455
5°	Tolérance sur déclarations — Creux de route	456 – 457
6°	Exemption des formalités à la circulation	458
7°	...	459 – 460
II	Dispositions spéciales aux alcools	461 – 464 *bis*
1°	...	462 *ter*
2°	Plombage	463 – 464
3°	...	464 *bis*
III	Dispositions spéciales aux vins	465 – 465 *bis*
	Attestation du récoltant-vendeur	465 – 465 *bis*
IV	Vendanges, fruits à cidre et à poiré, levures alcooliques, marcs de raisins et lies sèches de raisins	466 – 468
1°	Vendanges	466
2°	...	467
3°	Levures alcooliques — Marcs de raisins et lies sèches	468
V *et* VI	...	469 – 481
SECTION IV	*Commerce*	482 – 507
I	Dispositions générales	482 – 483
1°	Alcools	482
2°	...	483
II	Entrepositaires agréés	484 – 500
1° *à* 3°	...	484 – 493
4°	Tolérances	494 – 494 *bis*
5° *à* 9°	...	495 – 499
10°	Cessation de commerce	500
III	Débitants	501 – 507
1	Débitants récoltants	501
2	Autres débitants	502 – 507
1°	Définition	502 – 503
2°	Communications intérieures et recel	504
3°	Interdictions relatives à la détention des alcools	505 – 506
4°	...	507
SECTION V	*Régimes particuliers*	508 – 520
I	Alcools dénaturés	508 – 513
1°	Alcools destinés à des usages industriels	508 – 512
2°	Mesures d'application	513
II	Matières absorbantes	514
II *bis*	Essences pouvant servir à la fabrication de boissons alcooliques	514 *bis*
III	...	515
IV *[ABROGÉ]*	Prélèvements d'échantillons	516 *[abrogé]*
V	...	517
VI	Dispositions spéciales	518 – 519
VII	Importations	520
SECTION VI	*Bières et boissons non alcoolisées*	520 A – 520 C
CHAPITRES I *bis* *et* I *ter*	...	520 *bis* – 520 *octies*
CHAPITRE II	Garantie des matières d'or, d'argent et de platine	521 – 553 *bis*

SECTION I	*Titre des ouvrages*	521 – 522 *bis*
SECTION II	*Poinçons*	523 – 526
SECTION III	*Droit spécifique et essai des métaux précieux*	527 – 532
I	Droit spécifique	527 – 528
II	Modalités de l'essai	529 – 531
III		532
SECTION IV	*Obligations des redevables*	533 – 541
I	Fabricants	533
II	Marchands et personnes assimilées	534
III	Obligations communes	535 – 539
IV	Marchands ambulants	540 – 541
SECTION V	*Exportation ou livraison à destination d'un autre État membre de l'Union européenne*	542 – 547
SECTION VI	*Importation*	548 – 549
SECTION VII	*Fabrication du plaqué et du doublé d'or, d'argent et de platine sur tous métaux*	550 – 551
SECTION VIII		552
SECTION IX	*Modalités d'application*	553
SECTION X	*Départements d'outre-mer*	553 *bis*
CHAPITRES II *bis* et II *ter*		553 A – 553 B
CHAPITRE III	Droits divers	554 – 564 *bis*
SECTIONS I à IV		554 – 558
SECTION V	*Droits de recherche*	559 – 560
SECTION VI		561
SECTION VII		562 – 562 *bis*
SECTION VIII		563
SECTION IX	*Droit de fabrication sur les boissons de raisins secs — Droit de circulation sur les raisins secs à boissons — Taxe spéciale sur le sucre utilisé au sucrage en première cuvée*	564
SECTION X		564 *bis*
CHAPITRE III *bis*	Régime économique du sucre	564 *ter*
CHAPITRE III *ter*	Régime économique de l'isoglucose	564 *quater*
CHAPITRE III *ter* A	Régime économique du sirop d'inuline	564 *quater* A
CHAPITRE III *quater*	Cotisation de solidarité sur les céréales	564 *quinquies*
CHAPITRE III *quinquies*	Cotisation de solidarité sur les graines oléagineuses	564 *sexies*
CHAPITRE III *sexies*		564 *septies* – 564 *octies*

CHAPITRE III *septies*	....	564 *nonies*
CHAPITRE IV	Tabacs	564 *decies* – 613 *bis*
SECTION I	*Tabacs*	564 *decies* – 575 M
0I	Dispositions générales	564 *decies* – 564 *duodecies*
I	Tabacs – Régime économique	565 – 574
	DOM	574
II	Régime fiscal	575 – 575 E *bis*
	Corse — DOM	575 E – 575 E *bis*
III	Circulation, détention et commerce des tabacs	575 F – 575 M
SECTION II	....	576 A – 585 C
I	....	576 A – 581
II *et* III	....	582 – 585 C
SECTION III	....	586
SECTION IV	....	587 – 613 *bis*
CHAPITRE IV *bis*	Impôt sur les spectacles – Taxe sur les appareils automatiques	613 *ter* – 613 *duodecies*
CHAPITRE V	Dispositions communes à l'ensemble des contributions indirectes	614 – 633
SECTION I	*Formalités générales à l'enlèvement*	614
SECTION I bis	*Document communautaire d'accompagnement*	614 A
SECTION II	....	615 – 624
SECTION III	*Registres portatifs*	625
SECTION IV	*Entreprises de transport*	626
SECTION V	*Modification des tarifs d'impôts indirects*	627 – 628
SECTIONS VI et VII	....	629 – 630
SECTION VIII	*Frais de surveillance*	631
SECTION IX	....	632
SECTION X	*Machines à timbrer*	633
TITRE IV	**ENREGISTREMENT, PUBLICITÉ FONCIÈRE, IMPÔT DE SOLIDARITÉ SUR LA FORTUNE, TIMBRE *[, IMPÔT SUR LA FORTUNE IMMOBILIÈRE]***	**634 – 1378**
CHAPITRE I	Droits d'enregistrement et taxe de publicité foncière	634 – 885
SECTION I	*Dispositions générales*	634 – 676
I	Des formalités	634 – 661
A	Champ d'application respectif de la formalité de l'enregistrement et de la formalité fusionnée – Délais	634 – 649
1	Actes et mutations soumis à la formalité de l'enregistrement	634 – 646
a	Actes publics et sous seings privés	634 – 637

b Mutations et autres opérations résultant de conventions verbales .... 638 – 640 A
c Mutations par décès .... 641 – 646
2 Actes soumis à la formalité fusionnée de l'enregistrement et de la publicité foncière 647
3 Computation des délais 648
4 Régime particulier aux départements de la Moselle, du Bas-Rhin et du Haut-Rhin 649
B Accomplissement des formalités .... 650 – 661
1 Bureaux compétents .... 650 – 657
a Formalité de l'enregistrement .... 650 – 656
1° Actes et mutations autres que les mutations par décès .... 650 – 655
2° Mutations par décès 656
b Formalité fusionnée de l'enregistrement et de la publicité foncière 657
2 Modalités d'exécution des formalités .... 658 – 661
II Des impositions .... 662 – 676
A Champ d'application respectif des droits d'enregistrement et de la taxe de publicité foncière .... 662 – 665
B Assiette et liquidation .... 666 – 675
C Mutations et conventions affectées d'une condition suspensive 676

SECTION II *Les tarifs et leur application* .... 677 – 848 *bis*
I Dispositions générales .... 677 – 681
II Mutations de propriété à titre onéreux d'immeubles .... 682 – 717
0A Disposition générale 682
A Régime normal .... 683 – 684
B Régimes spéciaux et exonérations .... 685 – 717
1 Mutations d'une nature particulière .... 685 – 690
2 Mutations soumises à une taxation réduite ou exonérées .... 691 – 717
a .... 691 – 692
b .... 693 – 696
c Régimes spéciaux institués en faveur du commerce et de l'industrie .... 697 – 700
d Régimes spéciaux institués en faveur de l'agriculture .... 701 – 709
e .... 710 – 712
f Acquisitions faites par les mutuelles, associations cultuelles et certaines associations reconnues d'utilité publique 713
g Immeubles situés à l'étranger 714
h Dispositions diverses .... 715 – 717
III Mutations de propriété à titre onéreux de meubles .... 718 – 735
0A Dispositions générales .... 718 – 718 *bis*
Mutations à titre onéreux de biens mobiliers étrangers constatées par des actes passés en France .... 718 – 718 *bis*
A Cessions de fonds de commerce et de clientèles et conventions assimilées .... 719 – 723
1 Régime normal .... 719 – 720
2 Régimes spéciaux et exonérations .... 721 – 723

1° Amélioration des structures des entreprises et développement de la recherche scientifique et technique 721
2° Débits de boissons 722
3° Aménagement et développement du territoire ..... 722 *bis*
4° Marchandises neuves 723
B Cessions d'offices publics et ministériels 724
B *bis* Dispositions communes aux cessions de fonds de commerce ou de clientèle et aux cessionsd'offices publics et ministériels ..... 724 *bis*
C Cessions de droit à un bail d'immeuble et conventions assimilées 725
D Cessions de droits sociaux ..... 726 – 730 *quinquies*
1 Régime normal 726
2 Régimes spéciaux ..... 727 – 730 *quinquies*
E Cessions de brevets d'invention 731
F Cessions de cheptel et autres objets mobiliers dépendant d'une exploitation agricole 732
[F bis] Cession d'un navire de pêche artisanal ..... 732 A
[F ter] Rachat d'une entreprise par ses salariés ou par des membres de la famille du cédant ..... 732 *bis* – 732 *ter*
G Autres biens mobiliers ..... 733 – 734
H Ventes simultanées de meubles et d'immeubles 735
IV Mutations de jouissance ..... 736 – 745
A Baux à durée limitée d'immeubles, de fonds de commerce et de clientèles ..... 736 – 743 *bis*
1 Droits d'enregistrement ..... 736 – 741 *bis*
1° 736
2° Régimes spéciaux et exonérations ..... 737 – 740
3° 741
4° ..... 741 *bis*
2 Taxe de publicité foncière ..... 742 – 743 *bis*
1° Régime normal 742
2° Régimes spéciaux ..... 743 – 743 *bis*
B Baux à vie ou à durée illimitée 744
C 745
V Partages et opérations assimilées ..... 746 – 750 *bis* A
A Partages ..... 746 – 749 B
1 Tarif 746
2 Assiette et liquidation ..... 747 – 748 *bis*
1° Régime normal 747
2° Régime spécial ..... 748 – 748 *bis*
3 Exonérations ..... 749 – 749 B
B Licitations et cessions de droits successifs ..... 750 – 750 *bis*
C Corse — Régime temporaire ..... 750 *bis* A – 750 *bis* B
VI Mutations à titre gratuit ..... 750 *ter* – 808
A Champ d'application des droits de mutation à titre gratuit ..... 750 *ter* – 757 C
01 Territorialité ..... 750 *ter*
1 Présomptions de propriété ..... 751 – 755
2 756
[2 bis] *[Renonciation à l'action en réduction]* ..... 756 *bis*
3 Dons manuels 757

4 Divorce *[Pension alimentaire]* — Versements en capital .... 757 A
5 Sommes versées en vertu de contrats d'assurances en cas de décès .... 757 B
6 Dons consentis en application de l'article 885-0 V *bis* A *[Dons pris en compte pour la détermination de l'avantage fiscal prévu à l'article 978]* .... 757 C
B Assiette des droits de mutation à titre gratuit .... 758 – 776 *quater*
1 Dispositions communes aux successions et aux donations .... 758 – 763 *bis*
a Biens mobiliers .... 758 – 760
b Immeubles 761
c Règles communes aux meubles et aux immeubles .... 762 – 763 *bis*
2 Dispositions spéciales aux successions .... 764 – 775 *sexies*
a Règles d'évaluation .... 764 – 766 *bis*
1° Biens mobiliers .... 764 – 764 A
2° Biens immobiliers (résidence principale) .... 764 *bis*
3° Biens sinistrés ou frappés d'indisponibilité hors de France .... 765 – 766
[4°] Fiducie .... 766 *bis*
b Passif déductible .... 767 – 775 *quinquies*
1° Legs particuliers 767
2° Dettes du défunt .... 768 – 774
3° Frais funéraires 775
4° Rentes et indemnités versées en réparation de dommages corporels .... 775 *bis*
[5°] .... 775 *ter*
[6°] Loyers et indemnités d'occupation .... 775 *quater*
[7°] Rémunération du mandataire à titre posthume .... 775 *quinquies*
8° Frais de reconstitution de titres de propriété des biens immeubles et des droits immobiliers .... 775 *sexies*
3 Dispositions spéciales aux donations .... 776 – 776 *quater*
C Tarif et liquidation .... 777 – 791
1 Tarif .... 777 – 778 *bis*
2 Liquidation .... 779 – 791
a Dispositions communes aux successions et aux donations .... 779 – 787 C
b Dispositions spéciales aux successions .... 788 – 789 B
c Dispositions spéciales aux donations .... 790 – 791 *bis*
D Régimes spéciaux et exonérations .... 792-0 *bis* – 797 A
E Obligations diverses .... 798 – 808
1 Dispositions communes aux successions et aux donations .... 798 – 799
2 Dispositions spéciales aux successions .... 800 – 808
1° Immeubles et fonds de commerce situés en France et dévolus à des personnes domiciliées à l'étranger — Obligations imposées à l'acquéreur .... 803 – 804
2° Polices d'assurances contre l'incendie souscrites par les personnes décédées — Avis à donner par les assureurs 805
3° *Titres, sommes ou valeurs en dépôt* — Sommes dues à raison du décès — Obligations des dépositaires ou débiteurs .... 806 – 808
VII Actes et conventions concernant les sociétés, personnes morales et groupements .... 808 A – 834 *bis*

A Dispositions générales .... 808 A – 811
1° Règles de territorialité .... 808 A
2° Apports à une société, personne morale ou groupement .... 809 – 811
B Dispositions particulières à certaines conventions... 812 – 817 B
1 Augmentations de capital .... 812 – 814 C
2 Actes de fusion .... 815 – 816 A
3 Scissions et apports partiels d'actif 817
4 Conditions d'application du régime spécial des fusions, scissions et apports partiels d'actif .... 817 A – 817 B
C Régimes spéciaux et exonérations .... 818 – 834 *bis*
1 Sociétés à objet agricole .... 818 – 820 B
2 .... 821 – 824 A
3 Sociétés à capital variable 825
3 bis .... 825 A
4 826
5 Sociétés immobilières et assimilées .... 827 – 830
6 Fonds communs de placement .... 831 – 832 A
7 .... 833 – 834
8 Conversion du capital social des sociétés en euros... 834 *bis*
VIII .... 835 – 842
IX .... 843 – 843 B
X Inscriptions de privilèges et d'hypothèques .... 844 – 845
A Régime normal 844
B Exonérations 845
XI Actes divers .... 846 – 848 *bis*
SECTION III *Obligations diverses* .... 849 – 885
I Obligations des redevables et des officiers publics et ministériels .... 849 – 877
A Obligations des redevables .... 849 – 852
1° Actes sous seing privé — Dépôt d'un double au bureau 849
2° Affirmation de sincérité 850
3° Déclaration estimative 851
4° Lotisseurs, marchands de biens et assimilés — Obligations particulières 852
B Obligations des officiers publics et ministériels .... 853 – 869
1 Obligations particulières à la formalité de l'enregistrement .... 853 – 859
1° Actes publics .... 853 – 855
2° Énonciation des formalités antérieures .... 856 – 858
3° Offices (transmissions, créations et suppressions)... 859
2 Autres obligations .... 860 – 869
1° Extraits d'acte .... 860 – 861
2° Actes en conséquence 862
3° Information des parties de l'existence de sanctions — Affirmation de sincérité .... 863 – 864
4° États de frais — Indication du montant des droits payés au Trésor 865
5° Huissiers 866
6° Répertoire des notaires, huissiers, greffiers, secrétaires, commissaires-priseurs, courtiers de commerce, courtiers d'assurances et autres intermédiaires .... 867 – 869

	C	Obligations communes	870 – 877
	1°	Désignation des immeubles dans les actes et jugements, d'après les données du cadastre	870
	2°	Ventes publiques de meubles	871 – 876
	3°	Justification du droit à exonération	877
	II	Service public de la publicité foncière	878 – 881 O
		...	882 – 885
CHAPITRE I *bis* *[ABROGÉ]*		Impôt de solidarité sur la fortune	885 A – 885 Z *[abrogés]*
SECTION I		*Champ d'application*	885 A – 885 C
	1°	Personnes imposables	885 A
	2°	Présomptions de propriété	885 B – 885 C
SECTION II		*Assiette de l'impôt*	885 D – 885 G *quater*
SECTION III		*Biens exonérés*	885 H – 885 L
SECTION IV		*Biens professionnels*	885 M – 885 R
SECTION V		*Évaluation des biens*	885 S – 885 T *ter*
SECTION VI		*Calcul de l'impôt*	885 U – 885 V *ter*
SECTION VII		*Obligations des redevables*	885 W – 885 Z
CHAPITRE II		Droits de timbre	886 – 990
SECTION I		*Droits de timbre proprement dits*	886 – 944
	I	Dispositions générales	886 – 898
	1°	Généralités	886 – 891
	2°	Débiteurs des droits	892
	3°	Prescriptions et prohibitions diverses	893 – 898
	II	Timbre dématérialisé	899 – 909
	III	...	910 – 916
	III *bis*	Timbre des formules de chèques	916 A
	IV	Timbre des quittances	917 – 924
	V	...	925 – 943
	VI	...	944
SECTION II		*Droits de délivrance de documents et perceptions diverses*	945 – 968 D
	I	Cartes d'entrée dans les casinos	945 – 946
	II	...	947 – 952
	A	...	947 – 950
	B	...	951 – 952
	III	Passeports et titres de voyage	953 – 957
	IV	Demandes de naturalisation et de réintégration et déclarations d'acquisition de la nationalité à raison du mariage	958 – 961
	V	Certificat d'immatriculation des véhicules	962 – 962 *bis*
	VI	Navigation intérieure et navigation maritime de plaisance	963
SECTION III		*Taxe additionnelle à la taxe sur les certificats d'immatriculation des véhicules de tourisme*	963 A
CHAPITRE II *bis*		Impôt sur la fortune immobilière	964 – 983
SECTION I		*Champ d'application*	964
SECTION II		*Assiette de l'impôt*	965 – 972 *ter*

SECTION III	*Règles de l'évaluation des biens*	973
SECTION IV	*Passif déductible*	974
SECTION V	*Actifs exonérés*	975 – 976
SECTION VI	*Calcul de l'impôt*	977 – 980
SECTION VII	*Contrôle et contentieux*	981
SECTION VIII	*Obligations déclaratives*	982 – 983
CHAPITRE III	Autres droits et taxes	990 A – 1019
SECTION 0I [ABROGÉE]	*Prélèvement d'office sur les bons et titres anonymes*	990 A – 990 C *[abrogés]*
SECTION 0I bis	*Taxe sur la valeur vénale des immeubles possédés en France par des personnes morales*	990 D – 990 H
SECTION 0I ter	*Prélèvement sur les sommes versées par les organismes d'assurances et assimilés à raison des contrats d'assurances en cas de décès*	990 I – 990 I *bis*
SECTION 0I quater	*Taxes sur certaines opérations de crédit* [Prélèvement sur les biens, droits et produits placés dans un trust]	990 J
SECTION I	*Taxe sur les conventions d'assurances*	991 – 1004 *bis*
I	Champ d'application	991 – 1000 A
A	Conventions imposables	991 – 994
B	Régimes spéciaux et exonérations	995 – 1000 A
II	Tarif	1001
III	Obligations diverses	1002 – 1004 *bis*
SECTION II	*Taxe d'accroissement*	1005 – 1006
SECTION III [ABROGÉE]	*Taxes sur les véhicules à moteur*	1007 – 1010 *ter [abrogés]*
I *[ABROGÉ]*	Taxe différentielle sur les véhicules à moteur	1007 – 1009 B *[abrogés]*
II *[ABROGÉ]*	Taxe sur les véhicules des sociétés	1010 – 1010 B *[abrogés]*
III *[ABROGÉ]*	Taxes additionnelles à la taxe sur les certificats d'immatriculation	1010 *bis* – 1010 *ter [abrogés]*
SECTION IV	...	1011
SECTION IV bis	*Malus applicable aux voitures particulières les plus polluantes*	1011 *bis* – 1011 *ter*
SECTION V	*Droit fixe dû par les opérateurs de jeux ou de paris en ligne*	1012 – 1018 *[abrogés]*
[SECTION V 0 bis]	*Taxe annuelle due sur les résidences mobiles terrestres*	1013
SECTION V bis	*Droit fixe de procédure*	1018 A – 1018 A *bis*
SECTION V ter	*Taxe sur la cession de titres d'un éditeur de service de communication audiovisuelle*	1019
CHAPITRE IV	Régimes spéciaux et exonérations de portée générale	1020 – 1378
	Disposition générale	1020
SECTION I	*Agriculture*	1021 – 1037
I	Aménagement rural	1021 – 1026

1° Irrigation .... 1021 – 1022
2° Remembrement .... 1023 – 1024
3° Terres incultes — Mise en valeur .... 1025 – 1026
II Organismes agricoles .... 1027 – 1032
1° Caisses de mutualité sociale agricole 1027
2° Sociétés d'aménagement foncier et d'établissement rural .... 1028 – 1028 *quater*
3° Sociétés coopératives agricoles .... 1029 – 1031
4° 1032
III Divers .... 1033 – 1037
1° Accidents du travail agricole 1033
2° .... 1034 – 1035
3° Prêts d'installation aux jeunes agriculteurs 1036
4° Contrat de travail à salaire différé 1037

SECTION II *Collectivités publiques, établissements publics ou d'utilité publique* .... 1038 – 1048 *ter*
1° Transports de voyageurs en Île-de-France 1038
2° Établissements d'utilité publique 1039
3° Comités professionnels de développement économique .... 1039 A
4° État 1040
[4° bis] Établissements publics à caractère scientifique, culturel et professionnel .... 1040 *bis*
5° .... 1040 A
6° Conservatoire de l'espace littoral et des rivages lacustres 1041
7° Collectivités locales et établissements publics locaux .... 1042 – 1042 B
8° Établissements publics de coopération intercommunale 1043
8° *bis* Établissements de santé visés à l'article L. 6112-2 du code de la santé publique .... 1043-0 A
9° Départements d'outre-mer .... 1043 A
10° Ports autonomes .... 1044 – 1044 A
11° Expropriation et servitudes pour cause d'utilité publique 1045
12° Parcs nationaux .... 1045 *bis*
13° Terrains communaux 1046
14° Matelots et pêcheurs de la commune de Fort-Mardyck 1047
15° Réquisitions 1048
[16°] .... 1048 *bis*
[17°] Occupations du domaine public .... 1048 *ter*

SECTION III *Construction — Logement* .... 1049 – 1055 *bis*

SECTION IV *Biens sinistrés* .... 1056 – 1059
1° Réparation, reconstruction et reconstitution des biens et des exploitations sinistrés du fait des hostilités .... 1056 – 1058
2° Dommages causés à la propriété privée par l'exécution de travaux publics 1059

SECTION V *Établissements financiers* .... 1060 – 1065
1° Banque des règlements internationaux .... 1060 – 1061
2° Caisses d'épargne .... 1062 – 1063 A
3° Entreprises de crédit différé 1064

4° Entreprises d'assurances et de capitalisation 1065

SECTION VI *Institutions à caractère social* .... 1066 – 1089

1° Aide sociale 1066

2° Assistance et protection de l'enfance .... 1067 – 1068

3° Assurances maladie et maternité des travailleurs indépendants non agricoles 1069

4° Caisse de retraite et de prévoyance des clercs de notaire 1070

5° Croix-Rouge française 1071

6° Indigents .... 1072 – 1073

7° Marine .... 1074 – 1076

8° Ouvriers mineurs .... 1077 – 1080

9° Rapatriés et personnes dépossédées de leurs biens outre-mer .... 1081 – 1082

10° Sécurité sociale .... 1083 – 1085

11° Mutuelles .... 1086 – 1089

SECTION VII *Juridictions – Procédures diverses* .... 1089 A – 1112 *ter*

1° Actes de justice devant les juridictions civiles et administratives .... 1089 A – 1089 C

2° Agence judiciaire du Trésor 1090

3° Aide juridictionnelle .... 1090 A – 1099

4° Casier judiciaire. rectification de mentions .... 1100 – 1108 *bis*

5° Révision des procès 1109

6° Successions vacantes ou en déshérence .... 1109 *bis* – 1112 *ter*

SECTION VIII .... 1113 – 1114

SECTION IX *Dispositions diverses* .... 1115 – 1378

1° Achats en vue de la revente 1115

2° Actes de dépôt 1116

3° Actes de l'état civil .... 1117 – 1120

4° Actes, archives, registres et documents détruits par suite d'événements de guerre, de sinistre ou de tout autre fait .... 1121 – 1125 *bis*

5° Attribution gratuite d'actions ou de parts sociales au personnel des entreprises .... 1126 – 1127

6° Certificats de vie 1128

7° Contrat d'apprentissage .... 1128 *bis*

8° Contrat et certificat de travail .... 1128 *ter*

9° Mariages – Dissentiment des parents .... 1129 – 1130

10° Patrimoine artistique national 1131

11° Publicité foncière – Réforme – Dispositions transitoires 1132

12° Réunion de l'usufruit à la nue-propriété 1133

12° *bis* Changement de régime matrimonial au profit d'un régime communautaire .... 1133 *bis*

12° *ter* Versements en capital au titre de la prestation compensatoire .... 1133 *ter*

[12° quater] Fiducie .... 1133 *quater*

13° Warrants 1134

14° Indivisions successorales en Corse – Régime temporaire 1135

14° *bis* Droits de succession. exonération des immeubles et droits immobiliers situés en Corse .... 1135 *bis*

15° Privatisations 1136

16° Acquisitions de bois et forêts et de terrains destinés au reboisement .... 1137 – 1378

TITRE V DISPOSITIONS COMMUNES AUX TITRES I, II ET IV .... 1378 *bis* – 1378 *nonies*

CHAPITRE I Mise sous condition des avantages fiscaux attachés aux dons .... 1378 octies – 1378 *nonies*

DEUXIÈME PARTIE

IMPOSITIONS PERÇUES AU PROFIT DES COLLECTIVITÉS LOCALES ET DE DIVERS ORGANISMES

TITRE I IMPOSITIONS COMMUNALES .... 1379 – 1585 I

CHAPITRE I Impôts directs et taxes assimilées .... 1379 – 1557

SECTION I *Généralités* .... 1379 – 1379 *bis*

SECTION II *Taxes foncières* .... 1380 – 1406

I Taxe foncière sur les propriétés bâties .... 1380 – 1392

A Propriétés imposables .... 1380 – 1381

B Exonérations permanentes .... 1382 – 1382 G

C Exonérations temporaires .... 1383 – 1387 A *bis*

1 Exonération de deux ans 1383

[1 bis] *[Exonération comprise entre deux et cinq ans]* .... 1383 A

2 Exonérations supérieures à deux ans .... 1383-0 B – 1387 A *bis*

[01°] *[Économies d'énergie]* .... 1383-0 B – 1383-0 B *bis*

1° Zones franches urbaines – territoires entrepreneurs .... 1383 B – 1383 C *bis*

[1°-0 bis] *[Quartiers prioritaires de la politique de la ville]* .... 1383 C *ter*

[1° bis] *[Jeunes entreprises innovantes]* .... 1383 D

[1° ter] *[Zones de revitalisation rurale. Logements locatifs acquis et améliorés avec l'aide financière de l'Agence nationale de l'habitat]* .... 1383 E – 1383 E *bis*

1° *quater* Bassins urbains à dynamiser .... 1383 F

[1° quinquies] *[Constructions incluses ou édifiées à proximité des sites exposés à des risques particuliers]* .... 1383 G – 1383 G *ter*

[1° sexies] *[Bassins d'emploi à redynamiser]* .... 1383 H

[1° septies] *[Zones de restructuration de la défense]* .... 1383 I

1° *octies* Zones de développement prioritaire .... 1383 J

2° Habitations à loyer modéré 1384

2° *bis* Logements intermédiaires .... 1384-0 A

3° Constructions financées au moyen des prêts aidés par l'État .... 1384 A – 1384 C

3° *bis* Locaux acquis ou aménagés avec l'aide de l'État .... 1384 D – 1384 F

3° *ter* Dispositions particulières aux opérations de renouvellement urbain faisant l'objet d'une convention avec l'Agence nationale pour la rénovation urbaine. 1384 G

4° Autres locaux .... 1385 – 1387 A *bis*

D Base d'imposition .... 1388 – 1388 *nonies*

E Exonérations, dégrèvements spéciaux et réductions d'impôt ..... 1389 – 1392
II Taxe foncière sur les propriétés non bâties ..... 1393 – 1398 A
A Propriétés imposables 1393
B Exonérations permanentes ..... 1394 – 1394 D
C Exonérations temporaires ..... 1395 – 1395 H
D Base d'imposition ..... 1396 – 1396 *bis*
E Dégrèvements spéciaux ..... 1397 – 1398 A
III Dispositions communes aux taxes foncières sur les propriétés bâties et non bâties ..... 1399 – 1406
A Lieu d'imposition 1399
B Débiteur de l'impôt ..... 1400 – 1401
C Mutations cadastrales et changements affectant le débiteur de l'impôt ..... 1402 – 1405
D Déclaration des constructions nouvelles ainsi que des changements de consistance ou d'affectation 1406
SECTION III *Taxe d'habitation* ..... 1407 – 1414 C
I Locaux imposables ..... 1407 – 1407 *bis*
II Personnes imposables 1408
III Assiette de la taxe ..... 1409 – 1413
IV Exonérations et dégrèvements d'office ..... 1413 *bis* – 1414 D
SECTION IV *Dispositions communes aux taxes foncières et à la taxe d'habitation* ..... 1415 – 1446
[SECTION 0V] [Contribution économique territoriale] 1447-0
SECTION V *Cotisation foncière des entreprises* ..... 1447 – 1479
I Personnes et activités imposables ..... 1447 – 1448
II Exonérations ..... 1449 – 1466 F
III Base d'imposition ..... 1467 – 1472 A *ter*
1° ..... 1469 B
2° ..... 1469 B
3° ..... 1472 A *bis*
4° Réduction des bases en Corse à compter de 1995 ..... 1472 A *ter*
IV Répartition des bases ..... 1473 – 1475
V Établissement de la taxe ..... 1476 – 1479
Annualité de la taxe ..... 1478 – 1479
SECTION V bis ..... 1480 – 1493 *bis*
SECTION VI *Règles d'évaluation de la valeur locative des biens imposables* ..... 1494 – 1518 D
I Évaluation des propriétés bâties ..... 1494 – 1508
A Généralités ..... 1494 – 1495
B Locaux d'habitation et à usage professionnel ..... 1496 – 1497
C Locaux professionnels ..... 1498 – 1498 *bis*
D Établissements industriels ..... 1499 – 1500
E Dispositions communes aux établissements industriels et aux locaux commerciaux ..... 1501 – 1501 bis
F Procédure d'évaluation ..... 1502 – 1508
II Évaluation des propriétés non bâties ..... 1509 – 1515
A Dispositions générales 1509
B Procédure d'évaluation ..... 1510 – 1515
1 Règles permanentes ..... 1510 – 1514

2 Règles particulières à la révision quinquennale 1970-1974 1515
III Dispositions communes aux biens passibles des impôts directs locaux ..... 1516 – 1518 D
A Mise à jour périodique de la valeur locative des propriétés bâties et non bâties ..... 1516 – 1518 *bis*
B Réduction de la valeur locative de certains biens ..... 1518 A – 1518 A *quater*
C Valeur locative minimum ..... 1518 B – 1518 D
SECTION VI bis *Règles particulières d'établissement des impôts directs locaux* ..... 1518 E
SECTION VI ter *Voies de recours spécifiques en matière d'impôts directs locaux* ..... 1518 F
SECTION VII *Autres taxes communales* ..... 1519 – 1557
I Taxes obligatoires ..... 1519 – 1519 I
A Redevance communale des mines 1519
B Imposition forfaitaire sur les pylônes ..... 1519 A
C Taxe sur les éoliennes maritimes ..... 1519 B – 1519 C
D Imposition forfaitaire sur les entreprises de réseaux ..... 1519 D – 1519 HA
E Taxe additionnelle à la taxe foncière sur les propriétés non bâties ..... 1519 I
F Redevance communale géothermique ..... 1519 J
II Taxes facultatives ..... 1520 – 1557
A Taxe d'enlèvement des ordures ménagères ..... 1520 – 1526
B 1527
C Taxe de balayage 1528
D Taxe forfaitaire sur la cession à titre onéreux de terrains nus rendus constructibles 1529
E Taxe annuelle sur les friches commerciales 1530
F Taxe pour la gestion des milieux aquatiques et la prévention des inondations ..... 1530 *bis*
..... 1531 – 1557
CHAPITRE II Contributions indirectes ..... 1558 – 1583
SECTION I *Taxes obligatoires* ..... 1558 – 1580
I 1558
II Impôt sur les maisons de jeux ..... 1559 – 1567
1° Champ d'application 1559
2° Tarif 1560
3° ..... 1560 *bis* – 1560 *quater*
4° Exonérations 1561
5° Demi-tarif ..... 1562 – 1562 *bis*
6° Assiette et liquidation ..... 1563 – 1564 *bis*
7° Obligations des exploitants ..... 1565 – 1565 *octies*
8° Répartition de l'impôt ..... 1566 – 1567
III ..... 1568 – 1572
IV ..... 1573 – 1580
SECTION II *Taxes facultatives* ..... 1581 – 1582 *bis*
I 1581
II Surtaxe sur les eaux minérales 1582
III ..... 1582 *bis*

SECTION III	....	1583
CHAPITRE III	Enregistrement	1584 – 1585 H
SECTION I	*Taxe obligatoire*	1584 – 1584 *ter*
	Taxe additionnelle à certains droits d'enregistrement	1584 – 1584 *ter*
SECTION II	....	1585
SECTION III	*Taxe locale d'équipement*	1585 A – 1585 H
CHAPITRE IV	Autres droits et taxes	1585 I
	Taxe perçue au profit des communes de Saint-Martin et de Saint-Barthélemy	1585 I
TITRE II	**IMPOSITIONS DÉPARTEMENTALES**	**1586 – 1599 K**
CHAPITRE I	Impôts directs et taxes assimilées	1586 – 1592
I	Généralités	1586 – 1586 *bis*
I *bis*	Cotisation sur la valeur ajoutée des entreprises	1586 *ter* – 1586 *nonies*
II	Exonérations et dégrèvements	1586 A – 1586 E
III	Redevance départementale des mines	1587 – 1589
IV	Taxe sur l'exploration d'hydrocarbures	1590
V	Taxe sur l'exploration de gîtes géothermiques à haute température	1591
	....	1592
CHAPITRE II	Contributions indirectes	1593 – 1594
CHAPITRE III	Enregistrement	1594 A – 1599 B
SECTION I	*Droit d'enregistrement et taxe de publicité foncière*	1594 A – 1594 K
I	Dispositions générales	1594 A – 1594 E
II	Régimes spéciaux	1594 F – 1594 F *sexies*
III	Exonération	1594-0 G – 1594 J *bis*
IV	....	1594 K
SECTION II	*Autres taxes*	1595 – 1599 B
I	Taxes obligatoires – Taxes additionnelles à certains droits d'enregistrement	1595 – 1595 *quater*
	Taxe annuelle d'habitation des résidences mobiles terrestres	1595 *quater*
II	Taxes facultatives	1596 – 1599 B
A	Taxe spéciale d'équipement perçue dans le département de la Savoie	1599-0 B
B	Taxe pour le financement des dépenses des conseils d'architecture, d'urbanisme et de l'environnement	1599 B
CHAPITRE IV	Autres droits et taxes	1599 C – 1599 K
TITRE 0-II *BIS*	**IMPOSITIONS PERÇUES AU PROFIT DE LA MÉTROPOLE DE LYON**	**1599 L – 1599 P**
CHAPITRE I	Impôts directs et taxes assimilées	1599 L – 1599 M
CHAPITRE II	Droits d'enregistrement	1599 N – 1599 P

TITRE II *BIS*	**IMPOSITIONS PERÇUES AU PROFIT DES RÉGIONS ET DE LA COLLECTIVITÉ TERRITORIALE DE CORSE**	**1599 *bis* – 1599 *vicies***
CHAPITRE I	Impôts directs et taxes assimilées	1599 *bis* – 1599 *quinquies* B
I	Généralités	1599 *bis* – 1599 *ter*
II	Taxe d'apprentissage	1599 *ter* A – 1599 *ter* M
III	Imposition forfaitaire sur les entreprises de réseaux	1599 *quater* A – 1599 *quater* B
IV	Taxes perçues au profit de la région d'Île-de-France	1599 *quater* C – 1599 *quater* D
V	Contribution additionnelle à la taxe d'apprentissage	1599 *quinquies* A
VI	Taxe perçue pour la région de Guyane	1599 *quinquies* B
VII	Redevance régionale géothermique	1599 *quinquies* C
CHAPITRE II	Enregistrement, publicité foncière et timbre	1599 *sexies* – 1599 *novodecies* A
SECTION I	*Droits d'enregistrement – Taxe de publicité foncière*	1599 *sexies* – 1599 *octies*
I		1599 *sexies* – 1599 *septies* A
II	Taxe complémentaire à la taxe locale d'équipement au profit de la région d'Île-de-France	1599 *octies*
SECTION II	*Droits perçus à l'occasion de la délivrance de documents*	1599 *nonies* – 1599 *duodecies*
I	Taxe sur les permis de conduire	1599 *terdecies* – 1599 *quaterdecies*
II	Taxe sur les certificats d'immatriculation des véhicules	1599 *quindecies* – 1599 *novodecies* A
CHAPITRE III	Autres droits et taxes	1599 *vicies*
TITRE III	**IMPOSITIONS PERÇUES AU PROFIT DE CERTAINS ÉTABLISSEMENTS PUBLICS ET D'ORGANISMES DIVERS**	**1600-0 A – 1635 *ter***
CHAPITRE I	Impôts directs et taxes assimilées	1600-0 A – 1609 *decies*
SECTION 01	*Contributions et prélèvements perçus au profit d'organismes divers concourant au financement de la protection sociale et au remboursement de la dette sociale*	1600-0 A – 1600-0 S
I		1600-0 A – 1600-0 B
II	Contribution sociale généralisée perçue au profit de la caisse nationale des allocations familiales, du fonds de solidarité vieillesse et des régimes obligatoires d'assurance maladie	1600-00 C – 1600-0 E
III	Prélèvements sociaux perçus au profit de la caisse nationale d'allocations familiales et de la caisse nationale d'allocation vieillesse des travailleurs salariés	1600-0 F – 1600-0 F *bis*

IV	Contributions pour le remboursement de la dette sociale perçues au profit de la Caisse d'amortissement de la dette sociale	1600-0 G – 1600-0 M
V *[ABROGÉ]*	Prélèvements sociaux perçus au profit de la Caisse nationale de l'assurance maladie des travailleurs salariés	1600-0 N – 1600-0 R *[abrogés]*
[V]	*[Contribution sociale à la charge des fournisseurs agréés de produits du tabac]*	1600-0 R *bis*
VI	Prélèvements de solidarité sur les revenus du patrimoine et les produits de placement	1600-0 S
SECTION I	*Taxe pour frais de chambres de commerce et d'industrie*	1600 – 1600 A
SECTION II	*Taxe pour frais de chambres de métiers*	1601 – 1602
SECTION II bis	*Dispositions communes à la taxe pour frais de chambres de commerce et d'industrie et à la taxe pour frais de chambres de métiers*	1602 A
SECTION III		1603
SECTION IV	*Taxe pour frais de chambres d'agriculture*	1604
SECTION V	*Contribution à l'audiovisuel public*	1605 – 1605 *quinquies*
SECTION V bis	*Prélèvement spécial sur les bénéfices résultant de la vente, la location ou l'exploitation d'œuvres pornographiques ou d'incitation à la violence*	1605 *sexies* – 1605 *octies* *[abrogés]*
SECTION V ter	*Taxe sur la cession à titre onéreux de terrains nus rendus constructibles*	1605 *nonies*
SECTION VI	*Taxe sur les bois et plants de vigne perçue au profit de l'Établissement national des produits de l'agriculture et de la mer (FranceAgriMer)*	1606
SECTION VII		1607
SECTION 0VII bis	*Taxes spéciales d'équipement perçues au profit d'établissements publics — Exonération de certaines terres agricoles*	1607 A
SECTION VII bis	*Taxe spéciale d'équipement perçue au profit des établissements publics fonciers*	1607 *bis* – 1607 *ter*
SECTION VIII	*Taxe spéciale d'équipement perçue au profit de l'établissement public foncier de Normandie*	1608
SECTION IX	*Taxe spéciale d'équipement perçue au profit de l'établissement public foncier de Lorraine*	1609
SECTION IX bis		1609 A
SECTION IX ter	*Taxe spéciale d'équipement perçue au profit des établissements publics fonciers et d'aménagement de Guyane et de Mayotte*	1609 B
SECTION IX quater	*Taxe spéciale d'équipement perçue au profit de l'agence pour la mise en valeur des espaces urbains de la zone dite des cinquante pas géométriques en Guadeloupe*	1609 C

SECTION IX quinquies	*Taxe spéciale d'équipement perçue au profit de l'agence pour la mise en valeur des espaces urbains de la zone dite des cinquante pas géométriques en Martinique*	1609 D
SECTION IX sexies		1609 E
SECTION IX septies	*Taxe spéciale d'équipement au profit de l'établissement public foncier de Provence-Alpes-Côte d'Azur*	1609 F
SECTION IX octies	*Taxe spéciale d'équipement au profit de l'établissement public Société du Grand Paris*	1609 G
SECTION IX nonies		1609 H
SECTION X	*Impositions perçues au profit des communautés urbaines*	1609 *bis* – 1609 *ter* B
SECTION XI	*Impositions perçues au profit des syndicats de communes et des syndicats mixtes*	1609 *quater*
SECTION XI [bis]	*Expérimentation des péages urbains*	1609 *quater* A *[abrogé]*
SECTION XII		1609 *quinquies* – 1609 *quinquies* B
SECTION XII bis	*Impositions perçues au profit des communautés de communes*	1609 *quinquies* BA – 1609 *quinquies* C
SECTION XIII		1609 *sexies* – 1609 *nonies*
SECTION XIII bis	*Dispositions applicables à l'ensemble des groupements de communes*	1609 *nonies* A – 1609 *nonies* A *ter*
SECTION XIII ter [ABROGÉE]	*Impositions perçues par les communautés ou syndicats d'agglomérations nouvelles*	1609 *nonies* B – 1609 *nonies* BA *[abrogés]*
SECTION XIII quater	*Impositions perçues par les groupements substitués aux communes pour l'application des dispositions relatives à la cotisation foncière des entreprises, à la cotisation sur la valeur ajoutée des entreprises, à l'imposition forfaitaire sur les entreprises de réseaux et à la taxe additionnelle à la taxe foncière sur les propriétés non bâties*	1609 *nonies* C – 1609 *nonies* D
SECTION XIII quinquies	*Taxes sur le produit de la valorisation des terrains nus et des immeubles bâtis*	1609 *nonies* F
SECTION XIII sexies	*Taxe sur les plus-values de cession d'immeubles autres que des terrains à bâtir*	Art. 1609 *nonies* G
SECTION XIV	*Contribution additionnelle à l'imposition forfaitaire sur les entreprises de réseaux applicable aux stations radioélectriques*	1609 *decies*

CHAPITRE I *bis*	Taxes sur le chiffre d'affaires et taxes diverses assimilées	1609 *decies* A – 1609 *quatertricies*
SECTION I	*Centre national du livre*	1609 *decies* A – 1609 *quindecies*
SECTION II		1609 *sexdecies* – 1609 *sexdecies* A
SECTION II bis	*Taxe sur la diffusion en vidéo physique et en ligne de contenus audiovisuels*	1609 *sexdecies* B
SECTION III [ABROGÉE]	*Taxe destinée au fonds de financement des prestations sociales des non-salariés agricoles*	1609 *septdecies* – 1609 *unvicies [abrogés]*
I		1609 *septdecies*
II		1609 *octodecies*
III		1609 *novodecies*
IV	Huiles	1609 *vicies*
V		1609 *unvicies*
SECTION IV	*Taxe spéciale sur le prix des places de spectacles cinématographiques*	1609 *duovicies*
SECTION V	*Contribution spéciale CDG-Express*	1609 *tervicies*
SECTION VI	*Taxe d'aéroport*	1609 *quatervicies*
SECTION VI bis	*Taxe sur les nuisances sonores aériennes*	1609 *quatervicies* A
SECTION VII	*Contribution à la formation professionnelle des chefs d'entreprise individuelle exerçant une activité artisanale et bénéficiant du régime prévu à l'article L. 133-6-8 du code de la sécurité sociale*	1609 *quatervicies* B
SECTION VII bis	*Contribution supplémentaire à l'apprentissage*	1609 *quinvicies [abrogé]*
SECTION VIII	*Taxe pour le développement de la formation professionnelle dans les métiers de la réparation de l'automobile, du cycle et du motocycle*	1609 *sexvicies*
SECTION IX	*Taxe d'abattage*	1609 *septvicies*
SECTION X	*Contribution perçue au profit de l'Institut national de prévention et d'éducation pour la santé*	1609 *octovicies*
SECTION XI	*Prélèvements sur les jeux de loterie et les paris sportifs perçus au profit de l'Agence nationale du sport chargée de la haute performance sportive et du développement de l'accès à la pratique sportive*	1609 *novovicies* – 1609 *duotricies*
[SECTION XII]	[Redevance sur les paris hippiques en ligne perçue au profit des sociétés de courses]	1609 *tertricies*
SECTION XIII	*Prélèvements sociaux sur les jeux et paris perçus au profit d'organismes divers concourant au financement de la protection sociale*	1609 *quatertricies*
SECTION XIV	*Contribution sur les activités privées de sécurité*	1609 *quintricies*
SECTION XV	*Taxes pour frais de contrôle perçues au profit de l'Autorité de régulation des activités ferroviaires et routières*	1609 *sextricies* – 1609 *septtricies*
CHAPITRE II	Contributions indirectes	1610 – 1621 *octies*

SECTION I		1610 – 1612
SECTION II		1613
SECTION III	*Contributions perçues au profit de la Caisse nationale de l'assurance maladie*	1613 *bis* – 1613 *bis* A
SECTION IV	*Prélèvements et perceptions destinés au budget annexe des prestations sociales agricoles*	1613 *ter* – 1618 *nonies*
0A	Boissons non alcoolisées	1613 *ter* – 1613 *quater*
A		1614 – 1615
A *bis*		1615 *bis*
B, C *et* D		1616 – 1618
E, F, G, H *et* I		1618 *bis* – 1618 *sexies*
J	Farines	1618 *septies*
K		1618 *octies*
L		1618 *nonies*
SECTIONS V	*Taxe affectée à l'Office national interprofessionnel des grandes cultures* [à l'Établissement national des produits de l'agriculture et de la mer – FranceAgriMer]	1619
SECTIONS VI à IX		1620 – 1621 *quater*
SECTION X		1621 *quinquies*
SECTIONS XI à XIII		1621 *sexies* – 1621 *octies*
CHAPITRE III	Enregistrement, publicité foncière et timbre	1622 – 1635 *bis* Q
SECTION I	*Taxes à percevoir pour l'alimentation du fonds commun des accidents du travail agricole*	1622 – 1628
SECTION I bis	*Droit de timbre et taxes assimilées perçus au profit de l'Agence nationale des titres sécurisés*	1628-0 *bis* – 1628 *bis*
SECTION I ter		1628 *ter*
SECTION II	*Fonds de garantie des assurances obligatoires de dommages*	1629
SECTION IV	*Taxes perçues au profit de l'Agence nationale de l'accueil des étrangers et des migrations*	1635-0 *bis* – 1635 *bis*
SECTION V	*Fonds national de garantie des calamités agricoles*	1635 *bis* A
SECTION V bis	*Fonds de garantie des calamités agricoles dans les départements d'outre-mer*	1635 *bis* AA
SECTION V ter		1635 *bis* AB – 1635 *bis* AC
SECTION V quater	*Fonds de prévention des risques naturels majeurs*	1635 *bis* AD *[abrogé]*
SECTION V quinquies	*Droits perçus au profit de la Caisse nationale de l'assurance maladie*	1635 *bis* AE – 1635 *bis* AH
SECTION VI	*Groupements de communes — Taxe locale d'équipement*	1635 bis B
SECTION VII		1635 *bis* C
SECTION VIII		1635 *bis* D – 1635 *bis* L
SECTION IX	*Association pour le développement de la formation professionnelle dans les transports*	1635 *bis* M

SECTION X	*Droit de timbre perçu au profit de l'Office national de la chasse et de la faune sauvage*	1635 *bis* N
SECTION XI	*Taxe sur les voitures particulières les plus polluantes*	1635 *bis* O
SECTION XII	*Droit affecté au fonds d'indemnisation de la profession d'avoués près les cours d'appel*	1635 *bis* P
SECTION XIII	*Contribution pour l'aide juridique*	1635 *bis* Q
CHAPITRE IV	Dispositions communes	1635 *ter*
CHAPITRE V *[ABROGÉ]*		1635 *ter* A *[abrogé]*
TITRE III *bis*		**1635 *quater***
TITRE IV		**1635 *quater* A**
TITRE V	**DISPOSITIONS COMMUNES AUX TITRES Ier À III *bis***	**1635-0 *quinquies* – 1649**
CHAPITRE 00I	Imposition forfaitaire sur les entreprises de réseaux	1635-0 *quinquies*
CHAPITRE 0I	Champ d'application	1635 *quinquies* – 1635 *septies*
CHAPITRE I	Fixation des taux à retenir pour le calcul des impositions directes locales	1636 – 1640 E
SECTION I	*Dispositions générales*	1636 – 1636 B *undecies*
SECTION II	*Dispositions particulières*	1636 C – 1640 E
CHAPITRE II	Frais d'assiette, de non-valeurs et de recouvrement	1641 – 1647-00 A
SECTION I	*Taxes établies et recouvrées comme en matière de contributions directes au profit des collectivités locales et organismes divers*	1641 – 1646
SECTION II	*Autres droits, taxes et redevances perçus au profit des collectivités locales et organismes divers*	1647
SECTION III	*Règles d'arrondissement*	1647-00 A
CHAPITRE 0II *bis*	Dégrèvement de la taxe foncière sur les propriétés non bâties afférente aux parcelles exploitées par de jeunes agriculteurs	1647-00 *bis*
CHAPITRE II *bis*	Dégrèvement de contribution économique territoriale	1647-0 *bis* – 1647 C *sexies*
SECTION 0I		1647-0 *bis*
SECTION I	*Dégrèvement de cotisation foncière des entreprises*	1647 *bis* – 1647 *bis* B
SECTION II	*Plafonnement de la contribution économique territoriale*	1647 A – 1647 B *nonies*
	Plafonnement en fonction de la valeur ajoutée	1647 B *quinquies* – 1647 B *nonies*

[SECTION VII bis]	[Dégrèvement transitoire]	1647 C *quinquies* B – 1647 C *quinquies* C
SECTION VIII	*Crédit de taxe en faveur des entreprises implantées dans des zones d'emploi en grande difficulté*	1647 C *sexies*
[SECTION IX]	[Crédit d'impôt en faveur des entreprises implantées dans des zones de restructuration de la défense]	1647 C *septies*
CHAPITRE II *ter*	Cotisation minimum de la cotisation foncière des entreprises	1647 D – 1648
CHAPITRE III	Fonds de péréquation	1648 A – 1648 D
SECTION I	[Fonds départemental]	1648 A – 1648 AB
SECTION I bis	*Fonds de compensation des nuisances aéroportuaires*	1648 AC
SECTION II	*Fonds nationaux*	1648 A *bis* – 1648 D
Sous-section 1		1648 A *bis* – 1648 B
Sous-section 2		1648 B *bis*
Sous-section 3	Cotisation de péréquation	1648 B *ter* – 1648 D
CHAPITRE IV	Départements d'outre-mer	1649-0 – 1649

TROISIÈME PARTIE

DISPOSITIONS COMMUNES AUX PREMIÈRE ET DEUXIÈME PARTIES

TITRE I	**ASSIETTE ET CONTRÔLE DE L'IMPÔT**	**1649-0 A – 1649 *undecies***
CHAPITRE 0I	Plafonnement des impôts	1649-0 A
CHAPITRE I	Obligations des contribuables	1649 A – 1649 *ter* E
0I	Déclarations relatives aux comptes financiers, aux contrats d'assurance-vie et aux trusts	1649 A – 1649 AC
0I *bis*	Déclaration des avances remboursables ne portant pas intérêt	1649 A *bis*
0I *ter*	Déclaration de l'établissement public SNCF Réseau	1649 A *ter*
[0I ter A]	*[Déclaration des propriétaires de transformateurs électriques]*	1649 A *quater*
0II	Déclaration des versements effectués au titre de la publicité par panneaux-réclame, par affiches et par enseignes	1649 B
I		1649 *bis*
I *bis*	Déclaration des ventes autres que les ventes au détail	1649 *bis* A
I *ter*	*Apposition de marques*	1649 *bis* B
I *quater*	Déclaration relative aux actifs numériques	1649 *bis* C
II		1649 *ter*
III	Déclaration des opérateurs de plateforme de mise en relation par voie électronique	1649 *ter* A – 1649 *ter* E

CHAPITRE 0I *bis*	....	1649 *quater*-0A – 1649 *quater*-0B
CHAPITRE I *bis*	Mesures de contrôle des opérations réalisées en espèces et des transferts de sommes, titres ou valeurs	1649 *quater* A – 1649 *quater* B
CHAPITRE 0000I *ter [ABROGÉ]*	Déclaration automatique sécurisée des revenus par les plateformes en ligne	1649 *quater* A *bis [abrogé]*
CHAPITRE 000I *ter*	Dispositifs spécifiques de présomption de revenu et de taxation forfaitaire en fonction des éléments de train de vie	1649 *quater*-0 B *bis* – 1649 *quater*-0 B *ter*
CHAPITRE 00I *ter*	Transmission des déclarations par voie électronique	1649 *quater* B *bis* – 1649 *quater* B *quinquies*
CHAPITRE 0I *ter*	Entreprises de la batellerie	1649 *quater* BA
CHAPITRE I *ter*	Centres de gestion agréés, associations de gestion et de comptabilité, associations agréées des professions libérales et organismes mixtes de gestion agréés	1649 *quater* C – 1649 *quater* K *quater*
I	Centres de gestion agréés et associations de gestion et de comptabilité	1649 *quater* C – 1649 *quater* E *bis*
II	Associations agréées des professions libérales	1649 *quater* F – 1649 *quater* H
III	Dispositions communes	1649 *quater* I – 1649 *quater* K *quater*
CHAPITRE I *quater*	Professionnels de l'expertise comptable	1649 *quater* L – 1649 *quater* M
CHAPITRE I *quinquies*	Certificateurs à l'étranger	1649 *quater* N – 1649 *quater* O
CHAPITRE II	Casier fiscal	1649 *quinquies*
CHAPITRE III	....	1649 *quinquies* A – 1649 *septies* H
CHAPITRE IV	Exonérations fiscales contractuelles et agréments	1649 *octies* – 1649 *nonies* A
CHAPITRE V	Départements d'outre-mer — Établissement et conservation du cadastre	1649 *decies*
CHAPITRE VI	Règles d'arrondissement des bases d'imposition	1649 *undecies*

TITRE II	**DISPOSITIONS DIVERSES**	**1650 – 1656 *quater***
CHAPITRE I	Commissions administratives des impôts et comité consultatif pour la répression des abus de droit	1650 – 1653 F
I	Commission communale des impôts directs	1650
I *bis*	Commission intercommunale des impôts directs	1650 A
I *ter*	Commissions départementales des valeurs locatives des locaux professionnels et des impôts directs locaux	1650 B – 1650 C
II	Commission départementale des impôts directs et des taxes sur le chiffre d'affaires	1651 – 1651 G
[II bis]	*[Commission nationale des impôts directs et des taxes sur le chiffre d'affaires]*	1651 H – 1651 L
II *ter*	Dispositions communes aux commissions mentionnées aux articles 1651 et 1651 H	1651 M – 1651 *bis*
III	Commissions centrales des impôts directs	1652 – 1652 *bis*
a	Bénéfices agricoles	1652
b	Évaluations foncières	1652 *bis*
IV	Dispositions communes aux commissions visées aux articles 1650 à 1652 *bis*	1653
V	Commission départementale de conciliation	1653 A – 1653 BA
VI	Comité de l'abus de droit fiscal	1653 C – 1653 F
VII	Comité consultatif du crédit d'impôt pour dépenses de recherche	1653 F
CHAPITRE II	Régime de certains organismes et sociétés	1654 – 1655 *septies*
I	Établissements publics et autres organismes	1654
II	Cercles privés	1655
II *bis*	Coopératives d'administration ou d'entreprise	1655 A
III		1655 *bis*
IV	Sociétés immobilières de copropriété	1655 *ter*
V	Organisme commun de stockage pétrolier	1655 *quater*
VI	Sociétés par actions simplifiées	1655 *quinquies*
VII	Entrepreneur individuel à responsabilité limitée	1655 *sexies* – 1655 *sexies* A
VIII	Organismes chargés de l'organisation d'une compétition sportive internationale	1655 *septies*
CHAPITRE III	Métropole de Lyon	1656
CHAPITRE IV	Métropole du Grand Paris	1656 *bis*
CHAPITRE V	Collectivité de Corse	1656 *ter*
CHAPITRE VI	Ville de Paris	1656 *quater*

LIVRE DEUXIÈME

RECOUVREMENT DE L'IMPÔT

CHAPITRE I	Payement de l'impôt	1657 – 1724 *quinquies*
SECTION I	*Impôts directs et taxes assimilées*	1657 – 1691 *bis*
I	Rôles et avis d'imposition	1657 – 1662
1	Établissement et mise en recouvrement des rôles	1657 – 1659 B

2 1660
3 .... 1661 – 1662
II Exigibilité de l'impôt .... 1663 – 1679 *septies*
1 Impôts directs et taxes assimilées — Impôt sur le revenu — Impôt sur les sociétés — Droits et pénalités .... 1663 – 1668 A *bis*
1 *bis* Contribution sur l'impôt sur les sociétés — Droits et pénalités .... 1668 B
1 *ter* .... 1668 C
1 *quater* Contribution sociale sur l'impôt sur les sociétés — Droits et pénalités .... 1668 D
2 .... 1669 – 1670
3 Retenue à la source sur les salaires, pensions et rentes viagères à titre gratuit 1671
3 *bis* Retenues à la source afférentes aux traitements, salaires, pensions et rentes viagères ou à certains produits ou sommes perçus par des personnes ou sociétés n'ayant pas d'installation professionnelle en France .... 1671 A
3 *ter* Retenue à la source sur les salaires, droits d'auteur et rémunérations versés aux auteurs, artistes et sportifs domiciliés fiscalement en France .... 1671 B
3 *quater* Prélèvement sur les dividendes .... 1671 C
4 Retenues à la source et prélèvements sur les revenus de valeurs mobilières .... 1672 – 1678 *quater*
a Retenue à la source afférente aux revenus des actions et parts et revenus assimilés, dont les bénéficiaires n'ont pas leur domicile réel ou leur siège en France, et aux intérêts et produits des obligations .... 1672 – 1678
b Retenue à la source afférente aux intérêts des bons de caisse .... 1678 *bis*
c .... 1678 *ter*
d Prélèvement sur les produits de placement à revenu fixe .... 1678 *quater*
5 Taxe d'apprentissage .... 1678 *quinquies* – 1678 *sexies*
6 Taxe sur les salaires .... 1679 – 1679 *bis*
7 Cotisation perçue au titre de la participation des employeurs à l'effort de construction .... 1679 *bis* A
7 *bis* Participation des employeurs au développement de la formation professionnelle continue .... 1679 *bis* B – 1679 *bis* C
8 Impôt sur la fortune immobilière .... 1679 *ter*
9 .... 1679 *quater*
9 *bis* .... 1679 *quater* A – 1679 *quater* B
10 Cotisation foncière des entreprises .... 1679 *quinquies* – 1679 *sexies*
11 Cotisation sur la valeur ajoutée des entreprises .... 1679 *septies*
III Payement de l'impôt .... 1680 – 1681 *septies*
1 Dispositions générales .... 1680 – 1681
2 Paiement mensuel de l'impôt sur le revenu .... 1681 A – 1681 E
2 *bis* Paiement échelonné de l'impôt sur le revenu afférent aux plus-values de cession de petite entreprise . 1681 F
3 .... 1681 *bis*

4	Paiement de la taxe d'habitation, des taxes foncières et de la contribution à l'audiovisuel public due *[dues]* par les particuliers	1681 *ter* – 1681 *quater*
4 *bis*	Paiement de la cotisation foncière des entreprises et des taxes additionnelles	1681 *quater* A
5	Paiement par virement ou par prélèvements	1681 *quinquies* – 1681 *sexies*
1°	Paiement par virement des prélèvements libératoires, des retenues à la source et de la contribution annuelle sur les revenus locatifs	1681 *quinquies*
2°	Paiement des impôts directs et taxes assimilées par virement ou par prélèvements opérésà l'initiative du Trésor public	1681 *sexies*
6	Impôts acquittés par télérèglement	1681 *septies*
IV	Obligations des tiers	1682 – 1691
[V]	*[Solidarité entre époux et partenaires liés par un pacte civil de solidarité]*	1691 *bis*
VI	Décharge de paiement et dégrèvement en cas de décès du fait d'un acte de terrorisme, de la participation à une opération extérieure ou de sécurité intérieure ou dans des circonstances ayant entraîné une citation à l'ordre de la Nation	1691 *ter*
SECTION II	*Taxes sur le chiffre d'affaires et taxes assimilées*	1692 – 1697 *bis*
I	Régime général	1692
II	Régime spécial des acomptes provisionnels	1693
II *bis*	Régime spécial des exploitants agricoles	1693 *bis*
II *ter*	...	1693 *ter* – 1693 *ter* A
II *quater*	Régime spécial de la taxe sur certains services fournis par les grandes entreprises du secteur numérique	1693 *quater* – 1693 *quater* B
II *quinquies*	Régime spécial des redevables de la taxe sur la publicité diffusée par les chaînes de télévision	1693 *quinquies*
II *sexies*	Régime spécial des redevables de la taxe sur les services fournis par les opérateurs de communications électroniques	1693 *sexies*
III	...	1694
III *bis*	Régime simplifié	1694 *bis*
IV	Dispositions applicables aux taxes à l'importation, aux produits pétroliers et à la sortie d'un régime d'entrepôt	1695
IV *bis*	...	1695 *bis*
IV *ter*	Paiement de la taxe sur la valeur ajoutée par virement ou par télérèglement	1695 *ter* – 1695 *quater*
V	Modalités d'application	1696 – 1697 *bis*
SECTION III	*Contributions indirectes*	1698 – 1700
SECTION IV	*Enregistrement, publicité foncière, impôt de solidarité sur la fortune* [impôt sur la fortune immobilière], *timbre*	1701 – 1723 *quindecies*
I	Payement des droits	1701 – 1702 *bis*
II	Obligations des agents	1703 – 1704
III	Obligation au payement	1705 – 1710
IV	Contribution au payement	1711 – 1713

V	Payement en valeurs du Trésor ou en créances sur l'État	1714 – 1716 A
V *bis*	Payement par remise d'œuvres d'art, de livres, d'objets de collection, de documents de haute valeur artistique ou historique ou par remise d'immeubles au Conservatoire de l'espace littoral et des rivages lacustres *[Dation en paiement]*	1716 *bis*
VI	Payement fractionné ou différé des droits	1717 – 1723 *bis*
VII	Modes particuliers de perception des droits	1723 *ter*
VII-0 A	Impôt de solidarité sur la fortune *[Impôt sur la fortune immobilière]*	1723 *ter*-00 A – 1723 *ter*-00 B
VII A	Droits de timbre	1723 *ter*-0 A
VII B	Taxe sur les certificats d'immatriculation des véhicules et *[taxes]* assimilées	1723 *ter*-0 B *[abrogé]*
VII *bis*		1723 *ter* A
VIII	Taxe locale d'équipement	1723 *quater* – 1723 *septies*
IX	Versement pour dépassement du plafond légal de densité	1723 *octies* – 1723 *quaterdecies*
X	Taxe sur les conventions d'assurances et taxes assimilées	1723 *quindecies [abrogé]*
SECTION V	*Dispositions communes*	1724 – 1724 *quinquies*
CHAPITRE II	Pénalités	1725 – 1840 X
SECTION I	*Dispositions communes*	1725 – 1756
A	Intérêt de retard	1725 – 1727-0 A
B	Sanctions fiscales	1728 – 1740 E
1	Infractions relatives aux déclarations et actes comportant l'indication d'éléments à retenir pour l'assiette ou la liquidation de l'impôt	1728 – 1729 A
a	Défaut ou retard de déclaration	1728
b	Insuffisance de déclaration	1729 – 1729-0 A
c	Application simultanée de plusieurs pénalités	1729 A
2	Infractions relatives aux autres documents	1729 B – 1729 C *bis*
2 *bis*	Infraction à l'obligation de présenter la comptabilité sous forme dématérialisée *[, une comptabilité analytique ou des comptes consolidés]*	1729 D – 1729 H
3	Retard de paiement des impôts	1730 – 1731 B
a	Retard de paiement des impôts recouvrés par les comptables du Trésor	1730
b	Retard de paiement des impôts recouvrés par les comptables de la direction générale des impôts	1731 – 1731 B
3 *bis*	Autres sanctions relatives aux infractions constitutives de manquements graves	1731 *bis* – 1731 *ter*
4	Opposition à fonctions et obstacle au contrôle de l'impôt	1732 – 1735 *quater*
5	Infractions commises par les tiers déclarants	1736
6	Infractions aux règles de facturation	1737
7	Non-respect des obligations de déclaration ou paiement par voie électronique	1738
8	Non-respect des conditions auxquelles sont subordonnés des avantages fiscaux	1739 – 1740-0 B

	9	Sanctions à l'égard des tiers	1740 A – 1740 A *bis*
	10	Flagrance fiscale	1740 B
	11	Infractions commises par les titulaires de compte	1740 C
	12	Opérateurs de plateforme non coopératifs	1740 D – 1740 E
	C	Sanctions pénales	1741 – 1753 *bis* C
	D	Recouvrement et contentieux des pénalités et solidarité	1754
	E	Mesures diverses	1755 – 1756
SECTION II		*Dispositions particulières*	1757 – 1840 X
	A	Impôts directs et taxes assimilées	1757 – 1783 B
	1	Majorations de droits	1757 – 1758 A
	2	Amendes fiscales	1759-0 A – 1768
		...	1770 *decies* – 1770 *undecies*
	3	Sanctions pénales	1771 – 1783 B
	4	...	1783 *sexies*
	B	Taxes sur le chiffre d'affaires et taxes assimilées	1784 – 1790
	1	Sanctions fiscales	1784 – 1788 C
	2	Sanctions pénales	1789
	3	Importation	1790
	C	Contributions indirectes	1791 – 1825 H
	1	Sanctions fiscales	1791 – 1804 C
	2	Responsabilité des infractions	1805 – 1809
	3	Sanctions pénales	1810 – 1821
	4	Autres sanctions et mesures diverses	1822 – 1825 F
	5	Compétence des agents des douanes	1825 G – 1825 H
	D	Enregistrement et publicité foncière	1826 – 1840 G *ter*
	1	Sanctions fiscales	1826 – 1829
	2	Sanctions pénales	1837 – 1839
	3	Autres sanctions et mesures diverses	1840 – 1840 G *ter*
	E	Droits de timbre – Autres droits et taxes	1840 H – 1840 W *bis*
	1	Sanctions fiscales	1840 H – 1840 K
	2	Sanctions pénales	1840 O – 1840 Q
	3	Autres sanctions et mesures diverses	1840 R – 1840 W *bis*
	F	Contribution à l'audiovisuel public	1840 W *ter* – 1840 W *quater*
	G	Taxes sur les produits de l'industrie et de l'artisanat	1840 X
CHAPITRE III		Procédures	1841 – 1919
SECTION I		*Impôts directs et taxes assimilées*	1841 – 1851
SECTION II		...	1852 – 1852 *ter*
SECTION III		...	1853 – 1879
	I	...	1853
	II	...	1854 – 1879
SECTION IV		*Droits d'enregistrement, taxe de publicité foncière, droits de timbre, autres droits et taxes*	1880 – 1905
	I	Modes de preuve – Constatation des infractions	1880 – 1892
	1	...	1880
	2	Mutations	1881 – 1883
	3 à 7	...	1884 – 1892
	II	Poursuites et instances	1893 – 1905
SECTION V		*Dispositions communes*	1906 – 1919

I	Dispositions communes aux impositions dont le recouvrement incombe aux comptables du Trésor, de la direction générale des impôts et de la direction générale des douanes et droits indirects	1906 – 1914
II	Dispositions communes aux impositions dont le recouvrement incombe aux comptables de la direction générale des impôts et de la direction générale des douanes et droits indirects	1915 – 1919
CHAPITRE IV	Privilège du Trésor et sa publicité	1920 – 1929 *septies*
SECTION I	*Privilège du Trésor*	1920 – 1925 *bis*
SECTION II [ABROGÉE]	*Taxes sur le chiffre d'affaires et taxes assimilées*	1926 – 1926 *bis [abrogés]*
SECTION III [ABROGÉE]	*Contributions indirectes*	1927 – 1928 *[abrogés]*
SECTION IV [ABROGÉE]	*Droits d'enregistrement, taxe de publicité foncière, droits de timbre, autres droits et taxes assimilés*	1929 – 1929 A *[abrogés]*
SECTION V	*Publicité du privilège du Trésor*	1929 *bis* – 1929 *septies*
CHAPITRE V	Dégrèvements et restitutions d'impôts	1930 – 1965 L
SECTION I		1930
SECTION II	*Juridiction contentieuse*	1931 – 1965 FA
1 à 6		1931 – 1959
7	Dispositions particulières aux impôts directs et taxes assimilées	1960 – 1960 *ter*
8	Dispositions particulières aux droits d'enregistrement, à la taxe de publicité foncière, aux droits de timbre et à la taxe spéciale sur les conventions d'assurances	1961 – 1965 F
9	Dispositions particulières aux contributions indirectes	1965 FA
SECTION III		1965 G – 1965 K
SECTION IV	*Dispositions communes*	1965 L
CHAPITRE VI		1966 – 1986
CHAPITRE VII		1987 – 2005
CHAPITRE VIII		2006 – 2026

ANNEXE I

DISPOSITIONS REVÊTANT LA FORME DE RÈGLEMENT D'ADMINISTRATION PUBLIQUE

LIVRE PREMIER

ASSIETTE ET LIQUIDATION DE L'IMPÔT

PREMIÈRE PARTIE

IMPÔTS D'ÉTAT

TITRE I		01 – 23 V 13

CHAPITRE I .... 01 – 2

CHAPITRE II .... 3 – 23 S

CHAPITRE III .... 23 T – 23 V

CHAPITRE IV .... 23 V 1 – 23 V 13

TITRE II .... **24 – 26**

CHAPITRE I .... 24 – 26

SECTION I 24

SECTION II .... 25 – 26

TITRE III **CONTRIBUTIONS INDIRECTES ET MONOPOLES FISCAUX** .... **27 – 325**

CHAPITRE I Boissons .... 27 – 203

SECTION I *Production des alcools* .... 27 – 154

I Réglementation des alambics .... 27 – 33

II .... 34 – 36

III Bouilleurs de cru .... 37 – 56

1° Généralités 37

2° Bouilleurs de cru se livrant eux-mêmes aux opérations de distillation .... 38 – 47

3° Bouilleurs de cru faisant distiller dans un atelier public .... 48 – 53

4° Bouilleurs de cru distillant en brûlerie coopérative ou syndicale .... 54 – 55

5° Dispositions communes 56

IV Règlement des distilleries .... 57 – 154

1° Généralités 57

2° Régime général .... 58 – 78

3° Régime spécial .... 79 – 154

SECTION II *Circulation* .... 155 – 158

II Dispositions spéciales aux alcools .... 156 – 158

Épalement des réservoirs .... 156 – 158

SECTION III .... 159 – 164

SECTION IV *Régimes particuliers* .... 165 – 203

I Alcools dénaturés .... 165 – 193

1° Dénaturation des alcools par le procédé général .... 165 – 184

2° Dénaturation des alcools par un procédé spécial .... 185 – 189

3° Emploi de l'alcool sans dénaturation préalable .... 190 – 191

4° Dispositions diverses .... 192 – 193

II .... 194 – 203

CHAPITRE II Garantie des matières d'or ou contenant de l'or, d'argent et de platine .... 204 – 220

SECTION I *Exportation ou livraison à destination d'un autre État membre de l'Union européenne* .... 204 – 220

I Ouvrages d'or ou contenant de l'or, d'argent et de platine aux titres légaux ... 204 – 211
II Bijoux à tous titres non légaux ... 212 – 220
Dispositions abrogées, transférées ou disjointes ... *221 – 325*

ANNEXE II

DISPOSITIONS REVÊTANT LA FORME DE DÉCRET EN CONSEIL D'ÉTAT

LIVRE PREMIER

ASSIETTE ET LIQUIDATION DE L'IMPÔT

PREMIÈRE PARTIE

IMPÔTS D'ÉTAT

TITRE I IMPÔTS DIRECTS ET TAXES ASSIMILÉES ... 1er – 171 BJ

CHAPITRE I Impôt sur le revenu ... 1er – 95 ZN

SECTION I *Déterminations des bénéfices ou revenus nets des diverses catégories de revenus* ... 1er – 74 V

I Revenus fonciers ... 1er – 1er D
I *bis* Bénéfices industriels et commerciaux ... 2 – 38 *ter*
1 Imposition de certains profits immobiliers ... 2 – 3
2 ... 4 – 14
3 Amortissement des biens d'investissement ouvrant droit à déduction de la taxe sur la valeur ajoutée ... 15 – 15 *bis*
4 Amortissement des immobilisations destinées à la recherche scientifique ou technique ... 16 – 16 *bis*
4 *bis* Provisions pour risques afférents à certaines opérations d'assurance et de réassurance ... 16 A – 16 G
5 ... 17 – 21
6 Amortissement dégressif des biens d'équipement ... 22 – 25
7 Plus-values provenant de cessions d'éléments de l'actif immobilisé ... 26 – 29 A
8 Amortissement des biens donnés en location ou mis à disposition ... 30 – 32
8 *bis* ... 32 A
8 *ter* ... 32 B
8 *quater* Majoration d'amortissement des immobilisations acquises ou créées au moyen de certaines primes ... 32 C
8-0 *quinquies* Jeunes entreprises innovantes ... 32 C *bis*
8 *quinquies* Abattement des entreprises de pêche maritime ... 32 D
9 Contrôle des frais généraux – Obligations des entreprises ... 33 – 36
10 ... 37
11 ... 38
12 Régime simplifié d'imposition ... 38 *bis* – 38 *ter*

II	Traitements et salaires	39 – 39 *bis*
1°	Titres-restaurant	39
2°		39 *bis*
II *bis*		39 A – 39 H
III	Revenus des capitaux mobiliers	40 – 60 B
1	Détermination de la masse des revenus distribués	40 – 47
2	Assiette de la retenue à la source sur les produits des actions, parts sociales et revenus assimilés versés à des personnes qui n'ont pas leur domicile réel ou leur siège en France	48
3		49 – 50
3-0 *bis*	Revenus des valeurs mobilières émises hors de France et revenus assimilés	50 *bis* – 50 *septies*
3-0 A *bis*	Bons ou contrats de capitalisation ou placements de même nature investis en actions	50 *octies* – 50 *duodecies*
3 *bis*	Primes de remboursement et intérêts capitalisés	50 A
4	Émission d'obligations en France par les organismes étrangers ou internationaux — Régime spécial des titres émis avant le 1er janvier 1987	51 – 53
5	Sociétés mères et filiales	54 – 56
6	Contrôle des revenus mobiliers — Obligations des collectivités émettrices et des intermédiaires	57 – 60
7	Sociétés de capital-risque — Obligations des actionnaires	60 A – 60 B
IV		61 – 74
V	Plus-values de cession à titre onéreux de biens ou de droits de toute nature	74-0 A – 74 SJ
1°	Valeurs mobilières, droits sociaux et titres assimilés	74-0 A – 74-0 Q
2°	Biens et droits mobiliers ou immobiliers	74 A – 74 S
	Plus-values réalisées par les particuliers	74 SA – 74 SJ
VI	Taxe sur les métaux précieux, les bijoux, les objets d'art, de collection et d'antiquité	74 S *bis* – 74 S *septies*
VII	Dispositions communes	74 T – 74 V
1	Conditions d'exonération des contrats de location ou sous-location de logement	74 T
2	État à produire par les contribuables relevant du régime des micro-entreprises et du régime spécial déclaratif	74 U – 74 V
SECTION II	*Revenu global*	75-0A – 91 *vicies*
0I		75-0A – 75-0D
0I *bis*		75-0E – 75-0W
0I *ter*	Créateurs d'entreprises	75-0X – 75-0Y *bis*
I	Avoir fiscal et crédit d'impôt — Paiement des revenus de capitaux mobiliers — obligations des établissements payeurs — Plans d'épargne d'entreprise	75 – 82
II	Distribution de primes à la construction par les sociétés immobilières d'investissement et les sociétés immobilières de gestion	83 – 84
III		85 – 91
IV	Options de souscription ou d'achat d'actions au bénéfice du personnel des sociétés	91 *bis* – 91 *ter* A
V	Plan d'épargne populaire	91 *quater* – 91 *quater* D
V *bis*	Plans d'épargne en actions	91 *quater* E – 91 *quater* L

VI	Déduction des pensions alimentaires	91 *quinquies*
VII		91 *sexies* – 91 *decies*
VIII *[ABROGÉ]*		91 *undecies* – 91 *vicies [abrogés]*
SECTION III	*Calcul de l'impôt*	91 A – 95 Z
I	Retenue à la source	91 A – 91 B
II	Crédit d'impôt attaché aux revenus de capitaux mobiliers	92 – 95
	Imputation prévue à l'article 199 *ter*-I et II du code général des impôts	92 – 95
III	Réduction d'impôt accordée au titre de certains investissements réalisés outre-mer	95 A – 95 V
IV		95 W – 95 Z
SECTION IV	*Tiers de confiance*	95 ZA – 95 ZN
CHAPITRE I *bis*	Prélèvement à la source de l'impôt sur le revenu	95 ZO
CHAPITRE II	Impôt sur les bénéfices des sociétés et autres personnes morales	96 – 140 *quaterdecies*
SECTION I	*Détermination du bénéfice imposable*	96 – 102 RC
1°	Bénéfice imposable des caisses de crédit agricole	102 H – 102 N
2°	Bénéfice imposable de la caisse centrale et des caisses départementales et interdépartementales de crédit mutuel	102 O – 102 R
3°		102 RA – 102 RC
SECTION I bis	*Bénéfices réalisés par l'intermédiaire de sociétés établies dans des pays à régime fiscal privilégié*	102 S – 102 ZB
SECTION II	*Incidence des résultats des exploitations directes ou indirectes situées à l'étranger*	103 – 134 *ter*
I		104 – 112
II *et* III		113 – 134 A
IV		134 *bis* – 134 *ter*
SECTION III	*Imputation de l'impôt sur le revenu (retenue à la source) sur le montant de l'impôt sur les sociétés*	135 – 140
SECTION IV	*Lieu d'imposition*	140 *bis*
SECTION V		140 *ter*
SECTION VI	*Déduction des investissements réalisés outre-mer*	140 *quater* – 140 *quaterdecies*
CHAPITRE II *bis*	Taxe d'apprentissage	140 A – 140 N
I	Déclaration des employeurs	140 A – 140 B
II	Demande d'exonération	140 C – 140 I
III	Modalités d'imputation des versements et dépenses libératoires	140 J – 140 K *quinquies*
IV	Régimes spéciaux	140 L – 140 N
CHAPITRE III	Taxe sur les salaires	141 – 145 *ter*
SECTION I	*Taux majorés*	141 – 144
SECTION II		145
SECTION III		145 *bis* – 145 *ter*
CHAPITRE IV		146 – 151

CHAPITRE V	....	152 – 159
CHAPITRE V *bis*	Taxe sur les services d'informations ou interactifs à caractère pornographique	159 A – 159 C
CHAPITRE VI	....	160 – 163
CHAPITRE VI *bis*	....	163 *bis* – 163 *octies* B
CHAPITRE VI *ter*	Participation des employeurs au développement de la formation professionnelle continue	163 *nonies* – 163 *sexdecies*
I	Dispositions générales	163 *nonies*
II	Employeurs occupant onze salariés et plus	163 *decies* – 163 *sexdecies*
1°	Employeurs de cinquante salariés et plus	163 *undecies*
2°	Montant de la participation	163 *undecies* A – 163 *undecies* C
3°	Obligations déclaratives et versement de la participation	163 *duodecies* – 163 *quindecies*
III	Employeurs occupant moins de onze salariés	163 *quindecies* A – 163 *quindecies* C
IV	Régimes spéciaux	163 *sexdecies*
	Départements d'outre-mer	163 *sexdecies*
CHAPITRE VI *quater*	....	163 *septdecies* – 163 *vicies*
CHAPITRE VI *quinquies*	....	163 A – 163 G
CHAPITRE VII	....	*Néant.*
CHAPITRE VIII	Dispositions communes à l'impôt sur le revenu et à l'impôt sur les sociétés	164 – 171 BH
0I	Primes de remboursement et intérêts capitalisés	164 – 164 A
I	Plus-values réalisées à l'occasion des opérations de construction et de ventes d'immeubles	165 – 171-0 *bis* G
II	Participation des salariés aux résultats de l'entreprise	171 *bis*
III	Prélèvement d'un tiers sur les plus-values réalisées par des personnes physiques ou sociétés qui ne sont pas fiscalement domiciliées en France	171 *ter* – 171 *quater*
IV	Réévaluation des immobilisations non amortissables	171 *quinquies* – 171 *quaterdecies*
V	Réévaluation des immobilisations amortissables	171 A – 171 P
V *bis*	Réévaluation des immeubles et titres de sociétés à prépondérance immobilière	171 P *bis* – 171 P *ter*
VI	....	171 Q – 171 AA
VII	Souscription de parts de copropriété de navires	171 AB – 171 AK
VII *bis*	Sociétés de capital-risque	171 AL – 171 AS *bis*
VII *ter*	Fonds communs de placement à risques et fonds professionnels de capital investissement	171 AT – 171 AW

VII *quater*	Information de leurs utilisateurs par les plates-formes de mise en relation par voie électronique	171 AX – 171 AY
VIII	Réductions d'impôts pour l'achat de biens culturels	171 BA – 171 BH
IX	Crédit d'impôt au titre d'une avance remboursable ne portant pas intérêt	171 BI – 171 BJ
X	Déclaration des investissements réalisés outre-mer et mise en concurrence des intermédiaires en défiscalisation	171 BK – 171 BL
TITRE II	**TAXES SUR LE CHIFFRE D'AFFAIRES ET TAXES ASSIMILÉES**	**172 – 267 *quater* H**
CHAPITRE I	Taxe sur la valeur ajoutée	172 – 267 *quater* C
SECTION I	*Champ d'application*	172 – 202 D
I	Opérations obligatoirement imposables	172 – 178 *bis*
1°	Locations de moyens de transport	172
2°	Livraisons et prestations à soi-même	172 A – 175
3°	Prestations d'hébergement fournies dans les résidences de tourisme classées	176 – 178
4°	Prestations d'hébergement fournies dans les villages résidentiels de tourisme	178 *bis*
II	Opérations imposables sur option	179 – 202
1		179 – 188
2		189 – 192
3	Location de locaux nus	193 – 195 A
3 *bis*	Vente d'articles fabriqués par des groupements d'aveugles ou de travailleurs handicapés	195 B – 195 D
4		196 – 201
5		201 *bis* – 201 *quater*
5 *bis*	Personnes qui ont passé un bail à construction	201 *quater* A – 201 *quater* C
6	Collectivités locales	201 *quinquies* – 201 *octies*
7	Bailleurs de biens ruraux	202
III	Exonérations	202 A – 202 D
SECTION II	*Assiette de la taxe*	203 – 204 *bis*
I		203 – 204
II		204 *bis*
SECTION III	*Liquidation de la taxe*	204 *ter* – 242 C
I	Régime simplifié d'imposition	204 *ter* – 204 *sexies*
II	Déductions	205 – 242 C
1	Modalités d'exercice	205 – 242
2 *bis*	Remboursement de crédits de taxe déductible non imputable	242-0 A – 242-0 L
2 *ter*	Remboursement de la taxe aux assujettis établis hors de France	242-0 M – 242-0 Z *decies*
3	Régime suspensif	242 A
4	Organismes sans but lucratif	242 B – 242 C
SECTION III bis		242 *bis* – 242 *ter* F
SECTION III ter	*Obligations des redevables*	242 *quater* – 242 *sexdecies*
I	Régime simplifié d'imposition	242 *quater* – 242 *septies* L

1° Entreprises dont l'exercice comptable coïncide avec l'année civile .... 242 *quater* – 242 *septies*

2° Entreprises dont l'exercice comptable ne coïncide pas avec l'année civile — Régime optionnel .... 242 *septies* A – 242 *septies* L

II Organismes sans but lucratif .... 242 *octies*

III Factures .... 242 *nonies* – 242 *nonies* A

IV Personnes ne remplissant plus les conditions pour bénéficier du régime dérogatoire prévu au 2° du I de l'article 256 *bis* .... 242 *decies*

V Opérations intracommunautaires portant sur des moyens de transport neufs ou d'occasion .... 242 *undecies* – 242 *sexdecies*

SECTION IV *Dispositions particulières aux opérations concourant à la production ou à la livraison d'immeubles* .... 243 – 260

I Dispositions relatives aux livraisons à soi-même .... 243 – 245 A

II Dispositions relatives aux mutations .... 246 – 254

III 255

IV – V .... 256 – 260

SECTION V *Régimes spéciaux* .... 260 A – 267 *quater* C

I Exploitants agricoles .... 260 A – 267 *ter*

A Opérations imposables de plein droit .... 260 A – 260 C

B Opérations imposables sur option .... 260 D – 260 K

C Remboursement forfaitaire .... 261 – 267 *ter*

II Obligations des assujettis qui réalisent des opérations portant sur les animaux vivants de boucherie et de charcuterie .... 267 *quater*

III .... 267 *quater* A – 267 *quater* C

CHAPITRE II .... 267 *quater* D – 267 *quater* E

CHAPITRE III Redevances sanitaires sur les produits de la pêche et de l'aquaculture .... 267 *quater* F – 267 *quater* G

CHAPITRE IV Redevance sanitaire pour le contrôle de certaines substances et de leurs résidus .... 267 *quater* H

TITRE II *bis* **DISPOSITIONS COMMUNES AUX IMPÔTS DIRECTS ET AUX TAXES SUR LE CHIFFRE D'AFFAIRES** .... **267 *quinquies* – 267 *septies* C**

CHAPITRE I Régimes réels d'imposition .... 267 *quinquies* – 267 *septies* C

1° Taxes sur le chiffre d'affaires .... 267 *quinquies* – 267 *septies*

2° Bénéfices industriels et commerciaux .... 267 *septies* A – 267 *septies* C

TITRE III **CONTRIBUTIONS INDIRECTES** .... **267 *octies* – 289**

CHAPITRE 01	Boissons — Vins et cidres	267 *octies* – 267 *nonies*
CHAPITRE I	Régime économique de l'alcool	268 – 275 *bis*
CHAPITRE I *bis*	Garantie des matières d'or, d'argent et de platine	275 *bis* A – 275 *ter* P
SECTION I	*Convention d'habilitation des professionnels*	275 *bis* B – 275 *bis* L
SECTION II	*Organismes de contrôle agréés*	275 *ter* – 275 *ter* P
CHAPITRE II	Tabacs	275 A – 286 G
01	Définition des tabacs manufacturés	275 A – 275 G
I	Régime économique	276 – 285 B
II	Régime fiscal	286 – 286 E
III	Corse — DOM	286 F – 286 G
CHAPITRE II *bis*	Entrepositaires agréés	286 H – 286 N
CHAPITRE II *ter*	Comptoirs de vente, boutiques de vente à bord, avitaillement	286 O – 286 W
SECTION I	*Dispositions générales*	286 O – 286 P
SECTION II	*Dispositions propres aux comptoirs de vente*	286 Q
SECTION III	*Dispositions propres aux boutiques de vente à bord*	286 R – 286 S
SECTION IV	*Dispositions propres à l'avitaillement*	286 T – 286 W
CHAPITRE III	Dispositions communes à l'ensemble des contributions indirectes	287 – 289
I	Frais de surveillance	287
II	...	288
III	Compétences des directeurs régionaux des douanes et droits indirects en matière de contributions indirectes et de réglementations assimilées	289
TITRE IV	**ENREGISTREMENT, PUBLICITÉ FONCIÈRE, TIMBRE**	**289 A – 310 G**
CHAPITRE I	Droits d'enregistrement et taxe de publicité foncière	289 A – 301 F
SECTION I	...	289 A
SECTION II	*Les tarifs et leur application*	290 – 301 F
I	Mutations de propriété à titre onéreux d'immeubles. Mutations soumises à une taxation réduite ou exonérées	290 – 291 A
1°	Opérations concourant à la production ou à la livraison d'immeubles	290 – 291
2°	Régimes spéciaux institués en faveur de l'agriculture	291 A
II	Mutations de propriété à titre onéreux de meubles. Cessions de droits sociaux	292
III	Mutations à titre gratuit	292 A – 294 D
A	Champ d'application	292 A – 292 B
	Sommes versées en vertu de contrats d'assurance en cas de décès	292 A – 292 B
B	Liquidation	293 – 294 *quater*

Dispositions communes aux successions et aux donations .... 293 – 294 *quater*

C Régimes spéciaux et exonérations .... 294 A – 294 D

III *bis* Dispositions communes .... 294 E

IV Actes et conventions concernant les sociétés, personnes morales et groupements .... 295 – 301 F

A Dispositions générales .... 295 – 301

B Dispositions particulières à certaines conventions... 301-0 A – 301 F

1 .... 301-0 A

2 Fusions de sociétés et opérations assimilées........ 301 A – 301 F

CHAPITRE I *bis* *[DEVENU SANS OBJET]* Impôt de solidarité sur la fortune .... 301 G – 301 M *[devenus sans objet]*

CHAPITRE II Droits de timbre .... 302 – 306 E

SECTION I *Droits de timbre proprement dits* .... 302 – 303 B

I Timbre de dimension .... 302 – 302 A

Prescriptions et prohibitions........ 302 – 302 A

II .... 303 – 303 B

SECTION II *Droits de délivrance de documents et perceptions diverses* 304

Permis de chasser 304

SECTION III *Impôt sur les opérations de bourse* .... 305-0 – 306 E

I Bourses de valeurs........ 305-0 – 306 E

CHAPITRE III Autres droits et taxes .... 306-0 F – 310 F

001 Prélèvement sur les sommes versées par les organismes d'assurance et assimilés à raison des contrats d'assurances en cas de décès .... 306-0 F – 306-0 F *bis*

01 Taxe sur les conventions d'assurances .... 306 F

I .... 307 – 310 B

II Taxe sur les véhicules des sociétés........ 310 C – 310 F

CHAPITRE IV Régimes spéciaux et exonérations de portée générale .... 310 F *bis* – 310 G

SECTION UNIQUE *Dispositions diverses* .... 310 F *bis* – 310 G

1° Aide juridictionnelle........ 310 F *bis* – 310 F *ter*

2° Patrimoine artistique national .... 310 G

TITRE V **DISPOSITIONS COMMUNES AUX TITRES Ier, II ET IV** .... **310 G *bis* – 310 G *quinquies***

CHAPITRE UNIQUE Suspension des avantages fiscaux attachés aux dons, legs et versements effectués au profit de certains organismes .... 310 G *bis* – 310 G *quinquies*

DEUXIÈME PARTIE

IMPOSITIONS PERÇUES AU PROFIT DES COLLECTIVITÉS LOCALES ET DE DIVERS ORGANISMES

TITRE I	**IMPOSITIONS COMMUNALES**	**310-0 H – 317 *septies* A**
CHAPITRE I	Impôts directs et taxes assimilées	310-0 H – 317 C
SECTION 0I	*Taxes foncières*	310-0 H – 310-0 H *ter*
SECTION I	*Taxe d'habitation*	310 H
SECTION II	*Cotisation foncière des entreprises*	310 HA – 310 HT
I	Dispositions générales	310 HA
II	Exonérations	310 HB – 310 HB *octies*
III	Base d'imposition	310 HC – 310 HI
IV	Disposition transitoire	310 HJ
V	Répartition des bases	310 HK – 310 HO
VI	Établissement de la taxe	310 HP – 310 HR
VII	Annualité de la taxe	310 HS – 310 HT
SECTION III	*Règles d'évaluation de la valeur locative des biens imposables*	310 I – 310 *unvicies*
I	Évaluation des propriétés bâties	310 I – 310 P
A	Locaux d'habitation	310 I – 310 J
B	Immobilisations industrielles	310 J *bis* – 310 L
C	Locaux commerciaux et établissements industriels	310 M
D	Ports de plaisance	310 N – 310 P
E	Locaux professionnels	310 Q
II *[ABROGÉ]*	Évaluation des propriétés non bâties — Règles particulières à la révision quinquennale (1970-1974)	310 *ter* – 310 *vicies* *[abrogés]*
A *[ABROGÉ]*	Mode de détermination des coefficients d'adaptation applicables à la valeur locative cadastrale des propriétés non bâties	310 *quinquies* – 310 *terdecies* *[abrogés]*
B *[ABROGÉ]*	Procédure d'établissement des coefficients d'adaptation	310 *quaterdecies* – 310 *vicies* *[abrogés]*
III	Dispositions communes aux biens passibles des impôts directs locaux	310 *unvicies*
SECTION IV	*Autres taxes communales*	311 – 317 C
I	Redevance communale des mines	311 – 315
1°	Répartition du produit de la redevance: substances minérales autres que les hydrocarbures liquides et gazeux	312 – 314
2°	Répartition du produit de la redevance: hydrocarbures liquides et gazeux	315
I *bis*	Taxe sur les éoliennes maritimes	315 A – 315 E
II	Taxes facultatives	316 – 317 C
A	Taxe d'enlèvement des ordures ménagères	316 – 316 A
B	...	317

C	Taxe sur la cession de terrains devenus constructibles	317 A – 317 C
CHAPITRE II	Enregistrement	317 *bis* – 317 *septies* A
SECTION I	*Taxe locale d'équipement*	317 *bis* – 317 *septies*
SECTION II	*Impositions ayant le permis de construire pour fait générateur*	317 *septies* A
TITRE II	**IMPOSITIONS DÉPARTEMENTALES**	**317 *septies* B – 317 *sexdecies***
CHAPITRE I	Impôts directs et taxes assimilées	317 *septies* B – 317 *octies*
I		317 *septies* B – 317 *septies* D
I *bis*	Cotisation sur la valeur ajoutée des entreprises	317 *septies* E
II	Redevance départementale des mines	317 *octies*
CHAPITRE II	Taxe sur les véhicules à moteur	317 *nonies* – 317 *sexdecies*
SECTION UNIQUE		317 *nonies* – 317 *sexdecies*
TITRE III	**IMPOSITIONS PERÇUES AU PROFIT DES RÉGIONS ET DE LA COLLECTIVITÉ TERRITORIALE DE CORSE**	**318 – 318 A**
CHAPITRE UNIQUE	Taxe d'apprentissage	318 – 318 A
TITRE IV	**IMPOSITIONS PERÇUES AU PROFIT DE CERTAINS ÉTABLISSEMENTS PUBLICS ET D'ORGANISMES DIVERS**	**319 – 326 *bis***
CHAPITRE I	Impôts directs et taxes assimilées	319 – 321 *quater*
SECTION I		319 – 319 A
SECTION II		320
SECTION III		321
SECTION IV	*Taxe pour frais de chambres de métiers et de l'artisanat*	321 *bis*
SECTION V	*Contribution à l'audiovisuel public*	321 *ter* – 321 *quater*
SECTION VI	*Prélèvement spécial sur les films pornographiques et d'incitation à la violence*	321 *quinquies* – 321 *octies*
CHAPITRE I *bis*	Taxes assimilées aux taxes sur le chiffre d'affaires	321 A
SECTION I	*Taxe d'abattage*	321 A
CHAPITRE II	Enregistrement, publicité foncière et timbre	322 – 326 *bis*
SECTION I	*Fonds de garantie contre les accidents de circulation et de chasse*	322 – 323 B
A	Accidents de circulation	322 – 322 F

B Accidents de chasse .... 323 – 323 B

SECTION II 324

SECTION III 325

SECTION IV 326

SECTION V *Droit de timbre perçu au profit de l'Office national de la chasse et de la faune sauvage* .... 326 *bis*

SECTION VI *Droit affecté au fonds d'indemnisation de la profession d'avoués près les cours d'appel* .... 326 *ter* – 326 *quinquies*

TITRE V **DISPOSITIONS COMMUNES AUX TITRES PREMIER À QUATRIÈME** .... 327 – 334

CHAPITRE I Fixation des taux à retenir pour le calcul des impositions directes locales .... 327 – 327 *bis* B

CHAPITRE II .... 328 – 328 B

CHAPITRE III Dispositions relatives à la fiscalité directe locale applicables dans les départements d'outre-mer .... 329 – 334

I Taxes foncières .... 330 – 330 A

1° Taxe foncière sur les propriétés non bâties 330

2° Dispositions communes aux propriétés bâties et non bâties .... 330 A

II Taxe d'habitation 331

III Dispositions communes aux taxes foncières et à la taxe d'habitation .... 332 – 332 A

IV Règles d'évaluation de la valeur locative des biens imposables .... 333 – 333 J

A Évaluation des propriétés bâties .... 333 A – 333 H

1° Locaux d'habitation .... 333 B

2° Locaux commerciaux et biens divers .... 333 C

3° Établissements industriels .... 333 D – 333 G

4° Procédure .... 333 H

B Évaluation des propriétés non bâties .... 333 I – 333 J

V 334

TITRE VI **DISPOSITIONS RELATIVES À L'ACTUALISATION DES PARAMÈTRES COLLECTIFS D'ÉVALUATION DES LOCAUX PROFESSIONNELS** .... 335 - 340

CHAPITRE UNIQUE Détermination des paramètres collectifs d'évaluation .... 335 - 340

TITRE VI *[ABROGÉ]* **TAXES PARAFISCALES** .... 335 – 367 *[abrogés]*

CHAPITRE I *[ABROGÉ]* .... 335 – 338 *[abrogés]*

CHAPITRE II *[ABROGÉ]* .... 339 – 341 *[abrogés]*

CHAPITRE III *[ABROGÉ]*		342 – 344 *[abrogés]*
CHAPITRE IV *[ABROGÉ]*		345 – 357 *[abrogés]*
CHAPITRE V *[ABROGÉ]*		357 A – 357 E *[abrogés]*
CHAPITRE VI *[ABROGÉ]*		358 – 361 *[abrogés]*
CHAPITRE VII *[ABROGÉ]*		361 *bis* – 363 *[abrogés]*
CHAPITRE VIII *[ABROGÉ]*		363 A – 363 C *[abrogés]*
CHAPITRE IX *[ABROGÉ]*		363 D – 363 M *[abrogés]*
CHAPITRE X *[ABROGÉ]*		363 N – 363 X *[abrogés]*
CHAPITRE XI *[ABROGÉ]*		363 Y – 363 AD *[abrogés]*
CHAPITRE XII *[ABROGÉ]*		363 AE – 363 AL *[abrogés]*
CHAPITRE XIII *[ABROGÉ]*		364 – 364 D *[abrogés]*
CHAPITRE XIV *[ABROGÉ]*		365 – 367 *[abrogés]*

TROISIÈME PARTIE

DISPOSITIONS COMMUNES AUX PREMIÈRE ET DEUXIÈME PARTIES

CHAPITRE I	Obligations des contribuables	368 – 371
SECTION I	*Obligations déclaratives des administrateurs de trusts*	368 – 370 A
SECTION I bis	*Obligations déclaratives des entreprises d'assurance et organismes assimilés*	370 C
SECTION II	*Personnes n'ayant en France ni domicile ni résidence fixe*	371
CHAPITRE I *bis*	Centres de gestion agréés et associations agréées des professions libérales	371 A – 371 Z
SECTION I	*Centres de gestion agréés*	371 A – 371 LE
SECTION II	*Associations agréées des professions libérales*	371 M – 371 Z
SECTION III	*Organismes mixtes de gestion agréés*	371 Z *bis* – 371 Z *sexdecies*
CHAPITRE I *bis* A	Professionnels de l'expertise comptable	371 *bis* A – 371 *bis* N
CHAPITRE I *bis* B	Certificateurs à l'étranger	371 *ter* A – 371 *ter* H

CHAPITRE I *bis* C	Modalités de mise en place et de fonctionnement des commissions départementales des valeurs locatives des locaux professionnels et des commissions départementales des impôts directs locaux	371 *ter* I – 371 *ter* R
SECTION I	*Commissions départementales des valeurs locatives des locaux professionnels*	371 *ter* I – 371 *ter* M
SECTION II	*Commissions départementales des impôts directs locaux*	371 *ter* N – 371 *ter* R
CHAPITRE I *bis* D	Modalités de publication et de notification des décisions prises en vue de la détermination des paramètres d'évaluation des valeurs locatives des locaux professionnels	371 *ter* S
CHAPITRE I *ter*	Centre de formalités des entreprises	371 AA – 371 AS
CHAPITRE II	Sociétés immobilières de copropriété	372 – 375
CHAPITRE III	Compétences des fonctionnaires de la direction générale des finances publiques	376 *[abrogé]*

LIVRE DEUXIÈME

RECOUVREMENT DE L'IMPÔT

CHAPITRE I	Paiement de l'impôt	376-0 *bis* – 384 *septies*
SECTION I	*Impôts directs et taxes assimilées*	376-0 *bis* – 383 *bis* E
0I	Paiement mensuel de l'impôt sur le revenu et des impôts directs locaux	376 *bis* – 376 *octies*
I		377
II		378
III	Sociétés étrangères ayant des exploitations en France — Retenue à la source	379 – 382
III *bis*	Solidarité entre époux et partenaires liés par un pacte civil de solidarité	382 *bis* à 382 *quinquies*
IV	Taxe sur les salaires — Taux majorés	383
V – VII		383 *bis* – 383 *bis* E
SECTION I bis	*Taxes sur le chiffre d'affaires et taxes assimilées*	383 *ter* – 383 *quater*
I	Taxe sur la valeur ajoutée	383 *ter*
II		383 *quater*
SECTION II		384
SECTION III	*Enregistrement, publicité foncière, timbre*	384-00 A – 384 *septies*
00I		384-00 A
0I		384-0 A – 384-0 B
I	Dation en paiement	384 A – 384 A *quater*
1°	Remise d'œuvres, de livres, d'objets de collection, de documents de haute valeur artistique ou historique.	384 A – 384-0 A *bis*
2°	Remise d'immeubles au Conservatoire de l'espace littoral et des rivages lacustres	384 A *bis*
3°	Remise d'immeubles en nature de bois et forêts ou espaces naturels	384 A *ter*

4°	Remise à certains établissements d'instruments financiers destinés à la recherche ou l'enseignement	384 A *quater*
I *bis*	Versement pour dépassement du plafond légal de densité	384 B – 384 F
II		384 *bis* – 384 *septies*
CHAPITRE I *bis*	Pénalités	384 *septies*-0 A – 384 *septies* A
SECTION I	*Commission des infractions fiscales*	384 *septies*-0 A – 384 *septies*-0 K
SECTION II	*Paiement mensuel de l'impôt sur le revenu et des impôts directs locaux*	384 *septies* A
CHAPITRE II	Procédures	384 *octies* – 396 A
01		384 *octies*
I	Taxes sur le chiffre d'affaires et taxes assimilées	385 – 388
II		389 – 396
III	Dispositions communes	396 A – 396 C
CHAPITRE II *bis*	Sûretés et privilèges	396 *bis* – 396 *bis* A
SECTION I	*Publicité du privilège du Trésor*	396 *bis*
SECTION II	*Procédure de sauvegarde ou de redressement judiciaire*	396 *bis* A
CHAPITRE II *ter*	Dégrèvements et restitutions d'impôts	396 *ter* – 396 *quindecies*
SECTION I		396 *ter*
SECTION II	*Juridiction gracieuse – Comité du contentieux fiscal, douanier et des changes*	396 *ter* A – 396 *quindecies*
CHAPITRE III		397 – 406
CHAPITRE IV		406 *bis* – 407
CHAPITRE V	Compétence des fonctionnaires de la direction générale des impôts ou de la direction des douanes et droits indirects	408 – 410

ANNEXE III

DISPOSITIONS REVÊTANT LA FORME DE DÉCRET

LIVRE PREMIER

ASSIETTE ET LIQUIDATION DE L'IMPÔT

PREMIÈRE PARTIE

IMPÔTS D'ÉTAT

TITRE I	IMPÔTS DIRECTS ET TAXES ASSIMILÉES	01 – 65

CHAPITRE I	Impôt sur le revenu	01 – 46 E
SECTION 0I		01
SECTION I	*Détermination des bénéfices ou revenus nets des diverses catégories de revenus*	1er – 41 DG
I		1er – 2 *quinquies*
II	Revenus fonciers	2 *sexies* – 2 *tervicies*
1°		2 *septies* – 2 *decies*
2°	Mise aux normes des bâtiments agricoles. Déduction des dépenses d'amélioration et de construction	2 *undecies*
3°	Dispositions particulières applicables aux bailleurs de logements intermédiaires et sociaux	2 *duodecies* – 2 *vicies*
4°	Déduction en faveur de la mobilité professionnelle	2 *unvicies*
5°	Déduction pour travaux de restauration et de gros entretien effectués sur des espaces naturels	2 *duovicies* – 2 *tervicies*
III	Bénéfices industriels et commerciaux	2 A – 38 *sexdecies*-00 B
A	Opérations réalisées sur des marchés financiers à terme	2 A – 2 C
A-0 *bis*	Attribution de ristournes sous forme de parts sociales	2 C *bis* – 2 C *quater*
A *bis*	Frais d'émission d'emprunts	2 D
A *ter*	Régime fiscal des contrats d'échange de taux d'intérêt ou de devises réalisés par les établissements de crédit	2 E
A *quater*	Entreposage de produits agricoles	2 F
B	Provision pour fluctuation des cours	3 – 10 *septies*
C	Provisions pour hausse des prix	10 *octies* – 10 *terdecies*
C *bis*	Provisions pour dépréciation des titres de participation et des immeubles de placement	10 *quaterdecies*
D-0 *bis*	Provisions pour investissements en faveur des entreprises de presse	10 G-0 *bis*
D *bis*	Provisions pour prêts d'installation consentis par les entreprises à leurs salariés	10 G *bis* – 10 G *ter*
E	Provisions pour investissement à l'étranger	10 GA – 10 GA *sexies*
F	Amortissement exceptionnel des immeubles à usage industriel ou commercial construits dans les zones d'aménagement du territoire	10 GB
G	Réinvestissement des plus-values. Exclusion des acquisitions de biens de caractère somptuaire	10 H
G *bis*	Plus-values réalisées à l'occasion de transmissions à titre gratuit d'entreprises individuelles	10 H-0 *bis*
H	Application de l'article 238 *octies* du code général des impôts	10 H *bis*
I		10 I – 10 J
J	Subventions. établissements hôteliers ou thermaux.	10 K
K	Révision des bilans	11 – 36
L	Déclarations et documents	37 – 38 C
M	Renseignements à fournir par les entreprises à l'appui de la déclaration prévue à l'article 53 A du code général des impôts	38 *bis* – 38 *quaterdecies*
1		38 *bis*

2	Définitions	38 *ter* – 38 *quater*
3	Règles d'évaluation	38 *quinquies* – 38 *duodecies*
4	Dispositions diverses	38 *terdecies* – 38 *quaterdecies*
M *bis*	Renseignements à fournir par les entreprises sur les états de suivi et de situation de propriété prévus à l'article 54 *septies* du code général des impôts	38 *quindecies*
N		38 *quindecies* A – 38 *quindecies* D
O	Opérations de crédit-bail	38 *quindecies* E – 38 *quindecies* K
1	Crédit-bail sur fonds de commerce, fonds artisanal ou sur l'un de leurs éléments incorporels non amortissables	38 *quindecies* E
2	Crédit-bail mobilier, immobilier et sur les éléments incorporels amortissables d'un fonds de commerce ou d'un fonds artisanal	38 *quindecies* F – 38 *quindecies* G
3	Crédit-bail immobilier	38 *quindecies* H – 38 *quindecies* K
P		38 *sexdecies*
Q	Régime super-simplifié de comptabilité	38 *sexdecies*-00 A – 38 *sexdecies*-00 B
IV	Rémunérations visées à l'article 62 du code général des impôts	38 *sexdecies*-0 A
V	Bénéfices de l'exploitation agricole	38 *sexdecies* A – 38 *sexdecies* W
A	Détermination du régime d'imposition d'après le bénéfice réel	38 *sexdecies* A – 38 *sexdecies* B
B	Détermination et imposition du bénéfice des exploitants soumis à un régime réel	38 *sexdecies* C – 38 *sexdecies* JD
	Régime réel simplifié	38 *sexdecies* JA – 38 *sexdecies* JD
C	Option pour l'un des régimes réels	38 *sexdecies* JE – 38 *sexdecies* JG
C *bis*	Régime transitoire d'imposition	38 *sexdecies* JH – 38 *sexdecies* JJ
D	Dispositions applicables en cas de changement de régime d'imposition	38 *sexdecies*-0 K – 38 *sexdecies* OJ
1°	Passage du régime du forfait à un régime réel	38 *sexdecies*-0 K – 38 *sexdecies* O
2°	Passage du régime du forfait au régime simplifié d'imposition d'après le bénéfice réel	38 *sexdecies* OB
3°	Passage d'un régime réel au régime du forfait	38 *sexdecies* OC – 38 *sexdecies* OD
4°	*Passage du régime* normal au régime simplifié et du régime simplifié au régime normal	38 *sexdecies* OE
5°		38 *sexdecies* OF
6°		38 *sexdecies* OG
7°	Passage du régime transitoire à un régime réel	38 *sexdecies* OH
8°		38 *sexdecies* OI

9° Passage du régime transitoire au régime du forfait ... 38 *sexdecies* OJ
E Obligations des exploitants ... 38 *sexdecies* P – 38 *sexdecies* RE
1° Obligations applicables aux régimes réels ... 38 *sexdecies* P – 38 *sexdecies* R
2° ... 38 *sexdecies* RA
3° Obligations particulières au régime simplifié ... 38 *sexdecies* RB – 38 *sexdecies* RC
4° Obligations particulières au régime transitoire ... 38 *sexdecies* RD – 38 *sexdecies* RE
F Cultures agréées dans les départements d'outre-mer ... 38 *sexdecies* S – 38 *sexdecies* T
G Transmission ou rachat des droits d'un associé personne physique dans une société exerçant une activité agricole ... 38 *sexdecies* U – 38 *sexdecies* W
VI Traitements, salaires, pensions et rentes viagères ... 38-0 *septdecies* – 39 F
0-A Attribution gratuite d'actions aux salariés ou mandataires sociaux jusqu'au 27 septembre 2012 ... 38-0 *septdecies*
A Options sur titres et actions gratuites attribuées aux salariés ou mandataires sociaux à compter du 28 septembre 2012 ... 38 *septdecies*
B Déduction des intérêts d'emprunts: obligations des contribuables et des intermédiaires ... 38 *septdeciesA* – 38 *septdecies* E
C Rachat d'une entreprise par ses salariés ... 38 *septdecies* F – 38 *septdecies* J
1° Dispositions applicables aux emprunts contractés entre le 15 avril 1987 et le 31 décembre 1991 ... 38 *septdecies* F – 38 *septdecies* G
2° Dispositions applicables aux sociétés nouvelles créées à compter du 1er janvier 1992 et jusqu'au 31 décembre 1996 et aux souscriptions libérées au plus tard le 31 décembre 1999 ... 38 *septdecies* H – 38 *septdecies* J
D Obligations des employeurs ... 39 – 39 G
Déclaration annuelle de données sociales ... 39 C – 39 G
VII Bénéfices des professions non commerciales ... 39 *bis* – 41-0 *bis* F
A ... 39 *bis* – 39 *quinquies*
B ... 39 *sexies* – 39 *nonies*
C Déclarations spéciales ... 40 – 41-0 *bis*
D Option pour les créances acquises et les dépenses engagées ... 41-0 *bis* A – 41-0 *bis* C
E Sociétés de personnes exerçant une activité professionnelle non commerciale. Transmission ou rachat des droits d'un associé personne physique ... 41-0 *bis* D – 41-0 *bis* F
VIII Revenus des capitaux mobiliers ... 41 *bis* – 41 *septdecies* G
A Amortissement du capital social des sociétés concessionnaires ... 41 *bis* – 41 *septies*
B Primes de remboursement des obligations et autres emprunts négociables ... 41 *octies* – 41 *duodecies*

C Prélèvement sur les produits de placements à revenu fixe .... 41 *duodecies* A – 41 *duodecies* H

D .... 41 *duodecies* I

E Titres de créances négociables .... 41 *duodecies* J – 41 *duodecies* P

F Émission par les sociétés françaises d'obligations à l'étranger. Régime spécial .... 41 *terdecies* – 41 *sexdecies*

G Fonds communs de placement .... 41 *sexdecies* A – 41 *sexdecies* G

Fonds communs de placement à risques .... 41 *sexdecies* G

G *bis* Modalités d'imposition et conditions de ventilation des revenus distribués ou répartis par des organismes de placement collectif en valeurs mobilières (OPCVM). Obligation des établissements payeurs et des contribuables .... 41 *sexdecies* H – 41 *sexdecies* J

G *ter* Prélèvement sur les produits de placements à revenu fixe et les produits de bons ou contrats de capitalisation de source européenne .... 41 *sexdecies* K – 41 *sexdecies* L

G *quater* Sociétés unipersonnelles d'investissement à risque. Obligations de l'associé .... 41 *sexdecies* M

H .... 41 *septdecies* – 41 *septdecies* G

VIII *bis* Profits réalisés sur les instruments financiers à terme .... 41 *septdecies* H – 41 *septdecies* K

.... 41 *septdecies* L – 41 *septdecies* X

IX .... 41 *octodecies* – 41 *unvicies*

X Plus-values de cession à titre onéreux de biens ou de droits de toute nature .... 41 *duovicies* – 41 *duovicies* K

X *bis* Modalités d'imposition des revenus et des plus-values en cas de transfert du domicile fiscal hors de France .... 41 *tervicies* – 41 *tervicies* L

X *ter* Report d'imposition de la plus-value constatée lors d'une opération d'apport à une société contrôlée par l'apporteur et établi sur le fondement de l'article 150-0 B *ter* du code général des impôts .... 41 *quatervicies* – 41 *quinvicies*

X *quater* Report d'imposition de la plus-value constatée lors de la levée de l'option d'achat d'un immeuble acquis en crédit-bail et précédemment donné en sous-location .... 41 novovicies

XI Dispositions communes aux différentes catégories de revenus .... 41-00 A – 41 DG

1° Informations complémentaires à joindre aux déclarations des contribuables relevant de la direction des grandes entreprises .... 41-00 A

2°	Plus-values réalisées dans le cadre d'une activité agricole, artisanale, commerciale ou libérale	41-0 A
2° *bis*	Indemnité compensatrice versée aux agents généraux d'assurances à l'occasion du départ à la retraite	41-00 A *bis*
2° *ter*	Plus-values réalisées lors de cessions d'immeubles d'exploitation par des entreprises qui exercent leur activité dans le domaine des hôtels, cafés et restaurants	41-00 A *ter*
3°	Plus-values réalisées à l'occasion d'apports en sociétés	41-0 A *bis* – 41-0 A *bis* B
3° *bis*	Plus-values réalisées sur des droits ou parts de sociétés de personnes dans lesquelles les contribuables exercent leur activité professionnelle	41-0 A *ter*
4°	Versements à fonds perdus en faveur de la construction	41 A – 41 D
5°	Obligations des gestionnaires de fonds salariaux	41 DA – 41 DB
6°		41 DC – 41 DG
6° *bis*	Taux minimal d'investissement dans certaines structures de capital-risque	41 DGA
7°	Impatriés non salariés	41 DG *bis*
8°	Option pour le versement forfaitaire libératoire de l'impôt sur le revenu	41 DG *ter*
SECTION II	*Revenu global*	41 DH – 46
0I		41 DH – 41 DN *ter*
0I *bis*	Opérations de restauration immobilière	41 DO
0I *ter*	Opérations de réaménagement d'immeubles situés dans les zones franches urbaines – territoires entrepreneurs	41 DP – 41 DR
I	Monuments historiques. Charges déductibles	41 E – 41 J
II	Engagements d'épargne à long terme	41 K – 41 V
0II *bis*	Gains de cession de titres acquis en exercice de bons de souscription de parts de créateur d'entreprise	41 V *bis*
II *bis*	Fonds communs de placement à risques	41 W – 41 Y
II *ter*		41 Z – 41 ZP
II *quater*		41 ZQ – 41 ZU
II *quinquies*		41 ZV – 41 ZZ
II *sexies*	Épargne retraite	41 ZZ *bis* – 41 ZZ *quinquies*
II *septies*	Compte épargne codéveloppement	41 ZZ *quinquies [périmé]*
III	Présentation et contenu des déclarations	42 – 46
SECTION III	*Calcul de l'impôt*	46 A – 46-0 B *ter*
1°	Retenue à la source sur les salaires, droits d'auteur et rémunérations versés aux auteurs, artistes et sportifs domiciliés fiscalement en France	46 A
2°	Réduction d'impôt pour certains investissements dans les résidences de tourisme	46 AA – 46 AGG *bis*
2° *bis*	Réduction et crédit d'impôt accordés au titre de certains investissements forestiers	46 AGH – 46 AGK
2° *ter*	Réduction d'impôt accordée au titre des investissements dans des résidences hôtelières à vocation sociale	46 AGL

3° Réduction d'impôt au titre de certains investissements réalisés outre-mer .... 46 AG *bis* – 46 AG *sexdecies*

4° Réduction d'impôt au titre des souscriptions au capital de sociétés nouvelles .... 46 AH – 46 AI

5° Réduction d'impôt au titre des souscriptions en numéraire au capital de sociétés non cotées .... 46 AI *bis*

6° Réduction d'impôt au titre des souscriptions de parts de fonds communs de placement dans l'innovation .... 46 AI *ter* – 46 AI *quater*

6° *bis* Réduction d'impôt au titre des souscriptions de parts de fonds d'investissement de proximité .... 46 AI *quinquies*

6° *ter* Réduction d'impôt accordée au titre d'emprunts souscrits pour la reprise d'une entreprise .... 46 AI *sexies*

6° *quater* Réduction d'impôt accordée au titre des souscriptions au capital d'entreprises de presse .... 46 AI *septies*

7° .... 46 AJ – 46 AL

8° .... 46 AM – 46 AO

8° *bis* Réduction ou crédit d'impôt accordé au titre des sommes versées pour l'emploi d'un salarié à domicile, à une association agréée ou à un organisme habilité ou conventionné ayant le même objet .... 46 AO *bis*

8° *ter* Réduction d'impôt accordée au titre des versements effectués sur un compte épargne codéveloppement .... 46 AO *ter*

9° .... 46 AP – 46 AR

10° Crédit d'impôt pour l'acquisition ou la location de certains véhicules automobiles .... 46 AS – 46 AT

11° .... 46 AU – 46 AW

11° *bis* Réduction d'impôt accordée au titre des dons faits par les particuliers .... 46 AW *bis* – 46 AW *quater*

[12°] [Crédit d'impôt en faveur des économies d'énergie et du développement durable] .... 46 AX

13° Réduction d'impôt accordée au titre de l'aide à certains créateurs d'entreprise .... 46 AY

14° Crédit d'impôt en faveur des étudiants en vue du financement de leurs études supérieures .... 46 AZ – 46 AZ *bis*

15° Crédit d'impôt au titre des dépenses de remplacement pour congé de certains exploitants agricoles .... 46 AZA – 46 AZA *quinquies*

16° Crédit d'impôt au titre des intérêts d'emprunt supportés pour l'acquisition ou la construction de l'habitation principale .... 46 AZA *sexies* – 46 AZA *septies*

17° Réduction d'impôt accordée au titre des investissements locatifs .... 46 AZA *octies* – 46 AZA *quaterdecies*

18° Réduction d'impôt accordée au titre des dépenses relatives aux travaux de conservation ou de restauration d'objets mobiliers classés monuments historiques .... 46 AZB

18° *BIS* Réduction d'impôt accordée au titre des dépenses de restauration immobilière dans les secteurs sauvegardés, les quartiers anciens dégradés et les zones de protection du patrimoine architectural, urbain ou paysager ou les aires de mise en valeur de l'architecture et du patrimoine .... 46 AZC

19°	Plafonnement de certains avantages fiscaux au titre de l'impôt sur le revenu	46-0 B – 46-0 B *ter*
SECTION IV	*Obligations incombant à certaines sociétés immobilières*	46 B – 46 D
SECTION V	*Disposition applicable en cas de perte du statut fiscal des sociétés de personnes*	46 E
SECTION VI	*Prélèvement à la source de l'impôt sur le revenu*	46 F
CHAPITRE I *bis*	Impôt sur les sociétés	46 *bis* – 46 *quater*-0 ZZ *nonies*
SECTION I	*Exonération édictée en faveur de certains établissements et sociétés concessionnaires*	46 *bis* – 46 *ter*
SECTION 0I bis	*Exonération en faveur des sociétés d'investissements immobiliers cotées, de leurs filiales et des filiales de sociétés de placement à prépondérance immobilière à capital variable*	46 *ter* A
SECTION 0I bis-0 A	*Exonération en faveur des sociétés de placement à prépondérance immobilière à capital variable*	46 *ter* A *bis*
SECTION 0I bis A	*Exonération édictée en faveur des sociétés unipersonnelles d'investissement à risque*	46 *ter* B – 46 *ter* D
SECTION I bis	*Entreprises créées en Corse*	46 *quater*
SECTION I ter	*Activités créées en Corse*	46 *quater*-00 A – 46 *quater*-00 A *quater*
SECTION II	*Monuments historiques — Charges déductibles pour les organismes non lucratifs*	46 *quater*-0 A
SECTION III	*Intérêts de livrets supplémentaires de caisses d'épargne.*	46 *quater*-0 B
SECTION III bis	*Détermination et suivi des charges financières nettes non déductibles et des capacités de déduction inemployées en application de l'article 212* bis *du code général des impôts*	46 *quater*-0 BA
SECTION IV		46 *quater*-0 C – 46 *quater*-0 F A
SECTION IV bis	*Modalités de prise de l'engagement et de désignation du représentant visés au C du 2 de l'article 119* ter *du code général des impôts*	46 *quater*-0 FB – 46 *quater*-0 FD
SECTION V	*Profits de construction*	46 *quater*-0 G – 46 *quater*-0 R
III	Dispositions diverses	46 *quater*-0 R
SECTION V bis	*Rachat d'une entreprise par ses salariés*	46 *quater*-0 RA – 46 *quater*-0 RG
SECTION V ter	*Exonération des plus-values à long terme afférentes à des titres de participation*	46 *quater*-0 RH
SECTION VI	*Report en arrière des déficits*	46 *quater*-0 S – 46 *quater*-0 YC
I	Sociétés agréées au régime du bénéfice consolidé	46 *quater*-0 X – 46 *quater*-0 XB

II	Sociétés agréées au régime de l'intégration fiscale	46 *quater*-0 Y – 46 *quater*-0 YC
SECTION VI bis	*Option de souscription, achat ou attribution gratuite d'actions*	46 *quater*-0 YD
SECTION VI ter	*Déclaration pays par pays*	46 *quater*-0 YE – 46 *quater*-0 YK
SECTION VI quater	*Crédit d'impôt pour dépenses de production d'œuvres cinématographiques ou audiovisuelles*	46 *quater*-0 YL – 46 *quater*-0 YR
SECTION VI quinquies	*Crédit d'impôt pour dépenses de production d'œuvres phonographiques*	46 *quater*-0 YS – 46 *quater*-0 YU
SECTION VI sexies	*Réduction d'impôt en faveur des petites et moyennes entreprises de croissance*	46 *quater*-0 YV – 46 *quater*-0 YW
SECTION VI septies	*Crédit d'impôt pour le rachat du capital d'une société* ..	46 *quater*-0 YX – 46 *quater*-0 YZC
SECTION VI octies	*Réduction d'impôt en faveur des entreprises qui souscrivent au capital de sociétés de presse*	46 *quater*-0 YZD
SECTION VI nonies	*Crédit d'impôt pour dépenses de distribution d'œuvres audiovisuelles*	46 *quater*-0 YZE – 46 *quater*-0 YZF
SECTION VI decies	*Crédit d'impôt en faveur des créateurs de jeux vidéo*	46 *quater*-0 YZG – 46 *quater*-0 YZI
SECTION VII	*Bénéfice imposable des caisses de crédit mutuel agricole et rural*	46 *quater*-0 Z – 46 *quater*-0 ZC
SECTION VIII	*Régime des groupes de sociétés*	46 *quater*-0 ZD – 46 *quater*-0 ZS
SECTION VIII bis	*Régime de taxation au tonnage*	46 *quater*-0 ZS *bis* – 46 *quater*-0 ZS *bis* A
SECTION VIII ter	*Régime de faveur des fusions*	46 *quater*-0 ZS *ter*
SECTION IX	*Entreprises nouvelles bénéficiant des dispositions de l'article 44 septies*	46 *quater*-0 ZT – 46 *quater*-0 ZU
SECTION X	....	46 *quater*-0 ZV – 46 *quater*-0 ZY
SECTION XI	*Crédit d'impôt pour dépenses de production exécutive d'œuvres cinématographiques et audiovisuelles*	46 *quater*-0 ZY *bis* – 46 *quater*-0 ZY *septies*
SECTION XI bis	*Crédit d'impôt pour dépenses de création, d'exploitation et de numérisation d'un spectacle vivant musical* ..	46 *quater*-0 ZY *octies* – 46 *quater*-0 ZY *duodecies*

SECTION XI TER	*Crédit d'impôt en faveur des représentations théâtrales d'œuvres dramatiques*	46 *quater*-0 ZY *terdecies* – 46 *quater*-0 ZY *septdecies*
SECTION XII	*Réduction du taux de l'impôt sur les sociétés pour certaines sociétés qui incorporent une fraction de leur bénéfice au capital*	46 *quater*-0 ZZ – 46 *quater*-0 ZZ *bis*
SECTION XII bis	*Réduction du taux de l'impôt sur les sociétés pour les petites entreprises*	46 *quater*-0 ZZ *bis* A
SECTION XII ter	*Réduction du taux de l'impôt sur les sociétés pour les sociétés d'investissements immobiliers cotées, leurs filiales, les filiales de sociétés de placement à prépondérance immobilière à capital variable et les sociétés se transformant en sociétés de placement à prépondérance immobilière à capital variable*	46 *quater*-0 ZZ *bis* B
SECTION XII quater	*Réduction du taux de l'impôt sur les sociétés applicable à certaines plus-values réalisées lors de la cession d'immeubles, de droits afférents à un immeuble ou de terrains à bâtir*	46 *quater*-0 ZZ *bis* C – 46 *quater*-0 ZZ *bis* F
SECTION XIII	*Déduction des investissements réalisés outre-mer*	46 *quater*-0 ZZ *ter* – 46 *quater*-0 ZZ *ter* A
SECTION XIV	*Amortissement exceptionnel des parts de sociétés d'épargne forestière*	46 *quater*-0 ZZ *quater* – 46 *quater*-0 ZZ *quinquies*
SECTION XV	*Amortissement exceptionnel pour la souscription en numéraire de parts de sociétés d'investissement régional ou d'investissement pour le développement rural*	46 *quater*-0 ZZ *sexies* – 46 *quater*-0 ZZ *nonies*
CHAPITRE II	Dispositions communes à l'impôt sur le revenu et à l'impôt sur les sociétés	46 *quater* A – 49 *octies* E
SECTION 00I	*Sociétés d'investissement*	46 *quater* A – 46 *quater* C
	Capital minimal exigé pour l'octroi des avantages fiscaux	46 *quater* A – 46 *quater* C
SECTION 0I	*Sociétés de personnes et assimilées*	46 *quinquies* – 46 *terdecies* H
I	Sociétés à responsabilité limitée. option pour le régime fiscal des sociétés de personnes	46 *terdecies* A – 46 *terdecies* D
I *bis*	Sociétés anonymes, sociétés par actions simplifiées et sociétés à responsabilité limitée. Option pour le régime fiscal des sociétés de personnes	46 *terdecies* DA
II	Détermination de la part de bénéfices correspondant aux droits détenus dans une société de personnes, un groupement d'intérêt économique, un groupement d'intérêt public ou un groupement européen d'intérêt économique	46 *terdecies* E – 46 *terdecies* H

SECTION 0I bis	*Personnes morales passibles de l'impôt sur les sociétés ayant pour objet de transférer gratuitement à leurs membres la jouissance d'un bien meuble ou immeuble* ..	46 *quaterdecies*
SECTION 0I ter	*Déductions fiscales ou réductions d'impôt accordées au titre de certains investissements réalisés outre-mer*	46 *quaterdecies* A – 46 *quaterdecies* Y
SECTION 0I quater	*Financement en capital d'œuvres cinématographiques ou audiovisuelles*	46 *quindecies* A – 46 *quindecies* F
SECTION 0I quinquies	*Financement en capital de la pêche artisanale*	46 *quindecies* G – 46 *quindecies* LB
SECTION 0I sexies	*Mécénat d'entreprises*	46 *quindecies* M – 46 *quindecies* QC
SECTION 0I septies	*Financement en capital des sociétés d'approvisionnement à long terme d'électricité*	46 *quindecies* R – 46 *quindecies* W
SECTION I	*Déclarations des commissions, courtages, ristournes, honoraires et droits d'auteur*	47 – 47 A
SECTION II	*Déclaration de certaines rémunérations d'associés et parts de bénéfices*	48 – 49
SECTION II bis	*Déclarations concernant les revenus de capitaux mobiliers*	49 A – 49 I *sexies*
	1° Contrats de prêt	49 A – 49 B
	2° Paiement de revenus de valeurs mobilières	49 C – 49 I
	3° Obligations des établissements auprès desquels ont été souscrits des bons, titres ou contrats nominatifs	49 I *bis*
	4° Paiement des intérêts de créances et produits assimilés	49 I *ter* – 49 I *sexies*
SECTION II ter	*Déclaration à produire par les entreprises nouvelles bénéficiant des dispositions de l'article* 44 sexies..........	49 J
SECTION II quater	*Entreprises implantées dans les zones franches urbaines – territoires entrepreneurs*	49 K – 49 P
SECTION II quinquies	*Entreprises implantées en Corse*	49 Q – 49 T
SECTION II sexies	*Entreprises implantées dans les bassins d'emploi à redynamiser*	49 U – 49 W
SECTION II septies	*Activités créées dans les zones de restructuration de la défense*	49 X – 49 Z
SECTION II octies	*Entreprises implantées dans les zones franches d'activités des départements d'outre-mer*	49 ZA – 49 ZC

SECTION III	*Restitution d'impôts consécutive au remboursement des sommes visées au a de l'article 111 du code général des impôts*	49 *bis* – 49 *septies*
SECTION IV		49 *septies* A – 49 *septies* E
SECTION V	*Crédit d'impôt pour dépenses de recherche effectuées par les entreprises industrielles et commerciales ou agricoles*	49 *septies* F – 49 *septies* O
SECTION V bis	*Crédit d'impôt pour la compétitivité et l'emploi*	49 *septies* P – 49 *septies* T
SECTION V ter		49 *septies* V – 49 *septies* V 9
SECTION V quater	*Crédit d'impôt pour certains investissements réalisés et exploités en Corse*	49 *septies* WB – 49 *septies* WH
SECTION V quinquies	*Réduction d'impôt pour versement de dons aux œuvres et organismes d'intérêt général prévue à l'article 238 bis du code général des impôts*	49 *septies* X – 49 *septies* XB
SECTION V sexies	*Crédit d'impôt famille*	49 *septies* Y – 49 *septies* YC
SECTION V septies		49 *septies* YD – 49 *septies* YI
SECTION V octies	*Crédit d'impôt en faveur de l'apprentissage*	49 *septies* YJ – 49 *septies* YO
SECTION V nonies	*Crédit d'impôt au titre des avances remboursables ne portant pas intérêt pour financer l'acquisition ou la construction d'une résidence principale*	49 *septies* YP – 49 *septies* YT
SECTION V decies	*Crédit d'impôt pour dépenses de prospection commerciale*	49 *septies* YU – 49 *septies* YV
SECTION V undecies		49 *septies* YW – 49 *septies* YZ
SECTION V duodecies	*Crédit d'impôt en faveur de l'agriculture biologique*	49 *septies* Z – 49 septies ZB *bis*
SECTION V terdecies	*Crédit d'impôt pour dépenses de formation des dirigeants*	49 *septies* ZC – 49 *septies* ZH
SECTION V quaterdecies	*Crédit d'impôt en faveur de l'emploi de réservistes*	49 *septies* ZI – 49 *septies* ZK
SECTION V quindecies	*Crédit d'impôt en faveur des métiers d'art*	49 *septies* ZL – 49 *septies* ZO

SECTION V sexdecies	*Crédit d'impôt pour dépenses de formation à l'économie de l'entreprise et aux dispositifs d'épargne salariale et d'actionnariat salarié*	49 *septies* ZP – 49 *septies* ZQ
SECTION V septdecies	*Crédit d'impôt en faveur des maîtres restaurateurs*	49 *septies* ZR – 49 *septies* ZO
SECTION V octodecies	*Crédit d'impôt en faveur des débitants de tabac*	49 *septies* ZV – 49 *septies* ZX
SECTION V novodecies	*Crédit d'impôt au titre des primes d'intéressement*	49 *septies* ZY – 49 *septies* ZZ
SECTION V vicies	*Crédit d'impôt au titre d'avances remboursables ne portant pas intérêt pour le financement de travaux d'amélioration de la performance énergétique des logements anciens*	49 *septies* ZZA – 49 *septies* ZZE *bis*
SECTION V unvicies	*Crédit d'impôt au titre des prêts ne portant pas intérêt consentis pour financer la primo-accession à la propriété*	49 *septies* ZZF – 49 *septies* ZZK
SECTION V duovicies	*Crédit d'impôt en faveur des investissements productifs neufs réalisés outre-mer*	49 *septies* ZZL – 49 *septies* ZZS
SECTION V tervicies	*Crédit d'impôt en faveur des organismes d'habitations à loyer modéré qui réalisent des investissements dans les logements neufs en outre-mer*	49 *septies* ZZT – 49 *septies* ZZX
SECTION VI	*Indemnités de congé payé*	49 *octies* – 49 *octies* D
SECTION VII	*Opérations de crédit-bail*	49 *octies* E
CHAPITRE II *bis*		49 *nonies* – 49 *quindecies*
CHAPITRE III	Taxes diverses	50-0 – 58 S
SECTION 0I	*Taxe d'apprentissage*	50-0 – 50-0 *ter*
SECTION I	*Taxe sur les salaires*	50 – 53 I
	I	50
	II Base de la taxe	51 – 52
	III Dispositions spéciales aux professions relevant du régime agricole au regard des lois sur la sécurité sociale	53 – 53 *quater*
	IV	53 A – 53 I
SECTION II		54 – 58
SECTION III	*Contribution annuelle sur les revenus locatifs*	58-0 A – 58 I
SECTION IV	*Cotisation perçue au titre de la participation des employeurs a l'effort de construction*	58 J

SECTION V .... 58 K – 58 O
SECTION VI *Taxe sur les loyers élevés des logements de petite surface* .... 58 P
SECTION VII *Taxes sur les transactions financières* .... 58 Q – 58 S
CHAPITRE IV Dispositions communes aux impôts et taxes, revenus et bénéfices visés aux chapitres Ier à III .... 59 – 65
SECTION I *Impôt sur le revenu et impôt sur les sociétés* .... 64 *bis* – 64 *quater*
SECTION II *Dispositions spéciales applicables aux opérations de nationalisation* 65

TITRE II TAXES SUR LE CHIFFRE D'AFFAIRES ET TAXES ASSIMILÉES .... 65 A – 111 *quater* T

CHAPITRE I Taxe sur la valeur ajoutée .... 65 A – 98 *bis*
SECTION I *Champ d'application* .... 65 A – 75 A
I Opérations obligatoirement imposables .... 65 A – 70 *quinquies*
A Animaux de boucherie et de charcuterie .... 65 A – 65 B
B Prestations de transport .... 66 – 70 *quinquies*
C .... 70 *quinquies* A
D .... 70 *quinquies* B
I *bis* Opérations imposables sur option .... 70 *sexies* – 70 *septies*
II Opérations exonérées .... 71 – 75 A
A 71
A *bis* .... 71 A
B Presse et impression .... 72 – 73-0 A
C Transports, opérations et services exonérés .... 73 A – 73 I
D Exportation 74
E .... 75 – 75 A
SECTION II *Assiette de la taxe* .... 76 – 76 *ter*
Régime du chiffre d'affaires réel .... 76 – 76 *ter*
SECTION III *Fait générateur et exigibilité de la taxe* .... 77 – 84
I Payement de la taxe d'après les débits 77
II Entrepreneurs de travaux immobiliers .... 78 – 84
SECTION IV *Liquidation de la taxe* .... 84 A – 85 L
0I Déductions .... 84 A
A Ouverture d'un régime ou d'un entrepôt fiscal suspensif .... 85 – 85 A
B Modification du fonctionnement d'un régime ou d'un entrepôt fiscal suspensif .... 85 B
C Fermeture d'un régime ou d'un entrepôt fiscal suspensif .... 85 C
D Entrée et sortie des biens d'un régime ou d'un entrepôt fiscal suspensif .... 85 D
E Fonctions du régime fiscal suspensif .... 85 E
F Biens admissibles sous un régime ou un entrepôt fiscal suspensif .... 85 F
G Définition des opérations effectuées en suspension du paiement de la taxe sur la valeur ajoutée .... 85 G – 85 K
H Factures .... 85 L

SECTION V		*Calcul de la taxe*	85 *bis* – 93
	I	Taux	85 *bis* – 89 *ter*
	A	Taux réduit	85 *bis* – 87 *ter*
	1	Cantines d'entreprises	85 *bis*
	2	Activités de services à la personne	86
			87
	3		87 *bis* – 87 *ter*
	B		88
	C		89 – 89 *bis*
	D	Taux particuliers	89 *ter*
	II		90 – 93
SECTION VI		*Obligations des redevables*	94 – 96 M
	1°	Entreprises de spectacles	96 B – 96 E
	2°	Factures transmises par voie télématique	96 F – 96 I
	3°	État récapitulatif des clients	96 J – 96 M
	4°	Déclaration européenne des services	96 N
		[Demande de remboursement de la taxe supportée dans un autre État membre]	96 O
SECTION VII		*Importations*	96 P
SECTION VII *bis*		Identification des assujettis fournissant des services ou réalisant des livraisons de biens dans le cadre du commerce électronique	97 *bis* – 97 *ter*
SECTION VIII		*Régimes spéciaux*	98 – 98 C
	I		98
	II	Biens d'occasion, œuvres d'art, objets de collection et d'antiquité	98 A
	III	Régime applicable à l'or d'investissement	98 B
	IV	Services fournis par voie électronique	98 C
SECTION IX		*Exploitants agricoles*	98 *bis*
CHAPITRE II		Taxe de l'aviation civile	99 – 101 *bis*
CHAPITRE III			102 – 111 *quater*
CHAPITRE IV		Redevance sanitaire d'abattage	111 *quater* A – 111 *quater* J
CHAPITRE V		Redevance sanitaire de découpage	111 *quater* L – 111 *quater* R
CHAPITRE VI			111 *quater* S
CHAPITRE VII			111 *quater* T
CHAPITRE VIII		Redevance pour l'agrément des établissements du secteur de l'alimentation animale	111 *quater* U
CHAPITRE IX		Prélèvements sur les jeux et paris	111 *quater* V
TITRE II *bis*		**DISPOSITIONS COMMUNES AUX IMPÔTS DIRECTS ET AUX TAXES SUR LE CHIFFRE D'AFFAIRES**	**111 *quinquies* – 111 *novodecies***

CHAPITRE I	Règles applicables aux représentants fiscaux	111 *quinquies* – 111 *terdecies*
CHAPITRE II	Récépissé de consignation	111 *quaterdecies* – 111 *novodecies*
TITRE III	**CONTRIBUTIONS INDIRECTES ET TAXES DIVERSES**	**111-00 A – 244 *vicies***
CHAPITRE 0I	Alcools, boissons alcooliques et tabacs manufacturés	111-00 A – 111 N
SECTION 0I	*Entrepositaires agréés et opérateurs agréés*	111-00 A – 111-0 D
SECTION 0I bis	*Modalités d'exonération des droits d'accises sur les alcools et les boissons alcooliques*	111-0 E – 111-0 HD
SECTION I		111 A – 111 G
SECTION II	*Titres de mouvement*	111 H – 111 H *sexdecies*
SECTION III	*Capsules représentatives de droits*	111 I – 111 N
CHAPITRE I	Boissons	112 – 182
SECTION I	*Alcools*	112 – 169 A
A	Production	112 – 143
I		112 – 117
II	Déduction spéciale accordée aux fabricants de mistelles	118 – 124
III		125 – 143
B	Régime économique	143 A – 168
I	Organisation de l'économie cidricole	143 A – 143 Z
II		144
II *bis*	Régime économique du rhum	144 *bis*
III		144 A – 168
1°		144 A – 144 C
2°		145 – 168
C	Régime fiscal	169 – 169 A
SECTION II	*Vins, cidres, bières et autres boissons fermentées*	169 *bis* – 178 *octies*
A	Production	169 *bis* – 170
	Déclarations	169 *bis* – 170
B	Régime fiscal	171 – 178-0 *bis* C
	Définition	171
	Admission en décharge des déchets résultant de la concentration par le froid	172 – 178-0 *bis* C
	[Petites brasseries indépendantes]	178-0 bis A – 178-0 *bis* C
C		178 *bis*
D		178 *ter* – 178 *octies*
SECTION III		178 *octies* A – 178 *nonies*
SECTION IV		178 *decies*
SECTION V	*Régimes particuliers*	178 A – 182
I	Réglementation des essences d'absinthe et produits assimilés ou susceptibles de les suppléer	178 A – 178 AB
II		179 – 182
CHAPITRE I *bis*		182 A – 182 AT

CHAPITRE I *ter* .... 182 *bis*

CHAPITRE II Garantie des matières d'or, d'argent et de platine .... 183 – 214

SECTION I *Forme et apposition des poinçons et des marquages au laser* .... 183 – 186 *ter*

SECTION II *Organisation des bureaux de garantie* .... 187 – 196

SECTION III *Fonctionnement des bureaux de garantie* .... 197 – 208

SECTION III bis .... 208 A

SECTION IV *Obligations des redevables* .... 209-0 A – 211 A

SECTION IV bis *Exportations ou livraisons à destination d'un autre État membre de l'Union européenne* .... 211 AA – 211 AC

SECTION V *Ouvrages dorés, argentés ou platinés* .... 212 – 212 A

SECTION VI *Frappe des médailles* .... 213 – 214

CHAPITRES III et VI .... 215 – 244 *vicies*

TITRE IV **ENREGISTREMENT, PUBLICITÉ FONCIÈRE, TIMBRE** .... **245 – 313-0 BR *ter***

CHAPITRE I Droits d'enregistrement et taxe de publicité foncière .... 245 – 299

SECTION I *Dispositions générales* .... 245 – 264

I Des formalités .... 245 – 260

A Champ d'application respectif de la formalité de l'enregistrement et de la formalité fusionnée — Délais .... 245 – 250

1 Actes et mutations soumis à la formalité de l'enregistrement — Actes publics et sous seings privés .... 245 – 248

2 Actes soumis à la formalité fusionnée de l'enregistrement et de la publicité foncière 249

3 Régime particulier aux départements de la Moselle, du Bas-Rhin et du Haut-Rhin 250

B Accomplissement des formalités .... 250 A – 260

1 Bureaux compétents .... 250 A – 251

a Enregistrement .... 250 A

b Formalité fusionnée 251

2 Modalités d'exécution .... 251 A – 260

a Enregistrement .... 251 A – 252

b Formalité fusionnée .... 253 – 259

c Interdictions 260

II Des impositions .... 261 – 264

Assiette et liquidation .... 261 – 264

SECTION II *Les tarifs et leur application* .... 265 – 281 E

I Mutations de propriété à titre onéreux d'immeubles ou de meubles .... 265 – 267

1 .... 265 – 266

2 Opérations concourant à la production ou à la livraison d'immeubles .... 266 *bis*

2 bis à 2 quater .... 266 *ter* – 266 *octies*

3 Régime particulier aux départements de la Moselle, du Bas-Rhin et du Haut-Rhin 267

II	Mutations à titre gratuit	268 – 281 M
A	Assiette des droits: dispositions spéciales aux successions — Règles d'évaluation	268 – 281
1°	....	268 – 279
2°	Biens frappés d'indisponibilité hors de France	280
3°	Fonds communs de placement	280 A
4°	Fonds communs de placement à risques	280 B – 281
B	Régimes spéciaux et exonérations	281 *bis* – 281 M
SECTION III	*Obligations diverses*	282 – 299
I	Obligations des officiers publics et ministériels	282 – 284
	Répertoire des notaires, huissiers et autorités administratives	282 – 284
II	Obligations des agents de l'administration: salaires des conservateurs	285 – 299
CHAPITRE I *bis*	Impôt de solidarité sur la fortune	299 *bis* – 299 *duodecies [abrogés]*
CHAPITRE II	Droits de timbre	300 – 313 BQ *bis*
SECTION I	*Droits de timbre proprement dits*	300 – 313 AQ
I	Timbre de dimension	300 – 303
II à V	....	304 – 313 AQ
SECTION II	*Droits de délivrance de documents et perceptions diverses*	313 AR – 313 BG *ter*
I à III	....	313 AR – 313 AU
IV	Droits d'inscription à certains examens	313 AV
V	Formalités administratives	313 AW – 313 AY
VI	Navigation intérieure et navigation maritime de plaisance	313 AZ
VII	Passeports et titres de voyage	313 BA
VIII	....	313 BB – 313 BC
IX	Véhicules à moteur	313 BD – 313 BF
	Permis de conduire et certificats d'immatriculation.	313 BD – 313 BF
X	Régies de recettes des préfectures et sous-préfectures	313 BG
XI	Formules de chèques	313 BG *bis* – 313 BG *ter*
XII	Aide médicale de l'État	313 BG *quater*
SECTION III	*Dispositions communes aux sections I et II*	313 BH – 313 BQ *bis*
CHAPITRE 0II *bis*	Impôt sur la fortune immobilière	313 BQ *ter* – 313 BQ *quater*
CHAPITRE II *bis*	Taxe sur la valeur vénale des immeubles possédés en France par des personnes morales	313-0 BR – 313-0 BR *bis*
CHAPITRE II *ter*	Malus applicable aux voitures particulières les plus polluantes	313-0 BR *ter* – 313-0 BR *quater*
CHAPITRE III	Droit fixe dû par les opérateurs agréés de jeux ou de paris en ligne	313 BR – 313 BRB
CHAPITRE IV	....	313 BR *bis*

TITRE V .... 313 BS – 313 BU

DEUXIÈME PARTIE

IMPOSITIONS PERÇUES AU PROFIT DES COLLECTIVITÉS LOCALES ET DE DIVERS ORGANISMES

TITRE I IMPOSITIONS COMMUNALES .... 314 – 328 D *quinquies*

CHAPITRE I Impôts directs et taxes assimilées .... 314 – 326

SECTION I *Taxes foncières sur les propriétés bâties et non bâties* .... 314 – 321 H

a Exonérations temporaires .... 314 – 315 *sexdecies*

1° Habitations à loyer modéré 314

2° Constructions financées au moyen des prêts aidés par l'État .... 315 – 315 *ter*

3° Zones franches urbaines – territoires entrepreneurs .... 315 *quater* – 315 *octies*

5° Bassins d'emploi à redynamiser .... 315 *nonies*

6° Parcs nationaux situés dans les départements d'outre-mer .... 315 *decies* – 315 *duodecies*

7° Zones de restructuration de la défense .... 315 *terdecies*

8° Habitations à haut niveau de performance énergétique .... 315 *quaterdecies*

9° Zones franches d'activité des départements d'outre-mer .... 315 *quindecies*

10° Quartiers prioritaires de la politique de la ville .... 315 *quindecies* A – 315 *sexdecies*

b Lieu d'imposition .... 316 – 321 D

Entreprises hydrauliques concédées ou d'une puissance supérieure à 500 kilowatts .... 316 – 321 D

c Déclaration des constructions nouvelles ainsi que des changements de consistance ou d'affectation .... 321 E – 321 H

SECTION II *Taxe d'habitation* .... 322 – 322 *quinquies*

SECTION III *Cotisation foncière des entreprises* .... 322 A – 324-0 A

I Exonération des gîtes ruraux .... 322 A – 322 FA

I *bis* Exonération temporaire accordée dans le cadre de l'aménagement du territoire .... 322 G – 322 R

II Lieu d'imposition des entreprises hydrauliques concédées ou d'une puissance supérieure à 500 kilowatts 323

III Crédit de taxe en faveur des entreprises implantées dans des zones d'emploi en grande difficulté .... 324 – 324-0 A

SECTION III bis *Règles d'évaluation de la valeur locative des biens imposables* .... 324 A – 324 AL

I Dispositions communes à toutes les catégories de locaux .... 324 A – 324 C

II Locaux d'habitation .... 324 D – 324 X

A Décomposition de chaque propriété ou fraction de propriété .... 324 D – 324 F

B Classification communale des locaux .... 324 G – 324 J

C Tarifs d'évaluation .... 324 K – 324 V
1 Modalités d'établissement .... 324 K
2 Détermination de la surface pondérée .... 324 L – 324 V
D Évaluations individuelles .... 324 W – 324 X
1 Évaluation des locaux de référence .... 324 W
2 Évaluation des autres locaux .... 324 X
III Locaux professionnels passibles de la taxe foncière sur les propriétés bâties .... 324 Y – 324 AC
A Évaluation d'après les baux écrits ou les locations verbales .... 324 Y
B Détermination de la surface pondérée des locaux professionnels .... 324 Z – 324 AA
C Évaluation par voie d'appréciation directe .... 324 AB – 324 AC
IV Établissements industriels .... 324 AD – 324 AG
V Déclarations à souscrire pour chaque révision .... 324 AH – 324 AJ
VI Dispositions relatives à l'exécution de la première révision quinquennale des évaluations foncières des propriétés bâties autres que les locaux professionnels mentionnés à l'article 1498 .... 324 AK – 324 AL

SECTION IV *Autres taxes communales* .... 325 – 326

CHAPITRE II .... 326 *bis* – 328 D

CHAPITRE III Enregistrement .... 328 D *bis* – 328 D *quinquies*

SECTION UNIQUE *Taxe locale d'équipement* .... 328 D *bis* – 328 D *quinquies*

TITRE I *bis* **IMPOSITIONS DÉPARTEMENTALES** .... **328 E – 328 G *decies***

CHAPITRE I Impôts directs et taxes assimilées .... 328 E – 328 G *nonies* D
I Taxe foncière sur les propriétés bâties .... 328 E – 328 G
II Cotisation sur la valeur ajoutée des entreprises .... 328 G *bis* – 328 G *nonies* D

CHAPITRE II Enregistrement .... 328 G *decies*
I Droits d'enregistrement et taxe de publicité foncière .... 328 G *decies*

TITRE I *ter* **IMPOSITIONS PERÇUES AU PROFIT DES RÉGIONS ET DE LA COLLECTIVITÉ TERRITORIALE DE CORSE** .... **328 H – 328 J *ter***

CHAPITRE UNIQUE Taxe d'apprentissage .... 328 H – 328 J *ter*

TITRE I *quater* **AUTRES IMPOSITIONS PERÇUES AU PROFIT DES COLLECTIVITÉS TERRITORIALES OU DE CERTAINS ÉTABLISSEMENTS PUBLICS** .... **328 K à 328 Q**

CHAPITRE UNIQUE	Imposition forfaitaire sur les entreprises de réseaux	328 K à 328 Q
TITRE II	**IMPOSITIONS PERÇUES AU PROFIT DE CERTAINS ÉTABLISSEMENTS PUBLICS ET D'ORGANISMES DIVERS**	**329 – 344 *undecies***
CHAPITRE I	Impôts directs et taxes assimilées	329-0 – 331 K
SECTION 0I	*Prélèvements sociaux perçus au profit de la caisse nationale de l'assurance maladie des travailleurs salariés*	329-0
SECTION I	*Taxe pour frais de chambres de commerce et d'industrie*	329 – 331 A
SECTIONS I A à III		331-0 A – 331 K
SECTION IV	*Taxe sur la cession à titre onéreux de terrains nus rendus constructibles*	331 K *bis* – 331 K *ter*
CHAPITRE I *bis*	Taxes sur le chiffre d'affaires et taxes diverses assimilées	331 L – 331 V *undecies*
SECTION I	*Redevance sur l'édition des ouvrages de librairie*	331 L
SECTION II	*Redevance sur l'emploi de la reprographie*	331 M
SECTION II bis	*Taxe sur les ventes et les locations de vidéogrammes destinés à l'usage privé du public*	331 M *bis* – 331 M *ter*
SECTION III	*Taxe spéciale sur les huiles*	331 N – 331 V
SECTION IV		331 V *bis* – 331 V *undecies*
SECTION V	*Redevance sur les paris hippiques en ligne perçue au profit des sociétés de courses*	331 W
CHAPITRE II	Contributions indirectes	332 – 333 *duodecies*
SECTIONS I à I ter		332 – 333 H
SECTION I ter A	*Taxe destinée au financement des prestations d'assurance maladie, invalidité et maternité du régime de protection sociale des non-salariés agricoles*	333 H *bis* – 333 H *quinquies*
SECTIONS I quater à III		333 I – 333 *duodecies*
CHAPITRE III	Enregistrement	334 – 344 *undecies*
SECTION I	*Contribution pour l'alimentation du fonds commun des accidents du travail agricole*	334 – 340
I		334 – 336
I *bis*	Taxes à percevoir pour l'alimentation du fonds commun des accidents de travail agricole	336 *bis* – 336 *quater*
II et III		337 – 340
SECTIONS I bis à IV		340 *bis* – 344 *decies*
SECTION V	*Fonds national de garantie des salariés agricoles*	344 *undecies*

SECTION VI	*Droits perçus au profit de la Caisse nationale de l'assurance maladie des travailleurs salariés*	344 *undecies* A
TITRE III	**DISPOSITIONS COMMUNES AUX TITRES Ier À II**	**344 *duodecies* – 344 *vicies***
CHAPITRE I	Cotisation sur la valeur ajoutée des entreprises	344 *duodecies* – 344 *quaterdecies*
CHAPITRE II	Abattement sur les bases d'impositions directes locales	344 *quindecies*
CHAPITRE III *[ABROGÉ]*	Participation au financement du plafonnement en fonction de la valeur ajoutée	344 *sexdecies* – 344 *vicies* *[abrogés]*

TROISIÈME PARTIE

DISPOSITIONS COMMUNES AUX PREMIÈRE ET DEUXIÈME PARTIES

TITRE I	**ASSIETTE ET CONTRÔLE DE L'IMPÔT**	**344-00 A – 344 M**
CHAPITRE 01	Plafonnement des impôts	344-00 A
CHAPITRE I	Obligations des contribuables	344-0 A – 344 I-0 *bis*
001	Déclarations souscrites auprès de la Direction des grandes entreprises	344-0 A – 344-0 C
0I	Déclarations des comptes ouverts, utilisés ou clos à l'étranger	344 A – 344 G
0I *bis*	Déclarations des avances remboursables ne portant pas intérêt	344 G *bis* – 344 G *quinquies*
0I *ter*	Obligation déclarative relative aux dispositifs transfrontières	344 G *octies* A – 344 G *octies* B
0I *quater*	Obligations déclaratives se rapportant aux avoirs en déshérence	344 G *nonies*
0I *quinquies*	Déclarations des comptes d'actifs numériques ouverts, détenus, utilisés ou clos à l'étranger	344 G *decies* – 344 G *undecies*
I	Déclarations des versements effectués au titre de la publicité par panneaux-réclame, par affiches et par enseignes	344 GA – 344 GC
I *bis*	Déclaration de la redevance et des prélèvements dus par les opérateurs de jeux ou de paris	344 GD
I *ter*	Déclaration d'achat au détail de métaux ferreux et non ferreux	344 GE
II	Déclaration des ventes autres que les ventes au détail	344 H – 344 I
III	Date de dépôt des déclarations	344 I-0 *bis*

CHAPITRE I *bis* Déclaration des transferts de sommes, titres ou valeurs .... 344 I *bis*

CHAPITRE I *ter* Transmission des déclarations professionnelles par voie électronique .... 344 I *ter* – 344 I *quater*

CHAPITRE II Centres de gestion agréés .... 344 IA – 344 ID

CHAPITRE III .... 344 J

CHAPITRE IV Agrément .... 344 K – 344 L

CHAPITRE V Fiducie .... 344 M

TITRE II DISPOSITIONS DIVERSES .... 345 – 350 *quindecies*

CHAPITRE I Commissions administratives des impôts .... 345 – 350 C

I Commission communale des impôts directs 345

I *bis* Commission intercommunale des impôts directs .... 346 – 346 B

II Commission départementale des impôts directs et des taxes sur le chiffre d'affaires .... 347 – 348 C

III Commission départementale de conciliation .... 349 – 350 C

CHAPITRE II Régime de certains organismes et sociétés .... 350 D – 350 *ter*

SECTION I *Sociétés de personnes, sociétés en participation, groupements d'intérêt public, sociétés à responsabilité limitée, exploitations agricoles à responsabilité limitée et sociétés civiles professionnelles* .... 350 D – 350 F

SECTION II *Entrepreneur individuel à responsabilité limitée* .... 350 *bis* – 350 *ter*

CHAPITRE III Les compétences de la direction générale des douanes et droits indirects en matière de contributions indirectes et de réglementations assimilées .... 350 *quater* – 350 *duodecies*

CHAPITRE IV Compétences des fonctionnaires de la direction générale des impôts .... 350 *terdecies* – 350 *quindecies*

LIVRE DEUXIÈME

RECOUVREMENT DE L'IMPÔT

CHAPITRE I Payement de l'impôt .... 351 – 406 *terdecies*

SECTION I *Impôts directs et taxes assimilées* .... 351 – 383 *septies*

I Rôle et avis d'imposition 351

1 Établissement et mise en recouvrement des rôles 351

II Exigibilité de l'impôt .... 353 – 381 XA

2 *Impôt sur le revenu* .... 357 A – 357 H

2 *bis* Prélèvement à la source de l'impôt sur le revenu .... 357 H *bis* – 357 H *quinquies*

3 Impôt sur les sociétés .... 358 – 366 AA

03 *bis* Imposition forfaitaire annuelle des sociétés .... 366 A *bis*

3 *bis* .... 366 B – 366 I

3 *ter*	Contribution temporaire sur l'impôt sur les sociétés	366 J – 366 K
3 *quater*	Contribution sociale sur l'impôt sur les sociétés	366 L – 366 N
4 *et* 5		367 – 368 *quater*
6	Taxe sur les salaires	369 – 374
a	Remise au trésor de la taxe sur les salaires	369
b *et* c		370 – 373
d	Taxe sur les salaires afférente aux traitements à la charge de l'État et des collectivités publiques	374
7	Contribution annuelle sur les revenus locatifs	375 – 381 *decies*
8	Retenue à la source afférente aux revenus des actions et parts, aux revenus assimilés et aux intérêts et produits des obligations et titres participatifs	381 A – 381 Q
9	Retenue à la source sur les salaires, droits d'auteur et rémunérations versés aux auteurs, artistes et sportifs domiciliés fiscalement en France	381 R
10	Prélèvement sur les produits de placements à revenu fixe	381 S – 381 S *bis*
10 *bis*	Prélèvement sur les dividendes	381 S *bis*
11		381 T
13	Taxe d'apprentissage	381 XA
III	Payement de l'impôt	382-0 – 383 *septies*
1	Dispositions communes	382-0 – 382 B
2	Impôts directs locaux et taxes assimilées	382-0 C – 382 E
3	Impôt de solidarité sur la fortune *[Impôt sur la fortune immobilière]*	382 F
4	Impôt sur le revenu et impositions figurant sur le même article de rôle	383-0 – 383 *ter*
SECTION II	*Taxes sur le chiffre d'affaires et taxes assimilées*	384 – 384 C
I *et* II		384 – 384 A
II *bis*	Dispositions particulières à certains transports	384 A *bis* – 384 A *ter*
III *et* IV		384 B – 384 C
V	Consolidation au sein d'un groupe du paiement de la taxe sur la valeur ajoutée et des taxes assimilées	384 D
V	*Consolidation au sein d'un groupe du paiement de la taxe sur la valeur ajoutée et des taxes assimilées*	384 D
SECTION II bis		384 *bis*
SECTION III	*Enregistrement, publicité foncière, timbre*	384 *bis* A – 406 *decies*
0I	Paiement sur états	384 *bis* A – 384 *quinquies*
	Actes notariés	384 *bis* A – 384 *quinquies*
0II	Formalité fusionnée	384 *quinquies* A – 384 *septies*
I	Taxe spéciale sur les conventions d'assurances	385 – 390
II		391 – 394
III	Payement fractionné ou différé des droits	395 – 404 GD
A		395 – 395 *quater*
B	Mutations de propriété ou apports en société	396 – 404 GD
1	Champ d'application	396 – 397 A
	Transmissions d'entreprises	397 A
2	Dispositions générales	398 – 404 *ter*
3	Dispositions particulières	404 A – 404 GD
1°	Mutations par décès	404 A – 404 B
2°	Apports en société	404 C – 404 CA

3°	Acquisitions effectuées dans le cadre des procédures de sauvegarde, de redressement ou de liquidation judiciaires	404 D
4°	Offices ministériels	404 E
5°	Rapatriés d'outre-mer et migrants ruraux	404 F – 404 G
6°	Transmissions d'entreprises	404 GA – 404 GD
IV		405
V	Droits de timbre	405 A – 406
A		405 A
B	Paiement par emploi de machines à timbrer	405 B
C	Paiement par apposition de timbres mobiles	405 C – 405 F
D	Paiement au moyen du visa pour timbre	405 G
E	Paiement de l'impôt sur états	405 H – 406
VI	Taxes sur les véhicules à moteur	406 *bis*
	Taxe sur les véhicules des sociétés	406 *bis*
VII	Taxe locale d'équipement	406 *ter* – 406 *nonies*
VIII		406 *decies*
SECTION IV	*Contributions indirectes, droits, taxes, redevances et impositions obéissant aux mêmes règles et droit spécifique sur les ouvrages d'or ou contenant de l'or, d'argent ou de platine*	406 *undecies* – 406 *undecies* A
SECTION V	*Dispositions communes*	406 *duodecies* – 406 *terdecies*
CHAPITRE I *bis*	Pénalités	406 A – 406 A27
SECTION I		406 A – 406 J
SECTION I bis	*Contributions indirectes, droits, taxes, redevances et impositions obéissant aux mêmes règles et droit spécifique sur les ouvrages d'or ou contenant de l'or, d'argent ou de platine*	406 K – 406 L
SECTION II	*Dispositions communes*	406 A1 – 406 A16 F
I		406 A1 – 406 A11
II	Infractions aux règles de la facturation	406 A12 – 406 A16
	Mise sous séquestre de l'entreprise de l'auteur du délit	406 A12 – 406 A16
III	Intérêts excédentaires	406 A16 A – 406 A16 F
SECTION III	*Dispositions particulières*	406 A16 *bis* – 406 A27
I *et* II		406 A16 *bis* – 406 A26
III	Droits d'enregistrement	406 A27
CHAPITRE II	Procédures	407 – 416-0 *bis*
SECTIONS I à III		407 – 414
SECTION IV	*Dispositions communes aux impositions dont le recouvrement incombe aux comptables de la direction générale des finances publiques et à ceux de la direction générale des douanes et droits indirects*	415 – 416-0 *bis*
CHAPITRE II *bis*	Sûretés et privilèges	416 *bis* – 416 *ter*
CHAPITRE III	Dégrèvements et restitutions d'impôts	416 A – 446 *bis*
SECTION I	*Juridiction contentieuse*	416 A – 416 E
A		416 A – 416 D

B Disposition particulière aux droits d'enregistrement .... 416 E
SECTION II *Juridiction gracieuse* .... 417 – 446 *bis*
A *et* B .... 417 – 425
C Propositions des comptables secondaires de la direction générale des finances publiques chargés du recouvrement des créances de nature fiscale .... 426 – 444
1 Cotes irrécouvrables .... 426 – 428
2 Dispense de versement, remise gracieuse et constatation de la force majeure .... 429 – 444
a Sursis de versement .... 430 – 432
b Décharge de responsabilité .... 433 – 438
c Dispositions communes .... 439 – 444
C *bis* .... 444 A
D Dispositions particulières aux impôts directs .... 445 – 446 *bis*
CHAPITRES III *bis à* IV .... 446 *ter* – 448

ANNEXE IV

DISPOSITIONS REVÊTANT LA FORME D'ARRÊTÉ

LIVRE PREMIER

ASSIETTE ET LIQUIDATION DE L'IMPÔT

PREMIÈRE PARTIE

IMPÔTS D'ÉTAT

TITRE I **IMPÔTS DIRECTS ET TAXES ASSIMILÉES** .... **01 – 23 M *bis***
CHAPITRE I Impôt sur le revenu .... 01 – 21
SECTION 0I *Dispositions générales. Lieu d'imposition* 01
SECTION 0I bis *Revenus fonciers* .... 01 *bis*
SECTION I *Bénéfices industriels et commerciaux* .... 02 – 4 LA
0I Amortissement dégressif ou exceptionnel des matériels destinés à économiser l'énergie et des équipements de production d'énergies renouvelables .... 02 – 03
0II .... 04 – 05
0III Amortissement exceptionnel des matériels destinés à réduire le niveau acoustique d'installations 06
I Provisions pour fluctuation des cours 1er
II Provisions pour risques afférents aux opérations de crédit à moyen et à long terme .... 2 – 4

II *bis*	Provisions pour risques afférents aux crédits à moyen terme résultant de ventes ou de travaux effectués à l'étranger	4 *bis* – 4 *ter*
II *ter*		4 *quater* – 4 *septies*
II *quater*	Provisions des entreprises de presse	4 *octies*
III	Provisions pour reconstitution des gisements	4 A – 4 C *bis*
a		4 A – 4 B
b	Entreprises produisant certaines substances minérales solides	4 C – 4 C *bis*
III *bis*		4 C *ter* – 4 C *septies*
IV	Provision pour implantation commerciale à l'étranger	4 D – 4 E
V *à* VII		4 F – 4 I
VIII	Contrôle des frais généraux — Obligations des entreprises	4 J – 4 L
IX	Évaluation des stocks et des travaux en cours	4 LA
SECTION I bis	*Bénéfice de l'exploitation agricole*	4 M – 4 P
1°	Imposition d'après le bénéfice réel	4 M
2°	Dénonciation du forfait par le service des impôts	4 N
3°	Passage du régime du forfait à un régime de bénéfice réel	4 O
4°	Passage du régime transitoire d'imposition à un régime de bénéfice réel	4 P
SECTION II	*Traitements et salaires*	5 – 6 B
		5 – 6
	Titres restaurants	6 B
	Évaluation des frais de déplacement	6 B
SECTION II bis	*Retenue à la source*	6 C
SECTION III	*Revenus des capitaux mobiliers*	6 *bis* – 17 D
I et I *bis*		6 *bis* et 6 *ter*
I *ter*	Prélèvement opéré d'office sur les produits de certains placements	6 *quater* – 6 *quinquies*
II	Contrôle des revenus mobiliers	7 – 16 *bis*
1	Justifications d'identité et de domicile	8 – 13 *bis*
2	Relevés à fournir à l'administration	14 – 16
3		16 *bis*
III	Documents à tenir à la disposition de l'administration	17 – 17 D
SECTION III bis	*Revenu global*	17 E – 17 *nonies*
0I	Primes d'assurances sur la vie	17 E
0II, 0III *et* I		17 F – 17 *bis*
II	Monuments historiques — Charges déductibles	17 *ter* – 17 *quinquies* A
II *bis*		17 *quinquies* B
III	Engagements d'épargne à long terme	17 *sexies* – 17 *octies*
IV		17 *nonies*
SECTION IV	*Calcul de l'impôt*	18 – 21
	Retenue a la source de l'impôt sur le revenu	18
	Réduction d'impôt accordée pour dépenses d'équipements de production d'énergie réalisées outre-mer et utilisant une source d'énergie renouvelable	18-0 *bis*
	Réduction d'impôt pour l'acquisition de certains véhicules de tourisme outre-mer	18-0 *bis* A

	Réduction d'impôt accordée au titre d'une opération d'investissement locatif	18-0 *bis* A – 18-0 *bis* B
	Crédit d'impôt pour dépenses d'équipement de l'habitation principale	18 *bis* – 18 *quater*
	....	19 – 21
CHAPITRE II	Impôt sur les sociétés	22 – 23 I *bis*
SECTION I	*Champ d'application*	22 – 23 *bis*
1°	Régime fiscal des sociétés de personnes, des sociétés en participation, des groupements d'intérêt public, des sociétés à responsabilité limitée, des exploitations agricoles à responsabilité limitée et des sociétés civiles professionnelles. Option pour le régime fiscal des sociétés de capitaux	22 – 23 *[abrogés]*
2°	Exonérations et régimes particuliers. Sociétés agréées pour le financement des télécommunications	23 *bis*
SECTION I bis	....	23 *bis* A – 23 *bis* B
SECTION II	*Lieu d'imposition*	23 *ter*
	Lieu d'imposition des personnes morales qui exercent des activités en France ou y possèdent des biens, sans y avoir leur siège social	23 *ter*
SECTION III	*Obligations des personnes morales*	23 A – 23 I *bis*
1°	Déclaration d'existence, de modification du pacte social et des conditions d'exercice de la profession...	23 A – 23 G
2°	Déclaration des bénéfices répartis aux associés, actionnaires ou porteurs de parts	23 H – 23 I
3°	....	23 I *bis*
CHAPITRE II *bis*	....	23 I *ter*
CHAPITRE III	Dispositions communes à l'impôt sur le revenu et à l'impôt sur les sociétés	23 J – 23 L *duodecies*
SECTION I	*Remploi des plus-values réalisées par les entreprises à l'occasion de la construction et de la vente d'immeubles affectés principalement à l'habitation*	23 J – 23 K
SECTION II	*Contrats de prêts dispensés de la déclaration prévue à l'article 49 B de l'annexe III au code général des impôts*	23 L
SECTION III	*Réévaluation des immobilisations amortissables*	23 L *bis*
SECTION IV	*Déductions fiscales, réductions d'impôt ou crédits d'impôt accordés au titre de certains investissements outre-mer*	23 L ter – 23 L *quinquies*
SECTION V	*Obligations des opérateurs de plateforme en ligne*	23 L *sexies* - 23 L *undecies*
SECTION [VI]	*Crédit d'impôt pour dépenses de recherche effectuées par les entreprises industrielles et commerciales ou agricoles*	23 L *duodecies*
CHAPITRE IV	....	23 M
CHAPITRE V	Taxes diverses	23 M *bis*
SECTION UNIQUE	*Taxe sur le résultat des entreprises ferroviaires*	23 M *bis*

TITRE II	**TAXES SUR LE CHIFFRE D'AFFAIRES ET TAXES ASSIMILÉES**	**23 N – 50 *quaterdecies* B**
CHAPITRE I	Taxe sur la valeur ajoutée	23 N – 50 *duodecies* A
SECTION I	*Champ d'application*	23 N – 24 B
I	Opérations obligatoirement imposables	23 N
I *bis*	Opérations exclues de l'imposition sur option	23 O – 23 P
II	Opérations exonérées	24 – 24 B
1°	Exonérations des livraisons de biens à emporter dans les bagages personnels des voyageurs	24 *bis* – 24 *ter*
2°	Transports de voyageurs par trains internationaux	24 A
3°	…	24 B
SECTION II	…	25 – 28
SECTION III	*Liquidation de la taxe*	28-0 A – 29 F
0I	Limitation du droit à déduction concernant certains biens ou services	28-00 A
I	…	28-0 A – 28 A
II	Régime suspensif	29 – 29 G
SECTION IV	*Calcul de la taxe*	30-00 A – 31 *quater*
0I	Taux normal	30-00 A
I	Taux réduit	30-0 A – 31 A
A	…	30-0 A
A *bis*	Équipements spéciaux pour personnes handicapées	30-0 B – 30-0 C
A *ter*	Travaux d'amélioration de la qualité énergétique des locaux d'habitation	30-0 D
B	Hôtels de tourisme et villages de vacances	30
C	Aliments pour le bétail, les animaux de basse-cour, les poissons d'élevage et les abeilles	31
D	…	31 A
II et III	…	31 *bis* – 31 *quater*
SECTION V	*Obligations des redevables*	32 – 50 *sexies* L
I	Obligations générales	32 – 41 *nonies*
A	Déclarations d'existence et comptabilité — Déclarations de recettes	32 – 41
B	Tenue des registres	41 *bis* – 41 *quinquies*
C	Déclaration des échanges de biens entre États membres de la Communauté européenne	41 *sexies* – 41 *sexies* B
D	Factures transmises par voie télématique	41 *septies* – 41 *nonies*
E	Services fournis par voie électronique	41 *decies* – 41 *undecies*
II	Obligations particulières	42 – 50 *sexies* L
A	Bâtiments de mer — Bateaux — Pêche maritime — Aéronefs	42 – 46
B	Exportateurs	47
C	…	48
D	Cautionnement des entreprises bénéficiaires du régime de la suspension de taxe	49 – 50 *bis*
E	…	50 *ter* – 50 *quinquies*
F	Opérations immobilières	50 *sexies* – 50 *sexies* A
G	Entreprises de spectacles	50 *sexies* B – 50 *sexies* I

H Services fournis par voie électronique .... 50 *sexies* J – 50 *sexies* K

I Opérateurs de détaxe .... 50 *sexies* L

SECTION VI *Importations* .... 50 *septies* – 50 *decies*

I Franchises fiscales à l'importation .... 50 *septies* – 50 *octies* C

II Œuvres d'art originales, timbres et objets de collection ou d'antiquité .... 50 *nonies* – 50 *decies*

SECTION VII *Régimes spéciaux* .... 50 *undecies* – 50 *duodecies* B

I Départements d'outre-mer .... 50 *undecies* – 50 *duodecies* 1

II Corse .... 50 *duodecies* A

CHAPITRE 0I *BIS* Taxe de l'aviation civile et taxe de solidarité sur les billets d'avion .... 50 *duodecies*-0 B

CHAPITRE I *BIS* Contribution due par les entreprises de transport aérien effectuant des vols au départ de la France exonérées de taxe de l'aviation civile en vertu d'un accord international .... 50 *duodecies* B

CHAPITRE 0II Taxe sur le chiffre d'affaires des exploitants agricoles 50 *terdecies*-0

CHAPITRE II Redevance sanitaire d'abattage .... 50 *terdecies*

CHAPITRE III Redevance sanitaire de découpage .... 50 *quaterdecies*

CHAPITRE III *bis* Redevance sanitaire sur les produits de la pêche et de l'aquaculture .... 50 *quaterdecies*-0 A – 50 *quaterdecies*-0 A *bis*

CHAPITRE III *ter* Redevance sanitaire pour le contrôle de certaines substances et de leurs résidus .... 50 *quaterdecies*-0 A *ter*

CHAPITRE IV .... 50 *quaterdecies* A

CHAPITRE V Contribution de solidarité territoriale .... 50 *quaterdecies* B

TITRE II *bis* **DISPOSITIONS COMMUNES AUX IMPÔTS DIRECTS ET AUX TAXES SUR LE CHIFFRE D'AFFAIRES** .... **50 *quindecies***

CHAPITRE I Récépissé de consignation .... 50 *quindecies*

TITRE III **CONTRIBUTIONS INDIRECTES** .... **50-00 A – 59**

CHAPITRE 0I Alcools, boissons alcooliques et tabacs manufacturés .... 50-00 A – 50-0 O

1° Comptabilité matières des entrepositaires agréés .... 50-00 A – 50-00 J

1° *bis* Attestation de consignation .... 50-0 A

1° *ter* Représentant fiscal .... 50-0 A *bis*

2° Modalités d'exonération des droits d'accises .... 50-0 B – 50-0 BC

3° Capsules représentatives de droits .... 50-0 C – 50-0 F

4° Modalités d'exonération des droits d'accises sur les alcools et les boissons alcooliques .... 50-0 G – 50-0 I

	5°	Taux annuels de pertes et déchets lors de l'élaboration, de la transformation et du stockage d'alcools et de boissons alcooliques	50-0 J – 50-0 O
CHAPITRE I		Boissons	50 A – 55 F
SECTION I		*Alcools*	50 A – 54
	I	Production	50 A – 52
	A	Alambics	50 A – 51
	B	Rachat des alambics par l'État	51 A – 51 H
	C	Dispositions générales — Conditions d'exercice de la profession de distillateur	51 *bis* – 51 *sexies*
	D	Règlement des distilleries	51 *septies* – 51 *octies* E
	1°	Régime général	51 *septies* – 51 *septies* J
	2°	Régime spécial	51 *octies* – 51 *octies* E
	E	Teneur en alcool des produits de parfumerie et de toilette	52
	II	Régime économique	52 *bis* – 52 *quater*
	1°	Répartition du contingent des rhums	52 *bis* – 52 *ter*
	2°	Régime de l'exportation préalable	52 *quater*
	III	...	53 – 54
SECTION I bis		*Circulation*	54-0 A – 54 *terdecies*
	I	Capsules représentatives de droits	54-0 A – 54-0 CD
	A	Capsules représentatives des droits sur les vins et les cidres	54-0 B – 54-0 AG
	1	Caractéristiques des capsules	54-0 B – 54-0 F
	2	Fabrication des capsules	54-0 G – 54-0 T
	3	Utilisation des capsules	54-0 U – 54-0 AG
	B *et* C	...	54-0 AH – 54-0 BU
	D	Emploi des capsules représentatives des droits par les récoltants	54-0 BV – 54-0 CD
	1	Capsules personnalisées	54-0 BW
	2	Capsules banalisées	54-0 BX – 54-0 CD
	II	Factures-congés	54 A – 54 K
	III	Exemption des formalités à la circulation	54 *bis* – 54 *terdecies*
SECTIONS II et III		...	55 – 55 E
SECTION IV		*Mise sur le marché des vins doux naturels à appellation d'origine contrôlée*	55 F
CHAPITRES I *bis*, I *bis* A *et* I *ter*		...	56 – 56 I *bis*
CHAPITRE I *ter* A		Garantie des matières d'or ou contenant de l'or, d'argent et de platine	56 J *bis* – 56 J *vicies*
	1°	Organisation des bureaux de garantie	56 J *bis*
	2°	...	56 J *ter* – 56 J *quater*
	3°	*Les commissionnaires* en garantie	56 J *quinquies* – 56 J *undecies*
	4°	Convention d'habilitation	56 J *duodecies*
	4° *bis*	Organismes de contrôle agréés	56 J *terdecies*
	4° *ter*	Organismes agréés	56 J *terdecies* A – 56 J *terdecies* E

5°	Obligations des redevables	56 J *quaterdecies* – 56 J *vicies*
CHAPITRE I *quater*		56 A *ter* – 56 D *ter*
CHAPITRE I *quinquies*		56 D *quater*
CHAPITRE II	Tabacs	56 AA – 57 T
CHAPITRE III		59
TITRE IV	**ENREGISTREMENT, PUBLICITÉ FONCIÈRE, TIMBRE**	**60 – 121 VA**
CHAPITRE I	Droits d'enregistrement et taxe de publicité foncière	60 – 70
SECTION I	*Dispositions générales des formalités*	60 – 60 A
1°	Actes dispensés de la formalité de l'enregistrement	60
2°	Bureaux compétents	60 A
SECTION II	*Obligations diverses*	61 – 70
I		61 – 65
II	Obligations des agents de l'administration	66 – 70
	Salaires des conservateurs des hypothèques	67 – 70
CHAPITRE II	Droits de timbre	71 – 121 KN
SECTION I	*Droits de timbre proprement dits*	71 – 121 A 4
I	Machines à timbrer	71 – 93
I *bis*	Timbre de dimension	93 A – 93 I
A		93 A – 93 H
B	Bulletins de souscription d'actions	93 H *bis* – 93 H *quater*
B *bis*		93 H *quater* A – 93 H *quater* B
B *ter*	Autres actes (payement sur états)	93 H *quater* C – 93 H *quater* E
C	Payement par timbres mobiles	93 H *quinquies*
D		93 I
I *ter* à IV		93 J – 121 A 4
SECTION II	*Droits de délivrance de documents et perceptions diverses*	121 B – 121 KM *ter*
I à III		121 B – 121 K
IV	Régies de recettes des préfectures et sous-préfectures	121 KA – 121 KL
IV *bis*	Formules de chèques	121 KL *bis* – 121 KL *ter*
V	Débite des timbres mobiles et des timbres dématérialisés	121 KM – 121 KM *ter*
SECTION III	*Impôt sur les opérations de bourse*	121 KN
CHAPITRE III	Autres droits et taxes	121 K *bis* – 121 V 5
I	Taxe sur la valeur vénale des immeubles possédés en France par des personnes morales	121 K *ter*
II		121 L – 121 V 5

CHAPITRE IV	Régimes spéciaux et exonérations de portée générale	121 VA
	Institutions à caractère social	121 VA
TITRE V	**DISPOSITIONS COMMUNES AUX IMPÔTS DIRECTS ET TAXES ASSIMILÉES, À L'ENREGISTREMENT, À LA PUBLICITÉ FONCIÈRE ET AU TIMBRE**	**121 V *bis* – 121 Z *quinquies***
CHAPITRE I	Entreprises exerçant leur activité dans les départements d'outre-mer	121 V *bis* – 121 V *undecies*
CHAPITRE II		121 W – 121 Z *quater*
CHAPITRE III	Déclarations des personnes physiques résidant en principauté de Monaco	121 Z *quinquies*
CHAPITRE IV	Réductions d'impôts au titre des dons aux organismes dont le siège est situé dans un État membre de l'Union européenne ou partie à l'espace économique européen	121 Z *sexies*

DEUXIÈME PARTIE

IMPOSITIONS PERÇUES AU PROFIT DES COLLECTIVITÉS LOCALES ET DE DIVERS ORGANISMES

TITRE I	**IMPOSITIONS COMMUNALES**	**121-0 AA – 155 B**
CHAPITRE I	Impôts directs et taxes assimilées	121-0 AA – 123
SECTION 0I	*Taxes foncières*	121-0 AA
SECTION I		121 AA – 121 *quinquies* DA
SECTION II	*Taxe professionnelle* [cotisation foncière des entreprises]	121 *quinquies* DB – 121 *quinquies* DB *decies*
	1° Exonération temporaire accordée dans le cadre de l'aménagement du territoire	121 *quinquies* DB *bis* – 121 *quinquies* DB *septies*
	2° Réduction de la valeur locative de matériels agricoles	121 *quinquies* DB *octies*
	3° Exonération temporaire de la valeur locative de certains outillages, équipements et installations spécifiques de manutention portuaire	121 *quinquies* DB *nonies* – 121 *quinquies* DB *decies*
SECTION II bis	*Évaluation de la valeur locative des locaux professionnels*	121 *quinquies*-0 DC
SECTION III	*Commission consultative départementale des évaluations foncières*	121 *quinquies* DC – 121 *quinquies* DF

SECTION IV	*Autres impositions*	121 *quinquies* E – 123
I	Redevance communale des mines	121 *quinquies* E – 121 *sexies*
II	...	122 – 123
CHAPITRE II	Contributions indirectes	124 – 155
SECTION UNIQUE	*Impôt sur les spectacles, jeux et divertissements*	124 – 155
I	Dispositions générales	124 – 141
1°	Déclaration d'existence	124 – 124 B
2°	Classements des spectacles	125 – 126
3°	Appareils automatiques	126 A – 126 E
4°	Réunions sportives	126 F – 126 *bis*
5°	Contrôle des entrées dans les salles — Billets	127 – 136
6°	Assiette et contrôle de la taxe	137 – 140
7°	Fermeture des établissements	141
II	Dispositions particulières	142 – 155
1°	Établissements où il est d'usage de consommer	145
2°	Cercles et maisons de jeux	146 – 155
CHAPITRE III	Enregistrement	155 A – 155 B
SECTION UNIQUE	*Taxe locale d'équipement*	155 A – 155 B
TITRE I *bis*	**IMPOSITIONS DÉPARTEMENTALES**	**155 C – 155 Q**
CHAPITRE I	...	155 C – 155 M
CHAPITRE II	Droits d'enregistrement et taxe de publicité foncière	155 N – 155 Q
	Réduction accordée dans le cadre de l'aménagement du territoire	155 N – 155 Q
TITRE I *ter*	**IMPOSITIONS PERÇUES AU PROFIT DES RÉGIONS ET DE LA COLLECTIVITÉ TERRITORIALE DE CORSE**	**155-0 *bis* – 155 *bis* A**
CHAPITRE UNIQUE	Impôts directs et taxes assimilées	155-0 *bis* – 155 *bis* A
SECTION I	*Imposition forfaitaire sur les entreprises de réseaux*	155-0 *bis*
[SECTION II	Autres impositions]	155 *bis* – 155 *bis* A
TITRE II	**IMPOSITIONS PERÇUES AU PROFIT DE CERTAINS ÉTABLISSEMENTS PUBLICS ET D'ORGANISMES DIVERS**	**155-00 *ter* – 159 *octies***
CHAPITRE 01	Impôts directs et taxes assimilées	155-00 *ter* – 155-0 *ter*
SECTION UNIQUE	*Imposition forfaitaire sur les entreprises de réseaux*	155-00 *ter* – 155-0 *ter*
CHAPITRE I	Droits d'enregistrement	155 *ter* – 155 *sexies*
1°	Taxe complémentaire à la taxe locale d'équipement au profit de la région d'Île-de-France	155 *ter*

2°	Taxe sur les certificats d'immatriculation des véhicules	155 *quater* – 155 *sexies*
CHAPITRE II	Taxes sur le chiffre d'affaires et taxes diverses assimilées	156 – 159 AL *septies*
SECTION I		156 – 159
SECTION II	*Établissement de gestion du Fonds de financement des prestations sociales des non-salariés agricoles*	159 *bis* – 159 *ter* A
I		159 *bis*
II		159 *ter*
III	Huiles	159 *ter* A
SECTION III	*Taxe d'abattage*	159 A
SECTION IV	*Fonds national du livre*	159 AA – 159 AF
I	Redevance sur l'édition des ouvrages de librairie	159 AA – 159 AC
II	Taxe sur les appareils de reproduction ou d'impression	159 AD
		159 AE – 159 AF
SECTIONS V à X		159 AG – 159 AL *septies*
CHAPITRE II *bis*		159 AM – 159 AT
CHAPITRE III	Enregistrement	159 *quater* – 159 *octies*
SECTION I	*Fonds national de garantie des calamités agricoles*	159 *quater*
SECTION I bis		159 *quater* A
SECTION II	*Fonds de garantie contre les accidents de circulation et de chasse*	159 *quinquies* – 159 *quinquies*-0 B
A	Accidents de la circulation	159 *quinquies*-0 A
B	Accidents de chasse	159 *quinquies*-0 B
SECTIONS II bis à IV		159 *quinquies* A – 159 *septies*
SECTION V	*Taxe au profit de l'association pour le développement de la formation professionnelle dans les transports routiers*	159 *octies*
TITRE III		160 – 164 F

TROISIÈME PARTIE

DISPOSITIONS COMMUNES AUX PREMIÈRE ET DEUXIÈME PARTIES

TITRE I	ASSIETTE ET CONTRÔLE DE L'IMPÔT	164 FA – 164 AY
CHAPITRE I	Obligations déclaratives	164 FA – 164 F *novodecies*
I	Déclaration des comptes financiers	164 FA – 164 FG
II		164 F *bis* – 164 F *novodecies*

CHAPITRE 01 *bis*	Déclaration des transferts de sommes, titres ou valeurs	164 F *novodecies* A – 164 F *novodecies* B
CHAPITRE I *bis*	Centres de gestion agréés et associations agréées des professions libérales	164 F *vicies* – 164 F *octovicies*
SECTION I	*Centres de gestion agréés*	164 F *vicies* – 164 F *unvicies* F
	Tenue des documents comptables de certains adhérents	164 F *unvicies* A – 164 F *unvicies* F
SECTION II	*Associations agréées des professions libérales*	164 F *duovicies* – 164 F *octovicies*
CHAPITRE II		164 G – 164 K
CHAPITRE III	Réglementation des machines à timbrer	164 L – 164 AL *bis*
I	Définitions	164 L
II	Dispositions communes	164 M – 164 AL *bis*
A	Caractéristiques générales des machines	164 M – 164 O
B	Agrément des machines	164 P – 164 S
C	Autorisation de placer les machines chez les usagers	164 T – 164 V
D	Obligations des concessionnaires	164 W – 164 AC
E	Obligations des usagers	164 AD – 164 AG
F	Responsabilités attachées à l'utilisation des machines	164 AH – 164 AK
G	Révocation des autorisations de placer et d'utiliser les machines	164 AL
H	Compétence des agents de la direction générale des douanes et des droits indirects	164 AL *bis*
CHAPITRE IV	Systèmes informatiques sécurisés et matériels de validation	164 AM – 164 AY
TITRE II	**DISPOSITIONS DIVERSES**	**165 – 170 *undecies***
SECTION I	*Impôts directs et taxes assimilées*	165 – 167
SECTION II		168
SECTION III	*Enregistrement, publicité foncière et timbre*	169 – 170
SECTION IV	*Dispositions communes*	170 *bis* – 170 *decies*
	Octroi de certains agréments fiscaux	170 *ter* – 170 *decies*
SECTION V	*Commissions administratives des impôts*	170 *undecies*

LIVRE DEUXIÈME

RECOUVREMENT DE L'IMPÔT

CHAPITRE I	Payement de l'impôt	171 – 207
SECTION I	*Impôts directs et taxes assimilées*	171 – 188 A
1 *et* 2		171 – 186
3	Payement de l'impôt	187 – 188 *ter*

	Télérèglement des impôts directs	188 *ter*
4	...	188 A
SECTION I bis	*Intérêts des bons de caisse*	188 B – 188 G
SECTION I ter	*Retenue à la source sur les dividendes et les revenus assimilés des actions et parts sociales des sociétés françaises*	188-0 H – 188 H
SECTION I quater	*Prélèvement sur les produits de placements à revenu fixe*	188-0 I – 188 J
SECTION I quinquies	*Prélèvement sur les dividendes*	188 K à 188 L
SECTION II	*Taxes sur le chiffre d'affaires et taxes assimilées*	189 – 192 *bis*
SECTION III	*Contributions indirectes*	193 – 194
SECTION IV	*Enregistrement, publicité foncière et timbre*	195 – 198 *octies*
1	Taxe spéciale sur les conventions d'assurances	195 – 197
2	...	198 – 198 *ter*
3	...	198 *quater*
4	Recouvrement des droits et taxes exigibles en cas de caducité du régime fiscal de faveur appliqué à des mutations à titre onéreux de terrains à bâtir et d'immeubles assimilés	198 *quinquies*
5	Recouvrement des droits et taxes exigibles sur les certificats d'immatriculation des véhicules à moteur	198 *sexies*
6	Recouvrement du produit provenant des locations et des cessions d'immeubles domaniaux bâtis	198 *septies*
7	Dispositions communes aux impositions ayant le permis de construire pour fait générateur	198 *octies*
SECTION V	*Dispositions communes*	199-0 – 207
1°	Date limite de paiement ou de prélèvement	199-0
2°	Paiement par chèques	199 – 207
CHAPITRE I *bis*	Pénalités	207 *bis* – 207 *quater* B
I	Impôts directs et taxes assimilées	207 *bis* – 207 *quater* A
II	Taxes sur le chiffre d'affaires et taxes assimilées	207 *quater* A *bis* – 207 *quater* B
CHAPITRE I *bis* A	Sûretés et privilèges	207 *quinquies* – 207 *sexies*
	Publicité du privilège du Trésor	207 *quinquies* – 207 *sexies*
CHAPITRES I *ter* et II	...	207 A – 211
[CHAPITRE III]	*[Compétence des fonctionnaires de la direction générale des finances publiques ou de la direction générale des douanes et droits indirects]*	212 – 219

CODE DES IMPOSITIONS SUR LES BIENS ET SERVICES

LIVRE PREMIER

DISPOSITIONS GÉNÉRALES

L. 100-1 – L. 180-1

TITRE I — ÉLÉMENTS TAXABLES ET TERRITOIRES .... L. 111-1 – L. 113-2

CHAPITRE I — Éléments taxables .... L. 111-1 – L. 111-7

CHAPITRE II — Territoires .... L. 112-1 – L. 112-9

SECTION I — *Territoire douanier, territoires tiers et territoires des autres États* .... L. 112-1 – L. 112-3

SECTION II — *Territoires de taxation* .... L. 112-4 – L. 112-5

SECTION III — *Mouvements de biens entre territoires* .... L. 112-6 – L. 112-9

CHAPITRE III — Compétences territoriales .... L. 113-1 – L. 113-2

TITRE II — FAIT GÉNÉRATEUR .... L. 120-1 – L. 120-5

TITRE III — MONTANT DE L'IMPÔT .... L. 131-1 – L. 133-4

CHAPITRE I — Règles d'arrondis .... L. 131-1 – L. 131-2

CHAPITRE II — Indexations .... L. 132-1 – L. 132-2

CHAPITRE III — Règles particulières .... L. 133-1 – L. 133-4

TITRE IV — EXIGIBILITÉ .... L. 141-1 – L. 142-5

CHAPITRE I — Dispositions générales .... L. 141-1 – L. 141-3

CHAPITRE II — Suspension .... L. 142-1 – L. 142-5

TITRE V — PERSONNES SOUMISES AUX OBLIGATIONS FISCALES .... L. 151-1 – L. 153-5

CHAPITRE I — Redevables .... L. 151-1 – L. 151-2

CHAPITRE II — Représentants fiscaux .... L. 152-1 – L. 152-5

CHAPITRE III — Personnes supportant l'imposition .... L. 153-1 – L. 153-5

TITRE VI — CONSTATATION DE L'IMPÔT .... L. 161-1 – L. 163-1

CHAPITRE I — Dispositions générales .... L. 161-1 – L. 161-3

CHAPITRE II — Régime simplifié de déclaration .... L. 162-1 – L. 162-9

SECTION I *Effets du régime* ..... L. 162-1 – L. 162-2
SECTION II *Conditions du régime* ..... L. 162-3 – L. 162-9

CHAPITRE III Régimes de mutualisation des déclarations ..... L. 163-1

TITRE VII PAIEMENT DE L'IMPÔT ..... L. 171-1 – L. 174-3

CHAPITRE I Dispositions générales ..... L. 171-1 – L. 171-3

CHAPITRE II Acomptes ..... L. 172-1 – L. 172-4

CHAPITRE III Régimes de mutualisation du paiement ..... L. 173-1

CHAPITRE IV Solidarités de paiement ..... L. 174-1 – L. 174-3

TITRE VIII CONTRÔLE, RECOUVREMENT ET CONTENTIEUX ..... L. 180-1

TITRE IX AFFECTATION ..... Néant

LIVRE TROISIÈME

ÉNERGIES, ALCOOLS ET TABACS

L. 300-1 – L. 314-37

TITRE I RÉGIME GÉNÉRAL D'ACCISE ..... L. 311-1 – L. 314-37

CHAPITRE I Dispositions générales ..... L. 311-1 – L. 311-43
SECTION I *Éléments taxables et territoires* ..... L. 311-1 – L. 311-3
SECTION II *Fait générateur* ..... L. 311-4 – L. 311-6
SECTION III *Montant de l'accise* ..... L. 311-7 – L. 311-11
SECTION IV *Exigibilité* ..... L. 311-12 – L. 311-25
SECTION V *Personnes soumises aux obligations fiscales* ..... L. 311-26 – L. 311-35
SECTION VI *Constatation de l'accise* ..... L. 311-36 – L. 311-42
SECTION VII *Paiement de l'accise* ..... L. 311-43

CHAPITRE II Énergies ..... L. 312-1 – L. 312-107
SECTION I *Éléments taxables et territoires* ..... L. 312-1 – L. 312-11
SECTION II *Fait générateur* ..... L. 312-12 – L. 312-17
SECTION III *Montant de l'accise* ..... L. 312-18 – L. 312-87
SECTION IV *Exigibilité* ..... L. 312-88 – L. 312-91
SECTION V *Personnes soumises aux obligations fiscales* ..... L. 312-92 – L. 312-97
SECTION VI *Constatation de l'accise* ..... L. 312-98 – L. 312-103
SECTION VII *Paiement de l'accise* ..... L. 312-104
SECTION VIII *Contrôle, recouvrement et contentieux* ..... L. 312-105 – L. 312-106
SECTION IX *Affectation* ..... L. 312-107

CHAPITRE III	Alcools	L. 313-1 – L. 313-45
SECTION I	*Éléments taxables et territoires*	L. 313-1 – L. 313-3
SECTION II	*Fait générateur*	L. 313-4
SECTION III	*Montant de l'accise*	L. 313-5 – L. 313-36
SECTION IV	*Exigibilité*	L. 313-37
SECTION V	*Personnes soumises aux obligations fiscales*	L. 313-38
SECTION VI	*Constatation de l'accise*	L. 313-39 – L. 313-40
SECTION VII	*Paiement de l'accise*	L. 313-41
SECTION VIII	*Contrôles, recouvrement et contentieux*	L. 313-42 – L. 313-44-1
SECTION IX	*Affectation*	L. 313-45
CHAPITRE IV	Tabacs	L. 314-1 – L. 314-37
SECTION I	*Éléments taxables et territoires*	L. 314-1 – L. 314-6
SECTION II	*Fait générateur*	L. 314-7
SECTION III	*Montant de l'accise*	L. 314-8 – L. 314-27
SECTION IV	*Exigibilité*	L. 314-28 – L. 314-29
SECTION V	*Personnes soumises aux obligations fiscales*	L. 314-30 – L. 314-31
SECTION VI	*Constatation de l'accise*	L. 314-32
SECTION VII	*Paiement de l'accise*	L. 314-33
SECTION VIII	*Contrôle, recouvrement et contentieux*	L. 314-34 – L. 314-36-1
SECTION IX	*Affectation*	L. 314-37

LIVRE QUATRIÈME

AUTRES IMPOSITIONS SECTORIELLES

L. 411-1 – L. 471-58

TITRE I	**DISPOSITIONS GÉNÉRALES**	**L. 411-1 – L. 411-5**
CHAPITRE UNIQUE	Éléments taxables et territoires	L. 411-1 – L. 411-5
SECTION I	*Livraisons de biens taxables*	L. 411-1 – L. 411-4
SECTION II	*Territoires de taxation*	L. 411-5
TITRE II	**MOBILITÉS**	**L. 421-1 – L. 423-63**
CHAPITRE I	Déplacements routiers	L. 421-1 – L. 421-185
SECTION I	*Dispositions générales*	L. 421-1 – L. 421-28
SECTION II	*Taxes sur l'immatriculation des véhicules*	L. 421-29 – L. 421-92
SECTION III	*Taxes sur l'affectation des véhicules à des fins économiques*	L. 421-93 – L. 421-167
SECTION IV	*Taxe sur le renouvellement du permis de conduire*	L. 421-168 – L. 421-174
SECTION V	*Taxes sur les autoroutes concédées*	L. 421-175 – L. 421-185
CHAPITRE II	Transport aérien	L. 422-1 – L. 422-58

SECTION I	*Dispositions générales*	L. 422-1 – L. 422-12
SECTION II	*Taxe sur le transport aérien de passagers*	L. 422-13 – L. 422-40
SECTION III	*Taxe sur le transport aérien de marchandises*	L. 422-41 – L. 422-48
SECTION IV	*Taxe sur les nuisances sonores aériennes*	L. 422-49 – L. 422-58
CHAPITRE III	Navigations	L. 423-1 – L. 423-63
SECTION I	*Dispositions générales*	L. 423-1 – L. 423-3
SECTION II	*Taxe annuelle sur les engins maritimes à usage personnel*	L. 423-4 – L. 423-37
SECTION III	*Taxe sur le permis de conduire des bateaux de plaisance à moteur*	L. 423-38 – L. 423-46
SECTION IV	*Taxe sur le transport maritime de passagers à destination d'espaces naturels protégés*	L. 423-47 – L. 423-56
SECTION V	*Taxe sur le transport maritime de passagers dans certains territoires côtiers*	L. 423-57 – L. 423-63
TITRE VII	**ACTIVITÉS INDUSTRIELLES ET ARTISANALES**	**L. 471-1 – L. 471-58**
CHAPITRE I	Taxes sur les produits de l'industrie et de l'artisanat	L. 471-1 – L. 471-58
SECTION I	*Éléments taxables et territoires*	L. 471-1 – L. 471-20
SECTION II	*Fait générateur*	L. 471-21 – L. 471-35
SECTION III	*Montant*	L. 471-36 – L. 471-45
SECTION IV	*Exigibilité*	L. 471-46 – L. 471-48
SECTION V	*Personnes soumises à obligations fiscales*	L. 471-49 – L. 471-50
SECTION VI	*Constatation des taxes*	L. 471-51
SECTION VII	*Paiement des taxes*	L. 471-52 – L. 471-54
SECTION VIII	*Contrôle, recouvrement et contentieux*	L. 471-55 – L. 471-57
SECTION IX	*Affectation*	L. 471-58

CODE GÉNÉRAL DES IMPÔTS

LIVRE PREMIER ASSIETTE ET LIQUIDATION DE L'IMPÔT

BIBLIOGRAPHIE GÉNÉRALE ▸ **Ouvrages généraux :** J.-J. Bienvenu et Th. Lambert, Droit fiscal, *PUF, 2021, 5e éd.* – M. Collet, Droit fiscal, *Thémis droit, PUF, 9e éd., 2021.* – M. Cozian, Les grands principes de la fiscalité des entreprises, *Litec, 2016, 4e éd.* – M. Cozian, F. Deboissy et M. Chadefaux, Précis de fiscalité des entreprises, *LexisNexis, 2021-2022, 45e éd.* – C. David, O. Fouquet, P.-F. Racine et B. Plagnet, Grands arrêts de la jurisprudence fiscale, *Dalloz, 2009, 5e éd.* – Chr. de la Mardière, *Droit fiscal de l'entreprise, LGDJ 2019, 2e éd.* – Ph. Derouin et Ph. Martin, Droit communautaire et fiscalité, *Litec, 2008, 2e éd.* – B. Gouthière, Les impôts dans les affaires internationales, *Éd. F. Lefebvre, 2020, 14e éd.* – J. Grosclaude, La doctrine fiscale en France (1987-1999), *Litec, 2000* ; tome II (1999-2002), *Litec, 2003.* – J. Grosclaude, Ph. Marchessou et B. Tresscher, Droit fiscal général, *Dalloz, 2021, 13e éd.* – D. Gutmann, Droit fiscal des affaires, *LGDJ, 2021-2022, 12e éd.* – J. Lamarque, O. Négrin et L. Ayrault, Droit fiscal général, *LexisNexis, 2021, 5e éd.* – A. Lepage, P. Maistre du Chambon et R. Salomon, Droit pénal des affaires, *LexisNexis, 2020, 6e éd.* – Ph. Oudenot, Fiscalité approfondie des sociétés, *LexisNexis, 2020, 5e éd.* – Ph. Rebattet, Fiscalité internationale du patrimoine, *LexisNexis, 2016.* – R. Salomon et S. Detraz, Précis de droit pénal fiscal, *LexisNexis, 2021.* – P. Serlooten et O. Debat, Droit fiscal des affaires, *Dalloz, 2021-2022, 20e éd.* – L. Trotabas et J.-M. Cotteret, Droit fiscal, *Dalloz, 1997.* – Mémento fiscal (annuel), *Éd. F. Lefebvre.* – Lexis Pratique Fiscal (annuel), *LexisNexis.*

▸ **Ouvrages divers :** S. Austry, Charges ou immobilisations, *EFE, 1997.* – A. Beetschen, Déduire la TVA, les clés de la réforme de 2008, *Éd. F. Lefebvre, 2007.* – A. Beetschen et M.-O. Duparc, L'autoliquidation de la TVA, *Éd. F. Lefebvre, 2015.* – C. Bontron , D. Boucher, Le crédit d'impôt recherche, *Litec, 2011.* – B. Castagnède, Précis de fiscalité internationale, *PUF, 2019, 6e éd.* – M. Chadefaux, Les fusions de sociétés, *Groupe Revue fiduciaire, 2017, 8e éd.* – A. Charvériat, Intégration fiscale 2016-2017, *Éd. F. Lefebvre.* – J.-M. Communier, Droit fiscal communautaire, *Bruylant Bruxelles, 2001.* – M. Cozian, A. Viandier et F. Deboissy, Droit des sociétés, *LexisNexis, 2021, 34e éd.* – C. David, L'impôt sur le revenu des ménages, *Economica, 1987.* – G. Desquines, Gestion fiscale des déficits, *EFE, 2001.* – F. Douet, Précis de droit fiscal de la famille, *LexisNexis, 2021, 20e éd.* ; Précis de fiscalité des assurances et des indemnités, *Litec, 2015, 3e éd.* – Fiscalité 2.0 – Fiscalité du numérique, *LexisNexis, 2020, 3e éd.* – R. Duccini, Stratégie fiscale des contrats internationaux, *Litec, 2006.* – R. El Sair, La taxation des plus-values racontée aux dirigeants et à leurs conseils, *Litec, 2008.* – P. Fumenier, Le régime fiscal des groupes de sociétés, *4e éd., EFE, 2010.* – P. Fernoux, La gestion fiscale du patrimoine, *Groupe Revue fiduciaire, 2021, 26e éd.* – Gastineau, La fiscalité des groupes de sociétés, *Litec, 2003.* – D. Gouadain et J.-L. Mondon, Fiscalité des créations, restructurations et liquidations d'entreprises, *Litec, 2006.* – Y. Judeau, Fiscalité de la cession d'entreprise, *LexisNexis 2018, 2e éd.* – Ph. Juilhard, Fiscalité internationale du patrimoine, *5e éd., EFE, 2016.* – E. Kornprobst, Fiscalité immobilière, *LexisNexis, 2020, 14e éd.* ; Procédures fiscales et patrimoine du dirigeant d'entreprise, *Litec, 2000.* – H. Kruger, Liberté de gestion et endettement des entreprises, *LGDJ, 2007.* – B. Lagarde, Traité économique et fiscal de la sauvegarde de l'entreprise, *LGDJ, 2019.* – B. Lefils, Fiscalité des associations, *Litec, 2e éd., LexisNexis Litec, 2012.* – G. Legrand, La responsabilité fiscale des dirigeants d'entreprises, *Litec, 2003.* – C. Lopater, Price Waterhouse Coopers, IFRS 2005, *Éd. F. Lefebvre, 2004.* – M.-P. Madignier, Fiscalité agricole et viticole approfondie, *2e éd., LexisNexis Litec, 2008.* – J.-Y. Mercier, La pratique des restructurations, *3e éd., Éd. F. Lefebvre, 2006* ; Fusions. Apports partiels d'actif. Scissions, *2e éd., Éd. F. Lefebvre, 2011.* – P. Morgenstern, L'intégration fiscale, *13e éd., Groupe Revue fiduciaire, 2020.* – Ph. Oudenot, Fiscalité des sociétés et des restructurations, *LexisNexis, 5e éd., 2020.* – J.-C. Parot, Fiscalité de la cession d'entreprise, *Banque-Éditeur-Galexia Editions, EFE, 1997.* – J.-L. Pierre, Fiscalité de la recherche, de la propriété industrielle et des logiciels, *5e éd., EFE, 2011.* – F.-D. Poitrinal, Le capital investissement, *Guide juridique et fiscal Galexia Éditions, 2001.* – M.-H. Raffin, Fiscalité des groupes de sociétés, *EFE, 2002.* – Rebattet, Précis fiscal de l'immobilier d'entreprise, *LexisNexis, 2015, 2e éd.* ; Fiscalité internationale du patrimoine, *LexisNexis, 2016.* – G. Rivière, Fiscalité pratique des donations, successions et testaments, *LexisNexis 2013.* – Y. Sainte-Aure, Paiement et recouvrement de l'impôt, *Éd. Liaisons, 1999.* – J. Schmidt et E. Kornprobst, Fiscalité immobilière, *LexisNexis, 2020, 14e éd.* – Y. Serandour, Précis de TVA, *LexisNexis,*

2021. – P. Serlooten, Le statut fiscal des dirigeants, *Litec, 2003.* – J.-M. Tirard, La fiscalité des sociétés dans l'Union européenne, *Groupe Revue fiduciaire, 2010.* – D. Villemot, Fiscalité des fusions-acquisitions, *4e éd., EFE, 2010.* – X..., Paradis fiscaux et opérations internationales, *Éd. F. Lefebvre, 2002.* – X..., TVA et territorialité des services, *Éd. F. Lefebvre, 2011.* – X..., La TVA immobilière après la réforme, *Éd. F. Lefebvre, 2011.* – X..., Contribution économique territoriale, *Éd. F. Lefebvre, 2010.* – X..., Actions et parts de société : ISF, donations, successions, *Éd. F. Lefebvre, 2006.* – X..., Sociétés commerciales de personnes, *Éd. F. Lefebvre, 2006.* – X..., Mémento comptable, *Éd. F. Lefebvre.* – X..., MémentoTVA, *Éd. F. Lefebvre.* – X..., Amortissements. Nouveau régime. Comptabilisation par composants., *Éd. F. Lefebvre, 2006.* – X..., Plus-values professionnelles des PME, *Éd. F. Lefebvre, 2008.* – X..., Audit fiscal, *Éd. F. Lefebvre, 2008.*

Art. 1er *Dispositions périmées (Décr. no 2013-463 du 3 juin 2013).*

PREMIÈRE PARTIE IMPÔTS D'ÉTAT

TITRE PREMIER IMPÔTS DIRECTS ET TAXES ASSIMILÉES

CHAPITRE PREMIER IMPÔT SUR LE REVENU

BIBL. ▸ Conseil des impôts, 18e rapport, L'imposition des revenus, *Journaux officiels 2000.* – Conseil des prélèvements obligatoires, *Dr. fisc. 2015. 143* (impôt sur le revenu, CSG, quelles réformes ?). – M. TIRARD, *Dr. fisc. 2009. 545* (pour une autre approche de la progressivité de l'impôt : à propos de la loi TEPA).

SECTION PREMIÈRE DISPOSITIONS GÉNÉRALES

Art. 1er A Il est établi un impôt annuel unique sur le revenu des personnes physiques désigné sous le nom d'impôt sur le revenu. Cet impôt frappe le revenu net global du contribuable déterminé conformément aux dispositions des articles 156 à 168.

Ce revenu net global est constitué par le total des revenus nets des catégories suivantes :

– revenus fonciers ;

– bénéfices industriels et commerciaux ;

– rémunérations, d'une part, des gérants majoritaires des sociétés à responsabilité limitée n'ayant pas opté pour le régime fiscal des sociétés de personnes dans les conditions prévues à l'article 3-IV du décret n° 55-594 du 20 mai 1955 modifié et des gérants des sociétés en commandite par actions et, d'autre part, des associés en nom des sociétés de personnes et des membres des sociétés en participation lorsque ces sociétés ont opté pour le régime fiscal des sociétés de capitaux ; — *V. aussi art. 239 bis AA.*

– bénéfices de l'exploitation agricole ;

– traitements, salaires, indemnités, émoluments, pensions et rentes viagères ; — *V. Ann. III, art. 357 H.*

– bénéfices des professions non commerciales et revenus y assimilés ;

– revenus de capitaux mobiliers ;

– plus-values de cession à titre onéreux de biens ou de droits de toute nature, déterminés conformément aux dispositions des articles 14 à 155, total dont sont retranchées les charges énumérées à l'article 156.

BIBL. ▸ DAVID, *GAJ Fisc., p. 353* (l'annualité de l'IR).

Notion de revenu global. Si la loi du 5 juill. 1978, dont les dispositions ont été reprises aux art. 92 B et 200 A (anciens), a rangé dans la catégorie des BNC, les gains nets retirés des cessions de valeurs mobilières excédant un certain montant et a donc fait de ces gains une des composantes du revenu imposable à l'IR, l'imposition desdits gains à un taux forfaitaire proportionnel a nécessairement eu pour effet, nonobstant la référence à l'unicité de l'IR figurant à l'art. 1er (actuel 1er A) du code, de les exclure des éléments constitutifs du « revenu global » servant de base à l'application du barème progressif de l'impôt sur le revenu et sur lequel s'imputent les déficits catégoriels déductibles. • CE 20 oct. 2000, ☎ *Berthold*, n° 178106 : *RJF 2001. 1, concl. Mignon au BDCF 1/01, n° 1.* ♦ Le revenu global mentionné aux art. 1er (actuel 1er A), 13 et 156 sur lequel s'imputent les charges déductibles, en application de l'art. 156, s'entend de celui qui constitue la base d'imposition au barème progressif de l'IR. Par suite, des charges ne peuvent pas être imputées sur des gains de cession de valeurs mobilières qui sont imposés à un taux forfaitaire. • CAA Paris, 15 févr. 2004, n° 03PA3089 : *RJF 2004. 567.*

I ***PERSONNES IMPOSABLES***

Art. 2 *Abrogé par L. du 28 déc. 1959, art. 1er-3.*

Art. 3 *Transféré à l'art. 4 bis.*

Art. 4 *Abrogé par L. n° 76-1234 du 29 déc. 1976, art. 16 et 17.*

Art. 4 A Les personnes qui ont en France leur domicile fiscal sont passibles de l'impôt sur le revenu en raison de l'ensemble de leurs revenus.

Celles dont le domicile fiscal est situé hors de France sont passibles de cet impôt en raison de leurs seuls revenus de source française.

Situation des non-résidents tirant de France l'essentiel de leurs revenus imposables (« non-résidents Schumacker »). Les États membres, qui sont fondés à traiter différemment les non-résidents de leurs résidents, doivent en revanche les traiter à l'identique lorsque les premiers se trouvent, du fait qu'ils tirent de l'État concerné la totalité ou la quasi-totalité de leurs revenus, dans une situation comparable à celle des seconds. • CJUE 14 févr. 1995, n° C-279/93. ♦ En conséquence, les non-résidents concernés, dits « non-résidents Schumacker », sont assimilés à des personnes fiscalement domiciliées en France, au sens du droit interne, mais restent tenus à une obligation fiscale limitée, au sens des conventions internationales. * BOI-IR-DOMIC-40 du 6 avr. 2017. ♦ Ainsi, les personnes fiscalement domiciliées dans un autre État membre de l'UE, en Islande, en Norvège ou au Liechtenstein et qui tirent l'essentiel de leurs revenus de France peuvent, sous certaines conditions, demander lors de la souscription de leur déclaration de revenus à être assimilées à des personnes fiscalement domiciliées en France. Dans ce cas, elles sont imposées à l'IR sur l'ensemble de leurs revenus de source française ou étrangère et sont assujetties aux prélèvements sociaux sur leurs revenus du patrimoine et, lorsqu'elles sont à la charge d'un régime obligatoire français d'assurance-maladie, leurs revenus d'activité ou de remplacement. En contrepartie, elles peuvent faire état de leurs dépenses ouvrant droit à des déductions du revenu global ou à des réductions ou crédits d'impôt. ♦ Sur la limitation de la jurisprudence « Schumacker » aux seuls non-résidents européens : * Rép. min. n° 1407 : *JO Sénat, 18 avr. 2019, p. 2128.*

Art. 4 B **1. Sont considérées comme ayant leur domicile fiscal en France au sens de l'article 4 A :**

a) **Les personnes qui ont en France leur foyer ou le lieu de leur séjour principal ;**

b) **Celles qui exercent en France une activité professionnelle, salariée ou non, à moins qu'elles ne justifient que cette activité y est exercée à titre accessoire ;**

(L. n° 2019-1479 du 28 déc. 2019, art. 13) **« Les dirigeants des entreprises dont le siège est situé en France et qui y réalisent un chiffre d'affaires annuel supérieur à 250 millions d'euros sont considérés comme exerçant en France leur activité professionnelle à titre principal, à moins qu'ils ne rapportent la preuve contraire. Pour les entreprises qui contrôlent d'autres entreprises dans les conditions définies à l'article L. 233-16 du code de commerce, le chiffre d'affaires s'entend de la somme de leur chiffre d'affaires et de celui des entreprises qu'elles contrôlent.**

« Les dirigeants mentionnés au deuxième alinéa du présent *b* s'entendent du président du conseil d'administration lorsqu'il assume la direction générale de la société, du directeur général, des directeurs généraux délégués, du président et des membres du directoire, des gérants et des autres dirigeants ayant des fonctions analogues ; »

c) **Celles qui ont en France le centre de leurs intérêts économiques.**

2. Sont également considérés comme ayant leur domicile fiscal en France les agents de l'État *(L. n° 2019-1479 du 28 déc. 2019, art. 4)* **« , des collectivités territoriales et de la fonction publique hospitalière » qui exercent leurs fonctions ou sont chargés de mission dans un pays étranger et qui ne sont pas soumis dans ce pays à un impôt personnel sur l'ensemble de leurs revenus.**

BIBL. ▶ BERGERÈS, *Dr. fisc. 2001. 222* (expatriations fiscales). – BOKDAM-TOGNETTI, *RJF 2014. 635* (fiscalité des résidents de Monaco : comme un ouragan jurisprudentiel). – DAVID, *GAJ Fisc., p. 259* (la résidence du contribuable). – DIEU, *Dr. fisc. 2010. Étude 358* (des nouvelles du domicile fiscal). – DOUVIER et BENAMRAN, *BFL 2018. 349* (domicile fiscal et résidence fiscale des personnes physiques). – GINTER, *BFL 2011. 139* (domicile fiscal des personnes physiques : où en est-on ?). – GOUTHIÈRE, *FR Lefebvre 50/16, inf. 29* (à propos de la notion de résidence fiscale : la jurisprudence récente). – LOUIT, *Dr. fisc. 2014. Étude 216* (les relations fiscales franco-monégasques : le droit du plus fort).

1. Principe. Il suffit que l'un des critères définis par l'art. 4 B soit rempli pour entraîner la domiciliation fiscale en France. • CE 13 mars 1968, n° 66801 : *Dr. fisc. 1969. 314, concl. Mehl* • Com. 15 oct. 1996, n° 94-19.120 P : *RJF 1997. 180.*

2. Foyer ou lieu du séjour principal. Le foyer est le lieu où le contribuable habite normalement et a le centre de ses intérêts familiaux, sans qu'il soit tenu compte des séjours effectués temporairement ailleurs en raison des nécessités de la profession ou de circonstances exceptionnelles. Le lieu du séjour principal du contribuable ne peut déterminer son domicile fiscal que s'il ne possède pas de foyer. • CE, sect., 3 nov. 1995, n° 126513, *Larcher : D. 1996. 108, note Tixier et Hamonic ; Dr. fisc. 1996. 121, concl. Arrighi de Casanova ; RJF 1995. 1332, chron. Goulard, p. 787* • Com. 15 oct. 1996, n° 1456 P, *Vital-Behard : RJF 1997. 180 ; D.1997. 75, note G. Tixier et C. Michel ; JCP N 1997. II. 276, note*

D. F. • CE 23 juin 2000, ♔ n° 196143 : *Dr. fisc. 2001. 29 ; RJF 2001. 1041.* ♦ Le foyer d'un contribuable célibataire, sans charge de famille, s'entend du lieu où il habite normalement et a le centre de sa vie personnelle, sans qu'il soit tenu compte des séjours effectués temporairement ailleurs en raison des nécessités de la profession ou de circonstances exceptionnelles. Le lieu du séjour principal de ce contribuable ne peut déterminer son domicile fiscal que dans l'hypothèse où il ne dispose pas de foyer en France. • CE 17 mars 2010, ♔ n°s 299770 et 300090 : *RJF 2010. 555.* ♦ Le critère subsidiaire du lieu de séjour principal ne peut jouer que si le contribuable n'a de foyer ni en France ni dans un pays étranger. • CE 27 juin 2018, ♔ n° 408609 : *RJF 2018. 925.* ♦ Un contribuable célibataire sans charge de famille a son foyer en France s'il y est domicilié et y possède une maison où il réside lorsqu'il est en repos, alors même qu'il y reste moins de 183 jours par an pour des raisons professionnelles. • CE 17 déc. 2010, ♔ n° 306174 : *RJF 2011. 264 ; Dr. fisc. 2011. 353, concl. Lieber, note Dieu.*

3. Un contribuable qui, pendant toute l'année d'imposition, a résidé en France en exerçant les fonctions de P-DG d'une société, perçu des salaires déclarés en France et déclaré avoir la charge de ses enfants, a son foyer en France. • CE 29 nov. 2000, ♔ n° 197551 : *Dr. fisc. 2002. 24 ; RJF 2001. 215.* ♦ Sont réputés avoir leur foyer en France : les contribuables qui ont conservé dans ce pays une villa de 200 m^2 dont ils sont propriétaires et qui constituait antérieurement leur seul domicile, alors que l'Administration a constaté que cette habitation a fait l'objet d'une occupation quasi constante, que l'examen des factures de dépenses par carte bleue révèle l'importance de la présence en France des contribuables, que les dépenses d'électricité ne sauraient s'expliquer par la seule présence dans la villa du gardien et du fils aîné des contribuables et par les seuls séjours de vacances de ceux-ci, qui, en outre, ne disposent en Italie que d'un appartement pris en location et situé à proximité immédiate de la frontière. • CAA Marseille, 17 déc. 2002, n° 98MA1002 : *Dr. fisc. 2003. 631, concl. Bédier.* ♦ ... Les contribuables qui disposent en France d'une maison dont les consommations électriques et téléphoniques révèlent une occupation régulière et permanente. • CAA Lyon, 28 juin 2011, ♔ n° 09LY00328 : *RJF 2011. 1264.* ♦ ... Un contribuable qui a pris en location pour une durée de vingt ans un appartement situé en France et dans lequel résident habituellement et effectivement sa femme et ses trois enfants, scolarisés en France ; il doit être regardé comme domicilié fiscalement en France alors même qu'il dispose également d'un appartement en Syrie où il exerce son activité professionnelle, quelle qu'ait été la durée de ses séjours dans ce pays. • CE 23 juin 2000, ♔ n° 196143 : *préc. note 2.* ♦ ... Une salariée qui, tout en ne fixant pas son lieu de séjour principal en France, réside au domicile de ses parents en dehors des périodes d'expatriation et y déclare ses revenus. • TA Pau, 13 mars 2008, n° 052161 : *RJF 2008. 1037.*

4. De même, sont réputés fiscalement domiciliés en France : la personne qui y a le lieu de son séjour principal, la disposition d'un appartement et plusieurs comptes bancaires dont le fonctionnement atteste sa présence réelle et habituelle en France, et qui, en outre, y exerce une activité professionnelle en tant que principal animateur d'une société créée pour exploiter une entreprise en location-gérance. • CE 8 mars 2004, ♔ n° 249461 : *RJF 2004. 565.* ♦ ... Le contribuable qui exerce ses activités professionnelles en Guinée, effectue des séjours réguliers en France où il réside chez sa concubine dans le logement où elle vit avec leur fils qu'il a reconnu, sur lequel il exerce l'autorité parentale et au nom duquel il a ouvert un compte bancaire. • CE 27 janv. 2010, ♔ n° 319897 : *RJF 2010. 31.* ♦ ... Un contribuable en instance de divorce, dont l'épouse et leurs trois enfants mineurs résident en France. Ce contribuable, qui, en outre, a en France le centre de ses intérêts économiques, est donc passible de l'IR en France sauf s'il est en droit de se prévaloir d'une convention fiscale conclue entre la France et un autre pays en vue d'éviter les doubles impositions. • CE 25 mars 2013, ♔ *Min. du Budget c/ Amar,* n° 351822 : *RJF 2013. 580.* ♦ ... Un contribuable marié qui est propriétaire d'une résidence en France dans laquelle vivent en permanence son épouse et ses deux enfants à charge, alors même qu'il dispose également d'un appartement au Gabon. • CE 17 déc. 2010, ♔ n° 316144 : *RJF 2011. 268.* ♦ ... Un contribuable célibataire, exerçant la profession de journaliste cameraman reporter, qui dispose en France de biens immobiliers et d'avoirs bancaires et qui n'établit pas qu'il réside habituellement en Irak. • CE 28 déc. 2012, ♔ *Lovat,* n° 334885 : *RJF 2013. 251.*

5. En revanche, un contribuable, célibataire et sans charge de famille, ne peut être regardé comme ayant eu son domicile fiscal en France pendant la période au cours de laquelle il a exercé son activité de footballeur professionnel dans un club italien dès lors que : son foyer ne se situe pas en France dans la mesure où, compte tenu des contraintes liées notamment aux entraînements réguliers qu'exige cette activité et à la participation aux compétitions dans lesquelles son club était engagé, son recrutement impliquait qu'il habitât normalement en Italie et où il n'est pas contesté que l'intéressé a eu le centre de sa vie personnelle en Italie au cours de cette période. Les seules circonstances que le contribuable avait indiqué dans ses déclarations de revenus qu'il résidait en France et qu'il n'avait pas informé l'administration fiscale qu'il avait transféré son domicile en Italie ne sont pas suffisantes pour établir qu'il avait conservé en France son foyer. • CE 17 mars 2010, n°s 299770 et 300090 : *préc. note 2.*

6. Le séjour continu d'un époux en France pour raisons médicales n'y entraîne pas domiciliation du couple. • CAA Paris, 2 févr. 2016, n° 15PA01092 : *RJF 2016. 1050.*

7. Activité professionnelle. Est fiscalement domiciliée en France la personne qui y exerce une activité professionnelle n'ayant pas un caractère accessoire. • CE 18 oct. 2002, n° 224459, *Cambay : RJF 2003. 10, concl. Austry au BDCF 1/03, n° 2 ; Dr. fisc. 2003. 121.* ♦ Il en est ainsi d'un contribuable qui exerce en France la gérance de quatre sociétés civiles et de trois SARL et qui est également président du conseil d'administration de nombreuses sociétés commerciales ayant leur siège en France. • CAA Paris, 23 oct. 2008, n° 06PA2882 : *RJF 2009. 809* • CE (na), 21 mai 2010, n° 323562 : *RJF 2010. 1131.* ♦ Le critère de la distinction entre une activité professionnelle exercée en France à titre principal et une activité exercée à titre accessoire est celui de l'intensité de l'activité et particulièrement du temps que l'intéressé lui consacre. Pour autant, l'existence de revenus peut constituer un indice parmi d'autres du caractère principal de l'activité, notamment en l'absence de tout élément produit par le contribuable permettant d'apprécier l'intensité de son activité exercée hors de France. • CE 27 mars 2017, n° 389198 : *RJF 2017. 593, concl. Bohnert.* ♦ La circonstance qu'un contribuable ne perçoit aucune rémunération directe en contrepartie de la gestion de la société dont il est associé ne fait pas obstacle à ce que cette gestion soit regardée comme une activité professionnelle. • CE 26 mai 2010, n° 296808 : *RJF 2010. 767.*

8. Pour les salariés, le domicile est fonction du lieu où ils exercent effectivement et régulièrement leur activité professionnelle. Pour les mandataires sociaux d'une société dont le siège social ou le siège de direction effective est situé en France, cette situation implique, en principe, l'exercice en France du mandat social. * BOI-IR-CHAMP-10 n° 180 du 28 juill. 2016.

9. Des travailleurs salariés saisonniers de nationalité britannique qui ont pour seule source de revenus les salaires qui leur sont versés en France pendant une période d'activité de cinq mois sont regardés comme ayant leur domicile fiscal en France en application du droit interne (CGI art. 4 B-b) même s'ils ont déclaré résider en Angleterre et y disposer d'un foyer permanent. • CE 13 juill. 2007, n° 290266 : *RJF 2007. 1302, concl. Séners au BDCF 11/07, n° 132.*

10. Centre des intérêts économiques. Répondent à ce critère : un contribuable qui tire de sources situées en France la majeure partie de ses revenus. • CE 17 mars 1993, n° 85894 : *Dr. fisc. 1993. 1293 ; RJF 1993. 612* • CAA Paris, 21 mai 1996, n° 95PA53 : *Dr. fisc. 1996. 1044, concl. Mendras.* ♦ ... Un contribuable qui tire l'essentiel de ses revenus d'immeubles situés en France et de commissions d'entremise commerciale versées par une société française. • CE 27 mars 2000, n° 188273 : *Dr. fisc. 2000. 818, concl. Arrighi de Casanova ; RJF 2000. 593.* ♦ ... Un contribuable qui possède en France un important patrimoine immobilier, un portefeuille de valeurs mobilières et dont les revenus bruts, et non pas nets, perçus en France sont très supérieurs à ceux perçus à l'étranger. • Com. 30 mai 2000, n° 98-10.983 : *JCP E. 2000, p. 1314 ; RJF 2000. 1178 ; Dr. fisc. 2000. 1069 ; BOI 7 S-8-00.* ♦ ... Un contribuable vivant sur l'île de Grenade, dont les placements financiers en France lui assurent des revenus supérieurs à la valeur de ses biens immobiliers situés en France et hors de France. • Com. 3 mars 2009, n° 08-12.600 (187 F-PB) : *RJF 2009. 602 ; Dr. fisc. 2009. 284, note Delaunay.* ♦ ... Un couple de ressortissants français domicilié à Monaco qui a réalisé une plus-value de plus de deux millions d'euros lors de la cession au cours de l'année des titres de la société de droit français dont le mari disposait, dès lors que l'importance des revenus tirés de cette opération est sans commune mesure avec ses revenus de source monégasque au titre de la même année. • CE 15 mars 2018, n° 400329 : *RJF 2018. 574.* ♦ ... Un contribuable, usufruitier d'un important patrimoine immobilier en France, qui y exerce une activité professionnelle en souscrivant d'importantes participations dans des sociétés et qui possède un important portefeuille boursier, alors qu'il n'est pas établi que son patrimoine et les revenus qu'il perçoit en Suisse seraient d'une valeur supérieure et son activité professionnelle plus importante. • CAA Bordeaux, 16 mai 2002, n° 98BX2068 : *RJF 2002. 1345.* ♦ Les biens non productifs de revenus ne peuvent être pris en compte pour l'appréciation de ce critère. • CAA Paris, 11 déc. 1990, n° 450 : *RJF 1991. 540.*

11. Pour les titulaires de mandats sociaux au sein de plusieurs sociétés dont les sièges sociaux ou de direction effective respectifs sont situés dans différents pays, le centre des intérêts économiques est recherché, selon les circonstances propres à chaque espèce, en tenant compte des liens entre les mandats sociaux exercés. * BOI-IR-CHAMP-10 n° 230 du 28 juill. 2016.

12. Pour apprécier les liens économiques les plus étroits, il y a lieu de se référer au lieu où l'activité génératrice des revenus est exercée alors même que ces revenus seraient versés par l'intermédiaire d'une société établie dans l'autre pays. Ainsi, un contribuable entretient des liens économiques étroits avec la France dès lors qu'il perçoit, via un holding belge, des revenus de sociétés françaises correspondant à son activité principale de conseil, alors même que ces sociétés ne lui versent aucun salaire ou dividende. • CE 26 sept. 2012, *Tedesco,* n° 346556 : *RJF 2012.1098 ; BDCF 2012.134, concl. Escaut.*

13. Le centre des intérêts économiques est apprécié en tenant compte notamment des intérêts patrimoniaux. Ainsi, un contribuable qui a acquis en France 11 appartements, dans le cadre d'une stratégie d'investissements immobiliers, a le centre de ses intérêts économiques en France, bien qu'il exerce l'activité de pharmacien à Bamako (Mali). • CAA Paris, 27 févr. 1996, n° 92PA540 : *RJF 1997. 642.* ♦ De même, un contribuable qui dispose d'une résidence permanente en France et perçoit en France sa pension de retraite et des revenus fonciers a le centre de ses intérêts économiques en France alors même qu'il exerce une activité professionnelle en Côte d'Ivoire pour laquelle il n'est pas rémunéré. • CE 5 juill. 2010, n° 303676 : *RJF 2010. 982.* ♦ Un contribuable, qui ne justifie pas de l'existence de revenus ou d'un patrimoine productif de revenus de source algérienne supérieurs à ceux dont il dispose en France, a le centre de ses intérêts économiques en France. • CE 27 avr. 2011, n° 316082 : *RJF 2011. 770 ; concl. Olléon au BDCF 7/11, n° 78.* ♦ En revanche, une personne qui perçoit d'importants revenus professionnels en Grèce alors qu'elle ne dispose en France que d'un patrimoine, constitué de biens immobiliers et d'avoirs en compte courant dans des sociétés de golf, non productif de revenus, n'a pas en France le centre de ses intérêts économiques. • CE 27 janv. 2010, n° 294784 : *RJF 2010. 311 ; Dr. fisc. 2010. 364, note Lamulle.* ♦ De même, un couple qui perçoit la majorité de ses revenus de ses activités professionnelles en Belgique, et dont les revenus de source française ont été exceptionnels ou inexistants, n'a pas en France le centre de ses intérêts économiques au sens de l'art. 4 B-1-c. • CE 7 oct. 2020, n° 426124 : *RJF 2021. 57.*

14. Dès lors qu'une pension de retraite versée par un organisme français constitue pour son bénéficiaire vivant à l'étranger l'unique source de revenu, celui-ci doit être regardé comme ayant conservé en France le centre de ses intérêts économiques et, à ce titre, comme étant fiscalement domicilié en France. • CE 17 juin 2015, n° 371412 : *RJF 2015. 751.* ♦ Le contribuable dont les revenus sont essentiellement constitués par des pensions versées par le Conseil de l'Europe, organisme établi en France, doit être regardé comme ayant le centre de ses intérêts économiques en France, nonobstant la double circonstance que les revenus perçus en activité par l'intéressé étaient exonérés d'impôt et que les pensions pouvaient être versées sur un compte bancaire ouvert dans un pays autre que la France. • CAA Versailles, 3 déc. 2019, n° 18VE01128 : *RJF 2020. 294.*

15. Agents de l'État à l'étranger. Les agents civils et militaires de l'État en service à l'étranger qui n'ont pas leur domicile fiscal en France au sens de l'art. 4 B-1 sont, en principe, considérés comme des non-résidents en matière d'IR. Toutefois, ils sont considérés comme ayant leur domicile fiscal en France lorsqu'ils ne sont pas soumis, dans le pays étranger où ils exercent leurs fonctions, à un impôt personnel sur l'ensemble de leurs revenus (CGI, art. 4 B-2). Compte tenu du régime de faveur dont bénéficient les salariés expatriés, les suppléments de rémunération de ces agents sont exonérés d'IR (CGI, art. 81 A-II). Les suppléments de rémunération des agents de l'État en service à l'étranger ne sont plus pris en compte pour la détermination du revenu fiscal de référence à compter de l'imposition des revenus de 2012. * BOI-RSA-GEO-20 n° 180 du 29 oct. 2013. ♦ Un agent de l'État placé en service détaché à Monaco et qui continue de résider en France conserve son domicile fiscal en France en application de l'art. 4 B-1. • CE 17 mai 2000, n° 199229 : *RJF 2000. 927, concl. Bachelier au BDCF 7-8/00.* ♦ Cas d'un enseignant affecté à Saint-Barthélemy, V. note 22.

16. Terres australes et antarctiques françaises. IR auquel sont soumis les agents de l'État et personnes intervenant dans les TAAF. * BOI-RSA-GEO-30 du 7 mai 2014.

17. Monaco. Les dispositions de l'art. 7-1 de la convention fiscale franco-monégasque du 18 mai 1963 doivent être interprétées conformément au sens ordinaire à attribuer à leurs termes, dans leur contexte et à la lumière de leur objet et de leur but. Il en résulte que sont seules au nombre des personnes de nationalité française assujetties en France aux impositions que cette disposition mentionne, dans les mêmes conditions que si elles avaient leur domicile ou leur résidence en France, les personnes qui soit ont transféré à Monaco leur domicile ou leur résidence après le 13 oct. 1962, soit l'ont fait auparavant mais sans pouvoir justifier, à cette même date, de cinq ans de résidence habituelle à Monaco. Il s'ensuit qu'en sont notamment exclues les personnes qui, y ayant constamment résidé depuis leur naissance, n'y ont jamais transféré leur domicile. • CE, plén., 11 avr. 2014, *Giorgis,* n° 362237 : *RJF 2014. 718 ; BDCF 2014. 73, concl. Crépey ; Dr. fisc. 2014. 342, note Louit.* ♦ Un Français vivant à Monaco depuis son mariage avec une Française, résidente de la Principauté depuis sa naissance, n'est pas soumis à l'IR en France en application de la convention franco-monégasque (mais peut l'être en application de l'art. 4 B CGI). • CE 30 déc. 2014, *Charpentier,* n° 362245 : *RJF 2015. 255.*

18. Une personne de nationalité française dont la rémunération perçue au titre de son activité exercée à Monaco constitue la seule source de revenus est réputée conserver son domicile fiscal en France. Elle doit par suite être assujettie en France à l'IR à raison de sa rémunération, en application des art. 4 A et 4 B-1-b CGI et de l'art. 7-1 de la convention franco-monégasque du 18 mai 1963, sous réserve qu'une autre convention fiscale conclue par la France ne s'y oppose pas. • TA Montreuil, 23 mai 2013, n° 1107670 : *RJF 2014. 70.*

19. Les plus-values immobilières résultant de la cession de biens situés en France réalisées par des ressortissants français résidant à Monaco sont soumises à l'IR en application des art. 150 U à 150 UC alors même qu'ils ne sont pas fiscalement domiciliés en France au sens de l'art. 4 B. • CE 21 juin 2021, n° 439354 : *RJF 2021. 984.*

20. Italie. Un ressortissant français assujetti à l'IR en France par application de l'art. 7-1 de la convention franco-monégasque peut se prévaloir de la convention fiscale franco-italienne, dont le champ d'application est limité aux résidents, même s'il ne réside pas sur le territoire français mais à Monaco. • TA Montreuil, 23 mai 2013, n° 1107670 : *préc. note 18.*

21. Suisse. La tolérance de 1972 sur la résidence des personnes domiciliées en Suisse imposées au forfait, non reprise dans la base Bofip au 12 sept. 2012, est rapportée à compter de cette date. Elle reste néanmoins applicable au titre des années antérieures à 2013. * BOI-INT-CVB-CHE-10-10 n° 70 du 28 juill. 2016.

22. Saint-Barthélemy. Les personnes physiques et morales résidant dans la collectivité de Saint-Barthélemy demeurent des personnes qui, si elles remplissent les conditions fixées par l'art. 4 B CGI, doivent être regardées comme ayant leur domicile fiscal en France en vue de l'établissement, du recouvrement et du contrôle de toute imposition ou prélèvement obligatoire relevant du domaine de compétence retenu par les autorités nationales. • CE, avis, 20 nov. 2013, n° 369796 : *RJF 2014. 197.* ♦ Un enseignant affecté à Saint-Barthélemy où il n'est pas imposé est fiscalement domicilié et imposé en France. • TA Montreuil, 12 déc. 2017, n° 1604902 : *RJF 6/18. 572.* ♦ En vertu de la L. org. du 27 févr. 2007, l'île de Saint-Barthélemy a été séparée du département de Guadeloupe et érigée en collectivité d'outre-mer régie par l'art. 74 Const. et disposant notamment d'une compétence fiscale (CGCT, art. L.O. 6214-3 et L.O. 6314-3), avec laquelle la France n'a signé aucune convention fiscale bilatérale. Par suite, l'associé d'une société civile de personnes exerçant une activité notariale en Guadeloupe et à Saint-Barthélemy, résident fiscal de Saint-Barthélemy et imposable en France, en application de l'art. 4 A CGI, sur ses seuls revenus de source française, ne peut être imposé que sur les bénéfices issus de l'activité exercée en Guadeloupe par sa société. • TA Montreuil, 15 mai 2018, n° 1705562 : *RJF 2019. 4, concl. Thobaty.* ♦ Au regard du droit fiscal, les collectivités d'outre-mer régies par l'art. 74 Const. se trouvent dans une situation comparable à celle des pays étrangers. Un résident de Saint-Barthélemy n'a donc pas son domicile fiscal en France au sens de l'art. 4 A CGI et n'y est donc imposable que sur ses revenus de source française, tels qu'ils sont définis par l'art. 164 B du même code.

Art. 4 *bis* **Sont également passibles de l'impôt sur le revenu :**

1° *Abrogé par L. n° 76-1234 du 29 déc. 1976, art. 16 et 17.*

2° Les personnes de nationalité française ou étrangère, ayant ou non leur domicile fiscal en France, qui recueillent des bénéfices ou revenus dont l'imposition est attribuée à la France par une convention internationale relative aux doubles impositions.

Pour la liste des conventions fiscales conclues par la France et en vigueur, V. BODGFIP-BOI-ANNX-000306.

Pour la convention signée le 31 déc. 1953 avec la Confédération suisse en vue d'éviter les doubles impositions en matière d'impôts sur les successions, V. la note verbale française du 17 juin 2014 en portant dénonciation à compter du 31 déc. 2014 (Décr. n° 2014-1270 du 30 oct. 2014, JO 1er nov.).

Pour la convention signée avec le gouvernement du Royaume d'Arabie saoudite, V. Décr. n° 2014-1036 du 11 sept. 2014 (JO 13 sept.) ; pour celle signée avec la République populaire de Chine, V. Décr. n° 2014-1760 du 31 déc. 2014 (JO 3 janv. et 28 févr. 2015) ; pour celle signée le 4 oct. 1985 avec le Gouvernement de l'Union des Républiques socialistes soviétiques, quant à ses effets entre la France et le Tadjikistan, V. Décr. n° 2015-238 du 2 mars 2015 (JO 4 ; Rect. 21 mars) ; pour celle signée avec le Gouvernement de la Principauté d'Andorre, V. Décr. n° 2015-878 du 17 juill. 2015 (JO 19 juill.).

V. égal. Décr. n° 2010-285 du 16 mars 2010 (JO 19 mars) portant publication de l'accord signé avec la république du Kenya à Nairobi le 12 janv. 1996, en vue d'éviter les doubles impositions en matière de transport aérien en trafic international ; Décr. n° 2012-60 du 18 janv. 2012 (JO 21 janv.) portant publication de l'accord signé avec le gouvernement de l'île de Man à Douglas le 26 mars 2009, en vue d'éviter la double imposition des entreprises exploitant, en trafic international, des navires ou des aéronefs.

Pour la Convention 90/436/CEE du 23 juill. 1990 relative à l'élimination des doubles impositions en cas de correction des bénéfices d'entreprises associées (« la convention d'arbitrage »), V. C. pr. fisc., comm. ss. art. L. 189 A. — ***C. pr. fisc.***

Les conventions fiscales conclues entre l'État et un territoire ou une collectivité territoriale d'outre-mer sont considérées comme des conventions internationales pour l'application de l'impôt. — V. Convention entre l'État et la collectivité de Saint-Martin du 21 déc. 2010 (Instr. du 21 juin 2011, BOI 14 A-6-11) ; V. égal. CGCT, art. L.O. 6161-22, L.O. 6214-4, L.O. 6314-4 et L.O. 6414-1, concernant respectivement les collectivités de Mayotte, Saint-Barthélemy, Saint-Martin et Saint-Pierre-et-Miquelon. — **CGCT.**

Élimination des doubles impositions. 1° En l'absence de mesures d'unification ou d'harmonisation communautaire visant à éliminer les doubles impositions, les États membres demeurent compétents pour déterminer les critères d'imposition des revenus et des bénéfices en vue d'éliminer, le cas échéant par la voie conventionnelle, les doubles impositions. Dans ce contexte, les États membres sont libres, dans le cadre de conventions bilatérales, de fixer les facteurs de rattachement aux fins de la répartition de la compétence fiscale. 2° Une différence de traitement entre ressortissants de deux États contractants, résultant de cette répartition, ne saurait en règle générale être constitutive de discrimination. Toutefois, en ce qui concerne l'exercice, y compris par le moyen de stipulations d'une convention bilatérale, du pouvoir d'imposition réparti conformément à une telle convention, les États membres ne peuvent s'affranchir du respect des règles communautaires, y compris lorsqu'ils concluent des conventions bilatérales avec des États non membres. 3° Les conventions fiscales bilatérales qui visent à éliminer les doubles impositions doivent être interprétées dans un sens qui les rend compatibles avec l'exercice des libertés fondamentales garanties par le droit communautaire, qu'elles aient été conclues avec un autre État membre ou avec un État tiers. • CE 12 mai 2015, *Sté Gist Brocades International BV*, n° 366398 : *RJF 2015. 744 ; BDCF 2015. 111, concl. Daumas* • CAA Paris, 7 avr. 2016, n° 12PA04303 : *RJF 2016. 646.*

Art. 5 Sont affranchis de l'impôt sur le revenu :

1° *Disposition périmée ;*

2° et 2° *bis Abrogés.*

3° Les ambassadeurs et agents diplomatiques, les consuls et agents consulaires de nationalité étrangère, mais seulement dans la mesure où les pays qu'ils représentent concèdent des avantages analogues aux agents diplomatiques et consulaires français.

Art. 6 1. Chaque contribuable est imposable à l'impôt sur le revenu, tant en raison de ses bénéfices et revenus personnels que de ceux de ses enfants et des personnes considérés comme étant à sa charge au sens des articles 196 et 196 A *bis*. Les revenus perçus par les enfants réputés à charge égale de l'un et l'autre de leurs parents sont, sauf preuve contraire, réputés également partagés entre les parents.

Sauf application des dispositions du 4 et du second alinéa du 5, les personnes mariées sont soumises à une imposition commune pour les revenus perçus par chacune d'elles et ceux de leurs enfants et des personnes à charge mentionnés au premier alinéa ; cette imposition est établie *(L. n° 2019-1479 du 28 déc. 2019, art. 155-1°-a)* **« aux noms des époux ».**

Les partenaires liés par un pacte civil de solidarité défini à l'article 515-1 du code civil font l'objet, pour les revenus visés au premier alinéa, d'une imposition commune. L'imposition est établie à leurs deux noms *(Abrogé par L. n° 2019-1479 du 28 déc. 2019, art. 155-1°-b)* ***« , séparés par le mot : "ou" ».***

2. Le contribuable peut réclamer des impositions distinctes pour ses enfants, lorsque ceux-ci tirent un revenu de leur travail ou d'une fortune indépendante de la sienne.

3. Toute personne majeure âgée de moins de vingt et un ans, ou de moins de vingt-cinq ans lorsqu'elle poursuit ses études, ou, quel que soit son âge, lorsqu'elle effectue son service *militaire* ou est atteinte d'une infirmité, peut opter, dans le délai de déclaration et sous réserve des dispositions du quatrième alinéa du 2° du II de l'article 156, entre :

1° L'imposition de ses revenus dans les conditions de droit commun ;

2° Le rattachement au foyer fiscal dont elle faisait partie avant sa majorité, si le contribuable auquel elle se rattache accepte ce rattachement et inclut dans son revenu imposable les revenus perçus pendant l'année entière par cette personne ; le rattachement peut être demandé, au titre des années qui suivent celle au cours de laquelle elle atteint sa majorité, à l'un ou à l'autre des parents lorsque ceux-ci sont imposés séparément ;

Si la personne qui demande le rattachement est mariée, l'option entraîne le rattachement des revenus du ménage aux revenus de l'un ou des parents de l'un des conjoints.

3° Le rattachement au foyer fiscal qui l'a recueillie après qu'elle soit devenue orpheline de père et de mère, si le contribuable auquel elle se rattache accepte ce rattachement et inclut dans son revenu imposable les revenus perçus pendant l'année entière par cette personne.

4. Les époux font l'objet d'impositions distinctes :

a) Lorsqu'ils sont séparés de biens et ne vivent pas sous le même toit ; – *Ou mariés sous le régime de la participation aux acquêts (BOI-IR-CHAMP-20-20-10 n° 67).*

b) Lorsqu'étant en instance de séparation de corps ou de divorce, ils ont été autorisés à avoir des résidences séparées ;

c) Lorsqu'en cas d'abandon du domicile conjugal par l'un ou l'autre des époux, chacun dispose de revenus distincts.

5. Les personnes mariées et les partenaires liés par un pacte civil de solidarité sont soumis à une imposition commune pour les revenus dont ils ont disposé pendant l'année du mariage ou de la conclusion du pacte.

Les époux et les partenaires liés par un pacte civil de solidarité peuvent toutefois opter pour l'imposition distincte des revenus dont chacun a personnellement disposé pendant l'année du mariage ou de la conclusion du pacte, ainsi que de la quote-part des revenus communs lui revenant. A défaut de justification de cette quote-part, ces revenus communs sont partagés en deux parts égales entre les époux ou partenaires liés par un pacte civil de solidarité. Cette option est exercée de manière irrévocable dans les délais prévus pour le dépôt de la déclaration initiale des revenus mentionnée à l'article 170. Elle n'est pas applicable lorsque les partenaires liés par un pacte civil de solidarité, conclu au titre d'une année antérieure, se marient entre eux. – *V. Ann. III, art. 43 bis.*

6. Chacun des époux, partenaires, anciens époux ou anciens partenaires liés par un pacte civil de solidarité est personnellement imposable pour les revenus dont il a disposé pendant l'année de la réalisation de l'une des conditions du 4, du divorce ou de la dissolution du pacte, ainsi que pour la quote-part des revenus communs lui revenant. A défaut de justification de cette quote-part, ces revenus communs sont partagés en deux parts égales entre les époux, partenaires, anciens époux ou anciens partenaires liés par un pacte civil de solidarité.

Les revenus communs sont, sauf preuve contraire, réputés partagés en deux parts égales entre les époux ou partenaires liés par un pacte civil de solidarité.

7. *Abrogé.*

8. En cas de décès de l'un des conjoints ou partenaires liés par un pacte civil de solidarité, l'impôt afférent aux bénéfices et revenus non encore taxés est établi au nom des époux ou partenaires. Le conjoint ou le partenaire survivant est personnellement imposable pour la période postérieure au décès.

A. ENFANTS

1. Imposition distincte des enfants. Il résulte de la combinaison des art. 6-2 et 196 *bis*-1 que le contribuable ne peut demander d'impositions distinctes pour ses enfants que lorsque ceux-ci tirent un revenu de leur travail ou d'une fortune indépendante de la sienne au 1er janvier de l'année d'imposition. • CAA Marseille, 13 avr. 2006, n° 01MA1138 : *RJF 2007. 652 ; Dr. fisc. 2007. 566, concl. Trottier.* ♦ Un contribuable ne peut demander une imposition distincte pour le revenu du patrimoine de son enfant mineur que s'il ne dispose d'aucun droit sur ce patrimoine et n'a aucune possibilité, en dépit de sa qualité d'administrateur légal, de disposer de ce revenu. • CE *12 oct. 2011,* ⛫ n° 325173 : *Dr. fisc. 2011. 636, concl. Cortot-Boucher ; RJF 2012. 3 ; BDCF 2012, n° 1, concl. Cortot-Boucher.* ♦ Lorsque des époux en instance de divorce forment deux foyers fiscaux, la demande tendant à ce que des enfants soient eux-mêmes soumis à une imposition séparée doit être formulée par le parent qui a la garde de ces enfants. • CAA Nancy, 9 nov. 1995, n° 94NA299 : *Dr. fisc. 1996. 437, concl. Commenville.* ♦ Des enfants mineurs disposant de l'usufruit temporaire sur des parts d'une SCI peuvent être imposés distinctement de leur mère. • CE 12 oct. 2011, ⛫ n° 325173 : *préc.*

2. Rattachement. Les dispositions de l'art. 6-3 impliquent que la personne qui choisit le rattachement au foyer fiscal qui était le sien avant sa majorité formule, dans le délai fixé par la loi, une demande expresse en ce sens. • CAA Bordeaux, 14 mai 1996, n° 94BX824 : *Dr. fisc. 1997. 250.* ♦ *L'option*, prévue à l'art. 6-3, pour le rattachement d'un enfant majeur au foyer fiscal de ses parents doit être exercée dans le délai de déclaration sans pouvoir l'être, après l'expiration de ce délai, dans le délai de réclamation de l'art. R. 196-1 LPF. • CE (na), 27 déc. 2019, ⛫ n° 431820 : *RJF 2020. 352.*

3. Il résulte de la combinaison des art. 6-3, 196, 196 *bis*-1 et 196 B que lorsque l'enfant qui, âgé de moins de dix-huit ans au 1er janv. de l'année d'imposition, atteint sa majorité au cours de ladite année et demande expressément son rattachement à celui de ses parents imposés séparément à la charge duquel il n'était pas au 1er janv., ce dernier bénéficie, pour l'année en cause, d'une majoration de son quotient familial. Si l'autre parent a fait figurer l'enfant sur sa propre déclaration de revenus afférents à la même année, cette circonstance n'est pas de nature à faire perdre au parent qui accepte le rattachement le bénéfice de la majoration de son quotient familial pour l'année en cause. • CE 5 juin 2002, n° 224410, *Chrétien : Dr. fisc. 2002. 815, concl. Bachelier ; RJF 2002. 890.*

4. Les dispositions du 3 n'autorisent pas l'exercice de plusieurs options en faveur du rattachement à des foyers fiscaux différents au titre d'une même année même en cas de disparition, en cours d'année, d'un des foyers fiscaux auxquels l'enfant majeur est rattaché. • CAA Lyon, 8 mars 2007, n° 03LY2115 : *RJF 2007. 781 ; Dr. fisc. 2007. 779.* ♦ Le rattachement d'une personne majeure à des foyers fiscaux différents au titre d'une même année n'est pas permis, même si le foyer fiscal auquel cette personne majeure était rattachée a disparu au cours de l'année d'imposition du fait du décès de l'un des conjoints du foyer fiscal. • CE 28 mars 2014, n° 351408 : *RJF 2014. 537 ; Dr. fisc. 2014. 318, note Douet.*

5. Un enfant majeur ne peut être rattaché qu'à l'un ou l'autre de ses parents séparés ou divorcés, même si ceux-ci continuent d'appliquer la garde alternée mise en place pendant la minorité de l'enfant. * Rép. min. n° 28520 : *JOAN Q, 5 mai 2009, p. 4282.*

6. Enfants recueillis. Dispositif applicable à compter du 1er janvier 2002 (imposition des revenus des années 2001 et suivantes). * BOI-IR-LIQ-10-10-10-20 n° 30 du 2 mai 2014. ♦ Jurisprudence et bibliographie : V. notes 3 à 7 ss. art. 196.

B. IMPOSITION PAR FOYER

7. Situation matrimoniale. Les actes de l'état civil sont opposables à tous les tiers lorsqu'ils sont régulièrement établis et publiés. Par suite un contribuable est toujours recevable à se prévaloir devant le juge de l'impôt de sa situation matrimoniale telle qu'elle ressort de tels actes, alors même qu'il a établi sa situation fiscale sur le fondement d'une situation matrimoniale différente. • CE 8 mars 2004, n° 248094 : *RJF 2004. 62 ; Dr. fisc. 2004. 643, concl. Séners.*

8. Polygamie. S'agissant du cas particulier des contribuables, originaires d'un État ou territoire où la polygamie est autorisée, l'imposition commune est établie au nom du mari et de la première épouse. Les autres épouses font l'objet d'une imposition distincte et sont considérées, pour l'application des règles du quotient familial, comme des personnes célibataires. Elles ne sont en revanche pas considérées, sous réserve des circonstances d'espèce, comme des personnes vivant seules. * BOI-IR-CHAMP-20-10 n° 25 du 16 avr. 2017. ♦ L'état matrimonial des étrangers étant régi par la seule loi de leur nationalité, la polygamie d'un des époux ne fait pas obstacle à leur imposition commune en France. Un ressortissant algérien polygame peut donc être soumis à une imposition commune avec sa seconde épouse. • CAA Paris, 15 janv. 2015, n° 12PA03956 : *RJF 2015. 293 ; Dr. fisc. 2015. 238, note Oriol* • CE (na) 26 févr. 2016, n° 390213 : *RJF 2016. 680.*

9. Mariage homosexuel. La L. n° 2013-404 du 17 mai 2013 a étendu à compter du 19 mai 2013 le mariage aux couples homosexuels (C. civ., art. 143). En conséquence, les mariages homosexuels contractés en France à compter de cette date emportent en matière d'IR, à l'égard des contribuables fiscalement domiciliés en France, les mêmes conséquences que ceux contractés entre les couples hétérosexuels. L'art. 21 de la L. n° 2013-404 du 17 mai 2013 ouvrant le mariage aux couples de personnes de même sexe rend opposable aux tiers les mariages entre personnes de même sexe contractés à l'étranger à compter de leur transcription sur les registres de l'état civil français. Ces dispositions ne peuvent pas être invoquées pour l'application de l'art. 6 permettant l'imposition commune des couples mariés, s'agissant d'impositions sur des revenus antérieurs à 2013. • CAA Douai, 5 mars 2015, n° 13DA00536 : *RJF 2015. 673.* ♦ Des homosexuels néerlandais qui se sont mariés aux Pays-Bas doivent, lorsqu'ils sont fiscalement domiciliés en France, faire l'objet d'une imposition commune. * Lettre DGFP 11 juill. 2008.

C. IMPOSITION DISTINCTE DES ÉPOUX

10. Un contribuable peut à tout moment de la procédure d'imposition, de même que pour la première fois devant le juge de l'impôt, se prévaloir de ce qu'il aurait dû faire l'objet de l'imposition séparée prévue à l'art. 6-4. Et ce, alors même que l'imposition commune primitive, établie conformément à la déclaration, est devenue définitive. • CE 15 avr. 2011, n° 318865 : *RJF 2011. 772.*

11. Des époux qui ne se trouvent dans aucun des cas prévus par l'art. 6-4 font l'objet d'une imposition unique quand bien même un des époux résiderait à l'étranger. • CE 17 déc. 2010, n° 316144 : *RJF 2011. 268.*

12. Couples qui se constituent (mariage ou conclusion d'un PACS) ou qui se séparent (dissolution d'un PACS, séparation, divorce). Modalités d'imposition. * BOI-IR-CHAMP-20 n° 10 du 12 sept. 2012.

13. Époux en instance de divorce ou divor-

cés. Dès lors qu'au 1er janv. de l'année d'imposition, les époux, en instance de divorce, vivent séparément et disposent de revenus distincts, ils doivent faire l'objet d'une imposition séparée, alors même que le jugement de divorce n'a autorisé les époux à résider séparément qu'à compter du 9 janv. de l'année d'imposition. • CE 15 juin 1987, nos 44905 et 45307 : *RJF 1987 908.* ♦ Deux époux qui sont divorcés selon les actes d'état-civil doivent être imposés séparément, même s'ils s'étaient présentés à l'Administration comme mariés. • CE 8 mars 2004, n° 248094 : *préc. note 7.*

14. *Époux séparés de biens.* Il résulte de l'art. 6-4 que, dans le cas d'époux séparés de biens, le simple fait que les intéressés résident sous des toits séparés entraîne leur imposition distincte, dès lors que cette résidence n'a pas un caractère temporaire. La circonstance que les intéressés auraient agi de concert pour la gestion d'intérêts matériels et patrimoniaux communs et se seraient rendus réciproquement visite à l'occasion de deux déplacements professionnels est sans incidence sur une telle imposition distincte. • CE 25 avr. 2003, n° 181719, *Krupa : Dr. fisc. 2003. 736, concl. Bachelier ; RJF 2003. 796.* ♦ Des époux séparés de biens et vivant dans des villes différentes où ils exercent leurs professions respectives sont imposés séparément. • CE 15 avr. 2011, n° 320073 : *RJF 2011. 772.*

15. Un couple marié sous le régime de la séparation de biens assorti d'une société d'acquêts créée par voie purement conventionnelle entre les époux doit être regardé, pour l'application de l'art. 6-4-a, comme relevant d'un régime de séparation de biens alors même que les biens ou revenus apportés à la société d'acquêts sont soumis, sauf stipulation contraire, aux règles de la communauté. Par suite, eu égard au régime matrimonial dont relèvent ces contribuables et au fait que le mari ne vivait plus sous le même toit que son épouse au cours des années en cause, celui-ci doit faire l'objet d'une imposition distincte à raison de ses revenus. • CE 19 déc. 2007, n° 291849 : *RJF 2008. 257, BDCF 3/08, n° 29, concl. Landais ; Dr. fisc. 2008. 184, concl. Landais.*

16. Des époux mariés sous le régime de la séparation de biens, dont l'un d'entre eux, vivant à l'étranger, justifie qu'ils ont résidé sous un toit différent, doivent faire l'objet d'une imposition distincte. • CE 12 mars 2010, n° 311121 : *RJF 2010. 558.* ♦ L'existence d'un foyer en France n'implique pas nécessairement que les époux vivent ensemble. • CE 8 juill. 2018, n° 409035 : *RJF 2018. 1061.* ♦ Un contribuable marocain, séparé de biens de son *épouse, laquelle réside* en *permanence* au Maroc avec leurs enfants, ne peut faire l'objet d'une imposition commune, dès lors qu'il travaille et réside en France et que leur séparation ne présente pas un caractère temporaire. Sont sans incidence les circonstances que l'intéressé se rende fréquemment au Maroc, passe ses vacances avec sa famille et que la séparation de biens résulte d'un régime matrimonial étranger. • TA Cergy-Pontoise, 30 mars 2010, n° 077161 : *RJF 2010. 1133.*

17. *Époux mariés sous le régime conventionnel de la participation aux acquêts.* Les époux mariés sous le régime conventionnel de la participation aux acquêts et qui ne vivent pas sous le même toit sont, au même titre que ceux mariés sous le régime de la séparation de biens, imposés séparément de plein droit. * BOI-IR-CHAMP-20-20-10 n° 67 du 3 juin 2016.

18. *Abandon du domicile conjugal.* Lorsque l'Administration entend soumettre à des impositions distinctes des époux non séparés de biens et disposant de revenus distincts, elle doit apporter la preuve de la cessation de toute vie commune entre eux pendant l'année ou les années d'imposition concernées. Eu égard aux dispositions du 1er al. de l'art. 108 C. civ., cette preuve ne peut résulter de la seule existence de résidences séparées. Lorsque les époux résident séparément et que l'un d'eux seulement dispose de revenus distincts imposables en France, la même preuve ne peut davantage découler de ce que la déclaration des revenus du couple n'a été faite, en son nom propre, que par cet époux, sans mention des revenus, non imposables en France, de son conjoint. • CE 19 janv. 1998, n° 126809 : *Dr. fisc. 1998. 214, concl. Arrighi de Casanova ; RJF 1998. 217.* ♦ La preuve de la cessation de toute vie commune entre les époux pendant les années d'imposition concernées ne peut résulter de la seule existence de résidences séparées, ni, en l'absence d'instance en divorce ou en séparation de corps au cours des années litigieuses, des déclarations de l'épouse attestant de la séparation de fait des époux. • CAA Marseille, 4 oct. 2007, n° 04MA255 : *RJF 2008. 1151.* ♦ Une épouse qui ne vit plus avec son époux a des revenus distincts de son mari au sens de l'art. 6-4-*c* si elle perçoit une pension de vieillesse et l'allocation du Fonds national de solidarité. • CE 12 févr. 1992, n° 89844 : *RJF 1992. 541.* ♦ La plus-value de cession de droits sociaux réalisée par une femme mariée, vivant séparément de son mari, constitue, nonobstant son caractère exceptionnel et ponctuel, un revenu distinct au sens de l'art. 6-4-c justifiant l'imposition séparée des époux. • CAA Nantes, 4 févr. 2008, n° 06NT1083 : *RJF 2008. 922.*

19. *Modification de la situation des époux en cours d'année : imposition distincte puis imposition commune (situation antérieure à 2011).* Il résulte des art. 6 et 196 *bis* que si, pour le calcul de l'impôt dû au titre d'une année, le régime d'imposition des époux, commun ou distinct, est, en principe, celui correspondant à leur situation familiale au 1er janvier, il en va autrement lorsqu'au cours d'une même année les époux se trouvent, selon les périodes, tantôt en situation d'imposition commune tantôt en situation d'imposition distincte. • CE 20 juill. 2007, n° 292550 : *RJF 2007. 1189* • 27 avr. 2009, n° 300091 : *RJF 2009. 611.* ♦ Tel est notamment le cas lorsque des époux, qui doivent faire l'objet d'impositions distinctes à raison de la situation de famille existant au 1er janvier d'une année d'imposition en application de l'art. 6-4-b ou 6-4-c, cessent au cours de cette année d'entrer dans les prévisions de cet article, et doivent à compter de cette cessation faire l'objet d'une imposition commune au titre de la période de l'année d'imposition correspondant à cette nouvelle situation. • CE 20 juill. 2007, n° 292550 : *préc.* ♦ De même, une épouse mariée sous le régime de séparation de biens est en droit d'être assujettie à une imposition séparée en application de l'art. 6-4-*a* et de l'art. 196 *bis* 2 à partir de la date où elle établit que son époux ne vivait plus sous le même toit. Pour apprécier la réalité de la résidence séparée des époux le juge se détermine au vu des éléments de fait qui lui sont soumis tels que prise à bail d'un logement distinct donnant lieu au paiement effectif des loyers, expédition du courrier à cette adresse, mention de cette adresse sur des factures d'achat ou d'entretien. • CE 27 avr. 2009, n° 300091 : *préc.*

20. Année du mariage (situation antérieure à 2011). Le législateur n'a entendu déroger aux principes d'unicité et d'annualité de l'IR que dans le cas où, du fait du mariage, le contribuable doit faire l'objet, au titre de la même année, d'une imposition personnelle des revenus qu'il a perçus alors qu'il était célibataire et d'une imposition commune des revenus acquis par le foyer fiscal qu'il a créé. Par suite, cette dérogation ne s'étend pas à l'hypothèse où le mariage n'entraîne pas une imposition commune des époux. • CAA Marseille, 8 avr. 2004, n° 99MA636 : *RJF 2004. 1071 ; JCP N 2005. 1232, note Douet.*

21. Charges du mariage. Est injustifiée la différence de traitement entre les contribuables qui versent une contribution aux charges du mariage en exécution d'une décision de justice et ceux qui la versent spontanément. • Cons. const. 28 mai 2020, n° 2020-842 QPC : *RJF 2020. 715.* ♦ L'imposition séparée de l'époux percevant une contribution aux charges du mariage de son conjoint, et par suite, la déductibilité de cette contribution par celui-ci, suppose l'existence, pour le bénéficiaire, de revenus distincts autres que la contribution dont s'agit. • CAA Nantes, 12 mars 2003 : *Dr. fisc. 2004. 185.* ♦ Pour les époux séparés de biens, l'IR, constituant une charge découlant directement des revenus personnels à chaque époux, ne figure pas au nombre des charges du mariage auxquelles chacun d'entre eux était, selon leur convention matrimoniale, réputé avoir fourni sa part contributive. • Civ. 1re, 19 mars 2002, n° 00-11.238 : *D. 2002. IR 1241* • Civ. 1re, 5 nov. 2014, n° 13-22.605.

D. CONTRIBUABLES LIÉS PAR UN PACS

22. Doctrine administrative. Conditions et conséquences de l'imposition commune. Obligations déclaratives. * BOI-IR-CHAMP-20-10 du 6 avr. 2017. ♦ Reconnaissance en droit civil des partenariats enregistrés à l'étranger. Conséquences en matière d'IR. Cas où l'Administration s'est déjà prononcée sur des régimes de partenariats étrangers. Justifications à fournir. * BOI-IR-CHAMP-20-10 nos 140 à 170 du 6 avr. 2017. ♦ Application aux partenariats enregistrés en Suisse. *Rescrit 18 oct. 2011 : *n° 2011/27 FP* * BOI-IR-CHAMP-20-10 n° 200 du 6 avr. 2017. ♦ ... Aux partenariats enregistrés en Californie (« *domestic partnership* »). * BOI-IR-CHAMP-20-10 n° 190 du 6 avr. 2017.

23. La conclusion d'un PACS n'est opposable à l'administration fiscale qu'à compter du jour où les formalités de publicité sont accomplies. * Rép. min. n° 46100 : *JOAN Q, 23 juin 2009, p. 6126.*

E. RECOUVREMENT DE L'IMPÔT

24. Si l'art. 6 prévoit que l'impôt sur le revenu est établi au nom de l'époux, précédé de la mention « Monsieur ou Madame », la seule circonstance que sur le rôle ou l'avis d'imposition ne figure que « Monsieur » à l'exclusion de « Madame » est sans influence sur la régularité de l'imposition qui lui est réclamée et dont il est redevable dans son ensemble. • CE 1er mars 2000, n° 181665 : *Dr. fisc. 2000. 948, concl. Arrighi de Casanova ; RJF 2000. 524* • 8 mars 2002, n° 223662 : *RJF 2002. 598 ; Dr. fisc. 2002. 740, concl. Goulard.*

Art. 7 **Les règles d'imposition, d'assiette et de liquidation de l'impôt ainsi que celles concernant la souscription des déclarations, prévues par le présent code en matière d'impôt sur le revenu pour les contribuables mariés, sont applicables dans les mêmes conditions aux partenaires liés par un pacte civil de solidarité.**

1. PACS. Conséquences de l'imposition commune sur les règles d'assiette et de liquidation de l'IR.* BOI-IR-CHAMP-20-10 du 6 avr. 2017.

2. Les partenariats civils conclus à l'étranger produisent les mêmes effets qu'un PACS dès lors qu'ils répondent aux mêmes conditions que celui-ci. * BOI-IR-CHAMP-20-10 nos 80 à 120 du 6 avr. 2017.

Art. 8 **Sous réserve des dispositions de l'article 6, les associés des sociétés en nom collectif et les commandités des sociétés en commandite simple sont, lorsque ces socié-**

tés n'ont pas opté pour le régime fiscal des sociétés de capitaux, personnellement soumis à l'impôt sur le revenu pour la part de bénéfices sociaux correspondant à leurs droits dans la société. En cas de démembrement de la propriété de tout ou partie des parts sociales, l'usufruitier est soumis à l'impôt sur le revenu pour la quote-part correspondant aux droits dans les bénéfices que lui confère sa qualité d'usufruitier. Le nu-propriétaire n'est pas soumis à l'impôt sur le revenu à raison du résultat imposé au nom de l'usufruitier.

Il en est de même, sous les mêmes conditions :

1° Des membres des sociétés civiles qui ne revêtent pas, en droit ou en fait, l'une des formes de sociétés visées au 1 de l'article 206 et qui, sous réserve des exceptions prévues à l'article 239 *ter*, ne se livrent pas à une exploitation ou à des opérations visées aux articles 34 et 35 ;

2° Des membres des sociétés en participation — y compris les syndicats financiers — qui sont indéfiniment responsables et dont les noms et adresses ont été indiqués à l'administration ;

3° Des membres des sociétés à responsabilité limitée qui ont opté pour le régime fiscal des sociétés de personnes dans les conditions prévues au IV de l'article 3 du décret n° 55-594 du 20 mai 1955 modifié ou dans celles prévues par l'article 239 *bis* AA ;

4° De l'associé unique d'une société à responsabilité limitée lorsque cet associé est une personne physique ;

5° De l'associé unique ou des associés d'une exploitation agricole à responsabilité limitée ;

6° Des membres des sociétés anonymes, des sociétés par actions simplifiées et des sociétés à responsabilité limitée qui ont opté pour le régime fiscal des sociétés de personnes dans les conditions prévues par l'article 239 *bis* AB ;

7° Nonobstant les dispositions du 1°, des membres des sociétés interprofessionnelles de soins ambulatoires mentionnées à l'article L. 4041-1 du code de la santé publique.

I. Les dispositions de l'article ci-dessus sont susceptibles de s'appliquer en cas d'indivision.

II. Le régime prévu à l'art. 8 s'applique également aux personnes physiques, membres des groupements forestiers et des groupements d'intérêt économique visés aux art. 238 ter et 239 quater ainsi que des sociétés visées aux art. 239 ter, 239 quater A et 239 septies.

BIBL. ▶ Austry, *FR Lefebvre 30/09, p. 15* (associés étrangers de sociétés de personnes : clauses-balais et sociétés de personnes). – Bokdam-Tognetti, *RJF 2014. 523* (sociétés en participation et fiscalité : troubles de la personnalité et de l'a-personnalité). – Chaulin, *Dr. fisc. 2004, p. 192* (retour sur la transparence fiscale des sociétés de personnes françaises). – Cozian, *Dr. fisc. 1994, p. 205 ; GPFE, doc. 22* (un sac d'embrouilles : le régime fiscal des sociétés de personnes) ; *GPFE, doc. 19* (imposition des bénéfices de l'entreprise indivise) ; *BFL 2007, p. 263* (l'imposition des bénéfices et des plus-values dans le cadre de l'entreprise indivise). – David, *GAJ Fisc., p. 338* (fait générateur dans les groupements non passibles de l'IS). – de Maintenant, *BFL 2000, p. 407* (cessions d'usufruit). – Desmorieux, *BFL 2018, p. 151* (l'indication à l'administration fiscale de l'identité des associés d'une société en participation). – Fernoux, *BFL 2016, p. 637* (démembrement des parts d'une société de personnes et report du déficit ou comment ignorer le principe de neutralité de l'impôt ?). – Gentilhomme et Louveau, *Dr. fisc. 1997, p. 490* (taxation à l'IR du nu-propriétaire de droits sociaux). – Labrune, *RJF 2015. 83* (sociétés de personnes et droit étranger : la transparence et l'obstacle). – Lucet et Giraud, *Dr. fisc. 1999, p. 1074* (parts sociales démembrées et imposition du résultat). – Maïa, *RJF 2000. 766* (passage au régime fiscal des sociétés de personnes). – Mignon, *RJF 1999. 931* (la transparence n'est pas le vide) ; *RJF 2000. 295* (GAEC et transparence fiscale). – Négrin, *Dr. fisc. 2015. 385* (le particularisme fiscal des sociétés de personnes). – Raquin, *RJF 2011. 907* (imposition des associés non résidents des sociétés de personnes françaises : controverse doctrinale sur l'application des conventions fiscales internationales). – Serlooten, *Dr. fisc. 2007, p. 700* (faut-il sauver le régime fiscal de semi-transparence des sociétés de personnes ?). – Villette, *RJF 2018. 1519* (actualité jurisprudentielle des sociétés de personnes : le kaléidoscope tourne toujours).

A. PRINCIPES

1. En vertu de l'art. 8 CGI, les bénéfices réalisés par les sociétés de personnes sont soumis à l'impôt sur le revenu entre les mains des associés qui sont ainsi réputés avoir personnellement réalisé chacun une part des bénéfices, proportionnelle à leurs droits dans la société. Les bases d'imposition de chaque associé doivent être déterminées par référence à une répartition des résultats sociaux présumée faite conformément au pacte social, sauf dans le cas où un acte ou une convention, passé avant la clôture de l'exercice, a pour effet de conférer aux associés des droits dans les bénéfices sociaux différents de ceux qui résulteraient de la seule application du pacte social. • CE 26 avr. 1976, n° 93212 : *RJF 1976. 272.* ♦ Ainsi, dans le cas où l'associé d'une SCI a bénéficié d'un loyer anormalement bas, les associés doivent être regardés comme ayant conclu un accord tendant à modifier leurs droits respectifs sur les bénéfices sociaux et à attribuer au contribuable, en sus de ses droits résultant du pacte social, un avantage en nature constitué par la minoration du loyer. L'intégralité de cette somme est donc imposable entre les mains de l'intéressé. • Même arrêt.

2. Les bases d'imposition de chaque associé doivent être déterminées par référence à une répartition des résultats sociaux présumée faite conformément au pacte social, sauf dans le cas où un acte ou une convention passé avant la clôture de l'exercice a pour effet de conférer aux associés des droits dans les bénéfices sociaux différents de ceux qui résulteraient de la seule application du pacte social, auquel cas les bases d'imposition des associés doivent correspondre à cette nouvelle répartition des résultats sociaux. L'annulation d'un tel acte ou d'une telle convention postérieurement aux années d'imposition ne peut affecter la règle fixée par les art. 8 et 12. Il en découle que les impositions supplémentaires résultant des rehaussements apportés par l'administration fiscale aux bénéfices imposables de la société sont réparties entre les associés au prorata de leurs droits sociaux ainsi déterminés. • CE 20 juill. 2021, n°s 434029 et 434030 : *RJF 2021.1033 ; Dr. fisc. 2021. 427, note Pierre.*

3. Il résulte des art. 8 et 12 CGI que les bénéfices des sociétés de personnes sont soumis à l'IR entre les mains des associés présents à la date de clôture de l'exercice, qui sont ainsi réputés avoir personnellement réalisé chacun une part de ces bénéfices à raison de leurs droits dans la société à cette date. • CE 28 mars 2012, *Vaillant,* n° 320570 : *RJF 2012. 616 ; BDCF 2012. 77, concl. Boucher.* ♦ Si ces droits sont, sauf stipulation contraire, ceux qui résultent du pacte social, il en va différemment dans le cas où un acte ou une convention, passé avant la clôture de l'exercice, a pour effet de conférer aux associés des droits dans les bénéfices sociaux différents de ceux qui résulteraient de la seule application du pacte social, auquel cas les bases d'imposition doivent tenir compte des règles de répartition des bénéfices résultant de cet acte ou de cette convention. Toutefois, la portée d'un tel acte ou d'une telle convention ne peut affecter la règle fixée par les dispositions légales précitées. • Même arrêt. ♦ Par suite, les stipulations d'un acte dont l'effet n'a pas été différé après la clôture de l'exercice, par lequel les contribuables ont accepté que les bénéfices de l'exercice soient réservés aux anciens associés, ne régissent que les relations entre les parties et n'ont aucune incidence sur la détermination des redevables de l'impôt au regard de la loi fiscale. L'Administration est donc fondée à imposer ces bénéfices entre les mains des seuls associés à la clôture de l'exercice. • Même arrêt. ♦ Le résultat réalisé par une société de personnes est imposable entre les mains des associés présents à la clôture de l'exercice. En cas de cession de parts par un associé, l'intention de l'acte peut être recherchée pour déterminer les associés à la clôture de l'exercice. • CE 26 sept. 2019, n° 419825 : *RJF 2019. 1160.*

4. Chaque associé d'une société de personnes doit être regardé comme ayant acquis dès la date de clôture de l'exercice la part des résultats sociaux à laquelle lui donnent droit les règles de répartition définies par le pacte social et en vigueur à cette date. La modification des règles de répartition intervenue après cette date est inopposable à l'Administration fiscale. • CAA Nancy, 12 oct. 1995 : *Dr. fisc. 1996. 580.* ♦ En revanche, il y a lieu de tenir compte d'une convention, passée avant la clôture de l'exercice, qui a pour effet de conférer aux associés des droits dans les bénéfices sociaux différents de ceux qui résulteraient de la seule application du pacte social. • CE 26 avr. 1976, n° 93212 : *RJF 1976. 272* • TA Dijon, 6 févr. 1996, n° 952044 : *RJF 1997. 220* • CE 17 avr. 2008, n° 279274 : *RJF 2008. 977.* ♦ Lorsqu'un associé s'est retiré en cours d'exercice, le résultat social est imposé entre les mains des seuls associés restants. • CE, plén., 31 juill. 1992, n° 67487 : *Dr. fisc. 1993. 282.* ♦ Une convention qui, en cas de cession de parts en cours d'exercice, attribue à l'associé sortant une fraction des bénéfices de l'exercice, sans modifier la date de clôture dudit exercice, ne constitue pas une modification du pacte social autorisant une répartition des bénéfices autre que celle résultant du droit des associés à la clôture de l'exercice. • CAA Bordeaux, 28 déc. 2006, n° 04BX488 : *RJF 2007. 717.*

5. L'accord des associés d'une société de personnes à une modification du pacte social ne peut être purement tacite et résulter de la connaissance par ceux-ci des agissements de l'un d'entre eux ayant une incidence sur la répartition des résultats et de leur carence à s'y opposer. L'Administration n'est donc pas fondée à imposer un associé sur la totalité du redressement notifié à la société à raison de prestations fictives dont il a été le seul bénéficiaire. • CE 6 oct. 2010, n° 307969 : *RJF 2010. 58 ; Dr. fisc. 2011. 125, concl. Boucher.*

6. L'attribution par une société civile d'exploitation agricole d'une indemnité à un associé avec l'accord nécessaire des autres associés correspond à l'octroi d'un avantage qui confère à celui-ci des droits dans les résultats sociaux différents de ceux qui auraient résulté de la seule application du pacte social. Le montant de cet avantage doit, après réintégration dans les résultats de la société, être imposé exclusivement entre les mains de cet associé et non au prorata des parts de chaque associé, alors même qu'il ne figurait pas sur l'état de répartition des bénéfices exigé par l'art. 242. • CAA Bordeaux, 8 déc. 2005, n° 02BX2580 : *RJF 2006. 402.*

7. Les associés des sociétés de personnes doivent être regardés comme ayant acquis, dès le clôture de chaque exercice, la part des bénéfices sociaux à laquelle ils ont droit, même si à cette date ils ne l'ont pas encore effectivement appréhendée. • CE 14 févr. 1979, n° 99765 : *RJF 1979. 236* • 6 mars 1991, n° 67790 : *Dr. fisc. 1992. 2291.* ♦ La quote-part du bénéfice d'une SNC doit être regardée comme ayant été, dès la clôture de l'exercice, acquise par l'associé, sans qu'il y ait lieu de rechercher si celui-ci a ou non perçu la somme correspondante. De même cet associé est, dans la même mesure, en droit de déduire les déficits constatés à la clôture de l'exercice. Lorsque l'Administration remet en cause le déficit constaté à la clôture de l'exercice et y substitue un bénéfice imposable, il lui appartient d'une part d'établir une imposition supplémentaire au nom de l'associé dans la seule mesure de la part du bénéfice lui revenant et d'autre part de réintégrer le déficit à condition que celui-ci ait été déduit. • CE 15 déc. 2010, n° 297513 : *RJF 2010. 280 ; Dr. fisc. 2011. 205, concl. Escaut.*

8. Les sociétés de personnes et les groupements mentionnés par les art. 8 et 218 *bis*, qui ont une personnalité distincte de celle de leurs membres, exercent une activité ou effectuent des opérations qui leur sont propres.

Dans la mesure où les actes correspondant à cette activité ou ces opérations sont accomplis en France, les bénéfices réalisés par ces sociétés ou ces groupements sont imposables en France entre les mains de leurs membres, y compris ceux qui résident hors de France, à proportion des droits qu'ils détiennent dans la société de personnes ou le groupement, sauf stipulation contraire d'une convention internationale relative aux doubles impositions. • CE 9 févr. 2000, n° 178389, *Sté suisse Hubertus AG : Dr. fisc. 2000. 310, concl. Arrighi de Casanova ; RJF 2000. 342 ; D. 2000. IR 92.*

9. En vertu des dispositions combinées des art. 8, 218 *bis* et 239 *ter*, les associés de sociétés de personnes, telles les sociétés civiles qui ont pour objet la construction d'immeubles en vue de leur vente, sont personnellement soumis à l'IR ou à l'IS pour la part des bénéfices sociaux correspondant à leurs droits dans la société. Il en résulte que, lorsque leur bénéfice imposable est déterminé conformément aux prescriptions des art. 38 s., ces associés doivent prendre en compte, à la clôture de leurs propres exercices, comme un profit imposable ou comme une charge déductible, la part qui leur revient dans les résultats bénéficiaires ou déficitaires de la société civile. Cette règle n'a pas pour effet de priver les mêmes associés de la faculté qu'ils tiennent de l'art. 39-1-5° de constituer une provision en vue de faire face à une dépréciation de leur participation dans le cas où des circonstances postérieures à l'acquisition de cette participation et sans lien avec l'activité de la société rendent probable une dévalorisation de quelque élément du patrimoine de cette dernière, mais elle fait, en revanche, obstacle à ce qu'ils puissent constituer une telle provision en vue de tenir compte de résultats déficitaires de l'activité de la société qui, même probables, ne seront qu'ultérieurement constatés dans les écritures de celle-ci et dont alors, seulement, ils pourront déduire la part qui leur revient. • CE 1er avr. 2005, n° 254319 : *RJF 2005. 669, concl. Verclytte au BDCF 7/05, n° 87.*

10. La part de résultats sociaux doit être regardée comme acquise à la clôture de chaque exercice. En principe, la période d'imposition des sociétés immobilières correspond à l'année civile. Toutefois, aux termes de l'art. 1856 C. civ., le gérant d'une SCI doit rendre compte aux associés au moins une fois par an, ce qui implique en pratique que la SCI clôture au minimum un exercice par an, sans pour autant fixer obligatoirement la date de clôture au 31 déc. de chaque année. * BOI-RFPI-CHAMP-30-20 n° 165 du 12 août 2020.

11. Les sommes inscrites au crédit d'un compte courant d'associé d'une SCI ont, lorsqu'elles résultent de prélèvements sur les résultats sociaux, le caractère de revenus imposables dans la même catégorie que celle dont relèvent ces résultats. • CE 30 déc. 2009, n° 307131 : *Dr. fisc. 2010. 226 ; RJF 2010. 200, concl. Geffray au BDCF 3/10, n° 25.*

12. Territorialité. Les sociétés qui sont régies par l'art. 8 ont une personnalité distincte de celle de leurs membres et elles exercent une activité qui leur est propre. Dès lors que cette activité est exercée en France, les bénéfices réalisés par ces sociétés sont en principe imposables en France entre les mains de leurs membres, y compris de ceux qui résident hors de France, à proportion des droits qu'ils détiennent dans la société. • CE 11 juill. 2011, n° 317024, *Min. du Budget c/ Sté Quality Invest : RJF 2011. 1063 ; BDCF 10/11, concl. Olléon ; Dr. fisc. 2011. 496, note Derouin.* ♦ Par suite les associés non résidents de sociétés de personnes sont imposables en France à raison de leur participation à la société et les conventions fiscales modèle OCDE ne s'y opposent pas. • Même arrêt. ♦ Les revenus tirés par l'associé américain d'une SCI de location en France sont imposables en France : ni l'art. 22 (clause balai) ni aucune autre stipulation de la convention franco-américaine ne s'opposent à ce que l'impôt dû en France à raison de la quote-part de bénéfice lui revenant soit réclamé à l'associé américain d'une SCI exerçant exclusivement son activité de location en France. • CE 13 févr. 2013, *Min. du Budget c/ Barlow,* n° 342085 : *RJF*

2013. 506 ; BDCF 2013. 58, concl. Aladjidi ; Dr. fisc. 2013. 237. ♦ Il résulte de la combinaison des art. 8, 218 *bis* et 111 que, sauf stipulation contraire d'une convention internationale, le versement d'un avantage occulte par une société de personnes qui exerce son activité en France et dont une personne morale passible de l'IS, même établie hors de France, détient une part des droits sociaux correspond, dans la mesure de cette part, à une distribution de revenus imposable entre les mains du bénéficiaire dans la catégorie des RCM. • CE 11 oct. 2017, n° 399010 : *RJF 2018. 33 ; Dr. fisc. 2018. 55, note Pierre.*

13. Règles particulières applicables à la part qui revient aux entreprises relevant de l'IS ou d'un régime de bénéfice réel. V. art. 238 *bis* K.

B. SOCIÉTÉS EN NOM COLLECTIF. EURL. EARL

14. Sociétés n'ayant pas d'autre objet que la détention de parts d'une société commerciale. Les revenus d'une SNC dont les associés sont des personnes physiques et qui a pour seule activité la location d'immeubles et la perception de revenus de participations détenues dans le capital d'une SCI et d'une autre SNC exploitant un établissement hôtelier ne sont pas imposables dans la catégorie des BIC dès lors qu'elle ne se livre à aucune des activités ou opérations industrielles et commerciales définies aux art. 34 et 35. La quote-part des résultats revenant à l'associé personne physique de cette société de personnes doit, en application de l'art. 238 *bis* K-II, être déterminée et imposée à son nom en tenant compte de la nature respective des produits perçus. • CAA Lyon, 13 juin 2002, n° 97LY269 : *RJF 2003. 64.*

15. La quote-part des résultats revenant à l'associé personne physique d'une EURL membre d'une société en participation ; doit, en application de l'art. 238 *bis* K-II, être déterminée et imposée à son nom en tenant compte de la nature de l'activité et du montant des recettes de la société en participation dès lors que l'entreprise unipersonnelle n'exerce aucune activité commerciale propre. • CAA Lyon, 9 nov. 2006, n° 01LY1743 : *RJF 2007. 457.*

16. Une EURL qui a pour seule activité la gestion de parts sociales dans des SNC d'exploitation hôtelière et qui ne participe en aucune manière à l'activité commerciale de ces sociétés ne peut être regardée, alors même que les revenus qu'elle a retirés de cette participation sont imposables entre les mains de son associé dans la catégorie des BIC, comme ayant elle-même réalisé un bénéfice commercial dont la détermination serait gouvernée par les art. 238 *bis* K-I et 36 s. et notamment sous déduction de frais généraux de toute nature. • CE 17 nov. 2006, n° 254597, *Bec : RJF 2007. 73.* ♦ De même, n'exerce pas une activité commerciale une SARL associée d'une SNC exploitant une maison de retraite médicalisée dès lors qu'elle ne participe ni à la gestion de la SNC, confiée à une autre société, ni à l'exploitation de la maison de retraite. • CE 16 juill. 2008, n° 300839 : *RJF 2008. 1210.*

17. SNC exerçant une activité commerciale et une activité de gestion de portefeuille. Lorsqu'une société de personnes a un double secteur d'activité à la fois commercial et civil, l'ensemble des produits provenant des biens inscrits à son bilan est taxable dans la catégorie des BIC. La plus-value de cession de la totalité des titres inscrits à l'actif du bilan d'une SNC soumise à l'IR qui exerce également une activité commerciale de location d'un tracteur est imposable selon les règles des BIC et non selon le régime des plus-values des particuliers, alors même que ces titres ne sont pas affectés à l'activité commerciale. Par suite, la société peut prétendre au bénéfice de l'exonération des plus-values prévue à l'art. 151 *septies*. • CAA Versailles, 7 mars 2006, n° 03VE2980 : *RJF 2006. 1211.*

18. EURL relevant du régime des sociétés de personnes. Lorsqu'une société de personnes acquitte directement auprès des organismes sociaux les cotisations sociales personnelles obligatoires de ses associés, les montants correspondants, enregistrés en charge au moment de leur paiement, sont réintégrés, pour chaque associé, dans le montant déclaré comme bénéfice imposable entre ses mains. L'associé unique d'une EURL, qui exerce son activité professionnelle dans le cadre de cette société, est fondé à se prévaloir de l'art. 151 *nonies* et de l'art. 13 pour déduire des bénéfices de l'EURL imposables entre ses mains les cotisations sociales personnelles acquittées pour son compte par la société en tant qu'il s'agit de dépenses effectuées en vue de la conservation de son revenu professionnel. Dans le cas où l'EURL peut prétendre au régime prévu en faveur des entreprises nouvelles par l'art. 44 *sexies*, l'exonération ou l'abattement doit s'appliquer aux bénéfices dégagés par l'entreprise elle-même, en tant qu'entité juridique distincte de son unique associé, tels qu'elle les a déclarés et incluant donc les cotisations sociales personnelles versées pour le compte de son associé. Les cotisations en cause peuvent par conséquent être déduites de la quote-part de résultat revenant à l'associé après application du régime de faveur. • CAA Lyon, 16 mars 2010, n° 08LY383 : *RJF 2010. 805.*

19. Sociétés étrangères. Principes. Il appartient au juge de l'impôt, saisi d'un litige portant sur le traitement fiscal d'une opération impliquant une société de droit étranger, d'identifier d'abord, au regard de l'ensemble des caractéristiques de cette société et du droit qui en régit la constitution et le fonctionnement, le type de société de droit français auquel la société de droit étranger est assimilable. Compte tenu de ces constatations, il lui revient ensuite de déterminer le régime applicable à l'opération litigieuse au regard de la loi fiscale française. • CE 4 févr. 2021, n° 427880 : *RJF 2021. 597, concl. Guibé ; Dr. fisc. 2021. 261, note Deboissy.*

20. Société étrangère assimilable à une EURL. Il appartient au juge de l'impôt, saisi d'un litige portant sur le traitement fiscal d'une opération impliquant une société de droit étranger, d'identifier d'abord, au regard de l'ensemble des caractéristiques de cette société et du droit qui en régit la constitution et le fonctionnement, le type de société de droit français auquel la société de droit étranger est assimilable. Compte tenu de ces constatations, il lui revient de déterminer le régime applicable à l'opération litigieuse au regard de la loi fiscale française. Cas d'une Sociedad de responsabilidad limitada (SRL) espagnole à associé unique : assimilation par le juge français à une SARL française ayant comme associé unique une personne physique. • CE 2 févr. 2015, *Min. Budget c/ GP*, n° 370385 : *RJF 2015. 334.*

21. Limited liability company. Dès lors qu'une « limited liability company » américaine est assimilable à une société de personnes au sens de l'art. 8, les bénéfices sociaux retirés de son activité exercée exclusivement en France sont soumis à l'IR au nom de ses deux associés français à proportion de leurs droits. • CAA Douai, 12 mai 2011, n° 09DA01666 : *RJF 2011. 1064.* ♦ Sur le traitement fiscal des « Limited Partnership » de droit britannique, V. * Rescrit 7 août 2007 : *2007/28 FP.* ♦ Sur le traitement fiscal des « Limited Partnership » de droit américain, V. * Rescrit 22 mai 2012 : *2012/35 FP.*

22. Corporation de droit américain. Une corporation de droit américain dans l'État du Delaware peut être assimilée à une société par actions simplifiée (SAS) passible de l'IS à raison de sa forme sociale, compte tenu de la libre négociabilité des titres et de la responsabilité des associés limitée aux apports en l'absence de mention contraire du certificat de constitution de la société. • CE 4 févr. 2021, n° 427880 : *préc. note 17 bis.*

23. Kommanditgesellschaft. Une société allemande constituée sous la forme d'une *« Kommanditgesellschaft »* est assimilable à une société en commandite simple de droit français, et donc à une société de personnes, dès lors que cette société est composée de deux catégories d'associés : les associés commandités, indéfiniment et solidairement responsables des dettes de la société, et les associés commanditaires, dont la responsabilité est limitée au montant de leur apport. • CAA Versailles, 12 mars 2019, *Min. c/ Sté Masterfoods Holding SAS*, n° 17VE00724 : *RJF 2019. 936.* ♦ Confirmé par : • CE 8 nov. 2019, *Min. c/ Sté Masterfoods Holding SAS*, n° 430543 : *RJF 2020. 148, concl. Victor.*

C. SOCIÉTÉS DE FAIT

24. Les sociétés de fait sont soumises au régime fiscal prévu à l'art. 8. L'existence d'une société de fait pour l'exploitation d'une entreprise résulte tant des apports faits à cette entreprise par deux ou plusieurs personnes que de la participation de celles-ci à la direction et au contrôle de l'affaire, ainsi qu'aux bénéfices ou aux pertes. • CE 13 mars 1998, n° 163108 : *Dr. fisc. 1998. 588, concl. Loloum ; RJF 1998. 578 ; RTD com. 2000. 974, note Deboissy* • CE 14 janv. 2002, n° 204573 : *Dr. fisc. 2002. 430, concl. Goulard ; RJF 2002. 409.* ♦ Une convention d'exercice conjoint conclue entre les membres d'une profession médicale constitue une société de fait. • CAA Lyon, 21 juin 2000, n° 96LY22105 : *RJF 2000. 1479 ; Dr. fisc. 2001. 538, concl. Millet.* ♦ Il y a société de fait entre une mère et son fils dès lors que celui-ci, directeur commercial de l'entreprise individuelle exploitée par sa mère, dispose d'une procuration bancaire, effectue les opérations nécessaires à la gestion, signe les déclarations fiscales, engage et licencie le personnel, traite avec les fournisseurs et les clients, effectue des apports à l'entreprise en laissant d'importants soldes créditeurs sur son compte courant et participe aux difficultés financières de l'entreprise en se portant caution des emprunts qu'elle contracte. • CE 2 juill. 2001, n° 211316 : *RJF 2001. 1259 ; Dr. fisc. 2001. 1071.* ♦ De même, exploitent une entreprise de vente en société de fait deux conjoints et leur fille, bien qu'ils aient déclaré exercer chacun une activité séparée, dès lors qu'ils travaillent sur le même site dans un seul établissement, qu'ils se répartissent les tâches avec des responsabilités équivalentes, qu'ils mettent leurs recettes en commun et participent aux bénéfices par des prélèvements en espèces, grâce à des procurations bancaires réciproques. • CAA Lyon 11 oct. 2001, n° 97LY560 : *Dr. fisc. 2002. 319.* ♦ En revanche, le fait que deux frères aient pêché sur les mêmes lieux avec leurs bateaux respectifs ne suffit à caractériser, ni une mise en commun d'apports en industrie, ni une direction commune de l'activité. Cette qualification ne peut être davantage déduite de l'existence d'une facturation indistincte des ventes du produit de la pêche. Dès lors, ces éléments ne peuvent caractériser l'existence d'une société de fait. • CE 14 janv. 2002, n° 204573 : *RJF 2002. 409 ; BJS 2002. 723 ; Dr. sociétés 2002. 124, note Pierre.*

25. L'existence d'une société de fait qui a conservé un caractère occulte ne peut être opposée à l'Administration. • CE 15 mai 1991, n° 77589, *Dana : RJF 1991. 985* • CAA Paris, 31 janv. 2002, n° 97PA1324 : *Dr. fisc. 2002. 588.*

26. Lorsqu'une société de fait n'a pas été révélée au service, l'Administration est en droit d'opposer à l'un des associés qui se présentait, dans ses déclarations fiscales personnelles, comme salarié de l'entreprise individuelle de son père, l'apparence qu'il a lui-même créée. La circonstance que l'intéressé signait les déclarations fiscales de l'entreprise pour le compte de son père avec lequel il avait constitué une société de fait occulte, ne vaut pas révélation de celle-ci. • CE 28 avr. 2006, n° 278857 : *RJF 2006. 887, concl. Séners au BDCF 7/06, n° 91.*

27. Une société de fait ne peut être soumise à l'IS en l'absence d'option. • CE 17 févr. 2016, n° 365943 : *RJF 2016. 452.* ♦ V. note ss. art. 238 *bis* L.

28. En vertu des dispositions combinées des art. 1871 et 1873 C. civ., les sociétés en participation et les sociétés créées de fait ne sont pas immatriculées et sont dépourvues de personnalité morale. Par conséquent, une « *sociedade por quotas* » qui a été inscrite, au Portugal, au registre du commerce, n'est pas assimilable, à supposer même que toute son activité se déploie sur le territoire français, à une société en participation ou à une société créée de fait. • CAA Bordeaux, 26 oct. 2017, n° 15BX02428 : *RJF 2018. 183.*

D. SOCIÉTÉS EN PARTICIPATION

29. V. notes ss. art. 151 *nonies*, 206 et 238 *bis* M.

30. Il résulte des art. 8 et 151 *nonies* I que l'associé d'une société de personnes soumis à l'IR sur les BIC réalisés par ladite société à raison de la part correspondant à ses droits sociaux ne peut déduire les intérêts des emprunts auxquels il a eu recours en vue de financer l'acquisition de ces droits que s'il exerce une activité professionnelle au sein de cette société. Si, en principe, tout membre d'une société en participation qui a pour objet une activité imposable dans la catégorie des BIC, des BA ou des BNC doit être présumé y exercer une telle activité, fût-ce sans l'avoir révélé aux tiers, il en va en revanche différemment lorsqu'une ou plusieurs personnes autres que l'intéressé, qu'il agisse des associés ou non, ont été désignées pour gérer la société. Dans ce cas, il ne peut être regardé comme exerçant personnellement l'activité mise en société que si sa participation effective à cette activité est établie. • CE 9 juill. 2003, *Muel*, n° 230116 : *RJF 2003. 1255, chron. Olléon, p. 847 ; Dr. fisc. 2004. 188, concl. Séners ; Dr. sociétés 2003, n° 11, p. 38, note Pierre ; BJS 2004. 107, note Parot.*

31. Société en participation. Si une société en participation, qui ne jouit pas de la personnalité morale et ne dispose pas de patrimoine propre, ne peut devenir propriétaire des biens que les associés mettent à sa disposition, elle peut cependant déduire de son résultat les charges qui ont été engagées pour l'acquisition des biens que les associés ont décidé de mettre en commun et qui doivent figurer à l'actif de son bilan, soit conformément à l'art. 238 *bis* M, si cette société n'a pas opté pour le régime fiscal des sociétés de capitaux, soit conformément au droit commun des sociétés de capitaux si elle a opté pour son assujettissement à l'IS. Il s'ensuit, d'une part, qu'une société en participation peut déduire de son résultat, sans que cela constitue, en soi, un acte anormal de gestion, les intérêts du prêt ayant financé l'acquisition des actions dont ses associés étaient convenus de mettre la propriété en commun, et, d'autre part, que, la SEP ne pouvant par nature être propriétaire de ces actions, la totalité des intérêts de l'emprunt souscrit pour l'acquisition des actions est déductible alors que celles-ci n'avaient pas été données en pleine propriété à la société. • CE 28 mars 2014, *Min. c/ SEP BCM Holdings France*, n° 339119 : *RJF 2014. 605.*

32. Le fait qu'une société en participation n'ait ni personnalité morale ni patrimoine social et que les apports qui lui sont faits ne deviennent pas sa propriété n'empêche pas les associés de traduire leurs apports en un certain nombre de droits sociaux répartis proportionnellement à la valeur des apports. Un associé titulaire de tels droits ne peut par suite soutenir qu'il n'a pas acquis de parts sociales, mais seulement mis à la disposition de la société des fonds destinés à acquérir l'hôtel qu'elle exploite, pour faire échec à l'application combinée des dispositions des art. 8, 151 *nonies* et 39 qui réservent aux associés exerçant une activité professionnelle au sein de la société la possibilité de déduire les frais financiers supportés dans une telle circonstance. En conséquence, faute de pouvoir démontrer qu'il exerce une activité professionnelle effective au sein de la société, il ne peut déduire de son revenu imposable les frais financiers exposés pour mettre des fonds à la disposition de la société. • CAA Versailles, 4 oct. 2005, n° 03VE2842 : *RJF 2006. 62.* ♦ Lorsque les statuts d'une société en participation désignent un gérant, les autres associés sont présumés ne pas exercer d'activité professionnelle au sein de la société, sauf si leur participation effective à cette activité est établie. Tel est le cas lorsque l'associé d'une société en participation entretient les bateaux qu'un autre membre, désigné comme gérant, donne en location. Il peut donc déduire de son revenu imposable les charges qu'il a exposées pour l'entretien des bateaux mis à disposition de la société. • CAA Marseille, 11 juin 2009, n° 06MA3544 : *RJF 2010. 698.*

33. Un associé personne physique ne peut être présumé exercer son activité professionnelle au sein d'une société en participation dès lors que la gérance de cette société a été confiée à une SARL. Reste sans incidence sur la solution la circonstance que cette personne physique est également gérante de la SARL. • CE 11 avr. 2008, n° 289798 : *RJF 2008. 836, concl. Landais au BDCF 7/08, n° 95 ; Dr. fisc. 2008. 350, concl. Landais, note Desmorieux.*

E. INDIVISIONS

34. Le copropriétaire indivis de biens affectés à une exploitation acquiert, du fait même de cette qualité, celle de coexploitant au regard de la loi fiscale. Il ne doit cependant être assujetti à l'IR, au titre des bénéfices de cette exploitation, que dans la mesure où une fraction des bénéfices a été effectivement mise à sa disposition. Il n'en va autrement que dans le cas où il aurait constitué avec les autres membres de l'indivision, ou certains d'entre eux, une société de fait et devrait alors, conformément à l'art. 8, être personnellement soumis à l'IR pour la part des bénéfices sociaux correspondant à ses droits dans cette société. • CE 6 mars 1991, n° 61863, *Baudrand : Dr. fisc. 1992. 1242 ; RJF 1991. 544, concl. Gaeremynck, p. 325 ; Lebon 78*. ♦ Le copropriétaire indivis d'un fonds de commerce a, du fait de cette qualité, celle de coexploitant au regard de la loi fiscale. Toutefois, en cas de démembrement de la propriété, ceux des indivisaires qui ont seulement la qualité de nu-propriétaires ne peuvent être regardés comme coexploitants du fonds que si est établie leur appartenance à une société de fait constituée avec le ou les usufruitiers. • CE 28 avr. 2006, n° 278857 : *RJF 2006. 887, concl. Séners au BDCF 7/06, n° 91*. ♦ Les personnes qui possèdent en indivision un fonds de commerce et partagent les résultats de son exploitation ne peuvent être regardées comme ayant constitué une société de fait que si elles remplissent les conditions indiquées à la note 20. Si ces conditions sont remplies, les bénéfices de l'exploitation sont imposés selon les règles prévues pour les sociétés de personnes auprès de chaque coïndivisaire à hauteur de ses droits dans l'indivision. En revanche, le coïndivisaire qui ne participe pas à la gestion de l'affaire n'est pas membre d'une société de fait. Il est imposé à raison des sommes qu'il a effectivement perçues. • CE, plén., 6 mars 1991, n° 61863 : *préc.* • CAA Bordeaux, 25 janv. 1996, n° 94BX1214 : *Dr. fisc. 1996. 1082*. ♦ À défaut de société de fait, l'Administration a l'obligation de mener les opérations de vérification à l'égard de tous les coïndivisaires. • CE 13 mars 1998, n° 163108 : *préc. note 24*.

35. Indivision conjugale. Lorsque, après avoir fait partie des biens d'une communauté conjugale, les éléments d'actif d'une entreprise individuelle deviennent, du fait de la dissolution de cette communauté due à une séparation de corps ou à un divorce, la propriété indivise des époux ou anciens époux, et que la conduite de l'entreprise est poursuivie par l'un d'eux, l'autre n'en doit pas moins être assujetti à l'impôt sur le revenu dans la catégorie des BIC à raison de toute fraction des résultats de cette entreprise qui lui serait attribuée. • CE 28 juill. 1999, *Welsch*, n° 162756 : *Dr. fisc. 2000. 206, concl. Courtial ; RJF 1999. 1215*.

36. Partage de communauté conjugale. V. note ss. art. 39 *duodecies*.

37. Indivision successorale. Les droits indivis que détient un héritier sur la valeur d'actifs affectés à l'activité professionnelle exercée par un autre cohéritier ont toujours, du point de vue fiscal, le caractère d'un élément du patrimoine professionnel, même dans le cas où cet héritier ne participe pas à cette activité professionnelle, et la circonstance que cet héritier soit seulement nu-propriétaire est sans incidence sur la nature professionnelle des biens. • CE 27 oct. 1999, n° 182500, *Trépied : Dr. fisc. 2000. 655*. ♦ La cession par un coïndivisaire de ses droits sur un fonds de commerce qui ne s'accompagne d'aucun retrait de l'actif de l'entreprise ni d'aucun transfert de biens dans son patrimoine privé ne peut donner lieu à une plus-value imposable. • CAA Marseille, 3 avr. 2008, n° 05MA688 : *RJF 2008. 1346*.

F. DÉMEMBREMENT DE PROPRIÉTÉ

38. Les dispositions de l'art. 8 dans sa rédaction issue de l'art. 78 de la loi du 2 juill. 1998 ne font pas obstacle à ce que soient tirées les conséquences d'une convention par laquelle le nu-propriétaire de parts de sociétés de personnes a conféré à leur usufruitier le droit de disposition prévu par l'art. 587 C. civ. dans le cas où l'usufruit comprend des choses dont on ne peut faire usage sans les consommer, à charge pour l'usufruitier de rendre au nu-propriétaire, à la fin de l'usufruit, soit des choses de même quantité et qualité, soit leur valeur estimée à la date de la restitution. Après une telle convention, de « quasi-usufruit », l'usufruitier devient, pendant la période de l'usufruit, titulaire de la totalité des droits de propriété sur les parts en cause, le nu-propriétaire restant seulement créancier à terme d'un montant égal à la valeur de ces parts. L'usufruitier est donc redevable de l'impôt sur les bénéfices courants et sur les profits exceptionnels, et notamment ceux résultant de plus-values sur la cession d'éléments d'actif immobilisés. • CE 18 déc. 2002, n° 230605, *Soalhat : RJF 2003. 328, concl. Séners, p. 198 ; Dr. fisc. 2003. 205*. ♦ Une convention modifiant les droits respectifs de l'usufruitier et du nu-propriétaire sur les bénéfices réalisés dans le cadre d'une société, est opposable à l'Administration si cette convention est antérieure à la clôture de l'exercice. • CE 26 avr. 1976, n° 93212 : *Dr. fisc. 1977. 352, concl. Fabre* • 9 mai 1990, n°s 55621, 55622 et 55623 : *Dr. fisc. 1991. 2156*. ♦ Faute d'enregistrement de la convention, la preuve de la date à laquelle elle a été signée peut être apportée par tous moyens. • CE 18 déc. 2002, n° 230605, *Soalhat : préc.*

39. Sociétés immobilières non passibles de l'IS : règles de déduction des déficits. Il résulte de l'art. 8 qu'en cas de démembrement de la propriété des parts d'une société de personnes détenant un immeuble, qui n'a pas opté pour le régime fiscal des sociétés de capitaux, l'usufruitier de ces parts est soumis à l'IR à raison de la quote-part des revenus fonciers correspondant aux droits dans les résultats de cette société que lui confère sa qualité. Lorsque le résultat de cette société de personnes est déficitaire, l'usufruitier peut déduire de ses revenus la part du déficit correspondant à ses droits. • CE 8 nov. 2017, n° 399764 : *RJF 2018. 184, concl. Bretonneau ; Dr. fisc. 2017. 588, note Fernoux.* ♦ Infirmation de la doctrine administrative. * BOI-BIC-CHAMP-70-20-10-20 n°s 100 à 150 du 12 sept. 2012.

G. RÉGIMES DIVERS

40. Sociétés interprofessionnelles de soins ambulatoires. Application du régime des sociétés de personnes aux SISA et, sous certaines conditions, à certaines entités (SCM, GIE, association loi de 1901) qui leur ont pré-existé. Conséquences fiscales de la transformation de ces entités en SISA. * BOI-BIC-CHAMP-70-20-90 n°s 1 à 70 du 1er mars 2017.

H. SOLUTIONS DIVERSES

41. Entrée d'une société de capitaux dans une SCI. Une SCI dont les parts sont acquises par une société de capitaux alors qu'elles étaient antérieurement détenues de façon exclusive par des personnes physiques doit retenir comme point de départ du plan d'amortissement de ses immeubles leur date initiale d'acquisition et non l'ouverture du premier exercice au titre duquel elle est tenue de comptabiliser des dotations. • CE 10 juill. 2007, n° 287661, *SA SCA Ouest : RJF 2007. 1274 ; BDCF 11/07, n° 122, concl. Collin.*

42. Frais d'acquisition de parts. Les associés professionnels d'une société de personnes issue de la transformation d'une société anonyme peuvent déduire de la quote-part du résultat social imposable à leur nom les intérêts courus à compter de cette date qui se rapportent à l'emprunt contracté pour l'acquisition de leurs droits. • CE 13 juill. 2007, n° 287364 : *RJF 2007. 1275 ; concl. Séners au BDCF 11/07, n° 123.*

Art. 8 *bis* **Les associés ou actionnaires des sociétés visées à l'article 1655 *ter* sont personnellement soumis à l'impôt sur le revenu pour la part des revenus sociaux correspondant à leurs droits dans la société.**

Art. 8 *ter* **Les associés des sociétés civiles professionnelles constituées pour l'exercice en commun de la profession de leurs membres et fonctionnant conformément aux dispositions de la loi n° 66-879 du 29 novembre 1966 modifiée sont personnellement soumis à l'impôt sur le revenu pour la part des bénéfices sociaux qui leur est attribuée même lorsque ces sociétés ont adopté le statut de coopérative.**

1. Les associés des SCP doivent être regardés comme ayant acquis, dès la clôture de chaque exercice, la part des bénéfices sociaux à laquelle ils ont droit, même si, en fait, ils ne les ont pas effectivement appréhendés. • CE 20 déc. 1985, n° 30255 : *RJF 1986. 140* • CAA Marseille, 15 oct. 2002, n° 99MA1828 : *Dr. fisc. 2003. 377, concl. Bédier.*

2. Le bénéfice social de l'exercice est réparti entre les associés membres de la société au 31 décembre à raison de leur participation dans la société à cette date. • CAA Nancy, 14 mars 1996, n° 94NA132 : *Dr. fisc. 1996. 971.*

Art. 8 *quater* **Chaque membre des copropriétés de navires régies par les articles L. 5114-30 à L. 5114-50 du code des transports est personnellement soumis à l'impôt sur le revenu à raison de la part correspondant à ses droits dans les résultats déclarés par la copropriété.**

BIBL. ▶ DE LA MARDIÈRE, *Rev. dr. transp. 2008. 11* (les copropriétés de navires, un naufrage fiscal).

Détermination du bénéfice imposable. Il résulte des art. 8 *quater*, 35, 61 A et 39 E que les bénéfices industriels et commerciaux imposables d'un copropriétaire de navire doivent être déterminés en deux étapes, d'abord au niveau de la copropriété, laquelle doit tenir la comptabilité des opérations d'exploitation du navire, dont elle n'a que la jouissance et qui ne figure donc pas à l'actif de son bilan, ensuite au niveau du copropriétaire, lequel doit comptabiliser, outre sa quote-part des résultats de l'exploitation de la copropriété, ses propres opérations patrimoniales d'acquisition des quirats, les charges d'amortissement et le cas échéant d'emprunt supportées à ce titre, ainsi que le produit de leur cession éventuelle. • CE 28 juill. 2004, n° 250640 : *RJF 2004. 1124 ; concl. Glaser au BDCF 11/04, n° 137.*

Art. 8 *quinquies* **Chaque membre des copropriétés de cheval de course ou d'étalon qui respectent les conditions mentionnées à l'article 238 *bis* M est personnellement soumis à l'impôt sur le revenu à raison de la part correspondant à ses droits dans les résultats déclarés par la copropriété.**

Pour l'application de ces dispositions, les statuts et les modalités de fonctionnement des copropriétés d'étalon doivent être conformes à des statuts types approuvés par décret.

Copropriétés d'étalons. Différentes formes d'exploitations et régime fiscal. * BOI-BIC-PDSTK-10-20-110-20 du 12 sept. 2012.

Art. 9 *Abrogé par L. n° 80-30 du 18 janv. 1980, art. 72. — V. art. 1763 A.*

II LIEU D'IMPOSITION

Art. 10 **Si le contribuable a une résidence unique en France, l'impôt est établi au lieu de cette résidence.**

Si le contribuable possède plusieurs résidences en France, il est assujetti à l'impôt au lieu où il est réputé posséder son principal établissement.

Les personnes physiques exerçant des activités en France ou y possédant des biens, sans y avoir leur domicile fiscal, ainsi que les personnes désignées au 2 de l'article 4 B sont imposables au lieu fixé par arrêté conjoint des ministres chargés de l'économie et du budget. — *V. Ann. IV, art. 01.*

Contestations relatives au lieu d'imposition. N'est pas sérieux le moyen d'inconstitutionnalité soulevé à l'encontre de l'art. L. 206 LPF selon lequel les contestations relatives au lieu d'imposition ne peuvent, en aucun cas, entraîner l'annulation de l'imposition. • CE, QPC, 10 juin 2011, n° 347630 : *RJF 2011. 1080.*

Art. 11 **Lorsqu'un contribuable a déplacé soit sa résidence, soit le lieu de son principal établissement, les cotisations dont il est redevable au titre de l'impôt sur le revenu, tant pour l'année au cours de laquelle s'est produit le changement que pour les années antérieures non atteintes par la prescription, peuvent valablement être établies au lieu d'imposition qui correspond à sa nouvelle situation.**

SECTION II REVENUS IMPOSABLES

DÉFINITION GÉNÉRALE DU REVENU IMPOSABLE

Art. 12 **L'impôt est dû chaque année à raison des bénéfices ou revenus que le contribuable réalise ou dont il dispose au cours de la même année.**

BIBL. ▶ Racine, *BFL 1984, n° 2* (réflexions sur la notion de revenu).

1. Bénéfices réalisés. S'agissant de BIC, la mise à disposition est réputée intervenir à la clôture de l'exercice comptable ou à défaut, le 31 décembre de chaque année. • CAA Paris, 10 oct. 1996, n° 95PA2773 : *Dr. fisc. 1997. 79, concl. Martel ; RJF 1997. 2.* ♦ Les BNC sont regardés comme réalisés et déterminés dans leur montant le 31 déc. de chaque année. Par suite, un contribuable est à bon droit imposé sur la totalité des BNC réalisés au titre d'une année alors même qu'il s'est séparé de son épouse au cours de ladite année. • CAA Nancy, 13 mars 2003, n° 99NA1775 : *Dr. fisc. 2003. 569* • CE 19 déc. 2007, n° 280244 : *RJF 2008. 258.*

2. Sommes perçues par les particuliers dans le cadre de l'économie collaborative. En application de l'art. 12, les revenus réalisés par les particuliers dans le cadre de leurs activités de toute nature sont en principe imposables, y compris les revenus de services rendus à d'autres particuliers avec lesquels ils ont été mis en relation par l'intermédiaire notamment de plates-formes collaboratives. Toutefois, *l'Administration* admet *ne pas imposer* les revenus tirés d'activités de « co-consommation » qui correspondent à un partage de frais à condition qu'ils respectent certains critères liés à la nature de l'activité et au montant des frais partagés. Sont notamment concernées les activités de covoiturage, de sorties de plaisance en mer et d'organisation de repas (ou « cocooking »). * BOI-IR-BASE-10-10-10-10 du 28 nov 2016.

3. Revenus disponibles. **BIBL.** Cozian, *GPFE, doc. 25* (rémunérations inscrites aux comptes des dirigeants) ; *doc. 26* (rémunérations inscrites en charges à payer). – Grosclaude, *Mél. P.-M. Gaudemet, p. 805* (revenus inscrits en compte). – Poirier, *Dr. fisc. 2009, act. 324* (abandon de revenus indisponibles : le contribuable reste imposé). ♦ L'imposition des sommes mises à la disposition d'un contribuable ne saurait être regardée comme portant par elle-même atteinte au respect des biens au sens de l'art. 1er du premier protocole additionnel à la Convention européenne des droits de l'Homme et des libertés fondamentales. • CE 15 juin 2001, n° 204999 : *RJF 2001. 1173 ; Dr. fisc. 2001. 907.* ♦ Les sommes à comprendre dans l'assiette de l'impôt sont celles qui, au cours de l'année d'imposition, ont été mises à la disposition du contribuable par voie soit de paiement, soit d'inscription à un compte courant sur lequel l'intéressé a opéré ou aurait pu en droit ou en fait effectuer un prélèvement au plus tard le 31 décembre de ladite année. • CE 3 mars 1976, n° 99233 : *Dr. fisc. 1976. 625* • 24 oct. 1980, n° 14614 : *RJF*

1980. 961. ♦ Le dirigeant d'une société au profit duquel celle-ci a inscrit une somme dans un compte de frais à payer doit être regardé comme ayant eu, dans les mêmes conditions, cette somme à sa disposition lorsqu'il a participé de façon déterminante à la décision de procéder à cette inscription. • CE 20 mars 1996, n° 139844 : *Dr. fisc. 1996. 769, concl. Bachelier* • 5 juin 1996, n° 132248 : *Dr. fisc. 1996. 1243.* ♦ La rémunération du gérant d'une société d'exercice libéral à responsabilité limitée (Selarl), inscrite sur un compte de charges à payer, n'est un revenu disponible que si son versement est prévu par les statuts ou par un vote des associés. • CE 5 nov. 2014, n° 368196 : *RJF 2015. 1.* ♦ Les rémunérations inscrites en charges à payer constituent un revenu disponible pour l'associé d'EURL même lorsqu'aucune mention n'en a été faite au registre des décisions de l'associé unique. • CAA Versailles, 31 janv. 2019, n° 16VE03294 : *RJF 2019. 410.*

4. Le dirigeant d'une société qui détient avec son épouse 34 % du capital ne peut être regardé de ce seul fait comme ayant participé de façon déterminante à la décision d'inscription dans un compte de frais à payer de la part variable de la rémunération qui lui était due en exécution de son contrat de travail conclu avec cette société. Il ne peut être regardé comme le maître de l'affaire et comme ayant eu ainsi la disposition de ces sommes dès cette inscription que si cette participation lui permet, compte tenu notamment de la répartition du reste du capital de la société, de déterminer en fait les décisions de la société. • CE 10 déc. 2010, n° 308189 : *RJF 2011. 269.*

5. Les traitements et salaires et les revenus de capitaux mobiliers sont imposables au titre de l'année au cours de laquelle le contribuable en a eu la disposition. Une somme réglée par chèque daté du 28 déc. de l'année N mais qui n'a effectivement été remis qu'en févr. N + 1 est imposable en N + 1. • CE 24 juill. 2006, n° 258725 : *RJF 2006. 1435.*

6. Les sommes portées au crédit d'un compte mais bloquées indépendamment de la volonté de son titulaire ne sont pas à la disposition de l'intéressé. • CE 23 févr. 1977, n° 97450 : *RJF 1977. 215.* ♦ Ainsi, un contribuable, mis en examen pour détournement de fonds, ne peut être regardé comme ayant conservé la disposition des sommes qu'il a consignées auprès du juge judiciaire en vue de l'indemnisation des victimes. • CAA Lyon, 22 juin 2006, n° 01LY1184 : *RJF 2007. 21.*

7. Une indemnité de licenciement est imposable au titre de l'année au cours de laquelle elle a été versée en application d'un jugement, alors même que ce jugement, frappé d'appel, serait dépourvu de caractère définitif. Il ne peut en être autrement que si l'indemnité a été rendue indisponible, par exemple par voie de consignation sur un compte bloqué, dans l'attente de la décision d'appel. • TA Marseille, 26 nov. 2007, n° 049133 : *RJF 2008. 1039.*

8. Les rémunérations portées au crédit du compte courant d'un dirigeant sont imposables même si celui-ci s'est abstenu de les prélever sur son compte pour ne pas aggraver la situation financière de l'entreprise. • CE 3 mai 1993, n° 81447 : *Dr. fisc. 1993. 1763 ; RJF 1993. 823* • CAA Nantes, 24 mars 2004, n° 00NT1956 : *RJF 2004. 884.* ♦ Toutefois, il en va autrement : si le dirigeant établit que la situation financière de la société rendait tout prélèvement impossible. • CE 3 mai 1993 : *préc.* • 15 juin 2001, n° 204999 : *RJF 2001. 1173 ; Dr. fisc. 2001. 907.* ♦ ... Si le dirigeant établit que l'inscription résulte d'une erreur comptable. • CE 26 janv. 1977, n° 99770 : *Dr. fisc. 1977. 241* • CAA Douai, 5 mai 2004, n° 01DA552 : *Dr. fisc. 2004. 807, concl. Michel.*

9. Une prime exceptionnelle allouée aux gérants d'une SARL et versée sur un compte de charges à payer n'est pas imposable au titre de l'année N dès lors que son montant, qui dépend du résultat comptable de l'exercice N arrêté en N + 1, est indéterminé au 31 déc. • CE 20 déc. 2013, *Monjarret*, n° 344899 : *RJF 2014. 211 ; Dr. fisc. 2014, p. 241, note Modicom et Gour.*

10. L'abandon par le titulaire d'un compte courant d'associé au profit de la société d'une partie des sommes inscrites au crédit de ce compte est un acte de disposition du revenu quelle que soit la situation de trésorerie de l'entreprise. • CE 31 juill. 2009, n° 301191 : *RJF 2009. 905 ; concl. Burguburu au BDCF 11/09, n° 121 ; Dr. fisc. 2009. 510, concl. Burguburu.*

11. Les dividendes d'actions détenues par un contribuable dans une société, qui n'ont pas fait l'objet d'un démembrement du droit de propriété ou d'une convention portant sur leur usage ayant le même effet, doivent être regardés comme mis à sa disposition, alors même qu'il a fait donation à une fondation reconnue d'utilité publique, pour une durée de cinq années, du droit aux dividendes attachés à ces actions, et qu'il a délégué la société à l'effet d'en assurer directement le paiement à la fondation. • CE 12 févr. 2014, n° 361867 : *RJF 2014. 424 : BDCF 2014. 50, concl. Escaut.*

12. Les sommes portées au crédit des comptes courants d'associés nominatifs « dividendes à payer » du PDG d'une SA et de son épouse avant l'approbation des comptes de l'exercice sont regardées comme mises à leur disposition dès cette inscription. • CAA Paris, 31 mai 2007, n° 05PA1724 : *RJF 2008. 46.*

13. Les loyers dus à une SCI et inscrits à un compte de charges à payer d'une société anonyme, toutes deux contrôlées par le même dirigeant, sont imposables au nom de ce dernier à proportion de ses droits dans la SCI. • CE 26 nov.

1999, n° 180048 : *RJF 2000. 50 ; Dr. fisc. 2000. 472.*

14. Lorsqu'un contribuable bénéficie d'une pension constituée à son nom auprès d'un assureur, moyennant le versement par une société tierce d'un capital audit assureur, le montant net à retenir pour la base d'imposition de ce contribuable est celui de la pension effectivement versée et non celui de la somme versée par la société. • CE 31 mai 1972, n° 82699 : *Dupont 1972. 299* • TA Grenoble, 18 avr. 1996, n° 94-2436 : *Dr. fisc. 1996. 963.*

15. Le débiteur n'est pas privé, au sens de l'art. 12, des revenus qu'il peut acquérir après la liquidation de biens, même s'il n'en a pas la disposition effective du fait de leur affectation à l'extinction des créances de la masse. • CE, plén., 18 juin 1984, n° 10458 : *Dr. fisc. 1984. 2004.* ♦ Un contribuable ne peut être regardé comme n'ayant pas disposé, au sens de l'art. 12, des revenus qu'il a pu acquérir après la date d'un jugement de faillite ayant pour effet de le dessaisir de l'administration et de la disposition de ses biens, alors même qu'il n'a pas eu la disposition effective de ces revenus du fait de leur affectation à l'extinction des dettes envers ses créanciers. • CE 18 mars 2005, n° 242640 : *RJF 2005. 523 ; Dr. fisc. 2005. 482.* ♦ Même solution en cas de saisie. • CE 20 mars 1985. n° 38863 : *Dr. fisc. 1985. 1672, concl. Bissara.*

16. Les produits de placements en plan d'épargne en actions sont des revenus disponibles au sens de l'art. 12, même si la loi oblige le titulaire à les réemployer pour bénéficier des avantages fiscaux. • CAA Lyon, 28 mai 2009, n° 07LY1955 : *RJF 2009. 1049.*

17. La remise d'une lettre de change en paiement de salaires ne constitue pas un revenu disponible pour le salarié dès lors que l'employeur s'engage seulement par cet acte à remettre à l'intéressé la somme en cause à la date d'échéance de l'effet et que la somme reçue à la banque lors de l'opération d'escompte ne peut être regardée comme constitutive d'un revenu, la banque demeurant en droit d'obtenir du contribuable le remboursement du crédit qu'elle lui a consenti en cas de non-paiement de l'effet par l'employeur à la date d'échéance de la lettre de change. • CAA Paris, 27 sept. 2006, n° 03PA2687 : *RJF 2007. 530.*

18. Sommes non imposables. Les sommes versées en exécution de décisions des tribunaux américains par les banques suisses aux ayants droit de leurs clients, victimes de persécutions antisémites pendant la Seconde Guerre mondiale, ont pour objet de restituer aux intéressés des avoirs bancaires en déshérence réévalués à la date des décisions précitées et, par suite, n'entrent pas dans le champ d'application de l'IR.* Rép. min. n° 34546 : *JOAN Q, 13 juin 2006, p. 6201.*

19. Conversion en euros des revenus encaissés hors de France. Principe et règle pratique. * BOI-IR-BASE-10-10-10-10 n° 20 du 28 nov. 2016.

Art. 13 **1. Le bénéfice ou revenu imposable est constitué par l'excédent du produit brut, y compris la valeur des profits et avantages en nature, sur les dépenses effectuées en vue de l'acquisition et de la conservation du revenu.**

2. Le revenu global net annuel servant de base à l'impôt sur le revenu est déterminé en totalisant les bénéfices ou revenus nets *(L. n° 2017-1837 du 30 déc. 2017, art. 28, applicable aux impositions dont le fait générateur intervient à compter du 1er janv. 2018)* **« mentionnés aux I à VI » de la 1re sous-section de la présente section ainsi que** *(L. n° 2017-1837 du 30 déc. 2017, art. 28, applicable aux impositions dont le fait générateur intervient à compter du 1er janv. 2018)* **« les revenus, gains nets, profits, plus-values et créances pris en compte dans l'assiette de ce revenu global net en application des 3** *(L. n° 2021-1900 du 30 déc. 2021, art. 79-I-1° et II, applicable aux cessions réalisées à compter du 1er janv. 2023)* **« , 6 bis et 6 ter** *[ancienne rédaction : et 6 bis]* **» de l'article 158 », compte tenu, le cas échéant, du montant des déficits visés** *(L. n° 2018-1317 du 28 déc. 2018, art. 134-I-1° et II, applicable aux prises de brevet réalisées à compter du 1er janv. 2020)* **« au I** *[ancienne rédaction : aux I et I bis]* **» de l'article 156, des charges énumérées au II dudit article et de l'abattement prévu à l'article 157 *bis*.**

3. Le bénéfice ou revenu net de chacune des catégories de revenus visées au 2 est déterminé distinctement suivant les règles propres à chacune d'elles.

Le résultat d'ensemble de chaque catégorie de revenus est obtenu en totalisant, s'il y a lieu, le bénéfice ou revenu afférent à chacune des entreprises, exploitations ou professions ressortissant à cette catégorie et déterminé dans les conditions prévues pour cette dernière.

4. Pour l'application du 3, il est fait état, le cas échéant, du montant des bénéfices correspondant aux droits que le contribuable ou les membres du foyer fiscal désignés aux 1 et 3 de l'article 6 possèdent en tant qu'associés ou membres de sociétés ou groupements soumis au régime fiscal des sociétés de personnes mentionné à l'article 8.

5. 1° Pour l'application du 3 et par dérogation aux dispositions du présent code relatives à l'imposition des plus-values, le produit résultant de la première cession à titre onéreux d'un même usufruit temporaire ou, si elle est supérieure, la valeur vénale de cet usufruit temporaire est imposable au nom du cédant, personne physique ou société ou groupement qui relève des articles 8 à 8 *ter*, dans la catégorie de revenus à laquelle se rattache, au jour de la cession, le bénéfice ou revenu procuré ou susceptible d'être procuré par le bien ou le droit sur lequel porte l'usufruit temporaire cédé.

Lorsque l'usufruit temporaire cédé porte sur des biens ou droits procurant ou susceptibles de procurer des revenus relevant de différentes catégories, le produit résultant de la cession de cet usufruit temporaire, ou le cas échéant sa valeur vénale, est imposable dans chacune de ces catégories à proportion du rapport entre, d'une part, la valeur vénale des biens ou droits dont les revenus se rattachent à la même catégorie et, d'autre part, la valeur vénale totale des biens ou droits sur lesquels porte l'usufruit temporaire cédé.

2° Pour l'application du 1° et à défaut de pouvoir déterminer, au jour de la cession, une catégorie de revenus, le produit résultant de la cession de l'usufruit temporaire, ou le cas échéant sa valeur vénale, est imposé :

***a)* Dans la catégorie des revenus fonciers, sans qu'il puisse être fait application du II de l'article 15, lorsque l'usufruit temporaire cédé est relatif à un bien immobilier ou à des parts de sociétés, groupements ou organismes, quelle qu'en soit la forme, non soumis à l'impôt sur les sociétés et à prépondérance immobilière au sens des articles 150 UB ou 244 *bis* A ;**

***b)* Dans la catégorie des revenus de capitaux mobiliers, lorsque l'usufruit temporaire cédé est relatif à des valeurs mobilières, droits sociaux, titres ou droits s'y rapportant, ou à des titres représentatifs des mêmes valeurs, droits ou titres, mentionnés à l'article 150-0 A ;**

***c)* Dans la catégorie des bénéfices non commerciaux, dans les autres cas. »**

BIBL. ► COZIAN, *Dr. fisc. 1996. 480* (revenu net imposable) ; *GPFE, doc. 14* (même thème) et *doc. 15* (intérêts d'emprunts professionnels). – DAVID, *GAJ Fisc., p. 308* (charges liées à l'acquisition d'un patrimoine privé ou d'un revenu professionnel). – DEBOISSY, *RTD com. 2000. 746* (revenu net imposable). – FERNOUX, *Dr. fisc. 2013. Étude 352* (démembrement de propriété de l'immobilier d'entreprise) ; *Dr. fisc. 2021. 186* (les premières applications de l'art. 13, 5° CGI : soucis). – NONORGUE, *RJF 2000. 10* (dettes sociales) ; *Dr. fisc. 2003, p. 287* (situation fiscale du dirigeant caution de la société).

1. L'art. 13 constitue un fondement subsidiaire possible de la déduction des frais professionnels. Concl. Ph. Martin sur • CE 9 oct. 1992, n° 116181 : *RJF 1992. 1506.*

2. Dépenses déductibles. Sont déductibles les frais de procès engagés pour la protection d'un brevet. • CE 31 mars 1978 : *Dr. fisc. 1978. 957 ; RJF 1978. 149, obs. Hagelsteen.* ♦ ... Pour la réévaluation d'une rente viagère. • CE, plén., 15 mai 1974 : *Dr. fisc. 1975. 49, concl. Mandelkern ; Dupont 1974. 313.* ♦ Sont également déductibles : les intérêts d'emprunts souscrits pour financer l'acquisition, imposée par l'employeur, d'actions de la société où le salarié exerce sa profession. • CAA Nancy, 12 déc. 1991, n° 271 : *RJF 1992. 820* • TA Dijon, 8 juin 1999, n° 985537 : *Dr. fisc. 2000. 453.* ♦ ... Les frais financiers résultant de l'emprunt effectué pour l'acquisition de parts sociales de la société d'exercice libéral, par le contribuable qui exerce l'activité de directeur de laboratoire au sein de la société. • TA Pau, 12 mai 1999, n° 95926 : *Dr. fisc. 2000. 207, note Bonnet.*

3. Dépenses non déductibles. Les dépenses qui ne sont pas effectuées en vue de l'acquisition ou de la conservation du revenu ne sont pas déductibles : 1) Frais d'acte et d'enregistrement supportés pour l'acquisition d'un immeuble donné en location. • CE, sect., 20 juin 1969 : *Dr. fisc. 1969. 986 ; Dupont 1969. 351.* ♦ 2) Intérêts des emprunts contractés par des particuliers en vue de constituer, maintenir ou accroître leur portefeuille privé de valeurs mobilières. • CE, sect., 20 juill. 1971 : *Dr. fisc. 1972. 1821, concl. Delmas-Marsalet* • 4 juill. 1984 : *Dr. fisc. 1985. 592, concl. Bissara* • 30 juin 2008, n° 274480 : *RJF 2008. 1040 ; Dr. fisc. 2008. 503, concl. Glaser.* ♦ 3) Dépenses exposées pour l'achat de droits sociaux dans une société passible de l'IS. • CE, plén., 4 juin 1976 : *Dr. fisc. 1977. 176, concl. Schmeltz.* ♦ 4) Abandon de créances consenti volontairement par un contribuable à une société dont il n'est plus dirigeant. • CAA Nantes, 2 mai 1996, n° 93NT1099 : *RJF 1996. 961.* ♦ 5) Abandon de créances consenti par le gérant majoritaire d'une SENC à cette dernière, dans le cadre d'un concordat passé entre la société et l'ensemble de ses créanciers, dès lors, d'une part, que cette société avait cessé toute activité à la date de l'abandon de créances et que, d'autre part, aucune disposition légale n'obligeait le contribuable à consentir un tel abandon de créances. • CE 31 mai 2000, n° 181432 : *RJF 2000. 1004 ; Dr. fisc. 2001. 94, concl. Goulard.* ♦ 6) Dépenses exposées pour la reprise des aménagements et agencements réalisés par les locataires lorsqu'elles ont pour contrepartie une augmentation de l'actif immobilisé. • CE 20 févr. 2008, n° 287456 : *RJF 2008. 560.* ♦ 7) Dépenses engagées pour l'acquisition d'un micro-ordinateur ou relatives à un abonnement au réseau internet. * BOI-IR-BASE-30 n° 100 du 20 sept. 2017. ♦ 8) Dépenses engagées par des bénévoles dans le cadre de la prévention des feux de forêt. * BOI-IR-BASE-30 n° 140 du 20 sept. 2017.

4. Le versement effectué par cet associé qui se voit réclamer par la banque sur le fondement de l'art. 1857 C. civ. à proportion de sa part dans le capital social le remboursement du prêt consenti à la SCI que celle-ci ne peut plus payer constitue dès lors une perte en capital dont aucune disposition n'autorise la déduction. La circonstance qu'un tel versement rendait possible la poursuite de l'activité de la SCI est sans incidence sur le remboursement de cette dette qui permettait la réalisation de l'objet social de la société, c'est-à-dire la construction d'un immeuble. • CE 7 juill. 2010, n° 318936 : *RJF 2010. 987.*

5. Compte tenu du régime d'imposition spécifique d'une EURL qui n'a pas opté pour le régime fiscal des sociétés de capitaux et dont les résultats sont, par suite, directement imposables entre les mains de son associé unique, celui-ci, qui se trouve ainsi placé dans la même situation que l'exploitant d'une entreprise individuelle, ne peut être regardé, pour l'application de l'art. 13, comme un tiers vis-à-vis de la société. Dès lors, les sommes qu'il verse à des créanciers de l'EURL, en exécution d'engagements pris à leur égard au bénéfice de celle-ci, ne constituent pas des dépenses effectuées en vue de l'acquisition et de la conservation du revenu, mais ont le caractère de pertes en capital dont ni l'art. 13, ni aucun autre texte, ne permettent la déduction du revenu imposable. • CAA Lyon, 10 oct. 2002, n° 99LY2594 : *Dr. fisc. 2002. 940, concl. Bonnet.*

6. Engagements de caution. Sont déductibles : les sommes versées en exécution d'un engagement de caution par la présidente salariée d'une association pour assurer la pérennité de son emploi. Déduction dans la catégorie des traitements et salaires. • CE 9 févr. 2001, n° 201687 : *Dr. fisc. 2001. 504, concl. Goulard ; RJF 2001. 433 ; concl. Goulard au BDCF 4/01, n° 46.* ♦ ... Le versement effectué, au titre d'un engagement de caution, par un dirigeant sur le compte de sa société, versement exigé par la banque prêteuse pour compenser le découvert résultant du remboursement du solde de l'emprunt. • CAA Bordeaux, 23 juin 2005, n° 01BX1749 : *RJF 2005.1394.*

7. En revanche ne sont pas déductibles : les versements effectués par un administrateur de société anonyme en exécution d'un engagement de caution souscrit au profit de cette société. • CE, plén., 9 avr. 1986, n° 49892 : *Dr. fisc. 1986. 1213, concl. M.-A. Latournerie.* ♦ ... Même s'il était encore P-DG la veille de la souscription de l'engagement de caution. • CAA Nancy, 31 janv. 1996, n° 94NA265 : *Dr. fisc. 1996. 852.* ♦ Même solution : pour un engagement souscrit par le principal associé, non rémunéré, d'une société civile : • CAA Lyon, 22 nov. 1995 : *RJF 1996. 170.* ♦ ... Pour le gérant de SARL non rémunéré. • CE 26 janv. 2000, n° 164233 : *Dr. fisc. 2000. 756 ; RJF 2000. 360* • TA Nantes, 26 mars 2002, n° 98-1011 : *Dr. fisc. 2004. 350, concl. Hervouet.* ♦ ... Pour l'administrateur de société qui n'est plus directeur général adjoint à la date des versements. • CAA Marseille, 9 mai 2000, n° 97MA5454 : *Dr. fisc. 2001. 476.* ♦ ... Pour un gérant de SARL non rémunéré et n'ayant aucune perspective de rémunération pour l'avenir. • CAA Paris, 17 oct. 2000, n° 98PA4143 : *Dr. fisc. 2001. 973, concl. Kimmerlin.* ♦ ... Pour un contribuable qui a souscrit l'engagement alors qu'il était déjà à la retraite de la société dont il était le dirigeant salarié dès lors qu'il ne justifie pas que cette dépense a été engagée en vue d'assurer la conservation de ses revenus. • CE 20 févr. 2008, n°s 287456 et 287457 : *RJF 2008. 560.* ♦ V. cependant notes 46 s. ss. art. 83.

8. Revenus de capitaux mobiliers. Il n'y a pas lieu de prendre en considération : les commissions versées par un contribuable à la société gestionnaire de son portefeuille de valeurs mobilières. • TA Paris, 15 janv. 2015, n° 1404838 : *RJF 2015. 460.* ♦ ... Les frais de gestion de titres versés par un particulier en vue de maintenir ou d'accroître son portefeuille de valeurs mobilières. • CAA Paris, 21 sept. 2016, n° 15PA01150 : *RJF 2017. 658.* ♦ ... Les dépenses engagées pour l'acquisition ou la conservation des RCM soumis au prélèvement libératoire. • TA Dijon, 6 oct. 1998, n° 97-698 : *Dr. fisc. 1999. 819.* ♦ S'agissant des frais de garde de titres supportés par un contribuable titulaire d'un compte titres, seuls sont déductibles ceux qui sont afférents à des titres générant des revenus imposables au barème de l'IR. En revanche, lorsque ces titres ne sont pas compris dans le revenu imposable, soit parce qu'ils sont exonérés par une disposition expresse de la loi, soit parce qu'ils ont supporté le prélèvement libératoire visé à l'art. 125 A, les frais de garde ne sont pas admis en déduction. Il en est de même pour les titres d'OPCVM de capitalisation qui ne distribuent pas de revenus. Pour justifier de la déduction des droits de garde des RCM déterminés de façon forfaitaire, le contribuable doit être en mesure, à la demande de l'Administration, de produire une attestation bancaire ventilant, par nature, les valeurs composant son portefeuille et ayant servi de base à la détermination des frais de garde (valeurs productives de revenus imposables à l'IR ou susceptibles d'en produire ; valeurs non productives de revenus ; valeurs productives de revenus exonérés d'IR ou soumis au prélèvement forfaitaire libératoire). A défaut d'une telle attestation, les droits de garde ne peuvent être admis en déduction des RCM. * Rescrit 24 oct. 2006 : n° 2006/54 FP. BOI-RPPM-RCM-20-10-20-70 n° 30 du 21 févr. 2019.

9. En l'absence de toutes dispositions particulières, un déficit dans la catégorie des RCM ne peut résulter que de la déduction de dépenses effectuées en vue de l'acquisition et de la conservation de ce revenu ou du reversement d'un revenu de cette catégorie imposé au cours d'une année antérieure. La perte subie lors du rachat d'un contrat de capitalisation a le caractère d'une perte en capital dont aucun texte n'autorise la déduction du revenu imposable. • CAA Bordeaux, 6 nov. 2008, n° 07BX953 : *RJF 2009. 341* • CAA Lyon, 25 janv. 2011, ♔ n° 09LY01053 : *RJF 2012. 246.* ♦ Solutions confirmées : la perte constatée lors du rachat total ou partiel d'un contrat de capitalisation par rapport au montant des versements effectués constitue une perte en capital qui n'est déductible ni des revenus de capitaux mobiliers, ni du revenu global. • CE 20 mars 2013, ♔ *Salomon*, n° 347882 : *Dr. fisc. 2013. 255, concl. Bonhert.*

10. Dépenses expressément exclues des charges déductibles par un texte spécial. Dès lors que les dépenses relatives aux travaux de reconstruction d'un immeuble sont exclues explicitement de la déduction du revenu foncier par l'art. 31 CGI, elles ne peuvent pas être déduites de ce même revenu sur le fondement de l'art. 13 du même code en tant que dépenses exposées en vue de l'acquisition ou de la conservation du revenu. • CAA Douai, 17 nov. 2009, n° 08DA473 : *RJF 2010. 361.* ♦ Confirmation • CE (na), 30 déc. 2010, n° 335628 : *RJF 2011. 585.*

11. Cession à titre onéreux d'usufruit temporaire. Commentaire administratif d'ensemble. * BOI-IR-BASE-10-10-30 du 6 avr. 2017. ♦ Nouvelles règles de taxation applicables notamment en cas de cession ou d'apport de l'usufruit à une société et en cas de cession concomitante de l'usufruit et de la nue-propriété à deux personnes différentes. * Rép. min. n° 15540 : JOAN Q, 2 juill. 2013, p. 6919.

SOUS-SECTION 1 DÉTERMINATION DES BÉNÉFICES OU REVENUS NETS DES DIVERSES CATÉGORIES DE REVENUS

I *REVENUS FONCIERS*

1 DÉFINITION DES REVENUS FONCIERS

Art. 14 Sous réserve des dispositions de l'article 15, sont compris dans la catégorie des revenus fonciers, lorsqu'ils ne sont pas inclus dans les bénéfices d'une entreprise industrielle, commerciale ou artisanale, d'une exploitation agricole ou d'une profession non commerciale :

1° Les revenus des propriétés bâties, telles que maisons et usines, ainsi que les revenus :

***a)* De l'outillage des établissements industriels attaché au fonds à perpétuelle demeure, dans les conditions indiquées au premier paragraphe de l'article 525 du code civil ou reposant sur des fondations spéciales faisant corps avec l'immeuble ;**

***b)* De toutes installations commerciales ou industrielles assimilables à des constructions ;**

***c)* Des bateaux utilisés en un point fixe et aménagés pour l'habitation, le commerce ou l'industrie, même s'ils sont seulement retenus par des amarres ;**

2° Les revenus des propriétés non bâties de toute nature, y compris ceux des terrains occupés par les carrières, mines et tourbières, les étangs, les salines et marais salants.

BIBL. ► Burguburu, *RJF 2007. 1103* (taxation de la location immobilière : le trousseau de clefs).

1. Les revenus que procure à un médecin la location d'un immeuble nu à la société civile de moyens constituée avec un confrère sont des revenus fonciers. • CE 6 avr. 2001, ♔ n° 208672, *Prince : RJF 2001. 939 ; Dr. fisc. 2002. 572.*

2. Les loyers tirés par une SCI de la location d'un château et de ses dépendances transformés en logements sont taxables à l'impôt sur le revenu au nom des associés dans la catégorie des revenus fonciers dès lors que la société établit que ces loyers ne sont versés que pour la location des murs, sans qu'y fasse obstacle le fait que des meubles soient mis à la disposition des locataires par un tiers non associé. • CAA Nantes, 14 nov. 2001, n° 98NT1870 : *Dr. fisc. 2002. 235.*

3. Les ventes de coupes de bois par les groupements forestiers relèvent des revenus agricoles. En revanche, lorsqu'ils ne sont pas inclus dans des bénéfices professionnels, les revenus accessoires telle la location du droit de chasse sont des revenus fonciers. Les charges communes doivent donc être ventilées entre ces deux catégories de revenus. Tel est le cas des rémunérations versées à des tiers au titre de la gestion du groupement ou de la gestion des forêts. A défaut de toute autre clé, la répartition s'effectue au prorata des revenus. A noter toutefois que le mode d'imposition forfaitaire des revenus des coupes de bois tient déjà compte des charges d'exploitation. Aucune charge supplémentaire ne peut donc être déduite. *Rescrit 8 nov. 2011 : n° 2011/30 FP * BOI-RFPI-DECLA-20 n° 150 du 28 déc. 2015.

Art. 14 A **Sont également compris dans la catégorie des revenus fonciers les revenus distribués par un fonds de placement immobilier mentionné à l'article 239 *nonies* au titre de la fraction du résultat mentionnée au 1° de l'article L. 214-51 du code monétaire et financier, à l'exception de la fraction afférente aux loyers issus de biens meublés, relative aux actifs mentionnés aux 1° et 2° du I de l'article L. 214-36 du même code, à l'exception des meubles meublants, biens d'équipement ou biens meubles affectés à ces immeubles et nécessaires au bon fonctionnement, à l'usage ou à l'exploitation de ces derniers par un tiers, détenus directement ou indirectement par ce fonds.**

Art. 14 B *(L. n° 2020-473 du 25 avr. 2020, art. 3-I-1°)* **Ne constituent pas un revenu imposable du bailleur les éléments de revenus relevant du présent I ayant fait l'objet, par le bailleur, d'un abandon ou d'une renonciation au profit de l'entreprise locataire entre le 15 avril** *(L. n° 2020-1721 du 29 déc. 2020, art. 20-VII)* **« 2020 et le »** *(L. n° 2021-953 du 19 juill. 2021, art. 8)* **« 31 décembre 2021 » dans les conditions et limites mentionnées au 9° du 1 de l'article 39. L'application du présent article ne fait pas obstacle à la déduction des charges correspondant aux éléments de revenus ayant fait l'objet d'un abandon ou d'une renonciation.**

Lorsque l'entreprise locataire est exploitée par un ascendant, un descendant ou un membre du foyer fiscal du bailleur, le bénéfice des dispositions du présent article est subordonné à la condition que le bailleur puisse justifier par tous moyens des difficultés de trésorerie de l'entreprise.

2 EXEMPTIONS PERMANENTES

Art. 15 *I. — Abrogé par L. n° 83-1179 du 29 déc. 1983, art. 22-III.*

II. — Les revenus des logements dont le propriétaire se réserve la jouissance ne sont pas soumis à l'impôt sur le revenu.

Cette exonération s'applique également aux locaux compris dans des exploitations agricoles et affectés à l'habitation des propriétaires exploitants.

1. Logements dont le propriétaire se réserve la jouissance. En vertu de l'art. 15-II, les revenus des logements dont le propriétaire se réserve la jouissance ne sont pas soumis à l'IR. Il s'ensuit que les charges afférentes à ces logements ne peuvent pas venir en déduction de tels revenus. Il en est ainsi dans le cas où l'associé, unique ou majoritaire, d'une SCI est propriétaire d'un immeuble non loué ou mis gratuitement à la disposition de cet associé, celui-ci devant être regardé comme s'étant réservé la jouissance de cet immeuble. • CE 3 oct. 1984, n° 38987 : *Dr. fisc. 1986. 862.* ♦ Il en est de même dans le cas où le contribuable n'a pas accompli de diligences suffisantes pour mettre en location le logement. La circonstance que l'immeuble appartienne à une SCI détenue à concurrence de 95 % par une autre SCI, elle-même intégralement possédée par le contribuable et son épouse, ne fait *pas obstacle* à la *réintégration dans les revenus* fonciers de ce *dernier* des charges afférentes à ce local. • TA Nantes, 18 févr. 2003, n° 99-394 : *RJF 2003. 1378.* ♦ De même, l'insuffisance de diligences pendant huit ans d'une association foncière urbaine libre pour achever les travaux de restauration d'un immeuble collectif en secteur sauvegardé est opposable aux copropriétaires membres de l'association. Faute d'avoir pu, pour ce motif, mettre son appartement en location, un copropriétaire est réputé en avoir conservé la jouissance et ne peut déduire les charges foncières. • TA Poitiers, 30 déc. 2004, n° 04-1467 : *RJF 2005. 560.* ♦ De même, doit être regardé comme s'étant réservé la jouissance du bien, nonobstant le fait qu'il n'a pas effectivement occupé celui-ci, le contribuable qui n'établit pas avoir pris toutes les dispositions nécessaires à la conclusion d'une location, notamment en proposant, compte tenu du caractère infructueux des recherches effectuées, un loyer inférieur à celui qu'il escomptait et correspondant à la valeur locative réelle du bien, compte tenu de ses caractéristiques et de son implantation. L'insuffisance de diligences *s'oppose à la déduction* des travaux de remise en état. • CAA Nantes, 19 janv. 2012, n° 11NT00461 : *RJF 2012. 604.*

2. La réserve de jouissance est établie, notamment, par l'accomplissement ou non de diligences ayant pour objet de donner le bien en location. Il appartient au propriétaire d'apporter la preuve qu'il a offert à la location pendant l'année en cause le logement resté vacant au titre duquel il demande la déduction de charges foncières et qu'il a pris toutes les dispositions nécessaires pour le louer. • CE 4 juin 2012, *Friedman*, n° 334196 : *RJF 2012. 923.*

3. Une SCI relevant de l'IR dans la catégorie des revenus fonciers qui met gratuitement un logement à la disposition d'un tiers, sans conclure un bail avec lui, doit être regardée comme n'ayant pas renoncé à la jouissance de l'immeuble et comme n'ayant retiré aucun revenu imposable de cette opération ; elle se trouve par suite exonérée. • CE 27 oct. 1999, n° 172940 : *Dr. fisc. 2000. 726 ; RJF 1999. 1597.*

4. Cas de cession-location via une SCI : vente à une SCI par les propriétaires de leur résidence secondaire suivie de la conclusion d'un bail. L'interposition de la SCI est regardée comme caractérisant un abus de droit. • CE 8 févr. 2019, n° 407641 : *RJF 2019. 465 ; Dr. fisc. 2019.272, note Di Malta.*

5. Dispositifs et montages ayant pour seul objet de faire échec à l'art. 15-II : V. Rapports du Comité des abus de droits pour 2000 : *BOI 13 L-4-01* ; pour 2001 : *BOI 13 L-1-02 ;* pour 2010 : *BOI 13 L-3-11.*

3 EXEMPTIONS TEMPORAIRES

Art. 15 *bis* *Abrogé par L. n° 2001-1275 du 28 déc. 2001, art. 11-V.*

Art. 15 *ter* *Périmé.*

Art. 15 *quater* *Abrogé par Ord. n° 2004-281 du 25 mars 2004, art. 15.*

Art. 16 *(L. n° 2016-1917 du 29 déc. 2016, art. 3)* **Les revenus des logements donnés en location à leurs associés par les sociétés civiles immobilières d'accession progressive à la propriété fonctionnant conformément aux articles L. 443-6-2 à L. 443-6-13 du code de la construction et de l'habitation sont exonérés d'impôt sur le revenu.**

SCI d'accession progressive à la propriété (SCIAPP). Exonération des revenus versés aux associés. * BOI-RFPI-CHAMP-30-20 n° 176 du 14 juin 2017.

Art. 17 à 27 *Abrogés par L. du 28 déc. 1959, art. 1er et 3.*

4 DÉTERMINATION DU REVENU IMPOSABLE

Art. 28 Le revenu net foncier est égal à la différence entre le montant du revenu brut et le total des charges de la propriété.

Art. 29 Sous réserve des dispositions des articles 33 *ter* et 33 *quater*, le revenu brut des immeubles ou parties d'immeubles donnés en location, est constitué par le montant des recettes brutes perçues par le propriétaire, augmenté du montant des dépenses incombant normalement à ce dernier et mises par les conventions à la charge des locataires. Les subventions et indemnités destinées à financer des charges déductibles sont comprises dans le revenu brut. Il n'est pas tenu compte des sommes versées par les locataires au titre des charges leur incombant.

Dans les recettes brutes de la propriété sont comprises notamment celles qui proviennent de la location du droit d'affichage ou du droit de chasse, de la concession du droit d'exploitation des carrières, de redevances tréfoncières ou autres redevances analogues ayant leur origine dans le droit de propriété ou d'usufruit.

1. Commentaires administratifs. Revenus bruts imposables. 1° Loyers ou fermages. * BOI-RFPI-BASE-10-10 du 14 févr. 2014. 2° Valeur locative des immeubles dont le propriétaire se réserve la jouissance ; dépenses mises par convention à la charge du locataire ; subventions et indemnités destinées à financer des charges déductibles. * BOI-RFPI-BASE-10-20 du 13 janv. 2014.

2. Droit d'entrée. Les indemnités versées à titre de droit d'entrée sont imposables, à moins qu'elles ne constituent la contrepartie de la dépréciation ou de la cession d'un élément du patrimoine du bailleur. • CE, sect., 24 févr. 1978, n° 97347 : *Dr. fisc. 1978. 1558, concl. Rivière ; RJF 1978. 160, chron. Verny, p. 346.* ♦ Le droit d'entrée perçu par le bailleur doit être, en principe, regardé comme un supplément de loyer. Il ne peut en aller autrement que si, dans les circonstances particulières de l'espèce, il apparaît, d'une part, que le loyer n'est pas anormalement bas et, d'autre part, que le droit d'entrée constitue la contrepartie d'une dépréciation du patrimoine du bailleur ou de la cession d'un élément d'actif. • CE 3 juill. 2009, n° 298433 : *RJF 2009. 944 ; Dr. fisc. 2009. 524, concl. Geffray, note Maublanc.* ♦ Le juge n'est pas lié par les qualifications qui figurent dans le bail. • CE

11 mai 1994, n° 126303 : *Dr. fisc. 1995. 999. 1000 ; RJF 1994. 797.* ♦ Pour déterminer le régime fiscal du droit d'entrée, il y a lieu de tenir compte des circonstances de l'espèce, et notamment des clauses du bail, du montant de l'indemnité stipulée et de l'importance du loyer correspondant au local. • CAA Nancy, 13 mars 1997, n° 94NA1512 : *Dr. fisc. 1997. 519.* ♦ La conclusion d'un bail commercial n'a pas pour effet d'entraîner par elle-même la dépréciation de l'immeuble loué. • CE 24 févr. 1978 : *préc.*

3. Ne sont pas imposables : le droit d'entrée perçu lors de la location d'un immeuble à une caisse d'épargne par un bail de 40 ans non résiliable, entraînant la disparition du fonds de commerce antérieurement exploité dans l'immeuble. • CE 29 sept. 1989, n° 68212 : *Dr. fisc. 1990. 1125 ; RJF 1989. 1230, chron. Turot, p. 611.* ♦ ... La somme versée au bailleur qui, entendant poursuivre l'activité qu'il exerçait dans les locaux, s'engage à ne pas se réinstaller dans un rayon de 500 mètres. • CAA Bordeaux, 20 nov. 1990, n° 89BX1596 : *RJF 1991. 304.* ♦ ... Ou au bailleur qui, exerçant la même activité que le preneur, s'engage à ne pas la reprendre. • CE 28 sept. 1984, n° 38704 : *Dr. fisc. 1986. 711.*

4. L'indemnité versée par le locataire qui prend à bail un terrain est imposable. • CAA Bordeaux, 11 juill. 1995, n° 94BX492 : *Dr. fisc. 1996. 348, concl. Bousquet.*

5. Le droit d'entrée versé au bailleur qui constitue en l'espèce le prix de cession du droit au bail inscrit à l'actif professionnel relève du régime des plus-values à long terme. • CE 3 juill. 2009, n° 2984331 : *préc. note 2.*

6. Sommes diverses versées au propriétaire par l'occupant du logement. Les remboursements, par l'occupant du logement, de sommes correspondant aux mensualités du prêt contracté par le propriétaire pour son acquisition doivent être pris en compte au titre des revenus fonciers du propriétaire. • CE 5 avr. 1993, n° 95226 : *RJF 1993. 620.* ♦ Même solution s'agissant du paiement des échéances d'un emprunt immobilier souscrit par le propriétaire et des cotisations d'assurance vie liées à cet emprunt ainsi que du financement de travaux d'amélioration et d'agrandissement. • TA Paris, 23 mars 2004, n° 97-17.784 : *RJF 2004. 890 ; Dr. fisc. 2004. 625, concl. Merloz ; AJDI 2005. 317, note Maublanc.*

7. Aménagements et constructions réalisés par le locataire. BIBL. Maublanc, *AJDI 1999. 899* (l'imposition des constructions revenant gratuitement au bailleur à l'expiration du bail). – Mignon, *RJF 1999. 431* (construction sur sol d'autrui : une *zone de turbulences*). – Olléon, *RJF 2002. 859* (fiscalité des constructions sur sol d'autrui). – Quillici, *BFL 2004, p. 797* (les conséquences juridiques et fiscales, pour le bailleur, de l'accession sans indemnité en fin de bail). ♦ La valeur des travaux effectués par le locataire qui sont remis sans indemnité au bailleur en cours ou en fin de bail est indissociable du loyer, auquel elle doit être ajoutée pour l'imposition dans la catégorie des revenus fonciers. Le supplément de loyer correspondant est, sauf convention d'accession immédiate, réputé perçu au jour de l'expiration du bail. • CE, ass., 30 nov. 1973, n° 86977 : *Dr. fisc. 1974. 125 ; Dupont 1974. 68 ; Lebon 681, concl. Delmas-Marsalet* • CE, plén., 6 janv. 1993, n° 63644 : *Dr. fisc. 1994. 1382 ; RJF 1993. 363, concl. Hagelsteen.* ♦ L'usufruitier, bénéficiaire des loyers procurés par le bien cédé à bail et donc soumis à l'IR à raison de ces revenus fonciers, l'est également sur la valeur des aménagements effectués par le preneur dont la remise gratuite constitue un complément de loyer imposable au titre de l'année au cours de laquelle il en a eu la disposition. • CAA Bordeaux, 13 mai 2004, n° 00BX1103 : *RJF 2004. 1249 ; Dr. fisc. 2004. 867, concl. Chemin.* ♦ Dans le même sens, confirmant l'imposition de l'usufruitier. • CE 19 mai 2021, n° 429332 : *RJF 2021. 814.*

8. Les travaux réalisés et pris en charge par une société T dans les locaux professionnels pris à bail alors qu'ils incombaient à la SCI propriétaire constituent un supplément de loyers au profit de la SCI, imposable dans la catégorie des revenus fonciers. • CE 26 janv. 2011, n° 311808 : *RJF 2011. 489, concl. Daumas, p. 335.*

9. Le profit correspondant aux constructions et aménagements effectués par le preneur qui reviennent gratuitement au bailleur en fin de bail doit être pris en compte au titre des revenus fonciers, à la date de l'expiration ou de la résiliation du bail. Toutefois, en cas de renouvellement du bail par tacite reconduction, l'imposition au titre des revenus fonciers intervient à l'expiration de la ou des périodes renouvelées tacitement. * BOI-RFPI-BASE-10-30 n° 20 du 12 sept. 2012 • CAA Nantes, 30 déc. 2005, n° 03NT20 : *Dr. fisc. 2007. 650.* ♦ L'avantage résultant pour le bailleur du transfert gratuit en fin de bail des constructions et améliorations effectuées par le locataire est imposable à la date de ce transfert, c'est-à-dire en cas de renouvellement tacite du bail conclu en 1975, suivi de la conclusion d'un nouveau bail en 1995, à la date de la conclusion de ce nouveau bail, même si le nouveau bail n'a pas fait état d'un transfert exprès des constructions et améliorations et a maintenu inchangé le loyer et si le locataire a continué à amortir les immobilisations maintenues à son bilan. • CE 14 janv. 2008, n° 292536 : *RJF 2008. 447.* ♦ S'agissant d'un bail commercial écrit qui, à défaut de congé, est reconduit par tacite reconduction, la disposition des aménagements effectués par le preneur n'intervient que lors de la résiliation du bail par le locataire. • CAA Bordeaux, 13 mai 2004, n° 00BX1103 : *préc. note 7.* ♦ Lorsqu'un contrat de bail prévoit, en faveur du bailleur, la remise gratuite en fin de bail des aménagements ou constructions réalisés par le preneur, la valeur de cet avantage constitue, pour le bailleur, un revenu foncier imposable au titre de l'année au cours de laquelle le bail arrive à expiration ou fait l'objet, avant l'arrivée du terme, d'une résiliation. • CE 28 juill. 2011, ⚖ *Min. du Budget,* n° 330824 : *RJF 2011. 1155.* ♦ La cession du terrain consentie par le bailleur au preneur a, au regard de la loi fiscale, les mêmes effets qu'une résiliation amiable tacite du bail avant son terme, impliquant la remise des aménagements et constructions au bailleur effectuée préalablement à la cession... La valeur de ces avantages constitue donc un revenu foncier du bailleur. • CE 28 juill. 2011, ⚖ *Min. du Budget,* n° 330824 : *préc.*

10. Le revenu à retenir est : la « valeur » des travaux. • CE 30 nov. 1973 : *préc. note 7* • 19 avr. 1989, n°s 4759 et 72265 : *RJF 1989. 690.* ♦ ... Le « coût » des travaux. • CE 28 juill. 1993, ⚖ n°s 66743 et 71278 : *RJF 1993. 1310.* ♦ ... Ou leur valeur résiduelle comptable. • CE 25 juill. 1980, n°s 4359 et 10973 : *RJF 1980. 793.* ♦ ... Ou la différence entre la valeur vénale des aménagements réalisés par le locataire (et non pas leur coût de revient) et le montant de l'indemnité versée au locataire par le bailleur. • CAA Nantes, 27 févr. 2006, n° 03NT113 : *Dr. fisc. 2007. 539, note Masquart.* ♦ ... Ou le surcroît de valeur vénale conféré, à la fin du bail, à l'immeuble donné en location, du fait des aménagements ou constructions réalisés par le preneur. • CE 19 mai 2021, ⚖ n° 429332 : *RJF 2021. 814.*

11. Sommes versées en fin de bail. L'indemnité versée par le locataire en contrepartie de la renonciation par le bailleur à la remise en état des lieux est un élément du revenu foncier. • CAA Bordeaux, 28 juin 1995, n° 94BX457 : *Dr. fisc. 1996. 522.*

12. Indemnités d'assurance. Les indemnités versées par une compagnie d'assurances pour couvrir les charges déductibles du revenu foncier d'un contribuable ont, dans cette mesure, le caractère de recettes foncières de ce dernier. Il en va ainsi notamment dans le cas d'une police d'assurance décès-invalidité contractée sur sa tête par l'associé d'une société de personnes pour couvrir les mensualités d'un emprunt conclu par celle-ci, quand bien même le prêteur n'aurait pas fait de ce contrat *d'assurance* une condition du prêt. Par suite, les indemnités d'assurance versées, à la suite de l'invalidité du souscripteur, pour couvrir le remboursement d'intérêts d'emprunts déjà acquittés par l'emprunteur auprès du prêteur ont la nature de recettes foncières dans la mesure où elles ont compensé des charges déductibles et non l'amortissement du capital emprunté. ♦ En contrepartie, les primes versées afférentes à ce contrat d'assurance sont déductibles des revenus fonciers. • CE 7 févr. 2007, ⚖ n° 289162 : *RJF 2007. 440 ; concl. Glaser, au BDCF 4/07, n° 46.* ♦ Dans le même sens, dans le cas d'une police d'assurance décès-invalidité contractée sur sa tête par l'associé d'une société de personnes pour couvrir les mensualités d'un emprunt contracté par celle-ci ou pour son compte. • CE 6 août 2008, ⚖ n° 301336 : *RJF 2008.*

13. Les dépenses de remise en état d'un appartement sinistré suite à un incendie constituent des dépenses de réparation déductibles. Par suite, l'indemnité d'assurance versée au propriétaire pour couvrir les travaux de remise en état de l'appartement qu'il donnait en location doit être intégrée dans les bases d'imposition des revenus fonciers. • TA Versailles, 5 oct. 2006, n° 05-1958 : *RJF 2007. 565.*

14. Dépenses de remise en état. Les dépenses de remise en état d'appartements supportées par le propriétaire en vue d'assurer la vente de ceux-ci dans les meilleures conditions ne sont pas déductibles des revenus fonciers. • CAA Paris, 10 oct. 1996, n° 95PA744 : *Dr. fisc. 1997. 167.*

15. Concession du droit d'extraction. Les redevances perçues par un exploitant agricole qui a concédé à une société le droit d'extraire des graves et de la terre végétale d'une parcelle figurant à l'actif du bilan de son exploitation ne sont ni des revenus fonciers ni des revenus courants de l'exploitation, mais le prix de cession d'éléments de l'actif immobilisé. • CE 30 déc. 1996, ⚖ n° 161513 : *Dr. fisc. 1997. 634 ; RJF 1997. 106.* ♦ L'indemnité d'expropriation allouée au propriétaire d'une carrière et fixée au montant des redevances qu'il aurait perçues de l'exploitant jusqu'à la fin prévisible de l'exploitation doit être imposée comme une plus-value immobilière et non comme un revenu foncier. • CAA Bordeaux, 21 nov. 1996, n° 95BX720 : *RJF 1997. 682.*

16. Location du droit d'affichage. Les recettes perçues par les propriétaires de monuments historiques au titre de l'utilisation des espaces publicitaires constitués des bâches d'échafaudage installées lors de travaux de restauration sont imposables dans la catégorie des revenus fonciers. * BOI-RFPI-SPEC-30-20-10 n° 200 du 19 déc. 2018.

17. Indemnité pour préjudice visuel. L'indemnisation du préjudice visuel lié à la non-remise en état du bien loué n'est pas imposable. • CE 21 nov. 2012, ⚖ *Min. du Budget, des comptes publics, de la fonction publique et de la réforme de l'État,* n° 329345 : *RJF 2013.165.*

18. Versements divers. Les sommes versées à la suite de la défaillance du locataire à une SCI par son gérant, pour assurer le remboursement de l'emprunt contracté pour l'acquisition des locaux loués et pour lequel il s'est porté caution, ne constituent pas un revenu foncier. • CE 27 juill. 2009, ⚖ n° 305811 : *RJF 2009. 943 ; Dr. fisc. 2009. 508, note Di Malta.*

19. Abandon de loyers. Un bailleur peut justifier l'abandon de loyers par les difficultés économiques du preneur. • CE 29 mai 1991, ⚖ *Win-*

ter, n° 75021 : *RJF 1991.596.* ♦ Mais en l'absence d'une telle justification, le bailleur, qui abandonne discrétionnairement à son locataire les loyers que celui-ci lui doit, procède à un acte de disposition et l'Administration est en droit de réintégrer les loyers abandonnés dans les recettes des revenus fonciers nets du bailleur. • CE 23 nov. 1977, n° 98227 : *RJF 1973. 15 ; Dr. fisc. 1978. 350, concl. Rivière* • CE 13 févr. 2013, *Min. du Budget c/ Barlow*, n° 342085 : *RJF 2013. 506 ; BDCF 2013. 58, concl. Aladjidi.* ♦ Un propriétaire n'ayant pas perçu les loyers qui lui sont dus doit être regardé, en l'absence de circonstance indépendante de sa volonté l'ayant contraint à y renoncer, comme ayant réalisé un acte de disposition constitutif d'une libéralité dont le montant doit être compris dans ses revenus fonciers. • CAA Paris, 3 oct. 2019, n° 18PA00243 : *RJF 2020. 227.*

20. Promesse unilatérale de vente. L'indemnité d'immobilisation versée au promettant par le bénéficiaire d'une promesse unilatérale de vente est attachée à la gestion de l'immeuble dès lors qu'elle constitue le prix de l'exclusivité sur l'immeuble consentie au bénéficiaire de la promesse. Elle est imposable sur le fondement de l'art. 29. • CAA Douai, 23 avr. 2019, n° 17DA00137 : *RJF 2019. 794.* ♦ Rappr. sur l'imposition au titre des BNC de l'indemnité perçue en contrepartie d'une promesse unilatérale de vente non respectée. • CE 19 févr. 2014, n° 354380 : *RJF 2014. 452.*

Art. 30 **Sous réserve des dispositions de l'article 15-II, le revenu brut des immeubles ou parties d'immeubles dont le propriétaire se réserve la jouissance est constitué par le montant du loyer qu'ils pourraient produire s'ils étaient donnés en location. Il est évalué par comparaison avec les immeubles ou parties d'immeubles similaires faisant l'objet d'une location normale, ou, à défaut, par voie d'appréciation directe. Il est majoré, s'il y a lieu, des recettes visées au deuxième alinéa de l'article 29. Cette disposition ne concerne pas le droit de chasse.**

BIBL. ▶ Cruvelier, *Dr. fisc. 2012. 261* (le prêt à usage ou commodat en droit fiscal).

1. Prêt à usage. Commodat. Eu égard à la nature particulière du prêt à usage, les revenus tirés par un contribuable d'un commodat sur un bâtiment à usage de supermarché ne peuvent être regardés comme des revenus d'immeubles donnés en location au sens de l'art. 29. En revanche le contribuable est imposable sur le fondement de l'art. 30. • CE 19 déc. 2007, n° 270934 : *RJF 2008. 303 ; Dr. fisc. 2008. 206, concl. Landais, note Maublanc.*

2. Droit de chasse. A compter des revenus de 2005, le droit de chasse dont le propriétaire se réserve la jouissance est exonéré. * BOI-RFPI-CHAMP-20-20 n°s 110 à 150 du 25 févr. 2013.

Art. 31 **I. — Les charges de la propriété déductibles pour la détermination du revenu net comprennent :**

1° Pour les propriétés urbaines :

a) **Les dépenses de réparation et d'entretien effectivement supportées par le propriétaire ;**

a bis) **Les primes d'assurance ;**

a ter) **Le montant des dépenses supportées pour le compte du locataire par le propriétaire dont celui-ci n'a pu obtenir le remboursement, au 31 décembre de l'année du départ du locataire ;**

a quater) **Les provisions pour dépenses, comprises ou non dans le budget prévisionnel de la copropriété, prévues** *(Décr. n° 2017-698 du 2 mai 2017, art. 1er)* **« à l'article 14-1 »** *(Abrogé par L. n° 2021-1104 du 22 août 2021, art. 171-III)* ***« et au I de l'article 14-2 »*** **de la loi n° 65-557 du 10 juillet 1965 fixant le statut de la copropriété des immeubles bâtis, supportées par le propriétaire, diminuées du montant des provisions déduites l'année précédente qui correspond à des charges non déductibles ;** — *Pour l'entrée en vigueur des dispositions issues de la L. n° 2021-1104 du 22 août 2021, V. ndlr ss. l'art.*

b) **Les dépenses d'amélioration afférentes aux locaux d'habitation, à l'exclusion des frais correspondant à des travaux de construction, de reconstruction ou d'agrandissement ainsi que des dépenses au titre desquelles le propriétaire bénéficie du crédit d'impôt sur le revenu prévu à l'article 200 *quater* ou de celui prévu à l'article 200 *quater* A ;**

b bis) Les dépenses d'amélioration afférentes aux locaux professionnels et commerciaux destinées à protéger ces locaux des effets de l'amiante ou à faciliter l'accueil des handicapés, à l'exclusion des frais correspondant à des travaux de construction, de reconstruction ou d'agrandissement ;

b ter et b quater) *Abrogés ;*

c) Les impositions, autres que celles incombant normalement à l'occupant, perçues, à raison desdites propriétés, au profit des collectivités territoriales, de certains établissements publics ou d'organismes divers, à l'exception de la taxe annuelle sur les locaux à usage de bureaux, les locaux commerciaux et les locaux de stockage perçue dans la région Île-de-France prévue à l'article 231 *ter* ;

d) Les intérêts de dettes contractées pour la conservation, l'acquisition, la construction, la réparation ou l'amélioration des propriétés, y compris celles dont le contribuable est nu-propriétaire et dont l'usufruit appartient à un organisme d'habitations à loyer modéré mentionné à l'article L. 411-2 du code de la construction et de l'habitation, à une société d'économie mixte ou à un organisme disposant de l'agrément prévu à l'article L. 365-1 du même code ;

e) Les frais de gestion, fixés à 20 € par local, majorés, lorsque ces dépenses sont effectivement supportées par le propriétaire, des frais de rémunération des gardes et concierges, des frais de procédure et des frais de rémunération, honoraire et commission versés à un tiers pour la gestion des immeubles ;

e bis) Les dépenses supportées par un fonds de placement immobilier mentionné à l'article 239 *nonies* au titre des frais de fonctionnement et de gestion à proportion des actifs mentionnés au *a* du 1° du II de l'article L. 214-81 du code monétaire et financier détenus directement ou indirectement par le fonds, à l'exclusion des frais de gestion variables perçus par la société de gestion mentionnée à l'article L. 214-61 du même code en fonction des performances réalisées.

Les frais de gestion, de souscription et de transaction supportés directement par les porteurs de parts d'un fonds de placement immobilier mentionné à l'article 239 *nonies* ne sont pas compris dans les charges de la propriété admises en déduction ;

f) Pour les logements situés en France, acquis neufs ou en l'état futur d'achèvement entre le 1er janvier 1996 et le 31 décembre 1998 et à la demande du contribuable, une déduction au titre de l'amortissement égale à 10 % du prix d'acquisition du logement pour les quatre premières années et à 2 % de ce prix pour les vingt années suivantes. La période d'amortissement a pour point de départ le premier jour du mois de l'achèvement de l'immeuble ou de son acquisition si elle est postérieure.

L'avantage prévu au premier alinéa est applicable, dans les mêmes conditions, aux logements affectés à la location après réhabilitation dès lors que leur acquisition entre dans le champ d'application du I de l'article 257 et aux logements que le contribuable fait construire et qui ont fait l'objet, avant le 31 décembre 1998, de la déclaration d'ouverture de chantier prévue à l'article *(Décr. n° 2018-500 du 20 juin 2018, art. 1er)* « R.* 421-40 » du code de l'urbanisme. Il en est de même des logements loués après transformation lorsque ces locaux étaient, avant leur acquisition, affectés à un usage autre que l'habitation. Dans ce cas, la déduction au titre de l'amortissement est calculée sur le prix d'acquisition des locaux augmenté du montant des travaux de transformation. La période d'amortissement a pour point de départ le premier jour du mois de l'achèvement de ces travaux.

L'option, qui doit être exercée lors du dépôt de la déclaration des revenus de l'année d'achèvement de l'immeuble ou de son acquisition si elle est postérieure, est irrévocable pour le logement considéré et comporte l'engagement du propriétaire de louer le logement nu pendant une durée de neuf ans. Cette location doit prendre effet dans les douze mois qui suivent la date d'achèvement de l'immeuble ou de son acquisition si elle est postérieure. En cas de transmission à titre gratuit, le ou les héritiers, légataires ou donataires, peuvent demander la reprise à leur profit, dans les mêmes conditions et selon les mêmes modalités, du dispositif prévu aux premier et deuxième alinéas pour la période d'amortissement restant à courir à la date de la transmission.

Lorsque l'option est exercée, les dispositions du *b* ne sont pas applicables mais les droits suivants sont ouverts :

1. les dépenses de reconstruction et d'agrandissement ouvrent droit à une déduction, au titre de l'amortissement, égale à 10 % du montant des dépenses pour les quatre premières années et à 2 % de ce montant pour les vingt années suivantes. Le propriétaire doit s'engager à louer le logement nu pendant une nouvelle durée de neuf ans ;

2. les dépenses d'amélioration ouvrent droit à une déduction, au titre de l'amortissement, égale à 10 % du montant de la dépense pendant dix ans.

La période d'amortissement a pour point de départ le premier jour du mois d'achèvement des travaux.

Les dispositions des premier à septième alinéas s'appliquent dans les mêmes conditions lorsque les immeubles sont la propriété d'une société non soumise à l'impôt sur les sociétés à la condition que les porteurs de parts s'engagent à conserver les titres jusqu'à l'expiration de la durée de neuf ans mentionnée au troisième alinéa et au 1.

Le revenu net foncier de l'année au cours de laquelle l'un des engagements définis aux troisième à huitième alinéas n'est pas respecté est majoré du montant des amortissements déduits. Pour son imposition, la fraction du revenu net foncier correspondant à cette majoration est divisée par le nombre d'années civiles pendant lesquelles l'amortissement a été déduit ; le résultat est ajouté au revenu global net de l'année de la rupture de l'engagement et l'impôt correspondant est égal au produit de la cotisation supplémentaire ainsi obtenue par le nombre d'années utilisé pour déterminer le quotient. En cas d'invalidité correspondant au classement dans la deuxième ou la troisième des catégories prévues à l'article L. 341-4 du code de la sécurité sociale, de licenciement ou de décès du contribuable ou de l'un des époux soumis à imposition commune, cette majoration ne s'applique pas.

Pour un même logement, les dispositions du présent *f* sont exclusives de l'application des dispositions des articles 199 *nonies* à 199 *undecies* A.

Les dispositions du présent *f* s'appliquent, sous les mêmes conditions, aux logements acquis neufs ou en l'état futur d'achèvement entre le 1er janvier 1999 et le 31 août 1999 lorsque les conditions suivantes sont réunies :

1. Le permis de construire prévu à l'article L. 421-1 du code de l'urbanisme doit avoir été délivré avant le 1er janvier 1999 ;

2. La construction des logements doit avoir été achevée avant le 1er juillet 2001.

Pour l'application des dispositions des onzième à treizième alinéas, les contribuables doivent joindre à la déclaration des revenus mentionnée au troisième alinéa une copie de la notification de l'arrêté délivrant le permis de construire et de la déclaration d'achèvement des travaux accompagnée des pièces attestant de sa réception en mairie.

Un décret en Conseil d'État détermine les modalités d'application du présent *f*, notamment les obligations déclaratives incombant aux contribuables et aux sociétés qui y sont mentionnés, ainsi que les modalités de décompte des déductions pratiquées au titre des amortissements considérés ; — *Pour l'application du présent f, V. Ann. II, art. 1er à 1er D.*

g) Pour les logements situés en France, acquis neufs ou en l'état futur d'achèvement entre le 1er janvier 1999 et le 2 avril 2003, et à la demande du contribuable, une déduction au titre de l'amortissement égale à 8 % du prix d'acquisition du logement pour les cinq premières années et à 2,5 % de ce prix pour les quatre années suivantes. La période d'amortissement a pour point de départ le premier jour du mois de l'achèvement de l'immeuble ou de son acquisition si elle est postérieure.

La déduction au titre de l'amortissement est applicable, dans les mêmes conditions, aux logements que le contribuable fait construire et qui ont fait l'objet, entre le 1er janvier 1999 et le 2 avril 2003, de la déclaration d'ouverture de chantier prévue à l'article *(Décr. no 2018-500 du 20 juin 2018, art. 1er)* « R.* 421-40 » du code de l'urbanisme. Il en est de même des locaux affectés à un usage autre que l'habitation acquis entre le 1er janvier 1999 et le 2 avril 2003 et que le contribuable transforme en logements. Dans ce cas, la déduction au titre de l'amortissement est calculée sur le prix d'acquisition des locaux augmenté du montant des travaux de transformation. La période d'amortissement a pour point de départ le premier jour du mois de l'achèvement de ces travaux.

Le bénéfice de la déduction est subordonné à une option qui doit être exercée lors du dépôt de la déclaration des revenus de l'année d'achèvement de l'immeuble ou de son acquisition si elle est postérieure. Cette *option* est irrévocable pour le logement considéré et comporte l'*engagement* du propriétaire de louer le logement nu pendant au *moins neuf* ans à usage d'habitation principale à une personne autre qu'un membre de son foyer fiscal. Cette location doit prendre effet dans les douze mois qui suivent la date d'achèvement de l'immeuble ou de son acquisition si elle est postérieure. Cet engagement prévoit, en outre, que le loyer et les ressources du locataire appréciées à la date de conclusion du bail ne doivent pas excéder des plafonds fixés par décret. La location du logement consentie dans les conditions fixées au deuxième alinéa du *j* à un organisme public ou privé pour le logement à usage d'habitation principale de son personnel, à l'exclusion du propriétaire du logement, de son conjoint ou des membres de son foyer fiscal, ne fait pas obstacle au bénéfice de la déduction. — *Pour l'application du présent al., V. Ann. III, art. 2 terdecies et 2 sexdecies.*

A l'issue de la période couverte par l'engagement de location, tant que la condition de loyer prévue au troisième alinéa reste remplie, le propriétaire peut, par période de trois ans et pendant une durée maximale de six ans, bénéficier d'une déduction au titre de l'amortissement égale à 2,5 % du prix d'acquisition ou de revient du logement en cas de poursuite, de reconduction ou de renouvellement du bail ou, si la condition de ressources prévue au troisième alinéa est remplie, en cas de changement de titulaire du bail. En cas de non-respect des conditions de location ou de cession du logement, les déductions pratiquées pendant l'ensemble de la période triennale sont remises en cause dans les conditions de droit commun.

La déduction au titre de l'amortissement n'est pas applicable aux revenus des immeubles dont le droit de propriété est démembré. Toutefois, lorsque le transfert de la propriété du bien ou le démembrement de ce droit résulte du décès de l'un des époux soumis à imposition commune, le conjoint survivant attributaire du bien ou titulaire de son usufruit peut demander la reprise à son profit, dans les mêmes conditions et selon les mêmes modalités, du dispositif prévu au présent *g* pour la période restant à courir à la date du décès.

Lorsque l'option est exercée, les dispositions du *b* ne sont pas applicables, mais les droits suivants sont ouverts :

1. Les dépenses de reconstruction et d'agrandissement ouvrent droit à une déduction, au titre de l'amortissement, égale à 8 % du montant des dépenses pour les cinq premières années et à 2,5 % de ce montant pour les quatre années suivantes. Le propriétaire doit s'engager à louer le logement dans les conditions prévues au troisième alinéa pendant une nouvelle durée de neuf ans. A l'issue de la période couverte par l'engagement de location, tant que la condition de loyer prévue au troisième alinéa reste remplie, le propriétaire peut, par période de trois ans et pendant une durée maximale de six ans, bénéficier d'une déduction au titre de l'amortissement égale à 2,5 % du montant des dépenses en cas de poursuite, de reconduction ou de renouvellement du bail ou, si la condition de ressources prévue au troisième alinéa est remplie, en cas de changement de titulaire du bail. En cas de non-respect des conditions de location ou de cession du logement, les déductions pratiquées pendant l'ensemble de la période triennale sont remises en cause dans les conditions de droit commun.

2. Les dépenses d'amélioration ouvrent droit à une déduction, au titre de l'amortissement, égale à 10 % du montant de la dépense pendant dix ans.

La période d'amortissement a pour point de départ le premier jour du mois d'achèvement des travaux.

Les dispositions du présent *g* s'appliquent dans les mêmes conditions lorsque l'immeuble est la propriété d'une société non soumise à l'impôt sur les sociétés, à la condition que le porteur de parts s'engage à conserver la totalité de ses titres jusqu'à l'expiration de la durée de neuf ans mentionnée au troisième alinéa et au 1. Si un logement dont la société est propriétaire est loué à l'un des associés ou à un membre du foyer fiscal d'un associé, ce dernier ne peut pas bénéficier de la déduction au titre de l'amortissement. En outre, la déduction au titre de l'amortissement n'est pas applicable aux revenus des titres dont le droit de propriété est démembré. Toutefois, lorsque le transfert de la propriété des titres ou le démembrement de ce droit résulte du décès de l'un des époux soumis à imposition commune, le conjoint survivant attributaire des titres ou titulaire de leur usufruit peut demander la reprise à son profit, dans les mêmes conditions et selon les mêmes modalités, du dispositif prévu au présent *g* pour la période restant à courir à la date du décès. — *Pour l'application du présent al., V. Ann. III, art. 2 octodecies.*

Le revenu net foncier de l'année au cours de laquelle l'un des engagements définis au présent *g* n'est pas respecté est majoré du montant des amortissements déduits. Pour son imposition, la fraction du revenu net foncier correspondant à cette majoration est divisée par le nombre d'années civiles pendant lesquelles l'amortissement a été déduit ; le résultat est ajouté au revenu global net de l'année de la rupture de l'engagement et l'impôt correspondant est égal au produit de la cotisation supplémentaire ainsi obtenue par le nombre d'années utilisé pour déterminer le quotient. En cas d'invalidité correspondant au classement dans la deuxième ou la troisième des catégories prévues à l'article L. 341-4 du code de la sécurité sociale, de licenciement ou de décès du contribuable ou de l'un des époux soumis à imposition commune, cette majoration ne s'applique pas.

Pour un même logement, les dispositions du présent *g* sont exclusives de l'application des dispositions des articles 199 *undecies* ou 199 *undecies* A ; – *Pour l'application du présent g, V. Ann. III, art. 2 quindecies, 2 novodecies et 2 vicies.*

h) Pour les logements situés en France, acquis neufs ou en l'état futur d'achèvement entre le 3 avril 2003 et le 31 décembre 2009, et à la demande du contribuable, une déduction au titre de l'amortissement égale à 6 % du prix d'acquisition du logement pour les sept premières années et à 4 % de ce prix pour les deux années suivantes. La période d'amortissement a pour point de départ le premier jour du mois de l'achèvement de l'immeuble ou de son acquisition si elle est postérieure.

La déduction au titre de l'amortissement est applicable, dans les mêmes conditions, aux logements que le contribuable fait construire et qui ont fait l'objet, entre le 3 avril 2003 et le 31 décembre 2009, de la déclaration d'ouverture de chantier prévue à l'article *(Décr. n° 2018-500 du 20 juin 2018, art. 1er)* « R.* 421-40 » du code de l'urbanisme. Il en est de même des locaux affectés à un usage autre que l'habitation acquis à compter du 3 avril 2003 et que le contribuable transforme en logements, ainsi que des logements acquis à compter du 3 avril 2003 qui ne satisfont pas aux caractéristiques de décence prévues à l'article 6 de la loi n° 89-462 du 6 juillet 1989 tendant à améliorer les rapports locatifs et portant modification de la loi n° 86-1290 du 23 décembre 1986 et qui font l'objet de travaux de réhabilitation définis par décret permettant aux logements d'acquérir des performances techniques voisines de celles des logements neufs lorsque les travaux de transformation du local ou de réhabilitation du logement ont fait l'objet de la déclaration d'ouverture de chantier avant le 31 décembre 2009. Dans ces cas, la déduction au titre de l'amortissement est calculée sur le prix d'acquisition des locaux augmenté du montant des travaux de transformation ou de réhabilitation. La période d'amortissement a pour point de départ le premier jour du mois de l'achèvement de ces travaux. – *V. Ann. III, art. 2 quindecies B.*

Le bénéfice de la déduction est subordonné à une option qui doit être exercée lors du dépôt de la déclaration des revenus de l'année d'achèvement de l'immeuble ou de son acquisition si elle est postérieure. Cette option est irrévocable pour le logement considéré et comporte l'engagement du propriétaire de louer le logement nu pendant au moins neuf ans à usage d'habitation principale à une personne autre qu'un membre de son foyer fiscal. Cette location doit prendre effet dans les douze mois qui suivent la date d'achèvement de l'immeuble ou de son acquisition si elle est postérieure. Cet engagement prévoit, en outre, que le loyer ne doit pas excéder un plafond fixé par décret. La location du logement consentie à un organisme public ou privé qui le donne en sous-location nue à usage d'habitation principale à une personne autre que le propriétaire du logement, son conjoint ou les membres de son foyer fiscal, ne fait pas obstacle au bénéfice de la déduction, à la condition que cet organisme ne fournisse aucune prestation hôtelière ou parahôtelière. – *V. Ann. III, art. 2 terdecies A, 2 terdecies B et 2 sexdecies-0 A ter.*

La déduction au titre de l'amortissement n'est pas applicable aux revenus des immeubles dont le droit de propriété est démembré. Toutefois, lorsque le transfert de la propriété du bien ou le démembrement de ce droit résulte du décès de l'un des époux soumis à imposition commune, le conjoint survivant attributaire du bien ou titulaire de son usufruit peut demander la reprise à son profit, dans les mêmes conditions et selon les mêmes modalités, du dispositif prévu au présent *h* pour la période restant à courir à la date du décès.

Lorsque l'*option est exercée*, les dispositions du *b* ne sont pas applicables, mais les droits suivants sont ouverts :

1. Les dépenses de reconstruction et d'agrandissement ouvrent droit à une déduction, au titre de l'amortissement, égale à 6 % du montant des dépenses pour les sept premières années et à 4 % de ce montant pour les deux années suivantes. Le propriétaire doit s'engager à louer le logement dans les conditions prévues au troisième alinéa pen-

dant une nouvelle durée de neuf ans. — *V. Ann. III, art. 2 quindecies A. — Pour les investissements antérieurs au 1er sept. 2006, l'amortissement était de 8 % du montant des dépenses pour les cinq premières années, puis de 2,5 % pour les quatre années suivantes.*

2. Les dépenses d'amélioration ouvrent droit à une déduction, au titre de l'amortissement, égale à 10 % du montant de la dépense pendant dix ans.

La période d'amortissement a pour point de départ le premier jour du mois d'achèvement des travaux.

Les dispositions du présent *h* s'appliquent dans les mêmes conditions lorsque l'immeuble est la propriété d'une société non soumise à l'impôt sur les sociétés autre qu'une société civile de placement immobilier, à la condition que le porteur de parts s'engage à conserver la totalité de ses titres jusqu'à l'expiration de la durée de neuf ans mentionnée au troisième alinéa et au 1.

Si un logement dont la société est propriétaire est loué à l'un des associés ou à un membre du foyer fiscal d'un associé, ce dernier ne peut pas bénéficier de la déduction au titre de l'amortissement. En outre, la déduction au titre de l'amortissement n'est pas applicable aux revenus des titres dont le droit de propriété est démembré. Toutefois, lorsque le transfert de la propriété des titres ou le démembrement de ce droit résulte du décès de l'un des époux soumis à imposition commune, le conjoint survivant attributaire des titres ou titulaire de leur usufruit peut demander la reprise à son profit, dans les mêmes conditions et selon les mêmes modalités, du dispositif prévu au présent *h* pour la période restant à courir à la date du décès. — *Pour l'application du présent al., V. Ann. III, art. 2 octodecies.*

Le revenu net foncier de l'année au cours de laquelle l'un des engagements définis au présent *h* n'est pas respecté est majoré du montant des amortissements déduits. Pour son imposition, la fraction du revenu net foncier correspondant à cette majoration est divisée par le nombre d'années civiles pendant lesquelles l'amortissement a été déduit ; le résultat est ajouté au revenu global net de l'année de la rupture de l'engagement et l'impôt correspondant est égal au produit de la cotisation supplémentaire ainsi obtenue par le nombre d'années utilisé pour déterminer le quotient. En cas d'invalidité correspondant au classement dans la deuxième ou la troisième des catégories prévues à l'article L. 341-4 du code de la sécurité sociale, de licenciement ou de décès du contribuable ou de l'un des époux soumis à imposition commune, cette majoration ne s'applique pas.

Pour un même logement, les dispositions du présent *h* sont exclusives de l'application des dispositions des articles 199 *undecies* ou 199 *undecies* A. Elles ne s'appliquent pas aux monuments classés monuments historiques, inscrits *(L. n° 2021-1900 du 30 déc. 2021, art. 66-1°)* **« au titre des monuments historiques » ou ayant reçu le label délivré par la Fondation du patrimoine, mentionnés au premier alinéa du 3° du I de l'article 156.** — *Pour l'imposition des revenus 2014, V. note ss. l'art.*

La déduction au titre de l'amortissement des logements acquis neufs, en l'état futur d'achèvement ou que le contribuable fait construire n'est applicable qu'aux logements dont les caractéristiques thermiques et la performance énergétique *(Ord. n° 2020-71 du 29 janv. 2020, art. 4-IX-2° et 8, en vigueur à une date fixée par décret en Conseil d'État, et au plus tard le 1er juill. 2021)* **« atteignent les résultats minimaux définis en application des articles L. 171-1 et L. 172-1** *[ancienne rédaction : sont conformes aux prescriptions de l'article L. 111-9]* **» du code de la construction et de l'habitation. Le respect de cette *condition* est justifié par le contribuable selon des modalités définies par décret.**

Le présent *h* s'applique aux logements situés dans des communes classées dans des zones géographiques se caractérisant par un déséquilibre entre l'offre et la demande de logements. Un arrêté des ministres chargés du budget et du logement, révisé au moins tous les trois ans, établit le classement des communes par zone. — *V. Ann. III, art. 2 quindecies A, 2 quindecies C, 2 novodecies, 2 novodecies A et 2 vicies. — V. égal. Ann. IV, art. 18-0 ter, et Arr. du 29 avr. 2009, Ann. (JO 3 mai).*

(Périmé, Décr. n° 2017-698 du 2 mai 2017, art. 1er) ***« i) Lorsque le contribuable, domicilié en France au sens de l'article 4 B, transfère son habitation principale pour des raisons professionnelles, une déduction fixée à 10 % des revenus bruts annuels tirés de la location de son ancienne habitation principale jusqu'au 31 décembre de la troisième année qui suit la date de sa mise en location ou jusqu'à la date de l'acquisition d'une nouvelle habitation principale si elle est antérieure.***

« L'application des dispositions de l'alinéa précédent est subordonnée au respect des conditions suivantes :

« 1. La nouvelle activité professionnelle doit avoir débuté entre le 1er juillet 2005 et le 31 décembre 2007 et être exercée pendant une durée au moins égale à six mois consécutifs ;

« 2. L'ancienne habitation principale du contribuable, pour laquelle la déduction est demandée, doit être donnée en location nue à titre d'habitation principale du locataire, immédiatement après le transfert du domicile. Ce transfert doit intervenir dans l'année qui suit la date du début de l'exercice de la nouvelle activité ;

« 3. La nouvelle habitation principale doit être prise en location dans l'année qui suit la date du début de l'exercice de la nouvelle activité et doit être située à plus de 200 kilomètres de celle précédemment occupée. Le bailleur de cette nouvelle habitation ne peut être un membre du foyer fiscal du contribuable ou une société dont ce dernier ou l'un des membres du foyer fiscal est associé ; » – V. Ann. III, art. 2 unvicies.

j) Une déduction fixée à 26 % des revenus bruts au titre des six premières années de location des logements qui ne peuvent donner lieu à l'un ou l'autre des régimes prévus aux *f*, *g* et *h* et qui, répondant aux normes d'habitabilité telles que définies par décret, sont loués par une personne physique ou une société non soumise à l'impôt sur les sociétés en vertu d'un bail conclu entre le 1er janvier 1999 et le 30 septembre 2006. Le contribuable ou la société propriétaire doit s'engager à louer le logement nu pendant une durée de six ans au moins à des personnes qui en font leur habitation principale. Cet engagement prévoit, en outre, que le loyer et les ressources du locataire appréciées à la date de conclusion du bail ne doivent pas excéder des plafonds fixés par décret et que la location ne peut être conclue avec un membre du foyer fiscal, un ascendant ou un descendant du contribuable, une personne occupant déjà le logement ou, si celui-ci est la propriété d'une société non soumise à l'impôt sur les sociétés, l'un de ses associés ou un membre du foyer fiscal, un ascendant ou un descendant d'un associé. Les associés des sociétés précitées s'engagent à conserver leurs parts pendant au moins six ans. Un contribuable ne peut, pour un même logement ou une même souscription de titres, pratiquer la réduction d'impôt mentionnée à l'article 199 *undecies* A et bénéficier de la déduction au taux de 26 % prévue au présent alinéa. Lorsque la location est suspendue à l'issue d'une période d'au moins trois ans au profit d'un ascendant ou d'un descendant du contribuable, la déduction ne s'applique pas et la période de mise à disposition du logement au profit d'un ascendant ou d'un descendant n'est pas prise en compte pour la durée de location minimale de six ans. Cette période de mise à disposition du logement ne peut excéder neuf ans. *– Pour l'application du présent al., V. Ann. III, art. 2 duodecies, 2 quaterdecies, 2 quaterdecies B, et 2 sexdecies A à 2 octodecies.*

La location du logement consentie à un organisme public ou privé pour le logement à usage d'habitation principale de son personnel, à l'exclusion du propriétaire du logement, de son conjoint, de membres de son foyer fiscal ou de ses descendants ou ascendants, ne fait pas obstacle au bénéfice de la déduction. Un décret précise les conditions de cette location, notamment les modalités d'appréciation des loyers et des ressources de l'occupant. *– Pour l'application du présent al., V. Ann. III, art. 2 sexdecies.*

En cas de non-respect de l'un des engagements mentionnés au premier alinéa ou de cession du logement ou des parts sociales, la déduction fait l'objet d'une reprise au titre de l'année de la rupture de l'engagement ou de la cession. En cas d'invalidité correspondant au classement dans la deuxième ou la troisième des catégories prévues à l'article L. 341-4 du code de la sécurité sociale, de licenciement ou de décès du contribuable ou de l'un des époux soumis à imposition commune, cette reprise n'est pas appliquée. *– Pour l'application du présent al., V. Ann. III, art. 2 quaterdecies B.*

k) Une déduction fixée à 26 % des revenus bruts, pour les logements situés en zone de revitalisation rurale, lorsque l'option prévue au *h* est exercée, ou, pour les logements au titre desquels la réduction d'impôt prévue à l'article 199 *septvicies* a été acquise, lorsque les engagements prévus à cet article sont respectés et pendant la durée de ceux-ci.

l) Une déduction fixée à 30 % des revenus bruts lorsque le contribuable a exercé l'option prévue au *h* pendant la durée de l'engagement de location du logement ou provenant des logements au titre desquels la réduction d'impôt prévue à l'article 199 *septvicies* a été acquise lorsque le contribuable respecte les engagements prévus aux I ou V de cet article et pendant la durée de ceux-ci.

Pour l'application du premier alinéa, les personnes concernées, les investissements éligibles et les conditions d'application de cette déduction sont identiques à ceux prévus au *h* ou à l'article 199 *septvicies*. L'engagement de location doit toutefois prévoir que le locataire est une personne autre qu'un ascendant ou descendant du contribuable et que le loyer et les ressources du locataire appréciées à la date de conclusion du bail ne doivent pas excéder des plafonds fixés par décret à des niveaux inférieurs, pour les loyers, aux quatre cinquièmes de ceux mentionnés au troisième alinéa du *h* ou au III de l'article 199 *septvicies*. L'engagement de location peut être suspendu, à l'issue d'une période de location d'au moins trois ans, pour mettre le logement à la disposition d'un ascendant ou descendant du contribuable. Ce dernier ne bénéficie pas, pendant la période de mise à disposition du logement, de la déduction au titre de l'amortissement. Cette période de mise à disposition du logement, qui ne peut excéder neuf ans, n'est pas prise en compte pour la durée de location minimale de neuf ans.

Lorsque l'immeuble est la propriété d'une société non soumise à l'impôt sur les sociétés, le locataire doit être une personne autre qu'un des associés ou un membre du foyer fiscal, un ascendant ou un descendant d'un associé.

A l'issue de la période couverte par l'engagement de location des logements pour lesquels le contribuable a exercé l'option prévue au *h*, tant que les conditions de loyer et de ressources du locataire prévues au deuxième alinéa restent remplies, le propriétaire peut, par périodes de trois ans et pendant une durée maximale de six ans, bénéficier d'un complément de la déduction au titre de l'amortissement prévue au *h* égal à 2,5 % du prix d'acquisition ou de revient du logement en cas de poursuite, de renouvellement du bail ou de changement de titulaire du bail. En cas de non-respect des conditions de location ou de cession du logement, les compléments de déductions pratiqués pendant l'ensemble de la période triennale sont remis en cause dans les conditions de droit commun.

Les trois premiers alinéas sont applicables, dans les mêmes conditions et limites, aux sociétés civiles de placement immobilier régies par les articles L. 214-114 et suivants du code monétaire et financier au prorata des revenus bruts correspondant aux droits des associés qui ont opté pour la déduction au titre de l'amortissement prévue à l'article 31 *bis* du présent code.

Pour un même logement, les dispositions du présent *l* sont exclusives de l'application de celles prévues aux *(Abrogé par Décr. n° 2017-698 du 2 mai 2017, art. 1er)* « *i*, » *j* et *k* ; — *Pour l'application du présent l, V. Ann. III, art. 2 terdecies C, 2 quindecies D et 2 novodecies A.*

m) Pour les baux conclus à compter du 1er octobre 2006, une déduction fixée à 30 % des revenus bruts des logements donnés en location si ces logements font l'objet d'une convention mentionnée à l'article L. 321-4 du code de la construction et de l'habitation et conclue au plus tard le 31 décembre 2016. Cette déduction est consentie à compter de la date de prise d'effet de la convention et pendant toute sa durée d'application.

Cette déduction est portée à 60 % des revenus bruts des logements lorsque ces logements font l'objet d'une convention mentionnée à l'article L. 321-8 du code de la construction et de l'habitation et conclue au plus tard le 31 décembre 2016. Cette déduction est consentie à compter de la date de prise d'effet de la convention et pendant toute sa durée d'application.

Un décret précise les modalités de prise d'effet de ces conventions.

Lorsque, à l'échéance de l'une des conventions mentionnées à l'article L. 321-4 ou L. 321-8 du code de la construction et de l'habitation et conclues au plus tard le 31 décembre 2016, y compris après une période triennale de prorogation, le contrat de location du logement concerné est en cours de validité conformément à l'article 10 de la loi n° 89-462 du 6 juillet 1989 tendant à améliorer les rapports locatifs et portant modification de la loi n° 86-1290 du 23 décembre 1986, le bénéfice de l'une des déductions des revenus bruts prévue au présent *m* est maintenu jusqu'à la date fixée pour le renouvellement ou la reconduction de ce contrat de location, tant que le même locataire reste en place et que toutes les conditions, notamment celles de loyer, sont remplies.

Le contribuable ou la société propriétaire doit louer le logement nu pendant toute la durée de la convention à des personnes qui en font leur habitation principale. Pour l'application du premier alinéa, le loyer et les ressources du locataire appréciées à la date de conclusion du bail ne doivent pas excéder des plafonds fixés à des niveaux inférieurs à ceux prévus au premier alinéa du *j*. La location ne peut être conclue avec un membre du foyer fiscal, un ascendant ou un descendant du contribuable, une personne occupant déjà le logement, sauf à l'occasion du renouvellement du bail, ou si le logement est la propriété d'une société non soumise à l'impôt sur les sociétés, l'un de ses associés ou un membre du foyer fiscal, un ascendant ou un descendant d'un associé. Les associés d'une société non soumise à l'impôt sur les sociétés doivent conserver leurs parts pendant toute la durée de la convention. *— V. Ann. III, art. 2 octodecies.*

Lorsqu'elle fait l'objet d'une convention mentionnée aux articles L. 321-4 ou L. 321-8 du code de la construction et de l'habitation et conclue au plus tard le 31 décembre 2016, la location du logement consentie dans les mêmes conditions à un organisme public ou privé pour le logement ou l'hébergement de personnes physiques à usage d'habitation principale, à l'exclusion du propriétaire du logement, des membres de son foyer fiscal ou de ses descendants ou ascendants, ne fait pas obstacle au bénéfice de la déduction, à la condition que cet organisme ne fournisse aucune prestation hôtelière ou parahôtelière. Un décret précise les modalités d'appréciation des loyers et des ressources de l'occupant ainsi que les conditions de cette location. *— Pour l'application du présent al., V. Ann. III, art. 2 sexdecies-0 A quater.*

Pour les baux conclus à compter de l'entrée en vigueur de la loi n° 2009-323 du 25 mars 2009 de mobilisation pour le logement et la lutte contre l'exclusion *[28 mars 2009]*, **cette déduction est portée à 70 % des revenus bruts des logements donnés en location dans le cadre d'une convention mentionnée aux articles L. 321-4 ou L. 321-8 du code de la construction et de l'habitation et conclue au plus tard le 31 décembre 2016, lorsque le logement est loué à un organisme public ou privé, soit en vue de sa sous-location, meublée ou non, à des personnes mentionnées au II de l'article L. 301-1 du même code ou aux personnes physiques dont la situation nécessite une solution locative de transition, soit en vue de l'hébergement de ces mêmes personnes. Cette déduction s'applique pendant la durée de location à l'organisme. Elle s'applique pour les logements situés dans les communes classées dans les zones géographiques se caractérisant par un déséquilibre entre l'offre et la demande de logements définies par arrêté.** *— V. Arr. du 1er août 2014 (JO 6 août).*

Ces dispositions sont exclusives de celles prévues aux *f* à *l*, à l'article 199 *decies* I et à l'article 199 *undecies* A ; *— Le présent m continue de s'appliquer, dans sa rédaction antérieure à l'entrée en vigueur du I de l'art. 46 de la L. n° 2016-1918 du 29 déc. 2016, aux conventions conclues à compter du 1er janv. 2017 pour lesquelles la demande de conventionnement a été réceptionnée par l'Agence nationale de l'habitat au plus tard le 31 janv. 2017 (L. préc., art. 46-III).*

(Périmé, Décr. n° 2017-698 du 2 mai 2017, art. 1er) ***« n) Une déduction fixée à 30 % des revenus bruts des logements qui ont donné lieu, au titre de l'année qui précède celle de la conclusion du bail, au versement de la taxe prévue à l'article 232. Cette déduction s'applique aux revenus perçus jusqu'au 31 décembre de la deuxième année qui suit celle de la conclusion de ce bail, conclu entre le 1er janvier 2006 et le 31 décembre 2007. L'application du présent n est exclusive de celle des dispositions prévues aux f à l. »***

o) [1 en vigueur jusqu'au 31 déc. 2018] **1. Une déduction fixée :**

A. — Pour les logements situés dans les communes classées par arrêté des ministres chargés du budget et du logement dans les zones géographiques se caractérisant par un déséquilibre entre l'offre et la demande de logements :

— à 15 % des revenus bruts des logements donnés en location dans le cadre d'une convention mentionnée à l'article L. 321-4 du code de la construction et de l'habitation conclue entre le 1er janvier 2017 et le 31 décembre 2019 ;

— à 50 % des revenus bruts des logements donnés en location dans le cadre d'une convention mentionnée à l'article L. 321-8 du même code conclue entre le 1er janvier 2017 et le 31 décembre 2019 ;

B. — Pour les logements situés dans des communes autres que celles mentionnées au A du présent 1, à 85 % des revenus bruts des logements donnés en mandat de gestion ou en location dans le cadre d'une convention mentionnée aux articles L. 321-4 ou L. 321-8 dudit code conclue entre le 1er janvier 2017 et le 31 décembre 2019 et à la

condition que cette location ou ce mandat soit conclu avec un organisme public ou privé, agréé en application de l'article L. 365-4 du même code, soit en vue de leur location ou sous-location, meublée ou non, à des personnes mentionnées au II de l'article L. 301-1 du même code ou aux personnes physiques dont la situation nécessite une solution locative de transition, soit en vue de l'hébergement de ces mêmes personnes. — *Pour l'application des présents A et B, V. Ann. IV, art. 01 bis.*

[1 en vigueur le 1er janv. 2019] *(L. n° 2018-1021 du 23 nov. 2018, art. 162-I-1° et II, applicable aux conventions signées à compter du 1er janv. 2019)* **« 1. Une déduction fixée :**

« A. — Pour les logements situés dans les communes classées par arrêté des ministres chargés du budget et du logement dans les zones géographiques se caractérisant par un déséquilibre important entre l'offre et la demande de logements entraînant des difficultés d'accès au logement sur le parc locatif existant :

« — à 30 % des revenus bruts des logements donnés en location dans le cadre d'une convention mentionnée à l'article L. 321-4 du code de la construction et de l'habitation conclue *(L. n° 2021-1900 du 30 déc. 2021, art. 67-II-1°-a)* **« à compter du 1er janvier 2017 et dont la date d'enregistrement par l'Agence nationale de l'habitat de la demande de conventionnement intervient jusqu'au 28 février 2022 » ;**

« — à 70 % des revenus bruts des logements donnés en location dans le cadre d'une convention mentionnée à l'article L. 321-8 du même code conclue *(L. n° 2021-1900 du 30 déc. 2021, art. 67-II-1°-a)* **« à compter du 1er janvier 2017 et dont la date d'enregistrement par l'Agence nationale de l'habitat de la demande de conventionnement intervient jusqu'au 28 février 2022 ».**

« B. — Dans les zones géographiques se caractérisant par un déséquilibre entre l'offre et la demande de logements, autres que celles mentionnées au A du présent 1 :

« — à 15 % des revenus bruts des logements donnés en location dans le cadre d'une convention mentionnée à l'article L. 321-4 du code de la construction et de l'habitation conclue *(L. n° 2021-1900 du 30 déc. 2021, art. 67-II-1°-a)* **« à compter du 1er janvier 2017 et dont la date d'enregistrement par l'Agence nationale de l'habitat de la demande de conventionnement intervient jusqu'au 28 février 2022 » ;**

« — à 50 % des revenus bruts des logements donnés en location dans le cadre d'une convention mentionnée à l'article L. 321-8 du même code conclue *(L. n° 2021-1900 du 30 déc. 2021, art. 67-II-1°-a)* **« à compter du 1er janvier 2017 et dont la date d'enregistrement par l'Agence nationale de l'habitat de la demande de conventionnement intervient jusqu'au 28 février 2022 ».**

« C. — Dans les zones géographiques autres que celles mentionnées aux A et B du présent 1, à 50 % des revenus bruts des logements donnés en location dans le cadre d'une convention mentionnée à l'article L. 321-8 du code de la construction et de l'habitation, conclue *(L. n° 2021-1900 du 30 déc. 2021, art. 67-II-1°-a)* **« à compter du 1er janvier 2018 et dont la date d'enregistrement par l'Agence nationale de l'habitat de la demande de conventionnement intervient jusqu'au 28 février 2022 », lorsque cette convention prévoit la réalisation de travaux mentionnés au a de l'article L. 321-4 du même code.**

« D. — Les taux mentionnés aux A, B et C du présent 1 sont portés, y compris lorsque la convention prévue au C ne prévoit pas la réalisation de travaux, à 85 % des revenus bruts lorsque les logements mentionnés au présent 1 sont donnés en mandat de gestion ou en location à un organisme public ou privé, agréé en application de l'article L. 365-4 du code de la construction et de l'habitation, soit en vue de leur location ou sous-location, meublée ou non, à des personnes mentionnées au II de l'article L. 301-1 du même code ou aux personnes physiques dont la situation nécessite une solution locative de transition, soit en vue de l'hébergement de ces mêmes personnes. » — *V. Ann. IV, art. 01 bis.*

2. La déduction mentionnée au 1 du présent *o* s'applique à compter de la date de prise d'effet de la convention et pendant toute sa durée.

(L. n° 2019-1479 du 28 déc. 2019, art. 23-I-2° et II, applicable aux conventions mentionnées aux art. L. 321-4 ou L. 321-8 CCH conclues à compter du 1er juill. 2020) **« 3. La déduction prévue au 1 du présent *o* s'applique aux logements pour lesquels le contribuable justifie du respect d'un niveau de performance énergétique globale fixé par arrêté conjoint des ministres chargés du logement, de l'énergie et du budget. »** — *V. Ann. IV, art. 01 ter à 01 quater.*

(Abrogé par L. n° 2018-1021 du 23 nov. 2018, art. 162-I-1° et II, pour les conventions signées à compter du 1er janv. 2019) ***« 3. Les taux de 15 % et 50 % mentionnés au A du 1 du présent o sont respectivement portés :***

« A. — A 30 % et 70 % des revenus bruts, lorsque les logements sont situés dans les communes classées par arrêté des ministres chargés du budget et du logement dans les zones géographiques se caractérisant par un déséquilibre important entre l'offre et la demande de logements entraînant des difficultés d'accès au logement sur le parc locatif existant ; *— Pour l'application du présent A, V. Ann. IV, art. 01 bis.*

« B. — Ou à 85 % des revenus bruts, lorsque les logements sont donnés en mandat de gestion ou en location à un organisme public ou privé, agréé en application de l'article L. 365-4 du code de la construction et de l'habitation, soit en vue de leur location ou sous-location, meublée ou non, à des personnes mentionnées au II de l'article L. 301-1 du même code ou aux personnes physiques dont la situation nécessite une solution locative de transition, soit en vue de l'hébergement de ces mêmes personnes. »

4. Le bénéfice de la déduction prévue au 1 du présent *o* est subordonné à l'engagement du contribuable ou de la société propriétaire de louer le logement nu pendant toute la durée d'application de la convention à usage d'habitation principale.

Cet engagement prévoit que :

A. — Le loyer et les ressources du locataire appréciées à la date de conclusion du bail ne doivent pas excéder des plafonds fixés par décret en fonction de la localisation du logement ; *— Pour l'application du présent A, V. Ann. III, art. 2 terdecies G.*

B. — La location ne peut être conclue avec un membre du foyer fiscal, un ascendant ou un descendant du contribuable, une personne occupant déjà le logement, sauf à l'occasion du renouvellement du bail, ou, si le logement est la propriété d'une société non soumise à l'impôt sur les sociétés, l'un de ses associés ou un membre du foyer fiscal, un ascendant ou un descendant d'un associé. Les associés d'une société non soumise à l'impôt sur les sociétés doivent conserver leurs parts pendant toute la durée de la convention. *— V. Ann. III, art. 2 octodecies.*

5. Pour le bénéfice des déductions prévues au présent *o*, lorsqu'elle fait l'objet de l'une des conventions mentionnées au 1 du présent *o*, la location du logement consentie dans les mêmes conditions à un organisme public ou privé pour le logement ou l'hébergement de personnes physiques à usage d'habitation principale, à l'exclusion du propriétaire du logement, des membres de son foyer fiscal ou de ses descendants ou ascendants, ne fait pas obstacle au bénéfice de la déduction, à la condition que cet organisme ne fournisse aucune prestation hôtelière ou para-hôtelière. Un décret précise les modalités d'appréciation des loyers et des ressources de l'occupant, ainsi que les conditions de cette location. *— Pour l'application du présent 5, V. Ann. III, art. 2 sexdecies-0 A quater.*

6. Lorsque, à l'échéance de l'une des conventions mentionnées au 1 du présent *o*, y compris après une période triennale de prorogation, le contrat de location du logement concerné est en cours de validité conformément à l'article 10 de la loi n° 89-462 du 6 juillet 1989 tendant à améliorer les rapports locatifs et portant modification de la loi n° 86-1290 du 23 décembre 1986, le bénéfice de l'une des déductions des revenus bruts prévues au présent *o* est maintenu jusqu'à la date fixée pour le renouvellement ou la reconduction de ce contrat de location tant que le même locataire reste en place et que toutes les conditions, notamment celle relative au montant du loyer, sont remplies.

7. En cas de non-respect de l'un des engagements mentionnés au présent *o* ou de cession du logement ou des parts sociales, la déduction fait l'objet d'une reprise au titre de l'année de la rupture de l'engagement ou de la cession. Toutefois, aucune reprise n'est effectuée si la rupture de l'engagement ou la cession survient à la suite de l'invalidité correspondant au classement dans la deuxième ou la troisième des catégories prévues à l'article L. 341-4 du code de la sécurité sociale, du licenciement ou du décès du contribuable ou de l'un des membres du couple soumis à imposition commune.

8. Les dispositions du présent *o* sont exclusives de celles prévues aux *f* à *m* du présent 1° et aux articles 31 *bis*, 199 *decies* I, 199 *undecies* A, 199 *septvicies* et 199 *novovicies* du présent code. Elles ne sont pas non plus applicables aux immeubles clas-

sés ou inscrits au titre des monuments historiques ou ayant reçu le label délivré par la "Fondation du patrimoine", mentionnés au premier alinéa du 3° du I de l'article 156.

2° Pour les propriétés rurales :

***a)* Les dépenses énumérées aux *a* à *e* du 1° ;**

b) Abrogé par L. n° 2005-1719 du 30 déc. 2005, art. 76-XI-J et XV-1.

***c)* Les dépenses d'amélioration non rentables afférentes aux propriétés bâties autres que les locaux d'habitation, effectivement supportées par le propriétaire. Sont considérées comme des dépenses d'amélioration non rentables les dépenses qui ne sont pas susceptibles d'entraîner une augmentation du fermage ;**

***c bis)* Dans les conditions fixées par décret, les dépenses d'amélioration et de construction, qui s'incorporent aux bâtiments d'exploitation rurale, destinées à satisfaire aux obligations prévues au titre Ier du livre V du code de l'environnement, relatif aux installations classées pour la protection de l'environnement ;** — *V. Ann. III, art. 2 undecies.*

***c ter)* Les dépenses engagées pour la construction d'un nouveau bâtiment d'exploitation rurale, destiné à remplacer un bâtiment de même nature, vétuste ou inadapté aux techniques modernes de l'agriculture, à condition que la construction nouvelle n'entraîne pas une augmentation du fermage ;**

***c quater)* Les dépenses d'amélioration afférentes aux propriétés non bâties et effectivement supportées par le propriétaire ;**

***c quinquies)* Les travaux de restauration et de gros entretien effectués sur des espaces naturels mentionnés aux articles L. 331-2, L. 332-2 à L. 332-2-2, L. 341-2 et L. 414-1 du code de l'environnement et dans leurs textes d'application, ainsi que des espaces mentionnés aux articles L. 121-23 et L. 121-50 du code de l'urbanisme, en vue de leur maintien en bon état écologique et paysager qui ont reçu l'accord préalable de l'autorité administrative compétente.** — *Pour l'application du présent c quinquies, V. Ann. III, art. 2 duovicies et 2 tervicies.*

d) Abrogé ;

e) Disposition devenue sans objet (L. n° 83-1179 du 29 déc. 1983, art. 22-III-1).

II. — *Transféré ss. l'art. 156-II-1° ter.*

V. art. 199 undecies C-VIII : Les dépenses de travaux retenues pour le calcul de la réduction d'impôt prévue à l'art. 199 undecies C ne peuvent faire l'objet d'une déduction pour la détermination des revenus fonciers.

Le a du I de l'art. 26 de la L. n° 2013-1278 du 29 déc. 2013 s'applique à compter de l'imposition des revenus de l'année 2014. Toutefois, pour les immeubles ayant fait l'objet d'un agrément ministériel avant le 1er janv. 2014, les art. 31, 156, 156 bis, 199 novovicies et 239 nonies CGI continuent de s'appliquer, dans leur rédaction antérieure à l'entrée en vigueur des présentes dispositions, jusqu'au terme de chaque agrément (L. préc., art. 26-XI-3).

La référence au I de l'article 14-2 de la L. n° 65-557 du 10 juill. 1965 susvisée est supprimée le 1er janv. 2023, le 1er janv. 2024 ou le 1er janv. 2025 pour les syndicats de copropriétaires comprenant, respectivement, plus de 200, entre 51 et 200 ou au plus 50 lots à usage de logements, de bureaux ou de commerces (L. n° 2021-1104 du 22 août 2021, art. 171-III et VI).

Les dispositions du III de l'art. 171 de la L. n° 2021-1104 du 22 août 2021 entrent en vigueur :

1° Le 1er janv. 2023, pour les syndicats de copropriétaires comprenant plus de deux cents lots à usage de logements, de bureaux ou de commerces ;

2° Le 1er janv. 2024, pour les syndicats de copropriétaires comprenant un nombre de lots à usage de logements, de bureaux ou de commerces compris entre cinquante et un et deux cents ;

3° Le 1er janv. 2025, pour les syndicats de copropriétaires comprenant au plus cinquante lots à usage de logements, de bureaux ou de commerces (L. préc., art. 171-VI).

BIBL. ▶ Di Malta, *Dr. fisc. 2009. 310* (réflexions autour de la notion de dissociation des travaux en matière de revenus fonciers). – Douet, *JCP N 1999. 1023* (frais de gérance) ; *JCP N 2000. 263* (les frais de gérance en partie retrouvés) ; *JCP N 2001. 1818* (même thème). – Geffroy, *Dr. fisc. 2010. Étude 381* (la défiscalisation des investissements immobiliers des particuliers, ou comme toute médaille, la matière fiscale a son revers). – Maublanc, *AJDI 2002. 626* (même thème) ; *ibid. 2003. 653* (distinction entre frais de gérance et frais de gestion). – Picard, *RJF 1992. 563* (charges déductibles).

1. *Commentaires administratifs.* * BOI-RFPI-BASE-20 du 12 sept. 2012.

A. FRAIS D'ADMINISTRATION ET DE GESTION

2. *Charges déductibles.* Les charges de la propriété déductibles pour la détermination du revenu net comprennent, pour les propriétés urbaines, les frais de rémunération des gardes et concierges, les frais de procédure et les frais de rémunération, honoraires et commissions versés à un tiers pour la gestion des immeubles, lorsque ces dépenses sont effectivement supportées par le propriétaire, ainsi que les autres frais de gestion, forfaitairement fixés à 20 € par local. * BOI-RFPI-BASE-20-10 n° 240 du 6 juill. 2016. ♦ Ce forfait de 20 € par local est conforme à la Constitution. • CE QPC 24 juin 2013, *Aubry*, n° 367500 : *RJF 2013. 965.*

3. Sont notamment déductibles les rémunérations, honoraires et commissions versés à des tiers pour la gestion de l'immeuble : rémunérations des gérants d'immeubles ou d'administrateurs de biens auxquels a recours le propriétaire qui n'administre pas lui-même son bien ; sommes qu'un propriétaire verse à un tiers pour la tenue de la comptabilité de ses immeubles et diverses tâches administratives ou de secrétariat ; rémunérations des salariés dont l'activité concourt effectivement à l'acquisition et la conservation du revenu foncier ; commissions versées par un propriétaire à une agence de location (recherche d'un locataire et rédaction des contrats de location) ; honoraires versés à un tiers pour la rédaction de déclarations fiscales. * BOI-RFPI-BASE-20-10 n° 60 du 6 juill. 2016.

4. *Rémunérations, honoraires et commissions versés à des tiers.* Parmi les rémunérations, honoraires et commissions versés à des tiers pour la gestion des biens donnés en location figurent, notamment, les cotisations versées à des chambres syndicales (ou à des fédérations de chambres syndicales) de propriétaires ou de copropriétaires qui fournissent aide et information à la gestion des immeubles donnés en location par leurs adhérents (assistance téléphonique, délivrance de conseils personnalisés, autres prestations de services individualisées...). En revanche, ne peuvent être considérées comme déductibles les cotisations versées à des unions ou organismes qui ont pour objet d'assurer la défense et la représentation de leurs adhérents, sans leur fournir aucune prestation individualisée relative à la gestion de l'immeuble. Dès lors, si les cotisations et honoraires versés par le bailleur à l'organisme tiers, qui fournit des prestations personnalisées et individualisées au titre de la gestion du bien immobilier, sont déductibles des revenus fonciers, tel n'est pas le cas de l'abonnement à une revue souscrit auprès de ce même organisme, quand bien même la cotisation qui lui est versée ouvrirait par ailleurs droit à déduction. * BOI-RFPI-BASE-20-10 n°s 60 et 70 du 6 juill. 2016.

5. *Impôts déductibles.* Liste des impôts déductibles ou non à compter de 2015. * BOI-RFPI-BASE-20-50 du 6 mai 2020. ♦ La taxe d'enlèvement des ordures ménagères est exclue des charges de propriété déductibles dès lors qu'elle est récupérable de plein droit par les propriétaires sur les locataires, et ce alors même que le bailleur n'a pas souhaité récupérer les sommes ainsi acquittées auprès de son locataire. • TA Paris, 13 juin 2016, n° 509500 : *RJF 2017. 36.*

B. DÉPENSES DE RÉPARATION ET D'ENTRETIEN

6. *Dépenses de réparation et d'entretien.* Les travaux de réparation sont ceux qui visent à remettre un immeuble en état, sans en modifier la consistance, l'agencement et l'équipement. • CE 22 mars 1991, n° 60590 : *Dr. fisc. 1991. 1303, concl. Arrighi de Casanova.* ♦ Des travaux de reprise des sols comportant la réalisation d'une dalle de béton renforcée par des poutrelles métalliques et la réfection corrélative des aménagements intérieurs reposant sur ces sols constituent des réparations et non des améliorations, dès lors qu'ils sont nécessaires à la poursuite de l'affectation des locaux à leur usage commercial. • CAA Bordeaux, 16 nov. 1995, n° 94BX1596 : *Dr. fisc. 1996. 768.* ♦ Constituent également des réparations le remplacement de fenêtres usagées par des fenêtres standard et le remplacement d'une installation électrique vétuste par une installation conforme aux normes. • CAA Paris, 27 mai 1997, n° 95PA2248 : *Dr. fisc. 1998. 67.* ♦ De même, les travaux de remise en état du gros œuvre et des revêtements de sols, la réparation des planchers et le crépissage des murs présentent le caractère de dépenses de réparation et d'entretien déductibles du revenu brut foncier, dès lors qu'ils ont pour objet de maintenir ou de remettre un immeuble en bon état et de permettre un usage normal sans en modifier la consistance, l'agencement ou l'équipement initial. * BOI-RFPI-BASE-20-30-10 n°s 10 à 30 du 3 févr. 2014.

7. Les dépenses correspondant à des travaux de réparation ou d'amélioration qui ne peuvent être dissociés des travaux de reconstruction ou d'agrandissement ne sont pas déductibles. • CE 10 juill. 1996, n° 137789 : *Dr. fisc. 1996. 1275.* ♦ Pour la détermination des dépenses de réparation et d'entretien déductibles des revenus fonciers du propriétaire, lorsque la dissociation des charges incombant au propriétaire et des charges récupérables auprès du locataire n'est pas possible, il est recouru à une répartition forfaitaire en fonction des données disponibles. • CE 26 sept. 2018, n° 405911 : *RJF 2018. 1237, concl. Daumas ; Dr. fisc. 2019. 175, note Di Malta.*

8. Les appels de fonds réglés au syndic de copropriété pour financer des travaux de réparation sont déductibles l'année où ils sont versés par les copropriétaires. • CE 8 mars 2002, n° 222953 : *RJF 2002. 600, concl. Austry au BDCF 6/02, n° 72.*

9. Le coût de remplacement par un propriétaire des appareils électroménagers des cuisines équipées (fours, plaques de cuisson et réfrigérateurs) de logements donnés en location est déductible des revenus fonciers perçus, en tant que dépenses d'entretien et de réparation, dès lors que les locations comprenaient dès l'origine ces biens et que, par les achats effectués, le propriétaire a procédé au remplacement d'éléments vétustes en vue d'assurer les mêmes services à ses locataires. • TA Strasbourg, 24 mai 2005, n° 03-3009 : *RJF 2006. 262.*

10. Réalisation d'études et diagnostics préalables afférents aux logements. Les propriétaires de logements donnés en location nue peuvent déduire des recettes qu'ils encaissent les dépenses supportées au titre de la réalisation d'études ou de diagnostics préalables afférents aux logements, lesquelles sont considérées comme des dépenses d'entretien déductibles. * BOI-RFPI-BASE-20-30-10 n° 40 du 3 févr. 2014.

11. Frais de déplacement. Les frais de déplacement engagés pour la réalisation de travaux de réparation et d'entretien sont déductibles pour leur montant réel en tant que dépenses de réparation et d'entretien. • CAA Lyon, 25 mai 2010, n° 08LY786 : *RJF 2010. 1172.*

C. DÉPENSES D'AMÉLIORATION – TRAVAUX DE CONSTRUCTION, DE RECONSTRUCTION OU D'AGRANDISSEMENT

12. Travaux de construction, de reconstruction ou d'agrandissement. Doivent être regardés comme des travaux de construction ou de reconstruction, non déductibles, les travaux comportant la création de nouveaux locaux d'habitation, notamment dans les locaux auparavant affectés à un autre usage, ainsi que les travaux ayant pour effet d'apporter une modification importante au gros œuvre de locaux d'habitation existants ou les travaux d'aménagement interne qui, par leur importance, équivalent à une reconstruction. Doivent être regardés comme des travaux d'agrandissement les travaux ayant pour effet d'accroître le volume ou la surface habitable de locaux existants. Nombreux arrêts, par ex. : • CE 10 juill. 1996, n° 137789 : *Dr. fisc. 1996. 1275* • 8 juill. 2005, n° 253291 : *RJF 2005. 1194 ; Dr. fisc. 2006. 393, concl. Glaser ; AJDI 2006. 475, note Maublanc* • CAA Nancy, 15 févr. 1996, n° 93NA1102 : *Dr. fisc. 1996. 925 ; RJF 1997. 34* • CE 30 mai 2007, n° 274477 : *RJF 2007. 926.*

13. Ainsi des travaux qui ont eu pour objet d'affecter à l'usage d'habitation des surfaces affectées précédemment à l'usage commercial, ainsi que des greniers et des bâtiments d'écuries et de garages, présentent le caractère de travaux de reconstruction et d'agrandissement non déductibles, même s'ils n'ont pas nécessité l'obtention d'un permis de construire. • CAA Douai, 6 févr. 2001, n° 97DA12148 : *Dr. fisc. 2001. 1025, concl. Mulsant ; RJF 2001. 1074.* ♦ Doivent également être regardés comme des travaux de reconstruction et d'agrandissement non déductibles : des travaux de réhabilitation importants effectués sur deux maisons mitoyennes, vétustes et inhabitées, comportant, l'une, deux étages, dont un seul était aménagé en chambres dotées de sanitaires, et un grenier, et l'autre, un seul étage et un grenier et qui ont permis la transformation de ces deux maisons en un immeuble unique, divisé en six appartements et un studio, qui ont eu ainsi pour effet d'accroître la surface habitable des locaux existants et ont apporté des modifications importantes au gros œuvre en raison, notamment, du déplacement ou du réaménagement d'ouvertures existant dans les murs séparatifs afin de permettre la communication des deux anciennes maisons et leur exploitation commune, et du percement de nouvelles ouvertures dans ces mêmes murs au sous-sol et au deuxième étage. • CE 30 mai 2007, n° 274477 : *préc. note 12.* ♦ ... Des travaux de transformation de deux immeubles d'habitation mitoyens en un seul immeuble collectif, travaux qui ont affecté de manière importante le gros œuvre et ont eu pour effet d'accroître la surface habitable. • CE 9 janv. 2009, n° 291266 : *RJF 2009. 351.* ♦ ... D'importants travaux de rénovation, réparation, démolition et reconstruction, dont la finalité est de procéder à la restructuration complète d'un immeuble ancien à usage industriel et commercial pour le transformer en un immeuble moderne à usage de bureaux. • CE 27 janv. 2010, n° 299250 : *RJF 2010. 358 ; Dr. fisc. 2010. 296, concl. Olléon, note Di Malta.* ♦ ... D'importants travaux de rénovation d'un ensemble immobilier situé dans un ancien couvent. • CE 5 mars 2014, *Min. Budget c/ Derckel,* n° 362126 : *RJF 2014. 1011.* ♦ ... Des travaux ayant transformé une ferme en 42 logements destinés à la location. • CE (na), 17 nov. 2017, n° 406597 : *RJF 2018. 344.* ♦ ... Des travaux de réhabilitation d'un immeuble consistant notamment, après démolition de cloisons, en la réfection des planchers et des sols, en la modification des ouvertures extérieures, en la redistribution des surfaces et la création de huit appartements. • CE 29 mai 2019, n° 421237 : *RJF 2019. 915.*

14. Amélioration des locaux d'habitation. Les travaux d'amélioration dissociables des travaux d'agrandissement sont déductibles ; tel est le cas notamment lorsque ces deux catégories de travaux affectent des étages distincts. • CE 19 nov. 1984, n° 43326 : *Dr. fisc. 1985. 2114.* ♦ Des travaux d'amélioration comportant la réunion de deux immeubles d'habitation mitoyens sont déductibles dès lors qu'ils n'ont pas, dans leur ensemble, affecté d'une manière importante le gros œuvre. • CE 3 mai 1993, n° 97719 : *Dr. fisc. 1994. 648.* ♦ Il en est de même : des travaux d'aménagement de chambres de service (réalisation d'un plancher sur lambourdes et aménagement d'un appartement moderne doté de sanitaires) qui n'ont entraîné ni un accroissement de la surface habitable ni une modification importante du gros œuvre. • CAA Bordeaux, 4 juin 2008, n° 05BX2364 : *RJF 2009. 34.* ♦ ... Des travaux de transformation d'une maison de retraite en appartements qui n'ont pas modifié de manière importante le gros œuvre et n'ont pas eu pour effet d'accroître la surface habitable. • CE 5 févr. 2009, n° 303425 : *RJF 2009. 425 ; concl. Escaut au BDCF 5/09, n° 54.* ♦ ... Des dépenses d'amélioration faites par un propriétaire à raison des emplacements réservés au stationnement des véhicules dans un immeuble d'habitation et des travaux consistant à remplacer et à mettre aux normes de sécurité actuelles des structures usagées. • TA Dijon, 22 oct. 2002, n° 01-3526 : *Dr. fisc. 2003. 199.* ♦ ... Des travaux effectués en vue de créer un parc de stationnement dans la cour d'un immeuble et ayant consisté en la démolition de bâtiments vétustes à usage de dépôts et de garages et au couronnement en béton préfabriqué d'un dessus de mur et à la réfection de murs mitoyens, travaux qui ne revêtent pas une ampleur telle qu'ils puissent être regardés comme ayant entraîné une modification importante du gros œuvre. • CAA Bordeaux, 11 avr. 2014, *Herbreteau*, n° 12BX00978 : *RJF 2014. 903.*

15. Les dépenses relatives à l'achat d'une cuisine intégrée installée dans un appartement achevé depuis trois ans et donné en location doivent être regardées comme des dépenses d'amélioration déductibles des revenus fonciers, nonobstant la circonstance qu'elles portent sur l'achat de mobilier et que ce mobilier puisse être intégré dans la construction. • TA Dijon, 28 févr. 2006, n° 05-1265 : *RJF 2006. 1364.* ♦ En revanche, ne sont pas déductibles des dépenses relatives à des équipements ménagers ou électroménagers affectés aux logements locatifs, dès lors que ces dépenses correspondent non à des travaux d'amélioration de ces logements mais à des acquisitions de biens mobiliers destinés à ces logements. • CE 28 nov. 2007, n° 290510 : *RJF 2008. 148.* ♦ Toutefois l'Administration admet, sous certaines conditions, que les dépenses d'installation d'une cuisine aménagée et équipée soient globalement considérées, lorsqu'elles sont effectuées dans un logement qui en était dépourvu, comme des dépenses d'amélioration, y compris pour la part correspondant à l'acquisition d'équipements ménagers et électroménagers intégrés à cette installation. * Rescrit 17 juin 2008, n° 2008/14 FP. * BOI-RFPI-BASE-20-30-10 n° 70 du 3 févr. 2014.

16. Lorsqu'un immeuble est, par sa conception, son aménagement et ses équipements, destiné originellement à l'habitation, son occupation temporaire pour un autre usage n'est pas de nature à elle seule à lui ôter cette destination en l'absence de travaux modifiant sa conception, son aménagement ou ses équipements. Ainsi les dépenses d'amélioration réalisées en vue de sa location à usage d'habitation qui ne contribuent pas à la création de nouveaux locaux d'habitation, sont déductibles des revenus fonciers. • CE 20 juin 1997, n° 137749 : *Dr. fisc. 1997. 1192, concl. Loloum ; RJF 1997. 794.* ♦ Pour des travaux d'aménagement de bureaux en habitations qualifiés, en l'espèce, de reconstruction, V. • CAA Versailles, 24 nov. 2020, n° 19VE00347 : *RJF 2021. 1046.*

17. Les travaux d'aménagement d'une climatisation et d'une ventilation mécanique contrôlée, de pose de bouches d'extraction et d'entrée d'air, d'extracteurs et d'un réseau de gaines, de remplacement du réseau de distribution d'eau et de gaz, de réalisation d'une nouvelle installation électrique conforme aux normes obligatoires de sécurité réalisés dans des bureaux constituent des travaux d'amélioration non déductibles. • CAA Douai, 18 mars 2010, n° 09DA853 : *RJF 2010. 873.*

18. Dès lors que les dépenses relatives aux travaux de reconstruction d'un immeuble sont exclues explicitement de la déduction du revenu foncier par l'art. 31 CGI, elles ne peuvent pas être déduites de ce même revenu sur le fondement de l'art. 13 du même code en tant que dépenses exposées en vue de l'acquisition ou de la conservation du revenu. • CAA Douai, 17 nov. 2009, n° 08DA473 : *RJF 2010. 361.* ♦ Confirmation • CE (na), 30 déc. 2010, n° 335628 : *RJF 2011. 585.*

19. Année de déduction. En matière de revenus fonciers, il y a lieu de faire application, de manière générale, des règles de la comptabilité de caisse. Ainsi, des travaux ne sont déductibles qu'au titre de l'année où ils ont été payés. • CE 12 mai 1997, n° 143812 : *Dr. fisc. 1997. 1041, concl. Loloum.*

20. Transformation d'un hôtel en logements. Les frais de transformation d'un hôtel en logements sont déductibles dès lors qu'une telle transformation n'entraîne pas changement d'affectation de l'immeuble, qui reste un immeuble d'habitation. Peu importe à cet égard que les appartements soient aménagés dans les anciennes chambres ou dans les parties collectives, tels le bar ou la réception. • CE 19 nov. 2013, n° 360146 : *RJF 2014. 147 ; BDCF 2014. 19, concl. Cortot-Boucher.*

21. Vente d'immeuble à rénover. Le coût des travaux réalisés dans le cadre d'un contrat de vente d'un immeuble à rénover est déductible des revenus fonciers provenant de la location de cet immeuble. • CAA Nantes, 29 juin 2017, n° 16NT00954 : *RJF 2018. 38 ; Dr. fisc. 2017. 522, note Di Malta.*

D. CHARGES FINANCIÈRES

1° INTÉRÊTS D'EMPRUNT ET CHARGES DÉDUCTIBLES

22. Principes. La déduction des charges d'emprunt autorisée par l'art. 31-I-1° *d* ne peut être opérée que dans la mesure où l'objet de l'emprunt se rattache à la conservation ou à l'acquisition d'un immeuble productif de revenus fonciers. Si l'emprunt a un objet plus large, les intérêts ne sont déductibles que pour la seule part susceptible d'être affectée aux propriétés données en location. Application : pour un emprunt unique contracté pour acquérir des propriétés données en location nue et d'autres biens. • CE 19 janv. 1983, ♔ n° 10999 : *RJF 1983. 413.* ♦ ... Pour la prise en charge d'une dette par un héritier recevant un patrimoine immobilier. • CE 29 juill. 1983, ♔ n° 23432 : *RJF 1983.1151, concl. Bissara, p. 578.* ♦ ... Pour des intérêts d'emprunts souscrits pour désintéresser les créanciers du règlement judiciaire bénéficiant d'une hypothèque légale sur des immeubles productifs de revenus. • CE 4 juill. 2006, n° 253350 : *RJF 2006. 1365.*

23. *Intérêts d'emprunt afférents à l'achat d'une forêt dont l'exploitant loue son droit de chasse.* Le droit de chasse est un attribut de la propriété foncière dont il est inséparable et dont il contribue à déterminer la valeur marchande. Par suite, les intérêts d'un emprunt souscrit pour l'acquisition d'un massif forestier sont susceptibles de constituer des charges déductibles des revenus fonciers tirés de la location du droit de chasse attaché à ce massif. • CE 26 déc. 2012, ♔ *Hervé*, n° 329884 : *RJF 2013. 298.*

24. *Déduction par les nus-propriétaires des charges financières afférentes à certains logements.* Logements dont l'usufruit est détenu temporairement par un bailleur social. Démembrements et dépenses concernés. Modalités d'imputation des intérêts d'emprunt. * BOI-RFPI-BASE-20-80 du 1er sept. 2017. ♦ V. aussi note 29.

2° EMPRUNTS DE SUBSTITUTION

25. Sont notamment déductibles : les intérêts des emprunts se substituant à d'autres souscrits à des taux plus élevés. • CE 18 mars 1987, ♔ n° 43680 : *Dr. fisc. 1987. 1663, concl. Martin.* ♦ ... Les intérêts d'un emprunt de substitution s'inscrivant dans la continuité du précédent et ayant le même objet dès lors qu'il a servi exclusivement au financement de l'opération pour laquelle il a été accordé et que la déduction des intérêts payés au titre de l'emprunt initial a été admise. Le fait que le montant du nouvel emprunt excède de peu celui du capital initial restant à rembourser ne peut, à lui seul, dès lors que le montant de ce prêt est en adéquation avec le financement requis, laisser présumer son affectation à la réalisation d'opérations étrangères à son objet. • CAA Paris, 8 févr. 2007, n° 05PA2046 : *RJF 2007. 700.* ♦ Les intérêts versés au titre d'un emprunt substitutif ne sont déductibles des revenus fonciers que si le nouvel emprunt est, dès la mise à disposition des fonds, intégralement utilisé pour le remboursement du premier emprunt. Peu importe à cet égard que le nouvel emprunt soit d'un montant inférieur à celui des sommes restant à rembourser au titre de l'emprunt initial. • CE 1er févr. 2012, ♔ n° 336469 : *RJF 2012. 365 ; Dr. fisc. 2012. 253, concl. Escaut, note Di Malta.*

26. Les pénalités contractuelles mises à la charge de l'emprunteur en cas de résiliation anticipée d'un contrat de prêt et les frais d'ouverture de dossier d'un nouvel emprunt de substitution doivent être regardés comme contribuant à l'acquisition et à la conservation d'un revenu foncier dès lors qu'ils se rapportent au financement d'un immeuble locatif et présentent, par suite, le caractère de charges déductibles au sens de l'art. 31. • CAA Bordeaux, 23 nov. 2006, n° 04BX664 : *RJF 2007. 281.* ♦ Solution confirmée : les frais de souscription d'un emprunt substitutif sont déductibles des revenus fonciers en application de l'art. 31-I-1°-*d* au même titre que les intérêts d'emprunt. • CE 5 juill. 2010, ♔ n° 301044 : *RJF 2010. 1027.* ♦ Dans le même sens, mais sur le fondement de l'art. 13 et non de l'art. 31. • CE 5 oct. 2007, ♔ n° 281658 : *RJF 2007. 1439 ; concl. Escaut au BDCF 12/07, n° 142 ; Dr. fisc. 2007. 940, concl. Escaut.*

27. Selon l'Administration, les intérêts compensatoires versés en cas de renégociation d'un prêt avec le même établissement sont déductibles si la résiliation et la souscription d'un emprunt substitutif ont effectivement permis de diminuer le montant global de la charge d'intérêts restant dus. * BOI-RFPI-BASE-20-80 n° 220 du 1er sept. 2017.

3° EMPRUNTS DIVERS

28. Charges déductibles. Sont déductibles : les intérêts d'un emprunt consenti pour payer les droits de succession d'un immeuble en vue de sa démolition-reconstruction. • CE 8 juin 1990, ♔ n° 52745 : *Dr. fisc. 1990. 1691, concl. Chahid-Nouraï.* ♦ ... Les intérêts d'un emprunt souscrit pour l'acquisition d'un immeuble destiné à produire un revenu. • CE 2 mars 1977, ♔ n° 99923 : *Dr. fisc. 1977. 1399, concl. Martin Laprade ; RJF 1977. 270.* ♦ ... Les intérêts de l'emprunt contracté pour la démolition d'un immeuble en vue de sa reconstruction et de l'obtention ultérieure de revenus plus élevés. • CE 8 juill. 1990, n° 52745 : *Dr. fisc. 1990. 1691, concl. Chahid-Nouraï ; RJF 1990. 1032.* ♦ ... Les intérêts d'une avance consentie sur un contrat d'assurance. * Rép. min. n° 2170 : *JO sénat Q, 20 déc. 2018,* *p. 36611.* ♦ Dès lors qu'une SCI a financé la construction d'un immeuble (générateur de revenus fonciers) par des avances en comptes courants d'associés, les intérêts de l'emprunt qu'elle souscrit pour rembourser ces avances sont déductibles des revenus fonciers. • CE 28 mars 2014, *Banque centrale des coopératives et des mutuelles,* n° 35816 : *RJF 2014. 571 ; Dr. fisc. 2014. 374, note Di Malta.*

29. Sont également déductibles les intérêts des emprunts effectivement versés par les nus-propriétaires d'immeubles loués et destinés à financer soit l'acquisition de la nue-propriété, soit les dépenses de réparation, d'entretien ou d'amélioration de ces immeubles, la déduction s'opérant sur les revenus fonciers provenant, le cas échéant, de leurs autres propriétés. Conformément à l'art. 156-1-3°, la fraction du déficit foncier qui résulte de ces intérêts d'emprunt est imputable exclusivement sur les revenus fonciers des dix années suivantes. * BOI-RFPI-BASE-20-80 n° 170 du 1er sept. 2017. ♦ En cas de démembrement de la propriété de parts d'une société de personnes détenant un immeuble donné en location, seul l'usufruitier de ces parts est soumis à l'IR à raison de la quote-part correspondante des revenus fonciers perçus par la société, le nu-propriétaire n'étant pas regardé comme disposant d'un revenu à ce titre. Par suite, les intérêts des emprunts contractés personnellement par le nu-propriétaire pour financer l'acquisition de la nue-propriété de ces parts ne peuvent être regardés comme une charge exposée en vue de l'acquisition ou la conservation d'un revenu foncier. Dès lors, ces intérêts ne sont pas déductibles de revenus fonciers que l'intéressé percevrait à raison d'autres biens ou droits immobiliers. • CE 24 févr. 2017, ☎ n° 395983 : *RJF 2017. 435 ; Dr. fisc. 2017. 412, note Di Malta.*

30. Lorsqu'ils sont entrepris en vue de conserver ou de procurer ultérieurement des revenus fonciers, les travaux tendant à l'aménagement, l'amélioration ou l'agrandissement de bâtiments existants doivent être regardés comme figurant au nombre des travaux visés par les dispositions de l'art. 31-I-1° *d* alors même qu'en raison de leur nature ou de leur importance, ils seraient au nombre de ceux exclus, par application du *b* du même article, des charges déductibles de la propriété. Par suite un bailleur peut légalement déduire les intérêts de l'emprunt souscrit en vue de la réalisation de travaux de cette nature sur un immeuble dont il est usufruitier dès lors, d'une part, qu'il a supporté la charge effective de ces intérêts, d'autre part, que l'immeuble en cause était destiné à la location, sans rechercher si certains de ces travaux figuraient, par leur nature ou leur importance, au nombre de ceux dont les frais sont, par application des dispositions de l'art. 31-I-1° *b*, exclus des charges déductibles de la propriété. • CE 23 mai 2003, ☎ n° 231720, *Champin : RJF 2003. 977 ; concl. Collin au BDCF 8-9/03, n° 107 ; Dr. fisc. 2003. 618, concl. Collin.*

31. Sauf disposition législative spécifique, seuls les intérêts des emprunts contractés pour l'acquisition de biens ou de droits immobiliers destinés à procurer des revenus fonciers sont déductibles du revenu brut foncier. Il en va notamment ainsi des intérêts des emprunts souscrits par un associé pour acquérir les parts d'une société de personnes dont les résultats sont imposables dans la catégorie des revenus fonciers. Il en est de même pour le remboursement des parts d'un associé par une telle société lorsqu'il est établi que l'emprunt est nécessaire pour la conservation du revenu foncier de celle-ci. • CE 9 juin 2020, ☎ nos 426339 et 426343 : *RJF 2020. 695, concl. Cyterman.*

32. Charges non déductibles. Ne sont pas déductibles notamment : les charges résultant d'un emprunt dont le capital est indexé. • CE 31 oct. 1990, ☎ n° 81132 : *Lebon 305* ✎. ♦ ... La fraction des arrérages d'une rente viagère correspondant à l'indexation sur l'indice des prix à la consommation. • TA Paris, 10 juin 2009, nos 04-3836 et 04-3832 : *RJF 2009. 1095.* ♦ ... Les intérêts de retard versés au prêteur pour non-respect des échéances dues à raison du prêt bancaire. • CE 10 févr. 1989, ☎ n° 57606 : *Dr. fisc. 1989. 897* • CAA Bordeaux, 27 juin 2000, n° 99BX266 : *Dr. fisc. 2001. 562.* ♦ ... Les intérêts de l'emprunt contracté pour l'acquisition de la nue-propriété de parts de SCPI. • CAA Paris, 5 nov. 1998, n° 96PA2870 : *Dr. fisc. 1999. 329, concl. Haïm ; RJF 1999. 721.*

E. SOLUTIONS DIVERSES

33. Indemnités d'éviction et assimilés. Le caractère déductible d'une indemnité d'éviction doit être apprécié en fonction du but dans lequel elle a été versée. Ainsi, lorsque le versement de l'indemnité d'éviction a permis, après la réalisation de travaux, la relocation de l'immeuble à des conditions plus avantageuses, la concomitance entre l'acquisition de l'immeuble et le versement de l'indemnité n'a pas conféré à cette dernière le caractère d'une dépense engagée en vue de la réalisation d'un gain en capital mais doit au contraire être regardée comme ayant visé à augmenter le revenu tiré de l'immeuble. Par suite cette indemnité est déductible en application de l'art. 13-1 sans qu'y fasse obstacle la circonstance que les travaux dont l'éviction des locataires était le préalable indispensable avaient le caractère de reconstruction au sens de l'art. 31-I-1° *b.* • CE 8 juill. 2005, ☎ n° 253291 : *RJF 2005.1194 ;* concl. Glaser au BDCF 11/05, n° 132 ; *Dr. fisc. 2006. 393, note E. G. ; AJDI 2006. 475, note Maublanc* ✎. ♦ Cas du rachat par une SCI d'un droit au bail temporairement détenu par l'un de ses associés pour le compte de la société : cette dépense est déductible dès lors qu'elle a permis de relouer à des conditions plus avantageuses, peu important que le rachat soit intervenu quelques jours après la nouvelle location de l'immeuble. • CE 21 nov. 2007, n° 275536 : *RJF 2008. 147 ; concl. Vérot au BDCF 2/08, n° 20.* ♦ L'indemnité d'éviction versée afin de relouer les locaux dans de meilleures conditions de loyer et les intérêts de l'emprunt contracté pour la payer sont déductibles quelle que soit l'importance des charges de l'emprunt. • CE 3 juill. 2009, n° 293154 : *RJF 2009. 946.*

34. Selon l'Administration, l'indemnité d'éviction est admise en déduction des recettes brutes lorsqu'elle est considérée comme une charge engagée en vue de la perception du revenu. Il en est ainsi, notamment, lorsque la somme versée au locataire sortant a pour objet de libérer les locaux en vue de les relouer immédiatement dans de meilleures conditions. Toutefois, il convient d'écarter la déduction de l'indemnité lorsque son versement résulte d'une gestion anormale. Lorsqu'elle est déductible, l'indemnité d'éviction vient, à compter de l'imposition des revenus de 2004, diminuer le montant des recettes brutes en tant que charge de la propriété. * BOI-RFPI-BASE-20-20 n° 10 du 14 févr. 2014.

F. DISPOSITIFS PARTICULIERS

35. Dépenses des restaurations en secteurs sauvegardés ou assimilés (loi Malraux). V. notes 29 s. ss. art. 156.

36. Charges des monuments historiques. V. notes 68 s. ss. art. 156.

37. Dispositifs « Périssol », « Besson neuf », « Besson ancien » et « Lienemann ». * BOI-RFPI-SPEC-20-10 du 15 sept. 2014.

38. Déduction au titre de l'amortissement « Robien ». * BOI-RFPI-SPEC-20-20 du 21 mai 2015. ♦ Le propriétaire doit s'assurer que le logement loué constitue la résidence principale du locataire. • CAA Lyon, 27 sept. 2018, n° 17LY01755 : *RJF 2019. 40.* ♦ Le propriétaire ne peut se réserver la jouissance du logement, même pour une courte durée. • CE (na), 4 juin 2021, n° 48431 : *RJF 2021. 931.* * BOI-RFPI-SPEC-20-20-20 n° 20 du 21 mai 2015.

39. Dispositif « Borloo neuf ». * BOI-RFPI-SPEC-20-30 du 21 mai 2015.

40. Conventionnement ANAH ou dispositif « Borloo ancien ». * BOI-RFPI-SPEC-20-40 du 11 juin 2015.

41. Incitation à la remise en location des logements vacants. * BOI-RFPI-SPEC-20-50 du 12 sept. 2012.

42. Déduction pour la mobilité professionnelle du bailleur. * BOI-RFPI-SPEC-20-60 du 12 sept. 2012.

43. Régime spécial des organismes de placement collectif immobilier. * BOI-RFPI-SPEC-20-20-70 du 12 sept. 2012.

44. Solutions diverses concernant les dispositifs d'encouragement à la location de logements. L'engagement du propriétaire de louer le logement nu pendant une durée de neuf ans auquel est subordonné le bénéfice de l'amortissement Périssol ne peut être regardé comme respecté lorsque le logement fait l'objet d'une vente aux enchères sur jugement d'adjudication, alors même qu'il a été maintenu en location par l'acquéreur. • TA Poitiers, 15 sept. 2005, n° 04-2620 : *RJF 2006. 263.*

45. L'acquisition de greniers situés dans un immeuble d'habitation suivie de leur transformation en logements n'ouvrait pas droit à déduction au titre de l'amortissement Périssol. • CE 30 déc. 2010, n° 314086 : *Dr. fisc. 2010. 284, concl. Collin, note Di Malta ; RJF 2011. 584.*

46. Un contribuable peut demander l'application du régime d'amortissement Besson par voie de réclamation à la suite de la requalification par l'Administration de travaux d'amélioration en travaux de reconstruction non déductibles des revenus fonciers. La solution est transposable pour les autres régimes d'amortissement. • TA Amiens, 13 mars 2008, n° 06-1467. ♦ En sens contraire : • TA Lyon, 6 oct. 2009, n° 07-4509 : *RJF 2010. 486.*

47. Le plafond de loyer applicable dans le cadre des dispositifs Robien, Borloo et Besson est apprécié en tenant compte du montant du loyer fixé dans le bail sans déduction possible de la valeur locative du garage bien que sa superficie ne soit pas retenue pour cette appréciation. • CAA Nancy, 24 mars 2011, n° 10NC00451 : *RJF 2011. 948.*

48. L'avantage fiscal (amortissement Périssol en l'espèce) est remis en cause lorsqu'il résulte d'un faisceau d'indices que le propriétaire n'a pas mis son appartement en location mais s'est entendu avec le propriétaire de l'appartement contigu au sien pour faire croire qu'ils étaient réciproquement locataires de leurs appartements alors qu'en définitive chacun occupait son propre appartement. • TA Toulouse, 14 déc. 2010, n° 06-3571 : *RJF 2011. 975.* ♦ Le bailleur de l'appartement ne peut bénéficier de l'avantage fiscal dès lors qu'il n'établit pas que le locataire du logement dont il est propriétaire n'avait pas fait de celui-ci son habitation principale effective. • CE 1er oct. 2015, *Devilliers,* n° 365765 : *RJF 2015. 991, concl. Crepey ; Dr. fisc. 2015. 677, note Douet* • CE 20 oct. 2016, n° 390790 : *RJF 2017. 35.* ♦ La condition de mise en location du logement s'apprécie à la date de prise d'effet du bail et non à celle de sa signature. • CE 13 juin 2016, n° 386645 : *RJF 2016. 793.*

49. En cas de vacance du logement du fait du départ du locataire au cours de la période de l'engagement de location de neuf ans, le maintien de l'avantage fiscal (amortissement Périssol en l'espèce) est subordonné à la condition que le contribuable justifie avoir accompli sans délai toutes les diligences nécessaires pour que son bien puisse être reloué. • CE 25 janv. 2017, *Épx Naccache*, n° 387034 : *RJF 2017. 333, concl. Victor ; Dr. fisc. 2017. 260, note Di Malta.*

50. Un contribuable peut bénéficier du « Robien » lorsqu'il a opté à tort pour le « Scellier » et respectait de ce fait les exigences du régime « Robien », car les deux dispositifs qui se sont succédé dans le temps sont très proches l'un de l'autre. • CE 3 juill. 2020, n° 423931 : *RJF 2020. 913.*

51. Carrières et gisements minéraux. Au regard des spécificités de ces exploitations, et notamment de l'épuisement irrémédiable de la substance même du sol et du sous-sol donnés en location, l'Administration admet que les propriétaires-bailleurs de tels gisements ou carrières pratiquent, à compter de l'imposition des revenus de 2006, une déduction spécifique égale à 40 % des revenus fonciers bruts tirés des contrats de concessions en cours, et de ceux nouvellement conclus ou renouvelés. * Rép. min. n° 109030 : *JOAN Q, 16 janv. 2007, p. 561.*

52. Reconstruction d'un bâtiment d'exploitation rurale. Les dépenses de reconstruction de deux poulaillers industriels détruits par un incendie ne constituent pas des dépenses déductibles au sens de l'art. 31-I-2°-*c ter*, dès lors qu'il ne résulte pas de l'instruction que ces bâtiments étaient vétustes ou inadaptés aux techniques modernes. Par suite, l'indemnité d'assurance versée au propriétaire pour reconstruire ces bâtiments agricoles n'est pas imposable. • CE 6 déc. 2013, n° 345518 : *RJF 2014. 249.*

Art. 31-0 *bis* **Lorsqu'un monument historique classé ou inscrit, bâti ou non-bâti** *[non bâti]*, **fait l'objet d'un bail emphytéotique d'une durée d'au moins dix-huit ans, le preneur est imposé en qualité de propriétaire sur les recettes qu'il a perçues, après prise en compte des charges qu'il a supportées. Cette imposition s'effectue sous le régime des revenus fonciers, sauf si le propriétaire est une personne physique ou morale relevant du régime des bénéfices industriels et commerciaux. Le preneur imposé sous le régime des revenus fonciers bénéficie, le cas échéant, par substitution du propriétaire, du premier alinéa du 3° du I de l'article 156.**

Art. 31 *bis* **L'associé d'une société civile de placement immobilier, régie par les articles L. 214-114 et suivants du code monétaire et financier, dont la quote-part de revenu est, en application de l'article 8, soumise en son nom à l'impôt sur le revenu dans la catégorie des revenus fonciers, peut pratiquer, sur option irrévocable exercée lors du dépôt de la déclaration des revenus de l'année de la souscription, une déduction au titre de l'amortissement. Cette déduction est égale à 6 % pour les sept premières années et à 4 % pour les deux années suivantes de 95 % du montant de la souscription en numéraire au capital initial ou aux augmentations de capital de cette société réalisée entre le 3 avril 2003 et le 31 décembre 2009. La période d'amortissement a pour point de départ le premier jour du mois qui suit celui de la souscription.** — *Pour les souscriptions antérieures au 1er sept. 2006, l'amortissement était de 8 % de 95 % du montant de la souscription pour les cinq premières années, puis de 2,5 % pour les quatre années suivantes.*

Cette déduction, qui n'est pas applicable aux revenus des titres dont le droit de propriété est démembré, est subordonnée à la condition que 95 % de la souscription serve exclusivement à financer un investissement pour lequel les conditions d'application de la déduction prévue au *h* ou au *l* du 1° du I de l'article 31 sont réunies. En outre, la société doit prendre l'engagement de louer le logement dans les conditions et limites prévues au *h* ou au *l* du 1° du I dudit article. L'associé doit s'engager à conserver la totalité de ses titres jusqu'à l'expiration de l'engagement souscrit par la société. Le produit de la souscription annuelle doit être intégralement investi dans les dix-huit mois qui suivent la clôture de celle-ci. La société ne peut pas bénéficier de la déduction prévue au *j* du 1° du I de l'article 31 durant la période couverte par l'engagement de location.

Tant que les conditions de loyer et de ressources du locataire prévues au deuxième alinéa du *l* du 1° du I de l'article 31 restent remplies, l'associé peut, par période de trois ans et pendant une durée maximale de six ans, bénéficier d'une déduction au titre de l'amortissement égale à 2,5 % de 95 % du montant de la souscription. En cas de non-respect des conditions de location ou de cession du logement ou des parts, les déductions pratiquées pendant l'ensemble de la période triennale sont remises en cause dans les conditions de droit commun.

Un décret fixe les obligations incombant aux associés et aux sociétés mentionnées au présent article.

Pour l'application du présent art., V. Ann. III, art. 2 octodecies A, 2 octodecies B, 2 novodecies B. et 2 vicies.

Art. 32 **1. Par dérogation aux dispositions de l'article 31, lorsque le montant du revenu brut annuel défini aux articles 29 et 30 n'excède pas 15 000 €, le revenu imposable correspondant est fixé à une somme égale au montant de ce revenu brut diminué d'un abattement de 30 %.**

Dans le cas où le contribuable détient des parts de fonds de placement immobilier mentionnés à l'article 239 *nonies* ou des parts de sociétés, autres que celles visées à l'article 1655 *ter*, qui donnent en location des immeubles nus et dont les résultats sont imposés dans les conditions prévues à l'article 8, la limite de 15 000 € est appréciée en tenant compte du montant du revenu brut annuel défini aux articles 29 et 30 à proportion de ses droits dans les bénéfices comptables de ces sociétés ou de ces fonds. Le revenu imposable est déterminé en tenant compte de cette quote-part.

2. Les dispositions du 1 s'appliquent à l'ensemble des revenus fonciers perçus par le foyer fiscal. Les contribuables concernés portent directement le montant du revenu brut annuel sur la déclaration prévue à l'article 170.

Les dispositions du 1 ne sont pas applicables lorsque le contribuable ou l'un des membres du foyer fiscal est propriétaire d'un ou plusieurs biens appartenant aux catégories suivantes :

a) Monuments historiques et assimilés ou immeubles en nue-propriété, donnés en location et visés au 3° du I de l'article 156 ;

b) *Abrogé ;*

c) Logements au titre desquels est demandé le bénéfice de l'une des déductions prévues aux *j* et *k* du 1° du I de l'article 31 ou de l'une des déductions au titre de l'amortissement prévues aux *f*, *g* et *h* du 1° du I de l'article 31 ;

d) Parts de sociétés, autres que celles visées à l'article 1655 *ter*, qui donnent en location des immeubles nus et dont les résultats sont imposés dans les conditions prévues à l'article 8 lorsque leur détenteur n'est pas propriétaire d'un immeuble donné en location nue ;

e) Parts de sociétés, autres que celles visées à l'article 1655 *ter* et parts de fonds de placement immobilier mentionnés à l'article 239 *nonies*, qui donnent en location un immeuble visé aux *a* et *c* ou qui font l'objet de la déduction au titre de l'amortissement prévue à l'article 31 *bis* et dont les résultats sont imposés dans les conditions prévues à l'article 8 ;

f) Logements au titre desquels est demandé le bénéfice de la déduction prévue au *m* ou au *o* du 1° du I de l'article 31 ;

g) Parts de fonds de placement immobilier mentionnés à l'article 239 *nonies* lorsque leur détenteur n'est pas propriétaire d'un immeuble donné en location nue ;

(L. n° 2021-1900 du 30 déc. 2021, art. 67-II-1°-b) **« h) Logements au titre desquels est demandé le bénéfice de la réduction d'impôt prévue à l'article 199 *tricies*. »**

3. L'année au cours de laquelle le seuil prévu au 1 est dépassé ou celle au titre de laquelle l'une des exclusions mentionnées au 2 est applicable, le revenu net foncier est déterminé dans les conditions prévues aux articles 28 et 31.

4. Les contribuables qui souhaitent renoncer au bénéfice des dispositions du 1 peuvent opter pour la détermination de leur revenu net foncier dans les conditions prévues aux articles 28 et 31.

L'option est exercée pour **une période de trois ans dans le délai prévu pour le dépôt de la déclaration mentionnée à l'article 170 de la première année au titre de laquelle elle s'applique. Irrévocable durant cette période, elle est valable tant que le contribuable reste de manière continue dans le champ d'application du 1.**

1. Régime « micro-foncier ». Commentaire administratif. Champ d'application. Détermination du revenu net foncier. Sortie du régime. * BOI-RFPI-DECLA-10 du 6 juill. 2016.

2. Option pour le régime réel. Le contribuable peut exercer l'option pour le régime réel d'imposition des revenus fonciers dans le délai de réclamation. • TA Lyon, 21 mai 2019, n° 1800922 : *RJF 2019. 1163.* ♦ Dans le même sens • CAA Marseille, 4 févr. 2021, n° 19MA01186 : *RJF 2021. 494.*

3. Durée de validité des renouvellements d'option. Les contribuables ayant opté pour le régime réel d'imposition des revenus fonciers qui continuent à souscrire une déclaration au régime réel au-delà du terme de la période de trois ans (durée de validité de l'option) sont désormais considérés comme exerçant une option annuelle, et non plus triennale, pour ce régime. * BOI-RFPI-DECLA-10 n° 250 du 6 juill. 2016.

Art. 33 *Abrogé par L. du 28 déc. 1959, art. 11, et Ord. du 30 déc. 1958, art. 64 et 70.*

5 BAIL À CONSTRUCTION

Art. 33 *bis* **Sous réserve des dispositions de l'article 151 *quater*, les loyers et prestations de toute nature qui constituent le prix d'un bail à construction passé dans les conditions prévues par les articles L. 251-1 à L. 251-8 du code de la construction et de l'habitation, ont le caractère de revenus fonciers au sens de l'article 14.**

BIBL. ▸ Chatelon et Roy, *RFN nov. 2002, p. 36* (construire sur sol d'autrui : le régime fiscal de faveur du bail à construction). – Dumont, *BFL 2012, p. 827* (fiscalité directe du bail à construction : l'assiette et le régime dissociés). – Fouquet, *Rev. adm. 2007, p. 266* (le réalisme du droit fiscal appliqué au bail à construction). – Maublanc, *AJDI 1999. 899* (l'imposition des constructions revenant gratuitement au bailleur à l'expiration du bail). – Mignon, *RJF 1999. 431* (construction sur sol d'autrui : une zone de turbulences). – Olléon, *RJF 2002. 859* (fiscalité des constructions sur sol d'autrui). – Quillici, *BFL 2004. 797* (les conséquences juridiques et fiscales, pour le bailleur, de l'accession sans indemnité en fin de bail).

1. En vertu de l'art. 33 *bis*, les loyers et prestations de toute nature qui constituent le prix d'un bail à construction et notamment la valeur de la construction remise en fin de bail au bailleur ont pour celui-ci le caractère de revenus fonciers. Telle n'est pas en revanche la nature de l'indemnité versée par le preneur au bailleur, dans le cas particulier où il est établi qu'elle compense la dépréciation du bien impliquée par la démolition de l'immeuble construit sur la parcelle donnée à bail. Pour apprécier si cette preuve est apportée, il convient de rechercher si l'immeuble à détruire avait été acquis à cette fin. Dans la négative, la perte de la valeur vénale de l'immeuble détruit ne saurait être regardée comme compensée par la valeur de l'immeuble à construire en remplacement, dès lors que l'art. 33 *bis* confère à cette dernière la nature d'un revenu foncier imposable. • CE 23 janv. 2002, n°s 221530 et 221538 : *Dr. fisc. 2002. 409, concl. Austry ; RJF 2002. 398.*

2. Dans une hypothèse où le bailleur et le preneur d'un bail à construction ont cédé à un tiers par un acte unique, avant la fin du bail, les terrains et les constructions qui y avaient été édifiées par le preneur et qui devaient revenir gratuitement au bailleur en fin de bail, la Cour interprète souverainement le contrat de cession comme ayant fiscalement les mêmes effets qu'une résiliation amiable tacite du bail impliquant la remise au bailleur des immeubles construits par le preneur. L'Administration est fondée à réintégrer dans les revenus fonciers de la SCI la valeur des constructions édifiées par le preneur. • CE 21 nov. 2011, n° 340779 : *RJF 2012. 24.*

3. Dès lors qu'en vertu de l'art. 33 *bis* la valeur de l'immeuble remis gratuitement au bailleur en fin de bail à construction constitue pour lui un revenu foncier, l'indemnité d'assurance perçue par le bailleur en vertu du bail, en compensation de la perte de revenus qu'il subit du fait de la destruction de l'immeuble constitue également un revenu foncier. N'y fait pas obstacle la circonstance que le montant de cette indemnité, calculé sur la base du prix de reconstruction à neuf de l'immeuble, excéderait le revenu imposable qui eût été retenu en l'absence de sinistre, calculé sur la base du prix de revient effectif de l'immeuble remis, affecté des décotes prévues par l'art. 2 *sexies* de l'Annexe III lorsque la durée du bail a excédé dix-huit ans. • CE 21 mars 2003, n° 235874 : *Dr. fisc. 2003. 463, concl. Austry ; RJF 2003. 714 ; AJDI 2004. 46, note Maublanc.*

4. Un contrat d'apport doit avoir, au regard de la loi fiscale, les mêmes effets qu'une résiliation amiable tacite du bail avant son terme impliquant la remise des immeubles au bailleur, effectuée préalablement à l'apport. Ainsi, lorsqu'il est mis fin à un bail à construction avant son terme par une convention d'apport par laquelle le preneur fait l'acquisition du terrain par l'attribution au bailleur d'actions pour un montant équivalent à la valeur du terrain majorée de la valeur des constructions réalisées, la remise desdites constructions à l'occasion de cette convention, qui suppose nécessairement la résiliation amiable tacite anticipée du bail, constitue une partie du prix du bail au sens de l'art. 33 *bis* imposable entre les mains du bailleur dans la catégorie des revenus fonciers. L'argument selon lequel le bail se serait trouvé éteint, en application des art. 1234 et 1300 C. civ., par la confusion en la personne du preneur des qualités de bailleur et de preneur, est sans incidence sur l'application des art. 33 *bis* et 33 *ter*. • CE 5 déc. 2005, n° 256916 : *RJF 2006. 221 ; concl. Glaser au BDCF 3/06, n° 31 ; Dr. fisc. 2006. 423, concl. Glaser.*

5. La cession par le bailleur au bénéfice du preneur d'un terrain faisant l'objet d'un bail à construction produit les mêmes effets qu'une résiliation amiable tacite du bail rendant imposable le bailleur à raison du complément de loyer correspondant à la valeur des constructions. • CE 11 avr. 2008, n° 287961 : *RJF 2008. 819 ; Dr. fisc. 2008. 360, note Maublanc.*

6. Dans le cas de l'absorption du bailleur par le preneur, le contrat de fusion produit, au regard de la loi fiscale, les mêmes effets qu'une résiliation amiable tacite du bail, et doit être regardé comme impliquant la remise des immeubles au bailleur préalablement à la fusion. • CE 7 févr. 2007, n° 288067 : *RJF 2007. 441, Dr. fisc. 2007. 882.* ♦ La circonstance qu'en cas de fusion, les baux conclus entre les deux sociétés qui ont la qualité respectivement de bailleur et de preneur se seraient trouvés éteints, sans résiliation, en application des art. 1234 et 1300 C. civ., par confusion en la personne de l'absorbante des qualités de preneur et de bailleur, est sans incidence sur l'application des art. 33 *bis* et 33 *ter*. • Même arrêt.

7. Le contrat de cession du terrain par le bailleur au preneur avant le terme du bail à construction produit au regard de la loi fiscale, pour l'ensemble des parties, les mêmes effets qu'une résiliation amiable tacite du bail et doit être regardé comme impliquant la remise des immeubles au bailleur préalablement à la vente. • CE 27 févr. 2013, *Sté Armoricaine d'Entretien Naval*, n° 350663 : *RJF 2013. 424 ; BDCF 2013. 50, concl. Escaut ; Dr. fisc. 2013. 278, note Maublanc.* ♦ Le transfert des constructions dans le patrimoine du bailleur implique nécessairement leur sortie du patrimoine du preneur, lequel perd ainsi les droits qu'il détenait sur les immeubles qu'il a édifiés. L'acquisition du terrain d'assiette des constructions par le preneur emporte ensuite immédiatement transfert dans son patrimoine de l'ensemble immobilier, composé du terrain et des constructions. • Même arrêt. ♦ Si la vente par le bailleur au preneur a entraîné sur le plan civil une confusion des qualités de bailleur et de preneur en vertu de l'art. 1300 C. civ. et si cette confusion n'a pas entraîné la résiliation anticipée du bail à construction mais son extinction, ces dispositions du code civil ne font pas échec, pour l'application de la loi fiscale, à la mise en œuvre de ces règles. • Même arrêt. ♦ Dans le cas d'un preneur soumis aux règles des BIC, la vente se traduit donc par un retrait des constructions à l'actif, par le crédit du compte 214 « Constructions sur sol d'autrui » du PCG, pour leur valeur nette comptable, et par une réinscription *à cet actif* des mêmes constructions pour leur valeur vénale au jour de l'acte de cession par le débit du compte 213 « Constructions », tandis que les terrains sont inscrits au débit du compte 211, afin que soit concrétisé, sur le plan comptable, le transfert définitif de propriété des biens en cause. La variation de l'actif net qui en résulte affecte le bénéfice net du preneur, en application de l'art. 38-2 CGI. • Même arrêt.

8. En cas d'acquisition d'un terrain faisant l'objet d'un bail à construction prévoyant la remise gratuite au bailleur en fin de bail des ouvrages réalisés par le preneur, l'acheteur acquiert également du vendeur les droits attachés à la qualité de bailleur. Par suite, lors de la résiliation anticipée du bail à construction moyennant une indemnité compensatrice pour le locataire, le nouveau bailleur doit être regardé comme ayant bénéficié gratuitement de la remise des constructions édifiées sur le terrain donné à bail dans les conditions prévues par l'art. L. 251-2 CCH, quand bien même le bail à construction, résilié avant dix-huit ans, serait devenu un bail ordinaire. Il est par suite imposable dans la catégorie des revenus fonciers sur la valeur des constructions, considérée comme un supplément de loyers, diminuée de l'indemnité de résiliation versée. • CAA Bordeaux, 15 févr. 2007, n° 04BX656 : *RJF 2007. 808.*

9. Pour déterminer si l'indemnité versée au bailleur d'un bail à construction, à raison du transfert au preneur de la propriété de bâtiments existants, est un revenu foncier ou un produit de cession, ou relève pour partie de l'une ou de l'autre de ces catégories, il y a lieu de tenir compte non seulement des clauses du bail et du montant de l'indemnité stipulée, mais aussi du niveau normal du loyer correspondant à l'ensemble immobilier en litige, ainsi que des avantages éventuels offerts par le propriétaire bailleur, en sus du droit de jouissance qui découle du contrat de bail. • CE 3 déc. 2014, *Min. Budget c/ Jonchère*, n° 371101 : *RJF 2015. 114.*

10. Cas de requalification du bail à construction : en vente à tempérament avec réserve de propriété. • TA Lyon, 18 déc. 2001, n° 97LY4891, *SA Hospitalière du Tonkin : Dr. fisc. 2003. 440, concl. Gimenez ; RJF 2003. 47.* ♦ ... En bail ordinaire. • TA Dijon, 11 juin 2002, n° 01-2415, *Coussement : RJF 2003. 46 ; Dr. fisc. 2002. 847.* – V. égal. note 1 ss. art. 33 *ter*.

Art. 33 *ter* **I. – Lorsque le prix du bail consiste, en tout ou partie, dans la remise d'immeubles ou de titres dans les conditions prévues au premier alinéa de l'article L. 251-5 du code de la construction et de l'habitation, le bailleur peut demander que le revenu représenté par la valeur de ces biens calculée d'après le prix de revient soit réparti sur l'année ou l'exercice au cours duquel lesdits biens lui ont été attribués et les quatorze années ou exercices suivants.**

En cas de cession des biens, la partie du revenu visé au premier alinéa qui n'aurait pas encore été taxée est rattachée aux revenus de l'année ou de l'exercice de la cession. Le cédant peut, toutefois, demander le bénéfice des dispositions du I de l'article 163-0A.

Il en est de même en cas de décès du contribuable. Toutefois, chacun de ses ayants droit peut demander que la partie du revenu non encore taxée correspondant à ses droits héréditaires soit imposée à son nom et répartie sur chacune des années comprises dans la fraction de la période de quinze ans restant à courir à la date du décès.

II. — Les dispositions du I s'appliquent également aux constructions revenant sans indemnité au bailleur à l'expiration du bail.

Toutefois, la remise de ces constructions ne donne lieu à aucune imposition lorsque la durée du bail est au moins égale à trente ans. Si la durée du bail est inférieure à trente ans, l'imposition est due sur une valeur réduite en fonction de la durée du bail dans des conditions fixées par décret. — *V. Ann. III, art. 2 sexies.*

BIBL. ▶ DUMONT, *BFL 2012, p. 827* (fiscalité directe du bail à construction : l'assiette et le régime dissociés). – QUILLICI, *BFL 2004, p. 169* (bail à construction : l'imbroglio juridique et fiscal de la cession des droits du bailleur).

1. Résiliation. Jurisprudence partagée. 1) Un bail à construction qui se trouve résilié par la volonté des parties avant l'expiration du délai minimal de 18 années prévu par l'art. L. 251-1 CCH doit être regardé comme un bail ordinaire. Ainsi, en application du principe posé par l'art. 551 C. civ., le bailleur est devenu propriétaire, à l'expiration du bail, des constructions édifiées sur le terrain. La valeur de ces constructions constitue un revenu foncier à inclure dans le revenu imposable du bailleur au titre de l'année de résiliation du bail. • TA Dijon, 11 juin 2002, ⛫ n° 01-2415 : *Dr. fisc. 2002. 847 ; AJDI 2003. 525, note Maublanc* ✎. ♦ 2) L'acquisition du terrain par le preneur d'un bail à construction n'entraîne ni l'imposition du bailleur sur le revenu foncier qui résulterait de la remise gratuite des constructions, ni la réintégration de la valeur des constructions dans le calcul de la plus-value résultant de la vente. • TA Lyon, 4 juin 2003, ⛫ n° 00-3609 : *RJF 2003. 891 ; Dr. fisc. 2004. 528, note Masson.* ♦ Cas de résiliation anticipée résultant de la cession simultanée à un tiers des droits du preneur et du bailleur. • CE 21 nov. 2011, ⛫ n° 340779 : *RJF 2012. 24.*

2. Prorogation. L'acte par lequel le bail à construction est prorogé pour 8 ans moyennant une augmentation de loyer (de 6 000 F à 50 000 F) si importante qu'elle constitue une modification d'une condition substantielle du bail initial, doit être regardé non comme une prorogation du bail à construction mais comme concluant un nouveau bail de droit commun. • TA Toulouse 31 mai 2005, n° 01-1696 : *RJF 2005. 1034.*

3. La prorogation d'un bail à construction par la volonté expresse des parties, prorogation qui n'implique pas, par elle-même, la naissance d'un nouveau contrat, a pour effet de reporter au nouveau terme convenu la date à laquelle le bailleur deviendra propriétaire du bien construit par le preneur, et par suite l'imposition du revenu foncier en nature correspondant. • CE 25 janv. 2006, ⛫ n° 271523 : *RJF 2006. 388 ; concl. Séners au BDCF 4/06, n° 50 ; Dr. fisc. 2006. 646, concl. Séners ; JCP N 2006.1157, note Lefeuvre.*

4. Donation. Dès lors qu'il ne résulte ni de l'art. 33 *ter* I (al. 2) ni de ses travaux préparatoires, que le législateur ait entendu faire une distinction entre les cessions selon que celles-ci sont effectuées à titre gratuit ou à titre onéreux, une donation-partage met fin au bénéfice du régime d'étalement. • CAA Nantes, 15 mai 2001, n° 97NT2577, *Ducros : RJF 2001. 1238 ; Dr. fisc. 2001. 1200, concl. Grangé.*

5. Constructions revenant sans indemnité au bailleur à l'expiration du bail. Il résulte de l'art. 33 *ter* que, lorsque le prix d'un bail à construction consiste, en tout ou partie, dans la remise au bailleur des constructions érigées sur son terrain par le preneur, le revenu foncier ou le bénéfice qui en résulte pour le bailleur doit être calculé d'après le prix de revient des biens qui lui ont été remis à l'expiration du bail. Ce revenu ou ce bénéfice, que le bailleur peut répartir sur l'année au cours de laquelle les constructions ont été remises ainsi que sur les quatorze années suivantes, est par ailleurs réduit par application d'une décote de 8 % du prix de revient par année de bail au-delà de la dix-huitième année, lorsque la durée du bail à construction est comprise entre dix-huit ans et trente ans. Enfin, la remise au bailleur des constructions à l'expiration du bail n'entraîne aucune imposition pour le bailleur lorsque la durée du bail à construction a été au moins égale à trente ans. • CE 26 mars 2012, ⛫ *Sté Casino Guichard-Perrachon*, n° 340883 : *RJF 2012. 563 ; Dr. fisc. 2012. 470, concl. Daumas, note Maublanc.* ♦ Dans l'hypothèse où la durée du bail à construction a été au moins égale à trente ans, le bailleur peut prétendre au bénéfice de cette exonération, dans la limite du prix de revient des constructions qui lui ont été remises, sans qu'y fasse obstacle la circonstance qu'il aurait comptabilisé ces constructions à leur valeur vénale. • Même arrêt. ♦ Lorsque le bailleur comptabilise à leur valeur vénale les constructions qui lui ont été remises, l'écart entre la valeur vénale et le prix de revient des constructions doit être réintégré dans son résultat et est imposable au titre de l'année de la remise des constructions. • CE 5 nov. 2014, ⛫ *Sté Casino Guichard-Perrachon*, n° 366231 : *RJF 2015. 93 ; Dr. fisc. 2015. 239, concl. Dumas, note Carpentier.*

6 LOYERS SOUMIS À LA TAXE SUR LA VALEUR AJOUTÉE

Art. 33 *quater* **Pour la détermination du revenu foncier imposable des personnes qui sont redevables de la taxe sur la valeur ajoutée pour les loyers de leurs immeubles, les recettes brutes ainsi que les dépenses déductibles relatives aux immeubles sont retenues pour leur montant hors taxe sur la valeur ajoutée.**

7 BAIL À RÉHABILITATION

Art. 33 *quinquies* **Les loyers et prestations de toute nature qui constituent le prix d'un bail à réhabilitation conclu dans les conditions prévues par les articles L. 252-1 à L. 252-4 du code de la construction et de l'habitation ont le caractère de revenu foncier au sens de l'article 14. Toutefois, le revenu représenté par la valeur des travaux de construction, de reconstruction ou d'agrandissement réalisés par le preneur conformément à l'article L. 252-1 du code de la construction et de l'habitation ne donne lieu à aucune imposition.**

II *BÉNÉFICES INDUSTRIELS ET COMMERCIAUX*

1 DÉFINITION DES BÉNÉFICES INDUSTRIELS ET COMMERCIAUX

Art. 34 **Sont considérés comme bénéfices industriels et commerciaux, pour l'application de l'impôt sur le revenu, les bénéfices réalisés par des personnes physiques et provenant de l'exercice d'une profession commerciale, industrielle ou artisanale.**

Il en est de même, dans les mêmes conditions, des bénéfices réalisés par les concessionnaires de mines, par les amodiataires et sous-amodiataires de concessions minières, par les titulaires de permis d'exploitation de mines et par les explorateurs de mines de pétrole et de gaz combustibles.

Par exception aux dispositions du premier alinéa, sont classés dans la catégorie des salaires les revenus correspondant aux rémunérations dites "à la part" perçues au titre de leur travail personnel par les artisans pêcheurs, ainsi que, lorsqu'ils sont embarqués, par le ou les pêcheurs associés d'une société de pêche artisanale, telle que définie à l'article L. 931-2 du code rural et de la pêche maritime et soumise au régime d'imposition prévu à l'article 8 *[du code général des impôts]*.

BIBL. ▶ FERNOUX, *Dr. fisc. 2016. 387* (location meublée : de l'adoption de la « commercialité fiscale », une réforme nécessaire). – PLAGNET, *GAJ Fisc., p. 515* (définition des BIC).

1. Principe. L'accomplissement à titre professionnel d'actes réputés « de commerce » par la loi commerciale est une activité commerciale au sens de l'art. 34. • CE 29 avr. 2002, n° 234133, *Jacob : RJF 2002. 769 ; Dr. fisc. 2002. 724, concl. Séners.*

2. Location d'immeubles nus. La location d'immeubles nus revêt un caractère commercial lorsqu'elle fait participer le bailleur à la gestion ou aux résultats de l'entreprise locataire. • CE 12 juill. 1969 : *Dupont 1974. 249* • 28 nov. 1984, n° 42499 : *RJF 1985. 212.* ♦ La location de cuves de stockage moyennant un loyer proportionnel aux produits stockés associe le bailleur aux aléas de l'activité commerciale de stockage. • CE 29 déc. 1995, n° 137244 : *RJF 1996. 179.* ♦ En revanche, la location, par un médecin, de locaux à usage de cabinet médical non munis de mobilier et de matériel nécessaires à leur exploitation n'est pas imposable dans la catégorie des BIC mais dans celle des revenus fonciers. • CE 6 avr. 2001, n° 208672 : *RJF 2001. 939 ; Dr. fisc. 2002. 752.* ♦ Il en est de même s'agissant d'un bail comportant une clause de variation du loyer en fonction du chiffre d'affaires réalisé par la société locataire. • TA Amiens, 15 déc. 2016, n° 1402818 : *RJF 2017. 410.*

3. Locations meublées saisonnières. La location habituelle des locaux garnis de meubles doit être regardée comme une activité commerciale au sens de l'art. 34. La durée de la location est sans incidence à cet égard. Ainsi, la mise en location pendant un mois d'été présente un caractère habituel si elle se répète plusieurs années de suite alors même que la location n'aurait duré que quinze jours les deux années précédentes. • CE 28 déc. 2012, *SCI le Mas des Sources,* n° 347607 : *RJF 2013. 257 ; BDCF 2013. 26, concl. Cortot-Boucher.* ♦ Une SCI qui loue régulièrement en meublé sur la période estivale les locaux dont elle est propriétaire et les met gratuitement à la disposition de ses associés au cours des autres périodes doit être regardée comme se livrant à une exploitation commerciale des locaux au sens de l'art. 34. • CAA Versailles, 7 févr. 2017, n° 15VE02918 : *RJF 2017. 411.*

4. Location de fonds de commerce assor-

tie de la location d'un immeuble. Relèvent de la catégorie des BIC et non des revenus fonciers les loyers perçus par un entrepreneur individuel, bailleur de fonds de commerce, qui loue l'immeuble inscrit au bilan de son entreprise individuelle à deux sociétés locataires, alors même que l'une des locations présente un caractère civil. En effet, en comprenant ainsi la totalité de l'immeuble dans les éléments d'actif de son entreprise, l'entrepreneur individuel a pris, dans le cadre de sa gestion, une décision qui lui est opposable. • CAA Bordeaux, 27 févr. 2006, n° 02BX1073 : *RJF 2006. 817.*

5. Location de locaux munis de moyens d'exploitation. La location d'un immeuble comportant l'ensemble des installations et des aménagements techniques (notamment une turbine, une station d'huile, un vérin, une conduite en acier, deux compteurs électroniques et deux armoires électriques) nécessaires à l'exploitation d'une centrale hydroélectrique présente un caractère commercial. • CAA Bordeaux, 5 juill. 2007, n° 05BX710 : *RJF 2008. 15.*

6. Activité sans prestation au profit de tiers. Lorsque le propriétaire d'un immeuble se facture à lui-même en tant que travailleur indépendant le temps qu'il a lui-même passé à effectuer des travaux d'amélioration de cet immeuble, les sommes ainsi facturées ne sauraient, en l'absence de toute prestation réalisée au profit de tiers, être regardées, au sens et pour l'application de l'art. 34, comme provenant de l'exercice d'une activité lucrative ni, par suite, comme un BIC. • CE 29 mai 2019, ☎ n° 418293 : *RJF 2019. 749, concl. Cortot-Boucher.*

7. Location de véhicules entre particuliers. Les particuliers qui se livrent à une activité de location de véhicules sont soumis à l'IR dans la catégorie des BIC ou, à défaut, dans celle des BNC si les revenus sont occasionnels. * Rép. min. n° 52946 : *JOAN Q, 24 mai 2016, p. 4505.*

8. Directeur d'un établissement de jeux. Le contribuable qui assume de manière habituelle et dans un but lucratif la direction, la gestion et l'administration d'un cercle de jeux dont il encaisse les gains et subit les pertes est imposable dans la catégorie des BIC. • CE 22 mai 1992, ☎ n° 69903 : *Dr. fisc. 1994. 1613, concl. Hagelsteen* • CAA Paris, 18 juill. 1995, n° 94PA169 : *Dr. fisc. 1996. 50.*

9. Activités accessoires d'entremise. Constitue non pas le prix de cession d'une promesse de vente (non imposable) mais la rémunération d'un acte d'entremise susceptible de se renouveler (imposable dans la catégorie des BNC) la somme forfaitaire perçue par un contribuable en remplacement d'un pourcentage sur une opération de construction-vente, initialement prévue à raison de la renonciation à l'exercice de droits personnels issus d'une promesse de vente dont le contribuable était bénéficiaire. • CE 25 mars 1991, ☎ n° 57421 : *RJF 1991. 598 ; Dr. fisc. 1991. 1846, concl. Hagelsteen.* ♦ Les rétrocessions des commissions perçues par un receveur des postes en contrepartie du concours apporté à ses collègues pour les aider dans le placement d'emprunts sont taxables dans la catégorie des BIC, dès lors qu'elles rémunèrent une activité d'entremise exercée à titre indépendant et habituel. • CAA Paris, 28 févr. 1995, n° 93PA556 : *Dr. fisc. 1995. 1641, concl. Brin ; RJF 1995. 566* • CAA Lyon, 10 déc. 1997, n° 95LY1693 : *Dr. fisc. 1998. 699 ; RJF 1998. 370.*

10. Artisans pêcheurs. Les bénéfices réalisés par un artisan pêcheur dans l'exercice de sa profession ne peuvent être imposés, pour partie, dans la catégorie des traitements et salaires que dans le cas où l'intéressé emploie au moins un marin salarié, lui-même rémunéré « à la part » en vertu d'une clause expresse de son contrat d'engagement, ainsi que l'exige l'art. 33 C. trav. mar. • CE 18 déc. 1996, ☎ n°s 119300 et 119549 : *Dr. fisc. 1997. 147, concl. Goulard ; RJF 1997. 105.*

11. Agent d'affaires. Les opérations d'agence d'affaires relèvent par nature d'une activité commerciale, alors même que les profits qu'elles procurent à une personne physique qui ne les réaliserait qu'à titre occasionnel ne seraient imposables que dans la catégorie des BNC. • CE 10 mars 2006, ☎ n° 274641-275208 : *RJF 2006. 671.* ♦ Une société qui ne dispose pas elle-même du personnel et du matériel nécessaires à l'exécution de travaux immobiliers et qui, sans exécuter elle-même de tels travaux, conclut avec les propriétaires d'immeubles des contrats par lesquels les propriétaires lui confient le soin de traiter en leur nom avec les entreprises qu'elle choisit pour exécuter les travaux de rénovation qu'ils ont décidés, de surveiller et de coordonner ces travaux, n'exerce pas l'activité d'entrepreneur immobilier mais celle d'agent d'affaires. • CE 3 mai 2000, ☎ n° 144497 : *Dr. fisc. 2000. 807, concl. Courtial ; RJF 2000. 826 ; concl. Courtial au BDCF 6/00.* ♦ L'activité qui consiste à organiser, à la demande de discothèques ou de restaurants, des manifestations auxquelles sont conviées des personnalités connues afin d'accroître la notoriété de ces établissements est une activité d'entremise. Même si elle ne donne pas lieu à la mise en œuvre de moyens particuliers, cette activité rémunérée par une commission proportionnelle à l'augmentation du chiffre d'affaires constitue une activité d'agent d'affaires. • CE 8 juin 2001, ☎ n° 220978 : *Dr. fisc. 2002. 17, concl. Séners.* ♦ Une société qui identifie, assure la promotion et le suivi de la gestion et des travaux afférents à des projets d'investissements outre-mer pour le compte des porteurs de ces projets exerce une activité d'agent d'affaires, même en l'absence de mandat formel. • CE 17 oct. 2007, ☎ n°s 290765 et 289538 : *RJF 2008. 51.*

12. Courtiers. Exerce une activité commerciale de courtier et non une activité d'agent commercial une société qui met en relation des vendeurs de produits de la mer (pêcheries et mareyeurs) et des acheteurs potentiels (conserveries) et qui perçoit à ce titre des commissions proportionnelles au montant des transactions réalisées, versées par le vendeur. La société agit en outre sans mandat explicite des vendeurs ou des acheteurs. Son rôle consiste ainsi à rapprocher les vendeurs et les acheteurs de produits de la mer en vue de la conclusion de marchés à l'exécution desquels elle demeure étrangère. • CAA Nantes, 27 juin 2005, n° 03NT1217 : *RJF 2006. 124.*

13. Visiteurs médicaux. L'activité de prospection des médecins et autres prescripteurs médicaux et de promotion auprès d'eux de produits de parapharmacie fabriqués par deux laboratoires en vue de favoriser le développement de leur vente présente le caractère d'une activité commerciale alors même qu'à l'occasion des visites auprès des prescripteurs aucun contrat de vente n'était conclu ni aucune commande n'était prise ou transmise aux fabricants. • CE 11 avr. 2008, ♔ n° 284921 : *RJF 2008. 785.*

14. Intermédiaires (fonds de commerce, immeubles). Marchands de biens. Lotisseurs. L'art. L. 110-1 C. com. répute actes de commerce toutes opérations d'intermédiaire pour l'achat, la souscription ou la vente d'immeubles, de fonds de commerce, d'actions ou parts de sociétés immobilières. Ainsi, les bénéfices tirés de telles opérations d'intermédiaire, lorsqu'elles sont réalisées à titre professionnel, sont taxables au titre de l'art. 34 (cas d'un agent immobilier). • CE 29 avr. 2002, ♔ n° 234133, *Jacob : RJF 2002. 769 ; Dr. fisc. 2002. 724, concl. Séners.*

15. Entrepreneur en bâtiment. Une société dont l'activité principale, exclusive de toute opération immobilière, consiste à faire construire des maisons individuelles selon des plans établis par ses soins, au moyen de contrats de louage d'ouvrage passés avec des entreprises du bâtiment, en s'occupant pour le compte de ses clients, propriétaires des terrains d'assiette, des aspects administratifs et techniques de la construction exerce une activité d'entrepreneur principal en bâtiment, activité relevant d'une profession commerciale au sens de l'art. 34, dès lors que *l'art. L. 110-1 C. com.* répute acte de commerce toute entreprise de manufacture. • CE 22 nov. 2006, ♔ n° 286156 : *RJF 2007. 130.*

16. Agent de publicité. Une société qui, pour l'exécution des contrats publicitaires qui lui sont confiés, définit un programme de campagne publicitaire adaptée au produit, conseille l'annonceur dans le choix des supports publicitaires les plus adaptés, propose le produit en concevant le slogan et en définissant un logo, passe des ordres auprès des exploitants de supports en vue de la concrétisation définitive du projet en achetant en particulier des espaces publicitaires, doit être regardée comme relevant de la catégorie des BIC. • CAA Paris, 6 févr. 2003, n° 98PA3696 : *RJF 2003. 689.* ♦ Un contribuable, qui a créé une agence de publicité et de « marketing direct » qui effectue des travaux d'enquête, d'analyse de fichiers, de ciblage de clientèle, d'études de marché, de photographie, de prospection et d'élaboration de dossiers commerciaux, de cahiers des charges et de tableaux de bord mais qui assure aussi, à la demande de ses clients, l'exécution de ces campagnes publicitaires, notamment par la composition graphique, l'impression et le publipostage de documents, exerce une activité de conception et de réalisation de campagne de publicité directe qui a un caractère commercial. • CE 28 déc. 2005, ♔ n° 250499 : *RJF 2006. 247 ; concl. Collin au BDCF 3/06, n° 29.* ♦ En revanche, une entreprise dont l'activité se limite au conseil en publicité, c'est-à-dire qui conçoit des campagnes de publicité, les élabore et éventuellement en contrôle l'exécution, relève de la catégorie des BNC. * BOI-BNC-CHAMP-10-20 n° 140 du 6 juill. 2016.

17. Conseil juridique. Un contribuable qui, dans le cadre d'une activité de conseil juridique et fiscal, donne des consultations, rédige des courriers administratifs, des déclarations d'impôt et des réclamations, n'exerce pas une activité commerciale au sens de l'art. 34 mais une activité libérale relevant des BNC. • CAA Bordeaux, 29 janv. 2002, n° 98BX2189 : *Dr. fisc. 2002. 341.*

18. Bureau d'études techniques et de conception d'outillages industriels. Des prestations d'assistance technique et de conception d'outillages industriels qui ne procèdent pas, à titre principal, de la participation des associés à ces tâches mais résultent, pour une part significative, du travail consenti par les salariés de la société, dont l'effectif est progressivement passé de quatre à dix, et de la sous-traitance revêtent un caractère industriel et commercial au sens de l'art. 34. • CAA Nantes, 8 juin 2005, n° 02NT170 : *RJF 2006. 16.*

19. Diagnostiqueur immobilier. Cette activité relève de la catégorie des BIC. * BOI-BIC-CHAMP-60-50 n° 720 du 2 sept. 2019 • CAA Nantes, 7 janv. 2016, ♔ n° 14NT00951 : *RJF 2016. 279.*

20. Achat et revente d'œuvres d'art et d'objets anciens. Un contribuable qui, parallèlement à son activité d'agent d'assurances, réalise des opérations d'achat et revente d'objets d'art n'agit pas comme un simple collectionneur mais se livre à une activité commerciale de marchand d'œuvres d'art à titre individuel qui entre dans le champ d'application des BIC, eu égard à l'importance, au nombre et à la fréquence des opérations effectuées et à la brièveté du délai séparant certains achats de leur revente. • CE 18 juin 2007, ♔ n° 270734 : *RJF 2007. 1088.* ♦ Dans le même sens, s'agissant un contribuable qui, parallèlement à son activité de professeur de violon, réalise des opérations d'achat et de ventes d'œuvres d'art et d'objets anciens. • CAA Lyon, 2 mars 2006, n°s 00LY418 et 03LY1244 : *RJF 2006. 982.*

21. *Achat et revente de vins.* Exerce une activité commerciale imposable au titre des BIC le contribuable qui se livre, habituellement et pour son propre compte, à une activité d'achat de vins de grands crus en vue de leur revente, sans qu'il soit besoin de rechercher s'il a eu recours à des moyens commerciaux analogues à ceux qui caractérisent une activité exercée par un professionnel. • CAA Douai, 2 avr. 2020, n° 17DA02225 : *RJF 2020. 762.*

22. *Marchand de tableaux et de meubles anciens.* Non-taxation au titre des BIC en raison du faible nombre de transactions réalisées (deux ventes à intervalle de deux ans), et ce en dépit du montant des gains réalisés. • CAA Bordeaux, 30 oct. 2003, n° 99BX1878 : *RJF 2004. 227.*

23. *Opérations d'achat-revente de pièces et billets.* Des opérations d'achat-revente de pièces et de billets qui ne présentent pas un caractère simplement occasionnel et révèlent, notamment par leur nombre, leur fréquence et leur importance, l'exercice d'une activité professionnelle, au sens de l'art. 34, sont de nature commerciale, nonobstant l'existence d'un stock important et sans avoir à rechercher les délais séparant certains achats de leur revente. • CE 21 mai 2012, *Yungcker*, n° 352213 : *RJF 2012. 978.*

24. *Vente de timbres.* Exerce une activité de négoce philatélique imposable au titre des BIC le contribuable qui cède des timbres à la société dont il est le gérant eu égard au nombre d'opérations, à leur fréquence et à leur montant dès lors qu'il n'établit pas que les timbres proviennent de sa collection personnelle. • CAA Paris, 22 nov. 2017, n° 16PA03652 : *RJF 2018. 350.*

25. *Achat-revente de bitcoins.* Les gains provenant de la cession, à titre habituel, d'unités de bitcoin acquises en vue de leur revente, y compris lorsque la cession prend la forme d'un échange contre un autre bien meuble, dans des conditions caractérisant l'exercice d'une profession commerciale, sont imposables dans la catégorie des BIC. • CE 26 avr. 2018, n° 417809 : *RJF 2018.720, concl. Victor, chron. Iljic ; ibid. 2018, p. 751.* ♦ En revanche, la réalisation de ces opérations à titre occasionnel par les particuliers, dans le cadre de la gestion de leur patrimoine privé, relève des prévisions de l'art. 150 VH *bis*. Par exception, les produits sont susceptibles de relever des prévisions de l'art. 92 lorsqu'ils constituent la contrepartie de la participation du contribuable à la création ou au fonctionnement du système d'unité de compte virtuelle (activité dite de « minage »). * BOI-BIC-CHAMP-60-50 n° 730 du 2 sept. 2019 * BOI-BNC-CHAMP-10-10-20-40 n° 1080 du 11 mars 2020.

26. *Négoce de ferrailles acquises à titre gratuit.* La vente de ferrailles acquises à titre gratuit est une activité commerciale relevant des BIC dès lors qu'elle est exercée à titre habituel et dans un but lucratif. • CAA Nancy, 2 mars 2017, n° 15NC00357 : *RJF 2017. 721.*

27. *Commerce sur internet par des particuliers.* Les actes de ventes de particuliers sur Internet peuvent être requalifiés en activité commerciale lorsque la régularité et l'importance de ces actes montrent qu'ils correspondent en réalité à l'exercice d'une activité professionnelle. Au plan fiscal, l'Administration peut également tirer les conséquences de toute activité professionnelle. * Rép. min. n° 21726 : *JOAN Q, 1er juill. 2008, p. 5658.*

28. *Participation des particuliers aux vide-greniers.* La forte participation des particuliers aux ventes au déballage dédiées à la vente ou l'échange d'objets mobiliers usagés peut être qualifiée d'activité commerciale. * Rép. min. n° 15006 : *JO Sénat Q, 28 mai 2015, p. 1248.*

29. *Commerce d'eaux-de-vie.* Relèvent d'une activité commerciale, et non d'une activité occasionnelle, les ventes répétées d'importantes quantités d'eaux-de-vie reçues en règlement de fermages, après que des dispositions ont été prises, de manière répétitive, pour que ces eaux-de-vie ne soient commercialisées qu'après un vieillissement approprié et au cours du marché choisi par le contribuable. • CAA Bordeaux, 4 nov. 2003, n° 99BX2798 : *RJF 2004. 120 ; Dr. fisc. 2004. 557, concl. Boulard.*

30. *Colporteur de presse.* Lorsqu'ils exercent leur activité dans des conditions qui excluent tout lien de subordination et relèvent du régime prévu par l'art. 22-I de la loi n° 91-1 du 3 janv. 1991, les vendeurs colporteurs de presse sont considérés comme des travailleurs indépendants imposables à l'IR dans la catégorie des BIC. * Rép. min. n° 45124 : *JOAN Q, 5 oct. 2004, p. 7745.*

31. *Infirmière.* Exerce une activité commerciale l'infirmière libérale, qui dirige et surveille une équipe permanente de huit infirmiers salariés qu'elle a recrutés pour dispenser les soins infirmiers aux pensionnaires d'une maison de retraite, dès lors que, eu égard à la qualification de ses employés et au montant des revenus tirés de son activité, son activité première consiste à diriger son personnel et procède de la spéculation sur le travail d'autrui, alors même que toutes les feuilles de soins sont établies à son nom et qu'elle peut fournir elle-même certaines prestations d'infirmière. • CAA Bordeaux, 2 oct. 2003, n° 99BX2532 : *RJF 2004. 119 ; concl. Chemin au BDCF 2/04, n° 17.*

32. *Activités d'entretien corporel et de massage.* Les professionnels exerçant une activité d'entretien corporel et de massage de bien-être relèvent de la catégorie des professions commerciales ou artisanales. * BOI-BNC-CHAMP-10-30-10 n° 250 du 20 mai 2020.

33. *Épithésiste.* Cette activité, qui consiste

principalement en la fabrication et la vente de prothèses faciales et non en la délivrance de soins médicaux, relève de la catégorie des BIC. * Rescrit. 28 juin 2011, *n° 2011/18 FE.*

34. Activités illicites. Les profits retirés par un contribuable du trafic illicite de stupéfiants à raison duquel il a été pénalement condamné sont passibles de l'impôt sur le revenu, en tant que provenant de l'exercice d'une activité commerciale au sens de l'art. 34. • CE 28 juill. 1999, n° 185525 : *Dr. fisc. 2000. 300 ; RJF 1999. 1133.* ♦ Les profits retirés de l'activité occulte, consistant en l'achat de chèques de voyages à des personnes qui les avaient dérobés puis en la revente de ceux-ci à des établissements bancaires, par des intermédiaires se présentant à ces établissements sous une fausse identité, auxquels le contribuable verse une commission, constituent des bénéfices provenant de l'exercice d'une activité commerciale. • CE 10 juin 2013, *Camarasa*, n° 337833 : *RJF 2013. 902.*

35. Cession ou concession de marques commerciales. Cession ou concession de marques commerciales. Les produits perçus en contrepartie de la cession ou de la concession de marques, qui sous la dénominations de « marques de fabrique » sont en réalité des marques commerciales sont imposables dans la catégorie des BIC. • CE 15 janv. 1992, n° 120482 : *Dr. fisc. 1993. 464, concl. Hagelsteen.* ♦ Doivent être regardés comme des marques commerciales et non comme des marques de fabrique les produits griffés au nom du contribuable, créés par lui et fabriqués sous son contrôle avec des matières premières sélectionnées par ses soins, dès lors qu'il résulte du contrat de cession de ces marques que : 1) la cession a pour seul objet le transfert du droit d'utilisation des marques dans les différentes formes sous lesquelles elles sont présentées et ne concerne aucun procédé de fabrication, aucun modèle particulier de vêtement ni aucun produit intermédiaire lié à un procédé de fabrication spécifique ; 2) le contrat ne prévoit aucune intervention du contribuable dans la production. Par suite, les produits de cession de ces marques, regardées comme des marques commerciales, sont imposables dans la catégorie des BIC. • CE 27 juill. 2005, n° 252847, *Manoukian : RJF 2005.1185 ; concl. Mitjavile au BDCF 12/08, n° 130 ; Dr. fisc. 2005. 614, concl. Mitjavile, note Pierre.* ♦ La cession ayant pour seul objet de transférer un droit d'utilisation de la marque constitue la cession d'une marque commerciale relevant des BIC dès lors qu'il ne résulte pas de l'instruction que la cession concernait un procédé de fabrication ou un produit intermédiaire lié à un processus de fabrication spécifique. • TA Paris, 6 juin 2015, n° 1417099/2-3.

36. Les revenus tirés d'une activité de concédant d'un titre obtenu auprès de l'INPI doivent être regardés comme provenant de la concession d'une marque commerciale et sont imposables dans la catégorie des BIC dès lors qu'il n'est pas allégué que le titre ait consisté en un brevet. La circonstance que ce titre porterait, aux termes du contrat de concession, sur une méthode d'amaigrissement ayant fait l'objet d'un ouvrage déposé à la Société des gens de lettres n'est pas, à elle seule, de nature à lui conférer le caractère d'une marque de fabrique ou d'un procédé ou d'une formule de fabrication au sens de l'art. 92-2. • CAA Bordeaux, 23 avr. 2003, n° 99BX793 : *Dr. fisc. 2003. 570.* ♦ Il en est de même des redevances proportionnelles au montant des ventes rémunérant la concession exclusive d'usage et d'exploitation d'une marque de produits de beauté déposée à l'INPI dès lors qu'elles rémunèrent uniquement l'usage commercial de la marque et que le concédant n'est pas l'inventeur des formules de fabrication des produits commercialisés sous la marque dont il est propriétaire. • CAA Bordeaux, 26 févr. 2002, n° 98BX61 : *Dr. fisc. 2003. 394 ; RJF 2002. 756.*

37. Cession d'une marque par un particulier. Le produit retiré par une personne physique de la cession de son droit sur une marque ou un nom commercial doit être imposé, compte tenu de la nature de cet actif incorporel, dans la catégorie des BIC. D'autre part, à l'exception du cas dans lequel la personne physique concernée exerce à titre habituel une activité de création de marques commerciales pour le compte d'autrui ou de négoce de tels produits et des situations dans lesquelles l'opération de vente d'une marque doit s'analyser en réalité comme une concession ou une location de l'appellation commerciale en cause, la cession par une personne physique de son droit sur une marque ou un nom commercial doit être réputée porter, compte tenu de la nature de cet actif incorporel, sur un élément d'actif immobilisé dès lors que le dépôt d'une marque par son propriétaire, eu égard aux droits qui y sont attachés, est potentiellement une source de revenus futurs. Par suite, la plus-value éventuellement constatée lors de la cession de cette marque ou de ce nom commercial relève du régime d'imposition défini à l'art. 39 *duodecies*, sous les conditions définies par cet article, sans qu'y fasse obstacle la circonstance que les droits concernés n'ont été ni exploités personnellement par le cédant, ni productifs de revenus pour ce dernier antérieurement à la date à laquelle il s'en est dessaisi. • CE 3 sept. 2008, n°s 300420 à 300422 : *RJF 2008. 1292 ; concl. Vallée au BDCF 12/08, n° 142 ; Dr. fisc. 2008. 542, note Pierre.*

38. Production et commercialisation d'énergie électrique. La vente d'énergie est un acte de commerce au sens de l'art. L. 110-1 C. com. Les particuliers producteurs d'énergie (électricité photovoltaïque) sont donc imposables dans la catégorie des BIC. * BOI-BIC-CHAMP-10-10 n° 30 du 29 avr. 2013. * Rescrit 29 mai 2007, n° 2007/20 FE. ♦ Le législateur est cependant intervenu pour exonérer, sous certaines conditions, les ventes d'électricité d'origine voltaïque réalisées par les particuliers à compter de l'imposition des revenus de 2009 : V. art. 38 *ter*.

39. Achat-revente d'automobiles par des particuliers. L'application des principes issus de l'art. 34 ne saurait aboutir à la taxation systématique de tous les cas de revente de plus d'un véhicule dans l'année par un même foyer fiscal. * Rép. min. n° 94 : *JO Sénat Q, 6 sept. 2004, p. 1574*.

40. Détention de parts de sociétés de personnes. Une EURL qui a pour seule activité la gestion de parts sociales dans des SNC d'exploitation hôtelière et qui ne participe en aucune manière à l'activité commerciale de ces sociétés ne peut être regardée, alors même que les revenus qu'elle a retirés de cette participation sont imposables entre les mains de son associé dans la catégorie des BIC, comme ayant elle-même réalisé un bénéfice commercial. • CE 17 nov. 2006, n° 254597, *Bec : RJF 2007. 173.* ♦ Les revenus d'une SNC dont les associés sont des personnes physiques et qui a pour seule activité la location d'immeubles et la perception de revenus de participations détenues dans le capital d'une SCI et d'une autre SNC exploitant un établissement hôtelier ne sont pas imposables dans la catégorie des BIC dès lors qu'elle ne se livre à aucune des activités ou opérations industrielles et commerciales définies aux art. 34 et 35. • CAA Lyon, 13 juin 2002, n° 97LY269 : *RJF 2003. 64.* ♦ N'exerce pas une activité commerciale une SARL associée d'une SNC exploitant une maison de retraite médicalisée dès lors qu'elle ne participe ni à la gestion de la SNC, confiée à une autre société, ni à l'exploitation de la maison de retraite. • CE 16 juill. 2008, n° 300839 : *RJF 2008. 1210.*

Art. 35 **I. — Présentent également le caractère de bénéfices industriels et commerciaux, pour l'application de l'impôt sur le revenu, les bénéfices réalisés par les personnes physiques désignées ci-après :**

1° Personnes qui, habituellement, achètent en leur nom, en vue de les revendre, des immeubles, des fonds de commerce, des actions ou parts de sociétés immobilières ou qui, habituellement, souscrivent, en vue de les revendre, des actions ou parts créées ou émises par les mêmes sociétés ;

1° *bis* Personnes qui, à titre habituel, achètent des biens immeubles, en vue d'édifier un ou plusieurs bâtiments et de les vendre en bloc ou par locaux ;

2° Personnes se livrant à des opérations d'intermédiaire pour l'achat, la souscription ou la vente des biens visés au 1° ;

3° Personnes qui procèdent à la cession d'un terrain divisé en lots destinés à être construits lorsque le terrain a été acquis à cet effet ;

a), b), c) Abrogés par L. n° 63-1241 du 19 déc. 1963, art. 4-I ;

d) Abrogé par L. n° 76-660 du 19 juill. 1976, art. 12-III ;

4° Personnes bénéficiaires d'une promesse unilatérale de vente portant sur un immeuble qui est vendu par fractions ou par lots à la diligence de ces personnes ;

5° Personnes qui donnent en location un établissement commercial ou industriel muni du mobilier ou du matériel nécessaire à son exploitation, que la location comprenne, ou non, tout ou partie des éléments incorporels du fonds de commerce ou d'industrie ;

5° *bis* Personnes qui donnent en location directe ou indirecte des locaux d'habitation meublés ;

6° Adjudicataires, concessionnaires et fermiers de droits communaux ;

7° Membres des copropriétés de navires mentionnées à l'article 8 *quater* ;

7° *bis Abrogé par L. n° 96-1182 du 30 déc. 1996, art. 26-I ;*

8° Personnes qui, à titre professionnel, effectuent, directement, par personne interposée ou par l'intermédiaire d'une fiducie, des opérations sur des contrats financiers, également dénommés "instruments financiers à terme", mentionnés au III de l'article L. 211-1 du code monétaire et financier, à condition qu'elles aient opté pour ce régime dans les quinze jours du début du premier exercice d'imposition à ce titre. L'option est irrévocable. — *Sur les obligations spécifiques de ces personnes, V. LPF, art. L. 96 CA et R. 96 CA-1.* — ***LPF.***

Ces dispositions s'appliquent aux personnes qui effectuent, directement ou par personne interposée, des opérations à terme sur marchandises sur un marché réglementé.

II. — *Abrogé par L. n° 76-660 du 19 juill. 1976, art. 12-III.*

III. — Pour l'application du présent article, les donations entre vifs ne sont pas opposables à l'administration.

A. MARCHANDS DE BIENS

1. Les dispositions de l'art. 35-I-1° ne sont pas applicables aux personnes morales autres que les SCI dès lors que ces dispositions n'ont pas pour effet de modifier le régime d'imposition des plus-values auquel sont soumises les personnes morales assujetties à l'IS, qui sont régies par les art. 38 et 39 *duodecies*. • CE 23 nov. 1983, n° 44183 : *Dr. fisc. 1984. 324, concl. M.-A. Latournerie ; RJF 1984. 23.*

2. L'imposition dans la catégorie des BIC au titre du 1° suppose que les opérations soient réalisées de manière habituelle et revêtent un caractère spéculatif. L'intention spéculative à laquelle l'art. 35-I-1° subordonne l'application du régime de marchands de biens, ne se présume pas du seul fait du caractère habituel des opérations d'achat et de revente. Cette intention doit être recherchée à la date d'acquisition des immeubles ultérieurement revendus, et non à la date de leur cession. Une opération ne peut donc être requalifiée en profit de marchand de biens que si l'Administration est en mesure de prouver cumulativement l'habitude et l'intention spéculative du contribuable. • CE 2 juin 2006, n° 266507 : *RJF 2006. 983 ; BDCF 2006. 95, concl. Glaser.* * BOI-BIC-CHAMP-20-10-10 n° 70 du 4 janv. 2017. ♦ L'importance du délai séparant les acquisitions des reventes peut conduire à écarter le caractère spéculatif. • CAA Paris, 30 déc. 1996, n° 95PA774 : *Dr. fisc. 1998. 600.*

3. La revente par lots d'un immeuble unique caractérise la condition d'habitude. • CE 12 juin 1992, n° 67758 : *RJF 1992. 1109 ; Dr. fisc. 1992. 2319, concl. Fouquet.* ♦ Un contribuable qui a procédé en 1986 et 1987 à 17 ventes de lots d'un immeuble qu'il avait fait construire en 1972 exerce une activité professionnelle de construction-vente génératrice de bénéfices commerciaux. • CAA Nantes, 27 avr. 1999, n° 96NT1629 : *RJF 1999. 963.* ♦ De même, est considéré à bon droit comme un marchand de biens le contribuable qui, sur une période de trois années a acheté deux biens immobiliers, les a restaurés, puis revendus par lots, ces éléments permettant d'établir tant le caractère habituel que l'intention spéculative de ces opérations. • CAA *Nancy, 14 mars 2002, n° 97NA1635 : Dr. fisc. 2002. 972 ; RJF 2002. 830.*

4. En revanche, même si l'intention spéculative est établie, une opération unique d'achat-revente de biens immobiliers échappe à l'art. 35-I-1° lorsque la condition d'habitude n'est pas remplie. S'agissant d'un marchand de biens n'ayant réalisé qu'un seul achat-revente avant sa cessation d'activité, la renonciation à se livrer à d'autres opérations compte tenu de la dégradation du contexte économique, qui ne constitue pas un cas de force majeure, ne saurait permettre à elle seule de regarder le contribuable comme s'étant livré à titre habituel à des activités relevant de l'art. 35-I-1°. • CAA Bordeaux, 8 déc. 2003, n° 00BX2333 : *Dr. fisc. 2004. 795 ; RJF 2005. 110 ; AJDI 2005. 407, note Maublanc.*

5. Un contribuable n'a pas la qualité de marchand de biens dès lors que le nombre d'opérations qu'il a effectuées depuis la date de déclaration d'exercice de cette activité est insuffisant pour caractériser l'exercice effectif de l'activité consistant à acheter « habituellement » des immeubles en vue de les revendre. Cas d'un contribuable qui, dans les cinq années suivant le début de son activité, a revendu la majeure partie d'un immeuble à un acquéreur unique et acheté trois maisons dont une seule a été revendue. • CE 4 août 2006, n° 276555 : *RJF 2006.1413 ; concl. Vallée au BDCF 11/06, n° 141.*

6. A la qualité de marchand de biens la société civile qui s'est livrée, à titre habituel, à des opérations d'achat et de revente en l'état d'immeubles, telles que visées à l'art. 35-1°-1 ou, à défaut, lorsque de telles opérations ont été le fait d'associés qui jouent un rôle prépondérant dans la société ou bénéficient principalement de ses activités. • CE, sect., 6 nov. 1992, n° 72708, *SCI Les Hameaux de Perrin : Dr. fisc. 1993. 1155, concl. Ph. Martin.*

7. L'absence d'opération de revente au cours d'une année n'est pas de nature à écarter l'assujettissement à l'IS d'une SCI qui s'est livrée les années précédentes à une activité de marchand de biens. • CE 19 mars 2020 : *Min. c/ SCI ESPM,* n° 425443 : *RJF 2020. 515, concl. Cytermann.*

8. Une société qui a pour seule activité une opération unique consistant à acheter un terrain et à revendre les immeubles construits ne remplit pas la condition d'habitude à moins que ses associés prépondérants ne procèdent habituellement à des achats d'immeubles en vue de les revendre. • CE 31 mars 1995, n° 117483 : *Dr. fisc. 1995. 1224, concl. Arrighi de Casanova.* ♦ Dans le même sens, concernant une EURL ayant procédé à une opération isolée d'achat d'un terrain suivie de sa revente en deux lots. • CE 13 juill. 2011, n° 311178 : *RJF 2011. 1273.*

9. Une SCI de construction-vente qui revend le terrain acquis sans avoir édifié la construction prévue ne remplit pas la condition d'habitude prévue au 1° du I. Par suite, la moins-value subie lors de la cession du terrain n'est pas un déficit commercial déductible pour les associés. • CAA Lyon, 22 nov. 1995 : *RJF 1996. 170.*

10. Une SNC constituée par des marchands de biens pour effectuer des opérations d'acquisition, de vente et de location d'immeubles est une société immobilière au sens du 1°. • CAA Bordeaux, 30 avr. 1996, n° 94BX667 : *Dr. fisc. 1997. 499, concl. Bousquet ; RJF 1996. 1135.*

11. Exercent également une activité de marchand de biens : une société d'exploitation hôtelière qui transforme en appartements l'immeuble qu'elle exploitait comme hôtel et revend 49 de ces appartements. • CAA Nantes, 31 déc. 2001, n° 96NT22260 : *RJF 2002. 475.* ♦ ... Une SCI qui, en trois ans, acquiert et réhabilite des immeubles vétustes puis revend de nombreux lots, dès lors que le nombre d'opérations et le court délai séparant l'acquisition de la revente la font apparaître comme l'instrument d'une activité d'ensemble de ses associés, relevant de celle de marchand de biens. • CAA Nancy, 20 déc. 2001, n° 97NA2632 : *RJF 2002. 465.* ♦ ... Une SCI qui a vendu sept lots sur sept ans en ayant eu une intention spéculative dès l'acquisition des lots, d'ailleurs faite pour certains d'entre eux auprès de son principal associé exerçant une activité de marchand de biens, nonobstant les problèmes de trésorerie allégués par ce principal associé. • CE 19 nov. 2008, n° 291040 : *RJF 2009. 107 ; Dr. fisc. 2008. 632, concl. Séners.* ♦ ... Une SCI qui, depuis sa création en 1999, a procédé à l'achat d'une quinzaine d'immeubles qu'elle a revendus pour onze d'entre eux, dans un court délai, sans jamais avoir procédé à leur location, alors que tel était son objet social. • CAA Douai, 7 oct. 2010, n° 08DA1049 : *RJF 2011. 136.* ♦ ... Une SCI qui a acquis un immeuble à usage de chai en vue de le transformer en huit logements revendus sur une brève période de trois ans et demi suivant l'acquisition (caractère habituel) ; le délai de quinze mois séparant l'acquisition de l'immeuble de la première vente d'un logement, révélant, par ailleurs, l'intention spéculative. • CE 20 mai 2016, *SCI Tlemcen,* n° 380515 : *RJF 2016. 695.*

12. Les opérations immobilières réalisées par un marchand de biens sont présumées faire partie de son négoce, à moins que des circonstances particulières ne justifient qu'elles sont effectuées pour satisfaire des besoins familiaux ou personnels. • CAA Lyon, 8 nov. 1995, n° 92LY510 : *Dr. fisc. 1995. 673* • CE 20 mai 1985, n° 37384 : *Dr. fisc. 1985. 2191.* ♦ Ainsi, le marchand de biens qui établit qu'il avait acquis un appartement à titre de résidence principale pour assurer à sa famille, composée de huit personnes, de meilleures conditions de logement, l'a occupé conformément à cet usage et ne l'a revendu que pour des motifs purement personnels liés au lieu de son nouvel emploi et aux difficultés qu'il rencontrait, en raison de son état de santé, pour effectuer des trajets quotidiens en voiture, démontre que ce logement constituait sa résidence principale et apporte la preuve du caractère privé de l'opération immobilière. • CE 17 mai 1995, n° 133008, *Flory : Dr. fisc. 1995. 2077 ; RJF 1995. 818.* ♦ De même, n'effectue pas des opérations de marchand de biens la personne qui établit que les immeubles vendus avaient été acquis pour satisfaire ses besoins personnels et familiaux et que, de ce fait, leur revente relève de la simple gestion du patrimoine personnel. • CAA Lyon, 31 déc. 2001, n° 01LY367 : *Dr. fisc. 2002. 575.* ♦ De même encore : ne peut être regardée comme exerçant l'activité de marchand de biens mais plutôt l'activité de gestion patrimoniale à caractère civil la société qui n'a procédé à aucun achat, ni entrepris aucune démarche commerciale pendant neuf ans (entre 1989 et 1998) et dont les deux immeubles acquis auparavant, en 1987 et 1988, ont été revendus en 1998 respectivement à des voisins et à une SCI créée à cet effet et détenue par les mêmes associés que la société cédante. • CE 5 févr. 2014, n° 345436 : *RJF 2014. 355.* ♦ Pour déterminer si un marchand de biens a acquis une propriété en vue de la revendre ou d'en faire sa résidence secondaire le juge peut se fonder sur des faits postérieurs à l'acquisition. • CE 27 févr. 2006, n° 257964 : *RJF 2006. 679.*

13. La vente d'un immeuble, qu'après l'avoir utilisé en qualité de résidence secondaire, un contribuable a transféré dans son patrimoine professionnel à la suite d'un sinistre le rendant inhabitable et pour lequel, dans le cadre de son activité de marchand de biens, il a déposé une demande de permis de construire, doit être rattachée à son activité de marchand de biens. • CE 6 avr. 2007, n° 269402 : *RJF 2007. 720 ; concl. Verclytte au BDCF 6/07, n° 73 ; Dr. fisc. 2007. 652, concl. Verclytte.*

B. LOTISSEURS

14. *Profits de lotissement.* Les profits consécutifs à la cession d'un terrain divisé en lots destinés à être construits sont présumés être réalisés dans le cadre de la gestion du patrimoine privé et relèvent à ce titre du régime d'imposition des plus-values des particuliers, à condition toutefois que le terrain n'ait pas été acquis en vue du lotissement et de la vente par lots. Lorsque cette intention spéculative est établie, l'art. 35-1-3° prévoit que les bénéfices réalisés présentent le caractère de BIC pour l'application de l'IR. L'intention spéculative s'apprécie au moment de l'achat du terrain sans qu'il y ait lieu de prendre en compte les circonstances de l'aliénation des lots. Lorsque plusieurs terrains sont cédés simultanément, il y a lieu, en principe, d'apprécier l'intention spéculative au moment de l'achat de chacun des terrains. Il convient toutefois de prendre en compte les circonstances de fait de chaque affaire. Quant aux profits de lotissement réalisés par un contribuable exerçant la profession de marchand de biens au sens de l'art. 35-1-1°, ils relèvent, en tout état de cause, du régime d'imposition des BIC. * BOI-BIC-CHAMP-20-30-20 du 12 sept. 2012.

C. CONSTRUCTION-VENTE

15. La location par un constructeur de lots invendus constitue l'accessoire de l'activité de construction-vente et, par suite, les produits en résultant doivent être imposés dans la catégorie des BIC en vertu de l'art. 35-I-1° *bis* dès lors que lesdits locaux n'ont pas été transférés dans le patrimoine personnel du constructeur. • CE 3 mai 2000, n° 175822 : *Dr. fisc. 2000. 680 ; RJF 2000. 748.*

D. LOCATIONS

16. *Location d'un établissement industriel, commercial ou non commercial aménagé.* Les profits tirés de la location d'un établissement commercial ou industriel présentent le caractère de BIC dès lors que cet établissement est muni du mobilier ou du matériel nécessaire à son exploitation. Il n'est pas nécessaire que la totalité du matériel soit louée mais seulement celui qui est essentiel à l'exploitation. • CE 31 mai 1972, n° 81688 : *Bull. Dupont 1972, p. 300 ; BOI 4 F-4-73.* ♦ Exerce une activité commerciale l'entrepreneur individuel qui, après avoir fait l'apport de son fonds de commerce de fabrication et de vente de vêtements à une société, lui loue l'immeuble commercial et ses agencements qu'il a maintenus à l'actif de son bilan par une décision de gestion opposable. La faible valeur des agencements (7 622 €) ne suffit pas à considérer que la location porte sur des locaux nus productifs de revenus fonciers. • CAA Bordeaux, 9 nov. 2006, n° 03BX1384 : *RJF 2007. 253.* ♦ Les revenus que procure à un médecin la location d'un immeuble à la société civile de moyens constituée avec un confrère ne sont des BIC que si la location porte aussi sur le mobilier et le matériel nécessaires à leur exploitation. • CE 6 avr. 2001, n° 208672, *Prince : RJF 2001. 939.* ♦ De même, pour revêtir le caractère commercial, la location doit porter sur l'ensemble des agencements, équipements ou moyens, y compris mobiles, sans lesquels le preneur ne pourrait exercer son activité dans les locaux considérés. • CE 16 mai 2012, *D'Arras*, n° 323079 : *RJF 2012. 791 ; Dr. fisc. 2012. 380, note Chatain.* ♦ Constitue une location de locaux ou de terrains aménagés la location qui porte sur des locaux ou des terrains qui sont pourvus des aménagements nécessaires, c'est-à-dire ceux sans lesquels l'exploitation commerciale à laquelle ils sont destinés n'est pas possible. • CE 26 déc. 2013, *SCI Rostand*, n° 360124 : *RJF 2014. 234 ; BDCF 2012. 34, concl. Bohnert.* ♦ A cet égard, le juge ne saurait se contenter des stipulations du bail sans rechercher si le terrain mis en location disposait effectivement de l'essentiel des équipements nécessaires à son exploitation. • CE 26 févr. 2014, *SCA Château de l'Arc*, n° 362327 : *RJF 2014. 429.*

17. *Location d'immeuble.* La participation du bailleur d'immeubles nus à la gestion ou aux résultats de l'entreprise du preneur confère à l'activité du bailleur un caractère commercial, en dépit du caractère civil de cette location. • CE 13 févr. 1980, n° 12712 : *Dr. fisc. 1980. 2056, concl. Martin Laprade.*

18. *Locations meublées.* **BIBL.** Fernoux, *Dr. fisc. 2017. 430* (location meublée et commercialité : le retour). ♦ En application de l'art. 35-I-5° *bis*, l'imposition des revenus tirés de la location, directe ou indirecte, de locaux d'habitation meublés perçus à compter de 2017 ne dépend plus du caractère occasionnel ou habituel de la location. Ces revenus relèvent désormais de la catégorie des BIC, y compris lorsque la location meublée est exercée à titre occasionnel. Commentant ce nouveau régime, l'Administration a apporté des précisions concernant notamment les conditions d'exonération de la location ou sous-location d'une partie de l'habitation principale et l'appréciation des critères de la location en meublé professionnelle pour les contribuables ne résidant pas fiscalement en France. * BOI-BIC-CHAMP-40-10 et 40-20 du 5 févr. 2020.

E. PROFESSIONS DIVERSES

19. *Intermédiaire (fonds de commerce ; immeubles).* Les dispositions du 2° du I de l'art. 35 ont pour seul effet de qualifier fiscalement de commerciaux les profits tirés de telles opérations lorsqu'elles ne sont pas effectuées à titre professionnel. • CE 29 avr. 2002, n° 234133, *Jacob : RJF 2002. 769 ; Dr. fisc. 2002. 724, concl. Séners.* ♦ Effectués à titre professionnel ces profits relèvent de l'art. 34. • Même arrêt.

20. *Agent commercial.* A la qualité d'agent commercial imposable dans la catégorie des BNC, et non celle d'intermédiaire pour la vente de fonds de commerce au sens du I-2°, l'EURL qui a conclu dans le cadre du décret relatif aux agents commerciaux un contrat la désignant comme tel et la mandatant pour négocier des achats et des ventes pour le compte d'un intermédiaire pour l'achat et la vente de fonds de commerce et qui est rémunérée par cet intermédiaire et non par les parties aux transactions. • CE 23 févr. 2001, n°s 215193 et 217769, *Mongay : RJF 2001. 601 ; Dr. fisc. 2002. 565.* – V. égal. note ss. art. 92.

Art. 35 A **Sont également compris dans la catégorie des bénéfices industriels et commerciaux les revenus distribués par un fonds de placement immobilier mentionné à l'article 239 *nonies* du présent code au titre de la fraction du résultat mentionné au 1° de l'article L. 214-51 du code monétaire et financier relative aux actifs mentionnés aux 1° et 2° du I de l'article L. 214-36 du même code, détenus directement ou indirectement par ce fonds, qui ont la nature d'immeubles auxquels sont affectés, en vue de leur location, des meubles meublants, biens d'équipement ou biens meubles affectés à ces immeubles et nécessaires au fonctionnement, à l'usage ou à l'exploitation de ces derniers par un tiers, mentionnés à l'article L. 214-34 dudit code.**

1 *BIS* EXONÉRATIONS

Art. 35 *bis* **I. — Les personnes qui louent ou sous-louent** *(L. n° 2019-1479 du 28 déc. 2019, art. 136-1°-a)* **« jusqu'au 31 décembre 2023 » en meublé une ou plusieurs pièces de leur habitation principale sont exonérées de l'impôt sur le revenu pour les produits de cette location sous réserve que les pièces louées constituent pour le locataire ou le sous-locataire en meublé sa résidence principale ou sa résidence temporaire, dès lors qu'il justifie d'un contrat conclu en application du 3° de l'article L. 1242-2 du code du travail, et que le prix de location demeure fixé dans des limites raisonnables.**

II. — A compter du 1er janvier 2001 *(L. n° 2019-1479 du 28 déc. 2019, art. 136-1°-b)* **« et jusqu'au 31 décembre 2023 », les personnes qui mettent de façon habituelle à la disposition du public une ou plusieurs pièces de leur habitation principale sont exonérées de l'impôt sur le revenu sur le produit de ces locations lorsque celui-ci n'excède pas 760 € par an.**

Cette exonération ne peut se cumuler avec les dispositions de l'article 50-0.

III. — Abrogé.

1. Ne peut bénéficier de l'exonération prévue au I le contribuable qui loue en meublé une partie de son habitation principale moyennant un prix forfaitaire et global à des étudiants auxquels il assure en outre diverses prestations annexes (restauration, lavage de linge, « point-phone », salle de gymnastique, etc.). • CAA Nantes, 11 avr. 2000, n° 97NT663 : *Dr. fisc. 2000. 1058, concl. Grangé ; RJF 2000. 1045 ; AJDI 2001. 161, note Maublanc*

2. Selon l'Administration, le prix de location, au titre de 2019, est réputé fixé dans des limites raisonnables si le loyer annuel n'excède pas, par mètre carré de surface habitable, 187 € en Île-de-France et 138 € dans les autres régions. * BOI-BIC-CHAMP-40-20 n° 160 du 20 mars 2019. ♦ Chiffres respectivement portés à 190 € et 140 € pour 2020. * BOI-BIC-CHAMP-40-20 n° 160 du 5 févr. 2020. ♦ Chiffres respectivement portés à 191 € et 141 € pour 2021. * BOI-BIC-CHAMP-40-20 n° 160 du 24 févr. 2021.

3. Dans le cas où le prix de la location d'un meublé de tourisme est fixé dans des limites raisonnables et où le produit de cette location n'excède pas 760 € par an, l'hébergeur est exonéré de l'IR.* Rép. min. n° 17433 : *JO Sénat Q, 12 nov. 2015, p. 2647.*

Art. 35 *ter* **Les personnes physiques qui vendent de l'électricité produite à partir d'installations d'une puissance n'excédant pas 3 kilowatts crête, qui utilisent l'énergie radiative du soleil, sont raccordées au réseau public en deux points au plus et ne sont pas affectées à l'exercice d'une activité professionnelle sont exonérées de l'impôt sur le revenu sur le produit de ces ventes.**

Sommes perçues lors de la vente d'électricité par un particulier. Vente d'énergie d'origine photovoltaïque. Conditions d'exonération. Puissance des installations produisant l'électricité. Raccordement au réseau public. Affectation non professionnelle. * BOI-CHAMP-80-20-30 du 25 mars 2013.

2 DÉTERMINATION DES BÉNÉFICES IMPOSABLES

Art. 36 **Sont compris dans le total des revenus servant de base à l'impôt sur le revenu les bénéfices obtenus pendant l'année de l'imposition ou dans la période de douze mois dont les résultats ont servi à l'établissement du dernier bilan, lorsque cette période ne coïncide pas avec l'année civile.**

Art. 37 **Si l'exercice clos au cours de l'année de l'imposition s'étend sur une période de plus ou de moins de douze mois, l'impôt est néanmoins établi d'après les résultats dudit exercice.**

Si aucun bilan n'est dressé au cours d'une année quelconque, l'impôt dû au titre de la même année est établi sur les bénéfices de la période écoulée depuis la fin de la dernière période imposée ou, dans le cas d'entreprise nouvelle, depuis le commencement des opérations jusqu'au 31 décembre de l'année considérée. Ces mêmes bénéfices viennent ensuite en déduction des résultats du bilan dans lesquels ils sont compris.

Lorsqu'il est dressé des bilans successifs au cours d'une même année, les résultats en sont totalisés pour l'assiette de l'impôt dû au titre de ladite année.

1. Période d'imposition. Lorsque l'exercice comptable ne coïncide pas avec l'année civile, plusieurs hypothèses doivent être envisagées. Si au cours de l'année d'imposition : 1) un seul bilan a été dressé, l'impôt est établi d'après le résultat accusé par ce bilan, quelles que soient la durée et la date de clôture de l'exercice ; 2) deux bilans, ou davantage, ont été dressés, l'impôt est assis sur la somme algébrique des résultats accusés par ces bilans ; 3) aucun bilan n'a été dressé, l'impôt est établi d'après les résultats – déterminés s'il est nécessaire d'une manière approximative dans la déclaration – de la période écoulée depuis la fin de la dernière période imposée ou, dans le cas d'entreprise nouvelle, depuis le commencement des opérations jusqu'au 31 déc. de l'année d'imposition. Les bénéfices ainsi imposés viennent ensuite en déduction des résultats du bilan dans lesquels ils sont compris. * BOI-BIC-DECLA-30-50 du 12 sept. 2012.

2. Absence de clôture d'exercice au cours d'une année. Une société de personnes soumise à l'IR est dispensée de déposer une déclaration provisoire au 31 déc. de l'année de sa création lorsque ses associés sont des sociétés qui arrêtent leurs comptes en cours d'année civile à la même date qu'elle ou à une date postérieure. * Rescrit 5 août 2008 : *n° 2008/19 FE* * BOI-BIC-DECLA-30-50 n° 110 du 12 sept. 2012. ♦ Il résulte de l'art. 37, al. 2, que, lorsque l'Administration procède au rehaussement des résultats d'un exercice comportant deux périodes d'imposition distinctes en raison de l'absence de bilan arrêté au cours d'une année, elle doit rattacher le montant des rehaussements à chacune des périodes d'imposition en fonction des opérations réalisées. • CE 28 juill. 2011, *SA Nobladis*, n° 314860 : *RJF 2011. 1132 ; BDCF 2011. 123, concl. Collin ; Dr. fisc. 2011. 586, note Raquin.*

3. Fusion rétroactive. Aucune disposition ne prévoit qu'il pourrait être dérogé à l'obligation prévue à l'art. 37, al. 2, lorsqu'une société n'a pas clos d'exercice au cours d'une année, d'établir l'impôt sur les bénéfices réalisés au cours de la période écoulée depuis la fin de la dernière période imposée jusqu'au 31 déc. de l'année en cause, à raison d'événements ou de clauses contractuelles postérieurs au 31 déc. de l'année considérée. Dans le cas où une société n'a pas clos d'exercice au cours de l'année civile précédant celle de sa fusion avec une autre entité ou de l'apport de ses actifs à une autre entité, l'obligation prévue à l'art. 37, al. 2, fait obstacle à ce que l'effet rétroactif donné conventionnellement à l'opération de fusion ou d'apport puisse, dans ce cas particulier, remonter antérieurement au 1er janv. de l'année au cours de laquelle cette opération est conclue. • CE 13 sept. 2021, n° 451564 : *RJF 2021. 1095 ; Dr. fisc. 2021. 444, note Pierre.*

4. Modification des dates de clôture des exercices. La modification de la date de clôture d'un exercice est opposable à l'Administration si elle en a eu connaissance. Alors même que l'inscription modificative au RCS, obligatoire, n'a pas été effectuée, le changement de la date de clôture de l'exercice est opposable à l'Administration si celle-ci en a connaissance soit par transmission du centre de formalités des entreprises, qui n'y est pas tenu, soit de toute autre manière. • CE 24 juill. 2019, n° 416243 : *RJF 2019. 1016.*

Art. 38 **1. Sous réserve des dispositions des articles 33 *ter*, 40 à 43 *bis* et 151 *sexies*, le bénéfice imposable est le bénéfice net, déterminé d'après les résultats d'ensemble des opérations de toute nature effectuées par les entreprises, y compris notamment les cessions d'éléments quelconques de l'actif, soit en cours, soit en fin d'exploitation.**

2. Le bénéfice net est constitué par la différence entre les valeurs de l'actif net à la clôture et à l'ouverture de la période dont les résultats doivent servir de base à l'impôt diminuée des suppléments d'apport et augmentée des prélèvements effectués au cours de cette période par l'exploitant ou par les associés. L'actif net s'entend de l'excédent des valeurs d'actif sur le total formé au passif par les créances des tiers, les amortissements et les provisions justifiés.

(L. n° 2019-1479 du 28 déc. 2019, art. 43-I-1° et II, applicable à compter du 21 juill. 2019) **« Les sommes incorporées aux capitaux propres à l'occasion d'une fusion ou scission sans échange de titres au sens du 3° du II de l'article L. 236-3 du code de commerce viennent également diminuer le bénéfice net déterminé dans les conditions prévues au premier alinéa du présent 2. »**

2 *bis*. Pour l'application des 1 et 2, les produits correspondant à des créances sur la clientèle ou à des versements reçus à l'avance en paiement du prix sont rattachés à l'exercice au cours duquel intervient la livraison des biens pour les ventes ou opérations assimilées et l'achèvement des prestations pour les fournitures de services.

Toutefois, ces produits doivent être pris en compte :

***a)* Pour les prestations continues rémunérées notamment par des intérêts ou des loyers et pour les prestations discontinues mais à échéances successives échelonnées sur plusieurs exercices, au fur et à mesure de l'exécution ;**

b) Pour les travaux d'entreprise donnant lieu à réception complète ou partielle, à la date de cette réception, même si elle est seulement provisoire ou faite avec réserves, ou à celle de la mise à la disposition du maître de l'ouvrage si elle est antérieure.

La livraison au sens du premier alinéa s'entend de la remise matérielle du bien lorsque le contrat de vente comporte une clause de réserve de propriété.

Ces dispositions s'appliquent à la détermination des résultats imposables des exercices clos à compter du 31 décembre 1978. Les produits qui, en application de la législation précédemment en vigueur, ont déjà servi à la détermination des résultats d'exercices antérieurs sont déduits pour la détermination des résultats des exercices auxquels les sommes correspondantes doivent désormais être rattachées.

(L. n° 2018-1317 du 28 déc. 2018, art. 114-I-1° et II, applicable pour la détermination des résultats des exercices ouverts à compter du 1er janv. 2019) « 2 *ter*. Pour l'application des 1 et 2, le profit ou la perte résultant de la cession d'un élément d'actif au cours de l'exercice par une société de financement spécialisé mentionnée à l'article L. 214-190-2 du code monétaire et financier est pris en compte pour la détermination du résultat fiscal du même exercice. Il en est de même des commissions de souscription et de rachat acquises ainsi que des frais de constitution, fusion ou apports supportés au cours de l'exercice. Lorsqu'une société de financement spécialisé procède, à la clôture de l'exercice, à l'évaluation à la valeur actuelle des éléments de l'actif et du passif ainsi que de ses engagements, il n'est pas tenu compte, pour la détermination du résultat imposable de ce même exercice, des écarts de valeur ainsi constatés entre l'ouverture et la clôture dudit exercice, à l'exception des écarts de conversion constatés sur les éléments libellés en monnaies étrangères par rapport aux montants initialement comptabilisés et des pertes et profits constatés conformément aux dispositions du 6 du présent article. »

3. Pour l'application des 1 et 2, les stocks sont évalués au prix de revient ou au cours du jour de la clôture de l'exercice, si ce cours est inférieur au prix de revient.

Les travaux en cours sont évalués au prix de revient.

4. Pour l'application des 1 et 2, les écarts de conversion des devises ainsi que des créances et dettes libellées en monnaies étrangères par rapport aux montants initialement comptabilisés sont déterminés à la clôture de chaque exercice en fonction du dernier cours de change et pris en compte pour la détermination du résultat imposable de l'exercice.

Lorsque des établissements de crédit, des sociétés de financement ou des entreprises d'investissement mentionnés au premier alinéa de l'article 38 *bis* A évaluent les titres libellés en monnaie étrangère à la clôture de chaque exercice en fonction du dernier cours de change connu, les écarts de conversion constatés sont pris en compte pour la détermination du résultat imposable de l'exercice. A la clôture de chaque exercice, le prix de revient des titres est augmenté ou diminué, selon les cas, des écarts de conversion mentionnés à ce même alinéa. Toutefois, lorsque les établissements ou les entreprises concernés détiennent des titres d'investissement mentionnés à l'article 38 *bis* B et des titres de participation, libellés en monnaie étrangère et dont l'acquisition a été financée en francs ou en euros, les écarts de conversion mentionnés au présent alinéa et constatés sur ces titres ne sont pas pris en compte dans le résultat fiscal de l'exercice ; dans ce cas, sur le plan fiscal, le prix de revient de ces titres ne tient pas compte des écarts de conversion. Ces dispositions sont applicables aux écarts de change relatifs à la période postérieure à l'ouverture du premier exercice clos à compter du 31 décembre 1990.

Pour l'exercice clos le 31 décembre 1998 ou la période d'imposition arrêtée à la même date, les écarts de conversion afférents aux devises, créances, dettes et titres mentionnés aux premier et deuxième alinéas et libellés en écus ou en unités monétaires des États participant à la monnaie unique, sont déterminés en fonction des taux de conversion définis à l'article 1er du règlement n° 97/1103/CE du Conseil, du 17 juin 1997, fixant certaines dispositions relatives à l'introduction de l'euro.

Les dispositions du premier alinéa ne sont pas applicables, sur option irrévocable, aux prêts libellés en monnaie étrangère consentis, à compter du 1er janvier 2001, par des entreprises autres que les établissements de crédit, les sociétés de financement et les entreprises d'investissement mentionnés à l'article 38 *bis* A, pour une durée initiale et effective d'au moins trois ans, à une société dont le siège social est situé dans un

État ne participant pas à la monnaie unique et dont elles détiennent directement ou indirectement plus de la moitié du capital de manière continue pendant toute la période du prêt. Corrélativement, la valeur fiscale de ces prêts ne tient pas compte des écarts de conversion constatés sur le plan comptable. Les dispositions du présent alinéa ne sont pas applicables aux prêts faisant l'objet d'une couverture du risque de change.

L'option mentionnée au quatrième alinéa est exercée pour chaque prêt. Elle résulte de la non-application des dispositions du premier alinéa au titre de l'exercice au cours duquel le prêt est consenti. Par exception, pour les entreprises ayant consenti des prêts en 2001 et clos un exercice avant le 31 décembre 2001, l'option résulte de la non-application des dispositions du premier alinéa au titre du premier exercice clos à compter de la même date.

4 *bis.* Pour l'application des dispositions du 2, pour le calcul de la différence entre les valeurs de l'actif net à la clôture et à l'ouverture de l'exercice, l'actif net d'ouverture du premier exercice non prescrit déterminé, sauf dispositions particulières, conformément aux premier et deuxième alinéas de l'article L. 169 du livre des procédures fiscales ne peut être corrigé des omissions ou erreurs entraînant une sous-estimation ou surestimation de celui-ci.

Les dispositions du premier alinéa ne s'appliquent pas lorsque l'entreprise apporte la preuve que ces omissions ou erreurs sont intervenues plus de sept ans avant l'ouverture du premier exercice non prescrit.

Elles ne sont pas non plus applicables aux omissions ou erreurs qui résultent de dotations aux amortissements excessives au regard des usages mentionnés au 2° du 1 de l'article 39 déduites sur des exercices prescrits ou de la déduction au cours d'exercices prescrits de charges qui auraient dû venir en augmentation de l'actif immobilisé.

Les corrections des omissions ou erreurs mentionnées aux deuxième et troisième alinéas restent sans influence sur le résultat imposable lorsqu'elles affectent l'actif du bilan. Toutefois, elles ne sont prises en compte ni pour le calcul des amortissements ou des provisions, ni pour la détermination du résultat de cession.

5. 1° A l'exception des sommes distribuées en application de l'article L. 214-17-2 du code monétaire et financier, le profit ou la perte résultant de cessions de titres par un fonds commun de placement est compris dans le résultat de l'exercice au cours duquel les parts du fonds sont cédées par l'entreprise. Le profit ou la perte est déterminé par différence entre le prix de cession et la valeur des parts au bilan de l'entreprise.

Les sommes distribuables en application du même article L. 214-17-2 sont comprises dans le résultat imposable de l'exercice au cours duquel elles sont distribuées et sont exclues du régime fiscal des plus-values à long terme, sous réserve des dispositions du 2° du présent 5.

2° Par dérogation aux dispositions du 1°, les sommes correspondant à la répartition, prévue au IX de l'article L. 214-28 du code monétaire et financier, d'une fraction des actifs d'un fonds commun de placement à risques ou d'un fonds professionnel de capital investissement qui remplit les conditions prévues au II ou au III *bis* de l'article 163 *quinquies* B, sont affectées en priorité au remboursement des apports. L'excédent des sommes réparties sur le montant des apports ou sur le prix d'acquisition des parts s'il est différent du montant des apports est compris dans le résultat imposable de l'exercice au cours duquel cet excédent apparaît. Il est soumis au régime fiscal des plus-values à long terme dans la proportion existant entre le montant des apports effectués depuis au moins deux ans à la date de la répartition et le montant total des apports effectués à cette même date. Le prix de revient des parts est corrélativement diminué à concurrence des sommes réparties qui n'ont pas été imposées en application du présent alinéa.

Le premier alinéa du présent 2° s'applique également aux sommes reçues par un fonds commun de placement à risques, ou un fonds professionnel de capital investissement, qui remplit les conditions prévues au II ou au III *bis* de l'article 163 *quinquies* B, provenant :

a) Des répartitions d'une fraction des actifs d'un fonds commun de placement à risques, ou d'un fonds professionnel de capital investissement, prévues au IX de l'article L. 214-28 du code monétaire et financier ;

b) Des distributions d'une entité mentionnée au 2° du II de l'article L. 214-28 du même code, autre qu'un fonds commun de placement à risques, qu'un fonds professionnel spécialisé relevant de l'article L. 214-37 du code monétaire et financier dans sa rédaction antérieure à l'ordonnance n° 2013-676 du 25 juillet 2013 modifiant le cadre juridique de la gestion d'actifs ou qu'un fonds professionnel de capital investissement, constituée dans un État ou territoire ayant conclu avec la France une convention fiscale qui contient une clause d'assistance administrative en vue de lutter contre la fraude ou l'évasion fiscale, prélevées sur des plus-values réalisées par l'entité lors de la cession de titres intervenue au cours de l'exercice précédent.

5 *bis.* Le profit ou la perte résultant de l'échange de titres consécutif à la fusion ou à la scission de sociétés d'investissement à capital variable et de fonds communs de placement est compris dans le résultat imposable de l'exercice au cours duquel les titres reçus en échange sont cédés. Dans ce cas, le profit ou la perte résultant de la cession ultérieure de ces titres est déterminé par rapport à la valeur que les titres remis à l'échange avaient du point de vue fiscal.

Toutefois, en cas d'échange avec soulte, le profit réalisé est, à concurrence du montant de la soulte reçue, compris dans le bénéfice de l'exercice au cours duquel intervient l'échange.

Les dispositions des premier et deuxième alinéas ne sont pas applicables si la soulte excède 10 % de la valeur nominale des parts ou actions reçues, ou si elle excède le profit réalisé.

Ces dispositions s'appliquent au profit ou à la perte résultant de l'échange de titres consécutif à la fusion ou à la scission de sociétés de placement à prépondérance immobilière à capital variable mentionnées au 3° *nonies* de l'article 208 et de fonds de placement immobilier mentionnés à l'article 239 *nonies.*

(L. n° 2021-1900 du 30 déc. 2021, art. 21-I-1°) « 5 *ter.* Le profit résultant de la remise de parts ou d'actions consécutive à la scission de fonds communs de placement et de sociétés d'investissement à capital variable réalisée en application des articles L. 214-7-4, L. 214-8-7, L. 214-24-33 et L. 214-24-41 du code monétaire et financier n'est pas compris dans le résultat imposable.

« La valeur fiscale des parts ou des actions reçues lors de la scission, réalisée dans les conditions mentionnées au premier alinéa du présent 5 *ter*, est égale au produit de la valeur d'inscription au bilan des parts ou des actions de l'entité scindée par le rapport, à la date de la scission, entre la valeur liquidative de l'entité dont les parts ou les actions sont reçues et la somme des valeurs liquidatives de l'entité scindée et de l'entité issue de la scission.

« La valeur fiscale des parts ou des actions de l'entité scindée est égale à la différence entre la valeur d'inscription au bilan de ces parts ou de ces actions et la valeur fiscale des parts ou des actions reçues déterminée dans les conditions prévues au deuxième alinéa du présent 5 *ter*.

« Les sommes correspondant à la répartition des actifs des fonds communs de placement ou des sociétés d'investissement à capital variable scindés sont affectées en priorité au remboursement des apports, dans la limite de la valeur fiscale des parts ou des actions de ces fonds ou de ces sociétés. L'excédent est compris dans le résultat imposable de l'exercice au cours duquel il est réalisé. La valeur fiscale de ces parts ou de ces actions est diminuée à concurrence des sommes réparties qui n'ont pas été imposées en application du présent alinéa.

« Les provisions ultérieures ainsi que le profit ou la perte résultant de la cession, du rachat ou de l'annulation des parts ou des actions de l'entité scindée ou de l'entité issue de la scission sont calculés d'après les valeurs fiscales déterminées en application des deuxième et troisième alinéas du présent 5 *ter*.

« La durée de détention des parts ou des actions reçues lors de la scission est décomptée à partir de la date d'acquisition des parts ou actions de l'entité scindée.

« Le présent 5 *ter* n'est pas applicable aux parts ou aux actions détenues par les entreprises qui comprennent l'écart entre la valeur liquidative à l'ouverture et à la clôture de l'exercice dans le résultat imposable de chaque exercice en application du 1° de l'article 209-0 A. » — *Le présent 5 ter s'applique aux scissions réalisées à compter de l'entrée en vigueur du I de l'art. 77 de la L. n° 2019-486 du 22 mai 2019 relative à la croissance et la transformation des entreprises (L. n° 2021-1900 du 30 déc. 2021, art. 21-II, soit le 24 mai 2019).*

6. **1°** **Par exception aux 1 et 2, le profit ou la perte résultant de l'exécution de contrats à terme d'instruments financiers en cours à la clôture de l'exercice est compris dans les résultats de cet exercice ; il est déterminé d'après le cours constaté au jour de la clôture sur le marché sur lequel le contrat a été conclu.**

Ces dispositions s'appliquent aux contrats, options et autres instruments financiers à terme conclus en France ou à l'étranger, qui sont cotés sur une bourse de valeurs ou traités sur un marché ou par référence à un marché, à l'exception des contrats visés au quatrième alinéa du 7, reçus dans le cadre d'une opération d'échange visée à ce même alinéa ; — *V. Ann. III, art. 2 A.*

2° Dans le cas où un contrat à terme d'instruments financiers en cours à la clôture de l'exercice a pour cause exclusive de compenser le risque d'une opération de l'un des deux exercices suivants, traitée sur un marché de nature différente, l'imposition du profit réalisé sur le contrat est reportée au dénouement de celui-ci, à condition que les opérations dont la compensation est envisagée figurent sur le document prévu au 3° ; — *V. Ann. III, art. 2 B.*

2° *bis* Le profit sur un contrat à terme portant sur des devises et ayant pour seul objet la couverture du risque de change d'une opération future est imposé au titre du ou des mêmes exercices que l'opération couverte à la condition que cette dernière soit identifiée dès l'origine par un acte ou un engagement précis et mesurable pris à l'égard d'un tiers. Les profits concernés et l'opération couverte doivent être mentionnés sur un document annexé à la déclaration des résultats de chaque exercice et établi conformément au modèle fixé par l'administration ;

3° Lorsqu'une entreprise a pris des positions symétriques, la perte sur une de ces positions n'est déductible du résultat imposable que pour la partie qui excède les gains non encore imposés sur les positions prises en sens inverse.

Pour l'application de ces dispositions, une position s'entend de la détention, directe ou indirecte, de contrats à terme d'instruments financiers, de valeurs mobilières, de devises, de titres de créances négociables, de prêts ou d'emprunts, ou d'un engagement portant sur ces éléments.

Des positions sont qualifiées de symétriques si leurs valeurs ou leurs rendements subissent des variations corrélées telles que le risque de variation de valeur ou de rendement de l'une d'elles est compensé par une autre position, sans qu'il soit nécessaire que les positions concernées soient de même nature ou prises sur la même place, ou qu'elles aient la même durée.

Les positions symétriques prises au cours de l'exercice et celles qui sont en cours à la clôture doivent être mentionnées sur un document *(L. n° 2020-1721 du 29 déc. 2020, art. 181, applicable aux exercices clos à compter du 31 déc. 2020)* **« spécifique remis ou adressé sur demande à l'administration fiscale** *[ancienne rédaction : annexé à la déclaration de résultats de l'exercice]* **». A défaut, la perte sur une position n'est pas déductible du résultat imposable.** — *V. Ann. III, art. 2 C.*

7. **Le profit ou la perte résultant de l'échange d'actions effectué dans le cadre d'une offre publique d'échange, de la conversion ou de l'échange d'obligations en actions, réalisé conformément à la réglementation en vigueur, est compris dans le résultat de l'exercice au cours duquel les actions reçues en échange sont cédées. Dans ce cas, le profit ou la perte résultant de la cession ultérieure de ces titres est déterminé par rapport à la valeur que les actions remises à l'échange ou les obligations converties ou échangées avaient du point de vue fiscal ; le délai de deux ans mentionné à l'article 39 *duodecies* s'apprécie à compter de la date d'acquisition des actions remises à l'échange.**

Toutefois, en cas d'échange ou de conversion avec soulte, la plus-value réalisée est, à concurrence du montant de la soulte reçue, comprise dans le bénéfice de l'exercice au cours duquel intervient l'échange ou la conversion. Il en est de même en cas d'échange d'actions assorties de droits de souscription d'obligations, attachés ou non, et de conversion d'obligations en actions assorties des mêmes droits, de la fraction de la plus-value qui correspond à la valeur réelle de ces droits à la date de l'opération d'échange ou de conversion ou au prix de ces droits calculé dans les conditions du deuxième alinéa du 1° du 8 du présent article s'ils sont échangés ou convertis pour un prix unique. Le montant imposable peut bénéficier du régime des plus-values à long terme prévu à l'article 39 *duodecies*, dans la limite de la plus-value réalisée sur les actions détenues depuis deux ans au moins.

Ces dispositions ne sont pas applicables si le total de la soulte et, le cas échéant, du prix des droits mentionnés au deuxième alinéa dépasse 10 % de la valeur nominale des actions attribuées ou si ce total excède la plus-value réalisée.

Lorsque, à l'occasion d'une opération d'échange d'actions mentionnée au premier alinéa, l'un des coéchangistes garantit, par un contrat d'instrument financier, à une date fixée dans l'offre et comprise entre douze et soixante mois suivant la date de clôture de cette offre, le cours des actions remises à l'échange dont il est l'émetteur, le profit ou la perte résultant de l'échange d'actions est soumis aux dispositions de ce premier alinéa et le profit résultant de l'attribution de ce contrat d'instrument financier n'est pas compris dans les résultats de l'exercice de l'échange ; les sommes reçues par le coéchangiste sont comprises, selon le cas, dans les résultats de l'exercice de cession du contrat ou de celui de la mise en œuvre de la garantie prévue par le contrat. Dans ce dernier cas, les sommes reçues peuvent bénéficier du régime des plus-values à long terme prévu à l'article 39 *duodecies* si les actions remises et reçues à l'échange relèvent de ce régime, respectivement à la date de l'opération d'échange et à l'échéance du contrat en cause, et si l'action dont le cours est garanti par ce contrat ainsi que ce dernier ont été conservés jusqu'à cette échéance. Pour l'appréciation de cette dernière condition, les contrats conservés jusqu'à la date de leur échéance sont affectés par priorité aux actions encore détenues à cette date.

Lorsqu'une entreprise remet à l'échange plusieurs titres en application des modalités d'échange, la valeur mentionnée à la deuxième phrase du premier alinéa correspond au total de la valeur que chacun de ces titres avait du point de vue fiscal ; le délai de deux ans mentionné au même alinéa s'apprécie à compter de la date d'acquisition ou de souscription la plus récente des actions remises à l'échange par cette entreprise.

Lorsqu'une entreprise reçoit à l'occasion d'une opération d'échange ou de conversion plusieurs titres en application des modalités d'échange ou des bases de la conversion, la valeur mentionnée à la deuxième phrase du premier alinéa est répartie proportionnellement à la valeur réelle à la date de cette opération ou à la valeur résultant de leur première cotation si les titres reçus sont des actions assorties de droits de souscription d'actions, attachés ou non, émises pour un prix unique à l'occasion d'une telle opération.

Pour les opérations réalisées au cours d'exercices clos à compter du 31 décembre 1994, les dispositions du présent 7 ne sont pas applicables si l'un des coéchangistes remet à l'échange des actions émises lors d'une augmentation de capital réalisée depuis moins de trois ans par une société qui détient directement ou indirectement une participation supérieure à 5 % du capital de l'autre société avec laquelle l'échange est réalisé ou par une société dont plus de 5 % du capital est détenu directement ou indirectement par cette autre société.

Les augmentations de capital visées au septième alinéa sont celles résultant :

a) d'un apport en numéraire ;

b) d'un apport de créances ou de titres exclus du régime des plus-values à long terme en application du I de l'article 219 ;

c) de l'absorption d'une société dont l'actif est composé principalement de numéraire ou de droits cités au *b* ou de l'apport d'actions ou de parts d'une telle société.

Les dispositions du présent article s'appliquent aux opérations d'échange portant sur des certificats d'investissement, des certificats coopératifs d'investissement, des certificats pétroliers, des certificats de droit de vote, des actions à dividende prioritaire sans droit de vote et des actions de préférence ainsi qu'à la conversion d'actions ordinaires en actions à dividende prioritaire sans droit de vote ou en actions de préférence, d'actions de préférence en actions de préférence d'une autre catégorie, d'actions à dividende prioritaire sans droit de vote ou d'actions de préférence en actions ordinaires *(L. n° 2017-1775 du 28 déc. 2017, art. 15)* « **et à la conversion d'actions en certificats mutualistes ou paritaires** ». — *Les dispositions issues de la L. n° 2017-1775 du 28 déc. 2017 s'appliquent à l'impôt sur le revenu dû au titre de l'année 2017 et des années suivantes et à l'impôt sur les sociétés dû au titre des exercices clos à compter du 31 déc. 2017 (L. préc., art. 15).*

Les dispositions du présent 7 s'appliquent au remboursement, par la société émettrice, des porteurs d'obligations remboursables en actions, lorsque cette même société procède à l'opération susvisée par émission concomitante d'actions.

7 bis. Le profit ou la perte réalisé lors de l'échange de droits sociaux résultant d'une fusion ou d'une scission de sociétés peut être compris dans le résultat de l'exercice au cours duquel les droits sociaux reçus en échange sont cédés. Dans ce cas, le profit ou la perte résultant de la cession ultérieure de ces droits sociaux est déterminé par rapport à la valeur que les droits sociaux remis à l'échange avaient du point de vue fiscal.

En cas de scission de société, la valeur fiscale des titres de chaque société bénéficiaire des apports reçus en contrepartie de ceux-ci est égale au produit de la valeur fiscale des titres de la société scindée par le rapport existant à la date de l'opération de scission entre la valeur réelle des titres de chaque société bénéficiaire dans le cadre de cette opération et la valeur réelle des titres de la société scindée.

Toutefois, en cas d'échange avec soulte, la plus-value réalisée est, à concurrence du montant de la soulte reçue, comprise dans le bénéfice de l'exercice au cours duquel intervient l'échange. Le montant imposable peut bénéficier du régime des plus-values à long terme prévu à l'article 39 *duodecies,* dans la limite de la plus-value réalisée sur les titres détenus depuis deux ans au moins.

Ces dispositions ne sont pas applicables si la soulte dépasse 10 % de la valeur nominale des parts ou des actions attribuées ou si la soulte excède la plus-value réalisée.

(L. nº 2017-1775 du 28 déc. 2017, art. 15) « *7 ter.* La plus-value ou moins-value résultant de l'annulation d'actions effectuée dans le cadre d'un regroupement ou d'une division d'actions, réalisé en conformité avec les dispositions du code de commerce ou les dispositions étrangères équivalentes, est comprise dans le résultat de l'exercice au cours duquel les actions attribuées en remplacement sont cédées. La plus-value ou moins-value résultant de la cession ultérieure de ces actions est déterminée par rapport à la valeur que les actions remplacées avaient du point de vue fiscal.

« En cas de regroupement ou de division d'actions avec soulte, la plus-value réalisée est, à concurrence de la soulte reçue, comprise dans le bénéfice de l'exercice au cours duquel intervient le regroupement ou la division d'actions. » — *Les dispositions issues de la L. nº 2017-1775 du 28 déc. 2017 s'appliquent à l'impôt sur le revenu dû au titre de l'année 2017 et des années suivantes et à l'impôt sur les sociétés dû au titre des exercices clos à compter du 31 déc. 2017 (L. préc., art. 15).*

(L. nº 2019-1479 du 28 déc. 2019, art. 14-I) « *7 quater.* La plus ou moins-value résultant de la transmission à titre gratuit et irrévocable de titres de capital ou de parts sociales à un fonds de pérennité mentionné à l'article 177 de la loi nº 2019-486 du 22 mai 2019 relative à la croissance et la transformation des entreprises lors de sa constitution est comprise dans le résultat de l'exercice au cours duquel ces titres ou parts sont ultérieurement cédés par le fonds bénéficiaire de cette transmission si celui-ci a pris l'engagement de calculer la plus ou moins-value d'après la valeur que ces titres ou parts avaient, du point de vue fiscal, à la date de la transmission. » — *Le présent al. s'applique aux transmissions réalisées à compter du 9 mai 2020 (Décr. nº 2020-537 du 7 mai 2020).*

(L. nº 2020-1721 du 29 déc. 2020, art. 42-I-1º et II, applicable aux exercices clos à compter du 31 déc. 2020) « *7 quinquies.* L'imposition de la plus-value résultant de la transmission à titre gratuit et irrévocable de titres de capital ou de parts sociales à une fondation reconnue d'utilité publique peut faire l'objet d'un report jusqu'à leur cession par la fondation bénéficiaire de cette transmission.

« La plus-value en report est imposée à la date à laquelle il est mis fin au report au nom de la fondation bénéficiaire de la transmission.

« Lorsque la valeur de cession des titres est inférieure à la valeur des mêmes titres au jour de la transmission mentionnée au premier alinéa du présent *7 quinquies*, la plus-value en report est diminuée de la différence entre ces deux valeurs.

« L'entreprise qui transmet les titres de capital ou parts sociales mentionnées au même premier alinéa communique à l'administration un état *(L. nº 2021-1900 du 30 déc. 2021, art. 9-1º-a)* « annexé à sa déclaration de résultat » faisant apparaître le montant des plus-values réalisées lors de la transmission et dont l'imposition est reportée.

« La fondation bénéficiaire de la transmission mentionnée audit premier alinéa doit, en cas d'option pour le report d'imposition, communiquer à l'administration, au titre de l'année en cours à la date de la transmission et des années suivantes, un état faisant apparaître les renseignements nécessaires au suivi de la plus-value dont l'imposi-

tion est reportée. » *(L. nº 2021-1900 du 30 déc. 2021, art. 9-1º-b)* **« Cet état est annexé à la déclaration de résultat ou, à défaut, adressé dans les mêmes délais que la déclaration de résultat mentionnée à l'article 223. »**

8. 1° La plus-value de cession séparée de valeurs mobilières et de droits de souscription qui leur sont attachés, acquis pour un prix unique, est calculée par référence à la fraction du prix d'acquisition afférente à chacun de ces éléments.

La fraction afférente aux droits de souscription est égale à la différence entre le prix unique et le prix de la valeur mobilière à la date de la souscription ou de l'acquisition. Le prix s'entend de la valeur actuelle pour les obligations ;

2° La différence entre la valeur actuelle d'une obligation assortie de droits de souscription et sa valeur de remboursement est considérée, pour l'imposition du souscripteur, comme une prime de remboursement. Toutefois, pour les titres émis avant le 1er janvier 1993, celle-ci n'est soumise aux dispositions du I de l'article 238 *septies* B que si son montant excède 15 % de la valeur actuelle de l'obligation ;

3° Les sommes reçues par une entreprise lors de l'émission de droits de souscription ou d'acquisition de valeurs mobilières sont comprises dans ses résultats imposables de l'exercice de péremption de ces droits lorsqu'ils n'ont pas été exercés.

9. 1° L'application de la méthode d'évaluation prévue à l'article L. 232-5 du code de commerce n'a pas d'incidence sur les résultats imposables, par dérogation aux 1 et 2 du présent article ;

2° Toutefois, les dispositions du seizième alinéa du 5° du 1 de l'article 39 sont applicables à la fraction de la provision constituée à raison de l'écart d'équivalence négatif, qui correspond à la dépréciation définie au dix-septième alinéa du 5° du 1 de l'article 39, des titres évalués selon cette méthode. L'excédent éventuel de cette provision n'est pas déductible pour l'assiette de l'impôt.

Les provisions qui sont transférées au poste d'écart d'équivalence, ainsi que celles devenues sans objet en raison de l'application de la méthode d'évaluation mentionnée au 1°, sont immédiatement rapportées aux résultats imposables. Les provisions pour dépréciation des titres ainsi transférées sont comprises dans les plus-values à long terme de l'exercice visées au 1 du I de l'article 39 *quindecies* ;

3° En cas de cession de titres mentionnés au 2°, la plus-value ou la moins-value est déterminée en fonction de leur prix de revient ;

4° Un décret définit les modalités d'application du présent article ainsi que les obligations déclaratives des entreprises qui appliquent la méthode d'évaluation prévue au 1°. *— V. Ann. III, art. 38 B.*

(Ord. nº 2017-484 du 6 avr. 2017, art. 17-III-1º) **« 10. La plus-value de cession d'un immeuble par une société civile immobilière non soumise à l'impôt sur les sociétés dont les parts ont été affectées par une société d'assurance, par un organisme de retraite professionnelle supplémentaire mentionné à l'article L. 381-1 du code des assurances, une mutuelle ou union de retraite professionnelle supplémentaire mentionnée à l'article L. 214-1 du code de la mutualité ou une institution de retraite professionnelle supplémentaire mentionnée à l'article L. 942-1 du code de la sécurité sociale à la couverture de contrats d'assurance sur la vie à capital variable prévus par l'article L. 131-1 du code des assurances est comprise dans le résultat imposable de la société d'assurance, du fonds de retraite professionnelle supplémentaire, de la mutuelle ou union de retraite professionnelle supplémentaire ou de l'institution de retraite professionnelle supplémentaire sous déduction des profits de réévaluation constatés lors des estimations annuelles de ces parts dans les comptes de la société d'assurance, du fonds de retraite professionnelle supplémentaire, de la mutuelle ou union de retraite professionnelle supplémentaire ou de l'institution de retraite professionnelle supplémentaire.**

« La moins-value de même nature est retenue dans les mêmes conditions, et ne peut venir en diminution des profits de réévaluation des parts de la société civile, constatés par la société d'assurance, le fonds de retraite professionnelle supplémentaire, la mutuelle ou union de retraite professionnelle supplémentaire ou l'institution de retraite professionnelle supplémentaire. »

11. Le transfert dans une comptabilité auxiliaire d'affectation d'éléments d'actifs pour lesquels sont applicables les règles de l'article L. 134-4, *(L. nº 2021-1900 du 30 déc. 2021, art. 20-1º-a)* **« de l'article L. 142-5, » de l'article L. 143-7,** *(Ord. nº 2017-484 du 6 avr. 2017, art. 17-III-1º)* **« de l'article L. 381-2, » de l'article L. 441-8, ou du**

VII de l'article L. 144-2 du code des assurances est assimilé à une cession. Il en est de même en cas de retrait d'actifs de l'une de ces comptabilités.

(L. nº 2020-1721 du 29 déc. 2020, art. 7-1º) **« 1º » Toutefois, le profit ou la perte constaté à l'occasion du transfert d'éléments d'actif dans la comptabilité auxiliaire d'affectation soumis aux règles de l'article L. 143-7 du code des assurances n'est pas compris dans le résultat de l'exercice au cours duquel le transfert est intervenu si les conditions suivantes sont réunies :**

_a)_ L'opération est réalisée conformément aux dispositions de l'article L. 143-8 du code des assurances ;

_b)_ Les éléments sont inscrits dans la comptabilité auxiliaire d'affectation pour leur valeur comptable telle qu'elle figure dans les comptes de l'entreprise procédant à l'opération.

Dans ce cas, le profit ou la perte résultant de la cession ultérieure de ces éléments est calculé d'après la valeur qu'ils avaient, du point de vue fiscal, dans les écritures de l'entreprise ayant procédé à l'opération.

(L. nº 2020-1721 du 29 déc. 2020, art. 7-2º) **« 2º Le profit ou la perte constatée à l'occasion du retrait d'éléments d'actifs de la comptabilité auxiliaire d'affectation, soumis aux règles du VII de l'article L. 144-2 du même code, en vue de satisfaire aux obligations prévues à l'article L. 142-4 dudit code, n'est pas compris dans le résultat de l'exercice au cours duquel le retrait est intervenu si les éléments sont inscrits dans la comptabilité générale pour leur valeur comptable telle qu'elle figure dans la comptabilité auxiliaire d'affectation de départ.**

« Dans ce cas, le profit ou la perte résultant de la cession ultérieure de ces éléments est calculé d'après la valeur qu'ils avaient, du point de vue fiscal, dans les écritures de l'entreprise ayant procédé à l'opération. »

(L. nº 2021-1900 du 30 déc. 2021, art. 20-1º-b) **« 3º Le profit ou la perte constaté*[s]* à l'occasion du transfert d'éléments d'actifs dans la comptabilité auxiliaire d'affectation soumis aux règles de l'article L. 142-5 du code des assurances n'est pas compris dans le résultat de l'exercice au cours duquel le transfert est intervenu si les conditions suivantes sont réunies :**

« _a)_ L'opération est réalisée conformément aux articles L. 142-4 ou L. 142-7 du même code ;

« _b)_ Les éléments sont inscrits dans la comptabilité auxiliaire d'affectation pour leur valeur comptable telle qu'elle figure dans les comptes de l'entreprise procédant à l'opération.

« Dans ce cas, le profit ou la perte résultant de la cession ultérieure de ces éléments est calculé d'après la valeur que ces éléments avaient, du point de vue fiscal, dans les écritures de l'entreprise ayant procédé à l'opération. »

BIBL. ▶ AUSTRY, Charges ou immobilisations, *EFE 1997*. – BACHELIER, *Dr. fisc. 2002. 1258* (l'évaluation fiscale des biens et services). – BÉNARD, *RJF 2007. 523* (fiscalité et comptabilité : convergence + connexion = chaos). – BEREYZIAT, *RJF 2005. 313* (libéralité, comptabilité, fiscalité : variations autour de l'actif net) ; *RJF 2005. 63* (amortissements et provisions : les règles comptables crèvent l'écran). – BOKDAM-TOGNETTI, *RJF 2012. 883* (l'académicien et le brigand : réflexions autour de l'amoralisme du droit fiscal). – BUCHET, *Dr. fisc. 2005. 1469* (les impôts différés sont-ils du domaine du fiscaliste ?). – COLMET-DAÂGE, *Dr. fisc. 2010. Chron. 295* (comptabilité et fiscalité : retour sur l'année 2009 et perspectives 2010) ; *Dr. fisc. 2012. 251* (comptabilité et fiscalité : retour sur 2011 et perspectives 2012). – COZIAN, *Dr. fisc. 2002. 294 s.* (principe de liberté d'affectation comptable en BIC) ; *Dr. fisc. 1995. 1836* (illicéité et anormalité). – DAUMAS, *RJF 2009. 187* (conséquences fiscales de la réévaluation libre d'un élément d'actif : les infortunes fiscales de la vertu comptable). – DELESALLE, *BFL 2003, p. 247* (fiscalité et normes comptables internationales) ; *Dr. fisc. 2005, p. 940* (comptabilité et fiscalité : je t'aime, moi non plus). – DELESALLE et ROSSIGNOL, *Dr. fisc. 2004, p. 739* (fiscalité et normes comptables internationales). – DE BISSY, *Dr. fisc. 2007. 938* (la sanction de la comptabilité par la fiscalité). – FOUQUET, *Rev. adm. 2/200, nº 313, p. 46* (l'amoralisme du droit fiscal) ; *Dr. fisc. 2017. 365* (la fin de l'immixtion dans la gestion ?). – FUMENIER, *Dr. fisc. 2009. 447* (le traitement fiscal des conventions de fortage). – GELARD, *Dr. fisc. 2004, p. 423* (l'extension des normes internationales aux comptes sociaux et la déconnexion entre fiscalité et comptabilité). – LEBRUN, *Dr. fisc. 2009, étude 418* (le projet de normes comptables de l'IASB sur l'impôt sur les bénéfices). – LOPATER, *FR Lefebvre 5-20, p. 6* (connexion fiscalo-comptable : il faut sauver le chiffre d'affaires de demain !). – MAÏA, *RJF 2001. 799* (quelles incidences fiscales pour un abandon de créances ?). – PLAGNET,

GAJ Fisc., p. 596 (liberté de gestion des entreprises) ; *BFL 1999, p. 687* (non-immixtion du fisc dans la gestion des entreprises). – PRICE WATERHOUSE COOPERS, Actifs, *Éd. F. Lefebvre 2005*. – SÉRANDUR, *Dr. fisc. 2012. 303* (quelques réflexions autour de la suppression des effets de la théorie du bilan). – SERLOOTEN, *Dr. fisc. 2007. 301* (liberté de gestion et droit fiscal : la réalité et le renouvellement de l'encadrement de la liberté). – RUTSCHMANN et GAYRAL, *Dr. fisc 2012. 500* (le risque manifestement excessif : immixtion rampante dans la gestion de l'entreprisse ou simple garde-fou ?). – VILLEMOT, *Dr. fisc. 2005, p. 765* (rapport d'étape du groupe IAS/Fiscalité). – X., *FR Lefebvre 53-04, p. 25* (amortissements et dépréciation des éléments d'actif : incidences fiscales de la réforme comptable).

A. PRINCIPES

1° DÉFINITION DU BÉNÉFICE IMPOSABLE

1. Bénéfice imposable. Il résulte de l'art. 38-1 que le bénéfice imposable est, en principe, le bénéfice net déterminé d'après le résultat d'ensemble des opérations de toute nature effectuées par les entreprises, y compris notamment les cessions d'éléments quelconques de l'actif, soit en cours, soit en fin d'exploitation. Corrélativement, le bénéfice net est déterminé en faisant masse de l'ensemble des produits et des charges qui trouvent leur origine dans des opérations de toute nature effectuées par l'entreprise tant en cours qu'en fin d'exploitation. Les opérations réalisées peuvent concerner l'objet même de l'entreprise ou n'avoir aucun lien direct avec son activité ; elles peuvent être exercées à titre principal ou à titre accessoire. Il peut s'agir notamment : 1) de ventes, de prestations de services, de travaux, mais aussi d'opérations de courtage, de commission, de concessions de droits de la propriété industrielle, etc. ; 2) des cessions d'éléments quelconques de l'actif, immobilisé ou non. Il convient d'entendre par cession, toute opération ou tout événement ayant pour résultat de faire sortir un élément de l'actif de l'entreprise (vente, expropriation, apport, échange, partage, donation, retrait d'actif, etc.). * BOI-BIC-BASE-10-10 n° 20 du 3 févr. 2016.

2. D'autre part, conformément à l'art. 38-2, le bénéfice net est constitué par la différence entre les valeurs de l'actif net à la clôture et à l'ouverture de la période dont les résultats doivent servir de base à l'impôt, diminuée des suppléments d'apports et augmentée des prélèvements effectués au cours de cette période par l'exploitant ou par les associés. Il s'ensuit que le bénéfice ne résulte pas seulement des profits et pertes – en revenu ou en capital – engendrés par des opérations effectuées par l'entreprise, mais aussi de la comparaison des valeurs actives et passives inventoriées suivant le code de commerce. * BOI-BIC-BASE-10-10 n° 110 du 3 févr. 2016.

3. Principe de liberté d'affectation comptable. Les entrepreneurs individuels et les sociétés de personnes relevant des BIC et des BA, et soumis à un régime réel d'imposition, peuvent librement inscrire à l'actif de leur bilan l'ensemble de leurs biens, qu'ils soient ou non affectés à l'exercice de leur activité. Ce principe de liberté d'affectation comptable, communément appelé « théorie du bilan », résulte d'une jurisprudence ancienne et constante du Conseil d'État (• CE 24 mai 1967, n° 65436) à propos de l'interprétation de l'art. 38-2 CGI. * BOI-BIC-BASE-90 n° 1 du 4 juill. 2018. ♦ Un exploitant individuel est libre d'affecter ses biens à son patrimoine professionnel ou à son patrimoine privé. • CE 8 sept. 1999, n° 179832 : *Dr. fisc. 2000. 73, concl. Arrighi de Casanova* • CE 29 avr. 2002, n° 212408 : *Dr. fisc. 2002. 746, concl. Courtial ; RJF 2002. 754.*

4. Neutralisation partielle des effets fiscaux du principe de liberté d'affectation comptable. L'art. 155 CGI, applicable aux exercices et périodes d'imposition ouverts à compter du 1er janv. 2012, a mis fin aux effets en matière fiscale du principe de libre affectation pour les biens qui ne sont pas liés à l'exercice de l'activité professionnelle, sous réserve de l'application de la règle dite « tolérance de 5 % ». Ainsi, les résultats tirés de l'exploitation non professionnelle de ces biens (produits, charges et résultat de leur cession) sont extournés des bénéfices imposables de l'entreprise pour être imposés dans leur cédule d'imposition conformément à la nature de ces biens. Le résultat de cession des biens inscrits à l'actif fait en outre l'objet de règles particulières afin de ne comprendre dans le résultat professionnel que la fraction des plus et moins-values correspondant à l'usage professionnel d'un élément d'actif cédé. * BOI-BIC-BASE-90 n° 1 du 4 juill. 2018.

5. Il en résulte que, pour les exercices ou les périodes d'imposition ouverts à compter du 1er janv. 2012, le bénéfice net mentionné à l'art. 38 est : 1° Diminué du montant des produits qui ne proviennent pas de l'activité exercée à titre professionnel, à l'exclusion de ceux pris en compte pour la détermination de la plus-value ou moins-value de cession d'un élément d'actif immobilisé ou pour la détermination des résultats mentionnés à l'art. 155 CGI ; 2° Augmenté du montant des charges admises en déduction qui ne sont pas nécessitées par l'exercice de l'activité à titre professionnel, à l'exclusion de celles prises en compte pour la détermination de la plus-value ou moins-value de cession d'un élément d'actif immobilisé ou pour la détermination des résultats mentionnés à l'art. 155. * BOI-BIC-BASE-90 n° 180 du 4 juill. 2018.

6. Rectifications extracomptables. En pratique, le bénéfice net imposable est donné par le compte de résultat de l'exercice. Toutefois, en raison de l'existence de certaines dispositions fiscales spécifiques, le résultat net comptable doit parfois faire l'objet de rectifications extra-comptables positives (réintégrations) ou négatives (déductions). Il convient également de tenir compte, le cas échéant, des abattements fiscaux dont peuvent bénéficier certaines entreprises. Ces rectifications et abattements apparaissent dans le tableau n° 2058-A de « détermination du résultat fiscal » qui doit être joint à la déclaration annuelle des résultats des entreprises placées sous le régime d'imposition du bénéfice réel normal ou dans le tableau n° 2033-B joint à la déclaration annuelle des résultats des entreprises placées sous le régime simplifié d'imposition. Le chiffre obtenu après ces corrections constitue le résultat fiscal. * BOI-BIC-BASE-30 n° 10 du 3 févr. 2016.

2° CARACTÈRE NORMAL OU ANORMAL DE LA GESTION

BIBL. Boismain, *BFL 2014, p. 341* (l'acte anormal de gestion et la jurisprudence récente du Conseil d'État). – Burguburu, *RJF 2008. 331* (acte anormal de gestion : le juge prend-il trop de risques ?). – Collet, *Dr. fisc. 2003, p. 536* (contrôle des actes de gestion : pour un retour à l'anormal). – Cozian, *Dr. fisc. 1995, p. 1836* (illicéité et anormalité) ; *GPFE, p. 565* (théorie de l'acte anormal de gestion) ; *BFL 2002, p. 253* (le devoir d'entraide des centres Leclerc : est-ce un acte anormal de gestion ?). – Deboissy, *Dr. fisc. 2015. 386* (prise de risque et acte anormal de gestion). – Fouquet, *Rev. adm. 200, p. 46* (l'amoralisme du droit fiscal) ; *Rev. adm. 2008, p. 36* (acte anormal de gestion et mauvaise gestion). – Labrune, *RJF 2016. 1245* (retour à la normale de l'acte anormal de gestion : l'abandon du risque manifestement excessif). – Lacroix, *FR Lefebvre 35/16, p. 6* (l'abandon de la théorie du risque excessif). – Plagnet, *GAJ Fisc., p. 546* (liberté de gestion des entreprises ; théorie des actes anormaux de gestion) ; *BFL 1999, p. 687* (non-immixtion du fisc dans la gestion des entreprises). – Raquin, *RJF 2011. 699* (l'évaluation du risque pris par les entreprises conduit-elle l'Administration à s'immiscer dans leur gestion ?).

a. Principe de non-immixtion dans la gestion des entreprises

7. Le contribuable n'est jamais tenu de tirer des affaires qu'il traite le maximum de profits que les circonstances lui auraient permis de réaliser. • CE 7 juill. 1958, n° 35977 : *Dupont 1958, p. 575* • 10 janv. 1973, ⛫ n° 79312 : *Dr. fisc. 1974. 323, concl. Delmas-Marsalet.* ♦ Il n'appartient pas à l'Administration, dans ce cadre, de se prononcer sur l'opportunité des choix de gestion opérés par l'entreprise et notamment pas sur l'ampleur des risques pris par elle pour améliorer ses résultats. • CE, sect., 13 juill. 2016, ⛫ *SA Monte Paschi Banque*, n° 375801 : *RJF 2016. 967, concl. Bokdam-Tognetti ; Dr. fisc. 2016. 404, note Fouquet.* ♦ L'Administration n'est pas autorisées à apprécier le caractère normal du choix opéré par le siège d'une société étrangère de financer l'activité de sa succursale française en la laissant recourir à l'emprunt, plutôt qu'en lui apportant des fonds propres, ni à en tirer, le cas échéant, de quelconques conséquences fiscales. • CE 11 avr. 2014, ⛫ *Min. c/ Sté Unicredit*, n°s 346687 et 349015 : *RJF 2014. 667 ; Dr. fisc. 2014. 305, concl. Hédary.* ♦ Il n'appartient pas à l'Administration de se prononcer sur l'opportunité des choix arrêtés par une entreprise pour sa gestion. Une cour méconnaît ce principe en regardant comme ne relevant pas d'une gestion commerciale normale le choix, par la société, de l'ampleur de la campagne de lancement et de promotion d'un produit (médicament), en se fondant, notamment, sur le dépassement du taux moyen de ces dépenses par rapport au chiffre d'affaires constaté pour le secteur économique considéré. • CE 23 janv. 2015, ⛫ *SAS Rottapharm*, n° 369214 : *RJF 2015. 300 ; BDCF 2015. 42, concl. Nicolazo de Barmon ; Dr. fisc. 2015. 268, note de Massiac et Bagdassarian.* ♦ Dans le cadre de son pouvoir de contrôle de déclarations de résultats d'une société (établissement bancaire de droit français), l'Administration n'est pas autorisée à apprécier le choix opéré par le siège de cette société de financer l'activité de sa succursale japonaise en lui apportant des fonds propres, plutôt qu'en la laissant recourir à l'emprunt, ni à soutenir qu'une telle opération constitue une renonciation indue à percevoir les produits financiers correspondant à la fraction estimée excessive des fonds apportés. • CE 17 juin 2015, ⛫ *Min. Budget c/ Sté AIG Management France SA*, n° 369722 : *RJF 2015. 759.* ♦ De même, la facturation de frais administratifs, avec, le cas échéant, certaines réductions décidées dans l'intérêt de l'entreprise, constituant un acte de gestion courant pour une entreprise, une telle pratique ne saurait être regardée comme un des cas de renonciation à recettes relevant, en principe, d'une gestion commerciale anormale. • CE 20 mai 2015, ⛫ *Universal Aviation France (UAF)*, n° 369373 : *RJF 2015. 681 ; BDCF 2015. 100, concl. Nicolazo de Barmon ; Dr. fisc. 2015. 687, note Kouraleva-Cazals.*

b. Caractère normal ou anormal de la gestion

8. C'est au regard du seul intérêt propre de l'entreprise que l'Administration doit apprécier si des opérations litigieuses correspondent à des actes relevant d'une gestion commerciale normale. Indépendamment du cas de détournements de fonds rendus possibles par le comportement délibéré ou la carence manifeste des dirigeants, il n'appartient pas à l'Administration, dans ce cadre, de se prononcer sur l'opportunité des choix de gestion opérés par l'entreprise et notamment pas sur l'ampleur des risques pris par elle pour améliorer ses résultats. • CE, sect., 13 juill. 2016, *SA Monte Paschi Banque*, n° 375801 : *RJF 2016. 967, concl. Bokdam-Tognetti ; Dr. fisc. 2016. 404, note Fouquet.* ♦ Abandon du critère du « risque manifestement excessif ». • CE 17 oct. 1990, *Loiseau*, n° 83310 : *RJF 1990. 317, chron. Turot, p. 735 ; Dr. fisc. 1991. 2281, concl. Fouquet.*

9. Sans s'immiscer dans la gestion de l'entreprise, l'Administration peut, conformément à une jurisprudence constante du Conseil d'État, remettre en cause les opérations qui ne se rattachent pas à une gestion normale ou qui n'ont pas été réalisées dans l'intérêt direct de l'exploitation. L'acte anormal de gestion est celui qui est accompli dans l'intérêt d'un tiers ou qui n'apporte à l'entreprise qu'un intérêt minime hors de proportion avec l'avantage que le tiers peut en retirer. Concl. Fouquet ss. • CE, sect., 10 juill. 1992, n°s 110213 et 110214 : *RJF 1992. 1249.* ♦ Le caractère illicite de pratiques commerciales auxquelles une entreprise s'est livrée, non plus que l'existence d'un risque de devoir supporter certaines charges ou dépenses, risque auquel l'exploitant n'a pas ignoré qu'il expose l'entreprise, ne permettent à eux seuls de regarder les opérations ainsi effectuées comme étrangères à une gestion commerciale normale. C'est seulement si de telles opérations ont été décidées à des fins étrangères aux intérêts de l'entreprise qu'elles peuvent être réputées relever d'une gestion anormale. • CAA Nancy, 3 avr. 2003, n°s 97NA596 et 97NA597 (2 arrêts) : *Dr. fisc. 2004. 89 ; RJF 2003. 956.*

10. C'est à l'Administration qu'il incombe d'établir les faits sur lesquels elle se fonde pour invoquer le caractère anormal. • CE, plén., 27 juill. 1984, n° 34588, *SA Renfort Service : Dr. fisc. 1985. 596 ; Lebon 292* • CE 8 août 1990, n° 92997, *SA Intertrans : RJF 1990. 1252, concl. Ph. Martin, p. 661* • 30 déc. 2002, n° 230033 : *Dr. fisc. 2003. 370, concl. Austry ; RJF 2003. 260.* ♦ Sur les règles applicables au cas particulier de cession d'un actif immobilisé en présence d'un prix significativement inférieur à sa valeur vénale. • CE, plén., 21 déc. 2018, *Sté Croë Suisse*, n° 402006 : *RJF 2019. 246, concl. Bretonneau, chron. Villette ; Dr. fisc 2019. 176, note Deboissy et Wicker.* ♦ Pour démontrer l'anormalité d'une cession à bas prix d'un élément de l'actif circulant, l'Administration doit établir non seulement l'existence d'un écart significatif entre la valeur vénale du bien cédé et son prix de vente, mais également l'intention de l'entreprise d'agir contre son intérêt. • CE 4 juin 2019, *Sté d'investissements maritimes et fonciers*, n° 418357 : *RJF 2019. 753, concl. Victor ; Dr. fisc. 2020. 142, note Pons.* ♦ S'agissant d'une location immobilière à prix minoré, l'Administration doit se conformer aux règles générales de charge de la preuve d'un acte anormal de gestion. Il lui incombe d'établir le caractère anormalement bas du loyer consenti. • CE 8 mars 2021, *Sté La Maisonnette*, n° 433019 : *RJF 2021. 451, concl. Guibé.*

11. Gestion normale. La réparation civile versée par l'exploitant d'une entreprise individuelle de négoce automobile à une société de crédit automobile, à raison de l'escroquerie dont celle-ci a été victime du fait des activités délictueuses d'un employé qui falsifiait les dossiers de crédit, et qui a donné lieu à condamnation pénale de l'exploitant et de son employé, ne relève pas d'une gestion anormale et constitue une charge déductible dès lors que cette dépense n'est pas étrangère à l'intérêt de l'entreprise. • CE 30 déc. 2002, n° 230033 : *préc. note 10.* ♦ Ne relève pas d'une gestion anormale : le fait, pour une société de stockage de céréales, de vendre pour le compte de sa société mère des céréales non encore acquises par celle-ci, dès lors que cette pratique délictueuse, alors même qu'elle améliore la situation de trésorerie de la société mère, répond aussi à l'intérêt propre de la filiale de développer son chiffre d'affaires grâce aux commissions de stockage perçues. • CAA Nancy, 3 avr. 2003, n°s 97NA596 et 97NA597 : *préc. note 9.* ♦ ... Le fait, pour une société dont l'objet est de permettre à ses actionnaires de réaliser des économies à travers les services qu'elle leur rend, de pratiquer des facturations à prix coûtant. • CE 25 nov. 2009, n° 307227, *Cie Rhénane de Raffinage : Dr. fisc. 2010. 186, concl. Geffray, note Schneider ; RJF 2010. 106, concl. Geffray au BDCF 2/10, n° 15, chron. Daumas ; RJF 2010. 165.* ♦ ... Le versement d'une indemnité permettant d'éviter un litige, même si les droits d'une des parties ne sont pas clairement établis. • CE 15 févr. 2013, *Min. du Budget*, n° 347606 : *RJF 2013. 469.* ♦ ... La conclusion par une société viticole d'un accord avec un ancien associé dirigeant qui met fin à un conflit nuisible au fonctionnement et à l'image de cette société. • CAA Bordeaux, 4 juin 2013, *Min. du Budget*, n° 11BX00915 : *RJF 2013. 909.* ♦ ... Le fait pour un créancier de ne pas procéder à la compensation légale prévue par le C. civ., lequel ne constitue pas, en soi, un acte relevant d'une gestion commerciale anormale ni même la présomption d'un tel acte. • CE 22 févr. 2017, *Sté Altran Technologies*, n° 387661 : *RJF 2017. 418 ; Dr. fisc. 2017. 320, concl. Bokdam-Tognetti, note Cassan et Djamah.*

12. Un contribuable apporte la preuve que la somme qu'il a versée à la commune, sous forme d'un don destiné au financement de courts de tennis, constituait, en réalité, pour la SCI dont il détenait 46 % des parts, la contrepartie obligatoire à la délivrance à cette société d'un permis de construire, en produisant les indices suivants : la photocopie d'un chèque émis par le contribuable à l'ordre du Trésor public, la déclaration de recettes du comptable public, le relevé bancaire retraçant le remboursement de la somme par la SCI au contribuable, ainsi d'ailleurs qu'un dossier de presse sur les conditions de délivrance des autorisations d'urbanisme dans cette commune. Une telle dépense est exposée dans l'intérêt de l'entreprise et est, par suite, déductible des résultats imposables de la SCI. • CE 24 mai 2006, n° 274471, *Genestar : RJF 2006. 994 ; concl. Glaser au BDCF 8-9/06, n° 96.*

13. Le versement par une entreprise de cotisations à une association ne relève d'une gestion commerciale normale que s'il apparaît qu'en consentant de tels avantages, elle a agi dans son propre intérêt. Il en va ainsi notamment lorsque les avantages consentis peuvent être regardés comme la conséquence d'engagements constituant la contrepartie des avantages que l'entreprise retire elle-même directement de son adhésion à une association ou à un groupement et du respect des conditions auxquelles l'appartenance à ce groupement est subordonnée. Ainsi une société membre d'un réseau de distribution (E. Leclerc) agit dans son intérêt financier propre en versant, conformément à ses engagements contractuels, des cotisations à une association membre du réseau chargée de la formation de personnels affectés hors de France, dès lors que la contrepartie de ces versements résulte de l'appartenance de l'entreprise au réseau auquel elle a adhéré. La seule circonstance que de telles dépenses ne lui procurent aucune contrepartie directe est sans incidence sur leur déduction. • CE 6 mars 2006, n° 281034, *Sté Disvalor : RJF 2006. 502 ; Dr. fisc. 2007. 490, note Rossignol.*

14. Ne constitue pas un acte anormal de gestion la cession d'une marque pour un montant largement inférieur à sa valorisation opérée à l'occasion de la cession des titres de la société qui les détient. En effet, le prix payé par la société acheteuse répondait avant tout à la volonté d'éliminer un concurrent. • CE 10 déc. 2010, n° 308050 : *RJF 2011. 278.*

15. Ne constitue pas un acte anormal de gestion le paiement de prestations d'études et d'assistance portant sur l'opportunité et la rentabilité d'une acquisition de titres effectuée préalablement à l'acquisition par le holding alors même que certaines prestations ont été réalisées avant la date de conclusion du contrat. La seule circonstance que la réalisation de ces prestations ait pu comporter un intérêt éventuel pour les associés du holding ne suffit pas à établir qu'elles auraient été étrangères à l'intérêt propre de ce dernier. • TA Montreuil, 3 févr. 2011, n° 0906114 : *RJF 2011. 1031.*

16. Gestion anormale. L'abandon de créance accordé par une entreprise au profit d'un tiers ne relève pas, en règle générale, d'une gestion commerciale normale, sauf s'il apparaît qu'en consentant de tels avantages, l'entreprise a agi dans son propre intérêt. • CE 10 janv. 2005, n° 235490 : *RJF 2005. 298 ; concl. Olléon au BDCF 4/05, n° 40.* ♦ Des avances sans intérêts et un abandon partiel de créances consentis par une société à des tiers ne relèvent pas, en règle générale, d'une gestion commerciale normale, sauf s'il apparaît qu'en consentant de tels avantages, l'entreprise a agi dans son propre intérêt. • CE 26 févr. 2003, n° 223092 : *Dr. fisc. 2003. 436, concl. Goulard ; RJF 2003. 607, concl. Goulard, p. 403.* ♦ Cette règle doit recevoir application même si le bénéficiaire de ces avances est une filiale, hormis le cas où la situation des deux sociétés serait telle que la société-mère puisse être regardée comme ayant agi dans son propre intérêt en venant en aide à une filiale en difficulté. • CE 27 juill. 2006, n° 274762, *Marchal : RJF 2006. 1517 ; Dr. fisc. 2007. 467, concl. Glaser.* ♦ S'il appartient à l'Administration d'apporter la preuve des faits sur lesquels elle se fonde pour estimer qu'un abandon de créances ou d'intérêts consenti par une entreprise à un tiers constitue un acte anormal de gestion, elle est réputée apporter cette preuve dès lors que cette entreprise n'est pas en mesure de justifier qu'elle a bénéficié en retour de contreparties. • CE 26 févr. 2003, n° 223092 : *préc.* ♦ L'absence d'intérêt suffisant à un abandon de créance, et par suite l'existence d'un acte anormal de gestion, est établi par l'Administration dès lors que la société auteur de l'abandon ne démontre ni la gravité des conséquences en termes d'image de la disparition de la société bénéficiaire de l'abandon, ni l'impossibilité de remplacer cette dernière comme fournisseur. • CE 10 janv. 2005, n° 253490 : *préc.*

17. Le fait de renoncer à obtenir une contrepartie financière lors de la signature d'une concession de licence de marque ne relève pas d'une gestion commerciale normale, sauf si l'entreprise justifie qu'elle a agi dans son propre intérêt. Il appartient ensuite à l'Administration de démontrer que les contreparties invoquées par l'entreprise sont inexistantes, dépourvues d'intérêt pour elle ou insuffisantes. Tel est le cas lorsque l'entreprise concédante prétend justifier sa renonciation à percevoir une rémunération en faisant valoir la perception escomptée de dividendes et la valorisation potentielle des actifs de sa filiale concessionnaire. • CE 26 sept. 2011, *8e SARL Holding Financière Séguy,* n° 328762 : *RJF 2011. 1275, chron. Raquin ; Dr. fisc. 2011. 587, note Fumenier.* ♦ Une société mère tenue de conserver des sommes immédiatement disponibles en attendant que sa filiale en demande le déblocage commet un acte anormal de gestion en ne percevant pas de rémunération pour ce service. • TA Montreuil, 28 avr. 2011, n° 1002977 : *RJF 2012. 98.*

18. Commet un acte anormal de gestion : une société qui renonce, au profit de son principal actionnaire, aux commissions versées par des sociétés étrangères au titre de l'activité d'intermédiation qu'elle exerce. • CE 9 mars 2007, n° 284053 : *RJF 2007. 730.* ♦ ... La société mère qui fournit gratuitement sa caution à une filiale sans aucune contrepartie. • CE 17 févr. 1992, n° 74272 : *RJF 1992. 433, concl. Ph. Martin, p. 267.* ♦ ... Une société qui consent des avances sans intérêt à plusieurs de ses filiales dès lors que, même si ces filiales rencontrent des difficultés financières, la société mère ne justifie pas d'un intérêt financier ou commercial à renoncer à percevoir des intérêts. • CAA Douai, 12 déc. 2006, n° 00DA583 : *RJF 2007. 393.* ♦ ... La société mère qui consent une avance sans intérêt à sa filiale espagnole, dès lors que celle-ci n'est ni en phase de démarrage ni confrontée à des difficultés financières graves, que la société mère ne trouve aucune contrepartie à permettre à sa filiale d'utiliser sans coût les ressources de sa trésorerie et qu'elle n'établit pas que cette aide aurait contribué à diversifier les débouchés pour ses propres produits en Espagne. • CE 21 déc. 2007, n° 288099 : *RJF 2008. 275.* ♦ ... L'entreprise membre du réseau Leclerc qui apporte sa caution à une société américaine, étrangère au réseau, à raison d'un prêt immobilier contracté pour la création aux États-Unis d'un hypermarché d'une autre enseigne. • CAA Douai, 27 sept. 2006, n° 05DA424 : *RJF 2007. 661.* ♦ ... Le bailleur qui renonce sans contrepartie au retour gratuit d'agencements en fin de bail : l'Administration peut soustraire du prix de revient de l'immeuble le prix d'acquisition de ces éléments, pour le calcul de la plus-value de cession. • CAA Nancy, 21 févr. 2013, *SCI de la Seine*, n° 11NC01290 : *RJF 2013. 803.* ♦ ... L'entreprise qui décide de s'appauvrir à des fins étrangères à son intérêt. • CE, plén., 21 déc. 2018, *Sté Croë Suisse*, n° 402006 : *préc. note 10.* ♦ Cependant les prestations facturées par une société à un client en communauté d'intérêt ne peuvent caractériser une renonciation à recettes constitutive d'un acte anormal de gestion en l'absence de comparaison avec les prix pratiqués par d'autres sociétés à l'égard de clients non liés. • CE 17 juill. 2019, n° 425607 : *RJF 2019. 1125.*

19. Lorsque la filiale relève du régime des sociétés de personnes (CGI art. 8), l'avantage résultant de la dispense de commission de caution consenti par la mère n'a, à hauteur du pourcentage de capital détenu par celle-ci, aucun effet fiscal dès lors que cet avantage accroît le résultat de la filiale, lequel, en vertu de l'art. 238 *bis* K, est imposable chez la mère selon les règles applicables à ses propres résultats. Cet avantage anormal n'est par suite imposable que dans la mesure où il profite également aux autres associés de la filiale. • CAA Paris, 29 mars 2006, n° 01PA3876 : *RJF 2006. 991.* ♦ V. aussi note 84.

c. Liberté d'affectation comptable

20. Un exploitant individuel est libre d'affecter ses biens à son patrimoine professionnel ou à son patrimoine privé. • CE 8 sept. 1999, n° 179832 : *Dr. fisc. 2000. 73, concl. Arrighi de Casanova* • CE 29 avr. 2002, n° 212408 : *Dr. fisc. 2002. 746, concl. Courtial ; RJF 2002. 754.* – V. égal. notes 51 s.

3° DÉCISIONS DE GESTION ET ERREURS COMPTABLES

BIBL. Austry, *RJF 1997. 359* (la théorie des erreurs comptables délibérées). – Cozian et Byramjee, *Dr. fisc. 1993. 1712* (erreurs comptables et décisions de gestion). – Cozian, *Dr. fisc. 1999. 374 ; GPFE, doc. 13* (théorie des erreurs comptables délibérées) ; *Dr. fisc. 2002. 294* (principe de liberté d'affectation comptable en BIC). – Dedeurwaerder, *Dr. fisc. 2014. Étude 427* (distinction des erreurs et des décisions de gestion).

21. Décisions de gestion régulières. Il y a lieu de tenir pour acquises les décisions que le contribuable a été amené à prendre au cours et à la clôture des exercices pour la gestion de l'entreprise et qui, constatées en écritures, sont définitives à l'égard du contribuable et sont opposables à l'Administration dès lors qu'elles ne sont contraires à aucune disposition législative ou réglementaire. • CE 23 janv. 1961, n° 45377 : *Dr. fisc. 1961. 423.*

22. Constituent notamment de telles décisions : l'inscription ou non d'un immeuble au bilan. • CAA Lyon, 13 avr. 1993, n° 91LY1072 : *Dr. fisc. 1993. 2508.* ♦ ... L'inscription ou non d'un fonds de commerce au bilan (jurisprudence divisée, V. • CAA Lyon 19 déc. 2003, n° 00LY1566 : *Dr. fisc. 2005. 500*) • CAA Nancy, 25 févr. 1993, n° 93NA21 : *JCP E 1993, pan. 1164.* ♦ ... Le défaut d'inscription d'un brevet à l'actif de l'entreprise. • CAA Bordeaux, 22 févr. 1994, n° 92BX687 : *Dr. fisc. 1994. 1858.* ♦ ... Le défaut d'inscription au passif du bilan de l'emprunt contracté pour l'acquisition du fonds de commerce. • CE 15 déc. 1999, n° 164982 : *RJF 2000. 151.* ♦ ... L'inscription d'une dette dans la comptabilité d'une entreprise individuelle. • CE 19 nov. 1976, n°s 97391 et 97386 : *Dr. fisc. 1977. 356, concl. Martin Laprade* • CAA Lyon, 27 janv. 1994, n° 93LY77 : *Dr. fisc. 1994. 1308, concl. Haelvoët* • CE 10 déc. 1999, n° 164982 : *Dr. fisc. 2000. 254, concl. Arrighi de Casanova.* ♦ ... Le retrait d'un élément d'actif pour sa valeur comptable, supérieure à sa valeur réelle. • CAA Nancy, 9 mars 1994, n° 93NA323 : *JCP E 1994, pan. 886 ; Dr. fisc. 1995. 623.* ♦ ... La décision de pratiquer une nouvelle évaluation d'un bien d'actif. • CAA Nancy, 26 déc. 1991, *Louchart : Lebon 606*.

23. En matière d'amortissements, constituent de telles décisions : le fait de ne pas pratiquer une annuité d'amortissement. • CE 23 avr. 1975, n° 89913 : *Dr. fisc. 1976. 362, concl. Schmeltz* • CAA Lyon, 28 mars 1991, n° 89LY1278 : *Dr. fisc. 1991. 1321.* ♦ ... Le choix du mode linéaire d'amortissement, qui exclut d'opter pour des amortissements dégressifs prétendûment différés. • CE 2 mars 1994, n° 118710 : *Dr. fisc.*

1994. 1092. ♦ ... La décision d'inscrire ou non des amortissements réputés différés, faculté offerte à l'entreprise qui est libre d'en user ou non. • CE 12 févr. 1992, n° 78401 : *Dr. fisc. 1992. 2254, concl. Hagelsteen.* ♦ ... Le choix de l'ordre d'imputation entre les amortissements de l'exercice et les amortissements réputés différés. • CE 19 juin 1991, n° 95607 : *Lebon 247* ; *Dr. fisc. 1991. 1785, concl. Arrighi de Casanova.*

24. En matière de plus-values, constituent de telles décisions : le choix de l'imposition au taux réduit des plus-values à long terme. • CAA Paris, 20 mars 1990, n° 89PA2027 : *Dr. fisc. 1990. 2097.* ♦ ... L'inscription d'une plus-value à long terme à la réserve ordinaire et non à la réserve spéciale prévue à l'art. 209 *quater.* • CE 9 mars 1979, n° 10454 : *Dr. fisc. 1979. 2048 quater, concl. Martin Laprade* • CAA Nantes, 16 déc. 1997, n° 95NT755 : *Dr. fisc. 1998. 646.* ♦ ... L'absence d'inscription d'une plus-value à long terme à la réserve spéciale. • CAA Paris, 30 déc. 1997, n° 95PA2190 : *Dr. fisc. 1999. 333.* ♦ ... L'option pour le report en arrière des déficits. • CE 30 déc. 1998, *Sté ONA international,* n° 181394 : *RJF 1999. 1215.*

25. En revanche, l'inscription de titres dans un compte de titres de participation ne constitue pas une décision de gestion : un contribuable ne peut se voir opposer cette inscription s'il justifie que les titres en cause n'ont pas la nature de titres de participation. • CAA Paris, 25 sept. 2012, *Boulanger,* n° 11PA03445 : *RJF 2013. 695.*

26. Erreurs comptables rectifiables. Constituent notamment de telles erreurs : l'absence de comptabilisation d'un loyer dans les charges de l'entreprise. • CAA Lyon, 14 mars 1995, n° 93LY1171 : *Dr. fisc. 1995. 1142.* ♦ ... La comptabilisation erronée de charges salariales en achats de pièces détachées. • CE 16 nov. 1988, n°s 75420 et 77533 : *Dr. fisc. 1989. 377, concl. Fouquet.* ♦ ... L'inscription à l'actif d'immobilisations pour une valeur ne correspondant pas à leur valeur réelle. • CAA Lyon, 14 févr. 1996, n° 94LY162 : *Dr. fisc. 1996. 653.* ♦ ... L'omission d'inscription d'une perte, dès lors que cette omission est involontaire. • CE 16 mai 1975, n° 92-036 : *Dr. fisc. 1975. 1489, concl. M.-A. Latournerie* • 14 mai 1986, n° 45826 : *Dr. fisc. 1986. 1583 ; RJF 1986. 675.* ♦ ... L'inscription erronée d'une dette certaine dans son principe et son montant dans un compte de provisions. • CE 17 mars 2016, *Sté Sogetra,* n° 381427 : *RJF 2016. 512.*

27. Commet une erreur comptable la filiale qui, suite à l'avance financière envisagée par sa mère, transforme la dette fournisseur qu'elle avait envers celle-ci en une dette financière. Cette écriture procède d'une erreur comptable et non d'une décision de gestion opposable à la société dès lors qu'elle ne traduit pas l'existence d'une faculté juridique d'option. Par suite, cette erreur, qu'elle soit regardée comme rectifiable ou délibérée, ne peut avoir d'incidence sur le bénéfice de la société au regard de l'art. 38-2 CGI dès lors qu'elle n'a pas eu pour conséquence d'augmenter son actif net mais a affecté par compensation deux comptes de passif enregistrant une même créance d'un même tiers qui n'entrent pas dans la catégorie des comptes de capitaux propres. • CE 25 mars 2013, *Sté Merlett France,* n° 355035 : *RJF 2013. 589 ; BDCF 2013. 67, concl. Escaut ; Dr. fisc. 2013. 342.* ♦ Si la valeur d'inscription des biens au bilan n'est pas choisie il n'y a pas de décision de gestion. Lors de son changement de statut la SNCF n'a pas procédé par une décision de gestion à une réévaluation libre en inscrivant à son bilan des biens à leur valeur vénale et non plus comptable, dès lors que cette écriture ne traduit pas l'exercice d'une faculté juridique d'option. • TA Montreuil, 23 févr. 2015, *SNCF,* n° 1305006 : *RJF 2015. 382 ; BDCF 2015. 52, concl. Marmier.*

28. Le contribuable qui remet en cause ses propres écritures comptables doit justifier du bien-fondé de cette régularisation. • CE 10 déc. 1986, n° 41615 : *RJF 1987. 143* • 10 août 2005, n° 259852 : *Dr. fisc. 2005. 730.*

29. Erreurs comptables délibérées. Lorsque le juge de l'impôt établit l'existence d'une erreur comptable délibérée, il n'a pas à rechercher le motif pour lequel le contribuable concerné a passé des écritures erronées. • CE 19 déc. 2019, *Sté Véolia eau, Cie générale des eaux,* n° 419968. ♦ Constituent notamment de telles erreurs, opposables au contribuable mais inopposables à l'Administration : l'omission délibérée de comptabilisation d'une créance et son report sur un exercice ultérieur. • CE 24 nov. 1971, n°s 63437 et 64187 : *Dupont 1972, p. 39.* ♦ ... L'omission systématique de certaines catégories de produits dans les stocks. • CE 25 oct. 1989, n° 67798 : *RJF 1989. 1328.* ♦ ... La comptabilisation erronée et délibérée de charges au titre des « travaux en cours » afin d'éviter la mise en lumière de la situation réelle de la société. • CE 27 juill. 1979, n° 11717 : *Dr. fisc. 1980. 1495, concl. Fabre ; RJF 1979. 639.* ♦ ... L'omission délibérée de comptabilisation de frais de déplacement exposés au cours de l'exercice afin de présenter un résultat bénéficiaire à un organisme bancaire. • CE 12 mai 1997, n° 160777, *SARL Intraco : RJF 1997. 535, chron. Austry, p. 359.* ♦ En revanche, quelles qu'aient été les carences dans l'organisation et dans la mise en œuvre des dispositifs de contrôle, des irrégularités comptables ne sauraient résulter d'une erreur volontairement commise par la société, dès lors qu'elles ont été réalisées par un salarié qui, outrepassant l'exercice normal de ses fonctions, a fait apparaître des produits fictifs majorant le résultat de la société. Par suite, ces irrégularités ne présentent pas la nature d'erreurs comptables délibérées. • CE 9 mars 2016, *Sté Ar-*

johuntleigh, n° 380808 : *RJF 2016. 513, concl. Bokdam-Tognetti.*

30. L'inscription à l'actif du bilan d'une SARL, en tant que titres de participation, des titres qu'elle détient dans le capital de sociétés en nom collectif ne revêt ni la nature d'une décision de gestion, ni celle d'une erreur comptable délibérée. Elle n'est donc pas opposable au contribuable s'il justifie que les titres en cause n'ont pas la nature de titres de participation. • CAA Paris, 25 sept. 2012, *Boulanger*, n° 11PA03445 : *préc. note 25.*

4° CORRECTION SYMÉTRIQUE DES BILANS

BIBL. Centre de documentation du Conseil d'État, *RJF 2004. 719* (correction des écritures comptables : la règle d'intangibilité à l'heure du bilan). – Labrune, *RJF 2015. 635* (corrections symétriques, intangibilité du bilan et droit à l'oubli : un premier bilan). – Plagnet, *GAJ Fisc., p. 629* (la théorie de la correction symétrique des bilans) ; *Rev. sociétés 1981. 539* (les corrections symétriques des écritures comptables). – Sollier et De La Rue du Can, *RJF 2004. 435* (une application critiquable de la théorie de l'intangibilité).

a. Abandon jurisprudentiel de la règle de l'intangibilité du bilan du premier exercice non prescrit (2004)

31. Lorsque les bénéfices imposables d'un contribuable ont été déterminés en application de l'art. 38-2, les erreurs ou omissions qui entachent les écritures comptables retracées au bilan de clôture d'un exercice ou d'une année d'imposition et entraînent une sous-estimation ou une surestimation de l'actif net de l'entreprise peuvent, à l'initiative du contribuable qui les a involontairement commises, ou à celle de l'Administration exerçant son droit de reprise, être réparées dans ce bilan. Les mêmes erreurs ou omissions, s'il est établi qu'elles se retrouvent dans les écritures de bilan d'autres exercices, doivent y être symétriquement corrigées, dès lors qu'elles ne revêtent pas, pour le contribuable qui les invoque, un caractère délibéré et alors même que tout ou partie de ces exercices seraient couverts par la prescription prévue, notamment, aux art. L. 168 et L. 169 LPF. • CE, ass., 7 juill. 2004, 🏛 n° 230169, *SARL Ghesquière Équipement : RJF 2004. 1019. Chron. 719 ; BDCF 10/04, n° 124, concl. Collin ; Dr. fisc. 2005. 302, concl. Collin, note Pierre.*

b. Rétablissement législatif de la règle de l'intangibilité du bilan du premier exercice non prescrit (2005)

32. Faisant échec à la jurisprudence du Conseil d'État, citée note 31, le législateur (L. n° 2004-1485, 30 déc. 2004, art. 43) a rétabli la règle de l'intangibilité du bilan d'ouverture du premier exercice non prescrit tout en lui apportant des limites. Le dispositif nouveau, codifié au 4 *bis* de l'art. 38, s'applique à toutes les impositions établies à compter du 1er janv. 2005. Les dispositions nouvelles ont fait l'objet d'un commentaire détaillé de l'Administration, assorti de nombreux exemples. * BOI-BIC-BASE-40-20 du 12 sept. 2012 * BOI-BIC-BASE-40-20-10 du 4 févr. 2015 * BOI-BIC-BASE-40-20-20 du 12 sept. 2012.

33. Les dispositions légales rétablissant le principe d'intangibilité du bilan d'ouverture du premier exercice non prescrit ne peuvent être regardées comme portant atteinte à une espérance légitime que le contribuable aurait pu avoir d'obtenir la décharge d'une partie de ses impositions en se fondant sur la décision du Conseil d'État du 7 juill. 2004 qui a abandonné ce principe. Le contribuable ne peut donc soutenir que les dispositions légales en cause méconnaissent l'art. 1er du 1er protocole additionnel à la Conv. EDH. • CE 19 nov. 2008, 🏛 n° 292948, *Sté Getecom : RJF 2009. 186. chron. 99 ; BDCF 2/09, n° 26, concl. Escaut ; Dr. fisc. 2009. 179, concl. Escaut, note Fumenier.*

34. Inconstitutionnalité de l'art. 43-IV de la loi du 30 déc. 2004. Les dispositions de la loi du 30 déc. 2004 qui ont fait échec rétroactivement à la jurisprudence mettant fin au principe d'intangibilité du bilan d'ouverture du premier exercice non prescrit sont contraires à la Constitution. Cette inconstitutionnalité peut être invoquée dans les instances en cours à la date du 11 déc. 2010. • Cons. const. 10 déc. 2010, 🏛 n° 2010-78 QPC : *RJF 2011. 212.* ♦ Sur renvoi de • CE 6 oct. 2010, 🏛 n° 341827 : *Dr. fisc. 2010. 561, concl. Olléon.* ♦ Afin de donner tout son effet à cette décision du Conseil constitutionnel, le Conseil d'État casse d'office un arrêt de CAA faisant application de l'art. 43-IV de la loi du 30 déc. 2004. • CE 18 juill. 2011, 🏛 n° 310953 : *RJF 2011. 1201 ; Dr. fisc. 2011. 561, concl. Hédary.*

35. Applications du principe de correction symétrique des bilans. La correction du bilan de clôture du premier exercice non prescrit peut, s'agissant d'écritures d'actif trouvant leur origine au cours d'exercices prescrits, porter sur des créances existantes car certaines dans leur principe et dans leur montant, mais dont la comptabilisation a été omise. En revanche, l'Administration ne saurait corriger ledit bilan de clôture en y faisant figurer des créances qui n'ont pas été constatées en raison d'une renonciation anormale à des recettes consentie au cours d'une période prescrite. • CAA Paris, 29 mars 2006, n° 01PA3876 : *RJF 2006. 991.* ♦ L'absence de comptabilisation d'un élément supplémentaire d'actif à la clôture d'un exercice ne peut, eu égard au caractère individualisable de l'écriture d'actif ainsi omise, être corrigée par le service dans l'actif de clôture du premier exercice non prescrit (en l'espèce n + 3). • CE 5 déc. 2005, 🏛 n° 263505 : *RJF 2006. 238 ; BDCF 3/06, n° 26, concl. Glaser.*

36. La règle de l'intangibilité du bilan d'ouverture du premier exercice non prescrit s'applique, s'agissant des exercices clos avant le 1er janv. 2005, aux impositions établies avant cette date. Elle est, en revanche, applicable à l'ensemble des impositions qui sont susceptibles d'être établies après cette date, au titre des mêmes exercices. • CE 8 juill. 2015, *Sté Autodis*, n° 367767 : *RJF 2015. 936, concl. Aladjidi.*

37. Les valeurs d'actif ou de passif à retenir pour l'application de l'art. 38-2, et notamment pour la mise en œuvre de la règle d'intangibilité du bilan d'ouverture du premier exercice non prescrit, sont déterminées, lorsqu'elles diffèrent des règles comptables, par les règles fiscales en vigueur. • CE 30 juin 2008, n° 288314 : *RJF 2008. 1100 ; BDCF 10/08, n° 125, concl. Glaser ; Dr. fisc. 2008. 506, concl. Glaser.*

38. Le mécanisme des corrections symétriques peut être mis en œuvre pour corriger une erreur provenant d'un exercice prescrit dont le résultat a été arrêté d'office dès lors que, pour fixer ce résultat, le vérificateur ne s'est pas fondé sur une réévaluation des postes du bilan. • CE 26 nov. 2014, *Baret*, n° 360141 : *RJF 2015. 138 ; BDCF 2015. 23, concl. Aladjidi ; Dr. fisc. 2015. 282, note Fumenier.*

39. Il ne ressort ni de l'art. 38-4 *bis* ni des travaux préparatoires de la loi dont est issu ce texte que l'application de la règle de l'intangibilité, lorsqu'elle joue en faveur du contribuable, serait subordonnée à la bonne foi de l'intéressé. Dès lors, en cas d'erreur ayant entraîné une surestimation de l'actif net d'ouverture du premier exercice non prescrit, le contribuable peut se prévaloir de la règle de l'intangibilité du bilan d'ouverture de cet exercice pour s'opposer à la correction de cette surestimation, alors même qu'il aurait commis l'erreur délibérément. • CE 5 déc. 2016, *SA Orange*, n° 398859 : *RJF 2017. 155, concl. Daumas ; Dr. fisc. 2017. 394, note Masclet de Barbarin.* ♦ La règle de l'intangibilité du bilan d'ouverture du premier exercice non prescrit rend sans effet la taxation de la reprise de provisions non déduites fiscalement au cours de la période prescrite, même si l'omission de déduction fiscale est délibérée. • Même arrêt. ♦ Dans le cadre d'une transmission universelle de patrimoine, la société mère peut déduire un « vrai mali », même si la règle d'intangibilité du bilan d'ouverture du premier exercice non prescrit fait obstacle à la taxation de la reprise de la provision pour dépréciation des titres de sa filiale. • CE 15 nov. 2020, n° 424455 : *RJF 2021.179, concl. Cytermann.*

40. Exceptions au principe. Droit à l'oubli. 1° Il résulte du 4 *bis* de l'art. 38 que le principe d'intangibilité du bilan d'ouverture du premier exercice non prescrit, tel que défini au premier al., est applicable pour le calcul du bénéfice imposable, sauf si le contribuable est en droit de se prévaloir de l'une des exceptions prévues par les 2e et 3e al. Dans ce cas, il est possible de rectifier l'actif net du bilan d'ouverture du premier exercice non prescrit et de rattacher l'erreur ou l'omission commise à son exercice d'origine. • CE, avis, 17 mai 2006, n° 288511, *Sté Catimini International et Sté Catimini : RJF 2006. 1070 ; BDCF 8-9/06, n° 105, concl. Glaser ; Dr. fisc. 2007. 275, concl. Glaser.* ♦ En vertu du 2e al. du 4 *bis*, une erreur ou omission affectant l'évaluation d'un élément quelconque du bilan d'un des exercices non prescrits peut, si elle a été commise au cours d'un exercice clos plus de sept ans avant l'ouverture du premier des exercices non prescrits, être corrigée de manière symétrique dans les bilans de clôture et d'ouverture des exercices non prescrits, y compris dans le bilan d'ouverture du premier d'entre eux. • Même avis. ♦ En revanche, la circonstance qu'une méthode erronée a été appliquée pour la première fois lors d'un exercice clos depuis plus de sept ans, puis de manière constante d'exercice en exercice, faussant à chaque fois l'évaluation d'un même poste du bilan – selon un principe identique, mais pour des montants variant en fonction de la composition effective de ce poste –, ne suffit pas à justifier que la correction de la valeur de ce poste au cours d'un des exercices non prescrits puisse être effectuée également dans le bilan d'ouverture du premier de ces exercices. • Même avis. ♦ Il n'en va différemment que si et dans la mesure où les éléments individualisés du poste concerné dans ce bilan d'ouverture, parce qu'ils avaient également figuré dans le bilan de clôture d'un des exercices clos depuis plus de sept ans, ont affecté l'évaluation de ce bilan d'ouverture d'une erreur « intervenue » au cours d'un de ces exercices clos depuis plus de sept ans. • Même avis.

41. D'une part, le « droit à l'oubli » concerne aussi bien les erreurs ou omissions affectant l'évaluation d'un élément de l'actif que celles affectant l'évaluation d'un élément du passif du bilan. Infirmation de la doctrine administrative. • CE 24 janv. 2018, *Mandataire judiciaire de la SARL Bar du Centre*, n° 397732 : *RJF 2018. 410 ; Dr. fisc 2018. 259, note Fumenier.* ♦ D'autre part, une erreur affectant de manière constante un élément d'actif ou de passif, même reconduite de bilan en bilan, n'est pas constitutive d'une erreur récurrente dès lors que le contribuable n'est pas comptablement tenu de procéder, à la clôture de chaque exercice, à un réexamen de l'écriture erronée. • Même arrêt. ♦ N'est pas constitutive d'une erreur récurrente une dotation aux amortissements erronée du fait d'une surévaluation initiale de l'actif, dès lors que le contribuable n'est pas tenu comptablement de procéder, à la clôture de chaque exercice, à un réexamen de l'écriture erronée. La surévaluation d'un actif amortissable peut donc bénéficier du « droit à l'oubli ». • CE 29 déc. 2020, n° 429625 : *RJF 2021. 243, concl. Bokdam-Tognetti.*

42. Le deuxième alinéa de l'art. 38-4 *bis* autorisant, par exception à l'intangibilité du bilan d'ouverture du premier exercice non prescrit, la correction, dans ce bilan, des erreurs commises plus de sept ans avant l'ouverture du premier exercice non prescrit, a été édicté par le législateur en faveur des entreprises pour s'opposer aux rectifications envisagées par l'Administration et ne peut être utilement opposé par cette dernière à un contribuable demandant qu'une erreur comptable ayant entraîné la surévaluation de l'actif du premier exercice non prescrit soit corrigée au seul bilan de clôture de cet exercice, conformément à l'intangibilité du bilan d'ouverture de cet exercice prévue par le premier alinéa de l'art. 38-4 *bis*. • TA Cergy-Pontoise, 27 avr. 2011, n° 0712655 : *RJF 2012. 51.* ♦ Ces dispositions ne sont pas applicables, ainsi qu'il résulte des travaux parlementaires, aux erreurs ou omissions qui constituent, de la part du contribuable, une erreur comptable délibérée. Il en est ainsi lorsque le contribuable a délibérément maintenu au passif du bilan de chacun des exercices en cause des dettes correspondant au coût de travaux qui n'ont jamais été engagés ni même commandés. • CAA Douai, 4 déc. 2012, *Abraham,* n° 11DA01211 : *RJF 2013. 365.* ♦ Arrêt confirmé : L'exception ne joue pas pour les erreurs volontaires exclusives de bonne foi. • CE 25 juill. 2013, *Abraham,* n° 365679 : *RJF 2013. 1062.*

43. L'inscription non justifiée en provision d'une somme pendant plusieurs exercices successifs, même si les montants sont identiques, constitue la répétition d'une même erreur. Cette erreur, même lorsqu'elle a été commise pour la première fois au cours d'un exercice clos plus de sept ans avant l'ouverture du premier des exercices non prescrits, ne peut pas être corrigée dans le bilan d'ouverture du premier de ces exercices. Cette solution conduit à une réintégration du montant de la provision dans le résultat imposable du premier exercice non prescrit. • CE 11 mai 2015, *SCP Stock Promotion,* n° 370533 : *RJF 2015. 716 ; BDCF 2015.108, concl. Bokdam-Tognetti ; Dr. fisc 2015. 621, note Fumenier.*

44. Un redressement dû à la sous-évaluation d'un élément d'actif n'entre pas dans les prévisions des exceptions à la règle de l'intangibilité du bilan d'ouverture du premier exercice non prescrit posées par le 3e al. de l'art. 38-4 *bis*. • CE 9 juill. 2009, n° 296048 : *RJF 2009. 908 ; BDCF 11/09, n° 122, concl. Legras ; Dr. fisc. 2009. 519, note Fumenier.*

5° RÈGLES DIVERSES

45. Indépendance des exercices. Spécialité des exercices et rétroactivité des contrats. Un bilan doit être établi à la date de clôture de chaque exercice dont les résultats doivent servir de base à l'impôt et ce bilan doit exprimer de manière régulière et sincère la situation de l'entreprise. Si, parmi les opérations de l'entreprise, figurent des contrats conclus avec des tiers dans le cadre d'une gestion commerciale normale, les conséquences de ces contrats doivent être reprises dans le bilan établi à la date de clôture de la période au cours de laquelle les contrats ont été conclus, mais ne peuvent l'être dans le bilan précédent. Par suite, lorsqu'un effet rétroactif est attaché à ces contrats par la volonté des parties ou par la loi civile ou commerciale, les conséquences de cette rétroactivité peuvent affecter les résultats de la période au cours de laquelle de pareils contrats ont été effectivement conclus, mais ne peuvent en aucun cas conduire à rectifier ceux de la période précédente. • CE 16 juin 1993, n° 70446, *SA Laboratoires Wellcome : Dr. fisc. 1993. 1641, concl. Arrighi de Casanova* • 6 mai 2015, *SAS Optique de précision Jean Fichou,* n° 375880 : *RJF 2015. 560 ; Dr. fisc. 2015. 400, note Kornprobst.*

46. Théorie de l'apparence. **BIBL.** Olléon, *RJF 2003. 303* (l'être, le paraître et l'abus de droit). – Racine, *GAJ Fisc., p. 231* (la théorie de l'apparence). ♦ L'Administration est en droit d'établir et de recouvrer l'impôt sous le contrôle du juge de l'impôt soit d'après la situation apparente que le contribuable a lui-même créée. • CE, plén., 20 févr. 1974, n° 83270, *Lemarchand : Dr. fisc. 1974. 958, concl. Mandelkern* • 26 juin 2002, n° 220733 : *Dr. fisc. 2002. 813 ; RJF 2002. 1133.* ♦ ... Soit d'après la situation réelle, lorsque celle-ci est révélée. • Mêmes arrêts. ♦ Ainsi, l'épouse qui agit comme prête-nom de son mari pour l'exploitation d'un fonds de commerce et qui se présente comme l'exploitant réel est à bon droit imposée à l'impôt sur le revenu à raison des bénéfices que cette exploitante apparente a réalisés. • CE 26 juin 2002, n° 83270 : *préc.* ♦ De même, compte tenu de la situation apparente créée par les déclarations de résultats et de chiffre d'affaires de la société, la circonstance dont elle se prévaut, tirée de ce que son ancien dirigeant avait développé au sein de l'entreprise une activité personnelle et détourné à cette occasion des recettes sociales et des actifs sociaux, n'était pas opposable à l'Administration qui était dès lors en droit d'établir l'impôt en faisant abstraction de cette circonstance. • CE 24 avr. 2012, *SA Technogram,* n° 324916 : *RJF 2012. 714.*

B. ACTIF DE L'ENTREPRISE. ACTIF PROFESSIONNEL

BIBL. Bénard, *RJF 2006. 607* (patrimoine professionnel et dépenses déductibles : utilité fait loi). – Cozian, *Dr. fisc. 2002. 290* (principe de la liberté d'affectation comptable en BIC). – David, *GAJ Fisc., p. 290* (la distinction du patrimoine professionnel et du patrimoine privé). – Fouquet, *Rev. adm. 2001. 486* (l'acquisition d'un élément d'actif à un prix anormalement élevé). – Gerbino, *Dr. fisc. 2000. 1245* (la jurisprudence « Flatto » sur le surpaiement d'actif). – Le Calvez, *D. 2000. chron. 151* (incertains contours du patrimoine de l'entrepreneur individuel). – Olléon, *RJF 2003. 847* (actif professionnel et parts de sociétés de personnes). – Plagnet, *BFL 1996, p. 319* (patrimoine fiscal des entreprises individuelles).

1° ASPECTS COMPTABLES

47. Il résulte des art. 211-1 et 311-1 du PCG qu'un actif doit être constaté lorsque les quatre conditions suivantes sont simultanément réunies : l'actif doit être identifiable ; il doit avoir une valeur économique positive, traduite par les avantages économiques futurs attendus par l'entreprise ; il doit être contrôlé par l'entreprise ; il peut être évalué avec une fiabilité suffisante. * BOI-BIC-CHG-20-10-10 du 13 oct. 2014.

2° DOCTRINE DE L'ADMINISTRATION

48. Exploitants individuels au régime du bénéfice réel normal. Sont considérés comme faisant partie de l'actif de l'entreprise : les biens qui ont été inscrits par l'exploitant à l'actif du bilan, soit en vertu d'une disposition légale, soit par une décision de gestion opposable à l'Administration. * BOI-BIC-BASE-10-10 n° 170 du 3 févr. 2016.

49. Exploitants individuels au régime du bénéfice réel simplifié. Sont considérés comme faisant partie de l'actif de l'entreprise : les immeubles bâtis et non bâtis, affectés ou non à l'exploitation, inscrits à l'actif du bilan simplifié (imprimé n° 2033-A). Pour les entreprises dispensées de bilan en vertu de l'art. 302 *septies* A *bis*-VI, la volonté de l'exploitant de comprendre un élément dans l'actif de son entreprise est matérialisée par l'inscription du bien concerné sur l'imprimé n° 2033-C. Cette inscription constitue une décision de gestion opposable à l'Administration et au contribuable. * BOI-BIC-DECLA-30-20-10 n° 170 du 17 févr. 2017.

50. Tous régimes d'imposition. Sont considérées comme faisant partie de l'actif de l'entreprise, quel que soit le régime d'imposition sous lequel l'entreprise est placée, les biens qui n'ont pas été inscrits à l'actif du bilan (ou au cadre approprié de la déclaration 2033-C) mais qui font nécessairement partie de l'actif de l'entreprise en raison même de leur objet. Il s'agit essentiellement des éléments incorporels du fonds de commerce (clientèle, achalandage, droit au bail, nom commercial, enseigne) qui, en raison de leur nature et de leur destination, font partie de l'actif immobilisé. * BOI-BIC-BASE-10-10-20 n°s 160 à 190 du 3 févr. 2016.

51. Membres des sociétés de personnes. Lorsqu'un contribuable exerce son activité professionnelle dans le cadre d'une société dont les bénéfices sont, en application de l'art. 8 soumis en son nom à l'impôt sur le revenu dans la catégorie des BIC, ses droits ou parts dans la société sont considérés comme des éléments d'actif affectés à l'exercice de la profession (CGI, art. 151 *nonies*-I). En d'autres termes, ce contribuable est titulaire d'un actif professionnel distinct de l'actif social. * Précis de fiscalité 2018, n° 2894-II.

52. Sociétés créées de fait ou en participation. Les associés peuvent maintenir dans leur actif personnel les biens affectés à l'activité sociale et dont ils conservent la propriété exclusive. Toutefois, les biens dont les associés sont convenus de mettre en commun la propriété doivent obligatoirement être inscrits à l'actif de la société (CGI, art. 238 *bis* M). Les copropriétés d'étalon visées à l'art. 8 *quinquies* doivent respecter ces conditions. * Précis de fiscalité 2018, n° 2894-III.

53. Sociétés de capitaux. Ces sociétés n'ont de biens que ceux qui leur sont apportés par les associés et ceux qu'elles acquièrent ou créent ou conservent dans leur patrimoine : ce dernier constitue l'actif social qui ne peut en aucun cas être confondu avec le patrimoine privé de chacun des associés. * BOI-BIC-PVMV-10-10-10 n° 270 du 12 sept. 2012.

3° JURISPRUDENCE

54. Inscriptions à l'actif. Lorsqu'un immeuble, affecté à son exploitation par un entrepreneur, a toujours fait partie de son patrimoine personnel civil et n'a jamais figuré dans sa comptabilité commerciale, cet entrepreneur a pris à cet égard une décision de gestion que l'Administration ne peut pas remettre en cause dès lors qu'elle n'est contraire à aucune disposition législative ou réglementaire. • CE, plén., 24 mai 1967, n° 65436 : *Dr. fisc. 1967, n° 27, Doctrine, concl. Schmeltz.*

55. Un fonds de commerce constitue un élément de l'actif immobilisé même s'il ne figure pas au bilan. • CE 10 juin 1970, n° 75161 : *Dr. fisc. 1971. 245, concl. Delmas-Marsalet.* ♦ Il en est de même du droit de bail, dès lors qu'il ne peut être utilisé qu'en vue de l'exercice d'une profession. • CE 17 oct. 1990, n° 56991 : *Dr. fisc. 1990. 2282, concl. Fouquet.* ♦ Un contribuable qui a acquis le droit au bail d'un local dans lequel il exploite une entreprise individuelle est en droit, s'il acquiert ensuite la propriété de ce local et décide de le conserver dans son patrimoine privé, de maintenir à l'actif le droit au bail précédemment acquis. • CE 3 juill. 2009, n° 298433 : *RJF 2009. 944 ; concl. Geffray au BDCF 11/09, n° 132.*

56. Dès lors que l'entreprise exerce son activité de façon autonome et à ses risques, par la mise en œuvre de ses propres moyens de production, cette entreprise est propriétaire de sa clientèle même si sa société mère gère une centrale de réservation qui répercute les demandes des clients aux différentes filiales du groupe. • CE 17 févr. 2010, n° 311953 : *RJF 2010. 463 ; Dr. fisc. 2010. 315, concl. Cortot-Boucher, note Fumenier.*

57. Une licence de débit de boissons de quatrième catégorie, qui est un élément du fonds de commerce, constitue un actif professionnel par nature qui doit être inscrit au bilan de l'entreprise individuelle. • CE 28 déc. 2007, n° 271895 : *RJF 2008. 266 ; BDCF 3/08, n° 30, concl. Glaser.*

58. Un fonds de commerce de brasserie, jouxtant une pharmacie et acquis par l'exploitant de la pharmacie pour y exercer son activité, fait nécessairement l'objet d'une inscription à l'actif du bilan de l'entreprise qui acquiert ce fonds et doit par nature suivre le régime fiscal des éléments incorporels de l'actif immobilisé de cette entreprise. Dès lors, son coût d'acquisition ne peut être qualifié de charge déductible de l'exercice. • CE 26 févr. 2016, *Sté Pharmacie de la Porte d'Orléans,* n° 383930 : *RJF 2016. 400 ; Dr. fisc. 2016. 310, note Chateauneuf.*

59. La marque légalement attachée à l'exploitation d'un domaine viticole confère à son propriétaire un droit d'usage exclusif et produit ses effets sans limitation de durée. Eu égard à cette durée illimitée, au haut degré de protection et au gain de parts de marché qu'elle implique, une telle marque constitue un élément incorporel qui doit être comptabilisé en tant que tel à l'actif du bilan alors même qu'elle n'est pas cessible séparément de l'exploitation. • CE 28 déc. 2007, n°s 284899 et 285506 : *RJF 2008. 269 ; BDCF 3/08, n° 31, concl. Vallée.* ♦ La valeur de cette marque peut être déterminée par évaluation directe ou, si cela s'avère impossible, par différence entre le coût total d'acquisition de l'exploitation et celui des autres éléments dont le coût est connu. • CE 28 déc. 2007, n°s 284899 et 285506 : *préc.* ♦ En cas d'acquisition d'un domaine viticole pour un prix global, la valeur des éléments d'actif amortis à tort est déterminée en déduisant de ce prix le coût des plantations initiales majoré des coûts d'entretien des trois premières années de culture (délai convenu entre les paties). • CE 2 nov. 2011, *SA Domaine Clarence Dillon,* n° 340969 : *RJF 2012. 6.*

60. Ne constitue pas le complément du prix d'acquisition d'une marque la somme versée en application d'un protocole d'accord qui prévoit, outre la cession de la marque, le versement d'une somme portant sur la vente de produits autres que ceux *correspondant à la marque* cédée. • *CE 10* nov. 2011, n° 325216 : *RJF 2012. 344.*

61. L'exploitant individuel a la faculté de comprendre dans les valeurs d'actif au bilan de son entreprise tout bien provenant de son patrimoine privé, alors même que ce bien ne concourrait pas à l'exploitation. Ainsi, un propriétaire peut inscrire à l'actif immobilisé de son entreprise industrielle un navire dont il compte faire un élément d'exploitation. Il s'ensuit que les amortissements et les frais de rénovation sont déductibles à compter de cette inscription. • CE 8 sept. 1999, n° 179832 : *RJF 1999. 1323 ; Dr. fisc. 2000. 73, concl. Arrighi de Casanova.* ♦ Les parts d'une société dont l'objet comprend le négoce de biens immobiliers souscrites par un marchand de biens n'ont pas la nature d'éléments indissociables de l'activité professionnelle du contribuable et n'ont donc pas à être nécessairement inscrites à l'actif du bilan de son entreprise individuelle de marchand de biens. Il s'ensuit qu'en application du principe de liberté d'affectation comptable, la décision de ne pas inscrire les parts sociales à l'actif du bilan implique qu'elles ont été conservées dans le patrimoine privé de l'exploitant. La plus-value réalisée à l'occasion de leur cession ne relève pas du régime d'imposition applicable aux plus-values de cession d'actifs professionnels. • CE 29 avr. 2002, n° 212408 : *Dr. fisc. 2002. 746, concl. Courtial ; RJF 2002. 754.* ♦ En revanche, des constructions édifiées par une entreprise sur des terrains appartenant en propre à l'épouse, séparée de biens, de l'entrepreneur, doivent être inscrites au bilan de l'entreprise. La plus-value née de leur expropriation est donc une plus-value professionnelle. • CE 16 juin 2003, n° 212134, *Norais : RJF 2003. 1081.* ♦ Les biens remis par l'État, à titre de dotation et sans transfert de propriété, à un établissement public industriel et commercial pour lui permettre de remplir sa mission peuvent être inscrits à l'actif. • CE 21 avr. 2000, n° 177412 : *Dr. fisc. 2001. 90, concl. Goulard ; BFL 2001, p. 447, chron. Eyssautier.*

62. Les travaux d'aménagement effectués sur un immeuble conservé dans le patrimoine privé de l'exploitant individuel ne peuvent pas être inscrits à l'actif du bilan de son entreprise et donner lieu à amortissement lorsqu'ils sont indissociables de l'immeuble. • CE 5 mai 2010, n° 316677 : *RJF 2010. 657, concl. Escaut au BDCF 7/2010, n° 71 ; Dr. fisc. 2010. 389, note Fumenier.*

63. Un contribuable qui détient à titre personnel sur une société dont il est le dirigeant et l'associé principal une créance ayant en réalité une valeur nulle compte tenu de la situation financière de cette société ne peut la transférer pour son montant nominal à l'actif de son entreprise individuelle. Par suite, il ne peut constituer une provision à la clôture de son bilan pour tenir compte du non-recouvrement probable de cette créance. • CE 30 déc. 2009, n° 308513 : *RJF 2010. 319.*

64. Une société qui achète des créances doit les inscrire à son actif pour leur prix de revient et non pour leur valeur nominale. Si leur prix d'acquisition est inférieur à leur valeur nominale, la société cessionnaire n'en reste pas moins titulaire de droits de créance à hauteur de la valeur nominale des créances. Si la société revend ces créances à la société débitrice pour un prix supérieur à celui pour lequel elle les avait acquises et inférieur à leur valeur nominale, elle réalise un profit et consent un abandon de créance. • CE 7 juill. 2010, n° 308207 : *RJF 2010. 1003 ; concl. Burguburu au BDCF 11/10, n° 113.*

65. Les droits indivis que détient un héritier sur la valeur d'actifs affectés à l'activité professionnelle exercée par un autre cohéritier ont toujours, du point de vue fiscal, le caractère d'un élément du patrimoine professionnel, même dans le cas où cet héritier ne participe pas à cette activité professionnelle, et la circonstance que cet héritier soit seulement nu-propriétaire est sans incidence sur la nature professionnelle des biens. • CE 27 oct. 1999, n° 182500, *Trépied : Dr. fisc. 2000. 655.* ♦ Dans le même sens. • CAA Lyon, 13 juin 2002, n° 97LY2562 : *Dr. fisc. 2003. 351.*

66. Même passible de l'IS à raison de l'ensemble de ses opérations, une congrégation religieuse qui exploite une clinique, d'abord directement puis par voie de location-gérance, n'est pas tenue d'inscrire à son bilan les immeubles affectés à cette activité. Aucune disposition fiscale législative ou réglementaire ne la contraint en effet à une telle inscription dès lors que lesdits immeubles ne sont pas des biens qui, par leur nature même, doivent être regardés comme affectés à l'exercice de l'activité commerciale. En les conservant dans son patrimoine privé, la congrégation a pris une décision de gestion opposable à l'Administration. • CAA Bordeaux, 20 mars 2003, n° 98BX1690 : *RJF 2003. 1208 ; concl. Chemin au BDCF 11/03, n° 132 ; Dr. fisc. 2004. 34.*

67. Valeurs d'inscription des immobilisations, V. art. 38 *quinquies* de l'Annexe III.

68. L'inscription au bilan du prix d'acquisition d'un élément de l'actif immobilisé n'a aucune incidence par elle-même sur les résultats de l'exercice. • CE 26 juill. 1982, n° 2533 : *Dr. fisc. 1983. 378, concl. Rivière ; RJF 1982. 903, chron. Racine, p. 439.* ♦ La correction en hausse comme d'ailleurs en baisse de la valeur pour laquelle un contribuable a inscrit un élément d'actif à son bilan ne conduit par elle-même, eu égard aux dispositions de l'art. 38, à la constatation d'aucun profit ni en sens inverse d'aucune perte. Mais l'Administration est en droit de refuser la déduction en charges de loyers versés avant l'acquisition de cet élément si elle est en mesure de justifier que ces loyers correspondent en réalité au versement d'une partie du prix d'acquisition. • CE 17 nov. 2000, n° 179429, *SPEI : Dr. fisc. 2001. 339, concl. Bachelier ; RJF 2001. 144.*

69. Les dispositions de l'art. 38-2 qui définissent le bénéfice net imposable d'une entreprise industrielle ou commerciale n'autorisent pas l'Administration à rehausser les bases de l'impôt du seul fait qu'un prix anormalement élevé aurait été consenti pour l'acquisition d'un élément d'actif immobilisé. En effet, cet élément ayant été inscrit à l'actif pour une valeur égale à ce prix, il n'est résulté du surpaiement aucune diminution de la valeur d'actif net ressortant du bilan de clôture de l'exercice considéré. • CE 27 avr. 2001, n° 212680, *Sté gén. de transport et d'industrie : Dr. fisc. 2001. 909, concl. Courtial ; RJF 2001. 905 ; concl. Courtial au BDCF 7/01, n° 87 ; BJS 2001. 983, note Parot.* ♦ Mais un surpaiement d'actif procédant d'une gestion anormale n'est pas opposable à l'Administration qui est en droit de remettre en cause ses conséquences sur l'amortissement de l'élément d'actif surpayé, la constitution de provision pour dépréciation de cet élément, ou encore la détermination d'une moins-value ou d'une perte constatées lors de sa revente. • CE 17 mars 1976, n° 91621 : *Dr. fisc. 1976. 1002, concl. Lobry* (provision) • 21 juin 1995, n° 2393 : *RJF 1995. 964* (provision) • 5 juill. 1978, n° 7492 : *Dr. fisc. 1978. 1820 ; RJF 1978. 398* (moins-value) • 24 mars 1982, n° 25576 : *Dr. fisc. 1982. 1437, concl. Rivière* (amortissement).

70. Il résulte de l'art. 38-2 et de l'art. 38 *quinquies* de l'annexe III que, dans le cas où le prix de l'acquisition d'une immobilisation a été volontairement minoré par les parties pour dissimuler une libéralité faite par le vendeur à l'acquéreur, l'Administration est fondée à corriger la valeur d'origine de l'immobilisation, comptabilisée par l'entreprise acquéreuse pour son prix d'acquisition, pour y substituer sa valeur vénale, augmentant ainsi son actif net dans la mesure de l'acquisition faite à titre gratuit. Eu égard à la communauté d'intérêts unissant les actionnaires de deux sociétés, qui appartiennent au même groupe familial, l'écart entre la valeur vénale et le prix d'acquisition des matériels cédés doit être regardé comme une libéralité volontairement consentie, de manière occulte, par la société cédante à la société acquéreuse. Cette libéralité consentie correspond, si le vendeur est une entreprise passible de l'IS, à un revenu distribué imposable entre les mains de l'acquéreur en vertu de l'art. 111 c. • CE 5 janv. 2005, n° 254556, *Sté Raffypack : RJF 2005. 213 ; concl. Glaser au BDCF 3/05, n° 23 ; Dr. fisc. 2005. 318, concl. Glaser, note Bricet et Gauthier.* ♦ De même, des opérations d'apport ont une influence sur le résultat imposable lorsque la valeur d'apport des immobilisations a été volontairement minorée pour dissimuler une libéralité faite par l'apporteur à l'entreprise bénéficiaire. • CE, plén., 9 mai 2018, *Sté Cérès*, n° 387071 : *RJF 2018.726 ; Dr. fisc. 2018. 317, note Donnedieu de Vabres et Chemama.* ♦ Pour constater l'existence d'un écart significatif entre la rémunération convenue pour l'apport et la valeur vénale des titres apportés, le Conseil d'État précise qu'il convient d'examiner si le contexte dans lequel l'opération s'est déroulée peut avoir une incidence sur l'évaluation des titres. • CE 21 oct. 2020, *SAS Sté nouvelle Cap Management*, n° 434512 : *RJF 2021. 11, concl. Victor.* ♦ L'acquisition de biens par un associé, après partage de l'actif d'une société dissoute, moyennant le versement d'une soulte d'un montant excessif en raison de la sous-évaluation des biens attribués à l'autre associé traduit l'octroi d'une libéralité consentie en dehors d'une gestion commerciale normale. La fraction excessive de la soulte doit en conséquence être réintégrée au résultat imposable de l'associé qui l'a versée. • CE 10 nov. 2004, n° 249504, *SA Holding Henri Heuliez : RJF 2005. 111 ; concl. Verclytte au BDCF 2/05, n° 13 ; Dr. fisc. 2005. 174.* ♦ Commet un acte anormal de gestion une société qui cède à son actionnaire des parts dans une SNC pour un montant de 21 MF alors que leur valeur vénale s'établit à 91 MF. En effet, si la société cédante soutient que la SNC était menacée d'une cessation de paiements et que la cession des titres de sa filiale lui a permis d'être libérée de l'obligation de combler les dettes de la SNC, il ressort de l'instruction que les difficultés alléguées de la SNC n'étaient pas établies et que cette filiale recelait, malgré le caractère déficitaire de ses résultats en phase de démarrage de son activité, de fortes potentialités de développement. • CE 20 déc. 2011, n° 313435 : *RJF 2012. 212 ; Dr. fisc. 2012. 264, concl. Collin.*

71. L'acquisition des titres totalement dépréciés d'une société en liquidation à la date de l'opération d'achat constitue un acte anormal de gestion dès lors que la société acquéreur ne justifie pas que ce rachat était nécessaire au maintien de ses soutiens financiers ni ne peut prétendre qu'il répondait à un souci de crédibilité du groupe et d'intérêt commercial, compte tenu de la mise en liquidation de la société en cause antérieurement à l'acquisition. Par suite, l'Administration est fondée à réintégrer la totalité du prix d'achat dans le bénéfice imposable. • CAA Marseille, 5 avr. 2000, n° 97MA10580 : *Dr. fisc. 2001. 279 ; RJF 2001. 440.* ♦ En revanche, ne constitue pas un acte anormal de gestion l'acquisition, par une filiale, des titres d'une société détentrice d'une partie du capital de sa société mère, opération prétendument réalisée pour un prix excessif et dans le seul intérêt du groupe afin d'éviter une prise de contrôle de la société mère, dès lors que l'Administration n'apporte aucun élément établissant la réalité de cette menace et son incidence sur l'évolution à la hausse des cours de bourse des titres concernés. Déduction de la moins-value constatée par la filiale lors de l'apport ultérieur de ces titres à une autre société du groupe. • CAA Paris, 27 juin 2003, n° 99PA3911 : *RJF 2003. 1229.*

72. Constitue un acte anormal de gestion l'acquisition d'un brevet protégeant certaines techniques de fertilisation des sols dans les pays chauds par une société dont le président-directeur général est l'inventeur du brevet et dont ni l'objet social, ni les capacités financières, ne lui permettent, à la date de l'acquisition, d'envisager l'exploitation effective des techniques de fertilisation en cause. • CE 17 oct. 2003, n° 247532, *Sté Sidac-Diffusion : RJF 2004. 9.*

C. VARIATIONS DE L'ACTIF NET

73. Recettes d'exploitation. Doivent être prises en compte l'ensemble des produits et des charges qui trouvent leur origine dans des opérations de toute nature effectuées par l'entreprise en cours d'exploitation. Les opérations réalisées peuvent concerner l'objet même de l'entreprise ou n'avoir aucun lien direct avec son activité ; elles peuvent être exercées à titre principal ou à titre accessoire. Il peut s'agir notamment de ventes, de prestations de services, de travaux, mais aussi d'opérations de courtage, de commissions, de concessions de droits de la propriété industrielle, etc. * BOI-BIC-PDSTK-10 du 12 sept. 2012.

74. Opérations réalisées par les dirigeants. Ces opérations doivent être rattachées au résultat de la société : lorsqu'elles entrent dans les prévisions de l'objet social. • CE 15 mai 1992, n° 70906 : *Dr. fisc. 1992. 1895, concl. Fouquet.* ♦ ... Lorsqu'elles ont été réalisées avec les moyens de la société. • CE 21 oct. 1970, n° 71071 : *Dupont 1971, p. 33.* ♦ ... Lorsque, pour percevoir une commission, le dirigeant l'a facturée sur du papier à en-tête de son entreprise. • CE 19 déc. 1984, n° 39133 : *RJF 1985. 201.* ♦ ... Lorsque le dirigeant a réalisé des ventes illicites au moyen de fausses factures à en-tête de son entreprise dans l'exercice apparent de ses fonctions de président et actionnaire majoritaire de la société. • CAA Nantes 2 févr. 2005, n° 01NT1983 : *RJF 2005. 904.* ♦ Sur le cas d'un ancien dirigeant ayant développé une activité personnelle dans la société, V. • CE 24 avr. 2012, *SA Technogram*, n° 324916 : *préc. note 46.*

1° ABANDONS DE CRÉANCES. AIDES ENTRE ENTREPRISES

BIBL. Cozian, *GPFE, doc. 31* (abandons de créances) ; *JCP E 2002. 1115* (cautionnement, groupes et fiscalité) ; *BFL 7/02, p. 523* (le devoir d'entraide des centres Leclerc : acte anormal de gestion ?). – Maïa, *RJF 2001. 799* (quelles incidences fiscales pour un abandon de créances ?). – Pinard-Fabro, *BFL 2009. 5* (aides intragroupe à l'étranger : dernières avancées de la jurisprudence). – De Waal, *Dr. fisc. 1996. 1320* (réflexions sur la théorie des abandons de créances). – Turot, *RJF 1992. 3* (jurisprudence sur les abandons de créances).

75. Définition. L'abandon de créance est la renonciation par une entreprise à exercer les droits que lui confère l'existence d'une créance. Il y a lieu d'y assimiler les subventions, c'est-à-dire les aides versées par une entreprise à une autre sans contrepartie directe. L'abandon de créance peut être considéré comme une perte, et non comme une libéralité, lorsqu'il est consenti dans l'intérêt de l'entreprise créancière et que, bien entendu, la créance figure à l'actif de cette dernière. À l'inverse, l'abandon d'une créance par un créancier de l'entreprise engendre pour celle-ci un profit égal au montant de la remise de la dette figurant au passif du bilan. * BOI-BIC-BASE-50-10 n° 1 du 29 janv. 2013.

76. Régime fiscal. Un abandon de créance entraîne nécessairement une diminution du passif de la société débitrice et, corrélativement, à due concurrence, une augmentation de son actif net. Par suite, le montant de l'abandon de créance constitue en principe un produit d'exploitation qui doit être compris dans les résultats de l'exercice au cours duquel la dette de l'entreprise est éteinte. Le principe de l'imposition trouve à s'appliquer que l'abandon de créance revête un caractère commercial ou un caractère financier. Toutefois, l'art. 216 A CGI prévoit l'exonération conditionnelle de certains abandons de créances revêtant un caractère financier. * BIC-BASE-50-20-20 n° 1 du 29 janv. 2013.

77. Jurisprudence sur le caractère normal ou anormal et la déductibilité des aides entre entreprises. V. notes 52 à 64 ss. art. 39.

78. Abandon de créances avec clause de retour à meilleure fortune. Cas d'une société A ayant consenti à sa sœur B des abandons de créances avec engagement de remboursement sous condition résolutoire de retour à meilleure fortune « dès constatation d'un résultat positif », mais selon des modalités de remboursement étalé conventionnellement prévues : la société B ayant déclaré un résultat positif au cours d'un exercice suivant, l'Administration ne peut rapporter l'aide accordée aux résultats de la société A qu'au fur et à mesure des remboursements conventionnellement prévus. • CE 11 oct. 2004, ☎ n° 250153, *Sté Usines Claas France : RJF 2004. 1127 ; concl. Olléon au BDCF 12/04, n° 147 ; JCP E 2005, p. 387, note Gagneur.* ♦ V. égal. • CAA Paris, 15 juin 2005, n° 00PA1225, *Sté Alphacan : Dr. fisc. 2006. 413, note Sieraczek-Abitan.* ♦ Position de l'Administration. * BOI-BIC-BASE-50-20 nos 280 et 290 du 29 janv. 2013. ♦ Les sommes versées en remboursement d'un abandon de créance consenti sous réserve de retour à meilleure fortune ne sont pas déductibles si la réalité de la dette envers la société auteur de l'abandon n'est pas établie. • CAA Paris, 12 déc. 2013, ☎ n° 12PA01513 : *RJF 2014. 441.*

2° PRÊTS OU AVANCES SANS INTÉRÊTS

BIBL. Cozian, *GPFE, doc. 30* (avances sans intérêts).

79. L'octroi de prêts sans intérêts consentis par une entreprise au profit d'un tiers ne relève pas en règle générale d'une gestion commerciale normale, sauf s'il apparaît qu'en consentant de tels avantages l'entreprise a agi dans son propre intérêt. Il en va ainsi notamment lorsque les avantages consentis peuvent être regardés comme la conséquence d'engagement constituant la contrepartie des avantages que l'entreprise retire elle-même directement de son adhésion à une association ou à un groupement et du respect des conditions auxquelles l'appartenance à ce groupement est subordonnée. • CE 26 sept. 2001, ☎ n° 219825, *SA Rocadis : RJF 2001. 1491 ; BDCF 2002.145, concl. G. ; Dr. fisc. 2002. 490, concl. Bachelier ; Dr. sociétés 2002. 48, note Pierre.* ♦ Lorsqu'une entreprise renonce à percevoir tout ou partie des intérêts afférents aux avances qu'elle a consenties à un dirigeant, une autre entreprise ou un tiers, le montant des intérêts au taux normal est réintégré dans son bénéfice imposable. • CE 23 févr. 1977, ☎ n° 92515 : *RJF 1977. 201* • CAA Nancy, 6 mars 1996, n° 93NA1073 : *Dr. fisc. 1996. 1060* • CAA Nantes, 4 févr. 1997 : *Dr. fisc. 1997. 692.* ♦ ... A moins que la renonciation aux intérêts ne soit justifiée par l'intérêt économique du prêteur. • CE 9 oct. 1991, ☎ n° 67283 : *RJF 1991. 1434.* ♦ ... Ou par les usages de profession. • CE 13 mai 1992, ☎ n° 65238 : *RJF 1992. 954* (avance d'un éditeur à un auteur).

80. Le fait de consentir des avances sans intérêt à un tiers constitue un acte étranger à une gestion commerciale normale. Cette règle doit recevoir application même si le bénéficiaire de ces avances est la maison mère de la société, hormis le cas où la situation des deux sociétés serait telle que la filiale puisse être regardée comme ayant agi dans son propre intérêt en venant en aide à sa mère en difficulté. Ainsi, le fait pour une filiale de renoncer à percevoir des intérêts sur les prêts consentis à sa société mère ne constitue pas un acte anormal de gestion, dès lors que, malgré le caractère excédentaire de ses résultats d'exploitation, la société mère qui avait perdu plus de la moitié de son capital et connaissait d'importants reports à nouveau négatifs se trouvait dans une situation financière de nature à compromettre la poursuite de ses activités et que l'engagement de procédures collectives à son égard aurait compromis la poursuite des activités commerciales de sa filiale. • CAA Paris, 29 nov. 2001, n° 98PA4454 : *Dr. fisc. 2003. 139.* ♦ Une société ne peut se limiter à invoquer la communauté des intérêts financiers et commerciaux existant entre les sociétés du groupe pour justifier du bien-fondé des avances sans intérêts accordées à sa société mère. De même en se prévalant de la caution qu'elle apporte aux engagements concordataires des autres sociétés du groupe, la filiale n'établit pas l'existence d'un intérêt à consentir une aide à sa mère, en l'absence de relations commerciales entre les deux sociétés. • CE 28 mars 2008, ☎ n° 277521 : *RJF 2008. 640.*

81. La renonciation par une société à percevoir sur son gérant les intérêts dus à raison du solde débiteur de son compte courant constitue un acte anormal de gestion, sauf s'il est justifié qu'elle trouve une contrepartie dans des services dépassant le cadre de la rémunération statutaire de celui-ci. • CE 4 nov. 1985, n° 49941 : *Dr. fisc. 1986. 172 ; RJF 1986. 12* • 17 mai 2000, n° 185352 : *Dr. fisc. 2000. 783, concl. Bachelier ; RJF 2000. 966.* ♦ Le taux d'intérêt à retenir est celui que l'entreprise aurait pu obtenir d'un établissement financier pour un placement comparable. • CE 7 oct. 1988, n° 50256 : *Dr. fisc. 1989. 376 ; RJF 1988. 720, concl. de Saint-Pulgent* ♦ Les intérêts qu'une société a omis de facturer à raison des avances consenties à une SCI ayant les mêmes associés sont réintégrés aux résultats en retenant le taux de 8 % auquel la société rémunère les sommes mises à sa disposition par ses associés. • CE 15 févr. 2016, *SARL Cie Immobilière d'Aménagement,* n° 367753 : *RJF 2016. 407* • CAA Marseille, 30 avr. 2001, n° 97MA934 : *Dr. fisc. 2002. 100.* ♦ Pour des avances à vue entre sociétés, le taux d'intérêt retenu est le taux de rémunération des SICAV et FCP monétaires. • CE 31 juill. 2009, n° 301935 : *RJF 2009. 1057.* ♦ Pour des avances sans contrepartie entre sociétés, le taux retenu est le taux d'intérêt interbancaire pour la zone euro avec une échéance d'un jour (taux EONIA) dès lors que le remboursement peut intervenir à n'importe quel moment. • TA Montreuil, 5 juill. 2018, *Sté Soderec,* n° 1746328 : *RJF 2019. 131.* ♦ Lorsque des avances non rémunérées consenties à une filiale sont considérées comme constituant un acte anormal de gestion, il appartient à la société mère de démontrer que, dans des conditions analogues, elle aurait pu bénéficier de taux d'intérêt plus avantageux que ceux retenus par l'Administration pour établir les redressements en résultant. • CE 21 mai 2014, *Sté Garage Boileau Lagache,* n° 364610 : *RJF 2014. 821.*

82. La renonciation d'une société mère à percevoir des intérêts de sa filiale n'est pas un acte anormal de gestion dans le cas où l'exigence d'intérêts aurait eu pour seul effet d'accroître les pertes de celle-ci, qu'elle comblait par des versements à fonds perdus. • CE 22 mars 1999, n° 163282 : *RJF 1999. 534 ; concl. Courtial au BDCF 5/99.* ♦ Il en est de même dans le cas ou les associés d'une société de personnes ont renoncé à percevoir les intérêts afférents aux avances consenties dès lors qu'une telle renonciation est justifiée par l'état de difficulté de la filiale attestée par sa situation net négative. • CE 27 juill. 2006, n° 27476 : *RJF 2006. 1517 ; concl. Glaser au BDCF 12/06, n° 147.* ♦ En revanche, les aides consenties par une société mère à sa filiale à 10 % pour reconstruire une nouvelle usine ne relèvent pas d'une gestion normale en l'absence de toute relation commerciale entre les deux sociétés. • CE 28 mars 2008, n° 277522 : *RJF 2008. 640.* ♦ Une société qui prend en charge partiellement une indemnité due par une autre entreprise commet un acte anormal de gestion dès lors notamment qu'elle n'est pas la mère de la société bénéficiaire de l'aide et qu'il n'existe pas de lien commercial entre elles. • CE 28 mars 2008, n° 284548 : *RJF 2008. 665.* ♦ Les avances sans intérêts que consent une société d'exportation de bananes à ses fournisseurs ne relèvent pas d'une gestion commerciale normale dès lors qu'elles ne sont justifiées ni par l'existence d'un intérêt commercial en raison du faible volume des relations commerciales entretenues avec les bénéficiaires de ces avances, ni par l'existence d'excédents de trésorerie laissés sur ses comptes par les mêmes bénéficiaires en l'absence d'éléments probants sur la réalité de ces dépôts. • CE 26 févr. 2003, n° 223092 : *Dr. fisc. 2003. 436, concl. Goulard ; RJF 2003. 607, concl. Goulard, p. 403.*

83. La pratique d'une société exerçant la fonction de centrale de trésorerie consistant à accorder à ses sociétés sœurs des prêts qu'elle finance au moyen d'avances consenties par d'autres sociétés du groupe, en appliquant un taux unique à la fois pour rémunérer les fonds empruntés et pour se faire rémunérer des prêts consentis, ne relève pas d'une gestion commerciale normale. En effet, cette pratique ne peut être que structurellement déficitaire. • CAA Paris, 20 janv. 2016, *CAA Passire,* n° 14PA03921 : *RJF 2016. 1061.*

84. Une société qui consent des avances sans intérêt à plusieurs de ses filiales commet un acte anormal de gestion dès lors que, même si ces filiales rencontrent des difficultés financières, elle ne justifie pas d'un intérêt financier ou commercial à renoncer à percevoir des intérêts. Lorsque les filiales sont des sociétés de personnes, l'accroissement de leur résultat fiscal qui résulte de la dispense d'intérêts est, conformément à l'art. 238 *bis* K, imposable chez la société mère passible de l'IS pour la part correspondant à ses droits dans ces sociétés de personnes. Dès lors, l'avantage anormal n'est imposable chez la société mère que dans la mesure où il a profité aux autres associés de ces sociétés, c'est-à-dire à concurrence seulement de la part de capital détenue par ces coassociés dans les sociétés de personnes. • CAA Douai, 12 déc. 2006, n° 00DA583 : *RJF 2007. 393.* ♦ V. égal. note 18.

3° AUTRES RENONCIATIONS À DES PROFITS

85. Renonciation à indemnité. La renonciation du preneur d'un bail commercial à percevoir du bailleur l'indemnité d'éviction prévue à l'art. 8 du décret du 30 sept. 1953 régissant les rapports entre bailleurs et locataires de locaux à usage commercial constitue une renonciation à recettes pouvant s'analyser comme un acte anormal de gestion. Toutefois, l'Administration ne peut réintégrer le montant d'une telle indemnité dans les résultats d'un exercice que si le preneur était en droit d'obtenir du bailleur, de façon certaine au cours de cet exercice, le paiement de l'indemnité en cause. • CAA Marseille, 18 déc. 2001, n° 98MA675 : *Dr. fisc. 2002. 629, concl. Bédier.*

86. Renonciation à profit. Elle constitue un acte anormal de gestion en l'absence de contrepartie. Tel est le cas : de la mise à disposition gratuite de moyens d'exploitation. • CE, sect., 24 févr. 1978, n° 2372 : *Dr. fisc. 1978. 2212, concl. Rivière ; RJF 1978. 161.* ♦ ... De la renonciation à percevoir un loyer. • CE 9 oct. 1991, ⌂ n° 71413 : *Dr. fisc. 1993. 903, concl. Hagelsteen.* ♦ ... De la remise partielle de (50 %) entre sociétés sœurs du montant d'un loyer normal en l'absence de justifications suffisantes des contreparties alléguées. • CE 12 oct. 2018, ⌂ *Sté Sibuet Acquisition,* n° 405256 : *RJF 2019. 15, concl. Nicolazo de Barmon.* ♦ ... De la réduction des taux d'intérêt des prêts accordée à certains clients, en l'absence de données précises justifiant d'un intérêt commercial ou financier. • CAA Nantes, 4 févr. 1997, n° 94NT208 : *RJF 1998. 10.* ♦ ... De l'insuffisance des marges bénéficiaires réalisées avec la société mère, très inférieures à celles réalisées avec un autre client. • CAA Lyon, 24 févr. 1999, ⌂ n° 95LY20105 : *RJF 1999. 696 ; concl. Millet au BDCF 6-7/99.* ♦ ... De la cession d'immeubles à un prix inférieur à leur valeur vénale, déterminée par comparaison avec des cessions analogues. • CE 28 juill. 1989, n° 73197 : *Dr. fisc. 1990. 644.* ♦ ... Et en tenant compte, le cas échéant, de l'économie réalisée sur les frais de commercialisation. • CE 16 avr. 1984, n° 45219 : *Dr. fisc. 1984. 2031.*

87. La circonstance selon laquelle un écart est constaté entre le taux d'un prêt octroyé par une société et celui auquel elle a elle-même emprunté la même somme n'est pas constitutive d'un acte anormal de gestion. L'Administration ne peut contester le taux d'intérêt pratiqué que s'il est inférieur à celui que le prêteur aurait pu obtenir, dans des conditions analogues, sur le marché bancaire. • CAA Paris, 29 sept. 2010, n° 08PA82 : *RJF 2010. 1143.*

88. En revanche, il n'y a pas lieu à redressement lorsque la facturation de services au prix de revient est justifiée par l'intérêt propre de la société prestataire à la survie de son client. • CAA Nancy, 6 mars 1996, n° 94NA1326 : *Dr. fisc. 1996. 1061 ; RJF 1996. 1464.* ♦ La facturation d'un service à un prix inférieur à son prix de revient ne suffit pas à caractériser l'acte anormal de gestion. • CE 26 juin 1996, ⌂ n° 80178 : *Dr. fisc. 1996. 1246.*

89. Créances irrecouvrables. Une entreprise ne peut établir le caractère irrecouvrable de certaines de ses créances et les passer en pertes en invoquant la prescription biennale de l'art. 2272 C. civ., dès lors que celle-ci a pour effet de poser une présomption de paiement qui ne peut être invoquée que par le débiteur et non par le créancier. • CAA Douai, 31 janv. 2001, n° 96DA2758 : *Dr. fisc. 2002. 467.*

90. Prestations intragroupe. Une société holding qui supporte seule le coût d'un nouveau système informatique appelé à être utilisé par l'ensemble des filiales du groupe en facturant à ces dernières des prestations informatiques pour un montant inférieur à leur prix de revient est regardée comme ayant anormalement renoncé à des recettes, faute d'établir qu'elle avait un intérêt propre à exposer ces coûts sans contrepartie directe. • CAA Douai, 8 oct. 2009, n° 7DA1406 : *RJF 2010. 464 ; Dr. fisc. 2010. 179, note Bonneaud.*

4° SOLUTIONS DIVERSES

91. Perception de dividendes. Une société actionnaire doit inclure dans ses bénéfices les dividendes qui lui sont dus à la date de la clôture de l'exercice, c'est-à-dire ceux dont la distribution a été décidée lors d'une assemblée générale intervenue au cours de cet exercice. • CE (na) 16 mai 2018, ⌂ *Sté Sparkling Capital,* n° 412801 : *RJF 2018. 827.*

92. Affectation d'une dette. Lorsqu'une personne physique qui exploite une entreprise industrielle ou commerciale contracte une dette à l'égard d'un tiers, elle peut décider soit de regarder l'opération comme étrangère à l'exploitation de l'entreprise et ne point la retracer dans les écritures de celle-ci, soit au contraire de regarder l'opération comme effectuée par l'entreprise et retracer dans les écritures de celle-ci tant l'encaissement de la somme prêtée que le montant de la dette contractée. Dans l'un et l'autre cas, l'intéressée prend à ce sujet une décision de gestion. • CE 10 déc. 1999, ⌂ n° 164982 : *Dr. fisc. 2000. 254, concl. Arrighi de Casanova.* ♦ Mais l'inscription de la dette au passif du bilan doit être justifiée et cette justification ne saurait résulter d'une « présomption de prêt familial ». • CE 20 nov. 2000, ⌂ n° 212097, *Buffin : Dr. fisc. 2001. 563, concl. Touvet ; RJF 2001. 154.*

93. Extinction d'une dette. La suppression d'une dette au passif du bilan justifie la réintégration de son montant dans les bénéfices imposables. • CE 13 déc. 1982, n° 25510 : *Dr. fisc. 1983. 1287, concl. Bissara.* ♦ L'extinction d'une dette fait naître pour le débiteur un profit imposable. • CE 14 nov. 1990, ⌂ n° 67001, *SARL EPE : Dr. fisc. 1991. 1069, concl. Fouquet ; RJF 1991. 28.* ♦ Tel est notamment le cas lorsque le capital d'un emprunt est remboursé à l'établissement prêteur en exécution d'un contrat d'assurance décès souscrit en garantie de ce remboursement. • CE 2 févr. 1996, ⌂ n° 126800 : *Dr. fisc. 1996. 319 ; RJF 1996. 297.* ♦ De même, une dette atteinte par la prescription ne peut valablement être maintenue au passif du bilan que si l'entreprise justifie d'un intérêt propre à renoncer à se prévaloir de la prescription à l'encontre de son créancier. En l'absence d'une telle justification, la dette est réintégrée dans le bénéfice imposable. • CAA Lyon, 15 juin 2001, n° 97LY1056 : *Dr. fisc. 2002. 491, concl. Millet ; RJF 2002. 1067* • CAA Bordeaux, 13 oct. 2005, n° 01BX2699 : *RJF 2006. 356 ; concl. Doré au BDCF 4/06, n° 41.* ♦ De même, en maintenant au passif de son bilan une dette de TVA, sans faire état d'un quelconque motif pouvant en justifier la persistance, une société procède à une écriture comptable délibérément irrégulière. Dès lors, l'Administration est en droit de la rectifier et de constater un profit résultant de la variation de l'actif net à la clôture de l'exercice. • CAA Nantes, 16 juin 2004, n° 00NT1850 : *RJF 2005. 115.* ♦ De même, s'agissant d'une entreprise en liquidation judiciaire, l'Administration est en droit de rapporter au résultat imposable les créances non produites au passif de la liquidation dont le paiement ne peut plus, en conséquence, être réclamé. • CAA Bordeaux, 23 juin 2005, n° 04BX1435 : *RJF 2005. 1361.*

94. Eu égard aux art. 74, 75 et 77 de la loi n° 67-563 du 13 juill. 1967, la clause d'un concordat subordonnant une remise de dette à l'exécution par la société en règlement judiciaire de ses engagements concordataires doit, quelle qu'en soit la rédaction, être regardée comme une clause résolutoire. Par suite, le profit correspondant doit être rattaché à l'exercice au cours duquel le concordat a été homologué. • CE 27 juill. 2001, n° 212845 : *RJF 2001. 1360, chron. Maïa, p. 799 ; Dr. fisc. 2001. 1183, concl. Maugüé.* ♦ Un abandon de créance consenti par les créanciers d'une entreprise en redressement judiciaire en application de l'art. L. 626-19 C. com. n'est pas regardé comme certain dans son principe et son montant au cours de l'exercice d'adoption du plan de redressement ne peut donc y être rattaché. En effet, lorsque les créanciers optent pour un paiement dans des délais plus brefs avec réduction proportionnelle du montant de leurs créances, celles-ci ne sont éteintes, à hauteur de cette réduction, qu'à la condition suspensive que le débiteur ait exécuté ses engagements. • CAA Lyon, 11 oct. 2007, n° 04LY63 : *RJF 2008. 406.* ♦ Lorsqu'un plan de redressement judiciaire arrêté par le tribunal de commerce (L. 25 janv. 1985, art. 24 et 74) donne acte aux créanciers de l'abandon de créances qu'ils ont consenti, cet abandon doit être regardé comme certain dans son principe et son montant par l'effet du jugement approuvant le plan de redressement. • CAA Nantes, 31 juill. 2001, n° 97NT2428 : *RJF 2002. 11.* ♦ Les abandons de créances consentis en application de l'art. L. 626-18 C. com. doivent être regardés comme certains dans leur principe et leur montant au titre de l'exercice au cours duquel le plan de redressement est homologué par un jugement du tribunal. • CE 21 nov. 2011, n° 340319 : *RJF 2012. 101 ; BDCF 2/12, n° 15, concl. Collin ; Dr. fisc. 2012. 196, note Fumenier et Maignan.*

95. L'abandon par un associé du solde débiteur de son compte courant augmente d'autant le bénéfice imposable de la société. • CE, CAPC, 21 juill. 1995, n° 146584 : *RJF 1995. 1243.* ♦ ... A moins que la société n'apporte la preuve que la créance a été cédée à une autre personne. • CAA Bordeaux, 22 mars 1994, n° 93BX891 : *Dr. fisc. 1994. 1447.*

96. Une société qui, après avoir constaté une dette envers un de ses fournisseurs, l'annule en créditant le compte courant de ses associés, doit être regardée comme ayant bénéficié de la part de son fournisseur d'un abandon de créance augmentant son actif net et générant un profit imposable. Si elle soutient qu'il y a eu substitution de créance entre son fournisseur et ses associés, elle ne l'établit pas faute de justifier que le transfert de créances allégué avait fait l'objet des formalités prévues à l'art. 1690 C. civ. en matière de cession de créances. • CE 25 oct. 2002, n° 223292 : *Dr. fisc. 2003. 53 ; RJF 2003. 11.* ♦ Le rachat de la dette d'une société à l'égard d'un tiers par ses associés suivi du crédit de leur compte courant pour le même montant est constitutif d'un abandon de créance et entraîne la constatation d'un profit imposable, dès lors que les formalités relatives aux cessions de créances telles qu'elles sont prévues par le code civil n'ont pas été respectées. • CE 5 juill. 2010, n° 305563 : *RJF 2010. 1063.* ♦ Quelle que soit la qualité de son créancier (tiers ou associé), une société qui n'apporte pas la preuve que ce dernier a cédé la créance qu'il détenait soit en démontrant que les formalités prévues à l'art. 1690 C. civ. ont été accomplies, soit par tout autre moyen de preuve, est imposable au titre d'un abandon de créance. • CE 9 nov. 2011, *SARL Arches*, n° 319717 : *RJF 2012. 97 ; Dr. fisc. 2012. 183, note Fumenier.*

97. Un contribuable ne peut maintenir à son passif une dette correspondant au montant de diverses factures émises onze ans auparavant par une société espagnole et non encore réglées dès lors que son créancier a cessé toute activité et n'en réclame pas le paiement. • CE 30 déc. 2009, n° 308513 : *RJF 2010. 319.*

98. Est bénéficiaire d'un abandon de créance générant un accroissement d'actif net la société qui, à la clôture de l'exercice, a soldé le compte créditeur de la mère du gérant, bailleresse des locaux de l'entreprise, et crédité d'un montant égal le compte unique d'associés dans un sous-compte au nom de l'intéressée. • CE 24 juill. 2006, n° 256914 : *RJF 2006. 1321.*

99. Dette reprise par l'exploitant. La suppression d'une dette de l'entreprise envers un tiers entraîne une augmentation de l'actif net à la clôture de l'exercice, mais peut se trouver compensée par une inscription de même montant au crédit du compte personnel de l'exploitant, s'il apparaît que la disparition de la dette résulte de ce que l'exploitant en assume désormais personnellement la charge, de sorte qu'il est regardé comme faisant à son entreprise un apport de même montant. • CE 19 nov. 1976, n°s 97391 et 97386 : *RJF 1977. 8, Chron. M.-D. Hagelsteen* • CAA Nantes, 27 déc. 2006, n° 06NT957, *Lelandais : RJF 2007. 792 ; concl. Hervouet au BDCF 7/07, n° 82.*

100. Rétablissement d'une dette au bilan. Une société est fondée à rétablir au passif de son bilan une dette contractée auprès de sa société mère et dont celle-ci lui avait fait remise sous condition résolutoire de retour à meilleure fortune, dès lors qu'elle a implicitement renoncé à cette remise en étant partie à la convention par laquelle la société mère a cédé à une société tierce l'ensemble de ses créances, y compris la créance précédemment abandonnée, et qu'elle est devenue de ce fait débitrice de la société désormais propriétaire des créances. • CAA Versailles, 21 déc. 2004, n° 02VE3988 : *RJF 2005. 302.*

101. Augmentation de capital suivie ou précédée d'une réduction de capital (coup d'accordéon). **BIBL.** Glaser, *RJF 2008. 543* (conséquences fiscales du coup d'accordéon : une symphonie inachevée). ♦ La réalisation simultanée par une société anonyme d'une augmentation de capital en espèces, libérée par imputation sur le compte courant du principal associé, et d'une réduction de capital visant à résorber les pertes comptables précédemment constatées (solde débiteur du compte « report à nouveau ») demeure sans influence sur le résultat fiscal de l'exercice concerné, dès lors que la disparition de la dette à l'égard de l'associé est compensée par un apport d'égal montant. Cette augmentation n'a donc pas eu pour effet d'éteindre le droit au report de déficits antérieurement constatés. • CE 20 mars 1989, n° 56087, *Malet Matériaux : RJF 1989.584, concl. Ph. Martin.* ♦ Dans le cas où une société cède sa participation dans une filiale moins de deux ans après que celle-ci ait réalisé un « coup d'accordéon », le montant de la souscription à l'augmentation de capital doit être réparti proportionnellement entre les titres acquis à l'origine et ceux issus de l'augmentation de capital. Il en résulte qu'une partie de la moins-value subie lors de la cession des titres relève du régime du court terme et peut donc être déduite des résultats imposables. • *CE 26 mars 2008,* n° 301413, *SA Financière Fauvernier : RJF 2008. 637, chron. Glaser, p. 543 ; Dr. fisc. 2008. 521, note Meier.*

102. Lorsqu'une société procède à une réduction à zéro de son capital suivie d'une augmentation de capital, la société actionnaire n'est pas autorisée à constater une perte définitive dès lors que le pourcentage de participation dans la filiale a augmenté à l'issue de l'opération. • CE 17 oct. 2008, n° 293346, *Sté Cogefal ; RJF 2009. 8 ; concl. Séners au BDCF 1/09, n° 8 ; Dr. fisc. 2008. 604, note Fumenier.*

103. Cas où une société cède sa participation dans une filiale plus de deux ans après son versement initial mais moins de deux ans après que la filiale a réduit son capital à zéro puis l'a reconstitué immédiatement en émettant le même nombre de titres : pour l'application de la distinction entre plus ou moins-values à court terme et à long terme, dès lors que le taux de participation de la société dans le capital de sa filiale reste inchangé à l'issue de chacune des opérations d'annulation et d'augmentation simultanées de capital, la cession des titres doit être regardée comme portant à la fois sur des titres détenus depuis plus de deux ans dont la cession relève du régime du long terme et sur des titres détenus depuis moins de deux ans dont la cession relève du régime du court terme, à proportion des rapports existant entre les apports versés lors des souscriptions intervenues respectivement plus et moins de deux ans avant la cession des titres et le prix de revient total. • CE 22 janv. 2010, n° 311339, *Sté Prédica : RJF 2010. 320 ; concl. Escaut au BDCF 4/10, n° 39 ; Dr. fisc. 2010. 185, concl. Escaut, note Fumenier.*

104. Dissimulation de recettes. Un contribuable qui a dissimulé des recettes et n'a pas déclaré ni acquitté spontanément la TVA afférente aux opérations correspondantes a minoré son résultat imposable non seulement du montant hors taxes des opérations mais aussi du montant de la TVA y afférente. Il a bénéficié d'un profit sur le Trésor égal au rappel de TVA effectué. L'Administration est fondée à réintégrer ce profit au résultat imposable. • CAA Bordeaux, 30 déc. 1997, n° 95BX253 : *Dr. fisc. 1998. 732.*

105. Profit sur le Trésor. **BIBL.** Derouin, *Dr. fisc. 1991. 232 ; Dr. fisc. 2000, p. 1627* (le véritable fondement du « profit sur le Trésor » et son exacte portée). ♦ Il résulte de l'art. 38-1 qu'un contribuable réalisant des opérations soumises à la TVA et tenant une comptabilité hors taxes qui, avant la clôture d'un exercice, n'a ni enregistré certaines créances acquises sur ses clients pendant un exercice et les encaissements correspondants, ni déclaré et acquitté spontanément la TVA afférente à ces opérations, a minoré son résultat imposable de cet exercice non seulement du montant hors taxe de ces opérations mais du montant de la taxe y afférente. • CE 19 déc. 1990, avis n° 117924, *Chardon : Lebon 288 ; RJF 1990. 1369, concl. Fouquet ; Dr. fisc. 1991. 587 ; Dr. fisc. 1991, p. 232, chron. Derouin.* ♦ Une société n'est pas en droit de porter au passif de son bilan, en tant que « créance de tiers » au sens de l'art. 38-2, le montant de la TVA dont elle a, par erreur, omis de se déclarer redevable envers le Trésor au titre des opérations de l'exercice et qui n'a pas non plus fait l'objet d'une mise en recouvrement par l'État. • CE 16 mars 2001, n° 202143 : *RJF 2001. 760 ; Dr. fisc. 2001. 686.*

106. Lorsqu'un contribuable a fait l'objet de redressements en matière d'impôt sur les bénéfices et de TVA, ses bases d'imposition à l'IS peuvent être rehaussées d'un profit sur le Trésor chaque fois que le droit qui lui est ouvert de déduire de ces bases la TVA rappelée aboutirait, à défaut de la constatation à due concurrence d'un tel profit, à ce que le contribuable soit imposé à l'IS sur une assiette plus réduite que celle sur laquelle il aurait été imposé s'il avait acquitté régulièrement la TVA. Mais la constatation d'un tel profit est sans objet lorsque, quel qu'en soit le motif, la TVA rappelée a fait l'objet d'un dégrèvement. • CE 17 mai 2000, n° 185352 : *Dr. fisc. 2000. 783, concl. Bachelier ; RJF 2000. 966 ; concl. Bachelier au BDCF 7-8/00.* ♦ Lorsqu'une entreprise procède, en matière de TVA, à la déduction anticipée de la taxe afférente à des factures correspondant à des charges déductibles de l'IS mais qui n'est pas encore exigible, l'Administration, après avoir procédé au rappel de la TVA déduite à tort, est en droit de majorer d'un profit sur le Trésor du même montant les bases de l'IS. • CE 11 mars 2015, *SARL Axe Isolation*, n° 354777 : *RJF 2015. 509 ; Dr. fisc. 2015. 459.*

107. Destruction d'un bâtiment. Lorsque l'achat et la démolition d'un immeuble constituent deux éléments d'un projet unique dont l'objet est la construction d'un nouvel immeuble, la valeur de l'immeuble détruit entre nécessairement dans le prix de revient du nouvel immeuble et ne peut être regardée comme une perte déductible des résultats imposables. • CE 4 mai 1977, nos 2136 et 2137 : *RJF 1977. 383.* ♦ La destruction, au cours d'un exercice, d'un bâtiment inscrit à l'actif fait ressortir une perte égale à la valeur comptable résiduelle de ce bâtiment à l'ouverture de l'exercice, hormis le cas où il apparaît que l'acquisition de ce bâtiment a été faite dans le seul but de réaliser, après sa démolition, sur le terrain d'assise, une construction nouvelle, au prix de revient de laquelle la valeur de l'ancien bâtiment doit alors être incorporée. • CE 16 juin 1999, n° 177954 : *Dr. fisc. 1999. 823, concl. Courtial ; RJF 1999. 971.* ♦ Une société qui acquiert un ensemble immobilier et qui en démolit une partie plusieurs mois après doit incorporer au prix de revient de la nouvelle construction édifiée sur le terrain d'assise la valeur comptable résiduelle du bâtiment démoli dès lors que le projet de rénovation et d'extension de l'ensemble immobilier élaboré immédiatement après l'acquisition impliquait la démolition du bâtiment en cause. • CE 5 mai 2008, n° 293082 : *RJF 2008. 933.*

108. De manière générale, la valeur résiduelle d'un immeuble inscrit à l'actif qu'une entreprise démolit constitue une perte de l'exercice considéré dès lors que l'acquisition de l'*immeuble détruit n'a pas été accomplie* dans le seul but de construire sur le terrain redevenu libre une nouvelle construction. En revanche, si l'acquisition de l'immeuble détruit a été accomplie dans le seul but de construire une nouvelle construction, la valeur résiduelle de la construction détruite est incorporée au prix de revient de la nouvelle construction. De même, la démolition d'un bâtiment devenu sans utilité pour les besoins de l'exploitation d'une entreprise, dans le cadre d'une gestion commerciale normale, en vue d'augmenter la valeur vénale du terrain génère une perte comptable correspondant à la valeur résiduelle du bâtiment détruit. * BOI-BIC-CHG-60-20-10 n° 20 du 24 févr. 2021.

109. Perte, expulsion, confiscation. Un événement ayant pour effet de retirer définitivement toute valeur à un élément de l'actif immobilisé équivaut à la perte totale de cet élément. Il se traduit par une moins-value égale à la valeur comptable résiduelle de l'élément considéré. • CE 28 mars 1999, n° 9798 : *Dr. fisc. 1999. 2253, concl. Martin Laprade* • 25 juill. 1980, n° 11535 : *Dr. fisc. 1980. 2111.* ♦ Lorsque l'élément n'est pas amortissable, la perte est une moins-value à long terme qui n'est imputable que sur des plus-values de même nature. • CE 29 sept. 1982, n° 27723 : *Dr. fisc. 1982. 2474.* ♦ En revanche, la moins-value résultant de l'abandon des éléments amortissables est déductible du résultat de l'exercice au cours duquel elle est constatée. • CE 31 oct. 1984, nos 23117 et 35965 : *Dr. fisc. 1986. 628, concl. Racine* • CAA Bordeaux, 13 oct. 1998, n° 96BX7 : *Dr. fisc. 1999. 314.*

110. Retour au bailleur d'un immeuble construit par le locataire. La résiliation de baux donnant en location des terrains sur lesquels les locataires ont construit des immeubles fait entrer gratuitement ces constructions dans l'actif de l'entreprise et entraîne un accroissement de cet actif égal à la valeur de ces biens, accroissement dont le montant s'ajoute aux bénéfices de l'exercice de résiliation des baux. • CE 8 mars 2004, n° 235258 : *RJF 2004. 629 ; concl. Séners au BDCF 6/04, n° 79.* ♦ La valeur d'actif constituée par l'immeuble est un bénéfice de l'exercice en cours à la date à laquelle le propriétaire du terrain recouvre la disposition de cet immeuble. • CAA Lyon, 25 sept. 1996, n° 94LY768 : *Dr. fisc. 1997. 434, concl. Bonnet ; RJF 1996. 1387.* ♦ La prorogation d'un bail à construction par la volonté expresse des parties, prorogation qui n'implique pas, par elle-même, la naissance d'un nouveau contrat, a pour effet de reporter au nouveau terme convenu la date à laquelle le bailleur deviendra propriétaire du bien construit par le preneur. • CE 25 janv. 2006, n° 271523 : *RJF 2006. 388 ; concl. Séners au BDCF 4/06, n° 50 ; Dr. fisc. 2006. 646, concl. Séners ; JCP N 2006.1157, note Lefeuvre.*

111. Lors du retour gratuit des constructions ou aménagements édifiés dans le local par le locataire, le bailleur devra constater un produit imposable, en application de l'art. 38-2, correspondant à la valeur vénale des constructions ou aménagements concernés. Si les travaux de rénovation n'ont pas la nature d'actif immobilisé, un produit imposable ne doit être constaté que si lesdits travaux ont eu pour conséquence un accroissement de la valeur du local ou un prolongement notable de sa durée probable d'utilisation. Le produit est alors constaté à raison de la différence entre la valeur réelle des actifs rénovés et leur valeur d'origine. * Rép. min. n° 51475 : *JOAN Q, 30 juin 2015, p. 5028.*

112. Dépôts de consignation. Les dépôts de consignation afférents aux bouteilles de gaz non restituées par les clients sont des produits acquis au fournisseur, qui doit être regardé comme ayant cédé ces emballages aux clients. La proportion des bouteilles non restituées peut être déterminée selon une méthode statistique. • CAA Paris, 30 déc. 1998, n° 96PA55 : *RJF 1999. 966.*

113. Indemnités pour non-restitution de matériel loué. L'indemnité contractuelle due par le locataire qui n'a pas restitué le bien loué est un produit d'exploitation et non un prix de cession dès lors que le loueur reste propriétaire du bien et s'engage à restituer une partie de l'indemnité s'il le récupère. • CE 6 mai 1996, ♤ n° 146868 : *Dr. fisc. 1996. 1211* • CAA Nantes, 5 oct. 1995, n° 93NT485 : *Dr. fisc. 1996. 86, concl. Isaïa.*

114. Indemnités perçues par un crédit-bailleur. Les indemnités perçues par un crédit-bailleur de la banque ayant donné sa garantie en cas de défaillance du preneur ne constituent des créances certaines dans leur principe et dans leur montant qu'après épuisement des recours engagés par le crédit-bailleur contre les locataires défaillants. • CAA Paris, 9 déc. 2005, n° 02PA3931 : *RJF 2006. 244.*

115. Indemnité de retard. L'indemnité perçue par une entreprise en réparation du préjudice commercial subi du fait de retards dans l'aménagement de ses locaux est incluse dans le bénéfice imposable. • CAA Paris, 30 déc. 1998, n° 96PA546 : *RJF 1999. 531.*

116. Intérêts sur créances douteuses. Le régime fiscal des intérêts sur créances douteuses compromises des banques et établissements financiers est aligné sur le traitement comptable défini par le règlement comptable n° 2002-03 du 12 déc. 2002 relatif au traitement du risque de crédit dans les entreprises relevant du comité de la réglementation bancaire et financière. Dès lors les intérêts sur créances douteuses compromises, qui ne sont plus comptabilisés en application du règlement précité, ne sont plus pris en compte pour la détermination du résultat imposable, étant observé que les provisions constatées sur les « encours douteux » et les « encours douteux compromis » restent soumises aux conditions mentionnées à l'art. 39-1-5° pour être admises en déduction du résultat fiscal. * BOI-BIC-BASE-20-10 n° 250 du 4 déc. 2012.

117. Intérêts moratoires. Intérêts de retard. Les intérêts afférents à des indemnités, et qui ne sont que l'accessoire desdites indemnités, sont soumis au même régime fiscal que ces dernières. • CE, sect., 4 déc. 1992, ♤ n° 83205 : *Lebon 435* ; *RJF 1993. 3, concl. Hagelsteen.* ♦ Ainsi, des intérêts moratoires afférents à une créance commerciale constituent un élément accessoire de cette créance, de même nature que la créance principale et non un « revenu » tiré de celle-ci. Ils constituent donc un élément de son bénéfice commercial. • CE 27 juill. 2001, ♤ n° 215124 : *Dr. fisc. 2001. 1063, concl. Goulard ; RJF 2001. 1428.* ♦ Les intérêts de retard perçus sur des sommes versées à titre d'indemnité d'assurance concourent à l'accroissement de l'actif de l'entreprise et doivent être compris dans les bénéfices imposables, nonobstant la circonstance que ces intérêts étaient dus à raison du versement tardif de sommes réparant un préjudice. • CE 22 nov. 2006, ♤ n° 280252 : *RJF 2007. 180.* ♦ Les intérêts moratoires relatifs à une somme due constituent pour le créancier un élément accessoire de cette dernière de même nature que la créance elle-même et non pas un revenu tiré de cette créance et, le cas échéant, distinctement imposable comme tel. • CE 11 juill. 2011, ♤ n° 328792 : *RJF 2011. 1120 ; BDCF 2011, n° 11, concl. Olléon.* ♦ Les intérêts moratoires correspondant au paiement différé d'une partie du prix de cession de parts doivent donc être soumis au même régime fiscal que la plus-value résultant de la cession de ces parts. • Même arrêt.

118. Dégrèvement d'impôt. Les intérêts moratoires versés à une entreprise en cas de dégrèvement d'impôt suivent le même régime fiscal que les droits restitués. Ces intérêts ne sont donc imposables que si les droits dégrevés sont eux-mêmes imposables. • CE 28 janv. 2019, ♤ *Sté Macif,* n° 406722 : *RJF 2019. 320, concl. Bokdam-Tognetti.*

119. Indemnités. Dédits. BIBL. Cozian, *Dr. fisc. 2001. 705* (fiscalité des indemnités).

Les indemnités qui compensent une perte de recettes d'exploitation ont, par voie de conséquence, le caractère de recettes d'exploitation. • CE 13 déc. 1978, n° 6920 : *Dr. fisc. 1979. 1552, concl. Rivière* • 8 juill. 1985, ♤ n° 41276 : *Dr. fisc. 1985. 1910.* ♦ ... A la différence des indemnités qui compensent la disparition ou la perte partielle d'une immobilisation imposables selon le régime des plus-values. • CE 19 mars 1975, ♤ n° 95677 : *Dr. fisc. 1975. 919, concl. M.-A. Latournerie.* ♦ En revanche, les indemnités versées à un contribuable pour réparer une diminution de ses valeurs d'actif, une dépense qu'il a exposée ou une perte de recettes, dès lors que leur versement a été effectué non pour concourir à l'équilibre de l'exploitation, mais en vertu d'une obligation de réparation incombant à la partie versante, ne constituent des recettes concourant à la formation du bénéfice imposable que si la perte ou la charge qu'elles ont pour objet de compenser est elle-même de la nature de celles qui sont déductibles pour la détermination des bénéfices imposables. • CE 12 mars 1982, n° 17074 : *RJF 1982. 334, concl. Schrameck, p. 160.* ♦ Ainsi, les indemnités versées en compensation d'une perte de reports déficitaires constituent des recettes concourant à la formation du bénéfice imposable dès lors que leur versement n'a pas été effectué en vertu d'une obligation de réparation incombant à la société versante, et cela même si la perte que l'indemnité est censée compenser n'est pas une charge déductible du résultat imposable. • CAA Versailles, 23 nov. 2006, n° 04VE2058 : *RJF 2007. 670.* ♦ De même, l'indemnité perçue par une société associée dans une SARL en contrepartie de la renonciation à exercer le droit de préemption attaché à ses parts sociales constitue non la réparation d'un préjudice mais le prix de la cession d'un élément d'actif, imposable au taux d'IS de droit commun. • CAA Nantes, 11 juin 2007, n° 06NT506 : *RJF 2008. 9.*

120. L'indemnité qu'un contribuable a reçue, à titre personnel, en réparation du préjudice lié à l'insuffisance de l'alimentation en eau de la micro-centrale électrique, dont la construction et l'exploitation lui avait été confiées en application d'une convention passée avec une société de mise en valeur d'une région, est imposée à son nom au titre des BIC. Dès lors que ce droit à indemnité ne figure pas à l'actif de la société ultérieurement constituée pour l'exploitation de la micro-centrale l'indemnité ne peut être regardée comme la contre-partie de la perte d'exploitation subie par la société. • CE 30 juill. 2003, n° 221005 : *Dr. fisc. 2003. 781 ; RJF 2003. 1213 ; concl. Maugüé au BDCF 11/03, n° 13.*

121. Les indemnités versées à un commerçant en vertu d'une obligation de réparation incombant à la partie versante constituent des recettes concourant à la formation de son bénéfice imposable si elles n'ont pas pour objet de compenser un préjudice autre qu'une perte de recettes commerciales. • CE 28 juill. 2000, n° 194153 : *RJF 2000. 1217 ; concl. Arrighi de Casanova au BDCF 11/00 ; Dr. fisc. 2001. 149.* ♦ En cas de rupture de la promesse par l'acquéreur, l'indemnité est rattachée aux résultats de l'exercice au cours duquel l'acquéreur a fait connaître son intention de ne pas donner suite à la promesse d'achat. • CE 28 juill. 2000, n° 194153 : *préc.*

122. Une indemnité perçue en contrepartie de la perte de biens totalement amortis ne peut être considérée comme une plus-value sur immobilisations et, par suite, doit être rattachée aux bénéfices imposables au taux de droit commun. • TA Nantes, 3 août *2000, n° 96-1883 : Dr. fisc. 2001. 719, concl. Quillévéré.*

123. Indemnités d'éviction (bail commercial), V. note 85.

124. Sommes perçues en exécution d'une clause de garantie de passif. L'indemnité reçue par le cessionnaire en exécution d'une convention de garantie de passif ne diminue pas le prix de revient des titres acquis mais doit être comprise dans les résultats imposables. • CE 24 juin 2013, *Caron,* n° 350451 : *Dr. fisc. 2013. 412, concl. Escaut, note Poirier ; RJF 2013. 905.* ♦ Ces sommes constituent un produit imposable. Même si l'engagement du cédant à assumer toute augmentation du passif de la société dont les titres sont cédés figure dans l'acte de cession, l'indemnité reçue par le cessionnaire ne peut s'imputer sur le prix de revient des titres. • TA Cergy-Pontoise, 28 mars 2012, n° 0802180 : *RJF 2012. 795.*

125. Commerce de tabac et de journaux. Les personnes qui font commerce de tabac et de journaux ont la qualité de commissionnaire lorsqu'elles justifient qu'elles agissent pour un commettant auquel elles rendent compte, auquel cas les recettes qui servent à la détermination de leurs bénéfices imposables sont uniquement constituées par les remises ou commissions perçues. En revanche, lorsque ces personnes n'ont pas la qualité de commissionnaire, les mêmes recettes sont constituées par le montant total des ventes de tabac et de journaux qu'elles ont effectuées. • CE 20 mars 1996, n° 140414 : *Dr. fisc. 1996. 929 ; RJF 1996. 573.*

126. Date de réalisation d'un apport en société. La plus-value d'apport est réalisée à la date à laquelle l'apport présente un caractère définitif, expressément fixée par le traité d'apport à la date de son approbation par l'assemblée générale extraordinaire de la société bénéficiaire, et doit par suite être rattachée aux résultats de l'exercice de l'apporteur en cours à cette date. La circonstance que l'acte d'apport prévoie que des opérations antérieures à cette date sont réputées faites pour le compte de la société est sans incidence. • CAA Bordeaux, 23 déc. 2004, n° 01BX671 : *RJF 2005. 424.* ♦ Lorsque les parties sont convenues de donner un effet rétroactif à la constitution d'une société, cette rétroactivité ne peut, en vertu du principe d'annualité de l'impôt et de spécificité des exercices, produire d'effet antérieurement à la date d'ouverture de l'exercice au cours duquel la société a été immatriculée au RCS. Par suite, c'est à cette date, qui est celle de la constitution légale du groupement, que les apports à la société nouvelle doivent être regardés comme ayant pris effet et que la plus-value d'apport doit être taxée. • CAA Bordeaux, 20 janv. 2005, n° 01BX2508 : *RJF 2005. 453.* ♦ Confirmation • CE 8 juill. 2009, n° 279018 : *RJF 2009. 933 ; Dr. fisc. 2009. 456, concl. Burguburu.*

127. Fusion rétroactive. En cas d'apport, si les deux sociétés sont convenues de lui donner un effet rétroactif, elles doivent en tirer toutes les conséquences. Il en résulte que la société bénéficiaire de l'apport doit rattacher au résultat de l'exercice de conclusion de la convention d'apport l'ensemble des droits et obligations nés de cette convention, ainsi que les profits et les charges, y compris la dotation aux amortissements, résultant de l'exécution de la convention au cours dudit exercice. • CE 18 mars 1992, n° 62402 : *RJF 1992. 634, concl. Fouquet.* ♦ Une fusion ne peut rétroagir ni à une date antérieure à la plus récente des dates d'ouverture des exercices des sociétés participantes, ni, lorsque l'absorbée n'a pas clos d'exercice comptable au cours de l'année civile précédente, avant le 1er janv. de l'année de la fusion. • CE 13 sept. 2021, n° 451564 : *RJF 2021. 1095 ; Dr. fisc. 2021. 444, note Pierre.*

128. Réévaluation d'éléments d'actif par un acte d'apport rectificatif. L'augmentation de la valeur de l'actif net d'une société impliquée par la rectification effectuée en N+2 du traité d'apport de N ne peut que majorer à due concurrence son bénéfice imposable au taux ordinaire de l'exercice en cours, dès lors que, d'une part, elle ne correspond à aucun supplément d'apport effectué au cours de cet exercice et que, d'autre part, quel que soit l'effet rétroactif que les parties à ce traité ont entendu lui conférer, cette rectification ne peut en aucun cas conduire à modifier les éléments de détermination des résultats d'un exercice déjà clos. L'Administration peut imposer au taux normal l'écart entre la valeur primitive du fonds de commerce et celle que lui reconnaissait l'acte rectificatif. • CE 5 mars 2007, n° 284457, *Pharmacie des Chalonges : RJF 2007. 600, concl. Collin, p. 426 ; Dr. fisc. 2007. 522, note Fouquet* • CAA Nantes, 20 févr. 2009, n° 07NT744, *Pharmacie des Chalonges : Dr. fisc. 2009. 497, note Pierre.* ♦ V. aussi • CE 27 avr. 2011, n° 327705, *Pharmacie des Chalonges : RJF 2011. 781 ; Dr. fisc. 2011. 493, concl. Olléon, note Pierre.*

129. Apport d'un fonds de commerce à une société. Pour la détermination des bénéfices imposables d'une société anonyme créée par apport d'un fonds de commerce d'une entreprise individuelle, le premier bilan dans lequel doivent être prises en compte les conséquences des stipulations relatives à la constitution de la société est le bilan de clôture de l'exercice au cours duquel la société a été légalement constituée. Lorsque les parties sont convenues de donner effet à cette constitution à une date antérieure à celle à laquelle la personnalité morale de la société est acquise, une telle convention ne peut, en vertu du principe de l'annualité de l'impôt et de la spécificité des exercices, avoir d'effet antérieurement au jour d'ouverture de l'exercice au cours duquel la société a été immatriculée au registre du commerce et des sociétés. • CE 28 févr. 1997, nos 141459 et 150985 : *Dr. fisc. 1997. 1302 ; RJF 1997. 313, chron. Austry, p. 211 ; D. 1997. IR 117.*

130. Apport d'un bien ou d'une créance en société. Lorsqu'une société aliène, par voie d'apport en société, un bien de son actif, la cession de cet élément d'actif est génératrice d'un bénéfice imposable ou d'une perte déductible des résultats. Ce bénéfice ou cette perte est égal à la différence entre, d'une part, la valeur réelle des titres remis en contrepartie de l'apport à la date de cet apport et, d'autre part, la valeur nette pour laquelle le bien cédé figurait à l'actif du bilan de l'exercice précédant celui de la cession. Application à un apport de créance. • CAA Paris, 28 mai 1998, n° 94PA1916 : *Dr. fisc. 1999. 722 ; RJF 2000. 157 ; concl. Martel au BDCF 2/00.* ♦ Pour les exercices clos à compter du 31 déc. 2012, V. art. 209-VII *bis.*

D. IMMOBILISATIONS CORPORELLES

131. Les dépenses d'acquisition des divers éléments de l'actif immobilisé doivent être inscrites à un compte d'immobilisation et peuvent seulement faire l'objet d'un amortissement sur la durée d'utilisation des biens considérés. Toutefois, les entreprises sont autorisées à comprendre parmi leurs charges immédiatement déductibles certains biens de faible valeur. – V. note 19 ss. art. 39. ♦ Il convient de considérer comme éléments de l'actif immobilisé, l'ensemble des éléments autres que ceux qui constituent l'objet même de l'activité de l'entreprise, c'est-à-dire les éléments permanents d'exploitation (terrains, bâtiments, matériel, mobilier, etc.). * BOI-BIC-AMT-10-20 du 1er mars 2017. ♦ Seuls peuvent figurer dans l'actif immobilisé d'une entreprise les biens non encore totalement amortis. • TA Nantes, 3 août 2000, n° 96-1883 : *Dr. fisc. 2001. 719, concl. Quillévéré.*

132. L'aménagement d'une « passe à poissons » est pour l'exploitant (producteur d'électricité) d'un ouvrage construit dans le lit d'une rivière, une obligation légale dont le respect conditionne la régularité de l'exploitation. A supposer même que l'État fasse usage de la faculté qui lui est reconnue d'exiger l'abandon à son profit d'un tel aménagement à l'expiration de l'autorisation d'exploitation et si celle-ci n'est pas renouvelée, l'aménagement en cause appartient néanmoins à l'exploitant pendant la durée de l'autorisation en cours. Un tel aménagement a pour contrepartie une augmentation de la valeur des éléments corporels de l'actif immobilisé de la société et ne peut faire l'objet d'une provision constituée en vue de sa réalisation. • CE 30 sept. 2002, n° 221030, *Sté Hydraulique Électricité Mécanique : RJF 2002. 1351 ; Dr. fisc. 2002. 988, concl. Bachelier.*

133. Constituent notamment des éléments de l'actif immobilisé : des matériels de ski utilisés par l'exploitant d'un commerce d'articles de sport dont l'activité de location de skis n'est ni accessoire ni exceptionnelle, alors que la durée d'affectation des skis à la location s'étale sur plusieurs exercices. • CAA Lyon, 28 mars 2002, n° 99LY241 : *Dr. fisc. 2002. 1010.* ♦ ... Des présentoirs sous forme de vitrines qu'une entreprise exerçant le négoce de montres et d'articles de bijouterie place chez ses partenaires commerciaux, en particulier les grandes surfaces dépositaires, dès lors que, destinés à être utilisés sur plusieurs années, ils sont utilisés de façon durable pour l'activité de la société qui en a fait l'acquisition. • CAA Nancy, 13 mars 2003, n° 00NA784 : *Dr. fisc. 2003. 864.* ♦ ... Des aubes de communion destinées à la location. • CE 25 mai 2005, n° 253199 : *RJF 2005. 825.* ♦ ... Des éléments et appareils de cuisine exposés par une entreprise pour la promotion de son activité de vente et de pose de cuisines intégrées utilisés pendant une période dépassant largement la durée annuelle de son exercice, alors même qu'ils sont mis en vente à l'issue de cette période d'utilisation. • CAA Bordeaux, 13 mars 2006, n° 02BX1094 : *RJF 2006. 986.* ♦ ... Les matériels de mise en place d'implants chirurgicaux, dits matériels « ancillaires », d'une durée de vie supérieure à un an et mis à disposition des clients par le fabricant d'implants. • CE 26 mars 2008, n° 296625 : *RJF 2008. 639.* ♦ ... Les cartes SIM (Suscriber Identity Module) acquises par une entreprise de téléphonie mobile qui doivent être immobilisées dès lors qu'il ne peut être soutenu que leur durée d'utilisation serait inférieure à un an. • CAA Versailles, 18 nov. 2014, *Sté France Télécom*, n° 11VE02931 : *RJF 2015. 176.* ♦ ... Les véhicules militaires conçus par une société et mis à la disposition de ses clients pour la promotion des ventes pendant une durée de deux à vingt ans. • CE 12 mars 2012, n° 341879 : *BDCF 2012. 562 ; BCDF 2012.66, concl. Escaut.* ♦ ... Les travaux de dallage d'un emplacement sur le marché d'une commune. La circonstance que le contribuable n'a qu'un droit d'occupation précaire et révocable sur cet emplacement ne fait pas obstacle à cette qualification et à ce qu'il pratique l'amortissement des aménagements qu'il avait réalisés en fonction de leur durée prévisible d'utilisation. • CE 13 nov. 2013, n° 340349 : *RJF 2014. 161.*

134. Prix de revient des immobilisations. V. art. 38 *quinquies* de l'Annexe III.

E. IMMOBILISATIONS INCORPORELLES

BIBL. Cozian, *BFL 1995, p. 304* (immobilisation des redevances) ; *GPFE, doc. 12* (reconnaissance fiscale des incorporels). – Cozian et Rossignol, *Dr. fisc. 2007. 914* (les immobilisations incorporelles à la lumière de la jurisprudence SA Sife : arrêt de principe ou arrêt d'espèce ?). – Daumas, *RJF 2010. 253* (*immobilisation des incorporels : stabilisations jurisprudentielles*). – Gelin et Gendreau, *BFL 2008. 687* (de quelques idées reçues sur la fiscalité des incorporels). – Olléon, *RJF 2004. 3* (immobilisations incorporelles : grandeurs et servitudes de la jurisprudence SA Sife). – Picq et Escaut, *Dr. fisc. 2010. Étude 540* (actifs incorporels : problématiques fiscales internes et internationales). – Plagnet, *GAJ Fisc., p. 553* (immobilisations incorporelles). – Racine, *RJF 1983. 66.* – Turot, *RJF 1994. 742.* – Villemot, *Dr. fisc. 1996. 1607* (marques) ; *Dr. fisc. 2008. 243* (régime fiscal des immobilisations incorporelles). – De Waal, *Dr. fisc. 1995. 1612* (immobilisation des redevances).

135. L'acquisition de droits constitutifs d'un élément incorporel d'actif immobilisé moyennant l'engagement de verser au cédant ou au concédant de ces droits, pendant la durée de leur exploitation, une redevance d'un montant et d'une périodicité déterminés, doit simultanément donner lieu, de la part de l'acquéreur, à l'inscription de cet élément à l'actif de son bilan pour le coût estimé de son acquisition, égal au montant cumulé des redevances dont le versement futur est prévisible, et à l'inscription, au passif du même bilan, de la dette à termes échelonnés, de même montant, contractée du fait de l'engagement de verser lesdites redevances. Le paiement de celles-ci a pour contrepartie le supplément d'actif net qui résulte de la diminution, à concurrence de son montant, de la dette, entre l'ouverture et la clôture de l'exercice au cours duquel a eu lieu ce paiement, et ne saurait donc être imputé sur le résultat de cet exercice ainsi qu'une charge d'exploitation. • CE 14 oct. 2005, n° 262219, *SA Laboratoires Fournier : RJF 2006. 2 ; concl. Verclytte au BDCF 1/06, n° 1 ; Dr. fisc. 2007. 570.*

136. Selon l'Administration, une immobilisation incorporelle doit, depuis 2005, répondre aux critères suivants : *a)* elle est source de profits futurs ; *b)* son utilisation est durable, et notamment excède l'exercice d'acquisition ; *c)* elle est identifiable distinctement de l'activité et cessible, ou doit avoir pour origine une protection juridique résultant d'un droit légal ou contractuel, ces deux derniers critères étant alternatifs. Le respect du critère de cessibilité (V. note 145), auparavant exigé par la jurisprudence pour caractériser une immobilisation incorporelle, n'est par conséquent plus obligatoirement requis. * BOI-BIC-CHG-20-10-10 n° 70 du 13 oct. 2014.

137. Ne doivent suivre le régime fiscal des éléments incorporels de l'actif immobilisé de l'entreprise que les droits constituant une source régulière de profits, dotés d'une pérennité suffisante et susceptibles de faire l'objet d'une cession. • CE 21 août 1996, n° 154488, *Sté Sife : Dr. fisc. 1996. 1482, concl. Arrighi de Casanova ; RJF 1996. 1137, chron. Austry, p. 634 ; concl. au BDCF 5/96* • CE 28 juill. 2000, n° 181713, *Charvet* : RJF *2000. 1205 ;* concl. Courtial au *BDCF 11/00 ; Dr. fisc. 2001. 174,* concl. *Courtial ; D. 2001. 2817, note Tournafond*. • CE 7 déc. 2016, *Sté eBay France*, n° 369814 : *RJF 2017. 212, concl. Bokdam-Tognetti.*

138. Une entreprise, membre d'un réseau commercial, est propriétaire d'une clientèle dès lors qu'elle exerce son activité de façon autonome et à ses risques par la mise en œuvre de ses propres moyens de production. Peu importe que la clientèle lui soit adressée par un système de réservation centralisé géré par la société mère. • CE 17 févr. 2010, n° 311953 : *RJF 2010. 463.*

1° SOURCE RÉGULIÈRE DE PROFITS

139. Doivent être immobilisés à ce titre : les marques et brevets, qu'ils aient été acquis ou créés par l'entreprise. • CE, plén., 12 mars 1982, n° 22968 : *Dr. fisc. 1982. 1828, concl. Schrameck ; RJF 1982. 473* • 24 mars 1982, n° 27576 : *RJF 1982. 455* • 27 avr. 1987, n° 49616 : *Dr. fisc. 1988. 319, concl. de Saint-Pulgent ; RJF 1987. 668* • 31 janv. 1997, n° 158678, *Sté Saint-Gobain Vitrages : Dr. fisc. 1997. 460 ; RJF 1997. 197, concl. Bachelier, p. 147 ; D. 1997. IR 51.* ♦ ... Le droit exclusif d'exploiter une marque obtenu dans le cadre d'un contrat conclu pour cinq ans et assorti d'une clause de tacite reconduction. • CE 23 déc. 2011, *SARL Cambe Sport*, n° 341217 : *RJF 2012. 213 ; Dr. fisc. 2012. 145, concl. Olléon, note Pierre.* ♦ ... La somme versée par une entreprise à son prédécesseur pour obtenir l'autorisation d'occuper un emplacement sur un marché d'intérêt national. • CE 25 janv. 1989, n° 650168 : *Dr. fisc. 1989. 1051* • 26 févr. 1990, n° 84156 : *Dr. fisc. 1990. 1750, concl. Chahid-Nouraï.* ♦ ... L'indemnité versée pour acquérir un droit d'exploitation en tant que concessionnaire de service public. • CE 27 juin 1973, n° 79628 : *Dr. fisc. 1974. 281, concl. Mehl ; Dupont, p. 293.* ♦ ... Les redevances versées pour la concession de droits exclusifs sur une marque, même si l'exclusivité est limitée à un seul pays. • CE, plén., 30 avr. 1980, n° 17850 : *Dr. fisc. 1981. 236, concl. Martin Laprade ; RJF 1980. 466, chron. Schricke, p. 295* • 5 nov. 1984, n° 43573 : *Dr. fisc. 1985. 1376, concl. Latournerie ; RJF 1985. 15.* ♦ ... L'usufruit de titres de participation détenus par une société pour une durée de dix ans. • TA Poitiers, 21 nov. 1996, n° 95-1701 : *Dr. fisc. 1997. 15 ; RJF 1997. 7.* ♦ ... Des licences de taxi lorsqu'elles constituent une source régulière de profits dotées d'une pérennité suffisante et susceptibles de faire l'objet d'une cession. • CAA Paris, 2 nov. 2001, n° 97PA943 : *RJF 2002. 609.* ♦ ... La convention de fortage conférant le droit d'exploiter à titre exclusif des gisements pendant quinze et trente ans (solution antérieure au 31 déc. 2005). • CE 31 juill. 2009, n° 307305 : *RJF 2009. 907 ; Dr. fisc. 2009. 533, note Fumenier.* ♦ ... Le copyright de titres de livres, s'agissant d'un droit exclusif, dont l'acquéreur peut escompter la poursuite du contrat pendant une assez longue durée et dont la cessibilité n'est pas limitée par le contrat. • CE 19 mars 2002, n° 233004 : *RJF 2003. 752.* ♦ ... L'enregistrement d'une marque qui confère à sont titulaire, pendant une période de dix ans, renouvelable, un droit de propriété sur cette marque pour les biens ou services qu'elle a désignés. Peu importe à cet égard que la marque soit restée inexploitée en raison du défaut d'obtention des autorisations de mise sur le marché (AMM) des produits correspondants. • CAA Paris, 7 août 2003, n° 99PA183, *SA Laboratoires Pharmascience : RJF 2003. 1348.* ♦ ... Le contrat par lequel une régie publicitaire se voit concéder pour neuf ans l'exclusivité de vente d'espaces publicitaires. • CE 16 févr. 2007, n° 288531, *Sté Régimédia : RJF 2007. 788.*

140. La cession par une personne physique de son droit sur une marque ou un nom commercial doit être réputée porter, compte tenu de la nature de cet actif incorporel, sur un élément d'actif immobilisé dès lors que le dépôt d'une marque par son propriétaire, eu égard aux droits qui y sont attachés, est potentiellement une source de revenus futurs. • CE 3 sept. 2008, n°s 300420 à 300422 : *RJF 2008. 1292 ; concl. Vallée au BDCF 12/08, n° 142 ; Dr. fisc. 2008. 542, note Pierre.*

141. Les droits contractuellement assurés à l'entreprise d'exploitation de produits issus d'une substance ou d'un dispositif proposé par son cocontractant et que ses droits propres sur les brevets obtenus ont consolidés, ont, dès leur acquisition, été de nature à constituer une source régulière de profits pendant une longue période, sans qu'aucune clause ne s'oppose à leur éventuelle cession. Par suite, l'entreprise n'est pas fondée à soutenir que ces droits n'ont pas constitué un élément incorporel d'actif immobilisé acquis moyennant l'engagement de verser des redevances. • CE 14 oct. 2005, n° 262219, *SA Laboratoires Fournier : RJF 2006. 2 ; concl. Verclytte au BDCF 1/06, n° 1.*

142. Les droits de propriété industrielle résultant de l'acquisition d'études de conception d'un véhicule automobile constituent un élément incorporel de l'actif immobilisé dès lors qu'ils sont « susceptibles de constituer une source régulière de profits dotée d'une pérennité suffisante » et peuvent faire l'objet de cessions, même si le succès commercial du véhicule est encore incertain à la date de la transaction. • CAA Paris, 14 mars 2003, n°s 98PA145 et 99PA291, *Sté Lagardère : RJF 2003. 847.*

143. L'existence d'une source régulière de profits n'est pas nécessairement liée à la présence dans le contrat de celui qui en bénéficie d'une clause d'exclusivité de clientèle. • CE 30 nov. 1998, n° 181526 : *Dr. fisc. 1999. 450, concl. Bachelier ; RJF 1999. 8 ; concl. au BDCF 1/99.*

2° PÉRENNITÉ DES DROITS

144. La pérennité est une condition nécessaire pour qualifier un contrat d'élément incorporel de l'actif immobilisé. • CE 18 mai 2005, n° 265038 : *RJF 2005. 814 ; Dr. fisc. 2006. 374, note Masquart.* ♦ L'enregistrement d'une marque, qui confère à son titulaire un droit de propriété sur cette marque pour les biens ou services qu'il a désignés, produit en principe ses effets pendant une période de dix ans, renouvelable, à compter de la date du dépôt de la demande. Les droits attachés à cette propriété sont ainsi dotés d'une pérennité suffisante. • CE 31 janv. 1997, ⚖ n° 158678 : *préc. note 139.* ♦ Un contrat conclu pour cinq ans peut être immobilisé. • CE 6 nov. 1985, n° 41290 : *Dr. fisc. 1986. 630, concl. Racine.* ♦ De même, pour une durée de trois ans tacitement renouvelable. • CAA Nantes, 5 mai 2008, n° 07NT777 : *RJF 2008. 1290.* ♦ De même, pour le droit exclusif d'exploiter une marque obtenu dans le cadre d'un contrat conclu pour cinq ans et assorti d'une clause de tacite reconduction. • CE 23 déc. 2011, ⚖ *SARL Cambe Sport*, n° 341217 : *RJF 2012. 213.* ♦ Un « accord de coexistence » de marques qui autorise, en contrepartie d'une indemnité forfaitaire, une entreprise à utiliser sa marque dans le domaine de la parfumerie, tandis que l'autre partie s'engage à ne pas la concurrencer avec sa propre marque, confère à la première entreprise un avantage constitutif d'une source régulière de profit, sans limitation de durée et avec la faculté de céder les droits obtenus. Dès lors, l'indemnité versée a pour contrepartie l'acquisition d'un élément d'actif incorporel et n'est pas déductible en charges. • CAA Paris, 1er mars 2001, n° 97PA2017, *Kenzo : RJF 2002. 610.* ♦ Confirmé par • CE 6 févr. 2002, n° 233639, *Kenzo : RJF 2002. 610.*

145. En revanche, la concession du droit d'exploiter ne doit pas être immobilisée lorsqu'elle revêt un caractère précaire : • CE, sect., 21 déc. 1977, n° 3997 : *Dr. fisc. 1978. 1688, concl. Fabre ; RJF 1978. 40* (utilisation du domaine public) • 31 janv. 1990, ⚖ n° 63870 : *Dr. fisc. 1990. 855 ; RJF 1990. 252* (contrat conclu pour trois ans) • 2 oct. 1985, ⚖ n° 41539 : *Dr. fisc. 1985. 2308, concl. Racine* • 14 avr. 1995, ⚖ n° 121832 : *RJF 1995. 700* (résiliation possible chaque année) • 23 juin 2000, ⚖ n° 188297 : *Dr. fisc. 2000. 1059, concl. Bachelier ; RJF 2000. 1046* (contrat de représentation commerciale : résiliation possible à tout moment moyennant un préavis de quatre mois) • 28 juill. 2000, ⚖ n° 181713 : *RJF 2000. 1205 ; concl. Courtial au BDCF 11/00 ; D. 2001. 2817, note Tournafond* ✎ (durée d'un an renouvelable et résiliation sans indemnité) • 26 févr. 2001, ⚖ n° 221351 : *RJF 2001. 586 ; Dr. fisc. 2001. 613* (résiliation possible à tout moment sans indemnité et avec un préavis de faible durée). ♦ Contrat d'agent commercial : préavis légal de 3 mois, V. note 162. ♦ Concession de licence de marques : *modalités de résiliation, V. note 151.*

3° CESSIBILITÉ DES DROITS

146. Selon la jurisprudence, un droit d'exploitation ne peut être immobilisé s'il n'est pas susceptible de faire l'objet d'une cession ou d'une sous-concession. • CE 25 oct. 1989, ⚖ n° 65009, *Caterpillar : Dr. fisc. 1990. 2037, concl. Liébert-Champagne ; RJF 1989. 1413* • 21 août 1996, ⚖ n° 154488 : *préc. note 137* • CAA Paris, 17 janv. 2002, n° 97PA3522 : *RJF 2002. 611* (pour un engagement de non-concurrence en complément d'une concession de marque) • CAA Paris, 20 sept. 2001, n° 98PA947 : *RJF 2002. 266 ; Dr. fisc. 2002. 212* (cessibilité d'une concession de brevets bien que la concession de sous-licences par le concessionnaire soit subordonnée à l'accord du concédant). ♦ S'agissant de la cessibilité d'une licence de marque, V. note 152.

147. Cependant, depuis 2005, le critère à retenir pour définir le patrimoine comptable n'est plus celui de propriété mais celui de contrôle. Le respect du critère de cessibilité n'est plus obligatoirement requis pour qu'un élément incorporel soit considéré comme appartenant à l'actif immobilisé. * BOI-BIC-CHG-20-10-10 n° 70 du 13 oct. 2014.

4° SOLUTIONS DIVERSES

148. Droit au bail et droits attachés. Le droit au bail commercial fait partie, par nature, des éléments de l'actif immobilisé. Les dépenses qui visent à acquérir des droits supplémentaires ne sont, dès lors, pas déductibles au titre de l'exercice où elles sont exposées. Il en va notamment ainsi lorsqu'elles portent sur les modalités de renouvellement du bail ou d'acquisition du bien en cas de cession (indemnité versée par le locataire suite à un avenant à un contrat de bail commercial concernant un ensemble immobilier). Il en résulte que la société locataire ne peut donc déduire l'indemnité versée au bailleur en contrepartie des renonciations à une partie de ses droits. • CE 27 janv. 2017, ⚖ *Groupe Lactalis-SAS CEMA Groupe*, n° 391817 : *RJF 2017. 298, concl. Daumas.*

149. Engagements de non-concurrence. Un engagement de non-concurrence ne constitue un élément incorporel de l'actif immobilisé que si, eu égard à son ampleur, à sa durée et au degré de protection qu'il implique, il a pour effet d'accroître la valeur de l'actif incorporel de l'entreprise, notamment par le gain de parts de marché. • CE 3 nov. 2003, ⚖ n° 232393, *Sté Trinome : RJF 2004. 5 ; concl. Vallée au BDCF 1/04, n° 1 ; Dr. fisc. 2004. 418.* ♦ Tel n'est pas le cas de la garantie de non-concurrence conclue au bénéfice d'une société, garantie aux termes de laquelle il est interdit à l'ancien directeur commercial de conclure des affaires avec certains clients pendant une durée de deux ans et de s'associer avec des entreprises concurrentes pendant trois ans, et qui a pour seul effet de protéger l'entreprise, pendant une durée limitée, contre un risque de diminution de sa clientèle provenant d'un ancien salarié. • Même arrêt.

150. Constitue, en revanche, l'acquisition d'un

élément incorporel de l'actif immobilisé de l'entreprise : la prise en charge, par une société gérant une clinique, de l'indemnité versée à un associé sortant en contrepartie d'un engagement de non-réinstallation. • CE 27 mars 2000, n° 196168 : *Dr. fisc. 2000. 758, concl. Arrighi de Casanova ; RJF 2000. 604.* ♦ ... L'indemnité versée par une société pour rupture de l'engagement de non-concurrence souscrit par un cadre envers son ancien employeur, à la suite d'un détournement de clientèle opéré au profit de ladite société, indemnité regardée comme la contrepartie de l'acquisition d'une clientèle, élément d'actif constituant une source régulière de profit, doté d'une pérennité suffisante et susceptible de faire l'objet d'une cession. • CAA Nantes, 30 oct. 2002, n° 99NT702 : *Dr. fisc. 2003. 522.*

151. Concession de licence d'exploitation. Les droits issus d'une concession de licence d'exploitation ne constituent pas un élément de l'actif incorporel lorsque le contrat, conclu pour une durée indéterminée, est résiliable à tout moment sans indemnité et que sa cession est subordonnée à un agrément discrétionnaire du concédant. • CE 16 oct. 2009, n° 308494, *Sté Pfizer Holding France : RJF 2010. 4 ; concl. Burguburu au BDCF 1/10, n° 2 ; Dr. fisc. 2010. 94, note de Kergos et Monsenego.* ♦ S'agissant d'une concession de licence de marque, remplissent la condition de pérennité pour constituer des éléments incorporels de l'actif immobilisé les droits d'une durée initiale suffisante dont le renouvellement dépend du chiffre d'affaires réalisé par le licencié et qui ne sont pas résiliables de façon anticipée. • CE 24 sept. 2014, *Min. Budget c/ SAS Beauté Créateurs,* n° 348214 : *RJF 2014. 1078 ; BDCF 2014. 115, concl. Hédary.*

152. Licence de marque. S'agissant des droits tirés d'un contrat de licence de marque, ne doivent suivre le régime fiscal des éléments incorporels de l'actif immobilisé de l'entreprise que les droits constituant une source régulière de profits, dotés d'une pérennité suffisante et susceptibles de faire l'objet d'une cession. Ainsi, les droits tirés d'un contrat de licence de marque exclus de la définition des actifs issue de la réforme de 2005, les critères issus de la jurisprudence *Sife*, en particulier celui de la cessibilité, restent applicables. • CE 15 juin 2016, *Sté D. Distribution,* n° 375446 : *RJF 2016. 797, concl. Bokdam-Tognetti.* ♦ La condition de cessibilité est remplie si le contrat prévoit que le concessionnaire peut librement concéder les droits à un tiers alors même qu'il ne peut les céder sans l'accord écrit préalable du concédant. • TA Paris, 9 juin 2021, n° 1816888 : *RJF 2021. 901.*

153. Sites internet. Un droit d'usage exclusif d'un nom de domaine constitutif d'une source potentielle de revenus, dotés d'une pérennité suffisante et susceptibles de faire l'objet d'une cession, est une immobilisation incorporelle. • CE 7 déc. 2016, *Sté eBay France,* n° 369814 : *RJF 2017. 212, concl. Bokdam-Tognetti ; Dr. fisc. 2017. 165, note Pierre.* ♦ Les dépenses de création ou d'acquisition de sites internet se traduisent en principe par l'entrée d'un nouvel élément à l'actif de l'entreprise et ne peuvent donc pas être comprises dans les charges déductibles. Toutefois, les dépenses de création ou d'acquisition de sites assimilables aux frais qu'engage une entreprise pour la création ou l'acquisition de logiciels sont soumises aux règles applicables pour ces opérations. En revanche, les frais liés à la création ou à l'acquisition d'un nom de domaine constituent en principe des éléments incorporels non amortissables dès lors que les droits attachés à l'enregistrement du nom ne sont pas limités dans le temps et que ses effets bénéfiques sur l'exploitation ne prennent pas fin à une date déterminée, normalement prévisible lors de sa création ou de son acquisition. * BOI-BIC-CHG-20-30-30 n°s 150 à 210 du 1er mars 2017.

154. Quotas d'émission de gaz à effet de serre. Depuis le 1er janv. 2005, des quotas d'émission de gaz à effet de serre sont alloués gratuitement par l'État chaque année pour une période de cinq ans, et sous réserve de restitution, aux entreprises exerçant certaines activités. Le régime fiscal de ces quotas est aligné sur leur traitement comptable. * BOI-BIC-CHG-20-10-20 n° 160 du 3 févr. 2016. ♦ Les quotas d'émission de gaz à effet de serre constituent désormais des stocks. * Règlement Autorité des normes comptables n° 2012-03, 4 oct. 2012.

155. Droit d'exploitation d'une substance chimique (Reach). Les coûts liés à l'enregistrement d'une substance chimique réalisé en application du règlement européen Reach constituent un élément de l'actif incorporel. * Avis CNC 1er oct. 2009, n° 2009-13 * Lettre de la DLF au Medef 31 mai 2010.

156. Contrat de distribution. Un contrat de distribution exclusive de matériels et de véhicules industriels conclu pour une durée indéterminée et résiliable seulement en respectant un préavis d'un an constitue un élément incorporel de l'actif immobilisé. Ces caractéristiques permettent en effet de considérer que les sociétés contractantes ont entendu établir des relations de longue durée. ♦ • CE 16 févr. 2011, n° 315625 : *RJF 2011. 547 ; concl. Geffray au BDCF 5/11, n° 54.* ♦ Le fait qu'une clause du contrat stipule qu'il peut être résilié à tout moment et sans indemnité ne remet pas en cause sa qualification d'immobilisation incorporelle. Car, selon le droit commun des contrats, une rupture sans indemnité ne peut intervenir qu'en cas de cause réelle et sérieuse. • Même arrêt. ♦ L'indemnité perçue par une entreprise relevant de l'IR pour le préjudice résultant de la rupture du contrat doit donc être considérée comme une plus-value à long terme. • Même arrêt. ♦ En revanche, un contrat de distribution exclusive ne peut constituer un élément incorporel de l'actif immobilisé lorsqu'il contient des clauses prévoyant des conditions strictes de reconduction et de nombreuses hypothèses de résiliation. • CE 12 déc. 2012, *SA Technologies*, n° 334516 : *RJF 2013. 258 ; Dr. fisc. 2013. 256.*

157. Autorisation d'exploiter un réseau de téléphonie mobile. L'autorisation délivrée par l'ART d'exploiter un réseau de téléphonie mobile dans une bande de fréquence utilisée jusqu'alors par l'armée constitue un élément incorporel de l'actif immobilisé alors même qu'elle n'est pas cessible dès lors qu'elle représente une source régulière de profits et que les droits qui y sont attachés sont dotés d'une pérennité suffisante (autorisation d'une durée de huit ans renouvelable par période de quinze ans). • CAA Versailles, 18 nov. 2014, *Sté France Télécom*, n° 11VE02931 : *préc. note 126.*

158. Autorisation d'exploitation commerciale. Une autorisation d'exploitation commerciale confère à la société qui en est titulaire le droit d'ouvrir et d'exploiter une surface de vente générant des revenus réguliers et sans limitation de durée. Les droits attachés à cette autorisation, qui sont ainsi dotés d'une pérennité suffisante, constituent, pour la société bénéficiaire de l'autorisation, une source régulière de profits de nature à les regarder comme un élément incorporel de son actif immobilisé alors même que l'autorisation n'est pas cessible par elle-même. Par suite, les honoraires versés à des cabinets de conseils et d'études pour la réalisation des études nécessaires pour l'obtention de l'autorisation doivent être considérés comme la contrepartie de l'acquisition d'un élément incorporel de l'actif immobilisé et ne sont donc pas déductibles. • CAA Versailles, 12 juin 2014, *Sté Castorama Dubois investissements*, n° 12VE02135 : *RJF 2014. 976.*

159. Dépenses de conception d'emballages permettant d'identifier un produit. Les signes distinctifs figurant sur des emballages conçus par une entreprise en vue de faciliter l'identification pérenne des produits qu'elle commercialise et qui ont fait l'objet d'une protection juridique constituent une source de profits sur une longue période. Les dépenses de conception de ces emballages doivent donc être immobilisées (sol. antérieure à 2005). • CE 30 mai 2012, *Sté Tipiak*, n° 340485 : *RJF 2012. 792 ; Dr. fisc. 2012. 433, note Fumenier.*

160. Convention de fortage. Constitue un élément incorporel de l'actif immobilisé la convention de fortage conférant le droit d'exploiter à titre exclusif des gisements pendant quinze et trente ans (sol. antérieure au 31 déc. 2005). • *CE 31 juill. 2009, SAS Carrières Bonin*, n° 307305 : *RJF 2009. 907 ; Dr. fisc. 2009. 533, note Fumenier.* ♦ Lorsqu'un contrat de fortage prévoit le paiement d'un droit d'occuper le terrain indépendamment du prix fixé pour l'extraction de matières, seul ce droit, s'il est doté d'une pérennité suffisante, doit être immobilisé. • CE 30 mai 2012, n° 323004 : *RJF 2012. 794.* ♦ Les redevances de fortage versées au titre des exercices clos à compter du 31 déc. 2005 sont déductibles du résultat imposable. * Rescrit 6 juill. 2010 : *2010/38 FE* * BOI-BIC-CHG-20-10-20 n° 175 du 3 févr. 2016.

161. Éléments ne constituant pas une immobilisation incorporelle. Les engagements résultant des accords conclus par une entreprise française avec des sociétés étrangères en vue de préserver et maintenir la protection juridique de ses marques, sans entraîner l'acquisition d'une clientèle ou une restriction de concurrence commerciale, ne sont pas de nature à accroître la valeur de son fonds de commerce et, par suite, à constituer une immobilisation incorporelle. • CE 20 févr. 2002, n° 221437, *Sté La Chemise Lacoste : Dr. fisc. 2002. 343, concl. Mignon ; RJF 2002. 472, concl. Mignon, p. 362.* ♦ L'indemnité transactionnelle versée en contrepartie de la renonciation à des instances judiciaires visant à mettre fin à l'utilisation abusive d'un patronyme dans les marques déposées par la société ne rémunère ni l'usage passé des marques litigieuses ni la tolérance, consentie par les intéressés, d'usage précaire d'une marque pour une durée et des quantités limitées mais correspond seulement à ce préjudice. Cette indemnité n'a pas, en tout état de cause, le caractère de contrepartie de l'acquisition d'un élément de l'actif immobilisé. Elle est déductible des résultats de la société. • CE 19 juin 2006, n° 268940 : *RJF 2006. 1151 ; Dr. fisc. 2006. 606, note Sarfati et Villemot.* ♦ Les frais de surveillance et de procédure engagés pour la conservation d'une marque postérieurement à son dépôt ou à son acquisition sont déductibles des résultats imposables. • CE 30 déc. 2009, n° 305449 : *RJF 2010. 205 ; concl. Glaser au BDCF 3/10, n° 26 ; Dr. fisc. 2010. 231, concl. Glaser.*

162. Les dispositions du C. com. relatives au contrat d'agent commercial ne suffisent pas à elles seules à conférer à ce contrat un caractère pérenne. En l'absence de stipulations contractuelles ou de circonstances de fait permettant d'escompter la poursuite de l'exécution de la convention sur une assez longue période, le préavis légal de 3 mois pour mettre fin au contrat n'est pas suffisant pour emporter la qualification d'élément incorporel de l'actif immobilisé. • CE 18 mai 2005, n° 265038 : *RJF 2005. 814.*

F. RATTACHEMENT DES PRODUITS ET DES CHARGES

1° RATTACHEMENT DES PRODUITS

BIBL. Colmet-Daâge et Bidaud, *Dr. fisc. 1998. 622* (qualification des prestations de services). – Cozian, *GPFE, doc. 10* (méthode de la comptabilité d'engagement-théorie des créances acquises) ; *JCP E 2003. 703* (comment rattacher aux résultats imposables les loyers perçus d'avance dans le cadre d'un contrat de location avec option d'achat ?). – Fouquet, *Rev. adm. 1995, n° 284, p. 151* (rattachement aux exercices des commissions de caution). – Mignon, *RJF 1999. 83* (prestations continues ou discontinues) ; *RJF 2000. 667* (prestations continues). – Plagnet, *GAJ Fisc., p. 581* (créances acquises et dettes). – Turot, *RJF 1991. 319* (le fisc et la peau de l'ours).

163. Les sommes inscrites au crédit des comptes bancaires d'une société ont la nature de créances acquises. La circonstance qu'elles n'ont pas été payées est sans incidence sur le bénéfice imposable. • CE 24 juin 2013, *Caron*, n° 350451 : *RJF 2013. 905.* ♦ Les créances nées au cours d'un exercice ne sont pas prises en compte lorsqu'elles demeurent incertaines à la clôture dudit exercice soit dans leur principe, soit dans leur montant. • CE 22 juin 1984, n° 38108 : *Dr. fisc. 1985. 383, concl. Racine.* ♦ Application à un loyer calculé en fonction du chiffre d'affaires réalisé à la clôture du même exercice par le locataire. • CAA Bordeaux, 27 nov. 1995, n° 94BX1119 : *Dr. fisc. 1996. 808.* ♦ Un rappel de salaires décidé au cours de l'année N et rémunérant des services rendus au titre des années N-4 à N-1 peut être imputé sur l'exercice clos pendant l'année N. • CE 28 juill. 1999, n° 172200 : *Dr. fisc. 2000. 344, concl. Bachelier.* ♦ V. déjà • CE 15 janv. 1975, n° 89992 : *Dr. fisc. 1976. 770, concl. Schmeltz.*

164. Créance certaine dans son principe mais indéterminée dans son montant. Les créances correspondant aux reversements effectués par France Telecom sur les connexions de clients de services télématiques qui ont été effectuées au cours des deux derniers mois de l'exercice ne peuvent être rattachées au résultat imposable dudit exercice dès lors que l'entreprise ne peut évaluer avec exactitude le montant de ces produits à la date de clôture. Elle n'a en effet connaissance du nombre et de la durée des connexions effectuées qu'à réception du relevé bimestriel qui lui est adressé postérieurement à cette date. • CE 4 août 2006, n° 245699 : *RJF 2006. 1320 ; concl. Vallée au BDCF 11/06, n° 125 ; Dr. fisc. 2007. 844.*

165. Ventes sous condition. En vertu de l'art. 38, les produits correspondant à des créances sur la clientèle ou à des versements reçus à l'avance en paiement du prix sont rattachés à l'exercice au cours duquel intervient soit la livraison des biens, c'est-à-dire leur délivrance au sens du code civil, pour les ventes ou opérations assimilées, soit l'achèvement des prestations, pour les fournitures de services. A la différence de ce qui vaut pour des ventes dont la conclusion est assortie d'une clause résolutoire, la livraison ou délivrance d'un bien vendu sous une condition suspensive ne peut intervenir avant que cette dernière condition ait été réalisée. • CE 24 sept. 2003, n° 237115, *Sté Éditions Godefroy : RJF 2003. 1352 ; Dr. fisc. 2004. 258, concl. Bachelier.*

166. Ventes à l'essai. Ventes par correspondance. Des ventes par correspondance, assorties d'une période d'essai pendant laquelle le client insatisfait peut retourner le bien vendu, sont présumées faites sans condition suspensive en vertu de l'art. 1588 C. civ. Lorsque tel est le cas, le produit des ventes doit être rattaché à l'exercice ouvert à la date d'expiration de la période d'essai. En revanche, lorsque l'Administration renverse la présomption et établit que les ventes ont été conclues, du commun accord des parties, sous une clause résolutoire, le produit des ventes doit être rattaché à l'exercice au cours duquel les biens ont été réceptionnés par leurs acquéreurs. • CE 24 sept. 2003, n° 237115 : *préc. note 165.*

167. Indemnité fixée par le juge. Une indemnité de résiliation dont le montant et les échéances ont été fixés, à titre provisionnel, par le juge de première instance est rattachée aux exercices au cours desquels les versements sont échus, et ce nonobstant l'appel interjeté contre le jugement. • CE 23 juin 2000, n° 188297 : *RJF 2000. 1046.*

168. Indemnité d'expropriation. Les plus-values dégagées à l'occasion de l'expropriation d'immeubles figurant à l'actif de l'entreprise sont passibles de l'IR au titre de l'année au cours de laquelle la créance du contribuable est devenue certaine dans son principe et déterminée dans son montant par l'effet d'un jugement définitif rendu par le juge de l'expropriation et relatif au montant de l'indemnité d'expropriation. • CE 16 juin 2003, n° 212134, *Norais : RJF 2003. 1081.*

169. Prestations recouvrant une obligation de moyens. La somme forfaitaire perçue d'avance par une société de gestion et de conception immobilière, en contrepartie de l'engagement de coordonner l'ensemble des actions à mener éventuellement auprès des entreprises de travaux, dans le cadre des garanties attachées à la vente d'immeubles, ne correspond pas à la rémunération de prestations continues, mais à l'exécution d'une obligation de moyens, la date d'achèvement de ces prestations étant au plus tard celle du versement de la rémunération. • CAA Paris, 22 janv. 1991, n° 89PA1872 : *Dr. fisc. 1992. 260, concl. Bernault.*

170. Réalisation d'un réacteur nucléaire. Le contrat relatif à la réalisation d'un réacteur nucléaire qui ne se décompose pas en phases distinctes correspondant à des prestations individualisables et effectivement exécutées, au sens de l'art. 38-2 *bis*-a, porte sur une prestation unique, et non sur une prestation discontinue à échéances successives. • CAA Versailles, 17 nov. 2016, *Sté Areva NP*, n° 14VE02672 : *RJF 2017. 105.* ♦ La prestation d'ingénierie rendue dans le cadre d'un contrat à long terme pour la réalisation d'installations nucléaires constitue une prestation unique et non une prestation discontinue à échéances successives, dès lors qu'il est prévu une réception unique, sans aucune réception partielle ou intermédiaire. • CAA Versailles, 20 juill. 2017, *Sté Sofinel Ingénierie Électronucléaire*, n° 15VE01900 : *RJF 2017. 1019.*

171. Entreprises de chauffage urbain. Les droits de raccordement perçus par une société concessionnaire de chauffage urbain ont, pour celle-ci, le caractère de recettes définitivement acquises et donc imposables, alors même qu'ils seraient perçus des constructeurs et non des abonnés et reversés à la société par la collectivité concédante. • CE 1er févr. 1995, n° 137633 : *Dr. fisc. 1995. 911 ; RJF 1995. 300.*

172. Le droit de raccordement versé, lors du raccordement de l'immeuble au réseau de chauffage urbain, au concessionnaire par l'acquéreur ou le constructeur agissant pour le compte du ou des abonnés qui prendront sa suite constitue la contrepartie du seul coût du raccordement au réseau et non un élément de la prestation continue de chauffage fournie par le concessionnaire et doit, par suite, être pris en compte par ce dernier à la clôture de l'exercice au cours duquel il a été versé. • CAA Douai, 29 oct. 2002, n° 98DA2096 : *Dr. fisc. 2003. 396 ; RJF 2003. 410.*

173. Commissions et courtages. En principe, les opérations de courtage sont achevées à la date de l'accord conclu entre le vendeur et l'acheteur que le courtier a rapprochés. • CE 6 juill. 1994, n° 116079 : *Dr. fisc. 1994. 2136 ; RJF 1994. 885* • 6 mai 1996, n° 156015 : *Dr. fisc. 1996. 1331 ; RJF 1996. 706.* ♦ De même, l'achèvement de la prestation d'un représentant intervient lors de la prise de la commande, même si le paiement de sa commission est subordonné à l'encaissement du prix. • CAA Paris, 6 nov. 1997, n° 95PA3172 : *Dr. fisc. 1998. 785 ; RJF 1998. 230.* ♦ Pour un courtage d'assurance, on retient la date d'émission de la prime par l'assureur à l'adresse du souscripteur : • CAA Paris, 30 avr. 1991, n° 89PA2325 : *Dr. fisc. 1292. 1947 ; RJF 1991. 899.* ♦ ... Même si l'exigibilité de la commission est subordonnée au versement ultérieur de la prime par l'assuré. • CAA Nantes, 22 avr. 1997, n° 94NT955 : *RJF 1997. 528 ; Dr. fisc. 1997. 1020* • CAA Nancy, 10 juin 1999, n° 95NA1037 : *Dr. fisc. 2000. 527, concl. Stamm.*

174. Toutefois, il en va autrement lorsque l'intervention du courtier se poursuit au-delà de la signature du contrat, soit en vertu du contrat de représentation. • CE 13 févr. 1995, n° 137490 : *Dr. fisc. 1995. 1309 ; RJF 1995. 449.* ♦ Ainsi l'activité de gestion des sinistres exercée par un *courtier d'assurances*, comprenant notamment le règlement des indemnités inférieures à un certain montant, constitue une prestation continue. • CE 11 avr. 2008, n° 279786 : *RJF 2008. 783.*

175. Il peut également en être autrement en vertu des usages particuliers de la profession. • CE 6 juill. 1994, n° 116079 : *préc. note 173.* ♦ Ainsi, les courtages versés à une société de bourse à raison d'opérations sur le marché à terme sont rattachés à l'exercice en cours à la date de liquidation. • CAA Paris, 9 avr. 1996, n° 95PA184 : *Dr. fisc. 1996. 771, concl. Mendras* • 9 avr. 1996, n° 95PA187 : *RJF 1996. 1138* • CAA Nancy, 10 juin 1999, n° 95NA1037 : *Dr. fisc. 2000. 527, concl. Stamm.*

176. Agence de voyages : rattachement des commissions. Une société qui, dans le cadre de son activité d'agent de voyages, vend à ses clients des voyages organisés par des tours opérateurs accomplit une prestation d'intermédiaire consistant simplement à mettre le client en relation avec le tour opérateur. La prestation qu'elle fournit doit dès lors être considérée comme achevée à la date à laquelle elle transmet au tour opérateur la réservation du client. La circonstance selon laquelle les dispositions du code du tourisme la rendent solidairement responsable avec le tour opérateur de la bonne exécution des obligations résultant du contrat est sans incidence sur cette qualification. • CE 23 déc. 2010, n° 313301 : *RJF 2011. 409.*

177. Contrats de garantie complémentaire. Lorsque, dans le cadre de relations de sous-traitance avec des entreprises de grande distribution, un réparateur s'engage, moyennant des primes forfaitaires par appareil vendu, à assurer le service après-vente des appareils pendant la période de garantie, les prestations assurées doivent être regardées comme présentant un caractère continu. Les primes perçues au début de la période de garantie doivent donc être réparties sur les exercices correspondant à cette période. • CE 7 juin 2000, n° 199344 : *RJF 2000. 1049, chron. Mignon ; concl. Bachelier au BDCF 9-10/00 ; Dr. fisc. 2000. 965, concl. Bachelier.* ♦ Les sommes forfaitaires perçues par le vendeur d'appareils électroménagers à titre de prix de la garantie complémentaire pluriannuelle qu'il offre à ses clients ne doivent pas être rattachés intégralement aux exercices au cours desquels ont été signés les contrats de garantie, dès lors que ces contrats font peser des obligations sur l'entreprise jusqu'au terme de la période de garantie. • TA Toulouse, 26 nov. 1996, n° 94-693 : *RJF 1997. 526.* ♦ Même solution pour les contrats optionnels dits de « police de service prolongé » aux termes desquels un vendeur de matériel audiovisuel garantit le dépannage gratuit pendant 5 ans et s'engage à reprendre le matériel à 20 % de son prix initial en cas de nouvel achat au cours de la 6e ou 7e année suivant la livraison. • CAA Paris, 22 janv. 1998, n° 96PA700 : *Dr. fisc. 1998. 700 ; RJF 1998. 376.*

178. Une société de gestion et d'entretien d'installations de chauffage qui conclut avec ses clients des contrats de garantie de longue durée par lesquels elle s'engage, en contrepartie de la perception de redevances annuelles d'un montant constant, à assurer le fonctionnement, l'entretien et, si nécessaire au cours de la période couverte par le contrat, le renouvellement des installations qui lui étaient confiées, est tenue de comptabiliser au titre de son exercice d'échéance chaque redevance annuelle dans la mesure où elle rémunère une prestation continue de garantie. • CE 5 juin 2002, n° 199431 : *RJF 2002. 906.*

179. Prestations publicitaires. L'opération par laquelle une société s'engage auprès d'annonceurs à diffuser, pendant une période ininterrompue de deux à quatre ans, des encarts publicitaires qu'ils commandent sur des supports destinés à des associations et clubs sportifs, constitue une prestation continue. L'imposition de la rémunération correspondante doit en conséquence être échelonnée sur la durée du contrat. • TA Strasbourg, 7 oct. 2004, nos 00-1330 et 00-1331 : *RJF 2005. 215.*

180. Courtiers en vins. L'art. 1587 C. civ., selon lequel, à l'égard du vin, de l'huile et des autres choses que l'on est dans l'usage de goûter avant d'en faire l'achat, il n'y a point de vente tant que l'acheteur ne les a pas « goûtés et agréés », est supplétif de la volonté des parties de sorte que la renonciation à ces dispositions ne peut résulter du seul silence des parties. La seule circonstance que des bordereaux de transaction, établis à l'occasion d'achats portant sur des vins en primeur, ne comportent aucune mention expresse relative à leur agréage, ne permet pas de regarder l'accord entre les parties comme conclu définitivement en l'absence d'agréage. Par suite, un courtier en vins (de Bordeaux) est fondé, pour le vin vendu en primeur, à rattacher ses créances de courtage sur ses clients à l'exercice où la mise en bouteille, consécutive à l'agréage, intervient. • CE 28 juill. 2000, n° 180412 : *RJF 2000. 1216 ; concl. Courtial au BDCF 11/00 ; D. 2001. 1419, note Agostini, Lencou et Pharé ; Dr. fisc. 2001. 219, concl. Courtial.*

181. Banques et établissements de crédit. La cotisation annuelle versée par le titulaire d'une carte bancaire rémunère une prestation continue (accès aux distributeurs de billets et aux guichets automatiques ; enregistrement et relevé des opérations). Elle doit en conséquence être prise en compte dans les résultats au fur et à mesure de son exécution. • CE 24 mai 2000, n° 193817 : *RJF 2000. 887, chron. Mignon, p. 667* • 24 mai 2000, nos 209699 et 209897 : *Dr. fisc. 2000. 943, concl. Touvet.* ♦ Il en est de même de la cotisation annuelle versée par le titulaire d'une carte du Diners Club. • CE 7 juin 2000, n° 196758 : *RJF 2000. 1050, chron. Mignon, p. 667 ; Dr. fisc. 2000. 965, concl. Bachelier.* ♦ ... De la commission variable versée au titre du suivi de placements de produits d'épargne. • CE 24 mai 2000, n° 158647 : *Dr. fisc. 2000. 937 et 943, concl. Touvet ; RJF 2000. 901.*

182. Les commissions de placement de produits financiers sont acquises dès la conclusion du contrat de souscription, même si le montant d'une partie de ces rémunérations n'est fixé qu'au moment du remboursement au client. • CAA Nantes, 2 déc. 1997, nos 94NT1156 et 95NT75 : *Dr. fisc. 1998. 586.* ♦ Les commissions de dossier versées par l'État aux banques pour l'ouverture des dossiers au nom des souscripteurs d'actions d'une entreprise privatisée sont rattachées à l'exercice au cours duquel les dossiers ont été ouverts. • CAA Bordeaux, 17 déc. 1996, n° 94BX472 : *Dr. fisc. 1997. 524 ; RJF 1997. 306 ; BDCF 2/97, concl. Péano, p. 14.*

Les commissions de gestion perçues par la personne qui s'entremet entre des entreprises cherchant à emprunter et les organismes bancaires se rattachent dans leur intégralité à l'exercice de leur versement. • CAA Paris, 14 oct. 1997, n° 95PA2140 : *Dr. fisc. 1998. 185.*

183. Par exception aux règles de rattachement normalement applicables, notamment celle de l'art. 38-2, les intérêts sur les créances douteuses déclassées dans la catégorie des « encours douteux compromis » ne sont plus à prendre en compte pour la détermination du résultat imposable de l'exercice au cours duquel ces intérêts sont acquis. * BOI-BIC-BASE-20-10 n° 250 du 4 déc. 2012.

184. Les intérêts payés par un commerçant à un établissement de crédit à l'occasion d'opérations promotionnelles de crédit gratuit doivent être regardés comme rémunérant une prestation continue au sens du 2 *bis*. • CAA Paris, 8 avr. 1999, n° 96PA2306, *Sté Cofinoga : RJF 1999. 830 ; BDCF 6-7/99, concl. Haïm* • CE 7 juin 2000, n° 208935, *Sté Cofinoga : RJF 2000. 1051 ; chron. Mignon ; concl. Bachelier au BDCF 9-10/00.*

185. Commission de frais de dossier pour octroi de prêt bancaire. Les commissions pour frais de dossier doivent être rattachées à l'exercice au cours duquel elles sont perçues et non, comme la règle comptable le prévoit, étalées sur la durée du prêt. • CE 4 déc. 2019, *Sté Crédit agricole*, n° 420414 : *RJF 2020. 201, concl. Bokdam-Tognetti.*

186. Commissions de caution. Lorsqu'une personne, notamment un établissement financier, s'engage à l'égard d'un créancier à payer, le cas échéant, la dette du débiteur principal, l'obligation qu'accepte cette personne s'étend sur toute la durée prévue par le contrat de cautionnement. Le service rendu par la caution au débiteur revêt ainsi un caractère continu. Les dispositions du 2 *bis* de l'art. 38 CGI imposent de prendre en compte la rémunération perçue par la caution en contrepartie du service rendu au fur et à mesure de l'exécution de la prestation de garantie tout au long de la période couverte par le contrat principal. Dans l'hypothèse où l'exécution de la prestation s'étend sur plusieurs exercices, la commission de caution ne doit donc pas être rattachée dans son ensemble au seul exercice de la conclusion du contrat principal. • CE 8 mars 2002, n° 199468, *Banque française de crédit coopératif : Dr. fisc. 2002. 704, concl. Courtial ; RJF 2002. 471, chron. Olléon, p. 355.*

187. Agent commercial. En l'absence d'usages contraires, les créances d'un agent commercial, recueillant les commandes de clients et les communiquant aux fabricants, doivent être regardées comme acquises dès l'accord des parties, dès lors qu'il ne se prévaut pas de clauses résolutoires rendant incertaines ou conditionnelles les créances nées lors de la signature du contrat et qu'il n'établit pas la réalité des services qu'il prétend assurer postérieurement. • CE 29 déc. 2000, n° 184527 : *Dr. fisc. 2001. 650 ; RJF 2001. 286.*

188. Opérations de crédit-bail. **BIBL.** Deleau et Hutchings, *Dr. fisc. 2004, p. 1126* (l'art. 38-2 *bis* ou le pouvoir de moduler les loyers de crédit-bail). ♦ L'opération par laquelle le bailleur met à la disposition du preneur un bien de consommation moyennant le paiement d'un loyer, assorti de la faculté d'acquérir le bien en fin de bail selon les modalités stipulées au contrat, constitue une prestation continue au sens du 2 *bis.* • CE 29 nov. 2000, n° 192100-192109, *SA Unifimo : RJF 2001. 149 ; concl. Mignon au BDCF 2/01 ; Dr. fisc. 2002. 62, concl. Mignon ; Banque et Dr. 2001, n° 75, p. 55, note Acard ; LPA 2001, n° 121, p. 16, note Bouterny et Meier.* ♦ Le montant total des sommes versées par les preneurs peut être réparti linéairement sur la durée du contrat, y compris le versement initial qui ne représente pas la rémunération d'une prestation particulière. • Même arrêt.

189. Les loyers versés à un crédit-bailleur sont valablement rattachés à ses résultats de façon progressive dès lors que l'évolution des loyers prévue au contrat est présumée correspondre à l'intensité croissante de la prestation rendue. A cet égard une augmentation annuelle de 5 % des loyers relatifs à la location de matériels de transport peut être admise. • CE 29 févr. 2008, n° 271799 : *RJF 2008. 929.* ♦ V. égal. • CE 18 mai 2005, n°s 261623 et 261791 : *RJF 2005. 817 ; concl. Donnat au BDCF 8-9/05, n° 97.*

190. Loyers. La circonstance qu'une prestation fournie est continue n'implique pas, par elle-même, qu'elle soit effectuée avec une intensité constante pendant toute la durée de son exécution et que sa rémunération doive, par suite, être rattachée de manière linéaire et *prorata temporis* aux exercices durant lesquels cette exécution se poursuit. Lorsque les loyers stipulés dans un contrat de location sont *inégaux de période en période, il y a lieu*, en principe, de réputer que cette inégalité des loyers stipulés correspond à une inégalité dans la valeur de la prestation fournie. Il convient alors de comptabiliser les produits correspondant aux créances de loyers en fonction des échéances contractuelles. • CE 29 nov. 2000, n°s 192100 et 192109, *SA Unifimo : préc. note 188.* ♦ Mais il en va cependant autrement s'il résulte de l'instruction que la répartition contractuelle des loyers ne rend pas compte correctement de la valeur de la prestation, laquelle est fonction de l'obligation qui pèse sur le prestataire et de l'avantage économique retiré par le preneur. • CE 18 mai 2005, n°s 261623 et 261791 : *RJF 2005. 817 ; concl. Donnat au BDCF 8-9/05, n° 97.*

191. Droits d'entrée constitutifs d'un supplément de loyer. Dès lors qu'ils se rattachent à une prestation continue de location d'une intensité constante pendant toute la durée du bail, les droits d'entrée constitutifs d'un supplément de loyer perçus par le bailleur en contrepartie de droits que les preneurs peuvent exercer tout au long du bail doivent être pris en compte et étalés sur toute la durée des baux, nonobstant la circonstance qu'aux termes des contrats ils présenteraient un caractère « forfaitaire et définitif ». • CAA Nantes, 15 mars 2006, n° 03NT1432 : *RJF 2006. 990.* ♦ Confirmation • CE 14 avr. 2008, n° 293577 : *RJF 2008. 777.* ♦ Les droits d'entrée perçus par un bailleur de locaux commerciaux en rémunération d'une prestation continue doivent faire l'objet d'une imposition étalée sur la durée initiale du bail. * BOI-BIC-PDSTK-10-30-20 n° 30 du 2 mars 2016.

192. Prestations discontinues à échéances successives échelonnées sur plusieurs exercices. Pour déterminer si l'activité d'une entreprise relève du champ d'application des dispositions relatives aux prestations discontinues mais à échéances successives, il convient de rechercher si les conditions d'activité de cette entreprise permettent d'identifier des phases distinctes correspondant à des prestations individualisables et effectivement exécutées. Si le fait que les prestations de cette entreprise ont fait l'objet d'une facturation spécifique et de paiements distincts peut être considéré comme un indice de l'existence de prestations discontinues à échéances successives, cette circonstance ne saurait être considérée comme une condition nécessaire de leur existence. • CE 10 janv. 2005, n° 235490 : *RJF 2005. 298 ; concl. Olléon au BDCF 4/05, n° 40 ; Dr. fisc. 2005. 460, concl. Olléon* • CE 28 déc. 2012, *SARL The Race Event,* n° 339927 : *RJF 2013. 263 ; BDCF 2013. 28, concl. Aladjidi.* ♦ Pour l'application de la règle selon laquelle la rémunération de la prestation continue ou discontinue mais à échéances successives est rattachée aux exercices au fur et à mesure de son exécution, il convient de comptabiliser les produits correspondants en fonction des échéances contractuellement convenues entre le contribuable et les bénéficiaires des prestations, sauf s'il résulte de l'instruction, notamment des justifications apportées par les parties, que la répartition contractuelle de cette rémunération ne rend pas compte correctement des avantages économiques procurés aux bénéficiaires des prestations au cours des différents exercices en cause et que le rattachement des produits au fur et à mesure de l'exécution des prestations implique que leur comptabilisation s'écarte de l'échéancier contractuel. • CE 28 déc. 2012, *SARL The Race Event*, n° 339927 : *préc.* ♦ Les prestations discontinues, mais à échéances successives, correspondent à des prestations subdivisées en phases successives donnant lieu à facturation et paiement distincts. • CE 19 juin 1989, n°s 58246 et 59828 : *Dr. fisc. 1989. 1955 ; RJF 1989. 928, concl. de Saint-Pulgent, p. 464.* ♦ Le seul fractionnement du paiement du prix, sans fractionnement de l'exécution de la prestation, ne suffit pas à caractériser les prestations à échéances successives. • CAA Bordeaux, 20 mai 1997, n° 95BX198 : *Dr. fisc. 1997. 1137.*

193. Relèvent de cette catégorie : les opérations réalisées par les entreprises d'expertise comptable telles que notamment celles consistant en la tenue ou la surveillance de la comptabilité et en l'établissement des comptes annuels et des autres éléments de déclaration sociale ou fiscale, le rattachement des produits correspondants étant effectué en fonction du seul fractionnement des prestations dans le temps. * BOI-BIC-BASE-20-10 n° 160 du 4 déc. 2012. ♦ Les prestations offertes par un cabinet d'expertise comptable doivent être qualifiées de prestations discontinues mais à échéances successives, dès lors que les lettres de mission-type annexées aux contrats passés entre le cabinet et ses clients prévoient, d'une part, s'agissant de la tenue de la comptabilité, des missions individualisées consistant à élaborer un plan de comptes adapté à l'entreprise, mettre à jour ce plan et enregistrer les opérations de l'entreprise à partir des documents et informations transmis par le client selon un délai convenu et des modalités préalablement fixées et, d'autre part, s'agissant de la surveillance de la comptabilité, une appréciation des procédures comptables selon l'enregistrement des opérations ainsi que la mise au point de procédures de contrôle. D'autre part, les honoraires sont déterminés à la vacation et les notes d'honoraires rappellent la période d'intervention ainsi que l'exercice auquel elles se rapportent. • CE 10 janv. 2005, n° 253490 : *RJF 2005. 298 ; concl. Olléon au BDCF 4/05, n° 40 ; Dr. fisc. 2005. 460, concl. Olléon.* ♦ Relèvent également de cette catégorie de prestations les opérations des centres de gestion et associations agréés rémunérées par les cotisations forfaitaires des adhérents. * BOI-BIC-BASE-20-10 n° 170 du 4 déc. 2012. ♦ De même, l'organisateur d'une course nautique, qui permet à ses sponsors de bénéficier d'actions promotionnelles ou de conférences de presse mais aussi d'utiliser les marques déposées pour la course, assure à la fois des prestations discontinues à échéances successives et des prestations continues. • CE 28 déc. 2012, *SARL The Race Event*, n° 339927 : *préc. note 192.*

194. Travaux d'entreprise donnant lieu à réception complète ou partielle. En vertu de l'art. 38-2 *bis*, les produits correspondant à des créances sur la clientèle ou à des versements reçus à l'avance en paiement du prix sont, en ce qui concerne les travaux d'entreprise, rattachés à l'exercice au cours duquel intervient la réception complète ou partielle, même si elle est seulement provisoire ou faite avec réserves, ou la mise à disposition du maître de l'ouvrage si elle est antérieure. Par dérogation à ces règles, l'Administration ne s'oppose pas à ce que les entreprises de travaux inscrivent, pour la totalité ou certains de leurs chantiers, au titre des produits d'exploitation de l'exercice, les créances afférentes aux travaux effectués telles qu'elles apparaissent sur la dernière situation de travaux établie avant la date de clôture de l'exercice considéré. L'Administration a ainsi autorisé les entreprises de travaux à comptabiliser leur résultat à l'avancement. Le résultat à l'avancement de chaque exercice, dès l'ouverture du chantier, est égal à la quote-part, correspondant à l'état d'avancement des travaux, du résultat à terminaison prévisionnel, ce dernier intégrant la provision pour franchise de garantie décennale. • CE 13 janv. 2006, n° 259824, *Sté Colas Midi Méditerranée : RJF 2006. 357.*

195. Subventions d'exploitation. Doivent être regardées comme des subventions d'exploitation les aides publiques, sous forme de subventions ou de remboursements, qui ont pour objet de favoriser la création d'emploi ou la formation et dont la décision d'octroi n'est pas subordonnée à la réalisation d'un investissement particulier. Ces aides doivent en conséquence être rattachées aux résultats imposables de l'exercice au cours duquel elles ont été acquises. * Rép. min. n° 60572 : *JO Sénat, 23 mai 2019, p. 2751.*

196. Subvention pour approvisionnement exclusif. La somme versée, en exécution d'une convention de fourniture de bière, par un brasseur à un débitant de boissons lors de la signature de cette convention rémunère des prestations continues qui doivent être prises en compte, ainsi que le prévoit l'art. 38-2 *bis*, au fur et à mesure de leur exécution dès lors que cette somme rémunère l'engagement pris par ce débitant sur dix ans, d'une part, de s'approvisionner exclusivement en produits fabriqués et commercialisés par le brasseur, et, d'autre part, d'acheter une quantité minimale de 2 000 hl de bière. Compte tenu des stipulations de la convention prévoyant que le débitant serait tenu de rembourser le montant de cette somme non amorti par des achats de bière, ces prestations continues doivent être prises en compte au fur et à mesure des achats de bière qu'il a effectués chaque année. Dès lors, cette somme perçue par le débitant de boissons au moment de la signature de la convention constitue un produit constaté d'avance qui ne peut faire l'objet d'une imposition intégrale au titre de l'exercice de sa perception, mais doit être rattachée chaque année aux produits d'exploitation de l'entreprise au prorata des achats de bière effectués au cours de la même période. • CE 20 juin 2006, n° 266796 : *RJF 2006. 1152 ; concl. Verclytte au BDCF 10/06, n° 109 ; Dr. fisc. 2007. 75, concl. Verclytte.*

197. Ventes de chevaux de course. Les compléments de prix de vente de chevaux exigibles à la première course gagnée en application des conventions dites de « redevance » sont imposables au titre de l'année de la vente des animaux conformément aux termes des art. 38-2 *bis* et 72. L'aléa lié à l'absence de victoire dans une course, s'il affecte une partie de la créance, n'est pas de nature à remettre en cause le fait générateur, la vente du cheval, et n'autorise qu'à prévoir une provision pour la partie de la créance douteuse. • TA Nantes, 17 juill. 2002, n° 99-1373 : *Dr. fisc. 2003. 81, concl. contraires Hervouet.*

198. Apport en jouissance. L'apport en jouissance à une société anonyme d'un corps certain inscrit à l'actif d'une entreprise individuelle est nécessairement rémunéré par des droits sociaux qui doivent figurer à l'actif de cette entreprise. En outre, ces droits représentent la rémunération en nature d'une prestation continue que constitue la mise à disposition temporaire du corps certain en cause. Cette rémunération doit être rattachée au résultat imposable selon la règle du couru, conformément à l'art. 38-2 ou à l'art. 38-2 *bis*. * BOI-BIC-PDSTK-10-10-20 n° 410 du 10 juin 2013.

2° RATTACHEMENT DES CHARGES

199. Principes. Les charges nées au cours d'un exercice doivent entrer en compte pour la détermination du bénéfice imposable dudit exercice, alors même qu'elles n'auraient pas encore été payées au moment de la clôture de cet exercice, sauf à démontrer que ces charges demeurent incertaines, à la clôture de l'exercice, dans leur principe ou dans leur montant. • CE 12 févr. 1992, n° 64045 : *RJF 1992. 443 ; Dr. fisc. 1992. 1032, concl. Arrighi de Casanova.* ♦ Dès lors que l'exercice de rattachement des charges est indépendant de la date de paiement de ces charges, l'absence de preuve du paiement de prestations ne constitue pas une circonstance de nature à remettre en cause la déductibilité de charges constatées par un contribuable imposé dans la catégorie des BIC s'il apporte suffisamment d'éléments sur ces charges *et sur l'existence* et la *valeur de la* contrepartie qu'il en a retirée. • CE 24 juin 2009, n° 298582 : *RJF 2009. 820 ; Dr. fisc. 2009. 520, concl. Olléon, note de La Mardière.*

200. Pénalités pour paiement tardif. Les règles relatives aux pénalités de retard dues en cas de paiement tardif des créances commerciales ont été modifiées (L. n° 2001-420 du 15 mai 2001, art. 53). Désormais, la facture doit normalement préciser le taux des pénalités exigibles le jour suivant la date de règlement inscrite sur la facture (C. com., art. L. 441-3), tandis que les pénalités de retard sont exigibles sans qu'un rappel soit nécessaire (C. com., art. L. 441-6). Dès lors que les pénalités de retard sont exigibles sans mise en demeure, l'art. 237 *sexies* prévoit que les produits et charges correspondant aux pénalités de retard mentionnées aux art. L. 441-3 et L. 441-6 C. com. sont respectivement rattachés, pour la détermination du résultat imposable à l'IR ou à l'IS, à l'exercice de leur encaissement et de leur décaissement. Ces modalités s'appliquent également aux indemnités forfaitaires pour frais de recouvrement en cas de retard de paiement dans les transactions commerciales instituées par l'art. 121 de la L. n° 2012-387 du 22 mars 2012. En revanche, les indemnités complémentaires susceptibles d'être demandées par les créanciers sur justification doivent être rattachées aux résultats de l'exercice au cours duquel la décision de justice les octroyant est devenue définitive. * BOI-BIC-BASE-20-10 n° 230 du 4 déc. 2012.

201. Primes exceptionnelles. Complément de rémunération. Une société ne peut déduire en frais à payer les primes brutes exceptionnelles allouées par l'assemblée générale à son gérant dès lors que la mise à disposition de ces sommes n'interviendrait que si le fonds de roulement de la société est suffisant. En effet, l'échéance et le versement de ce complément de rémunération sont subordonnés à la réalisation d'événements futurs et incertains. • CE 8 juill. 2011, *SARL Consorex*, n° 316824 : *RJF 2011. 1032.*

202. Rappel de salaires. Des rappels de salaires alloués à un gérant de SARL à raison de services accomplis au cours d'années antérieures sont déductibles des résultats de l'exercice au cours duquel la décision de versement a été prise par l'assemblée générale des associés. • CE 28 juill. 1999, n° 172200 : *Dr. fisc. 2000. 344, concl. Bachelier ; RJF 1999. 1140.*

203. Charges constatées ou payées d'avance. Il résulte de l'art. 38 et du principe d'indépendance des exercices que les charges payées ou comptabilisées d'avance ne peuvent être admises en déduction que du bénéfice de l'exercice auquel se rattachent les produits de l'opération qu'elles concernent et qu'elles doivent seulement figurer, à la clôture de l'exercice au cours duquel elles ont été supportées, à un compte de régularisation, à défaut d'être portées à un compte de travaux en cours. • CAA Lyon, 14 mars 2002, n° 00LY2403 : *Dr. fisc. 2002. 984.*

204. Les charges qui correspondent à des achats de biens et de services dont la fourniture ou la prestation ne doit intervenir qu'au cours d'un exercice ultérieur sont, à titre de charges constatées ou payées d'avance, soustraites des charges de l'exercice par l'intermédiaire d'un compte de régularisation pour n'être imputées qu'aux résultats de l'exercice au cours duquel le bien a été livré ou la prestation de services effectivement réalisée. Réintégration des frais de stockage engagés par un importateur de produits pétroliers dans la mesure où ils correspondent au stockage effectué au cours de l'exercice suivant. • CAA Paris, 16 mars 1999, n° 96PA1424 : *RJF 1999. 969 ; Dr. fisc. 1999. 856, concl. Kimmerlin.* ♦ Dans le même sens, • CAA Nancy, 29 avr. 1999, n° 95NA202 : *Dr. fisc. 2000. 301* • CAA Douai, 27 juill. 2000, n° 96DA11984 : *Dr. fisc. 2001. 788, concl. Mulsant.* ♦ *Contra* (constitution d'une provision). • CAA Nantes, 30 juin 2000, n° 97NT1390 : *RJF 2000. 1425 ; Dr. fisc. 2001. 654, concl. contraires Grangé.*

205. Au nombre de ces charges constatées d'avance figurent notamment les charges correspondant à des achats de prestations de services continues ou discontinues mais à échéances successives, au sens de l'art. 38-2 *bis*, pour la partie de ces prestations fournie au cours d'exercices ultérieurs. Le caractère de charge correspondant à des achats de prestations de services continues ou discontinues mais à échéances successives s'apprécie au regard de la nature et de la portée des obligations mises à la charge du prestataire en vertu de la convention qui le lie au preneur. • CE 10 mars 2021, n° 423983 : *RJF 2021. 453, concl. Cytermann.*

206. Charges à répartir. Charges différées. Aucune disposition du droit comptable ou du CGI n'impose aux entreprises, ni même, d'ailleurs, ne leur ouvre expressément la faculté, de différer la déduction des charges exposées au cours d'un exercice pour les rattacher à l'exercice au cours duquel seront comptabilisés les produits correspondant à ces charges. • CE 29 juill. 1998, n° 149517, *SA Bergère de France : Dr. fisc. 1999, p. 123 ; RJF 1998. 1083.* ♦ Confirmation. • CE 20 févr. 2002, n° 221437, *Sté La Chemise Lacoste : Dr. fisc. 2002, p. 343, concl. Mignon ; RJF 2002. 472, concl. Mignon, p. 362* • CE 17 oct. 2003, n° 247532, *Sté Sidac-Diffusion : RJF 2004. 9.* ♦ Nouvelle confirmation : aucune règle du plan comptable général de 1982 ou du plan professionnel des entreprises à commerces multiples, ni aucune autre disposition n'impose aux entreprises de différer l'imputation de charges exposées au cours d'un exercice pour les rattacher aux exercices au cours desquels seraient comptabilisés les produits correspondants. • CE 12 janv. 2004, n° 243273, *SA Ets Nougein : RJF 2004. 351 ; concl. Goulard au BDCF 4/04, n° 45.*

207. Frais d'escompte d'effets de commerce. BIBL. Maïa, *RJF 2001. 992* (la fiscalité de la mobilisation des créances). ♦ Le plan comptable général prévoit de comptabiliser l'opération de remise à l'escompte d'un effet de commerce comme la sortie d'un élément d'actif, mais il demeure que les intérêts résultant de cette opération, enregistrés dans ses comptes par le remettant, correspondent à un crédit consenti par le banquier escompteur et sont calculés en fonction de la durée restant à courir entre la date de cette remise et celle de l'échéance de l'effet. Par suite, ces intérêts constituent pour le remettant une charge déductible de l'exercice au titre duquel ils ont couru. Lorsque la date de remise est antérieure à la clôture d'un exercice et la date d'échéance postérieure à cette clôture, les intérêts payés lors de la remise mais non courus au titre de cet exercice doivent être traités comme des charges constatées d'avance, rattachables à l'exercice suivant. • CE 1er juin 2001, n° 157650 : *RJF 2001. 1043, chron. Maïa, p. 992 ; Banque et Dr. 2001, n° 79, p. 53, note Acard ; BJS 2001. 1016, note Parot ; Dr. fisc. 2001. 1076, concl. Courtial.*

208. Frais de confection de catalogues. Les frais exposés par une société de vente par correspondance pour la confection de catalogues se rattachent, en application du principe de spécialité des exercices, à l'exercice au cours duquel ces catalogues lui ont été livrés. Bien que la distribution de ces catalogues puisse produire des effets sur le chiffre d'affaires et les bénéfices réalisés par l'entreprise après la clôture de l'exercice au cours duquel les frais de catalogue ont été exposés, ceux-ci ne constituent pas des charges payées ou constatées d'avance, dès lors qu'ils ont eu pour contrepartie la confection et la livraison de catalogues réalisés et livrés au cours du même exercice. • CE 29 juill. 1998, n° 149517, *SA Bergère de France : RJF 1998. 1083 ; Dr. fisc. 1999. 123.*

209. Frais de conception de nouvelles collections. Les frais exposés par une société pour la création de patrons de vêtements qui seront réalisés par des tiers au cours de l'année suivante sont dépourvus de lien avec une activité de production exercée par cette société et ont pour contrepartie des prestations de services et livraisons de biens réalisées à son profit au cours du même exercice. Dès lors, ces frais ne constituent ni des éléments du prix de revient de stocks ou de travaux en cours, ni des charges payées ou constatées d'avance, mais des charges de l'exercice au cours duquel ils ont été engagés. • CE 20 févr. 2002, n° 221437, *Sté La Chemise Lacoste : Dr. fisc. 2002. 343, concl. Mignon ; RJF 2002. 472, concl. Mignon, p. 362.* ♦ Confirmant. • CAA Paris, 9 mars 2000, n° 97PA1927 : *RJF 2000. 750 ; concl. Haïm au BDCF 6/00* ♦ V. égal. note 11 ss. art. 38 *nonies* de l'annexe III.

210. Frais de réservation dans un salon professionnel. Les sommes versées par une société au cours d'un exercice, en vue de réserver un emplacement à un salon professionnel tenu au cours de l'exercice suivant, constituent une charge certaine dans son principe comme dans son montant à la clôture de l'exercice dès lors qu'elles ne sont pas remboursables. Ayant trouvé sa contrepartie à la date de son versement, cette charge ne présente pas le caractère d'une charge constatée d'avance. • CE 17 oct. 2003, n° 247532, *Sté Sidac-Diffusion : RJF 2004. 9 ; Dr. fisc. 2004. 402.*

211. Remises de dettes concordataires. V. note 94.

212. Impôts. En ce qui concerne les droits de mutation qui ne font pas l'objet d'un rôle ou d'un avis de mise en recouvrement, les entreprises ne peuvent comprendre dans les charges déductibles de l'exercice, à titre de frais à payer, que ceux qui revêtent, à la date de clôture de cet exercice, le caractère d'une dette certaine dans son principe et déterminée dans son montant. • CE 28 mai 2003, n° 237967 : *RJF 2003. 955 ; Dr. fisc. 2003. 3932, concl. Bachelier.*

G. STOCKS ET TRAVAUX EN COURS

1° STOCKS

213. Distinction des stocks et des immobilisations. Des terrains acquis en vue de la revente par une société de construction-vente constituent des stocks et non des immobilisations même s'ils ont été ultérieurement classés en zone inconstructible. • CAA Douai, 7 nov. 2001, n° 98DA1342 : *Dr. fisc. 2002. 680 ; AJDI 2002. 545, note Maublanc* . ♦ En revanche, des terrains apportés en 1903 à une société qui les a exploités, puis cédés en 1988, ne peuvent être regardés comme acquis en vue de leur revente et ont ainsi constitué des éléments de son actif immobilisé. La circonstance que la société ait pris le parti de les vendre au fur et à mesure que le développement touristique leur donnait vocation à être bâtis, n'a pu leur faire perdre le caractère d'éléments d'actif immobilisé pour acquérir celui des éléments d'un stock destinés à des opérations de négoce immobilier. • CE 26 mars 2003, n° 221849 : *Dr. fisc. 2003. 439 ; concl. Goulard ; RJF 2003. 679 ; concl. Goulard au BDCF 6/03, n° 74.* ♦ La société qui revend dans le délai de cinq ans un immeuble qu'elle a acquis en qualité de marchand de biens au moyen d'un prêt à court terme ne peut soutenir qu'elle procède à la cession d'une immobilisation. • CAA Paris, 11 févr. 1997, n° 95PA2113 : *RJF 1998. 224.* ♦ La cession par appartements d'un hôtel précédemment exploité par une société ne porte pas sur un élément d'actif immobilisé mais sur un élément d'actif circulant dès lors qu'elle n'est pas effectuée dans le cadre d'une liquidation de la société et intervient après le changement d'activité de la société devenue marchand de biens. • CE 18 févr. 2004, n° 244758 : *RJF 2004. 455 ; concl. Collin au BDCF 5/04, n° 57 ; Dr. fisc. 2004. 455.* ♦ L'immeuble acquis en vue de la revente constitue un stock sauf changement de destination. Ainsi, un immeuble donné en location ne fait pas partie de l'actif immobilisé d'une société dès lors qu'il a été acquis dans une perspective de revente. Le changement de destination de l'immeuble peut être réalisé en l'absence d'une décision expresse des organes statutaires. • CE 9 avr. 2014, *SCI du Forum*, n° 358278 : *RJF 2014. 662 ; BDCF 2014. 64, concl. Daumas.*

214. Les éléments et appareils de cuisine exposés par une entreprise pour la promotion de son activité de vente et de pose de cuisines intégrées utilisés pendant une période dépassant largement la durée annuelle de son exercice constituent des immobilisations et non des stocks, alors même qu'ils sont mis en vente à l'issue de cette période d'utilisation. • CAA Bordeaux, 13 mars 2006, n° 02BX1094 : *RJF 2006. 986.*

215. Les titres de placement détenus par une entreprise qui tire de leur cession l'essentiel de son chiffre d'affaires et de son bénéfice ne sont pas des éléments de l'actif immobilisé mais des éléments du stock. • CAA Nancy, 15 févr. 1996, n° 93NA724 : *Dr. fisc. 1996. 1097.*

216. Condition de propriété des stocks. Une marchandise peut être inscrite en stock par son acquéreur dès lors qu'il en est propriétaire à la clôture de l'exercice, alors même que, faute pour cette vente d'avoir déjà donné lieu à livraison, l'imposition des produits correspondants chez le vendeur serait retardée en vertu du 2 *bis* de l'art. 38. • CE 28 déc. 2001, n° 217770, *SA L'Héritier Guyot : Dr. fisc. 2002. 290, concl. Séners ; RJF 2002. 268.* ♦ Une entreprise de négoce de vins qui, après avoir fait goûter par un courtier des échantillons, confirme au mois de novembre sa commande de vins en primeur, en désignant le prix, la quantité et la qualité achetées et fait couvrir son risque de perte par une assurance, doit être regardée comme ayant acquis la propriété de ces vins aussitôt qu'ils ont fait l'objet d'une individualisation dans des récipients spécifiques, alors même que leur livraison matérielle dans ses chais n'est intervenue qu'en février ou mars suivant, après achèvement de la fermentation malolactique. • Même arrêt.

217. Comptabilisation des stocks. La comptabilisation des stocks peut s'opérer soit selon la méthode de l'inventaire permanent, c'est-à-dire au fur et à mesure des achats opérés par l'entreprise, soit selon la méthode de l'inventaire de fin d'exercice. Dans le premier cas, le débit du compte « stocks » à l'actif du bilan est compensé soit par le crédit du compte « banque » à l'actif du bilan, soit par le crédit du compte « dettes » au passif du bilan, l'ensemble de l'opération étant sans incidence sur le résultat de l'entreprise. Dans le second cas, le débit du compte « stocks » à l'actif du bilan est compensé, dans le compte de résultat, par le crédit du compte « variation des stocks ». L'inscription d'une marchandise en stocks n'a donc jamais pour effet de réduire le bénéfice imposable d'une entreprise. • CE 28 déc. 2001, n° 217770, *SA L'Héritier*

Guyot : Dr. fisc. 2002. 290, concl. Séners ; RJF 2002. 268.

218. Lorsque le cours du jour de la clôture de l'exercice est inférieur au prix de revient, l'exploitant a l'obligation de constater cette dépréciation, soit par voie de provision, soit directement en pratiquant une décote. • CE 30 sept. 1992, n° 75464 : *Dr. fisc. 1993. 209.* ♦ Le cours du jour des marchandises achetées par l'entreprise en vue de leur incorporation dans un produit qu'elle fabrique ne peut s'entendre que du prix auquel s'effectue normalement le commerce de ces marchandises à la date de l'inventaire. • CE 15 oct. 1997, n° 161620 : *Dr. fisc. 1997. 1296, concl. Loloum ; RJF 1997. 1107.*

219. « Marges arrière ». Les sommes perçues par une société au titre des « marges arrière » sont la contrepartie de prestations de services réalisées par elle au profit de ses fournisseurs, et ont pour objet d'assurer la promotion des produits acquis auprès de ceux-ci en exécution de contrats dits de coopération commerciale. Les sommes versées à une société par ses fournisseurs en contrepartie des prestations de services qu'elle réalise à leur profit ne peuvent pas être retenues pour la détermination du prix de revient des stocks. • CE 4 févr. 2015, *SA Colruyt France*, n° 365815 : *RJF 2015. 386, BDCF 2015. 54, concl. Aladjidi ; FR Lefebvre 20/15, inf. 2, chron. Gutmann ; Dr. fisc. 2015. 399, note Torlet et Boivin.*

220. Marchandises destinées à la vente. Le cours du jour, à la clôture de l'exercice, des marchandises dont une entreprise fait le commerce est le produit qu'à cette date cette entreprise peut, dans les conditions de son exploitation, normalement escompter retirer de la cession des biens qu'elle possède en stock. La subvention versée par un organisme pour compenser les insuffisances du prix du marché concourt à la détermination du produit réalisé par l'entreprise et doit en conséquence figurer dans l'évaluation du cours du jour. • CAA Nancy, 30 avr. 1998, n° 94NA246 : *Dr. fisc. 1999. 13, concl. Commenville.* ♦ Les marchandises doivent être évaluées dans l'état et le lieu où elles se trouvent le jour de l'inventaire. S'agissant de vins en vrac figurant dans les stocks d'un viticulteur, le cours du jour doit s'entendre du prix de vente des vins en vrac alors même que l'intéressé envisagerait de les commercialiser en bouteilles par la suite. • CE 17 oct. 2007, n° 284054, *Morey : RJF 2008. 11 ; Dr. fisc. 2008. 222, note Bonnet.* ♦ Une mesure temporaire de blocage prise par le Comité interprofessionnel des Vins de Champagne en vertu de ses pouvoirs de régulation du marché ne peut avoir pour effet d'affecter la valeur intrinsèque des vins conservés en stock par les producteurs, ni leur valeur probable de réalisation après l'intervention d'une mesure de déblocage. En conséquence, en l'absence de marché pour ces produits, aucun cours du jour ne peut être déterminé et les stocks concernés doivent être évalués à leur prix de revient sans qu'une provision pour dépréciation puisse être constatée. • CAA Nancy, 20 janv. 2000, n° 97NA2467 : *Dr. fisc. 2000. 808 ; RJF 2000. 1219 et 1231.*

221. Produits intermédiaires. Pour les produits intermédiaires, c'est-à-dire les produits qui sont parvenus à un stade intermédiaire du cycle de production qui se déroule au sein de l'entreprise, le cours du jour doit être déterminé, lorsque ces produits ne peuvent être vendus en l'état mais sont seulement incorporés aux produits finis, par référence au prix de vente de ces derniers. L'entreprise peut déduire une provision si cette évaluation est inférieure à leur coût de revient. • CE 30 déc. 2009, n° 304516, *Sté Bonduelle : RJF 2010. 208 ; concl. Glaser au BDCF 3/10, n° 28 ; Dr. fisc. 2010. 229, concl. Glaser.* ♦ Constituent un produit intermédiaire, pour un fabricant de conserves, les boîtes blanches avant étiquetage. • Même arrêt. ♦ Pour les produits parvenus à un stade intermédiaire du cycle de production, qui ne peuvent être vendus en l'état, le cours du jour doit être déterminé par référence au prix de vente du produit fini à la clôture de l'exercice ou aux environs de cette date. • CE 21 mai 2012, *Sté Denkavit France*, n° 332090 : *RJF 2012. 798.*

222. Absence de provision. La non-prise en compte de la dépréciation est une erreur comptable et non une décision de gestion. Le contribuable peut en demander la correction au titre d'un exercice non prescrit. • CE 24 mars 1971 : *Dupont 1971. 225.* ♦ A défaut de rectification, l'Administration est fondée à réintégrer au résultat imposable la perte fictive dégagée lors de la cession. • CAA Lyon, 8 nov. 1995, n° 92LY510 : *Dr. fisc. 1996. 673.*

223. Stocks des entreprises d'édition. Un nouveau régime d'évaluation des stocks a été mis en place pour les exercices clos à compter du 30 juin 2000 et pour les litiges en cours. * BOI-BIC-PDSTK-20-30 n°s 1 à 100 du 12 sept. 2012.

224. Évaluation des stocks. L'évaluation d'un élément de stock acquis à titre gratuit doit être faite à sa valeur vénale à la date de l'acquisition. Dès lors, le prix de revient des œuvres d'art reçues gratuitement auprès de son principal associé par une société qui a pour objet le négoce des œuvres et la gestion des droits artistiques de ce dernier ne peut être retenu pour une valeur nulle. L'Administration est donc fondée à imposer la variation d'actif net correspondant à la valeur vénale des œuvres à la date de leur inscription à l'actif. • CE 9 déc. 2009, n° 302059 : *RJF 2010. 207 ; BDCF 3/10, n° 27, concl. Boucher.* ♦ V. notes ss. art. 38 *nonies* de l'Annexe III.

225. Les dépenses exposées dans des opérations de recherche scientifique ou technique par une entreprise qui réalise une commande de tiers doivent être passées en charges. Ces dépenses sont incorporées au coût de revient des commandes qui figurent dans les comptes de stocks ou travaux en cours. • CE 11 juill. 2011, *Sté Faurecia sièges d'automobile*, n° 340202 : *RJF 2011. 1129 ; Dr. fisc. 2011. 607, concl. Olléon, note Fumenier et Maignan.*

2° TRAVAUX EN COURS

226. Les travaux en cours, c'est-à-dire les travaux (prestations de services, d'expertise, ...) qui, à la date de clôture de l'exercice, ont été exécutés à la demande d'un certain nombre de clients, mais n'ont pas encore été facturés à ces derniers, sont au nombre des valeurs d'actif qui doivent figurer au bilan pour leur prix de revient. Le prix de revient d'un travail en cours ne peut être inférieur à la somme des frais exposés et des charges supportées par l'entreprise, au cours du ou des exercices écoulés, pour l'exécution de ce travail. La règle de rattachement des produits à l'exercice au cours duquel intervient l'achèvement de la prestation posée au 2 *bis* ne fait pas obstacle à l'inscription des travaux en cours à l'actif du bilan. • CAA Paris, 16 févr. 1999, n° 96PA1046 : *RJF 1999. 833 ; Dr. fisc. 2000. 74, concl. Kimmerlin* • CE 19 mai 2000, n° 207063 : *RJF 2000. 891 ; Dr. fisc. 2000. 829 ; D. 2000. IR 177*.

227. La règle selon laquelle les travaux en cours doivent figurer au bilan pour leur prix de revient s'applique aux entreprises de prestations de services nonobstant la règle de rattachement des produits à l'exercice au cours duquel intervient l'achèvement de la prestation prévue à l'art. 38-2 *bis*. • CE 19 mai 2000, n° 207063 : *préc. note 226.*

228. Les prestations de services en cours à la clôture de l'exercice doivent être inscrites à l'actif du bilan même si, en raison du caractère conditionnel de leur rémunération, ces éléments d'actif ne sont pas rattachés à une créance certaine. • CE 26 juill. 2011, *Sté Coface SCRL*, n° 328556 : *RJF 2011. 1128 ; Dr. fisc. 2012. 51, concl. Boucher, note Deboissy.*

229. Revêtent le caractère de travaux en cours et doivent donc figurer au bilan pour leur prix de revient des travaux de chantier et diverses prestations d'assistance technique effectués dans des pays africains et interrompus à la suite de troubles politiques, sans être réglés, dès lors que le contribuable n'établit pas que ses créances sur ses anciens clients auraient été transférées à une société tierce ou qu'elles étaient définitivement irrécouvrables à la clôture de l'exercice en cause. • CE 30 déc. 2002, n° 229072 : *Dr. fisc. 2003. 308, concl. Austry ; RJF 2003. 261.*

230. Les frais d'administration générale d'une entreprise ne constituent pas un élément du prix de revient de ses productions, sauf si les conditions spécifiques de son exploitation justifient leur inclusion dans le prix de revient. • CE 17 mai 1989, n° 45220 : *Dr. fisc. 1989. 2174, concl. Martin Laprade.* ♦ Société dont l'activité consiste en études, conception, fabrication, mise en route et maintenance industrielle, installée sur deux sites comportant, d'une part, l'usine de fabrication, d'autre part, un bureau d'études, un service achats et des services administratifs et comptables : les frais de main-d'œuvre correspondant aux tâches de réception, d'expédition, d'établissement de plannings et de coordination entre les deux établissements effectuées par les services administratifs et comptables constituent par nature des frais purement administratifs qui ne peuvent être inclus dans les charges de production. • CAA Douai, 6 avr. 2000, n° 97DA616 : *Dr. fisc. 2001. 308 ; RJF 2000. 1220 ; concl. Mulsant au BDCF 11/00.* ♦ En revanche, les frais correspondant aux tâches du bureau d'études (définition des caractéristiques techniques des produits fabriqués et préparation des achats) et à celles du service achats (commande des matières premières et vérification de leur qualité) peuvent être respectivement retenus à hauteur de 25 % et 63 %, dès lors que la société ne justifie pas du caractère exagéré de ces pourcentages. • Même arrêt.

V. égal. notes ss. art. 38 *nonies* de l'annexe III.

231. Les dépenses exposées par une société exerçant une activité d'agent d'affaires dans le cadre d'une opération de rénovation immobilière au titre de travaux qu'elle fait effectuer pour le compte de ses mandants, ne constituent pas des travaux en cours devant figurer à l'actif de son bilan. • CE 3 mai 2000, n° 144497 : *Dr. fisc. 2000. 807, concl. Courtial ; RJF 2000. 826 ; concl. Courtial au BDCF 6/00.*

H. OPÉRATIONS SUR INSTRUMENTS FINANCIERS ET TITRES DE PORTEFEUILLE

232. Pertes afférentes à des positions symétriques sur devises (art. 38-6-3°). Les pertes ou profits sur contrat d'option en cours à la date de la clôture de l'exercice s'entendent de la seule marge déficitaire – pour le vendeur de l'option – ou bénéficiaire – pour l'acheteur de l'option – qui résulterait de l'exercice à cette date de l'option, c'est-à-dire de l'écart négatif ou positif constaté, le jour de la clôture, entre la valeur d'exercice convenue et le cours de l'actif sous-jacent. Le montant des gains non encore imposés sur contrat d'option s'entend aussi de la marge bénéficiaire qui résulterait de l'exercice de l'option. Dès lors, et indépendamment du point de savoir à quel exercice doit être rattachée la charge correspondante pour l'acheteur de l'option, ce montant ne s'établit pas sous déduction de la prime versée par celui-ci en contrepartie de l'acquisition de l'option. • CE 19 déc. 2019, *Min. c/ Sté Deutsche Bank AG*, n° 431066 : *RJF 2020. 209 ; Dr. fisc. 2020. 209, note Leclercq et Prouin.* ♦ Sur la notion de positions symétriques et les conditions de son application, V. • TA Nantes, 17 juill. 2002, n° 98-2951, *Caisse régionale de Crédit agricole de Loire-Atlantique : Dr. fisc. 2003, p. 164, concl. Hervouet.*

233. Offres publiques d'échange (art. 38-7). BIBL. Vaudoyer et Delaurière, *Dr. fisc. 2000, p. 725.* ♦ Commentaires administratifs. * BOI-BIC-PVMV-30-30-60-30 du 20 oct. 2014. ♦ Le 7 de l'art. 38 prévoit un régime de sursis d'imposition du profit ou de la perte résultant de l'échange d'actions effectué dans le cadre d'une offre publique d'échange ou de la conversion d'obligations en actions, réalisée conformément à la réglementation en vigueur. Par conséquent, les profits ou pertes résultant d'opérations de conversions d'obligations en actions réalisées par des sociétés résidant dans un autre État de l'Union européenne peuvent bénéficier du régime du sursis d'imposition dès lors que les opérations en cause sont soumises à une réglementation comparable à celle prévue en France, notamment en ayant été autorisées par une décision prise en assemblée générale extraordinaire ou par l'organe délibérant qui en tient lieu. * Rép. min. n° 4267 : *JOAN Q, 20 oct. 2003, p. 8007.*

234. Échanges de titres dans le cadre d'une fusion (art. 38-7 bis). Commentaires administratifs. * BOI-IS-FUS-50-20 du 12 sept. 2012. ♦ Conséquences de la fusion ou de la scission de sociétés sans échange de titres. * BOI-IS-FUS-50-300 du 3 juin 2020.

235. Transmission de titres à un fonds de pérennité (art. 38-7 quater). Commentaires administratifs. * BOI-BIC-PVMV-30-30-130 du 6 août 2020.

236. Apport de titres à une fondation (art. 38-7 quinquies). Commentaires administratifs. * BOI-BIC-PVMV-30-30-140 du 30 juin 2021.

Art. 38 *bis* I. — 1. *(Abrogé par L. n° 2020-1721 du 29 déc. 2020, art. 175-I-A-1° et II, applicable aux exercices clos à compter du 31 déc. 2020)* **« *Conformément aux premier à troisième alinéas de l'article L. 211-24 du code monétaire et financier,* »** Les titres financiers prêtés par une entreprise sont prélevés par priorité sur les titres de même nature acquis ou souscrits à la date la plus récente.

La créance représentative des titres financiers prêtés est inscrite distinctement au bilan à la valeur d'origine de ces titres.

A l'expiration du prêt, les titres financiers restitués sont inscrits au bilan à cette même valeur.

2. La rémunération allouée en rémunération du prêt de titres constitue un revenu de créance. Lorsque la période du prêt couvre la date de paiement des revenus attachés aux titres prêtés, le montant de la rémunération ne peut être inférieur à la valeur des revenus auxquels le prêteur a renoncé. La fraction de la rémunération qui correspond à ces produits est soumise au même régime fiscal que les revenus des titres prêtés.

II. — 1. *(Abrogé par L. n° 2020-1721 du 29 déc. 2020, art. 175-I-A-2° et II, applicable aux exercices clos à compter du 31 déc. 2020)* **« *Conformément à l'article L. 211-25 du code monétaire et financier,* »** Les titres financiers empruntés et la dette représentative de l'obligation de restitution de ces titres sont inscrits distinctement au bilan de l'emprunteur au prix du marché au jour du prêt.

(Abrogé par L. n° 2020-1721 du 29 déc. 2020, art. 175-I-A-2° et II, applicable aux exercices clos à compter du 31 déc. 2020) **« *Conformément au deuxième alinéa de l'article L. 211-26 du code monétaire et financier,* »** À la clôture de l'exercice, les titres financiers empruntés qui figurent au bilan de l'emprunteur et la dette représentative de l'obligation de restitution qui résulte des contrats en cours sont inscrits au prix que ces titres ont sur le marché à cette date.

(Abrogé par L. n° 2020-1721 du 29 déc. 2020, art. 175-I-A-2° et II, applicable aux exercices clos à compter du 31 déc. 2020) **« *Conformément au troisième alinéa de l'article L. 211-26 précité,* »** Les titres financiers empruntés sont réputés restitués à la valeur pour laquelle la dette représentative de l'obligation de restitution figure au bilan.

1 *bis*. Les titres empruntés peuvent faire l'objet d'un prêt. Dans ce cas, la créance représentative des titres mentionnés au 1 doit être inscrite au bilan au prix que ces titres ont sur le marché à la date du nouveau prêt. A la clôture de l'exercice, cette créance doit être évaluée au prix des titres à cette date. Lors de leur restitution, les titres empruntés qui ont fait l'objet d'un prêt sont repris pour la valeur de la créance à cette date et sont ensuite évalués selon les modalités prévues au 1 jusqu'à leur cession ou leur restitution au prêteur initial.

2. *(Abrogé par L. n° 2020-1721 du 29 déc. 2020, art. 175-I-A-2° et II, applicable aux exercices clos à compter du 31 déc. 2020)* **« *Conformément au premier alinéa de l'article L. 211-26 du code monétaire et financier,* »** Lorsque l'emprunteur cède des titres finan-

ciers, ceux-ci sont prélevés par priorité sur les titres de même nature empruntés à la date la plus ancienne. Les achats ultérieurs de titres de même nature sont affectés par priorité au remplacement des titres empruntés.

II bis. — Abrogé par L. n° 2006-1771 du 30 déc. 2006, art. 83.

III. — 1. A défaut de restitution des titres prêtés, leur cession est, d'un point de vue fiscal, réalisée à la date de la défaillance.

2. Pour l'application de l'article 39 *duodecies*, les titres prêtés sont censés avoir été détenus jusqu'à la date du prêt. *— V. C. mon. fin., art. L. 211-24 à L. 211-26. —* ***C. mon. fin.***

A noter à cet égard que, selon le Cons. const., les 2e, 3e et 4e al. de l'art. L. 211-24, l'art. L. 211-25 ainsi que les 2e et 3e al. de l'art. L. 211-26 C. mon. fin. ont un caractère réglementaire (Décis. du Cons. const. du 21 déc. 2020, n° 2020-289 L, art. 1er).

BIBL. ▶ *X, Dr. fisc. 1996, p. 976* (titres remis en garantie).

Art. 38 *bis*-0 A I. — Les titres financiers mis en pension par une personne morale dans les conditions prévues aux articles L. 211-27 à L. 211-34 du code monétaire et financier sont, pour l'application des dispositions du présent code, réputés ne pas avoir été cédés sous réserve des dispositions des articles précités.

II. — Les obligations comptables liées à la pension sont prévues aux articles L. 211-31 à L. 211-33 du code monétaire et financier.

III. — En cas de défaillance de l'une des parties, le résultat de la cession des titres financiers est égal à la différence entre leur valeur réelle au jour de la défaillance et leur prix de revient fiscal dans les écritures du cédant. Le profit ou la perte est compris dans les résultats imposables du cédant au titre de l'exercice au cours duquel la défaillance est intervenue. Dans cette situation, les titres financiers sont réputés prélevés sur ceux de même nature acquis ou souscrits à la date la plus récente antérieure à la défaillance.

Art. 38 *bis*-0 A *bis* I. — Les remises en garantie de titres emportant leur transfert de propriété et réalisées dans les conditions prévues aux I ou III de l'article L. 211-38 du code monétaire et financier sont soumises au régime prévu au présent article lorsque les conditions suivantes sont respectées :

1° Le constituant et le bénéficiaire de la garantie sont imposables sur leur bénéfice selon un régime réel d'imposition ;

2° Les remises portent sur les titres financiers mentionnés à l'article L. 211-27 ou les effets mentionnés à l'article L. 211-34 du code monétaire et financier et respectent les conditions prévues à l'article L. 211-28 du même code ;

3° La restitution au constituant de la garantie porte sur des titres équivalents et de même nature que ceux remis en garantie ;

4° Les remises en garantie sont effectuées dans le cadre d'opérations à terme d'instruments financiers réalisées de gré à gré, de prêts ou de mises en pension de titres prévus aux articles 38 *bis* et 38 *bis*-0 A, ou dans le cadre des opérations prévues à l'article L. 330-2 du code monétaire et financier.

II. — 1. Les titres remis par le constituant de la garantie dans les conditions prévues au I sont réputés prélevés par priorité sur les titres de même nature acquis ou souscrits à la date la plus récente.

La créance représentative des titres remis est inscrite distinctement au bilan à la valeur d'origine de ces titres. Lors de leur restitution, les titres restitués sont inscrits au bilan à cette même valeur.

2. La rémunération allouée au titre de la remise en garantie constitue un revenu de créance. Lorsque la période de remise en garantie couvre la date de paiement des revenus attachés aux titres remis, le montant de la rémunération ne peut être inférieur à la valeur des revenus auxquels le constituant a renoncé. La fraction de la rémunération qui *correspond* à ces produits est soumise au même régime fiscal que les revenus des titres remis en garantie.

III. — 1. Les titres reçus par le bénéficiaire de la garantie dans les conditions prévues au I et la dette représentative de l'obligation de restitution de ces titres sont inscrits distinctement au bilan du bénéficiaire de cette garantie au prix du marché au jour de la remise en garantie.

A la clôture de l'exercice, les titres reçus en garantie qui figurent au bilan du bénéficiaire de la garantie et la dette représentative de l'obligation de restitution qui résulte des contrats en cours sont inscrits au prix que ces titres ont sur le marché à cette date.

Lors de leur restitution, les titres sont réputés restitués à la valeur pour laquelle la dette représentative de l'obligation de restitution figure au bilan.

2. Les titres reçus en garantie dans les conditions prévues au I qui font l'objet d'un prêt dans les conditions prévues à l'article 38 *bis* ou d'une mise en pension dans les conditions prévues à l'article 38 *bis*-0 A sont soumis aux règles respectivement prévues au 1 *bis* de l'article 38 *bis* et au II de l'article 38 *bis*-0 A.

3. Lorsque le bénéficiaire de la garantie cède des titres, ceux-ci sont prélevés par priorité sur les titres de même nature reçus en garantie dans les conditions prévues au présent article à la date la plus ancienne. Les achats ultérieurs de titres de même nature sont affectés par priorité au remplacement de ces titres.

IV. — En cas de défaillance de l'une des parties, la cession est, d'un point de vue fiscal, réputée réalisée à la date de la défaillance. Dans ce cas, le résultat de la cession des titres par le constituant qui les a remis en garantie est égal à la différence entre leur valeur réelle au jour de la défaillance et leur prix de revient fiscal dans ses écritures.

Pour l'application de l'article 39 *duodecies*, les titres transférés sont censés avoir été détenus jusqu'à la date de leur remise en garantie.

Art. 38 *bis* A Par dérogation à l'article 38, les établissements de crédit et les sociétés de financement mentionnés à l'article L. 511-1 du code monétaire et financier et les entreprises d'investissement mentionnées à l'article L. 531-4 du même code qui inscrivent dans un compte de titres de transaction à l'actif de leur bilan des valeurs mobilières, des titres de créances négociables ou des instruments du marché interbancaire, négociables sur un marché, sont imposés, jusqu'à leur retrait du compte ou leur cession au taux normal et dans les conditions de droit commun, sur l'écart résultant de l'évaluation de ces titres au prix du marché du jour le plus récent à la clôture de l'exercice ou à leur retrait du compte ainsi que sur les profits et les pertes dégagés lors de cette cession.

Les titres de transaction transférés au compte de titres de placement ou d'investissement y sont inscrits au prix du marché du jour le plus récent au jour du transfert. En cas de cession ultérieure de ces titres, le délai de deux ans mentionné à l'article 39 *duodecies* est décompté à partir de la date de transfert.

Par dérogation aux articles 38 *bis* et 38 *bis*-0 A *bis*, la créance représentative des titres prêtés ou remis en pleine propriété à titre de garantie est inscrite au prix du marché du jour le plus récent des titres à la date du prêt ou de la remise en pleine propriété ; elle est évaluée au prix du marché du jour le plus récent des titres considérés à la clôture de l'exercice. Lors de leur restitution, les titres sont repris au compte de titres de transaction pour la valeur de la créance à la date de la dernière évaluation.

Art. 38 *bis* B I. — Lorsque des établissements de crédit, des sociétés de financement ou des entreprises d'investissement mentionnés à l'article 38 *bis* A achètent ou souscrivent des titres à revenu fixe pour un prix différent de leur prix de remboursement, le profit ou la perte correspondant à cette différence augmentée ou diminuée, selon le cas, du coupon couru à l'achat est réparti sur la durée restant à courir jusqu'au remboursement.

Cette répartition est effectuée de manière actuarielle en rattachant au résultat de chaque exercice une somme égale à la différence entre :

1° Les intérêts courus de l'exercice ou depuis l'acquisition, calculés en appliquant le taux d'intérêt du marché des titres concernés lors de leur acquisition au prix d'achat de ces titres augmenté ou diminué des profits ou pertes définis ci-dessus, constatés au titre des exercices antérieurs ; après le paiement du coupon d'intérêts, le prix d'achat s'entend hors coupon couru ;

2° Et les intérêts, courus de l'exercice ou depuis l'acquisition, calculés en appliquant le taux nominal à leur valeur de remboursement.

Pour les titres transférés dans les conditions mentionnées au deuxième alinéa de l'article 38 *bis* A, la valeur de transfert mentionnée à cet alinéa tient lieu de prix d'acquisition.

A la clôture de chaque exercice, le prix de revient des titres est augmenté ou diminué, selon le cas, de la fraction du profit ou de la perte comprise dans le résultat.

II. – Le régime défini au I s'applique aux titres à revenu fixe inscrits dans un compte de titres d'investissement ou de placement.

III. – Les titres inscrits sur un compte de titres d'investissement ne peuvent faire l'objet d'une provision pour dépréciation. Les provisions pour dépréciation constituées sur les titres à revenu fixe antérieurement à leur inscription à ce compte sont rapportées au résultat imposable de l'exercice de cette inscription, à l'exception de leur fraction qui correspond à la partie du prix d'acquisition des titres concernés qui excède leur valeur de remboursement ; cette fraction est rapportée au résultat imposable de manière échelonnée dans les conditions définies au I sur la durée restant à courir jusqu'au remboursement des titres concernés.

IV. – Pour les titres acquis avant l'ouverture du premier exercice d'application du régime défini au présent article, le montant du profit ou de la perte correspondant à la différence corrigée mentionnée au premier alinéa du I qui doit être réparti sur la durée restant à courir jusqu'au remboursement est réduit de la fraction qui aurait dû être ajoutée ou retranchée du résultat des exercices antérieurs si la méthode avait été appliquée depuis l'acquisition des titres. Cette fraction est comprise dans le résultat imposable au cours duquel le titre est cédé ou remboursé.

Les bons à moyen terme négociables détenus par un établissement bancaire qui sont inscrits à un compte de titres de placement à revenu fixe peuvent, par application de l'art. 38 *bis* B, faire l'objet d'une provision pour dépréciation sans qu'il soit besoin de déterminer si ces titres constituent ou non des valeurs mobilières au sens de l'art. 38 *septies* de l'annexe III. • CAA Nantes 25 juin 2004, n° 01NT264 : *RJF 2004. 1224.*

Art. 38 *bis* B *bis* I. – Par exception aux dispositions des articles 38, 238 *septies* B et 238 *septies* E, lorsque les entreprises d'assurances et de capitalisation *(Ord. n° 2017-484 du 6 avr. 2017, art. 17-III-2°)* « , les fonds de retraite professionnelle supplémentaire mentionnés à l'article L. 381-1 du code des assurances, les mutuelles ou unions de retraite professionnelle supplémentaire mentionnées à l'article L. 214-1 du code de la mutualité ou les institutions de retraite professionnelle supplémentaire mentionnées à l'article L. 942-1 du code de la sécurité sociale » achètent ou souscrivent des titres de créances négociables sur un marché réglementé, ou des titres obligataires autres que les obligations indexées, les parts de fonds communs de créances et les titres participatifs, pour un prix différent de leur prix de remboursement, la perte ou le profit correspondant à cette différence est, pour la détermination du résultat imposable de l'entreprise, réparti sur la durée restant à courir jusqu'au remboursement. Lorsque plusieurs dates de remboursement sont prévues, la date la plus éloignée est retenue.

Cette répartition est effectuée de manière actuarielle de telle sorte qu'à la clôture de chaque exercice, la valeur comptable des titres compte tenu de cette répartition soit égale à leur valeur actuelle calculée au taux de rendement actuariel déterminé lors de leur acquisition.

Pour l'application de ces dispositions, le prix d'achat des titres s'entend hors intérêts courus.

A la clôture de chaque exercice, le prix de revient des titres est augmenté ou diminué, selon le cas, de la fraction du profit ou de la perte comprise dans le résultat imposable.

II. – Les titres soumis aux dispositions du I ne peuvent faire l'objet d'une provision pour dépréciation.

III. – Les dispositions du présent article s'appliquent pour la détermination des résultats des *exercices ouverts* à compter du 1er janvier 1992.

Les titres acquis au cours d'un exercice antérieur sont réputés, pour le calcul du taux de rendement actuariel mentionné au deuxième alinéa du I, avoir été acquis le 1er janvier 1992, leur durée de vie résiduelle s'appréciant également à cette date. Le profit ou la perte à répartir en application du I est déterminé à partir du prix d'achat de ces titres ; les provisions pour dépréciation afférentes à ces titres sont réintégrées dans le résultat imposable du premier exercice d'application de cette répartition. Toutefois, les entreprises peuvent choisir pour ces titres de ne pas appliquer les dispositions du I si leur prix d'achat est inférieur à leur prix de remboursement ; le choix ainsi effectué s'applique à l'ensemble des titres acquis avant cette date.

Art. 38 *bis* C Par exception aux dispositions de l'article 38, les contrats d'échange de taux d'intérêt ou de devises conclus par les établissements de crédit, les sociétés de financement ou les entreprises d'investissement mentionnés à l'article 38 *bis* A et qui sont affectés à la couverture d'instruments financiers évalués à leur valeur de marché ou à la gestion spécialisée d'une activité de transaction, sont évalués à leur valeur de marché à la clôture de chaque exercice ou à la date à laquelle ils cessent de remplir les conditions pour être soumis à cette règle d'évaluation. L'écart résultant de cette évaluation constitue un élément du résultat imposable au taux normal.

Si les conditions prévues par le premier alinéa ne sont plus remplies, l'évaluation des contrats à leur valeur de marché cesse de s'appliquer ; dans ce cas, les flux de trésorerie relatifs à ces contrats sont rattachés aux résultats selon la règle des intérêts courus. Corrélativement le profit ou la perte résultant de cette évaluation est respectivement retranché ou ajoutée aux résultats imposables selon une répartition effectuée de manière actuarielle sur la durée restant à courir jusqu'à l'échéance des contrats concernés.

Pour l'application des dispositions du premier alinéa, la valeur de marché du contrat est déterminée, à la clôture de l'exercice, par actualisation des flux de trésorerie futurs en fonction du taux d'intérêt du marché correspondant ; cette valeur est corrigée afin de tenir compte des risques de contrepartie et de la valeur actualisée des charges afférentes au contrat. — *V. Ann. III, art. 2 E.*

Les provisions pour pertes afférentes à des contrats d'échange de taux d'intérêt ou de devises non soumis aux dispositions du premier alinéa ne sont pas déductibles des résultats imposables.

Les soultes constatées lors de la conclusion de contrats d'échange de taux d'intérêt ou de devises non soumis aux dispositions du premier alinéa sont rapportées aux résultats imposables de manière échelonnée selon une répartition actuarielle sur la durée de vie des contrats concernés. Lorsque ces contrats sont, postérieurement à leur conclusion, soumis aux dispositions du premier alinéa, la fraction des soultes non encore rapportée aux bases de l'impôt est comprise dans le résultat de l'exercice au cours duquel intervient leur changement d'affectation.

Les modalités d'évaluation des contrats soumis aux règles exposées au premier alinéa font l'objet d'un état détaillé soumis au contrôle de la commission mentionnée au troisième alinéa, qui permet de justifier les taux retenus pour les calculs d'actualisation ; cet état est tenu à la disposition de l'administration.

Pour l'application des dispositions du présent article, autres que celles prévues au dernier membre de la première phrase du deuxième alinéa, sont assimilés à des contrats d'échange de taux d'intérêt les contrats conclus de gré à gré destinés à garantir aux parties un taux d'intérêt portant sur un capital de référence, une durée ou une ou plusieurs échéances futures ainsi que ceux destinés à garantir des plafonds ou des planchers de taux d'intérêt.

Al. disjoint.

Un décret fixe les modalités d'application du présent article.

Art. 38 *ter* Lorsqu'une entreprise de crédit-bail donne en location un fonds de commerce, un fonds artisanal ou l'un de leurs éléments incorporels non amortissables ou des parts sociales ou des actions de sociétés commerciales non négociables sur un marché réglementé dans les conditions prévues au 3 ou au 4 de l'article L. 313-7 du code monétaire et financier, les sommes correspondant à la quote-part de loyer prise en compte pour la fixation du prix de vente convenu pour l'acceptation de la promesse unilatérale de vente ne constituent pas un élément de son résultat imposable si le versement de ces sommes fait naître à l'égard du locataire une dette d'égal montant constatée au bilan de l'entreprise de crédit-bail.

Pour la détermination de la plus-value de cession imposable lors de l'acceptation par le locataire de la promesse unilatérale de vente, le prix de vente convenu au contrat est majoré de la quote-part de loyer définie au premier alinéa.

Un décret fixe les modalités d'application de cette disposition, notamment les obligations déclaratives. — *V. Ann. III, art. 38 quindecies E.*

Art. 38 *quater* Par dérogation aux dispositions de l'article 38, lorsqu'un contrat d'assurance sur la vie a été souscrit auprès d'une compagnie d'assurances par une entreprise sur la tête d'un dirigeant ou d'une personne jouant un rôle déterminant dans le fonctionnement de l'exploitation, le profit qui résulte de l'indemnisation du préjudice économique subi par l'entreprise consécutivement au décès peut être réparti par parts égales sur l'année de sa réalisation et sur les quatre années suivantes *[ces dispositions sont applicables aux résultats des exercices clos à compter du 31 déc. 2004]*. Dans ce cas, l'entreprise échelonne, par parts égales sur les mêmes années, la déduction du montant global des primes qu'elle a acquittées en exécution de ces contrats et qui n'ont pas été précédemment déduites des résultats imposables de l'entreprise.

Les sommes dont l'imposition a été différée en application de l'alinéa précédent sont rapportées au bénéfice imposable de l'exercice de la cession ou de la cessation de l'entreprise.

Art. 38 *quinquies* L'entreposage d'une production agricole par un exploitant soumis à un régime réel d'imposition chez un tiers puis, le cas échéant, sa reprise n'entraînent pas la constatation d'un profit ou d'une perte pour la détermination du résultat imposable, sous réserve que les produits agricoles restent inscrits dans les stocks au bilan de l'exploitant.

Pour l'application du premier alinéa, constitue une convention d'entreposage le contrat par lequel une production agricole fait l'objet d'un dépôt non individualisé dans les magasins d'une entreprise qui est chargée de la stocker, de la transformer ou de réaliser d'autres prestations sur cette production et peut être reprise à l'identique ou à l'équivalent par l'exploitant.

La production agricole entreposée qui ne fait pas l'objet d'une reprise demeure inscrite dans les stocks au bilan de l'exploitant pour sa valeur à la date de clôture de l'exercice au cours duquel l'entreposage est intervenu, majorée des seuls frais facturés par l'organisme entrepositaire, jusqu'à la date de perception des sommes représentatives de la cession des produits considérés ou des acomptes perçus sur ces sommes.

La production agricole qui fait l'objet d'un entreposage, puis d'une reprise par l'exploitant demeure inscrite dans les stocks au bilan de l'exploitant jusqu'au transfert du contrôle et des avantages économiques futurs attachés à cette production. — *V. Ann. III, art. 2 F.*

1. Modalités d'imposition des productions agricoles entreposées. Aménagements du dispositif. Modalités de valorisation des stocks inscrits au bilan de l'exploitant. Date d'imposition de la production agricole entreposée. * BOI-BA-BASE-20-20-20-30 n°s 280 à 510 du 7 sept. 2016.

2. Pour les exercices clos à compter du 1er janv. 2010, les règles d'imposition relatives aux productions agricoles entreposées chez un tiers sont applicables aux apports de raisins réalisés par les viticulteurs associés de caves coopératives. * Rescrit 30 mars 2010 : n° 2010/19 FP * BOI-BA-BASE-20-20-20-30 n° 490 du 7 sept. 2016.

Art. 38 *quinquies* A I. — Par dérogation aux dispositions du 1 de l'article 38, le résultat imposable de la Banque de France est déterminé sur la base des règles comptables définies en application de l'article L. 144-4 du code monétaire et financier et de la convention visée à l'article L. 141-2 du même code.

Le résultat imposable de la Banque de France est établi :

1° Après déduction des montants mentionnés au quatrième alinéa de l'article L. 612-18 du même code ;

2° Après intégration des montants mentionnés au cinquième alinéa de l'article L. 612-18 précité.

II. — Pour l'application des dispositions du 2 de l'article 38, les éléments suivants ne sont pas retenus dans la *définition de l'actif* net de la Banque de France :

1° *La réserve de* réévaluation des réserves en or de l'État et la réserve de réévaluation des réserves en devises de l'État définies par la convention visée à l'article L. 141-2 du code monétaire et financier ;

2° Les comptes de réévaluation définis par les règles obligatoires de comptabilisation et d'évaluation arrêtées en vue de l'établissement du bilan consolidé du Système euro-

péen de banques centrales conformément à l'article 26 du protocole annexé au traité instituant la Communauté européenne sur les statuts du Système européen de banques centrales et de la Banque centrale européenne.

Art. 38 sexies **Lorsque les ristournes accordées par une société coopérative agricole mentionnée à l'article L. 521-1 du code rural et de la pêche maritime à un associé coopérateur prennent la forme de l'attribution de parts sociales de cette société, l'imposition du produit comptabilisé au titre de ces ristournes par cet associé peut, sur option, faire l'objet d'un report d'imposition jusqu'à la date de cession, de transmission ou d'apport des parts ainsi attribuées ou jusqu'à la date de cessation d'activité si celle-ci est antérieure.**

Un décret précise les obligations déclaratives nécessaires à l'application du premier alinéa. — *V. Ann. III, art. 2 C bis à 2 C quater.*

Art. 38 septies *(L. nº 2017-1775 du 28 déc. 2017, art. 15)* **I. — Les plus-values réalisées à l'occasion d'échanges de terres agricoles, effectués dans le cadre d'un aménagement foncier rural au sens de l'article L. 121-1 du code rural et de la pêche maritime par les sociétés d'aménagement foncier et d'établissement rural et les sociétés dont l'activité principale est de nature agricole, au sens de l'article 63 du présent code, qui sont passibles de l'impôt sur les sociétés peuvent, sur option, faire l'objet d'un report d'imposition jusqu'à l'un des événements mentionnés au II du présent article.**

Le ou les biens remis ou reçus en contrepartie des terres agricoles peuvent également être des actions ou parts de sociétés dont l'activité principale est de nature agricole au sens de l'article 63 ou ayant pour objet principal la propriété agricole.

En cas d'échange avec soulte, la plus-value réalisée est, à concurrence du montant de la soulte reçue, comprise dans le bénéfice de l'exercice au cours duquel intervient l'échange.

En cas d'échange de terres contre des actions ou parts de sociétés, la plus-value réalisée, déduction faite de l'éventuelle soulte, afférente à la cession des actions ou parts est comprise dans le bénéfice de l'exercice au cours duquel intervient l'échange à proportion de la valeur au jour de l'échange des éléments de l'actif de la société autres que des terres agricoles sur l'actif total de la société dont les titres sont échangés.

II. — Il est mis fin au report d'imposition mentionné au I :

1° En cas de cession des terres reçues en échange ;

2° En cas de cession des actions ou parts reçues en échange ou en cas de cession des terres figurant au jour de l'échange à l'actif de la société concernée par l'échange.

En cas de cession partielle des éléments mentionnés aux 1° ou 2°, la plus-value mise en report est imposable à proportion des actifs cédés.

Les dispositions du présent art. s'appliquent à l'impôt sur le revenu dû au titre de l'année 2017 et des années suivantes et à l'impôt sur les sociétés dû au titre des exercices clos à compter du 31 déc. 2017 (L. nº 2017-1775 du 28 déc. 2017, art. 15).

Art. 39 **1. Le bénéfice net est établi sous déduction de toutes charges, celles-ci comprenant, sous réserve des dispositions du 5, notamment :**

1° Les frais généraux de toute nature, les dépenses de personnel et de main-d'œuvre, le loyer des immeubles dont l'entreprise est locataire.

Toutefois les rémunérations ne sont admises en déduction des résultats que dans la mesure où elles correspondent à un travail effectif et ne sont pas excessives eu égard à l'importance du service rendu. Cette disposition s'applique à toutes les rémunérations directes ou indirectes, y compris les indemnités, allocations, avantages en nature et remboursements de frais.

(L. nº 2017-1775 du 28 déc. 2017, art. 13, en vigueur le 1er janv. 2018) **« Une entreprise mettant à disposition de manière temporaire un salarié dans les conditions prévues à l'article L. 8241-3 du code du travail peut déduire les salaires, charges sociales afférentes et frais professionnels remboursés au salarié mis à disposition, même lorsqu'elle ne refacture que partiellement ces coûts à l'entreprise bénéficiaire de la mise à disposition. Le bénéfice de la déduction, pour la part excédant la refacturation, est subordonné au respect du règlement (UE) nº 1407/2013 de la Commission du 18 décembre 2013 relatif à l'application des articles 107 et 108 du traité sur le fonctionnement de l'Union européenne aux aides *de minimis*. »**

1° *bis* Pour les exercices clos à compter du 31 décembre 1987 et sous réserve des dispositions du 9, l'indemnité de congé payé calculée dans les conditions prévues aux articles L. 3141-24 à L. 3141-27 du code du travail, y compris les charges sociales et fiscales afférentes à cette indemnité.

Par exception aux dispositions du premier alinéa et sur option irrévocable de l'entreprise, cette indemnité ainsi que les charges sociales et fiscales y afférentes revêtent du point de vue fiscal le caractère d'un salaire de substitution qui constitue une charge normale de l'exercice au cours duquel le salarié prend le congé correspondant. Cette option ne peut pas être exercée par les entreprises créées après le 31 décembre 1986. Elle est exercée avant l'expiration du délai de dépôt de la déclaration des résultats du premier exercice clos à compter du 31 décembre 1987. — *L'option est formulée sur un imprimé conforme au modèle établi par l'administration (Décr. n° 87-1029 du 22 déc. 1987, art. 7, JO 24 déc.).*

Pour les exercices clos avant le 31 décembre 1987, l'indemnité de congé payé calculée dans les conditions prévues aux articles L. 3141-24 à L. 3141-27 du code du travail revêt du point de vue fiscal le caractère d'un salaire de substitution qui constitue une charge normale de l'exercice au cours duquel le salarié prend le congé correspondant. Pour la détermination des résultats imposables des exercices clos du 1er janvier 1986 au 30 décembre 1987, il en est de même des charges sociales et fiscales afférentes à cette indemnité.

Un décret fixe les modalités d'application de ces dispositions ; — *V. Ann. III, art. 49 octies à 49 octies D.*

1° *ter* Pour les emprunts contractés à compter du 1er janvier 1993, la fraction, courue au cours de l'exercice, de la rémunération égale à la différence entre les sommes ou valeurs à verser, autres que les intérêts, et celles reçues à l'émission, lorsque cette rémunération excède 10 % des sommes initialement mises à la disposition de l'emprunteur.

Cette fraction courue est déterminée de manière actuarielle, selon la méthode des intérêts composés.

Pour les emprunts dont le montant à rembourser est indexé, ces dispositions s'appliquent à la fraction de la rémunération qui est certaine dans son principe et son montant dès l'origine, si cette fraction excède 10 % des sommes initialement mises à la disposition de l'emprunteur. Elles ne sont pas applicables aux emprunts convertibles et à ceux dont le remboursement est à la seule initiative de l'emprunteur ;

1° *quater* Sur option irrévocable et globale de l'émetteur pour une période de deux ans, les frais d'émission des emprunts répartis, par fractions égales ou au prorata de la rémunération courue, sur la durée des emprunts émis pendant cette période.

En cas de remboursement anticipé d'un emprunt, de conversion ou d'échange, les frais d'émission non encore déduits sont admis en charge au prorata du capital remboursé, converti ou échangé.

Ces dispositions ne sont pas applicables aux emprunts dont le remboursement est à la seule initiative de l'emprunteur.

Un décret fixe les conditions d'application de ces dispositions, notamment en ce qui concerne les modalités d'option et les obligations déclaratives ; — *V. Ann. III, art. 2 D.*

2° Sauf s'ils sont pratiqués par une copropriété de navires, une copropriété de cheval de course ou d'étalon, les amortissements réellement effectués par l'entreprise, dans la limite de ceux qui sont généralement admis d'après les usages de chaque nature d'industrie, de commerce ou d'exploitation et compte tenu des dispositions de l'article 39 A, sous réserve des dispositions de l'article 39 B. — *V. art. 39 E et 61 A pour la détermination des résultats d'une copropriété de navires et art. 39 F et 61 A pour la détermination des résultats d'une copropriété de cheval de course ou d'étalon.*

(L. n° 2021-1900 du 30 déc. 2021, art. 23-I-1°) « Toutefois, ne sont pas admis en déduction les amortissements des fonds commerciaux.

« Par dérogation au deuxième alinéa du présent 2°, sont admis en déduction les amortissements constatés dans la comptabilité des entreprises au titre des fonds commerciaux lorsqu'ils sont acquis à compter du 1er janvier 2022 et jusqu'au 31 décembre 2025. »

Les décrets en Conseil d'État prévus à l'article 273 fixent les conséquences des déductions prévues à l'article 271 sur la comptabilisation et l'amortissement des biens ; *– V. Ann. II, art. 15 et 209-II.*

3° Les intérêts servis aux associés à raison des sommes qu'ils laissent ou mettent à la disposition de la société, en sus de leur part du capital, quelle que soit la forme de la société, dans la limite de ceux calculés à un taux égal à la moyenne annuelle des taux effectifs moyens pratiqués par les établissements de crédit et les sociétés de financement pour des prêts à taux variable aux entreprises, d'une durée initiale supérieure à deux ans.

Cette déduction est subordonnée à la condition que le capital ait été entièrement libéré.

A compter du 1er janvier 1983, les produits des clauses d'indexation afférentes aux sommes mises ou laissées à la disposition d'une société par ses associés ou ses actionnaires sont assimilés à des intérêts.

La rémunération mentionnée au 1° *ter* est retenue pour l'appréciation de la limitation prévue au premier alinéa.

La limite prévue au premier alinéa n'est pas applicable aux intérêts afférents aux avances consenties par une société à une autre société lorsque la première possède, au regard de la seconde, la qualité de société mère au sens de l'article 145 et que ces avances proviennent de sommes empruntées par offre au public sur le marché obligataire *(Ord. no 2019-1067 du 21 oct. 2019, art. 18-1°)* « , à l'exception des offres mentionnées au 1° ou au 2° de l'article L. 411-2 du code monétaire et financier ou à l'article L. 411-2-1 du même code, » ou par émission de titres de créances mentionnés au *(L. no 2017-1837 du 30 déc. 2017, art. 28, applicable aux impositions dont le fait générateur intervient à compter du 1er janv. 2018)* « premier alinéa de l'article 124 B » ; dans ce cas, les intérêts sont déductibles dans la limite des intérêts des ressources ainsi collectées par la société mère pour le compte de sa ou de ses filiales. Ces dispositions sont applicables aux intérêts afférents aux ressources empruntées à compter du 1er janvier 1986. Elles cessent de s'appliquer pour la détermination des résultats imposables des exercices ouverts à compter du 1er janvier 1988.

Les conditions d'application de l'alinéa précédent, notamment les obligations déclaratives des sociétés mentionnées, sont fixées par décret ;

3° *bis Abrogé.*

4° Sous réserve des dispositions de l'article 153, les impôts à la charge de l'entreprise, mis en recouvrement au cours de l'exercice, à l'exception *(L. no 2017-1775 du 28 déc. 2017, art. 14)* « des impôts prélevés par un État ou territoire conformément aux stipulations d'une convention fiscale d'élimination des doubles impositions en matière d'impôt sur les revenus conclue par cet État ou territoire avec la France, » des taxes prévues aux articles 231 *ter*, 235 *ter* X, *(Abrogé par Décr. no 2019-559 du 6 juin 2019, art. 1er) « 235 ter ZE, »* 235 *ter* ZE *bis* et 990 G et, pour les rappels de taxe sur la valeur ajoutée afférents à des opérations au titre desquelles la taxe due peut être totalement ou partiellement déduite par le redevable lui-même, du montant de la taxe déductible. *– Les dispositions de la L. no 2017-1775 du 28 déc. 2017 s'appliquent aux exercices clos à compter du 31 déc. 2017 (L. préc., art. 14).*

Par exception aux dispositions du premier alinéa, lorsque, en application du *(Décr. no 2019-559 du 6 juin 2019, art. 1er)* « huitième » alinéa de l'article 1679 *quinquies*, un redevable réduit le montant du solde de cotisation foncière des entreprises du montant du dégrèvement attendu du plafonnement de la contribution économique territoriale due au titre de la même année, le montant de la cotisation foncière des entreprises déductible du bénéfice net est réduit dans les mêmes proportions. Corrélativement, le montant du dégrèvement ainsi déduit ne constitue pas un produit imposable, lorsqu'il est accordé ultérieurement ;

4° *bis* Le prélèvement opéré au titre de l'article 4 modifié de la loi n° 51-675 du 24 mai 1951, relative à la construction navale, et faisant l'objet d'un ordre de versement émis au cours de l'exercice ;

4° *ter Abrogé.*

4° *quater Abrogé.*

5° Les provisions constituées en vue de faire face à des pertes ou charges nettement précisées et que des événements en cours rendent probables, à condition qu'elles aient été effectivement constatées dans les écritures de l'exercice. Toutefois, ne sont pas déductibles les provisions que constitue une entreprise en vue de faire face au versement d'allocations en raison du départ à la retraite ou préretraite des membres ou anciens membres de son personnel, ou de ses mandataires sociaux. Les provisions pour pertes afférentes à des opérations en cours à la clôture d'un exercice ne sont déductibles des résultats de cet exercice qu'à concurrence de la perte qui est égale à l'excédent du coût de revient des travaux exécutés à la clôture du même exercice sur le prix de vente de ces travaux compte tenu des révisions contractuelles certaines à cette date. S'agissant des produits en stock à la clôture d'un exercice, les dépenses non engagées à cette date en vue de leur commercialisation ultérieure ne peuvent, à la date de cette clôture, être retenues pour l'évaluation de ces produits en application des dispositions du 3 de l'article 38, ni faire l'objet d'une provision pour perte.

La dépréciation des œuvres d'art inscrites à l'actif d'une entreprise peut donner lieu à la constitution d'une provision. Cette dépréciation doit être constatée par un expert agréé près les tribunaux lorsque le coût d'acquisition de l'œuvre est supérieur à 7 600 €.

Un décret fixe les règles d'après lesquelles des provisions pour fluctuation des cours peuvent être retranchées des bénéfices des entreprises dont l'activité consiste essentiellement à transformer directement des matières premières acquises sur les marchés internationaux ou des matières premières acquises sur le territoire national et dont les prix sont étroitement liés aux variations des cours internationaux. – *V. Ann. III, art. 3 à 10 septies.*

Pour les entreprises dont l'objet principal est de faire subir en France la première transformation au pétrole brut, le montant de la provision pour fluctuation des cours ne peut excéder 69 % de la limite maximale de la provision calculée conformément aux dispositions législatives et réglementaires en vigueur. L'excédent éventuel de la provision antérieurement constituée, par rapport à la nouvelle limite maximale calculée à la clôture du premier exercice auquel elle s'applique, est rapporté au bénéfice imposable de cet exercice. Ces dispositions s'appliquent pour la détermination des résultats des exercices clos à compter du 24 septembre 1975. – *V. Ann. III, art. 3 à 10 septies.*

Les dispositions des troisième et quatrième alinéas cessent de s'appliquer pour la détermination des résultats des exercices clos à compter du 31 décembre 1997. Les provisions pour fluctuation des cours inscrites au bilan à l'ouverture du premier exercice clos à compter de cette même date sont rapportées, par fractions égales, aux résultats imposables de ce même exercice et des deux exercices suivants.

Toutefois, les dispositions de la dernière phrase de l'alinéa qui précède ne sont pas applicables au montant des provisions visées à la même phrase qui sont portées, à la clôture du premier exercice clos à compter du 31 décembre 1997, à un compte de réserve spéciale. Les sommes inscrites à cette réserve ne peuvent excéder 9 146 941 €.

Les sommes prélevées sur la réserve mentionnée à l'alinéa précédent sont rapportées aux résultats de l'exercice en cours lors de ce prélèvement. Cette disposition n'est toutefois pas applicable :

a) Si l'entreprise est dissoute ;

b) Si la réserve est incorporée au capital ; en cas de réduction de capital avant la fin de la cinquième année suivant celle au cours de laquelle est intervenue l'incorporation au capital de la réserve, les sommes qui ont été incorporées au capital sont rapportées aux résultats de l'exercice au cours duquel intervient cette réduction. Le montant de la reprise est, s'il y a lieu, limité au montant de cette réduction ;

c) En cas d'imputation de pertes sur la réserve spéciale, les pertes ainsi annulées cessent d'être reportables.

Sous réserve des dispositions prévues au quatorzième alinéa, les entreprises peuvent, d'autre part, en ce qui concerne les variations de prix postérieures au 30 juin 1959, pratiquer en franchise d'impôt une provision pour hausse des prix lorsque, pour une matière ou un produit donné, il est constaté, au cours d'une période ne pouvant excéder deux exercices successifs clos postérieurement à cette date, une hausse de prix supérieure à 10 %. Le montant de la dotation à cette provision ne peut excéder 15 millions d'euros par période de douze mois, au titre de chaque exercice, majoré le cas échéant d'une fraction égale à 10 % de la dotation à cette provision déterminée dans les conditions prévues à la phrase précédente. Toutefois, pour les entreprises dont la durée moyenne de rotation des stocks, pondérée par matières et produits, est supérieure à un an, le plafond fixé à la phrase précédente est multiplié par cette durée moyenne, exprimée en mois, divisée par douze.

La provision pratiquée à la clôture d'un exercice en application de l'alinéa précédent est rapportée de plein droit aux bénéfices imposables de l'exercice en cours à l'expiration de la sixième année suivant la date de cette clôture. Toutefois, la réintégration dans les bénéfices pourra être effectuée après la sixième année dans les secteurs professionnels où la durée normale de rotation des stocks est supérieure à trois ans. Dans ce dernier cas, les entreprises effectueront la réintégration dans un délai double de celui de la rotation normale des stocks.

Un décret fixe les modalités d'application des deux alinéas qui précèdent. – *V. Ann. III, art. 10 nonies à 10 terdecies.*

Les matières, produits ou approvisionnements existant en stock à la clôture de chaque exercice et qui peuvent donner lieu à la constitution de la provision pour fluctuation des cours prévue au troisième alinéa n'ouvrent pas droit à la provision pour hausse des prix.

Les provisions qui, en tout ou en partie, reçoivent un emploi non conforme à leur destination ou deviennent sans objet au cours d'un exercice ultérieur sont rapportées aux résultats dudit exercice. Lorsque le rapport n'a pas été effectué par l'entreprise elle-même, l'administration peut procéder aux rectifications nécessaires dès qu'elle constate que les provisions sont devenues sans objet. *(L. n° 2021-1900 du 30 déc. 2021, art. 23-I-2°)* « Par dérogation, la provision constituée à raison d'un fonds commercial dont l'amortissement est admis en déduction en application du troisième alinéa du 2° du 1 du présent article est rapportée aux résultats imposables de chacun des exercices suivant celui au titre duquel elle a été déduite, pour un montant égal à la différence entre l'amortissement qui aurait été pratiqué si la provision n'avait pas été comptabilisée et l'amortissement effectivement comptabilisé à la clôture de l'exercice. »

Par dérogation aux dispositions des premier et quinzième alinéas, la provision pour dépréciation qui résulte éventuellement de l'estimation du portefeuille est soumise au régime fiscal des moins-values à long terme défini au 2 du I de l'article 39 *quindecies* ; si elle devient ultérieurement sans objet, elle est comprise dans les plus-values à long terme de l'exercice, visées au 1 du I de l'article 39 *quindecies*. *(Abrogé par L. n° 2020-1721 du 29 déc. 2020, art. 175-I-B et II, applicable aux exercices clos à compter du 31 déc. 2020) « Conformément au quatrième alinéa de l'article L. 211-24 du code monétaire et financier, »* La provision pour dépréciation constituée antérieurement, le cas échéant, sur des titres financiers prêtés n'est pas réintégrée ; elle doit figurer sur une ligne distincte au bilan et demeurer inchangée jusqu'à la restitution de ces titres.

Toutefois, pour les exercices ouverts à partir du 1er janvier 1974, les titres de participation ne peuvent faire l'objet d'une provision que s'il est justifié d'une dépréciation réelle par rapport au prix de revient. Pour l'application de la phrase précédente, constituent des titres de participation les parts ou actions de sociétés revêtant ce caractère sur le plan comptable. Il en va de même des actions acquises en exécution d'une offre publique d'achat ou d'échange par l'entreprise qui en est l'initiatrice ainsi que des titres ouvrant droit au régime des sociétés mères à condition de détenir au moins 5 % des droits de vote de la société émettrice », si ces actions ou titres sont inscrits en comptabilité au compte de titres de participation ou à une subdivision spéciale d'un autre compte du bilan correspondant à leur qualification comptable.

Les provisions pour dépréciation, en ce qui concerne les titres et actions susvisés, précédemment comptabilisées seront rapportées aux résultats des exercices ultérieurs à concurrence du montant des provisions de même nature constituées à la clôture de chacun de ces exercices ou, le cas échéant, aux résultats de l'exercice de cession.

Toutefois, les dotations aux provisions pour dépréciation comptabilisées au titre de l'exercice sur l'ensemble des titres de participation définis au dix-septième alinéa ne sont pas déductibles à hauteur du montant des plus-values latentes existant à la clôture du même exercice sur les titres appartenant à cet ensemble. Pour l'application des dispositions de la phrase précédente, les plus-values latentes, qui s'entendent de la différence existant entre la valeur réelle de ces titres à la clôture de l'exercice et leur prix de revient corrigé des plus ou moins-values en sursis d'imposition sur ces mêmes titres, sont minorées du montant des provisions non admises en déduction au titre des exercices précédents en application de la même phrase et non encore rapportées au résultat à la clôture de l'exercice. Le montant des dotations ainsi non admis en déduction est affecté à chaque titre de participation provisionné à proportion des dotations de l'exercice comptabilisées sur ce titre. Le présent alinéa s'applique aux seuls titres de sociétés à prépondérance immobilière définies au *a sexies*-0 *bis* du I de l'article 219 pour la détermination des résultats des exercices ouverts à compter du 1er janvier 2007.

Les dotations aux provisions non admises en déduction au titre d'un exercice et affectées à un titre de participation en application de l'alinéa précédent viennent minorer le montant des provisions pour dépréciation sur ce titre rapporté au résultat des exercices ultérieurs.

La dépréciation de titres prêtés dans les conditions prévues à l'article L. 211-22 du code monétaire et financier ne peut donner lieu, de la part du prêteur ou de l'emprunteur, à la constitution d'une provision. De même le prêteur ne peut constituer de provision pour dépréciation de la créance représentative de ces titres.

La dépréciation des titres financiers qui sont l'objet d'une pension dans les conditions prévues par les articles L. 211-27 à L. 211-34 du code monétaire et financier, ne peut donner lieu, de la part du cessionnaire, à la constitution d'une provision déductible sur le plan fiscal.

La dépréciation des titres qui font l'objet d'une remise en garantie dans les conditions prévues à l'article 38 *bis*-0 A *bis* ne peut donner lieu à la constitution d'une provision déductible sur le plan fiscal. De même, le constituant ne peut déduire de provision pour dépréciation de la créance représentative de ces titres.

Par exception aux dispositions du seizième alinéa, la provision éventuellement constituée par une entreprise en vue de faire face à la dépréciation d'une participation dans une filiale implantée à l'étranger n'est admise sur le plan fiscal que pour la fraction de son montant qui excède les sommes déduites en application des dispositions de l'article 39 *octies* A et non rapportées au résultat de l'entreprise. Cette disposition s'applique pour la détermination des résultats des exercices ouverts à compter du 1er janvier 1988.

Les dispositions de l'alinéa précédent sont également applicables à la fraction du montant de la provision pour dépréciation mentionnée à cet alinéa, qui excède les sommes déduites en application de l'article 39 *octies* D ; cette disposition s'applique pour la détermination des résultats des exercices ouverts à compter du 1er janvier 1992.

La provision éventuellement constituée en vue de faire face à la dépréciation d'éléments d'actif non amortissables reçus lors d'une opération placée sous l'un des régimes prévus aux articles mentionnés au II de l'article 54 *septies* *(L. n° 2020-1721 du 29 déc. 2020, art. 31-I-1°-a)* « ou réévalués dans les conditions prévues à l'article 238 *bis* JB, » est déterminée par référence à la valeur fiscale des actifs auxquels les éléments reçus se sont substitués *(L. n° 2020-1721 du 29 déc. 2020, art. 31-I-1°-b)* « ou à celle des actifs réévalués ».

La provision constituée par l'entreprise en vue de faire face à l'obligation de renouveler un bien amortissable dont elle assure l'exploitation est déductible, à la clôture de l'exercice, dans la limite de la différence entre le coût estimé de remplacement de ce bien à la clôture du même exercice et son prix de revient initial affectée d'un coefficient progressif. Ce coefficient est égal au quotient du nombre d'années d'utilisation du bien depuis sa mise en service sur sa durée totale d'utilisation.

Les dotations à la provision visée au vingt-septième alinéa ne sont pas déductibles si elles sont passées après l'expiration du plan de renouvellement en vigueur au 15 septembre 1997 ou, pour les biens mis en service après cette date, après l'expiration du plan initial de renouvellement.

La fraction de la provision pour renouvellement régulièrement constituée, figurant au bilan du dernier exercice clos avant le 31 décembre 1997 et qui, à la clôture des exercices suivants, est supérieure au montant déterminé en application des vingt-septième et vingt-huitième alinéas et n'a pas été utilisée, n'est pas rapportée au résultat de ces exercices, sous réserve des dispositions du quinzième alinéa.

Lorsque le bien à renouveler ne fait pas l'objet de dotations aux amortissements déductibles pour la détermination du résultat imposable de l'entreprise, le prix de revient initial du bien est retenu pour une valeur nulle.

Dans l'hypothèse où cette obligation de renouvellement est mise à la charge d'un tiers, les dispositions des vingt-septième à trentième alinéas sont applicables à celui-ci.

Les provisions pour indemnités de licenciement constituées en vue de faire face aux charges liées aux licenciements pour motif économique ne sont pas déductibles des résultats des exercices clos à compter du 15 octobre 1997. Les provisions pour indemnités de licenciement constituées à cet effet et inscrites au bilan à l'ouverture du premier exercice clos à compter du 15 octobre 1997 sont rapportées aux résultats imposables de cet exercice.

Les provisions constituées en vue de faire face au risque de change afférent aux prêts soumis, sur option, aux dispositions prévues au quatrième alinéa du 4 de l'article 38 ne sont pas déductibles du résultat imposable.

Les dotations aux provisions pour dépréciation comptabilisées au titre de l'exercice sur l'ensemble des immeubles de placement ne sont pas déductibles à hauteur du montant des plus-values latentes sur ces mêmes immeubles existant à la clôture du même exercice. Pour l'application de cette disposition, constituent des immeubles de placement les biens immobiliers inscrits à l'actif immobilisé et non affectés par l'entreprise à sa propre exploitation industrielle, commerciale ou agricole ou à l'exercice d'une profession non commerciale, à l'exclusion des biens mis à la disposition ou donnés en location à titre principal à des entreprises liées au sens du 12 de l'article 39 affectant ce bien à leur propre exploitation. Pour l'application des dispositions de la première phrase, les plus-values latentes, qui s'entendent de la différence existant entre la valeur réelle de ces immeubles à la clôture de l'exercice et leur prix de revient corrigé des plus ou moins-values en sursis d'imposition sur les immeubles appartenant à cet ensemble, sont minorées du montant des provisions non admises en déduction au titre des exercices précédents en application de la même phrase et non encore rapportées au résultat à la clôture de l'exercice.

Le montant total des dotations aux provisions non admises en déduction au titre de l'exercice en application de l'alinéa précédent vient minorer le montant total des provisions pour dépréciation des immeubles de placement rapporté au résultat des exercices ultérieurs ;

6° La contribution sociale de solidarité mentionnée à l'article *(Ord. n° 2018-470 du 12 juin 2018, art. 3)* « L. 137-30 » du code de la sécurité sociale et *(Abrogé par L. n° 2017-1836 du 30 déc. 2017, art. 4 et 10, à compter du 1er janv. 2018)* ***« la contribution additionnelle mentionnée à l'article L. 245-13 du même code, ainsi que »*** la taxe d'aide au commerce et à l'artisanat issue de l'article 3 modifié de la loi n° 72-657 du 13 juillet 1972 instituant des mesures en faveur de certaines catégories de commerçants et artisans âgés.

6° *bis* La taxe sur la diffusion en vidéo physique et en ligne de contenus audiovisuels mentionnée à l'article 1609 *sexdecies* B du présent code. — *V. Décr. n° 2017-1364 du 20 sept. 2017.*

7° Les dépenses engagées dans le cadre de manifestations de caractère philanthropique, éducatif, scientifique, social, humanitaire, sportif, familial, culturel ou concourant à la mise en valeur du patrimoine artistique, à la défense de l'environnement naturel ou à la diffusion de la culture, de la langue et des connaissances scientifiques françaises, lorsqu'elles sont exposées dans l'intérêt direct de l'exploitation ;

8° Les abandons de créances à caractère commercial consentis ou supportés dans le cadre d'un plan de sauvegarde ou de redressement *(L. n° 2020-1721 du 29 déc. 2020, art. 19-I-1° et II, applicable aux abandons de créance consentis et aux créances de report en arrière de déficits constatées à compter du 1er janv. 2021)* « ainsi que ceux consentis en application d'un accord constaté ou homologué dans les conditions prévues à l'article L. 611-8 du code de commerce » ;

(L. n° 2020-473 du 25 avr. 2020, art. 3-I-2°, applicable aux exercices clos à compter du 15 avr. 2020) « 9° Les abandons de créances de loyer et accessoires afférents à des immeubles donnés en location à une entreprise n'ayant pas de lien de dépendance avec le bailleur au sens du 12 du présent article consentis entre le 15 avril *(L.*

n° 2020-1721 du 29 déc. 2020, art. 20-VII) **« 2020 et le »** *(L. n° 2021-953 du 19 juill. 2021, art. 8)* **« 31 décembre 2021 », dans leur intégralité. »**

2. Les sanctions pécuniaires et pénalités de toute nature mises à la charge des contrevenants à des obligations légales ne sont pas admises en déduction des bénéfices soumis à l'impôt.

Il en est de même du versement libératoire prévu à l'article L. 221-4 du code de l'énergie.

2 *bis*. A compter de l'entrée en vigueur sur le territoire de la République de la convention sur la lutte contre la corruption d'agents publics étrangers dans les transactions commerciales internationales, les sommes versées ou les avantages octroyés, directement ou par des intermédiaires, au profit d'un agent public au sens du 4 de l'article 1er de ladite convention ou d'un tiers pour que cet agent agisse ou s'abstienne d'agir dans l'exécution de fonctions officielles, en vue d'obtenir ou conserver un marché ou un autre avantage indu dans des transactions commerciales internationales, ne sont pas admis en déduction des bénéfices soumis à l'impôt. — *La Conv. préc. est entrée en vigueur le 29 sept. 2000 ; V. l'art. 15 de la Convention publiée en Annexe au Décr. n° 2000-948 du 28 sept. 2000 (JO 29 sept.).*

3. Les allocations forfaitaires qu'une société attribue à ses dirigeants ou aux cadres de son entreprise pour frais de représentation et de déplacement sont exclues de ses charges déductibles pour l'assiette de l'impôt lorsque parmi ces charges figurent déjà les frais habituels de cette nature remboursés aux intéressés.

Pour l'application de cette disposition, les dirigeants s'entendent, dans les sociétés de personnes et les sociétés en participation qui n'ont pas opté pour le régime fiscal des sociétés de capitaux, des associés en nom et des membres de ces sociétés.

4. Qu'elles soient supportées directement par l'entreprise ou sous forme d'allocations forfaitaires ou de remboursements de frais, sont exclues des charges déductibles pour l'établissement de l'impôt, d'une part, les dépenses et charges de toute nature ayant trait à l'exercice de la chasse ainsi qu'à l'exercice non professionnel de la pêche et, d'autre part, les charges, à l'exception de celles ayant un caractère social, résultant de l'achat, de la location ou de toute autre opération faite en vue d'obtenir la disposition de résidences de plaisance ou d'agrément, ainsi que de l'entretien de ces résidences ; les dépenses et charges ainsi définies comprennent notamment les amortissements.

Sauf justifications, les dispositions du premier alinéa sont applicables :

(L. n° 2019-1479 du 28 déc. 2019, art. 69-I-A-1°-a et VI-B, en vigueur le 1er mars 2020) **« 1°** *[ancienne rédaction : a)]* **» A l'amortissement des véhicules de tourisme au sens** *(Ord. n° 2021-1843 du 22 déc. 2021, art. 10-1°-a, en vigueur le 1er janv. 2022)* **« de l'article L. 421-2 du code des impositions sur les biens et services » pour la fraction de leur prix d'acquisition qui dépasse 18 300 €** *(L. n° 2019-1479 du 28 déc. 2019, art. 69-I-A-1°-a et VI-B, en vigueur le 1er mars 2020)* **« :** *[ancienne rédaction : ;]* **»**

(L. n° 2019-1479 du 28 déc. 2019, art. 69-I-A-1°-b et VI-B, en vigueur le 1er mars 2020) **« *a)* Pour les véhicules** *(Ord. n° 2021-1843 du 22 déc. 2021, art. 10-1°-b, en vigueur le 1er janv. 2022)* **« immatriculés en recourant à la méthode de détermination des émissions de dioxyde de carbone dite WLTP au sens de l'article L. 421-6 du code des impositions sur les biens et services[,] » la somme mentionnée au premier alinéa du présent 1° est de :**

« – 30 000 € si leurs émissions de dioxyde de carbone sont inférieures à 20 grammes par kilomètre ;

« – 20 300 € si leurs émissions de dioxyde de carbone sont supérieures ou égales à 20 grammes et inférieures à 50 grammes par kilomètre ;

« – 9 900 € si leurs émissions de dioxyde de carbone sont supérieures à 165 grammes pour ceux acquis avant le 1er janvier 2021 et à 160 grammes pour ceux acquis à compter de cette date. » — *Les dispositions du présent 1°-a s'appliquent aux exercices clos à compter du 1er juill. 2020 (L. n° 2019-1479 du 28 déc. 2019, art. 69-VI-B, al. 3).*

[Al. 2 à 8 en vigueur jusqu'au 29 févr. 2020]

Cette somme est portée à 30 000 € lorsque les véhicules mentionnés au premier alinéa du présent *a* ont un taux d'émission de dioxyde de carbone inférieur à 20 grammes par kilomètre, et à 20 300 € lorsque leur taux d'émission de dioxyde de carbone est supérieur ou égal à 20 grammes et inférieur à 60 grammes par kilomètre.

Elle est ramenée à 9 900 € lorsque ces véhicules ont un taux d'émission de dioxyde de carbone supérieur à :
– 155 grammes par kilomètre, pour ceux acquis ou loués entre le 1er janvier 2017 et le 31 décembre 2017 ;
– 150 grammes par kilomètre, pour ceux acquis ou loués entre le 1er janvier 2018 et le 31 décembre 2018 ;
– 140 grammes par kilomètre, pour ceux acquis ou loués entre le 1er janvier 2019 et le 31 décembre 2019 ;
– 135 grammes par kilomètre, pour ceux acquis ou loués entre le 1er janvier 2020 et le 31 décembre 2020 ;
– 130 grammes par kilomètre, pour ceux acquis ou loués à compter du 1er janvier 2021 ;
[Al. 2 à 8 en vigueur le 1er mars 2020]
(L. n° 2019-1479 du 28 déc. 2019, art. 69-I-A-1°-c, d et VI-B) **« *b)* Pour les autres véhicules, la somme mentionnée au premier alinéa du présent 1° est de 30 000 € si les émissions sont inférieures à 20 grammes par kilomètre et de 20 300 € si les émissions de dioxyde de carbone sont supérieures ou égales à 20 grammes et inférieures à 60 grammes par kilomètre. »**
« Elle est ramenée à 9 900 € *(L. n° 2019-1479 du 28 déc. 2019, art. 69-I-A-1°-d et VI-B)* **« lorsque les émissions de dioxyde de carbone sont supérieures à : »**
« – 155 grammes par kilomètre, pour ceux acquis *(Abrogé par L. n° 2019-1479 du 28 déc. 2019, art. 69-I-A-1°-e et VI-B) **« ou loués »*** **entre le 1er janvier 2017 et le 31 décembre 2017 ;**
« – 150 grammes par kilomètre, pour ceux acquis *(Abrogé par L. n° 2019-1479 du 28 déc. 2019, art. 69-I-A-1°-e et VI-B) **« ou loués »*** **entre le 1er janvier 2018 et le 31 décembre 2018 ;**
« – 140 grammes par kilomètre, pour ceux acquis *(Abrogé par L. n° 2019-1479 du 28 déc. 2019, art. 69-I-A-1°-e et VI-B) **« ou loués »*** **entre le 1er janvier 2019 et le 31 décembre 2019 ;**
« – 135 grammes par kilomètre, pour ceux acquis *(Abrogé par L. n° 2019-1479 du 28 déc. 2019, art. 69-I-A-1°-e et VI-B) **« ou loués »*** **entre le 1er janvier 2020 et le 31 décembre 2020 ;**
« – 130 grammes par kilomètre, pour ceux acquis *(Abrogé par L. n° 2019-1479 du 28 déc. 2019, art. 69-I-A-1°-e et VI-B) **« ou loués »*** **à compter du 1er janvier 2021 ; »**
(L. n° 2019-1479 du 28 déc. 2019, art. 69-I-A-2° et VI-B, en vigueur le 1er mars 2020) **« 2°** *[ancienne rédaction : b)]* **» En cas d'opérations de crédit-bail ou de location, à l'exception des locations de courte durée n'excédant pas trois mois non renouvelables, portant sur des véhicules de tourisme au sens** *(Ord. n° 2021-1843 du 22 déc. 2021, art. 10-1°-a, en vigueur le 1er janv. 2022)* **« de l'article L. 421-2 du code des impositions sur les biens et services », à la part du loyer supportée par le locataire et correspondant à l'amortissement pratiqué par le bailleur pour la fraction du prix d'acquisition du véhicule qui excède les limites déterminées conformément au *a* ;**
(L. n° 2019-1479 du 28 déc. 2019, art. 69-I-A-3° et VI-B, en vigueur le 1er mars 2020) **« 3°** *[ancienne rédaction : c)]* **» Aux dépenses de toute nature résultant de l'achat, de la location ou de toute autre opération faite en vue d'obtenir la disposition de yachts ou de bateaux de plaisance à voile ou à moteur ainsi que de leur entretien ; les amortissements sont regardés comme faisant partie de ces dépenses.**
La fraction de l'amortissement des véhicules de tourisme au sens *(Ord. n° 2021-1843 du 22 déc. 2021, art. 10-1°-a, en vigueur le 1er janv. 2022)* **« de l'article L. 421-2 du code des impositions sur les biens et services » exclue des charges déductibles par les limitations ci-dessus est néanmoins retenue pour la détermination des plus-values ou moins-values résultant de la vente ultérieure des véhicules ainsi amortis.**

Les dispositions du premier alinéa ne sont pas applicables aux charges exposées pour les besoins de l'exploitation et résultant de l'achat, de la location ou de l'entretien des demeures historiques classées ou inscrites *(L. n° 2021-710 du 4 juin 2021, art. 1er-II-1°)* **« au titre » des monuments historiques, des résidences servant d'adresse ou de siège de l'entreprise en application des articles L. 123-10 et L. 123-11-1 du code de commerce, ou des résidences faisant partie intégrante d'un établissement de production et servant à l'accueil de la clientèle.**

5. Sont également déductibles les dépenses suivantes :

a) Les rémunérations directes et indirectes, y compris les remboursements de frais versés aux personnes les mieux rémunérées ;

b) Les frais de voyage et de déplacements exposés par ces personnes ;

c) Les dépenses et charges afférentes aux véhicules et autres biens dont elles peuvent disposer en dehors des locaux professionnels ;

d) Les dépenses et charges de toute nature afférentes aux immeubles qui ne sont pas affectés à l'exploitation ;

e) Les cadeaux de toute nature, à l'exception des objets de faible valeur conçus spécialement pour la publicité ;

f) Les frais de réception, y compris les frais de restaurant et de spectacles.

Pour l'application de ces dispositions, les personnes les mieux rémunérées s'entendent, suivant que l'effectif du personnel excède ou non 200 salariés, des dix ou des cinq personnes dont les rémunérations directes ou indirectes ont été les plus importantes au cours de l'exercice.

Les dépenses ci-dessus énumérées peuvent également être réintégrées dans les bénéfices imposables dans la mesure où elles sont excessives et où la preuve n'a pas été apportée qu'elles ont été engagées dans l'intérêt direct de l'entreprise.

Lorsqu'elles augmentent dans une proportion supérieure à celle des bénéfices imposables ou que leur montant excède celui de ces bénéfices, l'administration peut demander à l'entreprise de justifier qu'elles sont nécessitées par sa gestion. — *V. Ann. II, art. 33 à 35, et également LPF, art. L. 59 A-3°.*

5 *bis*. Les rémunérations différées visées *(Ord. n° 2019-1234 du 27 nov. 2019, art. 2 et 4)* « au 4° de l'article *(Ord. n° 2020-1142 du 16 sept. 2020, art. 13-1° et 19, en vigueur le 1er janv. 2021)* « L. 22-10-9 *[ancienne rédaction : L. 225-37-3]* » du code de commerce » sont admises en déduction du bénéfice net dans la limite de trois fois le plafond annuel de la sécurité sociale par bénéficiaire.

6. *Dispositions périmées.*

7. Les dépenses exposées pour la tenue de la comptabilité et, éventuellement, pour l'adhésion à un centre de gestion agréé ne sont pas prises en compte pour la détermination du résultat imposable lorsqu'elles sont supportées par l'État du fait de la réduction d'impôt mentionnée à l'article 199 *quater* B.

8. Si un fonds de commerce, un fonds artisanal ou l'un de leurs éléments incorporels non amortissables ou des parts sociales ou des actions de sociétés commerciales non négociables sur un marché réglementé sont loués dans les conditions prévues au 3 ou au 4 de l'article L. 313-7 du code monétaire et financier, la quote-part de loyer prise en compte pour la fixation du prix de vente convenu pour l'acceptation de la promesse unilatérale de vente n'est pas déductible pour l'assiette de l'impôt sur les bénéfices dû par le locataire. Elle doit être indiquée distinctement dans le contrat de crédit-bail.

Un décret fixe les modalités d'application de ces dispositions, notamment les obligations déclaratives. — *V. Ann. III, art. 38 quindecies E.*

9. L'indemnité de congé payé correspondant aux droits acquis durant la période neutralisée définie ci-après, calculée dans les conditions prévues aux articles L. 3141-24 à L. 3141-27 du code du travail, n'est pas déductible. Cette période neutralisée est celle qui est retenue pour le calcul de l'indemnité afférente aux droits acquis et non utilisés à l'ouverture du premier exercice clos à compter du 31 décembre 1987 ; sa durée ne peut être inférieure à celle de la période d'acquisition des droits à congé payé non utilisés à la clôture de cet exercice. L'indemnité correspondant à ces derniers droits est considérée comme déduite du point de vue fiscal.

Ces dispositions s'appliquent aux charges sociales et fiscales attachées à ces indemnités.

Un décret fixe les modalités d'application du présent 9. — *V. Ann. III, art. 49 octies à 49 octies D.*

10. Si un immeuble est loué dans les conditions prévues au 2 de l'article L. 313-7 du code monétaire et financier, la quote-part de loyers prise en compte pour la détermination du prix de cession de l'immeuble à l'issue du contrat et se rapportant à des éléments non amortissables n'est pas déductible du résultat imposable du crédit-preneur.

Toutefois, pour les opérations concernant les immeubles achevés après le 31 décembre 1995 et affectés à titre principal à usage de bureaux entrant dans le champ d'application de la taxe prévue à l'article 231 *ter*, autres que ceux situés dans les zones d'aide à finalité régionale et dans les zones de redynamisation urbaine définis au A du 3 de l'article 42 de la loi n° 95-115 du 4 février 1995 d'orientation pour l'aménagement et le développement du territoire, la quote-part de loyer prise en compte pour la détermination du prix de cession de l'immeuble à l'issue du contrat n'est déductible du résultat imposable du crédit-preneur que dans la limite des frais d'acquisition de l'immeuble et de l'amortissement que le crédit-preneur aurait pu pratiquer s'il avait été propriétaire du bien objet du contrat. — *Sur la carte des aides à finalité régionale, V. Décr. n° 2014-758 du 2 juill. 2014 (JO 3 juill.). — Le A du 3 de l'art. 42 de la L. n° 95-115 du 4 févr. 1995 mentionné ci-dessus est abrogé, à compter du 1er janv. 2015, par la L. n° 2014-173 du 21 févr. 2014, art. 27-2°-b, et 30-II.*

Pour l'application du premier alinéa, le loyer est réputé affecté au financement des différents éléments dans l'ordre suivant :

***a)* D'abord aux frais supportés par le crédit-bailleur lors de l'acquisition de l'immeuble ;**

***b)* Ensuite aux éléments amortissables ;**

***c)* Enfin aux éléments non amortissables.**

Pour l'application des premier et deuxième alinéas, le prix convenu pour la cession de l'immeuble à l'issue du contrat est réputé affecté en priorité au prix de vente des éléments non amortissables.

Lorsque le bien n'est pas acquis à l'issue du contrat ou lorsque le contrat de crédit-bail est résilié, les quotes-parts de loyers non déductibles prévues aux premier et deuxième alinéas sont admises en déduction du résultat imposable.

Lorsque le contrat de crédit-bail est cédé, les quotes-parts de loyers non déductibles sont considérées comme un élément du prix de revient du contrat pour le calcul de la plus-value dans les conditions de l'article 39 *duodecies* A. — *V. aussi Ann. III, art. 38 quindecies I et 38 quindecies K.*

11. *Dispositions périmées (Décr. n° 2013-463 du 3 juin 2013).*

12. *(Abrogé par L. n° 2018-1317 du 28 déc. 2018, art. 37-I-1°-a et III-1, pour les exercices ouverts à compter du 1er janv. 2019)* ***« Lorsqu'il existe des liens de dépendance entre l'entreprise concédante et l'entreprise concessionnaire, le montant des redevances prises en compte pour le calcul du résultat net imposable selon le régime mentionné au 1 de l'article 39 terdecies n'est déductible du résultat imposable de l'entreprise concessionnaire que dans le rapport existant entre le taux réduit prévu au deuxième alinéa du a du I de l'article 219 et le taux normal prévu au deuxième alinéa du même I. Le présent alinéa n'est pas applicable lorsque l'entreprise concessionnaire apporte, dans le cadre de la documentation mentionnée à l'avant-dernière phrase du dixième alinéa de l'article 39 terdecies, la preuve que l'exploitation de la licence ou du procédé concédé, d'une part, lui crée, sur l'ensemble de la période de concession, une valeur ajoutée et, d'autre part, est réelle et ne peut être regardée comme constitutive d'un montage artificiel dont le but serait de contourner la législation fiscale française. »***

Des liens de dépendance sont réputés exister entre deux entreprises :

***a)* lorsque l'une détient directement ou par personne interposée la majorité du capital social de l'autre ou y exerce en fait le pouvoir de décision ;**

***b)* lorsqu'elles sont placées l'une et l'autre, dans les conditions définies au *a*, sous le contrôle d'une même tierce entreprise.**

(Abrogé par L. n° 2018-1317 du 28 déc. 2018, art. 37-I-1°-b et III-1, pour les exercices ouverts à compter du 1er janv. 2019) ***« 12 bis. Le montant des redevances dues par une entreprise concédant une licence ou un procédé pris en concession n'est déductible que du résultat net de cette entreprise imposable selon le régime mentionné au 1 de l'article 39 terdecies.***

« L'excédent éventuel du montant total des redevances sur le résultat net mentionné au premier alinéa du présent 12 bis n'est déductible du résultat imposable de l'entreprise mentionnée au même premier alinéa que dans le rapport existant entre le taux réduit prévu au deuxième alinéa du a du I de l'article 219 et le taux normal prévu au deuxième alinéa du même I.

« Une fraction (Abrogé par L. nº 2017-1837 du 30 déc. 2017, art. 84) ***« égale à [18, 1/3]/[33, 1/3] » du montant des redevances déduites du résultat imposable au taux normal et afférentes à des licences et procédés donnés en concession au cours d'un exercice ultérieur est rapportée au résultat imposable au taux normal de l'exercice en cours à la date à laquelle l'entreprise qui en est concessionnaire les concède, sauf si cette entreprise satisfait à la condition mentionnée à la seconde phrase du premier alinéa du 12 à raison de la période couverte par les exercices au cours desquels ces redevances ont été déduites au taux normal.*** (L. nº 2017-1837 du 30 déc. 2017, art. 84) ***« Cette fraction est égale au rapport entre, au numérateur, la différence entre le taux normal prévu au deuxième alinéa du I de l'article 219 et le taux réduit prévu au deuxième alinéa du a du même I et, au dénominateur, le taux normal précité. » Le présent alinéa est applicable au montant des redevances déduites au cours des exercices couvrant l'une des trois années précédant la date à laquelle l'entreprise concessionnaire concède les licences ou procédés. »*** — *Les dispositions issues de la L. nº 2017-1837 du 30 déc. 2017 s'appliquent aux exercices ouverts à compter du 1er janv. 2018 (L. préc., art. 84).*

(L. nº 2018-1317 du 28 déc. 2018, art. 38, applicable aux exercices ouverts à compter du 1er janv. 2019) **« 12 *ter*. Les redevances de concession de licences d'exploitation de droits de la propriété intellectuelle versées à une entreprise liée au sens du 12 qui n'est pas, au titre de l'exercice en cours, soumise à raison de ces mêmes redevances à un impôt sur le revenu ou sur les bénéfices dont le taux effectif est au moins égal à 25 % sont exclues des charges déductibles pour l'établissement de l'impôt à hauteur d'une fraction de leur montant. Cette fraction est égale au produit du montant des redevances par le rapport entre, au numérateur, la différence entre 25 % et le taux effectif d'imposition auquel ont été soumises les redevances et, au dénominateur, 25 %.**

« Lorsque les redevances mentionnées au premier alinéa du présent 12 *ter* sont versées à une entreprise qui a pris en concession, directement ou par l'intermédiaire d'entreprises liées au sens du 12, les droits mentionnés au premier alinéa du présent 12 *ter* auprès d'une entreprise à laquelle elle est liée au sens du 12, les conditions de déductibilité de ces redevances sont appréciées au regard de leur taux effectif d'imposition constaté au niveau de cette dernière entreprise.

« Les deux premiers alinéas du présent 12 *ter* s'appliquent lorsque l'entreprise au niveau de laquelle est apprécié le taux d'imposition effectif des redevances :

« 1º Est établie dans un État qui n'est ni membre de l'Union européenne, ni partie à l'accord sur l'Espace économique européen ;

« 2º Et bénéficie, au titre des redevances mentionnées au premier alinéa, d'un régime fiscal considéré comme dommageable par l'Organisation de coopération et de développement économiques. »

13. Sont exclues des charges déductibles pour l'établissement de l'impôt les aides de toute nature consenties à une autre entreprise, à l'exception des aides à caractère commercial.

Le premier alinéa ne s'applique pas aux aides consenties en application d'un accord constaté ou homologué dans les conditions prévues à l'article L. 611-8 du code de commerce ni aux aides consenties aux entreprises pour lesquelles une procédure de sauvegarde, de redressement judiciaire ou de liquidation judiciaire est ouverte.

Les aides mentionnées au deuxième alinéa qui ne revêtent pas un caractère commercial sont déductibles à hauteur de la situation nette négative de l'entreprise qui en bénéficie et, pour le montant excédant cette situation nette négative, à proportion des participations détenues par d'autres personnes que l'entreprise qui consent les aides.

(L. nº 2020-473 du 25 avr. 2020, art. 3-I-2º, applicable aux exercices clos à compter du 15 avr. 2020) **« Le présent 13 n'est pas applicable aux abandons de créances mentionnés au 9º du 1 du présent article. »**

1. Principes. Eu égard au principe de l'indépendance des exercices (art. 38-2), l'art. 39-1 s'entend comme autorisant la déduction des charges payées par l'entreprise au cours de l'exercice dont les résultats doivent servir de base à l'impôt, à l'exception de celles constatées d'avance, c'est-à-dire correspondant au paiement d'un bien ou d'une prestation de service dont la livraison ou la fourniture n'interviendra qu'au cours d'un exercice ultérieur, sur les résultats duquel il y aura lieu de l'imputer. • CE 12 janv. 2004, nº 243273, *SA Ets Nougein : RJF 2004. 351 ; concl. Goulard au BDCF 4/04, nº 45 ; Dr. fisc. 2004. 456, concl. Goulard.* ♦ Aucune règle du plan comptable général de 1982 ou du plan professionnel des entreprises à commerces multiples qui a fait l'objet de l'avis de conformité nº 2 du 21 décembre 1982, ni aucune autre disposition applicable au cours des années d'imposition, n'impose aux entreprises de différer l'imputation de charges exposées au cours d'un exercice pour les rattacher aux exercices au cours desquels seraient comptabilisés les produits correspondants. • Même arrêt.

2. Il appartient au contribuable, pour l'application de l'art. 39-1, de justifier tant du montant des créances de tiers, amortissements, provisions et charges qu'il entend déduire du bénéfice net défini à l'art. 38 que de la correction de leur inscription en comptabilité, c'est-à-dire du principe même de leur déductibilité. En ce qui concerne les charges, le contribuable apporte cette justification par la production de tous éléments suffisamment précis portant sur la nature de la charge en cause, ainsi que sur l'existence et la valeur de la contrepartie qu'il en a retirée. Dans l'hypothèse où le contribuable s'acquitte de cette obligation, il incombe ensuite à l'Administration, si elle s'y croit fondée, d'apporter la preuve de ce que la charge en cause n'est pas déductible par nature, qu'elle est dépourvue de contrepartie, qu'elle a une contrepartie dépourvue d'intérêt pour le contribuable ou que la rémunération de cette contrepartie est excessive. • CE, sect., 20 juin 2003, n° 232832, *Sté Ets Lebreton : RJF 2003. 1140, concl. Colin, p. 754 ; Dr. fisc. 2004. 200.* ♦ Dans le même sens • CE 16 mai 2008, n° 288101 : *RJF 2008. 1002.* ♦ Lorsque le contribuable justifie d'une charge comptabilisée par une facture émanant d'un fournisseur, il incombe à l'Administration, si elle entend refuser la déduction de cette charge, d'établir que la marchandise ou la prestation de services facturée n'a pas été réellement livrée ou exécutée. • CE 18 sept. 1998, n° 149341 : *Dr. fisc. 1999. 74 et 85, concl. Goulard.* ♦ Une société, en produisant les factures régulièrement émises par des prestataires de services, et honorées par elle, établit, sans être utilement contredite par le ministre, la correction de l'inscription de ces charges en comptabilité ainsi que la valeur de ses justifications eu égard notamment au caractère immatériel des prestations effectuées. • CE 21 mai 2007, n° 284719, *Sté Sylvain Joyeux : RJF 2007. 953, chron. Fouquet, p. 631 ; Dr. fisc. 2007. 970, concl. Glaser, note De la Mardière.*

Jurisprudence constante : il appartient toujours au contribuable de justifier de la correction de l'inscription de ses charges en comptabilité, c'est-à-dire du principe même de la déductibilité. • CE 13 mai 1992, n° 71497 : *Dr. fisc. 1994. 1087, concl. Ph. Martin* • 8 avr. 1998, n° 163722 : *Dr. fisc. 1998. 1138* • 20 mai 1998, n° 159877 : *Dr. fisc. 1998. 979, concl. Arrighi de Casanova ; RJF 1998. 836.*

3. Normalité de l'acte de gestion. **BIBL.** Amar, *LPA 2001, n° 219, p. 3* (retour sur la théorie de l'acte anormal de gestion). – Burguburu, *RJF 2008. 331* (acte anormal de gestion : le juge prend-il trop de risques ?) – Collet, *Dr. fisc. 2003. 536* (contrôle des actes de gestion : pour un retour à l'anormal). – Cozian, *Dr. fisc. 1995. 1836* (illicéité et anormalité) ; *GPFE, p. 565* (théorie de l'acte anormal de gestion). – Fouquet, *Rev. adm. 200, p. 46* (l'amoralisme du droit fiscal). – Labrune, *RJF 2016. 1245* (retour à la normale de l'acte anormal de gestion : l'abandon du risque manifestement excessif). – Plagnet, *GAJF, p. 596* (liberté de gestion des entreprises ; théorie des actes anormaux de gestion). – Turot, *Dr. fisc. 2017. 378* (la liberté de gestion des entreprises entre enfer et paradis). ♦ Si l'appréciation du caractère normal d'un acte de gestion pose une question de droit, il appartient, en règle générale, à l'Administration d'établir les faits sur lesquels elle se fonde pour invoquer ce caractère anormal. Dans les cas où la charge de la preuve n'a cependant pas été transférée au contribuable en application des dispositions législatives et réglementaires qui gouvernent cette charge dans le contentieux fiscal, il appartient à l'Administration, lorsque le contribuable est en mesure de justifier de l'exactitude de ses écritures de charges, dans leur principe et leur montant, d'établir les éléments de fait d'où il résulterait que les dépenses en cause n'ont pas cependant été exposées dans l'intérêt de l'entreprise. • CE 8 août 1990, n° 92997 : *Dr. fisc. 1993. 2033 ; RJF 1990. 1252, concl. Ph. Martin* • CE 15 févr. 1999, n° 172171 : *Dr. fisc. 1999. 385 ; BDCF 4/99, concl. Bachelier* • CAA Nantes, 21 déc. 1999, n°s 96NA1615 et 97NA1133 : *Dr. fisc. 2000. 547.*

4. Le versement d'une indemnité en exécution d'une transaction permettant d'éviter un litige n'est pas un acte anormal de gestion même si les droits d'une des parties ne sont pas clairement établis. • CE 15 févr. 2013, n° 347606 : *RJF 2013. 469 ; Dr. fisc. 2013. 289.* ♦ La conclusion par une société viticole d'un accord avec un ancien associé dirigeant qui met fin à un conflit nuisible au fonctionnement et à l'image de cette société est un acte de gestion normal. Les avantages consentis dans ce cadre n'ont pas à être réintégrés au bénéfice. • CAA Bordeaux, 4 juin 2013, n° 11BX00915. ♦ En revanche, ne sont pas exposées dans l'intérêt d'une société qui exerce une activité de location immobilière saisonnière les charges liées à l'achat d'un yacht et d'un jet-ski. • CE 20 mars 2020 : *Sté Marti La Madeleine*, n° 420842 : *RJF 2020. 544.*

5. Charges constatées ou payées d'avance. Au nombre des charges constatées d'avance, déductibles au titre de l'exercice de livraison ou de fourniture, figurent notamment les charges correspondant à des achats de prestations de services continues ou discontinues mais à échéances successives, au sens de l'art. 38-2 *bis*, pour la partie de ces prestations fournie au cours d'exercices ultérieurs. Ce caractère s'apprécie au regard de la nature et de la portée des obligations mises à la charge du prestataire en vertu de la convention qui le lie au preneur. • CE 10 mars 2021, n° 423983 : *RJF 2021. 453, concl. Cytermann.* ♦ Alors même que le paiement d'une prestation de service continue intervient au cours d'un exercice N, la fraction de la charge correspondant au service rendu au cours de l'exercice N + 1 constitue une charge payée d'avance non déductible des résultats de l'exercice N. • CAA Nancy, 29 avr. 1999, n° 95NA202 : *Dr. fisc. 2000. 301* • Paris, 16 mars 1999, n° 96-1424 : *Dr. fisc. 1999. 856, concl. Kimmerlin.*

V. égal. notes 203 et 204 ss. art. 38.

A. FRAIS D'ÉTABLISSEMENT

6. Les frais d'établissement sont les dépenses engagées à l'occasion d'opérations qui conditionnent l'existence ou le développement de l'entreprise, mais dont le montant ne peut être rapporté à des opérations de production de biens ou de services déterminés (frais de constitution de société, de premier établissement, d'augmentation de capital, d'opérations de fusions, de scissions, de transformations, certains frais liés au passage à l'euro...). Ces frais sont inscrits dans les comptes de charges appropriés et déduits pour leur montant total au titre de l'exercice d'engagement dès lors que les conditions générales de déduction des charges sont remplies. Toutefois, les entreprises sont autorisées, si elles le préfèrent, à procéder à un amortissement de ces frais échelonné sur un petit nombre d'exercices (en principe cinq ans). * BOI-BIC-CHG-20-30-20 du 12 sept. 2012.

7. Prend une décision de gestion qui lui est opposable la société qui, après avoir inscrit des droits d'enregistrement afférents à une acquisition de parts sociales à l'actif du bilan d'un exercice puis comptabilisé une « dotation aux amortissements » à la clôture de ce même exercice, a ensuite pratiqué la déduction du complément des droits (sur le tableau 2058 A) lors de la détermination du résultat fiscal de ce même exercice, de telle sorte que l'intégralité de ces frais a été déduite au titre de ce seul exercice. Cette décision de gestion fait obstacle à la déduction échelonnée de ces frais sur les exercices postérieurs, alors même qu'ils sont restés inscrits aux bilans de ces exercices. • CAA Bordeaux, 3 déc. 2002, n° 01BX1491 : *RJF 2004. 128 ; concl. Boulard au BDCF 2/04, n° 2 ; Dr. fisc. 2003. 465.*

8. Participation aux dépenses d'équipement public. La participation mise à la charge d'une entreprise en contrepartie de la réalisation d'équipements publics indispensables à son activité peut être portée en frais d'établissement. • CE 16 juin 1993, n° 67760 : *Dr. fisc. 1993. 2086, concl. Arrighi de Casanova ; RJF 1993. 1102.* ♦ ... Même si l'entreprise concernée n'est pas le constructeur, mais le preneur en crédit-bail de l'ensemble immobilier. • CAA Lyon, 6 juill. 1995, n° 93LY710 : *Dr. fisc. 1996. 178.*

9. Rachat de droits sociaux. Le rachat par une société de ses propres actions pour un prix supérieur à leur valeur nominale constitue un prélèvement au profit des associés et ne saurait faire apparaître une perte déductible de son résultat imposable. • CAA Bordeaux, 28 déc. 2006, n° 04BX1587 : *RJF 2007. 664.*

B. FRAIS GÉNÉRAUX

10. Ne constituent pas des charges déductibles : le coût d'acquisition ou de réalisation de moyens de production qui ont pour effet un accroissement ou une amélioration des éléments de l'actif figurant au bilan, ou de prolonger, au-delà de leur durée d'amortissement, l'utilisation de ces mêmes éléments. • CE 19 juin 1959, n° 40282 : *Dupont 1959. 494.* ♦ ... Les dépenses qui correspondent à un accroissement de la valeur ou à une augmentation sensible de la durée probable d'utilisation de tout ou partie de l'actif immobilisé de l'entreprise. • CE 18 mai 2005, n° 264035 : *RJF 2005. 824.*

11. Frais d'entretien, de réparation et de mise en conformité. Seuls peuvent être compris dans les frais généraux et constituer des charges d'un exercice déterminé les travaux de réparation et d'entretien qui concourent à maintenir en état d'usage ou de fonctionnement les différents éléments de l'actif immobilisé de l'entreprise. En revanche, les dépenses qui entraînent normalement une augmentation de la valeur pour laquelle un élément immobilisé figure au bilan de l'entreprise ou qui ont pour objet de prolonger de manière notable la durée probable d'utilisation d'un élément de cette nature ne peuvent être portées en frais généraux. • CE 23 déc. 2011, *Sté Sécré Asteel Electronics,* n° 327077 : *RJF 2012. 223 ; BDCF 3/12, n° 29, concl. Daumas ; Dr. fisc. 2012. 189, note Cassan et Moisy.* ♦ Ainsi, dès lors que les travaux de réparation nécessaires à la remise en état d'un tracteur routier accidenté qui se trouvait hors d'usage lors de son acquisition à l'expiration d'un contrat de crédit-bail et faisait partie de l'actif immobilisé de l'entreprise à la date à laquelle ils ont été exécutés ont entraîné une augmentation de la valeur de ce bien, les dépenses y afférentes ne présentaient pas le caractère de charges déductibles des résultats. • CAA Douai, 6 févr. 2001, n° 97DA12694 : *Dr. fisc. 2001. 971 ; RJF 2001. 1041.* ♦ De même ne sont pas déductibles les travaux de réparation d'un élévateur télescopique qui ont consisté d'une part, huit ans après son acquisition dans le remplacement du moteur et d'autre part, deux ans plus tard dans le remplacement d'une pompe et d'une guide de flèche dès lors que ces travaux ont eu pour effet de prolonger de manière notable la durée probable de son utilisation. • CE 19 déc. 2008, n° 286913 : *RJF 2009. 207.* ♦ En revanche, l'ajout d'éléments complémentaires de sécurité à des équipements industriels (fabrication d'appareils électroniques) existants constitue une charge déductible dès lors qu'il n'a pas pour effet d'en prolonger la durée probable d'utilisation ou d'en accroître la valeur. • CE 23 déc. 2011, n° 327077 : *préc.* ♦ Depuis le 1er janv. 2005, l'Administration estime que les dépenses obligatoires de mise aux normes, engagées pour des raisons de sécurité ou environnementales, consistant en l'acquisition de nouvelles immobilisations ou en l'aménagement d'installations existantes, doivent être immobilisées lorsque le défaut de réalisation des travaux correspondants entraîne l'arrêt immédiat ou différé de l'installation en cause ou de l'activité de l'entreprise. * BOI-BIC-CHG-20-20-20 n° 250 du 12 sept. 2012.

12. N'ont pas le caractère de charges déductibles : d'importants travaux de rénovation, nécessaires à l'exploitation du bien, effectués par l'acquéreur d'un immeuble inexploité et laissé sans entretien depuis plusieurs années dès lors qu'ils n'ont pas le caractère de travaux d'entretien, de réparations courantes ou de grosses réparations de la nature de ceux qu'une entreprise exécute pour maintenir ou remettre en état des installations qu'elle entend exploiter mais constituent un complément du prix d'acquisition de l'immeuble et contribuent à augmenter la valeur d'actif dudit immeuble. • CAA Nancy, 20 déc. 2001, n° 97NA1054 : *Dr. fisc. 2003. 141.* ♦ ... Des dépenses de remplacement des planchers hauts de cave qui ne constituent pas des dépenses d'entretien et de réparation immédiatement déductibles mais doivent être immobilisées en qualité de composant, indépendamment du point de savoir si l'opération de remplacement augmente la valeur ou la durée d'utilisation du bien. • CAA Douai, 1er juin 2017, n° 16DA00139 : *RJF 2017. 1162.* ♦ ... Des travaux effectués dans un local en vue de préparer la transformation d'un ancien atelier industriel en salle de spectacles. • CE 4 mars 1992, n° 80797 : *RJF 1992. 618.* ♦ ... Les travaux de démolition partielle et de réhabilitation réalisés pour transformer un pensionnat en établissement hôtelier. • CE 18 mai 2005, n° 264035 : *RJF 2005. 824.* ♦ ... Les travaux de transformation d'une ancienne écurie en salle de stockage de vins, qui ont consisté en la démolition et *l'aménagement* intérieur du bâtiment, la mise en place d'une nouvelle installation électrique ainsi que la réfection de la toiture et le ravalement de la façade. • CAA Bordeaux, 16 févr. 2006, n° 02BX729 : *RJF 2006. 992.* ♦ ... Les travaux d'aménagement réalisés sur des terrains concédés par une commune en vue de la création de pistes de ski (élargissement de goulets, suppression de barres rocheuses et aménagement de plates-formes) qui constituent des immobilisations et non de simples dépenses d'entretien. • CAA Lyon, 16 févr. 2006, n° 98LY1861 : *RJF 2006. 618.* ♦ ... Les travaux effectués qui, par leur importance, constituent une véritable reconstruction. • CE 9 juill. 1980, n° 17194 : *RJF 1980. 764* • 4 nov. 1987, *Sté Saint Jean*, n° 42264 : *RJF 1987. 1202.* ♦ ... Les travaux de reconstruction d'un bâtiment sinistré dès lors qu'ils ont pour effet de prolonger la durée d'utilisation et d'accroître la valeur de ce bâtiment. • TA Rennes, 3 juin 1999, n° 93-2062 : *RJF 1999. 968.* ♦ ... Les travaux consistant non seulement en l'adaptation de l'installation existante aux normes légales, mais impliquant également la réfection quasi totale de cette dernière. • TA Toulouse, 9 févr. 1999, nos 94-1593 et 95-698 : *RJF 1999. 539.* ♦ ... Les dépenses engagées par une société locataire pour réaliser des travaux de mise en conformité d'une clinique avec les règles de sécurité en matière d'incendie dès lors que ces travaux, indispensables à l'exploitation de cet établissement, ont eu pour conséquence d'apporter une amélioration technique aux locaux pris à bail et d'augmenter leur durée probable d'utilisation. • CAA Douai, 8 juin 2010, n° 08DA1658 : *RJF 2010. 1142 ; Dr. fisc. 2010. 542, concl. Minne, note Poirier.* ♦ En revanche, les travaux de mise en conformité d'installations industrielles aux normes de sécurité constituent des charges immédiatement déductibles compte tenu du caractère mineur des aménagements apportés : équipements complémentaires de sécurité qui n'ont entraîné ni une augmentation de la valeur d'actif des équipements, ni une prolongation notable de leur durée d'utilisation. • CE 7 mai 2009, n° 312058 : *RJF 2009. 1056 ; Dr. fisc. 2009. 375, note Cassan.* ♦ V. toutefois note 11 sur l'immobilisation des dépenses de mise en conformité depuis 2005.

13. Les frais de peinture exposés par une entreprise pour mettre l'ensemble de ses véhicules de livraison aux couleurs de son repreneur constituent des charges immédiatement déductibles dès lors que ces dépenses n'ont pas pour effet de prolonger de manière notable la durée probable d'utilisation de ces biens ni d'augmenter leur valeur vénale. • CAA Nancy, 19 mai 2004, n° 00NA486 : *RJF 2004. 1228 ; Dr. fisc. 2005. 249.*

14. La question de savoir si des travaux effectués sur un bien ont pour effet d'en augmenter la valeur ou d'en prolonger la durée d'utilisation, en sorte que leur coût doit être inscrit à l'actif et non en dépenses, est une question de fait qui relève de la compétence de la commission départementale des impôts. • CE 23 nov. 2005, n° 263520, *Sté Monaco Marine : RJF 2006. 300.*

15. Carrières. Frais d'extraction de couches stériles. Les frais d'extraction des couches dites stériles d'une carrière constituent des charges d'exploitation, qualification qui a été retenue par le plan comptable professionnel des industries de carrière et matériaux de construction, dont la conformité au plan comptable général a fait l'objet d'un avis favorable sur ce point du conseil national de la comptabilité. • CE

30 déc. 2003, n° 236174 : *RJF 2004. 231 ; Dr. fisc. 2004. 493, concl. Mitjavile.*

16. Carrières. Indemnité d'éviction. L'indemnité versée par un exploitant de carrière titulaire d'un contrat de fortage pour obtenir la résiliation du bail rural consenti sur le terrain d'assiette du gisement est déductible dès lors qu'elle n'a pour objet que de permettre la jouissance immédiate de l'exploitation concédée et non d'augmenter la valeur ou la durée de l'exploitation. • CAA Paris, 13 mai 2005, n° 01PA2315 : *RJF 2005. 826 ; concl. Bataille au BDCF 8/9-05, n° 98.*

17. Redevances de fortage. Les redevances de fortage versées au titre des exercices clos à compter du 31 déc. 2005 sont déductibles du résultat imposable. * Rescrit 6 juill. 2010 : *2010/38 FE.* ♦ Les redevances de fortage doivent être regardées comme des charges déductibles du bénéfice imposable tant pour leur part déterminée proportionnellement aux quantités extraites que pour la part minimale annuelle destinée à garantir un niveau de revenus au propriétaire. • CAA Nancy, 19 avr. 2012, *SARL Carrières comtoises,* n° 10NC00201 : *RJF 2012. 1101.*

18. Indemnité de résiliation d'un bail commercial. Lorsque le versement par le bailleur au locataire d'une indemnité d'éviction, destinée à libérer des locaux commerciaux, permet à la fois la disparition d'un concurrent pour le bailleur et une nouvelle location à des conditions plus avantageuses pour le propriétaire des locaux libérés, l'indemnité d'éviction constitue une charge déductible dans la mesure où elle permet au propriétaire de poursuivre l'exploitation des locaux libérés dans des conditions plus avantageuses pour lui. • CE 31 mars 1989, n° 80712 : *RJF 1989. 539, chron. Turot, p. 611.* ♦ De même, l'indemnité versée, en cas de non-renouvellement du bail, au preneur d'un local commercial doit être regardée comme une charge déductible lorsqu'elle permet au bailleur de relouer l'immeuble pour un loyer plus élevé ou à de meilleures conditions. • CE 3 juill. 2009, n° 305732 : *RJF 2009. 910 ; Dr. fisc. 2009. 517, concl. Geffray, note Maublanc.* ♦ En revanche, l'indemnité de résiliation d'un bail commercial, qui permet à la partie versante d'acquérir les éléments du fonds de commerce, doit être regardée comme la contrepartie de l'acquisition d'un élément d'actif et non comme une charge déductible. • CE 9 oct. 2015, *Sté Solitel,* n° 373654 : *RJF 2016. 4, concl. Aladjidi.*

19. Petit outillage, mobilier et logiciels. Peuvent être passés en charges immédiatement déductibles : *1) le petit outillage à main ; 2)* les petits matériels et outillages, les matériels et mobiliers de bureau ainsi que les logiciels dont la valeur unitaire hors taxe n'excède pas 500 €. * BOI-BIC-CHG-20-30-10 n° 20 du 1er mars 2017. ♦ Sont exclus de cette mesure de tolérance les matériels et outillages de faible valeur dont l'utilisation constitue l'objet même de l'activité de l'entreprise. • CE 23 déc. 2011, n° 324236 : *RJF 2012. 244.* ♦ Les dépenses d'acquisition d'étiquettes antivol peuvent être comprises parmi les charges déductibles dès lors que leur valeur unitaire n'excède pas 500 € même si la valeur globale du dispositif de sécurité que ces étiquettes forment avec les portiques de détection est supérieure à ce seuil. • CAA Nantes, 7 avr. 2011, n° 10NT00207, *SAS Brooklyn : RJF 2011. 919.* ♦ En revanche, les cartes SIM de faible valeur acquises par une entreprise de téléphonie ne sont pas déductibles dès lors que ces cartes constituent pour l'entreprise l'un des composants indissociables de son activité de fourniture de prestations de services de télécommunication au moyen d'un service de téléphonie mobile dès lors qu'elles permettent d'établir le lien entre l'opérateur et son client et contribuent notamment à la facturation des communications. • CAA Versailles, 18 nov. 2014, *Sté France Télécom,* n° 11VE02931 : *RJF 2015. 176.*

20. Sites internet. Traitement fiscal des dépenses exposées pour la réalisation et la création d'un site web et l'accès au réseau. * BOI-BIC-CHG-20-30-30 nos 150 à 210 du 1er mars 2017.

21. Matériels divers. Sont notamment déductibles : les dépenses d'acquisition d'éthylotests par les restaurateurs en vue de permettre à leurs clients de déterminer leur taux d'alcoolémie. * Rép. min. n° 16251 : *JOAN Q, 14 juill. 2003, p. 5611.* ♦ Les dépenses d'acquisition de présentoirs qu'une centrale d'achat et de distribution remet en dépôt à ses clients sans qu'il soit prévu qu'elle les reprennent. • CAA Douai, 12 mars 2003, n° 99DA1321 : *RJF 2003. 1084.*

22. Indemnités diverses. Déductibilité des indemnités versées à des sociétés étrangères concurrentes pour mettre fin aux litiges en cours et futurs quant à l'usage de leurs marques respectives et pour combattre les contrefacteurs. • CE 20 févr. 2002, n° 221347, *Sté La Chemise Lacoste : Dr. fisc. 2002. 343, concl. Mignon ; RJF 2002. 472, concl. Mignon, p. 362.* ♦ Déductibilité d'une indemnité versée par le concessionnaire d'une marque à son prédécesseur qui s'engage à lui présenter sa clientèle et à ne pas lui porter concurrence, alors que ces engagements viennent au soutien d'une activité exercée en vertu d'un contrat (dit de concession) ayant un caractère précaire. • CE 29 nov. 2000, n° 185347 : *RJF 2001. 147 ; Dr. fisc. 2002. 64.*

23. Redevances de propriété industrielle. S'agissant des droits tirés de la concession d'un brevet ou de droits de la propriété intellectuelle, ne doivent suivre le régime fiscal des éléments incorporels de l'actif immobilisé de l'entreprise que les droits constituant une source régulière de profits, dotés d'une pérennité suffisante et susceptibles de faire l'objet d'une cession. Par suite, une société titulaire de droits d'utilisation et de commercialisation de programmes informatiques peut inclure les redevances versées parmi ses charges immédiatement déductibles si elle n'a pas la capacité de céder les droits dont elle est titulaire. • CE 19 juill. 2016, *Matheus*, n° 368473 : *RJF 2016. 804 ; Dr. fisc. 2016. 584, concl. Victor, note Pierre.* ♦ Ne sont pas déductibles, faute de contrepartie, les redevances versées par une société pour l'exploitation d'un brevet dès lors que l'invention en cause n'est plus protégée et que la société ne l'a pas exploitée. • CE 30 sept. 2002, n° 221030 : *RJF 2002. 1351.*

24. Constituent des charges déductibles les redevances versées par une société en exécution du contrat par lequel sa société mère lui a consenti une sous-licence exclusive pour la fabrication et la commercialisation de produits pharmaceutiques. En effet, les droits attachés à cette concession ne constituent pas un élément de l'actif incorporel dès lors que le contrat est résiliable à tout moment sans indemnité et que sa cession est subordonnée à un agrément discrétionnaire du concédant. • CE 16 oct. 2009, n° 308494, *Sté Pfizer Holding France : RJF 2010. 4 ; concl. Burguburu au BDCF 1/10, n° 2 ; Dr. fisc. 2010. 94, note de Kergos et Monsenego.*

25. Frais de conservation d'une marque. Les frais de surveillance et de procédure engagés pour la conservation d'une marque postérieurement à son dépôt ou à son acquisition sont déductibles des résultats imposables. • CE 30 déc. 2009, n° 305449 : *RJF 2010. 205 ; concl. Glaser au BDCF 3/10, n° 26.* ♦ De même les frais exposés, postérieurement au dépôt ou à l'acquisition d'une marque, en vue d'assurer son renouvellement ne sauraient être regardés comme un élément du prix de revient pour lequel cette marque doit, conformément à l'art. 38 *quinquies* de l'annexe III, être inscrite à l'actif du bilan mais constituent des charges d'entretien de la marque qui sont déductibles des résultats de l'exercice au cours duquel ils ont été engagés. • CE 7 nov. 2012, *Sté France Immobilier Group*, n° 328670 : *RJF 2013. 189.*

26. Redevances d'acquisition d'un élément d'actif incorporel. Les redevances consécutives à l'acquisition de droits constituant un élément incorporel d'actif immobilisé ne revêtent pas le caractère de charges d'exploitation et ne sont pas déductibles du résultat de l'exercice au cours duquel elles sont acquittées aussi longtemps qu'elles ont pour contrepartie la diminution de la dette inscrite au passif du bilan de l'entreprise. Toutefois, lorsque le versement de ces redevances se poursuit après que cette dette ait été soldée, il peut donner lieu à la constatation d'une perte exceptionnelle, imputable sur le résultat dudit exercice. • CE 14 oct. 2005, n° 262219, *SA Laboratoires Fournier : RJF 2006. 2 ; concl. Verclytte au BDCF 1/06, n° 1.* – V. égal. note 141 ss. art. 38.

27. Documentation. Les dépenses exposées par une entreprise pour se procurer la documentation nécessaire à son activité sont des frais généraux déductibles des résultats de chaque exercice dès lors que les conditions d'exploitation imposent à l'entreprise de renouveler chaque année cette documentation. • CE 16 févr. 1996, n° 139789, *SARL Encyclopédies Quid : Dr. fisc. 1996. 442, concl. Bachelier ; RJF 1996. 415.* ♦ Toutefois, le prix payé pour l'acquisition initiale d'ouvrages de documentation permanente destinés, à la différence des livres ou des revues, à être mis à jour périodiquement constitue le coût d'un élément de l'actif immobilisé. • CE 13 janv. 1995, n° 100127, *Cabinet Dussourd : Dr. fisc. 1995. 1254 ; RJF 1995. 140* (acquisition simultanée de six répertoires pratiques Dalloz).

28. Frais de repas. Si les frais de repas constituent, en principe, des dépenses d'ordre personnel, la part de ces frais, dûment justifiée, qui dépasse le montant de ceux qu'il aurait engagés s'il avait pris son repas à domicile constitue, pour un entrepreneur individuel de transport routier, lors de ses déplacements, une charge exposée dans l'intérêt même de son entreprise et peut, dès lors, s'il en est dûment justifié, être déduite du résultat imposable en application de l'art. 39-1-1°. • CAA Nantes, 19 déc. 2000, n° 97NT59 : *Dr. fisc. 2001. 851.* ♦ Une SNC ayant une activité d'entreprise de gros œuvre peut déduire de ses résultats les frais de repas des associés participant à des chantiers éloignés de leur domicile. • TA Rennes, 8 avr. 1999, n° 93-3149 : *RJF 1999. 839.*

29. Les frais supplémentaires de repas sont réputés nécessités par l'exercice de la profession lorsque la distance entre le lieu où s'exerce l'activité et le domicile du contribuable fait obstacle à ce que le repas soit pris au domicile. La fraction de la dépense qui correspond aux frais que le contribuable aurait engagés s'il avait pris son repas à son domicile constitue une dépense d'ordre personnel qui ne peut être prise en compte pour la détermination du bénéfice imposable. Pour l'évaluation de cette dépense « plancher » exclue du montant des frais considérés et à titre de règle pratique, il est admis de se référer aux règles relatives au calcul des avantages en nature retenues pour les salariés en matière de nourriture. Le montant représentatif de la valeur du repas pris au domicile est fixé forfaitairement (forfait fixé par l'Administration et publié chaque année). Il est revalorisé au 1er janvier de chaque année conformément au taux prévisionnel d'évolution en moyenne annuelle des prix à la consommation de tous les ménages hors les prix du tabac. * BOI-BIC-CHG-10-10-10 n° 80 du 31 juill. 2019.

30. Est raisonnable un repas dont le prix n'excède pas la limite d'exonération des indemnités pour frais de repas retenue lorsqu'un salarié est en déplacement professionnel et empêché de regagner sa résidence ou le lieu habituel de son travail (forfait fixé par l'Administration et publié chaque année). La fraction qui excède ces montants constitue une dépense d'ordre personnel non déductible, sauf circonstances exceptionnelles. * BOI-BIC-CHG-10-10-10 n° 80 du 31 juill. 2019.

31. Frais de déplacement. Les frais de voyage exposés par un chef d'entreprise sont déductibles dans la mesure où ils correspondent effectivement à des dépenses d'ordre professionnel et où ils sont justifiés par l'importance ou la nature de l'exploitation. * BOI-BIC-CHG-40-20-40 n° 50 du 30 août 2016. ♦ Les dépenses exposées par une société pour financer les voyages de son président et principal actionnaire entre Paris, où il réside, et Toulouse, siège de la société, sont exposées dans l'intérêt de cette dernière et sont, par suite, déductibles. • CE 2 juill. 1986, n° 38610 : *Dr. fisc. 1986. 2266.* ♦ En produisant des états récapitulatifs des distances parcourues par les personnes ayant bénéficié du remboursement de leurs frais de déplacement, ainsi que des notes de frais et des factures, sans préciser l'objet des déplacements ainsi effectués, une société ne justifie ni dans leur principe, ni dans leur montant, des charges dont il s'agit. • CAA Lyon, 30 mai 2002, n° 99LY2709 : *Dr. fisc. 2003. 411.* ♦ De même, sont réintégrés à bon droit les frais de déplacement déduits par une société dès lors que cette dernière n'apporte pas d'éléments de nature à justifier que les remboursements de frais kilométriques exposés par son dirigeant et certains cadres commerciaux de l'entreprise avec leurs véhicules privés correspondraient effectivement à des missions de caractère professionnel effectuées pour son compte et alors qu'il est constant qu'au cours de la même période, elle disposait d'une flotte de vingt à trente véhicules. • CE 26 nov. 2007, n° 276262 : *RJF 2008. 118.*

32. Les frais de déplacement afférents aux 40 premiers kilomètres du trajet entre le domicile et le lieu de travail sont toujours admis en déduction même si aucune circonstance particulière ne justifie l'éloignement entre le domicile et le lieu de travail, sous réserve de justifier de la réalité et du montant des frais correspondants. * BOI-BIC-CHG-40-20-40 nos 50 et 60 du 30 août 2016. ♦ Compte tenu de la nécessité de justifier de la réalité et du montant des frais en cause, le barème kilométrique n'est pas applicable. * Rép. min. n° 7824 : *JOAN Q, 19 févr. 2013, p. 1863.*

33. Frais de téléphone. Sont déductibles des résultats d'une SARL les dépenses de téléphone afférentes à une ligne téléphonique installée au nom de la société au domicile de son gérant dès lors notamment que celui-ci établit qu'il y dispose également d'une autre ligne pour ses communications personnelles. • CE 16 juill. 2008, n° 291400 : *RJF 2008. 1195.*

34. Dépenses d'acquisition de prothèses dentaires et auditives. La déduction est autorisée à hauteur de la moitié des dépenses d'acquisition qui reste définitivement à la charge du contribuable après remboursement par la sécurité sociale, par une mutuelle ou par tout autre organisme de prévoyance, sous réserve que ces dépenses soient : 1) indispensables pour remédier à un grave handicap qui, non corrigé, interdirait à la personne qui en est atteinte l'exercice normal d'une activité professionnelle ; 2) engagées dans des situations très exceptionnelles, pour tenir compte des fonctions qui exigent un contact direct et permanent avec le public. * BOI-BIC-CHG-10-10-30 n° 50 du 12 sept. 2012.

35. Films publicitaires. Les films publicitaires ne sont pas, compte tenu de leur objet, destinés à servir de façon durable à l'entreprise qui les fait réaliser. Aussi les dépenses exposées pour les acquérir sont-elles déductibles comme frais généraux. • CE 5 juin 1996, n° 143819 : *Dr. fisc. 1996. 1334 ; RJF 1996. 870, concl. Arrighi de Casanova.*

36. Livres spécimens. Le coût de fabrication des ouvrages dits « spécimens » destinés à être distribués gratuitement aux enseignants, pour favoriser la commercialisation des ouvrages ultérieurement produits et qui ne sont pas nécessaires à leur fabrication, constitue une charge d'exploitation directement déductible des résultats de l'entreprise et non une charge indirecte de production devant être prise en compte pour l'évaluation des stocks de livres destinés à être commercialisés. • CAA Paris, 3 juin 2000, n° 98PA110 : *Dr. fisc. 2001. 448, concl. Kimmerlin.*

37. Cadeaux d'entreprise. **BIBL.** Daumas, *RJF 2011. 475* (cadeaux d'entreprise : le Conseil d'État réécrit la loi sans surprise). ♦ Il résulte de l'art. 39-5 que les dépenses de cadeaux sont en principe déductibles. Il en va cependant autrement si l'entreprise ne justifie pas de l'intérêt direct que présente, pour son activité présente ou future, l'entretien de bonnes relations avec les bénéficiaires des cadeaux ou si l'Administration établit que le montant d'une dépense est excessif au regard de l'intérêt que le bénéficiaire du cadeau présente pour l'entreprise. • CE 11 févr. 2011, n° 316500, *Sté Philips France : RJF 2011. 554 ; Dr. fisc. 2011. 335, concl. Cortot-Boucher, note Faulcon et Fournier.* ♦ Même si l'organisation de voyages d'affaires aux États-Unis, au Kenya et au Mexique offerts par une société à ses clients ou ses prescripteurs répond à un souci de promotion commerciale, les dépenses correspondantes doivent être regardées comme des cadeaux au sens de l'art. 39-5 dès lors que les bénéficiaires de ces voyages ne s'étaient pas engagés à fournir à la société une prestation quelconque. Dépenses non déductibles. • Même arrêt. ♦ Les dépenses de cadeaux (bouteilles de vin et réveils) consenties par un laboratoire pharmaceutique à 2500 médecins, par ailleurs rémunérés en espèces, ayant participé à la mise au point d'une de ses spécialités ont été exposées dans l'intérêt de la société et ne constituent pas, dès lors, une libéralité non déductible. • CE 25 avr. 2003, n° 236923 : *RJF 2003. 822, concl. Bachelier, p. 574.*

38. Parrainage et sponsoring. Il s'agit des dépenses engagées dans le cadre d'opérations de parrainage et qui sont destinées à promouvoir l'image de marque de l'entreprise. Quelle que soit la forme sous laquelle elles sont exposées, ces dépenses sont déductibles des résultats imposables dès lors qu'elles satisfont aux conditions générales de déduction des charges. La condition relative à l'intérêt direct de l'exploitation est considérée comme remplie lorsque l'identification de l'entreprise est assurée et lorsque les dépenses engagées sont en rapport avec l'avantage attendu. * BOI-BIC-CHG-40-20-40 n°s 180 et 200 du 30 août 2016. ♦ Déductibilité des dépenses de participation au rallye Paris-Le Cap. • CAA Douai, 28 mai 2003, n° 99DA20073 : *RJF 2004. 347.* ♦ Déductibilité des dépenses engagées par une société exploitant un centre auto de l'enseigne Leclerc pour la participation à des rallyes automobiles de véhicules de compétition pilotés par son principal associé et son fils copilote professionnel. • CAA Bordeaux, 12 oct. 2006, n°s 03BX856 et 03BX857 : *RJF 2007. 124.* ♦ Déductibilité, en tant que dépense de parrainage, de la fraction du prix de vente de ses produits qu'une entreprise de vente par correspondance de matériel de bureau reverse à des associations humanitaires : cette opération, dite de « produit partage », relève du parrainage et non du mécénat. • CE 15 févr. 2012, ⚖ *SARL Les Sources,* n° 340855 : *RJF 2012. 446.*

39. Cotisations versées par une entreprise membre d'un réseau mondial. Les sommes versées par une entreprise au titre de sa contribution aux frais généraux du réseau mondial auquel elle appartient sont déductibles en totalité alors même qu'elle ne participe pas à toutes ses activités dès lors qu'elle bénéficie des avantages liées à cette participation, notamment en termes de renom et de développement commercial. De même, l'appartenance au réseau implique la participation au financement de toutes ses dépenses de développement et d'entraide à l'égard des membres et permet donc la déduction des aides accordées à des entreprises membres situées hors de France. • CAA Paris, 8 févr. 2011, *Sté PricewaterhouseCoopers Audit SA,* n° 09PA004248 : *RJF 2011. 1030 ; BDCF 2011, n° 10, concl. Ouardes.* ♦ Arrêt confirmé par le Conseil d'État : la prise en charge de ces frais relève d'une gestion commerciale normale dès lors que l'entreprise retire de son adhésion des avantages en termes de renom et de développement commercial et bénéficie des actions de formation et d'assistance technique ou financière du réseau. • CE 21 nov. 2012, ⚖ *Min. c/ PricewaterhouseCoopers,* n°s 348864 et 348865 : *RJF 2013.131 ; BDCF 2013 n° 14, concl. Daumas.*

40. Commissions à l'exportation. Ces commissions obéissent aux règles générales de déduction des charges de l'entreprise. Elles ne doivent pas avoir le caractère de pures libéralités ou d'actes anormaux de gestion et l'appréciation portée par le juge quant à leur déductibilité repose sur les mêmes critères que pour les autres commissions : réalité du versement, existence d'une contrepartie, caractère non excessif. En outre les dépenses doivent avoir été déclarées conformément aux dispositions des art. 238 et 240. • CE 19 févr. 2003, ⚖ n° 220732 : *RJF 2003. 541, concl. Collin.*

41. Une société de négoce international établit l'existence d'une contrepartie réelle et normale aux commissions qu'elle a versées sur un compte monégasque à la salariée et associée d'une société tchadienne dès lors qu'aucune confusion d'intérêts n'est alléguée, que les sommes ont été versées en exécution d'un contrat prévoyant une commission de 10 % sur l'ensemble des affaires apportées par la société tchadienne, que par ses fonctions, cette personne était susceptible d'exercer une influence favorable aux intérêts de la société et que la bénéficiaire doit être réputée avoir réellement effectué ces diligences, compte tenu de l'augmentation du courant d'affaires entre les deux sociétés et du fait que la société a dégagé sur ces affaires une marge supérieure à celle réalisée sur les opérations non soumises à commissions. La société justifie dans leur principe et leur montant les rémunérations versées à la société tchadienne dès lors qu'aucune confusion d'intérêts n'est alléguée, que les versements procèdent de l'exécution d'une convention, que le montant des affaires réalisées avec sa cocontractante est justifié, qu'il représente plus du tiers de son activité et dégage une marge bénéficiaire supérieure à celle dégagée sur les opérations non soumises à commissions. • CE 19 févr. 2003, ⚖ n° 220732 : *RJF 2003. 541 ; Dr. fisc. 2003. 745.*

42. Rémunérations d'intermédiaire, conseils et avocats. Les honoraires versés à un intermédiaire par une entreprise en rémunération d'une mission de prospection et d'assistance commerciale pour l'obtention de marchés publics sont déductibles des résultats, malgré l'absence de documents matérialisant la réalisation des prestations : dès lors que l'entreprise a obtenu, du fait de l'intervention de cet intermédiaire, plusieurs nouveaux marchés avec des collectivités avec lesquelles elle n'avait jamais contracté auparavant. • CAA Paris, 18 mars 2004, n° 00PA1793 : *RJF 2004. 856.* ♦ ... Dès lors que l'existence d'une contrepartie est attestée par l'obtention de nouveaux marchés et une hausse du chiffre d'affaires et que des factures y font expressément référence. • CAA Paris, 26 janv. 2006, n°s 05PA43 et 05PA44 : *RJF 2006. 662.* ♦ En revanche, une entreprise ne peut déduire : le montant des honoraires versés au vu de quatre factures à une société avec laquelle elle a conclu une convention d'assistance et de conseil censée lui faciliter l'obtention de marchés publics dès lors qu'elle ne justifie pas avoir bénéficié de prestations de services en contrepartie du versement de ces sommes. • CE 15 nov. 2006, n° 288533 : *RJF 2007. 192 ; BDCF 2/07, n° 23, concl. Verclytte.* ♦ ... Les honoraires versés par une société pour rémunérer des prestations d'avocat qui ont eu pour objet de défendre les intérêts personnels de l'un des associés-gérants, et non ceux de l'entreprise elle-même. • CE 28 déc. 2012, *Sté civile fermière du Château Lafon Rochet*, n° 345841 : *RJF 2013. 267.*

43. Un holding qui envisage d'acquérir les titres d'une société peut déduire le coût d'études portant sur l'opportunité et la rentabilité de cet investissement même si ces prestations comportent également un intérêt pour ses associés. • TA Montreuil, 3 févr. 2011, n° 0906114 : *RJF 2011. 1031.* ♦ Un holding créé pour acquérir une société peut déduire le coût des prestations juridiques et financières nécessaires à l'accomplissement du projet d'acquisition alors même qu'elles sont antérieures à sa création et qu'elles profitent également à ses associés. • CAA Marseille, 17 janv. 2014, *SA Homair Vacances*, n° 11MA02067 : *RJF 2014. 545.* ♦ Une société créée pour l'acquisition d'une société cible peut déduire le coût de ces prestations, nécessaires à l'accomplissement du projet d'acquisition, alors même qu'elles sont antérieures à sa création et qu'elles profitent également à ses associés. • TA Montreuil, 20 juin 2012, *Sté Rexel SA*, n° 1012829 : *RJF 2013. 386.* ♦ Une entreprise peut déduire de son résultat imposable en France les honoraires versés à des avocats et des conseils afin notamment d'évaluer la faisabilité et d'effectuer les démarches et formalités en vue de la constitution d'une filiale commune (joint-venture) avec son principal concurrent et d'effectuer les démarches et formalités en vue de la constitution de celle-ci, dès lors qu'elle a un intérêt propre à réaliser cette opération. • CAA Paris, 26 avr. 2012, n° 10PA02555 : *RJF 2012. 899.* ♦ De même, sont déductibles les dépenses de conseil exposées par une société en vue de la réorganisation de son actionnariat consistant notamment dans l'apport de parts détenues par le dirigeant à un holding familial, dès lors que l'opération vise à garantir sa pérennité dans l'hypothèse du décès de ce dirigeant. • TA Montreuil, 27 déc. 2017, *SAS DMS Ascenseurs*, n° 1609698 : *RJF 2018. 586.* ♦ En revanche, une société mère ne peut déduire les honoraires d'avocat engagés en vue de l'augmentation de capital d'une filiale que si elle a exposé ces dépenses en vue de souscrire à cette opération et non en sa seule qualité d'actionnaire majoritaire. • CE 29 oct. 2012, *Sté First International Production*, n° 326813 : *RJF 2013. 8 ; BDCF 2013. 1, concl. Legras.*

44. Commission versée au dirigeant caution pour sa société. Sous réserve qu'elle représente la rétribution normale du service rendu et ne corresponde pas, en réalité, à l'attribution d'une partie des bénéfices sociaux, la commission versée par une société à ses dirigeants qui se sont portés caution pour elle auprès des banques et autres organismes financiers constitue une charge d'exploitation déductible de ses bénéfices imposables. * Rép. min. n° 14485 : *JO Sénat, 7 avr. 2016, p. 1424.*

45. Rémunération d'une prestation de suivi et de gestion administrative de chantiers. L'Administration apporte la preuve du caractère excessif des charges déduites (60 % et 18 % du CA) en se référant aux usages de la profession pour retenir un taux de 6 % déterminé à partir de la comparaison des honoraires pratiqués par des sociétés intervenant dans le domaine de l'administration, la gestion ou la commercialisation d'immeubles. • CE 19 nov. 2008, n° 291041 : *RJF 2009. 111 ; BDCF 2/09, n° 14, concl. Séners.*

46. Pots-de-vin. Le caractère illicite d'une dépense ne fait pas obstacle à sa déduction. • CE 11 juill. 1983, n° 33942 : *RJF 1983. 1109.* ♦ Ainsi, les commissions versées en vue de l'obtention de marchés sont déductibles lorsqu'elles ont permis à l'entreprise d'accroître son chiffre d'affaires, qu'il s'agisse de ventes à l'exportation : • CE 30 oct. 1991, n° 80247 : *RJF 1991. 1490.* ♦ ... Ou de transactions internes : • CE 31 juill. 1992, n° 79635 : *RJF 1992. 1467.* ♦ En particulier, lorsqu'une municipalité subordonne l'obtention d'un marché au versement d'honoraires à un « bureau d'études », les charges correspondantes sont déductibles, même si elles ne rémunèrent aucune prestation. • TA Lyon, 17 juin 1997, n°s 88-11.914 et 88-11.915 : *RJF 1997. 1108.*

Corruption d'agents publics étrangers, V. note 280.

47. Un contribuable apporte la preuve que la somme qu'il a versée à la commune, sous forme d'un don destiné au financement de courts de tennis, constituait, en réalité, pour la SCI dont il détenait 46 % des parts, la contrepartie obligatoire à la délivrance à cette société d'un permis de construire, en produisant les indices suivants : la photocopie d'un chèque émis par le contribuable à l'ordre du Trésor public, la déclaration de recettes du comptable public, le relevé bancaire retraçant le remboursement de la somme par la SCI au contribuable, ainsi d'ailleurs qu'un dossier de presse sur les conditions de délivrance des autorisations d'urbanisme dans cette commune. Une telle dépense est exposée dans l'intérêt de l'entreprise et est, par suite, déductible des résultats imposables de la SCI. • CE 24 mai 2006, n° 274471, *Genestar : RJF 2006. 994 ; concl. Glaser au BDCF 8-9/06, n° 96 ; Dr. fisc. 2006. 688, note Davoust.*

48. Mise à disposition de personnel. Une société mère qui met du personnel salarié à la disposition d'une de ses filiales peut facturer le prix de ces prestations à une somme supérieure au coût de revient réel sans que la rémunération soit jugée excessive, dès lors que l'importance des prestations d'assistance rendues en contrepartie le justifie. Rémunération déductible pour la filiale dans sa totalité. • CE 16 mai 2008, n° 288101 : *RJF 2008. 1002.*

49. Libéralités non déductibles. Les dépenses non engagées dans l'intérêt de l'entreprise ne sont pas déductibles du bénéfice imposable. Tel est le cas des libéralités constituées par des redevances versées par une société à son dirigeant pour la location-gérance d'un fonds de commerce lui appartenant initialement mais qu'il a cédé en totalité. • CE 29 déc. 1999, n° 196532 : *Dr. fisc. 2000. 498, concl. Courtial.*

50. Quote-part des frais généraux de la société mère. Une société ne peut déduire la quote-part de frais généraux que lui facture sa société mère que dans la mesure où elle justifie de la nature et de l'importance des services reçus de la société mère. • CAA Bordeaux, 12 déc. 1995, n° 94BX701 : *Dr. fisc. 1996. 845.*

C. AIDES ET AVANTAGES ACCORDÉS À DES TIERS

51. L'abandon de créance est la renonciation par une entreprise à exercer les droits que lui confère l'existence d'une créance. Il y a lieu d'y assimiler les subventions, c'est-à-dire les aides versées par une entreprise à une autre sans contrepartie directe. L'abandon de créance peut être considéré comme une perte, et non comme une libéralité, lorsqu'il est consenti dans l'intérêt de l'entreprise créancière et que, bien entendu, la créance figure à l'actif de cette dernière. À l'inverse, l'abandon d'une créance par un créancier de l'entreprise engendre pour celle-ci un profit égal au montant de la remise de la dette figurant au passif du bilan. * BOI-BIC-BASE-50-10 n° 1 du 24 févr. 2021. ♦ Pour les exercices clos à compter du 4 juill. 2012, les pertes consécutives à des abandons de créances à caractère financier, et, plus généralement, toutes les aides autres qu'à caractère commercial sont exclues des charges déductibles pour l'établissement de l'impôt de l'entreprise qui les consent (CGI, art. 39-13, al. 1er). * BOI-BIC-BASE-50-20-10 n° 110 s. du 24 févr. 2021. ♦ Sur le caractère commercial de l'aide consentie à ses filiales par une société holding qui n'exerce aucune activité d'achat-revente au sein du groupe mais fournit des prestations de référencement : • CE 7 févr. 2018, *SARL France Frais,* n° 398676 : *RJF 2018. 468, concl. Bénard.*

52. Abandons de créances. L'octroi de prêts sans intérêts ou l'abandon de créances consentis par une entreprise au profit d'un tiers, de même d'ailleurs que le fait pour celle-ci de fournir gratuitement sa caution, ne relèvent pas en règle générale d'une gestion commerciale normale, sauf s'il apparaît qu'en consentant de tels avantages l'entreprise a agi dans son propre intérêt. Il en va ainsi notamment lorsque les avantages consentis peuvent être regardés comme la conséquence d'engagements constituant la contrepartie des avantages que l'entreprise retire elle-même directement de son adhésion à une association ou à un groupement et du respect des conditions auxquelles l'appartenance à ce groupement est subordonnée (engagement de « parrainage » incombant aux centres Leclerc). • CE 26 sept. 2001, *SA Rocadis,* n° 219825 : *RJF 2001. 1491 ; concl. G. Bachelier au BDCF 12/01, n° 145 ; Dr. fisc. 2002. 490, concl. Bachelier ; Dr. sociétés 2002. 48, note Pierre.*

53. La déduction des abandons de créances consentis au profit de sociétés n'ayant pas la qualité de filiales suppose l'existence de relations commerciales entre les deux entreprises. • CE 26 juin 1992, n° 68646 : *RJF 1992. 1116.* ♦ Même si des abandons de créances peuvent se justifier par l'intérêt financier qu'une société possède à obtenir le remboursement partiel de ses créances dans les meilleurs délais et par son souci d'assurer la pérennité de l'activité de ses fournisseurs, de tels abandons ne relèvent pas d'une gestion commerciale normale dès lors que le montant total des créances abandonnées est sans commune mesure avec le faible chiffre d'affaires réalisé avec chacun des débiteurs et qu'il n'est pas démontré que l'abandon de créances ait pu participer au développement ou tout au moins au maintien de la production agricole des fournisseurs. • CE 26 févr. 2003, *Sté Pierre De Reynal et Cie,* n° 223092 : *Dr. fisc. 2003. 436, concl. Goulard ; RJF 2003. 607, concl. Goulard, p. 403.*

54. C'est au regard du seul intérêt propre de l'entreprise que le juge doit apprécier si des charges supportées par une société en vue d'assurer certains avantages à d'autres sociétés correspondent à des actes de gestion commerciale anormale. • CE 1er mars 2004, *Sté As Représentation,* n° 237013 : *RJF 2004. 459 ; concl. Goulard au BDCF 5/04, n° 58 ; Dr. fisc. 2004. 669, concl. Goulard.* ♦ Une société a un intérêt propre : à consentir un abandon de créances à la société qui est son unique client lorsque le montant des dettes de celle-ci et le chiffre de sa situation nette négative révèlent que son existence même est menacée, sans qu'il y ait lieu de tenir compte de l'abandon de créances consenti par cette seconde société à sa propre filiale, dès lors que l'Administration a admis le caractère normal de cette aide. • Même arrêt. ♦ … A consentir un abandon de créances à une société sœur étrangère qui a permis de sauvegarder les débouchés commerciaux à l'étranger de la société en évitant la liquidation judiciaire de la société aidée. • CAA Versailles, 4 nov. 2014, *SCA Lagardère,* n° 14VE00032 : *RJF 2015. 97 ; Dr. fisc. 2015, note Vabres.*

55. La volonté de préserver l'existence même

d'actifs dont dépend la pérennité de l'activité économique de l'entreprise ou de prévenir leur dévalorisation certaine dans des conditions compromettant ainsi durablement leur usage comme source de revenus peut constituer une contrepartie suffisante à la renonciation à percevoir des redevances sur une marque. • CE 10 févr. 2016, *SA Hôtels et Casino de Deauville*, n° 371258 : *RJF 2016. 403, concl. Bretonneau ; Dr. fisc. 2016. 374, note Teper.*

56. Un abandon de créance consenti au cours du même exercice qu'une prise de contrôle ou préalablement à l'absorption d'une filiale constitue une charge immédiatement déductible des résultats imposables lorsqu'il répond à l'intérêt commercial de la société créancière et que celle-ci a payé sa prise de participation au juste prix, de telle sorte que l'aide ne peut être considérée comme un élément du prix de revient de la participation. • CE 23 oct. 1991, *Électrolux*, n° 71792 : *Dr. fisc. 1993. 969 ; RJF 1991. 1482, concl. Fouquet, p. 852.* ♦ Lorsque l'abandon de créance est consenti par une société mère, non dans le cadre de la gestion de ses participations financières, mais à des fins relevant essentiellement de son activité commerciale, la somme correspondante est déductible des résultats de la société mère, sans qu'il y ait lieu de rechercher ses effets sur l'actif net de la filiale. • CE 27 nov. 1981, n° 16814 : *RJF 1982. 7, concl. Verny, p. 8 ; Dr. fisc. 1982. 1630.* ♦ En revanche, il n'est pas déductible : lorsqu'il concourt effectivement au prix d'acquisition de la participation. • CE 15 oct. 1982, n° 26585 : *Dr. fisc. 1983. 754 ; RJF 1982. 1090, concl. Rivière.*

57. Une société peut, sans commettre d'acte anormal de gestion, prévenir les conséquences des graves difficultés financières d'une filiale en lui consentant une aide, alors même qu'elle n'entretient avec elle aucune relation commerciale. • CE 31 déc. 2008, *Min. du Budget*, n° 306429 : *RJF 2009. 317.* ♦ L'abandon de créance consenti par une société mère au profit d'une filiale en difficulté constitue un acte de gestion normale. Les sommes correspondantes sont déductibles du résultat imposable si l'actif net de la filiale est négatif, situation de nature à compromettre le recouvrement des créances de la société mère. En revanche, si l'actif net de la filiale est positif, l'abandon de créance a nécessairement pour effet d'augmenter la valeur de la participation de la société mère dans sa filiale, à concurrence de la fraction qu'elle détient dans le capital de celle-ci. • CE 30 avr. 1980, *Min. du Budget*, n° 16253 : *RJF 1980. 467, concl. Martin Laprade, p. 246 ; Dr. fisc. 1980. 1642.* ♦ Le caractère d'acte anormal de gestion de l'aide consentie à une filiale s'apprécie à la date à laquelle cet acte est intervenu. En revanche, la participation détenue dans le capital de la filiale devant être évaluée à la clôture de l'exercice de la société mère au cours duquel l'aide a été consentie afin de déterminer la variation de son actif net au cours de l'exercice, c'est à la date de cette clôture qu'il convient d'apprécier la situation nette réelle de la filiale afin de déterminer si la société mère est en droit de déduire de ses bénéfices imposables la somme correspondant à l'aide qu'elle a apportée à sa filiale. • CE 31 juill. 2009, *SA Haussmann Promo Île-de-France*, n° 297274 : *RJF 2009. 1058 ; concl. Glaser au BDCF 12/09, n° 135 ; Dr. fisc. 2009. 498, note Bocquet et Cassan.*

58. La renonciation, dans le cadre d'une gestion normale, à percevoir une rémunération sur des avances de trésorerie consenties à une filiale ne peut s'analyser comme une subvention ayant entraîné une variation de l'actif de la filiale et n'a pu avoir pour effet de supprimer une dette au passif de celle-ci. Elle n'a pu ainsi augmenter la valeur mathématique des parts de la filiale ni, par suite, la valeur de l'actif de la société mère à hauteur de sa participation dans ladite filiale. Cet abandon ne saurait en conséquence justifier la réintégration dans le bénéfice de la société mère d'une somme égale, au prorata des parts détenues par celle-ci, au montant des intérêts non réclamés sur les avances en cause. • CAA Paris, 28 avr. 2006, *SARL Magic 5*, n° 03PA04255 : *RJF 2006. 1153.* ♦ La renonciation par la société mère à la perception d'intérêts ne peut s'analyser comme une subvention ayant entraîné une variation de l'actif de la filiale et n'a pu avoir pour effet de supprimer une dette au passif de celle-ci. Elle n'a pu ainsi augmenter la valeur mathématique des parts de la filiale ni, par suite, la valeur de l'actif de la société mère à hauteur de sa participation dans ladite filiale. L'Administration n'est donc pas fondée à réintégrer dans les résultats de la société mère les intérêts qu'elle n'a pas réclamés à sa filiale. • CAA Marseille, 2 avr. 2009, *SA Éric Soccer*, n° 06MA02583 : *RJF 2010. 322.*

59. Régime fiscal de l'abandon de créance chez l'entreprise qui le consent. * BOI-BIC-BASE-50-20-10 du 24 févr. 2021. ♦ Régime fiscal de l'abandon de créance chez l'entreprise qui en est bénéficiaire. * BOI-BIC-BASE-50-20-20 du 24 févr. 2021.

60. Aide consentie à une filiale par la société mère. Les avances sans intérêts consenties par une société mère à sa filiale ne relèvent pas d'une gestion commerciale normale dès lors qu'elles sont manifestement disproportionnées au vu de leur montant et du chiffre d'affaires réalisé avec les clients communs aux deux sociétés. • CE 23 janv. 2015, *Sté Ferrari et Cie*, n° 365525 : *RJF 2015. 299 ; BDCF 2015. 41, concl. Nicolazo de Barmon.*

61. Aide consentie par une sous-filiale à la société mère. Le fait, pour une sous-filiale, de consentir une avance de trésorerie à la société mère en difficulté, qui contrôle la filiale, et avec laquelle elle n'entretient aucune relation commerciale, ne relève pas, en règle générale, d'une gestion commerciale normale, dès lors que cette avance, même assortie du versement d'intérêts, est d'un montant manifestement hors de proportion avec la solvabilité du bénéficiaire. Il n'en va autrement que si la société établit qu'en consentant cette avance, elle a agi dans son propre intérêt en évitant la liquidation de la société mère dans des conditions telles qu'elle entraînerait elle-même sa liquidation. • CE 22 janv. 2010, *Sté d'acquisitions immobilières*, n° 313868 : *RJF 2010. 335 ; Dr. fisc. 2010. 230, concl. Escaut, note Bocquet et Cassan.*

62. Aides consenties lors d'une prise de contrôle. Les abandons de créances consentis par une société exploitant un supermarché à une filiale relevant de la même enseigne avant sa cessation d'activité n'ont pas pour contrepartie l'acquisition des éléments incorporels du fonds de commerce de cette société dès lors que la société mère n'a bénéficié que d'un report partiel de la clientèle et du chiffre d'affaires de sa filiale. Ils sont par conséquent déductibles de son résultat imposable. • CE 23 juill. 2010, *Min. du Budget*, n° 317025 : *RJF 2010. 998.* ♦ V. en sens contraire, en matière d'enregistrement, • Com. 16 déc. 2008, n° 08-11.419 : *RJF 2009. 408.*

63. Aides consenties à des filiales étrangères. L'aide accordée sous forme d'abandons de créances par une société à ses filiales implantées à l'étranger peut revêtir un caractère normal compte tenu de la nécessité d'assurer le développement commercial du groupe à l'étranger. Ne relèvent toutefois pas d'une gestion commerciale normale les aides accordées par une société mère afin de pénétrer des marchés étrangers dès lors que, compte tenu du pourcentage de détention des filiales, ces aides sont sans commune mesure avec le faible chiffre d'affaires réalisé par chacune d'elles et que de surcroît la société ne démontre pas que les aides aient pu participer au développement des ventes qui n'ont que faiblement progressé. • CE 26 mars 2008, *SA Tornier*, n° 296625 : *RJF 2008. 639 ; concl. Collin au BDCF 6/08, n° 72.* ♦ Le cas échéant, le Conseil d'État se réfère à un droit étranger pour apprécier le caractère normal ou anormal de l'acte de gestion. Il s'est ainsi appuyé sur le droit portugais pour juger que les « versements supplémentaires » effectués par une société mère à ses filiales portugaises constituaient un élément du capital de ces sociétés et non pas une aide financière. Cette législation étrangère interdisant le versement d'intérêts à raison de ces versements, la société mère n'avait pas commis d'acte anormal de gestion en s'abstenant de refacturer à ses filiales les intérêts d'emprunt qu'elle avait acquittés à raison des mêmes sommes. • CE 7 sept. 2009, *SNC immobilière GSE*, n° 303560 : *RJF 2009. 1068 ; Dr. fisc. 2009. 561, note Fumenier et Maignan ; RTD com. 2009. 818, note Fouquet*. ♦ Pour requalifier un abandon de créance consenti à une filiale étrangère en apport de fonds, l'Administration ne peut valablement se fonder sur la seule circonstance que la somme reçue a dû être traitée comme un supplément d'apport en application du droit comptable britannique. • CE 31 mars 2017, n° 383129 : *RJF 2017. 539, concl. Nicolazo de Barmon.* ♦ Jugé, dans le même sens, que le juge de l'impôt ne peut déduire la qualification d'une opération en droit fiscal national du seul traitement comptable reçu dans le droit étranger. Le traitement fiscal de l'opération en France est également indépendant du traitement fiscal reçu à l'étranger. • CE 13 avr. 2018, *Sté LVMH Moët Hennessy Louis Vuitton*, n° 398271 : *RJF 2018. 727, concl. Bokdam Tognetti.*

64. Aides consenties aux succursales de filiales étrangères. Dans la mesure où une succursale est dépourvue de personnalité morale, un abandon de créance à une succursale doit être apprécié au regard des relations entre la société mère et sa filiale. Le caractère normal de l'abandon de créance doit être établi compte tenu non seulement de l'intérêt stratégique et commercial que présente le marché d'implantation de la succursale mais également des besoins de financement de la filiale. • CE 11 avr. 2008, *SA Guerlain*, n° 281033 : *RJF 2008. 788, chron. Burguburu, p. 667 ; concl. Vérot au BDCF 7/08, n° 85.*

65. Subventions. Les subventions, c'est-à-dire les aides versées par une entreprise à une autre sans contrepartie directe, sont assimilées à des abandons de créances. * BOI-BIC-BASE-50-10 n° 1 du 23 juin 2021. ♦ On rappelle que, pour les exercices clos à compter du 4 juill. 2012, les pertes consécutives à des abandons de créances à caractère financier, et, plus généralement, toutes les aides autres qu'à caractère commercial sont exclues des charges déductibles pour l'établissement de l'impôt de l'entreprise qui les consent (CGI, art. 39-13, al. 1er). * BOI-BIC-BASE-50-20-10 du 29 janv. 2013.

66. Déductibilité des versements à fonds perdus faits par une société mère à sa filiale dès lors que cette société justifie de la contrepartie que comporte pour elle la poursuite de son activité par sa filiale. • CE 22 mars 1999, n° 163282 : *RJF 1999. 534.* ♦ Déductibilité des subventions, d'un montant réduit, versées par une caisse régionale de crédit agricole aux fédérations départementales des coopératives d'achat et de matériels des CUMA et qui sont de nature à contribuer au bon renom de la caisse. • CAA Bordeaux, 17 déc. 1996, n° 95BX1193 : *Dr. fisc. 1997. 391.* ♦ Déductibilité de la subvention accordée par une société à sa filiale en difficulté, laquelle subvention présente un caractère commercial dès lors que les deux sociétés ont des productions complémentaires et s'adressent à des clients communs, de sorte que la poursuite de l'activité de la filiale est nécessaire à la mère dans la prospection de nouveaux marchés. • CAA Paris, 1er oct.

2007, n° 06PA747 : *RJF 2008. 277.* ♦ Déductibilité des subventions versées par une caisse régionale de crédit agricole mutuelle à un comité départemental de l'habitat rural qui se prononce sur certaines demandes de prêts. • CE 24 mai 2000, n° 185647 : *RJF 2000. 901.*

En revanche, non-déductibilité de subventions globales versées par une caisse de crédit agricole mutuel à un syndicat d'agriculteurs. • CE 24 mai 2000, n° 201685 : *RJF 2000. 903.* ♦ ... D'une subvention versée par une caisse régionale de crédit agricole mutuel au Conseil supérieur du notariat. • CE 24 mai 2000, n° 188152 : *RJF 2000. 894.*

67. Prise en charge des risques de change d'une filiale. Constitue un acte anormal de gestion la prise en charge par une société mère des pertes de change qui résultent de la substitution d'un emprunt bancaire en francs à un emprunt initialement conclu par sa filiale en livres sterling et à un taux plus élevé. En prenant en charge le risque de change de sa filiale dont la situation financière était pourtant positive, la société mère n'a en effet pas agi dans son intérêt propre, et ce même si la renégociation de la dette lui a permis au cours d'années ultérieures de réaliser des gains de change. • CAA Marseille, 14 mars 2006, n° 03MA2085 : *Dr. fisc. 2006. 532, concl. Bonnet ; RJF 2006. 1154 ; concl. Bonnet au BDCF 10/06, n° 110.*

68. Engagement de caution. Les sommes versées au titre d'un engagement de caution souscrit par un bailleur d'immeuble au profit de son locataire sont déductibles si cet engagement est destiné à conserver les revenus tirés de la location, et non pas seulement la préservation de la valeur d'un capital, ou bien s'il existe une contrepartie suffisante à l'engagement de caution souscrit, compte tenu des liens existant entre le bailleur et le locataire. • CAA Marseille, 24 janv. 2002, n° 98MA1054 : *RJF 2002. 1065 ; Dr. fisc. 2003. 232.*

69. Clause de garantie de passif. Une société peut déduire de son résultat les sommes versées en exécution d'une convention de garantie de passif dès lors qu'il n'est pas établi que la cession des titres aurait été consentie à un prix excessif et que les sommes versées seraient constitutives d'un acte anormal de gestion. • CAA Douai, 31 juill. 2012, *SA Pafic*, n° 11DA00407 : *RJF 2012. 1102.*

D. PERTES ET FRAIS DIVERS

70. Assurance « homme-clé ». Sont déductibles les primes versées chaque année par une entreprise, en exécution d'un contrat d'assurance garantissant la perception d'une indemnité en cas de réalisation d'un risque susceptible de porter atteinte à la valeur de ses éléments d'actif ou d'affecter les résultats de son exploitation. Application aux primes afférentes à des polices souscrites par une clinique sur la tête de ses deux chirurgiens en cas de décès de ces derniers. • CE 29 juill. 1998, n° 108244, *Clinique Lafourcade : Dr. fisc. 1999. 124, concl. Loloum ; RFDA 1999. 222, note Kornprobst.* ♦ Pour déterminer le régime de déductibilité applicable aux primes versées par une société dans le cadre d'un contrat d'assurance visant à la garantir contre le risque de décès de ses dirigeants, dont le reversement au profit de ces derniers est par ailleurs prévu, il convient de distinguer entre la fraction de la prime afférente à l'assurance souscrite en vue de se prémunir contre le risque de décès, qui peut en principe bénéficier d'une déduction au titre de l'art. 39 pourvu que la société soit en mesure d'en justifier le montant, et la fraction de la prime permettant au dirigeant de bénéficier du reversement de cette dernière, en cas de non-survenance du risque, qui ne peut au contraire pas bénéficier d'une telle déduction. • CE 31 mars 2017, *Sté Hôtel de l'Orchidée*, n° 387209 : *RJF 2017. 534, concl. Nicolazo de Barmon.*

71. Vols et détournements de fonds. En cas de détournements de fonds commis au détriment d'une société, les pertes qui en résultent sont, en principe, déductibles des résultats de la société. Il en va ainsi, en particulier, lorsque ces détournements ont été commis par des tiers. En revanche, ne sont pas déductibles les détournements commis par les dirigeants, mandataires sociaux ou associés ainsi que ceux, commis par un salarié de la société, qui ont pour origine, directe ou indirecte, le comportement délibéré ou la carence manifeste de ceux-ci. • CE 12 avr. 2019, *SAS Sté de distribution Saint-Maximoise*, n° 410042 : *RJF 2019. 627, concl. Bokdam-Tognetti ; Dr. fisc. 2019.303, note Fouquet.* ♦ La perte correspondant aux vols et détournements divers commis au cours d'un exercice N peut être déduite des résultats d'un exercice ultérieur, dès lors que c'est seulement au cours de ce dernier exercice qu'ils ont été découverts par le contribuable. • CE (na), 13 juill. 2020, *Min. c/ Sté de distribution Saint-Maximoise*, n° 438366 : *RJF 2020. 865.*

72. Indépendamment du cas de détournements de fonds rendus possibles par le comportement délibéré ou la carence manifeste des dirigeants, il n'appartient pas à l'Administration, dans ce cadre, de se prononcer sur l'opportunité des choix de gestion opérés par l'entreprise. • CE, sect. 13 juill. 2016, *SA Monte Paschi Banque*, n° 375801 : *RJF 2016. 967, concl. Bokdam-Tognetti ; Dr. fisc. 2016. 404, note Fouquet.* ♦ Une entreprise est fondée à faire état, pour la détermination de ses bénéfices, des détournements commis à son préjudice, sauf à tenir compte des sommes ou valeurs qui viendraient à lui être restituées. * BOI-BIC-CHG-60-20-10 n° 40 du 12 sept. 2012. ♦ Sont déductibles les détournements commis par un salarié dès lors qu'ils ont été commis à l'insu des dirigeants de l'entreprise. • CE 30 mai 1979, n° 10545 : *RJF 1979. 419 ; Dr. fisc. 1979. 1873* • 3 juin 1985, n°s 45087 et 45091 : *Dr. fisc. 1986. 441, concl. Bissara* (décision en matière de BNC) • CE 27 juill. 1988, n° 54510 : *RJF 1988. 1070 ; Dr. fisc. 1998. 2361, concl. Fouquet.* ♦ Les détournements de fonds commis par les salariés d'une société constituent des charges déductibles dès lors qu'ils sont réputés avoir été commis à l'insu de la société. Il en est ainsi lorsque les dirigeants de ladite société n'ont pas eu effectivement connaissance des détournements commis ou n'ont pas concouru, par leur comportement délibéré ou par leur carence manifeste dans l'organisation de l'entreprise, aux détournements. Il en est ainsi même si les détournements ont été rendus possibles par les conditions dans lesquelles s'est opérée la réorganisation du département au sein duquel travaillaient les salariés, notamment par la délégation maintenue au profit de l'un d'eux en dépit de l'opacité de fonctionnement de ce département et par la défaillance du contrôle interne de la société à repérer les anomalies et irrégularités comptables révélatrices des détournements. • CE 5 oct. 2007, n° 291049, *Sté Alcatel CIT : RJF 2007. 1381 ; concl. Escaut au BDCF 12/07, n° 137 ; Dr. fisc. 2008. 165, concl. Escaut, note De Bissy.* ♦ Cependant, le critère de carence manifeste des dirigeants est limité aux détournements commis par un salarié. Ainsi, une entreprise peut déduire les pertes subies à la suite d'opérations accomplies par un salarié conformes à son objet social mais traduisant un risque manifestement excessif qu'une meilleure organisation du contrôle interne aurait pu éviter. • CE, sect. finances avis, 24 mai 2011, n° 385088 : *RJF 2012. 800.*

73. Si les détournements sont le fait d'un dirigeant associé ou d'un associé, ils constituent, en principe, des prélèvements et non des charges déductibles. • CE 14 févr. 1979, n° 99765 : *Dr. fisc. 1979. 1199 ; RJF 1979. 436* • 16 oct. 1989, n° 66567 : *RJF 1989. 1331.* ♦ Toutefois, les détournements de fonds dont une société a été victime ne peuvent être qualifiés d'appréhension de bénéfices sociaux, insusceptible de donner lieu à l'imputation ou au provisionnement d'une perte en vue de la détermination des bases de l'impôt, du seul fait qu'ils ont été commis par un actionnaire de la société. Il n'en sera ainsi que si cet actionnaire figure parmi les principaux dirigeants, mandataires sociaux ou associés importants ou, lorsque tel n'est pas le cas, si les dirigeants ont connaissance d'une manière ou d'une autre des détournements. • CE 14 févr. 2001, n° 193309 : *Dr. fisc. 2001. 748, concl. Courtial ; RJF 2001. 592.*

74. Créances irrécouvrables. Lorsque le refus de paiement ou l'insolvabilité du débiteur s'oppose de manière définitive au recouvrement d'une créance, le créancier subit une charge égale au montant hors taxes des sommes non payées car l'entreprise a la possibilité sous certaines conditions, de récupérer la TVA qu'elle a dûment acquittée. Pour être déductibles des résultats imposables, les pertes résultant de l'irrécouvrabilité de créances doivent : se rapporter à des créances régulièrement constatées en comptabilité. • CE 20 avr. 1977, n° 98853 : *RJF 19977. 342.* ♦ ... Être afférentes à des créances qui se rattachent à l'activité normale de l'entreprise *DB 4 C-213, n°s 2 et 3.* • CE 20 avr. 1977, n° 98853 : *préc.* ♦ ... Être subies effectivement au cours de l'exercice dont elles grèvent les résultats imposables. • CE 22 juin 1988, n° 58968 : *RJF 1988. 965.* ♦ L'entreprise doit notamment établir le caractère définitif de la perte de ses créances en démontrant qu'elles ont fait l'objet de vaines démarches en vue de leur recouvrement. • CE 30 déc. 2002, n° 229072 : *RJF 2003. 261 ; concl. Austry au BDCF 3/03, n° 31.*

75. Perte résultant de l'annulation de titres propres. Une société qui décide d'annuler des titres propres, initialement rachetés dans un autre but que la réduction de capital, est en droit de constater une perte résultant de leur dévalorisation entre la date de rachat et la date d'annulation. • CE 1er avr. 2015, *Sté Rexel Développement,* n° 362317 : *RJF 2015. 470 ; BDCF 2015. 63, concl. Nicolazo de Barmon ; RJF 2015. 443, chron. Labrune.*

76. Rachat de titres propres suivi de leur annulation. Le rachat par une société de ses propres titres, rachat auquel sont assignés plusieurs objectifs dont la réduction de son capital, suivi de cette réduction, est sans influence sur la détermination de son résultat imposable. La solution peut toutefois être différente dans l'hypothèse où la société affecte expressément les titres rachetés à chacun des objectifs, en explicitant la proportion des titres affectés à l'annulation. • CE 22 oct. 2018, *Sté Schneider Electric,* n° 375213 : *RJF 2019. 17, concl. Bokdam-Tognetti.*

77. Justifications. Les frais généraux ne sont déductibles que si l'entreprise justifie les avoir supportés en contrepartie de services qui lui ont été effectivement rendus. • CAA Nantes, 30 déc. 1996, n° 94NT140 : *Dr. fisc. 1997. 188.*

E. DÉPENSES DE PERSONNEL ET DE MAIN-D'ŒUVRE

BIBL. De Feydeau, *BFL 4/02, p. 235* (retraites supplémentaires et indemnités de fin de carrière). – Le Gall, *Dr. fisc. 2004, p. 386* (la notion fiscale de régime de retraite après la loi du 21 août 2003). – Plagnet, *BFL 1991, p. 529* (régimes surcomplémentaires).

78. Pensions de retraite. Les pensions versées par les entreprises au titre d'un régime de retraite, même institué par l'employeur lui-même, sont déductibles à condition que ce régime s'applique de plein droit à l'ensemble ou à certaines catégories du personnel salarié. L'exigence d'un engagement général et impersonnel posée pour la déduction des cotisations versées au titre des régimes de retraite complémentaire n'est pas incompatible avec un nombre restreint de bénéficiaires. • CE 9 nov. 1990, n° 88765, *SA Laboratoires Nicolas : Dr. fisc. 1990. 2338 ; RJF 1990. 1447, concl. Arrighi de Casanova, p. 820 ; Lebon 310*. ♦ Ainsi sont déductibles les cotisations versées par une SARL au titre de régimes de retraite complémentaires applicables : à la catégorie « cadres » de l'entreprise alors même que le gérant de la société en est le seul bénéficiaire. • CAA Bordeaux, 27 févr. 2006, n° 02BX1266 : *RJF 2006. 827*. ♦ ... À deux catégories particulières de cadres de l'entreprise, alors même que seuls deux cadres en sont bénéficiaires. • CAA Nancy, 23 nov. 2006, n° 03NA654 : *RJF 2007. 394*. ♦ ... Aux cadres de direction alors même que la gérante de la société est à la date de souscription du contrat la seule personne susceptible de bénéficier des avantages de ce régime. La circonstance qu'il existe une grande disparité entre les rémunérations de la gérante et le montant des cotisations, susceptible de révéler l'existence d'un avantage personnel octroyé à l'intéressée, est sans incidence sur le caractère déductible des sommes ainsi versées dès lors que l'Administration n'apporte aucun élément permettant d'apprécier le bien-fondé de ce moyen. • CAA Bordeaux, 4 juin 2008, n° 04BX1836 : *RJF 2008. 1164*. ♦ En revanche, les cotisations versées au titre d'un régime de retraite complémentaire applicable à la catégorie « cadres de direction » de l'entreprise ne sont pas déductibles dès lors que le contrat ne vise en fait que le seul PDG de la filiale dont l'encadrement est assuré par des cadres de direction mis à disposition par la société mère et que le taux de cotisation très élevé exclut que le contrat bénéficie à d'autres cadres. • CE 21 déc. 2007, n° 284629 : *RJF 2008. 539 ; concl. Glaser au BDCF 5/08, n° 57*.

79. Les pensions ou avantages particuliers que l'entreprise s'engage à allouer à un ancien salarié ne sont déductibles que dans des cas exceptionnels et notamment lorsqu'ils ont pour objet d'accorder à l'intéressé ou à ses ayants droit une aide correspondant à leurs besoins. • CE, ass., 31 oct. 1975, n° 94157 : *Dr. fisc. 1976. 52, concl. Latournerie* • 12 févr. 1990, n° 60557 : *Dr. fisc. 1990. 1577, concl. Racine*. ♦ Les besoins du bénéficiaire sont appréciés par rapport à l'ensemble de ses ressources. • CE 29 avr. 1985, n° 58770 : *Dr. fisc. 1986. 1163*. ♦ La société qui se substitue à l'institution de retraite créée en application de l'ord. 4 oct. 1945 pour verser à un ancien salarié un complément de retraite dont elle n'est pas redevable concède à ce dernier un avantage particulier non déductible. • CE 9 avr. 1999, n° 125951 : *RJF 1999. 683*. ♦ Les pensions versées par une société à deux anciens dirigeants dont il n'est pas allégué qu'ils seraient dans le besoin, en application d'une délibération les désignant nommément, ne sont pas déductibles du bénéfice imposable. • CE 15 févr. 2002, n° 215523 : *Dr. fisc. 2002. 893, concl. Mitjavile ; RJF 2002. 479*. ♦ Sur le régime des rémunérations différées des dirigeants (parachutes dorés, retraites chapeaux, etc.), V. art. 39-5 *bis*.

80. Les contributions au Fonds national pour l'emploi ne pouvant être assimilées à des allocations retraite ou préretraite, l'interdiction de déduire les provisions constituées en vue de faire face au versement de ces allocations ne leur est pas applicable. • CE 1er oct. 2013, *Sté Sogetra*, n° 351852 : *RJF 2013. 1121*.

81. Prêts de main-d'œuvre. Déduction des charges liées au prêt de main-d'œuvre en cas de refacturation partielle. * BOI-BIC-CHG-40-40-20 du 4 avr. 2018.

82. Prime de partage du profit. La prime de partage du profit (L. n° 2011-894 du 28 juill. 2011, art. 1er) est déductible du résultat imposable de l'entreprise versante. * BOI-BIC-CHG-40-40-20 n° 20 du 4 avr. 2018.

83. Rémunérations excessives du personnel. Selon l'Administration, la réintégration des salaires, appointements ou rémunérations versés par les entreprises à leur personnel non dirigeant ne doit être poursuivie que « dans des situations exceptionnelles, soit que les rémunérations versées soient manifestement exagérées par rapport au service rendu, soit que les circonstances de fait permettent de présumer que l'avantage consenti n'a pas été consenti dans l'intérêt direct de l'exploitation, mais notamment en fonction de liens affectifs ou d'intérêts unissant les bénéficiaires à des personnes possédant le contrôle de l'entreprise ». * BOI-BIC-CHG-40-40-10 n° 100 du 12 sept. 2012. ♦ Cette interprétation de la loi fiscale est opposable à l'Administration (sol. impl.). • CE 20 oct. 2000, n° 204814 : *Dr. fisc. 2001. 437, concl. Mignon ; RJF 2001. 58*. ♦ Les rémunérations versées à la responsable d'un magasin qui, dès son embauche, a perçu des salaires nettement supérieurs à ceux, cumulés, de deux responsables de magasin d'une surface et d'un effectif nettement supérieurs présentent un caractère excessif. • CE 20 oct. 2000, n° 204814 : *préc.*

84. Rémunérations des dirigeants. Le conseil d'administration d'une SA a une compétence exclusive pour déterminer la rémunération du président. Dès lors le supplément de rémunération alloué à un P-DG en l'absence de toute délibération du conseil n'est pas déductible. • CE 6 avr. 2001, n° 198233 : *RJF 2001. 928 ; Dr. fisc. 2002. 526*. ♦ De même, en l'absence de décision préalable du conseil d'administration, dont il résulterait qu'elle était tenue de verser un complément de rémunération à son P-DG et à son directeur général, une SA ne peut déduire des résultats de l'exercice les sommes qu'elle leur a versées à ce titre en invoquant les délibérations ultérieures de l'assemblée générale et du conseil d'administration approuvant les comptes de l'exercice. • CAA Bordeaux, 10 avr. 2001, n° 98BX407 : *Dr. fisc. 2002. 124, concl. contraires Heinis.* ♦ Toutefois, s'agissant d'une SARL, l'approbation des comptes de l'exercice et ratifiant les conventions passées au cours du même exercice vaut approbation des rémunérations des dirigeants et permet leur déduction. • CE 5 juin 1991, n° 68103 : *RJF 1991. 1050.*

85. Rémunérations excessives des dirigeants. BIBL. Serlooten, *JCP N 2001, n° 3, p. 7* (rémunération du dirigeant, liberté et impôt).

Pour apprécier le caractère excessif de la rémunération versée par une société à un dirigeant, le juge prend en considération l'activité qu'il a déployée dans l'entreprise et les résultats obtenus. • CE 18 déc. 1992, n° 74206 : *Dr. fisc. 1993. 1136* • CAA Bordeaux, 17 déc. 1996, n° 94BX1779 : *Dr. fisc. 1997. 604.* ♦ ... Son rôle dans la création et le développement de la société ; la progression relative du chiffre d'affaires et de la rémunération. • CAA Paris, 11 juin 1998, n° 96PA395 : *Dr. fisc. 1998. 1050.* ♦ ... Les fonctions qu'il a assurées. • CE 11 oct. 1990, n°s 54616-54617 : *Dr. fisc. 1991. 2417, concl. Arrighi de Casanova.* ♦ L'Administration peut se référer aux rémunérations moyennes servies à leurs dirigeants par des entreprises comparables. • CAA Paris, 30 mars 1995, n° 94PA469 : *Dr. fisc. 1995. 1921.* ♦ Mais les performances du dirigeant peuvent justifier l'écart constaté. • CAA Bordeaux, 17 déc. 1996 : *préc.*

86. L'appréciation du caractère excessif des rémunérations versées par plusieurs entreprises à la même personne doit être faite distinctement pour chaque entreprise (exclusion d'une méthode d'appréciation « globalisante »). • CE 23 janv. 2002, n° 216733 : *RJF 2002. 378 ; concl. Austry au BDCF 4/02, n° 45 ; Dr. fisc. 2002. 382, concl. Austry.*

87. S'agissant de la rémunération perçue par un gérant majoritaire de SARL, il convient de tenir compte des charges spécifiques supportées par l'intéressé par rapport à celles qui incombent à des salariés, et notamment des cotisations de sécurité sociale et de retraite. • CAA Nancy, 9 févr. 1995, n° 93NA764 : *Dr. fisc. 1996. 54 ; RJF 1996. 608.* ♦ Ainsi, une SARL apporte la preuve du caractère non excessif des rémunérations versées à son gérant salarié qui concentre entre ses mains les responsabilités administrative, technique et commerciale de l'entreprise et à qui est imputable l'augmentation importante du chiffre d'affaires et du bénéfice de la société, dès lors que la structure de direction des sociétés anonymes retenues à titre de comparaison par l'Administration, le montant et l'évolution de leur chiffre d'affaires ne sont pas comparables et que la validité des termes de comparaison, en ce qui concerne la rémunération moyenne du dirigeant ressortant de l'échantillon, n'est pas établie. • CAA Bordeaux, 18 avr. 2000, n° 97BX1325 : *Dr. fisc. 2001. 319, concl. contraires Heinis ; RJF 2000. 895.*

88. La rémunération d'un P-DG de société peut être regardée en partie excessive par rapport au service rendu lorsqu'il est constaté qu'elle a connu une forte et soudaine croissance au titre d'exercices au cours desquels la société enregistrait une augmentation de son chiffre d'affaires très inférieure à celle constatée lors des exercices précédents et un résultat faible, d'autre part, que les activités de recherche et de relations internationales dont le dirigeant était chargé étaient limitées. • CE 22 mai 2002, n° 221541 : *RJF 2002. 905.* ♦ De même est excessive la rémunération perçue par le gérant d'une société dès lors que son montant a été doublé au titre des exercices concernés, que le chiffre d'affaires de la société a diminué de 40 %, et que son déficit d'exploitation a été multiplié par 2,37. • CAA Versailles, 4 nov. 2014, *EURL Lai*, n° 13VE03689 : *RJF 2015. 99.*

89. Revenus distribués à des associés salariés. Les sommes versées par une société au titre « d'intéressement aux bénéfices » et de « primes de bilan » à chacun de ses associés, également salariés de l'entreprise, en relation exacte avec leurs parts dans le capital social ne peuvent être considérées comme un complément de rémunération versé en contrepartie d'un travail effectif et dénué de caractère excessif. En conséquence ces sommes n'ont pas le caractère de charges susceptibles d'être déduites du résultat de la société. • CE 16 janv. 2006, n° 252782 : *RJF 2006. 447.*

90. Remboursements de frais aux dirigeants. Lorsque la prise en compte de frais de déplacement alloués à un dirigeant n'a pas porté sa rémunération à un niveau excessif par rapport à l'activité qu'il a déployée, ces sommes doivent être regardées comme un supplément de salaire qui trouve son origine dans les fonctions de l'intéressé et non comme un revenu de capitaux mobiliers. • CE 5 juin 1991, n° 85002 : *RJF 1991. 1132.* ♦ Les remboursements des frais de voyage et de déplacement des membres du conseil de surveillance ne sont pas déductibles du bénéfice imposable faute d'être autorisés par le conseil de surveillance. • CE 20 juin 2012, *Sté IMMOTN, Sté SOFITEC*, n° 342753 : *RJF 2012. 900 ; BDCF 2012. 108, concl. Cortot-Boucher ; Dr. fisc. 2012. 515, note Chatain.*

91. Frais d'un directeur mis à la disposition d'une société. Ne sont pas déductibles des résultats imposables d'une société les frais de recrutement et de recherche de logement d'un directeur exerçant effectivement et exclusivement ses fonctions dans cette société dès lors que son contrat de travail le lie à la société mère qui le met à disposition moyennant refacturation et conserve la faculté de l'affecter à d'autres fonctions au sein du groupe. • CE 20 nov. 2013, *SA Immotn,* n° 338170 : *RJF 2014. 127.*

92. Remboursements de frais de pourboires versés à des tiers. Une société ne peut déduire les remboursements à son dirigeant et aux cadres commerciaux de sommes qualifiées de frais de pourboires versés à des tiers dès lors que la réalité de ce versement n'est pas établie. Ces sommes ne peuvent être regardées comme des compléments de salaires en l'absence de tout lien avec le travail des salariés. • CE 26 nov. 2007, n° 276262 : *RJF 2008. 118.*

93. Avantages occultes aux dirigeants. Ne sont pas déductibles les loyers et autres dépenses liées à la jouissance d'une villa qu'une société expose pour assurer à ses gérants le logement prévu au titre des avantages en nature devant compléter leur rémunération. Il résulte en effet des art. 54 *bis* et 111 que ces frais revêtent un caractère occulte et sont constitutifs de revenus distribués lorsqu'ils n'ont pas été comptabilisés en tant qu'avantages en nature, ainsi que l'exige l'art. 54 *bis*, mais ont été comptabilisés indistinctement dans le compte de frais généraux. La portée des dispositions précitées n'a par ailleurs pas été affectée par l'art. 5 de la loi du 8 juill. 1987 relatif aux conséquences du défaut de mention de certaines charges sur le relevé de frais généraux prévu par l'art. 54 *quater*. • CE 24 mars 2006, n° 260787 : *RJF 2006. 666 ; concl. Vallée au BDCF 6/06 n° 70.* ♦ Dans le même sens, pour des frais de déplacements professionnels non justifiés : • CE 1er juill. 2020, n° 432752 : *RJF 2020. 788.*

94. Indemnité de fin de mandat de P-DG. Déductibilité de l'indemnité versée par une société à son P-DG sortant afin de pouvoir le garder à son service en tant que directeur commercial et d'éviter tout contentieux. • CE 9 avr. 1999, n° 171554 : *RJF 1999. 681.* ♦ Sur le régime des rémunérations différées des dirigeants (parachutes dorés, retraites chapeaux, etc.), V. art. 39-5 *bis*.

95. Indemnité de révocation de gérance. Une société ne peut pas déduire de ses résultats une indemnité de révocation de gérance lorsque la décision de révoquer l'intéressé se borne à tirer les conséquences de l'interdiction de gérer prononcée par le tribunal. • CE (na), 31 mars 2017, *Selarl Comité Médical Nobel,* n° 403105 : *RJF 2017. 535.*

96. Engagement de non-concurrence. Les sommes versées à un ancien salarié en rémunération de l'engagement de non-concurrence passé avec l'entreprise constituent une charge déductible dès lors qu'elles ont été versées dans l'intérêt de l'entreprise. • CE 3 nov. 2003, n° 232393, *Sté Trinome : RJF 2004. 5 ; concl. Vallée au BDCF 1/04, n° 1 ; Dr. fisc. 2004. 418.*

97. Indemnité pour concurrence déloyale. La convention par laquelle une société s'est engagée à supporter l'intégralité des condamnations éventuellement encourues en conséquence d'agissements de concurrence déloyale (débauchage de collaborateurs d'une autre société) n'est ni contraire ni étrangère à ses intérêts alors même qu'elle peut procurer un avantage aux deux collaborateurs débauchés. Par conséquent, la totalité de l'indemnité versée par la société est déductible de ses résultats imposables. • CE 28 avr. 2006, n° 275147 : *RJF 2006. 825 ; concl. Séners au BDCF 7/06, n° 81.*

98. Indemnité transactionnelle versée à un salarié licencié. Une société ne peut déduire de ses résultats l'indemnité transactionnelle qu'elle a accepté de verser à son directeur technique licencié pour faute en contrepartie de la renonciation par ce dernier à contester son licenciement devant les prud'hommes. Les incertitudes d'une action contentieuse et l'atteinte à la réputation de l'entreprise en cas de poursuite judiciaire contre elle ne sauraient en effet suffire, compte tenu de la gravité des fautes et détournements reprochés au salarié licencié, à faire regarder ladite charge comme engagée dans l'intérêt de l'entreprise. • CAA Bordeaux, 15 févr. 2007, n° 04BX854, *Sté Graphic 2000 : RJF 2007. 790.*

99. Stock options. Le remboursement par une filiale, prévu par contrat, des coûts supportés par sa société mère étrangère lors de la levée d'options d'achat d'actions consenties aux salariés de la filiale française constitue une charge déductible des résultats, dès lors qu'il n'est pas étranger à l'intérêt d'une entreprise d'accorder une incitation financière à ses salariés. • TA Versailles, 30 mai 2003, n° 00-3661 : *RJF 2004. 349.* ♦ V. égal. note ss. art. 217 *quinquies*.

100. Indemnités de congés payés. En application de l'art. 39-1-1° *bis*, ces indemnités doivent être déduites des résultats de l'exercice au cours duquel est né le droit à congé. Toutefois, en cas de transfert des contrats de travail à un nouvel employeur, ces dispositions ne sauraient faire obstacle à la déduction des sommes correspondantes par le nouvel employeur tenu d'en assurer effectivement le paiement. • CAA Bordeaux, 18 mars 2004, n° 00BX1320 : *RJF 2004. 1320.*

101. Frais de formation. Des frais de formation engagés au profit d'un ancien salarié d'une entreprise ne sauraient, eu égard à la qualité de tiers de l'intéressé, être regardés comme faisant partie des charges normales de l'entreprise. • CE 21 juill. 1993, n° 91641 : *Dr. fisc. 1994. 321, concl. de Segonzac.* ♦ Toutefois l'entreprise peut faire état de faits précis et circonstanciés justifiant l'intérêt de l'entreprise à exposer de telles dépenses. • CAA Nantes, 21 déc. 1999, nos 96NT1615 et 97NT1133 : *Dr. fisc. 2000. 547.*

102. Frais de formation d'un réseau commercial. Le versement par une entreprise de cotisations à une association ne relève d'une gestion commerciale normale que s'il apparaît qu'en consentant de tels avantages, elle a agi dans son propre intérêt. Il en va ainsi notamment lorsque les avantages consentis peuvent être regardés comme la conséquence d'engagements constituant la contrepartie des avantages que l'entreprise retire elle-même directement de son adhésion à une association ou à un groupement et du respect des conditions auxquelles l'appartenance à ce groupement est subordonnée. La seule circonstance qu'aucun document écrit ne prévoit explicitement que le non-versement des cotisations à l'association entraînerait l'exclusion du groupement Leclerc est insuffisante pour écarter la déduction des sommes litigieuses. L'entreprise n'établit pas l'existence d'une contrepartie directe, pour l'exploitation de son centre commercial, au versement de cotisations à une association chargée de la formation de personnels du réseau destinés à être affectés dans d'autres États membres de l'UE. Toutefois, elle est tenue de respecter diverses obligations contractuelles du fait de son appartenance au réseau des centres de distribution « E. Leclerc » qui lui procure en contrepartie des avantages de clientèle et de prix de revient liés au renom de l'enseigne et aux économies ou ristournes réalisées sur les approvisionnements grâce à un « référencement national » des fournisseurs et à l'utilisation de centrales d'achats à forme coopérative. Elle doit en particulier participer à des associations ayant pour but des actions de développement du réseau auquel elle a adhéré. Le versement des cotisations litigieuses est la conséquence de l'engagement de l'entreprise au sein du mouvement Leclerc, de sorte qu'elle doit être regardée comme ayant agi, dans son propre intérêt financier en effectuant de tels versements. • CE 6 mars 2006, ♔ n° 281034 : *RJF 2006. 502 ; JCP E 2006. 2003, note Rossignol.* ♦ Solution inverse dans un contexte différent : non-taxation de cotisations facturées par un GIE aux centrales régionales associées pour couvrir les frais liés au développement du réseau de distribution puis réaffectées par le GIE à chacune des centrales régionales suivant des modalités fixées par le conseil d'administration du groupement. • CE (na) 22 juill. 2020, ♔ *GIE,* n°s 437398 et 437401 : *RJF 2020. 874.*

103. Rémunération des volontaires internationaux en entreprise. A compter des exercices clos après le 31 déc. 2009, les sommes correspondant aux indemnités versées aux V.I.E. placés auprès d'une filiale ou d'une succursale située à l'étranger peuvent être déduites du résultat de l'entreprise française, dans la limite du montant légal applicable à ces indemnités. * BOI-BIC-CHG-40-20-30 n° 20 du 15 juill. 2013.

104. Voyages de stimulation. Déductibilité des dépenses exposées à l'occasion de voyages collectifs de stimulation offerts sur concours aux membres du réseau commercial et aux personnes qui les accompagnent. • CE, plén., 31 juill. 1992, ♔ n° 114895 : *Dr. fisc. 1993. 75 ; RJF 1992. 1127* • CAA Nancy, 6 juill. 1995, n°s 92NA110 et 92NA272 : *Dr. fisc. 1996. 27, concl. Commenville.* ♦ Déductibilité des frais exposés pour les voyages dont ont bénéficié les lauréats des concours de stimulation organisés par une société. Il en va de même des frais afférents à la prise en charge du voyage de tiers accompagnateurs à condition que l'intérêt de l'entreprise le justifie. En revanche, non-déductibilité des frais de voyage exposés par les conjoints des salariés accompagnateurs des lauréats si ils n'ont pas été exposés dans l'intérêt de l'entreprise. • CE 13 juill. 2007, ♔ n°s 289233 et 289261, *Sté Volkswagen France : RJF 2007. 1217 ; concl. Verclytte au BDCF 11/07, n° 119 ; Dr. fisc. 2008. 67, concl. Verclytte.* ♦ Déductibilité des frais de voyage des conjoints du personnel pour la soirée annuelle de la société. • CAA Nantes, 25 oct. 2012, ♔ *Sté Cinq sur cinq,* n° 11NT01836 : *RJF 2013. 265.*

105. Œuvres au profit du personnel. Les dépenses effectuées en faveur des œuvres réservées au personnel sont déductibles à condition que les sommes versées cessent complètement d'être à la disposition de l'entreprise. Les entreprises qui financent la création de crèches destinées à accueillir les enfants des membres de leur personnel sont, en conséquence, admises à retrancher de leurs bénéfices imposables, d'une part, les amortissements relatifs aux installations réalisées à cette fin et, d'autre part, les frais de fonctionnement de ces établissements. De même, les versements à une crèche collective instituée en faveur du personnel de plusieurs entreprises sont admis en déduction dès lors qu'ils ont pour contrepartie l'octroi d'un avantage déterminé au personnel de l'entreprise versante. * BOI-BIC-CHG-40-20-40 n° 300 du 30 août 2016. ♦ Sont également déductibles les sommes versées à une société de jardins ouvriers ou à des œuvres telles que dispensaires, colonies de vacances, maisons de retraite, sociétés sportives, etc., lorsqu'elles ont directement pour objet de procurer au personnel de l'entreprise versante le droit de participer aux avantages procurés par ces œuvres. * BOI-BIC-CHG-40-40-60 n° 10 du 12 sept. 2012.

106. Aide financière au titre des services à la personne (CESU). Traitement fiscal. * BOI-BIC-CHG-40-50-10 n° 10 du 6 juill. 2017.

107. Rémunérations versées en cas de prêt de main-d'œuvre sans but lucratif. Conditions de déductibilité. * BOI-BIC-CHG-40-40-20 n°s 190 à 290 du 4 avr. 2018.

F. DÉPENSES SOMPTUAIRES

BIBL. Cozian, *GPFE, Doc. 9* (la haute coiffure, le moulin et le fisc). – Léger, *RJF 1982. 3* (résidences de plaisance).

108. Résidences de plaisance ou d'agrément. L'art. 39-4, dans sa rédaction antérieure à la L. de fin. pour 2009, vise les charges qu'expose une entreprise, fût-ce dans le cadre d'une gestion commerciale normale, du fait qu'elle dispose d'une résidence ayant vocation de plaisance ou d'agrément à laquelle elle conserve ce caractère et dont elle ne fait pas une exploitation lucrative spécifique. • CE 1er avr. 2005, n° 254319 : *RJF 2005. 669 ; concl. Verclytte au BDCF 7/05, n° 87* • 27 juill. 2005, nos 259009 et 259678 : *RJF 2005. 1157 ; Dr. fisc. 2006. 325, concl. Collin* • CAA Bordeaux, 25 mars 2003, n° 99BX163 : *Dr. fisc. 2004. 347* • CE 24 mars 2006, n° 257330 : *RJF 2006. 667.* ♦ Par résidence de plaisance et d'agrément, au sens de l'art. 39-4, il y a lieu d'entendre les locaux ayant un caractère notamment de prestige qui, sans être directement affectés à l'accueil des moyens d'exploitation de l'entreprise, sont cependant utilisés par celle-ci dans le cadre normal de son activité, notamment à des fins commerciales et publicitaires ou qui sont destinés à un tel usage. • CAA Paris, 18 févr. 2004, n° 99PA1838 : *RJF 2004. 666.*

109. Les charges afférentes à ces résidences ne sont pas exclues du droit à déduction lorsqu'elles sont affectées à des opérations sociales ou mises à la disposition de tiers ou des dirigeants sous la forme d'une location. Elles sont en revanche non déductibles, en vertu de l'art. 39-4 dans sa rédaction antérieure à la L. de fin. pour 2009, lorsque ces résidences sont utilisées pour les besoins de l'entreprise, notamment à des fins commerciales et publicitaires. • CE, plén., 25 nov. 1981, n° 11383 : *Dr. fisc. 1982. 680, Verny ; RJF 1982. 18, chron. Léger, p. 3 s.* ♦ Ainsi, ne sont pas déductibles les amortissements et frais d'entretien d'un château (gentilhommière) du vignoble bordelais qui constitue une résidence de plaisance et d'agrément et qui est affecté à des fins commerciales et publicitaires pour les besoins de l'exploitation vinicole. • CE 5 mars 1999, n° 135287 : *Dr. fisc. 2000. 125, concl. Loloum ; RJF 1999. 386.* ♦ De même, le château d'un vignoble bordelais utilisé pour des réceptions aux fins de « relations publiques » conserve le caractère de résidence de plaisance dès lors qu'il ne peut être regardé comme converti en bâtiment d'exploitation ou en un immeuble commercial. Peu importe à cet égard la circonstance qu'il serait impossible au propriétaire exploitant d'un domaine viticole de ne pas détenir aussi la propriété du château sis sur ce domaine. • CE 28 févr. 2000, n° 178745 : *Dr. fisc. 2000. 549, concl. Courtial ; RJF 2000. 462* • 27 nov. 2000, n° 197078, *Coiffe : Dr. fisc. 2001. 309.* ♦ De même encore, la résidence utilisée par la société pour recevoir sa clientèle et ses fournisseurs, dans le cadre de séminaires visant à promouvoir ses produits, conserve, nonobstant son utilisation à des fins commerciales et publicitaires, le caractère d'une résidence de plaisance et d'agrément au sens et pour l'application de l'art. 39-4 dès lors que la résidence ne peut être regardée comme convertie en bâtiment d'exploitation ou en un immeuble commercial. • CE 1er avr. 2005 : *préc. note 108.* ♦ Il en est de même encore d'une résidence utilisée exclusivement à des fins publicitaires, pour l'organisation de manifestations au cours desquelles sont présentés des produits ainsi que pour la réception d'hôtes de marque, dont il n'est pas allégué qu'il s'agirait d'hôtes payants, sans qu'y fasse obstacle la circonstance que le nom de la résidence serait associé à celui d'une cuvée prestigieuse de cognac. La circonstance qu'une telle résidence serait utilisée « dans le prolongement direct de l'activité commerciale de la société » ne permet pas d'établir que cette résidence ferait l'objet d'une exploitation lucrative spécifique, pas plus que la circonstance que la résidence aurait été pour partie aménagée en salles de réunions. • CE 24 mars 2006, n° 257330 : *préc. note 108.* ♦ En revanche, une propriété qui, au cours des années en cause, n'a fait l'objet d'aucun usage dans le cadre normal de l'activité de l'entreprise, n'a pas le caractère de résidence de plaisance ou d'agrément. • CAA Paris, 18 févr. 2004, n° 99PA1836 : *préc. note 108.*

110. L'Administration ne peut à la fois refuser la déduction des charges d'entretien et de rénovation d'une résidence d'agrément mise à la disposition d'un dirigeant et réintégrer le montant de l'avantage en nature non déclaré. • CAA Bordeaux, 27 mars 2008, n° 06BX509 : *RJF 2008. 782.*

111. L'art. 12 de la loi n° 87-571 du 23 juill. 1987 sur le développement du mécénat prévoit que les dépenses qui résultent de la disposition de demeures historiques classées, inscrites à l'inventaire supplémentaire des monuments historiques ou qui bénéficient d'un agrément délivré par le ministère de l'économie et des finances, sont admises en déduction du bénéfice imposable dès lors qu'elles sont engagées pour les besoins de l'exploitation. Les châteaux des domaines viticoles bordelais peuvent bénéficier de cet agrément et, par voie de conséquence, déduire lesdites charges dans la mesure où la disposition de la résidence est strictement nécessaire à la réalisation de l'objet social. Or, tel doit être le cas des entreprises viticoles pour qui la commercialisation d'un cru sous l'appellation d'un château est subordonnée à la condition qu'elles aient la propriété ou la disposition de la résidence concernée. * BOI-BIC-CHG-30-20 n° 60 du 18 févr. 2014.

112. Modalités de déduction des charges des résidences de plaisance ou d'agrément servant d'adresse ou de siège d'entreprise ou encore faisant partie intégrante d'un établissement de production et servant à l'accueil de la clientèle. * BOI-BIC-CHG-30-20 n° 50 du 18 févr. 2014.

113. Bateaux de plaisance. Ne sont pas déductibles les charges exposées par une entreprise, fût-ce dans le cadre d'une gestion commerciale normale, du fait qu'elle dispose, même pour une courte durée, d'un bateau de plaisance auquel elle conserve ce caractère et dont elle ne justifie pas qu'il serait indispensable à la satisfaction d'un besoin spécifique lié à son activité, conformément à l'art. 39-4. • CE 20 nov. 2013, *SA Immotn*, n° 338170 : *RJF 2014. 127 ; BDCF 2014. 13, concl. Aladjidi ; Dr. fisc. 2014. 251, note Fumenier et Maignan.*

114. Lorsqu'un bateau de plaisance est utilisé par une entreprise à des fins commerciales ou publicitaires, fût-ce dans le cadre d'une gestion commerciale normale, les charges correspondantes ne sont pas déductibles. • CAA Paris, 11 avr. 2003, n° 98PA312 : *RJF 2003. 1085.* ♦ Lorsque ce bateau est mis à la disposition d'un tiers, les charges sont déductibles à la condition qu'un loyer normal ait été perçu par l'entreprise (déduction des seules charges correspondant aux périodes de location). • Même arrêt. ♦ Une société qui donne en location un bateau de plaisance et ne l'utilise pas en dehors des périodes de location se livre à une exploitation commerciale même si les locations n'ont été consenties qu'à ses associés et à leurs connaissances, sans recours à la publicité ou à une agence de location. Dès lors la société peut déduire l'intégralité des charges et amortissements afférents à cette exploitation. • CAA Lyon, 16 mars 2010, n° 07LY2075 : *RJF 2010. 1145.* ♦ Un zodiac qu'une société utilise pour conduire au restaurant qu'elle exploite la clientèle venant par mer est un véhicule utilitaire destiné aux besoins de l'exploitation et dont les dépenses d'entretien sont déductibles. • CAA Marseille, 20 janv. 2015, *SARL Le chalet des jumeaux*, n° 13MA02150 : *RJF 2015. 565.*

115. Voitures particulières. La limitation de la déduction de l'amortissement prévue à l'art. 39-4 ne s'applique pas aux entreprises pour lesquelles la disposition des véhicules concernés est nécessaire à l'exercice de l'activité en raison même de leur objet, soit essentiellement les entreprises de transport de personnes (not. exploitants de taxis, ambulanciers), les auto-écoles et les entreprises de location de véhicules. * BOI-BIC-AMT-20-40-50 n° 50 du 1er mars 2017. ♦ L'art. 39-4, qui plafonne le montant de l'amortissement des véhicules de tourisme, concerne les charges qu'*expose une entreprise*, fût-ce dans le cadre d'une gestion commerciale normale, du fait de la disposition d'un véhicule dont elle ne justifie pas qu'il serait indispensable à la satisfaction d'un besoin spécifique lié à son activité. • CAA Lyon, 2 sept. 2018, *SA TNM*, n° 17LY00997 : *RJF 2019. 23.* ♦ La limitation de la déduction de l'amortissement s'applique à l'ensemble des véhicules automobiles immatriculés dans la catégorie des « voitures particulières », y compris les véhicules « à usages multiples », qui tout en étant classés dans la catégorie « N1 », sont destinés au transport de voyageurs et de leurs bagages ou de leurs biens ainsi que des voitures « commerciales », « canadiennes » et « breaks », dans la mesure où leur prix d'acquisition dépasse les limites légales. * BOI-BIC-AMT-20-40-50 n° 20 du 1er mars 2017. ♦ Les contrats de location ou de crédit-bail doivent comporter une clause indiquant à l'utilisateur la part du loyer non déductible, appréciée annuellement. Il appartient à l'entreprise locataire d'ajuster elle-même le montant communiqué au prorata du temps pendant lequel elle a eu la disposition du véhicule. La fraction non déductible est rapportée au résultat fiscal. * BOI-BIC-AMT-20-40-50 n° 20 du 1er mars 2017.

G. IMPÔTS

116. Droits d'enregistrement. Conformément à la jurisprudence (• CE 19 févr. 2003, *Tornay*, n° 229373 : *RJF 2003. 573*), les droits de mutation à titre gratuit de biens ou droits, acquittés par un héritier ou un donataire, sont déductibles des revenus professionnels de ce dernier si les éléments transmis sont affectés par nature à l'exercice de la profession. * Rép. min. n° 28659 : *JOAN 3 nov. 2020.* ♦ L'art. 38 *quinquies* de l'annexe III prévoit que sur le plan fiscal, comme en matière comptable, les droits de mutation, honoraires ou commissions et frais d'acte liés à l'acquisition peuvent soit être portés à l'actif du bilan en majoration du coût d'acquisition de l'immobilisation à laquelle ils se rapportent, soit être déduits immédiatement en charges. L'option retenue est irrévocable et s'applique à toutes les immobilisations corporelles et incorporelles acquises. Une option distincte s'applique aux titres immobilisés, y compris titres de participation, et aux titres de placement. * BOI-BIC-CHG-20-20-10 n° 140 du 23 sept. 2013.

117. Les droits de mutation constituent des charges normalement déductibles des résultats de l'exercice au cours duquel ils ont été engagés. • CAA Bordeaux, 3 déc. 2002, n° 99BX1656 : *Dr. fisc. 2003. 465 ; RJF 2004. 128 ; concl. Boulard au BDCF 2/04, n° 20* • CE (na), 16 févr. 2004, n° 253815 : *RJF 2004. 858.* ♦ Une entreprise, en déduisant en totalité, comme elle était en droit de le faire, des droits d'enregistrement au titre de l'année au cours de laquelle ils ont été engagés pour l'acquisition de parts sociales, n'a pas commis une erreur comptable rectifiable, dès lors que cette écriture est conforme au régime normalement applicable, mais a pris une décision de gestion qui lui est opposable. Cette décision fait obstacle à ce qu'il puisse être procédé, en application de la doctrine administrative relative aux frais d'établissement, à la déduction échelonnée des mêmes droits au titre des exercices suivants. • Mêmes arrêts. ♦ Les droits de mutation à titre gratuit acquittés par un contribuable en qualité d'héritier ou de donataire de la nue-propriété des parts de la SNC dans laquelle il exerce son activité sont déductibles de ses revenus professionnels. • CAA Paris, 4 juill. 2013, *Pissot*, n° 11PA03592 : *RJF 2013. 1003.*

118. Dégrèvement d'intérêts de retard. La circonstance que des intérêts de retard dont ont été assortis des rappels de taxe sur les conventions d'assurance ont été à tort déduits en charges par le contribuable n'autorise pas l'Administration à imposer symétriquement le dégrèvement de ces intérêts de retard. • CAA Versailles, 15 nov. 2016, *Sté Macif,* n° 15VE02777 : *RJF 2017. 106.*

119. Droits de douane. L'exercice d'imputation de ces droits n'est pas celui de leur mise en recouvrement. En effet, la charge correspondant aux droits de douane doit être rattachée à l'exercice au cours duquel cette charge est devenue certaine dans son principe et dans son montant, dès lors que les droits de douane constituent des prélèvements obligatoires et non des impôts au sens de l'art. 39-1-4. • CAA Marseille, 29 sept. 2016, *SARL Eltex,* n° 15MA0056 : *RJF 2016. 1062.*

120. Impôt étranger. BIBL. Ebrard-Grellety et Bouvier, *FR Lefebvre 38/13, p. 12* (retenues à la source étrangères : une avancée jurisprudentielle). – Fouquet, Durand et Austry, *FR Lefebvre 4/09, p. 5* (l'impôt étranger non imputable est-il déductible ?). – Fouquet et Durand, *Dr. fisc. 2012. 547* (déduction de l'impôt étranger et conventions fiscales). ♦ Lorsqu'une entreprise industrielle ou commerciale effectue, dans un État étranger, des opérations dont le résultat entre dans ses bénéfices imposables en France, ce résultat doit, conformément à l'art. 39-1 D, être déterminé sous déduction de « toutes charges » ayant grevé la réalisation desdites opérations. Doivent, notamment, être regardées comme telles, à moins d'une stipulation conventionnelle spécifique y faisant obstacle, les impositions, de toute nature, que l'entreprise a supportées, du fait de ces opérations, dans ledit État. Dès lors la déduction d'une imposition mise à la charge d'une entreprise par un État lié à la France par une convention fiscale tendant à éviter les doubles impositions ne saurait légalement être refusée à cette entreprise au seul motif que ledit État aurait, en l'imposant, enfreint les règles fixées par la convention. • CE 20 nov. 2002, n° 230530, *SA Ets Soules et cie : Dr. fisc. 2003. 142, concl. Goulard ; RJF 2003. 153 ; concl. Goulard au BDCF 2/03, n° 19.* ♦ L'art. 39-1 ne prévoit aucune restriction quant à la déduction des impositions dues à raison d'opérations comprises dans l'activité soumise à l'IS. Par suite, la déduction des impositions prélevées dans un État étranger, en l'absence d'établissement stable dans cet État, ne doit pas être limitée au seul bénéfice résultant des activités menées dans cet État. • CE 20 déc. 2017, *Sté CGSI,* n° 398258 : *RJF 2018. 355.* ♦ Si une société pourrait, sur le seul fondement de l'art. 39-1, déduire les impositions acquittées en Italie et au Japon, elle ne peut en pratique opérer une telle déduction dès lors que la convention franco-italienne et la convention franco-japonaise s'y opposent. • CAA Versailles, 16 juill. 2012, *Min. du Budget,* n° 11VE01877 : *RJF 2013. 133.* ♦ Confirmation : une entreprise ne peut déduire l'impôt acquitté à l'étranger si une convention fiscale s'y oppose. • CE 12 mars 2014, *Sté Céline ;* n° 362528 : *RJF 2014. 602, concl. Aladjidi ; Dr. fisc. 2014. 356, note Durand.* ♦ Dans le même sens, concernant des impositions acquittées aux États-Unis et au Japon, • CAA Paris, 21 déc. 2012, *Sté Globe Traders,* n° 11PA02852 : *RJF 2012. 470.* ♦ En revanche, une société déficitaire peut déduire l'impôt acquitté à l'étranger si la convention le permet. Ainsi, la convention fiscale franco-grecque ne s'oppose pas à ce qu'une société déficitaire déduise de ses résultats imposables en France la retenue à la source acquittée sur des redevances de source grecque, faute de pouvoir utiliser le crédit d'impôt correspondant. • CAA Versailles, 8 juill. 2013, *Min. Budget c/ Sté Egis SA,* n° 12VE00572 : *RJF 2013. 1120 ; Dr. fisc. 2014. 93, concl. Locatelli, note Pierre.* ♦ De même, une société qui est dans l'impossibilité de bénéficier du crédit d'impôt en raison de sa situation déficitaire peut quand même déduire de son résultat l'impôt acquitté dans ces États, dès lors qu'aucune stipulation conventionnelle n'y fait expressément obstacle. L'impôt étranger est déductible même si la convention prévoit d'imposer le revenu pour son montant brut. • CE 7 juin 2017, *Min. c/ Sté LVMH Moët Hennessy Louis Vuitton,* n° 386579 : *RJF 2017. 942, concl. Bokdam-Tognetti ; Dr. fisc. 2017. 430, note Zaghdoun et Philippe.*

121. Intervention législative. applicable aux exercices clos à compter du 31 déc. 2017, l'art. 39-I-4° mod. édicte une interdiction générale de la déduction en charge des impôts prélevés par un État ou territoire conformément aux stipulations d'une convention d'élimination des doubles impositions en matière d'impôt sur les revenus conclue par cet État ou territoire avec la France. Selon l'Administration fiscale : 1) Les impôts prélevés par un État ou territoire conformément aux stipulations d'une convention fiscale d'élimination des doubles impositions en matière d'impôt sur les revenus conclue par cet État ou territoire avec la France sont exclus de la déduction. 2) Les impôts prélevés par un État ou un territoire en contradiction avec les stipulations d'une convention fiscale ne donnent pas lieu à un crédit d'impôt et peuvent uniquement faire l'objet d'une déduction du bénéfice net. Dans ce cas l'article de la convention fiscale relatif à l'élimination des doubles impositions n'est en effet pas applicable. 3) En l'absence de convention fiscale, les impôts prélevés par un autre État ou territoire sont admis en déduction. * BOI-BIC-CHG-40-30 n° 30 du 3 oct. 2018.

H. LOYERS

BIBL. Deboissy, *RTD com. 2001. 1013* (retour sur l'arrêt « Meissonier » : le bail fiscal existe-t-il ?). – Fernoux, *BFL 2000, p. 117* (stratégie de location de l'immobilier).

122. Loyers des immeubles. Des loyers versés pour l'occupation d'un local qui n'abrite aucun matériel d'exploitation et dans lequel aucune activité professionnelle n'est exercée ne sont pas exposés dans l'intérêt de l'entreprise. Dès lors l'Administration est en droit d'en refuser la déduction. • CE 16 janv. 2006, n° 252782 : *RJF 2006. 447 ; Dr. fisc. 2006. 370.*

123. Le versement d'un loyer par une société à une SCI ayant les mêmes associés, et qui représente 16 % du prix de revient des locaux loués, est constitutif d'un acte anormal de gestion dès lors que la rentabilité moyenne de cinq investissements comparables ressort à 11,6 %. Déduction refusée. • CAA Bordeaux, 23 nov. 2006, n° 04BX1122 : *RJF 2007. 259.*

124. Un contribuable qui conserve un immeuble dans son patrimoine privé et s'abstient, en conséquence, de l'inscrire à l'actif de son entreprise tout en l'affectant à l'exploitation de cette dernière, est en droit de comprendre dans les charges de celle-ci des sommes correspondant au loyer normal de cet immeuble. En contrepartie, le loyer de l'immeuble est imposable dans la catégorie des revenus fonciers. • CE 8 juill. 1998, n° 164657, *Meissonnier : Dr. fisc. 1998. 896, concl. Bachelier ; Defrénois 1999, 36967, note Chappert.* ♦ V. déjà : • CE 13 juill. 1955 : *Dupont 1955. 379* • CAA Nantes, 19 oct. 1995, n° 93NT1008, *Crochet : Dr. fisc. 1996. 486 ; RJF 1996. 21 ; concl. Isaïa au BDCF 1996, n° 1, p. 16.* – Dans le même sens * BOI-BIC-CHG-40-20-10 n° 180 du 10 juin 2013.

125. Alors même qu'un exploitant d'hôtel n'est pas tenu de consentir une augmentation de loyer à une SCI propriétaire des murs, il a intérêt, eu égard aux inconvénients qui peuvent en résulter pour lui, à éviter la défaillance de son bailleur dont la santé financière est menacée par des charges de remboursement d'emprunt excédant les produits tirés de la location des locaux qu'il occupe. Par suite, en acceptant une telle augmentation de loyer, qui ne fait d'ailleurs que porter celui-ci à un niveau correspondant au prix du marché locatif de la commune où cet hôtel est implanté, l'exploitant n'a pas engagé une dépense contraire à l'intérêt de l'entreprise, constitutive d'un acte anormal de gestion. • CE 3 nov. 2004, n° 234525 : *RJF 2005. 28.*

126. Droit d'entrée. Lorsque le loyer stipulé est d'un montant normal, le droit d'entrée représente le prix d'acquisition d'éléments de fonds de commerce et ne peut donc être déduit. • CE 2 oct. 1985, n° 41539 : *Dr. fisc. 1985. 2308, concl. Racine.* ♦ Pour déterminer si une indemnité versée par le preneur au bailleur est une charge de loyer déductible ou le prix d'acquisition d'éléments incorporels de fonds de commerce, il y a lieu de tenir compte non seulement des clauses du bail et du montant de l'indemnité stipulée, mais aussi du niveau normal de loyer correspondant au local, ainsi que des avantages effectivement offerts par le propriétaire en sus du droit de jouissance qui découle du contrat de bail. • CAA Nancy, 23 mai 2002, n° 97NA2592 : *Dr. fisc. 2002. 987 ; RJF 2002. 1064* • TA Nantes, 24 févr. 2004, n° 99-4504 : *Dr. fisc. 2005. 382, concl. Quillévéré.* ♦ Lorsque l'acte de cession du droit au bail autorise l'acquéreur à sous-louer ou à céder à son tour le droit au bail, le prix payé est la contrepartie de l'acquisition d'un élément d'actif et ne peut donc être passé en frais généraux. • CAA Paris, 20 juill. 1995, n° 94PA1211 : *Dr. fisc. 1995. 2399.*

127. En revanche, lorsque le loyer stipulé est inférieur à la valeur locative des locaux loués, le droit d'entrée ou pas-de-porte est, au moins pour partie, un complément de loyer, admis dans les charges déductibles. • CE 10 déc. 1982, n° 25362 : *Dr. fisc. 1983. 752.* ♦ Toutefois, sa déduction doit être répartie sur une période au moins égale à la durée du bail. • CE 20 avr. 1939, n° 64307 : *Dupont 1940, p. 114.* ♦ Le contribuable peut décider de répartir la déduction sur une durée plus longue. • CE 5 févr. 1975, n° 93068 : *RJF 1975. 173.* ♦ Si la somme du loyer annuel et du quotient du droit d'entrée par le nombre d'années du bail est supérieure à la valeur locative normale, le droit d'entrée peut n'être que partiellement déductible. • CE 21 janv. 1972, n° 77366 : *Dr. fisc. 1972. 413.*

128. Abandons de loyers. Loyers anormaux. L'abandon partiel d'une créance de loyer est déductible dès lors que le bailleur établit qu'eu égard à l'affectation des locaux faisant l'objet du bail, il était de son intérêt de consentir cet abandon pour ne pas accroître les difficultés de trésorerie de son locataire. • CE 9 mai 1990, *SCI « Paradis immobilier »*, n° 71453 : *RJF 1990. 797* • CAA Bordeaux, 21 mars 1996, n° 94BX349 : *Dr. fisc. 1997. 149* • CE 16 juill. 2008, n° 277180 : *RJF 2008. 1162.* ♦ Solution analogue pour les redevances de location-gérance d'un fonds de commerce, le locataire ayant de sérieuses difficultés de trésorerie. • CE 16 juin 2004, *SA Imprimerie Borel*, n° 235647 : *RJF 2004. 964 ; Dr. fisc. 2005. 83.* ♦ De même, ne constituent pas un acte anormal de gestion : l'abandon de loyer consenti par une société qui donne à bail un immeuble à la société locataire de cet immeuble, dès lors qu'il trouve une contrepartie dans la possibilité pour la société bailleresse de réaliser la vente de l'immeuble, en obtenant la libération rapide des lieux par la société locataire, condition mise à la transaction par l'acquéreur potentiel de l'immeuble. • CAA Marseille, 18 déc. 2001, *Lesoin*, n° 98MA00683 : *Dr. fisc. 2002. 785, concl. Bédier.* ♦ ... La non-réévaluation du loyer d'un bail de location-gérance, en l'absence de clause de revalorisation systématique. • TA Amiens, 26 mars 2002, n° 9826 : *Dr. fisc. 2003. 79.*

129. En revanche, une redevance de location-gérance et des loyers minorés n'ont pas de contrepartie réelle et relèvent d'un acte anormal de gestion dès lors que, en consentant les loyers litigieux, le contribuable n'a recherché que le gain fiscal représenté pour son entreprise par le maintien du chiffre d'affaires de l'entreprise en dessous du plafond d'exonération des petites entreprises prévu à l'art. 151 *septies*. • CE 14 nov. 2003, n° 228245 : *RJF 2004. 170.* ♦ Commet un acte anormal de gestion une société qui accepte de verser des loyers excessifs par comparaison avec des locaux similaires, en l'absence de travaux exceptionnels réalisés par le bailleur. • CE 6 oct. 2010, *SA ECA 3*, n° 308629 : *RJF 2011. 19.*

130. Frais d'hôtel. Les frais d'hôtel exposés par une société sont déductibles dès lors qu'ils ont pour objet d'assurer, non pas l'hébergement personnel de ses gérants, mais un lieu d'activité professionnelle à ses employés alors qu'elle ne dispose pas encore de bureaux. Ces frais, qui ne constituent donc pas des avantages en nature, sont valablement comptabilisés indistinctement dans son compte de frais généraux. • CE 24 mars 2006, n° 260787 : *RJF 2006. 666 ; concl. Vallée au BDCF 6/06 n° 70.*

131. Redevances de location-gérance. Lorsque l'Administration établit qu'un contrat de location-gérance dissimule en réalité la cession du fonds de commerce, elle est fondée à réintégrer les loyers du fonds au résultat imposable du preneur. • CAA Paris, 22 juin 1995 : *RJF 1996. 173.*

132. Location de biens meubles. Doit être regardé comme normal le loyer qui permet au propriétaire de couvrir toutes ses charges et de réaliser un profit. Pour des biens amortissables au taux de 20 %, un loyer de 30 % du coût de revient n'est pas exagéré. • CAA Nancy, 28 déc. 1995, n° 93NA825 : *Dr. fisc. 1996. 811.*

133. Location-vente assimilable à une vente à tempérament. Non-déductibilité des versements effectués en vertu d'un contrat stipulant qu'un transfert de propriété aura lieu à son terme si les loyers mensuels ont été payés. • CE 7 oct. 1987, n° 49774 : *Dr. fisc. 1988. 158, concl. Martin Laprade ; RJF 1987. 1085.*

134. Loyers de crédit-bail. Déductibilité de loyers : dégressifs stipulés dans le contrat mais dont le paiement est échelonné. • CE 2 avr. 2003, n° 248230, *Rondy : RJF 2003. 735 ; concl. Maugüé au BDCF 6/03, n° 83.* ♦ Déductibilité des premiers loyers afférents à un navire finalement non livré en raison de la mise en règlement judiciaire du vendeur. • CAA Lyon, 2 juin 2005, n° 99LY2729 : *RJF 2005. 1359.*

135. Préloyers de crédit-bail immobilier. Des « préloyers », dits « de financement » ou « d'engagement » versés avant l'entrée dans les lieux par une société exploitant des magasins à grande surface à des Sicomi s'engageant à financer la construction de supermarchés destinés à lui être donnés en crédit-bail, ne sont pas des versements, effectués d'avance, de loyers devant rétribuer la prestation future de location mais constituent le prix du service que fournissent les Sicomi en finançant la construction de supermarchés conformes aux spécifications de la société et destinés à lui être donnés en crédit-bail lorsqu'ils seront achevés. • CE 12 janv. 2004, n° 243273, *SA Ets Nougein : RJF 2004. 351 ; concl. Goulard au BDCF 4/04, n° 45 ; Dr. fisc. 2004. 456, concl. Goulard ; AJDI 2005. 230, note Maublanc.*

136. Premier loyer de crédit-bail mobilier. La circonstance que la prestation fournie par un crédit-bailleur est continue au sens de l'art. 38-2 *bis* n'implique pas, par elle-même, qu'elle soit effectuée avec une intensité constante pendant toute la durée de son exécution et que la déduction du loyer versé doive par suite être rattachée de manière linéaire et *prorata temporis* aux exercices durant lesquels cette exécution se poursuit. Lorsque les loyers stipulés dans un contrat de location sont inégaux de période en période, il y a lieu en principe de réputer que cette inégalité correspond à une inégalité dans la valeur de la prestation fournie. Il en va autrement s'il résulte de l'instruction que la répartition contractuelle des loyers ne rend pas compte correctement de la valeur de la prestation, laquelle est fonction de l'obligation qui pèse sur le prestataire et de l'avantage économique retiré par le preneur. • CE 16 févr. 2011, n° 315625 : *RJF 2011. 407 ; Dr. fisc. 2011. 299, note Fumenier.* ♦ Une société qui a pris en crédit-bail des camions destinés à la location, dans le cadre d'un contrat d'une durée de trois ans prévoyant une valeur résiduelle en fin de contrat d'environ 2 % de leur prix d'achat, peut pratiquer la déduction immédiate du premier loyer qui représente jusqu'à un tiers du montant total des loyers, dès lors que l'Administration n'apporte aucun élément concret de nature à combattre la présomption que l'inégalité des loyers prévue au contrat reflète l'inégalité de la valeur des prestations fournies, laquelle est fonction de l'obligation qui pèse sur le prestataire et de l'avantage économique retiré par le preneur. • Même arrêt. ♦ Une société qui a conclu plusieurs contrats de crédit-bail portant sur des presses d'imprimerie peut déduire intégralement la première échéance prévue par ces contrats, alors que son montant représente selon les cas 40 % ou 18 % de la valeur des biens. En l'espèce, la répartition contractuelle des loyers versés par la société ne rend pas correctement compte de l'évolution de la valeur de la prestation, compte tenu de l'utilisation intensive des matériels mis à disposition de la société et conçus en fonction de ses besoins spécifiques. • CAA Lyon, 31 déc. 2007, n° 04LY01073, *SARL Imprimerie du Massif central : RJF 2008. 932.*

137. Loyers de crédit-bail et sous-location de l'immeuble. Un contrat de sous-location et un contrat de crédit-bail, pris dans le cadre d'une opération de « lease-back » afférent à un bien immobilier, régissent des opérations juridiquement distinctes quand bien même elles impliqueraient des sociétés membres d'un même groupe fiscalement intégré : il n'y a donc pas lieu de procéder à une correction symétrique des produits de la sous-location ou des charges que ces loyers constituent pour le sous-locataire en cas de remise en cause des loyers de crédit-bail. • CAA Versailles, 23 juin 2020, ☎ *Min. c/ Groupe Lucien Barrière*, n° 19VE01012 : *RJF 2020. 768, concl. Deroc.*

I. AMORTISSEMENTS

BIBL. Bénard, *RJF 2005. 706* (amortissement des composants : la recomposition des usages). – Béréziat, *RJF 2005. 63* (amortissements et provisions : les règles comptables crèvent l'écran). – *FR Lefebvre 53-04, p. 25* (amortissement et dépréciation des éléments d'actif : incidences fiscales de la réforme comptable). Amortissements. Nouveau régime. Comptabilisation par composants., *Éd. F. Lefebvre, 2006.*

1° RÈGLES GÉNÉRALES

138. Réglementation. Incidences de la réforme des règles comptables. Sur le nouveau régime des amortissements applicable aux exercices ouverts à compter du 1er janv. 2005, V. * BOI-BIC-AMT-10-10 du 12 sept. 2012.

139. Condition de dépréciation. Il résulte des art. 39-1-2° et 38 *quater* de l'annexe III et du PCG qu'un bien n'est amortissable que si le contribuable peut justifier qu'il a subi au cours de l'exercice une dépréciation irréversible résultant de l'usage, du temps, ou de toute autre cause. Ainsi, des objets de collection et de documentation en rapport avec la consommation du sucre, tels que des sucriers précieux ou des cartes postales, ne peuvent pas faire l'objet d'un amortissement, quelle que soit leur qualification, dès lors que l'entreprise ne justifie pas qu'ils subissent une dépréciation avec le temps et du fait de l'usage professionnel (communication et publicité) qui en est fait. • CE 10 août 2007, ☎ n° 288271 : *RJF 2007. 1377 ; Dr. fisc. 2008. 313, concl. Glaser.* ♦ Une entreprise dont l'unique activité consiste à concéder l'autorisation de publier les photographies de défilés de mode à différents magazines peut amortir ses archives photographiques dès lors que, eu égard à l'objet même des photographies en cause et à l'intérêt, par nature limité dans le temps, qu'elles peuvent présenter pour les clients de la société, il était normalement prévisible que, indépendamment de leur valeur artistique, leurs effets bénéfiques sur l'exploitation prendraient fin à une date déterminée. • CAA Paris, 20 janv. 2012, *EURL Zeppelin*, n° 09PA0705 : *RJF 2012. 796.*

140. Amortissements réellement effectués. Les amortissements doivent avoir été inscrits dans la comptabilité de l'entreprise avant l'expiration du délai de déclaration. • CE 10 mars 1986, ☎ n° 40181 : *Dr. fisc. 1988. 425 ; RJF 1986. 481.* ♦ Dans le même sens : • CE (na) 16 mars 2020 : ☎ *Sté AIFOR 83*, n° 429171 : *RJF 2020. 578.* ♦ Pour la détermination de la part du bénéfice d'une société de personnes imposable au nom d'un associé soumis à l'IS (CGI, art. 238 *bis* K), seuls peuvent être déduits les amortissements comptabilisés par cette société. • CAA Paris, 6 juill. 2000, n° 97PA2317 : *Dr. fisc. 2001. 420.* ♦ Une société civile placée sous le régime fiscal des sociétés de capitaux à l'issue d'un contrôle fiscal ne peut demander la déduction des amortissements qu'elle n'a pas comptabilisés. • CE 11 déc. 2009, ☎ n° 301504 : *RJF 2010. 211.*

141. Les amortissements, qu'il s'agisse des amortissements comptabilisés au titre de l'exercice ou des amortissements comptabilisés antérieurement mais réputés différés en période déficitaire, ne constituent des charges que de l'entreprise à laquelle sont affectés les biens correspondants et ne peuvent être déduits que du bénéfice résultant de l'exploitation de cette entreprise. Par suite, un contribuable qui exploite individuellement, d'une part, une entreprise de transport et, d'autre part, une entreprise d'hôtellerie ne peut imputer sur le bénéfice réalisé par l'entreprise de transport les amortissements réputés différés en période déficitaire des biens affectés à son entreprise d'hôtellerie, alors même que les deux entreprises relèvent de la catégorie des BIC. • CAA Paris, 12 oct. 2000, n° 98PA3490 : *Dr. fisc. 2001. 821 ; RJF 2001. 284.*

142. Durée d'amortissement. Depuis 2005, les durées d'amortissement à retenir au plan comptable doivent être fixées d'après la durée réelle d'utilisation des biens concernés. Cette durée est notamment déterminée selon l'utilisation que l'entreprise entend faire du bien en cause. L'Administration fiscale admet en principe que les entreprises peuvent écarter la durée issue des usages au profit de celle retenue dans les comptes, mais elle considère en revanche que l'existence d'un projet de cession n'a aucune incidence sur la détermination de la durée d'amortissement du bien. Les entreprises peuvent retenir des durées d'amortissement inférieures à la durée d'usage de référence à la condition de justifier de circonstances particulières, l'Administration s'abstenant de remettre en cause les durées retenues en raison de ces circonstances particulières lorsqu'elles ne s'écartent pas de plus de 20 % des usages professionnels. * BOI-BIC-AMT-10-40-10 nos 10 à 40 du 16 déc. 2013.

143. Jurisprudence sur la durée d'amortissement. Les amortissements qu'une entreprise est en droit de pratiquer chaque année à raison d'une immobilisation sont ceux qui résultent des usages constatés dans la profession à laquelle appartient cette entreprise. Toutefois, en faisant état de conditions particulières d'utilisation, l'entreprise peut justifier une durée d'amortissement plus courte. • CE 10 janv. 1992, n° 62229 : *Dr. fisc. 1992. 1454 ; RJF 1992. 288.* ♦ ... Mais non doubler l'annuité d'amortissement. • CAA Lyon, 27 sept. 1995, n° 94LY213 : *Dr. fisc. 1996. 658.* ♦ En revanche, l'Administration ne peut remettre en cause la durée d'amortissement d'un bien retenue par l'entreprise et admise par les usages au motif que la durée effective d'utilisation de ce bien dans l'entreprise est plus courte. • CE 4 oct. 1989, n° 61676 : *Dr. fisc. 1990. 2444, concl. de Saint-Pulgent.* ♦ L'obsolescence rapide des jeux électroniques ou leur mode de financement ne constituent pas des circonstances de nature à justifier une dérogation aux taux d'amortissement de ces jeux (20 %), tels qu'ils ressortent des usages de la profession. • CAA Nantes, 25 mai 1999, n° 96NT1913 : *Dr. fisc. 2000. 151.* ♦ V. déjà : • CAA Nancy, 2 juin 1996, n° 95NA522 : *Dr. fisc. 1997. 237.* ♦ La référence à deux seuls éléments de comparaison est insuffisante pour établir l'existence d'un taux d'amortissement usuellement pratiqué pour un tunnel de funiculaire. L'Administration peut valablement retenir une durée d'amortissement de 35 ans, dès lors que l'entreprise n'établit ni que les contraintes physiques liées à la situation en altitude et à l'utilisation du funiculaire, ni que l'évolution des normes de sécurité sont susceptibles de l'affecter d'un degré d'obsolescence tel qu'il serait hors d'usage au bout de moins de 35 ans. • CAA Lyon, 16 févr. 2006, n° 98LY1861 : *RJF 2006. 618.* ♦ L'engagement aux termes duquel une entreprise de location de voitures doit fournir à ses clients des véhicules de moins de 18 mois ou ayant parcouru moins de 40 000 km ne peut justifier une réduction de leur durée d'amortissement. • CE 24 nov. 2010, n° 324205 : *RJF 2011. 132 ; Dr. fisc 2011. 127, concl. Olléon.*

144. Les droits exclusifs de distribution tels que ceux détenus par une société exerçant une activité de distribution d'œuvres cinématographiques ou audiovisuelles, qui sont pérennes sur la durée du contrat et cessibles, ont le caractère d'éléments d'actif pouvant faire l'objet chaque année d'une dotation à un compte d'amortissement en retenant un taux calculé selon la durée attendue de leurs effets bénéfiques sur l'exploitation, soit telle qu'elle est admise par les usages de la profession dont la société se prévaut et dont le juge doit apprécier l'existence au vu des résultats de l'instruction, soit qui est justifiée par des circonstances particulières à l'entreprise et dont celle-ci doit alors établir la réalité. • CE 29 oct. 2012, *Sté First International Production,* n° 326813 : *préc. note 43.*

145. Usages. Les dispositions de l'art. 39 C et de l'art. 30 de l'annexe II, pris pour son application, selon lesquelles la durée d'amortissement des matériels donnés en location est fixée en fonction de leur durée normale d'utilisation, quelle que soit la durée de la location, n'excluent pas pour ces matériels la référence aux usages prévue par l'art. 39-1-2°. • CE 18 mai 2005, n°s 261623 et 261791 : *RJF 2005. 817 ; Dr. fisc. 2005. 571, concl. Donnat.*

146. Par usages, il convient d'entendre les pratiques qui, en raison notamment de leur ancienneté, de leur fréquence ou de leur généralité, sont regardées comme normales dans chaque nature d'industrie, de commerce ou d'exploitation, pour le bien à amortir, à la date d'acquisition de celui-ci par l'entreprise. • CE 11 mars 1988, n° 50774 : *Dr. fisc. 1988. 1618 ; RJF 1988. 386, chron. Liébert-Champagne, p. 214.* ♦ L'usage peut être établi par référence à l'étude de l'OCDE publiée en 1975 qui indique les taux pratiqués dans les pays membres. • CAA Bordeaux, 17 juin 1997, n° 95BX1477 : *Dr. fisc. 1998. 95 ; RJF 1998. 372.* ♦ Mais l'existence d'un usage ne peut résulter d'une doctrine administrative qui prévoit, sous certaines conditions, des durées d'amortissement favorables pour les actifs concernés. • CE 29 oct. 2012, *Sté First International Production,* n° 326813 : *préc. note 43.* ♦ Les usages ne peuvent déroger à la règle selon laquelle la première annuité d'amortissement est calculée en proportion de la durée d'utilisation de l'équipement au cours de l'exercice. • CE 6 nov. 1996, n° 151686 : *Dr. fisc. 1997. 16, concl. Goulard ; RJF 1996. 1389.*

147. Lorsqu'une immobilisation ne peut, en raison de sa singularité, être rapprochée d'aucun usage existant à la date de son acquisition, les règles d'amortissement que l'entreprise lui a appliquées ne sauraient être regardées comme un usage opposable à elle-même et faisant obstacle à une révision de sa valeur locative, dans l'hypothèse d'une modification de la durée d'amortissement résultant d'une réévaluation de sa durée réelle d'utilisation (cas d'un centre de retraitement de déchets nucléaires). • CE 24 avr. 2019, *Dpt de la Manche,* n° 411242 : *RJF 2019. 673.* ♦ Faute de pouvoir se référer aux usages de la profession en raison du caractère récent, à l'époque du contrôle, de l'activité de location de cassettes vidéo, le vérificateur a pu se fonder sur la durée de vie de ces biens, les conditions de leur utilisation et les particularités de cette activité, pour déterminer la durée normale d'utilisation des cassettes vidéo destinées à la location. • CAA Paris, 17 févr. 1998, n° 96PA896 : *Dr. fisc. 1998. 557 ; RJF 1998. 536.* ♦ L'Administration admet, pour sa part, un amortissement sur deux ans pour les cassettes vidéo, les DVD et les supports assimilés donnés en location. * BOI-BIC-AMT-20-40-60-30 n° 100 du 8 nov. 2017. ♦ Sur la référence aux usages à propos des rames du TGV Atlantique, amortissables sur 20 ans. • CE 18 mai 2005, n° 261623 : *RJF 2005. 817 ; Dr. fisc. 2005. 571, concl. Donnat* • 4 août 2006, n° 281946 : *RJF*

2006. 1323 ; concl. Séners au BDCF 11/06, n° 126.

148. Amortissements exceptionnels. Un amortissement exceptionnel venant s'ajouter aux dotations qui peuvent être faites annuellement au compte d'amortissement peut être pratiqué à partir de l'exercice au cours duquel est constatée une dépréciation effective et définitive de l'élément d'actif correspondant, entraînée par des circonstances exceptionnelles et ayant pour effet de ramener la valeur réelle de cet élément d'actif à un montant inférieur à sa valeur nette comptable. • CE 14 oct. 2005, n° 260486, *SCA Pfizer : Dr. fisc. 2005. 767, concl. Verclytte, note Sieraczek-Abitan ; RJF 2006. 5, chron. Bénard, p. 3 ; concl. Verclytte au BDCF 1/06, n° 2.* ♦ Pour des applications, V. note 154.

2° IMMOBILISATIONS CORPORELLES

149. Éléments amortissables. V. note 131 ss. art. 38.

150. Éléments non amortissables. Les immobilisations qui ne se déprécient pas avec le temps, comme les terrains, ne donnent pas lieu à amortissement. • CE 18 janv. 1989, n° 56752 : *RJF 1989. 262.* ♦ Ainsi une société ne peut amortir un terrain exploité comme décharge industrielle bien qu'il se déprécie au fur et à mesure de son comblement ; elle ne peut que comptabiliser une provision pour prendre en compte cette dépréciation. • CE 20 févr. 1991, n° 81904 : *RJF 1991. 393.*

151. Véhicules automobiles. V. note 115.

3° IMMOBILISATIONS INCORPORELLES

BIBL. Bénard, *RJF 2006. 3* (amortissement des incorporels : la boîte de Pandore entrouverte). – Cozian et Rossignol, *Dr. fisc. 2007. 914* (les immobilisations incorporelles à la lumière de la jurisprudence SA Sife : arrêt de principe ou arrêt d'espèce ?). – Fernoux, *BFL 1998. 77* (usufruit). – Jeausserand, *Dr. fisc. 2015. 390* (jurisprudence *Sife*, vingt ans après). – Plagnet, *GAJ fisc., p. 553.* – Rossignol, *Dr. fisc. 2007. 648* (l'amortissement des éléments incorporels à la lumière de la jurisprudence du Conseil d'État sur les AMM pharmaceutiques). – Villemot, *Dr. fisc. 1999. 1302 ; Dr. fisc. 2008. 243* (le régime fiscal des immobilisations incorporelles).

152. Conditions d'amortissement. Un élément d'actif incorporel identifiable, y compris un fonds de commerce, peut donner lieu à une dotation à un compte d'amortissement s'il est normalement prévisible, lors de sa création ou de son acquisition par l'entreprise, que ses effets bénéfiques sur l'exploitation prendront fin à une date déterminée. • CE, sect., 1er oct. 1999, n° 177809, *Sté « Foncia Particimo » : Dr. fisc. 1999. 824, concl. Goulard ; RJF 1999. 382, concl. Goulard ; AJPI 2000, p. 135 ; JCP N 2000, p. 703, note Le Griel* • CE 29 nov. 2000, n° 185347, *SNC Les pétroliers réunis de l'Ouest : RJF 2001. 147* • 14 oct. 2005, n° 260511, *SA Chiesi : RJF 2006. 4, chron. Bénard, p. 3 ; concl. Verclytte au BDCF 1/06, n° 2 ; Dr. fisc. 2005. 767, concl. Verclytte, note Sieraczek-Abitan.* ♦ Un élément d'actif incorporel ne peut donner lieu à une dotation à un compte d'amortissement que s'il est normalement prévisible, lors de sa création ou de son acquisition par l'entreprise, que ses effets sur l'exploitation prendront fin, de manière irréversible, à une date déterminée. • CAA Paris, 30 janv. 2004, n° 99PA2272 : *RJF 2004. 454.*

153. Application de l'amortissement : à l'usufruit de titres de participation détenus par une société pour une durée de dix ans : • TA Poitiers, 21 nov. 1996, n° 95-1701 : *Dr. fisc. 1997. 15 ; RJF 1997. 7.* ♦ ... À l'usufruit viager d'un bien immobilier qui peut être amorti dès lors qu'il est possible de déterminer le terme de ses effets bénéfiques sur l'exploitation en se référant aux statistiques en matière d'espérance de vie fixées par l'Insee. • TA Strasbourg, 14 mars 2017, n° 1602812 : *RJF 2017. 776* • CE 24 avr. 2019, n° 419912 : *RJF 2019. 622, concl. Iljic ; Dr. fisc. 2019. 427, note De Bissy.* ♦ ... Au droit d'usage de services et des logiciels correspondants, acquis auprès des inventeurs (en l'espèce, la durée d'amortissement est de six ans). • TA Grenoble, 2 oct. 1997, n° 94-678 : *RJF 1997. 1105.* ♦ ... Au droit d'entrée versé par le preneur d'un bail commercial lorsqu'il a pour contrepartie des avantages indépendants du caractère renouvelable du bail et dont les effets bénéfiques sur l'exploitation cesseront à une date prévisible. • CE 15 avr. 2016, *Sté Virojanglor,* nos 375796 et 383067 : *RJF 2016.597, concl. Bokdam-Tognetti.* ♦ ... A une convention de concession du domaine public communal pour l'exploitation d'un bar-restaurant dont le renouvellement, au-delà de la période initiale d'exploitation, n'est pas automatique mais subordonné au bon vouloir de la commune concédante (amortissement admis sur la période d'exploitation stipulée par la convention). • CAA Lyon, 29 juin 1999, n° 96LY428 : *Dr. fisc. 2000. 302 ; RJF 2000. 17.* ♦ ... A des éléments d'actifs incorporels identifiables, comme des fichiers de clientèle, s'il est normalement prévisible, lors de leur acquisition, que leurs effets bénéfiques sur l'exploitation prendront fin à une date déterminée. • CE 29 nov. 2000, n° 185347 : *RJF 2001. 147 ; Dr. fisc. 2002. 64.* ♦ ... A des droits d'exploitation cinématographique : • CE 3 févr. 1989, n° 58260, *Gaumont : Dr. fisc. 1990. 2443, concl. Chahid-Nouraï ; RJF 1989. 263.* ♦ ... Aux droits d'exploitation de films par vidéocassettes. • CAA Paris, 27 mai 1997, n° 96PA464 : *Dr. fisc. 1997. 1227 ; RJF 1998. 225.*

154. Amortissement exceptionnel. Droits sur AMM. Application d'un amortissement exceptionnel : à des droits incorporels permettant la commercialisation d'une spécialité pharmaceutique, et notamment des droits détenus sur l'AMM de cette spécialité, AMM prévue à l'art. L. 5121-8 CSP, alors même que celle-ci, initialement délivrée pour une durée de cinq ans, est susceptible d'être renouvelée, dès lors qu'il est possible de déterminer la durée prévisible (quinze ans en l'espèce) durant laquelle cette commercialisation produira des effets bénéfiques sur l'exploitation, durée à apprécier, d'une part telle qu'elle est admise par les usages de la profession ou justifiée par des circonstances particulières à l'entreprise et dont celle-ci doit alors établir la réalité, et, d'autre part, en tenant compte notamment de l'évolution des conditions scientifiques, techniques et économiques du marché de cette spécialité. • CE 14 oct. 2005, n° 260511, *SA Chiesi : préc. note 152.* ♦ ... À des droits incorporels permettant la commercialisation d'une spécialité pharmaceutique et, notamment, des droits détenus sur le dossier scientifique et technique prévu à l'art. R. 5121-25 CSP, nécessaire à l'obtention, au renouvellement ou au transfert de l'AMM d'une spécialité pharmaceutique, dès lors qu'il est possible de déterminer la durée prévisible durant laquelle cette commercialisation produira des effets bénéfiques sur l'exploitation, en tenant compte notamment de l'évolution des conditions scientifiques, techniques et économiques du marché de cette spécialité. Un amortissement exceptionnel peut être pratiqué à partir de l'exercice à la clôture duquel est constatée une dépréciation effective et définitive de l'élément d'actif correspondant, entraînée par des circonstances exceptionnelles ayant pour effet de ramener la valeur réelle de cet élément d'actif à un montant inférieur à sa valeur nette comptable. La dépréciation constatée de la valeur du dossier scientifique et technique d'un médicament, à la suite de la décision du ministre de la santé l'excluant de la liste des spécialités pharmaceutiques remboursables prévue au premier al. de l'art. L. 162-17 CSS, présente un caractère définitif dès lors que cette décision ne permet plus, en l'espèce, la commercialisation de cette spécialité dans des conditions de rentabilité économique suffisantes. Elle peut donc être constatée par la voie d'un amortissement exceptionnel plutôt que d'une provision. • CE 14 oct. 2005, n° 260486, *SCA Pfizer : préc. note 148.* ♦ La question de savoir s'il était normalement prévisible, lors de l'acquisition de l'AMM, que leurs effets bénéfiques sur l'exploitation prendraient fin à une date déterminée est une question de fait qui relève de la compétence de la commission départementale des impôts. • *CAA Lyon, 22 déc. 2005,* n° 01LY2312 : *RJF 2006. 566.* ♦ L'Administration s'est ralliée au principe d'amortissement des dossiers de demande d'AMM de spécialités pharmaceutiques. * BOI-BIC-AMT-10-20 n° 400 du 1er mars 2017.

155. L'amortissement des droits détenus sur l'AMM d'une spécialité pharmaceutique doit être déterminé en retenant un taux calculé selon la durée attendue de leurs effets bénéfiques sur l'exploitation, telle qu'elle est admise par les usages de la profession ou justifiée par des circonstances particulières à l'entreprise et dont celle-ci doit alors établir la réalité. • CE 28 déc. 2005, n° 260450, *Sté les Laboratoires du docteur Bouchara : RJF 2006. 240 ; concl. Collin au BDCF 3/06, n° 27.* ♦ Le taux d'amortissement n'est pas fondé par la référence en termes généraux à la limitation à cinq ans de la durée de validité de toutes les AMM et à l'obsolescence technique de tout médicament, sans faire état d'aucune circonstance particulière, ou en invoquant des usages autres que ceux relatifs à la durée de l'amortissement. • Même arrêt. ♦ En revanche, la durée de l'amortissement est valablement établie en se référant à des critères concrets et précis tels que notamment la préexistence d'autres produits similaires sur le marché, la probabilité d'une générification massive du médicament ou les projets de développements supplémentaires du produit innovant. • CAA Versailles, 11 juill. 2006, n° 04VE3332, *Sté Aventis : RJF 2006. 1504.* ♦ Pour sa part, l'Administration admet, à titre de règle pratique, que l'amortissement soit effectué sur une période de dix ans et pratiqué à compter de la date de délivrance de l'AMM. * BOI-BIC-AMT-10-20 n° 410 du 1er mars 2017.

156. Les droits relatifs à une spécialité qui n'était plus commercialisée à la date de son acquisition peuvent être amortis s'il était prévisible, à cette date, que les effets bénéfiques qu'ils étaient susceptibles de produire sur l'exploitation en cas de reprise de la commercialisation cesseraient à une date déterminée. • CE 7 nov. 2013, *Sté Laboratoire Legras,* n° 348777 : *RJF 2014. 1119.*

157. Éléments non amortissables. Un élément d'actif incorporel qui fait partie des éléments constitutifs d'un fonds de commerce et représente une certaine clientèle attachée à ce fonds ne peut donner lieu à une dotation spécifique d'amortissement que si, en raison de ses caractéristiques, il est dissociable à la clôture de l'exercice des autres éléments représentatifs de la clientèle attachée au fonds. Tel n'est pas le cas des mandats de gestion acquis par un administrateur de biens dès lors qu'ils ne diffèrent pas de ses autres mandats et se sont indissociablement intégrés dans un portefeuille qui, se renouvelant en permanence, ne peut prévisiblement se déprécier de manière irréversible avec le temps. • CE, sect., 1er oct. 1999, n° 177809 : *préc. note 152.* ♦ Tel n'est pas le cas, non plus, d'un fichier de clientèle acquis par une société, qui, bien qu'individualisé en comptabilité, s'est indissociablement intégré à la clientèle antérieurement attachée au fonds de commerce et qui, se renouvelant en permanence au fil des années, ne peut prévisiblement se déprécier de manière irréversible avec le temps. • CE 17 mai 2000, n° 188975 : *RJF 2000. 883 ; Dr. fisc. 2000. 995, concl. Bachelier.* ♦ V. déjà • CAA Paris, 10 nov. 1998, n° 93PA1386 : *RJF 1999. 964 ; concl. Kimmerlin au BDCF 8-9/99.*

158. Ne peuvent également être amortis : le droit au bail, compte tenu du droit à renouvellement dont bénéficie le preneur. • CE 15 oct. 1982, n° 26585 : *Dr. fisc. 1983. 754, concl. Rivière.* ♦ ... Des licences de transport zone longue limitées à 7 ans et incessibles indépendamment du fonds de commerce, dès lors qu'elles sont renouvelables à la seule condition d'un comportement satisfaisant de l'entreprise. • CAA Douai, 31 janv. 2001, n° 97DA2114 : *Dr. fisc. 2002. 468.* ♦ ... Des licences de transport dont le régime réglementaire a été modifié et qui ont été remplacées nombre pour nombre par des autorisations de transport d'une durée illimitée. • CAA Nantes, 27 juin 2003, n° 00NT1564 : *RJF 2004. 6.* ♦ ... Le droit d'entrée versé par l'exploitant d'un hôtel dans le cadre d'un contrat de franchise pour obtenir le droit d'usage d'une marque de chaîne hôtelière pour une durée de 12 ans reconductible, dès lors qu'il ne peut être prévisible que les effets bénéfiques de la marque sur l'exploitation prendront fin à une date déterminée. • TA Lyon, 28 mai 2002, n° 97-4911 : *RJF 2002. 1216.* ♦ ... Une marque acquise en même temps que l'exploitation viticole à laquelle elle est légalement attachée, élément autonome de l'actif incorporel, dès lors qu'il n'est pas possible de déterminer, lors de son acquisition, que ses effets bénéfiques sur l'exploitation prendront fin à une date déterminée. • CE 28 déc. 2007, n°s 284899 et 285506 : *RJF 2008. 269 ; concl. Vallée au BDCF 3/08, n° 31 ; Dr. fisc. 2008. 246, note Pierre.* ♦ ... Les droits de construire acquis auprès d'un aménageur dans le cadre d'une opération d'aménagement concertée qui confèrent à leur titulaire des droits réels immobiliers dont la valeur est pérenne et ne se déprécient pas avec le temps. Il en est de même pour le droit de construire résultant d'un bail à construction passé avec le propriétaire d'un immeuble, qui est assimilable à des droits de superficie dont la valeur est distincte de celle des constructions édifiées en exécution de ces droits. Dans les deux cas, les effets d'un tel droit ne prennent pas fin au fur et à mesure de la réalisation des constructions qu'ils rendent possibles et subsistent même en cas de démolition des constructions. • CE 23 déc. 2010, n° 308206 : *RJF 2011, n° 407 ; concl. Collin au BDCF 4/11, n° 40 ; Dr. fisc. 2011. 2987, note Maublanc.* ♦ V. égal. pour le prix d'acquisition, non amortissable, du savoir-faire de fabrication de médicaments et des études techniques les concernant : • CAA Paris, 30 janv. 2004, n° 99PA2272 : *RJF 2004. 454.*

159. Licence de marque. S'agissant des droits tirés d'un contrat de licence de marque, ne doivent suivre le régime fiscal des éléments incorporels de l'actif immobilisé de l'entreprise que les droits constituant une source régulière de profits, dotés d'une pérennité suffisante et susceptibles de faire l'objet d'une cession. Une marque ne peut être amortie que s'il est possible de déterminer la durée prévisible pendant laquelle elle produira des effets bénéfiques sur l'exploitation. Les droits attachés au contrat de licence de marque ne peuvent être amortis dès lors que le contrat, dont la durée initiale a été portée à vingt ans, prévoit, sans davantage de précision, la possibilité de son renouvellement tacite pour une période identique. • CE 15 juin 2016, *Sté D Distribution,* n° 375446 : *RJF 2016. 797, concl. Bokdam-Tognetti.*

4° CAS PARTICULIERS

160. Films et droits d'exploitation audiovisuels. Les producteurs et distributeurs d'œuvres audiovisuelles peuvent amortir chaque film ou droit d'exploitation sur douze mois. Les coefficients de dépréciation applicables au prix de revient sont 30 % pour le premier mois, 25 % pour le 2e, 20 % pour le 3e, 15 % pour le 4e, 2 % pour chacun des 5e et 6e mois, 1 % pour chacun des six derniers mois. L'amortissement est limité au montant des recettes nettes disponibles provenant de l'ensemble des films exploités par le contribuable. * BOI-BIC-AMT-20-40-60-10 n°s 200 à 220 du 12 sept. 2012.

161. Concessionnaires et délégataires de service public. BIBL. Collet, *Dr. fisc. 2009. 285* (la pratique de l'amortissement de caducité par les délégataires de services publics). – Eyssautier, *BFL 2001, p. 447* (dotation de l'État et amortissement).

Un établissement public est en droit de pratiquer des amortissements à raison des bâtiments et ouvrages inscrits à l'actif immobilisé de son bilan et qui lui ont été remis sans transfert de propriété par l'État lors de sa création. • CE 21 avr. 2000, n° 177412 : *RJF 2000. 751 ; concl. Goulard au BDCF 6/00 ; Dr. fisc. 2001. 90, concl. Goulard.*

162. Les aménagements de terrains que représentent les travaux de création et de gros entretien de pistes de ski réalisés par l'entreprise concessionnaire peuvent faire l'objet d'un amortissement technique sur dix ans. • TA Grenoble, 15 mai 1996, n° 92-159 : *Dr. fisc. 1996. 1369.*

163. Seul un concessionnaire qui est dans l'obligation d'abandonner sans indemnité ses équipements et installations à la collectivité concédante à l'expiration de la durée de la concession peut pratiquer des amortissements de caducité sur ces immobilisations en fonction de la durée de la concession. Tel n'est pas le cas d'un concessionnaire qui a construit des parcs de stationnement qu'il devra abandonner à la commune à la fin de la concession dès lors qu'il est prévu qu'il percevra une indemnité en contrepartie. • CE 14 janv. 2008, n° 297541 : *RJF 2008. 401 ; concl. Olléon au BDCF 4/08, n° 46.*

164. Une société exploitant un immeuble à usage de casino mis à sa disposition dans le cadre d'un contrat d'affermage sur lequel elle réalise des travaux d'aménagement (rénovation de bâtiment et réfection de l'électricité) n'est pas autorisée à déduire un amortissement de caducité dès lors que ces travaux se rapportent à des dépenses que la société expose au seul titre de son obligation d'entretien des installations que la collectivité met à sa disposition. Ainsi, ces dépenses ne peuvent être qualifiées, au sens du contrat d'affermage liant la ville à la société, de travaux d'embellissement et d'amélioration réalisés par le fermier dans les locaux mis à sa disposition et devenant la propriété de la ville sans indemnité en fin d'affermage. • CE 11 déc. 2008, n° 309427 : *RJF 2009. 194.*

165. Une entreprise concessionnaire, qui doit remettre sans indemnité des équipements et installations à la collectivité concédante à l'expiration de la durée de la concession, peut pratiquer sur ces immobilisations en fonction de cette durée des « amortissements de caducité ». Mais elle n'est pas pour autant dispensée, pour ceux de ses biens qui, d'une durée d'utilisation inférieure à celle de la concession, doivent être renouvelés avant la fin de cette dernière de se conformer à la règle, posée par les dispositions combinées des art. 39-1-2° et 39 B, qui oblige à constater en comptabilité un amortissement industriel linéaire minimal, sauf à être déchue du droit de déduire ultérieurement les amortissements irrégulièrement différés. • CAA Paris, 25 janv. 2001, n°s 96PA2449 et 96PA3442 : *Dr. fisc. 2001. 511, concl. Kimmerlin ; RJF 2001. 907.*

166. Une société concessionnaire d'un service public de distribution d'électricité ne peut déduire de ses revenus imposables les provisions pour « repli de caducité » destinées à anticiper la charge liée aux amortissements de caducité devant être opérés à raison des investissements futurs (extensions de lignes électriques) dès lors qu'elles visent à anticiper, non une charge au sens de l'art. 39, mais le coût des équipements non encore réalisés qui seront immobilisés à l'actif du bilan. • CAA Versailles, 29 sept. 2015, *SAEML Soregies*, n° 14VE00562 : *RJF 2016. 221.*

J. FRAIS FINANCIERS

167. *Un entrepreneur qui n'a pas inscrit un emprunt au passif du bilan ne peut pas déduire les frais financiers afférents à cet emprunt alors même que celui-ci aurait été contracté dans l'intérêt de l'entreprise.* • CE 10 déc. 1999, n° 164982 : *Dr. fisc. 2000. 254, concl. Arrighi de Casanova.*

1° EMPRUNT FINANÇANT DES PRÉLÈVEMENTS DE L'EXPLOITANT

BIBL. Mignon, *RJF 1999. 2* (prélèvements personnels de l'exploitant). – X..., *BFL 2003. 615* (prélèvements personnels de l'exploitant et déduction des frais financiers).

168. Dans une entreprise individuelle, si le solde du compte personnel de l'exploitant devient débiteur, ce qui signifie que l'exploitant alimente sa trésorerie personnelle au détriment de celle de son entreprise, les prélèvements effectués ne peuvent, dans cette mesure, au cas où figure au passif du bilan de l'entreprise une dette correspondant à des emprunts ou des découverts bancaires générateurs de frais financiers, qu'être assortis de la prise en charge personnelle, par l'exploitant, d'une quote-part appropriée de ces frais, laquelle doit, par suite, être soustraite des charges d'exploitation déductibles pour la détermination du bénéfice imposable en vertu du 1 de l'art. 39. • CE 26 juill. 1978, n° 6420 : *RJF 1978. 454* • 9 mai 2001, n° 214036 : *Dr. fisc. 2001. 942 ; RJF 2001. 1042.* ♦ Il en est ainsi même dans le cas où les frais financiers correspondaient à des emprunts contractés au cours d'exercices durant lesquels le solde moyen du compte de l'exploitant était créditeur. • CE 13 nov. 1998, n° 144602 : *Dr. fisc. 1999. 780, concl. Loloum ; RJF 1999. 11, chron. Mignon, p. 2.*

169. Peu importe que les emprunts aient été contractés afin d'assurer le financement d'investissements liés à la création du fonds, et non de compenser des difficultés de trésorerie qui auraient été imputables à l'exploitant. • CE 13 nov. 1998, n° 181521 : *RJF 1999. 11 ; Dr. fisc. 1999. 780, préc. note 168.* ♦ ... Ou que le solde débiteur moyen du compte personnel de l'exploitant au cours de l'exercice et que les frais financiers soient afférents à des emprunts antérieurs contractés à l'époque où le compte de l'exploitant était créditeur. • CE 28 juill. 2000, n° 186415 : *RJF 2000. 1223 ; Dr. fisc. 2001. 253.*

170. De même, si le compte courant d'un associé d'une société de personnes devient débiteur et si la société doit pour cette raison recourir à un emprunt, les frais et charges de cet emprunt ne sont pas déductibles. • CE, plén., 31 mars 1978, n° 2273 : *Dr. fisc. 1979. 273, concl. Rivière ; RJF 1978. 225, chron. Martin Laprade, p. 185.* ♦ Mais le prélèvement effectué par un ou plusieurs des associés sur leurs comptes courants ne peut être regardés comme anormal tant que le montant cumulé de ces comptes et de la part des associés dans le capital présente un solde globalement créditeur. • CAA Nancy, 11 févr. 1999, n° 95NA2069 : *RJF 1999. 834.*

171. Dans une société imposable selon le régime des sociétés de personnes, le capital engagé dans l'entreprise est à tout moment égal au capital effectivement versé, augmenté du solde créditeur ou diminué du solde débiteur des comptes courants des associés. Le compte de chaque associé doit, à la clôture de chaque exercice, être crédité ou débité de la part lui revenant ou lui incombant dans les résultats bénéficiaires ou déficitaires de la société et doit, en cours d'exercice, être crédité ou débité des compléments d'apports ou des prélèvements effectués par l'associé. Aucune disposition législative n'oblige les associés à faire des suppléments d'apports ou à s'abstenir de faire des prélèvements à l'effet de maintenir engagé dans l'entreprise un capital minimal, les droits des créanciers étant garantis au-delà de l'actif par la responsabilité personnelle et illimitée des associés à leur égard. Par suite, ne peuvent être regardés comme anormaux les prélèvements effectués par un associé sur son compte courant tant que le montant cumulé des comptes d'associés, crédités et débités ainsi qu'il a été dit plus haut, et des parts des associés dans le capital présente un solde créditeur. Si, au contraire, le solde ainsi calculé devient débiteur et si l'entreprise doit, en raison de sa situation de trésorerie, recourir à des emprunts, les prélèvements effectués ne peuvent être regardés comme supportés dans l'intérêt de l'entreprise, mais dans l'intérêt des associés, et ne sont dès lors pas déductibles des résultats imposables. • CAA Marseille, 1er juill. 2003, n° 99MA2020, *Bru : Dr. fisc. 2004. 520, concl. Bédier.* ♦ Pour calculer le montant des frais financiers d'une société de personnes imputables aux prélèvements des associés, l'Administration ne peut légalement se fonder sur le seul solde débiteur du compte courant d'un associé mais doit prendre en considération le solde algébrique de l'ensemble des comptes courants des associés. • Même arrêt.

172. Le montant des prêts et découverts bancaires à exclure des charges déductibles est apprécié à partir de la moyenne annuelle des soldes débiteurs mensuels du compte de l'exploitant. • CE 29 juill. 1983, n° 35947 : *Dr. fisc. 1983. 2357 ; RJF 1983. 110.*

2° INTÉRÊTS DES COMPTES COURANTS D'ASSOCIÉS

173. Le taux de référence servant au calcul du plafonnement des intérêts déductibles en application de l'art. 39-1-3° est égal à la moyenne annuelle des taux effectifs moyens pratiqués par les établissements de crédit pour des prêts à taux variable aux entreprises d'une durée initiale supérieure à deux ans. Les valeurs trimestrielles de ces taux effectifs moyens sont publiées dans les « avis divers » au *JO* de manière distincte au tableau fixant les taux de l'usure conformément aux art. L. 313-3 C. consom. et L. 313-5-1 C. mon. fin. Un tableau donnant les taux d'intérêt applicables est publié trimestriellement par l'Administration. * BOI-BIC-CHG-50-50-30 n° 20 du 7 nov. 2018.

174. Les intérêts qu'un associé laisse sur son compte courant peuvent être assimilés à des sommes laissées à la disposition de la société et être pris en compte dans la base de calcul du taux maximal des intérêts déductibles. • CAA Lyon, 19 oct. 1995 : *RJF 1996. 175.*

Les dispositions de l'art. 39-1-3°, qui limitent la déduction des intérêts servis aux associés, s'appliquent à l'ensemble des actionnaires, y compris à ceux qui sont également salariés. • CAA Paris, 1er déc. 1998, n° 96PA2224 : *Dr. fisc. 1998. 519, concl. Martel* (intérêts servis par une banque à ses associés salariés en rémunération de leurs comptes à vue). ♦ Les dotations aux amortissements des primes de non-conversion d'obligations convertibles en actions ne sont pas prises en compte dans le calcul du plafond de déductibilité. • CE 13 nov. 2020, n° 423155 : *RJF 2021. 112.*

3° INTÉRÊTS SERVIS AUX ASSOCIÉS ET AUX ENTREPRISES LIÉES

175. Conformément aux art. 39-13° et 212, les intérêts servis aux associés ou actionnaires à raison des sommes qu'ils laissent ou mettent à la disposition de la société en sus de leur part du capital, ne sont déductibles, quelle que soit la forme de la société, que dans une certaine limite pour la détermination du résultat fiscal. Cette limitation concerne l'ensemble des sommes laissées ou mises à la disposition de la société par tous les associés (dirigeants ou non) et s'applique non seulement aux sociétés passibles de l'IS, mais aussi aux sociétés non passibles de cet impôt dès lors qu'elles exercent une activité industrielle ou commerciale. La limitation est également applicable aux entreprises qui interviennent sur le marché monétaire. * BOI-BIC-CHG-50-50-30 du 17 juill. 2021. ♦ Lorsque le dirigeant d'une société contracte personnellement un emprunt bancaire dont il met les fonds intégralement à la disposition de celle-ci, la société devient, du fait des remboursements afférents à cet emprunt, directement la débitrice de la banque. Les intérêts versés par la société doivent ainsi être regardés comme rémunérant le prêt consenti par la banque, nonobstant la circonstance que les fonds ont été mis à la disposition de la société par son dirigeant. Les art. 39-1-3° et 212-1° qui limitent la déduction des intérêts versés aux associés à raison de sommes qu'ils laissent ou mettent à la disposition de la société ne trouvent pas alors à s'appliquer. L'administration fiscale a, dans ces conditions, regardé à tort la fraction des intérêts d'emprunt excédant les limites fixées par les art. 39-1-3° et 212-1° comme des revenus distribués à ce dirigeant imposés sur le fondement de l'art. 109-1-1°. • CE 28 mars 2008, n° 295735, *Lescure : RJF 2008. 642 ; concl. Landais au BDCF 6/08, n° 73 ; Dr. fisc. 2008. 314, concl. Landais, note de Bissy.*

176. Les taux d'intérêt entre sociétés liées peuvent être évalués à partir du rendement d'emprunts obligataires à condition que les entreprises de référence se trouvent dans des conditions économiques comparables, ce qui n'est pas le cas lorsque l'outil de comparaison procède d'un modèle statistique non représentatif du marché. • CAA Paris, 23 sept. 2020, *Sté Willink*, n° 20PA00585 : *RJF 2021. 15.* ♦ L'Administration a publié huit fiches (www.impots.gouv.fr) explicitant, à partir d'exemples concrets, les bonnes pratiques et la manière dont peut être apportée la démonstration du caractère déductible des taux d'intérêts servis entre sociétés liées. ♦ V. aussi notes ss. art. 212.

177. Lutte contre la sous-capitalisation. L'art. 34 de la L. n° 2018-1317 du 28 déc. 2018 a supprimé le dispositif de lutte contre la sous-capitalisation prévu aux II et III de l'art. 212 pour les exercices ouverts à compter du 1er janv. 2019 : V. art. 212 et 212 *bis*.

4° FRAIS D'AGIOS BANCAIRES

178. Les frais d'agios bancaires liés à un investissement sont susceptibles d'être passés en charges déductibles. • CAA Paris, 26 sept. 1996, n° 95PA584 : *Dr. fisc. 1997. 184.*

179. Les agios bancaires liés à une cession de créances par bordereau Dailly (art. L. 313-23 C. mon. fin.) ne constituent pas des charges d'exploitation déductibles dès lors que le solde du compte courant de l'exploitant est débiteur. • CAA Paris, 30 janv. 2004, n° 99PA2636 : *RJF 2004. 460.*

180. Frais d'escompte d'effets de commerce. BIBL. Maïa, *RJF 2001. 992* (la fiscalité de la mobilisation des créances). Le plan comptable général prévoit de comptabiliser l'opération de remise à l'escompte d'un effet de commerce comme la sortie d'un élément d'actif, mais il demeure que les intérêts résultant de cette opération, enregistrés dans ses comptes par le remettant, correspondent à un crédit consenti par le banquier escompteur et sont calculés en fonction de la durée restant à courir entre la date de cette remise et celle de l'échéance de l'effet. Par suite, ces intérêts constituent pour le remettant une charge déductible de l'exercice au titre duquel ils ont couru. Lorsque la date de remise est antérieure à la clôture d'un exercice et la date d'échéance postérieure à cette clôture, les intérêts payés lors de la remise mais non courus au titre de cet exercice doivent être traités comme des charges constatées d'avance, rattachables à l'exercice suivant. • CE 1er juin 2001, n° 157650 : *RJF 2001. 1043, chron. Maïa, p. 992 ; Banque et Dr. 2001, n° 79, p. 53, note Acard ; BJS 2001. 1016, note Parot ; Dr. fisc. 2001. 1076, concl. Courtial.*

5° CHARGES RÉSULTANT DE CLAUSES D'INDEXATION

181. Elles ne sont déductibles que si l'index est licite. • CE, plén., 8 mai 1981, n° 8294 : *Dr. fisc. 1981. 1477, concl. Verny.*

182. Lorsqu'une entreprise acquiert un élément de l'actif immobilisé moyennant un prix convenu, mais payable en tout ou partie au cours d'exercices ultérieurs à raison de versements dont le montant peut varier en fonction d'un indice contractuellement défini, il est admis que le prix stipulé à l'acte exprime le prix de revient de l'élément qui entre dans l'actif de l'entreprise et que les sommes versées au vendeur ont, pour le surplus, le caractère d'une charge déductible du résultat. • CE, plén., 28 juin 1991, n° 47656 : *Dr. fisc. 1991. 2221, concl. Chahid-Nouraï.*

6° FRAIS D'ACQUISITION D'IMMOBILISATIONS

183. Charges liées à la donation d'une entreprise. Les charges liées à la donation d'une entreprise exploitée par le donataire sont la contrepartie de l'acquisition ou d'un accroissement de l'actif professionnel et constituent à ce titre une charge financière déductible dès lors que leur montant excède la valeur des biens reçus. • CE 2 févr. 1998, n° 133844 : *D. 1998. IR 66 ; Dr. fisc. 1998. 703, concl. Goulard ; RJF 1998. 263, concl. Goulard, p. 152.* ♦ Solution réaffirmée dans le cas d'une soulte versée en exécution d'une donation-partage : le contribuable peut déduire de ses revenus professionnels les sommes versées en exécution de l'acte de donation-partage excédant la valeur stipulée dans l'acte. • CE 21 oct. 2013, n° 358061 : *RJF 2014. 26 ; BDCF 2014. 5, concl. Bohnert.* ♦ Lorsqu'une donation porte sur un bien ou des droits qui ont, par nature, un caractère professionnel et sont compris dans les éléments d'actif de l'entreprise exploitée par le donataire, les charges de la donation supportées par celui-ci sont la contrepartie de l'acquisition ou d'un accroissement de ces éléments. En pareil cas, les sommes payées au donateur sous forme de rente viagère en exécution de l'acte de donation ne constituent, pour le donataire, une charge déductible de ses revenus professionnels que lorsque leur montant cumulé vient à excéder la valeur du bien ou des droits stipulée dans l'acte, ce jusqu'au décès du donateur, et seulement pour la fraction de ce montant excédant ladite valeur. • CE 10 janv. 2005, n° 257127 : *RJF 2005. 371 ; Dr. fisc. 2005. 442, note Lefeuvre.*

184. Arrérages de rente viagère. L'excédent des arrérages sur le prix d'acquisition stipulé a le caractère d'une charge financière immédiatement déductible. • CE 23 nov. 1983, n° 41631 : *Dr. fisc. 1984. 78, concl. M.-A. Latournerie.* ♦ Tant que les arrérages n'atteignent pas ce montant, il n'est pas possible de déduire la fraction de ceux-ci qui correspond économiquement à des intérêts. • CE 13 mars 1964, n° 46981 : *Dr. fisc. 1964. 541.*

185. Intérêt stipulé dans une promesse de vente. Les intérêts stipulés dans une promesse de vente de fonds de commerce pour la période comprise entre la promesse et la réalisation de la vente constituent une modalité de détermination du prix de vente du fonds de commerce, et non la rémunération d'un délai de paiement du prix d'une vente. Les provisions correspondant à ces intérêts ne sont donc pas déductibles. • CE 10 mars 1999, n° 169342 : *RJF 1999. 540 ; concl. Goulard au BDCF 5/99 ; Dr. fisc. 2000. 100, concl. Goulard.*

7° SOLUTIONS DIVERSES

186. Frais financiers de rachat par une société de ses propres titres. Si le rachat de ses propres titres par une société suivi de la réduction de son capital social, qui n'affecte que son bilan, est, par lui-même, sans influence sur la détermination de son résultat imposable et est ainsi insusceptible de faire apparaître une perte déductible lorsque le prix auquel sont rachetés les titres est supérieur à leur valeur nominale, cette circonstance ne saurait, à elle seule, faire obstacle à la déduction des intérêts des emprunts contractés pour financer ce rachat. Une telle déduction peut, en revanche, être remise en cause par l'Administration si l'opération de rachat financée par ces emprunts n'a pas été réalisée dans l'intérêt de la société. • CE 15 févr. 2016, *Pharmacie Saint Gaudinoise SNC,* n° 376739 : *RJF 2016. 406 ; Dr. fisc. 2017. 195.*

187. Coûts d'emprunt immobilisés comptablement. Les entreprises concessionnaires d'autoroute qui ont déduit fiscalement les coûts d'emprunt immobilisés comptablement avant 2005 peuvent maintenir ce traitement différencié alors même que la réglementation impose, pour les exercices ouverts à compter du 1er janv. 2005, un traitement fiscal et comptable identique. • CE 9 juin 2020 : *Sté Cofiroute,* n° 416739 : *RJF 2020. 674.*

188. Frais financiers supportés par une filiale. Convention de portage. Une société ne commet pas d'acte anormal de gestion en prenant en charge les frais financiers supportés lors de l'acquisition d'actions par sa filiale dès lors que cette dernière doit être considérée comme les ayant acquises pour le compte de sa mère eu égard à plusieurs conventions de portage conclues avec d'autres sociétés interposées. • CAA Douai, 27 mars 2002, *Sté 3 Suisses International,* n° 98DA1552 : *RJF 2003. 414.*

189. Emprunts contractés par une société membre d'un groupe auprès d'autres sociétés de ce groupe. L'Administration ne peut qualifier d'excessive la fraction des intérêts qu'une société verse auprès d'autres sociétés du même groupe fiscal intégré en se fondant uniquement, pour retenir des éléments de comparaison, sur l'excellente note attribuée par une agence de notation financière à la société mère américaine, sans prendre en compte la note intrinsèque de la filiale. • CE 19 juin 2017, *Min. c/ Stés General Electric France et General Electric Capital,* nos 392543, 392544 et 392545 : *Dr. fisc. 2017. 495, note De Waal.*

190. Prise en charge de frais incombant à une société juridiquement étrangère. Constitue un acte anormal de gestion le fait pour une société régionale de financement (Sorefi) de prendre en charge sans contrepartie les frais se rapportant à des campagnes de publicité qui ont principalement bénéficié à des caisses d'épargne et de prévoyance, ainsi que des honoraires de fusion et d'évaluation de personnel engagés au profit de ces caisses. En effet, les Sorefi qui ont une mission d'intérêt général dans le réseau des caisses d'épargnes sont des sociétés anonymes se livrant à des opérations de crédit et restent par conséquent soumises aux règles de la gestion commerciale. • CE 11 avr. 2008, n° 284147, *Caisse d'épargne et de prévoyance des Pays de la Loire : RJF 2008. 780.* ♦ Dans le même sens, • CE 16 mai 2008, n° 294351 : *RJF 2008. 930.*

191. Primes de remboursement des obligations convertibles en actions. La société émettrice d'un emprunt obligataire convertible en actions avec primes de remboursement peut choisir soit de comptabiliser ces primes dès l'émission de l'emprunt et de les étaler sur la durée de celui-ci, soit de ne comptabiliser que le montant nominal de l'emprunt et constituer une provision pour risque correspondant aux primes de remboursement. Cette option offerte par les règles comptables vaut également au plan fiscal. • CE 13 juill. 2011, n° 311844 : *RJF 2011. 1130 ; BDCF 2011, n° 11, concl. Boucher ; Dr. fisc. 2011. 599, note Chatain.*

192. Liberté de financement des succursales. L'Administration n'est pas autorisée à apprécier le caractère normal du choix opéré par le siège d'une société étrangère de financer l'activité de sa succursale française en la laissant recourir à l'emprunt, plutôt qu'en lui apportant des fonds propres, ni à en tirer, le cas échéant, de quelconques conséquences fiscales. • CE 11 avr. 2014, *Min. Budget c/ Sté Unicredit,* nos 346687 et 349015 : *RJF 2014. 667 ; Dr. fisc. 2014. 305, concl. Hédary.* ♦ Dans le même sens, V. note 7 ss. art. 38.

K. PROVISIONS

BIBL. Bénard, *RJF 2006. 723* (marketing, détergents et provisions : le CNC lave-t-il plus blanc ?). – Blanluet, *FR Lefebvre 16/11, p. 11* (du nouveau sur les provisions comptables non déduites fiscalement). – Bokdam-Tognetti, *RJF 2014. 195* (provisions et connexion fiscalo-comptable après la décision SAS Foncière du Rond-point). – Burguburu, *RJF 2007. 943* (provisions : le compte est-il bon... ?). – De Brosse et Verban, *BFL 2014. 197* (provision comptable/provision fiscale, les entreprises entre l'enclume et le marteau). – Fumenier, *Dr. fisc. 2009. 269* (à quel moment les provisions pour risques et charges doivent-elles être constituées et évaluées ?). – Gerbino, *Dr. fisc. 1999. 1109* (provisions pour immobilisations). – Goulard, *RJF 1995. 655* (provisions pour charges). – Lopater et Fouquet, *FR Lefebvre 50/20, inf. 1* (provision pour perte : une divergence fiscalo-comptable insoluble ?). – Morterol, *Dr. fisc. 2015. 697* (les provisions pour « *buy back* »). – Plagnet, *GAJ Fisc., p. 650*. – Raquin, *RJF 2012. 393* (le Conseil d'État met fin à une apparente divergence fiscalo-comptable sur le traitement des provisions pour risques et charges couverts par un contrat d'assurance).

1° PRINCIPES

193. Une entreprise peut valablement porter en provisions et déduire des bénéfices imposables d'un exercice des sommes correspondant à des pertes ou charges qui ne seront supportées qu'ultérieurement par elle, à condition que ces pertes ou charges soient nettement précisées quant à leur nature et susceptibles d'être évaluées avec une approximation suffisante, qu'elles apparaissent comme probables eu égard aux circonstances constatées à la date de clôture de l'exercice et qu'elles se rattachent aux opérations de toute nature déjà effectuées à cette date par l'entreprise. • CE, ass., 28 juin 1991, n° 77921, *Sté générale : RJF 1991. 1052, concl. Chahid-Nouraï* • 13 mars 1996, n° 129631 : *Dr. fisc. 1996. 813 ; RJF 1996. 550.* ♦ De plus, les provisions pour charges ne peuvent être déduites au titre d'un exercice que si se trouvent comptabilisés, au titre du même exercice, les produits afférents à ces charges. • CE 13 janv. 2006, n° 259824, *Sté Colas Midi Méditerranée : RJF 2006. 357, concl. Verclytte* • 16 mai 2011, n° 323431 : *RJF 2011. 92.* ♦ En outre, des provisions pour perte ne peuvent être déduites que si la perspective de cette perte se trouve établie par la comparaison, pour une opération ou un ensemble d'opérations suffisamment homogènes, entre les coûts à supporter et les recettes escomptées. • CE 27 juill. 2001, n° 205093, *Sté de chauffage urbain de Quétigny : RJF 2001. 1442.* ♦ Toutefois, l'entreprise est déchue du droit de déduire les provisions, même justifiées, dans le cas où elles n'ont pas été effectivement constatées dans les écritures de l'exercice. • CE 22 avr. 1963, *n° 57820 : Dr. fisc. 1964, n° 48 bis, p. 105, concl. Poussière.*

194. A la différence d'une provision pour perte, qui peut être déduite si la probabilité de cette perte est justifiée par la comparaison, pour une opération ou un ensemble d'opérations suffisamment homogènes, entre les coûts à supporter et les recettes escomptées, une provision pour charges est évaluée en tenant compte des seules charges probables devant être supportées ultérieurement par l'entreprise, sans qu'il doive être procédé à une réduction de ce montant à hauteur des produits auxquels ces charges se rapportent. • CE 9 févr. 2012, n° 334154 : *RJF 2012. 449 ; BDCF 2012. 53, concl. Daumas ; Dr. fisc. 2012. 294, note Fumenier et Elbaz.*

195. Initialement, la jurisprudence considérait qu'au point de vue fiscal, la déduction de provisions était une faculté à laquelle l'entreprise pouvait renoncer et qu'elle pouvait exercer partiellement. L'entreprise pouvait constituer une provision partielle à la clôture d'un exercice et augmenter le montant de la dotation à la clôture des exercices suivants, dans la limite du risque existant à cette date. • CE 27 mai 1983, n°s 27412 s. : *RJF 1983. 861* • 10 déc. 2004, n° 236706, *Sté Roissy Films : RJF 2005. 118 ; concl. Vallée au BDCF 2/05, n° 15 ; RJF 2005. 63, chron. Bereziat ; Dr. fisc. 2005. 320, concl. Vallée.*

196. Actuellement, la jurisprudence considère que, lorsqu'une provision a été constituée dans les comptes de l'exercice, et sauf si les règles propres au droit fiscal y font obstacle, notamment les dispositions de l'art. 39-1-5° limitant la déductibilité fiscale de certaines provisions, le résultat fiscal de ce même exercice doit, en principe, être diminué du montant de cette provision. La reprise de cette provision, lors d'un ou de plusieurs exercices ultérieurs, entraîne en revanche une augmentation de l'actif net du ou des bilans de clôture du ou des exercices correspondants. Autrement dit, lorsqu'une provision passée dans les écritures comptables est déductible fiscalement, l'entreprise n'a pas le choix : elle est tenue de suivre le traitement comptable en déduisant, au titre de l'exercice où elle a été comptabilisée, la provision de son résultat fiscal. • CE, plén., 23 déc. 2013, *Min. Budget c/ SAS Foncière du Rond-Point,* n° 346018 : *RJF 2014. 218, chron. Bokdam-Tognetti ; FR Lefebvre 3/2014, inf. 1 note Bachelier ; Dr. fisc. 2014. 250, concl. Crépey, note Blanluet ; FR Lefebvre 2/2014, inf. 20, chron. Lopater.* ♦ Une provision constituée à tort au plan comptable ne traduit pas une décision de gestion et sa reprise ne fait pas automatiquement l'objet d'une taxation. • CE 19 juin 2017, *Sté Spie Batignolles,* n° 391770 : *RJF 2017. 912, concl. Nicolazo de Barmon.* ♦ La règle de l'intangibilité du bilan d'ouverture du premier exercice non prescrit rend sans effet la taxation de la reprise de provisions non déduites fiscalement au cours de la période prescrite, même si l'omission de déduction fiscale est délibérée. • CE 5 déc. 2016, *SA Orange,* n° 398859 : *RJF 2017. 155, concl. Daumas.*

197. Une provision faisant l'objet d'un emploi non conforme à sa destination ou devenue sans objet au cours d'un exercice doit être réintégrée au bilan de clôture de ce même exercice ou, si cet exercice est prescrit, dans les bilans des exercices non prescrits à l'exception du bilan d'ouverture du premier de ces exercices. Toutefois, lorsque cette provision ne satisfaisait pas, dès l'origine, aux conditions de déductibilité, cette erreur initiale, pour autant qu'elle ne revête pas, pour le contribuable, un caractère délibéré, doit être corrigée dans le bilan de clôture de l'exercice au cours duquel elle a été irrégulièrement constituée ou, si cet exercice est prescrit, dans les bilans des exercices non prescrits à l'exception du bilan d'ouverture du premier de ces exercices, rendant ainsi sans objet sa reprise ultérieure pour emploi non conforme ou perte d'objet. • CE 13 mars 2020, *Sté Groupe Courtois Automobiles,* n° 421024 : *RJF 2020. 548, concl. Bokdam-Tognetti ; Dr. fisc. 2020. 307, note Torletr et Fredy.*

198. Dès lors que des événements en cours à la date de clôture de l'exercice font apparaître des pertes ou charges comme probables, une entreprise est en droit, jusqu'à l'expiration du délai de déclaration, de constater ces pertes ou charges sous forme de provision dans les écritures de cet exercice alors même qu'elle n'aurait eu connaissance des événements en cause que postérieurement à la clôture de celui-ci. • CAA Lyon, 24 mai 2000, n° 96LY682 : *Dr. fisc. 2001. 398, concl. Millet ; RJF 2000. 1229.*

199. La déduction des provisions est notamment subordonnée à la condition que les pertes et charges tenues pour probables se rattachent à des opérations relevant d'une gestion commerciale et financière normale. • CE 21 févr. 2005, n° 259083 : *RJF 2005. 430 ; concl. Collin au BDCF 5/06, n° 56* • CAA Douai, 26 mars 2003, n° 99DA1303, *SA Deudon : Dr. fisc. 2004. 187, note Rossignol* • Nancy, 22 mai 2003, n° 98NA1888 : *RJF 2003. 1086 ; Dr. fisc. 2004. 302.* ♦ Refus : d'une provision constituée par une société pour constater le caractère douteux de la créance résultant d'une reconnaissance de dette de son ancien dirigeant ayant commis des détournements de fonds • CE 21 févr. 2005, n° 259083 : *préc.*

200. Au point de vue comptable, une provision pour risques et charges ne peut être constituée que s'il est probable, à la date d'établissement des comptes, que l'obligation correspondante provoquera une sortie de ressources au bénéfice de tiers sans contrepartie au moins équivalente attendue de ceux-ci après la date de clôture. * Règl. CRC n° 00-06, 7 déc. 2000.

201. Lorsqu'une somme inscrite à tort dans un compte de provisions constitue une dette de la société à la fois certaine dans son principe et son montant, elle peut figurer au passif du bilan et ne doit donner lieu à aucune réintégration au résultat imposable. • CE 17 mars 2016, *Sté Sogetra,* n° 381427 : *RJF 2016. 512.*

202. La décision interne prise par un fabricant d'attribuer des avoirs aux concessionnaires du réseau de distribution des véhicules de sa marque n'ayant été rendue publique qu'après la clôture de l'exercice, les charges impliquées par cet événement ne peuvent donner lieu à une provision déductible des résultats de cet exercice. • CE 13 juill. 2007, n°s 289233 et 289261, *Sté Volkswagen France : RJF 2007. 1217 ; concl. Verclytte au BDCF 11/07, n° 119 ; Dr. fisc. 2008. 67, concl. Verclytte.*

2° PROVISIONS POUR DÉPRÉCIATION

203. Dépréciation des stocks. Lorsqu'une entreprise constate que l'ensemble des matières ou produits qu'elle possède en stock ou une catégorie déterminée d'entre eux a, à la date de clôture de l'exercice, une valeur probable de réalisation inférieure au prix de revient, elle est en droit de constituer, à concurrence de l'écart constaté, une provision pour dépréciation. Une telle provision ne peut cependant être admise que si l'entreprise est en mesure de justifier de la réalité de cet écart et d'en déterminer le montant avec une approximation suffisante. • CE 17 oct. 2007, n° 284054, *Morey : RJF 2008. 11.* ♦ La provision peut être calculée selon une méthode statistique, à condition qu'elle tienne compte à la fois des caractéristiques du produit et de la date de son entrée en stock. • CE 25 sept. 1989, n° 62934 : *Dr. fisc. 1990. 732* • 15 janv. 1992, n° 74920 : *Dr. fisc. 1992. 1186.* ♦ Une entreprise calcule avec une approximation suffisante la dépréciation de ses stocks en appliquant à des catégories de biens préalablement déterminées un coefficient tenant compte à la fois de leur durée de vie estimée et de leur ancienneté dans les stocks. • CE 8 juill. 2009, n° 305776 : *RJF 2009. 911.* ♦ L'exploitant d'un magasin de vêtements de confection ne peut appliquer à un ensemble d'articles de nature différente des taux d'abattement variant seulement en fonction du degré d'ancienneté dans les stocks. • CAA Nantes, 3 mars 1998, n° 95NT1197 : *Dr. fisc. 1998. 957.* ♦ Une méthode d'évaluation qui ne tient pas compte de la nature des biens et de leur ancienneté est à bon droit écartée. • CE 17 janv. 1996, n° 136938 : *Dr. fisc. 1996. 304 ; RJF 1996. 279.* ♦ Il en est de même lorsqu'un concessionnaire automobile calcule la provision pour dépréciation de son stock de pièces détachées en se fondant sur le seul critère de la durée écoulée depuis la dernière vente, dès lors que cette méthode ne tient aucun compte ni des caractères spécifiques propres à chacune des différentes catégories d'articles composant les stocks, ni, eu égard à cette spécificité, de leur degré inégal d'obsolescence pour une durée identique de séjour en stock. • CE 17 nov. 2000, n° 181459, *Sté GAP SA : Dr. fisc. 2001. 614, concl. Bachelier ; RJF 2001. 156 ; concl. Bachelier au BDCF 2/01* • 8 juill. 2015, *Sté Autodis,* n° 367767 : *RJF 2015. 936.*

204. Une société qui commercialise des véhicules neufs moyennant la reprise du véhicule d'occasion ne peut déduire une provision égale à l'excédent du prix de reprise sur la valeur argus du véhicule sans prendre en compte les éléments particuliers pouvant conférer aux véhicules une valeur différente au moment de la revente. • CE 8 janv. 1997, n° 153394 : *Dr. fisc. 1997. 729 ; RJF 1997. 113* • 31 mai 2000, n° 170118 : *Dr. fisc. 2001. 653.* ♦ Une provision pour perte constituée en vue de faire face à la perte éventuelle résultant de l'engagement de reprise des produits vendus doit être déterminée par référence à l'ensemble des contrats de vente assortis d'un tel engagement et non contrat par contrat. • CAA Versailles, 19 juill. 2016, n° 14VE01462. ♦ Une provision pour dépréciation d'un stock de matériel agricole d'occasion ne peut être calculée par référence à la cote « SIMO » sans prendre en compte les pratiques commerciales propres à l'entreprise et pouvant conférer aux matériels une valeur différente de celle pour laquelle ils sont comptabilisés. • CAA Lyon 2 juin 2005, n° 99LY2311 : *RJF 2005. 1357 ; Dr. fisc. 2006. 283, concl. Gimenez.*

205. Sont notamment déductibles : des provisions pour dépréciation de semences de gazon, justifiées dès lors que les abattements appliqués par la société au prix de revient de certaines semences qu'elle détenait en stock à la clôture des exercices en cause ont été calculés par elle par référence au cours effectif de ces marchandises aux dates correspondantes et que les taux d'abattement pratiqués sont raisonnables et conformes aux usages de la profession. • CE 21 juin 2002, n° 222622 : *Dr. fisc. 2002. 963.* ♦ ... Une provision pour perte dont le caractère probable est justifié par l'obsolescence rapide des stocks de semences agricoles non vendues dans l'année en raison de l'apparition de variétés nouvelles plus performantes. Cette obsolescence peut notamment être justifiée par la production de statistiques sur une période de quinze ans faisant apparaître un taux de décroissance annuel moyen des ventes des semences en cause compris entre 20 % et 30 % dans les cinq années suivant leur production. • CE 21 déc. 2007, n° 288099 : *RJF 2008. 276.*♦ ... La provision pour dépréciation des stocks d'animaux vivants constituée par une entreprise d'élevage de visons, provision calculée en retenant comme référence un prix de vente moyen. • CE 21 nov. 2007, n° 274912 : *RJF 2008. 116.*

206. Dépréciation d'un élément d'actif amortissable. Il résulte de l'art. 39-1-5° qu'une entreprise qui constate, *par suite d'événements en cours* à la clôture de l'exercice, une dépréciation non définitive d'un élément de son actif immobilisé peut, alors même que celui-ci est amortissable, constituer une provision dont le montant de cette provision ne peut pas excéder, à la clôture de l'exercice, la différence contre la valeur nette comptable et la valeur probable de réalisation de l'élément d'actif dont il s'agit. Le mode de calcul de la provision doit être propre à exprimer avec une approximation suffisante le montant probable de la dépréciation. Dès lors que la constitution d'une provision est une faculté que l'entreprise peut ne pas exercer, il est loisible à celle-ci de ne l'exercer que partiellement. Une entreprise peut donc constituer une provision d'un montant moindre de celui qui serait justifié. • CE 10 déc. 2004, n° 236706, *Sté Roissy Films : préc. note 195* • 12 janv. 2005, n° 253865, *SA Pricel : RJF 2005. 217.* ♦ La constitution d'une provision pour dépréciation d'un élément d'actif, rendue probable par des événements en cours à la clôture de l'exercice, en l'espèce les résultats des premiers mois d'exploitation du film, n'est pas subordonnée à l'intention du contribuable de céder cet élément d'actif. • CE 12 janv. 2005, n° 253865 : *préc.* ♦ S'agissant d'une société de distribution de films, la circonstance qu'un film a été retiré de l'affiche après sept mois d'exploitation rend probable mais non définitive à la clôture de l'exercice la dépréciation totale des droits d'exploitation du film. Le calcul de la provision justifiée est suffisamment précis dès lors que la perte prévisible est évaluée : au montant, à la clôture de l'exercice, de la valeur nette comptable après amortissement. • CE 10 déc. 2004, n° 236706 : *préc.* ♦ ... En déduisant de la valeur nette comptable des droits d'exploitation les prévisions de recettes espérées en fonction des statistiques d'exploitation. • CE 12 janv. 2005, n° 253865 : *préc.*

V. égal. notes ss. art. 38 *sexies* de l'ann. III.

207. Dépréciation d'un élément d'actif non amortissable. Le remplacement des licences de transport par des autorisations, résultant du changement de la réglementation des transports routiers de marchandises, peut justifier la constitution de provisions pour dépréciation. • CAA Bordeaux, 30 déc. 1997, n° 95BX1494 : *RJF 1998. 240.* ♦ Mais l'entreprise demeure tenue de justifier le montant de la dépréciation, les licences conservant une valeur résiduelle jusqu'au 1er janvier 1996. • CE 13 juill. 2007, n° 289658, *SA Transalliance : RJF 2007. 1218 ; Dr. fisc. 2007. 915, concl. Séners.*

208. Dépréciation de terrains. Des terrains bâtis peuvent valablement faire l'objet d'une provision pour dépréciation en raison de la baisse de valeur qu'ils subissent du fait de la crise immobilière alors même que cette crise a débuté six ans avant l'exercice de constitution de la provision. • CAA Versailles, 8 févr. 2011, n° 09VE01202, *SA Gecima : RJF 2011. 683 ; Dr. fisc. 2011. 482, concl. Dhers, note Fumenier et Maignan.* ♦ Mais un terrain acquis pour édifier un complexe cinématographique ne peut donner lieu à une provision pour dépréciation égale à son prix d'achat du seul fait de l'abandon par la société de son projet initial, un tel abandon n'ayant aucune incidence sur sa valeur intrinsèque. • TA Cergy-Pontoise, 7 avr. 2011, n° 0806065 : *RJF 2012. 11.*

209. Biens donnés en crédit-bail. La rupture d'un contrat de crédit-bail immobilier due à des incidents de paiement autorise le crédit-bailleur, qui doit reprendre des biens qui n'ont pas vocation à demeurer dans son actif, à constater une provision correspondant à la dépréciation de ces biens, dépréciation égale à la différence entre leur valeur nette comptable et leur valeur probable de réalisation. • CAA Nantes, 25 mai 2005, n° 02NT1164, *Sté Banque Populaire Atlantique : RJF 2006. 13.*

210. Dépréciation des stocks des entreprises d'édition. Le montant de la provision pour dépréciation que peuvent constituer les entreprises de l'édition en cas de risque de mévente doit être déterminé sans tenir compte des spécimens et des ouvrages pilonnés. * BOI-BIC-PDSTK-20-30 n° 80 du 12 sept. 2012.

211. L'éditeur tenu de reprendre les ouvrages retournés par les libraires peut constituer une provision pour perte sur la fraction des ouvrages devenus invendables en raison de leur détérioration ou de leur absence de rentabilité économique en cas de retour sur le marché. • TA Montreuil, 4 nov. 2013, *SCA Lagardère*, n° 1206901 : *RJF 2014. 319.*

212. Dépréciation du fonds de commerce. BIBL. X..., *BFL 2003, p. 435* (la dépréciation du fonds de commerce). ♦ Une entreprise peut déduire une provision pour dépréciation d'un fonds de commerce reçu en apport dès lors que le chiffre d'affaires et les résultats correspondants ont notablement diminué par rapport à ceux sur la base desquels a été déterminée sa valeur d'apport. • CE 23 févr. 2011, *SARL Hôtel Arriel Astrid*, n° 329282 : *RJF 2012. 226 ; Dr. fisc. 2012. 133, concl. Aladjidi.* ♦ Une société qui a constitué une provision pour tenir compte de la dépréciation de son fonds de commerce peut, si cette provision n'a pas perdu son objet, maintenir ou modifier le montant de cette provision en cas de modification de la consistance de son fonds et de survenance d'événements justifiant toujours une dépréciation, sans procéder à une reprise de provision suivie d'une nouvelle dotation. • CE 30 juin 2016, ⚖ *SA Transat France*, n° 380916 : *RJF 2016. 805, concl. Bokdam-Tognetti ; Dr. fisc. 2016. 527, note Morterol.*

213. Dépréciation de valeurs mobilières. Les provisions pour dépréciation de valeurs mobilières ne sont pas déductibles des résultats imposables au taux de droit commun. Mais il en va différemment lorsque les titres en cause sont représentatifs d'une créance dont, indépendamment de la variation de la valeur de ces titres, la perte est probable. Tel est le cas des valeurs mobilières de placement représentatives des sommes versées par une société à un fonds de garantie constitué par l'organisme auprès duquel elle a souscrit un emprunt, dès lors que cet organisme lui a fait connaître qu'il ne serait pas en mesure de lui restituer les versements ainsi effectués. Dès lors, la perte résultant de la non-restitution des sommes versées est regardée comme probable et les provisions correspondantes sont déductibles. • CE 20 oct. 2004, ⚖ n° 249851, *Sté industrielle laitière d'Auvergne et de la Marche : RJF 2005. 7 ; BDCF 1/05, n° 3, concl. Vallée ; Dr. fisc. 2005. 86, concl. Vallée.*

214. Dépréciation de titres de participation et immeubles de placement. Entreprises, provisions et biens concernés. Limites de déduction des dotations aux provisions pour dépréciation. * BOI-BIC-PROV-40-10-20-10 du 16 déc. 2013.

215. Dépréciation de titres de créances négociables. Une provision pour dépréciation de titres de créances négociables est déductible dès lors que les conditions posées par l'art. 39-1-5° sont remplies et que l'art. 38 *septies* de l'annexe III se borne à préciser les modalités d'évaluation d'une telle provision pour des titres négociables. • CE 17 juin 2015, ⚖ *SA Banque BIA*, n° 369076 : *RJF 2015. 767 ; BDCF 2012. 117, concl. Aladjidi ; Dr. fisc. 2015. 897, note Chatain-Autajon.*

216. Dépréciation de titres de participation dans une filiale étrangère. Une convention fiscale internationale qui prive la France de son pouvoir d'imposer un gain susceptible d'être réalisé lors de la cession de titres de participation dans une filiale fait obstacle à ce qu'une moins-value relative à une telle cession soit prise en compte pour déterminer le montant net des plus-values ou moins-values de même nature entrant dans l'assiette de l'impôt en France. Il en résulte qu'une provision anticipant une telle moins-value ne peut être prise en compte pour la détermination de l'assiette de l'impôt dû. • CE 12 juin 2013, ⚖ *Sté BNP Paribas*, n° 351702 : *RJF 2013. 911 ; BDCF 2013. 100, concl. Cortot-Boucher ; Dr. fisc. 2013. 511, note Dinh.*

3° PROVISIONS POUR DÉPENSES DE PERSONNEL

217. Provisions pour congés payés. V. note 100.

218. Provisions pour indemnités de licenciement économique. Toutes les provisions constituées en vue de faire face au paiement d'indemnités directement liées à un licenciement pour motif économique sont exclues de la déduction du résultat fiscal. Il en est ainsi des provisions constituées pour faire face aux indemnités accordées aux salariés sur le fondement des dispositions de l'art. L. 1233-61 C. trav. relatif au plan de sauvegarde de l'emploi. * BOI-BIC-PROV-30-20-10-20 n°s 150 et 230 du 3 déc. 2012.

219. Provisions pour médailles du travail. Une entreprise est en droit de constituer une provision destinée à prendre en compte les primes qui seront versées automatiquement à tous les salariés qui se verront attribuer, même à une date éloignée, une médaille récompensant la durée de leurs services dans l'entreprise, dès lors que son calcul détermine de façon précise, par une méthode statistique appropriée, prenant en compte le pourcentage de départs et de décès au sein du personnel, la probabilité de la dépense à laquelle elle prévoit de devoir faire face. • CE 24 mai 2000, n° 201685 : *Dr. fisc. 2000. 936, concl. Touvet.*

220. Provisions pour comptes épargne-temps. Les droits acquis par les salariés à la clôture de l'exercice dans le cadre du compte épargne-temps (C. trav., art. L. 3151-1 s.) peuvent faire l'objet d'une provision déductible dans les conditions de droit commun, c'est-à-dire sous réserve, notamment, que l'entreprise ait contracté, à l'égard des salariés, l'obligation de payer les sommes correspondant à ces droits et que ces sommes puissent être calculées avec une approximation suffisante. Toutefois, lorsque, selon les stipulations de la convention ou de l'accord collectif qui l'a institué, les droits inscrits au compte épargne-temps ne peuvent être utilisés que pour un congé de fin de carrière, la provision ne peut pas être admise en déduction des résultats en application de l'art. 39-1-5°. * Rép. min. n° 52401 : *JOAN Q, 19 févr. 2001, p. 1106.* ♦ Rép. non reprise dans le BOFIP.

221. Provisions pour allocations de départ à la retraite. Il résulte de l'art. 39, 1-5° que les allocations dues par une entreprise à ses salariés en raison de leur départ à la retraite ne peuvent donner lieu à la constitution d'une provision déductible du résultat imposable. Les provisions constituées en vue de faire face au versement des charges sociales afférentes aux allocations de départ à la retraite dues à des salariés ne sont pas déductibles du résultat imposable, dès lors que, compte tenu de leur nature et du fait que leur exigibilité est liée au versement effectif d'une allocation de départ à la retraite, ces charges présentent, du point de vue fiscal, le même caractère que celle-ci et ne peuvent suivre un régime différent. • CE 24 mars 2006, n° 257330 : *RJF 2006. 667.* ♦ En revanche, la provision pour risque de mise en paiement des contributions FNE est déductible. En effet, ces contributions ne constituant pas des allocations retraite ou préretraite, l'interdiction de déduire les provisions constituées en vue de faire face au versement de ces allocations ne leur est *pas applicable.* • *CE 1er oct. 2013,* *Sté Sogetra,* n° 351852 : *RJF 2013. 1121.*

222. Provision pour cotisations au titre des accidents du travail – maladies professionnelles. La provision constituée par une entreprise relevant du régime général de la sécurité sociale pour anticiper la hausse des cotisations accidents du travail/maladies professionnelles n'est pas déductible. • CE 22 janv. 2020, *Sté Saint Louis Sucre,* n° 422501 : *RJF 2020. 506, concl. Bokdam-Tognetti.*

223. Provisions pour plans d'options d'achat d'actions et plans d'attribution d'actions gratuites existantes. Nouvelles règles de comptabilisation et d'évaluation des opérations relatives à ces plans définies par le CRC dans le Règl. n° 2008-15 du 4 déc. 2008. Conséquences fiscales de ces nouvelles règles comptables. * BOI-BIC-PROV-30-20-30 du 10 déc. 2014.

4° PROVISIONS POUR CRÉANCES DOUTEUSES

224. Il incombe au contribuable de justifier que la possibilité de ne pas être remboursé de l'intégralité de sa créance est probable et non pas seulement éventuelle. • CAA Paris, 6 nov. 1997, n° 95PA1558 : *Dr. fisc. 1998. 736.* ♦ Une créance à recouvrer ne peut faire l'objet d'une provision que si son recouvrement a été reconnu douteux. En raison du fait que les membres d'une SCI sont tenus des dettes de celle-ci sans limitation à l'égard des créanciers, une créance sur une société de cette forme ne peut être regardée comme douteuse que si elle est reconnue telle à l'égard non seulement de la personne morale, mais aussi de chacun de ses membres. • CE 29 janv. 1992, n° 75083 : *Dr. fisc. 1992. 982, concl. Fouquet ; RJF 1992. 303.* – V. déjà : • CE 27 nov. 1974, n° 92410 : *Dr. fisc. 1975. 139 ; RJF 1975. 51.* ♦ Il en est de même pour une société en nom collectif. Lorsque le créancier est également membre d'une telle personne morale, le caractère douteux de sa créance doit s'apprécier d'après la capacité de ses coassociés à assumer leurs propres engagements, à proportion de leurs droits dans la société. • CAA Nancy, 6 juill. 1995, n° 93NA682 : *Dr. fisc. 1995. 2411, concl. Commenville.*

225. Dès lors que les sommes versées par une entreprise industrielle ou commerciale à une SCI de construction-vente, en réponse à ses appels de fonds, sont destinées au financement de l'activité de la SCI en vue de l'accomplissement de son objet social, le risque pour cette entreprise de perdre sa créance est indissociable de la perte qui sera, dans cette hypothèse, constatée dans les écritures de la SCI lors de l'achèvement de ses opérations, et dont en tant qu'associée, elle pourra alors imputer la part correspondant à sa participation sur ses propres résultats. Par suite, cette entreprise n'est pas en droit de constituer une provision en vue de faire face, par anticipation, à la perte, jugée probable, de la créance qu'elle a acquise sur la SCI. • CE 1er avr. 2005, n° 254319 : *RJF 2005. 669 ; concl. Verclytte au BDCF 7/05, n° 87.*

226. La situation financière notoirement difficile du débiteur, dont les perspectives de redressement sont improbables, justifie la constitution de provisions pour créances douteuses, même si le recouvrement de ces créances n'a été recherché que par des voies amiables. Ces provisions doivent être limitées au montant hors taxe des créances, compte tenu de l'imputation de la TVA prévue à l'art. 272-1. • CE 20 juin 1997, ♨ n° 99429 : *Dr. fisc. 1997. 1021, concl. Loloum ; RJF 1997. 763.* ♦ Cependant une entreprise ayant constitué une provision à hauteur de la valeur totale des créances détenues sur une société cliente ne justifie pas du caractère douteux de la créance en affirmant simplement qu'elle avait connaissance de la mauvaise situation financière de sa cliente qui aurait été notoire, à défaut d'apporter des éléments plus précis. • CE 28 févr. 2007, ♨ n° 283441 : *RJF 2007. 542.* ♦ L'acheteur de lait ou d'autres produits laitiers qui a versé à Onilait le prélèvement supplémentaire mis à la charge des producteurs ayant dépassé leur quantité de référence peut constituer une provision pour faire face à l'impossibilité de répercuter ce prélèvement sur les producteurs insolvables, à condition de distinguer selon le degré d'insolvabilité de chaque producteur. • TA Dijon, 23 juin 1998, n° 96-6013 : *Dr. fisc. 1998. 926 ; RJF 1998. 1086.* ♦ Une société de caution mutuelle garantissant des emprunts bancaires ne peut pas constituer de provision pour créances douteuses avant d'être subrogée dans les droits de la banque vis à vis des emprunteurs cautionnés. • TA Rennes, 27 juin 2002, n° 98-2336 : *RJF 2002. 1358.* – V. égal. note 238. ♦ La dépréciation d'encours douteux et la décote sur prêts restructurés, calculées en valeur actualisée conformément à la règle comptable, enregistrent dans le premier cas une perte de leur valeur vénale déductible et, dans le second cas, une perte d'intérêts futurs non déductibles. • CE 10 mai 2017, ♨ *CRCAM du Centre Ouest,* n° 385218 : *RJF 2017. 781, concl. Nicolazo de Barmon.*

227. Les provisions constituées pour faire face au non-remboursement de créances détenues par une entreprise relèvent d'une gestion commerciale normale s'il apparaît qu'en constituant de telles créances, l'entreprise a agi dans son propre intérêt. • CE 30 sept. 2005, ♨ n° 257882 : *RJF 2005. 1448 ; concl. Collin au BDCF 12/05, n° 154.* ♦ Tel est le cas pour des avances de trésorerie qu'une société a consenti à un de ses clients, avances qui avaient pour objet de permettre à ce client de financer la production de films, et qui lui donnaient des droits, à hauteur de 15 %, sur les recettes tirées des ventes de ces films. • Même arrêt.

228. La jurisprudence et l'Administration refusent la déduction des provisions pour créances douteuses déterminées par application de pourcentages arbitraires au montant total des créances à recouvrer. * BOI-BIC-PROV-40-20 n°s 170 à 200 du 1er avr. 2015. ♦ Cependant, la déductibilité des provisions calculées de manière statistique par catégories de créances est admise par la jurisprudence, dès lors que le recours à une telle méthode d'évaluation est justifié par le grand nombre des articles ou services rendus, leur faible valeur unitaire ou leur variété. • CE 20 mai 1985, ♨ n° 42581 : *RJF 1985. 1011.* ♦ Mais une société exerçant une activité de formation à distance ne peut déduire des provisions pour créances douteuses correspondant au risque d'impayé présenté par des clients qui n'ont fait l'objet d'aucune relance, mais dont certains ont connu antérieurement des incidents de paiement, tout en se trouvant à jour de leurs paiements à la clôture de l'exercice de constitution de la provision. Cette société ne peut réputer l'existence de créances douteuses sur la base d'éléments statistiques ne se rattachant à aucun événement en cours à la clôture de l'exercice. • CE 17 févr. 2016, ♨ *Sté Éditions Atlas (EA),* n° 377415 : *RJF 2016. 411, concl. Crépey.*

229. Interprétant les règles comptables applicables aux sociétés qui distribuent des crédits à la consommation, le Conseil d'État se prononce en faveur de la déduction de provisions pour créances douteuses qui ont été identifiées et évaluées au moyen d'une méthode statistique. Ainsi, les encours douteux d'un établissement de crédit sont constitués, notamment, par ceux pour lesquels, indépendamment de tout impayé, il existe un risque avéré de non-recouvrement à raison, en particulier, de la situation financière dégradée de la contrepartie. Leur identification peut être fondée sur des procédures de traitement statistique lorsque l'établissement gère un grand volume de crédits de faible montant présentant des caractéristiques communes. • CE 3 févr. 2021, ♨ n° 429702 : *RJF 2021. 354, concl. Bokdam-Tognatti.*

230. Les règles de territorialité de l'IS s'opposent à ce qu'une société dont le siège est en France constitue une provision pour créance douteuse à raison des avances consenties à sa succursale lybienne, créée pour assurer l'exécution dans ce pays du marché qu'elle avait conclu, dès lors que cette société ne justifie pas que ces avances auraient eu pour contrepartie le développement d'une activité exercée en France. • CE, sect., 16 mai 2003, ♨ n° 222956, *Sté Télécoise : RJF 2003. 823, chron. Olléon, p. 571 ; concl. Mitjavile au BDCF 7/03, n° 91, obs. Gouthière : FR Lefebvre 26/03, p. 23 ; Dr. fisc.* 2003. 582, *concl. Mitjavile.*

231. Lorsque les prévisions qui avaient présidé à la constitution d'une provision pour créances douteuses sont modifiées, l'Administration est fondée à rapporter aux résultats du contribuable la part de la provision initiale devenue excessive. • TA Dijon, 14 janv. 2003, n° 02-227 : *Dr. fisc. 2003. 766.*

232. Provisions pour dépréciation de prêts à long terme. Une société ne peut constituer de telles provisions que si elle est en mesure de justifier d'une valeur probable de réalisation de ces prêts inférieure à leur valeur nominale. • CE 23 mai 1990, n° 52646 : *Dr. fisc. 1990. 30, concl. Racine* • CAA Nancy, 6 juill. 1995 : *Dr. fisc. 1996. 27, concl. Commenville.*

233. Provision pour créance bloquée à l'étranger. Une entreprise peut constituer cette provision dès lors qu'à la clôture de l'exercice elle était empêchée de rapatrier ses fonds en France et qu'elle n'avait pas pris la décision de gestion soit de les dépenser ou de les investir sur place, soit de réaliser une opération lui permettant d'en obtenir indirectement la disposition dans une monnaie convertible. Cette provision doit être rapportée au résultat de l'exercice au cours duquel ce rapatriement, cette dépense, cet investissement ou le résultat visé par cette opération a été effectué ou obtenu. • CE 6 déc. 1996, n° 149923 : *RJF 1997. 394, concl. Arrighi de Casanova ; RJF 1997. 9, chron. Austry, p. 70 ; D. 1997. 397, note Tixier et A.-G. Hamonic-Gaux* .

5° PROVISIONS POUR PERTES

234. Une entreprise ne peut constituer une provision pour pertes que dans le cas et dans la mesure où les événements en cours à la clôture de l'exercice font apparaître que les opérations qu'elle a déjà engagées et à raison desquelles elle estime pouvoir constituer cette provision vont probablement entraîner, toutes choses égales par ailleurs, non pas une simple diminution des gains escomptés, mais une diminution de son actif net au cours de l'exercice suivant ou des exercices ultérieurs. • CE 26 avr. 1985, n° 30077 : *Dr. fisc. 1986. 76.* ♦ Les provisions pour perte ne peuvent être déduites que si la perspective de cette perte se trouve établie par la comparaison, pour une opération ou un ensemble d'opérations suffisamment homogènes, entre les coûts à supporter et les recettes escomptées. • CE, ass., 28 juin 1991, n° 77921, *Sté Générale : RJF 1991. 1052, concl. Chahid-Nouraï, p. 604* • 13 mars 1996, n° 129361 : *Dr. fisc. 1996. 813 ; RJF 1996. 550* • 23 mai 2003, n° 231091 : *RJF 2003. 958.* ♦ Une entreprise, qui a constitué une provision pour perte future liée aux opérations de restructuration d'une de ses usines, dont le principe avait été adopté au cours de l'exercice pour une mise en œuvre au cours du premier semestre de l'année suivante, établit qu'il était probable qu'elle eût à supporter cette perte, en produisant un bilan prévisionnel de la production de l'usine pour le premier semestre, qui précise notamment le prix de vente unitaire *et les recettes totales escomptées de* cette production, compare ces recettes aux coûts fixes et variables prévisionnels engendrés par la production et détermine, par différence, le montant de la perte probable constatée au terme du semestre concerné. • CE 23 mai 2003, n° 231091 : *préc.*

235. Risque de perte sur une participation. Les associés des sociétés civiles dont le bénéfice imposable est déterminé conformément aux prescriptions des art. 38 s. doivent prendre en compte, à la clôture de leurs propres exercices, comme un profit imposable ou comme une charge déductible, la part qui leur revient dans les résultats bénéficiaires ou déficitaires de la société civile. Cette règle n'a pas pour effet de priver les mêmes associés de la faculté qu'ils tiennent de l'art. 39-1-5° de constituer une provision en vue de faire face à une dépréciation de leur participation dans le cas où des circonstances postérieures à l'acquisition de cette participation et sans lien avec l'activité de la société rendent probable une dévalorisation de quelque élément du patrimoine de cette dernière, mais elle fait, en revanche, obstacle à ce qu'ils puissent constituer une telle provision en vue de tenir compte de résultats déficitaires de l'activité de la société qui, même probables, ne seront qu'ultérieurement constatés dans les écritures de celle-ci et dont alors, seulement, ils pourront déduire la part qui leur revient. • CE 1er avr. 2005, n° 254319 : *RJF 2005. 669 ; concl. Verclytte au BDCF 7/05, n° 87.*

236. Pertes sur placement financier. V. note 75.

237. Pertes sur opérations en cours. Avant l'entrée en vigueur de l'art. 29 de la loi du 30 déc. 1991, les provisions pour pertes sur opérations en cours devaient être calculées par comparaison entre, d'une part, les coûts directs supportés à raison des opérations déjà réalisées et les coûts prévisionnels des travaux restant à exécuter et, d'autre part, les recettes escomptées selon les termes des contrats. • CE 26 oct. 1983, n° 34539 : *Dr. fisc. 1984. 537, concl. Bissara* • 10 mai 1996, n° 71187 : *Dr. fisc. 1996. 1247, concl. Loloum.*

238. Perte sur l'exécution d'un engagement de caution. Provision déductible dès lors que des événements en cours à la clôture de l'exercice rendent probables la défaillance future du débiteur et la mise en jeu de la caution. • CE 5 déc. 1990, n° 62224 : *Dr. fisc. 1991. 227 ; RJF 1991. 31, concl. Chahid-Nouraï, p. 8.* ♦ ... Même si l'engagement de caution a été souscrit à l'occasion de la prise de contrôle de la société débitrice, dès lors que les actions de celle-ci ont été payées à leur juste prix. • CE 20 mars 1996, n° 96238 : *Dr. fisc. 1996. 933, concl. Ph. Martin.* ♦ Une société peut constituer une provision pour engagement de caution jusqu'à l'expiration du délai de déclaration à condition que des événements survenus avant la clôture de l'exercice rendent probables la défaillance de l'entreprise cautionnée. • CAA Paris, 16 oct. 2008, n° 07PA2745 : *RJF 3009. 432.*

239. Provision pour engagement de reprise des biens vendus (provision buy back). Une entreprise peut déduire des résultats de l'exercice au cours duquel est intervenue une vente, une provision représentant une estimation de l'ensemble des coûts ou pertes qu'elle devra probablement supporter et qui résultent de son engagement de rachat des biens vendus à un prix supérieur à leur valeur de revente. Il appartient à l'entreprise de prouver par un calcul suffisamment précis que les coûts à supporter dans le cadre de cet engagement de reprise excéderaient les recettes escomptées. • CE 13 juill. 2007, nos 289233 et 289261, *Sté Volkswagen France : RJF 2007. 1217, concl. Verclytte au BDCF 11/07, n° 119 ; Dr. fisc. 2008. 67, concl. Verclytte.* ♦ La provision qui anticipe la perte éventuelle subie lors de la revente ultérieure de biens repris a le caractère d'une provision pour perte et doit être déterminée en agrégeant l'ensemble des plus ou moins-values résultant de l'engagement de reprise des biens vendus. • CE 9 sept. 2020, *SAS ZF Holding,* n° 429100 : *RJF 2020. 981, concl. Victor.*

6° PROVISIONS POUR IMPÔTS

240. Provisions pour impôts. La mise en recouvrement d'une imposition constitue, pour la personne au nom de laquelle est établie cette imposition, et lorsque lui est accordé le bénéfice d'un sursis de paiement en raison de sa contestation du bien-fondé de ladite imposition, un événement suffisant à rendre « probable », au sens et pour l'application de l'art. 39-1-5°, la charge de son paiement futur, aussi longtemps qu'une décision définitive de décharge ou de dégrèvement, de laquelle il ne saurait être présumé, n'est pas intervenue. • CE 20 nov. 2002, n° 230530, *SA Ets Soules et Cie : Dr. fisc. 2003. 142, concl. Goulard ; RJF 2003. 153.* ♦ Caractère probable, justifiant la constitution d'une provision, du risque d'être soumis à une double imposition encouru par une société française, assujettie à l'impôt par l'Administration fiscale italienne au motif qu'elle devait être regardée comme ayant un établissement stable en Italie. • Même arrêt.

241. Provision pour taxe professionnelle. Le fait générateur de la taxe professionnelle est constitué par l'exercice, au 1er janv. de l'année d'imposition, de l'activité au titre de laquelle le contribuable est assujetti à cette taxe, alors même que tous les éléments ou opérations qui concourent à la détermination de la base d'imposition correspondante sont connus à une date antérieure. Par suite, un redevable de la taxe professionnelle n'est pas en droit de constituer, à la clôture de l'exercice, une provision en vue de faire face à la charge que représente pour lui la taxe professionnelle due au titre de l'année suivante, même si l'assiette de cette taxe repose sur des données des exercices précédents. • CE 30 juin 2004, n° 253513 : *RJF 2004. 1001 ; concl. Collin au BDCF 10/04, n° 112.*

7° PROVISIONS POUR GARANTIE

242. Provision pour garantie contractuelle. Un importateur de voitures qui constitue, pour couvrir la garantie d'un an qu'il accorde aux acheteurs, une provision déterminée en multipliant le nombre de véhicules vendus par un coût unitaire de garantie calculé à partir des statistiques de dépenses de garantie de chaque type de véhicules, doit exclure de ce calcul les véhicules en stock chez les concessionnaires qui n'ont pas encore été mis en circulation. Les frais liés au remplacement systématique de pièces réputées défectueuses ne doivent pas être pris en compte pour le calcul du coût unitaire de la garantie dès lors que l'éventualité de ces frais dépend de la décision du constructeur de procéder à ces remplacements. • TA Paris, 9 déc. 1998, nos 96-2359 et 96-19.194 : *RJF 1999. 828.*

243. Provision pour extension de garantie. Est déductible la provision constituée par un fabricant d'automobiles destinée à faire face aux charges résultant des extensions de garantie consenties aux concessionnaires sur certains modèles de véhicules conformément à un usage auquel le fabricant se soumet habituellement et qui l'engage. • CE 13 juill. 2007, nos 289233 et 289261, *Sté Volkswagen France : RJF 2007. 1217 ; concl. Verclytte au BDCF 11/07, n° 119 ; Dr. fisc. 2008. 67, concl. Verclytte.*

244. Provision pour garantie dans le cadre d'un contrat d'entretien. Provision déductible : • CE 4 juill. 1973, n° 77694 : *Dr. fisc. 1973. 1652, concl. Mandelkern.* ♦ Une société de gestion et d'entretien d'installations de chauffage qui conclut avec ses clients des contrats de garantie de longue durée par lesquels elle s'engage, en contrepartie de la perception de redevances annuelles d'un montant constant, à assurer le fonctionnement, l'entretien et, si nécessaire au cours de la période couverte par le contrat, le renouvellement des installations qui lui étaient confiées, est en droit – lorsqu'il apparaît probable qu'elle aura à supporter, au cours de la période restant à courir de la durée d'un contrat de garantie, la charge de renouveler les installations couvertes par ce contrat – de constituer, à la clôture de chaque exercice antérieur à la réalisation de cet événement, une provision en vue de faire face à la charge de caractère exceptionnel ainsi prévue, dans la limite des produits lui correspondant comptabilisés à cette date. • CE 5 juin 2002, n° 199431 : *RJF 2002. 906.* ♦ S'agissant d'un concessionnaire de poids lourds, la provision peut être évaluée à partir d'éléments statistiques fournis par le constructeur du matériel et modifiés en fonction des données propres à l'entreprise. • CE 14 févr. 2001, *Min. c/ SA Catalogne Poids lourds,* n° 189776 : *Dr. fisc. 2001. 749, concl. Courtial ; RJF 2001. 595.* ♦ Une société de vente et de maintenance de véhicules automobiles qui a conclu avec certains de ses clients des contrats d'entretien et de réparation pendant une durée et un kilométrage déterminés, moyennant le versement d'une redevance annuelle constante, peut constituer une provision en vue de faire face aux dépenses ainsi prévues dans la limite des produits lui correspondant comptabilisés à cette date. La provision est calculée avec une précision suffisante dès lors que son calcul repose sur des éléments statistiques issus de données historiques de l'entreprise par type de véhicule et établis sur les résultats des exercices chaque année. • TA Montreuil, 17 mars 2014, *SAS Volvo Holding France*, n° 1209992 : *RJF 2014. 983.* ♦ Mais les frais supportés par un loueur de véhicules dans le cadre de contrats d'entretien et de réparation ne peuvent être provisionnés avant l'engagement des travaux que si les travaux à prévoir excèdent ceux dont le coût entre dans les charges annuelles et normales de l'entreprise. • CAA Paris, 10 juin 1999, n° 96PA2149 : *RJF 1999. 1349 ; Dr. fisc. 2000. 374, concl. Haïm.*

245. Provision pour garantie d'un constructeur automobile. Un constructeur automobile ne peut déduire la provision dès l'exercice de cession des véhicules au concessionnaire dès lors que sa responsabilité ne peut être mise en jeu qu'à compter de la livraison à l'acheteur final, seul bénéficiaire de la garantie. • CAA Versailles, 4 déc. 2013, 🏛 *Sté Peugeot*, n° 11VE04173 : *RJF 2014. 549.*

246. Provision pour garantie décennale des constructeurs. Dès lors que la responsabilité décennale d'un constructeur ne peut être mise en jeu au titre d'un chantier qu'à compter de la réception partielle ou totale de l'ouvrage, cette charge future ne peut normalement faire l'objet d'une provision déductible dès l'exercice d'ouverture du chantier, mais seulement à compter de l'exercice de la réception des travaux, cette dernière pouvant seule constituer l'événement de nature à la rendre probable au sens des dispositions précitées. • CE 13 janv. 2006, 🏛 n° 259824, *Sté Colas Midi Méditerranée : RJF 2006. 357, concl. Verclytte, p. 277.* ♦ Toutefois, la doctrine administrative (DB 4 A-253, n° 14) autorise les entreprises de travaux, par dérogation à l'art. 38-2 *bis* (selon lequel les produits correspondant aux travaux d'entreprise doivent être rattachés à l'exercice au cours duquel intervient la réception), à comptabiliser le résultat des chantiers au fur et à mesure de leur avancement. Dès lors que le résultat à l'avancement de chaque exercice est égal à la quote-part, correspondant à l'état d'avancement des travaux, du résultat à terminaison prévisionnel qui *intègre la provision pour* franchise de garantie décennale, une société est fondée, au regard des énonciations de la documentation administrative mentionnée ci-dessus, ayant pour effet de déroger à l'exigence d'un événement en cours posée par l'art. 39-1-5°, à déduire les provisions litigieuses du résultat imposable de chacun des exercices concernés. • Même arrêt.

247. Provision pour garantie décennale d'une agence d'architecture. Une société exerçant une activité d'architecte ne peut déduire de ses résultats imposables la provision constituée pour couvrir les charges, essentiellement composées de charges de personnel et de structure, liées au suivi des contentieux résultant de la mise en jeu de sa responsabilité dans le cadre de la garantie décennale. • CE 12 oct. 2018, 🏛 *Min. Économie et finances c/ SAS SCAU*, n° 404091 : *RJF 2019. 18 ; Dr. fisc. 2019. 228, note Fouquet et Lopater.* ♦ Infirmant. • CAA Paris, 29 juill. 2016, 🏛 *SAS SCAU*, n° 15PA01029 : *RJF 2016. 1064.*

248. Provision pour garantie contractuelle de logiciels. Si une société peut constituer des provisions pour faire face aux garanties qu'elle consent à ses clients dans le cadre de contrat de licences de logiciels qu'elle conclut, elle doit néanmoins justifier leur montant avec une approximation suffisante. Justification non apportée. • CE 6 juill. 2016, 🏛 *Sté Mistral Informatique*, n° 393033 : *RJF 2016. 987.*

8° PROVISIONS DIVERSES

249. Provisions pour prestations à fournir. Un courtier d'assurances qui est amené à effectuer pour le compte d'une compagnie d'assurance la gestion des dossiers de sinistres et le règlement des indemnisations dont le montant est inférieur à un certain seuil peut, à la clôture de chaque exercice et dans la limite des produits comptabilisés à cette date, constituer une provision en vue de faire face à ces charges probables. • CE 11 avr. 2008, 🏛 n° 279786 : *RJF 2008. 783.*

250. Provision pour bons de réduction sur achats futurs. Cas d'une société qui fabrique des produits d'entretien, les vend en gros aux distributeurs et engage régulièrement des campagnes publicitaires consistant à imprimer sur l'emballage de ces produits des bons de réduction que les consommateurs finaux qui les achètent peuvent ensuite utiliser en règlement d'une partie du prix d'autres paquets de ces produits, et alors que les distributeurs, lorsqu'ils sont ainsi réglés par ces bons de réduction en obtiennent ultérieurement le remboursement par une société intermédiaire spécialisée, laquelle se fait à son tour rembourser par la société : 1) caractère déductible de la charge ; 2) charge provisionnable à la clôture de l'exercice au cours duquel le premier achat a été enregistré ; 3) calcul statistique du montant de la provision. • CE 2 juin 2006, 🏛 n°s 269997 et 269998, *Sté Lever Fabergé France et Sté Unilever France : RJF 2006. 995, chron. Bénard ; Dr. fisc. 2006. 720, concl. Glaser, note Lefeuvre.*

251. Provisions pour programmes de fidélisation (chèques-cadeau). La provision destinée à faire face à la mise en place d'un programme de fidélisation de la clientèle, consistant à accorder un chèque-cadeau à partir d'un certain montant d'achats, est déductible à la clôture de l'exercice au cours duquel la première vente est enregistrée, même si le montant d'achats requis pour l'obtention du chèque n'est atteint qu'au cours d'un exercice ultérieur. • TA Montreuil, 10 mars 2011, *Sté Eurodif et Sté Omnium Participation,* n° 09-07461 : *RJF 2011. 1277.* ♦ La valeur à provisionner en vue de faire face à l'utilisation des chèques-cadeaux, qui doit tenir compte de la probabilité d'utilisation effective des chèques-cadeaux, est celle de l'avantage accordé par l'entreprise en échange du chèque-cadeau. Cette valeur ne peut pas inclure le manque à gagner. Si toutefois le chèque-cadeau est remboursable en espèces, la provision est alors égale à la valeur faciale du chèque. • CE 1er oct. 2018, *Sté Omnium de Participations,* n° 412574 : *RJF 2018. 1214, concl. Cortot-Boucher.*

252. Provision pour « jackpot progressif » (casino). Un établissement de jeux peut comptabiliser une provision en vue de faire face au paiement d'un gain exceptionnel calculé en fonction des enjeux introduits dans les machines à sous. • CE 21 janv. 2008, n° 292664 : *RJF 2008. 407.*

253. Provisions pour renouvellement d'immobilisations. BIBL. Lebrun, *Dr. fisc. 2000, p. 513.* ♦ Une provision pour renouvellement du matériel ou de l'outillage ne saurait être admise en déduction que dans la mesure où les dépenses auxquelles elle est destinée à faire face apparaîtraient comme prévisibles à la clôture de l'exercice, seraient par nature susceptibles d'amortissement et n'auraient pas pour effet d'augmenter l'actif net. Ces trois conditions devant être remplies simultanément, les provisions pour renouvellement ne seraient, en théorie, susceptibles d'être constituées en franchise d'impôt que par les entreprises locataires ou par les entreprises concessionnaires. Cette solution a toutefois été étendue à l'ensemble des entreprises tenues par une obligation contractuelle de renouvellement de biens. * BOI-BIC-PROV-30-30-20-10 du 16 sept. 2013. ♦ Un établissement public tenu d'assurer l'entretien et le remplacement de biens qui lui sont affectés par l'État peut constituer à cette fin des provisions pour renouvellement si les dépenses correspondantes sont prévisibles à la clôture de l'exercice. • CAA Paris, 7 déc. 1995, n° 94PA1458 : *Dr. fisc. 1996. 390.*

254. Provision pour passage à l'euro. Alors même qu'elle n'a comptabilisé aucun produit correspondant au titre du même exercice, une entreprise peut déduire une provision destinée à faire face à des charges supplémentaires de prestations informatiques décidées par le GIE dont elle est membre pour l'adaptation au passage à l'euro d'applications informatiques. • CE 16 mai 2011, n° 323431, *Banque populaire atlantique : RJF 2011. 920.*

255. Provision pour travaux d'aménagement. L'entreprise tenue de remettre les lieux en l'état à l'expiration du bail ne peut pas déduire de provision à cet effet si elle ne se prévaut d'aucun élément de nature à établir la probabilité de la résiliation de son bail. • CE 18 mai 1998, n° 132260 : *Dr. fisc. 1998. 1023, concl. Loloum.* ♦ L'exploitant d'une décharge d'ordures ménagères est en droit de constituer des provisions à raison de l'obligation qui lui est faite de réaliser en fin d'exploitation des travaux d'aménagement ; mais il ne peut se borner à effectuer des dotations forfaitaires, sans tenir compte de la superficie exploitée à la clôture de chaque exercice. • CAA Bordeaux, 28 déc. 1995, n° 94BX1436 : *Dr. fisc. 1996. 1064 ; LPA 1996, n° 92, p. 50, note Roncière ; RJF 1996. 419.*

256. Provision pour grosses réparations. Une entreprise peut valablement porter en provisions et déduire des bénéfices imposables d'un exercice des sommes correspondant à des pertes ou charges qui ne seront supportées qu'ultérieurement par elle, à la condition que ces pertes ou charges soient nettement précisées quant à leur nature et susceptibles d'être évaluées avec une approximation suffisante, qu'elles apparaissent probables eu égard aux circonstances constatées à la date de clôture de l'exercice, qu'elles se rattachent aux opérations de toute nature déjà effectuées, à cette date, par l'entreprise, et enfin, si la provision tend à permettre ultérieurement la réalisation de travaux d'entretien ou de réparation, que ceux-ci excèdent par leur nature et par leur importance, sans pour autant procurer à l'entreprise une augmentation de ses valeurs d'actif, les travaux d'entretien ou de réparation dont le coût entre dans les charges annuelles normales de l'entreprise. • CE 27 juill. 2005, nos 259009 et 259678 : *RJF 2005. 1157 ; Dr. fisc. 2006. 325, concl. Collin.* ♦ Lorsque la provision tend à permettre ultérieurement de réaliser certains travaux d'entretien ou de réparation, sa constitution est subordonnée à la condition que ceux-ci excèdent, par leur nature et par leur importance, sans pour autant procurer à l'entreprise une augmentation de ses valeurs d'actif, les travaux d'entretien ou de réparation dont le coût entre dans les charges annuelles et normales de l'entreprise. • CE 9 févr. 2012, n° 334154 : *préc. note 194.* ♦ Lorsqu'une entreprise passe une provision destinée à faire face, non à une perte, mais aux charges probables liées à la réalisation de travaux de réparation ou d'entretien, elle n'est pas tenue, dans l'hypothèse où ces travaux feraient suite à un sinistre qui, sans entraîner de perte d'éléments d'actif, rend nécessaires de telles dépenses, de limiter le montant de cette provision pour charges au solde net résultant de la différence entre les charges probables et le montant de l'indemnité d'assurance qu'elle escompte percevoir postérieurement à la clôture de l'exercice. • CE

9 févr. 2012, n° 334154 : *préc. note 194.* ♦ La seule circonstance que la programmation ou le calendrier de ces travaux ne sont pas précisément arrêtés à la fin des exercices au titre desquels ont été imputées des provisions pour travaux ne fait pas obstacle à ce que celles-ci soient regardées comme correspondant à des charges évaluées avec une approximation suffisante et apparaissant comme probables eu égard aux nécessités résultant des circonstances constatées à la date de clôture desdits exercices. • CE 27 juill. 2005, n°s 259009 et 259678 : *préc.* ♦ Une provision pour ravalement est déductible même en l'absence de programmation détaillée des travaux dès lors que ces derniers sont suffisamment précisés par un devis et apparaissent comme probables compte tenu de l'état de l'immeuble à la clôture de l'exercice. • CAA Marseille, 9 janv. 2007, n° 04MA8 : *RJF 2007. 1016.*

257. Provision pour mise aux normes d'installation. Lorsque les travaux consistent non seulement en l'adaptation de l'installation existante aux normes légales, mais impliquent également la réfection quasi totale de cette dernière, ils peuvent seulement faire l'objet d'un amortissement. • TA Toulouse, 9 févr. 1999, n°s 94-1593 et 95-698 : *RJF 1999. 539.*

258. Provisions de propre assureur. Une entreprise ne peut constituer des provisions de propre assureur. • CE 9 avr. 1956, n° 25244 : *Lebon 146 ; Dr. fisc. 1957, n° 15, concl. Boitreaud.* ♦ Mais elle peut constituer une provision pour faire face aux condamnations qu'elle risque d'encourir à la suite d'un sinistre. • CAA Paris, 28 mars 1995, n° 93PA1414 : *Dr. fisc. 1995. 1908 ; RJF 1995. 826.*

259. Provision pour litige. Une entreprise est en droit d'inscrire une provision pour litige salarial éventuel, compte tenu des litiges salariaux affectant à la même époque d'autres entreprises appartenant à la même fédération et liées par le même accord salarial. • CE 24 mai 2000, n° 185647, *CRCAM du Midi : Dr. fisc. 2000. 937 et 943, concl. Touvet ; RJF 2000. 901.* ♦ Selon le commissaire du Gouvernement Touvet, l'existence même d'un litige contentieux suffit à justifier la provision et ni l'Administration ni le juge de l'impôt n'ont à apprécier les chances de succès de l'action engagée, V. concl. *préc.* ♦ Le recours à l'arbitrage conventionnel présente, pour une société, un risque comparable à celui d'une action en justice. Le juge de l'impôt ne peut apprécier le caractère infondé ou dilatoire de la procédure. • CE 4 déc. 2013, *Sté civile Groupe Valois,* n° 354228 : *RJF 2014. 219.* ♦ En tout état de cause, une société ne peut pas maintenir au passif de son bilan une provision pour risque constituée à raison d'un litige l'opposant à un fournisseur, alors que les prétentions de celui-ci sont rejetées par une décision juridictionnelle devenue définitive. • CE 7 déc. 2016, *EURL Cortansa,* n° 384309 : *RJF 2017. 172, concl. Bohnert.*

260. Un litige né dans le cadre de relations contractuelles autorise une entreprise à déduire une provision pour risques égale au montant des prétentions de la partie adverse dès lors que l'action ne présente aucun caractère dilatoire et comporte de sérieuses chances de succès et que les modalités de calcul de la provision, dont le montant n'est que la traduction des montants mêmes figurant dans l'assignation, sont suffisamment précisées et adaptées aux circonstances. • TA Paris, 4 oct. 2005, n° 00-6308 : *RJF 2006. 245.* ♦ L'Administration ne saurait donc se prévaloir de la solidarité de l'entreprise avec un tiers pour limiter la provision déductible. • CAA Bordeaux 17 mars 2005, n° 01BX1286 : *RJF 2005. 1011.* ♦ Une provision pour litige doit être reprise au titre de l'exercice au cours duquel l'auteur du pourvoi est déchu de plein droit de son action. La circonstance que l'ordonnance constatant cette déchéance soit intervenue après la clôture de cet exercice est sans influence. • CAA Paris, 17 oct. 2013, *SA Groupe Vendôme,* n° 12PA01476 : *RJF 2014. 437.*

261. Provision pour risque de crédit bancaire. Les opérations de refinancement faites par une société régionale de financement (Sorefi) au profit des caisses d'épargne et de prévoyance peuvent donner lieu à la constitution de provisions en franchise d'IS dès lors qu'elles présentent le caractère de prêts à moyen ou à long terme au sens de l'art. 2 de l'annexe IV au CGI. • CE 11 avr. 2008, n° 284147 : *RJF 2008. 780.*

262. Provision pour risque d'exigibilité (assureurs). L'Administration admet la déduction de la provision pour risque d'exigibilité à hauteur du montant total des provisions sur les titres de placement qui, bien que non effectivement comptabilisées auraient pu être admises en franchise d'impôt, en application de la règle fiscale d'évaluation prévue à l'art. 38 *septies* de l'Ann. III. * BOI-BIC-PROV-60-70-40 n° 60 du 12 sept. 2012.

263. Provision pour indemnité de fin de contrat des exploitants de station-service. Un distributeur de carburant peut provisionner les indemnités de fin de contrat qu'il s'est engagé à verser aux exploitants de station-service ayant au moins trois ans d'ancienneté. • CE 4 mai 1979, n° 10727 : *RJF 1979. 345 ; Dr. fisc. 1980. 309, concl. Martin Laprade.* ♦ Pour ce calcul, le distributeur ne doit prendre en compte que les exploitants qui ont déjà accompli une durée de services d'au moins trois ans. • CAA Nancy, 15 févr. 1996, n° 93NA1170 : *RJF 1996. 1399* • CE 31 mai 2000, n° 179552 : *RJF 2000. 1058 ; concl. Courtial au BDCF 8-9/00* ; Dr. fisc. 2000. 938, *concl. Courtial.*

264. Démarque inconnue. Une grande entreprise de vente au détail ne peut constituer une provision pour tenir compte des effets de la démarque inconnue sur ses stocks en magasin entre la date de l'inventaire physique et la clôture de l'exercice. Cette démarque constitue une perte déductible des résultats de l'exercice au cours duquel elle est constatée. Elle peut être évaluée selon une méthode statistique, à condition qu'elle soit calculée de manière précise et suffisamment détaillée selon les catégories de produits vendus. • CE 26 juill. 1991, ♖ n° 112906 : *Dr. fisc. 1992. 1235 ; RJF 1991. 1203, concl. Fouquet, p. 693.*

265. Provision pour « risques clients ». Une provision qui n'est pas fondée sur des événements en cours à la clôture de l'exercice rendant probable une perte, mais sur la probabilité de survenance de tels événements, n'est pas déductible. • CAA Lyon, 27 sept. 1995, n° 93LY1690 : *Dr. fisc. 1995. 2410.*

266. Provision pour paiement en devises étrangères. Une société condamnée à verser à une banque étrangère une somme libellée en devise étrangère doit déterminer la provision à constituer en vue du paiement de cette somme en prenant en compte le cours du change connu de la devise étrangère à la date de clôture de l'exercice au titre duquel la provision a été constituée. • CE, sect., 16 mai 2003, ♖ n° 222956, *Sté Télécoise : RJF 2003. 823, chron. Olléon, p. 571 ; concl. Mitjavile au BDCF 7/03, n° 91, obs. Gouthière ; FR Lefebvre 26/03, p. 23 ; Dr. fisc. 2003. 582, concl. Mitjavile.*

267. Provision pour vente avec faculté de rachat. Une entreprise qui vend un immeuble à réméré peut constituer l'année de la cession une provision à hauteur des pertes ou charges résultant de la future résolution de la vente dès lors que l'exercice de la faculté de rachat est probable à cette date. • CAA Lyon, 12 oct. 2010, n° 08LY815 : *RJF 2011. 142.*

268. Provision pour hausse des prix. La constitution d'une provision pour hausse des prix ne peut porter que sur des produits figurant dans les stocks de l'entreprise à la clôture de l'exercice, ce qui suppose qu'ils soient sortis des stocks du vendeur. • CAA Nancy, 20 nov. 1990, n° 89NA375 : *Dr. fisc. 1992. 1852.* ♦ Pour déterminer la date de la livraison, il y a lieu de se référer à la délivrance mentionnée à l'art. 1604 C. civ. ; s'agissant de vins, la délivrance intervient lors de la sortie des chais. • TA Dijon, 24 oct. 1995, n° 93-5570 : *Dr. fisc. 1996. 179.* ♦ Une provision pour hausse des prix ne peut être constituée que si les variations de prix constatées affectent des matières ou des produits de même nature. • CE 30 mars 1992, ♖ n° 71394 : *RJF 1992. 629* • 9 nov. 1994, ♖ n° 133537 : *RJF 1995. 9.* ♦ Pour le calcul de la provision pour hausse des prix : une entreprise de fabrication et de négoce d'eaux-de-vie est fondée à considérer chaque type d'eau-de-vie qu'elle fabrique comme un seul produit sans distinguer selon les différentes classes d'âge d'eaux-de-vie intégrées dans sa composition. ♦ • CAA Nantes, 8 juin 2005, n° 02NT1335 : *RJF 2006. 9.* ♦ ... Une société de négoce de vins n'est pas fondée à répartir par appellation d'origine les vins dont elle fait le négoce dès lors qu'elle regroupe au sein de chaque appellation des vins de qualité et de prix différents sans effectuer de distinction et modifie d'une année sur l'autre la part respective des vins de même qualité à l'intérieur des appellations. • CE 24 avr. 2012, ♖ *SA Descas père et fils,* n° 326979 : *RJF 2012. 682 ; BDCF 2012. 83, concl. Olléon.* ♦ ... Les catégories dans lesquelles les eaux-de-vie de Cognac sont classées, selon leur cru et leur âge, constituent des produits distincts. * BOI-BIC-PROV-60-30-10 n° 90 du 6 oct. 2014. ♦ ... Des semences conditionnées en sacs ne sont pas considérées comme des produits de même nature que des semences en vrac. • CAA Nantes, 5 mai 2008, n° 07NT930 : *RJF 2008. 1298.* ♦ Eu égard à la variété offerte au sein de chaque gamme de véhicules automobiles et à l'évolution des caractéristiques techniques des différents modèles, une entreprise commercialisant des véhicules neufs ne peut constituer la provision en déterminant pour chaque gamme une valeur unitaire pondérée. • CAA Douai, 26 avr. 2005, n° 02DA945 : *RJF 2005. 1365.* ♦ Une entreprise peut reconduire la provision dans les bilans des cinq exercices suivant celui de sa constitution même si cette provision est entre-temps devenue sans objet. • CE 30 déc. 1996, ♖ n° 160480 : *RJF 1997. 114.*

269. Provisions liées au marché du sucre. Une société de production de sucre et d'isoglucose ne peut constituer des provisions en prévision des charges qu'elle peut être amenée à supporter sous forme de cotisations de résorption susceptibles d'être demandées aux fabricants de sucre pour combler le déficit d'aide à l'écoulement du sucre hors CEE. • CE 7 juin 2000, ♖ n° 194663 : *Dr. fisc. 2001. 150, concl. Bachelier ; RJF 2000.107.*

270. Provisions pour stockage de produits pétroliers. Il résulte de la réglementation antérieure à la loi n° 92-1443 du 31 déc. 1992 (obligation de stockage de réserves de produits pétroliers) que si les opérations de mise à la consommation de produits pétroliers effectuées par une entreprise au cours d'un exercice N comptaient pour le calcul de l'obligation de stockage pour l'exercice N+1, ladite obligation découlait de la détention de l'autorisation spéciale au cours de l'année N+1. Ainsi, une société ne peut provisionner à la clôture de l'exercice N la charge résultant des obligations de stockage durant l'exercice N+1. • CE 1er oct. 2001, ♖ n° 209035, *Sté Nervol : RJF 2001. 1495 ; concl. Mtjavile au BDCF 12/01, n° 146 ; Dr. fisc. 2002. 14.*

L. PÉNALITÉS, DOMMAGES-INTÉRÊTS

BIBL. Baudrac et Villemot, *D. 1999. chron. 103* (dommages-intérêts pour rupture d'un contrat successif). – Béreyziat, *RJF 2005. 211* (déductibilité des sanctions : on peine à comprendre). – Gouyet, *D. 2001. 1522* (déductibilité fiscale des sanctions pécuniaires infligées par le Conseil de la concurrence) ; *JCP E 2002. 1610* (condamnations pécuniaires infligées par les juridictions civiles : que déduire ?). – Losappio, *Dr. fisc. 2000. 1010* (déductibilité fiscale des sanctions pécuniaires). – Poirier, *Dr. fisc. 2015. 735* (la non-déduction des sanctions étrangères, confrontée aux garanties fondamentales).

271. Non-déduction des sanctions pécuniaires et pénalités de toute nature. Principe de non-déductibilité applicable aux sanctions, pénalités et amendes infligées au cours des exercices clos depuis le 31 déc. 2007. * BOI-BIC-CHG-60-20-20 du 12 sept. 2012. ♦ Les sanctions pécuniaires et pénalités infligées en cas de non-respect des dispositions légales d'États étrangers ne peuvent être déduites même si elles sont liées à des opérations imposables en France. * BOI-BIC-CHG-60-20-20 n° 40 du 12 sept. 2012.

1° PÉNALITÉS FISCALES

272. Les indemnités de retard doivent être regardées comme des pénalités d'assiette, non déductibles, dès lors qu'elles ont été appliquées par le service chargé de l'assiette de l'impôt. • CE, plén., 14 juin 1989, n° 66180 : *RJF 1989. 930* • CAA Nancy, 6 juill. 1995 : *Dr. fisc. 1996. 27, concl. Commenville.*

273. Non-déductibilité de l'amende prévue à l'art. 1768 (ancien) pour insuffisance de retenue à la source, dès lors que, se substituant à la retenue non effectuée, elle présente le caractère d'une pénalité d'assiette. • CAA Lyon, 21 juin 2000, n° 97LY203 : *Dr. fisc. 2001. 510, concl. Millet.*

274. Non-déductibilité des pénalités de recouvrement : applicable pour la détermination des résultats des exercices clos à compter du 1er janvier 1999 pour les entreprises relevant de l'impôt sur le revenu et des exercices clos à compter du 31 décembre 1999 pour les entreprises passibles de l'impôt sur les sociétés. * BOI-BIC-CHG-60-20-20 n° 50 du 12 sept. 2012.

2° PÉNALITÉS ÉCONOMIQUES

275. Les sanctions pécuniaires prononcées par le Conseil de la concurrence sur le fondement de l'ordonnance n° 68-1243 du 1er déc. 1986 relative à la liberté des prix et de la concurrence, aujourd'hui codifiées dans le livre IV C. com., ne sont pas au nombre des sommes dont l'art. 39-2, dans sa rédaction antérieure à celle résultant de l'art. 85 de la loi NRE *du 15 mai 2001, interdisaient la* déduction pour le calcul du bénéfice soumis à l'impôt. Cette déduction est prohibée depuis que l'art. 85 précité a substitué, au sein de l'art. 39-2, la mention des dispositions légales régissant « la liberté des prix et de la concurrence » à celle des dispositions légales régissant « les prix ». • CE, sect., avis, 29 déc. 2004, n° 269992, *SA Joseph Perasso et ses Fils : RJF 2005. 216, chron. Bereyziat, p. 211 ; concl. Olléon au BDCF 3/05, n° 27 ; Dr. fisc. 2005. 750, concl. Olléon.* ♦ Non-déductibilité des transactions, amendes, confiscations et pénalités de toute nature mises à la charge des entreprises lors d'infractions à la liberté des prix, ainsi qu'au droit de la concurrence (notamment amendes prononcées par le Conseil de la concurrence sur le fondement de l'Ord. du 1er déc. 1986 ou infligées par la Commission européenne en application des art. 81 et 82 du Traité de Rome). * BOI-BIC-CHG-60-20-20 n° 40 du 12 sept. 2012. ♦ Non-déductibilité des amendes infligées par le Conseil de la concurrence sur le fondement de l'ordonnance de 1945 à raison d'ententes illicites. • CE 7 janv. 2000, n° 187802 : *Dr. fisc. 2000. 205, concl. Bachelier, chron. Losappio, p. 1010 ; RJF 2000. 163.* ♦ En revanche, déductibilité des « punitive damages » (dommages et intérêts punitifs) versés par une société française à une société américaine à la suite d'une condamnation pour violation d'un secret commercial. • TA Montreuil, 12 sept. 2019, *Sté SNC United Technologies Paris,* n° 1803302 : *RJF 2020. 7* • CAA Versailles, 5 oct. 2021, n° 20VE0034 : *RJF 2022. 122.*

3° CONDAMNATIONS ET AMENDES PÉNALES

276. Tous les actes ou opérations qu'un exploitant décide de faire en n'ignorant pas qu'il expose ainsi l'entreprise au risque de devoir supporter certaines charges ou dépenses ne relèvent pas nécessairement d'une gestion anormale. C'est seulement si de telles opérations ont été décidées à des fins étrangères aux intérêts de l'entreprise qu'elles peuvent être réputées relever d'une gestion anormale. Tel n'est pas le cas pour un contribuable qui, à la suite d'une activité délictueuse de recel de marchandises pour laquelle il a été pénalement sanctionné, est condamné au plan civil à rembourser les victimes de cette activité. Dès lors que l'Administration n'établit pas que cette activité délictueuse n'a pas été effectuée pour le compte et dans l'intérêt de l'entreprise, le montant de la condamnation civile constitue une charge déductible du résultat. • CE 7 janv. 2000, n° 186108 : *Dr. fisc. 2000. 204, concl. contraires Bachelier ; Dr. fisc. 2000, p. 1010, chron. Losappio.* ♦ Déductibilité d'une amende « passagers refoulés » infligée par les autorités britanniques à un armateur qui a acheminé en Angleterre un ressortissant étranger en situation irrégulière dès lors que cette amende ne revêt pas un caractère pénal personnel. • TA Paris 15 mars 2005, n° 98-28.018, *Sté Seafrance : RJF 2005. 827.*

277. Non-déductibilité : des amendes pour contraventions commises par des chauffeurs de camion et prises en charge par l'entreprise. • CE 6 oct. 1969, n° 73500 : *Dr. fisc. 1969. 1348 ; Du-*

pont 1969, n° 12, p. 380. ♦ ... Des amendes pénales infligées à l'entreprise elle-même. • CE 24 févr. 1964, n° 58941 : *Dr. fisc. 1966, n° spécial 18, p. 46, concl. M. Martin ; Dupont 1969, n° 4, p. 349.* ♦ ... Des redevances pour infractions aux dispositions relatives aux emplois réservés. • CAA Marseille, 16 nov. 1999, n° 97MA5490 : *JCP E 2000, p. 1645.* ♦ ... Des pénalités infligées en application du code des douanes présentent le caractère de contraventions douanières dont il appartient aux tribunaux de police de connaître et revêtent ainsi, pour l'application des règles de déductibilité fiscale des charges, un caractère pénal. Il en est de même de la somme versée à titre transactionnel laquelle n'est pas davantage déductible que l'amende à laquelle elle se substitue. • CE 13 juill. 2007, ♔ n°s 289233 et 289261, *Sté Volkswagen France : RJF 2007. 1217 ; concl. Verclytte au BDCF 11/07, n° 119 ; Dr. fisc. 2008. 67, concl. Verclytte.*

278. Le versement par une entreprise d'une indemnité transactionnelle en réparation du préjudice causé par les actes délictueux commis par un de ses salariés constitue une charge déductible dans la mesure où l'Administration n'apporte pas la preuve que ce paiement est étranger à l'intérêt de l'entreprise. • CE 30 déc. 2002, ♔ n° 230033 : *Dr. fisc. 2003. 370, concl. Austry.*

4° AUTRES PÉNALITÉS

279. Astreinte pour défaut d'exécution d'une décision de justice. Même si elle ne constitue pas une amende ou une pénalité au sens de l'art. 39-2, l'astreinte versée par une entreprise condamnée à démolir un bâtiment n'est pas déductible dès lors que sa finalité est de faire respecter l'autorité de la chose jugée. • CE 20 juin 2012, ♔ *Sté Sosaca,* n° 342714 : *RJF 2012. 901 ; BDCF 2012. 109, concl. Cortot-Boucher ; Dr. fisc. 2012. 440.*

M. CORRUPTION D'AGENTS PUBLICS ÉTRANGERS

BIBL. Bertrel, *Dr. et patr. 2001, n° 90, p. 24* (la fin des pots-de-vin à l'export).

280. Commentaires administratifs. Champ d'application et conséquences de l'interdiction de déduction. * BOI-BIC-CHG-40-20-30 n°s 30 à 110 du 15 juill. 2013. ♦ La Convention sur la lutte contre la corruption d'agents publics étrangers du 17 déc. 1997 est entrée en vigueur le 29 sept. 2000. En conséquence, l'interdiction prévue par le 2 *bis* s'applique aux versements effectués à compter de cette même date. * BOI préc.

281. Régime de preuve. A défaut de preuve matérielle, l'Administration peut se fonder sur un faisceau d'indices concordants pour établir qu'une dépense déduite en charges par un contribuable est au nombre de celles visées par l'art. 39-2 *bis*. Lorsque l'Administration s'est fondée sur un tel faisceau d'indices, il appartient au contribuable de présenter au juge de l'impôt tous éléments de nature à démontrer le caractère insuffisant des indices réunis et à faciliter le reversement de ces sommes à des agents publics marocains. • CAA Nantes, 26 févr. 2015, *Min. Budget c/ SA Dirickx Groupe,* n° 13NT02541 : *RJF 2015. 468.*

282. Intention de corruption. Les sommes versées par une société ayant indirectement servi à corrompre des agents publics étrangers ne sont pas déductibles même en l'absence d'intention de corruption. • CAA Versailles, 16 oct. 2012, ♔ *Sté Alcatel Lucent France,* n° 10VE01908 : *RJF 2013. 132 ; BDCF 2013. 15, concl. Locatelli ; Dr. fisc. 2013. 257.* ♦ Confirmation • CE 4 févr. 2015, ♔ *Sté Alcatel Lucent France,* n° 364708 : *RJF 2015. 387.*

Art. 39 A **1. L'amortissement des biens d'équipement, autres que les immeubles d'habitation, les chantiers et les locaux servant à l'exercice de la profession, acquis ou fabriqués à compter du 1er janvier 1960 par les entreprises industrielles, peut être calculé suivant un système d'amortissement dégressif, compte tenu de la durée d'amortissement en usage dans chaque nature d'industrie. Un décret en Conseil d'État fixe les modalités de l'amortissement dégressif.** — *V. Ann. II, art. 22 à 25 et L. n° 74-644 du 16 juill. 1974, art. 2, JO 17 juill. : modalités et plafonds de l'amortissement dégressif. — Pour les biens acquis ou fabriqués du 15 avr. 2015 au 14 avr. 2016, V. art. 39 decies.*

Les taux d'amortissement dégressif sont obtenus en multipliant les taux d'amortissement linéaire par un coefficient fixé à :

***a.* 1,25 lorsque la durée normale d'utilisation est de trois ou quatre ans ;**

***b.* 1,75 lorsque cette durée normale est de cinq ou six ans ;**

***c.* 2,25 lorsque cette durée normale est supérieure à six ans.** — *Ces coefficients ont été portés respectivement à 1,75, 2,25 et 2,75 pour le calcul du taux d'amortissement des biens acquis ou fabriqués entre le 4 déc. 2008 et le 31 déc. 2009.*

L'amortissement dégressif s'applique annuellement, dans la limite des plafonds, à la valeur résiduelle du bien à amortir.

Ces modalités d'amortissement correspondent à une utilisation quotidienne traditionnelle quant à la durée ; dans le cas d'utilisation continue des matériels considérés, les taux d'amortissement sont majorés.

2. Les dispositions du 1 sont applicables dans les mêmes conditions :

1° Aux investissements hôteliers, meubles et immeubles ;

2° Aux bâtiments industriels dont la durée normale d'utilisation n'excède pas quinze années et dont la construction est achevée postérieurement à la date de la publication de la loi n° 62-873 du 31 juillet 1962 *(Abrogé par L. n° 2018-1317 du 28 déc. 2018, art. 30-I-1°)* « *, à l'exclusion cependant des immeubles ayant fait l'objet de l'amortissement exceptionnel prévu au 1 de l'article 39 quinquies A* » ;

3°Aux satellites de communication ;

4° Aux immeubles destinés à titre exclusif à accueillir des expositions et des congrès et aux équipements affectés à ces mêmes immeubles.

3. *Disposition périmée.*

4. *Transféré ss. l'art. 39 AA.*

1. Régime de l'amortissement dégressif. Entreprises pouvant prétendre au bénéfice de l'amortissement dégressif. Biens pouvant faire l'objet d'un amortissement dégressif. Modalités de calcul des amortissements déductibles. Amortissements des biens décomposés. Amortissements dégressifs spécifiques à certains biens. * BOI-BIC-AMT-20-20 du 12 sept. 2012.

2. Déduction exceptionnelle (2015-2017) : suramortissement en faveur de l'investissement. V. art. 39 *decies*.

3. Entreprises concernées. Toute entreprise dont les résultats entrent dans la catégorie des BIC peut amortir suivant un mode dégressif les biens d'équipement de la nature de ceux visés à l'art. 22 de l'Annexe II et qui sont normalement utilisés dans leur activité productive par des entreprises industrielles. Cette possibilité n'est subordonnée à aucune condition relative à l'importance ou au coût des équipements (amortissement dégressif du pistolet de scellement et de la perceuse d'un artisan du bâtiment). • CE 8 nov. 2000, n° 212316, *Dioniso : Dr. fisc. 2001. 311, concl. Austry ; RJF 2001. 148 ; concl. Austry au BDCF 2/01.* ♦ Les entreprises possédant des immobilisations identiques à celles des entreprises industrielles peuvent bénéficier de l'amortissement dégressif dans les mêmes conditions que ces dernières lorsqu'elles relèvent des BIC ou d'un régime réel en matière de bénéfices agricoles ou non commerciaux. * BOI-BIC-AMT-20-20-10 n° 1 du 12 sept. 2012.

4. Point de départ. Le point de départ de l'amortissement dégressif est la date d'acquisition du bien. • CE 28 juill. 2004, n° 250640 : *RJF 2004. 1124 ; concl. Glaser au BDCF 11/04, n° 137.*

5. Matériels concernés. V. notes ss. art. 22 de l'Annexe II.

6. Appartements d'une résidence de tourisme. L'acquisition d'appartements meublés dans une résidence de tourisme doit être regardée *comme un investissement hôtelier* au sens de *l'art.* 39 A-2 et faire l'objet d'un amortissement calculé selon le système dégressif, dès lors que les clients de cette résidence bénéficient, en plus de la fourniture d'un hébergement, pouvant être de courte durée, et de l'accueil par un service de réception, de prestations de services accessoires tels que le nettoyage des locaux, la mise à disposition de linge de maison et l'offre d'un petit-déjeuner, voire de la demi-pension ou de la pension complète, et ce, même si ces services accessoires ne sont proposés qu'à titre optionnel et que les appartements litigieux sont dotés de cuisines équipées. • CE 27 juill. 2005, n° 254562 : *RJF 2005. 1151 ; concl. Séners au BDCF 11/05, n° 125 ; Dr. fisc. 2006. 427, concl. Séners.*

7. Satellites de communication. Commentaire administratif. Matériels concernés. Modalités d'application. * BOI-BIC-AMT-20-20-20-10 n° 370 du 12 sept. 2012.

8. Immeubles destinés à accueillir des expositions et des congrès. Commentaire administratif. Immeubles et équipements concernés. * BOI-BIC-AMT-20-20-20-10 n°s 380 à 490 du 12 sept. 2012.

9. Matériel de recherche. Commentaire administratif. Entreprises et matériels concernés. * BOI-BIC-AMT-20-20-20-10 n°s 260 et 270 du 12 sept. 2012.

10. Navires et parts de copropriété de navire. L'amortissement dégressif applicable aux navires est également applicable aux parts de copropriété de navire détenues par les membres de copropriétés de navire. • CE 28 juill. 2004, n° 250640 : *préc. note 4.* ♦ Le point de départ de l'amortissement est, en principe, la date d'acquisition du navire, étant précisé que le transfert de propriété du navire du constructeur au client se réalise, sauf convention contraire, avec la recette du navire après essai. • Même arrêt.

11. Exploitant de camping. L'amortissement dégressif ne peut bénéficier aux terrains de camping, lesquels, au moins pour une part significative de leur superficie, proposent des emplacements nus pour l'accueil de tentes ou de caravanes de clients qui ne bénéficient pas de l'offre de services accessoires hôteliers. • CE 4 nov. 2020, *Féd. corse de l'hôtellerie de plein air,* n° 440470 : *RJF 2021. 12.*

Art. 39 AA Les coefficients utilisés pour le calcul de l'amortissement dégressif sont portés respectivement à 2, 2,5 et 3 selon que la durée normale d'utilisation des matériels est de trois ou quatre ans, de cinq ou six ans, ou supérieure à six ans en ce qui concerne :

1° *Disposition périmée ;*

2° *a)* Les matériels destinés à économiser l'énergie et les équipements de production d'énergies renouvelables acquis ou fabriqués par les entreprises à compter du 1er janvier 1977 qui figurent sur une liste établie par arrêté conjoint du ministre du budget et du ministre chargé de l'industrie ; — *V. Ann. IV, art. 02.*

b) Périmé ;

3° *Périmé ;*

Les dispositions prévues au *a* du 2° ne s'appliquent pas aux biens dont la commande a donné lieu au bénéfice de l'aide fiscale instituée par les lois n° 75-408 du 29 mai 1975 et n° 75-853 du 13 septembre 1975.

Les dispositions prévues au 2° ne s'appliquent pas pour les matériels acquis ou fabriqués à compter du 1er janvier 1991.

Par dérogation aux dispositions du septième alinéa, les dispositions de cet article s'appliquent aux matériels mentionnés au *a* du 2° acquis ou fabriqués entre le 1er janvier 2001 et le 1er janvier 2003.

Art. 39 AA *bis* Les coefficients utilisés pour le calcul de l'amortissement dégressif des biens mentionnés aux 1 et 2 de l'article 39 A sont portés respectivement à 2,5, 3 et 3,5 selon que la durée normale d'utilisation de ces biens est de trois ou quatre ans, de cinq ou six ans, ou supérieure à six ans.

Les dispositions du premier alinéa sont applicables aux biens acquis ou fabriqués entre le 1er février 1996 et le 31 janvier 1997.

Art. 39 AA *ter* L'amortissement pratiqué au titre des douze premiers mois suivant l'acquisition ou la fabrication des biens mentionnés aux 1 et 2 de l'article 39 A acquis ou fabriqués entre le 17 octobre 2001 et le 31 mars 2002 peut être majoré de 30 %.

Ces dispositions sont également applicables aux biens de même nature ayant fait l'objet, entre ces deux dates, d'une commande ferme assortie du versement d'acomptes d'un montant au moins égal à 10 % du montant total de la commande et dont l'acquisition ou la fabrication intervient avant le 31 décembre 2003.

Les dispositions du présent article sont exclusives de l'application de celles autorisant un amortissement exceptionnel sur douze mois.

Art. 39 AA *quater* Les taux d'amortissement dégressif définis au 1 de l'article 39 A sont majorés de 30 % pour les matériels de production, de sciage et de valorisation des produits forestiers, acquis ou fabriqués entre le 13 novembre 2013 et le 31 décembre 2016 par les entreprises de première transformation du bois.

Pour l'application du premier alinéa, les entreprises de première transformation du bois s'entendent des entreprises dont l'activité principale consiste à fabriquer à partir de grumes des produits intermédiaires.

Le bénéfice de cette majoration du taux d'amortissement dégressif est subordonné au respect du règlement (UE) n° 1407/2013 de la Commission, du 18 décembre 2013, relatif à l'application des articles 107 et 108 du traité sur le fonctionnement de l'Union européenne aux aides *de minimis*. — *Pour les aides antérieures au 1er janv. 2014, V. App., Règl. (UE) n° 1407/2013 préc., art. 7.*

Majoration temporaire de l'amortissement dégressif. Matériels des entreprises de première transformation du bois. 1° Dispositif applicable aux biens acquis entre le 26 sept. 2008 et le 31 déc. 2011. * BOI-BIC-AMT-20-20-50 nos 400 à 600 du 12 sept. 2012. 2° Dispositif applicable aux biens acquis entre le 13 nov. 2013 et le 31 déc. 2016. * BOI-BIC-AMT-20-20-50 du 2 sept. 2015.

Art. 39 AA *quinquies* Les coefficients utilisés pour le calcul de l'amortissement dégressif des matériels et outillages utilisés à des opérations de recherche scientifique et technique mentionnées au *a* du II de l'article 244 *quater* B sont portés respectivement à 1, 5, 2 et 2, 5 selon que la durée normale d'utilisation de ces biens est de trois ou quatre ans, cinq ou six ans ou supérieure à six ans.

Matériels et outillages de recherche. Taux d'amortissement majoré. Entreprises et biens concernés. Modalités de calcul de l'amortissement. * BOI-BIC-AMT-20-20-50 du 12 sept. 2012.

Art. 39 AB Les matériels destinés à économiser l'énergie et les équipements de production d'énergies renouvelables qui figurent sur une liste établie par arrêté conjoint du ministre du budget et du ministre de l'industrie, acquis ou fabriqués avant le 1er janvier 2011, peuvent faire l'objet d'un amortissement exceptionnel sur douze mois à compter de leur mise en service. – *V. Ann. IV, art. 02.*

Art. 39 AC Les véhicules automobiles terrestres à moteur dont la conduite nécessite la possession d'un permis de conduire mentionné à l'article L. 223-1 du code de la route, ainsi que les cyclomoteurs, acquis à l'état neuf avant le 1er janvier 2010, et qui fonctionnent, exclusivement ou non, au moyen de l'énergie électrique, du gaz naturel véhicules, du gaz de pétrole liquéfié ou du superéthanol E85 mentionné *(Ord. n° 2021-1843 du 22 déc. 2021, art. 10-2°, en vigueur le 1er janv. 2022)* « à l'article L. 312-84 du code des impositions sur les biens et services », peuvent faire l'objet d'un amortissement exceptionnel sur douze mois à compter de la date de leur première mise en circulation.

Toutefois, pour les véhicules mentionnés au premier alinéa immatriculés dans la catégorie des voitures particulières, cette disposition s'applique à la fraction du prix d'acquisition qui n'excède pas les limites mentionnées au *a* du 4 de l'article 39.

Art. 39 AD Les accumulateurs nécessaires au fonctionnement des véhicules fonctionnant, exclusivement ou non, au moyen de l'énergie électrique et les équipements spécifiques permettant l'utilisation de l'électricité, du gaz naturel ou du gaz de pétrole liquéfié pour la propulsion des véhicules qui fonctionnent également au moyen d'autres sources d'énergie, peuvent faire l'objet d'un amortissement exceptionnel sur douze mois à compter de la date de mise en service de ces équipements.

Ces dispositions sont applicables aux accumulateurs et aux équipements acquis ou fabriqués entre le 1er janvier 2003 et le 1er janvier 2010.

Art. 39 AE Les matériels spécifiquement destinés au stockage, à la compression et à la distribution de gaz naturel véhicules, de gaz de pétrole liquéfié ou de superéthanol E85 mentionné *(Ord. n° 2021-1843 du 22 déc. 2021, art. 10-2°, en vigueur le 1er janv. 2022)* « à l'article L. 312-84 du code des impositions sur les biens et services » et aux installations de charge des véhicules électriques mentionnés au premier alinéa de l'article 39 AC peuvent faire l'objet d'un amortissement exceptionnel sur douze mois à compter de leur mise en service.

Ces dispositions sont applicables aux matériels acquis entre le 1er janvier 2003 et le 1er janvier 2010.

Art. 39 AF Pour bénéficier de l'amortissement exceptionnel mentionné aux articles 39 AC, 39 AD et 39 AE, les véhicules, accumulateurs, équipements ou matériels qui sont donnés en location doivent être acquis avant le 1er janvier 2010 par des sociétés ou organismes soumis à l'impôt sur les sociétés, de droit ou sur option.

Art. 39 AG *(Périmé, Décr. n° 2021-744 du 9 juin 2021, art. 1er)* ***Les matériels destinés exclusivement à permettre l'encaissement des espèces et les paiements par chèques et cartes en euros peuvent faire l'objet d'un amortissement exceptionnel sur douze mois à compter de leur mise en service.***

Les dépenses d'adaptation des immobilisations nécessitées par le passage à l'euro constituent des charges déductibles au titre de l'exercice de leur engagement.

Ces dispositions s'appliquent aux entreprises dont le chiffre d'affaires de l'exercice en cours lors de l'acquisition des équipements est inférieur à 7 622 450,86 € et dont le capital entièrement libéré est détenu de manière continue, pour 75 % au moins, par des personnes physiques ou par une société répondant à ces mêmes conditions.

Art. 39 AH Les manipulateurs multi-applications reprogrammables commandés automatiquement, programmables dans trois axes ou plus, qui sont fixés ou mobiles et destinés à une utilisation dans des applications industrielles d'automation, acquis ou créés entre le 1er octobre 2013 et le 31 décembre 2016, peuvent faire l'objet d'un amortissement exceptionnel sur vingt-quatre mois à compter de la date de leur mise en service.

Le premier alinéa s'applique aux petites et moyennes entreprises, au sens du règlement (UE) n° 651/2014 de la Commission du 17 juin 2014 déclarant certaines catégories d'aides compatibles avec le marché intérieur en application des articles 107 et 108 du traité.

Le bénéfice de l'amortissement exceptionnel est subordonné au respect du règlement (UE) n° 1407/2013 de la Commission, du 18 décembre 2013, relatif à l'application des articles 107 et 108 du traité sur le fonctionnement de l'Union européenne aux aides *de minimis*. — *Pour les aides antérieures au 1er janv. 2014, V. App., Règl. (UE) n° 1407/2013 préc., art. 7.*

Amortissement exceptionnel des robots des PME. Applications industrielles d'automation (robots) et équipements de fabrication additive (imprimantes 3D). Entreprises et matériels concernés. Modalités d'application. * BOI-BIC-AMT-20-30-110 du 2 mars 2016.

Art. 39 AI Les équipements de fabrication additive acquis ou créés entre le 1er octobre 2015 et le 31 décembre 2017 peuvent faire l'objet d'un amortissement exceptionnel sur vingt-quatre mois à compter de la date de leur mise en service.

Le premier alinéa s'applique aux petites et moyennes entreprises, au sens du règlement (UE) n° 651/2014 de la Commission du 17 juin 2014 déclarant certaines catégories d'aides compatibles avec le marché intérieur en application des articles 107 et 108 du traité.

Le bénéfice de l'amortissement exceptionnel est subordonné au respect du règlement (UE) n° 1407/2013 de la Commission du 18 décembre 2013 relatif à l'application des articles 107 et 108 du traité sur le fonctionnement de l'Union européenne aux aides *de minimis*.

Amortissement exceptionnel des imprimantes 3D. Commentaire administratif. * BOI-BIC-AMT-20-30-110 nos 73 et 77 du 2 mars 2016.

Art. 39 AJ Les terminaux permettant l'accès à l'internet haut débit par satellite acquis entre le 1er janvier 2004 et le 31 décembre 2006 peuvent faire l'objet d'un amortissement accéléré sur douze mois à compter de la date de leur mise en service.

Art. 39 AK Les matériels et installations acquis ou créés, entre le 15 novembre 2006 et le 30 juin 2009, en vue de répondre aux obligations légales ou réglementaires de mise en conformité, par les entreprises exerçant leur activité dans le secteur des hôtels, cafés et restaurants, à l'exclusion des activités d'hébergement collectif non touristique et de restauration collective, peuvent faire l'objet d'un amortissement exceptionnel sur vingt-quatre mois à compter de la date de leur mise en service.

Les obligations légales ou réglementaires de mise en conformité mentionnées au premier alinéa sont relatives à l'hygiène, la sécurité, l'insonorisation, la protection contre l'incendie, la lutte contre le tabagisme ou l'amélioration de l'accessibilité des personnes handicapées. Sont exclues de ce dispositif les dépenses de renouvellement des matériels et installations déjà aux normes.

Le bénéfice de l'amortissement exceptionnel est subordonné au respect du règlement (UE) n° 1407/2013 de la Commission, du 18 décembre 2013, relatif à l'application des articles 107 et 108 du traité sur le fonctionnement de l'Union européenne aux aides *de minimis*. — *Pour les aides antérieures au 1er janv. 2014, V. App., Règl. (UE) n° 1407/2013 préc., art. 7.*

Amortissement exceptionnel pour mise en conformité dans les hôtels, cafés et restaurants. Entreprises et biens concernés. Option de l'entreprise. Calcul de l'amortissement. Plafond *de minimis*. * BOI-BIC-AMT-20-30-100 du 12 sept. 2012.

Art. 39 B A la clôture de chaque exercice, la somme des amortissements effectivement pratiqués depuis l'acquisition ou la création d'un élément donné ne peut être inférieure au montant cumulé des amortissements calculés suivant le mode linéaire et répartis sur la durée normale d'utilisation. A défaut de se conformer à cette obligation, l'entreprise perd définitivement le droit de déduire la fraction des amortissements qui a été ainsi différée.

1. Comptabilisation des amortissements. L'inscription initiale erronée de travaux d'aménagement de nouveaux magasins dans un compte de charges d'exploitation et non dans un compte d'immobilisation ne vaut pas constatation de l'amortissement d'un élément d'actif. Faute d'avoir constaté en comptabilité les amortissements des immobilisations correspondant à ces travaux, le contribuable ne peut en obtenir le bénéfice ni directement par voie de déduction ni par voie de compensation entre la réintégration des frais d'aménagement et l'amortissement non pratiqué. • CE 29 janv. 2003, n° 230961 : *RJF 2003. 405 ; Dr. fisc. 2003. 329.* ♦ V. égal. notes 138 s. ss. art. 39.

2. Amortissements réputés différés (ARD). Suppression du régime des ARD pour l'ensemble des entreprises (IR et IS) à compter des exercices ouverts à compter du 1er janv. 2004. Conséquences sur les ARD restant à reporter. Commentaire administratif. * Instr. 7 déc. 2004 : *BOI 4 H-5-04.*

Art. 39 C I. — L'amortissement des biens donnés en location ou mis à disposition sous toute autre forme est réparti sur la durée normale d'utilisation suivant des modalités fixées par décret en Conseil d'État. — *V. Ann. II, art. 30 et 32.*

Par dérogation aux dispositions du premier alinéa, les entreprises donnant en location des biens dans les conditions prévues aux 1 et 2 de l'article L. 313-7 du code monétaire et financier et celles pratiquant des opérations de location avec option d'achat peuvent, sur option, répartir l'amortissement de ces biens sur la durée des contrats de crédit-bail ou de location avec option d'achat correspondants. La dotation à l'amortissement de chaque exercice est alors égale à la fraction du loyer acquise au titre de cet exercice, qui correspond à l'amortissement du capital engagé pour l'acquisition des biens donnés à bail.

Si l'option mentionnée au deuxième alinéa est exercée, elle s'applique à l'ensemble des biens affectés à des opérations de crédit-bail ou de location avec option d'achat. Toutefois, les sociétés mentionnées au I de l'article 30 de la loi n° 80-531 du 15 juillet 1980 relative aux économies d'énergie et à l'utilisation de la chaleur pourront exercer cette option contrat par contrat.

II. — 1. En cas de location ou de mise à disposition sous toute autre forme de biens situés ou exploités ou immatriculés en France ou dans un autre État partie à l'accord sur l'Espace économique européen qui a conclu avec la France une convention d'assistance administrative en vue de lutter contre la fraude et l'évasion fiscales, consentie par une société soumise au régime prévu à l'article 8, par une copropriété visée à l'article *[aux articles]* 8 *quater* ou 8 *quinquies* ou par un groupement au sens des articles 239 *quater*, 239 *quater* B, 239 *quater* C ou 239 *quater* D, le montant de l'amortissement de ces biens ou des parts de copropriété est admis en déduction du résultat imposable. Pendant une période de trente-six mois décomptée à partir du début de la mise en location ou de la mise à disposition, cet amortissement est admis en déduction, au titre d'un même exercice, dans la limite de trois fois le montant des loyers acquis ou de la quote-part du résultat de la copropriété.

La fraction des déficits des sociétés, copropriétés ou groupements mentionnés au premier alinéa correspondant au montant des dotations aux amortissements déduites, dans les conditions définies au même alinéa, au titre des douze premiers mois d'amortissement du bien est déductible à hauteur du quart des bénéfices imposables au taux d'impôt sur les sociétés de droit commun que chaque associé, copropriétaire, membre ou, le cas échéant, groupe au sens de l'article 223 A ou de l'article 223 A *bis* auquel il appartient retire du reste de ses activités.

En cas de location ou de mise à disposition sous toute autre forme de biens situés ou exploités ou immatriculés dans un État qui n'est pas partie à l'accord sur l'Espace économique européen ou qui n'a pas conclu avec la France une convention d'assistance administrative en vue de lutter contre la fraude et l'évasion fiscales, consentie par les sociétés, copropriétés ou groupements mentionnés au premier alinéa, le montant de l'amortissement de ces biens ou parts de copropriété est admis en déduction du résultat imposable, au titre d'un même exercice, dans la limite du montant du loyer acquis, ou de la quote-part du résultat de la copropriété, diminué du montant des autres charges afférentes à ces biens ou parts.

La limitation de l'amortissement prévue aux premier et troisième alinéas et du montant des déficits *prévue au deuxième alinéa* ne s'applique pas à la part de résultat revenant aux entreprises utilisatrices des biens, lorsque la location ou la mise à disposition n'est pas consentie indirectement par une personne physique.

2. En cas de location ou de mise à disposition sous toute autre forme de biens consentie directement ou indirectement par une personne physique, le montant de l'amortissement de ces biens ou parts de copropriété est admis en déduction du résul-

tat imposable, au titre d'un même exercice, dans la limite du montant du loyer acquis, ou de la quote-part du résultat de la copropriété, diminué du montant des autres charges afférentes à ces biens ou parts.

3. L'amortissement régulièrement comptabilisé au titre d'un exercice et non déductible du résultat de cet exercice en application des 1 ou 2 peut être déduit du résultat des exercices suivants, dans les conditions et limites prévues par ces 1 ou 2.

Lorsque le bien cesse d'être donné en location ou mis à disposition pendant un exercice, l'amortissement non déductible en application des 1 ou 2 et qui n'a pu être déduit selon les modalités prévues au premier alinéa est déduit du bénéfice de cet exercice. Si ce bénéfice n'est pas suffisant pour que la déduction puisse être intégralement opérée, l'excédent d'amortissement est reporté et déduit des bénéfices des exercices suivants.

En cas de cession de ce bien, l'amortissement non déduit en application des 1 ou 2 majore la valeur nette comptable prise en compte pour le calcul de la plus-value ou de la moins-value de cession.

La fraction des déficits non admise en déduction en application du deuxième alinéa du 1 peut être déduite du bénéfice des exercices suivants sous réserve de la limite prévue au même alinéa au titre des douze premiers mois d'amortissement du bien.

BIBL. ▶ FUMENIER, *Dr. fisc. 2006, p. 2253* (GIE fiscaux : la loi trace les contours d'une renaissance).

1. Biens loués ou mis à disposition par les personnes physiques et les structures soumises au régime fiscal des sociétés de personnes. Commentaire administratif. Principe d'amortissement applicable à l'ensemble des biens donnés en location ou mis à disposition. Entreprises et opérations concernées. Notions de location et de mise à disposition. Calcul de l'amortissement fiscalement déductible. Dotations aux amortissements soumises à la limitation. Calcul des limitations. Conséquences des limitations de l'amortissement déductible et du déficit imputable sur le résultat des associés, copropriétaires ou membres. Obligations déclaratives. * BOI-BIC-AMT-20-40-10 du 12 sept. 2012.

2. Opérations concernées. La limitation des amortissements déductibles n'est pas applicable à des biens qui font l'objet de conventions de louage de services. Tel est le cas : s'agissant des bateaux d'une entreprise de location de bateaux de plaisance, lorsque l'entreprise fournit, outre le bateau lui-même avec son gréement, l'équipage chargé de l'entretien et de la manœuvre du navire, le matériel d'hôtellerie nécessaire au séjour en mer et, dans certains cas, assure la pension complète des passagers. La nature et l'étendue de ces prestations donnent à ces contrats de location le caractère de conventions de louage de services qui les fait échapper au champ d'application de l'art. 39 C. • CE 22 mai 1992, 🏛 n° 70475 : *RJF 1992. 945.* ♦ ... S'agissant de location de locaux par un centre d'affaires, lorsque sont mis à la disposition des locataires, outre les locaux, des prestations de services accessoires telles que la réception et le tri du courrier, le secrétariat et la photocopie pour un prix comprenant à la fois un montant fixe mensuel et un montant variable. Quelle que soit l'utilisation des services par les locataires, ces contrats de location présentent le caractère de contrats de louage de services qui les fait échapper au champ d'application de l'art. 39 C. • TA Paris 20 juin 2005, n° 98-23.758 : *RJF 2005. 1353.*

3. Exerce une activité de location de bien immobilier au sens de l'art. 39 C, et non une activité d'exploitation hôtelière, une SARL de famille ayant opté pour l'IR qui est propriétaire de lots dans des résidences de tourisme dont elle a confié la gestion à une société mandataire dès lors que le contrat conclu lui garantit un revenu net annuel, calculé d'après la valeur de l'immeuble. Elle peut donc se voir opposer le plafonnement de l'amortissement. • CAA Bordeaux, 23 nov. 2006, n° 04BX1265 : *RJF 2007. 257.* • CE 16 oct. 2009, 🏛 n° 301235, *Chwartz : RJF 2010. 6.*

4. Durée d'amortissement. Les dispositions de l'art. 39 C et de l'art. 30 de l'annexe II, pris pour son application, selon lesquelles la durée d'amortissement des matériels donnés en location est fixée en fonction de leur durée normale d'utilisation, quelle que soit la durée de la location, n'excluent pas pour ces matériels la référence aux usages prévue par l'art. 39-1-2°. • CE 18 mai 2005, 🏛 n°s 261623 et 261791 : *RJF 2005. 817 ; Dr. fisc. 2005. 571, concl. Donnat.*

5. GIE fiscaux. Dans une décision du 29 déc. 2006, la Commission européenne a déclaré incompatible avec la réglementation communautaire le dispositif dit « des GIE fiscaux » prévu par l'art. 39 CA en raison de l'avantage sélectif qu'il procurait à certains secteurs économiques, notamment celui du transport, et du caractère discrétionnaire de ses conditions d'octroi. Ce dispositif a donc été supprimé par l'art. 77 de la loi n° 2006-1771 du 30 déc. 2006 qui a institué un nouveau régime de droit commun de déductibilité des amortissements des biens donnés en location par des sociétés de personnes. La Commission européenne n'exige pas le remboursement des aides perçues. * Communiqué CE 20 déc. 2006, IP/06/1852.

Art. 39 CA *Abrogé par L. n° 2006-1771 du 30 déc. 2006, art. 77-II.*

Art. 39 D L'amortissement des constructions et aménagements édifiés sur le sol d'autrui doit être réparti sur la durée normale d'utilisation de chaque élément.

Cette disposition n'est pas applicable en cas de bail à construction passé dans les conditions prévues par les articles L. 251-1 à L. 251-8 du code de la construction et de l'habitation.

1. Inscription à l'actif et amortissement. L'entreprise qui édifie des constructions ou aménagements sur le sol d'autrui doit en porter le prix de revient à l'actif de ses bilans alors même que ses droits sur ces constructions et aménagements ne sont pas ceux d'un propriétaire, puis pratiquer sur ces éléments corporels de son actif immobilisé des amortissements dont le taux tienne compte uniquement de leur durée normale d'utilisation, sauf à constater une perte correspondant à la valeur comptable résiduelle le jour où ces éléments cesseraient pour une cause quelconque d'être utilisables par l'entreprise. • CAA Nantes, 1er mars 1999, n° 96-968 : *RJF 1999. 827.*

2. Durée de l'amortissement. Une société concessionnaire peut amortir les parcs de stationnement édifiés sur le sol d'une commune sur leur durée normale d'utilisation, égale à quarante-cinq ans (sol. antérieure à 2005). • CE 14 janv. 2008, n° 297541 : *RJF 2008. 401 ; concl. Olléon au BDCF 4/08, n° 46.*

Art. 39 E Chaque membre des copropriétés de navires mentionnées à l'article 8 *quater* amortit le prix de revient de sa part de propriété suivant les modalités prévues à l'égard des navires ; pour la détermination des plus-values, les amortissements pratiqués viennent en déduction du prix de revient.

Al. périmé (Décr. n° 2008-294 du 1er avr. 2008).

Les dispositions du premier alinéa s'appliquent aux exercices ouverts à compter du 1er janvier 1978. Les amortissements fiscalement déduits par la copropriété au titre des exercices antérieurs sont répartis entre les copropriétaires en proportion de leurs droits afin de déterminer, pour chaque part de propriété, la valeur résiduelle restant à amortir.

Art. 39 F Chaque membre des copropriétés de cheval de course ou d'étalon mentionnées à l'article 8 *quinquies* amortit le prix de revient de sa part de propriété suivant les modalités prévues à l'égard des chevaux ; pour la détermination des plus-values, les amortissements pratiqués viennent en déduction du prix de revient.

Les dispositions du premier alinéa s'appliquent aux exercices ouverts à compter du 1er janvier 1992. Les amortissements fiscalement déduits par la copropriété au titre des exercices antérieurs sont répartis entre les copropriétaires en proportion de leurs droits afin de déterminer, pour chaque part de propriété, la valeur résiduelle restant à amortir.

Art. 39 G Pour l'application du 2° du 1 de l'article 39, les amortissements des immeubles ayant ouvert droit à la réduction d'impôt prévue à l'article 199 *sexvicies* ne sont admis en déduction du résultat imposable du bénéficiaire de cette réduction d'impôt qu'à hauteur de ceux pratiqués sur la fraction du prix de revient des immeubles excédant le montant retenu pour le calcul de cette réduction d'impôt.

Les 2 et 3 du II de l'article 39 C ne sont pas applicables à la part des amortissements qui n'a pas été admise en déduction du résultat imposable en application du premier alinéa.

Art. 39 *bis* 1. Dans les entreprises exploitant soit un journal, soit une revue mensuelle ou bimensuelle consacrée pour une large part à l'information politique, les provisions constituées au moyen des bénéfices réalisés au cours des exercices 1951 à 1969, en vue d'acquérir des matériels, mobiliers et autres éléments d'actif nécessaires à l'exploitation du journal, ou de couvrir des *dépenses* susceptibles d'être portées à un compte de frais de *premier établissement*, sont admises en déduction pour l'*établissement de l'impôt*.

Il en est de même des dépenses effectuées en vue des objets indiqués ci-dessus par prélèvement sur les bénéfices de la même période.

1 *bis*. Les entreprises désignées au 1 sont autorisées, à la clôture de chacun des exercices 1970 à 1975, à constituer une provision pour acquisition d'éléments d'actif

nécessaires à l'exploitation du journal, qui est admise en franchise d'impôt dans la limite de :

– 90 % du bénéfice de l'exercice 1970 ;

– 80 % du bénéfice de l'exercice 1971 ;

– 60 % pour la généralité des publications et 80 % pour les quotidiens, du bénéfice des exercices 1972 à 1975.

Les éléments d'actif désignés aux premier à quatrième alinéas s'entendent uniquement des matériels, terrains, constructions et prises de participations dans des entreprises d'imprimerie, dans la mesure où ils sont nécessaires à l'exploitation du journal. Un décret fixe, en tant que de besoin, les conditions d'application du présent alinéa.

1 *bis* A. Les entreprises désignées au 1 sont autorisées à constituer en franchise d'impôt, par prélèvement sur les résultats des exercices 1976 à 1979, une provision pour acquisition d'éléments d'actif strictement nécessaires à l'exploitation du journal, dans la limite de :

60 % pour la généralité des publications et 80 % pour les quotidiens, du bénéfice des exercices 1976 et 1977,

50 % pour la généralité des publications et 70 % pour les quotidiens, du bénéfice des exercices 1978 et 1979.

Les éléments d'actif désignés aux premier à troisième alinéas s'entendent uniquement des matériels, terrains, constructions et prises de participations dans des entreprises d'imprimerie, dans la mesure où ils sont strictement nécessaires à l'exploitation du journal.

L'exclusion des terrains et participations prévue à la dernière phrase du premier alinéa du 1 *bis* A *bis* est applicable pour l'utilisation de la provision constituée en vertu des premier à troisième alinéas.

1 *bis* A *bis*. Les entreprises de presse mentionnées au 1 sont autorisées à constituer en franchise d'impôt, par prélèvement sur les résultats imposables des exercices 1980 à 1996, une provision exclusivement affectée à l'acquisition de matériels et constructions strictement nécessaires à l'exploitation du journal ou à déduire de ces résultats les dépenses exposées en vue du même objet. Sont notamment exclues de la présente provision les acquisitions de terrains et les participations dans les entreprises.

Les sommes prélevées ou déduites en vertu du premier alinéa sont limitées à :

– 40 % pour la généralité des publications et 65 % pour les quotidiens, du bénéfice de l'exercice 1980,

– 30 % pour la généralité des publications et 60 % pour les quotidiens, du bénéfice des exercices 1981 à 1996.

1 *bis* B. Pour l'application des 1 *bis*, 1 *bis* A et 1 *bis* A *bis*, sont assimilées à des quotidiens, les publications à diffusion départementale ou régionale consacrées principalement à l'information politique et générale, paraissant au moins une fois par semaine et dont le prix de vente n'excède pas de 75 % celui de la majorité des quotidiens. Un arrêté du ministre de l'économie et des finances fixe les conditions de cette assimilation. – *V. Ann. IV, art. 4 octies.*

Les provisions indiquées aux 1 *bis* et 1 *bis* A ne peuvent être utilisées qu'au financement des deux tiers du prix de revient des éléments qui y sont définis.

Les entreprises désignées au 1 peuvent, dans les mêmes limites que celles prévues aux 1 *bis* et 1 *bis* A, déduire les dépenses d'équipement exposées en vue du même *objet.*

La limite des deux tiers prévue aux deux alinéas précédents ne s'applique ni aux quotidiens ni aux publications cités au premier alinéa.

1 *bis* B *bis*. Les sommes prélevées ou déduites des résultats imposables en vertu du 1 *bis* A *bis* ne peuvent être utilisées qu'au financement d'une fraction du prix de revient des matériels et constructions qui y sont définis. Pour les éléments acquis au moyen des sommes prélevées ou déduites des bénéfices de l'exercice 1980, cette fraction est égale à 55 % pour la généralité des publications et à 90 % pour les quotidiens et les publications assimilées définies au 1 *bis* B, premier alinéa. Ces pourcentages sont ramenés respectivement à 40 % et à 80 % pour les éléments acquis au moyen des sommes prélevées ou déduites des bénéfices des exercices 1981 à 1996.

1 *bis* C. Pour la détermination des résultats des exercices 1975 et suivants, sont exclues du bénéfice du régime prévu aux 1 *bis*, 1 *bis* A et 1 *bis* A *bis* les publications

pornographiques, perverses ou de violence figurant sur une liste établie, après avis de la commission de surveillance et de contrôle des publications destinées à l'enfance et à la jeunesse, par un arrêté du ministre de l'intérieur.

Les réclamations et les recours contentieux relatifs aux décisions d'inscription sur la liste sont instruits par le département de l'intérieur.

1 *bis* C *bis*. Les entreprises de presse ne bénéficient pas du régime prévu aux 1 *bis* A et 1 *bis* A *bis* pour la partie des publications qu'elles impriment hors d'un État membre de la Communauté européenne.

1 *ter*. Les éléments d'actif acquis au moyen des bénéfices ou des provisions mentionnés au présent article sont amortis pour un montant égal à la fraction du prix d'achat ou de revient qui a été prélevée sur lesdits bénéfices ou provisions.

Sans préjudice de l'application des dispositions du quinzième alinéa du 5° du 1 de l'article 39 les provisions non utilisées conformément à leur objet avant la fin de la cinquième année suivant celle de leur constitution sont rapportées aux bénéfices soumis à l'impôt au titre de ladite année.

2. Les entreprises de presse attributaires de biens de presse, bénéficiant d'un des contrats prévus à l'article 9 de la loi n° 54-782 du 2 août 1954 ou remises en possession de leurs biens en vertu d'une dation en paiement des indemnités dues à raison du transfert, qui emploient des journalistes ou salariés non journalistes ayant perdu leur emploi à la suite de la suspension d'entreprises de presse prononcée dans le cadre d'application de l'ordonnance du 30 septembre 1944, et qui ne se trouvent pas dans l'un des cas prévus aux 1° et 2° de l'article 20 de la loi du 2 août 1954 précitée, sont autorisées à déduire de leur bénéfice net, pour l'établissement de l'impôt, les provisions constituées par elles en vue du paiement des indemnités calculées en tenant compte de l'ancienneté acquise par ces journalistes et salariés au service de l'ancienne entreprise, qu'elles doivent verser en cas de licenciement de ces derniers.

1. Pluralité d'activités de l'entreprise. Lorsqu'une entreprise de presse exploite des publications de différents types, les déductions prévues doivent être opérées exclusivement sur les bénéfices provenant de l'exploitation d'un journal ou d'une revue mensuelle ou bimensuelle consacrée à l'information politique. • CAA Paris, 19 nov. 1998, n° 96PA3451 : *Dr. fisc. 1999. 453, concl. Haïm ; RJF 1999. 292.*

2. Emploi de la provision. La constitution d'une base de données n'est pas un emploi valable de la provision spéciale si cette base n'est pas strictement nécessaire à l'exploitation du journal. • CAA Paris, 19 nov. 1998 : *préc. note 1.*

Art. 39 *bis* A 1. Les entreprises exploitant soit un journal quotidien, soit une publication de périodicité au maximum mensuelle consacrée pour une large part à l'information politique et générale, soit un service de presse en ligne reconnu en application de l'article 1er de la loi n° 86-897 du 1er août 1986 portant réforme du régime juridique de la presse, consacré pour une large part à l'information politique et générale sont autorisées à constituer une provision déductible du résultat imposable des exercices *(L. n° 2020-1721 du 29 déc. 2020, art. 10-1°-a)* « clos à compter du 1er janvier 1997 et jusqu'au 31 décembre 2023 », en vue de faire face aux dépenses suivantes :

a) Acquisitions de matériels, mobiliers, terrains, constructions, dans la mesure où ces éléments d'actif sont strictement nécessaires à l'exploitation du service de presse en ligne, du journal ou de la publication, et prises de participation dans des entreprises qui ont pour activité principale l'édition d'un journal ou d'une publication mentionnés au premier alinéa ou l'exploitation d'un service de presse en ligne mentionné au même alinéa, ou dans des entreprises dont l'activité principale est d'assurer pour ces entreprises des prestations de services dans les domaines de l'information, de l'approvisionnement en papier, de l'impression ou de la distribution ;

b) Constitution de bases de données et acquisition du matériel nécessaire à leur exploitation ou à la transmission de ces données ;

c) Dépenses immobilisées imputables à la recherche, au développement technologique et à l'innovation au profit du service de presse en ligne, du journal ou de la publication.

Les entreprises mentionnées au présent 1 peuvent déduire les dépenses d'équipement exposées en vue du même objet.

2. Les sommes déduites en vertu du 1 sont limitées à 30 % du bénéfice de l'exercice concerné pour la généralité des publications et pour les services de presse en ligne

reconnus et à 60 % pour les quotidiens. Pour l'application de la phrase précédente, la limite est calculée, pour les entreprises exploitant un service de presse en ligne reconnu et exerçant d'autres activités, à partir du seul bénéfice retiré de ce service de presse en ligne. Ce pourcentage est porté à 80 % pour les quotidiens dont le chiffre d'affaires est inférieur à 7 600 000 €. Les sommes rapportées au bénéfice imposable en application du 7 ne sont pas prises en compte pour le calcul de la limite fixée à la phrase précédente.

Sont assimilées à des quotidiens, les publications à diffusion départementale ou régionale consacrées principalement à l'information politique et générale, paraissant au moins une fois par semaine et dont le prix de vente n'excède pas de 75 % celui de la majorité des quotidiens. Un arrêté du ministre de l'économie et des finances fixe les conditions de cette assimilation. — *V. Ann. IV, art. 4 octies.*

2 *bis*. Un décret en Conseil d'État précise les caractéristiques, notamment de contenu et de surface rédactionnelle, des publications et des services de presse en ligne mentionnés aux 1 et 2 qui sont regardés comme se consacrant à l'information politique et générale. — *V. Ann. II, art. 17.*

3. Les sommes prélevées ou déduites des résultats imposables en vertu du 1 ne peuvent être utilisées qu'au financement d'une fraction du prix de revient des immobilisations qui y sont définies.

Cette fraction est égale à 40 % pour la généralité des publications et pour les services de presse en ligne reconnus et à 90 % pour les quotidiens et les publications assimilées définies au deuxième alinéa du 2.

4. Les publications pornographiques, perverses ou incitant à la violence figurant sur une liste établie, après avis de la commission de surveillance et de contrôle des publications destinées à l'enfance et à la jeunesse, par un arrêté du ministre de l'intérieur, sont exclues du bénéfice des dispositions du présent article. — *V. Ann. III, art. 10 G-0 bis.*

5. Les entreprises de presse ne bénéficient pas du régime prévu au 1 pour la partie des journaux ou des publications qu'elles impriment hors d'un État membre de *(L. n° 2017-1837 du 30 déc. 2017, art. 91)* « l'Union européenne ou d'un autre État partie à l'accord sur l'Espace économique européen ».

6. Les immobilisations acquises au moyen des bénéfices ou des provisions mentionnés au présent article sont réputées amorties pour un montant égal à la fraction du prix d'achat ou de revient qui a été prélevée sur lesdits bénéfices ou provisions.

Les sommes déduites en application du 1 et affectées à l'acquisition d'éléments d'actifs non amortissables sont rapportées, par parts égales, au bénéfice imposable de l'exercice au cours duquel ces éléments sont acquis et des quatre exercices suivants.

7. Sans préjudice de l'application des dispositions du quinzième alinéa du 5° du 1 de l'article 39, les provisions non utilisées conformément à leur objet avant la fin de la cinquième année suivant celle de leur constitution sont rapportées aux bénéfices soumis à l'impôt au titre de ladite année, majorées d'un montant égal au produit de ces provisions par le taux de l'intérêt de retard prévu à l'article 1727.

(L. n° 2020-1721 du 29 déc. 2020, art. 10-1°-b) « 8. Le bénéfice de la provision mentionnée au 1 est subordonné au respect du règlement (UE) n° 1407/2013 de la Commission du 18 décembre 2013 relatif à l'application des articles 107 et 108 du traité sur le fonctionnement de l'Union européenne aux aides *de minimis*. »

Provisions en faveur des entreprises de presse. Champ d'application et portée du régime spécial. Limitation et emploi des déductions. Constitution, utilisation et suivi de la provision. * BOI-BIC-PROV-60-60 du 4 avr. 2018.

Champ d'application et portée du régime spécial. Limitation et emploi des déductions. Constitution, utilisation et suivi de la provision. * BOI-BIC-PROV-60-60 du 10 févr. 2021. ♦ Les entreprises sont autorisées à constituer une provision déductible du résultat imposable des exercices clos à compter du 1er janv. 1997 et jusqu'au 31 déc. 2023. * BOI *préc.*

Art. 39 *bis* B *(L. n° 2016-1917 du 29 déc. 2016, art. 75)* 1. Les entreprises exploitant un service de presse en ligne, reconnu en application de l'article 1er de la loi n° 86-897 du 1er août 1986 portant réforme du régime juridique de la presse, développant l'information professionnelle ou favorisant l'accès au savoir et à la formation et la diffusion de la pensée, du débat d'idées, de la culture générale et de la recherche scientifique, sont autorisées à constituer une provision déductible du résultat imposable des exercices *(L. n° 2020-1721 du 29 déc. 2020, art. 10-2°-a)* « clos à compter du 1er janvier 2018 et jusqu'au 31 décembre 2023 », en vue de faire face aux dépenses *(L. n° 2017-1837 du 30 déc. 2017, art. 91)* « suivantes :

« *a)* Acquisitions de matériels, mobiliers, terrains, constructions, dans la mesure où ces éléments d'actif sont strictement nécessaires à l'exploitation du service de presse en ligne ;

« *b)* Prises de participation dans des entreprises qui ont pour activité principale l'exploitation d'un service de presse en ligne mentionné au premier alinéa du présent 1 ou dans des entreprises dont l'activité principale est d'assurer pour ces entreprises des prestations de services dans le domaine de l'information ;

« *c)* Constitution de bases de données et acquisition du matériel nécessaire à leur exploitation ou à la transmission de ces données ;

« *d)* Dépenses immobilisées imputables à la recherche, au développement technologique et à l'innovation au profit du service de presse en ligne.

« Les entreprises mentionnées au présent 1 peuvent déduire les dépenses d'équipement exposées en vue du même objet. »

2. Les sommes déduites en application du 1 du présent article sont limitées à 30 % du bénéfice de l'exercice concerné. Pour l'application du présent 2, la limite est calculée à partir du seul bénéfice retiré du service de presse en ligne. *(L. n° 2017-1837 du 30 déc. 2017, art. 91)* « Les sommes rapportées au bénéfice imposable en application du 6 ne sont pas prises en compte par le calcul de la limite prévue à la deuxième phrase du présent 2. »

3. Les sommes prélevées ou déduites des résultats imposables en application du 1 ne peuvent être utilisées qu'au financement de 40 % du prix de revient des immobilisations qui y sont définies.

(L. n° 2017-1837 du 30 déc. 2017, art. 91) « 4. Les services en ligne à caractère pornographique, pervers ou incitant à la violence sont exclus du bénéfice du présent article.

« 5. Les immobilisations acquises au moyen des bénéfices ou des provisions mentionnés au présent article sont réputées amorties pour un montant égal à la fraction du prix d'achat ou de revient qui a été prélevée sur lesdits bénéfices ou provisions.

« Les sommes déduites en application du 1 et affectées à l'acquisition d'éléments d'actif non amortissables sont rapportées, par parts égales, au bénéfice imposable de l'exercice au cours duquel ces éléments sont acquis et des quatre exercices suivants.

« 6. Sans préjudice de l'application du quinzième alinéa du 5° du 1 de l'article 39, les provisions non utilisées conformément à leur objet avant la fin de la cinquième année suivant celle de leur constitution sont rapportées aux bénéfices soumis à l'impôt au titre de ladite année, majorées d'un montant égal au produit de ces provisions par le taux de l'intérêt de retard prévu à l'article 1727. »

(L. n° 2020-1721 du 29 déc. 2020, art. 10-2°-b) « 7. Le bénéfice de la provision mentionnée au 1 est subordonné au respect du règlement (UE) n° 1407/2013 de la Commission du 18 décembre 2013 relatif à l'application des articles 107 et 108 du traité sur le fonctionnement de l'Union européenne aux aides *de minimis*. »

Provision des entreprises exploitant des services de presse en ligne de la connaissance et du savoir. Champ d'application et portée du régime spécial. Limitation et emploi des déductions. Constitution, utilisation et suivi de la provision. * BOI-BIC-PROV-60-60 du 10 févr. 2021. ♦ Les entreprises sont autorisées à constituer une provision déductible du résultat imposable des exercices clos à compter du 1er janv. 1997 et jusqu'au 31 déc. 2023. * BOI *préc.*

Art. 39 ter *Dispositions périmées (Décr. n° 2015-608 du 3 juin 2015).*

Ancien art. 39 ter *1. Les entreprises, sociétés et organismes de toute nature qui effectuent la recherche et l'exploitation des hydrocarbures liquides ou gazeux en France métropolitaine ou dans les départements d'outre-mer sont autorisés à déduire de leur bénéfice net d'exploitation, dans la limite de 50 % de ce bénéfice, une provision pour reconstitution des gisements d'hydrocarbures égale à 23,5 % du montant des ventes des produits marchands extraits des gisements qu'ils exploitent en métropole ou dans ces départements. Aucune déduction n'est autorisée au titre d'exercices clos à compter du 31 décembre 2010.*

Les bénéfices affectés à cette provision à la clôture de chaque exercice doivent être employés, dans un délai de deux ans à partir de la date de cette clôture, soit sous la forme d'immobilisa-

tions ou de travaux de recherche réalisés pour la mise en valeur des gisements d'hydrocarbures situés en France métropolitaine ou dans les départements d'outre-mer, soit à l'acquisition de participations dans les sociétés ayant pour objet d'effectuer la recherche et l'exploitation de gisements d'hydrocarbures en métropole ou dans ces départements.

Dans ce cas, les sommes correspondantes peuvent être transférées à un compte de réserve ordinaire assimilé aux réserves constituées par prélèvements sur les soldes bénéficiaires soumis à l'impôt.

Dans le cas contraire, les fonds non utilisés sont rapportés au bénéfice imposable de l'exercice au cours duquel a expiré le délai ci-dessus défini. L'impôt correspondant à la réintégration des sommes non employées dans ce délai est majoré de l'intérêt de retard prévu à l'article 1727.

2. Les entreprises qui réalisent des investissements amortissables en emploi de la provision définie au 1 doivent rapporter à leurs résultats imposables, au même rythme que l'amortissement, une somme égale au montant de ces investissements. Lorsque la provision est employée sous une autre forme, la même réintégration est effectuée en une seule fois.

3. *Dispositions périmées (Décr. n° 2013-463 du 3 juin 2013).*

4. La partie non encore libérée des provisions constituées au titre des exercices antérieurs au premier exercice clos à compter du 31 décembre 2000 doit être employée dans les conditions prévues au 1. Dans le cas contraire, les fonds non utilisés sont rapportés au résultat imposable de l'exercice au cours duquel expire le délai de deux ans défini au deuxième alinéa du 1. L'impôt correspondant à la réintégration des sommes non employées dans ce délai est majoré de l'intérêt de retard prévu à l'article 1727.

La partie non encore rapportée des sommes correspondant aux investissements amortissables admis en emploi des provisions constituées au titre des exercices antérieurs au premier exercice clos à compter du 31 décembre 2000 est réintégrée au résultat imposable de cet exercice. Cependant, lorsque les investissements en cause ont été réalisés en France métropolitaine ou dans les départements d'outre-mer, cette réintégration continue de s'effectuer au même rythme que l'amortissement.

5. Les modalités d'application du présent article sont fixées par décret.

1. Provisions pour reconstitution des gisements d'hydrocarbures. Commentaire administratif. * BOI-BIC-PROV-60-10-10 du 12 sept. 2012.

2. Bénéfice d'exploitation. Le bénéfice net d'exploitation servant de base de référence à la provision doit, conformément à la réglementation comptable en vigueur à la date de l'adoption de la loi, s'entendre au résultat courant avant impôt qui comprend les produits et les frais financiers mais exclut les produits et les charges à caractère exceptionnel. Dès lors, il y a lieu de calculer le bénéfice net d'exploitation servant de base à cette provision sous déduction des charges financières à l'exclusion des charges de personnel engagées dans le cadre du plan social de réduction des effectifs dont le caractère exceptionnel n'est pas contesté. • CAA Paris, 7 mars 2002, n° 97PA154 : *RJF 2002. 1224 ; Dr. fisc. 2003. 12, concl. Bossuroy.*

3. Emploi de la provision. Les immobilisations ou travaux de recherches admis en emploi de la provision sont retenus pour leur prix de revient, évalué selon les règles prévues pour les immobilisations ou travaux figurant à l'actif du bilan. En vertu des dispositions des art. 38 *quinquies* et 38 *nonies* de l'ann. III (rédaction ant. à 2006), ces éléments d'actif sont évalués à leur coût réel, c'est-à-dire au coût d'acquisition augmenté de toutes les charges directes ou indirectes, qui peuvent comporter, notamment, une quote-part des frais de recherches en laboratoire et des frais administratifs, rattachables aux immobilisations ou travaux dont il s'agit. • CE 17 nov. 1997, n° 150237 : *Dr. fisc. 1998. 504, concl. Goulard ; RJF 1998. 15.*

Art. 39 *ter* A *Dispositions périmées (Décr. n° 2015-608 du 3 juin 2015).*

Ancien art. 39 *ter* A *Par exception aux dispositions de l'article 39 ter, les entreprises qui réalisent ou qui ont réalisé en France métropolitaine ou dans les départements d'outre-mer des investissements amortissables en emploi des provisions pour reconstitution des gisements constituées au titre des exercices antérieurs au premier exercice clos à compter du 31 décembre 2000 ne rapportent à leurs résultats imposables, au même rythme que l'amortissement, qu'une somme égale à 20 % du montant de ces investissements. Toutefois, le montant non rapporté en application des dispositions prévues à la phrase qui précède ne peut excéder globalement 2 440 000 €.*

Art. 39 *ter* B *(Abrogé par L. n° 2013-1278 du 29 déc. 2013, art. 26-I-f) 1. A partir des exercices clos en 1972, les entreprises, sociétés et organismes de toute nature qui produisent des substances minérales solides présentant un intérêt pour l'économie française et inscrites sur une liste établie par un arrêté du ministre de l'économie et des finances, du ministre du développement industriel et scientifique et du ministre délégué auprès du Premier ministre* *chargé du Plan et de l'aménagement du territoire peuvent constituer, en franchise d'impôt, des provisions pour reconstitution des gisements. — V. Ann. IV, art. 4 C bis : mention de la liste des substances minérales solides.*

2. Le montant de la provision ne peut excéder pour chaque exercice :

ni 15 % du montant des ventes de produits marchands extraits des gisements exploités par l'entreprise, lorsqu'elles sont prises en compte pour la détermination du bénéfice imposable en France ;

ni 50 % du bénéfice net imposable provenant des ventes, en l'état ou après transformation, de ces mêmes produits.

Sont assimilées à des ventes de produits extraits de gisements exploités par l'entreprise, les ventes de produits acquis par celle-ci auprès de filiales étrangères dans lesquelles elle détient directement ou indirectement 50 % au moins des droits de vote.

3. La provision doit être remployée dans un délai de cinq ans sous la forme soit d'immobilisations ou de travaux de recherches réalisés pour la mise en valeur de gisements de substances mentionnées au 1 et situés en France métropolitaine ou dans les départements d'outre-mer, soit de participations dans des sociétés et organismes ayant pour objet la mise en valeur de tels gisements.

Les entreprises qui réalisent des investissements amortissables en remploi de la provision doivent rapporter à leurs résultats imposables, au même rythme que l'amortissement, une somme égale au montant de ces investissements. Lorsque la provision est remployée sous une autre forme, la même réintégration est effectuée en une seule fois.

A défaut de remploi dans le délai de cinq ans, les fonds non utilisés sont rapportés au bénéfice imposable de l'exercice au cours duquel ce délai a expiré et l'impôt correspondant à cette réintégration est majoré de l'intérêt de retard prévu à l'article 1727.

4. Un décret fixe les modalités d'application du présent article. — V. Ann. III, art. 10 C quinquies, 10 C sexies et 10 D à 10 G.

Art. 39 *ter* C Par exception aux dispositions du premier alinéa du 5° du 1 de l'article 39, la provision constituée en vue de couvrir les coûts de démantèlement, d'enlèvement d'installations ou de remise en état d'un site, qui résultent d'une obligation légale, réglementaire ou contractuelle ou d'un engagement de l'entreprise, et encourue ou formalisée soit dès l'acquisition ou la mise en service, soit en cours d'utilisation de cette installation ou de ce site, n'est pas déductible. A hauteur des coûts pris en charge directement par l'entreprise, cette provision a pour contrepartie la constitution d'un actif amortissable d'un montant équivalent. L'amortissement de cet actif est calculé suivant le mode linéaire et réparti sur la durée d'utilisation du site ou des installations.

Les dispositions du premier alinéa ne s'appliquent pas aux provisions destinées à faire face à des dégradations progressives de site résultant de son exploitation.

En cas de révision de l'estimation des coûts mentionnés au premier alinéa, le montant de la provision et la valeur nette comptable de l'actif de contrepartie sont rectifiés à due concurrence. L'amortissement de l'actif de contrepartie est calculé, à compter de l'exercice au cours duquel est intervenue cette révision, sur la base de cette valeur nette comptable rectifiée. Lorsque la provision est réduite d'un montant supérieur à la valeur nette comptable de l'actif de contrepartie, l'excédent constitue un produit imposable.

Lorsque la provision est utilisée en tout ou partie conformément à son objet au titre d'un exercice, la provision est rapportée au résultat dudit exercice.

1. ***Provisions pour coûts de démantèlement.*** Entreprises et coûts concernés. Modalités de déduction. Obligations déclaratives. * BOI-BIC-PROV-60-100 du 12 sept. 2012.

2. La perte du combustible non irradié d'un réacteur nucléaire mis à l'arrêt constitue un coût qui est une conséquence directe de cet arrêt définitif et non des opérations de démantèlement. Dès lors, ce coût ne peut pas donner lieu à la constatation d'une provision au titre des coûts futurs de démantèlement et d'un actif amortissable de contrepartie. • CE 11 déc. 2020, n° 439666 : *RJF 2021. 242, concl. Ciavaldini ; Dr. fisc. 2021. 129*, note Lopater et Fouquet.

Art. 39 *quater* *Abrogé par Ord. n° 59-246 du 4 févr. 1959, art. 4.*

Art. 39 *quinquies* L'aide apportée à fonds perdus aux sociétés d'habitations à loyer modéré, aux sociétés de crédit immobilier et aux sociétés ou organismes ayant pour objet la construction d'immeubles d'habitation et dont la liste est fixée par décrets

peut être portée au compte des frais généraux, dans des conditions qui sont également fixées par décret *[Ann. III, art. 41 A à 41 D]*.

Il résulte de l'art. 39 *quinquies* que les prêts accordés au titre de la participation des employeurs à l'effort de construction peuvent, par une décision de gestion qui ne modifie pas les écritures comptables des exercices antérieurs, être transformés en subventions, sous réserve que l'aide ainsi apportée respecte les conditions fixées aux art. 41 A à 41 D de l'annexe III. Si l'art. 41 B-2° de l'annexe III vise à garantir que le versement des sommes dont la déduction est demandée sur le fondement de l'art. 39 *quinquies* soit inconditionnel et ne soit par suite assorti d'aucune condition suspensive ou résolutoire, il n'a ni pour objet, ni pour effet de soumettre la déductibilité de ces sommes à leur notification, voire même à leur acceptation par leur bénéficiaire. • CE 13 juill. 2006, n° 271205 : *RJF 2006. 1511 ; Dr. fisc. 2007. 343, concl. Olléon.*

Art. 39 *quinquies* A *(Abrogé par L. n° 2018-1317 du 28 déc. 2018, art. 30-I-2°)* ***1. Les entreprises qui font des investissements en immeubles en vue de réaliser des opérations de recherche scientifique ou technique répondant aux définitions fixées par décret en Conseil d'État peuvent pratiquer un amortissement exceptionnel égal à 50 % du prix de revient de ces investissements dès la première année de leur réalisation. La valeur résiduelle des immeubles est amortissable sur leur durée normale d'utilisation.*** *— V. Ann. II, art. 16.*

Les dispositions visées au premier alinéa ne s'appliquent pas pour les immeubles acquis ou achevés à compter du 1er janvier 1991, à l'exception des immeubles neufs dont le permis de construire a été délivré avant le 1er janvier 1991.

1 bis. *Disposition périmée.*

2. Les dispositions du premier alinéa du 1 sont applicables :

a) Aux actions acquises par les entreprises auprès des sociétés ou organismes publics ou privés agréés à cet effet par le ministre de l'économie et des finances ;

b) Aux souscriptions, effectuées en numéraire par les entreprises françaises, au capital agréé des sociétés financières d'innovation visées au III de l'article 4 de la loi n° 72-650 du 11 juillet 1972 complété par le II de l'article 88 de la loi n° 91-1322 du 30 décembre 1991.

Toutefois, le taux de l'amortissement exceptionnel est porté à 75 % pour les souscriptions au capital dont le montant est affecté, à titre principal, au financement d'opérations tendant à la réalisation d'un programme de recherche et de mise en œuvre industrielle de techniques ou de produits nouveaux et associant à la société financière d'innovation des entreprises et des chercheurs dans le cadre d'une convention approuvée par l'autorité compétente. Un décret fixe les modalités d'application du présent alinéa.

Les dispositions du présent alinéa cessent d'être applicables pour l'imposition des revenus de 1991 pour les souscripteurs qui relèvent de l'impôt sur le revenu et pour la détermination des résultats des exercices clos à compter du 31 décembre 1991 pour les souscripteurs relevant de l'impôt sur les sociétés.

3. Les dispositions du premier alinéa du 1 ne s'appliquent pas aux acquisitions d'actions visées au a du 2 effectuées à compter du 1er janvier 1991.

Art. 39 *quinquies* A *bis* *Abrogé à compter du 1er janv. 1983. — V. art. 244 quater B.*

Art. 39 *quinquies* B *§ 1er, 2. et 4. Périmés. § 3. abrogé.*

Art. 39 *quinquies* C **1. Les entreprises industrielles et commerciales qui souscrivent au capital des sociétés ayant conclu une convention avec l'État dans les conditions prévues à l'article 1er de l'ordonnance n° 59-248 du 4 février 1959 peuvent, dès le versement de leur souscription, effectuer un amortissement exceptionnel égal au montant de ce versement et déductible pour l'établissement de l'impôt qui frappe les bénéfices** *[mesure applicable également aux organismes d'études et de recherches : V. art. 93 ter]*.

Les dispositions visées au premier alinéa ne s'appliquent pas aux souscriptions au capital effectuées à compter du 1er janvier 1991.

2. En cas de résiliation de la convention prononcée dans les conditions prévues par ladite convention pour inobservation des engagements souscrits, le montant des amortissements exceptionnels effectués au titre du 1 est réintégré dans les bénéfices de l'exercice en cours.

Le ministre de l'économie et des finances peut ordonner que les dispositions ci-dessus prennent effet en totalité ou en partie à compter de la date à laquelle la convention résiliée avait été signée ou à une date plus rapprochée.

3. En cas de dissolution d'une société visée au 1, le ministre de l'économie et des finances peut ordonner la réintégration, dans les conditions prévues au 2, de tout ou partie des avantages fiscaux dont les associés ont bénéficié au cours des cinq derniers exercices.

4. Tout associé exclu pour les motifs et selon les modalités prévues par les statuts perd, dans les conditions prévues au 3, le bénéfice des dispositions du 1.

Art. 39 *quinquies* D Les entreprises qui construisent ou font construire, avant le 1er janvier 2016, des immeubles à usage industriel ou commercial pour les besoins de leur exploitation dans les zones de revitalisation rurale mentionnées à l'article 1465 A peuvent pratiquer, à l'achèvement des constructions, un amortissement exceptionnel égal à 25 % de leur prix de revient, la valeur résiduelle étant amortissable sur la durée normale d'utilisation.

Les dispositions du premier alinéa s'appliquent également aux travaux de rénovation, réalisés avant le 1er janvier 2016, dans des immeubles utilisés dans les conditions visées au même alinéa.

Les dispositions du premier et du deuxième alinéas s'appliquent aux entreprises qui, au cours du dernier exercice clos à la date d'achèvement de l'immeuble ou des travaux de rénovation :

a) Emploient moins de deux cent cinquante salariés et ont soit réalisé un chiffre d'affaires annuel n'excédant pas 50 millions d'euros, ramené ou porté le cas échéant à douze mois, soit un total de bilan n'excédant pas 43 millions d'euros. Pour les sociétés membres d'un groupe au sens de l'article 223 A ou de l'article 223 A *bis*, le chiffre d'affaires et l'effectif à prendre en compte s'entendent respectivement de la somme des chiffres d'affaires et de la somme des effectifs des sociétés membres de ce groupe ;

b) Et dont le capital ou les droits de vote ne sont pas détenus à hauteur de 25 % ou plus par une ou plusieurs entreprises ne répondant pas aux conditions prévues au *a* ou par des entreprises répondant aux conditions prévues au *a* mais dont le capital ou les droits de vote sont détenus à hauteur de 25 % ou plus par une ou plusieurs entreprises. Cette condition doit être remplie de manière continue au titre de cet exercice. Pour apprécier le respect de cette condition, le pourcentage de capital détenu par des sociétés de capital-risque, des fonds communs de placement à risque, des fonds professionnels spécialisés relevant de l'article L. 214-37 du code monétaire et financier, dans sa rédaction antérieure à l'ordonnance n° 2013-676 du 25 juillet 2013 modifiant le cadre juridique de la gestion d'actifs, des fonds professionnels de capital investissement, des sociétés de libre partenariat, des sociétés de développement régional, des sociétés financières d'innovation et des sociétés unipersonnelles d'investissement à risque dans l'entreprise n'est pas pris en compte, à la condition qu'il n'existe pas de lien de dépendance au sens des *a* et *b* du 12 de l'article 39 entre cette entreprise et ces dernières sociétés ou ces fonds. Pour les sociétés membres d'un groupe, la condition tenant à la composition du capital doit être remplie par la société mère du groupe.

Pour les immeubles mentionnés au premier alinéa, le bénéfice de l'amortissement exceptionnel est subordonné au respect de l'article 17 du règlement (UE) n° 651/2014 de la Commission, du 17 juin 2014, déclarant certaines catégories d'aides compatibles avec le marché intérieur en application des articles 107 et 108 du traité. Pour les travaux mentionnés au deuxième alinéa, le bénéfice de l'amortissement exceptionnel est subordonné au respect du règlement (UE) n° 1407/2013 de la Commission, du 18 décembre 2013, relatif à l'application des articles 107 et 108 du traité sur le fonctionnement de l'Union européenne aux aides *de minimis*.

1. Immeubles construits dans le cadre d'opérations d'aménagement du territoire. Commentaire administratif. Amortissement exceptionnel. * BOI-BIC-AMT-20-30-90 du 12 sept. 2012.

2. PME bénéficiaires. Encadrement communautaire. L'amortissement exceptionnel, lorsqu'il s'applique aux travaux de construction, est réservé aux PME dont l'effectif ne dépasse pas 250 salariés hors personnels d'intérim ou de travail temporaire. Lorsqu'il s'applique aux travaux de rénovation, il constitue une aide *de minimis* soumise au plafond de 200 000 € pour le respect duquel l'entreprise doit procéder au calcul du montant actualisé de ses incidences fiscales sur la période d'amortissement à la date de dépôt du relevé de solde d'IS correspond à l'exercice suivant celui de la première dotation. * BOI-BIC-AMT-20-30-90 nos 310 et 320 du 12 sept. 2012.

Art. 39 *quinquies* DA Les matériels acquis ou fabriqués avant le 1er janvier 2011, qui figurent sur une liste établie par arrêté conjoint du ministre du budget et du ministre de l'environnement et qui sont destinés à réduire le niveau acoustique d'installations existant au 31 décembre 1990, peuvent faire l'objet d'un amortissement exceptionnel sur douze mois à compter de leur mise en service. – *V. Ann. IV, art. 06.*

Al. 2 abrogé par L. n° 98-1266 du 30 déc. 1998, art. 97-I-2.

Art. 39 *quinquies* E Les entreprises qui construisent ou font construire des immeubles destinés à l'épuration des eaux industrielles, en conformité des dispositions de la loi n° 64-1245 du 16 décembre 1964 modifiée, peuvent pratiquer, dès achèvement de ces constructions, un amortissement exceptionnel égal à 50 % de leur prix de revient.

La valeur résiduelle des immeubles est amortissable sur leur durée normale d'utilisation.

Les dispositions du présent article s'appliquent aux constructions achevées avant le 31 décembre 1990 à condition qu'elles s'incorporent à des installations de production existant au 31 décembre 1980.

Les constructions répondant aux critères définis au premier alinéa et achevées avant le 1er janvier 2011 peuvent faire l'objet d'un amortissement exceptionnel sur douze mois à condition qu'elles s'incorporent à des installations de production.

Immeubles visés. Le dispositif d'amortissement exceptionnel est réservé aux seuls immeubles dont l'objet est l'épuration des eaux industrielles, quelle que soit leur place dans le processus de production ou leur incidence sur la rentabilité de l'entreprise. Non-application de l'amortissement exceptionnel à des équipements destinés à la production de pâte à papier (lessiveurs ; dispositifs d'évaporation et de blanchiment) qui constituent des installations de production et non d'épuration. • CE 7 avr. 2004, n° 236823 : *RJF 2004. 770 ; concl. Goulard au BDCF 7/04, n° 95 ; Dr. fisc. 2004. 727, concl. Goulard.*

Art. 39 *quinquies* F Les entreprises qui construisent ou font construire des immeubles destinés à satisfaire aux obligations prévues par la loi n° 96-1236 du 30 décembre 1996 sur l'air et l'utilisation rationnelle de l'énergie et par les chapitres Ier, III, V et VI du titre IX du livre V du code de l'environnement peuvent pratiquer, dès achèvement de ces constructions, un amortissement exceptionnel égal à 50 % de leur prix de revient.

La valeur résiduelle des immeubles est amortissable sur leur durée normale d'utilisation.

Les dispositions du présent article s'appliquent aux constructions achevées avant le 31 décembre 1990 à condition qu'elles s'incorporent à des installations de production existant au 31 décembre 1980.

Les constructions répondant aux critères définis au premier alinéa et achevées avant le 1er janvier 2011 peuvent faire l'objet d'un amortissement exceptionnel sur douze mois à condition qu'elles s'incorporent à des installations de production.

Art. 39 *quinquies* FA La base de calcul de l'amortissement des immobilisations acquises ou créées au moyen de primes de développement régional ou d'aménagement du territoire, d'orientation pour les entreprises de produits agricoles et alimentaires, d'installation et de développement artisanal, d'équipement dans les départements d'outre-mer, accordées au cours des années antérieures à 2006, est majorée, pour la détermination du bénéfice imposable, de la moitié du montant de la prime.

Un décret en Conseil d'État fixe les modalités d'application du présent article *[Ann. II, art. 32 C]*.

Art. 39 *quinquies* FB Les bâtiments affectés aux activités d'élevage et les matériels et installations destinés au stockage des effluents d'élevage construits, acquis ou fabriqués à compter du 1er janvier 2016 et jusqu'au 31 décembre 2017 peuvent faire l'objet d'un amortissement exceptionnel égal à 40 % de leur prix de revient réparti linéairement sur cinq ans. Il en est de même des travaux de rénovation immobilisés des bâtiments affectés aux activités d'élevage réalisés sur la même période.

La première annuité de l'amortissement exceptionnel doit être pratiquée au plus tard au cours du troisième exercice suivant celui de la construction, l'acquisition ou la fabrication des biens.

Au terme de la période d'application de l'amortissement exceptionnel, la valeur résiduelle des biens mentionnés au premier alinéa est amortie linéairement sur la durée normale d'utilisation résiduelle.

Le bénéfice de l'amortissement exceptionnel est subordonné au respect du règlement (UE) n° 1408/2013 de la Commission du 18 décembre 2013 relatif à l'application des articles 107 et 108 du traité sur le fonctionnement de l'Union européenne aux aides *de minimis* dans le secteur de l'agriculture.

Art. 39 *quinquies* FC I. — Les constructions qui s'incorporent à des installations de production agricole destinées à satisfaire aux obligations prévues au titre Ier du livre V du code de l'environnement relatif aux installations classées pour la protection de l'environnement peuvent bénéficier de l'amortissement exceptionnel prévu aux articles 39 *quinquies* E et 39 *quinquies* F.

II. — Les dispositions du présent article s'appliquent aux investissements réalisés avant le 1er janvier 2011.

Art. 39 *quinquies* FD *Périmé (Décr. n° 2008-294 du 1er avr. 2008).*

Art. 39 *quinquies* G Les entreprises d'assurances et de réassurances peuvent constituer en franchise d'impôt des provisions destinées à faire face aux charges exceptionnelles afférentes aux opérations qui garantissent les risques dus à des éléments naturels, le risque atomique, les risques de responsabilité civile dus à la pollution et les risques spatiaux. Pour les exercices clos à compter du 31 décembre 2001, il en est de même pour les risques liés aux attentats, au terrorisme et au transport aérien.

Les limites dans lesquelles les dotations annuelles à ces provisions peuvent être retranchées des bénéfices et celles du montant global de chaque provision sont fixées par décret, respectivement en fonction de l'importance des bénéfices techniques et du montant des primes ou cotisations, nettes de réassurances, de la catégorie de risques concernée *[Ann. II, art. 16 A et 16 B ; pour la provision sur risques spatiaux, décret à émettre]*.

Chaque provision est affectée, dans l'ordre d'ancienneté des dotations annuelles, à la compensation des résultats techniques déficitaires de l'exercice, par catégorie de risques correspondante. Les dotations annuelles qui, dans un délai de dix ans, n'ont pu être utilisées conformément à cet objet sont rapportées au bénéfice imposable de la onzième année suivant celle de leur comptabilisation. Les dotations annuelles à la provision couvrant les risques attentats et terrorisme qui, dans un délai de douze ans, n'ont pu être utilisées conformément à cet objet sont rapportées au bénéfice imposable de la treizième année suivant celle de leur comptabilisation. Les dotations annuelles à la provision couvrant les risques transport aérien qui, dans un délai de quinze ans, n'ont pu être utilisées conformément à cet objet sont rapportées au bénéfice imposable de la seizième année suivant celle de leur comptabilisation.

Les conditions de comptabilisation et de déclaration de ces provisions sont fixées par décret *[Ann. II, art. 16 C et 16 D]*.

Art. 39 *quinquies* GA I. — Les entreprises d'assurances et de réassurances sont autorisées à constituer, en franchise d'impôt, une provision afférente à leurs opérations d'assurance-crédit autres que celles effectuées à l'exportation pour le compte de l'État ou avec sa garantie.

II. — La dotation annuelle constituée au titre de la provision prévue au I est limitée à 75 % du montant du bénéfice technique net de cessions en réassurance réalisé par l'entreprise dans la branche assurance-crédit.

III. — Le montant total atteint par la provision prévue au I ne peut, chaque année, excéder 134 % de la moyenne annuelle des primes ou cotisations, nettes de cessions en réassurance, encaissées lors des cinq exercices qui précèdent par l'entreprise.

IV. — Pour application du présent article, le bénéfice technique s'entend de la différence entre :

D'une part, le montant des primes acquises au cours de l'exercice, diminuées des dotations aux provisions légalement constituées ;

D'autre part, le montant des charges de sinistres diminué du produit des recours, auquel s'ajoutent les frais directement imputables à la branche assurance-crédit ainsi qu'une quote-part des autres charges.

Les sommes rapportées au bénéfice imposable en application du V ne sont pas prises en compte pour le calcul de la limite de 75 % prévue au II.

V. – Chaque provision est affectée, dans l'ordre d'ancienneté des dotations annuelles, à la compensation des résultats techniques déficitaires de l'exercice. Les dotations annuelles qui, dans un délai de dix ans, n'ont pas été utilisées conformément à cet objet sont rapportées au bénéfice imposable de la onzième année suivant celle de leur comptabilisation.

VI. – Les conditions de comptabilisation, de déclaration et les modalités d'application de cette provision, notamment en ce qui concerne la détermination du bénéfice technique, sont fixées par décret en Conseil d'État. – *V. Ann. II, art. 16 E à 16 G.*

Art. 39 *quinquies* GB I. – Les entreprises d'assurances et de réassurances *(Ord. nº 2017-484 du 6 avr. 2017, art. 17-III-3º)* « , les fonds de retraite professionnelle supplémentaire mentionnés à l'article L. 381-1 du code des assurances, les mutuelles ou unions de retraite professionnelle supplémentaire mentionnées à l'article L. 214-1 du code de la mutualité et les institutions de retraite professionnelle supplémentaire mentionnées à l'article L. 942-1 du code de la sécurité sociale » peuvent constituer en franchise d'impôt une provision destinée à faire face aux fluctuations de sinistralité afférentes aux opérations d'assurance de groupe contre les risques décès, incapacité ou invalidité.

La provision est calculée pour chaque contrat d'assurance couvrant les risques en cause ou pour chaque ensemble de contrats de même nature si leurs résultats sont mutualisés. Pour l'application de cette disposition, les résultats de différents contrats sont considérés comme mutualisés lorsqu'il est établi un compte d'exploitation technique annuel commun et que ces contrats stipulent une clause de participation aux bénéfices identique pour tous les souscripteurs.

II. – La dotation annuelle de la provision est limitée à 75 % du bénéfice technique du contrat ou de l'ensemble de contrats concernés, net de cessions en réassurance.

Le montant total atteint par la provision ne peut, pour chaque exercice, excéder, par rapport au montant des primes ou cotisations afférentes aux contrats concernés, nettes d'annulations et de cessions en réassurance, acquises au cours de l'exercice : 23 % pour un effectif d'au moins 500 000 assurés, 33 % pour un effectif de 100 000 assurés, 87 % pour un effectif de 20 000 assurés et 100 % pour un effectif de 10 000 assurés au plus. Lorsque l'effectif concerné est compris entre deux des nombres représentant l'effectif mentionné à la phrase précédente, le taux est déterminé en fonction de l'effectif selon des modalités fixées par le décret en Conseil d'État prévu au V du présent article. – *V. Ann. II, art. 16 G.*

III. – Le bénéfice technique mentionné au premier alinéa du II est déterminé avant application de la réintégration prévue au IV du présent article. Il s'entend de la différence entre, d'une part, le montant des primes ou cotisations visées au deuxième alinéa du II, diminuées des dotations aux provisions légalement constituées, à l'exception de la provision pour participation aux excédents et, d'autre part, le montant des charges de sinistres, augmenté des frais imputables au contrat ou à l'ensemble des contrats considérés, à l'exception de la participation aux bénéfices versée, ainsi que d'une quote-part des autres charges. Lorsque, au cours de l'exercice, des intérêts techniques sont incorporés aux provisions mathématiques légalement constituées et afférentes aux contrats *concernés*, le bénéfice technique comprend le montant de ces intérêts.

IV. – Chaque provision est affectée à la compensation des résultats techniques déficitaires de l'exercice dans l'ordre d'ancienneté des dotations annuelles. Les dotations annuelles qui n'ont pu être utilisées conformément à cet objet, dans un délai de dix ans, sont rapportées au bénéfice imposable de la onzième année suivant celle de leur comptabilisation.

En cas de transfert de tout ou partie d'un portefeuille de contrats, la provision correspondant aux risques cédés est également transférée et rapportée au bénéfice imposable du nouvel assureur *(Ord. nº 2017-484 du 6 avr. 2017, art. 17-III-3º)* « ou du nouvel organisme de retraite professionnelle supplémentaire » dans les mêmes conditions que l'aurait fait l'assureur initial en l'absence d'une telle opération.

V. – Les modalités de comptabilisation, de déclaration et d'application de cette provision, notamment en ce qui concerne la détermination du bénéfice technique, sont fixées par décret en Conseil d'État. – *V. Ann. II, art. 16 G.*

Art. 39 *quinquies* GC I. – Les entreprises d'assurance *(Ord. n° 2017-484 du 6 avr. 2017, art. 17-III-4°)* « , les fonds de retraite professionnelle supplémentaire mentionnés à l'article L. 381-1 du code des assurances, les mutuelles ou unions de retraite professionnelle supplémentaire mentionnées à l'article L. 214-1 du code de la mutualité ou les institutions de retraite professionnelle supplémentaire mentionnées à l'article L. 942-1 du code de la sécurité sociale » peuvent constituer en franchise d'impôt une provision destinée à faire face à la perte globale de gestion afférente à l'ensemble des contrats d'assurance sur la vie, de nuptialité, de natalité et de capitalisation.

II. – Pour chaque ensemble de contrats stipulant une clause de participation aux bénéfices et un taux garanti identiques et au titre de chacun des exercices clos pendant la durée de ceux-ci, il est établi un bilan prévisionnel des produits et des charges futurs de gestion actualisés afférents à cet ensemble de contrats. Cette durée tient compte des opérations futures de rachat et de réduction, dans la limite de 80 % de la moyenne de celles intervenues au cours de l'exercice considéré et des deux exercices précédents.

Pour l'établissement de ces bilans, sont pris en compte :

a) les produits correspondant aux frais de gestion prévus contractuellement, aux commissions de réassurance perçues pour couvrir de tels frais, ainsi qu'aux produits de placements résiduels après déduction des sommes prélevées sur ces produits pour couvrir les frais de gestion et des charges techniques et financières résultant des clauses contractuelles. Les produits de placements sont calculés en appliquant le taux de rendement pondéré de ces placements à la moyenne annuelle des provisions mathématiques afférentes aux contrats visés au I, calculée au titre des exercices concernés. Pour les obligations et titres assimilés, le taux de rendement pondéré est calculé sur la base de leur rendement hors plus-values jusqu'à la date d'amortissement, et pour le remploi des sommes correspondant au montant de leurs coupons et au prix de remboursement de ces titres, de 75 % du taux moyen semestriel des emprunts d'État. Toutefois, ce pourcentage est fixé à 60 % pour les remplois devant intervenir à compter de la sixième année suivant la date de la clôture de l'exercice considéré. Pour les autres actifs, ce taux est calculé sur la base de 70 % du taux de rendement pondéré moyen, hors plus-values, des obligations et titres assimilés constaté au titre de l'exercice considéré et des deux exercices précédents ;

b) les charges correspondant aux frais d'administration, aux frais de gestion des sinistres et aux frais internes et externes de gestion des placements retenus pour l'évaluation des produits, dans la limite du montant moyen des mêmes charges engagées au titre de l'exercice considéré et des deux exercices précédents.

Le taux d'actualisation des produits et des charges futurs de gestion est le taux défini au *a*.

III. – Le montant de la provision est égal à la somme des soldes débiteurs des bilans prévisionnels visés au II.

IV. – La dotation pratiquée à la clôture de l'exercice considéré est, à la date de clôture de l'exercice suivant, comparée à la dotation qui aurait été pratiquée à la clôture de l'exercice considéré si les produits des placements avaient été calculés en retenant le taux de rendement réel de ces placements calculé au titre de ce dernier exercice. Lorsque la dotation effectivement pratiquée est supérieure, une somme égale au produit d'une fraction de l'écart global entre les deux dotations par le taux mentionné au premier alinéa du 3 du II de l'article 238 *septies* E constaté à la clôture de l'exercice considéré, est alors comprise dans le résultat imposable de cet exercice. Cette fraction est égale à la somme des excédents de provisions constatés au titre de chacun des exercices couverts par la dotation en cause, diminués d'un cinquième de leur montant par exercice clos entre le premier jour du second exercice suivant celui au titre duquel la dotation a été pratiquée et la date de clôture de ces exercices, dans la limite des quatre cinquièmes de ces excédents. Pour l'application de la phrase qui précède, l'écart global est affecté en priorité aux excédents constatés au titre des exercices les plus proches.

Art. 39 *quinquies* GD *Abrogé par L. nº 2011-1978 du 28 déc. 2011, art. 65-II-1º.*

Art. 39 *quinquies* GE **Les dotations sur la réserve de capitalisation admises en charge sur le plan comptable et leurs reprises que les personnes mentionnées aux 1º à 6º** *(Ord. nº 2017-484 du 6 avr. 2017, art. 17-III-5º)* **« et 9º à 11º » du B du I de l'article L. 612-2 du code monétaire et financier effectuent en application des dispositions législatives et réglementaires du code des assurances, du code de la mutualité ou du code de la sécurité sociale qui les régissent ne sont pas prises en compte pour la détermination de leur résultat imposable.**

Modification du dispositif relatif à la réserve de capitalisation. Définition de la réserve de capitalisation. Rappel des règles régissant la réserve avant l'entrée en vigueur de l'art. 23 de la loi de fin. pour 2011. Nouveau dispositif. * BOI-TFP-ASSUR nºs 70, 280 et 290 du 12 sept. 2012.

Art. 39 *quinquies* GF *(L. nº 2016-1918 du 29 déc. 2016, art. 92-II)* **Le fonds de garantie des dépôts et de résolution mentionné à l'article L. 312-4 du code monétaire et financier est autorisé à constituer, en franchise d'impôt, une provision pour risque d'intervention telle que définie à l'article L. 312-9 du même code.**

Art. 39 *quinquies* H *(Abrogé par L. nº 2018-1317 du 28 déc. 2018, art. 30-I-3º et V-A, pour les exercices ouverts à compter du 1er janv. 2019)* ***I. — Les entreprises qui consentent des prêts à taux privilégié à des entreprises créées par les membres de leur personnel ou qui souscrivent au capital de sociétés créées par ces personnes peuvent constituer en franchise d'impôt une provision spéciale.*** *— Disposition applicable aux souscriptions réalisées au cours des exercices ouverts à compter du 1er janv. 1996.*

Les dispositions du premier alinéa sont applicables lorsque les entreprises bénéficiaires des prêts ou les sociétés dont le capital fait l'objet de la souscription :

a) exercent en France une activité industrielle, commerciale ou artisanale au sens de l'article 34 ;

b) sont nouvelles au sens de l'article 44 sexies ou créées dans le cadre de l'extension d'une activité préexistante si elles remplissent les conditions du II du même article ou créées dans les conditions du I de l'article 44 septies et, s'il s'agit de sociétés, ne sont pas détenues à plus de 50 % par une entreprise individuelle ;

c) réalisent à la clôture de l'exercice de création ou de reprise et des deux exercices suivants un chiffre d'affaires qui n'excède pas 4 600 000 € lorsque l'activité principale est de vendre des marchandises, objets, fournitures et denrées à emporter ou à consommer sur place ou de fournir le logement, ou 1 530 000 € s'il s'agit d'autres entreprises ;

d) Abrogé (pour les prêts consentis au cours des exercices ouverts à compter du 1er janv. 1996).

Ces dispositions sont également applicables lorsque les bénéficiaires sont des travailleurs non salariés relevant des groupes de professions mentionnés au 1º de l'article *(Décr. nº 2018-500 du 20 juin 2018, art. 1er)* ***« L. 611-1*** *[ancienne rédaction : L. 613-1]* ***» du code de la sécurité sociale et répondent aux conditions définies aux b et c sous réserve de leur adaptation par un décret en Conseil d'État.***

Les créateurs de l'entreprise nouvelle ou de la société nouvelle ne doivent pas exercer ou avoir exercé des fonctions de dirigeant de droit ou de fait dans l'entreprise qui les employait ou dans une des sociétés visées au III, ni être conjoint, ascendant, descendant ou allié en ligne directe de personnes ayant exercé de telles fonctions. Ils doivent avoir été employés de l'entreprise ou d'une ou plusieurs des sociétés visées au III depuis un an au moins. Ils doivent mettre fin aux fonctions qu'ils y exercent dès la création de l'entreprise ou de la société nouvelle et assurer la direction effective de cette dernière.

Les prêts à taux privilégié sont ceux comportant une durée minimale de sept ans ou, en cas de remboursement anticipé, une durée de vie moyenne d'au moins cinq ans, moyennant un taux de rémunération n'excédant pas deux tiers de celui mentionné au premier alinéa du 3º du 1 de l'article 39.

Les dispositions du présent I ne s'appliquent pas lorsque l'entreprise nouvelle ou reprise exerce une activité bancaire, financière, d'assurances, de gestion ou de location d'immeubles. *— Dispositions applicables aux prêts consentis à compter du 1er oct. 1993.*

II. — La provision spéciale constituée en franchise d'impôt est égale à la moitié des sommes effectivement versées au titre du prêt ou à 75 % du montant effectivement souscrit en capital ; elle ne peut excéder 46 000 € pour un même salarié.

Les sommes déduites du bénéfice d'un exercice, au titre de la provision spéciale, ne peuvent excéder 25 % du bénéfice net imposable de l'exercice précédent.

La provision est rapportée par tiers aux résultats imposables des exercices clos au cours des cinquième, sixième et septième années suivant celle de sa constitution. En tout état de cause, elle est réintégrée aux résultats imposables à hauteur de la fraction de son montant qui excède le total formé par la moitié du principal du prêt restant dû et 75 % du capital qui n'a pas été remboursé ou cédé.

La provision éventuellement constituée pour faire face à la dépréciation des titres représentatifs des apports n'est admise en déduction des résultats imposables que pour la fraction de son montant qui excède les sommes déduites à raison de ces mêmes titres en application du I du présent article et non rapportées au résultat de l'entreprise. — Disposition applicable aux souscriptions réalisées au cours des exercices ouverts à compter du 1er janv. 1996.

III. — Peuvent également constituer, dans les conditions et selon les modalités prévues aux I et II, une provision spéciale en franchise d'impôt :

a) les sociétés qui détiennent plus de 50 % du capital de la société qui employait les créateurs de l'entreprise ou dont le capital est détenu pour plus de 50 % par cette société ;

b) les sociétés dont le capital est détenu pour plus de 50 % par une société détenant plus de 50 % du capital de la société qui employait les créateurs de l'entreprise. — Ces dispositions sont applicables aux prêts consentis et aux souscriptions réalisées au cours des exercices ouverts à compter du 1er janv. 1996.

IV. — Un décret fixe les conditions d'application du présent article, notamment les obligations déclaratives. — V. Ann. III, art. 10 G bis et 10 G ter.

Art. 39 *quinquies* I Les entreprises qui donnent en location un bien immobilier dans les conditions prévues au 2 de l'article L. 313-7 du code monétaire et financier peuvent constituer en franchise d'impôt une provision pour prendre en compte la différence entre, d'une part, la valeur du terrain et la valeur résiduelle des constructions et, d'autre part, le prix convenu pour la cession éventuelle de l'immeuble à l'issue du contrat de crédit-bail.

Cette provision, déterminée par immeuble, est calculée à la clôture de chaque exercice. Elle est égale à l'excédent du montant cumulé de la quote-part de loyers déjà acquis prise en compte pour la fixation du prix de vente convenu pour la cession éventuelle de l'immeuble à l'issue du contrat sur le total des amortissements pratiqués dans les conditions du 2° du 1 de l'article 39 et des frais supportés par le crédit-bailleur lors de l'acquisition de l'immeuble. — *V. aussi Ann. III, art. 38 quindecies H et 38 quindecies K.*

Ces dispositions sont également applicables aux entreprises qui donnent en location des biens d'équipement ou des matériels d'outillage dans les conditions prévues au 1 de l'article L. 313-7 précité ou qui pratiquent des opérations de location avec option d'achat et qui n'ont pas opté pour le mode d'amortissement mentionné au deuxième alinéa du I de l'article 39 C ainsi qu'aux entreprises ayant opté pour ce mode d'amortissement, pour les contrats au titre desquels elles cèdent leurs créances de crédit-bail à des fonds communs de créances. La provision est alors égale à l'excédent du montant cumulé de la quote-part de loyers déjà acquis, prise en compte pour la fixation du prix convenu pour la cession éventuelle du bien ou du matériel à l'issue du contrat, sur le total des amortissements pratiqués.

La provision est rapportée en totalité au résultat imposable de l'exercice au cours duquel le preneur lève l'option d'achat du bien. Lorsque l'option n'est pas levée, la provision est rapportée sur la durée résiduelle d'amortissement, au rythme de cet amortissement, et, au plus tard, au résultat imposable de l'exercice au cours duquel le bien est cédé.

Al. 5 et 6 abrogés. — La provision constituée en application des al. abrogés, dans leur rédaction antérieure à la L. n° 2009-1674 du 30 déc. 2009, est rapportée au résultat imposable du premier exercice clos à compter du 31 déc. 2009 (L. préc., art. 85-VIII).

Art. 39 *sexies* Les sommes allouées en vertu des dispositions des textes pris pour l'application de l'article L. 311-1 du code du cinéma et de l'image animée aux exploitants d'établissements de spectacles cinématographiques publics ainsi qu'aux industries techniques pour l'équipement et la modernisation des studios et des laboratoires de développement et de tirage des films constituent un élément du bénéfice imposable. Toutefois, lorsqu'elles sont affectées au financement de travaux ayant, au point de vue fiscal, le caractère d'immobilisations amortissables, ces allocations sont affectées par priorité à l'amortissement exceptionnel de ces immobilisations dont l'amortissement normal n'est calculé ensuite que sur la valeur résiduelle, après imputation des allocations versées aux exploitants ou déléguées par eux pour l'exécution de ces travaux.

Art. 39 *septies* et 39 *octies* *Dispositions périmées.*

Art. 39 *octies* A I. — Les entreprises françaises qui investissent à l'étranger en vue de l'installation d'un établissement de vente, d'un bureau d'études ou d'un bureau de renseignements, soit directement, soit par l'intermédiaire d'une société dont elles détiennent au moins 10 % du capital, peuvent constituer en franchise d'impôt une provision d'un montant égal aux pertes subies au cours des cinq premières années d'exploitation de leur établissement ou de cette société, dans la limite des sommes investies en capital au cours des mêmes années.

Toutefois, pour les investissements réalisés dans les pays figurant sur une liste établie par le ministre de l'économie et des finances, le montant de la provision peut être égal aux sommes investies en capital au cours des cinq premières années.

Pour ouvrir droit à provision, les investissements doivent avoir été portés, préalablement à leur réalisation, à la connaissance du ministre de l'économie et des finances et n'avoir pas appelé d'objection de sa part dans un délai de deux mois.

Les dispositions du présent I ne sont plus applicables aux investissements qui font l'objet d'une demande d'accord préalable déposée après le 31 décembre 1987.

I *bis*. — Les entreprises françaises qui effectuent dans un État étranger une première implantation commerciale sous la forme d'un établissement ou d'une filiale dont elles détiennent au moins un quart du capital peuvent, lorsque l'investissement réalisé est inférieur à 5 millions de francs, constituer en franchise d'impôt une provision d'un montant égal aux pertes subies au cours des cinq premières années d'exploitation de l'établissement ou de la filiale, dans la limite du montant de l'investissement. — *Montant périmé.*

L'établissement ou la filiale doit avoir pour seule activité la commercialisation des biens produits par l'entreprise dans un de ses établissements dont les résultats sont soumis à l'impôt sur les sociétés.

L'investissement est égal au montant net des capitaux transférés au profit de l'établissement au cours des cinq premières années d'exploitation ou au montant des dotations au capital de la filiale réalisées au cours de la même période, dans la limite des dépenses effectivement engagées pour les besoins de l'activité définie au deuxième alinéa.

Les dispositions du présent I *bis* ne s'appliquent pas aux investissements qui sont réalisés pour des activités bancaires, financières, d'assurances et des activités définies à l'article 35.

Lorsque l'implantation est réalisée dans un État qui est mentionné sur la liste établie par un arrêté du ministre chargé des finances, la provision peut être égale au montant de l'investissement. — *V. Ann. IV, art. 4 D.*

Les dispositions du présent I *bis* ne sont plus applicables aux investissements réalisés dans le cadre d'une première implantation commerciale effectuée après le 31 décembre 1987.

I *ter*. — Les dispositions du I *bis* s'appliquent également aux entreprises françaises dont l'établissement ou la filiale a pour seule activité la commercialisation des biens produits par des entreprises ou établissements dont les résultats sont soumis à l'impôt sur les sociétés ; dans ce cas, cette activité doit porter à titre principal sur des biens produits par l'entreprise qui constitue la provision mentionnée audit I *bis*.

I *quater*. — Les entreprises françaises qui effectuent dans un État étranger qui n'est pas membre de la Communauté européenne une première implantation commerciale sous la forme d'une filiale dont elles détiennent au moins un quart du capital peuvent constituer en franchise d'impôt une provision égale au montant de l'investissement effectué au cours des cinq premières années de l'implantation.

La filiale doit avoir pour activité la commercialisation à l'étranger des biens produits principalement par l'entreprise dans un de ses établissements dont les résultats sont soumis à l'impôt sur les sociétés.

L'investissement est égal au montant des dotations au capital de la filiale réalisées au cours des cinq premières années de l'implantation, dans la limite des dépenses effectivement engagées pour les besoins de l'activité définie au deuxième alinéa.

Les dispositions du présent I *quater* s'appliquent aux premières implantations commerciales effectuées à compter du 1er janvier 1988.

Les dispositions du présent I *quater* ne sont plus applicables aux investissements réalisés dans le cadre d'une première implantation commerciale effectuée après le 31 décembre 1991.

II. — Les entreprises françaises qui réalisent un investissement industriel ou agricole dans l'un des pays figurant sur une liste établie par le ministre de l'économie et des finances et par le ministre du développement industriel et scientifique, soit directement, soit par l'intermédiaire d'une société dont elles détiennent au moins 10 % du capital, peuvent, sur agrément du ministre de l'économie et des finances donné après avis du ministre du développement industriel et scientifique, constituer une provision en franchise d'impôt égale à la moitié des sommes investies en capital au cours des cinq premières années d'exploitation.

Les dispositions du premier alinéa ne sont plus applicables aux investissements qui n'ont pas fait l'objet d'une demande d'agrément déposée avant le 1er janvier 2004.

II *bis.* — Les dispositions du II s'appliquent également et dans les mêmes conditions aux investissements réalisés à l'étranger par une entreprise française, à compter du 1er janvier 1988, par l'intermédiaire d'une filiale dont elle détient 25 % au moins du capital et qui a pour objet principal d'assurer un service nécessaire à une activité de commercialisation de biens produits par des entreprises ou établissements dont les résultats sont soumis à l'impôt sur les sociétés. Toutefois, lorsque l'investissement est réalisé dans un État membre de la Communauté européenne, la provision est égale aux pertes subies au cours des cinq premières années d'exploitation dans la proportion, calculée en valeur nominale, des titres de la filiale ouvrant droit à dividendes détenus par l'entreprise française sur l'ensemble des titres ouvrant droit à dividendes émis par la filiale, et dans la limite de la moitié de l'investissement.

Les dispositions du premier alinéa ne sont plus applicables aux investissements qui font l'objet d'une demande d'agrément déposée après le 31 décembre 1991.

III. — Les provisions déduites par application des I à II *bis* sont rapportées par fractions égales aux bénéfices imposables des cinq exercices consécutifs, à partir du sixième suivant celui du premier investissement.

IV. — Le bénéfice des dispositions prévues aux I à III peut être accordé aux groupements d'entreprises. Le bénéfice des dispositions du I *quater* peut être accordé sur agrément du ministre chargé du budget dans les conditions et limites prévues par cet agrément.

V. — Le bénéfice des dispositions prévues aux I, I *quater*, II, II *bis*, III et IV peut être accordé, sur agrément du ministre chargé du budget et dans les conditions et limites prévues par cet agrément, aux établissements de crédit et aux sociétés de financement dont la liste est fixée par décret et aux entreprises industrielles et commerciales ou agricoles qui, dans l'intérêt d'une entreprise française et en vue d'accompagner l'investissement à l'étranger de cette dernière, participent au capital de la société étrangère constituée à cet effet par l'entreprise ou à laquelle celle-ci se trouve elle-même associée. — *Liste des établissements de crédit et sociétés de financement : V. Ann. III, art. 10 GA.*

En cas de non-respect par l'entreprise française ou par l'établissement de crédit ou la société de financement des engagements ou conditions auxquels l'agrément est subordonné, les dispositions de l'article 1649 *nonies* A sont applicables à l'établissement de crédit ou la société de financement.

1. Incompatibilité avec le traité de Rome. Après examen des dispositions des art. 39 *octies* A et D, la Commission européenne a notifié à la France l'ouverture d'une procédure visant à vérifier que les régimes concernant les implantations des entreprises françaises à l'étranger ne constituent pas des aides d'État prohibées. * Lettre Comm. CE 28 nov. 2000 : *JOCE 2 juin 2001, p. 12.* ♦ La Commission a invité la France à exclure les entreprises sidérurgiques CECA imposables en France du bénéfice de la provision. * Décis. Comm., 21 nov. 2001: *JOCE L*

16/27 13 mai 2002. ♦ Abrogation du dispositif par l'art. 31 de la loi de finances rectificative pour 2003.

2. Suppression du régime. Commentaire administratif. Modalités d'entrée en vigueur de la suppression. * Instr. 29 mars 2004 : *BOI 4 E1-04.*

Art. 39 *octies* B *Abrogé par Ord. n° 2004-281 du 25 mars 2004, art. 1er-I.*

Art. 39 *octies* C Les dispositions des I *quater* et II *bis* de l'article 39 *octies* A et de l'article 39 *octies* D ne s'appliquent pas aux investissements qui sont réalisés pour l'exercice d'activités bancaires, financières, d'assurances ou d'activités définies à l'article 35.

Art. 39 *octies* D I. — Les entreprises françaises qui effectuent dans un État étranger une implantation commerciale sous la forme d'un établissement créé à cet effet ou d'une filiale dont elles acquièrent le capital, peuvent constituer une provision, en franchise d'impôt, à raison des pertes subies par cet établissement ou cette filiale. L'acquisition de titres doit conférer à l'entreprise française la détention du tiers au moins du capital de la filiale commerciale ou, lorsque son taux de détention est au moins égal au tiers, lui permettre de le maintenir ou de l'augmenter d'une fraction égale à 10 % au moins du capital.

La dotation à la provision est égale au montant des pertes subies par l'établissement ou à une fraction du montant des pertes subies par la filiale, au cours des exercices clos après la date soit de création de l'établissement, soit d'acquisition des titres, et pendant les quatre années suivant celle de cette création ou de cette acquisition : la fraction mentionnée ci-dessus est obtenue en appliquant au montant de ces pertes le rapport entre la valeur nominale des titres ouvrant droit à dividende, ainsi acquis, et la valeur nominale de l'ensemble des titres ouvrant droit à dividende émis par la filiale ; les pertes sont retenues dans la limite du montant de l'investissement.

L'investissement est égal au montant net des capitaux transférés au profit de l'établissement depuis sa création et pour chacun des exercices mentionnés au deuxième alinéa, ou au montant des sommes versées au titre de chaque acquisition de titres représentatifs du capital de la filiale, dans la limite des dépenses effectivement engagées pour les besoins de l'activité commerciale définie ci-après.

La filiale, qui doit revêtir la forme d'une société de capitaux, ou l'établissement doit être soumis à l'étranger à une imposition de ses bénéfices comparable à celle qui résulterait de l'application de l'impôt sur les sociétés.

La filiale ou l'établissement doit avoir pour activité la commercialisation à l'étranger de biens produits principalement par l'entreprise qui constitue la provision dans l'un de ses établissements dont les résultats sont soumis à l'impôt sur les sociétés ou par les sociétés membres d'un groupe mentionné à l'article 223 A ou à l'article 223 A *bis* dont elle fait également partie.

Les dispositions du présent I ne sont plus applicables aux investissements réalisés après le 31 décembre 2003.

II. — La dotation aux provisions, déduite du résultat d'un exercice en application du présent article, est rapportée successivement aux résultats imposables des exercices suivants, à hauteur des bénéfices réalisés au titre de chacun de ces exercices par l'établissement ou la filiale situé à l'étranger et, au plus tard, au résultat de l'exercice ou de la période d'imposition arrêté au cours de la dixième année qui suit celle de l'investissement qui a ouvert droit à la provision. Ces bénéfices sont retenus avant déduction des *déficits subis* au cours d'exercices antérieurs et, si l'implantation a été réalisée par l'intermédiaire d'une filiale, dans la même proportion que celle qui a été appliquée aux pertes qui ont servi de base au calcul de la dotation.

Si le taux de détention du capital de la filiale, qui résulte d'une acquisition de titres ayant donné lieu à la provision mentionnée au présent article, est réduit au cours de la période de dix ans mentionnée au premier alinéa, la ou les dotations constituées à raison de cette acquisition et qui figurent au bilan de l'entreprise sont rapportées au résultat de l'exercice ou de la période d'imposition au cours duquel ce taux a diminué. Il en est de même si l'une des conditions prévues au I cesse d'être satisfaite ou si l'établissement ou la filiale est affecté par l'un des événements mentionnés au premier alinéa du 1 de l'article 201 et aux 2 et 5 de l'article 221.

III. — Pour l'application des dispositions du présent article, les résultats de l'établissement ou de la filiale étranger sont déterminés selon les règles fixées par le présent code à partir du bilan de départ établi dans les conditions fixées par décret. Toutefois, les dispositions légales particulières qui autorisent des provisions ou des déductions spéciales ou des amortissements exceptionnels ne sont pas applicables. — *V. Ann. III, art. 10 GA bis à 10 GA sexies.*

IV. — Le bénéfice des dispositions du présent article peut être accordé sur agrément préalable du ministre chargé du budget dans les conditions et limites prévues par cet agrément, aux entreprises françaises exerçant une activité mentionnée à l'article 34 et dont les résultats sont soumis à l'impôt sur les sociétés dans les conditions de droit commun, qui effectuent dans un État étranger une implantation sous la forme d'un établissement ou d'une filiale, qui satisfait aux conditions des quatre premiers alinéas du I et dont l'objet exclusif est la réalisation de prestations de services.

L'agrément mentionné au premier alinéa est délivré aux entreprises à raison des implantations à l'étranger qui ont pour objet de favoriser une exportation durable et significative de services.

Le montant de l'investissement ouvrant droit à provision est limité à 3 000 000 €.

Pour la détermination des résultats des exercices ouverts à compter du 1er janvier 1995, les dispositions du présent IV s'appliquent, dans les mêmes conditions et limites, aux entreprises françaises qui exercent une activité professionnelle au sens du 1 de l'article 92 et sont soumises à l'impôt sur les sociétés dans les conditions de droit commun, lorsque l'implantation réalisée à l'étranger, mentionnée au premier alinéa, a pour objet exclusif l'exercice de ces activités.

Les dispositions du premier alinéa ne sont plus applicables aux investissements qui n'ont pas fait l'objet d'une demande d'agrément déposée avant le 1er janvier 2004.

V. — Le bénéfice des dispositions du présent article peut également être accordé sur agrément du ministre chargé du budget dans les conditions et limites prévues par cet agrément, aux établissements de crédit, aux sociétés de financement et aux entreprises mentionnées au V de l'article 39 *octies* A qui réalisent des opérations prévues à ce même V, ainsi qu'aux groupements d'entreprises.

VI. — Les dispositions du présent article s'appliquent aux investissements qui sont réalisés à compter du 1er janvier 1992, sous réserve des dispositions du cinquième alinéa du I *quater* et du deuxième alinéa du II *bis* de l'article 39 *octies* A et du quatrième alinéa du IV du présent article. — *V. Ann. III, art. 10 GA bis à 10 GA sexies.*

1. Incompatibilité avec le traité de Rome. V. note ss. art. 39 *octies* A.

2. Suppression du régime. Commentaire administratif. Modalités d'entrée en vigueur de la suppression. * Instr. 29 mars 2004 : *BOI 4 E1-04.*

Art. 39 *octies* E Les entreprises individuelles soumises à un régime réel d'imposition et les sociétés visées au deuxième alinéa de l'article L. 223-1 du code de commerce relevant de l'impôt sur le revenu peuvent constituer, au titre des exercices clos avant le 1er janvier 2010, une provision pour investissement.

La provision mentionnée au premier alinéa ne peut être pratiquée que par les entreprises visées audit alinéa exerçant une activité industrielle, commerciale ou artisanale, créées ou reprises depuis moins de trois ans, employant moins de vingt salariés et dont au cours de l'exercice, ramené ou porté le cas échéant à douze mois, soit le chiffre d'affaires n'excède pas 50 millions d'euros, soit le total du bilan n'excède pas 43 millions d'euros. Ces conditions sont appréciées au titre de l'exercice clos en 2005 ou, en cas de création postérieure, à la date de clôture du premier exercice.

N'ouvrent pas droit au bénéfice de cette provision les activités exercées dans l'un des secteurs suivants : le transport, la production ou la transformation de produits agricoles, la pêche et l'aquaculture.

La dotation annuelle à cette provision ne peut excéder 5 000 €. Le montant total de la *provision à la clôture* d'un exercice ne peut excéder 15 000 €.

Cette provision doit être utilisée, au plus tard à la clôture du cinquième exercice suivant la première dotation annuelle, pour l'acquisition d'immobilisations amortissables, à l'exclusion des immeubles et des véhicules de tourisme. Lorsque la provision est utilisée conformément à son objet, elle est rapportée au résultat pour sa fraction utilisée par parts égales sur l'exercice d'acquisition de l'immobilisation amortissable et les quatre exercices suivants. Le montant non utilisé à la clôture du cinquième exercice suivant la première dotation annuelle est rapporté au résultat de cet exercice.

Le bénéfice de la provision est subordonné au respect du règlement (UE) n° 1407/2013 de la Commission, du 18 décembre 2013, relatif à l'application des articles 107 et 108 du traité sur le fonctionnement de l'Union européenne aux aides *de minimis*. — *Pour les aides antérieures au 1er janv. 2014, V. App., Règl. (UE) n° 1407/2013 préc., art. 7.*

Provision pour investissement des PME (entreprises individuelles et EURL). Entreprises bénéficiaires. Investissements financés par la provision. Montant et utilisation de la provision. Plafond *de minimis*. * BOI-BIC-PROV-60-20 du 4 janv. 2013.

Art. 39 *octies* F Les entreprises individuelles soumises à un régime réel d'imposition et les sociétés visées au deuxième alinéa de l'article L. 223-1 du code de commerce relevant de l'impôt sur le revenu peuvent constituer, au titre des exercices clos avant le 1er juillet 2009, une provision pour dépenses de mise en conformité :

1° Avec la réglementation en matière de sécurité alimentaire, pour celles exerçant une activité industrielle, commerciale ou artisanale ;

2° Avec la réglementation en matière d'hygiène, de sécurité, de protection contre l'incendie, de lutte contre le tabagisme, d'insonorisation ou d'amélioration de l'accessibilité des personnes handicapées, pour celles exerçant leur activité dans le secteur des hôtels, cafés et restaurants, à l'exclusion des activités d'hébergement collectif non touristique et de restauration collective.

La dotation à cette provision est subordonnée à l'existence, à la clôture de l'exercice, d'une obligation légale ou réglementaire de mise en conformité mentionnée au deuxième ou au troisième alinéa. Le montant de la dotation correspond au montant estimé des dépenses de mise en conformité. Le montant total de la provision à la clôture d'un exercice ne peut excéder 15 000 €.

Cette provision doit être utilisée, au plus tard à la clôture du cinquième exercice suivant la première dotation annuelle, pour l'engagement de dépenses de mise en conformité mentionnées au deuxième ou au troisième alinéa. Lorsque la provision est utilisée conformément à son objet, elle est rapportée au résultat pour sa fraction utilisée par parts égales sur l'exercice d'engagement de la dépense de mise en conformité et les quatre exercices suivants. Le montant non utilisé à la clôture du cinquième exercice suivant la première dotation annuelle est intégralement rapporté au résultat de cet exercice.

Le bénéfice de la provision est subordonné au respect du règlement (UE) n° 1407/2013 de la Commission, du 18 décembre 2013, relatif à l'application des articles 107 et 108 du traité sur le fonctionnement de l'Union européenne aux aides *de minimis*. — *Pour les aides antérieures au 1er janv. 2014, V. App., Règl. (UE) n° 1407/2013 préc., art. 7.*

Provision pour mise en conformité en matière de sécurité alimentaire. Entreprises bénéficiaires. Objet, montant et utilisation de la provision. Obligations déclaratives. * BOI-BIC-PROV-60-90 du 12 sept. 2012.

Art. 39 *nonies* *(Abrogé par L. n° 2015-1786 du 29 déc. 2015, art. 85, pour les exercices ouverts à compter du 1er janv. 2016)* ***Lorsque dans les conditions prévues à l'article 1er du décret n° 55-570 du 20 mai 1955, un débitant de boissons titulaire d'une licence de 3e ou 4e catégorie transforme son exploitation en débit de 1re ou 2e catégorie, dans les mêmes locaux ou dans des locaux différents, ou entreprend une autre profession dans les mêmes locaux, les dépenses d'aménagement, à l'exclusion de tout ce qui concerne le gros œuvre, qui sont la conséquence de ce changement et qui sont réalisées au cours de la période des douze mois consécutifs sont, pour l'assiette de l'impôt, immédiatement déductibles.***

Art. 39 *decies* I. — Les entreprises soumises à l'impôt sur les sociétés ou à l'impôt sur le revenu selon un régime réel d'imposition peuvent déduire de leur résultat imposable une somme égale à 40 % de la valeur d'origine des biens hors frais financiers, affectés à leur activité et qu'elles acquièrent ou fabriquent à compter du 15 avril 2015 et jusqu'au 14 avril 2017 lorsque ces biens peuvent faire l'objet d'un amortissement selon le système prévu à l'article 39 A et qu'ils relèvent de l'une des catégories suivantes :

1° Matériels et outillages utilisés pour des opérations industrielles de fabrication ou de transformation ;

2° Matériels de manutention ;

3° Installations destinées à l'épuration des eaux et à l'assainissement de l'atmosphère ;

4° Installations productrices de vapeur, de chaleur ou d'énergie à l'exception des installations utilisées dans le cadre d'une activité de production d'énergie électrique bénéficiant de l'application d'un tarif réglementé d'achat de la production ;

5° Matériels et outillages utilisés à des opérations de recherche scientifique ou technique ;

6° Éléments de structure, matériels et outillages utilisés à des opérations de transport par câbles et notamment au moyen de remontées mécaniques au sens de l'article L. 342-7 du code du tourisme et ce quelles que soient les modalités d'amortissement desdits éléments de structure, matériels et outillages. La déduction visée par le premier paragraphe ci-dessus s'applique également aux biens acquis ou fabriqués jusqu'au 14 avril 2017. Lorsque la remontée mécanique est acquise ou fabriquée dans le cadre d'un contrat d'affermage, la déduction est pratiquée par le fermier ;

7° Les installations, les équipements, les lignes et câblages des réseaux de communications électroniques en fibre optique ne faisant pas l'objet d'une aide versée par une personne publique. Ces biens peuvent bénéficier de la déduction quelles que soient leurs modalités d'amortissement. En cas de cession de droits d'usage portant sur les biens mentionnés à la première phrase du présent 7°, le montant des investissements éligibles est égal à la différence entre le montant total des investissements effectués, hors frais financiers, et le montant ouvrant droit à la déduction des droits d'usage cédés à une entreprise tierce. Par dérogation au premier alinéa du présent I, les entreprises titulaires d'un droit d'usage portant sur ces biens peuvent déduire une somme égale à 40 % du montant facturé au titre de ce droit d'usage pour sa fraction afférente au prix d'acquisition ou de fabrication des biens, y compris par dérogation à la première phrase du présent 7°, lorsque ces biens font partie de réseaux ayant fait l'objet d'une aide versée par une personne publique. Par dérogation au même premier alinéa, la déduction s'applique aux biens mentionnés au présent 7° qui sont acquis ou fabriqués par l'entreprise à compter du 1er janvier 2016 et jusqu'au 14 avril 2017 et aux droits d'usage des biens acquis ou fabriqués au cours de la même période qui font l'objet d'une cession avant le 15 avril 2017 ;

8° Les logiciels qui contribuent à des opérations industrielles de fabrication et de transformation. Par dérogation au premier alinéa du présent I, la déduction s'applique aux biens mentionnés au présent 8°, quelles que soient leurs modalités d'amortissement ;

9° Les appareils informatiques prévus pour une utilisation au sein d'une baie informatique acquis ou fabriqués par l'entreprise et les machines destinées au calcul intensif acquises de façon intégrée, à compter du 12 avril 2016 et jusqu'au 14 avril 2017. Par dérogation au premier alinéa du présent I, la déduction s'applique aux biens mentionnés au présent 9°, quelles que soient leurs modalités d'amortissement.

La déduction s'applique également aux biens mentionnés au présent I ayant fait l'objet, avant le 15 avril 2017, d'une commande assortie du versement d'acomptes d'un montant au moins égal à 10 % du montant total de la commande et dont l'acquisition intervient dans un délai de vingt-quatre mois à compter de la date de la commande.

La déduction est répartie linéairement sur la durée normale d'utilisation des biens. En cas de cession du bien avant le terme de cette période, elle n'est acquise à l'entreprise qu'à hauteur des montants déjà déduits du résultat à la date de la cession, qui *sont calculés prorata temporis.*

L'entreprise qui prend en location un bien neuf mentionné au premier alinéa du présent I dans les conditions prévues au 1 de l'article L. 313-7 du code monétaire et financier en application d'un contrat de crédit-bail ou dans le cadre d'un contrat de location avec option d'achat peut déduire une somme égale à 40 % de la valeur d'origine du bien hors frais financiers, au moment de la signature du contrat. Ces contrats sont ceux conclus à compter du 15 avril 2015 et jusqu'au 14 avril 2017 pour les biens mentionnés aux 1° à 6° et 8° du présent I, à compter du 1er janvier 2016 et jusqu'au 14 avril 2017 pour les biens mentionnés au 7° et à compter du 12 avril 2016 et jusqu'au 14 avril 2017 pour les biens mentionnés au 9°. Cette déduction est répartie sur la durée mentionnée au douzième alinéa du présent I. Si l'entreprise crédit-preneuse ou locataire acquiert le bien, elle peut continuer à appliquer la déduction. La déduction cesse à compter de la cession ou de la cessation par celle-ci du contrat de crédit-bail ou de location avec option d'achat ou du bien et ne peut pas s'appliquer au nouvel exploitant.

L'entreprise qui donne le bien en crédit-bail ou en location avec option d'achat ne peut pas pratiquer la déduction mentionnée au premier alinéa.

II. – Les associés coopérateurs des coopératives d'utilisation de matériel agricole et des coopératives régies par les 2°, 3° et 3° *bis* du 1 de l'article 207 du présent code peuvent bénéficier de la déduction prévue au I du présent article à raison des biens acquis, fabriqués ou pris en crédit-bail ou en location avec option d'achat par ces coopératives du 15 octobre 2015 au 14 avril 2017, d'une part, au titre des biens affectés exclusivement à des opérations exonérées, d'autre part, au titre des biens affectés à la fois à des opérations exonérées et à des opérations taxables au prorata du chiffre d'affaires des opérations exonérées rapporté au chiffre d'affaires total.

Chaque associé coopérateur peut déduire une quote-part de la déduction ainsi déterminée égale à la proportion :

1° Soit de l'utilisation qu'il fait du bien, dans le cas des coopératives d'utilisation de matériel agricole ;

2° Soit du nombre de parts qu'il détient au capital de la coopérative, dans les autres cas.

Dans le cas des coopératives d'utilisation de matériel agricole, la proportion d'utilisation d'un bien par un associé coopérateur est égale au rapport entre le montant des charges attribué à cet associé coopérateur par la coopérative au titre du bien et le montant total des charges supporté par la coopérative au cours de l'exercice à raison du même bien. Ce rapport est déterminé par la coopérative à la clôture de chaque exercice.

La quote-part est déduite du bénéfice de l'exercice de l'associé coopérateur au cours duquel la coopérative a clos son propre exercice.

Les coopératives d'utilisation de matériel agricole, les coopératives régies par les 2°, 3° et 3° *bis* du 1 de l'article 207 du présent code et les associés coopérateurs sont tenus de produire, à toute réquisition de l'administration, les informations nécessaires permettant de justifier de la déduction pratiquée.

Déduction exceptionnelle (2015-2017) : suramortissement en faveur de l'investissement productif. Les entreprises soumises à l'IS ou à l'IR selon le régime réel d'imposition peuvent déduire de leur résultat imposable une somme égale à 40 % de la valeur d'origine de biens limitativement énumérés, qu'elles acquièrent ou fabriquent à compter du 15 avr. 2015 et jusqu'au 14 avr. 2017 et qui sont éligibles à l'amortissement dégressif prévu à l'art. 39 A. * BOI-BIC-BASE-100 du 6 mars 2019.

Art. 39 *decies* A *(L. n° 2018-1317 du 28 déc. 2018, art. 70-I-1°-a)* « I. – 1. » Les entreprises soumises à l'impôt sur les sociétés ou à l'impôt sur le revenu selon un régime réel d'imposition peuvent *(L. n° 2018-1317 du 28 déc. 2018, art. 70-I-1°-b)* « pratiquer une déduction assise sur » la valeur d'origine des biens *(L. n° 2018-1317 du 28 déc. 2018, art. 70-I-1°-c et II, applicable aux véhicules acquis à compter du 11 oct. 2018)* « acquis neufs », hors frais financiers, affectés à leur activité *(Abrogé par L. n° 2018-1317 du 28 déc. 2018, art. 70-I-1°-d)* ***« et qu'elles acquièrent à compter du 1er janvier 2016 et jusqu'au 31 décembre 2019 »***, lorsqu'ils relèvent des catégories de véhicules dont le poids total autorisé en charge est supérieur ou *(L. n° 2018-1317 du 28 déc. 2018, art. 70-I-1°-e)* « égal à 2,6 » tonnes qui utilisent exclusivement *(L. n° 2018-1317 du 28 déc. 2018, art. 70-I-1°-f)* « une ou plusieurs des énergies suivantes : »

(L. n° 2018-1317 du 28 déc. 2018, art. 70-I-2°) « *a)* Le gaz naturel et le biométhane carburant ; »

(L. n° 2019-1479 du 28 déc. 2019, art. 61-1°-a) « *a bis)* Une combinaison de gaz naturel et de gazole nécessaire au fonctionnement d'une motorisation bicarburant de type

1A telle que définie au 52 de l'article 2 du règlement (CE) n° 582/2011 de la Commission du 25 mai 2011 portant modalités d'application et modification du règlement (CE) n° 595/2009 du Parlement européen et du Conseil au regard des émissions des véhicules utilitaires lourds (Euro VI) et modifiant les annexes I et III de la directive 2007/46/ CE du Parlement européen et du Conseil ; »

(L. n° 2018-1317 du 28 déc. 2018, art. 70-I-2°) « *b)* Le carburant ED95 composé d'un minimum de 90,0 % d'alcool éthylique d'origine agricole ;

« *c)* L'énergie électrique ;

« *d)* L'hydrogène ; »

(L. n° 2019-1479 du 28 déc. 2019, art. 62-1°-a) « *e)* Le carburant B100 constitué à 100 % d'esters méthyliques d'acides gras, lorsque la motorisation du véhicule est conçue en vue d'un usage exclusif et irréversible de ce carburant. »

(L. n° 2018-1317 du 28 déc. 2018, art. 70-I-2°) « 2. Pour les véhicules mentionnés au 1 du présent I dont le poids total autorisé en charge est supérieur ou égal à 3,5 tonnes, acquis à compter du 1er janvier 2016 et jusqu'au 31 décembre *(L. n° 2021-1104 du 22 août 2021, art. 133)* « 2030 » pour ceux utilisant les énergies mentionnées aux *a* et *b* du même 1, et à compter du 1er janvier 2019 et jusqu'au 31 décembre *(L. n° 2021-1104 du 22 août 2021, art. 133)* « 2030 » pour ceux utilisant les énergies mentionnées aux *c* et *d* dudit 1, *(L. n° 2019-1479 du 28 déc. 2019, art. 62-1°-b)* « et à compter du 1er janvier 2020 et jusqu'au 31 décembre *(L. n° 2021-1104 du 22 août 2021, art. 133)* « 2030 » pour ceux utilisant l'énergie mentionnée au *e* du même 1 » *(Décr. n° 2020-897 du 22 juill. 2020, art. 1er)* « , » la déduction est de 40 %.

« Par dérogation au premier alinéa du présent 2, pour les véhicules mentionnés au 1 du présent I dont le poids autorisé en charge est supérieur ou égal à 3,5 tonnes et inférieur ou égal à 16 tonnes, acquis à compter du 1er janvier 2019 et jusqu'au 31 décembre *(L. n° 2021-1104 du 22 août 2021, art. 133)* « 2030 » *(L. n° 2019-1479 du 28 déc. 2019, art. 62-1°-b)* « pour ceux utilisant les énergies mentionnées aux *a* à *d* du même 1 et à compter du 1er janvier 2020 et jusqu'au 31 décembre *(L. n° 2021-1104 du 22 août 2021, art. 133)* « 2030 » pour ceux utilisant l'énergie mentionnée au *e* du même 1 », la déduction est de 60 %.

« Pour les véhicules mentionnés au même 1 dont le poids autorisé en charge est supérieur ou égal à 2,6 tonnes et inférieur à 3,5 tonnes, acquis à compter du 1er janvier 2019 et jusqu'au 31 décembre *(L. n° 2021-1104 du 22 août 2021, art. 133)* « 2030 » *(L. n° 2019-1479 du 28 déc. 2019, art. 62-1°-b)* « pour ceux utilisant les énergies mentionnées aux *a* à *d* du même 1 et à compter du 1er janvier 2020 et jusqu'au 31 décembre *(L. n° 2021-1104 du 22 août 2021, art. 133)* « 2030 » pour ceux utilisant l'énergie mentionnée au *e* du même 1 », la déduction est de 20 %. »

(L. n° 2019-1479 du 28 déc. 2019, art. 61-1°-b) « Les trois premiers alinéas du présent 2 s'appliquent, sous les mêmes conditions, aux véhicules utilisant l'énergie mentionnée au *a bis* du 1 du présent I acquis à compter du 1er janvier 2020 et jusqu'au 31 décembre *(L. n° 2021-1104 du 22 août 2021, art. 133)* « 2030 ». »

(L. n° 2018-1317 du 28 déc. 2018, art. 70-I-3°) « II. — » La déduction est répartie linéairement sur la durée normale d'utilisation des biens. En cas de cession du bien avant le terme de cette période, elle n'est acquise à l'entreprise qu'à hauteur des montants déjà déduits du résultat à la date de la cession, qui sont calculés *pro rata temporis*.

(L. n° 2018-1317 du 28 déc. 2018, art. 70-I-4°-a) « III. — » L'entreprise qui prend en location un bien neuf mentionné au *(L. n° 2018-1317 du 28 déc. 2018, art. 70-I-4°-b)* « I » dans les conditions prévues au 1 de l'article L. 313-7 du code monétaire et financier en application d'un contrat de crédit-bail ou dans le cadre d'un contrat de location avec option d'achat *(Abrogé par L. n° 2018-1317 du 28 déc. 2018, art. 70-I-4°-b)* « , *conclu à compter du 1er janvier 2016 et jusqu'au 31 décembre 2019,* » peut déduire une somme égale à 40 % *(L. n° 2018-1317 du 28 déc. 2018, art. 70-I-4°-b)* « , ou 60 % s'il s'agit d'un bien mentionné au deuxième alinéa du 2 du I du présent article, ou 20 % s'il s'agit d'un bien mentionné au *(L. n° 2019-1479 du 28 déc. 2019, art. 61-2°-a)* « troisième » alinéa du même 2, » de la valeur d'origine du bien, hors frais financiers, au moment de la signature du contrat. *(L. n° 2018-1317 du 28 déc. 2018, art. 70-I-4°-c)* « Ces contrats sont ceux conclus à compter du 1er janvier 2016 et jusqu'au 31 décembre *(L. n° 2021-1104 du 22 août 2021, art. 133)* « 2030 » pour les biens utilisant les énergies mentionnées aux *a* et *b* du 1 du I et à compter du 1er janvier 2019 et

jusqu'au 31 décembre *(L. n° 2021-1104 du 22 août 2021, art. 133)* « 2030 » pour les biens utilisant les énergies mentionnées aux *c* et *d* du même 1 et pour les véhicules mentionnés aux deuxième et troisième alinéas du 2 du même I *(L. n° 2019-1479 du 28 déc. 2019, art. 62-2°)* « utilisant les énergies mentionnées aux *a* à *d* du 1 dudit I, et les contrats conclus à compter du 1er janvier 2020 et jusqu'au 31 décembre *(L. n° 2021-1104 du 22 août 2021, art. 133)* « 2030 » pour les biens mentionnés au 1 du même I et aux deuxième et troisième alinéas du 2 du même I utilisant l'énergie mentionnée au *e* du 1 du même I ». » Cette déduction est répartie *(L. n° 2017-1837 du 30 déc. 2017, art. 21, applicable aux véhicules pris en crédit-bail ou en location avec option d'achat à compter du 1er janv. 2018)* « sur la durée mentionnée au » *(L. n° 2018-1317 du 28 déc. 2018, art. 70-I-4°-d)* « II ». Si l'entreprise crédit-preneuse ou locataire acquiert le bien, elle peut continuer à appliquer la déduction. La déduction cesse à compter de la cession ou de la cessation par l'entreprise du contrat de crédit-bail ou de location avec option d'achat ou du bien et ne peut pas s'appliquer au nouvel exploitant.

(L. n° 2019-1479 du 28 déc. 2019, art. 61-2°-b) « Le premier alinéa du présent III s'applique, sous les mêmes conditions, aux véhicules neufs utilisant l'énergie mentionnée au *a bis* du 1 du I pris en location dans le cadre d'un contrat conclu à compter du 1er janvier 2020 et jusqu'au 31 décembre *(L. n° 2021-1104 du 22 août 2021, art. 133)* « 2030 ». »

L'entreprise qui donne le bien en crédit-bail ou en location avec option d'achat ne peut pas pratiquer la déduction mentionnée au *(L. n° 2018-1317 du 28 déc. 2018, art. 70-I-5°)* « I ».

Déduction exceptionnelle (2016-2021) : suramortissement en faveur des poids lourds peu polluants. Commentaire administratif. * BOI-BIC-BASE-100-20 du 19 févr. 2020.

Art. 39 *decies* B *(L. n° 2018-1317 du 28 déc. 2018, art. 55, applicable aux exercices clos à compter du 1er janv. 2019)* I. – Les petites et moyennes entreprises soumises à l'impôt sur les sociétés ou à l'impôt sur le revenu selon un régime réel peuvent déduire de leur résultat imposable une somme égale à 40 % de la valeur d'origine des biens inscrits à l'actif immobilisé, hors frais financiers, affectés à une activité industrielle, lorsque ces biens relèvent de l'une des catégories suivantes :

1° Équipements robotiques et cobotiques ;

2° Équipements de fabrication additive ;

3° Logiciels utilisés pour des opérations de conception, de fabrication ou de transformation ;

4° Machines intégrées destinées au calcul intensif ;

5° Capteurs physiques collectant des données sur le site de production de l'entreprise, sa chaîne de production ou son système transitique ;

6° Machines de production à commande programmable ou numérique ;

7° Équipements de réalité augmentée et de réalité virtuelle utilisés pour des opérations de conception, de fabrication ou de transformation.

La déduction est applicable aux biens mentionnés aux 1° à 7° acquis à l'état neuf à compter du 1er janvier 2019 et jusqu'au 31 décembre 2020 qui ont fait l'objet d'une commande ferme à compter du 20 septembre 2018. Elle s'applique également aux biens mentionnés aux mêmes 1° à 7° fabriqués à compter du 1er janvier 2019 et *jusqu'au 31 décembre* 2020 pour lesquels la direction de l'entreprise a pris la décision définitive de les fabriquer à compter du 20 septembre 2018.

La déduction s'applique également aux biens mentionnés auxdits 1° à 7° acquis à l'état neuf à compter du 1er janvier 2021, sous réserve qu'ils aient fait l'objet à compter du 1er janvier 2019 et jusqu'au 31 décembre 2020 d'une commande assortie du versement d'acomptes d'un montant au moins égal à 10 % du montant total de la commande et à la condition que cette acquisition intervienne dans un délai de vingt-quatre mois à compter de la date de la commande.

La déduction est répartie linéairement sur la durée normale d'utilisation des biens. En cas de cession du bien ou d'affectation à une activité autre qu'industrielle avant le terme de cette période, elle n'est acquise à l'entreprise qu'à hauteur des montants déjà déduits du résultat à la date de la cession ou du changement d'affectation, qui sont calculés *pro rata temporis*.

La petite ou moyenne entreprise qui affecte à une activité industrielle un bien neuf mentionné au premier alinéa du présent I pris en location dans les conditions prévues au 1 de l'article L. 313-7 du code monétaire et financier, en application d'un contrat de crédit-bail ou dans le cadre d'un contrat de location avec option d'achat conclu à compter du 1er janvier 2019 et jusqu'au 31 décembre 2020, peut déduire une somme égale à 40 % de la valeur d'origine du bien neuf hors frais financiers, au moment de la signature du contrat. Cette déduction est répartie sur la durée mentionnée au onzième alinéa du présent I. Si l'entreprise crédit-preneuse ou locataire acquiert le bien, elle peut continuer à appliquer la déduction. La déduction cesse à compter de la cession ou de la cessation par celle-ci du contrat de crédit-bail ou de location avec option d'achat ou du bien et ne peut pas s'appliquer au nouvel exploitant.

L'entreprise qui donne le bien en crédit-bail ou en location avec option d'achat ne peut pas pratiquer la déduction mentionnée au premier alinéa.

II. — Pour l'application du I, l'activité industrielle s'entend de celle qui concourt directement à la fabrication ou à la transformation de biens corporels mobiliers et pour laquelle le rôle du matériel et de l'outillage est prépondérant.

III. — Le présent article s'applique aux petites et moyennes entreprises au sens de l'annexe I du règlement (UE) n° 651/2014 de la Commission du 17 juin 2014 déclarant certaines catégories d'aides compatibles avec le marché intérieur en application des articles 107 et 108 du traité.

IV. — Le bénéfice de la déduction est subordonné au respect de l'article 17 du règlement (UE) n° 651/2014 de la Commission du 17 juin 2014 précité.

Suramortissement en faveur des PME industrielles. Commentaire administratif. * BOI-BIC-BASE-100-30 du 15 mai 2019.

Art. 39 *decies* C *(L. n° 2018-1317 du 28 déc. 2018, art. 56)* I. — Les entreprises soumises à l'impôt sur les sociétés ou à l'impôt sur le revenu selon un régime réel d'imposition peuvent déduire de leur résultat imposable :

1° Une somme égale à *(L. n° 2019-1479 du 28 déc. 2019, art. 48-I-A-1°-a)* « 125 % des coûts supplémentaires immobilisés, hors frais financiers, directement liés à l'installation d'équipements, acquis à l'état neuf, permettant l'utilisation d'hydrogène ou de » toute autre propulsion décarbonée comme énergie propulsive principale ou pour la production d'énergie électrique destinée à la propulsion principale *(L. n° 2019-1479 du 28 déc. 2019, art. 48-I-A-1°-b)* « des navires et bateaux de transport de marchandises ou de passagers » et qui sont affectés à leur activité, lorsque le contrat *(L. n° 2019-1479 du 28 déc. 2019, art. 48-I-A-1°-c)* « d'acquisition de ces équipements ou » de construction du navire ou du bateau est conclu à compter du 1er janvier *(L. n° 2019-1479 du 28 déc. 2019, art. 48-I-A-1°-d)* « 2020 » et jusqu'au 31 décembre *(L. n° 2020-1721 du 29 déc. 2020, art. 143)* « 2024 » ;

2° Une somme égale à *(L. n° 2019-1479 du 28 déc. 2019, art. 48-I-A-2°-a)* « 105 % des coûts supplémentaires immobilisés, hors frais financiers, directement liés à l'installation d'équipements, acquis à l'état neuf, permettant l'utilisation du » gaz naturel liquéfié comme énergie propulsive principale ou *(L. n° 2019-1479 du 28 déc. 2019, art. 48-I-A-2°-b)* « pour » la production d'énergie électrique destinée à la propulsion principale *(L. n° 2019-1479 du 28 déc. 2019, art. 48-I-A-2°-c)* « des navires et bateaux de transport de marchandises ou de passagers » et qui sont affectés à leur activité, lorsque le contrat *(L. n° 2019-1479 du 28 déc. 2019, art. 48-I-A-2°-d)* « d'acquisition de ces équipements ou » de construction du navire ou du bateau est conclu à compter du 1er janvier *(L. n° 2019-1479 du 28 déc. 2019, art. 48-I-A-2°-e)* « 2020 » et jusqu'au 31 décembre *(L. n° 2020-1721 du 29 déc. 2020, art. 143)* « 2024 » ;

(L. n° 2021-1900 du 30 déc. 2021, art. 25-I-1°-a) « Le présent 2° s'applique également, dans les mêmes conditions, aux équipements acquis à l'état neuf permettant l'utilisation du gaz de pétrole liquéfié, du gaz naturel comprimé, de l'ammoniac, du méthanol, de l'éthanol ou du diméthyl éther comme énergie propulsive principale ou pour la production d'énergie électrique destinée à la propulsion principale des navires et bateaux de transport de marchandises ou de passagers et qui sont affectés à leur activité, lorsque le contrat d'acquisition de ces équipements ou de construction du navire ou du bateau est conclu à compter du 1er janvier 2022 et jusqu'au 31 décembre 2024 ; »

(L. n° 2019-1479 du 28 déc. 2019, art. 48-I-A-3°) **« 3° Une somme égale à 85 % des coûts supplémentaires immobilisés, hors frais financiers, directement liés à l'installation des biens destinés au traitement des oxydes de soufre, oxydes d'azote et particules fines contenus dans les gaz d'échappement, qu'elles acquièrent à l'état neuf à compter du 1er janvier 2020 et jusqu'au 31 décembre** *(L. n° 2020-1721 du 29 déc. 2020, art. 143)* **« 2024 », en vue de les installer sur un navire en service pour améliorer le niveau d'exigence environnementale au regard d'au moins un des deux critères suivants :**

« – un niveau d'émission d'oxydes de soufre inférieur à celui fixé à la règle 14 de l'annexe 6 de la Convention internationale pour la prévention de la pollution par les navires ou, lorsque le navire y est soumis, par la directive *(L. n° 2021-1900 du 30 déc. 2021, art. 25-I-1°-b et II)* **« (UE) 2016/802 du Parlement européen et du Conseil du 11 mai 2016 concernant une réduction de la teneur en soufre de certains combustibles liquides » ;**

« – un niveau d'émission d'oxydes d'azote inférieur à celui correspondant au niveau III tel que défini au paragraphe 5.1 de la règle 13 de l'annexe 6 de la Convention internationale pour la prévention de la pollution par les navires.

« Le présent 3° s'applique également aux biens mentionnés au premier alinéa, acquis à l'état neuf à compter du 1er janvier 2020 et jusqu'au 31 décembre *(L. n° 2020-1721 du 29 déc. 2020, art. 143)* **« 2024 », en vue de les installer sur un bateau de transport de marchandises ou de passagers, si ces biens** *(L. n° 2021-1900 du 30 déc. 2021, art. 25-I-1°-b et II)* **« permettent d'améliorer le niveau d'exigence environnementale au regard des niveaux d'émissions polluantes définis par le règlement (UE) 2016/1628 du Parlement européen et du Conseil du 14 septembre 2016 relatif aux exigences concernant les limites d'émission pour les gaz polluants et les particules polluantes et la réception par type pour les moteurs à combustion interne destinés aux engins mobiles non routiers, modifiant les règlements (UE) n° 1024/2012 et (UE) n° 167/2013 et modifiant et abrogeant la directive 97/68/CE ». »** – *Les dispositions du présent 3°, telles qu'issues de la L. n° 2021-1900 du 30 déc. 2021, art. 25-I-1°-b, s'appliquent aux exercices ouverts à compter du 1er janv. 2022 (L. préc., art. 25-II).*

4° Une somme égale à 20 % de la valeur d'origine, hors frais financiers, des biens destinés à l'alimentation électrique durant l'escale par le réseau terrestre ou au moyen de moteurs auxiliaires utilisant le gaz naturel liquéfié ou une énergie décarbonée *(Abrogé par L. n° 2021-1900 du 30 déc. 2021, art. 25-I-1°-c et II, pour les contrats d'acquisition conclus à compter du 1er janv. 2022)* ***« ainsi que les biens destinés à compléter la propulsion principale du navire ou du bateau par une propulsion décarbonée »*, qu'elles acquièrent à l'état neuf, à compter du 1er janvier** *(L. n° 2019-1479 du 28 déc. 2019, art. 48-I-A-4°)* **« 2020 » et jusqu'au 31 décembre** *(L. n° 2020-1721 du 29 déc. 2020, art. 143)* **« 2024 », en vue de les installer sur un navire ou sur un bateau en service.**

(L. n° 2021-1900 du 30 déc. 2021, art. 25-I-1°-c) **« Le présent 4° s'applique également aux biens destinés à compléter la propulsion principale du navire ou du bateau par une propulsion décarbonée, acquis à l'état neuf, à compter du 1er janvier 2022 et jusqu'au 31 décembre 2024. Pour ces biens, le taux de la déduction est porté à 85 % de leur valeur d'origine, hors frais financiers. »**

Les 1° à 4° du présent I s'appliquent aux navires armés au commerce battant pavillon d'un des États membres de l'Union européenne ou d'un autre État partie à l'accord sur l'Espace économique européen *(Abrogé par L. n° 2021-1900 du 30 déc. 2021, art. 25-I-1°-d et II, pour les exercices ouverts à compter du 1er janv. 2022)* ***« et dont les escales dans les ports français représentent pour chaque année de la période mentionnée aux II et III plus de 30 % du nombre des escales ou dont la durée de navigation dans la zone économique exclusive française représente plus de 30 % du temps de navigation, »* ainsi qu'aux bateaux de transport de marchandises ou de passagers naviguant dans les eaux intérieures au sens de l'article L. 4000-1 du code des transports et, le cas échéant, à ceux naviguant en mer dans les conditions prévues à l'article L. 4251-1 du même code.**

(L. n° 2019-1479 du 28 déc. 2019, art. 48-I-A-5°) **« Les coûts supplémentaires, hors frais financiers, directement liés à l'installation des équipements mentionnés aux 1° et 2° du présent I sont déterminés par différence entre la valeur d'origine, hors frais financiers, de ces équipements et la valeur d'origine, hors frais financiers, des équipements similaires qui auraient permis l'utilisation du fuel lourd ou du diesel marin**

comme mode de propulsion principale ou pour la production d'électricité destinée à la propulsion principale du navire ou bateau de transport de marchandises et de passagers considéré.

« Les coûts supplémentaires, hors frais financiers, directement liés à l'installation des biens mentionnés au 3° du présent I sont déterminés par différence entre la valeur d'origine, hors frais financiers, de ces équipements et la valeur d'origine, hors frais financiers, des équipements similaires qui auraient dû être installés sur le navire *(Abrogé par L. n° 2021-1900 du 30 déc. 2021, art. 25-I-1°-e et II, pour les exercices ouverts à compter du 1er janv. 2022)* ***« ou le bateau de transport de marchandises et de passagers »*** **considéré pour satisfaire à la règle 14 de l'annexe 6 de la Convention internationale pour la prévention de la pollution par les navires ou, lorsque le navire y est soumis, aux dispositions de la directive** *(L. n° 2021-1900 du 30 déc. 2021, art. 25-I-1°-e et II, applicable aux exercices ouverts à compter du 1er janv. 2022)* **« (UE) 2016/802 du Parlement européen et du Conseil du 11 mai 2016 » précitée, ou au niveau III d'émission d'oxydes d'azote selon les stipulations du paragraphe 5.1 de la règle 13 de l'annexe 6 de la Convention internationale pour la prévention de la pollution par les navires »** *(L. n° 2021-1900 du 30 déc. 2021, art. 25-I-1°-e et II, applicable aux exercices ouverts à compter du 1er janv. 2022)* **« ou, pour un bateau de transport de marchandises ou de passagers, pour satisfaire au règlement (UE) 2016/1628 du Parlement européen et du Conseil du 14 septembre 2016 précité ».**

(L. n° 2021-1900 du 30 déc. 2021, art. 25-I-1°-f et II, applicable aux exercices ouverts à compter du 1er janv. 2022) **« Pour le calcul de la déduction prévue au présent I, le montant des coûts supplémentaires immobilisés mentionnés au 2° est retenu dans la limite de 15 000 000 € par navire ou bateau et le montant des coûts supplémentaires immobilisés mentionnés au 3° ainsi que la valeur d'origine des biens mentionnés au second alinéa du 4° sont retenus dans la limite de 10 000 000 € par navire ou bateau. »**

II. — La déduction est répartie linéairement à compter de la mise en service des biens sur leur durée normale d'utilisation. En cas de cession ou de remplacement du bien avant le terme de cette période, elle n'est acquise à l'entreprise qu'à hauteur des montants déjà déduits du résultat à la date de la cession ou du remplacement, qui sont calculés *pro rata temporis*.

III. — *(L. n° 2019-1479 du 28 déc. 2019, art. 48-I-B-1°)* **« L'entreprise qui prend en location un bien neuf mentionné au I, dans les conditions prévues au 1 de l'article L. 313-7 du code monétaire et financier dans le cadre d'un contrat de crédit-bail ou de location avec option d'achat, conclu à compter du 1er janvier 2020 et jusqu'au 31 décembre** *(L. n° 2020-1721 du 29 déc. 2020, art. 143)* **« 2024 », peut déduire une somme égale à 125 % des coûts d'investissement supplémentaires s'il s'agit d'équipements mentionnés au 1° du I, 105 % des coûts d'investissement supplémentaires s'il s'agit d'équipements mentionnés au** *(L. n° 2021-1900 du 30 déc. 2021, art. 25-I-2°-a)* **« premier alinéa du 2° » du même I, 85 % des coûts d'investissement supplémentaires s'il s'agit d'un bien mentionné au** *(L. n° 2021-1900 du 30 déc. 2021, art. 25-I-2°-a)* **« premier alinéa du 3° » ou 20 % de la valeur d'origine, hors frais financiers, s'il s'agit d'un bien mentionné au 4° dudit I, au moment de la signature du contrat. »** *(L. n° 2021-1900 du 30 déc. 2021, art. 25-I-2°-a)* **« Elle peut également déduire une somme égale à 105 % des coûts d'investissement supplémentaires s'il s'agit d'équipements mentionnés au second alinéa du 2° du I, lorsqu'elle prend en location un bien neuf mentionné au même I dans les conditions prévues au 1 de l'article L. 313-7 du code monétaire et financier, dans le cadre d'un contrat de crédit-bail ou de location avec option d'achat, conclu à compter du 1er janvier 2022 et jusqu'au 31 décembre 2024. L'entreprise peut déduire une somme égale à 85 % de la valeur d'origine, hors frais financiers, des biens mentionnés au second alinéa du 4° du I du présent article, lorsqu'elle prend en location un bien neuf mentionné au même I dans les conditions prévues au 1 de l'article L. 313-7 du code monétaire et financier, dans le cadre d'un contrat de crédit-bail ou de location avec option d'achat, conclu à compter du 1er janvier 2022 et jusqu'au 31 décembre 2024. » Cette déduction est répartie *pro rata temporis* sur la durée normale d'utilisation du bien à compter de l'entrée en location. Si l'entreprise crédit-preneuse ou locataire acquiert le bien et en remplit les conditions, elle peut continuer à appliquer la déduction. En cas de cession ou de cessation du contrat de crédit-bail ou de location avec option d'achat ou de cession du bien, la**

déduction n'est acquise à l'entreprise qu'à hauteur des montants déjà déduits du résultat à la date de la cession ou de la cessation, qui sont calculés *pro rata temporis*.

(L. n° 2019-1479 du 28 déc. 2019, art. 48-I-B-2°) « Les coûts d'investissement supplémentaires des équipements mentionnés aux 1°, 2° et 3° du I *(L. n° 2021-1900 du 30 déc. 2021, art. 25-I-2°-b et II, applicable aux exercices ouverts à compter du 1er janv. 2022)* « ainsi que la valeur d'origine des biens mentionnés au second alinéa du 4° du même I » pris en location dans le cadre d'un contrat de crédit-bail ou de location avec option d'achat sont déterminés dans les conditions prévues aux *(L. n° 2021-1900 du 30 déc. 2021, art. 25-I-2°-b et II, applicable aux exercices ouverts à compter du 1er janv. 2022)* « trois derniers » alinéas du I. »

L'entreprise qui donne le bien en crédit-bail ou en location avec option d'achat peut pratiquer les déductions mentionnées au même I, sous réserve du respect des conditions suivantes :

1° Le locataire ou le crédit-preneur *(L. n° 2021-1900 du 30 déc. 2021, art. 25-I-2°-c et II, applicable aux exercices ouverts à compter du 1er janv. 2022)* « a opté pour le régime prévu à l'article 209-0 B ; »

2° *(Abrogé par L. n° 2019-1479 du 28 déc. 2019, art. 48-I-B-4°-a) « 80 % au moins de »* L'avantage en impôt procuré par les déductions pratiquées en application du présent article est *(L. n° 2019-1479 du 28 déc. 2019, art. 48-I-B-4°-b)* « intégralement » rétrocédé à l'entreprise locataire ou crédit-preneuse sous forme de diminution de loyers *(L. n° 2019-1479 du 28 déc. 2019, art. 48-I-B-4°-c)* « accordée en même temps et au même rythme que celui auquel la déduction est pratiquée ».

IV. — Sur demande de l'administration, le contribuable présente tout document, visé par l'administration chargée du transport maritime, certifiant que la condition prévue au *(L. n° 2021-1900 du 30 déc. 2021, art. 25-I-3° et II, applicable aux exercices ouverts à compter du 1er janv. 2022)* « onzième » alinéa du I est respectée.

V. — Si l'une des conditions prévues aux I à IV cesse d'être respectée pendant la durée normale d'utilisation du navire prévue aux II et III, le contribuable perd le droit à la déduction prévue aux I et III et les sommes déduites au cours de l'exercice et des exercices antérieurs sont rapportées au résultat imposable de l'entreprise qui en a bénéficié au titre de l'exercice au cours duquel cet événement se réalise.

(L. n° 2019-1479 du 28 déc. 2019, art. 48-I-D) « VI. — Le bénéfice de la déduction est subordonné au respect de l'article 36 du règlement (UE) n° 651/2014 de la Commission du 17 juin 2014 déclarant certaines catégories d'aides compatibles avec le marché intérieur en application des articles 107 et 108 du traité. »

Équipements permettant aux navires et aux bateaux de transport de marchandises ou de passagers d'utiliser des énergies propres. Déduction exceptionnelle. * BOI-BIC-BASE-100-40 du 10 juin 2020.

Art. 39 *decies* D *(L. n° 2018-1317 du 28 déc. 2018, art. 25)* I. — Les entreprises soumises à l'impôt sur les sociétés ou à l'impôt sur le revenu selon un régime réel d'imposition peuvent déduire de leur résultat imposable une somme égale à 40 % de la valeur d'origine, hors frais financiers, de l'ensemble des biens d'équipement de réfrigération et de traitement de l'air utilisant des fluides réfrigérants autres que ceux mentionnés à la section 1 de l'annexe I du règlement (UE) n° 517/2014 du Parlement européen et du Conseil du 16 avril 2014 relatif aux gaz à effet de serre fluorés et abrogeant le règlement (CE) n° 842/2006, affectés à leur activité et inscrits à l'actif immobilisé.

La déduction est applicable aux biens mentionnés au premier alinéa du présent I acquis à l'état neuf à compter du 1er janvier 2019 et jusqu'au 31 décembre 2022.

II. — La déduction est répartie linéairement sur la durée normale d'utilisation des biens. En cas de sortie du bien de l'actif avant le terme de cette période, elle n'est acquise à l'entreprise qu'à hauteur des montants déjà déduits du résultat à la date de la sortie du bien de l'actif, qui sont calculés *pro rata temporis*.

III. — L'entreprise qui prend en location un bien neuf mentionné au I du présent article dans les conditions prévues au 1 de l'article L. 313-7 du code monétaire et financier en application d'un contrat de crédit-bail ou dans le cadre d'un contrat de location avec option d'achat, conclu à compter du 1er janvier 2019 et jusqu'au

31 décembre 2022, peut déduire une somme égale à 40 % de la valeur d'origine du bien hors frais financiers au moment de la signature du contrat. Cette déduction est répartie *pro rata temporis* sur la durée normale d'utilisation du bien.

Si l'entreprise crédit-preneuse ou locataire acquiert le bien, elle peut continuer à appliquer la déduction. La déduction cesse à compter de la cession ou de la cessation par celle-ci du contrat de crédit-bail ou de location avec option d'achat ou du bien et ne peut pas s'appliquer au nouvel exploitant.

L'entreprise qui donne le bien en crédit-bail ou en location avec option d'achat ne peut pas pratiquer la déduction mentionnée au I du présent article.

Équipements de réfrigération et de traitement de l'air. Dispositif de suramortissement. * BOI-BIC-BASE-100-50 du 4 mars 2020.

Art. 39 *decies* E *(L. nº 2019-1428 du 24 déc. 2019, art. 98-II)* **I. — Les établissements d'enseignement, à titre onéreux, de la conduite et de la sécurité routière agréés en application de l'article L. 213-1 du code de la route et les associations exerçant leur activité dans le champ de l'insertion ou de la réinsertion sociale ou professionnelle agréées en application de l'article L. 213-7 du même code soumis à l'impôt sur les sociétés ou à l'impôt sur le revenu selon un régime réel d'imposition peuvent déduire de leur résultat imposable une somme égale à 40 % de la valeur d'origine, hors frais financiers, des simulateurs d'apprentissage de la conduite dotés d'un poste de conduite.**

La déduction est applicable aux biens mentionnés au premier alinéa du présent I acquis à l'état neuf à compter du 9 mai 2019 et jusqu'au 8 mai 2021.

II. — La déduction est répartie linéairement sur la durée normale d'utilisation des biens. En cas de sortie du bien de l'actif avant le terme de cette période, elle n'est acquise à l'établissement ou à l'association qu'à hauteur des montants déjà déduits du résultat à la date de la cession, qui sont calculés *pro rata temporis*.

III. — L'établissement ou l'association mentionné au I qui prend en location un bien neuf mentionné au même I, dans les conditions prévues au 1 de l'article L. 313-7 du code monétaire et financier, en application d'un contrat de crédit-bail ou dans le cadre d'un contrat de location avec option d'achat conclu à compter du 9 mai 2019 et jusqu'au 8 mai 2021, peut déduire une somme égale à 40 % de la valeur d'origine du bien neuf, hors frais financiers, au moment de la signature du contrat. Cette déduction est répartie *pro rata temporis* sur la durée normale d'utilisation du bien.

Si l'établissement ou l'association crédit-preneur ou locataire acquiert le bien, il peut continuer à appliquer la déduction. La déduction cesse à compter de la cession ou de la cessation par l'établissement ou l'association crédit-preneur ou locataire du contrat de crédit-bail ou de location avec option d'achat ou du bien et ne peut pas s'appliquer au nouvel exploitant.

L'entreprise qui donne le bien en crédit-bail ou en location avec option d'achat ne peut pas pratiquer la déduction mentionnée au I du présent article.

IV. — Le bénéfice de la déduction est subordonné au respect du règlement (UE) nº 1407/2013 de la Commission du 18 décembre 2013 relatif à l'application des articles 107 et 108 du traité sur le fonctionnement de l'Union européenne aux aides *de minimis*.

Simulateurs d'apprentissage de la conduite. Dispositif de suramortissement. * BOI-BIC-BASE-100-60 du 4 mars 2020.

Art. 39 *decies* F *(L. nº 2019-1479 du 28 déc. 2019, art. 60-IV)* **I. — Les entreprises de bâtiment et de travaux publics, celles produisant des substances minérales solides, les exploitants aéroportuaires ainsi que les exploitants de remontées mécaniques et de domaines skiables soumis à l'impôt sur les sociétés ou à l'impôt sur le revenu selon un régime réel peuvent déduire de leur résultat imposable une somme égale à 40 % de la valeur d'origine, hors frais financiers, des engins non routiers inscrits à l'actif immobilisé fonctionnant au gaz naturel, à l'énergie électrique ou à l'hydrogène, ainsi que des engins non routiers combinant l'énergie électrique et une motorisation à l'essence ou au superéthanol E85 et ceux combinant l'essence à du gaz naturel carburant ou du gaz**

de pétrole liquéfié dont les émissions sont inférieures ou égales à une valeur fixée par décret, qui relèvent de l'une des catégories suivantes : – *V. Décr. n° 2020-401 du 6 avr. 2020, art. 1er (JO 7 avr.).*

1° Matériels et outillages utilisés pour des opérations industrielles ;

2° Matériels de manutention ;

3° Moteurs installés dans les matériels mentionnés aux 1° et 2°.

La déduction est applicable aux biens mentionnés aux 1° à 3° acquis à l'état neuf à compter du 1er janvier 2020 et jusqu'au 31 décembre 2022.

II. – La déduction mentionnée au I s'applique aux engins mobiles non routiers inscrits à l'actif immobilisé, dont le moteur satisfait aux limites d'émission de la phase V décrites à l'annexe II du règlement (UE) 2016/1628 du Parlement européen et du Conseil du 14 septembre 2016 relatif aux exigences concernant les limites d'émission pour les gaz polluants et les particules polluantes et la réception par type pour les moteurs à combustion interne destinés aux engins mobiles non routiers, acquis à l'état neuf à compter du 1er janvier 2020 et jusqu'au 31 décembre 2022 par les entreprises de bâtiment et de travaux publics soumises à l'impôt sur les sociétés ou à l'impôt sur le revenu selon un régime réel en remplacement de matériels de plus de cinq ans qu'elles utilisent pour le même usage.

III. – La déduction est répartie linéairement sur la durée normale d'utilisation des biens. En cas de cession du bien avant le terme de cette période, elle n'est acquise à l'entreprise qu'à hauteur des montants déjà déduits du résultat à la date de la cession, qui sont calculés *pro rata temporis*.

IV. – L'entreprise qui prend en location un bien neuf mentionné aux I et II du présent article dans les conditions prévues au 1 de l'article L. 313-7 du code monétaire et financier en application d'un contrat de crédit-bail ou dans le cadre d'un contrat de location avec option d'achat, conclu à compter du 1er janvier 2020 et jusqu'au 31 décembre 2022, peut déduire une somme égale à 40 % de la valeur d'origine du bien neuf, hors frais financiers, au moment de la signature du contrat. Cette déduction est répartie *pro rata temporis* sur la durée normale d'utilisation du bien. Si l'entreprise crédit-preneuse ou locataire acquiert le bien, elle peut continuer à appliquer la déduction. La déduction cesse à compter de la cession ou de la cessation par l'entreprise du contrat de crédit-bail ou de location avec option d'achat ou du bien et ne peut pas s'appliquer au nouvel exploitant.

L'entreprise qui donne le bien en crédit-bail ou en location avec option d'achat ne peut pas pratiquer la déduction mentionnée au premier alinéa du I.

V. – Le bénéfice de la déduction est subordonné au respect du règlement (UE) n° 1407/2013 de la Commission du 18 décembre 2013 relatif à l'application des articles 107 et 108 du traité sur le fonctionnement de l'Union européenne aux aides *de minimis*.

VI. – La déduction est portée à une somme égale à 60 % de la valeur des biens mentionnés aux I et II pour les petites et moyennes entreprises.

VII. – Pour l'application du VI, les petites et moyennes entreprises s'entendent de celles mentionnées à l'annexe I du règlement (UE) n° 651/2014 de la Commission du 17 juin 2014 déclarant certaines catégories d'aides compatibles avec le marché intérieur en application des articles 107 et 108 du traité.

Suramortissement des engins non routiers peu polluants. Commentaire administratif. * BOI-BIC-BASE-100-70 du 1er juill. 2020.

Art. 39 *decies* G *(L. n° 2019-1479 du 28 déc. 2019, art. 60-IV)* I. – Les petites et moyennes entreprises de commerce de détail de gazole non routier qui, au 1er janvier 2020, ne disposent pas d'installations permettant de stocker et de distribuer du gazole qui n'est pas coloré et tracé, soumises à l'impôt sur les sociétés ou à l'impôt sur le revenu selon un régime réel, peuvent déduire de leur résultat imposable une somme égale à 40 % de la valeur d'origine, hors frais financiers, des installations de stockage et des matériels de manutention et de distribution *(Ord. n° 2021-1843 du 22 déc. 2021, art. 10-3°, en vigueur le 1er janv. 2022)* « de gazole qui n'est pas coloré et tracé » inscrits à l'actif immobilisé.

La déduction est applicable aux biens mentionnés au premier alinéa du présent I acquis à l'état neuf à compter du 1er janvier 2020 et jusqu'au 31 décembre 2022.

II. – La déduction est répartie linéairement sur la durée normale d'utilisation des biens. En cas de cession du bien avant le terme de cette période, elle n'est acquise à l'entreprise qu'à hauteur des montants déjà déduits du résultat à la date de la cession, qui sont calculés *pro rata temporis*.

III. – La petite ou moyenne entreprise qui prend en location un bien neuf mentionné au I dans les conditions prévues au 1 de l'article L. 313-7 du code monétaire et financier en application d'un contrat de crédit-bail ou dans le cadre d'un contrat de location avec option d'achat, conclu à compter du 1er janvier 2020 et jusqu'au 31 décembre 2022, peut déduire une somme égale à 40 % de la valeur d'origine du bien neuf, hors frais financiers, au moment de la signature du contrat. Cette déduction est répartie *pro rata temporis* sur la durée normale d'utilisation du bien. Si l'entreprise crédit-preneuse ou locataire acquiert le bien, elle peut continuer à appliquer la déduction. La déduction cesse à compter de la cession ou de la cessation par l'entreprise du contrat de crédit-bail ou de location avec option d'achat ou du bien et ne peut pas s'appliquer au nouvel exploitant.

L'entreprise qui donne le bien en crédit-bail ou en location avec option d'achat ne peut pas pratiquer la déduction mentionnée au premier alinéa du I.

IV. – Les dispositions du présent article s'appliquent aux petites et moyennes entreprises au sens de l'annexe I au règlement (UE) n° 651/2014 de la Commission du 17 juin 2014 déclarant certaines catégories d'aides compatibles avec le marché intérieur en application des articles 107 et 108 du traité.

Le bénéfice de la déduction est subordonné au respect de l'article 17 du même règlement.

Suramortissement des installations de stockage et de distribution de gazole. Commentaire administratif. * BOI-BIC-BASE-100-80 du 1er juill. 2020.

Art. 39 undecies *Transféré ss. l'art. 237 ter A (Décr. n° 2007-484 du 30 mars 2007).*

Art. 39 duodecies 1. Par dérogation aux dispositions de l'article 38, les plus-values provenant de la cession d'éléments de l'actif immobilisé sont soumises à des régimes distincts suivant qu'elles sont réalisées à court ou à long terme. – *Pour les plus et moins-values provenant de la cession des éléments d'actif, réalisées par des personnes assujetties à l'impôt sur les sociétés, V. le a quater du I de l'art. 219.*

2. Le régime des plus-values à court terme est applicable :

a) Aux plus-values provenant de la cession d'éléments acquis ou créés depuis moins de deux ans. Le cas échéant, ces plus-values sont majorées du montant des amortissements expressément exclus des charges déductibles ainsi que de ceux qui ont été différés en méconnaissance des dispositions de l'article 39 B ;

b) Aux plus-values réalisées à l'occasion de la cession d'éléments détenus depuis deux ans au moins, dans la mesure où elles correspondent à des amortissements déduits pour l'assiette de l'impôt. Le cas échéant, ces plus-values sont majorées du montant des amortissements expressément exclus des charges déductibles ainsi que de ceux qui ont été différés en contravention aux dispositions de l'article 39 B ;

c) Aux plus-values réalisées à l'occasion de la cession de titres de sociétés établies dans un État ou territoire non coopératif au sens de l'article 238-0 A *(L. n° 2018-898 du 23 oct. 2018, art. 31-I-I et IV, en vigueur le 1er déc. 2018)* « autre que ceux mentionnés au 2° du 2 *bis* du même article 238-0 A » détenus depuis deux ans au moins, sauf si la société détentrice de ces titres apporte la preuve que les opérations de la société établie hors de France dans laquelle est prise la participation correspondent à des opérations réelles qui n'ont ni pour objet ni pour effet de permettre, dans un but de fraude fiscale, la localisation de bénéfices dans un tel État ou territoire.

3. Le régime des plus-values à long terme est applicable aux plus-values autres que celles définies au 2.

4. Le régime des moins-values à court terme s'applique :

a) Aux moins-values subies lors de la cession de biens non amortissables détenus depuis moins de deux ans ;

b) Aux moins-values subies lors de la cession de biens amortissables, quelle que soit la durée de leur détention. Le cas échéant, ces moins-values sont diminuées du montant des amortissements expressément exclus des charges déductibles ainsi que de ceux qui ont été différés en contravention aux dispositions de l'article 39 B.

5. Le régime des moins-values à long terme s'applique aux moins-values autres que celles définies au 4.

6. Pour l'application du présent article, les cessions de titres compris dans le portefeuille sont réputées porter par priorité sur les titres de même nature acquis ou souscrits à la date la plus ancienne.

Pour l'application de ces dispositions, les titres inscrits dans une comptabilité auxiliaire d'affectation qui sont soumis aux règles de l'article L. 134-4, *(L. n° 2021-1900 du 30 déc. 2021, art. 20-2°)* « de l'article L. 142-5, » de l'article L. 143-7, du VII de l'article L. 144-2 *(Ord. n° 2017-484 du 6 avr. 2017, art. 17-III-6°)* « , de l'article L. 381-2 » ou de l'article L. 441-8 du code des assurances, constituent un portefeuille distinct.

Pour l'application des dispositions du premier alinéa, les titres reçus en rémunération d'un apport partiel d'actif ou d'une scission soumis au régime prévu à l'article 210 B et ceux qui sont acquis ou souscrits indépendamment de l'opération d'apport ou de scission constituent deux catégories distinctes de titres jusqu'à la fin du délai de trois ans prévu à l'article 210 B. Les cessions de titres intervenues dans ce délai sont réputées porter en priorité sur les titres acquis ou souscrits indépendamment de l'opération d'apport ou de scission.

6 *bis*. Le régime fiscal des plus et moins-values à long terme prévu par le présent article et les articles suivants n'est pas applicable à la quote-part des profits distribués par un fonds de placement immobilier mentionné à l'article 239 *nonies*.

6 *ter*. Le régime fiscal des plus et moins-values prévu au présent article s'applique aux cessions de parts d'un fonds de placement immobilier mentionné à l'article 239 *nonies* lorsque l'actif du fonds est, au moment de la cession des parts, constitué, pour plus de 50 % de sa valeur, par des immeubles auxquels sont affectés, en vue de leur location, des meubles meublants, biens d'équipement ou biens meubles affectés à ces immeubles et nécessaires au fonctionnement, à l'usage ou à l'exploitation de ces derniers par un tiers, mentionnés à l'article L. 214-34 du code monétaire et financier et si le porteur de parts est considéré comme exerçant à titre professionnel, au sens du IV de l'article 155 du présent code. Le montant de la plus-value est alors majoré des fractions d'amortissement théorique des immeubles déduites dans les conditions mentionnées au 2 du II de l'article 239 *nonies* et qui n'ont pas fait l'objet d'une réintégration en application du *f* du 1 du même II. — *Dispositions applicables à l'impôt sur le revenu dû à compter des revenus perçus en 2015 et à l'impôt sur les sociétés dû au titre des exercices clos à compter du 31 déc. 2015.*

7. Le régime fiscal des plus-values prévu par le présent article et les articles suivants n'est pas applicable aux plus-values réalisées :

a) Par les entreprises effectuant des opérations visées aux 1 et 2 de l'article L. 313-7 du code monétaire et financier lors de la cession des éléments de leur actif immobilisé faisant l'objet d'un contrat de crédit-bail ;

b) Par les sociétés qui ont pour objet social la location d'équipements lors de la cession des éléments de l'actif immobilisé faisant l'objet d'une location dans le cadre de leur activité.

Ces dispositions ne s'appliquent que lorsque l'élément cédé a été préalablement loué avant d'être vendu et que l'acheteur est le locataire lui-même.

8. En cas de cession par le prêteur ou le constituant initial de titres restitués à l'issue d'un prêt mentionné à l'article L. 211-22 du code monétaire et financier ou d'une remise en garantie réalisée dans les conditions prévues à l'article 38 *bis*-0 A *bis*, le délai de deux ans prévu aux 2 et 4 s'apprécie à compter de la date de la première inscription à son bilan des titres restitués.

9. Lorsque la vente d'un élément de l'actif immobilisé est annulée ou résolue pendant un exercice postérieur à celui au cours duquel la vente est intervenue, le cédant inscrit à son bilan cet élément ainsi que les amortissements et provisions de toute nature y afférents tels qu'ils figuraient dans ses comptes annuels à la date de la cession.

La somme correspondant au montant de la plus-value à long terme réalisée au titre de la vente de l'élément en cause est admise en déduction directement ou sous forme de provisions, selon le régime applicable aux moins-values à long terme.

Il en est de même en cas de réduction du prix de cession postérieurement à la clôture de l'exercice au cours duquel la cession est réalisée. Dans ce cas, la perte correspondante est soumise au régime des moins-values à long terme dans la limite de la plus-value de cession qui a été considérée comme une plus-value à long terme.

Lorsque la vente ayant donné lieu à la constatation d'une moins-value à long terme est annulée ou résolue, le profit qui en résulte est imposable selon le régime des plus-values à long terme.

Ces dispositions sont applicables pour la détermination des résultats des exercices clos à compter du 31 décembre 1992.

10. Lorsqu'une société ou un organisme qui cesse d'être soumis à l'un des régimes mentionnés au premier alinéa du II de l'article 202 *ter* cède des éléments de l'actif immobilisé inscrits au bilan d'ouverture du premier exercice ou de la première période d'imposition dont les résultats sont soumis à l'impôt sur les sociétés, le délai de deux ans prévu aux 2 et 4 est apprécié à compter de la date d'ouverture de cet exercice ou de cette période d'imposition. La fraction de la plus-value correspondant aux amortissements visés au deuxième alinéa du II du même article est considérée comme à court terme pour l'application du *b* du 2.

(L. nº 2019-486 du 22 mai 2019, art. 162-X-1º) « 11. Les plus-values mentionnées au 1 sont minorées du montant résultant de l'engagement de partage dû en application des articles L. 23-11-1 à L. 23-11-4 du code de commerce. »

(L. nº 2019-1479 du 28 déc. 2019, art. 43-I-2º et II, applicable à compter du 21 juill. 2019) « 12. Le régime fiscal des plus ou moins-values prévu au présent article s'applique aux cessions de titres d'une société issue d'une opération de fusion ou de scission sans échange de titres au sens du 3º du II de l'article L. 236-3 du code de commerce.

« Lorsque la plus ou moins-value mentionnée au premier alinéa du présent 12 relève du régime des plus ou moins-values à long terme, mais que les titres de la société absorbée ou scindée ont été acquis depuis moins de deux ans à la date de la cession, la plus ou moins-value correspondant à la quote-part de valeur de ces titres ajoutée à celle des titres de la société bénéficiaire des apports réalisés lors de l'opération de fusion ou de scission, est calculée distinctement. La plus ou moins-value ainsi calculée est considérée comme une plus ou moins-value à court terme.

« Lorsque la plus ou moins-value mentionnée au premier alinéa du présent 12 relève du régime des plus ou moins-values à court terme, mais que les titres de la société absorbée ou scindée, éligibles au régime des plus ou moins-values à long terme, ont été acquis depuis plus de deux ans à la date de la cession, la plus ou moins-value correspondant à la quote-part de valeur de ces titres ajoutée à celle des titres de la société bénéficiaire des apports réalisés lors de l'opération de fusion ou de scission est calculée distinctement. La plus ou moins-value ainsi calculée est considérée comme une plus ou moins-value à long terme.

« La plus ou moins-value correspondant à la quote-part de valeur des titres de la société absorbée ou scindée mentionnée aux deuxième et troisième alinéas du présent 12 est égale à la différence entre, d'une part, la fraction du prix de cession des titres mentionnés au premier alinéa du présent 12 obtenue après application du rapport entre la valeur vénale des titres de la société absorbée ou scindée et la somme de cette même valeur et de la valeur vénale des titres de la société absorbante ou bénéficiaire au jour de la fusion ou de la scission et, d'autre part, le prix de revient des titres de la société absorbée ou scindée. »

1. Appartenance à l'actif immobilisé. Computation du délai de 2 ans. *Le bénéfice du régime des plus-values à long terme est subordonné aux seules conditions que la cession porte sur un élément de l'actif immobilisé de l'entreprise, quand bien même il ne figurerait pas au bilan de l'entreprise, et que cet élément soit cédé après un délai de deux ans à compter de son acquisition ou de sa création par l'entreprise.* • CE 23 déc. 2016, Sté *Cap Gemini*, nº 375746 : *RJF 2017. 214, concl. Nicolazo de Barmon ; Dr. fisc. 2017. 243, note Fumenier.* ♦ Pour apprécier si un élément est cédé avant ou après un délai de deux ans à compter de son acquisition ou de sa création par l'entreprise, il convient de tenir compte de la date à laquelle cet élément est définitivement entré dans l'actif de l'entreprise. • CE 12 févr. 1990, n° 63324 : *RJF 1990. 375.*

2. Dissolution de société. En cas de dissolution d'une société de personnes relevant des BIC, les anciens associés doivent être imposés à raison des plus-values dégagées par le retrait de l'actif social immobilisé de l'ensemble des biens qui le composent. • CAA Bordeaux, 14 nov. 1995, n° 94BX379 : *Dr. fisc. 1996. 809.* ♦ Même solution en cas de transformation d'une société de personnes en société de capitaux. • CAA Lyon, 8 nov. 1995, n° 93LY1026 : *Dr. fisc. 1996. 93.*

3. Transmission universelle du patrimoine d'une société. En l'absence de dispositions fiscales spécifiques relatives au régime d'imposition des transmissions universelles de patrimoine effectuées en application de l'art. 1844-5 C. civ. à l'occasion de la réunion des parts sociales d'une société en une seule main, il y a lieu de qualifier une telle opération d'opération de fusion par référence aux art. 371 et 372-1 de la loi n° 66-537 du 24 juill. 1966 sur les sociétés commerciales (C. com., art. L. 236-1 et L. 236-3). Dès lors que la société absorbée n'est pas passible de l'IS et quelle ne peut se voir appliquer le régime fiscal spécial des fusions prévu par les art. 210 A à 210 C ; la transmission du patrimoine de la société absorbée présente le caractère d'une cession au sens de l'art. 39 *duodecies*. Par suite, les plus-values latentes des éléments de l'actif immobilisé de la société absorbée doivent être constatées à l'occasion de sa dissolution et être soumises à l'impôt entre les mains de l'unique associé par application des art. 8 et 238 *bis* K. • TA Dijon, 7 janv. 2002, n° 01-3506 : *Dr. fisc. 2003. 267.*

4. Cessation d'entreprise. Lorsque, lors de la cessation d'entreprise, l'exploitant reprend dans son patrimoine privé des titres de participation qui figuraient à l'actif de l'entreprise, il est imposable à raison de la plus-value constatée à l'occasion de ce transfert. • CE 29 déc. 1999, n° 171859 : *Dr. fisc. 2000. 427, concl. Courtial ; RJF 2000. 153.* ♦ La plus-value constatée à l'occasion du transfert de ces titres est égale à la différence entre la valeur réelle des titres à la date de la cessation et la valeur pour laquelle ils étaient inscrits au bilan. • CE 5 déc. 1973, n° 86298 : *Dr. fisc. 1974. 396, concl. M.-A. Latournerie.*

5. Apport en société. L'apport en société d'un bien d'une valeur excédant celle des titres reçus constitue une libéralité. Ainsi, faute pour l'exploitant de justifier de son intérêt à renoncer à la réalisation de la plus-value réalisée lors de l'apport en société d'un élément d'actif immobilisé, la plus-value doit être calculée en retenant la valeur réelle du bien apporté. • CE 22 févr. 2012, *Sté Générale Textile Balsan*, n° 315516 : *RJF 2012. 984.*

6. Dans le cas où une entreprise agricole, exploitée par une personne physique, aliène, par voie d'apport à une SCEA, un bien constituant un élément de son actif immobilisé et inscrit comme tel à son bilan, la cession de ce bien est génératrice d'une plus-value ou d'une moins-value qui doit être prise en compte pour la détermination des revenus imposables de l'exploitant. Cette plus-value ou moins-value est égale à la différence entre la valeur réelle, à la date de l'apport, des titres remis au cédant en contrepartie de l'apport et, d'autre part, la valeur active nette pour laquelle le bien apporté figurait au bilan de clôture de l'exercice précédant l'apport. Toutefois, si la valeur réelle du bien apporté est supérieure à celle des titres remis en contrepartie, la différence ainsi constatée doit être regardée comme une renonciation à la réalisation de la plus-value correspondante et, par suite, comme une libéralité consentie par l'exploitant individuel à la société bénéficiaire de l'apport. Dès lors, l'Administration est en droit, si cette libéralité constitue de la part de l'exploitant un acte anormal de gestion, de prendre en compte, pour le calcul de la plus-value réalisée, la valeur réelle du bien apporté. • CE 14 nov. 2005, n° 233489, *Dannoot : RJF 2006. 140 ; concl. Vérot au BDCF 2/06, n° 15.*

7. L'apport à une SCEA de biens maintenus par une contribuable à l'actif d'une exploitation agricole après le départ en retraite de son mari est générateur d'une plus-value imposable. • CE 10 janv. 2007, n° 267012 : *RJF 2007. 434.*

8. L'apport d'une partie d'une exploitation agricole à un GAEC ne constitue ni une cession ni une cessation d'activité. • CE 4 févr. 2005, n° 256846, *Delaleau : RJF 2006. 326.* ♦ Un exploitant agricole qui participe à un GAEC doit être regardé comme poursuivant, au sein de ce groupement, son activité en qualité d'exploitant individuel, de sorte que cette participation ne constitue pas une cession ou une cessation d'activité. Il en résulte que l'apport fait par un agriculteur d'éléments de son actif immobilisé ne peut être regardé, pour l'application de la loi du 8 août 1962, comme une cession au sens de l'art. 39 *duodecies* et n'est pas générateur d'une plus-value professionnelle imposable. • CE 28 déc. 2007, n° 282381 : *RJF 2008. 302.*

9. Date de réalisation d'un apport en société. La plus-value d'apport est réalisée à la date à laquelle l'apport présente un caractère définitif, expressément fixée par le traité d'apport à la date de son approbation par l'assemblée générale extraordinaire de la société bénéficiaire, et doit par suite être rattachée aux résultats de l'exercice de l'apporteur en cours à cette date. La circonstance que l'acte d'apport prévoie que des opérations antérieures à cette date sont réputées faites pour le compte de la société est sans incidence. • CAA Bordeaux, 23 déc. 2004, n° 01BX671 : *RJF 2005. 424.* ♦ Lorsque les parties sont convenues de donner un effet rétroactif à la constitution d'une société, cette rétroactivité ne peut, en vertu du principe d'annualité de l'impôt et de spécificité des exercices, produire d'effet antérieurement à la date d'ouverture de l'exercice au cours duquel la société a été immatriculée au registre du commerce et des sociétés. Par suite, c'est à cette date que les apports à la société nouvelle doivent être regardés comme ayant pris effet et que la plus-value d'apport doit être taxée. • CAA Bordeaux, 20 janv. 2005, n° 01BX2508 : *RJF 2005. 453.* ♦ Confirmation • CE 8 juill. 2009, n° 279018 : *RJF 2009. 933.*

10. Retrait d'actif. Lorsqu'il cesse de faire figurer un bien à l'actif de son bilan, l'exploitant d'une entreprise individuelle est regardé comme ayant procédé à une cession donnant lieu à taxation de la plus-value éventuellement réalisée. • CE 5 déc. 1973, n° 96298 : *Dr. fisc. 1974. 54, concl. M.-A. Latournerie.*

11. Divorce. En cas de divorce, lorsque le fonds de commerce dépendant de la communauté conjugale est attribué à l'un des époux moyennant le versement d'une soulte, la plus-value réalisée par l'autre époux lors de la liquidation-partage entre dans le champ d'application de l'art. 39 *duodecies.* • CAA Lyon, 28 févr. 1996, n° 94LY1279 : *Dr. fisc. 1996. 1167.* ♦ Rappr. • CE 28 juill. 1999, n° 162756 : *cité note 12.*

12. Dissolution et partage de communauté conjugale. Le partage d'une communauté conjugale, même à charge de soulte, ne constitue pas une cession à titre onéreux susceptible de donner lieu à imposition en application de l'art. 38, dès lors que l'attributaire des éléments d'actif les maintient au bilan de l'entreprise individuelle. • CE 28 juill. 1999, *Welsch,* n° 162756 : *Dr. fisc. 2000. 206, concl. Courtial ; RJF 1999. 1215.* ♦ En conséquence, et dès lors que les bien sont maintenus à l'actif du bilan de l'entreprise individuelle, l'ex-époux(se) de l'exploitant(e) ne doit pas être imposé(e) au titre des plus-values professionnelles à l'occasion du partage de la communauté conjugale et, corrélativement, la soulte versée par l'ex-conjoint(e) poursuivant l'exploitation ne doit pas être considérée comme un complément du prix de revient des éléments maintenus à l'actif. Il appartient aux ex-époux de prendre en considération, lors de la fixation du montant de la soulte, la fiscalité latente sur ces biens, dont sera seul redevable celui d'entre eux qui en poursuit l'exploitation. * BOI-BIC-PVMV-10-10-20 n°s 390 et 400 du 12 sept. 2012.

13. Héritage. Les droits indivis que détient l'héritier d'un époux sur la valeur d'un actif affecté à l'exercice de la profession de l'autre époux, tel qu'un fonds de commerce, ont toujours, du point de vue fiscal, le caractère d'un élément de patrimoine professionnel, même dans le cas où cet héritier, non titulaire des titres ou diplômes requis par la législation en vigueur, ne pouvait lui-même participer à cette activité professionnelle. • CE 11 févr. 1998, n° 160165 : *Dr. fisc. 1998. 382 ; RJF 1998. 371.*

14. Cession de droits sociaux par une entreprise. Jurisprudence Quemener. a) Dans le cas où une société, une entreprise ou une personne soumise à l'impôt à raison des bénéfices qu'elle tire de son activité professionnelle, cède les parts inscrites à l'actif de son bilan qu'elle détient dans une société ou dans un groupement relevant ou ayant relevé du régime prévu aux art. 8, 8 *ter*, 239 *quater* B ou 239 *quater* C CGI ou, lorsqu'elle ne dresse pas de bilan, les parts de même nature qu'elle a affectées à l'exercice de sa profession, le mode de calcul du résultat de cette opération doit assurer la neutralité de l'application de la loi fiscale compte tenu du régime spécifique des sociétés et groupements susmentionnés. b) Le prix de revient des parts est leur valeur d'acquisition : 1) majorée en premier lieu, d'une part de la quote-part des bénéfices de cette société ou de ce groupement revenant à l'associé qui a été ajoutée aux résultats imposés de celui-ci, antérieurement à la cession et pendant la période d'application du régime visé ci-dessus, et d'autre part des pertes afférentes à des entreprises exploitées par la société ou le groupement en France et ayant donné lieu de la part de l'associé à un versement en vue de les combler ; 2) puis minorée en second lieu, d'une part, des déficits que l'associé a déduits pendant cette même période, à l'exclusion de ceux qui trouvent leur origine dans une disposition par laquelle le législateur a entendu conférer aux contribuables un avantage fiscal définitif, et, d'autre part, des bénéfices afférents à des entreprises exploitées en France par la société ou le groupement et ayant donné lieu à répartition au profit de l'associé. c) Lorsque les parts de la société de personnes faisant l'objet de la cession ont été acquises ou souscrites à des dates différentes, le prix de revient des parts acquises ou souscrites à la même date est calculé distinctement suivant les modalités susmentionnées. • CE 16 févr. 2000, n° 133296, *SA Ets Quemener : RJF 2000. 334, concl. Bachelier ; Dr. fisc. 2000. 282, concl. Bachelier, note Turot ; JCP E 2000. 448, note de Givré ; Dr. sociétés 2000. Chron. 81, note Pierre.* ♦ Le prix de revient fiscal des parts doit être déterminé notamment en minorant leur valeur d'acquisition des déficits que l'associé a déduits pendant l'application du régime des sociétés de personnes. Pour l'application de cette règle il convient de tenir compte des seuls déficits que l'associé a effectivement déduits des revenus des années antérieures à la cession des parts et non de la totalité des déficits reportables. • CE 15 déc. 2010, n° 297513 : *RJF 2011. 280 ; BDCF 3/11, n° 28, concl. Escaut.* ♦ Il convient : de majorer la valeur d'acquisition des parts des bénéfices non répartis qui ont été utilisés par la société au rachat des parts sociales détenues par un autre associé. • CE 3 mai 2011, n° 311338 : *RJF 2011. 807 ; Dr. fisc. 2011. 528, concl. Collin, note Vié.* ♦ ... De tenir compte des bénéfices réalisés et des pertes intervenues depuis la date d'acquisition des parts. Le contribuable ne saurait limiter cette correction aux résultats des cinq derniers exercices. • TA Montreuil, 2 déc. 2010, n° 09-4802 : *RJF 2011. 782.*

15. Confusion de patrimoine. La jurisprudence *Quemener* est applicable à la dissolution d'une société de personnes par confusion de patrimoine. Dès lors, il convient de calculer la plus ou moins-value d'annulation des parts de l'associé soumis à l'IS selon les principes posés par cette jurisprudence, qui s'appliquent en cas de réévaluation des actifs sociaux opérée par l'Administration ayant eu pour effet de majorer rétroactivement son résultat imposable au titre de l'exercice de l'opération. • CE 27 juill. 2015, *SA Matériels électriques ascenseurs (MEA)*, n° 362025 : *RJF 2015. 683, concl. Bokdam-Tognetti.* ♦ Ultérieurement, le Conseil d'État a jugé que le mécanisme correcteur du prix de revient ne trouvait à s'appliquer dans cette situation, uniquement si la société confondante supportait une double imposition effective. • CE 6 juill. 2016, *Min. c/ SARL Lupa immobilière France et SARL Lupa patrimoine France*, n°s 377904 et 377906 : *RJF 2016. 982, concl. Escaut ; FR Lefebvre 37/16, inf. 5, chron. Gutmann.* ♦ Puis, le Conseil d'État, statuant en formation plénière, a abandonné la condition posée dans l'arrêt « Lupa » tenant à l'existence d'une double imposition effective de la société confondante à laquelle était subordonnée l'application de la jurisprudence « Quémener ». • CE, plén., 24 avr. 2019, *Sté FRA SCI*, n° 412503 : *RJF 2019. 681, concl. Ciavaldini ; Dr. fisc. 2019. 438, note Stoclet.*

16. Calcul de la plus-value. La cession de parts de sociétés de personnes acquises à des dates différentes est réputée porter en priorité sur les parts les plus anciennes (règle Peps) même en cas de numérotation des parts cédées. • CE 8 juin 2016, *Falmet*, n° 381289 : *RJF 2016. 801, concl Crépey ; Dr. fisc. 2016. 479, note Chatain-Autajon.* ♦ Rappr. *note 14, c.*

17. Le mécanisme de correction du prix de revient des parts, issu de la jurisprudence *Quemener* (CE 16 févr. 2000, n° 133296) et étendu par la jurisprudence *Baradé* (CE 9 mars 2005, n° 248825) à la valeur d'acquisition des parts de sociétés de personnes à prépondérance immobilière, s'applique à l'ensemble des plus-values réalisées (avant ou après le 1er janv. 2004) par les particuliers dans le cadre de la gestion de leur patrimoine privé. * BOI-RFPI-SPI-20 n° 30 du 24 août 2018. – V. égal. notes ss. art. 151 *nonies.*

18. La quote-part de la plus-value de cession du fonds de commerce dégagée au titre de l'exercice de cessation d'activité d'une société de personnes est prise en compte pour la détermination du prix de revient fiscal des parts détenues par l'associé de cette société qui cesse à cette occasion d'y exercer son activité professionnelle. * BOI-BIC-PVMV-40-30-20 n° 20 du 28 avr. 2014.

19. Lorsqu'une société de personnes, réalisant à raison de son activité des BIC, cède les parts qu'elle détient dans une autre société de personnes, la plus-value réalisée lors de cette cession est imposable entre les mains de ses associés au prorata de leurs droits dans la société selon les modalités définies par l'art. 39 *duodecies*. En conséquence, les déficits subis antérieurement à la cession par la société cédée majorent la plus-value imposable. • CE 25 oct. 2004, n° 243841 : *RJF 2005. 47 ; Dr. fisc. 2005. 87.*

20. Frais imputables sur le prix de cession. Le montant de la plus-value réalisée imposable au taux réduit s'entend de la différence entre le produit effectivement retiré de la cession net des frais et taxes qui ont grevé l'opération de cession elle-même et la valeur comptable nette pour laquelle l'élément cédé figure au bilan à la date de la cession. En revanche, les charges exposées en vue de la réalisation de la cession, consistant en l'espèce en des honoraires d'expertise, qui ne constituent pas des frais inhérents à cette dernière, conservent le caractère de frais généraux au sens de l'art. 39-1-1° dès lors qu'ils n'ont pas eu pour contrepartie une augmentation de la valeur du bien cédé. • CE 21 juin 1995, *SA Sofige*, n° 132531 : *RJF 1995. 963.* ♦ Des honoraires versés à des intermédiaires financiers pour rémunérer leur prestation d'intermédiation pour la conclusion d'une vente de titres constituent des frais inhérents à cette vente et non des frais généraux déductibles du résultat imposable. Ils viennent donc en déduction de la plus-value à long terme réalisée sur les titres vendus. • CE 7 févr. 2007, n° 279588 : *RJF 2007. 407.* ♦ Les frais de cession de titres de participation exonérés ne sont pas des charges déductibles. L'administration a confirmé que les frais inhérents à la cession de titres de participation engagés par le cédant (par exemple les honoraires versés à un intermédiaire pour la conclusion de la vente) sont déduits du prix de vente pour déterminer le montant de la plus-value et sont également pris en compte pour l'assiette de la quote-part de frais et charges. * BOI-BIC-PVMV-10-20-10 n° 10 du 11 mars 2013. ♦ Rejet du recours pour excès de pouvoir dirigé contre cette doctrine. • CE 12 oct. 2018, *Sté Vinci*, n° 419221 : *RJF 2019. 13.*

21. Date de cession de titres. La date à laquelle la cession de titres nominatifs (titres non admis en Sicovam) d'une société générant une plus-value imposable doit être regardée comme réalisée est, indépendamment de ses modalités de paiement, celle à laquelle s'opère entre les parties le transfert de propriété. Ce transfert a lieu, sauf dispositions contractuelles contraires, à la date où un accord intervient sur la chose et sur le prix, même si ce transfert n'est opposable aux tiers qu'à compter de sa date d'inscription au registre de la société émettrice ou du jour auquel elle a été informée de la cession, s'il est antérieur à cette date. • CE 3 mai 2000, n° 172201 : *Dr. fisc. 2000. 855, concl. Courtial ; RJF 2000. 755 ; concl. Courtial au BDCF 6/00.*

22. Cession de titres en devises étrangères. Le gain ou la perte de change réalisé à l'occasion de la cession de titres de participation n'est pas dissociable de la plus ou moins-value de cession de cet élément d'actif et les gains de change sur cession de titres doivent être traités fiscalement comme les plus-values de cession. • CE 28 sept. 2020, *Sté Securitas France Holding*, n° 438845 : *RJF 2020. 983.*

23. Cession d'un immeuble. Les règles particulières d'imposition prévues aux art. 39 *duodecies* s. sont applicables, en cas de cession d'un bien immeuble, à la seule condition que celui-ci ait constitué un élément de l'actif immobilisé de l'exploitant, quand bien même l'activité commerciale exercée serait le négoce immobilier. Sont à cet égard sans incidence les dispositions du I-1° de l'art. 35, dont le seul objet est de qualifier de bénéfices industriels et commerciaux les profits réalisés par toute personne physique qui achète habituellement, en vue de les revendre, des immeubles. • CE 26 mars 2003, n° 221849 : *Dr. fisc. 2003. 439, concl. Goulard ; RJF 2003. 679 ; BDCF 6/03, n° 74, concl. Goulard.*

24. Convention de fortage. Une convention de fortage temporaire par laquelle une société concède le droit d'extraire les matériaux d'une carrière dont elle est propriétaire ne peut être regardée comme une cession d'élément d'actif dès lors qu'elle ne confère pas un droit d'exploitation jusqu'à épuisement du gisement. • CAA Marseille, 16 mai 2006, n° 02MA1770 : *RJF 2006. 1314 ; Dr. fisc. 2006. 762.* ♦ Sur une convention de fortage constituant une immobilisation, V. aussi note ss. art. 38.

25. Distinction des stocks et des immobilisations. Les titres de placement détenus par une entreprise qui tire de leur cession l'essentiel de son chiffre d'affaires et de son bénéfice ne sont pas des éléments de l'actif immobilisé mais des éléments du stock. • CAA Nancy, 15 févr. 1996, n° 93NA724 : *Dr. fisc. 1996. 1097.*

26. La société qui revend dans le délai de cinq ans un immeuble qu'elle a acquis en qualité de marchand de biens au moyen d'un prêt à court terme ne peut soutenir qu'elle procède à la cession d'une immobilisation. • CAA Paris, 11 févr. 1997, n° 95PA2113 : *RJF 1998. 224.*

27. Des terrains apportés en 1903 à une société qui les a exploités, puis cédés en 1988, ne peuvent être regardés comme acquis en vue de leur revente et ont ainsi constitué des éléments de son actif immobilisé. La circonstance que la société ait pris le parti de les vendre au fur et à mesure que le développement touristique leur donnait vocation à être bâtis, n'a pu leur faire perdre le caractère d'éléments d'actif immobilisé pour acquérir celui d'éléments d'un stock destiné à des opérations de négoce immobilier. • CE 26 mars 2003, n° 221849 : *préc. note 23.*

28. Indemnité de résiliation. L'indemnité versée au locataire par le bailleur en contrepartie de la résiliation d'un bail commercial doit être regardée comme une plus-value de cession portant sur un élément incorporel de l'actif immobilisé et non comme la contrepartie d'une perte de recettes d'exploitation. • CE 23 févr. 2000, n° 162659 : *Dr. fisc. 2000. 529, concl. Courtial ; RJF 2000. 453.* ♦ Il en est de même de l'indemnité versée en contre partie de la résiliation d'une convention d'occupation précaire des locaux dans lesquels le contribuable a exercé son activité pendant 29 mois. • TA Paris, 5 janv. 2006, n° 99-795/2 : *Dr. fisc. 2007. 569.*

29. Indemnité compensatrice (Française des jeux). L'indemnité reçue de la Française des jeux compensant la baisse du taux de rémunération des courtiers est, dès lors que l'activité est exercée depuis au moins deux ans, soumise au régime des plus-values à long terme. * Rescrit 22 janv. 2008 : *n° 2008/1 FE.* * BOI-BIC-PDSTK-10-30-20 n° 230 du 2 mars 2016.

30. Indemnité compensatrice de la disparition d'un droit de présentation. L'indemnité versée aux courtiers interprètes et conducteurs de navires afin de compenser la disparition de leur droit de présentation d'un successeur relève du régime des plus-values à long terme. • CAA Nantes, 24 févr. 2010, n° 09NT695 : *RJF 2010. 563.*

31. Indemnité compensatrice du non-renouvellement d'une autorisation de transport aérien. Cette indemnité qui a pour objet de compenser la perte d'un élément d'actif non amortissable relève du régime des plus-values. • CE 8 oct. 2010, n° 318832 : *RJF 2011. 13 ; Dr. fisc. 2011. 215, concl. Olléon, note Wintz.*

32. Perte d'une partie de la clientèle. La perte d'une certaine clientèle peut donner lieu à la constatation d'une moins-value si elle est dissociable en raison de ses caractéristiques des autres éléments représentatifs de la clientèle attachée au fonds. • CE 10 mai 2012, n°s 328263 et 328302 : *RJF 2012. 797 ; Dr. fisc. 2012. 504.*

33. Cession moyennant rente viagère. Le prix de cession est constitué par le capital représentatif de la rente tel qu'il a été fixé lors de la cession. • CE 9 janv. 1974, n° 86889 : * BOI-BIC-PVMV-10-20-10 n° 270 du 11 mars 2013. ♦ L'imposition de la rente à l'impôt sur le revenu ne fait pas obstacle à celle de la plus-value. • CE 25 janv. 1978, n° 4167 : *Dr. fisc. 1978. 469.*

34. Cession réalisée à la suite du changement de régime fiscal du cédant. Pour déterminer le prix de revient des éléments d'actif cédés, il convient de retenir leur valeur au jour du changement de régime fiscal. • CE 31 juill. 2009, n° 294303 : *RJF 2009. 915.*

35. Cession de biens acquis sous le régime du forfait. Lorsqu'un exploitant agricole imposé selon le régime du bénéfice réel cède un élément d'actif immobilisé, détenu depuis deux ans au moins, qu'il avait acquis ou créé alors qu'il était soumis au régime du forfait, la fraction de la plus-value imposée qui doit être imposée comme plus-value à court terme est celle qui correspond, non seulement à la part des amortissements résiduels qui ont été pratiqués sur la base de la valeur nette comptable, telle qu'inscrite au bilan d'ouverture du premier exercice dont les résultats ont été déterminés d'après le régime du bénéfice réel, mais aussi aux amortissements réputés effectués au cours de la période antérieure d'imposition selon le régime forfaitaire qui ont été retenus pour obtenir cette valeur nette comptable à partir de la valeur d'origine. • CE 21 oct. 1996, n° 155782 : *Dr. fisc. 1997. 190, concl. Arrighi de Casanova ; RJF 1996. 1432.*

36. Évaluation des titres. Une entreprise peut calculer le montant des plus ou moins-values réalisées à l'occasion de la cession de l'ensemble des titres de participation qu'elle détient dans le capital de sa filiale en appliquant la méthode du prix de revient moyen pondéré des titres. • CAA Lyon, 11 août 2005, n° 99LY1365 : *RJF 2006. 122.* ♦ La valeur vénale d'actions non cotées en bourse sur un marché réglementé doit être appréciée compte tenu de tous les éléments dont l'ensemble permet d'obtenir un chiffre aussi voisin que possible de celui qu'aurait entraîné le jeu normal de l'offre et de la demande à la date où le transfert ou la cession sont intervenus. • CE 29 déc. 1999, n° 171859 : *Dr. fisc. 2000. 427, concl. Courtial ; RJF 2000. 153 ; Dr. sociétés 2000, chron. 112, note Pierre* • 1er juill. 2010, n° 304673 : *RJF 2010. 995 ; concl. Collin au BDCF 11/10, n° 112.* ♦ La valeur vénale réelle des titres non cotés en bourse sur un marché réglementé doit être appréciée compte tenu de tous les éléments dont l'ensemble permet d'obtenir un chiffre aussi voisin que possible de celui résultant du jeu de l'offre et de la demande à la date à laquelle la cession est intervenue. Cette valeur doit être établie en priorité par référence à la valeur des autres titres de la société telle qu'elle ressort des transactions portant, à la même époque, sur ces titres dès lors que cette valeur ne résulte pas d'un prix de convenance. En l'absence de transactions intervenues dans des conditions équivalentes et portant sur les titres de la même société ou à défaut de sociétés similaires, l'Administration peut légalement se fonder sur l'une des méthodes destinées à déterminer la valeur de l'actif par capitalisation des bénéfices ou d'une fraction du chiffre d'affaires annuel ou sur la combinaison de l'une ou plusieurs de ces méthodes. Mais il ne saurait toutefois être procédé par combinaison entre la méthode par comparaison et l'une ou l'autre des méthodes alternatives. • CE 21 oct. 2016, *Sté France élévateur,* n° 390421 : *RJF 2017. 8 ; Dr. fisc. 2017. 550, note Saint-Bonnet.* ♦ Pour évaluer la valeur vénale d'actions non admises à la négociation sur un marché réglementé, en l'absence de transactions portant sur des sociétés similaires, l'Administration peut légalement se fonder sur la combinaison de plusieurs méthodes, destinées à déterminer la valeur de l'actif par capitalisation des bénéfices ou d'une fraction du chiffre d'affaires annuel.

Pour établir la valeur vénale des titres cédés, il lui est loisible de prendre en compte les éléments propres au contexte de la transaction susceptibles d'influer sur le prix de ces titres, et notamment la survaleur résultant, le cas échéant, de la circonstance que l'opération dont s'agit a pour effet soit de protéger le niveau de rentabilité de l'acquéreur par l'élimination d'un concurrent, soit d'empêcher l'entrée de nouveaux acteurs sur le marché. • CE 20 déc. 2011, *Sté Boulogne Distribution,* n° 313435 : *RJF 2012. 212.* ♦ Faute de transaction récente sur les mêmes titres, la valeur vénale de titres non cotés peut être déterminée par combinaison de la valeur mathématique et de la valeur de productivité, après application d'un abattement pour absence de liquidité. • CAA Douai, 31 déc. 2012, *Min. du Budget c/ SA Macge Fool Town,* n° 11DA01594 : *RJF 2013. 583.* ♦ L'administration peut valablement évaluer des titres non cotés en combinant les valeurs mathématique et de productivité, puis en appliquant une décote de 30 % pour absence de liquidité. Cette décote peut être portée à 40 % pour tenir compte des risques liés à la forte dépendance de la société à son cadre salarié, qui occupe une position d'« homme-clé ». • CAA Bordeaux, 22 nov. 2016, *Min. c/ SARL Mediah,* n° 14BX03020 : *RJF 2017. 215, concl. de la Taille.* ♦ Dans le cas d'une société holding, l'évaluation peut être effectuée, à défaut ou en complément, par référence au prix d'une transaction, intervenue dans des conditions équivalentes, portant sur les titres d'une société filiale lorsque, eu égard à la part que la filiale représente dans l'actif de la société holding, une telle transaction peut être regardée comme révélant de manière suffisamment précise et probante la valeur de marché du titre en litige. • CE 20 juin 2012, *Min. Budget,* n° 343033 : *RJF 2012. 919 ; BDCF 2012. 115, concl. Cortot-Boucher.* ♦ L'existence d'obligations convertibles en actions au passif d'une société crée en principe, pour un tiers acquéreur éventuel d'actions existantes, le risque de voir sa participation diluée en cas d'exercice par les détenteurs des obligations de leur droit à les convertir en actions nouvelles. L'appréciation de l'influence de ce risque sur le prix unitaire des actions doit toutefois tenir compte des circonstances concrètes de la transaction. Ainsi, dans le cas particulier où toutes les parties en présence sont contrôlées par les mêmes personnes, aucune décote ne doit toutefois être pratiquée dès lors que le risque de conversion des obligations en actions nouvelles est inexistant. • CE 1er juill. 2010, n° 304673 : *préc.* ♦ Sauf circonstance particulière, la valeur vénale des actions ordinaires composant le capital d'une société doit tenir compte de l'existence des actions de préférence également émises et des droits particuliers qui y sont attachés, notamment les droits prioritaires à la répartition de l'actif net en cas de liquidation de la société émettrice. La valeur globale d'une société doit donc être répartie entre les actions ordinaires et les actions de préférence qu'elle a émises, sauf circonstances particulières justifiant de tenir pour nulle la valeur de ces dernières. • CE 23 déc. 2011, *Sté Lagardère,* n° 327562 : *RJF 2012. 220 ; BDCF 2012. 28, concl. Geffray.*

37. Vente annulée ou résolue. Le taux applicable à la plus ou moins-value à long terme constatée du fait de l'annulation est le taux en vigueur lors de l'annulation. Le cédant est autorisé à déduire des résultats de l'exercice d'annulation les amortissements correspondant à la période pendant laquelle il a été dessaisi de la propriété du bien, à condition qu'il les constate en comptabilité au titre de cet exercice. Si le contribuable a cessé son activité lors de l'annulation de la cession, il peut tenir compte du résultat de l'annulation pour le calcul de son impôt sur le revenu. * BOI-BIC-PVMV-40-40-20 nos 100 et 130 du 11 mars 2013.

38. Plus-value d'expropriation. Les plus-values dégagées à l'occasion de l'expropriation d'immeubles figurant à l'actif de l'entreprise sont passibles de l'impôt sur le revenu au titre de l'année au cours de laquelle la créance du contribuable est devenue certaine dans son principe et déterminée dans son montant par l'effet d'un jugement définitif rendu par le juge de l'expropriation et relatif au montant de l'indemnité d'expropriation. • CE 16 juin 2003, n° 212134, *Norais : RJF 2003. 1081.*

39. Annulation de titres consécutive à une réduction de capital. Coup d'accordéon. BIBL. Glaser, *RJF 2008. 543* (conséquences fiscales du coup d'accordéon : une symphonie inachevée). – Ladoux, *BFL 2010. 647* (conséquences fiscales du coup d'accordéon : une partition presque complète). ♦ Le régime des moins-values à court terme peut s'appliquer lorsqu'un événement survenu avant la clôture de l'exercice a eu pour effet de retirer à un bien non amortissable détenu depuis moins de deux ans tout ou partie de sa valeur au point de la ramener au-dessous du prix de revient, à la condition que cette perte de valeur puisse être tenue pour définitive et certaine dans son montant. • CAA Paris, 16 mars 2006, n° 03PA255, *SA Cogefal : RJF 2006. 828 ; Dr. fisc. 2006. 804, concl. Bataille, note Gagneur* • CE 17 oct. 2008, n° 293346, *Sté Cogefal : RJF 2009. 8 ; concl. Séners au BDCF 1/09, n° 8 ; Dr. fisc. 2008. 604, note Fumenier.* ♦ Ne peuvent être considérés comme ayant subi une perte de valeur totale et définitive les titres détenus depuis moins de deux ans dans une filiale qui a réduit son capital à zéro en raison d'un actif net négatif, dès lors que cette réduction de capital n'a été décidée que sous condition suspensive de la réalisation d'une augmentation de capital pour laquelle les anciens actionnaires bénéficiaient d'un droit préférentiel de souscription et que, à l'issue de cette opération, le pourcentage de participation de la société mère dans le capital de sa filiale a augmenté. La société mère n'est par suite pas autorisée à passer en perte le prix de revient des anciens titres et peut seulement constituer une provision à due concurrence. • Mêmes arrêts.

40. Dans le cas où une société cède sa participation dans une filiale moins de deux ans après que celle-ci a réalisé un « coup d'accordéon », le montant de la souscription à l'augmentation de capital doit être réparti proportionnellement entre les titres acquis à l'origine et ceux issus de l'augmentation de capital. Il en résulte qu'une partie de la moins-value subie lors de la cession des titres relève du régime du court terme et peut donc être déduite des résultats imposables. • CE 26 mars 2008, n° 301413, *SA Financière Fauvernier : RJF 2008. 637, chron. Glaser, p. 543 ; Dr. fisc. 2008. 521, note Meier.*

41. Cas où une société cède sa participation dans une filiale plus de deux ans après son versement initial mais moins de deux ans après que la filiale a réduit son capital à zéro puis l'a reconstitué immédiatement en émettant le même nombre de titres : pour l'application de la distinction entre plus ou moins-values à court terme et à long terme, dès lors que le taux de participation de la société dans le capital de sa filiale reste inchangé à l'issue de chacune des opérations d'annulation et d'augmentation simultanées de capital, la cession des titres doit être regardée comme portant à la fois sur des titres détenus depuis plus de deux ans dont la cession relève du régime du long terme et sur des titres détenus depuis moins de deux ans dont la cession relève du régime du court terme, à proportion des rapports existant entre les apports versés lors des souscriptions intervenues respectivement plus et moins de deux ans avant la cession des titres et le prix de revient total. • CE 22 janv. 2010, n° 311339, *Sté Prédica : RJF 2010. 320, concl. Escaut au BDCF 4/10, n° 39 ; Dr. fisc. 2010. 185, concl. Escaut, note Fumenier.*

42. Cession d'une marque par un particulier. Le produit retiré par une personne physique de la cession de son droit sur une marque ou un nom commercial doit être imposé, compte tenu de la nature de cet actif incorporel, dans la catégorie des BIC. D'autre part, à l'exception du cas dans lequel la personne physique concernée exerce à titre habituel une activité de création de marques commerciales pour le compte d'autrui ou de négoce de tels produits et des situations dans lesquelles l'opération de vente d'une marque doit s'analyser en réalité comme une concession ou une location de l'appellation commerciale en cause, la cession par une personne physique de son droit sur une marque ou un nom commercial doit être réputée porter, compte tenu de la nature de cet actif incorporel, sur un élément d'actif immobilisé dès lors que le dépôt d'une marque par son propriétaire, eu égard aux droits qui y sont attachés, est potentiellement une source de revenus futurs. Par suite, la plus-value éventuellement constatée lors de la cession de cette marque ou de ce nom commercial relève du régime d'imposition défini à l'art. 39 *duodecies*, sous les conditions définies par cet article, sans qu'y fasse obstacle la circonstance que les droits concernés n'ont été ni exploités personnellement par le cédant, ni productifs de revenus pour ce dernier antérieurement à la date à laquelle il s'en est dessaisi. • CE 3 sept. 2008, ⛫ n°s 300420 à 300422 : *RJF 2008. 1292 ; concl. Vallée au BDCF 12/08, n° 142 ; Dr. fisc. 2008. 542, note Pierre.*

43. La cession de la seule nue-propriété d'une marque, excluant la perception des revenus attachés à la marque, ne saurait être regardée comme ayant porté sur des droits procurant une source régulière de profits et comme ayant ainsi porté sur un élément d'actif immobilisé. En conséquence, la plus-value réalisée à l'occasion de la cession de la nue-propriété ne relève pas du régime des plus-values professionnelles défini à l'art. 39 *duodecies*, mais du régime des plus-values des particuliers. • CAA Bordeaux, 1er déc. 2014, ⛫ *Cales*, n° 13BX01780 : *RJF 2015. 175.*

44. Plus-values de cession de titres de sociétés implantées dans un État ou territoire non coopératif (ETNC). L'application du régime du long terme est exclue. Ces plus-values sont donc soumises à l'IS dans les conditions de droit commun ou au barème progressif de l'IR, selon le régime d'imposition applicable à l'entreprise cédante. * BOI-INT-DG-20-50 n° 650 du 12 sept. 2012. ♦ Le Conseil constitutionnel, saisi d'une QPC. • CE QPC 20 oct. 2014, ⛫ *AFEP et a.*, n° 383259 : *RJF 2015. 48 ; Dr. fisc. 2014. 643.* ♦ ... A confirmé ces solutions sous réserve que le contribuable soit admis à apporter la preuve que la prise de participation dans une société établie dans un ETNC correspond à des opérations réelles n'ayant ni pour objet ni pour effet de permettre, dans un but de fraude fiscale, la localisation de bénéfices dans un tel État ou territoire. • Cons. const. 20 janv. 2015, ⛫ *AFEP et a.*, n° 2014-437 QPC : *RJF 2015. 346 ; Dr. fisc. 2015. 223, note Kouraleva-Cazals.* ♦ Annulation de la doctrine administrative. • CE 8 juin 2016, ⛫ *AFEP*, n° 383259 : *RJF 2016. 870, concl. Crépey.* ♦ La clause de sauvegarde est désormais légalisée à l'art. 39 *duodecies*-2-c.

Art. 39 *duodecies* A 1. La plus-value réalisée lors de la cession d'un contrat de crédit-bail conclu dans les conditions prévues aux 1 et 2 de l'article L. 313-7 du code monétaire et financier est soumise au régime défini aux articles 39 *duodecies* et suivants. Lorsque le contrat a été conclu dans les conditions du 1 de l'article L. 313-7 du code monétaire et financier, elle est considérée comme une plus-value à court terme à concurrence de la fraction des loyers qui correspond aux amortissements que l'entreprise cédante aurait pu pratiquer selon le mode linéaire si elle avait été propriétaire du bien qui fait l'objet du contrat ; ces amortissements sont calculés sur le prix d'acquisition du bien par le bailleur diminué du prix prévu au contrat pour l'acceptation de la promesse unilatérale de vente en retenant une durée d'utilisation égale à celle du contrat. Lorsque le contrat a été conclu dans les conditions du 2 de l'article L. 313-7 précité, la plus-value est considérée comme une plus-value à court terme à concurrence de la fraction déduite, pour l'assiette de l'impôt, de la quote-part de loyers prise en compte pour la fixation du prix de vente convenu pour la cession éventuelle de l'immeuble à l'issue du contrat diminuée du montant des frais d'acquisition compris dans ces loyers.

2. *Le prix d'acquisition* des droits mentionnés au 1 réduit, le cas échéant, de la fraction définie au 6, est amorti selon le mode linéaire sur la durée normale d'utilisation du bien à cette date. Si ces droits sont à nouveau cédés, la fraction de la plus-value réalisée qui correspond aux amortissements ainsi pratiqués est également considérée comme une plus-value à court terme.

3. Lors de l'acceptation de la promesse unilatérale de vente par le titulaire des droits mentionnés au 1, le prix de revient du bien acquis est majoré du prix d'achat de ces mêmes droits. Ce bien est réputé amorti à concurrence des sommes déduites en application du 2. Il est fait application, le cas échéant, des dispositions de l'article 239 *sexies* C.

4. En cas de cession ultérieure d'un bien acquis à l'échéance d'un contrat de crédit-bail, la plus-value réalisée est considérée comme une plus-value à court terme à hauteur des amortissements pratiqués sur le prix de revient augmenté, selon le cas, des

amortissements que l'entreprise aurait pu pratiquer comme il est indiqué au 1 pendant la période au cours de laquelle elle a été titulaire du contrat, soit de la fraction déduite pendant la même période de la quote-part de loyers prise en compte pour la fixation du prix de vente convenu pour la cession éventuelle de l'immeuble à l'issue du contrat.

Pour l'application du premier alinéa, la fraction déduite de la quote-part de loyers prise en compte pour la fixation du prix de vente convenu pour la cession éventuelle de l'immeuble à l'issue du contrat est diminuée du montant des sommes réintégrées en application des articles 239 *sexies* et 239 *sexies* B et du montant des frais d'acquisition compris dans ces loyers.

5. Les dispositions du premier alinéa du 4 s'appliquent aux cessions de biens intervenues à compter du 1er octobre 1989. — *Les dispositions du 5 ci-dessus s'appliquent aux contrats conclus jusqu'au 31 déc. 1995.*

6. Les droits afférents à un contrat de crédit-bail immobilier sont assimilés à des éléments non amortissables de l'actif immobilisé pour la fraction du prix auquel ils ont été acquis égale à la somme de la valeur réelle du terrain et des quotes-parts de loyers non déduites en application des dispositions du 10 de l'article 39 au titre des éléments non amortissables, à la date du transfert du contrat, diminuée de la valeur du terrain à la signature du contrat avec le crédit-bailleur.

7. Les dispositions des 1 à 5 s'appliquent aux droits afférents aux contrats de crédit-bail portant sur des éléments incorporels amortissables d'un fonds de commerce ou d'un fonds artisanal.

Un décret fixe les modalités d'application du présent article ainsi que les obligations déclaratives. — *V. Ann. III, art. 38 quindecies F et 38 quindecies G. — Pour les plus et moins-values provenant de la cession des éléments d'actif, réalisées par des personnes assujetties à l'impôt sur les sociétés, V. le a quater du I de l'art. 219.*

Art. 39 terdecies *(Abrogé par L. n° 2018-1317 du 28 déc. 2018, art. 37-I-2°-a et III-1, pour les exercices ouverts à compter du 1er janv. 2019)* ***« 1. Le régime des plus-values à long terme est applicable aux plus-values de cession de brevets, d'inventions brevetables ou de perfectionnements qui y ont été apportés, ainsi qu'au résultat net de la concession de licences d'exploitation des mêmes éléments.*** — *Pour les plus et moins-values provenant de la cession des éléments d'actif, réalisées par des personnes assujetties à l'impôt sur les sociétés, V. le a quater du I de l'art. 219.*

« Il en est de même en ce qui concerne la plus-value de cession ou le résultat net de la concession d'un procédé de fabrication industriel qui remplit les conditions suivantes :

« a) Le procédé doit constituer le résultat d'opérations de recherche ;

« b) Il doit être l'accessoire indispensable de l'exploitation d'un brevet ou d'une invention brevetable ;

« c) Il doit être cédé ou concédé simultanément au brevet ou à l'invention brevetable dont il est l'accessoire et aux termes du même contrat que celui-ci.

« Ces dispositions ne sont pas applicables :

« 1° Aux plus-values de cession des éléments mentionnés ci-dessus, lorsqu'il existe des liens de dépendance entre l'entreprise cédante et l'entreprise cessionnaire au sens du 12 de l'article 39 ;

« 2° Lorsque les éléments mentionnés ci-dessus :

« Ne présentent pas le caractère d'éléments de l'actif immobilisé ;

« Ou ont été pris en concession, sauf si l'entreprise concédant la licence d'exploitation prise en concession est la première entreprise bénéficiant à ce titre du régime des plus-values à long terme et si celle-ci apporte la preuve que les opérations mentionnées au présent alinéa, d'une part, sont réelles et ne peuvent être regardées comme constitutives d'un montage artificiel dont le but serait de contourner la législation fiscale française et, d'autre part, créent une valeur ajoutée du chef de cette entreprise sur l'ensemble de la période d'exploitation de la licence concédée. Cette preuve est établie dans le cadre d'une documentation présentant l'économie générale de l'exploitation de la licence. Un décret précise les conditions d'établissement de cette documentation ;

« Ou ont été acquis à titre onéreux depuis moins de deux ans. »

1 bis. *Abrogé par L. n° 2001-1276 du 28 déc. 2001, art. 54-I-C.*

1 ter. *(L. n° 2018-1317 du 28 déc. 2018, art. 37-I-2°-b et III-1, applicable aux exercices ouverts à compter du 1er janv. 2019)* **« Le régime des plus ou moins-values à long terme**

n'est pas applicable » aux sommes perçues en exécution d'un contrat de crédit-bail portant sur des éléments incorporels d'un fonds de commerce ou d'un fonds artisanal.

2. Sous réserve des dispositions de l'article 41, les plus-values nettes constatées en cas de décès de l'exploitant sont soumises de plein droit au régime fiscal des plus-values à long terme.

3. *Abrogé.*

4. *Devenu sans objet (Décr. n° 2008-294 du 1er avr. 2008).*

5. Les distributions par les sociétés de capital-risque qui fonctionnent dans les conditions de l'article 1er-1 de la loi n° 85-695 du 11 juillet 1985 sont soumises, lorsque l'actionnaire est une entreprise, au régime fiscal des plus-values à long terme si la distribution est prélevée sur :

1° Des plus-values nettes réalisées au cours des exercices clos à compter du 31 décembre 2001 provenant de la cession de titres détenus depuis au moins deux ans ;

2° Des sommes reçues par la société de capital-risque au cours de l'exercice précédent au titre :

***a)* Des répartitions d'une fraction des actifs d'un fonds commun de placement à risques ou d'un fonds professionnel de capital investissement, prévues au IX de l'article L. 214-28 du code monétaire et financier, provenant de la cession de titres détenus depuis au moins deux ans ;**

***b)* Des distributions d'une entité mentionnée au 2° du II de l'article L. 214-28 du même code, autre qu'un fonds commun de placement à risques qu'un fonds professionnel spécialisé relevant de l'article L. 214-37 du code monétaire et financier dans sa rédaction antérieure à l'ordonnance n° 2013-676 du 25 juillet 2013 modifiant le cadre juridique de la gestion d'actifs ou qu'un fonds professionnel de capital investissement, constituée dans un État ou territoire ayant conclu avec la France une convention fiscale qui contient une clause d'assistance administrative en vue de lutter contre la fraude ou l'évasion fiscale, prélevées sur des plus-values réalisées par l'entité lors de la cession de titres détenus depuis au moins deux ans.**

Lorsque les titres cédés sont des titres de sociétés établies dans un État ou territoire non coopératif *(L. n° 2018-898 du 23 oct. 2018, art. 31-I-B et IV, en vigueur le 1er déc. 2018)* **« au sens de l'article 238-0 A du présent code autre que ceux mentionnés au 2° du 2 *bis* du même article 238-0 A », le présent 5 ne s'applique pas** *(L. n° 2018-898 du 23 oct. 2018, art. 31-I-B et IV, en vigueur le 1er déc. 2018)* **« , sauf si la société de capital-risque apporte la preuve que les opérations de la société établie hors de France dans laquelle est prise la participation correspondent à des opérations réelles qui ont principalement un objet et un effet autres que de permettre la localisation de bénéfices dans un État ou territoire non coopératif ».**

NOTE. La jurisprudence et les solutions rapportées ci-dessous concernent l'art. 39 *terdecies* dans sa rédaction antérieure à la L. n° 2018-1317 du 28 déc. 2018. Sur le régime de la propriété industrielle applicable à compter du 1er janv. 2019, V. l'art. 238 CGI pour les entreprises et les art. 93-2 et 93-4 CGI pour les autres contribuables.

BIBL. Guillerm, *Dr. fisc. 2007. 967* (les redevances de concessions de *sous-licences* d'exploitation de brevets peuvent-elles bénéficier du taux réduit des plus-values à long terme ?). – Le Mentec, *Dr. fisc. 2009. 435* (brevets de logiciels détenus par des sociétés françaises : aspects fiscaux).

1. Propriété industrielle. Il résulte de l'art. 39 *terdecies*-1 que le bénéfice du régime du long terme qu'il prévoit pour les produits de cession de certains droits de propriété industrielle ainsi que pour les produits de licences d'exploitation de ces éléments est subordonné à la condition que les droits en cause constituent des éléments de l'actif immobilisé dont le concédant accepte de se dessaisir au profit du concessionnaire. Ne peuvent donc pas bénéficier du régime de faveur les redevances perçues par une société en exécution de contrats de concession dont le caractère précaire résulte de la possibilité pour le concédant de les révoquer à tout moment. • CE 9 mars 2007, nos 279128 et 279129, *Sté Parfums Rochas : RJF 2007. 658 ; concl. Séners au BDCF 6/07, n° 64 ; Dr. fisc. 2007. 781.* ♦ Les droits, procédés et techniques visés doivent constituer des éléments de l'actif immobilisé que le concédant accepte de mettre à disposition du concessionnaire. Ainsi, il suffit que la concession mette le concessionnaire à même d'exploiter utilement, pour son propre compte, les éléments concédés. En revanche, il n'est pas requis que le concessionnaire soit à même de vendre les produits qui en sont issus. • CE 31 mars 2017, n° 394741 : *RJF 2017. 555.*

2. Plus-values de cession de titres de sociétés implantées dans un État ou territoire

***non coopératif* (ETNC).** L'application du régime du long terme est exclue. Ces plus-values sont donc soumises à l'IS dans les conditions de droit commun ou au barème progressif de l'IR, selon le régime d'imposition applicable à l'entreprise cédante. * BOI-INT-DG-20-50 n° 650 du 11 févr. 2014.

3. Procédé de fabrication. Une société mère qui concède à ses filiales les droits d'exploitation d'un procédé de fabrication ne peut bénéficier du régime du long terme sur les redevances perçues si elle n'a pas réalisé elle-même les opérations de recherche correspondantes. • CE 27 févr. 2013, *Sté Ipsen*, n° 356414 : *RJF 2013. 465 ; BDCF 2013. 51, concl. Escaut ; Dr. fisc. 2013. 308, note Pierre.*

4. Brevets. Constitue un contrat de concession de brevets, et non une cession, un contrat qui prévoit que les droits concédés ne sont pas exclusifs dans certaines zones géographiques et que la propriété des brevets est conservée par le concédant. • CAA Versailles, 25 juin 2013, *Bayer*, n° 11VE03516 : *RJF 2013. 1116 ; Dr. fisc. 2013. 494, note Pierre.*

Art. 39 *quaterdecies* 1. **Le montant net des plus-values à court terme peut être réparti par parts égales sur l'année de leur réalisation et sur les deux années suivantes.**

Il s'entend de l'excédent de ces plus-values sur les moins-values de même nature qui ont été effectivement subies au cours du même exercice.

Ces dispositions ne sont pas applicables aux plus-values nettes à court terme réalisées par les entreprises soumises à l'impôt sur les sociétés au cours des exercices ouverts à compter du 1er janvier 1987.

1 *bis*. Par dérogation aux dispositions du 1, la réintégration aux bénéfices imposables du montant net des plus-values à court terme réalisées à l'occasion d'opérations de reconversion par les entreprises qui ont obtenu l'agrément prévu *(Décr. n° 2017-698 du 2 mai 2017, art. 1er)* **« à l'article 1465 » peut être étalée sur dix ans, sans que la somme rattachée aux bénéfices de chaque année puisse être inférieure au dixième de ce montant.**

1 *ter*. Par dérogation aux dispositions du 1, la plus-value nette à court terme afférente à des biens amortissables, réalisée à la suite de la perception d'indemnités d'assurances ou de l'expropriation d'immeubles figurant à l'actif, peut être répartie, par fractions égales, sur plusieurs exercices à compter de celui suivant la réalisation de la plus-value.

Chaque fraction est égale au rapport du montant de cette plus-value nette, dans la limite du montant global de la plus-value nette à court terme de l'exercice au cours duquel elle est réalisée, à la durée moyenne d'amortissement déjà pratiquée sur les biens détruits ou expropriés, pondérée en fonction du prix d'acquisition de ces biens et limitée à quinze ans.

1 *quater*. Par dérogation aux dispositions du 1, la plus-value à court terme provenant de la cession, avant le 31 décembre 2010, d'un navire de pêche ou de parts de copropriété d'un tel navire et réalisée en cours d'exploitation par une entreprise de pêche maritime ou dont l'activité est de fréter des navires de pêche peut être répartie par parts égales, sur les sept exercices suivant l'exercice de la cession, lorsque l'entreprise acquiert au cours de ce dernier ou prend l'engagement d'acquérir dans un délai de dix-huit mois à compter de la cession, pour les besoins de son exploitation, un ou des navires de pêche neufs ou d'occasion ou des parts de copropriété de tels navires à un prix au moins égal au prix de cession.

Si les sommes réinvesties sont inférieures au prix de cession, le montant bénéficiant de la répartition est limité au produit de la plus-value à court terme par le rapport entre le prix de cession affecté à l'acquisition du navire et la totalité de ce prix. Dans ce cas, la régularisation à effectuer est comprise dans le résultat imposable de l'exercice en cours à l'expiration du délai de dix-huit mois fixé au premier alinéa, majorée d'un montant égal au produit de cette régularisation par le taux de l'intérêt de retard prévu à l'article 1727.

Lorsque l'entreprise visée au premier alinéa est une société soumise au régime d'imposition prévu à l'article 8, la condition tenant à la nature de l'activité de cette entreprise doit être également remplie par ses associés personnes morales.

Si le navire mentionné au premier alinéa est acquis d'occasion, sa durée résiduelle d'utilisation doit être d'au moins dix ans et sa construction doit être achevée depuis dix ans au plus ; ces deux dernières conditions ne sont pas exigées si l'entreprise justifie n'avoir pu y satisfaire, pour un navire de pêche correspondant à ses besoins, malgré ses diligences et pour des raisons indépendantes de sa volonté.

L'engagement mentionné au premier alinéa doit être annexé à la déclaration de résultat de l'exercice de la cession.

Les dispositions du premier alinéa ne sont pas applicables aux plus-values soumises aux dispositions de l'article 223 F.

1 *quinquies.* Le profit constaté à l'occasion du rachat par son débiteur d'une créance liée à une dette à moyen et long termes auprès d'un établissement de crédit ou d'une société de financement pour un prix inférieur à son montant nominal peut être réparti, pour sa partie correspondant à la différence entre l'actualisation de la somme du capital et des intérêts restant dus à la date du rachat, actualisés à un taux égal au taux à échéance constante dont la maturité est la plus proche de la durée restant à courir de la date de rachat jusqu'à la date de chaque échéance, et le prix de rachat de la créance, par fractions égales, sur les cinq exercices suivant le rachat. La fraction du profit prise en compte dans le résultat imposable est majorée d'un montant égal au produit de cette fraction par une fois et demie le taux de l'intérêt de retard prévu à l'article 1727.

Le premier alinéa ne s'applique ni aux établissements de crédit, ni aux sociétés de financement, ni aux rachats dont le débiteur et le créancier ont la qualité d'entreprises liées au sens du 12 de l'article 39. Toutefois, dans ce dernier cas, lorsque la créance a été acquise par le créancier auprès d'une personne à laquelle elle n'est pas liée au sens du 12 de l'article 39, le premier alinéa reste applicable, dans les mêmes conditions, à concurrence de la fraction du profit constaté par le débiteur qui n'excède pas la différence entre la valeur actualisée de la créance et son prix d'acquisition par le créancier.

Les présentes dispositions sont applicables à la double condition que le capital social de la société à la clôture de l'exercice au cours duquel intervient le rachat soit supérieur à celui à l'ouverture du même exercice et que le rapport entre le montant des dettes à moyen et long termes et le montant formé par le total de l'actif brut calculé à la clôture de l'exercice au cours duquel intervient le rachat soit inférieur d'au moins 10 % à ce même rapport calculé à l'ouverture du même exercice. Pour le calcul de ce rapport à la clôture de l'exercice, l'actif brut est diminué de la perte comptable de l'exercice.

Ces dispositions cessent de s'appliquer lorsqu'à la clôture d'un des cinq exercices suivant celui du rachat de la créance, ce même rapport est supérieur à celui constaté à l'ouverture de l'exercice de rachat. Dans ce cas, les fractions de profit non encore imposées sont comprises dans le bénéfice imposable de l'exercice du dépassement, dans les conditions prévues à la dernière phrase du premier alinéa. — *Le 1 quinquies ci-dessus est applicable aux rachats de créances intervenus entre le 23 avr. 2009 et le 31 déc. 2010 (L. n° 2009-431 du 20 avr. 2009, art. 2-II).*

2. En cas de cession ou de cessation totale d'entreprise ou de cession de l'un des navires ou de l'une des parts de copropriété de navire mentionnés au 1 *quater*, les plus-values ou les profits, majorés dans les conditions du 1 *quinquies*, dont l'imposition a été différée en application des dispositions qui précèdent sont rapportés au bénéfice imposable de l'exercice clos lors de cette opération, sous réserve des dispositions des articles 41 et 210 A à 210 C.

Sous réserve des dispositions du troisième alinéa du 1, les dispositions du premier alinéa ne sont pas applicables en cas d'apport d'une entreprise individuelle à une société dans les conditions prévues à l'article 151 *octies* si la société bénéficiaire de l'apport prend l'engagement dans l'acte d'apport de réintégrer à ses résultats les plus-values à court terme comme aurait dû le faire l'entreprise apporteuse.

2. *bis.* La moins-value résultant de la cession, moins de deux ans après leur émission, de titres de participation acquis en contrepartie d'un apport réalisé et dont la valeur réelle à la date de leur émission est inférieure à leur valeur d'inscription en comptabilité n'est pas déductible, dans la limite du montant résultant de la différence entre la valeur d'inscription en comptabilité desdits titres et leur valeur réelle à la date de leur émission.

3. Le cas échéant, l'excédent des moins-values à court terme constaté au cours d'un exercice est déduit des bénéfices de cet exercice.

1. Indemnités d'assurances. En cas de sinistre subi à raison d'un bien reçu par voie d'apport placé sous le régime spécial de l'art. 210 B, la période d'étalement de la plus-value résultant de la perception de l'indemnité d'assurance est déterminée d'après la durée des amortissements pratiqués par la société bénéficiaire, sans qu'il soit possible de prendre en considération ceux pratiqués par la société apporteuse. • CE 27 juin 2001, ♗ n° 222554 : *RJF 2001. 1191 ; concl. Mignon au BDCF 10/01, n° 115 ; Dr. fisc. 2001. 1101, concl. Mignon.*

2. Cession ou cessation. Un exploitant agricole qui participe à un GAEC doit être regardé comme poursuivant, au sein de ce groupement, son activité en qualité d'exploitant individuel, de sorte que cette participation ne constitue pas une cession ou une cessation totale d'activité au sens du 2. • CE 10 mars 1999, ♗ n° 164647 : *RJF 1999. 559* • CE 28 déc. 2007, ♗ n° 282381 : *RJF 2008. 302.*

3. Exclusion du régime des revenus exceptionnels. Lorsque le CGI instaure une modalité particulière d'étalement de l'imposition de certains revenus, l'application de la mesure générale d'étalement de l'art. 163-0A doit, même en l'absence de disposition expresse en ce sens, être écartée. • CAA Douai, 19 juin 2002, n° 98DA2363 : *RJF 2003. 408 ; Dr. fisc. 2003. 305.* ♦ De ce fait, l'imposition de la plus-value professionnelle à court terme réalisée par un contribuable, en cours d'activité, à la suite de la cession d'éléments d'actif ne peut faire l'objet que de la mesure particulière d'étalement d'imposition prévue à l'art. 39 *quaterdecies* et l'intéressé ne peut réclamer l'application des dispositions générales prévues à l'art. 163-0A. • Même arrêt.

4. Apport à une filiale en difficulté (art. 39 quaterdecies-2 bis). Limitation de la déduction de la moins-value subie à l'occasion de la cession, moins de deux ans après leur émission, de titres de participation reçus en rémunération d'un apport à une filiale en difficulté. * BOI-BIC-PVMV-30-30-120 du 3 févr. 2016.

Art. 39 *quindecies* **I. — 1. Sous réserve des dispositions des articles 41, 151 *octies* et 210 A à 210 C, le montant net des plus-values à long terme fait l'objet d'une imposition séparée au taux de** *(L. n° 2017-1837 du 30 déc. 2017, art. 29)* **« 12,8 % ».**

Il s'entend de l'excédent de ces plus-values sur les moins-values de même nature constatées au cours du même exercice.

Toutefois, ce montant net n'est pas imposable lorsqu'il est utilisé à compenser le déficit d'exploitation de l'exercice. Le déficit ainsi annulé ne peut plus être reporté sur les bénéfices des exercices ultérieurs.

Par dérogation aux dispositions qui précèdent, l'imposition de la plus-value nette à long terme réalisée à la suite de la perception d'indemnités d'assurances ou de l'expropriation d'immeubles figurant à l'actif est différée de deux ans. Toutefois, en cas de cessation d'activité, l'imposition de la plus-value dont il s'agit est immédiatement établie.

2. L'excédent éventuel des moins-values à long terme ne peut être imputé que sur les plus-values à long terme réalisées au cours des dix exercices suivants.

En cas de liquidation d'entreprise *(Abrogé par L. n° 2017-1837 du 30 déc. 2017, art. 84, applicable aux exercices ouverts à compter du 1er janv. 2018)* ***« au cours d'un exercice ouvert à compter du 1er janvier 1991 »*****, l'excédent des moins-values à long terme sur les plus-values à long terme peut être déduit du bénéfice de l'exercice de liquidation** *(L. n° 2017-1837 du 30 déc. 2017, art. 84, applicable aux exercices ouverts à compter du 1er janv. 2018)* **« dans la limite du rapport existant entre le taux d'imposition des plus-values à long terme applicable à l'exercice de réalisation des moins-values et le taux normal prévu au deuxième alinéa du I de l'article 219 applicable à l'exercice de liquidation. »**

II. — Abrogé.

V. note ss. art. 219.

1. Cession d'entreprise individuelle. Étalement du paiement de l'impôt sur la plus-value à long terme. Demande d'étalement. Calendrier de paiement. * Instr. CP 03-056-A1, 28 oct. 2003.

2. Compensation des moins-values et plus-values. Cas d'un contribuable imposable à l'IR dans la catégorie des bénéfices agricoles pour la quote-part lui revenant dans une société de personnes et dans celle des BIC pour les droits qu'il détient dans une autre société de personnes. Ces bénéfices relevant de deux catégories distinctes de revenus, le contribuable ne peut pas compenser la plus-value à long terme commerciale résultant d'une cession d'actif réalisée en 1996 dans le cadre de la première société avec les moins-values à long terme agricoles subies en 1994 et 1996 dans le cadre de la deuxième entreprise. • CAA Bordeaux, 24 mai 2006, n° 02BX2182 : *RJF 2006. 1319 ; chron. Sollier et De la Rüe du Can au BFL 10/06, p. 889.* ♦ Confirmé par • CE 23 nov. 2007, ♗ n° 295601 : *RJF 2008. 113 ; concl. Vallée au BDCF 2/08, n° 15 ; Dr. fisc. 2008.196, note Pierre.*

3. Imputation des plus-values sur les déficits. L'art. 39 *quindecies*-I-1 offre aux entreprises le choix d'éviter la taxation du montant net des plus-values à long terme en le compensant avec un déficit ordinaire constaté au titre de l'exercice ou reportable sur cet exercice. Lorsqu'un contribuable a effectué ce choix, il prend une décision de gestion qui lui est opposable. • CE 28 déc. 2018, *Sté Alliance Développement Capital (ADC)*, n° 406709 : *RJF 2019. 284, concl. Iljic.* ♦ L'annulation du déficit sur lequel a été imputée une PVLT entraîne sa taxation au taux normal. • Même arrêt. ♦ Lorsqu'une entreprise a pris la décision de gestion de compenser la plus-value nette à long terme de l'exercice avec ses déficits, l'Administration se borne à tirer les conséquences d'un tel choix en imputant le supplément de plus-value révélé à l'occasion d'un contrôle sur les déficits reportables. • CE 25 févr. 2011, n° 338715 : *RJF 2011. 550 ; Dr. fisc. 2011. 286, concl. Escaut, note Fumenier et Maignan.*

4. Un contribuable qui s'est abstenu de présenter sa déclaration de résultat au titre de l'exercice de cession de son fonds de commerce n'a pas pris la décision de gestion de renoncer à la faculté d'opter pour l'imputation de la plus-value à long terme réalisée à l'occasion de cette cession sur le déficit de l'exercice ou sur les déficits antérieurs. Après que l'Administration a arrêté d'office ses bases d'imposition, le contribuable conserve donc la possibilité de demander une telle compensation. • CE 10 août 2007, n°s 277113 et 277238 : *RJF 2007. 137 ; concl. Glaser au BDCF 12/07, n° 136.*

5. Imputation des déficits d'une activité individuelle poursuivie au sein d'une société de personnes. L'art. 39 *quindecies*, I-1, combiné avec l'art. 201 relatif aux cas de cession ou cessation d'une entreprise, fait obstacle à ce que des déficits constatés dans le cadre de l'exploitation individuelle et relatifs à des exercices antérieurs à l'apport de cette activité à une société en nom collectif puissent être compensés avec la plus-value réalisée par le contribuable lors de la cession ultérieure des titres de cette société, reçus en contrepartie de cet apport. Cette solution s'applique alors même que l'ancien entrepreneur individuel a poursuivi la même activité au sein de la société. • CE 3 juin 2013, *Courchinoux et Cafaro*, n° 356868 : *RJF 2013. 806 ; BDCF 2013. 88, concl. Bohnert.*

Art. 39 *quindecies* A **Lorsqu'un courtier d'assurances maritimes apporte, avant le 1er juillet 1980, son entreprise à une société ayant pour objet principal le courtage d'assurances, l'imposition de la plus-value réalisée par l'intéressé à l'occasion de cet apport est reportée au moment où s'opérera la transmission ou le rachat de ses droits sociaux.**

Art. 39 *sexdecies* *Dispositions périmées.*

Art. 39 *septdecies* *Abrogé par L. n° 76-660 du 19 juill. 1976, art. 12-III.*

Art. 39 *octodecies* **I. — Les contribuables qui exercent pour la première fois une option pour un régime réel d'imposition peuvent constater en franchise d'impôt les plus-values acquises, à la date de prise d'effet de cette option, par les éléments non amortissables de leur actif immobilisé.**

Cette constatation doit être faite en comptabilité au plus tard à la clôture du premier exercice pour lequel l'entreprise se trouve soumise à un régime réel d'imposition.

II. — En cas de cession ou de cessation de l'exploitation moins de cinq ans après la création ou l'acquisition de l'entreprise, les plus-values imposables afférentes aux éléments visés au I sont obligatoirement calculées en tenant compte du prix de revient d'origine.

III. — Abrogé.

La constatation en franchise d'impôt d'une partie seulement des plus-values acquises à la date d'effet de l'option pour le régime simplifié est une « décision de gestion » et non une « erreur comptable » rectifiable. • CE 28 juill. 1999, n° 179360 : *Dr. fisc. 2000. 727, concl. Goulard.* ♦ En revanche, la valeur d'inscription des éléments réévalués peut, si elle diffère de leur valeur vénale à la date de prise d'effet de l'option, être rectifiée, tant par le contribuable que par l'Administration, si la différence entre les deux valeurs résulte d'une erreur comptable. • CE 15 déc. 1999, n° 170919 : *RJF 2000. 151 ; Dr. fisc. 2000. 388, concl. Courtial.*

Art. 39 *novodecies* *(L. n° 2020-1721 du 29 déc. 2020, art. 33-1°)* **« I. — » Lorsqu'une entreprise cède un immeuble à une société de crédit-bail dont elle retrouve immédiatement la jouissance en vertu d'un contrat de crédit-bail, le montant de la plus-value de cession de cet immeuble peut être réparti par parts égales sur les exercices clos pendant la durée du contrat de crédit-bail sans excéder quinze ans. Toutefois, lorsque l'immeuble est acquis par l'entreprise ou que le contrat de crédit-bail est résilié, le solde est imposé immédiatement.**

(L. n° 2020-1721 du 29 déc. 2020, art. 33-2°) **« II. — Le I s'applique aux immeubles dont la cession à une société de crédit-bail est réalisée entre le 1er janvier 2021 et le 30 juin 2023 et est précédée d'un accord de financement accepté par le crédit-preneur à compter du 28 septembre 2020, et au plus tard le 31 décembre 2022, et qui sont affectés par le crédit-preneur à son activité commerciale, industrielle, artisanale, libérale ou agricole.**

« Le premier alinéa du présent II ne s'applique pas aux immeubles affectés par l'entreprise mentionnée au I à des activités de gestion de son propre patrimoine. Par exception, le premier alinéa du présent II s'applique lorsque l'immeuble est loué par l'entreprise mentionnée au I à une entreprise avec laquelle elle entretient des liens de dépendance au sens du 12 de l'article 39 et qui affecte l'immeuble à une activité mentionnée au premier alinéa du présent II. »

Cession-bail d'immeubles. Dispositif optionnel d'étalement de la plus-value réalisée lors de la vente d'un immeuble par une entreprise à une société de crédit-bail, à condition que l'entreprise en retrouve immédiatement la jouissance en vertu d'un contrat de crédit-bail *(lease-back).* Application aux cessions réalisées entre le 1er janv. 2021 et le 30 juin 2023. Conditions et modalités d'application du dispositif. Obligations déclaratives. * BOI-BIC-PVMV-40-20-60 du 23 juin 2021.

Art. 40 *(Abrogé par L. n° 65-566 du 12 juill. 1965, mais utile pour l'application de l'art. 238 octies)* ***1. Sous réserve de ce qui est dit à l'article 238 octies, et par dérogation aux dispositions de l'article 38-1, les plus-values provenant de la cession en cours d'exploitation des éléments de l'actif immobilisé et réalisées avant l'entrée en vigueur, dans les conditions fixées par décret en Conseil d'État*** *[Ann. II, art. 27]*, ***des dispositions des articles 39 duodecies à 39 quindecies A, ne sont pas comprises dans le bénéfice imposable de l'exercice au cours duquel elles ont été réalisées, si le contribuable prend l'engagement de réinvestir en immobilisations dans son entreprise, avant l'expiration d'un délai de trois ans à partir de la clôture de cet exercice, une somme égale au montant de ces plus-values ajoutées au prix de revient des éléments cédés. Toutefois, le remploi ainsi prévu ne peut pas être effectué en l'achat de lingots de métaux précieux et de pièces d'or, en l'acquisition de biens meubles ou immeubles présentant un caractère somptuaire et dont la liste est fixée par décret*** *[Ann. III, art. 10 H]*, ***ni en l'achat ou la souscription d'actions de sociétés d'investissement régies par l'ordonnance n° 45-2710 du 2 novembre 1945.***

Cet engagement de réinvestir doit être annexé à la déclaration des résultats de l'exercice au cours duquel les plus-values ont été réalisées.

Les profits réalisés par les entreprises à l'occasion de la concession exclusive de licences d'exploitation de brevets peuvent bénéficier des dispositions ci-dessus lorsque cette concession a pour objet un brevet présentant le caractère d'un élément de l'actif immobilisé au sens de ces dispositions et qu'elle est consentie jusqu'à l'expiration de la durée de validité de ce brevet. *— V. note ss. l'art.*

2. Abrogé par L. n° 65-566 du 12 juill. 1965, art. 45.

3. Abrogé par L. n° 63-1241 du 19 déc. 1963, art. 83.

4. Si le remploi est effectué dans le délai prévu au 1, les plus-values distraites du bénéfice imposable sont considérées comme affectées à l'amortissement des nouvelles immobilisations et viennent en déduction du prix de revient pour le calcul des amortissements et des plus-values réalisées ultérieurement.

Dans le cas contraire, elles sont rapportées au bénéfice imposable de l'exercice au cours duquel a expiré le délai ci-dessus.

5 et 6. Abrogés par L. n° 65-566 du 12 juill. 1965, art. 45.

Art. 40 A *Abrogé par L. n° 65-566 du 12 juill. 1965, art. 45.*

Art. 40 B *Devenu sans objet (Décr. n° 2008-294 du 1er avr. 2008).*

Art. 40 *bis* *Abrogé par L. n° 65-566 du 12 juill. 1965, art. 45.*

Art. 40 *ter* *Disposition périmée.*

Art. 40 *quater* *Abrogé par L. n° 65-566 du 12 juill. 1965, art. 45.*

Art. 40 quinquies (*Abrogé par L. n° 2013-1278 du 29 déc. 2013, art. 26-I-g*) *Par dérogation aux dispositions de l'article 38-2, les plus-values résultant de la cession des parts sociales ou des actions des sociétés ayant conclu une convention avec l'État dans les conditions prévues à l'article 1er de l'ordonnance n° 59-248 du 4 février 1959, n'entrent pas en ligne de compte pour le calcul du bénéfice imposable de l'exercice au cours duquel elles ont été réalisées, dès lors que le produit de la cession sera affecté à la souscription ou à l'acquisition de parts ou d'actions de même nature dans le délai d'un an. Dans ce cas, les plus-values distraites du bénéfice imposable sont affectées à l'amortissement des nouvelles participations.*

En cas de résiliation de la convention, de dissolution de la société ou d'exclusion d'un associé, les plus-values exonérées en vertu du premier alinéa sont réintégrées dans les bénéfices de l'exercice en cours, dans les conditions et sous les réserves prévues à l'article 39 quinquies C-2 à 4.

Art. 40 sexies (*Abrogé par L. n° 2018-1317 du 28 déc. 2018, art. 30-I-4°*) *Lorsque des actions de sociétés immobilières conventionnées visées par l'ordonnance n° 58-876 du 24 septembre 1958 ont donné lieu à l'amortissement exceptionnel prévu à l'article 5-2° de ladite ordonnance ou ont été souscrites en remploi de plus-values, dans le cadre des dispositions de l'article 10 de la loi n° 60-859 du 13 août 1960 modifiée, la plus-value provenant de leur cession n'est pas comprise dans les bénéfices imposables dans la limite du montant de l'amortissement exceptionnel ou de l'amortissement correspondant aux plus-values qui avaient été ainsi réinvesties, à la condition que la cession intervienne après l'expiration d'un délai de trois ans partant de la date de souscription desdites actions.*

Il en est de même, sous la même condition, en ce qui concerne les plus-values provenant de la cession, soit d'actions acquises, soit d'actions ou parts souscrites dans le cadre respectivement des a et b du 2 de l'article 39 quinquies A, dans la limite de l'amortissement exceptionnel précédemment pratiqué à raison desdites actions ou parts.

Les dispositions du premier alinéa cesseront de trouver leur application en ce qui concerne les actions souscrites postérieurement au 30 juin 1964 ou libérées postérieurement au 31 décembre 1965. En outre, la souscription des actions des sociétés immobilières conventionnées constituées après la promulgation de la loi n° 63-254 du 15 mars 1963 ne pourra, en aucun cas, donner droit au bénéfice de ces dispositions.

Art. 41 I. — Les plus-values soumises au régime des articles 39 *duodecies* à 39 *quindecies* et réalisées par une personne physique à l'occasion de la transmission à titre gratuit d'une entreprise individuelle peuvent bénéficier des dispositions suivantes :

a. L'imposition des plus-values afférentes aux éléments de l'actif immobilisé constatées à l'occasion de cette transmission fait l'objet d'un report jusqu'à la date de cession ou de cessation de l'entreprise ou jusqu'à la date de cession d'un de ces éléments si elle est antérieure.

L'imposition des plus-values visées au premier alinéa est effectuée à la date à laquelle il est mis fin au report au nom du ou des bénéficiaires de la transmission de l'entreprise individuelle.

b. En cas de cession à titre onéreux de ses droits par un bénéficiaire, il est mis fin au report d'imposition pour le montant de la plus-value afférente à ses droits. L'imposition des plus-values est effectuée au nom de ce bénéficiaire.

c. En cas de nouvelle transmission à titre gratuit par l'un des bénéficiaires de la transmission *visée* au premier alinéa, le report est maintenu si le bénéficiaire de la nouvelle transmission prend l'engagement d'acquitter l'impôt sur la plus-value à la date où l'un des événements cités au *a* ou *b* se réalise. A défaut, l'imposition des plus-values afférentes aux éléments transmis est effectuée au nom du donateur ou du défunt.

d. En cas d'apport en société dans les conditions prévues aux I et II de l'article 151 *octies*, le report d'imposition est maintenu si le ou les bénéficiaires ayant réalisé l'apport prennent l'engagement d'acquitter l'impôt sur la plus-value en report à la date où l'un des événements cités au *a* se réalise. A défaut, l'imposition des plus-values afférentes aux éléments apportés est effectuée au nom du ou des apporteurs. En cas de cession de tout ou partie des titres reçus en rémunération de cet apport, il est mis fin au report au nom du ou des bénéficiaires ayant réalisé l'apport.

d bis. En cas de partage avec soulte, le report d'imposition est maintenu si le ou les attributaires de l'entreprise individuelle prennent l'engagement d'acquitter l'impôt sur la plus-value en report à la date où l'un des événements cités aux *a* ou *b* se réalise.
e. Pour l'application du présent article, la mise en location-gérance de tout ou partie de l'entreprise est assimilée à une cessation totale ou partielle.
II. – Lorsque l'activité est poursuivie pendant au moins cinq ans à compter de la date de la transmission visée au premier alinéa du I, les plus-values demeurant en report définies au premier alinéa du *a* du I sont définitivement exonérées.
III. – Les profits afférents aux stocks constatés à l'occasion de la transmission visée au premier alinéa du I ne sont pas imposés si le ou les nouveaux exploitants bénéficiaires inscrivent ces stocks à la valeur comptable pour laquelle ils figurent au bilan de l'ancienne entreprise.

IV. – *a.* Le régime défini au I s'applique sur option exercée par le ou les exploitants et, si tel est le cas, par les autres bénéficiaires lors de l'acceptation de la transmission par ces derniers.
b. Le ou les bénéficiaires ayant opté pour le régime défini au I communiquent à l'administration un état faisant apparaître le montant des plus-values réalisées lors de la transmission et dont l'imposition est reportée conformément aux *a*, *c* et *d* du I.
c. Le ou les bénéficiaires mentionnés au *a* doivent joindre à la déclaration prévue à l'article 170, au titre de l'année en cours à la date de la transmission et des années suivantes, un état faisant apparaître les renseignements nécessaires au suivi des plus-values dont l'imposition est reportée conformément aux *a*, *c* et *d* du I.
d. Le ou les exploitants mentionnés au *a* joignent à leur déclaration de résultat un état faisant apparaître, pour chaque nature d'élément, les renseignements nécessaires au calcul des plus-values imposables.

e. L'article 151 *septies* ne s'applique pas en cas d'exercice de l'option prévue au *a*. – *Application aux opérations d'apport, d'échange ou de transmission à titre gratuit réalisées à compter du 1er janv. 2006.*

V. – Un décret précise les obligations déclaratives. – *V. Ann. III, art. 10H-0 bis.*

Dispositions applicables aux transmissions réalisées à compter de l'entrée en vigueur de la L. nº 2003-1312 du 30 déc. 2003 (JO 31 déc.).

1. Transmissions éligibles. Ce sont celles portant sur des entreprises individuelles : il s'agit des entreprises exploitées par des contribuables y exerçant leur profession, c'est-à-dire ceux réalisant habituellement des opérations pour leur compte et dans un but lucratif. Cette profession, qui peut être de nature industrielle, commerciale ou artisanale, libérale ou agricole, doit être effectivement exercée, ce qui suppose l'accomplissement d'actes précis et de diligences réelles. La personne à l'origine de la transmission doit donc gérer une véritable entreprise. En conséquence, les loueurs de fonds de commerce, administrant une activité de rapport, ne sont pas considérés comme exploitant une entreprise individuelle pour l'application de l'art. 41. * BOI-BIC-PVMV-40-20-10 nº 50 du 12 sept. 2012.

2. Transmission à titre gratuit. Le prêt à usage, qui n'emporte pas transfert de propriété, ne saurait être assimilé à une transmission à titre gratuit. • CE 2 avr. 2003, nº 230532 : *Dr. fisc. 2003. 625 ; RJF 2003. 680.* ♦ La plus-value réalisée par un exploitant *agricole ayant cessé son activité* et repris dans son patrimoine privé les terres et bâtiments d'exploitation ne relève pas du régime de l'art. 41 même si l'exploitation a été poursuivie par sa fille dans le cadre d'un prêt à usage. • Même arrêt. ♦ De même, le régime de l'art. 41 n'est pas applicable dans le cas où la donation du fonds de commerce est consentie en contrepartie du versement d'une somme payable en 40 trimestrialités, représentant 50 % de sa valeur, dès lors que la donation d'un fonds moyennant le versement d'une somme d'argent ne peut être considérée comme une transmission à titre gratuit d'une entreprise individuelle au sens de l'art. 41. • CAA Paris, 5 janv. 2004, nº 00PA2024 : *RJF 2004. 1078.*

3. Transmission d'éléments de passif. La transmission d'une branche complète d'activité peut bénéficier du régime de l'art. 41. La notion de branche complète d'activité doit être comprise comme en matière d'apports partiels d'actif soumis au régime visé à l'art. 210 B. Elle se définit donc comme l'ensemble des éléments d'actif et de passif d'une division d'une entreprise qui constitue, du point de vue de l'organisation, une exploitation autonome, c'est-à-dire un ensemble capable de fonctionner par ses propres moyens. La transmission d'éléments de passif ne fait donc pas obstacle à l'application du report d'imposition dès lors que ces éléments sont attachés à l'activité transférée. * Rescrit 7 févr. 2006, nº 2006/14 (FE) * BOI-BIC-PVMV-40-20-10 nº 60 du 12 sept. 2012.

4. Continuation de l'exploitation. La continuation de l'entreprise par une indivision constituée d'héritiers d'un coassocié n'entre pas dans les prévisions de l'art. 41-I, qui subordonne l'exonération de la plus-value constatée à l'occasion du décès de l'exploitant à la continuation de l'exploitation par un ou plusieurs héritiers en ligne directe. • CAA Nantes, 2 févr. 1999, n° 95NT1612 : *Dr. fisc. 2000. 76.*

Art. 41 *bis* *(Abrogé par L. n° 2015-1786 du 29 déc. 2015, art. 85, pour les exercices ouverts à compter du 1er janv. 2016)* ***1. La plus-value constatée à l'occasion de la cession des éléments corporels et incorporels d'un débit de boissons auquel est attachée une licence de 3e ou de 4e catégorie n'est pas comprise dans le bénéfice imposable lorsque le cessionnaire prend l'engagement dans l'acte de cession, soit de transformer l'exploitation dans un délai maximal de six mois, à compter de la cession, en débit de 1re ou 2e catégorie, soit d'entreprendre, dans le même délai et dans les mêmes locaux, une profession ne comportant pas la vente de boissons, dans les conditions prévues aux 1° et 2° de l'article 1er du décret n° 55-570 du 20 mai 1955.***

Lorsque la cession porte sur un établissement dans lequel sont exercées plusieurs activités, le bénéfice de l'exonération ainsi prévue est limité à la fraction de la plus-value se rapportant à la cession du débit de boissons.

2. Si la reconversion n'est pas réalisée dans les délais fixés au 1, la plus-value est rattachée aux résultats de l'exploitation du cédant au cours de l'exercice de cession, mais le complément de droit qui en résulte est recouvré à l'encontre du seul cessionnaire.

Il en est de même dans le cas de transformation d'un débit de boissons à la suite d'une condamnation ou transaction définitive pour infraction à la législation des boissons ou des débits de boissons, commise par le cessionnaire dans le délai de trois ans à compter de la mutation et à l'occasion de l'exploitation du débit cédé.

Le complément d'impôts dû dans ce cas peut, sans préjudice du délai de reprise fixé au premier alinéa de l'article L. 169 du Livre des procédures fiscales, être mis en recouvrement jusqu'au 31 décembre de l'année suivant celle de la condamnation ou transaction définitive.

Art. 42 *Devenu sans objet (Arr. du 9 avr. 1987, art. 1er à 4).*

Art. 42 *bis à 42 quinquies* *Dispositions périmées.*

Art. 42 *sexies* *Abrogé (V. art. 238 bis B).*

Art. 42 *septies* 1. Les subventions d'équipement accordées à une entreprise par l'Union européenne, l'État, les collectivités publiques ou tout autre organisme public à raison de la création ou de l'acquisition d'immobilisations déterminées ne sont pas comprises, sur option de l'entreprise, dans les résultats de l'exercice en cours à la date de leur attribution ; dans ce cas, elles sont imposables dans les conditions définies au présent article.

Lorsqu'elles ont été utilisées à la création ou à l'acquisition d'une immobilisation amortissable, ces subventions sont rapportées aux bénéfices imposables en même temps et au même rythme que celui auquel l'immobilisation en cause est amortie. Ce rythme est déterminé, pour chaque exercice, par le rapport existant entre la dotation annuelle aux amortissements pratiquée à la clôture de l'exercice concerné sur le prix de revient de cette immobilisation et ce même prix de revient.

Les subventions affectées à la création ou à l'acquisition d'une immobilisation non amortissable sont rapportées par fractions égales au bénéfice imposable des années pendant lesquelles cette immobilisation est inaliénable aux termes du contrat accordant la subvention ou, à défaut de clause d'inaliénabilité, au bénéfice des dix années suivant celle de l'attribution de la subvention.

Lorsque la subvention est attribuée au crédit-preneur directement ou lorsqu'elle l'est par l'intermédiaire d'une entreprise de crédit-bail et que la décision accordant cette subvention prévoit son reversement immédiat au crédit-preneur, cette dernière est répartie, par parts égales, sur les exercices clos au cours de la période couverte par le contrat de crédit-bail.

En cas de cession des immobilisations visées aux deuxième et troisième alinéas, la fraction de la subvention non encore rapportée aux bases de l'impôt est comprise dans le bénéfice imposable de l'exercice au cours duquel cette cession est intervenue. Toutefois, pour les opérations mentionnées au I *(L. n° 2021-1900 du 30 déc. 2021, art. 10-I-1°)* « des articles 151 *octies* et 151 *octies* A » ou placées sous le régime prévu à l'article 210 A, sur option exercée dans l'acte d'apport ou le traité de fusion, cette fraction est rapportée aux résultats de la société bénéficiaire de l'apport, par parts égales, sur la période mentionnée au troisième alinéa restant à courir à la date de cette opération pour les biens non amortissables, et sur la durée d'amortissement pour les biens amortissables. En cas de cession ultérieure des biens en cause, la fraction de la subvention non encore rapportée au résultat imposable de la société bénéficiaire de l'apport sera comprise dans son bénéfice imposable de l'exercice de cession. Ces dispositions s'appliquent en cas de cession ou de résiliation d'un contrat de crédit-bail ; la période mentionnée à la deuxième phrase s'entend alors de celle restant à courir à la date de l'opération concernée jusqu'à l'échéance de ce contrat.

2. Les dispositions du 1 sont applicables aux subventions d'équipement versées à leurs adhérents par les groupements professionnels agréés prévus par le décret n° 55-877 du 30 juin 1955. – *Groupements d'entreprises industrielles constitués sans but lucratif en vue de poursuivre un effort de rationalisation ou de reconversion.*

1. *Subventions éligibles.* Le prix d'acquisition par une commune, fixé au terme de libres négociations, de parcelles bâties et non bâties cédées pour le franc symbolique à une société en vue de réaliser des investissements industriels constitue pour cette dernière une subvention d'équipement imposable dans les conditions prévues par l'art. 42 *septies*. • CAA Lyon, 28 nov. 2002, n° 97LY2470 : *Dr. fisc. 2003. 551, concl. Bonnet.*

2. La cession par une commune d'un terrain à une entreprise pour un prix très inférieur à sa valeur réelle, en contrepartie de l'engagement de la part de l'entreprise de construire une usine ou un bâtiment d'exploitation, s'analyse comme le versement de la part de la commune venderesse d'une subvention d'équipement égale à la différence entre la valeur réelle du terrain à la date d'acquisition et le prix effectivement payé, cette valeur réelle pouvant, corrélativement, être inscrite à l'actif du bilan sous la rubrique des immobilisations. Cette subvention peut ne pas être retenue dans les bases imposables de l'exercice en cours à la date de son attribution mais être rapportée aux bénéfices imposables des exercices suivants, à concurrence des amortissements que l'entreprise pratiquera, à la clôture desdits exercices, sur le prix de revient de l'immeuble qu'elle s'est engagée à construire sur le terrain en cause. * BOI-BIC-PDSTK-10-30-10-20 n° 190 du 12 sept. 2012.

3. *Subvention sous condition.* Lorsque l'octroi d'une subvention d'équipement est assorti d'une condition suspensive, la règle fixée à l'art. 42 *septies*, prévoyant l'imputation de la subvention sur les résultats des exercices suivant son versement à raison des amortissements pratiqués sur les immobilisations financées par ladite subvention, ne peut être appliquée avant la réalisation de cette condition. Au contraire, lorsque l'attribution de la subvention fait l'objet d'une condition résolutoire, cette règle est applicable immédiatement, sans attendre la levée de la condition (cas d'une prime régionale à l'emploi assortie d'une condition suspensive liée à la production de justifications et d'une condition résolutoire relative à la création d'emplois et à la réalisation d'investissements). • CE 30 juill. 2003, n° 236945 : *RJF 2003. 1214 ; Dr. fisc. 2004. 91.*

4. *Primes éligibles.* Constituent des subventions d'équipement : la prime régionale à la création d'entreprise. • CAA Nantes, 16 févr. 2002, n° 99NT1379 : *RJF 2003. 317.* ♦ ... La prime régionale à la création d'emploi. • CE 30 juill. 2003, n° 236945 : *RJF 2003. 1214.*

5. *Apport des immobilisations à un GAEC.* Un exploitant agricole qui participe à un GAEC doit être regardé comme poursuivant, au sein de ce groupement, son activité en qualité d'exploitant individuel, de sorte que cette participation n'entraîne pas, par elle-même, la cession des immobilisations visée au dernier al. du 1 de l'art. 42 *septies*. • CE 10 mars 1999, n° 164647 : *RJF 1999. 559.*

Art. 42 *octies* Les primes à la construction allouées en vertu de l'article *(Décr. n° 2020-897 du 22 juill. 2020, art. 1er)* « R. 311-1 » du code de la construction et de l'habitation ne sont pas comprises dans les résultats de l'exercice en cours à la date de leur versement.

Le montant des primes perçues au cours d'un exercice doit être rapporté aux bénéfices imposables de cet exercice ou, le cas échéant, du ou des exercices suivants à concurrence du montant des amortissements pratiqués, à la clôture de chacun desdits exercices, sur le prix de revient des immeubles donnant droit à l'attribution des primes.

En cas de cession ou de cessation ou de transfert de propriété de ces immeubles, la fraction non encore rapportée aux bases de l'impôt des primes annuelles antérieurement perçues est retranchée de la valeur comptable desdites immobilisations pour la détermination de la plus-value imposable ou de la moins-value. Lorsque, dans le cas d'une transmission entre vifs intervenue antérieurement à la publication du décret n° 61-856 du 31 juillet 1961, modifiant le décret n° 50-898 du 2 août 1950, l'entre-

prise ou la société aura opté, conformément aux dispositions précédemment en vigueur de l'article 13 de ce dernier décret, pour le maintien des primes à son profit, les primes afférentes à la période postérieure à la date du transfert de propriété deviendront, en outre, imposables dans les conditions de droit commun.

Art. 42 *nonies* *Disposition périmée.*

Art. 43 *Abrogé par L. du 28 déc. 1959, art. 3 et 20.*

Art. 43 *bis* **Les entreprises qui, ayant souscrit au capital initial des sociétés immobilières conventionnées visées par l'ordonnance n° 58-876 du 24 septembre 1958 ou à leurs augmentations de capital, ont renoncé, dans le délai d'un an, à pratiquer l'amortissement exceptionnel de 50 % prévu au 2° de l'article 5 de ladite ordonnance, peuvent faire abstraction, pour la détermination de leur bénéfice imposable, des revenus nets des actions desdites sociétés figurant à leur actif, dans la mesure où ces revenus se rapportent à des actions dont la souscription a contribué au financement des programmes définis par une des conventions prévues à l'article 2, troisième alinéa, de ladite ordonnance.**

Toutefois, les dispositions du présent article cesseront de trouver leur application en ce qui concerne les actions souscrites postérieurement au 30 juin 1964 ou libérées postérieurement au 31 décembre 1965. En outre, la souscription des actions des sociétés immobilières conventionnées constituées après la promulgation de la loi n° 63-254 du 15 mars 1963 ne pourra, en aucun cas, donner droit au bénéfice desdites dispositions.

Art. 44 *Abrogé par L. du 28 déc. 1959, art. 11 et 28.*

2 BIS DISPOSITIONS PARTICULIÈRES À CERTAINES ENTREPRISES NOUVELLES

Art. 44 *bis* à 44 *quinquies* *Périmés.*

Art. 44 *sexies* **I. — Les entreprises soumises de plein droit ou sur option à un régime réel d'imposition de leurs résultats et qui exercent une activité industrielle, commerciale ou artisanale au sens de l'article 34 sont exonérées d'impôt sur le revenu ou d'impôt sur les sociétés à raison des bénéfices réalisés, à l'exclusion des plus-values constatées lors de la réévaluation des éléments d'actif, jusqu'au terme du vingt-troisième mois suivant celui de leur création et déclarés selon les modalités prévues à l'article 53 A. L'exonération s'applique également aux sociétés soumises à l'impôt sur les sociétés qui exercent une activité professionnelle, au sens du 1 de l'article 92, dont l'effectif de salariés bénéficiant d'un contrat de travail à durée indéterminée ou d'une durée de six mois au moins est égal ou supérieur à trois salariés à la clôture du premier exercice et au cours de chaque exercice de la période d'application du présent article. Si l'effectif varie en cours d'exercice, il est calculé compte tenu de la durée de présence des salariés en cause pendant l'exercice. Les bénéfices ne sont soumis à l'impôt sur le revenu ou à l'impôt sur les sociétés que pour le quart, la moitié ou les trois quarts de leur montant selon qu'ils sont réalisés respectivement au cours de la première, de la seconde ou de la troisième période de douze mois suivant cette période d'exonération.**

Le bénéfice du présent article est réservé aux entreprises qui se créent à compter du 1er janvier 2007 et jusqu'au 31 décembre *(L. n° 2021-1900 du 30 déc. 2021, art. 68-I-1°)* **« 2023 » dans les zones d'aide à finalité régionale, à la condition que le siège social ainsi que l'ensemble de l'activité et des moyens d'exploitation soient implantés dans ces zones.**

Lorsqu'une entreprise exerce une activité non sédentaire, réalisée en partie en dehors des zones précitées, la condition d'implantation est réputée satisfaite dès lors qu'elle réalise au plus 15 % de son chiffre d'affaires en dehors de ces zones. Au-delà de 15 %, les bénéfices réalisés sont soumis à l'impôt sur le revenu ou à l'impôt sur les sociétés dans les conditions de droit commun en proportion du chiffre d'affaires réalisé en dehors des zones déjà citées. Cette condition de chiffre d'affaires s'apprécie exercice par exercice.

Ces dispositions ne s'appliquent pas aux entreprises qui exercent une activité bancaire, financière, d'assurances, de gestion ou de location d'immeubles ni aux entreprises exerçant une activité de pêche maritime créées à compter du 1er janvier 1997.

L'exonération reste applicable pour sa durée restant à courir lorsque la commune d'implantation de l'entreprise sort de la liste des communes classées en zone d'aide à finalité régionale après la date de sa création.

II. — Le capital des sociétés nouvellement créées ne doit pas être détenu, directement ou indirectement, pour plus de 50 % par d'autres sociétés.

Pour l'application du premier alinéa, le capital d'une société nouvellement créée est détenu indirectement par d'autres sociétés lorsque l'une au moins des conditions suivantes est remplie :

a) un associé exerce en droit ou en fait une fonction de direction ou d'encadrement dans une autre entreprise, lorsque l'activité de celle-ci est similaire à celle de l'entreprise nouvellement créée ou lui est complémentaire ;

b) un associé détient avec les membres de son foyer fiscal 25 % au moins des droits sociaux dans une autre entreprise dont l'activité est similaire à celle de l'entreprise nouvellement créée ou lui est complémentaire.

III. — Les entreprises créées dans le cadre d'une concentration, d'une restructuration, d'une extension d'activités préexistantes ou qui reprennent de telles activités ne peuvent pas bénéficier du régime défini au I.

L'existence d'un contrat, quelle qu'en soit la dénomination, ayant pour objet d'organiser un partenariat, caractérise l'extension d'une activité préexistante lorsque l'entreprise nouvellement créée bénéficie de l'assistance de ce partenaire, notamment en matière d'utilisation d'une enseigne, d'un nom commercial, d'une marque ou d'un savoir-faire, de conditions d'approvisionnement, de modalités de gestion administrative, contentieuse, commerciale ou technique, dans des conditions telles que cette entreprise est placée dans une situation de dépendance.

IV. — *Abrogé.*

Le bénéfice de l'exonération est subordonné au respect du règlement (UE) n° 1407/2013 de la Commission, du 18 décembre 2013, relatif à l'application des articles 107 et 108 du traité sur le fonctionnement de l'Union européenne aux aides *de minimis.*

Ancien art. 44 sexies *I. — Les entreprises soumises de plein droit ou sur option à un régime réel d'imposition de leurs résultats et qui exercent une activité industrielle, commerciale ou artisanale au sens de l'article 34 sont exonérées d'impôt sur le revenu ou d'impôt sur les sociétés à raison des bénéfices réalisés, à l'exclusion des plus-values constatées lors de la réévaluation des éléments d'actif, jusqu'au terme du vingt-troisième mois suivant celui de leur création et déclarés selon les modalités prévues à l'article 53 A. Dans les zones de revitalisation rurale mentionnées à l'article 1465 A, le bénéfice des dispositions du présent article est également accordé aux entreprises qui exercent une activité professionnelle au sens du 1 de l'article 92, ainsi qu'aux contribuables visés au 5° du I de l'article 35.*

Le contribuable exerçant une activité de location d'immeubles n'est exonéré qu'à raison des bénéfices provenant des seuls immeubles situés dans une zone de revitalisation rurale. Les bénéfices ne sont soumis à l'impôt sur le revenu ou à l'impôt sur les sociétés que pour le quart, la moitié ou les trois quarts de leur montant selon qu'ils sont réalisés respectivement au cours de la première, de la seconde ou de la troisième période de douze mois suivant cette période d'exonération. — *V. Ann. III, art. 49 J.*

Le bénéfice du présent article est réservé aux entreprises qui se créent dans les zones et durant les périodes suivantes, à la condition que le siège social ainsi que l'ensemble de l'activité et des moyens d'exploitation soient implantés dans l'une de ces zones :

1° A compter du 1er janvier 1995 et jusqu'au 31 décembre 2010, dans les zones de revitalisation rurale mentionnées à l'article 1465 A ou dans les zones de redynamisation urbaine définies au A du 3 de l'article 42 de la loi n° 95-115 du 4 février 1995 d'orientation pour l'aménagement et le développement du territoire ;

2° A compter du 1er janvier 2007 et jusqu'au 31 décembre 2014, dans les zones d'aide à finalité régionale. — *Sur la carte des aides à finalité régionale, V. Décr. n° 2014-758 du 2 juill. 2014 (JO 3 juill.).*

Lorsqu'une entreprise exerce une activité non sédentaire, réalisée en partie en dehors des zones précitées, la condition d'implantation est réputée satisfaite dès lors qu'elle réalise au plus 15 % de son chiffre d'affaires en dehors de ces zones. Au-delà de 15 %, les bénéfices réalisés sont soumis à l'impôt sur le revenu ou à l'impôt sur les sociétés dans les conditions de droit commun en

proportion du chiffre d'affaires réalisé en dehors des zones déjà citées. Cette condition de chiffre d'affaires s'apprécie exercice par exercice.

Toutefois, les entreprises qui se sont créées à compter du 1er janvier 2004 jusqu'au 31 décembre 2010 dans les zones de revitalisation rurale mentionnées à l'article 1465 A, et à la condition que le siège social ainsi que l'ensemble de l'activité et des moyens d'exploitation soient implantés dans ces zones, sont exonérées d'impôt sur le revenu ou d'impôt sur les sociétés à raison des bénéfices réalisés, à l'exclusion des plus-values constatées lors de la réévaluation des éléments d'actif, jusqu'au terme du cinquante-neuvième mois suivant celui de leur création et déclarés selon les modalités prévues à l'article 53 A. Ces bénéfices sont soumis à l'impôt sur le revenu ou à l'impôt sur les sociétés à hauteur de 40 %, 60 % ou 80 % de leur montant selon qu'ils sont réalisés respectivement au cours des cinq premières, des sixième et septième ou des huitième et neuvième périodes de douze mois suivant cette période d'exonération.

Ces dispositions s'appliquent également aux sociétés soumises à l'impôt sur les sociétés qui exercent une activité professionnelle au sens du 1 de l'article 92 dont l'effectif de salariés bénéficiant d'un contrat de travail à durée indéterminée ou d'une durée de six mois au moins est égal ou supérieur à trois à la clôture du premier exercice et au cours de chaque exercice de la période d'application des dispositions du présent article ; si l'effectif varie en cours d'exercice, il est calculé compte tenu de la durée de présence des salariés en cause pendant l'exercice.

Ces dispositions ne s'appliquent pas aux entreprises qui exercent une activité bancaire, financière, d'assurances, de gestion ou de location d'immeubles sauf dans les cas prévus au premier alinéa ni aux entreprises exerçant une activité de pêche maritime créées à compter du 1er janvier 1997.

L'exonération reste applicable pour sa durée restant à courir lorsque la commune d'implantation de l'entreprise sort de la liste des communes classées en zone de revitalisation rurale, d'aide à finalité régionale ou de redynamisation urbaine après la date de sa création.

II. — Le capital des sociétés nouvellement créées ne doit pas être détenu, directement ou indirectement, pour plus de 50 % par d'autres sociétés.

Pour l'application du premier alinéa, le capital d'une société nouvellement créée est détenu indirectement par d'autres sociétés lorsque l'une au moins des conditions suivantes est remplie :

a) un associé exerce en droit ou en fait une fonction de direction ou d'encadrement dans une autre entreprise, lorsque l'activité de celle-ci est similaire à celle de l'entreprise nouvellement créée ou lui est complémentaire ;

b) un associé détient avec les membres de son foyer fiscal 25 % au moins des droits sociaux dans une autre entreprise dont l'activité est similaire à celle de l'entreprise nouvellement créée ou lui est complémentaire.

III. — Les entreprises créées dans le cadre d'une concentration, d'une restructuration, d'une extension d'activités préexistantes ou qui reprennent de telles activités ne peuvent pas bénéficier du régime défini au I.

L'existence d'un contrat, quelle qu'en soit la dénomination, ayant pour objet d'organiser un partenariat, caractérise l'extension d'une activité préexistante lorsque l'entreprise nouvellement créée bénéficie de l'assistance de ce partenaire, notamment en matière d'utilisation d'une enseigne, d'un nom commercial, d'une marque ou d'un savoir-faire, de conditions d'approvisionnement, de modalités de gestion administrative, contentieuse, commerciale ou technique, dans des conditions telles que cette entreprise est placée dans une situation de dépendance.

IV. — Pour les entreprises créées à compter du 1er janvier 2000, le bénéfice exonéré ne peut en aucun cas excéder 225 000 euros par période de trente-six mois. Ces dispositions s'appliquent aux exercices clos jusqu'au 31 décembre 2006.

Pour les exercices clos à compter du 1er janv. 2007, le bénéfice de l'exonération est subordonné au respect du règlement (CE) n° 1998/2006 de la Commission du 15 déc. 2006 concernant l'application des art. 87 et 88 du traité aux aides de minimis. — Pour le modèle de demande préalable portant sur le régime d'allégement des impositions sur les bénéfices prévu par l'art. 44 sexies, V. Arr. du 25 juill. 1996, Ann. III (JO 31 juill.), mod. par Arr. du 24 juin 2004 (JO 24 juill.). — A compter du 1er janv. 2014, le Règl. (CE) n° 1998/2006 cité ci-dessus est remplacé par le Règl. (UE) n° 1407/2013 du 18 déc. 2013 (JOUE 24 déc.) ; pour les aides antérieures, V. App., Règl. (UE) n° 1407/2013 préc., art. 7.

BIBL. ▶ D. F., *Dr. et patr. 1996, n° 34, p. 19.* – DURAND, *Rev. adm. 1999, p. 601* (les entreprises nouvelles dans le pétrin). – MIGNON, *RJF 1999. 703* (entreprises nouvelles : un dispositif qui persiste à se chercher). – OLLÉON, *RJF 2004. 162* (entreprises nouvelles : l'automobile fait avancer la jurisprudence). – TEISSIER, DUCROS et SIERACZEK-ABITAN, *Dr. fisc. 2005. 514* (la jurisprudence récente des entreprises nouvelles : traits caractéristiques et questions en suspens).

NOTE. La jurisprudence ci-dessous comporte, pour partie, des décisions rendues pour l'application des anciens régimes d'exonération (44 *bis* à 44 *quater*) lorsqu'elles conservent leur intérêt pour l'application de l'art. 44 *sexies.*

A. DATE DE CRÉATION – ACTIVITÉS CONCERNÉES – LOCALISATION

a. Date de création

1. La date à laquelle une entreprise a été « créée » s'entend de celle à laquelle elle a effectivement commencé à exercer son activité et non de celle de son immatriculation au registre du commerce. • CE 7 janv. 2004, n° 242981 : *RJF 2004. 354 ; Dr. fisc. 2004. 649, concl. Glaser* • CAA Nantes, 8 avr. 1997, n° 94NT537 : *Dr. fisc. 1997. 920* • CAA Paris, 8 oct. 1998, n° 96PA1899 : *Dr. fisc. 1998. 1139.* ♦ ... Ni de celle portée sur la déclaration d'existence. • CE 14 avr. 1995, n° 135659 : *Dr. fisc. 1995. 1967 ; RJF 1995. 707.* ♦ ... Ni de celle à laquelle elle a obtenu l'agrément ministériel pour l'exercice de son activité. • CAA Paris, 6 nov. 1997, n° 96PA461 : *Dr. fisc. 1998. 575.* ♦ ... Ni du seul fait qu'elle a enregistré ses statuts, déposé la déclaration M1 et émis une unique facture pour la réalisation d'une étude, dès lors qu'elle ne disposait d'aucun matériel propre d'exploitation et n'avait embauché aucun salarié. • CAA Nancy, 5 avr. 2001, n° 96NA853 : *RJF 2001. 1501.*

2. La date à laquelle une entreprise a été créée s'entend de celle à laquelle elle a effectivement commencé à exercer son activité, étant précisé que la nature de celle-ci est appréciée notamment par rapport à l'objet social et à la clientèle de l'entreprise. • CE 29 déc. 2000, n° 177858 : *RJF 2001. 288.* ♦ Le recours à la sous-traitance pour satisfaire aux premières commandes, la facturation de celles-ci et l'embauche de plusieurs salariés caractérisent un début d'activité. • CE 23 mars 2005, n° 265502 : *RJF 2005. 537.* ♦ Une société qui a enregistré ses statuts et souscrit sa déclaration d'existence en 1986 mais qui n'a réalisé en 1986 que deux opérations isolées ayant donné lieu à des commissions d'intermédiaires d'ailleurs facturées en 1987 doit être regardée comme ayant effectivement commencé son activité et donc comme ayant été créée postérieurement au 31 décembre 1986. • CE 26 févr. 2001, n° 210345 : *Dr. fisc. 2001. 750.*

b. Nature des activités exercées

3. Activités industrielles et commerciales. L'activité d'une entreprise doit être regardée *comme de nature industrielle* ou commerciale dès lors qu'en raison des conditions dans lesquelles elle est exercée, notamment de l'importance du personnel employé ou du matériel utilisé, elle consiste principalement à exploiter des moyens matériels, financiers et en personnel. • CE 11 avr. 2005, n° 241973 : *RJF 2005. 670 ; Dr. fisc. 2005. 768.* ♦ Constituent des activités industrielles ou commerciales au sens de l'art. 34, éligibles à l'exonération : toutes opérations d'intermédiaire pour l'achat, la souscription ou la vente d'immeubles, de fonds de commerce, d'actions ou parts de sociétés immobilières, lorsqu'elles sont réalisées à titre professionnel. En l'espèce, éligibilité d'un agent immobilier à l'exonération. • CE 29 avr. 2002, n° 234133, *Jacob : RJF 2002. 769 ; Dr. fisc. 2002. 724, concl. Séners.* ♦ ... Une activité d'enseignement et de formation lorsqu'elle est effectuée en grande partie par le recours à la collaboration d'entreprises sous-traitantes et d'intervenants extérieurs chargés de dispenser les cours. • CE 23 juin 2000, n° 197857 : *Dr. fisc. 2000. 1061.* ♦ ... Une activité de conception et de développement de logiciels exercée par une société, dès lors que les associés ont, pour l'essentiel, des fonctions de direction, font travailler sept salariés et font appel à des sous-traitants. • CE 28 juill. 2000, n° 215312 : *Dr. fisc. 2001. 92 ; RJF 2000. 1237 ; concl. Austry au BDCF 11/00, n° 12.* ♦ Dans le même sens • CE 26 mai 2004, n° 243121 : *RJF 2004. 862 ; Dr. fisc. 2005.176, concl. Collin.* ♦ ... Une activité de conseil en management, d'audit, d'études et de formation professionnelle, dès lors que l'entreprise emploie quinze salariés et des sous-traitants, comporte plusieurs agences et recourt à des méthodes publicitaires. • CAA Nantes, 28 juin 2002, n° 98NT2508 : *Dr. fisc. 2003. 14.*

4. Activités non commerciales. Constituent des activités non commerciales professionnelles au sens de l'art. 92-1, non éligibles à l'exonération (sauf pour les sociétés soumises à l'IS et remplissant certaines conditions d'emploi) : l'activité d'agent d'affaires consistant à organiser, à la demande de discothèques ou de restaurants, des manifestations auxquelles sont conviées des personnalités connues afin d'accroître la notoriété de ces établissements. • CE 8 juin 2001, n° 220978 : *Dr. fisc. 2002. 17, concl. Séners.* ♦ ... L'activité d'agent commercial exercée par un animateur de vente en grandes surfaces pour le compte et au nom de sociétés qui livrent et facturent directement les marchandises aux magasins. • CAA Bordeaux, 18 déc. 2001, n° 99BX314 : *Dr. fisc. 2002. 363 ; RJF 2002. 624.* ♦ ... L'activité de conseil juridique et de rédaction de déclarations et de réclamations fiscales. • CAA Bordeaux, 29 janv. 2002, n° 98BX2189 : *Dr. fisc. 2002. 341.* ♦ ... L'activité d'agent commercial, exercée par une EURL qui a conclu dans le cadre du décret relatif aux agents commerciaux un contrat la désignant comme tel et la mandatant pour négocier des achats et des ventes pour le compte d'un intermédiaire pour l'achat et la vente de fonds de commerce et qui est rémunérée par cet intermédiaire et non par les parties aux transactions. • CE 23 févr. 2001, n°s 215193 et 217769, *Mongay : RJF 2001. 601 ; Dr. fisc. 2002. 565.* ♦ ... L'activité consistant à fournir des prestations intellectuelles de conception et de réalisation de logiciels. • CE 29 avr. 2002, n° 219884 : *RJF 2002. 770.* ♦ ... L'activité de conception ou de mise en œuvre de projets d'informatisation de la productique de clients. • CE 7 janv. 2000, n° 181308 : *RJF 2000. 170 ; Dr. fisc. 2000. 455.* ♦ ... L'activité consistant à fournir des prestations de conception et de réalisation de logiciels et de programmes informatiques, prestations intellectuelles qui, en l'absence d'utilisation de moyens humains et matériels importants, sont de nature non commerciale. • CE 29 déc. 2004, n° 255831 : *RJF 2005. 220 ; concl. Séners au BDCF 3/05, n° 28.* ♦ ... Une activité d'enseignement (formation continue) dès lors que les bénéfices qu'elle procure ne peuvent être regardés comme provenant principalement de l'activité d'enseignement de certains dirigeants de l'entreprise et de la mise en œuvre de leurs compétences propres en matière pédagogique ou technique. • CE 2 oct. 2002, n° 224917, *Sté Formatic : RJF 2002. 1362. Dr. fisc. 2003. 143, concl. Mitjavile.*

5. Activités mixtes. Le régime de l'art. 44 *sexies* n'est pas applicable aux entreprises nouvelles dont les bénéfices proviennent, en tout ou partie, d'activités non éligibles. Toutefois, les entreprises exerçant, à titre accessoire, des activités qui constituent le complément indissociable d'une activité principale exonérée ne sont pas exclues du bénéfice de ce régime. • CE 8 juill. 1998, n° 186279 : *Dr. fisc. 1998. 959, concl. Bachelier ; RJF 1998. 921 ; concl. Bachelier au BDCF 4/98, n° 76* • 29 déc. 2004, n° 255831 : *RJF 2005. 220 ; concl. Séners au BDCF 3/05, n° 28.* ♦ Il en est ainsi de la réalisation de produits financiers à condition que ces produits résultent entièrement de la gestion de la trésorerie courante nécessaire à l'exercice de l'activité exonérée. • CE 8 juill. 1998, n° 186279 : *préc.* ♦ L'importance du montant des valeurs mobilières de placement détenues par la société à la fin de chaque exercice au regard du chiffre d'affaires dégagé par elle au cours du même exercice est l'un des critères qui permettent au juge de l'impôt d'apprécier si les produits financiers perçus à titre accessoire par un contribuable résultent exclusivement de la gestion de la trésorerie courante nécessaire à l'exercice de son activité principale. Refus de l'exonération à une société plaçant sous forme de valeurs mobilières la quasi-totalité de ses capitaux propres et dont l'encours de valeurs est supérieur à son chiffre d'affaires. • CE 9 juill. 2003, n° 230999, *SA Soprofi : RJF 2003. 1223 ; concl. Bachelier au BDCF 11/03, n° 134 ; Dr. fisc. 2003. 953, concl. Bachelier.* ♦ Lorsque les produits financiers proviennent d'une activité dont l'exercice est indissociable de celui de l'entreprise et est poursuivie à des fins autres que financières, notamment pour assurer le développement de l'entreprise, ils ne sauraient par leur seule existence ou à raison de leur comparaison avec les besoins de financement de l'entreprise qui n'ont pas motivé leur recherche, priver celle-ci du bénéfice de l'exonération. • CE 7 juill. 2006, n° 277455 : *RJF 2006. 1162 ; concl. Olléon au BDCF 10/06, n° 114 ; Dr. fisc. 2007. 437, concl. Olléon.*

6. Est également exonérée l'activité de prestation de services d'études de clientèle, de développement de logiciels et de formation informatique exercée concurremment avec une activité de vente de matériel informatique : dès lors que l'activité non commerciale constitue un préalable ou un complément indissociable des ventes de matériel, lesquelles représentent un chiffre d'affaires important. • TA Lyon, 12 mars 2002, n° 98-483, *SARL Odyssée Ingénierie : RJF 2002. 913.* ♦ ... Dès lors qu'elle est réalisée à l'aide d'immobilisations importantes et de trois salariés, impliquant la spéculation sur le travail d'autrui. • CAA Lyon, 9 oct. 2004, n° 98LY1816, *SARL SAPI Ingénierie : Dr. fisc. 2004. 728, concl. Bourrachot* • CE 31 mars 2006, n° 262218 : *RJF 2006. 669.* ♦ Est également exonérée l'activité d'une EURL qui, à titre principal, achète du matériel informatique pour le revendre et qui, en outre, effectue quelques opérations d'agence d'affaires. • CE 10 mars 2006, n° 274641-275208 : *RJF 2006. 671.*

7. En revanche, l'exonération est refusée à une société exerçant une activité non commerciale de conception de logiciels informatiques et de formation parallèlement à son activité commerciale de vente et d'installation de matériels et de logiciels informatiques dès lors que les bénéfices de l'entreprise proviennent à hauteur de 82 % de son activité non commerciale. • CE 29 déc. 2004, n° 256420 : *RJF 2005. 221 ; concl. Séners au BDCF 3/05, n° 29.* ♦ Il en est de même d'une entreprise qui exerce une activité de vente de matériel informatique, de développement de logiciel, et de conseil en informatique dès lors que l'activité de vente représente une part nettement minoritaire (32 à 40 %) du chiffre d'affaires total et alors même que les activités sont indissociables. • CE 7 avr. 2006, n° 270958 : *RJF 2006. 833 ; concl. Verclytte au BDCF 7/06, n° 82 ; Dr. fisc. 2007. 407.*

8. Courtage. Refus de l'exonération : pour le démarchage de clientèle pour des prêts immobiliers. • CAA Paris, 4 mars 2004, n° 99PA1469 : *RJF 2004. 863.* ♦ ... Pour l'activité non commerciale d'intermédiaire pour le placement de produits financiers, dès lors que cette activité n'est pas le complément indissociable de l'activité de courtage exercée à titre principal. • CE 21 déc. 2007, n°s 287662 : *RJF 2008. 283 ; Dr. fisc. 2008. 171, concl. Vérot.*

9. Location d'immeuble. Exerce une activité de location d'immeubles exclue du régime d'exonération une entreprise qui offre à ses clients des contrats de location meublée saisonnière, alors même qu'elle n'est ni propriétaire ni locataire des logements, et qu'elle fournit distinctement l'eau, l'électricité, du linge et des prestations d'entretien. • CAA Nantes, 3 déc. 2003, n° 00NT720 et 00NT721 : *RJF 2004. 233.*

c. Localisation géographique

10. Les zones éligibles à la prime d'aménagement du territoire visées par l'art. s'entendent nécessairement des seules zones éligibles à la prime d'aménagement du territoire pour les projets industriels, faute pour l'art. 1465 B, dans l'hypothèse où l'art. 1465 serait interprété comme visant également les zones éligibles à la prime d'aménagement du territoire pour les projets tertiaires et de recherche, d'avoir une portée utile. Il suit de là que les entreprises qui ne sont pas implantées dans une zone éligible à la prime d'aménagement du territoire pour les activités industrielles ne peuvent bénéficier de l'exonération prévue à l'art. 44 *sexies.* • CE 8 juin 2005, n° 264318 : *RJF 2005. 830 ; concl. Vallée au BDCF 8/9-05, n° 105 ; Dr. fisc. 2005. 673, concl. Vallée.*

d. Implantation des moyens d'exploitation

11. La condition d'implantation exclusive de l'activité en zone éligible est réputée satisfaite lorsqu'un contribuable a réalisé au plus 15 % de son chiffre d'affaires en dehors des zones éligibles. Cette mesure est notamment applicable aux entreprises qui exercent une activité immobilière éligible au régime d'allégement, aux entreprises du secteur du bâtiment ainsi qu'aux activités de commerce non sédentaire. En ce qui concerne les entreprises qui réalisent plus de 15 % de leur chiffre d'affaires en dehors des zones éligibles, les bénéfices réalisés sont soumis à l'impôt dans les conditions de droit commun en proportion du chiffre d'affaires réalisé hors zone. * BOI-BIC-CHAMP-80-10-10-10 n° 200 du 3 juin 2015. ♦ La condition d'implantation exclusive en zone n'est pas respectée lorsque, l'entreprise ayant son siège dans une zone éligible, l'exploitant doit se déplacer hors zone chez son principal client pour réaliser son activité. • CAA Nantes, 25 sept. 2006, n° 05NT920 : *RJF 2007. 401.*

12. La condition d'implantation exclusive en zone est en revanche respectée : par une entreprise qui, dans une zone éligible, dispose d'un magasin d'exposition et de l'ensemble de ses moyens d'exploitation, quand bien même elle réaliserait hors zone des travaux de pose des matériels vendus. • CAA Douai, 12 févr. 2009, n° 08DA199 : *RJF 2009. 818.* ♦ ... Par l'exploitant individuel qui exerce une activité de conception et d'organisation d'événements d'entreprise dès lors qu'il conçoit, organise et commercialise les prestations qu'il vend à ses clients au siège de son entreprise, implanté dans un territoire rural de développement prioritaire, où il dispose de moyens d'exploitation significatifs. Peu importe à cet égard que la plupart de ses prestations se déroulent, compte tenu de leur nature, hors de la zone éligible et avec des prestataires de services extérieurs à la zone. • CE 27 juin 2008, n° 301403 : *RJF 2008. 1168 ; concl. Olléon au BDCF 11/08, n° 129.*

13. Appréciation de la condition d'implantation en zone. Une entreprise du secteur du bâtiment (traitement et détermitage des murs et des charpentes) qui a implanté son siège social dans un territoire rural de développement prioritaire peut bénéficier du régime de l'art. 44 *sexies* dès lors qu'elle ne dispose pas de moyens d'exploitation ou de centres de décision en dehors de ce territoire. Est sans incidence à cet égard la seule circonstance qu'en raison de la nature et des conditions d'exercice de son activité la société réalise des prestations sur des immeubles situés en dehors de la zone éligible. • CE 16 juin 2010, n° 325120 : *RJF 2010. 881.* ♦ En revanche, une entreprise nouvelle exerçant une activité de prestations de services sur des chantiers situés pour la plupart hors d'une zone éligible ne peut bénéficier du régime d'exonération dès lors que l'essentiel de la valeur ajoutée de son activité est apporté sur le lieu d'exécution de la prestation situé hors zone. Est sans incidence la circonstance que la direction de la société est assurée par deux personnes à partir de son siège social établi dans une zone éligible et le fait que les pièces détachées nécessaires à l'activité de l'entreprise soient également entreposées dans la zone. • CE 25 oct. 2010, n° 311524 : *RJF 2011. 21.*

B. RESTRUCTURATION D'ACTIVITÉS PRÉEXISTANTES

14. La restructuration d'activités préexistantes suppose la réunion de trois critères : l'identité au moins partielle d'activité, l'existence de liens entre l'entreprise ancienne et l'entreprise créée et la réorganisation du travail caractérisée par un transfert ou un partage de moyens. • CE 31 janv. 1997, n° 146264, *Alarm Service France : Dr. fisc. 1997. 350, concl. Bachelier ; RJF 1997. 209* • 28 mai 2004, n° 253952, *Sté Meci : RJF 2004. 864 ; concl. Bachelier au BDCF 8-9/04, n° 102.* ♦ Mais ces critères sont adaptés en fonction des circonstances de chaque espèce.

15. Ainsi n'a pas été considérée comme nouvelle : la société créée pour reprendre une activité de production qu'un sous-traitant étranger assurait auparavant pour le compte de l'entreprise individuelle de son associé majoritaire et qui a, en outre, utilisé une partie des locaux et du personnel de celle-ci avant d'en racheter le fonds de commerce 21 mois après sa création. • CAA Nancy, 30 nov. 2000, n° 96NA2760 : *RJF 2001. 1364.* ♦ ... L'entreprise de transport routier dont l'exploitant adhère, le jour même de sa création, à une coopérative dont il est l'ancien salarié et qui gère l'activité des entreprises adhérentes. • CE 28 juill. 1999, n° 164694 : *Dr. fisc. 2000. 706.* ♦ ... L'entreprise de désossage et de découpe d'animaux de boucherie créée par l'ancien salarié d'une entreprise d'abattage dans les locaux mêmes de son ancien employeur et au bénéfice quasi exclusif de ce dernier. • CE 27 nov. 2000, n° 197579 : *Dr. fisc. 2001. 314, concl. Courtial.* ♦ ... La société créée par 5 anciens salariés, licenciés après fermeture de l'établissement où ils travaillaient, pour reprendre le fonds de commerce qui y était exploité, d'abord en location-gérance puis en exploitation directe, dès lors que l'activité exercée par la société créée est identique à celle de l'ancien établissement et que cette société est liée par un contrat de concession exclusive à la société dont dépendait l'établissement qui lui impose d'acheter auprès d'elle un minimum de produits, de remettre un état périodique des ventes et des stocks, et qui lui interdit de commercialiser toute marchandise concurrente. • CE 1er oct. 2001, n° 223611 : *RJF 2001. 1504 ; Dr. fisc. 2002. 245.* ♦ ... Une société exerçant la même activité de montage en tuyauterie et chaudronnerie qu'une entreprise individuelle préexistante, dont le chiffre d'affaires a augmenté tandis que celui de l'entreprise individuelle diminuait, qui avait en commun avec celle-ci des bureaux, du personnel et du matériel ainsi que, pour une part notable de leur activité, des clients, des fournisseurs et des sous-traitants. • CE 2 juill. 2001, n° 220261 : *RJF 2001. 1203.* ♦ ... La société nouvelle qui a, avec une entreprise préexistante, une activité identique, des liens commerciaux et bénéficie d'une mise à disposition de moyens matériels. • CE 12 janv. 2007, n° 277608 : *RJF 2007. 462.* ♦ ... La société créée par l'ancien directeur informatique d'une société préexistante qui conclut simultanément un contrat de maintenance du parc informatique de cette dernière. • CE 24 nov. 2010, n° 309884 : *RJF 2011. 145.* ♦ En revanche, lorsqu'une une société nouvelle exerce une activité différente de celle préexistante, elle ne peut être regardée comme créée dans le cadre de la restructuration d'activités préexistantes. • CE 31 janv. 2001, n° 209840, *SARL Polygone : RJF 2001. 456 ; concl. Bachelier au BDCF 4/01, n° 51.* ♦ Une société nouvelle ne peut être regardée comme créée dans le cadre de la restructuration d'activités préexistantes *d'une autre société*, dès lors que les deux sociétés exercent une activité différente (activités d'agent immobilier et de promoteur immobilier, de nature différente, même si elles relèvent d'un même secteur économique). • CE 18 mars 2005, n° 255622 : *RJF 2005. 538 ; concl. Séners au BDCF 6/05, n° 70.*

16. N'ont pas été considérés comme nouveaux : la société créée par les associés d'une société préexistante dès lors que : ces deux sociétés ont la même activité de fabrication et de négoce de prêt-à-porter féminin, même si l'une est spécialisée dans la fabrication de robes et l'autre dans celle de vêtements de sport ; elles s'adressent à la même clientèle et ont un représentant commercial commun. • CE 29 avr. 2002, n° 214390 : *RJF 2002. 771 ; Dr. fisc. 2002. 1047.* ♦ ... Le prothésiste dentaire exerçant à titre individuel, auparavant salarié, ayant réalisé au cours de sa première année d'activité 80 % de son chiffre d'affaires avec son ancien employeur, qui lui a cédé des équipements nécessaires à son activité et les locaux dans lesquels il exerçait précédemment. • CE 21 juin 2002, n° 219313 : *RJF 2002. 1138.* ♦ ... Les sociétés créées dans le même département par un entrepreneur individuel de négoce de véhicules d'occasion, sociétés dont le capital est intégralement détenu par l'entrepreneur et son épouse exerçant une activité strictement identique à celle de l'entreprise individuelle, ayant des liens d'affaires importants avec cette dernière, recourant aux même fournisseurs et partageant le même sigle commercial et des actions de publicité communes, peu important à cet égard que les sociétés n'aient pas repris la clientèle de l'entreprise individuelle. • CE 30 déc. 2002, n° 220480, *Heurteaux : RJF 2003. 270 ; Dr. fisc. 2003. 373.* ♦ ... La société qui a repris la concession automobile précédemment exploitée par le père du gérant de la société nouvelle, qui a acquis de la précédente exploitation du matériel et un stock de véhicules et embauché six des salariés, les deux entreprises ayant, en outre, mis en place un système de refacturations croisées. • CE 30 juill. 2003, n° 234706 : *RJF 2003. 1274 ; Dr. fisc. 2004. 227, concl. Bachelier.* ♦ ... La société de courtage international : 1) qui a le même objet que la société préexistante et une activité partiellement identique d'importation et de commercialisation de produits en matière plastique exercée partiellement par l'une pour le compte de l'autre ; 2) dont l'essentiel de la charge de fonctionnement est assurée par la société préexistante ; 3) dont les associés sont en même temps dirigeants ou associés de la société préexistante. • CE 29 janv. 2003, n° 232055 : *RJF 2003. 417 ; Dr. fisc. 2003. 372.* ♦ ... La société qui exerce la même activité qu'une société préexistante, détenue par les mêmes associés, qui ne possédait, en début d'activité, aucun matériel d'exploitation qui lui fût propre et qui a réalisé près de la moitié de son chiffre d'affaires avec le matériel de cette société dont elle était sous-traitante. • CE 6 oct. 2004, n° 248968, *SARL LC Réalisation : RJF 2004. 1234 ; concl. Verclytte au BDCF 12/04, n° 149.* ♦ ... L'entreprise dont l'activité consiste à mettre à la disposition de ses clients des représentants vendant des matériels pour leur compte, activité qui est partiellement identique à celle à laquelle se livraient antérieurement l'entreprise individuelle exploitée par le contribuable et une SARL dont le capital était détenu par l'intéressé et son épouse. • CE 6 juill. 2005, n° 252645 : *RJF 2005. 1164.*

17. Sous-traitance. La seule circonstance que

l'entreprise nouvelle exerce une activité en qualité de sous-traitante d'une entreprise préexistante ne suffit pas à établir une restructuration d'activités préexistantes en l'absence de réorganisation du travail caractérisée notamment par un transfert ou un partage de moyens d'exploitation caractérisés, une réorganisation ou une réduction corrélative de la production de la société préexistante. • CE 16 nov. 2005, n° 255285 : *RJF 2006. 126 ; Dr. fisc. 2006. 764.* ♦ Eu égard aux caractéristiques de l'industrie aéronautique dans laquelle le nombre de donneurs d'ordre est extrêmement réduit et la sous-traitance une pratique généralisée, une entreprise créée par un ancien salarié de la société Aérospatiale ne peut être regardée comme une extension ou une restructuration des activités de l'Aérospatiale en dépit de l'importance (85 %) du chiffre d'affaires provenant de l'Aérospatiale, alors que les rapports économiques entre les deux entreprises ont été soumis aux mêmes conditions que celles imposées à l'ensemble des sous-traitants. • CAA Nantes, 4 déc. 2002, n° 00NT1012 : *Dr. fisc. 2003. 523, concl. Millet ; RJF 2003. 418.*

C. EXTENSION D'ACTIVITÉS PRÉEXISTANTES

1° PRINCIPES

18. BIBL. Douet, *Dr. fisc. 1996, p. 1464* (contrats de franchisage). ♦ L'extension d'activités préexistantes suppose la réunion de deux critères : la similarité ou la complémentarité de l'objet de l'entreprise nouvelle par rapport à celui d'entreprises antérieurement créées ; l'existence de liens de dépendance privant l'entreprise de toute autonomie réelle et faisant d'elle une simple émanation d'une entreprise préexistante. • CE 8 sept. 1999, n° 196426, *Pelfrène : Dr. fisc. 2000. 126, concl. Arrighi de Casanova ; RJF 1999. 1344.* ♦ Les entreprises créées dans le cadre d'une extension d'activités préexistantes exclues du bénéfice de l'art. 44 *sexies* sont les entreprises qui, eu égard à la similarité ou à la complémentarité de leur objet par rapport à celui des entreprises antérieurement créées et aux liens de dépendance qui les unissent à ces dernières, sont privées de toute autonomie réelle et constituent de simples émanations de ces entreprises. • CE 13 déc. 2002, n° 224713, *SA Garage Paty Automobiles : RJF 2003. 269 ; Dr. fisc. 2003. 417* • 12 janv. 2004, n° 245641 et n° 250675 (2 arrêts), *SARL Sobrivia et SA Automobiles de la Vallée : RJF 2004. 358 ; concl. Goulard au BDCF 4/04, n° 47 ; Dr. fisc. 2004. 539, concl. Goulard* • 10 nov. 2004, n° 250639, *SA Les garages du Gâtinais : RJF 2005. 120 ; concl. Verclytte au BDCF 2/05, n° 16 ; Dr. fisc. 2005. 384, concl. Verclytte.* ♦ Pour l'application de ces dispositions, une situation de dépendance d'une entreprise par rapport à une autre, privant la première de toute autonomie réelle et de nature à la faire regarder comme une simple émanation de la seconde, ne suppose pas nécessairement l'existence de liens capitalistiques entre les deux entreprises. Dès lors que les conditions d'exploitation et les liens personnels entre les associés de deux sociétés caractérisent un lien de dépendance, l'extension d'activités préexistantes est établie même en l'absence de lien capitalistique entre elles. • CE 24 avr. 2013, *Min. du Budget c/ Neveu,* n° 352310 : *RJF 2013. 704 ; BCDF 2013. 77, concl. Aladjidi.*

19. En application de ces critères, constituent une extension d'activités préexistantes : une entreprise de restauration rapide (Mac Donald's) exerçant son activité dans le cadre d'un contrat de franchise qui prévoit des contraintes très strictes en matière d'achats, la mise en œuvre de méthodes commerciales et de normes techniques, comptables et de gestion définies par le franchiseur et qui ne laisse aucune autonomie au franchisé en matière de publicité et de promotion. • CAA Nancy, 20 oct. 2011, n° 10NY01078 : *RJF 2012. 228.* ♦ ... L'entreprise dont l'activité de distribution exclusive de produits diététiques (Herbalife) commercialisés par une grande société de distribution ne peut être regardée que comme l'émanation de celle-ci, dès lors que le système de supervision et de parrainage mis en place par le réseau de distribution ainsi que les règles contraignantes d'exercice de l'activité résultant du contrat de distribution ne lui laissent qu'une autonomie très limitée. • CAA Bordeaux, 30 oct. 2003, n° 99BX2865 : *RJF 2004. 237* • CAA Nancy, 3 avr. 2003, n° 98NA2484 : *Dr. fisc. 2004. 93.* ♦ ... L'entreprise de fourniture de repas de mariage et séminaires exerçant son activité exclusivement dans les locaux d'un château exploité par une société préexistante avec laquelle elle a des liens de dépendance financière. • CAA Nantes, 17 déc. 2007, n° 06NT161 : *RJF 2008. 787.*

20. En revanche, bénéficient de l'exonération : la société créée pour l'exploitation d'un supermarché (« Champion ») dans le cadre d'un contrat d'affiliation qui lui donne le droit d'utiliser l'enseigne et de bénéficier de l'aide technique et de l'action publicitaire de la société affiliante mais qui n'agit pas pour le compte de la société à laquelle elle est liée et qui a constitué pour l'essentiel par ses propres moyens la clientèle du supermarché qu'elle a créé. • CE 16 févr. 2000, n° 187439 : *Dr. fisc. 2000. 626 ; RJF 2000. 468 ; concl. Bachelier au BDCF 4/00, n° 46.* ♦ ... L'entreprise de vente de matériel de bricolage (« BricoFrance ») exerçant son activité dans le cadre d'un contrat de franchise dès lors notamment que le franchiseur ne lui fournit quasiment aucun savoir-faire ni aucune formation ou aide technique et que l'entreprise, si elle s'approvisionne à hauteur de 90 % auprès des fournisseurs référencés par le franchiseur, ne passe pas par la centrale d'achat de celui-ci et qui, en outre, dispose d'une indépendance financière totale, sans rendre de comptes au franchiseur, et a procédé seule à la création de tous ses moyens d'exploitation ainsi qu'à la constitution de sa clientèle. • CAA Paris, 17 oct. 2000, n° 98PA2625 : *RJF 2001. 457 ; Dr. fisc. 2001. 1006, concl. Kimmerlin.* ♦ ... L'entreprise créée en vue de l'exploitation d'une boulangerie-pâtisserie et qui, d'une part, conclut avec une société, qui la fournit en pâte surgelée, une convention lui permettant de bénéficier, en contrepartie du versement d'une redevance et du respect d'un cahier des charges, de la concession exclusive d'une enseigne dans une zone de chalandise déterminée ainsi que d'une aide technique et commerciale, et d'autre part, ne s'approvisionne pas exclusivement auprès de son cocontractant et élabore elle-même la totalité des produits vendus dont une partie, adaptée à la clientèle locale, dépend de son seul savoir-faire. • CE 8 sept. 1999, n° 170978 : *Dr. fisc. 2000. 760, concl. Goulard.*

2° APPLICATIONS DIVERSES

21. *Concessionnaires automobiles.* Les liens nés d'un contrat de concessionnaire automobile ne sont pas de nature à faire regarder l'entreprise concessionnaire comme n'étant que la simple émanation de l'entreprise concédante. • CE 12 janv. 2004, n°s 245641 et 250675 (2 arrêts), *SARL Sobrivia et SA Automobiles de la Vallée : RJF 2004. 358 ; concl. Goulard au BDCF 4/04, n° 47 ; Dr. fisc. 2004. 539, concl. Goulard.* ♦ Bénéficie de l'exonération la société créée pour exploiter l'activité de concessionnaire exclusif d'une marque automobile dans une zone géographique où le constructeur ne disposait plus de concessionnaire depuis deux ans. Même si son activité est complémentaire de celle du constructeur et étroitement soumise aux exigences de celui-ci en matière de gestion financière et commerciale, il n'existe pas de liens autres que celui né du contrat de nature à faire regarder la société concessionnaire comme une simple émanation du constructeur. • CE 13 déc. 2002, n° 224713, *SA Garage Paty Automobiles : RJF 2003. 269 ; Dr. fisc. 2003. 417* • 10 nov. 2004, n° 250639, *SA Les garages du Gâtinais : RJF 2005. 120 ; concl. Verclytte au BDCF 2/05, n° 16 ; Dr. fisc. 2005. 384, concl. Verclytte.*

22. *Production d'énergie photovoltaïque.* L'activité de production d'électricité photovoltaïque exercée par une société nouvelle ne constitue pas l'extension de l'activité agricole d'une entreprise préexistante. * BOI-BIC-CHAMP-80-10-10-20 n° 150 du 5 juin 2015. ♦ A défaut d'avoir constitué une structure juridique nouvelle, un agriculteur ne peut bénéficier du régime des entreprises nouvelles pour son activité de production d'énergie photovoltaïque. * BOI-BIC-CHAMP-80-10-10-20 n° 157 du 5 juin 2015.

23. *Activités des collectivités territoriales.* La création d'une société d'économie mixte locale en vue de la mise en place d'un dispositif de traitement des déchets ne résulte pas de la restructuration d'une activité préexistante dès lors que des transferts de moyens d'exploitation n'ont été opérés au profit de cette société ni de la part des collectivités territoriales, ni de la part de l'entreprise spécialisée dans le traitement des déchets à laquelle la société a confié, par voie de sous-traitance, la gestion opérationnelle des équipements qu'elle projetait de construire. • CE 10 nov. 2006, n° 271520 : *RJF 2007. 131.*

24. *Groupement d'intérêt économique.* Un GIE créé dans les conditions de la concurrence par d'anciens salariés d'une entreprise préexistante ne constitue pas l'extension de l'activité exercée par cette dernière en l'absence notamment de reprise de clientèle et de transfert de moyens humains ou matériels. La forme juridique de l'entreprise créée (GIE) ne fait pas en elle-même obstacle à l'application du régime de faveur. • CAA Paris, 23 déc. 2010, n° 08PA5132 : *RJF 2011. 287.*

D. REPRISE D'ACTIVITÉS PRÉEXISTANTES

1° PRINCIPES

25. La seule circonstance qu'une entreprise nouvelle procède, en cours d'exonération, à la reprise d'une activité préexistante, quelles qu'en soient l'ampleur, la date et les modalités, suffit à mettre fin, à compter de cette reprise, au droit à bénéficier de cette exonération. • CE 18 mai 2005, n° 270343 : *RJF 2005. 832.*

26. La reprise d'activités préexistantes suppose une identité d'activité et généralement le transfert de moyens d'exploitation de l'entreprise ancienne à l'entreprise créée ainsi qu'un transfert de clientèle. • CE 28 oct. 1994, n° 118397, *SOCAB : Dr. fisc. 1995. 370 ; RJF 1994. 1309* • 21 juill. 1995, n° 138110, *Sté constructions et réalisations nouvelles : Dr. fisc. 1996. 489 ; RJF 1995. 1095.*

27. Sont considérées comme ayant repris une activité préexistante : une SARL issue de la transformation d'une SCI et poursuivant jusqu'à son terme le projet de cette SCI d'édifier et de vendre un immeuble qui doit être regardée comme ayant été créée pour la reprise de l'activité de la SCI. • CE 17 mai 2000, n° 194863 : *Dr. fisc. 2000. 731 ; RJF 2000. 907.* ♦ ... Une entreprise nouvelle dont l'activité consiste à réaliser en sous-traitance pour une société des travaux que celle-ci effectuait directement. • CAA Nancy, 11 avr. 1996, n° 94NA1654 : *Dr. fisc. 1996. 1249.* ♦ ... Une société nouvelle qui a conclu, trois jours après sa création, un contrat de concession exclusive pour la distribution des produits de la société Rank Xerox dont elle a repris le fichier clientèle, dès lors qu'elle exerce une activité partiellement identique à celle de son concédant et qu'elle a initialement repris sa clientèle. Peu importe qu'elle ait réalisé au cours du premier exercice près des trois quarts de son chiffre d'affaires avec une clientèle propre. • CE 23 févr. 2001, n° 211056 : *RJF 2001. 602 ; Dr. fisc. 2001. 721.*

28. Sont également considérées comme ayant repris une activité préexistante : une société nouvellement créée qui reprend les moyens de production et le personnel d'une société préexistante et oriente son activité vers le même type de chantiers que ceux de cette dernière, laquelle cesse par ailleurs de se porter candidate pour l'attribution de nouveaux marchés lui permettant ainsi de reprendre sa clientèle dans la région. • CE 11 avr. 2001, n° 194560 : *RJF 2001. 989.* ♦ ... Une société créée concomitamment à la liquidation amiable d'une autre société, qui a commencé ses activités pendant la procédure de liquidation de l'ancienne, qui exerce une activité identique, qui a le même dirigeant et qui a repris les moyens matériels d'exploitation et une part significative du personnel. • CE 23 mars 2005, n° 259211 : *RJF 2005. 536.* ♦ ... Une société nouvellement créée qui a une activité au moins partiellement identique à celle d'une société préexistante mise en liquidation judiciaire et qui a une clientèle présentant une grande similitude avec l'ancienne clientèle de cette société préexistante, et ce, alors même qu'elle n'a pas repris les locaux et les contrats et qu'il n'existait pas de relations financières anormales entre les deux sociétés. • CE 30 mars 2007, n° 271787 : *RJF 2007. 721 ; concl. Olléon au BDCF 6/07, n° 74.* ♦ ... L'entreprise nouvelle qui, d'une part, a la même spécialisation, dans les équipements électriques, que l'entreprise du père du contribuable où ce dernier était précédemment salarié, et d'autre part, assure des prestations pour le même client prépondérant. • CAA Nancy, 15 mars 2001, n° 97NA1048 : *Dr. fisc. 2001. 1095.* ♦ ... L'entreprise individuelle créée pour reprendre une société dont la liquidation judiciaire vient d'être prononcée, entreprise qui effectue différents travaux de la nature de ceux réalisés antérieurement par la société bien que l'activité déclarée soit différente, et qui a repris le matériel de cette société, dès lors qu'il n'est pas allégué que la clientèle serait différente. • CE 27 mars 2000, n° 188929 : *Dr. fisc. 2001. 1030.* ♦ ... La société créée le lendemain de la dissolution d'une autre société dès lors qu'elle exerce à la date de sa création la même activité que cette dernière et avec la même clientèle, n'ayant diversifié son activité et sa clientèle qu'ultérieurement. • CE 23 oct. 2003, n° 247048 : *RJF 2004. 18 ; concl. Bachelier au BDCF1/04, n° 5 ; Dr. fisc. 2004. 280.* ♦ ... La société d'études et de prestations de gestion financière dont les principaux associés ont poursuivi dans le cadre de celle-ci l'activité qu'ils exerçaient au sein d'autres sociétés et qui pour l'essentiel a repris la clientèle prospectée par eux lorsqu'ils étaient au service de ces sociétés. • CE 29 avr. 2002, n° 218933 : *Dr. fisc. 2002. 894.* ♦ ... La société qui a repris un important marché d'une société préexistante exerçant une activité identique ainsi que les locaux, certains matériels, certains salariés et une partie de la clientèle de la société préexistante. • CE 21 juin 2002, n° 220730 : *Dr. fisc. 2003. 145.* ♦ ... La société qui a repris une activité précédemment exercée sous forme d'entreprise individuelle par son dirigeant, dès lors qu'elle exerce la même activité, qu'elle n'a pas eu dès sa création une clientèle différente, qu'elle utilise les mêmes locaux et le même numéro de téléphone, qu'elle a repris certains moyens de l'entreprise et l'un de ses salariés, qu'elle a la même dénomination, et cela alors même que la société aurait postérieurement à sa création diversifié ses activités et sa clientèle et sensiblement augmenté son chiffre d'affaires. • CE 6 avr. 2007, n° 280242 : *RJF 2007. 828.*

29. Est, en revanche, considérée comme une entreprise nouvelle : la société qui, en l'absence d'identité d'activité et de transfert de clientèle, a repris à une entreprise préexistante son outillage, son véhicule de transport et ses locaux et embauché l'un de ses deux salariés. • CAA Nantes, 30 sept. 1997, n° 95NT1410 : *Dr. fisc. 1998. 134.* ♦ ... L'entreprise nouvelle qui reprend les locaux et le matériel d'une société mise en liquidation, dès lors qu'elle n'a pas repris, en fait, la clientèle de l'ancienne entreprise. • CE 8 janv. 1997, n° 147704 : *Dr. fisc. 1997. 395, concl. Goulard ; RJF 1997. 206 ; concl. Goulard au BDCF 2/97.* ♦ ... La société qui a procédé à la reprise d'une activité commerciale suspendue pendant dix ans, accompagnée de modifications de l'objet social, de la répartition du capital social, de la nature de la clientèle et des moyens d'exploitation. • CE 29 déc. 2000, n° 177858 : *RJF 2001. 288 ; BJS 2001. 440, note Turon et Gazon.* ♦ ... L'entreprise de parrainage et de publicité créée par un cavalier, ayant exercé une activité équestre de haut niveau et ayant remporté un titre olympique, pour exploiter commercialement, dans le cadre de son droit à l'image, la notoriété personnelle qu'il avait acquise dans le cadre de cette activité équestre. • CE 6 avr. 2007, n° 271563 : *RJF 2007. 795 ; Dr. fisc. 2008. 332, concl. Landais.* ♦ ... La société créée par d'anciens salariés, licenciés par une société préexistante, afin d'exercer l'activité que cette dernière a progressivement sous-traitée, en l'absence de liens privilégiés entre les deux entreprises. Est sans incidence à cet égard la circonstance que la société nouvellement créée a embauché des salariés licenciés par la société préexistante, qu'elle a acquis auprès de cette dernière plusieurs équipements et réalisé avec elle l'essentiel de son activité. • CE 3 nov. 2006, n° 285581 : *RJF 2007. 14 ; Dr. fisc. 2006. 942.* ♦ ... L'EURL créée par un ancien salarié d'une société ayant une activité complémentaire, avec laquelle elle agit comme un sous-traitant, en l'absence de communauté d'intérêts entre les deux structures qui priverait l'entreprise nouvelle de son autonomie ; l'extension d'activité n'est pas caractérisée malgré la reprise de matériel, la complémentarité d'activité et la situation de sous-traitance dès lors qu'il n'était pas établi que ces opérations et prestations n'ont pas été réalisées dans les conditions normales du marché. • CAA Bordeaux, 1er mars 2007, n° 04BX66 : *RJF 2007. 899.*

2° APPLICATIONS DIVERSES

30. Sous-traitance. La situation de sous-traitance d'une entreprise ne suffit pas par elle-même à faire obstacle à la qualification d'entreprise nouvelle. • CE 28 juill. 2004, ⚖ n° 241923 : *RJF 2004. 1081.* ♦ Ainsi, la création d'une entreprise à qui est confiée à titre non exclusif la sous-traitance d'une concession de service public d'assistance aéroportuaire, à la suite de la résiliation du précédent contrat de sous-traitance exclusive conclu avec une autre entreprise, ne peut être regardée comme une reprise d'activité, dès lors que le précédent sous-traitant a poursuivi en partie son activité antérieure en concurrence avec la nouvelle entreprise et qu'il n'y a pas eu transfert significatif de moyens d'exploitation entre ces deux sociétés. • CAA Bordeaux, 15 mai 2003, n° 99BX2335 : *RJF 2003. 1360.* ♦ En revanche, ne peut être regardée comme une entreprise nouvelle susceptible de bénéficier de l'exonération une entreprise exerçant depuis sa création une activité de transport routier et assumant, pour le compte d'une entreprise existante titulaire d'un contrat exclusif de transport routier de matériel postal, une prestation afférente à ce transport, prestation qui lui a procuré la quasi-totalité de son chiffre d'affaires. • CE 28 juill. 2004, ⚖ n° 241923 : *préc.*

31. Concessionnaires automobiles. Les liens nés d'un contrat de concessionnaire automobile ne sont pas de nature à faire regarder l'entreprise concessionnaire comme n'étant que la simple émanation de l'entreprise concédante. • CE 12 janv. 2004, ⚖ nos 245641 et 250675 (2 arrêts), *SARL Sobrivia et SA Automobiles de la Vallée : RJF 2004. 358 ; concl. Goulard au BDCF 4/04, n° 47 ; Dr. fisc. 2004. 539, concl. Goulard.* ♦ L'attribution à une entreprise d'une concession exclusive d'une marque automobile sur un secteur jusqu'alors inclus dans la zone géographique attribuée à un autre concessionnaire n'implique pas nécessairement le transfert à son profit de la clientèle qui existait auparavant dans le secteur concédé et, par suite, la reprise pour partie de l'activité du précédent concessionnaire. Il y a lieu d'apprécier si le secteur concédé comportait ou non une clientèle effective suffisante pour constituer un élément d'exploitation notable permettant de caractériser une telle reprise. Ainsi, la création par une marque automobile d'une concession supplémentaire ayant été motivée par l'insuffisance de la clientèle effectivement exploitée dans le secteur qui lui est dévolu par le concessionnaire ayant une zone géographique couvrant ce secteur, le transfert de cette seule clientèle n'a pas, dans ces conditions, permis à l'entreprise créée de recueillir un élément d'exploitation assez notable pour caractériser une reprise d'activité préexistante. • CE 10 nov. 2004, ⚖ n° 250639, *SA Les garages du Gâtinais : RJF 2005. 120 ; concl. Verclytte au BDCF 2/05, n° 16 ; Dr. fisc. 2005. 384, concl. Verclytte.*

32. En revanche, sont considérées comme ayant repris une activité préexistante : une société nouvelle qui a repris la concession exclusive d'une marque automobile pour un secteur géographique déterminé, ce qui implique nécessairement le transfert de la clientèle et, par suite, la reprise de l'activité de l'entreprise qui était auparavant titulaire de cette concession. • CE 1er juin 2001, ⚖ n° 211391, *Sté Auto-Leader : RJF 2001. 151 ; Dr. fisc. 2001. 1129, concl. Courtial.* ♦ ... L'entreprise qui a repris une concession automobile exclusive quelques mois après que le précédent concessionnaire eut résilié le contrat le liant au constructeur, ce qui implique nécessairement le transfert de la clientèle et donc la reprise de l'activité du précédent concessionnaire. • CE 13 déc. 2002, ⚖ n° 224714, *SA Vérité Automobiles : RJF 2003. 267 ; concl. Vallée au BDCF 3/03, n° 32 ; Dr. fisc. 2003. 552, concl. Vallée.*

33. Activités des collectivités territoriales. V. note 23.

E. DISPOSITIONS DIVERSES

34. Détention du capital social. La condition relative à la détention du capital dans la société nouvelle doit être remplie dès la création de la société, cette date s'entendant de celle à laquelle elle a effectivement commencé son activité. • CE 8 août 1990, ⚖ n° 57977 : *Dr. fisc. 1991. 821* • 20 mai 1998, ⚖ n° 171915 : *Dr. fisc. 1998. 928, concl. Arrighi de Casanova ; RJF 1998. 789* • 6 oct. 2004, ⚖ n° 248968, *SARL LC Réalisation : RJF 2004. 1234 ; concl. Verclytte au BDCF 12/04, n° 1 ; Dr. fisc. 2005. 386.* ♦ ... Et à la clôture de chaque exercice pour lequel l'entreprise entend bénéficier de l'exonération. • CAA Nantes, 17 oct. 2001, n° 98NT877 : *Dr. fisc. 2002. 214 ; RJF 2002. 273.* ♦ ... Et à tout moment de son existence, aussi longtemps que l'entreprise entend bénéficier de l'allégement fiscal. • CE 17 oct. 2003, ⚖ n° 241128, *Sté L'aigle Levage : RJF 2004. 20 ; concl. Collin au BDCF 1/04, n° 6 ; Dr. fisc. 2004. 403, concl. Collin* • 27 juill. 2005, ⚖ n° 262033 : *RJF 2005. 1167.* ♦ L'entreprise qui ne remplit plus la condition de détention du capital perd définitivement le bénéfice du régime d'exonération même lorsque cette condition vient ultérieurement à être à nouveau remplie. • CE 27 juill. 2005, ⚖ n° 262033 : *préc.*

35. Exonération des seuls bénéfices décla-

rés. La quote-part des bénéfices revenant aux associés de sociétés soumises au régime fiscal des sociétés de personnes ne peut bénéficier de l'exonération que dans la limite des bénéfices régulièrement déclarés par la société. Les rémunérations allouées à son gérant par une SARL à caractère familial ayant opté pour le régime des sociétés de personnes qui n'ont pas été déclarées dans les bénéfices réalisés par l'entreprise ne peuvent donc pas bénéficier de l'exonération. • CAA Bordeaux, 12 févr. 2002, n° 99BX481 : *Dr. fisc. 2002. 898.* ♦ Les contribuables soumis à l'impôt sur le revenu à raison des bénéfices réalisés par une société relevant du régime fiscal prévu à l'art. 8 ne peuvent bénéficier de l'exonération que si la société a déposé sa déclaration de résultat dans le délai légal. • CAA Paris, 9 avr. 1996, n° 95PA142 : *Dr. fisc. 1996. 849 ; RJF 1996. 1408.* ♦ De même, les personnes morales passibles de l'IS ne bénéficient de l'exonération que si elles déclarent leur résultat dans le délai prévu. • CE 3 mai 1995, n° 134993 : *RJF 1995. 709.* ♦ Il en est de même pour les entreprises individuelles. • TA Lyon, 28 mai 1997, n° 89-12.743 : *Dr. fisc. 1997. 1339 ; RJF 1997. 900.*

36. L'obligation de déclarer dans les délais s'applique également aux documents annexes visés à l'art. 38-II de l'annexe III. Toutefois n'encourt pas la perte du régime de faveur le contribuable qui, ayant déclaré dans les délais requis le résultat de l'exercice au titre duquel il sollicite l'exonération, produit, même tardivement, ces documents, soit spontanément, soit sur invitation de l'Administration. • CE 12 juin 2006, n° 272374 : *RJF 2006. 1163 ; concl. Séners au BDCF 10/06, n° 115.*

37. Le régime d'exonération n'est pas applicable aux bénéfices que le contribuable a omis de déclarer dans les conditions et délais légaux, quels que soient les motifs de cette omission. • CE 23 oct. 2002, n° 228207, *Bels : RJF 2003. 14 ; Dr. fisc. 2003. 416.* ♦ Refus de l'exonération à la partie des résultats faisant l'objet de redressements même si ceux-ci ont pour origine une erreur comptable commise de bonne foi ou si les produits omis dans la déclaration de résultats ont été déclarés avant la fin de la période pendant laquelle l'entreprise peut bénéficier de l'exonération. • CE 23 oct. 2002, n° 228207, *Bels : préc.* ♦ Dans le même sens, pour des bénéfices issus d'un redressement, • CE 15 déc. 2004, n° 260483 : *RJF 2005. 305.*

38. Les suppléments d'impôt résultant de la perte du droit à l'exonération des entreprises nouvelles pour la partie des résultats qui n'ont pas été régulièrement déclarés sont assortis de l'intérêt de retard (CGI, art. 1727) même si l'entreprise aurait pu bénéficier de l'exonération si elle les avait régulièrement déclarés. • CE 23 oct. 2002, n° 228207 : *préc. note 37.*

39. Périodes d'exonération. Dans les cas où le terme des périodes de 35 et 24 mois dans lesquelles une entreprise peut bénéficier d'une exonération totale ou partielle d'IR ou d'IS ne coïncide pas avec la date de clôture d'un exercice, les résultats de l'exercice au cours duquel l'une ou l'autre de ces périodes vient à expiration doivent être soumis, au prorata du nombre de mois écoulés avant et après la date de cette expiration, à chacun des régimes d'exonération totale ou d'exonération partielle et d'imposition selon le droit commun successivement applicables pendant la durée de cet exercice ; l'arrêté de compte provisoire établi à la date de fin d'exonération ne peut pas être pris en compte. • CAA Paris, 20 sept. 2001, n° 98PA763 : *Dr. fisc. 2002. 435, concl. Kimmerlin ; RJF 2002. 274.*

40. Base de l'exonération ou de l'abattement. Dans le cas où une EURL peut prétendre au régime des entreprises nouvelles, l'exonération ou l'abattement doit s'appliquer aux bénéfices dégagés par l'entreprise elle-même, en tant qu'entité juridique distincte de son unique associé, tels qu'elle les a déclarés et incluant donc les cotisations sociales personnelles versées pour le compte de son associé. Les cotisations en cause peuvent par conséquent être déduites de la quote-part de résultat revenant à l'associé après application du régime de faveur. • CAA Lyon, 16 mars 2010, n° 08LY383 : *RJF 2010. 805.*

41. Plus-value de cession de parts. En application des art. 8 et 151 *nonies*, la cession des parts qu'un contribuable détient dans l'EURL au sein de laquelle il exerce son activité professionnelle constitue une opération effectuée par l'associé, personne physique, et non par l'entreprise, personne morale, avec laquelle il ne se confond pas. La plus-value réalisée à l'occasion de cette cession n'entre donc pas dans le bénéfice de l'EURL et ne peut pas par conséquent bénéficier du régime des entreprises nouvelles applicable à la société. • CAA Nantes, 22 juin 2005, n° 02NT470 : *RJF 2006. 125.*

42. Abus de droit. Lorsque l'entreprise ne remplit pas les conditions de fond pour bénéficier de l'exonération, peu importe que les impositions supplémentaires mises à sa charge aient été établies en méconnaissance des dispositions de l'art. L. 64 LPF, relatif à la répression des abus de droit, auxquelles renvoie le 2e al. de l'art. 44 *quater.* • CE 16 déc. 1998, n° 159393 : *Dr. fisc. 1999. 407, concl. Goulard.* ♦ Même solution en application de l'art. 44 sexies. • CAA Bordeaux, 29 janv. 2002, n° 99BX245 : *Dr. fisc. 2002. 590 ; RJF 2002. 625.*

Art. 44 *sexies*-0 A **Une entreprise est qualifiée de jeune entreprise innovante réalisant des projets de recherche et de développement lorsque, à la clôture de l'exercice, elle remplit simultanément les conditions suivantes :**

1° Elle est une petite ou moyenne entreprise, c'est-à-dire employant moins de 250 personnes, et qui a soit réalisé un chiffre d'affaires inférieur à 50 millions d'euros au cours de l'exercice, ramené ou porté le cas échéant à douze mois, soit un total du bilan inférieur à 43 millions d'euros. L'effectif de l'entreprise est apprécié par référence au nombre moyen de salariés employés au cours de cet exercice ; — *Pour l'appréciation du seuil de 250 salariés, l'effectif pris en compte est celui des salariés employés dans la jeune entreprise innovante, tous établissements confondus, au cours de chaque exercice. Il est apprécié en fonction de l'effectif moyen, déterminé selon les modalités fixées par l'art. L. 421-2 C. trav. (Décr. n° 2004-581 du 21 juin 2004, art. 5, JO 22 juin).*

2° Elle est créée depuis moins de *(L. n° 2021-1900 du 30 déc. 2021, art. 11)* « onze » ans ; — *Disposition applicable aux entreprises qui bénéficient du statut de JEI au 1er janv. 2022. Auparavant, l'entreprise devait avoir été créée depuis moins de huit ans.*

3° *a.* Elle a réalisé des dépenses de recherche, définies aux *a* à *g* du II de l'article 244 *quater* B *(L. n° 2021-1900 du 30 déc. 2021, art. 69-I-1°)* « et au 1 du A du II de l'article 244 *quater* B *bis* », représentant au moins 15 % des charges *(L. n° 2019-1479 du 28 déc. 2019, art. 46-I)* « , à l'exception des pertes de change et des charges nettes sur cessions de valeurs mobilières de placement, fiscalement déductibles au titre de cet exercice. Pour le calcul de ce ratio, il n'est pas tenu compte » des charges engagées auprès d'autres jeunes entreprises innovantes réalisant des projets de recherche et de développement ;

b. Ou elle est dirigée ou détenue directement à hauteur de 10 % au moins, seuls ou conjointement, par des étudiants, des personnes titulaires depuis moins de cinq ans d'un diplôme conférant le grade de master ou d'un doctorat, ou des personnes affectées à des activités d'enseignement ou de recherche, et elle a pour activité principale la valorisation de travaux de recherche auxquels ces dirigeants ou ces associés ont participé, au cours de leur scolarité ou dans l'exercice de leurs fonctions, au sein d'un établissement d'enseignement supérieur habilité à délivrer un diplôme conférant au moins le grade de master. Les conditions dans lesquelles est organisée cette valorisation sont fixées dans une convention conclue entre l'entreprise et l'établissement d'enseignement supérieur, dont le contenu et les modalités sont précisés par décret en Conseil d'État. Ce décret définit notamment la nature des travaux de recherche qui font l'objet de la convention, les prestations dont peut bénéficier l'entreprise et les modalités de la rémunération de l'établissement d'enseignement supérieur ; — *V. Ann. II, art. 32 C.*

4° Son capital est détenu de manière continue à 50 % au moins :

a. par des personnes physiques ;

b. ou par une société répondant aux mêmes conditions dont le capital est détenu pour 50 % au moins par des personnes physiques ;

c. ou par des sociétés de capital-risque, des fonds communs de placement à risques, des fonds professionnels spécialisés relevant de l'article L. 214-37 du code monétaire et financier dans sa rédaction antérieure à l'ordonnance n° 2013-676 du 25 juillet 2013 modifiant le cadre juridique de la gestion d'actifs, des fonds professionnels de capital investissement, des sociétés de libre partenariat, des sociétés de développement régional, des sociétés financières d'innovation ou des sociétés unipersonnelles d'investissement à risque à la condition qu'il n'existe pas de lien de dépendance au sens *(Abrogé par L. n° 2018-1317 du 28 déc. 2018, art. 37-I-3° et III-1, pour les exercices ouverts à compter du 1er janv. 2019)* « *des deuxième à quatrième alinéas* » du 12 de l'article 39 entre la société en cause et ces dernières sociétés ou ces fonds ;

d. ou par des fondations ou associations reconnues d'utilité publique à caractère scientifique, ou par une société qualifiée elle-même de jeune entreprise innovante réalisant des projets de recherche et développement ;

e. ou par des établissements publics de recherche et d'enseignement ou leurs filiales ;

5° Elle n'est pas créée dans le cadre d'une concentration, d'une restructuration, d'une extension d'activités préexistantes ou d'une reprise de telles activités au sens du III de l'article 44 *sexies*. — *V. LPF, art. L. 80 B, 4°, R.* 80 B-7 et R.* 80 B-8.*

Les dispositions ci-dessus s'appliquent aux résultats des exercices ouverts à compter du 1er janv. 2004 par les jeunes entreprises innovantes réalisant des projets de recherche et de développement créées à cette date ou qui se créent entre cette date et le 31 déc. 2019 (L. n° 2003-1311 du 30 déc. 2003, art. 13-I-G, mod. par L. n° 2013-1278 du 29 déc. 2013, art. 131-II-1° et par L. n° 2019-1479 du 28 déc. 2019, art. 46-III).

1. Jeunes entreprises innovantes. Commentaire d'ensemble. Conditions de la qualification de jeune entreprise innovante réalisant des projets de recherche et de développement. Jeunes entreprises universitaires. Portée et calcul des allégements. Bénéfices susceptibles d'être exonérés. * BOI-BIC-CHAMP-80-20-20-10 du 7 juin 2017.

2. Pour bénéficier du qualificatif de jeune entreprise innovante, une entreprise doit avoir réalisé des dépenses de recherche représentant au moins 15 % des charges fiscalement déductibles. Les dépenses à prendre en compte sont définies par référence aux dépenses de recherche retenues en matière de crédit d'impôt recherche (CIR). Seule la nature des dépenses en cause doit être retenue, mais non les plafonds et forfaitisations applicables en matière de CIR.* BOI-BIC-CHAMP-80-20-20-10 n°s 200 et 240 du 7 juin 2017.

3. Les rémunérations des dirigeants qui exercent une activité de recherche peuvent être prises en compte pour l'appréciation de la quotité des dépenses de recherche. * Rescrit 17 mars 2009 : n° 2009/18 FE * BOI-BIC-CHAMP-80-20-10 n° 245 du 7 juin 2017.

4. Procédure d'accord tacite. V. LPF, art. L. 80 B-4°. ♦ Rescrits relatifs aux jeunes entreprises innovantes ou aux jeunes entreprises universitaires. * BOI-SJ-10-20-20-40 du 7 nov. 2018.

Art. 44 *sexies* A **I. — 1. Les entreprises répondant aux conditions fixées à l'article 44 *sexies*-0 A sont exonérées d'impôt sur le revenu ou d'impôt sur les sociétés à raison des bénéfices réalisés au titre du premier exercice ou de la première période d'imposition bénéficiaire, cette période d'exonération totale des bénéfices réalisés ne pouvant excéder douze mois.**

Les bénéfices réalisés au titre de l'exercice ou période d'imposition bénéficiaire suivant cette période d'exonération ne sont soumis à l'impôt sur le revenu ou l'impôt sur les sociétés que pour la moitié de leur montant.

2. Le bénéfice de l'exonération est réservé aux entreprises qui réunissent les conditions fixées au 1 au cours de chaque exercice ou période d'imposition au titre duquel ou de laquelle l'exonération est susceptible de s'appliquer.

3. Si à la clôture d'un exercice ou d'une période d'imposition l'entreprise ne satisfait plus à l'une des conditions requises pour bénéficier du statut de jeune entreprise innovante réalisant des projets de recherche et de développement, elle perd définitivement le bénéfice de l'exonération prévue au 1. Toutefois, le bénéfice réalisé au cours de cet exercice ou période d'imposition et de l'exercice ou période d'imposition suivant n'est soumis à l'impôt sur le revenu ou l'impôt sur les sociétés que pour la moitié de son montant.

4. La durée totale d'application de l'abattement de 50 % prévu au 1 et au 3 ne peut en aucun cas excéder douze mois.

II. — Le bénéfice exonéré au titre d'un exercice ou d'une période d'imposition est celui déclaré selon les modalités prévues aux articles 50-0, 53 A, 96 à 100, 102 *ter* et 103, diminué des produits bruts ci-après qui restent imposables dans les conditions de droit commun :

***a.* Les produits des actions ou parts de société, et les résultats de sociétés ou organismes soumis au régime prévu à l'article 8 ;**

***b.* Les produits correspondant aux subventions, libéralités et abandons de créances ;**

***c.* Les produits de créances et d'opérations financières pour le montant qui excède celui des frais financiers engagés au cours du même exercice ou de la période d'imposition.**

III. — Lorsqu'elle répond aux conditions requises pour bénéficier des dispositions de l'un des régimes prévus aux articles 44 *sexies* *(Abrogé par L. n° 2021-1900 du 30 déc. 2021, art. 35-I-1°)* **« , 44 *septies*, 44 *octies* », 44 *quindecies*,** *(L. n° 2017-1775 du 28 déc. 2017, art. 17)* **« 44 *sexdecies*, »** *(L. n° 2018-1317 du 28 déc. 2018, art. 135-I-1°)* **« 44 *septdecies*, » 244 *quater* E ou du régime prévu au présent article, la jeune entreprise innovante réalisant des projets de recherche et de développement peut opter pour ce dernier régime, dans les neuf mois suivant celui de son début d'activité ou dans les neuf premiers mois de l'exercice ou de la période au titre duquel ou de laquelle l'option est exercée. L'option est irrévocable dès lors qu'à la clôture de l'exercice ou de la période au titre duquel ou de laquelle elle a été exercée les conditions fixées à l'article 44 *sexies*-0 A sont remplies.**

IV. — Le bénéfice de l'exonération prévue au I est subordonné au respect du règlement (UE) n° 1407/2013 de la Commission, du 18 décembre 2013, relatif à l'application des articles 107 et 108 du traité sur le fonctionnement de l'Union européenne

aux aides *de minimis*. — *Pour les aides antérieures au 1er janv. 2014, V. App., Règl. (UE) n° 1407/2013 préc., art. 7.*

Les dispositions ci-dessus s'appliquent aux résultats des exercices ouverts à compter du 1er janv. 2004 par les jeunes entreprises innovantes réalisant des projets de recherche et de développement créées à cette date ou qui se créent entre cette date et le 31 déc. 2022 (L. n° 2003-1311 du 30 déc. 2003, art. 13-I-G, mod. par L. n° 2013-1278 du 29 déc. 2013, art. 131-II-1°, par L. n° 2016-1917 du 29 déc. 2016, art. 73-II et par L. n° 2019-1479 du 28 déc. 2019, art. 46-III.).

Jeunes entreprises innovantes. Portée et calcul des allégements fiscaux. Bénéfices susceptibles d'être exonérés. Durée de l'exonération et perte des avantages. Combinaison du dispositif avec d'autres régimes d'exonération. Plafonnement des avantages. * BOI-BIC-CHAMP-80-20-20-20 du 1er juin 2016.

Art. 44 *septies* *(Abrogé par L. n° 2021-1900 du 30 déc. 2021, art. 35-I-2° et XX, pour les exercices ouverts à compter du 1er janv. 2022)* ***I. — Les sociétés créées entre le 1er juillet 2007 et le 31 décembre** (L. n° 2020-1721 du 29 déc. 2020, art. 144-I)* **« 2021 » *pour reprendre une entreprise industrielle en difficulté qui fait l'objet d'une cession ordonnée par le tribunal en application de l'article L. 626-1, de l'article L. 631-22 ou des articles L. 642-1 et suivants du code de commerce bénéficient d'une exonération d'impôt sur les sociétés à raison des bénéfices réalisés, à l'exclusion des plus-values constatées lors de la réévaluation des éléments d'actif immobilisé, jusqu'au terme du vingt-troisième mois suivant celui de leur création et déclarés selon les modalités prévues à l'article 53 A.***

Cette exonération peut être également accordée lorsque les procédures de sauvegarde ou de redressement judiciaire ne sont pas mises en œuvre, ou lorsque la reprise porte sur un ou plusieurs établissements industriels en difficulté d'une entreprise industrielle et dans la mesure où la société créée pour cette reprise est indépendante juridiquement et économiquement de l'entreprise cédante.

N'ouvrent pas droit au bénéfice de l'exonération les activités exercées dans l'un des secteurs suivants : transports et infrastructures correspondantes, construction navale, fabrication de fibres synthétiques, sidérurgie, charbon, production et distribution d'énergie, infrastructures énergétiques, production agricole primaire, transformation et commercialisation de produits agricoles, pêche et aquaculture.

Le capital de la société créée ne doit pas être détenu directement ou indirectement par les personnes qui ont été associées ou exploitantes ou qui ont détenu plus de 50 % du capital de l'entreprise en difficulté pendant l'année précédant la reprise.

Les droits de vote ou les droits à dividendes dans la société créée ou l'entreprise en difficulté sont détenus indirectement par une personne lorsqu'ils appartiennent :

a. Aux membres du foyer fiscal de cette personne ;

b. A une entreprise dans laquelle cette personne détient plus de 50 % des droits sociaux y compris, s'il s'agit d'une personne physique, ceux appartenant aux membres de son foyer fiscal ;

c. A une société dans laquelle cette personne exerce en droit ou en fait la fonction de gérant ou de président, directeur général, président du conseil de surveillance ou membre du directoire.

II. — 1. Sur agrément du ministre chargé du budget, les bénéfices exonérés en application du I sont plafonnés, pour les entreprises créées dans les zones d'aide à finalité régionale, de manière que l'allègement d'impôt correspondant ne soit pas supérieur à 10 % du montant des coûts éligibles définis au 2 du présent II. Ce taux est majoré de dix points pour** les moyennes* ***entreprises et de vingt points pour les petites entreprises. Toutefois, les bénéfices exonérés sont plafonnés de telle sorte que l'allègement d'impôt ne soit pas supérieur à 7,5 millions d'euros.

Pour les entreprises créées dans les départements d'outre-mer, les bénéfices exonérés en application du I sont plafonnés de telle sorte que l'allègement d'impôt correspondant ne soit pas supérieur à 45 % du montant des coûts éligibles définis au 2 du présent II. Ce pourcentage est porté à 55 % pour la Guyane et à 70 % pour Mayotte. Ces taux sont majorés de dix points pour les moyennes entreprises et de vingt points pour les petites entreprises. Toutefois, les bénéfices exonérés sont plafonnés de telle sorte que l'allègement d'impôt ne soit pas supérieur à 33,75 millions d'euros en Guadeloupe, en Martinique et à La Réunion, à 41,25 millions d'euros en Guyane et à 52,50 millions d'euros à Mayotte.

Lorsque le montant des coûts éligibles définis au 2 est supérieur à 50 millions d'euros, les taux plafonds d'aide à finalité régionale mentionnés aux deux premiers alinéas du présent 1 sont pondérés en fonction des différentes tranches d'investissement nécessaire à la reprise de l'entreprise en difficulté mentionnée au premier alinéa du I. La tranche comprise entre 50 et 100 millions d'euros est pondérée par un coefficient de 0,5. La fraction des coûts éligibles supérieure à 100 millions d'euros n'est pas retenue pour le calcul du plafond.

Les petites et moyennes entreprises ne peuvent bénéficier de l'application des majorations de taux prévues aux deux premiers alinéas du présent 1 lorsque les coûts éligibles définis au 2 sont supérieurs à 50 millions d'euros. — V. Décr. nº 2007-732 du 7 mai 2007 (JO 8 mai) mod. par Décr. nº 2008-1415 du 19 déc. 2008 (JO 27 déc.) et Décr. nº 2009-925 du 27 juill. 2009 (JO 29 juill.).

2. Les coûts éligibles s'entendent du coût salarial des emplois créés par l'entreprise. Ce coût correspond aux salaires bruts avant impôts majorés des cotisations sociales obligatoires engagées par l'entreprise au cours du mois de la reprise et des vingt-trois mois suivants.

Sont considérés comme créés les emplois existant dans l'entreprise reprise et maintenus par la société nouvelle créée pour la reprise, ainsi que les emplois que celle-ci a créés dans ce cadre.

3. Abrogé.

4. Lorsque l'activité reprise n'est pas implantée exclusivement dans une ou plusieurs zones d'aide à finalité régionale, le bénéfice exonéré est déterminé dans les conditions prévues au 1, en retenant les coûts éligibles définis au 2 des seuls emplois créés dans cette zone. — Sur la carte des aides à finalité régionale, V. Décr. nº 2014-758 du 2 juill. 2014 (JO 3 juill.).

Lorsque l'activité est implantée dans des zones éligibles dont les taux d'intensité d'aide diffèrent, le bénéfice exonéré ne peut excéder la somme des limites calculées pour chacune des zones éligibles.

5. L'exonération prévue au I et déterminée dans les conditions prévues au présent II bénéficie aux grandes entreprises sous réserve de la création d'une nouvelle activité économique dans la zone d'aide à finalité régionale concernée.

6. Pour l'application du présent II, sont considérées comme des petites et moyennes entreprises les entreprises définies à l'annexe I au règlement (UE) nº 651/2014 de la Commission, du 17 juin 2014, déclarant certaines catégories d'aides compatibles avec le marché intérieur en application des articles 107 et 108 du traité.

III. — 1. Sur agrément du ministre chargé du budget, l'exonération prévue au I bénéficie aux entreprises créées pour reprendre une entreprise en difficulté mentionnées au même I qui ne sont pas situées dans une zone d'aide à finalité régionale lorsqu'elles satisfont à la définition des petites et moyennes entreprises, au sens de l'annexe I au règlement (UE) nº 651/2014 de la Commission, du 17 juin 2014, précité.

2. Les bénéfices exonérés en application du 1 du présent III sont plafonnés de telle sorte que l'allègement d'impôt n'excède pas 10 % du montant des coûts éligibles définis au 2 du II et ne soit pas supérieur à 7,5 millions d'euros. Ce taux est porté à 20 % pour les petites entreprises.

IV. — L'agrément prévu au 1 des II et III est accordé lorsque sont remplies les conditions suivantes :

a) La société créée pour la reprise remplit les conditions fixées au I ;

b) La société créée répond aux conditions d'implantation et de taille requises aux II ou III ;

c) La société prend l'engagement de conserver les emplois maintenus et créés dont le coût est retenu en application du 2 du II pendant une période minimale de cinq ans à compter de la date de reprise ou de création. Cette période est réduite à trois ans dans le cas des petites et moyennes entreprises, au sens de l'annexe I au règlement (UE) nº 651/2014 de la Commission, du 17 juin 2014, précité ;

d) Le financement de l'opération de reprise est assuré à 25 % au moins par le bénéficiaire de l'aide.

Le non-respect de l'une de ces conditions ou de l'un de ces engagements entraîne le retrait de l'agrément et rend immédiatement exigible l'impôt sur les sociétés, selon les modalités prévues au IX.

V. — Abrogé.

VI. — 1. Lorsque les entreprises créées pour reprendre une entreprise en difficulté mentionnées au I sont situées dans des zones d'aide à finalité régionale, le bénéfice de l'exonération prévue au I et accordée sur agrément est subordonné au respect de l'article 14 du règlement (UE) n° 651/2014 de la Commission, du 17 juin 2014, précité.

2. Le bénéfice de l'exonération prévue au III est subordonné au respect de l'article 17 du règlement (UE) n° 651/2014 de la Commission, du 17 juin 2014, précité.

3. Lorsque les entreprises créées pour reprendre une entreprise en difficulté mentionnées au I ne sont pas situées dans une zone d'aide à finalité régionale et ne satisfont pas à la définition des petites et moyennes entreprises qui figure à l'annexe I au règlement (UE) n° 651/2014 de la Commission, du 17 juin 2014, précité, le bénéfice de l'exonération prévue au I est subordonné au respect du règlement (UE) n° 1407/2013 de la Commission, du 18 décembre 2013, relatif à l'application des articles 107 et 108 du traité sur le fonctionnement de l'Union européenne aux aides de minimis.

4. A défaut d'agrément, les entreprises situées dans des zones d'aide à finalité régionale ou satisfaisant à la définition des petites et moyennes entreprises, au sens de l'annexe I au règlement (UE) n° 651/2014 de la Commission, du 17 juin 2014, précité, ne peuvent bénéficier de l'exonération prévue au I que dans les limites prévues par le règlement (UE) n° 1407/2013 de la Commission, du 18 décembre 2013, précité.

VII. — Lorsqu'elle répond aux conditions requises pour bénéficier des dispositions du régime prévu à l'article 44 octies A et du régime prévu au présent article, la société peut opter pour ce dernier régime dans les six mois suivant celui du début d'activité. Cette option est irrévocable.

VIII. — Abrogé.

IX. — Lorsqu'une société créée dans les conditions prévues au I interrompt, au cours des trois premières années d'exploitation, l'activité reprise ou est affectée au cours de la même période par l'un des événements mentionnés au premier alinéa du 2 de l'article 221, l'impôt sur les sociétés dont elle a été dispensée en application du présent article devient immédiatement exigible sans préjudice de l'intérêt de retard prévu à l'article 1727 et décompté à partir de la date à laquelle il aurait dû être acquitté.

V. Ann. III, art. 46 quater-0 ZU et Ann. IV, art. 170 septies F.

BIBL. ▶ CUBER, *BFL 2011, p. 413* (restitutions des aides d'État indues : les entreprises ont-elles leur mot à dire ?). – MAITROT DE LA MOTTE, *Dr. fisc. 2008. Actu. 365* (condamnation de la France pour absence de récupération d'aides d'État illégales).

1. Incompatibilité avec le droit communautaire. Cessation d'application du régime d'exonération antérieur. Le régime d'exonération prévu à l'art. 44 *septies* (dans sa rédaction antérieure à la loi de finances rectificative pour 2004) n'était pas conforme aux règles communautaires en matière d'aides d'État. Dès lors, la France a été condamnée à récupérer les aides incompatibles perçues depuis sept. 1991 (CE 16 déc. 2003). En conséquence, l'Administration a décidé que ce régime d'exonération cesse de s'appliquer pour la détermination des résultats des exercices clos à compter du 31 déc. 2003.* Instr. 4 mars 2004 : BOI 4 H-2-04. ♦ La France a été condamnée pour avoir manqué à ses obligations en n'exécutant pas la récupération des aides incompatibles dans le délai imparti par la décision du 16 déc. 2003. • CJCE 13 nov. 2008, C-214/07 : *RJF 2009. 182.*

2. Commentaire administratif. Champ d'application de l'exonération. Reconduction du régime jusqu'en 2020. Résultats exonérés. Plafonnement des avantages. Articulation de l'exonération avec les dispositions existantes. Perte ou remise en cause du régime et obligations déclaratives. Mise en conformité avec le Règl. (CE) n° 1628/2006 de la Commission du 24 oct. 2006 relatif aux aides nationales à l'investissement à finalité régionale. Conditions d'application des plafonds d'aide à finalité régionale, d'aide en faveur des PME et d'aide *de minimis.* * BOI-IS-GEO-20-10 du 15 juin 2015.

3. Entreprises éligibles ou non à l'exonération. A un caractère industriel, au sens de l'art. 44 *septies*, l'entreprise exerçant une activité qui concourt directement à la fabrication ou à la transformation de biens corporels mobiliers et pour laquelle le rôle des installations techniques, matériels et outillages mis en œuvre est prépondérant. • CE 28 févr. 2007, n° 283441 : *RJF 2007. 542 ; Dr. fisc. 2007. 910, concl. Collin.*

4. Une entreprise qui se livre au conditionnement et au stockage de produits destinés au négoce n'est pas une entreprise industrielle. • TA Versailles, 20 mai 1996, n° 94140 : *RJF 1997. 13.* ♦ Il en est de même : de l'entreprise dont l'objet consiste en la réalisation de l'étanchéité des toitures, terrasses et façades, des dallages d'asphalte, ainsi que de toutes activités en rapport avec les bâtiments et travaux publics, dès lors que ces opérateurs ne concourent pas directement à la fabrication ou à la transformation de biens corporels mobiliers, alors même qu'elle produit elle-même l'asphalte qu'elle utilise. • CE 5 mai 2008, n° 300848 : *RJF 2008. 937 ; Dr. fisc. 2008. 382, concl. Collin.* ♦ ... De l'entreprise qui reprend une société exerçant, au moment de sa mise en redressement judiciaire, une activité de transport routier de marchandises ; elle ne peut bénéficier de l'exonération, dès lors que, quelle que soit l'importance des matériels mis en œuvre, la société reprise exerce une activité de prestation de services et n'a donc pas le caractère d'une entreprise industrielle. • CE 28 févr. 2007, n° 283441 : *préc. note 3.*

5. Même si elle transforme des matières premières en produits finis consommables et quel que soit le montant de ses investissements, une société créée pour reprendre un fonds de travaux agricoles à façon n'exerce pas une activité industrielle au sens de l'art. 44 *septies* mais une activité de prestation de services agricoles. Elle ne peut donc bénéficier de l'exonération. • CAA Douai, 30 mars 2000, n° 96DA2960 : *Dr. fisc. 2001. 120 ; RJF 2000. 1431.*

6. L'exonération de plein droit n'est applicable qu'aux reprises intervenues dans le cadre d'un jugement du tribunal de commerce ordonnant la cession de l'entreprise avant sa mise en liquidation judiciaire. • CAA Nantes, 6 avr. 1999, n°s 96NT2289 et 96NT2290 : *Dr. fisc. 1999. 610.*

7. Constitue un établissement en difficulté une entreprise détentrice de droits de fabrication mais qui est dépourvue de capacités de production, qui n'a plus de produits à commercialiser du fait de la liquidation judiciaire de son dernier partenaire et de l'impossibilité d'en trouver un autre, et qui présente un résultat négatif de 900 000 F pour un capital de 300 000 F. • CE 2 juin 2002, n° 220714 : *RJF 2002. 1073 ; Dr. fisc. 2003. 114.*

8. Condition de poursuite de l'activité reprise pendant 3 ans. Le choix de gestion fait par des associés de créer une société unique pour reprendre les activités de deux sociétés distinctes dans le cadre d'un même plan de cession, plutôt que d'en créer autant que d'activités reprises, ne fait pas obstacle au bénéfice du régime d'exonération, mais il a pour contrepartie l'obligation pour la société de n'interrompre, au cours des trois années suivantes, aucune des activités reprises. • CE 8 juill. 2005, n° 264641 : *RJF 2005. 1162.*

9. La circonstance que la société créée pour la reprise soit affectée par une transmission universelle de patrimoine ne remet pas en cause l'application du régime d'exonération. En l'absence de disposition expresse, l'Administration ne peut prétendre assimiler une telle opération à la réalisation d'une fusion, qui serait une cause de déchéance du régime. • CE 10 nov. 2010, n° 314046 : *RJF 2011. 144.*

10. Une société perd le bénéfice du régime d'exonération si elle procède avant la fin de la troisième année d'exploitation à la cession d'un segment d'activité correspondant à une partie d'un fonds de commerce et au matériel spécifique nécessaire à son exploitation, alors même que l'opération ne porte pas sur une branche complète et autonome d'activité. • CE 29 avr. 2009, n° 296884 : *RJF 2009. 719, concl. Glaser au BDCF 7/09, n° 84 ; Dr. fisc. 2009. 354, concl. Glaser.*

11. Bénéficiaire de l'aide d'État. Une société qui a repris les actifs et poursuivi l'activité économique de la société bénéficiaire initiale de l'aide d'État est réputée avoir bénéficié de l'aide illégale et est tenue à son remboursement. • CE 22 juill. 2015, *Sté Halliburton Manufacturing and Services France*, n° 367567 : *RJF 2015. 976, concl. Cortot-Boucher.*

12. Récupération de l'aide d'État. Si le délai de dix ans ouvert à la Commission européenne pour récupérer une aide d'État court du jour de l'octroi de l'aide illégale au bénéficiaire, la prescription est interrompue par la décision de la Commission européenne déclarant l'aide incompatible, puis par le recours en manquement introduit par la Commission européenne. Un nouveau délai de dix ans commence à courir à compter de l'intervention de l'arrêt de la Cour de justice de l'Union européenne. • CE 22 juill. 2015, n° 367567 : *préc. note 11.*

Ancien art. 44 septies *I. — Les sociétés créées pour reprendre une entreprise industrielle en difficulté qui fait l'objet d'une cession ordonnée par le tribunal en application de l'article L. 626-1, de l'article L. 631-22 ou des articles L. 642-1 et suivants du code de commerce bénéficient d'une exonération d'impôt sur les sociétés à raison des bénéfices réalisés, à l'exclusion des plus-values constatées lors de la réévaluation des éléments d'actif immobilisé, jusqu'au terme du vingt-troisième mois suivant celui de leur création et déclarés selon les modalités prévues à l'article 53 A. Le montant de cette exonération est déterminé dans les conditions prévues par les dispositions des II à IX.*

Cette exonération peut être également accordée lorsque les procédures de sauvegarde ou de redressement judiciaire ne sont pas mises en œuvre, ou lorsque la reprise porte sur un ou plusieurs établissements industriels en difficulté d'une entreprise industrielle et dans la mesure où la société créée pour cette reprise est indépendante juridiquement et économiquement de l'entreprise cédante.

N'ouvrent pas droit au bénéfice de l'exonération les activités exercées dans l'un des secteurs suivants : transports, construction de véhicules automobiles, construction de navires civils, fabrication de fibres artificielles ou synthétiques, sidérurgie, industrie charbonnière, production ou transformation de produits agricoles, pêche, aquaculture.

Le capital de la société créée ne doit pas être détenu directement ou indirectement par les personnes qui ont été associées ou exploitantes ou qui ont détenu plus de 50 % du capital de l'entreprise en difficulté pendant l'année précédant la reprise.

Les droits de vote ou les droits à dividendes dans la société créée ou l'entreprise en difficulté sont détenus indirectement par une personne lorsqu'ils appartiennent :

a. Aux membres du foyer fiscal de cette personne ;

b. A une entreprise dans laquelle cette personne détient plus de 50 % des droits sociaux y compris, s'il s'agit d'une personne physique, ceux appartenant aux membres de son foyer fiscal ;

c. A une société dans laquelle cette personne exerce en droit ou en fait la fonction de gérant ou de président, directeur général, président du conseil de surveillance ou membre du directoire.

II. — 1. Sur agrément du ministre chargé du budget, le bénéfice exonéré en application du I est plafonné, pour les entreprises créées dans les zones éligibles à la prime d'aménagement du territoire classées pour les projets industriels, à 28 % du montant des coûts éligibles définis au 2. Ce plafond est porté à 42 % des coûts éligibles pour les entreprises créées dans les zones éligibles à la prime d'aménagement du territoire classées pour les projets industriels à taux normal, et à 56 % des coûts éligibles pour les entreprises créées dans les zones éligibles à la prime d'aménagement du territoire classées pour les projets industriels à taux majoré. Ces zones sont définies par décret. — *V. Décr. n° 2007-732 du 7 mai 2007 (JO 8 mai) mod. par Décr. n° 2008-1415 du 19 déc. 2008 (JO 27 déc.) et Décr. n° 2009-925 du 27 juill. 2009 (JO 29 juill.).*

Pour les entreprises créées dans les départements d'outre-mer, le bénéfice exonéré en application du I est plafonné à 182 % des coûts éligibles définis au 2.

2. Les coûts éligibles s'entendent du coût salarial des emplois créés par l'entreprise. Ce coût correspond aux salaires bruts avant impôts majorés des cotisations sociales obligatoires engagées par l'entreprise au cours du mois de la reprise et des vingt-trois mois suivants.

Sont considérés comme créés les emplois existant dans l'entreprise reprise et maintenus par la société nouvelle créée pour la reprise, ainsi que les emplois que celle-ci a créés dans ce cadre.

3. Lorsque le montant des coûts éligibles définis au 2 est supérieur à 50 millions d'euros, le bénéfice exonéré ne peut excéder un plafond déterminé en appliquant les taux suivants :

a. 100 % du plafond défini aux premier et deuxième alinéas du 1 pour la fraction des coûts éligibles inférieure ou égale à 50 millions d'euros ;

b. 50 % du plafond défini aux premier et deuxième alinéas du 1 pour la fraction supérieure à 50 millions d'euros et inférieure ou égale à 100 millions d'euros.

La fraction des coûts éligibles supérieure à 100 millions d'euros n'est pas retenue pour le calcul du plafond.

4. Lorsque l'activité reprise n'est pas implantée exclusivement dans une ou plusieurs zones éligibles à la prime d'aménagement du territoire classées pour les projets industriels, le bénéfice exonéré est déterminé dans les conditions prévues au 1, en retenant les coûts éligibles définis au 2 des seuls emplois créés dans cette zone.

Lorsque l'activité est implantée dans des zones éligibles dont les taux d'intensité d'aide diffèrent, le bénéfice exonéré ne peut excéder la somme des limites calculées pour chacune des zones éligibles.

5. Ces dispositions s'appliquent aux entreprises créées à compter du 1er janvier 2007 et jusqu'au 31 décembre 2014 dans les zones d'aide à finalité régionale.

Le bénéfice de cette exonération est subordonné au respect du règlement (CE) n° 1628/2006 de la Commission du 24 octobre 2006 concernant l'application des articles 87 et 88 du traité aux aides nationales à l'investissement à finalité régionale. — *Sur la carte des aides à finalité régionale, V. Décr. n° 2014-758 du 2 juill. 2014 (JO 3 juill.).*

III. — 1. Le bénéfice de l'exonération est subordonné à l'agrément du ministre chargé du budget et au respect du règlement (CE) n° 70/2001 de la Commission du 12 janvier 2001 concernant l'application des articles 87 et 88 du traité CE aux aides d'État en faveur des petites et moyennes entreprises.

2. Lorsque les entreprises visées au 1 sont situées en dehors des zones d'aide à finalité régionale, l'exonération est appliquée à leurs bénéfices réalisés dans la limite de 21 % du montant des coûts éligibles définis au 2 du II. Cette limite est portée à 43 % du montant des coûts éligibles pour les petites entreprises.

3. Pour les petites et moyennes entreprises créées à compter du 1er janvier 2007 et jusqu'au 31 décembre 2013 dans les zones d'aide à finalité régionale, le bénéfice de l'exonération est subordonné au respect du règlement (CE) n° 1628/2006 de la Commission du 24 octobre 2006 précité.

4. Le bénéfice exonéré des entreprises en application des 1, 2 et 3 ne peut dépasser 42 000 000 €.

Par ailleurs, lorsque les coûts éligibles sont égaux ou supérieurs à 25 000 000 €, le bénéfice exonéré ne peut dépasser 50 % des limites déterminées en application des 2 et 3.

IV. — Pour l'application du III, est considérée comme moyenne entreprise une société qui répond cumulativement aux conditions suivantes :

a. Elle emploie moins de 250 salariés et, soit a réalisé un chiffre d'affaires annuel inférieur à 40 millions d'euros au cours de l'exercice, soit a un total de bilan inférieur à 27 millions d'euros. A compter du 1er janvier 2005, les seuils de chiffre d'affaires et de total du bilan sont respectivement portés à 50 millions d'euros et 43 millions d'euros ;

b. Son capital ou ses droits de vote ne sont pas détenus à hauteur de 25 % ou plus par une entreprise ou par plusieurs entreprises ne répondant pas aux conditions du a, de manière continue au cours de l'exercice. Pour la détermination de ce pourcentage, les participations de sociétés de capital-risque, des fonds communs de placement à risques, des fonds professionnels spécialisés relevant de l'article L. 214-37 du code monétaire et financier dans sa rédaction antérieure à l'ordonnance n° 2013-676 du 25 juillet 2013 modifiant le cadre juridique de la gestion d'actifs (L. n° 2014-1 du 2 janv. 2014, art. 25-III-1°) « , » *des fonds professionnels de capital investissement, des sociétés de développement régional, des sociétés financières d'innovation et des sociétés unipersonnelles d'investissement à risque ne sont pas prises en compte à la condition qu'il n'existe pas de lien de dépendance au sens du 12 de l'article 39 entre la société en cause et ces dernières sociétés ou ces fonds. Cette condition s'apprécie de manière continue au cours de l'exercice.*

V. — Pour l'application du III, est considérée comme petite entreprise la société qui répond cumulativement aux conditions suivantes :

a. Elle emploie moins de cinquante salariés et, soit a réalisé un chiffre d'affaires annuel inférieur à 7 millions d'euros au cours de l'exercice, soit a un total de bilan inférieur à 5 millions d'euros. A compter du 1er janvier 2005, les seuils de chiffre d'affaires et de total du bilan sont portés à 10 millions d'euros ;

b. Son capital ou ses droits de vote ne sont pas détenus à hauteur de 25 % ou plus par une entreprise ou par plusieurs entreprises ne répondant pas aux conditions du a, de manière continue au cours de l'exercice. Pour la détermination de ce pourcentage, les participations de sociétés de capital-risque, des fonds communs de placement à risques, des fonds professionnels spécialisés relevant de l'article L. 214-37 du code monétaire et financier dans sa rédaction antérieure à l'ordonnance n° 2013-676 du 25 juillet 2013 modifiant le cadre juridique de la gestion d'actifs, des fonds professionnels de capital investissement, des sociétés de développement régional, des sociétés financières d'innovation et des sociétés unipersonnelles d'investissement à risque ne sont pas prises en compte à la condition qu'il n'existe pas de lien de dépendance au sens du 12 de l'article 39 entre la société en cause et ces dernières sociétés ou ces fonds. Cette condition s'apprécie de manière continue au cours de l'exercice.

VI. — 1. Lorsque les entreprises créées pour reprendre une entreprise en difficulté mentionnées au I sont situées dans des zones d'aide à finalité régionale, le bénéfice de l'exonération prévue au I est subordonné au respect de l'article 13 du règlement (CE) n° 800/2008 de la Commission du 6 août 2008 déclarant certaines catégories d'aide compatibles avec le marché commun en application des articles 87 et 88 du traité (Règlement général d'exemption par catégorie).

2. Lorsque les entreprises créées pour reprendre une entreprise en difficulté mentionnées au I ne sont pas situées dans une zone d'aide à finalité régionale mais satisfont à la définition des petites et moyennes entreprises qui figure à l'annexe I au règlement (CE) n° 800/2008 de la Commission du 6 août 2008 précité, le bénéfice de l'exonération prévue au I est subordonné au respect de l'article 15 du même règlement.

3. Lorsque les entreprises créées pour reprendre une entreprise en difficulté mentionnées au I ne sont pas situées dans une zone d'aide à finalité régionale et ne satisfont pas à la définition des petites et moyennes entreprises qui figure à l'annexe I au règlement (CE) n° 800/2008 de la Commission du 6 août 2008 précité, le bénéfice de l'exonération prévue au I est subordonné au respect du règlement (CE) n° 1998/2006 de la Commission du 15 décembre 2006 concernant l'application des articles 87 et 88 du traité aux aides de minimis. — A compter du 1er janv. 2014, le Règl. (CE) n° 1998/2006 cité ci-dessus est remplacé par le Règl. (UE) n° 1407/2013 du 18 déc. 2013 (JOUE 24 déc.) ; pour les aides antérieures, V. App., Règl. (UE) n° 1407/2013 préc., art. 7.

2. [VII] *Lorsqu'elle répond aux conditions requises pour bénéficier des dispositions du régime prévu à l'article 44 octies A et du régime prévu au présent article, la société peut opter pour ce dernier régime dans les six mois suivant celui du début d'activité. Cette option est irrévocable.*

VIII. — L'agrément prévu aux II et III est accordé lorsque sont remplies les conditions suivantes :

a. La société créée pour la reprise remplit les conditions fixées au I ;

b. La société créée répond aux conditions d'implantation et de taille requises au II ou au III ;

c. La société prend l'engagement de conserver les emplois maintenus et créés dont le coût est retenu en application du 2 du II pendant une période minimale de cinq ans à compter de la date de reprise ou création ;

d. Le financement de l'opération de reprise est assuré à 25 % au moins par le bénéficiaire de l'aide.

Le non-respect de l'une de ces conditions ou de l'un de ces engagements entraîne le retrait de l'agrément visé et rend immédiatement exigible l'impôt sur les sociétés selon les modalités prévues au IX.

IX. — Lorsqu'une société créée dans les conditions prévues au I interrompt, au cours des trois premières années d'exploitation, l'activité reprise ou est affectée au cours de la même période par l'un des événements mentionnés au premier alinéa du 2 de l'article 221, l'impôt sur les sociétés dont elle a été dispensée en application du présent article devient immédiatement exigible sans préjudice de l'intérêt de retard prévu à l'article 1727 et décompté à partir de la date à laquelle il aurait dû être acquitté.

Les dispositions du IV de l'art. 87 de la L. n° 2006-1771 du 30 déc. 2006 s'appliquent aux opérations réalisées à compter du 1er janv. 2007 et jusqu'au 31 déc. 2013 (L. préc., art. 87-IV-5°).

2 TER ENTREPRISES IMPLANTÉES DANS LES ZONES FRANCHES URBAINES – TERRITOIRES ENTREPRENEURS

Art. 44 octies (Abrogé par L. n° 2021-1900 du 30 déc. 2021, art. 35-I-3°) *I. — Les contribuables qui exercent ou créent des activités avant le 31 décembre 2001 dans les zones franches urbaines – territoires entrepreneurs définies au B du 3 de l'article 42 modifié de la loi n° 95-115 du 4 février 1995 d'orientation pour l'aménagement et le développement du territoire et dont la liste figure au I de l'annexe à la loi n° 96-987 du 14 novembre 1996 relative à la mise en œuvre du pacte de relance pour la ville, sont exonérés d'impôt sur le revenu ou d'impôt sur les sociétés à raison des bénéfices provenant des activités implantées dans la zone jusqu'au terme du cinquante-neuvième mois suivant celui de la délimitation de la zone pour les contribuables qui y exercent déjà leur activité ou, dans le cas contraire, celui de leur début d'activité dans l'une de ces zones. Ces bénéfices sont soumis à l'impôt sur le revenu ou à l'impôt sur les sociétés à hauteur de 40 %, 60 % ou 80 % de leur montant selon qu'ils sont réalisés respectivement au cours de la première, de la deuxième ou de la troisième période de douze mois suivant cette période d'exonération. Cependant pour les entreprises de moins de cinq salariés, ces bénéfices sont soumis à l'impôt sur le revenu ou à l'impôt sur les sociétés à hauteur de 40 %, 60 % ou 80 % de leur montant selon qu'ils sont réalisés respectivement au cours des cinq premières, de la sixième et septième ou de la huitième et neuvième périodes de douze mois suivant cette période d'exonération. L'effectif salarié s'apprécie au cours de la dernière période d'imposition au titre de laquelle l'exonération au taux de 100 % s'applique. Les salariés saisonniers ou à temps incomplet sont pris en compte au prorata de la durée du temps de travail prévue à leur contrat. La date de délimitation des zones franches urbaines – territoires entrepreneurs mentionnée au présent I est réputée correspondre, dans tous les cas, au 1er janvier 1997.* — V. Ann. III, art. 49 K.

Le bénéfice de l'exonération est réservé aux contribuables exerçant une activité industrielle, commerciale ou artisanale au sens de l'article 34 et du 5° du I de l'article 35, à l'exception des activités de crédit-bail mobilier et de location d'immeubles à usage d'habitation, ainsi qu'aux contribuables exerçant une activité professionnelle non commerciale au sens du 1 de l'article 92.

L'exonération ne s'applique pas aux créations d'activités dans les zones franches urbaines – territoires entrepreneurs consécutives au transfert d'une activité précédemment exercée par un contribuable ayant bénéficié au titre d'une ou plusieurs des cinq années précédant celle du transfert, des dispositions des articles 44 sexies ou 44 quindecies dans les zones de revitalisation rurale définies à l'article 1465 A (Abrogé par Décr. n° 2019-559 du 6 juin 2019, art. 1er) *« ou dans les zones de redynamisation urbaine définies au A du 3 de l'article 42 de la loi n° 95-115 du 4 février 1995 précitée, » ou de la prime d'aménagement du territoire.*

Lorsque l'activité non sédentaire d'un contribuable est implantée dans une zone franche urbaine – territoire entrepreneur mais exercée en tout ou partie en dehors des zones franches urbaines – territoires entrepreneurs, l'exonération s'applique si ce contribuable emploie au moins un salarié sédentaire à temps plein, ou équivalent, exerçant ses fonctions dans les locaux affectés à l'activité ou si ce contribuable réalise au moins 25 % de son chiffre d'affaires auprès de clients situés dans les zones franches urbaines – territoires entrepreneurs.

II. — Le bénéfice exonéré au titre d'un exercice ou d'une année d'imposition est celui déclaré selon les modalités prévues aux articles 50-0, 53 A, 96 à 100, 102 ter et 103, diminué des produits bruts ci-après qui restent imposables dans les conditions de droit commun :

a) produits des actions ou parts de sociétés, résultats de sociétés ou organismes soumis au régime prévu à l'article 8, lorsqu'ils ne proviennent pas d'une activité exercée dans l'une des zones franches urbaines – territoires entrepreneurs, et résultats de cession des titres de ces sociétés ;

b) produits correspondant aux subventions, libéralités et abandons de créances ;

c) produits de créances et d'opérations financières pour le montant qui excède le montant des frais financiers engagés au cours du même exercice ou de la même année d'imposition, si le contribuable n'est pas un établissement de crédit ou une société de financement visé à l'article L. 511-1 du code monétaire et financier ;

d) produits tirés des droits de la propriété industrielle et commerciale, lorsque ces droits n'ont pas leur origine dans l'activité exercée dans l'une des zones franches urbaines – territoires entrepreneurs.

Lorsque le contribuable n'exerce pas l'ensemble de son activité dans les zones franches urbaines – territoires entrepreneurs, les bénéfices réalisés sont soumis à l'impôt sur le revenu ou à l'impôt sur les sociétés, dans les conditions de droit commun, en proportion du montant hors taxes du chiffre d'affaires ou de recettes réalisé en dehors de ces zones.

Par exception aux dispositions du sixième alinéa, le contribuable exerçant une activité de location d'immeubles n'est exonéré qu'à raison des bénéfices provenant des seuls immeubles situés dans une zone franche urbaine – territoire entrepreneur. Cette disposition s'applique, quel que soit le lieu d'établissement du bailleur.

En aucun cas, le bénéfice exonéré ne peut excéder 61 000 € par contribuable et par période de douze mois.

III. — Lorsque le contribuable mentionné au I est une société membre d'un groupe fiscal visé à l'article 223 A ou à l'article 223 A bis, le bénéfice exonéré est celui de cette société déterminé dans les conditions prévues au II du présent article et au 4 de l'article 223 I.

Pour l'ensemble des sociétés d'un même groupe, le montant de l'exonération accordée ne peut excéder le montant visé au huitième alinéa du II, dans la limite du résultat d'ensemble du groupe.

Lorsqu'il répond aux conditions requises pour bénéficier des dispositions de l'un des régimes prévus aux articles 44 sexies et 44 quindecies et du régime prévu au présent article, le contribuable peut opter pour ce dernier régime dans les six mois qui suivent celui de la délimitation de la zone s'il y exerce déjà son activité ou, dans le cas contraire, dans les six mois suivant celui du début d'activité. L'option est irrévocable.

IV. — Les obligations déclaratives des personnes et organismes concernés par l'exonération sont fixées par décret. — V. les art. 49 L, 49 N à 49 P, le c de l'art. 46 quater-0 ZK et le 8 de l'art. 46 quater-0 ZL de l'annexe III.

V. — Les dispositions des I à IV sont applicables aux contribuables qui créent des activités entre le 1er janvier 2002 et la date de publication [2 avr. 2006] *de la loi n° 2006-396 du 31 mars 2006 pour l'égalité des chances dans les zones franches urbaines – territoires entrepreneurs visées au premier alinéa du I. Toutefois, pour les contribuables qui créent des activités dans ces zones en 2002, le point de départ de la période d'application des allégements est fixé au 1er janvier 2003.*

L'exonération ne s'applique pas aux contribuables qui créent une activité dans le cadre d'un transfert, d'une concentration ou d'une restructuration d'activités préexistantes exercées dans les zones franches urbaines – territoires entrepreneurs ou qui reprennent de telles activités, sauf pour la durée restant à courir, si l'activité reprise ou transférée bénéficie ou a bénéficié du régime d'exonération prévu au présent article.

Le bénéfice des exonérations accordées dans les zones franches urbaines – territoires entrepreneurs mentionnées au I est subordonné au respect du règlement (UE) n° 1407/2013 de la Commission, du 18 décembre 2013, relatif à l'application des articles 107 et 108 du traité sur le fonctionnement de l'Union européenne aux aides de minimis. — Pour les aides antérieures au 1er janv. 2014, V. App., Règl. (UE) n° 1407/2013 préc., art. 7.

VI. — Les dispositions des I à IV sont applicables aux contribuables qui exercent des activités entre le 1er janvier 2004 et le 31 décembre 2008 inclus ou qui créent des activités entre le 1er janvier 2004 et la date de publication de la loi n° 2006-396 du 31 mars 2006 pour l'égalité des chances dans les zones franches urbaines – territoires entrepreneurs définies au B du 3 de l'article 42 de la loi n° 95-115 du 4 février 1995 précitée et dont la liste figure au I bis de l'annexe à la loi n° 96-987 du 14 novembre 1996 précitée.

Toutefois, pour bénéficier de l'exonération, l'entreprise doit répondre cumulativement aux conditions suivantes :

a. Elle emploie au plus cinquante salariés au 1er janvier 2004 ou à la date de sa création ou de son implantation si elle est postérieure et soit a réalisé un chiffre d'affaires inférieur à 7 millions d'euros au cours de l'exercice, soit a un total de bilan inférieur à 5 millions d'euros. A compter du 1er janvier 2005, les seuils de chiffre d'affaires et de total du bilan sont portés à 10 millions d'euros ;

b. Son capital ou ses droits de vote ne sont pas détenus, directement ou indirectement, à hauteur de 25 % ou plus par une entreprise ou conjointement par plusieurs entreprises dont l'effectif salarié dépasse 250 salariés et dont le chiffre d'affaires annuel hors taxes excède 50 millions d'euros ou le total du bilan annuel excède 43 millions d'euros. Pour la détermination de ce pourcentage, les participations des sociétés de capital-risque, des fonds communs de placement à risques, des fonds professionnels spécialisés relevant de l'article L. 214-37 du code monétaire et financier dans sa rédaction antérieure à l'ordonnance n° 2013-676 du 25 juillet 2013 modifiant le cadre juridique de la gestion d'actifs, des fonds professionnels de capital investissement, des sociétés de libre partenariat, des sociétés de développement régional, des sociétés financières d'innovation et des sociétés unipersonnelles d'investissement à risque ne sont pas prises en compte à la condition qu'il n'existe pas de lien de dépendance au sens du 12 de l'article 39 entre la société en cause et ces dernières sociétés ou ces fonds ;

c. Son activité principale, définie selon la nomenclature d'activités française de l'Institut national de la statistique et des études économiques, ne relève pas des secteurs de la construction automobile, de la construction navale, de la fabrication de fibres textiles artificielles ou synthétiques, de la sidérurgie ou des transports routiers de marchandises.

Pour l'application du a et du b, le chiffre d'affaires doit être ramené ou porté le cas échéant à douze mois. L'effectif de l'entreprise est apprécié par référence au nombre moyen de salariés employés au cours de cet exercice. Pour la société mère d'un groupe mentionné à l'article 223 A ou à l'article 223 A bis, le chiffre d'affaires est apprécié en faisant la somme des chiffres d'affaires de chacune des sociétés membres de ce groupe.

L'exonération s'applique à l'exercice ou la création d'activités résultant d'une reprise, d'un transfert, d'une concentration ou d'une restructuration d'activités préexistantes. Toutefois, lorsque celles-ci bénéficient ou ont bénéficié du régime prévu au présent article, l'exonération ne s'applique que pour sa durée restant à courir.

Pour les contribuables qui exercent ou qui créent des activités dans les zones franches urbaines – territoires entrepreneurs mentionnées au présent VI avant le 1er janvier 2004, le bénéfice de l'exonération est subordonné au respect du règlement (UE) n° 1407/2013 de la Commission, du 18 décembre 2013, précité.

1. Entreprises implantées dans les zones franches urbaines. Doctrine administrative. * BOI-BIC-CHAMP-80-10-20 du 25 juin 2014.

2. Activités éligibles. Un médecin ne peut se prévaloir du régime d'exonération dès lors que le cabinet médical dont il dispose en ZFU doit être regardé comme dépourvu de toute activité réelle. En effet, aucune consultation n'a lieu sur place, la gestion des appels téléphoniques ainsi que de toute l'activité administrative et financière est confiée à deux autres sociétés dont les sièges sont situés en dehors de la zone concernée. • TA Dijon, 23 févr. 2006, n° 041326 : *RJF 2006. 1167 ; Dr. fisc. 2007. 604.* ♦ Il en est de même d'une infirmière qui dispense ses soins en ZFU sans y disposer de cabinet. • CAA Bordeaux, 14 oct. 2014, n° 12BX01256 : *RJF 2015. 6.*

3. Condition d'implantation en zone éligible. L'implantation d'une activité en ZFU s'apprécie, en l'absence de salarié, au regard de tous éléments pertinents, notamment de la situation des locaux et des moyens d'exploitation utiles à cette activité et du lieu effectif d'exercice de cette activité, sans que fasse obstacle à l'application du régime la circonstance qu'une partie de l'activité, en raison de sa nature, doive s'exercer chez les clients de l'entreprise. • CE 16 mai 2011, n° 315382 : *RJF 2011. 922.* ♦ Un contribuable (ingénieur conseil) qui dispose d'un local en zone éligible mais qui exerce essentiellement son activité en utilisant des moyens d'exploitation situés en dehors de la zone ne peut bénéficier de l'exonération en faveur des entreprises implantées en ZFU. • Même arrêt.

4. Produits d'exploitation de droits exclus du régime d'exonération. Les produits issus de l'exploitation des droits attachés au nom et à l'image d'une personnalité doivent être regardés comme tirés de l'exploitation de droits de la propriété industrielle et commerciale exclus du régime d'exonération prévu en cas d'implantation en ZFU. Ces produits sont exclus du régime d'exonération si les droits n'ont pas leur origine dans l'activité exercée en zone. Tel est le cas lorsque les droits ne sont pas issus d'une activité implantée dans la zone et n'y ont pas été créés. • CE 20 mars 2013, *Min. Budget c/ Sté Zidane Diffusion*, n° 351495 : *RJF 2013. 591* • CAA Paris, 8 avr. 2014, *Sté Zidane Diffusion*, n° 13PA01277 : *RJF 2015. 186.*

5. Accord tacite de l'Administration. L'art. L. 80 B-2° du LPF prévoit un dispositif d'accord tacite sur les demandes de prise de position formelle adressées à l'Administration et portant sur le régime de l'art. 44 *octies.*

Art. 44 octies A I. — Les contribuables qui, entre le 1er janvier 2006 et le 31 décembre *(L. n° 2021-1900 du 30 déc. 2021, art. 68-I-1°)* « 2023 », créent des activités dans les zones franches urbaines – territoires entrepreneurs définies au B du 3 de l'article 42 de la loi n° 95-115 du 4 février 1995 d'orientation pour l'aménagement et le développement du territoire *(Abrogé par L. n° 2019-486 du 22 mai 2019, art. 12-I-1°-a et III-A, pour les activités créées à compter du 1er janv. 2019)* « ***, ainsi que ceux qui, entre le 1er janvier 2006 et le 31 décembre 2011, exercent des activités dans les zones franches urbaines – territoires entrepreneurs définies au deuxième alinéa du B du 3 de l'article 42 de la même loi*** » sont exonérés d'impôt sur le revenu ou d'impôt sur les sociétés à raison des bénéfices provenant des activités implantées dans la zone *(Abrogé par L. n° 2019-486 du 22 mai 2019, art. 12-I-1°-a et III-A, pour les activités créées à compter du 1er janv. 2019)* « ***jusqu'au 31 décembre 2010 pour les contribuables qui y exercent déjà une activité au 1er janvier 2006 ou, dans le cas contraire,*** » jusqu'au terme du cinquante-neuvième mois suivant celui du début de leur activité dans l'une de ces zones. Ces bénéfices sont soumis à l'impôt sur le revenu ou à l'impôt sur les sociétés à concurrence de 40 %, 60 % ou 80 % de leur montant selon qu'ils sont réalisés respectivement au cours de la première, de la deuxième ou de la troisième période de douze mois suivant cette période d'exonération.

(L. n° 2018-1317 du 28 déc. 2018, art. 19-I-1°) « Dans les collectivités de Guadeloupe, de Guyane, de Martinique, de La Réunion et de Mayotte, les dispositions du premier alinéa du présent I ne s'appliquent qu'aux activités créées dans ces zones jusqu'au 31 décembre 2018. »

Pour bénéficier de l'exonération, l'entreprise doit répondre cumulativement aux conditions suivantes :

a) Elle doit employer *(L. n° 2019-486 du 22 mai 2019, art. 12-I-1°-b et III-A, applicable aux activités créées à compter du 1er janv. 2019)* « moins de » cinquante salariés *(Abrogé par L. n° 2019-486 du 22 mai 2019, art. 12-I-1°-b et III-A, applicable aux activités créées à compter du 1er janv. 2019)* « ***au 1er janvier 2006 ou à la date de sa création ou de son implantation si elle est postérieure*** » et soit avoir réalisé un chiffre d'affaires n'excédant pas 10 millions d'euros au cours de l'exercice, soit avoir un total de bilan n'excédant pas 10 millions d'euros ;

b) Son capital ou ses droits de vote ne doivent pas être détenus, directement ou indirectement, à hauteur de 25 % ou plus par une entreprise ou conjointement par plusieurs entreprises dont l'effectif salarié dépasse deux cent cinquante salariés et dont le chiffre d'affaires annuel hors taxes excède 50 millions d'euros ou dont le total du bilan annuel excède 43 millions d'euros. Pour la détermination de ce pourcentage, les participations des sociétés de capital-risque, des fonds communs de placement à risques, des fonds professionnels spécialisés relevant de l'article L. 214-37 du code monétaire et financier dans sa rédaction antérieure à l'ordonnance n° 2013-676 du 25 juillet 2013 modifiant le cadre juridique de la gestion d'actifs, des fonds professionnels de capital investissement, des sociétés de libre partenariat, des sociétés de développement régional, des sociétés financières d'innovation et des sociétés unipersonnelles d'investissement à risque ne sont pas prises en compte à la condition qu'il n'existe pas de lien de dépendance au sens du 12 de l'article 39 entre la société en cause et ces dernières sociétés ou ces fonds ;

c) Son activité principale, définie selon la nomenclature d'activités française de l'Institut national de la statistique et des études économiques, ne doit pas relever des secteurs de la construction automobile, de la construction navale, de la fabrication de fibres textiles artificielles ou synthétiques, de la sidérurgie ou des transports routiers de marchandises ;

d) Son activité doit être une activité industrielle, commerciale ou artisanale au sens de l'article 34 et du 5° du I de l'article 35 ou une activité professionnelle non com-

merciale au sens du 1 de l'article 92. Sont toutefois exclues les activités de crédit-bail mobilier et de location d'immeubles à usage d'habitation.

Pour l'application des *a* et *b*, le chiffre d'affaires doit être ramené ou porté le cas échéant à douze mois. L'effectif de l'entreprise est apprécié *(L. n° 2019-486 du 22 mai 2019, art. 12-I-1°-c et III-A, applicable aux activités créées à compter du 1er janv. 2019)* **« , au titre de chaque exercice, selon les modalités prévues au I de l'article L. 130-1 du code de la sécurité sociale. Lorsqu'une entreprise bénéficiant déjà de l'exonération mentionnée au premier alinéa du présent I constate un franchissement de seuil d'effectif déterminé selon les modalités prévues au II de l'article L. 130-1 du code de la sécurité sociale, cette circonstance lui fait perdre le bénéfice de cette exonération. » Pour la société mère d'un groupe mentionné à l'article 223 A ou à l'article 223 A *bis*** *(L. n° 2019-486 du 22 mai 2019, art. 12-I-1°-c et III-A, applicable aux activités créées à compter du 1er janv. 2019)* **« du présent code », le chiffre d'affaires est apprécié en faisant la somme des chiffres d'affaires de chacune des sociétés membres de ce groupe.**

Si l'exonération est consécutive au transfert, à la reprise, à la concentration ou la restructuration d'activités préexistantes et si celles-ci bénéficient *(L. n° 2021-1900 du 30 déc. 2021, art. 35-I-4°)* **« des dispositions du présent article » ou ont bénéficié** *(L. n° 2021-1900 du 30 déc. 2021, art. 35-I-4°)* **« de ces mêmes dispositions ou de celles de l'article 44 *octies*, dans sa rédaction antérieure à la loi n° 2021-1900 du 30 décembre 2021 de finances pour 2022 », l'exonération prévue au présent article s'applique dans les conditions prévues au premier alinéa en déduisant de la durée qu'il fixe la durée d'exonération déjà écoulée au titre de ces articles avant le transfert, la reprise, la concentration ou la restructuration. Si les activités sont créées par un contribuable ayant bénéficié au titre d'une ou plusieurs des cinq années précédant celle du transfert des dispositions des articles 44 *sexies*** *(L. n° 2017-1775 du 28 déc. 2017, art. 17)* **« , 44 *quindecies* »** *(L. n° 2018-1317 du 28 déc. 2018, art. 135-I-2°-a)* **« , 44 *sexdecies* ou 44 *septdecies* », ou de la prime d'aménagement du territoire, l'exonération ne s'applique pas.**

Lorsque l'activité non sédentaire d'un contribuable est implantée dans une zone franche urbaine – territoire entrepreneur mais est exercée en tout ou partie en dehors d'une telle zone, l'exonération s'applique si ce contribuable emploie au moins un salarié sédentaire à temps plein ou équivalent, exerçant ses fonctions dans les locaux affectés à l'activité, ou si ce contribuable réalise au moins 25 % de son chiffre d'affaires auprès de clients situés dans les zones franches urbaines – territoires entrepreneurs. — *Les dispositions du présent I telles qu'issues de l'art. 12-I-1° de la L. n° 2019-486 du 22 mai 2019 s'appliquent aux activités créées à compter du 1er janv. 2020 (L. préc., art. 12-III-A et L. n° 2019-1479 du 28 déc. 2019, art. 41-1°).*

II. — L'exonération s'applique au bénéfice d'un exercice ou d'une année d'imposition, déclaré selon les modalités prévues aux articles 50-0, 53 A, 96 à 100, 102 *ter* et 103, diminué des produits bruts ci-après qui restent imposables dans les conditions de droit commun :

***a)* Produits des actions ou parts de sociétés, résultats de sociétés ou organismes soumis au régime prévu à l'article 8, lorsqu'ils ne proviennent pas d'une activité exercée dans l'une des zones franches urbaines – territoires entrepreneurs, et résultats de cession des titres de ces sociétés ;**

***b)* Produits correspondant aux subventions, libéralités et abandons de créances ;**

***c)* Produits de créances et d'opérations financières pour le montant qui excède le montant des frais financiers engagés au cours du même exercice ou de la même année d'imposition, si le contribuable n'est pas un établissement de crédit ou une société de financement visé à l'article L. 511-1 du code monétaire et financier ;**

***d)* Produits tirés des droits de la propriété industrielle et commerciale, lorsque ces droits n'ont pas leur origine dans l'activité exercée dans l'une des zones franches urbaines – territoires entrepreneurs.**

Lorsque le contribuable n'exerce pas l'ensemble de son activité dans les zones franches urbaines – territoires entrepreneurs, les bénéfices réalisés sont soumis à l'impôt sur le revenu ou à l'impôt sur les sociétés, dans les conditions de droit commun, en proportion du montant hors taxes du chiffre d'affaires ou de recettes réalisé en dehors de ces zones.

Par exception aux dispositions du sixième alinéa, le contribuable exerçant une activité de location d'immeubles n'est exonéré qu'à raison des bénéfices provenant des seuls immeubles situés dans une zone franche urbaine – territoire entrepreneur. Cette disposition s'applique quel que soit le lieu d'établissement du bailleur.

Le bénéfice exonéré ne peut excéder 50 000 € par contribuable et par période de douze mois, majoré de 5 000 € par nouveau salarié embauché à compter du 1er janvier 2015 domicilié dans un quartier prioritaire de la politique de la ville ou dans une zone franche urbaine – territoire entrepreneur et employé à temps plein pendant une période d'au moins six mois. Cette condition est appréciée à la clôture de l'exercice ou de la période d'imposition au titre duquel ou de laquelle l'exonération s'applique.

Pour les contribuables qui créent ou implantent des activités dans une zone franche urbaine – territoire entrepreneur à compter du 1er janvier 2015, le bénéfice de l'exonération est subordonné à la condition que, à la date de clôture de l'exercice ou de la période d'imposition au titre desquels l'exonération s'applique :

1° Le nombre de salariés dont le contrat de travail est à durée indéterminée ou a été conclu pour une durée déterminée d'au moins douze mois et résidant dans l'une des zones franches urbaines – territoires entrepreneurs ou dans l'un des quartiers prioritaires de la politique de la ville de l'unité urbaine dans laquelle est située la zone franche urbaine – territoire entrepreneur soit égal au moins à la moitié du total des salariés employés dans les mêmes conditions. Les salariés employés à temps partiel sont pris en compte au prorata de la durée du travail prévue à leur contrat ;

2° Ou le nombre de salariés embauchés à compter de la création ou de l'implantation de l'entreprise et remplissant les conditions décrites au 1° soit égal au moins à la moitié du total des salariés embauchés dans les mêmes conditions, au cours de la même période.

Pour les contribuables qui créent des activités dans une zone franche urbaine – territoire entrepreneur à compter du 1er janvier 2016, le bénéfice de l'exonération est subordonné à l'existence, au 1er janvier de l'année d'implantation, du contrat de ville prévu à l'article 6 de la loi n° 2014-173 du 21 février 2014 de programmation pour la ville et la cohésion urbaine.

Pour les contribuables qui exercent des activités avant le 1er janvier 2006 dans les zones franches urbaines – territoires entrepreneurs définies au deuxième alinéa du B du 3 de l'article 42 de la loi n° 95-115 du 4 février 1995 précitée, ainsi que pour ceux qui, à compter du 1er janvier 2012, créent des activités dans les zones franches urbaines – territoires entrepreneurs définies au même B, le bénéfice de l'exonération est subordonné au respect du règlement (UE) n° 1407/2013 de la Commission, du 18 décembre 2013, relatif à l'application des articles 107 et 108 du traité sur le fonctionnement de l'Union européenne aux aides *de minimis*.

III. — Lorsque le contribuable mentionné au I est une société membre d'un groupe fiscal mentionné à l'article 223 A ou à l'article 223 A *bis*, le bénéfice exonéré est celui de cette société déterminé dans les conditions prévues au II du présent article et au 4 de l'article 223 I.

Pour l'ensemble des sociétés d'un même groupe, le montant de l'exonération accordée ne peut excéder le montant total calculé conformément aux dispositions du huitième alinéa du II, dans la limite du résultat d'ensemble du groupe.

Lorsqu'il répond aux conditions requises pour bénéficier des dispositions de l'un des régimes prévus aux articles 44 *sexies* *(L. n° 2017-1775 du 28 déc. 2017, art. 17)* « , 44 *quindecies* » *(L. n° 2018-1317 du 28 déc. 2018, art. 135-I-2°-b)* « , 44 *sexdecies* et 44 *septdecies* » et du régime prévu au présent article, le contribuable peut opter pour ce dernier régime dans les six mois qui suivent la publication du décret en Conseil d'État procédant à la délimitation de la zone conformément à l'article 42 de la loi n° 95-115 du 4 février 1995 précitée, s'il y exerce déjà son activité ou, dans le cas contraire, dans les six mois suivant celui du début d'activité. L'option est irrévocable.

IV. — Les obligations déclaratives des personnes et organismes auxquels s'applique l'exonération sont fixées par décret. — *V. Ann. III, art. 46 quater-0 ZK et 46 quater-0 ZL.*

1. Exonération des bénéfices réalisés par des entreprises implantées dans les zones franches urbaines. Aménagements du régime d'allègement. Entreprises implantées dans les zones franches urbaines-territoires entrepreneurs (ZFU-TE) de troisième génération. Commentaire administratif d'ensemble. * BOI-BIC-CHAMP-80-10-30 du 22 avr. 2020.

2. Localisation en ZFU. La condition d'implantation matérielle en ZFU s'apprécie à partir d'un faisceau d'indices. Inéligibilité d'une société sous-traitant son stockage en dehors de la zone, n'accueillant pas les clients au siège et dont le président n'exerce pas au siège. • CE 27 déc. 2019, *Sté Univer'sel*, n° 422558 : *RJF 2020. 214.* ♦ Un expert immobilier qui réalise des missions d'expertise judiciaire nécessitant des déplacements dans une vaste zone géographique et dont l'activité de rédaction de rapports est effectuée en partie seulement dans un cabinet secondaire situé en ZFU exerce une activité non sédentaire. • CAA Bordeaux, 27 mai 2014, *Rousseau*, n° 12BX03043 : *RJF 2014. 774.* ♦ S'agissant des médecins membres de « SOS Médecins », le centre de régulation d'appels doit être situé en ZFU. * Rép. min. n° 10476 : *JOAN Q, 18 déc. 2018, p. 2749.*

3. Reprise après interruption de l'activité préexistante. La création d'une activité identique à la précédente après une interruption de plusieurs mois s'analyse comme une reprise et non comme une création. * Rép. min. n° 8304 : JOAN Q, 12 févr. 2013, p. 1584.

4. Proratisation du plafond de l'exonération en cas d'installation en cours d'exercice. Une société installée en cours d'exercice dans une ZFU ne peut bénéficier de l'exonération de ses bénéfices à hauteur de la totalité du plafond annuel. • CE 24 avr. 2012, *SA Descas père et fils*, n° 326979 : *RJF 2012. 682.*

5. Produits d'exploitation de droits exclus du régime d'exonération. Les produits issus de l'exploitation des droits attachés au nom et à l'image d'une personnalité (footballeur, en l'espèce) doivent être regardés comme tirés de l'exploitation de droits de la propriété industrielle et commerciale exclus du régime d'exonération prévu en cas d'implantation en ZFU. Ces produits sont exclus du régime d'exonération si les droits n'ont pas leur origine dans l'activité exercée en zone. Tel est le cas lorsque les droits ne sont pas issus d'une activité implantée dans la zone et n'y ont pas été créés. • CE 20 mars 2013, *Min. du Budget c/ Sté Zidane Diffusion*, n° 351495 : *RJF 2013. 591* • CAA Paris, 8 avr. 2014, *Sté Zidane Diffusion*, n° 13PA01277 : *RJF 2015. 186.*

6. Respect des obligations déclaratives. Le régime en faveur des entreprises implantées en ZFU-territoire entrepreneur ne s'applique pas lorsque le contribuable ne respecte pas ses obligations déclaratives en matière de résultats, même s'il est à jour de ses obligations déclaratives de chiffre d'affaires. • CAA Bordeaux, 13 nov. 2017, n° 15BX01341 : *RJF 2018. 251.*

2 QUATER ENTREPRISES DE PÊCHE MARITIME

Art. 44 *nonies* Le bénéfice imposable des artisans pêcheurs, soumis à un régime réel d'imposition, qui s'établissent pour la première fois entre le 1er janvier 1997 et le 31 décembre 2010, est déterminé, au titre des soixante premiers mois d'activité, sous déduction d'un abattement de 50 %. Pour en bénéficier, les artisans doivent être âgés de moins de quarante ans au moment de leur installation, avoir satisfait à des conditions de formation et avoir présenté un plan d'installation.

L'abattement prévu au premier alinéa s'applique également, sous les mêmes conditions, à la quote-part de bénéfice revenant au pêcheur associé d'une société de pêche artisanale mentionnée au troisième alinéa de l'article 34. Il ne s'applique pas au bénéfice soumis à un taux réduit d'imposition ni aux revenus visés au troisième alinéa de l'article 34 et ne peut se cumuler avec d'autres abattements pratiqués sur le bénéfice réalisé par l'artisan pêcheur ou la société précitée.

Un décret en Conseil d'État fixe les modalités d'application du présent article, notamment en ce qui concerne les obligations déclaratives, le plan d'installation et les conditions de formation des bénéficiaires de l'abattement. — *V. Ann. II, art. 32 D.*

2 QUINQUIES ENTREPRISES IMPLANTÉES EN CORSE

Art. 44 *decies* *Périmé (Décr. n° 2014-549 du 26 mai 2014).*

2 SEXIES ENTREPRISES IMPLANTÉES DANS UNE ZONE DE RECHERCHE ET DE DÉVELOPPEMENT – PÔLES DE COMPÉTITIVITÉ

44 *undecies* *Périmé (Décr. n° 2014-549 du 26 mai 2014).*

[2 SEPTIES] ENTREPRISES IMPLANTÉES DANS LES BASSINS D'EMPLOI À REDYNAMISER

Art. 44 *duodecies* I. — Les contribuables qui créent des activités entre le 1er janvier 2007 et le 31 décembre *(L. n° 2021-1900 du 30 déc. 2021, art. 68-I-1°)* « 2023 » dans les bassins d'emploi à redynamiser définis au 3 *bis* de l'article 42 de la loi n° 95-115 du 4 février 1995 d'orientation pour l'aménagement et le développement du territoire sont exonérés d'impôt sur le revenu ou d'impôt sur les sociétés à raison des bénéfices provenant des activités implantées dans le bassin d'emploi et réalisés jusqu'au terme du quatre-vingt-troisième mois suivant le début d'activité dans le bassin d'emploi. Les contribuables qui créent des activités à compter du 1er janvier 2014 bénéficient de l'exonération mentionnée à la première phrase à raison des bénéfices provenant des activités implantées dans le bassin d'emploi et réalisés jusqu'au terme du cinquante-neuvième mois suivant le début d'activité dans le bassin d'emploi. Les contribuables mentionnés à la deuxième phrase perdent le bénéfice de l'exonération à compter de l'exercice au cours duquel ils procèdent à une distribution de dividendes à leurs actionnaires.

Le bénéfice de l'exonération est réservé aux contribuables exerçant une activité industrielle, commerciale ou artisanale au sens de l'article 34 et du 5° du I de l'article 35, à l'exception des activités de crédit-bail mobilier et de location d'immeubles à usage d'habitation, ou agricole au sens de l'article 63, dans les conditions et limites fixées par le présent article. L'exonération s'applique dans les mêmes conditions et limites aux sociétés soumises à l'impôt sur les sociétés exerçant une activité professionnelle non commerciale au sens du 1 de l'article 92.

L'exonération ne s'applique pas aux créations d'activités dans les bassins d'emploi à redynamiser consécutives au transfert d'une activité précédemment exercée par un contribuable ayant bénéficié au titre d'une ou plusieurs des cinq années précédant celle du transfert des articles 44 *sexies* *(L. n° 2021-1900 du 30 déc. 2021, art. 35-I-5°-a)* « , 44 *septies*, dans sa rédaction antérieure à la loi n° 2021-1900 du 30 décembre 2021 de finances pour 2022 », 44 *octies* *(L. n° 2021-1900 du 30 déc. 2021, art. 35-I-5°-b)* « , dans sa rédaction antérieure à la même loi », 44 *octies* A, 44 *quindecies* *(L. n° 2017-1775 du 28 déc. 2017, art. 17)* « , 44 *sexdecies* » *(L. n° 2021-1900 du 30 déc. 2021, art. 35-I-5°-c)* « et 44 *septdecies* » ou de la prime d'aménagement du territoire.

L'exonération ne s'applique pas aux contribuables qui créent une activité dans le cadre d'un transfert, d'une concentration ou d'une restructuration d'activités préexistantes exercées dans les bassins d'emploi à redynamiser ou qui reprennent de telles activités, sauf pour la durée restant à courir, si l'activité reprise ou transférée bénéficie ou a bénéficié du régime d'exonération prévu au présent article.

Lorsqu'un contribuable dont l'activité, non sédentaire, est implantée dans un bassin d'emploi à redynamiser mais exercée en tout ou en partie en dehors d'un tel bassin d'emploi, l'exonération s'applique si ce contribuable emploie au moins un salarié sédentaire à plein temps, ou équivalent, exerçant ses fonctions dans les locaux affectés à l'activité ou si ce contribuable réalise au moins 25 % de son chiffre d'affaires auprès des clients situés dans un tel bassin d'emploi.

II. — Le bénéfice exonéré au titre d'un exercice ou d'une année d'imposition est celui déclaré selon les modalités prévues aux articles 50-0, 53 A, 96 à 100, 102 *ter* et 103, diminué des produits bruts ci-après qui restent imposables dans les conditions de droit commun :

a) Produits des actions ou parts de sociétés, résultats de sociétés ou organismes soumis au régime prévu à l'article 8, lorsqu'ils ne proviennent pas d'une activité exercée dans un bassin d'emploi à redynamiser, et résultats de cession de titres de sociétés ;

b) Produits correspondant aux subventions, libéralités et abandons de créances ;

c) Produits de créances et d'opérations financières pour le montant qui excède le montant des frais financiers engagés au cours du même exercice ou de la même année d'imposition si le contribuable n'est pas un établissement de crédit visé ou une société de financement à l'article L. 511-1 du code monétaire et financier ;

d) Produits tirés des droits de la propriété industrielle et commerciale lorsque ces droits n'ont pas leur origine *dans l'activité exercée* dans un bassin d'emploi à *redynamiser.*

Lorsque le contribuable n'exerce pas l'ensemble de son activité dans un bassin d'emploi à redynamiser, le bénéfice exonéré est déterminé en affectant le montant résultant du calcul ainsi effectué du rapport entre, d'une part, la somme des éléments d'imposition à la cotisation foncière des entreprises définis à l'article 1467 afférents à l'activité exercée dans un bassin d'emploi à redynamiser et relatifs à la période d'imposition des bénéfices et, d'autre part, la somme des éléments d'imposition à la cotisation foncière des entreprises du contribuable définis au même article pour ladite période. Pour la fixation de ce rapport, la valeur locative des immobilisations passibles d'une taxe foncière est celle déterminée conformément à l'article 1467 au 1er janvier de l'année au cours de laquelle est clos l'exercice ou au 1er janvier de l'année d'imposition des bénéfices.

Par exception au sixième alinéa, le contribuable exerçant une activité de location d'immeubles n'est exonéré qu'à raison des bénéfices provenant des seuls immeubles situés dans un bassin d'emploi à redynamiser. Cette disposition s'applique quel que soit le lieu d'établissement du bailleur.

Le bénéfice de l'exonération est subordonné au respect du règlement (UE) n° 1407/2013 de la Commission, du 18 décembre 2013, relatif à l'application des articles 107 et 108 du traité sur le fonctionnement de l'Union européenne aux aides *de minimis*. Toutefois, sur option des entreprises qui procèdent aux opérations mentionnées au I dans une zone d'aide à finalité régionale, le bénéfice de l'exonération est subordonné au respect de l'article 14 du règlement (UE) n° 651/2014 de la Commission, du 17 juin 2014, déclarant certaines catégories d'aides compatibles avec le marché intérieur en application des articles 107 et 108 du traité. — *Pour les aides antérieures, V. App., Règl. (UE) n° 1407/2013 préc., art. 7. — Sur la carte des aides à finalité régionale, V. Décr. n° 2014-758 du 2 juill. 2014 (JO 3 juill.).*

L'option mentionnée au huitième alinéa est irrévocable pour la durée de l'exonération. Elle doit être exercée dans les six mois suivant les opérations mentionnées au I. — *Sur les effets de l'option, V. App., L. n° 2007-1824 du 25 déc. 2007, art. 45-XLIX.*

III. — Lorsque le contribuable mentionné au I est une société membre d'un groupe fiscal visé à l'article 223 A ou à l'article 223 A *bis*, le bénéfice exonéré est celui de cette société déterminé dans les conditions prévues au II, dans la limite du résultat d'ensemble du groupe.

Lorsqu'il répond aux conditions requises pour bénéficier des dispositions de l'un des régimes prévus aux articles 44 *sexies*, 44 *octies* A *(L. n° 2017-1775 du 28 déc. 2017, art. 17)* « , 44 *quindecies* » *(L. n° 2018-1317 du 28 déc. 2018, art. 135-I-3°-b)* « , 44 *sexdecies* ou 44 *septdecies* » et du régime prévu au présent article, le contribuable peut opter pour ce dernier régime dans les six mois suivant celui du début d'activité. L'option est irrévocable.

IV. — Les obligations déclaratives des personnes et organismes concernés par l'exonération sont fixées par décret. — *V. Ann. III, art. 49 U à 49 W.*

V. — *Disjoint (Décr. n° 2007-484 du 30 mars 2007).*

Exonération des bénéfices réalisés par des entreprises implantées dans des bassins d'emploi à redynamiser. Doctrine administrative. Entreprises et activités concernées. Bénéfices exonérés. Obligations déclaratives. Reprises, concentrations ou restructurations d'activités préexistantes. * BOI-BIC-CHAMP-80-10-50 du 4 juill. 2018.

[2 OCTIES] ACTIVITÉS CRÉÉES DANS LES ZONES DE RESTRUCTURATION DE LA DÉFENSE

Art. 44 *terdecies* I. — Dans le périmètre des zones de restructuration de la défense mentionnées au 1° du 3 *ter* de l'article 42 de la loi n° 95-115 du 4 février 1995 d'orientation pour l'aménagement et le développement du territoire et dans les emprises foncières libérées par la réorganisation des unités militaires et des établissements du ministère de la défense et situées dans les communes définies au seul 2° du même 3 *ter*, les contribuables qui créent des activités pendant une période de six ans débutant à la date de publication de l'arrêté prévu au dernier alinéa du même 3 *ter* ou, si cette seconde date est postérieure, au 1er janvier de l'année précédant celle au titre de laquelle le territoire ou la commune est reconnu comme zone de restructuration de la défense par cet arrêté sont exonérés d'impôt sur le revenu ou d'impôt sur les sociétés à raison des bénéfices provenant des activités implantées dans la zone de restructuration de la défense et réalisés jusqu'au terme du cinquante-neuvième mois suivant le début d'activité dans cette zone. — *V. aussi L. n° 2016-1917 du 29 déc. 2016, art. 76-II.*

Le bénéfice de l'exonération est réservé aux contribuables exerçant une activité industrielle, commerciale ou artisanale au sens de l'article 34 et du 5° du I de l'article 35, à l'exception des activités de crédit-bail mobilier et de location d'immeubles à usage d'habitation, ou agricole au sens de l'article 63, dans les conditions et limites fixées par le présent article. L'exonération s'applique dans les mêmes conditions et limites aux sociétés soumises à l'impôt sur les sociétés exerçant une activité professionnelle non commerciale au sens du 1 de l'article 92.

L'exonération ne s'applique pas aux créations d'activité dans les zones de restructuration de la défense consécutives au transfert d'une activité précédemment exercée par un contribuable ayant bénéficié au titre d'une ou plusieurs des cinq années précédant celle du transfert des articles 44 *sexies*, 44 *sexies* A, 44 *septies* *(L. n° 2021-1900 du 30 déc. 2021, art. 35-I-6°-a)* « , dans sa rédaction antérieure à la loi n° 2021-1900 du 30 décembre 2021 de finances pour 2022 », 44 *octies* *(L. n° 2021-1900 du 30 déc. 2021, art. 35-I-6°-a)* « , dans sa rédaction antérieure à la même loi », 44 *octies* A, 44 *duodecies* *(L. n° 2017-1775 du 28 déc. 2017, art. 17)* « , 44 *quindecies* » *(L. n° 2018-1317 du 28 déc. 2018, art. 135-I-4°-a)* « , 44 *sexdecies* et 44 *septdecies* », de la prime d'aménagement du territoire, de la prime d'aménagement du territoire pour l'industrie et les services ou de la prime d'aménagement du territoire pour la recherche, le développement et l'innovation.

L'exonération ne s'applique pas aux contribuables qui créent une activité dans le cadre d'un transfert, d'une concentration ou d'une restructuration d'activités préexistantes exercées dans les zones de restructuration de la défense ou qui reprennent de telles activités, sauf pour la durée restant à courir, si l'activité reprise ou transférée bénéficie ou a bénéficié du régime d'exonération prévu au présent article.

Lorsqu'un contribuable dont l'activité non sédentaire est implantée dans une zone de restructuration de la défense mais exercée en tout ou en partie en dehors de cette zone, l'exonération s'applique si ce contribuable emploie au moins un salarié sédentaire à plein temps ou équivalent, exerçant ses fonctions dans les locaux affectés à l'activité, ou si ce contribuable réalise au moins 25 % de son chiffre d'affaires auprès des clients situés dans la zone.

Les bénéfices visés au premier alinéa sont soumis à l'impôt sur le revenu ou à l'impôt sur les sociétés à concurrence d'un tiers de leur montant au cours de la première période de douze mois suivant la période d'exonération et de deux tiers pour la période de douze mois suivante.

II. — Le bénéfice exonéré au titre d'un exercice ou d'une année d'imposition est celui déclaré selon les modalités prévues aux articles 50-0, 53 A, 96 à 100, 102 *ter* et 103, diminué des produits bruts ci-après qui restent imposables dans les conditions de droit commun :

a) Produits des actions ou parts de sociétés, résultats de sociétés ou organismes soumis au régime prévu à l'article 8, lorsqu'ils ne proviennent pas d'une activité exercée dans une zone de restructuration de la défense, et résultats de cession de titres de sociétés ;

b) Produits correspondant aux subventions, libéralités et abandons de créances ;

c) Produits de créances et d'opérations financières pour le montant qui excède le montant des frais financiers engagés au cours du même exercice ou de la même année d'imposition si le contribuable n'est pas un établissement de crédit ou une société de financement visé à l'article L. 511-1 du code monétaire et financier ;

d) Produits tirés des droits de la propriété industrielle et commerciale lorsque ces droits n'ont pas leur origine dans l'activité exercée dans une zone de restructuration de la défense.

Lorsque le contribuable n'exerce pas l'ensemble de son activité dans les zones de restructuration de la défense, les bénéfices réalisés sont soumis à l'impôt sur le revenu ou à l'impôt sur les sociétés, dans les conditions de droit commun, en proportion du montant hors taxes du chiffre d'affaires ou de recettes réalisé en dehors de ces zones.

Par exception au sixième alinéa, le contribuable exerçant une activité de location d'immeubles n'est exonéré *qu'à raison* des bénéfices provenant des seuls immeubles *situés dans* une zone de restructuration de la défense. Cette disposition s'applique quel que soit le lieu d'établissement du bailleur.

Le bénéfice de l'exonération est subordonné au respect du règlement (UE) n° 1407/2013 de la Commission, du 18 décembre 2013, relatif à l'application des articles 107 et 108 du traité sur le fonctionnement de l'Union européenne aux aides *de minimis*. Toutefois, sur option des entreprises qui procèdent aux opérations mention-

nées au I dans une zone d'aide à finalité régionale, le bénéfice de l'exonération est subordonné au respect de l'article 14 du règlement (UE) n° 651/2014 de la Commission du 17 juin 2014 déclarant certaines catégories d'aides compatibles avec le marché intérieur en application des articles 107 et 108 du traité. — *Pour les aides antérieures au 1er janv. 2014, V. égal. App., Règl. (UE) n° 1407/2013 préc., art. 7. — Sur la carte des aides à finalité régionale, V. Décr. n° 2014-758 du 2 juill. 2014 (JO 3 juill.).*

L'option mentionnée au huitième alinéa est irrévocable pour la durée de l'exonération. Elle doit être exercée dans les six mois suivant les opérations mentionnées au I.

III. — Lorsque le contribuable mentionné au I est une société membre d'un groupe fiscal visé à l'article 223 A ou à l'article 223 A *bis*, le bénéfice exonéré est celui de cette société déterminé dans les conditions prévues au II du présent article, dans la limite du résultat d'ensemble du groupe.

Lorsqu'il répond aux conditions requises pour bénéficier des dispositions de l'un des régimes prévus aux articles 44 *sexies*, 44 *sexies* A *(Abrogé par L. n° 2021-1900 du 30 déc. 2021, art. 35-I-6°-b)* **« , 44 *septies* », 44 *octies* A, 44 *duodecies*** *(L. n° 2017-1775 du 28 déc. 2017, art. 17)* **« , 44 *quindecies* »** *(L. n° 2018-1317 du 28 déc. 2018, art. 135-I-4°-b)* **« , 44 *sexdecies* ou 44 *septdecies* » et du régime prévu au présent article, le contribuable peut opter pour ce dernier régime dans les six mois suivant celui du début d'activité. L'option est irrévocable.**

IV. — Les obligations déclaratives des personnes et organismes concernés par l'exonération prévue au présent article sont fixées par décret. — *V. Ann. III, art. 49 X à 49 Z.*

Lorsque l'entreprise exerce l'option pour l'application de l'art. 13 du Règl. (CE) n° 800/2008 de la Commission du 6 août 2008 au titre de l'un des dispositifs prévus aux art. 44 terdecies et 1383 I, au I quinquies B de l'art. 1466 A CGI ou à l'art. 34-VII de la L. n° 2008-1443 du 30 déc. 2008 [VI : exonération de cotisations sociales], cette option vaut pour l'ensemble des dispositifs précités.

Lorsque aucune option pour l'application de l'article 13 du règlement (CE) n° 800/2008 de la Commission du 6 août 2008 précité n'a été formulée dans les délais requis au titre d'un des dispositifs d'exonération mentionnés à l'alinéa précédent, l'exercice ultérieur d'options portant sur un de ces dispositifs n'est pas recevable (L. préc., art. 34-VII).

[2 NONIES] ENTREPRISES IMPLANTÉES DANS LES ZONES FRANCHES D'ACTIVITÉS DES DÉPARTEMENTS D'OUTRE-MER

Art. 44 *quaterdecies* **I. — Les bénéfices des entreprises provenant d'exploitations situées en Guadeloupe, en Guyane, en Martinique, à Mayotte ou à La Réunion peuvent faire l'objet d'un abattement dans les conditions prévues aux II ou III lorsque ces entreprises respectent les conditions suivantes :**

1° Elles emploient moins de deux cent cinquante salariés et ont réalisé un chiffre d'affaires annuel inférieur à 50 millions d'euros ;

2° L'activité principale de l'exploitation relève de l'un des secteurs d'activité éligibles à la réduction d'impôt prévue à l'article 199 *undecies* B *(Abrogé par L. n° 2018-1317 du 28 déc. 2018, art. 19-I-2°-a et II-A)* ***« ou correspond à l'une des activités suivantes : comptabilité, conseil aux entreprises, ingénierie ou études techniques à destination des entreprises »*** **;**

3° Elles sont soumises soit à un régime réel d'imposition, soit à l'un des régimes définis aux articles 50-0 *(L. n° 2018-1317 du 28 déc. 2018, art. 19-I-2°-a et II-A)* **« , 64 *bis* » et 102 *ter* ;**

(Abrogé par L. n° 2018-1317 du 28 déc. 2018, art. 19-I-2°-a et II-A) ***« 4° Elles ne sont pas en difficulté, au sens du règlement (UE) n° 651/2014 de la Commission, du 17 juin 2014, déclarant certaines catégories d'aides compatibles avec le marché intérieur en application des articles 107 et 108 du traité. »***

Les conditions prévues aux 1° et 2° s'apprécient à la clôture de chaque exercice au titre duquel l'abattement prévu au premier alinéa est pratiqué. La condition prévue au 3° doit être satisfaite pour chaque exercice au titre duquel cet abattement est pratiqué.

II. — Les bénéfices mentionnés au I, réalisés et déclarés selon les modalités prévues aux articles 50-0, 53 A, *(L. n° 2018-1317 du 28 déc. 2018, art. 19-I-2°-b et II-A)* **« 64 *bis*, » 72, 74 à 74 B, 96 à 100, 102 *ter* et 103 par les entreprises répondant aux conditions prévues au I, à l'exception des plus-values constatées lors de la réévaluation des éléments d'actifs, font l'objet, dans la limite de 150 000 €, d'un abattement au titre de chaque exercice ouvert à compter du 1er janvier 2008.**

Le taux de l'abattement est fixé à 50 % *(Abrogé par L. n° 2018-1317 du 28 déc. 2018, art. 19-I-2°-b et II-A)* ***« au titre des exercices ouverts entre le 1er janvier 2008 et le 31 décembre 2014*** *(L. n° 2017-256 du 28 févr. 2017, art. 124-I-1°-a-II à IV)* ***«, à 40 % pour l'exercice ouvert en 2015 et à 35 % pour les exercices ouverts en 2016, 2017, 2018 et 2019. » »***

III. — La limite et le taux de l'abattement mentionné au II sont majorés dans les cas suivants :

1° Pour les bénéfices provenant d'exploitations situées en Guyane *(L. n° 2018-1317 du 28 déc. 2018, art. 19-I-2°-c et II-A)* « et » à Mayotte *(Abrogé par L. n° 2018-1317 du 28 déc. 2018, art. 19-I-2°-c et II-A)* ***« , dans les îles des Saintes, à Marie-Galante, à La Désirade et dans les communes de La Réunion définies par l'article 2 du décret n° 78-690 du 23 juin 1978 portant création d'une zone spéciale d'action rurale dans le département de La Réunion ;***

(Abrogé par L. n° 2018-1317 du 28 déc. 2018, art. 19-I-2°-c et II-A) ***« 2° Pour les bénéfices provenant d'exploitations situées dans des communes de Guadeloupe ou de Martinique, dont la liste est fixée par décret et qui satisfont cumulativement aux trois critères suivants :***

« a) Elles sont classées en zone de montagne au sens de la loi n° 85-30 du 9 janvier 1985 relative au développement et à la protection de la montagne ;

« b) Elles sont situées dans un arrondissement dont la densité de population, déterminée sur la base des populations légales en vigueur au 1er janvier 2009, est inférieure à 270 habitants par kilomètre carré ;

« c) Leur population, au sens de l'article L. 2334-2 du code général des collectivités territoriales, était inférieure à 10 000 habitants en 2008 ; » *— Liste des communes : V. Ann. III, art. 49 ZA.*

3° Pour les bénéfices provenant d'exploitations situées en Guadeloupe, en Martinique ou à La Réunion et qui exercent leur activité principale dans l'un des secteurs suivants :

a) Recherche et développement ;

b) Technologies de l'information et de la communication ;

(L. n° 2018-1317 du 28 déc. 2018, art. 19-I-2°-c et II-A) « *c)* Tourisme, y compris les activités de loisirs et de nautisme s'y rapportant ; »

d) Agro-nutrition ;

e) Environnement ;

f) Énergies renouvelables ; *— Liste des communes : V. Ann. III, art. 49 ZC.*

(L. n° 2017-256 du 28 févr. 2017, art. 125-I) « *g)* Bâtiments et travaux publics ; » *— La perte de recettes pour l'État résultant du I est compensée à due concurrence par la création d'une taxe additionnelle aux droits mentionnés aux art. 575 et 575 A CGI (L. préc., art. 125-II).*

(L. n° 2018-1317 du 28 déc. 2018, art. 19-I-2°-c et II-A) « *h)* Transformation de produits destinés à la construction et production cosmétique et pharmaceutique ; » *V. Ann. III, art. 49 ZC.*

4° Pour les bénéfices des entreprises provenant d'exploitations situées en Guadeloupe, en Martinique ou à La Réunion lorsque ces entreprises :

(Abrogé par L. n° 2018-1317 du 28 déc. 2018, art. 19-I-2°-c et II-A) ***« a) Signent avec un organisme public de recherche ou une université, y compris étrangers, une convention, agréée par l'autorité administrative, portant sur un programme de recherche dans le cadre d'un projet de développement sur l'un ou plusieurs de ces territoires si les dépenses de recherche, définies aux a à g du II de l'article 244 quater B, engagées dans le cadre de cette convention représentent au moins 5 % des charges totales engagées par l'entreprise au titre de l'exercice au cours duquel l'abattement est pratiqué ; »***

(L. n° 2018-1317 du 28 déc. 2018, art. 19-I-2°-c et II-A) « *b)* Bénéficient du régime de perfectionnement actif défini à l'article 256 du règlement (UE) n° 952/2013 du Parlement européen et du Conseil du 9 octobre 2013 établissant le code des douanes de l'Union, à la condition qu'au moins un tiers du chiffre d'affaires de l'exploitation, au titre de l'exercice au cours duquel l'abattement est pratiqué, résulte d'opérations mettant en œuvre des marchandises ayant bénéficié de ce régime. »

La limite de l'abattement est fixée à 300 000 €. Le taux de l'abattement est fixé à 80 % *(Abrogé par L. n° 2018-1317 du 28 déc. 2018, art. 19-I-2°-c et II-A)* ***« au titre des exercices ouverts entre le 1er janvier 2008 et le 31 décembre 2014, à 70 % pour l'exercice ouvert en 2015 et à 60 % pour les exercices ouverts en 2016, 2017, 2018 et 2019. »***

(Abrogé par L. n° 2018-1317 du 28 déc. 2018, art. 19-I-2°-d et II-A) ***« IV. — Par dérogation au III, pour les bénéfices provenant des exploitations situées dans les îles des Saintes, à Marie-Galante et à La Désirade, le taux de l'abattement mentionné au dernier alinéa du III est porté à 100 % pour les exercices ouverts entre le 31 décembre 2008 et le 31 décembre 2011. »***

IV *bis*. — Lorsque le contribuable mentionné au I est une société membre d'un groupe fiscal mentionné à l'article 223 A ou à l'article 223 A *bis*, le bénéfice qui fait l'objet d'un abattement est celui déterminé comme si la société était imposée séparément, sans excéder celui déterminé dans les conditions du 4 de l'article 223 I.

Pour l'ensemble des sociétés d'un même groupe, le montant cumulé des abattements ne peut excéder :

1° Ni le résultat d'ensemble du groupe ;

2° Ni le montant mentionné au premier alinéa du II. Pour l'appréciation de cette condition, les abattements dont le montant est limité par le dernier alinéa du III sont retenus pour la moitié de leur montant.

(Abrogé par L. n° 2018-1317 du 28 déc. 2018, art. 19-I-2°-d et II-A) ***« V. — Le bénéfice des abattements mentionnés aux II et III est subordonné :***

« 1° A la réalisation de dépenses de formation professionnelle en faveur du personnel de l'exploitation au titre de l'exercice qui suit celui au cours duquel les bénéfices ont fait l'objet d'un abattement. Elles doivent être exposées en faveur des salariés ou des dirigeants en activité à la date de clôture de l'exercice de leur engagement. Pour les entreprises soumises aux obligations prévues aux articles *(L. n° 2018-771 du 5 sept. 2018, art. 37-VI et 46, en vigueur le 1er janv. 2019)* ***« L. 6331-1 et L. 6331-3 », les dépenses retenues sont celles exposées en sus de ces obligations.***

« 2° Au versement d'une contribution au fonds d'appui aux expérimentations en faveur des jeunes créé par la loi n° 2008-1249 du 1er décembre 2008 généralisant le revenu de solidarité active et réformant les politiques d'insertion, au titre de l'exercice qui suit celui au cours duquel les bénéfices ont fait l'objet d'un abattement. Ce versement ne peut être inférieur à 20 % de l'ensemble constitué par les dépenses de formation professionnelle et la contribution au fonds d'appui aux expérimentations en faveur des jeunes.

« A défaut de la réalisation de ces deux conditions, la quote-part exonérée est réintégrée au résultat imposable de l'exercice au cours duquel les dépenses auraient dû être exposées. Ces dépenses ne sont pas prises en compte pour l'application de l'article 244 quater M.

« Ces deux obligations sont cumulatives. Elles doivent représenter ensemble au moins 5 % de la quote-part des bénéfices exonérée en application des abattements mentionnés aux II et III.

« Le présent V n'est pas applicable lorsque la quote-part des bénéfices exonérée est inférieure à 500 €. »

VI. — Les abattements prévus aux II et III s'imputent sur les résultats des exploitations déclarés en application de l'article 53 A.

(Abrogé par L. n° 2018-1317 du 28 déc. 2018, art. 19-I-2°-e et II-A) ***« Le cas échéant, les abattements prévus aux II et III s'imputent sur les résultats des exploitations déclarés en application de l'article 53 A avant réintégration, en application du quatrième alinéa du V, de la quote-part des bénéfices exonérée au titre de l'exercice précédent.***

« La quote-part des bénéfices exonérée au titre d'un exercice, mentionnée au quatrième alinéa du V, s'entend du seul montant réel de l'abattement imputé en application du II ou du III au titre de cet exercice. »

VII. — Lorsqu'elle répond aux conditions requises pour bénéficier du régime prévu aux articles 44 *sexies* *(Abrogé par L. n° 2021-1900 du 30 déc. 2021, art. 35-I-7°)* ***« , 44 septies »,*** *(Abrogé par L. n° 2018-1317 du 28 déc. 2018, art. 19-I-2°-f et II-A)* ***« 44 octies, 44 octies A, »*** **44 *nonies*, 44 *terdecies*,** *(Abrogé par L. n° 2018-1317 du 28 déc. 2018, art. 19-I-2°-f et II-A)* ***« 44 quindecies, »*** *(L. n° 2017-1775 du 28 déc. 2017, art. 17)* ***« 44 sexdecies »*** **ou 73 B et du régime prévu au présent article, l'entreprise peut opter pour ce dernier régime** *(Abrogé par L. n° 2018-1317 du 28 déc. 2018, art. 19-I-2°-f et II-A)* ***« dans les six mois qui suivent la publication de la loi n° 2009-594 du 27 mai 2009 pour le développement économique des outre-mer, si elle exerce déjà son activité ou, dans le cas contraire, »*** **dans les six mois suivant celui du début d'activité. L'option est irrévocable et emporte renonciation définitive aux autres régimes. Lorsque l'entreprise n'exerce pas cette option dans ce délai, elle bénéficie de plein droit, au terme de la période**

d'application de l'un de ces autres régimes dont elle bénéficiait, du régime prévu au présent article pour la période restant à courir jusqu'à son terme et selon les modalités qui la régissent.

VIII. — Les obligations déclaratives des entreprises sont fixées par décret. — *V. Ann. III, art. 49 ZB.*

IX. — Le bénéfice de l'abattement mentionné au I est subordonné au respect du règlement (UE) n° 651/2014 de la Commission, du 17 juin 2014, *(L. n° 2018-1317 du 28 déc. 2018, art. 19-I-2°-g et II-A)* **« déclarant certaines catégories d'aides compatibles avec le marché intérieur en application des articles 107 et 108 du traité ».**

Les dispositions ci-dessus de la L. n° 2009-594 du 27 mai 2009 s'appliquent aux exercices clos à compter du 31 déc. 2008 et cessent de s'appliquer aux exercices ouverts à compter du 1er janv. 2018 (L. préc., art. 4-XIII).

Dans un délai de douze mois à compter de la promulgation de la L. n° 2017-256 du 28 févr. 2017, le Gouvernement remet au Parlement un rapport dressant un bilan exhaustif des zones franches urbaines, zones de revitalisation urbaine, zones franches d'activité et zones de revitalisation rurale en vigueur dans les territoires d'outre-mer. Ce rapport présente également les conditions de mise en œuvre d'une zone franche globale à compter du 1er janv. 2019 pour une durée de dix ans renouvelable.

La perte de recettes pour l'État résultant du I est compensée à due concurrence par la création d'une taxe additionnelle aux droits mentionnés aux art. 575 et 575 A CGI.

La perte de recettes pour les collectivités territoriales résultant du I est compensée à due concurrence par la majoration de la dotation globale de fonctionnement et, corrélativement pour l'État, par la création d'une taxe additionnelle aux droits mentionnés aux art. 575 et 575 A CGI.

Les dispositions issues de l'art. 19 de la L. n° 2018-1317 du 28 déc. 2018 s'appliquent aux exercices ouverts à compter du 1er janv. 2019.

Toutefois, l'art. 44 quaterdecies CGI reste applicable dans les conditions prévues par les dispositions antérieures à ladite loi :

1° Aux exercices ouverts en 2019 pour les entreprises déjà éligibles à l'abattement dont l'exploitation a pour activité principale la comptabilité, le conseil aux entreprises, l'ingénierie ou les études techniques à destination des entreprises ;

2° Aux exercices ouverts en 2019 pour les exploitations déjà éligibles à l'abattement et situées dans les îles des Saintes, à Marie-Galante, à La Désirade et dans les communes de La Réunion définies par l'art. 2 du Décr. n° 78-690 du 23 juin 1978 portant création d'une zone spéciale d'action rurale dans le département de La Réunion ;

3° Aux exercices ouverts en 2019 pour les exploitations déjà éligibles à l'abattement et mentionnées au 2° et au a du 4° du III de l'art. 44 quaterdecies CGI dans sa rédaction antérieure à la loi préc (L. préc., art. 19-II-A).

1. Mesures en faveur des entreprises implantées dans la nouvelle génération de zones franches d'activité (ZFANG) situées dans les DOM. Commentaire général. Conditions requises pour bénéficier de l'abattement. Modalités d'application des allègements en matière d'impôt sur les bénéfices. Suppression de l'ancien dispositif. * BOI-BIC-CHAMP-80-10-80 du 26 juin 2019 * BOI-BIC-CHAMP-80-10-85 du 27 oct. 2021.

2. Avocats. L'activité de représentation d'entreprise exercée par un avocat devant une juridiction est éligible au régime de faveur des zones franches d'activité outre-mer. * Lettre DLF à l'ANAAFA, 27 sept. 2011.

3. Expertise médicale. L'activité d'expertise médicale au profit de compagnies d'assurances n'est pas éligible à l'abattement. • CE 22 déc. 2017, n° 397172 : *RJF 2018. 253.*

[2 DECIES] ENTREPRISES IMPLANTÉES DANS LES ZONES DE REVITALISATION RURALE

Art. 44 *quindecies* **I. — Dans les zones de revitalisation rurale mentionnées à l'article 1465 A, les entreprises** *qui sont* **créées ou reprises entre le 1er janvier 2011 et le** *31 décembre (L. n° 2021-1900 du 30 déc. 2021, art. 68-I-1°)* **« 2023 », soumises de plein droit ou sur option à un régime réel d'imposition de leurs résultats et qui exercent une activité industrielle, commerciale, artisanale au sens de l'article 34 ou professionnelle au sens du 1 de l'article 92, sont exonérées d'impôt sur le revenu ou d'impôt sur les sociétés à raison des bénéfices réalisés, à l'exclusion des plus-values constatées lors de la réévaluation des éléments d'actif, jusqu'au terme du cinquante-neuvième**

mois suivant celui de leur création ou de leur reprise et déclarés selon les modalités prévues à l'article 53 A.

(L. n° 2018-1317 du 28 déc. 2018, art. 19-I-3°) « Dans les zones mentionnées au B du II de l'article 1465 A, le premier alinéa du présent I ne s'applique qu'aux entreprises créées ou reprises jusqu'au 31 décembre 2018. »

Les bénéfices ne sont soumis à l'impôt sur le revenu ou à l'impôt sur les sociétés que pour le quart, la moitié ou les trois quarts de leur montant selon qu'ils sont réalisés respectivement au cours de la première, de la deuxième ou de la troisième période de douze mois suivant cette période d'exonération.

II. — Pour bénéficier de l'exonération mentionnée au I, l'entreprise doit répondre aux conditions suivantes :

a) Le siège social de l'entreprise ainsi que l'ensemble de son activité et de ses moyens d'exploitation sont implantés dans les zones mentionnées au I. Lorsqu'une entreprise exerce une activité non sédentaire, réalisée en partie en dehors des zones précitées, la condition d'implantation est réputée satisfaite dès lors qu'elle réalise au plus 25 % de son chiffre d'affaires en dehors de ces zones. Au-delà de 25 %, les bénéfices réalisés sont soumis à l'impôt sur le revenu ou à l'impôt sur les sociétés dans les conditions de droit commun en proportion du chiffre d'affaires réalisé en dehors des zones déjà citées. Cette condition de chiffre d'affaires s'apprécie exercice par exercice ;

b) *(L. n° 2019-486 du 22 mai 2019, art. 12-I-2° et III-B, applicable aux exercices ouverts à compter du 1er janv. 2019)* « L'entreprise emploie moins de onze salariés. L'effectif salarié est apprécié, au titre de chaque exercice, selon les modalités prévues au I de l'article L. 130-1 du code de la sécurité sociale. — *Les dispositions du présent 1er al. du b telles qu'issues de l'art. 12-I-2° de la L. n° 2019-486 du 22 mai 2019 s'appliquent aux exercices ouverts à compter du 1er janv. 2020 (L. n° 2019-1479 du 28 déc. 2019, art. 41-2°).*

« Lorsqu'une entreprise bénéficiant déjà de l'exonération mentionnée au I du présent article constate un franchissement de seuil d'effectif déterminé selon les modalités prévues au II de l'article L. 130-1 du code de la sécurité sociale, cette circonstance lui fait perdre le bénéfice de cette exonération ; » — *Les dispositions du présent 2e al. du b telles qu'issues de l'art. 12-I-2° de la L. n° 2019-486 du 22 mai 2019 s'appliquent aux exercices clos après le 1er janv. 2020 (L. n° 2019-1479 du 28 déc. 2019, art. 41-3°).*

c) L'entreprise n'exerce pas une activité bancaire, financière, d'assurances, de gestion ou de location d'immeubles, de pêche maritime ;

d) Le capital de l'entreprise créée ou reprise n'est pas détenu, directement ou indirectement, pour plus de 50 % par d'autres sociétés ;

e) L'entreprise n'est pas créée dans le cadre d'une extension d'activités préexistantes. L'existence d'un contrat, quelle qu'en soit la dénomination, ayant pour objet d'organiser un partenariat caractérise l'extension d'une activité préexistante lorsque l'entreprise créée ou reprenant l'activité bénéficie de l'assistance de ce partenaire, notamment en matière d'utilisation d'une enseigne, d'un nom commercial, d'une marque ou d'un savoir-faire, de conditions d'approvisionnement, de modalités de gestion administrative, contentieuse, commerciale ou technique, dans des conditions telles que cette entreprise est placée dans une situation de dépendance.

III. — L'exonération ne s'applique pas aux créations et aux reprises d'activités dans les zones de revitalisation rurale mentionnées au I consécutives au transfert d'une activité précédemment exercée par un contribuable ayant bénéficié, au titre d'une ou plusieurs des cinq années précédant celle du transfert, des dispositions des articles 44 *sexies*, 44 *sexies* A, 44 *septies* *(L. n° 2021-1900 du 30 déc. 2021, art. 35-I-8°-a)* « , dans sa rédaction antérieure à la loi n° 2021-1900 du 30 décembre 2021 de finances pour 2022 », 44 *octies* *(L. n° 2021-1900 du 30 déc. 2021, art. 35-I-8°-a)* « , dans sa rédaction antérieure à la même loi », 44 *octies* A, 44 *duodecies*, 44 *terdecies*, 44 *quaterdecies* *(L. n° 2018-1317 du 28 déc. 2018, art. 135-I-5°)* « , 44 *sexdecies* ou 44 *septdecies* » ou d'une ***prime d'aménagement*** du territoire.

L'exonération ne s'applique pas aux créations et aux reprises d'activités dans les zones de revitalisation rurale mentionnées au I consécutives au transfert, à la concentration ou à la restructuration d'activités précédemment exercées dans ces zones, sauf pour la durée restant à courir si l'activité reprise ou transférée bénéficie ou a bénéficié de l'exonération prévue au présent article.

L'exonération ne s'applique pas non plus dans les situations suivantes :

(L. nº 2017-1775 du 28 déc. 2017, art. 18) « ***a)*** si, lorsque la société, la personne morale ou le groupement a déjà fait l'objet d'une première opération de reprise ou de restructuration à l'issue de laquelle le cédant, son conjoint, le partenaire auquel il est lié par un pacte civil de solidarité défini à l'article 515-1 du code civil, leurs ascendants et descendants, leurs frères et sœurs détiennent ensemble, directement ou indirectement, plus de 50 % des droits de vote ou des droits dans les bénéfices sociaux de la société, de la personne morale ou du groupement soit repris, soit bénéficiaire de l'opération de reprise ou de restructuration, cette société, cette personne morale ou ce groupement fait de nouveau l'objet d'une telle opération à l'issue de laquelle une ou plusieurs des personnes physiques précédemment mentionnées détiennent ensemble, directement ou indirectement, plus de 50 % des droits de vote ou des droits dans les bénéfices sociaux. » — *Dispositions applicables à compter de l'impôt dû au titre de l'année 2017 pour les entreprises relevant de l'impôt sur le revenu et aux exercices clos à compter du 30 déc. 2017 pour les entreprises soumises à l'IS.*

Le cédant s'entend de toute personne qui, avant l'opération de reprise ou de restructuration, soit détenait directement ou indirectement plus de 50 % des droits de vote ou des droits dans les bénéfices sociaux de la société, de la personne morale ou du groupement qui a fait l'objet de l'une de ces opérations, soit y exerçait, en droit ou en fait, la direction effective ;

(L. nº 2017-1837 du 30 déc. 2017, art. 23) « ***b)*** Si, lorsque l'entreprise individuelle a déjà fait l'objet d'une première opération de reprise ou de restructuration ayant conduit au bénéfice de l'exonération mentionnée au I et réalisée au profit du conjoint de l'entrepreneur individuel, du partenaire auquel il est lié par un pacte civil de solidarité défini à l'article 515-1 du code civil, de leurs ascendants et descendants ou de leurs frères et soeurs, elle fait de nouveau l'objet d'une telle opération au profit d'une ou de plusieurs personnes précédemment mentionnées. » — *Dispositions applicables à compter de l'impôt dû au titre de 2017.*

IV. — Lorsqu'elle répond aux conditions requises pour bénéficier des dispositions de l'un des régimes prévus aux articles 44 *sexies*, 44 *sexies* A *(Abrogé par L. nº 2021-1900 du 30 déc. 2021, art. 35-I-8º-b)* « , 44 ***septies*** », 44 *octies* A, 44 ***duodecies***, 44 ***terdecies***, 44 ***quaterdecies*** *(L. nº 2018-1317 du 28 déc. 2018, art. 135-I-5º)* « , 44 ***sexdecies*** ou 44 ***septdecies*** » et du régime prévu au présent article, l'entreprise peut opter pour ce dernier régime dans les six mois suivant le début d'activité. L'option est irrévocable et emporte renonciation définitive aux autres régimes.

V. — Le bénéfice de l'exonération et de l'imposition partielle est subordonné au respect du règlement (UE) nº 1407/2013 de la Commission, du 18 décembre 2013, relatif à l'application des articles 107 et 108 du traité sur le fonctionnement de l'Union européenne.

VI. — L'exonération reste applicable pour sa durée restant à courir lorsque la commune d'implantation de l'entreprise sort de la liste des communes classées en zone de revitalisation rurale après la date de sa création ou de sa reprise.

1. Entreprises ou activités implantées dans les zones de revitalisation rurale (ZRR). Commentaires administratifs. 1° Conditions d'éligibilité. * BOI-BIC-CHAMP-80-10-70-10 du 26 juin 2019. 2° Opérations éligibles. * BOI-BIC-CHAMP-80-10-70-20 du 4 sept. 2019. 3° Portée et calcul des allègements fiscaux. * BOI-BIC-CHAMP-80-10-70-30 du 4 sept. 2019.

2. Extension d'activités préexistantes. L'extension d'activités préexistantes est caractérisée en présence d'un contrat, quelle qu'en soit la dénomination, ayant pour objet d'organiser un partenariat lorsque l'entreprise créée ou reprenant l'activité bénéficie de l'assistance de ce partenaire, notamment en matière d'utilisation d'une enseigne, d'un nom commercial, d'une marque ou d'un savoir-faire, de conditions d'approvisionnement, de modalités de gestion administrative, contentieuse, commerciale ou technique, dans des conditions telles que cette entreprise est placée dans une situation de dépendance. Par conséquent, l'éligibilité d'une entreprise liée par un contrat de franchise ou de partenariat au régime de l'art. 44 *quindecies* ne dépend pas de la qualification juridique du contrat mais des conditions d'exercice de son activité et des liens contractuels tissés avec des entreprises préexistantes : l'entreprise créée ne doit pas bénéficier d'une assistance qui la place en situation de dépendance économique. * Rép. min. nº 81982 : *JOAN Q, 1er sept. 2015, p. 6723.*

3. Reprise d'activités préexistantes. Cette reprise s'entend de toute opération au terme de laquelle est reprise la direction effective d'une entreprise existante avec la volonté non équivoque de maintenir la pérennité de cette entre-

prise. Ainsi, une telle reprise ne suppose pas nécessairement et uniquement la création d'une structure juridiquement nouvelle ou le rachat de plus de 50 % des titres d'une société. Annulation en conséquence du BOI-BIC-CHAMP-80-10-70-10 et 70 du 26 juin 2019. • CE 16 juill. 2020, n° 440269 : *RJF 2020. 769.*

4. Transfert d'activité. La reprise d'activité consécutive à un transfert n'est pas éligible au dispositif d'exonération lorsque cette opération s'analyse comme une reprise par soi-même. Tel est le cas lorsque le transfert d'activité s'accompagne de la reprise des moyens d'exploitation, notamment de la patientèle. * Rép. min. n° 69794 : *JOAN Q, 11 août 2015, p. 6170.*

5. Chiffre d'affaires. Pour la détermination du chiffre d'affaires réalisé en zone, il faut retenir les zones telles qu'elles existaient au moment de la création ou de la reprise de l'entreprise non sédentaire. * BOI-BIC-CHAMP-80-10-70-10 n° 270 du 26 juin 2019.

[2 UNDECIES] ENTREPRISES IMPLANTÉES DANS LES BASSINS URBAINS À DYNAMISER

(L. n° 2017-1775 du 28 déc. 2017, art. 17)

Art. 44 *sexdecies* **I. — Dans les bassins urbains à dynamiser définis au II, les entreprises qui sont créées entre le 1er janvier 2018 et le 31 décembre** *(L. n° 2021-1900 du 30 déc. 2021, art. 68-I-1°)* **« 2023 » et** *(L. n° 2018-1317 du 28 déc. 2018, art. 21-I-1° et II, en vigueur le 1er janv. 2019)* **« , lorsqu'elles sont situées dans les communes mentionnées au sixième alinéa du même II, les entreprises qui sont créées entre le 1er janvier 2019 et le 31 décembre** *(L. n° 2021-1900 du 30 déc. 2021, art. 68-I-1°)* **« 2023 », » qui exercent une activité industrielle, commerciale ou artisanale au sens de l'article 34 sont exonérées d'impôt sur le revenu ou d'impôt sur les sociétés à raison des bénéfices réalisés, à l'exception des plus-values constatées lors de la réévaluation des éléments d'actif, jusqu'au terme du vingt-troisième mois suivant celui de leur création et déclarés selon les modalités prévues aux articles 50-0 et 53 A.**

Les bénéfices ne sont soumis à l'impôt sur le revenu ou à l'impôt sur les sociétés que pour le quart, la moitié ou les trois quarts de leur montant selon qu'ils sont réalisés, respectivement, au cours de la première, de la deuxième ou de la troisième période de douze mois suivant cette période d'exonération.

II. — Sont classées dans un bassin urbain à dynamiser les communes qui appartiennent à un ensemble *(L. n° 2019-809 du 1er août 2019, art. 4-II-1°)* **« de communes mentionnées au V de l'article L. 5210-1-1 du code général des collectivités territoriales ou » d'établissements publics de coopération intercommunale à fiscalité propre contigus rassemblant au moins un million d'habitants et qui satisfont aux conditions suivantes :**

1° La densité de population de la commune est supérieure à la moyenne nationale ;

2° Le revenu disponible médian par unité de consommation de la commune est inférieur à la médiane nationale des revenus médians ;

3° Le taux de chômage de la commune est supérieur au taux national ;

4° 70 % de la population de chaque établissement public de coopération intercommunale vit dans des communes relevant des 1° à 3°.

(L. n° 2018-1317 du 28 déc. 2018, art. 21-I-2°-a et II, en vigueur le 1er janv. 2019) **« Sont également classées dans un bassin urbain à dynamiser les communes qui satisfont aux conditions fixées aux 1° à 3° et qui sont limitrophes d'au moins une commune classée en bassin urbain à dynamiser en application du présent II, dans sa rédaction en vigueur au 1er janvier 2018. »**

Les données utilisées sont établies par l'Institut national de la statistique et des études économiques à partir de celles disponibles au 31 décembre de l'année précédant l'année du classement. La population prise en compte est la population municipale définie à l'article R. 2151-1 du code général des collectivités territoriales dans sa rédaction en vigueur à la date de publication de la loi n° 2017-1775 du 28 décembre 2017 de finances rectificative pour 2017.

Le classement des communes en bassin urbain à dynamiser est établi au 1er janvier 2018 et pour une durée de *(L. n° 2021-1900 du 30 déc. 2021, art. 68-I-2°-a)* **« six » ans par arrêté des ministres chargés du budget et de l'aménagement du territoire.** — *V. Arr. du 14 févr. 2018 (JO 22 févr.).*

(L. n° 2018-1317 du 28 déc. 2018, art. 21-I-2°-b et II, en vigueur le 1er janv. 2019) **« Le classement des communes mentionnées au sixième alinéa du présent II en bassin**

urbain à dynamiser est établi au 1er janvier 2019 et pour une durée de *(L. n° 2021-1900 du 30 déc. 2021, art. 68-I-2°-b)* **« cinq » ans par arrêté des ministres chargés du budget et de l'aménagement du territoire. »**

III. – Pour bénéficier de l'exonération mentionnée au I, l'entreprise doit répondre aux conditions suivantes :

1° L'entreprise est une petite ou moyenne entreprise au sens de l'annexe I au règlement (UE) n° 651/2014 de la Commission du 17 juin 2014 déclarant certaines catégories d'aides compatibles avec le marché intérieur en application des articles 107 et 108 du traité ;

2° Le siège social de l'entreprise ainsi que l'ensemble de son activité et de ses moyens d'exploitation sont implantés dans les bassins mentionnés au II.

Lorsqu'une entreprise exerce une activité non sédentaire, réalisée en partie en dehors des bassins précités, la condition d'implantation est réputée satisfaite dès lors qu'elle réalise au plus 15 % de son chiffre d'affaires en dehors de ce bassin. Au-delà de 15 %, les bénéfices réalisés sont soumis à l'impôt sur le revenu ou à l'impôt sur les sociétés dans les conditions de droit commun en proportion du chiffre d'affaires réalisé en dehors des bassins déjà cités. Cette condition de chiffre d'affaires s'apprécie exercice par exercice ;

3° Le capital de l'entreprise n'est pas détenu, directement ou indirectement, pour plus de 50 % par d'autres sociétés.

Le capital d'une société nouvellement créée est détenu indirectement par d'autres sociétés lorsque l'une au moins des conditions suivantes est remplie :

***a)* Un associé exerce en droit ou en fait une fonction de direction ou d'encadrement dans une autre entreprise, lorsque l'activité de celle-ci est similaire à celle de l'entreprise nouvellement créée ou lui est complémentaire ;**

***b)* Un associé détient avec les membres de son foyer fiscal 25 % au moins des droits sociaux dans une autre entreprise dont l'activité est similaire à celle de l'entreprise nouvellement créée ou lui est complémentaire ;**

4° L'entreprise n'est pas créée dans le cadre d'une reprise, d'un transfert, d'une concentration, d'une restructuration ou d'une extension d'activités préexistantes.

L'existence d'un contrat, quelle qu'en soit la dénomination, ayant pour objet d'organiser un partenariat caractérise l'extension d'une activité préexistante lorsque l'entreprise nouvellement créée bénéficie de l'assistance de ce partenaire, notamment en matière d'utilisation d'une enseigne, d'un nom commercial, d'une marque ou d'un savoir-faire, de conditions d'approvisionnement, ou de modalités de gestion administrative, contentieuse, commerciale ou technique, dans des conditions telles que cette entreprise est placée dans une situation de dépendance ;

5° A la date de clôture de l'exercice ou de la période d'imposition au titre duquel l'exonération s'applique :

***a)* Le nombre de salariés dont le contrat de travail est à durée indéterminée ou a été conclu pour une durée déterminée d'au moins douze mois et résidant dans le bassin urbain à dynamiser est égal au moins à la moitié du total des salariés employés dans les mêmes conditions. Les salariés employés à temps partiel sont pris en compte au prorata de la durée du travail prévue à leur contrat ;**

***b)* Ou le nombre de salariés embauchés à compter de la création de l'entreprise et remplissant les conditions décrites au *a* est égal au moins à la moitié du total des salariés embauchés dans les mêmes conditions, au cours de la même période.**

IV. – Lorsqu'elle répond aux conditions requises pour bénéficier de l'un des régimes prévus aux articles 44 *sexies*, 44 *sexies* A *(Abrogé par L. n° 2021-1900 du 30 déc. 2021, art. 35-I-9°)* **« , 44 *septies* », 44 *octies* A, 44 *duodecies*, 44 *terdecies*** *(L. n° 2018-1317 du 28 déc. 2018, art. 135-I-6°)* **« , 44 *quindecies* ou 44 *septdecies* » et du régime prévu au présent article, l'entreprise peut opter pour ce dernier régime dans les six mois suivant celui du début d'activité. L'option est irrévocable et emporte renonciation définitive aux autres régimes.**

V. – Dans les zones d'aide à finalité régionale, le bénéfice de l'exonération est subordonné au respect des *(Décr. n° 2018-500 du 20 juin 2018, art. 1er)* **« articles » 13 et 14 du règlement (UE) n° 651/2014 de la Commission du 17 juin 2014 déclarant**

certaines catégories d'aides compatibles avec le marché intérieur en application des articles 107 et 108 du traité.

En dehors des zones d'aide à finalité régionale, le bénéfice de l'exonération est subordonné au respect de l'article 17 du règlement (UE) n° 651/2014 de la Commission du 17 juin 2014 précité.

Les dispositions du présent art. s'appliquent à compter des impositions établies au titre de 2018 (L. n° 2017-1775 du 28 déc. 2017, art. 17-V).

Exonération les bénéfices des entreprises créées dans les bassins urbains à dynamiser. Application aux entreprises créées entre le 1er janv. 2018 et le 31 déc. 2022. Entreprises, activités et opérations concernées. Portée et calcul des allégements. * BOI-BIC-CHAMP-80-10-90 du 7 juill. 2021.

2 DUODECIES ENTREPRISES IMPLANTÉES DANS LES ZONES DE DÉVELOPPEMENT PRIORITAIRE

(L. n° 2018-1317 du 28 déc. 2018, art. 135-I-7°)

Art. 44 septdecies **I. — Dans les zones de développement prioritaire définies au II, les entreprises qui sont créées entre le 1er janvier 2019 et le 31 décembre** *(L. n° 2021-1900 du 30 déc. 2021, art. 68-I-1°)* **« 2023 » et qui exercent une activité industrielle, commerciale ou artisanale au sens de l'article 34 sont exonérées d'impôt sur le revenu ou d'impôt sur les sociétés à raison des bénéfices réalisés, à l'exception des plus-values constatées lors de la réévaluation des éléments de l'actif, jusqu'au terme du vingt-troisième mois suivant celui de leur création et déclarés selon les modalités prévues aux articles 50-0 et 53 A.**

Les bénéfices ne sont soumis à l'impôt sur le revenu ou à l'impôt sur les sociétés que pour le quart, la moitié ou les trois quarts de leur montant selon qu'ils sont réalisés, respectivement, au cours de la première, de la seconde ou de la troisième période de douze mois suivant cette période d'exonération.

II. — Sont classées dans une zone de développement prioritaire les communes situées dans des régions de France métropolitaine lorsque ces régions répondent cumulativement aux conditions suivantes :

1° Elles appartiennent au tiers des régions ayant le taux de pauvreté le plus élevé ;

2° Elles appartiennent au tiers des régions ayant la part de jeunes de 15 à 24 ans ni en emploi ni en formation la plus élevée ;

3° Elles appartiennent au tiers des régions ayant la densité de population au kilomètre carré la plus faible ;

4° Au moins 30 % de la population de la région vit dans des établissements publics de coopération intercommunale à fiscalité propre qui répondent cumulativement aux conditions suivantes :

***a)* Ils appartiennent au tiers des établissements publics de coopération intercommunale ayant le taux de pauvreté le plus élevé ;**

***b)* Ils appartiennent au tiers des établissements publics de coopération intercommunale ayant la part de jeune*[s]* de 15 à 24 ans ni en emploi ni en formation la plus élevée ;**

***c)* Ils appartiennent au tiers des établissements publics de coopération intercommunale ayant la densité de population au kilomètre carré la plus faible.**

Le taux de pauvreté s'entend de la part de la population dont le revenu est inférieur à 60 % du revenu médian.

Les données utilisées sont établies par l'Institut national de la statistique et des études économiques à partir de celles disponibles au 31 décembre de l'année précédant l'année du classement. La population prise en compte est la population municipale définie à l'article R. 2151-1 du code général des collectivités territoriales dans sa rédaction en vigueur à la date de publication de la loi n° 2018-1317 du 28 décembre 2018 de finances pour 2019.

Le classement des communes en zone de développement prioritaire est établi au 1er janvier 2019 et pour une durée de *(L. n° 2021-1900 du 30 déc. 2021, art. 68-I-3°)* **« cinq » ans par arrêté conjoint des ministres chargés du budget et de la cohésion des territoires.**

III. — Pour bénéficier de l'exonération mentionnée au I, l'entreprise doit répondre aux conditions suivantes :

1° L'entreprise est une petite ou moyenne entreprise au sens de l'annexe I au règlement (UE) n° 651/2014 de la Commission du 17 juin 2014 déclarant certaines catégories d'aides compatibles avec le marché intérieur en application des articles 107 et 108 du traité ;

2° Le siège social de l'entreprise ainsi que l'ensemble de son activité et de ses moyens d'exploitation sont implantés dans les zones mentionnées au II.

Lorsqu'une entreprise exerce une activité non sédentaire, réalisée en partie en dehors des zones précitées, la condition d'implantation est satisfaite dès lors qu'elle réalise au plus 15 % de son chiffre d'affaires en dehors de cette zone. Au-delà de 15 %, les bénéfices réalisés sont soumis à l'impôt sur le revenu ou à l'impôt sur les sociétés dans les conditions de droit commun en proportion du chiffre d'affaires réalisé en dehors des zones déjà citées. Cette condition de chiffre d'affaires s'apprécie exercice par exercice ;

3° Son capital ne doit pas être détenu, directement ou indirectement, pour plus de 50 % par d'autres sociétés.

Le capital d'une société nouvellement créée est détenu indirectement par d'autres sociétés lorsque l'une au moins des conditions suivantes est remplie :

a) Un associé exerce en droit ou en fait une fonction de direction ou d'encadrement dans une autre entreprise, lorsque l'activité de celle-ci est similaire à celle de l'entreprise nouvellement créée ou lui est complémentaire ;

b) Un associé détient avec les membres de son foyer fiscal au moins 25 % des droits sociaux dans une autre entreprise dont l'activité est similaire à celle de l'entreprise nouvellement créée ou lui est complémentaire ;

4° L'entreprise n'est pas créée dans le cadre d'une reprise, d'un transfert, d'une concentration, d'une restructuration ou d'une extension d'activités préexistantes.

L'existence d'un contrat, quelle qu'en soit la dénomination, ayant pour objet d'organiser un partenariat caractérise l'extension d'une activité préexistante lorsque l'entreprise nouvellement créée bénéficie de l'assistance de ce partenaire, notamment en matière d'utilisation d'une enseigne, d'un nom commercial, d'une marque ou d'un savoir-faire, de conditions d'approvisionnement, de modalités de gestion administrative, contentieuse, commerciale ou technique, dans des conditions telles que cette entreprise est placée dans une situation de dépendance.

IV. — Lorsqu'il répond aux conditions requises pour bénéficier des dispositions de l'un des régimes prévus aux articles 44 *sexies*, 44 *sexies* A *(Abrogé par L. n° 2021-1900 du 30 déc. 2021, art. 35-I-9°)* « , 44 *septies* », 44 *octies* A, 44 *duodecies*, 44 *terdecies*, 44 *quindecies* ou 44 *sexdecies* et du régime prévu au présent article, le contribuable peut opter pour ce dernier régime dans les six mois suivant celui du début d'activité. L'option est irrévocable et emporte renonciation définitive aux autres régimes.

V. — Dans les zones d'aide à finalité régionale, le bénéfice de l'exonération est subordonné au respect des articles 13 et 14 du règlement (UE) n° 651/2014 de la Commission du 17 juin 2014 précité.

En dehors des zones d'aide à finalité régionale, le bénéfice de l'exonération est subordonné au respect de l'article 17 du même règlement.

L'exonération prévue à l'art. 44 septdecies s'applique à compter des impositions établies au titre de 2019 (L. n° 2018-1317 du 28 déc. 2018, art. 135-VI-A).

Entreprises implantées dans les zones de développement prioritaire. Application aux entreprises créées entre le 1er janv. 2019 et le 31 déc. 2020. Entreprises, activités et opérations concernées. Portée et calcul des allègements. * BOI-BIC-CHAMP-80-10-100 du 22 avr. 2020.

3 RÉVISION DES BILANS

Art. 45 1 et 2. *Dispositions périmées (Décr. n° 72-687 du 4 juill. 1972).*

3. La faculté de procéder à la révision des bilans est supprimée à raison des variations de prix postérieures au 30 juin 1959. — *V. toutefois art. 238 bis I.*

Art. 46 à 49 *Dispositions périmées (Décr. n° 72-687 du 4 juill. 1972).*

4 FIXATION DU BÉNÉFICE IMPOSABLE

A EXPLOITANTS INDIVIDUELS

BIBL. ▶ SERANDOUR, *JCP N 2001, p. 1316* (pluralité d'entreprises et foyer fiscal).

a *RÉGIME DES MICRO-ENTREPRISES*

Art. 50-0 **1.** *(L. nº 2017-1837 du 30 déc. 2017, art. 22)* **« Sont soumises au régime défini au présent article pour l'imposition de leurs bénéfices les entreprises dont le chiffre d'affaires hors taxes, ajusté s'il y a lieu au prorata du temps d'exploitation au cours de l'année de référence, n'excède pas, l'année civile précédente ou la pénultième année :**

« 1° *(Décr. nº 2020-897 du 22 juill. 2020, art. 1er)* **« 176 200 €** *[ancienne rédaction : 170 000 €]* **» s'il s'agit d'entreprises dont le commerce principal est de vendre des marchandises, objets, fournitures et denrées à emporter ou à consommer sur place ou de fournir le logement, à l'exclusion de la location directe ou indirecte de locaux d'habitation meublés ou destinés à être loués meublés, autres que ceux mentionnés aux 2° et 3° du III de l'article 1407 ;**

« 2° *(Décr. nº 2020-897 du 22 juill. 2020, art. 1er)* **« 72 600 €** *[ancienne rédaction : 70 000 €]* **» s'il s'agit d'autres entreprises.**

« Lorsque l'activité d'une entreprise se rattache aux deux catégories définies aux 1° et 2°, le régime défini au présent article n'est applicable que si le chiffre d'affaires hors taxes global de l'entreprise respecte la limite mentionnée au 1° et si le chiffre d'affaires hors taxes afférent aux activités de la catégorie mentionnée au 2° respecte la limite mentionnée au même 2°. »

Le résultat imposable, avant prise en compte des plus ou moins-values provenant de la cession des biens affectés à l'exploitation, est égal au montant du chiffre d'affaires hors taxes diminué d'un abattement de 71 % pour le chiffre d'affaires provenant d'activités de la *(L. nº 2017-1837 du 30 déc. 2017, art. 22)* **« catégorie mentionnée au 1° » et d'un abattement de 50 % pour le chiffre d'affaires provenant d'activités de la** *(L. nº 2017-1837 du 30 déc. 2017, art. 22)* **« catégorie mentionnée au 2° ». Ces abattements ne peuvent être inférieurs à 305 €.**

Les plus ou moins-values mentionnées au *(L. nº 2017-1837 du 30 déc. 2017, art. 22)* **« cinquième » alinéa sont déterminées et imposées dans les conditions prévues aux articles 39 *duodecies* à 39 *quindecies*, sous réserve des dispositions de l'article 151 *septies*. Pour l'application de la phrase précédente, les abattements mentionnés au** *(L. nº 2017-1837 du 30 déc. 2017, art. 22)* **« cinquième » alinéa sont réputés tenir compte des amortissements pratiqués selon le mode linéaire.**

(L. nº 2017-1837 du 30 déc. 2017, art. 22) **« Les seuils mentionnés aux 1° et 2° sont actualisés tous les trois ans dans la même proportion que l'évolution triennale de la première tranche du barème de l'impôt sur le revenu et arrondis à la centaine d'euros la plus proche. »** — *Les dispositions du présent 1, dans leur rédaction issue de l'art. 22 de la L. nº 2017-1837 du 30 déc. 2017, s'appliquent à compter de l'imposition des revenus de 2017. Pour les travailleurs indépendants relevant du régime prévu à l'art. L. 133-6-8 CSS, ces dispositions s'appliquent aux cotisations dues au titre des périodes courant à compter du 1er janv. 2018 (L. préc., art. 22-III).*

2. Sont exclus de ce régime :

a. **Les contribuables qui exploitent plusieurs entreprises dont le total des chiffres d'affaires excède les limites mentionnées** *(L. nº 2017-1837 du 30 déc. 2017, art. 22)* **« aux 1° et 2° » du 1, appréciées, s'il y a lieu, dans les conditions prévues au** *(L. nº 2017-1837 du 30 déc. 2017, art. 22)* **« quatrième » alinéa de ce même 1 ;**

(Abrogé par L. nº 2017-1837 du 30 déc. 2017, art. 22) ***« b. Les contribuables qui ne bénéficient pas des dispositions du I de l'article 293-B. Cette exclusion prend effet à compter du 1er janvier de l'année qui suit celle de leur assujettissement à la taxe sur la valeur ajoutée ; »***

c. **Les sociétés ou organismes dont les résultats sont imposés selon le régime des sociétés de personnes défini à l'article 8, à l'exception des sociétés à responsabilité limitée dont l'associé unique est une personne physique dirigeant cette société ;**

d. **Les personnes morales passibles de l'impôt sur les sociétés ;**

e. Les opérations portant sur des immeubles, des fonds de commerce ou des actions ou parts de sociétés immobilières et dont les résultats doivent être compris dans les bases de l'impôt sur le revenu au titre des bénéfices industriels et commerciaux ;

(Abrogé par L. n° 2017-1837 du 30 déc. 2017, art. 22) ***« f. Les opérations de location de matériels ou de biens de consommation durable, sauf lorsqu'elles présentent un caractère accessoire et connexe pour une entreprise industrielle et commerciale ; »***

g. Les opérations visées au 8° du I de l'article 35 ;

h. Les contribuables dont tout ou partie des biens affectés à l'exploitation sont compris dans un patrimoine fiduciaire en application d'une opération de fiducie définie à l'article 2011 du code civil ;

i. Les contribuables qui exercent une activité occulte au sens du deuxième alinéa de l'article L. 169 du livre des procédures fiscales ;

j. Les contribuables qui perçoivent des revenus d'un fonds de placement immobilier imposables dans les conditions définies au *e* du 1 du II de l'article 239 *nonies*.

3. Les contribuables concernés portent directement le montant du chiffre d'affaires annuel et des plus ou moins-values réalisées ou subies au cours de cette même année sur la déclaration prévue à l'article 170.

4. Les entreprises placées dans le champ d'application du présent article *(Abrogé par L. n° 2017-1837 du 30 déc. 2017, art. 22)* ***« ou soumises au titre de l'année 1998 à un régime forfaitaire d'imposition »*** peuvent opter pour un régime réel d'imposition. Cette option doit être exercée *(L. n° 2021-1900 du 30 déc. 2021, art. 7-I-1°-a, b, et II, applicable aux options et renonciations exercées à compter du 1er janv. 2022)*« dans les délais applicables au dépôt de la déclaration prévue à l'article 170 souscrite au titre de l'année précédant celle au titre de laquelle cette même option s'applique. Toutefois, lorsque de telles entreprises étaient soumises de plein droit à un régime réel d'imposition au titre de la période précédant celle au titre de laquelle elles sont placées dans le champ d'application du présent article, elles exercent cette option dans les délais applicables au dépôt de la déclaration souscrite au titre de l'année au titre de laquelle l'option s'applique. En cas de création d'entreprise, l'option est exercée dans les délais applicables au dépôt de la déclaration souscrite au titre de l'année de la première période d'activité. »

L'option pour un régime réel d'imposition est valable un an et reconduite tacitement chaque année *(L. n° 2017-1837 du 30 déc. 2017, art. 22)* « civile » pour un an. *(L. n° 2021-1900 du 30 déc. 2021, art. 7-I-1°-c et II, applicable aux options et renonciations exercées à compter du 1er janv. 2022)* « Les entreprises peuvent renoncer à cette option dans les délais applicables au dépôt de la déclaration souscrite au titre des résultats de l'année précédant celle au titre de laquelle la renonciation s'applique. »

5. Les entreprises qui n'ont pas exercé l'option visée au 4 doivent tenir et présenter, sur demande de l'administration, un livre-journal servi au jour le jour et présentant le détail de leurs recettes professionnelles, appuyé des factures et de toutes autres pièces justificatives. Elles doivent également, lorsque leur commerce principal est de vendre des marchandises, objets, fournitures et denrées à emporter ou à consommer sur place, ou de fournir le logement, tenir et présenter, sur demande de l'administration, un registre récapitulé par année, présentant le détail de leurs achats. — *V. égal. CGI, art. 151-0.*

Les dispositions du présent art., dans leur rédaction issue de l'art. 22 de la L. n° 2017-1837 du 30 déc. 2017, s'appliquent à compter de l'imposition des revenus de l'année 2017. Pour les entreprises relevant de plein droit d'un régime réel d'imposition au titre de l'imposition des revenus de l'année 2017 conformément aux dispositions applicables avant l'entrée en vigueur de l'art. 22 de la L. n° 2017-1837 du 30 déc. 2017, l'option pour un régime réel d'imposition doit être exercée avant la date limite de dépôt de la déclaration mentionnée à l'art. 53 A CGI pour les impositions dues au titre de l'année 2017 (L. préc., art. 22-III-A).

BIBL. Colombié, *BFL 2009, p. 735* (auto-entrepreneur : pistes pour un audit fiscal de chaque projet) ; *BFL 2011, p. 589 (les aspects fiscaux* de l'après-auto-entreprise).

1. Régime des micro-entreprises. Champ d'application. * BOI-BIC-DECLA-10-10-10 nos 1 à 50 du 1er juin 2018.

2. Auto-entrepreneur. V. note ss. art. 151-0.

3. Loueurs en meublé. L'Administration a précisé les seuils d'application du régime micro-BIC par les loueurs en meublé, les gîtes ruraux, les meublés de tourisme et les chambres d'hôtes. * BOI-BIC-CHAMP-40-20 du 5 févr. 2020.

4. Option pour un régime réel d'imposition. Lorsqu'un contribuable soumis de plein droit au régime micro-BIC n'a pas exercé une option pour un régime réel d'imposition dans le délai imparti par la loi, il ne peut plus en demander le bénéfice dans le délai de réclamation. • CE 26 nov. 2018, n° 417630 : *RJF 2019. 172, concl. Victor.*

5. Cotisations sociales. Un exploitant individuel soumis au régime micro-entreprise ne peut pas déduire de son revenu global les primes versées au titre de contrats d'assurance-groupe et les cotisations aux régimes facultatifs de sécurité sociale dès lors qu'elle sont présumées prises en compte par l'abattement forfaitaire pour charges. • TA Poitiers, 6 nov. 2003, n° 021598 : *RJF 2004. 339 ; Dr. fisc. 2004. 382.*

6. Chauffeur VTC. Le chiffre d'affaires à retenir pour apprécier le seuil d'application du régime micro-BIC par un chauffeur de véhicule de tourisme qui exerce son activité de transport de personnes au moyen de la plateforme internet de mise en relation d'une société doit prendre en compte les sommes correspondant à la commission retenue par cette société sur chaque prestation de transport. La circonstance que la commission soit prélevée par la société avant versement de la rémunération du chauffeur est sans incidence sur l'évaluation du chiffre d'affaires. • TA Lyon, 17 sept. 2019, n° 1805952 : *RJF 2020. 677.*

7. Entreprise en indivision. Les plafonds de chiffre d'affaires annuel fixés pour ouvrir droit au régime micro-BIC correspondent au montant du chiffre d'affaires total résultant de l'activité de l'entreprise, y compris lorsque cette entreprise est exploitée par une indivision dont les membres perçoivent directement du cocontractant la part de chiffre d'affaires correspondant à leur quote-part dans l'indivision. • CE (na) 29 juill. 2020, n° 436402 : *RJF 2020. 866.*

b

Art. 50 à 52 *ter* *Abrogés par L. n° 98-1266 du 30 déc. 1998, art. 7-I-1.*

c *RÉGIME DE L'IMPOSITION D'APRÈS LE BÉNÉFICE RÉEL*

Art. 53 *Abrogé par L. n° 83-1179 du 29 déc. 1983, art. 74.*

Art. 53 A Sous réserve des dispositions de l'article 302 *septies* A *bis*, les contribuables, autres que ceux soumis au régime défini à l'article 50-0, sont tenus de souscrire chaque année, dans les conditions et délais prévus aux articles 172 et 175, une déclaration permettant de déterminer et de contrôler le résultat imposable de l'année ou de l'exercice précédent.

Un décret fixe le contenu de cette déclaration ainsi que la liste des documents qui doivent y être joints. Ce décret édicte des définitions et des règles d'évaluation auxquelles les entreprises sont tenues de se conformer. — *V. Ann. III, art. 38 à 38 B et 38 ter à 38 quaterdecies.*

Les modèles d'imprimés de la déclaration et des documents prévus ci-dessus sont fixés par arrêté. — *V. Arr. du 17 juill. 1987 (JO 21 juill.) pour les sanctions, et art. 1763.*

Art. 54 Les contribuables mentionnés à l'article 53 A sont tenus de représenter à toute réquisition de l'administration tous documents comptables, inventaires, copies de lettres, pièces de recettes et de dépenses de nature à justifier l'exactitude des résultats indiqués dans leur déclaration.

Si la comptabilité est tenue en langue étrangère, une traduction certifiée par un traducteur juré doit être représentée à toute réquisition de l'administration.

Al. 3 abrogé.

1. Documents sociaux. L'Administration peut se faire représenter les procès-verbaux des assemblées générales d'actionnaires ou d'associés ou des conseils d'administration, les rapports de gestion et les rapports des commissaires aux comptes. * Rép. min. n° 758 : *JO Sénat Q, 21 août 1997, p. 2157.*

2. Société étrangère. La succursale française d'une société étrangère doit présenter à l'Administration, sur demande de celle-ci, les documents et pièces mentionnés à l'art. 54 de nature à justifier l'exactitude des résultats indiqués dans les déclarations de résultats qu'elle a souscrites. La circonstance que la convention fiscale signée avec l'État de résidence de la société étrangère ne prévoit pas l'obligation, pour l'établissement stable, de tenir une comptabilité respectant les règles du pays où il est installé est sans incidence à cet égard. • CE 13 juill. 2011, *Sté Stanford Research Institute International*, n° 313440 : *RJF 2011. 1133 ; Dr. fisc. 2011. 529, concl. Legras.*

Art. 54 *bis* Les contribuables visés à l'article 53 A sont tenus de fournir, en même temps que la déclaration des résultats de chaque exercice, un état comportant l'indica-

tion de l'affectation de chacun des véhicules de tourisme au sens *(Ord. n° 2021-1843 du 22 déc. 2021, art. 10-4°, en vigueur le 1er janv. 2022)* **« de l'article L. 421-2 du code des impositions sur les biens et services » ayant figuré à leur actif ou dont l'entreprise a assumé les frais au cours de cet exercice.**

Ces mêmes contribuables doivent obligatoirement inscrire en comptabilité, sous une forme explicite, la nature et la valeur des avantages en nature accordés à leur personnel.

1. Une société qui comptabilise indistinctement les avantages en nature accordés à son personnel dans son compte de frais généraux ne respecte pas l'art. 54 *bis* qui exige que ces avantages fassent l'objet d'une inscription en comptabilité sous une forme explicite. • CE 2 févr. 1996, n° 127833 : *Dr. fisc. 1996. 317.* ♦ En revanche, une société qui comptabilise les avantages en nature accordés à son personnel de façon explicite respecte l'art. 54 *bis*, alors même que ces avantages sont inscrits pour une valeur inférieure à leur valeur réelle. • CE 14 nov. 2005, n° 254313, *Lemoine : RJF 2006. 201.*

2. Il résulte du 2e al. et de l'art. 111 *c* que les avantages en nature qu'une entreprise accorde à ses salariés sans les mentionner explicitement dans sa comptabilité ne sont pas des charges déductibles des bénéfices de cette entreprise. • CAA Bordeaux, 1er avr. 1997, n° 95BX636 : *Dr. fisc. 1997. 1138* • TA Toulouse, 29 déc. 1998, n° 95469 : *RJF 1999. 535.* ♦ La comptabilisation de frais de déplacement personnels d'un dirigeant en frais généraux ne répond pas à l'exigence de comptabilisation explicite des avantages en nature telle qu'elle résulte de l'al. 2 de l'art. 54 *bis*. • CE 12 mai 2003, n° 234811 : *RJF 2003. 969.*

3. La suppression, dans l'art. 39-5, par la loi du 8 juill. 1987, de la sanction de non-déductibilité des charges non inscrites sur le relevé spécial de l'art. 54 *quater* n'a pas mis fin à la non-déductibilité des avantages en nature non inscrits en comptabilité résultant de l'art. 54 *bis*. • CAA Nantes, 6 avr. 1999, n° 96NT1153 : *RJF 1999. 836.*

4. Ne sont pas déductibles les loyers et autres dépenses liées à la jouissance d'une villa qu'une société expose pour assurer à ses gérants le logement prévu au titre des avantages en nature devant compléter leur rémunération. Il résulte en effet des art. 54 *bis* et 111 que ces frais revêtent un caractère occulte et sont constitutifs de revenus distribués lorsqu'ils n'ont pas été comptabilisés en tant qu'avantages en nature, ainsi que l'exige l'art. 54 *bis*, mais ont été comptabilisés indistinctement dans le compte de frais généraux. La portée des dispositions précitées n'a par ailleurs pas été affectée par l'art. 5 de la loi du 8 juill. 1987 relatif aux conséquences du défaut de mention de certaines charges sur le relevé de frais généraux prévu par l'art. 54 *quater*. • CE 24 mars 2006, n° 260787 : *RJF 2006. 666 ; concl. Vallée au BDCF 6/06 n° 70.*

5. Il résulte de l'al. 2 que les contribuables soumis à un régime réel d'imposition des BIC doivent obligatoirement inscrire en comptabilité, sous une forme explicite, la nature et la valeur des avantages en nature accordés à leur personnel. Une société qui comptabilise les avantages en nature accordés à son personnel de façon explicite respecte ces dispositions même si elle les inscrit pour une valeur inférieure à leur valeur réelle. • CE 29 sept. 2000, n° 198325, *Le Diberder : Dr. fisc. 2001. 217 ; RJF 2000. 1457, chron. Maïa, p. 395.* ♦ A défaut de comptabilisation explicite et de mention sur le relevé détaillé de frais et charges mentionné à l'art. 54 *quater*, l'avantage en nature consistant dans la mise à disposition du P-DG d'un appartement présente un caractère occulte au sens des dispositions de l'art. 111 c, sans qu'il y ait lieu de rechercher s'il a pour effet de porter la rémunération du bénéficiaire à un niveau excessif. La fraction non déclarée de l'avantage en nature est imposable au nom de ce dernier dans la catégorie des revenus de capitaux mobiliers. • Même arrêt. ♦ Dans le même sens, pour des frais de déplacements professionnels non justifiés : • CE 1er juill. 2020, n° 432752 : *RJF 2020. 788.*

6. Une société qui comptabilise les avantages en nature accordés à son personnel de façon explicite respecte l'art. 54 *bis*, alors même que ces avantages auraient été inscrits pour une valeur inférieure à leur valeur réelle. L'avantage en nature inscrit en comptabilité par la société au titre de la mise à disposition de ses dirigeants d'un hôtel particulier doit être regardé comme incluant, dans son principe, non seulement la prise en charge du loyer mais aussi celle des charges locatives. Si le montant retenu par la société était sous-évalué et, notamment, ne tenait pas compte de celui des charges, l'administration ne pouvait regarder comme occulte l'avantage résultant pour ces dirigeants de la prise en charge par la société de cette dernière somme. Celle-ci doit dès lors être réintégrée dans la base d'imposition de ces contribuables au titre de traitements et salaires et non en tant que revenus distribués. • CE 14 nov. 2005, n° 254313 : *RJF 2006. 201.*

Art. 54 *ter* **En vue de l'application des dispositions des articles 39 *bis*** *(L. n° 2017-1837 du 30 déc. 2017, art. 91)* **« à 39 *bis* B », les entreprises intéressées sont tenues de joindre à chaque déclaration qu'elles souscrivent pour l'établissement de l'impôt sur le**

revenu un relevé indiquant distinctement le montant des dépenses effectuées en vue des objets indiqués auxdits articles au cours de la période à laquelle s'applique la déclaration, par prélèvement, d'une part, sur les bénéfices de ladite période et, d'autre part, sur les provisions constituées, en vertu des mêmes articles, au moyen des bénéfices des périodes précédentes.

Art. 54 *quater* Les entreprises sont tenues de fournir, à l'appui de la déclaration de leurs résultats de chaque exercice, le relevé détaillé des catégories de dépenses visées au 5 de l'article 39, lorsqu'elles dépassent un certain montant fixé par arrêté du ministre chargé de l'économie et des finances, ainsi que le relevé détaillé des dépenses mentionnées au troisième alinéa de l'article 238 A et déduites pour l'établissement de leur impôt. — *V. Ann. II, art. 36, et Ann. IV, art. 4 J à 4 L.*

Art. 54 *quinquies* *Abrogé par L. nº 87-502 du 8 juill. 1987, art. 5-I-2º.*

Art. 54 *sexies* Les sociétés débitrices des intérêts versés au titre des sommes mises à leur disposition par les associés ou actionnaires et portées sur un compte bloqué individuel doivent joindre à leur déclaration de résultats un état des sommes mises à leur disposition.

Le non-respect de l'obligation fixée au premier alinéa entraîne, nonobstant toutes dispositions contraires, l'exigibilité immédiate des impôts dont ont été dispensés les associés ou actionnaires et la société, assortis, le cas échéant, de l'intérêt de retard prévu à l'article 1727, décompté à partir de la date à laquelle ces impôts auraient dû être acquittés.

Art. 54 *septies* I. — Les entreprises placées sous l'un des régimes prévus par les 5 *bis* (*L. nº 2021-1900 du 30 déc. 2021, art. 21-I-2º-a*) « [,] 5 *ter* » (*L. nº 2017-1775 du 28 déc. 2017, art. 15*) « et 7 à 7 *ter* de l'article 38, l'article 38 *septies* », le II *bis* de l'article 208 C et les articles 151 *octies*, 151 *octies* A, 151 *octies* B, 210 A, 210 B, 210 D et 238 *quater* K du présent code doivent joindre à leur déclaration de résultat un état conforme au modèle fourni par l'administration faisant apparaître, pour chaque nature d'élément, les renseignements nécessaires au calcul du résultat imposable de la cession ultérieure des éléments considérés. Un décret précise le contenu de cet état. — *V. Ann. III, art. 38 quindecies.*

II. — Les plus-values dégagées sur des éléments d'actif non amortissables à l'occasion d'opérations d'échange, de cession, de fusion, d'apport, de scission, de transformation et dont l'imposition a été reportée, par application des dispositions des 5 *bis* (*L. nº 2021-1900 du 30 déc. 2021, art. 21-I-2º-b*) « [,] 5 *ter* » (*L. nº 2017-1775 du 28 déc. 2017, art. 15*) « et 7 à 7 *ter* de l'article 38, de l'article 38 *septies* », du 2 de l'article 115, du II *bis* de l'article 208 C et de celles des articles 151 *octies*, 151 *octies* A, 151 *octies* B, 210 A, 210 B, 210 D, 248 A et 248 E sont portées sur un registre tenu par l'entreprise qui a inscrit ces biens à l'actif de son bilan. Il en est de même des plus-values dégagées sur des éléments d'actif non amortissables résultant du transfert dans ou hors d'un patrimoine fiduciaire et dont l'imposition a été reportée par application de l'article 238 *quater* B ou de l'article 238 *quater* K. Lorsque l'imposition est reportée en application de l'article 238 *quater* B, le registre est tenu par le fiduciaire qui a inscrit ces biens dans les écritures du patrimoine fiduciaire.

Ce registre mentionne la date de l'opération, la nature des biens transférés, leur valeur comptable d'origine, leur valeur fiscale ainsi que leur valeur d'échange ou leur valeur d'apport. Il est conservé dans les conditions prévues à l'article L. 102 B du Livre des procédures fiscales jusqu'à la fin de la troisième année qui suit celle au titre de laquelle le dernier bien porté sur le registre est sorti de l'actif de l'entreprise ou du patrimoine fiduciaire. Il est présenté à toute réquisition de l'administration.

(*Abrogé par L. nº 2018-1317 du 28 déc. 2018, art. 35-2º*) « ***III. — Pour les scissions de société, placées sous le régime prévu aux articles* 210 A *et* 210 B*, les sociétés bénéficiaires des apports doivent produire un état indiquant la situation de propriété, au cours de l'exercice, des titres représentatifs des apports que les associés de la société scindée se sont engagés à conserver pendant trois ans. Cet état, conforme au modèle fixé par l'administration, doit***

***être joint à leurs déclarations de résultats souscrites au titre de la période couverte par l'engagement de conservation des titres. »** – V. Ann. III, art. 38 quindecies.*

V. Ann. III, art. 38 quinquies, 38 septies, 38 nonies, 38 undecies et 38 quindecies.

Doctrine administrative. Obligations déclaratives (état de suivi et registre des plus-values). Sanctions applicables. * BOI-IS-FUS-60-10-20 du 7 janv. 2013.

Art. 54 *octies* *(L. nº 2006-1771 du 30 déc. 2006, art. 77-IV et VII)* **Les contribuables mentionnés au premier alinéa du 1 du II de l'article 39 C sont tenus de fournir, dans le mois qui suit le début de l'amortissement admis en déduction du résultat imposable, une déclaration conforme à un modèle fourni par l'administration faisant apparaître notamment certains éléments du contrat et leur résultat prévisionnel durant l'application du contrat. Un décret précise le contenu et les conditions de dépôt de cette déclaration.** – *V. Ann. III, art. 38 quindecies A.*

Art. 55 Le service des impôts vérifie les déclarations. Il peut rectifier les déclarations en se conformant à la procédure prévue à l'article L. 55 du Livre des procédures fiscales.

Art. 56 Les ingénieurs des mines peuvent, au lieu et place des agents des impôts ou concurremment avec ces agents, être appelés à vérifier les déclarations des contribuables visés au deuxième alinéa de l'article 34, et des entreprises exploitant des carrières.

Art. 57 Pour l'établissement de l'impôt sur le revenu dû par les entreprises qui sont sous la dépendance ou qui possèdent le contrôle d'entreprises situées hors de France, les bénéfices indirectement transférés à ces dernières, soit par voie de majoration ou de diminution des prix d'achat ou de vente, soit par tout autre moyen, sont incorporés aux résultats accusés par les comptabilités. Il est procédé de même à l'égard des entreprises qui sont sous la dépendance d'une entreprise ou d'un groupe possédant également le contrôle d'entreprises situées hors de France.

La condition de dépendance ou de contrôle n'est pas exigée lorsque le transfert s'effectue avec des entreprises établies dans un État étranger ou dans un territoire situé hors de France dont le régime fiscal est privilégié au sens du deuxième alinéa de l'article 238 A ou établies ou constituées dans un État ou territoire non coopératif au sens de l'article 238-0 A.

En cas de défaut de réponse à la demande faite en application de l'article L. 13 B du livre des procédures fiscales ou en cas d'absence de production ou de production partielle de la documentation mentionnée au III de l'article L. 13 AA et à l'article L. 13 AB du même livre, les bases d'imposition concernées par la demande sont évaluées par l'administration à partir des éléments dont elle dispose et en suivant la procédure contradictoire définie aux articles L. 57 à L. 61 du même livre.

A défaut d'éléments précis pour opérer les rectifications prévues aux premier, deuxième et troisième alinéas, les produits imposables sont déterminés par comparaison avec ceux des entreprises similaires exploitées normalement.

BIBL. ► BURGUBURU, *RJF 2008, p. 667* (transfert de bénéfices et expansion à l'étranger : une jurisprudence au parfum). – COZIAN, *GPFE, doc. 29* (transactions intragroupes). – LABRUNE, *RJF 2016, p. 689* (actualité de l'art. 57 CGI). – PONS, *BFL 2012, p. 5* (les mesures contre l'évasion fiscale internationale et la Constitution). – TRONNET, *Dr. fisc. 2008. 327* (la décision CJCE du 13 mars 2007, nº 524/04 : un plaidoyer « indirect » en faveur de l'euro-compatibilité de l'art. 57 CGI ?).

1. Conformité à la Constitution. Refus de renvoi au Conseil constitutionnel d'une QPC soulevée à l'encontre de l'art. 57 dès lors que le moyen tiré de la violation du principe d'égalité devant la loi et du *principe d'égalité devant les charges publiques* n'est pas sérieux. • CE 2 mars 2011, nº 342099 : *RJF 2011. 733 ; concl. Geffray au BDCF 6/11, nº 73.*

2. Doctrine administrative. 1º Définition et détermination du prix de transfert, politique de contrôle et des obligations documentaires. * BOI-BIC-BASE-80-10 du 18 juill. 2018. ♦ 2º Contrôle et procédure de remise en cause des prix de transfert. * BOI-BIC-BASE-80-20 du 2 sept. 2015.

3. Entreprises concernées. L'art. 57 est applicable à toute entreprise imposable en France, y compris une succursale française d'une société dont le siège est à l'étranger, sans qu'y fasse obstacle la circonstance que la succursale n'a pas de personnalité morale. • CE 9 nov. 2015, *Sté Sodirep Textiles SA-NV*, nº 370974 : *RJF 2016. 121, concl. Nicolazo de Barmon ; Dr. fisc. 2016. 377,* *note Silberztein, Granel, Calloud et Valeteau.* ♦ V. aussi note 9.

4. Versement d'intérêts ou prêts sans intérêt à une société étrangère. L'art. 57 n'a pas pour objet ou pour effet d'autoriser l'Administration fiscale à apprécier le caractère normal du choix opéré par une entreprise étrangère de financer par l'octroi d'un prêt, de préférence à un apport de fonds propres, l'activité d'une entreprise française qu'elle détient ou contrôle et à en tirer, le cas échéant, de quelconques conséquences fiscales. • CE, sect., 30 déc. 2003, n° 233894, *SA Andritz : RJF 2004. 238 ; concl. Bachelier au BDCF 3/04, n° 33 ; Dr. fisc. 2004. 427, concl. Bachelier.* ♦ Les avantages consentis par une entreprise imposable en France au profit d'une entreprise située hors de France sous la forme de l'octroi de prêts sans intérêt constituent l'un des moyens de transfert indirect de bénéfices à l'étranger. • CE 9 nov. 2015, *Sté Sodirep Textiles SA-NV,* n° 370974 : *préc. note 3.*

5. Charge et administration de la preuve. Il incombe à l'Administration d'établir le lien de dépendance entre les deux entreprises et l'existence d'un avantage au profit de l'entreprise située hors de France. Si ces faits sont établis, il revient à l'entreprise française de justifier que l'opération a été effectuée dans son intérêt et ne constitue pas un transfert de bénéfices. • CE, plén., 27 juill. 1988, n° 50020 : *Dr. fisc. 1988. 2202 ; RJF 1988. 1139, concl. Fouquet, p. 577* • 21 févr. 1990, n° 84483 : *Dr. fisc. 1990. 1305, concl. Fouquet ; RJF 1990. 376.* ♦ Dès lors que l'Administration établit l'existence d'un lien de dépendance et d'une pratique entrant dans les prévisions de l'art. 57, celui-ci institue une présomption de transfert indirect de bénéfices, qui ne peut utilement être combattue par l'entreprise imposable en France qu'à charge, pour celle-ci, d'apporter la preuve que les avantages qu'elle a consentis ont été justifiés par l'obtention de contreparties favorables à sa propre exploitation. • CE 8 juin 2005, n° 255918 : *RJF 2005. 893 ; Dr. fisc. 2005. 624, concl. Vallée.*

6. Lorsque l'Administration constate que les prix facturés par une entreprise établie en France à une entreprise étrangère qui lui est liée sont inférieurs à ceux pratiqués par des entreprises similaires exploitées normalement, c'est-à-dire dépourvues de liens de dépendance, l'Administration doit être regardée comme établissant l'existence d'un avantage qu'elle est en droit de réintégrer dans les résultats de l'entreprise française, sauf pour celle-ci à justifier que cet avantage a eu pour elle des contreparties au moins équivalentes. A défaut d'avoir procédé à une telle comparaison, l'Administration n'est pas fondée à invoquer la présomption de transfert de bénéfices ainsi instituée mais doit, pour démontrer qu'une entreprise a consenti une libéralité en facturant des prestations à un prix insuffisant, établir l'existence d'un écart injustifié entre le prix convenu et la valeur vénale du bien cédé ou du service rendu. • CE 7 nov. 2005, n°s 266436 et 266438, *Sté Cap Gemini : RJF 2006. 17, concl. Glaser, p. 5 ; Dr. fisc. 2006. 311, concl. Glaser.* ♦ La présomption de transfert de bénéfices à l'étranger ne joue pas si l'Administration n'a pas comparé les prix pratiqués soit par l'entreprise avec d'autres clients dépourvus de liens de dépendance avec elle, soit par des entreprises similaires exploitées normalement avec des clients dépourvus de liens de dépendance, sans que cet écart s'explique par la situation différente de ces clients. • CE 16 mars 2016, *Sté Amycel France,* n° 372372 : *RJF 2016. 517, concl. Aladjidi ; Dr. fisc. 2016. 639, note Silberztein et Nguyen-Lapierre* • 21 sept. 2016, *Sté Property Investment Holding France,* n° 382733 : *RJF 2016. 1066, concl. Bokdam-Tognetti ; Dr. fisc. 2016. 677, note Lugand.* ♦ L'Administration n'est fondée à corriger le taux de marge d'une société que pour autant que celui-ci ne se situe pas dans l'intervalle de pleine concurrence résultant des données issues d'autres sociétés exerçant des activités similaires. • CAA Versailles, 29 déc. 2016, *Sté TCL Belgium,* n°s 14VE02126 et 15VE02541 : *RJF 2017. 306, concl. Coudert ; Dr. fisc. 2017. 265, note Silberztein et Caulliez.*

7. L'Administration doit prouver un avantage anormal par nature ou par comparaison. La déduction, par une société ayant une activité de recherche, pour la détermination du prix de cession de sa recherche, du montant de subventions dont elle a bénéficié, ne peut par elle-même et indépendamment du niveau de prix de cession auquel cette déduction conduit, permettre de présumer un transfert indirect de bénéfices à l'étranger. • CE 19 sept. 2018, *Min. c/ Sté Philips France,* n° 405779 : *RJF 2018. 1216, concl. Victor ; Dr. fisc. 2018. 471, note Bonneaud.* ♦ La présomption de transfert de bénéfices ne peut résulter de la seule absence de refacturation de redevances. • CE (na), 28 sept. 2020, *Min. c/ Sté Dow France,* n° 436075 : *RJF 2020. 986, concl. Nicolazo de Barmon.*

8. Lorsque l'Administration établit l'existence de faits ou d'écritures comptables qui révèlent un transfert de bénéfices d'une entreprise imposable en France à une entreprise située hors de France, l'art. 57 institue une présomption à l'encontre du contribuable qui, par suite, supporte la charge de prouver, quel que soit le déroulement de la procédure d'imposition, que ces faits ou écritures sont justifiés par une gestion normale des intérêts propres à l'entreprise imposable en France. • CAA Lyon, 14 mars 2002, n° 00LY2403 : *Dr. fisc. 2002. 984.*

9. Relations entre les deux entreprises. Condition de dépendance. L'existence d'un lien de dépendance entre deux sociétés, pour l'application de l'art. 57, n'est pas subordonnée à celle d'un lien capitalistique ou à la présence de dirigeants de droit communs. • CE 15 avr. 2016, Sté *LifeStand Vivre Debout (LSVD)*, n° 372097 : *RJF 2016. 603 ; Dr. fisc. 2016. 670, note Silberztein et Granel.* ♦ L'art. 57 n'est pas applicable lorsque la société française n'a entretenu aucune relation commerciale ou financière avec la société étrangère. • CAA Lyon, 3 avr. 1996, n° 93LY1194 : *Dr. fisc. 1996. 636.* ♦ Une société française distributrice doit être regardée comme étant sous la dépendance de fait d'une société suisse de fabrication appartenant au même groupe dès lors que les prix d'achat et de revente ainsi que les délais de paiement lui sont imposés par la société suisse. • CAA Paris, 30 avr. 2004, n° 99PA2135 : *RJF 2004. 866.* ♦ Une société française, installée en Guyane, qui revend la totalité de ses achats d'or à une société chypriote et dont les dépenses d'installation ainsi que le financement permanent sont assurés par cette société chypriote, doit être regardée comme étant sous la dépendance de fait de cette dernière. • CAA Bordeaux, 8 déc. 2005, n° 02BX1366 : *Dr. fisc. 2006. 500 ; RJF 2006. 360 ; concl. Doré au BDCF 4/06, n° 43.*

10. Abandon de créances consenti à une filiale étrangère. Une société établit que les abandons de créances consentis à sa filiale espagnole ont été justifiés par une gestion normale de ses intérêts propres en faisant valoir, sans être contredite, que les abandons de créances étaient destinés à faciliter son implantation en Espagne, pays dans lequel elle souhaitait développer un nouveau marché, et que sa filiale, exclusivement chargée de l'écoulement de ses produits, constituait quasiment son seul débouché dans ce pays et dès lors qu'à la date à laquelle ils ont été consentis, leur montant n'est pas excessif au regard des résultats espérés dans les objectifs de développement assignés à sa filiale nonobstant la circonstance qu'en raison des difficultés commerciales rencontrées par cette dernière, les ventes réalisées par l'intermédiaire de celle-ci n'ont représenté qu'un faible pourcentage de son chiffre d'affaires et que le bénéfice retiré s'est révélé sans rapport avec l'importance des efforts commerciaux consentis. • CAA Lyon, 14 mars 2002, n° 00LY2403 : *préc. note 8.*

11. Abandon de créances consenti à une succursale d'une filiale étrangère. Dans la mesure où une succursale est dépourvue de personnalité morale, un tel abandon de créance doit être apprécié au regard des relations entre la société mère et sa filiale. Le caractère normal *de l'abandon de créance* doit être établi compte tenu non seulement de l'intérêt stratégique et commercial que présente le marché d'implantation de la succursale mais également des besoins de financement de la filiale. La société ne justifie pas de son intérêt propre à consentir de tels abandons à des succursales situées en Australie et à Singapour. En effet, même si les marchés en cause présentent un intérêt stratégique et commercial pour la distribution des produits de la société et si la filiale souhaite développer d'autres marchés en Asie pour ces mêmes produits, ses besoins de financement pour le développement commercial de sa société mère ne sont pas établis. • CE 11 avr. 2008, n° 281033, *SA Guerlain : RJF 2008. 788, concl. Vérot au BDCF 7/08, n° 85 ; Dr. fisc. 2008. 302, concl. Vérot, note Taly.*

12. Cession de titres non cotés. La cession par une société française à sa filiale luxembourgeoise des titres d'une société non cotée en bourse ne peut être regardée comme une libéralité constitutive d'un transfert de bénéfices à l'étranger, dès lors que l'écart entre le prix de cession et la valeur des titres estimée par l'Administration, qui ne s'élève qu'à 17,5 %, ne présente pas un caractère significatif. • TA Montreuil, 31 oct. 2012, *Sté Rexel Développement*, n° 1102422 : *RJF 2013. 592.*

13. Vente d'or et de matériels à prix réduit. Une société française dépendante d'une société chypriote doit être regardée comme ayant opéré un transfert de bénéfices à l'étranger au profit de la société chypriote dès lors que la répartition de la marge brute calculée par différence entre le prix de vente de l'or à la bourse de Zurich et le prix d'achat en Guyane se faisait à raison de 6,14 F pour la société chypriote qui ne supportait que les frais de transformation et de fonte de l'or en lingot et de 0,94 F pour la société française qui supportait les frais de collecte du métal, les risques de change et de transport. • CAA Bordeaux, 8 déc. 2005, n° 02BX1366 : *RJF 2006. 360 ; concl. Doré au BDCF 4/06, n° 43.* ♦ Constituent un transfert de bénéfices les minorations de prix de vente de matériels et fournitures de nautisme effectuées par une société française au profit d'une société tunisienne à laquelle elle sous-traite la fabrication de ses bateaux, et qui bénéficie d'un régime fiscal privilégié en Tunisie. • TA Poitiers, 5 févr. 2015, *SARL Indigo Yacht*, n° 1200893 : *RJF 2015. 392.*

14. Prise en charge de frais de filiales ou de sociétés mères. La prise en charge, par la filiale française, des cotisations sociales dues pour les cadres expatriés dans des sociétés sœurs étrangères et des indemnités d'expatriation qui leur sont versées constitue un avantage consenti à la société mère dès lors que celle-ci justifiait de son intérêt à supporter ces charges et percevait de ses filiales étrangères des redevances d'un montant au moins égal au surcoût impliqué par l'expatriation des cadres. • CE 28 avr. 2006, *Min. Économie c/ Sté Atys France*, n° 278738 : *RJF 2006. 837.* ♦ De même, constituent un transfert indirect de bénéfices à l'étranger : la prise en charge par une filiale française des frais du contrôle assuré sur sa propre gestion dans l'intérêt exclusif de sa société mère hollandaise. • CAA Paris,

11 févr. 1997, n° 94PA511 : *D. 1999. J. 64, note Tixier et Hamonic-Gaux* ; *Dr. fisc. 1998. 801, concl. Martel ; RJF 1998. 245.* ♦ ... La prise en charge par une filiale française de prestations réalisées par la société mère hollandaise, qui consistaient à assurer le développement du groupe dans différents pays, dont la France, à optimiser la gestion de la trésorerie du groupe, à coordonner l'activité des filiales et à contrôler la tenue de la comptabilité, autant de prestations qui ne pouvaient pas être regardées comme des prestations réalisées dans le seul intérêt de la filiale française. • CE 9 déc. 2015, *Sté Property Investment Holding France*, n° 367897 : *RJF 2016. 224 ; Dr. fisc. 2016. 181, concl. Bohnert.* ♦ ... La pratique consistant pour une société mère américaine à refacturer à raison d'un audit général du groupe les frais d'audit interne qu'elle a exposés pour sa filiale, l'audit général ayant pour objet de satisfaire aux obligations exigées de la société mère pour sa cotation à New-York. • CE 13 déc. 2017, *Sté Office Dépôt Participations France*, n° 387975 : *RJF 2018. 252.* ♦ ... L'insuffisante rémunération perçue par une entreprise établie en France qui expose des charges contribuant au développement de la valeur d'une marque appartenant à sa société mère établie hors de France. • CE 23 nov. 2020, n° 425577 : *RJF 2021. 116.* ♦ ... L'absence de contrepartie à la prise en charge, par une entreprise établie en France, du développement d'une marque de la société mère établie hors de France. • CE 17 juin 2021, n° 433985 : *RJF 2021. 907.*

15. Une société française déficitaire appartenant à un groupe danois ne peut, au terme d'une analyse fonctionnelle, être regardée comme un « entrepreneur principal » dans ses relations avec ses filiales italiennes et espagnoles, de sorte qu'elle ne justifie pas des prix de vente de sa production calculés selon la méthode du « coût marginal majoré » (« *marginal cost plus* ») qui, couvrant l'intégralité des frais variables, ne couvre que 25 % des coûts fixes. • CE (na) 13 juill. 2021, n° 448139 : *RJF 2021. 1002.* ♦ La démonstration du caractère anormal d'un taux de marge nette ne peut pas être fondée sur le seul constat que la société n'a pas le statut d'« entrepreneur principal » au sein du groupe dont elle fait partie. • CE 4 oct. 2021, n° *443130 : RJF 2021. 1094.*

16. Mise en œuvre d'une garantie pour perte de change. La garantie pour perte de change qu'une société française a accordée sans contrepartie à une société luxembourgeoise à l'occasion d'un emprunt contracté en devises étrangères et la déduction de la perte exceptionnelle qui en résulte constituent un transfert de bénéfices. • CAA Paris, 13 mars 2012, *Sté Sodefra Finances*, n° 10PA00958 : *RJF 2012. 1105.*

17. Financement d'une filiale à 100 % par souscription d'obligations convertibles faiblement rémunérées. Une société française actionnaire unique d'une société anglaise et qui a souscrit à l'ensemble des obligations convertibles en actions émises par cette dernière, à un taux de rémunération inférieur de plus de 3 % à celui d'obligations classiques. Cette différence de taux de rémunération peut être regardée comme un transfert indirect de bénéfices à l'étranger. • TA Montreuil, 2 juill. 2019, *Sté EDF International et Sté EDF*, n°s 1705606 et 1705609 : *RJF 2019. 1019 ; Dr. fisc. 2019. 418, note Fontaine.*

18. Prix de transfert. BIBL. Bonneaud, *FR Lefebvre 7/21, inf. 6* (prix de transfert et covid-19). – Bonneaud et Fontaine, *Dr. fisc. 2011. Étude 612* (prix de transfert et droit de la concurrence). – Bourtourault et Bénard, *Dr. fisc. 2009. 576* (relations intragroupe, prix de transfert et acte anormal de gestion : vers une convergence des règles de preuve applicables aux opérations nationales et internationales ?) ; – Comolet-Tirman, *Dr. fisc. 2012. 313* (peut-on en finir avec les prix de transfert ?). – Escaut, *Dr. fisc. 2004, p. 162* (méthodes de détermination des prix de transfert : critères de choix et modalités d'application). – Gelin et Le Boulanger, *BFL 2004, p. 661* (établissement stable et prix de transfert : deux faces d'un même miroir ?). – Gharbi, Le contrôle fiscal des prix de transfert, *L'Harmattan, 2005*. – Godé, *Dr. fisc. 2007. 939* (l'OCDE, les méthodes de bénéfices et la comparabilité). – Guédon, *Dr. fisc. 2018. 392* (*blockchain* et prix de transfert). – Israël et Bouhours, *Dr. fisc. 2005, p. 481* (contentieux en matière de prix de transfert : quelles leçons faut-il tirer de la jurisprudence ?). – Le Boulanger, *BFL 2007, p. 551* (prix de transfert : la DGI étoffe sa doctrine). – Monsellato, Truchi et Pellefigue, *Dr. fisc. 2004, p. 716* (comparables dépendants et indépendants : les tentations de l'administration fiscale française). – OCDE, Principes applicables en matière de prix de transfert à l'intention des entreprises multinationales et des administrations fiscales, *éd. 2017*. – Pellefigue, *BFL 2014, p. 653* (prix de transfert ; un changement radical s'impose). – Silberztein, *Dr. fisc. 2008. 564* (rapport OCDE : les aspects des prix de transfert des réorganisations d'entreprises) ; *Dr. fisc. 2010. Étude 501* (la révision des principes de l'OCDE applicables en matière de prix de transfert) ; *Dr. fisc. 2011. Étude 344* (prix de transfert et actifs incorporels : travaux en cours de l'OCDE). – Taly et Schiele, *Dr. fisc. 2003, p. 960* (les dispositions françaises tendant au contrôle des prix de transfert sont-elles « euro-compatibles ? »). – Truchis, *BFL 2010, p. 295* (prix de transfert : un benchmark est-il une preuve ?). – Villemot, *FR Lefebvre 1/15, p. 8* (la CVAE : le parent pauvre des prix de transfert). – X..., Prix de transfert, *Éd. F. Lefebvre, 2020.*

19. Accord préalable. Une procédure d'accord préalable permet aux entreprises multinationales de faire valider par l'Administration fiscale la méthode de détermination des prix de transfert qui s'appliquera à leurs transactions intra-groupe futures. Procédure prévue par l'art. L. 80 B-7° LPF. * BOI-SJ-RES-20-20 du 1er févr. 2017.

20. Justification des prix de transfert. Les art. L. 13 AA et L. 13 AB LPF instaurent une obligation documentaire destinée à justifier des prix de transfert pratiqués par les grandes entreprises dans le cadre de transactions de toute nature réalisées avec des entreprises associées. * BOI-BIC-BASE-80-10-40 du 18 juill. 2018. ♦ L'imprimé n° 2257-SD destiné à permettre aux grandes entreprises visées à l'art. L. 13 AA LPF de déclarer leur politique de prix de transfert est en ligne sur le site de la DGFiP, accompagné de sa notice.

21. Obligation déclarative en matière de prix de transfert. Commentaire administratif. * BOI-BIC-BASE-80-10-40 du 18 juill. 2018.

Art. 58 *Transféré ss. art. L. 75 et R* 75-1 LPF.*

Art. 59 *Transféré ss. art. L. 73-1° LPF.*

B ASSOCIÉS EN NOM DES SOCIÉTÉS DE PERSONNES ET MEMBRES DES SOCIÉTÉS EN PARTICIPATION

Art. 60 Le bénéfice des sociétés visées à l'article 8 est déterminé, dans tous les cas, dans les conditions prévues pour les exploitants individuels.

Ces sociétés sont tenues aux obligations qui incombent normalement aux exploitants individuels. — *V. égal. LPF, art. L. 53.*

Art. 61 *Abrogé par L. du 28 déc. 1959, art. 11 et 28.*

C MEMBRES DES COPROPRIÉTÉS DE NAVIRES ET DE CHEVAL DE COURSE OU D'ÉTALON

Art. 61 A Les résultats à déclarer par les copropriétés mentionnées aux articles 8 *quater* et 8 *quinquies* sont déterminés dans les conditions prévues pour les exploitants individuels soumis au régime du bénéfice réel, avant déduction respectivement de l'amortissement du navire, du cheval de course ou de l'étalon.

Les copropriétés sont tenues aux obligations qui incombent à ces exploitants. — *V. aussi LPF, art. L. 53.*

Copropriété de navire. Il résulte des art. 8 *quater*, 35, 61 A et 39 E que les bénéfices industriels et commerciaux imposables d'un copropriétaire de navire doivent être déterminés en deux étapes, d'abord au niveau de la copropriété, laquelle doit tenir la comptabilité des opérations d'exploitation du navire, dont elle n'a que la jouissance et qui ne figure donc pas à l'actif de son bilan, ensuite au niveau du copropriétaire, lequel doit comptabiliser, outre sa quote-part des résultats de l'exploitation de la copropriété, ses propres opérations patrimoniales d'acquisition des quirats, les charges d'amortissement et le cas échéant d'emprunt supportées à ce titre, ainsi que le produit de leur cession éventuelle. • CE 28 juill. 2004, n° 250640 : *RJF 2004. 1124 ; concl. Glaser au BDCF 11/04, n° 137.*

III *RÉMUNÉRATIONS ALLOUÉES AUX GÉRANTS ET ASSOCIÉS DE CERTAINES SOCIÉTÉS*

Art. 62 Les traitements, remboursements forfaitaires de frais et toutes autres rémunérations sont soumis à l'impôt sur le revenu au nom de leurs bénéficiaires s'ils sont admis en déduction des bénéfices soumis à l'impôt sur les sociétés par application de l'article 211, même si les résultats de l'exercice social sont déficitaires, lorsqu'ils sont alloués :

***a)* aux gérants majoritaires des sociétés à responsabilité limitée n'ayant pas opté pour le régime fiscal des sociétés de personnes dans les conditions prévues à l'article 3-IV du décret n° 55-594 du 20 mai 1955 modifié ou dans celles prévues à l'article 239 *bis* AA ou à l'article 239 *bis* AB ;**

***b)* aux gérants des sociétés en commandite par actions ;**

***c)* aux associés en nom des sociétés de personnes, aux membres des sociétés en participation et aux associés mentionnés aux 4° et 5° de l'article 8 lorsque ces sociétés ou exploitations ont opté pour le régime fiscal des sociétés de capitaux.**

Le montant imposable des rémunérations visées au premier alinéa est déterminé, après déduction des cotisations et primes mentionnées à l'article 154 *bis*, selon les règles prévues en matière de traitements et salaires.

1. Gérants majoritaires. L'art. 62 vise les gérants de SARL qui détiennent la majorité des parts sociales, soit individuellement, soit en additionnant leurs parts avec celles des autres gérants statutaires ou de fait. • CE 24 oct. 1962, n°s 51310 et 51315 : *Dupont 1962. 742* • CAA Lyon, 8 nov. 1995, n° 94LY244 : *Dr. fisc. 1996. 625.*

2. Pour apprécier si la gérance est majoritaire, on considère non seulement les parts détenues directement par les gérants, mais aussi les parts qu'ils détiennent par l'intermédiaire d'une société qu'ils contrôlent. * BOI-RSA-GER-10-10-10-10 n° 190 du 12 sept. 2012.

3. Pour déterminer les droits du gérant dans le capital de deux SARL ayant des participations croisées, il y a lieu d'ajouter aux parts lui appartenant avec son épouse, celles dont il détient le contrôle dans l'autre société, à proportion du capital appartenant à cette dernière. • CAA Lyon, 8 nov. 1995 : *préc. note 1.*

4. Pour apprécier la qualité de gérant majoritaire, il doit être tenu compte des parts des partenaires liés par un PACS faisant l'objet d'une imposition commune, soit à compter de l'imposition des revenus de l'année du 3e anniversaire de l'enregistrement du pacte. * BOI-RSA-GER-10-10-10-10 n° 160 du 12 sept. 2012.

5. Avantages en nature. Les avantages en nature consentis à leurs gérants majoritaires par les SARL sont pris en compte pour leur montant réel et non selon un montant déterminé forfaitairement. • CE 13 avr. 2018, n° 418420 : *RJF 2018. 1098.*

6. Engagement de caution. Les sommes versées en exécution d'un engagement de caution par un gérant majoritaire de SARL imposé suivant les règles de l'art. 62 peuvent être admises en déduction du revenu imposable de l'intéressé. • CE 5 oct. 1990, n° 69780 : *RJF 1990. 1304.* ♦ Toutefois le gérant qui a souscrit un engagement de caution ne peut déduire de ses rémunérations les sommes versées à ce titre par son épouse que s'il en supporte effectivement la charge, compte tenu notamment de leur régime matrimonial. • CE 18 déc. 2008, n° 29238 : *RJF 2009. 190 ; concl. Burguburu au BDCF 3/09, n° 27.*

7. Abandon de créances. L'abandon de créances consenti par le gérant majoritaire d'une société en nom collectif à cette dernière, dans le cadre d'un concordat passé entre la société et l'ensemble de ses créanciers, ne peut être regardé comme une dépense supportée par le contribuable dans l'exercice de ses fonctions dès lors, d'une part, que cette société avait cessé toute activité à la date de l'abandon de créances et que, d'autre part, aucune disposition légale n'obligeait le contribuable à consentir un tel abandon de créances. • CE 31 mai 2000, n° 181432 : *RJF 2000. 1004 ; Dr. fisc. 2001. 94, concl. Goulard.*

IV *BÉNÉFICES DE L'EXPLOITATION AGRICOLE*

BIBL. ▶ M. P. Madignier, Fiscalité agricole et viticole approfondie, *LexisNexis Litec, 2005 ; RD rur. 2007. 705* (le statut fiscal des professionnels du cheval).

1 DÉFINITION DU BÉNÉFICE DE L'EXPLOITATION AGRICOLE

Art. 63 **Sont considérés comme bénéfices de l'exploitation agricole pour l'application de l'impôt sur le revenu, les revenus que l'exploitation de biens ruraux procure soit aux fermiers, métayers, soit aux propriétaires exploitant eux-mêmes.**

Ces bénéfices comprennent notamment ceux qui proviennent de la production forestière, même si les propriétaires se bornent à vendre les coupes de bois sur pied.

Ils comprennent également les produits de l'exploitation de champignonnières en galeries souterraines et ceux des exploitations apicoles, avicoles, piscicoles, ostréicoles et mytilicoles ainsi que les profits réalisés par les obtenteurs de nouvelles variétés végétales au sens des articles L. 623-1 à L. 623-35 du code de la propriété intellectuelle.

Sont aussi considérés comme bénéfices de l'exploitation agricole les revenus qui proviennent des activités de préparation et d'entraînement des équidés domestiques, en vue de leur exploitation dans les activités autres que celles du spectacle.

Sont considérés comme bénéfices de l'exploitation agricole les revenus provenant de la vente de biomasse sèche ou humide, majoritairement issue de produits ou sous-produits de l'exploitation. Il en est de même des revenus provenant de la production d'énergie à partir de produits ou sous-produits majoritairement issus de l'exploitation agricole. La prépondérance est appréciée en masse au regard de chaque produit commercialisé par l'exploitant.

Sont considérés comme bénéfices de l'exploitation agricole les revenus qui proviennent de la mise à disposition de droits au paiement au titre du régime de paiement de base prévu par le règlement (UE) n° 1307/2013 du Parlement européen et du Conseil du 17 décembre 2013 établissant les règles relatives aux paiements directs

en faveur des agriculteurs au titre des régimes de soutien relevant de la politique agricole commune et abrogeant le règlement (CE) n° 637/2008 du Conseil et le règlement (CE) n° 73/2009 du Conseil.

Sont aussi considérés comme bénéfices de l'exploitation agricole les revenus qui proviennent des activités de courses en attelage, d'enseignement de la conduite et du travail avec les chiens et de prestations de transports en traîneaux ou de louage de traîneaux quand elles sont réalisées par des conducteurs de chiens attelés titulaires du diplôme d'État de la jeunesse, de l'éducation populaire et du sport mention "attelages canins".

(L. n° 2021-1900 du 30 déc. 2021, art. 12) **« Sont également considérés comme bénéfices de l'exploitation agricole les revenus qui proviennent des actions réalisées par les personnes mentionnées aux sept premiers alinéas sur le périmètre de leur exploitation et qui contribuent à restaurer ou maintenir des écosystèmes dont la société tire des avantages. »**

Le Règl. (UE) n° 1307/2013 du 17 déc. 2013 est abrogé à compter du 1er janv. 2023. Il continue toutefois de s'appliquer en ce qui concerne les demandes d'aide relatives à des années de demandes commençant avant le 1er janv. 2023 (Règl. (UE) 2021/2115 du 2 déc. 2021, art. 154-2).

1. Notion d'activité et d'exploitation agricoles. L'exploitation présente un caractère agricole lorsque l'activité exercée s'insère dans le cycle biologique de la production de végétaux. • CAA Nantes, 12 déc. 1990, n° 89NT1423, *Graines Brivain : Dr. fisc. 1991. 579 ; RJF 1991. 311.* ♦ ... Ou de l'élevage d'animaux. • CE 11 mai 1979, n° 12862 : *RJF 1979. 443.* ♦ Ainsi, le contribuable qui prend en pension des juments poulinières en vue de leur saillie et pendant la période de gestation et qui assure l'entretien de ces juments et de leurs poulains trois ou quatre mois après la mise bas réalise des opérations qui, participant du cycle biologique de reproduction du cheval, se rattachent à une activité agricole. • CAA Douai, 15 juin 2000, n° 96DA1574 : *Dr. fisc. 2001. 617 ; RJF 2000. 1451.* ♦ De même, constitue une activité agricole l'activité consistant à acheter des chevaux puis à leur apporter des soins particuliers leur permettant d'être revendus comme chevaux de selle. Cette activité participe en effet à la dernière phase de production biologique d'un cheval de selle. • CAA Bordeaux, 28 nov. 2006, n° 03BX2470 : *RJF 2007. 432.* ♦ En effet, le cycle biologique de développement du cheval ne se limite pas à la phase de croissance de l'animal mais peut se prolonger à l'âge adulte, par des opérations visant à améliorer sa condition physique et à renforcer ses aptitudes naturelles pour le rendre conforme à sa destination, c'est-à-dire apte au dressage qui sera choisi. Par suite, l'activité d'un éleveur de chevaux qui se consacre à la dernière phase du cycle biologique du développement du cheval est de nature agricole. • CE 30 déc. 2009, n° 312227 : *RJF 2010. 349 ; concl. Legras au BDCF 4/10, n° 43.*

2. Les parents d'un viticulteur décédé qui ont fait vendanger, pour leur compte et à leurs frais, la récolte sur pied dont ils ont hérité doivent être regardés comme ayant exploité eux-mêmes les terrains dont ils étaient propriétaires et les bénéfices procurés par la vente des raisins sont des bénéfices agricoles. • CE 17 nov. 2000, *Pointillart,* n° 194968 : *Dr. fisc. 2001. 470, concl. Bachelier ; RJF 2001. 171.*

3. Une SARL relevant du régime des sociétés de personnes qui a pour seule activité la vente de céréales provenant de l'exploitation agricole dont elle est propriétaire exerce une activité imposable dans la catégorie des bénéfices agricoles même si elle recourt aux services de sous-traitants dès lors qu'elle conserve la direction et le contrôle de l'exploitation. • CE 21 janv. 2008, n° 292070 : *RJF 2008. 438.*

4. La location de vignes par un propriétaire à sa fille ne peut être regardée comme une activité de nature à produire des bénéfices agricoles, alors même que le contribuable, qui n'allègue ni ne démontre avoir partagé avec sa fille les responsabilités et les risques de l'exploitation de ces vignes, a continué de faire figurer celles-ci à son bilan. • CE 3 mai 2004, n° 241370 : *RJF 2004. 716 ; Dr. fisc. 2004. 743, concl. Mitjavile.*

5. Un contribuable qui achète des terres pour remettre en état un étang, sans procéder à leur mise en valeur agricole, ne se livre pas à une exploitation agricole. • CE 6 juill. 1966, n° 57644 : *Dr. fisc. 1966. 789* • CAA Lyon, 14 févr. 1996, n° 94LY1090 : *Dr. fisc. 1996. 660.*

6. Un exploitant agricole qui cesse d'exploiter lui-même, mais conserve des stocks de cognac dont il assure la commercialisation, est regardé comme poursuivant à ce titre une activité d'exploitant agricole imposable. • CE 23 mars 2005, n° 237810 : *RJF 2005. 554.*

7. Les indemnités versées par un laboratoire pharmaceutique à un éleveur de porcs en contrepartie de sa participation à la réalisation de tests cliniques, effectués dans des conditions particulières (isolement des animaux, administration de médicaments, prélèvements sanguins, etc.) sur son cheptel, en vue de la mise sur le marché de médicaments vétérinaires ont le caractère de produits de l'exploitation agricole. • CE 4 août 2006, n° 278687 : *RJF 2006. 1536.*

8. La mise en jachère de terres agricoles moyennant la perception de subventions pour « gel sans production » ne constitue pas une activité agricole taxable nonobstant la poursuite de quelques ventes résiduelles de stocks. • CAA Bordeaux, 11 oct. 2007, n° 04BX1370 : *RJF 2008. 432.*

9. Bail à métayage. Les bailleurs à métayage qui reçoivent une rémunération en nature sont considérés comme des exploitants agricoles et leurs revenus sont imposés dans la catégorie des bénéfices agricoles. * BOI-BA-CHAMP-20-10 n° 80 du 7 sept. 2016. ♦ Pour apprécier si un bail présente la nature d'un bail à métayage, il y a lieu de tenir compte, d'une part, des produits récoltés et, d'autre part, des dépenses correspondantes, ces dernières se partageant dans la même proportion que les récoltes. Ainsi, le partage des produits ne suffit pas à lui seul à caractériser le métayage si les dépenses ne sont pas partagées dans la même proportion. Il en résulte que, faute de participer aux charges de l'exploitation dans la même proportion qu'aux produits, un bailleur, qui ne peut être regardé comme tirant ses revenus de l'exploitation de biens ruraux au sens de l'art. 63, est régulièrement imposé dans la catégorie des revenus fonciers. • CAA Paris, 9 juill. 2002, n° 98PA379 : *Dr. fisc. 2003. 330.*

10. Autoconsommation. L'exploitant qui ne vend pas mais consomme sa production reste redevable de l'impôt au titre des bénéfices agricoles. • CE 25 juill. 1986, ♠ n° 48762 : *RJF 1986. 889.* ♦ De même, constituent des bénéfices agricoles les produits issus de la récolte de foin d'une propriété servant uniquement à nourrir les chevaux élevés sur le domaine, nonobstant la circonstance qu'aucune production n'a été vendue ou échangée. • CAA Paris, 20 mai 2009, n° 07PA328 : *RJF 2009. 1086.*

11. Visite d'exploitation. Les sommes correspondant aux droits d'entrée demandés pour la visite d'une exploitation agricole sont en principe imposables dans la catégorie des bénéfices agricoles. Lorsque les visites relèvent d'une démarche commerciale (aménagements dans le but d'attirer le public, publicité, personnel spécialisé, etc.), les droits d'entrée sont imposables dans la catégorie des BIC, sous réserve de l'application de l'art. 75. * BOI-BA-CHAMP-10-10-20 n° 330 du 7 sept. 2016.

12. Entreprises et exploitations intervenant dans le domaine équestre. Depuis le 1er janvier 2004, l'ensemble des revenus provenant des activités de préparation et d'entraînement des équidés domestiques en vue de leur exploitation, à l'exclusion des activités de spectacles, sont soumis au régime des bénéfices agricoles. * BOI-BA-CHAMP-10-20 du 30 avr. 2014.

13. Propriétaires de chevaux. Jusqu'à l'imposition des revenus perçus en 2013, les contribuables qui se seraient placés sous le régime des BNC au titre des revenus perçus en tant que propriétaires de chevaux de course ayant recours à un entraîneur salarié ne verront pas leurs revenus requalifiés en bénéfices agricoles. Cette solution vaut également pour les contrôles ou contentieux en cours. * BOI-BA-CHAMP-10-20 n° 35 du 30 avr. 2014.

14. Entraîneur de chevaux. L'activité d'entraînement relève de plein droit de la catégorie des bénéfices agricoles. Pour le bénéfice de ce régime, cette activité n'est pas subordonnée à la détention d'une licence ou d'une autorisation d'entraîner. * Rescrit 4 juin 2013 : n° 2013/01 * BOI-BA-CHAMP-10-20 n° 30 du 30 avr. 2014.

15. Vente de biomasse ou de production d'énergie à partir de produits ou sous-produits issus de l'exploitation agricole. Définition de la biomasse. Modalités de vente. Produits qualifiés de bénéfices agricoles. * BOI-BA-CHAMP-10-40 n°s 10 à 70 du 4 juill. 2018.

16. Aides européennes. Droits à paiement de base (DPB). Aides couplées à la production. * BOI-BA-BASE-20-10-10 du 6 juin 2018.

2 ÉVALUATION FORFAITAIRE

Art. 64 *(Abrogé par L. n° 2015-1786 du 29 déc. 2015, art. 33-I-1° et V, à compter de l'imposition des revenus de l'année 2016)* ***1. Sous réserve des dispositions des articles 69 à 74 B, le bénéfice imposable des exploitations situées en France est déterminé forfaitairement conformément aux prescriptions des 2 à 5.***

2. Le bénéfice forfaitaire est déterminé, dans les conditions prévues aux articles L. 1 à L. 4 du Livre des procédures fiscales, par hectare, pour chaque catégorie ou chaque nature d'exploitation, d'après la valeur des récoltes levées et des autres produits de la ferme réalisés au cours de l'année civile diminuée des charges immobilières et des frais et charges supportés au cours de la même année à l'exception du fermage.

Toutefois, pour certaines natures de cultures ou d'exploitations, il peut être déterminé d'après tous autres éléments appropriés permettant d'évaluer le bénéfice moyen des cultures ou exploitations de même nature dans le département ou dans la région agricole.

En ce qui concerne les exploitations de polyculture, il est distingué, pour le département ou pour chaque région agricole considérée, plusieurs catégories pour chacune desquelles est fixé un bénéfice forfaitaire moyen à l'hectare.

Pour ces catégories, le bénéfice forfaitaire à l'hectare doit être fixé par rapport au revenu cadastral moyen de l'exploitation affecté éventuellement de coefficients de correction qui

apparaîtraient nécessaires pour tenir compte de la nature des cultures, de leur importance et des autres éléments qui, indépendamment de la personne de l'exploitant, influent sur les résultats de l'exploitation.

Conformément à l'article L. 1er du livre des procédures fiscales, l'administration des impôts peut soumettre à la commission départementale des impôts directs et des taxes sur le chiffre d'affaires des propositions portant sur les coefficients de correction.

Les majorations forfaitaires des valeurs locatives effectuées entre deux actualisations, en application de l'article 1518 bis, sont sans incidence sur le classement des exploitations de polyculture pour le calcul du bénéfice forfaitaire agricole.

L'évaluation du bénéfice forfaitaire à l'hectare doit être faite de telle façon que les chiffres fixés dans un département correspondent à ceux établis dans un département voisin pour des terres de productivité semblable.

Afin de tenir compte de la spécificité de la culture des arbres truffiers, les revenus issus de cette production ne sont des bénéfices imposables forfaitairement qu'à l'issue de la quinzième année qui suit la plantation.

3. Sous réserve du cas visé au 2, deuxième alinéa, le bénéfice forfaitaire de chaque exploitation est obtenu en multipliant le bénéfice forfaitaire moyen à l'hectare correspondant à la catégorie ou à la nature de l'exploitation considérée par la superficie de cette exploitation.

Toutefois, il est fait abstraction de la superficie des terrains qualifiés landes au cadastre et autres terrains incultivables, exception faite, quand il y a plusieurs catégories de landes, de celles de la première catégorie.

Il est également fait abstraction de la superficie des parcelles dont, par suite d'événement extraordinaire tel que grêle, gelée, inondation, la récolte a été perdue ou réduite de telle manière qu'elle n'a pas suffi à couvrir la quote-part des frais et charges d'exploitation correspondant à ces parcelles. Cette disposition n'est pas applicable dans le cas où la perte ayant été générale, il en a été tenu compte pour la fixation du bénéfice forfaitaire moyen à l'hectare.

4. En ce qui concerne les terres prises à ferme par l'exploitant, le bénéfice imposable est obtenu en retranchant du bénéfice déterminé conformément au 3 ou au 2, deuxième alinéa, le montant du fermage moyen correspondant à la catégorie ou à la nature de l'exploitation.

Ce montant est déterminé défalcation faite des charges immobilières qui ont déjà été admises en déduction pour le calcul du bénéfice forfaitaire par application du 2, premier alinéa.

5. En cas de calamités telles que grêle, gelée, inondation, dégâts occasionnés par les rongeurs sur les récoltes en terre, mortalité du bétail, l'exploitant peut demander que le bénéfice forfaitaire de son exploitation soit réduit du montant des pertes subies par ses récoltes ou sur son cheptel à condition de présenter, soit une attestation du maire de sa commune en ce qui concerne les sinistres sur les récoltes, soit un certificat dûment établi par le vétérinaire et légalisé par la mairie s'il s'agit de pertes de bétail.

Le tribunal peut prononcer la déchéance du bénéfice de la mesure prévue au premier alinéa qui précède à l'encontre des contrevenants aux dispositions des articles L. 223-18 et L. 223-19 du code rural et de la pêche maritime.

Art. 64 *bis* **I. – Sous réserve des articles 76 et 76 A, le bénéfice imposable des exploitants agricoles qui ne sont pas soumis au régime d'imposition défini à l'article 69 est déterminé en application du présent article.**

Le bénéfice imposable, avant prise en compte des plus-values ou des moins-values provenant de la cession des biens affectés à l'exploitation, est égal à la moyenne des recettes hors taxes de l'année d'imposition et des deux années précédentes, diminuée d'un abattement de 87 %. Cet abattement ne peut être inférieur à 305 €. Les recettes à retenir s'entendent des sommes encaissées au cours de l'année civile dans le cadre de l'exploitation, augmentées de la valeur des produits prélevés dans l'exploitation et alloués soit au personnel salarié, soit au propriétaire du fonds en paiement du fermage, à l'exclusion de celles encaissées au titre des cessions portant sur les éléments de l'actif immobilisé, des remboursements de charges engagées dans le cadre de l'entraide agricole, des indemnités compensatoires de handicap naturel, des subventions et primes d'équipement et des redevances ayant leur origine dans le droit de propriété.

En cas de création d'activité, le montant des recettes à prendre en compte pour l'application du deuxième alinéa du présent article est égal, pour l'année de la créa-

tion, aux recettes de ladite année et, pour l'année suivante, à la moyenne des recettes de l'année d'imposition et de l'année précédente.

(L. n° 2019-1479 du 28 déc. 2019, art. 55-I-1° et II, applicable à compter de l'imposition des revenus de l'année 2020) **« Au titre de l'année qui suit la sortie d'un régime réel d'imposition, les recettes mentionnées au même deuxième alinéa sont diminuées, avant application de l'abattement prévu audit deuxième alinéa, du montant hors taxes des créances figurant au bilan du dernier exercice imposé selon un régime réel d'imposition. »**

Les plus-values ou les moins-values mentionnées au même deuxième alinéa sont déterminées et imposées dans les conditions du régime réel d'imposition. L'abattement mentionné audit deuxième alinéa est réputé tenir compte des amortissements pratiqués selon le mode linéaire.

III. — Les contribuables mentionnés au I du présent article portent directement sur la déclaration prévue à l'article 170 le montant des recettes de l'année d'imposition, des recettes des deux années précédentes et des plus-values ou moins-values réalisées ou subies au cours de l'année.

IV. — Les contribuables mentionnés au I du présent article tiennent et, sur demande du service des impôts, présentent un document donnant le détail journalier de leurs recettes professionnelles ainsi que les factures et toute autre pièce justificative de ces recettes.

V. — L'option prévue au *a* du II de l'article 69 est valable un an et reconduite tacitement chaque année pour un an. *(L. n° 2021-1900 du 30 déc. 2021, art. 7-I-2° et II, applicable aux renonciations exercées à compter du 1er janv. 2022)* **« Les contribuables peuvent renoncer à cette option dans les délais applicables au dépôt de la déclaration souscrite au titre des résultats de la période précédant celle au titre de laquelle la renonciation s'applique. »**

1. Régime du micro-BA. Sous réserve des possibilités d'options qui leur sont offertes (et de certains cas), le régime du micro-BA est applicable de plein droit aux exploitants agricoles dont la moyenne des recettes, mesurée sur trois années consécutives, n'excède pas la limite mentionnée à l'art. 69-I. Ainsi, en pratique, le régime micro-BA s'applique aux revenus de l'année N à la condition que la moyenne des recettes des années N – 3, N – 2 et N – 1 n'excède pas la limite mentionnée à l'art. 69-I. Cette limite est actualisée tous les trois ans dans la même proportion que l'évolution triennale de la limite supérieure de la première tranche de l'IR et est arrondie à la centaine d'euros la plus proche. La limite applicable au titre de l'année 2016 est de 82 200 €. La première révision triennale prendra effet à compter du 1er janv. 2017. * BOI-BA-REG-10-10 n° 10 du 7 sept. 2016.

2. Conséquences du passage d'un régime réel d'imposition à un régime micro, ou inversement. * BOI-BA-REG-40 du 1er juill. 2020.

Art. 64 A *Abrogé.*

Art. 65 *(Abrogé par L. n° 2015-1786 du 29 déc. 2015, art. 33-I-1° et V, à compter de l'imposition des revenus de l'année 2016)* ***Par dérogation aux dispositions des 2 et 3 de l'article 64, le bénéfice imposable correspondant aux propriétés appartenant à l'exploitant et affectées à l'exploitation est obtenu en ajoutant au bénéfice visé au 4 dudit article, une somme égale au revenu ayant servi de base à la taxe foncière établie sur ces propriétés au titre de l'année de l'imposition.***

Art. 65 A *(Abrogé par L. n° 2015-1786 du 29 déc. 2015, art. 33-I-1° et V, à compter de l'imposition des revenus de l'année 2016)* ***Les exploitants agricoles placés sous le régime du forfait doivent déclarer au service des impôts dont dépend chacune de leurs exploitations les renseignements nécessaires au calcul de leur bénéfice.***

Ces déclarations sont souscrites, avant le 1er avril de chaque année, sur des imprimés spéciaux fournis par l'administration.

Art. 65 B *(Abrogé par L. n° 2015-1786 du 29 déc. 2015, art. 33-I-1° et V, à compter de l'imposition des revenus de l'année 2016)* ***Sauf la première année où le régime de l'évaluation forfaitaire est applicable, les exploitants agricoles sont dispensés de la formalité mentionnée à l'article 65 A :***

a. pour leur activité de viticulture, à l'exception des ventes de bouteilles se rapportant à la production des années antérieures ;

b. ***pour leur activité de polyculture, lorsque les renseignements servant au calcul de leur bénéfice forfaitaire demeurent inchangés par rapport à ceux de l'année précédente.***

Art. 66 *Transféré ss. art. L. 1er, L. 2, L. 3, R* 1-1, R* 1-2 et R* 2-1 LPF.*

Art. 66 *bis* *Abrogé par L. n° 62-873 du 31 juill. 1962, art. 40.*

Art. 67 et 68 *Transférés ss. art. L. 4 et R* 4-1 LPF.*

2 *BIS*

Art. 68 A et 68 B *Transférés ss. art. 69-II.*

Art. 68 C *Transféré ss. art. 74.*

Art. 68 C *bis* *Devenu sans objet (L. n° 83-1179 du 29 déc. 1983, art. 78 à 84).*

Art. 68 D et 68 E *Transférés ss. art. 74 A et 74 B.*

2 *TER* RÉGIME TRANSITOIRE

Art. 68 F et 68 G *Périmés.*

3 IMPOSITION D'APRÈS LE BÉNÉFICE RÉEL

A RÉGIMES D'IMPOSITION

BIBL. ▶ SERANDOUR, *JCP N 2001, p. 136* (pluralité d'entreprises et foyer fiscal).

Art. 69 **I. — Lorsque la moyenne des recettes d'un exploitant agricole, pour l'ensemble de ses exploitations, dépasse** *(Décr. n° 2020-897 du 22 juill. 2020, art. 1er)* **« 85 800 €** *[ancienne rédaction : 82 800 €]* **», hors taxes, sur trois années consécutives, l'intéressé est obligatoirement imposé d'après un régime réel d'imposition à compter de l'imposition des revenus de la première année suivant la période triennale considérée.** — *Applicable à compter de l'imposition des revenus de l'année 2016. — V. Ann. III, art. 38 sexdecies A.*

II. — Un régime simplifié d'imposition s'applique aux petits et moyens exploitants agricoles relevant de l'impôt sur le revenu :

a) **Sur option, aux exploitants normalement placés sous le régime prévu à l'article 64 *bis* ;**

b) **De plein droit, aux autres exploitants dont la moyenne des recettes, mesurée sur trois années consécutives, n'excède pas** *(Décr. n° 2020-897 du 22 juill. 2020, art. 1er)* **« 365 000 €** *[ancienne rédaction : 352 000 €]* **», hors taxes.** — *Applicable à compter de l'imposition des revenus de l'année 2016.*

III. — En cas de dépassement de la limite mentionnée au *b* du II, les intéressés sont soumis de plein droit au régime réel normal d'imposition à compter du premier exercice suivant la période triennale considérée.

Les deux catégories d'exploitants prévues au II ainsi que celles soumises au régime simplifié d'imposition en application de l'article 69 C peuvent opter pour le régime réel normal.

IV. — Les options mentionnées au *a* du II et au deuxième alinéa du III doivent être formulées dans le délai de déclaration des résultats, de l'année ou de l'exercice précédant celui au titre duquel elles s'appliquent.

Pour les exploitants qui désirent opter pour un régime réel d'imposition dès leur premier exercice d'activité, l'option doit être exercée dans *(L. n° 2021-1900 du 30 déc. 2021, art. 7-I-3°-a et II, applicable aux options exercées à compter du 1er janv. 2022)* **« les délais applicables au dépôt de la déclaration souscrite au titre de leur première période d'activité. »** *(Abrogé par L. n° 2021-1900 du 30 déc. 2021, art. 7-I-3°-b et II, applicable aux options exercées à compter du 1er janv. 2022)* ***« Toutefois, lorsque la durée du premier exercice est inférieure à quatre mois, l'option doit être exercée au plus tard à la date de clôture de cet exercice. »*** — *V. Ann. III, art. 38 sexdecies A.*

V. — Les recettes à retenir pour l'appréciation des limites prévues au *b* du II correspondent aux créances acquises déterminées dans les conditions prévues au 2 *bis* de l'article 38.

VI. — Les seuils mentionnés aux I et II sont actualisés tous les trois ans dans la même proportion que l'évolution triennale de la limite supérieure de la première tranche du barème de l'impôt sur le revenu et sont arrondis, respectivement, à la centaine d'euros la plus proche et au millier d'euros le plus proche. — *Les premières révisions triennales prennent effet à compter du 1er janv. 2017 (L. no 2015-1786 du 29 déc. 2015, art. 33-V).*

Pour l'application des dispositions du présent article et des II et IV de l'article 151 *septies*, les recettes provenant d'opérations d'élevage ou de culture portant sur des animaux ou des produits appartenant à des tiers sont multipliées par *(L. no 2020-1721 du 29 déc. 2020, art. 11, applicable pour la détermination des recettes prises en compte pour l'imposition des revenus réalisés au titre de l'année 2020 et des années suivantes ou des exercices clos à compter du 31 déc. 2020)* **« trois** *[ancienne rédaction : cinq]* **».** — *Pour les GAEC, V. art. 71.*

1. Options pour les régimes d'imposition. * BOI-BA-REG-10-10 du 7 sept. 2016.

2. Recettes à retenir. Les recettes à retenir pour l'appréciation des limites s'entendent de toutes les sommes encaissées au cours de l'année civile, c'est-à-dire des sommes mises à la disposition du contribuable soit par voie de paiement soit par voie d'inscription au crédit d'un compte courant sur lequel l'intéressé a opéré ou aurait pu, en fait ou en droit, opérer un prélèvement au plus tard le 31 déc. de l'année en cause. Par suite, des sommes effectivement encaissées au cours d'une année donnée doivent être rattachées aux recettes de l'année en cause, alors même que ces sommes auraient été versées au titre de livraisons effectuées l'année précédente. • CE 10 nov. 2000, n° 197903 : *Dr. fisc. 2001. 316.*

V. égal. notes ss. art. 38 *sexdecies* A de l'Annexe III.

3. Les primes consécutives au retrait de terres arables constituent une recette de l'année au cours de laquelle elles sont perçues. * BOI-BA-REG-10-20-10 n° 260 du 15 mai 2019. ♦ Les aides communautaires au gel des terres doivent être rattachées à l'exercice au cours duquel la créance est certaine dans son principe et dans son montant et non à l'exercice de vente de la récolte. • CE 6 avr. 2007, n° 269186 : *RJF 2007. 802.*

4. En cas de perception cumulée de plusieurs annuités d'aides de la PAC, les seuils d'imposition ne tiennent pas compte des aides payées avec retard aux agriculteurs. * BOI-RES-000042 du 15 mai 2019.

5. Les exploitants agricoles situés dans les zones sinistrées par les sécheresses des étés 2009 et 2011 peuvent ne pas tenir compte des indemnités versées à ce titre pour la détermination du régime d'imposition qui leur est applicable. * BOI-BA-REG-10-20-10 n° 380 du 15 mai 2019.

6. Les aides à la restructuration et à la reconversion des vignobles doivent être imposées comme des bénéfices, et non selon le régime des plus-values professionnelles, dès lors qu'elles ont pour objet de couvrir des frais déductibles du bénéfice, de compenser une baisse de revenus ou de reconstituer l'existant, indemnité de remploi. * BOI-BA-BASE-20-20-40 n° 375 du 7 sept. 2016.

7. Appréciation du seuil de franchissement du réel simplifié. A compter du 31 déc. 2015, les recettes à retenir pour apprécier le passage du régime réel simplifié au régime réel normal correspondent aux créances acquises déterminées dans les conditions prévues à l'art. 38-2 *bis* en matière de BIC, c'est-à-dire aux livraisons effectuées et aux prestations achevées au cours de l'exercice. * BOI-BA-REG-10-20-10 n° 155 du 15 mai 2019.

8. Régime du micro-BA. V. note ss. art. 64 *bis*.

9. Pluralité d'exploitations. Pour la détermination du régime d'imposition, il y a lieu d'inclure dans les recettes produites par l'ensemble des exploitations d'un même exploitant agricole, celles qu'il a pu tirer de l'exploitation dont il a hérité en cours d'année et dont il a levé les récoltes. • CE 30 déc. 1996, n° 161120 : *Dr. fisc. 1997. 465, concl. Bachelier ; RJF 1997. 132.*

10. Deux conjoints mariés sous le régime de la séparation de biens et exploitant des domaines agricoles dont chacun est propriétaire ou locataire ne constituent une exploitation unique que si les conditions d'existence d'une société de fait sont réunies. • CE 23 nov. 1998, n° 162176 : *RJF 1999. 28 ; Dr. fisc. 1999. 262, concl. Goulard.* ♦ En revanche, les activités de deux époux relèvent d'une exploitation unique soumise au régime réel d'imposition dès lors que : 1) si l'épouse était titulaire à titre personnel des baux ruraux portant sur les terres de l'élevage de taurillons et possédait en propre ce cheptel, le poulailler exploité par son conjoint, construit sur une parcelle prise en location par elle, constituait un bien commun aux deux époux ; 2) les deux exploitations avaient un siège unique ; 3) le poulailler était enclavé dans l'élevage de taurillons ; 4) les deux activités agricoles ne disposaient pas de moyens d'exploitation distincts, l'époux utilisant pour son activité de nombreux matériels de l'élevage de son épouse. • CE 20 déc. 2000, n° 212844 : *Dr. fisc. 2001. 315 ; RJF 2001. 305.*

Art. 69 A *(Abrogé par L. no 2015-1786 du 29 déc. 2015, art. 33-I-1° et V, à compter de l'imposition des revenus de l'année 2016)* ***Le forfait de bénéfice agricole peut être dénoncé par***

le service des impôts, en vue d'y substituer le régime du bénéfice réel pour l'ensemble des exploitations agricoles du contribuable, dans les cas suivants :

1° Une partie importante des recettes, qui ne pourra être inférieure à 25 % du chiffre d'affaires total, est soumise à titre obligatoire à la taxe sur la valeur ajoutée ;

2° Le contribuable est imposable selon le régime du bénéfice réel pour des bénéfices ne provenant pas de son exploitation agricole ;

3° Le contribuable se livre à des cultures spéciales qui ne donnent pas lieu, pour la région agricole considérée, à une tarification particulière. Toutefois, le droit de dénonciation ne peut être exercé, dans ce cas, qu'à l'égard de productions présentant un caractère marginal sur le plan national et dont la liste est dressée par arrêté conjoint du ministre de l'économie et des finances et du ministre de l'agriculture [Ann. IV, art. 4 N].

La dénonciation doit être notifiée avant le 1er janvier de l'année de réalisation des revenus. Elle reste valable tant que les faits qui l'ont motivée subsistent.

Art. 69 B *(Abrogé par L. n° 2015-1786 du 29 déc. 2015, art. 33-I-1° et V, à compter de l'imposition des revenus de l'année 2016)* ***Les exploitants agricoles imposés, en raison de leurs recettes, d'après un régime réel d'imposition au titre de l'année 1984 ou d'une année ultérieure, sont soumis définitivement à un régime de cette nature. Ce régime continue de s'appliquer au conjoint survivant ou à l'indivision successorale qui poursuit l'exploitation.***

Toutefois, lorsque les recettes d'un exploitant agricole individuel, mesurées sur la moyenne de deux années consécutives, s'abaissent en dessous de 46 000 €, l'intéressé peut, sur option, être soumis au régime du forfait à compter du 1er janvier de l'année qui suit la période biennale de référence. L'option doit être formulée dans le délai de déclaration des résultats de l'exercice précédant celui au titre duquel elle s'applique.

Art. 69 C **Les personnes qui effectuent des opérations commerciales d'importation, de vente, de commission et de courtage portant sur des animaux vivants de boucherie et de charcuterie, ainsi que celles qui effectuent des opérations commerciales d'achat portant sur des animaux de boucherie et de charcuterie, sont soumises au régime d'imposition d'après le bénéfice réel pour les profits qu'elles réalisent, à titre personnel ou comme membres d'une société ne relevant pas de l'impôt sur les sociétés, à l'occasion de l'exercice de leurs activités agricoles, quel que soit le montant des recettes tirées de ces activités.**

Ces dispositions s'appliquent à toutes les activités agricoles effectuées par des personnes effectuant les opérations commerciales qu'elles définissent, que ces activités et ces opérations soient ou non complémentaires. • CE 12 avr. 1996, n° 138363 : *Dr. fisc. 1996. 776.*

Art. 69 D **Les sociétés à activité agricole, autres que celles mentionnées à l'article 71, créées à compter du 1er janvier 1997 et dont les résultats sont imposés dans les conditions prévues à l'article 8, sont soumises au régime d'imposition d'après le bénéfice réel.**

Toutefois, les exploitations agricoles à responsabilité limitée dont l'associé unique est une personne physique dirigeant cette exploitation peuvent bénéficier du régime fiscal mentionné à l'article 64 *bis*.

Art. 69 E **Les exploitants qui exercent une activité mentionnée au*[x]* cinquième ou sixième alinéa*[s]* de l'article 63 sont soumis à un régime réel d'imposition.**

Il en est de même des exploitants dont tout ou partie des biens affectés à l'exploitation sont compris dans un patrimoine fiduciaire en application d'une opération de fiducie définie à l'article 2011 du code civil.

Art. 70 **Pour l'application des articles 69, 69 C, 69 D, et 72, il est tenu compte des recettes réalisées par les sociétés et groupements non soumis à l'impôt sur les sociétés dont le contribuable est membre, à proportion de ses droits dans les bénéfices comptables de ces sociétés et groupements. Toutefois le régime fiscal de ceux-ci demeure déterminé uniquement par le montant global de leurs recettes.**

Pour l'application de l'article 151 *septies*, les plus-values réalisées par une société civile agricole non soumise à l'impôt sur les sociétés sont imposables au nom de chaque associé visé au I de l'article 151 *nonies* selon les règles prévues pour les exploitants individuels en tenant compte de sa quote-part dans les recettes de la société.

1. Application aux seuls exploitants individuels. L'art. 70 a trait à la seule détermination du régime selon lequel doivent être imposés les bénéfices que peut retirer d'une exploitation individuelle un agriculteur qui, en outre, est membre d'une société ou d'un groupement d'exploitation agricole et n'a ni pour objet ni pour effet de déterminer le régime d'imposition des bénéfices que celui-ci a, par ailleurs, retirés de sa participation dans une telle société. • CAA Bordeaux, 31 juill. 2003, n° 99BX1655 : *RJF 2004. 43 ; Dr. fisc. 2004. 240.*

2. Métayage. Pour l'appréciation des limites des régimes d'imposition, le propriétaire et le métayer qui se partagent la récolte, mais procèdent ensuite séparément à sa transformation et à sa commercialisation, ne peuvent être regardés comme des associés partageant les résultats d'un groupement. • CE 30 déc. 1996, n° 160396 : *Dr. fisc. 1997. 435, concl. Bachelier ; RJF 1997. 133.*

3. Associés de GAEC. V. notes ss. art. 71.

4. Associé de SCEA. Un exploitant individuel placé de plein droit sous un régime réel d'imposition qui est par ailleurs membre d'une société civile d'exploitation agricole dont les recettes n'excèdent pas les limites du forfait peut être imposé selon ce régime à raison de la quote-part de bénéfice correspondant à ses droits dès lors qu'il n'a pas inscrit ses parts à l'actif du bilan de l'exploitation (régime antérieur au 1-1-1997). • CAA Bordeaux, 31 juill. 2003 : *préc. note 1.*

5. Exonération des plus-values nettes réalisées par les sociétés civiles agricoles (art. 70, al. 2). Sociétés et associés concernés. Montant des recettes à prendre en compte. * BOI-BA-BASE-20-20-30-30 n°s 10 à 190 du 12 sept. 2012. ♦ La situation de chacun des époux associés dans une société ou un groupement civil agricole doit être appréciée de manière distincte pour chacun d'entre eux, y compris lorsqu'ils sont associés dans la même société ou le même groupement. * BOI-BA-BASE-20-20-30-30 n° 80 du 12 sept. 2012. ♦ Pour un associé exerçant son activité professionnelle au sein d'une SCA réalisant une plus-value, et ayant par ailleurs la qualité d'associé dans une seconde SCA, le montant des recettes à retenir doit comprendre : la quote-part de recettes de la SCA, déterminée dans les conditions prévues à l'art. 70 et les recettes réalisées par les sociétés non soumises à l'IS, dont le contribuable est par ailleurs associé ou membre, à proportion de ses droits dans les bénéfices de ces sociétés, et ce, qu'il exerce ou non une activité professionnelle dans ces sociétés. * BOI-BA-BASE-20-20-30-30 n° 90 du 12 sept. 2012 * Rescrit 24 mars 2009, n° 2009/19 FP. ♦ Pour le calcul du montant des recettes dans le cas où des conjoints associés d'une société civile agricole détiennent à la fois des parts en propre et en communauté, V. * Rescrit 2 mars 2010 : *n° 2010/13 FP* * BOI-BA-BASE-20-20-30-30 n° 150 du 12 sept. 2012.

GROUPEMENTS AGRICOLES D'EXPLOITATION EN COMMUN

Art. 71 **Pour les groupements agricoles d'exploitation en commun dont tous les associés participent effectivement et régulièrement à l'activité du groupement par leur travail personnel :**

1° la moyenne des recettes au-delà de laquelle ces groupements sont soumis à un régime d'imposition d'après le bénéfice réel est égale à 60 % de la limite prévue pour les exploitants individuels multipliée par le nombre d'associés, à l'exception des associés dont l'âge excède, au premier jour de l'exercice, celui auquel leur est ouvert le droit à une pension de retraite. Toutefois, elle est égale à la limite prévue pour les exploitants individuels multipliée par le nombre d'associés, à l'exception des associés dont l'âge excède, au premier jour de l'exercice, celui auquel leur est ouvert le droit à une pension de retraite, lorsque la moyenne des recettes du groupement est inférieure ou égale à *(Décr. n° 2020-897 du 22 juill. 2020, art. 1er)* **« 343 000 €** *[ancienne rédaction : 331 000 €]* **» ;** *— Seuil applicable pour les années 2020 à 2022.*

Le seuil mentionné au premier alinéa du présent 1° est actualisé tous les trois ans, dans la même proportion que l'évolution triennale de la limite supérieure de la première tranche du barème de l'impôt sur le revenu, et est arrondi au millier d'euros le plus proche ; *— Les premières révisions triennales prennent effet à compter du 1er janv. 2017 (L. n° 2015-1786 du 29 déc. 2015, art. 33-I-5° et V). — L'administration a toutefois prévu des modalités transitoires d'actualisation au 1er janv. 2017.*

(L. n° 2018-1317 du 28 déc. 2018, art. 57-I-1° et II, applicable aux exercices ouverts à compter du 1er janv. 2019) **« 1° *bis* Les seuils de 50 % et 100 000 € prévus à l'article 75 sont appréciés au niveau du groupement. Le montant de 100 000 € est multiplié par le nombre des associés exploitants, dans la limite de quatre ; »**

2° *Abrogé par L. n° 2006-11 du 5 janv. 2005, art. 12-I-2° ;*

3° *Abrogé par L. n° 2005-1719 du 30 déc. 2005, art. 76-VI et XV-1 ;*

*(Abrogé par L. n° 2018-1317 du 28 déc. 2018, art. 51-I-4° et III-2, pour les exercices clos à compter du 1er janv. 2019) « **4° Les premier et dernier alinéas du I de l'article 72 D ter s'appliquent ;** »*

5° et 6° *Transférés ss. l'art. 73 E (Décr. n° 2010-421 du 27 avr. 2010). — Pour les dispositions applicables aux exercices clos avant le 31 déc. 2012, V.* ***CGI, éd. 2014.***

BIBL. ▶ MADIGNIER, *JCP N 2001. 299* (transparence fiscale des GAEC). – MIGNON, *RJF 2000, p. 295* (même thème).

1. *Principes.* Les GAEC étant des sociétés civiles de personnes de la nature de celles que vise l'art. 8 CGI, leurs associés sont, en l'absence d'option pour le régime fiscal des sociétés de capitaux, personnellement soumis à l'IR à raison de la part qui correspond à leurs droits dans le bénéfice social déterminé conformément au régime d'imposition qu'induit le montant global des recettes du groupement. L'art. 70 n'apporte pas de dérogation à ce principe en ce qui concerne les GAEC. • CE 26 nov. 1999, n° 185590 : *Dr. fisc. 2000. 550 ; RJF 2000. 45 ; concl. Courtial au BDCF 1/00* • 9 févr. 2000, nos 185589 et 185590 : *Dr. fisc. 2000. 551, concl. Courtial ; RJF 2000. 358 ; concl. Courtial au BDCF 3/00.*

2. *Régime du réel.* Les dispositions de l'art. 71 ne font pas obstacle à l'application de celles du 1er al. de l'art. 69 B, qui concernent l'ensemble des exploitants agricoles et qui prévoient que ceux qui ont été imposés d'après un régime de bénéfice réel au titre de l'année 1984 ou d'une année ultérieure sont définitivement soumis à un régime de cette nature. Par suite, l'associé d'un GAEC qui, avant d'adhérer à ce groupement, a été imposé en tant qu'exploitant individuel d'après un régime de bénéfice réel, reste soumis à un tel régime pour l'imposition de la part lui revenant dans les bénéfices du GAEC, alors même que, d'après son chiffre d'affaires et le nombre de ses associés, le GAEC relève du régime forfaitaire. • CE 9 févr. 2000, nos 185589 et 185590 : *préc. note 1.*

3. L'associé GAEC qui, avant son adhésion, a été imposé en tant qu'exploitant individuel selon un régime réel, reste soumis à ce régime pour l'imposition de la part lui revenant dans les bénéfices du groupement, en application du 1er al. de l'art. 69 B, alors même : 1) que l'art. 71 aurait impliqué, compte tenu du chiffre d'affaires du groupement et du nombre d'associés, que l'ensemble des membres du groupement soient assujettis, pour leur part respective, à l'IR selon le régime d'évaluation forfaitaire ; 2) et que cet associé remplirait la condition d'abaissement de sa part des recettes du groupement en-dessous du chiffre d'affaires qui permet de revenir, sur option, au forfait, dès lors que le dernier al. de l'art. 69 B qui prévoit cette possibilité ne vise que les exploitants individuels et ne peut donc bénéficier aux adhérents d'un GAEC pour leur part dans les résultats de l'exploitation en commun. • CAA Lyon, 23 févr. 2006, n° 01LY1418 : *RJF 2006. 1188.*

4. *Réalisation d'opérations commerciales accessoires (sol. ant. à 2019).* Les GAEC soumis à un régime réel d'imposition qui exercent des activités commerciales accessoires ne sont pas assujettis à l'IS et restent imposables dans la catégorie des bénéfices agricoles conformément à l'art. 206-2 lorsque les recettes tirées de ces activités respectent les seuils de l'art. 75, déterminés en application du principe de transparence fiscale institué par les dispositions de la loi du 8 août 1962. • CE 1er juill. 2009, n° 296842 : *RJF 2010. 817.* ♦ Ainsi, la somme des recettes accessoires commerciales du GAEC et de chaque associé du groupement ayant la qualité de chef d'exploitation, divisée par la somme des recettes tirées de l'activité du GAEC et de chaque associé ayant la qualité de chef d'exploitation, ne doit pas excéder 30 %. En outre, la somme des recettes accessoires commerciales du GAEC et des associés du groupement ayant la qualité de chef d'exploitation, divisée par le nombre des associés ayant la qualité de chef d'exploitation, ne doit pas excéder 50 000 €. • Même arrêt.

5. *Apports à un GAEC.* Conséquences fiscales de l'apport d'un élément d'actif ou d'une exploitation agricole à un GAEC : V. art. 73 E.

B DÉTERMINATION DU RÉSULTAT IMPOSABLE

Art. 72 I. — **Sous réserve de l'application des articles 71 et 72 A à 73 E, le bénéfice réel de l'exploitation agricole est déterminé et imposé selon les principes généraux applicables aux entreprises industrielles et commerciales, conformément à toutes les dispositions législatives et à leurs textes d'application, sans restriction ni réserve notamment de vocabulaire, applicables aux industriels ou commerçants ayant opté pour le régime réel mais avec des règles et modalités adaptées aux contraintes et caractéristiques particulières de la production agricole, et de leur incidence sur la gestion, qui sont notamment :**

Le faible niveau du chiffre d'affaires par rapport au capital investi, ce qui se traduit par une lente rotation des capitaux ;

La proportion exagérément importante des éléments non amortissables dans le bilan : foncier non bâti, amélioration foncière permanente, parts de coopératives et de SICA ;

L'irrégularité importante des revenus.

II. – Des décrets précisent les adaptations résultant du I. De même, les décrets précisent les règles particulières relatives aux dates de dépôt des déclarations que doivent souscrire les exploitants agricoles, ainsi qu'aux documents qu'ils doivent produire. – *Ann. III, art. 38 sexdecies A s.*

III. – Les dispositions des I et II s'appliquent à tous les contribuables placés sous le régime du bénéfice réel.

1. Remplacement d'arbres fruitiers. Les frais exposés pour le remplacement d'arbres fruitiers anciens par des arbres plus jeunes, afin de prolonger la durée d'exploitation d'un verger, sont des immobilisations. • CAA Nantes, 22 févr. 1996, n° 94NT621 : *Dr. fisc. 1996. 1023.*

2. Loyers. Selon l'Administration, le titulaire de bénéfices agricoles n'est pas autorisé à déduire de ses revenus professionnels une somme correspondant au loyer que pourrait produire un immeuble dont il est le propriétaire et qu'il utilise pour l'exercice de son activité. Refus d'extension de la jurisprudence Meissonnier (• CE 8 juill. 1998, ♔ n° 164657) aux bénéfices agricoles. ♦ Jugé, en sens contraire, qu'un exploitant agricole qui conserve les terres dont il est propriétaire dans son patrimoine privé, en application de l'art. 38 *sexdecies* D de l'annexe III, et s'abstient en conséquence de les inscrire à son patrimoine professionnel tout en les mettant à disposition de son exploitation, peut comprendre parmi les charges déductibles de son revenu professionnel les sommes correspondant au loyer normal de ces terres qu'il a par ailleurs déclarées dans la catégorie des revenus fonciers. • CAA Nantes, 6 avr. 2010, n° 09NT1486 : *RJF 2010. 902 ; BDCF 2010, n° 104, concl. Hervouet ; Dr. fisc. 2011. 103.* ♦ Confirmation • CE 26 sept. 2011, ♔ *Min. du Budget, des comptes publics, de la fonction publique et de la réforme de l'État*, n° 340247 : *RJF 2011. 1297 ; BDCF 12/11, n° 136, concl. Escaut.*

3. Droits de mutation. Les droits de mutation à titre gratuit acquittés par un contribuable en qualité d'héritier ou de donataire de l'usufruit de biens ou de droits qui ont, par nature, un caractère professionnel, constituent pour ce dernier une charge déductible de ses revenus professionnels. • CE 19 févr. 2003, ♔ n° 229373, *Tornay : Dr. fisc. 2003. 524, concl. Austry ; RJF 2003. 573 ; concl. Austry au BDCF 5/03, n° 65.* ♦ Sont ainsi déductibles les droits acquittés par un exploitant agricole, en qualité d'usufruitier des biens de sa femme, autres que les terres, utilisées pour les besoins de l'exploitation. • Même arrêt.

4. Cotisations sociales des exploitants. V. note ss. art. 154 *bis*.

Art. 72 *bis* *Transféré ss. art. 75.*

Art. 72 A **I. – A compter du premier exercice ouvert après le 31 décembre 1983, pour les productions végétales, les produits en cours sont constitués des seules avances aux cultures qui sont inscrites, à leur prix de revient, dans les stocks d'entrée et de sortie des exploitations agricoles soumises au régime d'imposition d'après le bénéfice réel.**

II. – Les avances aux cultures sont représentées par l'ensemble des frais et charges engagés au cours d'un exercice en vue d'obtenir la récolte qui sera levée après la clôture de cet exercice. Il s'agit exclusivement :

1° Des frais correspondant aux semences, engrais, amendements et produits de traitement des végétaux ;

2° Des frais de main-d'œuvre relatifs aux façons culturales, de l'amendement des terres et des semis ;

3° Des frais de matériels relatifs aux mêmes travaux : carburants et lubrifiants, entretien, réparation et amortissement du matériel, travaux réalisés par des tiers.

Art. 72 B **L'indemnité destinée à couvrir les dommages causés aux récoltes par des événements d'origine climatique qui est acquise au titre d'un exercice, mais couvre une perte effectivement subie au titre d'un exercice ultérieur, est imposable au titre de l'exercice de constatation de cette perte.** – *V. note ss. art. 72 D.*

Indemnités d'assurance liées à des pertes de récoltes. L'indemnité destinée à couvrir les dommages causés aux récoltes par des événements d'origine climatique, acquise au cours d'un exercice clos à compter du 31 déc. 2012, et qui couvre une perte réellement subie au titre d'un exercice ultérieur, est imposable au titre de l'exercice de constatation de cette perte. Seules sont concernées les récoltes encore sur pied ayant subi des dommages causés par les phénomènes suivants : sécheresse, excès de température et coups de chaleur, températures basses, grêle, excès d'eau et pluies violentes, poids de la neige ou du givre, vent et manque de rayonnement solaire. * BOI-BA-BASE-20-10-10 n° 230 du 13 mai 2013.

Art. 72 B *bis* *(L. n° 2018-1317 du 28 déc. 2018, art. 58, applicable aux exercices ouverts à compter du 1er janv. 2019)* I. — Les exploitants agricoles soumis au régime réel d'imposition peuvent, sur option, comptabiliser leurs stocks de produits ou d'animaux jusqu'à la vente de ces biens à la valeur déterminée à la clôture de l'exercice précédant celui au titre duquel l'option est exercée.

II. — L'option prévue au I est formulée au plus tard dans le délai de déclaration des résultats du premier exercice auquel elle s'applique. Elle est valable pour l'année au titre de laquelle elle est exercée et pour les quatre années suivantes. Elle est reconduite tacitement par période de cinq ans, sauf renonciation adressée au service des impôts dans le délai de dépôt de déclaration des résultats du dernier exercice de chaque période d'option.

Cette option est exclusive de l'option prévue aux articles 75-0 A et 75-0 B.

III. — Le bénéfice du I du présent article est subordonné au respect du règlement (UE) n° 1408/2013 de la Commission du 18 décembre 2013 relatif à l'application des articles 107 et 108 du traité sur le fonctionnement de l'Union européenne aux aides de minimis dans le secteur de l'agriculture.

Option pour le blocage de la valeur des stocks à rotation lente. * BOI-BA-BASE-20-20-20-40 du 3 juill. 2019.

Art. 72 C Les exploitants agricoles ne peuvent pratiquer la provision pour hausse des prix prévue au 5° du 1 de l'article 39.

Le montant global des provisions pour hausse de prix constituées avant le 1er janvier 1984 peut, à compter du premier exercice ouvert après cette date, être réintégré par fractions égales sur un nombre d'exercices égal au double de ceux au titre desquels elles ont été constituées.

Art. 72 D *(Abrogé par L. n° 2018-1317 du 28 déc. 2018, art. 51-I-5°) I. — Les exploitants agricoles soumis à un régime réel d'imposition peuvent pratiquer une déduction pour investissement dans les limites et conditions prévues à l'article 72 D ter.*

Cette déduction est utilisée au cours des cinq exercices qui suivent celui de sa réalisation pour :

1° L'acquisition et la production de stocks de produits ou animaux dont le cycle de rotation est supérieur à un an ;

2° Ou l'acquisition de parts sociales de sociétés coopératives agricoles mentionnées à l'article L. 521-1 du code rural et de la pêche maritime.

Lorsque la déduction est utilisée pour l'acquisition de parts sociales de coopératives agricoles, elle est rapportée, par parts égales, au résultat de l'exercice qui suit celui de l'acquisition et des neuf exercices suivants. Toutefois, le retrait de l'adhérent ou la cession de parts sociales entraîne la réintégration immédiate dans le résultat imposable de la fraction de la déduction qui n'a pas encore été rapportée.

Lorsqu'elle n'est pas utilisée conformément à son objet, la déduction est rapportée aux résultats du cinquième exercice suivant sa réalisation et majorée d'un montant égal au produit de cette déduction par le taux de l'intérêt de retard prévu à l'article 1727. Sur demande de l'exploitant, elle peut être rapportée en tout ou partie au résultat d'un exercice antérieur lorsque ce résultat est inférieur d'au moins 40 % à la moyenne des résultats des trois exercices précédents. Pour le calcul de cette moyenne, il n'est pas tenu compte des reports déficitaires.

II. — L'apport d'une exploitation individuelle dans les conditions visées au I de l'article 151 octies, à une société civile agricole par un exploitant agricole qui a pratiqué la déduction au titre d'un exercice précédant celui de l'apport n'est pas considéré pour l'application du I comme une cessation d'activité si la société bénéficiaire de l'apport en remplit les conditions et s'engage à utiliser la déduction conformément à son objet dans les cinq exercices qui suivent celui au cours duquel elle a été pratiquée.

Lorsqu'elle n'est pas utilisée conformément à son objet, la déduction est rapportée aux résultats de l'exercice clos à l'occasion de l'apport en société.

III. — La transmission à titre gratuit d'une exploitation individuelle dans les conditions prévues à l'article 41 par un exploitant agricole qui a pratiqué la déduction au titre d'un

exercice précédant celui de la transmission n'est pas considérée pour l'application du I comme une cessation d'activité si le ou les bénéficiaires de la transmission remplissent les conditions ouvrant droit à la déduction et s'engagent à utiliser celle-ci conformément à son objet dans les cinq années qui suivent celle au cours de laquelle elle a été pratiquée.

Les sommes déduites et leurs intérêts capitalisés en application des art. 72 D et 72 D bis non encore rapportés à la clôture du dernier exercice clos avant le 1er janv. 2019 sont utilisés et rapportés conformément aux modalités prévues aux mêmes art. 72 D et 72 D bis dans leur rédaction antérieure à la L. n° 2018-1317 du 28 déc. 2018 (L. préc., art. 51-III-3).

Art. 72 D *bis* *(Abrogé par L. n° 2018-1317 du 28 déc. 2018, art. 51-I-5°)* ***I. — 1. Les exploitants agricoles soumis à un régime réel d'imposition peuvent pratiquer une déduction pour aléas dans les limites et conditions prévues à l'article 72 D ter.***

La déduction pour aléas s'exerce à la condition que, dans les six mois de la clôture de l'exercice et au plus tard à la date de dépôt de déclaration des résultats se rapportant à l'exercice au titre duquel la déduction est pratiquée, l'exploitant ait inscrit à un compte d'affectation ouvert auprès d'un établissement de crédit une somme comprise entre 50 % et 100 % du montant de la déduction. L'épargne professionnelle ainsi constituée doit être inscrite à l'actif du bilan de l'exploitation. Les intérêts produits par cette épargne professionnelle et qui sont capitalisés dans le compte d'affectation ne sont pas soumis à l'impôt. A tout moment, la somme de l'épargne professionnelle et des intérêts capitalisés est au moins égale à 50 % du montant des déductions non encore rapportées. Elle ne peut jamais excéder le montant des déductions non encore rapportées.

La condition d'inscription au compte d'affectation visé au deuxième alinéa est réputée respectée à due concurrence de l'accroissement du stock de fourrages destiné à être consommé par les animaux de l'exploitation par rapport à la valeur moyenne du stock en fin d'exercice calculée sur les trois exercices précédents.

En cas de vente de ces stocks de fourrage lors des sept exercices suivant celui de la déduction, le produit de la vente doit être inscrit au compte d'affectation dans la limite du montant ayant été dispensé de l'inscription au compte d'affectation, déduction faite des montants exemptés de l'obligation d'inscription et utilisés de façon conforme.

2. Les sommes déduites et leurs intérêts capitalisés non soumis à l'impôt peuvent être utilisés au cours des sept exercices qui suivent celui au cours duquel la déduction a été pratiquée :

a) Au titre de chaque exercice, pour l'acquisition de fourrages destinés à être consommés par les animaux de l'exploitation dans les six mois qui précèdent ou qui suivent la reconnaissance du caractère de calamité agricole sur le canton de l'exploitation ou les cantons limitrophes ;

b) Pour le règlement au cours de l'exercice des primes et cotisations d'assurance de dommage aux biens ou pour perte d'exploitation souscrite par l'exploitant ;

c) Au titre de l'exercice de survenance d'un incendie ou d'un dommage aux cultures ou de perte du bétail assuré ;

d) Au titre de l'exercice de survenance d'un aléa non assuré d'origine climatique, naturelle ou sanitaire, reconnu par une autorité administrative compétente ;

e) Au titre de l'exercice de survenance d'un aléa économique, qui s'entend :

1° Soit d'une baisse de la valeur ajoutée de l'exercice, par rapport à la moyenne des valeurs ajoutées des trois exercices précédents, supérieure à 10 % ;

2° Soit d'une baisse de la valeur ajoutée de l'exercice, par rapport à la moyenne des valeurs *ajoutées des trois derniers exercices clos avant l'exercice précédent, supérieure à 15 %.*

Pour l'application du présent e, la valeur ajoutée s'entend de la différence entre, d'une part, la somme, hors taxes, des ventes, des variations d'inventaire, de la production immobilisée et autoconsommée et des indemnités et subventions d'exploitation et, d'autre part, la somme, hors taxes et sous déduction des transferts de charges d'exploitation affectés, du coût d'achat des marchandises vendues et de la consommation de l'exercice en provenance de tiers. La valeur ajoutée de l'exercice doit être réalisée dans des conditions comparables à celles des trois exercices de référence retenus pour apprécier la baisse de la valeur ajoutée.

3. Les sommes déduites et les intérêts ainsi utilisés sont rapportés au résultat de l'exercice au cours duquel leur utilisation au sens du 2 est intervenue ou du résultat de l'exercice suivant. En cas de survenance d'un aléa économique, les sommes peuvent être utilisées dans la limite du montant de la baisse de valeur ajoutée mentionnée aux 1° ou 2° du e du 2 ou d'une somme égale à 50 % du montant cumulé des déductions pour aléas et de leurs intérêts

capitalisés non encore utilisés à la date de clôture de l'exercice précédent celui de la survenance de l'aléa si elle est plus élevée.

Lorsque ces sommes et intérêts ne sont pas utilisés au cours des sept exercices qui suivent celui au titre duquel la déduction a été pratiquée, ils sont rapportés aux résultats du septième exercice suivant celui au titre duquel la déduction a été pratiquée et majorés d'un montant égal au produit de ces sommes et intérêts par le taux d'intérêt légal en vigueur à la date de clôture de l'exercice au cours duquel les sommes et intérêts sont rapportés au résultat.

Lorsque ces sommes et intérêts sont prélevés dans des cas autres que ceux mentionnés au 2 du présent I, ils sont rapportés au résultat de l'exercice au cours duquel cette utilisation a été effectuée et majorés d'un montant égal au produit de ces sommes et intérêts par le taux de l'intérêt de retard prévu à l'article 1727.

En cas de non-respect de l'obligation prévue à l'avant-dernière phrase du deuxième alinéa du 1 du I, la fraction des déductions non encore rapportées qui excède le double de l'épargne professionnelle est rapportée au résultat de cet exercice, majorée d'un montant égal au produit de cette somme par le taux de l'intérêt de retard prévu à l'article 1727.

II. — L'apport d'une exploitation individuelle dans les conditions visées au I de l'article 151 octies, à une société civile agricole par un exploitant agricole qui a pratiqué la déduction au titre d'un exercice précédant celui de l'apport n'est pas considéré pour l'application du I comme une cessation d'activité si la société bénéficiaire de l'apport en remplit les conditions et s'engage à utiliser les sommes déposées sur le compte au cours des sept exercices qui suivent celui au titre duquel la déduction correspondante a été pratiquée.

La transmission à titre gratuit d'une exploitation individuelle dans les conditions prévues à l'article 41 par un exploitant agricole qui a pratiqué la déduction au titre d'un exercice précédant celui de la transmission n'est pas considérée pour l'application du I comme une cessation d'activité si le ou les bénéficiaires de la transmission remplissent les conditions ouvrant droit à la déduction et s'engagent à utiliser les sommes déposées sur le compte au cours des sept exercices qui suivent celui au titre duquel la déduction correspondante a été pratiquée dans les conditions et les limites définies au I.

III. — Le compte ouvert auprès d'un établissement de crédit est un compte courant qui retrace exclusivement les opérations définies au I. — V. Ann. III, art. 38 sexdecies J.

V. note ss. art. 72 D.

Art. 72 D ter (Abrogé par L. nº 2018-1317 du 28 déc. 2018, art. 51-I-5º) *I. — Dans la limite du bénéfice, les déductions prévues aux articles 72 D et 72 D bis sont plafonnées à un montant global fixé, par exercice de douze mois, à 27 000 €. Pour les exploitations agricoles à responsabilité limitée qui n'ont pas opté pour le régime fiscal des sociétés de capitaux, ce montant est multiplié par le nombre des associés exploitants, dans la limite de quatre.*

Lorsque le résultat de l'exercice est supérieur d'au moins 20 % à la moyenne des résultats des trois exercices précédents, l'exploitant peut pratiquer un complément de déduction pour aléas, dans les conditions prévues à l'article 72 D bis et dans la limite du bénéfice, à hauteur de 500 € par salarié équivalent temps plein. Pour le calcul de la moyenne des résultats des trois exercices précédents, il n'est pas tenu compte des reports déficitaires.

Lorsque le ou les salariés de l'exploitation ne sont employés qu'à temps partiel ou sur une fraction seulement de l'année civile, la conversion en équivalent temps plein résulte, pour chaque salarié, du rapport entre le nombre d'heures travaillées pour lesquelles une dépense a été engagée au cours de l'exercice et 1 607 heures. Cette conversion n'est pas effectuée si ce rapport est supérieur à un. Le total obtenu est arrondi à l'unité supérieure.

Pour les exploitants individuels, les déductions prévues aux articles 72 D et 72 D bis, majorées, le cas échéant, du complément de déduction pour aléas, sont plafonnées à la différence positive entre la somme de 150 000 € et le montant des déductions pratiquées et non encore rapportées au résultat, majoré, le cas échéant, des intérêts capitalisés en application du deuxième alinéa du 1 du I de l'article 72 D bis.

Pour les exploitations agricoles à responsabilité limitée qui n'ont pas opté pour le régime fiscal des sociétés de capitaux, les déductions prévues aux articles 72 D et 72 D bis, majorées, le cas échéant, du complément de déduction pour aléas, sont plafonnées à la différence positive entre la somme de 150 000 €, multipliée par le nombre des associés exploitants, dans la limite de quatre, et le montant des déductions pratiquées et non encore rapportées au résultat, majoré, le cas échéant, des intérêts capitalisés en application du deuxième alinéa du 1 du I du même article 72 D bis.

II. — Les déductions mentionnées au premier alinéa du I sont pratiquées après application des abattements prévus aux articles 44 quaterdecies et 73 B.

Art. 72 D *quater* (*Abrogé par L. n° 2018-1317 du 28 déc. 2018, art. 51-I-5°*) *Les bénéfices des exploitants titulaires de revenus mentionnés au cinquième ou sixième alinéa de l'article 63 ne peuvent donner lieu aux déductions prévues aux articles 72 D et 72 D bis lorsque ces exploitants n'exercent aucune des activités mentionnées au premier, deuxième, troisième ou quatrième alinéa de l'article 63.*

Art. 72 E La plus-value réalisée sur les terres lors des opérations d'échanges mentionnées au 5° du II de l'article 150 U n'est pas comprise dans le bénéfice imposable de l'exercice en cours. En cas de cession ultérieure des terres reçues en échange, la plus-value est déterminée en fonction de la date et de la valeur d'acquisition des terres d'origine.

Art. 72 E *bis* (*L. n° 2019-1479 du 28 déc. 2019, art. 55-I-2° et II, applicable à compter de l'imposition des revenus de l'année 2020*) En cas de passage du régime d'imposition prévu à l'article 64 *bis* à un régime réel d'imposition, les créances figurant au bilan d'ouverture du premier exercice soumis à un régime réel d'imposition sont ajoutées au bénéfice imposable de ce même exercice pour leur montant hors taxes sous déduction d'un abattement de 87 %.

Conséquences du passage d'un régime réel d'imposition à un régime micro, ou inversement. * BOI-BNC-BASE-20-10-20 du 1er juill. 2020.

Art. 72 F L'à-valoir mentionné à l'article L. 731-22-1 du code rural et de la pêche maritime est déductible du résultat de l'exercice au cours duquel il est versé.

Toutefois, lorsque le résultat imposable d'un exercice est en hausse par rapport à celui de l'exercice précédent, l'à-valoir visé au premier alinéa non versé à la clôture de l'exercice est néanmoins déductible dans la limite de 20 % de la hausse constatée, à condition que ce versement soit effectué dans les six mois de la clôture de l'exercice et au plus tard à la date de dépôt de la déclaration des résultats se rapportant à l'exercice au titre duquel la déduction est pratiquée. La fraction de l'à-valoir ainsi déduite n'est plus déductible au titre de l'exercice de versement.

Art. 73 (*L. n° 2018-1317 du 28 déc. 2018, art. 51-I-1° et III-1, applicable aux exercices clos du 1er janv. 2019 au 31 déc. 2022*) I. — 1. Les exploitants agricoles soumis à un régime réel d'imposition peuvent pratiquer une déduction pour épargne de précaution dont le montant est plafonné, par exercice de douze mois :

a) A 100 % du bénéfice imposable, s'il est inférieur à 27 000 € ;

b) A la somme de 27 000 € majorée de 30 % du bénéfice excédant cette limite, lorsqu'il est supérieur ou égal à 27 000 € et inférieur à 50 000 € ;

c) A la somme de 33 900 € majorée de 20 % du bénéfice excédant 50 000 €, lorsqu'il est supérieur ou égal à 50 000 € et inférieur à 75 000 € ;

d) A la somme de 38 900 € majorée de 10 % du bénéfice excédant 75 000 €, lorsqu'il est supérieur ou égal à 75 000 € et inférieur à 100 000 € ;

e) A la somme de 41 400 €, lorsque le bénéfice imposable est supérieur ou égal à 100 000 €.

Pour les groupements agricoles d'exploitation en commun et les exploitations agricoles à responsabilité limitée qui n'ont pas opté pour le régime fiscal des sociétés de capitaux, les plafonds mentionnés aux *a* à *e* sont multipliés par le nombre des associés exploitants, dans la limite de quatre, sans pouvoir excéder le montant du bénéfice imposable.

2. La déduction est également plafonnée :

1° Pour les exploitants individuels, à la différence positive entre la somme de 150 000 € et le montant de déductions pratiquées et non encore rapportées au résultat ;

2° Pour les groupements agricoles d'exploitation en commun et les exploitations agricoles à responsabilité limitée qui n'ont pas opté pour le régime fiscal des sociétés de capitaux, à la différence positive entre la somme de 150 000 €, multipliée par le nombre des associés exploitants, dans la limite de quatre, et le montant des déductions pratiquées et non encore rapportées au résultat.

3. La déduction mentionnée au 1 est pratiquée après application des abattements prévus aux articles 44 *duodecies*, 44 *terdecies*, 44 *quaterdecies* et 73 B.

II. – 1. La déduction prévue au I du présent article s'exerce à la condition que, dans les six mois suivant la clôture de l'exercice et au plus tard à la date limite de dépôt de la déclaration des résultats se rapportant à l'exercice au titre duquel la déduction est pratiquée, l'exploitant ait inscrit à un compte courant ouvert auprès d'un établissement de crédit une somme comprise entre 50 % et 100 % du montant de la déduction. L'épargne professionnelle ainsi constituée doit être inscrite à l'actif du bilan de l'exploitation. A tout moment, le montant total de l'épargne professionnelle est au moins égal à 50 % du montant des déductions non encore rapportées. Elle ne peut jamais excéder le montant des déductions non encore rapportées.

La condition d'inscription au compte courant mentionné au premier alinéa du présent 1 est réputée satisfaite à concurrence des coûts qui ont été engagés au cours de l'exercice au titre duquel la déduction est pratiquée pour l'acquisition ou la production de stocks de fourrage destiné à être consommé par les animaux de l'exploitation ou de stocks de produits, notamment de la viticulture, ou d'animaux, dont le cycle de rotation est supérieur à un an. Pour l'appréciation de la satisfaction de la condition d'épargne professionnelle prévue au même premier alinéa, l'épargne réputée constituée à concurrence des coûts mentionnés à la première phrase du présent alinéa peut se substituer en tout ou partie à la somme inscrite sur le compte courant mentionné au premier alinéa.

En cas de vente des stocks de fourrage ou des stocks de produits ou d'animaux mentionnés au deuxième alinéa du présent 1, une quote-part du produit de la vente est inscrite au compte courant mentionné au premier alinéa à hauteur d'un montant au moins égal à la différence entre 50 % du montant des déductions non encore rapportées et l'épargne professionnelle totale diminuée de la part des coûts d'acquisition ou de production du stock de fourrage ou du stock de produits ou d'animaux objet de la vente réputés affectés au compte courant. A défaut, la fraction de la déduction non encore rapportée qui excède le double de l'épargne professionnelle est rapportée au résultat de l'exercice.

Le compte courant mentionné au premier alinéa du présent 1 retrace exclusivement les opérations définies au I.

Pour l'exploitant, associé coopérateur d'une société coopérative agricole mentionnée à l'article L. 521-1 du code rural et de la pêche maritime ou adhérent d'une organisation de producteurs ou d'une association d'organisations de producteurs reconnues conformément à l'article L. 551-1 du même code et bénéficiant du transfert de propriété des produits qu'elles commercialisent, le compte d'affectation peut être un compte inscrit à l'actif du bilan de l'exploitant qui enregistre exclusivement les créances liées aux fonds qu'il met à la disposition de la coopérative, de l'organisation de producteurs ou de l'association d'organisations de producteurs lorsque, en exécution d'un contrat pluriannuel conclu avec celles-ci, le prix auquel il vend ses productions dépasse un prix de référence fixé au contrat.

2. Les sommes déduites sont utilisées au cours des dix exercices qui suivent celui au cours duquel la déduction a été pratiquée pour faire face à des dépenses nécessitées par l'activité professionnelle. Ces sommes sont rapportées au résultat de l'exercice au cours duquel leur utilisation est intervenue ou au résultat de l'exercice suivant.

3. Lorsque ces sommes ne sont pas utilisées au cours des dix exercices qui suivent celui au titre duquel la déduction a été pratiquée, elles sont rapportées au résultat du dixième exercice suivant celui au titre duquel la déduction a été pratiquée.

En cas de non-respect de l'obligation prévue à l'avant-dernière phrase du premier alinéa du 1 du présent II, la fraction des déductions non encore rapportées qui excède le double de l'épargne professionnelle est rapportée au résultat de cet exercice, majorée d'un montant égal au produit de cette somme par le taux de l'intérêt de retard prévu à l'article 1727.

4. L'article 151 *septies* ne s'applique pas aux plus-values de cession de matériels roulants acquis lors d'un exercice au titre duquel la déduction a été rapportée et dans les deux ans précédant leur cession.

Sous réserve de l'application des articles 41, 151 *octies* et 238 *quindecies*, le premier alinéa du présent 4 ne s'applique pas aux plus-values réalisées à l'occasion de la cessa-

tion d'entreprise résultant du départ à la retraite de l'exploitant, de la transmission à titre gratuit de l'entreprise, de l'apport de l'exploitation individuelle ou d'une branche complète d'activité à une société, de la dissolution de la société ou du décès de l'exploitant. Toutefois, si le cessionnaire ou le bénéficiaire des apports est une entreprise liée au cédant ou à l'apporteur, au sens du 12 de l'article 39, la plus-value dégagée à l'occasion de la cession ultérieure du bien par celle-ci, réalisée dans un délai de deux ans décompté à partir de la date d'inscription du bien à l'actif du bilan du cédant ou de l'apporteur, ne bénéficie pas des dispositions de l'article 151 *septies*.

III. — La transmission à titre gratuit d'une exploitation individuelle dans les conditions prévues à l'article 41 par un exploitant agricole qui a pratiqué la déduction pour épargne de précaution au titre d'un exercice précédant celui de la transmission n'est pas considérée, pour l'application des I et II du présent article, comme une cessation d'activité si le ou les bénéficiaires de la transmission remplissent les conditions ouvrant droit à la déduction et utilisent les sommes déduites par le cédant au cours des dix exercices qui suivent celui au titre duquel la déduction correspondante a été pratiquée dans les conditions et limites définies aux mêmes I et II.

L'apport d'une exploitation individuelle dans les conditions prévues au I de l'article 151 *octies* à une société civile agricole par un exploitant agricole qui a pratiqué la déduction pour épargne de précaution au titre d'un exercice précédant celui de l'apport n'est pas considéré, pour l'application des I et II du présent article, comme une cessation d'activité si la société bénéficiaire de l'apport remplit les conditions prévues aux mêmes I et II et utilise les sommes déduites par l'exploitant au cours des dix exercices qui suivent celui au titre duquel la déduction correspondante a été pratiquée dans les conditions et limites définies auxdits I et II.

(L. n° 2021-1900 du 30 déc. 2021, art. 10-I-2°) **« L'opération de fusion, de scission ou d'apport partiel d'actif réalisée par une société mentionnée au deuxième alinéa du I de l'article 151 *octies* A, dans les conditions prévues au même I, qui a pratiqué la déduction pour épargne de précaution au titre d'un exercice précédant celui au cours duquel cette opération est réalisée n'est pas considérée, pour l'application des I et II du présent article, comme une cessation d'activité si la société absorbante ou bénéficiaire remplit les conditions prévues aux mêmes I et II et utilise les sommes déduites par la société au cours des dix exercices qui suivent celui au titre duquel la déduction correspondante a été pratiquée, dans les conditions et limites définies auxdits I et II. »** — *Pour les conditions d'application du présent al., V. L. n° 2021-1900 du 30 déc. 2021, art. 10-II.*

IV. — Sur option du contribuable, le I de l'article 163-0 A s'applique aux déductions rapportées au résultat de l'exercice établi au moment de la cessation de l'entreprise en application de l'article 201. Cette option est exclusive de l'option prévue à l'article 75-0 C.

V. — Les bénéfices des exploitants titulaires de revenus mentionnés aux cinquième ou sixième alinéas de l'article 63 ne peuvent donner lieu à la déduction prévue au présent article, lorsque ces exploitants n'exercent aucune des activités mentionnées aux premier, deuxième, troisième ou quatrième alinéas de l'article 63.

VI. — Le bénéfice de la déduction est subordonné au respect du règlement (UE) n° 1408/2013 de la Commission du 18 décembre 2013 relatif à l'application des articles 107 et 108 du traité sur le fonctionnement de l'Union européenne aux aides *de minimis* dans le secteur de l'agriculture *(L. n° 2020-1721 du 29 déc. 2020, art. 12, applicable aux exercices clos à compter du 31 déc. 2020)* **« , du règlement (UE) n° 717/2014 de la Commission du 27 juin 2014 concernant l'application des articles 107 et 108 du traité sur le fonctionnement de l'Union européenne aux aides *de minimis* dans le secteur de la pêche et de l'aquaculture ou du règlement (UE) n° 1407/2013 de la Commission du 18 décembre 2013 relatif à l'application des articles 107 et 108 du traité sur le fonctionnement de l'Union européenne aux aides *de minimis* ».**

La déduction pour épargne de précaution est placée ss. les Régl. (UE) 717/2014 du 27 juin 2014 et 1407/2013 du 18 déc. 2013 au titre des exercices clos à compter du 31 déc. 2020.

Déduction pour épargne de précaution (DEP). * BOI-BA-BASE-30-45 du 19 juin 2019. ♦ Modalités de détermination du plafond de la déduction. * BOI-BA-BASE-30-45-20 du 3 mars 2021.

Art. 73 A *Périmé.*

Art. 73 B I. – Le bénéfice imposable des exploitants soumis à un régime réel d'imposition qui bénéficient *(L. n° 2018-1317 du 28 déc. 2018, art. 126-I-1°-a et IV)* « des aides à l'installation des jeunes agriculteurs prévues à l'article D. 343-3 » du code rural et de la pêche maritime, est déterminé, au titre des soixante premiers mois d'activité, à compter de la date d'octroi de la première aide, sous déduction d'un abattement *(L. n° 2018-1317 du 28 déc. 2018, art. 126-I-1°-b et IV)* « de 75 % lorsque le bénéfice de l'exercice est inférieur ou égal à *(L. n° 2021-1900 du 30 déc. 2021, art. 2)* « 45 100 € *[ancienne rédaction : 43 914 €]* » ou, dans les autres cas, » de 50 % *(L. n° 2018-1317 du 28 déc. 2018, art. 126-I-1°-b et IV)* « pour la fraction du bénéfice inférieure ou égale à *(L. n° 2021-1900 du 30 déc. 2021, art. 2)* « 45 100 € *[ancienne rédaction : 43 914 €]* » et de 30 % pour la fraction supérieure à *(L. n° 2021-1900 du 30 déc. 2021, art. 2)* « 45 100 € *[ancienne rédaction : 43 914 €]* » et inférieure ou égale à *(L. n° 2021-1900 du 30 déc. 2021, art. 2)* « 60 100 € *[ancienne rédaction : 58 552 €]* ». » *(L. n° 2018-1317 du 28 déc. 2018, art. 126-I-1°-c et IV)* « Ces abattements sont portés à 100 % pour la fraction du bénéfice inférieure ou égale à *(L. n° 2021-1900 du 30 déc. 2021, art. 2)* « 45 100 € *[ancienne rédaction : 43 914 €]* » et à 60 % pour la fraction supérieure à *(L. n° 2021-1900 du 30 déc. 2021, art. 2)* « 45 100 € *[ancienne rédaction : 43 914 €]* » et inférieure ou égale à *(L. n° 2021-1900 du 30 déc. 2021, art. 2)* « 60 100 € *[ancienne rédaction : 58 552 €]* » et leur montant total ne peut être inférieur au montant de cette dotation » au titre de l'exercice en cours à la date d'inscription en comptabilité de la dotation d'installation aux jeunes agriculteurs.

Ces exploitants peuvent demander l'application *(L. n° 2018-1317 du 28 déc. 2018, art. 126-I-2° et IV)* « des abattements » sur les bénéfices des exercices non prescrits, clos avant l'attribution de ces aides.

(L. n° 2018-1317 du 28 déc. 2018, art. 126-I-3°-a et IV) « Ces abattements s'appliquent » avant déduction des déficits reportables. *(L. n° 2018-1317 du 28 déc. 2018, art. 126-I-3°-b et IV)* « Ils ne concernent » pas les profits soumis à un taux réduit d'imposition et ne *(L. n° 2018-1317 du 28 déc. 2018, art. 126-I-3°-b et IV)* « peuvent » se cumuler avec d'autres abattements opérés sur le bénéfice.

(L. n° 2018-1317 du 28 déc. 2018, art. 126-I-4° et IV) « II. – Les seuils mentionnés au I du présent article sont actualisés tous les trois ans dans la même proportion que l'évolution triennale de la limite supérieure de la première tranche du barème de l'impôt sur le revenu et arrondis à la centaine d'euros la plus proche. »

(L. n° 2018-1317 du 28 déc. 2018, art. 126-I-5° et IV) « III. – Le bénéfice des abattements mentionnés au I est subordonné au respect de l'article 18 du règlement (UE) n° 702/2014 de la Commission du 25 juin 2014 déclarant certaines catégories d'aides, dans les secteurs agricole et forestier et dans les zones rurales, compatibles avec le marché intérieur, en application des articles 107 et 108 du traité sur le fonctionnement de l'Union européenne. »

Les dispositions du présent art., dans leur rédaction résultant de l'art. 126-I de la L. n° 2018-1317 du 28 déc. 2018, s'appliquent au bénéfice des exploitants qui bénéficient de dotations d'installation aux jeunes agriculteurs octroyées à compter du 1er janv. 2019 (L. préc., art. 126-IV).

Abattement sur le bénéfice des jeunes agriculteurs. Exploitants concernés. Période d'application. Modalités d'application et remise en cause de l'abattement. Obligations déclaratives. * BOI-BA-BASE-30-10 du 15 mai 2019.

Art. 73 C Les dispositions de l'article 42 *septies* sont applicables à la dotation d'installation aux jeunes agriculteurs prévue aux articles D. 343-9 à D. 343-12 du code rural et de la pêche maritime lorsqu'elle est affectée à la création ou à l'acquisition d'immobilisations.

Art. 73 D En cas de transmission ou de rachat des droits d'un associé, personne physique, dans une société mentionnée à l'article 8, qui exerce une activité agricole au sens de l'article 63 et qui est soumise obligatoirement au régime d'imposition d'après le bénéfice réel, l'impôt sur le revenu peut être immédiatement établi au nom de cet associé pour sa quote-part dans les résultats réalisés depuis la fin de la dernière période d'imposition jusqu'à la date de cet événement. Cette mesure s'applique sur demande conjointe de l'associé dont les titres sont transmis ou rachetés ou de ses ayants cause et du bénéficiaire de la transmission ou, en cas de rachat, des associés présents dans la société à la date du rachat.

Le bénéficiaire de la transmission des titres ou, en cas de rachat, les associés présents dans la société à la clôture de l'exercice sont alors imposables à raison des quotes-parts correspondant à leurs droits dans le bénéfice réalisé par la société au cours de l'exercice, diminuées de la part du résultat imposée dans les conditions prévues au premier alinéa au nom de l'associé dont les titres ont été transmis ou rachetés.

Un décret fixe les modalités d'application du présent article, notamment les obligations déclaratives des contribuables. – *V. Ann. III, art. 38 sexdecies U à 38 sexdecies W.*

Ces dispositions s'appliquent aux exercices ouverts à compter du 1er janvier 2001.

Art. 73 E I. — Nonobstant les dispositions de l'article L. 323-13 du code rural et de la pêche maritime, l'apport d'un élément d'actif par un exploitant agricole à un groupement agricole d'exploitation en commun constitue une cession au sens du 1 de l'article 38.

II. — Sans préjudice des dispositions du cinquième alinéa du 1 de l'article 42 *septies*, *(L. n° 2018-1317 du 28 déc. 2018, art. 51-I-2° et III-1, applicable aux exercices clos du 1er janv. 2019 au 31 déc. 2022)* « du III de l'article 73 », du deuxième alinéa du 3 de l'article 75-0 A, du dernier alinéa de l'article 75-0 B *(L. n° 2021-1900 du 30 déc. 2021, art. 10-I-3°)* « , de l'article 151 *octies* et du deuxième alinéa du I de l'article 151 *octies* A » et nonobstant les dispositions de l'article L. 323-13 du code rural et de la pêche maritime, en cas d'apport d'une exploitation agricole à un groupement agricole d'exploitation en commun, l'impôt sur le revenu dû en raison des bénéfices réalisés dans cette exploitation et qui n'ont pas encore été imposés est immédiatement établi. Les contribuables doivent, dans les soixante jours de l'apport, en aviser l'administration et lui faire connaître la date à laquelle il a été ou sera effectif, ainsi que la raison sociale et l'adresse du groupement bénéficiaire. Les contribuables sont tenus de faire parvenir à l'administration, dans ce même délai, la déclaration de leur bénéfice accompagnée d'un résumé de leur compte de résultat. Pour la détermination du bénéfice, il est fait application *(L. n° 2018-1317 du 28 déc. 2018, art. 37-I-4° et III-1, applicable aux exercices ouverts à compter du 1er janv. 2019)* « du régime défini aux articles 39 *duodecies* et suivants. » Si les contribuables ne produisent pas ces déclarations ou renseignements ou si, invités à fournir à l'appui de la déclaration de leur bénéfice les justifications nécessaires, ils s'abstiennent de les donner dans les trente jours qui suivent la réception de l'avis qui leur est adressé à cet effet, les bases d'imposition sont arrêtées d'office. — *Cet art. a été repris des 5° et 6° de l'art. 71, transférés par Décr. n° 2010-421 du 27 avr. 2010.*

Apports à un GAEC. Conséquences fiscales de l'apport d'un élément d'actif ou d'une exploitation agricole à un GAEC. * BOI-BA-CESS-10 nos 70 à 90 du 12 sept. 2012. ♦ L'apport d'un élément d'actif à un GAEC est désormais constitutif d'une cession et l'apport d'une exploitation agricole à un GAEC entraîne l'imposition des bénéfices non encore taxés chez l'exploitant individuel. * BOI-BA-CESS-10 nos 70 et 80 du 12 sept. 2012.

RÉGIME SIMPLIFIÉ

Art. 74 Le bénéfice imposable des exploitants placés sous le régime simplifié d'imposition d'après le bénéfice réel est déterminé conformément aux dispositions des articles 72 à 73 E, sous réserve des simplifications suivantes :

a) La comptabilité de l'exploitation n'enregistre journellement que les encaissements et les paiements ; les créances et les dettes sont constatées à la clôture de l'exercice, sauf, sur option de l'exploitant, en ce qui concerne les dépenses relatives aux frais généraux, qui sont payées à échéances régulières et dont la périodicité n'excède pas un an ;

b) Les stocks sont évalués au prix de revient ou au cours du jour à la clôture de l'exercice si ce cours est inférieur au prix de revient. Toutefois, ils peuvent être évalués, sur option et à l'exception des matières premières achetées et des avances aux cultures visées à l'article 72 A, selon une méthode forfaitaire, à partir du cours du jour à la clôture de l'exercice ;

c) Les frais relatifs aux carburants consommés lors des déplacements professionnels de l'exploitant peuvent être enregistrés forfaitairement d'après un barème qui est publié chaque année ;

d) La justification des frais généraux accessoires payés en espèces n'est pas exigée dans la limite de 1 p. 1 000 du chiffre d'affaires réalisé et d'un minimum de 152 €.

Un décret précise les modalités d'application des *a, c* et *d,* notamment en cas de changement de mode de comptabilisation en vue d'éviter qu'une même charge ne puisse être déduite des résultats de deux exercices. — *V. Ann. III, art. 38 sexdecies RB bis.*

1. Animaux. Dans le cadre du régime simplifié, tous les animaux sont à comprendre dans les stocks. • CAA Nantes, 12 nov. 1996, n° 94NT271 : *Dr. fisc. 1997. 261.* ♦ Les équidés et bovidés, remplissant les conditions prévues à l'art. 38 *sexdecies* D-II de l'ann. III, peuvent être assimilés à des immobilisations amortissables. Tous les autres animaux, y compris ceux nés dans l'exploitation, demeurent compris dans les stocks. * BOI-BA-BASE-20-10-20 n° 200 du 12 sept. 2012 * BOI-BA-BASE-20-20-20-10 n° 50 du 12 sept. 2012.

2. Tolérance administrative. Les opérations au comptant correspondant à des ventes au détail ou à des services rendus à des particuliers peuvent être inscrites globalement en comptabilité à la fin de chaque journée lorsqu'elles sont inférieures à 76 €. * BOI-CF-CPF-10 n° 240 du 18 mars 2013.

Art. 74 A La déclaration de résultats que souscrivent, en application de l'article 53 A, les exploitants agricoles soumis au régime simplifié d'imposition selon le bénéfice réel comporte :

1° Un compte simplifié faisant apparaître le résultat fiscal déterminé dans les conditions prévues à l'article 74 ;

2° Un tableau des immobilisations et des amortissements.

Ces exploitations *[exploitants]* sont tenus de produire un bilan simplifié à l'appui de leur déclaration de résultats ; ils sont dispensés de fournir à l'administration les autres documents prévus à l'article 38-II de l'annexe III au présent code. — *Anc. art. 68 D.*

Art. 74 B Un décret fixe les conditions d'application des articles 74 et 74 A. Il précise en outre :

— les modalités de détermination du revenu imposable tel qu'il est défini à l'article 74 ;

— les conditions d'exercice et la durée de validité des options prévues à l'article 69 ;

— les règles applicables en cas de changement de régime d'imposition ;

— la nature et le contenu des documents que doivent produire les exploitants agricoles — *V. Ann. III, art. 38 sexdecies JC à 38 sexdecies JE, 38 sexdecies OE, 38 sexdecies P, 38 sexdecies Q et 38 sexdecies RB.*

4 DISPOSITIFS DE LISSAGE OU D'ÉTALEMENT

Art. 75-0 A 1. Le revenu exceptionnel d'un exploitant agricole soumis à un régime réel d'imposition peut, sur option, être rattaché, par fractions égales, aux résultats de l'exercice de sa réalisation et des six exercices suivants.

Les dispositions du I de l'article 163-0 A sont applicables au titre de chacun de ces exercices quel que soit le montant de la fraction mentionnée au premier alinéa.

2. Pour l'application du 1, le revenu exceptionnel s'entend :

a) Soit, lorsque les conditions d'exploitation pendant l'exercice de réalisation du bénéfice sont comparables à celles des trois exercices précédents et que l'exploitant réalise un bénéfice supérieur à 25 000 € et excédant une fois et demie la moyenne des résultats des trois exercices précédents, de la fraction de ce bénéfice qui dépasse 25 000 € ou cette moyenne si elle est supérieure. Pour l'appréciation des bénéfices de l'exercice considéré et des trois exercices antérieurs, les déficits sont retenus pour un montant nul et il n'est pas tenu compte des bénéfices soumis à un taux proportionnel ainsi que des reports déficitaires ;

b) Soit du montant correspondant à la différence entre les indemnités prévues par l'article L. 221-2 du code rural et de la pêche maritime et la valeur en stock ou en compte d'achats des animaux abattus.

c) Périmé (Décr. n° 2018-500 du 20 juin 2018, art. 1er).

3. En cas de cessation d'activité, la fraction du revenu mentionné au 2 restant à imposer est comprise dans le bénéfice imposable de l'exercice de cet événement.

L'apport d'une exploitation individuelle, dans les conditions mentionnées au I de l'article 151 *octies*, à une société n'est pas considéré, pour l'application du premier alinéa, comme une cessation d'activité si la société bénéficiaire de l'apport s'engage à poursuivre l'application des dispositions prévues au 1, dans les mêmes conditions et selon les mêmes modalités, pour la fraction du revenu mentionné au 2 restant à imposer. Il en est de même de la transmission à titre gratuit d'une exploitation individuelle dans les conditions prévues à l'article 41 si le ou les bénéficiaires de la transmission prennent le même engagement.

(L. n° 2021-1900 du 30 déc. 2021, art. 10-I-4°) « L'opération de fusion, de scission ou d'apport partiel d'actif réalisée par une société mentionnée au deuxième alinéa du I de l'article 151 *octies* A, dans les conditions prévues au même I, n'est pas considérée, pour l'application du premier alinéa du présent 3, comme une cessation d'activité si la société absorbante ou bénéficiaire s'engage à poursuivre l'application des dispositions prévues au 1, dans les mêmes conditions et selon les mêmes modalités, pour la fraction du revenu mentionné au 2 restant à imposer. » — *Pour les conditions d'application du présent al., V. L. n° 2021-1900 du 30 déc. 2021, art. 10-II.*

4. L'option prévue au 1 doit être formulée au plus tard dans le délai de déclaration des résultats du premier exercice auquel elle s'applique.

1. Réforme du régime des résultats agricoles exceptionnels. Système du quotient. Dispositif d'étalement et de lissage applicable aux exercices clos à compter du 1er janv. 2006. Exploitants et revenus exceptionnels concernés. Modalités d'application. * BOI-BA-LIQ-10 du 12 sept. 2012.

2. Droits à paiement unique (DPU). Règles de comptabilisation. Dispositif de lissage et d'étalement. * BOI-BA-LIQ-10 nos 100 à 120 du 12 sept. 2012.

Art. 75-0 B Sur option des contribuables titulaires de bénéfices agricoles soumis à un régime réel d'imposition, le bénéfice agricole retenu pour l'assiette de l'impôt progressif est égal à la moyenne des bénéfices de l'année d'imposition et des deux années précédentes. Pour le calcul de cette moyenne, il n'est pas tenu compte des reports déficitaires.

L'option est valable pour l'année au titre de laquelle elle est exercée et pour les *(L. n° 2017-1837 du 30 déc. 2017, art. 92)* « deux » années suivantes. Elle est reconduite tacitement par période de *(L. n° 2017-1837 du 30 déc. 2017, art. 92)* « trois » ans, sauf renonciation adressée au service des impôts dans le délai de dépôt de la déclaration des résultats du dernier exercice de chaque période *(L. n° 2017-1837 du 30 déc. 2017, art. 92)* « triennale ». En cas de renonciation, une nouvelle option ne peut être exercée avant l'expiration d'une période de *(L. n° 2017-1837 du 30 déc. 2017, art. 92)* « trois » ans.

L'option ne peut être formulée ni pour l'imposition des deux premières années d'application du régime réel d'imposition ni pour celle de l'année de la cession ou de la cessation.

Toutefois, l'option peut être formulée pour l'imposition de l'année au cours de laquelle l'exploitant fait apport de son exploitation à une société.

Elle est exclusive de l'option prévue à l'article 75-0 A pour les revenus exceptionnels définis au *a* du 2 de cet article.

L'année de la cession ou de la cessation ou, en cas de renonciation au mode d'évaluation du bénéfice prévu au premier alinéa, la dernière année de son application, l'*excédent* du bénéfice agricole sur la moyenne triennale est imposé au taux marginal d'imposition applicable au revenu global du contribuable déterminé compte tenu de cette moyenne triennale.

Pour l'application du sixième alinéa, l'apport d'une exploitation individuelle, dans les conditions mentionnées au I de l'article 151 *octies*, à une société ou à un groupement dont les bénéfices sont, en application de l'article 8, soumis au nom de l'exploitant à l'impôt sur le revenu dans la catégorie des bénéfices agricoles, ne constitue pas une cession ou une cessation de l'exploitation. Toutefois, l'apporteur peut renoncer, selon les modalités prévues au deuxième alinéa, au bénéfice du mode d'évaluation du bénéfice agricole prévu au premier alinéa au titre de l'année au cours de laquelle l'apport est réalisé.

(L. n° 2021-1900 du 30 déc. 2021, art. 10-I-5°) « Pour l'application du sixième alinéa, la fusion, la scission ou l'apport partiel d'actif réalisé, dans les conditions mentionnées

au deuxième alinéa du I de l'article 151 *octies* A, ne constitue pas une cession ou une cessation de l'exploitation. Toutefois, les contribuables peuvent renoncer, selon les modalités prévues au deuxième alinéa du présent article, au bénéfice du mode d'évaluation du bénéfice agricole prévu au premier alinéa au titre de l'année au cours de laquelle l'opération est réalisée. » — *Pour les conditions d'application du présent al., V. L. n° 2021-1900 du 30 déc. 2021, art. 10-II.*

Le présent art., dans sa rédaction résultant de la L. n° 2017-1837 du 30 déc. 2017, à savoir la réduction de la durée de l'option de cinq à trois ans pour le présent dispositif, s'applique à l'imposition des résultats des exercices ouverts à compter du 1er janv. 2018. Les durées modifiées sont applicables aux options en cours, ainsi qu'aux renonciations faites depuis au moins trois ans (L. préc., art. 92).

1. Moyenne triennale. 1° Réduction de cinq à trois ans de la durée de l'option.* BOI-BA-LIQ-20 n° 545 du 17 avr. 2019. 2° Réduction de cinq à trois ans du délai d'exercice d'une nouvelle option. * BOI préc. n° 585. 3° Apport en société d'une exploitation individuelle. * BOI préc. nos 100 et 170.

2. Revenu exceptionnel. La prise en compte d'un revenu agricole dans le cadre de la moyenne triennale prévue à l'art. 75-0 B ne fait pas obstacle à l'application du système du quotient prévu à l'art. 163-0 A lorsque ce revenu présente par nature un caractère exceptionnel et que son montant est, après lissage résultant dudit article, supérieur à la moyenne des bénéfices des trois années précédentes, elle-même calculée selon cet article. * BOI-BA-LIQ-20 du 17 avr. 2019.

3. Combinaison de la moyenne triennale et de l'imputation des déficits. Un exploitant agricole peut appliquer de façon combinée le régime de la moyenne triennale et le mécanisme d'imputation des déficits agricoles, mais sa mise en œuvre ne saurait aboutir à ce que le déficit agricole effectivement constaté au titre d'une année fasse l'objet d'une double déduction, d'une part, au titre de la détermination du bénéfice agricole selon le régime de la moyenne triennale et, d'autre part, en application du mécanisme de déduction prévu par l'art. 156-I-1°. Seule la fraction qui n'a pas été prise en compte dans le calcul de la moyenne triennale peut venir en déduction du bénéfice agricole d'une année ultérieure. • CE, avis, 26 févr. 2014, *Alton*, n° 373583 : *RJF 2014. 453 ; Dr. fisc. 2014. 320, concl. Aladjidi.*

Art. 75-0 C *(L. n° 2018-1317 du 28 déc. 2018, art. 59, applicable aux exercices ouverts à compter du 1er janv. 2019)* **I. — Sur demande de l'exploitant agricole, l'impôt sur le revenu afférent aux revenus suivants est mis en recouvrement chaque année par cinquième l'année de cessation et les quatre années suivantes :**

1° Les sommes déduites en application des articles 72 D, 72 D *bis*, 72 D *ter* et 73 non encore utilisées et rapportées au bénéfice immédiatement imposable de l'exercice de cessation ;

2° La fraction du revenu comprise dans le bénéfice imposable de l'exercice de cessation en application du 3 de l'article 75-0 A ;

3° Le montant imposé au taux marginal d'imposition l'année de la cessation d'entreprise en application du sixième alinéa de l'article 75-0 B ;

(L. n° 2019-1479 du 28 déc. 2019, art. 40-I-1°) **« 4° Les profits non encore imposés sur les avances aux cultures définies à l'article 72 A et sur les stocks qui ont bénéficié des dispositions prévues au I de l'article 72 B *bis*, retenus respectivement dans la limite du montant des frais engagés qui constitue un élément du prix de revient des stocks conformément au 3 de l'article 38 et qui n'a majoré ni la valeur des avances aux cultures en application de l'article 72 A, ni celle des stocks du fait de l'exercice de l'option prévue à l'article 72 B *bis*. »**

II. — Le I s'applique lorsque la cessation d'entreprise résulte de :

1° L'apport d'une exploitation individuelle par un exploitant agricole à une société passible de l'impôt sur les sociétés ;

2° L'option pour l'assujettissement à l'impôt sur les sociétés exercée par les sociétés et groupements placés sous le régime des sociétés de personnes défini aux articles 8 à 8 *ter* ;

3° L'option pour l'assimilation à une exploitation agricole à responsabilité limitée mentionnée *(L. n° 2021-1900 du 30 déc. 2021, art. 13-I-1° et IV, en vigueur à la date d'entrée en vigueur de l'art. L. 526-22 C. com.)* **« aux 1 ou 2 de** *[ancienne rédaction : à]* **» l'article 1655 *sexies* ;**

4° La transformation d'une société ou d'un groupement placé sous le régime des sociétés de personnes défini aux articles 8 à 8 *ter* en une société passible de l'impôt sur les sociétés.

III. — Le montant de l'impôt sur le revenu mentionné au I est égal au solde de l'impôt sur le revenu, tel que défini au 1 de l'article 1663 B, dû au titre des revenus de l'année de la cessation de l'entreprise multiplié par le rapport entre les revenus mentionnés aux 1° à *(L. n° 2019-1479 du 28 déc. 2019, art. 40-I-2°)* « 4° » du I du présent article, retenus dans la limite du bénéfice établi au moment de la cessation en application de l'article 201 diminué des déficits en report admis en déduction conformément au 1° du I de l'article 156, et le revenu net imposable du foyer fiscal.

IV. — En cas de renonciation à l'option pour l'impôt sur les sociétés dans les conditions prévues au troisième alinéa du 1 de l'article 239 et au second alinéa du *(L. n° 2021-1900 du 30 déc. 2021, art. 13-I-1° et IV, en vigueur à la date d'entrée en vigueur de l'art. L. 526-22 C. com.)* « 3 *[ancienne rédaction : 2]* » de l'article 1655 *sexies*, l'étalement de l'imposition demandé par le contribuable en application du I du présent article n'est pas remis en cause.

V. — Le bénéfice du dispositif prévu au présent article est subordonné au respect du règlement (UE) n° 1408/2013 de la Commission du 18 décembre 2013 relatif à l'application des articles 107 et 108 du traité sur le fonctionnement de l'Union européenne aux aides *de minimis* dans le secteur de l'agriculture.

Paiement fractionné de l'IR afférent à certains revenus agricoles en cas de passage à l'IS. * BOI-BA-CESS-30 du 19 juin 2019.

Étalement du montant de l'IR en cas de passage à l'IS. Extension du dispositif à l'impôt afférent à certains stocks agricoles. * BOI-BA-CESS-30 du 12 févr. 2020.

Art. 75-0 D *Abrogé par L. n° 2005-1720 du 30 déc. 2005, art. 49-III et V.*

Art. 75 Les produits des activités accessoires relevant de la catégorie des bénéfices industriels et commerciaux *(Abrogé par L. n° 2017-1837 du 30 déc. 2017, art. 24)* « , *autres que ceux visés à l'article 75 A,* » et de celle des bénéfices non commerciaux réalisés par un exploitant agricole soumis à un régime réel d'imposition peuvent être pris en compte pour la détermination du bénéfice agricole lorsque, au titre des trois années civiles précédant la date d'ouverture de l'exercice, la moyenne annuelle des recettes accessoires commerciales et non commerciales de ces trois années n'excède ni *(L. n° 2017-1837 du 30 déc. 2017, art. 24)* « 50 % *[ancienne rédaction : 30 %]* » de la moyenne annuelle des recettes tirées de l'activité agricole au titre desdites années, ni *(L. n° 2017-1837 du 30 déc. 2017, art. 24)* « 100 000 € *[ancienne rédaction : 50 000 €]* ».

(L. n° 2017-1837 du 30 déc. 2017, art. 24) « Les revenus tirés de l'exercice des activités mentionnées au premier alinéa ne peuvent pas donner lieu *(L. n° 2018-1317 du 28 déc. 2018, art. 51-I-3° et III-1, applicable aux exercices clos du 1er janv. 2019 au 31 déc. 2022)* « à la déduction pour épargne de précaution prévue à l'article 73 », ni bénéficier *(L. n° 2018-1317 du 28 déc. 2018, art. 126-II et IV, applicable au bénéfice des exploitants qui bénéficient de dotations d'installation aux jeunes agriculteurs octroyées à compter du 1er janv. 2019)* « des abattements prévus » à l'article 73 B et du dispositif d'étalement prévu à l'article 75-0 A. Les déficits provenant de l'exercice desdites activités ne peuvent pas être imputés sur le revenu global mentionné au I de l'article 156. »

Par dérogation aux dispositions du premier alinéa, au titre des trois premières années d'activité, les produits des activités accessoires relevant de la catégorie des bénéfices industriels et commerciaux *(Abrogé par L. n° 2017-1837 du 30 déc. 2017, art. 24)* « , *autres que ceux visés à l'article 75 A,* » et de celle des bénéfices non commerciaux réalisés par un exploitant agricole soumis à un régime réel d'imposition peuvent être pris en compte pour la détermination du bénéfice agricole lorsque, au titre de l'année civile précédant la date d'ouverture de l'exercice, les recettes accessoires commerciales et non commerciales n'excèdent ni *(L. n° 2017-1837 du 30 déc. 2017, art. 24)* « 50 % *[ancienne rédaction : 30 %]* » des recettes agricoles, ni *(L. n° 2017-1837 du 30 déc. 2017, art. 24)* « 100 000 € *[ancienne rédaction : 50 000 €]*. »

Ces montants s'apprécient remboursements de frais inclus et taxes comprises. L'application de cette disposition ne peut se cumuler au titre d'un même exercice avec les dispositions des articles 50-0 et 102 *ter*.

(L. n° 2018-1317 du 28 déc. 2018, art. 57-I-2° et II, applicable aux exercices ouverts à compter du 1er janv. 2019) « Les recettes réalisées par les sociétés et groupements non

soumis à l'impôt sur les sociétés dont l'exploitant agricole est membre ne sont pas prises en compte pour apprécier les seuils mentionnés aux premier et troisième alinéas. »

1. Limites de rattachement des revenus provenant d'activités commerciales et non commerciales. * BOI-BA-CHAMP-10-40 n°s 200 s. du 4 juill. 2018.

2. Régime d'imposition des revenus accessoires de nature commerciale et non commerciale inclus dans le bénéfice agricole. * BOI-BA-CHAMP-10-40 n°s 140 à 790 du 4 juill. 2018.

3. Dépôt-vente. Les dispositions de l'art. 75 sont éventuellement applicables au chiffre d'affaires tiré des ventes de produits ne provenant pas de l'exploitation. Toutefois, dans l'hypothèse d'un contrat de dépôt-vente, lorsque l'exploitant agricole agit au nom d'autrui, le chiffre d'affaires correspondant s'entend du montant brut des commissions. * BOI-BA-CHAMP-10-10-20 n° 120 du 4 juill. 2018.

4. Société civile. Lorsqu'une société civile dépasse les seuils d'activités accessoires définis à l'art. 75, elle devient pour la totalité de son activité imposable à l'IS. * BOI-BA-CHAMP-10-40 n° 240 du 4 juill. 2018.

5. GAEC (sol. ant. à 2019). La somme des recettes accessoires commerciales du GAEC et de chaque associé du groupement ayant la qualité de chef d'exploitation, divisée par la somme des recettes tirées de l'activité du GAEC et de chaque associé ayant la qualité de chef d'exploitation, ne doit pas excéder 30 %. En outre, la somme des recettes accessoires commerciales du GAEC et des associés du groupement ayant la qualité de chef d'exploitation, divisée par le nombre des associés ayant la qualité de chef d'exploitation, ne doit pas excéder 50 000 €. • CE 1er juill. 2009, n° 296842 : *RJF 2010. 817.*

Art. 75 A *(Abrogé par L. n° 2017-1837 du 30 déc. 2017, art. 24)* ***Les produits des activités de production d'électricité d'origine photovoltaïque ou éolienne réalisés par un exploitant agricole soumis à un régime réel d'imposition, sur son exploitation agricole, peuvent être pris en compte pour la détermination du bénéfice agricole, sous réserve des conditions suivantes. Au titre de l'année civile précédant la date d'ouverture de l'exercice, les recettes provenant de ces activités, majorées des recettes des activités accessoires prises en compte pour la détermination des bénéfices agricoles en application de l'article 75, n'excèdent ni 50 % des recettes tirées de l'activité agricole, ni 100 000 €. Ces montants s'apprécient remboursement de frais inclus et taxes comprises. L'application du présent article ne peut se cumuler au titre d'un même exercice avec les dispositions de l'article 50-0.***

Les revenus tirés de l'exercice des activités mentionnées au premier alinéa ne peuvent pas donner lieu aux déductions pour investissement et pour aléas prévues respectivement aux articles 72 D et 72 D bis, ni bénéficier de l'abattement prévu à l'article 73 B ou du dispositif de lissage ou d'étalement prévu à l'article 75-0 A. Les déficits provenant de l'exercice des mêmes activités ne peuvent pas être imputés sur le revenu global mentionné au I de l'article 156.

5 RÉGIME SPÉCIAL APPLICABLE AUX EXPLOITATIONS FORESTIÈRES

Art. 76 **1. En ce qui concerne les bois, oseraies, aulnaies et saussaies situés en France, le bénéfice agricole imposable provenant des coupes de bois est fixé à une somme égale au revenu ayant servi de base à la taxe foncière établie sur ces propriétés au titre de l'année de l'imposition.**

Le bénéfice qui résulte de la récolte de produits tels que les fruits, l'écorce ou la résine, en vue de la vente desquels les bois sont exploités, ainsi que le bénéfice résultant d'opérations de transformations des bois coupés par le propriétaire lui-même, lorsque ces transformations ne présentent pas un caractère industriel, sont imposés selon les régimes définis aux articles 64 *bis* ou 69.

2. *Abrogé.*

3. *a)* Par dérogation aux dispositions du premier alinéa du 1, le bénéfice agricole afférent aux semis, plantations ou replantations en bois ainsi qu'aux terrains boisés en nature de futaies ou de taillis sous futaie qui ont fait l'objet d'une régénération naturelle bénéficiant de l'exonération de la taxe foncière sur les propriétés non bâties prévue à l'article 1395 est constitué par la plus faible des deux sommes ci-après :

— le revenu servant de base à la taxe foncière établie d'après la nature de culture et le classement antérieurs aux travaux ;

— la moitié du revenu servant de base à la taxe foncière qui devrait être retenu*[e]* à la suite de l'exécution des travaux ;

b) Ce régime est applicable à compter de l'exécution des travaux de plantation, de replantation ou de semis pendant les périodes suivantes :

Peupleraies : dix ans ;

Bois résineux : vingt ans ;

Bois feuillus et autres bois : trente ans ;

***b bis)* A compter du 1er janvier de l'année suivant la promulgation de la loi n° 2001-602 du 9 juillet 2001 d'orientation sur la forêt, ce régime est applicable pendant dix ans pour les peupleraies, pendant trente ans pour les bois résineux et pendant cinquante ans pour les bois feuillus et autres bois, à compter de l'exécution des travaux de plantation, de replantation ou de semis, ou à compter de la déclaration de la réussite de l'opération de régénération naturelle effectuée dans les conditions prévues du *[au]* 1° *bis* de l'article 1395 ;**

***c)* Les semis, plantations ou replantations réalisés depuis moins de dix ans pour les peupleraies, moins de vingt ans pour les bois résineux et moins de trente ans pour les bois feuillus et autres bois, bénéficient des dispositions des *a* et *b* pour les délais restant à courir sur les périodes ci-dessus.**

4. A compter du 1er janvier de l'année suivant la promulgation de la loi n° 2001-602 du 9 juillet 2001 précitée, le bénéfice agricole afférent aux terrains boisés présentant un état de futaie irrégulière en équilibre de régénération est diminué d'un quart pendant les quinze années suivant la déclaration de cet état. Cette réduction est renouvelable.

Le deuxième alinéa du 1° *ter* de l'article 1395 est applicable au régime prévu par le premier alinéa du présent 4.

Les dispositions des a et b du 3 de l'art. 76 et de la première phrase du 1° de l'art. 1395 CGI continuent à s'appliquer aux semis, plantations ou replantations réalisés avant la publication de la L. n° 2001-602 du 9 juill. 2001 (L. préc., art. 6-VI).

1. Principes (revenus antérieurs à 2016). Le régime de l'art. 76 s'applique : 1) quelle que soit l'importance des propriétés exploitées ; 2) que les propriétaires de bois et forêts soient ou non exploitants agricoles. Il est réputé tenir compte de l'ensemble des charges de l'exploitation. * BOI-BA-SECT-10 n° 10 du 12 sept. 2012. ♦ L'art. 76 assigne aux parcelles de terrain classées en bois et forêts un bénéfice forfaitaire du fait de leur seule détention et indépendamment de leur exploitation. • CAA Lyon, 24 mars 2005, n° 99LY2929 : *Dr. fisc. 2005. 695.*

2. Groupement forestier (revenus antérieurs à 2016). Le bénéfice du groupement forestier provenant de la coupe de bois est imposé, dans la catégorie des bénéfices agricoles, selon le régime forfaitaire d'imposition prévu à l'art. 76, sans condition de recettes. Ce bénéfice est fixé chaque année à une somme forfaitaire, égale au revenu cadastral ayant servi au titre de l'année d'imposition de base à la taxe foncière sur les bois et forêts d'exploitation. Ce bénéfice forfaitaire est réputé tenir compte de l'ensemble des charges de l'exploitation, y compris la fraction des rémunérations, honoraires et commissions afférente à l'activité de coupe de bois. * Rescrit 8 nov. 2011 : *n° 2011/30 FP* * BOI-RFPI-DECLA-20 n° 150 du 12 sept. 2012.

3. Charges exceptionnelles. Déduction des charges résultant de la tempête Klaus des 24 et 25 janv. 2009. * BOI-BA-SECT-10 n°s 150 à 260 du 12 sept. 2012.

Art. 76 A Les plus-values réalisées lors de la cession de terres à usage forestier ou de peuplements forestiers sont passibles de l'impôt sur le revenu dans les conditions prévues aux articles 150 U à 150 VH lorsque l'activité d'exploitation ou de gestion de ces terres et peuplements n'est pas exercée à titre professionnel par le cédant au sens du IV de l'article 155 *[ancienne rédaction : I de l'article 151 septies]*.

Plus-values de cessions de terres à usage forestier ou de peuplements forestiers. Cessions réalisées par les propriétaires qui n'exploitent pas leurs terres et plantations à titre professionnel. Application du régime des plus-values des particuliers. * BOI-BA-SECT-20 du 12 sept. 2012. ♦ Les plus-values de cession de parcelles boisées réalisées par des sociétés ou groupements relevant de l'IR qui n'exercent pas à titre professionnel l'activité forestière peuvent bénéficier de l'abattement de 10 € par année de détention et par hectare prévu à l'art. 150 VF. * BOI-BA-SECT-20 et 30 n° 20 du 12 sept. 2012.

5 *BIS* [ABROGÉ] RÉGIME SPÉCIAL DES CULTURES AGRÉÉES DANS LES DÉPARTEMENTS D'OUTRE-MER

(Abrogé par L. nº 2019-1479 du 28 déc. 2019, art. 29-III-1º et IV-A, à compter des revenus provenant des terrains dont la première affectation aux cultures agréées n'a pas eu lieu à la date du 30 juin 2020)

Art. 76 *bis* ***Pour la détermination du revenu imposable afférent aux exploitations agricoles situées dans les départements d'outre-mer, il sera fait abstraction des bénéfices provenant de l'exploitation des terrains, jusqu'alors non cultivés, qui seront affectés à des cultures agréées dont la nature sera déterminée en fonction des possibilités de chaque aire géographique, pendant les dix premières années suivant celle de leur affectation auxdites cultures.***

Les conditions d'application du présent article seront fixées par décret. *— V. Ann. III, art. 38 sexdecies S et 38 sexdecies T.*

6 RÉPARTITION DU BÉNÉFICE EN CAS DE BAIL À PORTION DE FRUITS, DE CHANGEMENT D'EXPLOITANT OU DE DÉCÈS DE L'EXPLOITANT

Art. 77 *(Abrogé par L. nº 2016-1917 du 29 déc. 2016, art. 60-I-B-1º et I-G-3, pour l'imposition des revenus perçus ou réalisés à compter du 1er janv. 2018)* ***Dans le cas de bail à portion de fruits, le bailleur et le métayer sont personnellement imposés pour la part de revenu imposable revenant à chacun d'eux proportionnellement à leur participation dans les bénéfices ou dans les produits, suivant décision de la commission prévue à l'article 1651 compétente qui, en tout état de cause, se conforme aux usages locaux.***

Dans le cas de changement d'exploitant, le bénéfice de l'exploitation transférée est imposable au nom de l'exploitant qui a levé les récoltes au cours de l'année de l'imposition. Si l'exploitant sortant et l'exploitant entrant ont participé l'un et l'autre aux récoltes, le bénéfice forfaitaire est partagé au prorata de la durée d'exploitation de chacun d'eux au cours de l'année considérée.

Toutefois, ce bénéfice est partagé au prorata de la part des produits revenant respectivement à l'exploitant sortant et à l'exploitant entrant, sur demande expresse et conjointe des intéressés indiquant les conditions exactes dans lesquelles ces produits ont été ou seront répartis.

Les mêmes dispositions sont applicables dans le cas où le changement résulte du décès de l'exploitant.

Les dispositions issues de la L. nº 2016-1917 du 29 déc. 2016 ont été modifiées par l'Ord. nº 2017-1390 du 22 sept. 2017, art. 1er-2º et 3º.

6 *BIS* ASSOCIÉS D'EXPLOITATION

Art. 77 A L'intéressement aux résultats de l'exploitation agricole perçu par les associés d'exploitation, en application du 2º de l'article L. 321-7 du code rural et de la pêche maritime, est soumis au régime prévu par l'article 83 et le 5 de l'article 158.

7 RENSEIGNEMENTS À FOURNIR PAR LE PROPRIÉTAIRE

Art. 78 Qu'il s'agisse de bail à ferme ou de bail à métayage, le propriétaire est tenu, à chaque renouvellement ou modification de bail, de remettre à l'administration, dans un délai de trois mois, une déclaration indiquant la désignation de l'exploitation, par référence au cadastre, et sa superficie totale, ainsi que les nom et prénoms du fermier ou métayer.

Dans le cas de bail à portion de fruits, cette déclaration indique, en outre, la part proportionnelle de chacune des parties ; elle doit alors comporter l'accord écrit du preneur.

En cas de location de parcelles isolées, les mêmes renseignements sont fournis pour chaque location nouvelle.

V *TRAITEMENTS, SALAIRES, PENSIONS ET RENTES VIAGÈRES*

En ce qui concerne la taxe sur les salaires, V. art. 231 s.

1 DÉFINITION DES REVENUS IMPOSABLES

Art. 79 Les traitements, indemnités, émoluments, salaires, pensions et rentes viagères concourent à la formation du revenu global servant de base à l'impôt sur le revenu. —

Décr. n° 2010-575 du 31 mai 2010, art. 4, dern. al. : l'aide exceptionnelle pour l'emploi entre dans le champ d'application des dispositions ci-dessus.

Il en est de même des prestations de retraite servies sous forme de capital. — *Al. applicable pour l'imposition des prestations de retraite versées sous forme de capital à compter du 1er janv. 2011.*

A. TRAITEMENTS ET SALAIRES

1. Quels que soient leur dénomination, leur mode de calcul ou de paiement, les sommes versées en contrepartie de l'exercice d'une activité salariée entrent, en principe, dans le champ d'application de l'IR dans la catégorie des traitements et salaires. Il en est de même, au même titre que la rémunération principale, de tous les avantages en nature ou en argent accordés à un salarié, qui trouvent leur origine dans le contrat de travail liant l'intéressé à son employeur. * BOI-RSA-CHAMP-20-10 nos 1 et 10 du 3 sept. 2019.

2. Les rémunérations allouées par un établissement privé d'enseignement supérieur à un professeur qui dispense un enseignement régulier ont le caractère de salaires dès lors que l'intéressé doit se conformer, quant aux conditions matérielles de son enseignement et au contenu général de ses cours, aux prescriptions et directives de l'établissement qui en fixe le cadre et le programme général et auquel il rend compte nécessairement. • CE 10 mai 1991, n° 76585 : *Dr. fisc. 1992. 89 ; RJF 1991. 945* • CAA Nantes, 17 déc. 1996, n° 94NT774 : *Dr. fisc. 1997. 252 ; RJF 1997. 561.*

3. Constitue un traitement imposable la bourse de 5 000 F par mois allouée par une fondation à un chercheur qui s'engage à lui céder le résultat de ses recherches et lui rend compte périodiquement de ses travaux. • CAA Paris, 9 avr. 1996, n° 95PA57 : *Dr. fisc. 1996. 805.*

4. L'indemnité d'étude et de projet professionnel versée par les collectivités territoriales aux étudiants en médecine en contrepartie de leur engagement à exercer dans une zone faiblement médicalisée est imposable à l'IR au nom des bénéficiaires, selon les règles de droit commun des traitements et salaires.* Rép. min. n° 3722 : *JOAN Q, 29 avr. 2008, p. 3658.*

5. La bourse versée par un conseil général à un étudiant en contrepartie de son engagement de *servir le département* en qualité d'éducateur spécialisé après obtention de son diplôme est imposable. • TA Cergy-Pontoise, 23 sept. 2010, n° 078842 : *RJF 2011. 165*

6. Le pécule versé aux militaires mis à la retraite sur leur demande, en application de l'art. 71 de la loi n° 72-662 du 13 juill. 1972 constitue un complément de rémunération imposable. • CE 30 déc. 1996, n° 147879 : *Dr. fisc. 1997. 291, concl. Bachelier ; RJF 1997. 137.*

7. Les rémunérations versées à un vétérinaire à raison de prestations effectuées dans des abattoirs municipaux pour le compte de la direction départementale de l'agriculture en qualité d'agent à temps partiel de cette administration relèvent de la catégorie des traitements et salaires et non des BNC. • CAA Lyon, 13 nov. 2003, n° 02LY2289 : *RJF 2004. 1008.*

8. Des dépositaires agréés pour vendre sur les marchés les produits fabriqués par une société doivent être regardés comme placés, à l'égard de celle-ci, dans un état de subordination qui caractérise la qualité de salarié, dès lors qu'ils sont tenus d'être présents pendant la durée d'ouverture des marchés, qu'ils sont liés à la société par un contrat leur imposant un tarif de vente, le reversement journalier des recettes et la restitution des produits invendus dans la limite de 20 % de l'approvisionnement et qu'une association, qui est l'émanation de la société, met à leur disposition le matériel nécessaire à la distribution des produits, se charge de leur formation et les soutient dans les actions commerciales. Par suite, les rémunérations versées à ces dépositaires doivent être assimilées à des salaires. • CAA Bordeaux, 24 nov. 2005, n° 02BX346 : *RJF 2006. 700.* • CE (na) 25 juill. 2007, n° 289467 : *RJF 2008. 36.* ♦ En revanche, l'Administration impose à bon droit les rémunérations perçues par un contribuable de la part des entreprises membres du réseau franchisé « Pompes funèbres européennes » (PFE) dans la catégorie des BIC, et non comme il l'avait déclaré au titre des traitements et salaires, dès lors que les opérations de contrôle diligentées dans des entreprises membres de ce réseau franchisé n'ont pas permis de vérifier l'existence de fonctions exercées dans le cadre d'un lien de subordination à l'égard de ces entreprises et que l'intéressé bénéficiait d'une large autonomie à l'égard de ces dernières. • CE (na) Douai, 21 nov. 2008, n° 299560 : *RJF 2009. 338.*

9. Il résulte des art. L. 7121-2, L. 7121-3 et L. 7121-4 C. trav. que tout contrat par lequel une personne physique ou morale s'assure, moyennant rémunération, le concours d'un artiste du spectacle en vue de sa production, est présumé être un contrat de travail dès lors que cet artiste n'exerce pas l'activité, objet de ce contrat, dans des conditions impliquant son inscription au registre du commerce. En vertu de cette présomption, les sommes reçues à raison des prestations d'un artiste humoriste devaient être regardées comme un salaire d'artiste du spectacle et imposées dans la catégorie des salaires. • CE 11 févr. 2021, n° 429893 : *RJF 2021. 517.*

10. Sur le caractère imposable ou non des rémunérations perçues par une personne domiciliée en France en tant que fonctionnaire de l'Organisation hydrographique internationale dont le siège est à Monaco, V. • CAA Marseille 7 juill. 2005, n° 00MA2275, *Mollet : RJF 2005. 1453.*

11. Sur le règles d'impositions des « soldes de réserve » des officiers généraux, V. * BOI-RSA-CHAMP-10-30-10 n°s 310 à 330 du 11 juil. 2017.

B. INDEMNITÉS DIVERSES

12. L'indemnité de départ perçue par un salarié démissionnaire est imposable. • CE 21 déc. 1979, n° 11826 : *Dr. fisc. 1980. 2447 et 2488 ; RJF 1980. 155.* ♦ ... Sauf si la démission a été imposée par l'employeur. • CE 18 nov. 1985, n° 49631 : *Dr. fisc. 1986. 177 ; RJF 1986. 42.*

13. Des indemnités, qui ont pour seul objet de compenser la perte de revenus résultant du refus illégal du ministre de l'intérieur de verser l'indemnité de résidence, présentent le caractère de sommes soumises à l'IR dans la catégorie des traitements et salaires. Les intérêts moratoires afférents à ces indemnités dont ils ne sont que l'accessoire doivent être soumis au même régime fiscal. Les intérêts majorés sont soumis au même régime fiscal que les intérêts moratoires qu'ils majorent. • CE 21 nov. 2007, n° 279626 : *RJF 2008. 107 ; Dr. fisc. 2007. 1080, concl. Vérot.*

14. Une indemnité de non-concurrence versée par une société à un salarié représente la rémunération d'un service rendu à cette société en exécution d'un contrat de travail et se rattache en totalité à la seule catégorie des traitements et salaires, nonobstant le fait que l'exécution de cet engagement emporterait pour l'intéressé l'impossibilité d'exercer également une activité non salariée dans le secteur en cause. • CE 17 oct. 2008, n° 296847 : *RJF 2009. 30 ; Dr. fisc. 2008. 623, concl. Séners, note Pierre.* ♦ La majoration du prix de vente d'actions cédées par un dirigeant salarié à son entreprise et correspondant à un engagement de non-concurrence est imposable dans la catégorie des traitements et salaires et non comme des gains en capital. • CAA Lyon, 25 janv. 2007, n° 03LY812 : *RJF 2007. 690.*

15. Les indemnités de présence perçues par les membres des conseils économiques et sociaux régionaux ne sont pas imposées lorsqu'ils les abandonnent aux organismes qu'ils représentent. * BOI-RSA-CHAMP-10-10-20 n° 280 du 6 mars 2014.

16. Les indemnités perçues par les présidents et les membres élus des chambres de métiers font l'objet d'un abattement de 30 % si leur montant n'excède pas la limite réglementaire. * BOI-RSA-CHAMP-10-10-20 n° 110 du 6 mars 2014.

17. Les rémunérations perçues par les médecins membres des équipes techniques des commissions des droits et de l'autonomie des personnes handicapées (CDAPH) sont imposables dans la catégorie des traitements et salaires. * BOI-RSA-CHAMP-10-10-30 n° 130 du 12 sept. 2012.

18. L'indemnité forfaitaire spéciale versée aux enquêteurs de prix du ministère de la défense doit être regardée comme un complément de traitement passible de l'IR et non comme une allocation spéciale destinée à couvrir les frais inhérents à l'emploi et affranchie de l'impôt. • TA Versailles, 5 oct. 2006, n° 055982 : *RJF 2007. 557.*

19. Membres du Conseil constitutionnel. Leurs indemnités ne bénéficient plus d'aucune exonération particulière et sont imposées dans les conditions du droit commun depuis 2001. * Rép. min. n° 17890 : *JOAN Q, 21 mai 2019, p. 4666.*

C. PENSIONS

20. D'une manière générale, sous réserve des exonérations expressément prévues par la loi, les allocations, rentes ou indemnités allouées soit en récompense de services rendus durant la vie active, soit à raison de droits acquis lors de la constitution d'une retraite, soit pour assurer des ressources aux personnes ayant atteint un certain âge et dont le paiement est, le plus souvent, garanti au bénéficiaire sa vie durant, constituent, en principe, des pensions passibles de l'IR en vertu de l'art. 79 CGI. * BOI-RSA-PENS-10-10-10 n° 1 du 12 sept. 2012.

21. Dans le cas de l'entretien de l'ascendant dans une maison de retraite, un asile ou un hôpital, lorsque les frais de pension ou d'hospitalisation sont directement acquittés par le contribuable et déduits de son revenu imposable à titre de pension alimentaire, l'ascendant devrait, en principe, être personnellement soumis à l'impôt à raison des sommes ainsi versées à titre de pension alimentaire. L'administration admet toutefois, par mesure de tempérament, que l'ascendant qui se trouve, temporairement ou non, dans une maison de retraite, un asile ou un hôpital, et ne dispose que de très faibles ressources, ne soit pas imposé du chef des sommes correspondant aux frais de pension ou d'hospitalisation, lorsque ces frais sont réglés directement par ses enfants ou ses petits-enfants et présentent le caractère d'une pension alimentaire au sens des art. 205 s. C. civ. * BOI-RSA-PENS-10-30 n° 90 du 12 sept. 2012. ♦ Mais cette tolérance, subordonnée à la condition que l'ascendant concerné dispose de très faibles ressources, ne peut être étendue aux situations dans lesquelles le titulaire de la pension bénéficie effectivement de la somme en argent, directement ou par l'intermédiaire du mandataire qui exerce la tutelle. Dans ces cas, la pension n'est pas nécessairement ou pas exclusivement affectée à l'hébergement, de sorte qu'il ne serait pas justifié de déroger au droit commun. * Rép. min. n° 47394 : *JOAN Q, 29 janv. 2001, p. 610.* ♦ Dans le même sens : * Rép. min. n° 93227 : *JOAN Q, 4 avr. 2017, p. 2666.*

22. L'allocation temporaire d'incapacité à un

médecin par la Caisse autonome de retraite des médecins de France (CARMF), qui constitue un revenu de remplacement perçu au titre d'une activité libérale, n'a pas le caractère de pension. • CE 23 mars 2018, n° 410997 : *RJF 2018. 959.*

23. Les versements effectués périodiquement aux héritiers du souscripteur au titre de l'assurance vie que celui-ci avait contractée représentent une rente aussi bien par leur nature que par leur mode de perception, et non la perception d'un capital. Imposition entre les mains des héritiers, même si le nombre de versements est limité dans le temps. • TA Versailles, 4 mai 2004, n° 006103 : *RJF 2004. 1243.*

24. Les sommes versées au titre du devoir de secours en cas de divorce ou d'instance de divorce pour rupture de la vie commune en application de l'art. 282 C. civ. ne revêtent pas le caractère d'indemnités mais celui de pensions alimentaires. • CAA Paris, 9 avr. 1996, n° 95PA754 : *Dr. fisc. 1996. 839 ; RJF 1996. 1123.*

25. Les pensions alimentaires versées dans le cadre d'un jugement de divorce sont déductibles du revenu de la personne qui les verse et imposables dans celui de la personne qui les reçoit. La circonstance que le débiteur n'ait pas effectivement déduit les pensions versées de son revenu parce qu'il serait non imposable ou parce qu'il a d'autres sommes à imputer est sans incidence sur le caractère imposable desdites pensions dans les revenus du bénéficiaire. • TA Besançon, 29 déc. 2006, n° 04334 : *RJF 2007. 1046.*

26. L'attribution exclusive à titre gratuit de l'ancien domicile conjugal à l'un des ex-époux divorcés représente pour ce dernier un avantage en nature constitutif d'une pension alimentaire imposable, dès lors que cette attribution résulte de l'ordonnance de non-conciliation rendue par le juge des affaires matrimoniales, alors même que l'ex-conjoint propriétaire du logement ne s'est pas opposé à cette attribution. La circonstance que l'ex-conjoint propriétaire du logement n'ait pas déduit de son revenu imposable l'avantage correspondant à cette attribution gratuite est sans incidence sur l'imposition de l'ex-époux bénéficiaire. • CAA Paris, 23 janv. 2008, n° 06PA961 : *RJF 2008. 668.*

27. Les pensions alimentaires versées au titre de la contribution à l'entretien et l'éducation des enfants, y compris lorsqu'elles prennent la forme de prestations en nature, doivent être comprises dans les bases de l'IR dû par le parent qui en bénéficie au titre de l'année au cours de laquelle celui-ci les a perçues, quelle que soit la répartition du quotient familial entre les deux parents. • CE 5 juill. 2021, n° 434517 : *RJF 2021. 897.*

28. Lorsqu'un plan d'épargne retraite populaire (PERP) est dénoué en capital et non en rente, la rente à verser étant de trop faible montant, ce versement unique est imposable comme une pension de retraite l'année de sa perception. Il peut bénéficier du système du quotient quel que soit son montant. * Rescrit 20 juill. 2010, n° 2010/45FP * BOI-IR-LIQ-20-30-20 n° 60 du 20 juill. 2016.

29. Sur le caractère imposable de la pension de retraite d'un ancien greffier de la Cour internationale de justice, V. • CE, ass., 6 juin 1997, n° 148683, *Aquarone : Dr. fisc. 1997. 836, concl. Bachelier ; RJF 1997. 672 ; concl. Bachelier au BDCF 4/97.* * Instr. 14 mai 1999 : *BOI 14 I-1-99.* ♦ ... D'un ancien fonctionnaire du Bureau international du travail, V. • CE 28 juill. 2000, n° 178834, *Paulin : RJF 2000. 1194.* ♦ ... D'un ancien fonctionnaire de l'Unesco. V. • CAA Paris, 17 mai 2001, n° 98PA4439, *Hanna : Dr. fisc. 2002. 154, concl. Kimmerlin* • CE 17 déc. 2003, n° 239677, *Heskes : RJF 2004. 249 ; BDCF 2004, n° 37, concl. Vallée.* * Instr. 24 mars 2003 : *BOI 14 I-1-03.* ♦ Sur le caractère imposable des pensions d'invalidité versées aux anciens fonctionnaires de l'Unesco qui ne peuvent bénéficier de l'exonération fiscale prévue par l'accord de siège de l'Unesco. • CAA Paris, 25 sept. 2012, *Nafa,* n° 11PA00226 : *RJF 2013. 750.*

D. RÉMUNÉRATIONS DIVERSES

30. Sportifs professionnels. La présomption légale d'existence d'un contrat de travail prévue à l'égard des artistes du spectacle par l'art. L. 762-1 C. trav. (repris aux art. L. 7121-3 et L. 7121-4), qui ne définit pas ces artistes de manière limitative et n'impose aucun aspect culturel particulier à l'activité déployée par ceux-ci, est applicable : aux coureurs cyclistes engagés dans des courses (critérium en l'espèce). • CE 8 juill. 1988, *Assoc. Le circuit de l'Aulne,* n° 60731 : *RJF 1988. 155.* ♦ ... Aux joueurs de tennis professionnels engagés dans des tournois du type de ceux que la Fédération française de tennis organise. • CE 22 juin 2011, n° 319240 : *RJF 2011. 1046 ; BDCF 2011. 115, concl. Geffray.* ♦ En l'absence de circonstance propre à détruire cette présomption qui n'implique pas la constatation de l'existence d'un lien de subordination entre l'entrepreneur de spectacles et la personne qui se produit, ni l'art. 92 ni aucune autre disposition ne font obstacle à ce que les rémunérations perçues soient imposées dans la catégorie des traitements et salaires. • Mêmes arrêts.

31. Il résulte de l'art. L. 222-3 C. sport, dérogeant à l'art. L. 125-3 C. trav. pour le prêt de main-d'œuvre, que le footballeur professionnel sélectionné en équipe de France par la Fédération française de football conserve, pendant la période de mise à disposition de cette fédération, sa qualité de salarié du club qui l'emploie. En conséquence, la prime de résultat versée par la Fédération aux joueurs de l'équipe de France salariés d'un club est un salaire. • CE 19 déc.

2018, n° 413033 : *RJF 2019. 265, concl. Cortot-Boucher.*

32. Rémunérations d'une célébrité sportive participant à une émission de télé-réalité : les sommes perçues par cette « célébrité », résidente fiscale en Suisse, ne sont ni des gains de paris ou de jeux de hasard, exonérés, ni des BNC, mais des salaires imposables à l'IR français, ce à quoi ne s'oppose pas la convention fiscale franco-suisse stipulant que les salaires ne sont imposables que dans l'État de source de ces revenus. • CAA Versailles, 18 déc. 2012, n° 11VE02288 : *RJF 2013. 610.*

33. Accompagnant d'une personne en fin de vie. L'allocation journalière d'accompagnement d'une personne en fin de vie versée par la sécurité sociale ou par son employeur à un salarié, un agent public ou un demandeur d'emploi est imposable à l'IR selon les règles de droit commun des traitements et salaires. * BOI-RSA-CHAMP-20-30-20 n°s 320 à 350 du 2 mars 2016.

34. Membres des cabinets ministériels. Aucune disposition du CGI n'exonère d'IR les sommes versées en espèces à un membre d'un cabinet ministériel prélevées sur des comptes de fonds spéciaux. Dès lors ont valablement été soumises à l'IR dans la catégorie des traitements et salaires les sommes perçues par le contribuable en rémunération de son activité de conseil en communication auprès du cabinet du Premier ministre et de la présidence de la République. • CAA Paris, 29 juin 2010, n° 08PA3128 : *RJF 2010. 1168.*

Art. 80 Pour l'établissement de l'impôt, les gains réalisés dans l'exercice de leur profession par les travailleurs à domicile n'ayant pas d'autres concours que ceux prévus au 2° de l'article L. 7412-1 du code du travail et répondant pour le surplus à la définition donnée par les articles L. 7412-1, L. 7412-2 et L. 7413-2 du même code sont considérés comme des salaires.

De même, sont considérés comme des salaires, pour l'établissement de l'impôt, les gains réalisés dans l'exercice de leur profession par les gérants non salariés répondant à la définition donnée par l'article L. 7322-2 du code du travail.

Sont également imposées comme des traitements et salaires les rémunérations perçues par les dirigeants d'organismes mentionnés au troisième alinéa du *d* du 1° du 7 de l'article 261, lorsque le versement de ces rémunérations s'effectue dans le respect des conditions prévues par les troisième à *(L. n° 2017-86 du 27 janv. 2017, art. 12-II)* « onzième » alinéas du *d* du 1° du 7 de l'article 261.

Sont également imposées comme des traitements et salaires les indemnités, au-delà d'un million d'euros, perçues au titre du préjudice moral fixées par décision de justice.

Art. 80 *bis* I. — L'avantage correspondant à la différence entre la valeur réelle de l'action à la date de levée d'une option accordée dans les conditions prévues aux articles L. 225-177 à L. 225-186 du code de commerce, et le prix de souscription ou d'achat de cette action est imposé dans la catégorie des traitements et salaires.

II. — Lorsque le prix d'acquisition des actions offertes dans les conditions prévues au I est inférieur à 95 % de la moyenne des cours ou du cours moyen d'achat respectivement mentionnés aux articles L. 225-177 et L. 225-179 du code de commerce, la différence est imposée dans la catégorie des traitements et salaires au titre de l'année au cours de laquelle l'option est levée. — *V. Ann. II, art. 91 bis-I et Ann. III, art. 39-2°.*

II *bis*. — L'avantage défini au I, le cas échéant diminué de la différence mentionnée au II, est imposé au titre de l'année de disposition, de cession, de conversion au porteur ou de mise en location des titres correspondants.

En cas d'échange sans soulte d'actions résultant d'une opération d'offre publique, de fusion, de scission, de division ou de regroupement réalisée conformément à la réglementation en vigueur ou de l'apport à une société créée dans les conditions prévues à l'article 220 *nonies*, l'impôt est dû au titre de l'année de disposition, de cession, de conversion au porteur ou de mise en location des actions reçues en échange.

III. — Les dispositions des I à II *bis* s'appliquent lorsque l'option est accordée, dans les mêmes conditions, par une société dont le siège est situé à l'étranger et qui est mère ou filiale de l'entreprise dans laquelle le bénéficiaire exerce son activité.

Les obligations déclaratives incombent alors à la filiale ou à la société mère française.

IV. — Le gain net, égal à la différence entre le prix de cession et le prix de souscription ou d'achat des actions, augmenté, le cas échéant, de l'avantage défini au I, est imposé dans les conditions prévues à l'article 150-0 A.

Si les actions sont cédées pour un prix inférieur à leur valeur réelle à la date de levée d'option, la moins-value est déductible du montant brut de l'avantage mentionné au I et dans la limite de ce montant. — *V. Ann. III, art. 38 septdecies.*

BIBL. ▶ DEPONDT, *Dr. et patr. 2001, n° 92, p. 37* (stock options et donations). – DOUVIER, *BFL 2001, p. 717, et 2002, p. 13* (stock options et relations transfrontalières). – DE FRÉMINET et MERCIER, *FR Lefebvre 27/01, p. 9* (même thème). – DE FRÉMINET, *Dr. fisc. 2010. Étude 281* (revue historique du régime des options de souscription ou d'achat d'actions et des attribuions d'actions). – GUILLEMONAT et RAMOND, *Dr. fisc. 2015. Étude 181* (management packages : comment différencier le bon grain de l'ivraie). – JULIEN SAINT-AMAND, *BFL 2004, p. 5* (stock options et optimisation fiscale). – LABRUNE, *RJF 2014, p. 1043* (les gains de « management package », des objets fiscaux non identifiés ?). – LEFEVRE-PEARON et ROUX, *BFL 2004, p. 10* (stock options, rémunérations différées et mobilité internationale des dirigeants : un régime fiscal à définir). – MELADU, MEURANT et CHAABOUNI, *BFL 2011, p. 253* (les rémunérations en actions sont-elles solubles dans les conventions fiscales internationales ?). – PECQUEUR, *Dr. fisc. 2003. 462* (donations de stock options : une efficacité relative). – VILLEMOT, *BFL 2010, p. 589* (options sur actions transfrontalières : le juge face aux conventions fiscales).

1. Options de souscription ou d'achat d'actions (« stock options »). Commentaires administratifs. Régime fiscal au regard des bénéficiaires. * BOI-RSA-ES-20-10-20 du 12 août 2014. ♦ Précisions administratives. Imposition de la plus-value d'acquisition. * BOI-RSA-ES-20-10-20-20 n°s 20, 70, 90, 110, 217 et 400 du 24 juill. 2017. ♦ Plans d'options étrangers. * BOI-RSA-ES-20-10-10 n°s 320 s. du 12 août 2014. ♦ Obligations déclaratives. * BOI-RSA-ES-20-10-20-40 du 12 août 2014.

2. Renonciation à la levée d'option. L'indemnité perçue par un salarié bénéficiaire d'options de souscription ou d'achat d'actions dans le cadre d'une OPA, en contrepartie de sa renonciation à la levée de l'option, n'a pas pour objet de compenser la perte d'un élément de son patrimoine mais celui de compenser la renonciation au gain escompté constitué par la différence entre la valeur réelle des actions à la date de la levée de l'option et le prix de souscription de ces actions. Cette indemnité doit, par suite, être considérée de même nature que cet avantage, lequel constitue, en application de l'art. 80 *bis*, un complément de salaire pour son bénéficiaire, imposable dans la catégorie des traitements et salaires. • CAA Douai, 7 mars 2007, n° 06DA727 : *RJF 2007. 1045.* ♦ L'option de souscription d'actions, même si elle se matérialise sous la forme d'une promesse unilatérale de vente d'actions de la société, doit être regardée comme un complément de rémunération au moins tant que l'option n'est pas levée. • TA Versailles, 16 nov. 2004, n° 03801 : *RJF 2005. 555.* ♦ Dès lors, l'indemnité perçue par le bénéficiaire d'options de souscription d'actions en contrepartie de sa renonciation à la levée de l'option constitue pour l'intéressé une somme destinée à compenser exclusivement la perte d'une rémunération. Elle constitue, par suite, un revenu imposable à l'IR au titre des traitements et salaires. • TA Versailles, 16 nov. 2004 : *préc.* ♦ Dans le même sens, • CAA Douai, 31 janv. 2007, n° 05DA1270 : *Dr. fisc. 2007. 727, note Gagneur* • CAA Paris, 25 mai 2007, n° 04PA1521 : *RJF 2008. 42* • CAA Nantes, 17 déc. 2007, n° 07NT397 : *RJF 2008. 815, concl. Hervouet au BDCF 7/08 n° 91 ; Dr. fisc. 2008. 274* • CAA Versailles, 28 déc. 2007, n° 04VE2397 : *DSF 2008. 297, note Pierre.* * Rescrit 14 févr. 2006, n° 2006/19 FP. ♦ Confirmation par le Conseil d'État : la somme perçue par un salarié en contrepartie de la renonciation à la levée des options sur actions qui lui ont été consenties n'a le caractère ni d'une opération en capital, ni de la réparation d'un préjudice, mais relève du choix de recevoir immédiatement un avantage plutôt que de conserver la perspective d'un gain potentiel. Dès lors, cette somme doit être regardée, en l'absence de disposition particulière régissant sa taxation, comme une indemnité au sens de l'art. 79, imposable selon les règles applicables aux traitements et salaires. • CE 23 juill. 2010, 🏛 n° 313445 : *RJF 2010. 1016 ; Dr. fisc. 2010. 560, concl. Hédary.* ♦ Il en est de même, en l'absence de disposition particulière régissant sa taxation, de l'indemnité qui est versée à un mandataire social. Application au cas du gérant d'une société en commandite par actions. • CE 4 oct. 2013, 🏛 n° 351065 : *RJF 2014. 29 ; BDCF 2014. 6, concl. Cortot-Boucher.*

3. Indemnité compensant la perte des stock options en cas de rupture du contrat de travail. Une option de souscription ou d'achat d'actions constitue, tant que l'option n'est pas levée, un complément de rémunération. Il en résulte qu'une indemnité versée à un salarié à l'occasion de la rupture de son contrat de travail et qui correspond à l'avantage potentiel dont le salarié aurait pu bénéficier s'il avait pu opter pour la souscription d'actions compense exclusivement la perte de rémunération potentielle. Cette indemnité constitue un revenu imposable dans la catégorie des traitements et salaires. Une telle indemnité, qui n'a pas pour objet de réparer le préjudice lié au licenciement du salarié, reconnu comme étant sans cause réelle et sérieuse, ne correspond à aucune des indemnités de rupture exonérées par l'art. 80 *duodecies*. • TA Montreuil, 1er juin 2011, n° 1004530 : *RJF 2012. 245.*

4. Non-respect des dispositions du code de commerce. Lorsque, dans une hypothèse de modification de la valeur de l'action telle que prévue par le code de commerce, la société émettrice s'est bornée à ne modifier que le seul prix de souscription ou d'achat des actions sans ajuster leur nombre, contrairement aux prescriptions du code précité applicables à l'espèce, l'Administration peut prononcer la déchéance du régime fiscal de faveur, alors même que le caractère incomplet de l'ajustement préjudicie aux intérêts de l'optionnaire. • CAA Versailles, 10 nov. 2009, nº 08VE278 : *RJF 2010. 589.*

5. Salariés détachés à l'étranger. Modalités d'imposition de l'avantage tiré de la levée d'une option, imposable comme un salaire du fait du non-respect du délai d'indisponibilité, lorsque le bénéficiaire des options a été détaché à l'étranger entre la date d'attribution des options et celle de leur levée. • CE 17 mars 2010, nº 315831 : *RJF 2010. 588 ; BDCF 2010, nº 66, concl. Escaut ; Dr. fisc. 2010. 288, concl. Escaut, note Goulard.* ♦ V. égal. notes 6 et 7.

6. Options consenties par des sociétés étrangères. Des options attribuées aux salariés de sa filiale française, sur la base d'une autorisation d'une durée de validité supérieure à 76 mois, accordée par l'organe délibérant d'une société soumise à la loi américaine « *Securities Exchange Act of 1934* » et dont les titres sont admis au NYSE ou au NASDAQ, peuvent bénéficier du régime de faveur. * Rescrit 24 mai 2011 : nº *2011/12 FP.* * BOI-RSA-ES-20-10-10 nº 360 du 12 août 2014.

7. Gains issus de la levée d'options sur titres et des dispositifs similaires réalisés par des salariés ou dirigeants migrants. Modalités d'imposition. Incidence des conventions internationales.* BOI-RSA-ES-20-10-20-60 du 12 août 2014.

8. ABSA attribuées aux dirigeants. Les actions à bons de souscription d'actions accordées dans le cadre d'un « management package » peuvent constituer un investissement financier dont les gains sont imposables en tant que plus-values et non un complément de rémunération. • CAA Paris, 11 févr. 2020, nº 18PA03132 : *RJF 2020. 785.*

Art. 80 *ter* *a)* **Les indemnités, remboursements et allocations forfaitaires pour frais versés aux dirigeants de sociétés sont, quel que soit leur objet, soumis à l'impôt sur le revenu.**

b) **Ces dispositions sont applicables :**

1° Dans les sociétés anonymes :

— au président du conseil d'administration ;

— au directeur général ;

— à l'administrateur provisoirement délégué ;

— aux membres du directoire ;

— à tout administrateur ou membre du conseil de surveillance chargé de fonctions spéciales ;

2° Dans les sociétés à responsabilité limitée : aux gérants minoritaires ;

3° Dans les autres entreprises ou établissements passibles de l'impôt sur les sociétés : aux dirigeants soumis au régime fiscal des salariés ;

4° Dans toute entreprise : à toute personne occupant un emploi salarié dont la rémunération totale excède la plus faible des rémunérations allouées aux dirigeants de cette entreprise. Toutefois, il n'est pas tenu compte des rémunérations versées aux administrateurs ou aux membres du conseil de surveillance chargés de fonctions spéciales pour l'application de cette disposition.

1. Frais de déplacement. Les remboursements de frais de déplacements professionnels d'un dirigeant de société, déterminés par application du barème kilométrique de l'Administration sur la base d'un kilométrage justifié, ne présentent pas un caractère forfaitaire. • CE 10 déc. 1999, nº 180247 : *Dr. fisc. 2000. 251 ; RJF 2000. 194.* ♦ V. déjà • CE 14 déc. 1984, nº 42356 : *Dr. fisc. 1985. 670, concl. Bissara.*

2. En revanche, les remboursements de frais de déplacements revêtent un caractère forfaitaire lorsque le nombre de kilomètres parcourus, les déplacements effectués et leur destination ne sont pas justifiés. • CAA Paris, 5 déc. 2003, nº 99PA1958 : *RJF 2004. 247.*

Art. 80 *quater* **Sont soumis au même régime fiscal que les pensions alimentaires les versements de sommes d'argent mentionnés à l'article 275 du code civil lorsqu'ils sont effectués sur une période supérieure à douze mois à compter de la date à laquelle la convention de divorce par consentement mutuel mentionnée à l'article 229-1 du même code a acquis force exécutoire ou le jugement de divorce, que celui-ci résulte ou non d'une demande conjointe, est passé en force de chose jugée et les rentes versées en application des articles 276, 278 ou 279-1 du même code, la rente prévue à l'article 373-2-3 du code civil dans la limite de 2 700 € ainsi que la contribution aux charges du mariage définie à l'article 214 du code civil lorsque** *(Abrogé par L. nº 2020-1721 du 29 déc. 2020, art. 3-1º)* ***« son versement résulte d'une décision de justice ou de la convention***

mentionnée à l'article 229-1 du même code et que **» les époux font l'objet d'une imposition distincte.** – *V. art. 156-II-2°.*

BIBL. ▶ Blaise, *BFL 2003, p. 359* (le régime fiscal de la prestation compensatoire ou de quelques troubles fiscaux en cas de divorce). – Buffier, *D. 2001. Chron. 1231* (régime fiscal de la prestation compensatoire en cas de divorce). – Depondt, *Dr. et patr. 2001, n° 93, p. 32* (flux financiers dans le divorce). – Douet, *JCP N 2000, p. 1846* (aspects fiscaux de la prestation compensatoire) ; *D. 2002. Chron. 1774* (l'aménagement du régime fiscal de la prestation compensatoire en cas de divorce sur demande conjointe). – T. Schmitt, *AJ Famille 2001. 13* (aspects fiscaux de la réforme de la prestation compensatoire).

Doctrine administrative. Régime fiscal de la prestation compensatoire en cas de divorce. * BOI-IR-BASE-20-30-20-30 n°s 90 à 200 du 2 mai 2014.

Art. 80 *quinquies* **Les indemnités journalières versées par les organismes de sécurité sociale et de la mutualité sociale agricole ou pour leur compte sont soumises à l'impôt sur le revenu suivant les règles applicables aux traitements et salaires, à l'exclusion de la fraction des indemnités allouées aux victimes d'accidents du travail exonérée en application du 8° de l'article 81 et des indemnités qui sont allouées à des personnes atteintes d'une affection comportant un traitement prolongé et une thérapeutique particulièrement coûteuse.**

1. Les indemnités journalières de maternité supplémentaires versées en application de l'art. 2-6 de l'arrêté du 26 oct. 1995 relatif aux prestations supplémentaires et aux aides financières attribuées par les caisses primaires d'assurance maladie aux femmes assurées sociales dont le métier comporte des travaux incompatibles avec leur état sont exonérées d'IR en application de l'art. 81-9°. * BOI-RSA-CHAMP-20-30-20 n° 190 du 2 mars 2016.

2. Les indemnités journalières d'assurance maladie versées directement à l'employeur ayant maintenu le salaire pendant l'arrêt de travail et non reversées au salarié ne sont pas imposables au nom de ce dernier. • CE 20 juill. 2007, n° 278782 : *RJF 2007. 1249.*

3. Ne constituent pas un traitement prolongé et une thérapeutique particulièrement coûteuse au sens de l'art. 80 *quinquies* les soins prodigués pendant près de trois ans à un accidenté de la route, pour un coût d'environ 390 000 F. Par suite, les indemnités journalières de sécurité sociale perçues à ce titre par l'intéressé doivent être soumises à l'IR. • CAA Lyon, 9 mars 2006, n° 01LY145 : *RJF 2006. 1192.*

4. Les indemnités journalières allouées par les organismes de sécurité sociale et de la MSA aux victimes d'accidents du travail et de maladies professionnelles sont imposables à hauteur de 50 % de leur montant. * BOI-RSA-PENS-20-20-20 n° 10 du 11 juill. 2014.

5. Indemnités journalières de sécurité sociale en faveur des personnes atteintes d'une affection grave. L'exclusion des fonctionnaires de l'exonération des indemnités journalières de sécurité sociale allouées en cas de maladie longue et coûteuse est conforme à la Constitution. • Cons. const. 6 févr. 2014, n° 2013-365 QPC : *RJF 2014. 481.* ♦ Sur renvoi de • CE, QPC, 14 nov. 2013, n° 371785 : *RJF 2014. 177.*

Art. 80 *sexies* **Pour l'assiette de l'impôt sur le revenu dont sont redevables les assistants maternels et les assistants familiaux régis par les articles L. 421-1 et suivants et L. 423-1 et suivants du code de l'action sociale et des familles, le revenu brut à retenir est égal à la différence entre, d'une part, le total des sommes versées tant à titre de rémunération que d'indemnités pour l'entretien et l'hébergement des enfants et, d'autre part, une somme égale à trois fois le montant horaire du salaire minimum de croissance, par jour et pour chacun des enfants qui leur sont confiés.**

Cette somme est portée à quatre fois le montant horaire du salaire minimum de croissance par jour et par enfant ouvrant droit à la majoration prévue à l'article L. 423-13 du code de l'action sociale et des familles.

Il est ajouté aux sommes prévues ci-dessus une somme égale à une fois le montant horaire du salaire minimum de croissance lorsque la durée de garde de l'enfant est de vingt-quatre heures consécutives.

Le montant de l'abattement retenu pour déterminer la rémunération imposable des assistants maternels et des assistants familiaux ne peut excéder le total des sommes versées tant à titre de rémunération que d'indemnités pour l'entretien et l'hébergement des enfants.

Les dispositions du présent article sont applicables aux revenus professionnels des assistants maternels exerçant leur activité dans les conditions prévues aux articles

L. 424-1 à L. 424-7 du code de l'action sociale et des familles, sauf si ces derniers sont salariés d'une personne morale de droit privé.

Au 1er janv. 2022, le montant horaire brut du salaire minimum de croissance (SMIC) est de 10,57 €. Il était de 10,25 € au 1er janv. 2021.

1. Assistants maternels et assistants familiaux. Régime fiscal. Commentaire administratif d'ensemble. * BOI-RSA-CHAMP-10-20-10 nos 350 à 550 du 24 févr. 2017.

2. Ce régime n'est pas applicable : aux revenus de substitution ou de remplacement, comme les indemnités de chômage ou de maladie, lesquelles sont imposables dans les conditions de droit commun applicables aux traitements et salaires. * BOI-RSA-CHAMP-10-20-10 n° 410 du 24 févr. 2017. ♦ ... Aux indemnités versées par les ASSEDIC. • TA Amiens, 4 mars 2004, n° 992552 : *RJF 2004. 1095.*

3. Sur les modalités de calcul de l'abattement (nombre d'enfants accueillis ; enfants gardés à temps partiel), V. • CE 13 sept. 2021, n° 445544 : *RJF 2021. 1105 ; Dr. fisc. 2021. 441, note Masquart.*

Art. 80 *septies* **Les pensions alimentaires versées à un enfant majeur sont soumises à l'impôt sur le revenu dans les limites admises pour leur déduction. Les pensions alimentaires versées pour un enfant mineur résidant en alternance chez ses parents et pris en compte pour la détermination du quotient familial de chacun d'eux ne sont pas imposables entre les mains de celui qui les reçoit.**

En vertu de l'art. 80 *septies*, les pensions alimentaires versées à un enfant majeur sont soumises à l'IR dans les limites admises pour leur déduction, même si la partie versante (qui, en l'espèce, n'était pas fiscalement domiciliée en France) n'a pas pratiqué en fait cette déduction. • CAA Paris, 28 avr. 2006, n° 04PA1219 : *RJF 2006. 1191.*

Art. 80 *octies* **Conformément aux articles L. 442-1 et L. 443-10 du code de l'action sociale et des familles, les rémunérations journalières des service rendus et les indemnités mentionnées au*[x]* 1° et 2° de l'article L. 442-1 et au 1° de l'article L. 443-10 du même code obéissent au même régime fiscal et de cotisations sociales que les salaires.**

Condition d'agrément. L'activité d'accueil à domicile de personnes âgées ne peut être imposée selon les règles des traitements et salaires que si le particulier accueillant a été agréé pour l'exercice de cette activité. • CAA Marseille, 20 janv. 2009, n° 06MA1233 : *RJF 2009. 558.*

Art. 80 *nonies* **Les dividendes des actions du travail qui sont attribuées aux salariés des sociétés anonymes à participation ouvrière régies par la loi du 26 avril 1917 sont soumis à l'impôt sur le revenu suivant les règles applicables aux traitements et salaires.**

Cette disposition s'applique à compter du 1er janvier 1991.

Art. 80 *decies* **Les prestations servies par le régime de prévoyance des joueurs professionnels de football institué par la charte du football professionnel sont, à l'exclusion du capital en cas de décès ou d'invalidité totale et définitive de l'assuré, imposables dans la catégorie des pensions selon les modalités définies au premier alinéa de l'article 163-0 A *bis*.** *— Disposition applicable au capital versé à compter du 1er janv. 1993.*

Art. 80 *undecies* **L'indemnité parlementaire, définie à l'article 1er de l'ordonnance n° 58-1210 du 13 décembre 1958 portant loi organique relative à l'indemnité des membres du Parlement** *(L. n° 2017-1339 du 15 sept. 2017, art. 21, en vigueur le 1er janv. 2018)* **« *[,]* et les indemnités de fonction complémentaires versées en vertu d'une décision prise par le bureau de chaque assemblée », ainsi que l'indemnité de résidence et, par dérogation au 1° de l'article 81 du présent code, l'indemnité de fonction définie à l'article 2 de l'ordonnance n° 58-1210 du 13 décembre 1958 précitée, sont imposables à l'impôt sur le revenu suivant les règles applicables aux traitements et salaires.**

Il en est de même des indemnités prévues à l'article 1er de la loi n° 79-563 du 6 juillet 1979 relative à l'indemnité des représentants au Parlement européen.

1. Indemnités de fonction des parlementaires. Détermination de la base d'imposition. * BOI-RSA-CHAMP-20-10 nos 180 à 200 du 28 juill. 2020.

2. Indemnités parlementaires des députés européens. Selon l'Administration, ces indemnités sont soumises, de plein droit, à un impôt interne européen prélevé à la source. Elles sont également soumises à l'IR français, pour leur montant avant déduction de l'impôt européen, selon les règles des traitements et salaires, la double imposition étant écartée par l'application d'un crédit d'impôt égal à l'impôt européen. * BOI-RSA-CHAMP-20-10 n° 190 du 28 juill. 2020. ♦ Selon le Conseil d'État, l'art. 80 *undecies* soumet à l'IR les indemnités versées aux représentants français au Parlement européen en application du régime national résultant de la L. n° 79-563 du 6 juill. 1979. Il ne s'applique pas aux indemnités perçues sur le fondement de la Décis. 2005/684/CE du Parlement européen du 28 sept. 2005. • CE 5 févr. 2021, ☎ n° 438853 : *RJF 2021. 370.*

Art. 80 *undecies* A **Le traitement brut mensuel et l'indemnité de résidence que reçoivent le Président de la République, le Premier ministre et les autres membres du Gouvernement en application du I de l'article 14 de la loi de finances rectificative pour 2002 (n° 2002-1050 du 6 août 2002) et, par dérogation au 1° de l'article 81 du présent code, l'indemnité de fonction définie à l'article 14 de la loi de finances rectificative pour 2002 du 6 août 2002 précitée sont imposables à l'impôt sur le revenu suivant les règles applicables aux traitements et salaires.**

Il en est de même de l'indemnité prévue à l'article 5 de l'ordonnance n° 58-1099 du 17 novembre 1958 portant loi organique pour l'application de l'article 23 de la Constitution et définie au II de l'article 14 précité, pour la part de cette indemnité égale à la somme du traitement brut mensuel et de l'indemnité de résidence.

Traitement et indemnité de Président de la République, du Premier ministre et des autres membres du Gouvernement. Détermination de la base d'imposition. * BOI-RSA-CHAMP-20-10 n° 210 du 17 juill. 2017.

Art. 80 *undecies* B **I. — Les indemnités de fonction perçues par les élus locaux en application du code général des collectivités territoriales sont imposables à l'impôt sur le revenu suivant les règles applicables aux traitements et salaires.**

II. — Les pensions de retraite versées par les régimes facultatifs de retraite des élus locaux mis en place avant l'entrée en vigueur de la loi n° 92-108 du 3 février 1992 relative aux conditions d'exercice des mandats locaux sont imposables à l'impôt sur le revenu suivant les règles applicables aux rentes viagères constituées à titre onéreux.

1. Indemnités de fonction des élus locaux. 1° Détermination du montant net imposable. Fraction représentative de frais d'emploi. * BOI-RSA-CHAMP-20-10 n°s 220 à 360 du 28 juill. 2020. 2° Modalités d'application de la retenue à la source. * BOI-IR-PAS-20-10-10 n°s 120 à 145 du 28 juill. 2020.

2. Régimes facultatifs de retraite des élus locaux. Régime fiscal. * BOI-RSA-PENS-30-20 n° 110 du 11 juill. 2017.

Art. 80 *duodecies* **1. Toute indemnité versée à l'occasion de la rupture du contrat de travail constitue une rémunération imposable, sous réserve des dispositions suivantes.**

Ne constituent pas une rémunération imposable :

1° Les indemnités mentionnées aux articles L. 1235-1, L. 1235-2, L. 1235-3, L. 1235-3-1 *(L. n° 2017-1837 du 30 déc. 2017, art. 3)* **« , » L. 1235-11 à L. 1235-13** *(L. n° 2017-1837 du 30 déc. 2017, art. 3)* **« , au 7° de l'article L. 1237-18-2 et au 5° de l'article L. 1237-19-1 » du code du travail** *(L. n° 2018-1317 du 28 déc. 2018, art. 7)* **« ainsi que celles versées dans le cadre des mesures prévues au 7° du même article L. 1237-19-1 » ;** *— Pour ces dernières, l'exonération est applicable à compter de l'imposition des revenus de 2018.*

2° Les indemnités de licenciement ou de départ volontaire versées dans le cadre d'un plan de sauvegarde de l'emploi au sens des articles L. 1233-32 et L. 1233-61 à L. 1233-64 du code du travail ;

3° La fraction des indemnités de licenciement versées en dehors du cadre d'un plan de sauvegarde de l'emploi au sens des articles L. 1233-32 et L. 1233-61 à L. 1233-64 du code du travail, qui n'excède pas :

a) Soit deux fois le montant de la rémunération annuelle brute perçue par le salarié au cours de l'année civile précédant la rupture de son contrat de travail, ou 50 % du montant de l'indemnité si ce seuil est supérieur, dans la limite de six fois le plafond mentionné à l'article L. 241-3 du code de la sécurité sociale en vigueur à la date du versement des indemnités ;

b) Soit le montant de l'indemnité de licenciement prévue par la convention collective de branche, par l'accord professionnel ou interprofessionnel ou, à défaut, par la loi ; *— Les dispositions du présent 6° s'appliquent à compter de l'imposition des revenus de 2018.*

4° La fraction des indemnités de mise à la retraite qui n'excède pas :

a) Soit deux fois le montant de la rémunération annuelle brute perçue par le salarié au cours de l'année civile précédant la rupture de son contrat de travail, ou 50 % du montant de l'indemnité si ce seuil est supérieur, dans la limite de cinq fois le plafond mentionné à l'article L. 241-3 du code de la sécurité sociale en vigueur à la date du versement des indemnités ;

b) Soit le montant de l'indemnité de mise à la retraite prévue par la convention collective de branche, par l'accord professionnel ou interprofessionnel ou, à défaut, par la loi ;

5° *Abrogé par L. n° 2010-1657 du 29 déc. 2010, art. 199-II ;*

(L. n° 2018-1317 du 28 déc. 2018, art. 8) « 6° La fraction des indemnités prévues à l'article L. 1237-13 du code du travail versées à l'occasion de la rupture conventionnelle du contrat de travail d'un salarié, ainsi que la fraction des indemnités prévues aux articles 3 et 7-2 de l'annexe à l'article 33 du Statut du personnel administratif des chambres de commerce et d'industrie versées à l'occasion de la cessation d'un commun accord de la relation de travail d'un agent, lorsqu'ils ne sont pas en droit de bénéficier d'une pension de retraite d'un régime légalement obligatoire, qui n'excède pas :

« *a)* Soit deux fois le montant de la rémunération annuelle brute perçue par le salarié au cours de l'année civile précédant la rupture de son contrat de travail, ou 50 % du montant de l'indemnité si ce seuil est supérieur, dans la limite de six fois le plafond mentionné à l'article L. 241-3 du code de la sécurité sociale en vigueur à la date de versement des indemnités ;

« *b)* Soit le montant de l'indemnité de licenciement prévue par la convention collective de branche, par l'accord professionnel ou interprofessionnel, par le Statut du personnel administratif des chambres de commerce et d'industrie ou, à défaut, par la loi. » — *Les dispositions du présent 6° s'appliquent à compter de l'imposition des revenus de 2018.*

(L. n° 2019-1479 du 28 déc. 2019, art. 5) « Le présent 6° est applicable aux indemnités spécifiques de rupture conventionnelle versées en application » *(Ord. n° 2021-1574 du 24 nov. 2021, art. 4, en vigueur le 1er mars 2022)* « du I de l'article 72 de la loi n° 2019-828 du 6 août 2019 de transformation de la fonction publique et de l'article L. 552-1 du code général de la fonction publique. »

2. Constitue également une rémunération imposable toute indemnité versée, à l'occasion de la cessation de leurs fonctions, aux mandataires sociaux, dirigeants et personnes visés à l'article 80 *ter*. Toutefois, en cas de cessation forcée des fonctions, notamment de révocation, seule la fraction des indemnités qui excède trois fois le plafond mentionné à l'article L. 241-3 du code de la sécurité sociale est imposable.

BIBL. ▶ DUFLOUX, *D. 2000. Chron. 585* (fiscalité des indemnités de licenciement). – ROSSIGNOL, *Dr. fisc. 2003, p. 542 ; DO 2002, n° 38, p. 39* (régime fiscal des « golden parachutes »). – TERRENOIRE, *FR Lefebvre 16/48, n° 9, p. 9* (indemnités de rupture conventionnelle collective : quel régime fiscal et social ?). – VILLETTE, *RJF 2019, p. 1185* (quand le juge fiscal se met au travail).

A. RUPTURE DU CONTRAT DE TRAVAIL

1. Constitutionnalité. L'art. 80 *duodecies*-1 est validé sous réserve qu'il ne conduise pas à exclure par principe du bénéfice des exonérations qu'il prévoit les sommes versées en vertu d'une transaction, dont la qualification doit être recherchée par l'Administration ou le juge. • Cons. const. 20 sept. 2013, n° 2013-340 QPC : *RJF 2013. 1162 ; Dr. fisc. 2013. 493, note de La Mardière.* ♦ Sur renvoi de • CE 24 juin 2013, n° 365253 : *RJF 2013. 963.*

2. Agent de CCI. Exonération de l'indemnité de rupture d'un commun accord de la relation de travail d'un agent. * BOI-RSA-CHAMP-20-40-10-30 n° 180 du 11 juin 2020.

3. Indemnité de rupture d'un contrat de travail à durée déterminée. L'indemnité prévue par l'art. L. 122-3-8 C. trav. en cas de rupture anticipée, par l'employeur, d'un contrat de travail à durée déterminée constitue une « indemnité versée à l'occasion de la rupture du contrat de travail au sens de l'art. 80 *duodecies*-1. Mais une telle indemnité ne constitue pas une « indemnité de licenciement au sens de ce texte et ne peut donc pas bénéficier du régime d'exonération applicable aux indemnités de licenciement qu'il prévoit. Elle constitue une rémunération imposable au regard de la loi. • CAA Nantes, 26 mai 2004, n° 02NT1309 : *RJF 2004. 1094.* ♦ Toutefois, cette indemnité peut bénéficier de l'exonération prévue par l'instruction du 30 mai 2000 (BOI 5 F-8-00) selon laquelle une telle indemnité est considérée comme imposable à concurrence de son montant minimum qui correspond aux rémunérations que le salarié concerné aurait perçues jusqu'au terme du contrat, l'excédent étant soumis au régime des indemnités de licenciement, c'est-à-dire exonéré dans les conditions et limites prévues par l'art. 80 *duodecies*-1, al. 2. • Même arrêt. ♦ Sur le caractère imposable de l'indemnité versée à un salarié en vertu d'un protocole d'accord transactionnel établi à la suite d'un litige né de la rupture anticipée de son contrat de travail à durée déterminée, V. • CAA Douai, 25 nov. 2008, n° 07DA1954 : *RJF 2009. 339.* ♦ Il résulte de l'art. 80 *duodecies* qu'à l'exception des indemnités limitativement énumérées par ce texte, toute indemnité perçue à l'occasion de la rupture d'un contrat de travail revêt un caractère imposable. L'indemnité que l'employeur est tenu de verser au salarié sur le fondement de l'art. L. 122-3-8 C. trav. en cas de rupture anticipée injustifiée d'un contrat de travail à durée déterminée ne figure pas parmi les indemnités partiellement ou totalement exonérées d'IR. Tel est le cas de l'indemnité versée à un salarié en vertu d'un protocole d'accord transactionnel, qui a pour objet de mettre fin au litige l'opposant à son employeur intervenu à la suite de la procédure engagée par ce dernier pour mettre fin de manière anticipée au contrat à durée déterminée qui le liait à l'intéressé. • CE 5 mai 2010, ⛫ n° 309803 : *RJF 2010. 677 ; Dr. fisc. 2010. 369, note Douet.* ♦ Dans le même sens : • CAA Paris, 27 mars 2012, *Brinquin*, n° 10PA02976 : *RJF 2012. 1122.*

4. Lorsque l'indemnité a été imposée selon les prévisions de l'art. 80 *duodecies*, seules applicables, le contribuable ne saurait utilement prétendre, à titre subsidiaire, que cette indemnité constituerait en partie des dommages-intérêts non imposables eu égard aux conditions dans lesquelles son licenciement est intervenu. • CAA Versailles, 7 mars 2006, n° 05VE501 : *RJF 2006. 1025.*

5. Montant de l'exonération. Un salarié qui, l'année précédant son licenciement, a été employé successivement par deux sociétés du même groupe et a perçu une indemnité tenant compte de son ancienneté dans ce groupe est exonéré à hauteur du double des rémunérations perçues au sein des deux sociétés. • CAA Lyon, 21 juill. 2011, n° 09LY0083 : *Dr. fisc. 2011. 542, concl. Monnier ; RJF 2012. 28.* ♦ Pour un salarié qui, l'année précédant son licenciement, a été employé par une filiale étrangère d'un groupe français et qui a perçu de la holding du groupe une indemnité tenant compte de son expatriation pour établir son ancienneté dans ce groupe, il y a lieu de tenir compte des salaires versés par cette filiale étrangère pour calculer sa rémunération annuelle brute et établir la limite d'exonération des indemnités. • TA Montreuil, 11 mai 2017, *SAS Carrefour Management*, n° 1603031 : *RJF 2017. 1188 ; Dr. fisc. 2018. 140, note Humbert.*

6. Sentence arbitrale. Doivent être regardées comme des indemnités mentionnées à l'art. L. 1235-3 C. trav. toutes les indemnités accordées par une décision juridictionnelle sur le fondement de cet article. Revêt un caractère juridictionnel la sentence rendue par un arbitre qui n'est pas intervenu comme amiable compositeur mais a statué conformément aux règles de droit. L'indemnité pour licenciement sans cause réelle et sérieuse reçue en exécution de cette sentence est donc exonérée d'IR. • CE 20 juin 2012, ⛫ *Lavanant*, n° 345120 : *RJF 2012. 914 ; BDCF 2012. 113, concl. Daumas ; Dr. fisc. 2012. 391.* ♦ Il en est de même de l'indemnité pour licenciement sans cause réelle et sérieuse prononcée par un arbitre sur le fondement de l'art. L. 122-14-4 (devenu art. L. 1235-3) C. trav. et non en tant qu'amiable compositeur. • CAA Paris, 25 oct. 2011, ⛫ n° 10PA04698 : *RJF 2012. 358.*

7. Indemnité transactionnelle. L'indemnité transactionnelle de rupture d'un contrat de travail à durée déterminée, calculée selon les dispositions de l'art. L. 122-3-8 C. trav. et qui indemnise uniquement la perte de salaires contractuellement prévus, est imposable. • CAA Bordeaux, 28 déc. 2006, n° 04BX1350 : *RJF 2007. 686.* ♦ V. aussi note 3.

8. Indemnité transactionnelle après démission ou rupture du contrat de travail par le salarié. Pour déterminer si une indemnité versée en exécution d'une transaction conclue à l'occasion de la rupture d'un contrat de travail est imposable, il appartient à l'Administration et, lorsqu'il est saisi, au juge de l'impôt de rechercher la qualification à donner aux sommes qui font l'objet de la transaction. Ces dernières ne sont susceptibles d'être regardées comme des indemnités pour licenciement sans cause réelle et sérieuse que s'il résulte de l'instruction que la rupture des relations de travail est assimilable à un tel licenciement. Dans ce cas, les indemnités, accordées au titre d'un licenciement sans cause réelle et sérieuse, sont exonérées d'imposition. La détermination par le juge de la nature des indemnités se fait au vu de l'instruction. • CE 30 janv. 2019, ⛫ n° 414136 : *RJF 1019. 333.* ♦ Les sommes perçues à l'occasion d'une démission sont susceptibles d'être regardées comme des indemnités de licenciement et, ainsi, d'être exonérées d'impôt sous les limites prévues par la loi, s'il est établi que cette démission, en raison des conditions dans lesquelles elle a été donnée, revêt le caractère d'un licenciement. • CE 24 janv. 2014, ⛫ *Jarnoux*, n° 352949 : *RJF 2014. 335 ; BDCF 2014. 42, concl. Legras.* ♦ Une indemnité transactionnelle perçue à la suite d'une prise d'acte de la rupture d'un contrat de travail est exonérée si le salarié rapporte la preuve que cette prise d'acte est assimilable à un licenciement sans cause réelle et sérieuse. • CE 1er avr. 2015, ⛫ n° 365253 : *RJF 2015. 487.* ♦ En revanche, l'indemnité transactionnelle versée en contrepartie de la démission d'un représentant du personnel de ses mandats de délégué syndical et de représentant syndical au comité d'entreprise, préalablement à son licenciement dans le cadre d'un PSE, est imposable. • CE 12 févr. 2020, n° 423916 : *RJF 2020. 437.* ♦ En cas d'indemnité versée à l'occasion de la rupture du contrat de travail et allouée en vertu d'une transaction, l'Administration et, lorsqu'il est saisi, le juge de l'impôt doivent rechercher la qualification à donner, dans le contexte, aux sommes objet de la transaction. • CE 5 juill. 2018, n° 401157 : *RJF 2018. 1100, concl. Daumas.* ♦ Le juge de l'impôt doit rechercher si la rupture du contrat de travail est assimilable à un licenciement sans cause réelle et sérieuse et si les indemnités transactionnelles couvrent la réparation de préjudices distincts, au-delà des indemnités de licenciement. • CE 7 juin 2019, n° 419455 : *RJF 2019. 782.* ♦ L'indemnité versée pour préjudice moral est imposable, au même titre que les autres chefs de préjudice dès lors que le licenciement a une cause réelle et sérieuse. • CE 3 avr. 2020, n° 428262 : *RJF 2020. 598.* ♦ V. aussi note 25.

9. Indemnités de licenciement perçues dans le cadre d'une convention d'allocations spéciales du FNE. Ces indemnités sont assimilées à des indemnités de licenciement. * BOI-RSA-CHAMP-20-40-10-30 n° 110 du 11 juin 2020.

10. Indemnité de rupture conventionnelle. L'indemnité de rupture conventionnelle homologuée est exonérée à condition que le salarié bénéficiaire ne soit pas en droit de bénéficier d'une pension de retraite d'un régime légalement obligatoire. Cette indemnité spécifique de rupture conventionnelle est exonérée sous les mêmes limites que l'indemnité de licenciement. * BOI-RSA-CHAMP-20-40-10-30 n° 170 du 11 juin 2020. ♦ L'indemnité transactionnelle peut être regardée comme une indemnité pour licenciement sans cause réelle et sérieuse exonérée si le salarié ne s'est pas vu remettre un exemplaire de la convention de rupture. • CE 21 juin 2021, n° 438532 : *RJF 2021. 921.*

11. Représentants de commerce. L'indemnité perçue en contrepartie de la cession de la valeur de la clientèle est en principe imposable. Elle bénéficie toutefois de l'art. 80 *duodecies* 1-3° dans le cas où le VRP aurait pu, alternativement, prétendre à une indemnité de clientèle. Il en est ainsi lorsque la rupture du contrat de travail est imputable à l'employeur (sauf faute grave du VRP) et que le représentant subit un préjudice lié à la perte de la clientèle qu'il a apportée, créée ou développée (VRP non exclusivement rémunéré par un fixe). La part éventuellement imposable de cette indemnité bénéficie également du système du quotient prévu à l'art. 163-0 A. * BOI-RSA-CHAMP-20-40-10-20 n°s 100, 145 et 210 du 28 juill. 2020.

12. Salarié devenu dirigeant. L'indemnité globale versée à un salarié ayant exercé des fonctions de direction puis de dirigeant peu de temps avant son licenciement relève, pour le tout, du régime applicable aux salariés. • CE 28 mars 2014, *Min. Budget,* n° 355620 : *RJF 2014. 567.*

13. Cumul d'un contrat de travail et d'un mandat social. S'agissant d'indemnités perçues avant 2015, en cas de cumul d'un contrat de travail et d'un mandat social au sein d'une même société ou de sociétés d'un même groupe, il y a lieu, pour l'application des limites d'exonération prévues par l'art. 80 *duodecies* pour les indemnités de révocation du mandat social, de faire masse de la totalité des indemnités perçues à raison de la cessation de l'activité salariée et du mandat social. • CE 30 déc. 2009, n° 316730 : *RJF 2010. 351 ; concl. Collin au BDCF 4/10, n° 44 ; Dr. fisc. 2010. 257.* ♦ Solution confirmée : le plafond d'exonération doit s'appliquer à l'ensemble des indemnités versées au contribuable, que celles-ci l'aient été à raison de la rupture de son contrat de travail ou de la cessation forcée de ses activités de mandataire social. • CE 7 avr. 2010, n° 318885 : *RJF 2010. 1017.*

14. En cas de licenciement par plusieurs sociétés d'un même groupe d'un salarié par ailleurs mandataire social de l'une des sociétés, les limites d'exonération fixées par l'art. 80 *duodecies* sont appréciées en faisant masse de la totalité des indemnités perçues à raison de la cessation de l'ensemble des fonctions du bénéficiaire. Toutefois, les indemnités ne sont cumulées que si leur versement procède d'une décision unique des différentes sociétés faisant l'objet d'un contrôle commun, notamment parce que l'une des sociétés concernées dispose du pouvoir de déterminer, en droit ou en fait, les décisions dans les assemblées générales des autres sociétés ou de nommer ou de révoquer la majorité des membres de leurs organes d'administration, de direction ou de surveillance. • CE 10 déc. 2010, n° 303722 : *RJF 2011. 305 ; Dr. fisc. 2011. 243, concl. Boucher.*

15. La seule qualité de mandataire social, dirigeant ou personne visée à l'art. 80 *ter* ne fait pas nécessairement obstacle à l'application de l'art. 80 *duodecies* 1 dans le cas où un contribuable cumule cette qualité avec celle de salarié et qu'il est établi qu'il a perçu une indemnité à raison de la seule rupture de son contrat de travail, dès lors que les champs d'application respectifs du 1 et du 2 de l'art. 80 *duodecies* sont définis non seulement par la qualité de la personne bénéficiaire de l'indemnité mais aussi par l'objet de l'indemnité. • CAA Nantes, 24 juin 2008, n° 07NT2861 : *RJF 2009. 120.* ♦ Les indemnités perçues par des contribuables à l'occasion de la rupture de leurs contrats de travail et non de la cessation de leurs fonctions de dirigeants entrent dans le champ d'application du 1 de l'art. 80 *duodecies* et non du 2 de cet art., alors même que les intéressés sont aussi mandataires sociaux. • CE 22 oct. 2012, *Candelon,* n° 325466 : *RJF 2013. 40 ; BDCF 2013. 3, concl. Crépey.*

16. En cas de cumul d'un contrat de travail et

d'un mandat social au sein d'une même société ou de plusieurs sociétés, la limite d'exonération s'applique au montant global des indemnités perçues au titre de la rupture de l'ensemble des fonctions. * BOI-RSA-CHAMP-20-40-20 n° 130 du 26 mai 2016.

17. Indemnité pour licenciement abusif versée à un dirigeant salarié. Une indemnité versée sur le fondement de l'art. L. 122-14-4 (devenu L. 235-3° C. trav., licenciement sans cause réelle et sérieuse) doit être exonérée d'IR, sur le fondement de l'art. 80 *duodecies* 1-1°, lorsqu'elle est liée à la rupture du contrat de travail, y compris si elle est versée à un mandataire social et dirigeant. • CE 22 mai 2017, ♔ n° 395440 : *RJF 2017. 800, concl. Cortot-Boucher.* ♦ Tel n'est en revanche pas le cas d'une indemnité visant à réparer un préjudice distinct, résultant de la perte de la possibilité de lever des stock options. Une telle indemnité est imposable sur le fondement des art. 79 et 82. • Même arrêt. ♦ Rappr. note 21.

18. Dirigeant social démissionnaire. Le départ d'un président de conseil d'administration démissionnaire ne peut en aucun cas être qualifié de cessation forcée des fonctions au sens de l'art. 80 *duodecies*-2 dès lors qu'au moment de sa démission l'intéressé a atteint l'âge limite pour l'exercice desdites fonctions, en l'espèce fixé par défaut à 65 ans par la loi du 24 juill. 1966 (C. com., art. L. 225-48). Les indemnités perçues par l'intéressé à l'occasion de son départ sont, par suite, imposables. • CAA Lyon, 13 déc. 2007, n° 07LY1193 : *RJF 2008. 69.*

19. Salarié démissionnaire. L'indemnité de départ perçue par un salarié démissionnaire est imposable. • CE 21 déc. 1979, ♔ n° 11826 : *Dr. fisc. 1980. 2447 et 2488 ; RJF 1980. 155.* ♦ ... Sauf si la démission a été imposée par l'employeur. • CE 18 nov. 1985, ♔ n° 49631 : *Dr. fisc. 1986. 177 ; RJF 1986. 42.*

20. L'indemnité de départ volontaire de 150 000 F versée dans le cadre d'un plan de réduction des effectifs a le caractère de dommages et intérêts non imposables dès lors qu'elle vise à compenser le préjudice résultant du départ de l'entreprise accepté dans des conditions particulièrement difficiles, compte tenu de la faible qualification des salariés et de la situation du marché du travail dans la région. • CAA Nantes, 4 déc. 1996, n° 96NT215 : *Dr. fisc. 1997. 14, concl. Aubert ; RJF 1997. 30.* ♦ V. déjà : • CE 19 mars 1986, ♔ n° 49880 : *Dr. fisc. 1986. 2167.*

21. Indemnité compensant la perte des stock options en cas de rupture du contrat de travail. Une option de souscription ou d'achat d'actions constitue, tant que l'option n'est pas levée, un complément de rémunération. Il en résulte qu'une indemnité versée à un salarié à l'occasion de la rupture de son contrat de travail et qui correspond à l'avantage potentiel dont le salarié aurait pu bénéficier s'il avait pu opter pour la souscription d'actions compense exclusivement la perte de rémunération potentielle. Cette indemnité constitue un revenu imposable dans la catégorie des traitements et salaires. Une telle indemnité, qui n'a pas pour objet de réparer le préjudice lié au licenciement du salarié, reconnu comme étant sans cause réelle et sérieuse, ne correspond à aucune des indemnités de rupture exonérées par l'art. 80 *duodecies*. • TA Montreuil, 1er juin 2011, n° 1004530 : *RJF 2012. 245.* ♦ Rappr. note 17.

22. Pouvoirs du juge : interprétation d'une convention collective. Le juge administratif fiscal n'est pas tenu de renvoyer au juge judiciaire la question de l'interprétation d'une disposition de droit privé, même si cette question soulève une difficulté sérieuse. • CE 23 janv. 2015, ♔ *Teneau*, n° 360396 : *RJF 2015. 355 ; Dr. fisc. 2015. 420, note Bonnet.*

23. Salarié transfrontalier. Les salariés français travaillant en France et les salariés transfrontaliers français travaillant dans un autre État de l'UE doivent être traités de la même façon. Il appartient donc au juge de l'impôt, pour déterminer le régime fiscal applicable à une indemnité de rupture versée par un employeur étranger, de qualifier celle-ci au regard du droit français. • CE 6 juin 2018, ♔ n° 399990 : *RJF 2018. 960, concl. Daumas.*

B. DÉPART EN RETRAITE

24. Indemnités de mise à la retraite. Doctrine applicable à compter du 3 oct. 2012. * BOI-RSA-CHAMP-20-40-10-30 n° 190 du 9 févr. 2017.

25. L'indemnité transactionnelle versée par l'employeur à l'occasion du départ volontaire en retraite d'un salarié, en vue de réparer le préjudice moral et professionnel qu'il estime avoir subi pour des faits de discrimination syndicale, ne relève pas du champ d'application de l'art. 80 *duodecies*. La part de l'indemnité résultant du préjudice professionnel, qui constitue la compensation d'une perte de revenus, est imposable en vertu de l'art. 79. Seule la part résultant du préjudice moral subi n'est pas imposable. • CAA Versailles, 12 févr. 2019, ♔ n° 17VE03591 : *RJF 2019. 781.*

Art. 80 *terdecies* **Les indemnités, remboursements et allocations forfaitaires pour frais versés aux personnes mentionnées au troisième alinéa de l'article 80 sont, quel que soit leur objet, soumis à l'impôt sur le revenu.**

Art. 80 *quaterdecies* **I. — L'avantage salarial correspondant à la valeur, à leur date d'acquisition, des actions attribuées dans les conditions définies** *(Ord. n° 2020-1142 du 16 sept. 2020, art. 13-2° et 19, en vigueur le 1er janv. 2021)* **« aux articles L. 225-197-1**

à L. 225-197-5, L. 22-10-59 et L. 22-10-60 *[ancienne rédaction : aux articles L. 225-197-1 à L. 225-197-6]* **» du code de commerce est imposé entre les mains de l'attributaire dans la catégorie des traitements et salaires selon les modalités prévues au 3 de l'article 200 A, dans une limite annuelle de 300 000 €. La fraction de l'avantage qui excède cette limite est imposée entre les mains de l'attributaire suivant les règles de droit commun des traitements et salaires.** — *Les dispositions du présent I s'appliquent aux actions gratuites dont l'attribution a été autorisée par une décision de l'assemblée générale extraordinaire postérieure au 30 déc. 2016.*

II. — L'impôt est dû au titre de l'année au cours de laquelle le bénéficiaire a disposé de ses actions, les a cédées, converties au porteur ou mises en location. — *V. Ann. III, art. 38 septdecies.*

III. — En cas d'échange sans soulte d'actions résultant d'une opération d'offre publique, de fusion, de scission, de division ou de regroupement réalisée conformément à la réglementation en vigueur, l'impôt est dû au titre de l'année de disposition, de cession, de conversion au porteur ou de mise en location des actions reçues en échange.

Il en est de même en cas d'opérations d'apport d'actions réalisées dans les conditions prévues au second alinéa du III de l'article L. 225-197-1 du code de commerce par une personne détenant, directement ou indirectement, moins de 10 % du capital de la société émettrice lorsque l'attribution a été réalisée au profit de l'ensemble des salariés de l'entreprise et que la société bénéficiaire de l'apport détient, directement ou indirectement, moins de 40 % du capital et des droits de vote de la société émettrice.

IV. — Les I à III s'appliquent lorsque l'attribution est effectuée, dans les mêmes conditions, par une société dont le siège social est situé à l'étranger et qui est société mère ou filiale de l'entreprise dans laquelle l'attributaire exerce son activité.

Les obligations déclaratives incombent alors à la filiale ou à la société mère française.

V. — Le gain net, égal à la différence entre le prix de cession et la valeur des actions à leur date d'acquisition, est imposé dans les conditions prévues à l'article 150-0 A.

Si les actions sont cédées pour un prix inférieur à leur valeur à la date d'acquisition, la moins-value est déduite du montant de l'avantage mentionné au I, dans la limite de ce montant.

V. Ann. III, art. 38-0 septdecies et 38 septdecies.

BIBL. ► LABRUNE, *RJF 2014, p. 1043* (les gains de « management package », des objets fiscaux non identifiés ?). – SUBRA, *JCP E 2007. 1371* (le régime fiscal des attributions gratuites d'actions).

Régime des attributions gratuites d'actions. Indemnité de renonciation. * BOI-RSA-ES-20-20-20 n° 220 du 24 juill. 2017. ♦ Attribution d'actions aux mandataires sociaux de sociétés cotées. * BOI-RSA-ES-20-20-10-10 du 24 juill. 2017. ♦ Régime de la plus-value d'acquisition. * BOI-RSA-ES-20-20-20 n°s 44, 180, 190, 375 et 460 du 24 juill. 2017. ♦ Opérations intercalaires. * BOI-RSA-ES-20-20-10-20 n°s 210 à 240 du 24 juill. 2017. ♦ Plans d'attribution d'actions gratuites étrangères. * BOI-RSA-ES-20-20-10-20 n°s 380 et 460 du 24 juill. 2017.

Art. 80 *quindecies* **Les distributions et les gains nets afférents à des parts de fonds communs de placement à risques, de fonds professionnels spécialisés relevant de l'article L. 214-37 du code monétaire et financier dans sa rédaction antérieure à l'ordonnance n° 2013-676 du 25 juillet 2013 modifiant le cadre juridique de la gestion d'actifs, de fonds professionnels de capital investissement, des actions de sociétés de capital-risque ou des droits représentatifs d'un placement financier dans une entité mentionnée au dernier alinéa du 8 du II de l'article 150-0 A, donnant lieu à des droits différents sur l'actif net ou les produits du fonds, de la société ou de l'entité et attribués en fonction de la qualité de la personne,** *(L. n° 2018-1317 du 28 déc. 2018, art. 42-I-1° et III, applicable aux gains nets réalisés et aux distributions perçues à compter du 11 juill. 2018)* **« ainsi que les distributions et gains nets mentionnés au 9 du même II, » sont imposables à l'impôt sur le revenu suivant les règles applicables aux traitements et salaires lorsque les conditions prévues** *(L. n° 2018-1317 du 28 déc. 2018, art. 42-I-1° et III, applicable aux gains nets réalisés et aux distributions perçues à compter du 11 juill. 2018)* **« aux 8 ou 9 » ou aux deuxième à** *(L. n° 2019-1479 du 28 déc. 2019, art. 8-I-3°, applicable aux gains nets réalisés et aux distributions perçues à compter du 1er janv. 2020)* **« dernier » alinéas du 1 du II de l'article 163 *quinquies* C ne sont pas respectées.**

BIBL. ► VANSTEENKISTE et BÉRA, *Dr. fisc. 2010. Étude 294* (l'imposition des « carried interest » : évolution et questions en suspens).

Régimes des parts ou actions de « carried interest ». Parts ou actions attribuées aux membres des équipes de gestion des structures d'investissement de capital-risque européennes. * BOI-RPPM-PVBMI-60 du 14 oct. 2014.

Art. 80 *sexdecies* *(L. nº 2019-486 du 22 mai 2019, art. 162-X-2º)* **Les sommes mentionnées au 2º de l'article L. 3332-11 du code du travail sont imposables à l'impôt sur le revenu selon les règles applicables aux traitements et salaires, à l'exception de celles n'excédant pas le plafond prévu au même 2º qui bénéficient de l'exonération prévue au *a* du 18º de l'article 81 du présent code.**

Art. 81 **Sont affranchis de l'impôt :**

1º Les allocations spéciales destinées à couvrir les frais inhérents à la fonction ou à l'emploi et effectivement utilisées conformément à leur objet. Les rémunérations des journalistes, rédacteurs, photographes, directeurs de journaux et critiques dramatiques et musicaux perçues ès qualités constituent de telles allocations à concurrence de 7 650 €. *(L. nº 2018-1317 du 28 déc. 2018, art. 4)* **« Il en est de même des indemnités de fonction mentionnées au I de l'article 80 *undecies* B, à concurrence d'un montant égal à** *(L. nº 2019-1479 du 28 déc. 2019, art. 3)* **« 17 % du montant du traitement correspondant à l'indice brut terminal de l'échelle indiciaire de la fonction publique » en cas de mandat unique ou, en cas de cumul de mandats, à une fois et demie ce même montant, et, pour les élus locaux de communes de moins de 3 500 habitants, à concurrence d'un montant égal à** *(L. nº 2019-1479 du 28 déc. 2019, art. 3)* **« 38,75 % du montant du traitement correspondant à l'indice brut terminal de l'échelle indiciaire de la fonction publique », quel que soit le nombre de mandats** *(Abrogé par L. nº 2019-1479 du 28 déc. 2019, art. 3)* ***« , s'ils n'ont pas bénéficié du remboursement des frais de transport et de séjour prévu à l'article L. 2123-18-1 du code général des collectivités territoriales ».*** *(L. nº 2018-1317 du 28 déc. 2018, art. 5, en vigueur le 1er janv. 2019)* **« Ces dispositions ne s'appliquent qu'aux journalistes, rédacteurs, photographes, directeurs de journaux et critiques dramatiques et musicaux dont le revenu brut annuel n'excède pas 93 510 €. »**

Toutefois, lorsque leur montant est fixé par voie législative, ces allocations sont toujours réputées utilisées conformément à leur objet et ne peuvent donner lieu à aucune vérification de la part de l'administration. *(L. nº 2017-1339 du 15 sept. 2017, art. 20-III et IV, en vigueur le 1er janv. 2018)* **« Il en est de même des frais de mandat pris en charge dans les conditions prévues à l'article 4 *sexies* de l'ordonnance nº 58-1100 du 17 novembre 1958 relative au fonctionnement des assemblées parlementaires ;**

1º *bis a)* et *c)* *Abrogés ;*

b) *Transféré ss. l'art. 80 ter-b ;*

2º Les prestations familiales énumérées par l'article L. 511-1 du code de la sécurité sociale, l'allocation de salaire unique, l'allocation de la mère au foyer et l'allocation pour frais de garde, maintenues dans le cadre des articles 12 et 13 de la loi nº 77-765 du 12 juillet 1977 instituant le complément familial, l'allocation aux adultes handicapés, et l'allocation personnalisée d'autonomie prévue par le chapitre II du titre III du livre II du code de l'action sociale et des familles ;

(Ord. nº 2019-770 du 17 juill. 2019, art. 7 et 23-I, en vigueur le 1er sept. 2019) **« 2º *bis* L'aide personnalisée au logement prévue au 1º de l'article L. 821-1 du code de la construction et de l'habitation et l'allocation de logement prévue au *b* du 2º du même article ; »**

2º ter et 3º *Abrogés ;*

4º *a)* Les pensions servies en vertu des dispositions du code des pensions militaires d'invalidité et des victimes de guerre, ainsi que la retraite du combattant mentionnée aux articles *(Décr. nº 2017-698 du 2 mai 2017, art. 1er)* **« L. 321-1 à L. 321-3 » du même code ;**

(L. nº 2018-1317 du 28 déc. 2018, art. 223-II-A) **« *b)* L'allocation de reconnaissance prévue à l'article 6 de la loi nº 2005-158 du 23 février 2005 portant reconnaissance de la Nation et contribution nationale en faveur des Français rapatriés ; »**

c) L'allocation prévue à l'article 133 de la loi n° 2015-1785 du 29 décembre 2015 de finances pour 2016 ;

(L. n° 2022-229 du 23 févr. 2022, art. 6) « *d)* La somme forfaitaire valant réparation prévue à l'article 3 de la loi n° 2022-229 du 23 février 2022 portant reconnaissance de la Nation envers les harkis et les autres personnes rapatriées d'Algérie anciennement de statut civil de droit local et réparation des préjudices subis par ceux-ci et leurs familles du fait de l'indignité de leurs conditions d'accueil et de vie dans certaines structures sur le territoire français ; »

(Ord. n° 2019-766 du 24 juill. 2019, art. 3-I et 9-I ; Décr. n° 2019-807 du 30 juill. 2019, art. 9-II, en vigueur le 1er oct. 2019) « 4° *bis* Les prestations de retraite versées sous forme de capital :

« *a)* En application des troisième à septième alinéas de l'article L. 132-23 du code des assurances ou des 1° à 5° du I de l'article L. 224-4 du code monétaire et financier ;

« *b)* Lorsqu'elles sont issues des versements mentionnés au 2° de l'article L. 224-2 du code monétaire et financier qui sont exonérés ;

« *c)* Pour la part correspondant au montant des versements mentionnés au 1° de l'article L. 224-2 du code monétaire et financier qui n'ont pas fait l'objet d'une déduction du revenu imposable en application de l'option prévue au deuxième alinéa de l'article L. 224-20 du même code ou celle correspondant au montant des versements mentionnés au 2° de l'article L. 224-2 du code précité qui ne sont pas exonérés. »

5° et 6° *Repris avec le a du 4°* ;

7° Les traitements attachés à la Légion d'honneur et à la médaille militaire ;

8° Les indemnités temporaires, à hauteur de 50 % de leur montant, ainsi que les prestations et rentes viagères, servies aux victimes d'accidents du travail ou à leurs ayants droit ;

9° Les allocations, indemnités et prestations servies, sous quelque forme que ce soit, par l'État, les collectivités et les établissements publics, en application des lois et décrets d'assistance et d'assurance ;

9° *bis* Les rentes viagères servies en représentation de dommages-intérêts *(Abrogé par Cons. const. n° 2018-747 QPC du 23 nov. 2018)* « ***en vertu d'une condamnation prononcée judiciairement*** » pour la réparation d'un préjudice corporel ayant entraîné pour la victime une incapacité permanente totale l'obligeant à avoir recours à l'assistance d'une tierce personne pour effectuer les actes ordinaires de la vie ;

[9° ter applicable aux revenus perçus ou réalisés jusqu'au 31 déc. 2018]

9° *ter* La prestation de compensation servie en vertu des dispositions de l'article L. 245-1 du code de l'action sociale et des familles ;

[9° ter applicable aux revenus perçus ou réalisés à compter du 1er janv. 2019]

(L. n° 2019-1446 du 24 déc. 2019, art. 14-II et IV) « 9° *ter a)* La prestation de compensation servie en application des dispositions de l'article L. 245-1 du code de l'action sociale et des familles ;

« *b)* Les sommes perçues à titre de dédommagement par les aidants familiaux dans les conditions définies à l'article L. 245-12 du code de l'action sociale et des familles ; »

9° *quinquies* La prime d'activité mentionnée à l'article L. 841-1 du code de la sécurité sociale ;

10° Les rentes viagères servies par application de l'article 96 de la loi du 30 décembre 1928, de l'article 5 de la loi du 17 septembre 1932, de l'article 1er de la loi du 1er octobre 1936 et de l'article 6 de la loi n° 652 du 26 juin 1942 ;

11° *Abrogé* ;

12° Les retraites mutuelles servies aux anciens combattants et victimes de la guerre dans le cadre des dispositions de l'article L. 222-2 du code de la mutualité ;

13° *Disposition périmée* ;

14° La fraction des pensions temporaires d'orphelins qui correspond au montant des prestations familiales auxquelles aurait eu droit le parent décédé ;

14° *bis* Les pensions temporaires d'orphelin, à concurrence de l'allocation aux adultes handicapés, lorsqu'elles remplacent cette allocation en tout ou partie du fait de la loi ;

14° *ter* L'indemnité prévue par l'article L. 1121-11 du code de la santé publique ;

15° Les prestations, visées aux articles L. 325-1 et L. 325-2 du code rural et de la pêche maritime, dans le cadre de l'entraide entre agriculteurs ;

Ces dispositions pourront être étendues par décret en Conseil d'État aux départements d'outre-mer ; *— V. Décr. nº 64-285 du 2 avr. 1964 (JO 4 avr.).*

16° *Disjoint ;*

16° *bis* et 16° *ter* *Transférés ss. l'art. 81 ter ;*

16° *quater* *Disposition périmée ;*

17° *a)* Les prestations de subsistance, d'équipement et de logement ainsi que l'indemnité forfaitaire d'entretien allouées, en application de l'article L. 104 du code du service national, au personnel accomplissant le service national actif dans le service de la coopération ou dans le service de l'aide technique ; *— Les dispositions de l'art. L. 104 C. serv. nat. sont suspendues pour les jeunes gens nés après le 31 déc. 1978 (L. nº 97-1019 du 28 oct. 1997, art. 2).*

***b)* L'indemnité mensuelle et l'indemnité supplémentaire versées dans le cadre de l'accomplissement d'un volontariat international en application de l'article L. 122-12 du code du service national ;**

***c)* L'allocation et la prime versées dans le cadre du contrat de volontariat pour l'insertion conformément à l'article L. 130-3 du code du service national ;**

***d)* L'indemnité versée dans le cadre d'un contrat de volontariat de solidarité internationale en application de l'article 7 de la loi nº 2005-159 du 23 février 2005 relative au contrat de volontariat de solidarité internationale ;**

***e)* L'indemnité versée, les prestations de subsistance, d'équipement et de logement ainsi que l'avantage résultant de la contribution de la personne morale agréée au financement des titres-repas dans le cadre d'un engagement de service civique ou d'un volontariat associatif en application des articles L. 120-21 et L. 120-22 du code du service national ;**

***f)* L'avantage résultant pour le bénévole de la contribution de l'association au financement de chèques-repas en application de l'article 12 de la loi nº 2006-586 du 23 mai 2006 relative à l'engagement éducatif ;**

17º bis Dispositions devenues sans objet par Décr. nº 2015-608 du 3 juin 2015 ;

17° *ter* Le versement complémentaire effectué par les sociétés coopératives de production en application de l'article 40 de la loi nº 78-763 du 19 juillet 1978 portant statut de ces sociétés, à l'occasion de l'émission de parts sociales destinées exclusivement à leurs salariés ;

18° *a)* Les sommes versées par l'entreprise en application de plans d'épargne constitués conformément aux dispositions du titre III du livre III de la troisième partie du code du travail ; *— V. C. trav., art. L. 3331-1 à L. 3335-2.*

(Ord. nº 2019-766 du 24 juill. 2019, art. 3-I et 9-I ; Décr. nº 2019-807 du 30 juill. 2019, art. 9-II, en vigueur le 1er oct. 2019) **« *a bis*) Dans la limite du plafond prévu à l'article L. 3332-11 du code du travail diminué du montant des versements mentionnés au *a*, les versements des entreprises prévus au titre III du livre III de la troisième partie de ce code ou ceux issus des droits inscrits au compte-épargne temps qui correspondent à un abondement de l'employeur en temps ou en argent, mentionnés au 2° de l'article L. 224-2 du code monétaire et financier, dans un plan d'épargne retraite mentionné à l'article L. 224-13 du même code ;**

« *a ter*) Dans la limite du plafond prévu au troisième alinéa du 2° de l'article 83, les sommes issues des droits inscrits au compte-épargne temps qui correspondent à un abondement de l'employeur en temps ou en argent mentionnées au 2° de l'article L. 224-2 du code monétaire et financier, versées dans un plan d'épargne retraite mentionné à l'article L. 224-23 du même code ; »

***b)* Les sommes versées par le salarié pour alimenter un plan d'épargne pour la retraite collectif dans les conditions fixées à l'article L. 3152-4 du code du travail ou du deuxième alinéa de l'article L. 3334-8 du même code ;**

(Ord. nº 2019-766 du 24 juill. 2019, art. 3-I et 9-I ; Décr. nº 2019-807 du 30 juill. 2019, art. 9-II, en vigueur le 1er oct. 2019) **« *b bis*) Dans la limite de dix jours par an, les sommes mentionnées au 2° de l'article L. 224-2 du code monétaire et financier issues de droits inscrits au compte épargne-temps qui ne correspondent pas à un abondement de l'employeur en temps ou en argent ou, en l'absence de compte d'épargne temps** *[compte épargne-temps]* **dans l'entreprise, à celles correspondant à des jours de**

repos non pris, qui sont versées dans un plan d'épargne retraite mentionné à l'article L. 224-13 ou à l'article L. 224-23 du même code ; »

18° *bis* Dans la limite *(L. n° 2019-486 du 22 mai 2019, art. 155-IV)* **« du montant prévu au premier alinéa de l'article L. 3315-2 du code du travail », les sommes reçues au titre de l'intéressement et affectées à la réalisation de plans d'épargne constitués conformément au titre III du livre III de la troisième partie du code du travail** *(Ord. n° 2019-766 du 24 juill. 2019, art. 3-I et 9-I ; Décr. n° 2019-807 du 30 juill. 2019, art. 9-II, en vigueur le 1er oct. 2019)* **« ou, en application du 2° de l'article L. 224-2 du code monétaire et financier, à la réalisation d'un plan d'épargne retraite mentionné à l'article L. 224-13 ou à** *(Décr. n° 2021-744 du 9 juin 2021, art. 1er)* **« l'article » L. 224-23 du même code ».**

L'exonération s'applique sous réserve du dépôt de l'accord d'intéressement, dans les conditions prévues aux articles L. 3313-3 et L. 3314-4 du code du travail, auprès de l'autorité administrative compétente.

Les dispositions du premier alinéa bénéficient également, dans les mêmes conditions et limites aux dividendes des actions de travail attribuées aux salariés des sociétés anonymes à participation ouvrière régies par la loi du 26 avril 1917, à compter du 1er janvier 1991 ;

(Ord. n° 2019-697 du 3 juill. 2019, art. 4) **« 18° *ter* Les sommes versées par les employeurs au titre du financement de contrats de retraite qui sont assujetties à la contribution mentionnée à l'article L. 137-11-2 du code de la sécurité sociale, ainsi que le montant de la revalorisation des droits correspondants prévue au 5° du I du même article ; »**

19° Dans la limite de *(Décr. n° 2020-897 du 22 juill. 2020, art. 1er, pour les titres acquis en 2022)* **« 5,69 €** *[ancienne rédaction : 5,55 €]* **» par titre, le complément de rémunération résultant de la contribution de l'employeur à l'acquisition par le salarié des titres-restaurant émis conformément aux dispositions du chapitre II du titre VI du livre II de la troisième partie du code du travail, lorsque cette contribution est comprise entre un minimum et un maximum fixés par arrêté du ministre chargé du budget.** *(L. n° 2019-1479 du 28 déc. 2019, art. 6-I et II, applicable à compter de l'imposition des revenus de l'année 2020)* **« La limite d'exonération est relevée chaque année dans la même proportion que la variation de l'indice des prix à la consommation hors tabac entre le 1er octobre de l'avant-dernière année et le 1er octobre de l'année précédant celle de l'acquisition des titres-restaurant et arrondie, s'il y a lieu, au centime d'euro le plus proche. »** *— Pour les limites de la contribution de l'employeur, V. Ann. IV, art. 6 A.*

Cette exonération est subordonnée à la condition que le salarié se conforme aux obligations qui sont mises à sa charge par le même chapitre II ; *— V. Ann. II, art. 39.*

19° *bis* L'avantage résultant de la contribution de l'employeur à l'acquisition des chèques-vacances dans les conditions et limite prévues à la section 1 du chapitre Ier du titre Ier du livre IV du code du tourisme ; *— V. C. tourisme, art. L. 411-1 à L. 411-12. — Aux termes de l'art. L. 411-5 C. tourisme, l'avantage résultant de la contribution de l'employeur à l'acquisition des chèques-vacances par les salariés est exonéré de l'impôt sur le revenu, dans la limite du salaire minimum de croissance apprécié sur une base mensuelle. Le SMIC mensuel applicable à compter du 1er janv. 2021 s'établit à 1 554,62 € sur la base de la durée légale de 35 h hebdomadaires (151,67 h mensuelles). — Il convient de retenir le taux horaire brut du SMIC au 1er déc. de l'année d'acquisition des chèques-vacances et de multiplier ce taux par l'horaire mensuel correspondant à la durée hebdomadaire de travail du salarié, le montant obtenu étant arrondi à l'euro le plus proche (BOI-RSA-CHAMP-20-50-30 n° 370), d'où une limite fixée à 1 590 € pour l'imposition des revenus de 2021.*

19° *ter a)* L'avantage résultant de la prise en charge obligatoire par l'employeur du prix des titres d'abonnement souscrits par les salariés pour les déplacements effectués au moyen de transports publics de voyageurs ou de services publics de location de vélos entre leur résidence habituelle et leur lieu de travail, conformément à l'article L. 3261-2 du code du travail ;

***b)* L'avantage résultant de la prise en charge par l'employeur des frais de carburant ou des frais exposés pour l'alimentation de véhicules électriques** *(L. n° 2019-1428 du 24 déc. 2019, art. 82-IV et VI, en vigueur le 1er janv. 2020)* **« , hybrides rechargeables ou hydrogène » engagés par les salariés dans les conditions prévues à l'article L. 3261-3 du code du travail et des frais mentionnés à l'article L. 3261-3-1 du même code, dans**

la limite globale de *(L. n° 2020-1721 du 29 déc. 2020, art. 57)* **« 500 € »** *(L. n° 2019-1428 du 24 déc. 2019, art. 82-IV et VI, en vigueur le 1er janv. 2020)* **« par an, dont 200 € au maximum pour les frais de carburant** *[ancienne rédaction : 200 € par an]*. **Lorsque la prise en charge des frais de transports personnels engagés par les salariés est cumulée avec la prise en charge prévue à l'article L. 3261-2 dudit code, l'avantage résultant de ces deux prises en charge ne peut dépasser le montant maximum entre** *(L. n° 2020-1721 du 29 déc. 2020, art. 57)* **« 500 € » par an et le montant de l'avantage mentionné au *a* du présent 19° *ter* ; »**

(L. n° 2021-1104 du 22 août 2021, art. 128) **« Par dérogation au premier alinéa du présent *b*, lorsque la prise en charge des frais de transport personnel engagés par les salariés en application de l'article L. 3261-3-1 du code du travail est cumulée avec la prise en charge prévue à l'article L. 3261-2 du même code, l'avantage résultant de ces deux prises en charge ne peut dépasser le montant maximal entre 600 € par an et le montant de l'avantage mentionné au *a* du présent 19° *ter* ; »**

(L. n° 2018-1317 du 28 déc. 2018, art. 3-I) **« *c)* En l'absence de prise en charge prévue à l'article L. 3261-2 du code du travail, l'avantage résultant de la prise en charge, par une collectivité territoriale, par un établissement public de coopération intercommunale ou par Pôle emploi, des frais de carburant ou d'alimentation de véhicules électriques engagés par les salariés pour leurs déplacements entre leur résidence habituelle et leur lieu de travail lorsque ceux-ci sont situés à une distance d'au moins trente kilomètres l'un de l'autre, ou pour leurs déplacements entre leur résidence habituelle et leur lieu de travail en tant que conducteur en covoiturage quelle que soit la distance, dans la limite de** *(L. n° 2021-1900 du 30 déc. 2021, art. 4, applicable à l'imposition des revenus de l'année 2022)* **« 310 €** *[ancienne rédaction : 240 €]* **» par an ; »**

(L. n° 2019-1428 du 24 déc. 2019, art. 35-III) **« 19° *quater* L'avantage résultant de l'allocation versée par les autorités mentionnées aux articles L. 1231-1, L. 1231-3 et L. 1241-1 du code des transports au conducteur qui effectue un déplacement ou propose un trajet ou au passager qui effectue un déplacement en covoiturage dans les conditions prévues aux troisième à sixième alinéas de l'article L. 1231-15 et aux neuvième à douzième alinéas du I de l'article L. 1241-1 du même code ; »**

(L. n° 2019-1428 du 24 déc. 2019, art. 35-VIII, en vigueur le 1er janv. 2020) **« 19° *quinquies* L'avantage résultant de l'allocation versée par les autorités mentionnées aux articles L. 1231-1, L. 1231-3 et L. 1241-1 dudit code au conducteur qui effectue un déplacement en covoiturage dans les conditions prévues à l'avant-dernier alinéa de l'article L. 1231-15 et au dernier alinéa du I de l'article L. 1241-1 du même code, jusqu'au 31 décembre 2022 ; »**

20° Les attributions gratuites d'actions :

a)* et *b) *Abrogés* **;**

***c)* Des sociétés centrales d'assurances définies à l'article L. 322-12 du code des assurances, faites au personnel des entreprises nationales d'assurances en application des articles L. 322-13 et L. 322-22 du code précité ;**

d) *Disjoint.*

21° *Abrogé* **;**

22° *Abrogé* **;**

23° L'indemnité compensatoire pour frais de transport attribuée aux magistrats, militaires, fonctionnaires et agents de la fonction publique de l'État, aux fonctionnaires et agents de la fonction publique hospitalière, aux fonctionnaires et agents des collectivités territoriales et de leurs établissements publics et aux agents de droit public de La Poste et de France Télécom en service dans les départements de la Haute-Corse et de la Corse-du-Sud ;

23° *bis* Les indemnités versées aux militaires au titre de leur participation aux opérations visant à la défense de la souveraineté de la France et à la préservation de l'intégrité de son territoire, engagées ou renforcées à la suite des attentats commis sur le territoire national en 2015 ;

23° *ter* L'indemnité journalière d'absence temporaire versée aux personnels des compagnies républicaines de sécurité en application du décret n° 61-1066 du 26 septembre 1961 instituant une indemnité journalière d'absence temporaire en faveur des personnels des compagnies républicaines de sécurité se déplaçant en unité ou fraction d'unité dans les départements métropolitains et les départements d'outre-mer, ainsi

que celle versée aux gendarmes mobiles en application du décret n° 76-826 du 24 août 1976 instituant en métropole une indemnité journalière d'absence temporaire en faveur des militaires de la gendarmerie déplacés en unité ou fraction d'unité, du décret n° 76-827 du 24 août 1976 instituant dans les départements et territoires d'outre-mer une indemnité journalière d'absence temporaire en faveur des militaires de la gendarmerie déplacés en unité ou fraction d'unité sur réquisition de l'autorité civile et du décret n° 79-148 du 15 février 1979 instituant dans les territoires d'outre-mer une indemnité journalière d'absence temporaire en faveur des militaires de la gendarmerie déplacés en unité ou fraction d'unité sur réquisition de l'autorité civile ;

(Abrogé par L. n° 2018-1317 du 28 déc. 2018, art. 137, pour les primes et indemnités perçues à compter du 1er janv. 2020) ***« 24° Les primes et indemnités attribuées par l'État aux agents publics et aux salariés à l'occasion du transfert hors de la région d'Île-de-France du service, de l'établissement ou de l'entreprise où ils exercent leur activité ; »***

25° La valeur des actions de la société Air France que l'État cède gratuitement à ceux de ses salariés qui consentent une réduction de leurs salaires pendant une durée de trois ans, dans les conditions fixées par l'article 17 de la loi n° 94-679 du 8 août 1994 et pour la durée de leur carrière professionnelle dans les conditions fixées par l'article 51 de la loi n° 98-546 du 2 juillet 1998 portant diverses dispositions d'ordre économique et financier ; *— V. aussi art. 163 bis E.*

26° L'indemnisation ou, le cas échéant, la valeur des actions attribuées à ce titre, prévue à l'article L. 225-270 du code de commerce ; *— V. art. 163 bis E.*

27° L'allocation forfaitaire complémentaire, les aides spécifiques au logement et les aides spécifiques en faveur des conjoints survivants servies en application de la loi n° 94-488 du 11 juin 1994 relative aux rapatriés anciens membres des formations supplétives et assimilés ou victimes de la captivité en Algérie ;

28° Dispositions devenues sans objet par Décr. n° 2015-608 du 3 juin 2015 ;

29° Les indemnités, l'allocation de vétérance personnelle ou de réversion *(Décr. n° 2017-698 du 2 mai 2017, art. 1er)* **« , » la prestation de fidélisation et de reconnaissance** *(Décr. n° 2017-698 du 2 mai 2017, art. 1er)* **« et la nouvelle prestation de fidélisation et de reconnaissance », servies aux sapeurs-pompiers volontaires ou à leurs ayants droit, en application du titre III de la loi n° 96-370 du 3 mai 1996 relative au développement du volontariat dans les corps de sapeurs-pompiers ;**

30° Le pécule modulable d'incitation au départ des militaires, versé en application du I de l'article 38 de la loi n° 2013-1168 du 18 décembre 2013 relative à la programmation militaire pour les années 2014 à 2019 et portant diverses dispositions concernant la défense et la sécurité nationale ;

30° *bis* L'indemnité de départ volontaire versée en application du I de l'article 150 de la loi n° 2008-1425 du 27 décembre 2008 de finances pour 2009 ;

31° *Dispositions périmées (Décr. n° 2013-463 du 3 juin 2013).*

(Abrogé par L. n° 2018-1317 du 28 déc. 2018, art. 30-I-5°, à compter de l'imposition des revenus de l'année 2019) ***« 31° bis L'avantage résultant pour le salarié de la remise gratuite par son employeur de matériels informatiques et de logiciels nécessaires à leur utilisation entièrement amortis et pouvant permettre l'accès à des services de communications électroniques et de communication au public en ligne, dans la limite d'un prix de revient global des matériels et logiciels reçus dans l'année de 2 000 € ; »***

32° L'indemnité de cessation d'activité prévue au V de l'article 41 de la loi de financement de la sécurité sociale pour 1999 (n° 98-1194 du 23 décembre 1998) ;

33° L'indemnité de cessation anticipée d'activité versée en application d'une convention collective de branche, d'un accord professionnel ou interprofessionnel, d'un accord d'entreprise, du contrat de travail ou d'une disposition unilatérale de l'employeur aux marins exposés ou ayant été exposés à l'amiante admis au bénéfice d'une allocation de cessation anticipée d'activité visée au 9° de l'article L. 12 du code des pensions de retraite des marins français du commerce, de pêche ou de plaisance ;

33° *bis* Les indemnités versées, sous quelque forme que ce soit, aux victimes de l'amiante ou à leurs ayants droit par le Fonds d'indemnisation des victimes de l'amiante en application de l'article 53 de la loi de financement de la sécurité sociale pour 2001 (n° 2000-1257 du 23 décembre 2000) ou par décision de justice ;

33° *ter* Les indemnités versées aux personnes souffrant de maladies radio-induites ou à leurs ayants droit, en application de la loi n° 2010-2 du 5 janvier 2010 relative à la reconnaissance et à l'indemnisation des victimes des essais nucléaires français ;

34° *Abrogé* ;

35° L'aide financière de l'État mentionnée à l'article L. 5141-2 du code du travail ;

36° Sur option des bénéficiaires, dans le cadre d'une déclaration des revenus personnelle ou de celle du foyer fiscal de rattachement, les salaires versés aux personnes âgées de vingt-cinq ans au plus au 1er janvier de l'année d'imposition, à l'exception des agents publics percevant une rémunération dans le cadre de leur formation, en rémunération d'activités exercées pendant leurs études, secondaires ou supérieures, ou exercées durant leurs congés scolaires ou universitaires, dans la limite de trois fois le montant mensuel du salaire minimum de croissance ; *Pour déterminer la limite d'exonération, il convient de retenir le montant au 1er juill. de l'année d'imposition du SMIC mensuel brut calculé sur la base de 35 heures hebdomadaires.*

37° L'aide financière mentionnée aux articles L. 7233-4 et L. 7233-5 du code du travail ;

38° Le revenu supplémentaire temporaire d'activité versé, en application du décret n° 2009-602 du 27 mai 2009 relatif au revenu supplémentaire temporaire d'activité, dans les départements de la Guadeloupe, de la Guyane, de la Martinique et de la Réunion ;

(L. n° 2018-1317 du 28 déc. 2018, art. 9) **« 39° Les primes liées aux performances versées par l'État, en 2018, aux sportifs de l'équipe de France médaillés aux jeux Olympiques et Paralympiques et, le cas échéant, à leurs guides. »**

Pour les sommes perçues dans le cadre de l'attribution du prix Nobel ou de récompenses internationales de niveau équivalent, V. art. 92 A.

Sont également exonérées d'impôt sur le revenu :

1° L'aide exceptionnelle d'un montant de 200 € versée en application du Décr. n° 2009-479 du 29 avr. 2009 instituant une aide versée sous la forme de chèques emploi-service universels préfinancés par l'État en faveur du pouvoir d'achat de publics bénéficiaires de prestations sociales ou de demandeurs d'emploi ;

2° La prime forfaitaire d'un montant de 500 € versée en application du Décr. du 27 mars 2009 instituant une prime exceptionnelle pour certains salariés privés d'emploi (L. n° 2009-1673 du 30 déc. 2009, art. 24).

Ne sont pas soumises à l'impôt sur le revenu les contributions des collectivités territoriales prévues par les art. II et III de l'accord régional interprofessionnel sur les salaires en Guadeloupe en date du 26 févr. 2009 mentionnées par l'Arr. du 3 avr. 2009 portant extension dudit accord ainsi que celles prévues par l'art. 4 de l'accord régional interprofessionnel sur les rémunérations des salariés du secteur privé de la Martinique en date du 11 mars 2009 mentionnées par l'Arr. du 29 juill. 2009 portant extension dudit accord (L. n° 2009-1673 du 30 déc. 2009, art. 25-II et III, applicable à compter de l'imposition des revenus de l'année 2009).

1. Allocations spéciales pour frais d'emploi. Le salarié qui opte pour les frais réels n'est pas tenu de rapporter à sa rémunération imposable les allocations pour frais d'emploi, qui sont exonérées en application du 1° dès lors qu'elles sont utilisées conformément à leur objet, mais il ne peut alors déduire que les frais professionnels non couverts par de telles allocations. • CE 19 déc. 1984, n° 38563 : *Dr. fisc. 1985. 661, concl. M.-A. Latournerie.* ♦ Le salarié doit être en mesure de justifier que les sommes versées par l'employeur ont couvert des frais qu'il a réellement exposés, ainsi que l'exigent ses fonctions au sein de l'entreprise, dans l'intérêt de cette dernière. Par suite, réintégration des allocations spéciales pour frais dont le salarié justifie la réalité, mais sans démontrer qu'elles correspondent à des frais exposés par lui dans l'intérêt de l'entreprise. • CE 8 juin 2005, ☎ n° 255922 : *RJF 2005. 866 ; concl. Vallée au BDCF 8-9/05, n° 108.* ♦ En revanche, la circonstance que l'employeur a procédé aux remboursements de frais sans exiger de justificatifs n'est pas suffisante pour écarter l'exonération des sommes en cause. • CE 12 avr. 2021, ☎ n° 435648 : *RJF 2021. 714.*

2. Les allocations spéciales sont celles qui couvrent des frais autres que ceux qui incombent normalement à tout salarié. Les indemnités de transport versées par une entreprise à ses salariés pour couvrir les frais de trajet entre leur domicile et leur lieu de travail ne sont pas des allocations spéciales. • CAA Lyon, 17 oct. 1995, n° 94LY640 : *Dr. fisc. 1996. 662.* ♦ L'indemnité de grand déplacement, pour les déplacements inférieurs ou égaux à trois mois, allouée aux salariés envoyés à l'étranger ou dans les départements et territoires d'outre-mer, est présumée utilisée conformément à son objet lorsqu'elle n'excède pas les montants fixés par les barèmes des indemnités journalières versées aux personnels civils et militaires de l'État envoyés en mission temporaire dans les pays étrangers ou dans les départements et territoires d'outre-mer. * BOI-RSA-CHAMP-20-50-10-20 n°s 60 à 70 du 26 juin 2020. ♦ Les allocations forfaitaires pour frais professionnels, à l'exception des indemnités dites « de mobilité professionnelle », versées aux salariés autres que les dirigeants de sociétés et assimilés, sont présumées utilisées conformément à leur objet à concurrence des montants prévus par la réglementation sociale. Par suite, il convient d'appliquer pour l'IR les limites d'exonération des indemnités forfaitaires pour frais professionnels prévues par l'arrêté du 20 déc. 2002 *(JO 27 déc.)*. * BOI-RSA-CHAMP-20-50-10-20 n° 10 du 26 juin 2020.

3. Parlementaires. L'indemnité représentative de frais de mandat allouée aux parlementaires peut prendre la forme soit d'une prise en charge directe, soit d'un remboursement sur présentation des justificatifs, soit d'une avance. Chacun de ces trois modes de défraiement est exonéré d'IR, en application de l'art. 81-1°. Ces trois modes de défraiement bénéficient d'une présomption irréfragable d'utilisation conforme à leur objet et les intéressés ne sont pas tenus de justifier de leur affectation effective. De plus, ils ne peuvent faire l'objet de contrôle de la part de l'Administration. * BOI-RSA-CHAMP-20-10 n°s 195 et 197 du 28 juill. 2020.

4. Élus locaux. 1° Abattement spécifique sur les indemnités de fonction des seuls élus des communes de moins de 3 500 habitants. * BOI-RSA-CHAMP-20-10 n°s 300 à 320 du 28 juill. 2020. 2° Élus locaux autres que ceux des communes de moins de 3 500 habitants : fraction représentative de frais d'emploi (FRFE) de droit commun. * BOI-RSA-CHAMP-20-10 n°s 240 à 290 du 28 juill. 2020.

5. Journalistes. Frais d'emploi des journalistes. * BOI-RSA-CHAMP-20-50-10-30 n°s 60 à 300 du 28 juill. 2020. ♦ Pour l'application de l'art. 81-1°, les journalistes s'entendent de ceux apportant une collaboration intellectuelle permanente à des publications périodiques en vue de l'information des lecteurs. Cette collaboration résulte d'une activité exercée à titre principal et procurant à ces personnes la part majoritaire de leurs rémunérations d'activité. • CE 20 nov. 2013, *Leroux,* n° 349956 : *Dr. fisc. 2014. 151.* ♦ Ont la qualité de journaliste : une secrétaire de rédaction effectuant des travaux de rédaction et des interviews d'auteurs. • CAA Paris, 6 déc. 2012, *Kerfant,* n° 11PA03881 : *RJF 2013. 403.* ♦ ... Une secrétaire de rédaction qui, bien que n'écrivant pas d'articles de fond et n'effectuant pas d'enquêtes sur le terrain, procède à des travaux de relecture et de correction ainsi qu'à des modifications et réécritures d'articles par des coupures et des rajouts et rédige également des titres, intertitres et légendes ainsi que des brèves et des filets. • CE 27 juill. 2016, n° 389297 : *RJF 2016. 959.* ♦ ... Une personne exerçant la fonction de rédacteur graphiste et d'iconographe au sein de la rédaction d'un journal financier. • CAA Paris, 6 déc. 2012, n° 11PA03131 : *RJF 2013. 611.* ♦ ... Un retraité qui collabore à une revue hebdomadaire, sans tirer de cette activité des ressources plus importantes que ses pensions de retraite. • CE 20 nov. 2013, n° 349956 : *préc.* ♦ ... Le directeur d'un journal gratuit. • CAA Lyon, 11 avr. 2019, n° 17LY03684 : *RJF 2019. 902.* ♦ En revanche, n'est pas journaliste le rédacteur graphiste d'un journal hebdomadaire de programmes de télévision dont les fonctions, bien que s'insérant dans la chaîne des travaux nécessaires à l'élaboration du journal, n'incluaient, par elles-mêmes, ni la rédaction d'articles ni la recherche iconographique. • CE 20 mars 2015, *Ruffin,* n° 371489 : *RJF 2015. 488 ; BDCF 2015. 70, concl. Cortot-Boucher.* ♦ Il en est de même : d'un agent public exerçant les fonctions de directeur du service « communication publique » d'une commune dont la participation à la rédaction de revues municipales est insuffisamment établie. • TA Nancy, 10 avr. 2012, *Gurecki,* n° 1001944 : *RJF 2012. 1009.* ♦ ... Du fonctionnaire territorial employé par une commune comme rédacteur au sein du journal d'informations municipales (mentionné en cette qualité dans « l'ours ») et au sein du blog de la commune. • CAA Bordeaux, 29 juill. 2020, n° 18BX03939 : *RJF 2021. 31.* ♦ .... Du contribuable qui rédige des publications à vocation de promotion publicitaire. • TA Paris, 3 avr. 2019, n° 1712997 : *RJF 2019. 1045.*

6. Modalités d'appréciation du seuil de 93 510 €. * BOI-RSA-CHAMP-20-50-10-30 n° 235 du 28 juill. 2020.

7. Primes ou indemnités versées aux chercheurs dans le cadre des « Actions Marie Curie » du programme-cadre de recherche et développement technologique (PCRDT) de l'Union européenne. L'indemnité mensuelle de séjour (« *living monthly allowance* ») et l'indemnité d'exploration de carrière (« *career exploratory allowance* »), qui correspondent pour les bénéficiaires à une rémunération, sont, à ce titre, imposables à l'IR (catégorie des traitements et salaires). En revanche, les primes ou indemnités mensuelles de mobilité (« *mobility allowance* ») ainsi que la prime ou indemnité de voyage (« *travel allowance* ») constituent des allocations forfaitaires pour frais d'emploi sont exonérées d'IR.* BOI-RSA-CHAMP-20-10 n° 80 du 28 juill. 2020.

8. APA. L'allocation personnalisée d'autonomie exonérée de l'IR par le 9° est corrélativement exonérée de CSG et de CRDS. * BOI-RSA-PENS-20-10 n° 160 du 5 mars 2014.

9. Indemnité kilométrique vélo. * BOI-RSA-

CHAMP-20-30-10-20 n°s 397 et 398 du 15 juill. 2020.

10. Indemnités versées aux victimes d'accidents du travail et de maladies professionnelles. Indemnités allouées par les organismes de sécurité sociale et de la MSA ou pour leur compte. Imposition à hauteur de 50 % de leur montant. * BOI-RSA-CHAMP-20-30-20 n°s 20 à 40 du 2 mars 2016. ♦ Les indemnités temporaires, prestations et rentes viagères allouées aux victimes d'accidents du travail ou à leurs ayants droit en vertu de conventions internationales régulièrement introduites dans l'ordre interne sont exonérées en application de l'art. 81-8°. Tel est le cas de la pension d'invalidité servie à un membre du personnel d'Eurocontrol. • CE 23 nov. 2015, n° 382691 : *RJF 2016. 137.*

11. Rentes servies aux anciens harkis. L'allocation de reconnaissance versée aux anciens harkis et visée à l'art. 81-4°-b est exonérée de l'IR, de la CSG et de la CRDS. * BOI-RSA-CHAMP-20-50-40 n°s 70 et 80 du 27 juin 2016.

12. Bourse d'aide à la création. Une bourse accordée à un écrivain par le Centre national des lettres pour soutenir sa création littéraire n'est pas exonérée par le 9° dès lors qu'elle n'est subordonnée à aucune condition de ressources ni à aucun autre critère social et ne peut être regardée comme versée en application d'une loi ou d'un décret d'assistance et d'assurance. • CE, sect., 30 oct. 2001, n° 221004, *Camus : RJF 2002. 31.*

13. Bourse versée à un étudiant. V. notes 26 et 28.

14. Allocation de scolarité à l'IUFM. Les allocations d'année préparatoire et de scolarité aux instituts universitaires de formation des maîtres, qui visent à favoriser le recrutement des enseignants du premier et du second degré, ne sont pas de même nature qu'une bourse de l'enseignement supérieur. Dès lors, elles ne sont pas exonérées par le 9°. • CAA Nantes, 31 oct. 2001, n° 98NT690 : *Dr. fisc. 2002. 606.*

15. Pensions exclues du champ d'application de l'IR. Allocations non contributives. Allocation de solidarité aux personnes âgées (ASPA). Allocation supplémentaire d'invalidité (ASI). Pensions de retraite ou d'invalidité de faible montant. * *BOI-RSA-PENS-10-10-10-20* n°s 10 à 50 du 24 févr. 2017.

16. Prestations versées aux personnes handicapées. Revenus exonérés. Prestation de compensation du handicap. Complément de ressources. Majoration pour la vie autonome. * BOI-RSA-CHAMP-20-50-30 n°s 10 à 70 du 26 juin 2020.

17. Rentes viagères judiciaires pour préjudice corporel. Sont contraires aux principes d'égalité devant la loi et les charges publiques les mots « en vertu d'une condamnation prononcée judiciairement » figurant à l'art. 81-9 *bis*. Est donc déclarée contraire à la Constitution la limitation de l'exonération des rentes viagères pour préjudice corporel à celles versées judiciairement. L'exonération s'applique également aux rentes versées en vertu d'une transaction. Cette déclaration d'inconstitutionnalité s'applique à compter du 24 nov. 2018. • Cons. const. 23 nov. 2018, n° 2018-747 QPC : *RJF 2019. 188.* ♦ Une rente viagère servie dans un cadre transactionnel, suite à un accident domestique, est exonérée. * Rép. min. n° 15689 : *JOAN 15 oct. 2019.*

18. Épargne salariale. Plan d'épargne d'entreprise. Plan d'épargne interentreprise. Plan partenarial d'épargne salariale volontaire. PERCO. Commentaire administratif. * BOI-RSA-ES-10-10 et BOI-RSA-ES-10-10-20 du 14 juin 2017 * BOI-RSA-ES-10-10-30 du 28 juill. 2020.

19. Stock options. Sur les indemnités perçues en contrepartie de la renonciation à la levée de l'option, V. note 2 ss. art. 80 *bis*.

20. Titres-restaurant. Exonération de la contribution des employeurs à l'achat de titres-restaurant par les salariés. Indexation annuelle de la limite d'exonération. Ajustement de la clause d'indexation annuelle. * BOI-RSA-CHAMP-20-50-30 n°s 160 à 260 du 17 févr. 2017.

21. Chèques-vacances. Régime fiscal. * BOI-RSA-CHAMP-20-50-30 n°s 310 à 420 du 26 juin 2020.

22. Prise en charge par l'employeur des frais de trajet entre le domicile et le lieu de travail. Forfait mobilités durables. Participation obligatoire (abonnements aux transports collectifs) et facultative (frais de carburant) de l'employeur : exonération de l'avantage. Conditions et modalités de l'exonération. Agents publics. * BOI-RSA-CHAMP-20-30-10-20 du 28 mai 2021.

23. Pécules d'incitation au départ des militaires de carrière. Exonération au titre de l'art. 81-30°. * BOI-RSA-CHAMP-20-40-10-30 n°s 380 à 420 du 11 juin 2020.

24. Indemnités versées aux victimes de l'amiante. Modalités d'indemnisation. Exonération d'IR.* BOI-RSA-CHAMP-20-40-10-30 n°s 310 et 320 du 11 juin 2020.

25. Jeunes gens. Étudiants. Exonération des rémunérations perçues par les jeunes gens âgés de 25 ans au plus à raison d'une activité exercée pendant leurs études secondaires ou supérieures ou durant leurs congés scolaires ou universitaires. Champ et modalités d'application. Limite d'exonération. * BOI-RSA-CHAMP-20-50-50 n°s 160 à 270 du 2 sept. 2019.

26. L'exonération d'IR prévue par l'art. 81-36° est réservée aux rémunérations perçues pendant la période des études secondaires ou supérieures à raison d'un emploi salarié. La rémunération perçue doit correspondre à un salaire au sens de l'art. L. 3221-3 C. trav. et le jeune doit donc occuper un emploi salarié. • CE 31 déc. 2020, n° 430230 : *RJF 2021. 273.*

27. Aides financières du comité d'entreprise ou de l'entreprise au titre des services à la personne. Modalités d'application. * BOI-RSA-CHAMP-20-30-30 n°s 50 à 160 du 30 juin 2013.

28. Étudiant chercheur. Un étudiant préparant une thèse de doctorat, recruté par contrat à durée déterminée par l'INSERM, établissement public de l'État, afin de suivre une formation pour la recherche dans le cadre de sa thèse, doit être regardé comme un agent public en formation au sens de l'art. 81-36°. Par suite, les rémunérations perçues par cet étudiant ne peuvent pas échapper à l'IR en vertu de cet article. • TA Rouen, 21 avr. 2011, n° 0902660 : *RJF 2012. 29.* ♦ Dans le même sens, pour les rémunérations perçues par un doctorant recruté par l'ADEME. • TA Montpellier, 13 oct. 2011, n° 1000596 : *RJF 2012. 599.* ♦ Dans le même sens, pour les rémunérations perçues par les allocataires de recherche, les doctorants contractuels et les internes en médecine ou en pharmacie. * Rescrit 13 mars 2012 : *n° 2012/16FP* * BOI-RSA-CHAMP-20-50-50 n° 190 du 25 janv. 2018.

29. Agents publics en formation. L'art. 81-36° exclut expressément du champ d'application de l'exonération les agents publics percevant une rémunération dans le cadre de leur formation. Cette exclusion s'applique à toutes les rémunérations perçues par les agents, quelle que soit l'activité rémunérée, y compris si elle n'est pas directement liée à leur statut d'agent public en formation initiale. Sont ainsi concernés tous les agents publics, quelle que soit leur fonction publique de rattachement, rémunérés dans le cadre de leur formation (ENM, ENFP, etc.). Il en est de même s'agissant des allocataires de recherche, des doctorants contractuels, des étudiants hospitaliers (« externes en médecine ») et des internes en médecine ou en pharmacie. * BOI-RSA-CHAMP-20-50-50 n° 190 du 2 sept. 2019.

Art. 81 *bis* **Les salaires versés aux apprentis munis d'un contrat répondant aux conditions posées par le code du travail ainsi que la gratification mentionnée à l'article L. 124-6 du code de l'éducation versée aux stagiaires lors d'un stage ou d'une période de formation en milieu professionnel sont exonérés de l'impôt sur le revenu dans la limite du montant annuel du salaire minimum de croissance. Cette disposition s'applique à l'apprenti ou au stagiaire personnellement imposable ou au contribuable qui l'a à sa charge.** — *La limite mentionnée ci-dessus, arrondie à l'euro le plus proche, s'établit à 19 237 € pour l'imposition des revenus de 2022 ; elle était de 18 760 € en 2021. — Le montant annuel du SMIC de référence pour l'exonération des salaires des apprentis est obtenu en multipliant le montant du SMIC horaire brut au 1er juill. de l'année d'imposition par 1 820 h (35 h × 52).*

1. Salaire des apprentis. Champ d'application et limites de l'exonération. Commentaire administratif. * BOI-RSA-CHAMP-20-50-50 n°s 390 à 450 du 26 janv. 2018.

2. Limite d'exonération. L'art. 81 *bis*, qui prévoit seulement un plafond annuel d'exonération, ne peut pas être regardé comme autorisant l'Administration à limiter ce plafond en fonction de la durée de la période d'apprentissage sur une même année. • CE 22 déc. 2017, ☎ n° 413238 : *RJF 2018. 487.*

3. Indemnités et gratifications de stage. L'exonération légale s'applique aux gratifications versées depuis le 12 juill. 2014, date d'entrée en vigueur de la loi, sans tenir compte de la date de signature des conventions de stage en vertu desquelles elles ont été versées. • CE 10 févr. 2016, ☎ n° 394708 : *Dr. fisc. 2016. 264, concl. Bohnert.* ♦ La limite d'exonération des gratifications de stage n'a pas à être proratisée en fonction du nombre de mois de stage dans l'année. * BOI-RSA-CHAMP-20-30-10-10 n° 205 du 17 févr. 2017.

Art. 81 *ter* **Sont affranchis de l'impôt dans la limite annuelle de 460 € :**

1. *Dispositions devenues sans objet par Décr. n° 2015-608 du 3 juin 2015 ;*

2. Le montant des prélèvements opérés sur les salaires à l'occasion de la souscription des parts sociales émises par les sociétés coopératives de production et destinées exclusivement à leurs salariés, dans les conditions fixées par les articles 35 à 44 de la loi n° 78-763 du 19 juillet 1978 portant statut de ces sociétés.

Art. 81 *quater* *(L. n° 2020-473 du 25 avr. 2020, art. 4-I)* « I. — » *(L. n° 2018-1213 du 24 déc. 2018, art. 2-I-1°)* **Sont exonérés de l'impôt sur le revenu les rémunérations, les majorations et les éléments de rémunérations mentionnés aux I et III de l'article L. 241-17 du code de la sécurité sociale, dans les conditions et limites fixées au même article L. 241-17 et dans une limite annuelle égale à 5 000 €.**

(L. n° 2020-473 du 25 avr. 2020, art. 4-I) « **II. — La limite annuelle est égale à 7 500 euros lorsque les rémunérations, majorations et éléments de rémunérations prévus au I du présent article, versés à raison des heures supplémentaires et complémen-**

taires réalisées entre le 16 mars 2020 et le dernier jour de l'état d'urgence sanitaire déclaré en application du chapitre Ier *bis* du titre III du livre Ier de la troisième partie du code de la santé publique, entraînent le dépassement de la limite annuelle prévue au I du présent article, sans que cette limite puisse être supérieure à 5 000 euros pour les rémunérations prévues au même I perçues au titre des heures travaillées hors de la période de l'état d'urgence sanitaire. »

(L. nº 2020-473 du 25 avr. 2020, art. 4-I) « III. — » Le bénéfice de l'exonération prévue au présent article est subordonné au respect de la condition prévue au V de l'article L. 241-17 du code de la sécurité sociale.

Le présent art. est applicable aux rémunérations versées à raison des heures supplémentaires et complémentaires réalisées à compter du 1er janv. 2019 (L. nº 2018-1213 du 24 déc. 2018, art. 2-II).

1 *BIS* DISPOSITIONS APPLICABLES AUX SALARIÉS DÉTACHÉS À L'ÉTRANGER ET À CERTAINS PERSONNELS NAVIGANTS

Art. 81 A I. — Les personnes domiciliées en France au sens de l'article 4 B qui exercent une activité salariée et sont envoyées par un employeur dans un État autre que la France et que celui du lieu d'établissement de cet employeur peuvent bénéficier d'une exonération d'impôt sur le revenu à raison des salaires perçus en rémunération de l'activité exercée dans l'État où elles sont envoyées.

L'employeur doit être établi en France ou dans un autre État membre de l'Union européenne, ou dans un autre État partie à l'accord sur l'Espace économique européen ayant conclu avec la France une convention d'assistance administrative en vue de lutter contre la fraude et l'évasion fiscales.

L'exonération d'impôt sur le revenu mentionnée au premier alinéa est accordée si les personnes justifient remplir l'une des conditions suivantes :

1º Avoir été effectivement soumises, sur les rémunérations en cause, à un impôt sur le revenu dans l'État où s'exerce leur activité et sous réserve que cet impôt soit au moins égal aux deux tiers de celui qu'elles auraient à supporter en France sur la même base d'imposition ;

2º Avoir exercé l'activité salariée dans les conditions mentionnées aux premier et deuxième alinéas :

— soit pendant une durée supérieure à cent quatre-vingt-trois jours au cours d'une période de douze mois consécutifs lorsqu'elle se rapporte aux domaines suivants :

a) Chantiers de construction ou de montage, installation d'ensembles industriels, leur mise en route, leur exploitation et l'ingénierie y afférente ;

b) Recherche ou extraction de ressources naturelles ;

c) Navigation à bord de navires *(L. nº 2017-1837 du 30 déc. 2017, art. 4)* « armés au commerce et » immatriculés au registre international français,

— soit pendant une durée supérieure à cent vingt jours au cours d'une période de douze mois consécutifs lorsqu'elle se rapporte à des activités de prospection commerciale.

Les dispositions du 2º ne s'appliquent ni aux travailleurs frontaliers ni aux agents de la fonction publique.

II. — Lorsque les personnes mentionnées au premier alinéa du I ne remplissent pas les conditions définies aux 1º et 2º du même I, les suppléments de rémunération qui leur sont éventuellement versés au titre de leur séjour dans un autre État sont exonérés d'impôt sur le revenu en France s'ils réunissent les conditions suivantes :

1º Etre versés en contrepartie de séjours effectués dans l'intérêt direct et exclusif de l'employeur ;

2º Etre justifiés par un déplacement nécessitant une résidence d'une durée effective d'au moins vingt-quatre heures dans un autre État ;

3º Etre déterminés dans leur montant préalablement aux séjours dans un autre État et en rapport, d'une part, avec le nombre, la durée et le lieu de ces séjours et, d'autre part, avec la rémunération versée aux salariés compte non tenu des suppléments mentionnés au premier alinéa. Le montant des suppléments de rémunération ne peut pas excéder 40 % de celui de la rémunération précédemment définie.

NOTE. Sauf exception, la jurisprudence dont il est rendu compte ci-dessous a été rendue sous l'empire de l'art. 81 A dans sa rédaction applicable aux revenus antérieurs à 2006.

1. Régime des expatriés (à compter de 2006). Exonérations totale et partielle des salaires perçus par les salariés domiciliés en France qui exercent leur activité dans un État autre que la France et que celui du lieu de l'employeur. Redéfinition du champ d'application et aménagement du régime. * BOI-RSA-GEO-10-20 du 29 janv. 2018.

2. Qualité d'employeur. La qualité d'employeur est reconnue à la personne physique ou morale à laquelle le salarié est lié, c'est-à-dire qui recrute le salarié, assume la charge financière du salaire, définit la tâche du salarié et exerce sur lui un pouvoir hiérarchique. Au sein d'un groupe, une filiale détient la qualité d'employeur dès lors qu'elle en exerce les prérogatives, même lorsque la politique sociale et la gestion du personnel relèvent du groupe et que ce dernier exerce un contrôle économique sur ses filiales. *Rép. min. n° 10699 : *JO Sénat 9 janv. 2020.* ♦ Certains systèmes juridiques et notamment le droit anglo-saxon ne prévoient pas d'obligation de signer un contrat écrit, un contrat de travail pouvant être oral et résulter du seul échange des volontés. A défaut d'une telle convention écrite, la qualité d'employeur est déterminée par le biais de la méthode du faisceau d'indices. *Rép. min. n° 20309 : *JOAN 26 nov. 2019.*

3. Établissement de l'employeur. La seule circonstance qu'un salarié détaché à l'étranger a signé un contrat de travail avec un employeur établi à l'étranger ne suffit pas à établir que les rémunérations perçues par le salarié n'entrent pas dans le champ de l'art. 81 A. Il convient de rechercher si, compte tenu des circonstances particulières de l'espèce et des justifications produites par l'intéressé, celui-ci peut être regardé comme ayant été envoyé à l'étranger par son employeur établi en France. • CE 17 oct. 2007, ☖ n° 284153 : *RJF 2008. 5.*

4. Salarié détaché à l'étranger dans le cadre d'un accord de portage salarial. L'exonération prévue par l'art. 81 A ne peut s'appliquer aux salaires versés par une société de portage établie dans l'île de Guernesey en rémunération de l'activité qu'un salarié a exercée en Arabie saoudite pour le compte d'une société établie en France. En effet, l'île de Guernesey ne faisant pas partie de l'EEE et étant regardée comme un État tiers non rattaché au Royaume-Uni, l'employeur du salarié n'était domicilié ni en France ni dans un État membre de l'UE ou de l'EEE ainsi que l'exige l'art. 81 A. • CAA Marseille, 19 oct. 2017, ☖ n° 16MA01276 : *RJF 2018. 1103.*

5. Salariés et mandataires sociaux concernés. L'exonération d'IR prévue à l'art. 81 A ne concerne que les personnes qui exercent une activité salariée. Il est toutefois admis que les mandataires sociaux titulaires d'un contrat de travail à raison de fonctions techniques exercées au sein de l'entreprise bénéficient de cette exonération au titre des rémunérations perçues en contrepartie desdites fonctions lorsque celles-ci sont exercées hors de France. Cette tolérance ne s'applique toutefois pas aux gérants majoritaires de SARL. * BOI-RSA-GEO-10-10 n° 70 du 10 juin 2013.

6. Limite de 183 jours. Pour apprécier si la durée d'activité de 183 jours est remplie, il y a lieu d'assimiler à l'activité exercée à l'étranger : les congés de récupération, d'accident du travail ou pour maladie consécutifs à cette activité, lorsqu'ils sont pris en France.* BOI-RSA-GEO-10-20-20 n° 220 du 28 janv. 2018. ♦ ... Les congés payés et congés de récupération auxquels donne droit la réalisation de la mission confiée au salarié par son employeur, quel que soit le lieu dans lequel ces congés sont pris. • CE 17 déc. 2003, ☖ n° 248854 : *RJF 2004. 248 ; concl. Bachelier au BDCF 3/04, n° 46 ; Dr. fisc. 2004. 732, concl. Bachelier.* ♦ ... Les congés placés sur un compte épargne-temps. • CE 24 juin 2019, ☖ n° 419679 : *RJF 2019. 903.* ♦ En revanche, pour la période de 183 jours de « navigation à bord de navires immatriculés au RIF », sont exclues les périodes durant lesquelles ces navires restent à quai en France en attendant l'appareillage. • CE 17 déc. 2010, ☖ n° 328110, *Synd. maritime Bretagne CFDT : RJF 2011. 308 ; Dr. fisc. 2011. 285.*

7. Installation d'ensembles industriels. L'exonération est accordée à un technicien supérieur chimiste participant à des opérations de montage et de mise en service de matériels de haute technologie destinés à la production de gaz de haute pureté, même si l'entreprise qui l'emploie n'exécute pas elle-même la totalité de la construction de l'ensemble industriel. • CAA Paris, 30 déc. 1996, n° 95PA2697 : *Dr. fisc. 1997. 1279 ; RJF 1997. 669.*

8. Plafond d'exonération. L'exonération des suppléments de rémunération versés à un salarié domicilié en France au titre de ses séjours à l'étranger ne peut excéder 40 % de la rémunération correspondant au montant global de la rémunération hors suppléments versés au salarié pendant cette période, et non à celui de la seule rémunération perçue pendant la durée des séjours hors de France donnant lieu au versement de ces suppléments. • CE 10 avr. 2015, ☖ *Housset,* n° 365851 : *RJF 2015. 593 ; Dr. fisc. 2015. 328, note Ménard, Avram-Diday et Vall* * BOI-RSA-GEO-10-30-10 du 11 mars 2016.

9. Hébergement et restauration des personnels des chantiers. L'activité de gérant de l'hébergement et de la restauration sur des plates-formes pétrolières n'entre pas dans le champ des activités dont l'exercice à l'étranger, pendant plus de 183 jours, ouvre droit à l'exonération prévue à l'art. 81 A-II (art. 81 A-I-2° nouveau). • TA Rennes, 24 mai 2006, n° 023132 : *RJF 2006. 156.* ♦ Les activités exercées à l'étranger par les filiales d'un groupe qui relèvent des secteurs de la restauration et des services aux entreprises ne sont pas au nombre de celles mentionnées à l'art. 81 A-II (art. 81 A-I-2° nouveau), dès lors que ces filiales ne participent ni à la mise en place de chantiers, ni à l'exploitation d'ensembles industriels mais assurent seulement la restauration et l'hébergement des personnels qui y travaillent. • CE 19 nov. 2008, n° 298761 : *RJF 2009. 121 ; Dr. fisc. 2009. 178, note Gracia.*

10. Marins-pêcheurs. Les marins-pêcheurs employés par une entreprise établie en France mais qui exercent leur activité hors des eaux territoriales françaises bénéficient d'une exonération égale, selon le cas, à 40 % (petite pêche et pêche côtière) ou 60 % (pêche au large et grande pêche) de la part de leur salaire qui excède la rémunération moyenne d'un matelot exerçant son activité en France. * BOI-RSA-GEO-10-30-20 n° 90 du 12 févr. 2021.

[1 TER] PERSONNES EXERÇANT TEMPORAIREMENT UNE ACTIVITÉ PROFESSIONNELLE EN FRANCE

Art. 81 B *(Abrogé par L. n° 2016-1917 du 29 déc. 2016, art. 71-I-1°)* ***I. — Les salariés et les personnes mentionnées aux 1°, 2° et 3° du b de l'article 80 ter appelés par une entreprise établie dans un autre État à occuper un emploi dans une entreprise établie en France pendant une période limitée ne sont pas soumis à l'impôt à raison des éléments de leur rémunération directement liés à cette situation. Cette disposition s'applique jusqu'au 31 décembre de la cinquième année suivant celle de leur prise de fonctions et à la condition que les personnes concernées n'aient pas été fiscalement domiciliées en France au cours des cinq années civiles précédant celle de cette prise de fonctions.***

II. — Si la part de la rémunération soumise à l'impôt sur le revenu en application du I est inférieure à la rémunération versée au titre de fonctions analogues dans l'entreprise ou, à défaut, dans des entreprises similaires établies en France, la différence est réintégrée dans les bases imposables de l'intéressé.

III. — Les salariés et personnes mentionnés au I sont, sur option, exonérés pour la fraction de leur rémunération correspondant à l'activité qu'ils exercent à l'étranger pendant la période définie au I, sans que la fraction ainsi exonérée puisse excéder 20 % de la rémunération imposable résultant des I et II.

L'art. 81 B ci-dessus est applicable aux personnes dont la prise de fonctions en France est intervenue avant le 1er janv. 2008 (L. n° 2008-776 du 4 août 2008, art. 121-I).

Art. 81 C *Transféré ss. l'art. 155 B (Décr. n° 2009-389 du 7 avr. 2009).*

Art. 81 D **Les salariés et dirigeants appelés de l'étranger pour occuper un emploi auprès de la Chambre de commerce internationale en France ne sont pas soumis à l'impôt sur le revenu à raison des traitements et salaires qui leur sont versés à ce titre.**

Le premier alinéa est applicable sous réserve que les personnes concernées n'aient pas été fiscalement domiciliées en France au cours des cinq années civiles précédant celle de leur prise de fonctions et, jusqu'au 31 décembre de la cinquième année civile suivant celle de cette prise de fonctions, au titre des années à raison desquelles elles sont fiscalement domiciliées en France au sens des *a* et *b* du 1 de l'article 4 B.

Les salariés et personnes mentionnées au premier alinéa ne peuvent se prévaloir de l'article 155 B. — *V. art. 170-1, 197 C et 1417-IV-1°-c.*

L'exonération est exclusive de celle, d'application générale, prévue à l'art. 155 B CGI en faveur des impatriés.

2 DÉTERMINATION DU REVENU IMPOSABLE

Art. 82 **Pour la détermination des bases d'imposition, il est tenu compte du montant net des traitements, indemnités et émoluments, salaires, pensions et rentes viagères, ainsi que de tous les avantages en argent ou en nature accordés aux intéressés en sus des traitements, indemnités, émoluments, salaires, pensions et rentes viagères proprement dits. Toutefois les logements mis à la disposition des personnels de la gendarmerie, dans les conditions prévues par l'article D. 14 du code du domaine de l'État ou par l'article D. 2124-75 du code général de la propriété des personnes publiques, ne sont pas considérés comme un avantage en nature.**

Le montant des rémunérations allouées sous la forme d'avantages en nature est évalué selon les règles établies pour le calcul des cotisations de sécurité sociale en application de l'article L. 242-1 du code de la sécurité sociale ou de l'article L. 741-10 du code rural et de la pêche maritime.

Un décret fixe les conditions d'application des dispositions de l'art. 83, notamment les obligations déclaratives des employeurs et des salariés et, en particulier, les modalités selon lesquelles les employeurs communiquent chaque année aux salariés les cotisations déduites ou non ajoutées à leur rémunération brute dans les conditions prévues au 2° de l'art. 83 CGI (L. n° 2003-775 du 21 août 2003, art. 111-II). — Les dispositions nouvelles sont applicables à compter de l'imposition des revenus de l'année 2004.

1. Principe. Tous les avantages en nature ou en argent accordés à un salarié, qui trouvent leur origine dans le contrat de travail liant l'intéressé à son employeur, entrent dans le champ d'application de l'IR et sont imposables, au même titre que la rémunération principale, dans la catégorie des traitements et salaires. * BOI-RSA-CHAMP-20-30-50 du 19 avr. 2019. ♦ La déclaration de l'employeur atteste du montant perçu par le salarié, sauf si ce dernier fait état d'éléments sérieux de nature à remettre en cause l'exactitude de cette déclaration. • CE 20 mai 2016, n° 387479 : *RJF 2016. 708, concl. Cortot-Boucher.*

2. Cantines d'entreprises. Il ne résulte pas de la combinaison de l'art. L. 242-1 CSS et de l'art. 82 CGI ni d'aucune autre disposition législative que l'avantage en nature résultant pour les salariés de la prise en charge par l'employeur de tout ou partie du coût des repas qui leur sont servis dans les cantines d'entreprise soit exonéré des cotisations de sécurité sociale dues par l'employeur et les salariés ou de l'IR dû par les salariés. • CE 6 nov. 2002, n° 230472 : *RJF 2003. 42 ; Dr. fisc. 2003. 177, concl. Bachelier.*

3. Les subventions allouées par les employeurs aux cantines d'entreprise ne sont pas prises en compte pour apprécier la rémunération des salariés lorsque le prix des repas demeure fixé dans des limites raisonnables. * BOI-RSA-CHAMP-20-50-30 n° 210 du 26 juin 2020.

4. Logement. La prise en charge des frais liés à la mise à disposition d'un salarié, à titre permanent, d'une chambre d'hôtel constitue un avantage en nature imposable. Le fait que le salarié dispose, par ailleurs, d'un logement personnel est sans incidence. • CAA Bordeaux, 28 déc. 2006, n° 04BX1350 : *RJF 2007. 686.*

5. Évaluation des avantages en nature. A compter de l'imposition des revenus de 2005, les avantages en nature sont estimés d'après les règles applicables en matière de sécurité sociale : 1) la nourriture est évaluée forfaitairement pour la généralité des salariés ; 2) l'avantage en nature logement est évalué forfaitairement ou, sur option de l'employeur, d'après la valeur locative cadastrale servant de base à la taxe d'habitation augmentée, le cas échéant, de la valeur réelle des avantages accessoires ; 3) l'utilisation privée d'un véhicule mis à la disposition d'un salarié par l'entreprise est évaluée sur la base des dépenses réellement engagées ou, sur option de l'employeur, sur la base d'un forfait annuel ; 4) l'usage privé d'outils issus des nouvelles technologies de l'information et de la communication (téléphone mobile, micro-ordinateur portable ou non ...) mis à la disposition du salarié est évalué sur la base des dépenses réellement engagées ou, sur option de l'employeur, sur la base d'un forfait annuel estimé à 10 % du coût d'achat ou, le cas échéant, de l'abonnement ; 5) les autres avantages en nature sont évalués pour leur valeur réelle. * BOI-RSA-BASE-20-20 n°s 10 à 280 du 10 juill. 2020.

6. Usage gratuit d'un véhicule. Lorsqu'une société met à la disposition d'un de ses salariés un véhicule automobile, la valeur de l'avantage en nature, représentatif de l'usage personnel du véhicule, est déterminée en prenant en compte les charges d'amortissement, les dépenses d'assurance, d'entretien, de carburant, mais aussi les frais de réparation lorsqu'ils n'ont pas le caractère de dépenses amortissables. En revanche, ne doivent pas être pris en compte la taxe sur les véhicules des sociétés et les intérêts de l'emprunt contracté par la société pour acquérir le véhicule. • CE 21 nov. 2007, n° 279872 : *RJF 2008. 1144.*

7. Cotisations patronales. Les cotisations ou les primes versées par l'employeur en exécution d'un contrat groupe de retraite et de prévoyance complémentaires, pour autant que les clauses dudit contrat soient conformes à cet objet et stipulent l'affiliation obligatoire des salariés du groupe concerné, ne sont pas au nombre des sommes payées et des avantages en argent ou en nature accordés auxdits salariés, dès lors qu'elles ne sont pas versées entre les mains des bénéficiaires du contrat et ne consistent pas dans la mise à disposition des salariés, pendant l'exécution du contrat de travail, d'un bien ou d'un service. Elles ne peuvent par suite être comprises dans les revenus imposables au nom de ceux-ci dans la catégorie des traitements et salaires, sous réserve des dispositions de l'art. 83-2°, 2e al., qui prévoient que lorsque le total des versements du salarié et de l'employeur, ou les versements aux seuls organismes de prévoyance, dépassent les plafonds indiqués, l'excédent est ajouté à la rémunération du salarié. • CE 16 févr. 2001, n° 202632, *Horwitz : RJF 2001. 617 ; concl. Mignon au BDCF 5/01, n° 65.*

8. Lorsque les contrats à raison desquels les primes sont versées ne remplissent pas ces conditions, il appartient à l'Administration, eu égard aux stipulations qui peuvent faire regarder ces contrats comme bénéficiant à l'employeur, d'établir, le cas échéant, dans quelle mesure le montant des primes payées correspond au prix d'un avantage certain pour le salarié lui-même en lui économisant le prix d'une couverture identique de ses risques. • CE 3 févr. 2003, ♔ n° 231506, *Hedde : Dr. fisc. 2003. 548, concl. Seners ; RJF 2003. 433.* ♦ Un contrat complémentaire de retraite souscrit au profit d'une catégorie de salariés (cadres en l'espèce) est un contrat obligatoire au sens de l'art. 83-2° même s'il ne bénéficie qu'à une seule personne. • CE 8 juill. 2005, ♔ n° 259251 : *RJF 2005. 1187 ; Dr. fisc. 2006. 184.*

9. Primes d'assurance vie. Cas d'une société qui a souscrit deux contrats d'assurance vie à capital différé au bénéfice de son P-DG, stipulant que ce dernier peut désigner un autre bénéficiaire, qu'il peut demander à la compagnie d'assurances de procéder au rachat des contrats et qu'au cas où il quitterait la société, l'entière propriété des contrats lui reviendrait. Si les primes versées par la société constituent, au titre des années de leur versement, des « avantages » au sens de l'art. 82, en revanche la somme payée par la compagnie d'assurances au P-DG à la suite du rachat des contrats, qui inclut non seulement les primes mais aussi les produits de leur capitalisation, ne saurait être regardée comme un « avantage » imposable dans la catégorie des traitements et salaires. • CAA Bordeaux, 22 mai 2006, n° 02BX1276 : *RJF 2006. 1347.*

10. Avantage financier. L'avantage résultant de l'octroi d'un prêt à taux préférentiel conféré au président de son conseil d'administration par une caisse de retraite représente un revenu imposable classé en l'espèce en traitements et salaires. • CAA Bordeaux, 7 oct. 2003, n° 99BX2707 : *RJF 2004. 45.*

11. Cadeaux aux salariés. Les cadeaux en nature d'une valeur modique offerts aux salariés par l'employeur ou, le cas échéant, par le comité d'entreprise, dont la remise s'effectue, sans lien direct avec l'activité professionnelle des bénéficiaires, à l'occasion d'événements particuliers (mariage ou anniversaire du salarié, naissance d'un enfant, fêtes de Noël, …) sont exclus du revenu imposable. La valeur modique de ces cadeaux est appréciée à 5 % du plafond mensuel de sécurité sociale (par événement et par année civile). Ce plafond s'applique par événement (mariage, naissance, anniversaire, fêtes de Noël) et par année civile. Par exception, pour Noël, le plafond de 5 % s'applique par salarié et par enfant. * BOI-RSA-CHAMP-20-30-10-10 n°s 70 et 80 *du 17 févr. 2017.*

12. Voyages de stimulation. Les voyages offerts par une société commerciale aux lauréats d'un concours organisé entre ses vendeurs ne peuvent être regardés comme un supplément de salaire en nature et ne revêtent à aucun titre le caractère d'un revenu imposable. • CE 10 févr. 1997, ♔ n° 167411, *Person : RJF 1997. 296.* ♦ En revanche, la prise en charge par une société des frais de voyage de ses dirigeants correspond à un avantage en nature imposable comme supplément de salaire dès lors qu'il n'est pas établi que leur participation était de nature à développer les relations commerciales de l'entreprise dans les pays concernés et que, dans la mesure où tous les commerciaux de l'entreprise n'étaient pas présents, seuls les lauréats du concours ayant bénéficié du voyage, la présence des dirigeants ne peut être justifiée par le motif d'assurer la cohésion de l'équipe. • CAA Nancy, 28 oct. 1999, n° 95NA796 : *Dr. fisc. 2000. 653.*

13. Prestations dans le cadre d'un divorce. L'attribution exclusive à titre gratuit, par une ordonnance de non-conciliation faisant application de l'art. 255 C. civ., de l'ancien domicile conjugal, dont le mari était propriétaire, à l'épouse séparée représente pour celle-ci un avantage en nature qui constitue un revenu imposable. • CAA Paris, 3 mai 2001, n° 98PA51 : *Dr. fisc. 2001. 1181, concl. Mortelecq.* ♦ L'abandon à l'ex-épouse, pour une durée limitée dans le temps, de l'usufruit de l'ancien domicile conjugal, décidé par un jugement de divorce faisant application de l'art. 270 C. civ., constitue une prestation compensatoire versée sous la forme d'une rente et non d'un capital, également imposable en tant qu'avantage en nature. • Même arrêt.

14. Opérations sur actions (management packages). **BIBL.** Audouard et Dragutini, *Dr. fisc. 2018. 225 ; ibid. 2019. 225 ; ibid. 2020. 276* (l'actualité jurisprudentielle des *management packages*). – Guibé, *RJF 2020, p. 427* (abus de droit et gains de *management package* : affaire Wendel, le scénario se précise). – Bokdam-Tognetti, *FR Lefebvre 34/21, inf. 15* (traitement fiscal des « management packages » : le Conseil d'État précise le mode d'emploi). – Labrune, *RJF 2014. 1043* (les gains de « management package », des objets fiscaux non identifiés ?). ▸ Médus, *Dr. fisc. 2017. 579* (*Management package et Seet equity*) ; *Dr. fisc. 2019. 232* (*Management package* : confirmations et nouveaux enseignements). ♦ Lorsqu'elle n'est consentie dans le cadre d'aucun des dispositifs d'épargne salariale ou d'actionnariat salarié régis par les dispositions, selon le cas, du code du travail ou du code de commerce, la faculté offerte à des salariés d'acquérir des actions de leur entreprise à un prix inférieur à leur valeur réelle s'analyse, lorsqu'elle est exercée, et à due concurrence de l'avantage alors constaté, comme un complément de salaire imposable dans les conditions de droit commun. Cet avantage est égal à l'excédent du cours de bourse des actions concernées, le jour de leur souscription ou de leur achat, sur le prix payé par les bénéficiaires. * Rép. min. n° 50871 : *JOAN 14 mai 2001, p. 2810* * BOI-RSA-ES-20-10-20-50 n° 1 du 18 août 2014.

15. Les gains de « management package » résultant de l'attribution de bons de souscriptions d'actions (BSA) ou d'options d'achat ou de souscriptions d'actions en dehors du cadre légal des stock-options sont imposables dans la catégorie des traitements et salaires lorsqu'ils trouvent essentiellement leur source dans l'exercice par l'intéressé de ses fonctions de dirigeant ou de salarié. • CE, Ass. plén., 13 juill. 2021, nos 428506, 435452 et 437498 : *RJF 2021.922, 923 et 924, concl. Bokdam-Tognetti ; Dr fisc. 2021. 354, concl. Bokdam-Tognetti, note Médus.* ♦ En acquérant ou en souscrivant, à tarifs préférentiels, des BSA ou des COA, un dirigeant ou un salarié bénéficie d'un avantage. Cet avantage, lorsqu'il est octroyé au salarié en raison des fonctions qu'il occupe dans l'entreprise, constitue un complément de salaire. Il est donc imposable l'année d'acquisition ou de souscription, comme des « traitements et salaires ». • Mêmes arrêts. ♦ Les gains issus de la cession de BSA sont en principe imposables comme des plus-values de cession de valeurs mobilières des particuliers. Mais lorsque, compte tenu des conditions de la cession, ces gains sont la contrepartie des fonctions de salarié ou de dirigeant, ils doivent également être imposés dans la catégorie des traitements et salaires. • Mêmes arrêts. ♦ De même, lorsqu'un contribuable confirme une option d'achat d'actions ou exécute un BSA, la différence entre la valeur réelle de ces actions à la date de levée de cette option et leur prix d'achat constitue un gain qui, lorsqu'il trouve essentiellement sa source dans l'exercice par l'intéressé de fonctions de dirigeant ou de salarié, est un avantage en argent, imposable dans la catégorie des traitements et salaires. • Mêmes arrêts.

16. Est imposable dans la catégorie des traitements et salaires le gain réalisé par le contribuable lors de la cession des titres de la société, qu'il avait acquis à un prix préférentiel pour ensuite les revendre, dès lors que cette acquisition constituait un substitut à l'attribution d'actions gratuites initialement promise lors de son embauche en sa qualité de secrétaire général de cette société. • CE (na), 27 nov. 2019, n° 430600 : *RJF 2020. 124.* ♦ Le gain réalisé par un dirigeant de société résultant de l'exercice d'une option d'achat d'actions en dehors du cadre légal des stock options constitue un complément de rémunération taxable au barème de l'IR dans la catégorie des traitements et salaires. • CE 26 sept. 2014, *Gaillochet,* n° 365573 : *RJF 2014. 1099 ; BDCF 2014. 120, concl. Cortot-Boucher ; Dr. fisc. 2014. 636, note Turot, Jeausserand et Audouard.*

17. Management packages et abus de droit. Lorsque des dirigeants réalisent via une société de personnes un gain de cession de titres dans le cadre d'une convention de *management package*, l'Administration ne peut procéder à la requalification en salaire d'une fraction de ce gain que si elle écarte au préalable sur le terrain de l'abus de droit l'interposition de cette société. • CE 27 juin 2019, nos 420262 et 420382 : *RJF 2020. 901.* ♦ L'apport de titres en sursis d'imposition préalablement à leur rachat est abusif, compte tenu de l'interposition artificielle d'une société. Le gain de *management package* n'est toutefois requalifié en salaire qu'en présence d'un avantage financier consenti aux dirigeants. • CE 12 févr. 2020, nos 421444 et 421441 : *RJF 2020. 372, concl. Iljic ; Dr. fisc. 2020. 180, note Vabres.*

Art. 83 **Le montant net du revenu imposable est déterminé en déduisant du montant brut des sommes payées et des avantages en argent ou en nature accordés :**

1° Les cotisations de sécurité sociale, y compris :

a) **Les cotisations d'assurance vieillesse versées en exercice des facultés de rachat prévues aux articles L. 351-14-1 du code de la sécurité sociale, L. 9 *bis* du code des pensions civiles et militaires de retraite, ainsi que celles prévues par des dispositions réglementaires ayant le même objet prises sur le fondement de l'article L. 711-1 du code de la sécurité sociale ;**

b) **Les cotisations versées aux régimes de retraite complémentaire mentionnés au chapitre Ier du titre II du livre IX du code de la sécurité sociale ;**

c) **Les cotisations au régime public de retraite additionnel obligatoire institué par l'article 76 de la loi n° 2003-775 du 21 août 2003 portant réforme des retraites.**

1°-0 *bis* Les cotisations versées conformément aux dispositions du règlement CEE n° 1408/71 du Conseil du 14 juin 1971 relatif à l'application des régimes de sécurité sociale aux travailleurs salariés et aux membres de leur famille qui se déplacent à l'intérieur de la Communauté ou conformément aux stipulations d'une convention ou d'un accord international relatif à l'application des régimes de sécurité sociale ;

1° bis et 1° ter *Abrogés.*

1° *quater* Les cotisations ou primes versées aux régimes de prévoyance complémentaire obligatoires et collectifs, au sens du sixième alinéa de l'article L. 242-1 du code de la sécurité sociale, à condition, lorsque ces cotisations ou primes financent des garanties portant sur le remboursement ou l'indemnisation de frais occasionnés par une maladie, une maternité ou un accident, que ces garanties respectent les conditions mentionnées à l'article L. 871-1 du code de la sécurité sociale. *(L. n° 2021-1754 du 23 déc. 2021, art. 16, en vigueur le 1er janv. 2022)* **« Il en va de même des cotisations ou primes versées par les employeurs publics et leurs agents aux contrats collectifs de**

protection sociale complémentaire pour lesquels la souscription des agents est rendue obligatoire en application d'un accord prévu au II de l'article 22 *bis* de la loi n° 83-634 du 13 juillet 1983 portant droits et obligations des fonctionnaires ou en application de l'arrêté mentionné au II de l'article L. 4123-3 du code de la défense. »

Les cotisations ou les primes mentionnées au premier alinéa s'entendent, s'agissant des cotisations à la charge de l'employeur, de celles correspondant à des garanties autres que celles portant sur le remboursement ou l'indemnisation de frais occasionnés par une maladie, une maternité ou un accident.

Les cotisations à la charge de l'employeur correspondant à des garanties portant sur le remboursement ou l'indemnisation de frais occasionnés par une maladie, une maternité ou un accident sont ajoutées à la rémunération prise en compte pour la détermination des bases d'imposition.

Les cotisations ou les primes déductibles en application des premier et deuxième alinéas le sont dans la limite d'un montant égal à la somme de 5 % du montant annuel du plafond mentionné à l'article L. 241-3 du code de la sécurité sociale et de 2 % de la rémunération annuelle brute, sans que le total ainsi obtenu puisse excéder 2 % de huit fois le montant annuel du plafond précité. En cas d'excédent, celui-ci est ajouté à la rémunération.

2° Les cotisations ou primes versées aux régimes de retraite supplémentaire, y compris ceux gérés par une institution mentionnée à l'article L. 370-1 du code des assurances pour les contrats mentionnés à l'article L. 143-1 dudit code lorsqu'ils ont pour objet l'acquisition et la jouissance de droits viagers, auxquels le salarié est affilié à titre obligatoire, ainsi que les cotisations versées, à compter du 1er janvier 1993, à titre obligatoire au régime de prévoyance des joueurs professionnels de football institué par la charte du football professionnel.

(Ord. n° 2019-766 du 24 juill. 2019, art. 3-I et 9-I ; Décr. n° 2019-807 du 30 juill. 2019, art. 9-II, en vigueur le 1er oct. 2019) **« Il en va de même des versements mentionnés au 3° de l'article L. 224-2 du code monétaire et financier dans un plan d'épargne retraite mentionné à l'article L. 224-13 ou** *(Décr. n° 2021-744 du 9 juin 2021, art. 1er)* **« à l'article » L. 224-23 du même code. »**

Les *(Ord. n° 2019-766 du 24 juill. 2019, art. 3-I et 9-I ; Décr. n° 2019-807 du 30 juill. 2019, art. 9-II, en vigueur le 1er oct. 2019)* **« versements mentionnés aux alinéas précédents** *[ancienne rédaction : cotisations ou les primes mentionnées à l'alinéa précédent]* **» sont déductibles dans la limite, y compris les versements de l'employeur, de 8 % de la rémunération annuelle brute retenue à concurrence de huit fois le montant annuel du plafond mentionné à l'article L. 241-3 du code de la sécurité sociale. En cas d'excédent, celui-ci est ajouté à la rémunération.** — *Pour l'application à Mayotte, la référence au salaire minimum interprofessionnel de croissance est remplacée par la référence au salaire minimum interprofessionnel garanti mentionné à l'art. L. 141-1 C. trav. applicable à Mayotte (Ord. n° 2013-837 du 19 sept. 2013, art. 35-III, al. 1er).*

La limite mentionnée au *(Ord. n° 2019-766 du 24 juill. 2019, art. 3-I et 9-I ; Décr. n° 2019-807 du 30 juill. 2019, art. 9-II, en vigueur le 1er oct. 2019)* **« troisième** *[ancienne rédaction : deuxième]* **» alinéa est réduite, le cas échéant, des sommes versées** *(Ord. n° 2019-766 du 24 juill. 2019, art. 3-I et 9-I ; Décr. n° 2019-807 du 30 juill. 2019, art. 9-II, en vigueur le 1er oct. 2019)* **« aux plans d'épargne retraite qui sont** *[ancienne rédaction : par l'entreprise ou le salarié au plan d'épargne pour la retraite collectif défini aux articles L. 3334-1 à L. 3334-16 du code du travail et]* **» exonérées en application du 18° de l'article 81.** — *V. Ann. III, art. 39-2°-d.*

(Abrogé par Ord. n° 2019-766 du 24 juill. 2019, art. 3-I et 9-I, mod. par Décr. n° 2019-807 du 30 juill. 2019, art. 9-II, à compter du 1er oct. 2019) ***« 2°-0 bis Par dérogation aux 1° quater et 2° et jusqu'à l'imposition des revenus de 2008, les dispositions du 2° dans leur rédaction en vigueur jusqu'à l'imposition des revenus de 2003 continuent de s'appliquer, si elles sont plus favorables, aux cotisations ou primes versées aux régimes de retraite et de prévoyance complémentaires auxquels le salarié était affilié à titre obligatoire avant le 25 septembre 2003, pour leur taux en vigueur avant la même date. »*** — *V. Ann. III, art. 39-2°-d. — Bénéficient des dispositions du 2° et 2° 0 bis ci-dessus les sommes versées sur un plan d'épargne pour la retraite, au titre de l'épargne-temps, dans les conditions prévues à l'art. L. 3334-8 du C. trav., dans sa rédaction issue de la L. n° 2010-1330 du 9 nov. 2010, art. 108.*

2°-0 *ter* Dans les limites prévues au quatrième alinéa du 1° *quater*, les cotisations versées aux régimes de prévoyance complémentaire et, dans les limites prévues aux deuxième et troisième alinéas du 2°, les cotisations versées aux régimes de retraite complémentaire répondant aux conditions fixées à l'article 3 de la directive 98/49/CE du Conseil du 29 juin 1998 relative à la sauvegarde des droits à pension complémentaire des travailleurs salariés et non salariés qui se déplacent à l'intérieur de la Communauté ou à celles prévues par les conventions ou accords internationaux de sécurité sociale, auxquels les personnes désignées au 1 du I de l'article 155 B étaient affiliées ès qualités dans un autre État avant leur prise de fonctions en France. Les cotisations sont déductibles jusqu'au 31 décembre de la huitième année suivant celle de leur prise de fonctions ; — *Durée de déductibilité applicable aux personnes dont la prise de fonction en France intervient à compter du 6 juill. 2016. Pour celles dont la prise de fonction est antérieure à cette date, les cotisations sont déductibles jusqu'au 31 déc. de la cinquième année suivant celle de leur prise de fonctions. — V. Ann. III, art. 39-2°-d.*

2°-0 *quater* La contribution prévue à l'article L. 137-11-1 du code de la sécurité sociale dans la limite de la fraction acquittée au titre des premiers 1 000 € de rente mensuelle ;

2° *bis* Les contributions versées par les salariés en application des dispositions de l'article L. 5422-9 du code du travail et destinées à financer le régime d'assurance des travailleurs privés d'emploi ;

(Abrogé par L. n° 2017-1837 du 30 déc. 2017, art. 112) ***« 2° ter La contribution exceptionnelle de solidarité en faveur des travailleurs privés d'emploi, prévue à l'article L. 5423-26 du code du travail ; »*** *— Applicable aux revenus perçus à compter du 1er janv. 2018 (L. n° 2017-1837 du 30 déc. 2017, art. 112-IV).*

2° quater et 2° quinquies *Abrogés.*

3° Les frais inhérents à la fonction ou à l'emploi lorsqu'ils ne sont pas couverts par des allocations spéciales.

La déduction à effectuer du chef des frais professionnels est calculée forfaitairement en fonction du revenu brut, après défalcation des cotisations, contributions et intérêts mentionnés aux 1° à 2° *ter* ; elle est fixée à 10 % du montant de ce revenu. Elle est limitée à *(L. n° 2021-1900 du 30 déc. 2021, art. 2)* **« 12 829 €** *[ancienne rédaction : 12 652 €]* **» pour l'imposition des rémunérations perçues en** *(L. n° 2021-1900 du 30 déc. 2021, art. 2)* **« 2021** *[ancienne rédaction : 2020]* **» ; chaque année, le plafond retenu pour l'imposition des revenus de l'année précédente est relevé dans la même proportion que la limite supérieure de la première tranche du barème de l'impôt sur le revenu.** — *Sauf revalorisation différente expressément prévue par la loi.*

Le montant de la déduction forfaitaire pour frais professionnels ne peut être inférieur à *(L. n° 2021-1900 du 30 déc. 2021, art. 2, applicable pour l'imposition des revenus de 2021)* **« 448 €** *[ancienne rédaction : 442 €]* **»** *(Abrogé par L. n° 2018-1317 du 28 déc. 2018, art. 30-I-6°-a)* ***« ou à*** *(L. n° 2017-1837 du 30 déc. 2017, art. 2)* ***« 947 €*** *[ancienne rédaction : 938 €]* ***» pour les personnes inscrites en tant que demandeurs d'emploi depuis plus d'un an »*****, sans pouvoir excéder le montant brut des traitements et salaires. Cette disposition s'applique séparément aux rémunérations perçues par chaque membre du foyer fiscal désigné aux 1 et 3 de l'article 6.** — *Ces montants s'appliquent à l'imposition des revenus de 2020 (L. n° 2020-1721 du 29 déc. 2020, art. 2).*

(L. n° 2018-1317 du 28 déc. 2018, art. 30-I-6°-b) **« La somme figurant au troisième alinéa est révisée » chaque année dans la même proportion que la limite supérieure de la première tranche du barème de l'impôt sur le revenu.** — *Sauf revalorisation différente expressément prévue par la loi.*

Les bénéficiaires de traitements et salaires sont également admis à justifier du montant de leurs frais réels, soit dans la déclaration visée à l'article 170, soit sous forme de réclamation adressée au service des impôts dans le délai prévu aux articles R.* 196-1 et R.* 196-3 du livre des procédures fiscales. Le montant des frais réels à prendre en compte au titre de l'acquisition des immeubles, des véhicules et autres biens dont la durée d'utilisation est supérieure à un an s'entend de la dépréciation que ces biens ont subie au cours de l'année d'imposition.

Sont assimilées à des frais professionnels réels les dépenses exposées en vue de l'obtention d'un diplôme ou d'une qualification professionnelle dans la perspective

d'une insertion ou d'une conversion professionnelle par les personnes tirant un revenu de la pratique d'un sport.

Les frais de déplacement de moins de quarante kilomètres entre le domicile et le lieu de travail sont admis, sur justificatifs, au titre des frais professionnels réels. Lorsque la distance est supérieure, la déduction admise porte sur les quarante premiers kilomètres, sauf circonstances particulières notamment liées à l'emploi justifiant une prise en compte complète.

Lorsque les bénéficiaires de traitements et salaires optent pour le régime des frais réels, l'évaluation des frais de déplacement, autres que les frais de péage, de garage ou de parking et d'intérêts annuels afférents à l'achat à crédit du véhicule utilisé, peut s'effectuer sur le fondement d'un barème forfaitaire fixé par arrêté du ministre chargé du budget en fonction de la puissance administrative du véhicule, retenue dans la limite maximale de sept chevaux, *(L. n° 2018-1317 du 28 déc. 2018, art. 10)* **« du type de motorisation du véhicule » et de la distance annuelle parcourue.** *— V. Ann. IV, art. 6 B.*

Lorsque les bénéficiaires mentionnés au huitième alinéa ne font pas application dudit barème, les frais réels déductibles, autres que les frais de péage, de garage ou de parking et d'intérêts annuels afférents à l'achat à crédit du véhicule utilisé, ne peuvent excéder le montant qui serait admis en déduction en application du barème précité, à distance parcourue identique, pour un véhicule de la puissance administrative maximale retenue par le barème.

Les frais, droits et intérêts d'emprunt versés pour acquérir ou souscrire des parts ou des actions d'une société ayant une activité industrielle, commerciale, artisanale, agricole ou libérale dans laquelle le salarié ou le dirigeant exerce son activité professionnelle principale sont admis, sur justificatifs, au titre des frais professionnels réels dès lors que ces dépenses sont utiles à l'acquisition ou à la conservation de ses revenus. Les intérêts admis en déduction sont ceux qui correspondent à la part de l'emprunt dont le montant est proportionné à la rémunération annuelle perçue ou escomptée au moment où l'emprunt est contracté. La rémunération prise en compte s'entend des revenus mentionnés à l'article 79 et imposés sur le fondement de cet article. La fraction des versements effectués au titre des souscriptions ou acquisitions de titres donnant lieu aux réductions d'impôt prévues aux articles *(L. n° 2019-1479 du 28 déc. 2019, art. 157-I-1° et V-A, en vigueur le 1er janv. 2020)* **« 199 *terdecies*-0 A, 199 *terdecies*-0 AB ou »** *(L. n° 2017-1837 du 30 déc. 2017, art. 31-I-B)* **« 199 *terdecies*-0 B », ainsi que les souscriptions et acquisitions de titres figurant dans un plan d'épargne en actions défini à l'article 163 *quinquies* D ou dans un plan d'épargne salariale prévu au titre III du livre III de la troisième partie du code du travail, ne peuvent donner lieu à aucune déduction d'intérêts d'emprunt.**

Les dispositions du présent art. telles que modifiées par l'art. 31-I-B de la L. n° 2017-1837 du 30 déc. 2017 s'appliquent au titre de l'impôt sur la fortune immobilière dû à compter du 1er janv. 2018.

Toutefois, les dispositions modifiées ou abrogées par le même B du I continuent de s'appliquer, dans leur rédaction en vigueur au 31 déc. 2017, à l'impôt de solidarité sur la fortune dû jusqu'au titre de l'année 2017 incluse (L. préc., art. 31-IX-B).

A. COTISATIONS SOCIALES

1. CSG et CRDS. La contribution sociale généralisée (pour la partie dont la loi n'autorise pas la déduction) et la contribution pour le remboursement de la dette sociale ne sont pas déductibles des salaires sur le fondement de l'art. 83-1° ou du revenu global sur le fondement de l'art. 156-II-4°. • CE 7 janv. 2004, n° 237395 : *Dr. fisc. 2004. 765, concl. Glaser ; RJF 2004. 375.*

2. Salariés et mandataires sociaux « impatriés ». Déduction des cotisations versées à des régimes étrangers de protection sociale. * BOI-RSA-GEO-40-20 n° 10 du 21 juin 2017.

B. COTISATIONS DE RETRAITE ET DE PRÉVOYANCE

BIBL. Duhem, *JCP E 2001, p. 259* (versements effectués au titre des régimes surcomplémentaires de retraite). – de Feydeau, *BFL 2002, p. 235* (retraites supplémentaires et indemnités de fin de carrière). – Le Men-Tenailleau, *Dr. fisc. 2005, p. 1025* (accords de préretraite et régimes de prévoyance complémentaire). – Maïa, *RJF 2001, p. 507* (retraites supplémentaires et indemnités de fin de carrière).

3. Doctrine administrative. Régime de déduction des cotisations de retraite et de prévoyance) : 1) Cotisations versées aux régimes obligatoires de l'assurance vieillesse et de prévoyance de la sécurité sociale et aux régimes complémentaires de retraite légalement obligatoires. 2) Cotisations versées aux régimes de retraite supplémentaire. 3) Cotisations versées aux régimes de prévoyance complémentaire. 4) Régimes facultatifs de retraite PREFON, COREM et CGOS. 5) Obligations déclaratives. * BOI-RSA-BASE-30-10 du 21 juin 2017.

4. Régimes de prévoyance et de retraite. Les cotisations salariales à un contrat de prévoyance complémentaire souscrit par l'entreprise sont exclues du revenu imposable si le contrat s'applique à l'ensemble ou à une ou plusieurs catégories de personnels. En revanche, les primes d'un contrat de prévoyance souscrit au profit du gérant minoritaire sont imposables. • CAA Nancy, 6 mars 1996, n° 94NA1526 : *Dr. fisc. 1996. 885 ; RJF 1996. 1295.* ♦ Si le contrat de retraite et de prévoyance complémentaires souscrit par un employeur s'applique de plein droit à la totalité ou à une catégorie déterminée de ses salariés, les cotisations ou les primes versées par l'employeur en exécution de ce contrat ne sont pas au nombre des sommes payées et des avantages en argent ou en nature accordés aux salariés. • CE 8 juill. 2005, n° 259251 : *RJF 2005. 1187.* ♦ La catégorie des cadres de direction constitue une catégorie déterminée de salariés au sens de l'art. 83-2°, la circonstance qu'une seule personne soit susceptible de bénéficier du contrat de groupe à la date de la souscription est sans incidence sur le caractère déterminé de la catégorie des bénéficiaires auxquels s'applique le contrat. • CE 8 juill. 2005, n° 259251 : *préc.*

Une formule de garantie ayant pour objet principal la fourniture à certaines catégories de personnels d'une société affiliés obligatoirement d'une couverture retraite complémentaire et pour objet accessoire la fourniture à titre de prévoyance de la couverture du risque décès du bénéficiaire revêt le caractère d'une couverture complémentaire de retraite et de prévoyance au sens de l'art. 83-2°, nonobstant la présence d'une clause de prévoyance qui, couvrant le risque décès, comporte à ce titre un versement en capital. • CE 16 févr. 2001, n° 202632, *Horwitz : RJF 2001. 617 ; concl. Mignon au BDCF 5/01, n° 65 ; Dr. fisc. 2002. 925, concl. Mignon ; D. 2001. IR 1363* .

L'affiliation d'un salarié au régime complémentaire de retraite et de prévoyance souscrit au bénéfice du personnel relevant de la catégorie « cadres », qui présente un caractère général et impersonnel et peut bénéficier à toute personne susceptible d'être engagée dans cette catégorie présente un caractère obligatoire au sens de l'art. 83-2° même si au cours des années en litige le dirigeant de l'entreprise était l'unique cadre appartenant à la catégorie concernée. Les cotisations correspondantes ne peuvent être imposées entre ses mains. • CAA Lyon, 30 mai 2002, n° 97LY1466 : *Dr. fisc. 2003. 549.*

5. Les cotisations versées dans le cadre du maintien des droits à couverture complémentaire santé et prévoyance des anciens salariés au chômage, prévu par l'art. 14 de l'accord national interprofessionnel du 11 janv. 2008 modifié, sont admises en déduction en application de l'art. 83-1° *quater* l'année de leur versement à l'organisme de prévoyance. * Rescrit 2 août 2011, *n° 2011/25 FP* * BOI-RSA-BASE-30-10-20 n° 220 du 21 juin 2017.

6. Pour le salarié ayant une complémentaire santé collective obligatoire dans son entreprise, l'imposition de la participation de l'employeur relative aux risques maladie, accident, maternité s'applique aussi, selon l'Administration, à la part versée par le comité d'entreprise. * BOI-RSA-CHAMP-20-30-50 n° 50 du 19 avr. 2019.

7. Le Gouvernement n'est pas tenu d'étendre le régime prévu pour la PREFON à d'autres régimes complémentaires de fonctionnaires. • CE 17 mai 2000, n° 190586 : *RJF 2000. 928 ; Dr. fisc. 2000. 704.*

8. Rachats de cotisations. Les sommes versées pour le rachat de cotisations à la Caisse nationale d'assurance vieillesse des travailleurs salariés sont déductibles des rémunérations imposables dans la catégorie des traitements et salaires et la partie du déficit catégoriel qui n'a pu être imputée l'année du versement peut être reportée sur le revenu global de l'année suivante en application de l'art. 156-I. • CAA Paris, 28 nov. 2000, n° 97PA2347 : *Dr. fisc. 2001. 881.*

C. DÉDUCTION DES FRAIS PROFESSIONNELS

1° PRINCIPES

9. Non-cumul des déductions (frais réels et forfaitaires). Lorsqu'elle est exercée, l'option pour le régime des frais réels est exclusive de la déduction forfaitaire de 10 %. Il n'est en aucun cas possible de cumuler les déductions forfaitaires et la déduction des frais réels. • CE 13 juill. 1955, n° 30723 : *RO, p. 383* • CAA Lyon, 2 juin 2005, n° 00LY718 : *RJF 2005. 1393.*

10. Globalité de l'option entre frais forfaitaires et frais réels. Il résulte de l'art. 83, auquel ne déroge pas l'art. 13, que l'option pour la déduction des frais réels ou pour la déduction forfaitaire doit s'étendre à l'ensemble des activités dont les revenus sont soumis aux règles prévues en matière de traitements et salaires. Par suite, lorsqu'un contribuable perçoit au cours d'une même année des salaires et des allocations de chômage (soumises aux mêmes règles que les salaires), il doit adopter le même mode de calcul, forfaitaire ou réel, pour ses revenus des deux sources. • CE 12 janv. 2004, n° 254552 : *RJF 2004. 374.*

11. Non-déduction des frais se rapportant

à des activités non rémunérées. Les frais de transport occasionnés par des activités bénévoles ne peuvent être regardés comme des frais professionnels. • CE 9 oct. 1991, n° 77611 : *RJF 1991. 1390.* ♦ Il en est de même des frais de déplacement d'un gérant de société qui ne tire aucun revenu de cette fonction. • CAA Bordeaux, 16 févr. 2006, n° 02BX98 : *RJF 2006. 1027.*

2° FRAIS PROFESSIONNELS RÉELS

a. Frais de transport

12. Frais de trajet. Les frais de transport que les contribuables exposent pour se rendre à leur lieu de travail ou en revenir sont, en règle générale, inhérents à leur fonction ou à leur emploi et doivent donc, à ce titre, être admis en déduction en vertu de l'art. 83. Toutefois, il en va autrement lorsque, eu égard aux circonstances, l'installation ou le maintien du domicile dans un lieu éloigné du travail présente un caractère anormal, sauf justifications particulières. • CE 13 mai 1987, n° 47959, *Winkel : RJF 1987. 761.* ♦ Au nombre de ces circonstances particulières figure la situation du contribuable, ayant ou non des enfants, dont le domicile où demeure aussi son conjoint, est éloigné de la localité où il travaille mais proche du lieu où son conjoint exerce sa propre activité, sans qu'il y ait lieu pour l'intéressé d'établir l'existence de démarches particulières des conjoints en vue de rapprocher leurs lieux de travail respectifs, et par suite leur domicile du lieu de travail de l'autre conjoint. • CAA Nantes, 15 mai 2002, n° 98NT2296 : *Dr. fisc. 2002. 941.*

13. Le caractère précaire des fonctions exercées par le contribuable n'est pas en lui-même de nature à justifier en toute hypothèse le maintien de son domicile à une distance anormale de son lieu de travail. • CE 3 mai 2000, n° 186255 : *Dr. fisc. 2000. 1054 ; RJF 2000. 784 ; concl. Courtial au BDCF 6/00.* ♦ Déduction refusée à un maître auxiliaire pour 175 km. • Même arrêt. ♦ Déduction accordée à un autre maître auxiliaire pour 60 km. • CE 22 juin 1983, n° 33503 : *RJF 1983. 966 ; Dr. fisc. 1983. 1980.*

Le fait qu'un salarié soit susceptible de prendre sa retraite ne donne pas à son emploi un caractère précaire justifiant la prise en compte complète de ses frais de transport. • CE 14 févr. 1996, n° 145756 : *Dr. fisc. 1996. 560.* ♦ En revanche, le salarié en contrat de travail à durée déterminée doit être regardé comme justifiant de la précarité de son emploi pendant les trois mois de la période d'essai. Déduction des frais de double résidence. • TA Dijon, 29 avr. 2004, n° 021892 : *Dr. fisc. 2004. 741.*

14. Prise en compte complète des frais de trajet dans le cas d'un salarié qui maintient sa résidence familiale à 80 km de son lieu de travail et justifie par des certificats médicaux que l'invalidité de son épouse requiert l'assistance de proches, habitant dans le voisinage de cette résidence. • CAA Lyon, 7 janv. 1998, n° 95LY2415 : *Dr. fisc. 1998. 783 ; RJF 1998. 404.* ♦ Solution analogue : pour une distance de 250 km en raison du caractère précaire du contrat de travail, de la santé des ascendants, de la scolarité particulière d'un enfant. • CAA Nantes, 8 févr. 2000, n° 97NT226 : *Dr. fisc. 2000. 805.* ♦ ... Pour une distance de 82 km, en raison, pour une mère effectuant de fréquents déplacements professionnels, de la nécessité de faire garder un enfant par ses grands-parents. • TA Nantes, 20 avr. 2004, n° 01-143 : *Dr. fisc. 2005. 397, concl. Quillévéré.*

En revanche, en se référant au coût du logement en région parisienne, deux époux qui ont installé leur domicile à 50 km de Paris où se situent leurs lieux de travail ne justifient pas de l'une des circonstances particulières qui permettraient de regarder les frais de transport exposés par l'un d'eux comme inhérents à son emploi. • CE 8 févr. 1999, n° 167179 : *Dr. fisc. 1999. 448 ; RJF 1999. 465.*

15. La déduction des frais de transport que les salariés justifient avoir engagés entre leur domicile et leur lieu de travail est admise : de plein droit à concurrence des 40 premiers kilomètres ; au-delà des 40 premiers kilomètres, si le salarié justifie l'éloignement de son domicile de son lieu de travail par des contraintes d'ordre familial ou social, ou des circonstances liées aux caractéristiques de l'emploi occupé. Les agents des impôts ont pour instruction d'apprécier avec souplesse et discernement les circonstances particulières tenant non seulement aux caractéristiques mêmes de l'emploi occupé, notamment lorsque celui-ci est par nature précaire ou mobile, mais aussi, et en particulier, aux difficultés pour les salariés d'occuper un emploi à proximité de leur domicile, notamment si celui-ci est situé en zone rurale, ou au contraire, le cas échéant, de se loger à proximité de leur emploi, par exemple si ce dernier est situé du côté étranger d'une zone frontalière. D'une manière générale, il y a lieu de ne pas remettre en cause la déduction des frais de l'espèce, sous réserve bien entendu qu'il soit justifié de leur réalité et de leur montant, exposés par les personnes qui, notamment après un licenciement, retrouvent un emploi situé à une distance de plus de 40 kilomètres de leur domicile et ce, le temps raisonnable (estimé à 3 années) pour celles-ci de s'assurer de la stabilité de leur emploi et de se reloger. Enfin, il y a lieu de ne pas remettre en cause la déduction lorsque le kilométrage séparant le domicile du lieu de travail ne dépasse que de quelques kilomètres la limite de 40. * BOI-RSA-BASE-30-50-30-20 du 24 févr. 2017.

16. L'exercice de fonctions électives peut justifier le maintien du domicile éloigné du lieu de travail dans la mesure où, pour exercer ce mandat électif, le contribuable est effectivement présent dans sa circonscription selon une fréquence qui justifie qu'il y conserve son domicile, et où l'éloignement du lieu de travail le permet. Une telle condition n'est pas remplie lorsque le contribuable, maire de la commune où il est domicilié, exerce sa profession dans un lieu distant de 800 km de son domicile, qu'il ne rejoint que pour les fins de semaine. • CAA Marseille, 6 mars 2003, n° 99MA279 : *RJF 2004. 605.* ♦ En revanche, l'exercice de fonctions électives au sein d'une collectivité territoriale sur laquelle le salarié réside constitue un motif de nature à justifier un éloignement supérieur à 40 km entre le domicile et le lieu de travail. • TA Rouen, 8 févr. 2001, n° 971580 : *Dr. fisc. 2003. 289.*

Sur les frais de double résidence, V. note 23 *in fine*.

17. Les frais de transport afférents à un second aller-retour quotidien entre le domicile et le lieu de travail ne peuvent être déduits que si les intéressés sont en mesure de faire état de circonstances particulières permettant de regarder ces frais comme inhérents à leur emploi. Tel est le cas, notamment, des contribuables qui justifient de problèmes personnels de santé, de l'existence, à leur domicile, de personnes nécessitant leur présence, d'horaires atypiques de travail, par exemple des heures de travail réparties en début ou en fin de journée, ou encore de l'impossibilité de se restaurer à proximité de leur lieu de travail. A cet égard, la circonstance que les contribuables ne disposent pas sur leur lieu de travail ou à proximité d'une cantine ou d'un restaurant d'entreprise n'est pas de nature, à elle seule, à justifier la déduction des frais d'un second aller et retour si les intéressés n'établissent pas, par ailleurs, l'impossibilité de se restaurer sur leur lieu de travail ou à proximité par d'autres moyens à un prix comparable et, en tout état de cause, inférieur à celui qui résulterait du second aller et retour. * BOI-RSA-BASE-30-50-30-20 n° 180 du 24 juill. 2017. ♦ La fermeture entre 12 et 14 h de l'entreprise qui l'emploie et l'absence de cantine sur place ne permettent pas en elles-mêmes de regarder comme inhérent à l'emploi le second aller-retour effectué quotidiennement par un salarié entre son domicile et son lieu de travail distant de 5 km. • CAA Bordeaux, 15 mai 2001, n° 98BX516 : *Dr. fisc. 2002. 120.* ♦ Dans le même sens. • CAA Lyon, 24 oct. 2002, n°s 98LY1219 et 99LY2701 : *Dr. fisc. 2003. 738, concl. Bonnet.* ♦ En revanche, un salarié est fondé à demander la prise en compte d'un second aller et retour quotidien pour venir en aide (alimentation, prise de médicaments) à sa belle-mère âgée de 88 ans. • CAA Bordeaux, 6 juin 2005, n° 01BX1778 : *Dr. fisc. 2005. 749.*

18. La profession du conjoint est de nature à justifier le maintien du domicile familial éloigné du lieu de travail du contribuable lorsque ce conjoint a une activité professionnelle réelle et qu'il est dans l'impossibilité de l'exercer ailleurs. • CAA Marseille, 6 mars 2003, n° 99MA279 : *RJF 2004. 605.*

19. Justification des frais de transport. Le salarié qui demande la prise en compte de ses frais réels de transport doit être en mesure de justifier du moyen de transport qu'il a réellement utilisé et de l'existence de frais inhérents à cette utilisation. Ces éléments peuvent être apportés par tous moyens. A cet égard, la réalité de l'utilisation du véhicule personnel pour effectuer les trajets entre le domicile et le lieu de travail peut être justifiée par la production d'une attestation établie par l'employeur indiquant que le salarié utilise effectivement son véhicule personnel pour se rendre quotidiennement sur son lieu de travail. Par ailleurs, la fourniture de tickets d'accès à certaines voies du trajet entre le domicile et le lieu de travail ou la production du contrat d'assurance du véhicule prévoyant son utilisation professionnelle, si elles ne permettent pas d'établir à elles seules l'utilisation effective du véhicule en cause et le nombre de kilomètres parcourus, sont en revanche de nature à conforter les autres éléments de preuve apportés. Le contribuable doit également justifier des distances réellement parcourues. * BOI-RSA-BASE-30-50-30-20 n°s 220 à 240 du 24 févr. 2017.

20. Pour leurs dépenses liées à l'usage professionnel de la voiture, les contribuables peuvent utiliser soit le barème forfaitaire fixé par arrêté, soit le montant résultant des dépenses réellement engagées. Lorsqu'ils optent pour le régime des frais réels, l'évaluation de leurs frais de déplacement, autres que les frais de péage, de garage ou de parking et d'intérêts annuels afférents à l'achat à crédit du véhicule utilisé, peut s'effectuer sur le fondement d'un barème forfaitaire désormais fixé par arrêté du ministre chargé du budget (V. art. 6 B de l'annexe IV au CGI) en fonction de la puissance administrative du véhicule, retenue dans la limite maximale de 7 CV, et de la distance annuelle parcourue. Lorsque ces mêmes personnes ne font pas application dudit barème, les frais réels déductibles au titre des frais de déplacement professionnel, autres que les frais de péage, de garage ou de parking et d'intérêts annuels afférents à l'achat à crédit du véhicule utilisé, ne pourront excéder un plafond égal au montant qui serait admis en déduction en application du barème précité, à distance parcourue identique, pour un véhicule de la puissance administrative maximale prévue par ce barème. * Rép. min. n° 187917 : *JOAN Q, 22 avr. 2013, p. 3575* * BOI-RSA-BASE-30-50-30-20 du 24 févr. 2017.

21. Lorsque le salarié ou son conjoint est propriétaire du deux-roues motorisé utilisé, ou lorsqu'il en est copropriétaire, les frais y afférents peuvent être calculés en faisant application d'un barème kilométrique fixé par arrêté du ministre chargé du budget. Les intéressés doivent justifier de la fréquence, de l'importance et de la durée de leurs déplacements. Lorsque le salarié utilise un deux-roues motorisé pris en location ou simplement prêté ou pour lequel il ne fait pas application du barème du prix de revient kilométrique global, il peut déduire les frais de carburant correspondants selon le barème forfaitaire publié annuellement par l'Administration. * BOI-RSA-BASE-30-50-30-20 n°s 230 et 380 du 24 févr. 2017.

22. Frais de déménagement. Ils sont déductibles lorsque le changement de résidence a un motif professionnel. La circonstance que le salarié n'était pas contraint de changer de lieu de travail et que la nouvelle installation ne réponde pas aux nécessités de l'intérêt du service ou de l'avancement n'affecte en rien la qualification du motif. • TA Grenoble, 18 déc. 1997, n° 942968 : *Dr. fisc. 1998. 379.*

b. Frais de résidence

23. Frais de double résidence. Revêtent le caractère de frais professionnels, déductibles les dépenses qu'un contribuable occupant un emploi salarié dans une localité éloignée de celle où la résidence de son foyer est établie doit exposer, tant pour se loger à proximité du lieu de son travail que pour effectuer périodiquement les trajets entre l'une et l'autre localités, dès lors que la double résidence ne résulte pas d'un choix de simple convenance personnelle, mais est justifiée par une circonstance particulière. • CE 6 oct. 2004, *Lagedamont*, n° 256092 : *Dr. fisc. 2004. 854, concl. Verclytte ; RJF 2004. 1245.* ♦ Constitue une telle circonstance l'exercice par le conjoint de ce contribuable, ou le partenaire avec lequel il a conclu un pacte civil de solidarité, ou la personne avec laquelle il entretient un lien de concubinage stable et continu, d'une activité professionnelle en un lieu proche de la résidence commune. • Même arrêt. ♦ Dans le cas d'un foyer, les dépenses exposées par celui des époux qui doit, pour des raisons professionnelles, résider dans un lieu distinct de celui où réside sa famille, ont un caractère professionnel et sont, par suite, déductibles, dès lors que la double résidence ne résulte pas d'un choix motivé par des convenances personnelles. • TA Besançon, 7 mai 1997, n° 94845 : *Dr. fisc. 1998. 695 ; RJF 1997. 670.* ♦ En tout état de cause, les frais de double résidence ne sont donc pas admis en déduction du revenu imposable lorsque l'un des conjoints n'exerce aucune activité professionnelle et qu'aucune circonstance particulière n'est avérée. * Rép. min. n° 8925 : *JO Sénat Q, 25 sept. 2014, p. 2180.*

24. S'il est établi que la double résidence est justifiée par l'impossibilité de maintenir une seule résidence compte tenu du lieu de travail de chacun des époux, partenaires d'un Pacs ou, dans le cas d'un concubinage stable et continu, concubins, les dépenses de double résidence ont alors le caractère de frais professionnels, y compris en l'absence de diligences en vue d'obtenir un rapprochement des lieux de travail. * BOI-RSA-BASE-30-50-30-20 n° 290 du 24 févr. 2017.

25. Des conjoints occupant des emplois dans des localités éloignées et qui ont fixé leur domicile dans une localité proche de l'emploi de l'un d'entre eux n'ont pas à justifier, pour bénéficier de la déduction des frais réels de transport et de double résidence de celui qui est amené à se déplacer, de démarches particulières en vue de rapprocher leurs lieux de travail respectifs et, par suite, leur domicile, du lieu de travail de l'autre conjoint. • CAA Lyon, 15 mai 2002, n° 98LY2296 : *Dr. fisc. 2002. 941.* ♦ L'exercice par le conjoint d'une activité professionnelle en un lieu proche de la résidence commune demeure une circonstance particulière justifiant la double résidence même lorsque celle-ci est la conséquence d'un changement d'emploi volontaire par le contribuable. • TA Toulouse, 19 avr. 2005, n°s 022081 et 022082 : *RJF 2006. 36.* ♦ L'exercice d'un mandat électif local, par exemple de maire, peut être pris en compte pour apprécier le caractère professionnel des frais de double résidence, mais cette circonstance n'est pas de nature à elle seule à en justifier dans toutes les situations. La déductibilité de ces frais s'apprécie au cas par cas au vu des circonstances de fait propres à chaque cas particulier. * BOI-RSA-BASE-30-50-30-20 n° 360 du 16 mars 2015. ♦ Sur les frais de transport des élus locaux, V. note 16.

26. L'activité lucrative privée du conjoint justifie un domicile éloigné du lieu de travail du salarié et la déduction de frais de double résidence. Cas d'un fonctionnaire promu dans une ville éloignée de son domicile et dont l'épouse n'exerce aucune activité professionnelle, mais gère un important patrimoine immobilier dont les produits bruts représentent plus de 40 % des ressources du couple. • TA Poitiers, 26 févr. 2009, *Caro*, n° 071928 : *RJF 2009. 1087.*

27. Les agents de l'État en service à l'étranger percevant une indemnité de résidence majorée exonérée d'IR ne peuvent pas déduire de frais de double résidence. * Rescrit 19 janv. 2010, n° 2010/01 FP * BOI-RSA-BASE-30-50-30-20 n° 360 du 24 févr. 2017.

c. Frais de repas

28. Les salariés qui optent pour la déduction du montant réel de leurs frais sont autorisés à faire état des frais supplémentaires de repas pris sur leur lieu de travail lorsqu'ils ne peuvent rentrer prendre leurs repas au domicile en raison de leurs horaires de travail ou de l'éloignement de leur domicile. Pour déterminer le montant de leurs frais déductibles à ce titre, il est admis que la valeur du repas pris au foyer soit évaluée suivant les règles retenues pour l'appréciation des avantages en nature, lesquels sont évalués forfaitairement (forfait fixé par l'Administration et publié chaque année). La déduction porte sur la dépense excédant le montant forfaitaire représentatif du repas pris à domicile. * BOI-RSA-BASE-30-50-30-20 n° 550 du 24 févr. 2017. ♦ L'évaluation forfaitaire ne dispense pas le salarié de faire la preuve, par tous moyens, qu'il supporte effectivement des frais supplémentaires. Il peut ainsi lui être demandé d'établir qu'il ne dispose pas d'une cantine sur le lieu de son travail ou à proximité ou qu'il n'est pas en mesure d'y prendre ses repas pour des raisons inhérentes à l'exercice de sa profession (horaires de travail incompatibles avec les horaires des repas à la cantine, par exemple). * BOI préc. ♦ Quant au salarié qui décide pour des raisons personnelles de déjeuner au restaurant plutôt qu'à la cantine d'entreprise, l'excédent de prix payé au restaurant par rapport au prix payé à la cantine n'est pas déductible. Le montant maximum déductible est donc égal au coût d'un repas pris à la cantine diminué de la valeur du repas pris au domicile évaluée forfaitairement. * Rescrit 6 juill. 2010, n° 2010/43 FP * BOI-RSA-BASE-30-50-30-20 n° 550 du 24 févr. 2017.

29. Frais de locaux professionnels. L'art. 83-3° exclut la prise en compte, au titre des frais réels, d'un loyer virtuel que le contribuable se verserait à lui-même, qui n'a pas le caractère d'une dépense réellement engagée. Dès lors, le contribuable imposable dans la catégorie des traitements et salaires ne saurait prétendre déduire une fraction de la valeur locative de sa résidence au titre d'un loyer virtuel. • CE 7 nov. 2012, 🏛 n° 338465 : *RJF 2013. 187.*

d. Frais divers

30. Frais vestimentaires. L'Administration admet la déduction des frais de vêtement spécifiques à la profession (frais d'achat, coût d'entretien et de blanchissage). * BOI-RSA-BASE-30-50-30-40 n° 90 du 20 sept. 2017. ♦ Selon le juge de l'impôt, la déduction des dépenses vestimentaires n'est admise que si le contribuable justifie avoir supporté à ce titre des dépenses excédant celles qui correspondent normalement au niveau de ses revenus. • CE 8 mai 1970, 🏛 n° 76859 : *Dr. fisc. 1971. 1007, concl. Schmeltz* • CAA Lyon, 24 oct. 2002, n° 98LY1219 : *Dr. fisc. 2003. 738.*

31. Dépenses de prothèses dentaires et auditives. Lorsque le port d'un appareil ou d'une prothèse est indispensable pour remédier à un grave handicap qui, non corrigé, interdirait à la personne qui en est atteinte l'exercice normal d'une activité professionnelle, la fraction des dépenses d'acquisition et d'entretien qui reste définitivement à la charge du contribuable après remboursement par la sécurité sociale, par une mutuelle ou par tout autre organisme de prévoyance, soit considérée comme une dépense professionnelle à concurrence de la moitié de son montant. * BOI-RSA-BASE-30-50-30-40 n° 230 du 20 sept. 2017.

32. VRP. Les dépenses occasionnées par les relations avec la clientèle (frais de correspondance, invitations, cadeaux, etc.) peuvent être déduits pour un montant forfaitaire fixé à 2 % du montant des commissions et plafonné à 765 €. Les frais inclus dans ce forfait sont exclus des dépenses déduites pour leur montant exact et justifié. * BOI-RSA-BASE-30-50-30-40 n° 140 du 20 sept. 2017.

33. Comblement du passif social. Le dirigeant condamné à combler le passif de la société peut déduire les sommes versées s'il a été condamné pour ses erreurs de gestion. • CE 27 mai 1987, 🏛 n° 46529 : *Dr. fisc. 1987. 1918 ; RJF 1987. 722.* ♦ En revanche, il ne peut pas les déduire en cas d'usage anormal de biens sociaux dans son intérêt personnel. • CE 7 déc. 1987, 🏛 n° 65891 : *Dr. fisc. 1988. 1177 ; RJF 1988. 174, concl. Martin Laprade.* ♦ ... Ou lorsque sa condamnation est justifiée par le fait qu'il a commis des actes étrangers à la recherche de l'intérêt de la société. • CAA Bordeaux, 12 févr. 2009, n° 07BX1832 : *Dr. fisc. 2009. 374, note Pierre.*

34. Intérêts d'emprunt. BIBL. Bénard, *RJF 2006. 607* (patrimoine professionnel et dépenses déductibles : utilité fait loi). ♦ Un salarié peut déduire de ses revenus les dépenses qui, eu égard à leur objet et à leur ampleur, peuvent être regardées comme directement utiles à l'acquisition ou la conservation de ses revenus, alors même que ni les circonstances de fait ni aucun texte ne les rendraient obligatoires. Par suite un expert-comptable salarié qui a acquis des actions de la société d'expertise comptable qui l'emploie peut déduire les intérêts de l'emprunt qu'il a contracté en vue de cet achat dès lors que : 1) après l'obtention de son diplôme d'expert-comptable, l'intéressé a été invité par le dirigeant du cabinet à prendre une participation dans la société, dont les deux tiers du capital doivent, en vertu de l'article 7 de l'ordonnance du 19 sept. 1945, être détenus par des experts-comptables ; 2) cette acquisition est de nature à faciliter directement la poursuite du contrat de travail de l'intéressé ; 3) le montant des intérêts n'est pas hors de proportion avec les revenus attendus de la poursuite de ce contrat. • CE 25 oct. 2004, 🏛 n° 255092 : *Boutourlinsky : RJF 2005. 27 ; concl. Glaser au BDCF 1/05, n° 6 ; Dr. fisc. 2005. 224, concl. Glaser ; JCP E 2005, p. 462, note Cozian.* ♦ Alignement de l'Administration sur cette jurisprudence. A titre de règle pratique, les intérêts d'un emprunt souscrit par un salarié pour acquérir des titres de la société qui l'emploie sont susceptibles d'être admis en déduction au titre des frais réels pour la part de l'emprunt qui n'excède pas le triple de sa rémunération annuelle. * BOI-RSA-BASE-30-50-30-30 n° 120 du 21 juin 2017.

35. Un expert-comptable qui a acquis moyennant un emprunt les titres d'une société d'expertise comptable dont il est le salarié, est en droit de prétendre à la déduction des intérêts de l'emprunt dans la catégorie des traitements et salaires. • CE 30 juin 2008, ⚖ n° 274480 : *RJF 2008. 1040, concl. Glaser ; Dr. fisc. 2008. 503, concl. Glaser.* ♦ En revanche, en raison du caractère spontané de son engagement, un cadre dirigeant ne peut pas déduire les charges de remboursement d'un emprunt contracté pour réaliser un apport en compte courant à la société qui l'emploie. • CE 6 mai 1996, ⚖ n° 133870 : *Dr. fisc. 1996. 1012, concl. Bachelier.*

36. Frais d'acquisition de titres de sociétés. L'art. 83-3° CGI prévoit la possibilité de déduire les intérêts d'emprunt et autres frais versés à compter de 2009 par les salariés et les dirigeants qui leur sont fiscalement assimilés pour acquérir ou souscrire les titres de la société dans laquelle ils exercent leur activité principale. Dirigeants, salariés et sociétés concernés. Utilité des titres. Condition de proportionnalité avec la rémunération annuelle. * BOI-RSA-BASE-30-50-30-30 n°s 120 à 430 du 21 juin 2017.

37. Précisions diverses : 1) Les dirigeants dont les rémunérations relèvent de l'art. 62 CGI (gérants majoritaires de SARL notamment) peuvent bénéficier du régime. 2) La notion d'activité principale du salarié ou du dirigeant s'entend de celle qui lui procure plus de la moitié de ses revenus professionnels nets. Cette condition, appréciée annuellement, doit être satisfaite à partir du troisième mois suivant l'acquisition des titres. 3) L'utilité des titres acquis ne peut résulter du seul exercice de l'activité professionnelle au sein de la société mais doit être établie au vu des circonstances de fait. 4) La déduction des frais est refusée lorsque l'acquisition a pour objectif la constitution d'une épargne. 5) Les intérêts admis en déduction sont ceux qui correspondent à la fraction de l'emprunt qui n'excède pas un plafond fixé à trois fois la rémunération annuelle allouée ou escomptée. 6) Dans l'hypothèse où l'acquisition des titres est financée à la fois par un emprunt et par des fonds propres, le plafond de la rémunération doit être réduit en fonction de la fraction de l'acquisition financée par l'emprunt. 7) Lorsque l'emprunt est souscrit l'année précédant la prise de fonctions, la déduction des intérêts versés avant cette date est admise, en prenant en considération la rémunération que l'intéressé percevra l'année suivante. * BOI : *préc. note* 36.

38. Amendes. L'amende de caractère répressif à laquelle un agent de change a été condamné par la chambre syndicale des agents de change pour non-respect des règles déontologiques de la profession ne constitue pas une dépense inhérente à l'emploi au sens de l'art. 83-3° et n'est, en conséquence, pas déductible des salaires perçus par l'intéressé. Ne pouvant davantage être regardée comme exposée en vue de l'acquisition de son revenu au sens de l'art. 13, elle n'est pas non plus déductible de son revenu global. • CAA Paris, 16 mars 2006, n° 03PA2871 : *RJF 2006. 1023* • CE (na), 25 juin 2007, n° 293732 : *RJF 2007. 1427.*

39. Versements effectués en exécution d'une sanction pénale. Les sommes versées par un dirigeant d'une SARL reconnu coupable du délit de fraude fiscale et condamné au paiement solidaire des droits fraudés par la société ne sont pas déductibles de son revenu imposable en raison du caractère pénal de cette sanction. • CAA Versailles, 6 mai 2008, n° 07VE263 : *RJF 2009. 31.*

40. Dépenses de recherche d'emploi et de formation. Les dépenses exposées par un salarié privé d'emploi en vue de retrouver du travail constituent des dépenses d'ordre professionnel. Il en est notamment ainsi des dépenses effectivement supportées par un demandeur d'emploi, régulièrement inscrit auprès du service compétent, pour la recherche d'un nouvel emploi (frais de déplacement pour un entretien, communications téléphoniques, abonnement au réseau internet, etc.) ou pour suivre des stages de formation professionnelle. Il doit être justifié de leur lien direct avec la recherche d'un nouvel emploi et, s'il s'agit de biens ou de services (notamment ordinateur, abonnement internet...) susceptibles d'une utilisation mixte, c'est-à-dire à la fois professionnelle et privée, dans la stricte proportion de leur engagement à cette fin. * BOI-RSA-BASE-30-50-30-40 n° 30 du 20 sept. 2017. ♦ Les salariés qui exposent des dépenses en vue d'acquérir un diplôme ou une qualification leur permettant, soit d'améliorer leur situation au sein de la profession qu'ils exercent, soit d'obtenir un nouvel emploi dans un autre domaine d'activité professionnelle, peuvent déduire le montant desdits frais de leurs salaires. • TA Dijon, 17 sept. 1996, n° 936852 : *RJF 1997. 223.*

41. Frais de litige ou de procès. L'objet de l'art. 83-3° n'affecte pas par lui-même le principe des droits de la défense et le droit à un procès équitable. Par suite, ne peut être regardé comme posant une question sérieuse le moyen selon lequel l'art. 83-3° priverait les particuliers du droit de déduire les honoraires d'auxiliaires de justice qu'ils supportent à l'occasion d'un procès de la base de calcul de leur IR, alors que les entreprises ont un droit à déduction. Non-lieu à renvoi d'une QPC au Conseil constitutionnel. • CE 9 juill. 2010, ⚖ n° 339398 : *RJF 2010. 1080 ; Dr. fisc. 2010. 536 ; concl. Olléon.* ♦ Les honoraires d'avocat payés par un salarié licencié dans le cadre d'un contentieux prud'homal sont déductibles dans la mesure où l'indemnité obtenue est imposable. • CE 27 oct. 2010, ⚖ n° 315056 : *RJF 2011. 67.*

42. Frais de formation initiale à finalité professionnelle. Doivent être considérés comme des frais déductibles dès lors qu'ils correspondent à une formation à finalité professionnelle, nonobstant la circonstance qu'il s'est agi d'une formation initiale, les frais de scolarité exposés par un étudiant d'une école supérieure de commerce et acquittés au cours de l'année durant laquelle il a effectué, dans le cadre de sa scolarité, un stage en entreprise rémunéré, puis exercé un emploi salarié. Même s'ils se rapportent en partie à la scolarité effectuée pendant l'année précédente, leur paiement au cours de l'année durant laquelle il a été salarié ouvre droit pour l'intéressé à leur déduction intégrale au titre de cette année. • CAA Lyon, 27 mars 2008, n° 05LY1338 : *RJF 2008. 1193.*

43. Frais de matériel, mobilier et outillage. Plafond de déduction (frais réels) à compter de 2002 : 500 € HT. * BOI-RSA-BASE-30-50-30-40 n° 70 du 20 sept. 2017.

44. Conversion en euros de devises étrangères. Cette conversion doit, selon un principe général, s'effectuer selon le cours du change à Paris de ces monnaies au jour du paiement de la dépense concernée. Cependant, il est admis que les dépenses exposées à l'étranger pour une année N soient calculées en euros à partir de la moyenne des cours des monnaies concernées au 31 décembre de l'année N–1 et au 31 décembre de l'année N, tels que publiés par la Banque de France (site internet : http://www.banque-france.fr). * BOI-RSA-BASE-30-50-30-10 n° 70 du 12 sept. 2012.

45. Professions artistiques. Pour l'ensemble des professions artistiques, pour les artistes chorégraphiques, les artistes lyriques et choristes et les musiciens, V. * BOI-RSA-BASE-30-50-30-30 n°s 440 à 500 du 21 juin 2017.

D. ENGAGEMENTS DE CAUTION

BIBL. Cozian, *JCP E 2002, p. 358* (paiement du passif social). – Nonorgue, *Dr. fisc. 1997, p. 636 ; RJF 2000, p. 10* (règlement spontané des dettes sociales) ; *Dr. fisc. 2003, p. 827* (la situation fiscale du dirigeant, caution de la société).

V. égal. notes ss. art. 13.

46. Dans le cadre de la déduction des frais réels, les sommes qu'un salarié qui, s'étant rendu caution d'une obligation souscrite par la société dont il est le dirigeant de droit ou de fait, a dû payer au créancier de cette dernière, sont déductibles de son revenu imposable de l'année au cours de laquelle ce paiement a été effectué. • CE 22 juin 1983, ♔ n° 32531 : *Dr. fisc. 1983. 1992 ; RJF 1983. 965, concl. Rivière.* ♦ Un salarié non dirigeant, quelle que soit sa place dans la hiérarchie de l'entreprise, peut également pratiquer une telle déduction si l'engagement de caution a été pris dans l'intérêt de l'entreprise et n'était pas disproportionné par rapport au salaire perçu par l'intéressé. • TA Strasbourg, 11 mai 1999, n° 951491 : *Dr. fisc. 1999. 608, concl. Malvasio.*

47. Lien entre l'engagement et la qualité de dirigeant. Le dirigeant doit avoir personnellement intérêt à la poursuite des activités de la société et son engagement comme caution doit se rattacher directement à sa qualité de dirigeant. • CE 28 mars 1984, n° 40168 : *Dr. fisc. 1984. 1649 et 1658, concl. Racine.* ♦ Les conditions de déductibilité des sommes versées s'apprécient à la date de l'engagement. La circonstance que le contribuable n'exerçait plus de fonctions salariées lorsqu'il a été contraint d'honorer son engagement est dépourvue de conséquence. • CAA Lyon, 11 déc. 1996, n° 95LY441 : *Dr. fisc. 1997. 192 ; RJF 1997. 138.*

Déduction des sommes versées par un dirigeant qui, pour sauvegarder sa propre rémunération, a accordé sa caution à une filiale. • CAA Nancy, 18 déc. 1990, n° 1274 : *RJF 1991. 610.* ♦ ... Ou à un client important de l'entreprise. • CE, plén., 9 oct. 1992, ♔ n° 116181 : *Dr. fisc. 1994. 836.*

48. Déduction des sommes versées en exécution d'un engagement de caution par la présidente salariée d'une association pour assurer la pérennité de son emploi. • CE 9 févr. 2001, ♔ n° 201687 : *Dr. fisc. 2001. 504, concl. Goulard ; RJF 2001. 433 ; concl. Goulard au BDCF 4/01, n° 46.*

49. Sont déductibles, l'année de leur paiement, dans la catégorie des traitements et salaires en application des dispositions combinées des art. 13-1 et 83-3°, les sommes versées en exécution d'un engagement de caution souscrit par un salarié en faveur de la société qui l'emploie, alors même qu'il n'en est pas le dirigeant, à condition que ces sommes puissent être regardées comme directement utiles à l'acquisition ou à la conservation de ses revenus, que l'engagement ait été souscrit dans l'intérêt de l'entreprise et qu'il n'ait pas été hors de proportion avec les rémunérations allouées à l'intéressé ou qu'il pouvait escompter au moment où il l'a contracté. Par suite, constitue une charge déductible inhérente à l'emploi, et non une perte en capital non déductible, les sommes versées en exécution d'un engagement souscrit par un salarié, par ailleurs détenteur de 14,5 % du capital social, pour permettre la création et assurer la pérennité de la société constituée après le dépôt de bilan de l'entreprise qui l'employait auparavant, le caractère proportionné des versements aux revenus salariés n'étant pas contesté. • CAA Nantes 27 déc. 2004, n° 02NT255 : *RJF 2005. 695 ; concl. Hervouet au BDCF 7/05, n° 89.*

50. Engagement dans l'intérêt de l'entreprise. L'engagement de caution doit avoir été pris en vue de servir les intérêts de l'entreprise. • CE, plén., 22 déc. 1989, ♔ n° 56905 : Dr. fisc. *1990. 858, concl. Racine ; RJF 1990. 105.* ♦ Cette dernière condition n'est pas remplie lorsque le contribuable a été reconnu coupable d'abus de biens sociaux. • CE 20 mars 1996, ♔ n° 124957 : *Dr. fisc. 1996. 903, concl. Ph. Martin ; JCP E 1996. Pan. 542.*

51. Proportionnalité de l'engagement et des rémunérations. L'engagement souscrit ne doit pas être hors de proportion avec les rémunérations servies à l'intéressé ou escomptées par lui au moment où il l'a contracté : les sommes versées sont déductibles dans la limite du triple de la rémunération annuelle allouée par la société cautionnée. • CE 6 janv. 1993, n° 78729 : *Dr. fisc. 1994. 1355 ; RJF 1993. 355, chron. Goulard, p. 815* • 6 nov. 1995 : *Dr. fisc. 1995. 2361 ; RJF 1996. 44.* ♦ ... Et par les autres sociétés du groupe ayant des activités complémentaires et des intérêts étroitement liés. • CE 20 févr. 1991, n° 75514 : *Dr. fisc. 1991. 501 ; RJF 1991. 436.* ♦ Si le conjoint du dirigeant est lui-même salarié de la société et caution solidaire, on ajoute ses rémunérations à celles du dirigeant pour apprécier la proportionnalité. • CE 6 janv. 1993, n° 78729 : *préc.*

La part déductible des sommes versées en exécution d'un engagement de caution doit s'imputer en priorité sur les premiers versements. Si cette imputation n'a pas été réalisée, le contribuable ne saurait y prétendre au titre de versements ultérieurs. • TA Dijon, 4 mars 1997, n° 965718 : *RJF 1997. 671.*

52. Engagements multiples. Dans le cas de versements effectués en exécution d'engagements multiples souscrits sur plusieurs années, le caractère déductible des sommes payées doit être apprécié par référence au montant total des engagements pris et est subordonné à la condition que l'engagement au titre duquel les paiements ont été effectués n'ait pas eu pour effet, à la date à laquelle il a été pris, de porter le montant cumulé des cautions données par le contribuable à des sommes hors de proportion avec la rémunération annuelle qu'il percevait ou pouvait escompter au titre de l'année en cause. Lorsque l'engagement souscrit ne respecte pas cette condition, les sommes versées à ce titre sont néanmoins déductibles dans la limite du plafond ainsi fixé, diminué de la différence entre le total des engagements souscrits antérieurement à l'année en cause et les remboursements effectués jusqu'au terme de cette même année. • CE 19 janv. 1998, n° 159885 : *RJF 1998. 268 ; concl. Arrighi de Casanova au BDCF 2/98.* ♦ Dans le cas de versements effectués en exécution d'engagements souscrits au bénéfice de plusieurs sociétés dont le contribuable était le dirigeant, le respect de la règle de proportionnalité doit s'apprécier société par société, et non au regard des engagements souscrits à l'égard de l'ensemble des sociétés, sauf lorsque, appartenant au même groupe, elles ont des activités complémentaires ou lorsqu'elles sont étroitement liées d'un point de vue capitalistique ou commercial. • CE 26 nov. 2014, *Min. Budget c/ d'Agrosa,* n° 358736 : *RJF 2015. 109.*

53. Engagement de caution illimité. Les sommes versées au titre d'un engagement de caution illimité peuvent être admises en déduction dans la limite du triple de la rémunération. En revanche, les versements effectués en exécution des engagements ultérieurement souscrits par le dirigeant ne sont pas déductibles, dès lors qu'aux dates respectives auxquelles ils ont été souscrits, ils se sont ajoutés à un premier engagement, encore en vigueur, dont le montant, illimité, a eu, par lui-même, pour effet de porter le total des engagements contractés à un montant hors de proportion avec les rémunérations perçues par le dirigeant au cours des années où il a contracté les engagements ultérieurs. • CE 19 janv. 1998, n° 159885 : *préc. note 52.*

54. Dirigeant salarié caution d'une obligation souscrite par la filiale de la société qu'il dirige. Le dirigeant salarié d'une société peut déduire de son revenu imposable de l'année au cours de laquelle il a effectué le versement des sommes payées en exécution d'un engagement de caution souscrit en faveur d'un tiers tel qu'une société filiale de celle qu'il dirige, à condition : 1) non seulement que l'apport de cette caution se rattache directement à sa qualité de dirigeant, ait été consenti en vue de servir les intérêts de la société qu'il dirige et n'ait pas été hors de proportion avec les rémunérations perçues de celle-ci ; 2) mais en outre que l'intéressé justifie que ladite société n'était pas en mesure de se porter, elle-même, caution, et que ses activités pouvaient être mises en péril par une éventuelle défaillance de la débitrice principale, de sorte que, s'il s'est personnellement porté caution, c'est afin de préserver ses propres rémunérations. • CE 4 août 2006, n° 268127 : *RJF 2006. 1355 ; Dr. fisc. 2006. 767.*

55. Prise en charge du passif social. La prise en charge du passif d'une SARL en liquidation judiciaire par sa gérante, assignée en justice en vue d'une extension de la procédure de liquidation et soumise à des demandes répétées de paiement émanant du mandataire-liquidateur, ne présente pas un caractère spontané et se rattache à ses fonctions de gérante, nonobstant la circonstance que l'intéressée n'a pas été condamnée à combler l'insuffisance d'actif par décision judiciaire et que le tribunal n'a pas étendu la liquidation judiciaire à son encontre. Les versements effectués sont par suite déductibles des sommes déclarées dans la catégorie des traitements et salaires. • CAA Versailles, 4 avr. 2006, n° 04VE3476 : *RJF 2006. 1353.*

56. Versements effectués par le conjoint du dirigeant. Dans le cas où le gérant majoritaire d'une SARL a souscrit un engagement de caution au profit de sa société, les sommes versées à ce titre par son épouse, qui n'est elle-même ni salariée ni associée de la SARL, ne peuvent pas être considérées comme inhérentes à sa fonction de dirigeant et déduites de ses revenus imposables dans la catégorie des traitements et salaires. En effet, il n'est ni établi ni même allégué que le gérant aurait finalement supporté la charge des versements opérés par son épouse et qu'aurait existé entre eux une communauté de biens. • CE 18 déc. 2008, n° 29238 : *RJF 2009. 190 ; concl. Burguburu au BDCF 3/09, n° 27.* ♦ Les art. 13, 83 et 156 s'opposent à ce qu'une caution donnée par l'un des époux, lui-même actionnaire non salarié d'une société, puisse être regardée comme consentie pour la conservation du revenu salarié de l'autre époux, et à ce que les sommes payées à ce titre puissent être déductibles des revenus imposables. Le régime matrimonial des conjoints et la solidarité entre époux sont sans incidence sur le principe résultant ainsi de la combinaison de ces articles. • CE 27 mars 2009, n° 309792 : *RJF 2009. 536 ; Dr. fisc. 2009. 353 ; Dr. sociétés 2009. 84, note Pierre.*

Art. 83 *bis* *(Abrogé par L. n° 2013-1278 du 29 déc. 2013, art. 26-I-j et XI-5, pour les emprunts contractés à compter du 1er janv. 2017)* ***I. — Lorsqu'une société est créée dans les conditions prévues à l'article 220 quater, les dispositions du 2° quater de l'article 83 sont applicables aux emprunts contractés en vue de la souscription au capital de la société créée ou en vue de l'acquisition des actions ou des parts de la société rachetée à la suite d'options consenties aux salariés, soit en vertu des articles L. 225-177 à L. 225-184 du code de commerce, soit par des actionnaires ou porteurs de parts à un prix convenu lors de la promesse de vente.***

Pour l'acquisition de titres à la suite d'options, l'application des dispositions du premier alinéa est subordonnée aux conditions suivantes :

1° Les salariés doivent faire apport des titres ainsi acquis à la société créée dès sa constitution ou, si celle-ci est antérieure à la date de l'agrément prévu par l'article 220 quater, dans un délai de deux mois à compter de cette dernière date ;

2° La demande d'agrément visée à l'article 220 quater doit être déposée dans les cinq ans de la date à laquelle les options ont été consenties ;

3° Les options ne peuvent être levées qu'après l'octroi de l'agrément.

La déduction des intérêts est pratiquée sur les salaires versés par la société rachetée.

Les conditions énoncées aux septième et huitième alinéas du 2° quater de l'article 83 s'appliquent aux titres de la société créée. *— V. Ann. III, art. 38 septdecies A à 38 septdecies E.*

II. — Sont déductibles du montant brut des sommes payées, dans les conditions prévues au II de l'article 220 quater A, les intérêts des emprunts contractés à compter du 15 avril 1987 par les salariés d'une entreprise pour la constitution du capital d'une société ayant pour objet exclusif de racheter tout ou partie du capital de leur entreprise et pour la souscription à une augmentation de ce capital effectuée au cours de l'année de la création de cette société, si le montant de cette augmentation de capital est affecté à la réduction des emprunts mentionnés au deuxième alinéa du I de l'article 220 quater A. *— V. Ann. III, art. 38 septdecies F.*

Ces intérêts restent déductibles si les titres de la société sont apportés à une société mentionnée au cinquième alinéa du c du II de l'article 220 quater A.

Les salariés d'une filiale dont le capital est détenu pour plus de 50 % par cette entreprise peuvent, s'ils participent au rachat de cette dernière, bénéficier de la déduction dans les mêmes conditions.

La déduction ne peut excéder le montant brut du salaire versé à l'emprunteur par l'entreprise. Elle ne peut être supérieure à 150 000 F. Elle est limitée aux intérêts afférents aux emprunts utilisés pour libérer le capital au cours de l'année de création de la société. Les neuvième et dixième alinéas du 2° quater de l'article 83 s'appliquent à cette déduction. *— V. Ann. III, art. 38 septdecies G.*

La déduction des intérêts prévue au premier alinéa du présent II n'est plus admise à compter de l'année au cours de laquelle une des conditions fixées par l'article 220 quater A cesse d'être satisfaite. *— V. aussi Ann. III, art. 38 septdecies A s.*

III. — Les dispositions du II sont applicables aux intérêts des emprunts contractés par les salariés pour l'acquisition d'actions de la société rachetée en exécution d'options qui leur ont été consenties dans le cadre des dispositions des articles L. 225-177 à L. 225-184 du code de commerce et si les conditions suivantes sont réunies :

1° Les options ont été consenties au cours des cinq années précédant la constitution de la société créée en vue du rachat ;

2° Les options ont été levées au cours des deux mois précédant la constitution de la société créée en vue du rachat ;

3° Les salariés font apport des titres ainsi acquis à la société créée dès sa constitution. *— V. Ann. III, art. 38 septdecies G.*

IV. — Lorsque le rachat d'une entreprise a été soumis à l'accord du ministre chargé des finances, prévu à l'article 220 quater B, le bénéfice des dispositions des II et III est subordonné à cet accord.

V. — Les avantages prévus aux II et III ne sont plus applicables à compter de l'année au cours de laquelle l'une des conditions prévues à l'article 220 quater A cesse d'être satisfaite.

Art. 83 ter *Périmé (Décr. nº 2008-294 du 1er avr. 2008).*

Art. 83 A Un abattement de 40 % est pratiqué sur le montant brut des pensions servies par un débiteur établi ou domicilié en France métropolitaine à des personnes ayant leur domicile fiscal en Polynésie française, aux îles Wallis-et-Futuna, dans les Terres australes et antarctiques françaises et en Nouvelle-Calédonie.

Art. 84 *Disjoint.*

Art. 84 A Les dispositions prévues par l'article 100 *bis* du code général des impôts sont applicables, sous les mêmes conditions, pour la détermination des salaires imposables des artistes du spectacle, titulaires d'un contrat entrant dans les prévisions des articles L. 7121-3 à L. 7121-7 du code du travail et des salaires imposables des sportifs perçus au titre de la pratique d'un sport.

Ces modalités exceptionnelles d'établissement de l'impôt ne peuvent s'appliquer aux allocations versées par les ASSEDIC à une comédienne salariée. • CAA Paris, 8 juill. 1999, nº 97PA647 : *Dr. fisc. 2000. 224, concl. contraires Haïm.*

Art. 85 *Disjoint.*

3 OBLIGATIONS DES EMPLOYEURS ET DÉBIRENTIERS

Art. 86 Toute personne physique ou morale qui paye des sommes imposables est tenue, pour chaque bénéficiaire d'un paiement imposable, de mentionner sur son livre, fichier ou autre document destiné à l'enregistrement de la paye, ou, à défaut, sur un livre spécial *[V. aussi LPF, art. L. 82 B et L. 102 B]* **:**

— la date, la nature et le montant de ce paiement ;

— le nombre de personnes déclarées par le bénéficiaire comme étant à sa charge.

Art. 87 Toute personne physique ou morale versant des traitements, émoluments, salaires ou rétributions imposables est tenue de souscrire, dans les conditions prévues à l'article 87 A, une déclaration dont le contenu est fixé par décret. — *V. Ann. III, art. 39.*

Cette déclaration doit, en outre, faire ressortir distinctement, pour chaque bénéficiaire appartenant au personnel dirigeant ou aux cadres, le montant des indemnités pour frais d'emploi qu'il a perçues ainsi que le montant des frais de représentation, des frais de déplacement, des frais de mission et des autres frais professionnels qui lui ont été alloués ou remboursés au cours de l'année précédente.

A elle seule, la déclaration annuelle des salaires souscrite par l'entreprise ne fait pas preuve du paiement des salaires au contribuable. • TA Versailles, 4 juill. 1995, nº 875248 : *Dr. fisc. 1996. 607, concl. Haïm.*

Art. 87-0 A *(L. nº 2016-1917 du 29 déc. 2016, art. 60-I-B-2º et I-G-1, applicable aux revenus perçus ou réalisés à compter du 1er janv. 2019)* **Les personnes tenues d'effectuer la retenue à la source prévue au 1º du 2 de l'article 204 A déclarent chaque mois à l'administration fiscale, directement ou, pour les employeurs ayant recours aux dispositifs simplifiés prévus à l'article L. 133-5-6 du code de la sécurité sociale, par l'intermédiaire de l'organisme mentionné à l'article L. 133-5-10 du même code ou, pour les employeurs mentionnés à l'article L. 7122-22 du code du travail, par l'intermédiaire** *de l'*organisme **mentionné à l'article L. 7122-23 du même code, des informations relatives au montant prélevé sur le revenu versé à chaque bénéficiaire.**

V. Ann. III, art. 39 C à 39 F.

Erreurs de taux et d'assiette. Trop-versés de revenus. Modalités de régularisation des erreurs commises par les collecteurs lors de la souscription des déclarations DSN ou Pasrau ayant abouti à des insuffisances ou des excédents de retenue. Cas où la retenue a été régulièrement appliquée à des revenus versés à tort aux bénéficiaires puis restitués par ceux-ci. * BOI-IR-PAS-30-10-50 du 27 févr. 2019.

Art. 87 A *[Applicable du 1er févr. 2016 au 31 déc. 2018]* La déclaration mentionnée à l'article 87 est transmise selon les modalités prévues à l'article L. 133-5-3 du code de la sécurité sociale.

Pour les personnes n'entrant pas dans le champ d'application de l'article L. 133-5-3 du code de la sécurité sociale, cette déclaration est souscrite auprès de l'organisme ou de l'administration désigné par décret, au plus tard le 31 janvier de l'année suivant celle au cours de laquelle les sommes ont été versées.

Art. 87 A ***[Applicable du 1er janv. 2019 au 31 déc. 2022]*** *(L. nº 2016-1917 du 29 déc. 2016, art. 60-I-B-3º et I-G-1)* **Les déclarations mentionnées aux articles 87 et 87-0 A sont transmises mensuellement selon les modalités prévues** *(L. nº 2019-1479 du 28 déc. 2019, art. 7-1º-a)* **« au I de l'article L. 133-5-3 ou à l'article » L. 133-5-8 du code de la sécurité sociale ou à l'article L. 7122-23 du code du travail.**

Pour les personnes n'entrant pas dans le champ d'application *(L. nº 2019-1479 du 28 déc. 2019, art. 7-1º-b)* **« du I » de l'article L. 133-5-3 du code de la sécurité sociale, les déclarations mentionnées aux articles 87 et 87-0 A du présent code sont souscrites auprès de l'organisme ou de l'administration désigné par décret :** *— V. Ann. III, art. 39 D.*

1º Au plus tard le 31 janvier de l'année suivant celle au cours de laquelle les sommes ont été versées, pour la déclaration mentionnée à l'article 87 ;

2º Au plus tard le mois suivant celui au cours duquel les sommes ont été précomptées, à une date fixée par arrêté du ministre chargé du budget, pour la déclaration mentionnée à l'article 87-0 A. *— V. Ann. IV, art. 6 C.*

V. Ann. III, art. 39 B.

Les dispositions du présent art. s'appliquent aux revenus perçus ou réalisés à compter du 1er janv. 2019 (L. nº 2016-1917 du 29 déc. 2016, art. 60-I-G-1, mod. par Ord. nº 2017-1390 du 22 sept. 2017, art. 1er-1º).

Art. 87 A ***[Applicable à compter du 1er janv. 2023]*** **Les déclarations mentionnées aux articles 87 et 87-0 A sont transmises mensuellement selon les modalités prévues** *(L. nº 2019-1479 du 28 déc. 2019, art. 7-1º-a)* **« au I de l'article L. 133-5-3 ou à l'article » L. 133-5-8 du code de la sécurité sociale ou à l'article L. 7122-23 du code du travail.**

Pour les personnes n'entrant pas dans le champ d'application *(L. nº 2019-1479 du 28 déc. 2019, art. 7-1º-b)* **« du I » de l'article L. 133-5-3 du code de la sécurité sociale, les déclarations mentionnées aux articles 87 et 87-0 A du présent code sont souscrites auprès de l'organisme ou de l'administration désigné par décret :** *— V. Ann. III, art. 39 D.*

1º Au plus tard le 31 janvier de l'année suivant celle au cours de laquelle les sommes ont été versées, pour la déclaration mentionnée à l'article 87 ;

2º Au plus tard le mois suivant celui au cours duquel *(L. nº 2021-1900 du 30 déc. 2021, art. 132-I-1º et II)* **« la retenue à la source a été précomptée ou celui au cours duquel les revenus mentionnés à l'article 88 ont été versés », à une date fixée par arrêté du ministre chargé du budget, pour la déclaration mentionnée à l'article 87-0 A.** *— V. Ann. IV, art. 6 C.*

V. Ann. III, art. 39 B.

Art. 88 **Toute personne physique et morale payant des pensions ou rentes viagères est tenue de déclarer les sommes versées et de fournir les indications relatives aux titulaires de ces pensions ou rentes.** *— V. Ann. III, art. 39 A.*

Cette déclaration est souscrite auprès de l'administration fiscale, au plus tard le 31 janvier de l'année civile suivant celle au cours de laquelle ces sommes ont été versées.

Nouvel art. 88 ***Toute personne physique et morale payant des*** *(L. nº 2021-1900 du 30 déc. 2021, art. 132-I-2º et II, en vigueur le 1er janv. 2023)* ***« rentes viagères à titre onéreux » est tenue de déclarer les sommes versées et de fournir les indications relatives aux titulaires de ces*** *(Abrogé par L. nº 2021-1900 du 30 déc. 2021, art. 132-I-2º et II, à compter du 1er janv. 2023)* ***« pensions ou » rentes.*** *— V. Ann. III, art. 39 A.*

Cette déclaration est souscrite auprès de l'administration fiscale, *(L. nº 2021-1900 du 30 déc. 2021, art. 132-I-2º et II, en vigueur le 1er janv. 2023)* ***« au moyen de la déclaration mentionnée à l'article 87-0 A. »***

Art. 88 A *Transféré ss. art. 1649 bis (Décr. nº 2012-653 du 4 mai 2012).*

Art. 89 **Dans le cas de cession ou de cessation en totalité ou en partie de l'entreprise ou de cessation de l'exercice de la profession, la déclaration visée à l'article 87 doit**

être produite, en ce qui concerne les rémunérations payées pendant l'année de la cession ou de la cessation, dans le délai indiqué à l'article 201 ou 202.

Il en est de même de l'état concernant les rémunérations versées au cours de l'année précédente s'il n'a pas encore été produit.

(Abrogé par L. nº 2016-1917 du 29 déc. 2016, art. 60-I-B-4º et I-G-3, pour l'imposition des revenus perçus ou réalisés à compter du 1er janv. 2018) ***« Lorsqu'il s'agit de la cession ou de la cessation d'une exploitation agricole, le délai de soixante jours commence à courir du jour où la cession ou la cessation est devenue effective. »***

En cas de décès de l'employeur ou du débirentier, *(L. nº 2016-1917 du 29 déc. 2016, art. 60-I-B-4º et I-G-1, applicable aux revenus perçus ou réalisés à compter du 1er janv. 2019)* **« les déclarations mentionnées aux articles 87, 87-0 A et 88 sont souscrites »** *[ancienne rédaction : la déclaration des traitements, salaires, pensions et rentes viagères payés par le défunt pendant l'année au cours de laquelle il est décédé doit être souscrite]* **» par les héritiers dans les six mois du décès. Ce délai ne peut, toutefois, s'étendre au-delà du 31 janvier de l'année suivante.**

Les dispositions issues de la L. nº 2016-1917 du 29 déc. 2016 ont été modifiées par l'Ord. nº 2017-1390 du 22 sept. 2017, art. 1er.

Art. 89 A *(L. nº 2016-1917 du 29 déc. 2016, art. 60-I-B-5º et I-G-2)* **Les déclarations mentionnées aux articles 87, 87-0 A, 88, 240 et 241 sont transmises par le déclarant à l'administration fiscale selon un procédé informatique.**

Les dispositions du présent art. s'appliquent aux déclarations mentionnées aux art. 87, 88, 240 et 241 CGI afférentes aux revenus perçus ou réalisés à compter du 1er janv. 2017 et aux déclarations mentionnées à l'art. 87-0 A du même code afférentes aux revenus perçus à compter du 1er janv. 2019 (L. nº 2016-1917 du 29 déc. 2016, art. 60-I, mod. par Ord. nº 2017-1390 du 22 sept. 2017, art. 1er-1º).

Télédéclaration obligatoire depuis 2017. La déclaration des pensions et rentes viagères peut être souscrite selon deux procédures informatiques : – soit par la procédure EFI (échange de formulaire informatisé) dès lors que l'entité déclarée comporte 50 bénéficiaires ou moins ; – soit par la procédure EDI (envoi de données informatisées) de transmission de fichiers par internet. * MOI-RSA-PENS-40 nos 50 et 90 du 6 déc. 2017.

4 MESURES D'APPLICATION

Art. 90 Un décret détermine les conditions d'application des articles 79 à 89 *[Ann. III, art. 369 à 374]*.

5

Art. 91 à 91 I *Abrogés.*

VI ***BÉNÉFICES DES PROFESSIONS NON COMMERCIALES***

BIBL. ▸ Desvignes, Fiscalité des professions et activités libérales, *Éditions Liaisons, 1998.*

A DÉFINITION DES BÉNÉFICES IMPOSABLES

Art. 92 1. Sont considérés comme provenant de l'exercice d'une profession non commerciale ou comme revenus assimilés aux bénéfices non commerciaux, les bénéfices des professions libérales, des charges et offices dont les titulaires n'ont pas la qualité de commerçants et de toutes occupations, exploitations lucratives et sources de profits ne se rattachant pas à une autre catégorie de bénéfices ou de revenus.

2. Ces bénéfices comprennent notamment :

1º Les produits des opérations de bourse effectuées dans des conditions analogues à celles qui caractérisent une activité exercée par une personne se livrant à titre professionnel à ce type d'opérations ;

(L. nº 2021-1900 du 30 déc. 2021, art. 70, en vigueur le 1er janv. 2023) **« 1º *bis* Les produits des opérations d'achat, de vente et d'échange d'actifs numériques effectuées dans des conditions analogues à celles qui caractérisent une activité exercée par une personne se livrant à titre professionnel à ce type d'opérations ; »**

2º Les produits de droits d'auteurs perçus par les écrivains ou compositeurs et par leurs héritiers ou légataires ;

3° Les produits perçus par les inventeurs au titre soit de la concession de licences d'exploitation de leurs brevets, soit de la cession ou concession de marques *(Ord. n° 2019-1169 du 13 nov. 2019, art. 13 et 15-I et VIII-1°, en vigueur à la date d'entrée en vigueur du décret d'application et au plus tard le 15 déc. 2019)* **« de produits ou de services** *[ancienne rédaction : de fabrique]* **», procédés ou formules de fabrication ;**

4° Les remises allouées pour la vente de tabacs fabriqués ;

5° Les produits des opérations réalisées à titre habituel, directement, par personne interposée ou par l'intermédiaire d'une fiducie, sur des contrats financiers, également dénommés "instruments financiers à terme", mentionnés au III de l'article L. 211-1 du code monétaire et financier, lorsque l'option prévue au 8° du I de l'article 35 n'était pas ouverte au contribuable ou lorsqu'il ne l'a pas exercée. — *Sur les obligations spécifiques de ces personnes, V. LPF, art. L. 96 CA et R. 96 CA-1.*

6° Les sommes et indemnités perçues par les arbitres ou juges au titre de la mission arbitrale mentionnée à l'article L. 223-1 du code du sport.

7° Les sommes perçues par les avocats en qualité de fiduciaire d'une opération de fiducie définie à l'article 2011 du code civil.

3. Les bénéfices réalisés par les greffiers titulaires de leur charge sont imposés, suivant les règles applicables aux bénéfices des charges et offices, d'après leur montant net déterminé sous déduction des traitements et indemnités alloués aux greffiers par l'État. Ces traitements et indemnités sont rangés dans la catégorie visée au V de la présente sous-section.

BIBL. ▶ COZIAN, *BFL 2000, p. 151* (le fisc et le voleur). – DAVID, *GAJ Fisc., p. 274* (gains imposables et gains non imposables) *et 369* (les BNC, cédule « balai »). – FOUQUET, *Dr. fisc. 2009, act. 15* (dans quelles conditions les plus-values sur titres non cotés peuvent-elles constituer des BNC ?).

A. BÉNÉFICES DES PROFESSIONS LIBÉRALES

1. Activités intellectuelles ou artistiques. Une activité indépendante de nature intellectuelle ou artistique relève de la catégorie des BNC. • CE 13 déc. 1972, n° 84400 : *Dupont 1973. 103* • 9 déc. 1992, n° 74845 : *RJF 1993. 184.* ♦ ... Même si le contribuable est inscrit au répertoire des métiers pour cette activité (dessinateur industriel). • CAA Lyon, 11 oct. 1994, n° 93LY1090 : *RJF 1996. 24.* ♦ Les sommes perçues par un fonctionnaire en rémunération du concours scientifique qu'il apporte à une entreprise sont imposables dans la catégorie des BNC. * BOI-BNC-CHAMP-10-30-60 n° 40 du 3 févr. 2016.

2. Professions médicales ou paramédicales. Un médecin-expert qui exerce son activité auprès de 40 compagnies d'assurances, dispose de la plus large autonomie pour réaliser ses expertises et détermine lui-même ses rémunérations est imposable dans la catégorie des BNC. • CE 5 mars 1997, n° 129343 : *Dr. fisc. 1997. 601, concl. Goulard ; RJF 1997. 329.* ♦ Il en est de même : des médecins psychiatres pour les rémunérations d'expertises diligentées par l'autorité judiciaire et réalisées en qualité d'expert indépendant. • CAA Paris, 30 avr. 2004, n° 00PA994 : *RJF 2004. 885.* ♦ En revanche, le médecin-chef d'une clinique qui est soumis à l'autorité du conseil d'administration responsable de la clinique et en reçoit des instructions précises, notamment en matière d'horaires et de vacances, qui doit soigner tous les malades admis dans l'établissement, et qui dispense ses soins dans les locaux de la clinique avec l'aide du personnel de celle-ci et au moyen de son matériel, se trouve, à l'égard de l'organisme gestionnaire, dans une situation de subordination caractérisant le louage de services, et ce, alors même qu'il dispose, pour son activité proprement médicale, de toute l'indépendance nécessaire à l'exercice de son art. Sa rémunération présente donc le caractère de salaires et non de BNC. • CE 30 mai 1979, n° 2762 : *RJF 1979. 446.* ♦ Il en est de même : des sommes qualifiées d'honoraires que perçoit un kinésithérapeute d'un établissement thermal, après prélèvement de 60 % de leur montant, dès lors que la clientèle n'est pas propre à ce praticien, lequel exerce son activité dans les lieux et selon les horaires imposés par l'établissement, et ce, alors même que son contrat précise qu'il exerce une activité libérale, qu'il ne doit aucune exclusivité à l'établissement thermal et que les curistes ont le libre choix du praticien. • CAA Marseille, 5 févr. 2004, n° 99MA797 : *RJF 2005. 454.* ♦ ... Des rémunérations versées aux médecins qui participent aux commissions médicales des permis de conduire. * BOI-RSA-CHAMP-10-10-30 n° 120 du 12 sept. 2012.

3. Sont imposables en tant que BNC les revenus perçus par un chirurgien-dentiste dès lors que, eu égard aux termes du contrat de remplacement, il dispose de l'indépendance nécessaire à l'exercice libéral de son activité, est rémunéré en pourcentage des honoraires et que les modalités d'exercice des remplacements ne sont pas de nature à le placer dans une situation de subordination caractérisant un lien salarié. • CE 17 mars 2014, n° 354701 : *RJF 2014. 564.*

4. Vétérinaire sanitaire. Les rémunérations

que le vétérinaire perçoit dans le cadre de son mandat sont assimilées à des rémunérations tirées de l'exercice d'une profession libérale. Elles sont imposables à l'IR dans la catégorie des BNC. * BOI-BNC-CHAMP-10-30-10 n°s 310 à 330 du 20 mai 2020.

5. Enseignement. Les activités d'enseignement relèvent des BNC lorsque les bénéfices qu'elles procurent proviennent principalement de l'activité d'enseignement de certains dirigeants de l'entreprise et de la mise en œuvre de leurs compétences propres en matière pédagogique ou technique. • CE 2 oct. 2002, n° 224917 : *RJF 2002. 1362.* ♦ Exerce dès lors une activité non commerciale une société ayant pour objet le conseil, la mise en œuvre de formation et le commerce de matériel informatique, dont l'activité de formation professionnelle, qui représente l'essentiel de son chiffre d'affaires, est assurée principalement par la gérante et constitue son activité principale. • Même arrêt.

6. Avocats. L'avocat associé d'une société d'exercice libéral à forme anonyme (Selafa) relève des BNC dès lors qu'il ne peut pas être imposé dans la catégorie des traitements et salaires en l'absence de lien de subordination entre lui et la société. L'interdiction de développer une clientèle personnelle ne suffit pas à elle seule à caractériser un tel lien. • CE 16 oct. 2013, n° 339822 : *RJF 2014. 24.*

7. Interprètes-traducteurs. Les interprètes-traducteurs collaborateurs du service public de la justice doivent être regardés comme agissant de manière indépendante et doivent donc être imposés à l'impôt sur le revenu dans la catégorie des bénéfices non commerciaux et non dans celle des traitements et salaires alors même qu'ils relèvent du régime général de la sécurité sociale. • TA Cergy-Pontoise, 12 déc. 2019, n° 1700768 : *RJF 2020. 435.*

8. Associations de gestion et de comptabilité. Il résulte des art. 2-7 *ter* et 22 de l'Ord. n° 45-2138 du 19 sept. 1945 que le législateur a reconnu un caractère non commercial aux activités que les associations de gestion et de comptabilité exercent conformément aux règles que l'ordonnance prévoit. • CE 2 déc. 2019, *Centre dptal d'économie rurale des exploitations agricoles de la Marne*, n° 423626 : *RJF 2020. 143, concl. Merloz.*

9. Détectives privés. Leur activité peut relever de la catégorie des BNC sous réserve qu'ils exercent une profession dans laquelle l'activité intellectuelle joue un rôle principal. Toutefois, si l'examen des conditions de fait dans lesquelles l'activité est exercée fait ressortir que l'importance des capitaux investis, la main-d'œuvre employée et les moyens matériels utilisés sont tels que l'activité exercée procède plus de la spéculation sur les éléments mis en œuvre que de l'exercice d'une activité personnelle, cette activité relève de la catégorie des BIC. * BOI-BNC-CHAMP-10-10-20-40 n° 680 du 2 sept. 2019.

10. Administrateur provisoire. La gestion par un administrateur provisoire de l'étude d'un mandataire judiciaire suspendu de ses fonctions ne fait pas obstacle à l'imposition au nom de ce dernier des sommes perçues par l'étude pendant la période de suspension. • CE 11 juill. 2011, n°s 331189 et 331819 : *RJF 2011. 1337.*

11. Arbitre sportif. Un arbitre de football, eu égard à la nature et aux modalités de l'activité qu'il exerce, ne se trouve pas à l'égard de la Fédération française de football dans une situation de subordination caractérisant une activité salariée. Par suite, les sommes qu'il perçoit sont imposables dans la catégorie des BNC et non dans celle des traitements et salaires (revenus antérieurs à 2007). • CE 18 janv. 2008, n° 303823 : *RJF 2008. 435 ; Dr. fisc. 2008. 328, concl. Collin, note de La Mardière.* ♦ Pour les revenus perçus à compter du 1er janv. 2007, taxables dans la catégorie des BNC, V. art. 93-2-6°.

12. Intermédiaires en opérations de banque et en services de paiement. Régime fiscal applicable. * BOI-BNC-CHAMP-10-30-50 n° 430 du 7 juin 2017 * Rescrit 3 févr. 2016 : n° 2012/41 (BNC).

13. Aidants familiaux. Les sommes perçues par les tiers lors de l'emploi, par le bénéficiaire de la prestation de compensation du handicap, de cette prestation sont susceptibles d'être imposées entre les mains des personnes ainsi rémunérées ou dédommagées, y compris les aidants familiaux au sens de l'art. R. 245-7 CASF. Dans ce dernier cas, ces revenus sont imposables dans la catégorie des BNC. • CE 24 oct. 2018, *Assoc. Tous pour l'inclusion*, n° 419929 : *RJF 2019. 30.*

14. Prostitution. Remise, dans le cadre d'un règlement gracieux, des impositions mises à la charge des personnes ayant quitté une activité de prostitution pour entreprendre une reconversion professionnelle. * BOI-BNC-CHAMP-10-10-20-40 n° 580 du 2 sept. 2019.

15. Activités diverses. Relèvent également de la catégorie des BNC : l'activité de conservateur-restaurateur de biens culturels (dessins, peintures, sculptures, photographies, documents d'archives, objets archéologiques et ethnologiques...) lorsqu'elle est exercée à titre indépendant. * BOI-BNC-CHAMP-10-10-20-40 n° 150 du 2 sept. 2019. ♦ ... L'activité de production et de réalisation de films et d'images de synthèse. • CAA Lyon, 27 janv. 2005, n° 99LY1893 : *RJF 2005. 535.* ♦ ... L'activité de secrétariat d'une association de lobbying, comprenant également la préparation et la mise en œuvre de ses politiques, la publication des bulletins d'information, l'organisation des contacts entre les adhérents et des réunions, la représentation de cette association et l'établissement de son budget annuel. • CAA Nantes, 28 juin 2004, n° 01NT1935 :

RJF 2005. 219. ♦ ... L'activité de conception et de réalisation d'imprimés, de plaquettes et de maquettes de mise en page. • CE 15 déc. 2010, n° 314915 : *RJF 2011. 286.* ♦ ... L'activité consistant à fournir des prestations de conception et de réalisation de logiciels et de programmes informatiques, prestations intellectuelles qui, en l'absence d'utilisation de moyens humains et matériels importants, sont de nature non commerciale. • CE 29 déc. 2004, n° 255831 : *RJF 2005. 220 ; concl. Séners au BDCF 3/05, n° 28.* ♦ ... L'activité de conseil d'une société qui réalise pour le compte de collectivités locales des études portant principalement sur les systèmes d'assainissement et de déchets. La circonstance que la société a employé un salarié non associé puis trois salariés l'année suivante ne suffit pas à regarder son activité comme procédant de la spéculation sur le travail d'autrui. • CE 13 mars 2006, n° 268134 : *RJF 2006. 670.* ♦ ... L'activité de vente et d'installation de logiciels et de matériels laquelle, en l'absence d'utilisation de moyens humains et matériels significatifs, présente la nature d'une activité de conseil dans le domaine informatique, exercée à titre personnel au profit d'entreprises. • CE 10 août 2005, n° 271843 : *RJF 2005. 1446.* ♦ ... L'activité de conseil juridique et fiscal d'un contribuable qui donne des consultations, rédige des courriers administratifs, des déclarations d'impôt et des réclamations. • CAA Bordeaux, 29 janv. 2002, n° 98BX2189 : *Dr. fisc. 2002. 341.* ♦ ... L'activité d'expert devant les tribunaux. * Rép. min. n° 7671 : *JOAN Q, 25 juin 2009, p. 1598.* ♦ ... Certains agents commerciaux, V. note 26.

16. En revanche, ne relève pas de la catégorie des BNC, mais exerce une activité industrielle, une société procédant à l'analyse et à la synthèse de mesures acoustiques et vibratoires qu'elle effectue, dès lors qu'elle met en œuvre des moyens matériels importants et coûteux et qu'elle emploie des salariés en nombre croissant et recourt accessoirement à des méthodes commerciales et à la sous-traitance. • CE 11 avr. 2005, n° 241973 : *RJF 2005. 670.* ♦ De même, ne relèvent pas de la catégorie des BNC, mais exercent une activité commerciale : une entreprise qui se livre essentiellement à la vente ou à la location de matériel informatique à des entreprises de grande distribution en assurant, en complément de cette activité commerciale, la formation du personnel de ces entreprises à l'utilisation des matériels et logiciels implantés, l'adaptation à leurs besoins de certains logiciels et la réparation du matériel et qui dispose pour ce faire de *trois salariés*, dès lors que le mode d'exercice de son activité implique une spéculation sur le travail d'autrui. • CE 31 mars 2006, n° 262218 : *RJF 2006. 669.* ♦ ... Une entreprise qui exerce une activité d'enseignement et de formation effectuée en grande partie par le recours à la collaboration d'entreprises sous-traitantes et d'intervenants extérieurs chargés de dispenser les cours. • CE 23 juin 2000, n° 197857 : *Dr. fisc. 2000. 1061.* ♦ ... Une entreprise qui exerce une activité d'audit, de conseil et de formation et qui confie une part prépondérante et croissante de son activité à des intervenants vacataires, experts et ingénieurs, ainsi qu'à des entreprises sous-traitantes. • CAA Nancy, 8 févr. 2007, n° 03NA1118 : *RJF 2007. 793.*

17. Activité accessoire bénévole exercée au sein de la profession. Les indemnités perçues en qualité de trésorier et de vice-président de la Chambre nationale des huissiers de justice n'ont pas le caractère de BNC issus de l'activité professionnelle principale d'huissier de justice. • CAA Douai, 16 juin 2009, n° 08DA901 : *RJF 2009. 912.*

B. BÉNÉFICES NE SE RATTACHANT PAS À UNE AUTRE CATÉGORIE

18. Relèvent notamment des BNC à ce titre : les sommes reçues par les membres de l'équipage vainqueur d'une course de voiliers, que cette activité ait pour eux un caractère habituel ou non. • CAA Nantes, 19 oct. 1995, n° 93NT576 : *Dr. fisc. 1996. 392.* ♦ ... Les primes perçues par les piégeurs de ragondins. * Rép. min. n° 4490 : *JOAN Q, 27 janv. 2003, p. 535.* ♦ ... Les gains du jeu dit « Multicolore » revenant au membre d'un « consortium de banque » qui a pour objet d'acquérir aux enchères, le plus souvent possible, la banque de ce jeu afin d'atténuer notablement les effets du risque du jeu et d'en tirer des bénéfices, la tenue de « la banque » étant, sur une longue période, structurellement bénéficiaire. • CE 2 juill. 2001, n° 211134 : *RJF 2001. 1222 ; Dr. fisc. 2001. 1079, concl. Maugüé.*

19. Plus-values sur titres. BIBL. Fourriques, *BJS 2011, n° 12, p. 11444* (imposition des produits de cession de titres réalisés par les dirigeants de société ; régime des plus-values ou BNC ?). – Fouquet, *Dr. fisc. 2009, act. 15* (dans quelles conditions les plus-values sur titres non cotés peuvent-elles constituer des BNC ?). ♦ Relèvent également des BNC : la plus-value dégagée par la cession d'actions de SA non cotées qui était la contrepartie d'une activité déployée par le cédant, qui a contribué à accroître la valeur des actions. • CE 6 févr. 1984, n° 20325 : *Dr. fisc. 1984. 1252, concl. Fouquet.* ♦ ... La plus-value de cession rendue possible par l'activité d'ensemble déployée par le contribuable. • CE 20 févr. 1989, n° 62397 : *Dr. fisc. 1989. 2024.* ♦ ... Les profits réalisés, à l'occasion de la cession des parts d'une SARL, par les porteurs de parts de cette société, dont l'objet est d'assurer la régie publicitaire d'une radio locale et qui a obtenu la concession de l'exploitation de l'autorisation d'émettre auparavant détenue par une association dont l'activité avait été développée par les porteurs de parts de la SARL. • CAA Marseille, 20 nov. 2001, n° 98MA820 : *Dr. fisc. 2002. 681, concl. Bédier.* ♦ ... La plus-value de cession de parts d'une SCI rendue possible par l'activité d'ensemble déployée par le cédant. • CE 26 févr. 2003, n° 222163 : *RJF 2003. 535 ; Dr. fisc. 2003. 380, concl. Maugüé.* ♦ Toutefois les versements annuels reçus postérieurement à la cession de ses titres par un dirigeant en vertu d'une clause de l'acte de vente moyennant son maintien pendant six ans dans la société en tant que salarié et la réalisation d'objectifs futurs par la société cédée ne sont pas imposables en tant que BNC. • CE 7 nov. 2008, n° 301642 : *RJF 2009. 56 ; Dr. fisc. 2008. 646, concl. Olléon.*

20. Activité lucrative d'achat-revente de titres. Lorsqu'elle est réalisée dans le cadre d'une opération de « ramassage » concerté de titres, une partie de la plus-value de revente peut être considérée comme rémunérant un acte d'intermédiation imposable au titre des BNC. • CE 27 juill. 2009, n° 300456 : *RJF 2009. 1085, chron. Daumas, p. 949 ; Dr. fisc. 2009. 535 ; Dr. sociétés 2010. 18, note Pierre.*

21. Achat-revente de bitcoins. Les gains issus d'une opération de cession, le cas échéant unique, d'unités de bitcoin sont susceptibles d'être imposés dans la catégorie des BNC sur le fondement de l'art. 92 dans la mesure où ils ne constituent pas un gain en capital résultant d'une opération de placement mais sont la contrepartie de la participation du contribuable à la création ou au fonctionnement de ce système d'unité de compte virtuelle (c'est-à-dire en pratique en cas de participation à l'activité dite de « minage » de bitcoins). • CE 26 avr. 2018, n° 417809 : *RJF 2018. 720, concl. Victor ; chron. Iljic ; ibid., p. 751.* ♦ En revanche, la réalisation de ces opérations à titre occasionnel par les particuliers, dans le cadre de la gestion de leur patrimoine privé, relève des prévisions de l'art. 150 VH *bis*. Par exception, les produits sont susceptibles de relever des prévisions de l'art. 92 lorsqu'ils constituent la contrepartie de la participation du contribuable à la création ou au fonctionnement du système d'unité de compte virtuelle (activité dite de « minage »). * BOI-BIC-CHAMP-60-50 n° 730 du 2 sept. 2019 * BOI-BNC-CHAMP-10-10-20-40 n° 1080 du 11 mars 2020.

22. Profits divers. Relèvent également des BNC : les profits retirés par un contribuable du recouvrement de créances antérieurement rachetées à un prix inférieur à leur valeur nominale lorsqu'ils ont nécessité une activité spécifique du contribuable. • CE 19 avr. 1972, n° 80768 : *Dr. fisc. 1972. 916* • CAA Nantes, 24 mars 2004, n° 1596 : *RJF 2004. 884.* ♦ ... Le profit réalisé par le dirigeant d'une société en encaissant une créance détenue sur cette société par une autre société qu'il a rachetée pour un franc symbolique, dès lors que ce profit procède de l'activité déployée par l'intéressé pour redresser la situation de la société débitrice. • CAA Douai, 5 mai 2004, n° 01DA552 : *Dr. fisc. 2004. 807, concl. Michel.* ♦ ... Le profit retiré par un contribuable du recouvrement d'une créance antérieurement rachetée pour un prix inférieur à sa valeur nominale, dès lors que l'activité personnellement déployée par le créancier, et non simplement en qualité de dirigeant de la société concernée, a joué un rôle prédominant. • CE 10 juin 2010, n° 309120 : *RJF 2010. 900* • CE 21 oct. 2013, *Godinat*, n° 356317 : *RJF 2014. 32.* ♦ ... L'indemnité perçue par un contribuable en contrepartie de l'autorisation donnée à la société cessionnaire de ses actions d'utiliser son nom patronymique. • CE 17 oct. 2008, n° 296847 : *RJF 2009. 30 ; Dr. fisc. 2008. 623, concl. Séners, note crit. Pierre.* ♦ ... La somme reçue en contrepartie de la renonciation à une dénomination et au logo associé. • CAA Bordeaux, 9 juill. 2020, n° 19BX03957 : *RJF 2021. 24.* ♦ ... La plus-value de cession d'un nom de domaine internet non exploité. * Rép. min. n° 20601 : *JO Sénat Q, 30 mars 2017, p. 610.*

23. Subsides reçus de tiers. Le régime fiscal des subsides reçus d'un tiers dépend des relations entre le donateur et le contribuable et de l'existence entre eux d'une communauté de vie. Les subsides reçus ne sont pas imposables lorsqu'ils revêtent un caractère de pure libéralité. • CE 25 nov. 1981, n° 15495 : *Dr. fisc. 1982. 761, concl. Verny ; RJF 1981. 1074.* ♦ Le caractère de libéralité est reconnu aux subsides versés entre concubins. • CE 18 nov. 1988, n° 75596 : *Dr. fisc. 1989. 589, concl. Fouquet ; RJF 1989. 34.* ♦ Les subsides perçus par une personne entretenue en contrepartie de ses faveurs sont des revenus imposables. • CE 29 juill. 1983, n° 34223 : *Dr. fisc. 1983. 2255, concl. Verny ; RJF 1983. 1142, chron. Racine, p. 491* • CAA Paris, 18 juin 1996, n° 94PA2166 : *Dr. fisc. 1996. 1069, concl. Mendras.*

24. Rémunération des peines, soins et transactions. Les sommes reçues par un contribuable de sa sœur lors de la cession des actions d'une société familiale exploitant un domaine viticole à titre de rémunération pour ses peines, soins et transactions, selon les termes d'un acte notarié, ne sont pas une libéralité mais constituent un revenu imposable dans la catégorie des BNC. • CE 16 mai 2011, n° 322123 : *RJF 2011. 916.*

25. Sous-location d'immeuble. Les revenus tirés de la sous-location d'immeubles nus ou assimilés est en principe imposable au titre des BNC. • CE 21 oct. 1987, n° 51367 : *RJF 1987. 1221.* ♦ Par suite, une SENC qui sous-loue, au terme de baux commerciaux, des locaux à usage de bureaux qu'elle a pris en crédit-bail, relève des BNC. • CAA Lyon, 24 févr. 2005, n° 99LY3023 : *RJF 2005. 529.* ♦ Toutefois, l'activité non commerciale de sous-location d'immeubles nus, qui ne requiert pas la mise en œuvre d'un art ou d'un savoir-faire particuliers, ne constitue pas, par sa nature et les conditions de son exercice, une profession libérale. Peu importe à cet égard que l'activité ait été exercée à titre professionnel. • CE 8 juill. 2009, n° 304815 : *RJF 2009. 906 ; Dr. fisc. 2009. 469, concl. Burguburu.*

26. Agent commercial. Cette activité est de nature non commerciale, peu important que l'agent soit mandaté par une société ayant une activité commerciale. • CE 23 févr. 2001, n° 215193-217769, *Mongay : RJF 2001. 601 ; Dr. fisc. 2002. 565.* ♦ ... Ou qu'il exerce à titre accessoire des activités relevant des BIC. • CAA Nancy, 20 déc. 2001, *SA Geodis : RJF 2002. 508 ; Dr. fisc. 2002. 589.* ♦ Exerce de même une activité non commerciale relevant des BNC l'animateur de vente de produits de charcuterie en grandes surfaces pour le compte et au nom de sociétés qui livrent et facturent directement les marchandises aux magasins dès lors qu'il ne rend pas de comptes aux sociétés, qu'il est rémunéré par des commissions forfaitaires fixées à l'avance et constituées par un pourcentage du chiffre d'affaires et qu'il procède librement à la recherche de ses clients. • CAA Bordeaux, 18 déc. 2001, n° 99BX314 : *Dr. fisc. 2002. 363.* ♦ V. égal. notes ss. art. 34.

27. Intermédiaires pour le placement de produits d'investissement. Une entreprise, qui exerce à titre principal une activité de courtier d'assurances, a conclu avec des établissements bancaires et des entreprises d'investissement des contrats à fin de prospecter et démarcher des clients, proposer à ces derniers des produits d'investissement et recueillir directement leurs ordres. Elle dispose d'un mandat permanent des établissements bancaires, est rémunérée pour cette activité par des commissions fixées selon des barèmes annexés aux contrats, agit pour le compte de ses mandants et recherche leur intérêt exclusif. Cette activité présente un caractère non commercial alors même qu'elle n'est pas habilitée à conclure au nom de ses mandants. • CE 21 déc. 2007, n° 287662 : *RJF 2008. 283.*

28. Opérations occasionnelles d'agence d'affaires. Les opérations d'agence d'affaires relèvent par nature d'une activité commerciale, mais les profits qu'elles procurent à une personne physique qui ne les réalise qu'à titre occasionnel ne sont imposables que dans la catégorie des BNC. • CE 10 mars 2006, n° 274641 : *RJF 2006. 671.*

29. Opérations occasionnelles d'entremise. Un contribuable qui a perçu une commission pour son activité d'entremise dans la réalisation d'une vente d'avions est imposable à ce titre dans la catégorie des BNC dès lors qu'il n'est pas établi qu'il se chargeait habituellement des affaires d'autrui moyennant une rémunération. • CAA Versailles, 25 mars 2008, n° 07VE1277 : *RJF 2008. 992.*

30. Syndic d'immeuble. L'activité de syndic d'immeuble relève en principe de la gestion d'affaires, activité imposable dans la catégorie des BIC. Mais lorsque cette activité est exercée à titre purement occasionnel par une personne qui n'exerce par ailleurs aucune activité commerciale, il est admis que les recettes qu'elle perçoit soient soumises à l'IR dans la catégorie des BNC. A ce titre, les recettes comprennent notamment les sommes reçues à titre de remboursement forfaitaire de frais. En contrepartie, les dépenses correspondantes sont déductibles pour leur montant réel sous réserve qu'elles aient été effectivement payées. La même solution est retenue à l'égard d'un contribuable retraité ou salarié qui remplit les fonctions de syndic dans un immeuble dont il est lui-même copropriétaire. * BOI-BNC-CHAMP-10-10-20-40 n° 650 du 2 sept. 2019.

C. *ACTIVITÉS DIVERSES*

1° OPÉRATIONS DE BOURSE ET JEUX DE HASARD

BIBL. Douet, *Dr. et patr., mars 2004, p. 46* (fiscalité des opérations de bourse réalisées à titre habituel) ; *Dr. et patr. 2005, n° 137, p. 32* (opérations de bourse réalisées par les particuliers). – Duhem, *JCP N 2001, p. 1559* (opérations de bourse effectuées à titre habituel par des particuliers). – Olléon, *RJF 2003, p. 943* (la bourse ou l'avis).

31. Opérations de bourse. Les opérations effectuées à titre habituel par les particuliers, au sens de l'art. 92-2, s'entendent des opérations effectuées dans des conditions analogues à celles qui caractérisent une activité exercée par une personne se livrant à titre professionnel à ce type d'opérations. • CE 14 févr. 2001, n° 189572, *Boniface : Dr. fisc. 2001. 618, concl. Courtial ; RJF 2001. 614* • CE 3 févr. 2003, n° 232040, *Roche : RJF 2003. 432, concl. Séners, p. 307 ; Dr. sociétés 2003. 96, note Pierre* • 25 avr. 2003, n° 231084, *Melon : Dr. fisc. 2003. 486, concl. Vallée, note Pierre.* ♦ Application à un contribuable qui, en 2 ans, a effectué respectivement 2 233 et 1 741 opérations d'achat ou de vente de valeurs mobilières portant sur des titres dont la durée de détention a rarement dépassé une semaine. • CAA Paris, 16 oct. 2001, n° 99PA1342 : *Dr. fisc. 2002. 257.* ♦ Non-application de l'art. 92-2 : à un contribuable qui a passé, en 2 ans, dans le cadre de la gestion d'un portefeuille global d'environ 6 millions de F, 244 ordres d'achat et de vente de valeurs mobilières, réalisant des gains de 417 824 F la première année et de 424 327 F la seconde année. • CAA Marseille, 16 avr. 2002, n° 98MA1325 : *Dr. fisc. 2002. 868.* ♦ ... A un particulier qui se borne à confier la gestion de son portefeuille de valeurs mobilières à un mandataire professionnel, dès lors qu'il ne saurait être regardé comme effectuant lui-même, dans des conditions analogues à celles d'une activité professionnelle, les opérations auxquelles cette gestion donne lieu. Les gains réalisés revêtent le caractère, non de produits d'opérations visées à l'art. 92-2, mais de gains nets retirés de cessions de valeurs mobilières entrant dans les prévisions de l'art. 92 B, alors en vigueur, et soumis à l'IR au taux forfaitaire de 16 % fixé par l'art. 200 A-2. • CE 25 avr. 2003, n° 231084 : *préc.* ♦ Application de l'art. 92-2 à un contribuable (remisier en bourse) qui bénéficie de l'ensemble des moyens et informations mis à la disposition d'un professionnel, dont les opérations se sont caractérisées par l'ampleur, la diversité et la fréquence des transactions effectuées, même rapportées à l'importance du patrimoine, et qui a opéré à découvert, non pas pour gérer son portefeuille mais pour encaisser les gains entre les cours de transaction et de liquidation. • CE 3 févr. 2003, n° 232040 : *préc.* ♦ Même solution concernant un commis principal d'agent de change pour les opérations de bourse qu'il a réalisées à titre personnel en utilisant les moyens à sa disposition au sein de la charge et qui sont caractérisées par leur ampleur, leur fréquence et la brièveté de durée de détention des titres. • CE 5 nov. 2003, n° 241201, *Riglet : RJF 2004. 41 ; concl. Séners au BDCF 1/04, n° 10 ; Dr. fisc. 2004. 508, concl. Séners ; Dr. sociétés 2003, n° 2, p. 35, note Pierre.*

32. Des plus-values boursières entrent dans les prévisions de l'art. 92-2 lorsque les opérations en cause, dont l'exécution a nécessité l'utilisation régulière d'informations privilégiées, ont en raison de leur ampleur, de leur caractère systématique et du recours répété, pour assurer leur financement, à des découverts importants, excédé les limites de la simple gestion par un particulier de son patrimoine. • CE 23 nov. 1998, n° 145635 : *Dr. fisc. 1999. 309, concl. Goulard ; BDCF 1/99, p. 30.* ♦ Les produits des opérations de bourse sont susceptibles d'entrer dans le champ de l'art. 92-2, lorsque, compte tenu de l'importance et de la fréquence des opérations, l'activité exercée se distingue nettement de la simple gestion par un particulier de son portefeuille. • CE 6 nov. 1991, n° 76356 : *Dr. fisc. 1992. 1046, concl. Hagelsteen ; RJF 1991. 1525.* ♦ Le caractère habituel des opérations de bourse s'apprécie en fonction des circonstances de fait à partir des critères dégagés par la jurisprudence du Conseil d'État tels que le nombre et la fréquence des opérations, leur échelonnement dans le temps, leur nature et la technicité qu'elles requièrent, la diversité des contrats souscrits et la durée moyenne de conservation des titres. * Rép. min. n° 47394 : *JOAN Q, 29 janv. 2001, p. 610.* ♦ Les produits des opérations de bourse imposables dans la catégorie des BNC s'entendent exclusivement de ceux des actes habituels d'achat et de revente, à l'exclusion des fruits des placements, lesquels relèvent de la catégorie des revenus de capitaux mobiliers, quelle que soit l'activité professionnelle du bénéficiaire. • CAA Lyon, 29 mai 1996, n° 94LY1400 : *Dr. fisc. 1996. 1169, concl. Bonnet.* ♦ Un particulier qui effectue à titre habituel des opérations boursières, fût-ce à travers une EURL, ne peut imputer sur son revenu global les déficits qui en résultent. • TA Lyon, 23 févr. 1999, n° 942969 : *RJF 1999. 602.*

33. Le produit annuel imposable des opérations de bourse visées par l'art. 92-2 s'entend du profit global net résultant des plus-values ou gains et des moins-values ou pertes réalisés à l'occasion de cessions ou de reventes intervenues au cours de l'année d'imposition et caractérisant, chacune, l'accomplissement d'une opération imposable. • CE 14 févr. 2001, *Boniface,* n° 189572, avant dire droit : *préc. note 31.* ♦ S'agissant d'opérations à terme sur marchandises effectuées en bourse de commerce, ce profit global net doit être déterminé en ne prenant en compte que les gains et les pertes des seules opérations dont le dénouement est intervenu au cours de l'année d'imposition, à l'exclusion des gains et pertes prévisibles résultant d'un engagement à terme dont le dénouement n'interviendra que postérieurement au 31 déc. de l'année d'imposition. • Même arrêt • CE 30 déc. 2002, n° 189572, *Boniface : RJF 2003. 293 ; Dr. fisc. 2003. 293.*

34. Les opérations d'achat et de vente de valeurs mobilières cotées en bourse réalisées, à titre principal, par une EURL – dont les résultats, même s'ils sont imposables directement entre les mains de son associé en vertu de l'art. 8-4° – doivent être déterminés selon les règles prévues en matière de BIC, ne peuvent être regardés comme répondant à la définition d'une activité non commerciale au sens de l'art. 92-2-1°. Par suite, les déficits générés par cette activité sont imputables sur le revenu global de l'associé. • CAA Lyon, 14 mars 2002, n° 99LY1537 : *RJF 2002. 928 ; Dr. sociétés 2002. 202, note Pierre ; Dr. fisc. 2002. 930.*

35. Profits boursiers. Doctrine administrative. Définition des opérations de bourse effectuées à titre habituel par les particuliers. * BOI-BNC-CHAMP-10-10-20-10 du 12 sept. 2012.

36. Gains de jeux de hasard. L'art. 49 CE du Traité de Rome s'oppose à la législation d'un État membre selon laquelle les gains provenant de jeux de hasard organisés dans d'autres États membres sont considérés comme un revenu du gagnant imposable au titre de l'IR, tandis que les gains provenant de jeux de hasard organisés dans l'État membre en question ne sont pas imposables. • CJCE 13 nov. 2003, n° C-42/02, *Lindman : D. 2003. IR 2930.*

37. Gains de paris sportifs. Sauf circonstances exceptionnelles, la pratique, même habituelle, de jeux de hasard, tels les paris sportifs, ne constitue pas une occupation lucrative ou une source de profits au sens de l'art. 92, en raison de l'aléa qui pèse sur les perspectives de gains du joueur. Non-imposition de sommes provenant de la Française des jeux et correspondant à des paris sportifs réalisés en ligne ou dans les bars tabacs. • TA Marseille, 20 juill. 2020, n° 1803646 : *RJF 2020. 996, concl. Guillaumont.*

38. Gains de jeux de cartes. BIBL. : Durand, *Dr. fisc. 2012.143* (le sort des gains issus de la pratique du poker en ligne au regard de l'IR). ♦ Selon la doctrine administrative, sont imposables au titre des BNC les gains réalisés par les joueurs professionnels dans des conditions permettant de supprimer ou d'atténuer fortement l'aléa normalement inhérent aux jeux de hasard. * Rép. min. n° 110952 : *JOAN Q, 15 nov. 2011, p. 12011* * BOI-BNC-CHAMP-10-30-40 n° 20 du 12 sept. 2012. ♦ Les gains issus du jeu de bridge sont imposables dans la catégorie des BNC lorsque l'activité est exercée à titre professionnel et exonérés lorsqu'elle est exercée en amateur. • CE 12 juill. 1969, n° 75976 : *Bull. Dupont 1969, p. 350.* ♦ Les gains issus de la pratique habituelle du jeu de poker en ligne sur internet sont imposables dans la catégorie des BNC dès lors qu'un tel jeu ne peut être regardé comme un jeu de pur hasard eu égard à l'importance de la stratégie et de l'habileté requises pour sa pratique et que cette activité est exercée dans des conditions assimilables à une activité professionnelle. • TA Clermont-Ferrand, 21 oct. 2010, n° 09640 : *RJF 2011. 70 ; concl. Chacot au BDCF 6/11, n° 70.* ♦ Les gains perçus par une joueuse professionnelle de poker à l'occasion d'un tournoi, quelle qu'en soit l'importance comparée à celle de ses gains habituels, sont réalisés dans le cadre normal de son activité professionnelle. Ces gains, issus de la pratique habituelle du jeu de poker, sont imposables dans la catégorie des BNC. • TA Paris, 25 nov. 2015, n° 1428971/1-1 : *RJF 2016. 426.* ♦ Nouvelle approche jurisprudentielle : si le jeu de poker fait intervenir des distributions aléatoires de cartes, un joueur peut parvenir, grâce à l'expérience, la compétence et l'habileté, à atténuer de façon sensible le caractère aléatoire du résultat. Par suite, les bénéfices retirés de la pratique habituelle du jeu de poker doivent être regardés comme provenant d'une occupation lucrative ou d'une source de profits imposables dans la catégorie des BNC. • CAA Paris, 7 févr. 2017, n°s 16PA01274 et 16PA00358 : *RJF 2017. 428, concl. Cheylan.* ♦ La pratique, même habituelle, de jeux de hasard ne constitue pas une occupation lucrative ou une source de profits en raison de l'aléa qui pèse sur les perspectives de gains du *joueur. Mais il en va* différemment de la pratique habituelle d'un jeu d'argent opposant un joueur à des adversaires lorsqu'elle permet à ce dernier de maîtriser de façon significative l'aléa inhérent à ce jeu, par les qualités et le savoir-faire qu'il développe, et lui procure des revenus significatifs. Les gains qui en résultent sont alors imposables, dans la catégorie des BNC, alors même que le contribuable exercerait aussi par ailleurs une activité professionnelle. • CE 21 juin 2018, n° 412124 : *RJF 2018. 953, concl. Crépey.* ♦ En outre, la rémunération perçue par un contribuable en contrepartie de l'exploitation de son nom et de son image de joueur de poker, qui ne sont pas des marques commerciales, se rattache aux BNC. • CE 21 juin 2018, n° 409427 : *RJF 2018. 954, concl. Crépey.*

2° PRODUITS DE LA PROPRIÉTÉ INDUSTRIELLE

39. Marques. Doivent être regardés comme des marques commerciales et non comme des marques de fabrique les produits griffés au nom du contribuable, créés par lui et fabriqués sous son contrôle avec des matières premières sélectionnées par ses soins, dès lors qu'il résulte du contrat de cession de ces marques que : 1) la cession a pour seul objet le transfert du droit d'utilisation des marques dans les différentes formes sous lesquelles elles sont présentées et ne concerne aucun procédé de fabrication, aucun modèle particulier de vêtement ni aucun produit intermédiaire lié à un procédé de fabrication spécifique ; 2) le contrat ne prévoit aucune intervention du contribuable dans la production. Par suite, les produits de cession de ces marques, regardées comme des marques commerciales, sont imposables dans la catégorie des BIC. • CE 27 juill. 2005, n° 252847, *Manoukian : RJF 2005. 1185 ; concl. Mitjavile au BDCF 12/08, n° 130 ; Dr. fisc. 2005. 614, concl. Mitjavile, note Pierre.* ♦ La cession ayant pour seul objet de transférer un droit d'utilisation de la marque constitue la cession d'une marque commerciale relevant des BIC, dès lors qu'il ne résulte pas de l'instruction que la cession concernait un procédé de fabrication ou un produit intermédiaire lié à un processus de fabrication spécifique. • TA Paris, 29 juin 2015, n° 1417099/2-3. ♦ Les redevances perçues en contrepartie d'une concession de licence portant sur une méthode d'amaigrissement doivent être regardées comme rémunérant uniquement l'usage commercial d'une marque et de ce fait imposables dans la catégorie des BIC, dès lors que le propriétaire de la marque n'apporte aucune précision de nature à conférer à cette méthode le caractère d'une marque de fabrique au sens de l'art. 92-2. • CAA Bordeaux, 23 avr. 2003, n° 99BX793 : *RJF 2003. 1111* • CE 16 janv. 2006, n° 258277 : *RJF 2006. 377 ; concl. Vallée au BDCF 4/06, n° 46.* ♦ Sur la catégorie d'imposition des cessions de marques, V. aussi notes 35 à 37 ss. art. 34.

3° PRODUITS DIVERS

40. Détournements de fonds. Relèvent notamment des BNC : le courtier d'assurances percevant des primes supérieures à celles réellement dues. • CE 12 févr. 1988, n° 57730 : *RJF*

1988. 382 ; Dr. fisc. 1988. 1257. ♦ ... L'agent d'assurances ayant détourné des fonds au détriment de compagnies d'assurances ou de clients, mais seulement dans la mesure où le montant des sommes retenues par lui excède le montant des sommes qu'il a décaissées au bénéfice d'autres compagnies ou clients ou afin de couvrir les frais généraux de son cabinet. • CE 3 févr. 2003, nº 233370 : *RJF 2003. 431 ; Dr. fisc. 2003. 374.* ♦ ... Les sommes détournées au détriment de ses clients par un agent d'assurances, déclaré coupable d'abus de confiance et d'exercice illégal de l'activité de banquier par un arrêt de cour d'appel. • CE 27 avr. 2009, nº 297471 : *RJF 2009. 615.* ♦ ... Les fonds qu'un gérant ou un directeur de société a détournés au détriment de celle-ci. • CE 13 mai 2003, nº 234811 : *RJF 2003. 969* • 30 avr. 2003, nº 238870 : *Dr. fisc. 2003. 585, concl. Séners ; RJF 2003. 1031.* ♦ ... Les sommes qu'un gestionnaire de patrimoine, salarié d'un établissement bancaire, a détournées en encaissant sur son compte personnel des chèques que lui avaient remis les clients de son employeur, dans des conditions qui ont justifié une condamnation pénale ; les remboursements de ces sommes effectués par l'intéressé au cours des années suivantes ne sont pas de nature à faire obstacle à l'imposition, compte tenu du caractère annuel de l'impôt. • CAA Lyon, 22 juin 2006, nº 01LY1184 : *RJF 2007. 21.* ♦ ... Les sommes détournées par une entreprise de nettoyage au détriment de copropriétaires, lesquelles ne constituent pas la contrepartie d'une prestation de services faite au bénéfice de ces clients mais constituent le produit d'agissements frauduleux. • CAA Marseille, 25 mars 2004, nº 99MA1518 : *RJF 2005. 437.* ♦ ... La personne émettant des chèques sans provision. • CE 12 oct. 1994, nº 129045 : *RJF 1994. 1318.* ♦ ... L'auteur de vols à main armée. • CAA Nancy, 11 avr. 1996, nº 94NA1408 : *RJF 1996. 1426.* ♦ ... Le vol de bons du Trésor anonymes au domicile du propriétaire le jour de son décès, la somme correspondante devant être regardée comme un gain non insusceptible de renouvellement et l'existence alléguée de liens affectifs, voire de parenté, l'unissant à la personne décédée ne suffisant pas à qualifier la somme dérobée d'actif successoral. • CE 20 juill. 2007, nºs 278271 et 278413 : *RJF 2007. 1242.* ♦ *Toutefois, la somme que détient un contribuable en sa qualité prétendue de bénéficiaire d'un legs contesté ne peut être regardée, par assimilation à un détournement de fonds, comme un profit imposable qu'aurait acquis l'intéressé en conséquence de l'accomplissement d'une opération entrant dans les prévisions de l'art. 92.* • CE 16 mars 2001, nº 193863 : *RJF 2001. 742 ; Dr. fisc. 2001. 791.*

41. Les vacations horaires réservées aux sapeurs-pompiers volontaires, et perçues par un capitaine professionnel au moyen de faux et d'usage de faux en écritures publiques, qui ne correspondent pas à la rétribution de prestations réelles, sont imposables dans la catégorie des BNC en vertu de l'art. 92 alors même que le juge pénal n'a pas qualifié les faits de détournement de fonds. En effet ce chef de corps a porté son nom sur des états de vacations alors qu'il n'avait pas effectué les sorties correspondantes et a modifié les durées de plusieurs interventions dans le but de percevoir des indemnités destinées à rémunérer les sorties des sapeurs-pompiers volontaires en dehors des heures normales de service. Le produit de cette fraude, perçu dans le cadre d'une activité salariée sans que l'employeur n'y fasse obstacle, ne peut être imposé dans la catégorie des traitements et salaires. • CAA Nantes, 13 mars 2006, nº 03NT776 : *RJF 2006. 1185 ; Dr. fisc. 2007. 605, concl. Hervouet.*

42. Indemnité versée par un joueur gagnant à EuroMillions. Caractère non imposable d'une indemnité transactionnelle, profit isolé, qui, par nature, n'est pas susceptible de se renouveler. • CAA Paris, 2 juin 2019, nº 18PA02470 : *RJF 2019. 10001.* ♦ Confirmation : • CE 27 mai 2020, nº 434067 : *RJF 2020. 661, concl. Victor.*

43. Indemnité de rétractation perçue par le signataire d'une promesse de vente. La somme stipulée dans une vente comme acquise au vendeur en cas de défaut de réalisation de la vente constitue, quelle que soit sa dénomination, une indemnité forfaitaire versée en réparation du préjudice subi à la suite de la défaillance de l'acquéreur, sans lien direct avec un quelconque service rendu à titre onéreux. Elle ne peut donc être regardée ni comme une indemnité d'immobilisation ni comme un autre revenu imposable dans la catégorie des BNC. • CE 7 mai 2014, nºs 362741 et 359781 : *RJF 2012. 792 ; BDCF 2014. 80, concl. Nicolazo de Barmon ; Dr. fisc. 2014. 473, note Bonnet.* ♦ Confirmant • CAA Lyon, 13 juill. 2012, *Mosca*, nº 11LY00196 : *RJF 2012. 1121.* ♦ Jugé, en revanche, que l'indemnité qui ne compense aucun préjudice mais rémunère un service rendu au bénéficiaire de la promesse unilatérale de vente constitue une source de profit susceptible d'être renouvelée imposable dans la catégorie des BNC. • CE 19 févr. 2014, nº 354380 : *RJF 2014. 452 ; BDCF 2014. 55, concl. Legras.*

44. Indemnité d'immobilisation perçue à l'occasion d'une promesse unilatérale de vente de titres. Une telle indemnité visant à rémunérer un service de réservation exclusive des titres rendu au bénéficiaire de la promesse, et non à compenser un préjudice dans le cadre de relations synallagmatiques, relève des BNC, même si elle a fait l'objet d'un seul versement. • CE 1er oct. 2015, nº 368565 : *RJF 2015. 1009, concl. Crépey.*

45. Bourses de création. Les sommes qu'une institution publique ou privée verse à une personne en vue de favoriser l'exercice par elle d'une activité lucrative au sens de l'art. 92 constituent pour cette personne des BNC et non de pures libéralités, alors même que ce versement n'a pour contrepartie la fourniture d'aucune prestation ni même l'accomplissement d'aucun acte professionnel déterminé. • CE, sect., 30 oct. 2001, n° 221004, *Camus : RJF 2002. 31 ; Dr. fisc. 2002. 69, concl. Séners.* ♦ Par suite, une bourse accordée par le Centre national des lettres à un écrivain en vue de faciliter son activité constitue le revenu d'une occupation lucrative au sens de l'art. 92, dès lors qu'elle n'est exonérée par aucune disposition législative. • Même arrêt.

46. Propriétaires de chevaux de course. Depuis le 1er janv. 2004, le régime fiscal des entreprises ou exploitations intervenant dans le secteur équestre est harmonisé. Ainsi, l'ensemble des revenus provenant des activités de préparation et d'entraînement des équidés domestiques en vue de leur exploitation, à l'exclusion des activités de spectacle, est soumis au régime des bénéfices agricoles. * BOI-BNC-SECT-60 n° 1 du 12 sept. 2012. ♦ Sont cependant soumis au régime des BNC : les propriétaires de chevaux de course non éleveurs, non entraîneurs et les éleveurs sans sous-sol. * BOI-BNC-SECT-60-10 du 4 juill. 2018. ♦ ... Les associations de carrière de cheval de course. * BOI-BNC-SECT-60-20 du 12 sept. 2012.

47. Paris sur les courses de chevaux. La pratique, même habituelle, de paris sur les courses de chevaux ne constitue pas une occupation lucrative ou une source de revenus au sens de l'art. 92. Sont, toutefois, imposables au titre de la catégorie des BNC, les gains réalisés dans un contexte exceptionnel, c'est-à-dire lorsque l'aléa normalement inhérent aux jeux de hasard peut être supprimé ou à tout le moins fortement atténué par le parieur. Tel serait le cas notamment lorsqu'il est établi que le parieur a pesé de façon frauduleuse sur l'issue de la course. * BOI-BNC-CHAMP-10-30-40 nos 50 et 60 du 12 sept. 2012.

Art. 92 A **Ne sont pas soumises à l'impôt sur le revenu :**

1° Les sommes perçues dans le cadre de l'attribution du prix Nobel par les lauréats de ce prix ;

2° Les sommes perçues dans le cadre de l'attribution de récompenses internationales de niveau équivalent au prix Nobel dans les domaines littéraire, artistique ou scientifique dont la liste est fixée par décret en Conseil d'État. — *V. Ann. II, art. 39 A.*

1. Prix Nobel. Pour les sommes perçues par les lauréats dans le cadre de l'attribution du prix Nobel, V. * BOI-BNC-CHAMP-10-40-10 n° 70 du 7 mars 2018.

2. Prix littéraires, scientifiques ou artistiques. L'art. 93-A, 2° dispose que des sommes perçues dans le cadre de l'attribution de récompenses internationales de niveau équivalent au prix Nobel dans les domaines littéraire, artistique ou scientifique, dont la liste est fixée par décret en Conseil d'État ne sont pas soumises à l'IR. Cette liste figure à l'art. 39 A de l'annexe II. * BOI-BNC-CHAMP-10-40-10 : *préc. note 1.*

Art. 92 B *(L. n° 2020-473 du 25 avr. 2020, art. 3-I-3°, applicable aux exercices clos à compter du 15 avr. 2020)* **Les éléments de revenus relevant du présent VI ayant fait l'objet d'une renonciation dans les conditions et limites mentionnées au 9° du 1 de l'article 39 ne constituent pas une recette imposable de la personne qui a renoncé à les percevoir.**

Art. 92 B *bis* à 92 B *ter* *Abrogés par L. n° 99-1172 du 30 déc. 1999, art. 94-V, à compter du 1er janv. 2000.*

Art. 92 B *quater* *Périmé.*

Art. 92 B *quinquies* et 92 B *sexies* *Devenus sans objet (L. n° 99-1172 du 30 déc. 1999, art. 94-V et VII).*

Art. 92 B *septies* à 92 B *nonies* *Périmés.*

Art. 92 B *decies* *Transféré ss. l'art. 150-0 C.*

Art. 92 C à 92 H *Abrogés par L. n° 99-1172 du 30 déc. 1999, art. 94-V, à compter du 1er janv. 2000.*

Art. 92 I *Transféré ss. l'art. 92 L.*

Art. 92 J et 92 K *Abrogés à compter du 1er janv. 2000.*

A *BIS*

Art. 92 L *Abrogé par L. n° 2001-1275 du 28 déc. 2001, art. 11.*

B DÉTERMINATION DES BÉNÉFICES IMPOSABLES

Art. 93 **1. Le bénéfice à retenir dans les bases de l'impôt sur le revenu est constitué par l'excédent des recettes totales sur les dépenses nécessitées par l'exercice de la profession. Sous réserve des dispositions de l'article 151 *sexies*, il tient compte des gains ou des pertes provenant soit de la réalisation des éléments d'actif affectés à l'exercice de la profession, soit des cessions de charges ou d'offices, ainsi que de toutes indemnités reçues en contrepartie de la cessation de l'exercice de la profession ou du transfert d'une clientèle.** — *En ce qui concerne les plus-values réalisées dans le cadre des opérations de nationalisation, V. art. 248 B.*

Les dépenses déductibles comprennent notamment :

1° Le loyer des locaux professionnels. Lorsque le contribuable est propriétaire de locaux affectés à l'exercice de sa profession, aucune déduction n'est apportée, de ce chef, au bénéfice imposable ;

2° Les amortissements effectués suivant les règles applicables en matière de bénéfices industriels et commerciaux ;

3° Les loyers versés en exécution d'un contrat de crédit-bail ou de location portant sur des véhicules de tourisme au sens *(Ord. n° 2021-1843 du 22 déc. 2021, art. 10-4°, en vigueur le 1er janv. 2022)* **« de l'article L. 421-2 du code des impositions sur les biens et services », à l'exclusion de la part de loyer visée au 4 de l'article 39 ;**

4° Les dépenses exposées pour la tenue de la comptabilité et, éventuellement, pour l'adhésion à une association agréée ne sont pas prises en compte pour la détermination du résultat imposable lorsqu'elles sont supportées par l'État du fait de la réduction d'impôt mentionnée à l'article 199 *quater* B ;

5° Les dépenses exposées en vue de l'obtention d'un diplôme ou d'une qualification professionnelle dans la perspective d'une insertion ou d'une conversion professionnelle par les personnes tirant un revenu de la pratique d'un sport ;

6° Les loyers versés en exécution d'un contrat de crédit-bail portant sur un immeuble, dans les conditions et limites fixées au 10 de l'article 39 ;

7° Les droits de mutation à titre gratuit acquittés par les héritiers, donataires ou légataires d'une exploitation, pour la part des droits afférente à cette exploitation, et les intérêts payés en application des dispositions de l'article 1717, pour la même part ;

(Abrogé par L. n° 2018-1317 du 28 déc. 2018, art. 37-I-5° et III-1, pour les exercices ouverts à compter du 1er janv. 2019) ***« 8° Les redevances de concessions de produits de la propriété industrielle définis à l'article 39 terdecies. Lorsqu'il existe des liens de dépendance entre le concédant et le concessionnaire, le montant des redevances est déductible dans les conditions et limites fixées au 12 de l'article 39 ».***

La taxe prévue à l'article 231 *ter* n'est pas déductible du bénéfice imposable.

1 *bis*. Les fonctionnaires qui sont autorisés à apporter leur concours scientifique à une entreprise qui assure la valorisation de leurs travaux au titre de l'article L. 531-8 du code de la recherche peuvent demander que le revenu provenant de cette activité soit soumis à l'impôt sur le revenu selon les règles prévues en matière de traitements et salaires. Cette option est subordonnée à la condition que les rémunérations perçues soient intégralement déclarées par l'entreprise qui les verse.

La demande doit être adressée au service des impôts du lieu du domicile avant le 1er mars de l'année qui suit celle au titre de laquelle l'imposition est établie. L'option demeure valable tant qu'elle n'a pas été expressément dénoncée dans les mêmes conditions.

1 *ter*. Les agents généraux d'assurances et leurs sous-agents peuvent demander que le revenu imposable provenant des commissions versées par les compagnies d'assurances qu'ils représentent, ès qualités, soit déterminé selon les règles prévues en matière de traitements et salaires.

Ce régime est subordonné aux conditions suivantes :

— les commissions reçues doivent être intégralement déclarées par les tiers ;

— les intéressés ne doivent pas bénéficier d'autres revenus professionnels, à l'exception de courtages et autres rémunérations accessoires se rattachant directement à l'exercice de leur profession ;

— le montant brut de ces courtages et rémunérations accessoires ne doit pas excéder 10 % du montant brut des commissions.

La demande doit être adressée au service des impôts du lieu d'exercice de la profession avant le 1er mars de l'année au titre de laquelle l'imposition est établie. L'option demeure valable tant qu'elle n'a pas été expressément dénoncée dans les mêmes conditions.

Les contribuables ayant demandé l'application de ce régime doivent joindre à leur déclaration annuelle un état donnant la ventilation des sommes reçues suivant les parties versantes.

1 *quater*. Lorsqu'ils sont intégralement déclarés par les tiers, les produits de droits d'auteur perçus par les auteurs des œuvres de l'esprit mentionnées à l'article L. 112-2 du code de la propriété intellectuelle sont, sans préjudice de l'article 100 *bis*, soumis à l'impôt sur le revenu selon les règles prévues en matière de traitements et salaires.

La déduction forfaitaire de 10 % pour frais professionnels, prévue au 3° de l'article 83, s'applique au montant brut des droits perçus diminué des cotisations payées au titre des régimes obligatoire et complémentaire obligatoire de sécurité sociale.

2. Dans le cas de concession de licence d'exploitation d'un brevet, ou de cession ou de concession d'un procédé ou formule de fabrication par l'inventeur lui-même, il est appliqué sur les produits d'exploitation ou sur le prix de vente un abattement de 30 % pour tenir compte des frais exposés en vue de la réalisation de l'invention, lorsque les frais réels n'ont pas déjà été admis en déduction pour la détermination du bénéfice imposable, sauf application des dispositions du deuxième alinéa du I de l'article 93 *quater*.

3. *Abrogé.*

4. *Transféré ss. l'art. 93 quater-II.*

4 bis. *Abrogé.*

5. Pour l'application du 1, les parts de sociétés civiles de moyens constituent des éléments affectés à l'exercice de la profession.

6. Les biens acquis à l'échéance des contrats mentionnés au III de l'article 93 quater constituent des éléments d'actif affectés à l'exercice de l'activité non commerciale pour l'application du présent article.

7. *Abrogé.*

8. Sur demande expresse des contribuables soumis au régime de la déclaration contrôlée qui exercent une activité professionnelle au sens du 1 de l'article 92, les subventions visées à l'article 42 septies ne sont pas comprises dans les résultats de l'année en cours à la date de leur versement. Dans ce cas, elles sont imposables dans les conditions définies par ce dernier article.

9. Les auteurs d'œuvres d'art au sens du 1° du I de l'article 297 A bénéficient d'un abattement de 50 % sur le montant de leur bénéfice imposable au titre de la première année d'activité ainsi que des quatre années suivantes.

Ces dispositions s'appliquent aux revenus résultant de la cession des œuvres mentionnées à l'alinéa précédent, ainsi que de la cession et de l'exploitation des droits patrimoniaux reconnus par la loi sur ces mêmes œuvres, et perçus par les auteurs personnes physiques imposées selon le régime de la déclaration contrôlée.

Les revenus provenant des opérations mentionnées à l'article 279 bis ne bénéficient pas de l'abattement prévu au premier alinéa.

L'abattement mentionné au premier alinéa ne peut excéder 50 000 € par an.

Il ne s'applique pas en cas d'option pour le régime prévu à l'article 100 *bis*.

10. Lorsque le montant total des sommes et indemnités perçues par les arbitres ou juges mentionnées au 6° du 2 de l'article 92 est inférieur, pour une année civile, à la limite définie au premier alinéa de l'article L. 241-16 du code de la sécurité sociale, plafonné à 14,5 % du montant annuel du plafond mentionné à l'article L. 241-3 du même code, ces sommes et indemnités sont exonérées.

BIBL. ► BOKDAM-TOGNETTI, *RJF 2014, p. 107* (inapplicabilité de l'acte anormal de gestion aux BNC). – DAVID, *GAJ Fisc., p. 290* (distinction du patrimoine professionnel et du patrimoine privé). – LE CALVEZ, *D. 2000. Chron. 151* (incertains contours du patrimoine de l'entrepreneur individuel). – MAÏA, *RJF 2001, p. 703* (distinction entre patrimoine privé et patrimoine professionnel – utilisation professionnelle d'un immeuble). – PLAGNET, *BFL 1996, p. 319* (patrimoine fiscal des entreprises individuelles).

A. ACTIF PROFESSIONNEL

1. Les éléments d'actif affectés à l'exercice d'une profession non commerciale et visés au 1 de l'art. 93 s'entendent, soit de biens qui, spécifiquement nécessaires à l'activité du contribuable, ne peuvent être distraits par celui-ci de son actif professionnel, soit de biens qui, de la nature de ceux dont l'usage est requis pour l'exercice de cette activité, sont effectivement utilisés à cette fin par le contribuable et qu'il peut, à son choix, maintenir dans son patrimoine personnel ou rattacher à son actif professionnel et porter, dans ce dernier cas, sur le registre des immobilisations prévu à l'art. 99. En revanche, un bien dont la détention ne revêt aucune utilité professionnelle ne peut, alors même que le contribuable l'aurait, à tort, inscrit sur le registre de ses immobilisations, constituer, au regard de la loi fiscale, un élément de son actif professionnel. • CE 25 avr. 2003, ♔ nº 205099 : *Dr. fisc. 2003. 691, concl. Vallée ; RJF 2003. 837.* ♦ Dans le même sens, un titulaire de BNC peut inscrire à son actif professionnel les travaux d'aménagement réalisés sur un immeuble pris en location qui sont utilisés pour son activité professionnelle. • CE 8 nov. 2017, ♔ nº 395407 : *RJF 2018. 167, concl. Daumas.*

Sur la notion d'actif professionnel et d'actif immobilisé, V. égal. notes ss. art. 99.

2. Gains et pertes afférents à un élément d'actif affecté à l'exercice de la profession. Il appartient au contribuable, lorsqu'il souhaite inclure dans la base de ses revenus imposables dans la catégorie des BNC les gains et pertes afférents à la détention d'un élément d'actif non affecté par nature à l'exercice de son activité non commerciale, de justifier, d'une part, que cet actif est inscrit au registre de ses immobilisations professionnelles et, d'autre part, que cette détention est utile à l'exercice de ladite activité. • CE 30 avr. 2004, ♔ nº 247436 : *RJF 2004. 714 ; concl. Collin au BDCF 7/04, nº 89.*

B. RECETTES

3. Réalisation des recettes. Constituent des recettes non commerciales, imposables entre les mains du contribuable au titre d'une année donnée, les sommes effectivement encaissées par l'intéressé au cours de cette année ou celles dont il a disposé avant le terme de cette même année, dès lors que ces sommes constituent la contrepartie de services rendus par lui dans l'exercice de son activité non commerciale et lui demeurent ainsi acquises, sans qu'il soit tenu compte de l'année au cours de laquelle les services ont été rendus ni du mode de perception de ces sommes. • CE 18 févr. 2004, ♔ nº 248589 : *RJF 2004. 505 ; concl. Collin au BDCF 5/04, nº 64.* ♦ Les recettes à retenir au titre d'une année déterminée pour l'assiette de l'IR dans la catégorie des BNC sont celles qui ont été mises à la disposition du contribuable au cours de ladite année, notamment par un versement à un compte sur lequel l'intéressé a opéré ou aurait pu, en droit ou en fait, opérer un prélèvement au plus tard le 31 déc. • CE 21 juin 2002, ♔ nº 222179 : *RJF 2002. 1094 ; Dr. fisc. 2002. 780.* ♦ Par suite, des honoraires d'avocat versés par un virement dont le montant a été inscrit au crédit d'un compte bancaire le 31 déc. se rattachent à l'année en cours, même si le bénéficiaire n'a reçu l'avis de virement que le 9 janv. suivant, dès lors qu'il n'établit pas qu'il aurait été dans l'impossibilité d'être informé le jour même de ce que le virement était effectué et de disposer de la somme. • Même arrêt.

4. Un médecin qui a accepté que les honoraires perçus en son nom par la clinique dans laquelle il exerçait lui soient reversés dans un délai de sept mois doit être regardé comme ayant disposé de ces honoraires dès leur encaissement par la clinique. • CAA Nancy, 9 nov. 1995 : *Dr. fisc. 1996. 591.* ♦ Un huissier de justice qui fait l'objet d'une mesure disciplinaire d'interdiction temporaire reste le titulaire de l'office et il est regardé, en vertu de l'art. 93, comme ayant perçu, à compter de la mesure d'interdiction et au fur et à mesure des encaissements de l'étude, la part des bénéfices correspondant à ses droits, quelles que soient les conditions dans lesquelles les bénéfices de l'étude ont, en fait, été appréhendés par l'administrateur qui agit pour le compte de l'intéressé. • CAA Nantes, 22 juin 1999, nº 96NT2055 : *Dr. fisc. 2000. 431.*

5. Sont à bon droit rattachés aux bénéfices professionnels d'un chirurgien les résultats d'une association créée et dirigée par l'intéressé, dès lors qu'il est établi que cette association présente un caractère fictif et a pour véritable objet, par la prise en charge d'une partie des dépenses d'investissement et de fonctionnement du contribuable et l'encaissement d'une partie de ses recettes, d'organiser un transfert de bénéfices. • CAA Bordeaux, 2 févr. 2006, nº 02BX1398 : *RJF 2006. 703.*

6. Renonciation à recettes. Un contribuable relevant des BNC peut renoncer à des recettes qu'il doit normalement percevoir à condition que cette renonciation ait une contrepartie équivalente pour lui, qu'elle puisse être regardée comme relevant de l'exercice normal de son activité ou qu'elle soit justifiée par un autre motif légitime. • CE, plén., 23 déc. 2013, ♔ nºs 350511 et 350075 (2 arrêts) : *RJF 2014. 145, chron. Bokdam-Tognetti ; BDCF 2014. 17, concl. Daumas ; Dr. fisc. 2014. 252, note Buchet.* ♦ Infirmant • CAA Paris, 26 avr. 2011, ♔ nº 08PA04866 : *RJF 2011. 804 ; Dr. fisc. 2011. 422, concl. Bernard, note Jacquemont.* ♦ La théorie de l'acte anormal de gestion n'est pas applicable en matière de BNC. Mais d'autres dispositions du CGI autorisent l'Administration à réintégrer dans le résultat imposable d'un contribuable le montant des recettes non déclarées qu'il n'aurait normalement pas dû renoncer à percevoir. • Mêmes arrêts. ♦ S'agissant d'un notaire, jugé que les remises totales sur émoluments afférents à un acte déterminé ou aux différents actes reçus à l'occasion d'une même affaire, qui reposent sur une faculté offerte par la réglementation, relèvent de l'exercice normal de la profession de notaire et sont donc déductibles, alors même qu'elles seraient dépourvues de contrepartie équivalente. • CAA Paris, 29 sept. 2015, n° 14PA05384 : *RJF 2016. 136 ; Dr. fisc. 2016. 176.* ♦ Jugé, en sens contraire, que ces remises ne relèvent pas de l'exercice normal de la profession de notaire. • CAA Nancy, 2 juin 2016, n° 15NC00536 : *RJF 2016. 831.*

7. Montant des recettes : professions médicales et paramédicales. L'Administration ne peut pas remettre en cause les résultats déclarés par la seule référence aux relevés d'honoraires établis par la sécurité sociale. • CE 4 nov. 1992, n° 81877 : *Dr. fisc. 1993. 965 ; RJF 1993. 48* • 6 nov. 1995, n° 123295 : *Dr. fisc. 1996. 56, concl. Bachelier.* ♦ Les discordances constatées constituent un indice. • CE 26 janv. 1994, n° 118900 : *Dr. fisc. 1994. 831 ; RJF 1994. 259.* ♦ ... Qui doit être corroboré par des éléments précis et concordants. • CE 30 janv. 1991, n° 78256 : *RJF 1991. 291.*

8. Avantages en nature ou en argent. L'avantage en nature perçu par un titulaire de BNC doit être regardé comme un revenu professionnel imposable lorsque l'Administration établit, d'une part, que cet avantage a été consenti à l'occasion d'un service rendu, d'autre part, qu'il constitue, eu égard notamment à la valeur du service et à la valeur dudit avantage, une rémunération de ce service. • TA Toulouse, 29 mars 2005, n° 01489 : *RJF 2005. 865.* ♦ Tel est le cas : du coût d'un voyage offert à l'épouse d'un radiologue par la société qui lui fournit son matériel professionnel. • TA Toulouse, 29 mars 2005 : *préc.* ♦ ... De la mise à disposition d'un chauffeur et d'une secrétaire au profit d'un ingénieur-conseil, en contrepartie de la fourniture d'une prestation de services (gestion d'une association de chasse). • CE 27 avr. 2009, n° 308445 : *RJF 2009. 614.* ♦ ... Des droits à voyage consentis monétairement à un notaire par sa banque, en sus de la rémunération des fonds qu'il y dépose à titre professionnel. • TA Besançon, 26 févr. 1998, n° 96787 : *Dr. fisc. 1998. 741 ; RJF 1998. 674.* ♦ ... De la minoration du prix de vente d'appartements consentie à un notaire par une société civile pour laquelle l'intéressé a fait, en sa qualité de notaire, diverses interventions, notamment la rédaction de la plupart des actes de cession des appartements construits par ladite société civile. • CE 27 févr. 1985, n° 32101 : *RJF 1985. 565.*

9. Indemnité d'éviction. L'indemnité perçue par un médecin évincé de ses locaux professionnels est une recette professionnelle imposable dès lors qu'elle est destinée à couvrir les frais de transfert du cabinet, qui sont déductibles du bénéfice. • CE 3 déc. 1986, n° 51458 : *Dr. fisc. 1987. 2294 ; RJF 1987. 163.* ♦ De même, l'indemnité perçue par un médecin en raison du non-respect du pacte de préférence prévu à son profit par le bail en cas de vente des locaux est imposable dès lors qu'elle tend à compenser les charges et pertes de recettes causées par le transfert du cabinet. • CAA Nantes, 26 mai 1998, n° 95NT245 : *Dr. fisc. 1998. 1140.*

10. Rémunération d'un apport en jouissance. Lorsqu'un expert-comptable fait apport en jouissance de son cabinet à une société pour une durée déterminée, il ne procède pas à une réalisation d'actif emportant cessation de son activité. Ainsi, les parts qu'il reçoit en rémunération de son apport ne constituent pas une plus-value de fin d'exploitation mais une recette à prendre en compte pour la détermination de son bénéfice non commercial et dont le montant est égal à la valeur des parts. • CE 26 mars 2003, n° 220441, *Sabathier : Dr. fisc. 2003. 470 ; RJF 2003. 708.* ♦ Cette recette résultant d'un apport en jouissance (d'une durée de 25 ans) rémunéré par la remise immédiate de parts constitue un revenu exceptionnel susceptible de bénéficier de l'étalement prévu par les dispositions alors en vigueur de l'art. 163. • Même arrêt.

11. Indemnité d'agent commercial. L'indemnité perçue par un agent commercial du fait de la rupture de son mandat de représentation en raison de son âge et de son état de santé constitue une recette imposable et non une plus-value de cession d'un élément incorporel de l'actif. • CE 18 mai 2005, n° 265038 : *RJF 2005. 814 ; Dr. fisc. 2006. 374, note Masquart.* ♦ Toutefois l'Administration admet que l'indemnité de résiliation perçue par un agent commercial bénéficie d'une taxation au taux réduit en tant que plus-value professionnelle à condition que le contrat ait été conclu depuis au moins deux ans. * Rescrit 28 mars 2006, n° 2006/26 FP. * BOI-BNC-BASE-20-20 n° 570 du 3 févr. 2016.

12. Indemnité d'agent général d'assurances. L'indemnité versée à la suite de la parution du décret du 15 oct. 1996 portant approbation d'un nouveau statut des agents généraux d'assurances, indemnité dont l'objet est notamment de compenser l'abandon partiel d'une exclusivité territoriale, est imposable dans la catégorie des BNC au même titre que les commissions dont elle a pour objet de compenser la perte. • CAA Paris, 22 déc. 2006, n° 04PA3717 : *RJF 2008. 141.* ♦ Dans le même sens, concernant une « indemnité compensatrice différentielle » destinée à compenser en un seul versement un probable manque à gagner résultant de la diminution du nombre et du montant des commissions ainsi que la dépréciation potentielle corrélative du portefeuille d'assurance de l'agent. • CE 30 mars 2009, nº 296463 : *RJF 2009. 557.* ♦ V. aussi notes 71 à 73.

13. Prix littéraires, scientifiques ou artistiques. L'art. 93 A-2° dispose que des sommes perçues dans le cadre de l'attribution de récompenses internationales de niveau équivalent au prix Nobel dans les domaines littéraire, artistique ou scientifique, dont la liste est fixée par décret en Conseil d'État, ne sont pas soumises à l'IR. Cette liste figure à l'art. 39 A de l'annexe II. * BOI-BNC-CHAMP-10-40-10 n° 70 du 7 mars 2018. ♦ Ne sont pas soumis à l'IR les prix nationaux et européens reçus par les écrivains, artistes et scientifiques dans la mesure où ils remplissent les conditions cumulatives suivantes : 1) récompenser un ouvrage ou l'ensemble d'une œuvre à caractère littéraire, scientifique ou artistique ; 2) être décernés par un jury indépendant ; 3) être attribués depuis au moins trois ans. * BOI-BNC-BASE-20-20 nº 750 du 3 févr. 2016. ♦ Sur l'exonération des prix Nobel, V. l'art. 92 A.

C. DÉPENSES

1º DÉPENSES NÉCESSITÉES PAR L'EXERCICE DE LA PROFESSION

BIBL. Austry, *RJF 1997, p. 1.* – Cozian, *GPFE, doc. 15* (intérêts des emprunts professionnels – jurisprudence des cliniques) ; *Dr. fisc. 2006, p. 1595* (financement du rachat d'entreprises : pour en finir avec un apartheid fiscal).

14. Principes. Il appartient au contribuable d'apporter la preuve que les dépenses qu'il a déduites étaient nécessitées par l'exercice de sa profession. • CE 14 oct. 1987, nº 47100 : *RJF 1987. 1272.* ♦ La question de la qualification des dépenses au regard de l'art. 93 est une question de droit qui ne relève pas de la compétence de la commission départementale des impôts. • CE 13 nov. 1996, nº 128088 : *Dr. fisc. 1997. 319, concl. Bachelier ; RJF 1997. 27.*

15. Indemnités. Déductibilité de l'indemnité versée par un praticien qui met fin à sa collaboration avec un confrère, dès lors que cette indemnité ne peut être considérée comme la contrepartie de la cession d'une clientèle. • CAA Nancy, 29 avr. 1997, nº 94NA1631 : *Dr. fisc. 1997. 1266, concl. Commenville ; RJF 1997. 920.*

16. L'indemnité qu'un chirurgien-dentiste a été condamné à verser à un confrère du fait de l'inexécution des contrats tendant à la présentation de la clientèle et à l'acquisition du cabinet de ce confrère ainsi que les frais de justice supportés à cette occasion doivent être regardés comme nécessités par l'exercice de la profession au sens de l'art. 93-1, alors même que les dépenses ainsi mises à la charge du contribuable ne résultent pas d'un des motifs de rupture prévus aux contrats en cause et que du fait de l'inexécution des contrats, le contribuable n'a pas exploité la clientèle de son confrère. • CE 19 févr. 2003, nº 232753 : *Dr. fisc. 2003. 376 ; RJF 2003. 570 ; concl. Collin au BDCF 5/03, nº 64 ; JCP E 2003, p. 1468, note Cozian.*

17. Les versements effectués par les titulaires de BNC pour obtenir un droit d'exercer non cessible ne sont pas déductibles lorsqu'ils sont remboursables. Ils deviennent déductibles à la date à laquelle il est constaté que leur remboursement n'est plus possible. Ainsi, la suppression du droit d'entrée dans la compagnie des syndics de Paris, en privant les syndics en fonction de la possibilité d'obtenir à l'avenir le remboursement du droit acquitté lors de leur prise de fonctions, leur a causé une perte déductible d'un montant égal à celui du droit d'entrée qu'ils avaient versé. • CE 27 oct. 1999, nº 159970 : *RJF 1999. 1536 ; Dr. fisc. 2001. 119.*

18. L'indemnité versée par un syndic ou administrateur judiciaire à son prédécesseur, en contrepartie de la cessation de son activité et de la possibilité de reprendre les dossiers en cours, constitue une charge d'exploitation, déductible de l'année de son versement, sous réserve que cette dépense soit nécessaire à l'exercice de la profession. • CE 30 juin 2000, nº 151861 : *RJF 2000. 1079 ; Dr. fisc. 2001. 223, concl. Goulard ; RTD com. 2001. 800, note Deboissy* .

19. Indemnités de transfert de clientèle. Ne sont pas déductibles : l'indemnité qu'un médecin a été condamné à verser à ses anciens associés pour réparer le préjudice subi par eux du fait de la poursuite de l'exercice de sa profession dans la même ville et avec la clientèle de l'association après son exclusion de celle-ci dès lors que cette somme représente le coût d'acquisition de la clientèle détenue précédemment par l'association, et a eu pour contrepartie une augmentation de son actif professionnel. • CE 21 déc. 1990, nº 70537 : *RJF 1991.166.* ♦ ... L'indemnité versée par un avocat à une société d'expertise comptable en réparation d'un détournement de clientèle résultant du transfert d'un salarié dès lors qu'elle constitue la contrepartie de l'acquisition d'un élément d'actif, et ce même s'il ne dispose plus de cette clientèle lors de ce versement. • CAA Nantes, 28 déc. 2009, nº 09NT181 : *RJF 2010. 483.*

20. Frais divers. Non-déductibilité : des frais de réception exposés par un avoué à l'occasion de sa nomination dans l'ordre de la Légion d'honneur. • CE, sect., 5 oct. 1973, nº 83211 : *Dr. fisc. 1974. 30, concl. Mandelkern ; Dupont 1973, p. 392.* ♦ ... Des frais correspondant aux faire-part de mariage de la fille d'un avoué. • CE 30 déc. 1996, nº 81518 : *RJF 1997. 104.*

21. Les sommes versées par un médecin généraliste dans le cadre d'un contrat d'entraide ne sont pas des dépenses déductibles du bénéfice professionnel. En contrepartie les sommes reçues à ce titre par les médecins malades ou accidentés ne sont pas à prendre en compte pour la détermination du revenu imposable. * Rescrit 23 mars 2010, n° 2010/15 FP * BOI-BNC-CHAMP-10-40-20 n° 300 du 2 déc. 2015.

22. Dépense engagée pour l'exercice d'une activité illicite ou fautive. Il résulte des art. 92 et 93 que, dans le cas d'occupations, d'exploitations lucratives ou de sources de profits ne constituant pas une activité professionnelle proprement dite, le bénéfice imposable est le profit brut retiré de l'opération duquel sont retranchés, s'il y a lieu, les frais et charges de toute nature qu'a entraînés pour le contribuable la réalisation de cette opération. Une dépense engagée pour l'exercice d'une activité illicite ne peut être regardée, de ce seul fait, comme non déductible des revenus bruts retirés de cette activité. Par suite, le caractère illicite des détournements de fonds opérés par un agent général d'assurances ne fait pas obstacle à la prise en compte de frais pour la détermination de ses BNC. • CE 10 juill. 2007, n° 294044 : *RJF 2007. 1245.* ♦ Pertes et charges résultant d'opérations professionnelles interdites ou fautives, V. notes 50 s.

23. Les réparations qu'un courtier d'assurances est condamné à verser à raison de pratiques de concurrence déloyale n'ont pas le caractère de dépenses professionnelles déductibles dès lors que ces pratiques l'exposent à un risque anormal au regard de sa profession. • CAA Bordeaux, 1er avr. 2014, n° 12BX00880 : *RJF 2014. 794.*

2° CHARGES SOCIALES ET SYNDICALES

24. Cotisations à un régime de retraite complémentaire (régime antérieur à la loi Madelin du 11 févr. 1994). Les cotisations au régime complémentaire de retraite organisé par une association professionnelle sont déductibles à condition que l'adhésion à l'association soit obligatoire et que les adhérents soient obligés de payer des cotisations au régime complémentaire. • CE 17 janv. 1996, n° 137897 : *Dr. fisc. 1996. 529 ; RJF 1996. 296, concl. Arrighi de Casanova ; BDCF 1996, n° 2, p. 33* • CAA Nancy, 2 avr. 1998, n° 94NA899 : *Dr. fisc. 1998. 767* (syndics et administrateurs judiciaires). ♦ En revanche, les cotisations à un régime imposé par une compagnie professionnelle ne sont pas déductibles si le contribuable peut exercer sa profession sans adhérer à la compagnie. • CE 4 nov. 1988, nos 62221 et 74341 : *RJF 1989. 36.* ♦ Sur le régime en vigueur, V. art. 154 *bis*.

25. Activités syndicales. Les dépenses supportées par les travailleurs indépendants pour l'exercice de leur activité au sein de syndicats professionnels régis par les art. L. 2131-1 et L. 2131-2 C. trav. sont prises en compte pour la détermination du bénéfice imposable. * BOI-BIC-CHG-10-10-10 n° 20 du 7 févr. 2018.

26. Majorations de retard sur charges sociales. Les majorations de retard payées aux caisses de sécurité sociale et d'allocations familiales en raison d'un retard de déclaration ou de paiement de cotisations ne constituent pas des dépenses nécessitées par l'exercice de la profession et ne sont donc pas déductibles du résultat imposable. * BOI-BNC-BASE-40-60-50-20 n° 10 du 7 oct. 2014.

3° LOYERS

BIBL. Fernoux, *BFL 2001, p. 117* (stratégie de location de l'immobilier).

27. Si l'art. 93-1-1° fait obstacle à ce qu'un titulaire de BNC qui exerce son activité professionnelle individuelle dans des locaux lui appartenant qu'il a affectés à cette activité déduise de ses bénéfices des sommes représentatives d'un loyer à raison de l'utilisation de ces locaux, il ne s'oppose pas, en revanche, à ce qu'un contribuable qui maintient ces locaux dans son patrimoine personnel et obtient, en contrepartie de leur utilisation pour les besoins de son activité professionnelle, une rémunération constitutive pour lui de revenus fonciers, déduise de ses recettes professionnelles le montant des dépenses d'occupation effectuées à raison de cette utilisation. • CE 11 avr. 2008, n° 287808, *Roche : RJF 2008. 813 ; concl. Vérot au BDCF 7/08, n° 90 ; Dr. fisc. 2008. 351, note Th. Schmitt.* ♦ Dans le même sens : • CE 11 avr. 2008, n° 300302, *Huynh Kinh : RJF 2008. 813.* ♦ Un avocat qui s'est abstenu d'inscrire au registre des immobilisations la partie de sa résidence principale utilisée à des fins professionnelles a entendu maintenir ces locaux dans son patrimoine personnel. Dès lors qu'il a perçu pour la mise à disposition de ces locaux des sommes équivalentes à un loyer déclarées dans la catégorie des revenus fonciers et qu'il a justifié de leur perception périodique par la production d'écritures comptables, de copies de chèques et de relevés de comptes professionnels, il peut déduire de son bénéfice imposable les sommes ainsi versées à titre de loyers. • CE 11 avr. 2008, n° 287808 : *préc.* ♦ L'Administration s'est alignée sur cette jurisprudence et autorise un titulaire de BNC à déduire de son résultat imposable un loyer à soi-même correspondant à la fraction d'un immeuble utilisée à titre professionnel et maintenue dans son patrimoine privé. * BOI-BNC-BASE-40-60-30 n° 1 du 12 sept. 2012 * BOI-RFPI-CHAMP-10-30 n° 230 du 5 avr. 2017.

28. Le fait pour un contribuable se livrant à une profession non commerciale de donner en location les locaux dont il est propriétaire à son entreprise personnelle ou à une société par l'intermédiaire de laquelle ou au moyen de laquelle il exerce sa profession fait obstacle à ce que les locaux en cause puissent être regardés comme des éléments d'actif affectés à l'exercice de la profession non commerciale. En louant les locaux qu'il a fait construire à une SCM constituée avec un confrère, un médecin doit être regardé comme ayant, de ce seul fait, rattaché la propriété des locaux en cause à son patrimoine personnel, nonobstant la circonstance qu'il exerce sa profession dans une partie de ceux-ci et les a inscrits sur le registre des immobilisations. En conséquence, les charges et amortissements afférents à ces locaux ne sont pas déductibles. • CE 6 avr. 2001, ♔ n° 208672 : *RJF 2001. 939, chron. Maïa, p. 703 ; Dr. fisc. 2002. 752.*

4° FRAIS DE TRANSPORT, DÉPLACEMENT, REPAS ET VESTIMENTAIRES

29. Frais de transport. Les frais de transport afférents aux quarante premiers kilomètres du trajet entre le domicile et le lieu de travail sont toujours admis en déduction même si aucune circonstance particulière ne justifie l'éloignement, sous réserve de la justification de la réalité et du montant des frais correspondants. * BOI-BNC-BASE-40-60-40-10 n° 30 du 12 sept. 2012. ♦ Les frais de transport que les contribuables exposent pour se rendre à leur lieu de travail et en revenir sont admis en déduction. • CE 17 janv. 1990, ♔ n° 84618 : *RJF 1990. 281.* ♦ Toutefois, il en va autrement lorsque, eu égard aux circonstances de l'espèce, l'installation ou le maintien du domicile dans un lieu différent du lieu de travail présente un caractère anormal. Distance de 80 km jugée normale dès lors que le domicile du foyer fiscal se trouve à mi-chemin entre les lieux de travail de chacun des époux, fixés à Paris et à Rouen. • CAA Nantes, 16 oct. 1996, n° 94NT1274 : *Dr. fisc. 1997. 225, concl. Devillers ; RJF 1997. 432.* ♦ Pour sa part, l'Administration admet que la déduction des frais de transport que les contribuables justifient avoir engagés entre leur domicile et leur lieu de travail est admise : de plein droit à concurrence des 40 premiers kilomètres ; au-delà des 40 premiers kilomètres, si le contribuable justifie l'éloignement de son domicile de son lieu de travail par des circonstances particulières, sous réserve, bien entendu, de justifier de la réalité et du montant des frais correspondants. * BOI-BNC-BASE-40-60-40-10 n° 30 du 12 sept. 2012.

30. Un dentiste dont le cabinet est situé à 250 km de la commune de son domicile où son épouse exerce la même profession peut déduire de ses recettes un seul trajet hebdomadaire aller-retour. • CAA Bordeaux, 30 mars 2006, n° 03BX1736 : *RJF 2006. 1024 ; Dr. fisc. 2006. 444, concl. Doré.* ♦ Les frais de déplacement exposés par ce contribuable pour aller dispenser des cours dans un hôpital situé dans une autre ville sont déductibles dès lors que cet enseignement, bien que bénévole, a un lien avec la profession. • Même arrêt. ♦ En revanche, ne constituent pas des dépenses nécessitées par l'exercice de la profession de jurisconsulte déductibles du revenu les frais de déplacement à l'étranger, les frais de repas et les frais de déplacement afférents à des conférences internationales. En effet, le contribuable ne justifie pas du lien entre ces dépenses et les nécessités de l'exercice de son activité de jurisconsulte consultant auprès d'un cabinet d'avocats en se bornant à invoquer la nécessité de ces dépenses du fait de sa notoriété et de l'obligation dans laquelle il était de nouer des contacts de haut niveau. • CE 17 nov. 2012, *Carreau*, n° 338465 : *RJF 2013. 187.*

31. Évaluation des frais de transport. Les titulaires de BNC, tels que les professionnels libéraux, qui possèdent leur véhicule que celui-ci soit affecté au patrimoine professionnel ou conservé dans le patrimoine privé du contribuable ou qui le louent ou le prennent en crédit-bail, tout en renonçant à en déduire les loyers, peuvent opter, par tolérance prévue par la doctrine administrative (* BOI-BNC-BASE-40-60-40-20 du 30 août 2016), pour l'évaluation forfaitaire des frais de voiture en utilisant le barème kilométrique normalement réservé aux bénéficiaires des traitements et salaires désormais plafonné à 7 CV. En revanche, ces titulaires de BNC ne sont pas concernés par le plafonnement de leurs frais réels de déplacement et, s'ils estiment que l'application du barème kilométrique leur est défavorable, ils conservent la possibilité de déduire la totalité de leurs frais de voiture pour leur montant réel et justifié conformément aux modalités de déduction des charges professionnelles. * Rép. min. n° 187917 : *JOAN Q, 22 avr. 2013, p. 3575.* ♦ Le barème kilométrique est applicable aux véhicules fonctionnant exclusivement à l'énergie électrique. Les frais de location et de recharge de batterie de ces véhicules sont assimilés à des frais de carburant inclus dans le barème. * BOI-BNC-BASE-40-60-40-20 n° 125 du 30 août 2016. ♦ Les frais de moto, de vélomoteur, de scooter peuvent être évalués de manière forfaitaire à partir d'un barème publié chaque année par l'Administration pour l'évaluation forfaitaire des frais de transport des salariés.* BOI-BNC-BASE-40-60-40-30 n° 10 du 30 août 2016. ♦ A l'occasion d'un déplacement professionnel, les frais de déplacement ne peuvent être déduits que pour leur montant net des remboursements perçus auprès des covoiturés. * BOI-BNC-BASE-40-60-40-20 n° 25 du 30 août 2016.

32. Frais de double résidence. Un titulaire de BNC peut pratiquer la déduction des frais engagés pour se loger à proximité de son lieu de travail dans une localité éloignée de celle où est établie sa résidence principale, dans la mesure où le choix du lieu de son domicile principal ne résulte, non pas d'une pure convenance personnelle, mais notamment d'une obligation légale, de motifs familiaux déterminants ou des conditions d'exercice de la profession. • CE 12 mars 2007, ♔ n° 281951 : *RJF 2007. 691 ; concl. Collin au BDCF 6/07, n° 68 ; Dr. fisc. 2007. 653, concl. Collin.* ♦ V. également, s'agissant d'un moniteur de ski, • CAA Lyon, 12 oct. 2006, n° 02LY1935 :

RJF 2007. 155. ♦ S'alignant sur la jurisprudence, l'Administration admet que, lorsque le contribuable choisit de résider dans un immeuble dont il est propriétaire, autre que son domicile principal, non par convenance personnelle mais suite notamment à une obligation légale, à des motifs familiaux déterminants ou aux conditions d'exercice de sa profession, les loyers effectivement versés à lui-même soient déduits de son résultat s'ils ne sont pas excessifs. En revanche, les intérêts d'emprunt supportés au titre de l'acquisition de l'immeuble ainsi que la taxe foncière ne peuvent être déductibles dès lors que ce dernier n'est pas compris dans le patrimoine professionnel. * Rescrit 28 juin 2011 : *n° 2011/16 FP* * BOI-BNC-BASE-40-60-30 n° 80 du 12 sept. 2012.

33. Frais de repas. Le contribuable peut déduire : les frais supplémentaires de repas dus à l'éloignement de son domicile sauf si l'installation ou le maintien de son domicile dans un lieu différent du lieu de travail présente un caractère anormal. • CAA Nancy, 6 juill. 1995, n° 93NA1169 : *Dr. fisc. 1995. 1804 ; RJF 1995. 1381.* ♦ ... Les frais de repas pris à titre individuel dans tous les lieux où s'exerce l'activité professionnelle lorsque la distance entre les lieux de travail et de domicile fait obstacle à la prise du repas au domicile. Toutefois le montant des dépenses en résultant doit être justifié, tenir compte des frais que le contribuable aurait dû engager pour un repas pris à son domicile et présenter un caractère professionnel. En pratique, la déduction ne peut porter ni sur la fraction du prix égale à une fois et demie le minimum garanti, ni sur la fraction excédant cinq fois ce même minimum. • CAA Paris, 28 juin 2000, n° 98PA672 : *RJF 2000. 1266 ; concl. Mortelecq au BDCF 11/00 ; Dr. fisc. 2001. 317, concl. Mortelecq.* ♦ La fraction admise en déduction au titre des frais supplémentaires de repas correspond à la différence entre la charge effective et justifiée, le cas échéant, limitée au montant au-delà duquel la dépense est considérée comme excessive, et la valeur du repas pris à domicile évaluée forfaitairement. Depuis le 1er janv. 2003, la valeur de l'avantage en nature est évaluée forfaitairement (forfait fixé par l'Administration et publié chaque année) et non plus fixée en fonction du minimum garanti. * BOI-BNC-BASE-40-60-60 nos 130 à 170 du 23 janv. 2019.

34. Les frais de restaurant correspondant à des repas d'affaires ou à des repas pris dans le cadre de voyages professionnels tels que congrès ou séminaires sont déductibles pour leur montant réel et justifié, sous réserve du respect des dispositions de l'art. 93-1. * BOI-BNC-BASE-40-60-60 n° 10 du 23 janv. 2019.

35. Dépenses vestimentaires. Dans la mesure où elles sont exposées pour l'acquisition d'un revenu, les dépenses supportées par un professionnel libéral sont prises en considération pour la détermination de son bénéfice imposable. Les dépenses vestimentaires ne sont déductibles que dans la mesure où elles correspondent à l'acquisition de vêtements de travail spéciaux. Il en est ainsi de la robe portée par les avocats. Aucune déduction n'est admise lorsque les vêtements ne se distinguent pas de ceux portés dans les circonstances courantes de la vie. * BOI-BNC-BASE-40-60-60 n° 310 du 23 janv. 2019. ♦ Les dépenses vestimentaires (vêtements, chaussures), de coiffure, d'esthétique et de blanchissage exposées par une attachée de presse et conseil en communication ne constituent des dépenses nécessitées par l'exercice de la profession que si l'intéressée établit que les frais engagés excèdent ceux correspondant normalement au niveau de ses revenus. • CE 4 août 2006, n° 283424 : *RJF 2006. 1343 ; concl. Séners au BDCF 11/06, n° 132 ; Dr. fisc. 2007. 784.*

36. Dépenses d'acquisition de prothèses dentaires et auditives. La déduction est autorisée à hauteur de la moitié des dépenses d'acquisition qui reste définitivement à la charge du contribuable après remboursement par la sécurité sociale, par une mutuelle ou par tout autre organisme de prévoyance, sous réserve que ces dépenses soient : 1) indispensables pour remédier à un grave handicap qui, non corrigé, interdirait à la personne qui en est atteinte l'exercice normal d'une activité professionnelle ; 2) engagées dans des situations très exceptionnelles, pour tenir compte des fonctions qui exigent un contact direct et permanent avec le public. * BOI-BNC-BASE-40-60-60 n° 330 du 23 janv. 2019.

5° PRIMES D'ASSURANCE

37. Assurance « homme-clé ». Selon l'Administration, les primes afférentes à un contrat d'assurance « homme-clé » ne peuvent faire l'objet d'une déduction. * Rép. min. n° 7137 : *JO Sénat Q, 15 avr. 1999, p. 1252 non reprise au BOFIP.* ♦ A noter que, en matière de BIC, les primes afférentes aux contrats d'assurance « homme-clé » répondant à certaines conditions fixées constituent des charges d'exploitation déductibles de l'exercice en cours à la date de leur échéance. * BOI-BIC-CHG-40-20-20 n° 100 du 8 avr. 2013.

38. Chirurgien. Les primes d'assurance versées par un chirurgien en vertu de contrats qui garantissent exclusivement à l'assuré, au cours d'une période d'inactivité causée par la maladie ou par un accident, sur présentation de justificatifs, le remboursement plafonné de toutes les dépenses professionnelles dans la mesure où elles sont légalement admises comme frais généraux, à l'exception de ses rémunérations, ont pour objet de couvrir des dépenses nécessitées par l'exercice de la profession et ont de ce fait la nature de dépenses effectuées en vue de la conservation du revenu. Elles sont, par suite, déductibles alors même qu'elles ne s'inscrivent pas dans un régime d'assurances obligatoire et qu'elles garantissent le contribuable contre un risque non spécifiquement professionnel. • CAA Nancy, 8 juin 2000, n° 96NA759 : *Dr. fisc. 2001. 403, concl. Stamm ; RJF 2001. 482.*

6° FRAIS FINANCIERS

39. Intérêts d'emprunt. Les intérêts de l'emprunt souscrit par une EURL en vue d'acquérir des parts d'une SELARL qui a pour objet la même activité ne peuvent être déduits du bénéfice imposable de l'associé unique de l'EURL. • TA Dijon, 4 mai 1999, n° 985311 : *RJF 1999. 988.* ♦ Les intérêts des emprunts contractés pour l'acquisition d'actions d'une SA d'expertise comptable ne constituent pas des dépenses nécessaires à l'exercice d'une profession relevant des BNC au sens de l'art. 93 lorsque l'acquéreur exerce son activité d'expert-comptable en qualité de salarié au sein de cette société. Dès lors, ces intérêts ne sont pas déductibles des BNC et le déficit non commercial en résultant ne peut pas être déduit de son revenu global. • CAA Lyon, 15 mai 2014, n° 12LY20541 : *RJF 2014. 890.* ♦ Les intérêts d'un emprunt afférents à un immeuble en cours de construction sont déductibles à condition que le contribuable inscrive, sur le registre des immobilisations, le prix de revient de l'immeuble au 31 déc. de chaque année écoulée entre le début des travaux et la date de mise en service des locaux et prenne l'engagement d'affecter ce local, dès l'achèvement de la construction, à l'exercice de sa profession non commerciale. * BOI-BNC-BASE-40-60-70 n° 50 du 12 sept. 2012. ♦ Les frais de découvert bancaire résultant des prélèvements effectués sur son compte d'exploitant par un architecte exerçant à titre libéral ne constituent pas des dépenses nécessitées par l'exercice de la profession dès lors que l'intéressé n'établit pas que les prélèvements n'auraient pas eu pour objet de financer des dépenses de caractère personnel. En revanche, la déductibilité est admise pour la part de ces frais de découvert imputable aux longs délais de paiement des honoraires de l'architecte. • CE 30 nov. 1998, n° 183727 : *Dr. fisc. 1999. 358, concl. Bachelier ; RJF 1999. 101, chron. Mignon, p. 2 ; concl. Bachelier au BDCF 1/99, p. 20.* ♦ Jugé cependant que la déduction des frais financiers correspondant au solde débiteur des comptes bancaires d'un contribuable n'est pas justifiée par le seul décalage existant entre la réalisation de la prestation et son paiement par les clients. • CE 18 févr. 2004, n° 248589 : *RJF 2004. 505 ; concl. Collin au BDCF 5/04, n° 64.*

7° IMPÔTS

40. Pénalités d'assiette et de recouvrement de l'impôt. Les pénalités mises à la charge des contribuables qui contreviennent aux dispositions régissant l'assiette ou le recouvrement des impôts n'ont pas le caractère de dépenses nécessitées par l'exercice de la profession au sens de l'art. 93-1. * BOI-BNC-BASE-40-60-20 n°s 10 et 20 du 1er avr. 2015.

41. Transmission à titre gratuit de l'exploitation (sol. ant. à l'Ord. n° 2004-281 du 25 mars 2004, art. 16). Les droits de mutation à titre gratuit acquittés par un contribuable en qualité d'héritier ou de donataire de l'usufruit de biens ou de droits qui ont, par nature, un caractère professionnel, constituent pour ce dernier une charge déductible de ses revenus professionnels. • CE 19 févr. 2003, n° 229373, *Tornay : Dr. fisc. 2003. 524, concl. Austry ; RJF 2003. 573 ; concl. Austry au BDCF 5/03, n° 65.*

8° AMORTISSEMENTS

42. Amortissements. Un élément incorporel de l'actif professionnel, à condition qu'il soit individualisable et inscrit comme tel à l'actif du bilan, peut faire l'objet d'un amortissement lorsqu'il est normalement prévisible, dès sa création ou son acquisition, que ses effets bénéfiques sur l'exploitation prendront fin nécessairement à une date déterminée. • CAA Bordeaux, 8 juin 1999, n° 97BX146 : *Dr. fisc. 2000. 376.* ♦ Mais tel n'est pas le cas d'un portefeuille d'agent d'assurances, quand bien même, au moment de son acquisition, l'agence connaissait de mauvais résultats et une fuite de clientèle, dès lors que cette circonstance ne suffit pas à établir qu'il devait normalement cesser de produire tout effet bénéfique sur l'exploitation à l'expiration de la période de dix ans retenue comme base de calcul de l'amortissement. • Même arrêt.

43. Seuls peuvent être regardés comme « effectués » (art. 39-1-2°) au titre d'une année les amortissements portés sur le registre des immobilisations prévu à l'art. 99, avant l'expiration du délai de déclaration des bénéfices. • CE 21 juin 2002, n° 222179 : *Dr. fisc. 2002. 780 ; RJF 2002. 1094.* ♦ Ainsi, des dépenses de travaux passées à tort en charges déductibles ne peuvent donner lieu à déduction d'amortissements, dès lors que ceux-ci ne peuvent être regardés comme « réellement effectués », faute d'avoir été inscrits sur le registre des immobilisations. • Même arrêt.

44. La première annuité d'amortissement d'une immobilisation mise en service en cours d'exercice doit être réduite *prorata temporis* pour tenir compte de la période écoulée entre la date d'ouverture de l'exercice et celle de la mise en service de l'élément à amortir. • CE 28 juill. 2004, n° 244176 : *RJF 2004. 1093 ; concl. Glaser au BDCF 11/04, n° 128.*

45. Incidences de la réforme des règles comptables. Dès lors que, en application de l'art. 93-1-2°, les amortissements seront effectués suivant les règles applicables en matière de BIC, les titulaires de BNC doivent faire application de la méthode d'amortissement par composants. * BOI-BNC-BASE-50 n° 40 du 3 août 2016.

46. Petit outillage, mobilier et logiciels. Peuvent être passés en charges immédiatement déductibles les petits matériels, outillages, mobiliers de bureau et logiciels dont la valeur unitaire hors taxe n'excède pas 500 €. * BOI-BNC-BASE-40-60-30 n° 170 du 12 sept. 2012.

9° PERTES ET CHARGES DIVERSES

47. Engagement de caution. Les sommes versées par un architecte en exécution d'un engagement de caution souscrit au bénéfice d'une société de promotion immobilière avec laquelle il avait conclu un contrat d'exclusivité sont déductibles dès lors que le contribuable avait professionnellement intérêt à ce que la société poursuivît son activité. • CE 14 févr. 1979, n° 10812 : *Dr. fisc. 1979. 1884 ; RJF 1979. 220, concl. Martin Laprade.* ♦ Cas d'une SCP titulaire d'une charge de commissaire-priseur qui s'est portée caution au profit de certains de ses clients, vendeurs de tableaux, qui ont souscrit auprès d'organismes de crédit des emprunts dont le montant était en rapport avec le produit escompté de la vente aux enchères de ces œuvres : ces engagements de caution, qui ne font pas partie des missions assignées à la profession de commissaire-priseur judiciaire, ont pour objet de faire supporter au commissaire-priseur le risque financier pesant en principe sur le prêteur, sans que ni les emprunts garantis, ni le risque pris par le commissaire-priseur ne soient en eux-mêmes regardés comme relevant de l'exercice normal de la profession. Par suite, les sommes versées en exécution de ces engagements ne constituent pas des dépenses nécessitées par l'exercice de la profession et ne sont donc pas déductibles. • CE 29 juin 2011, *Min. du Budget, des comptes publics et de la fonction publique*, n° 320163 : *RJF 2011. 1044 ; BDCF 10/11, n° 114, concl. Cortot-Boucher.* ♦ De même, les versements ne sont pas déductibles lorsque l'engagement a été souscrit dans le cadre de la gestion du patrimoine personnel. • CE 21 oct. 1987, n° 50087 : *RJF 1987. 1222* • 21 déc. 1990, n° 70499 : *RJF 1991. 167.* ♦ ... Ou lorsque le contribuable ne justifie pas, notamment par la production d'un contrat, que l'engagement était nécessité par l'exercice de son activité professionnelle en raison des contreparties qu'il pouvait en attendre. • CE 13 juill. 2007, n° 285027 : *RJF 2007. 1316.*

48. Convention de « ducroire ». Les sommes versées par le mandataire ducroire d'une société financière sur un compte rémunéré ouvert à son nom dans les écritures de cette société et destinées à garantir cette dernière de l'exécution des obligations du mandataire ne peuvent constituer, dès ce versement, des dépenses déductibles des BNC, dès lors que leur restitution est possible. • CE 15 nov. 2002, n° 229454 : *Dr. fisc. 2003. 206, concl. Mitjavile ; RJF 2003. 176.*

49. Vols et détournements. Les détournements de fonds commis par un employé du contribuable sont déductibles des bénéfices imposables, s'ils représentent la réalisation d'un risque professionnel normal, c'est-à-dire s'ils n'ont pas été facilités par les carences de l'employeur dans les contrôles qu'il est tenu d'effectuer. • CE 29 mai 1991, n° 75711 : *Dr. fisc. 1992. 22, concl. Hagelsteen.* ♦ En revanche, la déduction est exclue s'agissant de détournements de fonds commis : par la comptable salariée d'un laboratoire d'analyses médicales qui pouvaient être aisément détectés à la seule lecture de la comptabilité ou à la seule consultation des relevés de comptes bancaires faisant apparaître l'absence totale d'espèces déclarées et encaissées. • CAA Nancy 11 mars 2004, n° 00NA188 : *RJF 2004. 886.* ♦ ... Par l'épouse d'un contribuable, chargée de la gestion comptable de l'entreprise individuelle de son mari, dès lors qu'il y a eu carence manifeste dans le contrôle interne. • CE 27 avr. 2011, n° 319472 : *RJF 2011. 806.*

50. Exercice anormal ou fautif de la profession. Non-déductibilité des pertes et charges résultant d'opérations interdites par la réglementation professionnelle. Ainsi de la perte subie par un notaire à la suite d'un échange croisé de chèques : • CE 5 nov. 1975, n° 95562 : *RJF 1976. 19.* ♦ ... Ou à la suite de son entremise dans la négociation ou l'établissement de reconnaissances sous seing privé : • CE 13 nov. 1996, n° 128088 : *Dr. fisc. 1997. 319, concl. Bachelier ; RJF 1997. 27 ; D. 1997. IR 30* • 20 nov. 1996, n° 156534 : *Dr. fisc. 1997. 700 ; RJF 1997. 28 ; D. 1997. IR 30.* ♦ ... Ou de l'indemnité transactionnelle versée à un client pour réparer une faute professionnelle grave. • CAA Bordeaux 23 avr. 2003, n° 99BX1502 : *RJF 2003. 1373 ; Defrénois 2004, p. 295, note Douet.* ♦ De même, un huissier ne peut pas déduire les remboursements qu'il a dû effectuer après avoir fait des prélèvements irréguliers sur les fonds dont il était dépositaire. • CE 20 juin 1984, n° 30463 : *RJF 1984. 968.* ♦ V. égal. *supra* notes 22 et 23.

51. Sont déductibles des bénéfices imposables les sommes versées par une SCP d'huissiers de justice à une organisation professionnelle afin de la rembourser des indemnités qu'elle avait dû verser aux clients de cette société victimes des agissements frauduleux non décelables perpétrés par un ancien associé. • CAA Nantes, 3 déc. 2007, n° 06NT2108 : *RJF 2008. 665 ; JCP E 2008. 1959, note Dieu.*

52. Les pertes subies par un notaire à l'occasion d'opérations d'entremise portant sur la réalisation de prêts hypothécaires sont déductibles, sauf si elles ne correspondent pas à un risque lié à l'exercice normal de la profession, et notamment lorsqu'elles résultent de fautes graves et intentionnelles commises par le praticien. • CE

20 nov. 1996, n° 123267 : *Dr. fisc. 1997. 699 ; RJF 1997. 26.*

53. Non-déductibilité des frais supportés par un notaire pour assurer sa défense devant le tribunal correctionnel, alors même que les poursuites étaient motivées par des griefs touchant à son activité professionnelle. • CE 24 févr. 1982, n° 18656 : *Dr. fisc. 1982. 1929 ; RJF 1982. 192, note Racine, p. 155.*

54. Dépenses engagées à la date de cessation mais non payées. Il résulte des dispositions combinées des art. 93 et 202 qu'en cas de cessation d'activités le bénéfice non commercial doit être déterminé sous déduction des dépenses engagées à cette date, même si elles n'ont pas encore été payées. Dès lors, un expert-comptable qui cesse son activité au cours de l'année N peut déduire de son bénéfice imposable une somme à laquelle il a été condamné par le tribunal de commerce en N–1 alors même qu'il ne l'a pas encore payée. • CAA Paris, 15 juin 2005, n° 01PA1794 : *RJF 2006. 34.*

55. Dédommagement attribué à un salarié. La somme versée à un salarié pour le dédommager du vol de son véhicule n'est pas déductible. • CAA Nantes, 3 juill. 1996, n° 94NT43 : *Dr. fisc. 1996. 1404.*

10° MÉDECINS CONVENTIONNÉS

56. Déductions forfaitaires pour frais professionnels. Les médecins conventionnés (secteur 1) qui pratiquent les tarifs fixés par la convention et qui ont souscrit dans les délais les déclarations prévues aux art. 97 ou 101 bénéficient de dispositions particulières en matière de détermination des frais professionnels. Ce dispositif comporte une déduction complémentaire de 3 %, un abattement de 2 % représentatif de divers frais et un abattement forfaitaire (déduction dite du groupe III). A compter de l'imposition des revenus de 2007, la déduction forfaitaire et l'abattement complémentaire sont réservés aux non-adhérents à une association de gestion agréée. * BOI-BNC-SECT-40 n°s 10 à 90 du 4 mai 2016.

D. CESSIONS D'IMMOBILISATIONS

57. Sont seules imposables, en application des dispositions du I, les plus-values réalisées lors de la cession, en cours ou à la fin de l'exercice de la profession, des éléments d'actif qui, par nature ou par l'effet de l'inscription sur le registre des immobilisations, peuvent être regardés comme affectés à l'exercice de la profession. En revanche, les plus-values résultant de la cession des autres biens utilisés pour les besoins de la profession, mais demeurés dans le patrimoine privé du contribuable, ne sont pas imposables à l'IR dans la catégorie des BNC. • CE 5 mars 1997, n° 129343 : *Dr. fisc. 1997. 601, concl. Goulard ; RJF 1997. 329.* ♦ Le titulaire de BNC qui donne à bail un élément de son patrimoine professionnel transfère cet élément dans son patrimoine personnel. Ce transfert constitue une « réalisation » au sens de l'art. 93. • CAA Paris, 18 avr. 1997, n° 96PA221 : *Dr. fisc. 1997. 1023.*

58. En cas de réintégration dans le patrimoine personnel du contribuable de la fraction d'un bien immobilier affectée antérieurement à son activité professionnelle et inscrite à ce titre au registre des immobilisations et amortissements, la valeur de ce bien doit être estimée en se référant au prix auquel le propriétaire pourrait le vendre libre d'occupation dans des conditions normales. • CE 19 déc. 2008, n° 304781 : *RJF 2009. 212.*

59. Droits sociaux. Les parts de sociétés de capitaux détenues par les médecins constituent un élément d'actif affecté par nature à l'exercice de la profession lorsqu'une stipulation formelle des statuts ou du règlement intérieur de la société subordonne l'exercice de la profession à la détention de ces titres. • CE 22 juin 1988, n° 60228 : *Dr. fisc. 1988. 2365 ; RJF 1988. 979, concl. Ph. Martin.* ♦ Bien que ne présentant pas le caractère d'éléments affectés par nature à l'exercice de la profession, certains droits sociaux peuvent néanmoins présenter une utilité pour l'exercice de celle-ci. Ces droits peuvent être inscrits volontairement sur le registre des immobilisations. Il en est ainsi notamment : des parts ou actions d'une société exploitant une clinique dans le cadre de laquelle le contribuable exerce son activité libérale lorsque leur détention, sans être imposée par les statuts ou par le règlement intérieur, présente un intérêt pour l'exercice de sa profession ; des parts de SCI ou sociétés civiles autres que les sociétés civiles de moyens, qui mettent des locaux nus ou équipés à la disposition des professionnels. * BOI-BNC-BASE-10-20 n° 100 du 5 mai 2017.

60. Cession partielle de clientèle. Pour déterminer le montant d'une plus-value imposable sur la cession d'une partie de la clientèle d'un chirurgien-dentiste, l'indemnité obtenue doit être comparée avec une fraction adéquate du prix de revient de cet élément d'actif. Cette fraction peut notamment correspondre à la baisse de recettes constatée après la cession. • CAA Nancy, 2 mai 2002, n° 98NA1263 : *Dr. fisc. 2002. 1040 ; RJF 2002. 1095.*

61. Office notarial. La plus-value résultant de la transmission d'un office notarial est réalisée au plus tôt à la date de publication de la nomination du successeur. • CE 23 janv. 1985, n° 43748 : *RJF 1985. 406.* ♦ En cas de suppression d'un office, elle est réalisée à la date de publication de l'arrêté de suppression. • CAA Nantes, 14 oct. 1997, n° 95NT844 : *RJF 1998. 38.*

62. Expert-comptable. La plus-value de cession d'une activité d'expert-comptable doit être rattachée à l'année au cours de laquelle la condition suspensive d'obtention d'un agrément du conseil des experts-comptables, condition de validité de la cession, est réalisée. • CE 11 avr. 2008, n° 283956 : *RJF 2008. 812.*

63. *Commissaire-priseur.* L'indemnité versée par l'État aux commissaires-priseurs (L. du 10 juill. 2000), destinée à compenser la dépréciation subie par leur droit de présentation d'un successeur, en raison de la suppression du monopole dont ils bénéficiaient, a pour objet de compenser la disparition d'un élément incorporel de l'actif immobilisé, et ouvre droit en conséquence au régime des plus-values à long terme. • CAA Nantes, 24 juin 2009, n° 09NA46 : *RJF 2010. 28.*

64. *Apport en jouissance.* BIBL. Nonorgue, *Dr. fisc. 2004, p. 1255* (quel avenir pour l'apport en jouissance ?). ♦ En cas d'apport en jouissance d'un cabinet d'expertise comptable, l'apporteur en reste propriétaire. Par suite, l'indemnité perçue en contrepartie ne procède ni de la réalisation d'un élément d'actif, ni de la cessation de la profession. • CE 18 sept. 1998, n° 135565 : *Dr. fisc. 1998. 1081 ; RJ com. 1999. 353, note Deboissy ; JCP E 1999, p. 1573, note Regnaut-Moutier* • 26 mars 2003, n° 220441 : *Dr. fisc. 2003. 470 ; RJF 2003. 708.*

65. *Cession temporaire d'usufruit d'un cabinet libéral.* La somme reçue par un orthodontiste en contrepartie de la cession, pour une durée de sept ans, de l'usufruit de son fonds libéral entraîne la réalisation d'une plus-value professionnelle. • CE 16 févr. 2015, n° 363223 : *RJF 2015. 403 ; BDCF 2015. 58, concl. Escaut ; Dr. fisc. 2015. 314, note Quilici.* ♦ Sur les cessions à titre onéreux d'un usufruit temporaire intervenues à compter du 14 nov. 2012, V. art. 13-5.

66. *Divorce.* Les droits indivis que détient un conjoint, après la dissolution par divorce de la communauté conjugale, sur la valeur d'un actif affecté à la profession de l'autre conjoint, tel que le droit de présenter un successeur à la clientèle, ont toujours, du point de vue fiscal, le caractère d'un élément de patrimoine professionnel, même dans le cas où ce conjoint, non titulaire des titres ou diplômes requis par la législation en vigueur, ne pouvait lui-même participer à cette activité professionnelle. Le passage d'un élément d'actif professionnel faisant partie de la communauté dans l'indivision, du fait de la dissolution de la communauté par le divorce, n'a pas le caractère d'une cession susceptible de donner lieu à taxation selon le régime d'imposition des plus-values professionnelles. • CE 3 sept. 1997, n° 133408 : *Dr. fisc. 1997. 1340, concl. Goulard ; RJF 1997. 919.*

E. AGENTS GÉNÉRAUX D'ASSURANCES

BIBL. Desmorieux, *RJF 2003, p. 629* (l'imposition de l'IR, selon les règles applicables aux salaires, des commissions perçues par les agents d'assurances membres d'une société en participation).

67. *Société en participation et sociétés de fait.* Cas de deux agents généraux d'assurances, qui ont constitué une société en participation de moyens et de gestion pour l'exercice en commun de leur profession, et qui ont reçu des compagnies d'assurances des mandats conjoints et solidaires dont ils sont convenus de partager à égalité les produits et les charges : dès lors que les compagnies, après avoir versé les commissions globalement sur un compte joint ouvert au nom des associés, déclarent néanmoins chaque année la moitié de ces sommes au nom de chacun des associés, dans les conditions prévues à l'art. 240, l'Administration est mise à même de contrôler la cohérence des déclarations individuelles avec celles que font les compagnies versantes. Le bénéfice de l'option pour les modalités d'imposition prévues en matière de traitements et salaires ne peut donc être refusé aux intéressés. • CE 11 févr. 2002, n° 231403 : *Dr. fisc. 2002. 495, concl. Séners ; RJF 2002. 509 ; concl. Séners au BDCF 5/02.* ♦ Dans le même sens, pour une société de fait entre deux frères. • CE 11 févr. 2002, n° 231410 : *Dr. fisc. 2002. 509.* ♦ ... Et entre un père et son fils titulaires de mandats conjoints et solidaires dont ils partagent les produits à égalité. • CAA Nancy, 19 déc. 2002, n° 98NA136 : *RJF 2003. 567.*

68. *Courtages.* Pour l'application de l'art. 93-1 *ter*, peuvent seules être qualifiées de « commissions » les sommes que verse à l'agent général d'assurances la compagnie qui le mande, pour rémunérer l'apport ou la gestion d'un contrat. • CE 13 juill. 2007, n° 278683 : *RJF 2007. 1250 ; concl. Séners au BDCF 11/07, n° 126 ; Dr. fisc. 2007. 908.*

69. *Rémunérations accessoires.* Les courtages perçus par un agent général d'assurances en rémunération d'une activité de placement de prêts immobiliers exercée en qualité de mandataire d'un établissement de crédit non régi par le code des assurances ne peuvent être regardés comme une rémunération accessoire se rattachant directement à l'exercice de la profession d'agent général d'assurance. L'intéressé ne peut donc prétendre exercer l'option pour l'imposition selon les règles applicables aux traitements et salaires. • CAA Nancy, 10 févr. 2000, n° 95NA903 : *Dr. fisc. 2000. 857.* ♦ Un agent général d'assurances qui exerce également une activité de gérant majoritaire d'une SARL ayant pour objet la gestion des contrats des clients de son agence et le courtage d'assurance ne peut opter pour la détermination du bénéfice issu de son activité individuelle selon les règles des traitements et salaires. En effet, les rémunérations qu'il perçoit au titre de ses fonctions de gérant, imposables selon les modalités prévues à l'art. 62, se rapportent à l'exercice par l'intéressé d'une activité professionnelle distincte de celle, personnelle, d'agent général d'assurances et ne peuvent par conséquent pas être regardées comme des « courtages et autres rémunérations accessoires se rattachant directement à l'exercice de la profession ». • CE 16 janv. 2006, ⚖ n° 269659 : *RJF 2006. 379 ; Dr. fisc. 2007. 574.*

70. Absence d'autres revenus professionnels. Les « autres revenus professionnels », au sens de l'art. 93-1 *ter*, s'entendent de tous les revenus qu'est susceptible de procurer à l'intéressé l'exercice d'une activité professionnelle différente de celle d'agent général d'assurances. En conséquence, pour déterminer si les rémunérations qu'un agent général d'assurances perçoit en tant que gérant d'une SCI soumise à l'IS ont le caractère de revenus professionnels, il convient de prendre en compte l'objet de cette société et la nature de l'activité qu'il y exerce. • CE 30 déc. 2015, ⚖ n° 378814 : *RJF 2016. 243.* ♦ Un agent général d'assurances exerçant également la profession d'exploitant forestier ne peut opter pour le régime d'imposition selon les règles des traitements et salaires. • CE 26 juill. 2007, ⚖ n° 260626 : *RJF 2007. 1243.* ♦ Les revenus tirés d'une activité de gérance de tutelle ni occasionnelle ni bénévole caractérisent l'existence d'une activité professionnelle au sens de l'art. 93-I *ter* et excluent l'option pour l'imposition selon les règles applicables aux traitements et salaires. • CAA Bordeaux, 10 nov. 2003, n° 00BX1036 : *Dr. fisc. 2004. 691.*

71. Indemnité d'agent général d'assurances. L'indemnité versée par une compagnie d'assurances à un agent général à l'occasion de la cessation de son activité ne peut être regardée comme constituant le prix de cession d'une branche complète d'activité dès lors qu'elle est représentative des droits de créances de l'agent sur les commissions correspondant au portefeuille de l'agence dont il était jusque-là titulaire. • CE 30 déc. 2015, ⚖ n° 378814 : *préc. note 67.* ♦ V. aussi note 12.

72. Indemnités compensatrices. L'art. 151 *septies* V a instauré un dispositif particulier d'exonération des indemnités compensatrices versées par les compagnies d'assurances à leurs agents généraux d'assurances lors de la cessation de leur mandat motivée par un départ à la retraite. Ce dispositif s'applique aux plus-values réalisées depuis le 1er janv. 2006. L'exonération de l'indemnité compensatrice, versée par la compagnie d'assurances à un agent général prenant sa retraite, est accordée dès lors que le repreneur a poursuivi l'activité dans les mêmes locaux pendant une durée de quinze mois. • TA Toulouse, 24 juill. 2013, n° 1002327 : *RJF 2014. 334.*

73. Indemnités de cessation de fonctions. L'indemnité perçue par un agent d'assurance qui cesse son activité ne présente pas le caractère de créance acquise imposable au titre de l'année de cessation dès lors que son montant, déterminé notamment en fonction de critères complexes liés aux caractéristiques du portefeuille, n'est définitivement fixé que l'année suivante. • CE 23 juill. 2010, ⚖ n° 315794 : *RJF 2010. 1166.*

74. Primes impayées. Les agents généraux d'assurances peuvent déduire le montant des primes impayées laissées à leur charge par les compagnies, à condition qu'ils incluent dans leurs recettes imposables de l'année du recouvrement le montant des quittances récupérées sur les clients et qu'ils joignent chaque année à leur déclaration un état comportant la liste nominative des quittances demeurées impayées. * BOI-BNC-BASE-40-10 nos 490 à 510 du 12 sept. 2012.

75. Application des règles BNC. L'imposition des revenus d'un agent général d'assurances ayant opté pour le régime des traitements et salaires ne leur fait pas perdre le caractère de BNC et le contribuable continue de bénéficier des règles et garanties relatives à la détermination des revenus des professions non commerciales. • CE, plén., 27 nov. 1987, ⚖ n° 49581 : *Dr. fisc. 1988. 1164, concl. Martin Laprade.*

76. Amortissement du portefeuille. V. note 42.

F. ÉCRIVAINS ET COMPOSITEURS

77. Auteurs d'œuvres de l'esprit. Extension du régime des auteurs et compositeurs aux produits de droits d'auteur perçus par les auteurs d'œuvres de l'esprit mentionnées à l'art. L. 112 CPI. Notion de créateur d'œuvres originales de l'esprit. Application aux revenus perçus à compter de 2011. * BOI-BNC-SECT-20-10-10 n° 50 du 12 sept. 2012.

78. Auteurs de jeux de société. Les auteurs de jeux de société peuvent prétendre au bénéfice de l'art. 93-1 *quater* à la condition d'établir qu'ils ont fait œuvre d'écrivain, c'est-à-dire rédigé un texte caractérisé par une originalité particulière, un style et une certaine complexité. Si cette qualité ne peut être reconnue aux auteurs de jeux qui, en dehors des éléments physiques, élaborent des textes présentés comme une succession d'instructions, elle est susceptible de s'appliquer à ceux qui, par l'importance et la richesse des éléments de contexte annexés à la règle ou par l'existence d'un scénario, donnent à leur création le caractère d'une œuvre écrite originale. * Rép. min. n° 12986 : *JO Sénat Q, 23 sept. 2004, p. 2164.*

79. Droits imposables. Les droits d'auteur déclarés par les tiers sont réputés mis à disposition de leurs bénéficiaires à la date à laquelle ils ont été versés et non au 31 déc. de l'année d'imposition. En cas de changement de la situation de famille en cours d'année, seule la fraction des droits perçue au cours de chaque période d'imposition est imposable au titre de cette période. • TA Paris, 11 juin 1996, n° 93-1723 : *RJF 1995. 1379.*

80. Procédure d'imposition. Les droits

d'auteur déclarés par des tiers, visés à l'art. 93-1 *quater*, demeurent des BNC et ne sont assimilés aux traitements et salaires qu'en ce qui concerne le calcul de la base d'imposition. La procédure d'imposition demeure celle applicable en matière de BNC sous les garanties qu'elle comporte, notamment la possibilité de saisir la commission départementale des impôts d'un désaccord sur le montant du bénéfice imposable, y compris si le contribuable perçoit également des revenus ayant la nature de traitements et salaires. • CE 19 févr. 2003, n° 197768 : *RJF 2003. 568 ; Dr. fisc. 2003. 357, concl. Collin.*

G. PRODUITS DES PROPRIÉTÉS INTELLECTUELLE ET INDUSTRIELLE

81. Œuvres d'art. Des frais de garde exposés pour la conservation physique d'œuvres d'art graphiques ou plastiques originales, laquelle est nécessaire à l'exercice du droit de propriété incorporelle des héritiers de leur auteur, constituent des charges nécessitées par l'exercice de la profession pour l'héritier titulaire de bénéfices provenant de l'exploitation de son droit de propriété. • CE 23 oct. 2002, n° 220725, *Picasso : RJF 2003. 41 ; concl. Collin au BDCF 1/03, n° 6 ; Dr. fisc. 2003. 116, concl. Collin.*

82. Abattement sur les bénéfices des jeunes artistes de la création plastique. Artistes et œuvres concernés. Durée et calcul de l'abattement. Obligations déclaratives. Application aux activités commencées à compter du 1er janv. 2006. * BOI-BNC-SECT-20-30 du 8 oct. 2012.

83. Marques. Les dispositions du 2 de l'art. 93 sont également applicables aux redevances qui résultent de la cession ou de la concession d'une marque de fabrique trouvant son origine dans une invention ayant contribué à la fabrication de produits. * BOI-BNC-SECT-30-10-30 du 12 sept. 2012.

H. FONCTIONNAIRES CHERCHEURS

84. Les fonctionnaires qui apportent leur concours scientifique à une entreprise assurant la valorisation de leurs travaux peuvent exercer l'option pour l'imposition des sommes perçues à ce titre dans la catégorie des traitements et salaires jusqu'à la date de dépôt de la déclaration d'ensemble des revenus. * BOI-BNC-CHAMP-10-30-60 nos 80 à 100 du 3 févr. 2016.

Art. 93-0 A *(Abrogé par L. n° 2017-1837 du 30 déc. 2017, art. 94, applicable aux périodes d'imposition et exercices ouverts à compter du 1er janv. 2018)* ***Les suppléments de rétrocession d'honoraires versés aux personnes domiciliées en France qui exercent une activité libérale comme collaborateurs de professionnels libéraux ou d'un cabinet regroupant des professionnels libéraux au titre de leur séjour dans un autre État sont exonérés d'impôt sur le revenu en France dans la limite de 25 % de la rétrocession définie au 3° à laquelle elles ont normalement droit et de 25 000 € s'ils réunissent les conditions suivantes :***

1° Être versés à l'occasion d'activités de prospection commerciale définies à l'article 244 quater H et en contrepartie de séjours effectués dans l'intérêt direct et exclusif du cabinet ;

2° Être justifiés par un déplacement nécessitant une résidence d'au moins vingt-quatre heures dans un autre État ;

3° Être déterminés dans leur montant préalablement aux séjours dans cet autre État aux termes du contrat de collaboration ou dans un avenant à celui-ci et en rapport, d'une part, avec le nombre, la durée et le lieu de ces séjours et, d'autre part, avec la rétrocession versée au collaborateur compte non tenu des suppléments mentionnés au premier alinéa. Le montant des suppléments de rétrocession doit figurer sur le relevé d'honoraires envoyé par le collaborateur. Il doit y apparaître séparément et avec un intitulé spécifique se référant à l'affaire ayant occasionné le séjour dans l'autre État.

Art. 93 A I. — A compter du 1er janvier 1996 et par dérogation aux dispositions de la première phrase du 1 de l'article 93, le bénéfice à retenir dans les bases de l'impôt peut, sur demande des contribuables soumis au régime de la déclaration contrôlée, être constitué de l'excédent des créances acquises sur les dépenses mentionnées au 1 de l'article 93 et engagées au cours de l'année d'imposition. L'option doit être exercée avant le 1er février de l'année au titre de laquelle l'impôt sur le revenu est établi ; elle s'applique tant qu'elle n'a pas été dénoncée dans les mêmes conditions.

(L. n° 2020-473 du 25 avr. 2020, art. 3-I-4°, applicable aux exercices clos à compter du 15 avr. 2020) « Pour la détermination du bénéfice dans les conditions prévues au premier alinéa du présent I, les abandons de créances, dans les conditions et limites mentionnées au 9° du 1 de l'article 39, sont déductibles dans leur intégralité pour le contribuable qui les consent. »

En cas de commencement d'activité en cours d'année, les contribuables qui entendent se placer sous le régime défini au premier alinéa pour la détermination du béné-

fice de leur première année d'activité exercent l'option précitée dans les délais prévus pour le dépôt de la déclaration visée à l'article 97.

(L. n° 2019-1479 du 28 déc. 2019, art. 55-I-3° et II, applicable à compter de l'imposition des revenus de l'année 2020) **« En cas de sortie du régime d'imposition prévu à l'article 102 *ter*, le bénéfice imposable déterminé dans les conditions prévues au premier alinéa du présent I est augmenté des créances détenues par le contribuable au 31 décembre de l'année qui précède celle au titre de laquelle l'option est exercée pour leur montant hors taxes sous déduction d'un abattement de 34 %. »**

Un décret fixe les modalités d'application du présent article, notamment les modalités d'option et de renonciation à ce dispositif ainsi que celles du changement de mode de comptabilisation. — *V. Ann. III, art. 41-0 bis A à 41-0 bis C.*

II. — Les options en ce sens qui auraient été exercées antérieurement au 1er janvier 1996 sont réputées régulières sous réserve des décisions de justice passées en force de chose jugée.

1. Créances acquises. Par analogie avec les règles fixées par l'art. 38, 2 *bis*, il convient de considérer que les produits correspondant à des créances sur la clientèle sont rattachés à l'année d'imposition au cours de laquelle l'achèvement des prestations est intervenu. Les produits correspondant aux prestations continues et aux prestations discontinues à échéances successives échelonnées sur plusieurs exercices doivent être pris en compte au fur et à mesure de l'exécution de ces prestations. * BOI-BNC-BASE-20-10-20 n° 130 du 1er juill. 2020.

2. Provisions. Les provisions pour dépréciation des créances douteuses ou litigieuses constatées ainsi que les pertes correspondant à des créances devenues irrécouvrables sont déductibles du résultat imposable. * BOI-BNC-BASE-20-10-20 n° 200 du 1er juill. 2020.

3. Sociétés de personnes. L'option doit être formulée par la société, par l'intermédiaire du gérant ou de l'un des gérants, si les statuts en ont prévu la désignation, ou de l'un des associés dans le cas contraire. Elle produit ses effets pour tous les associés. * BOI-BNC-BASE-20-10-20 n° 100 du 1er juill. 2020.

Art. 93 B **En cas de transmission ou de rachat des droits d'un associé, personne physique, dans une société mentionnée aux articles 8 et 8 *ter*, qui exerce une activité professionnelle non commerciale au sens du 1 de l'article 92 et qui est soumise obligatoirement au régime de la déclaration contrôlée, l'impôt sur le revenu peut être immédiatement établi au nom de cet associé pour sa quote-part dans les résultats, déterminés dans les conditions prévues aux articles 93 ou 93 A, réalisés depuis la fin de la dernière période d'imposition jusqu'à la date de cet événement. Cette mesure s'applique sur demande conjointe de l'associé dont les titres sont transmis ou rachetés ou de ses ayants cause et du bénéficiaire de la transmission ou, en cas de rachat, des associés présents dans la société à la date du rachat.**

Le bénéficiaire de la transmission des titres est alors imposable à raison de la quote-part correspondant à ses droits dans le bénéfice réalisé par la société au cours de l'année d'imposition, diminuée de la part du résultat imposée dans les conditions prévues au premier alinéa. En cas de rachat des titres par la société, les associés présents dans la société au 31 décembre de l'année d'imposition sont imposables à raison du résultat réalisé par la société au cours de l'année d'imposition, sous déduction de la part du résultat imposée, dans les conditions prévues au premier alinéa, au nom de l'associé dont les titres ont été rachetés.

Un décret *[Ann. III, art. 41-0 bis D à 41-0 bis F]* **fixe les modalités d'application du présent article, notamment les obligations déclaratives des contribuables.** — *Les dispositions du présent article s'appliquent à compter de l'imposition des revenus de l'année 1997.*

1. Transmission ou rachat de parts d'une société de personnes en cours d'année. Commentaire administratif d'ensemble. Contribuables et opérations concernés. Modalités d'application. Impositions des associés. Exercice de l'option. Obligations déclaratives. * BOI-BNC-SECT-80 nos 100 à 480 du 8 oct. 2012.

2. Dans le cas où un avocat se retire de l'association au sein de laquelle il exerce son activité, l'Administration admet l'imposition immédiate à son nom d'une quote-part du résultat intermédiaire déterminé de l'exercice à la date du retrait. * Rescrit 23 oct. 2007, n° 2007/38 FP * BOI-BNC-SECT-70-50-10 n° 190 du 12 sept. 2012.

Art. 93 *bis* *Abrogé par Ord. n° 59-246 du 4 févr. 1959, art. 4.*

1° ORGANISMES D'ÉTUDES ET DE RECHERCHES

Art. 93 *ter* Les dispositions de l'article 39 *quinquies* C sont applicables aux organismes d'études et de recherches.

2° PLUS-VALUES DE CARACTÈRE PROFESSIONNEL

Art. 93 *quater* I. — Les plus-values réalisées sur des immobilisations sont soumises au régime des articles 39 *duodecies* à 39 *novodecies*.

(L. n° 2018-1317 du 28 déc. 2018, art. 37-I-6°-a et III-1, applicable aux exercices ouverts à compter du 1er janv. 2019) « Le régime des plus ou moins-values à long terme prévu à l'article 39 *quindecies* est applicable aux produits perçus par un inventeur personne physique et ses ayants droit au titre de la cession ou de la concession de licences d'exploitation d'un logiciel protégé par le droit d'auteur, d'une invention brevetable ou d'un actif incorporel qui satisfait aux conditions mentionnées aux 1°, 2° ou 4° du I de l'article 238. Par dérogation au premier alinéa du I de l'article 39 *quindecies*, le taux applicable aux opérations mentionnées au présent alinéa est de 10 %. »

I bis. — Abrogé par L. n° 2001-1276 du 28 déc. 2001, art. 54.

I *ter*. — *(L. n° 2018-1317 du 28 déc. 2018, art. 37-I-6°-b et III-1, applicable aux exercices ouverts à compter du 1er janv. 2019)* « L'imposition de la plus-value constatée lors de l'apport par un inventeur personne physique d'un logiciel protégé par le droit d'auteur, d'une invention brevetable ou d'un actif incorporel qui satisfait aux conditions mentionnées aux 1°, 2° ou 4° du I de l'article 238 à une société chargée de l'exploiter peut, sur demande expresse du contribuable, faire l'objet d'un report jusqu'à la cession, au rachat, à l'annulation ou à la transmission à titre gratuit des droits sociaux reçus en rémunération de l'apport ou, si elle intervient antérieurement, jusqu'à la cession par la société bénéficiaire de l'apport ». La plus-value en report d'imposition est réduite d'un abattement d'un tiers pour chaque année de détention échue des droits reçus en rémunération de l'apport au-delà de la cinquième.

Le report d'imposition prévu au premier alinéa est maintenu en cas d'échange de droits sociaux mentionnés au même alinéa résultant d'une fusion ou d'une scission jusqu'à la cession, au rachat, à l'annulation ou à la transmission à titre gratuit des droits sociaux reçus lors de l'échange.

En cas de transmission à titre gratuit à une personne physique des droits sociaux reçus en rémunération de l'apport ou reçus lors de l'échange mentionné au deuxième alinéa, le report d'imposition est maintenu si le bénéficiaire de la transmission prend l'engagement d'acquitter l'impôt sur la plus-value lors de la cession, du rachat, de l'annulation ou de la transmission à titre gratuit des droits sociaux.

L'article 151 *septies* ne s'applique pas en cas d'exercice de l'option prévue au premier alinéa.

Les dispositions du sixième alinéa du II de l'article 151 *octies* sont applicables aux plus-values dont l'imposition est reportée en application du premier alinéa ou dont le report est maintenu en application des deuxième ou troisième alinéas.

II. — L'imposition de la plus-value constatée lors de l'apport, par un associé, de la clientèle ou des éléments d'actif affectés à l'exercice de sa profession, à une société civile professionnelle, constituée conformément aux dispositions de la loi n° 66-879 du 29 novembre 1966 modifiée, est reportée au moment où s'opérera la transmission ou le rachat des droits sociaux de cet associé. L'application de cette disposition est subordonnée à la condition que l'apport soit réalisé dans le délai de dix ans à compter de la publication du décret en Conseil d'État propre à la profession considérée.

Toutefois, le report d'imposition prévu au premier alinéa est maintenu en cas d'opérations soumises aux dispositions du I de l'article 151 *octies* A ou de transformation de la société civile professionnelle en société d'exercice libéral jusqu'à la date de transmission, de rachat ou d'annulation des parts ou actions de l'associé. Les dispositions du sixième alinéa du II de l'article 151 *octies* sont applicables à l'associé à compter de la réalisation des opérations soumises aux dispositions du I de l'article 151 *octies* A ou de la transformation de la société civile professionnelle en société d'exercice libéral.

Les dispositions du premier alinéa ne s'appliquent pas aux plus-values constatées à l'occasion d'apports en sociétés visés aux I et II de l'article 151 *octies*.

III. — Pour l'application des dispositions du premier alinéa du I, les contrats de crédit-bail conclus dans les conditions prévues aux 1 et 2 de l'article L. 313-7 du code monétaire et financier sont considérés comme des immobilisations lorsque les loyers versés ont été déduits pour la détermination du bénéfice non commercial.

IV. — 1. Pour l'application des dispositions du premier alinéa du I aux immeubles acquis dans les conditions prévues au 6 de l'article 93 et précédemment donnés en sous-location, l'imposition de la plus-value consécutive au changement de régime fiscal peut, sur demande expresse du contribuable, être reportée au moment où s'opérera la transmission de l'immeuble ou, le cas échéant, la transmission ou le rachat de tout ou partie des titres de la société propriétaire de l'immeuble ou sa dissolution.

2. Cette disposition s'applique aux plus-values réalisées à compter du 1er janvier 1990.

3. L'acte qui constate le transfert de propriété des immeubles mentionnés au 1 consécutivement à l'acceptation de la promesse unilatérale de vente doit indiquer si le nouveau propriétaire, ou les associés s'il s'agit d'une société, demandent le report de l'imposition de la plus-value dans les conditions prévues au 1. A défaut, les dispositions du 1 ne sont pas applicables.

4. Un décret fixe les conditions d'application du présent IV, notamment les obligations déclaratives des contribuables. — *V. Ann. III, art. 41 novovicies.*

V. — Les dispositions du 5 *bis* et du 7 *bis* de l'article 38 sont applicables au profit ou à la perte réalisés lors de l'échange de titres résultant des opérations mentionnées au 5 *bis* et au 7 *bis* précités, lorsque ces titres sont affectés à l'exercice de la profession au sens de l'article 93.

Les personnes placées sous le régime prévu au premier alinéa sont soumises aux obligations définies à l'article 54 *septies*.

1. Notions d'actif professionnel et d'actif immobilisé. V. notes ss. art. 99.

2. Notion de cession. Le passage d'un élément d'actif professionnel faisant partie de la communauté conjugale dans l'indivision qui se constitue entre les ex-époux du fait de la dissolution, par divorce, de cette communauté n'a pas le caractère d'une cession susceptible de donner lieu à taxation selon le régime des plus-values professionnelles. • CE 3 sept. 1997, n° 133404 : *Dr. fisc. 1997. 1340, concl. Goulard.* ♦ V. égal. notes ss. art. 93.

3. Produits de la propriété industrielle (sol. ant. à 2019). L'inventeur ne bénéficie de la taxation selon le régime des plus-values à long terme que s'il est propriétaire du brevet cédé ou concédé ou s'est vu reconnaître par l'entreprise propriétaire du brevet un droit patrimonial sur celui-ci. • CE 25 oct. 1989, n° 68480 : *Dr. fisc. 1992. 193, concl. Liébert-Champagne* • 20 mars 1996, n° 120068 : *Dr. fisc. 1996. 745 ; RJF 1996. 580.*

4. Les sommes versées ultérieurement au titre de la part variable du prix de cession d'un brevet d'invention qui excèdent la plus-value initialement estimée par le cédant sont imposables l'année de leur perception. Elles bénéficient du taux réduit d'imposition des plus-values à long terme. • CE 12 mars 2014, n° 350443 : *RJF 2014. 566 ; BDCF 2014. 56, concl. Aladjidi.*

5. Régime du report d'imposition de la plus-value d'apport d'un brevet, d'une invention brevetable ou d'un procédé de fabrication industriel (sol. ant. à 2019). Aménagement du régime de report de la plus-value d'apport. Instauration d'un abattement pour durée de détention. Application aux apports réalisés à compter du 26 sept. 2007. * BOI-BNC-SECT-30-10-20 nos 80 à 380 du 12 sept. 2012.

6. Logiciels originaux. Il s'agit des logiciels qui résultent du travail intellectuel personnel de leur créateur, constituant une œuvre originale dans leur conception et leur expression et n'empruntent pas à des logiciels déjà créés, notamment en les traduisant dans un autre langage ou en les adaptant à un autre matériel ou à des utilisations spécifiques. * BOI-BNC-SECT-30-20 n° 20 du 12 sept. 2012. ♦ Il y a lieu d'apprécier si le logiciel revêtait, antérieurement à sa cession, le caractère d'un logiciel original au regard des éléments protégés par le régime des droits d'auteur tels que les lignes de programmation, le code source, le code objet et l'architecture du programme. • CAA Paris, 16 avr. 2015, n° 13PA01769 : *RJF 2015. 1010.*

7. Plus-value de cession de parts d'une SCP. Le remboursement d'un emprunt contracté pour le rachat de ses propres titres par une SCP doit être ajouté au prix de revient des parts des autres associés pour le calcul de la plus-value de cession. • CAA Douai, 30 mai 2013, *Brault,* n° 11DA007204 : *RJF 2013. 1020.*

8. Sous-location d'immeubles pris en crédit-bail. Une SCI qui lève l'option d'achat prévue dans un contrat de crédit-bail immobilier doit constater à cette date une plus-value imposable alors même qu'elle continue de mettre l'immeuble à la disposition de l'entreprise utilisatrice. • CE 4 mars 2015, n° 360508 : *RJF 2015. 402 ; Dr. fisc. 2015. 623, concl. Escaut, note Masclet de Barbarin.*

Art. 94 *Abrogé par L. du 28 déc. 1959, art. 11.*

Art. 94 A *Abrogé par L. nº 99-1172 du 30 déc. 1999, art. 94-V, à compter du 1er janv. 2000. — V. note ss. art. 92 A.*

Art. 94 B à 94 D *Transférés ss. art. 124 B à 124 D.*

C RÉGIMES D'IMPOSITION

Art. 95 En ce qui concerne le mode de détermination du bénéfice à retenir dans les bases de l'impôt sur le revenu, les contribuables qui perçoivent des bénéfices non commerciaux ou des revenus assimilés sont placés soit sous le régime de la déclaration contrôlée du bénéfice net, soit sous le régime déclaratif spécial *[disposition applicable pour la détermination des résultats des années 1999 et suivantes]. — V. également art. 302 septies A quater.*

1 RÉGIME DE LA DÉCLARATION CONTRÔLÉE

Art. 96 I. — Les contribuables qui réalisent ou perçoivent des bénéfices ou revenus visés à l'article 92 sont obligatoirement soumis au régime de la déclaration contrôlée lorsqu'ils ne peuvent pas bénéficier du régime défini à l'article 102 *ter*.

Peuvent également se placer sous ce régime les contribuables relevant du régime défini à l'article 102 *ter*, lorsqu'ils sont en mesure de déclarer exactement le montant de leur bénéfice net et de fournir à l'appui de cette déclaration toutes les justifications nécessaires.

II. — Abrogé.

III. — *Disposition devenue sans objet (Décr. nº 74-1130 du 30 déc. 1974).*

Les dispositions ci-dessus s'appliquent aux exercices clos et aux périodes d'imposition arrêtées à compter du 31 déc. 2015 (L. nº 2013-1279 du 29 déc. 2013, art. 20-XVII-A).

Art. 96 A Les contribuables qui réalisent des opérations mentionnées au 5° du 2 de l'article 92 sont soumis obligatoirement, pour ce qui concerne ces opérations, au régime de la déclaration contrôlée.

Les dispositions issues de la L. nº 2013-1279 du 29 déc. 2013 s'appliquent aux profits ou pertes réalisés à compter du 1er janv. 2014 (L. préc., art. 43-IV-A).

Art. 96 B Lorsque les titulaires de bénéfices non commerciaux réalisent, dans une même entreprise, des recettes non commerciales et des recettes commerciales, il est fait masse de l'ensemble des recettes pour déterminer la limite au-delà de laquelle la déclaration contrôlée est obligatoire en application du 1 de l'article 96. Si cette limite est franchie, le bénéfice non commercial fait l'objet d'une déclaration contrôlée et le bénéfice commercial doit être déterminé selon un régime réel. Dans le cas contraire, le bénéfice est déterminé dans les conditions prévues à l'article 50-0 ou à l'article 102 *ter*, selon le cas.

Cependant, la déclaration contrôlée des bénéfices non commerciaux est obligatoire si le contribuable opte pour un régime réel pour l'imposition de son chiffre d'affaires ou de son bénéfice commercial. *— Anc. art. 302 septies A quater.*

Art. 97 Les contribuables soumis obligatoirement ou sur option au régime de la déclaration contrôlée sont tenus de souscrire chaque année, dans des conditions et délais prévus aux articles 172 et 175, une déclaration dont le contenu est fixé par décret. *— Ann. III, art. 40 A et 41-0 bis.*

Art. 98 L'administration peut demander aux intéressés tous renseignements susceptibles de justifier l'exactitude des chiffres déclarés et, notamment, tous éléments permettant d'apprécier l'importance de la clientèle.

Elle peut exiger la communication du livre-journal et du document prévus à l'article 99 et de toutes pièces justificatives.

Si les renseignements et justifications fournis sont jugés insuffisants, l'administration détermine le bénéfice imposable et engage la procédure de rectification contradictoire prévue à l'article L. 55 du livre des procédures fiscales. *— V. aussi LPF, art. L. 75.*

Art. 99 Les contribuables soumis obligatoirement au régime de la déclaration contrôlée ou qui désirent être imposés d'après ce régime sont tenus d'avoir un livre-journal

servi au jour le jour et présentant le détail de leurs recettes et de leurs dépenses professionnelles.

Le livre-journal tenu par les contribuables non adhérents d'une association de gestion agréée comporte, quelle que soit la profession exercée, l'identité déclarée par le client ainsi que le montant, la date et la forme du versement des honoraires.

Ils doivent en outre tenir un document appuyé des pièces justificatives correspondantes, comportant la date d'acquisition ou de création et le prix de revient des éléments d'actif affectés à l'exercice de leur profession, le montant des amortissements effectués sur ces éléments, ainsi qu'éventuellement le prix et la date de cession de ces mêmes éléments.

Ils doivent conserver ces registres, ainsi que toutes les pièces justificatives, selon les modalités prévues aux trois premiers alinéas du I et au I *bis* de l'article L. 102 B du livre des procédures fiscales.

Par exception au premier alinéa, les exploitants individuels dont le montant annuel de recettes n'excède pas le *(Ord. n° 2021-1843 du 22 déc. 2021, art. 10-5°, en vigueur le 1er janv. 2022)* **« seuil mentionné au 2° de l'article L. 162-4 du code des impositions sur les biens et services », au cours de l'année civile ou de l'année civile précédente, peuvent procéder, au cours de l'année, à l'enregistrement de leurs recettes et dépenses professionnelles sur le livre-journal en retenant la date de l'opération figurant sur le relevé qui leur est adressé par un établissement de crédit, sous réserve d'enregistrer toutes leurs recettes et dépenses de l'année au plus tard le dernier jour de celle-ci.**

Les dispositions issues de la L. n° 2016-1918 du 29 déc. 2016 entrent en vigueur à la date de publication de l'arrêté du ministre chargé du budget prévu au troisième al. du I de l'art. L. 102 B LPF, et au plus tard le 31 mars 2017 (L. préc., art. 16-III).

BIBL. ► Bénard, *RJF 2006, p. 607* (patrimoine professionnel et dépenses déductibles : utilité fait loi). – David, *GAJ Fisc., p. 290* (distinction du patrimoine professionnel et du patrimoine privé). – Le Calvez, *D. 2000. Chron. 151* (incertains contours du patrimoine de l'entrepreneur individuel). – Maïa, *RJF 2001, p. 703* (distinction entre patrimoine privé et patrimoine professionnel – utilisation professionnelle d'un immeuble). – Plagnet, *BFL 1996, p. 319* (patrimoine fiscal des entreprises individuelles).

1. Notion d'actif professionnel. Si l'art. 99 ouvre aux contribuables soumis obligatoirement au régime de la déclaration contrôlée de leurs bénéfices non commerciaux la possibilité de ne pas inscrire sur le document prévu par cet article, dès lors qu'ils ne sont pas par leur nature même affectés à l'exercice de la profession, les biens utilisés pour cet exercice qu'ils prennent le parti de maintenir dans leur patrimoine personnel et pour lesquels ils perdent corrélativement la faculté de pratiquer des amortissements, cette liberté d'option entre patrimoine personnel et patrimoine professionnel ne peut concerner que les seuls biens affectés à l'exercice de la profession mais non ceux qui sont réservés à un usage non professionnel, dès lors que les dépenses retenues pour le calcul des bases de l'impôt sont seulement, en application des dispositions de l'art. 93 celles qui sont nécessitées par l'exercice de la profession. • CE 11 juill. 1991, n° 110268 : *Lebon 282 ; RJF 1991. 1232 ; Dr. fisc. 1993. 292.*

2. Les éléments d'actif affectés à l'exercice d'une profession non commerciale et visés au 1 de l'art. 93 s'entendent, soit de biens qui, spécifiquement nécessaires à l'activité du contribuable, ne peuvent être distraits pas celui-ci de son actif professionnel, soit de biens qui, de la nature de ceux dont l'usage est requis pour l'exercice de cette activité, sont effectivement utilisés à cette fin par le contribuable et qu'il peut, à son choix, maintenir dans son patrimoine personnel ou rattacher à son actif professionnel et porter, dans ce dernier cas, sur le registre des immobilisations prévu à l'art. 99. En revanche, un bien dont la détention ne revêt aucune utilité professionnelle ne peut, alors même que le contribuable l'aurait, à tort, inscrit sur le registre de ses immobilisations, constituer, au regard de la loi fiscale, un élément de son actif professionnel. • CE 25 avr. 2003, n° 205099 : *Dr. fisc. 2003. 691, concl. Vallée ; RJF 2003. 837.* ♦ Un contribuable relevant des BNC peut porter sur le registre des immobilisations les dépenses afférentes aux travaux d'aménagement, réalisés sur un immeuble dont il n'est pas propriétaire, qui sont requis pour l'exercice de son activité et effectivement utilisés à cette fin dès lors qu'il peut être regardé comme propriétaire des aménagements réalisés. Par suite, les annuités d'amortissement correspondantes sont déductibles. • CE 8 nov. 2017, n° 395407 : *RJF 2018. 167, concl. Daumas.*

3. Il appartient au contribuable qui souhaite inclure dans la base de ses revenus imposables, dans la catégorie des BNC, les gains et les pertes afférents à la détention d'un élément d'actif non affecté par nature à l'exercice de son activité non commerciale, de justifier, d'une part, que cet actif est inscrit au registre des immobilisations professionnelles dans les conditions prévues à l'art. 99 et, d'autre part, que cette détention est utile à l'exercice de cette activité. • CE 10 févr. 2006, nos 265122 et 265117 : *RJF 2006. 528 ; concl. Collin au BDCF 5/06, n° 61 ; Dr. sociétés 2006. 82, note Pierre.*

4. Les droits indivis détenus sur la valeur d'un actif affecté à l'exercice d'une profession réglementée ont toujours, du point de vue fiscal, le caractère d'un élément de patrimoine professionnel, même dans le cas où, faute d'être titulaire des titres ou diplômes requis par la législation en vigueur, le propriétaire indivis ne peut participer lui-même, en qualité de co-exploitant, à cette activité professionnelle. • CE 3 sept. 1997, n° 133404 : *Dr. fisc. 1997. 1340, concl. Goulard.*

5. L'exploitant doit porter sur le registre des immobilisations les biens qui, par nature, sont affectés à l'exercice de la profession. En ce qui concerne les biens qui ne sont pas, par leur nature même, affectés à l'exercice de la profession (voiture, immeuble), il peut les inscrire sur ce registre ou les conserver dans son patrimoine personnel. • CE 29 avr. 1985, n° 43759 : *Dr. fisc. 1985. 1617, concl. Bissara ; RJF 1985. 859* • 5 mars 1997, n° 129343 : *Dr. fisc. 1997. 601, concl. Goulard ; RJF 1997. 329.* ♦ Toutefois, les dépenses afférentes à un bien inscrit au registre ne sont déductibles que dans la mesure où elles sont exposées dans le cadre de l'activité professionnelle. • CAA Nantes, 3 juill. 1996, n° 94NT43 : *Dr. fisc. 1996. 1404.* ♦ Des locaux inscrits au registre des immobilisations conservent leur caractère professionnel dans la mesure où ils sont en attente d'une utilisation professionnelle. • CAA Nantes, 29 déc. 1989, n° 359 : *RJF 1990. 413.*

6. Le fait pour un contribuable se livrant à une profession non commerciale de donner en location les locaux dont il est propriétaire à son entreprise personnelle ou à une société par l'intermédiaire de laquelle ou au moyen de laquelle il exerce sa profession fait obstacle à ce que les locaux en cause puissent être regardés comme des éléments d'actif affectés à l'exercice de la profession non commerciale. En louant les locaux qu'il venait de faire construire à une SCM constituée avec un confrère, un médecin doit être regardé comme ayant, de ce seul fait, rattaché la propriété des locaux en cause à son patrimoine personnel, nonobstant la circonstance qu'il exerçait sa profession dans une partie de ceux-ci et les avait inscrits sur le registre des immobilisations. En conséquence, les charges et amortissements afférents à ces locaux ne sont pas déductibles. • CE 6 avr. 2001, n° 208672 : *RJF 2001. 939, chron. Maïa, p. 703 ; Dr. fisc. 2002. 752 ; RTD com. 2001. 1010, note Deboissy.*

7. Les parts de sociétés dont la détention présente un intérêt ou une utilité pour l'exercice de la profession peuvent être inscrites sur le registre des immobilisations. * BOI-BNC-BASE-10-20 du 5 avr. 2017 • CE 21 avr. 1998, n° 60502 : *Dr. fisc. 1998. 1670, concl. Martin Laprade.* ♦ Mais la seule inscription sur ce registre ne suffit pas à leur conférer le caractère d'élément d'actif s'il n'est pas établi que les parts sont nécessaires ou utiles à l'exercice de l'activité. Jugé que des parts de deux SCI de construction-vente détenues par un architecte, parts inscrites au registre des immobilisations et dont la détention lui a permis d'être désigné comme architecte des opérations de construction commerciale engagées par ces sociétés, sont des éléments d'actif affectés à l'exercice de sa profession. • CE 30 avr. 2004, n° 247436 : *RJF 2004. 714 ; concl. Collin au BDCF 7/04, n° 89 ; Dr. fisc. 2004. 880.* ♦ L'acquisition et la détention par un chirurgien de parts sociales de la société exploitant une clinique dans laquelle il exerce son activité professionnelle et qui ont pour effet de lui assurer une influence sur la marche de cette clinique sont utiles à l'exercice de sa profession. Ces parts constituent donc un élément d'actif au sens de l'art. 93-1 qu'il peut inscrire au registre de ses immobilisations professionnelles. Le contribuable, qui a décidé d'affecter ces parts à l'exercice de sa profession en les inscrivant à cette fin au registre de ses immobilisations est fondé à porter en charges les intérêts des emprunts contractés pour l'acquisition de ces titres. • CE 10 févr. 2006, nos 265122 et 265117 : *préc. note 3.*

8. En revanche, les parts d'une SCI ayant pour activité de donner en location des locaux à usage de bureaux et notamment les locaux dans lesquels est installée l'étude d'un notaire ne constituent pas pour ce dernier un élément de son actif professionnel quand bien même elles ont été inscrites sur le registre des immobilisations. • CE 25 avr. 2003, n° 205099 : *Dr. fisc. 2003. 691, concl. Vallée ; RJF 2003. 837.* ♦ Il en est de même : des actions détenues par un chirurgien dans la société qui exploite la clinique dans laquelle il exerce son activité dès lors que leur détention ne peut avoir pour seul effet que de lui assurer un droit de vote dans les assemblées de l'établissement et accessoirement un droit dans les dividendes de la société. En conséquence, les frais liés à l'acquisition de ces actions ne sont pas déductibles. • CAA Nantes, 17 déc. 2003, n° 00NT1046 : *RJF 2004. 481.* ♦ ... Des actions de la société exploitant la clinique où exerce un chirurgien, dès lors qu'il exerçait déjà dans la clinique avant l'acquisition de ces actions et qu'il ne fait état d'aucun élément justifiant que l'acquisition des actions était utile à son activité professionnelle. En conséquence, les frais financiers et contentieux liés à leur acquisition ne sont pas déductibles. • CAA Nantes, 17 déc. 2003, n° 01NT669 : *RJF 2005. 452 ; concl. Collin au BDCF 5/05, n° 56* • CE (na), 21 févr. 2005, n° 265095 : *RJF 2005. 452.* ♦ ... Des actions de la société exploitant la clinique dans laquelle exerce un anesthésiste-réanimateur ne sont pas des éléments affectés par nature à l'exercice de sa profession dès lors que leur détention n'est pas obligatoire et qu'elles n'ont pas été inscrites sur le registre des immobilisations. Dès lors, les frais financiers exposés pour l'acquisition desdites actions de même que les moins-values résultant de la perte de leur valeur ne sont pas déductibles. • CAA Bordeaux, 27 févr. 2006, n° 02BX1087 : *RJF 2006. 1187.*

9. Constituent des éléments incorporels d'actif affectés à l'exercice de la profession : le droit d'exclusivité sur trois lits de chirurgie d'une polyclinique détenu par un gynécologue-obstétricien. • CAA Nancy, 14 févr. 2002, n° 98NA57 : *RJF 2002. 640.* ♦ ... Le droit d'usage de huit lits de neuropsychiatrie dans une clinique, droit ouvert à un médecin par l'acquisition d'actions de cette clinique. • CAA Marseille, 18 sept. 2001, n° 97MA5050 : *RJF 2002. 1379.* ♦ ... La finance d'une charge de notaire, affectée par sa nature même à l'exercice de la profession, et qui doit obligatoirement être inscrite sur le registre des immobilisations. • CAA Bordeaux, 15 mai 2003, n° 99BX1552 : *RJF 2003. 1372 ; Dr. fisc. 2004. 600, concl. Chemin.*

10. L'indemnité versée par un avocat à une société d'expertise comptable en réparation d'un détournement de clientèle résultant du transfert d'un salarié constitue la contrepartie de l'acquisition d'un élément d'actif alors même qu'il ne dispose plus de cette clientèle lors de ce versement. • CAA Nantes, 28 déc. 2009, n° 09NT181.

11. Tolérances de comptabilisation. L'Administration admet les contribuables : *a)* à comptabiliser globalement en fin de journée l'ensemble des recettes d'un montant unitaire inférieur à 76 € ; *b)* s'agissant des honoraires payés par chèque, à ne comptabiliser que les seuls bordereaux de remise en banque. * BOI-BNC-DECLA-20-30 n° 30 du 12 sept. 2012. ♦ Il est également admis, pour les contribuables soumis au secret professionnel, que l'identité du client figure non pas sur le livre-journal, mais sur un document annexe auquel l'Administration a accès en cas de contrôle. * BOI-BNC-DECLA-20-30 n° 60 du 12 sept. 2012.

12. Registre des immobilisations. L'art. 99 n'impose pas que le document relatif aux immobilisations soit tenu sous forme de pages cotées et paraphées, ni même qu'il soit relié. • CE 28 juill. 2004, ☎ n° 244176 : *RJF 2004. 1093 ; concl. Glaser au BDCF 11/04, n° 128.* ♦ Est regardée comme un registre des immobilisations au sens de l'art. 99, une collection, conservée par le contribuable, des doubles des tableaux 2035 A annexés à ses déclarations, lesquels récapitulent la liste des matériels affectés à l'exercice de sa profession faisant apparaître pour chaque élément de l'actif ainsi immobilisé, un numéro d'ordre, la date d'achat, les prix de revient TTC et HT, le taux d'amortissement retenu, le montant cumulé des amortissements antérieurs et l'amortissement de l'année, ainsi que, le cas échéant, la date et le prix de cession. • Même arrêt.

13. Correction symétrique des bilans. Le mécanisme de la correction symétrique des bilans ne peut s'appliquer à des contribuables imposés dans la catégorie des BNC • CE 7 janv. 1991, ☎ n° 58794: *RJF 1991. 204* ♦ ... Même lorsqu'ils ont opté, en application de l'art. 93 A, pour la détermination du bénéfice en fonction des créances acquises et des dépenses engagées, dès lors que les intéressés ne sont pas astreints à la tenue d'un bilan. • TA Versailles, 13 déc. 2005, n° 04-3685 : *RJF 2006. 1227.*

Art. 100 Les officiers publics ou ministériels sont obligatoirement soumis au régime de la déclaration contrôlée en ce qui concerne les bénéfices provenant de leur charge ou de leur office. En ce qui touche les bénéfices ou revenus provenant d'une activité connexe ou accessoire ou d'une autre source, ils sont soumis aux dispositions de l'article 95.

Ils doivent, à toute réquisition de l'administration, représenter leurs livres, registres, pièces de recette, de dépense ou de comptabilité à l'appui des énonciations de leur déclaration. Ils ne peuvent opposer le secret professionnel aux demandes d'éclaircissements, de justification ou de communication de documents concernant les indications de leur livre-journal ou de leur comptabilité.

Art. 100 *bis* I. — Les bénéfices imposables provenant de la production littéraire, scientifique ou artistique, de même que ceux provenant de la pratique d'un sport, peuvent, à la demande des contribuables soumis au régime de la déclaration contrôlée, être déterminés en retranchant, de la moyenne des recettes de l'année de l'imposition et des deux années précédentes, la moyenne des dépenses de ces mêmes années.

Les contribuables qui adoptent ce mode d'évaluation pour une année quelconque sont obligatoirement soumis au régime de la déclaration contrôlée en ce qui concerne les bénéfices provenant de leur production littéraire, scientifique ou artistique ou ceux provenant de la pratique d'un sport. L'option reste valable tant qu'elle n'a pas été expressément révoquée ; en cas de révocation, les dispositions du premier alinéa continuent toutefois de produire leurs effets pour les bénéfices réalisés au cours des années couvertes par l'option.

II. — A compter de l'imposition des revenus de 1982, les contribuables peuvent également demander qu'il soit tenu compte de la moyenne des recettes et des dépenses de l'année d'imposition et des quatre années précédentes.

Les contribuables qui adoptent cette période de référence ne peuvent revenir sur leur option pour les années suivantes.

1. L'activité d'un graphiste qui consiste à créer des notices publicitaires et de montage de maquettes à partir de plans techniques ou de prototypes d'objets, fournis par ses clients, s'inscrit dans un processus de commercialisation de ces objets et, ne comportant qu'une part limitée de création de nature artistique, ne saurait être qualifiée de production artistique au sens de l'art. 100 *bis.* • CAA Nantes, 3 oct. 2000, n° 97NT707 : *Dr. fisc. 2001. 755.*

2. L'activité consistant à présenter, à des fins publicitaires, des produits ou services doit être regardée comme une activité de mannequin au sens de l'art. L. 7123-2 C. trav. et ne peut être qualifiée de production artistique au sens de l'art. 100 *bis.* Il ne peut en être autrement que lorsque la prestation se caractérise essentiellement par une interprétation personnelle répondant à la définition de l'art. L. 212-1 CPI. • TA Paris, 13 juill. 2011, n° 0914934 : *RJF 2012. 357.*

3. En cas de changement de la situation de famille en cours d'année, le revenu déterminé selon les règles de l'art. 100 *bis* est réputé mis à la disposition de son bénéficiaire *prorata temporis.* • TA Paris, 11 juin 1996, n° 931723 : *RJF 1996. 1379.*

2

Art. 101 à 102 *bis* *Abrogés.*

2 *BIS* RÉGIME DÉCLARATIF SPÉCIAL

Art. 102 *ter* *(L. n° 2017-1837 du 30 déc. 2017, art. 22)* **« 1. Le bénéfice imposable des contribuables qui perçoivent des revenus non commerciaux dont le montant hors taxes de l'année civile précédente ou de la pénultième année, ajusté s'il y a lieu au prorata du temps d'activité au cours de l'année de référence, n'excède pas** *(Décr. n° 2020-897 du 22 juill. 2020, art. 1er)* **« 72 600 €** *[ancienne rédaction : 70 000 €]* **» est égal au montant brut des recettes annuelles diminué d'un abattement forfaitaire de 34 %. Cet abattement ne peut être inférieur à 305 €. »** *— Limite applicable pour les années 2020 à 2022.*

Les plus ou moins-values provenant de la cession des biens affectés à l'exploitation sont prises en compte distinctement pour l'assiette de l'impôt sur le revenu dans les conditions prévues à l'article 93 *quater*, sous réserve des dispositions de l'article 151 *septies*. Pour l'application de la phrase précédente, *(L. n° 2017-1837 du 30 déc. 2017, art. 22)* **« l'abattement mentionné au premier alinéa est réputé » tenir compte des amortissements pratiqués selon le mode linéaire.**

(L. n° 2017-1837 du 30 déc. 2017, art. 22) **« Le premier seuil mentionné au premier alinéa est actualisé tous les trois ans dans la même proportion que l'évolution triennale de la première tranche du barème de l'impôt sur le revenu et arrondi à la centaine d'euros la plus proche. »**

Pour l'appréciation *(L. n° 2017-1837 du 30 déc. 2017, art. 22)* **« de la limite mentionnée » au présent 1, il est fait abstraction des opérations portant sur les éléments d'actif affectés à l'exercice de la profession ou des indemnités reçues à l'occasion de la cessation de l'exercice de la profession ou du transfert d'une clientèle et des honoraires rétrocédés à des confrères selon les usages de la profession. En revanche, il est tenu compte des recettes réalisées par les sociétés et groupements non soumis à l'impôt sur les sociétés dont le contribuable est membre, à proportion de ses droits dans les bénéfices de ces sociétés et groupements. Toutefois, le régime fiscal de ces sociétés et groupements demeure déterminé uniquement par le montant global de leurs recettes.**

(L. n° 2019-1479 du 28 déc. 2019, art. 55-I-4° et II, applicable à compter de l'imposition des revenus de l'année 2020) **« Au titre de l'année qui suit la sortie du régime d'imposition prévu à l'article 96 et lorsque l'option mentionnée à l'article 93 A avait été exercée, les recettes mentionnées au premier alinéa du présent 1 sont diminuées, avant application de l'abattement prévu au même premier alinéa, du montant hors taxes des créances détenues par le contribuable au 31 décembre de la dernière année imposée selon les modalités prévues à l'article 93 A. »**

2. Les contribuables visés au 1 portent directement sur la déclaration prévue à l'article 170 le montant des recettes annuelles et des plus ou moins-values réalisées ou subies au cours de cette même année.

(Abrogé par L. n° 2017-1837 du 30 déc. 2017, art. 22, à compter de l'imposition des revenus de 2017) ***« 3. Le régime défini au présent article continue de s'appliquer jusqu'au 31 décembre de l'année au cours de laquelle le montant hors taxes des revenus non commerciaux dépasse le montant mentionné au b du 2° du I de l'article 293 B. »***

4. Les contribuables visés au 1 doivent tenir et, sur demande du service des impôts, présenter un document donnant le détail journalier de leurs recettes professionnelles.

Lorsqu'il est tenu par un contribuable non adhérent d'une association de gestion agréée, ce document comporte, quelle que soit la profession exercée, l'identité déclarée par le client ainsi que le montant, la date et la forme du versement des honoraires.

5. Les contribuables qui souhaitent renoncer au bénéfice du présent article peuvent opter pour le régime visé à l'article 97.

Cette option doit être exercée dans les délais prévus pour le dépôt de la déclaration visée à l'article 97. Elle est valable un an et reconduite tacitement chaque année *(L. n° 2017-1837 du 30 déc. 2017, art. 22)* **« civile » pour un an.** *(L. n° 2021-1900 du 30 déc. 2021, art. 7-I-4° et II, applicable aux options et aux renonciations exercées à compter du 1er janv. 2022)* **« Les contribuables peuvent renoncer à cette option dans les délais applicables au dépôt de la déclaration souscrite au titre des résultats de la période précédant celle au titre de laquelle la renonciation s'applique. »**

6. Sont exclus de ce régime :

a. **Les contribuables qui exercent plusieurs activités dont le total des revenus, abstraction faite des recettes des offices publics ou ministériels, excède la limite mentionnée au 1 ;**

(Abrogé par L. n° 2017-1837 du 30 déc. 2017, art. 22, à compter de l'imposition des revenus de 2017) ***« b. Les contribuables qui ne bénéficient pas des dispositions du I de l'article 293 B. Cette exclusion prend effet à compter du 1er janvier de l'année qui suit celle de leur assujettissement à la taxe sur la valeur ajoutée ; »***

c. **Les contribuables dont tout ou partie des biens affectés à l'exploitation sont compris dans un patrimoine fiduciaire en application d'une opération de fiducie définie à l'article 2011 du code civil ;**

d. **Les contribuables qui exercent une activité occulte au sens du deuxième alinéa de l'article L. 169 du livre des procédures fiscales.**

V. égal. art. 151-0.

Les dispositions du présent art. telles que modifiées par l'art. 22-I-2° de la L. n° 2017-1837 du 30 déc. 2017 s'appliquent à compter de l'imposition des revenus de l'année 2017. Pour les entreprises relevant de plein droit d'un régime réel d'imposition au titre de l'imposition des revenus de l'année 2017 conformément aux dispositions applicables avant l'entrée en vigueur de la L. préc., l'option pour un régime réel d'imposition prévue au 4 de l'art. 50-0 doit être exercée avant la date limite de dépôt de la déclaration mentionnée à l'art. 53 A pour les impositions dues au titre de l'année 2017.

Pour les travailleurs indépendants relevant du régime prévu à l'art. L. 133-6-8 CSS, les dispositions de la L. préc. s'appliquent aux cotisations dues au titre des périodes courant à compter du 1er janv. 2018 (L. préc., art. 22-III-A).

BIBL. Colombié, *BFL 2009, p. 735* (auto-entrepreneur : pistes pour un audit fiscal de chaque projet).

1. Régime des micro-entreprises (dit « micro-BNC »). Champ d'application de ce régime. Détermination du bénéfice imposable. Obligations comptables et obligations déclaratives. Versement forfaitaire libératoire de l'IR.* BOI-BNC-DECLA-20 du 10 juill. 2020.

2. Conséquences du passage d'un régime réel d'imposition à un régime micro, ou inversement. * BOI-BNC-BASE-20-10-20 et * BOI-BNC-DECLA-20-20 du 1er juill. 2020.

3. Auto-entrepreneur. V. note ss. art. 151-0.

♦ Les artistes auteurs ne relèvent pas du régime de l'auto-entreprise. Ils ne sont pas concernés par la réforme (fusion) du régime micro-fiscal et micro-social. * Rép. min. n° 80717 : *JOAN Q, 3 nov. 2015, p. 8080.*

3 DISPOSITIONS COMMUNES

Art. 103 **Sous réserve des dispositions de l'article 218 *bis*, le bénéfice imposable des associés en nom, des commandités et des membres des sociétés visées aux articles 8 et**

8 *ter* est déterminé dans les conditions prévues au deuxième alinéa de l'article 60 et conformément aux dispositions des articles 96 à 100 *bis* ainsi que de l'article 102 *ter* pour l'associé unique d'une société à responsabilité limitée vérifiant les conditions fixées à cet article lorsque cet associé est une personne physique dirigeant cette société, et de l'article L. 53 du livre des procédures fiscales *[application pour la détermination des résultats des années 1999 et suivantes]*.

Art. 104 *Transféré ss. art. L. 73-2°, L. 75 et L. 76 A LPF.*

Art. 104 A à 107 *Abrogés.*

VII *REVENUS DES CAPITAUX MOBILIERS*

1 PRODUITS DES ACTIONS ET PARTS SOCIALES — REVENUS ASSIMILÉS

BIBL. ► DAUMAS, *RJF 2009, p. 949* (l'insoutenable légèreté des gains issus de capitaux mobiliers). – DE BROSSES, ABOUALI et BURNAT, *BFL 2009, p. 263* (débuts de la fiscalité islamique en France). – DE BROSSES et BURNAT, *BFL 2010, p. 863* (fiscalité des opérations de finance islamique en France : deuxième round). – KABBAJ et LEGENDRE, *Dr. fisc. 2009. 53* (le cadre fiscal de la finance islamique). – IFA, *Dr. fisc. 2004, p. 1617* (la réforme de la fiscalité des distributions). – MERCIER, Distributions des bénéfices : guide fiscal des répartitions annuelles et exceptionnelles aux actionnaires, *Éd. Fr. Lefebvre 2013, 5e éd.* – PLAGNET, *BFL 2005, p. 975* (la jurisprudence récente relative à la définition des revenus distribués, ou comment « adapter » des textes anciens à une réalité mouvante...). – PRIEUR et PLAGNET, *BFL 2007, p. 867* (une nouvelle approche de l'amortissement du capital).

a *GÉNÉRALITÉS*

Art. 108 Les dispositions des articles 109 à 117 fixent les règles suivant lesquelles sont déterminés les revenus distribués par :

1° Les personnes morales passibles de l'impôt prévu au chapitre II du présent titre ;

2° Les personnes morales et sociétés en participation qui se sont volontairement placées sous le même régime fiscal en exerçant l'option prévue au 3 de l'article 206.

Elles s'appliquent, même en l'absence de l'option visée ci-dessus, aux revenus distribués aux commanditaires dans les sociétés en commandite simple, et aux associés autres que ceux indéfiniment responsables dans les sociétés en participation.

Les revenus distribués par les personnes morales exonérées de l'impôt prévu au chapitre II susvisé sont également déterminés conformément aux mêmes règles.

Territorialité. L'art. 1, § 1, de la Directive 88/361 du 24 juin 1988 s'oppose à une disposition législative d'un État membre qui subordonne l'octroi d'une exonération de l'impôt sur le revenu auquel sont soumis les dividendes versés à des personnes physiques actionnaires à la condition que lesdits dividendes soient versés par des sociétés ayant leur siège dans ledit État membre. Il est sans incidence, à cet égard, que le contribuable demandant à bénéficier d'une telle exonération fiscale soit un actionnaire ordinaire ou un salarié détenant les actions ayant donné lieu à la perception de dividendes dans le cadre d'un plan d'épargne d'entreprise. • CJCE 6 juin 2000, n° C-35/98 : *RJF 2000. 1185 ; JCP E 2000, p. 1024.*

b *CALCUL DE LA MASSE DES REVENUS DISTRIBUÉS*

BIBL. ► AUSTRY, *Dr. fisc. 2015. 387* (acte anormal de gestion et revenus distribués). – LE GALL, *Dr. fisc. 2000, p. 136* (distributions irrégulières et donations indirectes). – PLAGNET, *GAJ Fisc., p. 672* (définition des produits distribués).

Art. 109 1. Sont considérés comme revenus distribués :

1° Tous les bénéfices ou produits qui ne sont pas mis en réserve ou incorporés au capital ;

2° Toutes les sommes ou valeurs mises à la disposition des associés, actionnaires ou porteurs de parts et non prélevées sur les bénéfices.

Les sommes imposables sont déterminées pour chaque période retenue pour l'établissement de l'impôt sur les sociétés par la comparaison des bilans de clôture de ladite période et de la période précédente selon des modalités fixées par décret en Conseil d'État *[Ann. II, art. 40 à 47]*.

2. *Abrogé.*

BIBL. Iljic, *RJF 2017, p. 587* (le maître de l'affaire). – Mangiavillano, *BFL 2017, p. 5* (la constitutionalité de la notion de maître de l'affaire). – Pellas, *BFL 2015, p. 325* (la notion de maître de l'affaire en droit fiscal).

A. BÉNÉFICES DÉSINVESTIS

1. L'art. 109-1-1° et l'application qui en est faite au maître de l'affaire ne méconnaissent pas le principe d'égalité devant les charges publiques garanti par l'art. 13 de la DDH. Si l'Administration fiscale entend imposer des revenus réputés distribués sur le fondement de l'art. 109-1-1° au nom du maître de l'affaire, elle doit justifier de cette qualification. Celle-ci nécessite une analyse des circonstances propres à l'affaire et notamment du fonctionnement spécifique de l'entreprise. Est qualifiée de maître de l'affaire une personne qui exerce la responsabilité effective de l'ensemble de la gestion administrative, commerciale et financière d'une société et dispose sans contrôle de ses fonds.

Le contribuable peut établir que les éléments apportés par l'Administration sont insuffisants pour justifier de cette qualification. S'il est reconnu maître de l'affaire, il est réputé avoir appréhendé la totalité des revenus distribués par la société. • CE 14 sept. 2016, n° 400882 : *RJF 2016. 1113.* ♦ Le contribuable qui, disposant seul des pouvoirs les plus étendus au sein de la société, est en mesure d'user sans contrôle de ses biens comme de biens qui lui sont propres et doit ainsi être regardé comme le seul maître de l'affaire, est présumé avoir appréhendé les distributions effectuées par la société qu'il contrôle. • CE 22 févr. 2017, n° 388887 : *Dr. fisc. 2017. 261, note de Bissy ; RJF 2017. 431, concl. Daumas.* ♦ La qualité de seul maître de l'affaire suffit à regarder l'intéressé comme bénéficiaire de la distribution de bénéfices non conservés (art. 109-1-1), sans qu'ait d'incidence la circonstance qu'il n'aurait pas effectivement appréhendé ces sommes. ♦ En revanche, cette qualité est inopérante pour établir la mise à disposition des associés de sommes non prélevées sur les bénéfices visés à l'art. 109-1-2°. • CE 29 juin 2020, n° 432815 : *RJF 2020. 786, concl. Victor.* ♦ La présomption d'appréhension des distributions ne joue pas s'il y a deux maîtres de l'affaire. • CE 27 déc. 2019, n° 422053 : *RJF 2020. 328.* ♦ … Sauf en présence d'un couple qui assure conjointement la maîtrise de l'affaire et fait l'objet d'une imposition commune à l'IR. • CAA Marseille, 8 févr. 2018, n° 16MA03225 : *RJF 2018. 1108* • CE (na) 10 mars 2020, n° 433098 : *RJF 2020. 602.* ♦ L'identification du maître de l'affaire est sans incidence sur la date d'appréhension de distribution. • CE 1er oct. 2018, n° 408491 : *RJF 2018. 1232.*

2. Il résulte de la combinaison des art. 109-1-1° et 110 que lorsqu'une société ou autre personne morale passible de l'IS verse à des personnes, à un titre quelconque, des sommes prélevées sur les bénéfices sociaux, tels qu'ils doivent être retenus après réintégration de ces sommes pour la détermination de l'assiette de l'IS, lesdites sommes doivent être regardées comme des revenus distribués, assimilés à des produits des actions et parts sociales et entrant, par suite, dans la catégorie des RCM. • CAA Paris, 17 oct. 2000, n° 97PA3224 : *Dr. fisc. 2001. 1042, concl. Kimmerlin ; RJF 2001. 491.* ♦ Il en est ainsi notamment, pour ce qui concerne les opérations de cession de titres, de la fraction de leur prix d'acquisition par une société correspondant à une surévaluation par rapport à leur valeur vénale. • Même arrêt. ♦ De même, dès lors que le montant des bénéfices retenus pour l'assiette de l'IS après rehaussement est supérieur au montant des rémunérations et des charges sociales patronales réintégrées, en l'absence de travail effectif, dans les bases d'imposition, les sommes représentant les charges sociales patronales ainsi réintégrées constituent des revenus distribués en application de l'art. 109-1-1°. • CE 30 mars 2009, n° 300349 : *RJF 2009. 560 ; Dr. fisc. 2009. 429, note Pierre.*

3. Lorsqu'un redressement notifié sur le fondement de l'art. 109-1-1° procède de l'imputation à un établissement stable situé en France, par l'intermédiaire duquel elle est regardée comme y exerçant son activité, de bénéfices réalisés par une société étrangère, ce redressement ne saurait par lui-même révéler l'existence d'une distribution de revenus par cette société, au sens de l'art. 109, la circonstance que le contribuable que l'Administration entend imposer comme bénéficiaire des distributions soit le maître de l'affaire n'ayant pas davantage cet effet. • CE 8 févr. 2019, n° 410301 : *RJF 2019. 442, concl. Merloz.* ♦ En revanche, lorsque l'Administration n'impute pas à un établissement stable français les bénéfices d'une société étrangère mais met en évidence l'exercice par cette société d'une activité occulte en France, les bénéfices en résultant, imposés en France, sont réputés distribués. • CE 27 mars 2020, n° 421627 : *RJF 2020. 533 ; Dr. fisc. 2020. 277, note Torlet et E-Rouah.* ♦ Sur la reconstitution des bénéfices d'une société étrangère et la présomption de distribution de son bénéfice imposable à l'étranger, V. • CE 4 juin 2021, n° 437988 : *RJF 2021. 811 ; Dr. fisc. 2021. 355, note Pierre.*

4. Les dispositions de l'art. 109-1-1° ne peuvent être mises en œuvre que si l'exercice est bénéficiaire. • CE, sect., 10 mars 1972, n° 79927 : *RJF 1972. 188.*

5. Lorsque le redressement a pour effet de substituer à un déficit déclaré un solde bénéficiaire, les sommes qui ont été réintégrées dans les résultats de l'entreprise et qui ont donné lieu à l'IS sont présumées constituer des revenus distribués en vertu de l'art. 109-1-1°. L'Administration peut alors mettre en œuvre la procédure de l'art. 117, lequel s'applique dans la mesure où les sommes correspondant au redressement ne sont pas restées investies dans l'entreprise. • CE 9 nov. 2011, *SARL Arches*, n° 319717 : *RJF 2012. 97.*

6. Les bénéfices correspondant aux redressements des bases d'imposition à l'IS n'ont le caractère de revenus mobiliers imposables que s'ils ont été distribués et non s'ils sont demeurés investis dans la société. • CAA Lyon, 14 mars 2002, n° 97LY20329 : *RJF 2002. 932.* ♦ Une créance non comptabilisée dans les résultats d'une société ne constitue un revenu distribué que si cette omission est volontaire et a pour but d'accorder un avantage au débiteur sans contrepartie pour le créancier. • CE 7 sept. 2009, n° 309786, *Simon-Bigart : RJF 2009. 1090, chron. Daumas, p. 949 ; Dr. fisc. 2009. 560, concl. Olléon.*

7. Le versement d'une rémunération ou d'un avantage occulte par une société de personnes dont des personnes morales passibles de l'IS détiennent une part des droits sociaux correspond, dans la mesure de cette part, à une distribution de revenus imposable chez le bénéficiaire de cette rémunération dans la catégorie des RCM, sans qu'il y ait lieu de distinguer selon que le rehaussement correspondant des résultats de la société de personnes a ou non suffi à rendre bénéficiaires les résultats imposables à l'IS de ses associés. • CE 29 juin 2001, n° 223663, *Belmes : RJF 2001. 1233, concl. Austry, p. 807 ; Dr. fisc. 2001. 1043 ; D. 2001. IR 2724* .

8. Dans le cas où la personne morale interrogée par l'Administration en application de l'art. 117 a refusé ou s'est abstenue de fournir dans le délai imparti les indications demandées, l'Administration peut imposer le véritable bénéficiaire de l'excédent de distribution dès lors qu'elle établit que l'intéressé a appréhendé les sommes correspondantes. • CE 12 mai 1997, n° 140887 : *RJF 1997. 647 ; Dr. fisc. 1997. 1018, concl. Loloum.* ♦ Lorsque le dirigeant de la personne morale s'est lui-même désigné, en sa qualité de dirigeant, comme le bénéficiaire de l'excédent de distribution, il lui appartient, même si la désignation est intervenue postérieurement à l'expiration du délai de trente jours imparti pour répondre, de démontrer qu'il n'a pas appréhendé les sommes distribuées. Il doit en outre, s'il se trouve en situation de taxation d'office, apporter la preuve de l'exagération du montant des distributions. • Même arrêt.

9. Dès lors que le gérant d'une SARL ne conteste pas que des sommes facturées par la SARL à une autre société et ne figurant pas dans ses écritures comptables ont été encaissées sur un *compte ouvert au Luxembourg* ni le caractère non déductible d'une dépense de voyage payée par la société sans lien avec son activité, l'Administration doit être regardée comme établissant l'existence de bénéfices distribués. • CAA Lyon, 4 août 2005, n° 00LY229 : *RJF 2006. 143.* ♦ Dès lors que le gérant a été désigné par la SARL sous sa propre signature comme bénéficiaire des revenus réputés distribués, il lui appartient de prouver qu'il n'a pas appréhendé ces sommes. Les circonstances qu'il n'était pas seul gérant, qu'il n'a pris ses fonctions qu'en cours d'exercice, qu'il n'aurait pas effectué le voyage et que les sommes en cause n'ont pas été identifiées parmi ses revenus ou dans son patrimoine ne sont pas de nature à établir une telle preuve. • Même arrêt.♦ L'Administration apporte la preuve de l'appréhension de distributions par le gérant désigné comme bénéficiaire dès lors que, si ce dernier soutient que la signature apposée sur la lettre n'est pas la sienne, il n'a accompli aucune diligence visant à s'inscrire en faux contre l'authenticité du document. • CAA Versailles, 19 nov. 2013, *Delcroix*, n° 12VE01011 : *RJF 2014. 337* • CE (na) 23 juill. 2014, *Delcroix*, n° 374854 : *RJF 2014.1008.*

10. La distribution est imposable au titre de l'année de clôture de l'exercice de réalisation des bénéfices. • CE, plén., 8 janv. 1982, n° 20003 : *RJF 1982. 152, Chron. 68.* ♦ Pour l'application de l'art. 109-1-1°, les sommes mises à disposition des associés, actionnaires ou porteurs de parts sont présumées distribuées à la date de clôture de l'exercice au terme duquel leur existence a été constatée, sauf si la société, l'associé, l'actionnaire ou le porteur de parts, ou l'Administration apportent des éléments de nature à établir que la distribution a été, en fait, opérée à une autre date. Le principe d'annualité de l'IR ne fait pas obstacle à l'application de cette règle dès lors que ni l'Administration ni le contribuable, qui est imposé sur la base de fonds sociaux qu'il a appréhendés, ne sont en mesure d'établir qu'il doit être procédé à la répartition de ces sommes en fonction de la date à laquelle le contribuable en a effectivement disposé. • CE 20 déc. 2013, n° 342981 : *RJF 2014. 247.* ♦ Les recettes dissimulées par une société tenant une comptabilité hors taxe doivent être réputées toutes taxes comprises et sont constitutives d'un profit sur le Trésor au titre de la TVA. Dès lors, les revenus distribués entre les mains des associés comprennent le montant de la TVA afférente aux recettes omises. • CAA Douai, 20 oct. 2009, n° 08DA44, *Yildiz : RJF 2010. 223.*

11. La société qui cède une créance sans en retirer le profit qu'une gestion commerciale normale lui aurait permis de réaliser est regardée comme ayant consenti au cessionnaire un avantage ayant la nature d'un revenu distribué, à moins qu'en contrepartie elle n'ait obtenu un avantage d'une autre nature, commerciale ou financière, au moins équivalent. • CAA Paris, 25 avr. 1995, n° 89PA2149 : *Dr. fisc. 1996. 135, concl. Brin.*

12. En cas de cessation totale d'une entreprise individuelle, les dettes liquides et exigibles qui figurent au passif de son dernier bilan sont prises en compte pour la détermination du bénéfice industriel et commercial réalisé par l'entrepreneur à la date de la cessation ; ces dettes cessent dès lors de grever le patrimoine professionnel de l'entrepreneur et dépendent désormais et nécessairement de son patrimoine personnel.

Dans le cas où le créancier est une société passible de l'IS, l'avantage personnel qu'il consent sans contrepartie au débiteur, soit en renonçant à percevoir des intérêts sur sa créance, soit en abandonnant tout ou partie de celle-ci, constitue pour le bénéficiaire, en application de l'art. 109-1-1°, un revenu distribué imposable dans la catégorie des RCM et non un bénéfice industriel et commercial. • CE 19 mars 2001, n° 198453 : *Dr. fisc. 2001. 820, concl. Courtial ; RJF 2001. 792.*

13. Imposition des intérêts et gratifications alloués par une société à son président et actionnaire majoritaire et inscrits au crédit d'un compte de frais à payer. • CE 20 mars 1996, n° 139844 : *Dr. fisc. 1996. 769, concl. Bachelier.*

14. Notion de dividende. BIBL. Colloque CE-FEP, *Dr. fisc. 2002, p. 1175 et 1224* (les droits pécuniaires de l'associé et les dividendes). ♦ Constituent des dividendes les produits de l'épargne investie en actions, parts sociales ou parts bénéficiaires, qui sont périodiques et renouvelables, prélevés sur les bénéfices ou les réserves et servis à l'ensemble des associés par suite d'une décision régulière de l'assemblée générale de la société. • CE 8 juill. 1992, *Gardet,* n° 88734 : *RJF 1992. 1172, chron. Turot, p. 659.* ♦ Dans le même sens • CE 29 déc. 1995, n° 140219, *Sté Hygiène et dératisation d'Auvergne : Dr. fisc. 1996. 318, concl. Ph. Martin ; D. 1996. 226, note Tixier et Hamonic* • 26 févr. 2001, n° 219834, *Anzalone : RJF 2001. 619, concl. Austry, p. 403 ; Dr. fisc. 2001. 611 ; Rev. sociétés 2001, p. 375, note Fouquet ; BJS 2001. 913, note Nouel.* ♦ Ni les dispositions de la loi du 24 juill. 1966, ni celles de l'art. 1844-1 C. civ. ne font obstacle à ce que des clauses du contrat de société prévoient une distribution des bénéfices aux associés selon une clé de répartition différente de celle qui résulterait seulement de la part des associés dans le capital social. Les dividendes ainsi distribués aux actionnaires ou porteurs de parts, dans des conditions régulières, constituent des produits d'actions, de parts sociales ou de parts bénéficiaires. Tel est le cas de dividendes calculés selon une double clé de répartition fondée, d'une part, sur le nombre des actions détenues par les associés et, d'autre part, sur le chiffre d'affaires apporté par chacun d'eux. • CE 26 févr. 2001, n° 219834 : *préc.*

V. égal. notes ss. art. 119 *ter.*

15. Sommes inscrites en « dividendes à payer ». Les sommes enregistrées sur les deux comptes courants nominatifs du PDG d'une SA et de son épouse dans les comptes de cette société dont ils détiennent plus de 99 % du capital et relevant, selon le PCG, de la catégorie des comptes courants d'associés individuels doivent être regardées comme mises à leur disposition dès l'inscription sur ces comptes et sont donc imposables sur le fondement de l'art. 158-3 même si l'assemblée générale des actionnaires approuvant les comptes de l'exercice et autorisant la distribution de dividendes ne s'est tenue que l'année suivante. • CAA Paris, 31 mai 2007, n° 05PA1724 : *RJF 2008. 46.*

B. SOMMES NON PRÉLEVÉES SUR LES BÉNÉFICES

16. Distributions et avantages visés. L'art. 109-1-2° ne trouve à s'appliquer que dans l'hypothèse de distributions à des associés, actionnaires ou porteurs de parts. • CE 7 nov. 1975, n° 85284 : *RJF 1976. 16 ; Dr. fisc. 1976. 96* • 18 déc. 1989, n° 92747 : *Dr. fisc. 1990. 1230, concl. Fouquet.* ♦ L'avantage anormal consenti par une SA à une SCI, devant être regardé comme appréhendé par les associés de la société de personnes, est imposable en tant que revenus distribués entre les mains de ceux-ci dès lors qu'ils sont actionnaires de la SA et alors même que la SCI n'est pas actionnaire de cette société. • CE 3 nov. 2004, n° 234525 : *RJF 2005. 28 ; Dr. fisc. 2005. 225, cocl. Donnat ; Dr. sociétés 2005, n° 2, p. 28.* ♦ Le versement d'un avantage occulte par une société de personnes contrôlée par une société de capitaux à un associé de celle-ci correspond, à hauteur de la participation de la société de capitaux, à une distribution taxable chez le bénéficiaire en tant que revenus mobiliers. • CE 12 avr. 2012, *Vaudois,* n° 325329 : *RJF 2012. 704 ; BDCF 2012. 88, concl. Aladjidi ; Dr. fisc. 2012. 350, note De Bissy.* ♦ Jugé, au contraire, que l'Administration ne peut imposer entre les mains de l'associé d'une SCI, en tant que revenus distribués, des sommes correspondant aux redressements affectant une autre société, dès lors que la SCI n'est pas associée de la société distributrice. • CAA Paris, 13 juin 2000, n° 97PA116 : *Dr. fisc. 2001. 685, concl. Kimmerlin ; RJF 2001. 1455.*

17. Les dispositions de l'art. 109-1-2° font obligation à l'Administration, lorsqu'elle estime devoir imposer un associé qui n'a pas accepté, même tacitement, le redressement de son imposition à l'impôt sur le revenu, d'apporter la preuve que celui-ci a eu la disposition des sommes ou valeurs qu'elle entend imposer à son nom. • CE 13 nov. 1998, n° 133808 : *RJF 1999. 34.* ♦ L'Administration apporte la preuve de l'appréhension effective des fonds lorsqu'elle établit qu'un associé, maître de l'affaire, est en mesure de prélever des sommes à son profit. • CE 29 avr. 1985, n° 60209 : *RJF 1985. 872.* ♦ Tel est le cas : s'agissant d'un associé disposant de la signature sociale et d'une procuration bancaire au cours d'une période d'absence du gérant de droit, et qui se comporte comme le seul et véritable maître de l'affaire. Par suite, ce dernier peut être regardé comme ayant appréhendé les distributions occultes correspondant aux rehaussements des bénéfices de la société. • CE 8 juin 2001, n° 219872 : *Dr. fisc. 2001. 1005, concl. Séners ; RJF 2001. 1235.* ♦ ... S'agissant du couple de dirigeants associés, respectivement président-directeur général et directrice générale, détenteurs avec leur fils de plus de 90 % du capital social et qui, en leur qualité de maîtres de l'affaire, ont appréhendé des recettes dissimulées provenant de ventes sans factures. • CAA Lyon, 30 déc. 2004, n° 98LY2247 : *RJF 2005. 557 ; Dr. fisc. 2005. 563, concl. Gimenez.* ♦ ... S'agissant d'un associé qui, détenant 50 % du capital social, a exercé les fonctions de gérant pour environ la moitié de l'exercice, puis celles de directeur commercial de la société, et a bénéficié de recettes en liquide non déclarées. • CE 11 févr. 2008, n° 281268 : *RJF 2008. 555.* ♦ ... S'agissant de l'associé qui détient personnellement 50 % des parts de la SARL dont il est le gérant et l'unique salarié. • TA Paris, 4 oct. 2005, n° 991439 : *RJF 2006. 258.* ♦ De même, l'Administration apporte la preuve de l'appréhension de revenus distribués : dès lors qu'elle établit que les associés-gérants d'une SCI, qui détiennent à eux deux la totalité du capital et sont les seuls maîtres de l'affaire, ont appréhendé chacun la moitié des bénéfices réintégrés dans les bases d'imposition de la société. • CAA Nancy, 20 déc. 2001, n° 97NA2665 : *Dr. fisc. 2002. 584 ; RJF 2002. 514.* ♦ ... Dès lors qu'elle établit que le contribuable, réputé être le bénéficiaire de revenus distribués par deux associations, est le « maître de l'affaire » en disposant sans contrôle des fonds des deux associations, en assurant intégralement la gestion quotidienne de ces associations sans aucune intervention des présidents de droit et en disposant de la signature sur les comptes bancaires. • CE 14 oct. 2015, n° 364797 : *RJF 2016. 29, concl. Bokdam-Tognetti.* ♦ En revanche, la circonstance que le gérant de fait d'une SARL détient 40 % des parts de celle-ci ne suffit pas à établir qu'il se comporte en maître de l'affaire dès lors que l'Administration ne soutient pas qu'il est le seul à disposer de la procuration sur les comptes bancaires de la société et qu'il ne résulte pas de l'instruction que le porteur des 60 % restants des parts sociales n'avait pas exercé ses droits. • CE 30 déc. 2011, n° 332088 : *RJF 2012. 362 ; Dr. fisc. 2012. 263.* ♦ Sur la qualification de maître de l'affaire, V. note 1.

18. Des prélèvements effectués par un associé sur les recettes dissimulées de la société sont imposables en tant que sommes non prélevées sur les bénéfices, les sommes prélevées sur les bénéfices étant à cet égard uniquement celles réparties en vertu d'une décision régulière des organes compétents de la société. S • CE 5 juill. 2010, n° 307166 : *RJF 2010. 1022.*

19. Les sommes qu'une société a effectivement allouées à des associés au cours de l'exercice doivent être regardées comme des sommes « non prélevées sur les bénéfices » au sens de l'art. 109-1-2° alors même que leur allocation n'a pas affecté l'actif net de la personne morale. • CE 29 nov. 2002, *Mikutajcis,* n° 228367 : *Dr. fisc. 2003. 251 ; RJF 2003. 178 ; concl. Collin au BDCF 2/03, n° 23* • 4 juin 2007, n° 265771, *IFGEC : RJF 2007. 1110.* ♦ Par suite, l'inscription, au crédit du compte courant d'un associé, d'une somme correspondant au montant de la TVA collectée par la société et non versée au Trésor constitue un revenu distribué et peut être imposée entre les mains de l'associé, alors même que cette écriture a été compensée par le débit du compte « TVA à décaisser » et n'a pas affecté l'actif net de la société. • CE 29 nov. 2002, n° 228367 : *préc.* ♦ Le prélèvement d'un associé sur un compte courant d'associé créditeur n'affecte pas l'actif net de la société dès lors que le débit du compte courant est compensé par le crédit du compte « banque ». La somme ainsi prélevée constitue un revenu distribué en application de l'art. 109-1-2° dès lors que cette somme ne correspond pas au remboursement d'une créance que l'intéressé aurait personnellement détenue sur la société. • CE 5 janv. 2005, n° 254831 : *RJF 2005. 234 ; Dr. fisc. 2005. 423.*

20. Rachat par une société de ses propres titres. **BIBL.** Dumont, *BFL 2010, p. 753* (rachat par une société de ses propres titres : une « chère rédemption » ?). ♦ Hormis les cas mentionnés à l'art. 112-6°, le rachat par une société, au cours de son existence, à certains de ses associés ou actionnaires personnes physiques, des droits sociaux qu'ils détiennent, notamment sous forme d'actions, correspond à une mise à disposition au sens de l'art. 109-1-2°. • CE 31 juill. 2009, n° 296052 : *RJF 2009. 939, concl. Glaser, p. 825 ; Dr. fisc. 2009. 509, concl. Glaser, note De Bissy ; JCP E 2009. 1914, note Dieu.* ♦ Le rachat par une société de ses propres actions à un de ses actionnaires, non suivi d'ailleurs de leur annulation, ne s'analyse pas comme la cession de titres par celui-ci à un tiers, à l'origine, le cas échéant, d'un gain net en capital imposable selon le régime des plus-values de cession, mais comme une distribution de revenu par la société imposable sur le fondement de l'art. 109-1-2°. • Même arrêt.

21. Libéralités et distributions diverses. Une société qui, en contrepartie de l'apport d'un fonds de commerce, attribue à l'un de ses associés des parts sociales pour un montant supérieur à la valeur réelle du fonds, lui consent, à hauteur de cet excédent, un avantage sans contrepartie, taxable en tant que revenu distribué au sens de l'art. 109-1-2°, alors même que cette attribution n'affecte pas l'actif net de la personne morale. • CAA Nantes, 28 juill. 2004, n° 01NT530 : *RJF 2005. 235.*

22. Les versements assimilés à des libéralités sont imposables dans la catégorie des RCM, au titre de l'année où ils ont été mis à la disposition des bénéficiaires. Dans le cas de versements échelonnés d'un prix de cession supérieur à la valeur réelle du bien, la fraction du prix constitutive d'une libéralité ne peut être regardée comme effectivement appréhendée par les bénéficiaires qu'une fois que le montant cumulé des versements effectués excède la valeur réelle du bien. • CE 27 juill. 2009, n°s 300350 et 310391 : *RJF 2009. 1091, chron. Daumas, p. 949 ; Dr. fisc. 2009. 577, note Dieu.*

23. L'expert-comptable, qui met sa clientèle personnelle à la disposition d'une SA d'expertise comptable, dont il est associé et au sein de laquelle il continue d'exercer son activité, n'a aucun droit patrimonial sur l'accroissement ultérieur de clientèle lié à l'activité de la société. Dès lors, la transaction, par laquelle il cède par la suite à la société la totalité de la clientèle rattachée aux établissements exploités par celle-ci, est constitutive d'une distribution de bénéfices imposable en son nom dans la catégorie des RCM, à hauteur de la valeur de présentation de la clientèle développée par la société et qui ne lui appartenait pas. • CAA Lyon, 13 juill. 2005, n° 01LY454 : *RJF 2006. 37.* ♦ Confirmation • CE 23 avr. 2008, n° 285133 : *RJF 2008. 818 ; concl. Collin au BDCF 7/08, n° 92 ; Dr. fisc. 2008. 422, concl. Collin.*

24. La détention de deux actions d'une SA est suffisante pour être regardé comme associé pour l'application de l'art. 109-1-2°. • CE 29 sept. 2000, n° 204516, *Salles : RJF 2000. 1501 ; Dr. fisc. 2001. 217.*

Sur le cas de SCI dont les associés sont actionnaires d'une SA, V. note 16.

25. La prise en charge par une société des frais de dépôt des brevets d'invention personnels de son P-DG constitue une libéralité imposable entre les mains de celui-ci dans la catégorie des RCM. • CE 24 avr. 1981, n° 9657 : *Dr. fisc. 1981. 1927, concl. Rivière ; RJF 1981. 671* • CAA Bordeaux, 28 avr. 1998, n° 95BX1650 : *Dr. fisc. 1998. 551, concl. Péano.* ♦ ... A moins que la société n'exploite le brevet au moment de ce paiement et n'en perçoive les fruits sans verser de redevance au titulaire du brevet. • CAA Lyon, 6 févr. 1992, n° 559 : *RJF 1992. 783.*

26. La prise en charge, par une société dont le siège est situé dans l'Aube, des loyers correspondant à des locaux d'habitation situés dans le Var et utilisés pour les besoins de son dirigeant ne revêt pas un caractère professionnel, en l'absence d'éléments probants. Par suite, ces dépenses ne sont pas susceptibles de se rattacher à l'exercice des fonctions de dirigeant. • CE 18 mai 2009, n° 298038 : *RJF 2009. 759.* ♦ La prise en charge des déplacements et séjours effectués par le dirigeant dans un pays dépourvu de tout lien commercial avec la société constitue un avantage qui ne trouve pas son origine dans les fonctions exercées et ne relève pas de la catégorie des traitements et salaires mais de celle des RCM. • CAA Paris, 18 avr. 2005, n° 01PA3206 : *RJF 2005. 1397.*

27. Application du 2° à une société qui avait acheté deux manteaux de fourrure destinés à être offerts à la femme d'un fournisseur (sol. isolée). • CE 18 déc. 1974, n° 93538 : *RJF 1975. 48.*

28. Les dépenses prises en charge à la place d'un associé par une personne morale passible de l'IS constituent, pour le bénéficiaire, une libéralité imposable en tant que distribution. Par suite, les dépenses supportées par une SARL pour l'édification d'un bâtiment appartenant à un associé constituent un avantage imposable entre les mains de ce dernier en tant que revenu distribué, par application des dispositions de l'art. 109-1-2° et non de l'art. 111 *a.* • CE 5 mars 1999, n° 140779 : *Dr. fisc. 2000. 46, concl. Loloum.*

29. Lorsque la propriété des droits sociaux est démembrée, le nu-propriétaire est regardé comme associé et bénéficiaire des distributions irrégulières. • CE 30 avr. 1971, n° 79846 : *Dupont 1971. 276.*

30. En cas de liquidation amiable d'une société, les éléments d'actif repris dans le patrimoine privé de l'associé sont réputés appréhendés au plus tard à la date de clôture de la liquidation de la société. • CE 15 févr. 2007, n° 280379 : *RJF 2007. 597.*

C. COMPTES COURANTS D'ASSOCIÉS

31. BIBL. F. Durand, *Dr. fisc. 2009. 326* (cessions de comptes courants d'associés et formalités de l'art. 1609 C. civ.). ♦ Les sommes inscrites au crédit d'un compte courant d'associé ont, sauf preuve contraire apportée par l'associé titulaire du compte, le caractère de revenus et ne sont alors imposables que dans la catégorie des RCM. • CE 8 févr. 1999, n° 140062 : *Dr. fisc. 1999. 427* • 25 avr. 2003, n° 236067 : *Dr. fisc. 2003. 760 ; RJF 2003. 904* • 4 août 2006, n° 276210 : *RJF 2006. 1358 ; BDCF 2006/11, n° 134, concl. Séners.* ♦ Ces sommes sont, sauf preuve contraire, à la disposition de cet associé, alors même que l'inscription résulterait d'une erreur comptable involontaire, et ont donc, même dans une telle hypothèse, le caractère de revenus distribués, imposables entre les mains de cet associé dans la catégorie des RCM en vertu de l'art. 109-1-2°. Pour que l'associé échappe à cette imposition, il lui incombe de démontrer, le cas échéant, qu'il n'a pas pu avoir la disposition de ces sommes ou que ces sommes ne correspondent pas à la mise à disposition d'un revenu. • CE 4 juin 2017, n° 396930 : *RJF 2017. 943.* ♦ Doivent être regardés comme des revenus distribués, sauf preuve contraire, les montants des soldes débiteurs des comptes courants ouverts dans les écritures d'une société au nom de ses associés, actionnaires ou porteurs de parts au 31 déc. de l'année en cause. En cas de variation de ce solde d'une année civile sur l'autre, seule la différence positive entre ces deux soldes peut légalement être incluse dans le revenu imposable de l'associé, l'actionnaire ou du porteur de parts pour l'année en cause. • CE 27 déc. 2019, n° 420478 : *RJF 2020. 224.* ♦ Les sommes versées par une société à son dirigeant de fait ont également le caractère de RCM. • CE 12 mars 2007, n° 281951 : *RJF 2007. 691 ; Dr. fisc. 2007. 653, concl. Collin.* ♦ Cette présomption ne concerne que les sommes d'origine indéterminée. • CAA Paris, 6 juin 2002, n° 97PA3624 : *RJF 2002. 1209 ; BDCF 2002/11, n° 134, concl. Bossuroy ; Dr. fisc. 2003. 110.*

32. Les sommes inscrites au crédit d'un compte courant d'associé d'une SCI ont, lorsqu'elles résultent de prélèvements sur les résultats sociaux, le caractère de revenus imposables dans la même catégorie que celle dont relèvent ces résultats. • CE 30 déc. 2009, ♔ n° 307131 : *Dr. fisc. 2010. 226 ; RJF 2010. 200 ; concl. Geffray au BDCF 3/10, n° 25.*

D. VOLS ET DÉTOURNEMENTS

33. Détournement de fonds ou de biens sociaux. Les détournements de biens sociaux commis par un associé nettement identifié doivent être considérés comme des revenus distribués. * BOI-RPPM-RCM-10-20-20-10 n° 120 du 12 sept. 2012. ♦ Des recettes détournées par le dirigeant de sociétés qu'il contrôle sont imposables dans la catégorie des RCM en application de l'art. 109-1-2° et non dans celle des BNC. • CE 20 févr. 1991, ♔ n° 59865 : *RJF 1991. 488.* ♦ Il en est de même : des sommes détournées par la gérante et unique associée d'une SARL. • CAA Bordeaux, 29 mars 2007, n° 04BX1206 : *RJF 2007. 1049.* ♦ ... Des sommes détournées à son profit par l'associé gérant d'une SARL et provenant d'une cession d'actifs. • CE 6 mars 2014, ♔ n° 357430 : *RJF 2014. 618.* ♦ ... Des fonds sociaux détournés et appréhendés par un mandataire social et représentant légal d'une société soumise à l'IS, alors même que l'intéressé est salarié non associé de la société. • CAA Nancy, 22 mars 2018, ♔ n° 16NC01979 : *RJF 2018. 755 ; Dr. fisc. 2018. 431, note Peton-Philippot* • CE (na) 24 avr. 2019, ♔ n° 420841 : *RJF 2019. 787.*

Art. 110 **Pour l'application du 1° du 1 de l'article 109, les bénéfices s'entendent de ceux qui ont été retenus pour l'assiette de l'impôt sur les sociétés.**

Toutefois, ces bénéfices sont augmentés de ceux qui sont légalement exonérés dudit impôt, y compris les produits déductibles du bénéfice net en vertu du I de l'article 216, ainsi que des bénéfices que la société a réalisés dans des entreprises exploitées hors de France, et diminués des sommes payées au titre de l'impôt sur les sociétés.

Art. 111 **Sont notamment considérés comme revenus distribués :**

a) **Sauf preuve contraire, les sommes mises à la disposition des associés directement ou par personnes ou sociétés interposées à titre d'avances, de prêts ou d'acomptes.**

Nonobstant toutes dispositions contraires, lorsque ces sommes sont remboursées postérieurement au 1er janvier 1960, à la personne morale qui les avait versées, la fraction des impositions auxquelles leur attribution avait donné lieu est restituée aux bénéficiaires ou à leurs ayants cause dans des conditions et suivant des modalités fixées par décret ; *— V. Ann. III, art. 49 bis à 49 sexies.*

b) **Les sommes ou valeurs attribuées aux porteurs de parts bénéficiaires ou de fondateur au titre de rachat de ces parts ;**

c) **Les rémunérations et avantages occultes ;**

d) **La fraction des rémunérations qui n'est pas déductible en vertu du 1° du 1 de l'article 39 ;**

e) **Les dépenses et charges dont la déduction pour l'assiette de l'impôt sur les sociétés est interdite en vertu des dispositions du premier alinéa et du** *(Décr. n° 2021-744 du 9 juin 2021, art. 1er)* **« 3° » du 4 de l'article 39.**

1. Lorsqu'une société a pris en charge des dépenses incombant normalement à un tiers sans que la comptabilisation de cette opération ne révèle, par elle-même, l'octroi d'un avantage, il appartient à l'Administration, si elle entend faire application de l'art. 111-*c* pour imposer, dans les mains du tiers, cette somme, d'établir, d'une part, que la prise en charge de cette dépense ne comportait pas de contrepartie pour la société, et d'autre part, qu'il existait une intention, pour celle-ci, d'octroyer, et pour le tiers, de recevoir, une libéralité. • CE 4 févr. 2021, ♔ *n° 431399 : RJF 2021. 372.*

A. PRÊTS OU AVANCES AUX ASSOCIÉS

2. Les dispositions de l'art. 111 *a* sont notamment applicables aux associés personnes morales. • CE 28 nov. 1979, ♔ n° 10816 : *Dr. fisc. 1980. 320.* ♦ Ainsi, les avances de trésorerie accordées par une filiale à sa société mère constituent, en l'absence de contrat de prêt, des revenus distribués au sens de l'art. 111 a. • CAA Nantes, 14 juin 2010, n° 09NT946 : *RJF 2010. 1170.* ♦ La présomption de distribution est également applicable aux membres d'une indivision associée d'une société soumise à l'IS. Dès lors, l'accroissement du solde débiteur du compte courant d'une indivision dans une société soumise à l'IS doit être regardé comme correspondant à des sommes mises à la disposition des membres de cette indivision, à hauteur de leur part respective dans celle-ci. • CE 10 juill. 2012, ♔ *Salesses*, n° 324266 : *RJF 2012. 1013 ; Dr. fisc. 2012. 466, concl. Legras.*

3. Le solde débiteur d'un compte courant d'associé dont il dispose à la clôture de l'exercice constitue un revenu distribué à l'intéressé imposable entre ses mains en vertu de l'art. 111 *a*. • CE 10 oct. 2003, ⚖ n° 244445, *Lascaze : RJF 2004. 48 ; concl. Glaser au BDCF 1/04, n° 12* • 13 avr. 2005, ⚖ n° 256847 : *RJF 2005. 697*.

4. Les avances sont imposables au titre de l'année au cours de laquelle le bénéficiaire les a appréhendées. • CE 24 juill. 1987, ⚖ n° 64092 : *RJF 1987. 1116*. ♦ Un associé est imposé sur le solde débiteur de son compte courant ouvert dans les écritures de la société tel qu'il est constaté à la clôture de l'exercice de cette dernière, et non sur les prélèvements qu'il a effectués au cours de la période. • CE 24 nov. 2010, ⚖ n° 308646 : *RJF 2011. 163*. ♦ Les revenus visés par l'art. 111 *a* ne sont présumés distribués à la date de clôture de l'exercice au terme duquel leur existence a été constatée que si la société, le contribuable ou l'Administration n'apportent pas d'éléments de nature à établir que la distribution a été en droit ou en fait, soit postérieure, soit antérieure à cette date. • CE 28 avr. 2004, ⚖ n° 235849 : *RJF 2004. 719*. ♦ Doivent être regardés comme des revenus distribués, sauf preuve contraire, les montants des soldes débiteurs des comptes courants ouverts dans les écritures d'une société au nom de ses associés, actionnaires ou porteurs de parts au 31 déc. de l'année en cause. En cas de variation de ce solde d'une année civile sur l'autre, seule la différence positive entre ces deux soldes peut légalement être incluse dans le revenu imposable de l'associé, l'actionnaire ou le porteur de parts pour l'année en cause. • CE 27 déc. 2019, ⚖ n° 420478 : *RJF 2020. 224*.

5. La preuve contraire visée au *a* peut résulter d'un acte de prêt prévoyant un intérêt normal et le remboursement des sommes mises à disposition. ♦ La comptabilité d'une société constitue en principe l'élément privilégié de preuve des transferts financiers entre elle et les tiers. Mais il n'est pas exclu que la réalité d'un remboursement à la société puisse être établie par d'autres moyens et notamment par des attestations et documents bancaires. • CE 10 oct. 2003, ⚖ n° 244445 : *préc. note 3*.

6. Lorsqu'il est établi que l'avance, le prêt ou l'acompte mis à la disposition d'un associé a été remboursé avant la fin de l'exercice, les sommes *en cause* ne doivent pas être soumises à l'impôt au titre de l'art. 111-*a*. Les écritures comptables de régularisation à la clôture de l'exercice, qui ramènent à zéro le solde débiteur du compte courant de l'associé par débit du compte courant de son frère, constituent la preuve du remboursement des avances à la société, sans que l'Administration, qui ne conteste pas la réalité de ces transferts, puisse se prévaloir de l'absence de convention d'assistance entre les deux frères. • CAA Paris, 14 déc. 2005, n° 03PA52 : *RJF 2006. 856*.

7. L'Administration ne peut pas simultanément se prévaloir du *a* pour considérer que les sommes mises à disposition sont des revenus distribués et prétendre imposer l'intérêt de prêt que la société aurait renoncé à percevoir. • CE 27 janv. 1988, ⚖ n° 49753 : *RJF 1988. 280*.

8. L'Administration ne peut regarder l'existence d'un solde débiteur du compte courant ouvert dans les écritures d'une SA au nom d'une entreprise unipersonnelle dont le contribuable est le gérant et l'unique associé tout en étant, parallèlement, actionnaire de cette SA comme de nature à établir que le montant de ce solde a constitué pour l'intéressé un revenu distribué au sens de l'art. 111 *a* qu'à la condition d'établir que l'entreprise unipersonnelle en cause n'a fait que s'interposer entre la SA et le contribuable, bénéficiaire réel de la distribution. • CE 26 janv. 2011, ⚖ n° 314000 : *RJF 2011. 440 ; Dr. fisc. 2011. 311, concl. Hédary*.

9. Lorsqu'une avance imposable a été remboursée avant la réception par la société d'un avis de vérification, elle n'est pas considérée comme un revenu distribué. * Note 19 sept. 1957 : *BOCD 1957. II. 196*. ♦ La note précitée admet de ne pas imposer comme revenus distribués les sommes avancées à un associé si le contribuable établit avoir remboursé la société à une date antérieure à la réception de l'avis de vérification ou, en cas de contrôle inopiné, au passage du vérificateur. • CE 10 oct. 2003, ⚖ n° 244445 : *préc. note 3*. ♦ Doctrine applicable dans le cas où la dette de l'associé a été compensée par des versements effectués par des tiers sur son compte entre les mains de l'administrateur judiciaire de la société, par actes enregistrés avant le début de la vérification. • CAA Lyon, 28 juin 1995, n° 93LY1491 : *Dr. fisc. 1995. 1960 ; RJF 1996. 197*.

10. Le droit à restitution de l'impôt sur des avances en compte courant que le contribuable a remboursées à la société est subordonné au paiement préalable de l'impôt et ne peut pas prendre la forme d'un dégrèvement. • CE 24 avr. 2013, ⚖ *Grau*, n° 356068 : *RJF 2013. 728*. ♦ En cas de remboursement par un associé des sommes mises à sa disposition et taxées sur le fondement de l'art. 111 *a*, la restitution de l'impôt ne s'étend pas aux pénalités. • TA Cergy-Pontoise, 13 mars 2012, n° 0712342 : *RJF 2012. 918*.

11. Le solde débiteur d'un compte courant d'associé imposé par l'Administration sur le fondement des art. 111 *a* et 111 *c* est imposable en France même si le bénéficiaire de la distribution est un non-résident, dès lors que la retenue à la source, qui n'est libératoire de l'IR que si elle a été acquittée, ne l'a pas été et qu'en outre cette retenue à la source ne s'applique pas aux revenus réputés distribués en application de l'art. 111 *a*. • CE 30 déc. 2002, ⚖ n° 236096 : *RJF 2003. 298, concl. Austry, p. 195*.

B. AVANTAGES ET DISTRIBUTIONS OCCULTES

12. Cessions à des prix minorés ou majorés. Abandons de créances. La cession de titres à un prix inférieur ou supérieur à leur valeur vénale constitue une libéralité que l'Administration est fondée à réintégrer dans les résultats de l'entreprise et à imposer dans la catégorie des bénéfices distribués entre les mains du bénéficiaire sur le fondement des art. 109-1° et 111. • CE 15 nov. 1972, n° 80084 : *Dr. fisc. 1973. 52* • 3 oct. 1984, n° 48928 : *Dr. fisc. 1985. 319, concl. Racine* • 19 déc. 1986, n° 49922 : *RJF 1987. 177 ; Dr. fisc. 1987. 914* • 18 déc. 2002, n° 328602 : *Dr. fisc. 2003. 246.* ♦ En cas d'acquisition par une société à un prix que les parties ont délibérément majoré par rapport à la valeur vénale de l'objet de la transaction ou, s'il s'agit d'une vente, délibérément minoré, sans que cet écart de prix comporte de contrepartie, l'avantage ainsi octroyé doit être requalifié comme une libéralité représentant un avantage occulte constitutif d'une distribution de bénéfices au sens de l'art. 111 *c*, alors même que l'opération est portée en comptabilité et y est assortie de toutes les justifications concernant son objet et l'identité du cocontractant, dès lors que cette comptabilisation ne révèle pas, par elle-même, la libéralité. La preuve d'une telle distribution occulte est apportée par l'Administration lorsqu'est établie l'existence, d'une part, d'un écart significatif entre le prix convenu et la valeur vénale du bien cédé, d'autre part, d'une intention pour la société d'octroyer et pour le cocontractant de recevoir une libéralité du fait des conditions de la cession. • CE, sect., 28 févr. 2001, n° 199295, *Thérond : RJF 2001. 620, chron. Maïa ; Dr. fisc. 2001. 592, concl. Bachelier ; LPA 2001, n° 121, p. 9, note Boutemy* • 13 déc. 2002, n° 224975, *SARL Wedge Europe : Dr. fisc. 2003. 201 ; RJF 2003. 299 ; Dr. sociétés 2003. 58, note Pierre.* ♦ Dans le même sens • CE 26 mars 2008, n° 284374, *Muller : RJF 2008. 674* • 3 juill. 2009, n° 301299 : *RJF 2009. 940 ; concl. Olléon au BDCF 11/09, n° 129.* ♦ L'absence de contrepartie ne suffit pas, en elle-même, à révéler une libéralité. • CE 19 juill. 2011, n° 327762 : *RJF 2011. 1153.* ♦ L'invocation de la circonstance qu'un acquéreur n'a acquis les titres d'une société qu'en vue de les revendre à un tiers dans le cadre d'une convention de portage n'est pas, par principe, inopérante au soutien d'un moyen contestant, pour défaut d'intention libérale, l'octroi d'une libéralité au profit de cet acquéreur. • CE 20 avr. 2021, n° 434255 : *RJF 2021. 720 ; Dr. fisc. 2021. 367, note Pierre.* ♦ La vente par une holding familiale d'un immeuble pour un prix minoré à l'épouse d'un actionnaire caractérise une libéralité. • CE (na), 20 déc. 2017, n° 408604 : *RJF 2018. 375.* ♦ L'octroi par une société mère à un de ses propres dirigeants ou salariés du droit d'acheter à des *conditions préférentielles* des titres émis par sa filiale au motif qu'il constituerait un facteur de motivation et de responsabilisation de ces derniers ne saurait à lui seul caractériser la poursuite d'un intérêt propre par l'entreprise qui consent cet avantage. • CE 26 sept. 2011, n° 327782 : *RJF 2011. 1297 ; Dr. fisc. 2011. 605.* ♦ Jugé, en sens contraire, qu'en cas de cession de titres d'une filiale à un prix minoré, l'objectif de la société mère visant à bénéficier durablement du concours d'un cadre de niveau élevé au sein d'une filiale peut permettre d'établir l'existence d'une contrepartie pour la société mère. • CE 16 oct. 2013, n° 339165 : *RJF 2014. 36 ; BDCF 2014. 7, concl. Hédary.* ♦ La cession, à un prix surévalué, de l'usufruit temporaire d'un immeuble révèle l'existence d'une libéralité du cessionnaire au profit du cédant représentant, pour ce dernier, un avantage occulte. • CAA Nantes, 31 mai 2018, n° 16NT04182 : *RJF 2018. 1260.*

13. Apport à valeur majorée. La seule circonstance qu'une société bénéficie d'un apport pour une valeur que les parties ont délibérément majorée par rapport à la valeur vénale de l'objet de la convention ne saurait par elle-même traduire l'existence d'un appauvrissement de la société bénéficiaire de l'avaleur et au profit de l'apporteur. Par suite, l'apporteur ne peut être regardé comme bénéficiaire d'une libéralité qui serait taxable à son nom en tant que distribution occulte. • CE 20 oct. 2021, n° 445685 : *RJF 2022. 4.*

14. Une offre d'acquisition non suivie d'effet ne peut servir de terme de comparaison pour l'évaluation des titres non cotés. Des liens familiaux entre le vendeur et les associés de la société acheteuse créent par ailleurs une présomption d'intention libérale. • CE 23 juill. 2010, n° 308021 : *RJF 2010. 1024.* ♦ Sur l'intention libérale (non prouvée en l'espèce) en cas de liens familiaux entre le cédant et un associé s'agissant de titres achetés à un prix majoré, • CE 5 oct. 2016, n° 390700 : *RJF 2016. 1086, concl. Nicolazo de Barmon.*

15. Lorsqu'une société n'a pas fait figurer dans sa comptabilité une créance qu'elle détenait sur un tiers, il appartient à l'Administration, si elle entend faire application de l'art. 111 c pour imposer, dans les mains du débiteur, cette créance pour la totalité de sa valeur initiale, d'établir, d'une part, qu'elle a été abandonnée au profit du débiteur dans des conditions qui sont contraires à l'intérêt de la société qui la détenait, et d'autre part, qu'il existait une intention, pour le créancier, d'octroyer, et pour le débiteur, de recevoir, une libéralité. La circonstance que le créancier n'aurait pas demandé à son débiteur le paiement de sa dette ne suffit pas, à elle seule, à établir que la créance aurait été abandonnée au profit du débiteur dans des conditions contraires à l'intérêt de la société, ni qu'il aurait existé une intention, pour le créancier d'octroyer, et pour le débiteur de recevoir, une libéralité. • CE 7 sept. 2009, n° 309786 : *Simon-Bigart : RJF 2009. 1090. Chron. Daumas, p. 949 ; Dr. fisc. 2009. 560, concl. Olléon.* ♦ Lorsqu'une société a pris en charge des dépenses incombant normalement à un tiers sans que la comptabilisation de cette opération révèle, par elle-même, l'octroi d'un avantage, il appartient à l'Administration, si elle entend faire application de l'art. 111-*c* pour imposer, dans les mains du tiers, cette somme, d'établir, d'une part, que la prise en charge de cette dépense ne comportait pas de contrepartie pour la société, et d'autre part, qu'il existait une intention, pour celle-ci, d'octroyer, et pour le tiers, de recevoir, une libéralité. • CE 4 févr. 2021, n° 431399 : *RJF 2021. 372.*

16. Il résulte de l'art. 38-2 et de l'art. 38 *quinquies* de l'annexe III que, dans le cas où le prix de l'acquisition d'une immobilisation a été volontairement minoré par les parties pour dissimuler une libéralité faite par le vendeur à l'acquéreur, l'Administration est fondée à corriger la valeur d'origine de l'immobilisation, comptabilisée par l'entreprise acquéreuse pour son prix d'acquisition, pour y substituer sa valeur vénale, augmentant ainsi son actif net dans la mesure de l'acquisition faite à titre gratuit. Eu égard à la communauté d'intérêts unissant les actionnaires de deux sociétés, qui appartiennent au même groupe familial, l'écart entre la valeur vénale et le prix d'acquisition des matériels cédés doit être regardé comme une libéralité volontairement consentie, de manière occulte, par la société cédante à la société acquéreuse. Cette libéralité correspond, si le vendeur est une entreprise passible de l'IS, à un revenu distribué imposable entre les mains de l'acquéreur en vertu de l'article 111 *c*. • CE 5 janv. 2005, n° 254556, *Sté Raffypack : RJF 2005. 213 ; concl. Glaser au BDCF 3/05, n° 23 ; Dr. fisc. 2005. 318, concl. Glaser, note Bricet et Gauthier.* ♦ L'acquisition de biens par un associé, après partage de l'actif d'une société dissoute, moyennant le versement d'une soulte d'un montant excessif en raison de la sous-évaluation des biens attribués à l'autre associé, traduit l'octroi d'une libéralité consentie en dehors d'une gestion commerciale normale. La fraction excessive de la soulte doit en conséquence être réintégrée au résultat imposable de la société qui l'a versée est regardée comme distribuée à l'associé. • CE 10 nov. 2004, n° 249504, *SA Holding Henri Heuliez : RJF 2005. 111 ; concl. Verclytte au BDCF 2/05, n° 13 ; Dr. fisc. 2005. 174.*

17. En cas de transaction sur un service ou une marchandise à un prix que l'entreprise a délibérément majoré en cas d'achat ou minoré en cas de vente, par rapport à la valeur du service ou du bien acheté, l'avantage ainsi octroyé, lorsqu'il n'a pas de contrepartie, doit être qualifié comme une libéralité représentant un avantage occulte constitutif d'une distribution de bénéfices au sens de l'art. 111 *c*, alors même que l'opération est portée en comptabilité et y est assortie de toutes les justifications concernant son objet apparent et l'identité du co-contractant, dès lors que cette comptabilisation ne révèle pas, par elle-même, la libéralité en cause. Ainsi, une commission peut être qualifiée d'avantage occulte même si elle avait été portée en charge avec l'indication de son objet, de son montant et de son destinataire et déclarée sur l'état des honoraires. • CE 10 août 2005, n° 375983, *Sté Électromécanique du Nivernais : Dr. fisc. 2005. 712 ; RJF 2005. 138 ; concl. Glaser au BDCF 12/05, n° 151.*

18. La cession d'un élément de l'actif d'une société pour un prix inférieur à sa valeur vénale est une distribution imposable par application du *c*. • CAA Nantes, 24 janv. 1990, n° 89NT648 : *Dr. fisc. 1990. 2053* (immeuble) • CAA Paris, 21 mai 1996, n° 95PA76 : *Dr. fisc. 1996. 1059* (Rolls-Royce). ♦ De même la minoration du prix de vente d'un terrain, que l'Administration établit par des éléments de comparaison pertinents, correspond à une libéralité, représentant pour l'acquéreur un avantage occulte constitutif d'une distribution de bénéfices au sens du *c*. • CE 29 juin 2001, n° 223663, *Belmes : Dr. fisc. 2001. 1043 ; RJF 2001. 1233, concl. Austry, p. 807 ; Dr. sociétés 2001. 184, note Pierre ; LPA 2002, n° 108, p. 20, note de Bissy.* ♦ De même encore, constituent un avantage occulte : la minoration du prix de vente d'un immeuble par une société à une personne qui n'est ni associé ni gérant mais avec qui elle entretient des relations d'intérêts et d'affaires. • CE 26 mai 2014, *Benharrouche*, n° 348574 : *RJF 2014. 829.* ♦ ... La prise en charge par une société des honoraires d'avocat exposés pour la défense des intérêts d'un associé ou d'un dirigeant dans le cadre d'un litige d'ordre privé. • CAA Versailles, 1er juin 2017, n° 15VE01816 : *RJF 2017. 1194.* ♦ ... La prise en charge par une société d'une quote-part des loyers d'un appartement occupé à titre personnel par son dirigeant. • CE 8 nov. 2017, n° 406125 : *RJF 2/18.171.*

19. Constitue un avantage occulte la cession sans contrepartie d'un fonds de commerce par une SARL à un associé, effectuée en l'absence de toute écriture comptable retraçant cette cession et constatant une plus-value dans le bénéfice imposable de la société et en l'absence d'acte authentique constatant cette mutation. • CE 30 juill. 2003, n° 232782 : *Dr. fisc. 2003. 765 ; RJF 2003. 1243.* ♦ En revanche, s'agissant d'une cession de créance à un prix inférieur à sa valeur nominale, l'Administration n'apporte pas la preuve, qui lui incombe, de l'existence d'un écart significatif entre le prix de cession et la valeur réelle d'une créance détenue sur une société et donc n'établit pas que la cession aurait dissimulé un avantage occulte, en calculant le montant de l'avantage qu'elle prétend imposer par différence entre la valeur nominale de la créance et le prix convenu pour la cession, dès lors qu'elle ne justifie pas que la valeur vénale de la créance aurait été intégralement préservée et qu'elle ne conteste pas que la valeur de la créance a été affectée par les difficultés rencontrées par la société débitrice. • CE 13 déc. 2002, n° 224975 : *préc. note 12.*

20. Vente en EFA à un prix minoré. Dans le cas d'une VEFA à un prix sous-évalué, l'acquéreur doit être regardé comme ayant disposé de la fraction de ce prix constitutive d'une libéralité dès la conclusion de la vente et sans attendre la livraison du bien. Par suite, le fait générateur de l'imposition de l'avantage occulte accordé au gérant doit être regardé comme intervenu à la date de la vente. • CE 27 déc. 2019, n° 420819 : *RJF 2020. 223, concl. Merloz.*

21. Distributions appréhendées par le maître de l'affaire. L'Administration est réputée apporter la preuve que des distributions occultes ont été appréhendées par la personne qui est le maître de l'affaire, en l'espèce, le gérant et associé à hauteur de 50 % et exerçant seul la maîtrise administrative, financière et commerciale de la société. • CE 13 juin 2016, n° 391240 : *RJF 2016. 835 ; Dr. fisc. 2016. 478, concl. Daumas.* ♦ Le contribuable qui, disposant seul des pouvoirs les plus étendus au sein de la société, est en mesure d'user sans contrôle de ses biens comme de biens qui lui sont propres et doit ainsi être regardé comme le seul maître de l'affaire, est présumé avoir appréhendé les distributions effectuées par la société qu'il contrôle. • CE 22 févr. 2017, n° 388887 : *Dr. fisc. 2017. 261, note de Bissy ; RJF 2017. 431.* ♦ Mais les bénéfices reconstitués à raison de l'activité qu'une société étrangère exerce en France par l'intermédiaire d'un établissement stable ne peuvent, de ce seul fait, être regardés comme distribués au maître de l'affaire. • CE 7 oct. 2020, n° 427222 : *RJF 2021. 38, concl. Bokdam-Tognetti.*

22. Commissions occultes à l'import ou à l'export. L'Administration apporte la preuve du versement de commissions occultes par des fournisseurs étrangers au dirigeant d'une société française en produisant des factures d'entremise détenues par une société britannique et portant le nom du contribuable, ainsi que des ordres de virements bancaires faits à son nom par une société danoise, documents recueillis dans le cadre de l'assistance administrative internationale, nonobstant une attestation selon laquelle il ne détiendrait pas de compte dans la banque du Liechtenstein où étaient versée une partie des commissions. • TA Strasbourg, 24 mai 2005, n° 01-2347 : *RJF 2006. 259.* ♦ Pour un cas similaire, V. • CE 29 sept. 1989, n° 69722 : *RJF 1989. 1225.*

23. Concours entre salariés. Lorsqu'une société organise un concours entre les salariés chargés de vendre ses produits, l'obtention, par les lauréats, des voyages constituant les prix de ces concours et, *le cas échéant, de ceux qui* leur sont *offerts*, en complément, pour leurs épouses, ne peut, eu égard à son caractère aléatoire, inhérent au procédé du concours, être regardée comme la perception d'un élément de rémunération, en nature, de l'activité professionnelle des intéressés et ne saurait donc être qualifiée de rémunération ou avantage occulte. • CE 21 juin 1995, n° 111865 : *Dr. fisc. 1995. 2302 ; RJF 1995. 938* • 10 févr. 1997, n° 167411 : *Dr. fisc. 1997. 560 ; RJF 1997. 296.*

24. Frais de mission et de réception. Les sommes allouées en espèces par une société à son dirigeant et destinées au financement par ce dernier de cadeaux ou d'invitations au profit de tiers dans l'intérêt de l'exploitation et comptabilisées en tant que frais de mission et de réception ne sauraient être regardées comme des avantages occultes. • CE 8 sept. 1999, n° 184973 : *Dr. fisc. 2000. 47 ; RJF 1999. 1374.*

Une commission ne peut être qualifiée d'avantage occulte dès lors qu'elle a été comptabilisée par la société versante sous un libellé permettant d'identifier l'objet de la dépense et son bénéficiaire. • CE 5 déc. 2001, n° 224350, *Cie européenne de distribution et de pesage : Dr. fisc. 2002. 592 ; RJF 2002. 276 ; BJS 2002. 359, note Parot.*

25. Avantages divers. La somme perçue par un salarié à l'occasion de son licenciement et comptabilisée par l'employeur ne peut être regardée comme une rémunération occulte, même si l'employeur ne l'a pas portée dans la déclaration annuelle des salaires. • CAA Paris, 22 janv. 1998, n° 96PA656 : *Dr. fisc. 1998. 784 ; RJF 1998. 681.* ♦ En revanche, à défaut d'avoir fait l'objet d'une inscription en comptabilité conformément à l'art. 54 *bis*, l'avantage constitué par des cotisations de retraite et de prévoyance présente un caractère occulte au sens de l'art. 111 c. • CAA Lyon, 9 juin 1999, n° 96LY446 : *RJF 1999. 1511 ; Dr. fisc. 2000. 422.*

A défaut de comptabilisation explicite et de mention sur le relevé détaillé de frais et charges mentionné à l'art. 54 *quater*, l'avantage en nature consistant dans la mise à disposition du P-DG d'un appartement présente un caractère occulte au sens des dispositions de l'art. 111 c, sans qu'il y ait lieu de rechercher s'il a pour effet de porter la rémunération du bénéficiaire à un niveau excessif. La fraction non déclarée de l'avantage en nature est imposable au nom de ce dernier dans la catégorie des RCM. • CE 29 sept. 2000, n° 198325, *Le Diberder : Dr. fisc. 2001. 217 ; RJF 2000. 1457 ; RJF 2001. 395, chron. Maïa.* ♦ Dans le même sens, pour des frais de déplacements professionnels non justifiés : • CE 1er juill. 2020, n° 432752 : *RJF 2020. 788.*

26. Doivent être imposées comme avantages occultes mentionnés à l'art. 111 c les dépenses effectivement exposées et concourant au financement d'un avantage en nature qui n'a pas été explicitement inscrit en comptabilité, en méconnaissance de l'art. 54 *bis*. Tel est le cas de l'avantage, qui n'a pas été explicitement inscrit dans la comptabilité de la société, résultant de l'utilisation privative par le contribuable d'un véhicule, pour lequel elle a comptabilisé en charges des redevances de crédit-bail et des frais divers sans que ce véhicule soit utilisé pour ses besoins. Un tel avantage ne peut, en tout état de cause, être regardé comme un complément de salaire dès lors que le contribuable n'exerçait aucune fonction de salarié dans la société. • CE 26 juill. 2007, n° 283372 : *RJF 2007. 1256.*

27. Une société qui comptabilise les avantages en nature accordés à son personnel de façon explicite, respecte les dispositions de l'art. 54 *bis*, alors même que ces avantages auraient été inscrits pour une valeur inférieure à leur valeur réelle. • CE 14 nov. 2005, n° 254313, *Lemoine : RJF 2006. 201.* ♦ L'avantage en nature inscrit en comptabilité par la société résultant de la mise à disposition à ses dirigeants d'un hôtel particulier doit être regardé comme incluant, dans son principe, non seulement la prise en charge du loyer mais aussi celle des charges locatives. • Même arrêt. ♦ Si le montant retenu par la société était sous-évalué et, notamment, ne tenait pas compte de celui de ces charges, l'Administration ne pouvait regarder comme occulte l'avantage résultant pour ces dirigeants de la prise en charge par la société de cette dernière somme. Celle-ci devait dès lors être réintégrée dans la base d'imposition de ces contribuables au titre des traitements et salaires et non des revenus distribués. • Même arrêt.

28. Le versement d'une rémunération ou d'un avantage occulte par une société de personnes dont des personnes morales passibles de l'IS détiennent une part des droits sociaux correspond, dans la mesure de cette part, à une distribution de revenus imposable chez le bénéficiaire de cette rémunération dans la catégorie des RCM, sans qu'il y ait lieu de distinguer selon que le rehaussement correspondant des résultats de la société de personnes a ou non suffi à rendre bénéficiaires les résultats imposables à l'IS de ses associés. • CE 29 juin 2001, n° 223663, *Belmes : RJF 2001. 1233, concl. Austry, p. 807 ; Dr. fisc. 2001. 1043 ; D. 2001. IR 2724* ♦ Il résulte de la combinaison des art. 8, 218 *bis* et 111 que, sauf stipulation contraire d'une convention internationale, le versement d'un avantage occulte par une société de personnes qui exerce son activité en France et dont une personne morale passible de l'IS, même établie hors de France, détient une part des droits sociaux correspond, dans la mesure de cette part, à une distribution de revenus imposable entre les mains du bénéficiaire dans la catégorie des RCM. • CE 11 oct. 2017, n° 399010 : *RJF 2018. 33 ; Dr. fisc. 2018. 55, note Poerre.*

29. L'emploi, au domicile personnel des dirigeants d'une société, d'une salariée de celle-ci constitue un avantage occulte au sens de l'art. 111 *c*. • CE 30 déc. 2002, n° 223407 : *RJF 2003. 253.*

C. AUTRES RÉMUNÉRATIONS ET AVANTAGES

30. Fraction des rémunérations non déductible. Le complément de rémunération reçu par le P-DG d'une société anonyme excédant le montant statutairement défini du salaire qui lui est versé par la société est à bon droit imposé dans la catégorie des RCM. • CE 19 mai 1999, n° 159136 : *RJF 1999. 868.*

31. Dépenses somptuaires. Les amortissements et les frais d'entretien afférents à une résidence d'agrément non admis en déduction (CGI, art. 39-4) sont légalement regardés comme des revenus distribués en vertu de l'art. 111 e sans qu'il soit besoin, pour l'Administration, d'établir que lesdites dépenses et lesdites charges, dont la déduction est, en tout état de cause, interdite en vertu d'une disposition législative spéciale, auraient réellement été distribuées. • CE 24 mars 2006, n° 257330 : *RJF 2006. 667 ; concl. Vallée au BDCF 6/06, n° 71 ; Dr. fisc. 2006. 623, concl. Vallée.*

32. Primes d'assurance. Constituent des avantages occultes au sens de l'art. 111 *c* : compte tenu notamment de son caractère particulier et de la qualité de son bénéficiaire, la prise en charge par une société des primes de l'assurance vie souscrite par son P-DG au profit de son épouse, dès lors que cet avantage a été comptabilisé en méconnaissance des prescriptions de l'art. 54 *bis*, sous une rubrique « assurances diverses » afférente à l'assurance des locaux et du matériel, dans des conditions ne permettant pas de l'identifier directement. Imposition de ces sommes en tant que revenus distribués sans que le contribuable puisse soutenir qu'elles auraient dû être imposées comme salaires. • CE 27 juill. 1988, n° 61249-62759 : *RJF 2006. 1192.* ♦ ... La prise en charge par une société des cotisations de son gérant à un régime d'assurance retraite complémentaire dès lors que cet avantage inscrit à un compte « prime d'assurance », qui retrace principalement les cotisations concernant ce dirigeant, n'est pas comptabilisé sous une forme explicite, en méconnaissance de l'art. 54 *bis*. Imposition de ces sommes dans la catégorie des RCM. • TA Toulouse, 17 janv. 2006, n° 02-1277 : *RJF 2006. 1144.*

Art. 111 *bis* **Lorsqu'une personne morale soumise à l'impôt sur les sociétés cesse d'y être assujettie, ses bénéfices et réserves, capitalisés ou non, sont réputés distribués aux associés en proportion de leurs droits.**

Cette disposition est applicable, le cas échéant, au prorata des résultats qui cessent d'être soumis à cet impôt.

Les dispositions du présent article ne sont pas applicables aux sociétés admises au bénéfice du régime prévu à l'article 208 C ni aux sociétés soumises à l'impôt sur les

sociétés qui se transforment en sociétés de placement à prépondérance immobilière à capital variable mentionnées au 3° *nonies* de l'article 208.

1. Personne morale cessant d'être soumise à l'IS. Application de l'art. 111 *bis*. * BOI-RPPM-RCM-10-20-30-40 du 12 sept. 2012.

2. Il résulte de l'art. 111 *bis* que les associés réputés bénéficiaires de la distribution des bénéfices et des réserves sont les associés de la société à la date à laquelle celle-ci cesse d'être assujettie à l'IS. Dès lors qu'une EURL, dont les parts sont intégralement cédées par une SARL à une personne physique, cesse, au jour de la cession, en l'absence d'option du nouvel associé, d'être assujettie à l'IS, la SARL est réputée bénéficiaire de la distribution des bénéfices et réserves de l'EURL. • CAA Douai, 5 oct. 2004, n° 01DA590 : *RJF 2006. 38.*

3. En cas de transformation d'une SA en SNC emportant cessation d'entreprise, les apports réalisés par les associés d'une société précédemment absorbée par la société transformée n'ont pas à être déduits, au titre de l'art. 112, pour évaluer le montant du « boni de transformation » qui, en application de l'art. 111 *bis*, est réputé distribué aux associés. • CE 16 mai 2008, n° 294305 : *RJF 2008. 938.*

Art. 111 *ter* **La transformation en société d'investissement à capital variable d'une société non exonérée de l'impôt sur les sociétés entraîne les mêmes conséquences fiscales que la répartition de son boni de liquidation.**

Art. 112 **Ne sont pas considérés comme revenus distribués :** — *V. aussi art. 239 octies.*

1° Les répartitions présentant pour les associés ou actionnaires le caractère de remboursements d'apports ou de primes d'émission. Toutefois, une répartition n'est réputée présenter ce caractère que si tous les bénéfices et les réserves autres que la réserve légale ont été auparavant répartis.

Sous réserve des dispositions du 3°, ne sont pas considérées comme des apports pour l'application de la présente disposition :

***a)* les réserves incorporées au capital ;**

***b)* les sommes incorporées au capital ou aux réserves (primes de fusion ou de scission) à l'occasion d'une fusion ou d'une scission de sociétés ou d'un apport d'actif donnant lieu à l'attribution de titres aux associés dans les conditions prévues au 2 de l'article 115 ;**

(L. n° 2019-1479 du 28 déc. 2019, art. 43-I-3° et II, applicable à compter du 21 juill. 2019) **« *c)* Les sommes incorporées aux capitaux propres à l'occasion d'une fusion ou scission sans échange de titres au sens du 3° du II de l'article L. 236-3 du code de commerce ; »**

2° Les amortissements de tout ou partie de leur capital social, parts d'intérêts ou commandites, effectués par les sociétés concessionnaires de l'État, des départements, des communes ou autres collectivités publiques, lorsque ces amortissements sont justifiés par la caducité de tout ou partie de l'actif social, notamment par dépérissement progressif ou par obligation de remise de concessions à l'autorité concédante. Le caractère d'amortissement de l'opération et la légitimité de l'exonération seront constatés, dans chaque cas, dans des conditions fixées par décret ; — *V. Ann. III, art. 41 bis à 41 quinquies.*

3° Les remboursements consécutifs à la liquidation de la société et portant :

***a)* Sur les réserves incorporées au capital antérieurement au 1er janvier 1949 ;**

***b)* Sur le capital amorti, à concurrence de la fraction ayant, lors de l'amortissement, supporté l'impôt sur le revenu des valeurs mobilières ou l'impôt sur le revenu ;**

***c)* Sur les sommes incorporées au capital ou aux réserves (primes de fusion) à l'occasion d'une fusion antérieure au 1er janvier 1949 si et dans la mesure où elles ont supporté, à raison de la fusion, l'impôt sur le revenu des valeurs mobilières ou la taxe additionnelle au droit d'apport ;**

4° Les sommes mises à la disposition des associés dès lors qu'elles constituent la rémunération d'un prêt, d'un service ou d'une fonction et sont valablement comprises dans les charges déductibles pour l'assiette de l'impôt sur les sociétés ;

5° Abrogé ;

6° Les sommes ou valeurs attribuées aux associés ou actionnaires au titre du rachat de leurs parts ou actions. Le régime des plus-values prévu, selon le cas, aux articles 39 *duodecies*, 150-0 A ou 150 UB est alors applicable ;

7° L'attribution d'actions ou de parts sociales opérée en conséquence de l'incorporation de réserves au capital ;

(L. n° 2021-1900 du 30 déc. 2021, art. 21-I-3°) **« 8° L'attribution d'actions de sociétés d'investissement à capital variable reçues dans le cadre d'une scission réalisée en application du deuxième alinéa des articles L. 214-7-4 et L. 214-24-33 du code monétaire et financier. »**

Les dispositions du I de l'art. 21 de la L. n° 2021-1900 du 30 déc. 2021 sont applicables aux scissions réalisées à compter de l'entrée en vigueur du I de l'art. 77 de la L. n° 2019-486 du 22 mai 2019 relative à la croissance et la transformation des entreprises (L. n° 2021-1900 du 30 déc. 2021, art. 21-II).

BIBL. ▶ Acard, *JCP E 2001, p. 1778* (régime fiscal des rachats par une société de ses propres actions). – Gastineau, *Actes pratiques. Sociétés, juill.-août 2002, p. 34* (nouvelles modifications du régime fiscal des rachats d'actions). – Parot, *Dr. fisc. 2001, p. 814 et p. 865* (même thème).

1. Amortissement du capital. **BIBL.** Prieur et Plagnet, *BFL 2007, p. 867* (une nouvelle approche de l'amortissement du capital).

2. Remboursements d'apport. Les sommes inscrites au compte courant des associés d'une SCI à la clôture de l'exercice au cours duquel elle a opté pour l'IS et provenant de la réévaluation libre des immobilisations ne constituent pas des remboursements d'apport et sont donc imposables au titre des RCM. • CE 4 juin 2008, n° 277557 : *RJF 2008. 1079.* ♦ Il en est de même de la somme qu'une SARL, formée suite à la cession d'une part d'une EURL, distribue à l'ancien associé de l'EURL et correspondant aux bénéfices réalisés durant la période antérieure au changement de régime fiscal et non appréhendés. • CAA Paris, 27 nov. 2008, n° 07PA199 : *RJF 2009. 836.*

3. Remboursement d'apports de titres reçus dans le cadre d'un échange placé en sursis d'imposition. Régime fiscal applicable au produit d'une réduction de capital par diminution de la valeur nominale des parts sociales lorsque celles-ci ont été reçues en rémunération d'un apport placé en sursis d'imposition. • CE 7 mars 2019, n° 420094 : *RJF 2019. 546.* ♦ Dans le même sens • CE 2 déc. 2019, n° 429002 : *RJF 2020. 334.*

4. Rachats par une société de ses propres titres. Régime fiscal (rachats effectués avant le 1er janv. 2015). **BIBL.** Dumont, *BFL 2010, p. 753* (rachat par une société de ses propres titres : une « chère rédemption » ?). ♦ Commentaires administratifs * BOI-RPPM-RCM-10-20-30-20 du 20 mars 2015. ♦ Conformément aux dispositions nouvelles de l'art. 112-6°, les sommes attribuées aux associés à l'occasion du rachat par une société de ses propres titres relèvent, depuis le 1er janv. 2015, du seul régime des plus-values. Ces sommes ne sont plus considérées comme des revenus distribués, contrairement à ce qui était prévu auparavant dans certains cas.

5. Rachats par une société de ses propres titres. Régime fiscal (rachats effectués depuis le 1er janv. 2015). Commentaires administratifs. * BOI-RPPM-RCM-10-20-30-20 du 20 mars 2015.

6. Inconstitutionnalité du régime dérogatoire des rachats de titres. La différence de traitement entre les actionnaires ou associés personnes physiques cédants pour l'imposition des sommes ou valeurs reçues au titre du rachat de leurs actions ou parts sociales par la société émettrice ne repose ni sur une différence de situation entre les procédures de rachat ni sur un motif d'intérêt général en rapport direct avec l'objet de la loi. Les dispositions de l'art. 112-6° CGI doivent par suite être déclarées contraires à la Constitution. Abrogation à compter du 1er janv. 2015. Application du régime des plus-values de cession aux sommes ou valeurs reçues avant le 1er janv. 2014 par les associés personnes physiques au titre de rachats autorisés par la loi. • Cons. const. 20 juin 2014, n° 2014-404 QPC : *JO 22 juin 2014 ; RJF 2014. 927 ; Dr. fisc. 2014. 467, note De Bissy et Ferré.*

Art. 113 **Pour l'application des articles 109 et 112, l'incorporation directe de bénéfices au capital est assimilée à une incorporation de réserves.**

Art. 114 *Abrogé par Décr. n° 55-456 du 30 avr. 1955, art. 31.*

Art. 115 **1. En cas de fusion ou de scission de sociétés, l'attribution de titres, sommes ou valeurs aux membres de la société apporteuse en contrepartie de l'annulation des titres de cette société n'est pas considérée comme une distribution de revenus mobiliers.**

Ces dispositions s'appliquent aux opérations de fusion ou de scission de sociétés de placement à prépondérance immobilière à capital variable mentionnées au 3° ***nonies*** **de l'article 208, sous réserve que la société bénéficiaire des apports s'engage, dans l'acte de fusion, à se substituer à la société absorbée pour les obligations de distribution prévues au II de l'article L. 214-69 du code monétaire et financier. En cas de scission, ces obligations doivent être reprises par les sociétés bénéficiaires des apports au prorata du montant de l'actif réel apporté, apprécié à la date d'effet de l'opération.**

(L. n° 2017-1775 du 28 déc. 2017, art. 23) « 2. Le 1 s'applique en cas d'attribution de titres représentatifs d'un apport partiel d'actif d'une branche complète d'activité aux membres de la société apporteuse, lorsque :

« *a.* L'apport est placé sous le régime de l'article 210 A ;

« *b.* La société apporteuse dispose encore au moins d'une branche complète d'activité après la réalisation de l'apport ;

« *c.* Cette attribution, proportionnelle aux droits des associés dans le capital, a lieu dans un délai d'un an à compter de la réalisation de l'apport. »

Lorsque l'attribution est faite au profit d'une entreprise, les titres répartis doivent être inscrits au bilan pour une valeur égale au produit de la valeur comptable des titres de la société apporteuse et du rapport existant, à la date de l'opération d'apport, entre la valeur réelle des titres répartis et celle des titres de la société apporteuse. La valeur comptable des titres de la société apporteuse est réduite à due concurrence.

Lorsque la valeur fiscale des titres de la société apporteuse est différente de leur valeur comptable, la plus-value de cession de ces titres ainsi que celle des titres répartis sont déterminées à partir de cette valeur fiscale qui doit être répartie selon les mêmes modalités que celles qui sont prévues *(L. n° 2017-1775 du 28 déc. 2017, art. 23)* « à l'avant-dernier alinéa du présent 2.

« 2 *bis.* Lorsque l'apport partiel d'actif n'est pas représentatif d'une branche complète d'activité ou lorsque la condition du *b* du 2 n'est pas remplie, le 2 s'applique sur agrément délivré à la société apporteuse dans les conditions prévues à l'article 1649 *nonies.* La demande d'agrément doit être déposée préalablement à la réalisation de l'apport.

« L'agrément est délivré lorsque :

« *a.* Les conditions prévues aux *a, b* et *c* du 3 de l'article 210 B sont remplies ;

« *b.* L'attribution est justifiée par un motif économique, se traduisant notamment par l'exercice par la société apporteuse d'une activité autonome et l'amélioration des structures, ainsi que par une association entre les parties formalisée par un engagement de conservation des titres de la société apporteuse par ses associés pendant trois ans à compter de la réalisation de l'apport.

« Toutefois, l'obligation de conservation des titres de la société apporteuse ainsi que l'obligation de conservation des titres mentionnée au *a* du 3 de l'article 210 B ne sont exigées que des associés qui détiennent dans cette société, à la date d'approbation de l'apport, 5 % au moins des droits de vote ou qui y exercent ou y ont exercé, dans les six mois précédant cette date, directement ou par l'intermédiaire de leurs mandataires sociaux ou préposés, des fonctions de direction, d'administration ou de surveillance et détiennent au moins 0,1 % des droits de vote dans la société. »

3. Les dispositions *(L. n° 2017-1775 du 28 déc. 2017, art. 23)* « des 1, 2 et 2 *bis* » ne sont pas applicables aux opérations de fusion, scission et apport partiel d'actif par lesquelles une société non exonérée de l'impôt sur les sociétés fait apport de tout ou partie de ses biens à une société d'investissement à capital variable.

Les dispositions des 2 et 2 bis telles qu'issues de la L. n° 2017-1775 du 28 déc. 2017 s'appliquent aux opérations d'attribution de titres représentatifs d'apports partiels d'actif réalisés à compter du 1er janv. 2018 (L. préc., art. 23-III).

Art. 115 A I. — Les sommes non distribuées par une société d'investissement à capital variable à la date de son absorption, opérée conformément à la réglementation en vigueur, par un fonds commun de placement sont imposées lors de leur répartition entre les porteurs de parts du fonds commun de placement.

Ces dispositions sont applicables en cas de scission d'une société d'investissement à capital variable conformément à la réglementation en vigueur.

II. — En cas d'absorption, conformément à la réglementation en vigueur, d'une société de placement à prépondérance immobilière à capital variable mentionnée au 3° *nonies de l'article 208* par un fonds de placement immobilier mentionné à l'article 239 *nonies*, l'attribution de titres aux membres de la société apporteuse en contrepartie de l'annulation des titres de cette société n'est pas considérée comme une distribution de revenus mobiliers, sous réserve que le fonds s'engage, dans l'acte de fusion, à se substituer à la société absorbée pour les obligations de distributions prévues au II de l'article L. 214-69 du code monétaire et financier.

Ces dispositions sont applicables en cas de scission d'une société de placement à prépondérance immobilière conformément à la réglementation en vigueur. Les obligations de distribution mentionnées au premier alinéa doivent être reprises par les fonds bénéficiaires des apports au prorata du montant de l'actif réel apporté, apprécié à la date d'effet de l'opération.

Art. 115 *bis* 1 à 3. *Abrogés par L. du 15 mars 1963, art. 32.*
4. *Disposition périmée.*

Art. 115 *ter* Lorsqu'une société ayant son siège social en France et passible de l'impôt prévu au chapitre II du présent titre exerce son activité à Saint-Pierre-et-Miquelon, à Mayotte, en Nouvelle-Calédonie, en Polynésie française, dans les îles Wallis-et-Futuna et dans les Terres australes et antarctiques françaises où est appliquée une imposition sur les distributions de bénéfices, la double imposition à laquelle sont susceptibles d'être soumises de ce chef les répartitions de bénéfices faites par cette société est évitée, sur le plan de la réciprocité, au moyen d'accords à passer entre les autorités fiscales de la France métropolitaine et celles des collectivités intéressées.

Ces accords répartissent l'imposition des bénéfices d'après une quotité déterminée en fonction de l'activité que la société exerce en France et dans chacune de ces collectivités.

Ils font l'objet de décrets, contresignés par les ministres compétents, qui sont soumis dans le délai de trois mois à la ratification législative.

Art. 115 *quater* *Abrogé par L. n° 54-782 du 2 août 1954, art. 32.*

Art. 115 *quinquies* 1. Les bénéfices réalisés en France par les sociétés étrangères sont réputés distribués, au titre de chaque exercice, à des associés n'ayant pas leur domicile fiscal ou leur siège social en France.

Les bénéfices visés au premier alinéa s'entendent du montant total des résultats, imposables ou exonérés, après déduction de l'impôt sur les sociétés.

1 *bis. Devenu sans objet (L. n° 92-1376 du 30 déc. 1992, art. 11-II).*

2. Toutefois, la société peut demander que la retenue à la source exigible en vertu des dispositions du 1 et de *(Décr. n° 2020-897 du 22 juill. 2020, art. 1er)* « celles du 2 de l'article 119 *bis* » fasse l'objet d'une nouvelle liquidation dans la mesure où les sommes auxquelles elle a été appliquée excèdent le montant total de ses distributions effectives.

L'excédent de perception lui est restitué.

Il en est de même dans la mesure où elle justifie que les bénéficiaires de ces distributions ont leur domicile fiscal ou leur siège en France, et qu'elle leur a transféré les sommes correspondant à la retenue *[Ann. II, art. 380 à 382]*.

(L. n° 2019-1479 du 28 déc. 2019, art. 42-I-1°-a et II, applicable aux exercices ouverts à compter du 1er janv. 2020) « Il en est également de même, dans la mesure où la société étrangère respecte la condition du *a* du 3, lorsque les sommes auxquelles la retenue à la source a été appliquée n'ont pas été désinvesties hors de France. »

3. Les dispositions du 1 ne s'appliquent pas lorsque la société étrangère remplit les conditions suivantes :

a) Avoir son siège *(Abrogé par L. n° 2019-1479 du 28 déc. 2019, art. 42-I-1°-b et II, applicable aux exercices ouverts à compter du 1er janv. 2020) « de direction effective »* dans un État membre de l'Union européenne ou partie à l'accord sur l'Espace économique européen ;

b) Y être passible de l'impôt sur les sociétés, sans possibilité d'option et sans en être exonérée et sans bénéficier d'une exonération spécifique sur les bénéfices mentionnés au 1.

BIBL. F. Roux, *Dr. fisc. 2021. 433* (l'impôt de distribution en France sur les bénéfices français de sociétés étrangères).

1. Compatibilité avec le droit communautaire. L'art. 115 *quinquies* instaure un mode de calcul désavantageux de l'assiette de la retenue à la source pour les sociétés non résidentes réalisant des bénéfices en France par l'intermédiaire d'un établissement stable. Ce traitement discriminatoire, qui est de nature à gêner ou rendre moins attrayant l'exercice par les opérateurs économiques établis dans un État membre de leur liberté d'établissement sous la forme de création d'un établissement stable, ne saurait être justifié ni par la préservation de la répartition du pouvoir d'imposer entre les États membres, ni par la lutte contre l'évasion fiscale, l'art. 115 *quinquies* ne visant pas en lui-même à prévenir des pratiques abusives. • CE 10 juill. 2019, ⚖ *Sté Cofinimmo,* n° 412581 : *RJF 2019. 906.* ♦ La retenue à la source prévue à l'art. 115 *quinquies* est compatible avec la liberté d'établissement dès lors que les situations régies par cet article ne sont pas comparables à celle d'une filiale française distribuant des bénéfices à sa mère française ou européenne. • CE (na) 21 sept. 2021, ⚖ *Sté Cofinimmo,* n° 445834 : *RJF 2021.1108.*

2. Exigibilité de la retenue. La circonstance que les bénéfices réalisés par la personne morale étrangère l'ont été par l'intermédiaire d'une succursale installée en France ne fait pas obstacle à l'application des art. 115 *quinquies* et 119 *bis* 2. • CE 31 janv. 2001, ⚖ n° 199543 : *RJF 2001. 489 ; concl. Bachelier au BDCF 4/01, n° 54 ; LPA 2001, n° 206, p. 13, note Boutemy.*

3. Assiette de la retenue. L'assiette de la retenue initiale, exigible à raison des bénéfices qu'une société étrangère réalise en France, inclut le cas échéant les plus-values perçues par cette dernière. • CE 7 janv. 2000, ⚖ n° 186924 : *Dr. fisc. 2000. 513, concl. Bachelier ; RJF 2000. 198.* ♦ Lorsque l'administration établit, après redressement, un rappel de retenue à la source à l'encontre d'une société étrangère qui réalise des bénéfices en France, elle ne peut légalement inclure dans l'assiette de cette retenue des sommes qui, selon les justifications apportées par la société, n'ont pas effectivement été distribuées à des associés ayant leur domicile fiscal ou leur siège social hors de France. • CE 9 juill. 1997, ⚖ n° 149918 : *Dr. fisc. 1997. 1250, concl. Loloum ; RJF 1997. 792, concl. Loloum.*

4. La retenue à la source sur les bénéfices réalisés en France par une société étrangère est calculée sur les bénéfices réputés distribués au sens de l'art. 115 *quinquies.* L'Administration ne peut pas retenir une assiette supérieure à cette base légale. • CE 27 juin 2019, *Sté Estienne d'Orves,* n° 413156 : *RJF 2019. 905, concl. Cortot-Boucher.*

5. Reliquidation de la retenue. Le bénéfice d'une nouvelle liquidation de la retenue à la source sur la base des distributions effectives ne peut être accordé que si le montant total des distributions effectives auxquelles la société étrangère a procédé au cours de la période de référence est inférieur au montant des bénéfices réalisés en France et retenus pour le calcul de cette retenue comme base provisoire en vertu de la présomption de distribution de la totalité de leur montant. Dès lors, le montant total des distributions effectives ne peut être calculé par application aux bénéfices réalisés en France du rapport entre les distributions globales effectives de la société et son bénéfice mondial. • CE 7 janv. 2000, ⚖ n° 186924 : *préc. note 3.*

c *CALCUL DES REVENUS INDIVIDUELS*

Art. 116 **Pour chaque période d'imposition, la masse des revenus distribués déterminée conformément aux dispositions des articles 109 à 115 *ter* est considérée comme répartie entre les bénéficiaires, pour l'évaluation du revenu de chacun d'eux, à concurrence des chiffres indiqués dans les déclarations fournies par la personne morale dans les conditions prévues au 2° du 2 de l'article 223.**

Art. 117 **Au cas où la masse des revenus distribués excède le montant total des distributions tel qu'il résulte des déclarations de la personne morale visées à l'article 116, celle-ci est invitée à fournir à l'administration, dans un délai de trente jours, toutes indications complémentaires sur les bénéficiaires de l'excédent de distribution.**

En cas de refus ou à défaut de réponse dans ce délai, les sommes correspondantes donnent lieu à l'application de la pénalité prévue à l'article 1759.

1. Conformité à la Constitution. Le Conseil d'État refuse de transmettre la question de la constitutionnalité des art. 117 et 1759 CGI. Le moyen tiré de ce que le législateur aurait méconnu sa compétence en instituant la procédure relative aux distributions occultes et de ce que la combinaison des deux dispositions romprait le principe d'égalité devant les charges publiques n'est pas sérieux. • CE 25 juin 2010, ⚖ n° 336708 : *RJF 2010. 946.*

2. Compatibilité avec la convention EDH et avec le Pacte de New York. Les dispositions de l'art. 117, selon lesquelles la personne morale auteur des distributions de revenus présumées qui s'abstient de désigner le bénéficiaire de ces distributions est passible de la pénalité prévue à l'art. 1763 A (devenu art. 1759), ont pour objet d'inciter la personne morale à désigner le bénéficiaire de distributions afin d'échapper à l'application de la pénalité et n'ont ni pour effet ni pour conséquence de contribuer à l'incrimination de la personne morale. Elles ne méconnaissent donc pas le principe reconnu par les articles 6-1 de la Conv. EDH et 14-3-g du Pacte international de New York relatif aux droits civils et politiques de ne pas contribuer à sa propre incrimination. • TA Versailles, 14 juin 2005, n° 04-3019 : *RJF 2006. 260* • CAA Nantes, 26 oct. 2009, n°s 08NT3354 et 08NT3355 : *RJF 2010. 454.* ♦ Les dispositions de l'art. 117 qui prévoient l'application d'une pénalité à l'encontre de la société en l'absence de désignation du bénéficiaire des distributions ne méconnaissent ni les stipulations de l'art. 6 § 1 de la Conv. EDH ni celles de l'art. 14-3-g du pacte de New York. • CE 17 mars 2010, n° 309197 : *RJF 2010. 653 ; BDCF 2010, n° 70, concl. Escaut.*

A. PROCÉDURE

3. Le délai de réponse de trente jours fixé par l'art. 117 est, à l'instar de tout délai de procédure et en l'absence de disposition contraire, un délai franc. • TA Rouen, 18 oct. 2005, n° 00-1860 : *RJF 2007. 158.*

4. Le fait que la société conteste le bien-fondé du redressement envisagé par l'Administration ne la dispense pas d'indiquer les bénéficiaires de l'excédent de distribution. • CE 27 juill. 1984, n° 16580 : *Dr. fisc. 1984. 2202, concl. Racine.*

5. La demande de désignation des bénéficiaires doit indiquer les conséquences d'un défaut de réponse, soit en exposant intégralement le contenu de l'art. 117, soit en se référant à cet article. • CE 16 févr. 1977, n° 93412 : *RJF 1977. 227.* ♦ ... Et en mentionnant alors expressément que le délai de réponse est de trente jours. • CE 7 nov. 1986, n° 47307 : *RJF 1987. 47.* ♦ En revanche, l'Administration n'est pas tenue de viser expressément l'art. 1763 A (actuellement, art. 1759), ni de mentionner la responsabilité solidaire des dirigeants pour le paiement de la pénalité. • CAA Paris, 21 janv. 1992, n° 652 : *RJF 1992. 478.* ♦ A défaut d'une référence expresse à l'art. 1763 A (actuellement, art. 1759), la notification peut se borner à un rappel du contenu du texte et notamment des conséquences du défaut de réponse. • CE 26 sept. 2001, n° 208238 : *RJF 2001. 1590.* ♦ De même, est suffisamment motivée la notification qui mentionne les articles du CGI dont il est fait application et fait état de l'amende encourue à défaut d'une telle désignation, d'une part, et précise le montant des revenus en cause et renvoie pour le détail de ce montant à d'autres parties de la notification, d'autre part. • CE 17 mars 2010, n° 309197 : *RJF 2010. 653 ; BDCF 2010, n° 70, concl. Escaut.*

6. La demande complémentaire adressée à une société suite à sa réponse à une première demande de désignation des bénéficiaires de revenus réputés distribués doit indiquer expressément le *délai de réponse* de trente jours. • TA Rouen, 18 oct. 2005, n° 00-1860 : *préc. note 3.*

7. L'abstention de l'Administration est sans influence sur la régularité de la procédure d'imposition suivie à l'égard des personnes physiques bénéficiaires de la distribution. • CE 25 avr. 1984, n° 35574 : *Dr. fisc. 1984. 2252 ; RJF 1984. 703* • CAA Paris, 25 avr. 1995, n° 89PA2149 : *Dr. fisc. 1996. 135, concl. Brin.*

8. Lorsque le gérant d'une société se désigne lui-même comme bénéficiaire des revenus réputés distribués, il doit être regardé comme les ayant appréhendés, à défaut de preuve contraire apportée par lui devant le juge de l'impôt. Il appartient, en revanche, à l'Administration de justifier de l'existence et du montant des bénéfices réintégrés dans les bases de l'impôt sur les sociétés à l'origine de cette distribution dès lors que le bénéficiaire désigné a refusé les redressements qui lui ont été notifiés. • CE 6 déc. 2006, n° 255492, *Messali : RJF 2007. 325 ; concl. Vallée au BDCF 3/07, n° 34 ; Dr. fisc. 2007. 989, concl. Vallée.* ♦ Ni les dispositions de l'art. 117, ni celles d'aucun autre texte législatif ne font obstacle, dans le cas où la personne morale interrogée a refusé ou s'est abstenue, dans le délai imparti, de lui fournir les indications demandées, à ce que l'Administration s'efforce d'identifier le véritable bénéficiaire de l'excédent de distribution et impose celui-ci à son nom, dans la catégorie des RCM, dès lors qu'elle est en mesure d'établir que la personne concernée a effectivement appréhendé les sommes correspondantes. L'Administration est, toutefois, dispensée de cette justification lorsque, même après l'expiration du délai de trente jours, le dirigeant de la personne morale s'est lui-même désigné comme étant le bénéficiaire des sommes dont il s'agit. Dans ce cas et s'il entend contester l'imposition à son nom de ces sommes, il appartient à l'intéressé, soit de démontrer qu'en réalité, il ne les a pas appréhendées, soit à défaut, d'apporter la preuve que le montant de la base retenue par l'Administration est exagéré. • Même arrêt.

9. La circonstance que l'Administration n'a pas utilisé la procédure de l'art. 117 ne rend pas irrégulière la procédure d'imposition suivie à l'égard du bénéficiaire qu'elle était en mesure d'identifier par ailleurs. • CAA Bordeaux, 23 nov. 2006, n° 04BX1560 : *RJF 2007. 279.*

10. La désignation du bénéficiaire des revenus réputés distribués ne constitue pas la preuve de l'appréhension de ces revenus par la personne désignée : dès lors que celle-ci n'est pas gérante de la société et n'a pas contresigné sa désignation. • CAA Paris, 18 juin 1996, n° 95PA3013 : *Dr. fisc. 1997. 388.* ♦ ... Dès lors que le dirigeant désigné comme bénéficiaire l'a été par l'avocat de la société aux termes d'une lettre ne comportant cependant pas la signature du dirigeant. • CAA Paris 13 oct. 2004, n° 00PA2354 : *RJF 2005. 328.* ♦ Lorsque le dirigeant de la personne morale s'est désigné lui-même comme bénéficiaire des revenus réputés distribués, il est présumé avoir appréhendé ces bénéfices. Dans ce cas, il appartient à l'intéressé, soit de démontrer qu'il ne les a pas appréhendés. • CE 14 nov. 1990, n° 58041 : *Dr. fisc. 1992. 197.* ♦ ... Soit, à défaut et s'il s'est mis en situation d'être taxé d'office, d'apporter la preuve que le montant de la base retenue par l'Administration est exagéré. • CE 12 mai 1997, n° 140887 : *Dr. fisc. 1997. 1018, concl. Loloum ; RJF 1997. 646.* ♦ Mais l'Administration doit apporter la preuve de l'existence et du montant des distributions. • CAA Paris,

19 déc. 1996, n° 95PA3261 : *Dr. fisc. 1997. 892.*

11. La désignation d'un dirigeant de société comme bénéficiaire de distributions, si elle justifie, lorsqu'elle est signée de ce dirigeant, que celui-ci a appréhendé les revenus regardés comme distribués, ne vaut pas pour autant acceptation de l'existence et du montant des sommes imposées entre ses mains. • CE 3 juill. 2002, n° 204646 : *Dr. fisc. 2002. 703 ; RJF 2002. 1103.* ♦ Lorsque l'avocat mandaté par le gérant d'une SARL pour la représenter dans le cadre de la procédure d'imposition désigne ce gérant, en réponse à la demande de l'Administration, comme bénéficiaire des revenus réputés distribués par suite du redressement des recettes sociales, l'Administration conserve la charge d'apporter la preuve de l'appréhension par ce dirigeant des revenus distribués dès lors que, d'une part, si le gérant de la société a mandaté l'avocat pour représenter celle-ci, il l'a fait dans l'exercice de ses pouvoirs sociaux, et, d'autre part, la lettre de l'avocat ne comporte pas la signature du gérant. • CE 31 déc. 2008, n° 296472 : *RJF 2009. 346, concl. Legras au BDCF 4/09, n° 48.* ♦ L'exigence de contreseing des bénéficiaires des revenus distribués sur la réponse de la société à la demande de désignation de ces bénéficiaires est illégale mais ne vicie la procédure d'imposition que si elle a induit le contribuable en erreur sur les conséquences éventuelles d'un défaut de contreseing. • CE, sect., 1er oct. 1999, n° 170598 : *Dr. fisc. 2000. 240, concl. Bachelier.*

12. Lorsque la personne morale interrogée n'a pas répondu dans le délai imparti, l'Administration peut rechercher le véritable bénéficiaire de l'excédent de distribution et imposer celui-ci à son nom dans la catégorie des revenus de capitaux mobiliers, dès lors qu'elle est en mesure d'établir qu'il a appréhendé les sommes correspondantes. Elle est toutefois dispensée de cette justification lorsque, même après l'expiration du délai de trente jours, le dirigeant de la personne morale s'est lui-même désigné comme le bénéficiaire des sommes distribuées. • CE 12 mai 1997, n° 140887, *Moussali : RJF 1997. 646.* ♦ La procédure de l'art. 117 peut être mise en œuvre à l'égard d'une société concomitamment avec la recherche du ou des véritables bénéficiaires des distributions, en tout cas jusqu'à ce que ceux-ci aient été assujettis à des impositions devenues définitives. • CE 28 juill. 1999, n° 186982 : *Dr. fisc. 2000. 120.*

B. RÉPONSES SUFFISANTES

13. En *se bornant à indiquer les noms* et adresses des bénéficiaires, la société répond à la question de l'Administration telle qu'elle a été formulée par celle-ci deux fois dans les mêmes termes et si cette réponse n'apparaît pas à l'Administration comme suffisamment précise, il lui appartient de demander au contribuable les renseignements complémentaires qu'elle juge utiles. • CE 25 oct. 1978, n° 7199 : *RJF 1978, p. 364.* ♦ A défaut de cette invitation, elle n'est pas fondée, eu égard à la gravité des conséquences fiscales de l'application de l'art. 117, à regarder la réponse comme insuffisante. • Même arrêt. ♦ Lorsque l'Administration a adressé également une notification de redressements au P-DG de la société en tant que bénéficiaire présumé de la distribution des bénéfices ayant fait l'objet de la notification adressée à la société, et que dans sa réponse, fournie dans le délai légal, celle-ci s'est expressément référée à la notification faite à son P-DG, admettant ainsi que celui-ci était le bénéficiaire des revenus, elle doit être regardée comme ayant satisfait aux obligations lui incombant en vertu de l'art. 117. • CE 24 avr. 1981, n° 14153 : *Dr. fisc. 1981. 1562.*

14. La société ne peut être légalement assujettie à la pénalité dès lors qu'elle a répondu dans le délai de trente jours en désignant les bénéficiaires des revenus réputés distribués, en indiquant la liste détaillée, pour chacune des années d'imposition, des invités aux chasses, qui selon elle étaient des clients et des fournisseurs, la date et le lieu de ces chasses ainsi que les adresses de la plupart des personnes concernées. • CE 19 avr. 1982, n° 24989 : *RJF 1982, p. 290.* ♦ Même solution, s'agissant de charges d'entretien d'une résidence de plaisance ou d'agrément, dès lors que la société communique pour chaque exercice le nom et l'adresse de nombreuses personnes et demande que le montant global des revenus distribués soit réparti par parts égales entre ces personnes. • CE 27 juill. 2005, nos 259009 et 259678 : *RJF 2005. 1157.* ♦ Lorsque l'Administration se borne à demander au gérant de la société de lui indiquer le nom des bénéficiaires des distributions et que celui-ci répond que si les propositions de rehaussement sont maintenues et deviennent définitives, les minorations de recettes et les dépenses n'ont pu profiter qu'à son épouse, responsable de la caisse, il doit être regardé comme ayant régulièrement répondu à la question posée. • CE 19 oct. 1983, n° 27344 : *Dr. fisc. 1984. 819, concl. Verny ; RJF 1983, p. 689.*

15. La réponse dans laquelle la société indique que le bénéficiaire des distributions était le salarié, alors investi d'un mandat de directeur général, qui a été précédemment révoqué, et dont elle donnait avec précision le nom et l'adresse, ne peut être regardée comme équivalant à un défaut de réponse, eu égard aux fonctions qu'exerçait ce salarié et au fait que la société avait antérieurement déposé une plainte à son encontre, alors même que de son côté, ledit salarié a refusé d'être regardé comme le bénéficiaire des revenus réputés distribués. • CE 27 juill. 1988, n° 54510 : *Dr. fisc. 1988. 2361, concl. Fouquet ; RJF 1988, p. 594.* ♦ La réponse dans laquelle une société donne le nom de trois de ses anciens collaborateurs à l'encontre desquels elle a porté plainte présente un degré suffisant de précision et de vraisemblance, bien que la répartition des sommes litigieuses entre les trois intéressés n'ait pas été indiquée. • CE 10 févr. 1989, n° 68731 : *RJF 1989, p. 219 ; Dr. fisc. 1989. 1961.* ♦ La désignation par une société des bénéficiaires de distributions et l'indication de leur adresse constitue une réponse même en l'absence d'informations sur les dates et les modalités d'attribution des revenus. • CE 9 avr. 2014, n° 358279 : *RJF 2014. 711.* ♦ Ne peut être regardée comme dénuée de vraisemblance et équivalant à un défaut de réponse à l'invitation de l'administration la réponse faite par une société qui désigne à ce titre un salarié indélicat de l'entreprise, dont elle donne le nom et l'adresse, eu égard aux fonctions qu'exerçait ce salarié, au fait que ce dernier avait avoué avoir procédé à des détournements de commissions et à la circonstance que la société avait déposé plainte à son encontre. Non-application de la pénalité de l'art. 1763 A (devenu art. 1759). • CE 30 juin 2000, n° 186372 : *Dr. fisc. 2001. 53.*

C. RÉPONSES ASSIMILÉES À UN DÉFAUT DE RÉPONSE

16. Les indications fournies par la personne morale en réponse à l'invitation qui lui a été adressée par l'Administration doivent présenter un degré suffisant de précision et de vraisemblance pour permettre à celle-ci de comprendre, le cas échéant, les sommes distribuées dans les bases d'imposition du contribuable désigné comme bénéficiaire de l'excédent de distribution. • CE 28 mai 1980, n° 7533 : *RJF 1980, p. 320.* ♦ Une société ne fournit pas des indications répondant à cet objet, dès lors qu'elle a désigné son P-DG en même temps qu'elle faisait état de la maladie de l'intéressé, suivie de son décès, et qu'elle insistait sur l'impossibilité où il aurait été, en raison de son état de santé, d'être à l'origine des opérations occultes à elle reprochées. • Même arrêt. ♦ Une réponse qui n'est assortie d'aucune précision quant à la date des versements et au montant des sommes respectivement allouées à chacun des bénéficiaires ne comporte pas d'indications suffisamment précises pour permettre à l'Administration de comprendre les sommes distribuées dans les bases de l'imposition personnelle des personnes désignées. • CE 6 févr. 1981, n° 18273 : *Dr. fisc. 1981. 1295, concl. Verny.* ♦ Est insuffisante la réponse par laquelle une société se borne à indiquer le nom de son directeur général adjoint pendant les années en litige, compte tenu de l'imprécision de cette réponse, des dénégations de l'intéressé et de la circonstance qu'à l'époque où a été faite cette réponse, il était en litige avec la société. • CE 15 oct. 1982, n° 27135 : *Dr. fisc. 1983. 749, concl. Rivière ; RJF 1982, p. 543.*

17. La réponse de la société est assimilable à un défaut de réponse dès lors que la société se borne à indiquer que les associés « dont vous connaissez l'identité et l'adresse acceptent d'être considérés comme les bénéficiaires des redressements » et qu'il n'est pas établi que l'Administration avait connaissance de l'identité et de l'adresse des associés. • CE 14 déc. 1983, n° 35463 : *RJF 1984, p. 88.* ♦ ... Dès lors que les personnes désignées soit n'habitaient pas à l'adresse indiquée, soit n'avaient souscrit aucune déclaration de revenus, soit demeuraient à l'étranger, soit ont déposé à la suite du contrôle une déclaration mentionnant la somme de un franc. • CAA Paris, 28 mars 1991, n° 1334 : *RJF 1991, p. 475.* ♦ ... Dès lors que la société fournit une adresse qui se révèle inexacte et ne permet pas ainsi l'identification du tiers qu'elle prétend désigner. • CE 20 mars 1991, n° 77038 : *RJF 1991, p. 376.* ♦ ... Dès lors que la société a fait connaître les noms des bénéficiaires d'une partie des distributions mais a indiqué que le surplus de celles-ci a profité à des personnes dont l'identité est supposée connue de l'Administration. • CE 16 oct. 1989, n° 66567 : *RJF 1989, p. 701 ; Dr. fisc. 1990. 1308.* ♦ ... Dès lors que la société s'est bornée à répondre que « les bénéficiaires des revenus distribués sont les associés » alors que le service n'avait pas connaissance de l'identité et de l'adresse de tous les nombreux associés successifs tout au long de la période d'imposition en cause. • CE 26 sept. 2001, n° 208238, *SARL Espace Loisirs : RJF 2001. 1590.* ♦ ... Dès lors que la réponse ne comporte ni le nom des « actionnaires » désignés comme bénéficiaires ni la répartition du capital social. • CE 17 déc. 2003, n° 245150 : *RJF 2004. 304 ; Dr. fisc. 2004. 736.*

1 *BIS* RÉMUNÉRATIONS ALLOUÉES AUX MEMBRES DU CONSEIL D'ADMINISTRATION OU DU CONSEIL DE SURVEILLANCE DES SOCIÉTÉS ANONYMES *(L. n° 2019-486 du 22 mai 2019, art. 185-II-1°).*

Art. 117 *bis* **Les** *(L. n° 2019-486 du 22 mai 2019, art. 185-II-2°)* **« rémunérations allouées** *[ancienne rédaction : jetons de présence et toutes autres rémunérations allouées]* **» aux membres du conseil d'administration ou du conseil de surveillance des sociétés anonymes, à quelque titre que ce soit, à l'exclusion des salaires et des redevances de propriété industrielle, donnent lieu à la retenue à la source visée à l'article 119 *bis*.**

Toutefois, demeurent assujettis au régime d'imposition des salaires les émoluments qui sont attribués aux administrateurs ou aux membres du conseil de surveillance exerçant un emploi salarié pour les rétribuer de cet emploi.

*Au titre de **2013 et 2014**, les jetons de présence sont assujettis, sous certaines conditions, à la taxe sur les hautes rémunérations, V. App., L. n° 2013-1278 du 29 déc. 2013, art. 15.*

1. Dépenses déductibles des jetons de présence. D'une manière générale, les jetons de présence alloués aux administrateurs de SA, autres que les jetons de présence « spéciaux » soumis au régime des traitements et salaires, sont imposables à l'IR dans la catégorie des RCM conformément à l'art. 117 *bis* après déduction des dépenses engagées pour leur acquisition ou leur conservation sur le fondement de l'art. 13-1. En application de ces principes, les membres des conseils d'administration ou de surveillance des SA peuvent déduire du montant des jetons de présence « ordinaires » perçus au cours d'une année le montant des frais engagés dans l'exercice de leurs fonctions au titre de cette même année. Pour être admises en déduction, les dépenses doivent être prises en compte pour leur montant réel et justifié, être effectivement payées, avoir été rendues nécessaires par l'exercice des fonctions exercées et ne pas avoir été remboursées par la société. Constituent notamment des dépenses déductibles des jetons de présence, les frais de correspondance, de télécopie et de téléphone, les frais de déplacement pour se rendre aux réunions du conseil, les frais de restauration, ainsi que les frais de formation dès lors qu'ils sont en relation directe avec leur fonction d'administrateur. Il en est de même des dépenses d'adhésion à des associations professionnelles dès lors qu'elles se rapportent directement à leur fonction d'administrateur. * Rép. min. n° 50659 : *JOAN Q, 26 déc. 2006, p. 13621.*

2. Jetons de présence versés aux représentants des salariés. Sous certaines conditions, les jetons de présence versés par les sociétés aux représentants du personnel salariés ne sont pas imposables lorsque ces représentants abandonnent leurs jetons de présence à une organisation syndicale. * BOI-RPPM-RCM-20-10-20-10 n°s 110 à 118 du 11 juill. 2016.

1 *TER*

Art. 117 *ter* *Devenu sans objet (L. n° 75-1347 du 31 déc. 1975, art. 1er).*

1 *QUATER* PRÉLÈVEMENT SUR LES DIVIDENDES

Art. 117 *quater* I. — 1. Les personnes physiques fiscalement domiciliées en France au sens de l'article 4 B qui bénéficient de revenus distribués mentionnés aux articles 108 à 117 *bis* et 120 à 123 *bis* sont assujetties à un prélèvement au taux de *(L. n° 2017-1837 du 30 déc. 2017, art. 28)* « 12,8 % *[ancienne rédaction : 21 %]* ».

Pour le calcul de ce prélèvement, les revenus mentionnés au premier alinéa du présent 1 sont retenus pour leur montant brut.

Toutefois, les personnes physiques appartenant à un foyer fiscal dont le revenu fiscal de référence de l'avant-dernière année, tel que défini au 1° du IV de l'article 1417, est inférieur à 50 000 € pour les contribuables célibataires, divorcés ou veufs et à 75 000 € pour les contribuables soumis à une imposition commune peuvent demander à être dispensées de ce prélèvement dans les conditions prévues à l'article 242 *quater.*

(Abrogé par L. n° 2017-1837 du 30 déc. 2017, art. 28) « Ce prélèvement s'impute sur l'impôt sur le revenu dû au titre de l'année au cours de laquelle il a été opéré. S'il excède l'impôt dû, l'excédent est restitué. »

2. Le prélèvement prévu au 1 ne s'applique pas :

a) Aux revenus qui sont pris en compte pour la détermination du bénéfice imposable d'une entreprise industrielle, commerciale, artisanale ou agricole, ou d'une profession non commerciale ;

b) Aux revenus afférents à des titres détenus dans un plan d'épargne en actions défini à l'article 163 *quinquies* D ;

(L. n° 2017-1837 du 30 déc. 2017, art. 28) « *c)* Aux revenus mentionnés aux articles 163 *quinquies* B à 163 *quinquies* C *bis* exonérés d'impôt sur le revenu dans les conditions prévues aux articles 163 *quinquies* B à 163 *quinquies* C *bis.* »

II. — Lorsque la personne qui assure le paiement des revenus pour lesquels le contribuable est soumis au prélèvement prévu au I est établie en France, les revenus sont déclarés et le *prélèvement correspondant* est opéré et acquitté par ladite personne dans les délais prévus à l'article 1671 C.

III. — 1. Lorsque la personne qui assure le paiement des revenus mentionnés au premier alinéa du 1 du I est établie hors de France, seules les personnes physiques appartenant à un foyer fiscal dont le revenu fiscal de référence de l'avant-dernière année, tel que défini au 1° du IV de l'article 1417, est égal ou supérieur aux montants mentionnés au troisième alinéa du 1 du I du présent article sont assujetties au prélève-

ment prévu au même I. Les revenus sont déclarés et le prélèvement correspondant est acquitté dans les délais prévus à l'article 1671 C :

a) **soit par le contribuable lui-même ;**

b) **soit par la personne qui assure le paiement des revenus, lorsqu'elle est établie dans un État membre de l'Union européenne, ou dans un autre État partie à l'accord sur l'Espace économique européen ayant conclu avec la France une convention d'assistance administrative en vue de lutter contre la fraude et l'évasion fiscales, et qu'elle a été mandatée à cet effet par le contribuable.**

2. Lorsque la déclaration prévue au 1 et le paiement du prélèvement correspondant sont effectués par la personne qui assure le paiement des revenus, elle est établie au nom et pour le compte du contribuable.

3. L'administration fiscale peut conclure, avec chaque personne mentionnée au *b* du 1 et mandatée par des contribuables pour le paiement du prélèvement, une convention établie conformément au modèle délivré par l'administration, qui organise les modalités du paiement de ce prélèvement pour l'ensemble de ces contribuables.

4. *Abrogé.*

5. Le contribuable produit à l'administration fiscale, sur sa demande, les renseignements nécessaires à l'établissement du prélèvement.

IV. — Le prélèvement prévu au I est contrôlé et recouvré selon les mêmes règles et sous les mêmes sûretés, privilèges et sanctions que le prélèvement mentionné à l'article 125 A.

(L. n° 2017-1837 du 30 déc. 2017, art. 28) **« V. — Le prélèvement prévu au I n'est pas libératoire de l'impôt sur le revenu établi dans les conditions prévues aux 1 ou 2 de l'article 200 A et dû à raison des revenus auxquels s'est appliqué ce prélèvement.**

« Ce prélèvement s'impute sur l'impôt sur le revenu dû au titre de l'année au cours de laquelle il a été opéré. S'il excède l'impôt dû, l'excédent est restitué. »

V. Ann. III, art. 381 S bis et Ann. IV, art. 17 C bis, 17 D, 188 K et 188 L.

Les dispositions du présent art. telles que modifiées par la L. n° 2017-1837 du 30 déc. 2017 s'appliquent aux impositions dont le fait générateur intervient à compter du 1er janv. 2018 (L. préc., art. 28-VI-A).

BIBL. De Fréminet, *FR Lefebvre 14/11, p. 44* (un très trompeur prélèvement forfaitaire libératoire !).

1. Constitutionnalité. Le Conseil d'État juge que le dispositif de l'art. 117 *quater* ne méconnaît pas le principe d'égalité devant les charges publiques et refuse de transmettre au Conseil constitutionnel la question prioritaire de constitutionnalité soulevée à son encontre. • CE, QPC, 28 mars 2012, n° 356227 : *RJF 2012. 637.*

2. Prélèvement forfaitaire obligatoire non libératoire de lIR. Prélèvement applicable aux produits de placement à revenu fixe, aux produits et gains de cession des bons ou contrats de capitalisation et placements de même nature attachés à des primes versées à compter du 27 sept. 2017, et aux revenus distribués. * BOI-RPPM-RCM-30-20 du 20 déc. 2019.

2 REVENUS DES OBLIGATIONS

Art. 118 **Sont considérés comme revenus au sens des présentes dispositions :**

1° Les intérêts, arrérages et tous autres produits des obligations, titres participatifs, effets publics et tous autres titres d'emprunt négociables émis par l'État, les départements, communes et établissements publics français, les associations de toute nature et les sociétés, compagnies et entreprises quelconques, financières, industrielles, commerciales ou civiles françaises ;

2° Les lots et primes de remboursement payés aux porteurs des mêmes titres.

Art. 119 **Le revenu est déterminé :**

1° Pour les obligations, titres participatifs, effets publics et emprunts, par l'intérêt ou le revenu distribué dans l'année ;

2° Pour les lots, par le montant même du lot ;

3° Pour les primes de remboursement, par la différence entre la somme remboursée et le taux d'émission des emprunts *[V. également art. 238 septies A, 238 septies B et 238 septies E]*. **Un décret détermine le taux d'émission à retenir pour la liquidation de l'impôt sur ces primes** *[Ann. III, art. 41 octies à 41 duodecies]*.

Rachat d'obligations. Si, lorsque l'émetteur d'obligations procède au rachat de celles-ci dans le cadre d'une OPA, le prix qu'il consent aux porteurs qui apportent leurs titres représente, dans les conditions définies de l'opération, la valeur des titres tenant compte notamment de l'évaluation des intérêts courus et non échus à la date de la négociation, cette circonstance n'est pas de nature à conférer le caractère de revenus distribués au sens de l'art. 119-1° à la fraction du prix correspondant à la valeur des intérêts courus qui a été versée lors du rachat des obligations auxquelles ces intérêts étaient attachés. • CE 30 sept. 2005, ♧ n°s 265554 et 265555 (deux arrêts) : *RJF 2005. 1396 ; concl. Collin au BDCF 12/05, n° 150.* ♦ L'OPA de rachat d'obligations n'a ni pour objet ni pour effet de modifier la date d'échéance des intérêts stipulée lors du placement de ces obligations et de la remplacer par la date du rachat. Le versement au porteur du prix des obligations qu'il a apportées à une OPA ne peut être regardé comme comportant une distribution des intérêts courus depuis la dernière échéance, constitutive de revenus au sens de l'art. 119-1°. Par suite, en l'absence de revenu au sens de cet art., l'Administration ne peut exiger la retenue à la source prévue par l'art. 119 *bis.* • Mêmes arrêts.

2 *BIS* RETENUE À LA SOURCE DE L'IMPÔT SUR LE REVENU

Art. 119 *bis* **1. Les revenus de capitaux mobiliers entrant dans les prévisions des articles 118, 119, 238 *septies* B et 1678 *bis* donnent lieu à l'application d'une retenue à la source dont le taux est fixé par le 1 de l'article 187 lorsqu'ils bénéficient à des personnes qui ont leur siège en France ou à l'étranger ou qui n'ont pas leur domicile fiscal en France.**

Toutefois, les produits des titres de créances mentionnés au *(L. n° 2017-1837 du 30 déc. 2017, art. 28)* **« premier alinéa de l'article 124 B » sont placés en dehors du champ d'application de la retenue à la source. Il en est de même pour la prime de remboursement visée à l'article 238 *septies* A.** — *Les dispositions du présent 1 telles que modifiées par l'art. 28-I-4° de la L. n° 2017-1837 du 30 déc. 2017 s'appliquent aux impositions dont le fait générateur intervient à compter du 1er janv. 2018 (L. préc., art. 28-VI).*

Les revenus des titres émis à compter du 1er janvier 1987, tels qu'ils sont définis aux articles 118, 119 et 238 *septies* B, sont placés hors du champ d'application de la retenue à la source.

2. Les produits visés aux articles 108 à 117 *bis* donnent lieu à l'application d'une retenue à la source dont le taux est fixé par l'article 187 lorsqu'ils bénéficient à des personnes qui n'ont pas leur domicile fiscal ou leur siège en France, autres que des organismes de placement collectif constitués sur le fondement d'un droit étranger situés dans un État membre de l'Union européenne ou dans un autre État ou territoire ayant conclu avec la France une convention d'assistance administrative en vue de lutter contre la fraude et l'évasion fiscales et qui satisfont aux deux conditions suivantes :

1° Lever des capitaux auprès d'un certain nombre d'investisseurs en vue de les investir, conformément à une politique d'investissement définie, dans l'intérêt de ces investisseurs ;

2° Présenter des caractéristiques similaires à celles d'organismes de placement collectif de droit français relevant de la section I, des paragraphes 1, 2, 3, 5 et 6 de la sous-section 2, de la sous-section 3, ou de la sous-section 4 de la section II du chapitre IV du titre Ier du livre II du code monétaire et financier.

Les stipulations de la convention d'assistance administrative mentionnée au premier alinéa du présent 2 et leur mise en œuvre doivent effectivement permettre à l'administration des impôts d'obtenir des autorités de l'État dans lequel l'organisme de placement collectif constitué sur le fondement d'un droit étranger mentionné au même alinéa est situé les informations nécessaires à la vérification du respect par cet organisme des conditions prévues aux 1° et 2°.

La retenue à la source s'applique également lorsque ces produits sont payés hors de France dans un État ou territoire non coopératif au sens de l'article 238-0 A du présent code *(L. n° 2018-898 du 23 oct. 2018, art. 31-I-J et IV, en vigueur le 1er déc. 2018)* **« autre que ceux mentionnés au 2° du 2 *bis* du même article 238-0 A ».**

***Toutefois,* la retenue à la source ne s'applique pas aux sommes visées au premier alinéa du *a* de l'article 111.**

La retenue à la source ne s'applique pas aux distributions des sociétés de capital-risque qui fonctionnent dans les conditions prévues à l'article 1er-1 de la loi n° 85-695 du 11 juillet 1985 modifiée lorsque :

***a)* la distribution entre dans les prévisions du 5 de l'article 39 *terdecies* ;**

b) **le bénéficiaire effectif est une personne morale qui a son siège de direction effective dans un État ayant conclu avec la France une convention fiscale comportant une clause d'assistance administrative pour l'application du droit interne ;**

c) **la distribution est comprise dans des bénéfices déclarés dans cet État mais bénéficie d'une exonération d'impôt.**

Les produits mentionnés au premier alinéa du présent 2 distribués par des sociétés mentionnées au 3° *nonies* de l'article 208, par des sociétés mentionnées au I et au premier alinéa du II de l'article 208 C et, pour la part des produits distribués à des bénéficiaires autres que des sociétés mentionnées au 3° *nonies* de l'article 208 qui les détiennent dans les conditions mentionnées au III *bis* de l'article 208 C, par des sociétés mentionnées au même III *bis*, ayant leur siège en France, donnent lieu à l'application d'une retenue à la source au taux prévu au 2° de l'article 219 *bis* lorsqu'ils sont prélevés sur des résultats exonérés en application de l'article 208 C ou du 3° *nonies* de l'article 208 et qu'ils bénéficient à des organismes de placement collectif de droit français relevant de la section I, des paragraphes 1, 2, 3, 5 et 6 de la sous-section 2, de la sous-section 3, ou de la sous-section 4 de la section II du chapitre IV du titre Ier du livre II du code monétaire et financier ou à ceux constitués sur le fondement d'un droit étranger mentionnés au premier alinéa et satisfaisant aux conditions prévues aux 1° et 2° du présent 2.

La retenue à la source mentionnée à l'avant-dernier alinéa du présent 2 n'est pas libératoire de l'impôt sur le revenu ou de l'impôt sur les sociétés et ne donne lieu ni à restitution ni à imputation.

V. art. 137 bis relatif aux fonds communs de placement. — V. également LPF, art. L. 62 A (Contrôle, procédure de règlement particulière).

BIBL. ▶ AUSTRY, *FR Lefebvre 30/12, p. 9* (retenues à la source sur dividendes et droit européen … où s'arrêtera la jurisprudence ?). – BOKDAM-TOGNETTI, *RJF 2012, p. 587* (retenues à la source : le Conseil d'État navigue entre les courants de la jurisprudence communautaire). – DE BOYNES, BACHELLERIE et MESSAGE, *BFL 2011, p. 331* (les retenues à la source à l'épreuve des clauses de non-discrimination). – DE FEYDEAU, *Dr. fisc. 2007. 1053* (vers la fin de la retenue à la source sur les dividendes intra-communautaires). – DEFERT, LOUVEL et RAINGEARD DE LA BLÉTIÈRE, *Dr. fisc. 2012, Actu. 215* (retenue à la source sur les dividendes versés aux fonds d'investissements étrangers : incompatibilité avec le droit de l'UE). – DIBOUT, *Dr. fisc. 2011. 485* (le régime fiscal des dividendes versés aux OPCVM étrangers : un enjeu contentieux d'une importance exceptionnelle). – MEIER et TORLET, *Dr. fisc. 2009. 382* (le fabuleux destin des retenues à la source…).

1. Incompatibilité de la retenue à la source avec la liberté de circulation des capitaux. V. *infra*, notes 7, 8 et 9.

2. Quartiers généraux. La circonstance que la filiale française d'une société étrangère soit imposée à l'IS selon les modalités particulières prévues en faveur des quartiers généraux ne fait pas obstacle à ce que cette société soit redevable dans les conditions de droit commun de la retenue à la source prévue par l'art. 119 *bis*. • CE 26 janv. 2001, n° 331342 : *RJF 2011. 421.*

3. Contestation de la retenue à la source. Le bien-fondé de la retenue à la source prévue au 2 peut être contesté tant par le bénéficiaire des revenus. • CE 19 déc. 1975, n° 84774-91895 : *Dr. fisc. 1976. 925, concl. Fabre.* ♦ … Que par l'établissement payeur, redevable de la retenue. • TA Nantes, 10 avr. 1997, n° 93-2743, 93-2744 : *Dr. fisc. 1997. 1261, concl. Jacquier ; RJF 1997. 791.*

4. Distributions à des non-résidents. En cas de redressement d'IS constituant un revenu distribué au sens des art. 108 à 117 *bis*, la retenue à la source doit être liquidée non seulement à raison des sommes effectivement versées au bénéficiaire mais également de l'avantage procuré par la non perception de la retenue, sous réserve de la faculté offerte au bénéficiaire par l'art. L. 77 LPF de demander l'application du mécanisme dit de la « cascade » aux conditions de reversement prévues par cet article. Cette règle de liquidation de la retenue à la source doit être retenue que les bénéficiaires de la distribution soient ou non des associés de l'entité distributrice. • CE, avis, 27 avr. 2004, n° 370005 : *RJF 2004. 1246.*

5. Dividendes distribués par des filiales françaises à des sociétés mères ayant leur siège dans un État membre de l'UE. Les art. 43 CE et 48 CE (liberté d'établissement) s'opposent à une législation nationale qui, en ce qu'elle fait supporter le poids d'une imposition de dividendes à une société mère non-résidente en en dispensant presque totalement les sociétés mères résidentes, constitue une restriction discriminatoire à la liberté d'établissement. Ils s'opposent également à une législation nationale prévoyant, pour les seules sociétés mères non résidentes, une imposition par voie de retenue à la source des dividendes distribués par des filiales résidentes, quand bien même une convention fiscale entre l'État membre en cause et un autre État membre, autorisant cette retenue à la source, prévoit la possibilité d'imputer sur l'impôt dû dans cet autre État la charge supportée en application de ladite législation nationale, lorsqu'une société mère est dans l'impossibilité, dans cet autre État membre, de procéder à l'imputation prévue par ladite convention. • CJCE 14 déc. 2006, n° 170/05, *Sté Denkavit International BV et SARL Denkavit France : RJF 2007. 374 ; concl. Geelhoed au BDCF 3/07, n° 39.* ♦ Sur questions préjudicielles posées par • CE 15 déc. 2004, n° 235069, *Sté Denkavit International BV et SARL Denkavit France : RJF 2005. 233, concl. Donnat, p. 143.* ♦ Suite à la décision préc. de la CJCE, l'Administration a prévu une exonération de retenue à la source à compter du 1er janv. 2007, en l'absence de montage artificiel, lorsqu'une société européenne (de l'UE, de l'Islande ou de la Norvège) bénéficiant de dividendes de source française afférents à une participation supérieure à 5 % du capital de la société distributrice se trouve, du fait d'un régime d'exonération applicable dans son État de résidence, privée de toute possibilité d'imputer cette retenue à la source. * Instr. 10 mai 2007 : *BOI 4 C-7-07.* ♦ L'instruction du 10 mai 2007 précitée n'a pas eu pour objet, et n'aurait d'ailleurs pu légalement avoir pour effet, d'empêcher une société, qui s'y estimerait recevable et fondée, de faire valoir, en introduisant une réclamation selon les modalités de droit commun, ses droits à la restitution des retenues à la source, perçues antérieurement au 1er janv. 2007, par le Trésor public français sur le fondement de l'art. 119 *bis*-2. • CE 22 janv. 2010, n° 311863 : *RJF 2010. 353.*

6. Un État membre ne peut assujettir les dividendes versés à une société non résidente à une double imposition économique alors qu'il évite cette double imposition pour les dividendes répartis entre des sociétés établies sur son territoire. Le respect de l'obligation de prévention d'une double imposition ne peut être valablement assuré par des dispositions unilatérales de l'État de résidence du bénéficiaire. • CJCE 8 nov. 2007, n° 379/05, *Amurta SGPS : RJF 2008. 247 ; Dr. fisc. 2007. 1023, chron. De Feydeau.*

7. Distributions à des sociétés déficitaires ou exonérées ayant leur siège dans un État membre de l'Union européenne. Selon le Conseil d'État, les dispositions de l'art. 119 *bis*-2 ne sont pas incompatibles avec la liberté de circulation de capitaux telle qu'elle a été interprétée par la CJUE : validation, au regard du principe de libre circulation des capitaux, de la retenue à la source sur les dividendes n'ouvrant pas droit au *régime mère-fille* versés à une société déficitaire ou exonérée. • CE 9 mai 2012, *Sté GBL Energy,* n° 342221 : *RJF 2012. 774, chron. Raquin ; BDCF 2012. 92, concl. Olléon.* ♦ Dans le même sens • CE 29 oct. 2012, *SA Kermadec,* n° 352209 : *RJF 2013. 45* • CE 5 mars 2014, *SNC Lidl,* nos 361779 et 364256 : *RJF 2014. 741 ; Dr. fisc. 2014. 505, note De Waal et Ragot.* ♦ Sur la constitutionnalité de la retenue à la source sur les dividendes versés à une société non résidente déficitaire, V. • CE 23 déc. 2016, *Sté Sofina, Sté Rebelco, Sté Sidro,* n° 398662 QPC : *RJF 2017. 261.* ♦ Sur la conformité au droit communautaire de la retenue à la source sur les dividendes versés à une société non résidente déficitaire, V. • CE, QPC, 20 sept. 2017, *Sté Sofina,* n° 398662 : *RJF 2017. 262 ; Dr. fisc. 2017. 583, concl. Bokdam-Tognetti, note de Waal.*

8. A la différence du Conseil d'État, la CJUE juge que la retenue à la source sur les dividendes distribués aux non-résidents prévue à l'art. 119 *bis*-2 est contraire à la libre circulation des capitaux, en ce qu'elle s'applique immédiatement et définitivement à une société non résidente, alors que l'imposition d'une société résidente déficitaire est reportée, voire supprimée à défaut de bénéfice ultérieur. • CJUE 22 nov. 2018, *Sofina SA e. a.,* n° 575/17 : *RJF 2019. 230.* ♦ Le droit de l'UE fait obstacle à ce qu'en application de l'art. 119 *bis* 2 une retenue à la source soit prélevée sur les dividendes perçus par une société non résidente qui se trouve, au regard de la législation de son État de résidence, en situation déficitaire. • CE 27 févr. 2019, *Sté Sofina,* n° 398662 : *RJF 2019. 441 ; Dr. fisc. 2019. 311, note Maitrot de la Motte.* ♦ Situation déficitaire non prouvée. • CE (na), 6 mai 2021, n° 441806 : *RJF 2021. 810.* ♦ Dans le même sens • CE 27 nov. 2019, *Sté Vorwerk Elektrowerke GmbH et Co. KG,* n° 405496 : *RJF 2020. 100, concl. Iljic.* ♦ Pour l'ouverture du droit à restitution, le caractère déficitaire du résultat de la société non résidente est apprécié en tenant compte des dividendes dont l'imposition fait l'objet de la demande de restitution au titre de l'exercice et, lorsque la législation de l'État de résidence autorise le report des déficits, des éventuels dividendes ayant ouvert droit à une restitution au titre d'exercices antérieurs. • CE 5 nov. 2021, n° 433212. ♦ Sur la restitution des retenues à la source des sociétés déficitaires pour les exercices ouverts à compter du 1er janv. 2020, V. art. 235 *quater.*

9. Retenue à la source sur dividendes perçus par une société d'assurance étrangère et libre circulation des capitaux. Le traitement fiscal des sociétés d'assurance étrangères qui perçoivent des dividendes afférents à des titres de sociétés françaises supports de leurs contrats d'assurance-vie est susceptible de constituer une entrave à la libre circulation des capitaux. • CE 11 mai 2021, n° 438135 : *RJF 2021. 809.*

10. Distributions à des fonds de pension étrangers. La retenue à la source pratiquée sur les dividendes distribués par des sociétés françaises à des fonds de pension néerlandais est contraire au principe européen de libre circulation de capitaux dès lors que les organismes similaires français ne sont pas imposables sur ces revenus et que cette restriction n'est justifiée ni par une différence de situation objective entre organismes français et néerlandais, ni par l'existence d'une raison impérieuse d'intérêt général. • CE 13 févr. 2009, n° 298108 : *RJF 2009. 525 ; concl. Geffray au BDCF 5/09, n° 66 ; Dr. fisc. 2009. 253, note Agulhon et Sénéchault.* ♦ Annulation pour excès de pouvoir des passages de deux instructions (4 J-1-05 et 4 J-2-05) relatifs à la retenue à la source conventionnelle applicable aux dividendes versés à des fonds de pension étrangers. • Même arrêt.

11. Dividendes versés à des OPCVM étrangers. La différence de traitement des dividendes d'origine française perçus par des OPCVM résidents et non résidents, appréciée sans tenir compte de la situation des porteurs de parts, est incompatible avec la libre circulation des capitaux. • CJUE 10 mai 2012, n° 338/11 : *RJF 2012. 775.* ♦ Sur renvoi de • CE, avis, 23 mai 2011, n° 344678 : *RJF 2011. 1009 ; BDCF 2011, n° 104, concl. Collin ; Dr. fisc. 2011. 485, concl. Collin, note Dibout.* ♦ Afin de mettre le droit français en conformité avec le droit de l'UE, l'art. 6 de la loi n° 2012-958 du 16 août 2012 a supprimé la retenue à la source sur les revenus distribués à des OPCVM mais également à des OPCI et Sicaf étrangers. Celle-ci est toutefois maintenue si les dividendes sont payés dans un État ou territoire non coopératif ou prélevés sur les bénéfices exonérés des SIIC, des Sppicav ou de leurs filiales. – V. note 12.

12. Suppression de la retenue à la source prévue à l'art. 119 bis-2 sur les dividendes distribués par des sociétés françaises à des OPC étrangers. Exonérations totales ou partielles. * BOI-RPPM-PVBMI-RCM-30-30-20-70 du 6 oct. 2021.

13. Intérêts versés par une société résidente à une société non résidente. Les art. 43 et 56 du traité CE doivent être interprétés en ce sens qu'ils ne s'opposent pas à une réglementation fiscale d'un État membre qui prévoit une retenue à la source de l'impôt sur les intérêts versés par une société résidente de cet État à une société bénéficiaire résidente d'un autre État membre, tout en exonérant de cette retenue les intérêts versés à une société bénéficiaire résidente du premier État membre dont les revenus sont imposés dans ce dernier État membre au titre de l'impôt sur les sociétés. • CJCE 22 déc. 2008, n° C-282/07, *Belgique c/ Truck Center SA : RJF 2009. 302, concl. Kokott au BDCF 3/09, n° 40 ; Dr. fisc. 2009. 389, chron. Meier et Torlet.*

14. Versements occultes à l'étranger. En cas de distributions occultes effectuées à l'étranger, le redevable de la retenue à la source est la société distributrice sauf si elle établit que l'établissement qui a payé pour son compte avait connaissance du caractère de revenus distribués des sommes en cause. • CE 5 avr. 2013, *Sté Vivendi Télécom International,* n° 350316 : *RJF 2013. 727 ; BDCF 2013. 79.* ♦ Lorsqu'une société de personnes relevant de l'IR perçoit des rémunérations et avantages occultes, elle est tenue de prélever la retenue à la source qui est due, à raison de leurs quotes-parts respectives, par les associés qui résident à l'étranger. • CE 6 déc. 2021, n° 429308.

Art. 119 *bis* A *(L. n° 2018-1317 du 28 déc. 2018, art. 36, en vigueur le 1er juill. 2019)*

1. Est réputé constituer un revenu distribué soumis à la retenue à la source prévue au 2 de l'article 119 *bis* tout versement, dans la limite du montant correspondant à la distribution de produits de parts ou d'actions mentionnée au *b*, effectué, sous quelque forme et par quelque moyen que ce soit, par une personne qui est établie ou a son domicile fiscal en France au profit, directement ou indirectement, d'une personne qui n'est pas établie ou n'a pas son domicile fiscal en France, lorsque les conditions suivantes sont réunies :

***a)* Le versement est réalisé dans le cadre d'une cession temporaire ou de toute opération donnant le droit ou faisant obligation de restituer ou revendre ces parts ou actions ou des droits portant sur ces titres ;**

***b)* L'opération mentionnée au *a* est réalisée pendant une période de moins de quarante-cinq jours incluant la date à laquelle le droit à une distribution de produits d'actions, de parts sociales ou de revenus assimilés mentionnés aux articles 108 à 117 *bis* est acquis.**

2. La retenue à la source est due lors de la mise en paiement du versement mentionné au 1 et acquittée par la personne qui assure ce paiement.

3. Lorsque le bénéficiaire du versement mentionné au 1 apporte la preuve que ce versement correspond à une opération qui a principalement un objet et un effet autres que d'éviter l'application d'une retenue à la source ou d'obtenir l'octroi d'un avantage fiscal, le 1 n'est pas applicable. Le bénéficiaire peut alors obtenir le remboursement de la retenue à la source définitivement indue auprès du service des impôts de son domicile ou de son siège.

4. La personne qui assure le paiement du versement mentionné au 1 transmet à l'administration fiscale, à sa demande et sous format dématérialisé, le montant, la date, l'émetteur des parts ou actions objets de l'opération mentionnée au *b* du même 1 et le destinataire du versement.

Art. 119 *ter* 1. La retenue à la source prévue au 2 de l'article 119 *bis* n'est pas applicable aux dividendes distribués à une personne morale qui remplit les conditions énumérées au 2 du présent article par une société ou un organisme soumis à l'impôt sur les sociétés au taux normal.

2. Pour bénéficier de l'exonération prévue au 1, la personne morale doit justifier auprès du débiteur ou de la personne qui assure le paiement de ces revenus qu'elle est le bénéficiaire effectif des dividendes et qu'elle remplit les conditions suivantes :

a) avoir son siège de direction effective dans un État membre de l'Union européenne ou dans un autre État partie à l'accord sur l'Espace économique européen ayant conclu avec la France une convention d'assistance administrative en vue de lutter contre la fraude et l'évasion fiscales et n'être pas considérée, aux termes d'une convention en matière de double imposition conclue avec un État tiers, comme ayant sa résidence fiscale hors de l'Union européenne ou de l'Espace économique européen ;

b) revêtir l'une des formes énumérées à la partie A de l'annexe I à la directive 2011/96/ UE du Conseil du 30 novembre 2011 concernant le régime fiscal commun applicable aux sociétés mères et filiales d'États membres différents ou une forme équivalente lorsque la société a son siège de direction effective dans un État partie à l'accord sur l'Espace économique européen ; *— V. Arr. du 24 mars 2006 (JO 13 mai). — V. App, Dir. n° 2011/96/UE du Conseil du 30 nov. 2011.*

c) détenir directement, de façon ininterrompue depuis deux ans ou plus et en pleine propriété ou en nue-propriété, 10 % au moins du capital de la personne morale qui distribue les dividendes, ou prendre l'engagement de conserver cette participation de façon ininterrompue pendant un délai de deux ans au moins et désigner, comme en matière de taxes sur le chiffre d'affaires, un représentant qui est responsable du paiement de la retenue à la source visée au 1 en cas de non-respect de cet engagement ;

Le taux de participation mentionné au premier alinéa du présent *c* est ramené à 5 % lorsque la personne morale qui est le bénéficiaire effectif des dividendes détient des participations satisfaisant aux conditions prévues à l'article 145 et se trouve privée de toute possibilité d'imputer la retenue à la source prévue au 2 de l'article 119 *bis* ;

d) être passible, dans l'État membre de l'Union européenne ou dans l'État partie à l'accord sur l'Espace économique européen où elle a son siège de direction effective, de l'impôt sur les sociétés de cet État, sans possibilité d'option et sans en être exonérée ;

e) Abrogé.

2 *bis*. Les dispositions du 1 s'appliquent aux dividendes distribués aux établissements stables des personnes morales remplissant les conditions fixées au 2, lorsque ces établissements stables sont situés en France, dans un autre État membre de l'Union européenne ou dans un autre État partie à l'accord sur l'Espace économique européen ayant conclu avec la France une convention d'assistance administrative en vue de lutter contre la fraude et l'évasion fiscales.

3. Le 1 ne s'applique pas aux dividendes distribués dans le cadre d'un montage ou d'une série de montages qui, ayant été mis en place pour obtenir, à titre d'objectif principal ou au titre d'un des objectifs principaux, un avantage fiscal allant à l'encontre de l'objet ou de la finalité de ce même 1, n'est pas authentique compte tenu de l'ensemble des faits et circonstances pertinents.

Un montage peut comprendre plusieurs étapes ou parties.

Pour l'application du présent 3, un montage ou une série de montages est considéré comme non authentique dans la mesure où ce montage ou cette série de montages n'est pas mis en place pour des motifs commerciaux valables qui reflètent la réalité économique.

4. Un décret précise en tant que de besoin les modalités d'application des présentes dispositions. *— V. Ann. III, art. 46 quater-0 F B à 46 quater-0 F D.*

BIBL. ▶ Acard et Rosnet, *Dr. fisc. 2002, p. 393* (directive mère-fille : interdiction des mesures d'effet équivalent). - H. Turot, *Dr. fisc. 2017. 162* (on n'a pas tout dit sur la clause anti-abus de l'art. 119 *ter* !). - Vergnat et de Waal, *Dr. fisc. 2002, p. 836* (distribution exceptionnelle de réserves et retenue à la source) ; *Dr. fisc. 2005, p. 849* (distribution exceptionnelle de réserves *et retenue à la source*).

1. Notion de retenue à la source. Il y a retenue à la source, au sens de l'art. 5-1, de la Dir. n° 90/435/CEE du 23 juill. 1990, concernant le régime fiscal commun applicable aux sociétés mères et filiales d'États membres différents, lorsqu'une disposition de droit national prévoit, en cas de distribution de bénéfices par une filiale (SA ou société similaire) à sa société mère, que, pour déterminer le bénéfice imposable de la filiale, doivent être réintégrés dans la base imposable les bénéfices nets totaux réalisés par celle-ci, y compris les revenus qui ont été soumis à une imposition spéciale entraînant l'extinction de la dette fiscale ainsi que les revenus non imposables, alors que les revenus relevant de ces deux catégories ne seraient pas imposables, sur le fondement de la législation nationale, s'ils étaient restés au sein de la filiale et n'avaient pas été distribués à la société mère. • CJCE 4 oct. 2001, n° C-294/99, *Athineiki Zythopoiia AE : RJF 2002. 127 ; Dr. fisc. 2002, p. 393, chron. Acard et Rosnet ; BJS 2002. 223, note Colonna d'Istria et Tardivy.*

2. Une imposition, telle que le prélèvement de 5 % prévu par la convention relative à la double imposition conclue en 1980 entre le Royaume-Uni et les Pays-Bas, en tant qu'elle frappe les dividendes versés par la filiale résidant au Royaume-Uni à sa société mère résidant dans un autre État membre, constitue une retenue à la source sur les bénéfices distribués par une filiale à sa société mère au sens de l'art. 5-1 de la Dir. du 23 juill. 1990 préc. En revanche, en tant qu'elle frappe l'avoir fiscal auquel cette distribution de dividendes donne droit au Royaume-Uni, la même imposition ne constitue pas une retenue à la source interdite par l'art. 5-1 de la Dir. • CJCE 25 sept. 2003, n° C-58/01, *Océ van der Grinten NV : D. 2003. IR 2604 ; RJF 2003. 1469 ; Dr. fisc. 2004. 619, note Boutemy et Meier.* ♦ L'art. 7-2 de la Dir. 90-435 doit être interprété en ce sens qu'il autorise une imposition telle que le prélèvement de 5 % prévu par la convention relative à la double imposition en cause même si ce prélèvement, en ce qu'il s'applique aux dividendes versés par la filiale à sa société mère, constitue une retenue à la source au sens de l'art. 5-1 de la même Dir. • Même arrêt.

3. Régime de droit commun pour les dividendes distribués aux sociétés mères d'États membres de l'UE. Exonération de retenue à la source. 1° Conditions à remplir par les sociétés distributrices. 2° Conditions à remplir par les sociétés mères bénéficiaires des dividendes et notion de dividendes. 3° Application immédiate de l'exonération de retenue à la source. 4° Clause anti-abus. * BOI-RPPM-RCM-30-30-20-10 du 3 juill. 2019. ♦ L'avantage occulte résultant du paiement par une filiale à sa société mère de prestations non justifiées ne constitue pas un dividende distribué au sens de l'art. 119 *ter*. L'avantage occulte dont a bénéficié une société mère luxembourgeoise n'entre donc pas dans le champ de l'exonération de retenue à la source. • CAA Versailles, 17 nov. 2015, *SARL Foncière PI*, n° 13VE03679 : *RJF 2016. 245.*

4. L'art. 119 *ter*-2 est compatible avec les objectifs de la directive mères-filiales, en ce qu'il subordonne l'exonération de la retenue à la source sur les dividendes versés par une société française à sa société mère établie dans un autre État membre de l'UE à la condition que celle-ci justifie auprès du payeur qu'elle en est le bénéficiaire effectif. • CE 5 juin 2020 : *Sté Eqiom et sté Enka*, n° 423809 : *RJF 2020. 692, concl. Bokdam-Tognetti.*

5. Le transfert temporaire par une société mère belge de la pleine propriété des titres de sa filiale française à une fondation de droit néerlandais interrompt le délai de détention de deux ans permettant de bénéficier de l'exonération de la retenue à la source prévue par l'art. 119 *ter*. • CE 20 juill. 2021, n° 435635 : *RJF 2021. 1020.*

6. La souscription par la société mère d'un engagement de conservation de la participation de deux ans minimum et la désignation d'un représentant fiscal sont contraires à la liberté d'établissement (TFUE art. 49). Cette discrimination n'est justifiée ni par une différence objective de situation ni par un motif impérieux d'intérêt général. • CAA Douai, 1er juill. 2019, *SCPI Liard*, n° 17DA00655 : *RJF 2019. 1046.*

7. Conformité de l'ancienne clause anti-abus renvoyée à la CJUE. Aux termes de l'art. 119 *ter*-3, dans sa rédaction antérieure à 2016, sont exclues du bénéfice de l'exonération de retenue à la source les sociétés mères contrôlées directement ou indirectement par un ou plusieurs résidents d'États non membres de l'Union européenne, sauf pour elles à prouver que cette chaîne de participation n'a pas pour objet principal l'obtention de l'exonération saisie d'une question préjudicielle par Conseil d'État. • CE 30 déc. 2015, *Sté Holcim et Sté Enka*, n° 374841 : *RJF 2016. 246 ; Dr. fisc. 2016. 257, note Maitrot de la Motte*, la CJUE décide que la Dir. 90/435/CEE s'oppose à ce qu'une législation fiscale nationale subordonne l'octroi d'un avantage fiscal à la condition que la société-mère établisse « que la chaîne de participations n'a pas comme objet principal ou comme l'un de ses objets principaux de tirer avantage de cette exonération ». Il en résulte que les dispositions de l'art. 119 *ter*-3 instituent une discrimination contraire au droit de l'Union. • CJUE 7 sept. 2017, *Eqiom et Enka*, n° C-6/16 : *RJF 2017. 1145.* ♦ Censure de la clause anti-abus par le Conseil d'État. • CE 25 oct. 2017, *Sté Cameron France*, n° 366268 : *RJF 2018. 32.*

INTÉRÊTS ET REDEVANCES VERSÉS ENTRE SOCIÉTÉS ASSOCIÉES D'ÉTATS MEMBRES DE LA COMMUNAUTÉ EUROPÉENNE

Art. 119 *quater* 1. La retenue à la source prévue au 1 de l'article 119 *bis* ainsi que le prélèvement prévu au III de l'article 125 A ne sont pas applicables aux intérêts entendus, pour l'application du présent article, comme les revenus des créances de toute nature, à l'exclusion des pénalités pour paiement tardif, payés par une société anonyme, une société par actions simplifiée, une société en commandite par actions, une société à responsabilité limitée, un établissement public à caractère industriel ou commercial ou une entreprise publique qui est passible de l'impôt sur les sociétés sans en être exonéré ou un établissement stable satisfaisant aux mêmes conditions d'imposition et dépendant d'une personne morale qui remplit les conditions énumérées aux *a* à *c* du 2, à une personne morale qui est son associée ou à un établissement stable dépendant d'une personne morale qui est son associée.

Pour l'application du présent article, la qualité de personne morale associée d'une autre personne morale est reconnue à toute personne morale lorsqu'elle détient une participation directe d'au moins 25 % dans le capital de l'autre personne morale ou lorsque l'autre personne morale détient une participation directe d'au moins 25 % dans son capital ou lorsqu'une troisième personne morale détient une participation directe d'au moins 25 % dans son capital et dans le capital de l'autre personne morale et à condition dans tous les cas que cette participation soit détenue de façon ininterrompue depuis deux ans au moins ou fasse l'objet d'un engagement selon lequel elle sera conservée de façon ininterrompue pendant un délai de deux ans au moins. Si cet engagement est pris par une personne morale qui n'a pas son siège de direction effective en France, il donne lieu à la désignation d'un représentant qui est responsable du paiement de la retenue à la source mentionnée au premier alinéa en cas de non-respect de cet engagement.

Dans le cas où les intérêts sont payés par un établissement stable, la personne morale bénéficiaire ou la personne morale dont dépend l'établissement stable bénéficiaire est considérée comme associée de l'établissement payeur si elle est associée de la personne morale dont il dépend.

2. Pour bénéficier de l'exonération prévue au premier alinéa du 1, la personne morale bénéficiaire doit justifier auprès du débiteur ou de la personne qui assure le paiement de ces revenus qu'elle en est le bénéficiaire effectif et qu'elle remplit les conditions suivantes :

a. Avoir son siège de direction effective dans un État membre de la Communauté européenne ;

b. Revêtir l'une des formes énumérées sur une liste établie par arrêté du ministre chargé de l'économie conformément à l'annexe à la directive 2003/49/CE du Conseil du 3 juin 2003 concernant un régime fiscal commun applicable aux paiements d'intérêts et de redevances effectués entre les sociétés associées d'États membres différents ;

c. Être passible, y compris au titre de ces revenus, dans l'État membre où elle a son siège de direction effective, de l'impôt sur les sociétés de cet État sans en être exonérée ;

d. Lorsque la reconnaissance de sa qualité de société associée du débiteur de ces revenus en dépend, détenir la participation mentionnée au deuxième alinéa du 1.

Si le bénéficiaire des revenus est un établissement stable, il doit justifier auprès du débiteur ou de la personne qui assure le paiement des revenus qu'il est le bénéficiaire effectif de ces revenus, que ces revenus sont soumis dans l'État membre où il se situe à l'impôt sur les sociétés ou à un impôt équivalent de cet État et que la personne morale dont il dépend remplit les conditions énoncées aux a à d.

3. Les dispositions du 1 ne s'appliquent pas lorsque les revenus payés bénéficient à une personne morale ou à un établissement stable d'une personne morale contrôlée directement ou indirectement par un ou plusieurs résidents d'États qui ne sont pas membres de la Communauté européenne et si la chaîne de participations a comme objet principal ou comme un de ses objets principaux de tirer avantage des dispositions du 1.

Lorsqu'en raison des relations spéciales existant entre le payeur et le bénéficiaire effectif des intérêts ou de celles que l'un et l'autre entretiennent avec un tiers, le montant des intérêts excède le montant dont seraient convenus le payeur et le bénéficiaire effectif en l'absence de telles relations, les dispositions du 1 ne s'appliquent qu'à ce dernier montant.

4. Un décret précise en tant que de besoin les modalités d'application des présentes dispositions. — *V. Ann. III, art. 46 quater-0 FB à 46 quater-0 FD.*

Dispositif anti-abus. Le législateur n'a pas entendu instaurer une présomption de fraude à l'égard des bénéficiaires contrôlés par des résidents d'États tiers. Il appartient à l'Administration, si elle estime que la chaîne de participations a comme objet principal ou comme un de ses objets principaux de tirer avantage du 1 de l'art. 119 *quater*, d'apporter au soutien de ses affirmations des éléments suffisants pour constituer un commencement de preuve de fraude ou d'abus. • CE 24 févr. 2021, n° 434129 : *RJF 2021. 480.*

Art. 119 *quinquies* *(L. n° 2019-1479 du 28 déc. 2019, art. 42-I-2°-a et II, applicable aux exercices ouverts à compter du 1er janv. 2020)* **« Les retenues ou prélèvements à la source prévus aux articles 119 *bis*, 182 A *bis*, 182 B, 244 *bis*, 244 *bis* A et 244 *bis* B ne sont pas applicables aux revenus et profits perçus ou réalisés par » une personne morale qui justifie auprès du débiteur ou de la personne qui assure le paiement de ces revenus qu'elle remplit, au titre de l'exercice au cours duquel elle** *(L. n° 2019-1479 du 28 déc. 2019, art. 42-I-2°-a et II, applicable aux exercices ouverts à compter du 1er janv. 2020)* **« les » perçoit** *(L. n° 2019-1479 du 28 déc. 2019, art. 42-I-2°-a et II, applicable aux exercices ouverts à compter du 1er janv. 2020)* **« ou les réalise », les conditions suivantes :** *(L. n° 2019-1479 du 28 déc. 2019, art. 42-I-2°-b et II, applicable aux exercices ouverts à compter du 1er janv. 2020)* **« 1° Son siège et, le cas échéant, l'établissement stable dans le résultat duquel les revenus et profits sont inclus sont situés dans un État membre de l'Union européenne ou dans un autre État partie à l'accord sur l'Espace économique européen ayant conclu avec la France une convention d'assistance administrative en vue de lutter contre la fraude et l'évasion fiscales ainsi qu'une convention d'assistance mutuelle en matière de recouvrement ayant une portée similaire à celle prévue par la directive 2010/24/UE du Conseil du 16 mars 2010 concernant l'assistance mutuelle en matière de recouvrement des créances relatives aux taxes, impôts, droits et autres mesures et n'étant pas non coopératif au sens de l'article 238-0 A ou, pour les retenues à la source prévues à l'article 119 *bis*, dans un État non membre de l'Union européenne ou qui n'est pas un État partie à l'accord sur l'Espace économique européen ayant conclu avec la France les conventions mentionnées au présent 1°, sous réserve que cet État ne soit pas non coopératif au sens de l'article 238-0 A et que la participation détenue dans la société ou l'organisme distributeur ne permette pas au bénéficiaire de participer de manière effective à la gestion ou au contrôle de cette société ou de cet organisme ; »**

2° Son résultat fiscal ou, le cas échéant, celui de l'établissement stable dans le résultat duquel les *(L. n° 2019-1479 du 28 déc. 2019, art. 42-I-2°-c et II, applicable aux exercices ouverts à compter du 1er janv. 2020)* **« revenus et profits » sont inclus, calculé selon les règles de l'État ou du territoire où est situé son siège** *(Abrogé par L. n° 2019-1479 du 28 déc. 2019, art. 42-I-2°-c et II, applicable aux exercices ouverts à compter du 1er janv. 2020) « de direction effective »* **ou l'établissement stable, est déficitaire ;**

3° Elle fait, à la date de la *(L. n° 2019-1479 du 28 déc. 2019, art. 42-I-2°-d et II, applicable aux exercices ouverts à compter du 1er janv. 2020)* **« perception du revenu ou de la réalisation du profit », l'objet d'une procédure comparable à celle mentionnée à l'article L. 640-1 du code de commerce. A défaut d'existence d'une telle procédure, elle est, à cette date, en état de cessation des paiements et son redressement est manifestement impossible.**

Revenus distribués à une société étrangère déficitaire et en liquidation. Dispositif d'exonération de retenue à la source. * BOI-RPPM-RCM-30-30-20-80 du 6 avr. 2016.

3 REVENUS DES VALEURS MOBILIÈRES ÉMISES HORS DE FRANCE ET REVENUS ASSIMILÉS

Art. 120 **Sont considérés comme revenus au sens du présent article :**

1° Les dividendes, intérêts, arrérages et tous autres produits des actions de toute nature et des parts de fondateur des sociétés, compagnies ou entreprises financières, industrielles, commerciales, civiles et généralement quelconques dont le siège social est situé à l'étranger quelle que soit l'époque de leur création ;

2° Les intérêts, produits et bénéfices des parts d'intérêt et commandites dans les sociétés, compagnies et entreprises ayant leur siège social à l'étranger et dont le capital n'est pas divisé en actions, à l'exception toutefois :

a) Des produits de parts dans les sociétés commerciales en nom collectif ;

b) Des produits des sociétés en commandite simple revenant aux associés en nom ;

3° Les répartitions faites aux associés, aux actionnaires et aux porteurs de parts de fondateur des mêmes sociétés, à un titre autre que celui de remboursement d'apports ou de primes d'émission. Une répartition n'est réputée présenter le caractère d'un remboursement d'apport ou de prime que si tous les bénéfices ou réserves ont été auparavant répartis. Toutefois, les sommes ou valeurs attribuées aux associés ou actionnaires au titre du rachat de leurs parts ou actions sont soumises au même régime fiscal que les sommes ou valeurs mentionnées au 6° de l'article 112.

Ne sont pas considérées comme des apports pour l'application de la présente disposition :

a. Les réserves incorporées au capital ;

b. Les sommes incorporées au capital ou aux réserves (primes de fusion ou de scission) à l'occasion d'une fusion ou d'une scission de sociétés ou d'un apport partiel d'actif donnant lieu à l'attribution de titres dans les conditions prévues au 2 de l'article 115 ;

4° Le montant des *(Abrogé par L. n° 2019-486 du 22 mai 2019, art. 185-II-3°) « jetons de présence, »* remboursements forfaitaires de frais et toutes autres rémunérations revenant, à quelque titre que ce soit, aux administrateurs ou aux membres du conseil de surveillance des sociétés anonymes visées au 1° ;

5° Les jetons de présence payés aux actionnaires des sociétés visées au 1° à l'occasion des assemblées générales ;

6° Les intérêts, arrérages et tous autres produits des obligations des sociétés, compagnies et entreprises désignées aux 1° et 2°, et notamment les produits attachés aux bons ou contrats de capitalisation ainsi qu'aux placements de même nature souscrits auprès d'entreprises d'assurance établies hors de France, lors du dénouement du contrat, et les gains de cessions de ces mêmes placements ;

6° *bis* Les produits attachés aux prestations de retraite versées sous forme de capital et perçues en exécution d'un contrat souscrit auprès d'une entreprise établie hors de France, lorsque le bénéficiaire justifie que les sommes versées durant la phase de constitution des droits, y compris le cas échéant par l'employeur, n'étaient pas déductibles du revenu imposable et n'étaient pas afférentes à un revenu exonéré dans l'État auquel était attribué le droit d'imposer celui-ci ;

7° Les intérêts, arrérages et tous autres produits de rentes, obligations et autres effets publics des gouvernements étrangers ainsi que des corporations, villes, provinces étrangères et de tout autre établissement public étranger ;

8° Les lots et primes de remboursement payés aux créanciers et aux porteurs des titres visés aux 6° et 7° ;

9° Les produits distribués par un trust défini à l'article 792-0 *bis*, quelle que soit la consistance des biens ou droits placés dans le trust ;

10° Les redevances (royalties) ou fractions de redevances dues pour l'exploitation des nappes de pétrole ou de gaz naturel ;

11° Les produits des fonds de placement ou d'investissement constitués à l'étranger, quelle que soit la nature ou l'origine des produits distribués ;

12° *Abrogé par L. n° 2015-1786 du 29 déc. 2015, art. 19.*

1. Rachats par une société de ses propres titres (rachats effectués avant le 1er janv. 2015). BIBL. Dumont, *BFL 2010, p. 753* (rachat par une société de ses propres titres : une « chère rédemption » ?). ♦ Régime fiscal (art. 120-3° CGI). Commentaires administratifs. * BOI-RPPM-RCM-10-20-30-20 du 14 oct. 2014. ♦ Les sommes versées lors du rachat forcé de ses actions par la Banque des règlements internationaux (BRI) constituaient des revenus mobiliers. • CE 21 sept. 2015, ⚖ *nos 380275 et 380276 : RJF 2015. 1011, concl. Bretonneau.*

2. Notion de produits de « trust ». La somme correspondant au prix de cession d'obligations émises hors de France et acquises trois ans plus tôt par l'intermédiaire d'une société dont l'objet social est indéfini et inscrite au registre des sociétés des îles Turks and Caicos (Bahamas) ne peut pas être regardée comme des produits d'un trust au sens de l'art. 120-9° dès lors que l'Administration n'apporte pas suffisamment d'éléments quant à l'acte même de trust ni suffisamment de précisions quant aux rôles respectifs joués par la société et les contribuables lors de l'achat et de la cession des actifs financiers en cause pour que puisse être tenue pour apportée la preuve qui pèse sur elle de l'existence d'un trust. • CAA Bordeaux, 10 mars 2008, n° 05BX1558 : *RJF 2008. 961.* ♦ Pour l'application de l'art. 120-9°, seules peuvent être considérées comme produits de trust étranger, soumises à l'IR dans la catégorie des RCM dans le chef du bénéficiaire du trust, les sommes correspondant aux fruits générés par le capital affecté au trust, à l'exclusion de celles résultant de transferts portant sur la propriété de ce capital même. • TA Cergy-Pontoise, 21 mai 2013, n° 1105647 : *RJF 2014. 33.*

3. Sommes provenant de transferts du capital d'un trust. Des sommes provenant de transferts du capital d'un trust constitué au Royaume-Uni et attribuées à une personne fiscalement domiciliée en France ne sauraient être regardées comme un revenu imposable en tant que produit de trust au sens de l'art. 120-9°. Ces sommes n'ont le caractère de revenu qu'en ce qui concerne la quote-part des intérêts capitalisés des placements qui ont été réalisés au profit du bénéficiaire. • CAA Bordeaux, 6 sept. 2012, *Thacker*, n° 10BX01374 : *RJF 2012. 1123.*

4. Attribution d'actions dans le cadre d'une offre publique. L'attribution d'actions de société étrangère dans le cadre et pour les besoins d'une offre publique constitue une cession à titre onéreux et ne relève dès lors pas du régime de taxation des produits de valeurs mobilières étrangères bien que cette attribution résulte d'une décision des organes compétents de l'entité objet de la prise de contrôle. • CAA Douai, 16 oct. 2007, n° 06DA1137 : *RJF 2008. 444.*

5. Revenus de valeurs étrangères. Les sommes figurant sur le compte bancaire personnel d'un contribuable, dirigeant de deux sociétés – une holding et une société de droit américain – et provenant de la société de droit américain constituent des RCM imposables sur le fondement de l'art. 120-3°. • TA Paris, 13 déc. 2012, *de Langsdorff*, n° 1104980 : *RJF 2013. 726.*

Art. 120 *bis* *Abrogé par Ord. n° 67-836 du 28 sept. 1967, art. 5, al. 2.*

Art. 121 1. Pour l'application de l'article 120, l'incorporation de réserves par une société étrangère à son capital social ne constitue pas un fait générateur de l'impôt sur le revenu.

Les dispositions prévues au 1 de l'article 115 sont applicables en cas de fusion ou de scission intéressant des sociétés dont l'une au moins est étrangère.

Les dispositions prévues au 2 de l'article 115 sont applicables en cas d'apport partiel d'actif par une société étrangère et placé sous un régime fiscal comparable au régime de l'article 210 A.

2. Ne sont pas considérés comme revenus au sens de l'article 120 :

1° Les amortissements de tout ou partie du capital social, des parts d'intérêts ou commandites effectués par les sociétés concessionnaires de l'État, des départements, communes et autres collectivités publiques, ainsi que par les sociétés concessionnaires de Saint-Pierre-et-Miquelon, de Mayotte, de Nouvelle-Calédonie, de Polynésie française, des îles Wallis-et-Futuna et des Terres australes et antarctiques françaises, communes et autres collectivités publiques de ces collectivités, dès lors que ces amortissements sont justifiés par la caducité de tout ou partie de l'actif social, notamment par dépérissement progressif ou par obligation de remise en fin de concession à l'autorité concédante ;

2° Les remboursements sur les réserves incorporées au capital avant le 1er janvier 1949 ainsi que les sommes incorporées avant cette date au capital ou aux réserves à l'occasion d'une fusion.

Art. 122 1. Sous réserve du 2, le revenu est déterminé par la valeur brute en euros des produits encaissés d'après le cours du change au jour des paiements, sans autre déduction que celle des impôts établis dans le pays d'origine et dont le paiement incombe au bénéficiaire.

Le montant des lots est fixé par le montant même du lot en euros.

Pour les primes de remboursement, le revenu est déterminé par la différence entre *la somme* remboursée et le taux d'émission des emprunts dans les conditions visées au 3° de l'article 119.

2. Les produits des bons ou contrats de capitalisation ainsi que des placements de même nature mentionnés au 6° de l'article 120 sont constitués par la différence entre *(L. n° 2017-1837 du 30 déc. 2017, art. 28)* « , d'une part, » les sommes brutes remboursées au bénéficiaire et *(L. n° 2017-1837 du 30 déc. 2017, art. 28)* « , d'autre part, » le montant des primes versées *(L. n° 2017-1837 du 30 déc. 2017, art. 28)* « , le cas échéant, depuis l'acquisition de ce bon ou contrat, augmenté, dans ce cas, du prix d'acquisition du bon ou contrat. »

Lorsque ces produits sont attachés à des bons ou contrats souscrits auprès d'entreprises d'assurance établies hors de France dans un État membre de l'Union européenne, ou dans un autre État partie à l'accord sur l'Espace économique européen, ayant conclu avec la France une convention d'assistance administrative en vue de lutter contre la fraude et l'évasion fiscales, l'abattement prévu au I de l'article 125-0 A est applicable dans les mêmes conditions. Les limites de cet abattement s'appliquent globalement aux produits définis à cet alinéa et à l'article 125-0 A.

Les gains de cession des bons ou contrats sont déterminés par application des règles prévues à l'article 124 C.

Les dispositions du présent art. telles que modifiées par l'art. 28-I-5° de la L. n° 2017-1837 du 30 déc. 2017 s'appliquent aux impositions dont le fait générateur intervient à compter du 1er janv. 2018 (L. préc., art. 28-VI).

Art. 123 En ce qui concerne les titres funding émis par les États étrangers, le fait générateur de l'impôt est reporté à l'époque de la première négociation de ces titres.

Dans ce cas, le revenu imposable est déterminé par le prix de la négociation.

Art. 123 *bis* 1. Lorsqu'une personne physique domiciliée en France détient directement ou indirectement 10 % au moins des actions, parts, droits financiers ou droits de vote dans une entité juridique — personne morale, organisme, fiducie ou institution comparable — établie ou constituée hors de France et soumise à un régime fiscal privilégié, les bénéfices ou les revenus positifs de cette entité juridique sont réputés constituer un revenu de capitaux mobiliers de cette personne physique dans la proportion des actions, parts ou droits financiers qu'elle détient directement ou indirectement lorsque l'actif ou les biens de la personne morale, de l'organisme, de la fiducie ou de l'institution comparable sont principalement constitués de valeurs mobilières, de créances, de dépôts ou de comptes courants.

Pour l'application du premier alinéa, le caractère privilégié d'un régime fiscal est déterminé conformément aux dispositions de l'article 238 A par comparaison avec le régime fiscal applicable à une société ou collectivité mentionnée au 1 de l'article 206.

2. Les actions, parts, droits financiers ou droits de vote détenus indirectement par la personne physique mentionnée au 1, s'entendent des actions, parts, droits financiers ou droits de vote détenus par l'intermédiaire d'une chaîne d'actions, de parts, de droits financiers ou de droits de vote ; l'appréciation du pourcentage des actions, parts, droits financiers ou droits de vote ainsi détenus s'opère en multipliant entre eux les taux de détention desdites actions ou parts, des droits financiers ou des droits de vote successifs.

La détention indirecte s'entend également des actions, parts, droits financiers ou droits de vote détenus directement ou indirectement par le conjoint de la personne physique, ou leurs ascendants ou descendants. Toutefois, ces actions, parts, droits financiers ou droits de vote ne sont pas pris en compte pour le calcul du revenu de capitaux mobiliers de la personne physique mentionné au 1.

3. Les bénéfices ou les revenus positifs mentionnés au 1 sont réputés acquis le premier jour du mois qui suit la clôture de l'exercice de l'entité juridique établie ou constituée hors de France ou, en l'absence d'exercice clos au cours d'une année, le 31 décembre. Ils sont déterminés selon les règles fixées par le présent code comme si l'entité juridique était imposable à l'impôt sur les sociétés en France. L'impôt acquitté localement sur les bénéfices ou revenus positifs en cause par l'entité juridique est déductible du revenu réputé constituer un revenu de capitaux mobiliers de la personne physique, dans la proportion mentionnée au 1, à condition d'être comparable à l'impôt sur les sociétés.

Toutefois, lorsque l'entité juridique est établie ou constituée dans un État ou territoire n'ayant pas conclu de convention d'assistance administrative avec la France ou qui est non coopératif au sens de l'article 238-0 A, le revenu imposable de la personne physique ne peut être inférieur au produit de la fraction de l'actif net ou de la valeur nette des biens de la personne morale, de l'organisme, de la fiducie ou de l'institution comparable, calculée dans les conditions fixées au 1, par un taux égal à celui mentionné au 3° du 1 de l'article 39.

4. Les revenus distribués ou payés à une personne physique mentionnée au 1 par une entité juridique ne constituent pas des revenus imposables au sens de l'article 120, sauf pour la partie qui excède le revenu imposable mentionné au 3.

4 *bis*. Le 1 n'est pas applicable *(L. n° 2017-1775 du 28 déc. 2017, art. 25)* « , lorsque l'entité juridique est établie ou constituée dans un État membre de l'Union européenne ou un autre État ou territoire ayant conclu avec la France une convention d'assistance

administrative en vue de lutter contre la fraude et l'évasion fiscales ainsi qu'une convention d'assistance mutuelle en matière de recouvrement ayant une portée similaire à celle prévue par la directive 2010/24/UE du Conseil du 16 mars 2010 concernant l'assistance mutuelle en matière de recouvrement des créances relatives aux taxes, impôts, droits et autres mesures et qui n'est pas un État ou territoire non coopératif au sens de l'article 238-0 A, » si l'exploitation de l'entreprise ou la détention des actions, parts, droits financiers ou droits de vote de cette entité juridique par la personne domiciliée en France ne peut être regardée comme constitutive d'un montage artificiel dont le but serait de contourner la législation fiscale française.

(L. nº 2017-1775 du 28 déc. 2017, art. 25) **« Lorsque l'entité juridique est établie ou constituée dans un État ou territoire ne répondant pas aux conditions mentionnées au premier alinéa du présent 4 *bis*, le 1 n'est pas applicable si la personne domiciliée en France démontre que l'exploitation de l'entreprise ou la détention des actions, parts, droits financiers ou droits de vote de cette entité juridique a principalement un objet et un effet autres que de permettre la localisation de bénéfices ou de revenus dans un État ou territoire où elle est soumise à un régime fiscal privilégié. »** – *Les dispositions de l'art. 25 de la L. nº 2017-1775 du 28 déc. 2017 tirent les conséquences de la décision du Cons. const. du 1er mars 2017 (Cons. const. QPC nº 2016-614) ayant déclaré inconstitutionnelles à compter du 3 mars 2017 les dispositions excluant du champ de la clause de sauvegarde les structures établies hors de l'Union européenne.*

(L. nº 2021-1900 du 30 déc. 2021, art. 133, en vigueur le 1er janv. 2022) **« 4 *ter*. La condition de détention de 10 % prévue au 1 est présumée satisfaite :**

« *a)* Par le constituant ou le bénéficiaire réputé constituant d'un trust, au sens de l'article 792-0 *bis*. La preuve contraire ne peut résulter uniquement du caractère irrévocable du trust et du pouvoir discrétionnaire de gestion de son administrateur ;

« *b)* Ou par la personne physique qui a transféré des biens ou droits à une entité juridique située dans un État ou un territoire non coopératif, au sens de l'article 238-0 A. »

5. Un décret en Conseil d'État fixe les conditions d'application des dispositions qui précèdent et notamment les obligations déclaratives des personnes physiques. – *V. Ann. II, art. 50 bis à 50 septies.*

BIBL. ▶ Bergerès, *Dr. et patr., mai 2003, p. 48* (l'art. 123 *bis* à la lumière des principes posés par l'arrêt « Schneider »). – Cabannes, *JCP E 1999, p. 1042*. – Dibout, *Dr. fisc. 2000, p. 1365* (fiscalité et libre circulation des capitaux). – Jazani, *BFL 1999, p. 511* (compatibilité avec le droit communautaire).

1. Incompatibilité avec les principes communautaires. En visant, d'une manière générale, toute situation dans laquelle un contribuable domicilié en France détient au moins 10 % des actions, parts, droits financiers ou droits de vote dans une institution établie hors de France et soumise à un régime fiscal privilégié et instaurant ainsi une présomption irréfragable d'évasion fiscale à l'encontre de contribuables ayant effectué un tel placement, sans réserver l'application de ce dispositif aux montages purement artificiels, l'art. 123 *bis* excède largement ce qui est nécessaire à la lutte contre l'évasion fiscale. Par suite, il est incompatible avec les principes de libre circulation et de liberté d'établissement. • CAA Nancy, 22 août 2008, nº 07NA783 : *RJF 2009. 122 ; Dr. fisc. 2008. 535, concl. Steinmetz-Schies ; Dr. sociétés 2008. 236, note Pierre.*

2. Inconstitutionnalité partielle. 1º L'art. 123 *bis* est contraire à la Constitution en ce qu'il n'autorise pas le contribuable à apporter la preuve de ce que l'interposition d'une structure établie hors UE ne poursuit pas un but de fraude fiscale alors que cette possibilité est prévue lorsque l'entité est établie dans un État de l'UE. La déclaration d'inconstitutionnalité prend effet à compter du 3 mars 2017. 2º Les dispositions qui prévoient, s'agissant d'un État non coopératif ou n'ayant pas conclu de convention administrative avec la France, une valeur plancher au revenu imposable, calculée forfaitairement, sont déclarées conformes à la Constitution, sous la réserve que le contribuable soit autorisé à apporter la preuve que le revenu réellement perçu par l'intermédiaire de l'entité juridique est inférieur au revenu défini forfaitairement. • Cons. const. 1er mars 2017, nº 2016-614 QPC : *RJF 2017. 473.* ♦ Intervention législative, V. art. 123 *bis*-4 *bis* mod. ♦ Le revenu réellement perçu auquel le Conseil constitutionnel fait référence dans sa réserve d'interprétation s'entend du revenu présumé distribué en application de l'art. 123 *bis*. • CE 8 févr. 2019, nº 407421 : *RJF 2019. 348, concl. Bokdam-Tognetti.*

3. Commentaire administratif de l'art. 123 bis. * BOI-RPPM-RCM-10-30-20 du 12 sept. 2012.

4. Trust. L'art. 123 *bis*-1 doit être regardé

comme incluant dans son champ d'application les actions, parts, droits financiers ou droits de vote détenus dans les trusts au sens du droit anglo-saxon. Cas de bénéficiaires de trusts situés aux Bermudes : conditions d'imposition non remplies. • CAA Paris, 24 juin 2020, n° 19PA00458 : *RJF 2020. 791 ; Dr. fisc. 2020. 391, note Dinh.*

4 REVENUS DES CRÉANCES, DÉPÔTS ET CAUTIONNEMENTS

Art. 124 Sont considérés comme revenus au sens du présent article, lorsqu'ils ne figurent pas dans les recettes provenant de l'exercice d'une profession industrielle, commerciale, artisanale ou agricole, ou d'une exploitation minière, les intérêts, arrérages, primes de remboursement et tous autres produits :

1° Des créances hypothécaires, privilégiées et chirographaires, à l'exclusion de celles représentées par des obligations, effets publics et autres titres d'emprunts négociables entrant dans les prévisions des articles 118 à 123 ;

2° Des dépôts de sommes d'argent à vue ou à échéance fixe, quel que soit le dépositaire et quelle que soit l'affectation du dépôt ;

3° Des cautionnements en numéraire ;

4° Des comptes courants ;

5° Des clauses d'indexation afférentes aux sommes mises ou laissées à la disposition d'une société par ses associés ou ses actionnaires.

1. Revenus de créances. Les intérêts servis à raison des indemnités d'expropriation consignées à la Caisse des dépôts présentent le caractère de revenus de créances au sens de l'art. 124. • TA Dijon, 8 juin 1999, n° 98-6212 : *RJF 1999. 992.*

2. Catégorie d'imposition. Quel que soit le nombre des opérations réalisées, les intérêts de prêts doivent être qualifiés de revenus de capitaux mobiliers dès lors que les fonds prêtés proviennent exclusivement du patrimoine privé du contribuable. • CE 21 juill. 1995, n° 135576 : *Dr. fisc. 1995. 2054* • CE 1er déc. 1999, nos 181227 et 197384 : *Dr. fisc. 2000. 442, concl. Bachelier ; RJF 2000. 86.* ♦ Les intérêts versés par une banque à ses salariés sur les soldes créditeurs de leur compte à vue sont imposables dans la catégorie des RCM et non dans celle des salaires. • CAA Paris, 22 sept. 1998, n° 96PA3430 : *RJF 1999. 159.*

3. Montant brut des produits. Les dépenses exposées en vue de l'acquisition et de la conservation des revenus désignés à l'art. 124 ne sont pas déductibles. • TA Paris, 10 déc. 1996, n° 93-7751 : *RJF 1997. 673.* ♦ Légalement, un dirigeant ne peut pas déduire des intérêts de compte courant qu'il a perçus de sa société les intérêts des sommes qu'il a empruntées pour les mettre à la disposition de celle-ci. • CE 14 juin 1982, n° 22300 : *Dr. fisc. 1982. 2318 ; RJF 1982. 795.*

4. Intérêts moratoires. Les intérêts afférents à des indemnités, et qui ne sont que l'accessoire desdites indemnités, sont soumis au même régime fiscal que ces dernières. • CE, sect., 4 déc. 1992, n° 83205 : *Lebon 435 ; RJF 1993. 3, concl. Hagelsteen, p. 3.* ♦ Ainsi des intérêts afférents à des indemnités constituant la compensation de salaires ne sont pas taxables en tant que revenus de créances au titre de l'art. 124 mais au titre des traitements et salaires. • Même arrêt. ♦ De même, des intérêts moratoires afférents à une créance commerciale constituent un élément accessoire de cette créance, de même nature que la créance principale, et non un « revenu » tiré de celle-ci. Ils constituent donc un élément de son bénéfice commercial. • CE 27 juill. 2001, n° 215124 : *Dr. fisc. 2001. 1063, concl. Goulard ; RJF 2001. 1428.* ♦ De même encore, les intérêts capitalisés versés en application de l'art. 1154 C. civ. sont soumis au même régime fiscal que le principal de la créance. Ils ne sauraient être regardés comme constituant des revenus de créances visés à l'art. 124. Ainsi, dès lors que des indemnités d'assurances versées pour vol avec violences, assorties des intérêts moratoires prévus par l'art. 1153 C. civ, ne sont pas imposables, les intérêts capitalisés qui y sont relatifs ne le sont pas non plus. • CAA Douai, 18 déc. 2007, n° 06DA430 : *RJF 2008. 390.*

5. Les intérêts moratoires relatifs à une somme due constituent pour le créancier un élément accessoire de cette dernière de même nature que la créance elle-même et non pas un revenu tiré de cette créance et, le cas échéant, distinctement imposable comme tel. • CE 11 juill. 2011, *Min. du Budget*, n° 328792 : *RJF 2011. 1120 ; BDCF 11-11, n° 119, concl. Olléon.* ♦ Les intérêts moratoires correspondant au paiement différé d'une partie du prix de cession de parts doivent donc être soumis au même régime fiscal que la plus-value résultant de la cession de ces parts. • Même arrêt.

6. Des indemnités, qui ont pour seul objet de compenser la perte de revenus résultant du refus illégal du ministre de l'intérieur de verser l'indemnité de résidence, présentent le caractère de sommes soumises à l'IR dans la catégorie des traitements et salaires. Les intérêts moratoires afférents à ces indemnités dont ils ne sont que l'accessoire doivent être soumis au même régime fiscal. Les intérêts majorés sont soumis au même régime fiscal que les intérêts moratoires qu'ils majorent. • CE 21 nov. 2007, n° 279626 : *RJF 2008. 107 ; Dr. fisc. 2007. 1080, concl. Vérot.*

7. Intérêts versés à raison de sommes consignées. Les intérêts servis à raison de sommes consignées auprès de la Caisse des dépôts et consignations constituent des RCM imposables sur le fondement de l'art. 124-1°. • CAA Versailles, 16 mai 2013, n° 11VE02663 : *RJF 2014. 31.* ♦ Les intérêts issus de sommes consignées par un séquestre judiciaire constituent des revenus de créances imposables sur le fondement de l'art. 124-2°. • CE, QPC, 9 mai 2017, *Sté Norma*, n° 392510 : *RJF 2017. 849* • CE 20 sept. 2017, *Sté Norma*, n° 392510 : *RJF 2017. 1190, concl. Bokdam-Tognetti.*

8. Intérêts fictifs. Si le fait générateur des intérêts qui rémunèrent le dépôt de sommes d'argent est le seul fait du paiement ou de l'inscription en compte de ces intérêts, cette règle doit être écartée s'il est établi que l'écriture au moment où elle a été passée avait un caractère fictif en raison des intentions comme des actes de son auteur. • CE 17 mai 1991, n° 70910 : *Dr. fisc. 1991. 1704, concl. Arrighi de Casanova ; RJF 1991. 950.* ♦ Cas de notaires indélicats détournant les fonds qui leur sont confiés et ne versant que des sommes réputées correspondre aux intérêts dus sur les capitaux déposés : sommes, inférieures aux capitaux déposés, regardées comme des intérêts fictifs non imposables. • CE 17 mai 1991 : *préc.* • CAA Nancy, 11 oct. 2001, n° 97NA2023 : *RJF 2002. 394.*

Art. 124 A **Les profits réalisés par les contribuables qui effectuent des placements en report constituent des revenus de créances soumis à l'impôt sur le revenu dans les conditions prévues aux articles 125 et 125 A.**

Art. 124 B **Le régime d'imposition des gains retirés par des personnes physiques de cessions, effectuées directement ou par personnes interposées, des titres de créances** *(L. n° 2017-1837 du 30 déc. 2017, art. 28)* **« négociables sur un marché réglementé en application d'une disposition législative particulière et non susceptibles d'être cotés », suit celui des produits de ces titres.**

Les dispositions du premier alinéa s'appliquent aux cessions de parts des fonds communs de créances dont la durée à l'émission est inférieure ou égale à cinq ans.

Sous réserve de l'article 150-0 A, ces dispositions s'appliquent également aux cessions de tout autre *(L. n° 2017-1837 du 30 déc. 2017, art. 28)* **« bon ou » contrat dont les revenus sont visés à l'article 124** *(L. n° 2017-1837 du 30 déc. 2017, art. 28)* **« ou au I de l'article 125-0 A ».**

Les dispositions du présent art. telles que modifiées par la L. n° 2017-1837 du 30 déc. 2017, s'appliquent aux impositions dont le fait générateur intervient à compter du 1er janv. 2018 (L. préc., art. 28-VI-A).

Gains de cession. L'art. 124 B qui permet d'imposer les gains de cessions de certains contrats productifs de RCM n'est pas applicable aux sommes reçues en cas de rachat d'une rente viagère par le débirentier, cette opération ne pouvant être assimilée à une cession de contrat à un tiers. • CAA Lyon, 25 janv. 2007, n° 03LY725 : *RJF 2007. 694.*

Art. 124 C **Le montant des gains mentionnés à l'article 124 B est fixé dans les conditions prévues au premier alinéa du 1 et au 2 de l'article 150-0 D. Toutefois, les frais d'acquisition à titre onéreux ne peuvent être déterminés forfaitairement.** *V. note ss. art. 124 B.*

(L. n° 2017-1837 du 30 déc. 2017, art. 28) **« Pour la détermination des gains nets de cession de bons ou contrats mentionnés au I de l'article 125-0 A, le prix d'acquisition est déterminé en tenant compte des primes versées par le cédant sur le bon ou le contrat** ***cédé et qui n'ont pas fait*** **l'objet d'un remboursement en capital à la date de la cession. Le quatrième alinéa du même I ne s'applique pas à ces gains. »**

Les pertes subies lors des cessions définies à l'article 124 B sont exclusivement imputables sur les produits et les gains retirés de cessions de titres ou contrat dont les produits sont soumis au même régime d'imposition au cours de la même année et des cinq années suivantes.

V. note ss. art. 124 B.

Art. 124 D **Les titres de créances mentionnés au** *(L. n° 2017-1837 du 30 déc. 2017, art. 28)* **« premier alinéa de l'article 124 B » doivent faire l'objet d'une inscription en compte ou d'un dépôt nominatif auprès des personnes mentionnées à l'article 242** ***ter*** **pour l'établissement de l'impôt sur le revenu.**

Les personnes mentionnées à l'article 242 *ter* doivent alors fournir à l'administration tous renseignements nécessaires à l'établissement de l'impôt, les contribuables devant, par ailleurs, leur communiquer le montant des cessions qu'ils effectuent.

V. note ss. art. 124 B.

Art. 124 E **Les conditions d'application des articles 124 B à 124 D sont fixées par décret** *[Ann. III, art. 41 duodecies J à 41 duodecies P]*.

Art. 125 **Le revenu est déterminé par le montant brut des intérêts, arrérages, primes de remboursement ou tous autres produits des valeurs désignées à l'article 124.**

L'impôt est dû par le seul fait, soit du paiement des intérêts, de quelque manière qu'il soit effectué, soit de leur inscription au débit ou au crédit d'un compte.

En cas de capitalisation des intérêts d'un prix de vente de fonds de commerce, le fait générateur de l'impôt est reporté à la date du paiement effectif des intérêts.

Emprunt contracté par un associé pour le compte de la société. Légalement, un dirigeant ne peut pas déduire des intérêts de compte courant qu'il a perçus de sa société les intérêts des sommes qu'il a empruntées pour les mettre à la disposition de celle-ci. • CE 14 juin 1982, n° 22300 : *Dr. fisc. 1982. 49. 2318 ; RJF 1982. 795.*

Art. 125-00 A **La perte en capital subie, par une personne physique dans le cadre de la gestion de son patrimoine privé, en cas de non-remboursement d'un prêt consenti dans les conditions prévues au 7 de l'article L. 511-6 du code monétaire et financier,** *(Ord. n° 2021-1735 du 22 déc. 2021, art. 36)* **« d'un prêt souscrit** *[ancienne rédaction : de minibons souscrits]* **», dans les conditions prévues au 7 *bis* de l'article L. 511-6 précité ou d'un prêt** *(Ord. n° 2021-1735 du 22 déc. 2021, art. 36)* **« à titre gratuit » mentionné à l'article L. 548-1 du même code est imputable, à compter de l'année au cours de laquelle la créance du prêteur devient définitivement irrécouvrable au sens de l'article 272 du présent code, sur les intérêts générés par des prêts consentis** *(Abrogé par Ord. n° 2021-1735 du 22 déc. 2021, art. 36) « ou des minibons souscrits »* **dans les mêmes conditions et perçus au cours de la même année ou des cinq années suivantes.**

Pour l'application du premier alinéa, le montant total des pertes imputables ne peut excéder 8 000 € au titre d'une même année.

Les dispositions du présent art. dans leur rédaction issue de l'art. 36-1° et 3° de l'Ord. n° 2021-1735 du 22 déc. 2021 supprimant les références au régime des minibons ne s'appliquent pas aux minibons souscrits avant le 10 nov. 2022 (Ord. préc., art. 36 et 38).

Imputation de la perte subie dans le cadre d'un financement participatif (crowdfunding). Commentaire administratif. * BOI-RPPM-RCM-20-10-20-30 du 16 févr. 2017.

4 BIS PRÉLÈVEMENT SUR LES PRODUITS DE BONS OU CONTRATS DE CAPITALISATION

Art. 125-0 A **I. — 1° Les produits attachés aux bons ou contrats de capitalisation ainsi qu'aux placements de même nature souscrits auprès d'entreprises d'assurance établies en France sont, lors du dénouement** *(L. n° 2019-1479 du 28 déc. 2019, art. 9-I-A-1°-a, applicable aux impositions dont le fait générateur intervient à compter du 1er janv. 2020)* **« ou d'un rachat du bon, contrat ou placement et quelle que soit sa date de souscription », soumis à l'impôt sur le revenu.**

Les produits en cause sont exonérés, quelle que soit la durée du contrat, lorsque celui-ci se dénoue par le versement d'une rente viagère ou que ce dénouement résulte du licenciement du bénéficiaire des produits ou de sa mise à la retraite anticipée ou de son invalidité ou de celle de son conjoint correspondant au classement dans la deuxième ou troisième catégorie prévue à l'article L. 341-4 du code de la sécurité sociale ;

Les produits en cause sont constitués par la différence entre *(L. n° 2017-1837 du 30 déc. 2017, art. 28)* **« , d'une part, » les sommes remboursées au bénéficiaire et** *(L. n° 2017-1837 du 30 déc. 2017, art. 28)* **« , d'autre part, » le montant des primes versées** *(L. n° 2017-1837 du 30 déc. 2017, art. 28)* **« , le cas échéant, depuis l'acquisition de ce bon ou contrat, augmenté, dans ce cas, du prix d'acquisition du bon ou contrat ».**

(L. n° 2019-1479 du 28 déc. 2019, art. 9-I-A-1°-a, applicable aux impositions dont le fait générateur intervient à compter du 1er janv. 2020) **« Pour les bons ou contrats souscrits avant le 1er janvier 1983 et, s'agissant de ceux souscrits à compter de cette même**

date, » lorsque la durée du bon ou du contrat est égale ou supérieure à six ans pour les bons ou contrats souscrits entre le 1er janvier 1983 et le 31 décembre 1989 et à huit ans pour les bons ou contrats souscrits à compter du 1er janvier 1990, il est opéré, pour l'ensemble des bons ou contrats détenus par un même contribuable, un abattement annuel, de 4 600 € pour les contribuables célibataires, veufs ou divorcés et de 9 200 € pour les contribuables mariés soumis à imposition commune, sur la somme des produits *(L. nº 2019-1479 du 28 déc. 2019, art. 9-I-A-1º-a, applicable aux impositions dont le fait générateur intervient à compter du 1er janv. 2020)* **« imposables » acquis à compter du 1er janvier 1998, ou constatés à compter de la même date pour les bons ou contrats en unités de compte visés au deuxième alinéa de l'article L. 131-1 du code des assurances.** — *La transformation d'un bon ou contrat mentionné au I, dont les primes versées sont affectées à l'acquisition de droits qui ne sont pas exprimés en unités de compte visées au deuxième alinéa de l'art. L. 131-1 C. assur., en un bon ou contrat mentionné au I de l'art. 125-0 A CGI dont une part ou l'intégralité des primes versées sont affectées à l'acquisition de droits exprimés en unités de compte susvisées, n'entraîne pas les conséquences fiscales d'un dénouement. Les produits inscrits sur les bons ou contrats, à la date de leur transformation, sont assimilés à des primes versées pour l'application des dispositions des art. L. 136-6, L. 136-7, L. 245-14 et L. 245-15 CSS, des art. 15 et 16 de l'Ord. nº 96-50 du 24 janv. 1996 relative au remboursement de la dette sociale ainsi que du 2º de l'art. 11 de la L. nº 2004-626 du 30 juin 2004 relative à la solidarité pour l'autonomie des personnes âgées et des personnes handicapées, lorsqu'en application de ces mêmes dispositions ces produits ont été soumis, lors de leur inscription en compte, aux prélèvements et contributions applicables à cette date (L. nº 2005-842 du 26 juill. 2005, art. 1er-I).*

(L. nº 2017-1837 du 30 déc. 2017, art. 28) **« L'abattement mentionné au quatrième alinéa du présent 1º s'applique en priorité aux produits attachés aux primes versées avant le 27 septembre 2017, puis, pour les produits attachés aux primes versées à compter de cette même date et lorsque l'option prévue au 2 de l'article 200 A n'est pas exercée, à la fraction de ces produits imposables au taux mentionné au 2º du B du 1 de l'article 200 A, puis à ceux imposables au taux mentionné au 1º du même B.**

« Pour l'application de l'abattement aux produits attachés aux primes versées avant le 27 septembre 2017, lorsque l'option pour le prélèvement libératoire mentionnée au 1 du II du présent article est exercée, les produits sont soumis audit prélèvement pour leur montant brut, sans qu'il soit fait application de l'abattement mentionné au quatrième alinéa du présent 1º. Dans ce cas, le contribuable bénéficie d'un crédit d'impôt égal au taux dudit prélèvement multiplié par le montant de l'abattement non imputé sur les produits pour lesquels l'option pour ce prélèvement n'a pas été exercée, retenu dans la limite du montant des produits soumis audit prélèvement. Ce crédit d'impôt s'impute sur l'impôt sur le revenu dû au titre de l'année au cours de laquelle le prélèvement a été opéré. S'il excède l'impôt dû, l'excédent est restitué. »

(L. nº 2019-486 du 22 mai 2019, art. 72-II-1º et 2º) **« En cas de rachat total ou partiel d'un bon ou d'un contrat, effectué avant le 1er janvier 2023 et plus de cinq années avant l'atteinte par le titulaire du bon ou du contrat de l'âge mentionné au premier alinéa de l'article L. 161-17-2 du code de la sécurité sociale, lorsque le bon ou le contrat remplit la condition de durée mentionnée au quatrième alinéa du présent 1º et que l'intégralité des sommes reçues au titre de ce rachat est versée avant le 31 décembre de l'année dudit rachat sur un plan d'épargne retraite défini à l'article L. 224-1 du code monétaire et financier, les produits imposables afférents à ce rachat,** *sont exonérés* **dans la limite annuelle globale, pour l'ensemble de leurs bons ou contrats, de 4 600 € pour les contribuables célibataires, veufs ou divorcés et de 9 200 € pour les contribuables mariés soumis à imposition commune. L'application de cette exonération aux produits afférents aux différentes primes du bon ou contrat suit la règle de priorité fixée au cinquième alinéa du présent 1º. L'abattement mentionné au quatrième alinéa s'applique le cas échéant aux produits non exonérés du bon ou contrat, suivant la même règle de priorité.**

« 2º La transformation partielle ou totale d'un bon ou contrat mentionné au 1º du présent I en un bon ou contrat mentionné au même 1º permettant qu'une part ou l'intégralité des primes versées soient affectées à l'acquisition de droits exprimés en unités de compte mentionnées au deuxième alinéa de l'article L. 131-1 du code des assurances ou de droits donnant lieu à la constitution d'une provision de diversification n'entraîne pas les conséquences fiscales d'un dénouement. Cette transformation

s'effectue soit par avenant au bon ou contrat, soit par la souscription d'un nouveau bon ou contrat auprès de la même entreprise d'assurance. »

(Abrogé par L. n° 2021-1900 du 30 déc. 2021, art. 35-I-10° et XXII, applicable aux transformations de bons ou contrats de capitalisation et de placements de même nature réalisées à compter du 1er janv. 2022) (L. n° 2019-1479 du 28 déc. 2019, art. 9-I-A-1°-b, applicable aux impositions dont le fait générateur intervient à compter du 1er janv. 2020) ***« Si le bon ou contrat transformé a fait l'objet, au cours des six mois précédant la transformation, de conversions d'engagements autres que ceux exprimés en unités de compte ou donnant lieu à la constitution d'une provision de diversification en engagements exprimés en unités de compte, le premier alinéa du présent 2° s'applique à la condition que seuls les engagements autres que ceux exprimés en unités de compte puissent faire l'objet d'une conversion en engagements donnant lieu à la constitution d'une provision de diversification. »***

I *bis.* – Les produits attachés aux bons ou contrats mentionnés au I d'une durée égale ou supérieure à six ans pour les bons ou contrats souscrits entre le 1er janvier 1983 et le 31 décembre 1989 et à huit ans pour les bons ou contrats souscrits à compter du 1er janvier 1990, acquis au 31 décembre 1997 ou constatés à cette même date pour les bons ou contrats en unités de compte visés au deuxième alinéa de l'article L. 131-1 du code des assurances, sont exonérés d'impôt sur le revenu quelle que soit la date des versements auxquels ces produits se rattachent. Il en est de même des produits de ces bons ou contrats afférents à des primes versées antérieurement au 26 septembre 1997, acquis ou constatés à compter du 1er janvier 1998.

I *ter.* – Sont également exonérés d'impôt sur le revenu les produits des contrats mentionnés au I *bis* souscrits antérieurement au 26 septembre 1997, lorsque ces produits, acquis ou constatés à compter du 1er janvier 1998, sont afférents :

1° aux primes versées sur les contrats à primes périodiques et n'excédant pas celles prévues initialement au contrat ;

2° aux versements programmés effectués du 26 septembre 1997 au 31 décembre 1997 ; les versements programmés s'entendent de ceux effectués en exécution d'un engagement antérieur au 26 septembre 1997 prévoyant la périodicité et le montant du versement ;

3° aux autres versements effectués du 26 septembre 1997 au 31 décembre 1997, sous réserve que le total de ces versements n'excède pas 200 000 F par souscripteur.

(L. n° 2019-1479 du 28 déc. 2019, art. 9-I-A-2°, applicable aux impositions dont le fait générateur intervient à compter du 1er janv. 2020) « I *quater* A. – Sont également exonérés d'impôt sur le revenu les produits des bons ou contrats souscrits avant le 1er janvier 1983 attachés à des primes versées antérieurement au 10 octobre 2019. »

I *quater.* – Sont exonérés d'impôt sur le revenu les produits attachés aux bons ou contrats en unités de compte visés au deuxième alinéa de l'article L. 131-1 du code des assurances mentionnés au I d'une durée égale ou supérieure à huit ans, souscrits avant le 1er janvier 2005 et dont l'unité de compte est la part ou l'action d'un organisme de placement collectif en valeurs mobilières ou d'un placement collectif relevant des paragraphes 1, 2 et 6 de la sous-section 2, du paragraphe 2 ou du sous-paragraphe 1 du paragraphe 1 de la sous-section 3 de la section II du chapitre IV du titre Ier du livre II du code monétaire et financier, dont l'actif est constitué pour 50 % au moins de :

a) Actions ou certificats d'investissement de sociétés et certificats coopératifs d'investissement admis aux négociations sur un marché réglementé d'instruments financiers figurant sur les listes mentionnées à l'article 16 de la directive 93/22/CEE du Conseil, du 10 mai 1993, concernant les services d'investissement dans le domaine des valeurs mobilières ;

b) Droits ou bons de souscription ou d'attribution attachés aux actions mentionnées au *a* ;

c) Actions ou parts d'organismes de placement collectif en valeurs mobilières ou de placements collectifs relevant des paragraphes 1, 2 et 6 de la sous-section 2, du paragraphe 2 ou du sous-paragraphe 1 du paragraphe 1 de la sous-section 3 de la section II du chapitre IV du titre Ier du livre II du code monétaire et financier, qui emploient plus de 60 % de leur actif en titres et droits mentionnés aux *a* et *b* ;

d) Parts de fonds communs de placement à risques, de fonds professionnels spécialisés relevant de l'article L. 214-37 du code monétaire et financier dans sa rédaction antérieure à l'ordonnance n° 2013-676 du 25 juillet 2013 modifiant le cadre juridique de la gestion d'actifs, de fonds professionnels de capital investissement, de fonds d'investissement de proximité, de fonds communs de placement dans l'innovation, actions de sociétés de capital risque ou de sociétés financières d'innovation ;

e) Actions émises par des sociétés qui exercent une activité autre que les activités mentionnées à la deuxième phrase du premier alinéa du I de l'article 44 *sexies* et dont les titres ne sont pas admis aux négociations sur un marché réglementé ;

f) Actions, admises aux négociations sur un marché d'instruments financiers, dont le fonctionnement est assuré par une entreprise de marché ou un prestataire de services d'investissement *(Ord. nº 2017-1107 du 22 juin 2017, art. 16-1º et 21, en vigueur le 3 janv. 2018)* « autre qu'une société de gestion de portefeuille » ou tout autre organisme similaire étranger, d'un État partie à l'accord sur l'Espace économique européen, émises par des sociétés qui exercent une activité mentionnée à l'article 34 autre que celles mentionnées à la deuxième phrase du premier alinéa du I de l'article 44 *sexies* et dont la capitalisation boursière est inférieure à 150 millions d'euros. La capitalisation boursière est évaluée selon la moyenne des cours d'ouverture des soixante jours de bourse précédant celui de l'investissement. Un décret en Conseil d'État détermine les modalités d'application de cette évaluation, notamment en cas de première cotation ou d'opération de restructuration d'entreprises » ;

Les titres mentionnés aux *a, b, e* et *f* doivent être émis par des sociétés qui ont leur siège dans un État de l'Union européenne, ou dans un autre État partie à l'accord sur l'Espace économique européen ayant conclu avec la France une convention d'assistance administrative en vue de lutter contre la fraude et l'évasion fiscales et sont soumises à l'impôt sur les sociétés dans les conditions de droit commun au taux normal ou le seraient dans les mêmes conditions si l'activité était exercée en France.

Les titres mentionnés aux *d, e* et *f* doivent représenter 5 % au moins de l'actif de l'organisme de placement collectif en valeurs mobilières ou du placement collectif relevant des paragraphes 1, 2 et 6 de la sous-section 2, du paragraphe 2 ou du sous-paragraphe 1 du paragraphe 1 de la sous-section 3 de la section II du chapitre IV du titre Ier du livre II du code monétaire et financier.

I *quinquies*. — 1. Sont exonérés d'impôt sur le revenu les produits attachés aux bons ou contrats de capitalisation et placements de même nature mentionnés au I, souscrits du 1er janvier 2005 au 31 décembre 2013, d'une durée égale ou supérieure à huit ans et dans lesquels les primes versées sont représentées par une ou plusieurs unités de compte constituées de parts ou d'actions d'organismes de placement collectif en valeurs mobilières, de placements collectifs relevant des paragraphes 1, 2 et 6 de la sous-section 2, du paragraphe 2 ou du sous-paragraphe 1 du paragraphe 1 de la sous-section 3 de la section II du chapitre IV du titre Ier du livre II du code monétaire et financier, ou d'organismes de même nature établis soit dans un autre État membre de l'Union européenne, soit dans un autre État partie à l'accord sur l'Espace économique européen ayant conclu avec la France une convention d'assistance administrative en vue de lutter contre la fraude et l'évasion fiscales et qui bénéficient de la procédure de reconnaissance mutuelle des agréments prévue par la directive 85/611/CEE du Conseil, du 20 décembre 1985, portant coordination des dispositions législatives, réglementaires et administratives concernant certains organismes de placement collectif en valeurs mobilières (OPCVM), et dont l'actif est constitué pour 30 % au moins :

a. D'actions ne relevant pas du 3 du II de l'article L. 211-1 du code monétaire et financier, admises aux négociations sur un marché d'instruments financiers, dont le fonctionnement est assuré par une entreprise de marché ou un prestataire de services d'investissement *(Ord. nº 2017-1107 du 22 juin 2017, art. 16-1º et 21, en vigueur le 3 janv. 2018)* « autre qu'une société de gestion de portefeuille » ou tout autre organisme similaire étranger, d'un État partie à l'accord sur l'Espace économique européen ;

b. De droits ou bons de souscription ou d'attribution attachés aux actions mentionnées au *a* ;

c. D'actions ou parts d'organismes de placement collectif en valeurs mobilières et des placements collectifs mentionnés au premier alinéa dont l'actif est constitué à plus de 75 % en titres et droits mentionnés aux *a* et *b* ;

d. De parts de fonds communs de placement à risques ou de fonds professionnels de capital investissement qui remplissent les conditions prévues au II de l'article 163 *quinquies* B, de fonds d'investissement de proximité mentionnés à l'article L. 214-31 du code monétaire et financier, de fonds communs de placement dans l'innovation mentionnés à l'article L. 214-30 du même code et d'actions de sociétés de capital-risque qui remplissent les conditions prévues à l'article 1er-1 de la loi n° 85-695 du 11 juillet 1985 portant diverses dispositions d'ordre économique et financier ;

e. D'actions ou parts émises par des sociétés qui exercent une activité mentionnée à l'article 34 dont les titres ne sont pas admis aux négociations sur un marché d'instruments financiers français ou étranger, dont le fonctionnement est assuré par une entreprise de marché ou un prestataire de services d'investissement ou tout autre organisme similaire étranger, sous réserve que le souscripteur du bon ou contrat, son conjoint et leurs ascendants et descendants ne détiennent pas ensemble, pendant la durée du bon ou contrat, directement ou indirectement, plus de 25 % des droits dans les bénéfices de la société ou n'ont pas détenu une telle participation à un moment quelconque au cours des cinq années précédant la souscription du bon ou contrat ;

f. D'actions, admises aux négociations sur un marché d'instruments financiers, dont le fonctionnement est assuré par une entreprise de marché ou un prestataire de services d'investissement ou tout autre organisme similaire étranger, d'un État partie à l'accord sur l'Espace économique européen, émises par des sociétés qui exercent une activité mentionnée à l'article 34 et dont la capitalisation boursière est inférieure à 150 millions d'euros. La capitalisation boursière est évaluée selon la moyenne des cours d'ouverture des soixante jours de bourse précédant celui de l'investissement. Un décret en Conseil d'État détermine les modalités d'application de cette évaluation, notamment en cas de première cotation ou d'opération de restructuration d'entreprises ;

g. De parts de fonds ou actions de sociétés mentionnées au *d*, dont l'actif est constitué à plus de 50 % en titres mentionnés au *e*.

Les titres et droits mentionnés aux *a, b, e* et *f* doivent être émis par des sociétés qui ont leur siège dans un État membre de l'Union européenne, ou dans un autre État partie à l'accord sur l'Espace économique européen ayant conclu avec la France une convention d'assistance administrative en vue de lutter contre la fraude et l'évasion fiscales, et qui sont soumises à l'impôt sur les sociétés dans les conditions de droit commun au taux normal ou le seraient dans les mêmes conditions si elles exerçaient leur activité en France.

Les titres mentionnés aux *d* à *g* doivent représenter 10 % au moins de l'actif de chaque organisme de placement collectif en valeurs mobilières ou *[de]* placement collectif relevant des paragraphes 1, 2 et 6 de la sous-section 2, du paragraphe 2 ou du sous-paragraphe 1 du paragraphe 1 de la sous-section 3 de la section II du chapitre IV du titre Ier du livre II du code monétaire et financier dont les parts ou actions constituent les unités de compte du bon ou contrat, les titres mentionnés aux *e* et *g* représentant au moins 5 % de ce même actif.

Les règlements ou les statuts des organismes de placement collectif en valeurs mobilières et des placements collectifs mentionnés au premier alinéa prévoient le respect des proportions d'investissement prévues à ce même alinéa et au dixième alinéa. Il en est de même pour les organismes et sociétés mentionnés aux *c* et *g* s'agissant des proportions d'investissement mentionnées à ces mêmes alinéas.

2. Lorsque les organismes de placement collectif en valeurs mobilières, les placements collectifs et les sociétés mentionnés au premier alinéa et aux *c* et *g* du 1 recourent à des instruments financiers à terme, à des opérations de pension, ainsi qu'à toute autre opération temporaire de cession ou d'acquisition de titres, ces organismes ou sociétés doivent respecter, outre les règles d'investissement de l'actif prévues au 1, les proportions d'investissement minimales mentionnées aux premier et dixième alinéas et aux *c* et *g* du 1, calculées en retenant au numérateur la valeur des titres éligibles à ces proportions dont ils perçoivent effectivement les produits. Un décret en Conseil d'État précise les modalités de calcul et les justificatifs à produire par les organismes ou sociétés concernés.

3. Les bons ou contrats mentionnés au 1 peuvent également prévoir qu'une partie des primes versées est affectée à l'acquisition de droits qui ne sont pas exprimés en unités de compte ou qui sont exprimés en unités de compte autres que celles mentionnées au premier alinéa du 1. Pour ces bons ou contrats, les proportions d'investissement que doivent respecter la ou les unités de compte mentionnées au premier alinéa

du 1 sont égales aux proportions prévues au même 1 multipliées par le rapport qui existe entre la prime versée et la part de cette prime représentée par la ou les unités de compte précitées.

I *sexies*. — Un décret fixe les modalités d'application des I à I *quinquies* et notamment les obligations déclaratives des contribuables et des établissements payeurs. — *V. Décr. n° 98-412 du 28 mai 1998 (JO 29 mai).*

II. — *(L. n° 2017-1837 du 30 déc. 2017, art. 28)* **« 1. » Les personnes physiques qui bénéficient de produits mentionnés au I** *(L. n° 2017-1837 du 30 déc. 2017, art. 28)* **« attachés à des primes versées jusqu'au 26 septembre 2017 » peuvent opter pour leur assujettissement à un prélèvement qui libère les revenus auxquels il s'applique de l'impôt sur le revenu lorsque la personne qui assure le paiement de ces revenus est établie en France, qu'il s'agisse ou non du débiteur, ce dernier étant établi dans un État membre de l'Union européenne ou dans un autre État partie à l'accord sur l'Espace économique européen ayant conclu avec la France une convention d'assistance administrative en vue de lutter contre la fraude et l'évasion fiscales.**

L'option, qui est irrévocable, est exercée au plus tard lors de l'encaissement des revenus.

Le caractère libératoire du prélèvement ne peut être invoqué pour les produits qui sont pris en compte pour la détermination du bénéfice imposable d'une entreprise industrielle, commerciale, artisanale ou agricole ou d'une profession non commerciale.

Le taux du prélèvement est fixé :

(Abrogé par L. n° 2017-1837 du 30 déc. 2017, art. 28) ***« 1° Lorsque le bénéficiaire des produits révèle son identité et son domicile fiscal dans les conditions prévues au 4° du III bis de l'article 125 A : »***

***a.* A 45 % lorsque la durée du contrat a été inférieure à deux ans ; ce taux est de 35 % pour les contrats souscrits à compter du 1er janvier 1990 ;**

***b.* A 25 % lorsque cette durée a été égale ou supérieure à deux ans et inférieure à quatre ans ; ce taux est de 35 % pour les contrats souscrits à compter du 1er janvier 1990 ;**

***c.* A 15 % lorsque cette durée a été égale ou supérieure à quatre ans ;**

***d.* A 7,5 % lorsque cette durée a été égale ou supérieure à six ans pour les bons ou contrats souscrits entre le 1er janvier 1983 et le 31 décembre 1989 et à huit ans pour les contrats souscrits à compter du 1er janvier 1990.**

La durée des contrats s'entend, pour les contrats à prime unique et les contrats comportant le versement de primes périodiques régulièrement échelonnées, de la durée effective du contrat et, dans les autres cas, de la durée moyenne pondérée. La disposition relative à la durée moyenne pondérée n'est pas applicable aux contrats conclus à compter du 1er janvier 1990.

(Abrogé par L. n° 2017-1837 du 30 déc. 2017, art. 28) ***« 1° bis Pour les bons ou contrats de capitalisation ainsi que pour les placements de même nature souscrits à compter du 1er janvier 1998, les dispositions du 1° sont applicables lorsque le souscripteur et le bénéficiaire, s'il est différent, ont autorisé, lors de la souscription, l'établissement auprès duquel les bons ou contrats ont été souscrits, à communiquer leur identité et leur domicile fiscal à l'administration fiscale et à condition que le bon ou contrat n'ait pas été cédé.***

« Ces dispositions ne concernent pas les bons ou contrats de capitalisation souscrits à titre nominatif par une personne physique lorsque leur transmission entre vifs ou à cause de mort a fait l'objet d'une déclaration à l'administration fiscale ;

« Un décret fixe les modalités d'application du présent 1° bis. — *V. Ann. III, art. 49 D à 49 I bis.*

« 2° Dans le cas contraire, à 60 % »

(L. n° 2017-1837 du 30 déc. 2017, art. 28) **« 2. Les I et V de l'article 125 A sont applicables aux produits de bons ou contrats de capitalisation ou placements de même nature mentionnés au I du présent article ou au 6° de l'article 120, attachés à des primes versées à compter du 27 septembre 2017.**

« Le taux du prélèvement appliqué à ces produits est fixé à :

« *a)* 12,8 % ;

« *b)* 7,5 % lorsque la durée du contrat a été égale ou supérieure à six ans pour les bons ou contrats souscrits entre le 1er janvier 1983 et le 31 décembre 1989 et à huit ans pour les contrats souscrits à compter du 1er janvier 1990. *(L. n° 2019-1479 du*

28 déc. 2019, art. 9-I-A-3°, applicable aux impositions dont le fait générateur intervient à compter du 1er janv. 2020) « Ce taux est également applicable aux bons ou contrats souscrits avant le 1er janvier 1983. »

« Ce prélèvement n'est pas libératoire de l'impôt sur le revenu établi dans les conditions prévues aux 1 ou 2 de l'article 200 A et dû à raison des revenus auxquels s'est appliqué ce prélèvement.

« Le prélèvement s'impute sur l'impôt sur le revenu dû au titre de l'année au cours de laquelle il a été opéré. S'il excède l'impôt dû, l'excédent est restitué. »

II *bis*. – *(L. n° 2017-1837 du 30 déc. 2017, art. 28)* « Les prélèvements mentionnés aux 1 et 2 du II sont obligatoirement applicables aux produits et gains de cession de bons ou contrats mentionnés » au I *(L. n° 2017-1837 du 30 déc. 2017, art. 28)* « , aux taux prévus aux *a* à *d* du 1 du même II ou, pour les produits ou gains attachés à des primes versées à compter du 27 septembre 2017, au taux prévu au *a* du 2 de ce même II, » lorsque ceux-ci bénéficient à des personnes qui n'ont pas leur domicile fiscal ou qui ne sont pas établies en France.

Le taux *(L. n° 2017-1837 du 30 déc. 2017, art. 28)* « de ces prélèvements » est fixé à 75 %, quelle que soit la durée du contrat, lorsque les produits *(L. n° 2017-1837 du 30 déc. 2017, art. 28)* « ou gains » bénéficient à des personnes qui ont leur domicile fiscal ou qui sont établies dans un État ou territoire non coopératif au sens de l'article 238-0 A *(L. n° 2018-898 du 23 oct. 2018, art. 31-I-C et IV, en vigueur le 1er déc. 2018)* « autre que ceux mentionnés au 2° du 2 *bis* du même article 238-0 A, sauf si le débiteur apporte la preuve que les opérations auxquelles correspondent ces revenus et produits ont principalement un objet et un effet autres que de permettre la localisation de ces revenus et produits dans un État ou territoire non coopératif au sens dudit article 238-0 A ».

(L. n° 2017-1837 du 30 déc. 2017, art. 28) « Les prélèvements mentionnés au premier alinéa du présent II *bis* libèrent les revenus auxquels ils s'appliquent de l'impôt sur le revenu ou sur les bénéfices.

« Toutefois, lorsque le bénéficiaire mentionné au même premier alinéa est une personne physique qui a son domicile fiscal dans un État ou territoire autre que ceux mentionnés au deuxième alinéa, il peut demander, par voie de réclamation présentée conformément aux dispositions de l'article L. 190 du livre des procédures fiscales, le bénéfice du taux mentionné au premier alinéa du 2° du B du 1 de l'article 200 A du présent code dans les conditions prévues par ce même 2°. Pour l'appréciation du seuil de 150 000 € mentionné audit 2°, seules sont retenues, suivant les mêmes règles que celles prévues au *a* du même 2°, les primes sur l'ensemble des bons ou contrats de capitalisation ainsi que les placements de même nature souscrits auprès d'entreprises d'assurance établies en France. »

II *ter*. – La fraction ayant le caractère de produits attachés aux bons ou contrats de capitalisation, ainsi qu'aux produits de même nature, notamment les contrats d'assurance sur la vie, des sommes versées par la Caisse des dépôts et consignations en application des articles L. 132-27-2 du code des assurances et L. 223-25-4 du code de la mutualité est soumise à l'impôt sur le revenu déterminé suivant les règles de taxation en vigueur l'année de ce versement ou, le cas échéant, sur option du contribuable *(L. n° 2017-1837 du 30 déc. 2017, art. 28)* « et pour les seuls produits se rattachant à des primes versées jusqu'au 26 septembre 2017 », au prélèvement prévu *(L. n° 2017-1837 du 30 déc. 2017, art. 28)* « au 1 du II » du présent article. Le montant du revenu imposable est déterminé dans les conditions et selon les modalités applicables à la date de l'échéance de ces bons ou contrats.

(L. n° 2017-1837 du 30 déc. 2017, art. 28) « III. – Les prélèvements mentionnés aux II et II *bis* sont établis, liquidés et recouvrés » sous les mêmes garanties et sanctions que celui mentionné à l'article 125 A. Les dispositions du 1 des articles 242 *ter* et 1736 sont applicables.

IV. – Les entreprises d'assurance sont tenues de communiquer à l'assuré l'ensemble des informations et documents permettant à ce dernier de déclarer les produits, le cas échéant rachetés, selon le régime fiscal qui leur est applicable.

Elles communiquent également ces informations à l'administration. Cette déclaration est effectuée dans les conditions prévues à l'article 242 *ter*.

Les dispositions du présent art. telles que modifiées par la L. n° 2017-1837 du 30 déc. 2017 s'appliquent aux impositions dont le fait générateur intervient à compter du 1er janv. 2018 (L. préc., art. 28-VI-A).

1. Débiteur établi hors de France. V. • CJCE 4 mars 2004, n° C-334/02 : *RJF 2004. 559 ; concl. Ruiz-Jarabo Colomer au BDCF 5/04, n° 70 ; Dr. fisc. 2004. 813.*

2. Demandeur d'emploi. Les produits attachés aux bons ou contrats de capitalisation et aux placements de même nature sont, quelle que soit la durée du bon ou du contrat, exonérés d'IR lorsque le dénouement résulte, notamment, du licenciement du bénéficiaire. L'exonération s'applique à tous les contribuables qui se trouvent privés d'emploi pour une raison indépendante de leur volonté et qui ont été inscrits comme demandeur d'emploi à Pôle emploi. Cette situation ne recouvre pas uniquement les licenciements mais également, par exemple, la fin d'un contrat à durée déterminée. * BOI-RPPM-RCM-10-10-80 n° 100 du 20 déc. 2019. ♦ Toutefois, un contribuable qui se trouve sans emploi par suite d'une rupture conventionnelle de son contrat de travail ne peut pas bénéficier, en cas de rachat partiel ou total, de l'exonération prévue à l'art. 125-0 A. * Rép. min. n° 17933 : *JO Sénat Q, 28 janv. 2016, p. 330.*

3. Rachat partiel sur un contrat en perte. L'Administration admet de plafonner au montant du rachat partiel la part des primes considérées comme remboursées lorsque la valeur de rachat du contrat d'assurance vie est inférieure au montant des primes versées. * Lettre DLF 31 mai 2010.

4. Pertes sur assurance vie. Ni les dispositions de l'art. 125-0 A ni aucune autre disposition du code ne prévoient la prise en compte pour le calcul de l'IR des pertes éventuellement subies lors du dénouement d'un contrat d'assurance vie. • CAA Bordeaux, 6 nov. 2008, n° 07BX953 : *RJF 2009. 341* • CE 20 mars 2013, *Salomon*, nos 34781 et 34782 : *RJF 2013. 613.* ♦ Dès lors, la moins-value correspondant à la différence entre le montant d'un placement financier capitalisé et la valeur de celui-ci lors de son rachat, présente le caractère d'une perte en capital dont aucun texte n'autorise la déduction du revenu imposable. • Mêmes arrêts.

5. Contrats « en sursalaire » adossés à des contrats d'assurance vie. Les produits des contrats « en sursalaire » qui se dénouent sous la forme d'un versement en capital sont imposables à l'IR selon les règles applicables aux contrats de capitalisation et d'assurance vie. * BOI-RPPM-RCM-10-10-80 n° 50 du 20 déc. 2019.

6. Prélèvement libératoire en matière d'assurance vie. Le contribuable ne peut en aucun cas exercer l'option après l'encaissement des revenus, pas plus qu'il ne peut revenir sur son exercice éventuel. L'art. 41 *duodecies* E de l'annexe III n'ajoute donc rien à la loi en précisant que l'option est irrévocable et doit être exercée au plus tard lors de l'encaissement des revenus. • CE 24 oct. 2014, *Davidas*, n° 366962 : *RJF 2015. 21 ; Dr. fisc. 2014. 675.*

7. Prélèvement obligatoire. Prélèvement applicable aux produits et gains de cessions des bons ou contrats de capitalisation et placements de même nature bénéficiant à des personnes n'ayant pas en France leur domicile fiscal ou leur siège social. Commentaire administratif. * BOI-RPPM-RCM-30-10-20-10 du 20 déc. 2019.

8. Produits des bons et contrats de capitalisation. Les produits des bons et contrats de capitalisation et placements de même nature attachés à des primes versées jusqu'au 26 sept. 2017 sont exclus du champ de l'imposition à taux forfaitaire. Ces revenus demeurent par principe soumis au barème progressif de l'IR à défaut d'option du contribuable pour le prélèvement forfaitaire libératoire prévu à l'art. 125-0 A, 1-II. * BOI-RPPM-RCM-30-10-20-20 du 20 déc. 2019.

9. Produits des bons ou contrats de capitalisation ou d'assurance vie payés dans un ETNC. Le taux du prélèvement sur ces produits est fixé à 75%, à compter du 1er janv. 2013, lorsqu'ils bénéficient à des personnes domiciliées ou établies dans un État ou territoire non coopératif. * BOI-RPPM-RCM-30-10-20-40 n° 30 du 20 déc. 2019.

4 TER PRÉLÈVEMENT SUR LES PRODUITS DE PLACEMENTS À REVENU FIXE

Art. 125 A I. — Les personnes physiques fiscalement domiciliées en France au sens de l'article 4 B qui bénéficient d'intérêts, arrérages et produits de toute nature de fonds d'État, obligations, titres participatifs, bons et autres titres de créances, dépôts, cautionnements et comptes courants, ainsi que d'intérêts versés au titre des sommes mises à la disposition de la société dont elles sont associées ou actionnaires et portées sur un compte bloqué individuel, sont assujetties à un prélèvement lorsque la personne qui assure le paiement de ces revenus est établie en France, qu'il s'agisse ou non du débiteur *(L. n° 2017-1837 du 30 déc. 2017, art. 28)* **« , ce dernier étant établi en France ou hors de France ».**

Pour le calcul de ce prélèvement, les revenus mentionnés au premier alinéa sont retenus pour leur montant brut.

Le prélèvement est effectué par le débiteur ou par la personne qui assure le paiement des revenus. – *Sur les modalités de paiement, V. Ann. III, art. 381 S.*

Toutefois, les personnes physiques appartenant à un foyer fiscal dont le revenu fiscal de référence de l'avant-dernière année, tel que défini au 1° du IV de l'article 1417, est inférieur à 25 000 € pour les contribuables célibataires, divorcés ou veufs et à 50 000 € pour les contribuables soumis à une imposition commune peuvent demander à être dispensées de ce prélèvement dans les conditions prévues à l'article 242 *quater*.

(Abrogé par L. n° 2017-1837 du 30 déc. 2017, art. 28) « I bis. – Les personnes physiques appartenant à un foyer fiscal dont le montant des revenus mentionnés au premier alinéa du I n'excède pas, au titre d'une année, 2 000 € peuvent opter pour leur assujettissement à l'impôt sur le revenu, à raison de ces mêmes revenus, à un taux forfaitaire de 24 %. L'option est exercée lors du dépôt de la déclaration d'ensemble des revenus perçus au titre de la même année.

« Les revenus mentionnés au premier alinéa de source étrangère sont retenus pour leur montant brut. L'impôt retenu à la source est imputé sur l'imposition à taux forfaitaire dans la limite du crédit d'impôt auquel il ouvre droit, dans les conditions prévues par les conventions internationales. »

II. – Un prélèvement est obligatoirement applicable aux revenus des produits d'épargne donnés au profit d'un organisme mentionné au 1 de l'article 200 dans le cadre d'un mécanisme dit "solidaire" de versement automatique à l'organisme bénéficiaire par le gestionnaire du fonds d'épargne.

Les revenus mentionnés au premier alinéa de source étrangère sont retenus pour leur montant brut. L'impôt retenu à la source est imputé sur le prélèvement dans la limite du crédit d'impôt auquel il ouvre droit, dans les conditions prévues par les conventions internationales.

II *bis*. – *Abrogé par L. n° 2008-776 du 4 août 2008, art. 146-V-2 et VII.*

III. – Un prélèvement est obligatoirement applicable aux revenus et produits mentionnés aux I et II, dont le débiteur est établi ou domicilié en France et qui sont payés hors de France, dans un État ou territoire non coopératif au sens de l'article 238-0 A *(L. n° 2018-898 du 23 oct. 2018, art. 31-I-I et IV, en vigueur le 1er déc. 2018)* « autre que ceux mentionnés au 2° du 2 *bis* du même article 238-0 A », sauf si le débiteur démontre que les opérations auxquelles correspondent ces revenus et produits ont principalement un objet et un effet autres que de permettre la localisation de ces revenus et produits dans un État ou territoire non coopératif.

(L. n° 2017-1837 du 30 déc. 2017, art. 28) « Le premier alinéa du présent III s'applique quels que soient la qualité du bénéficiaire desdits revenus et produits et le lieu de son domicile fiscal ou de son siège social. »

La retenue à la source opérée conformément au 1 de l'article 119 *bis* est, le cas échéant, imputée sur le prélèvement mentionné au premier alinéa.

(L. n° 2017-1837 du 30 déc. 2017, art. 28) « III *bis*. – Le taux du prélèvement est fixé à 12,8 %.

« Toutefois, ce taux est fixé à :

« 1° 5 % pour les revenus des produits d'épargne soumis obligatoirement au prélèvement en application du II ;

« 2° 75 % pour les revenus et produits soumis obligatoirement au prélèvement en application du III. »

IV. – *(L. n° 2017-1837 du 30 déc. 2017, art. 28)* « Les prélèvements prévus aux I et II ne s'appliquent pas » aux intérêts et autres revenus exonérés d'impôt sur le revenu en application de l'article 157.

(L. n° 2017-1837 du 30 déc. 2017, art. 28) « V. – 1. Le prélèvement prévu au I n'est pas libératoire de l'impôt sur le revenu établi dans les conditions prévues aux 1 ou 2 de l'article 200 A ou, le cas échéant, selon les dispositions propres aux bénéfices *industriels et commerciaux*, aux bénéfices non commerciaux et aux bénéfices agricoles et dû à raison des revenus auxquels s'est appliqué ce prélèvement.

« Ce prélèvement s'impute sur l'impôt sur le revenu dû au titre de l'année au cours de laquelle il a été opéré. S'il excède l'impôt dû, l'excédent est restitué.

« 2. Les prélèvements prévus aux II et III libèrent les revenus auxquels ils s'appliquent de l'impôt sur le revenu.

« Le caractère libératoire du prélèvement ne peut être invoqué pour les produits qui sont pris en compte pour la détermination du bénéfice imposable d'une entreprise industrielle, commerciale, artisanale ou agricole, ou d'une profession non commerciale. »

VI. — Les modalités et conditions d'application du présent article sont fixées par décret. — *V. Ann. III, art. 41 duodecies A à 41 duodecies H.*

V. note ss. art. 125-0 A.

1. *Produits d'obligations.* Sauf dispositions législatives spéciales, l'art. 125 A-III *bis*-1° soumet au taux de 15 % (actuellement 12,8 %) les produits des obligations, lesquelles sont, aux termes de l'art. 228-38 C. com., des titres négociables. Ne peuvent faire obstacle à l'application de ce taux les conditions de détention de ces titres et la circonstance que l'emprunt n'ait pas fait l'objet d'une souscription publique. Dès lors, ne perdent pas leur caractère négociable des obligations virées sur un compte séquestre aux fins de cautionner une garantie de passif consentie à la suite d'une cession de droits sociaux. • CE 3 juill. 2009, n° 304305 : *RJF 2009. 935 ; Dr. fisc. 2009. 532, concl. Olléon.*

2. *Prélèvement forfaitaire obligatoire non libératoire de l'IR.* Prélèvement applicable aux produits de placement à revenu fixe, aux produits et gains de cession des bons ou contrats de capitalisation et placements de même nature attachés à des primes versées à compter du 27 sept. 2017 et aux revenus distribués. * BOI-RPPM-RCM-30-20-10 du 20 déc. 2019.

3. *Fait générateur du prélèvement.* En vertu de l'art. 125 A, les intérêts sont présumés mis à la disposition du titulaire d'un compte courant d'associé dès leur inscription au crédit. L'intéressé peut néanmoins apporter la preuve que, en droit ou en fait, leur prélèvement était impossible. Une société n'apporte pas cette preuve en se bornant à invoquer le montant de sa trésorerie au 31 décembre de l'année de l'inscription en compte ou de l'année suivante. • CAA Paris, 8 avr. 1999, n° 96PA2747 : *RJF 1999. 866 ; Dr. fisc. 2000. 202, concl. Haïm.* ♦ Confirmé par • CE (na) 24 nov. 1999, n° 208381 : *RJF 2000. 52.*

4. L'indisponibilité des intérêts inscrits au crédit des comptes courants des associés, en raison de la situation de trésorerie de la société, ne fait obstacle au prélèvement, en l'absence de versement effectif, que si cette situation est indépendante de la volonté des associés. Dès lors, dans le cas où, pour compenser la modicité de leurs apports en capital à la société, les associés se sont abstenus de prélever les intérêts inscrits sur leurs comptes courants, l'indisponibilité de ces sommes ne résulte pas d'un fait indépendant de leur volonté. • CE 3 nov. 2003, n° 244437 : *RJF 2004. 47 ; concl. Vallée au BDCF 1/04, n° 11.*

5. *Option pour le prélèvement.* Aucune disposition législative ou réglementaire n'imposant que l'option, une fois exercée, soit renouvelée chaque année, celle-ci demeure valable aussi longtemps qu'elle n'a pas été révoquée. • CE 27 oct. 1999, n° 171171 : *Dr. fisc. 2000. 654 ; concl. Goulard au BDCF 12/99.* ♦ De plus, la circonstance que la personne débitrice des intérêts n'aurait pas effectué le versement qui lui incombait d'opérer à la recette des impôts est sans influence sur la portée de l'option exercée par le contribuable. • Même arrêt. ♦ L'art. 41 *duodecies* E de l'annexe III ne saurait avoir pour objet ou pour effet de sanctionner par une déchéance automatique du régime de faveur en l'absence d'option pour le prélèvement libératoire au plus tard lors de l'encaissement des revenus, dès lors que la loi ne l'a pas prévu. Il en résulte que ces dispositions ajoutent illégalement aux dispositions législatives en ce qu'elles restreignent l'exercice d'un droit ouvert par le législateur aux termes de l'art. 125 A-I CGI. • TA Paris, 26 janv. 2011, n° 0805127 : *RJF 2011. 941.*

6. *Plans d'épargne-logement (PEL).* Aménagement du régime fiscal des intérêts. * BOI-RPPM-RCM-10-10-50 n°s 80 à 110 du 20 déc. 2019.

7. *Produits versés à des non-résidents : compatibilité avec le droit communautaire (régime en vigueur jusqu'au 28 févr. 2010).* Le prélèvement obligatoire applicable sur des produits de placement à revenu fixe ou intérêts versés par une société française à une société d'un autre État membre de l'Union européenne est compatible avec le droit communautaire. L'art. 125 A-III combiné avec l'art. 11 de la convention fiscale conclue entre la France et les Pays-Bas n'est pas incompatible avec la liberté d'établissement prévue par les art. 43 et 48 du Traité CE. • CAA Versailles, 7 mai 2009, n° 07VE2423, *SARL Aggreko France : RJF 2009. 936 ; Dr. fisc. 2010. 81, note Raingeard de la Blétière.* ♦ Confirmation • CE 4 juin 2012, *Sté Aggreko France*, n° 330075 : *RJF 2012. 916 ; BDCF 2012, n° 114, concl. Hédary.*

8. *Swaps de taux d'intérêt.* Les gains réalisés sont hors du champ d'application du prélèvement forfaitaire sur les produits de placement à revenu fixe. * Instr. 24 janv. 2008 : *BOI 5 I-1-08.* ♦ Jugé, en sens contraire, que les gains réalisés dans le cadre d'accords de *swap* de taux d'intérêt versés par un débiteur établi en France au profit d'une personne morale non résidente sont passibles du prélèvement obligatoire. • TA Paris, 20 juin 2007, n° 01-12498 : *RJF 2008. 45 ; concl. Weidenfeld au BDCF 1/08, n° 9 ; obs. crit. Gouthière au FR Lefebvre 48/07, p. 13.*

9. *Produits de placements payés dans un*

État non coopératif. Un prélèvement au taux majoré prévu à l'art. 125 A-III *bis*-2° est obligatoirement applicable aux revenus et produits des placements à revenu fixe payés par un débiteur établi ou domicilié en France, lorsque le paiement s'effectue hors de France dans un État ou territoire non coopératif (ETNC) autre que ceux mentionnés à l'art. 238-0 A-2 *bis*-2°. Ce prélèvement s'applique quels que soient la qualité du bénéficiaire des revenus et produits (personne physique ou personne morale) et le lieu de son domicile fiscal ou de son siège social (en France ou hors de France). * BOI-RPPM-RCM-30-10-20-40-2 du 20 déc. 2019.

Art. 125 B *(Abrogé par L. n° 2012-1509 du 29 déc. 2012, art. 9-I-Q et VI, applicable aux revenus perçus à compter du 1er janv. 2013)* ***I. — L'option pour le prélèvement visé au I de l'article 125 A n'est pas admise en ce qui concerne :***

1° Les intérêts versés au titre des sommes que les associés assurant, en droit ou en fait, la direction d'une personne morale, laissent ou mettent, directement ou par personnes interposées, à la disposition de cette personne morale, dans la mesure où le total de ces avances excède 46 000 €.

Les dépôts dont les intérêts bénéficient du régime d'imposition prévu à l'article 125 C ne sont pas pris en compte pour le calcul du total des avances mentionnées au premier alinéa ;

2° Les intérêts des sommes que les associés d'une personne morale laissent ou mettent, directement ou par personnes interposées, à la disposition de cette personne morale, lorsque la constitution et la rémunération de ce placement sont liées, en droit ou en fait, à la souscription ou à l'acquisition de droits sociaux.

II. — Toutefois, les dépôts effectués par les sociétaires des organismes coopératifs exonérés d'impôt sur les sociétés et des caisses de crédit mutuel continuent d'ouvrir droit à l'option pour le prélèvement libératoire. Cette option demeure également possible en ce qui concerne les intérêts des placements effectués avant le 1er juin 1970 en liaison avec la souscription à une émission publique d'actions.

Art. 125 C *(Abrogé par L. n° 2012-1509 du 29 déc. 2012, art. 9-I-Q et VI, applicable aux revenus perçus à compter du 1er janv. 2013)* ***I. — Les personnes physiques qui mettent à la disposition de la société dont elles sont associées ou actionnaires des sommes portées sur un compte bloqué individuel peuvent, pour l'imposition des intérêts versés au titre de ces sommes, opter pour le prélèvement libératoire au taux de 24 % prévu à l'article 125 A à condition :*** *— Le taux de 19 % mentionné ci-contre s'applique aux revenus perçus à compter du 1er janv. 2011 (L. n° 2010-1657 du 29 déc. 2010, art. 6-VII-b) ; celui de 24 % s'applique aux revenus perçus à compter du 1er janv. 2012 (L. n° 2011-1978 du 28 déc. 2011, art. 20-II).*

a) qu'elles soient incorporées au capital dans un délai maximum de cinq ans à compter de la date de leur dépôt ; dans les douze mois suivant leur dépôt, l'assemblée des associés statuant selon les conditions fixées pour la modification des statuts ou, selon le cas, l'assemblée générale extraordinaire des actionnaires, doit se prononcer sur le principe et les modalités de l'augmentation de capital qui permettra l'incorporation de ces sommes ;

b) qu'elles soient indisponibles jusqu'à la date de leur incorporation au capital ;

c) que les intérêts servis à raison de ce dépôt soient calculés en retenant un taux qui n'excède pas celui prévu au 3° du 1 de l'article 39 ;

d) que la société ne procède pas à une réduction de capital non motivée par des pertes ou à un prélèvement sur le compte « primes d'émission » pendant une période commençant un an avant le dépôt des sommes et s'achevant un an après leur incorporation au capital.

II. — Le non-respect des obligations fixées au I et à l'article 54 sexies entraîne, nonobstant toutes dispositions contraires, l'exigibilité immédiate des impôts dont ont été dispensés les associés ou actionnaires et la société sans préjudice de l'intérêt de retard prévu à l'article 1727 décompté de la date à laquelle ces impôts auraient dû être acquittés.

4 QUATER

Art. 125 D I. — Les personnes physiques fiscalement domiciliées en France au sens de l'article 4 B qui appartiennent à un foyer fiscal dont le revenu fiscal de référence de l'avant-dernière année, tel que défini au 1° du IV de l'article 1417, est égal ou supérieur aux montants mentionnés au dernier alinéa du I de l'article 125 A et qui bénéficient de revenus ou produits énumérés au même I *(L. n° 2017-1837 du 30 déc. 2017, art. 28)* « ou de produits et gains mentionnés au 2 du II de l'article 125-0 A sont assujetties au prélèvement prévu au I de l'article 125 A, aux taux fixés, selon les cas, au III *bis* du même article 125 A ou au 2 du II de l'article 125-0 A », lorsque la personne qui assure leur paiement est établie hors de France, qu'il s'agisse ou non du débiteur des revenus ou produits, ce dernier étant établi en France ou hors de France.

II. — Les personnes physiques fiscalement domiciliées en France au sens de l'article 4 B qui bénéficient de produits ou gains de cession de bons ou contrats de capitalisation et placements de même nature mentionnés au deuxième alinéa du 2 de l'article 122 peuvent opter *(L. nº 2017-1837 du 30 déc. 2017, art. 28)* « , à raison de la seule fraction des produits ou gains attachés à des primes versées jusqu'au 26 septembre 2017, » pour leur assujettissement au prélèvement prévu au premier alinéa *(L. nº 2017-1837 du 30 déc. 2017, art. 28)* « du 1 » du II de l'article 125-0 A, aux taux fixés au *(L. nº 2017-1837 du 30 déc. 2017, art. 28)* « 1 » du II de ce même article. A cet effet, la durée des bons ou contrats de capitalisation ainsi que des placements de même nature s'entend de leur durée effective de détention par le contribuable.

Les revenus de source étrangère mentionnés au premier alinéa sont retenus pour leur montant brut. L'impôt retenu à la source est imputé sur le prélèvement dans la limite du crédit d'impôt auquel il ouvre droit, dans les conditions prévues par les conventions internationales.

III. — Sous réserve des dispositions prévues au troisième alinéa *(L. nº 2017-1837 du 30 déc. 2017, art. 28)* « du 1 du II » de l'article 125-0 A, le prélèvement mentionné au II du présent article libère les revenus, produits et gains auxquels il s'applique de l'impôt sur le revenu.

IV. — Les revenus, produits et gains pour lesquels le contribuable est assujetti au prélèvement prévu au I ou opte pour le prélèvement prévu au II sont déclarés et le prélèvement correspondant acquitté, soit par la personne qui assure le paiement desdits revenus, produits et gains, lorsqu'elle est établie hors de France dans un État membre de l'Union européenne ou dans un autre État partie à l'accord sur l'Espace économique européen ayant conclu avec la France une convention d'assistance administrative en vue de lutter contre la fraude et l'évasion fiscales, et qu'elle a été mandatée à cet effet par le contribuable, soit par le contribuable lui-même, dans les quinze jours suivant le mois au cours duquel les revenus ou produits sont encaissés ou inscrits en compte ou, s'agissant d'un gain, dans les quinze jours suivant le mois au cours duquel la cession est réalisée.

L'option pour le prélèvement prévue au II est irrévocable et s'exerce par le dépôt de la déclaration des revenus, produits et gains concernés et le paiement du prélèvement correspondant dans les conditions et délais prévus au premier alinéa.

Lorsque la déclaration prévue au premier alinéa et le paiement du prélèvement correspondant sont effectués par la personne qui assure le paiement des revenus, produits et gains, elle est établie au nom et pour le compte du contribuable.

A défaut de réception de la déclaration et du paiement du prélèvement mentionné au II dans les conditions précitées, les produits et gains sont imposables dans les conditions de droit commun.

Le contribuable tient à la disposition de l'administration tous les renseignements nécessaires à l'établissement du prélèvement.

V. — Les revenus, produits et gains de cession soumis au prélèvement dans les conditions des I et II sont retenus pour leur montant brut. L'impôt retenu à la source est imputé sur le prélèvement mentionné au II dans la limite du crédit d'impôt auquel il ouvre droit tel que ce crédit est prévu par les conventions internationales.

VI. — L'administration peut conclure avec chaque personne établie hors de France mandatée par des contribuables pour le paiement du prélèvement dans les conditions prévues au IV une convention qui en organise les modalités pour l'ensemble de ces contribuables.

VII. — Un décret fixe les modalités d'application, notamment déclaratives, du présent article. — *V. Ann. III, art. 41 sexdecies K à 41 sexdecies L.*

V. note ss. art. 125-0 A..

5 EXONÉRATIONS ET RÉGIMES SPÉCIAUX

Art. 125 *bis* *Disposition périmée.*

1° ÉPARGNE-CONSTRUCTION

Art. 125 ter La fraction des sommes versées par la Caisse des dépôts et consignations en application du V de l'article L. 312-20 du code monétaire et financier ayant le caractère de revenus de capitaux mobiliers mentionnés aux articles 117 *quater* et 125 A du présent code, à l'exception des revenus expressément exonérés de l'impôt en vertu de l'article 157 et de ceux ayant déjà supporté l'impôt sur le revenu, est soumise à l'impôt sur le revenu suivant les règles de taxation en vigueur l'année de leur versement au contribuable titulaire des comptes mentionnés au I de l'article L. 312-20 du code monétaire et financier. Le montant du revenu imposable est déterminé dans les conditions et selon les modalités applicables à la date de l'inscription en compte de ces revenus.

Art. 125 *quater* *Devenu sans objet (Décr. n° 2013-463 du 3 juin 2013).*

2° CRÉDIT À LA CONSTRUCTION IMMOBILIÈRE

Art. 126 *Disposition périmée.*

Art. 126 *bis* *Périmé (Décr. n° 2007-484 du 30 mars 2007).*

Art. 127 *Abrogé par L. n° 68-690 du 31 juill. 1968, art. 8.*

Art. 128 et 129 *Dispositions périmées.*

3° CRÉDIT MUTUEL ET COOPÉRATION AGRICOLES

Art. 130 Les dispositions relatives à la retenue à la source prévue au 1 de l'article 119 *bis* et au prélèvement prévu au I de l'article 125 A ne s'appliquent :

1° Ni aux parts d'intérêt des sociétés ou unions de sociétés coopératives agricoles désignées aux articles L. 521-1 et suivants du code rural et de la pêche maritime, ainsi que des sociétés d'intérêt collectif agricole ayant bénéficié des avances de l'État, ni aux emprunts négociables ou obligations émis par les mêmes sociétés avant le 1er janvier 1965 ;

2° Ni aux parts d'intérêt des sociétés de crédit agricole mutuel visées au livre V du code rural et de la pêche maritime, ni aux emprunts négociables ou obligations émis par ces sociétés avant le 1er janvier 1965.

4° SOCIÉTÉ ANONYME NATEXIS OU TOUTE SOCIÉTÉ QU'ELLE CONTRÔLE AU SENS DE L'ARTICLE L. 233-3 DU CODE DE COMMERCE

Art. 131 Sont exonérés de la retenue à la source prévue au 1 de l'article 119 *bis* et du prélèvement prévu au I de l'article 125 A.

1° à 4° *Dispositions périmées.*

4° *bis* Pour toute leur durée, les obligations et bons à long terme émis conformément à la loi du 3 mars 1941 relative aux opérations financières assurées par la société anonyme Natexis ou toute société qu'elle contrôle au sens de l'article L. 233-3 du code de commerce en exécution de la législation sur la réparation des dommages causés par faits de guerre.

5° *Périmé.*

Art. 131 *bis* *Disposition périmée.*

5° OBLIGATIONS NÉGOCIABLES — RÉGIMES SPÉCIAUX

Art. 131 ter 1. Les séries spéciales d'obligations émises à l'étranger avant le 1er janvier 1976 par les sociétés, compagnies ou entreprises françaises avec l'autorisation du ministre de l'économie et des finances sont soumises, pour toute leur durée, au régime fiscal des valeurs mobilières étrangères.

Les conditions d'application du présent paragraphe sont fixées par décret *[Ann. III, art. 41 terdecies à 41 sexdecies]*.

2. Les obligations que les organismes étrangers ou internationaux émettent en France avec l'autorisation du ministre de l'économie et des finances sont assimilées à des obli-

gations françaises pour l'application de la retenue à la source prévue au 1 de l'article 119 *bis* et du prélèvement prévu au I de l'article 125 A.

Des décrets en Conseil d'État fixent, en tant que de besoin, les modalités d'application du présent paragraphe *[Ann. II, art. 51 à 53]*.

6° EMPRUNTS ÉMIS EN FRANCE PAR LES ORGANISATIONS INTERNATIONALES

Art. 131 *ter* A Les intérêts, arrérages et tous autres produits des emprunts émis en France par les organisations internationales sont exonérés de la retenue à la source définie au 1 de l'article 119 *bis* et du prélèvement prévu au I de l'article 125 A.

7° EMPRUNTS CONTRACTÉS À L'ÉTRANGER

Art. 131 *quater* *(Abrogé par L. n° 2021-1900 du 30 déc. 2021, art. 35-I-11°)* ***Les produits des emprunts contractés hors de France avant le 1er mars 2010 et dont la date d'échéance n'est pas prorogée à compter de cette date, ainsi que les emprunts conclus à compter du 1er mars 2010 mais assimilables à un emprunt conclu avant cette date, par des personnes morales françaises ou par des fonds communs de créances régis par les articles L. 214-169 à L. 214-176 du code monétaire et financier sont exonérés du prélèvement prévu au III de l'article 125 A.***

BIBL. ▶ Le Gall, *JCP E 1988. 15107.*

1. Emprunts émis à l'étranger par les sociétés françaises. L'art. 131 *quater* exonère du prélèvement forfaitaire obligatoire prévu à l'art. 125 A-III les produits des emprunts contractés hors de France par des personnes morales françaises ou par des fonds communs de créances (FCC). Jusqu'au 28 févr. 2010, cette exonération avait un champ d'application large. Il en est de même pour le prélèvement obligatoire, qui s'appliquait aux produits de placement à revenu fixe dont le débiteur était établi en France et qui étaient encaissés par des personnes non résidentes. * BOI-RPPM-RCM-30-10-30-30 n° 1 du 12 sept. 2012.

2. L'art. 22 de la L. n° 2009-1674 du 30 déc. 2009 a réduit le champ d'application du prélèvement obligatoire depuis le 1er mars 2010. Depuis, l'exonération de prélèvement obligatoire prévue par l'art. 131 *quater* s'applique aux produits des emprunts contractés hors de France avant le 1er mars 2010 et dont la date d'échéance n'est pas prorogée à compter de cette date, ainsi qu'aux produits des emprunts contractés depuis le 1er mars 2010 mais assimilables à un emprunt conclu avant cette date, par des personnes morales françaises ou des FCC ou des fonds communs de titrisation, à l'exception de ceux supportant des risques d'assurance, régis par les dispositions du C. mon. fin. * BOI-RPPM-RCM-30-10-30-30 n° 10 du 12 sept. 2012.

3. Il résulte de l'art. 131 *quater* que des intérêts acquittés en rémunération de sommes inscrites au crédit de comptes courants d'associés domiciliés hors de France ne sont exonérés du prélèvement prévu à l'art. 125 A-III qu'à la condition que lesdites sommes proviennent de versements effectués depuis l'étranger par ces associés, en exécution d'un contrat de prêt qui en garantit à la société la disposition durant la période au titre de laquelle sont dus ces intérêts. • CE 3 nov. 2003, ⛫ n° 244437, *SARL Meridia France : RJF 2004. 47 ; concl. Vallée au BDCF 1/04, n° 11 ; Dr. fisc. 2004. 472, concl. Vallée ; Dr. sociétés 2004, n° 1, p. 38, note Pierre.* ♦ Par suite, une société qui ne justifie pas que les soldes créditeurs des comptes courants ouverts au nom de ses associés domiciliés à l'étranger proviennent de sommes versées depuis l'étranger, n'est pas en droit de prétendre à l'exonération du prélèvement sur les intérêts qu'elle a inscrits au crédit de ces comptes. • Même arrêt. ♦ De même, des intérêts versés à des vendeurs de titres résidant en Suisse en contrepartie d'un règlement différé du prix ne peuvent, en l'absence de mise à disposition des fonds, bénéficier de l'exonération. • CE 3 juill. 2009, ⛫ n° 296843 : *RJF 2009. 937.*

4. Les produits des emprunts contractés hors de France par les sociétés françaises et les FCC peuvent être exonérés de prélèvement forfaitaire, sous réserve du respect des autres conditions, dès lors que le prêteur a son domicile hors de France, et ce, même s'il a acquis sa créance d'un prêteur initial établi en France. Par ailleurs, les émissions en euros de titres de créances négociables, et des titres assimilés à des obligations ou à des titres de créances négociables (TCN), sont réputées réalisées hors de France. *Lettre DLF 23 juill. 2007 à la FBF. ♦ Précisions sur la notion de « cession par un prêteur de sa créance » et celle de « titres de créances fiscalement assimilés à des obligations ou à des TCN ». * Rescrit 7 avr. 2009, n° 2009/23 FP.

8° PRODUITS FINANCIERS BÉNÉFICIANT AUX ORGANISATIONS INTERNATIONALES, AUX ÉTATS SOUVERAINS ÉTRANGERS, À LEURS BANQUES CENTRALES OU INSTITUTIONS FINANCIÈRES

Art. 131 *quinquies* **Les intérêts des séries spéciales de bons du Trésor en comptes courants libellés en euros qui sont réservées aux organisations internationales, aux États souverains étrangers, aux banques centrales ou aux institutions financières de ces États sont exonérés du prélèvement prévu à l'article 125 A.**

Les caractéristiques de ces émissions spéciales de bons du Trésor sont fixées par arrêté du ministre de l'économie et des finances.

Art. 131 *sexies* **I. — Les produits d'actions, de parts sociales ou de parts bénéficiaires distribués par des sociétés françaises, ainsi que les produits mentionnés à l'article 118 qui bénéficient à des organisations internationales, à des États souverains étrangers ou aux banques centrales de ces États, sont exonérés des retenues à la source prévues aux 1 et 2 de l'article 119 *bis* et du prélèvement prévu au III de l'article 125 A.**

Ces placements ne doivent pas constituer un investissement direct au sens de la loi n° 66-1008 du 28 décembre 1966 modifiée relative aux relations financières avec l'étranger et des textes réglementaires pris pour son application. Les titres doivent revêtir la forme nominative ou être déposés auprès d'un établissement de crédit établi en France.— *Les dispositions de la L. n° 66-1008 du 28 déc. 1966 ont été abrogées (L. n° 2022-171 du 14 févr. 2022, art. unique-50°).*

II. — Sur agrément du ministre de l'économie et des finances, les retenues à la source prévues aux 1 et 2 de l'article 119 *bis* et le prélèvement prévu au III de l'article 125 A peuvent être réduits ou supprimés en ce qui concerne :

Les produits mentionnés au I qui bénéficient à des institutions publiques étrangères ;

Les produits mentionnés aux articles 124 et 1678 *bis* et ceux afférents à des placements constituant des investissements directs en France au sens du I qui bénéficient à des organisations internationales, à des États souverains étrangers, aux banques centrales de ces États ou à des institutions financières publiques étrangères.

Produits d'American deposit receipts (ADR). Les produits perçus par une banque centrale (Singapour) provenant d'ADR détenus par une banque aux États-Unis et représentatifs d'actions sous-jacentes de sociétés françaises ne ne sont pas exonérés de la retenue à la source prévue à l'art. 131 *sexies* I. • TA Montreuil, 15 nov. 2013, n° 1209983 : *RJF 2014.1007 ; Dr. fisc. 2014. 560, note Marmier.*

Art. 132 *Disposition périmée.*

9° EMPRUNTS ÉMIS PAR L'ÉTAT

Art. 132 *bis* **1. Sont dispensés de la retenue à la source prévue au 1 de l'article 119 *bis* et du prélèvement prévu au I de l'article 125 A les intérêts, arrérages et tous autres produits des obligations, effets publics et autres titres d'emprunt négociables émis par l'État avant le 1er janvier 1987.**

2. *Disposition périmée.*

10° OBLIGATIONS REÇUES EN ÉCHANGE D'ACTIONS DE SOCIÉTÉS CONCERNÉES PAR L'EXTENSION DU SECTEUR PUBLIC

Art. 132 *ter* **Les revenus des obligations remises par la caisse nationale de l'industrie et la caisse nationale des banques en échange d'actions transférées à l'État en application de la loi de nationalisation n° 82-155 du 11 février 1982 sont assujettis aux dispositions fiscales applicables aux revenus des obligations à taux fixe émises par l'État.**

Il en est de même des revenus des obligations émises par l'office national d'études et de recherches aérospatiales en échange d'actions de la société Matra.

11° EMPRUNTS DES DÉPARTEMENTS, COMMUNES ET ÉTABLISSEMENTS PUBLICS

Art. 133 **Sont affranchis de la retenue à la source prévue au 1 de l'article 119 *bis* et du prélèvement prévu au I de l'article 125 A :**

1° Les intérêts, arrérages et tous autres produits des emprunts négociables contractés à partir de l'entrée en vigueur de la loi du 29 décembre 1929 et avant le 1er janvier 1965, par les départements, communes, syndicats de communes et établissements publics auprès de la caisse des dépôts et consignations, du crédit foncier, *[de]* la société anonyme Natexis ou *[de]* toute société qu'elle contrôle au sens de l'article L. 233-3 du code de commerce et des caisses d'épargne.

Les intérêts, arrérages et tous autres produits des emprunts négociables émis directement dans le public par les mêmes collectivités, à partir de l'entrée en vigueur de ladite loi et avant le 1er janvier 1965.

L'exonération s'applique à tous les emprunts négociables émis par les mêmes collectivités avant le 1er janvier 1930, quand l'impôt aura été pris en charge par lesdites collectivités.

Toutefois, elle ne profite pas aux emprunts négociables contractés à partir du 1er mars 1942, dans les conditions prévues aux premier et deuxième alinéas, tant par les organismes entrant dans les prévisions de l'article 1er de l'arrêté du 31 janvier 1942 pris pour l'application de l'article 4 de la loi du 28 juin 1941, que pour le compte de ces organismes *[Ann. IV, art. 169 et 170]* ;

2° *Abrogé ;*

3° Les titres d'obligations négociables non cotées en bourse que les départements, communes, syndicats de communes et établissements publics ont émis postérieurement au 1er janvier 1939 et avant le 1er janvier 1965.

Toutefois, cette exemption n'est pas applicable aux titres afférents à des emprunts contractés à partir du 1er mars 1942 par les organismes entrant dans les prévisions de l'article 1er de l'arrêté du 31 janvier 1942 pris en exécution de l'article 4 de la loi du 28 juin 1941 ou pour le compte de ces organismes *[V. Ann. IV, art. 169 et 170]* ;

4° Les titres d'obligations cotées en bourse que les départements, communes, syndicats de communes et établissements publics ont émis postérieurement au 1er avril 1945 et avant le 1er janvier 1965.

Toutefois, cette exemption n'est pas applicable aux émissions destinées à assurer le remboursement anticipé d'emprunts non exonérés jusqu'à l'échéance normale de ces emprunts, ainsi qu'aux titres afférents à des emprunts négociables contractés par des organismes entrant dans les prévisions de l'article 1er de l'arrêté du 31 janvier 1942 pris en exécution de l'article 4 de la loi du 28 juin 1941 ou pour le compte de ces organismes *[V. Ann. IV, art. 169 et 170]*.

Art. 133 *bis* *Abrogé par L. du 28 déc. 1959, art. 19-III.*

Art. 134 *Périmé.*

12° EMPRUNTS REGROUPÉS

Art. 135 *(Abrogé par L. nº 2021-1900 du 30 déc. 2021, art. 35-I-12°)* ***L'impôt sur le revenu n'est pas applicable aux primes de remboursement provenant de l'échange de titres prévu à l'article 1er du décret nº 50-1401 du 9 novembre 1950 relatif au regroupement des titres gérés par la Société nationale des chemins de fer français. Il ne sera perçu que lors du remboursement des titres de remplacement, qui seront réputés avoir été émis au même taux d'émission que ceux de l'emprunt regroupé.***

13° FINANCEMENT DE CERTAINES OPÉRATIONS D'EXPORTATION

Art. 136 Sont dispensés de la retenue à la source prévue au 1 de l'article 119 *bis* et du prélèvement prévu au I de l'article 125 A les intérêts, arrérages et tous autres produits des emprunts obligataires contractés avant le 1er janvier 1965 par les établissements de crédit et les sociétés de financement, dans la mesure où il est justifié que le montant de ces emprunts est et demeure affecté au financement des opérations d'exportation bénéficiant des garanties prévues par la législation relative à l'assurance crédit d'État.

Art. 137 *Disposition périmée.*

14° FONDS COMMUN DE PLACEMENT

Art. 137 *bis* I. – Les sommes ou valeurs réparties par un fonds commun de placement, à l'exclusion des distributions mentionnées aux 7 et 7 *bis* du II de l'article 150-0 A *(L. nº 2021-1900 du 30 déc. 2021, art. 21-I-4º)* « et de l'attribution de parts de fonds communs de placement reçues dans le cadre d'une scission réalisée en application du deuxième alinéa des articles L. 214-8-7 et L. 214-24-41 du code monétaire et financier », constituent des revenus de capitaux mobiliers perçus par les porteurs de parts à la date de cette répartition.

Les sommes non réparties entre les porteurs de parts d'un fonds commun de placement à la date de son absorption, opérée conformément à la réglementation en vigueur, par un autre fonds commun de placement ou par une société d'investissement à capital variable sont imposées lors de leur répartition ou de leur distribution par l'organisme absorbant.

Ces dispositions sont applicables en cas de scission d'un fonds commun de placement conformément à la réglementation en vigueur. — *Les dispositions du I de l'art. 21 de la L. nº 2021-1900 du 30 déc. 2021 sont applicables aux scissions réalisées à compter de l'entrée en vigueur du I de l'art. 77 de la L. nº 2019-486 du 22 mai 2019 relative à la croissance et la transformation des entreprises (L. nº 2021-1900 du 30 déc. 2021, art. 21-II).*

II. — *(L. nº 2017-1837 du 30 déc. 2017, art. 28)* « Les gérants des fonds communs de placement sont tenus, le cas échéant, de prélever à la date de la répartition et de reverser au Trésor la retenue à la source prévue à l'article 119 *bis* et les prélèvements prévus aux articles 117 *quater* et 125 A qui sont dus à raison de leur quote-part respective par les porteurs de parts. » — *Les dispositions du présent II telles que modifiées par la L. nº 2017-1837 du 30 déc. 2017 s'appliquent aux impositions dont le fait générateur intervient à compter du 1er janv. 2018 (L. préc., art. 28-VI-A).*

III. — Un décret fixe les obligations fiscales des gérants des fonds communs de placement en ce qui concerne notamment la déclaration des sommes ou valeurs attribuées à chaque porteur de parts. — *V. Ann. III, art. 41 sexdecies A à 41 sexdecies G.*

[14° BIS] FONDS DE PLACEMENT IMMOBILIER

Art. 137 *ter* I. — Les revenus relatifs aux actifs mentionnés au *b* du 1° du II de l'article L. 214-81 du code monétaire et financier perçus par un fonds de placement immobilier mentionné à l'article 239 *nonies* du présent code constituent des revenus de capitaux mobiliers perçus par les porteurs de parts à la date de leur distribution par le fonds.

II. — La personne qui assure le paiement des revenus mentionnés au I est tenue de prélever à la date de la distribution et de reverser au Trésor la retenue à la source ou le prélèvement prévus au 2 de l'article 119 *bis* et au III de l'article 125 A, qui sont dus sur ces revenus à raison de leur quote-part respective par les porteurs de parts.

15° HABITATIONS À LOYER MODÉRÉ

Art. 138 Sont affranchis de la retenue à la source prévue au 1 de l'article 119 *bis* et du prélèvement prévu au I de l'article 125 A :

1° et 2° *Dispositions périmées ;*

3° *Les produits* des emprunts obligataires contractés avant le 1er janvier 1965 par les offices publics de l'habitat et par les sociétés et fondations d'habitations à loyer modéré dans les conditions fixées par l'article 5 de la loi du 27 juillet 1934, ainsi que les annuités servies par l'État, en exécution dudit article ;

4° Les intérêts, arrérages et autres produits des emprunts obligataires émis avant le 1er janvier 1965 dans le cadre des dispositions de l'article R. 431-49 du code de la construction et de l'habitation instituant des bonifications d'intérêt, par les offices publics de l'habitat et par les sociétés d'habitations à loyer modéré et de crédit immobilier régis par le titre Ier et le titre II du livre IV du même code ainsi que par les unions constituées par ces offices et ces sociétés en exécution des articles 5 et 6 de la loi du 13 juillet 1928.

Art. 138 *bis* *Abrogé par L. nº 65-566 du 12 juill. 1965, art. 45-1.*

Art. 139 *Périmé.*

Art. 139 *bis* *Abrogé par L. n° 63-254 du 15 mars 1963, art. 33-IV.*

16° SOCIÉTÉS IMMOBILIÈRES D'INVESTISSEMENT ET SOCIÉTÉS IMMOBILIÈRES DE GESTION

Art. 139 *ter* Sont affranchis de la retenue à la source prévue au 2 de l'article 119 *bis*, dans la mesure où ils proviennent de bénéfices exonérés de l'impôt sur les sociétés en application du 3° *ter* de l'article 208, les dividendes et autres produits distribués à leurs actionnaires ou porteurs de parts :

1° Par les sociétés immobilières d'investissement régies par le I de l'article 33 de la loi n° 63-254 du 15 mars 1963 ;

2° Par les sociétés immobilières de gestion régies par l'article 1er du décret n° 63-683 du 13 juillet 1963.

Art. 140 à 143 *Dispositions périmées.*

Art. 143 *bis* et 143 *ter* *Abrogés par L. n° 65-566 du 12 juill. 1965, art. 45-1.*

17° SOCIÉTÉS POUR LE DÉVELOPPEMENT DE L'INDUSTRIE, DU COMMERCE ET DE L'AGRICULTURE ET LEUR ADAPTATION À LA COMMUNAUTÉ EUROPÉENNE

Art. 143 *quater* Les distributions de bénéfices effectuées par les sociétés qui ont conclu une convention avec le ministre de l'économie et des finances, conformément aux dispositions de l'ordonnance n° 59-248 du 4 février 1959, sont affranchies de la retenue à la source prévue au 2 de l'article 119 *bis* dans la mesure où les bénéfices distribués proviennent des activités de la société visée dans la convention et où ils ne sont pas supérieurs à 5 % du montant du capital nominal augmenté des primes d'émission.

En cas de résiliation de la convention, de dissolution de la société ou d'exclusion d'un associé, les impôts évités en application du premier alinéa deviennent immédiatement exigibles dans les conditions et sous les réserves prévues aux 2 à 4 de l'article 39 *quinquies* C.

Art. 144 1 *à 2 ter. Abrogés par L. n° 65-566 du 12 juill. 1965, art. 45-1.*

3. *Disposition périmée.*

4. *Abrogé.*

Art. 144 *bis* *Abrogé par L. n° 65-566 du 12 juill. 1965, art. 45-1.*

18° SOCIÉTÉS MÈRES

Art. 145 1. Le régime fiscal des sociétés mères, tel qu'il est défini à l'article 216, est applicable aux sociétés et autres organismes soumis à l'impôt sur les sociétés au taux normal qui détiennent des participations satisfaisant aux conditions ci-après :

a) Les titres de participation doivent revêtir la forme nominative ou être déposés ou inscrits dans un compte tenu par l'un des intermédiaires suivants :

– les intermédiaires habilités à exercer les activités de tenue de compte-conservation d'instruments financiers mentionnés aux 2° à 7° de l'article L. 542-1 du code monétaire et financier ;

– les établissements de crédit habilités à exercer dans l'Union européenne l'activité de conservation et administration de valeurs mobilières mentionnée au 12 de l'annexe I de la directive 2013/36/UE du Parlement européen et du Conseil du 26 juin 2013 concernant l'accès à l'activité des établissements de crédit et la surveillance prudentielle des établissements de crédit et des entreprises d'investissement, modifiant la directive 2002/87/CE et abrogeant les directives 2006/48/CE et 2006/49/CE, ainsi que les entreprises d'investissement habilitées à exercer dans l'Union européenne l'activité de conservation et administration d'instruments financiers pour le compte de clients mentionnée au 1 de la section B de l'annexe I de la directive 2014/65/UE du Parlement européen et du Conseil du 15 mai 2014 concernant les marchés d'instruments financiers et modifiant la directive 2002/92/CE et la directive 2011/61/UE ;

– les intermédiaires habilités à exercer les activités de tenue de compte-conservation qui, d'une part, sont situés dans un autre État ou territoire ayant conclu avec la

France une convention d'assistance administrative en vue de lutter contre la fraude et l'évasion fiscales dont les stipulations et la mise en œuvre permettent à l'administration d'obtenir des autorités de cet État ou territoire les informations nécessaires à la vérification des conditions d'application du présent article et de l'article 216 du présent code relatives à la nature et à la durée de conservation des titres ainsi qu'aux droits détenus et qui, d'autre part, sont soumis à des obligations professionnelles équivalentes à celles prévues en application du 1° du VI de l'article L. 621-7 du code monétaire et financier pour les teneurs de compte-conservateurs autres que les personnes morales émettrices ;

b) Les titres de participation doivent être détenus en pleine propriété ou en nue-propriété et doivent représenter au moins 5 % du capital de la société émettrice ou, à défaut d'atteindre ce seuil, au moins 2,5 % du capital et 5 % des droits de vote de la société émettrice à la condition, dans ce dernier cas, que la société participante soit contrôlée par un ou plusieurs organismes à but non lucratif mentionnés au 1 *bis* de l'article 206 ; ce pourcentage s'apprécie à la date de mise en paiement des produits de la participation.

Si, à la date mentionnée au premier alinéa, la participation dans le capital de la société émettrice est réduite à moins de 5 % du fait de l'exercice d'options de souscription d'actions dans les conditions prévues à l'article L. 225-183 du code de commerce, le régime des sociétés mères lui reste applicable si ce pourcentage est à nouveau atteint à la suite de la première augmentation de capital suivant cette date et au plus tard dans un délai de trois ans ;

c) Les titres de participation doivent avoir été conservés pendant un délai de deux ans lorsque les titres représentent au moins 5 % du capital de la société émettrice ou pendant un délai de cinq ans lorsque les titres représentent 2,5 % du capital et 5 % des droits de vote de la société émettrice. En cas de non-respect du délai de conservation, la société participante est tenue de verser au Trésor une somme égale au montant de l'impôt dont elle a été exonérée indûment, majoré de l'intérêt de retard. Ce versement est exigible dans les trois mois suivant la cession.

Lorsque les titres de participation sont apportés sous le bénéfice du régime prévu par l'article 210 A, le délai de conservation est décompté à partir de la date de souscription ou d'acquisition par la société apporteuse jusqu'à la date de cession par la société bénéficiaire de l'apport.

Les titres échangés dans le cadre d'opérations dont le profit ou la perte ne sont pas compris dans le résultat de l'exercice de leur réalisation en application des 7 *(L. n° 2017-1775 du 28 déc. 2017, art. 15)* « à 7 *ter* » de l'article 38 et 2 de l'article 115 sont réputés détenus jusqu'à la cession des titres reçus en échange. — *Les dispositions issues de la L. n° 2017-1775 du 28 déc. 2017 s'appliquent à l'impôt sur le revenu dû au titre de l'année 2017 et des années suivantes et à l'impôt sur les sociétés dû au titre des exercices clos à compter du 31 déc. 2017 (L. préc., art. 15).*

Le délai mentionné au premier alinéa du présent *c* n'est pas interrompu en cas de fusion entre la personne morale participante et la société émettrice si l'opération est placée sous le régime prévu à l'article 210 A.

Les titres prêtés, mis en pension ou remis en garantie dans les conditions prévues aux articles 38 *bis* à 38 *bis*-0 A *bis* ne peuvent être pris en compte par les parties au contrat en cause pour l'application du régime défini au présent article. De même, les titres mentionnés à l'article 38 *bis* A ne sont pas pris en compte pour l'application de ce régime.

Les titres que le constituant a transférés dans un patrimoine fiduciaire dans les conditions prévues à l'article 238 *quater* B sont pris en compte pour l'appréciation du seuil de détention du capital mentionné au *b* du présent 1 et sont soumis au régime prévu au présent article à condition, lorsque des droits de vote sont attachés aux titres transférés, que le constituant conserve l'exercice de ces droits ou que le fiduciaire exerce ces droits dans le sens déterminé par le constituant, sous réserve des éventuelles limitations convenues par les parties au contrat établissant la fiducie pour protéger les intérêts financiers du ou des créanciers bénéficiaires de la fiducie. Le délai de conservation mentionné au premier alinéa du *c* n'est pas interrompu par le transfert des titres dans le patrimoine fiduciaire.

(L. n° 2019-1479 du 28 déc. 2019, art. 43-I-4° et II, applicable à compter du 21 juill. 2019) « Pour l'application du premier alinéa du présent *c*, en cas de fusion ou de scission sans échange de titres au sens du 3° du II de l'article L. 236-3 du code de commerce placée sous le régime prévu à l'article 210 A du présent code, les titres de la société absorbée ou scindée sont réputés détenus par la société participante depuis la date de leur souscription ou acquisition jusqu'à la date de la cession des titres de la société absorbante ou bénéficiaire.

« Toutefois, lorsque la cession de titres de la société absorbante ou bénéficiaire intervient moins de deux ans après l'opération de fusion ou de scission, elle est réputée porter sur les titres de la société absorbée ou scindée à concurrence du nombre de titres cédés auquel est appliqué le rapport entre la valeur vénale de ces titres et la somme de cette même valeur et de la valeur vénale des titres de la société absorbante ou bénéficiaire au jour de la fusion ou de la scission, dans la limite du nombre de titres détenus à cette date, et elle est réputée porter sur les titres de la société absorbante ou bénéficiaire de l'apport à hauteur du reliquat des titres cédés.

« Lorsque, en application du huitième alinéa du présent *c*, les conditions de durée et de seuil de détention ne sont pas remplies, à la date de la cession, pour les titres de la société absorbée ou scindée ou ceux de la société absorbante ou bénéficiaire, le régime fiscal des sociétés mères n'est pas applicable aux titres ne respectant pas ces conditions.

« Ces dispositions s'appliquent également en cas de cession dans les cinq ans de la fusion ou de la scission par la société mère de titres de la société absorbante ou bénéficiaire lorsque l'application du régime fiscal des sociétés mères est subordonnée au respect d'un seuil minimal de participation de 2,5 % du capital et de 5 % des droits de vote tel que défini au premier alinéa du présent *c*. »

2 à 5 *Abrogés.*

6. Le régime fiscal des sociétés mères n'est pas applicable :

a) Aux produits des actions de sociétés d'investissement ;

b) Aux produits des titres d'une société, dans la proportion où les bénéfices ainsi distribués sont déductibles du résultat imposable de cette société ;

c) Abrogé par L. n° 2016-1918 du 29 déc. 2016, art. 91-I-3°-c et II ;

d) Aux produits des titres d'une société établie dans un État ou territoire non coopératif, au sens de l'article 238-0 A *(L. n° 2018-898 du 23 oct. 2018, art. 31-I-I et IV, en vigueur le 1er déc. 2018)* « autre que ceux mentionnés au 2° du 2 *bis* du même article 238-0 A », sauf si la société mère apporte la preuve que les opérations de la société établie hors de France dans laquelle est prise la participation correspondent à des opérations réelles qui n'ont ni pour objet ni pour effet de permettre, dans un but de fraude fiscale, la localisation de bénéfices dans un État ou territoire non coopératif ;

e) Aux produits des parts de sociétés immobilières inscrites en stock à l'actif de sociétés qui exercent une activité de marchand de biens, au sens du 1° du I de l'article 35 ;

f) Aux dividendes distribués aux actionnaires des sociétés immobilières pour le commerce et l'industrie et prélevés sur les bénéfices exonérés mentionnés à l'avant-dernier alinéa du 3° *quater* de l'article 208 ;

g) Aux dividendes distribués aux actionnaires des sociétés agréées pour le financement des télécommunications mentionnées à l'article 1er de la loi de finances rectificative pour 1969 (n° 69-1160 du 24 décembre 1969) et des sociétés qui redistribuent les dividendes d'une société immobilière pour le commerce et l'industrie en application du dernier alinéa du 3° *quinquies* de l'article 208 ;

h) Aux produits et plus-values nets distribués par les sociétés de capital-risque exonérés en application du 3° *septies* du même article 208 ;

i) Aux bénéfices distribués aux actionnaires :

— des sociétés d'investissements immobiliers cotées et de leurs filiales mentionnées à l'article 208 C et prélevés sur les bénéfices exonérés en application du premier alinéa du II du même article et non réintégrés en application du IV dudit article ;

— des sociétés étrangères ayant une activité identique à celles mentionnées au même article 208 C et qui sont exonérées, dans l'État où elles ont leur siège de direction effective, de l'impôt sur les sociétés de cet État ;

j) Aux revenus et profits distribués aux actionnaires de sociétés de placement à prépondérance immobilière à capital variable mentionnées au 3° *nonies* de l'article 208 et à ceux de leurs filiales ayant opté pour le régime prévu au II de l'article 208 C ; *(Abrogé par L. n° 2018-1317 du 28 déc. 2018, art. 108-I et III, pour les exercices ouverts à compter du 1er janv. 2019)* ***« k) Aux produits des titres de participation distribués dans le cadre d'un montage ou d'une série de montages définis au 3 de l'article 119 ter. »***

7. *Abrogé.*

8. *Transféré ss. paragr. 6-d ci-dessus.*

9. Une participation détenue en application des articles L. 512-47, L. 512-55 et L. 512-106 du code monétaire et financier ou de l'article 3 de la loi n° 2006-1615 du 18 décembre 2006 ratifiant l'ordonnance n° 2006-1048 du 25 août 2006 relative aux sociétés anonymes coopératives d'intérêt collectif pour l'accession à la propriété qui remplit les conditions ouvrant droit au régime fiscal des sociétés mères autres que celle relative au taux de participation au capital de la société émettrice peut ouvrir droit à ce régime lorsque son prix de revient, apprécié collectivement ou individuellement pour les entités visées ci-dessus, est au moins égal à 22 800 000 €.

BIBL. ► AUSTRY et GUTMANN, *RJF 2016, p. 418* (discrimination par ricochet et principe d'égalité : jusqu'où peut aller la jurisprudence Metro Holding ?). – Colloque CEFEP, 25 juin 2014, *Dr. fisc. 2014. 564 à 572* (le régime des sociétés mères : état des lieux et perspectives). – DERBOISSY, *Dr. fisc. 2016. 287* (sociétés holding et clause anti-abus : le régime mère-fille est-il réservé aux entreprises ?). – GUTMANN et ÉNA-LAGUENY, *FR Lefebvre 31/14, p. 15* (l'affaire Technicolor : l'obscure clarté de l'art. 145 CGI). – LABRUNE, *RJF 2015, p. 163* (affaires de famille : quelques nouveautés sur le régime des sociétés mères). – TURON, *Dr. fisc. 2009. Actu. 108* (l'abus du régime des sociétés mères).

1. Doctrine administrative. * BOI-IS-BASE-10-10-10-20 du 15 avr. 2020.

2. Sociétés visées. L'art. 145-1 relatif au champ d'application du régime fiscal des sociétés mères vise les sociétés qui, soit ont leur siège en France, soit, leur siège étant situé dans un autre État, ont en France un établissement au titre duquel elles sont soumises à l'IS. • CE 15 déc. 2004, n° 235069, *Sté Denkavit International BV et SARL Denkavit France : RJF 2005. 233, concl. Donnat, p. 143.* – Rappr. note 23.

3. Toutes les sociétés ou personnes morales soumises totalement ou partiellement à l'IS entrent dans le champ d'application du régime fiscal des sociétés mères. Tel est notamment le cas des sociétés en commandite simple, pour l'ensemble de leurs bénéfices si elles optent pour le régime des sociétés de capitaux en application de l'art. 206-3 ou, en l'absence d'une telle option, pour la seule part des bénéfices correspondant aux droits des commanditaires et à ceux des associés autres que ceux indéfiniment responsables ou dont les noms et adresses n'ont pas été indiqués à l'Administration. • CE 27 nov. 2019, *Sté Vorwerk Elektrowerke GmbH et Co. KG,* n° 405496 : *RJF 2020. 100.*

4. Une société mère autrichienne doit, pour l'application de l'art. 145, être regardée comme une société mère française, non seulement dans le cas où elle dispose en France d'un établissement stable qui détient ou contrôle lui-même tout ou partie du capital de sa filiale française et est imposé en France à l'IS au taux normal, mais encore, en l'absence d'un tel établissement, dans le cas où ladite société mère aurait elle-même été passible en France de cet impôt au même taux, si elle avait exercé son activité sur ce territoire. • CE, sect., 30 déc. 2003, n° 233894, *SA Andritz : RJF 2004. 238 ; concl. Bachelier au BDCF 3/04, n° 33 ; Dr. fisc. 2004. 427, concl. Bachelier ; Dr. sociétés 2004. 50, note Pierre ; BJS 2004. 366, note Nouel.*

5. Une société mère française, détentrice de la quasi-totalité des parts d'un « *general partnership* » américain – assimilable en droit interne à une société de personnes – qui détient lui-même plus de 10 % du capital d'une société de droit américain, ne peut bénéficier du régime mère-fille à raison de sa quote-part de bénéfices correspondant aux dividendes distribués par la société américaine au « *general partnership* ». • CE, plén., 24 nov. 2014, *SA Artémis,* n° 363556 : *RJF 2015. 102 ; Dr. fisc. 2015. 57, note Derouin.*

6. PME. Le régime des sociétés mères est applicable aux PME qui relèvent de l'IS au taux réduit de 15 % sur la fraction de leur bénéfice limitée à 38 120 € par période de douze mois dès lors qu'il s'agit pour ces entreprises du taux d'imposition normal. * BOI-IS-BASE-10-10-10-10 n° 110 du 15 avr. 2020.

7. Participations exclues (ETNC). Pour les exercices ouverts à compter du 1er janv. 2011, l'exclusion du régime des sociétés mères qui concerne les dividendes distribués par des filiales établies dans des États ou territoires non coopératifs (ETNC) au sens de l'art. 238-0 A vise également la quote-part de revenus provenant de l'activité d'un établissement stable situé dans un État ou territoire non coopératif. * BOI-INT-DG-20-50 nos 420 à 510 du 11 févr. 2014. ♦ Le Conseil constitutionnel, saisi d'une QPC. • CE QPC 20 oct.

2014, ⚖ *AFEP et a.*, n° 383259 : *Dr. fisc. 2014. 643.* ♦ ... A confirmé l'exclusion du régime des sociétés mères sous réserve que le contribuable soit admis à apporter la preuve que la prise de participation dans une société établie dans un ETNC correspond à des opérations réelles n'ayant ni pour objet ni pour effet de permettre, dans un but de fraude fiscale, la localisation de bénéfices dans un tel État ou territoire. • Cons. const. 20 janv. 2015, ⚖ *AFEP et a.*, n° 2014-437 QPC : *RJF 2015. 346 ; Dr. fisc. 2015. 223, note Kouraleva-Cazals.* ♦ Annulation de la doctrine administrative. • CE 8 juin 2016, ⚖ *AFEP*, n° 383259 : *RJF 2016. 870, concl Crépey.* ♦ Dernière doctrine administrative. * BOI-IS-BASE-10-10-20 n° 70 du 15 avr. 2020.

8. Titres sans droit de vote : exclusion contraire à la Constitution. La différence de traitement des produits des titres sans droit de vote selon que la filiale versante est établie soit dans un État membre de l'UE, soit en France ou dans un État tiers à l'UE (discrimination à rebours) constitue une rupture du principe d'égalité. • Cons. const. 3 févr. 2016, ⚖ *Sté Métro Holding France SA*, n° 2015-520 QPC : *RJF 2016. 366 ; Dr. fisc. 2016. 241, note Meier et Valeteau.* ♦ Sur renvoi de • CE 12 nov. 2015, ⚖ *Sté Métro Holding France SA*, n° 367256 : *RJF 2016. 175.* ♦ Inconstitutionnalité confirmée • Cons. const. 8 juill. 2016, ⚖ *Sté Natixis*, n° 2016-553 QPC : *RJF 2016. 998.* ♦ Sur renvoi de • CE, QPC, 18 mai 2016, ⚖ *Sté Natixis*, n° 397316 : *RJF 2016. 747.* ♦ Pour sa part, l'Administration a renoncé à appliquer l'exclusion des titres sans droits de vote : le régime de faveur des sociétés mères s'applique indifféremment aux titres pourvus ou non de droits de vote. Cette modification entre en vigueur à compter du 3 févr. 2016. * BOI-IS-BASE-10-10-20 n° 72 du 15 avr. 2020. ♦ De plus, le législateur a abrogé le texte excluant les produits des titres sans droit de vote.

9. Produits de titres pris en pension. Si les titres faisant l'objet d'une mise en pension ne doivent pas être retenus pour l'application du régime mère-fille, les produits de ces titres ne sont pas exclus de ce régime dès lors qu'ils ne figurent pas dans la liste des produits de participation auxquels le régime reste inapplicable. • CE 3 sept. 2020, *Sté Européenne Dassault Systèmes*, n° 431283 : *RJF 2020. 988 ; Dr. fisc. 2020. 468, note Vabres.*

10. Seuil de participation de 5 %. Une société détenant, en pleine propriété ou en nue-propriété, une participation qui représente au moins 5 % du capital de la société émettrice peut opter pour l'application du régime des sociétés mères. Lorsqu'une société détient ses propres actions, le calcul du pourcentage de détention de son capital pour l'applicabilité du régime fiscal des sociétés mères et filiales s'opère, pour chaque actionnaire, sans faire abstraction de ces actions. La condition tenant au pourcentage minimal de participation s'apprécie à la date de mise en paiement des produits de la participation. A cet égard, il est rappelé que la mise en paiement, qui doit être distinguée de la décision de distribution, correspond, en pratique, à la mise du dividende à disposition de l'associé. * BOI-IS-BASE-10-10-10-20 n°s 90 à 100 du 25 avr. 2020.

11. La condition à laquelle l'art. 145-1 *b* subordonne le bénéfice du régime fiscal des sociétés mères, tenant à la détention d'au moins 5 % du capital de l'émettrice, s'apprécie à la date du fait générateur de l'impôt, soit la date de cession des titres. • CE 26 janv. 2018, ⚖ *Sté EBM SAS*, n° 408219 : *RJF 2018. 352 ; Dr. fisc. 2018. 254, note León Aguirre.*

12. Une société détenant une participation d'au moins 5 % dans le capital de sa filiale peut prétendre au régime mère-fille, quel que soit le pourcentage des droits de vote attachés à cette participation. Infirmation de la doctrine administrative. • CE 5 nov. 2014, ⚖ *Min. Budget c/ Sté Sofina*, n° 370650 : *RJF 2015. 9 ; Dr. fisc. 2015. 202, note Fouquet.* ♦ Dans le même sens, détention de 5 % du capital avec moins de 5 % des droits de vote : exonération des dividendes. • CE 3 déc. 2014, ⚖ *Min. Budget c/ Sté Financière Pinault*, n° 363819 : *RJF 2015. 191.*

13. La mise en œuvre d'un prêt de titres qui abaisse à 4 % la participation de la société mère dans sa filiale avant l'expiration du délai de détention de deux ans entraîne la déchéance rétroactive du régime mère-fille sur les dividendes versés par la filiale. • CAA Versailles, 16 juill. 2012, ⚖ *SA Artémis Conseil*, n° 10VE02622 : *RJF 2012. 1107.* ♦ Confirmation • CE 26 sept. 2014, ⚖ *Sté Artemis Conseil*, n° 363555 : *RJF 2014. 1088 ; BDCF 2014. 118, concl. Cortot-Boucher ; Dr. fisc. 2014. 653, note Vabres.*

14. Le régime fiscal des sociétés mères ne trouve pas à s'appliquer aux produits des titres prêtés dans les conditions prévues aux art. L. 432-6 à L. 432-10 C. mon. fin., quand bien même les titres en cause auraient été prêtés par une personne physique. • CAA Bordeaux, 17 nov. 2014, ⚖ *SC Rimar*, n° 13BX00351 : *RJF 2015. 103.*

15. Propriété des titres. La notion de participation, telle qu'elle est définie à l'art. 3 de la directive 90/435/CEE du 23 juill. 1990 concernant le régime fiscal commun applicable aux sociétés mères et filiales, doit être interprétée en ce sens qu'elle ne comprend pas la détention de parts en usufruit. • CJCE 22 déc. 2008, ⚖ n° C-48/07 : *RJF 2009. 305 ; Dr. fisc. 2009. 254, note Gracia ; Banque et Dr. 2009, n° 123, p. 58, note Acard ; Dr. sociétés 2009. 21, note Pierre.* ♦ Dans le même sens : • CE 20 févr. 2012, ⚖ *Sté Participasanh*, n° 321224 : *RJF 2012. 454 ; BDCF 2012. 54, concl. Hédary ; Dr. fisc. 2012. 275, note Fouquet* • 23 mars 2012, ⚖ *Sté financière Aubert*, n° 335860 : *RJF 2012. 688.* ♦ Sur les titres détenus en nue-propriété, V., désormais, art. 145-1-b.

16. Titres prêtés. Le bénéfice du régime fiscal des sociétés mères et filiales ne peut être remis en cause pour les dividendes perçus par une société à raison des actions qui lui ont été prêtées par un contrat de prêt de consommation, faisant l'objet d'un droit à dividende en vertu de ce contrat, au motif que l'art. 37 de la L. n° 87-416 du 17 juin 1987 exclut la prise en compte des titres prêtés sans distinguer selon qu'ils sont ou non susceptibles de faire l'objet d'un tel droit. • CAA Versailles, 15 oct. 2019, ⚖ *SARL IMANES,* n° 17VE02377 : *RJF 2020. 12, concl. Huon.*

17. Titres d'une société immobilière inscrits en stock par un marchand de biens. Les sociétés exerçant une activité de marchand de biens qui inscrivent en stock les titres de leurs filiales immobilières ne bénéficient plus du régime mère-fille au titre des produits distribués par ces filiales au cours des exercices clos à compter du 4 juill. 2012 (L. n° 2012-958 du 16 août 2012, art. 16). * BOI-IS-BASE-10-10-20 n° 60 du 25 avr. 2020.

18. Conservation des titres pendant deux ans. Pour les titres nominatifs, la cession est réalisée à la date de l'inscription sur le registre de la société émettrice du transfert des titres. • CE, plén., 26 juill. 1978, n° 1885 : *Dr. fisc. 1979. 1212, concl. Martin Laprade* • 27 mars 1991, ⚖ n° 81119 : *Dr. fisc. 1991. 1705, concl. Chahid-Nouraï.* ♦ L'opération de division d'actions (opération par laquelle le nombre d'actions est augmenté dans la même proportion que le nominal est divisé) revêt le caractère d'une « opération intercalaire » et, par suite, n'interrompt pas le délai de conservation, sous réserve que l'opération de division d'actions n'emporte modification ni des droits ou obligations des associés, ni de la valeur comptable pour laquelle les titres de la société réalisant cette opération figurent à l'actif du bilan des associés concernés et qu'il n'y ait aucun écart entre la valeur fiscale des titres et leur valeur comptable. * Rescrit 3 avr. 2012 : *n° 2012/19 FE.* * BOI-IS-BASE-10-10-10-20 n° 360 du 29 janv. 2019. ♦ Pour les exercices clos avant le 31 déc. 2010, une opération d'échange de titres n'interrompait pas le délai de conservation de deux ans même si cette opération n'était pas effectivement placée sous un régime de sursis d'imposition. • TA Montreuil, 19 juill. 2013, n° 1107985 : *RJF 2014. 322.* ♦ Le prêt de titres, alors même que ces titres ne font pas l'objet du détachement d'un droit à dividende pendant la période d'exécution de la convention de prêt, vaut rupture de l'engagement de conservation des titres prévu par l'art. 145. • CE 26 sept. 2014, ⚖ *Sté Artemis Conseil,* n° 363555 : *préc. note 12.*

19. L'obligation de conservation des titres pendant deux ans concerne les titres de participation permettant à une société d'être qualifiée de société mère et non l'ensemble des titres pour lesquels l'exonération des dividendes est demandée. • CE 15 déc. 2014, ⚖ *SA Technicolor,* n° 380942 : *RJF 2015. 190 ; BDCF 2015. 28, concl. Crépey ; Dr. fisc. 2015. 203, note Fouquet.*

20. Une société peut bénéficier du régime mère-fille à raison des dividendes perçus au titre de la première année de détention des titres dès lors qu'elle conserve pendant au moins deux ans 5 % du capital de la filiale. • TA Montreuil, 15 juin 2015, *SAS CVT Holding,* n° 1307241 : *RJF 2015. 893.*

21. Société mère étrangère. La qualité de société mère au sens de l'art. 145 ne peut être attribuée à une société ayant son siège à l'étranger dès lors que cette société ne peut se prévaloir de ce qu'elle serait assujettie à l'IS en France au taux normal. • TA Cergy-Pontoise, 11 juill. 2002, n° 99-35.301 : *Dr. fisc. 2003. 242, concl. Perrot, note P. M.* • CAA Lyon, 16 mai 2002, n° 01LY832 : *Dr. fisc. 2003. 242, concl. Bonnet, note P. M. ; RJF 2003. 17.* – Rappr. note 2.

22. Fusion et scission entre sociétés sœurs (L. n° 2019-1479 du 28 déc. 2019). Fusion ou scission de sociétés sans échange de titres. * BOI-IS-BASE-10-10-10-20 du 3 juin 2020.

23. Montages « coquillards » et abus de droit. Constitue un abus de droit l'opération par laquelle une société acquiert des titres d'une société ayant liquidé ses actifs, bénéficie du régime mère-filles à raison des dividendes versés par cette filiale puis constitue une provision pour dépréciation des titres. • CE 17 juill. 2013, ⚖ *Min. Budget c/ SARL Garnier Choiseul Holding,* n° 352989 : *RJF 2013. 1064 ; BDCF 2013. 119, concl. Aladjidi.* ♦ Dans le même sens, dans un cas où l'acquéreur d'une société coquille retire de l'épuration un gain financier résultant du partage d'un avantage fiscal entre le cédant et le cessionnaire : son but est exclusivement fiscal dès lors que le gain égal à la différence entre le dividende versé par la filiale soumis au régime mère-fille et la provision pour dépréciation des titres de celle-ci résulte du partage de l'avantage fiscal entre le cédant et le cessionnaire. • CE 23 juin 2014, ⚖ *Min. Budget c/ Groupement Charbonnier Montdidérien,* n° 360708 : *RJF 2014. 925 ; BDCF 2014. 99, concl. Aladjidi ; Dr. fisc. 2014. 598, note Fouquet.* ♦ Absence d'abus de droit en cas de montage coquillard présentant un avantage économique. • Paris, 5 avr. 2018, *Sté AD Industrie,* n° 1609991/2-3 : *RJF 2018. 1151.* ♦ Dans le même sens : • CE 19 mai 2021, ⚖ n° 433201 : *RJF 2021. 835.*

24. Règles applicables aux fiducies. Commentaires administratifs * BOI-IS-BASE-10-10-10-20 n° 200 du 3 juin 2020 * BOI-IS-BASE-20-20-10-20 n°s 154 s. du 3 févr. 2016.

25. Clause anti-abus (art. 145-6 k). Commentaires administratifs. * BOI-IS-BASE-10-10-10-10 n°s 180 du 15 avr. 2020.

Art. 146 1. *Abrogé par Ord. nº 67-836 du 28 sept. 1967, art. 5.*

2 et 3. Abrogés par L. nº 2003-1311 du 30 déc. 2003, art. 93.

Art. 146 *bis* et 146 *ter* *Abrogés par L. nº 65-566 du 12 juill. 1965, art. 45-1.*

19º ZONES À URBANISER

Art. 146 *quater* **Sont affranchis de la retenue à la source prévue au 1 de l'article 119 *bis* et du prélèvement prévu au I de l'article 125 A les intérêts, arrérages et tous autres produits des emprunts contractés avant le 1er janvier 1965 pour l'aménagement des zones à urbaniser par priorité, par les collectivités et par les organismes concessionnaires de cet aménagement.**

Art. 147 et 148 *Abrogés par Ord. nº 67-836 du 28 sept. 1967, art. 5.*

6

Art. 149 à 150 *bis* *Art. transférés à l'Ann. II, art. 57 à 60.*

VII *BIS* ***PROFITS RÉALISÉS SUR DES INSTRUMENTS FINANCIERS À TERME***

Art. 150 *ter* **1. Sous réserve des dispositions propres aux bénéfices industriels et commerciaux, aux bénéfices non commerciaux et aux bénéfices agricoles, les profits nets réalisés, directement, par personne interposée ou par l'intermédiaire d'une fiducie, lors du dénouement ou de la cession à titre onéreux de contrats financiers, également dénommés "instruments financiers à terme", mentionnés au III de l'article L. 211-1 du code monétaire et financier, par des personnes physiques fiscalement domiciliées en France au sens de l'article 4 B du présent code sont imposés dans les conditions prévues** *(L. nº 2017-1837 du 30 déc. 2017, art. 28)* **« aux 1 ou 2 » de l'article 200 A.** — *Les dispositions du présent 1 telles que modifiées par la L. nº 2017-1837 du 30 déc. 2017 s'appliquent aux impositions dont le fait générateur intervient à compter du 1er janv. 2018 (L. préc., art. 28-VI-A).*

Les pertes nettes sont soumises au 11 de l'article 150-0 D.

2. Pour chaque contrat mentionné au 1, le profit ou la perte est égal à la différence entre les sommes reçues et les sommes versées, majorée ou minorée, lorsque le contrat se dénoue par la livraison d'un instrument financier ou d'une marchandise, de la différence entre le prix d'achat ou de vente de cet instrument financier ou de cette marchandise et de sa valeur au jour de la livraison.

Lorsque des contrats présentant les mêmes caractéristiques ont donné lieu à des achats ou des ventes effectués à des prix différents, le profit ou la perte est calculé sur le prix moyen pondéré.

Le profit imposable ou la perte imputable est net des frais et taxes acquittés.

3. Par dérogation au 1, lorsque le teneur de compte ou, à défaut, le cocontractant a son domicile fiscal ou est établi dans un État ou un territoire non coopératif au sens de l'article 238-0 A *(L. nº 2018-898 du 23 oct. 2018, art. 31-I-I et IV, en vigueur le 1er déc. 2018)* **« autre que ceux mentionnés au 2º du 2 *bis* du même article 238-0 A », le profit réalisé est imposé au taux forfaitaire de 50 %.**

Le premier alinéa du présent 3 n'est pas applicable si le contribuable démontre que les opérations auxquelles se rapportent ces profits correspondent à des opérations réelles qui n'ont ni pour objet ni pour effet de permettre, dans un but de fraude fiscale, leur localisation dans un tel État ou territoire.

4. Un décret fixe les conditions d'application du présent article, notamment les obligations déclaratives des contribuables. — *V. Ann. III, art. 41 septdecies H à 41 septdecies K et LPF, art. R. 96 CA-1.* — ***CPRF.***

Profits et pertes sur instruments financiers à terme. Contrats financiers visés. MATIF. MONEF. Personnes imposables. Modalités d'imposition. Obligations.* BOI-RPPM-PVBMI-70-10 et 70-20 du 4 mars 2016.

Art. 150 *quater* *Abrogé par L. nº 2013-1279 du 29 déc. 2013, art. 43-I-E-3º et IV-A, applicable aux profits ou pertes réalisés à compter du 1er janv. 2014.*

Art. 150 *quinquies* *(Abrogé par L. nº 2013-1279 du 29 déc. 2013, art. 43-I-E-3º)* ***Les profits nets réalisés dans le cadre de contrats se référant à des emprunts obligataires ou à des actions admises aux négociations sur un marché réglementé français ou négociées sur le marché hors cote français sont, sous réserve des dispositions de l'article 150 quater, imposés dans les conditions prévues au 2 de l'article 200 A.***

Les pertes sont soumises aux dispositions du 11 de l'article 150-0 D.

Les dispositions issues de la L. nº 2013-1279 du 29 déc. 2013 s'appliquent aux profits ou pertes réalisés à compter du 1er janv. 2014 (L. préc., art. 43-IV-A).

Art. 150 *sexies* *(Abrogé par L. nº 2013-1279 du 29 déc. 2013, art. 43-I-E-3º)* ***Le profit net réalisé au cours d'une année dans le cadre de contrats autres que ceux visés à l'article 150 quinquies est soumis à l'impôt sur le revenu dans les conditions prévues au 2 de l'article 200 A*** *[ancienne rédaction : à l'article 96 A]****.***

Les pertes sont soumises aux dispositions du 11 de l'article 150-0 D.

Les dispositions issues de la L. nº 2013-1279 du 29 déc. 2013 s'appliquent aux profits ou pertes réalisés à compter du 1er janv. 2014 (L. préc., art. 43-IV-A).

Art. 150 *septies* *(Abrogé par L. nº 2013-1279 du 29 déc. 2013, art. 43-I-E-3º)* ***Un décret fixe les conditions d'application des articles 150 ter à 150 sexies notamment les opérations comptables qu'ils nécessitent ainsi que les obligations déclaratives des contribuables.*** *— V. Ann. III, art. 41 septdecies H à 41 septdecies K. — V. aussi LPF, art. R. 96-C-1. —* ***C. pr. fisc.***

Les dispositions issues de la L. nº 2013-1279 du 29 déc. 2013 s'appliquent aux profits ou pertes réalisés à compter du 1er janv. 2014 (L. préc., art. 43-IV-A).

Art. 150 *octies* *(Abrogé par L. nº 2013-1279 du 29 déc. 2013, art. 43-I-E-3º)* ***Les dispositions des articles 150 ter à 150 quinquies s'appliquent aux opérations à terme sur marchandises réalisées en France sur un marché réglementé.***

Les dispositions issues de la L. nº 2013-1279 du 29 déc. 2013 s'appliquent aux profits ou pertes réalisés à compter du 1er janv. 2014 (L. préc., art. 43-IV-A).

Art. 150 *nonies* *(Abrogé par L. nº 2013-1279 du 29 déc. 2013, art. 43-I-E-3º, applicable aux profits ou pertes réalisés à compter du 1er janv. 2014)* ***1. Les profits tirés des achats, ventes et levées d'options négociables réalisés en France, à compter du 1er janvier 1989, directement ou par personne interposée, par des personnes physiques fiscalement domiciliées en France, sont, sous réserve des dispositions propres aux bénéfices professionnels, imposés dans les conditions des 2 et 3 ci-dessous.***

2. Le profit est égal à la différence entre les sommes versées et les sommes reçues, majorée, lorsque l'option est levée, de la différence entre le prix d'achat ou de vente de l'actif sous-jacent et son cours coté.

Lorsqu'une même option a donné lieu à des achats ou des ventes effectués à des prix différents, le profit est calculé sur le prix moyen pondéré.

Les opérations qui ne sont pas dénouées au 31 décembre sont prises en compte pour la détermination du profit de l'année au cours de laquelle elles sont dénouées.

3. Le 11 de l'article 150-0 D et le 2 de l'article 200 A sont applicables.

4. Un décret fixe les obligations déclaratives incombant aux intermédiaires. *— V. Ann. III, art. 41 septdecies L à 41 septdecies O. — V. aussi LPF, art. R. 96-C-2. —* ***C. pr. fisc.***

Art. 150 *decies* *(Abrogé par L. nº 2013-1279 du 29 déc. 2013, art. 43-I-E-3º, applicable aux profits ou pertes réalisés à compter du 1er janv. 2014)* ***1. Les profits tirés des achats ou cessions de bons d'option ou de l'exercice du droit attaché à ces bons réalisés en France à compter du 1er janvier 1991 directement ou par personne interposée, par des personnes physiques fiscalement domiciliées en France, sont, sous réserve des dispositions propres aux bénéfices professionnels, imposés dans les conditions des 2 et 3 ci-dessous.***

2. Le profit est égal à la différence entre les sommes versées et les sommes reçues, majorée, lorsque l'exercice du droit attaché au bon d'option se traduit par la livraison de l'actif sous-jacent, de la différence entre le prix d'achat ou de vente de cet actif et son cours coté.

Lorsqu'un même bon d'option a donné lieu à des achats effectués à des prix différents, le profit est calculé sur le prix moyen pondéré.

Le profit imposable est net des frais et taxes acquittés par le donneur d'ordre.

Les opérations qui ne sont pas dénouées au 31 décembre sont prises en compte pour la détermination du profit de l'année au cours de laquelle elles sont dénouées.

***3.** Le 11 de l'article 150-0 D et le 2 de l'article 200 A sont applicables.*

4.** Un décret fixe les obligations déclaratives incombant aux intermédiaires.* — *V. Ann. III, art. 41 septdecies P à 41 septdecies s. — V. aussi LPF, art. R. 96-C-3.* — ***C. pr. fisc.

Art. 150 *undecies* *(Abrogé par L. n° 2013-1279 du 29 déc. 2013, art. 43-J-E-3°, applicable aux profits ou pertes réalisés à compter du 1er janv. 2014)* ***1.** Les profits réalisés par les personnes physiques fiscalement domiciliées en France lors de la cession ou du rachat de parts de fonds communs d'intervention sur les marchés à terme définis à l'article L. 214-42 du code monétaire et financier dans sa rédaction antérieure à l'ordonnance n° 2011-915 du 1er août 2011 relative aux organismes de placement collectif en valeurs mobilières et à la modernisation du cadre juridique de la gestion d'actifs, ou de leur dissolution, sont, sous réserve des dispositions propres aux bénéfices professionnels, imposés dans les conditions prévues pour les profits réalisés sur les marchés à terme au 8° du I de l'article 35, au 5° du 2 de l'article 92 ou aux articles 150 ter et 150 septies à condition qu'aucune personne physique agissant directement ou par personne interposée ne possède plus de 10 % des parts du fonds.*

***2.** Le profit ou la perte est déterminé dans les conditions définies au premier alinéa du 1 et au 2 de l'article 150-0 D.*

***3.** Un décret précise les modalités d'application du présent article ainsi que les obligations déclaratives des contribuables et des intermédiaires.* — *V. Ann. III, art. 41 septdecies I à 41 septdecies X.*

Art. 150 *duodecies* **En cas de donation de titres prévue au I de l'article** *(L. n° 2017-1837 du 30 déc. 2017, art. 31)* **« 978** *[ancienne rédaction : 885-0 V bis A]* **», le gain net correspondant à la différence entre la valeur des titres retenue pour la détermination de l'avantage fiscal prévu à ce même I et leur valeur d'acquisition est imposé à l'impôt sur le revenu, lors de la donation, selon les règles prévues aux articles 150-0 A et suivants.**

Les dispositions du présent art. telles que modifiées par l'art. 31-I-B de la L. n° 2017-1837 du 30 déc. 2017, s'appliquent au titre de l'impôt sur la fortune immobilière dû à compter du 1er janv. 2018 (L. préc., art. 31).

Toutefois, les dispositions modifiées ou abrogées par le même B du I continuent de s'appliquer, dans leur rédaction en vigueur au 31 déc. 2017 à l'impôt de solidarité sur la fortune dû jusqu'au titre de l'année 2017 incluse (L. préc., art. 31-IX-B).

Réduction d'ISF au titre des dons effectués au profit de certains organismes d'intérêt général. Imposition à l'IR du gain net réalisé en cas de dons de titres. * BOI-RPPM-PVBMI-20-10-20-30 nos 120 s. du 12 sept. 2012.

VII *TER* *PLUS-VALUES DE CESSION À TITRE ONÉREUX DE BIENS OU DE DROITS DE TOUTE NATURE*

1 VALEURS MOBILIÈRES, DROITS SOCIAUX ET TITRES ASSIMILÉS

BIBL. ▶ Bachelier, *Dr. fisc. 2002, p. 1258* (l'évaluation fiscale des biens et services). – Bornhauser, *Dr. fisc. 2001, p. 1514* (régime fiscal des cessions de titres démembrés). – Depondt et Emmenecker, *Dr. et patr. 2002, n° 104, p. 18* (donation de titres et démembrement de propriété). – Gentilhomme, *JCP N 2001, p. 1239* (démembrement de titres et plus-values sur titres sociaux). – Hovasse, *Dr. et patr. 2002, n° 107, p. 50* (nouveau régime d'imposition des plus-values en cas de démembrement des droits sociaux : ombres et lumières). – Le Dolley, *Dr. fisc. 2002, p. 1470* (la valeur vénale des titres). – Servignat, *Dr. et patr. 11/2001, p. 32* (nouveau régime d'imposition des plus-values de cessions de valeurs mobilières et droits sociaux démembrés).

Art. 150-0 A I. — **1. Sous réserve des dispositions propres aux bénéfices industriels et commerciaux, aux bénéfices non commerciaux et aux bénéfices agricoles ainsi que des articles 150 UB et 150 UC, les gains nets retirés des cessions à titre onéreux, effectuées directement, par personne interposée ou par l'intermédiaire d'une fiducie, de valeurs mobilières, de droits sociaux, de titres mentionnés au 1° de l'article 118 et aux 6° et 7° de l'article 120, de droits portant sur ces valeurs, droits ou titres ou de**

titres représentatifs des mêmes valeurs, droits ou titres, sont soumis à l'impôt sur le revenu. — *V. Ann. II, art. 74-0 A.*

2. Le complément de prix reçu par le cédant en exécution de la clause du contrat de cession de valeurs mobilières ou de droits sociaux par laquelle le cessionnaire s'engage à verser au cédant un complément de prix exclusivement déterminé en fonction d'une indexation en relation directe avec l'activité de la société dont les titres sont l'objet du contrat, est imposable au titre de l'année au cours de laquelle il est reçu.

Le gain retiré de la cession ou de l'apport d'une créance qui trouve son origine dans une clause contractuelle de complément de prix visée au premier alinéa est imposé dans les mêmes conditions au titre de l'année de la cession ou de l'apport.

3. *Abrogé.*

4. Les sommes ou valeurs attribuées en contrepartie de titres pour lesquels l'option pour l'imputation des pertes a été exercée dans les conditions du deuxième alinéa du 12 de l'article 150-0 D sont imposables au titre de l'année au cours de laquelle elles sont reçues, à hauteur de la perte imputée ou reportée.

5. La fraction ayant le caractère de gain net des sommes versées par la Caisse des dépôts et consignations en application du *(L. nº 2021-874 du 1er juill. 2021, art. 3-III-1º)* « sixième » alinéa du I de l'article L. 312-20 du code monétaire et financier est soumise à l'impôt sur le revenu déterminé suivant les règles de taxation en vigueur l'année de ce versement. Le montant imposable du gain net est déterminé dans les conditions et selon les modalités applicables à la date de la liquidation des titres opérée en application du *(L. nº 2021-874 du 1er juill. 2021, art. 3-III-2º)* « même sixième alinéa ».

I bis. — Abrogé.

II. — Les dispositions du I sont applicables :

1. *Abrogé.*

2. Au gain net réalisé depuis l'ouverture d'un plan d'épargne en actions défini à l'article 163 *quinquies* D en cas de retrait de titres ou de liquidités ou de rachat avant l'expiration de la cinquième année dans les mêmes conditions. *(L. nº 2019-486 du 22 mai 2019, art. 91-II-1º et 2º)* « Lorsque ce retrait ou rachat n'entraîne pas la clôture du plan, le gain net imposable est déterminé suivant les modalités définies au *b* du 5º du II de l'article L. 136-7 du code de la sécurité sociale. La disposition de la première phrase du présent 2 » n'est pas applicable aux sommes ou valeurs retirées ou rachetées, lorsqu'elles sont affectées, dans les trois mois suivant le retrait ou le rachat, au financement de la création ou de la reprise d'une entreprise dont le titulaire du plan, son conjoint, son ascendant ou son descendant assure personnellement l'exploitation ou la direction et lorsque ces sommes ou valeurs sont utilisées à la souscription en numéraire au capital initial d'une société, à l'achat d'une entreprise existante ou lorsqu'elles sont versées au compte de l'exploitant d'une entreprise individuelle créée depuis moins de trois mois à la date du versement. — *V. Ann. II, art. 74-0 E bis et 91 quater E à 91 quater J.*

2 *bis*. Au gain net réalisé depuis l'ouverture d'un plan d'épargne en actions défini à l'article 163 *quinquies* D en cas de clôture après l'expiration de la cinquième année lorsqu'à la date de cet événement la valeur liquidative du plan ou de rachat du contrat de capitalisation est inférieure au montant des versements effectués sur le plan depuis son ouverture, compte non tenu de ceux afférents aux retraits ou rachats n'ayant pas entraîné la clôture du plan, et à condition que, à la date de la clôture, les titres figurant dans le plan aient été cédés en totalité ou que le contrat de capitalisation ait fait l'objet d'un rachat total. — *V. Ann. II, art. 91 quater G à 91 quater J.*

2 *ter*. Au gain net déterminé dans les conditions prévues à l'article 150-0 B *quinquies* lors du retrait de titres ou de liquidités ou de la clôture d'un compte défini à l'article L. 221-32-4 du code monétaire et financier ;

3. Au gain net retiré des cessions de titres de sociétés immobilières pour le commerce et l'industrie non cotées ;

4. Au gain net retiré des rachats d'actions de sociétés d'investissement à capital variable et au gain net résultant des rachats de parts de fonds communs de placement définis au 2 du III ou de la dissolution de tels fonds ou sociétés ;

4 *bis*. Au gain net retiré des rachats d'actions de sociétés de placement à prépondérance immobilière à capital variable mentionnées au 3º *nonies* de l'article 208 ;

4 *ter*. Par dérogation aux dispositions de l'article 239 *nonies*, aux titres cédés dans le cadre de leur gestion par les fonds de placement immobilier régis par les articles L. 214-33 et suivants du code monétaire et financier, lorsqu'une personne physique agissant directement, par personne interposée ou par l'intermédiaire d'une fiducie possède plus de 10 % des parts du fonds.

5. Au gain net retiré des cessions de parts des fonds communs de créances dont la durée à l'émission est supérieure à cinq ans ;

6. Au gain net retiré par le bénéficiaire lors d'un rachat par une société émettrice de ses propres titres et défini au 8 *ter* de l'article 150-0 D.

7. Sous réserve de l'application de l'article 163 *quinquies* B et du 8, en cas de distribution d'une fraction des actifs d'un fonds commun de placement à risques, d'un fonds professionnel spécialisé relevant de l'article L. 214-37 du code monétaire et financier, dans sa rédaction antérieure à l'ordonnance n° 2013-676 du 25 juillet 2013 modifiant le cadre juridique de la gestion d'actifs, d'un fonds professionnel de capital d'investissement ou d'une entité de même nature constituée sur le fondement d'un droit étranger, à l'excédent du montant des sommes ou valeurs distribuées sur le montant des apports, ou le prix d'acquisition des parts s'il est différent du montant des apports.

7 *bis*. Sous réserve de l'application de l'article 163 *quinquies* B, du 8 du présent II et du 2 du III, en cas de distribution de plus-values par un organisme de placement collectif en valeurs mobilières ou par un placement collectif relevant des articles L. 214-24-24 à L. 214-32-1, L. 214-139 à L. 214-147 et L. 214-152 à L. 214-166 du code monétaire et financier, ou par une entité de même nature constituée sur le fondement d'un droit étranger ;

8. Aux gains nets réalisés, directement, par personne interposée ou par l'intermédiaire d'une fiducie, par les salariés ou par les dirigeants soumis au régime fiscal des salariés, des sociétés de capital-risque, des sociétés de gestion de tels fonds ou de sociétés de capital-risque, ou des sociétés qui réalisent des prestations de services liées à la gestion des fonds précités ou des sociétés de capital-risque, lors de la cession ou du rachat de parts de fonds communs de placement à risques ou de fonds professionnels spécialisés relevant de l'article L. 214-37 du code monétaire et financier dans sa rédaction antérieure à l'ordonnance n° 2013-676 du 25 juillet 2013 modifiant le cadre juridique de la gestion d'actifs ou de fonds professionnels de capital-investissement ou d'actions de sociétés de capital-risque donnant lieu à des droits différents sur l'actif net ou les produits du fonds ou de la société et attribuées en fonction de la qualité de la personne, sous réserve du respect des conditions suivantes :

1° Les parts ou actions cédées ont été souscrites ou acquises moyennant un prix correspondant à la valeur des parts ou actions ;

2° L'ensemble des parts d'un même fonds commun de placement à risques ou d'un même fonds professionnel spécialisé relevant de l'article L. 214-37 du code monétaire et financier dans sa rédaction antérieure à l'ordonnance n° 2013-676 du 25 juillet 2013 modifiant le cadre juridique de la gestion d'actifs ou d'un même fonds professionnel de capital investissement ou des actions d'une même société de capital-risque donnant lieu à des droits différents sur l'actif net ou les produits du fonds ou de la société et attribuées en fonction de la qualité de la personne satisfont aux conditions suivantes :

a) Elles constituent une seule et même catégorie de parts ou actions ;

(L. n° 2019-1479 du 28 déc. 2019, art. 8-I-1° et II, applicable aux gains nets réalisés et aux distributions perçues à compter du 1er janv. 2020) « *b)* Elles représentent :

« – au moins 1 % du montant total des souscriptions dans le fonds ou la société pour sa fraction inférieure ou égale à un milliard d'euros ;

« – et au moins 0,5 % de la fraction du montant total des souscriptions dans le fonds ou la société qui excède un milliard d'euros.

« A titre dérogatoire, un pourcentage distinct peut être fixé par décret pour certaines catégories de fonds ou de sociétés, après avis de l'Autorité des marchés financiers ; » – *V. Ann. III, art. 41 DGA.*

c) Les sommes ou valeurs auxquelles donnent droit ces parts ou actions sont versées au moins cinq ans après la date de la constitution du fonds ou de l'émission de ces actions et, pour les parts de fonds communs de placement à risques ou de fonds professionnels spécialisés relevant de l'article L. 214-37 du code monétaire et financier dans sa rédaction antérieure à l'ordonnance n° 2013-676 du 25 juillet 2013 modifiant le cadre juridique de la gestion d'actifs ou de fonds professionnels de capital investissement, après le remboursement des apports des autres porteurs de parts ;

3° Le cédant perçoit une rémunération normale au titre du contrat de travail ou du mandat social qui lui a permis de souscrire ou d'acquérir ces parts ou actions.

Ces dispositions s'appliquent également dans les mêmes conditions :

1° Aux distributions mentionnées aux 7 et 7 *bis* perçues par les personnes visées au premier alinéa du présent 8 et afférentes à des parts de fonds communs de placement à risques ou de fonds professionnels spécialisés relevant de l'article L. 214-37 du code monétaire et financier dans sa rédaction antérieure à l'ordonnance n° 2013-676 du 25 juillet 2013 modifiant le cadre juridique de la gestion d'actifs ou de fonds professionnels de capital investissement donnant lieu à des droits différents sur l'actif net ou les produits du fonds et attribuées en fonction de la qualité de la personne ;

2° Aux gains nets mentionnés au premier alinéa du présent 8 réalisés par les salariés ou dirigeants soumis au régime fiscal des salariés d'une entité, constituée dans un État membre de l'Union européenne ou dans un autre État partie à l'accord sur l'Espace économique européen ayant conclu avec la France une convention d'assistance administrative en vue de lutter contre la fraude et l'évasion fiscales et dont l'objet principal est d'investir dans des sociétés dont les titres ne sont pas admis aux négociations sur un marché d'instruments financiers français ou étranger, ou d'une société qui réalise des prestations de services liées à la gestion de cette entité, lorsque les titres cédés ou rachetés sont des droits représentatifs d'un placement financier dans cette entité donnant lieu à des droits différents sur l'actif net ou les produits de l'entité et sont attribués en fonction de la qualité de la personne, ainsi qu'aux distributions, représentatives des plus-values réalisées par l'entité, perçues par ces mêmes salariés ou dirigeants en rémunération de ces droits.

(L. n° 2018-1317 du 28 déc. 2018, art. 42-I-2° et III, applicable aux gains nets réalisés et aux distributions perçues à compter du 11 juill. 2018) « 9. Aux gains nets réalisés et aux distributions perçues, directement ou par personne ou entité interposées, à raison de parts ou actions émises par une entité ayant pour objet principal d'investir dans des sociétés dont les titres ne sont pas admis aux négociations sur un marché d'instruments financiers, ou de droits représentatifs d'un placement financier dans cette entité qui donnent lieu à des droits différents sur l'actif net ou les produits de l'entité et attribués en fonction de la qualité de la personne, sous réserve du respect de l'ensemble des conditions suivantes :

« 1° Le bénéficiaire établit en France son domicile fiscal, au sens de l'article 4 B, entre le 11 juillet 2018 et le 31 décembre 2022 et n'a pas été fiscalement domicilié en France au cours des trois années civiles précédant cette installation ;

« 2° Le bénéficiaire est salarié, prestataire, associé ou dirigeant de l'entité d'investissement mentionnée au premier alinéa du présent 9 ou d'une société réalisant des prestations de services liées à la gestion de cette entité et en retire une rémunération normale au titre de son contrat de travail, de son contrat de prestations de services, de son contrat d'association ou de son mandat social ;

« 3° Les parts, actions ou droits mentionnés au premier alinéa du présent 9 ont été souscrits, obtenus ou acquis à une date à laquelle le bénéficiaire était fiscalement domicilié hors de France ou conformément aux termes et conditions fixés par le règlement ou les statuts de l'entité d'investissement préalablement à l'établissement en France du domicile fiscal du bénéficiaire. Ces parts, actions ou droits n'ont pas été intégralement souscrits, obtenus ou acquis à titre gratuit ;

« 4° L'entité d'investissement mentionnée au premier alinéa du présent 9 est constituée hors de France dans un État partie à l'accord sur l'Espace économique européen ou dans un État ou territoire ayant conclu avec la France une convention d'assistance administrative en vue de lutter contre la fraude et l'évasion fiscales.

« Les dispositions du présent 9 ne peuvent pas donner lieu à l'application du II de l'article 155 B. »

III. — Les dispositions du I ne s'appliquent pas :

1. Aux cessions et aux rachats de parts de fonds communs de placement à risques ou de fonds professionnels de capital d'investissement mentionnées à l'article 163 *quin-*

quies B, réalisés par les porteurs de parts, remplissant les conditions fixées aux I et II ou aux I et III *bis* de l'article précité, après l'expiration de la période mentionnée au I du même article. Cette disposition n'est pas applicable si, à la date de la cession ou du rachat, le fonds a cessé de remplir les conditions énumérées au II ou au III *bis* de l'article 163 *quinquies* B.

Les dispositions du premier alinéa ne s'appliquent pas aux parts de fonds communs de placement à risques ou de fonds professionnels de capital d'investissement donnant lieu à des droits différents sur l'actif net ou sur les produits du fonds et attribuées en fonction de la qualité de la personne.

1 *bis.* Aux cessions d'actions de sociétés de capital-risque mentionnées au 2 du II de l'article 163 *quinquies* C souscrites ou acquises à compter du 1er janvier 2001, réalisées par des actionnaires remplissant les conditions fixées au 2 du II de l'article précité, après l'expiration de la période de cinq ans mentionnée au 2° du 2 du même II. Cette disposition n'est pas applicable si, à la date de la cession, la société a cessé de remplir les conditions énumérées à l'article 1er-1 de la loi n° 85-695 du 11 juillet 1985.

Les dispositions du premier alinéa ne s'appliquent pas aux actions de sociétés de capital-risque donnant lieu à des droits différents sur l'actif net ou sur les produits du fonds et attribuées en fonction de la qualité de la personne.

2. Aux titres cédés dans le cadre de leur gestion par les fonds communs de placement sous réserve qu'aucune personne physique agissant directement, par personne interposée ou par l'intermédiaire d'une fiducie ne possède plus de 10 % des parts du fonds. Cette condition ne s'applique pas aux fonds mentionnés au 3 ;

3. Aux titres cédés dans le cadre de leur gestion par les fonds communs de placement, constitués en application des législations sur la participation des salariés aux résultats des entreprises et les plans d'épargne d'entreprise ainsi qu'aux rachats de parts de tels fonds ;

4. A la cession des titres acquis dans le cadre de la législation sur la participation des salariés aux résultats de l'entreprise et sur l'actionnariat des salariés, à la condition que ces titres revêtent la forme nominative et comportent la mention d'origine ;

(Ord. n° 2019-766 du 24 juill. 2019, art. 3-I et 9-I ; Décr. n° 2019-807 du 30 juill. 2019, art. 9-II, en vigueur le 1er oct. 2019) « 4 *bis*) A la cession des titres détenus dans un plan d'épargne retraite mentionné à l'article L. 224-1 du code monétaire et financier ; »

5. A la cession de titres effectuée dans le cadre d'un engagement d'épargne à long terme lorsque les conditions fixées par l'article 163 *bis* A sont respectées ;

6. Aux profits réalisés dans le cadre des placements en report par les contribuables qui effectuent de tels placements.

7. *(L. n° 2019-486 du 22 mai 2019, art. 162-X-3°)* « A la fraction de plus-values due dans les conditions prévues aux articles L. 23-11-1 à L. 23-11-4 du code de commerce. »

IV. — Le I ne s'applique pas aux partages qui portent sur des valeurs mobilières, des droits sociaux et des titres assimilés, dépendant d'une succession ou d'une communauté conjugale et qui interviennent uniquement entre les membres originaires de l'indivision, leur conjoint, des ascendants, des descendants ou des ayants droit à titre universel de l'un ou de plusieurs d'entre eux. Il en est de même des partages portant sur des biens indivis issus d'une donation-partage et des partages portant sur des biens indivis acquis par des partenaires ayant conclu un pacte civil de solidarité ou par des époux, avant ou pendant le pacte ou le mariage. Ces partages ne sont pas considérés comme translatifs de propriété dans la mesure des soultes ou plus-values.

BIBL. ▶ Béreyziat, *RJF 2005, p. 382* (cessions de parts de sociétés de personnes : la machine infernale). – Colombié, *BFL 2013, p. 5.* – Fernoux et Iwanesco, *Dr. fisc. 2012. 292* (donation cession : le civil tient le fiscal en état). – Fouquet, *Rev. adm. 2005, p. 249* (plus-values de cessions des parts de *sociétés de personnes : le juge,* la loi et le trou noir). – Labrune, RJF 2014, p. 1043 (les gains de « management package », des objets fiscaux non identifiés ?). – Nouel et Gentilhomme, *BFL 2004, p. 383* (titres sociaux : imposition des plus-values et date de transfert de propriété). – Parot, *Dr. fisc. 1988, p. 1321* (fiscalité des clauses d'*earn out*) ; *Dr. fisc. 2000, p. 867* (plus-values de cession de titres et annualité de l'impôt). – Renault et Pouget, *Dr. fisc. 1998, p. 1512* (variation du prix de cession des titres et intangibilité de la plus-value fiscale du cédant particulier). – Turot, *RJF 1991, p. 687* (traitement fiscal des garanties de passif).

1. Doctrine administrative. Nature des opérations imposables. * BOI-RPPM-PVBMI-10-10-10 du 20 déc. 2019.

2. Notion de cession à titre onéreux. Ces cessions s'entendent non seulement des ventes proprement dites mais également de toute transaction emportant transfert à titre onéreux de titres tels que les partages ou les prêts ainsi que les échanges ou les apports de titres. * BOI-RPPM-PVBMI-10-10-10 n° 1 du 20 déc. 2019. ♦ Ainsi, la dation en paiement de titres en règlement d'une soulte successorale constitue une cession à titre onéreux mettant fin au différé d'imposition des plus-values d'échange. • CE 4 déc. 2017, n° 392290 : *RJF 2018. 269.* ♦ Mais l'annulation de titres d'une société en vue de procéder à une réduction de capital ne constitue pas une cession de titres. • TA Paris, 13 déc. 2005, n° 99-22.236 : *RJF 2006. 709.* ♦ De même, l'acte de « cession » conclu entre deux conjoints mariés sous un régime de communauté et portant sur des titres relevant de la communauté ne dégage aucune plus-value imposable. • CAA Bordeaux, 17 juill. 2017, n° 15BX02301 : *RJF 2017. 1214.* ♦ Une opération de cession de valeurs, droits ou titres ne peut être requalifiée en libéralité n'entrant pas dans le champ des art. 150-0 A et 150-0 D, alors même qu'elle interviendrait pour un prix nul ou symbolique ou sans paiement du prix convenu au contrat, en l'absence d'intention libérale du cédant vis-à-vis du cessionnaire. • CE 25 janv. 2017, n°s 392063 et 392065 : *RJF 2017. 330, concl. Victor.*

3. Société de gestion de portefeuille. L'art. 150-0 A s'applique aux gains de cession de valeurs mobilières et de droits sociaux réalisés par une société ou un groupement qualifié de personne interposée quelles que soient les fonctions et la participation du contribuable dans cette société ou ce groupement et quelle que soit la participation de la personne interposée dans les bénéfices sociaux des sociétés qu'elle a en portefeuille. * BOI-RPPM-PVBMI-10-30-10 n° 50 du 20 déc. 2019. ♦ Il résulte des art. 8, 238 *bis* K, II et 150-0 A que les plus-values réalisées par une société de personnes exerçant une activité d'acquisition et de gestion d'un portefeuille de valeurs mobilières et de droits sociaux dans laquelle une personne physique soumise à l'IR détient une *participation sont* soumises au régime des plus-values des particuliers à concurrence des droits que celle-ci détient avec les membres de son foyer fiscal dans cette société. • CE 27 juin 2019, n° 420262 : *RJF 2019.901, concl. Iljic.*

4. Réforme du régime d'imposition des gains nets de cession de valeurs mobilières, de droits sociaux ou de titres réalisés par des particuliers. Application d'un prélèvement forfaitaire unique (PFU) au taux forfaitaire prévu à l'art. 200 A-1. Ces gains peuvent toutefois être pris en compte pour la détermination du revenu net global imposé au barème progressif de l'IR.* BOI-RPPM-PVBMI-30-20 du 20 déc. 2019.

5. Option pour le barème progressif. L'option pour le barème peut sur demande être exercée après le dépôt de la déclaration de revenus. * Rép. min. n° 24560 : *JOAN 25 févr. 2020.*

6. Année d'imposition. Pour déterminer l'année au titre de laquelle une plus-value de cession de valeurs mobilières doit être imposée, il convient de se référer à la date de la cession qui est parfaite au sens de l'art. 1583 C. civ. dès l'accord sur la chose et le prix, ce dernier pouvant être laissé à l'arbitrage d'un tiers. Imposition de la plus-value au titre de l'année où intervient l'accord sur la chose et sur le prix même si celui-ci est seulement déterminable. • CE 11 déc. 2008, n°s 309232 et 296429 : *RJF 2009. 209 ; Dr. fisc. 2009. 237 ; RTD com. 2009. 480, note Fouquet.* ♦ Les modalités de paiement du prix de cession des droits sociaux sont sans influence sur la date de réalisation de la cession elle-même, qui se situe au moment du transfert de propriété des titres entre les parties. • CE 28 oct. 1966, n° 68280 : *Lebon 571* • 22 mars 1991, n° 67966 : *Dr. fisc. 1991. 1510 ; RJF 1991. 615 ; ibid. 690, chron. Turot.* ♦ Le transfert de propriété des titres doit être regardé comme réalisé à la date de cession de ceux-ci, sans que puissent être invoquées des circonstances postérieures au transfert de propriété, lesquelles demeurent sans incidence sur l'accord des parties au moment de la vente. • CAA Bordeaux, 25 avr. 2013, *Morel*, n° 11BX03390 : *RJF 2013. 935.* ♦ Lorsque, à l'occasion d'une cession de titres, est prévu le versement d'un complément de prix, d'une part, indexé directement sur l'activité de la société et, d'autre part, garanti à hauteur d'un montant déterminé, le montant garanti, dont la perception future est certaine dès la conclusion de l'acte de cession, doit être imposé au titre de l'année de cession et non pas, par application de l'art. 150-0 A-I-2, au titre de l'année au cours de laquelle le cédant l'a perçu. • CAA Nantes, 19 janv. 2017, n° 15NT02188 : *RJF 2017. 331.*

7. La date de transfert de propriété de valeurs mobilières non cotées et non inscrites chez un intermédiaire habilité est celle de leur inscription au compte de l'acquéreur en application de l'art. L 228-1 C. com. Par suite, la plus-value de cession de titres inscrits au compte de l'acheteur en 2008 est imposable au titre de cette année, alors même qu'une convention de cession a été signée l'année précédente. • CE 28 janv. 2019, n° 407305 : *RJF 2019. 345, concl. Bokdam-Tognetti.*

8. Titres dont la propriété est démembrée. Sauf lorsque la loi en a disposé autrement, l'usufruitier doit être assujetti aux impôts liés à la jouissance du bien, alors que le nu-propriétaire est redevable de ceux résultant de leur détention. Par suite, le gain en capital réalisé à l'occasion de la cession en pleine propriété d'un por-

tefeuille de valeurs mobilières est imposable au seul nom du nu-propriétaire de ces valeurs, qui doit être réputé en avoir eu la disposition, alors même que les produits tirés de la vente sont destinés à être réemployés. • CAA Paris, 27 juin 2002, n° 98PA1005 : *Dr. fisc. 2003. 231.*

9. Cession conjointe de titres démembrés. En cas de cession simultanée pour un prix commun de titres dont la propriété est démembrée, le prix de cession commun se répartit entre l'usufruit et la nue-propriété selon la valeur respective de chacun de ces droits, sauf convention contraire des parties pour reporter l'usufruit sur le prix. • CE 30 déc. 2009, ♔ n° 307165 : *RJF 2010. 226 ; concl. Burguburu au BDCF 3/10, n° 31.* ♦ En l'absence d'un acte ayant date certaine, un contribuable usufruitier n'établit pas le report du démembrement de la propriété des titres cédés sur celle des titres acquis en remploi du prix de cession. La plus-value résultant pour le contribuable de la cession des actions détenues en usufruit est donc imposable. • Même arrêt.

10. En cas de cession simultanée pour un prix commun de titres dont la propriété est démembrée, le prix de cession commun se répartit entre l'usufruit et la nue-propriété selon la valeur respective de chacun de ces droits, sauf convention contraire des parties pour reporter l'usufruit sur le prix. En revanche, dans le cas où le nu-propriétaire cède les titres en pleine propriété mais doit remployer le prix de cession dans l'acquisition d'autres titres dont les revenus reviennent à l'usufruitier, la plus-value réalisée, dont le montant est égal à la différence entre le prix de cession de la pleine propriété des titres et leur prix d'acquisition, n'est imposable qu'au nom du nu-propriétaire. • CE 28 janv. 2019, ♔ n° 407305 : *RJF 2019. 345, concl. Bokdam-Tognetti.*

11. L'imposition de la plus-value constatée à la suite des opérations par lesquelles l'usufruitier et le nu-propriétaire de parts sociales dont la propriété est démembrée procèdent ensemble à la cession, ou à tout acte fiscalement assimilé à une cession, de ces parts sociales se répartit entre l'usufruit et la nue-propriété selon la valeur respective de chacun de ces droits. Toutefois, lorsque les parties ont décidé, par l'acte qui est à l'origine du démembrement de propriété, que le droit d'usufruit serait, à la suite de la cession, reporté sur le prix issu de celle-ci, la plus-value est intégralement imposée entre les mains de l'usufruitier. • CE 12 déc. 2012, ♔ *Mathieu,* n°s 336273 et 336303 : *RJF 2013. 296 ; BDCF 2013. 32, concl. Legras.*

12. En cas de cession de titres précédée d'une donation avec réserve d'usufruit, le redevable de l'impôt sur la plus-value est l'usufruitier lorsque la clause de remploi figurant dans l'acte de donation est facultative et que l'usufruitier bénéficie d'un mandat exclusif pour gérer le prix de cession. • CE 2 avr. 2021, ♔ n° 429187 : *RJF 2021. 594, concl. Guibé.*

13. Gains ou pertes de change. Les gains ou pertes de change pouvant être constatés lors de cessions de valeurs mobilières, droits sociaux et titres assimilés constituent une composante des gains nets ou moins-values réalisés et sont pris en compte pour la détermination des sommes imposables en application de l'art. 150-0 A. • CE 13 sept. 2021, ♔ n° 443914 : *RJF 2021. 1111, concl. Victor ; Dr. fisc. 2021. 396, note Pezet.*

14. Tiers « se portant fort ». Le tiers pour lequel une personne s'est portée fort est un tiers à l'acte conclu sans son consentement et n'est engagé par un tel acte qu'autant qu'il accepte de tenir l'engagement pris en son nom. Par suite, dès lors qu'une convention de cession de parts sociales, signée par une personne agissant « pour elle-même et en se portant fort » du contribuable, n'a pas été ratifiée par ce dernier, expressément ou tacitement, le transfert de propriété des parts sociales détenues par le contribuable n'était pas intervenu et l'Administration n'est pas en droit d'assujettir l'intéressé à l'IR à raison d'une plus-value qui aurait été dégagée par ladite cession. • TA Orléans, 8 avr. 2003, n° 00-247 : *Dr. fisc. 2003. 550.* ♦ Des frais de commission d'intermédiation versés par un gérant majoritaire sont déductibles intégralement de la plus-value réalisée sur la vente des titres malgré l'existence d'une promesse de porte-fort envers l'autre actionnaire. • CAA Lyon, 4 mai 2010, n° 08LY1023 : *RJF 2010. 1171.*

15. « Carried interest ». BIBL. Vansteenkiste et Béra, *Dr. fisc. 2010. Étude 294* (l'imposition des « carried interest » : évolution et questions en suspens). ♦ Les actions des SCR et les parts de FCPR ou de FCPI dites de « *carried interest* » ne peuvent pas, compte tenu de leurs caractéristiques, bénéficier des exonérations d'IR, qui sous certaines conditions, s'appliquent aux parts de FCPR et aux actions de SCR (L. n° 2001-1275, 28 déc. 2001, art. 78-IV). Commentaire administratif (définition et régime fiscal). * BOI-RPPM-PVBMI-60 du 24 oct. 2014.

16. Plus-values de cessions de titres de jeunes entreprises innovantes (JEI). Cessions antérieures au 1er janv. 2014 (art. 150-0 A-II-7). * BOI-RPPM-PVBMI-10-20-20 du 14 oct. 2014.

17. Partage de titres provenant d'une indivision successorale. Aménagements des dispositions applicables. Commentaire de l'art. 16-II de la loi n° 2007-1822 du 24 déc. 2007. Régime de droit commun et régime de faveur des partages d'indivision. Partage de titres ou droits entre concubins ou partenaires ayant conclu un PACS. Licitations. Cession ultérieure des titres ou droits par l'attributaire. * BOI-RPPM-PVBMI-20-10-20-50 du 20 déc. 2019. ♦ Constitutionnalité du régime. • Cons. const. 13 juill. 2018, ♔ n° 2018-719 QPC : *RJF 2018. 1156.*

18. Donation-cession de titres. Si l'Administration peut écarter sur le terrain de l'abus de droit un acte de donation qui revêt un caractère fictif au sens de l'art. L. 64 LPF, le donateur ne s'étant pas dépouillé actuellement et irrévocablement de la chose, elle ne peut, à défaut de fictivité, regarder un tel acte comme ayant été inspiré par un but exclusivement fiscal au sens de ce même art. Le juge de cassation exerce un contrôle de la qualification juridique des faits s'agissant de l'appréciation du dépouillement immédiat et irrévocable du donateur. • CE 9 avr. 2014, ♔ *Pérès*, n° 353822 : *RJF 2014. 708 ; BDCF 2014. 7, concl. Legras ; Dr. fisc. 2014. 421, note Vabres.* ♦ Lorsqu'une donation-partage de titres a été faite par acte authentique antérieurement à la cession des titres par les donataires, l'Administration ne peut pas se fonder sur un faisceau d'indices pour considérer que la cession, et donc la date du fait générateur de l'imposition de la plus-value sur cession de titres, est en réalité antérieure à la donation. • CE 19 nov. 2014, ♔ *Tilliette*, n° 370564 : *RJF 2015. 113 ; Dr. fisc. 2015. 129, note Mortier.* ♦ Constitue un abus de droit le fait pour un contribuable ayant donné des titres à ses enfants mineurs d'excéder ses droits d'usufruitier et d'administrateur légal de leurs biens en appréhendant une part substantielle du produit de la cession. • CE 14 nov. 2014, ♔ *Josselin*, n° 361482 : *RJF 2015. 140 ; Dr. fisc. 2015. 210, note Deboissy.* ♦ Cas où l'Administration, à laquelle incombait la charge de la preuve en raison de l'avis défavorable du comité de l'abus de droit fiscal, démontre que la donation de la nue-propriété des actions aux enfants ne peut pas être regardée comme ayant été irrévocablement consentie. En raison de son caractère fictif, cette donation ne lui était pas opposable. • CE 14 oct. 2015, ♔ *Barriern*, n° 374440 : *RJF 2016. 62, concl. Cortot-Boucher ; Dr. fisc. 2015. 742, note Deboissy et Wicker.* ♦ Une opération de donation-cession de titres avec réserve de quasi-usufruit n'est pas abusive, alors même que le donateur est dispensé de fournir une caution en garantie de la créance de restitution. • CE 10 févr. 2017, ♔ *Fillet*, n° 387960 : *Dr. fisc. 2017. 178, note Quilici ; RJF 2017. 468.* ♦ Dans le même sens : caractère non fictif d'une donation de titres avec clause de remploi et report de l'usufruit. • CE 31 mars 2017, ♔ n° 395550 : *RJF 2017. 597.*

19. Résolution d'une cession de titres. En cas de résolution de la vente postérieurement à l'année de cession des titres, le contribuable peut obtenir la restitution de l'impôt sur la plus-value initialement acquitté non sur le terrain de la loi fiscale, mais sur celui de la doctrine administrative. • CE 3 sept. 2020, n° 433821 : *RJF 2020. 10047, concl. Victor.*

Art. 150-0 B **Sous réserve des dispositions de l'article 150-0 B *ter*, les dispositions de l'article 150-0 A ne sont pas applicables, au titre de l'année de l'échange des titres, aux plus-values et moins-values réalisées dans le cadre d'une opération d'offre publique, de fusion, de scission, d'absorption d'un fonds commun de placement par une société d'investissement à capital variable, de conversion, de division, ou de regroupement, réalisée conformément à la réglementation en vigueur ou d'un apport de titres à une société soumise à l'impôt sur les sociétés.**

Ces dispositions s'appliquent aux opérations d'échange ou d'apport de titres mentionnées au premier alinéa réalisées en France, dans un autre État membre de l'Union européenne ou dans un État ou territoire ayant conclu avec la France une convention fiscale contenant une clause d'assistance administrative en vue de lutter contre la fraude et l'évasion fiscales, ainsi qu'aux opérations, autres que les opérations d'apport de titres à une société soumise à l'impôt sur les sociétés, pour lesquelles le dépositaire des titres échangés est établi en France, dans un autre État membre de l'Union européenne ou dans un État ou territoire ayant conclu avec la France une convention fiscale contenant une clause d'assistance administrative en vue de lutter contre la fraude et l'évasion fiscales.

Ces dispositions sont également applicables aux échanges avec soulte à condition que celle-ci n'excède pas 10 % de la valeur nominale des titres reçus. Toutefois, la plus-value est, à concurrence du montant de cette soulte, imposée au titre de l'année de l'échange.

BIBL. ▶ FOUQUET, *FR Lefebvre, 44/10, p. 21* (reports d'imposition et abus de droit : apport-cession et apport d'entreprise individuelle en société) ; *Dr. fisc. 2012. 216* (apport-cession de titres et abus de droit : la continuité). – MORTIER, *Dr. fisc. 2011. Étude. 564* (l'apport-cession à la loupe) ; *Dr. fisc. 2012. 302* (l'apport-cession) ; *Dr. fisc. 2014. 540* (la donation avant cession *in extenso*). – PAYS, *BF Lefevbre 2012, p. 875* (de l'apport-cession à la cession-remploi : une analyse comparée des dispositifs issus des art. 150-0 B et 150-0 D *bis* CGI). – VAUDOYER ET DELAURIÈRE, *Dr. fisc. 2000, p. 725* (plus-values constatées lors d'une offre publique d'échange).

1. OPA et OPR. Les offres publiques d'achat (OPA), qui se traduisent par la remise immédiate d'espèces, ne justifient donc pas la mise en place d'un différé d'imposition de la plus-value réalisée. * BOI-RPPM-PVBMI-30-10-20-10 n° 130 du 20 déc. 2019. ♦ De même, les offres publiques de retrait (OPR), qui se traduisent pour le cédant par une remise immédiate de liquidités en contrepartie de leurs titres, ne justifient pas un dispositif spécifique de différé d'imposition dans la mesure où les contribuables sont à même d'acquitter l'impôt dans les conditions de droit commun au moyen des liquidités reçues. Le fait que la vente soit « forcée » ainsi que les modalités du remploi des sommes reçues ne sont pas de nature à modifier cette solution. * Rép. min. nº 858 : *JO Sénat Q, 20 févr. 2003, p. 627.*

2. Échange de titres avec soulte excédant 10 %. Constitutionnalité de l'exclusion du sursis d'imposition pour les plus-values d'échange de titres avec soulte excédant 10 %, prévue à l'art. 150-0 B, al. 3. • Cons. const. 16 juin 2017, nº 2017-638 QPC : *RJF 2017. 972.* ♦ Sur renvoi de : • CE, QPC, 21 avr. 2017, nº 407223 : *RJF 2017-7. 722.* ♦ Des obligations convertibles en actions ne peuvent pas être regardées comme une soulte au sens de l'art. 150-0 B, ces dispositions ne faisant aucune distinction, au sein des titres qu'elles visent, entre les actions et les obligations convertibles en actions. • CAA Bordeaux, 17 oct. 2019, nº 17BX00156 : *RJF 2020. 133.* ♦ La fiche relative aux échanges de titres avec soulte incluse dans la « carte des pratiques et montages abusif » publiée sur le portail du ministère de l'Économie et des Finances, qui ne constitue pas une circulaire administrative, ne peut être opposée à l'administration fiscale sur le fondement de l'art. L. 80 A LPF, et ne peut donc faire l'objet d'un recours pour excès de pouvoir. • CE 12 juill. 2017, *M. B...*, nº 401997 : *RJF 2017. 1109, concl. Victor.* ♦ Pour l'application du régime du sursis d'imposition, la notion de soulte vise les prestations pécuniaires ayant le caractère d'une véritable contrepartie à l'opération d'échange de titres. En l'espèce, la perte en liquidité des titres résultant des restrictions à la liberté de cession des titres représente une contrepartie spécifique. • CAA Versailles, 21 juin 2021, nº 19VE03178 : *RJF 2021. 956 ; Dr. fisc. 2021. 375, note Pierre.*

3. Apport de titres d'une société de personnes. Il résulte de l'art. 150-0 B que le législateur a entendu inclure dans le champ du sursis d'imposition les plus-values d'échange procédant de l'ensemble des opérations d'apport à une *société soumise à l'IS, qu'elles portent* sur des titres représentatifs d'un capital social ou sur des parts de sociétés de personnes. • CE 27 févr. 2019, nº 408456 : *RJF 2019. 444.*

4. Clause d'indexation ou d'« earn out ». La perception en numéraire, par le cédant, d'un complément de prix exclusivement déterminé en fonction d'une indexation en relation directe avec l'activité de la société dont les titres ont fait l'objet de l'apport ne remet pas en cause le sursis d'imposition prévu à l'art. 150-0 B dont a bénéficié la plus-value d'échange réalisée au titre de l'année d'apport des titres. * Rescrit 24 oct. 2006, nº 2006/47 FP * BOI-RPPM-PVBMI-30-10-60-20 nºs 80 et 260 du 20 déc. 2019.

5. Opération de regroupement. Lorsqu'un contribuable, ayant acquis les titres de diverses sociétés, fait apport de ces titres en vue de la création d'une société et reçoit en contrepartie des titres de la société créée, cette opération qui a abouti pour la création d'une société nouvelle au transfert à cette société de titres de sociétés préexistantes a le caractère d'une opération de regroupement. Les gains nets retirés des échanges de titres opérés à l'occasion d'une telle opération bénéficient d'un différé d'imposition. • CE 6 oct. 2008, nº 290048 : *RJF 2008. 1323.*

6. Apport-cession de titres et abus de droit. Le caractère automatique du sursis d'imposition d'une plus-value d'échange de titres prévu à l'art. 150-0 B CGI ne fait pas obstacle à ce que l'Administration recoure à la procédure de l'abus de droit en présence d'une opération d'apport-cession de titres. • CE 27 juill. 2012, *Berjot*, nº 237295 : *RJF 2012. 1042.* ♦ L'opération par laquelle des titres d'une société sont apportés par un contribuable à une société qu'il contrôle, puis sont immédiatement cédés par cette dernière, répond à l'objectif économique ainsi poursuivi par le législateur, lorsque le produit de cession fait l'objet d'un réinvestissement, à bref délai, par cette société. En revanche, en l'absence de réinvestissement, une telle opération doit, en principe, être regardée comme poursuivant un but exclusivement fiscal au sens de l'art. L. 64 LPF dans la mesure où elle conduit, en différant l'imposition de la plus-value, à minorer l'assiette de l'année au titre de laquelle l'impôt est normalement dû à raison de la situation et des activités réelles du contribuable. • CE, QPC, 22 sept. 2017, nº 412408 : *RJF 2017. 1226.* ♦ Une série d'opérations ayant permis à un contribuable, par l'apport de titres à une société qu'il contrôlait et leur rachat quasi simultané par la société émettrice, d'entrer artificiellement dans les prévisions de l'art. 150-0-B pour obtenir le bénéfice d'un sursis d'imposition est constitutif d'un abus de droit. • CE 12 févr. 2020, nº 421444 : *RJF 2020. 372 ; Dr. fisc. 2020. 180, note Vabres.*

7. Remboursement d'apports de titres reçus dans le cadre d'un échange placé en sursis d'imposition. Régime fiscal applicable au produit d'une réduction de capital par diminution de la valeur nominale des parts sociales lorsque celles-ci ont été reçues en rémunération d'un apport placé en sursis d'imposition. • CE 7 mars 2019, nº 420094 : *RJF 2019. 546.* ♦ Dans le même sens • CE 2 déc. 2019, nº 429002 : *RJF 2020. 334.*

Art. 150-0 B *bis* **Le gain retiré de l'apport, avant qu'elle ne soit exigible en numéraire, de la créance visée au deuxième alinéa du 2 du I de l'article 150-0 A est**

reporté, sur option expresse du contribuable, au moment où s'opère la transmission, le rachat, le remboursement ou l'annulation des titres reçus en contrepartie de cet apport ou, lors du transfert par le contribuable de son domicile fiscal hors de France en vertu de l'article 167 *bis* si cet événement est antérieur.

Le report prévu au premier alinéa est subordonné au respect des conditions suivantes :

a) Le cédant a exercé l'une des fonctions *(L. n° 2017-1837 du 30 déc. 2017, art. 31)* « mentionnées au 1° du 1 du III de l'article 975 *[ancienne rédaction : visées au 1° de l'article 885 O bis]* » au sein de la société dont l'activité est le support de la clause de complément de prix, de manière continue pendant les cinq années précédant la cession des titres ou droits de cette société ;

b) En cas d'échange avec soulte, le montant de la soulte n'excède pas 10 % de la valeur nominale des titres reçus. Toutefois, la plus-value est, à concurrence du montant de cette soulte, imposée au titre de l'année de l'échange ;

c) Le contribuable déclare le montant du gain retiré de l'apport dans la déclaration spéciale des plus-values et dans celle prévue au 1 de l'article 170, dans le délai applicable à ces déclarations.

Les dispositions du présent art. telles que modifiées par l'art. 31-I-B de la L. n° 2017-1837 du 30 déc. 2017 s'appliquent au titre de l'impôt sur la fortune immobilière dû à compter du 1er janv. 2018. Toutefois, les dispositions modifiées ou abrogées par le même B du I continuent de s'appliquer, dans leur rédaction en vigueur au 31 déc. 2017, à l'impôt de solidarité sur la fortune dû jusqu'au titre de l'année 2017 incluse (L. préc., art. 31-IX-B).

Art. 150-0 B *ter* I. — L'imposition de la plus-value réalisée, directement ou par personne interposée, dans le cadre d'un apport de valeurs mobilières, de droits sociaux, de titres ou de droits s'y rapportant tels que définis à l'article 150-0 A à une société soumise à l'impôt sur les sociétés ou à un impôt équivalent est reportée si les conditions prévues au III du présent article sont remplies. Le contribuable mentionne le montant de la plus-value dans la déclaration prévue à l'article 170.

Ces dispositions sont également applicables lorsque l'apport est réalisé avec soulte à condition que celle-ci n'excède pas 10 % de la valeur nominale des titres reçus. Toutefois, la plus-value est, à concurrence du montant de cette soulte, imposée au titre de l'année de l'apport.

Il est mis fin au report d'imposition à l'occasion :

1° De la cession à titre onéreux, du rachat, du remboursement ou de l'annulation des titres reçus en rémunération de l'apport ;

2° De la cession à titre onéreux, du rachat, du remboursement ou de l'annulation des titres apportés, si cet événement intervient dans un délai, décompté de date à date, de trois ans à compter de l'apport des titres. Toutefois, il n'est pas mis fin au report d'imposition lorsque la société bénéficiaire de l'apport cède les titres dans un délai de trois ans à compter de la date de l'apport et prend l'engagement d'investir le produit de leur cession, dans un délai de deux ans à compter de la date de la cession et à hauteur d'au moins *(L. n° 2018-1317 du 28 déc. 2018, art. 115-I-1° et III, applicable aux cessions des titres apportés réalisées à compter du 1er janv. 2019)* « 60 % *[ancienne rédaction : 50 %]* » du montant de ce produit :

(L. n° 2017-1837 du 30 déc. 2017, art. 28, en vigueur le 1er janv. 2018) « *a)* Dans le financement de moyens permanents d'exploitation affectés à son activité commerciale au sens des articles 34 ou 35, industrielle, artisanale, libérale, agricole ou financière. Les activités de gestion de son propre patrimoine mobilier ou immobilier sont exclues du bénéfice de cette dérogation ; »

b) Dans l'acquisition d'une fraction du capital d'une ou de plusieurs sociétés exerçant une activité mentionnée au *a* du présent 2°, sous la même *(L. n° 2017-1837 du 30 déc. 2017, art. 28, en vigueur le 1er janv. 2018)* « exclusion », et répondant aux conditions prévues *(L. n° 2017-1837 du 30 déc. 2017, art. 28)* « au *c* du 3° du II » de l'article 150-0 D *ter*. Le réinvestissement ainsi opéré doit avoir pour effet de lui conférer le contrôle de chacune de ces sociétés au sens du 2° du III du présent article ;

c) (Abrogé par L. n° 2018-1317 du 28 déc. 2018, art. 115-I-2° et III, pour les cessions des titres apportés réalisées à compter du 1er janv. 2019) « *Ou* » Dans la souscription en numéraire au capital initial ou à l'augmentation de capital d'une ou de plusieurs socié-

tés répondant aux conditions prévues *(L. n° 2017-1837 du 30 déc. 2017, art. 28, en vigueur le 1er janv. 2018)* **« au premier alinéa du *b* et au *c* du 3° du II » de l'article 150-0 D *ter*.**

(L. n° 2018-1317 du 28 déc. 2018, art. 115-I-3° et III, applicable aux cessions des titres apportés réalisées à compter du 1er janv. 2019) ***d)*** **Ou dans la souscription de parts ou actions de fonds communs de placement à risques, de fonds professionnels de capital investissement, de sociétés de libre partenariat ou de sociétés de capital-risque** *(L. n° 2019-1479 du 28 déc. 2019, art. 106-I-A-1°-a, applicable aux cessions de titres apportés réalisées à compter du 1er janv. 2020)* **« respectant les conditions prévues », respectivement, aux articles L. 214-28, L. 214-160 et L. 214-162-1 du code monétaire et financier et à l'article 1er-1 de la loi n° 85-695 du 11 juillet 1985 portant diverses dispositions d'ordre économique et financier, ou d'organismes similaires d'un autre État membre de l'Union européenne ou d'un autre État partie à l'accord sur l'Espace économique européen ayant conclu avec la France une convention d'assistance administrative en vue de lutter contre la fraude et l'évasion fiscales.** *(L. n° 2019-1479 du 28 déc. 2019, art. 106-I-A-1°-b, applicable aux cessions de titres apportés réalisées à compter du 1er janv. 2020)* **« Cette souscription s'entend de la signature, par la société bénéficiaire de l'apport, d'un ou plusieurs engagements de souscription de parts ou actions auprès de fonds, sociétés ou organismes qu'ils désignent. Par chaque engagement de souscription, la société bénéficiaire de l'apport s'engage à souscrire un montant minimal, pris en compte pour l'appréciation du respect du quota mentionné à la deuxième phrase du présent 2°, que le fonds, la société ou l'organisme désigné s'engage à appeler dans un délai de cinq ans suivant la signature de chaque engagement. Dans ce même délai de cinq ans, les sommes que la société s'est engagée à verser dans les conditions prévues à la phrase précédente doivent être effectivement versées au fonds, à la société ou à l'organisme. » L'actif de ces fonds, sociétés ou organismes doit être constitué, à l'expiration** *(L. n° 2019-1479 du 28 déc. 2019, art. 106-I-A-1°-c, applicable aux cessions de titres apportés réalisées à compter du 1er janv. 2020)* **« du même délai de cinq ans », à hauteur d'au moins 75 % par des parts ou actions reçues en contrepartie de souscriptions en numéraire au capital initial ou à l'augmentation de capital de sociétés mentionnées à la première phrase du *b* du présent 2°, ou par des parts ou actions émises par de telles sociétés lorsque leur acquisition en confère le contrôle au sens du 2° du III du présent article »** *(L. n° 2019-1479 du 28 déc. 2019, art. 106-I-A-1°-c et d, applicable aux cessions de titres apportés réalisées à compter du 1er janv. 2020)* **« ou lorsque le fonds, la société ou l'organisme est partie à un pacte d'associés ou d'actionnaires et détient plus d'un quart du capital et des droits de vote de la société concernée par ce pacte à l'issue de cette acquisition. Outre le respect du quota de 75 % précité, les sociétés de libre partenariat définies à l'article L. 214-162-1 du code monétaire et financier doivent respecter, dans ce même délai, les quotas prévus aux articles L. 214-28 et L. 214-160 du même code. »**

Le non-respect de la condition de réinvestissement *(L. n° 2018-1317 du 28 déc. 2018, art. 115-I-4° et III, applicable aux cessions des titres apportés réalisées à compter du 1er janv. 2019)* **« prévue au présent 2° ou des quotas d'investissement mentionnés au *d* » met fin au report d'imposition au titre de l'année au cours de laquelle** *(L. n° 2018-1317 du 28 déc. 2018, art. 115-I-4° et III, applicable aux cessions des titres apportés réalisées à compter du 1er janv. 2019)* **« expire le délai de deux ans mentionné au premier alinéa du présent 2° ou le délai de cinq ans mentionné au *d* ».**

(L. n° 2019-1479 du 28 déc. 2019, art. 106-I-A-2°, applicable aux cessions de titres apportés réalisées à compter du 1er janv. 2020) **« Le non-respect de la condition prévue à la quatrième phrase du *d* du présent 2° met fin au report d'imposition au titre de l'année au cours de laquelle expire le délai de cinq ans mentionné à la même quatrième phrase. »**

Lorsque le produit de la cession est réinvesti dans les conditions prévues au présent 2°, les biens ou les titres concernés sont conservés pendant un délai d'au moins douze mois, décompté depuis la date de leur inscription à l'actif de la société. *(L. n° 2018-1317 du 28 déc. 2018, art. 115-I-5°-a et III, applicable aux cessions des titres apportés réalisées à compter du 1er janv. 2019)* **« Toutefois, les parts ou actions de fonds, sociétés ou organismes souscrites dans les conditions du *d* du présent 2° sont conservées jusqu'à l'expiration du délai de cinq ans mentionné au même *d*. » Le non-respect de cette**

condition *(L. n° 2018-1317 du 28 déc. 2018, art. 115-I-5°-b et III, applicable aux cessions des titres apportés réalisées à compter du 1er janv. 2019)* **« de conservation » met fin au report d'imposition au titre de l'année au cours de laquelle cette condition cesse d'être respectée.**

Lorsque le contrat de cession prévoit une clause stipulant le versement d'un ou plusieurs compléments de prix au sens du 2 du I de l'article 150-0 A en faveur de la société cédante, le produit de la cession au sens du premier alinéa du présent 2° s'entend du prix de cession augmenté desdits compléments de prix perçus. Dans ce cas, le prix de cession doit être réinvesti, dans le délai de deux ans à compter de la date de cession, à hauteur d'au moins *(L. n° 2018-1317 du 28 déc. 2018, art. 115-I-6° et III, applicable aux cessions des titres apportés réalisées à compter du 1er janv. 2019)* **« 60 %** *[ancienne rédaction : 50 %]* **» de son montant dans les conditions prévues au présent 2°. A défaut, le report d'imposition prend fin au titre de l'année au cours de laquelle le délai de deux ans expire. Pour chaque complément de prix perçu, la société dispose d'un nouveau délai de deux ans à compter de la date de sa perception pour réinvestir, dans les conditions prévues au présent 2°, le reliquat nécessaire au maintien du respect du seuil minimal de** *(L. n° 2018-1317 du 28 déc. 2018, art. 115-I-6° et III, applicable aux cessions des titres apportés réalisées à compter du 1er janv. 2019)* **« 60 %** *[ancienne rédaction : 50 %]* **» du montant du produit de la cession défini à la première phrase du présent alinéa. A défaut, le report d'imposition prend fin au titre de l'année au cours de laquelle le nouveau délai de deux ans expire ;**

(L. n° 2018-1317 du 28 déc. 2018, art. 115-I-7° et III, applicable aux cessions des titres apportés réalisées à compter du 1er janv. 2019) **« De même, en cas de réinvestissement du reliquat mentionné à l'avant-dernier alinéa du présent 2° dans la souscription de parts ou actions mentionnées au *d*,** *(L. n° 2019-1479 du 28 déc. 2019, art. 106-I-A-3°, applicable aux cessions de titres apportés réalisées à compter du 1er janv. 2020)* **« le non-respect de la condition prévue à la quatrième phrase du même *d* ou » le non-respect des quotas d'investissement mentionnés au même *d* met fin au report d'imposition au titre de l'année d'expiration du délai de cinq ans mentionné audit *d*. Pour l'application du présent alinéa, le délai de cinq ans est décompté à partir de la date de souscription mentionnée à la première phrase du présent alinéa ; »**

3° De la cession à titre onéreux, du rachat, du remboursement ou de l'annulation des parts ou droits dans les sociétés ou groupements interposés ;

4° Ou, si cet événement est antérieur, lorsque le contribuable transfère son domicile fiscal hors de France dans les conditions prévues à l'article 167 *bis*.

La fin du report d'imposition entraîne l'imposition de la plus-value dans les conditions prévues au 2 *ter* de l'article 200 A, sans préjudice de l'intérêt de retard prévu à l'article 1727, décompté de la date de l'apport des titres, en cas de manquement à l'une des conditions *(Abrogé par L. n° 2018-1317 du 28 déc. 2018, art. 115-II et III, pour les cessions des titres apportés réalisées à compter du 1er janv. 2019) « de réinvestissement »* **mentionnées au 2° du présent I.** — *V. App., L. n° 2016-1918 du 29 déc. 2016, art. 34-II.*

II. — En cas de transmission par voie de donation ou de don manuel des titres mentionnés au 1° du I du présent article, le donataire mentionne, dans la proportion des titres transmis, le montant de la plus-value en report dans la déclaration prévue à l'article 170 si la société mentionnée au 2° du même I est contrôlée par le donataire dans les conditions prévues au 2° du III. Ces conditions sont appréciées à la date de la transmission, en tenant compte des droits détenus par le donataire à l'issue de celle-ci.

La plus-value en report est imposée au nom du donataire et dans les conditions prévues à l'article 150-0 A :

1° En cas de cession, d'apport, de remboursement ou d'annulation des titres dans un délai de *(L. n° 2019-1479 du 28 déc. 2019, art. 106-I-B-1°-a, applicable aux transmissions par voie de donation ou de don manuel réalisées à compter du 1er janv. 2020)* **« cinq ans » à compter de leur acquisition.** *(L. n° 2019-1479 du 28 déc. 2019, art. 106-I-B-1°-b, applicable aux transmissions par voie de donation ou de don manuel réalisées à compter du 1er janv. 2020)* **« Ce délai est porté à dix ans en cas d'investissement réalisé dans les conditions prévues au *d* du 2° du I ; »**

2° Ou lorsque l'une des conditions mentionnées au 2° du I du présent article n'est pas respectée. Le non-respect de l'une de ces conditions met fin au report d'imposition

dans les mêmes conditions que celles décrites au même 2°. L'intérêt de retard prévu à l'article 1727, décompté de la date de l'apport des titres par le donateur, est applicable. *(Abrogé par L. n° 2019-1479 du 28 déc. 2019, art. 106-I-B-2°, applicable aux transmissions par voie de donation ou de don manuel réalisées à compter du 1er janv. 2020)* « ***La durée de détention à retenir par le donataire est décomptée à partir de la date d'acquisition des titres par le donateur.*** » Les frais afférents à l'acquisition à titre gratuit sont imputés sur le montant de la plus-value en report.

Le 1° du présent II ne s'applique pas en cas d'invalidité correspondant au classement dans la deuxième ou troisième des catégories prévues à l'article L. 341-4 du code de la sécurité sociale, de licenciement ou de décès du donataire ou de son conjoint ou partenaire lié par un pacte civil de solidarité soumis à une imposition commune.

III. — Le report d'imposition est subordonné aux conditions suivantes :

1° L'apport de titres est réalisé en France ou dans un État membre de l'Union européenne ou dans un État ou territoire ayant conclu avec la France une convention fiscale contenant une clause d'assistance administrative en vue de lutter contre la fraude et l'évasion fiscales ;

2° La société bénéficiaire de l'apport est contrôlée par le contribuable. Cette condition est appréciée à la date de l'apport, en tenant compte des droits détenus par le contribuable à l'issue de celui-ci. Pour l'application de cette condition, un contribuable est considéré comme contrôlant une société :

a) Lorsque la majorité des droits de vote ou des droits dans les bénéfices sociaux de la société est détenue, directement ou indirectement, par le contribuable ou par l'intermédiaire de son conjoint ou de leurs ascendants ou descendants ou de leurs frères et sœurs ;

b) Lorsqu'il dispose seul de la majorité des droits de vote ou des droits dans les bénéfices sociaux de cette société en vertu d'un accord conclu avec d'autres associés ou actionnaires ;

c) Ou lorsqu'il y exerce en fait le pouvoir de décision.

Le contribuable est présumé exercer ce contrôle lorsqu'il dispose, directement ou indirectement, d'une fraction des droits de vote ou des droits dans les bénéfices sociaux égale ou supérieure à 33,33 % et qu'aucun autre associé ou actionnaire ne détient, directement ou indirectement, une fraction supérieure à la sienne.

Le contribuable et une ou plusieurs personnes agissant de concert sont considérés comme contrôlant conjointement une société lorsqu'ils déterminent en fait les décisions prises en assemblée générale.

IV. — Par dérogation aux 1° et 3° du I, le report d'imposition de la plus-value mentionné au même I ou son maintien en application du présent alinéa est maintenu lorsque les titres reçus en rémunération du dernier apport ou échange ayant ouvert droit au report d'imposition mentionné audit I ou à son maintien font l'objet d'une nouvelle opération d'apport ou d'échange dans les conditions prévues au présent article ou à l'article 150-0 B.

Le contribuable mentionne chaque année, dans la déclaration prévue à l'article 170, le montant des plus-values dont le report est maintenu en application du premier alinéa du présent IV.

Il est mis fin au report d'imposition de la plus-value mentionné au I et maintenu en application du premier alinéa du présent IV en cas :

1° De cession à titre onéreux, de rachat, de remboursement ou d'annulation des titres reçus par le contribuable en contrepartie du dernier apport ou échange ayant ouvert droit au report d'imposition ou à son maintien ;

2° De survenance de l'un des événements mentionnés aux 3° et 4° du I ;

3° De survenance, dans la société bénéficiaire de l'apport ayant ouvert droit au report d'imposition ou dans l'une des sociétés bénéficiaires d'un apport ou échange ayant ouvert droit au maintien de ce report en application du premier alinéa du présent IV, d'un événement mentionné au 2° du I mettant fin au report d'imposition.

V. — En cas de survenance d'un des événements prévus aux 1° à 4° du I et aux 1° à 3° du IV, il est mis fin au report d'imposition de la plus-value dans la proportion des titres cédés à titre onéreux, rachetés, remboursés ou annulés.

(L. n° 2017-1837 du 30 déc. 2017, art. 28, applicable aux opérations d'apport réalisés à compter du 1er janv. 2018) « V *bis.* — Lorsque les titres apportés dans les conditions

prévues au I du présent article sont grevés d'un report d'imposition mis en œuvre en application du II de l'article 92 B, de l'article 92 B *decies*, de l'article 150 A *bis* et des I *ter* et II de l'article 160, dans leur rédaction en vigueur avant le 1er janvier 2000, de l'article 150-0 C, dans sa rédaction en vigueur avant le 1er janvier 2006, de l'article 150-0 D *bis*, dans sa rédaction antérieure au 1er janvier 2014, ou de l'article 150-0 B *bis*, ledit report d'imposition est maintenu de plein droit et expire lors de la survenance d'un événement mettant fin au report d'imposition mentionné au I du présent article dans les conditions prévues à ce même I ou au IV.

« Il est également mis fin au report d'imposition mis en œuvre en application de l'article 92 B *decies*, du dernier alinéa du 1 du I *ter* et du II de l'article 160, dans leur rédaction en vigueur avant le 1er janvier 2000, de l'article 150-0 C, dans sa rédaction en vigueur avant le 1er janvier 2006, de l'article 150-0 D *bis*, dans sa rédaction en vigueur avant le 1er janvier 2014, ou de l'article 150-0 B *bis* en cas de transmission, dans les conditions prévues par ces mêmes articles, des titres reçus en rémunération de l'apport mentionné au I du présent article ou des titres mentionnés au 1° du IV. »

VI. — Un décret fixe les conditions d'application du présent article, notamment les obligations déclaratives des contribuables *(L. n° 2019-1479 du 28 déc. 2019, art. 106-I-C)* « , des sociétés bénéficiaires de l'apport des titres et des fonds, sociétés ou organismes mentionnés au *d* du 2° du I. Il fixe par ailleurs les modalités d'appréciation du respect des quotas mentionnés au même *d*. » — *V. Ann. II, art. 74-0 K à 74-0 L bis ; Annexe III, art. 41 quatervicies à 41 sexvicies.*

Les dispositions du présent art. telles que mod. par l'art. 28 de la L. n° 2017-1837 du 30 déc. 2017 s'appliquent, s'agissant du I-2°, à compter du 1er janv. 2018, et s'agissant du V bis, aux opérations d'apport réalisées à compter du 1er janv. 2018 (L. préc., art. 28-VI-B).

BIBL. ▸ GENTILHOMME et BLOAS, *BFL 2017, p. 281* (l'or perdu de l'apport avec soulte). – LOCATELLI, *Dr. fisc. 2018. 495* (la soulte de l'art. 150-0 B *ter* et la fraude à la loi).

1. Apport-cession de titres. Report d'imposition des plus-values réalisées par les particuliers lors de l'apport de titres à une société soumise à l'IS qu'ils contrôlent. Commentaire administratif. * BOI-RPPM-PVBMI-30-10-60 du 4 mars 2016. ♦ Annulation des commentaires du BOI préc. refusant le maintien des reports avant 2000. • CE 25 juin 2018, n° 404689 : *RJF 2018. 967.* ♦ Nouvelle doctrine * BOI-RPPM-PVBMI-30-10-60 du 20 déc. 2019 et du 14 oct. 2020.

2. Régime du report d'imposition des plus-values d'échange. La plus-value afférente à des titres échangés et placée en report d'imposition et la plus-value issue de la cession des titres reçus en échange doivent être traitées de la même façon que la plus-value qui aurait été réalisée en l'absence d'échange. • CJUE 18 sept. 2018, *AQ et DN*, nos 662/18 et 672/18 : *RJF 2019. 1210.*

3. Échange de titres avec soulte excédant 10 %. V. note 2 ss. art. 150-0 B.

4. Donation de titres grevés d'une plus-value en report. L'imposition du donataire de titres grevés d'une plus-value en report (CGI, art. 150-0 *ter* B-II) est constitutionnelle. • Cons. const. 12 avr. 2019, n° 2019-775 QPC : *RJF 2019. 692.*

Art. 150-0 B *quater* I. — L'imposition des plus-values retirées de la cession à titre onéreux ou du rachat d'actions d'une société d'investissement à capital variable ou de parts d'un fonds commun de placement, ainsi que de la dissolution de telles entités, peut être reportée dans les conditions prévues au II.

II. — Le bénéfice du report d'imposition est subordonné au respect des conditions suivantes.

A. — La société ou le fonds mentionné au I appartient à la classe "monétaire" ou à la classe "monétaire à court terme". Cette classification est attestée par les documents mentionnés aux articles L. 214-23 et L. 214-24-62 du code monétaire et financier.

B. — Le contribuable verse le prix de cession ou de rachat ou le montant des sommes qui lui sont attribuées lors de la dissolution, net des prélèvements sociaux dus au titre de ces opérations, dans le délai d'un mois à compter de la date de cet événement, *sur un plan d'épargne* en actions destiné au financement des petites et moyennes entreprises et des entreprises de taille intermédiaire, défini à l'article L. 221-32-1 du même code.

Lorsque le versement sur un tel plan ne porte que sur une fraction du prix ou des sommes, le report d'imposition ne s'applique qu'à raison de la quote-part de plus-value correspondante.

C. – Le contribuable demande le bénéfice de ce report et mentionne le montant de la plus-value ainsi placée en report sur la déclaration prévue à l'article 170 du présent code.

III. – Le non-respect de l'une des conditions prévues au II du présent article entraîne l'exigibilité immédiate de l'impôt sur le revenu, sans préjudice de l'intérêt de retard prévu à l'article 1727 à compter de la date à laquelle cet impôt aurait dû être acquitté.

IV. – Il est mis fin au report d'imposition en cas de retrait de titres ou de liquidités ou de rachat effectué sur le plan avant l'expiration de la cinquième année suivant la date du versement effectué dans les conditions du B du II du présent article ou, si cet événement est antérieur, lorsque le contribuable transfère son domicile fiscal hors de France dans les conditions prévues à l'article 167 *bis*.

Pour l'application du premier alinéa du présent IV, l'imposition est établie, dans les conditions de droit commun, au titre de l'année de réalisation de l'événement mettant fin au report d'imposition.

V. – La plus-value est définitivement exonérée à l'issue de l'expiration du délai de cinq ans mentionné au IV ou, par dérogation au même IV, en cas de retrait ou de rachat résultant du licenciement, de l'invalidité correspondant au classement dans les deuxième ou troisième catégories prévues à l'article L. 341-4 du code de la sécurité sociale ou de décès du contribuable ou de l'un des époux ou partenaires liés par un pacte civil de solidarité soumis à imposition commune.

VI. – Les I à V s'appliquent aux cessions, aux rachats d'actions d'une société d'investissement à capital variable ou de parts d'un fonds commun de placement et aux dissolutions intervenant entre le 1er avril 2016 et le 31 mars 2017.

Cessions d'OPC monétaires réinvesties dans un PEA « PME-ETI ». Commentaires administratifs. BOI-RPPM-PVBMI-30-10-70 du 31 mai 2016.

Art. 150-0 B *quinquies* *(L. n° 2016-1918 du 29 déc. 2016, art. 31-I-2°)* I. – En cas de retrait de liquidités d'un compte défini à l'article L. 221-32-4 du code monétaire et financier, le gain net mentionné au 2 *ter* du II de l'article 150-0 A du présent code est constitué par le solde des distributions mentionnées aux 7 et 7 *bis* du même II et au 1 du II de l'article 163 *quinquies* C perçues dans le compte ainsi que des plus-values et des moins-values constatées lors d'opérations réalisées dans le compte, retenues pour leur montant brut avant application, le cas échéant, des abattements mentionnés *(L. n° 2017-1837 du 30 déc. 2017, art. 28)* « aux 1 *ter* ou 1 *quater* de l'article 150-0 D » ou à l'article 150-0 D *ter* *(L. n° 2017-1837 du 30 déc. 2017, art. 28)* « dans leur rédaction en vigueur à la date de perception ou de réalisation desdites distributions ou plus-values ». Lorsque ce gain net est supérieur au montant du retrait, il est retenu dans la limite de ce montant et le solde reste imposable dans le compte.

Toutefois, pour la détermination du gain net mentionné au premier alinéa, il n'est pas tenu compte des mêmes distributions et plus-values et moins-values lorsqu'elles sont perçues ou réalisées dans les conditions prévues aux 1 ou 1 *bis* du III de l'article 150-0 A, à l'article 163 *quinquies* B ou au 2 du II de l'article 163 *quinquies* C.

Les plus-values et moins-values mentionnées au premier alinéa du présent I sont déterminées conformément à l'article 150-0 D.

Toutefois, par dérogation au 11 du même article 150-0 D, les moins-values sont imputables, sans limitation de délai, en priorité sur les plus-values des années antérieures les plus anciennes puis sur les plus-values de l'année et des années suivantes afférentes aux titres souscrits aux dates les plus anciennes.

En cas de solde positif, le gain net mentionné au premier alinéa, pour lequel l'imposition est établie, *(L. n° 2017-1837 du 30 déc. 2017, art. 28)* « est, le cas échéant, réduit des abattements mentionnés aux 1 *ter* ou 1 *quater* du même article 150-0 D ou à l'article 150-0 D *ter* dans les conditions prévues par ces mêmes articles dans leur rédaction en vigueur à la date de perception ou de réalisation desdites distributions ou plus-values ». Pour l'application de ces abattements, le gain net est ventilé entre les différents taux d'abattement selon la même répartition que l'ensemble des plus-values constatées dans le compte au jour du retrait avant imputation des moins-values.

(L. n° 2017-1837 du 30 déc. 2017, art. 28) « Lorsque le gain net mentionné au cinquième alinéa est imposé dans les conditions prévues au 1 de l'article 200 A, il n'est

pas fait application des abattements mentionnés aux 1 *ter* ou 1 *quater* de l'article 150-0 D. »

En cas de solde négatif, les liquidités retirées ne sont pas imposables. Les moins-values réalisées dans le compte, pour leur montant excédant les plus-values réalisées dans les mêmes conditions à la date du retrait, restent imputables dans le compte, dans les conditions prévues au présent I.

II. — En cas de retrait de titres d'un compte mentionné au premier alinéa du I, le gain net mentionné au 2 *ter* du II de l'article 150-0 A correspond à la valeur de souscription des titres retirés.

Le gain imposable est déterminé dans les conditions prévues au I.

Lorsque le retrait porte sur des titres apportés dans les conditions prévues à l'article L. 221-32-5 du code monétaire et financier, aucune imposition n'est établie à raison de ce retrait.

En cas de cession à titre onéreux ou de rachat de titres ayant fait l'objet d'un retrait du compte, le gain net est déterminé et imposé suivant les modalités de droit commun prévues aux articles 150-0 A à 150-0 D *ter* *(L. n° 2017-1837 du 30 déc. 2017, art. 28)* « et aux 1 ou 2 de l'article 200 A » du présent code.

III. — La clôture du compte entraîne le retrait de l'ensemble des actifs détenus sur le compte. Le gain de clôture est déterminé dans les conditions prévues aux I et II.

Lorsque, à la date de clôture du compte, le montant déterminé au premier alinéa du présent III est une moins-value, celle-ci est imputable sur les plus-values réalisées dans les conditions prévues à l'article 150-0 A au titre de l'année de clôture du compte et, le cas échéant, des années suivantes, jusqu'à la dixième inclusivement.

IV. — Pour l'application du présent article, le transfert par le titulaire du compte de son domicile fiscal hors de France entraîne les mêmes conséquences qu'une clôture du compte. Dans ce cas, l'article 167 *bis* est applicable :

1° Aux plus-values réalisées dans les conditions du I du présent article. Ces plus-values sont prises en compte pour l'établissement de l'impôt sur le revenu, déterminé conformément au II *bis* de l'article 167 *bis*, *(L. n° 2018-1203 du 22 déc. 2018, art. 26-III-1°)* « des prélèvements prévus au 1° du I de l'article 235 *ter*, à l'article L. 136-6 du code de la sécurité sociale et à l'article 15 de l'ordonnance n° 96-50 du 24 janvier 1996 relative au remboursement *(Décr. n° 2019-559 du 6 juin 2019, art. 1er)* « de » la dette sociale ». Lorsque les impositions dues à raison de ces plus-values sont placées en sursis de paiement, ce sursis expire dans les conditions prévues pour l'imposition desdites plus-values suivant les dispositions du présent article pour un contribuable domicilié fiscalement en France ;

2° Aux plus-values latentes constatées à la date du transfert du domicile fiscal sur les titres ou droits inscrits dans le compte. Ces plus-values sont imposables dans les conditions de droit commun prévues au 1 du I de l'article 167 *bis*.

Les dispositions du présent art. telles que modifiées par la L. n° 2017-1837 du 30 déc. 2017 s'appliquent aux impositions dont le fait générateur intervient à compter du 1er janv. 2018 (L. préc., art. 28-VI-A).

Art. 150-0 C I. — 1. L'imposition de la plus-value retirée de la cession de titres mentionnés au I de l'article 150-0 A peut, si le produit de la cession est investi, avant le 31 décembre de l'année qui suit celle de la cession, dans la souscription en numéraire au capital de société dont les titres, à la date de la souscription, ne sont pas admis à la négociation sur un marché réglementé, être reportée au moment où s'opérera la transmission, le rachat ou l'annulation des titres reçus en contrepartie de cet apport.

Le report est subordonné à la condition que le contribuable en fasse la demande et déclare le montant de la plus-value dans la déclaration prévue à l'article 97 et dans le délai applicable à cette déclaration.

2. Le report d'imposition est subordonné à la condition qu'à la date de la cession les *droits détenus directement* par les membres du foyer fiscal du cédant excèdent 5 % des bénéfices sociaux de la société dont les titres sont cédés.

3. Le report d'imposition est, en outre, subordonné aux conditions suivantes :

a) Au cours des trois années précédant la cession ou depuis la création de la société dont les titres sont cédés si elle est créée depuis moins de trois années, le cédant doit avoir été salarié de ladite société ou y avoir exercé l'une des fonctions énumérées au

1° *(L. n° 2017-1837 du 30 déc. 2017, art. 31)* « du 1 du III de l'article 975 *[ancienne rédaction : de l'article 885 O bis]* » ;

b) Le produit de la cession doit être investi dans la souscription en numéraire au capital initial ou dans l'augmentation de capital en numéraire d'une société créée depuis moins de quinze ans à la date de l'apport. Les droits sociaux émis en contrepartie de l'apport doivent être intégralement libérés lors de leur souscription ;

c) La société bénéficiaire de l'apport doit exercer une activité autre que celles mentionnées au dernier alinéa du I de l'article 44 *sexies* et, sans avoir exercé d'option pour un autre régime d'imposition, être passible en France de l'impôt sur les sociétés de plein droit ou sur option ;

d) La société bénéficiaire de l'apport ne doit pas avoir été créée dans le cadre d'une concentration, d'une restructuration, d'une extension ou d'une reprise d'activités préexistantes, sauf si elle répond aux conditions prévues par le I de l'article 39 *quinquies* H ;

e) Le capital de la société bénéficiaire de l'apport doit être détenu de manière continue pour 75 % au moins par des personnes physiques ou des personnes morales détenues par des personnes physiques. Pour la détermination de ce pourcentage, les participations des sociétés de capital-risque, des sociétés de développement régional et des sociétés financières d'innovation ne sont pas prises en compte à la condition qu'il n'existe pas de lien de dépendance au sens du 12 de l'article 39 entre la société bénéficiaire de l'apport et ces dernières sociétés. De même, ce pourcentage ne tient pas compte des participations des fonds communs de placement à risques, des fonds d'investissement de proximité et des fonds communs de placement dans l'innovation. Cette condition n'est pas exigée lorsque les titres de la société bénéficiaire de l'apport sont ultérieurement admis à la négociation sur un marché français ou étranger ;

f) Les droits sociaux représentatifs de l'apport en numéraire doivent être détenus directement et en pleine propriété par le contribuable ;

g) Les droits dans les bénéfices sociaux de la société bénéficiaire de l'apport détenus directement ou indirectement par l'apporteur ou son conjoint, leurs ascendants et leurs descendants ne doivent pas dépasser ensemble 25 % de ces bénéfices à un moment quelconque au cours des cinq années qui suivent la réalisation de l'apport ;

h) Les personnes mentionnées au *g* ne doivent ni être associées de la société bénéficiaire de l'apport préalablement à l'opération d'apport, ni y exercer les fonctions énumérées au 1° *(L. n° 2017-1837 du 30 déc. 2017, art. 31)* « du 1 du III de l'article 975 *[ancienne rédaction : de l'article 885 O bis]* » depuis sa création et pendant une période de cinq ans suivant la date de réalisation de l'apport.

4. Le report d'imposition prévu au présent article est exclusif de l'application des dispositions de l'article 199 *terdecies*-0 A.

5. Le non-respect de l'une des conditions prévues pour l'application du présent article entraîne, nonobstant toutes dispositions contraires, l'exigibilité immédiate de l'impôt sur la plus-value, sans préjudice de l'intérêt de retard prévu à l'article 1727 décompté de la date à laquelle cet impôt aurait dû être acquitté.

6. A compter du 1er janvier 2000, lorsque les titres reçus en contrepartie de l'apport font l'objet d'une opération d'échange dans les conditions prévues au II de l'article 150 UB et à l'article 150-0 B, l'imposition de la plus-value antérieurement reportée en application du 1 est reportée de plein droit au moment où s'opérera la transmission, le rachat, le remboursement ou l'annulation des nouveaux titres reçus.

7. *Abrogé.*

II. — Lorsque les titres reçus dans les cas prévus aux 1 et 6 du I font l'objet d'une cession dont le produit est investi dans la souscription en numéraire au capital d'une société dans les conditions fixées au même I, l'imposition des plus-values antérieurement reportée peut, à la demande du contribuable, être reportée de nouveau au moment où s'opérera la transmission, le rachat ou l'annulation des nouveaux titres reçus à condition que l'imposition de la plus-value réalisée lors de cette cession soit elle-même reportée. Dans ce cas, les conditions prévues au 2 et au *a* du 3 du I ne sont pas applicables.

Le présent art. est abrogé pour les cessions de titres réalisées à compter du 1er janv. 2006. Les dispositions du même article demeurent applicables aux plus-values en report à la date du 1er janv. 2006 (L. n° 2005-1720 du 30 déc. 2005, art. 29-XVI).

L'imposition des plus-values reportées en application des dispositions de l'art. 150-0 C, de l'art. 150 A bis dans sa rédaction en vigueur avant la promulgation de la L. n° 2003-1311 du 30 déc. 2003 [V. le texte antérieur de l'art. 150-0 C dans notre **éd. 2005***] intervient lors de la cession, du rachat, du remboursement ou de l'annulation des titres reçus en échange. Ces plus-values sont imposées selon les modalités prévues pour l'imposition de la cession des titres mettant fin à ce report (L. préc., art. 10-VII).*

Les dispositions du présent art. telles que modifiées par l'art. 31-I-B de la L. n° 2017-1837 du 30 déc. 2017 s'appliquent au titre de l'impôt sur la fortune immobilière dû à compter du 1er janv. 2018. Toutefois, les dispositions modifiées ou abrogées par le même B du I continuent de s'appliquer, dans leur rédaction en vigueur au 31 déc. 2017, à l'impôt de solidarité sur la fortune dû jusqu'au titre de l'année 2017 incluse (L. préc., art. 31-IX-B).

Art. 150-0 D 1. Les gains nets mentionnés au I de l'article 150-0 A sont constitués par la différence entre le prix effectif de cession des titres ou droits, net des frais et taxes acquittés par le cédant, et leur prix effectif d'acquisition par celui-ci diminué, le cas échéant, des réductions d'impôt effectivement obtenues dans les conditions prévues *(L. n° 2021-1900 du 30 déc. 2021, art. 38)* « à l'article 199 *terdecies*-0 A », ou, en cas d'acquisition à titre gratuit, leur valeur retenue pour la détermination des droits de mutation. *— V. Ann. II, art. 74-0 B à 74-0 G.*

Les gains nets résultant de la cession à titre onéreux ou retirés du rachat d'actions, de parts de sociétés, de droits démembrés portant sur ces actions ou parts, ou de titres représentatifs de ces mêmes actions, parts ou droits, mentionnés à l'article 150-0 A, ainsi que les distributions mentionnées aux 7, 7 *bis* et aux deux derniers alinéas du 8 du II du même article, à l'article 150-0 F et au 1 du II de l'article 163 *quinquies* C sont réduits d'un abattement déterminé dans les conditions prévues, selon le cas, au 1 *ter* ou au 1 *quater* du présent article.

Le complément de prix prévu au 2 du I de l'article 150-0 A, afférent à la cession d'actions, de parts ou de droits mentionnés au deuxième alinéa du présent 1, est réduit de l'abattement prévu au même alinéa *(L. n° 2017-1837 du 30 déc. 2017, art. 28)* « , quelle que soit la date à laquelle est intervenue la cession à laquelle il se rapporte, lorsque les conditions prévues, selon le cas, aux 1 *ter* ou 1 *quater* du présent article sont remplies ».

L'abattement précité ne s'applique pas à l'avantage mentionné à l'article 80 *bis* constaté à l'occasion de la levée d'options attribuées avant le 20 juin 2007, ni au gain net mentionné au I de l'article 163 *bis* G *(L. n° 2017-1837 du 30 déc. 2017, art. 28)* « , ni au reliquat du gain net imposable après application de l'abattement fixe prévu au 1 du I de l'article 150-0 D *ter* ».

1 *bis. Abrogé.*

1 *ter. (L. n° 2017-1837 du 30 déc. 2017, art. 28)* « A. — » L'abattement mentionné au 1 est égal à :

a) 50 % du montant des gains nets ou des distributions lorsque les actions, parts, droits ou titres sont détenus depuis au moins deux ans et moins de huit ans à la date de la cession ou de la distribution ;

b) 65 % du montant des gains nets ou des distributions lorsque les actions, parts, droits ou titres sont détenus depuis au moins huit ans à la date de la cession ou de la distribution.

Cet abattement s'applique aux gains nets de cession à titre onéreux ou de rachat de parts ou d'actions d'organismes de placement collectif en valeurs mobilières ou de placements collectifs, relevant des articles L. 214-24-24 à L. 214-32-1, L. 214-139 à L. 214-147 et L. 214-152 à L. 214-166 du code monétaire et financier, ou de dissolution de tels organismes ou placements, à condition qu'ils emploient plus de 75 % de leurs actifs en parts ou actions de sociétés. Ce quota doit être respecté au plus tard lors de la clôture de l'exercice suivant celui de la constitution de l'organisme ou du placement collectif et, de manière continue, jusqu'à la date de la cession ou du rachat des actions, parts ou droits ou de la dissolution de cet organisme ou placement collectif. Toutefois, cette condition ne s'applique pas aux gains nets mentionnés au 8 du II de l'article 150-0 A du présent code et aux gains nets de cession ou de rachat de parts de fonds communs de placement à risques mentionnés aux articles L. 214-28,

L. 214-30 et L. 214-31 du code monétaire et financier et de parts ou actions de fonds professionnels de capital investissement mentionnés à l'article L. 214-159 du même code.

L'abattement précité s'applique aux distributions mentionnées aux 7 et 7 *bis* du II de l'article 150-0 A du présent code, à condition que les fonds mentionnés à ce même 7 et les organismes ou les placements collectifs mentionnés à ce même 7 *bis* emploient plus de 75 % de leurs actifs en actions ou parts de sociétés ou en droits portant sur ces actions ou parts. Ce quota doit être respecté au plus tard lors de la clôture de l'exercice suivant celui de la constitution du fonds, de l'organisme ou du placement collectif et de manière continue jusqu'à la date de la distribution. Toutefois, cette condition ne s'applique pas aux distributions effectuées par des fonds communs de placement à risques mentionnés aux articles L. 214-28, L. 214-30 et L. 214-31 du code monétaire et financier et de fonds professionnels de capital investissement mentionnés à l'article L. 214-159 du même code.

Les conditions mentionnées aux quatrième et cinquième alinéas du présent *(L. n° 2017-1837 du 30 déc. 2017, art. 28)* « A » s'appliquent également aux entités de même nature constituées sur le fondement d'un droit étranger.

Par dérogation aux mêmes quatrième et cinquième alinéas, pour les organismes constitués avant le 1er janvier 2014, le quota de 75 % doit être respecté au plus tard lors de la clôture du premier exercice ouvert à compter de cette même date et de manière continue jusqu'à la date de la cession, du rachat ou de la dissolution ou jusqu'à la date de la distribution.

(L. n° 2017-1837 du 30 déc. 2017, art. 28) « B. — L'abattement mentionné au A s'applique sous réserve du respect des conditions suivantes :

« 1° Les actions, parts, droits ou titres ont été acquis ou souscrits antérieurement au 1er janvier 2018 ;

« 2° Les gains nets, distributions ou compléments de prix considérés sont imposés dans les conditions prévues au 2 de l'article 200 A.

« 1 *quater*. Par dérogation au 1 *ter*, les gains nets résultant de la cession à titre onéreux ou retirés du rachat d'actions ou de parts de sociétés ou de droits démembrés portant sur ces actions ou parts, mentionnés à l'article 150-0 A, sont réduits d'un abattement au taux mentionné au A lorsque les conditions prévues au B sont remplies.

« A. — Le taux de l'abattement est égal à :

« 1° 50 % de leur montant lorsque les actions, parts ou droits sont détenus depuis au moins un an et moins de quatre ans à la date de la cession ;

« 2° 65 % de leur montant lorsque les actions, parts ou droits sont détenus depuis au moins quatre ans et moins de huit ans à la date de la cession ;

« 3° 85 % de leur montant lorsque les actions, parts ou droits sont détenus depuis au moins huit ans à la date de la cession.

« B. — L'abattement mentionné au A s'applique sous réserve du respect de l'ensemble des conditions suivantes :

« 1° Les conditions mentionnées au B du 1 *ter* sont remplies ;

« 2° La société émettrice des actions, parts ou droits cédés remplit l'ensemble des conditions suivantes :

« *a)* Elle est créée depuis moins de dix ans et n'est pas issue d'une concentration, d'une restructuration, d'une extension ou d'une reprise d'activités préexistantes. Cette condition s'apprécie à la date de souscription ou d'acquisition des droits cédés ;

« *b)* Elle est une petite ou moyenne entreprise au sens de l'annexe I du règlement (UE) n° 651/2014 de la Commission du 17 juin 2014 déclarant certaines catégories d'aides compatibles avec le marché intérieur en application des articles 107 et 108 du traité. Cette condition est appréciée à la date de clôture du dernier exercice précédant la date de souscription ou d'acquisition de ces droits ou, à défaut d'exercice clos, à la date du premier exercice clos suivant la date de souscription ou d'acquisition de ces droits ;

« *c)* Elle n'accorde aucune garantie en capital à ses associés ou actionnaires en contrepartie de leurs souscriptions ;

« *d)* Elle est passible de l'impôt sur les bénéfices ou d'un impôt équivalent ;

« *e)* Elle a son siège social dans un État membre de l'Union européenne ou dans un autre État partie à l'accord sur l'Espace économique européen ayant conclu avec la

France une convention d'assistance administrative en vue de lutter contre la fraude et l'évasion fiscales ;

« *f)* Elle exerce une activité commerciale au sens des articles 34 ou 35, industrielle, artisanale, libérale ou agricole. Les activités de gestion de son propre patrimoine mobilier ou immobilier sont exclues.

« Lorsque la société émettrice des droits cédés est une société holding animatrice qui, outre la gestion d'un portefeuille de participations, participe activement à la conduite de la politique de son groupe et au contrôle de ses filiales et rend, le cas échéant et à titre purement interne, des services spécifiques, administratifs, juridiques, comptables, financiers et immobiliers, le respect des conditions mentionnées au présent 2° s'apprécie au niveau de la société émettrice et de chacune des sociétés dans laquelle elle détient des participations.

« Les conditions prévues aux quatrième à avant-dernier alinéas du présent 2° s'apprécient de manière continue depuis la date de création de la société.

« C. — L'abattement mentionné au A ne s'applique pas :

« 1° Aux gains nets de cession ou de rachat de parts ou d'actions d'organismes de placement collectif en valeurs mobilières ou de placements collectifs relevant des articles L. 214-24-24 à L. 214-32-1, L. 214-139 à L. 214-147 et L. 214-152 à L. 214-166 du code monétaire et financier ou d'entités de même nature constituées sur le fondement d'un droit étranger ou de dissolution de tels organismes, placements ou entités ;

« 2° Aux distributions mentionnées aux 7 et 7 *bis* et aux deux derniers alinéas du 8 du II de l'article 150-0 A, à l'article 150-0 F et au 1 du II de l'article 163 *quinquies* C, y compris lorsqu'elles sont effectuées par des entités de même nature constituées sur le fondement d'un droit étranger ;

« 3° Aux gains mentionnés aux 3, 4 *bis*, 4 *ter* et 5 du II et, le cas échéant, au 2 du III de l'article 150-0 A. »

1 *quinquies*. Pour l'application de l'abattement mentionné au 1, la durée de détention est décomptée à partir de la date de souscription ou d'acquisition des actions, parts, droits ou titres, et :

1° En cas de cession d'actions, parts, droits ou titres effectuée par une personne interposée, à partir de la date de souscription ou d'acquisition des actions, parts, droits ou titres par la personne interposée ;

2° En cas de vente ultérieure d'actions, parts, droits ou titres reçus à l'occasion d'opérations mentionnées à l'article 150-0 B ou au II de l'article 150 UB, à partir de la date de souscription ou d'acquisition des actions, parts, droits ou titres remis à l'échange ;

3° En cas de cession d'actions, parts, droits ou titres après la clôture d'un plan d'épargne en actions défini à l'article 163 *quinquies* D ou leur retrait *(L. n° 2019-486 du 22 mai 2019, art. 92-II-1°)* « dudit plan », à partir de la date à laquelle le cédant a cessé de bénéficier, pour ces actions, parts, droits ou titres, des avantages prévus aux 5° *bis* et 5° *ter* de l'article 157 ;

4° En cas de cession à titre onéreux d'actions, parts, droits ou titres reçus en rémunération d'un apport réalisé sous le régime prévu au I *ter* de l'article 93 *quater*, au *a* du I de l'article 151 *octies* ou aux I et II de l'article 151 *octies* A, à partir de la date à laquelle l'apporteur a commencé son activité commerciale, industrielle, artisanale, libérale ou agricole ;

5° En cas de cession d'actions, parts, droits ou titres effectuée par une fiducie :

a) Lorsque les actions, parts, droits ou titres ont été acquis ou souscrits par la fiducie, à partir de la date d'acquisition ou de souscription de ces actions, parts, droits ou titres par la fiducie ;

b) Lorsque les actions, parts, droits ou titres ont été transférés dans le patrimoine fiduciaire dans les conditions prévues à l'article 238 *quater* N, à partir de la date d'acquisition ou de souscription des actions, parts, droits ou titres par le constituant ;

6° En cas de cession d'actions, parts, droits ou titres reçus dans les conditions prévues à l'article 238 *quater* Q ;

a) Lorsque le cédant est le constituant initial de la fiducie :

— lorsque les actions, parts, droits ou titres ont été transférés par le constituant dans le patrimoine fiduciaire dans les conditions prévues à l'article 238 *quater* N, à partir

de la date d'acquisition ou de souscription des actions, parts, droits ou titres par le constituant ;

— lorsque les actions, parts, droits ou titres n'ont pas été transférés dans le patrimoine fiduciaire dans les conditions prévues au même article 238 *quater* N, à partir de la date d'acquisition ou de souscription des actions, parts, droits ou titres par la fiducie ;

***b)* Lorsque le cédant n'est pas le constituant initial de la fiducie, à partir de la date d'acquisition de droits représentatifs des biens ou droits du patrimoine fiduciaire si les actions, parts, droits ou titres cédés figuraient dans le patrimoine fiduciaire lors de l'acquisition de ces droits, à partir de la date d'acquisition ou de souscription des actions, parts, droits ou titres par la fiducie dans les autres situations ;**

7° En cas de cession d'actions gratuites attribuées dans les conditions définies *(Ord. n° 2020-1142 du 16 sept. 2020, art. 13-3°-a et 19, en vigueur le 1er janv. 2021)* **« aux articles L. 225-197-1 à L. 225-197-5, L. 22-10-59 et L. 22-10-60** *[ancienne rédaction : aux articles L. 225-197-1 à L. 225-197-6]* **» du code de commerce** *(Abrogé par L. n° 2017-1837 du 30 déc. 2017, art. 28)* ***« au titre desquelles l'avantage salarial défini au I de l'article 80 quaterdecies du présent code est imposé dans la catégorie des traitements et salaires selon les modalités prévues au 3 de l'article 200 A »*****, à partir de la date d'acquisition prévue au sixième alinéa du I de l'article L. 225-197-1 du code de commerce ;** *— Les dispositions du présent al. s'appliquent aux actions gratuites dont l'attribution a été autorisée par une décision de l'assemblée générale extraordinaire postérieure au 30 déc. 2016 (L. n° 2016-1917 du 29 déc. 2016, art. 61-III).*

(L. n° 2021-1900 du 30 déc. 2021, art. 21-I-5°-a) **« 8° En cas de cession ou de rachat des parts ou actions du nouveau fonds commun de placement ou de la nouvelle société d'investissement à capital variable créés dans le cadre d'une scission réalisée en application des articles L. 214-7-4, L. 214-8-7, L. 214-24-33 et L. 214-24-41 du code monétaire et financier, en cas de dissolution de ce fonds ou de cette société ainsi que pour les distributions mentionnées aux 7 et *7 bis* ainsi qu'aux deux derniers alinéas du 8 du II de l'article 150-0 A du présent code, à partir de la date d'acquisition ou de souscription des parts ou actions de l'ancien fonds commun de placement ou de l'ancienne société d'investissement à capital variable. »** *— Les dispositions du I de l'art. 21 de la L. n° 2021-1900 du 30 déc. 2021 sont applicables aux scissions réalisées à compter de l'entrée en vigueur du I de l'art. 77 de la L. n° 2019-486 du 22 mai 2019 relative à la croissance et la transformation des entreprises (L. n° 2021-1900 du 30 déc. 2021, art. 21-II).*

En cas de cessions antérieures de titres ou droits de la société concernée pour lesquels le gain net a été déterminé en retenant un prix d'acquisition calculé suivant la règle de la valeur moyenne pondérée d'acquisition prévue au premier alinéa du 3, le nombre de titres ou droits cédés antérieurement est réputé avoir été prélevé en priorité sur les titres ou droits acquis ou souscrits aux dates les plus anciennes.

Pour les distributions mentionnées aux 7, *7 bis* et aux deux derniers alinéas du 8 du II de l'article 150-0 A, à l'article 150-0 F et au 1 du II de l'article 163 *quinquies* C, la durée de détention est décomptée à partir de la date d'acquisition ou de souscription des titres du fonds, de l'entité ou de la société de capital-risque concerné *(L. n° 2021-1900 du 30 déc. 2021, art. 21-I-5°-a)* **« , sous réserve du 8° du présent 1 *quinquies* ».** *— Les dispositions du I de l'art. 21 de la L. n° 2021-1900 du 30 déc. 2021 sont applicables aux scissions réalisées à compter de l'entrée en vigueur du I de l'art. 77 de la L. n° 2019-486 du 22 mai 2019 relative à la croissance et la transformation des entreprises (L. n° 2021-1900 du 30 déc. 2021, art. 21-II).*

Pour l'application du dernier alinéa du *(L. n° 2017-1837 du 30 déc. 2017, art. 28)* **« A du » 1 *ter*, en cas de cession à titre onéreux ou de rachat de parts ou d'actions d'organismes de placement collectif en valeurs mobilières ou de placements collectifs, constitués avant le 1er janvier 2014, ou en cas de distributions effectuées par de tels organismes, la durée de détention est décomptée :**

— à partir de la date de souscription ou d'acquisition de ces parts ou actions, lorsque les parts ou actions ont été souscrites ou acquises à une date où l'organisme respecte le quota d'investissement mentionné aux quatrième et cinquième alinéas du même *(L. n° 2017-1837 du 30 déc. 2017, art. 28)* **« A du » 1 *ter* ;**

— à partir de la date de respect du quota d'investissement mentionné à l'avant-dernier alinéa du présent 1 *quinquies* lorsque les parts ou actions ont été souscrites ou acquises à une date antérieure.

2. Le prix d'acquisition des titres ou droits à retenir par le cessionnaire pour la détermination du gain net de cession des titres ou droits concernés est, le cas échéant, augmenté du complément de prix mentionné au 2 du I de l'article 150-0 A.

(Abrogé par L. n° 2017-1837 du 30 déc. 2017, art. 28) « ***2 bis.*** *Le prix d'acquisition retenu pour la détermination des plus-values réalisées antérieurement au 1er janvier 2013 dont l'imposition a été reportée sur le fondement du II de l'article 92 B, du I ter de l'article 160 et de l'article 150 A bis, dans leur rédaction en vigueur avant le 1er janvier 2000, de l'article 150-0 C, dans sa rédaction antérieure au 1er janvier 2006, et de l'article 150-0 D bis, à l'exclusion de celles éligibles à l'abattement mentionné à l'article 150-0 D ter, dans leur rédaction antérieure au 1er janvier 2013, est actualisé en fonction du dernier indice des prix à la consommation hors tabac publié par l'Institut national de la statistique et des études économiques à la date de réalisation de l'opération à l'origine du report d'imposition.* »

3. En cas de cession d'un ou plusieurs titres appartenant à une série de titres de même nature acquis pour des prix différents, le prix d'acquisition à retenir est la valeur moyenne pondérée d'acquisition de ces titres.

Le détachement de droits de souscription ou d'attribution emporte les conséquences suivantes :

a. Le prix d'acquisition des actions ou parts antérieurement détenues et permettant de participer à l'opération ne fait l'objet d'aucune modification ;

b. Le prix d'acquisition des droits détachés est, s'ils font l'objet d'une cession, réputé nul ;

c. Le prix d'acquisition des actions ou parts reçues à l'occasion de l'opération est réputé égal au prix des droits acquis dans ce but à titre onéreux, augmenté, s'il y a lieu, de la somme versée par le souscripteur.

4. Pour l'ensemble des titres admis aux négociations sur un marché réglementé acquis avant le 1er janvier 1979, le contribuable peut retenir, comme prix d'acquisition, le cours au comptant le plus élevé de l'année 1978.

Pour l'ensemble des valeurs françaises à revenu variable, il peut également retenir le cours moyen de cotation au comptant de ces titres pendant l'année 1972.

Ces dispositions ne sont pas applicables lorsque la cession porte sur des droits sociaux qui, détenus directement ou indirectement dans les bénéfices sociaux par le cédant ou son conjoint, leurs ascendants et leurs descendants, ont dépassé ensemble 25 % de ces bénéfices à un moment quelconque au cours des cinq dernières années. Pour ces droits, le contribuable peut substituer au prix d'acquisition la valeur de ces droits au 1er janvier 1949 si elle est supérieure.

5. En cas de cession de titres après la clôture d'un plan d'épargne en actions défini à l'article 163 *quinquies* D ou leur retrait *(L. n° 2019-486 du 22 mai 2019, art. 92-II-1°)* « dudit plan », le prix d'acquisition est réputé égal à leur valeur à la date où le cédant a cessé de bénéficier, pour ces titres, des avantages prévus aux 5° *bis* et 5° *ter* de l'article 157.

6. Le gain net réalisé depuis l'ouverture d'un plan d'épargne en actions défini à l'article 163 *quinquies* D s'entend de la différence entre la valeur liquidative du plan ou la valeur de rachat pour les contrats de capitalisation à la date du retrait et le montant des versements effectués sur le plan depuis la date de son ouverture, à l'exception de ceux afférents aux retraits ou rachats n'ayant pas entraîné la clôture du plan. – *V. Ann. II, art. 91 quater J.*

7. Le prix d'acquisition des titres acquis en vertu d'un engagement d'épargne à long terme est réputé égal au dernier cours coté au comptant de ces titres précédant l'expiration de cet engagement.

8. Pour les actions acquises dans les conditions prévues *(Ord. n° 2020-1142 du 16 sept. 2020, art. 13-3°-b et 19, en vigueur le 1er janv. 2021)* « aux articles L. 225-177 à L. 225-186, L. 22-10-56 et L. 22-10-57 *[ancienne rédaction : aux articles L. 225-177 à L. 225-186]* » du code de commerce, le prix d'acquisition des titres à retenir par le cessionnaire pour la détermination du gain net est le prix de souscription ou d'achat des actions augmenté de l'avantage défini à l'article 80 *bis* du présent code. – *V. Ann. II, art. 74-0 E.*

8 *bis.* En cas de cession de parts ou actions acquises dans le cadre d'une opération mentionnée au 4 de l'article L. 313-7 du code monétaire et financier, le prix d'acquisition à retenir est égal au prix convenu pour l'acceptation de la promesse unilatérale

de vente compte non tenu des sommes correspondant aux versements effectués à titre de loyers.

8 *ter*. Le gain net mentionné au 6 du II de l'article 150-0 A est égal à la différence entre le montant du remboursement et le prix ou la valeur d'acquisition ou de souscription des titres rachetés.

9. En cas de vente ultérieure ou de rachat mentionné au 6 du II de l'article 150-0 A de titres reçus à l'occasion d'une opération mentionnée à l'article 150-0 B, au quatrième alinéa de l'article 150 A *bis* en vigueur avant la publication de la loi de finances pour 2004 *[n° 2003-1311 du 30 déc. 2003]* **et au II de l'article 150 UB, le gain net est calculé à partir du prix ou de la valeur d'acquisition des titres échangés, diminué du montant de la soulte reçue, qui n'a pas fait l'objet d'une imposition au titre de l'année de l'échange, ou majoré de la soulte versée lors de cet échange** *[ancienne rédaction : de la soulte reçue ou majoré de la soulte versée lors de l'échange]*.

9 *bis*. En cas de cession à titre onéreux ou de rachat de parts de fonds communs de placement à risques ou de fonds professionnels spécialisés relevant de l'article L. 214-37 du code monétaire et financier dans sa rédaction antérieure à l'ordonnance n° 2013-676 du 25 juillet 2013 modifiant le cadre juridique de la gestion d'actifs ou de fonds professionnels de capital investissement pour lesquelles le contribuable a perçu une distribution mentionnée au 7 du II de l'article 150-0 A, le prix d'acquisition ou de souscription est diminué à concurrence du montant des sommes ou valeurs ainsi distribuées qui n'a pas été imposé en application du même 7.

10. En cas d'absorption d'une société d'investissement à capital variable par un fonds commun de placement réalisée conformément à la réglementation en vigueur, les gains nets résultant de la cession ou du rachat des parts reçues en échange ou de la dissolution du fonds absorbant sont réputés être constitués par la différence entre le prix effectif de cession ou de rachat des parts reçues en échange, net des frais et taxes acquittés par le cédant, et le prix de souscription ou d'achat des actions de la société d'investissement à capital variable absorbée remises à l'échange.

(L. n° 2021-1900 du 30 déc. 2021, art. 21-I-5°-b) **« 10 *bis*. Pour le calcul des gains nets résultant de la cession ou du rachat des parts ou actions ou de la dissolution des fonds communs de placement ou sociétés d'investissement à capital variable issus d'une scission réalisée en application des articles L. 214-7-4, L. 214-8-7, L. 214-24-33 et L. 214-24-41 du code monétaire et financier, le prix d'acquisition est déterminé en retenant le prix ou la valeur d'acquisition des actions ou parts de l'entité dont l'actif a été scindé, dans le rapport existant entre la valeur liquidative de chacune des entités issues de la scission à la date de cette dernière et la somme arithmétique desdites valeurs liquidatives. »** — *Les dispositions du I de l'art. 21 de la L. n° 2021-1900 du 30 déc. 2021 sont applicables aux scissions réalisées à compter de l'entrée en vigueur du I de l'art. 77 de la L. n° 2019-486 du 22 mai 2019 relative à la croissance et la transformation des entreprises (L. n° 2021-1900 du 30 déc. 2021, art. 21-II), soit le 24 mai 2019.*

(L. n° 2017-1837 du 30 déc. 2017, art. 28) **« 11. Les moins-values subies au cours d'une année sont imputées exclusivement sur les plus-values de même nature, retenues pour leur montant brut avant application, le cas échéant, des abattements mentionnés aux 1 *ter* ou 1 *quater* du présent article ou à l'article 150-0 D *ter*, imposables au titre de la même année.**

« En cas de solde positif, les plus-values subsistantes sont réduites, le cas échéant, des moins-values de même nature subies au titre des années antérieures jusqu'à la dixième inclusivement, puis des abattements mentionnés au premier alinéa du présent 11.

« En cas de solde négatif, l'excédent de moins-values mentionnées au même premier alinéa non imputé est reporté et est imputé dans les mêmes conditions au titre des années suivantes jusqu'à la dixième inclusivement. »

12. Les pertes constatées en cas d'annulation de valeurs mobilières, de droits sociaux, ou de titres assimilés sont imputables, dans les conditions mentionnées au 11, l'année au cours de laquelle intervient soit la réduction du capital de la société, en exécution d'un plan de redressement mentionné à l'article L. 631-19 du code de commerce, soit la cession de l'entreprise ordonnée par le tribunal en application de l'article L. 631-22 de ce code, soit le jugement de clôture de la liquidation judiciaire *(L. n° 2020-1721 du 29 déc. 2020, art. 13)* **« , soit la réduction totale du capital de la société en application du deuxième alinéa des articles L. 223-42 ou L. 225-248 dudit code dès lors que les pertes sont égales ou supérieures aux capitaux propres ».**

Par exception aux dispositions du premier alinéa, préalablement à l'annulation des titres, les pertes sur valeurs mobilières, droits sociaux ou titres assimilés peuvent, sur option expresse du détenteur, être imputées dans les conditions prévues au 11, à compter de l'année au cours de laquelle intervient le jugement ordonnant la cession de l'entreprise en application de l'article L. 631-22 du code de commerce, en l'absence de tout plan de continuation, ou prononçant sa liquidation judiciaire. L'option porte sur l'ensemble des valeurs mobilières, droits sociaux ou titres assimilés détenus dans la société faisant l'objet de la procédure collective. En cas d'infirmation du jugement ou de résolution du plan de cession, la perte imputée ou reportée est reprise au titre de l'année au cours de laquelle intervient cet événement.

Les dispositions des premier et deuxième alinéas ne s'appliquent pas :

a. Aux pertes constatées afférentes à des valeurs mobilières ou des droits sociaux détenus, dans le cadre d'engagements d'épargne à long terme définis à l'article 163 *bis* A, dans un plan d'épargne d'entreprise mentionné à l'article 163 *bis* B ou dans un plan d'épargne en actions défini à l'article 163 *quinquies* D ;

b. Aux pertes constatées par les personnes à l'encontre desquelles le tribunal a prononcé au titre des sociétés en cause l'une des condamnations mentionnées aux articles L. 651-2, L. 653-4, L. 653-5, L. 653-6, L. 653-8, L. 654-2 ou L. 654-6 du code de commerce. Lorsque l'une de ces condamnations est prononcée à l'encontre d'un contribuable ayant exercé l'option prévue au deuxième alinéa, la perte ainsi imputée ou reportée est reprise au titre de l'année de la condamnation ;

c. Abrogé.

13. L'imputation des pertes mentionnées au 12 est opérée dans la limite du prix effectif d'acquisition des titres par le cédant ou, en cas d'acquisition à titre gratuit, de la valeur retenue pour l'assiette des droits de mutation. Lorsque les titres ont été reçus, à compter du 1er janvier 2000, dans le cadre d'une opération d'échange dans les conditions prévues à l'article 150-0 B, le prix d'acquisition à retenir est celui des titres remis à l'échange, diminué du montant de la soulte reçue, qui n'a pas fait l'objet d'une imposition au titre de l'année de l'échange, ou majoré de la soulte versée lors de cet échange.

La perte nette constatée est minorée, en tant qu'elle se rapporte aux titres concernés, du montant :

a. Des sommes ou valeurs remboursées dans la limite du prix d'acquisition des titres correspondants ;

b. Des sommes ayant ouvert droit à la réduction d'impôt en application de l'article 199 *unvicies* ;

c. Abrogé.

14. Par voie de réclamation présentée dans le délai prévu au Livre des procédures fiscales en matière d'impôt sur le revenu, le prix de cession des titres ou des droits retenu pour la détermination des gains nets mentionnés au 1 du I de l'article 150-0 A est diminué du montant du versement effectué par le cédant en exécution de la clause du contrat de cession par laquelle le cédant s'engage à reverser au cessionnaire tout ou partie du prix de cession en cas de révélation, dans les comptes de la société dont les titres sont l'objet du contrat, d'une dette ayant son origine antérieurement à la cession ou d'une surestimation de valeurs d'actif figurant au bilan de cette même société à la date de la cession.

Le montant des sommes reçues en exécution d'une telle clause de garantie de passif ou d'actif net diminue le prix d'acquisition des valeurs mobilières ou des droits sociaux à retenir par le cessionnaire pour la détermination du gain net de cession des titres concernés. — *V. Ann. II, art. 74-0 H.*

Les dispositions du présent art. telles que modifiées par la L. n° 2017-1837 du 30 déc. 2017 s'appliquent aux impositions dont le fait générateur intervient à compter du 1er janv. 2018 (L. préc., art. 28-VI-A).

BIBL. ▶ PAROT, *Dr. fisc. 2002. 790* (l'exécution des garanties de passif : la nouvelle donne fiscale). – RENAULT et POUGET, *JCP E 2000. 1124* (*earn out* et garanties de passif).

1. Prix d'acquisition. Lorsque, dans la commune intention des parties, le prix d'acquisition, pour un franc, de parts sociales a pour contrepartie le comblement du passif social et que l'acquéreur a effectivement payé les dettes sociales, ces éléments doivent être pris en compte pour le calcul de la plus-value réalisée lors de la revente des parts. • CE 26 sept. 2001, ☎ n° 199540, *Niderkorn : RJF 2001. 1533 ; Dr. sociétés 2002. 16, note Pierre.* ♦ Les apports consentis par un associé pour augmenter le capital de la société par l'augmentation de la valeur nominale des parts s'ajoutent au prix d'acquisition pour le calcul de la plus-value privée. • CAA Nantes, 17 déc. 2007, n° 05NT548 : *RJF 2008. 811.* ♦ Lorsque les titres ont été acquis à titre gratuit, la valeur d'acquisition est majorée des frais afférents à l'acquisition : droits de mutation, honoraires de notaire, frais d'actes, intérêts de retard. * BOI-RPPM-PVBMI-20-10-20-30 n° 90 du 20 déc. 2019. ♦ Les droits de mutation à titre gratuit pris en charge par le donateur lors de la donation-partage de la nue-propriété de titres ne constituent pas des frais d'acquisition susceptibles de venir majorer le prix d'acquisition pour le calcul de la plus-value de cession réalisée par les nus-propriétaires lors de la cession conjointe de ces titres. • CAA Bordeaux, 4 juin 2008, n° 06BX1412 : *RJF 2008. 1330.* ♦ En cas de vente conjointe de la nue-propriété et de l'usufruit de titres, le nu-propriétaire, lorsqu'il est le seul imposable sur la plus-value globale, a droit de déduire les frais d'acquisition de l'usufruit. • CE, QPC, 11 mai 2017, n° 402479 : *RJF 2017. 808, concl. Cortot-Boucher.* ♦ Le prix effectif d'acquisition, pour le calcul de la plus-value de cession, doit s'entendre du montant de l'ensemble des contreparties effectivement mises à la charge de l'acquéreur à raison de l'acquisition, quelles que soient les modalités selon lesquelles il s'acquitte de ces obligations. • CE 7 févr. 2018, n° 399399 : *RJF 2018. 490, concl. Bénard.* ♦ Le prix d'acquisition de titres souscrits par une personne physique à l'occasion d'une augmentation de capital consécutive à une réduction de capital par annulation de titres dans le cadre d'un coup d'accordéon ne peut pas être majoré du prix d'acquisition des titres annulés. • CE 28 nov. 2018, n° 417875 : *RJF 2019. 155, concl. Ciavaldini.* ♦ Sur les pertes résultant de la réduction totale de capital à zéro, V. note 19.

2. Pour le calcul du montant de la plus-value taxable en cas de cession de titres, le prix d'acquisition des titres obtenus à titre gratuit doit en principe être fixé à la valeur retenue pour le calcul des droits de mutation. Il n'en va autrement que si l'Administration établit que la valeur retenue pour les droits d'enregistrement était dépourvue de toute signification, c'est-à-dire qu'elle est sans rapport avec la valeur réelle des titres. • *CE 27 nov. 2019,* n° 417775 : *RJF 2020. 131, concl. Iljic ; Dr. fisc. 2020. 56, note Fernoux.* ♦ Des titres cotés, évalués pour les droits de donation à une valeur supérieure au cours moyen, peuvent être cédés peu après à cette valeur sauf si l'Administration établit que la valeur retenue pour les droits de donation est dépourvue de toute signification. • CE 12 oct. 2011, n° 324717 : *RJF 2012. 31* • CAA Versailles, 10 déc. 2013, n° 11VE03855 : *RJF 2014. 684.*

3. En cas de cession de titres dont une partie provient d'une distribution gratuite suite à une augmentation de capital réalisée par incorporation de réserves, l'Administration a pu estimer être en présence de titres de même nature acquis pour des prix différents et retenir, pour le calcul de la plus-value, un prix correspondant à la valeur moyenne pondérée d'acquisition. Ainsi, les titres provenant d'une attribution gratuite entrent dans le calcul du prix de revient moyen pondéré pour une valeur nulle. • CAA Bordeaux, 17 févr. 2009, n° 07BX711 : *RJF 2010. 595.* ♦ Dans le même sens • CAA Lyon, 2 déc. 2014, n° 13LY03132 : *RJF 2015. 318.*

4. Pour déterminer le prix d'acquisition des droits sociaux, il convient de se référer à la date à laquelle ils sont entrés dans le patrimoine de l'associé, sans tenir compte des changements formels qui ont pu les affecter et notamment d'une augmentation ultérieure de leur valeur nominale. • TA Versailles, 17 oct. 2003, n° 01-2555 : *RJF 2004. 889.*

5. La circonstance que le prix d'acquisition de titres aurait été modifié par un événement postérieur au 31 déc. de l'année au cours de laquelle a eu lieu la cession de ces titres est sans influence sur le montant de la plus-value réalisée à cette occasion. • CAA Nantes, 2 mai 2006, n° 04NT953 : *RJF 2006. 1360.*

6. Une réduction de capital par annulation de titres s'analyse, du point de vue de l'associé, comme l'échange d'un plus grand nombre de titres anciens contre un moins grand nombre de titres nouveaux, de même nominal, et se traduit par conséquent par une augmentation uniforme de la valeur d'acquisition des titres détenus par chacun des associés. • CAA Bordeaux, 17 janv. 2017, n° 14BX02647 : *RJF 2017. 332, concl. de la Taille* ♦ Une réduction de la valeur nominale de chaque titre, sans que le montant du capital social ne s'en trouve affecté, a pour effet d'augmenter le nombre de titres détenus par chaque associé et, par voie de conséquence, de diminuer leur prix unitaire d'acquisition. • Même arrêt.

7. Dans l'hypothèse où le contribuable n'est pas en mesure de justifier d'une valeur d'acquisition de ses droits sociaux, il convient, en principe, de retenir une valeur nulle. En conséquence, la plus-value est égale au prix de cession. • CAA Nantes, 27 juin 2003, n° 99NT2584 : *RJF 2004. 42 ; Dr. fisc. 2004. 205.* ♦ Dans le cas où, faute de déclaration par le contribuable, aucune valeur n'a été retenue pour la détermination des droits de mutation, l'Administration peut affecter aux titres acquis gratuitement une valeur nulle à moins que le contribuable qui les a recueillis soit en mesure de justifier de leur valeur d'acquisition à la date de cette acquisition. • CE 7 avr. 2006, n° 270443 : *RJF 2006. 85 ; Dr. fisc. 2006. 667, concl. Verclytte, note Gagneur ; Dr. sociétés 2006. 134, note Pierre.*

8. Le mécanisme de correction du prix de revient des parts, issu de la jurisprudence *Quemener* (CE 16 févr. 2000, n° 133296) et étendu par la jurisprudence *Baradé* (CE 9 mars 2005, n° 248825), à la valeur d'acquisition des parts de sociétés de personnes à prépondérance immobilière, s'applique à l'ensemble des plus-values réalisées (avant ou après le 1er janv. 2004) par les particuliers dans le cadre de la gestion de leur patrimoine privé. Ainsi, il convient, d'une part, de majorer la valeur d'acquisition des parts du montant des bénéfices de la société antérieurement imposés au nom de l'associé et des pertes qu'il a dû combler et, d'autre part, de la minorer du montant des déficits qu'il a déduits de son revenu imposable et des bénéfices répartis à son profit. * Rép. min. nos 66494 et 66675 : *JOAN Q, 31 janv. 2006, p. 985 ; Dr. fisc. 2006. 80, note Pierre.* ♦ Rappr. : • CAA Paris, 17 sept. 2007, n° 05PA1256 : *RJF 2008. 139* • Douai, 10 oct. 2007, n° 06DA1243 : *RJF 2008. 140.* ♦ Le Conseil d'État a validé le mécanisme de correction du prix de revient des parts mis au point pour le calcul des plus-values professionnelles. • CE 25 nov. 2009, n° 310746 : *RJF 2010. 120 ; Dr. fisc. 2010. 258, concl. Geffray, note Deglaire.* ♦ Application de la jurisprudence *Quemener* en cas de réévaluation de parts d'une SCI. * Rescrit 28 févr. 2012 : *n° 2012/12 FE.*

9. Les bons, dits bons de souscription d'actions ou bons de souscription autonomes (BSA), ne confèrent à leurs détenteurs aucun droit dans le capital de la société émettrice en l'absence de la levée de l'option dont ils sont assortis, à la différence des valeurs mobilières composées telles les actions assorties de bons de souscription d'actions (ABSA), lesquels peuvent être détachés des actions qui en sont le support. La cession de tels bons ne peut être regardée comme une opération de détachement de droits de souscription entrant dans le champ d'application de l'art. 150-0 D-3. Les plus-values de cession de bons de souscription autonome doivent donc être déterminées selon les règles de droit commun en fonction de leur prix effectif d'acquisition. • CE 20 juin 2012, *Barral,* n° 341362 : *RJF 2012. 920 ; Dr. fisc. 2012. 503.* ♦ Une cession de bons de souscription émis à raison d'actions nouvelles constitue une cession de droits détachés dont le prix d'acquisition, pour le calcul de la plus-value, est réputé nul. • CAA Douai, 25 juin 2013, *Barral,* n° 12DA00962 : *RJF 2013. 1142* • CE (na) 19 juin 2014, *Barral,* n° 371556 : *RJF 2014. 1009.*

10. En cas de cession de titres appartenant à une série de titres de même nature acquis pour des prix différents, le prix d'acquisition à retenir est la valeur moyenne pondérée d'acquisition. La circonstance que le détenteur de titres ait souscrit un engagement de conservation est par elle-même sans incidence sur la nature des titres concernés. Il en résulte que le prix d'acquisition à retenir pour le calcul de la plus-value de cession de titres d'une société détenus en pleine propriété doit être égal à la moyenne pondérée du prix d'acquisition de l'ensemble des titres de cette même société détenus en pleine propriété à la date de la cession, y compris les titres pour lesquels un engagement de conservation a été souscrit, qui constituent une série de titres de même nature. • CE 20 oct. 2021, n° 449292 : *RJF 2022. 31.*

11. Prix de cession. Le prix de cession doit s'entendre comme le prix effectif versé par l'acquéreur en contrepartie de l'acquisition des droits sociaux transmis. Lorsque le montant du prix immédiatement acquitté par l'acquéreur de titres d'une société en participation est manifestement déterminé en fonction du débit du compte courant repris par ailleurs, il y a lieu de considérer que la transmission au cessionnaire des dettes en compte courant des associés constitue un élément du prix de cession effectif des droits. • TA Rennes, 21 nov. 2002, nos 98-3969 et 99-1661 : *RJF 2003. 707.* ♦ Pour évaluer le prix de cession des parts sociales il y a lieu, le cas échéant, d'ajouter au montant mentionné dans l'acte de vente le montant du solde débiteur du compte courant de l'associé vendeur, corrélativement et contractuellement repris par l'acquéreur. • TA Versailles, 15 mai 2003, n° 00-2976 : *RJF 2004. 50.*

12. Les frais inhérents à la cession des titres sont déductibles même s'ils ont été exposés postérieurement à leur transfert de propriété. • CE 25 oct. 2017, n° 392663 : *RJF 2018. 36.* ♦ En revanche, les frais de justice engagés par le contribuable en vue d'obtenir le recouvrement d'un complément de prix de cession de titres ne sont pas déductibles de la plus-value. • CE 29 mai 2019, n° 414617 : *RJF 2019. 742.*

13. L'attribution de 1 200 bouteilles de grand cru en contrepartie de l'abandon de procédures judiciaires préjudiciables à la société exploitant le vignoble est dissociable du prix de cession des parts cédées : la valeur de ces bouteilles ne correspond pas à un complément de prix des parts cédées imposable mais s'inscrit dans un processus global de pacification des relations entre les parties. • CAA Bordeaux, 7 mai 2015, n° 14BX03338 : *RJF 2015. 913.*

14. Cession de titres en devises étrangères. Le gain ou la perte de change associé à la cession à titre onéreux de valeurs mobilières constitue une composante de la plus ou moins-value réalisée. En conséquence, les prix d'acquisition et de cession à retenir pour déterminer la plus-value réalisée à l'occasion de la cession de valeurs mobilières étrangères doivent être convertis en euros par application des taux de change applicables respectivement à la date d'acquisition et à la date de cession des titres en cause. • CAA Paris, 31 juill. 2020, n° 19PA02095 • CE 13 sept. 2021, n° 443914 : *RJF 2021. 1111, concl. Victor ; Dr. fisc. 2021. 396, note Pezet.*

15. Clause de garantie de passif. La déduction du versement effectué par le cédant n'est admise que dans la limite de la plus-value initialement déclarée et ne peut avoir pour conséquence de dégager une perte nette. * BOI-RPPM-PVBMI-20-10-10-30 n° 80 du 20 déc. 2019. ♦ La somme, correspondant à des rappels d'impôts en litige, versée en exécution d'une clause de garantie de passif vient réduire le montant de la plus-value déclarée au titre de la cession des parts bien que cette dette ne soit devenue définitive qu'après le rejet de la réclamation. • CAA Douai, 3 févr. 2009, n° 08DA00500 : *RJF 2009. 74, concl. Minne au BDCF 8-9/09, n° 104.* ♦ Le montant admis en déduction est limité aux rappels d'impôts afférents à la période antérieure à la cession des parts. • CAA Douai, 3 févr. 2009 : *préc.* ♦ La somme versée au titre d'une demande de mise en jeu de garantie de passif formulée après l'expiration de la convention de garantie n'est pas admise en déduction pour le calcul de la plus-value imposable, déclarée lors de la cession des parts. • CAA Douai, 3 févr. 2009 : *préc.* ♦ Le blocage d'une fraction du prix de cession à titre de caution bancaire de la garantie ne constitue pas l'exécution d'une clause de garantie de passif, mais seulement une garantie supplémentaire accordée au cessionnaire. • TA Versailles, 20 nov. 2012, *Benhamou,* n° 0807464 : *RJF 2013. 294.* ♦ Ne constitue pas un versement effectué en exécution d'une clause de garantie de passif la révision du prix de cession de titres procédant d'une augmentation de capital postérieure. • CAA Paris, 26 sept. 2013, n° 11PA03657 : *RJF 2014. 37.*

16. Clause d'indexation ou d'« earn out ». Le complément de prix reçu par le cédant en exécution de la clause est imposable sur le fondement de l'art. 150-0 A au titre de l'année au cours de laquelle il est reçu. * BOI-RPPM-PVBMI-20-10-10-20 n° 1 du 20 déc. 2019. ♦ La perception en numéraire, par le cédant, d'un complément de prix exclusivement déterminé en fonction d'une indexation en relation directe avec l'activité de la société dont les titres ont fait l'objet de l'apport (complément de prix reçu en exécution d'une clause d'indexation ou « earn out ») ne remet pas en cause le sursis d'imposition prévu à l'art. 150-0 B dont a bénéficié la plus-value d'échange réalisée au titre de l'année d'apport des titres. Ce complément de prix est imposé à l'IR dans les conditions de l'art. 150-0 A-I-2. * BOI-RPPM-PVBMI-20-10-10-20 n°s 1 à 90 du 20 déc. 2019.

17. Pertes sur titres radiés. La perte résultant de la radiation de certificats dits « Turbo » ayant perdu toute valeur après que leur « sous-jacent » ait franchi le seuil d'une barrière désactivante ne peut pas donner lieu à imputation sur les plus-values de même nature dès lors qu'elle ne trouve pas son origine dans une cession. • CAA Versailles, 25 juin 2013, n° 12VE00386 : *RJF 2014. 38.*

18. Pertes sur titres annulés. La différence de situation entre les détenteurs de droits sociaux selon qu'ils procèdent de leur propre initiative à la liquidation amiable d'une société et les détenteurs de droits dans le capital d'une société en liquidation judiciaire est suffisante pour justifier une différence, telle que celle qu'instaure le premier alinéa du 12 de l'art. 150-0 D, dans le traitement fiscal des annulations de titres opérées à la suite de ces deux procédures. • CE 25 juin 2010, n° 338966 : *RJF 2010. 945.*

19. Pertes résultant de la réduction totale de capital à zéro. L'interdiction d'imputer la moins-value sur titres annulés lors d'une réduction de capital obligatoire à zéro du fait de pertes alors que l'imputation est autorisée en cas d'annulation dans le cadre d'une procédure collective est contraire à la Conv. EDH. • CE 22 nov. 2019, n° 431867 : *RJF 2020. 130, concl. Ciavaldini.* ♦ S'agissant de l'imputation des pertes résultant de la réduction totale de capital en application de l'al. 2 des art. L. 223-42 ou L. 225-248 C. com., le contribuable doit apporter la preuve de la réalité et du montant des pertes imputées. Le montant de ces pertes est mentionné dans la déclaration des plus ou moins-values n° 2074, souscrite au titre de l'année au cours de laquelle la résolution portant la réduction totale de capital est adoptée. * BOI-RPPM-PVBMI-40-10-20 n° 115 du 28 juin 2021.

20. Imputation des moins-values. L'absence de déclaration d'une moins-value subie à l'occasion de cession de valeurs mobilières ne fait pas en elle-même obstacle à son imputation sur une plus-value de même nature réalisée au cours des dix années suivantes. • CAA Versailles, 16 mai 2013, *Pétillon,* n° 11VE02685 : *RJF 2013. 1142 ; Dr. fisc. 2013. 397, note Rudeaux.* ♦ Un contribuable ne peut pas imputer sur ses plus-values de cessions de valeurs mobilières des moins-values antérieures réalisées par un enfant majeur qui était rattaché à son foyer l'année de la cession des titres mais qui ne l'est plus l'année de l'imputation. • CAA Marseille, 22 juill. 2020, n° 18MA04141 : *RJF 2020. 1003.*

21. Rachats par une société de ses propres titres (rachats effectués avant le 1er janv. 2015). BIBL. Dumont, *BFL 2010, p. 753* (rachat par une société de ses propres titres : une « chère rédemption » ?). ♦ Régime fiscal. Commentaires administratifs.* BOI-RPPM-RCM-10-20-30-20 du 20 mars 2015.

22. Modalités d'application des abattements. L'abattement pour durée de détention (de droit commun, majoré et/ou fixe) s'applique non seulement aux plus-values mais également aux moins-values, avec une exception en faveur des pertes constatées dans le cadre d'une procédure collective. * BOI-RPPM-PVBMI-20-10-40 n° 80 du 11 avr. 2016. ♦ Annulation de cette doctrine : l'abattement pour durée de détention ne s'applique pas aux moins-values de cessions de valeurs mobilières. De plus, les moins-values doivent être déduites avant d'appliquer les abattements. • CE 12 nov. 2015, n° 390265 : *RJF*

2016. 142 ; Dr. fisc. 2016. 155, note Mortier. ♦ Nouvelle doctrine administrative. * BOI-RPPM-PVBMI-20-10-40 nos 490 à 520 du 20 déc. 2019. ♦ Sur l'obligation d'imputer les moins-values disponibles avant de pouvoir bénéficier de l'abattement pour durée de détention, V. * Rép. min. nº 22465 : *JO Sénat, 11 mai 2017.*

23. Complément de prix afférent à une cession antérieure à 2013 et abattement pour durée de détention. L'abattement pour durée de détention s'applique aux compléments de prix afférents à des cessions antérieures à 2013 ou à des cessions n'ayant dégagé aucune plus-value si la condition de durée de détention était satisfaite à la date de cette cession. • Cons. const. 14 janv. 2016, nº 2015-515 QPC : *RJF 2016. 340.* ♦ Sur renvoi de : • CE 14 oct. 2015, nº 392257 QPC : *RJF 2016. 70.*

24. Plus-values en report avant 2013 et abattement. Les plus-values en report d'imposition avant 2013 et dont le report expire après 2013 ne bénéficient pas de l'abattement pour durée de détention mais elles doivent être recalculées pour tenir compte de l'érosion monétaire. • Cons. const. 22 avr. 2016, nº 2016-5538 QPC : *RJF 2016. 544 ; Dr. fisc. 2016. 461, note Cavaillé.* ♦ Dans le même sens • CE 18 juill. 2018, nº 411796 : *RJF 2018. 1109.* ♦ L'absence d'abattement n'est pas contraire à la Conv. EDH. • CE 19 juill. 2016, nº 394596 : *RJF 2016. 963.*

25. Remise en cause, après 2013, de l'ancien abattement dirigeant. Il résulte de l'art. 150-0 D-1 *ter* que l'abattement pour durée de détention ne s'applique pas à une plus-value réalisée avant le 1er janv. 2013, ayant initialement bénéficié de l'abattement dirigeant mais qui devient imposable postérieurement à cette date, suite à une remise en cause du fait du non-respect de ses conditions d'application. Il convient, dans ce cas, d'appliquer un coefficient d'érosion monétaire pour la période comprise entre l'acquisition des titres et le fait générateur de l'imposition afin d'atténuer le montant de l'impôt dont le taux marginal maximal atteint 62,001 %. • Cons. const. 7 juill. 2017, nº 2017-642 QPC : *RJF 2017. 970.*

26. Abattement de détention sur plus-values en report. La plus-value afférente à des titres échangés et placée en report d'imposition et la plus-value issue de la cession des titres reçus en échange doivent être traitées de la même façon que la plus-value qui aurait été réalisée en l'absence d'échange. • CJUE 18 sept. 2019, *AQ et DN*, nos 662/18 et 672/18 : *RJF 2019. 1210.* ♦ La différence de traitement existant entre les contribuables cédant des titres grevés d'une plus-value en report, selon que l'opération d'échange entre ou non dans le champ de la directive « fusion » du 19 oct. 2009, est conforme à la Constitution dès lors qu'elle est fondée sur une différence de situation et en rapport direct avec l'objet de la loi. • Cons. const. 3 avr. 2020, nº 2019-832/833 QPC : *RJF 2020. 551.*

Art. 150-0 D *bis* *(Abrogé par L. nº 2013-1278 du 29 déc. 2013, art. 17-I-G et III, applicable aux gains réalisés et aux distributions perçues à compter du 1er janv. 2014)* ***I. — 1. L'imposition de la plus-value retirée de la cession à titre onéreux d'actions ou de parts de sociétés ou de droits démembrés portant sur ces actions ou parts peut être reportée si les conditions prévues au II sont remplies.***

Le report est subordonné à la condition que le contribuable en fasse la demande et déclare le montant de la plus-value dans la déclaration prévue à l'article 170.

2. Le complément de prix prévu au 2 du I de l'article 150-0 A, afférent à la cession de titres ou droits mentionnés au 1 du présent I, fait également l'objet du report d'imposition prévu à ce même 1 et appliqué lors de cette cession.

II. — Le bénéfice du report d'imposition prévu au 1 du I est subordonné au respect des conditions suivantes :

1º Les titres ou droits cédés doivent avoir été détenus de manière continue depuis plus de huit ans ;

1º bis Les titres ou droits détenus par le cédant, directement ou par personne interposée ou par l'intermédiaire du conjoint, de leurs ascendants et descendants ou de leurs frères et sœurs, doivent avoir représenté, de manière continue pendant les huit années précédant la cession, au moins 10 % des droits de vote ou des droits dans les bénéfices sociaux de la société dont les titres ou droits sont cédés ;

2º La société dont les actions, parts ou droits sont cédés :

a) Est passible de l'impôt sur les sociétés ou d'un impôt équivalent ou soumise sur option à cet impôt ;

b) Exerce une activité commerciale, industrielle, artisanale, libérale, agricole ou financière, à l'exception de la gestion de son propre patrimoine mobilier ou immobilier, ou a pour objet social exclusif de détenir des participations dans des sociétés exerçant les activités précitées.

Cette condition s'apprécie de manière continue pendant les huit années précédant la cession ;

c) A son siège social dans un État membre de l'Union européenne ou dans un autre État partie à l'accord sur l'Espace économique européen ayant conclu avec la France une convention d'assistance administrative en vue de lutter contre la fraude et l'évasion fiscales.

3° Le report d'imposition est, en outre, subordonné au respect des conditions suivantes :

a) Le cédant prend l'engagement d'investir le produit de la cession des titres ou droits, dans un délai de vingt-quatre mois et à hauteur d'au moins 50 % du montant de la plus-value net des prélèvements sociaux, dans la souscription en numéraire au capital initial ou à l'augmentation de capital d'une ou de plusieurs sociétés ou dans la souscription dans un ou plusieurs fonds communs de placement à risques ou sociétés de capital-risque respectant au minimum, respectivement, le quota d'investissement de 50 % prévu au I de l'article L. 214-28 du code monétaire et financier et celui prévu au troisième alinéa du 1° de l'article 1-1 de la loi n° 85-695 du 11 juillet 1985 portant diverses dispositions d'ordre économique et financier ;

b) La société bénéficiaire de l'apport doit exercer l'une des activités mentionnées au premier alinéa du b du 2° et répondre aux conditions prévues aux a et c du même 2° ;

c) Les titres représentatifs de l'apport en numéraire doivent être entièrement libérés au moment de la souscription ou de l'augmentation de capital ou, au plus tard, à l'issue du délai mentionné au a du présent 3° et représenter au moins 5 % des droits de vote et des droits dans les bénéfices sociaux de la société ;

d) Les titres représentatifs de l'apport en numéraire doivent être détenus directement et en pleine propriété par le contribuable pendant au moins cinq ans.

e) Abrogé par L. n° 2012-354 du 14 mars 2012, art. 7-I et II, applicable aux gains réalisés au titre des cessions intervenues à compter du 1er janv. 2011.

f) La société bénéficiaire de l'apport ne doit pas avoir procédé à un remboursement d'apport au bénéfice du cédant, de son conjoint, de leurs ascendants et descendants ou de leurs frères et sœurs au cours des douze mois précédant le remploi du produit de la cession.

II bis. — Lorsque le cédant effectue son réinvestissement conformément à l'engagement pris en application du a du 3° du II, la plus-value en report d'imposition n'est imposable qu'à hauteur du montant de la plus-value net des prélèvements sociaux qui n'a pas fait l'objet d'un réinvestissement dans les vingt-quatre mois suivant la cession. L'impôt sur la plus-value exigible dans ces conditions est accompagné de l'intérêt de retard prévu à l'article 1727, décompté à partir de la date à laquelle cet impôt aurait dû être acquitté. La fraction de plus-value réinvestie reste en report d'imposition. — V. note ss. l'art.

III. — Le report d'imposition prévu au présent article est exclusif de l'application des articles 199 terdecies-0 A et 885-0 V bis.

Le non-respect de l'une des conditions prévues au II entraîne l'exigibilité immédiate de l'impôt sur la plus-value, sans préjudice de l'intérêt de retard prévu à l'article 1727, décompté de la date à laquelle cet impôt aurait dû être acquitté.

L'imposition de la plus-value antérieurement reportée peut, à la demande du contribuable, être reportée de nouveau lorsque les titres souscrits conformément au 3° du II font l'objet d'une opération d'échange dans les conditions prévues à l'article 150-0 B. Dans ce cas, le délai de cinq ans est apprécié à compter de la date de souscription des titres échangés.

III bis. — Lorsque les titres font l'objet d'une transmission, d'un rachat ou d'une annulation ou, si cet événement est antérieur, lorsque le contribuable transfère son domicile fiscal hors de France dans les conditions prévues à l'article 167 bis, avant le délai prévu au d du 3° du II du présent article, le report d'imposition prévu au I est remis en cause dans les conditions du deuxième alinéa du III.

Lorsque les titres ayant fait l'objet de l'apport prévu au a du 3° du II sont détenus depuis plus de cinq ans, la plus-value en report d'imposition est définitivement exonérée. Cette exonération est applicable avant l'expiration du délai de cinq ans en cas de licenciement, d'invalidité correspondant au classement dans les deuxième ou troisième des catégories prévues à l'article L. 341-4 du code de la sécurité sociale, du décès du contribuable ou de l'un des époux soumis à imposition commune ou en cas de liquidation judiciaire de la société.

Le deuxième alinéa ne s'applique pas en cas de remboursement des apports avant la dixième année suivant celle de l'apport en numéraire.

IV. — En cas de cession de titres ou droits mentionnés au 1 du I appartenant à une série de titres ou droits de même nature, acquis ou souscrits à des dates différentes, les titres ou droits cédés sont ceux acquis ou souscrits aux dates les plus anciennes.

V. — Pour l'application du 1° du II, la durée de détention est décomptée à partir du 1er janvier de l'année d'acquisition ou de souscription des titres ou droits, et :

1° En cas de cession de titres ou droits effectuée par une personne interposée, à partir du 1er janvier de l'année d'acquisition ou de souscription des titres ou droits par la personne interposée ;

2° En cas de vente ultérieure de titres ou droits reçus à l'occasion d'opérations mentionnées à l'article 150-0 B ou au II de l'article 150 UB, à partir du 1er janvier de l'année d'acquisition des titres ou droits remis à l'échange ;

3° En cas de cession de titres ou droits après la clôture d'un plan d'épargne en actions défini à l'article 163 quinquies D ou leur retrait au-delà de la huitième année, à partir du 1er janvier de l'année au cours de laquelle le cédant a cessé de bénéficier, pour ces titres, des avantages prévus aux 5° bis et 5° ter de l'article 157 ;

4° En cas de cession à titre onéreux de titres ou droits reçus en rémunération d'un apport réalisé sous le régime prévu au I ter de l'article 93 quater, au a du I de l'article 151 octies ou aux I et II de l'article 151 octies A, à partir du 1er janvier de l'année au cours de laquelle l'apporteur a commencé son activité commerciale, industrielle, artisanale, libérale ou agricole ;

5° à 7° Abrogés *;*

8° En cas de cession de titres ou droits effectuée par une fiducie :

a) Lorsque les titres ou droits ont été acquis ou souscrits par la fiducie, à partir du 1er janvier de l'année d'acquisition ou de souscription de ces titres ou droits par la fiducie ;

b) Lorsque les titres ou droits ont été transférés dans le patrimoine fiduciaire dans les conditions prévues à l'article 238 quater N, à partir du 1er janvier de l'année d'acquisition ou de souscription des titres par le constituant ;

9° En cas de cession de titres ou droits reçus dans les conditions prévues à l'article 238 quater Q :

a) Lorsque le cédant est le constituant initial de la fiducie :

— lorsque les titres ou droits ont été transférés par le constituant dans le patrimoine fiduciaire dans les conditions de l'article 238 quater N, à partir du 1er janvier de l'année d'acquisition ou de souscription des titres ou droits par le constituant ;

— lorsque les titres ou droits n'ont pas été transférés dans le patrimoine fiduciaire dans les conditions de l'article 238 quater N, à partir du 1er janvier de l'année d'acquisition ou de souscription des titres ou droits par la fiducie ;

b) Lorsque le cédant n'est pas le constituant initial de la fiducie, à partir du 1er janvier de l'année d'acquisition de droits représentatifs des biens ou droits du patrimoine fiduciaire si les titres ou droits cédés figuraient dans le patrimoine fiduciaire lors de l'acquisition de ces droits, et à partir du 1er janvier de l'année d'acquisition ou de souscription des titres ou droits par la fiducie dans les autres situations.

V. Ann. II, art. 74-0 F à 74-0 I.

Art. 150-0 D ter *(L. n° 2017-1837 du 30 déc. 2017, art. 28)* **I. — 1. Les gains nets mentionnés au 1 de l'article 150-0 D et déterminés dans les conditions prévues au même article 150-0 D, retirés de la cession à titre onéreux ou du rachat par la société émettrice d'actions, de parts de sociétés, ou de droits démembrés portant sur ces actions ou parts, sont réduits d'un abattement fixe de 500 000 € lorsque les conditions prévues au II du présent article sont remplies.**

L'abattement fixe prévu au premier alinéa du présent 1 s'applique à l'ensemble des gains afférents à des actions, parts, ou droits démembrés portant sur ces actions ou parts, émises par une même société et, si cette société est issue d'une scission intervenue au cours des deux années précédant la cession à titre onéreux ou le rachat, par les autres sociétés issues de cette même scission.

2. Le complément de prix prévu au 2 du I de l'article 150-0 A, afférent à la cession de titres ou de droits mentionnés au 1 du présent I, est réduit de l'abattement fixe prévu au même 1, à hauteur de la fraction non utilisée lors de cette cession.

II. — Le bénéfice de l'abattement fixe mentionné au 1 du I est subordonné au respect des conditions suivantes :

1° La cession porte sur l'intégralité des actions, parts ou droits détenus par le cédant dans la société dont les titres ou droits sont cédés ou sur plus de 50 % des droits de vote ou, dans le cas où seul l'usufruit est détenu, sur plus de 50 % des droits dans les bénéfices sociaux de cette société ;

2° Le cédant doit :

a) Avoir exercé au sein de la société dont les titres ou droits sont cédés, de manière continue pendant les cinq années précédant la cession, l'une des fonctions suivantes :

— gérant nommé conformément aux statuts d'une société à responsabilité limitée ou en commandite par actions ;

— associé en nom d'une société de personnes ;

— président, directeur général, président du conseil de surveillance ou membre du directoire d'une société par actions.

Ces fonctions doivent être effectivement exercées et donner lieu à une rémunération normale, dans les catégories imposables à l'impôt sur le revenu des traitements et salaires, bénéfices industriels et commerciaux, bénéfices agricoles, bénéfices non commerciaux et revenus des gérants et associés mentionnés à l'article 62, au regard des rémunérations du même type versées au titre de fonctions analogues dans l'entreprise ou dans des entreprises similaires établies en France. Cette rémunération doit représenter plus de la moitié des revenus à raison desquels l'intéressé est soumis à l'impôt sur le revenu dans les mêmes catégories, à l'exclusion des revenus non professionnels ;

b) Avoir détenu directement ou par l'intermédiaire d'une société qui relève des articles 8 à 8 *ter* ou par l'intermédiaire de son conjoint ou partenaire lié par un pacte civil de solidarité ou de leurs ascendants ou descendants ou de leurs frères et sœurs, de manière continue pendant les cinq années précédant la cession, au moins 25 % des droits de vote ou des droits dans les bénéfices sociaux de la société dont les titres ou droits sont cédés ;

c) Cesser toute fonction dans la société dont les titres ou droits sont cédés et faire valoir ses droits à la retraite dans les deux années suivant ou précédant la cession ; — *V. Ann. II, art. 74-0 P. — Par dérogation, lorsque le cédant fait valoir ses droits à la retraite entre le 1er janv. 2019 et le 31 déc. 2021 et que ce départ en retraite précède la cession, le délai prévu par ces dispositions est porté à trois ans (L. n° 2021-1900 du 30 déc. 2021, art. 19-III).*

3° La société dont les titres ou droits sont cédés répond aux conditions suivantes :

a) Elle est une petite ou moyenne entreprise au sens de l'annexe I du règlement (UE) n° 651/2014 de la Commission du 17 juin 2014 déclarant certaines catégories d'aides compatibles avec le marché intérieur en application des articles 107 et 108 du traité. Cette condition s'apprécie à la date de clôture de chacun des deux derniers exercices qui précèdent la date de la cession ;

b) Elle exerce une activité mentionnée au *a* du 2° du I de l'article 150-0 B *ter*, sous la même exclusion, ou a pour objet social exclusif de détenir des participations dans des sociétés exerçant les activités éligibles mentionnées à ce même *a*.

Cette condition s'apprécie de manière continue pendant les cinq années précédant la cession ;

c) Elle est soumise à l'impôt sur les sociétés dans les conditions de droit commun ou y serait soumise dans les mêmes conditions si l'activité était exercée en France et a son siège de direction effective dans un État membre de l'Union européenne ou dans un autre État partie à l'accord sur l'Espace économique européen ayant conclu avec la France une convention d'assistance administrative en vue de lutter contre la fraude et l'évasion fiscales ;

4° Les titres ou droits cédés doivent avoir été détenus depuis au moins un an à la date de la cession. Ce délai est décompté suivant les modalités prévues au 1 *quinquies* de l'article 150-0 D ;

5° En cas de cession des titres ou droits à une entreprise, le cédant ne détient pas, directement ou indirectement, de droits de vote ou de droits dans les bénéfices sociaux de l'entreprise cessionnaire.

III. — L'abattement fixe mentionné au I ne s'applique pas :

1° Aux gains nets mentionnés aux articles 238 *bis* HK et 238 *bis* HS ;

2° Aux gains nets de cession d'actions de sociétés d'investissement mentionnées aux 1° *bis* et 3° *septies* de l'article 208 et de sociétés unipersonnelles d'investissement à risque pendant la période au cours de laquelle elles bénéficient de l'exonération d'impôt sur les sociétés prévue à l'article 208 D, ainsi que des sociétés de même nature établies hors de France et soumises à un régime fiscal équivalent ;

3° Aux gains nets de cession d'actions des sociétés de placement à prépondérance immobilière à capital variable régies par les articles L. 214-62 à L. 214-70 du code

monétaire et financier et des sociétés de même nature établies hors de France et soumises à un régime fiscal équivalent ;

4° A l'avantage mentionné à l'article 80 *bis* du présent code constaté à l'occasion de la levée d'options attribuées avant le 20 juin 2007, ni au gain net mentionné au second alinéa du I de l'article 163 *bis* G.

IV. — En cas de non-respect de la condition prévue au 5° du II à un moment quelconque au cours des trois années suivant la cession des titres ou droits, l'abattement fixe prévu au I est remis en cause au titre de l'année au cours de laquelle la condition précitée cesse d'être remplie. Il en est de même, au titre de l'année d'échéance du délai mentionné au *c* du 2° du II, lorsque l'une des conditions prévues au 1° ou au *c* du 2° du même II n'est pas remplie au terme de ce délai. La plus-value est alors réduite, le cas échéant, de l'abattement prévu aux 1 *ter* ou 1 *quater* de l'article 150-0 D.

Les dispositions du présent art. s'appliquent aux cessions et rachats réalisés du 1er janv. 2018 au 31 déc. 2024 ainsi que, le cas échéant, aux compléments de prix afférents à ces mêmes opérations et perçus entre ces mêmes dates.

Toutefois, le complément de prix perçu à compter du 1er janv. 2018 et afférent à une cession pour laquelle s'est appliqué l'abattement fixe prévu au présent art., dans sa rédaction antérieure à la L. n° 2017-1837 du 30 déc. 2017, est réduit le cas échéant de la fraction d'abattement fixe non utilisée au titre de cette même cession. Dans ce cas, l'abattement mentionné aux 1 ter *ou 1* quater *de l'art. 150-0 D, dans sa rédaction résultant du 17° du I de l'art. 28 de la de la L. n° 2017-1837 du 30 déc. 2017, ne s'applique pas au reliquat de gain net imposable. Ce dernier abattement peut toutefois s'appliquer lorsque le contribuable renonce au bénéfice de l'abattement fixe précité (L. préc., art. 28-VI-C).*

En cas de remise en cause, à compter de l'imposition des revenus de l'année 2018, des abattements mentionnés à l'art. 150-0 D ter *dans sa rédaction en vigueur au 31 déc. 2017, dans les conditions prévues au IV du même art., la plus-value concernée n'est alors réduite de l'abattement mentionné au présent art., dans sa rédaction en vigueur au titre de l'année de sa réalisation que si l'imposition de ce gain est établie dans les conditions prévues à l'art. 200 A-2 CGI (L. n° 2017-1837 du 30 déc. 2017, art. 28-VI-H).*

Pour l'application du IV ci-dessus, en cas de non-respect du délai de trois ans prévu, par dérogation, au c du 2° du II du présent art., l'abattement fixe est remis en cause au titre de l'année au cours de laquelle intervient le terme de ce délai (L. n° 2021-1900 du 30 déc. 2021, art. 19-III).

Jurisprudence rendue sous l'empire de l'art. 150-0 D ter dans sa rédaction antérieure à la L. n° 2017-1837 du 30 déc. 2017.

1. Abattement pour durée de détention. Les dispositions de l'art. 150-0 D *ter* du CGI s'appliquent aux cessions réalisées du 1er janv. 2014 au 31 déc. 2017. Ce dispositif est en effet abrogé pour les cessions réalisées à compter du 1er janv. 2018, conformément à l'art. 10-II de la loi n° 2012-1509 du 29 déc. 2012. * BOI-RPPM-PVBMI-20-30-30 n° 1 du 20 déc. 2019.

2. Abattement fixe applicable aux gains de cession de titres de PME réalisés par les dirigeants lors de leur départ à la retraite. Commentaire administratif du dispositif. * BOI-RPPM-PVBMI-20-20 du 20 déc. 2019. ♦ Les fonctions de directeur général d'une société par actions simplifiée (SAS) ouvrent droit au régime de faveur prévu à l'art. 150-0 D *ter* pour les dirigeants de PME qui partent à la retraite et transmettent leur entreprise. • CE 21 oct. 2020, n° 437598 : *RJF 2021. 44 ; Dr. fisc. 2020. 449, note Vabres.*

3. Départ en retraite. En cas de cession conjointe de titres par plusieurs cofondateurs, la condition de détention d'une participation substantielle par le dirigeant qui part à la retraite est appréciée en tenant compte de l'ensemble des participations des cofondateurs cédants. * Rescrit 3 févr. 2009 : n° 2009/05 FP. ♦ Lorsque les titres sont cédés par un couple, le bénéfice de l'abattement pour durée de détention applicable aux dirigeants cédant leur société lors de leur départ en retraite est réservé au seul époux qui était dirigeant de la société. • CE 10 déc. 2014, *Chavanel*, n° 371437 : *RJF 2015. 207 ; Dr. fisc. 2015. 219, note Guillo de Sudtuirau et Zilberstein.* ♦ Dans le cas de cession par un dirigeant de plusieurs sociétés, l'abattement fixe de 500 000 € s'applique par société dont les titres sont cédés, toutes conditions étant par ailleurs remplies. * Rép. min. n° 14869 : *JO Sénat Q, 1er sept. 2016, p. 3742.*

4. Conditions de la cessation. Le bénéfice de l'abattement prévu par l'art. 150-0 D *ter* est, notamment, subordonné à la double condition que le cédant ait cessé toute fonction dans la société cédée et qu'il ait fait valoir ses droits à la retraite, au cours d'une période de quatre années allant de deux ans avant à deux ans après la cession. Ces dispositions n'imposent ni que la cessation de fonction intervienne avant la mise à la retraite ou inversement, ni que ces deux événements interviennent tous deux soit avant, soit après la cession, ni enfin qu'ils se succèdent dans un délai plus rapproché que la période de quatre années précédemment indiquée. • CE 16 oct. 2019, n° 417364 : *RJF 2020. 31 ; Dr. fisc. 2019. 3470, note Vabres.* ♦ Le dirigeant qui entend bénéficier de l'abattement spécifique sur la plus-value réalisée à l'occasion de son départ en retraite doit cesser toute fonction au sein de la société cédée. Tel n'est pas le cas du directeur général qui conserve son mandat après la vente. • CE 27 mai 2015, n° 368056 : *RJF 2015. 695.* ♦ La société propriétaire d'un fonds de commerce qui, après l'avoir exploité directement, le donne en location-gérance, doit être regardée, compte tenu de la nature de ce contrat, comme poursuivant, selon des modalités différentes, son activité antérieure. La plus-value de cession de titres de cette société peut donc bénéficier de l'abattement dirigeant. • CE 10 mai 2017, n° 395897 : *RJF 2017. 809.*

5. La date à laquelle le dirigeant fait valoir ses droits à la retraite s'entend de la date d'entrée en jouissance de ses droits dans le régime obligatoire de retraite auquel il est affilié comme dirigeant ou au titre de sa dernière activité. Cette date est fixée, pour les personnes relevant des assurances sociales du régime général, au premier jour du mois suivant le dépôt de la demande ou, si l'assuré en fait la demande, à une date ultérieure qui est nécessairement le premier jour d'un mois. • CE 5 mars 2018, n° 409970 : *RJF 2018. 619.*

6. Seuils financiers et d'effectif. Les seuils financiers et d'effectif de l'entreprise cédée sont appréciés sur la base de ses comptes consolidés conformément à la notion européenne de PME. Cette appréciation doit tenir compte, en tout état de cause, de l'ensemble des liens de dépendance entre la société cédée et d'autres sociétés. • CE 11 oct. 2012, *Cordonnier,* n° 343844 : *RJF 2012. 1124 ; Dr. fisc. 2012. 533, concl. Bohnert.* ♦ Pour l'appréciation de la condition d'effectif (250 employés au maximum) à laquelle est subordonné le bénéfice de l'abattement pour durée de détention sur la plus-value, les intérimaires comptent dans l'effectif de l'entreprise utilisatrice. • CAA Paris, 19 nov. 2015, n° 13PA04787 : *RJF 2016. 249.*

7. Condition de non-détention de droits de vote. La condition prévue par l'art. 150-0 D *ter*-I-4° subordonnant l'application de l'abattement pour durée de détention à la non-détention par le cédant, en cas de cession à une entreprise, directement ou indirectement, de droits de vote ou de droits dans les bénéfices sociaux de l'entreprise cessionnaire s'apprécie à la date de la cession et non au 31 déc. de l'année de la cession. Par suite, le dirigeant qui, à la date de la cession de son entreprise, détient une partie du capital de la société cessionnaire ne peut pas bénéficier de l'abattement pour durée de détention même s'il cède cette participation avant la fin de l'année. • CE 9 oct. 2015, n° 374492 : *RJF 2016. 30.*

8. Holding animatrice de groupe. Notion de holding animatrice de leur groupe. Est animatrice la société holding ayant pour activité principale, outre la gestion d'un portefeuille de participations, la participation active à la conduite de la politique du groupe et au contrôle de ses filiales et, le cas échéant et à titre purement interne, la fourniture de services spécifiques, administratifs, juridiques, comptables, financiers et immobiliers. • CE, plén., 13 juin 2018, *Launay et a.,* n° 395495 : *RJF 2018. 965, concl. Bénard, chron. Iljuc ; Dr. fisc. 2018. 318 et 321, étude Matt.*

Ancien art. 150-0 D ter *(L. n° 2013-1278 du 29 déc. 2013, art. 17-I-H ; Décr. n° 2014-549 du 26 mai 2014)* ***I. — 1. Les gains nets mentionnés au 1 de l'article 150-0 D et déterminés dans les conditions prévues au même article retirés de la cession à titre onéreux d'actions, de parts de sociétés ou de droits portant sur ces actions ou parts sont réduits d'un abattement fixe de 500 000 € et, pour le surplus éventuel, de l'abattement prévu au 1 quater dudit article 150-0 D lorsque les conditions prévues au 3 du présent I sont remplies.***

L'abattement fixe prévu au premier alinéa s'applique à l'ensemble des gains afférents à des actions, parts ou droits portant sur ces actions ou parts émis par une même société et, si cette société est issue d'une scission intervenue au cours des deux années précédant la cession à titre onéreux, par les autres sociétés issues de cette même scission.

2. Le complément de prix prévu au 2 du I de l'article 150-0 A, afférent à la cession de titres ou de droits mentionnés au 1 du présent I, est réduit de l'abattement fixe prévu au même 1, à hauteur de la fraction non utilisée lors de cette cession, et, pour le surplus éventuel, de l'abattement prévu au 1 quater de l'article 150-0 D appliqué lors de cette même cession.

3. Le bénéfice des abattements mentionnés au 1 est subordonné au respect des conditions suivantes :

1° La cession porte sur l'intégralité des actions, parts ou droits détenus par le cédant dans la société dont les titres ou droits sont cédés ou sur plus de 50 % des droits de vote ou, en cas de la seule détention de l'usufruit, sur plus de 50 % des droits dans les bénéfices sociaux de cette société ;

2° Le cédant doit :

a) Avoir exercé au sein de la société dont les titres ou droits sont cédés, de manière continue pendant les cinq années précédant la cession et dans les conditions prévues au 1° de l'article 885 O bis, l'une des fonctions mentionnées à ce même 1° ;

Toutefois, cette condition n'est pas exigée lorsque l'exercice d'une profession libérale revêt la forme d'une société anonyme ou d'une société à responsabilité limitée et que les parts ou actions de ces sociétés constituent des biens professionnels pour leur détenteur qui y a exercé sa profession principale de manière continue pendant les cinq années précédant la cession ;

b) Avoir détenu directement ou par personne interposée ou par l'intermédiaire de son conjoint ou de leurs ascendants ou descendants ou de leurs frères et sœurs, de manière continue pendant les cinq années précédant la cession, au moins 25 % des droits de vote ou des droits dans les bénéfices sociaux de la société dont les titres ou droits sont cédés ;

c) Cesser toute fonction dans la société dont les titres ou droits sont cédés et faire valoir ses droits à la retraite dans les deux années suivant ou précédant la cession ;

3° La société dont les titres ou droits sont cédés répond aux conditions suivantes :

a) Elle emploie moins de deux cent cinquante salariés au 31 décembre de l'année précédant celle de la cession ou, à défaut, au 31 décembre de la deuxième ou de la troisième année précédant celle de la cession ;

b) Elle a réalisé un chiffre d'affaires annuel inférieur à 50 millions d'euros au cours du dernier exercice clos ou a un total de bilan inférieur à 43 millions d'euros à la clôture du dernier exercice ;

c) Son capital ou ses droits de vote ne sont pas détenus à hauteur de 25 % ou plus par une entreprise ou par plusieurs entreprises ne répondant pas aux conditions des a et b, de manière continue au cours du dernier exercice clos. Pour la détermination de ce pourcentage, les participations de sociétés de capital-risque, des fonds communs de placement à risques, des fonds professionnels spécialisés relevant de l'article L. 214-37 du code monétaire et financier dans sa rédaction antérieure à l'ordonnance n° 2013-676 du 25 juillet 2013 modifiant le cadre juridique de la gestion d'actifs, des fonds professionnels de capital investissement, des sociétés de développement régional, des sociétés financières d'innovation et des sociétés unipersonnelles d'investissement à risque ne sont pas prises en compte à la condition qu'il n'existe pas de lien de dépendance au sens du 12 de l'article 39 entre la société en cause et ces dernières sociétés ou ces fonds. Cette condition s'apprécie de manière continue au cours du dernier exercice clos ;

d) Elle exerce une activité commerciale, industrielle, artisanale, libérale, agricole ou financière, à l'exception de la gestion de son propre patrimoine mobilier ou immobilier, ou a pour objet social exclusif de détenir des participations dans des sociétés exerçant les activités précitées.

Cette condition s'apprécie de manière continue pendant les cinq années précédant la cession ;

e) Elle répond aux conditions prévues au e du 1° du B du 1 quater de l'article 150-0 D et est soumise à l'impôt sur les sociétés dans les conditions de droit commun ou y serait soumise dans les mêmes conditions si l'activité était exercée en France ;

4° En cas de cession des titres ou droits à une entreprise, le cédant ne doit pas détenir, directement ou indirectement, de droits de vote ou de droits dans les bénéfices sociaux de l'entreprise cessionnaire.

II. — Abrogé par L. n° 2013-1278 du 29 déc. 2013, art. 17-I-H-2°.

II bis. — Le I ne s'applique pas :

1° Aux plus-values mentionnées aux articles 238 bis HK et 238 bis HS et aux pertes constatées dans les conditions prévues aux 12 et 13 de l'article 150-0 D ;

2° Aux gains nets de cession d'actions de sociétés d'investissement mentionnées aux 1° bis et 3° septies de l'article 208 et de sociétés unipersonnelles d'investissement à risque pendant la période au cours de laquelle elles bénéficient de l'exonération d'impôt sur les sociétés prévue à l'article 208 D, ainsi que des sociétés de même nature établies hors de France et soumises à un régime fiscal équivalent ;

3° Aux gains nets de cession d'actions des sociétés de placement à prépondérance immobilière à capital variable régies par les articles L. 214-62 à L. 214-70 du code monétaire et financier et des sociétés de même nature établies hors de France et soumises à un régime fiscal équivalent. [;] (L. n° 2014-891 du 8 août 2014, art. 2-2°) « 4° A l'avantage et au gain mentionnés au dernier alinéa du 1 de l'article 150-0 D. »

III. — Abrogé par L. n° 2013-1278 du 29 déc. 2013, art. 17-I-H-4°.

IV. — En cas de non-respect de la condition prévue au 4° du 3 du I à un moment quelconque au cours des trois années suivant la cession des titres ou droits, les abattements prévus au même I sont remis en cause au titre de l'année au cours de laquelle la condition précitée cesse d'être remplie. Il en est de même, au titre de l'année d'échéance du délai mentionné au c du 2° du 3 du I, lorsque l'une des conditions prévues au 1° ou au c du 2° du même 3 n'est pas remplie au terme de ce délai. La plus-value est alors réduite de l'abattement prévu au 1 ter de l'article 150-0 D.

Pour les mesures d'application, V. Ann. II, art. 74-0 F à 74-0 Q.

Art. 150-0 E Les gains nets et les distributions mentionnés aux I et II de l'article 150-0 A doivent être déclarés dans les conditions prévues au 1 de l'article 170. – *V. Ann. II, art. 74-0 F à 74-0 O.*

Art. 150-0 F Sous réserve des dispositions du 4 *ter* du II de l'article 150-0 A, les plus-values mentionnées au 3° du II de l'article L. 214-81 du code monétaire et financier, distribuées par un fonds de placement immobilier mentionné à l'article 239 *nonies*, sont imposées dans les conditions prévues *(L. n° 2017-1837 du 30 déc. 2017, art. 28)* « aux 1 ou 2 » de l'article 200 A.

(Abrogé par L. n° 2017-1837 du 30 déc. 2017, art. 28) ***« Les dispositions des articles 150-0 A à 150-0 E ne s'appliquent pas aux plus-values distribuées mentionnées au premier alinéa. »***

*Pour les opérations réalisées en **2012**, V. App., L. n° 2012-1509 du 29 déc. 2012, art. 10-IV.*

Les dispositions du présent art. telles que modifiées par la L. n° 2017-1837 du 30 déc. 2017 s'appliquent aux impositions dont le fait générateur intervient à compter du 1er janv. 2018 (L. préc., art. 28-VI-A).

2 BIENS ET DROITS MOBILIERS ET IMMOBILIERS

Art. 150 A *Abrogé par L. n° 2003-1311 du 30 déc. 2003, art. 10-II-Z [application pour l'imposition des plus-values réalisées lors des cessions à titre onéreux intervenues à compter du 1er janv. 2004].*

Art. 150 A *bis* Les gains nets retirés de cessions à titre onéreux de valeurs mobilières ou de droits sociaux de sociétés non cotées dont l'actif est principalement constitué d'immeubles ou de droits portant sur ces biens relèvent exclusivement du régime d'imposition prévu pour les biens immeubles. Pour l'application de cette disposition, ne sont pas pris en considération les immeubles affectés par la société à sa propre exploitation industrielle, commerciale, agricole ou à l'exercice d'une profession non commerciale.

Toutefois, les titres des sociétés immobilières pour le commerce et l'industrie non cotées sont assimilés à des titres cotés et imposés conformément aux dispositions du 3 du II de l'article 150-0 A.

En cas d'échange de titres résultant d'une fusion, d'une scission ou d'un apport réalisé antérieurement au 1er janvier 2000, l'imposition des gains nets mentionnés au premier alinéa est reportée dans les mêmes conditions que celles qui sont prévues au I *ter* de l'article 160 *[V. art. 160, **CGI éd. 1999**]*. Il en est de même lorsque l'échange des titres est réalisé par une société ou un groupement dont les associés ou membres sont personnellement passibles de l'impôt sur le revenu pour la part des bénéfices correspondant à leurs droits dans la société ou le groupement. Les conditions d'application de la deuxième phrase du présent alinéa sont précisées par décret. Ces dispositions sont également applicables aux échanges avec soulte lorsque celle-ci n'excède pas 10 % de la valeur nominale des titres reçus. Toutefois, la partie de la plus-value correspondant à la soulte reçue est imposée immédiatement.

A compter du 1er janvier 2000, les dispositions du premier alinéa ne sont pas applicables, au titre de l'année de l'échange des titres, aux plus-values réalisées dans le cadre d'une opération de fusion, de scission ou d'un apport de titres à une société soumise à l'impôt sur les sociétés. Cette exception n'est pas applicable aux échanges *avec soulte lorsque* le montant de la soulte reçue par le contribuable excède 10 % de la valeur nominale des titres reçus.

A compter du 1er janvier 2000, lorsque les titres reçus dans les cas prévus au troisième alinéa font l'objet d'une nouvelle opération d'échange dans les conditions du quatrième alinéa ou dans les conditions prévues à l'article 150-0 B, l'imposition de la plus-value antérieurement reportée est reportée de plein droit au moment où s'opérera la cession, le rachat, le remboursement ou l'annulation des nouveaux titres reçus.

BIBL. ► GERBINO, *Dr. fisc. 2000, p. 290* (notion de société à prépondérance immobilière). – GICQUEL, *Dr. fisc. 2005, p. 1960* (les prépondérances immobilières).

Lorsqu'une personne physique associée d'une société civile à prépondérance immobilière se retire de la société et reçoit, en contrepartie de l'annulation de ses parts, des immeubles qui appartenaient à la société, ce retrait constitue au regard de l'art. 150 A *bis* une cession à titre onéreux et la remise de biens immobiliers figurant à l'actif de la société a le caractère de règlement du prix des titres remis par l'intéressé. L'Administration est donc fondée à imposer la plus-value réalisée par l'associé dont les titres sont ainsi remboursés. • TA Dijon, 18 sept. 2001, n° 00-3198 : *Dr. fisc. 2001. 1214.*

Art. 150 A *ter* à 150 T *Abrogés.*

RÉGIME DES PLUS-VALUES DES PARTICULIERS

Art. 150 U **I. — Sous réserve des dispositions propres aux bénéfices industriels et commerciaux, aux bénéfices agricoles et aux bénéfices non commerciaux, les plus-values réalisées par les personnes physiques ou les sociétés ou groupements qui relèvent des articles 8 à 8 *ter*, lors de la cession à titre onéreux de biens immobiliers bâtis ou non bâtis ou de droits relatifs à ces biens, sont passibles de l'impôt sur le revenu dans les conditions prévues aux articles 150 V à 150 VH.**

Ces dispositions s'appliquent, sous réserve de celles prévues au 3° du I de l'article 35, aux plus-values réalisées lors de la cession d'un terrain divisé en lots destinés à être construits.

II. — Les dispositions du I ne s'appliquent pas aux immeubles, aux parties d'immeubles ou aux droits relatifs à ces biens :

1° Qui constituent la résidence principale du cédant au jour de la cession ;

1° *bis* Au titre de la première cession d'un logement, y compris ses dépendances immédiates et nécessaires au sens du 3° si leur cession est simultanée à celle dudit logement, autre que la résidence principale, lorsque le cédant n'a pas été propriétaire de sa résidence principale, directement ou par personne interposée, au cours des quatre années précédant la cession.

L'exonération est applicable à la fraction du prix de cession défini à l'article 150 VA que le cédant remploie, dans un délai de vingt-quatre mois à compter de la cession, à l'acquisition ou la construction d'un logement qu'il affecte, dès son achèvement ou son acquisition si elle est postérieure, à son habitation principale. En cas de manquement à l'une de ces conditions, l'exonération est remise en cause au titre de l'année du manquement ; — *Sur les mentions devant être portées sur l'acte, V. Ann. III, art. 41 duovicies-0 H.*

1° *ter* Qui ont constitué la résidence principale du cédant et n'ont fait l'objet depuis lors d'aucune occupation, lorsque ce dernier est désormais résident d'un établissement mentionné aux 6° ou 7° du I de l'article L. 312-1 du code de l'action sociale et des familles si, au titre de l'avant-dernière année précédant celle de la cession, il n'est pas passible de l'impôt *(L. n° 2017-1837 du 30 déc. 2017, art. 31)* **« sur la fortune immobilière** *[ancienne rédaction : de solidarité sur la fortune]* **» et n'a pas un revenu fiscal de référence excédant la limite prévue au II de l'article 1417 du présent code et si la cession intervient dans un délai inférieur à deux ans suivant l'entrée dans l'établissement ;**

2° Au titre de la cession d'un logement situé en France lorsque le cédant est une personne physique, non résidente de France, ressortissante d'un État membre de l'Union européenne ou d'un autre État partie à l'accord sur l'Espace économique européen ayant conclu avec la France une convention d'assistance administrative en vue de lutter contre la fraude et l'évasion fiscales et à la condition qu'il ait été fiscalement domicilié en France de manière continue pendant au moins deux ans à un moment quelconque antérieurement à la cession.

L'exonération mentionnée au premier alinéa du présent 2° s'applique, dans la limite d'une résidence par contribuable et de 150 000 € de plus-value nette imposable, aux cessions réalisées :

***a)* Au plus tard le 31 décembre de la** *(L. n° 2018-1317 du 28 déc. 2018, art. 43-I-A et II, applicable aux cessions réalisées à compter du 1er janv. 2019)* **« dixième » année suivant celle du transfert par le cédant de son domicile fiscal hors de France ;**

***b)* Sans condition de délai, lorsque le cédant a la libre disposition du bien au moins depuis le 1er janvier de l'année précédant celle de la cession.**

3° Qui constituent les dépendances immédiates et nécessaires des biens mentionnés aux 1° et 2°, à la condition que leur cession intervienne simultanément avec celle desdits immeubles ;

4° Pour lesquels une déclaration d'utilité publique a été prononcée en vue d'une expropriation *(L. n° 2017-1775 du 28 déc. 2017, art. 27)* **« ou pour lesquels le cédant a**

exercé le droit de délaissement prévu aux articles L. 152-2 et L. 311-2 ainsi qu'au dernier alinéa de l'article L. 424-1 du code de l'urbanisme ou au I de l'article L. 515-16-3 du code de l'environnement », à condition qu'il soit procédé au remploi de l'intégralité de l'indemnité *(L. n° 2017-1775 du 28 déc. 2017, art. 27)* « d'expropriation ou du prix de cession » par l'acquisition, la construction, la reconstruction ou l'agrandissement d'un ou de plusieurs immeubles dans un délai de douze mois à compter de la date de perception de l'indemnité *(L. n° 2017-1775 du 28 déc. 2017, art. 27)* « d'expropriation ou du prix de cession » ; — *Les dispositions issues de la L. n° 2017-1775 du 28 déc. 2017 s'appliquent aux plus-values réalisées au titre des cessions intéressements à compter du 1er janv. 2018 (L. préc., art. 27).*

5° Qui sont échangés dans le cadre d'opérations de remembrement mentionnées à l'article 1055, d'opérations effectuées conformément aux articles L. 123-1, L. 123-24 et L. 124-1 du code rural et de la pêche maritime ainsi qu'aux soultes versées en application de l'article L. 123-4 du même code. En cas de vente de biens reçus à cette occasion, la plus-value est calculée à partir de la date et du prix d'acquisition du bien originel ou de la partie constitutive la plus ancienne dans les cas de vente de lots remembrés ;

6° Dont le prix de cession est inférieur ou égal à 15 000 €. Le seuil de 15 000 € s'apprécie en tenant compte de la valeur en pleine propriété de l'immeuble ou de la partie d'immeuble ;

En cas de cession d'un bien détenu en indivision, ce seuil s'apprécie au regard de chaque quote-part indivise.

En cas de cession d'un bien dont le droit de propriété est démembré, le seuil de 15 000 € s'apprécie au regard de chaque quote-part indivise en pleine propriété ;

[7° et 8° applicables aux cessions réalisées jusqu'au 31 déc. 2020]

7° Qui sont cédés du 1er janvier 2014 au 31 décembre *(L. n° 2019-1479 du 28 déc. 2019, art. 107)* « 2022 *[ancienne rédaction : 2020]* » à un organisme d'habitations à loyer modéré, à une société d'économie mixte gérant des logements sociaux, à l'association mentionnée à l'article L. 313-34 du code de la construction et de l'habitation, aux sociétés civiles immobilières dont cette association détient la majorité des parts pour les logements visés au 4° de l'article *(Ord. n° 2019-770 du 17 juill. 2019, art. 7 et 23-I, en vigueur le 1er sept. 2019)* « L. 831-1 » du code de la construction et de l'habitation », à un organisme bénéficiant de l'agrément relatif à la maîtrise d'ouvrage prévu à l'article L. 365-2 du même code ou à tout autre cessionnaire qui s'engage, par une mention portée dans l'acte authentique d'acquisition, à réaliser et à achever des logements sociaux mentionnés aux 3° et 5° de l'article *(Ord. n° 2019-770 du 17 juill. 2019, art. 7 et 23-I, en vigueur le 1er sept. 2019)* « L. 831-1 » dudit code dans un délai de quatre ans à compter de la date de l'acquisition. Dans ce dernier cas, l'exonération est calculée au prorata de la surface habitable des logements sociaux construits par rapport à la surface totale des constructions mentionnées sur le permis de construire du programme immobilier. En cas de manquement à l'engagement d'achèvement des locaux au terme du délai de quatre ans, le cessionnaire est redevable d'une amende d'un montant égal à 10 % du prix de cession mentionné dans l'acte. En cas de fusion de sociétés, l'engagement souscrit par le cessionnaire n'est pas rompu lorsque la société absorbante s'engage, dans l'acte de fusion, à se substituer à la société absorbée pour le respect de l'engagement d'achèvement des locaux dans le délai restant à courir. Le non-respect par la société absorbante de l'engagement d'achèvement des locaux entraîne l'application de l'amende prévue pour le cessionnaire. Le présent 7° ne s'applique pas dans les quartiers faisant l'objet d'une convention prévue à l'article 10-3 de la loi n° 2003-710 du 1er août 2003 d'orientation et de programmation pour la ville et la rénovation urbaine.

8° Qui sont cédés du 1er janvier 2014 au 31 décembre *(L. n° 2019-1479 du 28 déc. 2019, art. 107)* « 2022 *[ancienne rédaction : 2020]* » à une collectivité territoriale, à un établissement public de coopération intercommunale compétent *(L. n° 2017-257 du 28 févr. 2017, art. 50-I-1°-a)* « , » à un établissement public foncier mentionné aux articles L. 321-1 et L. 324-1 du code de l'urbanisme *(Abrogé par L. n° 2018-1021 du 23 nov. 2018, art. 24-I-1°)* *« ou à la société mentionnée au deuxième alinéa du I de l'article 141 de la loi n° 2006-1771 du 30 décembre 2006* *(L. n° 2017-257 du 28 févr. 2017, art. 50-I-1°-b)* *« de finances rectificative pour 2006 »* » en vue de leur cession à l'un des organismes mentionnés au 7° ; en cas de non-respect de cette condition dans un délai d'un an à compter de l'acquisition des biens, la collectivité territoriale ou l'établissement public de coopération intercommunale compétent reverse à l'État le montant dû au titre du I ; ce délai est porté à trois ans pour les cessions réalisées par un établissement public foncier *(Abrogé par L. n° 2018-1021 du 23 nov. 2018, art. 24-I-1°) (L. n° 2017-257 du 28 févr. 2017, art. 50-I-1°-c)* ***« ou par la société mentionnée au deuxième alinéa du I de l'article 141 de la loi n° 2006-1771 du 30 décembre 2006 précitée »*** au profit de l'un des organismes mentionnés au 7°. Le présent 8° ne s'applique pas dans les quartiers faisant l'objet d'une convention prévue à l'article 10-3 de la loi n° 2003-710 du 1er août 2003 précitée.

[7° et 8° applicables aux cessions réalisées à compter du 1er janv. 2021, à l'exception de celles pour lesquelles le contribuable peut justifier d'une promesse d'achat ou d'une promesse synallagmatique de vente signée au plus tard le 31 déc. 2020]

(L. n° 2020-1721 du 29 déc. 2020, art. 14-I) « 7° Qui sont cédés jusqu'au 31 décembre 2022 :

« *a)* A un organisme d'habitations à loyer modéré, à une société d'économie mixte gérant des logements sociaux, à l'association mentionnée à l'article L. 313-34 du code de la construction et de l'habitation, à une société civile immobilière dont cette association détient la majorité des parts pour les logements mentionnés au 4° de l'article L. 831-1 du même code ou à un organisme bénéficiant de l'agrément relatif à la maîtrise d'ouvrage prévu à l'article L. 365-2 dudit code *(L. n° 2022-217 du 21 févr. 2022, art. 107-I et II, en vigueur le 1er janv. 2022)* « ou à un organisme de foncier solidaire », qui s'engage par une mention portée dans l'acte authentique d'acquisition à réaliser et à achever des logements sociaux mentionnés aux 3°, 5° et 6° de l'article L. 831-1 du même code ou des logements faisant l'objet d'un bail réel solidaire défini à l'article L. 255-1 du même code dans un délai de dix ans à compter de la date de l'acquisition ;

« *b)* A tout autre cessionnaire qui s'engage, par une mention portée dans l'acte authentique d'acquisition, à réaliser et à achever des logements sociaux mentionnés aux 3°, 5° et 6° de l'article L. 831-1 du même code ou des logements faisant l'objet d'un bail réel solidaire défini à l'article L. 255-1 du même code dans un délai de quatre ans à compter de la date de l'acquisition.

« L'exonération est calculée au prorata de la surface habitable des logements sociaux que le cessionnaire s'est engagé à réaliser et à achever par rapport à la surface totale des constructions mentionnées sur le permis de construire du programme immobilier. Elle est totale pour les organismes mentionnés au *a* du présent 7° lorsque le prorata dépasse 80 %.

« En cas de manquement à l'engagement d'achèvement des locaux au terme des délais respectivement prévus aux *a* et *b*, le cessionnaire est redevable d'une amende d'un montant égal à 10 % du prix de cession mentionné dans l'acte. En cas de fusion de sociétés, l'engagement souscrit par le cessionnaire n'est pas rompu lorsque la société absorbante s'engage, dans l'acte de fusion, à se substituer à la société absorbée pour le respect de l'engagement d'achèvement des locaux dans le délai restant à courir. Le non-respect par la société absorbante de l'engagement d'achèvement des locaux entraîne l'application de l'amende prévue pour le cessionnaire.

« Le présent 7° ne s'applique pas dans les quartiers faisant l'objet d'une convention prévue à l'article 10-3 de la loi n° 2003-710 du 1er août 2003 d'orientation et de programmation pour la ville et la rénovation urbaine ; *— Sont concernées les cessions à un organisme de foncier solidaire réalisées à compter du 1er janv. 2022 (L. n° 2022-217 du 21 févr. 2022, art. 107).*

« 8° Qui sont cédés jusqu'au 31 décembre 2022 à une collectivité territoriale, à un établissement public de coopération intercommunale compétent ou à un établissement public foncier mentionné aux articles L. 321-1 et L. 324-1 du code de l'urbanisme en vue de leur cession selon les modalités prévues au *a* du 7° du présent II.

« L'exonération est calculée au prorata de la surface habitable des logements sociaux destinés à être construits conformément au quatrième alinéa du même 7°.

« Le bénéfice de l'exonération est subordonné à la condition que le bien soit cédé, dans le délai d'un an suivant son acquisition, étendu à trois ans pour les cessions réalisées par un établissement public foncier.

« En cas de manquement à la condition de cession prévue au troisième alinéa du présent 8°, la collectivité territoriale, l'établissement public de coopération intercommunale ou l'établissement public foncier reverse à l'État le montant dû au titre du I du présent article.

« En cas de manquement à l'engagement d'achèvement des logements au terme du délai de dix ans mentionné au *a* du 7° du présent II, l'organisme, la société ou l'asso-

ciation mentionné par ces dispositions est redevable de l'amende prévue à l'avant-dernier alinéa du même 7°.

« Le présent 8° ne s'applique pas dans les quartiers faisant l'objet d'une convention prévue à l'article 10-3 de la loi n° 2003-710 du 1er août 2003 précitée ; »

9° Au titre de la cession d'un droit de surélévation au plus tard le 31 décembre *(L. n° 2020-1721 du 29 déc. 2020, art. 37)* **« 2022** *[ancienne rédaction : 2020]* **», à condition que le cessionnaire s'engage à réaliser et à achever** *(L. n° 2017-1775 du 28 déc. 2017, art. 28)* **« exclusivement » des locaux destinés à l'habitation dans un délai de quatre ans à compter de la date de l'acquisition. En cas de manquement à cet engagement, le cessionnaire est redevable d'une amende d'un montant égal à 25 % de la valeur de cession du droit de surélévation. Cette amende n'est pas due en cas de licenciement, d'invalidité correspondant au classement dans les deuxième ou troisième des catégories prévues à l'article L. 341-4 du code de la sécurité sociale ou de décès du** *(L. n° 2017-1775 du 28 déc. 2017, art. 28)* **« cessionnaire » ou de l'un des époux soumis à une imposition commune. Elle n'est pas due non plus** *(L. n° 2017-1775 du 28 déc. 2017, art. 28)* **« lorsqu'il » ne respecte pas son engagement en raison de circonstances exceptionnelles indépendantes de sa volonté. En cas de fusion de sociétés, l'engagement souscrit par le cessionnaire n'est pas rompu lorsque la société absorbante s'engage, dans l'acte de fusion, à se substituer à la société absorbée pour le respect de l'engagement d'achèvement des locaux dans le délai restant à courir. Le non-respect par la société absorbante de l'engagement d'achèvement des locaux entraîne l'application de l'amende prévue pour le cessionnaire.**

III. — Les dispositions du I ne s'appliquent pas aux plus-values réalisées par les titulaires de pensions de vieillesse ou de la carte "mobilité inclusion" portant la mention "invalidité" mentionnée à l'article L. 241-3 du code de l'action sociale et des familles qui, au titre de l'avant-dernière année précédant celle de la cession, ne sont pas passibles de l'impôt *(L. n° 2017-1837 du 30 déc. 2017, art. 31)* **« sur la fortune immobilière** *[ancienne rédaction : de solidarité sur la fortune]* **» et dont le revenu fiscal de référence n'excède pas la limite prévue au I de l'article 1417, appréciés au titre de cette année.**

IV. — Le I ne s'applique pas aux partages qui portent sur des biens meubles ou immeubles dépendant d'une succession ou d'une communauté conjugale et qui interviennent uniquement entre les membres originaires de l'indivision, leur conjoint, des ascendants, des descendants ou des ayants droit à titre universel de l'un ou de plusieurs d'entre eux. Il en est de même des partages portant sur des biens indivis issus d'une donation-partage et des partages portant sur des biens indivis acquis par des partenaires ayant conclu un pacte civil de solidarité ou par des époux, avant ou pendant le pacte ou le mariage. Ces partages ne sont pas considérés comme translatifs de propriété dans la mesure des soultes ou plus-values.

Pour les plus-values réalisées à compter du 1er sept. 2013, V. App., L. n° 2013-1278 du 29 déc. 2013, art. 27-III et IV.

Les dispositions du présent 1° ter du II et du III telles que modifiées par le B du I de la L. n° 2017-1837 du 30 déc. 2017 s'appliquent au titre de l'impôt sur la fortune immobilière dû à compter du 1er janv. 2018.

Toutefois, les dispositions modifiées ou abrogées par le même B du I continuent de s'appliquer, dans leur rédaction en vigueur au 31 déc. 2017, à l'impôt de solidarité sur la fortune dû jusqu'au titre de l'année 2017 incluse (L. préc., art. 31-IX-B).

BIBL. ► MALLARET, *Dr. fisc. 2016. 234* (exonération des plus-values de cession de l'habitation principale ou de la résidence secondaire : l'exclusion des non-résidents est-elle contraire aux engagements internationaux de la France ?).

1. Doctrine administrative. Opérations imposables. * BOI-RFPI-PVI-10-30 du 11 févr. 2013. ♦ Exonérations. * BOI-RFPI-PVI-10-40 du 6 juin 2014.

A. OPÉRATIONS IMPOSABLES

2. Biens immobiliers. La plus-value réalisée par une personne physique lors de la cession des droits à l'usage de l'eau et de riveraineté, consentie moyennant le versement d'une indemnité annuelle, entre dans le champ d'application de l'imposition. • CE 19 mai 1999, n° 152269 : *Dr. fisc. 1999. 752, concl. Courtial ; RJF 1999. 869 ; BDCF 6-7/99 ; AJPI 2000. 233, note Maublanc.*

3. Apport d'immeuble. L'apport en pleine propriété d'un immeuble par un particulier à une société en participation constituée pour l'exploitation, l'aménagement et la vente de cet immeuble doit être regardé comme ayant entraîné la mise en propriété en commun de l'immeuble pour le gérer en indivision. Cet apport est assimilable à une cession à titre onéreux, rendant immédiatement imposable la plus-value constatée. • CAA Paris, 6 févr. 2003, n° 98PA221 : *RJF 2003. 994 ; concl. Pruvost au BDCF 8-9/03, n° 110 ; Dr. fisc. 2004. 354, note Desmorieux.*

4. Profits de lotissement. En application de l'art. 150 U-I, les profits consécutifs à la cession d'un terrain divisé en lots destinés à être construits sont présumés être réalisés dans le cadre de la gestion du patrimoine privé et relèvent à ce titre du régime d'imposition des plus-values des particuliers, à condition toutefois que le terrain n'ait pas été acquis en vue du lotissement et de la vente par lots. Lorsque cette intention spéculative est établie, l'art. 35-1-3° prévoit que les bénéfices réalisés présentent le caractère de BIC pour l'application de l'IR. Quant aux profits de lotissement réalisés par un contribuable exerçant la profession de marchand de biens au sens de l'art. 35-1-1°, ils relèvent, en tout état de cause, du régime d'imposition des BIC. * BOI-BIC-CHAMP-20-30 du 12 sept. 2012.

5. Partage de biens indivis. Le partage est un acte juridique qui met fin à une indivision en répartissant les biens entre les différents coïndivisaires. En principe, les partages constituent des cessions à titre onéreux imposables à hauteur des droits appartenant aux copartageants autres que l'attributaire et qui, du fait du partage, sont cédés par eux à ce dernier. En d'autres termes, l'existence d'une plus-value imposable implique nécessairement qu'une soulte soit versée par le ou les attributaires aux autres copartageants. Toutefois, il est admis que les partages qui interviennent entre les membres originaires de l'indivision ou leurs descendants ne constituent pas des cessions à titre onéreux, à la condition qu'ils portent sur des biens provenant d'une indivision successorale ou conjugale. Aucune imposition n'est donc à opérer à cette occasion même si le partage s'effectue à charge de soulte. Il en est ainsi des partages de biens provenant d'une indivision de communauté conjugale et des partages de biens acquis conjointement par des époux séparés de biens pendant la durée du mariage. Le partage peut intervenir avant ou procéder de la dissolution du régime matrimonial. * BOI-RFPI-PVI-10-40-100 n°s 10 à 30 du 14 avr. 2014.

6. Aménagements des dispositions applicables en cas de partage de biens indivis (art. 150 U-IV). Commentaire de l'art. 16-I de la loi n° 2007-1822 du 24 déc. 2007. Régime de droit commun et régime de faveur des partages d'indivision. Partage de biens entre concubins ou partenaires ayant conclu un PACS. Licitations. Cession ultérieure du bien par l'attributaire. * BOI-RFPI-PVI-10-40-100 n°s 40 à 80 du 14 avr. 2014.

7. Attribution d'un bien propre de l'ex-époux débiteur en paiement d'une prestation compensatoire en capital. Cette attribution a pour effet de transférer la propriété du bien à l'ex-époux attributaire et de libérer l'ex-époux débiteur de sa dette. Lorsqu'elle est versée en exécution d'une décision de justice prononcée à compter du 1er janv. 2005, elle doit donc être regardée, conformément à la loi 2004-439 du 26 mai 2004 relative au droit de divorce et à l'art. 281 C. civ., comme une cession à titre onéreux, laquelle constitue le fait générateur de la plus-value immobilière. Il n'en résulte ainsi aucune différence de traitement de l'ex-époux débiteur au regard de l'imposition des plus-values selon qu'il cède un bien propre lui appartenant et verse le produit de cette cession à son ex-conjoint au titre de la prestation compensatoire ou qu'il abandonne un tel bien à celui-ci en paiement de cette même prestation. ♦ La plus-value immobilière réalisée lors de la cession ultérieure du bien reçu par l'attributaire est déterminée en retenant la valeur vénale du bien au jour de l'attribution. Le point de départ à retenir pour le calcul de l'abattement pour durée de détention est la date de l'attribution de ce bien au cédant. * BOI-RFPI-PVI-10-30 n° 20 du 11 févr. 2013.

8. Fait générateur de l'imposition. Date de la cession. Un protocole d'accord engageant irrévocablement les parties moyennant un prix définitif vaut vente constituant, en l'absence de condition suspensive, le fait générateur de la plus-value, peu important que le prix n'ait pas été immédiatement payé et que l'opération n'ait finalement pas été menée à son terme. • CAA Nancy 16 déc. 2004, n° 00NA40 : *RJF 2005. 871.* ♦ Pour un cas où les parties ont entendu retarder le transfert de propriété à la date de la réitération par l'acte authentique de l'acte sous seing privé. • CAA Bordeaux, 10 juill. 2014, *SCI Arbonne Hermitage*, n° 13BX00494 : *RJF 2014. 1106.*

9. Annulation, résolution ou rescision. Dans l'hypothèse où le contrat de vente est annulé, résolu ou rescindé, le contribuable peut obtenir, sur réclamation, une restitution partielle ou totale des droits indûment perçus (sauf en cas d'exercice du droit de préemption). La demande de dégrèvement de l'imposition initialement établie peut être présentée dans un délai dont le point de départ est constitué par la date de l'annulation, de la résolution ou de la rescision, et qui expire le 31 déc. de la deuxième année suivant cette date. * BOI-RFPI-PVI-10-30 n° 30 du 11 févr. 2013.

10. Rescision. En cas de rescision d'une vente pour lésion, la somme versée par l'acquéreur au vendeur correspondant au supplément du juste prix ne revêt pas un caractère indemnitaire mais constitue un complément du prix de cession, nonobstant le fait que son montant fixé par le juge civil a été déterminé au regard de la valeur réelle de l'immeuble à la date du jugement. Elle est par suite imposable à l'IR en tant qu'élément d'une plus-value immobilière. • CAA Nantes, 27 juin 2013, *de Bodinat*, n° 12NT00047 : *RJF 2013. 1032.* ♦ Lorsque l'acquéreur choisit de conserver le bien en payant un complément de prix, le complément de plus-value que cette somme représente pour le vendeur doit être imposé au titre de l'année au cours de laquelle les biens ont été cédés. L'Administration n'est donc pas en droit d'imposer le complément de plus-value au titre de l'année au cours de laquelle le complément de prix a été perçu. • CE 9 nov. 2015, n° 371571 : *RJF 2016. 145 ; Dr. fisc. 2016. 156, note Maublanc.*

11. Redevables de l'impôt. En cas de cession de biens immobiliers ou de droits relatifs à ces biens par une SCI n'ayant pas opté pour le régime fiscal des sociétés de capitaux, les associés de cette société qui sont soumis à l'IR sont les seuls redevables légaux, à proportion de leurs droits dans la société, de l'impôt sur la plus-value de cession. Irrégularité de l'avis de mise en recouvrement d'un complément d'imposition établi au nom de la SCI. • CE 11 avr. 2018, *Sté Vanves Solferino*, n° 409827 : *RJF 2018. 758 ; Dr. fisc. 2018. 475, note Mallaret.*

B. EXONÉRATION DE L'HABITATION PRINCIPALE

BIBL. Micheau, *Dr. fisc. 2014, Étude 441* (exonération des plus-values immobilières de cession de résidence principale : un contrôle rigoureux et pragmatique).

12. Condition d'occupation. Lorsqu'un immeuble n'a pas constitué la résidence habituelle du propriétaire depuis son acquisition ou son achèvement, la qualité de résidence principale n'est reconnue que dans la mesure où l'immeuble constitue la résidence du propriétaire au moment de la vente. • CE 11 mai 1984, n° 45831 : *Dr. fisc. 1984. 2179 ; RJF 1894. 846 ; AJPI 1984. 473, concl. Fouquet.* ♦ Toutefois, la résidence habituelle du contribuable ne perd pas la qualité de résidence principale du seul fait que le propriétaire a libéré les lieux quelque temps avant la date de sa vente. • CE 29 déc. 1999, n° 135065 : *Dr. fisc. 2000. 466, concl. Courtial ; D. 2000. IR 28 ; RJF 2000. 206.* ♦ ... Dès lors que le délai pendant lequel l'immeuble est demeuré inoccupé peut être regardé comme normal. • CE 6 oct. 2010, n° 308051 : *RJF 2011. 45* • CE 7 mai 2014, *SCI La Lieutenance*, n° 356328 : *RJF 2014. 805 ; BDCF 2014. 82, concl. Nicolazo de Barmon ; Dr. fisc. 2014. 474, note Lamulle.* ♦ Le délai pendant lequel l'immeuble est demeuré inoccupé peut être regardé comme normal lorsque le propriétaire a accompli les diligences nécessaires, compte tenu des motifs de la cession, des caractéristiques de l'immeuble et du contexte économique et réglementaire local, pour mener à bien cette vente dans les meilleurs délais à compter de la date prévisible du transfert de sa résidence habituelle dans un autre lieu. Cas d'un immeuble resté inoccupé vingt-neuf mois avant qu'il ne soit vendu. • CE 6 oct. 2010, n° 308051 : *préc.* ♦ Cas d'un immeuble resté inoccupé vingt-deux mois avant qu'il ne soit vendu. • CE 7 mai 2014, *SCI La Lieutenance*, n° 356328 : *préc.* ♦ L'occupation temporaire d'un appartement par son propriétaire pendant une brève période d'un mois, alors qu'il fait exécuter des travaux dans la nouvelle maison qu'il a acquise en vue d'en faire sa résidence principale et dont il n'établit pas qu'il n'en a pas la disposition ou qu'elle serait indisponible en fait, ne peut suffire à conférer à cet appartement, dans les circonstances de l'espèce, le caractère d'une résidence principale. • CE 29 déc. 1999, n° 135065 : *préc.* ♦ Position de l'Administration sur le délai normal de vente, V. note 18.

13. Ne peut pas être regardée comme principale la résidence que les contribuables n'ont pas occupée à titre habituel et de manière effective. La preuve de cette occupation effective s'apprécie au regard d'un faisceau d'indices. Elle ne résulte pas : des documents produits (certificats médicaux attestant des soins reçus par le contribuable dans la ville, attestations de voisinage et attestation de mise à disposition d'un véhicule pour effectuer le déménagement), alors que la consommation d'eau a été réduite et qu'aucune facture d'électricité n'a été fournie. • CAA Bordeaux, 4 oct. 2012, *Pina*, n° 11BX00432 : *RJF 2013. 167.* ♦ ... Des factures d'électricité produites, des attestations et certificat de réexpédition de courrier fournies et de qualité de membre du conseil syndical de l'intéressé. • CE 23 oct. 2013, *Bouteloup*, n° 361233 : *RJF 2014. 41.* ♦ La preuve n'est pas apportée lorsque l'intéressé était demeuré locataire d'un appartement situé à proximité de son lieu de travail et ne justifiait d'aucun déménagement de ses effets personnels au cours des années N – 1 et N. • CE 27 nov. 2019, n° 418379 : *RJF 2020. 134.*

14. Un immeuble en cours de construction ne constitue pas, au moment de sa vente, la résidence habituelle et effective du cédant. La plus-value réalisée à l'occasion de cette vente ne peut donc en principe bénéficier de l'exonération. Toutefois, dans le cas où la cession d'un tel immeuble est réalisée à la suite d'un décès, il est admis que l'exonération s'applique. Trois conditions doivent être simultanément réunies : l'intéressé doit apporter la preuve que l'immeuble cédé était destiné à devenir son habitation principale et celle de son conjoint décédé ; il doit pouvoir établir que la cession du bien intervient à la suite du décès et ne doit pas, par ailleurs, être propriétaire du logement occupé durant la construction de l'habitation cédée. * BOI-RFPI-PVI-10-40-10 n° 220 du 19 déc. 2018.

15. Limite de 15 000 €. Pour déterminer le prix de cession devant être comparé au seuil de 15 000 € il y a lieu de prendre en compte le prix de chaque opération de cession, c'est-à-dire chaque transaction réalisée, indépendamment du nombre de biens ou de lots vendus à l'occasion de cette transaction. • CE 15 nov. 2019, n° 421337 : *RJF 2020. 137.*

16. Séparation, divorce, rupture de concubinage ou de PACS. La condition tenant à l'occupation du logement à titre d'habitation principale au jour de la cession n'est pas toujours satisfaite en cas de séparation ou de divorce, notamment lorsque l'un des conjoints a été contraint de quitter le logement qui constituait sa résidence principale. Toutefois, il est admis, dans cette situation, que l'exonération s'applique, sous deux conditions cumulatives : le logement doit avoir constitué la résidence principale des époux lors de la séparation ; la cession du logement doit être motivée par leur rupture et intervenir dans un délai normal après leur séparation. Le bénéfice de l'exonération n'est subordonné à aucun délai particulier entre la date de la séparation et celle de la mise en vente. Cette mesure de tempérament est étendue aux concubins ou partenaires d'un PACS qui se séparent lorsqu'ils cèdent leur logement ou partagent les immeubles qu'ils possèdent en commun. * BOI-RFPI-PVI-10-40-10 n°s 250 à 280 du 19 déc. 2018.

17. Expatriation avant la vente de la résidence principale. Les particuliers qui, s'expatriant, cèdent leur résidence principale dans la foulée bénéficient d'une exonération partielle de la plus-value à hauteur de 150 000 €, et non d'une exonération totale, comme c'est le cas pour des résidents français. Cette différence de traitement est conforme à la Constitution. • Cons. const. 27 oct. 2017, n° 2017-668 QPC : *RJF 2018. 74.* ♦ Sur renvoi de • CE, QPC, 28 juill. 2017, n° 411546 : *RJF 2017. 1087.*

18. Délai normal de vente. Lorsque l'immeuble a été occupé par le cédant jusqu'à sa mise en vente, l'exonération reste acquise si la cession intervient dans des délais normaux et sous réserve que le logement n'ait pas, pendant cette période, été donné en location ou occupé gratuitement par des membres de la famille du propriétaire ou des tiers. Dans un contexte économique normal, un délai d'une année constitue en principe le délai maximal. Cependant, l'appréciation du délai normal de vente est une question de fait qui s'apprécie au regard de l'ensemble des circonstances de l'opération, notamment des conditions locales du marché immobilier, du prix demandé, des caractéristiques particulières du bien cédé et des diligences effectuées par le contribuable pour la mise en vente de ce bien (annonces dans la presse, *démarches auprès d'agences* immobilières). * BOI-RFPI-PVI-10-40-10 n° 190 du 19 déc. 2018. ♦ Position de la jurisprudence, V. note 12. ♦ Appréciation du délai « normal » d'inoccupation du bien avant sa vente, en cas de sinistre ayant rendu le logement inhabitable. * BOI-RES-000078 du 3 déc. 2020.

19. Consistance de l'habitation principale. Elle est appréciée en fonction de l'agencement des locaux pour en faire une habitation principale. Le juge du fond apprécie souverainement si l'agencement d'un immeuble sur cour le destine à une utilisation distincte de celle de l'immeuble sur rue. • CE 18 mars 2005, n° 257550 : *RJF 2005. 562 ; concl. Séners au BDCF 6/05, n° 74 ; Dr. fisc. 2005. 737.* ♦ L'appartement occupé par un enfant majeur du contribuable, distinct de la résidence principale de ce dernier, ne peut être regardé comme constituant également la résidence principale de celui-ci, quand bien même l'enfant majeur serait encore à sa charge ou rattaché à son foyer fiscal. • Même arrêt.

20. Société de personnes. Société immobilière non transparente. L'associé d'une société de personnes, telle qu'une société civile visée au 1° du 2e al. de l'art. 8, qui occupe, à titre de résidence principale, un immeuble ou une partie d'immeuble appartenant à cette société et que celle-ci met, en droit ou en fait, gratuitement à sa disposition, bénéficie, en cas de cession à titre onéreux de cet immeuble ou de cette partie d'immeuble, de la même manière que s'il en avait été lui-même propriétaire, de l'exonération prévue par le I, dans les conditions prévues par ce texte. • CE 8 juill. 1998, n° 165227, *Monvoisin : Dr. fisc. 1998. 882, concl. Bachelier ; RJF 1998. 944 ; AJPI 2000, p. 223, note Maublanc ; Defrénois 1999, 36390, note Chappert* • CAA Paris, 25 nov. 1999, n° 47PA1876 : *Dr. fisc. 2000. 741.* ♦ L'associé d'une société qui relevant des art. 8 à 8 *ter*, qui occupe, à titre de résidence principale, un immeuble ou une partie d'immeuble appartenant à cette société et que celle-ci met, en droit ou en fait, gratuitement à sa disposition, bénéficie, en cas de cession à titre onéreux de cet immeuble ou de cette partie d'immeuble, de l'exonération prévue en matière d'habitation principale, de la même manière que s'il en avait été lui-même propriétaire. Dans cette hypothèse, l'exonération ne porte que sur : a) la fraction de l'immeuble occupé par l'associé à titre de résidence principale ; b) la quote-part revenant à cet associé. * BOI-RFPI-PVI-10-40-10 n° 140 du 19 déc. 2018. ♦ Cette exonération peut également être appliquée, à raison de la quote-part lui revenant, à l'associé d'une société dont les bénéfices sont imposés au nom des associés et dont le siège est situé dans un État membre de l'UE ou État partie à l'accord sur EEE autre que la France, ayant conclu avec la France une convention fiscale qui contient une clause d'assistance administrative en vue de lutter contre la fraude ou l'évasion fiscale (Islande ou Norvège), lorsque cet associé occupe, à titre de résidence principale, un immeuble ou une partie d'immeuble appartenant à cette société et que celle-ci met, en droit ou en fait, gratuitement à sa disposition. * BOI-RFPI-PVI-10-40-10 n° 150 du 19 déc. 2018.

21. Résidence principale occupée par un coïndivisaire. La plus-value réalisée lors de la cession d'un immeuble indivis par un coïndivisaire occupant une fraction de l'immeuble à titre de résidence principale est exonérée à proportion de ses droits dans l'indivision. • CAA Paris 16 déc. 2004, n° 03PA2013 : *RJF 2005. 563.*

22. Logement de fonction. Lorsque l'un des époux est titulaire d'un logement de fonction, ce logement constitue en principe le lieu de son habitation principale. Cela étant, le logement où résident effectivement et en permanence son conjoint et ses enfants est considéré, pour le bénéfice de l'exonération des plus-values immobilières, comme l'habitation principale du foyer. * BOI-RFPI-PVI-10-40-10 n° 60 du 19 déc. 2018.

23. Résidence principale affectée pour partie à un usage professionnel. Lorsque l'immeuble (ou la partie d'immeuble) cédé est totalement affecté à usage d'habitation mais constitue le domicile commercial d'une entreprise, l'exonération s'applique à la totalité de la plus-value, toutes les autres conditions étant par ailleurs remplies. Il en est de même lorsque l'activité exercée dans l'habitation ne nécessite ni locaux ni matériels professionnels spécifiques. Lorsque l'immeuble (ou la partie d'immeuble) cédé est pour partie affecté à usage d'habitation et pour partie à usage professionnel, seule la fraction de la plus-value afférente à la cession de la partie privative qui constitue la résidence principale du cédant peut bénéficier de l'exonération. * BOI-RFPI-PVI-10-40-10 n°s 70 et 80 du 19 déc. 2018.

24. Dépendances. Le bénéfice de l'exonération n'est pas nécessairement subordonné à la condition que la cession d'une résidence principale soit faite au même acquéreur que celle de ses dépendances immédiates et nécessaires. • CE 6 déc. 1996, n° 129475 : *Dr. fisc. 1997. 324, concl. Arrighi de Casanova ; RJF 1997. 36 ; D. 1997. IR 12.*

25. Terrain entourant la résidence principale. Lorsque l'immeuble n'est pas vendu comme terrain à bâtir, il est admis que l'exonération applicable aux dépendances immédiates et nécessaires porte sur l'ensemble du terrain entourant l'immeuble, quelle que soit sa superficie. * BOI-RFPI-PVI-10-40-10 n° 350 du 19 déc. 2018. ♦ Mais l'exonération n'est pas applicable si le terrain cédé avec la résidence principale a la nature d'un terrain à bâtir, c'est-à-dire lorsqu'il s'agit d'un terrain sur lequel des constructions peuvent être autorisées quels que soient les intentions de l'acquéreur ou l'emploi qui en est effectivement fait. * BOI-RFPI-PVI-10-40-10 n° 340 du 19 déc. 2018. ♦ V. aussi dans ce sens : • CE (na), 21 oct. 2020, n° 440583 : *RJF 2021. 45.*

C. AUTRES EXONÉRATIONS

26. Exonération d'un logement autre que l'habitation principale (résidence secondaire). La détention par le cédant d'un droit réel immobilier sur le bien qu'il a élu pour résidence principale (usufruit en l'espèce) fait obstacle à ce qu'il puisse bénéficier de l'exonération de la plus-value réalisée lors de la première cession d'un logement autre que sa résidence principale. • CE 15 juill. 2021, n° 453490 : *RJF 2021. 1025.* ♦ Un particulier, qui n'a pas fait valoir son droit à exonération de la plus-value de cession lors de la vente et n'a donc pas fait mentionner dans l'acte de cession par le notaire ces informations, peut demander, dans le délai de réclamation, la restitution de l'impôt dont il s'est acquitté sur la plus-value de cession. • TA Paris, 31 mars 2021, n° 1916052 : *RJF 2021. 1114.*

27. Habitation en France des non-résidents ressortissants d'un État membre de l'UE ou de l'EEE. Le bien est réputé constituer l'habitation en France du contribuable avec une permanence suffisante dès lors que celui-ci en a la libre disposition depuis le 1er janvier de l'année de la cession. En cas de contrôles ultérieurs, le contribuable peut notamment en apporter la preuve par fourniture d'un avis d'imposition à la taxe d'habitation au titre de l'année de la cession. * BOI-RFPI-PVINR-10-20 n° 290 du 19 avr. 2019.

28. Sous réserve des conventions internationales, la condition de domiciliation fiscale en France s'apprécie au regard de l'art. 4 B. Sa justification, qui n'est soumise à aucun formalisme particulier, peut être apportée par la production des avis d'impôt sur le revenu des deux années concernées, c'est-à-dire de deux avis d'imposition et/ou de non-imposition. Ces derniers peuvent également justifier de la résidence en France des personnes fiscalement rattachées au foyer fiscal. * BOI-RFPI-PVINR-10-20 n° 290 du 19 avr. 2019.

29. L'art. 28 de la loi de finances pour 2014 a modifié, à compter de 2014, le champ et les modalités d'application de l'exonération dont les non-résidents bénéficiaient, depuis 2006, au titre de la cession de leur habitation en France. Il l'a étendue aux cessions de logements donnés en location cédés dans les cinq ans du transfert du domicile fiscal hors de France et l'a limitée à la fraction de plus-value nette imposable qui n'excède pas 150 000 €. Commentaire administratif. * BOI-RFPI-PVINR-10-20 n°s 220 s. du 19 avr. 2019.

30. Expropriation. L'exonération des plus-values réalisées dans le cadre d'une expropriation s'applique aux plus-values de cessions de biens immobiliers exposés à un risque naturel majeur effectuées dans le cadre de la procédure d'acquisition amiable mentionnée à l'art. L. 561-3-I C. envir. Elle s'applique également aux plus-values réalisées par les particuliers ayant exercé le droit de délaissement prévu aux art. L. 111-1, L. 123-2, L. 123-17 et L. 311-2 C. urb. dans les conditions prévues aux art. L. 230-1 s. du même code. Les biens immobiliers acquis en remploi pour bénéficier de l'exonération de la plus-value immobilière dans le cadre d'une expropriation (et dans le cadre de la procédure d'acquisition amiable de biens exposés à des risques naturels majeurs) peuvent être situés dans un État membre de l'UE ou dans un État ayant conclu une convention fiscale comportant une clause d'assistance de lutte contre l'évasion fiscale. * BOI-RFPI-PVI-10-40-60 n°s 110, 200 et 210 du 9 mai 2018.

31. Montant des cessions. Le seuil de 15 000 € prévu au II-6° s'apprécie en tenant compte de la valeur en pleine propriété de l'immeuble, de la partie d'immeuble ou des droits relatifs à ces biens. Ainsi, en cas de cession de l'usufruit ou de la nue-propriété d'un bien, il y a lieu de déterminer sa valeur en pleine propriété pour apprécier si le seuil de 15 000 € est dépassé. En revanche, en cas de cession d'un bien détenu en indivision, ce seuil s'apprécie au regard de chaque quote-part d'un immeuble sans qu'il soit besoin de connaître la valeur totale du bien. Il en est de même en cas de cession d'un bien acquis en tontine. * BOI-RFPI-PVI-10-40-70 n°s 20, 30 et 90 du 14 avr. 2014.

32. Logements sociaux. Cessions réalisées directement ou indirectement au profit d'organismes en charge du logement social. * BOI-RFPI-PVI-10-40-110 du 18 mai 2020.

33. Pensionnés et invalides. L'exonération prévue au III est en principe applicable dans le seul cas où le cédant est titulaire d'une pension de vieillesse ou d'une carte d'invalidité (devenue carte « mobilité inclusion »). Il est toutefois admis d'appliquer l'exonération si le conjoint du cédant, soumis à imposition commune, est titulaire d'une pension de vieillesse ou de la carte d'invalidité. En outre, le conjoint survivant qui perçoit une pension de réversion peut bénéficier de l'exonération, toutes les autres conditions étant par ailleurs remplies. * BOI-RFPI-PVI-10-40-90 n°s 10, 20 et 50 du 14 avr. 2014. ♦ Les personnes passibles de l'ISF (et, par suite, exclues du bénéfice de l'exonération) s'entendent des personnes propriétaires d'un patrimoine net imposable d'une valeur nette supérieure à 1,3 M € quand bien même ces personnes ne seraient pas en définitive redevables d'un impôt à payer en raison de réductions de cet impôt au titre de certains investissements ou dons ou de son plafonnement. * BOI-RFPI-PVI-10-40-90 n° 85 du 14 avr. 2014.

34. Partage de biens indivis (art. 150 U-IV). V. notes 5 et 6.

Art. 150 UA **I. — Sous réserve des dispositions de l'article 150 VI et de celles qui sont propres aux bénéfices industriels et commerciaux, aux bénéfices agricoles et aux bénéfices non commerciaux, les plus-values réalisées lors de la cession à titre onéreux de biens meubles ou de droits relatifs à ces biens, par des personnes physiques, domiciliées en France au sens de l'article 4 B, ou des sociétés ou groupements qui relèvent des articles 8 à 8 *quinquies* dont le siège est situé en France, sont passibles de l'impôt sur le revenu dans les conditions prévues aux articles 150 V à 150 VH.**

II. — Les dispositions du I ne s'appliquent pas :

1° Aux meubles meublants, aux appareils ménagers et aux voitures automobiles. Toutefois, cette disposition n'est pas applicable à ces biens lorsqu'ils constituent des objets d'art, de collection ou d'antiquité pour lesquels l'option prévue à l'article 150 VL a été exercée *[application aux cessions et aux exportations de métaux précieux, bijoux, objets d'art, de collection ou d'antiquité réalisées à compter du 1er janv. 2006]* **;**

2° Aux meubles, autres que les métaux précieux mentionnés au 1° du I de l'article 150 VI, dont le prix de cession est inférieur ou égal à 5 000 € *[application aux cessions et aux exportations de métaux précieux, bijoux, objets d'art, de collection ou d'antiquité réalisées à compter du 1er janv. 2006]*.

(L. n° 2018-1317 du 28 déc. 2018, art. 41-I-1° et II-A, applicable aux cessions réalisées à compter du 1er janv. 2019) **« 3° Aux biens et droits mentionnés à l'article 150 VH *bis*. »**

1. Plus-values sur biens meubles. Commentaire administratif d'ensemble. * BOI-RPPM-PVBMC-10 du 1er avr. 2014.

2. Constitutionnalité. V. note ss. art. 150-VI.

3. Navire de plaisance acquis en LOA. Pour le calcul de la plus-value de cession d'un bateau de plaisance acquis dans le cadre d'un contrat de *location avec option d'achat* (convention par laquelle un bien de consommation, tel qu'un navire de plaisance, est mis à la disposition d'un utilisateur moyennant le versement de loyers pendant un temps déterminé ; à l'issue de cette période, le locataire a la faculté de s'en porter acquéreur moyennant le versement d'un prix de rachat), doit être retenu, comme prix d'acquisition du bateau, le prix de levée d'option d'achat majoré des versements effectués en cours de location à titre de loyers, sans que cette somme puisse excéder la valeur du bateau à la date de conclusion du contrat. Si ce calcul aboutit à la détermination d'une moins-value, celle-ci est comptée pour zéro. Cette solution s'applique aux cessions réalisées à compter du 1er janv. 2004 et relevant de l'art. 150 UA, étant observé que dans le cadre de ce dispositif, les loyers ne peuvent pas faire l'objet d'une revalorisation en fonction de l'érosion monétaire. * Rescrit 6 sept. 2005, n° 2005/15 FI * BOI-RPPM-PVBMC-10 n° 170 du 1er avr. 2014.

4. Vente hors UE de biens meubles soumis à la taxe sur les objets précieux lors de leur exportation. Lorsqu'un bien meuble cédé dans un État tiers à l'Union européenne a été antérieurement soumis lors de son exportation à la taxe forfaitaire sur les objets précieux, le prix d'acquisition est la valeur en douane du bien au jour de son exportation. * BOI RPPM-PVBMC-10 n° 150 du 1er avr. 2014.

5. Cession de bitcoins (sol. ant. au 1er janv. 2019). Les unités de bitcoin ne relevant pas de la catégorie des biens immeubles au sens de l'art. 516 C. civ. et ayant ainsi la nature de biens meubles incorporels, l'imposition des profits tirés de leur cession par des particuliers relève, en principe, de l'art. 150 UA relatif aux plus-values de cession de biens meubles. Il n'en va autrement que lorsque les opérations de cession, eu égard aux circonstances dans lesquelles elles interviennent, entrent dans le champ de dispositions relatives à d'autres catégories de revenus. • CE 26 avr. 2018, Rycke, n° 417809 : *RJF 2018. 720, concl. Victor ; ibid. 2018, p. 751, chron. Iljic ; Dr. fisc. 2018. 298, note Collet.*

Art. 150 UB I. — Les gains nets retirés de cessions à titre onéreux de droits sociaux de sociétés ou groupements qui relèvent des articles 8 à 8 *ter*, dont l'actif est principalement constitué d'immeubles ou de droits portant sur ces biens, sont soumis exclusivement au régime d'imposition prévu au I et au 1° du II de l'article 150 U. Pour l'application de cette disposition, sont considérées comme sociétés à prépondérance immobilière les sociétés dont l'actif est, à la clôture des trois exercices qui précèdent la cession, constitué pour plus de 50 % de sa valeur réelle par des immeubles ou des droits portant sur des immeubles, non affectés par ces sociétés à leur propre exploitation industrielle, commerciale, agricole ou à l'exercice d'une profession non commerciale. Si la société dont les droits sociaux sont cédés n'a pas encore clos son troisième exercice, la composition de l'actif est appréciée à la clôture du ou des seuls exercices clos ou, à défaut, à la date de la cession. — *V. Ann. II, art. 74 SA s.*

II. — Les dispositions du I ne sont pas applicables, au titre de l'année de l'échange des titres, aux plus-values réalisées dans le cadre d'une opération de fusion, de scission ou d'un apport de titres à une société soumise à l'impôt sur les sociétés. Cette exception n'est pas applicable aux échanges avec soulte lorsque le montant de la soulte reçue par le contribuable excède 10 % de la valeur nominale des titres reçus. Lorsque le montant de la soulte reçue par le contribuable n'excède pas ce seuil, la plus-value réalisée lors de l'opération d'échange est, à concurrence du montant de cette soulte, imposée au titre de l'année de l'échange suivant les dispositions du I.

III. — Lorsque les titres reçus dans les cas prévus au II de l'article 92 B dans sa rédaction en vigueur avant le 1er janvier 2000, aux troisième et cinquième alinéas de l'article 150 A *bis* en vigueur avant la date de promulgation de la loi de finances pour 2004 *[n° 2003-1311 du 30 déc. 2003]* ou au I *ter* de l'article 160 dans sa rédaction en vigueur avant le 1er janvier 2000 font l'objet d'une nouvelle opération d'échange dans les conditions définies au II, l'imposition de la plus-value antérieurement reportée est reportée de plein droit au moment où s'opérera la cession, le rachat, le remboursement ou l'annulation des nouveaux titres reçus.

Les titres de sociétés immobilières pour le commerce et l'industrie non cotées sont assimilés à des titres cotés et imposés conformément aux dispositions du 3 du II de l'art. 150-0 A du même code (L. n° 2003-1311 du 30 déc. 2003, art. 10-IV).

BIBL. ▶ GICQUEL, *Dr. fisc. 2005, p. 1960* (les prépondérances immobilières).

1. Cessions de titres de sociétés à prépondérance immobilière. Les cessions de titres sont en principe imposables selon le régime d'imposition des plus-values de cession de valeurs mobilières et de droits sociaux prévu aux art. 150-0A s. CGI. Cependant, l'art. 150 UB prévoit une exception à ce principe en faveur des gains nets retirés de cessions à titre onéreux de droits sociaux de sociétés ou groupements qui relèvent des art. 8 et 8 *ter*, dont l'actif est principalement constitué d'immeubles ou de droits portant sur ces biens. Dans cette situation, le régime précité prévaut sur celui de l'art. 150-0 A, y compris lorsque l'application du régime des plus-values immobilières aboutit à une exonération effective de la plus-value. Corrélativement, les gains nets retirés de cessions à titre onéreux de valeurs mobilières ou de droits sociaux de sociétés de capitaux non cotées ou de sociétés de personnes ayant opté pour l'IS ou qui y sont soumis de plein droit, dont l'actif est principalement constitué d'immeubles ou de droits portant sur ces biens, sont en principe soumis au régime prévu aux art. 150-0A et suivants. * BOI-RFPI-SPI-10-20 n° 1 du 6 juill. 2016.

2. Sont à prépondérance immobilière : une société dont l'actif n'est constitué, à la date de la cession des titres et hormis un crédit de TVA, que d'un terrain non affecté à l'exercice, par la société, d'une activité industrielle, nonobstant la circonstance que ce terrain, situé sur une ancienne gravière, aurait pu être exploité comme décharge. • CE 14 déc. 2007, ♔ n°s 262695 et 277835 : *RJF 2008. 268.* ♦ ... Une société ayant pour seul actif un hôtel inexploité depuis cinq ans ; par suite la cession de ses titres relève du régime d'imposition des plus-values immobilières. • CE 18 juin 2010, ♔ n° 307318 : *RJF 2010. 909 ; Dr. fisc. 2010. 414.*

3. Les immeubles comptabilisés dans les stocks d'une société exerçant l'activité de marchand de biens et figurant comme tels à l'actif du bilan ne sont pas affectés à son exploitation propre et doivent à ce titre être pris en compte pour apprécier la part des actifs d'une société non cotée en bourse constituée par les immeubles non affectés à sa propre exploitation. • CE 13 juill. 2006, ♔ n° 276362 : *RJF 2006. 1544 ; Dr. fisc. 2007. 789.* ♦ En revanche, les immeubles pris en crédit-bail ne sont pas retenus pour l'appréciation du critère de la prépondérance immobilière. Ainsi, les droits détenus par une société dans le cadre d'un contrat de crédit-bail immobilier ne sont pas à prendre en compte pour apprécier si elle est ou non à prépondérance immobilière. • CAA Douai, 8 févr. 2011, n° 09DA725 : *RJF 2011. 813.*

4. Prix d'acquisition des parts. Le mécanisme de correction du prix de revient des parts, issu de la jurisprudence *Quemener* (CE 16 févr. 2000, n° 133296) et étendu par la jurisprudence *Baradé* (CE 9 mars 2005, n° 248825), à la valeur d'acquisition des parts de sociétés de personnes à prépondérance immobilière, s'applique à l'ensemble des plus-values réalisées (avant ou après le 1er janv. 2004) par les particuliers dans le cadre de la gestion de leur patrimoine privé. * Rép. min. n° 66494 : *JOAN Q, 31 janv. 2006, p. 985.*

5. Pour le calcul de la plus-value réalisée par un associé lors de l'annulation de ses parts sociales, consécutive à la liquidation-partage de la SCI, le prix d'acquisition des parts sociales qu'il détenait doit être majoré de la quote-part lui revenant des plus-values immobilières non imposables réalisées par la société à l'occasion de la cession de biens immobiliers qu'elle détenait. • CE 9 nov. 2017, ♔ n° 389990 : *RJF 2018. 173, concl. Daumas.*

Art. 150 UC **I. — Les dispositions du I et des 4° à 9° du II de l'article 150 U s'appliquent :**

a) **Aux plus-values réalisées lors de la cession de biens mentionnés au *a* du 1° du II de l'article L. 214-81 du code monétaire et financier par un fonds de placement immobilier mentionné à l'article 239 *nonies* ;**

b) **Aux plus-values de même nature réalisées par les sociétés ou groupements à prépondérance immobilière au sens de l'article 150 UB ou par un fonds de placement immobilier, détenus directement ou indirectement par un fonds de placement immobilier, pour la fraction correspondant à ses droits.**

II. — Les dispositions du I de l'article 150 UB s'appliquent :

a) **Aux gains nets retirés de la cession ou du rachat de parts d'un fonds de placement immobilier mentionné à l'article 239 *nonies*, sous réserve du 6 *ter* de l'article 39 *duodecies* ;**

a bis) **Aux gains nets retirés de la cession ou du rachat de parts ou droits dans des organismes de droit étranger qui ont un objet équivalent et sont de forme similaire aux fonds de placement immobilier mentionnés à l'article 239 *nonies* ;**

b) **Aux gains nets réalisés par un fonds de placement immobilier lors de la cession de droits sociaux ou de parts de sociétés ou de groupements à prépondérance immobilière au sens de l'article 150 UB ou de parts d'un fonds de placement immobilier, détenus directement ou indirectement par un fonds de placement immobilier, pour la fraction correspondant à ses droits.**

Art. 150 UD **Les dispositions du I et des 4° à 9° du II de l'article 150 U, du I de l'article 150 UA, du I de l'article 150 UB et de l'article 150 UC s'appliquent aux plus-values réalisées lors de la cession à titre onéreux de tout ou partie des droits représentatifs des biens ou droits du patrimoine fiduciaire pour la quote-part de ces droits qui porte sur des biens ou droits mentionnés aux articles 150 U à 150 UC.**

Art. 150 V **La plus ou moins-value brute réalisée lors de la cession de biens ou droits mentionnés aux articles 150 U à 150 UC est égale à la différence entre le prix de cession et le prix d'acquisition par le cédant.** — *Pour les plus-values réalisées à compter du 1er sept. 2013, V. App., L. n° 2013-1278 du 29 déc. 2013, art. 27-III et IV.*

L. n° 2014-1654 du 29 déc. 2014, art. 4 : « I. — (...)

« II. — A. — Un abattement de 30 % est applicable sur les plus-values, déterminées dans les conditions prévues aux articles 150 V à 150 VD du code général des impôts, résultant de la cession de

terrains à bâtir définis au 1° du 2 du I de l'article 257 du même code ou de droits s'y rapportant, à la double condition que la cession :

« 1° Soit précédée d'une promesse unilatérale de vente ou d'une promesse synallagmatique de vente ayant acquis date certaine à compter du 1er septembre 2014 et au plus tard le 31 décembre 2015 ;

« 2° Soit réalisée au plus tard le 31 décembre de la deuxième année suivant celle au cours de laquelle la promesse unilatérale de vente ou la promesse synallagmatique de vente a acquis date certaine.

« L'abattement mentionné au premier alinéa du présent A est également applicable aux plus-values prises en compte pour la détermination de l'assiette des contributions prévues aux articles L. 136-7 du code de la sécurité sociale et 16 de l'ordonnance n° 96-50 du 24 janvier 1996 relative au remboursement de la dette sociale, des prélèvements prévus aux articles 1600-0 S du code général des impôts et L. 245-15 du code de la sécurité sociale, de la contribution additionnelle prévue à l'article L. 14-10-4 du code de l'action sociale et des familles et, le cas échéant, de la taxe mentionnée à l'article 1609 nonies G du code général des impôts.

« B. — Le A ne s'applique pas aux plus-values résultant des cessions réalisées au profit d'un cessionnaire s'il s'agit :

« 1° D'une personne physique qui est le conjoint du cédant, son partenaire lié par un pacte civil de solidarité, son concubin notoire ou un ascendant ou descendant du cédant ou de l'une de ces personnes ;

« 2° D'une personne morale dont le cédant, son conjoint, son partenaire lié par un pacte civil de solidarité, son concubin notoire ou un ascendant ou descendant de l'une de ces personnes est un associé ou le devient à l'occasion de cette cession.

« III. — A la condition que la cession soit précédée d'une promesse unilatérale de vente ou d'une promesse synallagmatique de vente ayant acquis date certaine entre le 1er janvier et le 31 décembre 2015, le II du présent article s'applique également aux plus-values réalisées au titre des cessions portant sur des biens immobiliers bâtis situés dans des communes appartenant à une zone d'urbanisation continue de plus de 50 000 habitants définie à l'article 232 du code général des impôts.

« Pour l'application du premier alinéa du présent III, le cessionnaire s'engage, par une mention portée dans l'acte authentique d'acquisition, à démolir les constructions existantes en vue de réaliser et d'achever des locaux destinés à l'habitation dont la surface de plancher est au moins égale à 90 % de la surface de plancher maximale autorisée en application des règles du plan local d'urbanisme ou du plan d'occupation des sols, dans un délai de quatre ans à compter de la date de l'acquisition.

« En cas de manquement à cet engagement, le cessionnaire est redevable d'une amende d'un montant égal à 10 % du prix de cession mentionné dans l'acte.

« En cas de fusion de sociétés, l'engagement souscrit par le cessionnaire n'est pas rompu lorsque la société absorbante s'engage, dans l'acte de fusion, à se substituer à la société absorbée pour le respect de l'engagement précité dans le délai restant à courir. Le non-respect de cet engagement par la société absorbante entraîne l'application de l'amende prévue pour le cessionnaire.

« IV. — Les I et II entrent en vigueur à compter du 1er septembre 2014. Le III entre en vigueur à compter du 1er janvier 2015. »

Plus-values immobilières. Détermination de la plus-value brute. * BOI-RFPI-PVI-20-10 du 12 sept. 2012.

Art. 150 VA **I. — Le prix de cession à retenir est le prix réel tel qu'il est stipulé dans l'acte.** ***Lorsqu'une*** **dissimulation de prix est établie, le prix porté dans l'acte doit être majoré du montant de cette dissimulation.**

Lorsqu'un bien est cédé contre une rente viagère, le prix de cession retenu pour ce bien est la valeur en capital de la rente, à l'exclusion des intérêts.

II. — Le prix de cession est majoré de toutes les charges et indemnités mentionnées au deuxième alinéa du I de l'article 683. Les indemnités d'assurance consécutives à un sinistre partiel ou total d'un immeuble ne sont pas prises en compte.

III. — Le prix de cession est réduit, sur justificatifs, du montant de la taxe sur la valeur ajoutée acquittée et des frais, définis par décret, supportés par le vendeur à l'occasion de cette cession. — *V. Ann. III, art. 41 duovicies H.*

Pour les plus-values réalisées à compter du 1er sept. 2013, V. App., L. n° 2013-1278 du 29 déc. 2013, art. 27-III et IV.

1. Prix de cession. Commentaire administratif d'ensemble. * BOI-RFPI-PVI-20-10-10 du 12 sept. 2012.

2. Principe. Le seul prix qui puisse être retenu pour le calcul de la plus-value est, quelles que soient les modalités de règlement de ce prix, celui qui résulte de l'acte authentique qui constate la vente, sauf si l'une des parties s'inscrit en faux contre la mention de l'acte sur ce point, ou si l'Administration apporte la preuve que le prix mentionné dans l'acte constitue une dissimulation du prix réellement convenu entre les parties. Dans le cas particulier d'un règlement par dation en paiement de locaux à construire, l'Administration apporte une telle preuve lorsqu'elle établit qu'il existe entre le prix stipulé à l'acte et la valeur des droits représentatifs des locaux à construire, estimés à la date de l'acte de cession du terrain, une disproportion d'une importance telle qu'elle permet de considérer que les parties à l'acte ont volontairement dissimulé une partie du prix réellement convenu. • CE 9 avr. 1999, n° 137473 : *RJF 1999. 724 ; BDCF 6-7/99, concl. Goulard.*

3. Applications. Dans le cas où un bien est cédé moyennant le paiement d'une indemnité annuelle, le prix de cession est constitué par le capital représentatif de cette indemnité au jour de la cession. • CE 19 mai 1999, n° 152269 : *Dr. fisc. 1999. 752, concl. Courtial ; RJF 1999. 869 ; BDCF 6-7/99.* ♦ Le prix de cession est augmenté du supplément qui résulte d'une clause d'indexation du prix au jour de son règlement en fonction de l'indice du coût de la construction. Il est réduit des honoraires versés aux architectes en rémunération des études nécessaires à la délivrance d'un arrêté de lotissement qui a permis la revente du terrain. • CAA Bordeaux, 24 avr. 1997, n° 94BX1166 : *Dr. fisc. 1997. 1149.* ♦ Constitue un complément de prix de cession la somme destinée, dans le cadre d'un protocole d'accord avec l'acquéreur, à indemniser le cédant des travaux à réaliser si le cédant entreprenait une construction sur son terrain ou vendait celui-ci à un tiers. • CE 16 mai 2008, n° 284873 : *RJF 2008. 966.*

4. Le prix de cession à retenir est le prix réel tel qu'il est stipulé dans l'acte. Lorsque la vente est consentie « contrat en mains », c'est-à-dire lorsque le vendeur se charge de tous les frais qu'entraîne la transmission de l'immeuble vendu, le premier terme de la différence, retenu pour le calcul de la plus-value immobilière imposable, s'entend nécessairement du prix réel, c'est-à-dire du montant « contrat en mains » mentionné dans l'acte sous déduction des droits de mutation à titre onéreux et des frais de notaire mis à la charge du vendeur. Autrement dit, il n'y a pas lieu de prendre en considération ces droits et honoraires, dès lors qu'ils ne sont pas compris dans le montant à retenir pour le calcul de la plus-value. Par ailleurs, l'acquéreur du bien « contrat en mains » ne peut, lors d'une vente ultérieure, retenir, en majoration du prix d'acquisition, les droits et honoraires supportés par le vendeur, dès lors qu'il ne les a pas effectivement supportés. * Rép. min. n° 62553 : *JOAN Q, 25 oct. 2005, p. 9981.*

5. L'art. 41 *duovicies* H-3° de l'annexe III inclut parmi les frais admis en diminution du prix de cession les indemnités d'éviction versées au preneur par le propriétaire qui vend le bien loué libre de toute occupation. Dès lors, l'indemnité d'éviction, versée au locataire en contrepartie de son départ anticipé, par le seul titulaire du droit d'usufruit en vue de la cession de ce bien libre de toute occupation, est, sous réserve de la justification de cette dépense, intégralement prise en compte pour le calcul de la plus-value réalisée par l'usufruitier. * BOI-RFPI-PVI-20-10-10 n° 40 du 12 sept. 2012.

Art. 150 VB I. — Le prix d'acquisition est le prix effectivement acquitté par le cédant, tel qu'il est stipulé dans l'acte, étant précisé que ce prix s'entend de l'existant et des travaux dans le cas d'une acquisition réalisée selon le régime juridique de la vente d'immeuble à rénover. Lorsqu'une dissimulation du prix est établie, le prix porté dans l'acte doit être majoré du montant de cette dissimulation. En cas d'acquisition à titre gratuit, le prix d'acquisition s'entend de la valeur retenue pour la détermination des droits de mutation à titre gratuit. A défaut, selon le cas, de prix stipulé dans l'acte ou de valeur retenue pour la détermination des droits de mutation à titre gratuit, le prix d'acquisition s'entend de la valeur vénale réelle à la date d'entrée dans le patrimoine du cédant d'après une déclaration détaillée et estimative des parties.

Lorsqu'un bien a été acquis moyennant le paiement d'une rente viagère, le prix d'acquisition retenu pour ce bien est la valeur en capital de la rente, à l'exclusion des intérêts.

En cas de vente ultérieure de titres reçus à l'occasion d'une opération mentionnée à l'article 150-0 B, au quatrième alinéa de l'article 150 A *bis* en vigueur avant la date de promulgation de la loi de finances pour 2004 (n° 2003-1311 du 30 décembre 2003) ou au II de l'article 150 UB, la plus-value imposable en application du I de l'article 150 UB est calculée par référence, le cas échéant, au prix ou à la valeur d'acquisition des titres échangés, diminué du montant de la soulte reçue, qui n'a pas fait l'objet d'une imposition au titre de l'année de l'échange, ou majoré de la soulte versée lors de cet échange.

En cas de cession d'un bien ou d'un droit mentionné aux articles 150 U à 150 UD, dont le droit de propriété est démembré à la suite d'une succession intervenue avant le 1er janvier 2004, le prix d'acquisition est déterminé en appliquant le barème prévu à l'article 669, apprécié à la date de la cession.

En cas de cession d'un bien ou droit mentionné aux articles 150 U à 150 UC par une fiducie, le prix d'acquisition est égal au prix d'acquisition de ce bien ou droit par la fiducie, ou, lorsqu'il s'agit d'un bien ou droit transféré dans le patrimoine fiduciaire dans les conditions de l'article 238 *quater* N, au prix ou à la valeur d'acquisition de celui-ci par le constituant.

En cas de cession d'un bien ou droit mentionné aux articles 150 U à 150 UC, reçu lors du transfert du patrimoine fiduciaire aux bénéficiaires à la fin de l'opération de fiducie, le prix d'acquisition est déterminé dans les conditions prévues, selon le cas, au 1° ou au 2° de l'article 238 *quater* Q.

II. – Le prix d'acquisition est, sur justificatifs, majoré :

1° De toutes les charges et indemnités mentionnées au deuxième alinéa du I de l'article 683 ;

2° Des frais afférents à l'acquisition à titre gratuit définis par décret ;

3° Des frais afférents à l'acquisition à titre onéreux définis par décret, que le cédant peut fixer forfaitairement à 7, 5 % du prix d'acquisition dans le cas des immeubles à l'exception de ceux détenus directement ou indirectement par un fonds de placement immobilier mentionné à l'article 239 *nonies* ;

4° Des dépenses de construction, de reconstruction, d'agrandissement ou d'amélioration, supportées par le vendeur et réalisées par une entreprise depuis l'achèvement de l'immeuble ou son acquisition si elle est postérieure, lorsqu'elles n'ont pas été déjà prises en compte pour la détermination de l'impôt sur le revenu et qu'elles ne présentent pas le caractère de dépenses locatives. Lorsque le contribuable, qui cède un "immeuble bâti" plus de cinq ans après son acquisition, n'est pas en état d'apporter la justification de ces dépenses, une majoration égale à 15 % du prix d'acquisition est pratiquée. Cette majoration n'est pas applicable aux cessions d'immeubles détenus directement ou indirectement par un fonds de placement immobilier mentionné à l'article 239 *nonies* ;

5° Des frais de voirie, réseaux et distribution, en ce qui concerne les terrains à bâtir ;

6° Des frais acquittés pour la restauration et la remise en état des biens meubles. – *V. Ann. II, art. 74 SD à 74 SG.*

Pour les plus-values réalisées à compter du 1er sept. 2013, V. App., L. n° 2013-1278 du 29 déc. 2013, art. 27-III et IV.

1. Doctrine administrative. Prix d'acquisition et majorations de ce prix. Commentaire d'ensemble. * BOI-RFPI-PVI-20-10-20-20 du 20 déc. 2013.

A. PRIX D'ACQUISITION

2. Bien indivis. Lors de la vente d'un immeuble en indivision, chaque indivisaire doit être réputé recevoir une fraction du prix de vente correspondant aux droits qu'il détient sur le bien cédé et avoir supporté, à proportion de ces droits, les dépenses de construction, de reconstruction, d'agrandissement, ou d'amélioration qui viennent majorer le prix d'acquisition, alors même que ces dépenses n'auraient pas été prises en charge par l'ensemble des indivisaires. • CAA Versailles, 29 sept. 2006, n° 04VE1874 : *RJF 2007. 163.*

3. Aliénation par appartement d'un immeuble acquis en bloc. La méthode consistant à déterminer le prix d'achat de chaque appartement revendu à partir des millièmes de copropriété correspondant aux lots cédés est admise dès lors que le contribuable ne propose aucune autre méthode permettant d'apprécier avec une plus grande précision le prix d'achat des appartements en cause. • CE 9 févr. 2001, n° 187015 : *Dr. fisc. 2001. 761, concl. Goulard ; RJF 2001. 496.*

4. Biens reçus en échange. En cas d'échange pur et simple, la valeur à retenir comme prix d'acquisition est la valeur réelle du bien remis en échange. La valeur réelle d'un bien ne saurait s'entendre autrement que de sa valeur vénale. • CAA Lyon, 27 sept. 2007, n° 04LY707 : *RJF 2008. 149.* * BOI-RFPI-PVI-20-10-20-10 n° 90 du 12 sept. 2012.

5. Profits de construction occasionnels. Le prix d'acquisition à retenir s'entend du prix d'acquisition du terrain majoré du coût des travaux de construction réalisés avant l'achèvement de l'immeuble (frais d'architecte, factures et mémoires des entrepreneurs). Lorsque les travaux ne sont pas réalisés par une entreprise, ils s'entendent du prix d'achat des matériaux utilisés pour la construction et du coût de la main d'œuvre employée (salaires et charges sociales), à l'exclusion du travail personnel du contribuable.

* BOI-RFPI-PVI-20-10-20-10 n° 110 du 12 sept. 2012.

6. Acquisition à titre gratuit. Pour les cessions de biens réalisées à compter du 1er janv. 2005, le prix d'acquisition à titre gratuit s'entend nécessairement de la valeur retenue pour la détermination des droits de mutation à titre gratuit, c'est-à-dire la valeur vénale ayant servi de base à la liquidation des droits de mutation à titre gratuit diminuée, le cas échéant, de l'abattement prévu à l'art. 764 *bis*. La circonstance que le cédant bénéficie d'une exonération ou d'un abattement autre que celui prévu à l'art. 764 *bis* est sans incidence sur la valeur vénale à retenir pour la détermination de la plus-value imposable. Par ailleurs, il est admis lorsque la succession ne devait donner lieu à aucune imposition ou lorsqu'elle n'était pas imposable en France, de retenir la valeur qui figure dans l'attestation immobilière, à la condition que celle-ci corresponde à la valeur du bien au jour de la mutation à titre gratuit qui l'a fait entrer dans le patrimoine du cédant. * BOI-RFPI-PVI-20-10-20-10 n° 290 du 12 sept. 2012. ♦ Le prix d'acquisition s'entend de la valeur retenue pour la détermination des droits de mutation à titre gratuit. Cette valeur doit en principe être prise en compte, qu'elle procède d'une déclaration du contribuable au titre des droits d'enregistrement ou, le cas échéant, d'une rectification définitive de cette déclaration par l'Administration fiscale. • CE 27 nov. 2019, n° 418379 : *RJF 2020. 134.*

7. Cession d'un immeuble après réunion de la nue-propriété et de l'usufruit. En cas de cession de la pleine propriété d'un immeuble après réunion de la nue-propriété (acquise à titre gratuit ou onéreux) et de l'usufruit par extinction au décès de l'usufruitier ou au terme de l'usufruit, le prix d'acquisition servant au calcul de la plus-value est égal à la somme des valeurs vénales de chacun des droits (donc la valeur de la pleine propriété) à la date d'entrée de la nue-propriété dans le patrimoine du vendeur, bien que la valeur d'acquisition de l'usufruit soit nulle. * BOI-RFPI-PVI-20-10-20-10 nos 220 et 350 du 12 sept. 2012.

8. Bien recueilli en vertu d'une clause de tontine. Le bénéficiaire de la clause de tontine (ou clause d'accroissement) étant réputé propriétaire de la totalité de l'immeuble depuis la date d'acquisition effectuée en commun, la plus-value qu'il réalise ultérieurement, à l'occasion de la cession de cet immeuble, doit être déterminée à partir du prix d'acquisition payé par les acquéreurs en commun. La date de cette acquisition constitue le point de départ de l'abattement pour durée de détention. * Rescrit 6 févr. 2007, n° 2007/4 FI * BOI-RFPI-PVI-20-20 n° 40 du 24 août 2018.

9. Prix d'acquisition de parts de sociétés de personnes détenues par des particuliers. Dans le cas où un associé cède les parts qu'il détient dans une société ou un groupement relevant ou ayant relevé de l'un des régimes prévus aux art. 8, 8 *ter*, 239 *quater* B ou 239 *quater* C, le résultat de cette opération doit être calculé, pour assurer la neutralité de l'application de la loi fiscale compte tenu du régime spécifique de ces sociétés et groupements, en retenant comme prix d'acquisition de ces parts, au sens de l'ancien art. 150 H, leur valeur d'acquisition, majorée en premier lieu, d'une part, de la quote-part des bénéfices de cette société ou de ce groupement revenant à l'associé, qui a été ajoutée aux revenus imposés de celui-ci, antérieurement à la cession et pendant la période d'application de ce régime, et d'autre part, des pertes afférentes à des entreprises exploitées par la société ou le groupement en France et ayant donné lieu de la part de l'associé à un versement en vue de les combler, puis minorée en second lieu, d'une part, des déficits que l'associé a déduits pendant cette même période, à l'exclusion de ceux qui trouvent leur origine dans une disposition par laquelle le législateur a entendu conférer aux contribuables un avantage fiscal définitif et, d'autre part, des bénéfices afférents à des entreprises exploitées en France par la société ou le groupement et ayant donné lieu à répartition au profit de l'associé. • CE 9 mars 2005, n° 248825, *Baradé : RJF 2005. 564, chron. Bereziat, p. 382 ; concl. Collin au BDCF 6/05, n° 75 ; BJS 2005. 880, note Nouel ; Dr. sociétés 2005, n° 6, p. 38, note Pierre ; Dr. fisc. 2006. 223, concl. Collin.* ♦ Lorsque les parts de la société de personnes faisant l'objet de la cession ont été acquises ou souscrites à des dates différentes, le prix d'acquisition des parts acquises ou souscrites à la même date est calculé distinctement suivant les modalités susmentionnées. • Même arrêt. ♦ Le prix d'acquisition retenu pour la détermination de la plus-value de cession des parts que détient un contribuable dans une SCI, propriétaire de bâtiments loués à une clinique qui les exploite, doit être calculé en tenant compte du montant des apports qu'il avait consentis à la société à l'occasion de la souscription du capital social ainsi que de sa quote-part des bénéfices sociaux soumis à l'impôt entre les mains des associés. • Même arrêt.

10. Pour assurer la neutralité de l'application de la loi fiscale, la quote-part de la plus-value, revenant à un associé, constatée lors de la levée d'option d'achat par une SCI d'un immeuble qu'elle donnait précédemment en sous-location et acquis en crédit-bail pour exercer une activité de location nue, doit majorer la valeur d'acquisition des parts détenues par celui-ci pour la détermination de leur prix d'acquisition, quand bien même l'imposition effective de cette plus-value n'est pas intervenue antérieurement à la cession desdites parts par l'effet du report demandé par le contribuable. • CAA Nantes, 12 oct. 2009, n° 08NT3112, *Genot : RJF 2010. 126.*

11. Le mécanisme de correction du prix de revient des parts, issu de la jurisprudence *Quemener* (CE 16 févr. 2000, n° 133296) et étendu par la jurisprudence *Baradé* (CE 9 mars 2005, n° 248825), à la valeur d'acquisition des parts de sociétés de personnes à prépondérance immobilière, s'applique à l'ensemble des plus-values réalisées (avant ou après le 1er janv. 2004) par les particuliers dans le cadre de la gestion de leur patrimoine privé. * Rép. min. n° 66494 : *JOAN Q, 31 janv. 2006, p. 985* * BOI-RFPI-SPI-20 n° 30 du 24 août 2018.

12. Vente du terrain au preneur d'un bail à construction. En cas de vente par le bailleur au preneur d'un terrain faisant l'objet d'un bail à construction, cette transaction doit être regardée comme ayant eu pour objet la vente, non seulement du terrain, mais aussi des constructions réalisées par le preneur qui sont revenues au bailleur à la fin du bail. Au regard de l'imposition des revenus du bailleur, le prix de revient des constructions, dont la propriété a été acquise par le bailleur par l'effet du même acte que leur revente, est nécessairement équivalent à leur prix de cession. La cession des constructions n'a donc donné lieu à la réalisation d'aucune plus-value. • CE 11 avr. 2008, n° 287961 : *RJF 2008. 819.*

13. Revente d'un immeuble Malraux acquis dans le cadre d'une VIR. Pour le calcul de la plus-value de cession d'un bien acquis dans le cadre d'un contrat de vente d'immeuble à rénover ayant ouvert droit à la réduction d'impôt Malraux, les travaux ne doivent pas être inclus dans le prix d'acquisition. * Rép. min. n° 1409 : *JO Sénat Q, 10 janv. 2019, p. 134.*

B. MAJORATIONS DU PRIX D'ACQUISITION

14. Les impenses engagées par l'acquéreur avant l'acquisition de l'appartement dont il était locataire ne peuvent être prises en compte pour le calcul de la plus-value. • CE 9 févr. 2001, n° 187015 : *Dr. fisc. 2001. 761, concl. Goulard ; RJF 2001. 496 ; AJDI 2001. 905, note Maublanc.*

15. Les « frais afférents à l'acquisition à titre onéreux » de l'immeuble revendu comprennent les droits d'enregistrement mis à la charge du vendeur à la suite d'un redressement devenu définitif. En revanche, les pénalités dont ces droits d'enregistrement ont été assortis ne sont pas une conséquence nécessaire de l'acquisition pour le calcul de la plus-value. • CAA Nantes, 31 juill. 2002, n° 99NT2537 : *Dr. fisc. 2003. 25 ; RJF 2003. 51* • CE (na) 30 juill. 2003, n° 250998 : *RJF 2003. 1380.*

16. Le versement par l'acquéreur au vendeur d'une régularisation de TVA sur les immobilisations, assortie de la délivrance par le vendeur d'une attestation transférant le droit à déduction, n'est pas pris en compte dans le prix d'acquisition. • CAA Douai, 30 déc. 2020, n° 18DA01697 : *RJF 2021. 375.*

17. Lorsque le cédant invoque des versements de commissions d'intermédiaires à l'occasion de l'achat de l'immeuble, il doit apporter la preuve de ces versements quelle que soit l'ancienneté des faits. • CE 29 juin 2001, n° 197909 : *RJF 2001. 1241.*

18. Des travaux qui ont été financés par une indemnité d'assurance ne sauraient être pris en compte pour la majoration du prix d'acquisition. • CAA Paris, 4 avr. 1997, n° 93PA1053 : *Dr. fisc. 1997. 1378, concl. Martel ; RJF 1997. 930. 9.*

19. Les travaux de réfection de la toiture, qui ont pour seul effet de remettre l'immeuble en état, présentent le caractère de travaux de réparation et d'entretien. Par suite, ils ne sont pas pris en compte, pour majorer le prix d'acquisition de l'immeuble concerné. Il n'est fait exception à ces principes que pour les travaux d'entretien, de réparation et de grosses réparations qui sont consécutifs à des travaux de construction, reconstruction, d'agrandissement ou d'amélioration dont ils sont indissociables. * BOI-RFPI-PVI-20-10-20-20 n° 160 du 20 déc. 2013.

20. Les dépenses afférentes aux opérations de reconnaissance et de traitement des cavités souterraines et des marnières ne sont pas susceptibles d'être admises en majoration du prix d'acquisition pour le calcul de la plus-value de cession de l'immeuble concerné. * Rép. min. n° 61309 : *JOAN Q, 21 avr. 2015, p. 3072.*

21. En cas d'acquisition d'un immeuble à usage industriel suivie de sa transformation en lofts et de la revente des différents logements ainsi créés, la plus-value imposable est calculée en ajoutant au prix d'acquisition de l'immeuble le coût des travaux de transformation sans distinguer entre une fraction de plus-value afférente à l'immeuble d'origine et une autre afférente à la partie nouvelle issue des travaux de reconstruction. • CE 19 juill. 2011, n° 326895 : *RJF 2012. 1304.*

22. Pour le calcul de sa plus-value imposable, le cédant de parts de SCI ne peut pas majorer le prix d'acquisition de ses titres du montant des travaux réalisés par la SCI sur l'un de ses immeubles. • CAA Paris, 31 mars 2021, n° 20PA01456 : *RJF 2021.816.*

23. Forfait de 15 %. Lorsque le contribuable, qui cède un immeuble bâti plus de cinq ans après son acquisition, n'est pas en état d'apporter la justification des dépenses de travaux, une majoration égale à 15 % du prix d'acquisition est pratiquée. Ce forfait de 15 % est une simple faculté pour les contribuables propriétaires de leur bien depuis plus de cinq ans. Dès lors que la condition afférente à la durée de détention est remplie, le cédant peut bénéficier du forfait de 15 % sans avoir à établir la réalité des travaux, le montant des travaux effectivement réalisés ou son impossibilité à fournir des justificatifs. Enfin, il n'y a pas lieu de rechercher si les dépenses de travaux ont déjà été prises en compte pour l'assiette de l'IR.* BOI-RFPI-PVI-20-10-20-20 nos 370 à 400 du 20 déc. 2013. ♦ Le forfait n'est toutefois pas applicable en l'absence de réalisation des travaux. • CE (na) 23 mars 2019, n° 422943 : *RJF 2019. 909.*

24. Frais de démolition-reconstruction. La circonstance que le bien cédé ait été qualifié de terrain à bâtir dans l'acte de vente n'exclut pas que les frais de démolition et de réalisation de fondations, exposés pour un projet de construction qui n'a pas été mené à son terme, soient pris en compte dans la détermination du prix d'acquisition. • CE 30 juin 2016, n° 375547 : *RJF 2016. 966 ; Dr. fisc. 2016. 634, note J. V. Maublanc.*

25. Travaux effectués par un artisan avec des matériaux achetés par le contribuable. L'art. 150 VB ne permet pas au cédant, pour la détermination du montant de sa plus-value immobilière, de majorer le prix d'acquisition de son immeuble des dépenses qu'il a supportées pour acquérir lui-même les matériaux nécessaires à la réalisation des travaux prévus par cet art., sans qu'ait d'incidence à cet égard la circonstance qu'il confie à une entreprise la réalisation des travaux en vue desquels il a procédé à cette acquisition de matériaux. • CE 12 oct. 2018, n° 419294 : *RJF 2019. 41, concl. Bohnert.*

26. Forfait de 7,5 %. Les frais d'acquisition à titre onéreux des immeubles peuvent être fixés forfaitairement à 7,5 % du prix d'acquisition. * BOI-RFPI-PVI-20-10-20-20 n° 70 du 20 déc. 2013. ♦ Dans l'hypothèse de la cession d'un bien construit par le cédant sur un terrain acquis précédemment, le forfait de 7,5 % n'a pour assiette que le prix d'acquisition du terrain, seul celui-ci ayant fait l'objet d'une acquisition à titre onéreux susceptible d'avoir engendré les frais d'acquisition admis en majoration du prix d'achat et couverts par le forfait. * BOI-RFPI-PVI-20-10-20-20 : préc.

Art. 150 VC **I. — La plus-value brute réalisée sur les biens ou droits mentionnés aux articles 150 U, 150 UB et 150 UC est réduite d'un abattement fixé à :**

— 6 % pour chaque année de détention au-delà de la cinquième ;

— 4 % au titre de la vingt-deuxième année de détention ; — *V. App., L. n° 2013-1278 du 29 déc. 2013, art. 27-III et IV.*

La plus-value brute réalisée sur les biens ou droits mentionnés à l'article 150 UA est réduite d'un abattement de 5 % pour chaque année de détention au-delà de la deuxième. — *Pour l'abattement exceptionnel de 70 % ou 85 % sur les plus-values de cession de terrains à bâtir, V. L. n° 2017-1775 du 28 déc. 2017, art. 28-II.*

Pour l'application des abattements mentionnés aux deuxième à quatrième alinéas, la durée de détention est décomptée : — *V. note ss. al. 3 ci-dessus.*

1° En cas de cession de biens ou droits réalisée par une fiducie, à partir de la date d'acquisition de ces biens ou droits par la fiducie ou, si les biens ou droits ont été transférés dans le patrimoine fiduciaire dans les conditions prévues à l'article 238 *quater* N, à partir de la date d'acquisition des biens ou droits par le constituant ;

2° En cas de cession de biens ou droits reçus par le constituant initial dans les conditions prévues à l'article 238 *quater* Q, à partir de la date d'acquisition par le constituant de ces biens ou droits lorsqu'ils ont fait l'objet d'un transfert dans le patrimoine fiduciaire dans les conditions prévues à l'article 238 *quater* N, ou, dans le cas contraire, à partir de la date de transfert de ces biens ou droits dans le patrimoine fiduciaire ou de leur acquisition par la fiducie ;

3° En cas de cession de biens ou droits reçus par le titulaire, autre que le constituant initial, de droits représentatifs des biens ou droits du patrimoine fiduciaire dans les conditions prévues à l'article 238 *quater* Q, à partir de la date d'acquisition de ces droits lorsque les biens ou droits cédés figuraient dans le patrimoine fiduciaire à cette date, ou à partir de la date d'acquisition des biens ou droits par la fiducie dans le cas contraire.

II. — Abrogé par L. n° 2011-1977 du 28 déc. 2011, art. 7.

V. égal. L. n° 2014-1654 du 29 déc. 2014, art. 4-II à IV, ss. art. 150 V.

1. Détermination de la plus-value imposable. Commentaire administratif d'ensemble. * BOI-RFPI-PVI-20-20 du 24 août 2018.

2. Abattement pour durée de détention pour tous les biens. Pour les cessions réalisées à compter du 1er sept. 2014, il n'est plus opéré de distinction selon la nature des biens cédés (terrains à bâtir et droits s'y rapportant ou autres biens et droits immobiliers) pour la détermination de l'assiette imposable des plus-values immobilières. Pour les cessions réalisées à compter du 1er sept. 2014, l'abattement pour durée de détention est de : – 6 % pour chaque année de détention au-delà de la cinquième et jusqu'à la vingt et unième ; – 4 % au terme de la vingt-deuxième année de détention. Au total, l'exonération d'IR est acquise au-delà d'un délai de détention de vingt-deux ans. * BOI-RFPI-PVI-20-20 n° 60 du 24 août 2018.

3. Abattement exceptionnel applicable jusqu'en 2020 en zones tendues. L'art. 28-II de la L. n° 2017-1775 du 28 déc. 2017 a mis en place un abattement exceptionnel de 70 % sur les plus-values de cession de terrains à bâtir ou d'immeubles bâtis situés en zones tendues. Cet abattement s'applique aux cessions engagées par une promesse synallagmatique de vente ayant acquis date certaine entre le 1er janv. 2018 et le 31 déc. 2020. * BOI-RFPI-PVI-20-20 nos 190 à 450 du 24 août 2018.

4. Date d'acquisition. Le transfert de propriété d'un immeuble a lieu à la date de signature de la promesse de vente. Pour l'application de l'abattement pour durée de détention à la plus-value de cession d'un immeuble, le transfert de propriété est réputé avoir eu lieu à la date de signature de la promesse synallagmatique et non lors de la réitération authentique de la vente. • CE 29 déc. 2020, n° 428306 : *RJF 2021. 279, concl. Boknam-Tognatti.*

5. Vente sous condition. Lorsqu'une vente est réalisée sous condition suspensive, l'art. 74 SA de l'Annexe II précise que, pour la détermination de la plus-value immobilière réalisée par un particulier, la cession ne doit être considérée comme effective qu'au moment de la réalisation de la condition. Ainsi, il n'y a pas lieu de tenir compte, comme en droit civil, de l'effet rétroactif qui peut être attaché à cette condition. Il s'ensuit notamment que la date de cession à retenir pour le calcul de l'abattement pour durée de détention prévu à l'art. 150 VC est nécessairement celle de la date de la réalisation de la condition suspensive. * BOI-RFPI-PVI-20-20 n° 40 du 24 août 2018.

6. Biens acquis par fractions successives. Lorsque la nue-propriété et l'usufruit d'un bien ont été acquis successivement, il y a lieu de retenir pour le calcul de l'abattement pour durée de détention, en cas de cession de ce bien après réunion de la propriété, la date de la première des acquisitions qu'elles soient à titre onéreux, à titre gratuit ou par voie d'extinction naturelle. En revanche, en cas de cession d'un bien acquis par fractions successives, il y a lieu de retenir la date de chacune des acquisitions. Il en est notamment ainsi en cas d'acquisitions successives de quotes-parts indivises. Par ailleurs, en cas de cession d'un bien attribué lors du partage d'une indivision successorale, il convient de retenir la date d'entrée de l'immeuble dans l'indivision, c'est-à-dire la date d'ouverture de la succession. Les dispositions applicables en cas de cession d'un bien attribué lors du partage provenant d'une indivision successorale ne sont pas transposables en cas de cession d'un bien acquis par fractions successives. L'acte juridique de partage, qui a un effet déclaratif, a pour seul objet de répartir les biens provenant d'une succession entre les différents coïndivisaires. * BOI-RFPI-PVI-20-20 n° 40 du 24 août 2018.

7. En cas de vente d'un tènement immobilier, composé de deux terrains dont l'un en partie bâti, devant devenir dans sa totalité et après démolition des bâtiments existants un bâtiment à usage d'habitation, le prix de cession figurant dans l'acte de vente doit être regardé comme correspondant à la valeur globale et homogène d'un terrain destiné à la réalisation d'une opération unique de construction après démolition, indépendamment de la valeur du bâtiment. Pour le calcul de la plus-value, il y a donc lieu de répartir le prix de cession en proportion des superficies et des dates d'acquisition respectives des deux terrains. • CAA Lyon, 27 déc. 2007, n° 04LY471 : *RJF 2008. 678.*

8. Immeuble acquis par licitation. En cas de revente d'un immeuble dont une fraction des droits indivis a été acquise lors d'une licitation, leur date d'acquisition est la date d'entrée du bien dans l'indivision, alors même que le cédant n'est pas un membre originaire de l'indivision mais un de ses héritiers. • CE 9 sept. 2020, n° 436712 : *RJF 2020. 1006.*

9. Acquisition par le bénéficiaire d'une clause de tontine. Dès lors que le bénéficiaire de la clause de tontine est réputé propriétaire de la totalité de l'immeuble depuis la date d'acquisition effectuée en commun, il y a lieu de considérer que la plus-value qu'il réalise ultérieurement à l'occasion de la cession de cet immeuble doit être déterminée à partir du prix d'acquisition payé par les acquéreurs en commun et que la date de cette acquisition constitue le point de départ de l'abattement pour durée de détention. * Rescrit 6 févr. 2007, n° 2007/4 FI * BOI-RFPI-PVI-20-20 n° 40 du 24 août 2018.

Art. 150 VD *I.* **— *La moins-value* brute réalisée sur les biens ou droits désignés aux articles 150 U à 150 UC n'est pas prise en compte.**

II. — En cas de vente d'un immeuble acquis par fractions successives constatée par le même acte soumis à publication ou à enregistrement et entre les mêmes parties, la ou les moins-values brutes, réduites d'un abattement calculé dans les mêmes conditions et selon les mêmes modalités que celui prévu aux trois premiers alinéas du I de l'article 150 VC, s'imputent sur la ou les plus-values brutes corrigées le cas échéant de l'abattement prévu aux mêmes trois premiers alinéas. — *V. App., L. n° 2013-1278 du 29 déc. 2013, art. 27-III et IV. — V. égal. L. n° 2014-1654 du 29 déc. 2014, art. 4-II à IV, ss. art. 150 V.*

Parts de sociétés à prépondérance immobilière. La moins-value brute réalisée sur la cession de parts de sociétés à prépondérance immobilière n'est pas prise en compte. Toutefois, en cas de cession en bloc de tout ou partie des parts d'une même société à prépondérance immobilière détenues par un contribuable, il convient de déterminer de manière distincte la plus-value brute ou la moins-value brute afférente à chacune de ces parts, selon les règles qui lui sont propres. Il est admis dans cette situation que la ou les moins-values brutes, réduites de l'abattement pour durée de détention, calculé dans les mêmes conditions et selon les mêmes modalités que celui prévu au I de l'art. 150 VC, s'imputent sur la ou les plus-values réalisées sur les autres parts de la même société à prépondérance immobilière et par le même contribuable. * BOI-RFPI-SPI-20 n° 90 du 24 août 2018.

Art. 150 VE *(L. n° 2020-1721 du 29 déc. 2020, art. 38-I)* **I. — Un abattement est applicable sur les plus-values, déterminées dans les conditions prévues aux articles 150 V à 150 VD, résultant de la cession de biens immobiliers bâtis ou de droits relatifs à ces mêmes biens, situés pour tout ou partie de leur surface dans les périmètres des grandes opérations d'urbanisme fixés par l'acte mentionné au second alinéa de l'article L. 312-4 du code de l'urbanisme ou dans les périmètres délimités dans les conventions mentionnées au II de l'article L. 303-2 du code de la construction et de l'habitation, à la double condition que la cession :**

1° Soit précédée d'une promesse unilatérale de vente ou d'une promesse synallagmatique de vente, signée et ayant acquis date certaine à compter du 1er janvier 2021, et au plus tard le 31 décembre 2023 ;

2° Soit réalisée au plus tard le 31 décembre de la deuxième année suivant celle au cours de laquelle la promesse unilatérale de vente ou la promesse synallagmatique de vente a acquis date certaine.

II. — Pour l'application de l'abattement mentionné au I, le cessionnaire s'engage, par une mention portée dans l'acte authentique d'acquisition, à démolir la ou les constructions existantes ainsi qu'à réaliser et à achever, dans un délai de quatre ans à compter de la date d'acquisition, un ou plusieurs bâtiments d'habitation collectifs dont le gabarit est au moins égal à 75 % du gabarit maximal autorisé tel qu'il résulte de l'application des règles du plan local d'urbanisme ou d'un document d'urbanisme en tenant lieu.

III. — Le taux de l'abattement mentionné au I est de 70 %.

Ce taux est porté à 85 % lorsque le cessionnaire s'engage à réaliser et à achever des logements sociaux ou intermédiaires, tels que définis, respectivement, aux 3° et 5° de l'article L. 831-1 du code de la construction et de l'habitation et à l'article L. 302-16 du même code, dont la surface habitable représente au moins 50 % de la surface totale des constructions mentionnées sur le permis de construire du programme immobilier.

IV. — L'abattement mentionné au I du présent article ne s'applique pas aux plus-values résultant des cessions réalisées au profit :

1° D'une personne physique qui est le conjoint du cédant, son partenaire lié par un pacte civil de solidarité, son concubin notoire ou un ascendant ou descendant du cédant ou de l'une de ces personnes ;

2° D'une personne morale dont le cédant, son conjoint, son partenaire lié par un pacte civil de solidarité, son concubin notoire ou un ascendant ou descendant de l'une de ces personnes est un associé ou le devient à l'occasion de cette cession.

V. — En cas de manquement aux engagements mentionnés au II et au second alinéa du III, le cessionnaire est redevable d'une amende d'un montant égal à 10 % du prix de cession mentionné dans l'acte.

En cas de fusion de sociétés, l'engagement souscrit par le cessionnaire n'est pas rompu lorsque la société absorbante s'engage, dans l'acte de fusion, à se substituer à la société absorbée pour le respect de l'engagement précité dans le délai restant à courir. Le non-respect de cet engagement par la société absorbante entraîne l'application à cette société de l'amende prévue au premier alinéa du présent V.

L'abattement mentionné au présent art., dans sa rédaction résultant du I de l'art. 38 de la L. n° 2020-1721 du 29 déc. 2020, est également applicable aux plus-values prises en compte pour la détermination de l'assiette des contributions prévues à l'art. L. 136-7 CSS et à l'art. 16 de l'Ord. n° 96-50 du 24 janv. 1996 relative au remboursement de la dette sociale, du prélèvement prévu au 2° du I de l'art. 235 ter CGI et, le cas échéant, de la taxe mentionnée à l'art. 1609 nonies G du même code (L. préc., art. 38-II).

Art. 150 VF **I. — L'impôt sur le revenu correspondant à la plus-value réalisée sur les biens ou droits mentionnés aux articles 150 U à 150 UC est versé par la personne physique, la société ou le groupement qui cède le bien ou le droit.**

I *bis*. — L'impôt sur le revenu correspondant à la plus-value réalisée sur les parts mentionnées au *a* du II de l'article 150 UC est versé par l'établissement payeur pour le compte de la personne physique, de la société ou du groupement qui cède les parts.

II. — En cas de cession d'un bien ou d'un droit mentionné aux articles 150 U et 150 UB par une société ou un groupement qui relève des articles 8 à 8 *ter*, l'impôt sur le revenu afférent à la plus-value est dû au prorata des droits sociaux détenus par les associés soumis à cet impôt présents à la date de la cession de l'immeuble. L'impôt acquitté par la société ou le groupement est libératoire de l'impôt sur le revenu afférent à la plus-value dû par ces associés.

L'impôt sur le revenu afférent à la plus-value dû par les associés qui ne sont pas fiscalement domiciliés en France ou dont le siège social est situé hors de France est acquitté par la société ou le groupement selon les modalités prévues à l'article 244 *bis* A.

II *bis*. — En cas de cession d'un bien ou d'un droit mentionné au I et au *b* du II de l'article 150 UC par un fonds de placement immobilier mentionné à l'article 239 *nonies*, par une société ou un groupement à prépondérance immobilière au sens de l'article 150 UB ou un fonds de placement immobilier, détenus directement ou indirectement par un fonds de placement immobilier, l'impôt sur le revenu afférent à la plus-value est dû au prorata des parts détenues par les porteurs soumis à cet impôt présents à la date de la mise en paiement de la plus-value relative à la cession de ce bien ou de ce droit. L'impôt sur le revenu afférent à la plus-value dû par les porteurs est acquitté par le dépositaire du fonds de placement immobilier, pour le compte de ceux-ci.

III. — L'impôt sur le revenu correspondant à la plus-value réalisée lors de la cession de peuplements forestiers par une personne physique est diminué d'un abattement de 10 € par année de détention et par hectare cédé représentatif de l'impôt sur le revenu correspondant aux revenus imposables au titre de l'article 76.

Cet abattement est également applicable en cas de cessions de parts de sociétés ou groupements, qui relèvent des articles 8 à 8 *ter*, détenant des peuplements forestiers, à concurrence de leur valeur.

Terres à usage forestier ou peuplements forestiers. Les plus-values de cession de parcelles boisées réalisées par des sociétés ou groupements relevant de l'IR qui n'exercent pas à titre professionnel l'activité forestière peuvent bénéficier de l'abattement de 10 € par année de détention et par hectare. * BOI-BA-SECT-20 n°s 20 et 30 du 2 nov. 2016. ♦ Dès lors qu'aucune plus-value n'est imposable compte tenu de l'application de l'abattement de droit commun prévu à l'art. 150 VC, l'abattement spécifique n'a plus d'objet. • CE 26 janv. 2021, n° 429576 : *RJF 2021. 376.*

Art. 150 VG **I. — Une déclaration, conforme à un modèle établi par l'administration, retrace les éléments servant à la liquidation de l'impôt sur le revenu afférent à la plus-value ainsi que, le cas échéant, les éléments servant à la liquidation de l'impôt sur le revenu afférent à la plus-value en report d'imposition et détermine le montant total de l'impôt dû au titre de la cession réalisée.** — *V. Ann. IV, art. 74 SH.*

Elle est déposée :

1° Pour les cessions des biens mentionnés à l'article 150 U constatées par un acte, à l'appui de la réquisition de publier, de la demande d'inscription sur le livre foncier de Mayotte ou de la présentation à l'enregistrement. Cette déclaration est remise sous peine de refus du dépôt ou de la formalité de l'enregistrement ; — *V. note ss. l'art.*

2° Pour les cessions des biens mentionnés aux articles 150 UA et 150 UB constatées par un acte soumis obligatoirement à l'enregistrement, lors de l'accomplissement de cette formalité au service des impôts dans le ressort duquel le notaire rédacteur de l'acte réside ou, dans les autres cas, au service des impôts du domicile de l'une des parties contractantes, lors de l'enregistrement. Cette déclaration est remise sous peine de refus de la formalité de l'enregistrement ;

3° Pour les cessions des biens mentionnés à l'article 150 VI réalisées avec la participation d'un intermédiaire domicilié fiscalement en France, au service des impôts chargé du recouvrement et dans les délais prévus au 1° du I de l'article 150 VM ;

4° Dans les autres cas, au service des impôts dont relève le domicile du vendeur dans un délai d'un mois à compter de la cession.

II. — Par dérogation au I, la déclaration est déposée :

1° Pour les actes passés en la forme administrative qui constatent une mutation immobilière amiable ou forcée de biens au profit de l'État, des établissements publics nationaux, des groupements d'intérêt public, ou d'une collectivité territoriale ou d'un établissement public local désigné à l'article L. 1311-13 du code général des collectivités territoriales, à la collectivité publique cessionnaire préalablement à la réquisition de publier, à la demande d'inscription sur le livre foncier de Mayotte ou à la présentation à l'enregistrement. L'absence de déclaration à l'appui de la réquisition de publier, de la demande d'inscription sur le livre foncier de Mayotte ou de la présentation à l'enregistrement n'entraîne pas le refus du dépôt ou de la formalité ; — *V. note ss. l'art.*

2° Pour les cessions constatées par une ordonnance judiciaire, au service des impôts dont relève le domicile du vendeur dans un délai d'un mois à compter de la date du versement du prix de cession. L'absence de déclaration à l'appui de la réquisition de publier, de la demande d'inscription sur le livre foncier de Mayotte ou de la présentation à l'enregistrement n'entraîne pas le refus du dépôt ou de la formalité ; — *V. note ss. l'art.*

3° Pour les cessions des biens mentionnés à l'article 150 U constatées par un acte notarié, au service des impôts dont relève le domicile du vendeur dans un délai d'un mois à compter de la date de l'acte, lorsque l'impôt sur le revenu afférent à la plus-value ne peut être intégralement acquitté en raison de créances primant le privilège du Trésor ou lorsque la cession est constatée au profit d'une collectivité mentionnée au 1°. L'absence de déclaration à l'appui de la réquisition de publier, de la demande d'inscription sur le livre foncier de Mayotte ou de la présentation à l'enregistrement n'entraîne pas le refus du dépôt ou de la formalité. — *V. note ss. l'art.*

4° Pour les cessions mentionnées au I et au *b* du II de l'article 150 UC réalisées directement ou indirectement par un fonds de placement immobilier, au service des impôts des entreprises du lieu du siège social du dépositaire, dans un délai de dix jours à compter de la date de la mise en paiement des sommes distribuées aux porteurs afférentes à ces cessions.

5° Pour les cessions mentionnées au *a* du II de l'article 150 UC réalisées par un porteur de parts de fonds de placement immobilier, au service des impôts des entreprises du lieu du siège social de l'établissement payeur, dans un délai d'un mois à compter de la cession.

III. — Lorsque la plus-value est exonérée en application du II des articles 150 U et 150 UA ou par l'application de l'abattement prévu au I de l'article 150 VC ou lorsque la cession ne donne pas lieu à une imposition, aucune déclaration ne doit être déposée sauf dans le cas où l'impôt sur le revenu afférent à la plus-value en report d'imposition est dû. L'acte de cession soumis à la formalité fusionnée ou présenté à l'enregistrement précise, sous peine de refus de dépôt ou de la formalité d'enregistrement, la nature et le fondement de cette exonération ou de cette absence de taxation.

Lorsque la plus-value est exonérée au titre d'une cession mentionnée au 1° du II, le contribuable cédant communique à la collectivité publique cessionnaire la nature et le fondement de cette exonération afin qu'il en soit fait mention dans l'acte passé en la forme administrative. L'absence de mention de l'exonération portée sur l'acte ne constitue pas un motif de refus de dépôt.

Lorsque la déclaration n'est pas déposée sur le fondement du 3° du II à l'appui de la réquisition de publier, de la demande d'inscription sur le livre foncier de Mayotte ou de la présentation à l'enregistrement, l'acte de cession précise, sous peine de refus de dépôt ou de la formalité d'enregistrement, que l'impôt sur le revenu afférent à la plus-value ne peut être intégralement acquitté ou que la cession est constatée au profit d'une collectivité mentionnée au 1° du II et mentionne le lieu où le notaire rédacteur de l'acte dépose la déclaration. — *V. Ann. III, art. 255.*

1. Plus-values immobilières. Obligations déclaratives et de paiement. * BOI-RFPI-PVI-30-40 du 24 févr. 2014.

2. L'acte de vente dont l'enregistrement n'a pas été refusé ne vaut pas déclaration permettant d'éviter la taxation d'office, même si les motifs de l'absence de dépôt de la déclaration de plus-value y figuraient et ont justifié, à titre de mention expresse exonératoire, la décharge des intérêts de retard. • CE 25 févr. 2013, *Trottet*, n° 357427 : *RJF 2013. 956.*

Art. 150 VH I. – L'impôt sur le revenu afférent à la plus-value réalisée sur les biens mentionnés aux articles 150 U à 150 UC est versé lors du dépôt de la déclaration prévue à l'article 150 VG.

Il est fait application, le cas échéant, des règles d'exigibilité et de recouvrement prévues au titre IV du livre des procédures fiscales pour les impôts recouvrés par les comptables publics compétents.

II. – L'impôt sur le revenu afférent à la plus-value est payé avant l'exécution de l'enregistrement ou de la formalité fusionnée. A défaut de paiement préalable, le dépôt ou la formalité est refusé sauf pour les cessions mentionnées au II de l'article 150 VG. Le dépôt ou la formalité est également refusé s'il existe une discordance entre le montant de l'impôt sur le revenu afférent à la plus-value figurant sur la déclaration prévue à l'article 150 VG et le montant effectivement versé lors de la réquisition ou de la présentation à l'enregistrement.

Sauf dispositions contraires, il est fait application des règles d'exigibilité et de recouvrement prévues aux articles 1701 à 1704, aux 1°, 2°, 3° et 4° de l'article 1705 et aux articles 1706 et 1711.

III. – Par dérogation au II, l'impôt sur le revenu afférent à la plus-value est payé :

1° Pour les cessions mentionnées au 1° du II de l'article 150 VG, au bénéfice du service des impôts, par le comptable public assignataire, sur le prix dû au vendeur, au vu de la déclaration mentionnée au 1° du II de l'article 150 VG transmise par la collectivité publique ;

2° Pour les cessions mentionnées au 3° du II de l'article 150 VG, par le vendeur ou, dans le cas des cessions à une collectivité mentionnée au 1° du II de l'article 150 VG, par le notaire, au service des impôts où la déclaration a été déposée ;

3° Pour les cessions mentionnées au 4° du II de l'article 150 VG, par le dépositaire du fonds de placement immobilier, au service des impôts des entreprises du lieu du siège social de celui-ci ;

4° Pour les cessions mentionnées au 5° du II de l'article 150 VG, par l'établissement payeur, au service des impôts des entreprises du lieu du siège social de celui-ci.

1. Plus-values immobilières. Obligations déclaratives et de paiement. * BOI-RFPI-PVI-30-40 du 12 sept. 2012.

2. Délai de reprise. Les plus-values immobilières relèvent du délai de reprise prévu en matière d'impôt sur le revenu par l'art. L. 169 LPF, soit jusqu'à la fin de la troisième année suivant celle au titre de laquelle l'IR est dû, et ce même si celui-ci est exigible et recouvré selon les règles applicables aux droits d'enregistrement et à la taxe de publicité foncière. • CE 23 oct. 2013, *Bouteloup*, n° 361233 : *RJF 2014. 41.*

3 ACTIFS NUMÉRIQUES

(L. n° 2018-1317 du 28 déc. 2018, art. 41-I-2° et II-A, applicable aux cessions réalisées à compter du 1er janv. 2019)

Art. 150 VH *bis* I. – Sous réserve des dispositions propres aux bénéfices professionnels, les plus-values réalisées par les personnes physiques domiciliées fiscalement en France au sens de l'article 4 B, directement ou par personne interposée, lors d'une cession à titre onéreux d'actifs numériques mentionnés *(L. n° 2019-486 du 22 mai 2019, art. 86-IX-1°)* « à l'article L. 54-10-1 du code monétaire et financier » ou de droits s'y rapportant sont passibles de l'impôt sur le revenu dans les conditions prévues au présent article.

II. – A. – Les dispositions du I *(L. n° 2019-486 du 22 mai 2019, art. 86-IX-2°)* « du présent article » ne sont pas applicables, au titre de l'année d'échange, aux opérations d'échange sans soulte entre actifs numériques définis au même I ou droits s'y rapportant.

B. – Les personnes réalisant des cessions dont la somme des prix, tels que définis au A du III, n'excède pas 305 € au cours de l'année d'imposition hors opérations mentionnées au A du présent II, sont exonérées.

III. – La plus ou moins-value brute réalisée lors de la cession de biens ou droits mentionnés au I est égale à la différence entre, d'une part, le prix de cession et, d'autre part, le produit du prix total d'acquisition de l'ensemble du portefeuille d'actifs numériques par le quotient du prix de cession sur la valeur globale de ce portefeuille.

A. – Le prix de cession à retenir est le prix réel perçu ou la valeur de la contrepartie obtenue par le cédant, le cas échéant comprenant la soulte qu'il a reçue ou minoré de la soulte qu'il a versée lors de cette cession.

Le prix de cession est réduit, sur justificatifs, des frais supportés par le cédant à l'occasion de cette cession.

B. — Le prix total d'acquisition du portefeuille d'actifs numériques est égal à la somme des prix effectivement acquittés en monnaie ayant cours légal à l'occasion de l'ensemble des acquisitions d'actifs numériques ou de droits s'y rapportant réalisées avant la cession et de la valeur de chacun des services et des biens, autres que des actifs numériques ou droits s'y rapportant remis lors d'échanges ayant bénéficié du sursis d'imposition prévu au A du II, comprenant le cas échéant les soultes versées, remis en contrepartie d'actifs numériques ou de droits s'y rapportant avant cette même cession.

En cas d'acquisition à titre gratuit, le prix d'acquisition à retenir s'entend de la valeur retenue pour la détermination des droits de mutation à titre gratuit ou, à défaut, de la valeur réelle des actifs numériques ou des droits s'y rapportant déterminée au moment de leur entrée dans le patrimoine du cédant.

Le prix total d'acquisition déterminé par application des deux premiers alinéas du présent B est réduit de la somme des fractions de capital initial contenues dans la valeur ou le prix de chacune des différentes cessions d'actifs numériques ou droits s'y rapportant, à titre gratuit ou onéreux hors échanges ayant bénéficié du sursis d'imposition prévu au A du II, antérieurement réalisées. Lorsqu'un ou plusieurs échanges avec soulte reçue par le cédant ont été réalisés antérieurement à la cession imposable, le prix total d'acquisition est minoré du montant des soultes.

C. — La valeur globale du portefeuille d'actifs numériques est égale à la somme des valeurs, évaluées au moment de la cession imposable, des différents actifs numériques et droits s'y rapportant détenus par le cédant avant de procéder à la cession.

IV. — Les moins-values brutes subies au cours d'une année d'imposition au titre des cessions de biens ou droits mentionnés au I, autres que celles entrant dans le champ du II, sont imputées exclusivement sur les plus-values brutes de même nature, réalisées au titre de cette même année.

V. — A. — L'impôt sur le revenu correspondant à la plus-value mentionnée au présent article est versé par la personne physique qui réalise, directement ou par personne interposée, la cession.

Les redevables portent sur la déclaration annuelle prévue à l'article 170 le montant global de la plus ou moins-value réalisée au titre des cessions imposables de l'année. Ils joignent à cette déclaration une annexe conforme à un modèle établi par l'administration, sur laquelle ils mentionnent et évaluent l'ensemble des plus ou moins-values réalisées à l'occasion de chacune des cessions imposables effectuées au cours de l'année ou les prix de chacune des cessions exonérées en application du B du II.

B. — Un décret détermine les obligations déclaratives incombant aux redevables et aux personnes interposées mentionnées au I.

(Abrogé par L. n° 2019-486 du 22 mai 2019, art. 86-IX-3°) ***« VI. — Les actifs numériques comprennent :***

« 1° Les jetons, à l'exclusion de ceux remplissant les caractéristiques des instruments financiers mentionnés à l'article L. 211-1 du code monétaire et financier et des bons de caisse mentionnés à l'article L. 223-1 du même code.

« Pour l'application du premier alinéa du présent 1°, constitue un jeton tout bien incorporel représentant, sous forme numérique, un ou plusieurs droits, pouvant être émis, inscrits, conservés ou transférés au moyen d'un dispositif d'enregistrement électronique partagé permettant d'identifier, directement ou indirectement, le propriétaire dudit bien ;

« 2° Toute représentation numérique d'une valeur qui n'est pas émise ou garantie par une banque centrale ou par une autorité publique, qui n'est pas nécessairement attachée à une monnaie ayant cours légal et qui ne possède pas le statut juridique d'une monnaie, mais qui est acceptée par des personnes physiques ou morales comme un moyen d'échange et qui peut être transférée, stockée ou échangée électroniquement. »

V. Ann. III, art. 41 duovicies J et duovicies K.

Cession occasionnelle d'actifs numériques. Personnes imposables. Actifs numériques concernés. Opérations exonérées. Calcul de la plus-value. Exemple de calcul. * BOI-RPPM-PVBMC-30-10 du 2 sept. 2019.

VII QUATER *TAXE SUR LES MÉTAUX PRÉCIEUX, LES BIJOUX, LES OBJETS D'ART, DE COLLECTION ET D'ANTIQUITÉ*

Art. 150 VI I. — Sous réserve des dispositions propres aux bénéfices professionnels, sont soumises à une taxe forfaitaire dans les conditions prévues aux articles 150 VJ à 150 VM les cessions à titre onéreux ou les exportations, autres que temporaires, hors du territoire des États membres de l'Union européenne :

1° De métaux précieux ;

2° De bijoux, d'objets d'art, de collection ou d'antiquité.

II. — *[Dispositions déclarées non conformes à la Constitution par la décision du Cons. const. n° 2020-868 QPC du 27 nov. 2020]*. — V. Ann. II, art. 74 S bis.

NOTE. Sauf exception, la jurisprudence ci-dessous a été rendue pour l'application de l'ancien régime de la taxe. Elle conserve son intérêt pour l'application de l'art. 150 VI.

BIBL. Mirieu de Labarre, *Dr. fisc. 2006. 973* (le régime fiscal de l'objet d'art). – Schiele et Talec, *Dr. fisc. 2006. 1271* (la taxe sur les œuvres d'art et sa consolidation législative).

1. Commentaire administratif général. Biens concernés. Personnes et opérations imposables. Contribuables non résidents. * BOI-RPPM-PVBMC-20-10 du 27 avr. 2018.

2. Inconstitutionnalité. Il résulte des art. 150 VI-II et 150 UA une différence de traitement injustifiée entre les contribuables cédant leurs biens dans un État de l'Union européenne et ceux procédant à une cession dans un État tiers. Par suite, l'art. 150 VI-II est déclaré contraire à la Constitution : inconstitutionnalité des dispositions selon lesquelles la taxe forfaitaire sur les objets et métaux précieux ne peut s'appliquer qu'aux cessions réalisées dans un État de l'UE, à l'exclusion de celles réalisées dans un État tiers. • Cons. const. 27 nov. 2020, n° 2020-868 QPC : *JO 28 nov. 2020 ; RJF 2021.188.*

3. Nature de la taxe. La taxe forfaitaire sur les métaux précieux, les bijoux, les objets d'art, de collection et d'antiquité, doit être regardée comme une modalité particulière d'imposition des plus-values. Il en résulte que le montant acquitté par un contribuable au titre de cette taxe peut venir en compensation du supplément d'IR lui incombant. • CE 3 mai 2004, n° 236669 : *RJF 2004. 773; Dr. fisc. 2004. 772, concl. Mitjavile.* ♦ La taxe forfaitaire a la nature d'une imposition distincte de l'IR au sens de l 'art. 7 de la Convention franco-monégasque du 18 mai 1963. • CE 6 mai 2015, n° 378534 : *RJF 2015. 624 ; BDCF 2015. 94, concl. Escaut.* ♦ Elle n'a pas le caractère d'une taxe sur le chiffre d'affaires au sens de la Dir. TVA dès lors qu'elle n'est due que par les personnes qui vendent dans le cadre de la gestion de leur patrimoine privé des métaux précieux ou des objets d'art, qu'elle n'a pas de caractère général, qu'elle ne s'applique pas à chaque stade du processus de production et de distribution de ces objets et qu'elle n'a pas une assiette limitée à la valeur ajoutée. • CE 27 juin 2008, n° 301343 : *RJF 2008. 1213.*

4. Notion de cession. Un contribuable qui inscrit un objet d'art détenu dans son patrimoine personnel au bilan de son entreprise individuelle ne réalise aucun transfert de propriété. L'opération ne constitue donc pas une vente soumise à la taxe. • TA Paris, 1er mars 2011, n° 0814204/2 : *RJF 2011. 1397.*

5. Objets de collection. La qualification d'objet de collection découle de l'application d'un ou plusieurs des critères suivants : ancienneté ; rareté ; importance du prix, qui doit être sensiblement supérieur à la valeur d'un bien similaire destiné à un usage courant ; arrêt de la fabrication ; provenance ou destination ; intérêt historique ; appartenance passée à un personnage célèbre. Le point de savoir si un bien constitue un objet de collection est une question de fait qui s'apprécie au cas par cas. * Instr. 4 août 2006, n° 14 : *BOI 8 M-2-06* ; 5 déc. 2008 : *BOI 7 S-908.* ♦ La liste des biens concernés par la taxe forfaitaire sur les métaux précieux, bijoux, objets d'art, de collection et d'antiquité figurant au § 368 de l'instruction 8 M-1-76 du 30 déc.1976 n'a pas un caractère exhaustif. • CAA Paris, 2 nov. 2001, n° 97PA3178 : *Dr. fisc. 2002. 498 ; RJF 2002. 728.* ♦ L'interprétation donnée de la notion d'objet de collection par la CJCE, dans ses arrêts n° 200/84 du 10 oct. 1985 et n° 259/97 du 3 déc. 1998, ne détermine que le champ d'application des droits à l'importation et ne peut, par suite, être invoquée utilement dans un litige relatif à la taxe forfaitaire sur les objets précieux. • Même arrêt.

6. Automobiles de collection. L'art. 150 V *bis* (act. art. 150 VI) qui soumet à la taxe forfaitaire les véhicules automobiles qui ont le caractère d'objet de collection n'est pas contradictoire avec l'art. 150 D-1° (act. art. 150 UA) qui exclut les voitures automobiles du régime de taxation des plus-values. • CAA Paris, 2 nov. 2001, n° 97PA3178 : *préc. note 5.* ♦ Seules méritent la qualification d'automobiles de collection celles présentant un intérêt artistique ou historique. • CE 26 janv. 2000, n° 179492 : *RJF 2000. 434 ; Dr. fisc. 2000. 858, concl. Goulard.* ♦ Définition des véhicules de collection.* DA douanes n° 13-006 du 16 janv. 2013 : *BO douanes n° 6967* * BOI-RPPM-PVBMC-20-10 n° 90 du 27 avr. 2018.

7. Bijoux. Lorsqu'ils sont destinés à la fonte par leur acquéreur, les articles de bijouterie ou de joaillerie et leurs parties en métaux précieux sont soumis au taux de 6 %. • CE 11 mars 2015, n° 382483 ; *RJF 2015. 547* * BOI-RPPM-PVBMC-20-10 n°s 20 et 50 du 27 avr. 2018.

8. Monaco. Cas particulier des relations franco-monégasques. * BOI-RPPM-PVBMC-20-30 du 27 avr. 2018. ♦ La taxe forfaitaire sur les objets précieux constituant une imposition distincte de l'IR au sens de la Convention franco-monégasque n'est pas due par les Français résidant à Monaco. • CE 6 mai 2015, n° 378534 : *préc. note 3.* ♦ Seules les personnes physiques domiciliées fiscalement en France au sens de l'art. 4 B effectuant sur le territoire de la principauté des cessions ou des exportations sont imposables à la taxe forfaitaire. * BOI-RPPM-PVBMC-20-30 n° 80 du 27 avr. 2018. ♦ Le taux de la taxe est porté à 1,1 % à compter du 1er janv. 2018. * BOI préc. n° 20.

9. Vente hors UE de biens meubles soumis à la taxe sur les objets précieux lors de leur exportation. Lorsqu'un bien meuble cédé dans un État tiers à l'Union européenne a été antérieurement soumis lors de son exportation à la taxe forfaitaire sur les objets précieux, le prix d'acquisition est la valeur en douane du bien au jour de son exportation. * BOI-RPPM-PVBMC-10 n° 150 du 1er avr. 2014.

Art. 150 VJ Sont exonérées de la taxe :

1° Les cessions réalisées au profit d'un musée auquel a été attribuée l'appellation "musée de France" prévue à l'article L. 441-1 du code du patrimoine ou d'un musée d'une collectivité territoriale ;

2° Les cessions réalisées au profit de la Bibliothèque nationale de France ou d'une autre bibliothèque de l'État, d'une collectivité territoriale ou d'une autre personne publique ;

3° Les cessions réalisées au profit d'un service d'archives de l'État, d'une collectivité territoriale ou d'une autre personne publique ;

4° Les cessions ou les exportations des biens mentionnés au 2° du I de l'article 150 VI lorsque le prix de cession ou la valeur en douane n'excède pas 5 000 € ;

5° Les cessions ou les exportations de biens mentionnés au I de l'article 150 VI, lorsque le cédant ou l'exportateur n'a pas en France son domicile fiscal. L'exportateur doit pouvoir justifier d'une importation antérieure, d'une introduction antérieure ou d'une acquisition en France ;

6° Abrogé.

Al. 5 à 7 (4° et 5°) : V. Ann. II, art. 74 S bis à 74 S quater.

1. Taxe forfaitaire sur les objets précieux. Cessions et exportations exonérées. Contribuables non résidents. * BOI-RPPM-PVBMC-20-10 n°s 330 à 480 du 23 avr. 2013.

2. Artistes. Les artistes qui exportent des œuvres d'art originales dont ils sont les auteurs et qui sont restées leur propriété continue depuis leur création, sont exonérés de la taxe forfaitaire. Cette exonération concerne aussi bien les artistes ayant leur domicile fiscal en France que ceux qui résident en dehors du territoire national. * DA douanes, 17 sept. 2004, n° 04-073 : *BO douanes n° 6609.*

Art. 150 VK I. — La taxe est supportée par le vendeur ou l'exportateur. Elle est due, sous leur responsabilité, par l'intermédiaire établi fiscalement en France participant à la transaction ou, en l'absence d'intermédiaire, par l'acquéreur lorsque celui-ci est un assujetti à la taxe sur la valeur ajoutée établi en France ; dans les autres cas, elle est due par le vendeur ou l'exportateur. — *V. Ann. II, art. 74 S quinquies.*

II. — La taxe est égale :

1° A *(L. n° 2017-1837 du 30 déc. 2017, art. 30)* « 11 % *[ancienne rédaction : 10 %]* » du prix de cession ou de la valeur en douane des biens mentionnés au 1° du I de l'article 150 VI ; — *Le taux de 11 % est applicable aux cessions et aux exportations de biens réalisées à compter du 1er janv. 2018 (L. n° 2017-1837 du 30 déc. 2017, art. 1er).*

2° A 6 % du prix de cession ou de la valeur en douane des biens mentionnés au 2° du I de l'article 150 VI.

III. — La taxe est exigible au moment de la cession ou de l'exportation.

1. Taxe forfaitaire sur les objets précieux. Commentaire administratif général. Assiette et taux de la taxe. * BOI-RPPM-PVBMC-20-10 n°s 490 à 530 du 31 déc. 2018.

2. Notion d'intermédiaire. Une société liée par une clause d'approvisionnement exclusif auprès du concédant est un intermédiaire. • CE (na) 25 mai 2018, *Sté Or et Expertise Bordeaux*, n° 416843 : *RJF 2018. 1041.*

3. Cas de pluralité d'intermédiaires. En cas de pluralité d'intermédiaires dans le processus aboutissant à la transaction, l'intermédiaire participant à celle-ci est celui réalisant la vente. Dès lors, une galerie d'art se chargeant de procéder par l'intermédiaire de commissaires-priseurs à la vente aux enchères publiques d'œuvres d'art qui lui ont été confiées par des particuliers ne peut être regardée comme débitrice de la taxe. • CAA Paris, 13 oct. 2011, n° 10PA00090 : *RJF 2012. 189.*

4. Intermédiaires opaques. Outre les intermédiaires « transparents », seuls les intermédiaires « opaques » qui achètent le bien en leur nom concomitamment à sa revente à l'acquéreur final peuvent être considérés comme des intermédiaires au sens de l'art. 150 VK. Dès lors, en présence d'un intermédiaire opaque au sens de l'art. 74 S *quinquies* de l'annexe II, celui-ci est responsable du paiement de la taxe. * BOI-RPPM-PVBMC-20-10 n° 620 du 31 déc. 2018.

Art. 150 VL **Le vendeur ou l'exportateur peut opter pour le régime défini à l'article 150 UA à la condition de justifier de la date et du prix d'acquisition du bien ou de justifier que le bien est détenu depuis plus de vingt-deux ans. Dans ce cas, la taxe forfaitaire prévue à l'article 150 VI n'est pas due.** — *V. Ann. II, 74 S quinquies et art. 74 S septies.*

Taxe forfaitaire sur les objets précieux. Commentaire administratif général. Modalités d'option pour le régime de droit commun des plus-values. Obligations déclaratives. Modalités d'imposition de la plus-value. * BOI-RPPM-PVBMC-20-20 du 27 mai 2013.

Art. 150 VM **I. — Une déclaration, conforme à un modèle établi par l'administration, retrace, selon le cas, les éléments servant à la liquidation de la taxe ou l'option prévue à l'article 150 VL. Elle est déposée :**

1° Pour les cessions réalisées avec la participation d'un intermédiaire domicilié fiscalement en France ou, en l'absence d'intermédiaire, lorsque l'acquéreur est un assujetti à la taxe sur la valeur ajoutée établi en France, par cet intermédiaire ou cet acquéreur, au service des impôts chargé du recouvrement dont il dépend ou, lorsqu'il s'agit d'un officier ministériel, au service des impôts chargé du recouvrement compétent pour l'enregistrement de l'acte lorsqu'il doit être présenté à cette formalité, dans le délai prévu par l'article 635.

Toutefois, lorsqu'il est assujetti à la taxe sur la valeur ajoutée, l'intermédiaire, l'acquéreur ou l'officier ministériel déclare la taxe :

a) **Sur l'annexe à la déclaration mentionnée au 1 de l'article 287 déposée au titre du mois ou du trimestre au cours duquel l'exigibilité de la taxe forfaitaire est intervenue s'il est redevable de la taxe sur la valeur ajoutée et soumis au régime réel normal d'imposition ;**

b) **Sur la déclaration annuelle mentionnée au 3 de l'article 287 déposée au titre de l'exercice au cours duquel l'exigibilité de la taxe forfaitaire est intervenue s'il est redevable de la taxe sur la valeur ajoutée et soumis au régime simplifié d'imposition prévu à l'article 302 *septies* A ;**

c) **Sur l'annexe à la déclaration mentionnée au 1 de l'article 287 déposée auprès du service chargé du recouvrement dont relève le principal établissement au plus tard le 25 du mois qui suit celui au cours duquel l'exigibilité de la taxe forfaitaire est intervenue si l'assujetti n'est pas redevable de la taxe sur la valeur ajoutée.**

2° Pour les exportations ou pour les cessions dans un pays tiers de biens exportés temporairement, par l'exportateur à la recette des douanes compétente pour cette exportation, lors de l'accomplissement des formalités douanières ;

3° Pour les autres cessions, par le vendeur au service des impôts chargé du recouvrement dont il relève dans un délai d'un mois à compter de la cession.

II. — La taxe est acquittée lors du dépôt de la déclaration.

III. — Le recouvrement de la taxe s'opère :

1° Pour les cessions réalisées avec la participation d'un intermédiaire ou, en l'absence d'intermédiaire, lorsque l'acquéreur est un assujetti à la taxe sur la valeur ajoutée établi en France, selon les règles, garanties et sanctions prévues en matière de taxe sur le chiffre d'affaires ;

2° Pour les exportations et les cessions dans un pays tiers de biens exportés temporairement, selon les dispositions prévues par la législation douanière en vigueur ;

3° Pour les autres cessions, selon les règles, garanties et sanctions prévues au titre IV du livre des procédures fiscales pour les impôts recouvrés par les comptables publics compétents.

IV. — Les réclamations sont présentées, instruites et jugées comme en matière de taxes sur le chiffre d'affaires si la taxe est recouvrée par les comptables de la direction générale des finances publiques et comme en matière de douane si la taxe est recouvrée par les receveurs des douanes. — *V. Ann. II, art. 74 S bis à 74 S septies.*

Taxe forfaitaire sur les objets précieux. Commentaire administratif général. Obligations déclaratives et de paiement de la taxe. * BOI-RPPM-PVBMC-20-10 n°s 540 à 700 du 23 avr. 2013.

VIII *DISPOSITIONS COMMUNES AUX DIFFÉRENTES CATÉGORIES DE REVENUS*

[01] *[VERSEMENT LIBÉRATOIRE DES EXPLOITANTS INDIVIDUELS]*

Art. 151-0 ***[Applicable aux exercices clos et aux périodes d'imposition arrêtées avant le 31 déc. 2018]*** *(L. n° 2013-1279 du 29 déc. 2013, art. 20-X et XVII-A ; L. n° 2014-626 du 18 juin 2014, art. 24-II-3° et III-B)* **I. — Les contribuables peuvent sur option effectuer un versement libératoire de l'impôt sur le revenu assis sur le chiffre d'affaires ou les recettes de leur activité professionnelle lorsque les conditions suivantes sont satisfaites :**

1° Ils sont soumis aux régimes définis aux articles 50-0 ou 102 *ter* ;

2° Le montant des revenus du foyer fiscal de l'avant-dernière année, tel que défini au IV de l'article 1417, est inférieur ou égal, pour une part de quotient familial, à la limite supérieure de la *(L. n° 2014-1654 du 29 déc. 2014, art. 2-I-B, applicable aux options exercées au titre de l'année 2016 et des années suivantes)* **« deuxième » tranche du barème de l'impôt sur le revenu de l'année précédant celle au titre de laquelle l'option est exercée. Cette limite est majorée respectivement de 50 % ou 25 % par demi-part ou quart de part supplémentaire ;**

3° Ils sont soumis au régime prévu à l'article *(Ord. n° 2018-470 du 12 juin 2018, art. 1er)* **« L. 613-7 » du code de la sécurité sociale.**

II. — Les versements sont liquidés par application, au montant du chiffre d'affaires ou des recettes hors taxes de la période considérée, des taux suivants :

1° 1 % pour les contribuables soumis au régime défini à l'article 50-0 et concernés par *(L. n° 2017-1837 du 30 déc. 2017, art. 22)* **« le seuil prévu au 1° du 1 du même article 50-0 » ;**

2° 1,7 % pour les contribuables soumis au régime défini à l'article 50-0 et concernés par *(L. n° 2017-1837 du 30 déc. 2017, art. 22)* **« le seuil prévu au 2° du 1 du même article 50-0 » ;**

3° 2,2 % pour les contribuables soumis au régime défini à l'article 102 *ter* et concernés par *(L. n° 2017-1837 du 30 déc. 2017, art. 22)* **« le seuil prévu au 1 du même article 102 *ter* ».**

III. — Les versements libèrent de l'impôt sur le revenu établi sur la base du chiffre d'affaires ou des recettes annuels, au titre de l'année de réalisation des résultats de l'exploitation, à l'exception des plus et moins-values provenant de la cession de biens affectés à l'exploitation, qui demeurent imposables dans les conditions visées au *(L. n° 2017-1837 du 30 déc. 2017, art. 22)* **« sixième » alinéa du 1 de l'article 50-0 et au deuxième alinéa du 1 de l'article 102 *ter*.**

IV. — L'option prévue au premier alinéa du I est adressée *(L. n° 2017-1836 du 30 déc. 2017, art. 15)* **« aux organismes mentionnés aux articles L. 213-1 et L. 752-4 » du code de la sécurité sociale au plus tard le 31 décembre de l'année précédant celle au titre de laquelle elle est exercée et, en cas de création d'activité, au plus tard le dernier jour du troisième mois qui suit celui de la création. L'option s'applique tant qu'elle n'a pas été expressément dénoncée dans les mêmes conditions.**

Elle cesse toutefois de s'appliquer dans les cas suivants :

1° Au titre de l'année civile au cours de laquelle les régimes définis aux articles 50-0 et 102 *ter* ne s'appliquent plus. Dans cette situation, le III n'est pas applicable. Les *versements effectués au cours* **de cette année civile s'imputent sur le montant de l'impôt sur le revenu établi dans les conditions prévues aux articles 197 et 197 A. Si ces versements excèdent l'impôt dû, l'excédent est restitué ;**

2° Au titre de la deuxième année civile suivant celle au cours de laquelle le montant des revenus du foyer fiscal du contribuable, tel que défini au IV de l'article 1417, excède le seuil défini au 2° du I ;

3° Abrogé par L. n° 2014-626 du 18 juin 2014, art. 24-II-3° et III-B.

V. — Les versements mentionnés au I sont effectués suivant la périodicité, selon les règles et sous les garanties et sanctions applicables au recouvrement des cotisations et contributions de sécurité sociale visées à l'article *(Ord. nº 2018-470 du 12 juin 2018, art. 1er)* « L. 613-7 » du code de la sécurité sociale. Le contrôle et, le cas échéant, le recouvrement des impositions supplémentaires sont effectués selon les règles applicables à l'impôt sur le revenu.

Les contribuables ayant opté pour le versement libératoire mentionné au I portent sur la déclaration prévue à l'article 170 les informations mentionnées aux 3 de l'article 50-0 et 2 de l'article 102 *ter*. — *V. Ann. III, art. 41 DG ter.*

Les dispositions du présent art. telles que modifiées par l'art. 20-X de la L. nº 2013-1279 du 29 déc. 2013 et par l'art. 24-II-3º de la L. nº 2014-626 du 18 juin 2014 s'appliquent aux exercices clos et aux périodes d'imposition arrêtées à compter du 31 déc. 2015.

Les dispositions du présent art. telles que modifiées par l'art. 22-I de la L. nº 2017-1837 du 30 déc. 2017 s'appliquent à compter de l'imposition des revenus de l'année 2017.

Pour les entreprises relevant de plein droit d'un régime réel d'imposition au titre de l'imposition des revenus de l'année 2017 conformément aux dispositions applicables avant l'entrée en vigueur du même art. 22, l'option pour un régime réel d'imposition prévue au 4 de l'art. 50-0 CGI doit être exercée avant la date limite de dépôt de la déclaration mentionnée à l'art. 53 A CGI pour les impositions dues au titre de l'année 2017.

Pour les travailleurs indépendants relevant du régime prévu à l'art. L. 613-7 CSS, les dispositions du I du présent art. s'appliquent aux cotisations dues au titre des périodes courant à compter du 1er janv. 2018 (L. préc., art. 22-III-A).

Art. 151-0 ***[Applicable aux revenus perçus ou réalisés à compter du 1er janv. 2019]*** *(L. nº 2016-1917 du 29 déc. 2016, art. 60-I-B-6º et I-G-1)* **I. — Les contribuables peuvent sur option effectuer un versement libératoire de l'impôt sur le revenu assis sur le chiffre d'affaires ou les recettes de leur activité professionnelle lorsque les conditions suivantes sont satisfaites :**

1º Ils sont soumis aux régimes définis aux articles 50-0 ou 102 *ter* ;

2º Le montant des revenus du foyer fiscal de l'avant-dernière année, tel que défini au IV de l'article 1417, est inférieur ou égal, pour une part de quotient familial, à la limite supérieure de la deuxième tranche du barème de l'impôt sur le revenu de l'année précédant celle au titre de laquelle l'option est exercée. Cette limite est majorée respectivement de 50 % ou 25 % par demi-part ou quart de part supplémentaire ;

3º Ils sont soumis au régime prévu à l'article *(Ord. nº 2018-470 du 12 juin 2018, art. 1er)* **« L. 613-7 » du code de la sécurité sociale.**

II. — Les versements sont liquidés par application, au montant du chiffre d'affaires ou des recettes hors taxes de la période considérée, des taux suivants :

1º 1 % pour les contribuables soumis au régime défini à l'article 50-0 et concernés par *(L. nº 2017-1837 du 30 déc. 2017, art. 22)* **« le seuil prévu au 1º du 1 du même article 50-0 » ;**

2º 1,7 % pour les contribuables soumis au régime défini à l'article 50-0 et concernés par *(L. nº 2017-1837 du 30 déc. 2017, art. 22)* **« le seuil prévu au 2º du 1 du même article 50-0 » ;**

3º 2,2 % pour les contribuables soumis au régime défini à l'article 102 *ter* et concernés par *(L. nº 2017-1837 du 30 déc. 2017, art. 22)* **« le seuil prévu au 1 du même article 102 *ter* ».**

III. — Les versements libèrent de l'impôt sur le revenu établi sur la base du chiffre d'affaires ou des recettes annuels, au titre de l'année de réalisation des résultats de l'exploitation, à l'exception des plus et moins-values provenant de la cession de biens affectés à l'exploitation, qui demeurent imposables dans les conditions visées au *(L. nº 2017-1837 du 30 déc. 2017, art. 22)* **« sixième » alinéa du 1 de l'article 50-0 et au deuxième alinéa du 1 de l'article 102 *ter*.**

(L. nº 2016-1917 du 29 déc. 2016, art. 60-I-B-6º et I-G-1, applicable aux revenus perçus ou réalisés à compter du 1er janv. 2019) **« Les contribuables qui s'acquittent du versement libératoire au titre de l'année en cours ne sont pas redevables de l'acompte prévu au 2º du 2 de l'article 204 A au titre des revenus soumis à ce versement. »**

IV. — L'option prévue au premier alinéa du I est adressée *(L. nº 2017-1836 du 30 déc. 2017, art. 15)* **« aux organismes mentionnés aux articles L. 213-1 et L. 752-4 » du**

code de la sécurité sociale au plus tard le *(L. n° 2016-1917 du 29 déc. 2016, art. 60-I-B-6° et I-G-1, applicable aux revenus perçus ou réalisés à compter du 1er janv. 2019)* **« 30 septembre** *[ancienne rédaction : 31 décembre]* **» de l'année précédant celle au titre de laquelle elle est exercée et, en cas de création d'activité, au plus tard le dernier jour du troisième mois qui suit celui de la création. L'option s'applique tant qu'elle n'a pas été expressément dénoncée dans les mêmes conditions.**

Elle cesse toutefois de s'appliquer dans les cas suivants :

1° Au titre de l'année civile au cours de laquelle les régimes définis aux articles 50-0 et 102 *ter* ne s'appliquent plus. Dans cette situation, le III n'est pas applicable. Les versements effectués au cours de cette année civile s'imputent sur le montant de l'impôt sur le revenu établi dans les conditions prévues aux articles 197 et 197 A. Si ces versements excèdent l'impôt dû, l'excédent est restitué ;

2° Au titre de la deuxième année civile suivant celle au cours de laquelle le montant des revenus du foyer fiscal du contribuable, tel que défini au IV de l'article 1417, excède le seuil défini au 2° du I ;

3° Abrogé par L. n° 2014-626 du 18 juin 2014, art. 24-II-3° et III-B.

V. — Les versements mentionnés au I sont effectués suivant la périodicité, selon les règles et sous les garanties et sanctions applicables au recouvrement des cotisations et contributions de sécurité sociale visées à l'article *(Ord. n° 2018-470 du 12 juin 2018, art. 1er)* **« L. 613-7 » du code de la sécurité sociale. Le contrôle et, le cas échéant, le recouvrement des impositions supplémentaires sont effectués selon les règles applicables à l'impôt sur le revenu.**

Les contribuables ayant opté pour le versement libératoire mentionné au I portent sur la déclaration prévue à l'article 170 les informations mentionnées aux 3 de l'article 50-0 et 2 de l'article 102 *ter*.

Les dispositions du présent art. s'appliquent aux revenus perçus ou réalisés à compter du 1er janv. 2019 (L. n° 2016-1917 du 29 déc. 2016, art. 60-I-B-6° et I-G-1, mod. par Ord. n° 2017-1390 du 22 sept. 2017, art. 1er-1°).

L'option prévue au I ci-dessus pour les revenus de l'année 2018 peut être exercée, dans les conditions prévues au IV ci-dessus, avant le 1er avr. 2018 (L. n° 2018-1837 du 30 déc. 2017, art. 22-III-B).

V. Ann. III, art. 41 DG ter.

Pour les mesures spécifiques qui s'appliquent aux revenus perçus ou réalisés en 2020 et en 2021, V. L. n° 2020-1721 du 29 déc. 2020, art. 28.

BIBL. Colombié, *BFL 2009, p. 735* (auto-entrepreneur : pistes pour un audit fiscal de chaque projet) ; *BFL 2011, p. 589* (les aspects fiscaux de l'après auto-entreprise). – X..., Auto-entrepreneur, *Éd. F. Lefebvre, 2011, 4e éd.*

1. Auto-entrepreneur. Le dispositif de l'auto-entrepreneur, applicable à partir du 1er janv. 2009, est un régime simplifié et libératoire de paiement par les petits entrepreneurs de leurs impôts et de leurs charges. Une simple déclaration suffit, sans obligation d'immatriculation au RCS ou au répertoire des métiers. L'auto-entrepreneur peut s'acquitter forfaitairement de ses charges sociales et de ses impôts uniquement sur ce qu'il gagne, mensuellement ou trimestriellement. Le versement est libératoire des charges sociales et de l'IR. De plus, l'auto-entrepreneur n'est pas soumis à la TVA. * Brochure min. écon. *2008.* ♦ *Pour devenir* auto-entrepreneur, il suffit de se rendre sur le site www.lautoentrepreneur.fr et de remplir en ligne une déclaration unique d'activité. C'est sur ce portail que l'auto-entrepreneur peut déclarer son chiffre d'affaires mensuellement ou trimestriellement. La déclaration d'activité peut également être effectuée directement auprès du Centre de formalités des entreprises, ou être envoyée par voie postale. * Communiqué Minefi 31 déc. 2008.

2. Commentaires administratifs. Bénéficiaires du versement libératoire de l'IR. Petits entrepreneurs individuels relevant du régime micro-BIC ou du régime micro-BNC. Condition relative au montant des revenus du foyer fiscal. Option pour le régime micro-social. Modalités d'option pour le versement libératoire. Application des régimes d'exonération spécifiques. Détermination du versement libératoire de l'IR. Obligations déclaratives et de paiement. Incidences du dispositif sur le calcul de l'IR, la détermination du revenu fiscal de référence, le calcul de la PPE et le bouclier fiscal. Cas et modalités de sortie du dispositif du versement libératoire. * BOI-BIC-DECLA-10-40 du 1er juin 2018.

3. Non-résidents. Le régime de l'auto-entrepreneur s'applique aux non-résidents qui en respectent les conditions d'éligibilité. Le revenu fiscal de référence à ne pas dépasser en N-2 est déterminé à partir des seuls revenus de source française du foyer fiscal. * BOI-BIC-DECLA-10-40-10 nos 1 et 30 du 1er juin 2018.

1 DÉTERMINATION DES REVENUS DES AVOIRS À L'ÉTRANGER

Art. 151 **Pour l'application de l'article L. 69 du Livre des procédures fiscales, l'impôt sur les revenus des avoirs à l'étranger est établi sur le produit du montant de ces avoirs par la moyenne annuelle des taux de rendement brut à l'émission des obligations des sociétés privées.**

Constitutionnalité. Les moyens tirés de ce que les dispositions de l'art. 151 sont contraires aux principes d'égalité devant la loi et d'égalité devant les charges publiques respectivement garantis par les art. 6 et 13 de la Déclaration des droits de l'Homme et du citoyen ne présentent pas un caractère sérieux. Il n'y a donc pas lieu de renvoyer au Conseil constitutionnel la question prioritaire de constitutionnalité soulevée à l'encontre de ces dispositions. • CE 25 nov. 2011, n° 345602 : *RJF 2012.154.*

Art. 151 *bis* *Abrogé par L. du 28 déc. 1959, art. 1er et 3 ; L. n° 54-782 du 2 août 1954, art. 32.*

1 *BIS* RÉMUNÉRATION PERÇUE PAR LES MÉDECINS AU TITRE DE LA PERMANENCE DES SOINS *(Décr. n° 2006-356 du 24 mars 2006).*

Art. 151 *ter* **La rémunération perçue au titre de la permanence des soins exercée en application de l'article L. 6314-1 du code de la santé publique par les médecins ou leurs remplaçants installés dans une zone caractérisée par une offre de soins insuffisante ou des difficultés dans l'accès aux soins, définie en application de l'article L. 1434-4 du même code est exonérée de l'impôt sur le revenu à hauteur de soixante jours de permanence par an.**

1. Régime de l'exonération. Organisation et rémunérations de la permanence des soins. Zones d'installation de l'activité. Recettes exonérées et modalités déclaratives. * BOI-BNC-CHAMP-10-40-20 du 2 déc. 2015.

2. Constitutionnalité. Le législateur n'a pas méconnu la Constitution en limitant le champ de l'exonération aux seules indemnités perçues à raison d'une mission de permanence des soins ambulatoires des médecins sans l'étendre aux rémunérations perçues au titre de leur participation à la mission de permanence des soins des établissements de santé. • CE, QPC, 22 juill. 2021, nos 449683 et 449691 : *RJF 2021. 997.*

3. Permanences de régulation. Les rémunérations perçues par les médecins libéraux régulateurs qui participent aux gardes médicales de régulation peuvent être exonérées d'IR, sous les conditions et dans les limites posées à l'art. 151 *ter*. * BOI-BNC-CHAMP-10-40-20 n° 110 du 2 déc. 2015.

4. Médecins exerçant en SEL au titre de la permanence des soins. Dès lors qu'ils ne sont pas salariés au sens du code du travail, ces médecins bénéficient de l'exonération, même s'ils sont assimilés à des salariés sur le plan social et fiscal. La doctrine administrative réservant l'exonération aux seuls revenus imposables au titre des BNC est annulée. • CE 18 sept. 2015, *Courtes,* n° 386237 *RJF 2015. 1053, concl. Escaut.* ♦ Désormais l'exercice en association (associations de permanence des soins) ou en société (sociétés civiles professionnelles…), dans la mesure où les médecins participants sont imposés en leur nom à l'IR, ne fait pas obstacle à l'application de l'exonération. De plus, les médecins imposés en traitements et salaires qui participent à la permanence des soins bénéficient également de l'exonération prévue à l'art. 151 *ter* pour la rémunération de la permanence des soins. * BOI-BNC-CHAMP-10-40-20 n° 250 du 2 déc. 2015.

1 *TER* IMPOSITION DES PLUS-VALUES RÉALISÉES DANS LE CADRE D'UN BAIL À CONSTRUCTION

Art. 151 *quater* **Lorsque le bail à construction prévu par les articles L. 251-1 à L. 251-8 du code de la construction et de l'habitation est assorti d'une clause prévoyant le transfert de la propriété du terrain au preneur moyennant le versement d'un supplément de loyer, la plus-value dégagée à l'occasion de la cession du terrain est imposée dans les conditions prévues aux articles 35, 150 U, 244 *bis* et 244 *bis* A.**

Pour l'application des dispositions de l'article 150 U, le montant de la plus-value nette est déterminé au moment de la signature du bail d'après la valeur du bien à cette date ; la durée de possession prise en compte pour l'établissement de la plus-value est la période comprise entre la date d'acquisition du bien par le bailleur et la date de transfert de propriété en fin de bail.

Le montant à ajouter aux revenus des plus-values est revalorisé suivant la même formule d'indexation que le loyer lui-même.

Les sommes et prestations de toute nature reçues par le bailleur en paiement du prix de cession du terrain ne sont pas soumises au régime défini à l'article 33 *bis*.

Art. 151 *quinquies* *Abrogé par L. n° 76-660 du 19 juill. 1976, art. 12-III.*

1 *QUATER* PLUS-VALUES RÉALISÉES DANS LE CADRE D'UNE ACTIVITÉ AGRICOLE, ARTISANALE, COMMERCIALE OU LIBÉRALE

Art. 151 *sexies* I. — La plus-value réalisée dans le cadre d'une activité agricole, artisanale, commerciale, industrielle ou libérale est calculée, si le bien cédé a figuré pendant une partie du temps écoulé depuis l'acquisition dans le patrimoine privé du contribuable, suivant les règles des articles 150 U à 150 VH, pour la partie correspondant à cette période. Cette partie est exonérée s'il s'agit d'une terre agricole qui n'entre pas dans le champ d'application du A de l'article 1594-0 G et qui est exploitée par un agriculteur ayant exercé son activité à titre principal pendant au moins cinq ans. Les terrains expropriés qui ne remplissent pas les conditions mentionnées aux *a* et *b* du 1° du II de l'article L. 13-15 du code de l'expropriation pour cause d'utilité publique ne sont pas considérés comme des biens entrant dans le champ d'application du A de l'article 1594-0 G.

II. — La plus-value réalisée lors de la cession d'actions ou de parts sociales louées dans les conditions des articles L. 239-1 à L. 239-5 du code de commerce, ou celle réalisée dans le cadre d'une activité agricole, artisanale, commerciale, industrielle ou libérale, est calculée, si les titres ont figuré pendant une partie du temps écoulé depuis leur acquisition dans le patrimoine privé du contribuable, suivant les règles des articles 150-0 A à 150-0 E, pour la partie du gain net correspondant à cette période.

Lors de la cession à titre onéreux de titres ou de droits mentionnés à l'article 150-0 A, ayant successivement fait partie du patrimoine privé, été inscrits à l'actif d'une entreprise ou considérés comme des éléments d'actif affectés à l'exercice de la profession en application des dispositions des articles 93 ou 151 *nonies* ou été loués dans les conditions des articles L. 239-1 à L. 239-5 du code de commerce, puis étant revenus dans le patrimoine privé, les gains nets sont constitués par la somme des gains nets relatifs aux périodes de détention dans le patrimoine privé, calculés suivant les règles des articles 150-0 A à 150-0 E.

Un décret en Conseil d'État fixe les conditions d'application du présent II.

Biens migrants. Cession de titres ayant figuré dans les patrimoines privé et professionnel de l'exploitant. Impositions respectives des plus-values privées et professionnelles. Commentaires administratifs de l'art. 26-IV de la loi n° 2005-882 du 2 août 2005 et de l'art. 29-XV de la loi n° 2005-1720 du 30 déc. 2005 * BOI-RPPM-PVBMI-20-10-30 du 12 sept. 2012.

Art. 151 *septies* I. — Les dispositions du présent article s'appliquent aux activités commerciales, industrielles, artisanales, libérales ou agricoles, exercées à titre professionnel.

II. — Les plus-values de cession soumises au régime des articles 39 *duodecies* à 39 *quindecies*, à l'exception de celles afférentes aux biens entrant dans le champ d'application du A de l'article 1594-0 G, et réalisées dans le cadre d'une des activités mentionnées au I sont, à condition que l'activité ait été exercée pendant au moins cinq ans, exonérées pour :

1° La totalité de leur montant lorsque les recettes annuelles sont inférieures ou égales à :

a) 250 000 € s'il s'agit d'entreprises dont le commerce principal est de vendre des marchandises, objets, fournitures et denrées à emporter ou à consommer sur place ou de fournir le logement, à l'exclusion de la location directe ou indirecte de locaux d'habitation meublés ou destinés à être loués meublés, ou s'il s'agit d'entreprises exerçant une activité agricole ;

b) 90 000 € s'il s'agit d'autres entreprises ou de titulaires de bénéfices non commerciaux ;

2° Une partie de leur montant lorsque les recettes sont supérieures à 250 000 € et inférieures à 350 000 € pour les entreprises mentionnées au *a* du 1° et, lorsque les recettes sont supérieures à 90 000 € et inférieures à 126 000 €, pour les entreprises mentionnées au *b* du 1°. Pour l'application de ces dispositions, le montant exonéré de la plus-value est déterminé en lui appliquant :

a) Pour les entreprises mentionnées au *a* du 1°, un taux égal au rapport entre, au numérateur, la différence entre 350 000 € et le montant des recettes et, au dénominateur, le montant de 100 000 € ;

b) Pour les entreprises mentionnées au *b* du 1°, un taux égal au rapport entre, au numérateur, la différence entre 126 000 € et le montant des recettes et, au dénominateur, le montant de 36 000 €.

Lorsque l'activité de l'entreprise se rattache aux deux catégories définies aux *a* et *b* du 1°, l'exonération totale n'est applicable que si le montant global des recettes est inférieur ou égal à 250 000 € et si le montant des recettes afférentes aux activités définies au *b* du 1° est inférieur ou égal à 90 000 €.

Lorsque ces conditions ne sont pas remplies, si le montant global des recettes est inférieur à 350 000 € et si le montant des recettes afférentes aux activités définies au *b* du 1° est inférieur à 126 000 €, le montant exonéré de la plus-value est déterminé en appliquant le moins élevé des deux taux qui aurait été déterminé dans les conditions fixées au 2° si l'entreprise avait réalisé le montant global de ses recettes dans les catégories visées au *a* du 1° ou si l'entreprise n'avait réalisé que des activités visées au *b* du 1°.

III. — Les plus-values réalisées à l'occasion de la cession de matériels agricoles ou forestiers par des entreprises de travaux agricoles ou forestiers sont exonérées dans les conditions applicables aux entreprises mentionnées au *a* du 1° du II. Un décret précise les modalités d'application du présent III.

IV. — Le montant des recettes annuelles s'entend de la moyenne des recettes, appréciées hors taxes, réalisées au titre des exercices clos, ramenés le cas échéant à douze mois, au cours des deux années civiles qui précèdent la date de clôture de l'exercice de réalisation des plus-values.

Pour les entreprises dont les recettes correspondent à des sommes encaissées, le montant des recettes annuelles s'entend de la moyenne des recettes, appréciées hors taxes, au cours des deux années civiles qui précèdent l'année de réalisation des plus-values.

Lorsque le contribuable exerce plusieurs activités, il est tenu compte du montant total des recettes réalisées dans l'ensemble de ces activités.

Il est également tenu compte des recettes réalisées par les sociétés mentionnées aux articles 8 et 8 *ter* et les groupements non soumis à l'impôt sur les sociétés dont il est associé ou membre, à proportion de ses droits dans les bénéfices de ces sociétés et groupements.

Pour l'application des troisième et quatrième alinéas, la globalisation des recettes est effectuée par catégorie de revenus.

Lorsque les plus-values sont réalisées par une société ou un groupement mentionnés au quatrième alinéa, le montant des recettes annuelles s'apprécie au niveau de la société ou du groupement.

V. — Pour les plus-values réalisées à la suite d'une expropriation ou de la perception d'indemnités d'assurance, la condition d'exercice de l'activité pendant au moins cinq ans n'est pas requise.

Les terrains expropriés qui ne remplissent pas les conditions mentionnées aux *a* et *b* du 1° du II de l'article L. 13-15 du code de l'expropriation pour cause d'utilité publique ne sont pas considérés comme des biens entrant dans le champ d'application du I du A de l'article 1594-0 G du présent code.

VI. — Les plus-values mentionnées aux II et III s'entendent des plus-values nettes déterminées après compensation avec les moins-values de même nature.

VII. — Les articles 150 U à 150 VH sont applicables aux plus-values réalisées lors de la cession de locaux d'habitation meublés ou destinés à être loués meublés et faisant l'objet d'une location directe ou indirecte lorsque cette activité n'est pas exercée à titre professionnel.

VIII. – Les dispositions du présent article ne s'appliquent pas aux transferts de biens ou de droits dans un patrimoine fiduciaire effectués dans le cadre d'une opération de fiducie définie à l'article 2011 du code civil.

BIBL. ▶ BURGUBURU, *RJF 2007, p. 1103* (taxation de la location immobilière : le trousseau de clefs.). – DEBOISSY, *RTD com. 2002. 183.* (exonération des plus-values réalisées par les petits contribuables). – DUVAUX, *Dr. fisc. 2006, p. 1382* (les logements en meublés professionnels et l'achat en VEFA). – IWANESKO, *Dr. et patr. 2003, n° 121, p. 26* (actifs professionnels : le piège fiscal des donations en nue-propriété).

1. Régime d'exonération des plus-values (L. n° 2005-1720 du 30 déc. 2005, art. 37). Conditions d'exonération. Exercice de l'activité à titre professionnel. Durée d'exercice de l'activité. Calcul et montant des recettes annuelles. Cas d'une activité exercée à titre individuel et en société. * BOI-BIC-PVMV-40-10-10 du 4 févr. 2013.

2. Limites de recettes. Pour l'application du régime d'exonération des plus-values en fonction des recettes, la part des recettes réalisées par une société de personnes qui revient aux associés est calculée à proportion de leurs droits dans le bénéfice comptable, et non dans le bénéfice fiscal incluant les rémunérations versées. • CE 14 janv. 2018, n°s 407063 et 407065 : *RJF 2019. 150.* ♦ Pour l'appréciation du chiffre d'affaires limite : il convient : de faire masse des recettes tirées des activités de location de fonds de commerce de transport et de location de matériel pour l'exploitation d'une mine, dès lors que ces activités sont de même nature, font l'objet d'une gestion commune, d'une seule comptabilité, d'une même inscription au registre du commerce et de déclarations communes. • CAA Bordeaux, 28 déc. 1995, n° 94BX64 : *Dr. fisc. 1996. 1098.* ♦ ... De prendre en compte les recettes issues des activités normales et courantes de l'entreprise, et notamment les revenus des titres inscrits au bilan de l'entreprise. • CE 23 août 2006, n° 236094, *Gabaret : Dr. fisc. 2007. 782.* ♦ ... De prendre en compte toutes les recettes qui proviennent des activités imposables dans une même catégorie de revenus et afférentes à l'année de réalisation effective de la plus-value. • CE 5 déc. 2001, n° 211055, *Rousseau : RJF 2002. 284.* ♦ ... De prendre en compte les escomptes de règlement qui constituent des frais financiers et ne peuvent venir en diminution du chiffre d'affaires à prendre en compte. • TA Nantes, 2 févr. 2002, n° 97-4202 : *RJF 2002. 901* • CAA Nantes, 22 déc. 2004, n° 02NT493 : *RJF 2005. 666.* ♦ ... De prendre en compte, pour un neuvième, le pas-de-porte perçu par le bailleur qui n'indemnise pas la dépréciation de l'immeuble loué mais est destiné à compenser la modicité du loyer annuel, et dont le montant est étalé sur neuf ans. • CE 30 juin 2008, n° 287956 : *RJF 2008. 1044 ; concl. Glaser au BDCF 10/08, n° 117.* ♦ En revanche, il est fait abstraction des recettes exceptionnelles provenant de la vente de stocks réalisées dans le cadre d'une cession de fonds de commerce, même si cette cession de fonds n'a finalement pas été réalisée. • CE 20 oct. 2000, n° 181229, *Guitton : RJF 2001. 6 ; Dr. fisc. 2002. 63, concl. Mignon.*

3. Il résulte de l'art. 151 *septies*, dans sa rédaction issue de l'art. 37 de la L. n° 2005-1720 du 30 déc. 2005, éclairé par les travaux préparatoires, que le législateur, en conditionnant l'exonération des plus-values de cession à l'exercice à titre professionnel des activités concernées, a entendu la restreindre au seul bénéfice des activités poursuivies par le contribuable lui-même, ce qui exclut les activités mises par lui en location-gérance. • CAA Nantes, 11 juill. 2013, n° 12NT02317 : *RJF 2014. 123.*

4. Période de référence. La période de référence à retenir pour l'appréciation de la condition de recettes en présence d'un contribuable clôturant son exercice en cours d'année civile ayant donné lieu à des difficultés d'interprétation, l'art. 21 de la loi de finances rectificative pour 2011 (L. n° 2011-1978 du 28 déc 2011) a précisé que les recettes à retenir s'entendent de la moyenne des recettes réalisées au titre des exercices clos au cours des deux années civiles qui précèdent la date de clôture (et non d'ouverture) de l'exercice de réalisation de la plus-value nette. * BOI-BIC-PVMV-40-10-20 n° 430 du 4 juill. 2018.

5. Lorsqu'une entreprise cède son exploitation en cours d'année, la limite d'exonération de la plus-value de cession doit être évaluée selon les modalités prévues à l'art. 202 *bis* qui imposent de ramener les recettes de la période écoulée entre le 1er janv. et la date de la cession à celles d'une année entière en les multipliant par le rapport entre le nombre de jours de ladite période et 365 et non pas par le rapport entre le nombre, éventuellement décimal, de mois correspondant à cette période et 12. • CE 19 févr. 2003, n° 224268 : *RJF 2003. 539 ; Dr. fisc. 2003. 398.*

6. Plus-value de cession de parts de SCM : exonération en fonction des recettes. Les professionnels, libéraux notamment, peuvent exercer leur activité en regroupant des moyens matériels ou humains au sein de SCM ou de GIE permettant de réduire les charges d'exploitation. Même si l'associé ou le membre n'exerce pas, à proprement parler, son activité dans la structure de moyens, la plus-value de cession des droits ou parts détenus dans cette structure peut bénéficier du régime d'exonération prévu à l'art. 151 *septies* si ces droits ou parts constituent un élément de l'actif professionnel du cédant. * BOI-BIC-PVMV-40-10-10-10, n° 295 du 9 janv. 2013.

7. Limites de recettes pour les membres de SCA. Doctrine administrative. * BOI-BA-BASE-20-20-30-30 n° 10 du 7 sept. 2016. ♦ Pour un associé exerçant son activité professionnelle au sein d'une SCA réalisant une plus-value, et ayant par ailleurs la qualité d'associé dans une seconde SCA, le montant des recettes à retenir doit comprendre : la quote-part de recettes de la SCA, déterminée dans les conditions prévues à l'art. 70 et les recettes réalisées par les sociétés non soumises à l'IS, dont le contribuable est par ailleurs associé ou membre, à proportion de ses droits dans les bénéfices de ces sociétés, et ce, qu'il exerce ou non une activité professionnelle dans ces sociétés. * Rescrit 24 mars 2009, n° 2009/19 FP * BOI-BA-BASE-20-20-30-30 n° 90 du 7 sept. 2016.

8. Durée d'exercice de l'activité. Lorsque le contribuable a exercé successivement au sein d'une société de personnes, puis à titre individuel, il est tenu compte de l'ensemble des durées d'exploitation à condition que l'activité soit identique et qu'elle ait été exercée à titre professionnel dans la société, conformément à l'art. 151 *nonies*-I. ♦ En revanche, en cas de cession de parts de sociétés de personnes, la période d'activité exercée à titre individuel ne peut être ajoutée à la durée d'activité au sein de la société que si l'activité en cause a été apportée à la société de personnes dans les conditions posées par le régime de report d'imposition prévu à l'art. 151 *nonies*. * BOI-BIC-PVMV-40-10-10-20 n° 60 du 4 juill. 2018. ♦ Les époux mariés sous le régime de la communauté de biens sont présumés exploiter une seule et même entreprise. En revanche, s'il ressort de l'examen des conditions réelles d'exploitation qu'en dépit du régime matrimonial chacun d'eux exploite une entreprise distincte, les conditions prévues par l'art. 151 *septies* s'apprécient de manière séparée. * BOI-BIC-PVMV-40-10-10-20 n° 90 du 4 juill. 2018.

9. Pour apprécier la durée d'exercice de l'activité, il n'y a pas lieu de distinguer entre l'exercice en tant qu'entrepreneur individuel et en tant qu'associé de société de personnes. • CE 17 mai 1995, n° 136878 : *Dr. fisc. 1995. 1964 ; RJF 1995. 879, chron. Goulard.*

10. Dans le cas où le contribuable a poursuivi son activité d'abord à titre d'exploitant individuel puis en tant qu'associé d'une société de personnes exerçant la même activité, il convient de tenir compte de l'ensemble de cette période pour apprécier si la condition tenant à une durée minimale d'activité de cinq ans est satisfaite. • CE 13 janv. 2010, n° 301985 : *RJF 2010. 350 ; Dr. fisc. 2010. 259.* ♦ L'héritier nu-propriétaire indivis d'un fonds de commerce qui n'a pas la qualité d'exploitant, en l'absence de société de fait constituée avec l'usufruitier, ne remplit pas la condition d'exercice d'activité pendant une durée de cinq ans exigée par l'art. 151 *septies* pour l'exonération de la plus-value réalisée à l'occasion de la cession d'un bien affecté à l'exploitation du fonds. • CE 28 avr. 2006, n° 278857 : *RJF 2006. 887 ; concl. Séners au BDCF 7/06, n° 91.* ♦ La propriétaire d'un fonds de commerce de café-restaurant qui l'exploite d'abord à titre individuel puis le donne en location-gérance à une société avant de devenir plusieurs années après gérante de la société locataire jusqu'à sa cession ne peut bénéficier de l'exonération des plus-values constatées à l'occasion de la vente du fonds alors même que, en sa qualité de gérante, elle a assuré la gestion opérationnelle de la société et qu'elle a été responsable de la cuisine de l'établissement pendant onze ans. • CAA Paris, 9 nov. 2011, *Martin*, n° 18PA05595 : *RJF 2012. 444.*

11. Le début d'activité à retenir pour le décompte du délai de cinq ans auquel est subordonnée l'exonération des plus-values s'entend, pour une EURL exerçant une activité de loueur en meublé professionnel, de la date de signature de son premier bail. • CAA Versailles, 7 mars 2006, n° 04VE2481 : *RJF 2006. 984* • CE 5 oct. 2007, n° 293475 : *RJF 2007. 1378 ; Dr. fisc. 2007. 934.* ♦ Le début de l'activité de loueur en meublé professionnel se situe à la date à laquelle l'intéressé a pu réellement effectuer les premières opérations d'exploitation et donc offrir concrètement son bien immobilier à la location, et non pas à la date de signature du contrat de bail intervenue un an plus tôt. • CAA Lyon, 29 août 2013, n° 12LY03152 : *RJF 2014. 3.* ♦ Pour l'appréciation de la condition minimale de durée d'exercice de l'activité d'un avocat, il ne peut être tenu compte de sa période de stage que si l'avocat n'est pas salarié. • CE 23 juin 2016, n° 388969 : *RJF 2016. 799.*

12. Lorsque, à la date de la cession, le contribuable avait cessé son activité antérieure et mis en location ses immobilisations, le délai de cinq ans doit être décompté depuis le début de l'activité nouvelle de loueur. • CAA Nantes, 15 oct. 1996, n° 94NT222 : *Dr. fisc. 1996. 1505 ; RJF 1997. 199.*

13. Lorsqu'un exploitant a alterné les périodes d'exploitation directe et de mise en location gérance, le délai de cinq ans est apprécié d'après la durée de la dernière période de location sans que puisse être prise en compte la durée des locations précédemment consenties. • CAA Bordeaux, 2 avr. 1996, n° 95BX293 : *RJF 1996. 863.*

14. Un contribuable qui a exercé la même activité successivement dans deux magasins peut bénéficier de l'exonération pour la cession du second fonds si la durée cumulée d'exploitation des deux fonds a excédé cinq ans. • TA Rennes, 6 nov. 1997, n° 92-461 : *RJF 1998. 8.* – Rappr. • TA Nantes, 12 mars 2002, n° 98-1919, *Guilbaud : Dr. fisc. 2002. 865.*

15. L'inventeur d'un procédé de démolition qu'il a fait breveter n'établit pas avoir participé de manière personnelle, directe et continue à l'exploitation de ce procédé au cours de la période antérieure à la concession de l'exploitation du brevet à son entreprise de démolition. • CE 16 nov. 2016, n° 387893 : *RJF 2017. 300.*

16. En cas de cession des biens détenus par un GAEC issu de la fusion d'autres GAEC, la condition d'exercice de l'activité pendant au moins cinq ans est appréciée en cumulant les périodes d'activité de ces groupements. * BOI-BA-BASE-20-20-30-30 n° 70 du 7 sept. 2016.

17. Plus-value de réévaluation. La plus-value constatée lors de la réévaluation libre d'un fonds de commerce ne peut pas bénéficier de l'exonération. • CAA Nancy, 30 déc. 2000, n° 96NA2700 : *RJF 2001. 1355.*

18. Plus-value réalisée par le nu-propriétaire d'un fonds. Lorsque le nu-propriétaire d'un fonds de commerce, dont l'exploitation est assurée par les usufruitiers, cède ses droits, la plus-value réalisée n'est pas exonérée dès lors qu'il n'est pas exploitant. • CAA Bordeaux, 19 déc. 2000, n° 97BX2211 : *Dr. fisc. 2001. 850 ; RJF 2001. 445.*

19. Exploitant agricole. Un exploitant agricole qui est passé d'une activité de faire-valoir direct à une activité de location de terres doit être regardé comme ayant cessé son activité agricole. • CE 3 mai 2004, n° 241370 : *RJF 2004. 716 ; Dr. fisc. 2004. 743, concl. Mitjavile.*

20. Un exploitant agricole qui cède une partie de son exploitation à son fils et apporte l'autre partie à un GAEC ne procède pas à une cession totale de son entreprise au sens de l'art. 202 *bis*. Dès lors, cet article ne peut fonder la perte du droit à l'exonération des plus-values mentionnées à l'art. 151 *septies* au motif que la moyenne des recettes au titre de l'année de réalisation de la plus-value et de l'année précédente est supérieure au double de la limite du forfait. En cas de cession partielle d'éléments de l'exploitation agricole, la plus-value résultant de cette cession demeure susceptible d'entrer dans le champ d'application de l'art. 151 *septies*. • CE 4 févr. 2005, n° 256846 : *Dr. fisc. 2005. 387, concl. Verclytte ; RJF 2005. 326 ; concl. Verclytte au BDCF 4/05, n° 45 ; Dr. sociétés 2005, n° 5, p. 36.* ♦ Sol. ant. à L. 30 déc. 2000.

21. Biens concernés. L'exonération ne peut bénéficier qu'aux biens faisant partie de l'actif immobilisé. • CAA Nancy, 27 juin 1996, n° 94NA982 : *Dr. fisc. 1997. 792* • CE 13 oct. 1999, n° 186135 : *Dr. fisc. 2000. 183* (terrains acquis en vue de la revente et constituant un stock). ♦ L'indemnité perçue par un GAEC exerçant son activité dans le périmètre de protection du bassin hydrominéral de Vittel ne peut bénéficier du régime d'exonération. En effet, cette indemnité constitue la contrepartie d'un changement de lieu d'exploitation impliquant une cessation avec un engagement d'y respecter jusqu'à cette cessation certaines conditions d'exploitation fixées par un cahier des charges. Elle ne compense donc pas la perte d'éléments d'actifs mais celle des revenus de l'exploitation. • CE (na) 26 juin 2008, n° 305484 : *RJF 2008. 1076.*

EXONÉRATION DANS LE CADRE D'UN DÉPART À LA RETRAITE

Art. 151 *septies* A I. — Les plus-values soumises au régime des articles 39 *duodecies* à 39 *quindecies*, autres que celles mentionnées au III, réalisées dans le cadre d'une activité commerciale, industrielle, artisanale, libérale ou agricole, sont exonérées lorsque les conditions suivantes sont réunies :

1° L'activité doit avoir été exercée pendant au moins cinq ans ;

2° La cession est réalisée à titre onéreux et porte sur une entreprise individuelle ou sur l'intégralité des droits ou parts détenus par un contribuable qui exerce son activité professionnelle dans le cadre d'une société ou d'un groupement dont les bénéfices sont, en application des articles 8 et 8 *ter*, soumis en son nom à l'impôt sur le revenu et qui sont considérés comme des éléments d'actif affectés à l'exercice de la profession au sens du I de l'article 151 *nonies* ;

3° Le cédant cesse toute fonction dans l'entreprise individuelle cédée ou dans la société ou le groupement dont les droits ou parts sont cédés et fait valoir ses droits à la retraite dans les deux années suivant ou précédant la cession ; — *Par dérogation, lorsque le cédant fait valoir ses droits à la retraite entre le 1er janv. 2019 et le 31 déc. 2021 et que ce départ en retraite précède la cession, le délai prévu par ces dispositions est porté à trois ans (L. n° 2021-1900 du 30 déc. 2021, art. 19-III).*

4° Le cédant ne doit pas détenir, directement ou indirectement, plus de 50 % des *droits de vote ou des droits* dans les bénéfices sociaux de l'entreprise cessionnaire ;

5° L'entreprise individuelle cédée ou la société ou le groupement dont les droits ou parts sont cédés emploie moins de deux cent cinquante salariés et soit a réalisé un chiffre d'affaires annuel inférieur à 50 millions d'euros au cours de l'exercice, soit a un total de bilan inférieur à 43 millions d'euros ;

6° Le capital ou les droits de vote de la société ou du groupement dont les droits ou parts sont cédés ne sont pas détenus à hauteur de 25 % ou plus par une entreprise ou par plusieurs entreprises ne répondant pas aux conditions du 5°, de manière continue au cours de l'exercice. Pour la détermination de ce pourcentage, les participations de sociétés de capital-risque, des fonds communs de placement à risques, des fonds professionnels spécialisés relevant de l'article L. 214-37 du code monétaire et financier dans sa rédaction antérieure à l'ordonnance n° 2013-676 du 25 juillet 2013 modifiant le cadre juridique de la gestion d'actifs, des fonds professionnels de capital investissement, des sociétés de libre partenariat, des sociétés de développement régional, des sociétés financières d'innovation et des sociétés unipersonnelles d'investissement à risque ne sont pas prises en compte à la condition qu'il n'existe pas de lien de dépendance au sens du 12 de l'article 39 entre la société ou le groupement en cause et ces dernières sociétés ou ces fonds. Cette condition s'apprécie de manière continue au cours de l'exercice.

I *bis*. — L'exonération prévue au I s'applique dans les mêmes conditions aux plus-values en report d'imposition sur le fondement du I *ter* de l'article 93 *quater*, du *a* du I de l'article 151 *octies*, des I et II de l'article 151 *octies* A et du I de l'article 151 *octies* B.

I *ter*. — Sont également éligibles au présent dispositif, dans les conditions du I et pour la seule plus-value imposable au nom de l'associé, les cessions d'activité réalisées par les sociétés visées au 2° du I à condition qu'il soit procédé à la dissolution de la société de manière concomitante à la cession et que ledit associé fasse valoir ses droits à la retraite dans les deux années suivant ou précédant la cession. — *Les cessions mentionnées au présent I ter peuvent intervenir dans les trois années suivant la date à laquelle l'associé fait valoir ses droits à la retraite lorsque cette date est comprise entre le 1er janv. 2019 et le 31 déc. 2021 (L. n° 2021-1900 du 30 déc. 2021, art. 19-III).*

II. — L'exonération prévue au I est remise en cause si le cédant relève de la situation mentionnée au 4° du I à un moment quelconque au cours des trois années qui suivent la réalisation de l'opération ayant bénéficié du régime prévu au présent article.

Lorsque l'une des conditions prévues aux 2° ou 3° du I n'est pas remplie au terme du délai prévu à ce même 3°, l'exonération prévue au I est remise en cause au titre de l'année au cours de laquelle intervient le terme de ce délai. — *Pour l'application du présent al., en cas de non-respect du délai de trois ans prévu, par dérogation, au 3° du I du présent art., l'exonération est remise en cause au titre de l'année au cours de laquelle intervient le terme de ce délai (L. n° 2021-1900 du 30 déc. 2021, art. 19-III).*

III. — Sont imposées dans les conditions de droit commun les plus-values portant sur :

1° Des biens immobiliers bâtis ou non bâtis ou des droits ou parts de sociétés dont l'actif est principalement constitué de biens immobiliers bâtis ou non bâtis ou de droits ou parts de sociétés dont l'actif est principalement constitué des mêmes biens, droits ou parts ;

2° Des droits ou parts mentionnés au 2° du I lorsque l'actif de la société ou du groupement est principalement constitué de biens immobiliers bâtis ou non bâtis non affectés par la société ou le groupement à sa propre exploitation ou de droits ou parts de sociétés dont l'actif est principalement constitué des mêmes biens, droits ou parts.

IV. — Par dérogation au 2° du I, la cession à titre onéreux d'une activité qui fait l'objet d'un contrat de location-gérance ou d'un contrat comparable peut bénéficier du régime mentionné au I si les conditions suivantes sont simultanément satisfaites :

1° L'activité est exercée depuis au moins cinq ans au moment de la mise en location ;

2° La cession est réalisée au profit du locataire *(L. n° 2021-1900 du 30 déc. 2021, art. 19-I-1°)* « ou, dans le respect du contrat, de toute autre personne, sous réserve que cette cession porte sur l'intégralité des éléments concourant à l'exploitation de l'activité qui a fait l'objet du contrat de location-gérance ou d'un contrat comparable ». — *La possibilité de céder un fonds donné en location-gérance à un tiers s'applique au titre de l'année 2021 et des années suivantes pour les entreprises relevant de l'impôt sur le revenu et au titre des exercices clos à compter du 31 déc. 2021 pour les entreprises relevant de l'impôt sur les sociétés.*

IV *bis*. — En cas de cession à titre onéreux de parts ou d'actions de sociétés passibles de l'impôt sur les sociétés ou d'un impôt équivalent ou soumises sur option à cet impôt, rendant imposable une plus-value en report d'imposition sur le fondement du I *ter* de l'article 93 *quater*, du *a* du I de l'article 151 *octies*, des I et II de l'article 151 *octies* A, du I de l'article 151 *octies* B ou du III de l'article 151 *nonies*, cette plus-value en report est exonérée, lorsque les conditions suivantes sont réunies :

1° Le cédant :

a) Doit avoir exercé, de manière continue pendant les cinq années précédant la cession, l'une des fonctions énumérées au 1° *(L. n° 2017-1837 du 30 déc. 2017, art. 31)* « du 1 du III de l'article 975 *[ancienne rédaction : de l'article 885 O bis]* » et dans les conditions prévues au même 1° dans la société dont les titres sont cédés ;

b) Cesse toute fonction dans la société dont les titres sont cédés et fait valoir ses droits à la retraite dans les deux années suivant ou précédant la cession ; *— Par dérogation, lorsque le cédant fait valoir ses droits à la retraite entre le 1er janv. 2019 et le 31 déc. 2021 et que ce départ en retraite précède la cession, le délai prévu par ces dispositions est porté à 3 ans. En cas de non-respect de ce délai de trois ans, l'exonération est remise en cause au titre de l'année au cours de laquelle intervient le terme de ce délai (L. n° 2021-1900 du 30 déc. 2021, art. 19-III).*

c) Remplit la condition prévue au 4° du I ;

2° La cession porte sur l'intégralité des titres de la société ;

3° La société dont les titres sont cédés :

a) Répond aux conditions prévues aux 5° et 6° du I ;

b) A son siège social dans un État membre de l'Union européenne ou dans un autre État partie à l'accord sur l'Espace économique européen ayant conclu avec la France une convention d'assistance administrative en vue de lutter contre la fraude et l'évasion fiscales ;

c) Doit avoir exercé, de manière continue pendant les cinq années précédant la cession, une activité commerciale, industrielle, artisanale, libérale ou agricole, à l'exception de la gestion de son propre patrimoine mobilier ou immobilier.

L'exonération mentionnée au premier alinéa du présent IV *bis* est remise en cause si le cédant relève de la situation mentionnée au 4° du I à un moment quelconque au cours des trois années qui suivent la réalisation de la cession de l'intégralité des titres.

Lorsque l'une des conditions prévues au *b* du 1° ou au 2° n'est pas remplie au terme du délai prévu à ce même *b*, l'exonération prévue au présent IV *bis* est remise en cause au titre de l'année au cours de laquelle intervient le terme de ce délai.

V. — 1. L'indemnité compensatrice versée à un agent général d'assurances exerçant à titre individuel par la compagnie d'assurances qu'il représente à l'occasion de la cessation du mandat bénéficie du régime mentionné au I si les conditions suivantes sont réunies :

a) Le contrat dont la cessation est indemnisée doit avoir été conclu depuis au moins cinq ans au moment de la cessation ;

b) L'agent général d'assurances fait valoir ses droits à la retraite à la suite de la cessation du contrat ;

c) L'activité est intégralement poursuivie *(Abrogé par Cons. const. n° 2017-663 du 19 oct. 2017)* ***« par un nouvel agent général d'assurances exerçant à titre individuel et »*** dans le délai d'un an.

2. Lorsque le régime de faveur prévu au 1 s'applique, l'agent général d'assurances qui cesse son activité est assujetti, sur le montant de l'indemnité compensatrice, à une taxe exceptionnelle établie selon le tarif prévu à l'article 719. Cette taxe est établie, contrôlée et recouvrée comme l'impôt sur le revenu et sous les mêmes garanties et sanctions. Un décret détermine les modalités d'application du présent 2 et les obligations déclaratives incombant aux redevables et aux compagnies d'assurances. *— V. Ann. III, art. 41-00 A bis.*

VI. — L'option pour le bénéfice du régime défini au présent article est exclusive de celui des régimes prévus au I *ter* de l'article 93 *quater* et aux articles 151 *octies* et 151 *octies* A.

Les dispositions du présent art. telles que modifiées par le B du I de l'art. 31 de la L. n° 2017-1837 du 30 déc. 2017 s'appliquent au titre de l'impôt sur la fortune immobilière dû à compter du 1er janv. 2018. Toutefois, les dispositions modifiées ou abrogées par le même B du I continuent de s'appliquer, dans leur rédaction en vigueur au 31 déc. 2017, à l'impôt de solidarité sur la fortune dû jusqu'au titre de l'année 2017 incluse (L. préc., art. 31-IX-B).

1. Cession de PME dans le cadre d'un départ en retraite. Commentaire administratif. Activités concernées. Nature de la cession et des éléments cédés. Cessation des fonctions et départ à la retraite du cédant. Absence de liens entre le cédant et le cessionnaire. Portée de l'exonération. Extension de l'exonération d'IR aux plus-values constatées lors de cessions d'activité par des sociétés ou groupements soumis au régime des sociétés de personnes. Délai pour faire valoir ses droits à la retraite et cesser toute fonction. Option à exercer. * BOI-BIC-PVMV-40-20-20-10 du 18 nov. 2013 * BOI-BIC-PVMV-40-20-20-50 du 16 juin 2014.

2. Pour tenir compte de certaines circonstances exceptionnelles, l'Administration admet que la cession intervenant à la suite d'une invalidité correspondant au classement dans les 2e ou 3e catégories d'invalidités prévu à l'art. L. 341-4 CSS et ouvrant droit à la carte d'invalidité prévue à l'art. L. 241-3 CASF soit éligible à l'exonération même si le cédant n'a pas atteint, à la date de la cession, l'âge légal pour faire valoir ses droits à la retraite, dès lors que toutes les autres conditions prévues sont remplies. Cette solution est subordonnée à la cession de l'entreprise individuelle dans les douze ou vingt-quatre mois qui suivent l'attribution de la carte d'invalidité. * BOI-BIC-PVMV-40-20-20-30 n° 120 du 12 sept. 2012.

3. L'exonération ne s'applique pas : à la plus-value réalisée lors de la cession de son fonds par une société de personnes dissoute immédiatement après par l'ancien exploitant qui fait valoir ses droits à la retraite. * Rép. min. n° 89120 : *JOAN Q, 24 oct. 2007, p. 11061.* ♦ ... A une SCP d'avocats qui cède un ou plusieurs cabinets secondaires afin de permettre ensuite à ses fondateurs de céder l'intégralité de leurs parts sociales à un successeur à l'occasion de leur départ à la retraite. * Rép. min. n° 4719 : *JO Sénat Q, 4 sept. 2008, p. 1778.*

4. Saisi par un contribuable à propos de la différence de traitement entre deux coassociés d'une même entreprise, selon qu'ils partent ou non à la retraite, le Conseil d'État refuse de transmettre une QPC : l'exonération de la plus-value de cession des titres de l'entreprise est réservée aux seuls cédants partant à la retraite. • CE, QPC, 1er sept. 2020, n° 440612 QPC : *RJF 2020. 1030.*

5. Durée d'exercice de l'activité. Pour apprécier la condition de durée de l'exercice de l'activité, il ne peut être tenu compte ni de la période pendant laquelle l'activité a été exercée dans le cadre d'une société assujettie à l'IS, ni de la période d'exploitation à titre individuel d'un premier fonds d'officine de pharmacie distinct de celui qui a été cédé. • CE 19 juin 2015, n° 376137 : *RJF 2015.757 ; BDCF 2015.114, concl. Daumas.*

6. Agents généraux d'assurances : indemnité compensatrice versée lors du départ à la retraite. Exonération de l'indemnité compensatrice. Contribuables concernés. Date de réalisation de la plus-value. Conditions et portée de l'exonération. * BOI-BNC-CESS-40-10 du 1er mars 2017.

7. Est contraire à la Constitution la condition, requise par la loi, que l'activité soit poursuivie dans les mêmes locaux par un nouvel agent exerçant à titre individuel et dans le délai d'un an. • Cons. const., QPC, 14 oct. 2016, n° 2016-587 : *JO 16 oct. ; RJF 2017. 57.* ♦ L'Administration a tiré les conséquences de cette décision : la condition d'une poursuite intégrale ne requiert plus nécessairement que l'activité soit exercée dans les locaux de l'agent général sortant. Le nouvel agent général peut installer son bureau à une autre adresse se situant dans la circonscription géographique couverte par le mandat repris. * BOI-BNC-CESS-40-10 n° 315 du 1er mars 2017.

8. Est contraire à la Constitution la condition, requise par la loi, qui subordonne l'exonération de l'indemnité versée à un agent général d'assurances lors de la cessation de son mandat à la poursuite de l'activité par un nouvel agent exerçant à titre individuel. • Cons. const. 19 oct. 2017, n° 2017-663 QPC : *RJF 2018. 75.*

9. Prélèvements sociaux. Les plus-values exonérées d'IR sur le fondement de l'art. 151 *septies* A sont expressément soumises à la CSG. Il en va de même lorsque ces plus-values avaient été placées en report en application de l'art. 151 *octies.* • CE 12 oct. 2018, n° 401292 : *RJF 2019. 103, concl. Nicolazo de Barmon.*

ABATTEMENT POUR DURÉE DE DÉTENTION

Art. 151 *septies* B **I. – Les plus-values à long terme soumises au régime des articles 39 *duodecies* à 39 *quindecies* réalisées dans le cadre d'une activité commerciale, *industrielle, artisanale,* libérale ou agricole, sont imposées après application d'un abattement de 10 % pour chaque année de détention échue au titre de l'exercice de réalisation de la plus-value au-delà de la cinquième lorsque ces plus-values portent sur :**

1° Des biens immobiliers bâtis ou non bâtis qui sont affectés par l'entreprise à sa propre exploitation ;

2° Des droits ou parts de sociétés dont l'actif est principalement constitué de biens immobiliers bâtis ou non bâtis qui sont affectés par l'entreprise à sa propre exploitation ou de droits ou parts de sociétés dont l'actif est principalement constitué des mêmes biens, droits ou parts.

II. – Pour l'application des dispositions du I :

1° Les droits afférents à un contrat de crédit-bail conclu dans les conditions prévues au 2 de l'article L. 313-7 du code monétaire et financier sont assimilés à des éléments de l'actif ;

2° Les biens mentionnés au I du A de l'article 1594-0 G ne sont pas considérés comme affectés à l'exploitation de l'activité.

III. — Les dispositions du présent article s'appliquent aux plus-values réalisées à compter du 1er janvier 2006.

1. Abattement pour durée de détention sur les plus-values à long terme réalisées sur les biens immobiliers affectés à l'exploitation. Entreprises, activités et actifs immobiliers concernés. Décompte du délai de détention. Cumul avec d'autres régimes d'exonération ou de report d'imposition. * BOI-BIC-PVMV-20-40-30 du 12 sept. 2012.

2. Fonds de commerce donné en location-gérance. La période durant laquelle l'activité est poursuivie dans le cadre d'un contrat de location-gérance est prise en compte pour l'appréciation de la durée de détention dès lors que l'immeuble demeure affecté à l'exploitation du fonds de commerce. • CAA Nancy, 15 mai 2014, n° 13NC00192 : *RJF 2014. 762.*

3. Bien destiné à être démoli. Ne constituent pas des biens immobiliers affectés à l'exploitation du vendeur des biens pour lesquels l'acte de vente indique expressément qu'ils sont destinés à être démolis par l'acquéreur. L'abattement pour durée de détention n'est donc pas applicable. • CE 4 mai 2016, n° 386773 : *RJF 2016. 599.*

Art. 151 *septies* C *Dispositions périmées (Décr. n° 2013-463 du 3 juin 2013).*

[1-0 QUINQUIES] MAINTIEN DES REPORTS D'IMPOSITION DONT BÉNÉFICIENT CERTAINES PLUS-VALUES PROFESSIONNELLES

Art. 151-0 *octies* Les reports d'imposition mentionnés aux articles 151 *octies* à 151 *nonies* sont maintenus en cas de report ou de sursis d'imposition des plus-values constatées à l'occasion d'événements censés y mettre fin, jusqu'à ce que ces dernières deviennent imposables, qu'elles soient imposées ou exonérées, ou que surviennent d'autres événements y mettant fin à l'occasion desquels les plus-values constatées ne bénéficient pas d'un report ou d'un sursis d'imposition.

1 QUINQUIES PLUS-VALUES RÉALISÉES À L'OCCASION D'APPORTS EN SOCIÉTÉS OU DE RESTRUCTURATION DE SOCIÉTÉS CIVILES PROFESSIONNELLES

Art. 151 *octies* I. — Les plus-values soumises au régime des articles 39 *duodecies* à 39 *quindecies* et réalisées par une personne physique à l'occasion de l'apport à une société soumise à un régime réel d'imposition d'une entreprise individuelle ou d'une branche complète d'activité peuvent bénéficier des dispositions suivantes :

a) L'imposition des plus-values afférentes aux immobilisations non amortissables fait l'objet d'un report jusqu'à la date de la cession, du rachat ou de l'annulation des droits sociaux reçus en rémunération de l'apport de l'entreprise ou jusqu'à la cession de ces immobilisations par la société si elle est antérieure. Toutefois, en cas de transmission à titre gratuit à une personne physique des droits sociaux rémunérant l'apport ou de la nue-propriété de ces droits, le report d'imposition est maintenu si le bénéficiaire de la transmission prend l'engagement d'acquitter l'impôt sur la plus-value à la date où l'un des événements prévus à la phrase précédente se réalise.

Lorsque l'apport a été consenti à une société civile professionnelle *(L. n° 2021-1900 du 30 déc. 2021, art. 10-I-6°)* « ou à une société civile agricole », le report d'imposition prévu au premier alinéa du présent *a* est maintenu, en cas d'opérations soumises aux dispositions du I de l'article 151 *octies* A ou de transformation de la société civile professionnelle en société d'exercice libéral. Il est mis fin à ce report lorsqu'intervient l'un des événements mentionnés à ce même I.

Le report d'imposition prévu au premier alinéa est maintenu en cas d'échange des droits sociaux mentionnés au même alinéa résultant d'une fusion ou d'une scission jusqu'à la date de cession, de rachat ou d'annulation des droits reçus lors de l'échange ;

b) L'imposition des plus-values afférentes aux autres immobilisations est effectuée au nom de la société bénéficiaire de l'apport selon les modalités prévues au *d* du 3 de l'article 210 A pour les fusions de sociétés.

Par dérogation au *b*, l'apporteur peut opter pour l'imposition au taux prévu au 1 du I de l'article 39 *quindecies* de la plus-value à long terme globale afférente à ses immobilisations amortissables ; dans ce cas, le montant des réintégrations prévues au *b* est réduit à due concurrence.

Les profits afférents aux stocks ne sont pas imposés au nom de l'apporteur si la société bénéficiaire de l'apport inscrit ces stocks à l'actif de son bilan à la valeur comptable pour laquelle ils figurent au dernier bilan de l'entreprise apporteuse. — *V. Ann. III, art. 38 sexdecies GB.*

Sous les conditions fixées au *a* du 3 de l'article 210 A, les provisions afférentes aux éléments transférés ne sont rapportées au résultat imposable de l'entreprise apporteuse que si elles deviennent sans objet.

Les dispositions du 5 de l'article 210 A sont applicables aux apports visés au présent article.

Les dispositions du présent article sont applicables à l'apport à une société d'une entreprise individuelle ou d'une branche complète d'activité à l'exception des immeubles, si ceux-ci sont mis à disposition de la société bénéficiaire de l'apport dans le cadre d'un contrat d'une durée d'au moins neuf ans.

Lorsque les immeubles mentionnés au dixième alinéa cessent d'être mis à disposition de la société bénéficiaire de l'apport, les plus-values, non encore imposées, afférentes aux éléments non amortissables sont comprises dans les bases de l'impôt dû par les personnes physiques mentionnées aux premier à sixième alinéas, au titre de l'année au cours de laquelle cette mise à disposition a cessé ; les plus-values et les profits afférents aux autres éléments apportés qui n'ont pas encore été soumis à l'impôt ainsi que les provisions afférentes à l'ensemble des éléments apportés qui n'ont pas encore été reprises sont rapportés aux résultats de la société bénéficiaire de l'apport au titre de l'exercice au cours duquel la mise à disposition a cessé.

II. — Le régime défini au I s'applique :

a) Sur simple option exercée dans l'acte constatant la constitution de la société, lorsque l'apport de l'entreprise est effectué à une société en nom collectif, une société en commandite simple, une société à responsabilité limitée dans laquelle la gérance est majoritaire ou à une société civile exerçant une activité professionnelle ;

b) Périmé.

L'option est exercée dans l'acte d'apport conjointement par l'apporteur et la société ; elle entraîne l'obligation de respecter les règles prévues au présent article.

Si la société cesse de remplir les conditions permettant de bénéficier sur simple option du régime prévu au I, le report d'imposition des plus-values d'apport peut, sur agrément préalable, être maintenu. A défaut, ces plus-values deviennent immédiatement taxables.

L'apporteur doit joindre à la déclaration prévue à l'article 170 au titre de l'année en cours à la date de l'apport et des années suivantes un état conforme au modèle fourni par l'administration faisant apparaître les renseignements nécessaires au suivi des plus-values dont l'imposition est reportée conformément aux premier et troisième alinéas du *a* du I. Un décret précise le contenu de cet état. — *V. Ann. III, art. 41-0 A bis.*

III. — Les dispositions du II de l'article 93 *quater* et de l'article 151 *septies* ne s'appliquent pas aux plus-values constatées à l'occasion d'apports en sociétés visés aux I et II du présent article.

IV. — *Abrogé par L. n° 99-1173 du 30 déc. 1999, art. 19-I-3°.*

BIBL. ► ARNAUD-EMERY, *JCP N 2009. 1154* (le report d'imposition de l'art. 151 *octies* constitue-t-il une fatalité ?). – FOUQUET, *FR Lefebvre, 44/10, p. 21* (reports d'imposition et abus de droit : apport-cession et apport d'entreprise individuelle en société). – MÉNIVAL, *BFL 2011, p. 821* (notion de branche complète d'activité). – X., *BFL 2003, p. 276* (apport d'une entreprise individuelle en société : art. 151 *octies* du CGI mode d'emploi).

1. Société en participation. Une société en participation constituée entre médecins en vue de l'exercice en commun de leur activité et à laquelle des immobilisations amortissables ont été apportées peut être regardée comme une société civile exerçant une activité professionnelle pour l'application de l'art. 151 *octies.* L'apporteur a pu, dès lors, opter légalement pour le régime privilégié d'imposition des plus-values défini par cet article. • CAA Nantes, 27 oct. 1998, n°s 95NT1409 et 96NT2191 : *Dr. fisc. 1999. 193, concl. Aubert.*

2. Société de fait. Le législateur a entendu réserver le bénéfice de l'art. 151 *octies* aux plus-values réalisées à l'occasion de l'apport d'éléments d'actif immobilisé auparavant affectés à l'exercice d'une activité sous une forme individuelle. Dès lors le report d'imposition ne s'applique pas dans le cas de transformation d'une société de fait en société de droit. • CAA Nantes, 7 avr. 2004, n° 02NT419 : *RJF 2004. 853.* ♦ Dans le même sens • TA Toulouse, 29 avr. 2003, n° 98-342 : *Dr. fisc. 2004. 237, note Tarroux.*

3. Association d'avocats. L'apport réalisé par

chacun des membres d'une association d'avocats à une SCP peut bénéficier du régime de report d'imposition des plus-values prévu en cas d'apport en société d'une entreprise individuelle. • CE 2 juin 2010, n° 306292 : *RJF 2010. 773 ; Dr. fisc. 2010. 491, note Nonorgue.* ♦ Sur le régime des transformations de SCP en associations d'avocats à compter du 1er janv. 2009, V. art. 151 *octies* C.

4. Copropriété de navire. L'apport à une EURL par une personne physique de l'ensemble de ses parts de copropriété dans deux chalutiers, qui figuraient à l'actif du bilan de l'entreprise par laquelle elle exerçait à titre individuel l'activité professionnelle de quirataire de navire, ouvre droit au report d'imposition prévu à l'art. 151 *octies*. • TA Rennes, 27 juin 2002, n° 98-3478 : *RJF 2002. 1355.*

5. Nature des biens apportés. Apport en société d'une entreprise individuelle. Doit être regardé comme affecté à l'exercice d'une activité professionnelle un bien qui a fait l'objet, de la part de l'exploitant individuel, d'une inscription à l'actif du bilan, laquelle constitue un acte de gestion opposable à l'Administration. Ainsi un immeuble donné en location nue à des tiers et inscrit à l'actif du bilan de l'entreprise sur décision de gestion de l'exploitant doit être regardé comme affecté à l'exercice de l'activité professionnelle au sens de l'art. 151 *octies*. En conséquence la plus-value dégagée lors de l'apport de l'immeuble en société peut bénéficier du report d'imposition. Solution antérieure à 2006. • CE 22 nov. 2006, n° 285582, *Collange : RJF 2007. 122 ; concl. Olléon au BDCF 2/07, n° 14 ; Dr. fisc. 2007. 885, concl. Olléon, note Pierre.* ♦ Désormais l'Administration admet qu'un immeuble inscrit à l'actif d'une entreprise individuelle doit être regardé comme affecté à l'exercice de l'activité professionnelle, alors même qu'il est en partie donné en location, du seul fait de la décision de l'inscrire au bilan. * BOI-BIC-PVMV-40-20-30-10 n° 110 du 3 mars 2014.

6. Le report d'imposition est admis lorsque les dettes et les emprunts bancaires de l'entreprise individuelle ne sont pas compris dans l'apport. Les éléments de l'actif circulant peuvent également en être exclus à condition que le passif qui s'y rattache directement ne soit pas transmis. Les stocks peuvent en particulier être conservés par l'apporteur s'ils ne sont pas indispensables à la poursuite de l'activité par le repreneur. * Rescrit 9 nov. 2010, n° 2010/63 FE * BOI-BIC-PVMV-40-20-30-10 n° 240 du 3 mars 2014.

7. Mise en location-gérance du fonds apporté. La mise en location-gérance par une société d'un fonds de commerce reçu dans le cadre d'un apport réalisé dans les conditions prévues au présent article n'entraîne aucune conséquence sur le report d'imposition des plus-values d'apport ni sur le bénéfice de l'enregistrement de l'apport au droit fixe prévu à l'art. 809-I *bis*. * BOI-BIC-PVMV-40-20-30-10 n° 200 du 3 mars 2014.

8. Date de réalisation de la plus-value d'apport. La plus-value d'apport est réalisée à la date à laquelle l'apport présente un caractère définitif, expressément fixée par le traité d'apport à la date de son approbation par l'assemblée générale extraordinaire de la société bénéficiaire, et doit par suite être rattachée aux résultats de l'exercice de l'apporteur en cours à cette date. La circonstance que l'acte d'apport prévoie que des opérations antérieures à cette date sont réputées faites pour le compte de la société est sans incidence. • CAA Bordeaux, 23 déc. 2004, n° 01BX671 : *RJF 2005. 424.*

9. Conditions de l'apport. Le report d'imposition des plus-values prévu à l'art. 151 *octies* est subordonné à la condition que la personne physique apporte à la société l'ensemble des éléments de l'actif immobilisé affectés à l'exercice de son activité professionnelle. • CE 9 févr. 2005, n° 256567 : *RJF 2005. 425 ; concl. Collin au BDCF 5/05, n° 54.* ♦ Cette condition n'est pas remplie lorsque le contribuable, exerçant à titre individuel une activité libérale de conseil d'entreprise en dynamisation des cadres, apporte à une société la clientèle et le matériel servant à son exploitation et conserve tous les autres éléments de son actif professionnel. Il importe peu que, par le contrat prévoyant cet apport, il aurait également concédé à la société le droit d'exploiter pendant au moins dix ans la marque dont il a conservé la propriété et la faculté d'exploiter ses droits patrimoniaux sur les manuels de formation des cadres d'entreprise conçus par lui avant la date du contrat. • Même arrêt. ♦ Le maintien, lors de la transformation d'une entreprise individuelle en EURL, au bilan de l'entreprise individuelle, de véhicules dont l'affectation à usage professionnel résulte de cette inscription, constitue une décision de gestion de l'exploitant qui lui est opposable. Ainsi, la condition posée par l'art. 151 *octies* relative à la reprise de l'ensemble de l'actif immobilisé ne peut être regardée comme respectée et le contribuable ne peut bénéficier du report d'imposition des plus-values prévu à cet article. • CAA Nancy, 15 juill. 1999, n° 95NA1998 : *RJF 2000. 336 ; Dr. fisc. 2000. 573.*

10. Le bénéfice du report d'imposition est soumis à la condition que l'actif immobilisé net des éléments de passif éventuellement compris dans l'apport et directement attachés à ces immobilisations ait été rémunéré exclusivement sous forme d'actions ou de parts sociales de la société bénéficiaire de l'apport. • CE 16 avr. 2010, n° 309608 : *RJF 2010. 658 ; Dr. fisc. 2010. 426, note Fumenier.*

11. L'apport à une SCEA de biens maintenus par une contribuable à l'actif d'une exploitation agricole après le départ en retraite de son mari est générateur d'une plus-value imposable. • CE

10 janv. 2007, n° 267012 : *RJF 2007. 434 ; Dr. fisc. 2007. 957.*

12. Dans le cas d'apport en société d'une exploitation individuelle agricole sans les immeubles, la conclusion du bail plus de deux ans après l'apport exclut l'application du régime de faveur alors même que le contrat comporte une clause de rétroactivité prévoyant une date d'effet de la location au jour de l'apport. • CAA Bordeaux, 1er juin 2004, n° 02BX2462 : *RJF 2004. 1079.*

13. Exercice de l'option. Seule une option exercée dans l'acte d'apport lui-même permet de bénéficier du report d'imposition. • CAA Bordeaux, 13 mars 2001, n° 97BX900 : *RJF 2001. 1040* • CE 10 janv. 2007, n° 267012 : *RJF 2007. 434.* ♦ L'option pour le report d'imposition de la plus-value constatée par un contribuable à l'occasion de l'apport de son activité de conseil juridique et fiscal à une SA, doit être exercée conjointement par l'apporteur et la société dans l'acte d'apport. Si tel n'est pas le cas, la plus-value est immédiatement taxable, nonobstant la circonstance selon laquelle l'option résultait du procès-verbal de la délibération de l'assemblée générale extraordinaire de la société bénéficiaire des apports. • CE 18 mai 2009, n° 298039 : *RJF 2009. 719 ; Dr. fisc. 2009. 457, concl. Olléon.* ♦ *Contra* : exercice de l'option par voie de réclamation. • CAA Nantes, 8 juin 1999, n° 96NT2005 : *RJF 1999. 1137.*

14. Opposabilité de l'option. L'Administration est en droit d'opposer au contribuable les conséquences du régime fiscal pour lequel il a opté, sans que celui-ci puisse utilement se prévaloir ultérieurement de ce qu'il ne remplissait pas les conditions auxquelles le bénéfice de ce régime est subordonné, ce qui aurait permis sa remise en cause dès les premiers effets de l'option. Si un contribuable a opté en application de l'art. 151 *octies* pour le régime du report d'imposition de la plus-value qu'il a réalisée au cours de l'année N lors de l'apport du fonds de commerce de son entreprise individuelle à une société mais n'a pas satisfait à l'obligation déclarative prévue au II de cet article, l'Administration est fondée à remettre en cause ce régime dès l'année N. Mais la circonstance qu'elle n'a pas remis en cause ce régime pour ce motif ne fait pas obstacle à ce qu'elle procède à l'imposition de cette plus-value sur un autre fondement au titre de l'année N + 2, au cours de laquelle la cession des titres est intervenue, dès lors que cette cession est au nombre des événements entraînant l'expiration du report d'imposition. • CE 30 juill. 2010, n° 317425 : *RJF 2010. 996 ; Dr. fisc. 2010. 593, concl. Collin, note Pierre.*

15. Cession des droits sociaux reçus en rémunération de l'apport. La cession des titres reçus en rémunération de l'apport entraîne, d'une part, la fin du report de l'imposition des plus-values d'apport sur les éléments non amortissables et, d'autre part, la réalisation d'une plus-value ou moins-value sur les titres cédés, qui est soumise au régime des plus-values ou moins-values professionnelles si les conditions prévues à l'art. 151 *nonies* sont remplies. Si la cession des droits sociaux dégage une moins-value à long terme, celle-ci peut s'imputer sur la plus-value à long terme d'apport. Si la cession porte sur la totalité des titres détenus, l'excédent de la moins-value à long terme sur la plus-value à long terme d'apport, diminué en fonction du rapport entre le taux réduit des plus-values à long terme et le taux normal de l'IS, peut être imputé sur la quote-part de résultat qui revient à l'associé. En revanche, tel n'est pas le cas lorsque l'apport de l'entreprise individuelle a été effectué à une société soumise à l'IS. Dans cette situation, la plus-value d'apport dont l'imposition est reportée relève du régime des plus-values professionnelles alors que la plus ou moins-value de cession relève du régime des plus-values des particuliers. * BOI-BIC-PVMV-40-20-30-20 n° 90 du 2 août 2017.

16. Dissolution d'une SCP. La dissolution d'une SCP a à laquelle a été apportée une activité libérale constitue un événement qui met un terme au report d'imposition des plus-values d'apport prévu à l'art. 151 *octies*. Le maintien du report sur le fondement de l'art. 151-0 *octies* n'est pas applicable dès lors que la dissolution ne génère pas de plus-value placée en report ou en sursis. • CAA Douai, 6 juin 2017, n° 16DA00029 : *RJF 2017. 936.*

17. Réduction de capital assimilable à un rachat partiel des droits. Une réduction de capital prévoyant un remboursement en numéraire à l'associé est assimilable à un rachat partiel et met fin au report d'imposition de la plus-value d'apport de l'art. 151 *octies*. • CAA Paris, 26 avr. 2012, *Castel*, n° 10PA02293 : *RJF 2012. 897 ; Dr. fisc. 2012. 482.*

18. Transmission à titre gratuit des droits sociaux reçus en rémunération de l'apport. Le report d'imposition est maintenu pour toute transmission ultérieure à titre gratuit à une personne physique des droits sociaux ayant rémunéré l'apport dès lors que le bénéficiaire de celle-ci prend l'engagement prévu au *a* du I de l'art. 151 *octies*. * BOI-BIC-PVMV-40-20-30-20 n° 110 du 2 août 2017.

19. Rémunération des apports. La rémunération de tout ou partie des actifs par le versement de sommes d'argent ou par la prise en charge d'un passif personnel à l'apporteur ou encore par l'ouverture d'un compte courant au nom de l'apporteur dans les écritures de la société bénéficiaire exclut l'apport du régime de faveur. * Rép. min., n° 20447 : *JOAN Q, 20 févr. 1995, p. 964.* ♦ Dans le même sens : apport partiellement rémunéré par l'inscription d'une créance au profit de l'apporteur à un compte courant ouvert dans les écritures de la société bénéficiaire de l'apport. • TA Besançon, 15 juill. 1999, n° 97-126 : *Dr. fisc. 2000. 548.* ♦ ... Apports consentis, même partiellement, à titre onéreux : en l'espèce, inscription d'une créance au compte courant d'associé de l'apporteur. • CAA Bordeaux, 23 déc. 2004, n° 01BX671 : *RJF 2005. 424.*

20. Sauf le cas de l'apport d'une branche complète d'activité, le report d'imposition prévu à l'art. 151 *octies* ne s'applique qu'aux opérations d'apport portant sur l'ensemble des éléments de l'actif immobilisé affectés à l'exercice d'une activité professionnelle. L'opération d'apport doit donc être rémunérée par des titres de la société bénéficiaire des apports pour une valeur au moins égale à la valeur réelle de l'ensemble des éléments de l'actif immobilisé apportés, diminuée, le cas échéant, du passif directement affectable à ces immobilisations. Dans l'hypothèse où l'exploitant cède l'actif circulant à la société bénéficiaire des apports tout en lui apportant le passif correspondant, le report d'imposition ne peut s'appliquer dès lors que, ce passif venant en déduction de la valeur réelle des immobilisations apportées, l'apport ne peut être rémunéré pour la totalité de cette valeur par des titres de la société bénéficiaire des apports, de sorte que l'opération s'analyse, à hauteur du passif attaché à l'actif circulant cédé, en une mutation à titre onéreux.

Il en va de même en cas d'apport d'éléments de l'actif circulant grevés d'un passif dont le montant est supérieur à la valeur réelle de ces éléments. * BOI-BIC-PVMV-40-20-30-10 n° 220 du 3 mars 2014.

21. Taux d'imposition en fin de report. L'art. 151 *octies*, permettant à la personne physique qui apporte à une société des éléments d'actif immobilisé auparavant affectés à l'exercice d'une activité sous une forme individuelle d'obtenir le report de l'imposition de la plus-value réalisée à l'occasion de cet apport, n'a pas pour effet de différer le paiement d'une imposition qui aurait été établie au titre de l'année de réalisation de la plus-value, mais seulement de permettre, par dérogation à la règle suivant laquelle le fait générateur de l'imposition d'une plus-value est constitué au cours de l'année de sa réalisation, de la rattacher à l'année au cours de laquelle intervient l'événement qui met fin au report d'imposition. • CE 10 avr. 2002, 🏛 n° 226886 : *RJF 2002. 788 ; concl. Bachelier au BDCF 7/02, n° 25 ; Dr. sociétés 2002. 143, note Pierre.* ♦ En optant pour le report d'imposition de la plus-value, le contribuable accepte de la voir imposée selon les règles et taux applicables à cette année ultérieure. En conséquence, la plus-value dont le report d'imposition prend fin doit alors être imposée selon le taux d'imposition en vigueur pour l'imposition des revenus de ladite année. • CAA Paris, 29 juin 2000, n° 98PA4517 : *Dr. fisc. 2001. 343, concl. Mortelecq* • CE 10 avr. 2002, 🏛 n° 226886 : *préc.*

22. Reports d'imposition et abus de droit : apport d'entreprise individuelle en société. Le fait de placer la plus-value d'apport sous le bénéfice du régime de report d'imposition prévu à l'art. 151 *octies* est constitutif d'un abus de droit si l'opération d'apport a pour seule finalité de permettre à l'apporteur de disposer des liquidités correspondant à la valeur des biens transmis en évitant l'imposition des plus-values. • CE 8 oct. 2010, 🏛 n° 321361 : *RJF 2010. 1206 ; concl. Olléon au BDCF 12/10, n° 133.*

23. Obligations déclaratives. État de suivi et registre des plus-values. Sanctions applicables. * BOI-BIC-PVMV-40-20-30-30 du 12 sept. 2012.

Art. 151 *octies* A **I. — Les personnes physiques associées d'une société civile professionnelle peuvent bénéficier des dispositions prévues à l'article 151 *octies* pour les plus-values nettes d'apport, sur lesquelles elles sont personnellement imposables en application de l'article 8 *ter*, réalisées par cette société à l'occasion d'une fusion, d'un apport partiel d'actif portant sur une branche complète d'activité ou d'une scission, lorsque chacune des sociétés bénéficiaires de la scission reçoit une ou plusieurs branches complètes d'activité et que les titres rémunérant la scission sont répartis proportionnellement aux droits de chaque associé dans le capital de la société scindée.**

(L. n° 2021-1900 du 30 déc. 2021, art. 10-I-7°-a, applicable à l'impôt sur le revenu dû au titre de l'année 2021 et des années suivantes) **« Le premier alinéa du présent I s'applique également aux personnes physiques associées d'une société civile agricole à raison d'une opération de fusion, d'apport partiel d'actif portant sur une branche complète d'activité ou de scission mentionnée au même premier alinéa au profit d'une société civile agricole. Pour l'application du présent alinéa, sont considérées comme des sociétés civiles agricoles les sociétés civiles dont les bénéfices relèvent exclusivement de la catégorie des bénéfices agricoles, y compris les produits des activités accessoires imposés *dans cette catégorie* en application de l'article 75. »** — *Pour les conditions d'application du présent al., V. L. n° 2021-1900 du 30 déc. 2021, art. 10-II.*

Il est mis fin au report d'imposition de la plus-value nette afférente aux immobilisations non amortissables :

1° Pour sa totalité, en cas de perte totale de la propriété de ces immobilisations, des titres reçus en rémunération de la fusion, de la scission ou de l'apport partiel d'actif ou des titres de la société ayant réalisé un tel apport ;

2° A hauteur de la plus-value afférente à l'immobilisation cédée, en cas de perte partielle de la propriété des immobilisations non amortissables ; en cas de moins-value, celle-ci vient augmenter le montant de la plus-value nette encore en report ;
3° Dans la proportion des titres cédés, en cas de perte partielle de la propriété des titres reçus en rémunération de la fusion, de la scission ou de l'apport partiel d'actif ou des titres de la société ayant réalisé un tel apport ; dans ce cas, la fraction ainsi imposée est répartie sur chaque immobilisation non amortissable dans la proportion entre la valeur de cette immobilisation à la date de la fusion, de la scission ou de l'apport partiel d'actif et la valeur, déterminée à cette même date, de toutes les immobilisations non amortissables conservées.

II. — En cas d'option pour le dispositif prévu au I, l'imposition de la plus-value d'échange de titres constatée par l'associé de la société civile *(Abrogé par L. n° 2021-1900 du 30 déc. 2021, art. 10-I-7°-b)* *« professionnelle »* absorbée ou scindée est reportée jusqu'à la perte de la propriété des titres reçus en rémunération de la fusion ou de la scission.

En cas d'échange avec soulte, la plus-value réalisée est, à concurrence du montant de la soulte reçue, comprise dans le bénéfice de l'exercice au cours duquel intervient l'échange. Le montant imposable peut être soumis au régime des plus-values à long terme prévu à l'article 39 *duodecies*, dans la limite de la plus-value réalisée sur les titres détenus depuis deux ans au moins.

Ces dispositions ne sont pas applicables si la soulte dépasse 10 % de la valeur nominale des parts ou des actions attribuées ou si la soulte excède la plus-value réalisée. Elles sont exclusives de l'application du dispositif visé au V de l'article 93 *quater*.

III. — En cas de transmission à titre gratuit à une personne physique des titres reçus en rémunération de la fusion, de la scission ou des titres de la société ayant réalisé l'apport partiel d'actif, le report d'imposition mentionné aux I et II peut être maintenu si le bénéficiaire de la transmission prend l'engagement d'acquitter l'impôt sur les plus-values à la date où l'un des événements visés aux 1°, 2° et 3° du I et au II viendrait à se réaliser à nouveau.

III *bis*. — Le report d'imposition mentionné aux I et II est maintenu en cas d'échange des droits sociaux reçus en rémunération de la fusion, de la scission ou de l'apport partiel d'actif mentionnés au premier alinéa du I et résultant d'une fusion, d'une scission de la société ayant remis ces droits ou de celle ayant réalisé l'apport partiel d'actif jusqu'à la date de réalisation de l'un des événements mentionnés aux 1°, 2° et 3° du I et au II.

IV. — Les personnes physiques mentionnées au I sont soumises aux dispositions prévues au sixième alinéa du II de l'article 151 *octies*.

V. — L'article 151 *septies* ne s'applique pas en cas d'exercice de l'option prévue au I.

Report d'imposition des plus-values consécutives aux restructurations de SCP. Opérations concernées. Plus-values d'apport. Plus-values d'échange de titres. Exercice d'une activité libérale dans le cadre d'une société en participation ou d'une société de fait. Modalités d'imposition. Obligations déclaratives. * BOI-BNC-SECT-70-10-20-10 du 12 sept. 2012.

Art. 151 *octies* B I. — Les plus-values soumises au régime des articles 39 *duodecies* à 39 *quindecies* résultant de l'échange de droits et parts effectué à l'occasion de l'apport de tels droits ou parts à une société soumise à un régime réel d'imposition peuvent faire l'objet d'un report d'imposition dans les conditions prévues au II. Toutefois, en cas d'échange avec soulte, la plus-value réalisée est, à concurrence du montant de la soulte reçue, comprise dans le bénéfice de l'exercice au cours duquel intervient l'apport. Le montant imposable peut être soumis au régime des plus-values à long terme prévu à l'article 39 *duodecies*, dans la limite de la plus-value réalisée sur les droits ou parts détenus depuis deux ans au moins.

Ces dispositions ne sont pas applicables si la soulte excède 10 % de la valeur nominale des droits sociaux attribués ou si la soulte excède la plus-value réalisée.

II. — L'application du I est subordonnée aux conditions suivantes :

1° L'apporteur est une personne physique qui exerce une activité commerciale, industrielle, artisanale, libérale ou agricole à titre professionnel au sens du IV de l'article 155 ;

2° L'apport porte sur l'intégralité des droits ou parts nécessaires à l'exercice de l'activité, détenus par le contribuable et inscrits à l'actif de son bilan ou dans le tableau des immobilisations.

Pour l'application du premier alinéa, ne sont pas réputés nécessaires à l'exercice de l'activité les droits ou parts de sociétés dont l'actif est principalement constitué de biens immobiliers bâtis ou non bâtis qui ne sont pas affectés par l'entreprise à sa propre exploitation, de droits afférents à un contrat de crédit-bail portant sur de tels biens et conclu dans les conditions prévues au 2 de l'article L. 313-7 du code monétaire et financier, de droits ou parts de sociétés dont l'actif est principalement constitué des mêmes biens, droits ou parts ;

3° La société bénéficiaire reçoit, à l'occasion de l'apport mentionné au 2° ou d'autres apports concomitants, plus de 50 % des droits de vote ou du capital de la société dont les droits et parts sont apportés ;

4° Les droits et parts reçus en rémunération de l'apport sont nécessaires à l'exercice de l'activité de l'apporteur.

III. — Le report d'imposition prend fin lorsque :

1° L'apporteur cesse d'exercer une activité commerciale, industrielle, artisanale, libérale ou agricole à titre professionnel au sens du IV de l'article 155 ;

2° Les droits ou parts reçus en rémunération de l'apport ou les droits ou parts apportés sont cédés, rachetés ou annulés ;

3° Les droits ou parts reçus en rémunération de l'apport cessent d'être nécessaires à l'exercice de l'activité de l'apporteur.

IV. — Par dérogation au 2° du III, le report d'imposition prévu au I est maintenu :

1° En cas d'échange de droits ou parts résultant d'une fusion ou d'une scission de la société dont les droits ou parts ont été apportés ou de la société bénéficiaire de l'apport jusqu'à la date de cession, de rachat ou d'annulation des droits ou parts reçus lors de l'échange ;

2° En cas de transmission, dans les conditions prévues à l'article 41, à une ou plusieurs personnes physiques des droits ou parts reçus en rémunération de l'apport ou des droits ou parts reçus en échange d'une opération mentionnée au 1° si le ou les bénéficiaires de la transmission prennent l'engagement d'acquitter l'impôt sur la plus-value d'apport à la date où l'un des événements mentionnés au III, appréciés le cas échéant au niveau du ou des bénéficiaires, se réalise.

V. — L'apporteur doit joindre à la déclaration prévue à l'article 170 au titre de l'année en cours à la date de l'apport et des années suivantes un état conforme au modèle fourni par l'administration faisant apparaître les renseignements nécessaires au suivi des plus-values dont l'imposition est reportée. Un décret précise le contenu de cet état. — *V. Ann. III, art. 41-0 A bis A.*

L'option pour le bénéfice du régime défini au présent article est exclusive de celui des régimes prévus au II de l'article 93 *quater* et aux articles 151 *septies*, 151 *septies* A, 151 *octies*, 151 *octies* A et 238 *quindecies*.

Art. 151 *octies* C **Sous réserve que les membres de l'association issue de la transformation soient identiques aux associés de la société ou de l'organisme transformé, qu'aucune modification ne soit apportée aux écritures comptables et que l'imposition des bénéfices, profits et plus-values non imposés lors de la transformation demeure possible sous le nouveau régime fiscal applicable à l'association, la transformation d'une société ou organisme placé sous le régime des sociétés de personnes défini aux articles 8 à 8 *ter* en association d'avocats telle que visée à l'article 238 *bis* LA soumise au même régime n'entraîne pas :**

1° Les conséquences de la cessation d'entreprise prévues à l'article 202 ;

2° L'imposition de la plus-value ou de la moins-value constatée lors de l'annulation *des parts de la société* ou de l'organisme transformé, dont le montant s'ajoute, le moment venu, à celui de la plus-value ou de la moins-value à constater au titre des droits détenus dans l'association à l'occasion de toute opération à l'origine du retrait total ou partiel du membre de l'association, ou de la transformation ou de la cessation de celle-ci au sens des articles 202 et 202 *ter* ;

3° L'imposition de reports antérieurs, qui sont maintenus jusqu'à l'échéance mentionnée au 2°.

Le premier alinéa du V de l'article 151 *octies* B est applicable à l'associé de la société ou de l'organisme transformé jusqu'à l'échéance mentionnée au 2°. – *V. Ann. III, art. 41-0 A bis B.*

Transformation de sociétés en associations d'avocats. Conditions relatives : à la société ou à l'organisme transformé ; à l'association issue de la transformation ; aux modalités de la transformation. Conséquences fiscales de la transformation. Obligations déclaratives. * BOI-BNC-SECT-70-50 du 12 sept. 2012. ♦ La neutralité fiscale de la transformation d'une société de personnes en association d'avocats peut bénéficier aux succursales des structures de droit anglais telles que les *limited liability partnerships* (LLP). * BOI-BNC-SECT-70-50 n° 50 du 12 sept. 2012.

1 *SEXIES* CONTRIBUABLES EXERÇANT LEUR ACTIVITÉ PROFESSIONNELLE DANS LE CADRE D'UNE SOCIÉTÉ DE PERSONNES

Art. 151 *nonies* **I. – Lorsqu'un contribuable exerce son activité professionnelle dans le cadre d'une société dont les bénéfices sont, en application des articles 8 et 8 *ter*, soumis en son nom à l'impôt sur le revenu dans la catégorie des bénéfices agricoles réels, des bénéfices industriels ou commerciaux ou des bénéfices non commerciaux, ses droits ou parts dans la société sont considérés notamment pour l'application des articles 38, 72 et 93, comme des éléments d'actif affectés à l'exercice de la profession.**

II. – 1. En cas de transmission à titre gratuit à une personne physique de droits sociaux considérés, en application du I, comme des éléments d'actif affectés à l'exercice de la profession, l'imposition de la plus-value constatée peut faire l'objet d'un report jusqu'à la date de cession, de rachat, d'annulation ou de transmission ultérieure de ces droits.

L'imposition de cette plus-value est effectuée à la date à laquelle il est mis fin au report au nom du ou des bénéficiaires de la transmission des droits sociaux.

Lorsqu'un des événements mettant fin au report d'imposition cités au premier alinéa survient, l'imposition de la plus-value est effectuée au nom du bénéficiaire de la transmission.

En cas de nouvelle transmission à titre gratuit par l'un des bénéficiaires de la transmission visée au premier alinéa, le report est maintenu si le bénéficiaire de la nouvelle transmission prend l'engagement d'acquitter l'impôt sur la plus-value à la date où l'un des événements cités au premier alinéa survient. A défaut, l'imposition de la plus-value afférente aux droits transmis est effectuée au nom du donateur ou du défunt.

Lorsque l'activité est poursuivie pendant au moins cinq ans à compter de la date de la transmission à titre gratuit visée au premier alinéa, la plus-value en report est définitivement exonérée.

En cas de partage avec soulte, le report d'imposition est maintenu si le ou les attributaires des droits sociaux visés ci-dessus prennent l'engagement d'acquitter l'impôt sur la plus-value en report à la date où l'un des événements cités au premier alinéa se réalise.

2. Le régime défini au 1 s'applique sur option exercée par le ou les bénéficiaires lors de l'acceptation de la transmission par ces derniers.

Le ou les bénéficiaires ayant opté pour le régime défini au 1 communiquent à l'administration un état faisant apparaître le montant des plus-values réalisées lors de la transmission et dont l'imposition est reportée conformément au 1.

3. Un décret précise le contenu des obligations déclaratives mentionnées au 2. – *V. Ann. III, art. 41-0 A ter.*

4. L'article 151 *septies* ne s'applique pas en cas d'exercice de l'option prévue au 2.

III. – En cas d'assujettissement à l'impôt sur les sociétés d'une société visée au *(Abrogé par Décr. n° 2018-500 du 20 juin 2018, art. 1er)* **« *paragraphe* » I ou de sa transformation en société passible de cet impôt, l'imposition de la plus-value constatée est reportée à la date de cession, de rachat ou d'annulation des parts ou actions de l'associé. Ce report est maintenu en cas de transmission, à titre gratuit, des parts ou actions de l'associé à une personne physique si celle-ci prend l'engagement de déclarer en son nom cette plus-value lors de la cession, du rachat ou de l'annulation de ces parts ou actions.**

En cas de transmission à titre gratuit réalisée dans les conditions prévues au premier alinéa, la plus-value en report est définitivement exonérée lorsque, de manière continue pendant les cinq années suivant la transmission, les conditions suivantes sont respectées :

1° Le ou les bénéficiaires de la transmission exercent l'une des fonctions énumérées au 1° *(L. n° 2017-1837 du 30 déc. 2017, art. 31)* « du 1 du III de l'article 975 *[ancienne rédaction : de l'article 885 O bis]* » et dans les conditions prévues au même 1° dans la société dont les parts ou actions ont été transmises ;

2° La société dont les parts ou actions ont été transmises poursuit son activité commerciale, industrielle, artisanale, libérale ou agricole.

L'exonération prévue au deuxième alinéa s'applique à la plus-value en report sur les droits ou actions détenus par le ou les bénéficiaires de la transmission au terme de la période mentionnée au même alinéa.

IV. — Lorsque le contribuable mentionné au *(Abrogé par Décr. n° 2018-500 du 20 juin 2018, art. 1er)* « *paragraphe* » I cesse d'exercer son activité professionnelle, l'imposition de la plus-value constatée sur les parts dont il conserve la propriété est reportée jusqu'à la date de cession, de rachat ou d'annulation de ces parts.

Ce report est maintenu en cas de transmission, à titre gratuit, des parts ou actions de l'associé à une personne physique si celle-ci prend l'engagement de déclarer en son nom cette plus-value lors de la cession, du rachat ou de l'annulation de ces parts ou actions.

En cas de transmission à titre gratuit réalisée dans les conditions prévues au deuxième alinéa, la plus-value en report détenue par le bénéficiaire de la transmission est définitivement exonérée lorsque, de manière continue pendant les cinq années suivant la transmission, ce bénéficiaire de la transmission exerce son activité professionnelle au sein de la société, dans les conditions prévues au I ou au 1° du III, et que celle-ci poursuit son activité commerciale, industrielle, artisanale, libérale ou agricole.

IV *bis.* — Le I de l'article 151 *octies* B est applicable à l'apport de l'intégralité des droits ou parts mentionnés au I dans les conditions suivantes :

1° L'actif de la société ou du groupement dont les droits ou parts sont apportés n'est pas principalement constitué de biens immobiliers bâtis ou non bâtis qui ne sont pas affectés par la société ou le groupement à sa propre exploitation, de droits afférents à un contrat de crédit-bail portant sur de tels biens et conclu dans les conditions prévues au 2 de l'article L. 313-7 du code monétaire et financier, de droits ou parts de sociétés dont l'actif est principalement constitué des mêmes biens, droits ou parts ;

2° La société bénéficiaire reçoit, à l'occasion de l'apport mentionné au 1° ou d'autres apports concomitants, plus de 50 % des droits de vote de la société ou du groupement dont les droits ou parts sont apportés.

Le report d'imposition prend fin à la date de cession, de rachat ou d'annulation des droits sociaux reçus en rémunération de l'apport ou jusqu'à la date de cession des titres apportés par la société bénéficiaire lorsqu'elle est antérieure.

Ce report d'imposition est maintenu :

a) En cas de transmission, à titre gratuit, des droits ou parts reçus en rémunération de l'apport à une ou plusieurs personnes physiques si le ou les bénéficiaires de la transmission prennent l'engagement de déclarer cette plus-value à la date de cession, de rachat ou d'annulation des droits sociaux reçus en rémunération de l'apport ou à la date de cession des titres apportés par la société bénéficiaire lorsqu'elle est antérieure ;

b) En cas d'échange de droits ou parts, résultant d'une fusion ou d'une scission de la société dont les droits ou parts ont été apportés ou de la société bénéficiaire de l'apport jusqu'à la date de cession, de rachat ou d'annulation des droits reçus lors de l'échange.

V. — Les reports d'impositions mentionnés aux II, III et IV sont maintenus en cas d'échange de droits sociaux résultant d'une fusion ou d'une scission jusqu'à la date de cession, de rachat ou d'annulation des droits reçus lors de l'échange.

VI. — Pour l'application des II à V, le ou les bénéficiaires du report d'imposition doivent joindre à la déclaration prévue à l'article 170 au titre de l'année au cours de laquelle les plus-values bénéficiant d'un report d'imposition sont réalisées et des années suivantes un état faisant apparaître les renseignements nécessaires au suivi des plus-

values dont l'imposition est reportée. Un décret précise le contenu de cet état. — *V. Ann. III, art. 41-0 A ter.*

Les dispositions du 1° du III telles que modifiées par le B du I de l'art. 31 de la L. n° 2017-1837 du 30 déc. 2017 s'appliquent au titre de l'impôt sur la fortune immobilière dû à compter du 1er janv. 2018. Toutefois, les dispositions modifiées ou abrogées par le même B du I continuent de s'appliquer, dans leur rédaction en vigueur au 31 déc. 2017, à l'impôt de solidarité sur la fortune dû jusqu'au titre de l'année 2017 incluse (L. préc., art. 31-IX-B).

BIBL. ▶ OLLÉON, *BFL 2003, p. 847* (actif professionnel et parts de sociétés de personnes).

1. Activité professionnelle. Lorsque l'associé d'une société de personnes exerce son activité professionnelle dans le cadre de cette société, dont les bénéfices sont soumis en son nom à l'IR, ses droits ou parts dans la société sont regardés, en application de l'art. 151 *nonies* I, comme des éléments d'actifs affectés à l'exercice de la profession, de sorte que les intérêts de l'emprunt contracté pour financer l'acquisition de ses droits ou parts sont des frais supportés en vue de l'acquisition d'éléments d'actif professionnel et sont à ce titre déductibles des bénéfices. • CE 13 juill. 2007, n° 287364 : *RJF 2007. 1275 ; concl. Séners au BDCF 11/07, n° 123 ; Dr. fisc. 2007. 941.*

2. Le gérant unique d'une société civile viticole, qui a seul le pouvoir de la diriger, de l'engager envers les tiers et de la représenter, exerce une activité professionnelle dans le cadre de cette société. Dès lors, la plus-value réalisée lors de la cession de ses parts sociales doit être imposée en tant que plus-value professionnelle au titre de l'exercice d'une activité agricole. • CE 8 mars 2002, n° 225151 : *Dr. fisc. 2002. 469, concl. Austry ; RJF 2002. 668.*

3. L'unique gérant statutaire de deux sociétés en nom collectif doit être regardé comme exerçant son activité professionnelle dans ces sociétés alors même que des prestations de gestion au profit de ces sociétés ont été confiées par convention à une autre société. Ainsi, la cession des parts, constitutives d'un actif professionnel, qu'il détenait dans ces sociétés a généré des plus-values imposables selon le régime de l'art. 39 *duodecies*. • CE 25 oct. 2004, n° 243846, *Branellec : RJF 2005. 46 ; Dr. fisc. 2005. 87.* ♦ L'associé d'une EURL dont il est le gérant statutaire unique ne peut être regardé comme n'y exerçant pas une activité professionnelle au seul motif qu'il a confié, par mandat, la gestion de cette entreprise à un tiers. • CE 28 déc. 2012, *Nicolas*, n° 340135 : *RJF 2013. 319.*

4. Le co-gérant statutaire d'une société en nom collectif doit être regardé comme exerçant son activité professionnelle dans la société alors même que tous les associés étaient gérants, que la responsabilité principale de la gestion était assurée par l'un d'eux, et que l'intéressé exerçait une activité professionnelle à plein temps en dehors de la société. Par suite, la plus-value qu'il a réalisée sur la cession de parts de la société relève du régime des plus-values professionnelles. • CAA Nantes, 15 oct. 2003, n° 00NT339 : *RJF 2004. 154.*

5. Il résulte des art. 8 et 151 *nonies* I que l'associé d'une société de personnes soumis à l'IR sur les BIC réalisés par ladite société à raison de la part correspondant à ses droits sociaux ne peut déduire les intérêts des emprunts auxquels il a eu recours en vue de financer l'acquisition de ces droits que s'il exerce une activité professionnelle au sein de cette société. Si, en principe, tout membre d'une société en participation qui a pour objet une activité imposable dans la catégorie des BIC, des BA ou des BNC, doit être présumé y exercer une telle activité, fût-ce sans l'avoir révélé aux tiers, il en va en revanche différemment lorsqu'une ou plusieurs personnes autres que l'intéressé, qu'il agisse des associés ou non, ont été désignées pour gérer la société. Dans ce cas, il ne peut être regardé comme exerçant personnellement l'activité mise en société que si sa participation effective à cette activité est établie. • CE 9 juill. 2003, n° 230116, *Muel : RJF 2003. 1255, chron. Olléon, p. 847 ; Dr. fisc. 2004. 188, concl. Séners ; Dr. sociétés 2003, n° 11, p. 38, note Pierre ; BJS 2004. 107, note Parot.*

6. Le fait qu'une société en participation n'ait ni personnalité morale ni patrimoine social et que les apports qui lui sont faits ne deviennent pas sa propriété n'empêche pas les associés de traduire leurs apports en un certain nombre de droits sociaux répartis proportionnellement à la valeur des apports. Un associé titulaire de tels droits ne peut par suite soutenir qu'il n'a pas acquis de parts sociales, mais seulement mis à la disposition de la société des fonds destinés à acquérir l'hôtel qu'elle exploite, pour faire échec à l'application combinée des dispositions des art. 8, 151 *nonies* et 39 qui réservent aux associés exerçant une activité professionnelle au sein de la société la possibilité de déduire les frais financiers supportés dans une telle circonstance. En conséquence, faute de pouvoir démontrer qu'il exerce une activité professionnelle effective au sein de la société, il ne peut déduire de son revenu imposable les frais financiers exposés pour mettre des fonds à la disposition de la société. • CAA Versailles, 4 oct. 2005, n° 03VE2842 : *RJF 2006. 62.* ♦ Lorsque les statuts d'une société en participation désignent un gérant, les autres associés sont présumés ne pas exercer d'activité professionnelle au sein de la société, sauf si leur participation effective à cette activité est établie. Tel est le cas lorsque l'associé d'une société en participation entretient les bateaux qu'un autre membre, désigné comme gérant, donne en location. Il peut donc déduire de son revenu imposable les charges qu'il a exposées pour l'entretien des bateaux mis à disposition de la société. • CAA Marseille, 11 juin 2009, n° 06MA3544 : *RJF 2010. 698.*

7. Une associée non gérante est réputée exercer son activité professionnelle dans la société dès lors qu'elle accomplit régulièrement pour la société, à hauteur de dix-huit heures par semaine, des tâches consistant notamment en l'accueil téléphonique de la clientèle, l'accueil des clients, la réception des commandes, la préparation des livraisons et le suivi des règlements. La circonstance que ces tâches soient accomplies en exécution d'un contrat de travail est sans incidence. • CE 8 juin 2016, *Langry,* n° 387826 : *Dr. fisc. 2016. 612, note Desmorieux.*

8. Un associé personne physique ne peut être présumé exercer son activité professionnelle au sein d'une société en participation dès lors que la gérance de cette société a été confiée à une SARL. Reste sans incidence sur la solution la circonstance que cette personne physique est également gérante de la SARL. • CE 11 avr. 2008, n° 289798 : *RJF 2008. 836 ; concl. Landais au BDCF 7/08, n° 95 ; Dr. fisc. 2008. 350, concl. Landais, note Desmorieux.*

9. Durée d'activité. Dans le cas où le contribuable a poursuivi son activité d'abord à titre d'exploitant individuel puis en tant qu'associé d'une société de personnes exerçant la même activité, il convient de tenir compte de l'ensemble de cette période pour apprécier si la condition tenant à une durée minimale d'activité de cinq ans est satisfaite. • CE 13 janv. 2010, n° 301985 : *RJF 2010. 350.*

10. Actif professionnel. Il résulte de l'art. 151 *nonies* I que c'est seulement dans le cas où une activité professionnelle génère des bénéfices agricoles, des BIC ou des BNC, que les parts détenues par une personne physique dans une société de personnes sont considérées comme des éléments d'actif affectés à l'exercice de sa profession. • TA Bordeaux, 17 mars 2005, n° 02-243 : *RJF 2005. 717.* ♦ Dès lors, des participations détenues par des associés d'une société de fait dans un GFA ayant pour objet la location de terres à la société exploitante (activité dont les produits relèvent des revenus fonciers) ne constituent pas des éléments d'actif professionnel. • Même jugement.

11. Cessions de parts. En cas de cession de ses parts par un associé exerçant son activité professionnelle au sein de la société, deux situations doivent être distinguées selon que cet associé conserve, à la fin de l'année civile, sa qualité d'associé, la cession n'ayant porté que sur une partie des titres, ou qu'il l'a perdue, la cession ayant porté sur tous les titres : 1) l'associé qui a cédé, en une ou plusieurs fois, l'intégralité de sa participation voit la plus-value qu'il a réalisée, soumise au régime des plus-values professionnelles en application de l'art. 151 *nonies*, imposée au titre de l'année civile au cours de laquelle a été réalisée la cession ; 2) en revanche, en cas de cession partielle, le régime prévu à l'art. 8 continuant à s'appliquer pour l'associé cédant, la plus-value de cession est imposée au titre de l'année civile en cours à la clôture de l'exercice social. Ces règles sont applicables *mutatis mutandis* dans le cas où la période d'imposition de l'associé à l'IR ne coïncide pas avec l'année civile. * BOI-BIC-PVMV-40-30-20 n° 80 du 28 avr. 2014. ♦ Pour sa part, le Conseil d'État a jugé que, lorsqu'un associé cède une partie de ses parts dans une société de personnes tout en continuant d'exercer son activité dans le cadre de cette société, la plus-value correspondante est imposable au titre de l'année de sa réalisation et non de l'année en cours à la clôture de l'exercice. • CE 4 févr. 2013, *Min. Budget,* n°s 347394 et 347426 : *RJF 2013. 383 ; BDCF 2013. 40, concl. Daumas ; Dr. fisc. 2013. 28, note Barsus et Béguier.*

12. Cessation d'activité d'une société. La cessation d'activité d'une société visée à l'art. 8 ou 8 *ter* entraîne également la cessation d'activité de l'associé exerçant son activité professionnelle au sens de l'art. 151 *nonies* dans cette société et se traduit donc par le transfert de ses droits ou parts de son patrimoine professionnel vers son patrimoine privé à la date de la cessation. Ce transfert constitue le fait générateur d'une plus ou moins-value soumise au régime des plus ou moins-values professionnelles dont le montant est déterminé conformément à la jurisprudence du Conseil d'État (• CE 16 févr. 2000, n° 133296, *SA Éts Quemener : Dr. fisc. 2000. 283, concl. Bachelier, note Turot*) à partir du prix de revient fiscal de ces droits ou parts, lequel tient compte des bénéfices imposés et des déficits comblés ainsi que des déficits déduits et des bénéfices distribués. Si ce calcul aboutit à la constatation d'une plus-value, celle-ci bénéficie du report d'imposition prévu au IV de l'art. 151 *nonies*. Si ce calcul aboutit à la constatation d'une moins-value à long terme, elle peut s'imputer sur la plus-value à long terme réalisée par la société à l'occasion de sa cessation d'activité, et imposable au nom des associés de cette société, les faits générateurs de la plus-value et de la moins-value étant concomitants. La circonstance que la cessation d'activité soit suivie ou non de la liquidation de la société est sans incidence sur la possibilité de compensation entre la plus-value de cession de l'élément d'actif immobilisé et la moins-value résultant du transfert des titres du patrimoine professionnel dans le patrimoine privé de l'associé. La plus-value à long terme résultant de la cession d'un fonds de commerce exploité sous forme de société de personnes peut être compensée avec la moins-value à court terme subie par les associés lors du transfert dans leur patrimoine privé des titres qu'ils détiennent dans cette société. * BOI-BIC-PVMV-40-30-20 nos 10 à 60 du 28 avr. 2014. ♦ La mise en œuvre du mode de calcul issu de la jurisprudence *Quemener* pour déterminer le prix de revient des parts d'une société de personnes, à la suite de leur cession ou d'une dissolution sans liquidation de cette société, n'est pas subordonnée à une double imposition de l'associé. • CE, plén., 24 avr. 2019, *Sté FRA SCI*, n° 412503 : *RJF 2019. 681, concl. Ciavaldini.*

13. Frais d'acquisition de parts ou droits sociaux. Les associés professionnels d'une société de personnes issue de la transformation d'une société anonyme peuvent déduire de la quote-part du résultat social imposable à leur nom les intérêts courus à compter de cette date qui se rapportent à l'emprunt contracté pour l'acquisition de leurs droits. • CE 13 juill. 2007, n° 287364 : *préc. note 1.* ♦ L'associé d'une société de personnes qui exerce son activité professionnelle dans le cadre de la société peut déduire de la part des bénéfices de la société imposables à son nom les intérêts d'un emprunt contracté pour acquérir ses parts sociales. Il ne peut en revanche déduire la fraction des intérêts correspondant à la partie de l'emprunt affectée à la souscription de contrats d'assurance vie destinés à garantir le remboursement du prêt dès lors que cette souscription n'était pas une condition d'obtention du prêt. • CAA Bordeaux, 25 mars 2008, n° 06BX826 : *RJF 2008. 978.*

14. Droits d'enregistrement. Les droits de mutation à titre gratuit acquittés par un contribuable en qualité d'héritier ou de donataire de la nue-propriété des parts de la SNC dans laquelle il exerce son activité sont déductibles de ses revenus professionnels. • CAA Paris, 4 juill. 2013, *Pissot*, n° 11PA03592 : *RJF 2013. 1003.*

1 *SEPTIES* DÉDUCTION DES SOMMES ATTRIBUÉES AU TITRE DE L'INTÉRESSEMENT

(Décr. n° 2007-484 du 30 mars 2007)

Art. 151 *decies* Les sommes attribuées au titre de l'intéressement aux exploitants individuels, aux associés de société de personnes n'ayant pas opté pour leur assujettissement à l'impôt sur les sociétés et aux conjoints collaborateurs et associés qui sont affectées à la réalisation d'un plan d'épargne d'entreprise sont exclues de l'assiette des bénéfices non commerciaux et de l'assiette des bénéfices industriels et commerciaux dans les conditions et limite prévues par l'article L. 3315-3 du code du travail.

2

Art. 152 1 et 2 (*a* et *b*). *Transférés ss. art. 39 septdecies, 64 A, 93-1 bis, depuis abrogés.* 2 *c* et 3. *Périmés.*

3 NON-DÉDUCTION DE L'IMPÔT SUR LE REVENU

Art. 153 Pour la détermination des revenus nets visés aux I à VII *bis* de la présente sous-section, l'impôt sur le revenu n'est pas admis en déduction.

4 DÉDUCTION DU SALAIRE DU CONJOINT

Art. 154 I. – Pour la détermination des bénéfices industriels et commerciaux et des bénéfices des professions non commerciales, le salaire du conjoint participant effectivement à l'exercice de la profession peut, à la demande du contribuable, être déduit du bénéfice imposable *(Abrogé par L. n° 2018-1317 du 28 déc. 2018, art. 60-1°) « dans la limite de 17 500 € »*, **à la condition que ce salaire ait donné lieu au versement des cotisations prévues pour la sécurité sociale, des allocations familiales et autres prélèvements sociaux en vigueur. Ce salaire est rattaché, à ce titre, à la catégorie des traitements et salaires visés au V de la présente sous-section.**

*(Abrogé par L. n° 2018-1317 du 28 déc. 2018, art. 60-2°) « **Pour les adhérents des centres et associations de gestion agréés, la déduction prévue au premier alinéa est intégralement admise.** »*

II. – Les dispositions du I s'appliquent également pour la détermination des bénéfices industriels et commerciaux et des bénéfices non commerciaux réalisés par une société mentionnée aux articles 8 et 8 *ter*.

1. Notion de salaire. Les circonstances que les rémunérations n'aient été versées que huit mois par an, que leur montant ait été, selon le cas, soit englobé dans un versement plus élevé dont le solde était destiné à couvrir les besoins du ménage, soit à l'inverse subdivisé en deux versements successifs et que le compte dont sont issus les versements était un compte joint sont sans incidence sur leur nature de salaires. • CAA Nancy, 17 oct. 1996, n° 94NA528 : *Dr. fisc. 1997. 191.*

2. Limite de déduction. La limitation instituée par l'art. 154 ne s'applique pas : lorsque les époux sont mariés sous un régime exclusif de communauté, dès lors que le salaire représente la rétribution normale du travail fourni. * BOI-BIC-CHG-40-50-10 n° 250 du 5 juill. 2017. ♦ ... Aux salaires versés à un concubin. * Rép. min. n° 9006 : *JO Sénat, 17 mars 1988, p. 370.*

3. Lorsque le contribuable, bigame, emploie ses deux épouses, la limitation instituée par l'art. 154 n'affecte que la déduction du salaire de sa première épouse. * Rép. min. n° 25739 : *JOAN Q, 27 nov. 1995, p. 5045.*

4 BIS DÉDUCTION DE CERTAINES COTISATIONS SOCIALES

Un décret fixe les conditions d'application des dispositions modifiées des art. 154 bis et 154 bis-0 A, notamment les obligations déclaratives des employeurs et des salariés et, en particulier, les modalités selon lesquelles les employeurs communiquent chaque année aux salariés les cotisations déduites ou non ajoutées à leur rémunération brute dans les conditions prévues au 2° de l'art. 83 du code général des impôts (L. n° 2003-775 du 21 août 2003, art. 111-II).

Art. 154 *bis* **I. — Pour la détermination des bénéfices industriels et commerciaux et des bénéfices des professions non commerciales, sont admises en déduction du bénéfice imposable les cotisations à des régimes obligatoires, de base ou complémentaires, d'allocations familiales, d'assurance vieillesse, y compris les cotisations versées en exercice des facultés de rachat prévues aux articles** *(L. n° 2017-1836 du 30 déc. 2017, art. 15)* **« L. 351-14-1, »** *(Ord. n° 2018-470 du 12 juin 2018, art. 5)* **« L. 643-2, L. 652-7 et L. 663-3 » du code de la sécurité sociale, invalidité, décès, maladie et maternité.**

Il en est également de même des primes versées au titre des contrats d'assurance groupe, y compris ceux gérés par une institution mentionnée à l'article L. 370-1 du code des assurances pour les contrats mentionnés à l'article L. 143-1 dudit code, prévus à l'article L. 144-1 du code des assurances par les personnes mentionnées au 1° de ce même article et des cotisations aux régimes facultatifs mis en place dans les conditions fixées par les articles L. 644-1 et *(Ord. n° 2018-470 du 12 juin 2018, art. 5)* **« L. 654-1 » du code de la sécurité sociale par les organismes visés aux articles L. 644-1 et** *(Ord. n° 2018-470 du 12 juin 2018, art. 5)* **« L. 652-1 » du code de la sécurité sociale pour les mêmes risques et gérés dans les mêmes conditions, dans une section spécifique au sein de l'organisme, à condition, lorsque ces cotisations ou primes financent des garanties portant sur le remboursement ou l'indemnisation de frais occasionnés par une maladie, une maternité ou un accident, que ces garanties respectent les conditions mentionnées à l'article L. 871-1 du même code.** *— V. Ann. III, art. 41 DN ter.*

(Ord. n° 2019-766 du 24 juill. 2019, art. 3-I et 9-I ; Décr. n° 2019-807 du 30 juill. 2019, art. 9-II, en vigueur le 1er oct. 2019) **« Sauf application de l'option prévue au deuxième alinéa de l'article L. 224-20 du code monétaire et financier, il en est également de même des versements mentionnés au 1° de l'article L. 224-2 du même code effectués dans un plan d'épargne retraite mentionné à l'article L. 224-13 ou à l'article L. 224-28 du même code par les titulaires des bénéfices mentionnés au premier alinéa du I, à l'exception de la part de ces versements correspondant à la garantie complémentaire prévue au 6° de l'article L. 142-3 du code des assurances. »** *— V. Ann. III, art. 41 DN ter. — Sont également admises en déduction du résultat imposable les cotisations versées en exercice des facultés de rachat prévues à l'art. 108 de la L. n° 2021-1754 du 23 déc. 2021 (L. n° 2021-1900 du 30 déc. 2021, art. 18).*

II. — Les cotisations versées aux régimes obligatoires complémentaires d'assurance vieillesse mentionnés au premier alinéa du I, pour la part de ces cotisations excédant la cotisation minimale obligatoire, et les cotisations ou primes mentionnées *(Ord. n° 2019-766 du 24 juill. 2019, art. 3-I et 9-I ; Décr. n° 2019-807 du 30 juill. 2019, art. 9-II, en vigueur le 1er oct. 2019)* **« aux deuxième et troisième alinéas** *[ancienne rédaction : au deuxième alinéa]* **» du I sont déductibles :**

1° Pour l'assurance vieillesse *(Ord. n° 2019-766 du 24 juill. 2019, art. 3-I et 9-I ; Décr. n° 2019-807 du 30 juill. 2019, art. 9-II, en vigueur le 1er oct. 2019)* **« et pour les garanties complémentaires prévues aux 1°, 2° et 3° de l'article L. 142-3 du code des assurances dans le cadre d'un plan d'épargne retraite mentionné à l'article L. 224-13 ou à l'article L. 224-28 du code monétaire et financier », dans une limite égale au plus élevé des deux montants suivants :**

a) **10 % de la fraction du bénéfice imposable retenu dans la limite de huit fois le montant annuel du plafond mentionné à l'article L. 241-3 du code de la sécurité sociale, auxquels s'ajoutent 15 % supplémentaires sur la fraction de ce bénéfice comprise entre une fois et huit fois le montant annuel précité ;** *— Soit 4 114 € pour les versements effectués en 2020, 2021 et 2022.*

b) **Ou 10 % du montant annuel du plafond mentionné à l'article L. 241-3 du code de la sécurité sociale.** *— Soit 4 114 € pour les versements effectués en 2020, 2021 et 2022.*

Cette limite est réduite, le cas échéant, des sommes versées par l'entreprise *(Ord. n° 2019-766 du 24 juill. 2019, art. 3-I et 9-I ; Décr. n° 2019-807 du 30 juill. 2019, art. 9-II, en vigueur le 1er oct. 2019)* **« aux plans d'épargne retraite qui sont** *[ancienne rédaction : au plan d'épargne pour la retraite collectif défini aux articles L. 3334-1 à L. 3334-16 du code du travail et]* **» exonérées en application** *(Ord. n° 2019-766 du 24 juill. 2019, art. 3-I et 9-I ; Décr. n° 2019-807 du 30 juill. 2019, art. 9-II, en vigueur le 1er oct. 2019)* **« des *a* et *a bis*** *[ancienne rédaction : du a]* **» du 18° de l'article 81 ;**

2° Pour la prévoyance *(Ord. n° 2019-766 du 24 juill. 2019, art. 3-I et 9-I ; Décr. n° 2019-807 du 30 juill. 2019, art. 9-II, en vigueur le 1er oct. 2019)* **« et pour la garantie complémentaire prévue au 4° de l'article L. 142-3 du code des assurances dans le cadre d'un plan d'épargne retraite mentionné à l'article L. 224-13 ou à l'article L. 224-28 du code monétaire et financier », dans la limite d'un montant égal à la somme de 7 % du montant annuel du plafond mentionné à l'article L. 241-3 du code de la sécurité sociale** *[soit 2 880 € pour les versements effectués en 2020, 2021 et 2022]* **et de 3,75 % du bénéfice imposable, sans que le total ainsi obtenu puisse excéder 3 % de huit fois le montant annuel du plafond précité ;** *— Soit 9 873 € pour les versements effectués en 2020, 2021 et 2022.*

3° Pour la perte d'emploi subie *(Ord. n° 2019-766 du 24 juill. 2019, art. 3-I et 9-I ; Décr. n° 2019-807 du 30 juill. 2019, art. 9-II, en vigueur le 1er oct. 2019)* **« et pour la garantie complémentaire prévue au 5° de l'article L. 142-3 du code des assurances dans le cadre d'un plan d'épargne retraite mentionné à l'article L. 224-13 ou à l'article L. 224-28 du code monétaire et financier », dans une limite égale au plus élevé des deux montants suivants :**

a) **1,875 % du bénéfice imposable retenu dans la limite de huit fois le montant annuel du plafond mentionné à l'article L. 241-3 du code de la sécurité sociale ;**

b) **Ou 2,5 % du montant annuel du plafond mentionné à l'article L. 241-3 du code de la sécurité sociale.** *— Soit 1 028 € pour les versements effectués en 2020, 2021 et 2022.*

Les revenus exonérés en application des articles 44 *sexies* à 44 *nonies*, 44 *terdecies* à *(L. n° 2018-1317 du 28 déc. 2018, art. 135-I-8°)* **« 44 *septdecies* » ou du 9 de l'article 93 sont retenus pour l'appréciation du montant du bénéfice imposable mentionné aux 1°, 2° et 3°. Il n'est pas tenu compte des plus-values et moins-values professionnelles à long terme.** *— V. Ann. III, art. 41 DN bis. — Par dérogation au présent II, le montant admis en déduction du résultat imposable ou du revenu net global au titre de l'année 2020, et le cas échéant au titre de l'année 2021, est diminué du montant du rachat total ou partiel effectué par l'assuré ou le titulaire dans le cadre du dispositif exceptionnel permettant aux travailleurs non salariés de demander, avant le 31 déc. 2020, le déblocage anticipé d'une partie de leur épargne retraite (L. n° 2020-935 du 30 juill. 2020, art. 12-I et V).*

III. *— Périmé (Décr. n° 2012-653 du 4 mai 2012).*

BIBL. ► LAGARDE et MERCIER, *FR Lefebvre 35/09, p. 9* (retraite Madelin des gérants majoritaires : l'inévitable clarification fiscale).

1. Doctrine administrative. * BOI-BIC-CHG-40-50-20 du 22 avr. 2013 * BOI-BNC-BASE-40-60-50-10 du 6 sept. 2017.

2. Assurance volontaire contre les accidents du travail et les maladies professionnelles. Bien que les cotisations facultatives versées par les travailleurs non salariés non agricoles à l'assurance volontaire contre les accidents du travail et les maladies professionnelles en application de l'art. L. 743-1 CSS ne sont pas expressément mentionnées par les dispositions de l'art. 154 *bis*-I CGI, l'Administration admet d'appliquer à ces cotisations le même régime fiscal que les cotisations sociales obligatoires. Par suite, les cotisations versées en application de l'art. L. 743-1 CSS sont intégralement admises en déduction des BIC et des BNC. * Rép. min. n° 10540 : *JOAN Q, 16 janv. 2007, p. 551.*

3. Rachats de cotisations. Les sommes versées par l'exploitant d'une entreprise individuelle pour le rachat de cotisations d'assurance vieillesse n'entrent pas dans les prévisions de l'art. 154 *bis*, dès lors qu'elles ne sont pas versées à titre obligatoire. • CAA Paris, 14 oct. 1997, n° 95PA2938 : *RJF 1998. 236.*

4. Remboursement de rachats de cotisa-

tions pour la retraite (« rachats Fillon »). Ce remboursement constitue un complément de revenu imposable à l'IR au titre de l'année de sa perception dans la même catégorie d'imposition que celle au titre de laquelle les cotisations remboursées avaient été déduites. Il peut bénéficier du système du quotient. * BOI-BA-BASE-20-30-40-10 n°s 250 et 300 du 5 juill. 2017.

5. Associé d'une société de personnes. Un contribuable qui détient des parts d'une société de personnes regardées comme des éléments affectés à l'exercice de sa profession peut déduire de la quote-part du bénéfice lui revenant les cotisations volontaires de son conjoint au régime d'assurance vieillesse. • CE 22 févr. 2013, *Baudin*, n° 330386 : *RJF 2013. 491 ; Dr. fisc. 2013. 309.*

6. Cumul d'un mandat social et d'une activité libérale au sein d'une SEL. Lorsque le président d'une Selafa ou d'une Selas exerce au sein de cette société, en plus de son mandat social, une activité professionnelle dans des conditions ne traduisant pas l'existence d'un lien de subordination à l'égard de la société, les rémunérations qu'il perçoit à ce titre conservent la nature de BNC et sont assujetties à l'IR dans la catégorie correspondante. Par conséquent, il peut déduire de ces rémunérations les cotisations d'assurance de groupe mentionnées à l'art. 154 *bis* qu'il verse au titre de cette activité. • CE 8 déc. 2017, n° 409429 : *RJF 2018. 242, concl. Victor ; Dr. fisc. 2018. 238, note Chateauneuf.*

7. Conjoint collaborateur. Sont concernés les conjoints collaborateurs mentionnés au RCS, au répertoire des métiers et au registre des entreprises en Alsace-Moselle, ainsi que les conjoints d'associés uniques d'EURL remplissant effectivement les conditions de collaboration professionnelle. * BOI-BIC-CHG-40-50-20 n° 150 du 22 avr. 2013.

8. Dispositif applicable à compter du 1er juill. 2007 au conjoint collaborateur de l'exploitant ou du professionnel libéral. * BOI-BNC-BASE-40-60-50-10 n°s 80 à 150 du 8 sept. 2017.

9. Contrats d'assurance groupe. Les professionnels imposés dans la catégorie des BIC mais cotisant à la mutualité sociale agricole pour le risque vieillesse sont exclus du dispositif de déduction des primes. * BOI-BIC-CHG-40-50-20 n° 170 du 22 avr. 2013.

10. Majorations de retard sur charges sociales. Les majorations de retard payées aux caisses de sécurité sociale et d'allocations familiales en raison d'un retard de déclaration ou de paiement de cotisations ne constituent pas des dépenses nécessitées par l'exercice de la profession et ne sont donc pas déductibles du résultat imposable. * BOI-BNC-BASE-40-60-50-20 n° 10 du 7 oct. 2014.

Art. 154 *bis*-0 A I. — Les cotisations versées par les chefs d'exploitation ou d'entreprise agricole au titre des contrats d'assurance de groupe prévus au 2° de l'article L. 144-1 du code des assurances y compris ceux gérés par une institution mentionnée à l'article L. 370-1 du code des assurances pour les contrats mentionnés à l'article L. 143-1 dudit code, sont déductibles du revenu professionnel imposable *(Abrogé par Ord. n° 2019-766 du 24 juill. 2019, art. 3-I et 9-I ; Décr. n° 2019-807 du 30 juill. 2019, art. 9-II, à compter du 1er oct. 2019)* ***« dans une limite égale au plus élevé des deux montants suivants. »***

(Ord. n° 2019-766 du 24 juill. 2019, art. 3-I et 9-I ; Décr. n° 2019-807 du 30 juill. 2019, art. 9-II, en vigueur le 1er oct. 2019) **« Sauf application de l'option prévue au deuxième alinéa de l'article L. 224-20 du code monétaire et financier, il en est également de même des versements mentionnés au 1° de l'article L. 224-2 du code monétaire et financier effectués dans un plan d'épargne retraite mentionné à l'article L. 224-13 ou à l'article L. 224-28 du même code par les personnes mentionnées au premier alinéa du présent I, à l'exception de la part de ces versements correspondant aux garanties complémentaires prévues aux 4° à 6° de l'article L. 142-3 du code des assurances.**

« Les cotisations mentionnées aux deux premiers alinéas sont déductibles du revenu professionnel imposable dans une limite égale au plus élevé des deux montants suivants : »

a) 10 % de la fraction du revenu professionnel imposable qui n'excède pas huit fois le montant annuel du plafond mentionné à l'article L. 241-3 du code de la sécurité sociale, auxquels s'ajoutent 15 % supplémentaires sur la fraction de ce revenu comprise entre une fois et huit fois le montant annuel précité.

Les revenus exonérés en application des articles 44 *sexies* à 44 *nonies*, 44 *terdecies* *(L. n° 2017-1775 du 28 déc. 2017, art. 17)* **« , 44 *quindecies* »** *(L. n° 2018-1317 du 28 déc. 2018, art. 135-I-9°)* **« à 44 *septdecies* »** ainsi que les abattements prévus aux articles 44 *quaterdecies* et 73 B sont retenus pour l'appréciation du montant du revenu professionnel mentionné au premier alinéa. Il n'est pas tenu compte des plus-values et moins-values professionnelles à long terme ;

b) Ou 10 % du montant annuel du plafond mentionné à l'article L. 241-3 du code de la sécurité sociale. — *Soit 4 114 € pour les versements effectués en 2020, 2021 et 2022.*

Cette limite est réduite, le cas échéant, des sommes versées par l'entreprise *(Ord. n° 2019-766 du 24 juill. 2019, art. 3-I et 9-I ; Décr. n° 2019-807 du 30 juill. 2019, art. 9-II, en vigueur le 1er oct. 2019)* « aux plans d'épargne retraite qui sont *[ancienne rédaction : au plan d'épargne pour la retraite collectif défini aux articles L. 3334-1 à L. 3334-16 du code du travail et]* » exonérées en application *(Ord. n° 2019-766 du 24 juill. 2019, art. 3-I et 9-I ; Décr. n° 2019-807 du 30 juill. 2019, art. 9-II, en vigueur le 1er oct. 2019)* « des *a* et *a bis* *[ancienne rédaction : du a]* » du 18° de l'article 81 ». — *V. Ann. III, art. 41 DN bis et 41 DN ter. — Par dérogation au présent I, le montant admis en déduction du résultat imposable ou du revenu net global au titre de l'année 2020, et le cas échéant au titre de l'année 2021, est diminué du montant du rachat total ou partiel effectué par l'assuré ou le titulaire dans le cadre du dispositif exceptionnel permettant aux travailleurs non salariés de demander, avant le 31 déc. 2020, le déblocage anticipé d'une partie de leur épargne retraite (L. n° 2020-935 du 30 juill. 2020, art. 12-I et V).*

(Abrogé par L. n° 2017-1837 du 30 déc. 2017, art. 93) ***« II. — La déduction mentionnée au I est subordonnée à la justification par le chef d'exploitation ou d'entreprise de la régularité de sa situation vis-à-vis des régimes d'assurance vieillesse obligatoires dont il relève, conformément au 2° de l'article L. 144-1 du code des assurances. »***

III. — Si le chef d'exploitation a souscrit un contrat pour son conjoint ou les membres de sa famille participant à l'exploitation et affiliés au régime de base d'assurance vieillesse des travailleurs non salariés des professions agricoles, les cotisations versées au titre de ce contrat sont déductibles de son revenu professionnel imposable dans une limite fixée, pour chacune de ces personnes, à un tiers de celle mentionnée au I.

IV. — Périmé (Décr. n° 2018-500 du 20 juin 2018).

Doctrine administrative. Déduction des cotisations au régime complémentaire facultatif d'assurance-vieillesse des exploitants agricoles. Modalités et limites de déduction. * BOI-IR-BASE-20-60-10 nos 410 à 460 du 7 sept. 2016 * BOI-BA-BASE-20-30-40-20 nos 380 et 390 du 7 sept. 2016.

4 *BIS* A IMPOSITION DE CERTAINS REVENUS DE REMPLACEMENT

Art. 154 *bis* A Les prestations servies par les régimes ou au titre des contrats visés *(Ord. n° 2019-766 du 24 juill. 2019, art. 3-I et 9-I ; Décr. n° 2019-807 du 30 juill. 2019, art. 9-II, en vigueur le 1er oct. 2019)* « aux deuxième et troisième alinéas *[ancienne rédaction : au deuxième alinéa]* » du I de l'article 154 *bis* sous forme de revenus de remplacement sont prises en compte pour la détermination du revenu imposable de leur bénéficiaire.

Les indemnités journalières versées par les organismes de sécurité sociale à des personnes atteintes d'une affection comportant un traitement prolongé et une thérapeutique particulièrement coûteuse ne sont pas prises en compte pour la détermination du revenu imposable de leur bénéficiaire. — *Les dispositions du présent al. s'appliquent aux exercices ou périodes d'imposition ouverts à compter du 1er janv. 2017 (L. n° 2015-1785 du 29 déc. 2015, art. 78-II).*

4 *TER*

Art. 154 *ter* *Devenu sans objet (L. n° 88-1149 du 23 déc. 1988, art. 4-I).*

4 *QUATER* DÉDUCTIBILITÉ PARTIELLE DE LA CONTRIBUTION SOCIALE GÉNÉRALISÉE

Art. 154 *quater* *Abrogé par L. n° 93-1352 du 30 déc. 1993, art. 2-III.*

Art. 154 *quinquies* I. — Pour la détermination des bases d'imposition à l'impôt sur le revenu, la contribution prévue à l'article L. 136-1 du code de la sécurité sociale au titre des revenus d'activité et de remplacement *(Ord. n° 2019-766 du 24 juill. 2019, art. 3-I et 9-I ; Décr. n° 2019-807 du 30 juill. 2019, art. 9-II, en vigueur le 1er oct. 2019)* « ou celle afférente aux revenus mentionnés au 3° du I de l'article L. 136-7 du code précité » est, à hauteur de *(L. n° 2017-1837 du 30 déc. 2017, art. 67)* « 6,8 *[ancienne rédaction : 5,1]* » points, ou, pour les revenus mentionnés au II de l'article L. 136-8 du même code, à hauteur de 3,8 points lorsqu'elle est prélevée au taux de 3,8 % ou 6,2 % *(L. n° 2018-1213 du 24 déc. 2018, art. 3-I)* « , à hauteur de 4,2 points lorsqu'elle est

prélevée au taux de 6,6 % » et à hauteur de *(L. n° 2017-1837 du 30 déc. 2017, art. 67)* **« 5,9** *[ancienne rédaction : 4,2]* **» points lorsqu'elle est prélevée au taux de** *(L. n° 2017-1837 du 30 déc. 2017, art. 67)* **« 8,3 %** *[ancienne rédaction : 6,6 %]* **», admise en déduction du montant brut des sommes payées et des avantages en nature ou en argent accordés, ou du bénéfice imposable, au titre desquels la contribution a été acquittée. La contribution** *(Ord. n° 2018-474 du 12 juin 2018, art. 7)* **« due sur l'avantage mentionné au I de l'article 80 *bis* ainsi que sur l'avantage mentionné au I de l'article 80 *quaterdecies* lorsque ce dernier est imposé à l'impôt sur le revenu selon les règles de droit commun des traitements et salaires** *[ancienne rédaction : prévue au 6° du II de l'article L. 136-2 du même code]* **» est admise en déduction du revenu imposable de l'année de son paiement.** – *La fraction déductible de la CSG a été portée de 5,1 % à 6,8 % (et de 4,2 % à 5,9 %) par l'art. 67 de la L. n° 2017-1837 du 30 déc. 2017. Cette hausse est applicable à compter de l'imposition des revenus 2018 ayant supporté une CSG au taux de 9,2 % ou 8,3 %, pour la CSG recouvrée ou liquidée comme les revenus du patrimoine (par voie de rôle) à compter de l'imposition des revenus de 2019. – Les dispositions de l'Ord. n° 2018-474 du 12 juin 2018 s'appliquent aux cotisations et contributions dues pour les périodes courant à compter du 1er sept. 2018 (Ord. préc., art. 16).*

[Applicable à l'imposition des revenus des années 2016 et 2017] **II. – La contribution afférente aux revenus mentionnés aux *a, b, c, e,* à l'exception des plus-values, des gains et des avantages imposés dans les conditions prévues à l'article 39 *quindecies,* à l'article 163 *bis* G, au 5 de l'article 200 A et aux 6 et 6 *bis* du même article dans leur rédaction applicable aux options sur titres et actions gratuites attribuées avant le 28 septembre 2012, et *f* du I de l'article L. 136-6 du code de la sécurité sociale, au II du même article et aux revenus mentionnés au premier alinéa et au 1° du I de l'article L. 136-7 du même code n'ayant pas fait l'objet des prélèvements prévus au II de l'article 125-0 A et aux I *bis,* II, III, second alinéa du 4° et deuxième alinéa du 9° du III *bis* de l'article 125 A est admise en déduction du revenu imposable de l'année de son paiement, à hauteur de 5,1 points.**

La contribution afférente aux gains bénéficiant de l'abattement fixe mentionné au 1 du I de l'article 150-0 D *ter* mentionnés à l'article 150-0 A est déductible dans les conditions et pour la fraction définies au premier alinéa du présent II, dans la limite du montant imposable de chacun de ces gains.

[Applicable à compter de l'imposition des revenus de l'année 2018]

(L. n° 2017-1837 du 30 déc. 2017, art. 67) **« II. – La contribution afférente aux revenus mentionnés aux *a* à *e* et *f* du I et au II de l'article L. 136-6 du code de la sécurité sociale ainsi qu'aux premier alinéa et 1° du I de l'article L. 136-7 du même code, imposés dans les conditions prévues à l'article 197 du présent code, est admise en déduction du revenu imposable de l'année de son paiement, à hauteur de 6,8 points.**

« La contribution est déductible, dans les conditions et pour la part définies au premier alinéa du présent II, à hauteur du rapport entre le montant du revenu soumis à l'impôt sur le revenu et le montant de ce même revenu soumis à la contribution pour :

« *a)* Les gains mentionnés à l'article 150-0 A qui bénéficient de l'abattement prévu au 1 *quater* de l'article 150-0 D ou de l'abattement fixe prévu au 1 du I de l'article 150-0 D *ter* ;

« *b)* Les avantages salariaux mentionnés au I de l'article 80 *quaterdecies* qui bénéficient des abattements prévus aux 1 *ter* ou 1 *quater* de l'article 150-0 D, dans sa rédaction antérieure au 1er janvier 2018, de l'abattement fixe prévu au 1 du I de l'article 150-0 D *ter* ou de l'abattement de 50 % prévu au 3 de l'article 200 A. » – *La fraction déductible de la CSG a été portée de 5,1 % à 6,8 % par l'art. 67 de la L. n° 2017-1837 du 30 déc. 2017. Cette hausse s'applique à compter de l'imposition des revenus 2018 pour la déduction de la CSG acquittée au taux de 9,9 %.*

Les art. du CSS mentionnés aux I et II ci-dessus créent, respectivement, une contribution sociale sur les revenus d'activité et sur les revenus de remplacement, une contribution sociale sur les revenus du patrimoine et une contribution sur les produits de placement. – V. CSS, art. L. 136-1 à L. 136-8.

5 CONTRIBUABLES DISPOSANT DE REVENUS PROFESSIONNELS RESSORTISSANT À DES CATÉGORIES DIFFÉRENTES

Art. 155 **I. – 1. Lorsqu'une entreprise industrielle ou commerciale étend son activité à des opérations dont les résultats entrent dans la catégorie des bénéfices de l'exploi-**

tation agricole ou dans celle des bénéfices des professions non commerciales, il est tenu compte de ces résultats pour la détermination des bénéfices industriels et commerciaux à comprendre dans les bases de l'impôt sur le revenu.

2. Lorsqu'un titulaire de bénéfices non commerciaux étend son activité à des opérations dont les résultats entrent dans la catégorie des bénéfices de l'exploitation agricole ou dans celle des bénéfices industriels et commerciaux, il est tenu compte de ces résultats pour la détermination des bénéfices non commerciaux à comprendre dans les bases de l'impôt sur le revenu.

II. — 1. Le bénéfice net mentionné à l'article 38 est :

1° Diminué du montant des produits qui ne proviennent pas de l'activité exercée à titre professionnel, à l'exclusion de ceux pris en compte pour la détermination de la plus-value ou moins-value de cession d'un élément d'actif immobilisé ou pour la détermination des résultats mentionnés au I ;

2° Augmenté du montant des charges admises en déduction qui ne sont pas nécessitées par l'exercice de l'activité à titre professionnel, à l'exclusion de celles prises en compte pour la détermination de la plus-value ou moins-value de cession d'un élément d'actif immobilisé ou pour la détermination des résultats mentionnés au I.

2. Sous réserve du VII de l'article 151 *septies*, en cas de cession d'un élément d'actif immobilisé, les articles 39 *duodecies* à 39 *novodecies* sont applicables dans les conditions suivantes :

1° Le prix de cession de l'élément d'actif est réputé égal à la somme :

a) Du prix de cession réel de cet élément, multiplié par le rapport entre, au numérateur, la durée d'utilisation de l'élément aux fins de l'exercice de l'activité à titre professionnel et, au dénominateur, sa durée d'appartenance au patrimoine professionnel ;

b) Et de la valeur d'origine de cet élément, multipliée par le rapport entre, au numérateur, la durée d'utilisation de l'élément à des fins autres que l'exercice de l'activité à titre professionnel depuis qu'il appartient au patrimoine professionnel et, au dénominateur, sa durée d'appartenance au patrimoine professionnel ;

2° La valeur comptable de l'élément d'actif cédé est réputée majorée du montant des amortissements, autres que ceux soumis au 2° du 1 du III du présent article, qui ont été réintégrés au bénéfice en application du 2° du 1 du présent II ; ces amortissements sont néanmoins considérés ne pas avoir été expressément exclus des charges déductibles.

3. Sous réserve d'une option expresse en ce sens, le 1° du 1 n'est pas applicable, d'une part, et le 2° du même 1 n'est applicable qu'à la quote-part des charges afférentes à un bien qui excède le montant des produits afférents au même bien, d'autre part :

1° Lorsque les produits mentionnés au 1° du même 1 n'excèdent pas 5 % de l'ensemble des produits de l'exercice, y compris ceux pris en compte pour la détermination des résultats mentionnés au I mais hors plus-values de cession ;

2° Ou que les produits mentionnés au même 1° n'excèdent pas 10 % de l'ensemble des produits de l'exercice, y compris ceux pris en compte pour la détermination des résultats mentionnés au I mais hors plus-values de cession, si la condition mentionnée au 1° du présent 3 était satisfaite au titre de l'exercice précédent.

III. — 1. Les charges et produits mentionnés au 1 du II sont retenus, suivant leur nature, pour la détermination :

1° Des revenus fonciers, des revenus de capitaux mobiliers, des profits mentionnés à l'article 150 *ter* ou des plus-values de cession à titre onéreux de biens ou droits de toute nature mentionnées aux articles 150-0 A à 150 VH, selon les règles applicables à ces catégories de revenus ;

2° D'un bénéfice, distinct du bénéfice net, imposable dans les conditions prévues aux 1°, 1° *bis*, 1° *ter* ou 2° du I de l'article 156.

2. Sous réserve du VII de l'article 151 *septies*, en cas de cession d'un élément d'actif immobilisé, la différence entre le prix de cession réel de l'élément d'actif et le montant déterminé dans les conditions du 1° du 2 du II du présent article est retenue pour la détermination des plus-values de cession à titre onéreux de biens ou droits de toute nature selon les règles applicables à cette catégorie de revenus.

3. Les revenus, profits et plus-values mentionnés au 1° du 1 ou au 2 sont réputés avoir été perçus ou réalisés à la date de la clôture de l'exercice ou de la période

d'imposition pour l'application des obligations déclaratives et pour le recouvrement de l'impôt dû.

IV. — 1. Sous réserve du 2, l'exercice à titre professionnel implique la participation personnelle, directe et continue à l'accomplissement des actes nécessaires à l'activité.

2. L'activité de location directe ou indirecte de locaux d'habitation meublés ou destinés à être loués meublés est exercée à titre professionnel lorsque les *(L. n° 2019-1479 du 28 déc. 2019, art. 49-I-1° et II, applicable aux revenus et profits perçus ou réalisés à compter du 1er janv. 2020)* **« deux » conditions suivantes sont réunies :**

(Abrogé par L. n° 2019-1479 du 28 déc. 2019, art. 49-I-2° et II, applicable aux revenus et profits perçus ou réalisés à compter du 1er janv. 2020) ***« 1° Un membre du foyer fiscal au moins est inscrit au registre du commerce et des sociétés en qualité de loueur professionnel ; »*** — *Cette condition a été déclarée inconstitutionnelle lorsqu'elle était codifiée dans les mêmes termes à l'art. 151 septies-VII (Cons. const. 8 févr. 2018, n° 2017-689 QPC).*

2° Les recettes annuelles retirées de cette activité par l'ensemble des membres du foyer fiscal excèdent 23 000 € ;

3° Ces recettes excèdent les revenus du foyer fiscal soumis à l'impôt sur le revenu dans les catégories des traitements et salaires au sens de l'article 79, des bénéfices industriels et commerciaux autres que ceux tirés de l'activité de location meublée, des bénéfices agricoles, des bénéfices non commerciaux et des revenus des gérants et associés mentionnés à l'article 62.

Pour l'application du 3°, les recettes afférentes à une location ayant commencé avant le 1er janvier 2009 ou portant sur un local d'habitation acquis ou réservé avant cette date dans les conditions prévues aux articles L. 261-2, L. 261-3, L. 261-15 ou L. 262-1 du code de la construction et de l'habitation sont comptées pour un montant quintuple de leur valeur, diminué de deux cinquièmes de cette valeur par année écoulée depuis le début de la location, dans la limite de dix années à compter du début de celle-ci.

La location du local d'habitation est réputée commencer à la date de son acquisition ou, si l'acquisition a eu lieu avant l'achèvement du local, à la date de cet achèvement. L'année où commence la location, les recettes y afférentes sont, le cas échéant, ramenées à douze mois pour l'appréciation des seuils mentionnés aux 2° et 3° du présent 2. Il en est de même l'année de cessation totale de l'activité de location.

BIBL. ▶ Bergerès, *Dr. fisc. 1983, p. 380* (le caractère attractif des BIC). – Plagnet, *GAJ Fisc., p. 515* (définition des BIC).

1. Principe de liberté d'affectation comptable. Les entrepreneurs individuels et les sociétés de personnes relevant des BIC et des BA et soumis à un régime réel d'imposition peuvent librement inscrire à l'actif de leur bilan l'ensemble de leurs biens, qu'ils soient ou non affectés à l'exercice de leur activité. Ce principe de liberté d'affectation comptable, communément appelé « théorie du bilan », résulte d'une jurisprudence ancienne et constante du Conseil d'État. • CE 24 mai 1967, *Sieur L.*, n° 65436 : *Lebon T. 767.* ♦ A propos de l'interprétation de l'art. 38-2 CGI. * BOI-BIC-BASE-90 n° 1 du 4 juill. 2018.

2. Neutralisation des effets fiscaux du principe de liberté d'affectation comptable. L'art. 155 CGI, applicable aux exercices et périodes d'imposition ouverts à compter du 1er janv. 2012, a mis fin aux effets en matière fiscale du principe de libre affectation pour les biens qui ne sont pas liés à l'exercice de l'activité professionnelle, sous réserve de l'application de la règle dite « tolérance de 5 % ». Ainsi, les résultats tirés de l'exploitation non professionnelle de ces biens (produits, charges et résultat de leur cession) sont extournés des bénéfices imposables de l'entreprise pour être imposés dans leur cédule d'imposition conformément à la nature de ces biens. Le résultat de cession des biens inscrits à l'actif fait en outre l'objet de règles particulières afin de ne comprendre dans le résultat professionnel que la fraction des plus et moins-values correspondant à l'usage professionnel d'un élément d'actif cédé. * BOI-BIC-BASE-90 n° 1 du 4 juill. 2018.

3. Il en résulte que, pour les exercices ou les périodes d'imposition ouverts à compter du 1er janv. 2012, le bénéfice net mentionné à l'art. 38 est : 1° diminué du montant des produits qui ne proviennent pas de l'activité exercée à titre professionnel, à l'exclusion de ceux pris en compte pour la détermination de la plus-value ou moins-value de cession d'un élément d'actif immobilisé ou pour la détermination des résultats mentionnés à l'art. 155 CGI ; 2° augmenté du montant des charges admises en déduction qui ne sont pas nécessitées par l'exercice de l'activité à titre professionnel, à l'exclusion de celles prises en compte pour la détermination de la plus-value ou moins-value de cession d'un élément d'actif immobilisé ou pour la détermination des résultats mentionnés à l'art. 155. * BOI-BIC-BASE-90 nos 160 s. du 4 juill. 2018.

4. Immeubles inscrits à l'actif d'une entreprise. Les revenus accessoires provenant d'immeubles inscrits à l'actif d'une entreprise industrielle, commerciale ou artisanale soumise à un régime de bénéfice réel (normal ou simplifié) et non utilisés à des fins professionnelles doivent être exclus extra-comptablement des bénéfices de l'entreprise. Par exception, ces produits restent inclus dans les bénéfices de l'entreprise si le total des produits non issus de l'activité exercée à titre professionnel, y compris ces produits, représentent au plus 5 % (ou 10 %) de l'ensemble des produits de l'exercice, à l'exception des plus-values de cession. * BOI-RFPI-CHAMP-10-30 n° 110 du 5 avr. 2017.

5. Loueurs en meublé professionnels. La condition d'inscription au registre du commerce et des sociétés à laquelle est subordonnée la reconnaissance de la qualité de loueur en meublé professionnel est jugée inconstitutionnelle dès lors que les personnes physiques exerçant cette activité ne peuvent pas s'inscrire à ce registre. La condition d'inscription au RCS est inconstitutionnelle dès lors qu'elle méconnaît le principe d'égalité devant les charges publiques. • Cons. const. 8 févr. 2018, n° 2017-689 QPC : *RJF 2018. 417.* ♦ Le caractère professionnel de l'activité de loueur en meublé s'apprécie donc désormais au regard des deux seules conditions prévues aux 2° et 3° du 2 du IV de l'art. 155. * BOI-BIC-CHAMP-40-10 n° 45 du 20 mars 2019.

6. Dès lors que le caractère prépondérant de l'activité de location meublée s'apprécie annuellement, seuls les revenus correspondant à l'année d'imposition en cause avant déduction des éventuels déficits des exercices antérieurs peuvent être pris en compte pour sa détermination. • CE 24 oct. 2014, *Lagoubie*, n° 375358 : *RJF 2015. 4 ; Dr. fisc. 2014. 654.*

7. Activités de gestion ou de promotion immobilière des architectes. Les activités de gestion ou de promotion immobilière ou de marchands de bien ne peuvent généralement pas être considérées comme l'extension de l'activité non commerciale des architectes. Par suite, les bénéfices provenant de ces activités accessoires ne peuvent bénéficier de l'« attractivité » prévue par l'art. 155-I-2 et doivent donc être imposés dans la catégorie BNC. * BOI-BNC-CHAMP-10-20 n° 120 du 6 juill. 2016.

8. Activités commerciales des vétérinaires. Les ventes de médicaments sont imposées dans la catégorie des BNC dans la mesure où elles constituent le prolongement de l'activité médicale. Les autres profits réalisés dans le cadre de ce secteur demeurent, en principe, imposables dans la catégorie des BIC. Toutefois, l'Administration admet de les taxer au titre des BNC lorsque le montant des recettes réalisées dans le cadre de ce secteur n'excède pas 25 % du montant des recettes du secteur libéral (ou 20 % de l'ensemble des recettes des deux secteurs). En cas de franchissement du seuil, les recettes des deux secteurs sont taxées dans la catégorie d'imposition qui leur est propre. * BOI-BNC-CHAMP-10-30-10 n°s 280 et 300 du 3 févr. 2016.

9. Opérations de courtage des agents généraux d'assurance. Bien que les opérations de courtage constituent des opérations commerciales, les revenus accessoires tirés de l'activité d'intermédiation en assurance par l'agent général d'assurance indépendamment de son mandat d'exclusivité peuvent être pris en compte pour la détermination de ses résultats imposables dans la catégorie des BNC. * BOI-BNC-CHAMP-10-20 n° 97 du 6 juill. 2016.

6 SOMMES PERÇUES PAR UNE PERSONNE DOMICILIÉE OU ÉTABLIE HORS DE FRANCE

Art. 155 A **I. — Les sommes perçues par une personne domiciliée ou établie hors de France en rémunération de services rendus par une ou plusieurs personnes domiciliées ou établies en France sont imposables au nom de ces dernières :**

Soit, lorsque celles-ci contrôlent directement ou indirectement la personne qui perçoit la rémunération des services ;

Soit, lorsqu'elles n'établissent pas que cette personne exerce, de manière prépondérante, une activité industrielle ou commerciale, autre que la prestation de services ;

Soit, en tout état de cause, lorsque la personne qui perçoit la rémunération des services est domiciliée ou établie dans un État étranger ou un territoire situé hors de France où elle est soumise à un régime fiscal privilégié au sens mentionné à l'article 238 A.

II. — Les règles prévues au I ci-dessus sont également applicables aux personnes domiciliées hors de France pour les services rendus en France.

III. — La personne qui perçoit la rémunération des services est solidairement responsable, à hauteur de cette rémunération, des impositions dues par la personne qui les rend.

BIBL. ▶ BURGUBURU, *RJF 2008, p. 447* (mes concerts, mes impôts, mes... ou quand l'art. 155 A pousse sa chansonnette un peu plus loin) ; *RJF 2008, p. 667* (transferts de bénéfices et expansion à l'étranger : une jurisprudence au parfum). – CHARTIER et BELLET, *Dr. fisc. 2017. 483* (art. 155 A et droit de l'UE : la messe est-elle dite ?). – GOUTHIÈRE, *FR Lefebvre 26/08, p. 9* (dispositifs anti-abus et conventions fiscales) ; *BFL 2011, p 469* (art. 155 A CGI : compatibilité avec les normes juridiques supérieures ?). – Iljics, *RJF 2017, p. 1047* (quelle est la portée de l'art. 155 A ?). – Pierre, *Dr. fisc. 2008. 389* (quelle interaction de l'art. 155 A et des conventions internationales ?) ; *ibid. 2020. 256* (l'art. 155 A CGI est-il un dispositif approprié dans le droit fiscal français ?). – Pons, *BFL 2012, p. 5* (les mesures contre l'évasion fiscale internationale et la Constitution). – Vallée, *FR Lefebvre 25/09, p. 9* (article 155 A : droit communautaire et conventions fiscales). – Villemot, *Dr. fisc. 2009. 286* (le verrou posé par la décision *Aznavour* sur la porte d'accès aux conventions fiscales).

1. Constitutionnalité du dispositif. L'art. 155 A est conforme à la Constitution, sous réserve que son application ne conduise pas à une double imposition dans le cas où tout ou partie des sommes est reversé en France au prestataire de services. • Cons. const. 26 nov. 2010, n° 2010-70 QPC : *RJF 2011. 210 ; Dr. fisc. 2011. 209, note Dieu.* ♦ Sur renvoi de • CE 24 sept. 2010, n° 341573 : *RJF 2010. 1218 ; Dr. fisc. 2010. 577, concl. Boucher.* ♦ Cette réserve d'interprétation qui conditionne l'application de l'art. 155 A à l'absence de double imposition des sommes taxées selon ces dispositions, ne peut concerner, en tout état de cause, que les impositions françaises. Dès lors, un contribuable établi en Belgique ne peut utilement s'en prévaloir en indiquant que les sommes ont déjà été imposées dans cet autre État. • CAA Versailles, 30 déc. 2014, *Couckuyt*, n° 12VE03396 : *RJF 2015. 459.* ♦ Dans le même sens • CE (na) 27 juin 2018, n° 411709 : *RJF 2018. 924.*

2. Compatibilité avec le droit communautaire. L'art. 155 A qui va au-delà de ce qui est nécessaire pour atteindre l'objectif qu'il poursuit est, dès lors, incompatible avec les art. 43 (liberté d'établissement) et 49 (liberté des prestations de services) du TFUE. • CAA Douai, 14 déc. 2010, *Deschilder*, n° 08DA1103 : *RJF 2011. 400 ; Dr. fisc. 2011. 133, concl. Minne.*

3. Les principes de liberté de circulation des travailleurs et de liberté de prestation de services font obstacle à l'imposition en France d'une artiste en application de l'art. 155 A, au titre des sommes correspondant à son activité en France versées à une société néerlandaise non artificielle. • CAA Paris, 11 oct. 2012, *Casta*, n° 10PA04573 : *RJF 2012. 113.*

4. L'art. 155 A ne porte pas atteinte à la liberté d'établissement, dès lors qu'il impose des services essentiellement rendus par le contribuable et ne trouvant aucune contrepartie réelle dans une intervention de la société étrangère. – V. note 6.

5. Caractère non subsidiaire de l'art. 155 A. L'Administration n'est pas tenue, avant de faire application de l'art. 155 A, de rechercher si elle *peut taxer les sommes en cause* sur d'autres dispositions du CGI. • CE 12 mai 2017, *Repelowicz*, n° 398300 : *RJF 2017. 771, concl. Daumas ; Dr. fisc. 2017. 491, note De La Mardière.*

6. Portée du dispositif. L'art. 155 A-I, qui désigne le redevable légal de l'imposition portant sur la rémunération de certaines prestations de service, ne dispense pas l'Administration de faire application des règles de taxation relatives à la catégorie de revenus dont cette rémunération relève. • CE 4 nov. 2020, n° 436367 : *RJF 2021. 2 ; Dr. fisc. 2021. 134, note Pierre.* ♦ Application, s'agissant de rémunérations de prestations de services versées à l'étranger : • CE 16 juill. 2021, n° 433578 : *RJF 2021. 1017.*

7. L'art. 155 A-I vise uniquement l'imposition des services essentiellement rendus par une personne établie ou domiciliée en France et ne trouvant aucune contrepartie réelle dans une intervention propre d'une personne établie ou domiciliée hors de France. En l'absence d'une telle contrepartie permettant de regarder les services concernés comme rendus pour le compte de cette dernière personne, sa liberté de s'établir hors de France ne saurait être entravée du fait de ces dispositions. • CE 20 mars 2013, *Piazza*, n°s 346642 et 346643 : *RJF 2013. 578 ; Dr. fisc. 2013. 282, concl. Aladjidi, note De La Mardière.* ♦ ... Pas plus qu'il n'est porté atteinte au principe de libre prestation de services. • CE 4 déc. 2013, n° 34813 : *RJF 2014. 210 ; BDCF 2014. 26, concl. Daumas ; Dr. fisc. 2014. 211, note De La Mardière.*

8. Personnes domiciliées en France. La commission versée à une société établie en Libye (État non conventionné) en rémunération de l'opération d'entremise effectuée par un contribuable domicilié en France est imposable entre les mains de ce dernier. • CAA Paris, 22 janv. 1998, n° 96PA1439 : *RJF 1998. 365.* ♦ Les sommes versées par un club de football français à une société établie en Suisse en contrepartie de l'utilisation du nom et de l'image de l'entraîneur du club sont imposables en France au nom de l'entraîneur tant en application de l'art. 155 A que de l'art. 19 de la convention fiscale franco-suisse, non incompatibles en l'espèce. • CAA Douai, 6 févr. 2001, n° 98DA0385 : *RJF 2001. 1032 ; Dr. fisc. 2002. 111, concl. Mulsant.* ♦ Les sommes versées par des clubs de football français à une société établie en Belgique en rémunération de services rendus par un agent de joueurs, consistant notamment dans la négociation de transferts de joueurs professionnels, sont imposables en France au nom de cet agent, en application de l'art. 155 A, dès lors que la société belge n'exerce pas d'activité industrielle ou commerciale autre que la prestation de services. • TA Marseille, 22 déc. 2009, n° 07-3349 : *RJF 2010. 763.* ♦ Les sommes versées sous forme de redevances annuelles par un club de football français à une société de droit britannique titulaire des droits relatifs à l'utilisation du nom et de l'image d'un joueur professionnel employé par le club, en rémunération de la cession de ces droits, sont imposables en France au nom du joueur, en application de l'art. 155 A, dès lors que : 1) la société britannique n'exerce pas de manière prépondérante une activité industrielle ou commerciale autre que la prestation de services ; 2) l'image et la notoriété acquises par un sportif professionnel font partie intégrante de la prestation de travail qu'il doit à son club et les droits versés par ce dernier à l'occasion de l'exploitation du nom et de l'image du joueur le sont en contrepartie ou à l'occasion de ce travail. Ces droits sont donc indissociables de la rémunération de l'activité sportive du footballeur. • CE 4 déc. 2013, n° 34813 : *préc. note 6.* ♦ Lorsque des personnes physiques, domiciliées en France au sens de l'art. 4 B, se livrent à une activité de courtage en achetant sur le marché français des œuvres d'art pour le compte de deux sociétés, établies l'une au Liechtenstein, l'autre à Panama, qu'elles destinent à leurs clients, les commissions rémunérant les prestations de ces courtiers, retenues par les deux sociétés qui les tiennent à leur disposition, sont imposables en France. • CE (na) 15 déc. 2004, n° 262325 : *RJF 2005. 288.*

9. Les redevances versées en contrepartie de la concession du droit d'exploiter une licence de marques et brevets ne peuvent être regardées comme la contrepartie d'un service rendu au sens et pour l'application de l'art. 155 A. • CE 5 nov. 2021, ♙ n° 433367 : *RJF 2022. 2 ; Dr. fisc. 2021. 449, concl. Bokdam-Tognetti, note Fouquet.*

10. Seules les sommes encaissées par le bénéficiaire des rémunérations peuvent être imposées, faisant ainsi exception aux principes de la comptabilité d'engagement. L'Administration n'est donc pas en droit d'imposer au titre de BNC des sommes dont elle établit l'inscription en comptabilité mais pas le versement effectif. • TA Lyon, 12 nov. 2013, n° 1103511 : *RJF 2014. 532.*

11. Personnes domiciliées hors de France. Les sommes versées par une société française à une société belge en rémunération des prestations fournies par son dirigeant, domicilié en Belgique, en qualité de directeur artistique pour l'enregistrement de disques sont imposables au nom de ce dernier. • CAA Paris, 6 nov. 1997, n° 96PA1298 : *Dr. fisc. 1998. 570 ; RJF 1998. 215.* ♦ Il en est de même de la somme versée par une société française à une société britannique et qui constitue la rémunération destinée à un artiste de variétés domicilié en Suisse pour la prestation musicale de cet artiste lors d'un concert donné en France, dès lors qu'il n'est pas établi que la société britannique, dont l'objet social est la promotion d'engagements musicaux d'artistes, exerce une autre activité industrielle ou commerciale. • CE 28 mars 2008, ♙ n° 271366 : *RJF 2008. 69 ; concl. Landais au BDCF 6/08, n° 69.* ♦ La notion de « service rendu en France », au sens de l'art. 155 A-II, s'entend des services « réalisés en France » et non pas « utilisés en France ». • CE 22 janv. 2018, ♙ n° 406888 : *RJF 2018. 342, concl. Cortot-Boucher ; Dr. fisc. 2018. 241, note Tailfer et Pannetier.*

12. Compatibilité avec les conventions fiscales internationales. En soumettant une société française à l'imposition de l'art. 155 A sur les sommes versées à une société luxembourgeoise, l'Administration a méconnu les stipulations de l'art. 4 de la Convention franco-luxembourgeoise du 1er avr. 1958, dès lors que la société luxembourgeoise ne disposait pas d'établissement stable sur la territoire français. • TA Nancy, 30 déc. 2002, n° 00-113, *SA ANAF France : Dr. fisc. 2003. 755 ; RJF 2003. 1021 ; Dr. soc. 2003. 98, note Pierre.* ♦ Les conventions fiscales ne font pas obstacle à l'imposition en France, sur le fondement de l'article 155 A, d'un artiste résident de Suisse dont les prestations en France sont rémunérées par des versements à une société britannique. • CE 28 mars 2008, ♙ n° 271366 : *préc. note 11.*

13. Art. 155 A et abus de droit. L'application de l'art. 155 A n'implique pas la mise en œuvre de la procédure de répression des abus de droit, prévue à l'art. L. 64 du LPF. Ainsi l'Administration peut, sur le fondement de l'art. 155 A, imposer un contribuable à raison des sommes qu'une société suisse a perçues d'une société française en rémunération des services rendus par le contribuable sans rechercher si peuvent également être appliquées les dispositions de l'art. L. 64 du LPF. • CE 18 oct. 2002, ♙ n° 224459 : *RJF 2003. 10 ; concl. Austry au BDCF 1/03, n° 2 ; Dr. fisc. 2003. 121.*

7 DISPOSITIONS APPLICABLES AUX IMPATRIÉS DÉTACHÉS EN FRANCE

Art. 155 B **I. — 1. Les salariés et les personnes mentionnées aux 1°, 2° et 3° du *b* de l'article 80 *ter* appelés de l'étranger à occuper un emploi dans une entreprise établie en France pendant une période limitée ne sont pas soumis à l'impôt à raison des éléments de leur rémunération directement liés à cette situation ou, sur option** *(Abrogé par L. n° 2018-1317 du 28 déc. 2018, art. 6)* ***« , et pour les salariés et personnes autres que ceux appelés par une entreprise établie dans un autre État »*, à hauteur de 30 % de leur rémunération.** — *Les dispositions issues de la L. n° 2018-1317 du 28 déc. 2018 s'appliquent à raison des rémunérations dues à compter du 1er janv. 2019 aux personnes dont la prise de fonction en France intervient à compter du 16 nov. 2018 (L. préc., art. 6-II).*

Le premier alinéa est applicable sous réserve que les salariés et personnes concernés n'aient pas été fiscalement domiciliés en France au cours des cinq années civiles précédant celle de leur prise de fonctions et, jusqu'au 31 décembre de la huitième année civile suivant celle de cette prise de fonctions, au titre des années à raison desquelles ils sont fiscalement domiciliés en France au sens des *a* et *b* du 1 de l'article 4 B. – *Durée d'exonération applicable aux personnes dont la prise de fonctions en France intervient à compter du 6 juill. 2016 (L. n° 2016-1917 du 29 déc. 2016, art. 71-II). – Pour les personnes dont la prise de fonctions est antérieure à cette date, l'exonération est accordée jusqu'au 31 déc. de la cinquième année civile suivant celle de cette prise de fonctions.*

Le bénéfice du régime d'exonération est conservé en cas de changement de fonctions, pendant la durée définie au deuxième alinéa du présent 1, au sein de l'entreprise établie en France mentionnée au premier alinéa ou au sein d'une autre entreprise établie en France appartenant au même groupe. Pour l'application de ces dispositions, le groupe s'entend de l'ensemble formé par une entreprise établie en France ou hors de France et les entreprises qu'elle contrôle dans les conditions définies à l'article L. 233-3 du code de commerce.

Si la part de la rémunération soumise à l'impôt sur le revenu en application du présent 1 est inférieure à la rémunération versée au titre de fonctions analogues dans l'entreprise ou, à défaut, dans des entreprises similaires établies en France, la différence est réintégrée dans les bases imposables de l'intéressé.

2. La fraction de la rémunération correspondant à l'activité exercée à l'étranger pendant la durée définie au 1 est exonérée si les séjours réalisés à l'étranger sont effectués dans l'intérêt direct et exclusif de l'employeur.

3. Sur option des salariés et personnes mentionnés au 1, soit la fraction de la rémunération exonérée conformément aux 1 et 2 est limitée à 50 % de la rémunération totale, soit la fraction de la rémunération exonérée conformément au 2 est limitée à 20 % de la rémunération imposable résultant du 1.

4. Les salariés et personnes mentionnés au présent I ne peuvent pas se prévaloir de l'article 81 A.

II. – Les salariés et personnes mentionnés au I sont, pendant la durée où ils bénéficient des dispositions du même I, exonérés d'impôt à hauteur de 50 % du montant des revenus suivants :

a) Revenus de capitaux mobiliers dont le paiement est assuré par une personne établie hors de France dans un État ou territoire ayant conclu avec la France une convention fiscale qui contient une clause d'assistance administrative en vue de lutter contre la fraude ou l'évasion fiscale ;

b) Produits mentionnés aux 2° et 3° du 2 de l'article 92 dont le paiement est effectué par une personne établie hors de France dans un État ou territoire ayant conclu avec la France une convention fiscale qui contient une clause d'assistance administrative en vue de lutter contre la fraude ou l'évasion fiscale ; – *Cas de l'Islande, de la Norvège et du Liechtenstein.*

c) Gains réalisés à l'occasion de la cession de valeurs mobilières et de droits sociaux, lorsque le dépositaire des titres ou, à défaut, la société dont les titres sont cédés est établi hors de France dans un État ou territoire ayant conclu avec la France une convention fiscale qui contient une clause d'assistance administrative en vue de lutter contre la fraude ou l'évasion fiscale. Corrélativement, les moins-values réalisées lors de la cession de ces titres sont constatées à hauteur de 50 % de leur montant.

Dans sa rédaction applicable jusqu'à l'imposition des revenus de 2016, l'art. 155 B accordait également le bénéfice de l'exonération, sur agrément préalable est sous certaines conditions, aux personnes non salariées ayant pris leur fonctions en France au plus tard le 31 déc. 2011.

1. Salariés et mandataires sociaux impatriés. Salaires et dirigeants appelés pour occuper un emploi en France. Conditions de domiciliation. Exonération du supplément de rémunération lié à l'impatriation et de la fraction de la rémunération se rapportant à l'activité exercée à l'étranger. Exonération partielle de certains revenus patrimoniaux de source étrangère. Plafonnements des exonérations. Obligations déclaratives. Articulation avec le régime des « expatriés » prévu à l'art. 81 A. Liste des États ou territoires ayant conclu avec la France une convention fiscale qui contient une clause d'assistance administrative pour l'application l'art. 155 B-II. * BOI-RSA-GEO-40-10-10 du 21 juin 2017 * BOI-RSA-GEO-40-10-40 du 21 juin 2017.

2. Peuvent bénéficier, pendant une période limitée, du régime spécial d'imposition, les salariés et dirigeants appelés à occuper un emploi pendant une durée déterminée ou indéterminée dans une entreprise établie en France, soit par l'intermédiaire d'une entreprise établie à l'étranger, soit directement par l'entreprise établie en France. * BOI-RSA-GEO-40-10-10 n° 10 du 21 juin 2017.

3. Retenue à la source. Dès lors qu'elle est exonérée d'IR en application du 1 du I de l'art. 155 B, la prime d'impatriation versée aux salariés et dirigeants « impatriés » au sens de cet article n'est pas comprise dans l'assiette de la retenue à la source. * BOI-IR-PAS-20-10-10 n° 50 du 28 juill. 2020.

4. Changement d'employeur ou d'entreprise. Lorsqu'il change d'employeur ou d'entreprise, un salarié impatrié ne peut plus bénéficier, pour le nouvel emploi, du régime spécial d'imposition. Il en va notamment ainsi lorsque le salarié vient à travailler auprès d'une entreprise autre que celle pour laquelle il s'est installé en France, y compris dans le cadre d'une mobilité intragroupe, ou lorsque l'entreprise étrangère met fin à son détachement et que le salarié signe un contrat de travail avec la société française dans laquelle il exerce ses fonctions. * Rescrit 19 oct. 2010, n° 2010/60 FP * BOI-RSA-GEO-40-10-10 n°s 250 et 260 du 21 juin 2017.

5. Changements de fonctions intervenus à compter du 7 août 2015. Maintien du dispositif d'exonération.* BOI-RSA-GEO-40 du 21 juin 2017.

6. Salariés appelés de l'étranger à occuper un emploi « dans une entreprise établie en France ». Notion d'entreprise. Pas de renvoi d'une QPC. • CE, QPC, 20 mai 2015, n° 388480 QPC : *RJF 2015. 724.*

7. Montant des revenus de capitaux mobiliers sur lequel est appliquée l'exonération de 50 % (art. 155 B-II). S'agissant des revenus mobiliers, l'exonération est applicable, toutes conditions étant satisfaites, quelles que soient les modalités d'imposition à l'IR (imposition forfaitaire ou imposition par application du barème progressif). Lorsque le contribuable opte pour l'imposition par application du barème progressif, l'exonération est calculée sur la base nette. * BOI-RSA-GEO-40-10-30-20 n° 240 du 20 déc. 2019. ♦ En ce qui concerne les plus-values de cession de titres, l'exonération de 50 % s'applique au montant des plus-values concernées avant l'abattement pour durée de détention prévu par l'art. 150-0 D-1 *ter* CGI. * BOI-RPPM-PVBMI-20-20-20-10 n° 40 du 20 déc. 2019.

8. Exonération partielle d'impôt à raison des revenus et plus-values de cession d'origine étrangère (art. 155 B-II). Exonération des revenus patrimoniaux même en l'absence de revenus d'activité exonérés. • CE 21 oct. 2020, n° 442799 : *RJF 2021. 4, concl. Victor.*

SOUS-SECTION 2 REVENU GLOBAL

I *REVENU IMPOSABLE*

Art. 156 L'impôt sur le revenu est établi d'après le montant total du revenu net annuel dont dispose chaque foyer fiscal. Ce revenu net est déterminé eu égard aux propriétés et aux capitaux que possèdent les membres du foyer fiscal désignés aux 1 et 3 de l'article 6, aux professions qu'ils exercent, aux traitements, salaires, pensions et rentes viagères dont ils jouissent ainsi qu'aux bénéfices de toutes opérations lucratives auxquelles ils se livrent, sous déduction :

I. — Du déficit constaté pour une année dans une catégorie de revenus ; si le revenu global n'est pas suffisant pour que l'imputation puisse être intégralement opérée, l'excédent du déficit est reporté successivement sur le revenu global des années suivantes jusqu'à la sixième année inclusivement.

Toutefois, n'est pas autorisée l'imputation :

1° des déficits provenant d'exploitations agricoles lorsque le total des revenus nets d'autres sources excède *(L. n° 2021-1900 du 30 déc. 2021, art. 2)* « 113 544 € *[ancienne rédaction : 111 976 €]* » ; ces déficits peuvent cependant être admis en déduction des bénéfices de même nature des années suivantes jusqu'à la sixième *[année]* inclusivement. — *Montant applicable à l'imposition des revenus de 2021.*

Le montant mentionné au premier alinéa est révisé chaque année selon les mêmes modalités que la limite supérieure de la première tranche du barème de l'impôt sur le revenu ; — *Sauf revalorisation différente expressément prévue par la loi.*

1° *bis* des déficits provenant, directement ou indirectement, des activités relevant des bénéfices industriels ou commerciaux lorsque ces activités ne comportent pas la participation personnelle, continue et directe de l'un des membres du foyer fiscal à l'accomplissement des actes nécessaires à l'activité. Il en est ainsi, notamment, lorsque la gestion de l'activité est confiée en droit ou en fait à une personne qui n'est pas un membre du foyer fiscal par l'effet d'un mandat, d'un contrat de travail ou de toute autre convention. Les déficits non déductibles pour ces motifs peuvent cependant être imputés sur les bénéfices tirés d'activités de même nature exercées dans les mêmes conditions, durant la même année ou les six années suivantes. Ces modalités d'imputation ne sont pas applicables aux déficits provenant de l'activité de location directe ou indirecte de locaux d'habitation meublés ou destinés à être loués meublés.

Toutefois, lorsque l'un des membres du foyer fiscal fait l'objet d'une procédure de liquidation judiciaire prévue par le titre IV du livre VI du code de commerce à raison de l'activité génératrice des déficits mentionnés au premier alinéa, les dispositions du premier alinéa du I sont applicables au montant de ces déficits restant à reporter à la date d'ouverture de la procédure, à la condition que les éléments d'actif affectés à cette activité cessent définitivement d'appartenir, directement ou indirectement, à l'un des membres du foyer fiscal.

Les dispositions du premier alinéa s'appliquent pour la détermination du revenu imposable au titre des années 1996 et suivantes aux déficits réalisés par les membres des copropriétés mentionnées à l'article 8 *quinquies*. Dans les autres cas, elles sont applicables au déficit ou à la fraction du déficit provenant d'activités créées, reprises, étendues ou adjointes à compter du 1er janvier 1996. Cette fraction est déterminée au moyen d'une comptabilité séparée retraçant les opérations propres à ces extensions ou adjonctions et qui donne lieu à la production des documents prévus à l'article 53 A ; à défaut, les modalités d'imputation prévues au premier alinéa s'appliquent à l'ensemble du déficit des activités.

Les dispositions du premier alinéa s'appliquent également à la fraction du déficit des activités créées ou reprises avant le 1er janvier 1996 provenant des investissements réalisés à compter de cette date. Cette fraction est déterminée selon le rapport existant entre la somme des valeurs nettes comptables de ces investissements et la somme des valeurs nettes comptables de l'ensemble des éléments de l'actif immobilisé, y compris ces investissements. Les biens loués ou affectés à l'activité par l'effet de toute autre convention sont assimilés à des investissements pour l'application de ces dispositions.

Les dispositions du premier alinéa ne sont pas applicables au déficit ou à la fraction de déficit provenant de l'exploitation :

a) d'immeubles ayant fait l'objet avant le 1er janvier 1996 d'une déclaration d'ouverture de chantier prévue à l'article *(Décr. n° 2018-500 du 20 juin 2018, art. 1er)* « R.* 421-40 » du code de l'urbanisme et acquis par le contribuable, directement ou indirectement, dans les cinq ans de cette déclaration, lorsque les biens ou droits ainsi acquis n'ont pas été détenus directement ou indirectement par une personne physique ;

b) de biens meubles corporels acquis à l'état neuf, non encore livrés au 1er janvier 1996 et ayant donné lieu avant cette date à une commande accompagnée du versement d'acomptes au moins égaux à 50 % de leur prix ;

1° *ter* des déficits du foyer fiscal provenant de l'activité de location directe ou indirecte de locaux d'habitation meublés ou destinés à être loués meublés lorsque l'activité n'est pas exercée à titre professionnel au sens du IV de l'article 155. Ces déficits s'imputent exclusivement sur les revenus provenant d'une telle activité au cours de celles des dix années suivantes pendant lesquelles l'activité n'est pas exercée à titre professionnel au sens des mêmes dispositions.

Toutefois, lorsque l'activité est exercée, dès le commencement de la location, à titre professionnel au sens des mêmes dispositions, la part des déficits qui n'a pu être imputée en application du premier alinéa et qui provient des charges engagées en vue de la location directe ou indirecte d'un local d'habitation avant le commencement de cette location, tel que déterminé conformément au septième alinéa du IV de l'article 155, peut être imputée par tiers sur le revenu global des trois premières années de location du local, tant que l'activité reste exercée à titre professionnel ;

2° des déficits provenant d'activités non commerciales au sens de l'article 92, autres que ceux qui proviennent de l'exercice d'une profession libérale ou des charges et offices dont les titulaires n'ont pas la qualité de commerçants ; ces déficits peuvent cependant être imputés sur les bénéfices tirés d'activités semblables durant la même année ou les six années suivantes ; *— V. toutefois le I bis ci-dessous.*

3° des déficits fonciers, lesquels s'imputent exclusivement sur les revenus fonciers des dix années suivantes ; cette disposition n'est pas applicable aux propriétaires de monuments classés *(L. n° 2021-710 du 4 juin 2021, art. 1er-II-2°)* « ou inscrits au titre

des monuments historiques », ou ayant reçu le label délivré par la Fondation du patrimoine en application de l'article L. 143-2 du code du patrimoine si ce label a été accordé sur avis favorable du service départemental de l'architecture et du patrimoine. *— Pour les immeubles ayant fait l'objet d'un agrément ministériel avant le 1er janv. 2014, l'article 156 continue de s'appliquer, dans sa rédaction antérieure, jusqu'au terme de chaque agrément (L. n° 2013-1278 du 29 déc. 2013, art. 26-XI-3). — V. Ann. III, art. 41 DO. — V. L. n° 2008-1425 du 27 déc. 2008, art. 84-II : « Les deux premières phrases du troisième alinéa du 3° du I de l'article 156 du code général des impôts ne sont pas applicables aux déficits résultant de dépenses portant sur des immeubles pour lesquels une demande de permis de construire ou une déclaration de travaux a été déposée à compter du 1er janvier 2009 ».*

L'imputation exclusive sur les revenus fonciers n'est pas non plus applicable aux déficits fonciers résultant de dépenses autres que les intérêts d'emprunt. L'imputation est limitée à 10 700 €. La fraction du déficit supérieure à 10 700 € et la fraction du déficit non imputable résultant des intérêts d'emprunt sont déduites dans les conditions prévues au premier alinéa.

La limite mentionnée au deuxième alinéa est portée à 15 300 € pour les contribuables qui constatent un déficit foncier sur un logement pour lequel est pratiquée *(L. n° 2018-1021 du 23 nov. 2018, art. 162-I-2° et II, applicable à compter de l'imposition des revenus de l'année 2019)* **« l'une des déductions prévues aux *f* ou *o*** *[ancienne rédaction : la déduction prévue au f]* **» du 1° du I de l'article 31.**

Lorsque le propriétaire cesse de louer un immeuble ou lorsque le propriétaire de titres d'une société non soumise à l'impôt sur les sociétés les vend, le revenu foncier et le revenu global des trois années qui précèdent celle au cours de laquelle intervient cet événement sont, nonobstant toute disposition contraire, reconstitués selon les modalités prévues au premier alinéa du présent 3°. Cette disposition ne s'applique pas en cas d'invalidité correspondant au classement dans la deuxième ou la troisième des catégories prévues à l'article L. 341-4 du code de la sécurité sociale, de licenciement ou de décès du contribuable ou de l'un des époux soumis à une imposition commune.

Un contribuable ne peut pour un même logement ou une même souscription de titres pratiquer les réductions d'impôt mentionnées aux articles 199 *undecies* ou 199 *undecies* A et imputer un déficit foncier sur le revenu global ;

4° *Abrogé ;*

5° Abrogé ;

6° Abrogé ;

7° Abrogé ;

8° Des déficits constatés dans la catégorie des revenus des capitaux mobiliers ; ces déficits peuvent cependant être imputés sur les revenus de même nature des six années suivantes.

I. bis Abrogé.

II. — Des charges ci-après lorsqu'elles n'entrent pas en compte pour l'évaluation des revenus des différentes catégories :

1° Intérêts des emprunts contractés antérieurement au 1er novembre 1959 pour faire un apport en capital à une entreprise industrielle ou commerciale ou à une exploitation agricole ; intérêts des emprunts qui sont ou qui seront contractés, au titre des dispositions relatives aux prêts de réinstallation ou de reconversion, par les Français rapatriés ou rentrant de l'étranger ou des États ayant accédé à l'indépendance ;

1° *bis* *Disposition devenue sans objet ;*

1° *ter* Dans les conditions fixées par décret, les charges foncières afférentes aux immeubles classés monuments historiques ou inscrits *(L. n° 2021-1900 du 30 déc. 2021, art. 66-2°)* **« au titre des monuments historiques », ainsi qu'aux immeubles faisant partie du patrimoine national ou en raison du label délivré par la "Fondation du patrimoine" en application de l'article L. 143-2 du code du patrimoine si ce label a été accordé sur avis favorable du service départemental de l'architecture et du patrimoine ;** *— V. Ann. III, art. 41 E à 41 J. — Pour les immeubles ayant fait l'objet d'un agrément ministériel avant le 1er janv. 2014, l'art. 156 continue de s'appliquer, dans sa rédaction antérieure, jusqu'au terme de chaque agrément (L. n° 2013-1278 du 29 déc. 2013, art. 26-XI-3).*

1° *quater* *Disposition devenue sans objet ;*

2° Arrérages de rentes payés par lui à titre obligatoire et gratuit constituées avant le 2 novembre 1959 ; pensions alimentaires répondant aux conditions fixées par les arti-

cles 205 à 211, 367 et 767 du code civil à l'exception de celles versées aux ascendants quand il est fait application des dispositions prévues aux 1 et 2 de l'article 199 *sexdecies* ; versements de sommes d'argent mentionnés à l'article 275 du code civil lorsqu'ils sont effectués sur une période supérieure à douze mois à compter de la date à laquelle la convention de divorce par consentement mutuel mentionnée à l'article 229-1 du même code a acquis force exécutoire ou le jugement de divorce, que celui-ci résulte ou non d'une demande conjointe, est passé en force de chose jugée et les rentes versées en application des articles 276, 278 ou 279-1 du même code en cas de séparation de corps ou de divorce, ou en cas d'instance en séparation de corps ou en divorce et lorsque le conjoint fait l'objet d'une imposition séparée, les pensions alimentaires versées en vertu d'une convention de divorce mentionnée à l'article 229-1 du même code ou d'une décision de justice et en cas de révision amiable de ces pensions, le montant effectivement versé dans les conditions fixées par les articles 208 et 371-2 du code civil ; contribution aux charges du mariage définie à l'article 214 du code civil, *(Abrogé par L. n° 2020-1721 du 29 déc. 2020, art. 3-2°)* ***« lorsque son versement résulte d'une convention de divorce mentionnée à l'article 229-1 du même code ou d'une décision de justice et »*** **à condition que les époux fassent l'objet d'une imposition séparée ; dans la limite de 2 700 € et, dans les conditions fixées par un décret en Conseil d'État, les versements destinés à constituer le capital de la rente prévue à l'article 373-2-3 du code civil.** – *Ann. II, art. 91 quinquies.*

Le contribuable ne peut opérer aucune déduction pour ses descendants mineurs, lorsqu'ils sont pris en compte pour la détermination de son quotient familial.

La déduction est limitée, par enfant majeur, au montant fixé pour l'abattement prévu par l'article 196 B. Lorsque l'enfant est marié, cette limite est doublée au profit du parent qui justifie qu'il participe seul à l'entretien du ménage. – *Le montant mentionné au présent al. est fixé à 6 042 € pour l'imposition des revenus de 2021 (L. n° 2021-1900 du 30 déc. 2021, art. 2).*

Un contribuable ne peut, au titre d'une même année et pour un même enfant, bénéficier à la fois de la déduction d'une pension alimentaire et du rattachement. L'année où l'enfant atteint sa majorité, le contribuable ne peut à la fois déduire une pension pour cet enfant et le considérer à charge pour le calcul de l'impôt ;

2° *bis* *Abrogé* ;

2° *ter* Avantages en nature consentis en l'absence d'obligation alimentaire résultant des articles 205 à 211 du code civil à des personnes âgées de plus de 75 ans vivant sous le toit du contribuable et dont le revenu imposable n'excède pas le plafond de ressources mentionné à l'article L. 815-9 du code de la sécurité sociale pour l'octroi de l'allocation de solidarité aux personnes âgées mentionnée à l'article L. 815-1 du même code et de l'allocation supplémentaire d'invalidité mentionnée à l'article L. 815-24 du même code. La déduction opérée par le contribuable ne peut excéder, par bénéficiaire, la somme de *(Décr. n° 2021-744 du 9 juin 2021, art. 1er)* **« 3 542 €** *[ancienne rédaction : 3 535 €]* **».** – *Soit 10 881,75 € pour une personne seule et 16 893,94 € pour un couple marié ou pacsé pour l'imposition des revenus de 2021 (L. n° 2021-1900 du 30 déc. 2021, art. 2). – Limite de déduction pour l'imposition des revenus de 2020 (L. préc.). La déduction opérée par le contribuable ne peut excéder, par bénéficiaire, la somme de 3 592 €. – Limite de déduction pour l'imposition des revenus de 2021 (L. n° 2021-1900 du 30 déc. 2021, art. 2).*

Le montant de la déduction mentionnée au premier alinéa est relevé chaque année dans la même proportion que la limite supérieure de la première tranche du barème de l'impôt sur le revenu ; – *Sauf revalorisation différente expressément prévue par la loi.*

2° *quater* *Abrogé* ;

3° *Abrogé* ;

4° Versements effectués à titre de cotisations de sécurité sociale, à l'exception de ceux effectués pour les gens de maison ;

5° Versements effectués en vue de la retraite mutualiste du combattant visée à l'article L. 222-2 du code de la mutualité ; – *Les versements sont déductibles dans la limite de 1 821 € pour l'imposition des revenus de 2019.*

6° *Abrogé* ;

7° *a)* et *b)* *Dispositions devenues sans objet* ;

c) *Abrogé* ;

d) *Disposition devenue sans objet* ;

8° *Abrogé* ;

9°, 9° *bis* et 9° *ter Abrogés* ;

(L. n° 2017-1836 du 30 déc. 2017, art. 15-VIII-3°) « **10° Les cotisations mentionnées aux articles L. 621-1 et L. 622-2 du code de la sécurité sociale ;** »

11° Les primes ou cotisations des contrats d'assurances conclus en application des articles L. 752-1 à L. 752-21 du code rural et de la pêche maritime relatifs à l'assurance obligatoire contre les accidents de la vie privée, les accidents du travail et les maladies professionnelles des non-salariés des professions agricoles ;

12° *Dispositions devenues sans objet* ;

13° Les cotisations versées par les chefs d'exploitation ou d'entreprise agricole au titre des contrats d'assurance de groupe mentionnés au 2° de l'article L. 144-1 du code des assurances, dans les limites prévues par l'article 154 *bis*-0 A.

V. égal. art. 1731 bis.

Pour 2014 : *L. n° 2013-1278 du 29 déc. 2013, art. 26-XI-3 : « 3. Les a (...) du I [de l'art. 26] s'appliquent à compter de l'imposition des revenus de l'année 2014. Toutefois, pour les immeubles ayant fait l'objet d'un agrément ministériel avant le 1er janvier 2014, les articles 31, 156, 156 bis, 199 novovicies et 239 nonies du code général des impôts continuent de s'appliquer, dans leur rédaction antérieure à l'entrée en vigueur du présent 3, jusqu'au terme de chaque agrément. »*

BIBL. ▶ David, *GAJF, p. 401* (charges familiales).

I. DÉFICITS

A. REVENU D'IMPUTATION

1. Le revenu global mentionné aux art. 1er, 13 et 156, sur lequel s'imputent les déficits catégoriels déductibles, en application de l'art. 156-I, est celui qui constitue la base d'imposition au barème progressif de l'IR. Le déficit constaté dans une catégorie de revenus imposables selon un taux progressif ne peut pas être déduit des gains nets de cession de valeurs mobilières taxés à un taux forfaitaire proportionnel. • CAA Nancy, 28 déc. 1995 : *Dr. fisc. 1996. 520, concl. Commenville ; RJF 1996. 852* • CE 20 oct. 2000, n° 178106, *Berthold : RJF 2001. 1 ; Dr. fisc. 2001. 303, concl. Mignon.* ♦ Un non-résident ne peut demander l'imputation de déficits de source française constatés dans la catégorie des BIC sur la plus-value de cession d'immeuble imposée sous forme du prélèvement prévu par l'art. 244 *bis* A dès lors que ce prélèvement, libératoire de l'IR, est distinct de cet impôt. • CAA Paris, 8 oct. 2004, n° 00PA3264 : *RJF 2005. 29.*

2. L'art. 156-I implique qu'un déficit né pendant une année N-1 soit immédiatement imputé sur le revenu de l'année N, seule la fraction *éventuellement non imputable* pouvant être répartie sur les années ultérieures. • CE 14 mars 1984, n° 46769 : *RJF 1984. 572.*

3. En cas de séparation ou divorce, chacun des époux devenu imposable distinctement peut déduire les déficits reportables provenant, soit de biens lui appartenant en propre, soit de son entreprise ou de son activité personnelle et la moitié des déficits afférents aux biens qui dépendaient de la communauté conjugale. En cas de décès, les mêmes possibilités de déduction sont ouvertes au conjoint survivant. * BOI-IR-BASE-20-20-10 n° 165 du 3 juin 2016.

B. ACTIVITÉS RELEVANT DES BIC

4. Déficits provenant des activités industrielles et commerciales exercées à titre non professionnel. N'est pas autorisée, sauf exceptions limitativement énumérées, l'imputation sur les autres revenus des déficits provenant des activités relevant de la catégorie des BIC lorsque ces dernières ne sont pas exercées à titre professionnel, c'est-à-dire lorsqu'elles ne comportent pas la participation personnelle, directe et continue de l'un des membres du foyer fiscal à l'accomplissement des actes nécessaires à l'activité. Ces déficits s'imputent sur les seuls bénéfices d'activités de même nature exercées dans les mêmes conditions et réalisés au cours de la même année ou des six années suivantes. * BOI-IR-BASE-10-20-10 n° 110 du 20 déc. 2019 * BOI-BIC-DEF n° 30 du 8 oct. 2012. ♦ Le législateur a entendu exclure du bénéfice de l'imputation sur le revenu global du déficit issu d'une activité relevant de la catégorie des BIC les contribuables qui n'étaient pas effectivement et personnellement impliqués dans la gestion de l'entreprise. La participation personnelle à l'accomplissement des actes nécessaires à une activité BIC peut être limitée à un seul domaine de gestion de l'entreprise. • CE 26 sept. 2018, n° 408096 : *RJF 2018. 1200, concl. Daumas.*

5. Loueurs en meublé (revenus perçus avant 2017). Régimes respectifs des déficits des loueurs professionnels et des loueurs non professionnels. * BOI-BIC-DEF-20-20 nos 60 à 140 du 12 sept. 2012. ♦ Dans l'hypothèse où une location meublée est consentie par une société de personnes, le respect du seuil de recettes exigé par l'art. 151 *septies* pour la reconnaissance du caractère professionnel de cette activité est apprécié au niveau de chacun de ses membres. • CE 27 juill. 2006, n° 272397 : *RJF 2006. 1493 ; Dr. fisc. 2007. 339, concl. Glaser* • 16 mai 2007, n° 295357 : *RJF 2007. 878.* ♦ Le régime des loueurs en meublé professionnels ne s'applique pas lorsqu'une société de personnes exerçant cette activité n'est pas inscrite en cette qualité au RCS. Son associé ne peut donc pas imputer les déficits sociaux sur son revenu global. • CE 9 oct. 2013, *M. et Mme de Potter*, n° 346046 : *RJF 2014. 2.*

6. Un propriétaire d'appartements meublés dans une résidence para-hôtelière exerce une activité de loueur en meublé s'il confie la gestion de l'exploitation à un professionnel sans en supporter les risques. • CE 16 oct. 2009, n° 301235, *Chwartz : RJF 2010. 6.* ♦ Exerce de même une activité de loueur non professionnel de locaux d'habitation meublés le bailleur d'appartements meublés situés dans une résidence offrant à ses résidents des prestations de nature hôtelière, dès lors que ces prestations sont réalisées non par le bailleur mais par le preneur qui supporte seul le risque d'exploitation. • CE 25 nov. 2009, n° 306540 : *RJF 2010. 99 ; Dr. fisc. 2010. 80.*

7. Cessation d'activité. Le fait qu'un contribuable ait cessé d'exercer sa profession commerciale ne saurait faire perdre le caractère de charge, au sens de l'art. 39-1, à une dette qui, se rattachant à son ancienne profession, n'est devenue certaine que plusieurs années après la cessation d'activité. Cette dette, par suite, est susceptible d'entraîner la formation d'un déficit relevant de la catégorie des BIC et imputables sur le revenu global conformément à l'art. 156-I. • CE 26 juin 1974, n°s 84866 et 85103 : *Dupont 1974, p. 352 ; BOI 4 A-7-75 ; DB 4 A-633, n° 9, 9 mars 2001.*

8. Lorsqu'un commerçant cesse d'exercer l'activité qu'il poursuivait à titre individuel, l'ensemble des dettes qu'il avait contractées dans ce cadre et qui avaient, à la date de cessation, acquis un caractère certain, sont transférées dans son patrimoine privé. Ainsi, la dette contractée en 1984 par un commerçant à l'égard d'un organisme de crédit pour l'acquisition de son fonds de commerce dont il a arrêté l'exploitation en 1991 a cessé, à cette date, de grever son patrimoine professionnel. En conséquence, la dette correspondant aux intérêts de cet emprunt pour 1993 et 1994, qui se rattache à une dette dépendant du patrimoine privé du commerçant, ne peut, alors même qu'elle n'a, pour sa part, acquis un caractère certain qu'après que les intérêts ont couru, être regardée comme contractée dans le cadre de l'activité commerciale passée de l'intéressé. Par suite, ce dernier n'a pu légalement déduire cette charge de son revenu global au titre d'un déficit dans la catégorie des BIC. • CE 5 oct. 2005, n° 267088, *Ondicola : RJF 2005. 1362 ; concl. Séners au BDCF 12/05, n° 145.* ♦ En revanche, lorsqu'un emprunt a été souscrit pour faire face au passif engendré par l'activité commerciale exercée par un contribuable et a été déterminant dans l'acceptation par le tribunal de commerce de la clôture des opérations de liquidation pour extinction du passif, les intérêts de cet emprunt constituent des charges nouvelles qui se rattachent à l'activité commerciale de ce contribuable. Ces charges devenues certaines après la cessation de cette activité sont déductibles des exercices au titre desquels elles sont engagées. Elles sont de nature à engendrer un déficit relevant de la catégorie des BIC imputable sur le revenu global. • CE 10 janv. 2007, n°s 267947 et 272187 : *RJF 2007. 396 ; Dr. fisc. 2007. 959.*

9. Quote-part de déficit social. L'associé d'une société de personnes est en droit d'imputer sur son revenu global la quote-part du déficit lui revenant à la clôture de l'exercice même si la déclaration de résultats de la société n'a pas été déposée sous réserve toutefois qu'il établisse la réalité de ce déficit. La simple production de sa déclaration accompagnée du bilan simplifié et du compte de résultat ne constitue pas des éléments suffisamment précis pour l'établir. • CAA Paris, 25 oct. 2007, n° 06PA3028 : *RJF 2008. 323.*

C. DÉFICITS D'ACTIVITÉS NON COMMERCIALES

10. Principes. Les déficits provenant d'activités non commerciales au sens de l'art. 92, autres que ceux qui proviennent de l'exercice d'une profession libérale ou des charges et offices dont les titulaires n'ont pas la qualité de commerçants, ne peuvent donner lieu à imputation sur le revenu global. Ils sont seulement imputables sur les bénéfices tirés d'activités semblables durant la même année ou les six années suivantes. * BOI-IR-BASE-10-20-10 n° 120 du 20 déc. 2019. ♦ La possibilité d'imputer sur le revenu global les déficits provenant de charges et offices est subordonnée à l'exercice effectif d'une activité professionnelle. • CE 21 oct. 2016, n° 386796 : *RJF 2017. 3, concl. Crépey.* ♦ V. aussi note 15.

11. La circonstance que la loi ne prévoit pas la possibilité pour le contribuable d'obtenir la rectification de l'imposition établie sur des revenus qu'il a reversés ultérieurement n'est pas jugée contraire à la Constitution, le contribuable ayant la possibilité de déduire les sommes reversées ultérieurement, même si cette possibilité peut ne pas suffire à compenser intégralement l'imposition qui a résulté de la prise en compte de revenus finalement reversés. • CE 19 déc. 2019, n° 435402 : *RJF 2020. 259.*

12. Le législateur a entendu distinguer les déficits provenant des professions libérales et des charges et offices dont les titulaires n'ont pas la qualité de commerçants, seuls déductibles en totalité du revenu global, des déficits provenant d'une ou plusieurs des autres occupations, activités lucratives et sources de profits visées à l'art. 92, qui sont exclusivement imputables sur les revenus, assimilés à des BNC, qui ont pu être en même temps tirés de semblables occupations, activités ou sources de profits. • CE 29 juill. 1998, n° 165343 : *Dr. fisc. 1998. 1074, concl. Arrighi de Casanova* • 5 juill. 1999, n°s 180488 et 180489, *Chassagnon : RJF 1999. 956 ; Dr. fisc. 2000. 45.* ♦ Le législateur a entendu déroger, en ce qui concerne la catégorie des BNC définie par l'art. 92, à la règle, établie par l'art. 13-3 et par l'art. 156-1, al. 1er, selon laquelle le montant imputable sur le revenu global du déficit constaté pour une année dans une catégorie de revenus est déterminé par l'excédent des résultats négatifs sur les résultats positifs de l'ensemble des entreprises, exploitations ou professions ressortissant de cette catégorie, en distinguant les déficits provenant des professions libérales et des charges et offices dont les titulaires n'ont pas la qualité de commerçants, seuls déductibles en totalité du revenu global, des déficits provenant d'une ou plusieurs des autres occupations, activités lucratives et sources de profits visées à l'art. 92, qui sont exclusivement imputables sur les revenus, assimilés à des BNC, qui ont pu être en même temps tirés de pareilles occupations, activités ou sources de profits. • CAA Nancy, 6 nov. 2003, n° 00NA635 : *RJF 2004. 217.*

13. Sous-location de locaux. Les déficits non commerciaux subis par un associé de SCI ayant une activité de sous-location de locaux ne sont pas imputables sur les BNC tirés de l'exercice de professions libérales. • CE 29 juill. 1998, n° 165343 : *préc. note 12.* ♦ De même les déficits non commerciaux provenant d'une activité de sous-location de locaux nus pris en crédit-bail ne sont pas déductibles du revenu global. • CE 5 oct. 2007, n° 283813 : *RJF 2007. 1374.* ♦ De même un médecin ne peut imputer sur les BNC tirés de son activité libérale les déficits subis en tant qu'associé d'une SCI sous-louant des locaux pris en crédit-bail dans lesquels il exerce son activité professionnelle. • CAA Nancy, 6 nov. 2003 : *préc. note 12.*

14. En application de l'art. 156-I-2°, les déficits tirés de l'activité non commerciale de sous-location d'immeubles nus ne peuvent pas être imputés sur le revenu global du contribuable dès lors qu'une telle activité, qui ne requiert pas la mise en œuvre d'un art ou d'un savoir-faire particuliers, ne constitue pas, par sa nature et les conditions de son exercice, une profession libérale. Peu importe à cet égard que l'activité ait été exercée à titre professionnel. • CE 8 juill. 2009, n° 304815 : *RJF 2009. 906 ; Dr. fisc. 2009. 469, concl. Burguburu.*

15. Caractère professionnel de l'activité. Les critères du caractère professionnel de l'activité sont la régularité des recettes, la recherche de clientèle et de débouchés. • CE 23 mars 1988, n° 68879 : *Dr. fisc. 1989. 1470* • 15 févr. 1989, n° 78992 : *Dr. fisc. 1989. 1372* • CAA Nantes, 9 oct. 1991, n° 89NT1390 : *Dr. fisc. 1992. 199.* ♦ L'activité d'une société civile qui a suspendu la recherche d'une clientèle lucrative et n'effectue pas d'opérations rémunérées n'a pas un caractère professionnel. • TA Versailles, 30 juin 1998, n°s 86-5823 et 89-5342 : *RJF 1999. 1122.* ♦ Un entraîneur de chevaux avec une licence A d'amateur, qui ne perçoit de cette activité aucune rémunération autre que les gains provenant des prix gagnés par ses propres chevaux ou de la vente de ces chevaux n'exerce pas une profession libérale. • CAA Paris, 10 oct. 1996, n° 95PA2773 : *Dr. fisc. 1997. 79, concl. Martel.* ♦ De même, ne sont pas exercées à titre professionnel les activités des associés d'une société civile qui ne gère pas par elle-même ou par ses associés la carrière et l'entraînement de chevaux de course qui sont assumés par des entraîneurs salariés. • CE 10 oct. 2001, n° 211455, *Ouaki : RJF 2002. 1 ; Dr. fisc. 2002. 10.* ♦ Enfin, un expert-comptable qui élève des chevaux de course, mis en pension dans un haras, ne peut imputer les déficits résultant de son activité d'éleveur sur les BNC qu'il tire de son activité d'expert-comptable. • CE 5 juill. 1999, n°s 180448 et 180449 : *préc. note 12.*

D. DÉFICITS AGRICOLES

16. Déficits subis provenant d'exploitations agricoles. En vertu de l'art. 156-I-1°, les déficits provenant d'exploitations agricoles ne peuvent pas donner lieu à imputation sur le revenu global, lorsque le total des revenus nets d'autres sources dont dispose le contribuable excède 107 610 € pour les revenus de 2015. Révision annuelle de la limite. * BOI-IR-BASE-10-20-10 n° 100 du 20 déc. 2019.

17. Modalités d'appréciation de la limite légale. La limite légale doit être appréciée par rapport au total des revenus nets du foyer fiscal qui sont taxés sous une cote unique. Toutefois, il est admis que les plus-values imposées conformément aux art. 150 U s. ne soient pas retenues pour l'appréciation du franchissement de cette limite. * BOI-BA-BASE-40 n° 10 du 4 juill. 2018. ♦ Il convient de prendre en compte les gains nets retirés de la cession de valeurs mobilières imposables au taux forfaitaire. • CAA Lyon, 31 juill. 2008, n° 05LY865 : *RJF 2009. 4.*

E. DÉFICITS DES REVENUS MOBILIERS

18. En l'absence de toutes dispositions particulières, un déficit dans la catégorie des revenus de capitaux mobiliers ne peut résulter que de la déduction de dépenses effectuées en vue de l'acquisition et de la conservation de ce revenu ou du reversement d'un revenu de cette catégorie imposé au cours d'une année antérieure. La perte subie lors du rachat d'un contrat de capitalisation a le caractère d'une perte en capital dont aucun texte n'autorise la déduction du revenu imposable. • CAA Bordeaux, 6 nov. 2008, n° 07BX953 : *RJF 2009. 341* • CAA Lyon, 25 janv. 2011, n° 09LY01053 : *RJF 2012. 246.* ♦ Solutions confirmées : la perte constatée lors du rachat total ou partiel d'un contrat de capitalisation par rapport au montant des versements effectués constitue une perte en capital qui n'est déductible ni des revenus de capitaux mobiliers, ni du revenu global. ♦ • CE 20 mars 2013, *Salomon*, n° 347882 : *Dr. fisc. 2013. 255, concl. Bonhert.*

F. DÉFICITS FONCIERS

19. Principes. Aux termes de l'art. 156-I-3°, les déficits fonciers résultant de dépenses (déductibles des revenus fonciers) autres que les intérêts d'emprunts peuvent s'imputer sur le revenu global net de la même année dans la limite annuelle de 10 700 € (15 300 € en cas de déficit constaté sur un immeuble pour lequel est pratiqué l'amortissement Périssol). La fraction de déficit qui excède cette limite ou qui résulte d'intérêts d'emprunts s'impute exclusivement sur les revenus fonciers des dix années suivantes. * BOI-IR-BASE-10-20-10 n° 130 du 20 déc. 2019. ♦ En dehors de ce régime, qui constitue le droit commun en matière de revenus fonciers, l'imputation sur le revenu global est par ailleurs admise, sans limitation de montant, en ce qui concerne les déficits fonciers provenant : 1) de dépenses autres que les intérêts d'emprunt réalisées en vue de la restauration d'un immeuble bâti situé en secteur sauvegardé ou assimilé (régime dit de la « loi Malraux ») ; 2) des charges afférentes aux immeubles classés monuments historiques ou assimilés et productifs de revenus ; 3) des travaux de grosses réparations supportées, avant 2017, par les nus-propriétaires d'un immeuble en application de l'art. 605 C. civ. lorsque le démembrement du droit de propriété résulte d'une succession ou d'une donation entre vifs effectuée dans certaines conditions. * BOI-IR-BASE-10-20-10 n° 140 du 20 déc. 2019.

20. Les déficits fonciers autres que les intérêts d'emprunt s'imputent sur le revenu global dans la limite annuelle de 10 700 €. La fraction du déficit foncier inférieure à ce plafond constaté pour une année et qui ne résulte pas d'intérêts d'emprunt doit, sauf disposition particulière, s'imputer sur le revenu global dont le contribuable a disposé au titre de la même année, sans que cette imputation puisse faire l'objet d'aucun aménagement au choix de ce dernier. • CAA Douai, 7 oct. 2003, n° 01DA927 : *RJF 2004. 961.*

21. Lorsqu'un propriétaire-bailleur impute un déficit foncier sur son revenu global, l'immeuble doit être affecté à la location jusqu'au 31 déc. de *la troisième année qui suit l'imputation.* Si cette condition n'est pas respectée, l'imputation du déficit foncier sur le revenu global est remise en cause.

Pour effectuer cette remise en cause, le revenu global et les revenus fonciers des trois années qui précèdent celle au cours de laquelle intervient la cessation de la location doivent être reconstitués selon les modalités applicables en cas de non-imputation d'un déficit sur le revenu global. Le déficit indûment imputé sur le revenu global peut donc être uniquement imputé sur les revenus fonciers des dix années suivantes dans les conditions de droit commun. En cas de remise en cause de l'imputation des déficits fonciers sur le revenu global suite à la cessation de la location, les déficits en report à cette date sont perdus. De même, lorsque l'immeuble n'est plus mis en location et ne peut plus bénéficier du régime dérogatoire permettant au contribuable d'imputer une fraction des déficits fonciers sur le revenu global, les déficits indûment imputés sur le revenu global des trois années précédentes peuvent alors être imputés sur l'ensemble des revenus fonciers de l'année au cours de laquelle ces déficits ont été réalisés et viennent augmenter le déficit reportable de cette année. • CE 26 avr. 2017, *Clément*, n° 400441 : *RJF 2017. 659.* ♦ Infirmation de la doctrine administrative. ♦ Nouvelle doctrine. * BOI-RFPI-BASE-30-20-10 n° 260 du 1er sept. 2017.

22. Les personnes qui reçoivent des immeubles en héritage ne peuvent déduire de leurs propres revenus fonciers, sur le fondement de l'art. 156-I-3°, les déficits qui n'ont pu être imputés par l'ancien contribuable propriétaire. • CE 7 nov. 2008, n° 299099 : *RJF 2009. 220 ; Dr. fisc. 2009. 204, concl. Olléon, note de La Mardière.*

23. Modalités d'imputation après divorce ou séparation. Après divorce ou séparation entraînant une imposition distincte, chacun des époux impute la moitié des déficits fonciers reportables afférents aux immeubles qui dépendaient de la communauté conjugale, y compris lorsque ces biens étaient détenus par l'intermédiaire d'une SCI dont les parts, détenues inégalitairement entre les époux, faisaient partie de la communauté. • CAA Lyon, 30 sept. 2010, n° 09LY2080 : *RJF 2011. 44 ; Dr. fisc. 2011. 101.*

24. Déficits fonciers afférents aux dépenses inhérentes au maintien et à la protection du patrimoine naturel (art. 156-I-3°, al. 2). La possibilité de déduire du revenu global sans limitation de montant les déficits fonciers provenant des dépenses de maintien et de protection du patrimoine naturel autres que les intérêts d'emprunt est supprimée à compter de l'imposition des revenus de l'année 2010 et pour les trois années suivantes. En revanche, le régime de déduction des revenus fonciers des travaux de restauration et de gros entretien réalisés en vue du maintien en bon état écologique et paysager de certains espaces naturels protégés (art. 31-I-2°-c *quinquies* CGI) demeure applicable, toutes conditions étant par ailleurs remplies. En conséquence, les déficits fonciers provenant des dépenses exposées à compter du 1er janv. 2010 pour le maintien et la protection du patrimoine naturel sont imputables sur le revenu global de 2010 dans la limite annuelle de 10 700 €. La fraction du déficit foncier supérieure à cette limite, ainsi que celle correspondant aux intérêts d'emprunt, ne sont imputables que sur les revenus fonciers des dix années suivantes. * BOI-RFPI-SPEC-50 du 8 déc. 2014.

G. NUS-PROPRIÉTAIRES

BIBL. Louveau et Josso, *Dr. fisc. 2009. 260* (le statut fiscal du nu-propriétaire : mythe et réalité).

25. Dispositif applicable aux dépenses supportées avant 2017 (CGI, art. 156-II-2° quater). * BOI-RFPI-BASE-30-20-20 n°s 40 et 50 du 12 sept. 2012.

26. Notion de grosses réparations (dépenses supportées avant 2017). Les travaux déductibles du revenu global sont les grosses réparations visées à l'art. 605 C. civ. et répondant à la définition de l'art. 606 du même code. Il s'agit des dépenses de réfection des charpentes, toitures, gros murs et planchers. • CE 8 août 1990, ♔ n° 63517 : *Dr. fisc. 1991. 373 ; RJF 1990. 1204.* ♦ ... Ou des travaux de maçonnerie, menuiserie et zinguerie correspondant à la réfection des murs, de la toiture et des souches de cheminées. • CE 27 juin 2001, ♔ n° 204541 : *Dr. fisc. 2002. 653 ; RJF 2001. 1304 ; Defrénois 2002. 37485, note Chappert.* ♦ ... Ou encore des travaux de charpente, de toiture et de chapes. • CE 8 mars 2002, ♔ n° 222952 : *RJF 2002. 600 ; concl. Austry au BDCF 6/02, n° 72 ; Dr. fisc. 2002. 465.* ♦ ... Mais non des travaux réalisés simultanément sur le même immeuble et qui portent sur la création de fenêtres, le tubage de cheminées, le remplacement d'un escalier intérieur et le ravalement d'une façade. • Même arrêt. ♦ ... Ni des remplacements de portes, fenêtres et escaliers. • CAA Nantes, 4 mars 1997, n° 94NT1001 : *Dr. fisc. 1997. 1166.*

27. Les grosses réparations effectuées dans le cadre d'une opération de reconstruction et d'agrandissement sont déductibles du revenu global si elles peuvent être dissociées de l'ensemble de l'opération. • CAA Nantes, 4 mars 1997, n° 94NT1001 : *préc. note 26* ♦ Les travaux qui ne visent pas au maintien de la structure de l'immeuble, mais ont pour objet sa remise en état et l'amélioration des conditions d'habitabilité ne sont pas des grosses réparations. • CAA Bordeaux, 14 oct. 1997, n° 95BX992 : *Dr. fisc. 1998. 404.*

H. RESTAURATION COMPLÈTE D'UN IMMEUBLE BÂTI (demandes de permis de construire déposées avant 2009)

BIBL. Di Malta, *BFL 2009, p. 567* (restauration d'un monument historique partiellement inscrit : imputation intégrale du déficit foncier). – Maublanc, *AJPI 1999, p. 318* (loi Malraux et déficits fonciers).

28. Sites concernés. Ce dispositif est susceptible de bénéficier aux propriétaires d'immeubles situés dans des sites patrimoniaux remarquables, lesquels se substituent aux secteurs sauvegardés, aux ZPPAUP et aux AVAP. L. n° 2016-925 du 7 juill. 2016, art. 75.

29. Nature des travaux. Les dépenses exposées par le propriétaire sont déductibles du revenu global en tant que déficits fonciers lorsqu'elles se rapportent à des travaux de réparation, d'entretien ou d'amélioration. Elles ne sont pas déductibles lorsqu'il s'agit, soit de travaux de construction, de reconstruction ou d'agrandissement, soit de travaux qui, bien que ne présentant pas ces caractères, sont eux-mêmes indissociables de travaux de construction, de reconstruction ou d'agrandissement. • CE 30 avr. 1997, ♔ n° 152391 : *Dr. fisc. 1997. 889, concl. Bachelier ; RJF 1997. 518.*

30. Des travaux ayant pour objet la création de nouveaux espaces habitables dans les combles, grâce à la modification de la pente de la toiture et au déplacement d'un escalier secondaire, sont des travaux d'agrandissement et ne constituent pas des charges déductibles. En revanche, les travaux, dissociables des précédents, qui ont eu pour seul effet de remettre l'immeuble en l'état et de lui apporter des améliorations, sans modification importante de la consistance du gros œuvre et sans agrandissement des surfaces habitables, sont admis en déduction. • CE 27 févr. 1998, ♔ n° 161140 : *Dr. fisc. 1998. 436, concl. Arrighi de Casanova ; RJF 1998. 218 ; ibid. 147, chron. Verclytte.* ♦ Tel est le cas des modifications et suppressions de cloisons. • CE 10 mars 1999, ♔ n°s 168837 et 165210 : *RJF 1999. 517.* ♦ En revanche (avant le 1er janv. 2004), des travaux de transformation d'un local à usage de bureau en logement ne sont pas déductibles, sauf si ces locaux étaient destinés originellement à l'habitation et n'ont pas fait l'objet de travaux les modifiant en vue de leur ôter leur destination d'habitation. • CE 22 févr. 2002, ♔ n° 214385 : *RJF 2002. 460 ; Dr. fisc. 2002. 544, concl. Austry.*

31. Ne sont pas déductibles du revenu global, en tant que déficits fonciers, les dépenses exposées par le propriétaire d'un immeuble ayant fait l'objet de travaux groupés de restauration immobilière à l'intérieur d'un secteur sauvegardé lorsqu'il s'agit soit de travaux de construction, de reconstruction ou d'agrandissement, soit de travaux qui en sont indissociables. • CE 15 déc. 2000, ♔ n° 203163 : *Dr. fisc. 2001. 467 ; RJF 2001. 278.* ♦ Doivent être regardés comme des travaux de construction ou de reconstruction les travaux comportant la création de nouveaux locaux d'habitation, notamment dans des locaux auparavant affectés à un autre usage, sauf si ces locaux étaient destinés originellement à l'habitation et n'ont pas fait l'objet de travaux modifiant leur conception, leur aménagement et leurs équipements en vue de leur ôter cette destination.

• CE 22 févr. 2002, n° 214385 : *RJF 2002. 460 ; Dr. fisc. 2002. 544, concl. Austry.*

32. S'agissant de locaux destinés originellement à l'habitation, déductibilité des travaux d'amélioration liés au retour à l'habitation alors même que l'occupation temporaire à un autre usage que l'habitation a modifié la conception, l'aménagement ou les équipements de ces locaux. Imputation sur le revenu global. * BOI-RFPI-SPEC-40-20 n° 140 du 30 mai 2016.

33. Année de déduction des dépenses. Le propriétaire est fondé à demander l'imputation des dépenses au titre de l'année au cours de laquelle il les a payées entre les mains de l'association syndicale, alors même que celle-ci n'a réglé les travaux aux entreprises que postérieurement. • CE 27 févr. 1998, n° 161140 : *préc. note 30.*

34. Associés de SCI. La circonstance que l'immeuble est la propriété d'une SCI ne fait pas obstacle à ce que les associés imputent sur leur revenu global une quote-part du déficit de la société correspondant à leurs droits dans celle-ci. • CE 23 oct. 1998, n° 176811 : *Dr. fisc. 1999. 241, concl. Arrighi de Casanova ; RJF 1998. 1391.*

35. Dès lors qu'une SCI, qui a acquis des appartements dans un secteur sauvegardé, a adhéré aux associations syndicales libres de copropriétaires instituées pour assurer la maîtrise d'ouvrage des opérations de restauration de ces immeubles et que les travaux ont commencé simultanément sous la maîtrise d'ouvrage de ces associations, les travaux en cause répondent à la condition d'avoir été réalisés à l'initiative des propriétaires groupés, même si les programmes de travaux avaient été définis par les sociétés qui avaient initialement acquis les immeubles et obtenu permis de construire et autorisations spéciales. • CE 1er mars 2000, n° 197045 : *Dr. fisc. 2000. 915 ; RJF 2000. 447.*

36. La restauration entreprise par une SCI non transparente peut être regardée comme une opération groupée faite à l'initiative de ses différents associés. • CAA Lyon, 31 janv. 1995, n° 94LY86 : *Dr. fisc. 1995. 756, concl. Gailleton* • CE 1er mars 2000, n° 168128 : *Dr. fisc. 2000. 852 ; RJF 2000. 447.*

37. La circonstance qu'un immeuble ayant fait l'objet d'une opération de restauration groupée soit la propriété d'une SCI régie par les dispositions de l'art. 8 ne fait pas obstacle à ce que les associés, personnes physiques, qui, en vertu des dispositions de cet article sont personnellement soumis à l'impôt pour la part des résultats de la société correspondant à leurs droits dans celle-ci, *puissent, sur le fondement de l'art. 156-I-3°* imputer sur leur revenu global la quote-part du déficit résultant de cette opération. • CE 1er mars 2000, n° 197045 : *préc. note 35.*

38. Opérations concernées. N'ouvrent pas droit à l'imputation sur le revenu global : les opérations programmées d'amélioration de l'habitat réalisées selon la procédure prévue par la circ. du 1er juin 1977 du secrétaire d'État auprès du ministre de l'équipement. • CE 19 oct. 1992, n° 74457 : *RJF 1992. 1605* • CE 10 nov. 2000, *Bonnard,* n° 135043 : *Dr. fisc. 2001. 249 ; RJF 2001. 135.* ♦ ... Les opérations de rénovation conçues et définies par le marchand de biens auquel l'immeuble a été acheté. • CAA Bordeaux, 14 déc. 1995, n° 93BX965 : *Dr. fisc. 1996. 969.* ♦ Le contribuable qui s'est inséré dans un dispositif déjà élaboré par une association foncière urbaine et qui a accepté d'y participer, avant le début du chantier, doit être regardé comme ayant eu l'initiative du projet. • CAA Nancy, 11 avr. 1996, n° 94NA413 : *Dr. fisc. 1996. 1090 ; BJS 1996, n° 11, p. 966, note Skovron.*

39. Intérêts d'emprunt. Si le législateur a entendu limiter le droit reconnu aux propriétaires d'imputer sur le revenu global certains déficits fonciers à la seule partie desdits déficits provenant de travaux exécutés sur des locaux ayant fait l'objet d'une opération programmée de restauration immobilière en application des art. L. 313-1 à L. 313-15 C. urb. et destinés à être loués nus à usage de résidence principale du locataire pendant une durée de 9 ans, il n'a pas exclu, par là même, du montant des déficits fonciers imputables sur le revenu global les intérêts des emprunts contractés pour réaliser ces travaux qui sont des charges déductibles pour la détermination du revenu net foncier. • CE 30 juill. 2003, n° 244517, *Candelon : RJF 2003. 1200.*

40. Réforme du dispositif pour les demandes de permis de construire déposées à compter du 1er janv. 2009. Le régime d'imputation des déficits est supprimé et remplacé par une réduction d'impôt. ♦ V. art. 199 *tervicies.*

II. CHARGES

A. PENSIONS ET RENTES

1° PENSIONS ALIMENTAIRES VERSÉES AUX ASCENDANTS

41. Dans le cas où un ascendant a préalablement consenti une donation de biens immobiliers, sans contrepartie explicite, au profit du contribuable qui lui verse une pension alimentaire, le juge n'est fondé à prendre en considération, pour apprécier l'état de besoin de cet ascendant, les ressources dont il s'est volontairement privé en faisant cette donation qu'en cas de fraude à la loi. • CE 28 mars 2012, *Touillier,* n° 321315 : *RJF 2012. 555 ; Dr. fisc. 2012. 348.*

42. L'état de besoin est caractérisé dès lors que l'ascendant ne dispose pas de ressources propres lui permettant de couvrir totalement les frais de sa pension dans une maison de retraite. Déductibilité des sommes versées par le contribuable pour compléter le financement de ces frais et les dépenses de la vie courante (un tiers du SMIC en l'espèce). • CAA Nantes, 17 avr. 2001, n° 97NT1923 : *RJF 2001. 1176.*

43. Les contribuables qui s'acquittent de l'obligation alimentaire en recueillant sous leur toit un ascendant dans le besoin peuvent déduire de leur revenu global, sans avoir à fournir de justifications, une somme correspondant à l'évaluation forfaitaire des avantages en nature retenue pour le calcul des cotisations de sécurité sociale. ♦ Les dépenses ou versements autres que les dépenses de nourriture peuvent être prises en compte pour leur montant réel et justifié. * BOI-IR-BASE-20-30-20-10 du 16 févr. 2018.

44. Les contribuables qui mettent gratuitement un appartement à la disposition de leurs ascendants sont autorisés à déduire du montant total de leurs revenus la valeur de cet avantage en nature correspondant au loyer qu'ils pourraient tirer de cet appartement en le louant à un tiers et aux charges locatives (à l'exclusion des charges de propriété) qu'ils règlent en lieu et place des ascendants aidés, à condition de justifier que ceux-ci sont privés de ressources suffisantes et se trouvent en droit de demander une pension alimentaire en proportion de leur besoin. • CAA Paris, 29 nov. 2001, n° 00PA680 : *Dr. fisc. 2002. 462.*

45. Les pensions alimentaires, y compris lorsqu'elles sont dues en vertu d'une loi étrangère, doivent répondre aux conditions fixées par les art. 205 à 211 et 367 C. civ. • CE 10 janv. 2007, ♔ n° 264821 : *RJF 2007. 384 ; concl. Vérot au BDCF 4/07, n° 40 ; Dr. fisc. 2007. 999, concl. Vérot* • CE 28 mars 2012, ♔ *Cerovic*, n° 323852 : *RJF 2012. 554.* ♦ Le fait que le bénéficiaire de la pension soit une personne de nationalité étrangère ou domiciliée à l'étranger ne fait pas obstacle à la déduction de la pension dès lors que le débiteur de la pension est en mesure de justifier du caractère alimentaire des dépenses, de leur réalité et des besoins du bénéficiaire. Pour un paiement en espèces par mandat postal, une attestation de paiement délivrée par l'établissement ayant reçu le transfert de fonds indiquant le nom du débiteur et celui du bénéficiaire constitue un mode de preuve recevable. * Rép. min. n° 25531 : *JOAN Q, 12 avr. 1999, p. 2212* * BOI-IR-BASE-20-30-20-10 n° 50 du 1er mars 2019. ♦ Un contribuable, de nationalité algérienne et résidant en France, est fondé à déduire de son revenu les sommes qu'il a versées au titre de pension alimentaire à ses parents domiciliés en Algérie dès lors que ceux-ci ont perçu des revenus ne leur permettant pas de faire face seuls aux nécessités de la vie courante et doivent par suite être regardés comme étant dans le besoin dans le pays où ils résident dans les conditions fixées par le code civil. • CE 10 janv. 2007, ♔ n° 264821 : *préc.* ♦ En revanche, un contribuable ne peut pas déduire la pension alimentaire qu'il verse à ses parents domiciliés en Algérie dès lors que cette pension – représentant 64 % de ses revenus, appréciés hors ceux de sa concubine – doit être regardée comme disproportionnée par rapport à ses ressources. • CAA Paris, 7 juill. 2017, ♔ n° 16PA01768 • CE (na) 16 févr. 2018, ♔ n° 414244 : *RJF 2018. 575.*

2° PENSIONS ALIMENTAIRES ENTRE ÉPOUX ET EX-ÉPOUX

46. Un contribuable ne peut pas déduire la pension alimentaire qu'il a versée spontanément à son conjoint avant le jugement de divorce, même si ce jugement comporte des dispositions rétroactives. • CAA Bordeaux, 12 déc. 1995, n° 94BX1853 : *Dr. fisc. 1996. 962.* ♦ L'art. 18 de la loi n° 2002-305 du 4 mars 2002 relative à l'autorité parentale autorise sous certaines conditions la déduction des pensions revalorisées spontanément sans que les parties aient besoin de recourir au juge pour officialiser leur décision. * BOI-IR-BASE-20-30-20-50 du 1er mars 2019.

47. Époux en instance de divorce. Les mesures prescrites par l'ordonnance de non-conciliation pour assurer l'existence des époux et des enfants le sont pour toute la durée de l'instance de divorce, laquelle ne prend fin qu'à la date où le jugement est passé en force de chose jugée. Dans le cas où une contribution aux charges du mariage est fixée par ledit jugement de divorce, celle-ci n'est due qu'à la date où ce jugement est devenu définitif et où l'instance de divorce prend fin. Par suite, les sommes que l'époux est condamné à verser pour assurer l'entretien de son conjoint et de ses enfants pendant la durée de l'instance de divorce et qu'il verse effectivement ne peuvent être regardées que comme des pensions alimentaires versées à un époux en instance de divorce, en exécution d'une décision de justice, au sens des dispositions de l'art. 156-II-2°. • CE 30 nov. 2001, ♔ n° 210001 : *Dr. fisc. 2002. 701 ; RJF 2002. 132.* ♦ L'attribution gratuite du logement pendant l'instance en divorce constitue une pension alimentaire. * Rép. min. n° 21788 : *JOAN 3 déc. 2019.*

48. Avantages entre ex-époux. Les loyers perçus par l'ex-épouse au-delà de ses propres droits dans l'indivision d'un immeuble constituée avec son ancien époux présentent le caractère d'une pension alimentaire, répondant aux conditions fixées par les art. 205 à 211 C. civ., versée au fils handicapé de la contribuable, rattaché au foyer fiscal de cette dernière. Par suite, les charges de l'immeuble correspondant à la part de son ex-mari ne sont pas déductibles de la pension alimentaire que ce dernier lui verse. • CE 16 mai 2012, ♔ n° 325875 : *RJF 2012. 822.*

49. Rentes prévues à l'art. 276 C. civ. (régime antérieur à la L. n° 2000-596 du 30 juin 2000). Déductibilité de la prestation compensatoire servie : sous forme d'une rente égale aux mensualités de remboursement de prêts obtenus pour l'acquisition d'un immeuble dont l'usufruit temporaire bénéficie à l'ex-conjoint. • CE 26 janv. 2000, n° 178564 : *Dr. fisc. 2000. 827 ; RJF 2000. 321 ; concl. au BDCF 3/00, p. 4.* ♦ ... Sous forme d'usufruit temporaire. • CE 8 déc. 1986, n° 56882 : *Dr. fisc. 1987. 1380, concl. Martin Laprade.* ♦ ... Sous forme d'un versement en 40 mensualités. • CE 9 oct. 1991, n° 67692 : *Dr. fisc. 1993. 867, concl. Hagelsteen.* ♦ ... Sous forme d'une rente non indexée d'un montant élevé versée trimestriellement pendant trois ans. • TA Pau, 31 oct. 2002, n° 00-1058 : *Dr. fisc. 2003. 161, concl. Godbillon.* ♦ ... Sous la forme de l'octroi de la jouissance d'un appartement dont le jugement prévoit la fin dans certains cas précis. • CAA Paris, 18 févr. 2010, n° 08PA4916 : *RJF 2010. 559* • CE 1er févr. 2012, n° 338611 : *RJF 2012. 340.*

50. La prestation compensatoire versée en exécution d'un jugement de divorce, sous la forme de l'attribution viagère à l'ex-épouse d'un droit d'usage et d'habitation, tel que prévu aux art. 625 s. C. civ., sur un immeuble appartenant au mari, doit être assimilée à un abandon de biens au sens de l'art. 275-2 C. civ et s'analyse donc comme le versement d'un capital pour l'application de l'art. 156. L'ex-époux ne peut dès lors déduire de son revenu global la valeur de ce droit d'usage et d'habitation. • CE 14 mai 2007, n° 278499 : *RJF 2007. 879.*

51. Lorsqu'une décision de justice oblige l'un des époux à mettre gratuitement à la disposition de l'autre l'immeuble dont lui-même est propriétaire en totalité ou en partie, l'avantage en nature correspondant est déductible du revenu global imposable du premier. • CE 18 déc. 1992, n° 74860 : *Dr. fisc. 1993. 760, concl. Fouquet.* ♦ Tel n'est pas le cas lorsque le contribuable a bénéficié en contrepartie de l'attribution préférentielle de biens professionnels sur lesquels son conjoint avait des droits indivis. • TA Rouen, 30 déc. 1998, n° 95-1339 : *RJF 1999. 673.*

52. Prestation compensatoire en cas de divorce (L. n° 2000-596 du 30 juin 2000). BIBL. V. ss. art. 80 *quater.* ♦ Régime fiscal. * BOI-IR-BASE-20-30-20-40 nos 90 à 220 du 2 mai 2014. ♦ Un contribuable qui a versé la prestation compensatoire sur une période supérieure à douze mois, alors que le juge avait estimé qu'il n'y avait pas lieu d'en fractionner le versement, n'est pas fondé à en demander la déduction de son revenu global. • CE 14 oct. 2020, n° 421028 : *RJF 2021. 5, concl. Domingo.*

53. Prestation compensatoire mixte. Le débiteur d'une prestation compensatoire ne peut pas, au regard de la loi, bénéficier d'une réduction d'impôt pour la partie de cette prestation versée sous forme de capital libéré dans les douze mois du jugement de divorce alors que l'autre partie est versée sous forme de rente déductible. Cette part de capital n'est pas davantage déductible de son revenu imposable. • CE 15 avr. 2016, n° 376785 : *RJF 2016. 589, concl. Daumas.*

54. Contribution aux charges du mariage (art. 156-II, 2°). Est injustifiée la différence de traitement entre les contribuables qui versent une contribution aux charges du mariage en exécution d'une décision de justice et ceux qui la versent spontanément. • Cons. const. 28 mai 2020, n° 2020-842 QPC : *RJF 2020. 715 ; Dr. fisc. 2020. 387, note Maumont.* ♦ L'imposition séparée de l'époux percevant une contribution aux charges du mariage de son conjoint, et par suite, la déductibilité de cette contribution par celui-ci, suppose l'existence, pour le bénéficiaire, de revenus distincts autres que la contribution dont s'agit. • CAA Nantes, 12 mars 2003, n° 99NT1172 : *Dr. fisc. 2004. 185.* ♦ La contribution prévue à l'art. 214 C. civ. n'est pas imputable lorsqu'il n'a pas été prononcé d'autorisation de résidence séparée, emportant imposition séparée des époux en application de l'art. 6-4 *b.* • TA Lille, 11 avr. 1996, *Lefebvre,* n° 91-670.

3° PENSIONS ALIMENTAIRES VERSÉES AUX ENFANTS MINEURS

55. Les pensions versées au profit d'un enfant mineur sont déductibles que leur versement procède, sur le plan civil, du devoir d'entretien des parents (C. civ., art. 203), ou de leur obligation d'aliments (C. civ., art. 205 à 211). • CE 14 oct. 2009, n° 301709, *Brouard : RJF 2009. 1 ; concl. Geffray au BDCF 1/09, n° 1 ; Dr. fisc. 2009. 586.*

56. Un contribuable peut déduire de son revenu imposable les sommes qu'il verse spontanément pour l'entretien de ses deux enfants mineurs reconnus, tels les salaires de la garde d'enfants à domicile employée par leur mère chez laquelle ils résident et dont il assume directement la prise en charge. • CE 14 oct. 2009, n° 301709 : *préc. note 55.* ♦ La circonstance que la mère des enfants, laquelle a mentionné dans sa déclaration de revenus la pension alimentaire ainsi perçue, ait bénéficié au titre des sommes versées à son employée de la réduction d'impôt pour emploi d'une aide à domicile (CGI, art. 199 *sexdecies*), ne fait pas obstacle à cette déduction. • Même arrêt. ♦ La pension alimentaire versée en exécution d'une décision de justice marocaine, en vue de pourvoir aux besoins de toute nature de ses enfants mineurs est déductible du revenu imposable du contribuable. • CAA Marseille, 18 nov. 2010, n° 08MA01326 : *RJF 2011. 773.*

57. La non-déductibilité des pensions alimentaires pour mineurs en garde alternée (art. 156-II-2°, al. 2) est constitutionnelle. • Cons. const. 14 mai 2021, n° 2021-907 QPC : *RJF 2021. 838 ; Dr. fisc. 2021. 282, note Chatain.*

4° AUTRES PENSIONS

58. Pension versée à un enfant majeur. Les contribuables qui déduisent une pension alimen taire pour leur enfant majeur doivent apporter la preuve, d'une part, de l'état de besoin de celui-ci et, d'autre part, du versement effectif de la pension dans la limite légale prévue par les art. 156-II-2° et 196 B. Lorsque l'enfant majeur vit durant toute l'année civile sous le toit de ses parents, il est admis, à titre de règle pratique, que ceux-ci puissent, dans la limite précitée, déduire de leur revenu imposable pour le logement et la nourriture, sans avoir à fournir aucune justification, une somme égale à l'évaluation forfaitaire des avantages en nature retenue en matière de sécurité sociale. Cette déduction forfaitaire s'apprécie par enfant. * Rescrit 6 sept. 2005, n° 2005/16 FP * BOI-IR-BASE-20-30-20-30 n° 30 du 1er mars 2019. ♦ En ce qui concerne la pension alimentaire forfaitaire versée à un enfant majeur naturel par ses parents concubins vivant ensemble, il est précisé que la situation matrimoniale des parents ne doit pas conduire à une double déduction, dès lors que les dépenses de logement et de nourriture sont communément supportées par le foyer. En revanche, les concubins peuvent chacun déduire la moitié de l'évaluation forfaitaire. Les autres dépenses ou versements sont pris en compte pour leur montant réel et justifié. En tout état de cause, le total des avantages consentis en nature évalués forfaitairement et les dépenses réelles et justifiées est retenu dans la limite du plafond légal. * Rescrit 6 sept. 2005 : *préc.*

59. Déductibilité de la pension servie, sous forme de mise à disposition d'un logement, à un enfant marié ayant un enfant à charge, qui dispose avec son conjoint d'un revenu net imposable égal à 1,48 fois le SMIC. • CAA Bordeaux, 9 mars 1999, n° 96BX1580 : *RJF 1999. 1123.*

60. Un contribuable ne peut au titre d'une même année et pour un même enfant bénéficier à la fois de la déduction d'une pension alimentaire et du rattachement de cet enfant à son foyer fiscal. En conséquence, s'il a droit à une majoration du quotient familial au titre d'un enfant devenu majeur en cours d'année et ayant demandé le rattachement à son foyer fiscal, il y a lieu de réintégrer à son revenu imposable la pension alimentaire versée pour cet enfant à son conjoint et portée à tort en déduction de ce revenu. • CE 5 juin 2002, ♔ n° 224410, *Chrétien : Dr. fisc. 2002. 815, concl. Bachelier ; RJF 2002. 890.*

61. Pensions versées aux petits-enfants. En raison du caractère subsidiaire de l'obligation alimentaire des grands-parents par rapport à celle des parents, les sommes versées par les grands-parents à leurs petits-enfants ne sauraient avoir le caractère de pensions alimentaires déductibles que si les parents de ces derniers ne sont pas eux-mêmes en mesure de subvenir aux besoins de ceux-ci. • CAA Nantes, 30 déc. 1999, n° 96NT465 : *Dr. fisc. 2000. 725.* ♦ Dans le même sens : • CAA Marseille, 27 déc. 2001, n° 98MA741 : *Dr. fisc. 2002. 227.*

62. Pensions versées à des collatéraux. Les pensions versées par un contribuable à sa fratrie ne sont pas déductibles de son revenu. Le fait que l'obligation naturelle qui existe entre frère et sœur puisse être transformée en obligation civile n'autorise pas, sur un plan fiscal, la déduction des sommes versées. • CE 28 mars 2012, ♔ *Cerovic*, n° 323852 : *préc. note 45.*

63. Appréciation de l'état de besoin du bénéficiaire. Il y a lieu de tenir compte : ... de la rente qu'aurait rapportée la cession de l'étude de notaire dont le bénéficiaire a fait donation à son fils et du loyer qu'auraient produit des logements mis à disposition de sa famille. • CAA Bordeaux, 30 mai 1995, n° 93BX915 : *Dr. fisc. 1996. 260 ; RJF 1996. 1124.* ♦ ... Des loyers que le bénéficiaire aurait pu percevoir des biens immobiliers donnés sans contrepartie à son fils. • CAA Lyon, 24 nov. 1999, n° 96LY1713 : *Dr. fisc. 2000. 524, concl. Millet.* ♦ V. toutefois, en sens contraire, note 41.

64. Pension versée par le père à sa concubine pour l'entretien de leur enfant. Dès lors que la réalité des versements effectués par le père n'est pas contestée, qu'il vit en union libre avec la mère d'un enfant qu'il a reconnu et sur lequel il exerce conjointement la garde avec sa compagne, la pension alimentaire est déductible si son montant présente un caractère raisonnable et proportionné au regard de l'obligation d'entretien de l'enfant incombant au contribuable, compte tenu des ressources de chacun des parents et des besoins de l'enfant eu égard à son âge. • TA Paris, 19 sept. 2011, n° 0905629 : *RJF 2012. 208.*

65. Pensions versées à des tiers. Aucune déduction n'est, en principe, possible pour les pensions versées à des tiers sans lien de parenté. • CE 6 juin 1979, ♔ n° 14747 : *Dr. fisc. 1980. 1653, concl. Rivière* • CAA Nancy, 16 déc. 1993, n° 92NA530 : *Dr. fisc. 1994. 1725, concl. Felmy.* ♦ Ainsi, un contribuable ne peut déduire les sommes correspondant aux avantages en nature qu'il a fournis à la concubine de son fils étudiant et vivant sous son toit. • CAA Bordeaux, 12 oct. 1999, n° 97BX64 : *Dr. fisc. 2000. 502.*

B. COTISATIONS SOCIALES

66. La contribution sociale généralisée (pour la partie dont la loi n'autorise pas la déduction) et la contribution pour le remboursement de la dette sociale ne sont pas déductibles du revenu global sur le fondement de l'art. 156-II-4°. • CE 7 janv. 2004, ♔ n° 237395 : *RJF 2004. 375.*

67. Un exploitant individuel soumis au régime micro BIC ne peut pas déduire de son revenu global les primes versées au titre de contrats d'assurance-groupe et les cotisations aux régimes facultatifs de sécurité sociale dès lors qu'elle sont présumées prises en compte par l'abattement forfaitaire pour charges. • TA Poitiers,

6 nov. 2003, n° 02-1598 : *RJF 2004. 339 ; Dr. fisc. 2004. 382.*

C. CHARGES AFFÉRENTES AUX IMMEUBLES HISTORIQUES ET ASSIMILÉS

68. Régime de déduction depuis l'imposition des revenus de 2009 (CGI, art. 156-I-3°, 156-II-1° ter et 156 bis). Depuis l'imposition des revenus de l'année 2009, les charges foncières afférentes aux immeubles historiques et assimilés ne sont déductibles du revenu global que si les propriétaires respectent les dispositions de l'art. 156 *bis* CGI. Aux termes de cet art., le bénéfice des dispositions de l'art. 156 CGI propres aux immeubles classés ou inscrits au titre des monuments historiques, ou ayant fait l'objet d'un agrément par le ministre chargé du budget en raison de leur caractère historique ou artistique particulier, ou ayant reçu le label délivré par la Fondation du patrimoine : 1) est subordonné à l'engagement de leur propriétaire de conserver la pleine propriété de ces immeubles pendant une période d'au moins quinze années à compter de leur acquisition, y compris lorsque celle-ci est antérieure au 1er janv. 2009 ; 2) n'est pas ouvert aux immeubles détenus par des sociétés non soumises à l'IS, sauf exceptions liées au mode de détention des immeubles. * BOI-RFPI-SPEC-30 du 19 déc. 2018.

69. Jurisprudence. Les travaux effectués sur un immeuble inscrit à l'inventaire supplémentaire des monuments historiques qui ont porté d'une part sur le donjon et d'autre part sur la charpente, la couverture, la maçonnerie et la taille de pierre du corps de logis ainsi que sur les fondations de la tour d'escalier attenante constituent en l'espèce des travaux d'entretien et de réparation nécessaires à la conservation du monument et à la reconstitution à l'identique de parties détériorées de son gros œuvre sans lui apporter d'amélioration. Les dépenses relatives à ces travaux constituent par suite des charges déductibles du revenu global. • CAA Bordeaux, 4 avr. 2006, n° 03BX113 : *RJF 2006. 1141.*

70. Dans l'hypothèse d'un classement ou d'une inscription partielle à l'inventaire des monuments historiques, seules les dépenses ayant affecté les parties classées ou inscrites sont déductibles. • CE 23 nov. 1977, 🏛 n° 98227 : *Dr. fisc. 1978. 350, concl. Rivière* • 17 mai 1989, 🏛 n° 62770 : *Dr. fisc. 1989. 1771, concl. Liébert-Champagne.* ♦ ... A moins que les travaux ne constituent un ensemble indivisible affectant l'ensemble de l'immeuble. • CE 27 juill. 1984, 🏛 *n° 40152 : Dr. fisc. 1985. 624, concl. Fouquet.* ♦ Ainsi, des dépenses effectuées sur les parties non inscrites d'un monument historique (unité d'habitation « Le Corbusier » à Marseille) sont néanmoins déductibles du revenu global lorsqu'elles sont indispensables à la préservation générale de l'ensemble immobilier. • CAA Marseille, 15 déc. 2011, nos 09MA00297, 09MA00332 et 09MA00345 : *RJF 2012. 440.* ♦ En revanche, lorsque n'ont été inscrits à l'inventaire supplémentaire des monuments historiques que la clôture, le garage, les façades et la toiture d'un immeuble, les travaux qui, effectués sur des parties non inscrites de cet immeuble, ne sont pas nécessaires à la conservation des parties inscrites ne peuvent bénéficier du régime de déduction fiscale prévu aux art. 156-II-1° *ter* et 41 E et F de l'Annexe III. • CE 22 févr. 2002, 🏛 n° 219126 : *RJF 2002. 451 ; Dr. fisc. 2002. 489, concl. Austry.*

71. Sur les conséquences d'un classement partiel au titre du régime de l'art. 156-I-3° : imputation sur le revenu global des seuls déficits fonciers relatifs aux parties classées ou inscrites. • CE 18 mai 2005, 🏛 n° 249950 : *RJF 2005. 809 ; Dr. fisc. 2005. 562, concl. Donnat* • 28 déc. 2007, n° 28784 : *RJF 2008. 262.* ♦ Toutefois, en application de la doctrine administrative (Rép. min. à M. Klifa : *JOAN déb. 17 mars 1997*), les déficits relatifs aux parties non classées de l'immeuble peuvent être déduits lorsque le classement vise la protection de l'ensemble architectural. • CE 5 févr. 2009, 🏛 n° 303425 : *RJF 2009. 425 ; concl. Escaut au BDCF 5/09, n° 54.*

72. Pour obtenir la déduction des charges foncières afférentes à un immeuble classé monument historique, le contribuable doit établir la réalité et le montant des dépenses effectivement exposées par lui. Ces justifications peuvent être apportées même au cours de l'instance contentieuse. • CE 20 mars 1985, 🏛 n° 44167 : *RJF 1985. 675.* ♦ En se bornant à invoquer que des dépenses afférentes à des monuments historiques n'ont pu être engagées qu'avec l'aval et sous le contrôle des services du ministère de la culture, le contribuable n'apporte pas la justification de leur réalité et de leur montant permettant leur déductibilité. • CE 22 mai 2009, 🏛 n° 301186 : *RJF 2009. 785.*

73. Solutions diverses. Immeubles ayant reçu le label de la Fondation de France. Immeubles et personnes concernées. Montant et modalités de la déduction. Obligations des propriétaires et sanctions. * BOI-RFPI-SPEC-30-20-20 nos 160 à 230 du 19 déc. 2018. ♦ Règles de déduction des charges foncières des monuments funéraires « historiques » ou labellisés « Fondation du patrimoine ». * BOI-RFPI-SPEC-30-10 n° 5 du 19 janv. 2018 et * BOI-RFPI-SPEC-30-20-20 nos 170 à 200 du 19 déc. 2018. ♦ Cas de jouissance partielle d'un immeuble historique : déduction possible des charges sur le revenu global. • CE 6 avr. 2018, 🏛 n° 405509 : *RJF 2018. 721.*

Art. 156 *bis* I. — Le bénéfice des dispositions de l'article 156 propres aux immeubles classés ou inscrits au titre des monuments historiques, ou ayant reçu le label délivré par la Fondation du patrimoine en application de l'article L. 143-2 du code du patrimoine, est subordonné à l'engagement de leur propriétaire de conserver la propriété de ces immeubles pendant une période d'au moins quinze années à compter de leur acquisition, y compris lorsque celle-ci est antérieure au 1er janvier 2009. – *Pour l'imposition des revenus 2014, V. note ss. l'art.*

II. – Le bénéfice des dispositions de l'article 156 propres aux immeubles classés ou inscrits au titre des monuments historiques, ou ayant reçu le label délivré par la Fondation du patrimoine en application de l'article L. 143-2 du code du patrimoine, n'est pas ouvert aux immeubles détenus par des sociétés civiles non soumises à l'impôt sur les sociétés.

Le premier alinéa du présent II n'est pas applicable aux immeubles détenus par des sociétés civiles non soumises à l'impôt sur les sociétés :

1° *(L. n° 2017-1775 du 28 déc. 2017, art. 12)* « Lorsque l'immeuble est, en tout ou en partie, classé ou inscrit au titre des monuments historiques et est affecté, au plus tard dans les deux ans qui suivent la date de son entrée dans le patrimoine de la société civile, à l'habitation pour au moins 75 % de ses surfaces habitables. » A cet égard, les immeubles ou fractions d'immeubles destinés à une exploitation à caractère commercial ou professionnel ne sont pas considérés comme affectés à l'habitation ;

2° Ou lorsque le monument a fait l'objet d'un arrêté de classement en tout ou en partie au titre des monuments historiques et est affecté au minimum pendant quinze années à un espace culturel non commercial et ouvert au public ;

3° Ou dont les associés sont membres d'une même famille.

Les deuxième à *(L. n° 2017-1775 du 28 déc. 2017, art. 12)* « cinquième » alinéas du présent II s'appliquent à la condition que les associés de ces sociétés prennent l'engagement de conserver la propriété de leurs parts pendant une période d'au moins quinze années à compter de leur acquisition. L'engagement de conservation des associés d'une société constituée entre les membres d'une même famille n'est pas rompu lorsque les parts sont cédées à un membre de cette famille qui reprend l'engagement précédemment souscrit pour sa durée restant à courir.

Lorsque, dans la situation mentionnée au 1°, les associés qui sont à l'origine de la constitution de la société *(Abrogé par L. n° 2017-1775 du 28 déc. 2017, art. 12)* *« agréée »* sont des personnes morales de droit public ou des sociétés d'économie mixte, le premier alinéa du 3° du I de l'article 156 peut s'appliquer aux revenus de l'année d'acquisition des parts sociales par des personnes physiques à raison des charges foncières supportées par la société entre la date de la déclaration d'ouverture de chantier prévue à l'article *(Décr. n° 2018-500 du 20 juin 2018, art. 1er)* « R.* 424-16 » du code de l'urbanisme et celle de l'acquisition de leurs parts par les personnes concernées, sous réserve :

a. – que les parts sociales aient été acquises au plus tard le 31 décembre de la deuxième année qui suit celle de la déclaration de chantier précitée ;

b. – et que ces charges aient été intégralement remboursées à la société *(Abrogé par L. n° 2017-1775 du 28 déc. 2017, art. 12)* *« agréée »*, à proportion de leurs parts, par les associés personnes physiques.

III. – Le cas échéant, le revenu global ou le revenu net foncier de l'année au cours de laquelle l'engagement mentionné au I ou au II n'est pas respecté et des deux années suivantes est majoré du tiers du montant des charges indûment imputées.

Il n'est pas procédé à cette majoration en cas de licenciement, d'invalidité correspondant au classement dans la deuxième ou la troisième des catégories prévues à l'article L. 341-4 du code de la sécurité sociale ou du décès du contribuable ou de l'un des époux soumis à une imposition commune, non plus qu'en cas de mutation à titre gratuit de l'immeuble ou des parts à la condition que les donataires, héritiers et légataires reprennent l'engagement précédemment souscrit pour sa durée restant à courir à la date de la mutation à titre gratuit de l'immeuble.

IV. – Le premier alinéa du II n'est pas applicable aux immeubles acquis avant le 1er janvier 2009 par des sociétés non soumises à l'impôt sur les sociétés, y compris lorsque cette acquisition ne porte que sur un droit de propriété démembré.

V. – Le bénéfice des dispositions de l'article 156 propres aux immeubles classés ou inscrits au titre des monuments historiques, ou ayant reçu le label délivré par la Fondation du patrimoine en application de l'article L. 143-2 du code du patrimoine, n'est

pas ouvert aux immeubles ayant fait l'objet d'une division à compter du 1er janvier 2009 sauf si *(L. nº 2017-1775 du 28 déc. 2017, art. 12)* **« l'immeuble est, en tout ou en partie, classé ou inscrit au titre des monuments historiques et est affecté, au plus tard dans les deux ans qui suivent la date de la division, à l'habitation pour au moins 75 % de ses surfaces habitables. » A cet égard, les immeubles ou fractions d'immeubles destinés à une exploitation à caractère commercial ou professionnel ne sont pas considérés comme affectés à l'habitation.**

*— **Pour 2014** : L. nº 2013-1278 du 29 déc. 2013, art. 26-XI-3 : « 3. Les a (...) du I [de l'art. 26] s'appliquent à compter de l'imposition des revenus de l'année 2014. Toutefois, pour les immeubles ayant fait l'objet d'un agrément ministériel avant le 1er janvier 2014, les articles 31, 156, 156 bis, 199 novovicies et 239 nonies du code général des impôts continuent de s'appliquer, dans leur rédaction antérieure à l'entrée en vigueur du présent 3, jusqu'au terme de chaque agrément. »*

Les dispositions issues de la L. nº 2017-1775 du 28 déc. 2017 s'appliquent aux immeubles classés ou inscrits, en tout ou en partie, au titre des monuments historiques acquis par une société civile à compter du 1er janv. 2018 ou ayant fait l'objet d'une division à compter de cette même date (L. préc., art. 12).

Déduction des charges afférentes aux immeubles historiques et assimilés. Conditions d'éligibilité au dispositif. 1° Engagement de conserver l'immeuble pendant au moins quinze ans. 2° Conditions de détention des immeubles. Principe de la détention directe et exceptions : SCI familiale ou SCI agréée ; copropriété agréée. 3° Assouplissement des modalités de déduction des charges lorsque l'immeuble historique est détenu par l'intermédiaire d'une société civile non soumise à l'IS constituée à l'initiative de collectivités publiques. * BOI-RFPI-SPEC-30 nos 30 et 40 du 19 déc. 2018. ♦ Nouvelles procédures d'agrément. * BOI-SJ-AGR-50-50 du 13 déc. 2018.

Art. 157 **N'entrent pas en compte pour la détermination du revenu net global :**

1° et 2° *Abrogés ;*

2° bis *Périmé ;*

(Abrogé par L. nº 2021-1900 du 30 déc. 2021, art. 35-I-13°) ***« 3° Les lots et les primes de remboursement attachés aux bons et obligations émis en France avec l'autorisation du ministre de l'économie et des finances, à l'exception des primes de remboursement attachées aux titres émis à compter du 1er juin 1985 lorsqu'elles sont supérieures à 5 % du nominal et de celles distribuées ou réparties à compter du 1er janvier 1989 par un organisme de placement collectif en valeurs mobilières ou un placement collectif relevant des paragraphes 1, 2 et 6 de la sous-section 2, du paragraphe 2 ou du sous-paragraphe 1 du paragraphe 1 de la sous-section 3, ou de la sous-section 4 de la section II du chapitre IV du titre Ier du livre II du code monétaire et financier, lorsque ces primes représentent plus de 10 % du montant de la distribution ou de la répartition.***

« Ces dispositions ne sont pas applicables aux primes de remboursement définies au II de l'article 238 septies A ; »

3° bis *Disposition transférée au 3° ;*

3° *ter* Les avantages en nature procurés aux souscripteurs d'un emprunt négociable émis par une région qui remplissent les conditions suivantes :

***a)* leur nature est en relation directe avec l'investissement financé ;**

***b)* leur montant sur la durée de vie de l'emprunt n'excède pas 5 % du prix d'émission ;**

4° Les pensions, prestations et allocations affranchies de l'impôt en vertu de l'article 81 ;

5° *Abrogé par L. nº 99-1173 du 30 déc. 1999, art. 12-II, à compter du 30 juin 2000 ;*

5° bis *(L. nº 2018-1317 du 28 déc. 2018, art. 44-I-1° et II, applicable aux retraits ou aux rachats effectués à compter du 1er janv. 2019)* **« Sous réserve des dispositions du 5 de l'article 200 A, » les produits et plus-values que procurent les placements effectués dans le cadre d'un plan d'épargne en actions défini à l'article 163 *quinquies* D ; toutefois, les produits procurés par des placements effectués en actions ou parts de sociétés qui ne sont pas admises aux négociations sur un marché réglementé au sens des articles L. 421-1 ou L. 422-1 du code monétaire et financier, ou sur un système multilatéral de négociation, au sens des articles L. 424-1 ou L. 424-9 du même code, à l'exception des intérêts versés dans les conditions prévues à l'article 14 de la loi nº 47-1775 du 10 septembre 1947 portant statut de la coopération aux titres de capital de sociétés régies par cette loi et de la rémunération des certificats mutualistes et**

paritaires versée dans les conditions prévues au V de l'article L. 322-26-8 du code des assurances, au IV de l'article L. 221-19 du code de la mutualité ou au IV de l'article L. 931-15-1 du code de la sécurité sociale, *(L. n° 2019-486 du 22 mai 2019, art. 93-II-1°)* **« ou effectués en obligations remboursables en actions lorsque ces obligations ne sont pas admises aux négociations sur ces mêmes marchés ou systèmes ou sont remboursables en actions qui ne sont pas admises aux négociations sur lesdits marchés ou systèmes, » ne bénéficient de cette exonération que dans la limite de 10 % du montant de ces placements.** *(L. n° 2019-486 du 22 mai 2019, art. 93-II-2°)* **« De même, les plus-values procurées par des placements effectués en obligations remboursables en actions mentionnées à la première phrase du présent 5°** ***bis*** **lors de la cession ou du retrait desdites obligations ou des actions reçues en remboursement de celles-ci ne bénéficient de cette exonération que dans la limite du double du montant de ce placement ; »**

5° ***ter*** **La rente viagère, lorsque le plan d'épargne en actions défini à l'article 163** ***quinquies*** **D se dénoue après** *(L. n° 2019-486 du 22 mai 2019, art. 92-II-2°)* **« cinq** *[ancienne rédaction : huit]* **» ans par le versement d'une telle rente ;**

6° Les gratifications allouées aux vieux travailleurs à l'occasion de la délivrance de la médaille d'honneur par le ministère des affaires sociales ;

7° Les intérêts des sommes inscrites sur les livrets A, ainsi que ceux des sommes inscrites sur les comptes spéciaux sur livret du Crédit mutuel ouverts avant le 1er janvier 2009 ;

7° ***bis*** *Disposition périmée ;*

7° ***ter*** **La rémunération des sommes déposées sur les livrets d'épargne populaire ouverts dans les conditions prévues par les articles L. 221-13 à L. 221-17 du code monétaire et financier ;**

7° ***quater*** **Les intérêts des sommes déposées sur les livrets jeunes ouverts et fonctionnant dans les conditions prévues aux articles L. 221-24 à L. 221-26 du code monétaire et financier ;**

8° *Disposition devenue sans objet (Décr. n° 73-967 du 16 oct. 1973, art. 2 et 4) ;*

8° ***bis*** **et 8°** ***ter*** *Dispositions périmées ;*

9° *Dispositions devenues sans objet (L. n° 83-440 du 2 janv. 1983, art. 11) ;*

9° ***bis*** **Les intérêts des sommes inscrites sur les comptes d'épargne logement ouverts** *(L. n° 2017-1837 du 30 déc. 2017, art. 28, applicable aux plans et comptes ouverts à compter du 1er janv. 2018)* **« jusqu'au 31 décembre 2017 » en application des articles L. 315-1 à L. 315-6 du code de la construction et de l'habitation ainsi que la prime d'épargne versée aux titulaires de ces comptes ;**

Pour les plans d'épargne-logement *(L. n° 2017-1837 du 30 déc. 2017, art. 28, applicable aux plans et comptes ouverts à compter du 1er janv. 2018)* **« ouverts jusqu'au 31 décembre 2017 », cette exonération est limitée à la fraction des intérêts et à la prime d'épargne acquises au cours des douze premières années du plan ou, pour les plans ouverts avant le 1er avril 1992, jusqu'à leur date d'échéance ;**

9° ***ter*** **Les intérêts versés au titulaire du compte d'épargne sur livret ouvert en application de l'article 80 de la loi n° 76-1232 du 29 décembre 1976 :**

a**) aux travailleurs, salariés de l'artisanat, des ateliers industriels, des chantiers et de l'agriculture ;**

b**) aux aides familiaux ou aux associés d'exploitation désignés au 2° de l'article L. 722-10 du code rural et de la pêche maritime et aux articles L. 321-6 et suivants du même code ;**

c**) aux aides familiaux et associés d'exploitation de l'artisanat.**

Il en est de même de la prime versée au travailleur manuel qui procède effectivement à la création ou au rachat d'une entreprise artisanale ; *— A compter de la date de promulgation de la L. n° 84-578 du 9 juill. 1984, il ne peut plus être ouvert de livrets. Les livrets d'épargne au profit des travailleurs manuels ont pu être transformés en livret d'épargne-entreprise dans les conditions fixées par le Décr. n° 85-68 du 22 janv. 1985 (JO 23 janv.).*

9° ***quater*** **Le produit des dépôts effectués sur un livret de développement durable et solidaire ouvert et fonctionnant dans les conditions et limites prévues à l'article L. 221-27 du code monétaire et financier ;** *— Le plafond des dépôts exonérés est fixé par art. D. 221-103 C. mon. fin.*

9° ***quinquies*** *Abrogé.*

(Abrogé par L. n° 2018-1317 du 28 déc. 2018, art. 117-I et III, à compter du 1er janv. 2019) ***« 9° sexies Les intérêts perçus en rémunération de prêts, d'une durée maximum de dix ans, consentis au profit d'un enfant, d'un petit-enfant ou d'un arrière-petit-enfant, sous réserve que l'emprunteur utilise les sommes reçues, dans les six mois de la conclusion du prêt, au financement de l'acquisition d'un immeuble affecté à son habitation principale.***

« Les intérêts mentionnés au premier alinéa sont ceux correspondant à un montant de prêt n'excédant pas 50 000 €. Ce plafond est applicable aux prêts consentis par un même prêteur à un même emprunteur.

« Pour les prêts d'un montant supérieur à 50 000 €, ces dispositions s'appliquent à la part des intérêts correspondant au rapport existant entre le plafond mentionné à l'alinéa précédent et le montant du prêt consenti. »

10° à 15° *Dispositions périmées ;*

16° Les produits des placements en valeurs mobilières effectués en vertu des engagements d'épargne à long terme pris par les personnes physiques dans les conditions prévues à l'article 163 *bis* A ;

16° *bis* Les sommes et revenus visés à l'article 163 *bis* AA ;

17° Les sommes et revenus visés à l'article 163 *bis* B ;

18° *Dispositions codifiées ss. les art. 81-16° quater (périmé) et 81-20° ;*

19° Abrogé ;

19° bis Abrogé ;

20° Les intérêts des titres d'indemnisation prioritaires et des titres d'indemnisation créés en application de la loi n° 78-1 du 2 janvier 1978 relative à l'indemnisation des Français rapatriés d'outre-mer ;

21° Les avantages visés à l'article 163 *bis* D ;

22° Le versement de la prime d'épargne et de ses intérêts capitalisés ainsi que le versement au-delà de la huitième année qui suit l'ouverture du plan d'épargne populaire des produits capitalisés et de la rente viagère.

Il en est de même lorsque le retrait des fonds intervient avant la fin de la huitième année, à la suite du décès du titulaire du plan ou dans les deux ans du décès du conjoint soumis à imposition commune ou de l'un des événements suivants survenu à l'un d'entre eux :

a. expiration des droits aux allocations d'assurance chômage prévues par le code du travail en cas de licenciement ;

b. cessation d'activité non salariée à la suite d'un jugement de liquidation judiciaire en application des dispositions du titre IV du livre VI du code de commerce ;

c. invalidité correspondant au classement dans les deuxième ou troisième catégories prévues à l'article L. 341-4 du code de la sécurité sociale.

Il en est de même des produits provenant du retrait de fonds ainsi que, le cas échéant, de la prime d'épargne et de ses intérêts capitalisés lorsque le retrait intervient à compter du 1er janvier 1996 et est effectué :

a) soit par les titulaires de plan justifiant qu'ils remplissent les conditions requises pour bénéficier du droit à la prime d'épargne au cours de l'une des années de la durée du plan ;

b) soit par les titulaires autres que ceux visés au *a*, à condition que le plan ait été ouvert avant le 20 décembre 1995 et pour le premier retrait intervenant avant le 1er octobre 1996.

Le produit attaché à chaque retrait, y compris le retrait mentionné au *b*, est déterminé par différence entre, d'une part, le montant du retrait et, d'autre part, les sommes ou primes versées qui n'ont pas déjà fait l'objet d'un retrait, retenues au prorata des sommes retirées sur la valeur totale du contrat à la date du retrait.

Le retrait partiel ou total de fonds ne remet en cause, le cas échéant, pour les versements effectués avant le 1er janvier 1996 ou pour ceux effectués à compter de cette date et avant le 1er janvier de l'année qui précède celle du retrait, ni les réductions d'impôt au titre des versements qui ont été employés à une opération d'assurance sur la vie conformément à l'article 199 *septies*, ni le droit à la prime d'épargne.

Le retrait partiel de fonds intervenu dans les conditions prévues ci-dessus n'entraîne pas de clôture du plan mais interdit tout nouveau versement.

Lorsque le retrait entraîne la clôture du plan, la somme des primes d'épargne et de leurs intérêts capitalisés, le cas échéant, est immédiatement versée.

Un décret en Conseil d'État précise les modalités d'application ainsi que les obligations déclaratives des contribuables et des intermédiaires. — *V. Ann. II, art. 91 quater A et 91 quater B.*

(Abrogé par L. nº 2021-1900 du 30 déc. 2021, art. 35-I-13º) ***« 23º Les intérêts des sommes déposées sur un compte épargne d'assurance pour la forêt constitué dans les conditions prévues aux articles L. 352-1 à L. 352-5 du code forestier, dans leur rédaction antérieure à l'entrée en vigueur de la loi nº 2013-1279 du 29 décembre 2013 de finances rectificative pour 2013. L'exonération s'applique dans la limite de la fraction des intérêts correspondant au taux de rémunération de 2 %.***

« L'exonération mentionnée au précédent alinéa est remise en cause au titre de l'année de survenance de l'un des cas mentionnés aux 1º et 2º de l'article L. 352-5 du même code, dans sa rédaction antérieure à l'entrée en vigueur de la même loi.

« A compter de la cession partielle de la surface de bois et forêts assurée dans les conditions définies au 3º de l'article L. 352-1 du même code, dans sa rédaction antérieure à l'entrée en vigueur de la même loi, la fraction des intérêts exonérés est celle afférente au plafond de versements recalculé après la cession dans les conditions mentionnées au premier alinéa de l'article L. 352-2 du même code, dans sa rédaction antérieure à l'entrée en vigueur de la même loi. »

1. Lots et primes de remboursement. Les dispositions du 3º ne visent pas les emprunts émis avec l'autorisation du législateur et n'ont pu, par conséquent, remettre en cause l'exonération des plus-values de remboursement de l'emprunt 4,5 % 1973. • CAA Lyon, 14 déc. 1995, nº 93LY1456 : *Dr. fisc. 1996. 245, concl. Courtial.*

2. Plans d'épargne-logement (PEL). Régime fiscal des intérêts. * BOI-RPPM-RCM-10-10-50 nºs 40 à 110 du 20 déc. 2019.

3. Exonération de certains prêts familiaux. Commentaire administratif de l'art. 157-9º *sexies*. Dispositif temporaire d'exonération. Prêts consentis en 2006 et 2007. Champ d'application et portée. Obligations déclaratives. * BOI-RPPM-RCM-10-10-50 nºs 280 et 290 du 20 déc. 2019.

4. Plan d'épargne populaire. Un gérant majoritaire de SARL exerce une activité non salariée au sens de l'art. 157-22º alors même que les rémunérations qu'il perçoit sont déterminées « selon les règles prévues en matière de traitements et salaires » en application de l'art. 62. La circonstance qu'après avoir perdu son activité de gérant majoritaire d'une SARL mise en liquidation, le contribuable ait repris une activité rémunérée avant de clôturer son PEP dans les deux ans suivant la perte de son activité de gérant, n'a pas pour effet de le priver du bénéfice de l'exonération des RCM qu'il a perçus à l'occasion de la clôture de son PEP. • CAA Bordeaux, 4 avr. 2006, nº 03BX182 : *RJF 2006. 1196.*

5. Plan d'épargne en actions. La limite de 10 % au-delà de laquelle les produits de titres non cotés ne sont plus exonérés s'apprécie à partir de la valeur d'inscription des titres dans le compte-titres du plan. • CE 8 nov. 2010, nº 309746 : *RJF 2011. 225 ; Dr. fisc. 2011. 123.* ♦ Le dépassement du seuil de 25 % (C. mon. fin., art. L. 221-31, II-3º), même pendant quelques jours, entraîne la clôture du plan. • CE 25 oct. 2017, nº 397741 : *RJF 2018. 37.* ♦ Sur les conditions permettant à l'Administration de mettre en jeu la procédure de l'abus de droit lorsqu'elle reproche au contribuable d'avoir abusivement inscrit sur son PEA les titres d'une société holding à un prix de convenance : • CE 19 juin 2020, nº 418452 : *RJF 2020. 812, concl. Iljic.*

6. Médaille d'honneur. L'avantage en nature correspondant à la valeur réelle de la médaille du travail en or ou en argent frappée aux frais de l'employeur est totalement exonérée d'IR.* BOI-RSA-CHAMP-20-50-40 nºs 10 à 50 du 27 juin 2016.

Art. 157 *bis* **Le contribuable âgé de plus de soixante-cinq ans au 31 décembre de l'année d'imposition, ou remplissant l'une des conditions d'invalidité mentionnées à l'article 195, peut déduire de son revenu global net une somme de :**

(L. nº 2021-1900 du 30 déc. 2021, art. 2) **« 2 484 €** *[ancienne rédaction : 2 448 €]* **» si ce revenu n'excède pas** *(L. nº 2021-1900 du 30 déc. 2021, art. 2)* **« 15 560 €** *[ancienne rédaction : 15 340 €]* **» ;**

(L. nº 2021-1900 du 30 déc. 2021, art. 2) **« 1 242 €** *[ancienne rédaction : 1 224 €]* **» si ce revenu est compris entre** *(L. nº 2021-1900 du 30 déc. 2021, art. 2)* **« 15 560 € et 25 040 €** *[ancienne rédaction : 15 340 € et 24 690 €]* **».** — *Abattements et limites de revenus applicables pour l'imposition des revenus de 2021 (L. nº 2021-1900 du 30 déc. 2021, art. 2).*

Dans le cas de personnes mariées soumises à une imposition commune, la déduction prévue aux deuxième et troisième alinéas est doublée si les deux époux remplissent les conditions d'âge ou d'invalidité.

Les abattements et plafonds de revenus mentionnés aux deuxième et troisième alinéas sont relevés chaque année dans la même proportion que la limite supérieure de la première tranche du barème de l'impôt sur le revenu. Les montants obtenus sont arrondis, s'il y a lieu, à l'euro supérieur en ce qui concerne les abattements et à la dizaine d'euros supérieure en ce qui concerne les plafonds de revenus. — *Sauf revalorisation différente expressément prévue par la loi.*

Revenu à prendre en compte. Il résulte des dispositions combinées des art. 157 *bis* et 163-0 A que le revenu net à prendre en compte pour l'application de l'abattement prévu par l'art. 157 *bis* en matière d'IR s'entend du revenu net ordinaire perçu au titre de l'année d'imposition et des revenus différés ou exceptionnels dont le contribuable a eu la disposition ou qu'il a réalisés durant cette même période. • CAA Bordeaux, 31 oct. 2002, nº 99BX1341 : *Dr. fisc. 2003. 1034 ; RJF 2003. 143.*

Art. 157 ter *Abrogé par L. nº 81-1160 du 30 déc. 1981, art. 12-II.*

Art. 158 **1. Les revenus nets des diverses catégories entrant dans la composition du revenu net global sont évalués d'après les règles fixées aux articles 12 et 13 et dans les conditions prévues aux 2 à** *(L. nº 2017-1837 du 30 déc. 2017, art. 28)* **« 6 *bis*** *[nouvelle rédaction issue de la L. nº 2021-1900 du 30 déc. 2021, art. 79-I-2º-a et II, applicable aux cessions réalisées à compter du 1er janv. 2023 : « 6 ter »]* **» ci-après, sans qu'il y ait lieu de distinguer suivant que ces revenus ont leur source en France ou hors de France.**

Toutefois, en ce qui concerne les entreprises et exploitations situées hors de France, les règles fixées par le présent code pour la détermination forfaitaire des bénéfices imposables ne sont pas applicables.

2. Le revenu net foncier est déterminé conformément aux dispositions des articles 14 à 33 *quinquies.*

(L. nº 2017-1837 du 30 déc. 2017, art. 28) **« 3. 1º Les revenus de capitaux mobiliers pris en compte dans l'assiette du revenu net global comprennent les produits des bons ou contrats de capitalisation ou placements de même nature mentionnés au 6º de l'article 120 et au 1º du I de l'article 125-0 A, attachés à des primes versées jusqu'au 26 septembre 2017 et n'ayant pas supporté le prélèvement prévu au 1 du II du même article 125-0 A, ainsi que tous les autres revenus mentionnés au premier alinéa du 1º du A du 1 de l'article 200 A pour lesquels l'option globale prévue au 2 du même article 200 A est exercée. »**

Lorsqu'ils sont payables en espèces les revenus visés au premier alinéa sont soumis à l'impôt sur le revenu au titre de l'année soit de leur paiement en espèces ou par chèques, soit de leur inscription au crédit d'un compte ;

2º Les revenus mentionnés au 1º distribués par les sociétés passibles de l'impôt sur les sociétés ou d'un impôt équivalent ou soumises sur option à cet impôt, ayant leur siège dans un État de *(L. nº 2017-1837 du 30 déc. 2017, art. 28)* **« l'Union » européenne ou dans un État ou territoire ayant conclu avec la France une convention fiscale en vue d'éviter les doubles impositions en matière d'impôt sur les revenus** *(L. nº 2017-1837 du 30 déc. 2017, art. 28)* **« qui contient une clause d'assistance administrative en vue de lutter contre la fraude et l'évasion fiscales » et résultant d'une décision régulière des organes compétents, sont réduits, pour le calcul de l'impôt sur le revenu, d'un abattement égal à 40 % de leur montant brut perçu.** *(Abrogé par L. nº 2017-1837 du 30 déc. 2017, art. 28)* ***« A compter du 1er janvier 2009 pour les sociétés étrangères n'ayant pas leur siège dans un État de la Communauté européenne, cette disposition est réservée aux revenus distribués par des sociétés établies dans un État ou territoire ayant conclu une convention fiscale qui contient une clause d'assistance administrative en vue de lutter contre la fraude ou l'évasion fiscale ; »*** — *V. art. 117 quater.*

3º Les dispositions du 2º ne s'appliquent pas :

***a.* Aux produits des actions des sociétés de capital-risque mentionnées au 3º *septies du même article prélevés* sur des bénéfices exonérés d'impôt sur les sociétés ;**

***b.* Aux produits des actions des sociétés mentionnées au 1º *bis* A de l'article 208 et des sociétés d'investissement de même nature établies hors de France et soumises à un régime fiscal équivalent ;**

***b bis.* Aux bénéfices exonérés distribués par les sociétés d'investissements immobiliers cotées mentionnées à l'article 208 C ou par les sociétés de placement à prépondérance immobilière à capital variable mentionnées au 3º *nonies* de l'article 208 ;**

c. Aux revenus distribués qui ne constituent pas la rémunération du bénéficiaire en sa qualité d'associé ou d'actionnaire. Pour l'application de cette disposition, est considéré comme actionnaire ou associé le preneur bénéficiaire de revenus mentionnés au 2° distribués par la société dont il loue les actions ou parts sociales en application des articles L. 239-1 à L. 239-5 du code de commerce. De même, en cas d'acquisition d'actions sur un marché d'instruments financiers, dont le fonctionnement est assuré par une entreprise de marché ou un prestataire de services d'investissement ou tout autre organisme similaire, est considéré comme actionnaire ou associé, dès le jour de l'exécution de l'ordre, l'acheteur bénéficiaire de revenus mentionnés au 2° ;

d. Aux revenus distribués mentionnés au *a* de l'article 111 ;

e. Aux bénéfices ou revenus mentionnés à l'article 123 *bis* ;

f. Abrogé par L. n° 2012-1509 du 29 déc. 2012, art. 9-I-H-2° et VI, applicable aux revenus versés à compter du 1er janv. 2012 ; — V. également art. 199 undecies C-IV, 6e al.

4° Les dispositions du 2° sont également applicables pour la part des revenus de la nature et de l'origine de ceux mentionnés au 2°, sous réserve du 3°, prélevés sur des bénéfices n'ayant pas supporté l'impôt sur les sociétés ou un impôt équivalent, distribués ou répartis par :

(L. n° 2017-1837 du 30 déc. 2017, art. 28) « *a)* Les organismes de placement collectif de droit français relevant de la section I, des paragraphes 1, 2 et 6 de la sous-section 2, du paragraphe 2 ou du sous-paragraphe 1 du paragraphe 1 de la sous-section 3, ou de la sous-section 4 de la section II du chapitre IV du titre Ier du livre II du code monétaire et financier ;

« *b)* Les organismes comparables à ceux mentionnés au *a*, constitués sur le fondement d'un droit étranger et établis dans un autre État membre de l'Union européenne ou dans un autre État partie à l'accord sur l'Espace économique européen ayant conclu avec la France une convention d'assistance administrative en vue de lutter contre la fraude et l'évasion fiscales ;

« *c)* Les sociétés mentionnées au 3° *septies* de l'article 208 ainsi que les sociétés comparables, constituées sur le fondement d'un droit étranger et établies dans un autre État membre de l'Union européenne ou dans un autre État partie à l'accord sur l'Espace économique européen ayant conclu avec la France une convention d'assistance administrative en vue de lutter contre la fraude et l'évasion fiscales ;

« *d)* Les fonds de placement immobilier mentionnés à l'article 239 *nonies* ainsi que les organismes comparables, constitués sur le fondement d'un droit étranger et établis dans un autre État membre de l'Union européenne ou dans un autre État partie à l'accord sur l'Espace économique européen ayant conclu avec la France une convention d'assistance administrative en vue de lutter contre la fraude et l'évasion fiscales. »

Pour la détermination de cette part, il est également tenu compte des revenus mentionnés au premier alinéa distribués ou répartis au profit de l'organisme ou de la société concerné par l'intermédiaire d'autres organismes ou sociétés mentionnés aux *a* à *d*. — *V. Ann. III, art. 41 sexdecies H à 41 sexdecies J.*

L'application de ces dispositions est conditionnée à la ventilation par les organismes ou sociétés en cause de leurs distributions ou répartitions en fonction de leur nature et origine ;

5° *Abrogé par L. n° 2012-1509 du 29 déc. 2012, art. 9-I-H-2° et VI.*

4. Les bénéfices des professions industrielles, commerciales, artisanales et ceux de *l'exploitation minière* sont déterminés conformément aux dispositions des articles 34 à 61 A, 237 *ter* A et 302 *septies* A *bis* ; les rémunérations mentionnées à l'article 62 sont déterminées conformément aux dispositions de cet article ; les bénéfices de l'exploitation agricole sont déterminés conformément aux dispositions des articles 63 à 78 ; les bénéfices tirés de l'exercice d'une profession non commerciale sont déterminés conformément aux dispositions des articles 92 à 103. *(L. n° 2018-1317 du 28 déc. 2018, art. 37-I-7° et III-1, applicable aux exercices ouverts à compter du 1er janv. 2019)* « Les gains ou pertes relevant du régime des plus ou moins-values à long terme sont extournés des résultats en vue d'être soumis à une imposition séparée dans les conditions prévues à l'article 39 *quindecies*. » *(L. n° 2019-1479 du 28 déc. 2019, art. 50-I-1° et II, applicable aux exercices clos à compter du 31 déc. 2019)* « Les résultats nets bénéficiaires issus de la cession, de la concession ou de la sous-concession d'actifs incorporels, pour leur fraction résultant de l'application de l'article 238, sont soustraits des résultats en

vue d'être soumis à une imposition séparée dans les conditions prévues au même article 238. Toutefois, ces résultats nets ne sont pas imposables lorsqu'ils sont utilisés pour compenser le déficit d'exploitation de l'exercice. Le déficit ainsi imputé ne peut plus être reporté sur les bénéfices des exercices ultérieurs. »

Dans le cas des entreprises industrielles, commerciales, artisanales ou agricoles qui sont soumises à l'impôt d'après leur bénéfice réel et dont les résultats d'ensemble comprennent des revenus relevant de plusieurs catégories ou provenant d'exploitations situées hors de France, il est fait état de ces résultats d'ensemble sans qu'il y ait lieu de les décomposer entre leurs divers éléments dans la déclaration prévue à l'article 170.

4 *bis*. *Abrogé par L. n° 2005-1719 du 30 déc. 2005, art. 76-I-3° et XV-1.*

4 *ter*. *Disposition devenue sans objet (L. n° 84-1208 du 29 déc. 1984, art. 89).*

5. *a)* Les revenus provenant de traitements publics et privés, indemnités, émoluments, salaires et pensions ainsi que de rentes viagères autres que celles mentionnées au 6 sont déterminés conformément aux dispositions des articles 79 à 90.

Les pensions et retraites font l'objet d'un abattement de 10 % qui ne peut excéder *(L. n° 2021-1900 du 30 déc. 2021, art. 2)* **« 3 912 €** *[ancienne rédaction : 3 858 €]* **». Ce plafond s'applique au montant total des pensions et retraites perçues par l'ensemble des membres du foyer fiscal. Chaque année, il est révisé selon les mêmes modalités que la limite supérieure de la première tranche du barème de l'impôt sur le revenu.** — *Plafond applicable pour l'imposition des revenus de 2021 (L. n° 2021-1900 du 30 déc. 2021, art. 2) . — Sauf revalorisation différente expressément prévue par la loi.*

L'abattement indiqué au deuxième alinéa ne peut être inférieur à *(L. n° 2021-1900 du 30 déc. 2021, art. 2)* **« 400 €** *[ancienne rédaction : 394 €]* **», sans pouvoir excéder le montant brut des pensions et retraites. Cette disposition s'applique au montant des pensions ou retraites perçu par chaque retraité ou pensionné membre du foyer fiscal. La somme de** *(L. n° 2021-1900 du 30 déc. 2021, art. 2)* **« 400 €** *[ancienne rédaction : 394 €]* **» est révisée chaque année dans la même proportion que la limite supérieure de la première tranche du barème de l'impôt sur le revenu.** — *Abattement minimum applicable pour l'imposition des revenus de 2021 (L. n° 2021-1900 du 30 déc. 2021, art. 2) . — Sauf revalorisation différente expressément prévue par la loi.*

***b)* Les dispositions du *a* sont applicables aux allocations et indemnités mentionnées aux articles L. 3232-6, L. 5122-1, L. 5122-2, L. 5123-2, L. 5422-1** *(Décr. n° 2017-698 du 2 mai 2017, art. 1er)* **« et L. 5423-1 » du code du travail, aux participations en espèces et, à compter du 1er janvier 1991, aux dividendes des actions de travail, alloués aux travailleurs mentionnés au 18° *bis* de l'article 81, lorsque ces sommes sont imposables ;**

Sous réserve de l'exonération prévue à l'article 163 *bis* AA, les dispositions du *a* sont également applicables aux sommes revenant aux salariés au titre de la participation aux résultats de l'entreprise en application du titre II du livre III de la troisième partie du code du travail ; — *V. C. trav., art. L. 3232-6, L. 5122-1, L. 5122-2 et L. 5123-2.* — ***C. trav.***

(Ord. n° 2019-766 du 24 juill. 2019, art. 3-I et 9-I ; Décr. n° 2019-807 du 30 juill. 2019, art. 9-II, en vigueur le 1er oct. 2019) **« *b bis)* Les dispositions du *a* sont applicables aux prestations servies sous forme de rentes ou pour perte d'emploi subie, au titre des contrats d'assurance groupe ou des régimes et plans mentionnés aux deuxième et troisième alinéas du I de l'article 154 *bis* et aux premier et deuxième alinéas du I de l'article 154 *bis*-0 A, lorsque l'option prévue au deuxième alinéa de l'article L. 224-20 du code monétaire et financier n'a pas été exercée ; »**

b ter) *Abrogé par L. n° 2002-73 du 17 janv. 2002, art. 48-II.*

(Abrogé par Ord. n° 2019-766 du 24 juill. 2019, art. 3-I et 9-I ; Décr. n° 2019-807 du 30 juill. 2019, art. 9-II, à compter du 1er oct. 2019) ***« b quater) Les dispositions du a sont applicables aux pensions servies au titre des plans d'épargne retraite populaire prévus à l'article L. 144-2 du code des assurances ; »***

(Ord. n° 2019-766 du 24 juill. 2019, art. 3-I et 9-I ; Décr. n° 2019-807 du 30 juill. 2019, art. 9-II, en vigueur le 1er oct. 2019) **« *b quinquies)* Par exception au *a* et sous réserve de l'application du 6° *bis* de l'article 120 ou du II de l'article 163 *bis*, les prestations de retraite versées sous forme de capital, autres que celles qui sont exonérées en application du 4° *bis* de l'article 81 :**

« 1° Sont imposées sans application de l'abattement prévu au deuxième alinéa du *a* du présent 5 pour la part correspondant au montant des versements mentionnés au 1° de l'article L. 224-2 du code monétaire et financier ou, en cas d'application de l'article L. 160-5 du code des assurances, au 3° de l'article L. 224-2 précité ;

« 2° Sont imposées selon les modalités prévues aux 1 ou 2 de l'article 200 A pour la part des produits afférents aux versements mentionnés au 1° de l'article L. 224-2 du code monétaire et financier, au 2° de cet article lorsqu'ils ne sont pas exonérés ou, en cas d'application de l'article L. 160-5 du code des assurances, au 3° de l'article L. 224-2 précité.

« Le prélèvement prévu aux I et III de l'article 125 A s'applique aux produits mentionnés au 2° ; »

c) Lorsque, étant en instance de séparation de corps ou de divorce, les époux font l'objet d'impositions distinctes par application des dispositions du *b* du 4 de l'article 6, la provision alimentaire qui est allouée à l'un d'eux pour son entretien et celui des enfants dont il a la charge est comptée dans les revenus imposables de l'intéressé ;

d) Abrogé par L. nº 99-1173 du 30 déc. 1999, art. 12-II.

e) Pour l'établissement de l'impôt des redevables pensionnés au 31 décembre 1986 dont la pension a fait l'objet d'un premier versement mensuel en 1987, la déclaration porte chaque année sur les arrérages correspondant à la période de douze mois qui suit la période à laquelle se rapportent les arrérages imposables au titre de l'année précédente.

Pour l'application de cette règle, les arrérages échus en 1987 sont répartis également sur le nombre de mois auxquels ils correspondent, arrondi au nombre entier le plus proche.

Les dispositions des deux alinéas précédents sont également applicables pour l'établissement de l'impôt des redevables pensionnés au 31 décembre 2003 dont la pension a fait l'objet d'un premier versement mensuel en 2004, les arrérages mentionnés au deuxième alinéa s'entendant des arrérages échus en 2004, ainsi qu'aux pensionnés qui ont perçu en 2016 des caisses d'assurance retraite et de la santé au travail mentionnées à l'article L. 215-1 du code de la sécurité sociale des pensions dues au titre de l'année 2015, les arrérages mentionnés au deuxième alinéa s'entendant de ceux échus en 2016.

6. Les rentes viagères constituées à titre onéreux ne sont considérées comme un revenu, pour l'application de l'impôt sur le revenu dû par le crédirentier, que pour une fraction de leur montant. Cette fraction, déterminée d'après l'âge du crédirentier lors de l'entrée en jouissance de la rente, est fixée à :

70 % si l'intéressé est âgé de moins de 50 ans ;

50 % s'il est âgé de 50 à 59 ans inclus ;

40 % s'il est âgé de 60 à 69 ans inclus ;

30 % s'il est âgé de plus de 69 ans.

(Abrogé par L. nº 2017-1837 du 30 déc. 2017, art. 28) « ***La fraction de rentes viagères définie ci-dessus est imposée dans les mêmes conditions que les revenus énumérés à l'article 124.*** »

(Ord. nº 2019-766 du 24 juill. 2019, art. 3-I et 9-I ; Décr. nº 2019-807 du 30 juill. 2019, art. 9-II, en vigueur le 1er oct. 2019) « Ces dispositions ne sont pas applicables aux rentes correspondant aux cotisations n'ayant pas fait l'objet de l'option prévue au deuxième alinéa de l'article L. 224-20 du code monétaire et financier. Elles sont applicables aux rentes correspondant aux versements mentionnés au 1° de l'article L. 224-2 du code monétaire et financier qui n'ont pas fait l'objet d'une déduction du revenu imposable en application de l'option prévue au deuxième alinéa de l'article L. 224-20 du même code ou à ceux mentionnés au 2° de l'article *(Décr. nº 2020-897 du 22 juill. 2020, art. 1er)* « L. 224-2 » précité. »

(L. nº 2017-1837 du 30 déc. 2017, art. 28) « 6 *bis*. Lorsqu'ils sont pris en compte dans l'assiette du revenu net global dans les conditions prévues au 2 de l'article 200 A :

« 1° Les gains nets *(Abrogé par L. nº 2018-1317 du 28 déc. 2018, art. 44-I-2°-a)* « ***de cession de valeurs mobilières, droits sociaux et titres assimilés*** » mentionnés à l'article 150-0 A ainsi que les distributions mentionnées aux 7,7 *bis (L. nº 2018-1317 du 28 déc. 2018, art. 42-I-3° et III, applicable aux gains nets réalisés et aux distributions perçues* *à compter du 11 juill. 2018)* « , 8 et 9 » du II du même article 150-0 A sont déterminés conformément aux articles 150-0 A à 150-0 E ;

« 2° Les profits réalisés sur les marchés d'instruments financiers et assimilés sont déterminés conformément à l'article 150 *ter* ;

« 3° Les distributions mentionnées à l'article 150-0 F et au 1 du II de l'article 163 *quinquies* C sont déterminées conformément auxdits articles ;

« 4° Les gains nets réalisés dans les conditions prévues au premier alinéa du I de l'article 163 *bis* G sont déterminés conformément au même article 163 *bis* G ;

« 5° Les plus-values latentes sur droits sociaux, valeurs, titres ou droits, les créances trouvant leur origine dans une clause de complément de prix et certaines plus-values en report d'imposition imposables lors du transfert du domicile fiscal hors de France sont déterminées conformément à l'article 167 *bis*. »

(L. n° 2018-1317 du 28 déc. 2018, art. 44-I-2°-b) « 6° Les gains nets mentionnés à l'article 150 *duodecies* sont déterminés conformément au même article 150 *duodecies*. »

[6 ter abrogé à compter du 1er janv. 2018]

(Abrogé par L. n° 2017-1837 du 30 déc. 2017, art. 28-I et VI, pour les impositions dont le fait générateur intervient à compter du 1er janv. 2018) « ***6 ter. Les plus-values latentes sur droits sociaux, valeurs, titres ou droits, les créances trouvant leur origine dans une clause de complément de prix et certaines plus-values en report d'imposition imposables lors du transfert du domicile fiscal hors de France sont déterminées conformément à l'article 167 bis.*** »

[6 ter applicable à compter du 1er janv. 2023]

(L. n° 2021-1900 du 30 déc. 2021, art. 79-I-2°-b et II, applicable aux cessions réalisées à compter du 1er janv. 2023) « 6 *ter*. Lorsqu'elles sont prises en compte dans l'assiette du revenu net global dans les conditions prévues au second alinéa de l'article 200 C, les plus-values mentionnées à l'article 150 VH *bis* sont déterminées conformément au même article 150 VH *bis*. »

7. Le montant des revenus et charges énumérés ci-après, retenu pour le calcul de l'impôt selon les modalités prévues à l'article 197, est multiplié par *(L. n° 2020-1721 du 29 déc. 2020, art. 34-I-1°)* « un coefficient de » 1,25. Ces dispositions s'appliquent :

1° Aux titulaires de revenus passibles de l'impôt sur le revenu, dans la catégorie des bénéfices industriels et commerciaux ou des bénéfices non commerciaux ou des bénéfices agricoles, réalisés par des contribuables soumis à un régime réel d'imposition :

a) Qui ne sont pas adhérents d'un centre de gestion, association ou organisme mixte de gestion agréés définis aux articles 1649 *quater* C à 1649 *quater* K *ter*, à l'exclusion des membres d'un groupement ou d'une société mentionnés aux articles 8 à 8 *quinquies* et des conjoints exploitants agricoles de fonds séparés ou associés d'une même société ou groupement adhérant à l'un de ces organismes, ou qui ont été exclus d'un de ces organismes au cours de l'année d'imposition pour n'avoir pas fourni de réponse suffisante aux demandes de justification de l'un de ces organismes dans le cadre des missions prévues aux articles 1649 *quater* E et 1649 *quater* H, pour n'avoir pas donné suite à la demande de l'un de ces organismes de rectifier une déclaration fiscale ou à la suite d'une procédure ouverte en application de l'article L. 166 du livre des procédures fiscales ;

b) Qui ne font pas appel aux services d'un expert-comptable, d'une société membre de l'ordre, d'une association de gestion et de comptabilité ou d'une succursale d'expertise comptable, autorisé à ce titre par l'administration fiscale et ayant conclu avec cette dernière une convention en application des articles 1649 *quater* L et 1649 *quater* M, ou dont la lettre de mission a été résiliée par le professionnel de l'expertise comptable au titre de l'année d'imposition pour n'avoir pas fourni de réponse suffisante aux demandes de justification de l'un de ces professionnels dans le cadre des missions prévues à l'article 1649 *quater* L, pour n'avoir pas donné suite à la demande de l'un de ces professionnels de rectifier une déclaration fiscale ou à la suite d'une procédure ouverte en application de l'article L. 166 C du livre des procédures fiscales ; — Pour *l'application des dispositions du b du 1° du 7 de l'art. 158 CGI, une lettre de mission spécifique précise les droits et obligations de chacune des parties, ainsi que les conditions financières de la prestation. Cette lettre de mission comporte également l'engagement du client ou de l'adhérent de fournir au professionnel de l'expertise comptable chargé de tenir et de présenter ses documents comptables tous les éléments nécessaires à l'établissement d'une comptabilité sincère de son exploitation (Décr. n° 2012-432 du 30 mars 2012, art. 151, al. 4).*

c) Ou qui ne font pas appel à un certificateur à l'étranger, autorisé à ce titre par l'administration fiscale et ayant conclu avec cette dernière une convention en application de l'article 1649 *quater* N, pour les seuls revenus de source étrangère provenant d'un État membre de l'Union européenne ou d'un autre État partie à l'accord sur l'Espace économique européen ayant conclu avec la France une convention d'assistance administrative en vue de lutter contre la fraude et l'évasion fiscales ;

(L. nº 2020-1721 du 29 déc. 2020, art. 34-I-2º) **« Par dérogation au premier alinéa du présent 7, le coefficient mentionné au même premier alinéa est fixé à 1,2 pour l'imposition des revenus de l'année 2020, à 1,15 pour l'imposition des revenus de l'année 2021 et à 1,1 pour l'imposition des revenus de l'année 2022 ; »** — *Les dispositions du présent 1º sont abrogées à compter de l'imposition des revenus de l'année 2023 (L. nº 2020-1721 du 29 déc. 2020, art. 34-II).*

2º Aux revenus distribués mentionnés aux *c* à *e* de l'article 111, aux bénéfices ou revenus mentionnés à l'article 123 *bis* et aux revenus distribués mentionnés à l'article 109 résultant d'une rectification des résultats de la société distributrice ;

3º Aux sommes mentionnées au 2º du II de l'article 156 versées en vertu d'une décision de justice devenue définitive avant le 1er janvier 2006 ;

4º *Abrogé.*

Les dispositions du présent art. telles que modifiées par la L. nº 2017-1837 du 30 déc. 2017 s'appliquent aux impositions dont le fait générateur intervient à compter du 1er janv. 2018 (L. préc., art. 28-VI-A).

1. Abattement de 40 % sur certains revenus mobiliers. Doctrine administrative. 1º Conditions d'éligibilité à l'abattement de 40 % des revenus distribués par les sociétés. * BOI-RPPM-RCM-20-10-30-10 du 20 déc. 2019. 2º Détermination du revenu net imposable et liquidation de l'impôt. * BOI-RPPM-RCM-20-10-30-20 du 20 déc. 2019. 3º Colligations des intervenants dans le circuit de paiement du revenu distribué et sanctions applicables. * BOI-RPPM-RCM-20-10-30-30 du 20 déc. 2019.

2. Un contribuable ne peut se voir refuser le bénéfice de l'abattement de 40 % sur le montant des dividendes perçus que dans les trois cas suivants : la décision de distribution n'a pas été prise par l'organe compétent ; la décision résulte d'une fraude ; la distribution n'est pas autorisée par le code de commerce. • CE 11 mai 2015, nº 369257 : *RJF 2015. 691.* ♦ Une décision de distribution de dividendes n'est irrégulière que si elle n'a pas été prise par l'organe compétent, si elle est le résultat d'une fraude ou si elle n'entre dans aucun des cas pour lesquels le code de commerce autorise la distribution de sommes prélevées sur les bénéfices. Dès lors, une distribution non consignée au registre des décisions d'une EURL est régulière. • CE 27 mars 2019, nº 421211 : *RJF 2019. 542 ; Dr. fisc. 2019. 263, note de Bissy.*

3. La circonstance que l'abattement de 40 % prévu par l'art. 158-3-2 ne s'applique pas aux dividendes soumis à la retenue à la source, prévue par l'art. 119 *bis*-2, ne traduit pas, par elle-même, un traitement fiscal discriminatoire contraire au principe de libre circulation des capitaux. Pour apprécier l'existence d'une discrimination, il appartient au juge de comparer la charge fiscale supportée par les requérants non-résidents du fait de la retenue à la source en litige uniquement avec celle d'un couple de contribuables résidents ayant perçu le même montant de dividendes, et non avec une pluralité de situations analogues. • CE 11 oct. 2017, nº 398510 : *RJF 2018. 31.*

4. Notion de distribution. Les sommes enregistrées, dans les comptes d'une société civile, sur un compte d'intérêts à payer ne sont pas imposables sur le fondement de l'art. 158-3, dès lors que l'administration fiscale n'établit, ni même n'allègue, que le titulaire, associé minoritaire, a pu effectuer des prélèvements sur ce compte. • CAA Nantes, 2 mars 2009, nº 08NT689 : *RJF 2009. 744 ; Dr. fisc. 2009. 281.*

5. Rentes viagères constituées à titre onéreux. Seules les rentes constituées à titre onéreux en contrepartie de l'aliénation de biens meubles ou immeubles ou encore d'une somme en capital peuvent bénéficier du régime fiscal défini à l'art. 158-6. N'a donc pas le caractère de rente viagère constituée à titre onéreux la somme perçue annuellement par un contribuable, propriétaire de locaux donnés en location, en contrepartie de la cession à la société de gestion immobilière qu'il dirige des créances constituées par les loyers de ces locaux dès lors qu'il n'a aliéné aucun capital en contrepartie de la somme que la société s'est engagée à lui verser chaque année et que la convention n'a pour les parties aucun caractère aléatoire, nonobstant la circonstance que la convention est conclue pour la durée de vie entière du contribuable. • CE 30 juill. 2010, nº 314596 : *RJF 2010. 1026.* ♦ Lorsque, à la date de l'entrée en jouissance de la rente, le crédirentier est âgé de plus de 69 ans sans avoir atteint son 70e anniversaire, la fraction imposable de la rente viagère est fixée à 40 %. Elle ne doit être ramenée à 30 % que dans le cas où, à la même date, l'intéressé est âgé de

70 ans révolus. • CE 19 janv. 1996, n° 130377 : *Dr. fisc. 1996. 272.*

6. Rachat d'une rente viagère. Majoration de 25 %. Le capital versé par le débiteur au crédirentier en contrepartie de la renonciation de ce dernier au droit mobilier constitué par le bénéfice d'une rente viagère à titre onéreux ne peut pas être considéré, eu égard au caractère essentiellement aléatoire du contrat de rente viagère, comme ayant la même nature que le montant cumulé des arrérages de la rente qui auraient pu être versés jusqu'au décès du crédirentier. Par suite, l'art. 158-6 n'est pas applicable à ce capital. • CAA Lyon, 25 janv. 2007, n° 03LY725 : *RJF 2007. 694.*

7. Non-adhérents à un organisme de gestion agréé. Constitutionnalité du dispositif de l'art. 158-7 applicable aux exploitants individuels qui, s'ils n'adhèrent pas à un organisme de gestion agréé, sont imposés sur une base égale à 1,25 fois leurs revenus. • Cons. const., QPC, 23 juill. 2010, n° 2010-16 : *RJF 2010. 1072.* ♦ Sur renvoi de • CE 31 mai 2010, n° 338728 : *RJF 2010. 831.* ♦ La majoration de 25 % de la base d'imposition des contribuables non adhérents d'un organisme agréé n'est pas une sanction au regard de la Conv. EDH et n'est pas contraire à ses principes de respect des biens et de liberté d'association. • CE 9 nov. 2015, n° 366457 : *RJF 2016. 119.*

8. Les BNC de source étrangère d'un adhérent de centre de gestion agréé ne sont pas soumis à la majoration. • CAA Paris, 9 mai 2014, n° 11PA03316 : *RJF 2014. 1041.* ♦ La dispense de majoration de la base d'imposition de 25 % dont bénéficient les adhérents d'organismes agréés et les contribuables faisant appel à un comptable conventionné s'applique également, sous certaines conditions, aux revenus de source européenne. * BOI-IR-BASE-10-10-20 n°s 77 et 135 du 5 juill. 2017. ♦ La proposition de rectification doit motiver la majoration de 25 % pour non-adhésion à un CGA. • CE 26 juill. 2018, n° 408480 : *RJF 2018. 1143, concl. Crépey.*

9. Revenus distribués, rémunérations et avantages occultes. Constitutionnalité du dispositif de l'art. 158-7 applicable aux revenus distribués mentionnés à l'art. 111 c qui sont imposés sur une base égale à 1,25 fois leur montant. • CE 17 sept. 2010, n° 341293 : *RJF 2011. 86 ; Dr. fisc. 2010. 535, concl. Olléon.* ♦ Dans le même sens, concernant des distributions occultes : • Cons. const. 28 juin 2019, n° 2019-793 QPC : *RJF 2019. 951.* ♦ Le coefficient multiplicateur de 1,25 ne s'applique pas aux contributions sociales assises sur les rémunérations et avantages occultes mentionnés à l'art. 111 c. • Cons. const. 10 févr. 2017, n° 2016-610 QPC : *RJF 2017. 472.* ♦ Dans le même sens, concernant les revenus mentionnés aux art. 109-1-2° et 123 *bis*. • Cons. const. 7 juill. 2017, n° 2017-6437650 QPC : *RJF 2017. 971.* ♦ La majoration de 25 % n'est pas applicable aux jetons de présence alloués aux membres du conseil de surveillance d'une société en commandite par actions (SCA). * BOI-BNC-CHAMP-10-30-50 n° 15 du 12 mai 2021.

Art. 158 *bis* à 158 *quater* *Abrogés par L. n° 2003-1311 du 30 déc. 2003, art. 93-I-A-1°.*

Art. 159 *Abrogé par L. n° 2001-1275 du 28 déc. 2001, art. 85-C-5.*

Art. 159 *bis* *Abrogé par L. n° 63-254 du 15 mars 1963, art. 32.*

Art. 159 *ter* *Abrogé par L. n° 54-782 du 2 août 1954, art. 32. — V. art. 238* bis *B.*

Art. 159 *quater* *Abrogé par L. n° 65-566 du 12 juill. 1965, art. 45-1.*

Art. 159 *quinquies* I. — **La distribution par les sociétés immobilières d'investissement régies par le I de l'article 33 de la loi n° 63-254 du 15 mars 1963 à leurs actionnaires et par les sociétés immobilières de gestion régies par l'article 1er du décret n° 63-683 du 13 juillet 1963, à leurs porteurs de parts, dans des conditions fixées par décret, des primes à la construction prévues à l'article** *(Décr. n° 2020-897 du 22 juill. 2020, art. 1er)* **« R. 311-1 » du code de la construction et de l'habitation qu'elles ont encaissées ne donne pas lieu à la perception de l'impôt sur le revenu** *[V. Ann. II, art. 83 et 84].*

II. — *Disposition périmée.*

Art. 160 *(Abrogé par L. n° 99-1172 du 30 déc. 1999, art. 94-V) [...]*

I. ter. — 1. Par exception aux dispositions du I bis, l'imposition de la plus-value réalisée en cas d'échange de droits sociaux résultant d'une fusion ou d'une scission ou, à compter du 1er janvier 1988, en cas d'échange résultant d'apports de titres à une société soumise à l'impôt sur les sociétés, peut, sur demande expresse du contribuable, être reportée au moment où s'opérera la cession ou le rachat des droits sociaux reçus à l'occasion de l'échange par cet associé.

Sous réserve des dispositions du 2, ce report d'imposition est subordonné à la condition que l'opération de fusion, de scission ou d'apport de titres ait été préalablement agréée par le ministre chargé du budget.

L'imposition de la plus-value réalisée en cas d'échange de droits sociaux effectué avant le 1er janvier 1988 et résultant d'une fusion ou d'une scission peut, sur demande expresse du contribuable et à condition que l'opération de fusion ou de scission ait été préalablement agréée par le ministre chargé du budget, être reportée au moment où s'opérera la transmission ou le rachat des droits sociaux reçus à l'occasion de l'échange.

2. Toutefois, le contribuable est dispensé de l'agrément en cas de fusion, de scission ou d'apport de droits sociaux représentant ensemble 50 % au moins du capital de la société dont les titres sont apportés, lorsqu'il prend l'engagement de conserver les titres acquis en échange pendant un délai de cinq ans à compter de la date de l'opération d'échange. Le non-respect de cet engagement entraîne l'établissement de l'imposition au titre de l'année au cours de laquelle l'échange de droits sociaux est intervenu, sans préjudice des sanctions prévues à l'article 1729.

3. Les dispositions des 1 et 2 cessent de s'appliquer aux plus-values d'échanges de titres réalisés à compter du 1er janvier 1991.

4. L'imposition de la plus-value réalisée à compter du 1er janvier 1991 en cas d'échange de droits sociaux résultant d'une opération de fusion, scission ou d'apport de titres à une société soumise à l'impôt sur les sociétés peut être reportée dans les conditions prévues au II de l'article 92 B. Il en est de même lorsque l'échange des titres est réalisé par une société ou un groupement dont les associés ou membres sont personnellement passibles de l'impôt sur le revenu pour la part des bénéfices correspondant à leurs droits dans la société ou le groupement. Les conditions d'application de la deuxième phrase du présent alinéa sont précisées par décret.

Ces dispositions sont également applicables aux échanges avec soulte à condition que celle-ci n'excède pas 10 % de la valeur nominale des titres reçus. Toutefois, la partie de la plus-value correspondant à la soulte reçue est imposée immédiatement.

5. Pour l'application du régime d'imposition défini au présent article, lorsque les titres reçus dans les cas prévus au 1, 2 et 4 font l'objet d'un échange dans les conditions prévues au 4, au II de l'article 92 B ou au troisième alinéa de l'article 150 A bis, l'imposition des plus-values antérieurement reportée peut, à la demande du contribuable, être reportée de nouveau au moment où s'opérera la cession, le rachat, le remboursement ou l'annulation des nouveaux titres reçus à condition que l'imposition de la plus-value réalisée lors de cet échange soit elle-même reportée.

Un décret fixe les conditions d'application du premier alinéa.

L'imposition des plus-values reportées en application des dispositions du 1 ter de l'art. 160 dans sa rédaction en vigueur avant le 1er janv. 2000 intervient lors de la cession, du rachat, du remboursement ou de l'annulation des titres reçus en échange. Ces plus-values sont imposées selon les modalités prévues pour l'imposition de la cession des titres mettant fin à ce report (L. n° 2003-1311 du 30 déc. 2003, art. 10-VII).

Art. 160 A I. — Lorsqu'une société a offert aux membres de son personnel salarié des options de souscription ou d'achat d'actions dans les conditions définies aux articles L. 225-177 à L. 225-184 du code de commerce ou lorsqu'un ou plusieurs actionnaires ou porteurs de parts d'une société se sont engagés à céder leurs actions ou parts à un ou plusieurs salariés de cette même société à un prix convenu lors de l'engagement, l'imposition de la plus-value réalisée par les salariés ayant levé l'option, à l'occasion de l'apport des actions ou parts à la société créée dans les conditions prévues à l'article 220 *quater*, peut, sur demande expresse des intéressés, être reportée au moment de la cession des droits sociaux reçus en rémunération de l'apport.

Le report d'imposition est subordonné aux conditions prévues à l'article 83 *bis*. — *L'art. 83 bis du présent code a été abrogé pour les emprunts contractés à compter du 1er janv. 2017 (L. n° 2013-1278 du 29 déc. 2013, art. 26-I-j).*

II. — Lorsqu'un ou plusieurs actionnaires ou porteurs de parts de la société rachetée dans les conditions prévues à l'article 220 *quater* apportent, après octroi de l'agrément, leurs actions ou parts à la société créée, l'imposition de la plus-value réalisée à cette occasion peut, sur demande expresse des intéressés, être reportée au moment de la cession des droits sociaux reçus en rémunération de l'apport.

III. — Les dispositions des I et II s'appliquent aux rachats d'entreprises réalisés dans les conditions prévues à l'article 220 *quater* A. Lorsque le rachat a été soumis à l'accord du ministre chargé des finances, prévu à l'article 220 *quater* B, le bénéfice de ces dispositions est subordonné à cet accord.

IV. – Les avantages prévus au III ne sont plus applicables à compter de l'année au cours de laquelle l'une des conditions prévues à l'article 220 *quater* A cesse d'être satisfaite.

Art. 160 *bis* Les sommes attribuées aux actionnaires des sociétés d'investissement à capital variable et des sociétés de placement à prépondérance immobilière à capital variable mentionnées au 3° *nonies* de l'article 208 pour le rachat de leurs actions ne sont pas considérées comme des revenus distribués pour l'application de l'impôt sur le revenu.

Art. 160 *ter* *Abrogé par L. n° 98-546 du 2 juill. 1998, art. 41-II.*

Art. 160 *quater* Lorsqu'une société procède aux opérations prévues aux articles 48 et 49 de la loi n° 78-763 du 19 juillet 1978 portant statut des sociétés coopératives de production, les opérations d'annulation des actions ou parts sociales sont considérées comme des cessions taxables dans les conditions prévues à l'article 150-0 A lorsque ces actions ou parts sont détenues dans les conditions du *f* du I de l'article 164 B.

Art. 161 Le boni attribué lors de la liquidation d'une société aux titulaires de droits sociaux en sus de leur apport n'est compris, le cas échéant, dans les bases de l'impôt sur le revenu que jusqu'à concurrence de l'excédent du remboursement des droits sociaux annulés sur le prix d'acquisition de ces droits, dans le cas où ce dernier est supérieur au montant de l'apport. Lorsque les droits ont été reçus, à compter du 1er janvier 2000, dans le cadre d'une opération d'échange dans les conditions prévues à l'article 150-0 B, au quatrième alinéa de l'article 150 A *bis* en vigueur avant la date de promulgation de la loi de finances pour 2004 *[n° 2003-1311 du 30 déc. 2003]* ou au II de l'article 150 UB, le boni est calculé à partir du prix ou de la valeur d'acquisition des titres ou droits remis à l'échange, diminué du montant de la soulte reçue, qui n'a pas fait l'objet d'une imposition au titre de l'année de l'échange, ou majoré de la soulte versée lors de cet échange.

BIBL. ▶ ACARD, *JCP E 2001, p. 1778* (régime fiscal des rachats par une société de ses propres actions). – HOVASSE, *Dr. fisc. 2012. 301* (la réduction de capital, instrument d'optimisation de la fiscalité des dividendes). – PAROT, *Dr. fisc. 2001, p. 814 et p. 865* (même thème).

1. Remboursement de droits sociaux. Lorsque les droits sociaux remboursés à un associé ont été acquis par lui à des prix différents, il convient de retenir la différence entre la valeur globale de remboursement et le prix global d'acquisition. • CE 3 avr. 1968, n° 71495 : *Dr. fisc. 1968. 658, Lebon 241*.

2. Boni de liquidation. Un contribuable ne peut bénéficier de l'art. 161 lorsqu'à la date où la somme lui a été versée, la société n'était pas définitivement liquidée et qu'il ne ressort pas des pièces du dossier que le liquidateur avait entendu procéder à son profit à une avance sur le boni de liquidation avant la liquidation définitive. • CE 26 mai 2010, n° 304299 : *RJF 2010. 770.* ♦ Pour l'application des art. 156 et 161, le montant d'un boni de liquidation qu'il convient, le cas échéant, de comprendre dans les bases de l'IR dont a disposé un foyer fiscal au sein duquel plusieurs personnes étaient titulaires de droits sociaux doit être déterminé en rapprochant le montant *global* des remboursements auxquels ont donné lieu ces droits de la somme des prix pour lesquels ils ont été acquis, quel qu'en ait été le membre du foyer fiscal acquéreur. • CE 29 avr. 2002, n° 212408 : *RJF 2002. 754 ; concl. Courtial au BDCF 7/02 ; Dr. fisc. 2002. 746, concl. Courtial ; Dr. sociétés 2002. 166, note Pierre.*

3. Rachats par une société de ses propres titres (rachats effectués avant le 1er janv. 2015). **BIBL.** Dumont, *BFL 2010, p. 753* (rachat par une société de ses propres titres : une « chère rédemption » ?). ♦ Régime fiscal. Commentaires administratifs. * BOI-RPPM-RCM-10-20-30-20 du 12 sept. 2012.

4. Régime antérieur à 2006. Lorsqu'une société rachète, au cours de son existence, à certains de ses associés ou actionnaires personnes physiques, les droits sociaux qu'ils détiennent, notamment sous forme d'actions, l'excédent éventuel du remboursement des droits sociaux annulés sur le prix d'acquisition de ces droits, mais dans la mesure seulement où ce prix d'acquisition est supérieur au montant de l'apport remboursable en franchise d'impôt, constitue, sauf dans les hypothèses particulières où le législateur en aurait disposé autrement, non un gain net en capital relevant du régime d'imposition des plus-values de cession, mais un « boni de cession » qui a la même nature qu'un boni de liquidation, imposable à l'IR dans la catégorie des RCM. • CE 29 déc. 2000, n° 179647, *Roesch : Dr. fisc. 2001. 337, concl. Courtial ; Rev. sociétés 2001, p. 109, note Fouquet ; D. 2001. IR 1436 ; JCP E 2001, p. 1178, chron. Acard ; BJS 2001. 274, note Derouin* • CAA Lyon, 24 oct.

2002, n° 97LY2597 : *Dr. fisc. 2003. 434, concl. Bonnet* • CE 30 juill. 2003, n° 220260 : *Dr. sociétés 2003, n° 12, p. 34* • 28 févr. 2007, n° 284565, *Persicot : RJF 2007. 599 ; concl. Vallée au BDCF 5/07, n° 61 ; Dr. fisc. 2007. 386, obs. Fouquet.* ♦ La circonstance que le rachat de ses actions par la société résultait d'une obligation statutaire, consécutive au refus d'agréer un projet de cession des titres à un tiers, n'est pas de nature à donner à l'excédent du remboursement des droits sociaux le caractère d'un gain net en capital. • CE 24 juin 2009, n° 307943 : *RJF 2009. 837.* ♦ L'art. 161, 2e al., est applicable en cas de rachat par une société de ses propres titres même s'il n'est pas suivi de leur annulation. • CE 31 juill. 2009, n° 296052 : *RJF 2009. 939, concl. Glaser, p. 825 ; Dr. fisc. 2009. 509, concl. Glaser, note De Bissy ; JCP E 2009. 1914, note Dieu.*

5. Amortissement du capital. **BIBL.** Prieur et Plagnet, *BFL 2007, p. 867* (une nouvelle approche de l'amortissement du capital).

Art. 162 **Les associés gérants des sociétés en commandite par actions sont réputés ne disposer de la quote-part leur revenant dans les bénéfices sociaux affectés à la constitution de réserves qu'au moment de la mise en distribution desdites réserves.**

Les dispositions du premier alinéa sont applicables dans les mêmes conditions à l'associé unique de sociétés à responsabilité limitée, aux associés d'exploitations agricoles à responsabilité limitée mentionnées au 5° de l'article 8, aux associés des sociétés en nom collectif, aux commandités des sociétés en commandite simple, aux membres des sociétés en participation et aux membres des sociétés civiles mentionnées au 1° de l'article 8 et à l'article 8 *ter* *[application aux associés des SCP visées par l'art. 8 ter pour l'imposition des résultats des exercices ouverts à compter du 1er janv. 1996]*, **dont les noms et adresses ont été indiqués à l'administration, lorsque ces sociétés ont opté pour le régime fiscal des sociétés de capitaux.**

Art. 163 *Abrogé par L. n° 92-1476 du 31 déc. 1992, art. 74-I, à compter de l'imposition des revenus de 1992.*

Art. 163-0 A **I. — Lorsque au cours d'une année un contribuable a réalisé un revenu qui par sa nature n'est pas susceptible d'être recueilli annuellement et que le montant de ce revenu exceptionnel dépasse la moyenne des revenus nets d'après lesquels ce contribuable a été soumis à l'impôt sur le revenu au titre des trois dernières années, l'intéressé peut demander que l'impôt correspondant soit calculé en ajoutant le quart du revenu exceptionnel net à son revenu net global imposable et en multipliant par quatre la cotisation supplémentaire ainsi obtenue.** *(L. n° 2021-1900 du 30 déc. 2021, art. 6-1°)* **« Le revenu exceptionnel net s'entend après imputation, le cas échéant, du déficit constaté dans la même catégorie de revenu, du déficit global ou du revenu net global négatif. »**

Les dispositions prévues au premier alinéa sont également applicables aux primes de départ volontaire, ainsi qu'aux sommes reçues par les bailleurs de biens ruraux au titre d'avances sur les fermages pour les baux conclus à l'occasion de l'installation d'un jeune agriculteur bénéficiant de la dotation d'installation aux jeunes agriculteurs ou d'un prêt à moyen terme spécial, et aux primes ou indemnités versées à titre exceptionnel aux salariés lors d'un changement de lieu de travail impliquant un transfert du domicile ou de la résidence, même si leur montant n'excède pas la moyenne des revenus nets imposables des trois dernières années.

II. — ***Lorsqu'au*** **cours d'une année un contribuable a eu, par suite de circonstances indépendantes de sa volonté, la disposition d'un revenu correspondant, par la date normale de son échéance, à une ou plusieurs années antérieures, l'intéressé peut demander que l'impôt correspondant à ce revenu** *(L. n° 2021-1900 du 30 déc. 2021, art. 6-2°-a)* **« différé net » soit calculé en divisant son montant par un coefficient égal au nombre d'années civiles correspondant aux échéances normales de versement augmenté de un, en ajoutant à son revenu net global imposable le quotient ainsi déterminé, puis en multipliant par ce même coefficient la cotisation supplémentaire ainsi obtenue.** *(L. n° 2021-1900 du 30 déc. 2021, art. 6-2°-b)* **« Le revenu différé net s'entend après imputation, le cas échéant, du déficit constaté dans la même catégorie de revenu, du déficit global ou du revenu net global négatif. »**

III. — Les dispositions prévues aux I et II ne s'appliquent qu'aux seuls revenus exceptionnels ou différés imposés d'après le barème progressif prévu à l'article 197.

Les dispositions des I et II du présent art. issues de l'art. 6 de la L. n° 2021-1900 du 30 déc. 2021, s'appliquent à compter de l'imposition des revenus de l'année 2021.

Pour l'établissement de l'impôt sur le revenu sur les primes versées aux sportifs médaillés des Jeux olympiques et paralympiques d'hiver de l'an 2010 à Vancouver, V. note ss. art. 197.

1. Doctrine administrative. Commentaire d'ensemble du régime fiscal des revenus exceptionnels ou différés. Définition de ces revenus. Fonctionnement du système du quotient. Obligations déclaratives des contribuables. * BOI-IR-LIQ-20-30-20 du 20 juill. 2016. ♦ Sur le système du quotient, V. aussi note 10.

2. Conformité à la Constitution. Le Conseil d'État n'a pas jugé sérieux le moyen d'inconstitutionnalité (tiré de la rupture d'égalité entre les contribuables) soulevé à l'encontre du système du quotient prévu à l'art. 163-0 A. • CE 1er févr. 2011, n° 345353 : *RJF 2011. 488.*

3. Revenus exceptionnels. Les revenus provenant d'une activité exercée par le contribuable à titre habituel ne présentent pas un caractère exceptionnel, quel que soit le montant de ces revenus. • CE 20 avr. 1983, n° 33149 : *Dr. fisc. 1983. 2251, concl. Schricke ; RJF 1983. 755* • 17 mai 1989, n° 75-710 : *Dr. fisc. 1989. 1657, concl. Martin Laprade ; RJF 1989. 793.* ♦ ... Même si l'activité génératrice des revenus présente un caractère accessoire. • CE 9 mai 1990, n° 72411 : *Dr. fisc. 1991. 683 ; RJF 1990. 781.* ♦ Toutefois tout revenu tiré d'une activité professionnelle n'est pas *ipso facto* exclu du bénéfice du système du quotient, mais les revenus tirés d'opérations susceptibles de se reproduire annuellement sont, quel qu'en soit le montant, dépourvus du caractère exceptionnel auquel est subordonné le bénéfice de cette mesure. Tel est le cas du revenu tiré d'opérations de construction-vente par un contribuable qui se livre de manière habituelle à des opérations de cette nature. • CE 28 mai 2001, n° 216312 : *Dr. fisc. 2001. 1001, concl. Austry ; RJF 2001. 1035 ; AJDI 2001. 907, note Maublanc*. ♦ Par ailleurs, l'attribution d'un prix littéraire à l'un des ouvrages d'un écrivain est de nature à faire regarder les droits d'auteur que lui ont procurés les ventes de cet ouvrage qui ont suivi l'attribution du prix comme un revenu exceptionnel. • CE, sect., 11 juill. 1988, n° 58687 : *Dr. fisc. 1989. 133, concl. Le Roy ; RJF 1988. 1054* • 31 oct. 1990 : *Dr. fisc. 1992. 2248* et *1993. 1381 ; RJF 1990. 1425* et *1992. 1288* • 31 juill. 1992, n° 67321 : *ibid.* ♦ Il en est de même pour les revenus perçus par un artiste de théâtre l'année au cours de laquelle son spectacle a obtenu le prix « Molière ». • TA Paris, 13 mars 1997, n° 91-9797 : *RJF 1997. 1006.*

4. Certains revenus perçus à l'occasion de l'exercice de la profession présentent un caractère exceptionnel du fait qu'ils rémunèrent une mission qui n'entre pas dans le cadre normal de la profession. • CE 28 oct. 1983, n° 33533 : *Dr. fisc. 1984. 249, concl. Fouquet ; RJF 1983. 1467.* ♦ Tel est le cas des droits d'auteur perçus par un salarié, ingénieur-conseil, pour la réalisation d'un ouvrage pédagogique, dès lors qu'ils sont tirés d'une activité qui n'a revêtu qu'un caractère exceptionnel et est restée limitée à une seule année. Peu importe, notamment, que l'intéressé se soit inscrit au Répertoire national des entreprises. • CE 5 déc. 2001, n° 214532, *Delabre : RJF 2002. 261 ; Dr. fisc. 2002. 188.* ♦ Sont également des revenus exceptionnels : ceux qui résultent de la cessation ou d'une modification de l'activité du contribuable. • CE 17 nov. 1986, n° 70183 : *Dr. fisc. 1987. 755, concl. Martin Laprade ; RJF 1987. 3.* ♦ ... Les honoraires perçus par un ancien salarié d'un cabinet de négociations immobilières à raison de son entremise, à titre occasionnel, dans la cession des titres de ce cabinet. • CAA Douai, 2 mars 2004, n° 00DA1455 : *Dr. fisc. 2004. 805, concl. Michel.* ♦ ... Les revenus qu'un agent d'assurances tire de la gestion provisoire et intérimaire d'un cabinet dans des conditions dérogatoires à son statut. • CAA Lyon, 29 juin 2006, n° 02LY247 : *Dr. fisc. 2007. 202, concl. Pourny.* ♦ ... L'excédent des créances acquises sur les frais à payer qu'un entraîneur de chevaux de course a dû réintégrer à son bénéfice imposable à la suite d'une modification de législation entraînant un changement de méthode comptable. • TA Amiens, 13 mars 2008, n° 06-1217 : *RJF 2009. 315.* ♦ ... Les dividendes reçus par un actionnaire à l'occasion d'une distribution de réserves dès lors qu'il n'y en a eu que trois en dix-huit ans. • TA Paris, 13 nov. 2007, n° 02-4332 : *RJF 2008. 536.* ♦ ... Les dividendes distribués par une société exerçant une activité de loueur d'immeubles et qui proviennent d'une cession importante de ses immobilisations. • CE 26 janv. 2011, nos 306897 et 306898 : *RJF 2011. 406 ; Dr. fisc. 2011. 265.* ♦ ... Les primes de mobilité versées à un salarié établissant une résidence séparée à proximité de son nouveau lieu de travail. * Lettre DLF 11 mars 2009. ♦ ... Mais la cession de stocks d'eau-de-vie par un agriculteur en retraite n'est pas un revenu de nature exceptionnelle. • TA Poitiers, 30 janv. 1997, n° 93-2011 : *RJF 1997. 413.*

5. Ne constituent pas des revenus exceptionnels : le profit réalisé par un brocanteur qui revend aux enchères publiques deux tableaux de maître dès lors que cette activité n'excède pas le cadre habituel de sa profession et ce, quelle que soit l'importance du profit réalisé. • CE 1er déc. 1999, n° 193264 : *Dr. fisc. 2000. 322, concl. Bachelier.* ♦ ... Le produit de la vente, à l'Hôtel Drouot à Paris, d'une œuvre du peintre japonais Hokusaï, réalisée par un antiquaire exploitant à Toulouse un magasin spécialisé dans l'art chinois et japonais dès lors que les modalités selon lesquelles la vente a été réalisée ne caractérisent pas une activité excédant le cadre habituel de la profession de l'intéressé et que l'importance du profit réalisé ne caractérise pas davantage un revenu exceptionnel. • CE 3 mai 2004, ⛫ n° 236669 : *RJF 2004. 773 ; concl. Mitjavile au BDCF 7/04, n° 96.* ♦ ... L'important abandon de créances consenti à un lotisseur par une banque à l'issue d'une renégociation de ses charges financières, dès lors qu'une telle négociation procède de l'exercice normal de l'activité de lotisseur. • CAA Bordeaux, 21 mai 2002, n° 99BX248 : *Dr. fisc. 2002. 922.* ♦ ... Le profit exceptionnellement important, mais résultant d'opérations ordinairement effectuées par le contribuable sur le marché à terme de marchandises. • CE 30 déc. 2002, n° 189572, *Boniface : RJF 2003. 293 ; Dr. fisc. 2003. 293.* ♦ ... Les honoraires d'un montant important (400 000 F en 1997) perçus dans les délais normaux par un avocat. • TA Paris, 12 avr. 2005, n° 99-1055 : *Dr. fisc. 2006. 337.* ♦ ... Le revenu tiré par un avocat honoraire retraité d'une mission de conseil juridique auprès d'une société pendant deux ans. • CE 24 févr. 2017, ⛫ n° 390467 : *RJF 2017. 409.* ♦ ... La plus-value réalisée lors de la cession d'actions dès lors que le contribuable a effectué des opérations de même nature au cours des années antérieures et postérieures. • CE 15 juin 2005, ⛫ n° 250218 : *RJF 2005. 1003 ; Dr. fisc. 2005. 765.* ♦ ... Les honoraires perçus par un neurobiologiste de l'Inserm pour une mission d'expertise sur les propriétés et les effets d'un médicament. • CAA Versailles, 6 juin 2017, ⛫ n° 16VE01047 : *RJF 2018. 580.*

6. Les revenus issus du dénouement de contrats d'assurance vie sont des revenus exceptionnels éligibles au quotient, dès lors que le contribuable n'a pas procédé à des opérations de même nature les années précédentes. • CAA Lyon, 13 déc. 2016, ⛫ n° 15LY03073 : *RJF 2017. 297.*

7. Revenus différés. L'art. 163-0 A, al. 2, définit les revenus différés comme les revenus dont un contribuable a, par suite de circonstances indépendantes de sa volonté, eu la disposition au cours d'une même année alors qu'ils correspondent, par la date normale de leur échéance, à une période de plusieurs années. Les honoraires qu'un conseiller technique aurait dû normalement percevoir en 1990 mais qui, en raison d'un contentieux judiciaire, ne lui ont été versés qu'en 1997 ne répondent pas à cette définition, même si ces honoraires rémunèrent des prestations qui se sont étalées sur plusieurs années. L'intéressé est toutefois fondé à revendiquer le bénéfice du système du quotient sur le terrain de la doctrine administrative (Instr. 9 juin 1993, BOI 5 B-12-93, n° 8) qui admet que les revenus différés puissent se rapporter à une seule année antérieure. • CAA Marseille, 2 mai 2006, n° 03MA1984 : *RJF 2006. 1145.*

8. Dès lors qu'ils sont arrêtés en fin de procédure et que leur versement intervient ainsi à la date normale de leur échéance, pour l'exercice d'une mission qui entre dans le cadre normal de la profession de l'intéressé, les honoraires perçus par un administrateur judiciaire chargé de gérer le fonds d'indemnisation des victimes des pollutions causées par le naufrage de navires ne constituent pas, malgré leur importance et alors même qu'ils ont été perçus en une seule fois au terme de procédures qui ont duré de huit à quinze ans, des revenus exceptionnels ou différés. • CAA Nantes, 13 juin 2000, n° 97NT418 : *Dr. fisc. 2001. 559.* ♦ Confirmé • CE 29 sept. 2003, ⛫ n° 224058, *Géniteau : RJF 2003. 1433 ; Dr. fisc. 2004. 450, concl. Maugüé.*

9. Les sommes perçues par un contribuable en contrepartie de la monétisation de son compte épargne-temps (CET) dans le cadre de son licenciement doivent être regardées comme des revenus différés dès lors que ces revenus, constitués par les droits que l'intéressé a acquis annuellement au titre de la réduction du temps de travail, ont été perçus par suite d'une circonstance indépendante de sa volonté. • TA Orléans, 22 mars 2016, n° 1504038 : *RJF 2016. 1055.*

10. Système du quotient. Le système du quotient consiste, après avoir calculé l'impôt d'après le barème progressif sur le revenu net global « ordinaire » imposable du contribuable, à calculer l'impôt par l'application du même barème au total formé par le revenu net global « ordinaire » imposable et une fraction du revenu exceptionnel ou différé. La différence entre ces deux résultats est multipliée par le coefficient (le « diviseur ») utilisé pour calculer la fraction du revenu exceptionnel et cette somme est additionnée aux droits simples calculés sur le seul revenu net global « ordinaire » imposable. Pour les revenus exceptionnels, l'imposition s'effectue en retenant un coefficient unique de quatre. Pour les revenus différés, le coefficient est égal au nombre d'années civiles correspondant aux échéances normales de versement du revenu, augmenté de un. * BOI-IR-LIQ-20-30-20 n° 20 du 20 juill. 2016.

11. Pour l'application du dispositif du quotient, le déficit net global « ordinaire » ne doit pas être pris en compte dans l'assiette du revenu exceptionnel. Par ailleurs, le déficit n'est reportable que s'il subsiste après imputation du revenu exceptionnel. • CE 28 sept. 2016, ⛫ n° 384465 : *RJF 2016. 1054.* ♦ Pour l'application du quotient à des revenus salariaux différés, des frais professionnels déclarés au réel ne peuvent être imputés sur les revenus différés que s'il est démontré qu'ils ont été exposés pour acquérir ces revenus. • CE 14 oct. 2019, ⛫ n° 423807 : *RJF 2020. 2.* ♦ Infirmation de la doctrine administrative. * BOI-IR-LIQ-20-30-30 n° 310 du 20 juill. 2016.

Art. 163-0 A *bis* Pour l'imposition des prestations mentionnées à l'article 80 *decies*, le montant total versé est divisé par le nombre d'années ayant donné lieu à la déduction des cotisations. Le résultat est ajouté au revenu global net de l'année du paiement. L'impôt correspondant est égal au produit de la cotisation supplémentaire ainsi obtenue par le nombre d'années utilisé pour déterminer le quotient.

Les dispositions du premier alinéa sont applicables aux sommes versées aux sociétaires du régime de retraite complémentaire institué par l'Union nationale des mutuelles retraite des instituteurs et des fonctionnaires de l'éducation nationale et de la fonction publique qui, dans le cadre de la conversion de ce régime au 8 décembre 2001, ont démissionné de leur qualité de membre participant en exerçant leurs facultés statutaires de rachat dans les conditions alors en vigueur. Toutefois, leur montant est divisé par le nombre d'années ayant donné lieu à déduction de cotisations, retenu dans la limite de dix années.

Art. 163-0 A *ter* Pour l'établissement de l'impôt sur le revenu, le montant des primes versées par l'État aux sportifs médaillés aux Jeux olympiques et paralympiques et, le cas échéant, leur guide ainsi que celui des primes versées par les fédérations sportives délégataires à l'encadrement de ces sportifs médaillés peut, sur demande expresse et irrévocable de leur bénéficiaire, être réparti par parts égales sur l'année au cours de laquelle le contribuable en a disposé et les trois années suivantes.

L'exercice de cette option est incompatible avec celui de l'option prévue à l'article 163-0 A.

Art. 163 A *(Abrogé par L. n° 2019-1479 du 28 déc. 2019, art. 29-III-2° et IV-B, à compter de l'imposition des revenus perçus ou réalisés en 2020)* ***I. — Pour l'établissement de l'impôt sur le revenu, le montant des droits inscrits à un compte épargne-temps mentionné à l'article L. 3151-2 du code du travail et qui sont utilisés pour alimenter un plan d'épargne pour la retraite collectif défini aux articles L. 3334-1 à L. 3334-16 du même code ou un plan d'épargne d'entreprise dans les conditions prévues au troisième alinéa de l'article L. 3332-10 du même code, ainsi que la fraction imposable des indemnités de départ volontaire en retraite ou de mise à la retraite peuvent, sur demande expresse et irrévocable de leur bénéficiaire, être répartis par parts égales sur l'année au cours de laquelle le contribuable en a disposé et les trois années suivantes.***

L'exercice de cette option est incompatible avec celui de l'option prévue à l'article 163-0 A.

II. — Les dispositions du 1 de l'article 167 et du 1 de l'article 204 s'appliquent au montant des droits inscrits à un compte épargne-temps mentionné à l'article L. 3151-2 du code du travail et qui sont utilisés pour alimenter un plan d'épargne pour la retraite collectif défini aux articles L. 3334-1 à L. 3334-16 du même code ou un plan d'épargne d'entreprise dans les conditions prévues au troisième alinéa de l'article L. 3332-10 du même code ainsi qu'à la fraction imposable des indemnités de départ volontaire en retraite ou de mise à la retraite, dont l'imposition a été différée en vertu du I.

Les options exercées au titre d'une année antérieure à 2020 continuent de produire leurs effets pour la durée restant à courir (L. n° 2019-1479 du 28 déc. 2019, art. 29-IV-B).

Art. 163 *bis* I. — *Dispositions périmées (Décr. n° 2013-463 du 3 juin 2013).*

II. — Les prestations de retraite versées sous forme de capital imposables conformément au *b quinquies* du 5 de l'article 158 peuvent, sur demande expresse et irrévocable du bénéficiaire, être soumises à un prélèvement au taux de 7,5 % qui libère les revenus auxquels il s'applique de l'impôt sur le revenu. Ce prélèvement est assis sur le montant du capital diminué d'un abattement de 10 %.

Ce prélèvement est applicable lorsque le versement n'est pas fractionné et que le bénéficiaire justifie que les cotisations versées durant la phase de constitution des droits, y compris le cas échéant par l'employeur, étaient déductibles de son revenu imposable ou étaient afférentes à un revenu exonéré dans l'État auquel était attribué le droit d'imposer celui-ci.

Le prélèvement est établi, contrôlé et recouvré comme l'impôt sur le revenu et sous les mêmes sûretés, privilèges et sanctions.

Ces dispositions ne sont pas applicables aux prestations mentionnées à l'article 80 *decies (Ord. n° 2019-766 du 24 juill. 2019, art. 3-I et 9-I ; Décr. n° 2019-807 du 30 juill.*

2019, art. 9-II, en vigueur le 1er oct. 2019) « **ni à celles provenant d'un plan d'épargne retraite mentionné à l'article L. 224-1 du code monétaire et financier** ».

1. Prestations de retraite servies sous forme de capital. Prélèvement libératoire. * BOI-RSA-PENS-30-10-20 n° 50 du 11 déc. 2012. ♦ La demande d'imposition au prélèvement libératoire de 7,5 % d'une pension de retraite versée en capital et non déclarée peut encore être réalisée par voie de réclamation contentieuse. • CAA Lyon, 3 déc. 2015, n° 15LY00260 : *RJF 2016. 429.* ♦ Confirmation. • CE 14 juin 2017, n° 397052 : *RJF 2017. 960.*

2. Plan d'épargne retraite populaire. Dénouement du PERP en capital au titre de la primo-accession de l'adhérent à la propriété de la résidence principale lors de la retraite. Option pour l'imposition fractionnée du capital sur cinq ans. * BOI-RSA-PENS-30-10-20 n° 330 du 11 déc. 2012.

3. PEE et PER. Le prélèvement forfaitaire non libératoire n'est pas applicable aux revenus des titres détenus dans un PEE ou dans un PERP exonérés d'IR dès lors qu'ils sont réemployés dans le plan et frappés de la même indisponibilité que les titres auxquels ils se rattachent. * BOI-RPPM-RCM-30-20-10 n° 250 du 6 juill. 2021.

Art. 163 *bis* A I. — **Les personnes physiques qui prennent des engagements d'épargne à long terme sont exonérées de l'impôt sur le revenu à raison des produits des placements en valeurs mobilières effectués en vertu de ces engagements.**

II. — Le crédit d'impôt attaché à ces produits est porté au crédit du compte d'épargne qui retrace les engagements pris. — *Suppression de l'avoir fiscal : application aux revenus distribués ou répartis perçus à compter du 1er janv. 2005.*

III. — Le bénéfice des dispositions qui précèdent est subordonné aux conditions suivantes :

a) **Les épargnants doivent s'engager à effectuer des versements réguliers pendant une période d'une durée minimale qui est fixée par arrêté du ministre de l'économie et des finances et qui ne peut être inférieure à cinq ans** *[Ann. IV, art. 17 sexies]* **;**

b) **Les versements et les produits capitalisés des placements doivent demeurer indisponibles pendant cette même période ;**

c) **Les versements effectués chaque année ne doivent pas excéder le quart de la moyenne des revenus d'après lesquels l'épargnant a été soumis à l'impôt sur le revenu au titre des trois années ayant précédé celle de l'engagement ; en outre, pour les engagements d'épargne à long terme souscrits ou prorogés à compter du 1er octobre 1973, le montant annuel des versements ne doit pas excéder 20 000 F par foyer** *[montant périmé au 1er janv. 2002]* **;**

d) **A compter du 1er juin 1978, les engagements d'épargne à long terme ne peuvent être contractés ou prorogés que pour une durée maximum de cinq ans.** — *V. ci-après IV bis.*

III *bis*. — Les placements en valeurs mobilières réalisés dans le cadre d'engagement d'épargne à long terme ne peuvent pas être effectués :

a) **A compter du 1er octobre 1973, sous la forme de parts sociales de sociétés dans lesquelles le souscripteur, son conjoint, leurs ascendants ou leurs descendants possèdent des intérêts directs ou indirects ;**

b) **Sous la forme de droits sociaux souscrits avec le bénéfice de la réduction d'impôt prévue à l'article 199 *undecies*.**

IV. — Si le souscripteur ne tient pas ses engagements, les sommes qui ont été exonérées en vertu des dispositions qui précèdent sont ajoutées au revenu imposable de l'année au cours de laquelle les engagements ont cessé d'être respectés. Ces dispositions ne sont pas applicables en cas de force majeure, de décès ou d'invalidité totale du redevable.

IV *bis*. — Après le 31 décembre 1981, aucun engagement d'épargne à long terme ne peut plus être contracté ou prorogé.

V. — Un décret fixera les conditions d'application du présent article, et notamment les conditions dans lesquelles pourront être désignés les établissements autorisés à ouvrir des comptes d'épargne, ainsi que les obligations auxquelles ces établissements et les souscripteurs devront se conformer. Ce décret devra réserver au souscripteur de l'engagement la possibilité de prendre lui-même les décisions d'achat et de vente des valeurs mobilières comprises dans le plan d'épargne *[Ann. III, art. 41 K à 41 V]*.

Compte d'épargne à long terme. L'utilisation des sommes portées au compte d'épargne à long terme en vue d'effectuer des placements de trésorerie à court terme doit être regardée comme un prélèvement incompatible avec la règle d'indisponibilité posée par les dispositions du

III b, alors même que les sommes ainsi placées ont été, avec les intérêts qu'elles avaient produits, portées à nouveau et très peu de temps après ce prélèvement, sur le compte d'épargne à long terme. Le contribuable est soumis à l'impôt sur le revenu, dont il ne peut plus être exonéré, à raison des revenus de valeurs mobilières qui, ainsi que leurs produits capitalisés, ont été portés au crédit de son compte d'épargne à long terme pendant la première année au cours de laquelle il n'a pas respecté ses obligations, ainsi que pendant toutes les autres années, même antérieures et prescrites, de la période de validité de l'engagement souscrit ou prorogé. Il ne peut, en tout état de cause, prétendre, pour les revenus et produits qui doivent ainsi être ajoutés à son revenu imposable et soumis à l'impôt dans les conditions de droit commun, au bénéfice du prélèvement libératoire prévu par le I de l'art. 125 A. • CE 23 nov. 1998, n° 145635 : *Dr. fisc. 1999. 309, concl. Goulard ; RJF 1999. 33.* ♦ Même solution lorsque l'engagement de versement annuel prévu au contrat n'a pas été respecté. • CAA Nantes, 22 févr. 2000, n° 97NT186 : *Dr. fisc. 2000. 1022.*

Art. 163 *bis* AA Les sommes revenant aux salariés au titre de la participation des salariés aux résultats de l'entreprise, en application du titre II du livre III de la troisième partie du code du travail, sont exonérées d'impôt sur le revenu lorsqu'elles ont été affectées dans les conditions prévues *(L. n° 2019-486 du 22 mai 2019, art. 155-II-1°)* « aux articles L. 3323-2 et L. 3323-3 » du même code *(Ord. n° 2019-766 du 24 juill. 2019, art. 3-I et 9-I ; Décr. n° 2019-807 du 30 juill. 2019, art. 9-II, en vigueur le 1er oct. 2019)* « ou, lorsqu'elles sont affectées, en application du 2° de l'article L. 224-2 du code monétaire et financier, à la réalisation d'un plan d'épargne retraite mentionné à l'article L. 224-13 ou à l'article L. 224-23 du même code ». — *V. C. trav., art. L. 3321-1 à L. 3326-2.*

L'exonération porte seulement sur la moitié des sommes en cause lorsque la durée de l'indisponibilité a été fixée à trois ans. Toutefois, l'exonération est totale lorsque les sommes reçues sont, à la demande des salariés, affectées aux plans d'épargne constitués conformément au titre III du livre III de la troisième partie du code du travail, dans les conditions prévues à l'article L. 3324-12 du code précité. Les dispositions des articles L. 3332-25 et L. 3332-26 de ce code sont alors applicables. — *Sur la participation des salariés aux résultats de l'entreprise et la constitution des plans d'épargne, V. C. trav., art. L. 3322-1 s. et L. 3332-1 s.* — ***C. trav.***

Les revenus provenant de sommes attribuées au titre de la participation et recevant la même affectation qu'elles, sont exonérés dans les mêmes conditions. Ils se trouvent alors frappés de la même indisponibilité que ces sommes et sont définitivement exonérés à l'expiration de la période d'indisponibilité correspondante. Par dérogation aux dispositions de l'article 199 *ter*, les crédits d'impôt attachés à ces revenus sont restituables. Ils sont exonérés dans les mêmes conditions que ces revenus. — *V. Ann. II, art. 81 bis. — V. toutefois L. n° 2013-561 du 28 juin 2013 portant déblocage exceptionnel de la participation et de l'intéressement (JO 29 juin).*

Après l'expiration de la période d'indisponibilité, l'exonération est toutefois maintenue pour les revenus provenant de sommes utilisées pour acquérir des actions de l'entreprise ou versées à des organismes de placement extérieurs à l'entreprise tels que ceux mentionnés au 1° de l'article L. 3323-2 du code du travail, tant que les salariés ne demandent pas la délivrance des droits constitués à leur profit.

(Abrogé par L. n° 2019-486 du 22 mai 2019, art. 155-II-2°) ***« Cette exonération est maintenue dans les mêmes conditions dans le cas où les salariés transfèrent sans délai au profit des mêmes organismes de placement les sommes initialement investies dans l'entreprise conformément aux dispositions du 2° de l'article L. 3323-2 précité. »***

Pour ouvrir droit aux exonérations prévues au présent article, les accords de participation doivent avoir été déposés à la direction départementale du travail et de l'emploi du lieu où ils ont été conclus.

Régime fiscal de la participation. * BOI-RSA-ES-10-20 du 12 sept. 2012.

Art. 163 *bis* B I. — Les sommes versées par l'entreprise en application de plans d'épargne, constitués conformément aux dispositions du titre III du livre III de la troisième partie du code du travail, sont exonérées de l'impôt sur le revenu établi au nom du salarié. — *V. C. trav., art. L. 3332-1 s.*

II. — Les revenus des titres détenus dans l'un des plans d'épargne mentionnés au I sont également exonérés d'impôt sur le revenu s'ils sont réemployés dans ce plan et

frappés de la même indisponibilité que les titres auxquels ils se rattachent. Ils sont définitivement exonérés à l'expiration de la période d'indisponibilité correspondante. *(Abrogé par Ord. n° 2019-766 du 24 juill. 2019, art. 3-I et 9-I ; Décr. n° 2019-807 du 30 juill. 2019, art. 9-II, à compter du 1er oct. 2019)* ***« Par dérogation aux dispositions de l'article 199 ter, les crédits d'impôt attachés à ces revenus sont restituables. Ils sont exonérés dans les mêmes conditions que ces revenus. »***

Cette exonération est maintenue tant que les salariés et anciens salariés ne demandent pas la délivrance des parts ou actions acquises pour leur compte. — *V. toutefois L. n° 2013-561 du 28 juin 2013 portant déblocage exceptionnel de la participation et de l'intéressement (JO 29 juin).*

(Ord. n° 2019-766 du 24 juill. 2019, art. 3-I et 9-I ; Décr. n° 2019-807 du 30 juill. 2019, art. 9-II, en vigueur le 1er oct. 2019) **« II *bis*. Les revenus des titres détenus dans un plan d'épargne retraite mentionné à l'article L. 224-1 du code monétaire et financier sont exonérés s'ils sont réemployés dans ce plan et frappés de la même indisponibilité que les titres auxquels ils se rattachent.**

« II *ter*. Par dérogation aux dispositions de l'article 199 *ter*, les crédits d'impôt attachés aux revenus mentionnés au II et II *bis* sont restituables. Ils sont exonérés dans les mêmes conditions que ces revenus. »

III. — Un décret en Conseil d'État fixe les modalités d'application du présent article. — *V. Ann. II, art. 82.*

1. Plan d'épargne d'entreprise (PEE). Sommes et revenus exonérés. Commentaires administratifs. * BOI-RSA-ES-10-30-10 du 12 sept. 2012 * BOI-RPPM-RCM-40-50-30 du 12 sept. 2012.

2. Utilisation abusive d'un PEE. Un plan d'épargne d'entreprise constitué par le transfert de titres acquis avant sa constitution ne bénéficie pas du régime de faveur. • CE 23 juin 2014, *Viard*, n° 355675 : *RJF 2014. 892.* ♦ Cependant, l'apport irrégulier de titres sur un PEE régulièrement constitué n'empêche pas l'application du régime de faveur aux titres acquis régulièrement. • CE 27 mars 2020, n° 429549 : *RJF 2020. 539.*

3. Abus divers. Transfert dans un PEA d'une rémunération ou d'honoraires déguisés en dividendes d'actions ou de parts sociales ; inscription dans le plan des titres non cotés à une valeur de convenance, éventuellement minorée, afin de contourner la règle de plafonnement des versements sur le PEA ; logement dans le PEE des [de] titres de sociétés ayant des participations supérieures à 25 % dans d'autres sociétés, participations qui elles-mêmes ne seraient pas éligibles au PEA. * BOI-RPPM-RCM-40-50-30 n° 20 du 12 sept. 2012.

Art. 163 *bis* C *Abrogé par L. n° 2012-1509 du 29 déc. 2012, art. 11-I-F et IV.*

Art. 163 *bis* D **Les avantages résultant des rabais sur les prix de cession, de la distribution gratuite d'actions et des délais de paiement prévus par les articles 11, 12 et 13 modifiés de la loi n° 86-912 du 6 août 1986 relative aux modalités d'application des privatisations décidées par les lois n° 86-793 du 2 juillet 1986 et n° 93-923 du 19 juillet 1993, sont exonérés de l'impôt sur le revenu.**

Cette exonération s'applique sous réserve des dispositions de l'article 150-0 D pour les avantages accordés à l'occasion des opérations de privatisation décidées par la loi n° 93-923 du 19 juillet 1993.

Art. 163 *bis* E **Les exonérations d'impôt sur le revenu résultant des 25° et 26° de l'article 81 s'appliquent sous réserve des dispositions de l'article 150-0 D.**

Art. 163 *bis* F **Sous réserve des dispositions de l'article 150-0 D, les avantages accordés aux débitants de tabac désignés à l'article 568, résultant des rabais sur le prix de cession, de la distribution gratuite d'actions et des délais de paiement prévus par l'article 3 de la loi n° 94-1135 du 27 décembre 1994 relative aux conditions de privatisation de la Société nationale d'exploitation industrielle des tabacs et allumettes sont exonérés d'impôt sur le revenu.**

Art. 163 *bis* G **I. — Le gain net réalisé lors de la cession des titres souscrits en exercice des bons attribués dans les conditions définies aux II à III est imposé dans les conditions prévues à l'article 150-0 A et** *(L. n° 2017-1837 du 30 déc. 2017, art. 28)* **« aux 1 ou 2 de l'article 200 A ».**

Par dérogation aux dispositions du premier alinéa *(L. n° 2017-1837 du 30 déc. 2017, art. 28)* **« , le gain net précité est imposé dans les conditions prévues à l'article 150-0 A et au taux de 30 % » lorsque le bénéficiaire exerce son activité** *(L. n° 2019-486 du*

22 mai 2019, art. 103-II-1°-a et III) « ou, le cas échéant, son mandat » dans la société dans laquelle il a bénéficié de l'attribution des bons depuis moins de trois ans à la date de la cession. Pour l'appréciation du respect de cette durée, il est tenu compte, pour les bénéficiaires mentionnés au premier alinéa du II, de la période d'activité éventuellement effectuée *(L. n° 2019-486 du 22 mai 2019, art. 103-II-1°-b et III)* « ou, le cas échéant, de la durée du mandat éventuellement exercé » au sein d'une filiale, au sens du deuxième alinéa du même II, et, pour les bénéficiaires mentionnés au même deuxième alinéa, de la période d'activité éventuellement effectuée *(L. n° 2019-486 du 22 mai 2019, art. 103-II-1°-b et III)* « ou, le cas échéant, de la durée du mandat éventuellement exercé » au sein de la société mère.

II. – Les sociétés par actions peuvent attribuer des bons de souscription de parts de créateur d'entreprise, incessibles et émis dans les conditions prévues aux articles L. 228-91 et L. 228-92 du code de commerce, aux membres de leur personnel salarié *(L. n° 2019-486 du 22 mai 2019, art. 103-II-2° et III)* « , à leurs dirigeants soumis au régime fiscal des salariés et aux membres de leur conseil d'administration, de leur conseil de surveillance ou, en ce qui concerne les sociétés par actions simplifiées, de tout organe statutaire équivalent ».

Elles peuvent également attribuer ces bons aux membres du personnel salarié *(L. n° 2019-486 du 22 mai 2019, art. 103-II-3° et III)* « , aux dirigeants soumis au régime fiscal des salariés et aux membres du conseil d'administration, du conseil de surveillance ou, en ce qui concerne les sociétés par actions simplifiées, de tout organe statutaire équivalent » des sociétés dont elles détiennent au moins 75 % du capital ou des droits de vote.

Pour l'application des deux premiers alinéas du présent II, les sociétés mentionnées au premier alinéa doivent respecter les conditions prévues aux 1 à 5. Les filiales mentionnées au deuxième alinéa doivent respecter ces mêmes conditions à l'exception de celle prévue au 2.

1. La société doit être passible en France de l'impôt sur les sociétés ;

2. Le capital de la société doit être détenu directement et de manière continue pour 25 % au moins par des personnes physiques ou par des personnes morales elles-mêmes directement détenues pour 75 % au moins de leur capital par des personnes physiques. Pour la détermination de ce pourcentage, les participations des sociétés de capital-risque, des sociétés de développement régional et des sociétés financières d'innovation ne sont pas prises en compte à la condition qu'il n'existe pas de lien de dépendance au sens du 12 de l'article 39 entre la société bénéficiaire de l'apport et ces dernières sociétés. De même, ce pourcentage ne tient pas compte des participations des fonds communs de placement à risques, des fonds professionnels spécialisés relevant de l'article L. 214-37 du code monétaire et financier dans sa rédaction antérieure à l'ordonnance n° 2013-676 du 25 juillet 2013 modifiant le cadre juridique de la gestion d'actifs, des fonds professionnels de capital investissement, des sociétés de libre partenariat, des fonds d'investissement de proximité ou des fonds communs de placement dans l'innovation. Il en est de même, dans les mêmes conditions, des participations détenues par des structures équivalentes aux sociétés ou fonds mentionnés aux deuxième et troisième phrases, établies dans un autre État membre de l'Union européenne ou dans un État ou territoire ayant conclu avec la France une convention fiscale qui contient une clause d'assistance administrative en vue de lutter contre la fraude ou l'évasion fiscale ;

3. La société n'a pas été créée dans le cadre d'une concentration, d'une restructuration, d'une extension ou d'une reprise d'activités préexistantes, sauf si elle répond aux conditions prévues par le I de l'article 39 *quinquies* H *(L. n° 2018-1317 du 28 déc. 2018, art. 30-I-7°)* « dans sa rédaction antérieure à l'article 30 de la loi n° 2018-1317 du 28 décembre 2018 de finances pour 2019 ». – *Sur l'évaluation de la capitalisation boursière mentionnée au 1, V. Ann. II, art. 91* ter *A.*

4. Pour les sociétés dont les titres sont admis aux négociations sur un marché d'instruments financiers français ou étranger dont le fonctionnement est assuré par une entreprise de marché ou un prestataire de services d'investissement *(Ord. n° 2017-1107 du 22 juin 2017, art. 16-3° et 21, en vigueur le 3 janv. 2018)* « autre qu'une société de gestion de portefeuille » ou tout autre organisme similaire étranger, ou sont admis aux négociations sur un tel marché d'un État partie à l'accord sur l'Espace économique

européen, la capitalisation boursière de la société, évaluée selon des modalités fixées par décret en Conseil d'État, notamment en cas de première cotation ou d'opération de restructuration d'entreprises, par référence à la moyenne des cours d'ouverture des soixante jours de bourse précédant celui de l'émission des bons, est inférieure à 150 millions d'euros ;

5. La société est immatriculée au registre du commerce et des sociétés depuis moins de quinze ans.

II *bis*. — Par dérogation aux dispositions du II :

1° Lorsqu'elles ne remplissent plus les conditions mentionnées au II en raison du seul dépassement du seuil de capitalisation boursière de 150 millions d'euros, les sociétés concernées peuvent, pendant les trois ans suivant la date de ce dépassement et sous réserve de remplir l'ensemble des autres conditions précitées, continuer à attribuer des bons ;

2° En cas de décès du bénéficiaire, ses héritiers peuvent exercer les bons dans un délai de six mois à compter du décès ;

3° Une société créée dans le cadre d'une concentration, d'une restructuration, d'une extension ou d'une reprise d'activités préexistantes peut attribuer des bons, sous réserve des conditions suivantes :

a. Toutes les sociétés prenant part à l'opération répondent aux conditions prévues aux 1 à 5 du II ;

b. Le respect de la condition mentionnée au 4 du II est apprécié, à la suite de l'opération, en faisant masse de la capitalisation de l'ensemble des sociétés issues de l'opération qui répondent aux conditions du présent article ;

c. Le respect de la condition mentionnée au 5 du II est apprécié, pour les sociétés issues de l'opération, en tenant compte de la date d'immatriculation de la plus ancienne des sociétés ayant pris part à l'opération ;

4° Dans le cas où une société attribue des bons aux personnes mentionnées au deuxième alinéa du II, le respect de la condition mentionnée au 4 du même II est apprécié en faisant masse de la capitalisation de la société attributrice et de celle de ses filiales dont le personnel a bénéficié de distributions de la part de la société attributrice au cours des douze derniers mois.

III. — Le prix d'acquisition du titre souscrit en exercice du bon est fixé au jour de l'attribution par l'assemblée générale extraordinaire, sur le rapport du conseil d'administration ou du directoire et sur le rapport spécial des commissaires aux comptes, ou, sur délégation de l'assemblée générale extraordinaire, par le conseil d'administration ou le directoire selon le cas. Il est au moins égal, lorsque la société émettrice a procédé dans les six mois précédant l'attribution du bon à une augmentation de capital par émission de titres conférant des droits équivalents à ceux résultant de l'exercice du bon, au prix d'émission des titres concernés alors fixé *(L. n° 2019-486 du 22 mai 2019, art. 103-II-4° et III)* « , diminué le cas échéant d'une décote correspondant à la perte de valeur économique du titre depuis cette émission ». *(L. n° 2019-1479 du 28 déc. 2019, art. 10)* « Lorsque les droits des titres résultant de l'exercice du bon ne sont pas au moins équivalents à ceux des titres émis lors d'une telle augmentation de capital, ce prix d'émission peut également, pour déterminer le prix d'acquisition du titre souscrit en exercice du bon, être diminué le cas échéant d'une décote correspondant à cette différence. »

L'assemblée générale extraordinaire, qui détermine le délai pendant lequel les bons *peuvent être exercés, peut* déléguer selon le cas, au conseil d'administration ou au directoire le soin de fixer la liste des bénéficiaires de bons de souscription de parts de créateurs d'entreprise. Dans ce cas, le conseil d'administration ou le directoire indique le nom des attributaires desdits bons et le nombre de titres attribués à chacun d'eux.

(L. n° 2019-1479 du 28 déc. 2019, art. 11-I) « III *bis*. — Les I à III s'appliquent aux bons de souscription de parts de créateur d'entreprise attribués, dans les mêmes conditions, par une société dont le siège est établi dans un État membre de l'Union européenne ou dans un État ou territoire ayant conclu avec la France une convention fiscale contenant une clause d'assistance administrative en vue de lutter contre la fraude ou l'évasion fiscale.

« Pour les sociétés mentionnées au premier alinéa du présent III *bis*, la condition prévue au 1 du II est réputée remplie lorsque la société est passible dans l'État ou territoire où se situe son siège social d'un impôt équivalent à l'impôt sur les sociétés. » —

Le III bis s'applique aux bons de souscription de parts de créateur d'entreprise attribués à compter du 1er janv. 2020 (L. no 2019-1479 du 28 déc. 2019, art. 11-II).

IV. — Un décret précise les modalités d'application du présent article, notamment les obligations déclaratives incombant aux titulaires des bons et aux sociétés émettrices. — *V. Ann. III, art. 39-2o et 41 V bis.*

Les dispositions du I du présent art. telles que modifiées par la L. no 2017-1837 du 30 déc. 2017 s'appliquent aux bons de souscription de parts de créateur d'entreprise attribués à compter du 1er janv. 2018 (L. préc., art. 28-VI-G-2o).

Les dispositions des I, II et III du présent art. telles que modifiées par la L. no 2019-486 du 22 mai 2019 s'appliquent aux bons de souscription de parts de créateur d'entreprise attribués à compter du 24 mai 2019 (L. préc., art. 103-III).

Ancien art. 163 *bis* G *I. — Le gain net réalisé lors de la cession des titres souscrits en exercice des bons attribués dans les conditions définies aux II à III est imposé dans les conditions prévues à l'article 150-0 A et au taux de 19 %.*

Par dérogation aux dispositions du premier alinéa, le taux est porté à 30 % lorsque le bénéficiaire exerce son activité dans la société depuis moins de trois ans à la date de la cession.

II. — Les sociétés par actions dont les titres ne sont pas admis aux négociations sur un marché d'instruments financiers français ou étranger dont le fonctionnement est assuré par une entreprise de marché ou un prestataire de services d'investissement ou tout autre organisme similaire étranger, ou admis aux négociations sur un tel marché d'un État partie à l'accord sur l'Espace économique européen si leur capitalisation boursière, évaluée selon des modalités fixées par décret en Conseil d'État, notamment en cas de première cotation ou d'opération de restructuration d'entreprises, par référence à la moyenne des cours d'ouverture des soixante jours de bourse précédant celui de l'émission des bons, est inférieure à 150 millions d'euros peuvent, à condition d'avoir été immatriculées au registre du commerce et des sociétés depuis moins de quinze ans, attribuer aux membres de leur personnel salarié, ainsi qu'à leurs dirigeants soumis au régime fiscal des salariés, des bons de souscription de parts de créateur d'entreprise, incessibles, et émis dans les conditions prévues aux articles L. 228-91 et L. 228-92 du code de commerce, lorsque les conditions suivantes sont remplies :

1. La société doit être passible en France de l'impôt sur les sociétés ;

2. Le capital de la société doit être détenu directement et de manière continue pour 25 % au moins par des personnes physiques ou par des personnes morales elles-mêmes directement détenues pour 75 % au moins de leur capital par des personnes physiques. Pour la détermination de ce pourcentage, les participations des sociétés de capital-risque, des sociétés de développement régional et des sociétés financières d'innovation ne sont pas prises en compte à la condition qu'il n'existe pas de lien de dépendance au sens du 12 de l'article 39 entre la société bénéficiaire de l'apport et ces dernières sociétés. De même, ce pourcentage ne tient pas compte des participations des fonds communs de placement à risques, des fonds professionnels spécialisés relevant de l'article L. 214-37 du code monétaire et financier dans sa rédaction antérieure à l'ordonnance no 2013-676 du 25 juillet 2013 modifiant le cadre juridique de la gestion d'actifs, des fonds professionnels de capital investissement, des fonds d'investissement de proximité ou des fonds communs de placement dans l'innovation. Il en est de même, dans les mêmes conditions, des participations détenues par des structures équivalentes aux sociétés ou fonds mentionnés aux deuxième et troisième phrases, établies dans un autre État membre de la Communauté européenne ou dans un État ou territoire ayant conclu avec la France une convention fiscale qui contient une clause d'assistance administrative en vue de lutter contre la fraude ou l'évasion fiscale ;

3. La société n'a pas été créée dans le cadre d'une concentration, d'une restructuration, d'une extension ou d'une reprise d'activités préexistantes, sauf si elle répond aux conditions prévues par le I de l'article 39 quinquies H. — Sur l'évaluation de la capitalisation boursière mentionnée au 1, V. Ann. II, art. 91 ter A.

II bis. — Par dérogation aux dispositions du premier alinéa du II :

1o Lorsqu'elles ne remplissent plus les conditions mentionnées au II en raison du seul dépassement du seuil de capitalisation boursière de 150 millions d'euros, les sociétés concernées peuvent, pendant les trois ans suivant la date de ce dépassement et sous réserve de remplir l'ensemble des autres conditions précitées, continuer à attribuer des bons ;

2o En cas de décès du bénéficiaire, ses héritiers peuvent exercer les bons dans un délai de six mois à compter du décès.

III. — Le prix d'acquisition du titre souscrit en exercice du bon est fixé au jour de l'attribution par l'assemblée générale extraordinaire, sur le rapport du conseil d'administration ou du directoire et sur le rapport spécial des commissaires aux comptes, ou, sur délégation de l'assemblée générale extraordinaire, par le conseil d'administration ou le directoire selon le cas. Il est au moins égal,

lorsque la société émettrice a procédé dans les six mois précédant l'attribution du bon à une augmentation de capital par émission de titres conférant des droits équivalents à ceux résultant de l'exercice du bon, au prix d'émission des titres concernés alors fixé.

L'assemblée générale extraordinaire, qui détermine le délai pendant lequel les bons peuvent être exercés, peut déléguer selon le cas, au conseil d'administration ou au directoire le soin de fixer la liste des bénéficiaires de bons de souscription de parts de créateurs d'entreprise. Dans ce cas, le conseil d'administration ou le directoire indique le nom des attributaires desdits bons et le nombre de titres attribués à chacun d'eux.

IV. — Un décret précise les modalités d'application du présent article, notamment les obligations déclaratives incombant aux titulaires des bons et aux sociétés émettrices. *— V. Ann. III, art. 39-2° et 41 V bis.*

1. Bons de souscription de parts de créateur d'entreprise. Commentaire général du dispositif. Sociétés concernées. Bénéficiaires des bons. Caractéristiques et modalités d'émission des bons. Régime d'imposition des gains de cession des titres souscrits en exercice des bons : au regard de l'IR, des prélèvements sociaux et des taxes et participations assises sur les salaires. Obligations déclaratives. Sanctions. * BOI-RSA-ES-20-40 du 3 févr. 2021.

2. Il est admis que la condition tenant à la détention du capital de la société émettrice par des personnes morales elles-mêmes détenues par des personnes physiques est remplie, pour les bons attribués entre le 15 juill. 1999 et le 29 juin 2008, dès lors que les personnes morales étaient détenues pour 75 % au moins par des personnes physiques. * BOI-RSA-ES-20-40 n° 130 du 3 févr. 2021.

Art. 163 *ter* *Périmé.*

Art. 163 *quater* *Abrogé par L. n° 76-660 du 19 juill. 1976, art. 12-III et 13.*

Art. 163 *quinquies* *(Abrogé par L. n° 2019-1479 du 28 déc. 2019, art. 29-III-3° et IV-B, à compter de l'imposition des revenus perçus ou réalisés en 2020)* ***Lorsque le délai-congé se répartit sur plus d'une année civile, l'indemnité compensatrice due en application du code du travail peut, pour l'établissement de l'impôt sur le revenu, être déclarée par le contribuable en plusieurs fractions correspondant respectivement à la part de l'indemnité afférente à chacune des années considérées.***

Les options exercées au titre d'une année antérieure continuent de produire leurs effets pour la durée restant à courir (L. n° 2019-1479 du 28 déc. 2019, art. 29-IV-B).

Art. 163 *quinquies* A *Périmé.*

Art. 163 *quinquies* B I. — Les personnes physiques qui prennent l'engagement de conserver, pendant cinq ans au moins à compter de leur souscription, des parts de fonds communs de placement à risques ou de fonds professionnels de capital investissement sont exonérées de l'impôt sur le revenu à raison des sommes ou valeurs auxquelles donnent droit les parts concernées.

Les dispositions du premier alinéa ne s'appliquent pas aux porteurs de parts de fonds communs de placement à risques ou de fonds professionnels spécialisés relevant de l'article L. 214-37 du code monétaire et financier dans sa rédaction antérieure à l'ordonnance n° 2013-676 du 25 juillet 2013 modifiant le cadre juridique de la gestion d'actifs ou de fonds professionnels de capital investissement donnant lieu à des droits différents sur l'actif net ou sur les produits du fonds et attribuées en fonction de la qualité de la personne.

II. — L'exonération est subordonnée aux conditions suivantes :

1° *Outre les conditions prévues aux articles* L. 214-28 et L. 214-160 du code monétaire et financier, les titres pris en compte, directement dans le quota d'investissement de 50 % doivent être émis par des sociétés ayant leur siège dans un État membre de l'Union européenne, ou dans un autre État partie à l'accord sur l'Espace économique européen ayant conclu avec la France une convention d'assistance administrative en vue de lutter contre la fraude et l'évasion fiscales qui exercent une activité mentionnée à l'article 34 et qui sont soumises à l'impôt sur les sociétés dans les conditions de droit commun ou y seraient soumises dans les mêmes conditions si l'activité était exercée en France ;

1° *bis* et 1° *ter Abrogés par L. n° 2005-1720 du 30 déc. 2005, art. 32-III-2°.*

1° *quater* Sont également retenus, pour le calcul du quota d'investissement de 50 % prévu au 1°, les titres mentionnés au I ou au III de l'article L. 214-28 du code monétaire et financier, émis par des sociétés ayant leur siège dans un État membre de la Communauté européenne, ou dans un autre État ou territoire ayant conclu avec la France une convention

fiscale qui contient une clause d'assistance administrative en vue de lutter contre la fraude ou l'évasion fiscale, qui sont passibles de l'impôt sur les sociétés dans les conditions de droit commun ou en seraient passibles dans les mêmes conditions si l'activité était exercée en France, et qui ont pour objet principal de détenir des participations financières.

Ces titres sont retenus dans le quota d'investissement de 50 % et pour le calcul de la limite de 20 % prévue au III de l'article L. 214-28 précité à proportion des investissements directs ou indirects, par l'intermédiaire de sociétés mentionnées au premier alinéa, de l'actif de la société émettrice de ces titres dans des sociétés qui répondent aux conditions prévues au 1°. Les modalités de détermination de cette proportion sont fixées par décret en Conseil d'État ; – *V. Ann. II, art. 171 AU.*

1° *quinquies* Sont également retenus, pour le calcul du quota d'investissement de 50 % prévu au 1°, les droits représentatifs d'un placement financier dans une entité mentionnée au 2° du II de l'article L. 214-28 du code monétaire et financier, constituée dans un État membre de la Communauté européenne, ou dans un autre État ou territoire ayant conclu avec la France une convention fiscale qui contient une clause d'assistance administrative en vue de lutter contre la fraude ou l'évasion fiscale.

Ces droits sont retenus dans le quota d'investissement de 50 % et pour le calcul de la limite de 20 % prévue au III de l'article L. 214-28 précité à proportion des investissements directs ou indirects, par l'intermédiaire de sociétés mentionnées au premier alinéa du 1° *quater*, de l'actif de l'entité concernée dans des sociétés qui répondent aux conditions prévues au 1°. Les modalités de détermination de cette proportion sont fixées par décret en Conseil d'État. – *V. Ann. II, art. 171 AV.*

2° Les sommes ou valeurs réparties doivent être immédiatement réinvesties dans le fonds et demeurer indisponibles pendant la période visée au premier alinéa du I ;

3° Le porteur de parts, son conjoint et leurs ascendants et descendants ne doivent pas détenir ensemble directement ou indirectement plus de 25 % des droits dans les bénéfices de sociétés dont les titres figurent à l'actif du fonds ou avoir détenu ce montant à un moment quelconque au cours des cinq années précédant la souscription des parts du fonds ou l'apport des titres. – *A la date de publication de la L. n° 2005-1720 du 30 déc. 2005, les titres éligibles au quota d'investissement de 50 % détenus par un fonds commun de placement à risques, dans la mesure où ce dernier n'est pas entré dans la période de préliquidation, peuvent continuer à être pris en compte pour le calcul de ce quota dans les conditions et délais prévus à l'art. 163 quinquies B CGI, dans sa rédaction antérieure à la loi préc.*

III. – Les sommes ou valeurs qui ont été exonérées d'impôt sur le revenu en vertu du I ou du III *bis* sont ajoutées au revenu imposable de l'année au cours de laquelle le fonds ou le contribuable cesse de remplir les conditions fixées aux I et II ou aux I et III *bis*.

Toutefois, l'exonération est maintenue en cas de cession des parts par le contribuable lorsque lui-même ou l'un des époux soumis à une imposition commune se trouve dans l'un des cas suivants : invalidité correspondant au classement dans la deuxième ou troisième des catégories prévues à l'article L. 341-4 du code de la sécurité sociale, décès, départ à la retraite ou licenciement.

III *bis*. – L'exonération visée au I est également applicable aux fonds communs de placement à risques qui respectent toutes les conditions mentionnées à l'article L. 214-30 du code monétaire et financier. Cette exonération s'applique sous réserve que les porteurs de parts respectent les conditions prévues au I et aux 2° et 3° du II du présent article.

IV. – Un décret fixe les obligations incombant aux porteurs de parts ainsi qu'aux gérants et dépositaires des fonds. – *V. art. 1600-0 D-8 et Ann. III, art. 41 W à 41 Y. – V. également Ann. II, art. 171 AT et 171 AU, Ann. III, art. 41 duovicies F, 41 duovicies G, 41 sexdecies G, 280 A et LPF, art. R. 87-1.*

1. Réforme des fonds communs de placement à risques. Régime juridique et fiscal. * *BOI-RPPM-RCM-40-30 du 6 août 2020.*

2. « Carried interest ». Définition et régime fiscal. * BOI-RPPM-PVBMI-60-10 du 20 déc. 2019 * BOI-RPPM-PVBMI-60-20 du 20 déc. 2019. ♦ V. égal. note ss. art. 163 quinquies C.

Art. 163 *quinquies* C I. – *Devenu sans objet.*

II. – 1. Les distributions par les sociétés de capital-risque qui remplissent les conditions prévues à l'article 1er-1 de la loi n° 85-695 du 11 juillet 1985 portant diverses dispositions d'ordre économique et financier, prélevées sur des plus-values nettes de

cessions de titres réalisées par la société au cours des exercices clos à compter du 31 décembre 2001 sont imposées dans les conditions prévues *(L. n° 2017-1837 du 30 déc. 2017, art. 28)* « aux 1 ou 2 de l'article 200 A » lorsque l'actionnaire est une personne physique fiscalement domiciliée en France au sens de l'article 4 B, ou soumises à la retenue à la source prévue au 2 de l'article 119 *bis* lorsqu'elles sont payées dans un État ou territoire non coopératif au sens de l'article 238-0 A *(L. n° 2018-898 du 23 oct. 2018, art. 31-I-I et IV, en vigueur le 1er déc. 2018)* « autre que ceux mentionnés au 2° du 2 *bis* du même article 238-0 A », ou soumises à cette même retenue à la source au taux de *(L. n° 2017-1837 du 30 déc. 2017, art. 28)* « 12,8 % *[ancienne rédaction : 30 %]* » lorsque l'actionnaire est une personne physique fiscalement domiciliée hors de France. *(Abrogé par L. n° 2017-1837 du 30 déc. 2017, art. 28)* « *Toutefois, les personnes physiques qui ne sont pas fiscalement domiciliées en France au sens de l'article 4 B peuvent demander le remboursement de l'excédent du prélèvement de 30 % lorsque ce prélèvement excède la différence entre, d'une part, le montant de l'impôt qui résulterait de l'application de l'article 197 A à la somme des distributions mentionnées au présent alinéa, réduites, le cas échéant, de l'abattement mentionné au 1 ter de l'article 150-0 D, et des autres revenus de source française imposés dans les conditions de ce même article 197 A au titre de la même année et, d'autre part, le montant de l'impôt établi dans les conditions prévues audit article 197 A sur ces autres revenus.* » — *Pour l'entrée en vigueur des différents textes, V. note ss. l'art.*

Toutefois, lorsque ces distributions sont afférentes à des actions donnant lieu à des droits différents sur l'actif net ou les produits de la société et attribuées en fonction de la qualité de la personne et sont versées aux salariés ou dirigeants mentionnés au premier alinéa du 8 du II de l'article 150-0 A, les modalités d'imposition prévues *(L. n° 2017-1837 du 30 déc. 2017, art. 28)* « aux 1 ou 2 » de l'article 200 A s'appliquent sous réserve du respect des conditions suivantes :

1° Ces actions ont été souscrites ou acquises, moyennant un prix correspondant à la valeur des actions, par le salarié ou le dirigeant bénéficiaire de la distribution ;

2° L'ensemble des actions d'une même société de capital-risque donnant lieu à des droits différents sur l'actif net ou les produits de la société et attribuées en fonction de la qualité de la personne satisfont aux conditions suivantes :

a) Elles constituent une seule et même catégorie d'actions ;

(L. n° 2019-1479 du 28 déc. 2019, art. 8-I-2° et II, applicable aux gains nets réalisés et aux distributions perçues à compter du 1er janv. 2020) « *b)* Elles représentent :

« — au moins 1 % du montant total des souscriptions dans la société pour sa fraction inférieure ou égale à un milliard d'euros ; — *V. Ann. III, art. 41 DGA.*

« — et au moins 0,5 % de la fraction du montant total des souscriptions dans la société qui excède un milliard d'euros.

« A titre dérogatoire, un pourcentage distinct peut être fixé par décret pour certaines catégories de sociétés, après avis de l'Autorité des marchés financiers ; »

c) Les distributions auxquelles donnent droit ces actions sont versées au moins cinq ans après la date d'émission de ces actions ;

3° Le salarié ou dirigeant bénéficiaire de la distribution perçoit une rémunération normale au titre du contrat de travail ou du mandat social qui lui a permis de souscrire ou d'acquérir ces actions.

2. Les distributions prélevées sur les bénéfices réalisés dans le cadre de leur objet *social défini à l'article* 1er-1 de la loi n° 85-695 du 11 juillet 1985 précitée sont exonérées lorsque les conditions suivantes sont remplies :

1° L'actionnaire a son domicile fiscal en France ou dans un pays ou territoire ayant conclu avec la France une convention d'assistance administrative en vue de lutter contre la fraude et l'évasion fiscales ;

2° L'actionnaire conserve ses actions pendant cinq ans au moins à compter de leur souscription ou acquisition ;

3° Les produits sont immédiatement réinvestis pendant la période mentionnée au 2° dans la société soit sous la forme de souscription ou d'achat d'actions, soit sur un compte bloqué ; l'exonération s'étend alors aux intérêts du compte, lesquels sont libérés à la clôture de ce dernier ;

4° L'actionnaire, son conjoint et leurs ascendants et descendants ne détiennent pas ensemble, directement ou indirectement, plus de 25 % des droits dans les bénéfices de sociétés dont les titres figurent à l'actif de la société de capital-risque, ou n'ont pas détenu cette part à un moment quelconque au cours des cinq années précédant la souscription ou l'acquisition des actions de la société de capital-risque. – *V. également Ann. II, art. 60 A.*

Les dispositions du 2 ne s'appliquent pas aux actions de sociétés de capital-risque donnant lieu à des droits différents sur l'actif net ou sur les produits du fonds et attribuées en fonction de la qualité de la personne ni aux distributions mentionnées au premier alinéa du 1 du présent II payées dans un État ou territoire non coopératif au sens de l'article 238-0 A *(L. n° 2018-898 du 23 oct. 2018, art. 31-I-I et IV, en vigueur le 1er déc. 2018)* « autre que ceux mentionnés au 2° du 2 *bis* du même article 238-0 A ».

III. — Les sommes qui ont été exonérées d'impôt sur le revenu sont ajoutées au revenu imposable de l'année au cours de laquelle la société ou le contribuable cesse de remplir les conditions fixées ci-dessus.

Toutefois, l'exonération est maintenue en cas de cession des actions par le contribuable lorsque lui-même ou l'un des époux soumis à une imposition commune se trouve dans l'un des cas suivants : invalidité correspondant au classement dans la deuxième ou troisième des catégories prévues à l'article L. 341-4 du code de la sécurité sociale, décès, départ à la retraite ou licenciement.

Les dispositions issues de la L. n° 2017-1837 du 30 déc. 2017 s'appliquent aux impositions dont le fait générateur intervient à compter du 1er janv. 2018 (L. préc., art. 28-VI-A).

1. Réforme du régime des sociétés de capital-risque (SCR). Régime juridique et fiscal. * BOI-RPPM-RCM-40-30 du 6 août 2020.

2. Régimes des parts ou actions de « carried interest ». BIBL. Vansteenkiste et Béra, *Dr. fisc. 2010, étude 294* (l'imposition des « carried interest » : évolution et questions en suspens). ♦ Définition et régime fiscal. * BOI-RPPM-PVBMI-60-10 du 6 août 2020 * BOI-RPPM-PVBMI-60-20 du 6 août 2020. ♦ V. égal. note 2 ss. art. 163 *quinquies* B.

Art. 163 *quinquies* C *bis* Les distributions effectuées par les sociétés unipersonnelles d'investissement à risque mentionnées à l'article 208 D sont exonérées d'impôt sur le revenu et, sauf si elles sont payées dans un État ou territoire non coopératif au sens de l'article 238-0 A *(L. n° 2018-898 du 23 oct. 2018, art. 31-I-I et IV, en vigueur le 1er déc. 2018)* « autre que ceux mentionnés au 2° du 2 *bis* du même article 238-0 A », de la retenue à la source mentionnée au 2 de l'article 119 *bis* lorsque les conditions suivantes sont réunies :

1° Elles sont prélevées sur des bénéfices exonérés d'impôt sur les sociétés en application des dispositions de l'article 208 D ;

2° L'associé a son domicile fiscal en France ou dans un pays ou territoire ayant conclu avec la France une convention d'assistance administrative en vue de lutter contre la fraude et l'évasion fiscales ;

3° Les actions ouvrant droit aux distributions concernées ont été souscrites par l'associé unique initial ou transmises à titre gratuit à la suite du décès de cet associé.

a *PLAN D'ÉPARGNE EN ACTIONS*

Art. 163 *quinquies* D I. — Le plan d'épargne en actions est ouvert et fonctionne conformément aux articles L. 221-30, L. 221-31 et L. 221-32 du code monétaire et financier et le plan d'épargne en actions destiné au financement des petites et moyennes entreprises et des entreprises de taille intermédiaire est ouvert et fonctionne conformément aux articles L. 221-32-1, L. 221-32-2 et L. 221-32-3 du même code. – *V. Ann. II, art. 91 quater E à 91 quater L.*

II *et* III. — *Disjoints.*

IV. — *Abrogé par L. n° 2004-1485 du 30 déc. 2004, art. 38-III, 3° et IX.*

1. Plans d'épargne en actions (PEA). Commentaire administratif d'ensemble. * BOI-RPPM-RCM-40-50 du 12 sept. 2012.

2. PEA dans un établissement financier européen. Un PEA ou un PEA-PME peut être ouvert dans un établissement financier établi dans un État de l'Espace économique européen. Ces plans détenus à l'étranger doivent respecter l'ensemble des règles de droit interne françaises. * BOI-RPPM-RCM-40-50-10 n° 55 du 10 févr. 2015.

3. Éligibilité des titres européens. * BOI-RPPM-RCM-40-50-20-20 n° 110 du 25 sept. 2017.

4. PEA des OPC de tête investis dans

d'autres OPC. Éligibilité au PEA des parts ou actions d'OPC de tête investis exclusivement et en permanence en actions ou parts d'autres OPC eux-mêmes investis exclusivement et en permanence, via un schéma « maître-nourricier », dans des OPC éligibles. * BOI-RPPM-RCM-40-50-20-20 n° 410 du 25 sept. 2017.

5. Exclusion des participations excédant 25 %. Pour l'appréciation de ce seuil de 25 %, la détention indirecte ne doit être retenue que si le groupe familial détient, le cas échéant avec une personne interposée, la majorité du capital social de la société interposée et que l'un des membres de ce groupe y exerce en droit ou en fait des fonctions dirigeantes. • CE 17 mars 2016, n° 390861 : *RJF 2016. 528.* ♦ La notion de détention indirecte pour l'appréciation du seuil de 25 % de participation est désormais précisée par l'art. 221-31-II-3° C. mon. fin.

6. Éligibilité des titres des sociétés d'investissements immobiliers cotées (SIIC). Inéligibilité, à compter du 21 oct. 2011, au PEA des titres de SIIC et des sociétés foncières européennes comparables. Mesure conservatoire (« clause grand-père »). * BOI-RPPM-RCM-40-50-20-20 n°s 290 à 370 du 25 sept. 2017.

7. Transfert du domicile fiscal dans la CE. Annulation de la doctrine administrative qui prévoyait, en cas de transfert à l'étranger du domicile fiscal du titulaire d'un PEA, la clôture immédiate du plan et l'imposition du gain aux prélèvements sociaux si le plan était ouvert depuis au moins cinq ans. • CE 2 juin 2006, n° 275416 : *Dr. fisc. 2006. 725, concl. Glaser, note Ginter ; RJF 2006. 1035.* ♦ Pour tenir compte de cet arrêt et se conformer ainsi au droit communautaire, les conditions de fonctionnement du PEA ont été aménagées en cas de transfert hors de France du domicile fiscal du titulaire du plan. Le transfert hors de France du domicile fiscal du titulaire du PEA n'entraîne plus la clôture du plan, sauf si ce transfert a lieu dans un État ou territoire non coopératif. * BOI-RPPM-RCM-40-50-20-20 n°s 640 à 730 du 25 sept. 2017.

8. « Carried interest ». V. note ss. art. 163 *quinquies* B.

9. Démembrement. Le PEA ne peut avoir qu'un seul titulaire. Il en résulte que le plan ne peut faire en lui-même l'objet d'un démembrement. En outre, le démembrement des titres figurant sur le plan constitue un manquement à l'une des conditions de fonctionnement du PEA entraînant sa clôture à la date où le manquement a été commis. * Rescrit 24 oct. 2006, n° 2006/45 FP * BOI-RPPM-RCM-40-50-10 n° 40 du 10 févr. 2015.

10. PEA et abus de droit. L'abus de droit n'est caractérisé que si, à la date d'acquisition des titres non cotés inscrits sur le PEA, le contribuable savait que leur valeur vénale réelle était bien supérieure à leur prix d'inscription ; il a ainsi délibérément contourné la règle légale de plafonnement des versements. • CE 10 déc. 2014, n° 367040 : *RJF 2015. 404.* ♦ La vente à soi-même de titres résultant de leur inscription sur un PEA à une date postérieure à leur acquisition et du versement du prix de ces titres depuis le compte espèces du PEA vers un compte bancaire du contribuable n'est pas un abus de droit par fraude à la loi. Cette opération n'est pas un abus de droit, dès lors qu'elle est susceptible de dégager une plus-value imposable et qu'elle ne méconnaît pas l'objectif du législateur d'encourager la constitution d'une épargne à long terme orientée vers l'entreprise. • CE 14 oct. 2015 : *Louis*, n° 374211 : *RJF 2016. 60 ; Dr. fisc. 2016. 83, note Vabres.* ♦ La vente à soi-même de titres est désormais interdite par l'art. 221-31-II-4° C. mon. fin.

11. Abus de PEA résultant de l'interposition d'une société holding. Sur les conditions permettant à l'Administration de mettre en jeu la procédure de l'abus de droit lorsqu'elle reproche au contribuable d'avoir abusivement inscrit sur son PEA les titres d'une société holding à un prix de convenance : • CE 19 juin 2020, n° 418452 : *RJF 2020. 812, concl. Iljic ; Dr. fisc. 2020. 438, note Deboissy.* ♦ Le juge de l'impôt ne peut, pour écarter l'existence d'un abus de droit, exiger du contribuable qu'il justifie que l'architecture d'ensemble mise en place était la seule possible pour atteindre l'objectif économique poursuivi. • Même arrêt.

b

1°

Art. 163 *sexies* à 163 *decies* *Périmés.*

Art. 163 *undecies* *Transféré ss. l'art. 163 quindecies.*

Art. 163 *duodecies* et 163 *terdecies* *Dispositions périmées.*

2°

Art. 163 *quaterdecies* *Dispositions périmées.*

3°

Art. 163 *quindecies* et 163 *sexdecies* *Dispositions périmées.*

c FINANCEMENT EN CAPITAL D'ŒUVRES CINÉMATOGRAPHIQUES OU AUDIOVISUELLES

Art. 163 septdecies *Transféré ss. l'art. 199 unvicies par L. n° 2006-1771 du 30 déc. 2006, art. 102-I.*

d CRÉATEURS D'ENTREPRISES

Art. 163 octodecies *Disposition périmée.*

Art. 163 octodecies A *Abrogé par L. n° 2006-1666 du 21 déc. 2006, art. 59-III et VI, à compter du 1er janv. 2007.*

e

Art. 163 novodecies *Abrogé par L. n° 99-1173 du 30 déc. 1999, art. 12-II, à compter du 30 juin 2000.*

f COPROPRIÉTÉS DE NAVIRES CIVILS DE CHARGE OU DE PÊCHE

Art. 163 vicies *Périmé (Décr. n° 2007-484 du 30 mars 2007).*

g COPROPRIÉTÉS DE NAVIRES DE COMMERCE

Art. 163 unvicies *(Abrogé par Décr. n° 2017-698 du 2 mai 2017, art. 1er)* ***Le montant maximal des sommes déductibles annuellement en application des dispositions de l'article 238 bis HN est de 76 000 € pour les contribuables célibataires, veufs ou divorcés, et de 152 000 € pour les contribuables mariés soumis à imposition commune. La déduction, pour un investissement déterminé, est opérée au titre de chaque année de versement.***

Les dispositions du premier alinéa sont applicables en cas de souscription des parts de copropriété par l'intermédiaire de sociétés à responsabilité limitée mentionnées aux articles 239 bis AA et 239 bis AB qui ont opté pour le régime fiscal des sociétés de personnes et de sociétés à responsabilité limitée à associé unique qui n'ont pas opté pour l'assujettissement à l'impôt sur les sociétés, ou par l'intermédiaire de fonds de placement quirataire.

Les conditions prévues à l'article 238 bis HN s'appliquent aux sociétés et aux fonds de placement quirataire visés au deuxième alinéa.

Le souscripteur des parts de ces sociétés ou fonds les conserve jusqu'au 31 décembre de la quatrième année suivant celle de la livraison du navire à la copropriété.

Si les conditions ou engagements prévus à l'article 238 bis HN et au quatrième alinéa ne sont pas respectés, les dispositions du douzième alinéa de l'article 238 bis HN sont applicables.

La déduction prévue au présent article est exclusive de celle résultant, pour le même navire, des articles 238 bis HA et 163 vicies.

h SOUSCRIPTIONS EN NUMÉRAIRE AU CAPITAL DE SOCIÉTÉS AGRÉÉES DE FINANCEMENT DE LA PÊCHE ARTISANALE

Art. 163 duovicies Le montant des sommes effectivement versées pour les souscriptions en numéraire au capital des sociétés mentionnées à l'article 238 *bis* HO réalisées avant le 1er janvier 2009 est déductible du revenu net global ; cette déduction ne peut pas excéder 25 % de ce revenu, dans la limite annuelle de 19 000 € pour les contribuables célibataires, veufs ou divorcés et de 38 000 € pour les contribuables mariés soumis à imposition commune.

En cas de cession de tout ou partie des titres souscrits dans les cinq ans de leur acquisition, le montant des sommes déduites est ajouté au revenu net global de l'année de la cession.

Lorsqu'elles sont inscrites au bilan d'une entreprise relevant de l'impôt sur le revenu, *les actions des sociétés définies à cet article* ne peuvent faire l'objet sur le plan fiscal d'une provision pour dépréciation.

Un décret fixe les modalités d'application, notamment les obligations déclaratives. — *V. Ann. III, art. 46 quindecies K.*

i

Art. 163 tervicies *Périmé.*

j *COTISATIONS OU PRIMES VERSÉES AUX PLANS D'ÉPARGNE INDIVIDUELLE POUR LA RETRAITE OU DANS LE CADRE DE CERTAINS RÉGIMES DE RETRAITE SUPPLÉMENTAIRE OBLIGATOIRES OU COMPLÉMENTAIRE FACULTATIFS*

Art. 163 *quatervicies* **I. — 1. Sont déductibles du revenu net global, dans les conditions et limites mentionnées au 2, les cotisations ou les primes versées par chaque membre du foyer fiscal :**

a) **Aux plans d'épargne retraite populaire prévus à l'article L. 144-2 du code des assurances ;**

b) **A titre individuel et facultatif aux contrats souscrits dans le cadre de régimes de retraite supplémentaire, auxquels l'affiliation est obligatoire et mis en place dans les conditions prévues à l'article L. 911-1 du code de la sécurité sociale, lorsque ces contrats sont souscrits par un employeur ou un groupement d'employeurs ;**

c) **Au régime de retraite complémentaire institué par la Caisse nationale de prévoyance de la fonction publique ainsi qu'aux autres régimes de retraite complémentaire, auxquels les dispositions du 1° *bis* de l'article 83, en vigueur jusqu'au 1er janvier 2004, avaient été étendues avant cette date, constitués au profit des fonctionnaires et agents de l'État, des collectivités territoriales et des établissements publics soit auprès d'organismes relevant du code de la mutualité, soit auprès d'entreprises régies par le code des assurances, ou institués par les organismes mentionnés au VII de l'article 5 de l'ordonnance n° 2001-350 du 19 avril 2001 relative au code de la mutualité et transposant les directives 92/49/CEE et 92/96/CEE du Conseil, des 18 juin et 10 novembre 1992, pour leurs opérations collectives visées à l'article L. 222-1 du code de la mutualité ;** — *En ce qui concerne les obligations déclaratives des organismes gestionnaires, V. Ann. III, art. 41 ZZ quater.*

(Ord. n° 2019-766 du 24 juill. 2019, art. 3-I et 9-I ; Décr. n° 2019-807 du 30 juill. 2019, art. 9-II, en vigueur le 1er oct. 2019) **« *d)* Sauf application de l'option prévue au deuxième alinéa de l'article L. 224-20 du code monétaire et financier, aux plans d'épargne retraite mentionnés à l'article L. 224-1 du même code, qui correspondent à des versements mentionnés au 1° de l'article L. 224-2 dudit code et qui ne sont pas déduits en application des articles 154 *bis* ou 154 *bis*-0 A. »**

2. *a)* Les cotisations ou les primes mentionnées au 1 sont déductibles pour chaque membre du foyer fiscal dans une limite annuelle égale à la différence constatée au titre de l'année précédente ou, pour les personnes qui n'ont pas été fiscalement domiciliées en France au cours des trois années civiles précédant celle au cours de laquelle elles s'y domicilient, au titre de cette dernière année, entre :

1° Une fraction égale à 10 % de ses revenus d'activité professionnelle tels que définis au II, retenus dans la limite de huit fois le montant annuel du plafond mentionné à l'article L. 241-3 du code de la sécurité sociale *[soit 32 909 € pour les versements effectués en 2021 ainsi que pour ceux effectués en 2022]* **ou, si elle est plus élevée, une somme égale à 10 % du montant annuel du plafond précité** *[soit 4 114 € pour les versements effectués en 2021 ainsi que pour ceux effectués en 2022]* ; — *V. Ann. III, art. 41 ZZ bis à 41 ZZ quater.*

2° Et le montant cumulé des cotisations ou primes déductibles en application du 2° de l'article 83 ou *(Ord. n° 2019-766 du 24 juill. 2019, art. 3-I et 9-I ; Décr. n° 2019-807 du 30 juill. 2019, art. 9-II, en vigueur le 1er oct. 2019)* **« aux plans d'épargne retraite qui *sont* », *au titre* de la retraite supplémentaire, du 2°-0 *bis*, y compris les versements de l'employeur, des cotisations ou primes déductibles au titre du 1° du II de l'article 154 *bis*, de l'article 154 *bis*-0 A et du 13° du II de l'article 156 compte non tenu de leur fraction correspondant à 15 % de la quote-part du bénéfice comprise entre une fois et huit fois le plafond mentionné à l'article L. 241-3 du code de la sécurité sociale, ainsi que des sommes versées** *(Ord. n° 2019-766 du 24 juill. 2019, art. 3-I et 9-I ; Décr. n° 2019-807 du 30 juill. 2019, art. 9-II, en vigueur le 1er oct. 2019)* **« aux plans d'épargne retraite qui sont** *[ancienne rédaction : par l'entreprise ou le salarié au plan d'épargne pour la retraite collectif défini aux articles L. 3334-1 à L. 3334-16 du code du travail et]* **» exonérées en application du 18° de l'article 81.**

Les membres d'un couple marié ou les partenaires liés par un pacte civil de solidarité défini à l'article 515-1 du code civil, soumis à imposition commune, peuvent déduire

les cotisations ou primes mentionnées au 1, dans une limite annuelle égale au total des montants déductibles pour chaque membre du couple ou chaque partenaire du pacte.

b) **La différence, lorsqu'elle est positive, constatée au titre d'une année entre, d'une part, la limite définie au *a* et, d'autre part, les cotisations ou primes mentionnées au 1 peut être utilisée au cours de l'une des trois années suivantes.**

(Abrogé par Ord. n° 2019-766 du 24 juill. 2019, art. 3-I et 9-I ; Décr. n° 2019-807 du 30 juill. 2019, art. 9-II, à compter du 1er oct. 2019) ***« c) Lorsque le montant des cotisations ou primes mentionnées au 1 excède la limite définie au a, l'excédent qui correspond à des rachats de cotisations ou de primes mentionnés au c du 1 effectués par les personnes affiliées à ces régimes au 31 décembre 2004 n'est pas réintégré, en totalité au titre de l'année 2004, et, pour les années 2005 à 2014, dans la limite de :***

« 1° six années de cotisations au titre de chacune des années 2005 et 2006 ;

« 2° quatre années de cotisations au titre de chacune des années 2007 à 2009 incluse ;

« 3° deux années de cotisations au titre de chacune des années 2010 à 2014 incluse.

« Les dispositions des quatre premiers alinéas s'appliquent aux personnes ayant la qualité de fonctionnaire ou d'agent public, en activité, affiliées après le 31 décembre 2004. »

d) **Les personnes qui, pour des raisons qui ne sont pas liées à la mise en œuvre de procédures judiciaires, fiscales ou douanières, n'ont pas été fiscalement domiciliées en France au cours des trois années civiles précédant celle au cours de laquelle elles s'y domicilient bénéficient au titre de cette dernière année d'un plafond complémentaire de déduction égal au triple du montant de la différence définie au *a*.** — *En ce qui concerne l'ordre d'imputation, V. Ann. III, art. 41 ZZ ter. — Par dérogation au présent I, le montant admis en déduction du résultat imposable ou du revenu net global au titre de l'année 2020, et le cas échéant au titre de l'année 2021, est diminué du montant du rachat total ou partiel effectué par l'assuré ou le titulaire dans le cadre du dispositif exceptionnel permettant aux travailleurs non salariés de demander, avant le 31 déc. 2020, le déblocage anticipé d'une partie de leur épargne retraite (L. n° 2020-935 du 30 juill. 2020, art. 12-I et V).*

II. — Les revenus d'activité professionnelle mentionnés au 1° du *a* du 2 du I s'entendent :

1. Des traitements et salaires définis à l'article 79 et des rémunérations allouées aux gérants et associés des sociétés mentionnées à l'article 62, pour leur montant déterminé respectivement en application des articles 83 à 84 A et du dernier alinéa de l'article 62.

2. Des bénéfices industriels et commerciaux définis aux articles 34 et 35, des bénéfices agricoles mentionnés à l'article 63 et des bénéfices tirés de l'exercice d'une profession non commerciale mentionnés au 1 de l'article 92, pour leur montant imposable.

Les revenus exonérés en application des articles 44 *sexies* à 44 *nonies*, 44 *terdecies* à *(L. n° 2018-1317 du 28 déc. 2018, art. 135-I-8°)* **« 44 *septdecies* » ou du 9 de l'article 93 ainsi que** *(L. n° 2018-1317 du 28 déc. 2018, art. 126-III et IV, applicable au bénéfice des exploitants qui bénéficient de dotations d'installation aux jeunes agriculteurs octroyées à compter du 1er janv. 2019)* **« les abattements prévus » à l'article 73 B, sont retenus pour l'appréciation du montant des revenus définis au premier alinéa. Sont également retenus les revenus imposés dans les conditions prévues à l'article 151-0 pour leur montant diminué, selon le cas, de l'abattement prévu au 1 de l'article 50-0 ou** *(Abrogé par L. n° 2017-1837 du 30 déc. 2017, art. 22, applicable à compter de l'imposition des revenus de l'année 2017)* ***« de la réfaction forfaitaire prévue »*** **au 1 de l'article 102 *ter*. Il n'est pas tenu compte des plus-values et moins-values professionnelles à long terme.**

1. PERP. PERE. PREFON. COREM. CGOS. 1) Commentaire administratif d'ensemble. Limites de déduction. Imposition des rentes. Prélèvements sociaux. Obligations déclaratives. * BOI-IR-BASE-20-50-10 du 2 avr. 2014 * BOI-IR-BASE-20-50-30 du 16 mars 2014.

2. Avances sur PERP. Interdiction pour les organismes gestionnaires de consentir des avances sur l'épargne acquise dans le cadre d'un PERP. * BOI-IR-BASE-20-50-10 n° 130 du 2 avr. 2014.

3. COREM. L'Administration admet la déduction du revenu net global, dans les conditions et limites prévues par l'art. 163 *quatervicies*, des cotisations versées au complément retraite, mutualiste (COREM) par tous les membres participants d'une mutuelle souscriptrice ou d'une mutuelle adhérente d'une union de mutuelles souscriptrice du COREM, et ce quel que soit le statut socioprofessionnel des intéressés. Les sociétaires concernés peuvent déduire les cotisations versées dans la limite annuelle de droit commun prévue à l'art. 163 *quatervicies*-I-2 sans bénéficier de droits à déduction fiscale supplémentaires. * BOI-IR-BASE-20-50-10 n° 180 du 2 avr. 2014.

4. Rachat de cotisations PREFON. En mutualisant leurs plafonds de déduction, les membres d'un couple marié ou pacsé peuvent déduire en priorité leurs cotisations courantes à hauteur du plafond mutualisé et imputer ensuite les rachats de cotisations PREFON excédentaires. * BOI-IR-BASE-20-50-30 n° 90 du 6 mars 2014.

Art. 163 *quinvicies* *(Ord. n° 2019-766 du 24 juill. 2019, art. 3-I et 9-I ; Décr. n° 2019-807 du 30 juill. 2019, art. 9-II, en vigueur le 1er oct. 2019)* **Les dispositions du deuxième alinéa du 2° de l'article 83, des *a bis, a ter, b bis* du 18° et du 18° *bis* de l'article 81, de l'article 163 *bis* AA ainsi que du *d* du 1 du I de l'article 163 *quatervicies* ne s'appliquent pas à la part correspondant à des versements dans un plan d'épargne retraite mentionné à l'article L. 224-1 du code monétaire et financier au titre des garanties complémentaires prévues aux 4° à 6° de l'article L. 142-3 du code des assurances.**

II REVENU IMPOSABLE DES ÉTRANGERS ET DES PERSONNES N'AYANT PAS LEUR DOMICILE FISCAL EN FRANCE

Art. 164 *Abrogé.*

Art. 164 A **Les revenus de source française des personnes qui n'ont pas leur domicile fiscal en France sont déterminés selon les règles applicables aux revenus de même nature perçus par les personnes qui ont leur domicile fiscal en France. Toutefois, aucune des charges déductibles du revenu global en application des dispositions du présent code ne peut être déduite.**

1. Charges déductibles et réductions d'impôt. Il résulte des art. 164 A et 199 *septies* B, rapprochés de l'art. 4 A, que l'imputation sur le revenu global des charges déductibles que prévoit l'art. 156 et la réduction d'impôt accordée au titre de certaines primes d'assurance en application de l'art. 199 *septies* sont réservées aux personnes qui sont imposables en France sur l'ensemble de leurs revenus en raison d'un critère de résidence. Elles ne peuvent bénéficier à un contribuable qui est réputé résident d'un autre État par les stipulations de la convention fiscale bilatérale liant la France à cet État. Dès lors, un contribuable qui, du fait des stipulations de l'art. 1er de la convention franco-belge du 10 mars 1964, n'est pas passible en France de l'IR à raison de l'ensemble de ses revenus, ne peut pas bénéficier des avantages visés aux art. 164 A et 199 *septies* B. • CE 8 juill. 2002, ☎ n° 225159, *Lecat : Dr. fisc. 2002. 801 ; RJF 2002. 1202 ; concl. Mitjavile au BDCF 11/02, n° 133.*

2. L'art. 164 A, selon lequel aucune des charges déductibles du revenu global ne peut être déduite des revenus de source française pour l'imposition à l'IR des personnes qui n'ont pas leur domicile fiscal en France, n'exclut pas ces personnes du bénéfice des réductions d'impôt. Dès lors, une personne fiscalement domiciliée hors de France mais qui, imposable en France sur ses revenus de source française, a la qualité de contribuable, peut bénéficier de la réduction d'impôt prévue par l'art. 199 *nonies* qui visait tout contribuable réalisant certains investissements immobiliers locatifs. • CAA Paris 12 nov. 2004, n° 01PA4218 : *RJF 2005. 292 ; concl. Bataille au BDCF 4/05, n° 39.*

3. Situation des non-résidents tirant de France l'essentiel de leurs revenus imposables (« non-résidents Schumacker »). Les États membres, qui sont fondés à traiter différemment les non-résidents de leurs résidents, doivent en revanche les traiter à l'identique lorsque les premiers se trouvent, du fait qu'ils tirent de l'État concerné la totalité ou la quasi-totalité de leurs revenus, dans une situation comparable à celle des seconds. • CJUE 14 févr. 1995, ☎ n° C-279/93 : *RJF 1995. 425, concl. Léger.* ♦ En conséquence, les non-résidents concernés, dits « non-résidents Schumacker », sont assimilés à des personnes fiscalement domiciliées en France, au sens du droit interne, mais restent tenus à une obligation fiscale limitée, au sens des conventions internationales. Ainsi, les personnes fiscalement domiciliées dans un autre État membre de l'UE, en Islande, en Norvège ou au Liechtenstein et qui tirent l'essentiel de leurs revenus de France peuvent, sous certaines conditions, demander lors de la souscription de leur déclaration de revenus à être assimilées à des personnes fiscalement domiciliées en France. Dans ce cas, elles sont imposées à l'IR sur l'ensemble de leurs revenus de source française ou étrangère et sont assujetties aux prélèvements sociaux sur leurs revenus du patrimoine et, lorsqu'elles sont à la charge d'un régime obligatoire français d'assurance-maladie, leurs revenus d'activité ou de remplacement. En contrepartie, elles peuvent faire état de leurs dépenses ouvrant droit à des déductions du revenu global ou à des réductions ou crédits d'impôt. * BOI-IR-DOMIC-40 du 18 févr. 2013.

Art. 164 B I. – Sont considérés comme revenus de source française :

a) Les revenus d'immeubles sis en France ou de droits relatifs à ces immeubles ;

b) Les revenus de valeurs mobilières françaises et de tous autres capitaux mobiliers placés en France ;

c) Les revenus d'exploitations sises en France ;

d) Les revenus tirés d'activités professionnelles, salariées ou non, exercées en France ou d'opérations de caractère lucratif au sens de l'article 92 et réalisées en France ;

e) Les profits tirés d'opérations définies à l'article 35, lorsqu'ils sont relatifs à des fonds de commerce exploités en France ainsi qu'à des immeubles situés en France, à des droits immobiliers s'y rapportant ou à des actions et parts de sociétés non cotées en bourse dont l'actif est constitué principalement par de tels biens et droits ;

e bis) Les plus-values mentionnées aux articles 150 U, 150 UB et 150 UC, au 6 *ter* de l'article 39 *duodecies* et au *f* du 1° du II de l'article 239 *nonies*, lorsqu'elles sont relatives :

1° A des biens immobiliers situés en France ou à des droits relatifs à ces biens ;

2° A des parts de fonds de placement immobilier mentionnés à l'article 239 *nonies* ou à des parts ou droits dans des organismes de droit étranger qui ont un objet équivalent et sont de forme similaire, dont l'actif est, à la date de la cession, principalement constitué directement ou indirectement de biens et droits mentionnés au 1° ;

3° A des droits sociaux de sociétés ou groupements qui relèvent des articles 8 à 8 *ter* dont le siège social est situé en France et dont l'actif est principalement constitué directement ou indirectement de biens et droits mentionnés au 1° ;

e ter) Les plus-values qui résultent de la cession :

1° D'actions de sociétés d'investissements immobiliers cotées mentionnées à l'article 208 C dont l'actif est, à la date de la cession, principalement constitué directement ou indirectement de biens et droits mentionnés au 1° du *e bis* ;

2° D'actions de sociétés de placement à prépondérance immobilière à capital variable mentionnées au 3° *nonies* de l'article 208 dont l'actif est, à la date de la cession, principalement constitué directement ou indirectement de biens et droits mentionnés au 1° du *e bis* ;

3° De parts, d'actions ou d'autres droits dans des organismes, quelle qu'en soit la forme, présentant des caractéristiques similaires, ou soumis à une réglementation équivalente, à celles des sociétés mentionnées aux 1° ou 2°, dont le siège social est situé hors de France et dont l'actif est, à la date de la cession, principalement constitué directement ou indirectement de biens et droits mentionnés au 1° du *e bis* ;

4° De parts ou d'actions de sociétés, cotées sur un marché français ou étranger, dont l'actif est, à la clôture des trois exercices qui précèdent la cession, principalement constitué directement ou indirectement de biens et droits mentionnés au 1° du *e bis*. Si la société dont les parts ou actions sont cédées n'a pas encore clos son troisième exercice, la composition de l'actif est appréciée à la clôture du ou des seuls exercices clos ou, à défaut, à la date de la cession ;

5° De parts, d'actions ou d'autres droits dans des organismes, quelle qu'en soit la forme, non cotés sur un marché français ou étranger, autres que ceux mentionnés au 3° du *e bis*, dont l'actif est, à la clôture des trois exercices qui précèdent la cession, principalement constitué directement ou indirectement de biens et droits mentionnés au 1° du *e bis*. Si l'organisme dont les parts, actions ou droits sont cédés n'a pas encore clos son troisième exercice, la composition de l'actif est appréciée à la clôture du ou des seuls exercices clos ou, à défaut, à la date de la cession ;

f) Les gains nets mentionnés au I de l'article 150-0 A et résultant de la cession de droits sociaux ainsi que ceux mentionnés au 6 du II du même article retirés du rachat par une société émettrice de ses propres titres, lorsque les droits détenus directement ou indirectement par le cédant ou l'actionnaire ou l'associé dont les titres sont rachetés, sont émis par une société soumise à l'impôt sur les sociétés et ayant son siège en France ;

f bis) Les distributions mentionnées au 7 du II de l'article 150-0 A afférentes à des éléments d'actif situés en France, à l'exception de celles effectuées par des entités constituées sur le fondement d'un droit étranger ;

f ter) Les distributions mentionnées au 7 *bis* du même II prélevées sur des plus-values nettes de cession d'éléments d'actif situés en France, à l'exception des distribu-

tions de plus-values par des entités constituées sur le fondement d'un droit étranger ;
— Les dispositions ci-dessus de la L. n° 2013-1278 du 29 déc. 2013 s'appliquent aux gains réalisés et aux distributions perçues à compter du 1er janv. 2014 (L. préc., art. 17-III).

g) Les sommes, y compris les salaires, payées à compter du 1er janvier 1990, correspondant à des prestations artistiques ou sportives fournies ou utilisées en France.

II. — Sont également considérés comme revenus de source française lorsque le débiteur des revenus a son domicile fiscal ou est établi en France :

a) Les pensions et rentes viagères ;

b) Les produits définis à l'article 92 et perçus par les inventeurs ou au titre de droits d'auteur, ceux perçus par les obtenteurs de nouvelles variétés végétales au sens des articles L. 623-1 à L. 623-35 du code de la propriété intellectuelle, ainsi que tous les produits tirés de la propriété industrielle ou commerciale et de droits assimilés ;

c) Les sommes payées en rémunération des prestations de toute nature fournies ou utilisées en France.

1. Prestations publicitaires en France d'un sportif domicilié à l'étranger. Les redevances et revenus perçus par un joueur de tennis professionnel, résident suisse, de sociétés dont le siège social est situé en France au titre d'opérations publicitaires ou promotionnelles réalisées sur le territoire français, constituent des revenus de source française, au sens de l'art. 164 B-III-c et d, imposables en France. • TA Montreuil, 1er déc. 2015, n° 1402070 : *RJF 2016. 219.*

2. Gains de levée d'options. Le gain réalisé lors d'une levée d'options constituant un complément de salaire, celui-ci est imposable en France au sens des art. 4 A et 164 B lorsqu'il est réalisé par un non-résident et que l'attribution des options est venue rémunérer l'exercice en France de fonctions de salarié ou de mandataire social. • CAA Versailles, 6 nov. 2018, n° 17VE01170 : *RJF 2019. 335.*

Art. 164 C *(Abrogé par L. n° 2015-1786 du 29 déc. 2015, art. 21, à compter de l'imposition des revenus de l'année 2015)* ***Les personnes qui n'ont pas leur domicile fiscal en France mais qui y disposent d'une ou plusieurs habitations, à quelque titre que ce soit, directement ou sous le couvert d'un tiers, sont assujetties à l'impôt sur le revenu sur une base égale à trois fois la valeur locative réelle de cette ou de ces habitations à moins que les revenus de source française des intéressés ne soient supérieurs à cette base, auquel cas le montant de ces revenus sert de base à l'impôt.***

Les dispositions du premier alinéa ne s'appliquent pas aux contribuables de nationalité française qui justifient être soumis dans le pays où ils ont leur domicile fiscal à un impôt personnel sur l'ensemble de leurs revenus et si cet impôt est au moins égal aux deux tiers de celui qu'ils auraient à supporter en France sur la même base d'imposition. De même, elles ne s'appliquent pas, l'année du transfert du domicile fiscal hors de France et les deux années suivantes, aux contribuables de nationalité française qui justifient que ce transfert a été motivé par des impératifs d'ordre professionnel et que leur domicile fiscal était situé en France de manière continue pendant les quatre années qui précèdent celle du transfert.

Art. 164 D **Les personnes physiques exerçant des activités en France ou y possédant des biens, sans y avoir leur domicile fiscal, ainsi que les personnes mentionnées au 2 de l'article 4 B, peuvent être invitées, par le service des impôts, à désigner dans un délai de quatre-vingt-dix jours à compter de la réception de cette demande, un représentant en France autorisé à recevoir les communications relatives à l'assiette, au recouvrement et au contentieux de l'impôt.**

Toutefois, l'obligation de désigner un représentant fiscal ne s'applique ni aux personnes qui ont leur domicile fiscal dans un autre État membre de l'Union européenne ou dans un autre État partie à l'accord sur l'Espace économique européen ayant conclu avec la France une convention d'assistance administrative en vue de lutter contre la fraude et l'évasion fiscales ainsi qu'une convention d'assistance mutuelle en matière de recouvrement de l'impôt, ni aux personnes mentionnées au 2 du même article 4 B qui exercent leurs fonctions ou sont chargées de mission dans l'un de ces États.

Désignation d'un représentant fiscal en France. Lorsque, de sa propre initiative ou à la suite d'une demande que lui adresse l'administration fiscale, un contribuable imposable à l'IR en France sans y avoir son domicile fiscal désigne une personne établie ou domiciliée en France pour la représenter auprès de cette administration, cette désignation emporte élection de domicile auprès de ce représentant pour l'ensemble des procédures d'établissement et de recouvrement de l'IR. • CE 30 nov. 2020, n° 438496 : *RJF 2021. 221 ; FR Lefebvre 5/21, inf.* ⚖ *3, note Belouis.*

Art. 165 *Abrogé par L. n° 76-1234 du 29 déc. 1976, art. 16.*

Art. 165 *bis* **Nonobstant toute disposition contraire du présent code, sont passibles en France de l'impôt sur le revenu tous revenus dont l'imposition est attribuée à la France par une convention internationale relative aux doubles impositions.**

Imposition sur le fondement d'une convention. Il ressort des travaux parlementaires de la loi n° 59-1472 du 28 déc. 1959 dont sont issues les dispositions de l'art. 165 *bis* qu'elles ne s'appliquent pas aux revenus dont l'exonération d'imposition est prévue par la loi fiscale. Elles ne permettent donc pas à une convention internationale relative aux doubles impositions de prévoir l'imposition des revenus exonérés en application de l'art. 244 *bis* C (cessions de titres par un non-résident). • TA Montreuil, 18 nov. 2011, *Griveau*, n° 1005653 : *RJF 2012. 552.*

III *REVENUS DE L'ANNÉE DE L'ACQUISITION D'UN DOMICILE EN FRANCE*

Art. 166 **Lorsqu'un contribuable précédemment domicilié à l'étranger transfère son domicile en France, les revenus dont l'imposition est entraînée par l'établissement du domicile en France ne sont comptés que du jour de cet établissement.**

IV *MODALITÉS D'IMPOSITION DES REVENUS ET PLUS-VALUES EN CAS DE TRANSFERT DU DOMICILE HORS DE FRANCE*

BIBL. ▶ IFA, Le traitement fiscal des transferts de résidence des personnes physiques, *Congrès d'Oslo 2000, vol. LXXXVII b, éd. Kluwers.*

Art. 167 **1. Le contribuable domicilié en France qui transfère son domicile à l'étranger est passible de l'impôt sur le revenu à raison des revenus dont il a disposé pendant l'année de son départ jusqu'à la date de celui-ci, des bénéfices industriels et commerciaux qu'il a réalisés depuis la fin du dernier exercice taxé, et de tous revenus qu'il a acquis sans en avoir la disposition antérieurement à son départ.**

En ce qui concerne les revenus évalués forfaitairement, il est fait état, s'il y a lieu, du montant du forfait fixé pour l'année précédente, ajusté à la durée de la période écoulée entre le 1er janvier et la date du départ.

1 *bis*. *Abrogé par L. n° 2004-1484 du 30 déc. 2004, art. 19.*

2. *Abrogé par L. n° 2004-1485 du 30 déc. 2004, art. 30-I et II.*

3. Les mêmes règles sont applicables dans le cas d'abandon de toute habitation en France.

Art. 167 *bis* **I. – 1. Les contribuables fiscalement domiciliés en France pendant au moins six des dix années précédant le transfert de leur domicile fiscal hors de France sont imposables lors de ce transfert au titre des plus-values latentes constatées sur les droits sociaux, valeurs, titres ou droits mentionnés au 1 du I de l'article 150-0 A détenus, directement ou indirectement, par les membres de leur foyer fiscal à la date de ce transfert lorsque ces mêmes droits sociaux, valeurs, titres ou droits représentent au moins 50 % des bénéfices sociaux d'une société ou lorsque la valeur globale desdits droits sociaux, valeurs, titres ou droits, déterminée dans les conditions prévues au premier alinéa du 2, excède 800 000 € à cette même date.**

Les contribuables fiscalement domiciliés en France pendant au moins six années au cours des dix dernières années sont imposables lors du transfert de leur domicile fiscal hors de France sur la valeur des créances trouvant leur origine dans une clause de complément de prix mentionnée au 2 du I de l'article 150-0 A.

2. La plus-value constatée dans les conditions du premier alinéa du 1 du présent I est déterminée par différence entre la valeur des droits sociaux, valeurs, titres ou droits lors du transfert du domicile fiscal hors de France, déterminée selon les règles prévues *(L. n° 2017-1837 du 30 déc. 2017, art. 31)* **« à l'article 758 et au dernier alinéa du I de l'article 973** *[ancienne rédaction : aux articles 758 et 885 T bis]* **», et leur prix d'acquisition par le contribuable ou, en cas d'acquisition à titre gratuit, leur valeur retenue pour la détermination des droits de mutation.**

Lorsque les droits sociaux, valeurs, titres ou droits mentionnés au premier alinéa du 1 du présent I ont été reçus lors d'une opération d'échange bénéficiant du sursis

d'imposition prévu à l'article 150-0 B avant le transfert de domicile fiscal du contribuable, la plus-value constatée est calculée à partir du prix ou de la valeur d'acquisition des titres remis à l'échange diminué du montant de la soulte reçue, qui n'a pas fait l'objet d'une imposition au titre de l'année de l'échange, ou majoré de la soulte versée lors de cet échange.

Les créances mentionnées au dernier alinéa du 1 du présent I sont évaluées à leur valeur réelle au moment du transfert du domicile fiscal hors de France de leur titulaire. — *Les dispositions du présent 2 telles que modifiées par le B du I de l'art. 31 de la L. n° 2017-1837 du 30 déc. 2017 s'appliquent au titre de l'impôt sur la fortune immobilière dû à compter du 1er janv. 2018. Toutefois, les dispositions modifiées ou abrogées par le même B du I continuent de s'appliquer, dans leur rédaction en vigueur au 31 déc. 2017, à l'impôt de solidarité sur la fortune dû jusqu'au titre de l'année 2017 incluse (L. préc., art. 31-IX-B).*

2 *bis*. La plus-value calculée dans les conditions prévues au premier alinéa du 2 est réduite, le cas échéant, de l'abattement mentionné *(L. n° 2017-1837 du 30 déc. 2017, art. 28)* **« aux 1 *ter* ou 1 *quater* de l'article 150-0 D », dans les conditions prévues aux 1 à 1 *quinquies* de ce même article.**

Pour l'application du premier alinéa du présent 2 *bis* à l'abattement prévu *(L. n° 2017-1837 du 30 déc. 2017, art. 28)* **« aux 1 *ter* ou 1 *quater* de l'article 150-0 D », le transfert du domicile fiscal est assimilé à une cession à titre onéreux.**

3. La plus-value calculée dans les conditions prévues au premier alinéa du 2 est réduite, le cas échéant, *(L. n° 2017-1837 du 30 déc. 2017, art. 28)* **« de l'abattement fixe mentionné » au 1 du I de l'article 150-0 D *ter*, dans les conditions et suivant les modalités prévues à ce même article** *(Abrogé par L. n° 2017-1837 du 30 déc. 2017, art. 28)* ***« et aux 1, 1 quater et 1 quinquies de l'article 150-0 D ».***

Pour l'application du premier alinéa du présent 3 *(L. n° 2017-1837 du 30 déc. 2017, art. 28)* **« à l'abattement fixe mentionné » à l'article 150-0 D *ter*, le transfert du domicile fiscal est assimilé à une cession à titre onéreux si les conditions suivantes sont cumulativement remplies :**

***a)* Le contribuable a fait valoir ses droits à la retraite avant le transfert de son domicile fiscal ;**

***b)* Le contribuable domicilié fiscalement hors de France cède les titres mentionnés au premier alinéa du 1 dans les deux ans suivant son départ à la retraite.** — *La cession mentionnée ci-dessus peut intervenir au cours des trois années suivant la date à laquelle le contribuable fait valoir ses droits à la retraite lorsque cette date est comprise entre le 1er janv. 2019 et le 31 déc. 2021 (L. n° 2021-1900 du 30 déc. 2021, art. 19-III).*

4. *Abrogé par L. n° 2012-1509 du 29 déc. 2012, art. 10-I-L-1° et V.*

5. Les moins-values latentes calculées selon les modalités prévues au premier alinéa du 2 ne sont pas imputables sur les plus-values calculées selon les mêmes modalités ni sur d'autres plus-values, quelles que soient leurs modalités d'imposition.

II. — Lorsqu'un contribuable transfère son domicile fiscal hors de France, les plus-values de cession ou d'échange de droits sociaux, valeurs, titres ou droits dont l'imposition a été reportée en application du II de l'article 92 B, de l'article 92 B *decies* et des I *ter* et II de l'article 160, dans leur rédaction en vigueur avant le 1er janvier 2000, de l'article 150-0 C, dans sa rédaction en vigueur avant le 1er janvier 2006 et des articles 150-0 B *bis*, 150-0 B *ter* et 150-0 B *quater* sont également imposables lors de ce transfert.

(L. n° 2017-1837 du 30 déc. 2017, art. 28) **« II *bis*. — 1. Sous réserve du 1 *bis*, l'impôt sur le revenu relatif aux plus-values et créances déterminées dans les conditions prévues aux I et II du présent article est établi dans les conditions prévues aux 1 ou 2 de l'article 200 A.**

« Lorsque l'impôt est établi dans les conditions prévues au 2 de l'article 200 A, celui-ci est égal à la différence entre, d'une part, le montant de l'impôt résultant de l'application de l'article 197 à l'ensemble des revenus de sources française et étrangère mentionnés au 1 de l'article 167 auxquels s'ajoutent les plus-values et créances imposables en vertu des I et II du présent article et, d'autre part, le montant de l'impôt établi dans les conditions prévues à l'article 197 pour les seuls revenus de sources française et étrangère mentionnés au 1 de l'article 167. »

Le taux d'imposition des plus-values et créances mentionnées aux I et II du présent article et imposées dans les conditions du *(L. n° 2017-1837 du 30 déc. 2017, art. 28)*

« deuxième » alinéa du présent 1 est égal au rapport entre, d'une part, l'impôt calculé dans les conditions du même *(L. n° 2017-1837 du 30 déc. 2017, art. 28)* « deuxième » alinéa et, d'autre part, la somme des plus-values et créances déterminées dans les conditions des I et II.

1 *bis*. Le taux d'imposition des plus-values mentionnées au II dont l'imposition a été reportée en application de l'article 150-0 B *ter* est déterminé dans les conditions prévues au 2 *ter* de l'article 200 A.

2. Abrogé par L. n° 2013-1278 du 29 déc. 2013, art. 17-I-M-2°.

III. — Pour l'application du présent article, le transfert hors de France du domicile fiscal d'un contribuable est réputé intervenir le jour précédant celui à compter duquel ce contribuable cesse d'être soumis en France à une obligation fiscale sur l'ensemble de ses revenus.

(L. n° 2018-1317 du 28 déc. 2018, art. 112-I-1°) « IV. — Il est sursis au paiement de l'impôt afférent aux plus-values et créances constatées dans les conditions prévues au I du présent article et aux plus-values imposables en application du II, lorsque le contribuable transfère son domicile fiscal hors de France dans un État membre de l'Union européenne ou dans un autre État ou territoire ayant conclu avec la France une convention d'assistance administrative en vue de lutter contre la fraude et l'évasion fiscales ainsi qu'une convention d'assistance mutuelle en matière de recouvrement ayant une portée similaire à celle prévue par la directive 2010/24/UE du Conseil du 16 mars 2010 concernant l'assistance mutuelle en matière de recouvrement des créances relatives aux taxes, impôts, droits et autres mesures, et qui n'est pas un État ou territoire non coopératif au sens de l'article 238-0 A. » — *V. note ss. l'art.*

V. — *(Abrogé par L. n° 2018-1317 du 28 déc. 2018, art. 112-I-2°-a)* « *1.* » Sur demande expresse du contribuable, il peut également être sursis au paiement de l'impôt afférent aux plus-values et créances constatées dans les conditions prévues au I et aux plus-values imposables en application du II lorsque le contribuable :

a) Transfère son domicile fiscal hors de France dans un État *(L. n° 2018-1317 du 28 déc. 2018, art. 112-I-2°-b)* « ou territoire » autre que ceux *(L. n° 2018-1317 du 28 déc. 2018, art. 112-I-2°-b)* « mentionnés » au IV ;

(L. n° 2018-1317 du 28 déc. 2018, art. 112-I-2°-c) « *b)* Après avoir transféré son domicile fiscal hors de France dans un État ou territoire mentionné au IV, le transfère à nouveau dans un État ou territoire autre que ceux mentionnés au même IV. »

Dans les cas mentionnés aux *a* et *b* du présent V, le sursis de paiement est subordonné à la condition que le contribuable déclare le montant des plus-values et créances constatées dans les conditions du I ou imposables en application du II, désigne un représentant établi en France autorisé à recevoir les communications relatives à l'assiette, au recouvrement et au contentieux de l'impôt et constitue auprès du comptable public compétent, préalablement à son départ, des garanties propres à assurer le recouvrement de la créance du Trésor.

Le montant des garanties que le contribuable est tenu de constituer préalablement à son transfert de domicile fiscal hors de France pour bénéficier du sursis de paiement prévu *(L. n° 2018-1317 du 28 déc. 2018, art. 112-I-2°-d)* « au présent V » est égal à *(L. n° 2017-1837 du 30 déc. 2017, art. 28)* « 12,8 % *[ancienne rédaction : 30 %]* » du montant total des plus-values et créances mentionnées aux I et II *(L. n° 2017-1837 du 30 déc. 2017, art. 28)* « , retenues pour leur montant brut sans qu'il soit fait application, le cas échéant, des abattements mentionnés aux 2 *bis* et 3 du I ». Toutefois, le montant des garanties afférentes à l'impôt sur les plus-values mentionnées au 1 *bis* du II *bis* est déterminé par application du taux mentionné au même 1 *bis* à ces mêmes plus-values.

1° et 2° abrogés par L. n° 2013-1279 du 29 déc. 2013, art. 42-I-E-4°.

Dans le mois suivant la réception de l'avis d'imposition émis au titre de l'impôt afférent aux plus-values et créances mentionnées aux I et II, le contribuable constitue, le cas échéant, un complément de garanties pour assurer le recouvrement de l'impôt calculé dans les conditions du II *bis* à hauteur de la différence entre ce montant d'impôt et le montant de la garantie constituée préalablement au transfert du domicile fiscal hors de France.

Lorsque le montant d'impôt calculé dans les conditions du II *bis* est inférieur au montant des garanties constituées préalablement au transfert de domicile fiscal hors de

France, le contribuable peut demander au comptable chargé du recouvrement la levée de ces garanties à hauteur de la différence entre le montant de ces garanties et le montant d'impôt précité.

(Abrogé par L. n° 2018-1317 du 28 déc. 2018, art. 112-I-2°-e) « ***2. Lorsque le contribuable justifie que son transfert de domicile fiscal dans un État ou territoire qui n'est pas partie à l'accord sur l'Espace économique européen, mais qui a conclu avec la France une convention d'assistance administrative en vue de lutter contre la fraude et l'évasion fiscales ainsi qu'une convention d'assistance mutuelle en matière de recouvrement ayant une portée similaire à celle prévue par la directive 2010/24/UE du Conseil, du 16 mars 2010, précitée, obéit à des raisons professionnelles, aucune garantie n'est exigée pour l'application du sursis de paiement prévu au 1 du présent V.*** » *— V. note ss. l'art.*

VI. — Les sursis de paiement prévus aux IV et V ont pour effet de suspendre la prescription de l'action en recouvrement jusqu'à la date de l'événement entraînant leur expiration. Ils sont assimilés au sursis de paiement mentionné à l'article L. 277 du livre des procédures fiscales pour l'application des articles L. 208 et L. 279 du même livre.

VII. — 1. Les sursis de paiement prévus aux IV et V expirent au moment où intervient l'un des événements suivants :

a) La cession, le rachat, le remboursement ou l'annulation des droits sociaux, valeurs, titres ou droits pour lesquels des plus-values ont été constatées dans les conditions du I ou dont l'acquisition, intervenue avant le transfert du domicile fiscal hors de France » a ouvert droit au bénéfice des dispositions mentionnées au II de l'article 92 B, à l'article 92 B *decies* et aux I *ter* et II de l'article 160, dans leur rédaction en vigueur avant le 1er janvier 2000, et à l'article 150-0 C, dans sa rédaction en vigueur avant le 1er janvier 2006, à l'exception des cessions auxquelles les reports d'imposition prévus à l'article 150-0 B *ter* s'appliquent. La cession s'entend des transmissions à titre onéreux, à l'exception des opérations d'échange ou d'apport intervenues après le transfert du domicile fiscal hors de France, entrant dans le champ d'application des articles 150-0 B ou 150-0 B *ter* et portant sur des droits sociaux, valeurs, titres ou droits pour lesquels des plus-values ont été constatées dans les conditions du I du présent article.

b) La donation de :

1° Droits sociaux, valeurs, titres ou droits pour lesquels des plus-values ont été constatées dans les conditions du I lorsque le donateur est fiscalement domicilié dans un État *(L. n° 2018-1317 du 28 déc. 2018, art. 112-I-3°-a)* « ou territoire » autre que ceux mentionnés au IV, sauf s'il démontre que la donation n'est pas faite avec pour motif principal d'éluder l'impôt établi dans les conditions du II *bis* ;

2° Titres pour lesquels des plus-values de cession ou d'échange ont été reportées en application de l'article 92 B *decies*, du dernier alinéa du 1 du I *ter* et du II de l'article 160, dans leur rédaction en vigueur avant le 1er janvier 2000, de l'article 150-0 C, dans sa rédaction en vigueur avant le 1er janvier 2006, ou de l'article 150-0 B *bis* ;

c) Le décès du contribuable, pour l'impôt calculé en application du II *bis* afférent aux plus-values mentionnées à l'article 92 B *decies*, au dernier alinéa du 1 du I *ter* et au II de l'article 160, dans leur rédaction en vigueur avant le 1er janvier 2000, à l'article 150-0 C, dans sa rédaction en vigueur avant le 1er janvier 2006, ou à l'article 150-0 B *bis* ;

d) La perception d'un complément de prix, ainsi que, pour les créances mentionnées au second alinéa du 1 du I, l'apport de la créance, sa cession à titre onéreux ou sa donation lorsque le donateur est fiscalement domicilié dans un État *(L. n° 2018-1317 du 28 déc. 2018, art. 112-I-3°-b)* « ou territoire » autre que ceux mentionnés au IV, sauf s'il démontre que la donation n'est pas faite avec pour motif principal d'éluder l'impôt établi dans les conditions du II *bis* ;

d bis) et e) Abrogés par L. n° 2013-1278 du 29 déc. 2013, art. 17-I-M-4°.

f) La cession à titre onéreux, le rachat, le remboursement ou l'annulation des titres ou droits reçus en rémunération de l'apport ou des titres ou droits apportés ou des parts ou droits dans les sociétés ou groupements interposés conformément à l'article 150-0 B *ter*, pour l'impôt afférent aux plus-values de cession reportées en application du même article.

1 *bis*. Pour l'impôt afférent aux plus-values constatées dans les conditions du I, les droits sociaux, valeurs, titres ou droits mentionnés aux *a* et *b* du 1 s'entendent :

1° De ceux mentionnés au premier alinéa du 1 du I ;

2° De ceux reçus lors d'une opération d'échange ou d'apport entrant dans le champ d'application de l'article 150-0 B intervenue après le transfert du domicile fiscal hors de France ;

3° De ceux mentionnés aux 1°, 2° et 3° du I de l'article 150-0 B *ter* lorsque les titres sur lesquels une plus-value a été constatée dans les conditions du I du présent article lors du transfert du domicile fiscal hors de France ont fait l'objet, après ce transfert, d'une opération d'apport entrant dans le champ d'application de l'article 150-0 B *ter*.

2. A l'expiration d'un délai de *(L. n° 2018-1317 du 28 déc. 2018, art. 112-I-3°-c)* « deux » ans suivant le transfert de domicile fiscal hors de France ou lorsque le contribuable transfère de nouveau son domicile fiscal en France si cet événement est antérieur, l'impôt calculé dans les conditions du II *bis* afférent aux plus-values latentes mentionnées au premier alinéa du 1 du I, est dégrevé d'office, ou restitué s'il avait fait l'objet d'un paiement immédiat lors du transfert de domicile fiscal hors de France, lorsque les titres mentionnés au même alinéa ou les titres reçus lors d'une opération d'échange entrant dans le champ d'application de l'article 150-0 B intervenue après le transfert de domicile fiscal hors de France demeurent, à cette date, dans le patrimoine du contribuable. *(L. n° 2018-1317 du 28 déc. 2018, art. 112-I-3°-d)* « Par dérogation, ce délai est porté à cinq ans lorsque la valeur globale définie au premier alinéa du 1 du I du présent article excède 2,57 millions d'euros à la date du transfert du domicile fiscal hors de France du contribuable. »

L'impôt calculé dans les conditions du II *bis* afférent aux plus-values latentes mentionnées au premier alinéa du 1 du I est également dégrevé, ou restitué s'il avait fait l'objet d'un paiement immédiat lors du transfert de domicile fiscal hors de France, en cas de décès du contribuable ou, pour sa fraction se rapportant aux droits sociaux, valeurs, titres ou droits donnés, en cas de donation des titres mentionnés au même alinéa ou des titres reçus lors d'une opération d'échange entrant dans le champ d'application de l'article 150-0 B intervenue après le transfert de domicile fiscal hors de France, lorsque le donateur est fiscalement domicilié dans un État *(L. n° 2018-1317 du 28 déc. 2018, art. 112-I-3°-e)* « ou territoire » mentionné au IV ou, s'il est fiscalement domicilié dans un autre État *(L. n° 2018-1317 du 28 déc. 2018, art. 112-I-3°-e)* « ou territoire », à la condition qu'il démontre que la donation n'est pas faite avec pour motif principal d'éluder l'impôt établi dans les conditions du II *bis*. — *V. note ss. l'art.*

L'impôt calculé dans les conditions du même II *bis* afférent aux plus-values mentionnées au premier alinéa du 1 du I est également dégrevé, pour sa fraction se rapportant aux droits sociaux, valeurs, titres ou droits mentionnés au même alinéa faisant l'objet d'une cession ou d'un rachat entrant dans le champ d'application du III de l'article 150-0 A, à la condition que le contribuable soit fiscalement domicilié dans un État *(L. n° 2018-1317 du 28 déc. 2018, art. 112-I-3°-f)* « ou territoire » mentionné au IV du présent article à la date de cette cession ou de ce rachat.

3. Lorsque le contribuable transfère de nouveau son domicile fiscal en France et que les titres auxquels se rapporte la plus-value imposable dans les conditions prévues au II figurent dans son patrimoine, il est, pour l'impôt afférent à ces titres, replacé dans la même situation fiscale que s'il n'avait jamais quitté le territoire français.

Lorsque le contribuable transmet à titre gratuit, alors qu'il est domicilié hors de France, des titres dont l'acquisition a ouvert droit au bénéfice des dispositions du II de l'article 92 B ou de celles du premier alinéa du 1 ou du 4 du I *ter* de l'article 160, dans leur rédaction en vigueur avant le 1er janvier 2000, ou de l'article 150-0 B *ter*, la *fraction de l'impôt établi dans les conditions* du II *bis* du présent article se rapportant aux titres ainsi transmis est dégrevée ou, si elle avait fait l'objet d'un paiement immédiat lors du transfert du domicile fiscal hors de France, restituée.

4. L'impôt calculé en application du II *bis* se rapportant aux créances mentionnées au dernier alinéa du 1 du I est dégrevé, ou restitué s'il avait fait l'objet d'un paiement immédiat lors du transfert du domicile fiscal hors de France, en cas de rétablissement du domicile fiscal en France ou, lorsque le contribuable est encore fiscalement domi-

cilié à l'étranger, lors de son décès ou de la donation des créances, lorsque le donateur est fiscalement domicilié dans un État *(L. nº 2018-1317 du 28 déc. 2018, art. 112-I-3º-g)* « ou territoire » mentionné au IV ou, s'il est fiscalement domicilié dans un autre État *(L. nº 2018-1317 du 28 déc. 2018, art. 112-I-3º-g)* « ou territoire », à la condition que le donateur démontre que cette dernière opération n'est pas faite avec pour motif principal d'éluder l'impôt établi dans les conditions du II *bis*. L'impôt est dégrevé ou restitué pour la fraction se rapportant à la créance encore dans le patrimoine du contribuable au jour du rétablissement du domicile fiscal en France ou du décès ou pour la fraction se rapportant à la créance ayant fait l'objet d'une donation, déduction faite des éventuels compléments de prix perçus entre la date du transfert du domicile fiscal hors de France et celle du rétablissement du domicile fiscal en France, du décès ou de la donation. — *V. note ss. l'art.*

VIII. — 1. Si, à la survenance de l'un des événements mentionnés aux *a* et *b* du 1 du VII, le montant de la plus-value de cession ou, en cas d'acquisition à titre gratuit, l'accroissement de valeur des titres depuis leur entrée dans le patrimoine du contribuable est inférieur au montant de plus-value déterminé dans les conditions du I, l'impôt calculé en application du II *bis* afférent à la plus-value latente constatée conformément au I sur les titres concernés par l'un des événements précités est retenu dans la limite de son montant recalculé sur la base de la différence entre le prix, en cas de cession ou de rachat, ou la valeur, dans les autres cas, des titres concernés à la date de l'événement mentionné aux *a* ou *b* du 1 du VII, d'une part, et leur prix ou valeur d'acquisition retenu pour l'application du 2 du I, diminué, le cas échéant, de la soulte reçue ou majoré de la soulte versée lors de *(L. nº 2018-1317 du 28 déc. 2018, art. 112-I-4º-a)* « l'opération d'échange ou d'apport répondant aux conditions d'application des articles 150-0 B ou 150-0 B *ter* intervenue » après le transfert de domicile fiscal hors de France, d'autre part.

Le surplus d'impôt est dégrevé d'office ou restitué s'il avait fait l'objet d'un paiement immédiat lors du transfert de domicile fiscal hors de France. Dans ce cas, le contribuable fournit, à l'appui de la déclaration mentionnée au premier alinéa du 3 du IX, les éléments de calcul retenus.

2. Si, à la survenance de l'un des événements mentionnés aux *a* et *b* du 1 du VII, le contribuable réalise une perte ou constate que les titres ont une valeur moindre que leur valeur d'entrée dans son patrimoine, l'impôt calculé en application du II *bis* afférent à la plus-value latente constatée conformément au I sur les titres concernés par l'un des événements précités est dégrevé, ou restitué s'il avait fait l'objet d'un paiement immédiat lors du transfert de domicile fiscal hors de France.

3. Si, lors de la survenance de la cession à titre onéreux des titres, l'abattement prévu *(L. nº 2017-1837 du 30 déc. 2017, art. 28)* « aux 1 *ter* ou 1 *quater* » de l'article 150-0 D ou à l'article 150-0 D *ter* est supérieur à l'abattement appliqué conformément, selon le cas, au 2 *bis* ou au 3 du I du présent article, l'impôt calculé en application du II *bis* afférent à la plus-value latente constatée conformément au I sur les titres concernés par ladite cession est retenu dans la limite de son montant assis sur l'assiette réduite de ce nouvel abattement.

4. Si, lors de la survenance de l'un des événements prévus au *a* du 1 du VII du présent article, le contribuable réalise une plus-value imposée en France conformément aux dispositions *(L. nº 2018-1317 du 28 déc. 2018, art. 112-I-4º-b)* « des articles 244 *bis* A ou » 244 *bis* B, l'impôt calculé dans les conditions du II *bis* afférent à la plus-value latente constatée conformément au I sur les titres concernés par l'un des événements précités est dégrevé ou restitué s'il avait fait l'objet d'un paiement l'année suivant le transfert de domicile fiscal hors de France.

4 *bis*. La moins-value réalisée par un contribuable fiscalement domicilié dans un État *(L. nº 2018-1317 du 28 déc. 2018, art. 112-I-4º-c)* « ou territoire » mentionné au IV lors de l'un des événements mentionnés au *a* du 1 du VII et relative à des titres pour lesquels une plus-value avait été constatée conformément au I lors du transfert de son domicile fiscal hors de France est imputable, dans les conditions prévues au 11 de l'article 150-0 D :

a) Sur les plus-values réalisées par ce même contribuable lors de la survenance de l'un des événements mentionnés au *a* du 1 du VII et relatives à des titres pour lesquels une plus-value avait été constatée conformément au I lors du transfert de son domicile fiscal hors de France ;

b) Sur les plus-values imposables en application de l'article 244 *bis* B ;

c) Lorsque le contribuable transfère de nouveau son domicile fiscal en France, sur les plus-values imposables conformément à l'article 150-0 A.

La moins-value de cession ou de rachat de droits sociaux, valeurs, titres ou droits déterminée conformément aux articles 150-0 A ou 244 *bis* B, est imputable, dans les conditions prévues au 11 de l'article 150-0 D, sur les plus-values mentionnées au *a* du présent 4 *bis*. *— Sur le suivi des moins-values mentionnées au 4 bis ci-dessus, V. Ann. II, art. 91 terdecies A.*

5. L'impôt éventuellement acquitté par le contribuable dans son État *(L. n° 2018-1317 du 28 déc. 2018, art. 112-I-4°-c)* « ou territoire » de résidence dans les cas prévus au a du 1 du VII est imputable, dans la limite de l'impôt définitif dû en France :

a) Sur *(Abrogé par Décr. n° 2019-559 du 6 juin 2019, art. 1er)* « *les* » *(L. n° 2018-1203 du 22 déc. 2018, art. 26-III-2°)* « prélèvements prévus à l'article L. 136-6 du code de la sécurité sociale et à l'article 15 de l'ordonnance n° 96-50 du 24 janvier 1996 relative au remboursement *(Décr. n° 2019-559 du 6 juin 2019, art. 1er)* « de » la dette sociale puis sur le prélèvement prévu au 1° du I de l'article 235 *ter* » afférents à la plus-value calculée en application du premier alinéa du 2 du I et des 1 et 4 *bis*, à proportion du rapport entre, d'une part, cette même plus-value et, d'autre part, l'assiette de l'impôt acquitté hors de France ;

b) Puis, pour le reliquat, sur l'impôt sur le revenu afférent à la plus-value calculée en application des 2 à 3 du I et des 1, 3 et 4 *bis*, à proportion du rapport entre, d'une part, cette même plus-value et, d'autre part, l'assiette de l'impôt acquitté hors de France. *— V. note ss. l'art.*

***VIII bis. — 1. Al.** abrogé par L. n° 2013-1279 du 29 déc. 2013, art. 42-I-H-1°.*

***2. Al. 1er à 3** abrogés par L. n° 2013-1279 du 29 déc. 2013, art. 42-I-H-2°-a.*

Lors de la survenance de chaque événement prévu au VII, le montant d'impôt sur le revenu dû, à dégrever ou à restituer, est calculé en appliquant à la plus-value ou créance définitive concernée par ledit événement le taux d'imposition défini au *(Abrogé par L. n° 2017-1837 du 30 déc. 2017, art. 28) « second alinéa du 1 du »* II *bis*.

Cependant, sur demande expresse du contribuable, *(L. n° 2017-1837 du 30 déc. 2017, art. 28)* « lorsque le montant d'impôt sur le revenu a été déterminé dans les conditions prévues au deuxième alinéa du 1 du II *bis*, l'impôt » dû, à dégrever ou à restituer, peut être calculé en appliquant le *(L. n° 2017-1837 du 30 déc. 2017, art. 28)* « même deuxième » alinéa du 1 du II *bis* à l'ensemble des plus-values et créances définitives puis en retenant le montant d'impôt ainsi calculé correspondant à la seule plus-value ou créance concernée par l'événement mentionné au VII.

Cette option, qui doit être exercée lors de la survenance du premier événement prévu au VII affectant une plus-value ou une créance mentionnée aux I ou II, est irrévocable et s'applique à l'ensemble des plus-values et créances déterminées dans les conditions prévues à ces mêmes I et II. *— Sur les modalités d'exercice de l'option, V. Ann. II, art. 91 terdecies B.*

Le surplus d'impôt sur le revenu est dégrevé ou restitué. Dans ce cas, le contribuable fournit, à l'appui de la déclaration mentionnée au 3 du IX, les éléments de calcul retenus. *— V. Ann. II, art. 91 novodecies.*

IX. — 1. Le contribuable qui transfère son domicile fiscal hors de France est tenu de déclarer les plus-values et les créances imposables en application des I et II sur la déclaration mentionnée au 1 de l'article 170 l'année suivant celle du transfert dans le délai prévu à l'article 175.

2. Lorsqu'il bénéficie du sursis de paiement *(L. n° 2018-1317 du 28 déc. 2018, art. 112-I-5°-a)* « au titre d'une créance mentionnée au second alinéa du 1 du I ou d'une plus-value imposable en application du II », il déclare chaque année sur la déclaration mentionnée au 1 du présent IX le montant cumulé des impôts en sursis de paiement *(L. n° 2018-1317 du 28 déc. 2018, art. 112-I-5°-b)* « à ce titre » et indique sur un formulaire établi par l'administration, joint en annexe, le montant des plus-values et des créances constatées conformément *(L. n° 2018-1317 du 28 déc. 2018, art. 112-I-5°-c)* « au second alinéa du 1 du I et au II » et l'impôt afférent aux plus-values et aux créances pour lesquelles le sursis de paiement n'est pas expiré.

(L. nº 2018-1317 du 28 déc. 2018, art. 112-I-5º-d) **« Lorsque le contribuable qui bénéficie du sursis de paiement au titre d'une créance mentionnée au second alinéa du 1 du I ou d'une plus-value imposable en application du II bénéficie par ailleurs de ce sursis au titre d'une plus-value mentionnée au premier alinéa du 1 du I, il déclare sur la déclaration mentionnée au premier alinéa du présent IX le montant cumulé des impôts en sursis de paiement au titre de l'ensemble de ces plus-values et créances et indique sur le formulaire mentionné au même premier alinéa le montant des plus-values et créances constatées conformément au I et au II et l'impôt afférent aux plus-values et créances pour lesquelles le sursis de paiement n'est pas expiré. »**

3. Dans le délai prévu à l'article 175, il déclare, l'année suivant celle de l'expiration du sursis de paiement, sur le même formulaire joint à la déclaration prévue au 1 de l'article 170, la nature et la date de l'événement entraînant l'expiration du sursis de paiement ainsi que le montant de l'impôt exigible afférent aux plus-values et aux créances constatées dans les conditions du I du présent article et modifiées, le cas échéant, dans les conditions du VIII, ou imposables en application du II. Il fournit, à l'appui de cette déclaration, les éléments de calcul retenus. L'impôt définitif est acquitté au moment du dépôt de ce formulaire. — *Pour le formulaire mentionné ci-dessus, V. Ann. II, art. 91 quaterdecies.*

Lorsque le contribuable n'a pas bénéficié d'un sursis de paiement en application des IV et V, il demande, dans le délai prévu à l'article 175, l'année suivant la survenance de l'un des événements prévus aux *a* et *b* du 1 du VII et lorsqu'il se trouve dans l'un des cas prévus au VIII, la restitution de l'impôt calculé en application du II *bis* et acquitté l'année suivant son transfert de domicile fiscal hors de France afférent à la plus-value latente constatée sur les titres et créances concernés par l'un des événements précités.

L'année suivant la survenance de l'un des événements prévus aux 2 à 4 du VII et dans le délai prévu à l'article 175, le contribuable déclare la nature ainsi que la date de ces événements et demande le dégrèvement ou la restitution de l'impôt calculé en application du II *bis* afférent aux plus-values constatées sur les titres et créances concernés par l'un de ces événements. — *V. Ann. II, art. 91 quindecies A, 91 septdecies et 91 octodecies.*

4. Le défaut de production de la déclaration et du formulaire mentionnés *(L. nº 2017-1837 du 30 déc. 2017, art. 28)* **« aux 1 et 2 » ou l'omission de tout ou partie des renseignements qui doivent y figurer entraîne l'exigibilité immédiate de l'impôt en sursis de paiement.**

5. Dans les deux mois suivant chaque transfert de domicile fiscal, les contribuables sont tenus d'informer l'administration fiscale de l'adresse du nouveau domicile fiscal. — *V. note ss. l'art.*

X. — Un décret *(Abrogé par L. nº 2017-1837 du 30 déc. 2017, art. 28) « en Conseil d'État »* **fixe les conditions d'application du présent article, notamment les obligations déclaratives des contribuables.** — *Sur les délais de reprise, V. notamment LPF, art. L. 171-0 A, R.* 277-8.*— **C. pr. fisc.** — *V. Ann. II, art. 91 undecies à 91 vicies, Ann. III, art. 41 tervicies à 41 tervicies L. — Les dispositions ci-dessus de la L. nº 2013-1278 du 29 déc. 2013 s'appliquent aux gains réalisés et aux distributions perçues à compter du 1er janv. 2013. Elles ne s'appliquent pas aux contribuables qui bénéficient, au 31 déc. 2013, du report d'imposition mentionné à l'art. 150-0 D bis, dans sa version en vigueur à cette date (L. préc., art. 17-III).*

Les dispositions du présent art. telles que modifiées par l'art. 28 de la L. nº 2017-1837 du 30 déc. 2017 s'appliquent aux transferts de domicile fiscal hors de France intervenus à compter du 1er janv. 2018 (L. préc., art. 28).

Les dispositions du présent art. telles que modifiées par le I de l'art. 112 de la L. nº 2018-1317 du 28 déc. 2018, s'appliquent aux transferts de domicile fiscal hors de France intervenus à compter du 1er janv. 2019. Toutefois, le b du 1 du V du présent art., tel qu'issu du même art. 112, s'applique également aux contribuables qui, ayant transféré leur domicile fiscal hors de France avant cette date dans un État mentionné au IV du présent art., dans sa rédaction en vigueur jusqu'au 31 déc. 2018, le transfèrent à nouveau à compter du 1er janvier 2019 dans un État ou territoire autre que ceux mentionnés au même IV (L. préc., art. 112-III).

Ancien art. 167 *bis* *I. — **1. Les contribuables fiscalement domiciliés en France pendant au moins six des dix années précédant le transfert de leur domicile fiscal hors de France sont imposables***

lors de ce transfert au titre des plus-values latentes constatées sur les droits sociaux, valeurs, titres ou droits mentionnés au présent 1 qu'ils détiennent, directement ou indirectement, à la date du transfert hors de France de leur domicile fiscal lorsque les membres de leur foyer fiscal détiennent une ou plusieurs participations, directes ou indirectes, d'au moins 1 % dans les bénéfices sociaux d'une société, à l'exception des sociétés visées au 1° bis A de l'article 208, ou une ou plusieurs participations, directes ou indirectes, dans ces mêmes sociétés dont la valeur, définie selon les conditions prévues au 2, excède 1,3 million d'euros lors de ce transfert.

Les contribuables fiscalement domiciliés en France pendant au moins six années au cours des dix dernières années sont imposables lors du transfert de leur domicile fiscal hors de France sur la valeur des créances trouvant leur origine dans une clause de complément de prix mentionnée au 2 du I de l'article 150-0 A.

2. La plus-value constatée dans les conditions du 1 du présent I est déterminée par différence entre la valeur des droits sociaux ou valeurs mobilières lors du transfert du domicile fiscal hors de France, déterminée selon les règles prévues aux articles 758 et 885 T bis, et leur prix d'acquisition par le contribuable ou, en cas d'acquisition à titre gratuit, leur valeur retenue pour la détermination des droits de mutation.

Lorsque les titres mentionnés au 1 du présent I ont été reçus lors d'une opération d'échange bénéficiant du sursis d'imposition prévu à l'article 150-0 B avant le transfert de domicile fiscal du contribuable, la plus-value constatée est calculée à partir du prix ou de la valeur d'acquisition des titres remis à l'échange diminué de la soulte reçue ou majoré de la soulte versée lors de l'échange.

Les créances mentionnées au second alinéa du 1 du présent I sont évaluées à leur valeur réelle au moment du transfert du domicile fiscal hors de France de leur titulaire.

2 bis. La plus-value latente calculée dans les conditions prévues au premier alinéa du 2 est réduite de l'abattement pour durée de détention prévu au 1 de l'article 150-0 D dans les conditions prévues à ce même 1.

Pour l'application du premier alinéa du présent 2 bis à l'abattement prévu au 1 de l'article 150-0 D, le transfert du domicile fiscal est assimilé à une cession à titre onéreux.

3. La plus-value calculée dans les conditions prévues au 2 du présent I est réduite de l'abattement pour durée de détention prévu à l'article 150-0 D ter, lorsque les conditions mentionnées au même article sont remplies.

Pour l'application du premier alinéa du présent 3 à l'abattement prévu à l'article 150-0 D ter, le transfert du domicile fiscal est assimilé à une cession à titre onéreux si les conditions suivantes sont cumulativement remplies :

a) Le contribuable a fait valoir ses droits à la retraite avant le transfert de son domicile fiscal ;

b) Le contribuable domicilié fiscalement hors de France cède les titres mentionnés au 1 dans les deux ans suivant son départ à la retraite.

4. Abrogé par L. n° 2012-1509 du 29 déc. 2012, art. 10-I-L-1° et V.

5. Les moins-values calculées selon les modalités prévues au 2 ne sont pas imputables sur les plus-values calculées selon les mêmes modalités ni sur d'autres plus-values, quelles que soient leurs modalités d'imposition. — *§§ I à II bis, et V : les dispositions des lois n°s 2012-1509 et 2012-1510 du 29 déc. 2012 s'appliquent aux transferts de domicile fiscal hors de France intervenus à compter du 1er janv. 2013 (art. 10-V de la L. n° 2012-1509 et 22-IV de la L. n° 2012-1510) ; I et II : pour les transferts de domicile réalisés entre les 28 sept. et 31 déc. 2012, V. App., L. n° 2012-1509 du 29 déc. 2012, art. 10-IV.*

II. — Lorsqu'un contribuable transfère son domicile fiscal hors de France, les plus-values de cession ou d'échange de droits sociaux, valeurs, titres ou droits mentionnés au 1 du I du présent article dont l'imposition a été reportée en application du II de l'article 92 B, de l'article 92 B decies et des I ter et II de l'article 160, dans leur rédaction en vigueur avant le 1er janvier 2000, de l'article 150-0 C, dans sa rédaction en vigueur avant le 1er janvier 2006, des articles 150-0 B bis, 150-0 B ter et 150-0 D bis sont également imposables lors de ce transfert. — *V. note ss. le I ci-dessus.*

II bis. — 1. L'impôt sur le revenu relatif aux plus-values et créances déterminées dans les conditions prévues aux I et II du présent article, à l'exception de celles imposées dans les conditions prévues au 2 du présent II bis, est égal à la différence entre, d'une part, le montant de l'impôt résultant de l'application de l'article 197 à l'ensemble des revenus de sources française et étrangère mentionnés au 1 de l'article 167 auxquels s'ajoutent les plus-values et créances imposables en vertu des I et II du présent article, à l'exception de celles imposées dans les conditions prévues au 2 du présent II bis, et, d'autre part, le montant de l'impôt établi dans les conditions prévues à l'article 197 pour les seuls revenus de sources française et étrangère mentionnés au 1 de l'article 167.

Le taux d'imposition des plus-values et créances mentionnées aux I et II du présent article et imposées dans les conditions du premier alinéa du présent 1 est égal au rapport entre, d'une part, l'impôt calculé dans les conditions du même premier alinéa et, d'autre part, la somme des plus-values et créances déterminées dans les conditions des I et II à l'exception de celles imposées dans les conditions du 2 du présent II bis.

2. Les plus-values et créances mentionnées aux I et II peuvent être, sur option du contribuable, imposées dans les conditions prévues au 2 bis de l'article 200 A lorsque les conditions prévues à ce même 2 bis sont remplies.

Pour l'application du premier alinéa du présent 2 aux plus-values latentes constatées dans les conditions du I, le transfert du domicile fiscal est assimilé à une cession à titre onéreux. — V. note ss. le I ci-dessus.

III. — Pour l'application du présent article, le transfert hors de France du domicile fiscal d'un contribuable est réputé intervenir le jour précédant celui à compter duquel ce contribuable cesse d'être soumis en France à une obligation fiscale sur l'ensemble de ses revenus.

IV. — Lorsque le contribuable transfère son domicile fiscal hors de France dans un État membre de l'Union européenne ou dans un autre État partie à l'accord sur l'Espace économique européen ayant conclu avec la France une convention d'assistance administrative en vue de lutter contre la fraude et l'évasion fiscales ainsi qu'une convention d'assistance mutuelle en matière de recouvrement ayant une portée similaire à celle prévue par la directive 2010/24/UE du Conseil, du 16 mars 2010, concernant l'assistance mutuelle en matière de recouvrement des créances relatives aux taxes, impôts, droits et autres mesures, il est sursis au paiement de l'impôt afférent aux plus-values constatées dans les conditions prévues au I du présent article ou aux plus-values imposables en application du II.

V. — 1. Sur demande expresse du contribuable, il peut également être sursis au paiement de l'impôt afférent aux plus-values constatées dans les conditions prévues au I ou aux plus-values imposables en application du II lorsque le contribuable :

a) Transfère son domicile fiscal hors de France dans un État autre que ceux visés au IV ;

b) Après avoir transféré son domicile fiscal hors de France dans un État membre de l'Union européenne ou dans un autre État partie à l'accord sur l'Espace économique européen ayant conclu avec la France une convention d'assistance administrative en vue de lutter contre la fraude et l'évasion fiscales ainsi qu'une convention d'assistance mutuelle en matière de recouvrement ayant une portée similaire à celle prévue par la directive 2010/24/UE du Conseil, du 16 mars 2010, précitée, le transfère à nouveau dans un État autre que ceux mentionnés précédemment.

Dans les cas mentionnés aux a et b du présent V, le sursis de paiement est subordonné à la condition que le contribuable déclare le montant des plus-values constatées dans les conditions du I ou imposables en application du II, désigne un représentant établi en France autorisé à recevoir les communications relatives à l'assiette, au recouvrement et au contentieux de l'impôt et constitue auprès du comptable public compétent, préalablement à son départ, des garanties propres à assurer le recouvrement de la créance du Trésor.

Le montant des garanties que le contribuable est tenu de constituer préalablement à son transfert de domicile fiscal hors de France pour bénéficier du sursis de paiement prévu au présent 1 est égal à :

1° 19 % du montant total des plus-values et créances mentionnées aux I et II et imposées dans les conditions prévues au 2 du II bis ;

2° 30 % du montant total des plus-values et créances mentionnées aux I et II et imposées dans les conditions prévues au 1 du II bis.

Dans le mois suivant la réception de l'avis d'imposition émis au titre de l'impôt afférent aux plus-values et créances mentionnées au 2° du présent 1, le contribuable constitue, le cas échéant, un complément de garanties pour assurer le recouvrement de l'impôt calculé dans les conditions du 1 du II bis à hauteur de la différence entre ce montant d'impôt et le montant de la garantie constituée préalablement au transfert du domicile fiscal hors de France.

Lorsque le montant d'impôt calculé dans les conditions du 1 du II bis est inférieur au montant des garanties constituées préalablement au transfert de domicile fiscal hors de France, le contribuable peut demander au comptable chargé du recouvrement la levée de ces garanties à hauteur de la différence entre le montant de ces garanties et le montant d'impôt précité. — V. note ss. le I ci-dessus. — *Les contribuables qui ont transféré leur domicile fiscal hors de France entre les 28 sept. et 31 déc. 2012 et demandé à bénéficier du sursis de paiement sont tenus, le cas échéant, de constituer, avant le 31 mars 2013, un complément de garantie pour assurer le recouvrement de l'impôt calculé au taux de 24 % en application du B du IV de l'art. 10 de la L. n° 2012-1509 du 29 déc. 2012 de finances pour 2013 à hauteur de la différence entre ce montant d'impôt et le montant de la garantie constituée pour assurer le recouvrement de l'impôt calculé initialement au taux de 19 % (L. n° 2012-1510 du 29 déc. 2012, art. 22-III).*

2. Lorsque le contribuable justifie que son transfert de domicile fiscal dans un État ou territoire qui n'est pas partie à l'accord sur l'Espace économique européen, mais qui a conclu avec la France une convention d'assistance administrative en vue de lutter contre la fraude et l'évasion fiscales ainsi qu'une convention d'assistance mutuelle en matière de recouvrement ayant une portée similaire à celle prévue par la directive 2010/24/UE du Conseil, du 16 mars 2010, précitée, obéit à des raisons professionnelles, aucune garantie n'est exigée pour l'application du sursis de paiement prévu au 1 du présent V.

VI. — Les sursis de paiement prévus aux IV et V ont pour effet de suspendre la prescription de l'action en recouvrement jusqu'à la date de l'événement entraînant leur expiration. Ils sont assimilés au sursis de paiement mentionné à l'article L. 277 du livre des procédures fiscales pour l'application des articles L. 208 et L. 279 du même livre.

VII. — 1. Les sursis de paiement prévus aux IV et V expirent au moment où intervient l'un des événements suivants :

a) La cession, le rachat, le remboursement ou l'annulation des droits sociaux, valeurs, titres ou droits pour lesquels des plus-values ont été constatées dans les conditions du I ou dont l'acquisition a ouvert droit au bénéfice des dispositions mentionnées au II, à l'exception des cessions auxquelles les reports d'imposition prévus aux articles 150-0 B ter et 150-0 D bis s'appliquent. La cession s'entend des transmissions à titre onéreux, à l'exception des opérations d'échange entrant dans le champ d'application de l'article 150-0 B ; *— Les dispositions ci-dessus de la L. n° 2012-1510 du 29 déc. 2012 s'appliquent aux apports réalisés à compter du 14 nov. 2012 (L. préc., art. 18-II).*

b) La donation de droits sociaux, valeurs, titres ou droits pour lesquels des plus-values ont été constatées dans les conditions du I du présent article, sauf si le donateur démontre que la donation n'est pas faite à seule fin d'éluder l'impôt calculé en application du II bis, ou celle de titres pour lesquels des plus-values de cession ou d'échange ont été reportées en application de l'article 92 B decies, du dernier alinéa du 1 du I ter et du II de l'article 160, dans leur rédaction en vigueur avant le 1er janvier 2000, de l'article 150-0 C, dans sa rédaction en vigueur avant le 1er janvier 2006, ou de l'article 150-0 B bis. *— §§ VII à IX : Sauf indication contraire (§§ VII 1 a et 1 f), les dispositions des lois nos 2012-1509 et 2012-1510 du 29 déc. 2012 qui modifient le présent VII s'appliquent aux transferts de domicile fiscal hors de France intervenus à compter du 1er janv. 2013 (L. n° 2012-1509, art. 10-V et L. n° 2012-1510, art. 22-IV).*

Les droits, valeurs ou titres mentionnés aux a et b du présent 1 s'entendent de ceux mentionnés au 1 du I du présent article ou reçus lors d'une opération d'échange entrant dans le champ d'application de l'article 150-0 B intervenue après le transfert de domicile fiscal hors de France ;

c) Le décès du contribuable, pour l'impôt calculé en application du II bis afférent aux plus-values mentionnées à l'article 92 B decies, au dernier alinéa du 1 du I ter et au II de l'article 160, dans leur rédaction en vigueur avant le 1er janvier 2000, à l'article 150-0 C, dans sa rédaction en vigueur avant le 1er janvier 2006, ou à l'article 150-0 B bis ; *— V. note ss. le 1 b ci-dessus.*

d) La perception d'un complément de prix, l'apport ou la cession de la créance pour les créances mentionnées au second alinéa du 1 du I du présent article.

d bis) L'expiration du délai de réinvestissement mentionné au a du 3° du II de l'article 150-0 D bis, pour l'impôt afférent au montant de la plus-value de cession reportée en application du même article, net des prélèvements sociaux, qui n'a pas été réinvesti dans les conditions prévues à ce même a ; *— V. note ss. le 1 b ci-dessus.*

e) La transmission, le rachat ou l'annulation, avant l'expiration du délai de cinq ans mentionné au III bis de l'article 150-0 D bis, des titres et droits reçus en contrepartie de l'apport en numéraire conformément au II du même article 150-0 D bis, pour l'impôt afférent aux plus-values de cession reportées en application dudit article.

f) La cession à titre onéreux, le rachat, le remboursement ou l'annulation des titres ou droits reçus en rémunération de l'apport ou des titres ou droits apportés ou des parts ou droits dans les sociétés ou groupements interposés conformément à l'article 150-0 B ter, pour l'impôt afférent aux plus-values de cession reporté en application du même article. *— Les dispositions ci-dessus de la L. n° 2012-1510 du 29 déc. 2012 s'appliquent aux apports réalisés à compter du 14 nov. 2012 (L. préc., art. 18-II).*

2. A l'expiration d'un délai de huit ans suivant le transfert de domicile fiscal hors de France ou lorsque le contribuable transfère de nouveau son domicile fiscal en France si cet événement est antérieur, l'impôt calculé dans les conditions du II bis afférent aux plus-values latentes mentionnées au premier alinéa du 1 du I, est dégrevé d'office, ou restitué s'il avait fait l'objet d'un paiement immédiat lors du transfert de domicile fiscal hors de France, lorsque les titres mentionnés

au même alinéa ou les titres reçus lors d'une opération d'échange entrant dans le champ d'application de l'article 150-0 B intervenue après le transfert de domicile fiscal hors de France demeurent, à cette date, dans le patrimoine du contribuable.

L'impôt calculé dans les conditions du II bis afférent aux plus-values latentes mentionnées au premier alinéa du 1 du I est également dégrevé, ou restitué s'il avait fait l'objet d'un paiement immédiat lors du transfert de domicile fiscal hors de France, en cas de décès du contribuable ou, pour sa fraction se rapportant aux droits sociaux, valeurs, titres ou droits donnés, en cas de donation des titres mentionnés au même alinéa ou des titres reçus lors d'une opération d'échange entrant dans le champ d'application de l'article 150-0 B intervenue après le transfert de domicile fiscal hors de France, si le donateur démontre que cette opération n'est pas faite à seule fin d'éluder l'impôt. — V. note ss. le 1 b ci-dessus.

3. Lorsque le contribuable transfère de nouveau son domicile fiscal en France et que les titres auxquels se rapporte la plus-value imposable dans les conditions prévues au II figurent dans son patrimoine, il est, pour l'impôt afférent à ces titres, replacé dans la même situation fiscale que s'il n'avait jamais quitté le territoire français.

Lorsque le contribuable transmet à titre gratuit, alors qu'il est domicilié hors de France, des titres dont l'acquisition a ouvert droit au bénéfice des dispositions du II de l'article 92 B ou de celles du premier alinéa du 1 ou du 4 du I ter de l'article 160, dans leur rédaction en vigueur avant le 1er janvier 2000, la fraction de l'impôt établi dans les conditions du II bis du présent article se rapportant aux titres ainsi transmis est dégrevée ou, si elle avait fait l'objet d'un paiement immédiat lors du transfert du domicile fiscal hors de France, restituée.

L'impôt établi dans les conditions du II bis du présent article et afférent aux plus-values de cession reportées en application de l'article 150-0 D bis est dégrevé, ou restitué s'il avait fait l'objet d'un paiement immédiat lors du transfert du domicile fiscal hors de France, à l'expiration du délai de cinq ans mentionné au deuxième alinéa du III bis du même article 150-0 D bis. — V. note ss. le 1 b ci-dessus.

4. L'impôt calculé en application du II bis se rapportant aux créances mentionnées au second alinéa du 1 du I est dégrevé, ou restitué s'il avait fait l'objet d'un paiement immédiat lors du transfert du domicile fiscal hors de France, en cas de retour en France ou, lorsque le contribuable est encore fiscalement domicilié à l'étranger, lors de son décès ou de la donation des créances, si le donateur démontre que cette dernière opération n'est pas faite à seule fin d'éluder l'impôt établi dans les conditions du II bis. L'impôt est dégrevé ou restitué pour la fraction se rapportant à la créance encore dans le patrimoine du contribuable au jour du décès ou de la donation, déduction faite des éventuels compléments de prix perçus entre la date du transfert du domicile fiscal hors de France et celle du décès ou de la donation. — V. note ss. le 1 b ci-dessus.

VIII. — 1. Si, à la survenance de l'un des événements mentionnés aux a et b du 1 du VII, le montant de la plus-value de cession ou, en cas d'acquisition à titre gratuit, l'accroissement de valeur des titres depuis leur entrée dans le patrimoine du contribuable est inférieur au montant de plus-value déterminé dans les conditions du I, l'impôt calculé en application du II bis afférent à la plus-value latente constatée conformément au I sur les titres concernés par l'un des événements précités est retenu dans la limite de son montant recalculé sur la base de la différence entre le prix, en cas de cession ou de rachat, ou la valeur, dans les autres cas, des titres concernés à la date de l'événement mentionné aux a ou b du 1 du VII, d'une part, et leur prix ou valeur d'acquisition retenu pour l'application du 2 du I, diminué, le cas échéant, de la soulte reçue ou majoré de la soulte versée lors de l'échange entrant dans le champ d'application de l'article 150-0 B intervenu après le transfert de domicile fiscal hors de France, d'autre part. — V. note ss. le VII 1 b ci-dessus.

Le surplus d'impôt est dégrevé d'office ou restitué s'il avait fait l'objet d'un paiement immédiat lors du transfert de domicile fiscal hors de France. Dans ce cas, le contribuable fournit, à l'appui de la déclaration mentionnée au IX, les éléments de calcul retenus.

2. Si, à la survenance de l'un des événements mentionnés aux a et b du 1 du VII, le contribuable réalise une perte ou constate que les titres ont une valeur moindre que leur valeur d'entrée dans son patrimoine, l'impôt calculé en application du II bis afférent à la plus-value latente constatée conformément au I sur les titres concernés par l'un des événements précités est dégrevé, ou restitué s'il avait fait l'objet d'un paiement immédiat lors du transfert de domicile fiscal hors de France. — V. note ss. le VII 1 b ci-dessus.

3. Si, lors de la survenance de la cession à titre onéreux des titres, l'abattement prévu au 1 de l'article 150-0 D ou à l'article 150-0 D ter est supérieur à l'abattement appliqué conformément, selon le cas, au 2 bis ou au 3 du I du présent article, l'impôt calculé en application du II bis afférent à la plus-value latente constatée conformément au I sur les titres concernés par ladite cession est retenu dans la limite de son montant assis sur l'assiette réduite de ce nouvel abattement.

La moins-value réalisée lors de l'un des événements mentionnés aux a et b du 1 du VII et relative à des titres pour lesquels une plus-value avait été constatée conformément au I lors du transfert de domicile fiscal du contribuable hors de France est également réduite, le cas échéant, du montant de l'abattement prévu au 1 de l'article 150-0 D ou à l'article 150-0 D ter. — V. note ss. le VII 1 b ci-dessus.

4. Si, lors de la survenance de l'un des événements prévus au a du 1 du VII du présent article, le contribuable réalise une plus-value imposée en France conformément aux dispositions de l'article 244 bis B, l'impôt calculé dans les conditions du II bis afférent à la plus-value latente constatée conformément au I sur les titres concernés par l'un des événements précités est dégrevé ou restitué s'il avait fait l'objet d'un paiement l'année suivant le transfert de domicile fiscal hors de France.

La moins-value mentionnée au second alinéa du 3 du présent VIII, diminuée le cas échéant des abattements mentionnés au 1 de l'article 150-0 D et à l'article 150-0 D ter dans les conditions prévues au second alinéa du 3 du présent VIII, réalisée dans un État mentionné au IV est imputable, dans les conditions prévues au 11 de l'article 150-0 D, sur les plus-values imposables en application de l'article 244 bis B ou, lorsque le contribuable transfère de nouveau son domicile fiscal en France, sur les plus-values imposables conformément à l'article 150-0 A.

5. L'impôt éventuellement acquitté par le contribuable dans son État de résidence dans les cas prévus au a du 1 du VII est imputable sur l'impôt définitif dû en application du I et des 1 et 3 du présent VIII, à proportion du rapport entre l'assiette définitive de l'impôt calculée en application des mêmes I et 1 et 3 du présent VIII, d'une part, et l'assiette de l'impôt acquitté hors de France, d'autre part, et dans la limite de l'impôt définitif dû en France.

VIII bis. — 1. Si, lors de la survenance de la cession à titre onéreux des titres, les conditions prévues au 2 bis de l'article 200 A sont remplies alors qu'elles ne l'étaient pas au titre de l'année du transfert de domicile fiscal hors de France et que le contribuable opte pour l'imposition de la plus-value latente constatée conformément au I du présent article dans les conditions prévues à ce même 2 bis, l'impôt sur le revenu calculé en application du 1 du II bis du présent article afférent à la plus-value latente constatée conformément au I sur les titres concernés par l'un des événements précités est retenu dans la limite de son montant recalculé en appliquant à la plus-value latente constatée dans les conditions du même I le taux de 19 %.

Le surplus d'impôt sur le revenu est dégrevé ou restitué. Dans ce cas, le contribuable fournit, à l'appui de la déclaration mentionnée au 3 du IX, les éléments de calcul retenus.

2. Le présent 2 est applicable lorsque les conditions suivantes sont remplies :

a) Les plus-values et créances déterminées dans les conditions prévues aux I et II ont été imposées dans les conditions du 1 du II bis au titre de l'année du transfert de domicile fiscal hors de France ;

b) Le contribuable ne bénéficie pas du 1 du présent VIII bis au titre de la plus-value latente constatée conformément au I concernée par l'un des événements prévus au VII.

Lors de la survenance de chaque événement prévu au même VII, le montant d'impôt sur le revenu dû, à dégrever ou à restituer, est calculé en appliquant à la plus-value ou créance définitive concernée par ledit événement le taux d'imposition défini au second alinéa du 1 du II bis.

Cependant, sur demande expresse du contribuable, le montant d'impôt sur le revenu dû, à dégrever ou à restituer, peut être calculé en appliquant le premier alinéa du 1 du II bis à l'ensemble des plus-values et créances définitives puis en retenant le montant d'impôt ainsi calculé correspondant à la seule plus-value ou créance concernée par l'événement mentionné au VII.

Cette option, qui doit être exercée lors de la survenance du premier événement prévu au même VII affectant une plus-value ou une créance mentionnée aux I ou II, est irrévocable et s'applique à l'ensemble des plus-values et créances déterminées dans les conditions prévues à ces mêmes I et II.

Le surplus d'impôt sur le revenu est dégrevé ou restitué. Dans ce cas, le contribuable fournit, à l'appui de la déclaration mentionnée au 3 du IX, les éléments de calcul retenus. — V. note ss. le VII 1 b ci-dessus.

IX. — 1. Le contribuable qui transfère son domicile fiscal hors de France est tenu de déclarer les plus-values imposables en application des I et II sur la déclaration mentionnée au 1 de l'article 170 l'année suivant celle du transfert dans le délai prévu à l'article 175.

2. Lorsqu'il bénéficie du sursis de paiement, il déclare chaque année sur la déclaration mentionnée au 1 du présent IX le montant cumulé des impôts en sursis de paiement et indique sur un formulaire établi par l'administration, joint en annexe, le montant des plus-values constatées conformément aux I et II et l'impôt afférent aux titres pour lesquels le sursis de paiement n'est pas expiré.

3. Dans le délai prévu à l'article 175, il déclare, l'année suivant celle de l'expiration du sursis de paiement, sur le même formulaire joint à la déclaration prévue au 1 de l'article 170, la nature et la date de l'événement entraînant l'expiration du sursis de paiement ainsi que le montant de l'impôt exigible afférent aux plus-values constatées dans les conditions du I du présent article et modifiées, le cas échéant, dans les conditions du VIII, ou imposables en application du II. Il fournit, à l'appui de cette déclaration, les éléments de calcul retenus. L'impôt définitif est acquitté au moment du dépôt de ce formulaire.

Lorsque le contribuable n'a pas bénéficié d'un sursis de paiement en application des IV et V, il demande, lors de la survenance de l'un des événements prévus aux a et b du 1 du VII et lorsqu'il se trouve dans l'un des cas prévus aux 1 et 2 du VIII, la restitution de l'impôt calculé en application du II bis et acquitté l'année suivant son transfert de domicile fiscal hors de France afférent à la plus-value latente constatée sur les titres concernés par l'un des événements précités.

Lors de la survenance de l'un des événements prévus aux 2 et 3 du VII, il déclare la nature et la date de ces événements et demande le dégrèvement ou la restitution de l'impôt calculé dans les conditions prévues au II bis afférent aux plus-values constatées sur les titres concernés par l'un des événements précités. — V. note ss. le VII 1 b ci-dessus.

4. Le défaut de production de la déclaration et du formulaire mentionnés au 2 ou l'omission de tout ou partie des renseignements qui doivent y figurer entraîne l'exigibilité immédiate de l'impôt en sursis de paiement.

5. Dans les deux mois suivant chaque transfert de domicile fiscal, les contribuables sont tenus d'informer l'administration fiscale de l'adresse du nouveau domicile fiscal.

X. — Un décret en Conseil d'État fixe les conditions d'application du présent article, notamment les obligations déclaratives des contribuables. — Sur les délais de reprise, V., LPF, notamment, art. L. 171-0 A. — **C. pr. fisc.** — V. Ann., art. 91 undecies à 91 vicies.

BIBL. ▶ BOKDAM-TOGNETTI, *RJF 2013, p. 611* (portée et limites des *exit tax* : quelques enseignements jurisprudentiels).

1. Exit tax. Commentaire d'ensemble du dispositif issu de l'art. 48 de la L. n° 2011-900 du 29 juill. 2011. * BOI-RPPM-PVBMI-50 du 31 oct. 2012.

2. Compatibilité avec le principe de libre circulation des capitaux. L'imposition des plus-values latentes constatées lors du transfert du domicile fiscal hors de France, qui est dépourvue de lien avec tout transfert de capitaux, n'emporte par elle-même aucune conséquence sur la liberté de circulation des capitaux. • CE 26 juill. 2018, n° 421612 : *RJF 2018. 39, concl. Bohnert.*

3. Légalité du décret d'application. Dès lors que le décret d'application de l'art. 167 *bis* ne fait que réitérer la date d'entrée en vigueur fixée par la loi, cette rétroactivité ne peut être utilement critiquée par le moyen tiré de la méconnaissance de la sécurité juridique. • CE 12 juill. 2013, *Gibier*, n° 359314 : *RJF 2013. 1028 ; BDCF 2013. 113, concl. Bohnert ; Dr. fisc. 2013. 417, note Le Mentec.*

4. Sociétés civiles de portefeuille. Les titres de sociétés civiles de portefeuille dont l'actif est exclusivement constitué d'actions de SICAV, de parts de FCP et/ou de contrats de capitalisation ou d'assurance vie sont exclus du champ d'application de l'*exit tax*. * Rép. min. n° 8558 : *JOAN Q, 22 janv. 2013, p. 824.*

V ÉVALUATION FORFAITAIRE MINIMALE DU REVENU IMPOSABLE D'APRÈS CERTAINS ÉLÉMENTS DU TRAIN DE VIE

Art. 168 1. En cas de disproportion marquée entre le train de vie d'un contribuable et *ses revenus*, la base d'imposition à l'impôt sur le revenu est portée à une somme forfaitaire déterminée en appliquant à certains éléments de ce train de vie le barème ci-après, lorsque cette somme est supérieure ou égale à *(L. n° 2021-1900 du 30 déc. 2021, art. 2)* « 47 863 € *[ancienne rédaction : 47 203 €]* » ; cette limite est relevée chaque année dans la même proportion que la limite supérieure de la première tranche du barème de l'impôt sur le revenu. — *Limite applicable à l'imposition des revenus de 2021.*

ÉLÉMENTS DU TRAIN DE VIE	BASE
1 Valeur locative cadastrale de la résidence principale, déduction faite de celle s'appliquant aux locaux ayant un caractère professionnel	Cinq fois la valeur locative cadastrale

ÉLÉMENTS DU TRAIN DE VIE	BASE
2 Valeur locative cadastrale des résidences secondaires, déduction faite de celle s'appliquant aux locaux ayant un caractère professionnel........................	Cinq fois la valeur locative cadastrale
3 Employés de maison, précepteurs, préceptrices, gouvernantes :	
– pour la première personne âgée de moins de 60 ans.	4 600 €
– pour chacune des autres personnes	5 700 €
La base ainsi déterminée est réduite de moitié en ce qui concerne les personnes employées principalement pour l'exercice d'une profession	
Il n'est pas tenu compte du premier employé de maison	
Il est fait abstraction du second employé de maison lorsque le nombre des personnes âgées de soixante-cinq ans ou infirmes vivant sous le même toit est de quatre au moins	
4 Voitures automobiles destinées au transport des personnes	La valeur de la voiture neuve avec abattement de 50 % après trois ans d'usage
Toutefois, la base ainsi déterminée est réduite de moitié en ce qui concerne les voitures appartenant aux pensionnés de guerre bénéficiaires du statut des grands invalides, ainsi qu'aux aveugles et grands infirmes civils titulaires de la *(L. n° 2016-1321 du 7 oct. 2016, art. 107-IV-1° et X, en vigueur le 1er janv. 2017)* « carte "mobilité inclusion" portant la mention "invalidité" *[ancienne rédaction : carte d'invalidité]* » prévue à l'article L. 241-3 du code de l'action sociale et des familles	
Elle est également réduite de moitié pour les voitures qui sont affectées principalement à un usage professionnel Cette réduction est limitée à un seul véhicule	
5 Motocyclettes de plus de 450 centimètres cubes.........	La valeur de la motocyclette neuve avec abattement de 50 % après trois ans d'usage
6 Yachts ou bateaux de plaisance à voiles avec ou sans moteur auxiliaire jaugeant au moins 3 tonneaux de jauge internationale :	
pour les trois premiers tonneauxpour chaque tonneau supplémentaire :	1 140 €
– de 4 à 10 tonneaux..	340 €
– de 10 à 25 tonneaux..	460 €
– au-dessus de 25 tonneaux..................................	910 €
Ce barème est quintuplé pour les bateaux de plaisance battant pavillon d'un pays ou territoire qui n'a pas conclu avec la France de convention d'assistance administrative en vue de lutter contre la fraude et l'évasion fiscales	

ÉLÉMENTS DU TRAIN DE VIE	BASE
Le nombre de tonneaux à prendre en considération est égal au nombre de tonneaux correspondant à la jauge brute sous déduction, le cas échéant, d'un abattement pour vétusté égal à 25 %, 50 % ou 75 % suivant que la construction du yacht ou du bateau de plaisance a été achevée depuis plus de cinq ans, plus de quinze ans ou plus de vingt-cinq ans Le tonnage ainsi obtenu est arrondi, s'il y a lieu, à l'unité immédiatement inférieure	
7 Bateaux de plaisance à moteur fixe ou hors-bord d'une puissance réelle d'au moins 20 chevaux-vapeur :	
– pour les 20 premiers chevaux..........................	910 €
– par cheval-vapeur supplémentaire	69 €
Toutefois, la puissance n'est comptée que pour 75 %, 50 % ou 25 %, en ce qui concerne les bateaux construits respectivement depuis plus de cinq ans, quinze ans et vingt-cinq ans	
Ce barème est quintuplé pour les bateaux de plaisance battant pavillon d'un pays ou territoire qui n'a pas conclu avec la France de convention d'assistance administrative en vue de lutter contre la fraude et l'évasion fiscales	
8 Avions de tourisme : par cheval-vapeur de la puissance réelle de chaque avion..........................	69 €
9 Chevaux de course âgés au moins de deux ans au sens de la réglementation concernant les courses :	
– par cheval de pur sang..................................	4 600 €
– par cheval autre que de pur sang et par trotteur..	2 700 €
10 Chevaux de selle : par cheval âgé au moins de deux ans à compter du second cheval	1 370 €
11 Location de droits de chasse et participation dans les sociétés de chasse...	Deux fois le montant des loyers payés ou des participations versées lorsqu'il dépasse 4 600 €
12 Clubs de golf : participation dans les clubs de golf et abonnements payés en vue de disposer de leurs installations	Deux fois le montant des sommes versées lorsqu'il dépasse 4 600 €

Les éléments dont il est fait état pour la détermination de la base d'imposition sont ceux dont ont disposé, pendant l'année de l'imposition, les membres du foyer fiscal désignés aux 1 et 3 de l'article 6.

Pour les éléments dont disposent conjointement plusieurs personnes, la base est fixée proportionnellement aux droits de chacune d'entre elles.

Les revenus visés au présent article sont ceux qui résultent de la déclaration du contribuable et, en cas d'absence de déclaration, ils sont comptés pour zéro.

2. *Abrogé par Cons. const. n° 2010-88 QPC du 21 juin 2011.*

2 *bis.* La disproportion marquée entre le train de vie d'un contribuable et ses revenus est établie lorsque la somme forfaitaire qui résulte de l'application du barème prévu au 1 excède d'au moins un tiers, pour l'année de l'imposition, le montant du revenu net

global déclaré y compris les revenus exonérés ou taxés selon un taux proportionnel ou libérés de l'impôt par l'application d'un prélèvement.

3. Le contribuable peut apporter la preuve que ses revenus ou l'utilisation de son capital ou les emprunts qu'il a contractés lui ont permis d'assurer son train de vie.

BIBL. Fouquet, *Rev. adm. 2008, p. 44* (taxation d'après les signes extérieurs de richesse : le dernier dinosaure vacille) ; *Dr. fisc. 2011, act. 30* (art. 168 du CGI : la preuve contraire, enfin !).

1. Conformité à la Constitution. Le Conseil d'État a transmis au Conseil constitutionnel la question de la constitutionnalité du régime de taxation forfaitaire prévu par l'art. 168. Est jugé sérieux le moyen selon lequel cette procédure permettrait l'imposition du contribuable sur la base d'une assiette sans lien avec ses facultés contributives. • CE 22 oct. 2010, nº 342565 : *RJF 2011. 83 ; Dr. fisc. 2010. 578, concl. Escaut.* ♦ Conformité à la Constitution à l'exception de la majoration de 50 %. De plus, le contribuable doit pouvoir prouver que le financement des éléments de patrimoine qu'il détient n'implique pas la possession des revenus définis forfaitairement. • Cons. const. 21 janv. 2011, *Boisselier,* nº 2010-88 QPC : *JO 22 janv. 2011 ; Dr. fisc. 2011. 219, note Pelletier ; RJF 2011. 482.*

2. Train de vie. Le train de vie mentionné au 3 est celui résultant de l'application du barème de l'art. 168. • CAA Lyon, 3 févr. 1999, nº 95LY20885 : *RJF 1999. 672.*

3. Base d'imposition. Lorsqu'un contribuable justifie de ressources couvrant partiellement la disproportion entre la base forfaitaire et les revenus qu'il a déclarés, sans permettre cependant d'écarter l'application de l'art. 168, la base d'imposition doit être réduite à hauteur des sommes justifiées. • CE 27 oct. 2008, nº 294160 : *RJF 2009. 3 ; BOI 5 B-5-09.* ♦ Un contribuable taxé d'après les éléments de son train de vie peut contester le montant de l'évaluation forfaitaire retenue par l'Administration en établissant qu'il a financé, en tout ou partie, le train de vie résultant de cette évaluation par l'emploi de revenus, par la réalisation d'un capital ou par l'emprunt. Mais il ne peut par ces mêmes moyens remettre en cause le bien-fondé de la procédure de taxation mise en œuvre par l'Administration. • CE 30 juin 2010, nº 308853 : *RJF 2010. 986 ; Dr. fisc. 2010. 496, concl. Burguburu.*

4. L'art. 168-3 ne fait pas obstacle à ce que le contribuable, pour contester les bases d'imposition retenues par l'Administration, apporte la preuve que le financement des éléments de train de vie qui ont été retenus pour l'application du barème n'implique pas la perception des revenus définis forfaitairement, ainsi qu'il résulte de la réserve d'interprétation dont la décision du Cons. const. nº 2010-88 QPC du 21 janv. 2011 (*préc. note 1*) a assorti la déclaration de conformité à la Constitution des dispositions litigieuses. Mais l'Administration n'a pas à établir comment le train de vie du contribuable est financé. • CE 26 mars 2012, *Dana,* nº 340466 : *RJF 2012. 553 ; Dr. fisc. 2012. 280, concl. Daumas, note Pelletier.*

5. Véhicules professionnels. Lorsqu'elles sont exclusivement réservées à un usage professionnel et ne peuvent ainsi être regardées comme des éléments du « train de vie » du contribuable, les voitures automobiles, même destinées au transport de personnes, ne doivent pas être prises en compte dans la détermination des bases d'imposition prévues à l'art. 168. • CE 28 mai 2014, nº 365208 : *RJF 2014. 752.*

6. Véhicules de collection. Les véhicules de collection dont le contribuable a la disposition doivent être pris en compte pour la détermination de la base d'imposition forfaitaire dès lors qu'ils constituent des voitures automobiles destinées au transport de personnes au sens de l'art. 168. • CE (na) 11 juin 2007, nº 293869 : *RJF 2007. 1002.*

7. Locaux professionnels. Des locaux utilisés à des fins professionnelles par le contribuable dans sa résidence principale ou dans ses résidences secondaires ne doivent pas être pris en compte dans la détermination des bases d'imposition de l'art. 168, même si le contribuable dispose de locaux professionnels distincts. • CE 28 mai 2014, nº 365208 : *préc. note 5.*

8. Procédure. La journée d'intervalle entre la réception par le contribuable de la notification de redressement et les éléments de calcul des bases forfaitaires n'affecte pas la régularité de la procédure de taxation. • CE 30 juin 2010, nº 308853 : *RJF 2010. 986.*

9. Renvoi. V. l'abondante jurisprudence citée ss. l'art. L. 63 LPF *in* Code des procédures fiscales Dalloz.

VI

Art. 169 *Abrogé par L. nº 80-30 du 18 janv. 1980, art. 72.*

SECTION III DÉCLARATIONS DES CONTRIBUABLES

Art. 170 **1. En vue de l'établissement de l'impôt sur le revenu, toute personne imposable audit impôt est tenue de souscrire et de faire parvenir à l'administration une déclaration détaillée de ses revenus et bénéfices, de ses charges de famille et des autres**

éléments nécessaires au calcul de l'impôt sur le revenu, dont notamment ceux qui servent à la détermination du plafonnement des avantages fiscaux prévu à l'article 200-0 A *(L. nº 2016-1917 du 29 déc. 2016, art. 60-I-B-7º et I-G-1, applicable aux revenus perçus ou réalisés à compter du 1er janv. 2019)* **« , et du prélèvement prévu à l'article 204 A ».** — *Prélèvement à la source applicable à compter du 1er janv. 2019. — V. égal. Ann. III, art. 344 C (contrats d'assurance vie souscrits hors de France).*

Lorsque le contribuable n'est pas imposable à raison de l'ensemble de ses revenus ou bénéfices, la déclaration est limitée à l'indication de ceux de ces revenus ou bénéfices qui sont soumis à l'impôt sur le revenu.

(L. nº 2017-1837 du 30 déc. 2017, art. 28, applicable aux revenus perçus et gains réalisés à compter du 1er janv. 2018) **« Dans tous les cas, la déclaration prévue au premier alinéa doit mentionner également le montant des plus-values en report d'imposition en application de l'article 150-0 B *ter* et le montant des plus-values exonérées en application du 1º *bis* du II de l'article 150 U, ainsi que les éléments nécessaires au calcul du revenu fiscal de référence tel que défini au 1º du IV de l'article 1417. »**

1 *bis*. Les époux doivent conjointement signer la déclaration d'ensemble des revenus de leur foyer.

2. Les personnes, sociétés, ou autres collectivités ayant leur domicile, leur domicile fiscal ou leur siège en France qui se font envoyer de l'étranger ou encaissent à l'étranger soit directement, soit par un intermédiaire quelconque, des produits visés à l'article 120 sont tenues, en vue de l'établissement de l'impôt sur le revenu, de comprendre ces revenus dans la déclaration prévue au 1.

3. Lorsque la déclaration du contribuable doit seulement comporter l'indication du montant des éléments du revenu global et des charges ouvrant droit à la réduction d'impôt prévue par l'article 199 *septies*, l'administration calcule le revenu imposable compte tenu des déductions et *[des]* charges du revenu auxquelles le contribuable a légalement droit ainsi que les réductions d'impôt.

Les avis d'imposition correspondants devront comporter le décompte détaillé du revenu imposable faisant apparaître notamment le montant des revenus catégoriels, celui des déductions pratiquées ou des charges retranchées du revenu global. Ils doivent également faire apparaître le montant des charges ouvrant droit à réduction d'impôt et le montant de cette réduction.

Pour l'application des dispositions du présent code, le revenu déclaré s'entend du revenu imposable calculé comme il est indiqué au premier alinéa.

4. Le contribuable est tenu de déclarer les éléments du revenu global qui, en vertu d'une disposition du présent code ou d'une convention internationale relative aux doubles impositions ou d'un autre accord international, sont exonérés mais qui doivent être pris en compte pour le calcul de l'impôt applicable aux autres éléments du revenu global.

(Abrogé par L. nº 2019-1479 du 28 déc. 2019, art. 29-III-4º et IV-B, à compter de l'imposition des revenus perçus ou réalisés en 2020) ***« 5. Le contribuable qui a demandé l'application des dispositions de l'article 163 A est tenu de déclarer chaque année la fraction des indemnités qui doit être ajoutée à ses revenus de l'année d'imposition. »*** — *Les options exercées au titre d'une année antérieure continuent de produire leurs effets pour la durée restant à courir (L. nº 2019-1479 du 28 déc. 2019, art. 29-IV-B).*

SANCTIONS : V. art. 1727 à 1729 A, 1730 et 1741.

1. Territorialité. Il résulte des dispositions combinées des art. 4 A, 170 et 170 *bis* que peuvent seules être soumises aux obligations déclaratives prévues aux art. 170 et 170 *bis* les personnes qui sont passibles de l'IR, car elles doivent être regardées comme ayant en France leur domicile fiscal, par application notamment de l'art. 4 B. • CE 4 avr. 2005, nº 255600 : *RJF 2005. 650 ; BDCF 7/05, nº 84, concl. Glaser ; Dr. fisc. 2005. 804, concl. Glaser.* ♦ L'obligation de souscrire la déclaration annuelle de revenus prévue à l'art. 170-1 incombe à toute personne physique imposable en France à l'IR notamment lorsqu'elle est imposable en application de l'art. 164 C. • CE 29 juin 2011, nº 317426 : *RJF 2011. 1026 ; BDCF 10/11, nº 1026, concl. Cortot-Boucher.*

2. Contribuable ayant plusieurs résidences en France. Un contribuable possédant en France plusieurs résidences est tenu, en vertu des art. 10 et 170 CGI et de l'art. 45 de l'annexe III, de faire parvenir la déclaration de ses revenus au service des impôts du lieu de son principal établissement. Mais il n'encourt pas nécessairement la taxation d'office s'il adresse, par erreur, sa déclaration au service des impôts du lieu de l'une de ses autres résidences. • CE 10 déc. 2010, nº 307322 : *RJF 2011. 275 ; concl. Boucher au BDCF 3/11, nº 27 ; Dr. fisc. 2011. 253.*

3. Déclaration déposée à un centre des impôts incompétent. V. note ss. art. 45 de l'Ann. III.

4. Avis de non-imposition. Ni l'art. 170, ni l'art. 170 *bis* CGI, ni aucune autre disposition législative ou réglementaire n'imposent à l'administration de délivrer une attestation de non-imposition à une personne qui en a fait la demande. • CAA Bordeaux, 6 févr. 2001, n° 98BX108 : *Dr. fisc. 2001. 1039.* ♦ Un justiciable qui entend se prévaloir de la doctrine ou de la pratique selon laquelle l'Administration s'engage à adresser un avis de non-imposition à toute personne qui, ayant souscrit une déclaration de revenus, s'avère ne pas être imposable, ne peut prétendre au bénéfice de cette doctrine dès lors qu'il reconnaît lui-même ne pas avoir souscrit de déclaration au titre de l'année concernée. • Même arrêt.

5. Le refus opposé par l'Administration de traiter la déclaration de revenus déposée par le requérant, et de lui délivrer en conséquence un avis d'imposition ou de non-imposition, constitue une décision lui faisant grief, compte tenu notamment des mentions non indicatives que comporte un tel avis et de l'incidence qu'elles ont en pratique pour l'octroi des prestations accordés par les organismes sociaux. Le requérant peut former un recours pour excès de pouvoir contre ce refus, alors même qu'il ne se prévaut pas d'un texte d'où il résulterait l'obligation pour l'Administration de délivrer un avis de non-imposition. • CAA Nancy, 23 mars 2017, n° 15NC01682 : *RJF 2017. 733, concl. Peton-Philippot.*

6. Justificatifs. Depuis l'imposition des revenus de 2012, déclarés en 2013, le contribuable n'est plus tenu de joindre les pièces justificatives à la déclaration de revenus. Il doit toutefois les conserver afin d'être en mesure de les communiquer à l'Administration si celle-ci les demande. Les pièces justificatives dont il s'agit s'entendent des seuls documents établis par des tiers, à savoir les documents qui ne sont établis ni par l'usager ni par la DGFIP. Ces pièces justificatives sont notamment les factures, les reçus de dons ou de cotisations syndicales, l'imprimé fiscal unique. * BOI-IR-DECLA-20 du 7 mai 2014.

Art. 170 *bis* **Sont assujetties à la déclaration prévue au 1 de l'article 170, quel que soit le montant de leur revenu :**

1° Les personnes qui possèdent un avion de tourisme ou un véhicule de tourisme au sens *(Ord. n° 2021-1843 du 22 déc. 2021, art. 10-4°, en vigueur le 1er janv. 2022)* **« de l'article L. 421-2 du code des impositions sur les biens et services » destiné exclusivement au transport des personnes ou un yacht ou bateau de plaisance ou un ou plusieurs chevaux de course ;**

2° Les personnes qui emploient un employé de maison ;

3° Les personnes qui ont à leur disposition une ou plusieurs résidences secondaires, permanentes ou temporaires, en France ou hors de France ;

4° Les personnes dont la résidence principale présente une valeur locative ayant excédé, au cours de l'année de l'imposition, 150 € à Paris et dans les communes situées dans un rayon de 30 kilomètres de Paris, 114 € dans les autres localités.

1. Il résulte des dispositions combinées des art. 4 A, 170 et 170 *bis* que peuvent seules être soumises aux obligations déclaratives prévues aux art. 170 et 170 *bis* les personnes qui sont passibles de l'IR, soit qu'elles doivent être regardées comme ayant en France leur domicile fiscal, par application notamment de l'art. 4 B. • CE 4 avr. 2005, n° 255600 : *RJF 2005. 650 ; concl. Glaser au BDCF 7/05, n° 84 ; Dr. fisc. 2005. 804, concl. Glaser.* ♦ L'art. 170 *bis*, qui assujettit à la déclaration annuelle de revenus quel qu'en soit le montant les personnes qui disposent d'un des quatre éléments de train de vie énumérés à cet article, n'est applicable qu'aux contribuables domiciliés en France au sens de l'art. 4 B. • CE 29 juin 2011, n° 317426 : *RJF 2011. 1026 ; BDCF 10/11, n° 1026, concl. Cortot-Boucher.*

2. Une personne qui dispose d'une résidence principale d'une valeur locative supérieure à celle prévue par l'art. 170 *bis* est tenue de souscrire la déclaration prévue à l'art. 170. En l'absence de déclaration, elle encourt, après mise en demeure, la taxation d'office par application des art. L. 66 et L. 67 LPF. • CE 8 mars 2004, n° 249461 : *RJF 2004. 565.*

Art. 170 *ter* **I. – Le contribuable assujetti à l'obligation de dépôt d'une déclaration annuelle de revenus dans les conditions prévues au 1 de l'article 170 et qui sollicite le bénéfice de déductions du revenu global, de réductions ou de crédits d'impôts, dont la liste est fixée par décret en Conseil d'État, peut remettre les pièces justificatives des** ***charges correspondantes*** **à une personne exerçant la mission de tiers de confiance.**

La mission du tiers de confiance consiste exclusivement, sur la base d'un contrat conclu avec le contribuable, à :

1° réceptionner les pièces justificatives déposées et présentées par le contribuable à l'appui de chacune des déductions du revenu global, réductions ou crédits d'impôts mentionnés au premier alinéa ;

2° établir la liste de ces pièces, ainsi que les montants y figurant ;
3° attester l'exécution de ces opérations ;
4° assurer la conservation de ces pièces jusqu'à l'extinction du délai de reprise de l'administration ;
5° les transmettre à l'administration sur sa demande.

Le recours à un tiers de confiance ne dispense pas le contribuable de conserver un exemplaire des pièces justificatives afin de répondre, le cas échéant, aux demandes de l'administration. — *Pour l'application des dispositions du 1 [I] de l'art. 170 ter CGI, une lettre de mission précise les engagements de chacune des parties et, le cas échéant, les conditions financières de la prestation. Dans cette lettre de mission, le client autorise en outre le tiers de confiance à procéder à la télétransmission de sa déclaration annuelle d'impôt sur le revenu et de ses annexes et s'oblige à remettre au professionnel de l'expertise comptable en sa qualité de tiers de confiance l'ensemble des justificatifs mentionnés au même art. 170 ter (Décr. n° 2012-432 du 30 mars 2012, art. 151, al. 5).*

II. — La mission de tiers de confiance est réservée aux personnes membres des professions réglementées d'avocat, de notaire et de l'expertise comptable.

III. — Les modalités de contrôle du contribuable par l'administration ne sont pas modifiées par le présent article.

IV. — Les autorités ordinales des professions mentionnées au II concluent avec l'administration une convention nationale pour la mise en œuvre de ce dispositif. Cette convention s'applique tant qu'elle n'est pas dénoncée par l'une des parties signataires.

Pour la réalisation de la mission mentionnée au I, le tiers de confiance conclut avec l'administration, pour une durée de trois ans, une convention individuelle. Cette convention peut être dénoncée par l'une des parties signataires.

Dans cette convention, le tiers de confiance s'engage notamment à télétransmettre aux services fiscaux, conformément aux dispositions de l'article 1649 *quater* B *ter*, les déclarations annuelles des revenus de ses clients ayant donné leur accord à cet effet dans le contrat visé au I.

V. — En cas de manquement constaté aux obligations contenues dans la convention individuelle mentionnée au IV, l'administration résilie cette dernière et retire au professionnel la faculté d'exercer la mission de tiers de confiance. Ce dernier en informe ses clients concernés dans le délai de trois mois qui suit la résiliation de la convention.

VI. — Les conditions d'application du présent article sont précisées par décret en Conseil d'État. — *V. Ann. II, art. 95 ZA à 95 ZN.*

Dispositif du tiers de confiance. Professionnels concernés : membres des professions réglementées d'avocat, de notaire ou de l'expertise comptable et ayant signé avec l'administration fiscale une convention individuelle. Mission, engagements, droits et obligations du tiers de confiance. * BOI-DJC-TDC du 12 sept. 2012.

Art. 171 *(L. n° 2019-1479 du 28 déc. 2019, art. 155-2°)* **Est réputé avoir souscrit la déclaration prévue au 1 de l'article 170 le contribuable à la disposition duquel l'administration a mis, au plus tard un mois avant la date mentionnée au premier alinéa de l'article 175, éventuellement prorogée selon les modalités prévues au même premier alinéa, un document spécifique comprenant les éléments mentionnés à l'article 170 dont elle a connaissance et qui n'y a apporté aucun complément ou rectification avant cette même date.**

Un décret précise les cas dans lesquels, au regard des éléments dont l'administration dispose et de ceux utilisés pour l'établissement de l'impôt de l'année précédente du contribuable concerné, elle ne peut pas mettre à la disposition de celui-ci le document mentionné au premier alinéa du présent article. — *V. Ann. III, art. 46-0 A.*

Art. 172 **1. En vue du contrôle des bénéfices servant de base à l'impôt sur le revenu, les contribuables réalisant des bénéfices industriels, commerciaux ou artisanaux, des bénéfices non commerciaux ou assimilés ou des bénéfices agricoles soumis au régime du bénéfice réel doivent, en outre, faire parvenir à l'administration les déclarations et renseignements prévus aux articles 53 A, 97 ou à l'article 38 *sexdecies* Q de l'annexe III au présent code.**

2. *Abrogé par L. n° 70-1199 du 21 déc. 1970, art. 11-III.*

3. Les déclarations mentionnées au 1 sont souscrites par celui des époux qui exerce personnellement l'activité. – *Pour les sanctions, V. art. 1763.*

Art. 172 *bis* Un décret précise la nature et la teneur des documents qui doivent être produits ou présentés à l'administration par les sociétés immobilières non soumises à l'impôt sur les sociétés qui donnent leurs immeubles en location ou en confèrent la jouissance à leurs associés. – *V. Ann. III, art. 46 B à 46 D.*

Les dispositions qui précèdent ne sont pas applicables aux sociétés immobilières de copropriété visées à l'article 1655 *ter*. – *Pour les sanctions, V. art. 1763.*

Art. 173 1. Le contenu et la présentation des déclarations sont précisés par un décret. – *V. Ann. III, art. 42 à 46.*

Les noms et adresses des bénéficiaires d'arrérages dont le contribuable demande la déduction doivent être obligatoirement déclarés avec l'indication des sommes versées à chacun des intéressés.

2. Les déclarations prévues à l'article 170 mentionnent séparément le montant des revenus, de quelque nature qu'ils soient, encaissés directement ou indirectement, d'une part, à Saint-Pierre-et-Miquelon, en Nouvelle-Calédonie, en Polynésie française, dans les îles Wallis-et-Futuna et dans les Terres australes et antarctiques françaises et, d'autre part, à l'étranger. A défaut, le contribuable est réputé les avoir omis et il est tenu de verser le supplément d'impôt correspondant.

Art. 173 A *Abrogé.*

Art. 174 Pour qu'il puisse être tenu compte de leurs charges de famille, les contribuables doivent faire parvenir à l'administration une déclaration indiquant les nom, prénoms, date et lieu de naissance de chacun des enfants et des personnes à leur charge.

Les déclarations sont valables tant que leurs indications n'ont pas cessé d'être exactes ; dans le cas contraire, elles doivent être renouvelées.

Art. 175 *(L. nº 2019-1479 du 28 déc. 2019, art. 155-3º)* « Les déclarations doivent parvenir à l'administration au plus tard le deuxième jour ouvré suivant le 1er avril. Ce délai peut être prorogé chaque année selon un calendrier et des modalités fixés par l'administration et publiés sur son site internet, sans que la date limite de dépôt qui en résulte ne puisse être postérieure au 1er juillet. Dans la limite de cette dernière date, des prorogations particulières de délai peuvent être prévues pour les déclarations souscrites par voie électronique en application de l'article 1649 *quater* B *ter* ou pour des contribuables soumis à des modalités déclaratives particulières. » – *V. Ann. III, art. 344 I-0 bis.*

La déclaration des sommes versées ou distribuées dans les conditions mentionnées à l'article 1759 est faite en même temps que celle relative à l'impôt sur les sociétés prévu au chapitre II du présent titre.

Exploitants agricoles : V. art. 65 A et 72-II.

Art. 175 A Le service des impôts peut rectifier les déclarations en se conformant à la procédure prévue à l'article L. 55 du Livre des procédures fiscales.

SECTION IV

I à III

Art. 176 *Transféré ss. art. L. 10 et L. 16 LPF.*

Art. 177 *Transféré ss. art. 175 A.*

Art. 178 *Transféré ss. art. L. 10 LPF.*

Art. 179 *Transféré ss. art. L. 66 et L. 69 LPF.*

Art. 179 A *Transféré ss. art. L. 67 et L. 68 LPF.*

Art. 180 *Transféré ss. art. L. 71 LPF.*

Art. 180 A *Transféré ss. art. L. 72 LPF.*

Art. 180 *bis* et 181 *Abrogés.*

Art. 181 A *Transféré ss. art. L. 76 LPF.*

Art. 181 B *Transféré ss. art. L. 76 A, L. 193 et R* 193-1 LPF.*

SECTION V CALCUL DE L'IMPÔT

I RETENUE À LA SOURCE DE L'IMPÔT SUR LE REVENU

Art. 182 *Abrogé par L. nº 76-1234 du 29 déc. 1976, art. 16 et 17.*

Art. 182 A I. — A l'exception des salaires entrant dans le champ d'application de l'article 182 A *bis*, les traitements, salaires, pensions et rentes viagères, de source française, servis à des personnes qui ne sont pas fiscalement domiciliées en France donnent lieu à l'application d'une retenue à la source.

[II. et III. applicables aux revenus perçus ou réalisés jusqu'au 31 déc. 2019]

II. — La base de cette retenue est constituée par le montant net des sommes versées, déterminé conformément aux règles applicables en matière d'impôt sur le revenu, à l'exclusion de celles qui prévoient la déduction des frais professionnels réels.

III. — La retenue est calculée, pour l'année 2006, selon le tarif suivant, correspondant à une durée d'un an :

Fraction des sommes soumises à retenue :	***Pourcentage***
Inférieure à 13 170 €	*0*
De 13 170 € à 38 214 €	*12*
Supérieure à 38 214 €	*20*

Pour les limites des tranches du tarif à l'année en cours, V. Ann. IV, art. 18.

Les limites de ces tranches sont fixées par décret en Conseil d'État proportionnellement à la durée de l'activité exercée en France ou de la période à laquelle les paiements se rapportent quand cette durée diffère d'un an. — *V. Ann. II, art. 91 A et 91 B ; Ann. IV, art. 18.*

Les taux de 12 % et 20 % ci-dessus sont ramenés à 8 % et 14,4 % dans les départements d'outre-mer.

[II. et III. applicables aux revenus perçus ou réalisés à compter du 1er janv. 2020]

(L. nº 2018-1317 du 28 déc. 2018, art. 13-I-1º et II-B) « II. — La base de cette retenue est constituée par le montant net imposable à l'impôt sur le revenu des sommes versées et des avantages accordés, déterminé conformément aux dispositions de l'article 204 F.

« III. — La retenue est calculée par l'application d'un taux fixé dans les conditions prévues à l'article 204 H. »

[III. applicable à compter du 1er janv. 2021]

(L. nº 2020-1721 du 29 déc. 2020, art. 4-I-1º) « III. — La retenue est calculée, selon un tarif correspondant à une durée d'un an, en appliquant à la fraction des sommes soumises à retenue qui excède *(L. nº 2021-1900 du 30 déc. 2021, art. 2)* « 15 228 € *[ancienne rédaction : 15 018 €]* » le taux de :

« *a)* 12 % pour la fraction supérieure à *(L. nº 2021-1900 du 30 déc. 2021, art. 2)* « 15 228 € *[ancienne rédaction : 15 018 €]* » et inférieure ou égale à *(L. nº 2021-1900 du 30 déc. 2021, art. 2)* « 44 172 € *[ancienne rédaction : 43 563 €]* » ;

« *b)* 20 % pour la fraction supérieure à *(L. nº 2021-1900 du 30 déc. 2021, art. 2)* « 44 172 € *[ancienne rédaction : 43 563 €]* ». — *Barème applicable pour l'établissement de l'impôt dû au titre des revenus de 2022 (L. nº 2021-1900 du 30 déc. 2021, art. 2).*

« Les taux de 12 % et 20 % mentionnés aux *a* et *b* du présent III sont ramenés, respectivement, à 8 % et 14,4 % dans les départements d'outre-mer.

« Lorsque les sommes soumises à retenue sont payées par trimestre, au mois, à la semaine ou à la journée, les limites des tranches du tarif annuel prévu au présent III sont divisées respectivement par 4, par 12, par 52 ou par 312. »

(Abrogé par L. nº 2018-1317 du 28 déc. 2018, art. 13-I-1º et II-B, pour les revenus perçus ou réalisés à compter du 1er janv. 2020) ***« IV. — Chacun des seuils indiqués au III varie chaque année dans la même proportion que la limite la plus proche des tranches du barème***

***prévu au 1 du I de l'article 197.** » – Sauf revalorisation différente expressément prévue par le legislateur.*

[IV. applicable à compter du 1er janv. 2022]

(L. n° 2020-1721 du 29 déc. 2020, art. 4-I-1° et IV-B) **« IV. – Chacune des limites des tranches du tarif prévu au III est révisée chaque année dans la même proportion que la limite supérieure de la première tranche du barème de l'impôt sur le revenu. Les montants obtenus sont arrondis à l'euro le plus proche ; la fraction d'euro égale à 0,5 est comptée pour 1. »**

V. – La retenue s'impute sur le montant de l'impôt sur le revenu établi dans les conditions prévues à l'article 197 A.

Après avoir été abrogé par l'art. 12 de la L. n° 2019-1479 du 28 déc. 2019, à compter du 1er janv. 2023, le présent art. a été rétabli par l'art. 4-III de la L. n° 2020-1721 du 29 déc. 2020.

1. Compatibilité de la retenue avec le droit communautaire. • CJCE 3 oct. 2006, n° C-290/04 : *RJF 2007. 115.* ♦ V. note 15 ss. art. 182 B. ♦ L'art. 182 A qui prohibe la déduction des frais professionnels de la base d'imposition des non-résidents constitue une discrimination par rapport aux résidents placés dans la même situation et une entrave à la libre circulation des travailleurs garantie par l'art. 39 du Traité CE. • TA Montreuil, 11 mars 2011, n° 0908349 : *RJF 2012. 5.*

2. Salaire imposable. Les salaires versés au PDG d'une société française fiscalement domicilié à l'étranger qui exerce en outre l'activité de directeur général Europe auprès d'une société belge filiale de la société française doivent être soumis à la retenue à la source. • CE 10 août 2007, n° 292577 : *RJF 2007. 1372 ; concl. Glaser au BDCF 12/07, n° 134.* ♦ En revanche, les rémunérations d'un gérant majoritaire d'une SARL domicilié à l'étranger ne peuvent pas être soumises à la retenue à la source. • CAA Versailles, 9 déc. 2008, n° 07VE286 : *RJF 2009. 810.*

3. Frais professionnels. Un non-résident peut exclure ses frais professionnels de la base de la retenue à la source. • TA Montreuil, 11 mars 2011, n° 0908349 : *préc. note 1.*

Art. 182 A *bis* **I. – Donnent lieu à l'application d'une retenue à la source les sommes payées, y compris les salaires, en contrepartie de prestations artistiques fournies ou utilisées en France, par un débiteur qui exerce une activité en France à des personnes ou des sociétés, relevant de l'impôt sur le revenu ou de l'impôt sur les sociétés, qui n'ont pas dans ce pays d'installation professionnelle permanente.**

II. – La base de cette retenue est constituée par le montant brut des sommes versées après déduction d'un abattement de 10 % au titre des frais professionnels.

III. – Le taux de la retenue est fixé à 15 %.

IV. – La retenue s'impute sur le montant de l'impôt sur le revenu établi dans les conditions prévues au *a* de l'article 197 A. Pour l'application de cette disposition, le revenu net imposable servant au calcul de l'impôt sur le revenu est déterminé dans les conditions de droit commun.

[V. applicable aux revenus perçus ou réalisés jusqu'au 31 déc. 2020]

V. – Les dispositions du premier alinéa de l'article 197 B sont applicables pour la fraction des rémunérations déterminée conformément au II qui n'excède pas annuellement la limite supérieure fixée par *(L. n° 2020-1721 du 29 déc. 2020, art. 4-I-2°)* **« le III » de l'article 182 A.**

[V. applicable aux revenus perçus ou réalisés à compter du 1er janv. 2021]

(L. n° 2018-1317 du 28 déc. 2018, art. 13-I-2° et II-B, mod. par L. n° 2019-1479 du 28 déc. 2019, art. 12-II-2°) **« V. – Pour la fraction des sommes mentionnées au I n'excédant pas un montant annuel de 42 370 €, cette retenue est libératoire de l'impôt sur le revenu. Ce montant est révisé chaque année dans la même proportion que la limite supérieure de la première tranche du barème de l'impôt sur le revenu. Le montant obtenu est arrondi, s'il y a lieu, à l'euro supérieur.**

« Cette fraction n'est pas prise en compte pour le calcul de l'impôt sur le revenu établi en vertu du *a* de l'article 197 A et la retenue à laquelle elle a donné lieu n'est pas imputable. »

VI. – Le taux de la retenue est porté à 75 % pour les sommes, autres que les salaires, versées à des personnes domiciliées ou établies dans un État ou territoire non coopératif au sens de l'article 238-0 A *(L. n° 2018-898 du 23 oct. 2018, art. 31-I-D et IV, en vigueur le 1er déc. 2018)* **« autre que ceux mentionnés au 2° du 2 *bis* du même article 238-0 A », sauf si le débiteur apporte la preuve que ces sommes correspondent à des opérations réelles qui ont principalement un objet et un effet autres que de per-**

mettre leur localisation dans un État ou territoire non coopératif. *(L. n° 2018-898 du 23 oct. 2018, art. 31-I-D et IV, en vigueur le 1er déc. 2018)* **« Cette retenue est libératoire de l'impôt sur le revenu et n'est pas remboursable. »**

Sur les obligations déclaratives du débiteur des sommes versées, V. art. 200 et 241.

1. Retenue à la source sur les sommes rémunérant les artistes non résidents. Sommes payées en contrepartie de prestations artistiques. Modalités de calcul et d'imputation de la retenue. Obligations déclaratives et de paiement des entreprises versant de telles rémunérations. * BOI-IR-DOMIC-10-20-20-20 du 6 mars 2017.

2. Revenus des artistes domiciliés ou établis dans un ETNC. Le taux de la retenue est porté à 75 %, à compter du 1er janv. 2013, pour les sommes, autres que les salaires, versées à des personnes domiciliées ou établies dans un État ou territoire non coopératif. Ce taux majoré de droit interne s'applique sous réserve des dispositions des conventions fiscales internationales. * BOI-IR-DOMIC-10-20-20-20 nos 173 à 175 du 6 mars 2017.

Art. 182 A *ter* **I. — 1. Les avantages définis au I de l'article 80 *bis* et au I de l'article 80 *quaterdecies*, de source française, donnent lieu à l'application d'une retenue à la source lors de la cession des titres correspondants lorsqu'ils sont réalisés par des personnes qui ne sont pas fiscalement domiciliées en France. Il en est de même pour les gains nets de cession de titres souscrits en exercice de bons de souscription de parts de créateur d'entreprise mentionnés au II de l'article 163 *bis* G réalisés par les personnes précitées.**

L'avantage correspondant à la différence définie au II de l'article 80 *bis*, de source française, est également soumis à la retenue à la source lors de la levée des options pour les personnes qui ne sont pas fiscalement domiciliées en France au titre de l'année de ladite levée.

2. La retenue à la source mentionnée au 1 est également applicable aux avantages salariaux, de source française, servis aux mêmes personnes sous forme d'attribution de titres à des conditions préférentielles, notamment d'options sur titres ou d'attributions d'actions gratuites qui ne répondent pas aux conditions prévues respectivement *(Ord. n° 2020-1142 du 16 sept. 2020, art. 13-4° et 19, en vigueur le 1er janv. 2021)* **« aux articles L. 225-177 à L. 225-186 et L. 225-197-1 à L. 225-197-5, L. 22-10-56, L. 22-10-57, L. 22-10-59 et L. 22-10-60** *[ancienne rédaction : aux articles L. 225-177 à L. 225-186 et L. 225-197-1 à L. 225-197-6]* **» du code de commerce. La retenue à la source est alors due lors de la souscription ou l'acquisition des titres.**

II. — 1. Lorsque le gain net de cession de titres souscrits en exercice de bons de souscription de parts de créateur d'entreprise bénéficie du régime prévu au I de l'article 163 *bis* G, la base de la retenue à la source correspond à son montant.

2. Dans les situations autres que celles mentionnées au 1, la base de la retenue à la source est constituée par le montant net des avantages accordés, déterminé conformément aux règles de droit commun applicables aux traitements et salaires, à l'exclusion de celles qui prévoient la déduction des frais professionnels *(Abrogé par L. n° 2019-1479 du 28 déc. 2019, art. 12-I-2°-a et III, pour les revenus perçus ou réalisés à compter du 1er janv. 2023)* **« *réels* ».**

III. — 1. Lorsque le gain net de cession de titres souscrits en exercice de bons de souscription de parts de créateur d'entreprise bénéficie du régime prévu au I de l'article 163 *bis* G, *(L. n° 2017-1837 du 30 déc. 2017, art. 28, applicable aux impositions dont le fait générateur intervient à compter du 1er janv. 2018)* **« le taux de la retenue à la source est de 12,8 % s'il est réalisé par une personne qui exerce son activité dans la société dans laquelle elle a bénéficié de l'attribution des bons depuis au moins trois ans à la date de la cession et de 30 % dans le cas contraire ». La retenue à la source est alors libératoire de l'impôt sur le revenu.**

[2. applicable aux revenus perçus ou réalisés jusqu'au 31 déc. 2022]

2. Dans les situations autres que celles mentionnées au 1, la retenue est calculée conformément au III de l'article 182 A et régularisée dans les conditions mentionnées aux articles 197 A et 197 B.

[2. applicable aux revenus perçus ou réalisés à compter du 1er janv. 2023]

(L. n° 2019-1479 du 28 déc. 2019, art. 12-I-2°-b et III) **« 2. Dans les situations autres que celles mentionnées au 1, la retenue est calculée par l'application d'un taux proportionnel fixé dans les conditions prévues aux *a* et *d* du 1 du III de l'article 204 H. »**

IV. – La retenue à la source est acquittée par la personne qui effectue le versement des sommes issues de la cession des titres dans les cas mentionnés au 1 du I ou qui constate l'avantage salarial dans les cas mentionnés au second alinéa du 1 et au 2 du I.

V. – Par dérogation au III, le taux de la retenue à la source est porté à 75 % lorsque les avantages ou gains mentionnés au I sont réalisés par des personnes domiciliées dans un État ou territoire non coopératif au sens de l'article 238-0 A *(L. n° 2018-898 du 23 oct. 2018, art. 31-I-E et IV, en vigueur le 1er déc. 2018)* « autre que ceux mentionnés au 2° du 2 *bis* du même article 238-0 A, sauf si le débiteur apporte la preuve que ces avantages ou gains correspondent à des opérations réelles qui ont principalement un objet et un effet autres que de permettre leur localisation dans un État ou territoire non coopératif ». Cette retenue est libératoire de l'impôt sur le revenu et n'est pas remboursable.

1. Retenue à la source sur les gains de source française provenant de dispositifs d'actionnariat salarié. Gains réalisés par des personnes physiques non fiscalement domiciliées en France et provenant de la levée d'options sur titres (stock options), de l'acquisition d'actions gratuites, de la cession de bons de souscription de parts de créateur d'entreprise (BSPCE) et de dispositifs assimilés. Commentaires de l'art. 57 de la loi de finances rectificative pour 2010 (n° 2010-1658 du 29 déc. 2010). * BOI-IR-DOMIC-10-20-20-30 du 24 juill. 2017.

2. Le taux de la retenue sur les gains réalisés par des résidents d'États ou territoires non coopératifs est porté de 50 % à 75 % à compter du 1er janv. 2013.

Art. 182 B I. – Donnent lieu à l'application d'une retenue à la source, lorsqu'ils sont payés par un débiteur qui exerce une activité en France à des personnes ou des sociétés relevant de l'impôt sur le revenu ou de l'impôt sur les sociétés, qui n'ont pas dans ce pays d'installation professionnelle permanente :

a) Les sommes versées en rémunération d'une activité déployée en France dans l'exercice de l'une des professions mentionnées à l'article 92 ;

b) Les produits définis à l'article 92 et perçus par les inventeurs ou au titre de droits d'auteur, ceux perçus par les obtenteurs de nouvelles variétés végétales au sens des articles L. 623-1 à L. 623-35 du code de la propriété intellectuelle, ainsi que tous produits tirés de la propriété industrielle ou commerciale et de droits assimilés ;

c) Les sommes payées en rémunération des prestations de toute nature fournies ou utilisées en France ;

d) Les sommes, y compris les salaires, correspondant à des prestations sportives fournies ou utilisées en France *(Abrogé par L. n° 2019-1479 du 28 déc. 2019, art. 12-I-3° et III, rétabli par L. n° 2020-1721 du 29 déc. 2020, art. 4-III)* « , nonobstant les dispositions de l'article 182 A ».

(L. n° 2021-1900 du 30 déc. 2021, art. 24-I-1° et III, applicable aux retenues à la source dont le fait générateur intervient à compter du 1er janv. 2022) « I *bis*. – La base de la retenue est constituée par le montant brut des sommes ou produits versés. Lorsque le bénéficiaire de ces sommes ou produits est une personne morale ou un organisme dont les résultats ne sont pas imposés à l'impôt sur le revenu entre les mains d'un associé et dont le siège ou l'établissement stable dans le résultat duquel les sommes ou produits sont inclus est situé dans un État membre de l'Union européenne ou dans un autre État partie à l'accord sur l'Espace économique européen ayant conclu avec la France une convention d'assistance administrative en vue de lutter contre la fraude et l'évasion fiscales et n'étant pas non coopératif au sens de l'article 238-0 A, la base de cette retenue est déterminée sous déduction d'un abattement représentatif de charges égal à 10 % de ces sommes ou produits. »

[Al. applicable aux retenues et prélèvements à la source dont le fait générateur est intervenu avant le 6 mars 2019]

II. – Le taux de la retenue est fixé *(L. n° 2017-1837 du 30 déc. 2017, art. 84, applicable aux exercices ouverts à compter du 1er janv. 2018)* « au taux prévu au deuxième alinéa du I de l'article 219 ». – *Soit 33,1/3 % pour les revenus perçus en 2018, 31 % en 2019, ramené à 28 % en 2020, 26,5 % en 2021 et 25 % à compter de 2022.*

[Al. applicable aux retenues et prélèvements à la source dont le fait générateur est intervenu entre le 6 mars 2019 et le 31 déc. 2021]

II. – Le taux de la retenue est *(L. n° 2019-1479 du 28 déc. 2019, art. 39-II et X-A)* « celui prévu à la première phrase du » *(L. n° 2017-1837 du 30 déc. 2017, art. 84, applicable aux exercices ouverts à compter du 1er janv. 2018)* **« deuxième alinéa du I de l'article 219 ».** – *Soit 33,1/3 % pour les revenus perçus en 2018, 31 % en 2019, ramené à 28 % en 2020, 26,5 % en 2021 et 25 % à compter de 2022.*

Il est ramené à 15 % pour les rémunérations visées au *d* du I.

La retenue s'impute sur le montant de l'impôt sur le revenu établi dans les conditions prévues à l'article 197 A. *(L. n° 2020-1721 du 29 déc. 2020, art. 4-I-3° et IV-A, applicable aux revenus perçus à compter du 1er janv. 2020)* **« Lorsqu'elle excède ce montant, le contribuable peut demander le remboursement de l'excédent de retenue opéré. »**

***[En vigueur jusqu'au 30 nov. 2018]* III. – Le taux de la retenue est porté à 75 % :**

***a)* Lorsque les sommes et produits mentionnés aux *a* et *b* du I sont payés à des personnes domiciliées ou établies dans un État ou territoire non coopératif au sens de l'article 238-0 A ;**

***b)* Lorsque les sommes, autres que les salaires, mentionnées aux *c* et *d* du I sont payées à des personnes domiciliées ou établies dans un État ou territoire non coopératif au sens de l'article 238-0 A, sauf si le débiteur apporte la preuve que ces sommes correspondent à des opérations réelles qui ont principalement un objet et un effet autres que de permettre leur localisation dans un État ou territoire non coopératif.**

[En vigueur le 1er déc. 2018] *(L. n° 2018-898 du 23 oct. 2018, art. 31-I-F et IV)* **« III. – Le taux de la retenue est porté à 75 % lorsque les sommes et produits, autres que les salaires, mentionnés au I sont payés à des personnes domiciliées ou établies dans un État ou territoire non coopératif au sens de l'article 238-0 A autre que ceux mentionnés au 2° du 2 *bis* du même article 238-0 A, sauf si le débiteur apporte la preuve que ces sommes correspondent à des opérations réelles qui ont principalement un objet et un effet autres que de permettre leur localisation dans un État ou territoire non coopératif. Cette retenue est libératoire de l'impôt sur le revenu et n'est pas remboursable. »**

Sur les obligations déclaratives du débiteur des sommes versées, V. art. 200 et 241.

BIBL. ► BURGUBURU, *RJF 2007, p. 703* (l'article 182 B peut être appliqué sans retenue). – DEROUIN, *Dr. fisc. 2017. 532* (la retenue à la source de l'art. 182 B à l'épreuve du principe d'égalité et des droits de la défense). – LE GALL, *Dr. fisc. 2000, p. 621* (sur l'arrêt Diebold du 13 oct. 1999).

1. Constitutionnalité de la retenue à la source. L'application de la retenue à la source sur le montant brut des rémunérations servies à une société étrangère est conforme à la Constitution. • Cons. const. 24 mai 2019, *Sté Cosfibel Premium*, n° 2019-784 QPC : *RJF 2019. 828 ; Dr. fisc. 2019. 409, note Maitrot de la Motte.*

2. Assiette de la retenue. Le calcul de la retenue à la source prévue par l'art. 182 B-I-*a* sur une base brute est validé au regard du droit interne mais n'est pas conforme au droit européen. En effet, la libre prestation de services, telle qu'interprétée par une jurisprudence constante de la CJUE, s'oppose à une législation nationale qui exclut que le débiteur de la rémunération versée à un prestataire de services non résident déduise, lorsqu'il procède à la retenue à la source de l'impôt, les frais professionnels que ce prestataire lui a communiqués, alors qu'un prestataire de services résident de cet État ne serait soumis à l'impôt que sur ses revenus nets. • CE 22 nov. 2019, *SAEM de gestion du port Vauban*, n° 423698 : *RJF 2020. 90, concl. Ciavaldini ; Dr. fisc. 2020. 224, note Maitrot de la Motte.*

3. Une société débitrice de la retenue à la source peut demander la déduction, de la base de la retenue à la source, des frais professionnels supportés par le bénéficiaire des rémunérations de prestations de service dès lors que ce dernier est établi dans l'UE. • CE 9 sept. 2020, *Sté Damolin Etrechy*, n° 434364 : *RJF 2020. 984, concl. Victor.*

4. Régime fiscal du créancier. Les sommes payées à des personnes morales qui n'ont pas d'installations professionnelles permanentes en France donnent lieu à retenue à la source lorsque ces personnes morales sont passibles de l'IS, sans qu'il y ait lieu de rechercher si elles y ont été effectivement soumises. • CE 30 juin 1997, n° 169179 : *Dr. fisc. 1997. 1348, concl. Arrighi de Casanova ; RJF 1997. 771 ; LPA 1998, n° 28, p. 17, note Donsimoni* • 25 mai 2007, n° 288288, *GIE Cie industrielle des polyéthylènes de Normandie : RJF 2007. 896, chron. Burguburu, p. 703 ; concl. Olléon au BDCF 8-9/02, n° 95 ; Dr. fisc. 2008. 240, note Pierre.* ♦ Les commissions versées par un organisme financier à un intermédiaire sans installation professionnelle en France (Monaco, en l'espèce) sont soumises à la retenue à la source. • TA Paris, 23 mars 2004, n° 98-276/1 : *Dr. fisc. 2004. 636, concl. Merloz.*

5. Produits perçus au titre des droits d'auteur. Une société, qui édite et diffuse en France les œuvres d'artistes handicapés peignant de la bouche ou du pied, regroupés au sein d'une association dont le siège est au Liechtenstein et qui, en vertu de ses statuts, est seule titulaire des droits d'auteurs de ses membres est à bon droit assujettie à la retenue à la source prévue au *b* (et non au *c*) de l'art. 182 B, à raison des versements effectués pour le paiement des droits d'exploitation des œuvres d'artistes membres de l'association, dès lors que ces sommes étaient la contrepartie de la cession par l'association à la société des droits incorporels de reproduction pour la France qui étaient attachés aux œuvres en cause. • CE 18 mars 2015, *Sté APBP*, n° 366006 : *RJF 2015. 471.* ♦ Dès lors que les droits d'auteur perçus par la Sacem pour le compte d'une société établie au Royaume-Uni constituent des BNC et que cette société ne dispose pas en France d'installation permanente, ces revenus doivent faire l'objet de la retenue à la source prévue par l'art. 182 B. • CAA Versailles, 12 mars 2019, *Sté Performing Rights Society Ltd*, n° 17VE01940 : *RJF 2019. 517.*

6. Prestations utilisées en France. Les sommes soumises à retenue à la source en application de l'art. 182 B-I-c s'entendent des sommes payées par une société qui exerce une activité en France à des personnes ou des sociétés qui n'y disposent pas d'une installation professionnelle permanente en rémunération de prestations qui sont soit matériellement fournies en France, soit, bien que matériellement fournies à l'étranger, effectivement utilisées par le débiteur pour les besoins de son activité en France. • CE 22 oct. 2018, *Sté Sud Trading Company*, n° 406576 : *RJF 2019. 20, concl. Bokdam-Tognetti ; Dr. fisc. 2019. 220, note Jestin.* ♦ Les redevances payées par une société d'édition d'artistes handicapés à une association établie hors de France, en contrepartie de l'autorisation que celle-ci lui a donnée de reproduire et de commercialiser, en France, les œuvres des artistes qu'elle représente, rémunèrent des « prestations utilisées en France », au sens du *c* du I. Par suite, la perception de ces redevances rend l'association passible de l'IS en France, de sorte que les sommes qui lui ont été payées à ce titre doivent être soumises à la retenue à la source. • CE 30 juin 1997, n° 169179 : *préc. note 4.* ♦ Les sommes versées par une société française à une société de droit américain qui n'a pas d'installation permanente en France pour la réalisation par cette dernière et son dirigeant d'un ensemble de prestations liées à la présentation d'articles de mode par le biais de « tableaux vivants » rémunèrent des prestations revêtant un caractère artistique, passibles de la retenue à la source. • CAA Paris, 18 sept. 2006, n° 05PA2419, *SA Galeries Lafayette : RJF 2007. 786.* ♦ Une société commerciale étrangère, qui perçoit d'un débiteur ayant une activité en France des produits tirés de l'exploitation de droits de la propriété intellectuelle ou de droits assimilés, relève de l'IS. Par suite, les versements faits par un débiteur qui exerce une activité professionnelle en France, à une société américaine qui ne dispose pas d'installations professionnelles en France, de redevances rémunérant la technologie transférée pour la construction d'un navire ainsi que l'utilisation d'un brevet de fabrication, donnent lieu au paiement de la retenue à la source. • CE 25 mai 2007, n° 288288 : *préc. note 4.* ♦ Sur le nouveau régime de retenue à la source applicable à compter du 1er janvier 2009 aux sommes versées en rémunération de prestations artistiques, V. l'art. 182 A *bis*.

7. Une société française peut ne disposer en France d'aucune installation professionnelle permanente mais exercer ses activités par l'intermédiaire d'installations professionnelles permanentes implantées à l'étranger. Dans cette hypothèse, la retenue à la source s'applique aux sommes versées à ces installations à l'étranger en rémunération des prestations fournies ou utilisées en France. • CE 28 mars 2008, n° 281405 : *RJF 2008. 714 ; concl. Landais au BDCF 6/08, n° 79 ; Dr. fisc. 2008. 303.*

8. Une société inscrite au registre du commerce du Liban sous la forme de SA dépourvue de toute installation professionnelle permanente en France, qui perçoit d'une société exerçant en France une activité de développement et de vente de logiciels informatiques des rémunérations en contrepartie de prestations de service à caractère informatique relève de l'IS. Ces rémunérations sont passibles de la retenue à la source prévue à l'art. 182 B sans qu'y fasse obstacle la circonstance que la société n'exploite aucune entreprise en France et qu'elle n'a pas été effectivement soumise à l'IS en France. • CAA Versailles, 29 nov. 2016, *Min. c/ Sté Easy Vista*, n° 16VE01537 : *RJF 2013. 365.*

9. En revanche, les sommes versées par une ville à une société espagnole en contrepartie d'une prestation globale constituée d'un spectacle complet de tauromachie incluant notamment les services de toreros n'entrent pas dans le champ de la retenue à la source alors que la ville n'est liée par aucun contrat aux toreros. • CE 21 nov. 2007, n° 293356, *Ville de Nîmes : RJF 2008. 105 ; concl. Olléon au BDCF 2/08, n° 13 ; Dr. fisc. 2008. 188, note J-Ch. G.*

10. En l'absence d'établissement stable en France au sens de la convention franco-irlandaise, par l'intermédiaire duquel elle exercerait une activité en France, une société de droit irlandais, filiale d'une société américaine, qui commercialise en France un service payant d'insertion d'annonces publicitaires en ligne, corrélé au moteur de recherche Google, incluant pour les annonceurs ou leurs agents un service de conseil et d'assistance commerciale assuré par les salariés d'une société française dépendant du même groupe n'est pas redevable de la retenue à la source prévue à l'art. 182 B sur les redevances rattachables à cette activité. • TA Paris, 12 juill. 2017, *Sté Google Ireland Limited*, n° 1505113/1-1 : *RJF 2017. 1100.* ♦ Confirmation : • CAA Paris, 25 avr. 2019, *Sté Google Ireland Limited*, n° 17PA03068 : *RJF 2019. 835 ; Dr. fisc. 2019. 305, note Deboissy et Wicker.*

11. Prestations artistiques (situation antérieure au 1er janv. 2009). Les sommes versées à des artistes-interprètes ayant leur domiciliation fiscale à l'étranger par la société de perception et de diffusion des droits des artistes-interprètes de la musique et de la danse (Spedidam), correspondant, d'une part, à la « rémunération pour copie privée » prévue à l'art. L. 311-1 CPI et, d'autre part, à la rémunération du fait de la radiodiffusion et de la communication dans des lieux publics des phonogrammes prévue à l'art. L. 214-1 du même code, rémunèrent les utilisations dites « secondaires » des enregistrements réalisés par ces artistes-interprètes et doivent ainsi être regardées comme correspondant à des prestations artistiques, au sens de l'art. 182 B-I-d, passibles à ce titre de la retenue à la source au taux de 15 %. • CAA Paris, 6 avr. 2007, n° 05PA1044, *Sté Spedidam : RJF 2007. 885.* ♦ Sur le nouveau régime de retenue à la source applicable à compter du 1er janvier 2009 aux sommes versées en rémunération de prestations artistiques, V. l'art. 182 A *bis*.

12. Conséquences entre les parties privées du défaut de paiement de la retenue à la source par le débiteur. Si le débiteur des sommes versées à un prestataire visé par l'art. 182 B est redevable aux services des impôts des retenues à la source prévues par ce texte, il n'en est pas moins en droit de réclamer au prestataire le montant de l'imposition qu'il a versée pour son compte au Trésor public sans l'avoir déduit au préalable du prix des prestations. • Com. 12 févr. 2013, n° 11-11.189 : *RJF 2013. 490.*

13. Conventions internationales. L'art. 12 de la convention fiscale franco-néerlandaise du 16 mars 1973, qui prévoit l'imposition exclusive des redevances dans l'État où réside le bénéficiaire, s'oppose à l'application de la retenue à la source à ces produits, même si le bénéficiaire néerlandais les reverse ensuite à une société domiciliée aux Antilles néerlandaises. • TA Lille, 18 mars 1999, nos 95-5403 et 96-738 : *Dr. fisc. 1999. 846, concl. Mulsant ; RJF 1999. 961* ♦ De même, et en vertu du même art. 12, les redevances versées par une société française à une société néerlandaise, dépourvue de personnalité juridique et fiscalement transparente, sont exonérées de la retenue à la source dès lors que les associés de cette dernière sont assujettis à l'impôt aux Pays-Bas. • CE 13 oct. 1999, n° 191191, *SA Diebold Courtage : Dr. fisc. 1999. 948, concl, Bachelier, note Acard ; Rev. adm. 2000, n° 315, p. 264, chron. Fouquet.*

14. La retenue à la source est fondée, s'agissant des personnes morales, non pas sur le lieu de leur siège social mais sur le lieu d'implantation de leurs installations professionnelles permanentes et par suite ne méconnaît pas la clause d'une convention fiscale interdisant les discriminations en fonction de la nationalité. • CE 28 mars 2008, n° 281405 : *préc. note 7.*

15. Droit communautaire. Les art. 59 et 60 du traité CEE ne s'opposent pas :1) à une législation nationale en vertu de laquelle une procédure de retenue à la source de l'impôt est appliquée à la rémunération de prestataires de services non résidents de l'État membre dans lequel les services sont fournis, alors que la rémunération versée aux prestataires résidents de cet État membre n'est pas soumise à une telle retenue ; 2) à une législation nationale qui prévoit la responsabilité encourue par le destinataire de services qui n'a pas procédé à la retenue à la source qu'il était tenu d'effectuer. • CJCE 3 oct. 2006, n° C-290/04 : *RJF 2007. 115.*

16. Les art. 59 du Traité CE (devenu, après modification, art. 49 CE) et 60 du Traité CE (devenu art. 50 CE), relatifs à la libre prestation de services, s'opposent à une législation nationale (Allemagne) qui, en règle générale, prend en compte, lors de l'imposition des non-résidents, les revenus bruts, sans déduction des frais professionnels, alors que les résidents sont imposés sur leurs revenus nets, après déduction de ces frais. En revanche, lesdits articles du Traité ne s'opposent pas à cette même législation en ce qu'elle soumet, en règle générale, les revenus des non-résidents à un impôt définitif aux taux uniforme de 25 %, retenu à la source, alors que les revenus des résidents sont imposés selon un barème progressif incluant une tranche de base non imposable, à la condition que le taux de 25 % ne soit pas supérieur à celui qui serait effectivement appliqué à l'intéressé, selon le barème progressif, aux revenus nets majorés du montant correspondant à la tranche de base non imposable. • CJCE 12 juin 2003, n° 234/01 : *RJF 2003. 1189 ; Dr. fisc. 2004. 374, note Boutemy et Meier.* ♦ Des redevances de droits d'inventeur versées à un prestataire non résident ne peuvent être taxées à un taux uniforme de 33,1/3 % sur leur montant brut, alors que ces mêmes revenus le seraient, s'agissant d'un prestataire résident, au taux de 15 % prévu à l'art. 39 *terdecies*, sur un montant net de frais directement liés à l'activité créatrice des revenus imposables. • CAA Versailles, 15 nov. 2016, *Sté Vétoquinol SA*, n° 15VE01251 : *RJF 2017. 102, concl. Couderc.*

17. L'art. 39 du Traité CE s'oppose à ce que la législation d'un État membre dispose que les personnes physiques, considérées comme n'ayant pas leur domicile fiscale dans cet État membre, mais qui y perçoivent un revenu au titre d'un travail, soient imposées avec un prélèvement à la source de telle sorte que l'abattement à la base ou tous autres abattements ou déductions liés à la situation personnelle du contribuable ne soient pas autorisés, alors que les contribuables domiciliés dans ce même État ont le droit d'imputer de tels abattements ou déductions lors de l'imposition générale de leurs revenus dans cet État et à l'étranger, lorsque les personnes non résidentes dans l'État d'imposition n'ont disposé dans leur propre État de résidence que de ressources qui, par nature, ne sont pas soumises à l'IR. • CJCE 1er juill. 2004, n° 169/03 : *RJF 2004. 1062*.

18. Redevances et revenus non salariaux versés à des personnes domiciliées ou établies dans un ETNC. La retenue à la source est appliquée au taux de 75 %, à compter du 1er janv. 2013, lorsque les sommes versées bénéficient à des personnes domiciliées ou établies dans un État ou territoire non coopératif. Ce taux majoré de droit interne s'applique sous réserve des dispositions des conventions fiscales internationales. * BOI-IR-DOMIC-10-20-20-50 n° 95 du 12 juill. 2019.

19. Excédent de retenue à la source non imputable sur l'IR. La retenue à la source prélevée sur les rémunérations de source française d'un sportif non-résident n'ayant pas de caractère libératoire, l'excédent non imputable sur l'IR doit lui être restitué. • CAA Versailles, 9 juill. 2013, *Fischella*, n° 12VE00553 : *RJF 2013. 1114 ; BDCF 2013. 124, concl. Locatelli ; Dr. fisc. 2013. 535, note Maitrot de la Motte.* ♦ Confirmation • CE 17 févr. 2015, n° 373230 : *RJF 2015. 380 ; Dr. fisc. 2015. 297, note Maitrot de la Motte.*

20. Restitution de la retenue à la source. Si la doctrine administrative autorise un contribuable résident du Danemark à demander, par voie de contentieux, le reversement de la fraction de l'impôt payé en France qui excède celui auquel il aurait été soumis s'il avait été résident de France, il doit avoir fait application de cette doctrine pour s'en prévaloir : tel n'est pas le cas en l'absence de versement de la retenue à la source et de souscription de la déclaration correspondante. • CE 9 sept. 2020, *Sté Damolin Etrechy*, n° 434364 : *préc. note 2 bis.*

21. Tant le responsable du paiement de la retenue à la source que le bénéficiaire des revenus, sont recevables à contester cette retenue devant le juge de l'impôt. • CE 15 nov. 2021, n° 453022 : *RJF 2022. 199.*

Art. 182 B *bis* **1. La retenue à la source prévue à l'article 182 B n'est pas applicable aux redevances payées par une personne morale revêtant une des formes énumérées au premier alinéa du 1 de l'article 119 *quater* ou par un établissement stable à une personne morale qui est son associée ou à un établissement stable dépendant d'une personne morale qui est son associée. Pour l'application du présent article, la qualité de personne morale associée d'une personne morale et de personne morale associée d'un établissement stable est reconnue conformément aux deuxième et troisième alinéas du 1 de l'article 119 *quater*.**

Pour l'application du présent article, les redevances s'entendent des paiements de toute nature reçus à titre de rémunération pour l'usage ou la concession de l'usage d'un droit d'auteur sur une œuvre littéraire, artistique ou scientifique, y compris les films cinématographiques et les logiciels informatiques, d'un brevet, d'une marque *(Ord. n° 2019-1169 du 13 nov. 2019, art. 13-VIII-2° et 15-I, en vigueur à la date d'entrée en vigueur du décret d'application et au plus tard le 15 déc. 2019)* **« de produits ou de services** *[ancienne rédaction : de fabrique ou de commerce]* **», d'un dessin ou d'un modèle, d'un plan, d'une formule ou d'un procédé secret, ainsi que pour des informations ayant trait à une expérience acquise dans le domaine industriel, commercial ou scientifique. Les paiements reçus pour l'usage ou la concession de l'usage d'un droit relatif à des équipements industriels, commerciaux ou scientifiques sont considérés comme des redevances.**

2. L'exonération prévue au 1 est soumise aux mêmes conditions et justifications que celles prévues à l'article 119 *quater*.

3. Les dispositions du 1 ne s'appliquent pas lorsque les redevances payées bénéficient à une personne morale ou à un établissement stable d'une personne morale contrôlée directement ou indirectement par un ou plusieurs résidents d'États qui ne sont pas membres de la Communauté européenne et si la chaîne de participations a comme objet principal ou comme un de ses objets principaux de tirer avantage des dispositions du 1.

Lorsque, en raison des relations spéciales existant entre le payeur et le bénéficiaire effectif des redevances ou de celles que l'un et l'autre entretiennent avec un tiers, le montant des redevances excède le montant dont seraient convenus le payeur et le bénéficiaire effectif en l'absence de telles relations, les dispositions du 1 ne s'appliquent qu'à ce dernier montant.

4. Un décret précise en tant que de besoin les modalités d'application du présent article. — *V. Ann. III, art. 46 quater-0 FB à 46 quater-0 FD.*

Art. 182 C *(Abrogé par L. nº 2016-1917 du 29 déc. 2016, art. 60-I-B-8º et I-G-3, pour les revenus perçus ou réalisés à compter du 1er janv. 2018)* ***Les salaires, droits d'auteur et rémunérations versés aux personnes mentionnées au troisième alinéa qui ont leur domicile fiscal en France par les personnes passibles de l'impôt sur les sociétés ou de l'impôt sur le revenu dans la catégorie des bénéfices industriels et commerciaux ainsi que les personnes morales de droit public et les sociétés civiles de perception et de répartition des droits d'auteur et des droits des artistes interprètes font l'objet, sur demande du bénéficiaire, d'une retenue égale à 15 % de leur montant brut.***

Cette retenue s'impute sur l'impôt sur le revenu dû au titre de l'année au cours de laquelle elle a été opérée.

L'option prévue au premier alinéa peut être exercée par les sportifs et les artistes du spectacle, les auteurs des œuvres de l'esprit désignés à l'article L. 112-2 du code de la propriété intellectuelle, ainsi que par les interprètes de ces œuvres, à l'exception des architectes et des auteurs de logiciels. *— V. Ann. III, art. 46 A et 381 R.*

Les dispositions du présent art. sont abrogées à compter du 1er janv. 2018 (L. nº 2016-1917 du 29 déc. 2016, art. 60-I-B-8º et I-G-3, mod. par Ord. nº 2017-1390 du 22 sept. 2017, art. 1er-2º et 3º) .

Art. 183 à 186 *Abrogés par L. nº 59-1472 du 28 déc. 1959, art. 1er et 3.*

Art. 187 **1. Sous réserve des dispositions du 2, le taux de la retenue à la source prévue à l'article 119 *bis* est fixé à :**

(L. nº 2017-1837 du 30 déc. 2017, art. 28) **« 1º Pour les bénéficiaires personnes morales ou organismes, quelle que soit leur forme : »**

— 17 % pour les intérêts des obligations négociables ; toutefois ce taux est fixé à 15 % pour les revenus visés au 1º de l'article 118 et afférents à des valeurs émises à compter du 1er janvier 1965, ainsi que pour les lots et primes de remboursement visés au 2º de l'article 118 et afférents à des valeurs émises à compter du 1er janvier 1986 ;

[—] **Celui prévu au 2º de l'article 219 *bis*, pour les dividendes qui bénéficient à des organismes qui ont leur siège dans un État membre de** *(L. nº 2017-1837 du 30 déc. 2017, art. 28)* **« l'Union » européenne ou dans un autre État partie à l'accord sur l'Espace économique européen ayant conclu avec la France une convention d'assistance administrative en vue de lutter contre la fraude et l'évasion fiscales et qui seraient imposés dans les conditions prévues au 5 de l'article 206 s'ils avaient leur siège en France ;**

(Abrogé par L. nº 2017-1837 du 30 déc. 2017, art. 28) ***« — 21 % pour les revenus de la nature de ceux éligibles à l'abattement prévu au 2º du 3 de l'article 158 lorsqu'ils bénéficient à des personnes physiques qui ont leur domicile fiscal hors de France dans un État membre de l'Union européenne ou dans un autre État partie à l'accord sur l'Espace économique européen ayant conclu avec la France une convention d'assistance administrative en vue de lutter contre la fraude et l'évasion fiscales » ;***

[Al. applicable aux revenus perçus jusqu'au 31 déc. 2019] **— 30 % pour tous les autres revenus.** *(Abrogé par L. nº 2017-1837 du 30 déc. 2017, art. 28)* ***« Toutefois, les personnes physiques mentionnées à l'avant-dernier alinéa du présent 1 peuvent demander le remboursement de l'excédent du montant de la retenue à la source effectivement acquittée qui excède la différence entre, d'une part, le montant de l'impôt qui résulterait de l'application de l'article 197 A à la somme des revenus mentionnés au premier alinéa de l'article 117 bis et des autres revenus de source française imposés dans les conditions prévues à l'article 197 A au titre de la même année et, d'autre part, le montant de l'impôt établi dans les conditions prévues à l'article 197 A sur ces autres revenus. »***

[Al. applicable aux retenues à la source dont le fait générateur est intervenu entre le 1er janv. 2020 et le 31 déc. 2021]

(L. nº 2019-1479 du 28 déc. 2019, art. 39-III et X-B) **« — Celui prévu à la première phrase du deuxième alinéa du I de l'article 219 » pour tous les autres revenus.**

[Al. applicable aux retenues à la source dont le fait générateur est intervenu à compter du 1er janv. 2022] *(L. nº 2017-1837 du 30 déc. 2017, art. 84, mod. par L. nº 2019-1479 du 28 déc. 2019, art. 39-VII)* **« — Celui prévu au deuxième alinéa du I de l'article 219 » pour tous les autres revenus.**

(L. n° 2017-1837 du 30 déc. 2017, art. 28) **« 2° 12,8 % pour les bénéficiaires personnes physiques. »** — *Les dispositions issues de l'art. 28 de la L. n° 2017-1837 du 30 déc. 2017 s'appliquent aux impositions dont le fait générateur intervient à compter du 1er janv. 2018.*

2. Le taux de la retenue à la source prévue au 2 de l'article 119 *bis* est fixé à 75 % pour les produits mentionnés aux articles 108 à 117 *bis* et payés hors de France, dans un État ou territoire non coopératif au sens de l'article 238-0 A *(L. n° 2018-898 du 23 oct. 2018, art. 31-I-I et IV, en vigueur le 1er déc. 2018)* **« autre que ceux mentionnés au 2° du 2 *bis* du même article 238-0 A », sauf si le débiteur apporte la preuve que les distributions de ces produits dans cet État ou territoire n'ont ni pour objet ni pour effet de permettre, dans un but de fraude fiscale, leur localisation dans un tel État ou territoire.**

Retenue à la source sur les distributions payées dans un ETNC. Constitutionnalité sous réserve que le contribuable puisse être autorisé à apporter la preuve de ce que les distributions de produits dans un ETNC n'ont ni pour objet ni pour effet de permettre, dans un but de fraude fiscale, la localisation de revenus dans un tel État ou territoire. • Cons. const. QPC, 25 nov. 2016, *Sté Eurofrance,* n° 2016-598 QPC : *JO 27 nov. ; RJF 2017. 160.* ♦ Clause de sauvegarde désormais intégrée dans l'art. 187-2.

Art. 187 *bis* *Périmé.*

Art. 188 à 192 *Abrogés.*

II IMPÔT SUR LE REVENU

Art. 193 **Sous réserve des dispositions de l'article 196 B, le revenu imposable est, pour le calcul de l'impôt sur le revenu, divisé en un certain nombre de parts, fixé conformément à l'article 194, d'après la situation et les charges de famille du contribuable.**

Le revenu correspondant à une part entière est taxé par application du tarif prévu à l'article 197.

L'impôt brut est égal au produit de la cotisation ainsi obtenue par le nombre de parts.

L'impôt dû par le contribuable est calculé à partir de l'impôt brut diminué, s'il y a lieu, des réductions d'impôt prévues par les articles 199 *quater* C à 200, et, le cas échéant, des retenues à la source, prélèvements et crédits d'impôts mentionnés à l'article 117 *quater*, au I de l'article 125 A, aux articles *(Abrogé par L. n° 2019-1479 du 28 déc. 2019, art. 12-I-4° et III, rétabli par L. n° 2020-1721 du 29 déc. 2020, art. 4-III)* **« 182 A, » 182 A *bis*, 182 A *ter* », 182 B, 199 *ter*, 199 *ter* A, 199 *quater* B, au 4 de l'article 199 *sexdecies* et aux articles 200 *quater* à 200 *quaterdecies*.**

Pour l'application du premier alinéa, le revenu imposable ainsi que les différents éléments ayant concouru à sa détermination, sont arrondis à l'euro le plus proche. La fraction d'euro égale à 0,50 est comptée pour 1.

Art. 193 *bis* **Lorsque les fonctionnaires de nationalité française des organisations internationales disposent de revenus autres que la rémunération officielle qu'ils perçoivent en cette qualité, cette rémunération, lorsqu'elle est exonérée de l'impôt sur le revenu, est néanmoins prise en considération, pour autant qu'elle eût été imposable, en vue de déterminer si les contribuables intéressés sont passibles de l'impôt sur le revenu à raison de ces autres revenus, sous réserve, le cas échéant, de l'application des conventions internationales relatives aux doubles impositions. Dans l'affirmative, l'impôt est calculé en ajoutant la rémunération aux revenus imposables et en opérant, sur le chiffre obtenu, une déduction proportionnelle au montant de cette rémunération.**

Art. 193 *ter* **A défaut de dispositions spécifiques, les enfants ou les personnes à charge s'entendent de ceux dont le contribuable assume la charge d'entretien à titre exclusif ou principal, nonobstant le versement ou la perception d'une pension alimentaire pour l'entretien desdits enfants.** — *Disposition applicable pour l'imposition des revenus des années 2003 et suivantes.*

Charge d'entretien. Le versement ou la perception d'une pension alimentaire ne doit pas être pris en compte pour apprécier la charge d'entretien qui est assumée par chaque parent.

Il en va notamment ainsi, en cas de résidence alternée, lorsque l'un d'entre eux entend écarter la présomption de répartition égale de la charge d'un enfant. Dès lors, en se bornant à invoquer le versement d'une pension alimentaire, un parent ne saurait justifier assumer la charge principale des enfants. • CE 28 déc. 2016, n° 393214 : *RJF 2017. 211, concl. Cortot-Boucher.* ♦ Pour l'attribution des parts supplémentaires du quotient familial pour enfant à charge prévue à l'art. 194, le versement ou la perception d'une pension alimentaire, qu'elle prenne la forme d'une somme d'argent ou d'une prestation en nature, ne doit pas, en vertu de l'art. 193 *ter*, être pris en compte pour apprécier la charge d'entretien qui est assumée par chaque parent. • CE 5 juill. 2021, n° 434517 : *RJF 2021. 897 ; Dr. fisc. 2021. 381, note Chatain.*

Art. 194 **I. — Le nombre de parts à prendre en considération pour la division du revenu imposable prévue à l'article 193 est déterminé conformément aux dispositions suivantes :**

Célibataire, divorcé ou veuf sans enfant à charge	**1**
Marié sans enfant à charge	**2**
Célibataire ou divorcé ayant un enfant à charge	**1,5**
Marié ou veuf ayant un enfant à charge	**2,5**
Célibataire ou divorcé ayant deux enfants à charge	**2**
Marié ou veuf ayant deux enfants à charge	**3**
Célibataire ou divorcé ayant trois enfants à charge	**3**
Marié ou veuf ayant trois enfants à charge	**4**
Célibataire ou divorcé ayant quatre enfants à charge	**4**
Marié ou veuf ayant quatre enfants à charge	**5**
Célibataire ou divorcé ayant cinq enfants à charge	**5**
Marié ou veuf ayant cinq enfants à charge	**6**
Célibataire ou divorcé ayant six enfants à charge	**6**

et ainsi de suite, en augmentant d'une part par enfant à charge du contribuable.

Lorsque les époux font l'objet d'une imposition séparée en application du 4 de l'article 6, chacun d'eux est considéré comme un célibataire ayant à sa charge les enfants dont il assume à titre principal l'entretien. Dans cette situation, ainsi qu'en cas de divorce, de rupture du pacte civil de solidarité ou de toute séparation de fait de parents non mariés, l'enfant est considéré, jusqu'à preuve du contraire, comme étant à la charge du parent chez lequel il réside à titre principal.

En cas de résidence alternée au domicile de chacun des parents et sauf disposition contraire dans la convention de divorce mentionnée à l'article 229-1 du code civil, la convention homologuée par le juge, la décision judiciaire ou, le cas échéant, l'accord entre les parents, les enfants mineurs sont réputés être à la charge égale de l'un et de l'autre parent. Cette présomption peut être écartée s'il est justifié que l'un d'entre eux assume la charge principale des enfants.

Lorsque les enfants sont réputés être à la charge égale de chacun des parents, ils ouvrent droit à une majoration de :

a) 0,25 part pour chacun des deux premiers et 0,5 part à compter du troisième, lorsque par ailleurs le contribuable n'assume la charge exclusive ou principale d'aucun enfant ;

b) 0,25 part pour le premier et 0,5 part à compter du deuxième, lorsque par ailleurs le contribuable assume la charge exclusive ou principale d'un enfant ;

c) 0,5 part pour chacun des enfants, lorsque par ailleurs le contribuable assume la charge exclusive ou principale d'au moins deux enfants.

Pour l'application des dispositions du premier alinéa, sont assimilées à des enfants à charge les personnes considérées comme étant à la charge du contribuable en vertu de l'article 196 A *bis*. — *Le Conseil d'État étend l'application des al. 6 à 9 susvisés aux enfants communs des concubins dont la charge est réputée également partagée entre les deux parents (CE 20 déc. 2017, n° 397650).*

II. — Pour l'imposition des contribuables célibataires ou divorcés qui vivent seuls, le nombre de parts prévu au I est augmenté de 0,5 lorsqu'ils supportent à titre exclusif ou principal la charge d'au moins un enfant. Lorsqu'ils entretiennent uniquement des enfants dont la charge est réputée également partagée avec l'autre parent, la majora-

tion est de 0,25 pour un seul enfant et de 0,5 si les enfants sont au moins deux. Ces dispositions s'appliquent nonobstant la perception éventuelle d'une pension alimentaire versée en vertu d'une convention de divorce par consentement mutuel déposée au rang des minutes d'un notaire ou d'une décision de justice pour l'entretien desdits enfants.

A. APPLICATION DU BARÈME

1. Contribuables divorcés ou séparés. Modalités de prise en compte des enfants à charge ou en garde alternée à compter des revenus de 2003. Partage du quotient familial. * BOI-IR-LIQ-10-10-10-10 n°s 160 à 190 du 7 mai 2014. ♦ En cas de divorce ou de séparation de corps, l'enfant bénéficiant d'une garde alternée est à la charge du père ou de la mère, selon l'accord des parents. A défaut d'accord, l'avantage du quotient familial est attribué au parent qui a les revenus les plus élevés. Toutefois, si l'un des ex-époux est remarié, sa situation financière doit être appréhendée à travers la notion de foyer fiscal et non en fonction de ses seuls revenus. * BOI-IR-LIQ-10-10-10-10 n° 220 du 7 mai 2014. ♦ L'accord formalisant que les enfants, quoique en résidence alternée, sont à la charge principale de leur père fait obstacle à ce que cette charge soit répartie également entre les parents, quelle que soit en réalité la répartition effective de la charge de ces enfants. • CE 4 janv. 2018, n° 399726 : *RJF 2018. 345, concl. Bokdam-Tognetti.*

2. Il résulte des art. 193 *ter* et 194-I que le versement ou la perception d'une pension alimentaire ne doit pas être pris en compte pour apprécier la charge d'entretien qui est assumée par chaque parent. Il en va notamment ainsi, en cas de résidence alternée, lorsque l'un d'entre eux entend écarter la présomption de répartition égale de la charge d'un enfant. Dès lors, en se bornant à invoquer le versement d'une pension alimentaire, un parent ne saurait justifier assumer la charge principale des enfants. • CE 28 déc. 2016, n° 393214 : *RJF 2017. 211, concl. Cortot-Boucher.* ♦ Pour l'attribution des parts supplémentaires du quotient familial pour enfant à charge prévue à l'art. 194, le versement ou la perception d'une pension alimentaire, qu'elle prenne la forme d'une somme d'argent ou d'une prestation en nature, ne doit pas, en vertu de l'art. 193 *ter*, être pris en compte pour apprécier la charge d'entretien qui est assumée par chaque parent. • CE 5 juill. 2021, n° 434517 : *RJF 2021. 897 ; Dr. fisc. 2021. 381, note Chatain.* ♦ Le fait que le parent débiteur d'une pension alimentaire ne puisse ni s'en prévaloir pour obtenir la pleine majoration du quotient familial ni la déduire de ses revenus n'est pas contraire à la Constitution. • Cons. const. 14 déc. 2018, n° 2018-753 QPC : *RJF 2019. 286.*

3. Imposition séparée des époux (revenus antérieurs à 2003). Eu égard à l'évolution des dispositions du C. civ. relatives au divorce et à l'autorité parentale (L. n° 87-570, 22 juill. 1987 ; L. n° 2002-305, 4 mars 2002) le seul critère d'attribution de la majoration du quotient familial prévue au 1er al. de l'art. 194 est celui de la répartition, entre deux parents distinctement imposés, de la charge effective d'entretien et d'éducation des enfants mineurs nés de leur union, que ces parents soient séparés, divorcés ou en instance de séparation ou de divorce. Pour la preuve de cette répartition, toute convention conclue par les parents, homologuée par le juge judiciaire et stipulant leurs contributions respectives à la couverture de cette charge fait foi jusqu'à preuve du contraire ; à défaut de convention, cette preuve peut être apportée par tout moyen. • CE, avis, 14 juin 2002, n° 241036, *Mouthe : RJF 2002. 893, concl. Bachelier, p. 657 ; Dr. fisc. 2002. 702, concl. Bachelier ; JO 10 juill. 2002, p. 11813 ; D. 2002. 3169, note Douet*. ♦ Lorsque la charge effective d'entretien et d'éducation d'un enfant mineur est répartie de façon inégale entre ses parents séparés, divorcés ou en instance de séparation ou de divorce et distinctement imposés, le bénéfice de la majoration du quotient familial est acquis à celui d'entre eux qui justifie supporter la part principale de cette charge, quels que soient tant les modalités de résidence de cet enfant chez ses parents que le mode d'exercice de l'autorité parentale. • Même arrêt. ♦ Lorsqu'il est établi que cette charge est répartie de façon égale entre ses parents séparés, divorcés ou en instance de séparation ou de divorce et distinctement imposés, il y a lieu, en l'absence de dispositions de la loi fiscale adaptant celle-ci à l'évolution du code civil, et pour assurer aux contribuables le bénéfice de l'avantage fiscal voulu par le législateur dans les limites que celui-ci a fixées, de procéder de la manière suivante : 1) le bénéfice de la majoration du quotient familial est attribué à celui des parents que la convention homologuée par le juge judiciaire a expressément désigné à cette fin ; 2) en l'absence d'une telle convention ou dans son silence, l'enfant est réputé à la charge de chacun de ses parents, au sens et pour l'application de l'art. 196, mais n'ouvre droit qu'à un avantage égal à la moitié de celui prévu au 1er alinéa de l'art. 194 et à l'art. 197 pour un enfant de même rang. • Même arrêt.

4. En l'absence de toute convention homologuée par le juge judiciaire ou dans son silence, l'enfant naturel né de l'union de deux personnes vivant séparément doit être regardé comme étant à la charge de celle qui justifie, par tout moyen, supporter la part principale de la charge effective de son entretien et de son éducation quels que soient les modalités de résidence de cet enfant chez ses parents et le mode d'exercice de l'autorité parentale. • CAA Lyon, 20 févr. 2003, n° 97LY2348 : *Dr. fisc. 2003. 393, concl. Bonnet ; RJF 2003. 672.*

5. Contribuable polygame. Lorsqu'un citoyen français, originaire d'un pays où la polygamie est autorisée, est le mari de plusieurs femmes, il convient d'établir une imposition commune au nom du mari et de la première épouse et de retenir, pour le calcul de l'impôt, le quotient familial des contribuables mariés. Les autres épouses font l'objet d'une imposition distincte et sont considérées, pour l'application des règles du quotient familial, comme des personnes célibataires. * Rép. min. n° 46085 : *JOAN Q, 4 mars 1985, p. 930.* ♦ Elles ne sont pas, en revanche, considérées, sous réserve des circonstances d'espèce, comme des personnes vivant seules. * BOI-IR-CHAMP-20-10 n° 25 du 6 avr. 2017.

B. CONTRIBUABLES SEULS AVEC PERSONNE OU ENFANT À CHARGE

BIBL. Douet, *D. 2003. Chron. 990* (brèves remarques sur les conséquences fiscales de la résidence alternée).

6. Condition de vivre seul. Le bénéfice de la majoration de 0,5 part du quotient familial, prévue par l'art. 194-II ne constitue un droit pour le contribuable que sous la condition, notamment, qu'il vit seul au 1er janv. de l'année d'imposition. Lorsque, dans le cadre de son pouvoir de contrôle des déclarations des contribuables, l'Administration remet en cause, selon la procédure contradictoire, la majoration du quotient familial, il lui incombe d'établir que le contribuable ne vit pas seul au 1er janv. de l'année d'imposition et qu'ainsi il ne remplit pas l'une des conditions auxquelles est soumis le bénéfice de ce droit. Le contribuable peut néanmoins, par tous moyens, apporter la preuve contraire. • CE, avis, 21 déc. 2006, n° 293749, *Duguay : RJF 2007. 314.* ♦ En précisant dans l'instr. 5 B-10-96 du 22 avr. 1996 qu'un contribuable qui vit avec une personne de l'autre sexe qui n'est pas parent de l'enfant ne peut être regardé comme vivant seul au sens de l'art. 194-II, le ministre n'a pas méconnu la portée des dispositions législatives qu'il a appliquées. • CE 28 mai 2003, n° 242119, *Maudelonde : RJF 2003. 942.* ♦ La circonstance qu'une contribuable séparée de son époux et ayant un enfant mineur à charge héberge temporairement une personne handicapée et sans ressources qui n'est ni ascendante ni descendante ne suffit pas à la priver de la demi-part supplémentaire dès lors qu'elle ne vit pas maritalement avec cette personne. • CAA Paris 16 mars 2005, n° 02PA3688 : *RJF 2005. 810.*

7. Date d'appréciation de la situation. Le contribuable qui vit seul au 1er janvier de l'année d'imposition peut bénéficier de la demi-part supplémentaire au titre du premier enfant à charge prévue au II, alors même qu'il a cessé de vivre seul en cours d'année. • CE 17 nov. 2000, *Danthony*, n° 210953 : *Dr. fisc. 2001. 366, concl. Bachelier* • CE avis, 26 mars 2001, n° 227921 : *Dr. fisc. 2001. 497.*

8. Contribuables concubins. Définition du concubinage (C. civ., art. 515-8). Suppression de la distinction opérée sur le fondement de la mixité ou non du couple. Exclusion de la demi-part supplémentaire. * BOI-IR-LIQ-10-20-20-10 n° 160 du 26 mars 2014. ♦ Le simple fait pour un parent d'indiquer qu'il héberge une personne à titre gracieux ne suffit pas à caractériser le concubinage. * Rép. min. n° 90364 : *JOAN Q, 24 janv. 2017, p. 594.*

9. Condition financière. Le fait que le contribuable vivant seul perçoive de son ex-conjoint ou ex-concubin une pension alimentaire versée spontanément, et non par une décision de justice, ne suffit pas à lui faire perdre le bénéfice de la demi-part supplémentaire. • CE 11 févr. 1998, n° 185804 : *Dr. fisc. 1998. 378, concl. Bachelier ; RJF 1998. 368* • 24 mars 2004, n° 246955 : *RJF 2004. 677* ♦ Toutefois, le caractère effectif de la charge supportée par le contribuable doit s'apprécier en fonction de l'importance de l'aide que constitue pour lui la pension alimentaire versée spontanément par son ex-concubin ou ex-conjoint au profit du ou des enfants comptés à charge. • CE 24 mars 2004 : *préc.*

10. Rattachement des enfants majeurs. V. note ss. art. 6.

Art. 195 **1.** ***Par dérogation aux dispositions qui précèdent, le revenu imposable des contribuables célibataires, divorcés ou veufs n'ayant pas d'enfant à leur charge, exclusive, principale ou réputée également partagée entre les parents, est divisé par 1,5 lorsque ces contribuables :***

a) Vivent seuls et ont un ou plusieurs enfants majeurs ou faisant l'objet d'une imposition distincte dont ces contribuables ont supporté à titre exclusif ou principal la charge pendant au moins cinq années au cours desquelles ils vivaient seuls ;

b) Vivent seuls et ont eu un ou plusieurs enfants qui sont morts, à la condition que l'un d'eux au moins ait atteint l'âge de seize ans ou que l'un d'eux au moins soit décédé par suite de faits de guerre et que les contribuables aient supporté à titre exclusif ou principal la charge de l'un au moins de ces enfants pendant au moins cinq années au cours desquelles ils vivaient seuls ;

c) Sont titulaires, soit pour une invalidité de 40 % ou au-dessus, soit à titre de veuve, d'une pension prévue par les dispositions du code des pensions militaires d'invalidité et des victimes de *(Abrogé par Décr. n° 2017-698 du 2 mai 2017, art. 1er)* « *la* » guerre reproduisant celles des lois des 31 mars et 24 juin 1919 ;

d) Sont titulaires d'une pension d'invalidité pour accident du travail de 40 % ou au-dessus ;

d bis) Sont titulaires de la carte "mobilité inclusion" portant la mention "invalidité" prévue à l'article L. 241-3 du code de l'action sociale et des familles ;

e) Vivent seuls et ont adopté un enfant, à la condition que, si l'adoption a eu lieu alors que l'enfant était âgé de plus de dix ans, cet enfant ait été à la charge de l'adoptant comme enfant recueilli dans les conditions prévues à l'article 196 depuis l'âge de dix ans. Cette disposition n'est pas applicable si l'enfant adopté est décédé avant d'avoir atteint l'âge de seize ans ou si l'enfant adopté n'a pas été à la charge exclusive ou principale des contribuables pendant au moins cinq années au cours desquelles ceux-ci vivaient seuls ;

f) Sont âgés de plus de 74 ans et titulaires de la carte du combattant ou d'une pension servie en vertu des dispositions du code des pensions militaires d'invalidité et des victimes de guerre ; cette disposition est également applicable aux *(L. n° 2020-1721 du 29 déc. 2020, art. 5)* « conjoints survivants, âgés » de plus de 74 ans, des *[aux]* personnes mentionnées ci-dessus *(L. n° 2019-1479 du 28 déc. 2019, art. 158, en vigueur le 1er janv. 2021)* « ainsi que des *[qu'aux]* personnes âgées de moins de 74 ans ayant bénéficié de la retraite du combattant ».

2. Le quotient familial prévu à l'article 194 est augmenté d'une demi-part pour chaque enfant à charge et d'un quart de part pour chaque enfant réputé à charge égale de l'un et l'autre de ses parents, titulaire de la carte "mobilité inclusion" portant la mention "invalidité" prévue à l'article L. 241-3 du code de l'action sociale et des familles.

3. Le quotient familial prévu à l'article 194 est augmenté d'une demi-part pour les contribuables mariés, lorsque l'un ou l'autre des conjoints remplit l'une des conditions fixées aux *c, d* et *d bis* du 1.

4. Le quotient familial prévu à l'article 194 est augmenté d'une part pour les contribuables mariés invalides lorsque chacun des conjoints remplit l'une des conditions fixées aux *c, d* et *d bis* du 1.

5. Le quotient familial prévu à l'article 194 est augmenté d'une demi-part pour les contribuables célibataires, divorcés ou veufs ayant un ou plusieurs enfants à charge, que celle-ci soit exclusive, principale ou réputée également partagée entre les parents, lorsque ces contribuables remplissent l'une des conditions d'invalidité fixées aux *c, d* ou *d bis* du 1.

6. Les contribuables mariés, lorsque l'un des conjoints est âgé de plus de 74 ans et titulaire de la carte du combattant ou d'une pension servie en vertu des dispositions du code des pensions militaires d'invalidité et des victimes de *(Abrogé par Décr. n° 2017-698 du 2 mai 2017, art. 1er)* « *la* » guerre, bénéficient d'une demi-part supplémentaire de quotient familial.

Les contribuables qui bénéficient des dispositions des 3 ou 4 ne peuvent bénéficier des dispositions du premier alinéa.

1. Titulaires de la carte d'invalidité. Les personnes résidentes de France peuvent bénéficier de la majoration du quotient familial lorsqu'elles sont titulaires d'une carte d'invalidité délivrée par un autre État membre de l'UE sous des conditions équivalentes à celles prévues pour la délivrance de la carte d'invalidité définie à l'art. L. 241-3 CASF. * BOI-IR-LIQ-10-20-20-20 n° 85 du 29 févr. 2016.

2. Titulaires de la carte d'ancien combattant. La condition d'âge pour bénéficier de la demi-part s'impose à la fois au titulaire de la carte d'ancien combattant et à son conjoint survivant. • CE 22 juill. 2016, n° 400496 : *RJF 2016. 1053.*

3. Contribuables divorcés ou séparés. Modalités de prise en compte des enfants à charge ou en garde alternée. Partage du quotient familial. * BOI-IR-LIQ-10-10-10-10 du 7 mai 2014.

4. Contribuables concubins. Définition du concubinage (C. civ., art. 515-8). Exclusion de la demi-part supplémentaire. * BOI-IR-LIQ-10-20-20-10 nos 160 et 170 du 26 mars 2014.

5. Concubins avec enfants communs. Dans le cas où la charge d'entretien d'un enfant mineur est partagée entre les parents vivant en concubinage et qu'aucun d'entre eux ne justifie en avoir la charge principale, cette charge est réputée également partagée et ouvre droit, pour chaque parent, à une majoration du nombre de parts de quotient familial égale à la moitié de celle à laquelle ouvrirait droit un enfant dont ce parent assumerait la charge d'entretien à titre exclusif ou principal. • CE 20 déc. 2017, n° 397650 : *RJF 2018. 243.*

6. Célibataires, divorcés ou veufs sans personnes à charge. Conformité à la Constitution de l'art. 195-1-*c* qui accorde aux contribuables célibataires, divorcés ou veufs n'ayant pas d'enfant à charge une demi-part supplémentaire de quotient familial lorsqu'ils sont titulaires, soit pour une invalidité de 40 % au moins, soit à titre de veuve, d'une pension militaire d'invalidité ou de victime de guerre. • Cons. const., QPC, 9 juill. 2010, n° 2010-11 QPC : *RJF 2010. 1071.* ♦ Il résulte des articles 195 et 196 CGI que le bénéfice d'une demi-part supplémentaire de quotient familial est ouvert à un contribuable célibataire, divorcé ou veuf n'ayant plus aucun enfant à sa charge l'année d'imposition au titre de laquelle il le demande, s'il a antérieurement supporté la charge, à titre exclusif ou principal, pendant au moins cinq ans au cours desquels il vivait seul, de l'entretien d'au moins un enfant mineur ou infirme, sous réserve que cet enfant n'ait pas eu de revenus distincts au cours de cette même période. • CE 22 nov. 2017, n° 407217 : *RJF 2018. 135.*

7. Contribuables vivant seuls et ayant élevé des enfants. A compter de l'imposition des revenus de 2009, la demi-part supplémentaire de quotient familial prévue en faveur des contribuables célibataires, divorcés, séparés ou veufs vivant seuls et ayant élevé des enfants est réservée à ceux de ces contribuables ayant supporté à titre exclusif ou principal la charge d'un ou de plusieurs enfants pendant au moins cinq années au cours desquelles ils vivaient seuls. Dispositif transitoire jusqu'à l'imposition des revenus de 2012. Plafonds de la majoration du quotient familial. * BOI-IR-LIQ-10-20-20-10 n°s 100 à 370 du 26 mars 2014.

8. Pour le décompte des cinq années, seule est retenue la période au titre de laquelle l'enfant pris en charge était mineur ou infirme et, s'il avait des revenus distincts, était rattaché au foyer fiscal. • CE 22 nov. 2017, n° 407217 : *préc. note 5.*

9. Appréciation de la condition de « vivre seul ». La seule circonstance que le contribuable réside à la même adresse qu'une personne majeure n'ayant aucun lien de parenté avec lui ne suffit pas à établir que ce contribuable ne vit pas seul, au sens des dispositions de l'article 195, 1-a. • CE 15 avr. 2016, n° 375682 : *RJF 2016. 590.* ♦ Une contribuable, dont l'époux était interné d'office en hôpital psychiatrique, et qui a eu, pendant plus de cinq ans, la charge matérielle et éducative d'au moins un enfant rattaché à son foyer fiscal, est fondée à demander le bénéfice d'une demi-part supplémentaire de quotient familial. • TA Lille, 4 nov. 2016, n° 1407745 : *RJF 2017. 296.*

10. Appréciation de la condition de « vivre seul » l'année du mariage ou de la séparation. L'année du mariage, de la séparation, du divorce ou de la conclusion/dissolution du Pacs, la condition de « vivre seul » doit être appréciée au 31 déc. de l'année. * BOI-IR-LIQ-10-20-20-10 n° 150 du 26 mars 2014.

Art. 196 **Sont considérés comme étant à la charge du contribuable, que celle-ci soit exclusive, principale ou réputée également partagée entre les parents, à la condition de n'avoir pas de revenus distincts de ceux qui servent de base à l'imposition de ce dernier :**

1° Ses enfants âgés de moins de dix-huit ans ou infirmes *[quel que soit leur âge]* **;**

2° Sous les mêmes conditions, les enfants qu'il a recueillis à son propre foyer.

BIBL. ► Chadefaux, *BFL 2003, p. 11* (régime fiscal des enfants recueillis). – Jadaud, *JCP N 2001. 1476 et 1520* (enfants à charge et fiscalité). – Mignon, *RJF 2000, p. 3* (enfants recueillis et quotient familial).

1. Contribuables divorcés ou séparés. Modalités de prise en compte des enfants à *charge ou en garde alternée. Partage* du quotient familial. * BOI-IR-LIQ-10-10-10-10 n°s 140 à 390 du 4 févr. 2013.

2. Enfants mineurs. L'enfant mineur de la concubine du contribuable ne peut être regardé comme étant à la charge de ce dernier dès lors que sa mère perçoit des revenus lui permettant de subvenir, au moins en partie, à l'entretien de l'enfant et d'assurer son éducation. • CAA Paris, 20 juill. 1995, n° 94PA1390 : *Dr. fisc. 1996. 45.* ♦ Tel est le cas lorsque la mère dispose, en 1989, d'un revenu salarial d'environ 12000 F. • CAA Paris, 24 sept. 2004, n° 00PA1229 : *Dr. fisc. 2005. 245.* ♦ Il en va autrement lorsque la mère n'a d'autre revenu que les allocations familiales. • CAA Nancy, 10 juin 1999, n° 95NA928 : *RJF 1999. 1125 ; Dr. fisc. 2000. 278, concl. Stamm.* ♦ ... Ou lorsqu'elle a bénéficié de revenus équivalant à 2 690 F par mois en 1991, et à 2 775 F par mois en 1993. • TA Lille, 1er avr. 1999, n° 96-2015 : *RJF 1999. 1126 ; Dr. fisc. 1999. 703, concl. Mulsant.* ♦ ... Ou qu'elle n'a perçu qu'une pension alimentaire annuelle de 14 400 F (en 1989 et pour deux enfants) et n'a pu pourvoir, même pour partie, à l'entretien et à l'éducation de ses enfants. • CAA Douai, 9 nov. 1999, n° 96DA1437 : *Dr. fisc. 2000. 571, concl. Mulsant.*

3. Enfants recueillis. Le contribuable vivant

en concubinage avec la mère dont l'enfant vit au foyer du couple doit être regardé comme ayant recueilli cet enfant dès lors que, la mère ne disposant d'aucun revenu, il a assuré effectivement et exclusivement les besoins matériels de l'enfant. • CE 7 janv. 2000, n° 203069 : *RJF 2000. 145 ; Dr. fisc. 2000. 179, concl. Bachelier ; Dr. fam. 2000, comm. 83, note Douet.*

4. Doit être regardé comme enfant recueilli au foyer l'enfant étranger (libanais) acheminé vers la France par une association humanitaire et accueilli par une famille française qui a assumé la charge exclusive tant de l'entretien que de l'éducation de l'enfant, peu important que la séparation de l'enfant d'avec ses parents ne doit pas être définitive et qu'elle ne s'est pas accompagnée d'un transfert de l'autorité parentale. • CE 26 nov. 1999, n° 196648 : *Dr. fisc. 2000. 250, concl. Courtial ; RJF 2000. 7, chron. Mignon, p. 3.* ♦ Dans le même sens, concernant des enfants recueillis pendant une période suffisante (9 et 14 mois) • CE 27 nov. 2000, *De Chilly,* n° 190424 : *Dr. fisc. 2001. 335, concl. Courtial*

5. Les contribuables désignés en qualité de « tiers dignes de confiance » ne peuvent être regardés comme ayant assuré la charge exclusive de l'entretien et de l'éducation des enfants qui leur sont confiés dès lors que le département leur a versé une allocation d'entretien en application de l'art. L. 228-3 CASF. Ces enfants ne peuvent donc être considérés comme étant recueillis au foyer de ceux-ci au sens de l'art. 196-2°. • CE 15 déc. 2010, n° 334961 : *RJF 2011. 272 ; Dr. fisc. 2011. 304, note Douet.* ♦ Des enfants placés dans des familles d'accueil ou confiés à des « tiers dignes de confiance » pendant leur minorité peuvent demander après leur majorité leur rattachement fiscal au foyer de la famille qui les a accueillis, à condition que cette famille ne perçoive plus aucune aide ou rémunération pour leur entretien. * Rép. min. n° 83065 : *JOAN Q, 23 nov. 2010, p. 12812.*

6. N'est pas considéré comme un enfant recueilli l'étudiant étranger accueilli pour la durée d'une année scolaire par l'intermédiaire d'une association d'échanges internationaux. • CAA Nancy, 6 nov. 2003, n° 99NA1003 : *RJF 2004. 220 ; Dr. fisc. 2004. 297* • CAA Bordeaux, 29 avr. 2004, n° 00BX578 : *RJF 2004. 1220.*

7. Un contribuable ne peut compter à sa charge ses neveux adoptés selon une cérémonie familiale d'adoption coutumière et qui vivent avec leur mère au Pakistan. • CE 24 août 2011, n° 320321 : *RJF 2011. 1122.*

8. *Enfant reconnu.* Malgré l'effet déclaratif qu'elle comporte, la reconnaissance de paternité d'un enfant postérieure aux années d'imposition en litige est sans influence sur le bien-fondé des impositions contestées qui doit être apprécié à la date du fait générateur de l'impôt. Ainsi, un contribuable ne peut invoquer la filiation d'un enfant par possession d'état dès lors que celle-ci n'était pas constatée par un acte notarié établi ou par un jugement intervenu à la date du fait générateur de l'impôt. • CE 16 juill. 2008, n° 289948 : *RJF 2008. 1212.*

Art. 196 A *Abrogé.*

Art. 196 A *bis*

Tout contribuable peut considérer comme étant à sa charge, au sens de l'article 196, à la condition qu'elles vivent sous son toit, les personnes titulaires de la carte "mobilité inclusion" portant la mention "invalidité" prévue à l'article L. 241-3 du code de l'action sociale et des familles.

1. *Personnes invalides à charge.* Pour l'application de l'art. 196 A *bis*, la condition de vie sous le même toit à laquelle est subordonné le bénéfice d'une majoration du quotient familial pour prise à sa charge d'une personne invalide doit uniquement s'apprécier sur la base d'éléments matériels tenant à l'accueil à domicile d'une personne invalide ou aux conditions dans lesquelles, dans l'hypothèse d'une occupation partagée d'un immeuble avec le contribuable, celle-ci peut être regardée, compte tenu notamment de l'agencement de cet immeuble, comme habitant sous le toit de celui-ci. • CE 5 juill. 2018, n° 401627 : *RJF 2018. 1064.* ♦ *Le toit du contribuable peut ne pas être celui de sa résidence principale s'il existe une communauté de vie suffisante entre le contribuable et la personne invalide au lieu où cette dernière est hébergée. Ainsi, une contribuable peut compter à charge son frère invalide qui réside dans une localité autre que celle où elle exerce son activité professionnelle et dispose de son principal établissement mais dans laquelle elle se déplace de trois à cinq jours par semaine pour assister ce dernier. Par ailleurs, l'art. 196 A *bis* ne subordonne pas l'avantage qu'il prévoit à une quelconque condition tenant à la propriété de la résidence où vivent la personne invalide et celle qui la prend en charge. Dès lors, la circonstance qu'au cas particulier le frère invalide soit propriétaire indivis du logement où il réside ne fait pas obstacle à ce qu'il soit considéré comme vivant sous le toit de sa sœur qui supporte l'ensemble des charges afférentes à ce logement. • CAA Lyon, 9 mars 2006, n° 01LY1880 : *RJF 2006. 1142.*

2. Les dispositions de l'art. 196 A *bis* qui permettent à un contribuable de compter à sa charge les invalides vivant sous son toit n'autorisent pas le contribuable qui recueille sous son toit un invalide marié à considérer le conjoint de ce dernier comme étant également à sa charge, quand bien même il l'aurait aussi recueilli sous son toit. Par suite, l'obligation posée par l'art. 6 de soumettre les époux à une imposition commune fait obstacle à l'application de l'art. 196 A *bis* au cas d'un invalide marié qui n'entre pas dans les hypothèses où la loi fiscale prévoit l'imposition séparée des époux. • CE 26 oct. 2001, n° 224141, *Allilaire : RJF 2002. 5 ; Dr. fisc. 2002. 314, concl. Austry.*

3. Le choix d'un contribuable de déclarer à sa charge un ascendant invalide, en application de l'art. 196 A *bis*, et de bénéficier à ce titre d'une part supplémentaire de quotient familial est exclusif de la possibilité de déduire par ailleurs de son revenu imposable la pension alimentaire versée à cet ascendant. • CE 30 juill. 2003, n° 234251 : *Dr. fisc. 2003. 763 ; RJF 2003. 1304.*

Art. 196 B **Le contribuable qui accepte le rattachement des personnes désignées au 3 de l'article 6 bénéficie d'une demi-part supplémentaire de quotient familial par personne ainsi rattachée.**

Si la personne rattachée est mariée ou a des enfants à charge, l'avantage fiscal accordé au contribuable prend la forme d'un abattement de *(L. n° 2021-1900 du 30 déc. 2021, art. 2-I-1°)* **« 6 042 €** *[ancienne rédaction : 5 959 €]* **» sur son revenu global net par personne ainsi prise en charge. Lorsque les enfants de la personne rattachée sont réputés être à la charge égale de l'un et l'autre de leurs parents, l'abattement auquel ils ouvrent droit pour le contribuable est égal à la moitié de cette somme.** – *Montant applicable à l'imposition des revenus de 2021 (L. n° 2021-1900 du 30 déc. 2021, art. 2-I-1°).*

Enfants majeurs rattachés. V. note ss. art. 6.

Art. 196 *bis* **La situation dont il doit être tenu compte est celle existant au 1er janvier de l'année de l'imposition. Toutefois, l'année de la réalisation ou de la cessation de l'un ou de plusieurs des événements ou des conditions mentionnés aux 4 à 6 de l'article 6, il est tenu compte de la situation au 31 décembre de l'année d'imposition.**

Les charges de famille dont il doit être tenu compte sont celles existant au 1er janvier de l'année de l'imposition. Toutefois, en cas d'augmentation des charges de famille en cours d'année, il est fait état de ces charges au 31 décembre de l'année d'imposition ou à la date du décès s'il s'agit d'imposition établie en vertu de l'article 204.

1. Situation de famille. La situation dont il doit être tenu compte est celle existant au 1er janv. de l'année de l'imposition (1er janv. 2011 pour les revenus de l'année 2011). Toutefois, l'année de la réalisation ou de la cessation de l'un ou de plusieurs des événements ou des conditions mentionnés aux 4 à 6 de l'art. 6, il est tenu compte de la situation au 31 déc. de l'année d'imposition. * BOI-IR-LIQ-10-10-20 nos 1 et 10 du 12 sept. 2012.

2. Charges de famille. Les charges de famille dont il doit être tenu compte sont celles existant au 1er janv. de l'année de l'imposition. Toutefois, en cas d'augmentation des charges de famille en cours d'année, il est fait état de ces charges au 31 déc. de l'année d'imposition ou à la date du décès s'il s'agit d'imposition établie en vertu de l'art. 204. * BOI-IR-LIQ-10-10-20 nos 1 à 30 du 12 sept. 2012.

3. Enfant né puis décédé au cours d'une même année. Bien qu'il n'ait figuré dans les charges de famille ni au 1er janv. ni au 31 déc., un enfant né au cours d'une année et décédé avant la fin de la même année est retenu dans le quotient familial de l'année considérée dès lors que sa naissance a été enregistrée à l'état civil. Les enfants pour lesquels un acte d'enfant sans vie, prévu par l'art. 79-1 C. civ., a été établi sont également pris en compte pour l'appréciation des charges de famille. * BOI-IR-LIQ-10-10-20 n° 80 du 13 juin 2013.

Art. 197 **I. — En ce qui concerne les contribuables visés à l'article 4 B, il est fait application des règles suivantes pour le calcul de l'impôt sur le revenu :**

1. L'impôt est calculé en appliquant à la fraction de chaque part de revenu qui excède *(L. n° 2021-1900 du 30 déc. 2021, art. 2-I-2°-a)* **« 10 225 €** *[ancienne rédaction : 10 084 €]* **» le taux de :**

— 11 % pour la fraction supérieure à *(L. n° 2021-1900 du 30 déc. 2021, art. 2-I-2°-a)* **« 10 225 €** *[ancienne rédaction : 10 084 €]* **» et inférieure ou égale à** *(L. n° 2021-1900 du 30 déc. 2021, art. 2-I-2°-a)* **« 26 070 €** *[ancienne rédaction : 25 710 €]* **» ;**

— 30 % pour la fraction supérieure à *(L. n° 2021-1900 du 30 déc. 2021, art. 2-I-2°-a)* **« 26 070 €** *[ancienne rédaction : 25 710 €]* **» et inférieure ou égale à** *(L. n° 2021-1900 du 30 déc. 2021, art. 2-I-2°-a)* **« 74 545 €** *[ancienne rédaction : 73 516 €]* **» ;**

— 41 % pour la fraction supérieure à *(L. n° 2021-1900 du 30 déc. 2021, art. 2-I-2°-a)* **« 74 545 €** *[ancienne rédaction : 73 516 €]* **» et inférieure ou égale à** *(L. n° 2021-1900 du 30 déc. 2021, art. 2-I-2°-a)* **« 160 336 €** *[ancienne rédaction : 158 122 €]* **» ;**

— 45 % pour la fraction supérieure à *(L. n° 2021-1900 du 30 déc. 2021, art. 2-I-2°-a)* **« 160 336 €** *[ancienne rédaction : 158 122 €]*. **»** *— Barème applicable pour l'établissement de l'impôt dû au titre des revenus de 2021 (L. n° 2021-1900 du 30 déc. 2021, art. 2-I-2°-a).*

2. La réduction d'impôt résultant de l'application du quotient familial ne peut excéder *(L. n° 2021-1900 du 30 déc. 2021, art. 2-I-2°-b)* **« 1 592 €** *[ancienne rédaction : 1 570 €]* **» par demi-part ou la moitié de cette somme par quart de part s'ajoutant à une part pour les contribuables célibataires, divorcés, veufs ou soumis à l'imposition distincte prévue au 4 de l'article 6 et à deux parts pour les contribuables mariés soumis à une imposition commune.** *— Limite applicable à l'imposition des revenus de 2021 (L. n° 2021-1900 du 30 déc. 2021, art. 2-I-2°-b).*

Toutefois, pour les contribuables célibataires, divorcés, ou soumis à l'imposition distincte prévue au 4 de l'article 6, qui répondent aux conditions fixées au II de l'article 194, la réduction d'impôt correspondant à la part accordée au titre du premier enfant à charge est limitée à *(L. n° 2021-1900 du 30 déc. 2021, art. 2-I-2°-b)* **« 3 756 €** *[ancienne rédaction : 3 704 €]* **». Lorsque les contribuables entretiennent uniquement des enfants dont la charge est réputée également partagée entre l'un et l'autre des parents, la réduction d'impôt correspondant à la demi-part accordée au titre de chacun des deux premiers enfants est limitée à la moitié de cette somme.** *— Limite applicable à l'imposition des revenus de 2021 (L. n° 2021-1900 du 30 déc. 2021, art. 2-I-2°-b).*

Par dérogation aux dispositions du premier alinéa, la réduction d'impôt résultant de l'application du quotient familial, accordée aux contribuables qui bénéficient des dispositions des *a, b* et *e* du 1 de l'article 195, ne peut excéder *(L. n° 2021-1900 du 30 déc. 2021, art. 2-I-2°-b)* **« 951 €** *[ancienne rédaction : 938 €]* **».** *— Limite applicable à l'imposition des revenus de 2021 (L. n° 2021-1900 du 30 déc. 2021, art. 2-I-2°-b).*

Les contribuables qui bénéficient d'une demi-part au titre des *a, b, c, d, d bis, e* et *f* du 1 ainsi que des 2 à 6 de l'article 195 ont droit à une réduction d'impôt égale à *(L. n° 2021-1900 du 30 déc. 2021, art. 2-I-2°-b)* **« 1 587 €** *[ancienne rédaction : 1 565 €]* **» pour chacune de ces demi-parts lorsque la réduction de leur cotisation d'impôt est plafonnée en application du premier alinéa. La réduction d'impôt est égale à la moitié de cette somme lorsque la majoration visée au 2 de l'article 195 est de un quart de part. Cette réduction d'impôt ne peut toutefois excéder l'augmentation de la cotisation d'impôt résultant du plafonnement.** *— Montant applicable à l'imposition des revenus de 2021 (L. n° 2021-1900 du 30 déc. 2021, art. 2-I-2°-b). — En ce qui concerne les contribuables qui bénéficient d'une demi-part au titre des a, b et e du 1 de l'art. 195, les dispositions du présent al. sont sans objet dès lors que ces contribuables sont soumis au plafonnement prévu à l'al. précédent.*

Les contribuables veufs ayant des enfants à charge qui bénéficient d'une part supplémentaire de quotient familial en application du I de l'article 194 ont droit à une réduction d'impôt égale à *(L. n° 2021-1900 du 30 déc. 2021, art. 2-I-2°-b)* **« 1 772 €** *[ancienne rédaction : 1 748 €]* **» pour cette part supplémentaire lorsque la réduction de leur cotisation d'impôt est plafonnée en application du premier alinéa du présent 2. Cette réduction d'impôt ne peut toutefois excéder l'augmentation de la cotisation d'impôt résultant du plafonnement.** *— Montant applicable à l'imposition des revenus de 2021 (L. n° 2021-1900 du 30 déc. 2021, art. 2-I-2°-b).*

3. Le montant de l'impôt résultant de l'application des dispositions précédentes est réduit de 30 %, dans la limite de *(L. n° 2018-1317 du 28 déc. 2018, art. 16-I-1°)* **« 2 450 €** *[ancienne rédaction : 5 100 €]* **», pour les contribuables domiciliés dans les départements de la Guadeloupe, de la Martinique et de La Réunion ; cette réduction est égale à 40 %, dans la limite de** *(L. n° 2018-1317 du 28 déc. 2018, art. 16-I-1°)* **« 4 050 €** *[ancienne rédaction : 6 700 €]* **», pour les contribuables domiciliés dans les départements de la Guyane et de Mayotte.** *— V. App., Ord. n° 2013-837 du 19 sept. 2013.*

4. *a.* Le montant de l'impôt résultant de l'application des dispositions précédentes est diminué, dans la limite de son montant, de la différence entre *(L. n° 2021-1900 du 30 déc. 2021, art. 2-I-2°-c)* **« 790 €** *[ancienne rédaction : 779 €]* **» et** *(L. n° 2019-1479 du 28 déc. 2019, art. 2-I-3°-b et IV-A)* **« 45,25 %** *[ancienne rédaction : les trois quarts]* **» de son montant pour les contribuables célibataires, divorcés ou veufs et de la différence entre** *(L. n° 2021-1900 du 30 déc. 2021, art. 2-I-2°-c)* **« 1 307 €** *[ancienne rédaction : 1 289 €]* **» et** *(L. n° 2019-1479 du 28 déc. 2019, art. 2-I-3°-b et IV-A)* **« 45,25 %** *[ancienne rédaction : les trois quarts]* **» de son montant pour les contribuables soumis à imposition commune.** *— Montants applicables pour l'imposition des revenus de 2021 (L. n° 2021-1900 du 30 déc. 2021,* *art. 2-I-2°-c). — En pratique, la mesure susvisée bénéficie aux contribuables dont l'impôt brut est inférieur à 1 746 € (personnes seules) et à 2 889 € (couples mariés ou pacsés).*

(Abrogé par L. n° 2019-1479 du 28 déc. 2019, art. 2-I-3°-b et IV-B, pour les revenus perçus ou réalisés à compter du 1er janv. 2020) ***« b. Le montant de l'impôt résultant du a est réduit dans les conditions prévues au alinéa du présent b pour les contribuables dont le montant des revenus du foyer fiscal, au sens du 1° du IV de l'article 1417, est inférieur à** (Décr. n° 2020-897 du 22 juill. 2020, art. 1er)* ***« 21 249 €** [ancienne rédaction : 21 037 €] **», pour la première part de quotient familial des personnes célibataires, veuves ou divorcées, et à** (Décr. n° 2020-897 du 22 juill. 2020, art. 1er)* ***« 42 498 €** [ancienne rédaction : 42 074 €] **», pour les deux premières parts de quotient familial des personnes soumises à une imposition commune. Ces seuils sont majorés de** (Décr. n° 2020-897 du 22 juill. 2020, art. 1er)* ***« 3 836 €** [ancienne rédaction : 3 797 €] **» pour chacune des demi-parts suivantes et de la moitié de ce montant pour chacun des quarts de part suivants.***

« Pour l'application des seuils mentionnés au premier alinéa du présent b, le montant des revenus du foyer fiscal est majoré :

« 1° Du montant des plus-values, déterminées le cas échéant avant application des abattements pour durée de détention mentionnés au 1 de l'article 150-0 D ou à l'article 150-0 D ter et pour lesquelles il est mis fin au report d'imposition dans les conditions prévues à l'article 150-0 D bis,** (L. n° 2017-1837 du 30 déc. 2017, art. 28)* ***« dans leur rédaction » en vigueur jusqu'au 31 décembre 2013 ;

***« 2° Du montant des plus-values, déterminées le cas échéant avant application des abattements pour durée de détention mentionnés** (L. n° 2017-1837 du 30 déc. 2017, art. 28)* ***« aux 1 ter ou 1 quater » de l'article 150-0 D ou à l'article 150-0 D ter, et des créances mentionnées aux I et II de l'article 167 bis, pour la seule détermination du premier terme de la différence mentionnée au** (L. n° 2017-1837 du 30 déc. 2017, art. 28)* ***« deuxième » alinéa du 1 du II bis du même article 167 bis.** — Les dispositions issues de la L. n° 2017-1837 du 30 déc. 2017 s'appliquent aux transferts de domicile fiscal hors de France intervenus à compter du 1er janv. 2018 (L. préc., art. 28-VI-D).*

(L. n° 2016-1918 du 29 déc. 2016, art. 34-I-4°-b et III, en vigueur le 1er janv. 2016) ***« 3° Du montant des plus-values mentionnées au I de l'article 150-0 B ter, déterminées le cas échéant avant application de l'abattement pour durée de détention mentionné** (L. n° 2017-1837 du 30 déc. 2017, art. 28)* ***« aux 1 ter ou 1 quater » de l'article 150-0 D, pour la seule détermination du premier terme de la différence mentionné au deuxième alinéa du** (L. n° 2017-1837 du 30 déc. 2017, art. 28)* ***« 2° du a du 2 ter de l'article 200 A pour l'application de la seconde phrase du 3° du même a ». »***

« Le taux de la réduction prévue au premier alinéa du présent b est de 20 %. Toutefois, pour les contribuables dont les revenus du foyer fiscal, au sens du 1° du IV de l'article 1417, excèdent** (Décr. n° 2020-897 du 22 juill. 2020, art. 1er)* ***« 19 176 €** [ancienne rédaction : 18 985 €] **», pour la première part de quotient familial des personnes célibataires, veuves ou divorcées, ou** (Décr. n° 2020-897 du 22 juill. 2020, art. 1er)* ***« 38 352 €** [ancienne rédaction : 37 970 €] **», pour les deux premières parts de quotient familial des personnes soumises à une imposition commune, ces seuils étant majorés le cas échéant dans les conditions prévues au même premier alinéa, le taux de la réduction d'impôt est égal à 20 % multiplié par le rapport entre :

« — au numérateur, la différence entre** (Décr. n° 2020-897 du 22 juill. 2020, art. 1er)* ***« 21 249 €** [ancienne rédaction : 21 037 €] **», pour les personnes célibataires, veuves ou divorcées, ou** (Décr. n° 2020-897 du 22 juill. 2020, art. 1er)* ***« 42 498 €** [ancienne rédaction : 42 074 €] **», pour les personnes soumises à une imposition commune, ces seuils étant majorés le cas échéant dans les conditions prévues audit premier alinéa, et le montant des revenus mentionnés au troisième alinéa du présent b, et ;

***« — au dénominateur,** (Décr. n° 2020-897 du 22 juill. 2020, art. 1er)* ***« 2 073 €** [ancienne rédaction : 2 052 €] **», pour les personnes célibataires, veuves ou divorcées, ou** (Décr. n° 2020-897 du 22 juill. 2020, art. 1er)* ***« 4 146 €** [ancienne rédaction : 4 104 €] **», pour les personnes soumises à une imposition commune.** — Les différents montants susvisés valent pour l'imposition des revenus de 2019.*

***« Les montants de revenus mentionnés au présent b sont révisés chaque année dans la même proportion que la limite supérieure de la première tranche du barème de l'impôt sur le revenu. Les montants obtenus sont arrondis, s'il y a lieu, à l'euro supérieur. »** — Les dispositions du présent b telles que modifiées par l'art. 2 de la L. n° 2017-1837 du 30 déc. 2017* *s'appliquent à compter du 1er janv. 2018 (L. préc., art. 1er-II). — Les 2° et 3° du présent b tels que modifiés par l'art. 28 de la L. n° 2017-1837 du 30 déc. 2017 s'appliquent aux transferts de domicile fiscal hors de France intervenus à compter du 1er janv. 2018 et aux opérations d'apports réalisées à compter de cette même date (L. préc., art. 28-VI-B et D).*

5. Les réductions d'impôt mentionnées aux articles 199 *quater* B à 200 s'imputent sur l'impôt résultant de l'application des dispositions précédentes avant imputation des crédits d'impôt et des prélèvements ou retenues non libératoires ; elles ne peuvent pas donner lieu à remboursement.

II. — *Abrogé.*

L. n° 2014-891 du 8 août 2014, art. 1er : « I. — Les contribuables domiciliés en France au sens de l'article 4 B du code général des impôts bénéficient, au titre de l'imposition des revenus de l'année 2013, d'une réduction d'impôt sur le revenu lorsque le montant des revenus du foyer fiscal défini au 1° du IV de l'article 1417 du même code est inférieur à 14 145 € pour la première part de quotient familial des personnes célibataires, veuves ou divorcées et à 28 290 € pour les deux premières parts de quotient familial des personnes soumises à imposition commune. Ces limites sont majorées de 3 536 € pour chacune des demi-parts suivantes et de la moitié de cette somme pour chacun des quarts de part suivants.

« II. — Le montant de la réduction d'impôt est égal à 350 € pour les contribuables célibataires, veufs ou divorcés et à 700 € pour les contribuables soumis à imposition commune.

« Par dérogation, pour les contribuables mentionnés au I du présent article dont le montant des revenus défini au 1° du IV de l'article 1417 du code général des impôts excède 13 795 € pour la première part de quotient familial des contribuables célibataires, veufs ou divorcés et 27 590 € pour les deux premières parts de quotient familial des contribuables soumis à imposition commune, ces limites étant majorées de 3 536 € pour chacune des demi-parts suivantes et de la moitié de cette somme pour chacun des quarts de part suivants, le montant de cette réduction d'impôt est limité à la différence entre la limite de revenu applicable mentionnée au I du présent article et le montant de ces revenus.

« La réduction d'impôt s'applique sur le montant de l'impôt sur le revenu calculé dans les conditions fixées à l'article 197 du même code.

« III. — Le 5 du I du même article 197 est applicable.

« La réduction d'impôt n'est pas prise en compte pour l'application du plafonnement mentionné à l'article 200-0 A du même code. »

[Table de correspondance applicable pour l'impôt sur le revenu dû au titre des années non prescrites.]

§	**Sous-§**	**Limites et réductions (en €) applicables aux revenus...**		
		2014	**2013**	**2012**
Au I				
	1	(1)	6 011	5 963
		9 690	11 991	11 896
		26 764	26 631	26 420
		71 754	71 397	70 830
		151 956	151 200	150 000
	2	1 508	1 500	2 000
		3 558	3 540	4 040
		901	897	897
		1 504	1497	997
		1 680	1672	672

	4 (2)	**1 135**	**508**	**480**
		1 870		

(1) **Première tranche du barème : le taux de 5,5 %, antérieurement applicable, est supprimé à compter de l'imposition des revenus de l'année 2014** *(L. n° 2014-1654 du 29 déc. 2014, art. 2-I-A-1°)*.
(2) **Décote :**
– Revenus antérieurs à ceux de 2014 : Le montant de l'impôt résultant de l'application des dispositions des 1 à 3 de l'art. 197 est diminué de la différence entre le plafond mentionné dans le tableau ci-dessus et la moitié du montant de l'impôt précédemment calculé ***(V. CGI, éd. 2014)*.**
– Revenus de 2014 : une distinction est désormais faite entre les contribuables célibataires, divorcés ou veufs (1re ligne) et les contribuables soumis à imposition commune (2e ligne). Le mode de calcul est également modifié.

Pour les versements provisionnels 2017 (acomptes et prélèvements mensuels) réduits à concurrence du taux de la réfaction d'impôt dont bénéficient, le cas échéant, les contribuables en application des dispositions susvisées, V. App., L. n° 2016-1917 du 29 déc. 2016, art. 2-III.

1. Décote. Les plus-values immobilières sont au nombre des revenus catégoriels entrant dans la composition du revenu net global imposable. Il y a donc lieu d'en tenir compte pour apprécier le dépassement du seuil d'application de la décote. • CAA Paris, 13 nov. 2001, n° 97PA770 : *Dr. fisc. 2002. 464, concl. Kimmerlin ; RJF 2002. 604.*

2. Imputation des réductions d'impôt. Les réductions d'impôt prévues aux art. 199 *quater* B à 200 ne peuvent pas s'imputer sur les impositions à taux proportionnel. • CAA Paris, 18 avr. 2005, n° 01PA533 : *RJF 2005. 1352.*

3. Ordre d'imputation du crédit d'impôt conventionnel attaché à certains revenus de source étrangère. Le crédit d'impôt égal au montant de l'impôt français correspondant aux revenus et gains de source étrangère soumis au barème progressif prévu par les conventions fiscales conclues par la France s'impute avant les réductions d'impôt dont l'imputation est répartie sur plusieurs années ou qui font l'objet d'un report. Ce report peut être prévu lorsque les versements ouvrant droit à l'avantage fiscal excèdent le plafond annuel prévu par la loi ou lorsque le montant de l'avantage fiscal excède celui de l'impôt dû au titre de l'année d'imposition. * BOI-IR-RICI n° 35 du 20 sept. 2017.

Art. 197 A Les règles du 1 et du 2 du I de l'article 197 sont applicables pour le calcul de l'impôt sur le revenu dû par les personnes qui, n'ayant pas leur domicile fiscal en France :

a) Perçoivent des revenus de source française ; l'impôt ne peut, en ce cas, être inférieur à *(L. n° 2018-1317 du 28 déc. 2018, art. 13-I-3°-a et II-A, applicable aux revenus perçus ou réalisés à compter du 1er janv. 2018)* « un montant calculé en appliquant un taux de 20 % à la fraction du revenu net imposable inférieure ou égale à la limite supérieure de la deuxième tranche du barème de l'impôt sur le revenu et un taux de 30 % à la fraction supérieure à cette limite ; ces taux de 20 % et 30 % sont ramenés respectivement à 14,4 % et 20 % » pour les revenus ayant leur source dans les départements d'outre-mer ; toutefois, lorsque le contribuable justifie que le taux de l'impôt français sur l'ensemble de ses revenus de source française ou étrangère serait inférieur à ces minima, ce taux est applicable à ses revenus de source française. Dans ce cas, les contribuables qui ont leur domicile fiscal dans un État membre de l'Union européenne ou dans un État avec lequel la France a signé une convention d'assistance administrative de lutte contre la fraude et l'évasion fiscales ou une convention d'assistance mutuelle en matière de recouvrement d'impôt peuvent, dans l'attente de pouvoir produire les pièces justificatives, annexer à leur déclaration de revenu une déclaration sur l'honneur de l'exactitude des informations fournies ;

(L. n° 2018-1317 du 28 déc. 2018, art. 13-I-3°-b et II-A, applicable aux revenus perçus ou réalisés à compter du 1er janv. 2018) « *b*) Par dérogation à l'article 164 A, pour le calcul du taux de l'impôt français sur l'ensemble des revenus mondiaux prévu au *a* du présent article, les pensions alimentaires prévues au 2° du II de l'article 156 sont admises en déduction sous les mêmes conditions et limites, lorsque ces pensions sont impo-

sables entre les mains de leur bénéficiaire en France et que leur prise en compte n'est pas de nature à minorer l'impôt dû par le contribuable dans son État de résidence. »

1. Taux moyen d'imposition. Le « taux de l'impôt français sur l'ensemble des revenus » à comparer au taux minimum prévu par l'art. 197 A s'entend du taux moyen qui résulterait de l'application du barème progressif à l'ensemble des revenus imposables de source française ou étrangère à raison desquels le contribuable serait imposable s'il était domicilié en France. Les revenus qui sont exonérés d'IR en France n'entrent pas dans ce calcul. Tel est le cas des traitements versés par l'ONU à ses fonctionnaires. • CE 6 mai 1996, n° 132330 : *Dr. fisc. 1996. 1149, concl. Arrighi de Casanova.* ♦ Le contribuable domicilié hors de France qui entend établir l'absence de revenus de source étrangère aux fins de bénéficier du taux moyen sur revenu mondial doit produire tout document, tel qu'une déclaration, un relevé de revenus certifié par les autorités de l'État de résidence ou des relevés de compte ou tout autre justificatif portant sur des revenus, accompagné de sa traduction en français, relatif à l'année ou aux années d'imposition en litige. • TA Montreuil, 8 mars 2013, *Crépin,* n° 1203654 : *RJF 2013. 900.*

2. Des retraités français domiciliés en Thaïlande qui ne perçoivent pas de revenus de source thaïlandaise se situent hors du champ d'application de l'IRs et ne peuvent donc pas produire d'avis de non-imposition dans cet État. Compte tenu de ces éléments, il est admis que le retraité qui demande l'application du taux moyen puisse fournir au service des impôts des particuliers des non-résidents une copie de son visa et par ailleurs justifier par tout moyen (attestation sur l'honneur, par ex.), la nature et le montant de ses revenus. Les mêmes justificatifs sont demandés pour le conjoint qui n'a pas la nationalité thaïlandaise. Dans l'hypothèse où le conjoint serait résident de Thaïlande et de nationalité thaïlandaise, il devra présenter un avis d'imposition pour justifier de ses revenus. * Rép. min. n° 35999 : *JOAN Q, 17 nov. 2015, p. 8383.*

Art. 197 B *(L. n° 2018-1317 du 28 déc. 2018, art. 13-I-4° et II-B ; abrogé par L. n° 2020-1721 du 29 déc. 2020, art. 4-II)* ***Le contribuable peut demander le remboursement de l'excédent de retenue à la source opérée en application des articles*** *(Abrogé par L. n° 2019-1479 du 28 déc. 2019, art. 12-I-4° et III, applicable aux revenus perçus ou réalisés à compter du 1er janv. 2023)* ***« 182 A, » 182 A bis, 182 A ter et 182 B lorsque la totalité de cette retenue excède le montant de l'impôt qui résulterait de l'application du a de l'article 197 A à la totalité des revenus.***

Ancien art. 197 B *Pour la fraction n'excédant pas la limite supérieure, fixée par le III de l'article 182 A, des traitements, salaires, pensions et rentes viagères de source française servis à des personnes de nationalité française qui n'ont pas leur domicile fiscal en France, l'imposition établie dans les conditions prévues au a de l'article 197 A ne peut excéder la retenue à la source applicable en vertu de l'article 182 A. En outre, cette fraction n'est pas prise en compte pour le calcul de l'impôt sur le revenu établi en vertu du a de l'article 197 A et la retenue à laquelle elle a donné lieu n'est pas imputable. Toutefois, le contribuable peut demander le remboursement de l'excédent de retenue à la source opérée lorsque la totalité de cette retenue excède le montant de l'impôt qui résulterait de l'application des dispositions du a de l'article 197 A à la totalité de la rémunération.*

En cas de pluralité de débiteurs, la situation du contribuable est, s'il y a lieu, régularisée par voie de rôle.

Art. 197 C **L'impôt dont le contribuable est redevable en France sur les revenus autres que les traitements et salaires exonérés en vertu des dispositions des I et II de l'article 81 A et de l'article 81 D** *(Abrogé par L. n° 2017-1837 du 30 déc. 2017, art. 94)* ***« et les bénéfices non commerciaux exonérés en vertu des dispositions de l'article 93-0 A »*** **et autres que les revenus soumis aux versements libératoires prévus par l'article 151-0, est calculé au taux correspondant à l'ensemble de ses revenus, imposables et exonérés.**

Les dispositions issues de la L. n° 2017-1837 du 30 déc. 2017 s'appliquent aux périodes d'imposition et exercices ouverts à compter du 1er janv. 2018 (L. préc., art. 94-II).

Art. 197 *bis* à 197 *quater* et 198 à 198 *bis* A *Périmés.*

Art. 198 *ter* *Abrogé par L. n° 73-1150 du 27 déc. 1973, art. 2.*

Art. 198 *quater* *Abrogé par L. n° 69-1161 du 24 déc. 1969, art. 3-III et IV.*

Art. 199 **Sous réserve des traités de réciprocité, les dispositions de l'article 193 qui prévoient, pour le calcul de l'impôt sur le revenu, la division du revenu imposable en un certain nombre de parts fixé d'après la situation et les charges de famille du contri-**

buable ne sont applicables qu'aux citoyens français et aux personnes originaires de Saint-Pierre-et-Miquelon, de Nouvelle-Calédonie, de Polynésie française, des îles Wallis-et-Futuna et des Terres australes et antarctiques françaises.

Art. 199 *bis* *Abrogé par L. n° 72-1121 du 30 déc. 1972, art. 2 ; L. n° 73-1150 du 27 déc. 1973, art. 2.*

1° IMPUTATION DES RETENUES À LA SOURCE ET CRÉDITS D'IMPÔT

Art. 199 *ter* **I. — *a)* Lorsque les bénéficiaires des revenus de capitaux mobiliers visés aux articles 108 à 119, 238 *septies* B et 1678 *bis* sont tenus, en exécution des dispositions de la législation fiscale, de souscrire, pour l'assiette de l'impôt sur le revenu, une déclaration comprenant lesdits revenus, la somme à la retenue de laquelle ces revenus ont donné lieu, en vertu des articles 119 *bis* et 1678 *bis*, est imputée sur le montant de l'impôt sur le revenu liquidé au vu de cette déclaration dans les conditions fixées par l'article 193.** — *V. Ann. III, art. 49 septies Q.*

Pour tous les contribuables, qu'ils soient ou non tenus de souscrire une déclaration pour l'assiette de l'impôt sur le revenu, les sommes retenues à la source seront restituées, dans la mesure où elles ne pourront être admises à imputation sur l'impôt sur le revenu par suite de son montant inférieur ou de sa non-exigibilité dans des conditions qui sont fixées par décret en Conseil d'État. Ces dispositions ne sont pas applicables à la retenue à la source pratiquée sur les intérêts des obligations émises à compter du 1er octobre 1984 qui bénéficient à des personnes qui ont leur domicile fiscal ou qui sont établies hors du territoire de la République française, de Monaco ou d'un État dont l'institut d'émission est lié au Trésor français par un compte d'opération monétaire. — *Ann. II, art. 92 à 95.*

***b)* En ce qui concerne les revenus de source étrangère visés aux articles 120 à 125, l'imputation est limitée au montant du crédit correspondant à l'impôt retenu à la source à l'étranger ou à la décote en tenant lieu, tel qu'il est prévu par les conventions internationales.**

***c)* La retenue à la source, temporairement prélevée par le Luxembourg et l'Autriche conformément à l'article 11 de la directive 2003/48/CE du Conseil du 3 juin 2003 en matière de fiscalité des revenus de l'épargne sous forme de paiements d'intérêts, ouvre droit après imputation, le cas échéant, des autres retenues à la source et crédits d'impôt mentionnés aux *a* et *b*, à un crédit d'impôt égal à cette retenue qui est déduit de l'impôt sur le revenu dû au titre de l'année au cours de laquelle les revenus définis au septième alinéa du 1 de l'article 242 *ter*, majorés du montant des retenues à la source auxquelles ils ont été soumis, sont déclarés et imposés. En cas d'excédent, celui-ci est restitué.**

I. bis. — Abrogé.

II. — Les actionnaires des sociétés d'investissement ou des sociétés assimilées visées aux 1° *bis* et 1° *bis* A de l'article 208 et des sociétés de capital-risque visées au 3° *septies* du même article peuvent effectuer l'imputation de tout ou partie des crédits d'impôt attachés aux produits et plus-values de cession du portefeuille de ces sociétés dans les mêmes conditions que s'ils avaient perçu directement ces revenus.

Pour chaque exercice, la société calcule la somme totale à l'imputation de laquelle donnent droit les revenus encaissés et les plus-values réalisées par elle.

Le droit à imputation de chaque actionnaire est déterminé en proportion de sa part dans les dividendes et les plus-values distribués au titre du même exercice. Pour les dividendes, il ne peut excéder celui normalement attaché aux revenus distribués par les sociétés françaises ordinaires.

Le montant à imputer est ajouté pour l'assiette de l'impôt sur le revenu au revenu net perçu par l'actionnaire.

Lorsque les sociétés d'investissement admises au bénéfice du régime prévu aux 1° *bis* et 1° *bis* A de l'article 208 ne peuvent transférer à leurs actionnaires tout ou partie des crédits d'impôt attachés aux produits de leur portefeuille encaissés et aux plus-values de cession réalisées au cours d'un exercice, les crédits non utilisés sont susceptibles d'être reportés sur les exercices suivants.

III. — Abrogé.

Art. 199 *ter* A Les porteurs de parts d'un fonds commun de placement peuvent effectuer l'imputation de tout ou partie des crédits d'impôts attachés aux produits et plus-values de cession des actifs compris dans ce fonds.

Pour chaque année, le gérant du fonds calcule la somme totale à l'imputation de laquelle les produits encaissés et les plus-values réalisées par le fonds donnent droit.

Le droit à imputation par chaque porteur est déterminé en proportion de sa quote-part dans la répartition faite au titre de l'année considérée et en tenant compte de la nature et de l'origine française ou étrangère des sommes ou valeurs réparties. Ce droit à imputation ne peut excéder celui auquel l'intéressé aurait pu prétendre s'il avait perçu directement sa quote-part des mêmes produits ou réalisé directement cette même plus-value.

Le montant à imputer est ajouté pour l'assiette de l'impôt sur le revenu ou de l'impôt sur les sociétés au revenu net perçu par les porteurs de parts.

Un décret adapte les dispositions du présent code relatives à la restitution des sommes correspondant aux crédits d'impôt qui n'ont pu être imputés. – *Ann. III, art. 41 sexdecies C à 41 sexdecies F.*

BIBL. ▶ Boutemy et Meier, *Dr. fisc. 2000, p. 262.* – Cozian, *GPFE, Doc. 5* (fonds turbo, abus de droit et doctrine administrative). – Deboissy, *RTD com. 2000. 969* (fonds-turbo). – Dibout, *Dr. fisc. 1998, p. 797* (fonds-turbo). – Douet, *RFFP 2000, n° 72, p. 79* (fonds-turbo).

Art. 199 *ter*-0 B Les porteurs de parts d'un fonds de placement immobilier mentionné à l'article 239 *nonies* peuvent effectuer l'imputation de tout ou partie des crédits d'impôt attachés aux revenus et profits mentionnés à l'article L. 214-81 du code monétaire et financier compris dans ce fonds.

Pour chaque année, la société de gestion du fonds mentionnée à l'article L. 214-61 du même code calcule la somme totale à l'imputation de laquelle les revenus encaissés et les profits réalisés par le fonds donnent droit.

Le droit à imputation par chaque porteur est déterminé en proportion de sa quote-part dans la distribution faite au titre de l'année considérée et en tenant compte de la nature et de l'origine française ou étrangère des revenus et profits compris dans cette distribution. Ce droit à imputation ne peut excéder celui auquel l'intéressé aurait pu prétendre s'il avait perçu directement sa quote-part des mêmes revenus et profits.

Le montant à imputer est ajouté pour l'assiette de l'impôt sur le revenu ou de l'impôt sur les sociétés au revenu net perçu par les porteurs de parts. – *Ces dispositions s'appliquent à compter du 1er juin 2007 (Ord. n° 2005-1278 du 13 oct. 2005, art. 7 ; L. n° 2005-1720 du 30 déc. 2005, art. 28-C-VI ; Arr. du 15 mai 2007, JO 16 mai).*

Art. 199 *ter* B I. – Le crédit d'impôt pour dépenses de recherche défini à l'article 244 *quater* B est imputé sur l'impôt sur le revenu dû par le contribuable au titre de l'année au cours de laquelle les dépenses de recherche prises en compte pour le calcul du crédit d'impôt ont été exposées. L'excédent de crédit d'impôt constitue au profit de l'entreprise une créance sur l'État d'égal montant. Cette créance est utilisée pour le paiement de l'impôt sur le revenu dû au titre des trois années suivant celle au titre de laquelle elle est constatée puis, s'il y a lieu, la fraction non utilisée est remboursée à l'expiration de cette période.

La créance est inaliénable et incessible, sauf dans les cas et conditions prévus par les articles L. 214-169 à L. 214-190 et L. 313-23 à L. 313-35 du code monétaire et financier.

En cas de fusion ou d'opération assimilée intervenant au cours de la période mentionnée à la dernière phrase du premier alinéa, la fraction de la créance qui n'a pas encore été imputée par la société apporteuse est transférée à la société bénéficiaire de l'apport.

La fraction du crédit d'impôt recherche correspondant aux parts des personnes physiques autres que celles mentionnées au I de l'article 151 *nonies* n'est ni imputable ni restituable.

II. – La créance mentionnée au premier alinéa du I est immédiatement remboursable lorsqu'elle est constatée par l'une des entreprises suivantes :

1° Les entreprises, autres que celles mentionnées au III de l'article 44 *sexies*, créées à compter du 1er janvier 2004 et dont le capital est entièrement libéré et détenu de manière continue à 50 % au moins :

a) Par des personnes physiques ;

b) Ou par une société dont le capital est détenu pour 50 % au moins par des personnes physiques ;

c) Ou par des sociétés de capital-risque, des fonds communs de placement à risques, des fonds professionnels spécialisés relevant de l'article L. 214-37 du code monétaire et financier dans sa rédaction antérieure à l'ordonnance n° 2013-676 du 25 juillet 2013 modifiant le cadre juridique de la gestion d'actifs, des fonds professionnels de capital investissement, des sociétés de libre partenariat, des sociétés de développement régional, des sociétés financières d'innovation ou des sociétés unipersonnelles d'investissement à risque à la condition qu'il n'existe pas de lien de dépendance au sens *(Abrogé par L. n° 2018-1317 du 28 déc. 2018, art. 37-I-3° et III-1, pour les exercices ouverts à compter du 1er janv. 2019)* « *des deuxième à quatrième alinéas* » du 12 de l'article 39 entre les entreprises et ces dernières sociétés ou ces fonds.

Ces entreprises peuvent demander le remboursement immédiat de la créance constatée au titre de l'année de création. Il en est de même pour les créances constatées au titre des quatre années suivantes ;

2° Les entreprises ayant fait l'objet d'une procédure de conciliation ou de sauvegarde, d'un redressement ou d'une liquidation judiciaires. Ces entreprises peuvent demander le remboursement de leur créance non utilisée à compter de la date de la décision ou du jugement qui a ouvert ces procédures ;

3° Les jeunes entreprises innovantes mentionnées à l'article 44 *sexies*-0 A ;

4° Les entreprises qui satisfont à la définition des micro, petites et moyennes entreprises donnée à l'annexe I au règlement (UE) n° 651/2014 de la Commission du 17 juin 2014 déclarant certaines catégories d'aides compatibles avec le marché intérieur en application des articles 107 et 108 du traité.

Les entreprises créées depuis moins de deux ans qui sollicitent le remboursement immédiat de la créance de crédit d'impôt pour dépenses de recherche doivent présenter à l'appui de leur demande les pièces justificatives attestant de la réalité des dépenses de recherche.

III. — *Disposition périmée.*

IV. — *Abrogé par L. n° 2010-1657 du 29 déc. 2010, art. 41-I-C et VI.*

1. Crédit d'impôt en faveur des entreprises industrielles et commerciales ou agricoles effectuant des dépenses de recherche. Dispositif de remboursement immédiat s'appliquant aux créances de CIR constatées à compter du 1er janv. 2013. * BOI-BIC-RICI-10-10-50 nos 30 à 490 du 6 mars 2019.

2. Demande de remboursement. La demande de remboursement d'un crédit d'impôt recherche constitue une réclamation contentieuse au sens de l'art. L. 190 LPF. La décision par laquelle l'Administration rejette tout ou partie d'une telle réclamation n'a pas le caractère d'une procédure de reprise ou de redressement. • CE 8 nov. 2010, n° 308672 : *RJF 2011. 229.*

3. Critères d'éligibilité des PME au bénéfice du remboursement immédiat. Une PME au sens du droit de l'UE peut demander le remboursement immédiat d'une créance de crédit d'impôt recherche dès le premier exercice suivant sa sortie d'un groupe économique * BOI-BIC-RICI-10-10-50 n° 140 du 6 mars 2019.

Art. 199 *ter* B *bis* *(L. n° 2021-1900 du 30 déc. 2021, art. 69-I-2° et III, applicable aux dépenses facturées au titre des contrats de collaboration conclus à compter du 1er janv. 2022)* I. — Le crédit d'impôt en faveur de la recherche collaborative défini à l'article 244 *quater* B *bis* est imputé sur l'impôt sur le revenu dû par le contribuable au titre de l'année au cours de laquelle les dépenses de recherche prises en compte pour le calcul du crédit d'impôt ont été facturées par l'organisme de recherche et de diffusion des connaissances. L'excédent de crédit d'impôt constitue au profit de l'entreprise une créance sur l'État d'égal montant. Cette créance est utilisée pour le paiement de l'impôt sur le revenu dû au titre des trois années suivant celle au titre de laquelle elle est constatée, puis, s'il y a lieu, la fraction non utilisée est remboursée à l'expiration de cette période.

La créance est inaliénable et incessible, sauf dans les cas et conditions prévus aux articles L. 214-169 à L. 214-190 et L. 313-23 à L. 313-35 du code monétaire et financier.

En cas de fusion ou d'opération assimilée intervenant au cours de la période mentionnée à la dernière phrase du premier alinéa du présent I, la fraction de la créance qui n'a pas encore été imputée par la société apporteuse est transférée à la société bénéficiaire de l'apport.

La fraction du crédit d'impôt en faveur de la recherche collaborative correspondant aux parts des personnes physiques autres que celles mentionnées au I de l'article 151 *nonies* n'est ni imputable, ni restituable.

II. – La créance mentionnée au premier alinéa du I du présent article est immédiatement remboursable lorsqu'elle est constatée par l'une des entreprises suivantes :

1° Les entreprises nouvelles, autres que celles mentionnées au III de l'article 44 *sexies*, dont le capital est entièrement libéré et détenu de manière continue à 50 % au moins :

a) Par des personnes physiques ;

b) Ou par une société dont le capital est détenu à 50 % au moins par des personnes physiques ;

c) Ou par des sociétés de capital-risque, des fonds communs de placement à risques, des fonds professionnels spécialisés relevant de l'article L. 214-37 du code monétaire et financier dans sa rédaction antérieure à l'ordonnance n° 2013-676 du 25 juillet 2013 modifiant le cadre juridique de la gestion d'actifs, des fonds professionnels de capital*[-]*investissement, des sociétés de libre partenariat, des sociétés de développement régional, des sociétés financières d'innovation ou des sociétés unipersonnelles d'investissement à risque, à la condition qu'il n'existe pas de lien de dépendance, au sens du 12 de l'article 39 du présent code, entre les entreprises et ces sociétés ou ces fonds.

Ces entreprises peuvent demander le remboursement immédiat de la créance constatée au titre de l'année de leur création. Il en est de même pour les créances constatées au titre des quatre années suivantes ;

2° Les entreprises ayant fait l'objet d'une procédure de conciliation ou de sauvegarde, d'un redressement ou d'une liquidation judiciaires. Ces entreprises peuvent demander le remboursement de leur créance non utilisée à compter de la date de la décision ou du jugement qui a ouvert ces procédures ;

3° Les jeunes entreprises innovantes mentionnées à l'article 44 *sexies*-0 A ;

4° Les entreprises qui satisfont à la définition des micro, petites et moyennes entreprises donnée à l'annexe I au règlement (UE) n° 651/2014 de la Commission du 17 juin 2014 déclarant certaines catégories d'aides compatibles avec le marché intérieur en application des articles 107 et 108 du traité.

Art. 199 *ter* C I. – Le crédit d'impôt défini à l'article 244 *quater* C est imputé sur l'impôt sur le revenu dû par le contribuable au titre de l'année au cours de laquelle les rémunérations prises en compte pour le calcul du crédit d'impôt ont été versées. L'excédent de crédit d'impôt constitue, au profit du contribuable, une créance sur l'État d'égal montant. Cette créance est utilisée pour le paiement de l'impôt sur le revenu dû au titre des trois années suivant celle au titre de laquelle elle est constatée, puis, s'il y a lieu, la fraction non utilisée est remboursée à l'expiration de cette période.

La créance est inaliénable et incessible, sauf dans les cas et conditions prévus aux articles L. 313-23 à L. 313-35 du code monétaire et financier ; elle ne peut alors faire l'objet de plusieurs cessions ou nantissements partiels auprès d'un ou de plusieurs cessionnaires ou créanciers.

La créance sur l'État est constituée du montant du crédit d'impôt avant imputation sur l'impôt sur le revenu lorsque, en application du deuxième alinéa de l'article L. 313-23 du même code, cette créance a fait l'objet d'une cession ou d'un nantissement avant la liquidation de l'impôt sur le revenu sur lequel le crédit d'impôt correspondant s'impute, à la condition que l'administration en ait été préalablement informée.

En cas de fusion ou d'opération assimilée intervenant au cours de la période mentionnée à la dernière phrase du premier alinéa du présent I, la fraction de la créance qui n'a pas encore été imputée par la société apporteuse est transférée à la société bénéficiaire de l'apport.

II. – La créance mentionnée au premier alinéa du I est immédiatement remboursable lorsqu'elle est constatée par l'une des entreprises suivantes :

1° Les entreprises qui satisfont à la définition des micro, petites et moyennes entreprises donnée à l'annexe I au règlement (UE) n° 651/2014 de la Commission du 17 juin 2014 déclarant certaines catégories d'aides compatibles avec le marché intérieur en application des articles 107 et 108 du traité ;

2° Les entreprises nouvelles, autres que celles mentionnées au III de l'article 44 *sexies*, dont le capital est entièrement libéré et détenu de manière continue à 50 % au moins :

a) Par des personnes physiques ;

b) Ou par une société dont le capital est détenu pour 50 % au moins par des personnes physiques ;

c) Ou par des sociétés de capital-risque, des fonds communs de placement à risques, des fonds professionnels spécialisés relevant de l'article L. 214-37 du code monétaire et financier, dans sa rédaction antérieure à l'ordonnance n° 2013-676 du 25 juillet 2013 modifiant le cadre juridique de la gestion d'actifs, des fonds professionnels de capital investissement, des sociétés de libre partenariat, des sociétés de développement régional, des sociétés financières d'innovation ou des sociétés unipersonnelles d'investissement à risque, à la condition qu'il n'existe pas de lien de dépendance au sens *(Devenu sans objet, Décr. n° 2019-559 du 6 juin 2019, art. 1er)* « *des trois derniers alinéas* » du 12 de l'article 39 entre les entreprises et ces dernières sociétés ou ces fonds.

Ces entreprises peuvent demander le remboursement immédiat de la créance constatée au titre de l'année de création et des quatre années suivantes ;

3° Les jeunes entreprises innovantes mentionnées à l'article 44 *sexies*-0 A ;

4° Les entreprises ayant fait l'objet d'une procédure de conciliation ou de sauvegarde, d'un redressement ou d'une liquidation judiciaire. Ces entreprises peuvent demander le remboursement de leur créance non utilisée à compter de la date de la décision ou du jugement qui a ouvert ces procédures.

Préfinancement du crédit d'impôt pour la compétitivité et l'emploi (CICE). Modalités de mise en œuvre. * Rép. min. n° 123544 : *JOAN Q, 29 oct. 2013, p. 11320.*

Art. 199 *ter* D I. — Le crédit d'impôt défini à l'article 244 *quater* E est imputé sur l'impôt sur le revenu dû par le contribuable au titre de l'année au cours de laquelle les biens éligibles au dispositif sont acquis, créés ou loués. Lorsque les biens éligibles sont acquis, créés ou loués au titre d'un exercice ne coïncidant pas avec l'année civile, le crédit d'impôt correspondant est imputé sur l'impôt sur le revenu dû par le contribuable au titre de l'année au cours de laquelle l'exercice est clos. Si le montant du crédit d'impôt excède l'impôt dû au titre de ladite année, l'excédent est utilisé pour le paiement de l'impôt sur le revenu dû au titre des neuf années suivantes. Le solde non utilisé est remboursé à l'expiration de cette période dans la limite de 50 % du crédit d'impôt et d'un montant de 300 000 €.

Toutefois, sur demande du redevable, le solde non utilisé peut être remboursé à compter de la cinquième année, dans la limite de 35 % du crédit d'impôt et d'un montant de 300 000 €.

La créance sur l'État correspondant au crédit d'impôt non utilisé est inaliénable et incessible, sauf dans les cas et selon les conditions prévus aux articles L. 313-23 à L. 313-35 du code monétaire et financier. Elle n'est pas imposable.

Dans le cadre d'une opération mentionnée au deuxième alinéa du III de l'article 244 *quater* E, la fraction de la créance qui n'a pas encore été imputée est transférée au bénéficiaire de la transmission.

En cas de fusion ou d'opération assimilée bénéficiant du régime prévu à l'article 210 A et intervenant au cours de la période visée à la deuxième phrase du premier alinéa, la fraction de la créance qui n'a pas encore été imputée par la société absorbée ou apporteuse est transférée à la ou aux sociétés bénéficiaires des apports pour sa valeur nominale.

En cas de scission ou d'apport partiel d'actif, la créance est transmise en proportion de l'actif net réel apporté à la ou aux sociétés bénéficiaires des apports.

II. — La créance mentionnée au premier alinéa du I est immédiatement remboursable lorsqu'elle est constatée par l'une des entreprises suivantes :

1° Les entreprises autres que celles mentionnées au III de l'article 44 *sexies* et dont le capital est entièrement libéré et détenu de manière continue à 50 % au moins :

a) Par des personnes physiques ;

b) Ou par une société dont le capital est détenu pour 50 % au moins par des personnes physiques ;

c) Ou par des sociétés de capital-risque, des fonds communs de placement à risques, des fonds professionnels spécialisés relevant de l'article L. 214-37 du code monétaire et financier dans sa rédaction antérieure à l'ordonnance n° 2013-676 du 25 juillet 2013 modifiant le cadre juridique de la gestion d'actifs, des fonds professionnels de capital investissement, des sociétés de libre partenariat, des sociétés de développement régional, des sociétés financières d'innovation ou des sociétés unipersonnelles d'investissement à risque à la condition qu'il n'existe pas de lien de dépendance au sens *(Abrogé par L. n° 2018-1317 du 28 déc. 2018, art. 37-I-8° et III-1, pour les exercices ouverts à compter du 1er janv. 2019) « des trois derniers alinéas »* du 12 de l'article 39 entre les entreprises et ces dernières sociétés ou ces fonds.

Ces entreprises peuvent demander le remboursement immédiat de la créance constatée au titre de l'année de création. Il en est de même pour les créances constatées au titre des quatre années suivantes ;

2° Les entreprises ayant fait l'objet d'une procédure de conciliation ou de sauvegarde, d'un redressement ou d'une liquidation judiciaires. Ces entreprises peuvent demander le remboursement de leur créance non utilisée à compter de la date de la décision ou du jugement qui a ouvert ces procédures ;

3° Les jeunes entreprises innovantes mentionnées à l'article 44 *sexies*-0 A ;

4° Les entreprises qui satisfont à la définition des micro, petites et moyennes entreprises donnée à l'annexe I au règlement (UE) n° 651/2014 de la Commission du 17 juin 2014 déclarant certaines catégories d'aides compatibles avec le marché intérieur en application des articles 107 et 108 du traité.

Crédit d'impôt pour investissements en Corse. Doctrine administrative. Détermination et modalités d'utilisation du crédit d'impôt. * BOI-BIC-RICI-10-60-20-10-20 du 1er juill. 2015.

Art. 199 *ter* E Le crédit d'impôt défini à l'article 244 *quater* F est imputé sur l'impôt sur le revenu dû par le contribuable au titre de l'année au cours de laquelle l'entreprise a engagé les dépenses. Si le montant du crédit d'impôt excède l'impôt dû au titre de ladite année, l'excédent est restitué. — *V. Ann. III, art. 49 septies YB et 49 septies YC.*

Art. 199 *ter* F *(Abrogé par L. n° 2018-771 du 5 sept. 2018, art. 27-III et IV, pour les périodes d'imposition et exercices ouverts à compter du 1er janv. 2019)* ***Le crédit d'impôt défini à l'article 244 quater G est imputé sur l'impôt sur le revenu dû par le contribuable au titre de l'année au cours de laquelle il a employé des apprentis dans les conditions prévues à cet article. Si le montant du crédit d'impôt excède l'impôt dû au titre de ladite année, l'excédent est restitué.*** — *V. Ann. III, art. 49 septies YJ à 49 septies YO.*

Art. 199 *ter* G *(Abrogé par L. n° 2017-1837 du 30 déc. 2017, art. 94, applicable aux périodes d'imposition et exercices ouverts à compter du 1er janv. 2018)* ***Le crédit d'impôt défini à l'article 244 quater H est imputé sur l'impôt sur le revenu dû par le contribuable au titre des années au cours desquelles les dépenses définies au II de l'article 244 quater H ont été exposées. Si le montant du crédit d'impôt excède l'impôt dû au titre de ladite année, l'excédent est restitué.*** — *V. Ann. III, art. 49 septies YU et 49 septies YV.*

Art. 199 *ter* H *Périmé (Décr. n° 2010-421 du 27 avr. 2010).*

Art. 199 *ter* I I. — Le crédit d'impôt défini à l'article 244 *quater* J est imputé à hauteur d'un cinquième de son montant sur l'impôt sur le revenu dû par le contribuable au titre de l'année au cours de laquelle l'établissement de crédit ou la société de financement a versé des avances remboursables dans les conditions prévues à cet article et par fractions égales sur l'impôt sur le revenu dû au titre des quatre années suivantes. Si la fraction du crédit d'impôt excède l'impôt dû au titre de chacune de ces années, l'excédent est restitué.

II. — 1. Si, pendant la durée de remboursement de l'avance, et tant que celle-ci n'est pas intégralement remboursée, il apparaît que les conditions mentionnées au I de l'article 244 *quater* J fixées pour l'octroi de l'avance remboursable n'ont pas été respectées, le crédit d'impôt est reversé par l'établissement de crédit ou la société de financement. Par exception, lorsque les conditions relatives à la justification des ressources déclarées par le bénéficiaire ne sont pas respectées par celui-ci, l'État exige de ce dernier le remboursement de l'avantage indûment perçu. Celui-ci ne peut excéder le montant du crédit d'impôt majoré de 25 %. Un décret en Conseil d'État définit les modalités de restitution de l'avantage indu par le bénéficiaire de l'avance remboursable sans intérêt.

2. Si, pendant la durée de remboursement de l'avance, et tant que celle-ci n'est pas intégralement remboursée, les conditions relatives à l'affectation du logement et à ses caractéristiques mentionnées au I de l'article 244 *quater* J fixées pour l'octroi de l'avance remboursable ne sont plus respectées, les fractions de crédit d'impôt restant à imputer ne peuvent plus être utilisées par l'établissement de crédit ou la société de financement.

3. L'offre de l'avance remboursable sans intérêt émise par l'établissement de crédit ou la société de financement peut prévoir de rendre exigible cette avance auprès des bénéficiaires dans les cas mentionnés aux 1 et 2 selon des modalités définies par décret en Conseil d'État.

III. — En cas de remboursement anticipé de l'avance remboursable mentionnée à l'article 244 *quater* J intervenant pendant la durée d'imputation du crédit d'impôt, les fractions de crédit d'impôt restant à imputer ne peuvent plus être utilisées par l'établissement de crédit ou la société de financement.

V. Ann. III, art. 49 septies YP à 49 septies YT : obligations déclaratives et modalités de détermination et d'imputation du crédit d'impôt en faveur des établissements qui consentent des avances remboursables sans intérêt.

Art. 199 *ter* J *Périmé (Décr. nº 2010-421 du 27 avr. 2010).*

Art. 199 *ter* K Le crédit d'impôt défini à l'article 244 *quater* L est imputé sur l'impôt sur le revenu dû par le contribuable au titre de l'année au cours de laquelle l'entreprise a respecté les conditions prévues à cet article. Si le montant du crédit d'impôt excède le montant de l'impôt dû au titre de ladite année, l'excédent est restitué.

Art. 199 *ter* L Le crédit d'impôt défini à l'article 244 *quater* M est imputé sur l'impôt sur le revenu dû par le contribuable au titre de l'année au cours de laquelle les heures de formation ont été suivies par le chef d'entreprise. Si le montant du crédit d'impôt excède l'impôt dû au titre de ladite année, l'excédent est restitué. — *Un décret fixe les conditions d'application du présent article.*

Art. 199 *ter* M *Périmé (Décr. nº 2011-645 du 9 juin 2011).*

Art. 199 *ter* N Le crédit d'impôt défini à l'article 244 *quater* O est imputé sur l'impôt sur le revenu dû par le contribuable au titre de l'année au cours de laquelle les dépenses définies au même article ont été exposées. Si le montant du crédit d'impôt excède l'impôt dû au titre de ladite année, l'excédent est restitué. — *V. Ann. III, art. 49 septies ZO.*

Art. 199 *ter* O *Périmé (Décr. nº 2011-645 du 9 juin 2011).*

Art. 199 *ter* P Le crédit d'impôt défini à l'article 244 *quater* Q est imputé sur l'impôt sur le revenu dû par le contribuable au titre de l'année au cours de laquelle les dépenses définies au II de l'article 244 *quater* Q ont été exposées. Si le montant du crédit d'impôt excède le montant de l'impôt dû au titre de ladite année, l'excédent est restitué.

Art. 199 *ter* Q *Périmé (Décr. nº 2014-549 du 26 mai 2014).*

Art. 199 *ter* R *(Périmé, Décr. nº 2019-559 du 6 juin 2019, art. 1er)* ***Le crédit d'impôt défini à l'article 244 quater T est imputé sur l'impôt sur le revenu dû par le contribuable au titre de l'année ou de la période de douze mois au cours de laquelle les primes d'intéressement sont dues. Si le montant du crédit d'impôt excède le montant de l'impôt dû au titre de ladite année, l'excédent est restitué.*** — *V. Ann. III, art. 49 septies ZZ.*

Art. 199 *ter* S I. — Le crédit d'impôt défini à l'article 244 *quater* U est imputé à hauteur d'un cinquième de son montant sur l'impôt sur le revenu dû par le contribuable au titre de l'année au cours de laquelle l'établissement de crédit ou la société de financement a versé des avances remboursables dans les conditions prévues à cet article et par fractions égales sur l'impôt sur le revenu dû au titre des quatre années suivantes. Si la fraction du crédit d'impôt excède l'impôt dû au titre de chacune de ces années, l'excédent est restitué. *— V. Ann. III, art. 49 septies ZZD.*

II. — 1. Si, pendant la durée de remboursement de l'avance, et tant que celle ci n'est pas intégralement remboursée, il apparaît que les conditions mentionnées aux I, VI *bis* et VI *ter* de l'article 244 *quater* U fixées pour l'octroi de l'avance remboursable n'ont pas été respectées, le crédit d'impôt est reversé par l'établissement de crédit ou la société de financement.

Par exception :

a) Lorsque le devis ou la facture visant tout ou partie des travaux financés ne permettent pas de justifier les informations figurant dans le descriptif mentionné au 5 du même I, l'entreprise réalisant ces travaux est redevable d'une amende égale à 10 % du montant des travaux non justifié. Cette amende ne peut excéder le montant du crédit d'impôt. Un décret fixe les modalités d'application du présent *a* ; *— Sur les modalités de calcul et de recouvrement de l'amende, V. CCH, art. R.* 319-14-1. —* ***CCH.***

b) Lorsque la justification de la réalisation ou de l'éligibilité des travaux n'est pas apportée par le bénéficiaire dans le délai prévu au 5 dudit I, à l'exception des cas mentionnés au *a* du présent 1, l'État exige du bénéficiaire le remboursement de l'avantage indûment perçu. Celui-ci ne peut excéder le montant du crédit d'impôt majoré de 25 %. Un décret définit les modalités de restitution de l'avantage indu par le bénéficiaire de l'avance remboursable sans intérêt. *— V. CCH, art. R.* 319-13 à R.* 319-15. —* ***CCH.***

2. Si, pendant la durée de remboursement de l'avance, et tant que celle-ci n'est pas intégralement remboursée, les conditions relatives à l'affectation du logement mentionnées au I de l'article 244 *quater* U fixées pour l'octroi de l'avance remboursable ne sont plus respectées, les fractions de crédit d'impôt restant à imputer ne peuvent plus être utilisées par l'établissement de crédit ou la société de financement.

3. L'offre de l'avance remboursable sans intérêt émise par l'établissement de crédit ou la société de financement peut prévoir de rendre exigible cette avance auprès des bénéficiaires dans les cas mentionnés au premier alinéa du 1 et au 2 selon des modalités définies par décret.

III. — En cas de remboursement anticipé de l'avance remboursable mentionnée à l'article 244 *quater* U intervenant pendant la durée d'imputation du crédit d'impôt, les fractions de crédit d'impôt restant à imputer ne peuvent plus être utilisées par l'établissement de crédit ou la société de financement.

Art. 199 *ter* T I. — Le crédit d'impôt défini à l'article 244 *quater* V est imputé à hauteur d'un cinquième de son montant sur l'impôt sur le revenu dû par le contribuable au titre de l'année au cours de laquelle l'établissement de crédit ou la société de financement a versé des prêts ne portant pas intérêt et par fractions égales sur l'impôt sur le revenu dû au titre des quatre années suivantes. Si la fraction du crédit d'impôt excède l'impôt dû au titre de chacune de ces années, l'excédent est restitué.

II. — Si, pendant la durée du prêt, et tant que celui-ci n'est pas intégralement remboursé, il apparaît que les conditions mentionnées au chapitre X du titre Ier du livre III du code de la construction et de l'habitation n'ont pas été respectées, la différence entre le montant du crédit d'impôt correspondant au prêt effectivement octroyé et le montant du crédit d'impôt correspondant au prêt qui aurait dû être octroyé à l'emprunteur est reversée par l'établissement de crédit ou la société de financement. En cas d'absence de déclaration spontanée, dans un délai fixé par décret, de l'événement justifiant le reversement par l'établissement ou la société à la société de gestion mentionnée à l'article L. 31-10-14 du même code, le montant du crédit d'impôt reversé est majoré de 40 %.

III. — Si, pendant la durée du prêt, et tant que celui-ci n'est pas intégralement remboursé, les conditions de son maintien mentionnées à l'article L. 31-10-6 du code de la construction et de l'habitation ne sont plus respectées ou en cas de remboursement anticipé du prêt, les fractions de crédit d'impôt restant à imputer ne peuvent plus être utilisées par l'établissement de crédit ou la société de financement. En cas d'absence de déclaration spontanée, dans un délai fixé par décret, de ces événements par l'établisse-

ment ou la société à la société de gestion mentionnée à l'article L. 31-10-14 du même code, l'établissement de crédit ou la société de financement reverse par ailleurs une somme égale à 40 % du montant des fractions de crédit d'impôt restant à imputer. — *V. Ann. III, art. 49 septies ZZF à 49 septies ZZK.*

Dispositions applicables aux prêts émis du 1er janv. 2011 au 31 déc. 2023 (L. n° 2010-1657 du 29 déc. 2010, art. 90-V, mod. par L. n° 2021-1900 du 30 déc. 2021, art. 87-I).

Crédit d'impôt sur les bénéfices octroyé aux établissements de crédit au titre de prêts ne portant pas intérêt destinés au financement de la première accession à la propriété des personnes physiques (« PTZ+ »). Établissements de crédit concernés. Avances remboursables sans intérêt éligibles au crédit d'impôt. Calcul, utilisation, contrôle et remise en cause du crédit d'impôt. Cas particulier des entreprises soumises au régime des groupes de sociétés. * BOI-BIC-RICI-10-140-20 du 6 sept. 2013.

Art. 199 *ter* U **Le crédit d'impôt défini à l'article 244 *quater* W est imputé sur l'impôt sur le revenu dû par l'entreprise au titre de l'exercice au cours duquel l'événement prévu au IV du même article est survenu. Si le montant du crédit d'impôt excède l'impôt dû au titre dudit exercice, l'excédent est restitué.**

Le montant du crédit d'impôt avant imputation sur l'impôt sur le revenu constitue une créance sur l'État lorsque, en application du deuxième alinéa de l'article L. 313-23 du code monétaire et financier, cette créance a fait l'objet d'une cession ou d'un nantissement avant la liquidation de l'impôt sur le revenu sur lequel le crédit d'impôt correspondant s'impute, à la condition que l'administration en ait été préalablement informée.

La créance est inaliénable et incessible, sauf dans les cas et les conditions prévus aux articles L. 313-23 à L. 313-35 du même code ; elle ne peut alors faire l'objet de plusieurs cessions ou nantissements partiels auprès d'un ou de plusieurs cessionnaires ou créanciers.

Dans l'hypothèse où la créance a fait l'objet d'une cession ou d'un nantissement dans les conditions prévues au deuxième alinéa et que le crédit d'impôt fait l'objet d'une reprise dans les conditions prévues au VIII de l'article 244 *quater* W, la reprise est faite auprès :

1° Des entreprises mentionnées au 1 du I du même article 244 *quater* W, à concurrence du prix de cession ou du nantissement de la créance ;

2° Du cessionnaire ou du bénéficiaire du nantissement de la créance, à concurrence de la différence entre le montant du crédit d'impôt et le prix d'acquisition ou du nantissement de la créance.

Un décret fixe les modalités de cession et de nantissement de la créance en cas de construction d'immeuble. — *V. Ann. III, art. 49 septies ZZS.*

Art. 199 *quater* *Abrogé par L. n° 76-1234 du 29 déc. 1976, art. 16 et 17.*

Art. 199 *quater* A **La retenue prévue au 2 de l'article 119 *bis* libère les contribuables fiscalement domiciliés hors de France de l'impôt sur le revenu dû en raison des sommes qui ont supporté cette retenue.**

2° RÉDUCTION D'IMPÔT ACCORDÉE AUX ADHÉRENTS DE CENTRES DE GESTION OU D'ASSOCIATIONS AGRÉÉS

Art. 199 *quater* B **Les titulaires de revenus passibles de l'impôt sur le revenu dans la catégorie des bénéfices industriels et commerciaux, bénéfices agricoles ou bénéfices non commerciaux dont le chiffre d'affaires ou les recettes sont inférieurs aux limites des régimes définis aux articles 50-0, 64 *bis* et 102 *ter* et qui ont opté pour un mode réel de détermination du résultat et adhéré à un centre de gestion ou à une association agréés bénéficient d'une réduction de la cotisation d'impôt sur le revenu égale aux deux tiers des dépenses exposées pour la tenue de la comptabilité et, éventuellement, pour l'adhésion à un centre de gestion ou à une association agréés. Cette réduction, plafonnée à 915 € par an, s'applique sur le montant de l'impôt sur le revenu calculé dans les conditions fixées par l'article 197 et dans la limite de ce montant. Les dispositions du 5 du I de l'article 197 sont applicables.**

Cette réduction d'impôt est maintenue également pour la première année d'application de plein droit du régime réel normal ou simplifié d'imposition des bénéfices agricoles.

1. La réduction d'impôt est applicable aux contribuables ayant réalisé un montant de chiffre d'affaires inférieur aux limites du régime des micro-entreprises, mais qui ont opté pour leur assujettissement à la TVA et sont placés, de ce fait, pour une durée minimale de deux ans, sous un régime réel d'imposition du bénéfice. * BOI-IR-RICI-10 n° 90 du 1er févr. 2017.

2. Pour apprécier si un exploitant agricole soumis sur option au régime réel d'imposition est en droit de bénéficier de la réduction d'impôt instituée par le premier alinéa de l'art. 199 *quater* B, il convient de déterminer s'il relevait encore au titre de l'année d'imposition du régime du forfait de plein droit. Par suite, il y a lieu d'apprécier si la moyenne de ses recettes mesurées sur les deux années consécutives précédant l'année d'imposition est restée inférieure à la limite du forfait conformément aux règles spécifiques énoncées par l'art. 69 du code • CAA Nancy, 25 nov. 1999, n° 95NA966 : *Dr. fisc. 2000. 658.*

3. Les loueurs en meublé non professionnels en indivision ne peuvent bénéficier de la réduction d'impôt pour frais de tenue de comptabilité et d'adhésion dès lors que les indivisaires, du fait de leur imposition selon le régime des sociétés de personnes, sont soumis de droit (et non sur option) à un régime réel d'imposition. * Lettre DGFiP du 26 mai 2014 aux féd. d'organismes agréés.

3° CRÉDIT D'IMPÔT ACCORDÉ AU TITRE DES COTISATIONS VERSÉES AUX ORGANISATIONS SYNDICALES AINSI QU'AUX ASSOCIATIONS NATIONALES PROFESSIONNELLES DE MILITAIRES

Art. 199 *quater* C Les cotisations versées aux organisations syndicales représentatives de salariés et de fonctionnaires au sens de l'article L. 2121-1 du code du travail, ainsi qu'aux associations professionnelles nationales de militaires représentatives au sens de l'article L. 4126-8 du code de la défense ouvrent droit à un crédit d'impôt sur le revenu.

Le crédit d'impôt est égal à 66 % des cotisations versées prises dans la limite de 1 % du montant du revenu brut désigné à l'article 83, après déduction des cotisations et des contributions mentionnées aux 1° à 2° *ter* du même article.

Le crédit d'impôt ne s'applique pas aux bénéficiaires de traitements et salaires admis à justifier du montant de leurs frais réels.

L'excédent éventuel de crédit d'impôt est remboursé.

Le versement des cotisations ouvre droit au bénéfice du crédit d'impôt, sous réserve que le contribuable soit en mesure de présenter, à la demande de l'administration fiscale, le reçu du syndicat ou de l'association nationale professionnelle de militaires mentionnant le montant et la date du versement.

Cotisations aux associations professionnelles nationales de militaires. Ces cotisations ne seront éligibles qu'à compter de l'impôt dû en 2017 au titre des revenus perçus en 2016. * BOI-IR-RICI-20 n° 1 du 2 sept. 2016.

4°

Art. 199 *quater* D *Abrogé.*

5°

Art. 199 *quater* E *Périmé.*

6° RÉDUCTION D'IMPÔT ACCORDÉE AU TITRE DES FRAIS DE SCOLARITÉ DES ENFANTS POURSUIVANT DES ÉTUDES SECONDAIRES OU SUPÉRIEURES

Art. 199 *quater* F Les contribuables qui ont leur domicile fiscal en France bénéficient d'une réduction de leur impôt sur le revenu lorsque les enfants qu'ils ont à leur charge poursuivent des études secondaires ou supérieures durant l'année scolaire en cours au 31 décembre de l'année d'imposition.

Le montant de la réduction d'impôt est fixé à :

– 61 € par enfant fréquentant un collège ;

– 153 € par enfant fréquentant un lycée d'enseignement général et technologique ou un lycée professionnel ;

– 183 € par enfant suivant une formation d'enseignement supérieur.

Les montants mentionnés aux alinéas précédents sont divisés par deux lorsque l'enfant est réputé à charge égale de l'un et l'autre de ses parents.

Le bénéfice de la réduction d'impôt est subordonné à la condition que soient mentionnés sur la déclaration des revenus, pour chaque enfant concerné, ses nom et prénom, le nom de l'établissement scolaire et la classe qu'il fréquente ou le nom de l'établissement supérieur dans lequel il est inscrit.

Les dispositions du 5 du I de l'article 197 sont applicables.

1. Études supérieures. Une formation de comédien dispensée par un studio ne constitue pas des études supérieures au sens de l'art. 199 *quater* F dès lors qu'elle ne conduit pas à la délivrance d'un diplôme de l'enseignement supérieur. • TA Paris, 4 oct. 2005, n° 04-23.764 : *RJF 2006. 232.*

2. Scolarisation à l'étranger. La réduction d'impôt est accordée quel que soit le lieu de situation de l'établissement scolaire, en France ou à l'étranger. * Rép. min. n° 55750 : *JOAN Q, 5 avr. 2016, p. 2734.*

7°

Art. 199 *quinquies* à 199 *quinquies* G *Dispositions périmées.*

8° RÉDUCTION D'IMPÔT ACCORDÉE AU TITRE DES DÉPENSES AFFÉRENTES À L'HABITATION PRINCIPALE

Art. 199 *sexies* à 199 *sexies* B *Abrogés par Ord. n° 2004-281 du 25 mars 2004, art. 2-I et II.*

Art. 199 *sexies* C et 199 *sexies* D *Dispositions périmées.*

9° RÉDUCTION D'IMPÔT ACCORDÉE AU TITRE DE CERTAINES PRIMES D'ASSURANCES

Art. 199 *septies* I. — Lorsqu'elles n'entrent pas en compte pour l'évaluation des revenus des différentes catégories, ouvrent droit à une réduction d'impôt sur le revenu de 25 % dans la limite d'un plafond global de versements annuels égal à 1 525 € majoré de 300 € par enfant à charge.

1° Les primes afférentes à des contrats d'assurance en cas de décès, lorsque ces contrats garantissent le versement d'un capital ou d'une rente viagère à un enfant ou à tout autre parent en ligne directe ou collatérale jusqu'au troisième degré de l'assuré, ou à une personne réputée à charge de celui-ci en application de l'article 196 A *bis*, et lorsque ces bénéficiaires sont atteints d'une infirmité qui les empêche soit de se livrer, dans des conditions normales de rentabilité, à une activité professionnelle, soit, s'ils sont âgés de moins de dix-huit ans, d'acquérir une instruction ou une formation professionnelle d'un niveau normal ;

2° Les primes afférentes aux contrats d'assurance d'une durée effective au moins égale à six ans dont l'exécution dépend de la durée de la vie humaine lorsque les contrats sont destinés à garantir le versement d'un capital en cas de vie ou d'une rente viagère avec jouissance effectivement différée d'au moins six ans, quelle que soit la date de la souscription, à l'assuré atteint, lors de leur conclusion, d'une infirmité qui l'empêche de se livrer, dans des conditions normales de rentabilité, à une activité professionnelle.

3° Un arrêté du ministre de l'économie et des finances définit les justifications auxquelles est subordonné le bénéfice de la réduction d'impôt. — *V. Ann. IV, art. 17 E.*

II. — Les personnes qui n'ont pas leur domicile fiscal en France au sens de l'article 4 B ne bénéficient pas de la réduction d'impôt prévue au I. Les dispositions du 5 du I de l'article 197 sont applicables.

1. Doctrine administrative. Commentaire d'ensemble. Contrats de rente-survie. Contrats d'épargne-handicap. * BOI-IR-RICI-40 du 7 sept. 2015.

2. Contrats d'assurance vie à caractère mixte. Il résulte des dispositions de l'art. 199 *septies* éclairées par les travaux parlementaires dont elles sont issues, que les contrats d'assurance vie à caractère mixte, prévoyant à la fois le versement de primes périodiques et la possibilité de versements libres, ouvrent droit, sous réserve du respect des autres conditions légales, à réduction d'impôt à raison de la part n'excédant pas le versement des primes périodiques. • CAA

Lyon, 7 févr. 2002, n° 00LY2254 : *Dr. fisc. 2002. 962, concl. Bonnet.*

3. Justifications. V. note ss. art. 17 E de l'Annexe IV.

Art. 199 *septies*-0 A à 199 *septies* B *Abrogés par L. n° 2003-1311 du 30 déc. 2003, art. 83-I et V.*

10°

Art. 199 *octies* et 199 *octies* A *Abrogés par L. n° 96-1181 du 30 déc. 1996, art. 90, à compter de l'imposition des revenus de 1997.*

11° RÉDUCTION D'IMPÔT ACCORDÉE AU TITRE DES INVESTISSEMENTS IMMOBILIERS LOCATIFS

Art. 199 *nonies* à 199 *decies* D *Périmés.*

11° BIS RÉDUCTION D'IMPÔT ACCORDÉE AU TITRE DES INVESTISSEMENTS IMMOBILIERS LOCATIFS RÉALISÉS DANS DES RÉSIDENCES DE TOURISME CLASSÉES DANS LES ZONES DE REVITALISATION RURALES

Art. 199 *decies* E **Tout contribuable qui, entre le 1er janvier 1999 et le 31 décembre 2010, acquiert un logement neuf ou en l'état futur d'achèvement faisant partie d'une résidence de tourisme classée dans une zone de revitalisation rurale et qui le destine à une location dont le produit est imposé dans la catégorie des revenus fonciers bénéficie d'une réduction d'impôt sur le revenu. L'indexation d'une part minoritaire du loyer sur le chiffre d'affaires ne fait pas obstacle à l'imposition dans la catégorie des revenus fonciers.**

Cette réduction d'impôt est calculée sur le prix de revient de ces logements dans la limite de 50 000 € pour une personne célibataire, veuve ou divorcée et de 100 000 € pour un couple marié. Son taux est de 25 %. Il ne peut être opéré qu'une seule réduction d'impôt à la fois et elle est répartie sur six années au maximum. Elle est accordée au titre de l'année d'achèvement du logement ou de son acquisition si elle est postérieure et imputée sur l'impôt dû au titre de cette même année à raison du sixième des limites de 12 500 € ou 25 000 €, puis, le cas échéant, pour le solde les cinq années suivantes dans les mêmes conditions. A la demande du contribuable, ce solde peut être imputé par sixième durant les six années suivantes.

Ouvrent également droit à la réduction d'impôt, dans les mêmes conditions, les logements faisant partie d'une résidence de tourisme classée dans une zone, autre qu'une zone de revitalisation rurale précitée, inscrite sur la liste pour la France des zones concernées par l'objectif n° 2 prévue à l'article 4 du règlement (CE) n° 1260/1999 du Conseil du 21 juin 1999 portant dispositions générales sur les Fonds structurels, à l'exclusion des communes situées dans des agglomérations de plus de 5 000 habitants.

Ouvrent également droit à la réduction d'impôt, dans les mêmes conditions, les logements faisant partie d'une résidence de tourisme classée et située dans le périmètre d'intervention d'un établissement public chargé de l'aménagement d'une agglomération nouvelle créée en application de la loi n° 70-610 du 10 juillet 1970 tendant à faciliter la création d'agglomérations nouvelles. — *La L. n° 70-610 du 10 juill. 1970 a été abrogée à compter du 1er janv. 2017 (L. n° 2015-991 du 7 août 2015 art. 44-I).*

Le propriétaire doit s'engager à louer le logement nu pendant au moins neuf ans à l'exploitant de la résidence de tourisme. Cette location doit prendre effet dans le mois qui suit la date d'achèvement de l'immeuble ou de son acquisition, si elle est postérieure. Dès lors que la commune et les services de l'État dans le département auront identifié un déficit de logements pour les travailleurs saisonniers dans la station, l'exploitant de la résidence de tourisme devra s'engager à réserver une proportion significative de son parc immobilier pour le logement des saisonniers, proportion au moins équivalente au nombre de salariés de la résidence. En cas de cession du logement, la réduction pratiquée fait l'objet d'une reprise au titre de l'année de la cession. En cas de rupture de l'engagement de location pendant une durée supérieure à douze mois en cas de liquidation judiciaire de l'exploitant, de résiliation ou de cession du bail commercial par l'exploitant, ou de mise en œuvre par les propriétaires du bénéfice de la clause contractuelle prévoyant la résiliation du contrat à défaut de paiement du loyer par l'exploitant, la réduction d'impôt fait l'objet d'une reprise

pour le tiers de son montant au titre de l'année de la rupture de l'engagement de location et de chacune des deux années suivantes. La réduction pratiquée ne fait pas l'objet d'une reprise si les copropriétaires substituent au gestionnaire défaillant de la résidence de tourisme une ou un ensemble d'entreprises qui assurent les mêmes prestations sur la période de location restant à couvrir conformément aux prescriptions légales, dans des conditions fixées par décret. Cette faculté leur est ouverte dès lors que la candidature d'un autre gestionnaire n'a pu être retenue après un délai d'un an et qu'ils détiennent au moins 50 % des appartements de la résidence. Le paiement d'une partie du loyer par compensation avec le prix des prestations d'hébergement facturées par l'exploitant au propriétaire, lorsque le logement est mis à la disposition de ce dernier pour une durée totale n'excédant pas huit semaines par an, ne fait pas obstacle au bénéfice de la réduction à condition que le revenu brut foncier déclaré par le bailleur corresponde au loyer annuel normalement dû par l'exploitant en l'absence de toute occupation par le propriétaire. — *V. Ann. III, art. 46 AGG bis.*

Les dispositions du 5 du I de l'article 197 sont applicables.

La réduction n'est pas applicable au titre des logements dont le droit de propriété est démembré. Toutefois, lorsque le transfert de la propriété du bien ou le démembrement de ce droit résulte du décès de l'un des époux soumis à imposition commune, le conjoint survivant attributaire du bien ou titulaire de son usufruit peut demander la reprise à son profit, dans les mêmes conditions et selon les mêmes modalités, du bénéfice de la réduction prévue au présent article pour la période restant à courir à la date du décès. — *V. Ann. III, art. 46 AGD.*

1. Réduction d'impôt au titre des investissements locatifs réalisés dans le secteur du tourisme. Dispositif « Demessine ». Commentaire administratif d'ensemble. * BOI-IR-RICI-50-10 du 12 sept. 2012.

2. Extinction anticipée de la réduction d'impôt en faveur de l'acquisition de logements. Extinction au 31 déc. 2010, au lieu du 31 déc. 2012. Les opérations d'acquisition de logements réalisées à compter du 1er janv. 2011 n'ouvrent plus droit au bénéfice de la réduction d'impôt prévue aux articles 199 *decies* E, 199 *decies* EA et 199 *decies* G. Toutefois, les contribuables qui justifient d'une promesse d'achat ou d'une promesse synallagmatique souscrite avant le 31 déc. 2010 restent éligibles à l'avantage fiscal concerné, quand bien même l'acquisition du logement serait réalisée après cette date. * BOI-IR-RICI-50-10 du 12 sept. 2012.

3. Condition d'éligibilité tenant au caractère neuf du logement. Dérogation temporaire et sous conditions en cas de mise en location du logement auprès de l'exploitant de la résidence de tourisme préalablement à son acquisition par le bénéficiaire de la réduction d'impôt. * BOI-IR-RICI-50-10-10 n° 110 du 12 sept. 2012.

4. Engagement de location. En cas de changement d'exploitant au cours de la période couverte par l'engagement de location, la durée de vacance du logement peut, dans certains cas, être supérieure à un mois, sans excéder douze mois. * BOI-IR-RICI-50-10-10 n° 390 du 12 sept. 2012.

5. Résidences de tourisme. Conséquences fiscales de la nouvelle procédure de classement de ces résidences et de la caducité, au 24 juill. 2012, des classements antérieurs obtenus sous l'ancienne procédure. * Rescrit 7 août 2012 : n° 2012/40FP * BOI-IR-RICI-50-10-10 n° 220 du 12 sept. 2012.

Art. 199 *decies* EA La réduction d'impôt mentionnée à l'article 199 *decies* E est accordée au titre de l'acquisition d'un logement achevé depuis quinze ans au moins et qui fait l'objet de travaux de réhabilitation. Par dérogation aux premier et troisième alinéas de l'article précité, la réduction d'impôt s'applique aux logements situés dans les stations classées relevant de la section II du chapitre III du titre III du livre Ier du code du tourisme et dans les communes touristiques dont la liste est fixée par décret. — *V. Décr. n° 2007-19 du 5 janv. 2007 (JO 6 janv.).*

La réduction est calculée sur le prix de revient de ces logements majoré des travaux de réhabilitation définis par décret, dans la limite de 50 000 € pour une personne célibataire, veuve ou divorcée et de 100 000 € pour un couple marié. Le contribuable qui demande le bénéfice de la réduction d'impôt renonce à la faculté de déduire ces dépenses, pour leur montant réel ou sous la forme d'une déduction de l'amortissement, pour la détermination des revenus catégoriels. Il ne peut bénéficier des dispositions prévues à l'article 32. — *V. Ann. III, art. 46 AGF bis.*

Son taux est de 20 %. Elle est accordée au titre de l'année d'achèvement des travaux de réhabilitation et imputée sur l'impôt dû au titre de cette même année à raison du sixième des limites de 10 000 € ou 20 000 € puis, le cas échéant, pour le solde les cinq années suivantes dans les mêmes conditions. A la demande du contribuable, ce solde peut être imputé par sixième durant les six années suivantes. Les travaux de réhabilitation doivent être achevés dans les deux années qui suivent l'acquisition du logement.

La location doit prendre effet dans le délai prévu par l'article 199 *decies* E.

L'exploitant de la résidence de tourisme réserve dans des conditions fixées par décret un pourcentage d'au moins 15 % de logements pour les salariés saisonniers. — *V. Ann. III, art. 46 AG bis à 46 AGF quinquies.*

Art. 199 *decies* F 1. Il est institué une réduction d'impôt sur le revenu pour les contribuables domiciliés en France au sens de l'article 4 B qui réalisent des travaux de reconstruction, d'agrandissement, de réparation ou d'amélioration entre le 1er janvier 2005 et le 31 décembre 2012. Cette réduction d'impôt s'applique :

a) Aux dépenses afférentes à un logement, faisant partie d'une résidence de tourisme classée dans une zone de revitalisation rurale ou dans une zone, autre qu'une zone de revitalisation rurale, inscrite sur la liste pour la France des zones concernées par l'objectif n° 2 prévue à l'article 4 du règlement (CE) n° 1260/1999 du Conseil, du 21 juin 1999, portant dispositions générales sur les fonds structurels, à l'exclusion des communes situées dans des agglomérations de plus de 5 000 habitants, qui est destiné à la location dont le produit est imposé dans la catégorie des revenus fonciers ;

b) Aux dépenses afférentes à un logement, achevé depuis quinze ans au moins et situé dans une zone mentionnée au *a*, qui est destiné à la location en qualité de meublé de tourisme au sens de l'arrêté du 28 décembre 1976 ;

c) Aux dépenses afférentes à un logement, achevé depuis quinze ans au moins et faisant partie d'un village résidentiel de tourisme classé inclus dans le périmètre d'une opération de réhabilitation de l'immobilier de loisir définie à l'article L. 318-5 du code de l'urbanisme, qui est destiné à la location dont le produit est imposé dans la catégorie des revenus fonciers.

Pour les logements visés aux *a* et *c*, l'indexation d'une part minoritaire du loyer sur le chiffre d'affaires ne fait pas obstacle à l'imposition dans la catégorie des revenus fonciers.

2. La réduction d'impôt est accordée au titre de l'année du paiement des dépenses de travaux. Les dispositions du 5 du I de l'article 197 sont applicables.

3. Le montant des dépenses de reconstruction, d'agrandissement, de réparation ou d'amélioration effectivement supportées par le propriétaire ouvrant droit à réduction d'impôt ne peut excéder, au titre d'une année, 50 000 € pour une personne célibataire, veuve ou divorcée et 100 000 € pour un couple marié. Son taux est égal à :

a) 15 % du montant des dépenses afférentes à des logements mentionnés aux *a* et *b* du 1 ;

b) 30 % du montant des dépenses afférentes à des logements mentionnés au *c* du 1, sans qu'il y ait toutefois lieu de le diminuer des subventions publiques accordées aux contribuables.

4. Pour les logements mentionnés aux *a* et *c* du 1, le propriétaire doit selon le cas s'engager à les louer nus pendant au moins neuf ans à l'exploitant de la résidence de tourisme ou du village résidentiel de tourisme classé. Cette location doit prendre effet dans le mois qui suit la date d'achèvement des travaux. Le paiement d'une partie du loyer par compensation avec le prix des prestations d'hébergement facturées par l'exploitant de la résidence ou du village résidentiel au propriétaire, lorsque le logement est mis à la disposition de ce dernier pour une durée totale n'excédant pas huit semaines par an, ne fait pas obstacle au bénéfice de la réduction à condition que le revenu brut foncier déclaré par le bailleur corresponde au loyer annuel normalement dû par l'exploitant en l'absence de toute occupation par le propriétaire.

Pour les logements mentionnés au *b* du 1, le propriétaire doit s'engager à les louer meublés à des personnes physiques à raison de douze semaines au minimum par année et pendant les neuf années suivant celle de l'achèvement des travaux.

En cas de cession du logement, la réduction pratiquée fait l'objet d'une reprise au titre de l'année de la cession. En cas de rupture de l'engagement de location pendant une durée supérieure à douze mois en cas de liquidation judiciaire de l'exploitant, de résiliation ou de cession du bail commercial par l'exploitant, ou de mise en œuvre par les propriétaires du bénéfice de la clause contractuelle prévoyant la résiliation du contrat à défaut de paiement du loyer par l'exploitant, la réduction d'impôt fait l'objet d'une reprise pour le tiers de son montant au titre de l'année de la rupture de l'engagement de location et de chacune des deux années suivantes. Toutefois, en cas d'invalidité correspondant au classement dans la deuxième ou la troisième des catégories prévues à l'article L. 341-4 du code de la sécurité sociale, de licenciement ou de décès du contribuable ou de l'un des époux soumis à imposition commune, la réduction d'impôt n'est pas reprise.

La réduction pratiquée ne fait pas l'objet d'une reprise si les copropriétaires substituent au gestionnaire défaillant de la résidence de tourisme une ou un ensemble d'entreprises qui assurent les mêmes prestations sur la période de location restant à couvrir conformément aux prescriptions légales, dans des conditions fixées par décret. Cette faculté leur est ouverte dès lors que la candidature d'un autre gestionnaire n'a pu être retenue après un délai d'un an et qu'ils détiennent au moins 50 % des appartements de la résidence. — *V. Ann. III, art. 46 AGG bis.*

5. La réduction d'impôt n'est pas applicable au titre des logements dont le droit de propriété est démembré. Le contribuable qui demande le bénéfice de la réduction d'impôt renonce à la faculté de déduire ces dépenses, pour leur montant réel ou sous la forme d'une déduction de l'amortissement, pour la détermination des revenus catégoriels. Il ne peut bénéficier des dispositions prévues à l'article 32 ou à l'article 50-0. — *V. Ann. III, art. 46 AGG.*

1. Réduction d'impôt en faveur des contribuables qui, jusqu'au 31 décembre 2012, réalisent des travaux dans certains logements touristiques. Commentaire administratif d'ensemble. * BOI-IR-RICI-50-20 du 12 sept. 2012.

2. Engagement de location. En cas de changement d'exploitant au cours de la période couverte par l'engagement de location, la durée de vacance du logement peut, dans certains cas, être supérieure à un mois, sans excéder douze mois. * BOI-IR-RICI-50-10-10 n° 390 du 12 sept. 2012.

3. Classement des résidences de tourisme. Le bénéfice de la réduction d'IR reste acquis lorsque la résidence de tourisme est classée dans les douze mois de sa mise en exploitation effective. * Rescrit 28 févr. 2012 : *n° 2012/11 FP.* ♦ Conséquences fiscales de la nouvelle procédure de classement de ces résidences et de la caducité, au 24 juill. 2012, des classements antérieurs obtenus sous l'ancienne procédure. * Rescrit 7 août 2012 : *n° 2012/40 FP* * BOI-IR-RICI-50-10-10 n° 220 du 12 sept. 2012.

Art. 199 *decies* G La réduction d'impôt mentionnée aux articles 199 *decies* E et 199 *decies* EA *[application aux logements acquis ou achevés à compter du 1er janv. 2004]* est accordée, dans les mêmes conditions, lorsque le logement est la propriété d'une société non soumise à l'impôt sur les sociétés, à la condition que le porteur de parts s'engage à conserver la totalité de ses titres jusqu'à l'expiration du délai de neuf ans mentionné au cinquième alinéa de l'article 199 *decies* E. En outre, la réduction n'est pas applicable aux revenus des titres dont le droit de propriété est démembré. Toutefois, lorsque le transfert de la propriété des titres ou le démembrement de ce droit résulte du décès de l'un des époux soumis à imposition commune, le conjoint survivant attributaire des titres ou titulaire de leur usufruit peut demander la reprise à son profit, dans les mêmes conditions et selon les mêmes modalités, du bénéfice de la réduction prévue au présent article pour la période restant à courir à la date du décès. — *V. Ann. III, art. 46 AGE, 46 AGF, 46 AGF quater et 46 AGF quinquies.*

Art. 199 *decies* G *bis* *(L. n° 2016-1917 du 29 déc. 2016, art. 69-I-2°)* I. — A. — Les contribuables domiciliés en France, au sens de l'article 4 B, peuvent bénéficier d'une réduction d'impôt sur le revenu au titre des dépenses effectivement supportées pour des travaux mentionnés au II du présent article, adoptés du 1er janvier 2017 au 31 décembre 2019 en assemblée générale des copropriétaires en application de la loi n° 65-557 du 10 juillet 1965 fixant le statut de la copropriété des immeubles bâtis.

La réduction d'impôt s'applique aux travaux réalisés sur des logements, achevés depuis au moins quinze ans à la date de leur adoption par l'assemblée générale des copropriétaires mentionnée au premier alinéa du présent A, destinés à la location :

1° Faisant partie d'une résidence de tourisme classée dans les conditions prévues à l'article L. 321-1 du code du tourisme ;

2° Ou, à défaut, appartenant à une copropriété comprenant une résidence de tourisme classée, s'ils font l'objet d'un classement au titre des meublés de tourisme, dans les conditions prévues à l'article L. 324-1 du même code.

B. — La réduction d'impôt s'applique à la condition que les travaux soient achevés au plus tard le 31 décembre de la deuxième année suivant celle de leur adoption par l'assemblée générale des copropriétaires mentionnée au A.

C. — La réduction d'impôt n'est pas applicable aux logements dont le droit de propriété est démembré.

II. — La réduction d'impôt s'applique aux travaux, réalisés par une entreprise, portant sur l'ensemble de la copropriété au titre des dépenses :

1° Sous réserve que les matériaux et équipements concernés respectent les caractéristiques techniques et les critères de performances minimales fixés par l'arrêté prévu au premier alinéa du 2 de l'article 200 *quater*, d'acquisition et de pose :

a) De matériaux d'isolation thermique des parois vitrées ou de volets isolants ;

b) De matériaux d'isolation thermique des parois opaques ;

c) D'équipements de chauffage ou de fourniture d'eau chaude sanitaire utilisant une source d'énergie renouvelable ;

2° Visant à faciliter l'accueil des personnes handicapées ;

3° De ravalement.

III. — Pour un même logement entrant dans le champ d'application du I, le montant des dépenses mentionnées au II, adoptées du 1er janvier 2017 au 31 décembre 2019 en assemblée générale des copropriétaires, ouvrant droit à la réduction d'impôt ne peut excéder la somme de 22 000 €.

Lorsque le logement est détenu en indivision, chaque indivisaire bénéficie de la réduction d'impôt dans la limite de la quote-part du montant des dépenses de travaux correspondant à ses droits dans l'indivision.

IV. — Le taux de la réduction d'impôt est égal à 20 % du montant des dépenses éligibles prévues au II.

V. — La réduction d'impôt est accordée au titre de l'année du paiement définitif par le syndic de copropriété de la facture, autre que des factures d'acompte, de l'entreprise ayant réalisé les travaux mentionnés au II et imputée sur l'impôt dû au titre de cette même année.

VI. — A. — Le bénéfice de la réduction d'impôt est subordonné à l'engagement du propriétaire de louer le logement pendant au moins cinq ans à compter de la date d'achèvement des travaux :

1° A l'exploitant de la résidence de tourisme classée, si le logement répond, à la date d'achèvement des travaux, aux conditions mentionnées au 1° du A du I ;

2° A des personnes physiques, à raison de douze semaines au minimum par an, si le logement répond, à la date d'achèvement des travaux, aux conditions mentionnées au 2° du A du I.

B. — Si, à la date d'achèvement des travaux, le logement ne répond pas aux conditions mentionnées aux 1° ou 2° du A du I, l'affectation à la location dans les conditions prévues aux 1° ou 2° du A du présent VI doit intervenir dans un délai de deux mois à compter de cette date.

C. — Au cours de la période d'engagement d'au moins cinq ans, le logement peut être successivement donné en location dans les conditions prévues aux 1° ou 2° du A du présent VI. Le changement dans les conditions d'affectation à la location doit intervenir dans un délai de deux mois.

VII. — Les dépenses mentionnées au II ouvrent droit au bénéfice de la réduction d'impôt sous réserve que le contribuable soit en mesure de présenter, à la demande de l'administration fiscale, une attestation du syndic de copropriété comportant :

1° Le lieu de réalisation des travaux ;

2° La nature et le montant de ces travaux ainsi que, le cas échéant, les caractéristiques techniques et les critères de performances minimales, mentionnés au 1° du II, des équipements et matériaux ;

3° Le nom et l'adresse de l'entreprise ayant réalisé les travaux ;

4° La date d'achèvement des travaux ;

5° La date du paiement définitif des travaux à l'entreprise ;

6° La quote-part des travaux incombant au contribuable ainsi que les dates de paiement par le contribuable des appels de fonds correspondants.

VIII. – En cas de non-respect de l'engagement de location mentionné au VI ou de cession ou de démembrement du droit de propriété du logement, la réduction pratiquée fait l'objet d'une reprise au titre de l'année de survenance de l'événement. Toutefois, aucune reprise n'est effectuée si la rupture de l'engagement, la cession ou le démembrement du droit de propriété du logement survient à la suite de l'invalidité correspondant au classement dans la deuxième ou la troisième des catégories prévues à l'article L. 341-4 du code de la sécurité sociale, du licenciement ou du décès du contribuable ou de l'un des membres du couple soumis à imposition commune.

IX. – Les dépenses de travaux ouvrant droit au bénéfice de la réduction d'impôt ne peuvent faire l'objet d'une déduction ou d'un amortissement pour la détermination des revenus catégoriels.

X. – Pour un même logement et au titre d'une même année, le bénéfice de l'un des crédits ou réductions d'impôt prévus aux articles 199 *decies* E à 199 *decies* G, 199 *undecies* B, 199 *sexvicies* et 244 *quater* W est exclusif du bénéfice des dispositions du présent article.

11° TER RÉDUCTION D'IMPÔT ACCORDÉE AU TITRE DES INVESTISSEMENTS FORESTIERS

Art. 199 *decies* H 1. Les contribuables domiciliés en France au sens de l'article 4 B bénéficient d'une réduction d'impôt à raison des opérations forestières mentionnées au 2 qu'ils réalisent entre le 1er janvier 2014 et le 31 décembre *(L. n° 2020-1721 du 29 déc. 2020, art. 103-1°)* « 2022 ».

2. La réduction d'impôt s'applique :

a) Au prix d'acquisition de terrains en nature de bois et forêts ou de terrains nus à boiser de 4 hectares au plus lorsque cette acquisition permet d'agrandir une unité de gestion pour porter sa superficie à plus de 4 hectares.

Lorsque les terrains sont acquis en nature de bois et forêts, le contribuable doit prendre l'engagement de les conserver pendant quinze ans et d'y appliquer, pendant la même durée, un plan simple de gestion agréé par le centre régional de la propriété forestière. Si, au moment de l'acquisition, aucun plan simple de gestion n'est agréé pour la forêt en cause, le contribuable doit prendre l'engagement d'en faire agréer un dans le délai de trois ans à compter de la date d'acquisition et de l'appliquer pendant quinze ans. Dans cette situation, le contribuable doit prendre, en outre, l'engagement d'appliquer à la forêt le régime d'exploitation normale, prévu par le décret du 28 juin 1930 relatif aux conditions d'application de l'article 15 de la loi de finances du 16 avril 1930, jusqu'à la date d'agrément du plan simple de gestion de cette forêt. Lorsque les terrains sont acquis nus, le contribuable doit prendre l'engagement de les reboiser dans un délai de trois ans, de les conserver par la suite pendant quinze ans et d'appliquer, pendant la même durée, un plan simple de gestion agréé.

Toutefois, lorsque les terrains boisés possédés et acquis par le contribuable ne remplissent pas les conditions minimales de surface fixées aux articles L. 312-1 et L. 122-4 du code forestier pour faire agréer et appliquer à ceux-ci un plan simple de gestion, le propriétaire doit leur appliquer un autre document de gestion durable prévu à l'article L. 122-3 du même code dans les mêmes conditions que celles prévues ci-dessus pour le cas où un plan simple de gestion peut être appliqué ;

b) Aux souscriptions ou acquisitions en numéraire de parts d'intérêt de groupements forestiers qui ont pris l'engagement d'appliquer pendant quinze ans un plan simple de gestion agréé ou un règlement type de gestion approuvé par le centre régional de la propriété forestière ou si, au moment de la souscription, aucun plan simple de gestion n'est agréé ni aucun règlement type de gestion approuvé pour la forêt en cause, d'en faire agréer ou approuver un dans un délai de trois ans à compter de la date de souscription et de l'appliquer pendant quinze ans. Dans ce cas, le groupement doit prendre, en outre, l'engagement d'appliquer à la forêt le régime d'exploitation normale, prévu par le décret du 28 juin 1930 précité, jusqu'à la date d'agrément du plan simple de gestion ou la date d'approbation du règlement type de gestion de cette forêt. Le souscripteur ou l'acquéreur s'engage à conserver les parts jusqu'au 31 décembre de la huitième année suivant la date de la souscription ;

c) Aux souscriptions en numéraire au capital initial ou aux augmentations de capital des sociétés d'épargne forestière définies à l'article L. 214-121 du code monétaire et financier et aux acquisitions en numéraire des parts de ces sociétés, lorsque la société et le souscripteur ou l'acquéreur prennent les engagements mentionnés au *b* du présent 2 ;

d) A la cotisation versée à un assureur par le contribuable, par un groupement forestier ou par une société d'épargne forestière dont le contribuable est membre pour la souscription, dans le cadre prévu au 2° de l'article L. 352-1 du code forestier, d'un contrat d'assurance répondant à des conditions fixées par décret.

Les conditions et les modalités d'application de ces dispositions sont fixées par décret. – *V. Ann. III, art. 46 AGH à AGK.*

3. La réduction d'impôt est calculée sur la base :

a) Du prix d'acquisition défini au *a* du 2. Lorsque l'acquisition porte sur des terrains situés dans un massif de montagne défini à l'article 5 de la loi n° 85-30 du 9 janvier 1985 relative au développement et à la protection de la montagne, elle est calculée en ajoutant à cette base le prix des acquisitions de terrains en nature de bois et forêts ou de terrains nus à boiser réalisées les trois années précédentes pour constituer cette unité et pour lesquels l'acquéreur doit prendre les engagements mentionnés au même *a* ;

b) Du prix d'acquisition ou de souscription défini au *b* du 2 ;

c) D'une fraction égale à 60 % du prix d'acquisition ou de souscription défini au *c* du 2 ;

d) De la cotisation d'assurance mentionnée au *d* du 2 et payée par le contribuable ou de la fraction de cette cotisation payée par le groupement forestier ou la société d'épargne forestière correspondant aux droits que le contribuable détient dans ces derniers.

La réduction d'impôt n'est pas applicable aux cotisations mentionnées au *d* du 2 payées dans le cadre de l'utilisation de sommes prélevées sur un compte d'investissement forestier et d'assurance prévu au chapitre II du titre V du livre III du code forestier.

4. Le prix d'acquisition ou de souscription mentionné aux *a* et *b* du 3 et la fraction du prix d'acquisition ou de souscription mentionnée au *c* du 3 sont globalement retenus dans la limite de 5 700 € pour une personne célibataire, veuve ou divorcée et de 11 400 € pour un couple marié ou pour les partenaires liés par un pacte civil de solidarité, soumis à une imposition commune.

Les dépenses mentionnées au *d* du 3 sont retenues dans la limite de 7,2 € par hectare assuré en 2013, 2014 et 2015 et de 6 € par hectare assuré *(L. n° 2017-1775 du 28 déc. 2017, art. 26)* « de 2016 à » *(L. n° 2020-1721 du 29 déc. 2020, art. 103-1°)* « 2022 ». Elles sont globalement retenues dans la limite de 6 250 € pour une personne célibataire, veuve ou divorcée et de 12 500 € pour un couple marié ou pour les partenaires liés par un pacte civil de solidarité, soumis à une imposition commune, sous réserve que le contribuable soit en mesure de présenter, à la demande de l'administration fiscale, l'attestation d'assurance certifiant que la propriété en nature de bois et forêts du bénéficiaire est couverte contre le risque de tempête.

5. Le taux de la réduction d'impôt est de 18 %, à l'exception de la réduction d'impôt afférente aux dépenses prévues au *d* du 2, pour lesquelles ce taux est porté à 76 %.

6. La réduction d'impôt s'applique pour le calcul de l'impôt dû :

a) Au titre de l'année d'acquisition des terrains mentionnés au *a* du 2 et de l'année d'acquisition ou de souscription des parts mentionnées aux *b* et *c* du même 2 ;

b) Au titre de l'année du paiement de la cotisation d'assurance mentionnée au *d* du 2.

7. La réduction d'impôt fait l'objet d'une reprise au titre de l'année où le contribuable, le groupement ou la société d'épargne forestière cesse de respecter l'un des engagements mentionnés au 2. Il en est de même en cas de dissolution des groupements ou des sociétés concernés ou lorsque ces sociétés ne respectent pas les dispositions prévues aux articles L. 214-121 et L. 214-123 à L. 214-125 du code monétaire et financier.

Toutefois, la réduction d'impôt n'est pas reprise :

a) En cas de licenciement, d'invalidité correspondant au classement dans la deuxième ou la troisième des catégories prévues à l'article L. 341-4 du code de la sécurité sociale ou de décès du contribuable ou de l'un des époux soumis à une imposition commune ;

b) Lorsque le contribuable, après une durée minimale de détention de deux ans, apporte les terrains pour lesquels il a bénéficié de la réduction d'impôt à un groupement forestier ou à une société d'épargne forestière, à la condition qu'il s'engage à conserver les parts sociales reçues en contrepartie, pour la durée de détention restant à courir à la date de l'apport ;

c) En cas de donation des terrains ou des parts ayant ouvert droit à la réduction d'impôt, à la condition que les donataires reprennent les engagements souscrits par le donateur pour la durée de détention restant à courir à la date de la donation.

(L. n° 2017-1775 du 28 déc. 2017, art. 26, applicable aux opérations forestières réalisées à compter du 1er janv. 2018) « 8. Le bénéfice de la réduction d'impôt mentionnée au 1 est subordonné au respect du règlement (UE) n° 1407/2013 de la Commission du 18 décembre 2013 relatif à l'application des articles 107 et 108 du traité sur le fonctionnement de l'Union européenne aux aides *de minimis.* »

V. Ann. III, art. 350 quater.

Crédit d'impôt au titre des travaux forestiers et des contrats de gestion de bois et forêts. Commentaire administratif. * BOI-IR-RICI-60 n°s 1 s. du 25 juill. 2014.

Ancien art. 199 *decies* H *1. A compter de l'imposition des revenus de 2001, il est institué une réduction d'impôt sur le revenu pour les contribuables domiciliés en France au sens de l'article 4 B qui, jusqu'au 31 décembre 2013, réalisent les opérations forestières mentionnées au 2.*

2. La réduction d'impôt s'applique :

a) Au prix d'acquisition de terrains en nature de bois et forêts ou de terrains nus à boiser lorsque cette acquisition, qui ne doit pas excéder 25 hectares, permet soit :

1° de constituer une unité de gestion d'au moins 5 hectares d'un seul tenant ou, dans les massifs de montagne définis à l'article 5 de la loi n° 85-30 du 9 janvier 1985 relative au développement et à la protection de la montagne, une unité de gestion d'au moins 5 hectares situés sur le territoire d'une même commune ou de communes limitrophes susceptible d'une gestion coordonnée ;

2° d'agrandir une unité de gestion pour porter sa superficie à plus de 5 hectares ;

3° de résorber une enclave.

Lorsque les terrains sont acquis en nature de bois et forêts, le contribuable doit prendre l'engagement de les conserver pendant quinze ans et d'appliquer, pendant la même durée, un plan simple de gestion agréé par le centre régional de la propriété forestière ou, si au moment de l'acquisition, aucun plan simple de gestion n'est agréé pour la forêt en cause, d'en faire agréer un dans le délai de trois ans à compter de la date d'acquisition et de l'appliquer pendant quinze ans. Dans cette situation, le contribuable doit prendre, en outre, l'engagement d'appliquer à la forêt le régime d'exploitation normale prévu par le décret du 28 juin 1930 jusqu'à la date d'agrément du plan simple de gestion de cette forêt. Lorsque les terrains sont acquis nus, le contribuable doit prendre l'engagement de les reboiser dans un délai de trois ans et par la suite de les conserver pendant quinze ans et d'appliquer, pendant la même durée, un plan simple de gestion agréé ; — V. Ann. III, art. 46 AGH.

Toutefois, lorsque les terrains boisés possédés et acquis par le contribuable ne remplissent pas les conditions minimales de surface fixées par les articles L. 312-1 et L. 122-4 du code forestier pour faire agréer et appliquer à ceux-ci un plan simple de gestion, le propriétaire doit leur appliquer un autre document de gestion durable prévu par l'article L. 122-3 du même code dans les mêmes conditions que celles prévues ci-dessus pour le cas où un plan simple de gestion peut être appliqué.

b) Aux souscriptions ou acquisitions en numéraire de parts d'intérêt de groupements forestiers qui ont pris l'engagement d'appliquer pendant quinze ans un plan simple de gestion agréé par le centre régional de la propriété forestière ou, si au moment de la souscription, aucun plan simple de gestion n'est agréé pour la forêt en cause, d'en faire agréer un dans un délai de trois ans à compter de la date de souscription et de l'appliquer pendant quinze ans. Dans cette situation, le groupement doit prendre, en outre, l'engagement d'appliquer à la forêt le régime d'exploitation normale prévu par le décret du 28 juin 1930 jusqu'à la date d'agrément du plan simple de gestion de cette forêt. Le souscripteur ou l'acquéreur doit s'engager à conserver les parts jusqu'au 31 décembre de la huitième année suivant la date de la souscription ; — V. Ann. III, art. 46 AGI et 46 AGJ.

c) Aux souscriptions en numéraire au capital initial ou aux augmentations de capital des sociétés d'épargne forestière définies par l'article L. 214-121 du code monétaire et financier et aux acquisitions en numéraire des parts de ces sociétés, lorsque la société et le souscripteur ou l'acquéreur prennent les engagements mentionnés au b ; — V. Ann. III, art. 46 AGI et 46 AGJ.

d) Aux dépenses de travaux forestiers effectués dans une propriété lorsqu'elle constitue une unité de gestion d'au moins 10 hectares d'un seul tenant et qu'elle présente l'une des garanties de gestion durable prévues aux articles L. 124-1 à L. 124-3 du code forestier, sous réserve des deux conditions suivantes :

1° le contribuable doit prendre l'engagement de conserver cette propriété jusqu'au 31 décembre de la huitième année suivant celle des travaux et d'appliquer, pendant la même durée, l'une des garanties de gestion durable prévues aux articles L. 124-1 à L. 124-3 du même code ;

2° les travaux de plantation doivent être effectués avec des graines et des plants forestiers conformes aux prescriptions des arrêtés régionaux relatifs aux aides de l'État à l'investissement forestier pris conformément au chapitre III du titre V de la partie réglementaire du même code ;

e) Aux dépenses de travaux forestiers payées par un groupement forestier ou une société d'épargne forestière dont le contribuable est membre, lorsque la propriété du groupement ou de la société sur laquelle sont réalisés les travaux constitue une unité de gestion d'au moins 10 hectares d'un seul tenant et qu'elle présente l'une des garanties de gestion durable prévues aux articles L. 124-1 à L. 124-3 du même code, sous réserve des trois conditions suivantes :

1° l'associé doit prendre l'engagement de conserver les parts du groupement ou de la société jusqu'au 31 décembre de la quatrième année suivant celle des travaux ;

2° le groupement ou la société doit prendre l'engagement de conserver les parcelles qui ont fait l'objet de travaux ouvrant droit à réduction d'impôt jusqu'au 31 décembre de la huitième année suivant celle des travaux et d'appliquer, pendant la même durée, l'une des garanties de gestion durable prévues aux articles L. 124-1 à L. 124-3 du même code ;

3° les travaux de plantation doivent être effectués avec des graines et des plants forestiers conformes aux prescriptions des arrêtés régionaux relatifs aux aides de l'État à l'investissement forestier pris conformément au chapitre III du titre V de la partie réglementaire du même code.

f) A la rémunération versée par le contribuable, par un groupement forestier ou une société d'épargne forestière dont le contribuable est membre, pour la réalisation d'un contrat conclu pour la gestion de bois et forêts d'une surface inférieure à vingt-cinq hectares avec un gestionnaire forestier professionnel au sens de l'article L. 315-1 du code forestier ou un expert forestier au sens de l'article L. 171-1 du code rural et de la pêche maritime, dans le cadre d'un mandat de gestion, avec une coopérative forestière ou une organisation de producteurs au sens de l'article L. 551-1 du même code ou avec l'Office national des forêts en application de l'article L. 315-2 du code forestier, sous réserve des trois conditions suivantes :

1° le contrat de gestion doit prévoir la réalisation de programmes de travaux et de coupes sur des terrains en nature de bois et forêts dans le respect de l'une des garanties de gestion durable prévues aux articles L. 124-1 à L. 124-3 du même code ;

2° Ces coupes doivent être cédées soit dans le cadre d'un mandat de vente avec un gestionnaire forestier professionnel ou un expert forestier, soit en exécution d'un contrat d'apport conclu avec une coopérative ou une organisation de producteurs, soit dans les conditions prescrites à l'article L. 315-2 du même code ;

3° ces coupes doivent être commercialisées à destination d'unités de transformation du bois ou de leurs filiales d'approvisionnement par voie de contrats d'approvisionnement annuels reconductibles ou pluriannuels. — C. rur.

g) A la cotisation versée à un assureur par le contribuable, par un groupement forestier ou une société d'épargne forestière dont le contribuable est membre pour la souscription, dans le cadre prévu par le 3° de l'article L. 352-1 du code forestier, d'un contrat d'assurance répondant à des conditions fixées par décret. — C. rur.

Les conditions et les modalités d'application de ces dispositions sont fixées par décret.

3. La réduction d'impôt est calculée sur la base :

a) Du prix d'acquisition défini au a du 2. Lorsque l'acquisition de terrains permet de constituer une unité de gestion d'au moins 5 hectares situés dans un massif de montagne défini à l'article 5 de la loi n° 85-30 du 9 janvier 1985 précitée, elle est calculée en ajoutant à cette base le prix des acquisitions de terrains en nature de bois et forêts ou de terrains nus à boiser réalisées les trois années précédentes pour constituer cette unité et pour lesquels l'acquéreur prend les engagements mentionnés au a du 2 ;

b) Du prix d'acquisition ou de souscription défini au b du 2 ;

c) D'une fraction égale à 60 % du prix d'acquisition ou de souscription défini au c du 2 ;

d) Des dépenses payées mentionnées au d du 2 ;

e) De la fraction des dépenses payées mentionnées au e du 2, correspondant aux droits que le contribuable détient dans le groupement ou la société ;

f) Des dépenses de rémunération mentionnées au f du 2 et payées par le contribuable ou de la fraction de ces dépenses payées par le groupement ou la société correspondant aux droits que le contribuable détient dans ces derniers.

g) De la cotisation d'assurance mentionnée au g du 2 et payée par le contribuable ou de la fraction de cette cotisation payée par le groupement forestier ou la société d'épargne forestière correspondant aux droits que le contribuable détient dans ces derniers.

La réduction d'impôt n'est pas applicable aux dépenses mentionnées aux d, e et g payées dans le cadre de l'utilisation de sommes prélevées sur un compte épargne d'assurance pour la forêt prévu aux articles L. 351-1 à L. 352-5 du code forestier.

3 bis. Le prix d'acquisition ou de souscription mentionné aux a et b du 3 et la fraction du prix d'acquisition ou de souscription mentionnée au c du 3 sont globalement retenus dans la limite de 5 700 € pour une personne célibataire, veuve ou divorcée et de 11 400 € pour un couple marié ou les partenaires liés par un pacte civil de solidarité, soumis à une imposition commune.

Les dépenses mentionnées au g du 3 sont retenues dans la limite de 12 € par hectare assuré en 2011, de 9,6 € par hectare assuré en 2012 et de 7,2 € par hectare assuré en 2013.

Les dépenses et la fraction des dépenses mentionnées aux d, e et g du 3 sont globalement retenues dans la limite de 6 250 € pour une personne célibataire, veuve ou divorcée et de 12 500 € pour un couple marié ou les partenaires liés par un pacte civil de solidarité, soumis à une imposition commune, sous réserve pour les dépenses mentionnées au g du 2 que soit produite avec la déclaration prévue à l'article 170 l'attestation d'assurance certifiant que la propriété en nature de bois et forêts du bénéficiaire est couverte contre le risque de tempête. Lorsque ces dépenses dépassent cette limite, la fraction excédentaire des dépenses mentionnées aux d et e du 3 est retenue :

a) Au titre des quatre années suivant celle du paiement des travaux et dans la même limite ;

b) Au titre des huit années suivant celle du paiement des travaux en cas de sinistre forestier pour lequel les dispositions mentionnées au premier alinéa de l'article 1398 s'appliquent et dans la même limite.

Les dépenses et la fraction des dépenses mentionnées au f du 3 sont globalement retenues dans la limite de 2 000 € pour une personne célibataire, veuve ou divorcée et de 4 000 € pour un couple marié ou les partenaires liés par un pacte civil de solidarité, soumis à une imposition commune, sous réserve que soient produites avec la déclaration prévue à l'article 170 la facture du contrat de gestion et l'attestation délivrée par l'opérateur certifiant que la cession et la commercialisation des coupes sont réalisées dans les conditions du f du 2.

3 ter. Le taux de la réduction d'impôt est de 18 %, à l'exception de la réduction d'impôt afférente aux dépenses prévues au g du 2 pour lesquelles ce taux est porté à 76 %. — *Les dispositions ci-dessus du Décr. n° 2012-547 du 23 avr. 2012 s'appliquent à compter de l'imposition des revenus de l'année 2012, dans les conditions prévues par la L. n° 2011-1977 du 28 déc. 2011, art. 83-IV ; pour la L. n° 2010-1657, V.* ***notre éd. 2013****, note 5 ss. art. 199 undecies B.*

4. La réduction d'impôt s'applique pour le calcul de l'impôt dû :

a) Au titre de l'année d'acquisition des terrains mentionnés au a du 2 et de l'année d'acquisition ou de souscription des parts mentionnées aux b et c du 2 ;

b) Au titre de l'année du paiement des dépenses mentionnées aux d et e du 2 et, le cas échéant, des quatre années suivantes ou des huit années suivantes en cas de sinistre forestier, conformément au 3 bis ;

c) Au titre de l'année du paiement des dépenses de rémunération ou de la cotisation d'assurance mentionnées aux f et g du 2.

5. La réduction d'impôt fait l'objet d'une reprise au titre de l'année où le contribuable, le groupement ou la société d'épargne forestière cesse de respecter l'un des engagements mentionnés au 2. Il en est de même en cas de dissolution des groupements ou des sociétés concernés ou lorsque ces dernières ne respectent pas les dispositions prévues par les articles L. 214-123 à L. 214-125 du code monétaire et financier. — V. Ann. III, art. 46 AGH à 46 AGJ.

Toutefois, la réduction d'impôt n'est pas reprise :

a) En cas de licenciement, d'invalidité correspondant au classement dans la deuxième ou la troisième des catégories prévues à l'article L. 341-4 du code de la sécurité sociale ou de décès du contribuable ou de l'un des époux soumis à une imposition commune ;

b) Lorsque le contribuable, après une durée minimale de détention de deux ans, apporte les terrains pour lesquels il a bénéficié de la réduction d'impôt à un groupement forestier ou à une société d'épargne forestière, à la condition qu'il s'engage à conserver les parts sociales reçues en contrepartie, pour la durée de détention restant à courir à la date de l'apport ;

c) En cas de donation des terrains ou des parts ayant ouvert droit à la réduction d'impôt, à la condition que les donataires reprennent les engagements souscrits par le donateur pour la durée de détention restant à courir à la date de la donation.

[11° QUATER] RÉDUCTION D'IMPÔT ACCORDÉE AU TITRE DES INVESTISSEMENTS DANS DES RÉSIDENCES HÔTELIÈRES À VOCATION SOCIALE

Art. 199 *decies* I I. – Il est institué une réduction d'impôt sur le revenu pour les contribuables domiciliés en France au sens de l'article 4 B qui acquièrent, entre le 1er janvier 2007 et le 31 décembre 2010, un logement faisant partie d'une résidence hôtelière à vocation sociale définie à l'article L. 631-11 du code de la construction et de l'habitation et qui le destinent à une location dont le produit est imposé dans la catégorie des revenus fonciers. Cette réduction d'impôt s'applique :

1° A l'acquisition de logements neufs ou en l'état futur d'achèvement ;

2° A l'acquisition de logements à rénover, dans les conditions prévues à l'article L. 262-1 du code de la construction et de l'habitation.

II. – La réduction d'impôt est calculée sur le prix de revient de ces logements dans la limite de 50 000 € pour une personne célibataire, veuve ou divorcée et de 100 000 € pour un couple marié ou les partenaires liés par un pacte civil de solidarité, soumis à une imposition commune. Son taux est égal à 25 %.

III. – Il ne peut être opéré qu'une seule réduction d'impôt à la fois et elle est répartie sur six années au maximum. Elle est accordée au titre :

1° De l'année d'achèvement du logement ou de son acquisition si elle est postérieure, pour les logements mentionnés au 1° du I ;

2° De l'année de réception des travaux pour les logements mentionnés au 2° du I.

IV. – La réduction est imputée sur l'impôt dû au titre de l'année mentionnée au III à raison du sixième des limites de 12 500 € ou 25 000 € puis, le cas échéant, pour le solde les cinq années suivantes dans les mêmes conditions.

V. – Le propriétaire doit s'engager à louer le logement nu pendant au moins neuf ans à l'exploitant de la résidence hôtelière à vocation sociale. Cette location doit prendre effet dans les six mois qui suivent la date d'achèvement de l'immeuble ou de son acquisition, si elle est postérieure. En cas de non-respect de l'engagement ou de cession du logement, la réduction pratiquée fait l'objet d'une reprise au titre de l'année de la rupture de l'engagement ou de celle de la cession. — *V. Ann. III, art. 46 AGL.*

Le 5 du I de l'article 197 est applicable.

VI. – La réduction n'est pas applicable au titre des logements dont le droit de propriété est démembré. Toutefois, lorsque le transfert de la propriété du bien ou le démembrement de ce droit résulte du décès de l'un des époux soumis à imposition commune, le conjoint survivant attributaire du bien ou titulaire de son usufruit peut demander la reprise à son profit, dans les mêmes conditions et selon les mêmes modalités, du bénéfice de la réduction prévue au présent article pour la période restant à courir à la date du décès. — *V. Ann. III, art. 46 AGL-IV.*

VII. – Pour un même contribuable, les dispositions du présent article sont exclusives de l'application de celles des articles 199 *decies* E à 199 *decies* G.

*V. CCH, art. *R. 631-9 s. —* ***CCH.***

Réduction d'impôt pour investissements hôteliers. Investissements locatifs réalisés dans des résidences hôtelières à vocation sociale. Personnes pouvant bénéficier de la réduction. Investissements éligibles. Calcul et imputation de la réduction d'impôt. Obligations des contribuables. * BOI-IR-RICI-70-10 et 20 du 7 janv. 2013.

12° RÉDUCTION D'IMPÔT ACCORDÉE AU TITRE DE CERTAINS INVESTISSEMENTS RÉALISÉS OUTRE-MER

Art. 199 *undecies* *Périmé.*

Art. 199 *undecies* A 1. Il est institué une réduction d'impôt sur le revenu pour les contribuables domiciliés en France au sens de l'article 4 B qui investissent *(L. n° 2017-1837 du 30 déc. 2017, art. 71, applicable aux travaux achevés à compter du 1er janv. 2018)* « en Guadeloupe, en Guyane, en Martinique, à Mayotte, à La Réunion », à Saint-Pierre-et-Miquelon, en Nouvelle-Calédonie, en Polynésie française, à Saint-Martin, à Saint-Barthélemy, dans les îles Wallis-et-Futuna et les Terres australes et antarctiques françaises entre la date de promulgation de la loi n° 2003-660 du 21 juillet 2003 de programme pour l'outre-mer et le 31 décembre 2017 *(L. n° 2017-1837 du 30 déc. 2017, art. 71, applicable aux travaux achevés à compter du 1er janv. 2018)* « pour les inves-

tissements mentionnés aux *a* à *d*, *f* et *g* du 2 et entre la date de promulgation de la loi n° 2003-660 du 21 juillet 2003 précitée et le 31 décembre *(L. n° 2020-1721 du 29 déc. 2020, art. 105)* **« 2023 » pour les investissements mentionnés au *e* du même 2 ».** – *Toutefois, V. art. 199 undecies C-VIII.*

2. La réduction d'impôt s'applique :

***a)* Dans la limite d'une surface habitable comprise entre 50 et 150 mètres carrés et fixée par décret selon le nombre de personnes destinées à occuper à titre principal le logement, au prix de revient de l'acquisition ou de la construction régulièrement autorisée par un permis de construire d'un immeuble neuf situé dans les départements ou collectivités visés au 1, que le propriétaire prend l'engagement d'affecter dès l'achèvement ou l'acquisition si elle est postérieure à son habitation principale pendant une durée de cinq ans ;** – *V. Ann. III, art. 46 AG terdecies et 46 AG quaterdecies.*

***b)* Au prix de revient de l'acquisition ou de la construction régulièrement autorisée par un permis de construire d'un immeuble neuf situé dans les départements ou collectivités visés au 1, que le propriétaire prend l'engagement de louer nu dans les six mois de l'achèvement ou de l'acquisition si elle est postérieure pendant cinq ans au moins à des personnes, autres que son conjoint ou un membre de son foyer fiscal, qui en font leur habitation principale ;**

***c)* Au prix de souscription de parts ou actions de sociétés dont l'objet réel est exclusivement de construire des logements neufs situés dans les départements ou collectivités visés au 1 et qu'elles donnent en location nue pendant cinq ans au moins à compter de leur achèvement à des personnes, autres que les associés de la société, leur conjoint ou les membres de leur foyer fiscal, qui en font leur habitation principale. Ces sociétés doivent s'engager à achever les fondations des immeubles dans les deux ans qui suivent la clôture de chaque souscription annuelle. Les souscripteurs doivent s'engager à conserver les parts ou actions pendant cinq ans au moins à compter de la date d'achèvement des immeubles ;** – *V. Ann. III, art. 46 AG quaterdecies.*

***d)* Aux souscriptions au capital de sociétés civiles autorisées à procéder à une offre au public de titres financiers,** *(Ord. n° 2019-1067 du 21 oct. 2019, art. 18-2°)* **« , autre que les offres mentionnées au 1° ou au 2° de l'article L. 411-2 du code monétaire et financier ou à l'article L. 411-2-1 du même code, » lorsque la société s'engage à affecter intégralement le produit de la souscription annuelle, dans les six mois qui suivent la clôture de celle-ci, à l'acquisition de logements neufs situés dans les départements ou collectivités visés au 1 et affectés pour 90 % au moins de leur superficie à usage d'habitation. Ces sociétés doivent s'engager à louer les logements nus pendant cinq ans au moins à compter de leur achèvement ou de leur acquisition si elle est postérieure à des locataires, autres que les associés de la société, leur conjoint ou les membres de leur foyer fiscal, qui en font leur habitation principale. Les souscripteurs doivent s'engager à conserver les parts pendant cinq ans au moins à compter de ces mêmes dates ;**

e) *(Abrogé par L. n° 2017-256 du 28 févr. 2017, art. 126-1°) « Sauf dans les départements d'outre-mer, »* **Au montant des travaux de réhabilitation réalisés par une entreprise, à l'exclusion de ceux qui constituent des charges déductibles des revenus fonciers en application de l'article 31, et portant sur des logements achevés depuis plus de vingt ans, situés dans les départements ou collectivités visés au 1, que le propriétaire prend l'engagement, pour une durée de cinq ans, soit d'affecter dès l'achèvement des travaux à son habitation principale, soit de louer nu dans les six mois qui suivent l'achèvement des travaux à des personnes qui en font leur habitation principale et autres que son conjoint ou un membre de son foyer fiscal, ainsi qu'au montant des travaux de confortation de logements contre le risque sismique** *(L. n° 2017-1837 du 30 déc. 2017, art. 71, applicable aux travaux achevés à compter du 1er janv. 2018)* **« ou cyclonique ». Un décret détermine les conditions d'application de ces dispositions, et notamment la nature des travaux de réhabilitation éligibles ;** – *V. Ann. III, art. 46 AG terdecies A.*

***f)* Sous réserve du respect du règlement (UE) n° 651/2014 de la Commission du 17 juin 2014 déclarant certaines catégories d'aides compatibles avec le marché intérieur en application des articles 107 et 108 du traité, aux versements effectués au titre de souscriptions en numéraire au capital des sociétés de développement régional des départements ou collectivités visés au 1 ou de sociétés soumises à l'impôt sur les socié-**

tés dans les conditions de droit commun effectuant dans les douze mois de la clôture de la souscription des investissements productifs neufs dans ces départements ou collectivités et dont l'activité réelle se situe dans les secteurs éligibles pour l'application des dispositions du I de l'article 199 *undecies* B. Lorsque la société affecte tout ou partie de la souscription à la construction d'immeubles destinés à l'exercice d'une activité située dans l'un de ces secteurs, elle doit s'engager à en achever les fondations dans les deux ans qui suivent la clôture de la souscription. La société doit s'engager à maintenir l'affectation des biens à l'activité dans les secteurs visés ci-dessus pendant les cinq ans qui suivent leur acquisition ou pendant leur durée normale d'utilisation si elle est inférieure ;

g) Aux versements effectués au titre de souscriptions en numéraire, agréées par le ministre chargé du budget, au capital de sociétés qui ont pour objet le financement par souscriptions en numéraire au capital ou par prêts participatifs, selon des modalités et limites fixées par décret, d'entreprises exerçant leur activité exclusivement outre-mer dans un secteur éligible défini au I de l'article 199 *undecies* B et qui affectent ces prêts et souscriptions à l'acquisition et à l'exploitation d'investissements productifs neufs. – *V. Ann. III, art. 46 AG quindecies.*

Ces sociétés spécialisées ne bénéficient pas, pour la détermination de leur propre résultat, des déductions prévues à l'article 217 *undecies.*

L'équivalent de 60 % de la réduction d'impôt ainsi obtenue doit bénéficier à l'entreprise qui acquiert et exploite l'investissement ;

h) Abrogé.

Les souscripteurs de parts ou actions des sociétés mentionnées aux *f* et *g* doivent s'engager à les conserver pendant cinq ans à compter de la date de la souscription.

3. La réduction d'impôt n'est pas applicable au titre des immeubles et des parts ou actions mentionnés au 2 dont le droit de propriété est démembré. Toutefois, lorsque le transfert de la propriété des immeubles, parts ou actions, ou le démembrement du droit de propriété résulte du décès de l'un des époux soumis à imposition commune, le conjoint survivant attributaire de l'immeuble, des parts ou des actions, ou titulaire de leur usufruit peut demander la reprise à son profit, dans les mêmes conditions et selon les mêmes modalités, du bénéfice de la réduction prévue au présent article pour la période restant à courir à la date du décès.

3 *bis*. La réduction d'impôt n'est applicable au titre des investissements mentionnés au *a* du 2 que lorsque ceux-ci sont réalisés par des personnes physiques pour l'acquisition ou la construction d'une résidence principale en accession à la première propriété au sens du troisième alinéa du I de l'article 244 *quater* J ainsi que par des personnes physiques dont la résidence principale est visée par un arrêté *(Ord. n° 2020-1144 du 16 sept. 2020, art. 7 et 19, en vigueur le 1er janv. 2021)* « pris en application du chapitre Ier du titre Ier du livre V du code de la construction et de l'habitation pour les situations mentionnées au 1° de l'article L. 511-2 du même code et au 4° du même article lorsque l'arrêté de traitement de l'insalubrité porte sur l'usage qui est fait des immeubles, locaux ou installations, ou lorsqu'il porte sur des locaux par nature impropres à l'habitation mentionnés à l'article L. 1331-23 du code de la santé publique *[ancienne rédaction :, une mise en demeure ou une injonction pris en application de l'article L. 511-1 du code de la construction et de l'habitation ou des articles L. 1331-22 et L. 1331-24 du code de la santé publique]* ».

4. Lorsque le montant des investissements mentionnés aux *b, c, d, f* et *g* du 2 est supérieur à deux millions d'euros, le bénéfice de la réduction d'impôt est conditionné à l'obtention d'un agrément préalable délivré par le ministre chargé du budget dans les conditions prévues au III de l'article 217 *undecies.* – *V. Ann. IV, art. 170 decies.*

5. Pour le calcul de la réduction d'impôt, les sommes versées au cours de la période définie au 1 sont prises en compte, pour les investissements mentionnés aux *a, b, c, d,* et *e* du 2, dans la limite de *(Décr. n° 2021-744 du 9 juin 2021, art. 1er)* « 2 664 € *[ancienne rédaction : 2 615 €]* » hors taxes par mètre carré de surface habitable. Cette limite est relevée chaque année, au 1er janvier, dans la même proportion que la variation de la moyenne sur quatre trimestres de l'indice national mesurant le coût de la construction publiée par l'Institut national de la statistique et des études économiques. La moyenne mentionnée ci-dessus est celle des quatre derniers indices connus au

1er novembre qui précède la date de référence. — *Limite applicable aux investissements réalisés outre-mer à compter du 1er janv. 2021. — Pour la surface habitable, V. Ann. III, art. 46 AG terdecies.*

6. La réduction d'impôt est effectuée, pour les investissements mentionnés au *a* du 2, pour le calcul de l'impôt dû au titre de l'année d'achèvement de l'immeuble ou de son acquisition si elle est postérieure, et des neuf années suivantes. Pour les investissements visés aux *b, c, d, f* et *g* du 2, elle est effectuée pour le calcul de l'impôt dû au titre de l'année d'achèvement de l'immeuble ou de son acquisition si elle est postérieure, ou de la souscription des parts ou actions, et des quatre années suivantes. Pour les investissements visés au *e* du même 2, elle est effectuée pour le calcul dû au titre de l'année d'achèvement des travaux et des quatre années suivantes. Chaque année, la base de la réduction est égale, pour les investissements mentionnés au *a* du 2, à 10 % des sommes effectivement payées au 31 décembre de l'année au cours de laquelle le droit à réduction d'impôt est né et, pour les investissements visés aux *b, c, d, e, f* et *g* du 2, à 20 % des sommes effectivement payées au 31 décembre de l'année au cours de laquelle le droit à réduction d'impôt est né.

La réduction d'impôt est égale à 18 % de la base définie au premier alinéa pour les investissements mentionnés aux *a* et *e* du 2.

La réduction d'impôt est égale à 30 % de la base définie au premier alinéa pour les investissements mentionnés aux *b, c* et *d* du 2 et à 38 % de la même base pour les investissements mentionnés aux *f* et *g* du 2.

Pour les investissements mentionnés aux *b, c* et *d* du 2, la réduction d'impôt est portée à 38 % si les conditions suivantes sont réunies :

1° Le contribuable ou la société s'engage à louer nu l'immeuble dans les six mois de son achèvement ou de son acquisition si elle est postérieure et pendant six ans au moins à des personnes qui en font leur habitation principale. En cas de souscription au capital de sociétés visées aux *c* et *d* du 2, le contribuable s'engage à conserver ses parts ou actions pendant au moins six ans à compter de la date d'achèvement des logements ou de leur acquisition si elle est postérieure ;

2° Le loyer et les ressources du locataire n'excèdent pas des plafonds fixés par décret.

Toutefois, pour les investissements réalisés *(L. n° 2017-1837 du 30 déc. 2017, art. 71,* « en Guadeloupe, en Guyane, en Martinique, à Mayotte et à La Réunion » mentionnés aux *a, b, c (L. n° 2017-256 du 28 févr. 2017, art. 126-2°)* « , *d* et *e* » du 2, les taux de 18 % et 30 % prévus aux deuxième et troisième alinéas et le taux de 38 % prévu au quatrième alinéa sont respectivement portés à 26 %, 38 % et 45 % lorsque le logement est situé dans un quartier prioritaire de la politique de la ville. — *Pour la liste des quartiers prioritaires de la politique de la ville, V. Décr. n° 2014-1750 (métropole) et n° 2014-1751 (outre-mer) du 30 déc. 2014 (JO 31 déc.), et Arr. du 29 avr. 2015 (JO 7 mai).*

En outre, lorsque des dépenses d'équipement de production d'énergie utilisant une source d'énergie renouvelable sont réalisées dans le logement, les taux de 18 % et 30 % mentionnés aux deuxième et troisième alinéas et le taux de 38 % mentionné au quatrième alinéa sont respectivement portés à 22 %, 33 % et 40 % et les taux de 26 %, 38 % et 45 % mentionnés au septième alinéa sont respectivement portés à 29 %, 40 % et 48 %. Un arrêté du ministre chargé du budget fixe la nature des dépenses d'équipement qui ouvrent droit à cette majoration. — *V. Ann. IV, art. 18-0 bis.*

6 *bis*. La réduction d'impôt ne s'applique pas aux investissements mentionnés aux *b, c* et *d* du 2 engagés après le 31 décembre 2010.

Toutefois, la réduction d'impôt s'applique également :

1° Aux investissements mentionnés aux *b, c* et *d* du 2 engagés entre le 1er janvier 2011 et le 31 décembre 2011. Par dérogation au 6, le taux de la réduction d'impôt est, pour ces investissements, de 22 %. Ce taux est porté à 34 % pour ceux de ces investissements au titre desquels les conditions mentionnées aux 1° et 2° du 6 sont réunies. Ces taux sont respectivement portés à 30 % et 41 % lorsque la condition prévue au septième alinéa du 6 est remplie, à 25 % et 37 % lorsque celle prévue au huitième alinéa est remplie, à 33 % et 45 % lorsque ces deux dernières conditions sont simultanément remplies.

2° Au taux de 26 % aux investissements mentionnés aux *b, c* et *d* du 2 engagés entre le 1er janvier 2012 et le 31 décembre 2012 et au titre desquels les conditions mentionnées aux 1° et 2° du 6 sont réunies.

Pour l'application du présent 6 *bis*, sont considérés comme engagés :
– les investissements mentionnés au *b* du 2 au titre de logements que le contribuable fait construire ou acquiert neufs ou en l'état futur d'achèvement, dont les permis de construire ont été délivrés ;
– les investissements mentionnés au *c* du 2 correspondant à des souscriptions de parts ou d'actions de sociétés dont l'objet réel est exclusivement de construire des logements neufs dont les permis de construire ont été délivrés ;
– les investissements mentionnés au *d* du 2 correspondant à des souscriptions dont le produit est affecté à l'acquisition de logements neufs dont les permis de construire ont été délivrés.

La réduction d'impôt acquise au titre des investissements mentionnés au présent 6 *bis* est reprise lorsque les logements acquis ou construits ne sont pas loués au plus tard le dernier jour du trente-sixième mois suivant celui de la délivrance du permis de construire. Le cas échéant, cette date est repoussée d'un délai égal à celui durant lequel les travaux sont interrompus par l'effet de la force majeure ou durant lequel la légalité du permis de construire est contestée par la voie contentieuse.

7. En cas de non-respect des engagements mentionnés aux 2 et 6, ou de cession ou de démembrement du droit de propriété, dans des situations autres que celle prévue au 3, de l'immeuble ou des parts et titres, ou de non-respect de leur objet exclusif par les sociétés concernées, ou de dissolution de ces sociétés, la réduction d'impôt pratiquée fait l'objet d'une reprise au titre de l'année où interviennent les événements précités. Toutefois, ces dispositions ne sont pas applicables si les investissements productifs sont compris dans un apport partiel d'actif réalisé sous le bénéfice de l'article 210 B ou si la société qui en est propriétaire fait l'objet d'une fusion placée sous le régime de l'article 210 A, à la condition que la société bénéficiaire de l'apport, ou la société absorbante, selon le cas, réponde aux conditions du 2 et s'engage dans l'acte d'apport ou de fusion à respecter les engagements mentionnés au *f* du 2 pour la fraction du délai restant à courir. — *Sur les sanctions en cas de non-respect des engagements, V. art. 1740.*

Le décès du contribuable ou de l'un des époux soumis à imposition commune au cours d'une des années suivant celle où le droit à réduction d'impôt est né n'a pas pour conséquence la reprise des réductions d'impôt pratiquées. — *V. Ann. III, art. 46 AG undecies et 46 AG quaterdecies.*

La location d'un logement neuf consentie dans les conditions fixées par décret à un organisme public ou privé pour le logement à usage d'habitation principale de son personnel ne fait pas obstacle au bénéfice de la réduction d'impôt. — *Sur les obligations déclaratives, V. art. 242 sexies.*

(L. n° 2017-1837 du 30 déc. 2017, art. 71, applicable aux travaux achevés à compter du 1er janv. 2018) « 8. Pour l'application du *e* du 2, lorsque le bénéficiaire de la réduction d'impôt est remboursé dans un délai de cinq ans de tout ou partie du montant des dépenses qui ont ouvert droit à cet avantage, il fait l'objet, au titre de l'année de remboursement et dans la limite de la réduction d'impôt obtenue, d'une reprise égale au montant de l'avantage fiscal accordé à raison de la somme qui a été remboursée. Toutefois, aucune reprise n'est pratiquée lorsque le remboursement fait suite à un sinistre survenu après que les dépenses ont été payées.

« 9. Pour une même dépense, les dispositions du *e* du 2 sont exclusives d'une déduction de charge pour la détermination des revenus catégoriels. »

BIBL. ▸ LABRUNE, *RJF 2015, p. 957* (réduction d'IR pour investissement outre-mer : incursion dans la forêt tropicale).

1. Investissements outre-mer réalisés par les particuliers. Commentaire administratif général. Personnes et investissements concernés. Base, taux et imputation de la réduction d'impôt. Remise en cause de la réduction. Obligations déclaratives. Modèles d'engagements et d'attestations. * BOI-IR-RICI-80 du 29 mai 2021.

2. Condtions d'application. Le bénéfice de la réduction d'impôt prévue à l'art. 199 *undecies* A est subordonné, non seulement à l'affectation du bien à une location non meublée à usage de résidence principale dans un délai de six mois à compter de l'achèvement ou de l'acquisition de l'immeuble neuf concerné, mais aussi à la souscription préalable et à la production d'un engagement de location. • CE 19 mai 2021, n° 432556 : *RJF 2021. 784.* ♦ Pour pouvoir être assimilée à la construction d'un immeuble neuf ouvrant droit à la réduction d'impôt prévue en faveur des particuliers qui investissent outre-mer, une opération de reconstruction doit comporter soit la démolition d'un immeuble d'habitation préexistant suivie de sa reconstruction, soit des modifications importantes apportées au gros œuvre d'un immeuble existant, soit l'aménagement à usage d'habitation de locaux antérieurement affectés à un autre usage. Tel n'est pas le cas de travaux qui consistent dans l'extension et la surélévation d'un bâtiment existant, même s'ils ont entraîné un accroissement de la superficie habitable et des volumes. • CAA Bordeaux, 17 déc. 2002, n° 99BX1271 : *RJF 2003. 1206.* ♦ En revanche, doivent être considérés comme des travaux de construction d'immeubles neufs les travaux consistant dans l'extension et la surélévation d'un bâtiment existant, qui ont entraîné un accroissement de la superficie et du volume habitable par la création de trois appartements autonomes. • CAA Bordeaux, 27 déc. 2005, n° 02BX227 : *RJF 2006. 500.*

3. Un particulier peut bénéficier de la réduction d'impôt à raison d'un appartement dont il se réserve la jouissance alors même qu'il a déjà sa résidence principale au rez-de-chaussée du même immeuble. L'appartement en cause, faisant l'objet d'une évaluation séparée pour l'établissement de la taxe foncière, constitue en effet une habitation autonome dès lors qu'il dispose d'un accès indépendant à l'extérieur et ne comporte pas de communication intérieure avec le logement du rez-de-chaussée. • CAA Bordeaux, 27 déc. 2005, n° 02BX227 : *préc. note 3.*

4. Seul le contribuable qui est propriétaire de l'immeuble qu'il destine à son habitation principale peut prétendre au bénéfice de la réduction d'impôt. Tel n'est pas le cas lorsque l'immeuble au titre duquel le contribuable sollicite la réduction d'impôt a été acquis par une SCI familiale qui y a fait réaliser les travaux destinés à le rendre habitable. • CAA Bordeaux, 30 déc. 2005, n° 01BX2774 : *RJF 2006. 655.*

5. Un contribuable qui se prévaut de la réduction d'impôt n'établit pas l'existence d'un bail verbal conclu avec sa fille en indiquant que la mise à disposition de l'appartement en cause lui permettait de s'acquitter de son obligation alimentaire vis-à-vis de celle-ci. • CAA Bordeaux, 4 déc. 2001, n° 98BX1365 : *RJF 2002. 603.*

6. Année de la réduction d'impôt. La réduction d'impôt est accordée au titre de l'année au cours de laquelle les sommes correspondant à l'acquisition des parts sociales sont déposées sur le compte ouvert au nom de la société chez un notaire. • CAA Bordeaux, 19 mai 2011, ⚖ n° 09BX02786 : *RJF 2011. 1268.*

7. Défaut d'affectation du logement à l'habitation principale du locataire. Le bailleur de l'appartement ne peut bénéficier de la réduction d'impôt dès lors qu'il n'établit pas que le locataire du logement dont il est propriétaire n'avait pas fait de celui-ci son habitation principale effective. • CE 1er oct. 2015, ⚖ *Devilliers*, n° 365765 : *RJF 2015. 991, concl. Crepey ; Dr. fisc. 2015. 677, note Douet.* ♦ La condition de mise en location du logement s'apprécie à la date de prise d'effet du bail et non à celle de sa signature. • CE 13 juin 2016, ⚖ n° 386645 : *RJF 2016. 793.*

8. Années de reprise de la réduction d'impôt. Dans l'hypothèse où le contribuable n'a pas souscrit l'engagement d'affecter le logement à son habitation principale pendant cinq ans, les réductions qu'il a pratiquées font l'objet d'une reprise annuelle jusqu'au 31 déc. de la troisième année suivant chacune de celles au titre de laquelle l'intéressé a bénéficié de cet avantage fiscal. • CE 8 juin 2015, ⚖ n° 376861 : *RJF 2015. 755 ; BDCF 2015. 113, concl. Cortot-Boucher.* ♦ Dans l'hypothèse d'une rupture de l'engagement avant l'échéance légale, les réductions d'IR dont a bénéficié le contribuable l'année au cours de laquelle l'engagement a été rompu et, le cas échéant, les années antérieures font l'objet d'une reprise globale au titre de l'année de rupture. Celles pratiquées au titre des années postérieures font l'objet d'une reprise annuelle au titre de chacune des années concernées. • Même arrêt. ♦ Dans le cas d'une rupture de l'engagement initialement pris par le contribuable en vue de bénéficier de la réduction d'impôt, le délai de reprise court à compter de l'année où survient la méconnaissance de cet engagement. • CE 27 juill. 2015, ⚖ *Min. c/ Piau*, n° 372001 : *RJF 2015. 935, concl. Bokdam-Tognetti.*

9. Agrément ministériel. Selon l'Administration, le seuil d'agrément s'apprécie par programme immobilier. * Rép. min. n° 77940 : *JOAN Q, 17 mai 2016, p. 4229.* ♦ S'agissant des investissements dans le secteur locatif (régime antérieur à 2012), le seuil d'agrément de 2 M € s'appréciait par programme immobilier. • CE, avis, 13 avr. 2018, ⚖ n° 416360 : *RJF 2018. 722.*

Art. 199 *undecies* B I. – Les contribuables domiciliés en France au sens de l'article 4 B peuvent bénéficier d'une réduction d'impôt sur le revenu à raison des investissements productifs neufs qu'ils réalisent dans les départements d'outre-mer, à Saint-Pierre-et-Miquelon, en Nouvelle-Calédonie, en Polynésie française, à Saint-Martin, à Saint-Barthélemy, dans les îles Wallis-et-Futuna et les Terres australes et antarctiques françaises, dans le cadre d'une entreprise exerçant une activité agricole ou une activité industrielle, commerciale ou artisanale relevant de l'article 34. Lorsque l'activité est exercée dans un département d'outre-mer, l'entreprise doit avoir réalisé un chiffre d'affaires, au titre de son dernier exercice clos, inférieur à 20 millions d'euros. *(L. n° 2017-1837 du 30 déc. 2017, art. 72)* « Ce seuil de chiffre d'affaires est ramené à

15 millions d'euros et à 10 millions d'euros pour les investissements que l'entreprise réalise au cours des exercices ouverts à compter, respectivement, du 1er janvier 2019 et du 1er janvier 2020. » Lorsque l'entreprise n'a clôturé aucun exercice, son chiffre d'affaires est réputé être nul. Si le dernier exercice clos est d'une durée de plus ou de moins de douze mois, le montant du chiffre d'affaires est corrigé pour correspondre à une période de douze mois. Lorsque la réduction d'impôt s'applique dans les conditions prévues aux vingt-sixième et vingt-septième alinéas, le chiffre d'affaires s'apprécie au niveau de l'entreprise locataire ou crédit-preneuse. Celle-ci en communique le montant à la société réalisant l'investissement. Lorsque l'entreprise mentionnée aux deuxième et sixième phrases du présent alinéa est liée, directement ou indirectement, à une ou plusieurs autres entreprises au sens du 12 de l'article 39, le chiffre d'affaires à retenir s'entend de la somme de son chiffre d'affaires et de celui de l'ensemble des entreprises qui lui sont liées. *(Abrogé par L. n° 2017-256 du 28 févr. 2017, art. 127-I-1°-a)* ***« Lorsque l'activité est exercée dans un département d'outre-mer ou à Saint-Martin, l'investissement doit être un investissement initial, au sens de l'article 2 du règlement (UE) n° 651/2014 de la Commission, du 17 juin 2014, déclarant certaines catégories d'aides compatibles avec le marché intérieur en application des articles 107 et 108 du traité, et il ne doit pas être exploité par une entreprise en difficulté, au sens du même règlement. »*** *— V. Ann. II, art. 95 K à 95 U. — V. notes 1 et 3 ss. l'art.*

Toutefois, n'ouvrent pas droit à la réduction d'impôt les investissements réalisés dans les secteurs d'activité suivants :

a) **Commerce ;**

b) **Les cafés, débits de tabac et débits de boisson ainsi que la restauration, à l'exception des restaurants dont le dirigeant ou un salarié est titulaire du titre de maître-restaurateur mentionné à l'article 244 *quater* Q et qui ont été contrôlés dans le cadre de la délivrance de ce titre ainsi que, le cas échéant, des restaurants de tourisme classés à la date de publication de la loi n° 2009-888 du 22 juillet 2009 de développement et de modernisation des services touristiques ;**

c) **Conseils ou expertise ;**

d) *Abrogé ;*

e) **Éducation, santé et action sociale ;**

f) **Banque, finance et assurance ;**

g) **Toutes activités immobilières ;**

h) **La navigation de croisière, la réparation automobile, les locations sans opérateurs, à l'exception de la location directe de navires de plaisance ou au profit des personnes physiques utilisant pour une durée n'excédant pas deux mois des véhicules de tourisme au sens** *(Ord. n° 2021-1843 du 22 déc. 2021, art. 10-6°-a, en vigueur le 1er janv. 2022)* **« de l'article L. 421-2 du code des impositions sur les biens et services » ;**

i) **Les services fournis aux entreprises, à l'exception de la maintenance, des activités de nettoyage et de conditionnement à façon et des centres d'appel ;** *— V. Ann. II, art. 95 O.*

j) **Les activités de loisirs, sportives et culturelles, à l'exception, d'une part, de celles qui s'intègrent directement et à titre principal à une activité hôtelière ou touristique et ne consistent pas en l'exploitation de jeux de hasard et d'argent et, d'autre part, de la production et de la diffusion audiovisuelles et cinématographiques ;**

k) **Les activités associatives ;**

l) **Les activités postales.**

La réduction d'impôt prévue au premier alinéa s'applique également aux travaux de rénovation et de réhabilitation d'hôtel, de résidence de tourisme et de village de vacances classés, lorsque ces travaux constituent des éléments de l'actif immobilisé. La réduction d'impôt ne s'applique pas à l'acquisition de véhicules *(Ord. n° 2021-1843 du 22 déc. 2021, art. 10-6°-b, en vigueur le 1er janv. 2022)* **« de tourisme au sens de l'article L. 421-2 du code des impositions sur les biens et services » qui ne sont pas strictement indispensables à l'activité de l'exploitant. Les conditions d'application de la phrase précédente sont fixées par arrêté du ministre chargé du budget et du ministre chargé de l'outre-mer.** *— Pour les véhicules de tourisme, V. Ann. IV, art. 23 L quater.*

La réduction d'impôt prévue au premier alinéa s'applique également aux investissements affectés plus de cinq ans par le concessionnaire à l'exploitation d'une concession de service public local à caractère industriel et commercial réalisés dans des

secteurs éligibles. La réduction d'impôt prévue au premier alinéa ne s'applique pas aux investissements portant sur des installations de production d'électricité utilisant l'énergie radiative du soleil.

La réduction d'impôt est de 38,25 % du montant, hors taxes et hors frais de toute nature, notamment les commissions d'acquisition, à l'exception des frais de transport, d'installation et de mise en service amortissables, des investissements productifs, diminué de la fraction de leur prix de revient financée par une aide publique et, lorsque l'investissement a pour objet de remplacer un investissement ayant bénéficié de l'un des dispositifs définis au présent article ou aux articles 217 *undecies* ou 244 *quater* W, de la valeur réelle de l'investissement remplacé. Les projets d'investissement comportant l'acquisition, l'installation ou l'exploitation d'équipements de production d'énergie renouvelable sont pris en compte dans la limite d'un montant par watt installé fixé par arrêté conjoint des ministres chargés du budget, de l'outre-mer et de l'énergie pour chaque type d'équipement. Ce montant prend en compte les coûts d'acquisition et d'installation directement liés à ces équipements. Le taux de la réduction d'impôt est porté à 45,9 % pour les investissements réalisés en Guyane et à Mayotte dans les limites définies par les règles communautaires relatives aux aides d'État, à Saint-Pierre-et-Miquelon ou à Wallis-et-Futuna. Les taux de 38,25 % et 45,9 % susmentionnés sont respectivement portés à 45,9 % et 53,55 % pour les investissements réalisés, dans le secteur de la production d'énergie renouvelable. Le taux de la réduction d'impôt est porté à 45,9 % pour les travaux de rénovation et de réhabilitation d'hôtel, de résidence de tourisme et de village de vacances classés réalisés à Saint-Martin, en Polynésie française, dans les îles Wallis-et-Futuna, dans les Terres australes et antarctiques françaises, à Saint-Pierre-et-Miquelon et en Nouvelle-Calédonie. — *V. note 6 ss. l'art.*

Le taux de la réduction d'impôt est porté à 53,55 % pour les travaux de rénovation et de réhabilitation d'hôtel, de résidence de tourisme et de village de vacances classés dans les départements d'outre-mer. Le bénéfice de cette mesure est accordé à l'exploitant lorsqu'il prend en charge ces travaux.

Les dispositions du premier alinéa s'appliquent aux investissements réalisés par une société soumise au régime d'imposition prévu à l'article 8, à l'exclusion des sociétés en participation, ou un groupement mentionné aux articles 239 *quater* ou 239 *quater* C, dont les parts sont détenues directement, ou par l'intermédiaire d'une entreprise unipersonnelle à responsabilité limitée, par des contribuables domiciliés en France au sens de l'article 4 B. En ce cas, la réduction d'impôt est pratiquée par les associés ou membres dans une proportion correspondant à leurs droits dans la société ou le groupement.

La réduction d'impôt prévue au premier alinéa est pratiquée au titre de l'année au cours de laquelle l'investissement est mis en service. Toutefois, en cas d'acquisition d'un immeuble à construire ou de construction d'immeuble, la réduction d'impôt prévue au premier alinéa est pratiquée au titre de l'année au cours de laquelle les fondations sont achevées. Si l'immeuble n'est pas achevé dans les deux ans suivant la date à laquelle les fondations sont achevées, la réduction d'impôt pratiquée fait l'objet d'une reprise au titre de l'année au cours de laquelle intervient le terme de ce délai. En cas de rénovation ou de réhabilitation d'hôtels, de résidences de tourisme ou de villages de vacances classés, la réduction d'impôt est pratiquée au titre de l'année d'achèvement des travaux.

Lorsque le montant de la réduction d'impôt excède l'impôt dû par le contribuable ayant réalisé l'investissement, le solde peut être reporté, dans les mêmes conditions, sur l'impôt sur le revenu des années suivantes jusqu'à la cinquième inclusivement.

Toutefois, sur demande du contribuable qui, dans le cadre de l'activité ayant ouvert droit à réduction, participe à l'exploitation au sens des dispositions du 1° *bis* du I de l'article 156, la fraction non utilisée peut être remboursée à compter de la troisième année, dans la limite d'un montant de 100 000 € par an ou de 300 000 € par période de trois ans. Cette fraction non utilisée constitue au profit de l'entreprise une créance sur l'État d'égal montant. Cette créance est inaliénable et incessible, sauf dans les conditions prévues par les articles L. 313-23 à L. 313-35 du code monétaire et financier.

Si, dans le délai de cinq ans de son acquisition ou de sa création ou pendant sa durée normale d'utilisation si elle est inférieure, *(L. n° 2020-1721 du 29 déc. 2020, art. 108-I-A et IV, applicable aux investissements réalisés à compter du 1er janv. 2022)* « ou pendant sept ans au moins lorsque sa durée normale d'utilisation est égale ou supérieure à sept ans, » l'investissement ayant ouvert droit à réduction d'impôt est cédé ou cesse d'être affecté à l'activité pour laquelle il a été acquis ou créé, ou si l'acquéreur cesse son activité, la réduction d'impôt pratiquée fait l'objet d'une reprise au titre de l'année au cours de laquelle cet événement est intervenu. *(Abrogé par Décr. n° 2018-500 du 20 juin 2018, art. 1er)* ***« Le revenu global de cette même année est alors majoré du montant des déficits indûment imputés en application du I bis. »*** *(L. n° 2018-1317 du 28 déc. 2018, art. 131-I-1°-a)* « Ce délai est porté à quinze ans pour les investissements consistant en la construction, la rénovation ou la réhabilitation d'hôtels, de résidences de tourisme ou de villages de vacances. » *(Décr. n° 2019-559 du 6 juin 2019, art. 1er)* « Ce délai est porté à *(L. n° 2019-1479 du 28 déc. 2019, art. 159-I-1° et II)* « dix *[ancienne rédaction : quinze]* » ans pour les investissements portant sur les navires de croisière neufs d'une capacité maximum de 400 passagers. » *— Les dispositions issues du a du 1° du I de l'art. 131 de la L. n° 2018-1317 du 28 déc. 2018 s'appliquent aux travaux achevés à compter du 1er janv. 2019 et aux autres investissements dont le fait générateur intervient à compter de cette même date (L. préc., art. 131-III-A). — Le délai de conservation de dix ans pour les navires de croisière s'applique aux investissements mis en service au titre des exercices ouverts à compter du 1er janv. 2021 et pour l'agrément desquels une demande est déposée à compter du 1er janv. 2020 (L. n° 2019-1479 du 28 déc. 2019, art. 159-II).*

Toutefois, la reprise de la réduction d'impôt n'est pas effectuée lorsque les biens ayant ouvert droit à réduction d'impôt sont transmis dans le cadre des opérations mentionnées aux articles 41 et 151 *octies* *(L. n° 2021-1900 du 30 déc. 2021, art. 10-I-8°)* « et au deuxième alinéa du I de l'article 151 *octies* A », si le bénéficiaire de la transmission s'engage à conserver ces biens et à maintenir leur affectation initiale pendant la fraction du délai de conservation restant à courir. L'engagement est pris dans l'acte constatant la transmission ou, à défaut, dans un acte sous seing privé ayant date certaine, établi à cette occasion. En cas de non-respect de cet engagement, le bénéficiaire de la transmission doit, au titre de l'exercice au cours duquel cet événement est intervenu, ajouter à son résultat une somme égale au triple du montant de la réduction d'impôt à laquelle les biens transmis ont ouvert droit.

Lorsque l'investissement est réalisé par une société ou un groupement visés aux dix-neuvième et vingt-septième alinéas, les associés ou membres doivent, en outre, conserver les parts ou actions de cette société ou de ce groupement pendant un délai de cinq ans à compter de la réalisation de l'investissement. A défaut, la réduction d'impôt qu'ils ont pratiquée fait l'objet d'une reprise au titre de l'année de la cession. *(Abrogé par Décr. n° 2018-500 du 20 juin 2018, art. 1er)* ***« Le revenu global de cette même année est alors majoré des déficits indûment imputés en application du I bis. »*** Les montants de cette reprise et de cette majoration sont diminués, le cas échéant, dans la proportion de leurs droits dans la société ou le groupement, des reprises et majorations déjà effectuées en application des dispositions du vingt-troisième alinéa.

La réduction d'impôt prévue au présent I s'applique aux investissements productifs mis à la disposition d'une entreprise dans le cadre d'un contrat de location si les conditions mentionnées aux quinzième à dix-huitième alinéas du I de l'article 217 *undecies* sont remplies et si 66 % de la réduction d'impôt sont rétrocédés à l'entreprise locataire sous forme de diminution du loyer et du prix de cession du bien à l'exploitant. Ce taux est ramené à 56 % pour les investissements dont le montant par programme est inférieur à 300 000 € par exploitant. Si, dans le délai de cinq ans de la mise à disposition du bien loué ou pendant sa durée normale d'utilisation si elle est inférieure, l'une des conditions visées au présent alinéa cesse d'être respectée, la réduction d'impôt pratiquée fait l'objet d'une reprise au titre de l'année au cours de laquelle cet événement se réalise. *(Abrogé par Décr. n° 2018-500 du 20 juin 2018, art. 1er)* ***« Le revenu global de cette même année est alors majoré des déficits indûment imputés en application du I bis. »*** Lorsque l'entreprise locataire cesse son activité dans le délai mentionné à la troisième phrase, la reprise de la réduction d'impôt est limitée aux trois quarts du montant de cette réduction d'impôt. Il n'est pas procédé à la reprise mentionnée à la troisième phrase lorsque, en cas de défaillance de l'entreprise locataire, les biens ayant ouvert droit à la réduction d'impôt sont donnés en location à une nouvelle entreprise qui s'engage à les maintenir dans l'activité pour laquelle ils ont été acquis ou créés pendant la fraction du délai de cinq ans restant à courir dans les conditions prévues au présent alinéa. L'octroi de la réduction d'impôt prévue au premier alinéa est subordonné au respect par les entreprises réalisant l'investissement et, le cas échéant, les entreprises exploitantes de leurs obligations fiscales et sociales et de l'obligation de dépôt de leurs comptes annuels selon les modalités prévues aux articles L. 232-21 à L. 232-23 du code de commerce à la date de réalisation de l'investissement. Sont considérés comme à jour de leurs obligations fiscales et sociales les employeurs qui, d'une part, ont souscrit et respectent un plan d'apurement des cotisations restant dues et, d'autre part, acquittent les cotisations en cours à leur date normale d'exigibilité. Pour l'application de la première phrase en Nouvelle-Calédonie et en Polynésie française, les références aux dispositions du code de commerce sont remplacées par les dispositions prévues par la réglementation applicable localement.

La réduction d'impôt prévue au présent I s'applique, dans les conditions prévues au vingt-sixième alinéa, aux investissements réalisés par une société soumise de plein droit à l'impôt sur les sociétés dont les actions sont détenues intégralement et directement par des contribuables, personnes physiques, domiciliés en France au sens de l'article 4 B. En ce cas, la réduction d'impôt est pratiquée par les associés dans une proportion correspondant à leurs droits dans la société. L'application de cette disposition est subordonnée au respect des conditions suivantes :

1° Les investissements ont reçu un agrément préalable du ministre chargé du budget dans les conditions prévues au III de l'article 217 *undecies* ;

2° Les investissements sont mis à la disposition d'une entreprise dans le cadre d'un contrat de location respectant les conditions mentionnées aux quinzième à dix-huitième alinéas du I de l'article 217 *undecies* et 66 % de la réduction d'impôt sont rétrocédés à l'entreprise locataire sous forme de diminution du loyer et du prix de cession du bien à l'exploitant. Les dispositions du trente-troisième alinéa sont applicables ;

3° La société réalisant l'investissement a pour objet exclusif l'acquisition d'investissements productifs en vue de la location au profit d'une entreprise située dans les départements ou collectivités d'outre-mer.

Les associés personnes physiques mentionnés au vingt-septième alinéa ne peuvent bénéficier, pour la souscription au capital de la société mentionnée au même alinéa, des réductions d'impôt prévues aux articles 199 *undecies* A *(L. n° 2019-1479 du 28 déc. 2019, art. 157-I-3° et V-A, en vigueur le 1er janv. 2020)* « 199 *terdecies*-0 A ou 199 *terdecies*-0 AB » et la société mentionnée au vingt-septième alinéa ne peut bénéficier des dispositions prévues à l'article 217 *undecies*.

Le 11 de l'article 150-0 D n'est pas applicable aux moins-values constatées par les contribuables mentionnés au vingt-septième alinéa lors de la cession des titres des sociétés mentionnées à ce même alinéa. Le 2° du 3 de l'article 158 ne s'applique pas aux revenus distribués par ces sociétés.

Pour les investissements dont la durée normale d'utilisation est égale ou supérieure à sept ans, et qui sont loués dans les conditions prévues au vingt-sixième alinéa, la réduction d'impôt prévue est applicable lorsque l'entreprise locataire prend l'engagement d'utiliser effectivement pendant sept ans au moins ces investissements dans le cadre de l'activité pour laquelle ils ont été acquis ou créés. *(L. n° 2018-1317 du 28 déc. 2018, art. 131-I-1°-a)* « Cet engagement est porté à quinze ans pour les investissements consistant en la construction, la rénovation ou la réhabilitation d'hôtels, de résidences de tourisme ou de villages de vacances. » *(Décr. n° 2019-559 du 6 juin 2019, art. 1er)* « Ce délai est porté à quinze ans pour les investissements portant sur les navires de croisière neufs d'une capacité maximum de 400 passagers. » — *Les dispositions issues du a du 1° du I de l'art. 131 de la L. n° 2018-1317 du 28 déc. 2018 s'appliquent aux travaux achevés à compter du 1er janv. 2019 et aux autres investissements dont le fait générateur intervient à compter de cette même date (L. préc., art. 131-III-A). — Sur les sanctions en cas de non-respect de l'engagement, V. art. 1740 bis.*

Lorsque la réduction d'impôt mentionnée au présent I est acquise dans les conditions prévues aux vingt-sixième et vingt-neuvième alinéas et que la fraction de la réduction d'impôt rétrocédée à l'entreprise locataire est de 66 %, les taux de 38,25 % et 45,9 % mentionnés au dix-septième alinéa sont, respectivement, portés à 45,3 % et 54,36 % et les taux de 45,9 % et 53,55 % mentionnés à la cinquième phrase du même alinéa sont, respectivement, portés à 54,36 % et 63,42 %. Dans les mêmes conditions, le taux de 53,55 % mentionné au dix-huitième alinéa est porté à 63,42 %.

Lorsque la réduction d'impôt mentionnée au présent I est acquise dans les conditions prévues aux vingt-sixième et vingt-neuvième alinéas et que la fraction de la réduction d'impôt rétrocédée à l'entreprise locataire est de 56 %, les taux de 38,25 % et 45,9 % mentionnés au dix-septième alinéa sont, respectivement, portés à 44,12 % et 52,95 % et les taux de 45,9 % et 53,55 % mentionnés à la cinquième phrase du même alinéa sont, respectivement, portés à 52,95 % et 61,77 %. Dans les mêmes conditions, le taux de 53,55 % mentionné au dix-huitième alinéa est porté à 61,77 %.

(L. n° 2021-1900 du 30 déc. 2021, art. 72-I-1° et II, applicable aux exercices clos à compter du 31 déc. 2022) « I *bis*. – Pour les investissements réalisés dans le secteur du transport aérien ou maritime, le bénéfice de la réduction d'impôt prévue au I est subordonné au respect des conditions suivantes :

« 1° Les investissements sont exploités exclusivement pour effectuer des liaisons au départ ou à destination de la Guadeloupe, de la Guyane, de la Martinique, de La Réunion, de Mayotte, de la Polynésie française, de Saint-Barthélemy, de Saint-Martin, de Saint-Pierre-et-Miquelon, des îles Wallis-et-Futuna ou de la Nouvelle-Calédonie. Ces territoires ne doivent pas constituer une simple escale ;

« 2° Des activités de maintenance des investissements sont réalisées dans l'un des territoires mentionnés au 1° du présent I *bis*. »

I *ter*. – Le I s'applique aux équipements et opérations de pose de câbles sous-marins de communication desservant pour la première fois la Guadeloupe, la Guyane, la Martinique, La Réunion, Mayotte, la Polynésie française, Saint-Barthélemy, Saint-Martin, Saint-Pierre-et-Miquelon, les îles Wallis-et-Futuna, la Nouvelle-Calédonie ou les Terres australes et antarctiques françaises lorsque, parmi les options techniques disponibles pour développer les systèmes de communication outre-mer, le choix de cette technologie apparaît le plus pertinent.

Le bénéfice de ces dispositions est subordonné au respect des conditions suivantes :

a) Les investissements mentionnés au premier alinéa doivent avoir reçu l'agrément préalable du ministre chargé du budget et répondre aux conditions prévues aux *a* à *d* *(L. n° 2018-1317 du 28 déc. 2018, art. 138-I-1°-b)* « et au dernier alinéa » du 1 du III de l'article 217 *undecies* ;

b) Les fournisseurs des investissements éligibles ont été choisis au terme d'une procédure de mise en concurrence préalable au dépôt de la demande d'agrément et ayant fait l'objet d'une publicité ;

c) A l'occasion de la demande d'agrément mentionnée au *a*, la société exploitante est tenue d'indiquer à l'administration fiscale les conditions techniques et financières dans lesquelles les opérateurs de communications électroniques déclarés auprès de l'Autorité de régulation des communications électroniques *(L. n° 2019-1063 du 18 oct. 2019, art. 6-3°)* « , des postes et de la distribution de la presse » peuvent, sur leur demande, accéder aux capacités offertes par le câble sous-marin, au départ de la collectivité desservie ou vers cette collectivité. Le caractère équitable de ces conditions et leur évolution sont appréciés par l'Autorité de régulation des communications électroniques *(L. n° 2019-1063 du 18 oct. 2019, art. 6-3°)* « , des postes et de la distribution de la presse » dans les formes et dans les conditions prévues à l'article L. 36-8 du code des postes et des communications électroniques.

La base éligible de la réduction d'impôt est égale à la moitié du coût de revient hors taxes et hors frais de toute nature, notamment les commissions d'acquisition, à l'exception des frais de transport de ces équipements et opérations, diminuée du montant des subventions publiques accordées pour leur financement. Le taux de la réduction d'impôt est de 38 %. Le montant de l'aide fiscale peut être réduit de moitié au plus, compte tenu du besoin de financement de la société exploitante pour la réalisation de ce projet et de l'impact de l'aide sur les tarifs. Par dérogation au présent I *ter*, le I s'applique également aux équipements et opérations de pose des câbles sous-marins de secours desservant la Guadeloupe, la Guyane, la Martinique, La Réunion, Mayotte, la Polynésie française, Saint-Barthélemy, Saint-Martin, Saint-Pierre-et-Miquelon, les îles Wallis-et-Futuna, la Nouvelle-Calédonie ou les Terres australes et antarctiques françaises lorsqu'ils respectent les conditions prévues aux *a*, *b* et *c*. La base éligible de la réduction d'impôt est égale au quart du coût de revient hors taxes et hors frais de toute nature, notamment les commissions d'acquisition, à l'exception des frais de transport de ces équipements et opérations, diminué du montant des subventions publiques accordées pour leur financement.

(L. nº 2018-1317 du 28 déc. 2018, art. 138-I-1º-c) « I *quater*. — Par dérogation au *h* du I du présent article, le même I s'applique aux navires de croisière neufs d'une capacité maximum de 400 passagers affectés » *(L. nº 2020-1721 du 29 déc. 2020, art. 109-I)* « à la croisière régionale au départ et à l'arrivée des ports de la Guadeloupe, la Guyane, la Martinique, La Réunion, Mayotte, la Polynésie française, Saint-Barthélemy, Saint-Martin, Saint-Pierre-et-Miquelon, des îles Wallis-et-Futuna ou de la Nouvelle-Calédonie. » *(Abrogé par L. nº 2020-1721 du 29 déc. 2020, art. 109-I)* *« Toutefois, une escale ponctuelle au cours du circuit dans une île appartenant à un autre État ne remet pas en cause cette condition. »*

(L. nº 2018-1317 du 28 déc. 2018, art. 138-I-1º-c) « Le bénéfice de la réduction d'impôt prévue au premier alinéa du présent I *quater* est subordonné au respect des conditions suivantes :

« 1º Les investissements mentionnés au même premier alinéa doivent avoir reçu l'agrément préalable du ministre chargé du budget et répondre aux conditions prévues aux *a* à *d* et au dernier alinéa du 1 du III de l'article 217 *undecies* ;

« 2º Les fournisseurs des investissements éligibles ont été choisis au terme d'une procédure de mise en concurrence préalable au dépôt de la demande d'agrément et ayant fait l'objet d'une publicité ;

« 3º Le navire navigue sous le pavillon d'un État membre de l'Union européenne ou d'un autre État partie à l'accord sur l'Espace économique européen ayant conclu avec la France une convention d'assistance administrative en vue de lutter contre la fraude et l'évasion fiscales ;

« 4º La société exploitante détient une filiale dans l'un des territoires mentionnés au premier alinéa du présent I *quater*.

« La base éligible de la réduction d'impôt est égale à 20 % du coût de revient, hors taxes et hors frais de toute nature, notamment les commissions d'acquisition et les frais de transport de ces navires, diminuée du montant des subventions publiques accordées pour leur financement et, lorsque l'investissement a pour objet de remplacer un investissement ayant bénéficié de l'un des dispositifs définis au présent article ou aux articles 217 *undecies* ou 244 *quater* W, de la valeur réelle de l'investissement remplacé. Le taux de la réduction d'impôt est de 35 % ; »

(L. nº 2020-1721 du 29 déc. 2020, art. 109-I) « 5º Le volume annuel d'opérations du navire comprend au moins 90 % des têtes de ligne au départ et à l'arrivée d'un port de la Guadeloupe, la Guyane, la Martinique, La Réunion, Mayotte, la Polynésie française, Saint-Barthélemy, Saint-Martin, Saint-Pierre-et-Miquelon, des îles Wallis-et-Futuna ou de la Nouvelle-Calédonie. Au moins 75 % des escales pendant les itinéraires du navire doivent être réalisées dans l'un des ports des collectivités susmentionnées, ce ratio s'appréciant à la fois en nombre et en durée. »

II. — 1. Les investissements mentionnés au I et dont le montant total par programme est supérieur à 1 000 000 € ne peuvent ouvrir droit à réduction que s'ils ont reçu un agrément préalable du ministre chargé du budget dans les conditions prévues au III de l'article 217 *undecies*.

Les dispositions du premier alinéa sont également applicables aux investissements mentionnés au I et dont le montant total par programme est supérieur à 250 000 €, lorsque le contribuable ne participe pas à l'exploitation au sens des dispositions du 1º *bis* du I de l'article 156. Le seuil de 250 000 € s'apprécie au niveau de l'entreprise, société ou groupement qui inscrit l'investissement à l'actif de son bilan ou qui en est locataire lorsqu'il est pris en crédit-bail auprès d'un établissement financier.

2. Pour ouvrir droit à réduction et par dérogation aux dispositions du 1, les investissements mentionnés au I doivent avoir reçu l'agrément préalable du ministre chargé du budget dans les conditions prévues au III de l'article 217 *undecies* lorsqu'ils sont réalisés dans les secteurs des transports, de la navigation de plaisance, de l'agriculture, de la pêche maritime et de l'aquaculture, de l'industrie charbonnière et de la sidérurgie, de la construction navale, des fibres synthétiques, de l'industrie automobile ou concernant la rénovation et la réhabilitation d'hôtel, de résidence de tourisme et de village de vacances classés ou des entreprises en difficultés ou qui sont nécessaires à

l'exploitation d'une concession de service public local à caractère industriel et commercial. – *Sur les sanctions en cas d'obtention irrégulière de l'agrément, V. art. 1740.*

III. – Les aides octroyées par la Polynésie française, Saint-Barthélemy, Saint-Martin, Saint-Pierre-et-Miquelon, les îles Wallis-et-Futuna ainsi que la Nouvelle-Calédonie dans le cadre de leur compétence fiscale propre au titre de projets d'investissements sont sans incidence sur la détermination du montant des dépenses éligibles retenues pour l'application des I *(L. nº 2018-1317 du 28 déc. 2018, art. 138-I-1º-d)* **« , I *ter* et I *quater* ».**

IV. – Un décret en Conseil d'État précise, en tant que de besoin, les modalités d'application des I *(Abrogé par Décr. nº 2018-500 du 20 juin 2018, art. 1er)* **« , *I bis* », I *ter*** *(L. nº 2018-1317 du 28 déc. 2018, art. 138-I-1º-e)* **« , I *quater* » et II et notamment les obligations déclaratives.** – *V. art. 242 sexies et Ann. II, art. 95 K à 95 U.*

V. – Le bénéfice de la réduction d'impôt prévue au I est subordonné, pour les investissements réalisés dans les départements d'outre-mer et à Saint-Martin, au respect *(L. nº 2020-1721 du 29 déc. 2020, art. 108-I-A et IV, applicable aux investissements réalisés à compter du 1er janv. 2022)* **« de l'article 14 » du règlement (UE) nº 651/2014 de la Commission, du 17 juin 2014** *(L. nº 2017-256 du 28 févr. 2017, art. 127-I-1º-b)* **« [,] déclarant certaines catégories d'aides compatibles avec le marché intérieur en application des articles 107 et 108 du traité ».**

VI. – Le présent article est applicable aux investissements mis en service jusqu'au 31 décembre *(L. nº 2018-1317 du 28 déc. 2018, art. 131-I-1º-b)* **« 2025** *[ancienne rédaction : 2020]* **» en Guadeloupe, en Guyane, en Martinique, à Mayotte, à La Réunion et à Saint-Martin, et jusqu'au 31 décembre 2025 à Saint-Pierre-et-Miquelon, en Nouvelle-Calédonie, en Polynésie française, à Saint-Barthélemy et dans les îles Wallis-et-Futuna, aux travaux de réhabilitation hôtelière achevés au plus tard à cette date et aux acquisitions d'immeubles à construire et aux constructions d'immeubles dont les fondations sont achevées au plus tard à cette date.**

(Abrogé par L. nº 2018-1317 du 28 déc. 2018, art. 131-I-1º-b) ***« L'extinction du dispositif de réduction d'impôt, prévue au premier alinéa du présent VI, est conditionnée par la mise en place d'un mécanisme pérenne de préfinancement à taux zéro des investissements productifs neufs mentionnés au présent article en complément du maintien du dispositif de crédit d'impôt prévu à l'article 244 quater W ou, à défaut, par la création d'un dispositif pérenne permettant aux entreprises ultramarines d'échelonner sur cinq ans le paiement de leurs investissements productifs mentionnés au présent article sans recourir à un emprunt bancaire et à un prix de revient diminué d'un taux d'abattement équivalent aux taux prévus au III du même article 244 quater W. »***

La perte de recettes pour l'État résultant du 1º du I de l'art. 127 de la L. nº 2017-256 du 28 févr. 2017 est compensée à due concurrence par la création d'une taxe additionnelle aux droits mentionnés aux art. 575 et 575 A CGI (L. préc., art. 127-II).

Les dispositions issues du I de l'art. 138 de la L. nº 2018-1317 du 28 déc. 2018 s'appliquent : 1º aux investissements mis en service en Polynésie française, à Saint-Barthélemy, à Saint-Pierre-et-Miquelon, dans les îles Wallis-et-Futuna ou en Nouvelle-Calédonie au titre des exercices ouverts à compter du 1er janv. 2020 et pour l'agrément desquels une demande est déposée à compter du 1er janv. 2019 ; 2º aux investissements mis en service en Guadeloupe, en Guyane, en Martinique, à La Réunion, à Mayotte et à Saint-Martin pour l'agrément desquels une demande a été déposée à compter d'une date fixée par décret, qui ne peut être postérieure de plus de six mois à la date de réception par le Gouvernement de la réponse de la Commission européenne permettant de considérer la disposition lui ayant été notifiée comme conforme au droit de l'Union européenne en matière d'aides d'État (L. préc., art. 138-II). Cette date est fixée au 10 mars 2022 (Décr. nº 2022-330 du 7 mars 2022, art. 1er).

Les dispositions issues du I de l'art. 109 de la L. nº 2020-1721 du 29 déc. 2020 s'appliquent : 1º aux investissements mis en service en Polynésie française, à Saint-Barthélemy, à Saint-Pierre-et-Miquelon, dans les îles Wallis-et-Futuna ou en Nouvelle-Calédonie au titre des exercices ouverts à compter du 1er janv. 2022 et pour l'agrément desquels une demande est déposée à compter du 1er janv. 2019 ; Ledit I s'applique aux investissements mis en service en Guadeloupe, en Guyane, en Martinique, à La Réunion, à Mayotte et à Saint-Martin pour l'agrément desquels une demande a été déposée à compter d'une date fixée par décret, qui ne peut être postérieure de plus de six mois à la date de réception par le Gouvernement de la réponse de la Commission européenne permettant de considérer la disposition lui ayant été notifiée comme conforme au droit de l'Union européenne en matière d'aides d'État (L. préc., art. 109-II-A et B). Cette date est fixée au 10 mars 2022 (Décr. n° 2022-330 du 7 mars 2022, art. 1er).

Les dispositions issues du I de l'art. 108 de la L. n° 2020-1721 du 29 déc. 2020 s'appliquent aux investissements réalisés à compter du 1er janvier 2022. Toutefois, pour les investissements réalisés à Saint-Martin, elles entrent en vigueur à une date fixée par décret, qui ne peut être postérieure de plus de six mois à la date de réception par le Gouvernement de la réponse de la Commission européenne permettant de considérer le dispositif législatif lui ayant été notifié comme conforme au droit de l'Union européenne en matière d'aides d'État (L. préc., art. 108-IV).

1. Réduction d'IR au titre des investissements réalisés dans les DOM. Commentaire administratif d'ensemble. Contribuables bénéficiaires. Investissements éligibles. Exercice du droit à réduction d'impôt. Obligations de conservation des biens, parts ou actions. Mesures spécifiques en faveur de l'hôtellerie. Contrôle matériel de la réalité des investissements. * BOI-BIC-RICI-20-10-10 à BOI-BIC-RICI-20-10-20-40 du 1er juin 2016 et du 4 avr. 2018.

2. Portée des décisions de la Commission européenne. Le champ d'application de la réduction d'impôt prévue par l'art. 199 *undecies* B doit être interprété au regard des conditions imposées par les décisions de la Commission européenne statuant sur sa compatibilité avec le droit communautaire du régime d'aide, alors même qu'elles ne sont pas reprises dans le texte légal. • CE 13 avr. 2016, nos 368336 et 368330 : *RJF 2016. 592, concl. Escaut.*

3. Exclusion des sociétés en participation. L'art. 199 *undecies* B-I (dans sa rédaction issue de l'art. 98 de la L. n° 2010-1657 du 29 déc. 2010) exclut du bénéfice de la défiscalisation les investissements réalisés par des sociétés en participation. Pour les investissements réalisés avant 2011, les investissements réalisés par des sociétés en participation étaient susceptibles d'ouvrir droit à la défiscalisation. * BOI-BIC-RICI-20-10-10-10 n° 60 du 4 avr. 2018. ♦ L'exclusion des sociétés en participation ne présente pas un caractère anticonstitutionnel. • CE 7 févr. 2018, n° 415628 : *RJF 2018. 519* • 13 avr. 2018, n° 418205 : *RJF 2018. 786.*

4. Exclusion des entreprises en difficulté. Précisions sur la notion d'entreprise en difficulté. * BOI-BIC-RICI-20-10-10-10 nos 380 s. du 4 avr. 2018.

5. Opérations portant sur des schémas locatifs. Modalités juridiques des opérations. * BOI-BIC-RICI-20-10-10-10 n° 170 du 4 avr. 2018.

6. Conservation des investissements. La condition de conservation des investissements outre-mer pendant leur durée normale d'utilisation s'apprécie par rapport à la durée d'amortissement du bien sauf circonstances exceptionnelles. • CE 24 nov. 2010, n° 324205 : *RJF 2011. 132.*

7. Immobilisations neuves. Doivent être regardés comme neufs pour l'application de la réduction d'impôt les investissements productifs neufs portant sur des biens qui ont été récemment fabriqués ou construits et qui n'ont pas encore été utilisés avant que l'entreprise n'en dispose matériellement et puisse commencer leur exploitation effective pour en retirer des revenus. * BOI-BIC-RICI-20-10-10-20 n° 20 du 5 juill. 2017. ♦ Est regardé comme neuf un bien racheté mais resté consigné pendant six mois chez le vendeur. • CE 13 mars 2019, n° 410861 : *RJF 2019. 511.*

8. Sous-location de biens productifs. Des chauffe-eau solaires loués à une société qui les sous-loue elle-même à des utilisateurs finaux constituent des investissements productifs éligibles au dispositif de défiscalisation. • CE 25 sept. 2013, *Cassagneau*, n° 343241 : *RJF 2013. 1113.*

9. Faits générateurs de la réduction d'impôt. Le fait générateur de la réduction d'impôt est la date de la création de l'immobilisation au titre de laquelle l'investissement productif a été réalisé ou de sa livraison effective dans le département d'outre-mer. Dans ce dernier cas, la date à retenir est celle à laquelle l'entreprise, disposant matériellement de l'investissement productif, peut commencer son exploitation effective et, dès lors, en retirer des revenus. • CE 12 déc. 2018, n° 415486 : *RJF 2019. 242.* ♦ Les modalités d'obtention de l'avantage fiscal sont différentes selon qu'il s'agit d'un investissement immobilier ou d'un investissement productif (centrales photovoltaïques, par exemple). La différence de faits générateurs en question correspond à une différence de situation en rapport avec l'objet de la loi (unification des dispositifs antérieurs et volonté de faciliter certains investissements lourds) et elle ne méconnaît donc pas le principe d'égalité devant la loi et devant les charges publiques. • CE QPC, 26 juill. 2018, n° 418123 : *RJF 2019. 69.*

10. Activité de location et d'achat-revente de bateaux de plaisance. Cas d'une société qui gère la location en Martinique, à des touristes plaisanciers, de bateaux de plaisance acquis neufs par des personnes souhaitant bénéficier des mesures de défiscalisation attachées à de tels investissements. La vente des bateaux aux investisseurs est subordonnée à la conclusion de ces contrats de gestion locative dont les stipulations garantissent, d'une part, une durée annuelle minimale de location et, d'autre part, le rachat par la société du bateau à son propriétaire au terme de la période de gestion locative. La société revend ensuite les bateaux. Dans ces conditions, les opérations d'achat-revente de bateaux doivent être regardées comme l'accompagnement nécessaire de l'activité de location exercée par la société et, par suite, comme relevant du secteur du tourisme éligible au dispositif de faveur. • CE 25 juill. 2013, *Sté Star Voyages Antilles*, n° 350674 : *RJF 2014. 11.*

11. Une société en participation ayant pris en location avec option d'achat un navire de plaisance pour le sous-louer à une société d'exploitation ne peut être regardée ni comme ayant réalisé un investissement au sens de l'art. 95 K de l'annexe II ni comme ayant la qualité de crédit-preneur au sens de l'art. 95 Q de la même annexe dès lors que ce contrat ne constitue pas un contrat de crédit-bail régi par les art. L. 313-7 s. C. mon. fin. • CAA Bordeaux, 12 mai 2015, n° 13BX02389 : *RJF 2015. 675.*

12. Centrales photovoltaïques. S'agissant de l'acquisition de centrales photovoltaïques installées sur les toits des habitations des particuliers et données en location à des SENC en vue de leur exploitation pour la production et la vente d'énergie électrique, la date du fait générateur de la réduction d'impôt à retenir est celle du raccordement des installations au réseau public d'électricité. • CE 26 avr. 2017, n° 398405 : *RJF 2017. 758.* ♦ Le droit à la réduction d'impôt pour investissement outre-mer dans le photovoltaïque demeure acquis en cas de souscription ou d'acquisition avant le 29 sept. 2010 des parts de sociétés de l'art. 8 investissant dans ce domaine, même si la société vecteur de l'investissement est une société en participation. • CE 29 mars 2019, n° 422422 : *RJF 2019. 873.*

13. Maison et table d'hôtes. Les investissements consistant dans l'aménagement et l'équipement d'une maison d'hôtes de quatre chambres et de l'équipement d'une table d'hôtes de quarante couverts située en Martinique ne peuvent ouvrir droit au bénéfice de la réduction d'impôt. • CE 24 oct. 2014, n° 361518 : *RJF 2015. 2.*

14. Exploitation d'un contrat de fortage. Une telle exploitation ne relève pas de l'un des secteurs éligibles à la réduction d'impôt prévue à l'art. 199 *undecies* B. • CAA Bordeaux, 7 juill. 2015, *Sté Sonaguy*, n° 14BX00436 : *RJF 2015. 892.*

15. Agrément. L'administration fiscale, lorsqu'elle instruit une demande d'agrément d'un investissement outre-mer, doit s'assurer que celui-ci entre bien dans le champ d'application de la réduction d'impôt tel que défini par la loi, puis, le cas échéant, vérifier si les conditions de délivrance de l'agrément fixées par l'art. 217 *undecies* sont remplies. • CE 10 juin 2021, n° 443838 : *RJF 2021. 899.*

16. Seuil d'agrément. Lorsque le contribuable ne participe pas à l'exploitation du bien investi, c'est au niveau de l'entreprise qui a inscrit l'investissement à l'actif de son bilan que s'apprécie le seuil au-delà duquel un agrément est exigé. • CE 30 déc. 2014, n° 369101 : *RJF 2015. 188.* ♦ En revanche, pour la détermination du secteur d'activité éligible, il convient de se placer au niveau de l'entreprise locataire et non de l'entreprise qui a inscrit l'investissement à l'actif de son bilan. • CE 18 nov. 2015, n° 372874 : *RJF 2016. 122.*

17. Lorsque les investissements productifs outre-mer sont réalisés par une société de personnes qui les inscrit à l'actif de son bilan, le seuil au-delà duquel un agrément préalable est exigé s'apprécie au niveau de cette société et non de ses associés, alors même que les associés sont personnellement soumis à l'IR pour la part de bénéfices sociaux correspondant à leurs droits dans la société. • CE 7 nov. 2018, n° 408101 : *RJF 2019. 123, concl. Bretonneau.*

18. Montant des investissements. Le montant des investissements productifs à prendre en compte pour calculer la réduction d'impôt dont peut bénéficier un associé d'une société de personnes est en principe calculé à partir de la valeur pour laquelle l'immobilisation en cause est inscrite au bilan de cette société en application de l'art. 38 *quinquies* de l'annexe III. Toutefois, l'Administration peut apporter la preuve que cette valeur est surévaluée par rapport au prix normal du marché. Dans ce cas, elle peut se fonder sur la valeur de l'immobilisation rectifiée, non seulement pour remettre en cause la déductibilité du montant des amortissements pratiqués par la société qui en est propriétaire, mais aussi pour calculer la réduction d'impôt dont peut bénéficier l'associé de la société en application de l'art. 199 *undecies* B. • CE, avis, 23 juin 2016, n° 397845 : *RJF 2016. 794.* ♦ L'absence de plafonnement réglementaire du prix de l'investissement ne fait pas obstacle à la rectification en baisse de ce prix par l'Administration. • Même avis.

19. Obligations fiscales et sociales. Une SARL exploitante d'un investissement en Guyane qui n'établit pas qu'elle était à jour de ses obligations au titre de l'art. L. 232-22 C. com. à la date de réalisation supposée des investissements (ou à la date de mise en service de l'investissement, depuis 2015), ne peut valablement bénéficier de la réduction d'impôt. • CE 19 mars 2018, n° 401896 : *RJF 2018. 576.* ♦ L'obligation de dépôt des comptes annuels ne présente pas un caractère inconstitutionnel. • CE QPC, 2 oct. 2018, *Sté Inter Investn*, n° 422427 : *RJF 1/19068.*

20. Remise en cause de la déduction. Dans la mesure où le contribuable a méconnu le délai légal de cinq ans et quand bien même les éléments cédés ne représentent pas la totalité de l'investissement initial, l'Administration est fondée à remettre en cause le bénéfice de la totalité de l'avantage fiscal. • CAA Bordeaux, 7 juin 2018, n° 16BX00897 : *RJF 2018. 1065.*

21. Abus de droit. En se fondant sur l'inexistence des investissements et sur le fait que les factures d'achats et les contrats de location ne correspondaient à aucun bien, l'Administration fiscale ne s'est pas placée, même implicitement, sur le terrain de l'abus de droit. • CE 8 juin 2015, n° 367460 : *RJF 2015. 820.*

Art. 199 *undecies* C I. — Les contribuables domiciliés en France au sens de l'article 4 B peuvent bénéficier d'une réduction d'impôt sur le revenu à raison de l'acquisition ou de la construction de logements neufs dans les départements d'outre-mer, à Saint-Pierre-et-Miquelon, en Nouvelle-Calédonie, en Polynésie française, à Saint-Martin, à Saint-Barthélemy et dans les îles Wallis-et-Futuna si les conditions suivantes sont réunies :

1° Les logements sont donnés en location nue, dans les *(L. n° 2018-1317 du 28 déc. 2018, art. 31, applicable aux immeubles achevés ou acquis à compter du 1er juill. 2018)* « douze *[ancienne rédaction : six]* » mois de leur achèvement ou de leur acquisition si elle est postérieure et pour une durée au moins égale à cinq ans, à un organisme d'habitations à loyer modéré mentionné à l'article L. 411-2 du code de la construction et de l'habitation, à l'exception des sociétés anonymes coopératives d'intérêt collectif pour l'accession à la propriété, à une société d'économie mixte exerçant une activité immobilière outre-mer, à un organisme mentionné à l'article L. 365-1 du même code ou, dans les collectivités d'outre-mer, à tout organisme de logement social agréé conformément à la réglementation locale par l'autorité publique compétente. L'opération peut prendre la forme d'un crédit-bail immobilier ;

2° Les logements sont donnés en sous-location nue ou meublée par l'organisme mentionné au 1° et pour une durée au moins égale à cinq ans à des personnes physiques qui en font leur résidence principale et dont les ressources n'excèdent pas des plafonds fixés par décret en fonction du nombre de personnes destinées à occuper à titre principal le logement et de la localisation de celui-ci ; — *V. Ann. III, art. 46 AG sexdecies.*

3° Le montant des loyers à la charge des personnes physiques mentionnées au 2° ne peut excéder des limites fixées par décret en fonction notamment de la localisation du logement ;

4° Les logements peuvent être spécialement adaptés à l'hébergement de personnes âgées de plus de soixante-cinq ans ou de personnes handicapées auxquelles des prestations de services de nature hôtelière peuvent être proposées ;

5° Une part minimale, définie par décret, de la surface habitable des logements compris dans un ensemble d'investissements portés simultanément à la connaissance du ministre chargé du budget dans les conditions prévues au VII est sous-louée, dans les conditions définies au 2°, à des personnes physiques dont les ressources sont inférieures aux plafonds mentionnés au 2°, pour des loyers inférieurs aux limites mentionnées au 3°. Un décret précise les plafonds de ressources et de loyers pour l'application du présent 5° ; — *V. Ann. III, art. 46 AG sexdecies.*

6° Une fraction, définie par décret, du prix de revient d'un ensemble d'investissements portés simultanément à la connaissance du ministre chargé du budget correspond à des dépenses supportées au titre de l'acquisition d'équipements de production d'énergie renouvelable, d'appareils utilisant une source d'énergie renouvelable ou de matériaux d'isolation. Un arrêté des ministres chargés respectivement du budget, de l'écologie, de l'énergie, du développement durable et de l'outre-mer fixe la nature des dépenses d'équipements concernées ; — *V. Ann. III, art. 46 AG sexdecies, et Ann. IV, art. 18 quater.*

7° A l'issue de la période de location mentionnée au 1°, les logements ou les parts ou actions des sociétés qui en sont propriétaires sont cédés, dans des conditions, notamment de prix, définies par une convention conclue entre leur propriétaire et l'organisme locataire au plus tard lors de la conclusion du bail, à l'organisme locataire ou à des personnes physiques choisies par lui et dont les ressources, au titre de l'année précédant celle de la première occupation du logement, n'excèdent pas des plafonds fixés par décret en fonction du nombre de personnes destinées à occuper à titre principal le logement et de la localisation de celui-ci. *(Abrogé par L. n° 2018-1317 du 28 déc. 2018, art. 30-I-8°-a et V-D, pour les acquisitions d'immeubles à construire et aux constructions d'immeubles n'ayant pas fait l'objet d'une déclaration d'ouverture de chantier à la date du 24 sept. 2018 et pour les investissements pour l'agrément desquels une demande n'est pas parvenue à l'administration à la même date) « Pour l'application du présent 7°, et nonobstant le 1°, la cession des logements et, le cas échéant, des parts ou actions des sociétés mentionnées au IV peut intervenir à l'expiration d'un délai de cinq ans décompté à partir de l'achèvement des fondations. La reprise prévue au 3° du V ne trouve pas à s'appliquer si la location prévue au 1° prend fin à la suite d'une cession de l'immeuble au profit du preneur conformément au présent 7° ; »*

8° Un montant correspondant au moins à 70 % de la réduction acquise est rétrocédé par le contribuable sous la forme d'une diminution des loyers versés par l'organisme locataire mentionné au 1° et d'une diminution du prix de cession à l'organisme locataire ou, le cas échéant, aux personnes physiques mentionnées au 7° ;

(Abrogé par L. n° 2017-256 du 28 févr. 2017, art. 128-1°) « 9° Les logements sont financés par subvention publique à hauteur d'une fraction minimale de 5 %. »

La condition mentionnée au 5° n'est pas applicable aux logements dont la convention mentionnée au 7° prévoit la cession à des personnes physiques à l'issue de la période de location.

(L. n° 2017-256 du 28 févr. 2017, art. 128-2°) « Pour ouvrir droit à la réduction d'impôt, la construction ou l'acquisition de logements bénéficiant des prêts conventionnés définis à l'article *(Décr. n° 2020-897 du 22 juill. 2020, art. 1er)* « D. 372-21 » du code de la construction et de l'habitation doit cependant avoir reçu l'agrément préalable du représentant de l'État dans la collectivité territoriale d'outre-mer. Le nombre de logements agréés par le représentant de l'État au titre d'une année ne peut excéder 25 % du nombre de logements qui satisfont aux conditions prévues aux 2° et 3° du présent I livrés l'année précédente dans la collectivité territoriale d'outre-mer. »

II. — La réduction d'impôt est égale à 50 % d'un montant égal au prix de revient des logements minoré, d'une part, des taxes et des commissions d'acquisition versées et, d'autre part, des subventions publiques reçues. Ce montant est retenu dans la limite mentionnée au 5 de l'article 199 *undecies* A appréciée par mètre carré de surface habitable et, dans le cas des logements mentionnés au 4° du I, de surface des parties communes dans lesquelles des prestations de services sont proposées. Cette limite est relevée chaque année, à la date et dans les conditions prévues au 5 de l'article 199 *undecies* A.

Un décret peut préciser, en tant que de besoin, la nature des sommes retenues pour l'appréciation du prix de revient mentionné au premier alinéa.— *V. Ann. III, art. 46 AG sexdecies.*

Le III de l'article 199 *undecies* B est applicable aux investissements ouvrant droit à la réduction d'impôt prévue au présent article.

III. — La réduction d'impôt est accordée au titre de l'année d'achèvement du logement ou de son acquisition si elle est postérieure.

Lorsque le montant de la réduction d'impôt excède l'impôt dû par le contribuable ayant réalisé l'investissement, le solde peut être reporté, dans les mêmes conditions, sur l'impôt sur le revenu des années suivantes jusqu'à la cinquième inclusivement.

IV. — La réduction d'impôt est également acquise au titre des investissements réalisés par une société civile de placement immobilier régie par les articles L. 214-114 et suivants du code monétaire et financier ou par toute autre société mentionnée à l'article 8 du présent code, à l'exclusion des sociétés en participation, dont les parts ou les actions sont détenues, directement ou par l'intermédiaire d'une entreprise unipersonnelle à responsabilité limitée, par des contribuables domiciliés en France au sens de l'article 4 B, dont la quote-part du revenu de la société est soumise en leur nom à l'impôt sur le revenu, sous réserve des parts détenues par les sociétés d'économie mixte de construction et de gestion de logements sociaux visées à l'article L. 481-1 du code de la construction et de l'habitation, conformément à l'article L. 472-1-9 du code de la construction et de l'habitation, par les sociétés d'habitations à loyer modéré. *Dans ce cas, la réduction* d'impôt est pratiquée par les associés ou membres dans une proportion correspondant à leurs droits dans la société au titre de l'année au cours de laquelle les parts ou actions sont souscrites. Lorsque l'investissement revêt la forme de la construction d'un immeuble ou de l'acquisition d'un immeuble à construire, la réduction d'impôt ne s'applique que si la société qui réalise l'investissement s'engage à achever les fondations de l'immeuble dans les deux ans qui suivent la clôture de la souscription et à achever l'immeuble dans les deux ans qui suivent la date d'achèvement des fondations.

La réduction d'impôt est acquise, dans les mêmes conditions, au titre des investissements réalisés par une société soumise de plein droit à l'impôt sur les sociétés dont les actions sont détenues intégralement et directement par des contribuables, personnes physiques, domiciliés en France au sens de l'article 4 B, sous réserve des parts détenues par les sociétés d'économie mixte de construction et de gestion de logements sociaux visées à l'article L. 481-1 du code de la construction et de l'habitation, sous réserve des parts détenues, conformément à l'article L. 472-1-9 du code de la construction et de l'habitation, par les sociétés d'habitations à loyer modéré. En ce cas, la réduction d'impôt est pratiquée par les associés dans une proportion correspondant à leurs droits dans la société. L'application de cette disposition est subordonnée au respect des conditions suivantes :

1° Les investissements ont reçu un agrément préalable du ministre chargé du budget dans les conditions prévues au III de l'article 217 *undecies* ;

2° La société réalisant l'investissement a pour objet exclusif l'acquisition, la construction et la location des logements mentionnés au I.

Les associés personnes physiques mentionnés au deuxième alinéa ne peuvent bénéficier, pour la souscription au capital de la société mentionnée au même alinéa, *(L. n° 2019-1479 du 28 déc. 2019, art. 157-I-4° et V-A, en vigueur le 1er janv. 2020)* « des réductions d'impôt prévues aux articles 199 *terdecies*-0 A et 199 *terdecies*-0 AB » et la société mentionnée ne peut bénéficier des dispositions prévues à l'article 217 *undecies*.

Le 11 de l'article 150-0 D n'est pas applicable aux moins-values constatées par les associés lors de la cession des titres des sociétés. Le 2° du 3 de l'article 158 ne s'applique pas aux revenus distribués par ces sociétés.

La réduction d'impôt, qui n'est pas applicable aux parts ou actions dont le droit de propriété est démembré, est subordonnée à la condition que 95 % de la souscription serve exclusivement à financer un investissement pour lequel les conditions d'application du présent article sont réunies. L'associé doit s'engager à conserver la totalité de ses parts ou actions jusqu'au terme de la location prévue au 1° du I. Le produit de la souscription doit être intégralement investi dans les dix-huit mois qui suivent la clôture de celle-ci.

V. — La réduction d'impôt fait l'objet d'une reprise au titre de l'année au cours de laquelle :

1° Les conditions mentionnées au I ou, le cas échéant, au IV ne sont pas respectées ;

2° L'engagement prévu au IV n'est pas respecté ;

3° Avant l'expiration de la durée mentionnée au 1° du I, les logements mentionnés au I ou les parts ou actions mentionnées au IV sont cédés ou leur droit de propriété est démembré. Toutefois, aucune remise en cause n'est effectuée lorsque le démembrement de ce droit ou le transfert de la propriété du bien résulte du décès du contribuable ou de l'un des membres du couple soumis à imposition commune et que l'attributaire du bien ou le titulaire de son usufruit s'engage à respecter les engagements prévus, dans les mêmes conditions et selon les mêmes modalités, pour la période restant à courir à la date du décès.

VI. — La réduction d'impôt prévue au présent article est également ouverte au titre de l'acquisition de logements, qui satisfont aux conditions fixées au I, achevés depuis plus de vingt ans faisant l'objet de travaux de réhabilitation définis par décret permettant aux logements d'acquérir des performances techniques voisines de celles des logements neufs *(L. n° 2017-1837 du 30 déc. 2017, art. 73)* « ou permettant leur confortation contre le risque sismique ou cyclonique ». Dans ce cas, la réduction d'impôt est assise sur le prix de revient des logements majoré du coût des travaux de réhabilitation et minoré, d'une part, des taxes et des commissions d'acquisition versées et, d'autre part, des subventions publiques reçues. La limite mentionnée au II est applicable. La réduction d'impôt est accordée au titre de l'année d'achèvement des travaux.

(L. n° 2018-1317 du 28 déc. 2018, art. 139, applicable aux travaux de rénovation ou de réhabilitation achevés à compter du 1er janv. 2019) « VI *bis*. — *(L. n° 2021-1900 du 30 déc. 2021, art. 73-I-1°)* « A. — » La réduction d'impôt prévue au présent article est également ouverte au titre des travaux de rénovation ou de réhabilitation des logements

satisfaisant aux conditions fixées au I, achevés depuis plus de vingt ans, détenus par les organismes mentionnés au 1° du même I et situés sur l'île de Tahiti, dans les communes de Nouméa, Dumbéa, Païta, Le Mont-Dore, Voh, Koné et Pouembout et à Saint-Martin, permettant aux logements d'acquérir des performances techniques voisines de celles des logements neufs ou permettant leur confortation contre le risque sismique ou cyclonique. La réduction d'impôt est assise sur le prix de revient des travaux de réhabilitation minoré, d'une part, des taxes versées et, d'autre part, des subventions publiques reçues. Ce montant est retenu dans la limite d'un plafond de 50 000 € par logement. La réduction d'impôt est accordée au titre de l'année d'achèvement des travaux.

(L. n° 2021-1900 du 30 déc. 2021, art. 73-I-2°) « B. — La réduction d'impôt prévue au présent article est également ouverte au titre des travaux de démolition préalables à la construction des logements mentionnés au I, lorsque l'achèvement des fondations de l'immeuble intervient dans un délai de deux ans à compter de la fin des travaux de démolition. La réduction d'impôt est assise sur le prix de revient des travaux de démolition minoré, d'une part, des taxes versées et, d'autre part, des subventions publiques reçues au titre de ces mêmes travaux. Ce montant est retenu dans la limite d'un plafond de 25 000 € par logement démoli. La réduction d'impôt est accordée, pour ces seuls travaux, au titre de l'année de leur achèvement. »

« VI *ter*. — La réduction d'impôt fait l'objet d'une reprise au titre de l'année au cours de laquelle les conditions mentionnées aux VI ou VI *bis* ne sont pas respectées. »

VII. — Lorsque le montant par programme des investissements est supérieur à deux millions d'euros, le bénéfice de la réduction d'impôt prévue au présent article est conditionné à l'obtention d'un agrément préalable délivré par le ministre chargé du budget dans les conditions prévues au III de l'article 217 *undecies*. *(L. n° 2017-256 du 28 févr. 2017, art. 129-I)* « Lorsque le projet d'investissement est visé par un arrêté du représentant de l'État portant attribution d'une subvention au titre des contrats de développement, l'agrément porte exclusivement sur la détermination de la base fiscale éligible et des conditions permettant de garantir la protection des investisseurs et des tiers. Il est tacite à défaut d'une réponse de l'administration dans un délai de deux mois, ce délai n'étant renouvelable qu'une seule fois, dans les conditions prévues au dernier alinéa du 2 du III du même article 217 *undecies*. Cette procédure de régime simplifié ne s'applique qu'aux programmes de logement social inscrits aux contrats de développement en Nouvelle-Calédonie et au contrat de projets de la Polynésie française. » — *La perte de recettes pour l'État résultant du I de l'art. 129 de la L. n° 2017-256 du 28 févr. 2017 est compensée à due concurrence par la création d'une taxe additionnelle aux droits mentionnés aux art. 575 et 575 A CGI (L. préc., art. 129-II). — V. Ann. IV, art. 170 decies.*

VIII. — Un contribuable ne peut, pour un même logement ou une même souscription de parts ou d'actions, bénéficier à la fois de l'une des réductions d'impôt prévues aux articles 199 *undecies* A, 199 *tervicies* ou 199 *septvicies* et des dispositions du présent article.

Les dépenses de travaux retenues pour le calcul de la réduction d'impôt prévue au présent article ne peuvent faire l'objet d'une déduction pour la détermination des revenus fonciers.

IX. — Le présent article est applicable aux acquisitions ou constructions de logements réalisées entre la date de promulgation de la loi n° 2009-594 du 27 mai 2009 pour le développement économique des outre-mer et le *(L. n° 2018-1317 du 28 déc. 2018, art. 30-I-8°-b)* « 24 septembre 2018 », en Guadeloupe, en Guyane, en Martinique, à Mayotte et à La Réunion, et le 31 décembre 2025 à Saint-Pierre-et-Miquelon, en Nouvelle-Calédonie, en Polynésie française, à Saint-Martin, à Saint-Barthélemy et dans les îles Wallis-et-Futuna *(Abrogé par L. n° 2018-1317 du 28 déc. 2018, art. 30-I-8°-b)* « , *à condition que soit mis en place un mécanisme pérenne de préfinancement à taux zéro des investissements mentionnés au présent article en complément du maintien des dispositifs de crédit d'impôt prévus à l'article 244 quater X ou, à défaut, par la création d'un dispositif pérenne permettant aux entreprises ultramarines d'échelonner sur huit ans le paiement de leurs investissements mentionnés au présent article sans recourir à un emprunt bancaire et à un prix de revient diminué d'un taux d'abattement équivalent au taux prévu au III du même article 244 quater X* ». Pour l'application du présent IX, les constructions s'entendent des immeubles ayant fait l'objet d'une déclaration d'ouverture de chantier. — *Sur les obligations déclaratives et sanctions, V. art. 242 sexies, 1740 et 1740-0 A.*

Toutefois, le présent article reste applicable, pour les investissements réalisés en Guadeloupe, en Guyane, en Martinique, à Mayotte et à La Réunion *(L. n° 2018-1317 du 28 déc. 2018, art. 30-I-8°-b)* « , aux investissements pour l'agrément desquels une demande est parvenue à l'administration au plus tard le 24 septembre 2018. »

(Abrogé par L. n° 2018-1317 du 28 déc. 2018, art. 30-I-8°-b) « 1° Aux investissements pour l'agrément desquels une demande est parvenue à l'administration au plus tard le 31 décembre 2017, dans les conditions suivantes :

« a) Lorsqu'ils portent sur l'acquisition de logements faisant l'objet de travaux de réhabilitation, si des acomptes au moins égaux à 50 % du prix de ces derniers ont été versés au plus tard le 30 juin 2018 et si les travaux sont achevés au plus tard le 31 décembre 2018 ;

« b) Lorsqu'ils portent sur la construction d'immeubles, si l'achèvement des fondations intervient au plus tard le 31 décembre 2018 ;

« c) Lorsqu'ils portent sur l'acquisition d'immeubles à construire, si l'acquisition intervient au plus tard le 31 décembre 2018 ;

« 2° Aux acquisitions de logements faisant l'objet de travaux de réhabilitation pour lesquels des acomptes au moins égaux à 50 % de leur prix ont été versés au plus tard le 31 décembre 2017 et qui sont achevés au plus tard le 31 décembre 2018. »

X. — Le bénéfice de la réduction d'impôt prévue au I est subordonné, pour les investissements réalisés dans les départements d'outre-mer et à Saint-Martin, au respect de la décision 2012/21/UE de la Commission, du 20 décembre 2011, relative à l'application de l'article 106, paragraphe 2, du traité sur le fonctionnement de l'Union européenne aux aides d'État sous forme de compensations de service public octroyées à certaines entreprises chargées de la gestion de services d'intérêt économique général.

L. n° 2021-1900 du 30 déc. 2021, art. 73-II : Le I s'applique aux travaux pour lesquels les conditions cumulatives suivantes sont remplies :

1° Une demande de permis de construire est déposée à compter du 1er janv. 2022 ;

2° Les travaux de démolition n'ont pas été engagés avant cette date.

Il entre en vigueur, pour les investissements réalisés à Saint-Martin, à une date fixée par décret, qui ne peut être postérieure de plus de six mois à la date de réception par le Gouvernement de la réponse de la Commission européenne permettant de considérer le dispositif législatif lui ayant été notifié comme conforme au droit de l'Union européenne en matière d'aides d'État.

1. Crédit d'impôt en faveur des organismes de logement social outre-mer. Commentaires administratifs. * BOI-IR-RICI-380-10 du 15 mai 2019.

2. Société de personnes. La réduction d'impôt ne peut bénéficier à une SCI non soumise à l'IS qu'à la condition que cette société soit détenue intégralement, directement ou par l'intermédiaire d'une EURL, par des personnes physiques soumises à l'IR. • CE (na), 29 déc. 2020, n° 441446 : *RJF 2021. 240.*

3. Seuil d'agrément. S'agissant des investissements dans le secteur locatif, le seuil d'agrément de 2 M € s'apprécie par programme immobilier et non par montant des souscriptions. • CAA Versailles, 8 févr. 2020, n° 18VE04224 : *RJF 2021. 785.*

Art. 199 *undecies* D I. — 1. La somme des réductions d'impôt sur le revenu mentionnées aux articles 199 *undecies* A, 199 *undecies* B et 199 *undecies* C et des reports de ces réductions d'impôts, dont l'imputation est admise pour un contribuable au titre d'une même année d'imposition, ne peut excéder un montant de 40 000 € comprenant dans l'ordre d'imputation suivant :

a) La somme de la réduction d'impôt sur le revenu mentionnée à l'article 199 *undecies* C et des reports de cette réduction d'impôt, dans la limite de 40 000 € ;

b) La somme des réductions d'impôt sur le revenu mentionnées aux articles 199 *undecies* A et 199 *undecies* B et des reports de ces réductions d'impôt, dans la limite de 30 600 € diminuée du montant dont l'imputation a été effectuée au *a* du présent 1. — *V. note 3 ss. l'art.*

2. Pour l'appréciation de la limite mentionnée au *b* du 1, la réduction d'impôt au titre des investissements mentionnés à la première phrase des vingt-sixième et vingt-septième alinéas du I de l'article 199 *undecies* B ainsi que les reports résultant d'une réduction d'impôt au titre des mêmes investissements sont retenus pour 34 % de leur montant.

3. Pour l'appréciation de la limite mentionnée au *b* du 1, la réduction d'impôt au titre des investissements mentionnés à la deuxième phrase du vingt-sixième alinéa du I de l'article 199 *undecies* B ainsi que les reports résultant d'une réduction d'impôt au titre des mêmes investissements sont retenus pour 44 % de leur montant.

3 *bis*. Pour l'appréciation de la limite mentionnée au *a* du 1, la réduction d'impôt acquise au titre des investissements mentionnés à l'article 199 *undecies* C ainsi que les reports résultant d'une réduction d'impôt au titre des mêmes investissements sont retenus pour 30 % de leur montant.

4. Les fractions des réductions d'impôt et des reports qui ne sont pas retenues en application des 2, 3 et 3 *bis* peuvent être imputées dans la limite annuelle :

– de trente-trois fois le dix-septième du montant mentionné au *b* du 1 pour la fraction non retenue en application du 2 ;

– de sept fois le troisième du montant mentionné au *a* du 1 pour la fraction non retenue en application du 3 *bis* ;

– de quatorze fois le onzième du montant mentionné au *b* du 1 pour la fraction non retenue en application du 3.

II. – Lorsque le contribuable personne physique réalise directement des investissements mentionnés au I de l'article 199 *undecies* B au titre et pour les besoins de l'activité pour laquelle il participe à l'exploitation au sens du 1° *bis* du I de l'article 156, le montant total de la réduction d'impôt et des reports résultant de ces investissements, dont l'imputation est admise au titre d'une même année d'imposition, ne peut excéder deux fois et demie la limite mentionnée au *b* du 1 du I ou un montant de 229 500 € par période de trois ans. – *V. note 3 ss. l'art.*

III. – Par dérogation aux I et II, le montant total des réductions d'impôt sur le revenu mentionnées aux articles 199 *undecies* A, 199 *undecies* B et 199 *undecies* C et des reports de ces réductions d'impôt, dont l'imputation est admise pour un contribuable au titre d'une même année d'imposition, peut être porté, sur option du contribuable, à 15 % du revenu de l'année considérée servant de base au calcul de l'impôt sur le revenu dans les conditions prévues au I de l'article 197.

Le plafond optionnel fixé au premier alinéa du présent III s'applique dans l'ordre d'imputation suivant :

a) A la somme de la réduction d'impôt sur le revenu mentionnée à l'article 199 *undecies* C et des reports de cette réduction d'impôt, dans la limite de 15 % du revenu de l'année considérée servant de base au calcul de l'impôt sur le revenu dans les conditions prévues au I de l'article 197 ;

b) A la somme des réductions d'impôt sur le revenu mentionnées aux articles 199 *undecies* A et 199 *undecies* B et des reports de ces réductions d'impôt, dans la limite de 11 % du revenu de l'année considérée servant de base au calcul de l'impôt sur le revenu dans les conditions prévues au I de l'article 197 diminuée du montant dont l'imputation a été effectuée au *a* du présent III.

1) *Les dispositions ci-dessus de la L. n° 2010-1657 du 29 déc. 2010, art. 105, sont applicables à compter de l'imposition des revenus de l'année 2011 pour les dépenses payées à compter du 1er janv. 2011, à l'exception de celles pour lesquelles le contribuable justifie qu'il a pris, avant le 31 déc. 2010, l'engagement de réaliser un investissement immobilier. A titre transitoire, l'engagement de réaliser un investissement immobilier peut prendre la forme d'une réservation, à condition qu'elle soit enregistrée chez un notaire ou au service des impôts avant le 31 déc. 2010 et que l'acte authentique soit passé avant le 31 mars 2011. Lorsque le bénéfice de la réduction d'impôt est subordonné à l'agrément préalable du ministre chargé du budget prévu au II de l'art. 199 undecies B CGI, les I à VII du présent art. ne s'appliquent ni aux investissements agréés avant le 5 déc. 2010, ni aux investissements agréés avant le 31 déc. 2010 qui ouvrent droit à la réduction d'impôt sur les revenus de l'année 2010 (L. préc., art. 105-IX-1).*

2) *Les dispositions ci-dessus de la L. n° 2011-900 du 29 juill. 2011 sont applicables à compter de l'imposition des revenus de l'année 2011 (L. préc., art. 13-II).*

3) *Les dispositions ci-dessus du Décr. n° 2012-547 du 23 avr. 2012 s'appliquent à compter de l'imposition des revenus de l'année 2012, dans les conditions prévues par la L. n° 2011-1977 du 28 déc. 2011, art. 83-IV.*

4) *Sur l'application des dispositions ci-dessus de la L. n° 2013-1278 du 29 déc. 2013, V. App., L. préc., art. 21-III.*

Plafonnement de l'avantage fiscal. Investissements et périodes d'investissement concernés. Articulation des réductions d'impôt outre-mer avec le plafonnement. Modalités d'application du plafonnement. Ordre d'imputation en présence de plusieurs réductions d'impôt. * BOI-IR-RICI-80-20-20 du 12 sept. 2012.

Art. 199 *undecies* E Les présidents des conseils régionaux d'outre-mer, de l'assemblée territoriale de Wallis-et-Futuna, du conseil départemental de Mayotte, des conseils territoriaux de Saint-Pierre-et-Miquelon, Saint-Barthélemy et Saint-Martin et des gouvernements de la Nouvelle-Calédonie et de la Polynésie française sont informés, par les personnes qui réalisent sur le territoire de leur collectivité territoriale des investissements bénéficiant des dispositions prévues aux articles 199 *undecies* A, 199 *undecies* B, 199 *undecies* C, 217 *undecies* *(L. nº 2018-1317 du 28 déc. 2018, art. 140-1º)* **« , 217 *duodecies*, 244 *quater* W »** *(L. nº 2020-1721 du 29 déc. 2020, art. 108-I-B et IV-A, applicable aux investissements réalisés à compter du 1er janv. 2022)* **« , 244 *quater* X et 244 *quater* Y », de la nature, du lieu de situation, des modalités de financement et des conditions d'exploitation de ces investissements. Ils peuvent émettre un avis simple sur les opérations d'investissement qui nécessitent un agrément préalable du ministre chargé du budget. Lorsque les investissements sont réalisés par des personnes morales en vue d'être donnés en location, la déclaration indique l'identité du locataire et, dans les cas prévus par la loi, le montant de la fraction de l'aide fiscale rétrocédée à ce dernier.**

Pour l'entrée en vigueur des investissements réalisés à Saint-Martin, V. L. nº 2020-1721 du 29 déc. 2020, art. 108-IV-B.

Art. 199 *undecies* F L'assemblée territoriale de Wallis-et-Futuna, les conseils territoriaux de Saint-Pierre-et-Miquelon, Saint-Barthélemy et Saint-Martin, le congrès de la Nouvelle-Calédonie et l'assemblée de la Polynésie française peuvent, sur leurs territoires respectifs, par délibération prise avant le 1er janvier 2010 ou après chacun de leurs renouvellements, écarter l'application des articles 199 *undecies* A, 199 *undecies* C et 199 *novovicies* et exclure certains secteurs d'activité des droits à réduction d'impôt prévus par les articles 199 *undecies* B, 217 *undecies* *(L. nº 2020-1721 du 29 déc. 2020, art. 108-I-C et IV-A, applicable aux investissements réalisés à compter du 1er janv. 2022)* **« , 217 *duodecies* et 244 *quater* Y. »**

Concernant Saint-Martin, V. ndlr ss. art. 199 undecies E.

13º

Art. 199 *duodecies* et 199 *terdecies* *Périmés.*

14º RÉDUCTION D'IMPÔT ACCORDÉE AU TITRE DES SOUSCRIPTIONS EN NUMÉRAIRE AU CAPITAL DES SOCIÉTÉS AINSI QU'AU TITRE DES SOUSCRIPTIONS DE PARTS DE FONDS COMMUNS DE PLACEMENT DANS L'INNOVATION

Art. 199 *terdecies*-0 A I. — 1º **Les contribuables domiciliés fiscalement en France peuvent bénéficier d'une réduction de leur impôt sur le revenu égale à 18 % des versements effectués au titre de souscriptions en numéraire réalisées dans les mêmes conditions que celles prévues aux 1 et 2 du I de l'article 885-0 V *bis*** *(L. nº 2017-1837 du 30 déc. 2017, art. 31)* **« , dans sa rédaction en vigueur au 31 décembre 2017 ».** *— V. notes ss. l'art.*

(L. nº 2017-1837 du 30 déc. 2017, art. 74) **« Toutefois, le taux est fixé à 25 % pour les versements effectués jusqu'au 31 décembre** *(L. nº 2021-953 du 19 juill. 2021, art. 19-I)* **« 2022** *[ancienne rédaction : 2021]* **». »** *— Les dispositions issues de l'art. 74 de la L. nº 2017-1837 du 30 déc. 2017 s'appliquent aux versements effectués à compter du 10 août 2020 (Décr. nº 2020-1014 du 7 août 2020, art. 1er). — Les dispositions du I de l'art. 110 de la L. nº 2020-1721 du 29 déc. 2020 s'appliquent aux versements effectués à compter du 9 mai 2021 (Décr. nº 2021-559 du 6 mai 2021, art. 1er). — Les dispositions du I de l'art. 19 de la L. nº 2021-953 du 19 juill. 2021 s'appliquent aux versements effectués à compter du 18 mars 2022 (Décr. nº 2022-371 du 16 mars 2022).*

2° Le bénéfice de l'avantage fiscal prévu au 1° du présent I est subordonné au respect, par la société bénéficiaire de la souscription, des conditions prévues au 1 *bis* du I de l'article 885-0 V *bis* *(L. n° 2017-1837 du 30 déc. 2017, art. 31)* « , dans sa rédaction en vigueur au 31 décembre 2017 ».

(L. n° 2019-1479 du 28 déc. 2019, art. 137-I-1°-b et III, applicable à compter du 1er janv. 2020) « Pour l'application du premier alinéa du présent 2°, l'activité de courtage et l'activité de change sont considérées comme des activités financières. »

3° L'avantage fiscal prévu au 1° trouve également à s'appliquer lorsque la société bénéficiaire de la souscription remplit les conditions mentionnées aux *a* à *f* du 3 du I de l'article 885-0 V *bis* *(L. n° 2017-1837 du 30 déc. 2017, art. 31)* « , dans sa rédaction en vigueur au 31 décembre 2017 ».

Le montant des versements au titre de la souscription réalisée par le contribuable est pris en compte, pour l'assiette de la réduction d'impôt, dans la limite de la fraction déterminée en retenant :

– au numérateur, le montant des versements effectués par la société mentionnée au premier alinéa du présent 3°, à raison de souscriptions mentionnées au 1° dans des sociétés vérifiant l'ensemble des conditions prévues au 2°, avant la date de clôture de l'exercice au cours duquel le contribuable a procédé aux versements correspondant à sa souscription dans cette société ;

– et au dénominateur, le montant total des versements reçus au cours de ce même exercice par ladite société et afférents à la souscription à laquelle se rapportent les versements effectués par le contribuable.

La réduction d'impôt sur le revenu est accordée au titre de l'année de la clôture de l'exercice de la société mentionnée au premier alinéa au cours duquel le contribuable a procédé aux versements au titre de sa souscription.

Un décret fixe les conditions dans lesquelles les investisseurs sont informés annuellement du montant détaillé des frais et commissions, directs et indirects, qu'ils supportent et celles dans lesquelles ces frais sont encadrés. Pour l'application de la phrase précédente, sont assimilées aux sociétés mentionnées au présent 3° les sociétés dont la rémunération provient principalement de mandats de conseil ou de gestion obtenus auprès de redevables effectuant les versements mentionnés au 2° ou au présent 3°, lorsque ces mandats sont relatifs à ces mêmes versements.

La société adresse à l'administration fiscale, à des fins statistiques, au titre de chaque année, avant le 30 avril de l'année suivante et dans des conditions définies par arrêté conjoint des ministres chargés de l'économie et du budget, un état récapitulatif des sociétés financées, des titres détenus ainsi que des montants investis durant l'année. Les informations qui figurent sur cet état sont celles arrêtées au 31 décembre de l'année. *– V. Ann. III, art. 299 octies A, C. mon. fin., art. D. 214-80 s., Arr. du 7 févr. 2012 (JO 15 févr.), mod. par Arr. du 24 janv. 2013 (JO 2 févr.), Arr. du 10 avr. 2012 (JO 12 avr.).*

II. – Les versements ouvrant droit à la réduction d'impôt mentionnée au I sont retenus dans la limite annuelle de 50 000 € pour les contribuables célibataires, veufs ou divorcés et de 100 000 € pour les contribuables mariés ou liés par un pacte civil de solidarité soumis à imposition commune.

La fraction d'une année excédant, le cas échéant, les limites mentionnées au premier alinéa ouvre droit à la réduction d'impôt dans les mêmes conditions au titre des quatre années suivantes.

La réduction de l'impôt dû procurée par le montant de la réduction d'impôt mentionnée au I qui excède le montant mentionné au premier alinéa du 1 de l'article 200-0 A peut être reportée sur l'impôt sur le revenu dû au titre des années suivantes jusqu'à la cinquième inclusivement. Pour la détermination de cet excédent au titre d'une année, il est tenu compte de la réduction d'impôt accordée au titre des versements réalisés au cours de l'année concernée et des versements en report mentionnés au deuxième alinéa du présent II ainsi que des reports de la réduction d'impôt constatés au titre d'années antérieures. *– Pour l'application du dern. al. du présent II aux versements effectués en 2021 en faveur des entreprises d'utilité sociale et solidaire mentionnées à l'art. 199 terdecies-0 AA, V. la ndlr ss. le 1° de l'art. 200-0 A.*

II. bis et II. ter Abrogés.

(L. n° 2019-1479 du 28 déc. 2019, art. 137-I-1°-c et II) « III. – Le bénéfice de la réduction d'impôt mentionnée au I est subordonné au respect de l'article 21 du règle-

ment (UE) n° 651/2014 de la Commission du 17 juin 2014 déclarant certaines catégories d'aides compatibles avec le marché intérieur en application des articles 107 et 108 du traité sur le fonctionnement de l'Union européenne. » *— Les dispositions du présent III s'appliquent aux versements effectués à compter du 10 août 2020 (Décr. n° 2020-1014 du 7 août 2020, art. 1er).*

IV. — Les dispositions du 5 du I de l'article 197 sont applicables.

Le bénéfice de l'avantage fiscal prévu au I du présent article est subordonné au respect des conditions prévues au II de l'article 885-0 V *bis* *(L. n° 2017-1837 du 30 déc. 2017, art. 31)* **« , dans sa rédaction en vigueur au 31 décembre 2017 ». Les mêmes exceptions s'appliquent.**

V. — Un décret fixe les modalités d'application du présent article, notamment les obligations déclaratives incombant aux contribuables et aux sociétés. *— V. Ann. III, art. 46 AI bis à 46 AI quater.*

VI. — 1. Les contribuables domiciliés fiscalement en France peuvent bénéficier d'une réduction de leur impôt sur le revenu égale à 18 % des versements effectués au titre de souscriptions en numéraire de parts de fonds ou d'organismes mentionnés au 1 du III de l'article 885-0 V *bis* *(L. n° 2017-1837 du 30 déc. 2017, art. 31)* **« , dans sa rédaction en vigueur au 31 décembre 2017 », sous réserve du respect des conditions prévues au même 1.**

(L. n° 2017-1837 du 30 déc. 2017, art. 74) **« Toutefois, le taux est fixé à 25 % pour les versements effectués jusqu'au 31 décembre** *(L. n° 2021-953 du 19 juill. 2021, art. 19-I)* **« 2022** *[ancienne rédaction : 2021]* **».** *— V. ndlr 3 ss. l'art. — Les dispositions du I de l'art. 110 de la L. n° 2020-1721 du 29 déc. 2020 s'appliquent aux versements effectués à compter du 9 mai 2021 (Décr. n° 2021-559 du 6 mai 2021, art. 1er). — V. ndlr ss. I-1°.*

« 2. Les versements ouvrant droit à la réduction d'impôt mentionnée au 1 du présent VI sont retenus, après imputation des droits ou frais d'entrée *(L. n° 2017-1837 du 30 déc. 2017, art. 74)* **« et à proportion du quota d'investissement mentionné au premier alinéa du *c* du 1 du III de l'article 885-0 V *bis*, dans sa rédaction en vigueur au 31 décembre 2017, que le fonds s'engage à atteindre », dans les limites annuelles de 12 000 € pour les contribuables célibataires, veufs ou divorcés et de 24 000 € pour les contribuables mariés ou pour ceux liés par un pacte civil de solidarité et soumis à imposition commune. »** *— Les dispositions relatives au quota d'investissement s'appliquent aux versements effectués à compter d'une date fixée par décret.*

2 *bis*. Un décret fixe les conditions dans lesquelles les porteurs de parts sont informés annuellement du montant détaillé des frais et commissions, directs et indirects, qu'ils supportent et celles dans lesquelles ces frais sont encadrés.

3. Les 3 et 4 du III de l'article 885-0 V *bis* *(L. n° 2017-1837 du 30 déc. 2017, art. 31)* **« , dans sa rédaction en vigueur au 31 décembre 2017*[,]* » s'appliquent dans les mêmes conditions.**

4. *Abrogé.*

VI bis. *Abrogé par L. n° 2015-1786 du 29 déc. 2015, art. 26-I-D-5° et II-B. — Pour les modalités d'application du VI bis, V. Ann. III, art. 46 AI quinquies et Décr. n° 2004-589 du 21 juin 2004 (JO 24 juin).*

VI *ter*. — Le taux de l'avantage fiscal mentionné au VI est porté à *(Décr. n° 2020-1014 du 7 août 2020, art. 1er)* **« 30 %** *[ancienne rédaction : 38 %]* **» pour les versements effectués au titre de souscriptions en numéraire de parts de fonds d'investissement de proximité, mentionnés à l'article L. 214-31 du code monétaire et financier, dont l'actif est constitué pour 70 % au moins de valeurs mobilières, parts de société à responsabilité limitée et avances en compte courant émises par des sociétés qui exercent leurs activités exclusivement dans des établissements situés en Corse.**

Les réductions d'impôt prévues au VI et au présent VI *ter* sont exclusives les unes des autres pour les souscriptions dans un même fonds. *— V., pour les modalités d'application, Ann. III, art. 46 AI quinquies.*

VI *ter* A. — Les contribuables domiciliés fiscalement en *(L. n° 2017-256 du 28 févr. 2017, art. 131-I et III, applicable aux souscriptions effectuées le 1er janv. 2017)* **« France peuvent bénéficier d'une réduction de leur impôt sur le revenu égale à** *(Décr. n° 2020-1014 du 7 août 2020, art. 1er)* **« 30 %** *[ancienne rédaction : 38 %]* **»** *[ancienne rédaction : Guadeloupe, Guyane, Martinique, à La Réunion, Mayotte, Saint-Barthélemy, Saint-Martin, Saint-Pierre-et-Miquelon, en Nouvelle-Calédonie, Polynésie française et dans les îles Wallis-et-Futuna peu-*

vent bénéficier d'une réduction de leur impôt sur le revenu égale à 42 %] **» des versements au titre de souscriptions en numéraire de parts de fonds d'investissement de proximité, mentionnés à l'article L. 214-31 du code monétaire et financier, dont l'actif est constitué pour 70 % au moins de titres financiers, parts de société à responsabilité limitée et avances en compte courant émises par des sociétés qui exercent leurs activités exclusivement dans des établissements situés dans les départements d'outre-mer,** *[à]* **Saint-Barthélemy,** *[à]* **Saint-Martin,** *[à]* **Saint-Pierre-et-Miquelon, en Nouvelle-Calédonie, en Polynésie française et dans les îles Wallis-et-Futuna** *(Abrogé par L. n° 2020-1721 du 29 déc. 2020, art. 113-I)* ***« et dans les secteurs retenus pour l'application de la réduction d'impôt sur le revenu prévue au I de l'article 199 undecies B ».*** *— La perte de recettes pour l'État résultant du I de l'art. 131 de la L. n° 2017-256 du 28 févr. 2017 est compensée à due concurrence par la création d'une taxe additionnelle aux droits mentionnés aux art. 575 et 575 A CGI (L. préc., art. 131-II). — Les dispositions du I de l'art. 113 de la L. n° 2020-1721 du 29 déc. 2020 s'appliquent aux versements effectués à compter du 9 mai 2021 (Décr. n° 2021-559 du 6 mai 2021, art. 1er).*

Les 2, 2 *bis* et 3 du VI du présent article et les *a, b* et avant-dernier alinéas *[alinéa]* **du 1 du III de l'article 885-0 V *bis*** *(L. n° 2017-1837 du 30 déc. 2017, art. 31)* **« , dans sa rédaction en vigueur au 31 décembre 2017***[,]* **» sont applicables.**

Les réductions d'impôt prévues au VI du présent article et au présent VI *ter* A sont exclusives les unes des autres pour les souscriptions dans un même fonds.

VI *quater*. — Les réductions d'impôt mentionnées aux I, VI, VI *ter* et VI *ter* A ne s'appliquent pas aux titres figurant dans un plan d'épargne en actions mentionné à l'article 163 *quinquies* D *(L. n° 2019-1479 du 28 déc. 2019, art. 137-I-1°-e et III, applicable à compter du 1er janv. 2020)* **« , dans un plan d'épargne retraite mentionné à l'article L. 224-1 du code monétaire et financier » ou dans un plan d'épargne salariale mentionné au titre III du livre III de la troisième partie du code du travail, ni à la fraction des versements effectués au titre de souscriptions ayant ouvert droit aux réductions d'impôt prévues aux *f* ou *g* du 2 de l'article 199 *undecies* A, aux articles 199 *undecies* B, 199 *terdecies*-0 B, 199 *unvicies,* 199 *quatervicies* ou 885-0 V *bis*** *(L. n° 2017-1837 du 30 déc. 2017, art. 31)* **« , dans sa rédaction en vigueur au 31 décembre 2017***[,]* **» du présent code.**

Pour le bénéfice de la réduction d'impôt mentionnée au I du présent article, les deuxième et troisième alinéas du V de l'article 885-0 V *bis* *(L. n° 2017-1837 du 30 déc. 2017, art. 31)* **« , dans sa rédaction en vigueur au 31 décembre 2017***[,]* **» sont applicables.**

VI quinquies *Abrogé par L. n° 2015-1786 du 29 déc. 2015, art. 26-I-D-9° et II-B. — Pour les aides antérieures au 1er janv. 2014, V. égal. App., Règl. (UE) n° 1407/2013 préc., art. 7.*

VII. — Un décret fixe les modalités d'application du VI, notamment les obligations déclaratives incombant aux porteurs de parts ainsi qu'aux gérants et dépositaires des fonds. *— V. Ann. III, art. 46 AI ter à 46 AI quinquies et Décr. n° 97-237 du 14 mars 1997 relatif aux fonds communs de placement dans l'innovation (JO 16 mars).*

(L. n° 2017-1837 du 30 déc. 2017, art. 74) **« Le montant des frais et commissions directs et indirects imputés au titre d'un même versement mentionné aux 1° ou 3° du I ou aux VI à VI *ter* A par les sociétés mentionnées au premier alinéa du 3° du I, par les gérants et dépositaires de fonds mentionnés aux VI à VI *ter* A, par les sociétés et les personnes physiques exerçant une activité de conseil ou de gestion au sens de l'article L. 321-1 du code monétaire et financier au titre du versement ou par des personnes physiques ou morales qui leur sont liées au sens des articles L. 233-3, L. 233-4 et L. 233-10 du code de commerce ne peut excéder un plafond fixé par arrêté du ministre chargé de l'économie, dont le niveau tient compte du montant du versement, de la valeur liquidative des fonds et des distributions effectuées.** *— Pour l'application du présent al., V. Arr. du 11 juin 2018, art. 1er et 2 (JO 19 juin).*

« Par dérogation au deuxième alinéa du présent VII, le montant des frais et commissions directs et indirects imputés au titre d'un même versement peut, dans des circonstances exceptionnelles, excéder ce plafond lorsque le dépassement correspond en totalité à des frais engagés pour faire face à une situation non prévisible indépendante de la volonté des personnes mentionnées au même deuxième alinéa et dans l'intérêt des investisseurs ou porteurs de parts.

« Sans préjudice des sanctions que l'Autorité des marchés financiers peut prononcer, tout manquement à ces interdictions est passible d'une amende dont le montant ne peut excéder dix fois les frais indûment perçus. » — *Les dispositions des trois derniers al. du présent VII s'appliquent aux souscriptions au capital de sociétés effectuées à compter du 1er janv. 2018 et aux souscriptions de parts de fonds dont l'agrément de constitution par l'autorité compétente dont ils relèvent a été délivré à compter du 1er janv. 2018 (L. n° 2017-1837 du 30 déc. 2017, art. 74-II).*

V. art. 885-0 V bis.

1) *Les dispositions du présent art., dans leur rédaction issue de la L. n° 2015-1786 du 29 déc. 2015, art. 26-I-D et II-B s'appliquent aux souscriptions au capital de sociétés effectuées à compter du 1er janv. 2016 et aux souscriptions de parts de fonds dont l'agrément de constitution par l'autorité compétente dont ils relèvent a été délivré à compter du 1er janv. 2016 (L. préc., art. 26-II-B).*

2) *Les dispositions du présent art. issues du B du I de l'art. 31 de la L. n° 2017-1837 du 30 déc. 2017 s'appliquent au titre de l'impôt sur la fortune immobilière dû à compter du 1er janv. 2018. Toutefois, les dispositions modifiées par le même B du I continuent de s'appliquer, dans leur rédaction en vigueur au 31 déc. 2017, à l'impôt de solidarité sur la fortune dû jusqu'au titre de l'année 2017 incluse (L. préc., art. 31-IX-B).*

3) *Les dispositions du présent art. issues du I de l'art. 74 de la L. n° 2017-1837 du 30 déc. 2017 s'appliquent aux versements effectués à compter du 10 août 2020 (Décr. n° 2020-1014 du 7 août 2020, art. 1er).*

4) *Les dispositions issues du I de l'art. 118 de la L. n° 2018-1317 du 28 déc. 2018 s'appliquent aux versements effectués à compter du 10 août 2020 (Décr. n° 2020-1014 du 7 août 2020, art. 1er).*

1. Réduction d'impôt au titre des souscriptions en numéraire au capital de petites et moyennes entreprises (PME) non cotées (RI Madelin). Commentaire d'ensemble. Doctrine applicable à compter du 12 sept. 2012. * BOI-IR-RICI-90 du 9 mai 2014.

2. Souscription de parts de fonds communs de placement dans l'innovation (FCPI). Commentaire d'ensemble. * BOI-IR-RICI-100 du 9 mai 2014.

3. Souscription de parts de fonds d'investissement de proximité (FIP). Commentaire d'ensemble. * BOI-IR-RICI-110 du 9 mai 2014.

4. Souscription de parts de fonds d'investissement de proximité (FIP) dédiés aux entreprises corses (« FIP corses »). Régime juridique de ces FIP. Régime fiscal des porteurs de parts personnes physiques. Modalités d'application de la réduction d'IR.* BOI-IR-RICI-120 du 9 mai 2014.

5. Souscription à une augmentation de capital. La souscription par des personnes physiques à l'augmentation de capital d'une société par compensation avec le compte courant d'associé acquis pour un euro suivie d'une réduction de capital ne peut ouvrir droit à la réduction d'impôt. * Rescrit 2 nov. 2010 : n° 2010/62 FP.

6. Remise en cause de la réduction d'impôt. L'apport à une offre publique d'achat (OPA), avant l'expiration du délai de conservation, des titres ayant ouvert droit aux réductions d'ISF et/ou d'IR entraîne la remise en cause des avantages fiscaux obtenus. * Rescrit 15 nov. 2011, nos 2011/31 FP et ENR. ♦ Il en est de même en cas d'apport des titres à une société holding dès lors que cet apport est regardé comme une cession autorisant l'Administration à procéder à la reprise des réductions d'impôt. • CE 3 juin 2013, *Beaujon*, n° 356600 : *RJF 2013. 799 ; Dr. fisc. 2013. 387, concl. Bohnert.*

7. Formalités. La non-production de l'état individuel prévu par l'art. 46 AI *bis* de l'Ann. III à l'appui de la déclaration de revenus n'interdit pas au contribuable de demander le bénéfice de la réduction d'impôt dans le délai de réclamation. • CAA Nantes, 30 déc. 2003, n° 00NT01027 : *RJF 2004. 450.* ♦ Le contribuable qui souhaite bénéficier de la réduction d'impôt liée à la souscription de parts de FCPI doit, en application de l'art. 46 AI *quater* de l'Ann. III, joindre à sa déclaration de revenus une copie de l'engagement de conservation de ces parts. Cette disposition n'interdit pas au contribuable de régulariser la situation, dans le délai de réclamation, au cas où la copie de l'engagement n'aurait pas été jointe à la déclaration de revenus. • CE 16 juill. 2008, n° 300839 : *RJF 2008. 1210 ; Dr. fisc. 2008. 550, note Guichard et Grau.*

Art. 199 *terdecies*-0 AA **L'article 199 *terdecies*-0 A s'applique sous les mêmes conditions et sous les mêmes sanctions aux souscriptions en numéraire au capital des entreprises d'utilité sociale mentionnées à l'article L. 3332-17-1 du code du travail,** *(L. n° 2019-1479 du 28 déc. 2019, art. 137-I-2° et II)* **« sous les réserves suivantes :** *[ancienne rédaction :, sous les mêmes réserves que celles prévues aux 1° à 4° de l'article 885-0 V bis*

B, dans sa rédaction en vigueur au 31 décembre 2017. Toutefois, les exclusions relatives à l'exercice d'une activité immobilière ou de construction d'immeubles sont applicables aux entreprises solidaires qui n'exercent pas une activité de gestion immobilière à vocation sociale.] »

(L. nº 2019-1479 du 28 déc. 2019, art. 137-I-2º-b) **« 1º Les exclusions prévues au *c* du 1 *bis* du I de l'article 885-0 V *bis*, dans sa rédaction en vigueur au 31 décembre 2017, relatives à l'exercice d'une activité financière, de construction d'immeubles ou immobilière ne sont pas applicables aux entreprises solidaires. Toutefois, les exclusions relatives à l'exercice d'une activité immobilière ou de construction d'immeubles sont applicables aux entreprises solidaires qui n'exercent pas une activité de gestion immobilière à vocation sociale ;**

« 2º Par dérogation au *d* du 1 *bis* du I de l'article 885-0 V *bis* dans sa rédaction en vigueur au 31 décembre 2017, la société bénéficiaire des versements remplit au moins l'une des conditions suivantes au moment de l'investissement initial :

« *a)* Elle n'exerce son activité sur aucun marché ;

« *b)* Elle exerce son activité sur un marché, quel qu'il soit, depuis moins de dix ans après sa première vente commerciale. Le seuil de chiffre d'affaires qui caractérise la première vente commerciale au sens du présent *b* ainsi que ses modalités de détermination sont fixés par décret ; *— V. Ann. III, art. 46 AI quinquies A, créé par Décr. nº 2020-1012 du 7 août 2020, art. 1er.*

« *c)* Elle a besoin d'un investissement en faveur du financement des risques qui, sur la base d'un plan d'entreprise établi en vue d'intégrer un nouveau marché géographique ou de produits, est supérieur à 50 % de son chiffre d'affaires annuel moyen des cinq années précédentes. »

Les dispositions du présent art. telles qu'issues de l'art. 137 de la L. nº 2019-1479 du 28 déc. 2019 s'appliquent aux versements effectués à compter du 10 août 2020 (Décr. nº 2020-1014 du 7 août 2020, art. 1er).

V. art. 885-0 V bis B.

Les dispositions issues de la L. nº 2019-1479 du 28 déc. 2019, s'appliquent aux versements effectués à compter d'une date fixée par décret, qui ne peut être postérieure de plus de deux mois à la date de réception par le Gouvernement de la réponse de la Commission européenne permettant de considérer la disposition lui ayant été notifiée comme étant conforme au droit de l'Union européenne (L. préc., art. 137-II).

Art. 199 *terdecies*-0 AB *(L. nº 2019-1479 du 28 déc. 2019, art. 157-I-5º et V, en vigueur le 1er janv. 2020)* **I. — 1. Les contribuables domiciliés fiscalement en France peuvent bénéficier d'une réduction de leur impôt sur le revenu égale à 18 % des versements effectués au titre de souscriptions en numéraire au capital initial ou aux augmentations de capital des entreprises mentionnées au 1 du II.** *— Pour les versements effectués jusqu'au 31 déc. 2021, le taux de la réduction d'impôt prévue à cet art. est fixé à 25 % (L. nº 2019-1479 du 28 déc. 2019, art. 157-IV, mod. par L. nº 2020-1721 du 29 déc. 2020, art. 111).*

Cet avantage fiscal s'applique, dans les mêmes conditions, aux souscriptions effectuées par des personnes physiques en indivision. Chaque membre de l'indivision peut bénéficier de l'avantage fiscal à concurrence de la fraction de la part de sa souscription représentative de titres reçus en contrepartie de souscriptions au capital des entreprises vérifiant les conditions prévues au II du présent article.

2. La réduction d'impôt prévue au 1 du présent I est accordée dans les limites et conditions suivantes :

1º Elle est accordée au titre de l'année de la clôture de l'exercice de l'entreprise ;

2º Les versements ouvrant droit à la réduction d'impôt prévue au 1 du présent I sont retenus dans la limite d'un montant de 50 000 € pour les contribuables célibataires, veufs ou divorcés et de 100 000 € pour les contribuables mariés ou liés par un pacte civil de solidarité soumis à imposition commune, diminué du montant des versements ouvrant droit à la réduction d'impôt prévue à l'article 199 *terdecies*-0 A. La fraction des versements d'une année excédant, le cas échéant, les limites mentionnées au 1º du présent 2 ouvre droit à la réduction d'impôt dans les mêmes conditions au titre des quatre années suivantes ;

3º Le montant de la réduction d'impôt qui excède le montant mentionné au premier alinéa du 1 de l'article 200-0 A peut être reporté sur l'impôt sur le revenu dû au titre

des années suivantes jusqu'à la cinquième année incluse. Pour la détermination de cet excédent au titre d'une année, il est tenu compte de la réduction d'impôt accordée au titre des versements réalisés au cours de l'année concernée et des versements en report mentionnés au second alinéa du 2° du présent 2, ainsi que des reports de la réduction d'impôt constatés au titre d'années antérieures ; — *Pour l'application du présent 3° aux versements effectués en 2021, V. la ndlr ss. le 1° de l'art. 200-0 A.*

4° Les titres reçus en contrepartie de la souscription au capital de l'entreprise sont conservés jusqu'au 31 décembre de la cinquième année suivant celle de la souscription.

La condition de conservation s'applique également à l'indivision mentionnée au second alinéa du 1 du présent I.

En cas de non-respect de la condition de conservation, l'avantage fiscal mentionné au 1 du présent I est remis en cause au titre de l'année au cours de laquelle le contribuable cesse de respecter cette condition.

En cas de non-respect de la condition de conservation par suite d'une fusion ou d'une scission au sens de l'article 817 A, l'avantage fiscal mentionné au 1 du présent I accordé au titre de l'année en cours et de celles précédant ces opérations n'est pas remis en cause si les titres reçus en contrepartie sont conservés jusqu'au même terme. Cet avantage fiscal n'est pas non plus remis en cause lorsque la condition de conservation n'est pas respectée par suite d'une annulation des titres pour cause de pertes ou de liquidation judiciaire ou d'une cession réalisée dans le cadre d'une procédure de redressement judiciaire ou de liquidation judiciaire.

Les dispositions du troisième alinéa du présent 4° ne s'appliquent pas en cas de licenciement, d'invalidité correspondant au classement dans la deuxième ou la troisième des catégories prévues à l'article L. 341-4 du code de la sécurité sociale, du décès du souscripteur ou de son conjoint ou partenaire lié par un pacte civil de solidarité soumis à une imposition commune. Il en est de même en cas de donation à une personne physique des titres reçus en contrepartie de la souscription au capital de l'entreprise si le donataire reprend l'obligation de conservation des titres transmis prévue au premier alinéa du présent 4°. A défaut, la reprise de la réduction d'impôt obtenue est effectuée au nom du donateur ;

5° Les apports ne sont pas remboursés au contribuable avant le 31 décembre de la septième année suivant celle de la souscription, sauf si le remboursement fait suite à la liquidation judiciaire de l'entreprise.

En cas de non-respect de la condition prévue au premier alinéa du présent 5°, l'avantage fiscal mentionné au 1 du présent I est remis en cause au titre de l'année au cours de laquelle le contribuable cesse de respecter cette condition.

Cette condition s'applique également à l'indivision mentionnée au second alinéa du même 1 ;

6° Les versements ouvrent droit au bénéfice de la réduction d'impôt, sous réserve que le contribuable soit en mesure de présenter, à la demande de l'administration fiscale, un récépissé de sa souscription attestant de son montant, de la date du versement et du respect, par l'entreprise au capital de laquelle il est souscrit, des conditions prévues au II du présent article pour l'exercice au cours duquel est effectuée la souscription ;

7° Les souscriptions mentionnées au 1 du présent I confèrent aux souscripteurs les seuls droits résultant de la qualité d'actionnaire ou d'associé, à l'exclusion de toute autre contrepartie notamment sous la forme de garantie en capital, de tarifs préférentiels ou d'accès prioritaire aux biens produits ou aux services rendus par la société.

II. — 1. L'entreprise bénéficiaire de la souscription mentionnée au I satisfait aux conditions suivantes :

1° Elle est agréée "entreprise solidaire d'utilité sociale" conformément à l'article L. 3332-17-1 du code du travail ;

2° Elle exerce à titre principal :

a) Soit l'une des activités mentionnées au 1° ou au 3° de l'article L. 365-1 du code de la construction et de l'habitation ;

b) Soit une activité d'acquisition et de gestion par bail rural de tous biens ruraux bâtis et non bâtis, dans le respect des conditions suivantes :

— l'activité répond aux objectifs mentionnés au 1° du I de l'article L. 141-1 du code rural et de la pêche maritime et l'entreprise n'exerce pas d'activité d'exploitation ;

– les baux ruraux sont conclus avec des preneurs répondant aux conditions mentionnées au 3° du présent 1 et comportent des clauses mentionnées au troisième alinéa de l'article L. 411-27 du code rural et de la pêche maritime ;

– l'entreprise s'engage dans ses statuts à ne pas céder à titre onéreux les biens ruraux acquis pour l'exercice de son activité pendant une durée minimale de vingt ans, sauf à titre exceptionnel, lorsque le bien se révèle impropre à la culture ou doit être cédé dans le cadre d'un aménagement foncier ou pour faire face à de graves difficultés économiques conjoncturelles, après information du ministère de l'agriculture et pour un prix de cession n'excédant pas la valeur nette comptable dudit bien ;

3° Elle exerce son activité en faveur de personnes en situation de fragilité du fait de leur situation économique ou sociale au sens du 1° de l'article 2 de la loi n° 2014-856 du 31 juillet 2014 relative à l'économie sociale et solidaire.

Un décret précise, pour chaque secteur d'activité mentionné au 2° du présent 1, les critères de définition de ces publics, en fonction de leur niveau de ressources.

Un arrêté, pris conjointement par le ministre chargé de l'économie et par le ou les ministres compétents pour chacun de ces secteurs, fixe la fraction minimale que ces publics représentent au sein de l'ensemble des bénéficiaires de l'entreprise ; – *Cette fraction est fixée à 50 % (Arr. du 29 sept. 2020, JO 30 sept., n° 31) ou à 70 % (Arr. du 29 sept. 2020 et Arr. du 29 sept. 2020, JO 30 sept., n°s 30 et 32), s'agissant des personnes respectant les conditions prévues, respectivement, au 1 de l'art. 3, au 1 de l'art. 1er ou au 1 de l'art. 6 du Décr. n° 2020-1186 du 29 sept. 2020.*

4° Elle rend aux personnes mentionnées au 3° du présent 1 un service d'intérêt économique général, au sens de la décision 2012/21/UE de la Commission du 20 décembre 2011 relative à l'application de l'article 106, paragraphe 2, du traité sur le fonctionnement de l'Union européenne aux aides d'État sous forme de compensations de service public octroyées à certaines entreprises chargées de la gestion de services d'intérêt économique général, en mettant à leur disposition les biens et services fonciers mentionnés au 2° du présent 1 pour un tarif inférieur à celui du marché de référence dans lequel elle intervient et en favorisant l'accès de ses bénéficiaires en situation de fragilité économique ou sociale à ces biens et services fonciers, par un accompagnement spécifique.

Les missions effectuées par l'entreprise bénéficiaire pour l'exécution du service mentionné au premier alinéa du présent 4°, ainsi que les obligations correspondantes, sont décrites par une convention qui tient lieu de mandat au sens de l'article 4 de la décision 2012/21/ UE précitée. Cette convention est conclue pour une durée n'excédant pas dix ans et est reconductible par périodes de dix ans.

Un décret précise : – *V. Décr. n° 2020-1186 du 29 sept. 2020, art. 2, 5, 7, 10 et 14.*

– les différents marchés de référence, en distinguant ceux des entreprises qui accomplissent des services sociaux relatifs au logement social mentionnés à l'article L. 365-1 du code de la construction et de l'habitation, ceux des autres entreprises intervenant en matière de logement et ceux des entreprises qui exercent l'activité mentionnée au *b* du 2° du présent 1 ;

– les modalités de détermination de la différence entre le tarif de mise à disposition par l'entreprise bénéficiaire et le tarif de référence sur le marché dans lequel elle intervient ;

– le contenu de la convention mentionnée au deuxième alinéa du présent 4° ;

5° Les titres financiers ou parts sociales ayant fait l'objet des souscriptions ouvrant droit à la réduction d'impôt sont soumis aux exigences suivantes :

a) L'entreprise ne procède pas à la distribution de dividendes ;

b) Ces titres ou parts sont incessibles à un prix excédant leur valeur d'acquisition, majorée d'un taux de rendement annuel qui ne peut être supérieur à un plafond défini comme la somme entre :

– le taux du livret A en vigueur au premier jour du mois de la date de la cession ;

– et, le cas échéant, une majoration, définie par arrêté du ministre de l'économie, dans la limite de 1,25 % ; – *Majoration fixée à 0,75 % par l'Arr. du 29 sept. 2020, art. 1er (JO 30 sept., n° 33).*

c) Les statuts de l'entreprise prévoient, si de telles modalités existent, les modalités de revalorisation de ces titres ou parts ;

6° Elle délivre au souscripteur qui lui en fait la demande le récépissé prévu au 6° du 2 du I du présent article ; elle tient un registre des souscriptions ayant donné lieu à délivrance d'un récépissé dont le contenu et les modalités de conservation sont précisées par arrêté du ministre chargé du budget ;

7° L'entreprise communique à chaque souscripteur, avant la souscription, un document d'information précisant notamment la période de conservation à respecter pour bénéficier de la réduction d'impôt mentionnée au 1 du I, les conditions de revente des titres ou parts au terme de la période de conservation, les conditions de remboursement des apports, les risques engendrés par l'opération, les règles d'organisation et de prévention des conflits d'intérêts, ainsi que les modalités de calcul et la décomposition de tous les frais et commissions, directs et indirects.

2. Pour chaque entreprise, le montant total des souscriptions ouvrant droit au bénéfice de la réduction prévue au 1 du I du présent article n'excède pas, au titre de l'exercice de souscription :

1° Un montant égal au rapport entre :

***a)* Au numérateur :**

— la somme du produit, pour chaque marché sur lequel l'entreprise est intervenue en application du 4° du 1 du présent II au cours de l'avant-dernier exercice clos :

***i)* de la surface mise à la disposition des personnes mentionnées au 3° du même 1 au cours de ce même exercice ;**

***ii)* par la différence de tarif prévue au premier alinéa du 4° dudit 1 constatée au cours dudit exercice ;**

— majorée d'un montant forfaitaire représentatif du surcroît de charges d'exploitation mobilisées par l'entreprise pour l'accompagnement spécifique prévu au même premier alinéa, dont les modalités de calcul sont fixées par la convention prévue au deuxième alinéa du même 4° ;

— et minorée, le cas échéant, des autres aides publiques spécifiques destinées à compenser les coûts liés à l'exécution du service d'intérêt économique général défini au premier alinéa dudit 4° ;

***b)* Au dénominateur, le taux de la réduction d'impôt définie au 1 du I applicable au titre de l'exercice de souscription ;**

2° Un montant :

***a)* De 40 millions d'euros, s'agissant des entreprises qui exercent l'activité mentionnée au *a* du 2° du 1 du présent II ;**

***b)* De 15 millions d'euros, s'agissant des entreprises qui exercent l'activité mentionnée au *b* du même 2°.**

Un décret précise la nature et les obligations de transmission par l'entreprise des informations nécessaires à la justification du calcul du plafond défini au 1° du présent 2 ainsi que les modalités de leur exploitation par l'administration. — *V. Décr. n° 2020-1186 du 29 sept. 2020, art. 15 et 16.*

III. — La réduction d'impôt prévue au I ne s'applique pas aux titres figurant dans un plan d'épargne en actions mentionné à l'article 163 *quinquies* D, dans un plan d'épargne retraite mentionné à l'article L. 224-1 du code monétaire et financier ou dans un plan d'épargne salariale mentionné au titre III du livre III de la troisième partie du code du travail, ni à la fraction des versements effectués au titre de souscriptions ayant ouvert droit aux réductions d'impôt prévues aux articles 199 *undecies* A, 199 *undecies* B, 199 *undecies* C, 199 *terdecies*-0 A ou 199 *terdecies*-0 B du présent code.

IV. — Le bénéfice de la réduction d'impôt prévue au I est subordonné au respect de la décision 2012/21/UE de la Commission du 20 décembre 2011, relative à l'application de l'article 106, paragraphe 2, du traité sur le fonctionnement de l'Union européenne aux aides d'État sous forme de compensations de service public octroyées à certaines entreprises chargées de la gestion de services d'intérêt économique général.

Le dern. al. du b du 2° et le c du 5° du 1 du II de l'art. 199 terdecies-0 AB entrent en vigueur le 1er janv. 2021. Le b du même 5° s'applique aux titres ou parts souscrits à compter de cette même échéance (L. n° 2019-1479 du 28 déc. 2019, art. 157).

V. Décr. n° 2020-1186 du 29 sept. 2020 pris pour l'application de l'art. 199 terdecies-0 AB CGI relatif aux investissements effectués par des contribuables au capital de certaines entreprises agréées « entreprise solidaire d'utilité sociale ».

1) *Pour les versements effectués jusqu'au 31 déc. 2022, le taux de la réduction d'impôt est fixé à 25 % (L. 2019-1479 du 28 déc. 2019, art. 157-IV, mod. par L. n° 2020-1721 du 29 déc. 2020, art. 111 et L. n° 2021-953 du 19 juill. 2021, art. 19-II).*

2) *La perte de recettes pour l'État résultant du 1) ci-dessus est compensée, à due concurrence, par la création d'une taxe additionnelle aux droits mentionnés aux art. 575 et 575 A CGI (L. n° 2021-953 du 19 juill. 2021, art. 19-IV).*

15° RÉDUCTION D'IMPÔT ACCORDÉE AU TITRE DU RACHAT D'UNE ENTREPRISE PAR SES SALARIÉS

Art. 199 *terdecies* A *Périmé (Décr. n° 2008-294 du 1er avr. 2008).*

15° *BIS* RÉDUCTION D'IMPÔT ACCORDÉE AU TITRE D'EMPRUNTS SOUSCRITS POUR LA REPRISE D'UNE ENTREPRISE

Art. 199 *terdecies*-0 B I. — Les contribuables domiciliés fiscalement en France au sens de l'article 4 B peuvent bénéficier d'une réduction de leur impôt sur le revenu égale à 25 % du montant des intérêts des emprunts contractés pour acquérir, dans le cadre d'une opération de reprise, une fraction du capital d'une société dont les titres ne sont pas admis aux négociations sur un marché réglementé français ou étranger.

Cette réduction d'impôt s'applique lorsque les conditions suivantes sont remplies :

a) L'acquéreur prend l'engagement de conserver les titres de la société reprise jusqu'au 31 décembre de la cinquième année suivant celle de l'acquisition ;

b) Les parts ou actions acquises dans le cadre de l'opération de reprise mentionnée au premier alinéa confèrent à l'acquéreur 25 % au moins des droits de vote et des droits dans les bénéfices sociaux de la société reprise. Pour l'appréciation de ce pourcentage, il est également tenu compte des droits détenus dans la société par les personnes suivantes qui participent à l'opération de reprise :

1° Le conjoint de l'acquéreur ou son partenaire lié par un pacte civil de solidarité, ainsi que leurs ascendants et descendants ;

2° Ou, lorsque l'acquéreur est un salarié, les autres salariés de cette même société ;

c) A compter de l'acquisition, l'acquéreur ou l'un des autres associés mentionnés au *b* exerce effectivement dans la société reprise l'une des fonctions énumérées au *(L. n° 2017-1837 du 30 déc. 2017, art. 31)* « 1° du 1 du III de l'article 975 » et dans les conditions qui y sont prévues ;

d) La société reprise a son siège social dans un État membre de l'Union européenne ou dans un autre État partie à l'accord sur l'Espace économique européen ayant conclu avec la France une convention d'assistance administrative en vue de lutter contre la fraude et l'évasion fiscales, et est soumise à l'impôt sur les sociétés dans les conditions de droit commun ou y serait soumise dans les mêmes conditions si l'activité était exercée en France ;

« *e)* La société reprise doit être une petite et moyenne entreprise au sens de l'annexe I au règlement (UE) n° 651/2014 de la Commission du 17 juin 2014 déclarant certaines catégories d'aides compatibles avec le marché intérieur en application des articles 107 et 108 du traité ; »

f) La société reprise exerce une activité commerciale, industrielle, artisanale, libérale ou agricole, à l'exception de la gestion de son propre patrimoine mobilier ou immobilier.

La condition mentionnée au *e* s'apprécie à la date à laquelle le seuil de 25 % prévu au *b* est franchi.

II. — Les intérêts ouvrant droit à la réduction d'impôt prévue au I sont ceux payés à raison des emprunts contractés à compter de la publication de la loi n° 2003-721 du 1er août 2003 pour l'initiative économique. Ils sont retenus dans la limite annuelle de 20 000 € pour les contribuables célibataires, veufs ou divorcés et de 40 000 € pour les contribuables mariés soumis à imposition commune.

III. — La réduction d'impôt mentionnée au I ne peut pas concerner des titres figurant dans un plan d'épargne en actions défini à l'article 163 *quinquies* D ou dans un plan d'épargne salariale prévu au titre III du livre III de la troisième partie du code du travail, ni la fraction des versements effectués au titre de souscriptions ayant ouvert droit à la réduction d'impôt prévue aux I à IV de l'article 199 *terdecies*-0 A *(Abrogé par*

L. n° 2017-1837 du 30 déc. 2017, art. 31) ***« ou à la réduction d'impôt de solidarité sur la fortune prévue à l'article 885-0 V bis ».***

Les intérêts ouvrant droit à la réduction d'impôt mentionnée au I ne peuvent ouvrir droit aux déductions prévues *(Abrogé par L. n° 2013-1278 du 29 déc. 2013, art. 26-I-s et XI-5, à compter du 1er janv. 2017)* ***« au 2° quinquies et »*, au titre des frais réels et justifiés, au 3° de l'article 83.**

IV. — Les dispositions du 5 du I de l'article 197 sont applicables aux réductions d'impôt prévues au présent article.

V. — Les réductions d'impôt obtenues font l'objet d'une reprise :

1° Au titre de l'année au cours de laquelle intervient la rupture de l'engagement mentionné au *a* du I ou le remboursement des apports, lorsque ce dernier intervient avant le terme du délai mentionné au même *a* ;

2° Au titre de l'année au cours de laquelle l'une des conditions mentionnées aux *b*, *c*, *d* et *f* du I cesse d'être remplie, lorsque le non-respect de la condition intervient avant le terme de la période mentionnée au *a* du I.

Sous réserve des conditions mentionnées aux *d* et *f* du I, ces dispositions ne s'appliquent pas en cas d'invalidité correspondant au classement dans la deuxième ou troisième des catégories prévues à l'article L. 341-4 du code de la sécurité sociale ou du décès de l'acquéreur. Il en est de même en cas de non-respect de la condition prévue au *a* du I à la suite d'une annulation des titres pour cause de pertes ou de liquidation judiciaire, ou à la suite d'une fusion ou d'une scission et si les titres reçus en contrepartie de ces opérations sont conservés par l'acquéreur jusqu'au terme du délai mentionné au *a* du I.

VI. — En cas de cession des titres, de remboursement des apports ou de non-respect de l'une des conditions mentionnées aux *b*, *c*, *d* ou *f* du I au-delà du 31 décembre de la cinquième année suivant celle de l'acquisition, la réduction d'impôt n'est plus applicable à compter du 1er janvier de l'année considérée.

VII. — Un décret fixe les obligations déclaratives incombant aux contribuables et aux sociétés. — *V. Ann. III, art. 46 AI sexies.*

VIII. — Ces dispositions s'appliquent aux emprunts contractés jusqu'au 31 décembre 2011.

Les dispositions du présent art. issues du B du I de l'art. 31 de la L. n° 2017-1837 du 30 déc. 2017 s'appliquent au titre de l'impôt sur la fortune immobilière dû à compter du 1er janv. 2018. Toutefois, les dispositions modifiées ou abrogées par le même B du I continuent de s'appliquer, dans leur rédaction en vigueur au 31 déc. 2017, à l'impôt de solidarité sur la fortune dû jusqu'au titre de l'année 2017 incluse (L. préc., art. 31-IX-B).

Réduction d'impôt accordée au titre des emprunts contractés pour la reprise d'une entreprise. Commentaire d'ensemble du dispositif de la réduction d'impôt accordée au titre des emprunts contractés du 5 août 2003 au 31 déc. 2011. * BOI-IR-RICI-130 du 12 sept. 2012.

15° TER RÉDUCTION D'IMPÔT ACCORDÉE AU TITRE DES SOUSCRIPTIONS EN NUMÉRAIRE AU CAPITAL D'ENTREPRISES DE PRESSE

(L. n° 2015-433 du 17 avr. 2015, art. 19-I)

Art. 199 *terdecies*-0 C **1.** *(L. n° 2018-1317 du 28 déc. 2018, art. 157-I-1°-a, applicable aux versements réalisés à compter du 1er janv. 2019)* **« *a)* » Les contribuables domiciliés fiscalement en France, au sens de l'article 4 B, bénéficient d'une réduction d'impôt sur le revenu égale à 30 % des versements effectués jusqu'au 31 décembre** *(L. n° 2021-1900 du 30 déc. 2021, art. 71)* **« 2024 » au titre de souscriptions en numéraire réalisées au capital de sociétés soumises à l'impôt sur les sociétés dans les conditions de droit commun éditant une ou plusieurs publications de presse ou services de presse en ligne d'information politique et générale, ou une ou plusieurs publications de presse ou services de presse en ligne consacrés pour une large part à l'information politique et générale.** *(Abrogé par L. n° 2018-1317 du 28 déc. 2018, art. 157-I-1°-a, pour les versements réalisés à compter du 1er janv. 2019)* ***« La même réduction d'impôt est accordée lorsque les versements sont effectués au bénéfice d'une société dont l'objet statutaire exclusif est de prendre une participation au capital d'une société éditrice définie à la première phrase et regroupant exclusivement des actionnaires individuels. »***

Le taux mentionné au premier alinéa du présent 1 est porté à 50 % lorsque la société bénéficiaire de la souscription a le statut d'entreprise solidaire de presse d'information, au sens de l'article 2-1 de la loi n° 86-897 du 1er août 1986 portant réforme du régime juridique de la presse. — *Sur les modalités de déclaration, V. Ann. III, art. 46 AI septies.*

(L. n° 2018-1317 du 28 déc. 2018, art. 157-I-1°-b, applicable aux versements réalisés à compter du 1er janv. 2019) **« *b)* Cette réduction d'impôt trouve également à s'appliquer lorsque les versements mentionnés au premier alinéa du *a* du présent 1 sont effectués au bénéfice d'une société dont l'objet statutaire exclusif est de détenir des participations au capital de sociétés mentionnées au même *a* et regroupant exclusivement des actionnaires individuels. Dans ce cas, le montant des versements au titre de la souscription réalisée par le contribuable est pris en compte, pour l'assiette de la réduction d'impôt, dans la limite de la fraction déterminée en retenant :**

« 1° Au numérateur, le montant des versements effectués par la société à raison de souscriptions en numéraire au capital de sociétés mentionnées audit *a*, lors de l'exercice au cours duquel le contribuable a procédé aux versements correspondant à sa souscription dans cette société ;

« 2° Et, au dénominateur, le montant total des versements reçus au cours de ce même exercice par ladite société et afférents à la souscription à laquelle se rapportent les versements effectués par le contribuable.

« La réduction d'impôt sur le revenu est accordée au titre de l'année de la clôture de l'exercice de la société au cours duquel le contribuable a procédé aux versements correspondant à sa souscription dans cette société, au taux prévu au premier alinéa du même *a* ou, lorsque la société a pour objet statutaire exclusif de détenir des participations dans des entreprises mentionnées au second alinéa du même *a*, au taux prévu au même second alinéa. »

2. Les versements ouvrant droit à la réduction d'impôt mentionnée au 1 sont retenus dans la limite annuelle de *(L. n° 2020-1721 du 29 déc. 2020, art. 114-I-1°)* **« 10 000 €** *[ancienne rédaction : 5 000 €]* **» pour les contribuables célibataires, veufs ou divorcés, et de** *(L. n° 2020-1721 du 29 déc. 2020, art. 114-I-1°)* **« 20 000 €** *[ancienne rédaction : 10 000 €]* **» pour les contribuables soumis à imposition commune.** — *Limites applicables aux versements effectués à compter du 1er janv. 2021 (L. n° 2020-1721 du 29 déc. 2020, art. 114-II).*

3. Lorsque tout ou partie des titres *(L. n° 2018-1317 du 28 déc. 2018, art. 157-I-2°-a, applicable aux versements réalisés à compter du 1er janv. 2019)* **« souscrits par le contribuable » ayant donné lieu à réduction d'impôt est cédé avant le 31 décembre de la cinquième année suivant celle de la souscription, la réduction d'impôt obtenue est ajoutée à l'impôt dû au titre de l'année de la cession.**

(L. n° 2018-1317 du 28 déc. 2018, art. 157-I-2°-b, applicable aux versements réalisés à compter du 1er janv. 2019) **« Il en va de même lorsque tout ou partie des titres souscrits par la société mentionnée au *b* du 1 du présent article et ayant ouvert droit à la réduction d'impôt est cédé avant le 31 décembre de la cinquième année suivant celle de leur souscription. »**

Le premier alinéa du présent 3 ne s'applique pas en cas de licenciement, d'invalidité correspondant au classement dans la deuxième ou la troisième des catégories prévues à l'article L. 341-4 du code de la sécurité sociale ou du décès du contribuable ou de l'un des époux ou partenaires liés par un pacte civil de solidarité soumis à imposition commune.

4. La réduction d'impôt mentionnée au 1 ne s'applique pas aux titres figurant dans un plan d'épargne en actions mentionné à l'article 163 *quinquies* D du présent code ou dans un plan d'épargne salariale mentionné au titre III du livre III de la troisième partie du code du travail, ni à la fraction des versements effectués au titre de souscriptions ayant ouvert droit aux réductions d'impôt prévues *(Abrogé par L. n° 2020-1721 du 29 déc. 2020, art. 114-I-2° et II, à compter du 1er janv. 2021)* ***« au g du 2 de l'article 199 undecies A, »*** **aux articles 199 *undecies* B, 199 *terdecies*-0 A** *(L. n° 2017-1837 du 30 déc. 2017, art. 31-I-B)* **« ou 199 *terdecies*-0 B » du présent code.** *(Abrogé par L. n° 2020-1721 du 29 déc. 2020, art. 114-I-2° et II, à compter du 1er janv. 2021)* ***« La fraction des versements effectués au titre de souscriptions donnant lieu aux déductions prévues aux 2° quater et 2° quinquies de l'article 83 n'ouvre pas droit à cette réduction d'impôt. »*** — *Les* *dispositions du présent 4 telles que modifiées par le B du I de l'art. 31 de la L. n° 2017-1837 du 30 déc. 2017 s'appliquent au titre de l'impôt sur la fortune immobilière dû à compter du 1er janv. 2018. Toutefois, les dispositions modifiées par le même B du I continuent de s'appliquer, dans leur rédaction en vigueur au 31 déc. 2017, à l'impôt de solidarité sur la fortune dû jusqu'au titre de l'année 2017 incluse (L. préc., art. 31-IX-B). — V. Ann. III, art. 46 AI septies.*

(L. n° 2018-1317 du 28 déc. 2018, art. 157-I-3°, applicable aux versements réalisés à compter du 1er janv. 2019) **« 5. Le bénéfice de la réduction d'impôt mentionnée au 1 du présent article est subordonné au respect du règlement (UE) n° 1407/2013 de la Commission du 18 décembre 2013 relatif à l'application des articles 107 et 108 du traité sur le fonctionnement de l'Union européenne aux aides *de minimis*. »** — *V. Ann. III, 46 AI septies.*

Au titre de l'imposition des revenus de l'année 2017, la réduction d'impôt ne peut pas se cumuler, pour la même fraction de versements, avec l'ancienne réduction ISF-PME imputée sur l'IFI dû au titre de 2018 (L. n° 2017-1837 du 30 déc. 2017, art. 31-IX-C).

1. Réduction d'impôt en faveur de la presse d'information politique et générale. Souscriptions visées. Société bénéficiaire des souscriptions. Obligations déclaratives de la société et du contribuable. * BOI-IR-RICI-370 du 16 sept. 2019.

2. Société « d'amis » ou de « lecteurs ». Souscription au capital d'entreprises de presse via une société « d'amis » ou de « lecteurs ». * BOI-IR-RICI-370 nos 76 s. du 16 sept. 2019 * BOI-IR-RICI-370 nos 76 s. du 16 sept. 2019.

16° RÉDUCTION D'IMPÔT ACCORDÉE AU TITRE DE L'HÉBERGEMENT EN ÉTABLISSEMENT DE LONG SÉJOUR OU EN SECTION DE CURE MÉDICALE

Art. 199 *quindecies* **Les contribuables, domiciliés en France au sens de l'article 4 B et qui sont accueillis dans un établissement ou dans un service mentionné au 6° du I de l'article L. 312-1 du code de l'action sociale et des familles, dans un établissement délivrant des soins de longue durée, mentionné** *(L. n° 2022-217 du 21 févr. 2022, art. 124)* **« à l'avant-dernier alinéa » de l'article L. 6143-5 du code de la santé publique, et comportant un hébergement, à des personnes n'ayant pas leur autonomie de vie dont l'état nécessite une surveillance médicale constante et des traitements d'entretien ou dans un établissement ayant pour objet de fournir des prestations de nature et de qualité comparables et situé dans un autre État membre de l'Union européenne ou dans un autre État partie à l'accord sur l'Espace économique européen ayant conclu avec la France une convention d'assistance administrative en vue de lutter contre la fraude et l'évasion fiscales, bénéficient d'une réduction d'impôt égale à 25 % du montant des dépenses qu'ils supportent effectivement tant au titre de la dépendance que de l'hébergement. Le montant annuel des dépenses ouvrant droit à la réduction d'impôt ne peut pas excéder 10 000 € par personne hébergée.**

1. Frais de séjour en établissement pour personnes dépendantes. Personnes et établissements concernés. Base, taux et plafond de la réduction d'impôt. Imputation et justifications. * BOI-IR-RICI-140 du 25 juin 2014.

2. La réduction d'impôt s'applique lorsque sont seules supportées des dépenses d'hébergement, même en l'absence de dépenses relatives à la dépendance. • CAA Nantes, 15 sept. 2016, n° 15NT01050 : *RJF 2017. 5.*

17° RÉDUCTION D'IMPÔT ACCORDÉE AU TITRE DES SOMMES VERSÉES POUR L'EMPLOI D'UN SALARIÉ À DOMICILE, À UNE ASSOCIATION AGRÉÉE OU À UN ORGANISME HABILITÉ OU CONVENTIONNÉ AYANT LE MÊME OBJET

Art. 199 *sexdecies* **1. Lorsqu'elles n'entrent pas en compte pour l'évaluation des revenus des différentes catégories, ouvrent droit à un crédit d'impôt sur le revenu les sommes versées par un contribuable domicilié en France au sens de l'article 4 B pour :**

***a)* L'emploi d'un salarié qui rend des services définis aux articles L. 7231-1 et D. 7231-1 du code du travail** *[services à la personne]* **;**

b)* Le recours à une association, une entreprise ou un organisme déclaré en application de l'article L. 7232-1-1 du même code et qui rend exclusivement des services mentionnés au *a* du présent 1 ou qui bénéficie d'une dérogation à la condition d'activité exclusive selon l'article L. 7232-1-2 du code du travail ;** — *Lorsque le prestataire de services ne se livre pas à titre exclusif à une activité de services à la personne, il perd le bénéfice des dispositions du code du travail, et ne peut en bénéficier de nouveau qu'après une période de douze* *mois. Le contribuable de bonne foi conserve le bénéfice de l'aide prévue à l'article 199 sexdecies du code général des impôts (V. C. trav., art. L. 7232-8. —* ***C. trav.*).*

c) Le recours à un organisme à but non lucratif ayant pour objet l'aide à domicile et habilité au titre de l'aide sociale ou conventionné par un organisme de sécurité sociale.

2. *(L. nº 2021-1900 du 30 déc. 2021, art. 3-1º-a)* « Les services doivent être fournis » à la résidence, située en France, du contribuable ou d'un de ses ascendants remplissant les conditions prévues au premier alinéa de l'article L. 232-2 du code de l'action sociale et des familles. — *Ascendants remplissant les conditions d'octroi de l'allocation personnalisée d'autonomie (APA).*

(L. nº 2021-1900 du 30 déc. 2021, art. 3-1º-b) « Les services définis aux 2°, 4° et 5° du I et aux 8° à 10°, 15°, 16°, 18° et 19° du II de l'article D. 7231-1 du code du travail, dans sa rédaction en vigueur au 1er janvier 2021, sont regardés comme des services fournis à la résidence lorsqu'ils sont compris dans un ensemble de services incluant des activités effectuées à cette même résidence. Lorsqu'ils sont souscrits au profit des personnes mentionnées au 2° de l'article L. 7231-1 du code du travail, les services de téléassistance et de visio-assistance mentionnés au 16° du II de l'article D. 7231-1 du même code qui se matérialisent par la détection d'un accident potentiel ou avéré à domicile et son signalement à une tierce personne ou au corps médical sont regardés comme des services fournis à la résidence, même s'ils ne sont pas compris dans un ensemble de services incluant des activités effectuées à cette même résidence. »

Dans le cas où *(L. nº 2021-1900 du 30 déc. 2021, art. 3-1º-c)* « les services sont fournis » à la résidence d'un ascendant du contribuable, ce dernier renonce au bénéfice des dispositions de l'article 156 relatives aux pensions alimentaires, pour la pension versée à ce même ascendant.

L'aide financière mentionnée aux articles L. 7233-4 et L. 7233-5 du code du travail, exonérée en application du 37° de l'article 81, n'est pas prise en compte pour le bénéfice des dispositions du présent article.

3. Les dépenses mentionnées au 1 sont retenues, pour leur montant effectivement supporté, dans la limite de 12 000 € *(L. nº 2021-1900 du 30 déc. 2021, art. 3-2º)* « , sous réserve des plafonds prévus à l'article D. 7233-5 du code du travail dans sa rédaction en vigueur au 1er janvier 2021 ».

La limite de 12 000 € est portée à 15 000 € pour la première année d'imposition pour laquelle le contribuable bénéficie des dispositions du présent article au titre du *a* du 1.

Cette limite est portée à 20 000 € pour les contribuables mentionnés au 3° de l'article L. 341-4 du code de la sécurité sociale, ainsi que pour les contribuables ayant à leur charge une personne, vivant sous leur toit, mentionnée au même 3°, ou un enfant donnant droit au complément d'allocation d'éducation de l'enfant handicapé prévu par le deuxième alinéa de l'article L. 541-1 du même code.

La limite de 12 000 € est majorée de 1 500 € par enfant à charge au sens des articles 196 et 196 B et au titre de chacun des membres du foyer fiscal âgé de plus de soixante-cinq ans. La majoration s'applique également aux ascendants visés au premier alinéa du 2 remplissant la même condition d'âge. Le montant de 1 500 € est divisé par deux pour les enfants réputés à charge égale de l'un et l'autre de leurs parents. La limite de 12 000 € augmentée de ces majorations ne peut excéder 15 000 €.

Toutefois, lorsque les dispositions du deuxième alinéa sont applicables, la limite de 15 000 € fait l'objet des majorations prévues au présent alinéa et le montant total des dépenses ne peut excéder 18 000 €.

4. Le crédit d'impôt est égal à 50 % des dépenses mentionnées au 3 au titre des services définis aux articles L. 7231-1 et D. 7231-1 du code du travail *(L. nº 2021-1900 du 30 déc. 2021, art. 3-3º)* « fournis dans les conditions prévues au 2 », supportées par le contribuable au titre de l'emploi d'un salarié *(Abrogé par L. nº 2021-1900 du 30 déc. 2021, art. 3-3º)* « *, à sa résidence ou à la résidence d'un ascendant,* » ou en cas de recours à une association, une entreprise ou un organisme, mentionné aux *b* ou *c* du 1.

Le crédit d'impôt est imputé sur l'impôt sur le revenu après imputation des réductions d'impôt mentionnées aux articles 199 *quater* B à 200 *bis*, des crédits d'impôt et des prélèvements ou retenues non libératoires. S'il excède l'impôt dû, l'excédent est restitué.

5. *(Abrogé par L. n° 2016-1917 du 29 déc. 2016, art. 82-I-A et III, à compter de l'imposition des revenus de l'année 2017.*

6. Les sommes mentionnées au 1 ouvrent droit au bénéfice du crédit d'impôt, sous réserve que le contribuable soit en mesure de présenter, à la demande de l'administration fiscale, les pièces justifiant du paiement des salaires et des cotisations sociales, de l'identité du bénéficiaire, de la nature et du montant des prestations réellement effectuées payées à l'association, l'entreprise ou l'organisme définis au 1. — *V. Ann. III, art. 46 AO bis.*

1. Aide pour l'emploi d'un salarié à domicile. Sommes versées pour l'emploi d'un salarié à domicile, à une association agréée ou à un organisme habilité ou conventionné ayant le même objet. Réduction d'impôt (avant 2017) et crédit d'impôt. Commentaire administratif d'ensemble. Personnes et dépenses concernées. Calcul et forme de l'avantage fiscal. Justificatifs. * BOI-IR-RICI-150 du 20 sept. 2017.

2. Seules ouvrent droit au crédit d'impôt les sommes versées en rémunération des services rendus au domicile du contribuable. Annulation de la doctrine admettant la prise en compte des sommes versées pour des activités exercées en dehors de ce domicile (prestations extérieures comprises dans une offre globale visées au * BOI-IR-RICI-150-10 n° 80 du 20 sept. 2017). • CE 3 nov. 2020, n° 442046 : *RJF 2021. 105.*

3. Les services ouvrant droit à l'avantage fiscal sont les services à la personne à domicile définis aux art. L. 7231-1 et D. 7231-1 C. trav. Il s'agit notamment des activités de garde des enfants, de l'assistance aux personnes âgées, aux personnes handicapées ou aux autres personnes qui ont besoin d'une aide personnelle à leur domicile ou d'une aide à la mobilité dans l'environnement de proximité favorisant leur maintien à domicile ainsi que des services aux personnes à leur domicile relatifs aux tâches ménagères ou familiales. * BOI-IR-RICI-150-10 n° 200 du 20 sept. 2017. ♦ L'art. D. 7233-5 C. trav. limite la prise en compte de certaines dépenses : 500 € par an et par foyer fiscal pour les dépenses relatives aux travaux de petit bricolage dits « hommes toutes mains » ; 3 000 € par an et par foyer fiscal pour les dépenses relatives à l'assistance informatique et internet à domicile ; 5 000 € par an et par foyer fiscal pour les dépenses relatives aux interventions de petits travaux de jardinage des particuliers. * BOI-IR-RICI-150-10 n° 170 du 20 sept. 2017. ♦ En revanche, les travaux d'entretien de sépultures n'ouvrent pas droit à crédit d'impôt. * Rép. min. n° 13519 : *JOAN 31 déc. 2019.*

4. Les prestations fournies par les établissements ou service d'aide par le travail (ESAT) qui ont remplacé les centres d'aide par le travail (CAT) ouvrent droit au crédit d'impôt. * BOI-IR-RICI-150-10 n° 250 du 20 sept. 2017.

5. Le crédit d'impôt n'est pas accordé : lorsque la personne travaillant à la résidence du contribuable est salariée du syndicat de copropriété, et que ce dernier n'a pas été spécialement mandaté pour recruter ce salarié pour le compte de l'intéressé. • CAA Paris, 5 févr. 2004, n° 00PA3733 : *RJF 2004. 846.* ♦ ... A raison de la quote-part des charges de copropriété correspondant aux rémunérations versées aux salariés employés par le syndicat des copropriétaires pour l'entretien des parties communes. • CAA Nancy, 27 nov. 2003, n° 99NA1281 : *RJF 2004. 569.* ♦ ... A raison des sommes versées par un contribuable à son épouse au titre de l'emploi d'un salarié à domicile lesquelles sont susceptibles d'être prises en compte dans le revenu global du foyer fiscal et ne peuvent donc pas donner lieu au crédit d'impôt. • CAA Marseille, 28 févr. 2014, n° 12MA02476 : *RJF 2014. 661.*

6. Une situation d'invalidité peut être justifiée par la production d'un certificat médical attestant une invalidité « nécessitant des soins prolongés et constants par un personnel médical » même s'il n'a ni demandé ni obtenu une carte d'invalidité. • TA Amiens, 17 déc. 2002, n° 98-2792 : *Dr. fisc. 2003. 737 ; RJF 2003. 674.*

18°

Art. 199 *septdecies* *Périmé.*

19° RÉDUCTION D'IMPÔT ACCORDÉE, EN MATIÈRE DE DIVORCE, AU TITRE DES PRESTATIONS COMPENSATOIRES EN CAPITAL VERSÉES SOUS FORME DE SOMMES D'ARGENT

Art. 199 *octodecies* **I. — Les versements de sommes d'argent et l'attribution de biens ou de droits effectués en exécution de la prestation compensatoire dans les conditions et selon les modalités définies aux articles 274 et 275 du code civil sur une période, conformément à la convention de divorce par consentement mutuel prenant la forme d'un acte sous signature privée contresigné par avocats, déposé au rang des minutes d'un notaire, ou à la convention de divorce homologuée par le juge ou au jugement de divorce, au plus égale à douze mois à compter de la date à laquelle la**

convention de divorce par consentement mutuel prenant la forme d'un acte sous signature privée contresigné par avocats déposé au rang des minutes d'un notaire a acquis force exécutoire ou à laquelle le jugement de divorce, que celui-ci résulte ou non d'une demande conjointe, est passé en force de chose jugée, ouvrent droit à une réduction d'impôt sur le revenu lorsqu'ils proviennent de personnes domiciliées en France au sens de l'article 4 B.

La réduction d'impôt est égale à 25 % du montant des versements effectués, des biens ou des droits attribués, retenu pour la valeur fixée dans la convention de divorce par consentement mutuel prenant la forme d'un acte sous signature privée contresigné par avocats, déposé au rang des minutes d'un notaire, ou dans la convention de divorce homologuée par le juge ou par le jugement de divorce, et dans la limite d'un plafond égal à 30 500 € apprécié par rapport à la période mentionnée au premier alinéa.

Lorsque la prestation compensatoire prend la forme d'une rente conformément aux dispositions des articles 276, 278 et 279-1 du code civil, la substitution d'un capital aux arrérages futurs, versé ou attribué sur une période au plus égale à douze mois à compter de la date à laquelle le jugement prononçant la conversion est passé en force de chose jugée, ouvre également droit à la réduction d'impôt. Son assiette est alors égale au capital total reconstitué limité à 30 500 € et retenu dans la proportion qui existe entre le capital dû à la date de la conversion et le capital total reconstitué à cette même date. Le capital total reconstitué s'entend de la valeur du capital versé ou attribué à la date de conversion, majoré de la somme des rentes versées jusqu'au jour de la conversion et revalorisées en fonction de la variation de l'indice moyen annuel des prix à la consommation constatée entre l'année de versement de la rente et celle de la conversion.

Lorsque le versement des sommes d'argent, l'attribution de biens ou de droits s'effectuent sur l'année au cours de laquelle la convention de divorce par consentement mutuel prenant la forme d'un acte sous signature privée contresigné par avocats, déposé au rang des minutes d'un notaire, a acquis force exécutoire ou de l'année au cours de laquelle le jugement de divorce, que celui-ci résulte ou non d'une demande conjointe, ou le jugement prononçant la conversion de rente en capital, sont passés en force de chose jugée et l'année suivante, le montant ouvrant droit à réduction d'impôt au titre de la première année ne peut excéder le montant du plafond mentionné au deuxième alinéa multiplié par le rapport existant entre le montant des versements de sommes d'argent, des biens ou des droits attribués au cours de l'année considérée, et le montant total du capital tel que celui-ci a été fixé dans le jugement de divorce ou le jugement prononçant la conversion que le débiteur de la prestation compensatoire s'est engagé à effectuer sur la période mentionnée au premier alinéa. — *Application aux jugements de divorce prononcés à compter de l'entrée en vigueur de la loi du 24 mai 2004 (1er janv. 2005).*

(Abrogé par L. no 2020-1721 du 29 déc. 2020, art. 3-3o) ***« II. — Nonobstant la situation visée au troisième alinéa, les dispositions du I ne s'appliquent pas lorsque la prestation compensatoire est versée pour partie sous forme de rente. »*** — *La déclaration d'inconstitutionnalité peut être invoquée dans les instances introduites au 1er févr. 2020 et non jugées définitivement (Cons. const. 31 janv. 2020, no 2019-824 QPC, § 18). Elle peut aussi être invoquée à l'appui de toute réclamation encore susceptible d'être formée eu égard aux délais fixés par les art. R.* 196-1 et R.* 196-2 LPF (CE, avis, 6 févr. 2019, nos 425509 et 425511). En l'occurrence, sont concernées les réclamations visant l'impôt sur les revenus de 2017, 2018 et 2019, qui peuvent être présentées respectivement jusqu'au 31 déc. 2020, 2021 et 2022.*

BIBL. ► V. art. 80 *quater*.

NOTE. La jurisprudence et les solutions rapportées ci-dessous concernent l'art. 199 *octodecies dans sa rédaction* antérieure à l'art. 3 de la L. no 2020-1721 du 29 déc. 2020.

1. Réductions d'impôt accordées au titre de la prestation compensatoire en matière de divorce. Doctrine administrative. Commentaire général de la réduction d'IR. Aménagements apportés par la loi du 26 mai 2004 relative au divorce. * BOI-IR-RICI-160 du 12 sept. 2012.

2. Prestation compensatoire mixte. L'art. 199 *octodecies*-II (en vigueur avant le 1er janv. 2017), méconnaissant le principe d'égalité, est déclaré inconstitutionnel à compter du 1er févr. 2020. • Cons. const. 31 janv. 2020, ⚖

n° 2019-824 QPC : *RJF 2020. 385.* ♦ Le débiteur d'une prestation compensatoire ne peut pas, au regard de la loi, bénéficier d'une réduction d'impôt pour la partie de cette prestation versée sous forme de capital libéré dans les douze mois du jugement de divorce alors que l'autre partie est versée sous forme de rente déductible. Cette part de capital n'est pas davantage déductible de son revenu imposable. • CE 15 avr. 2016, n° 376785 : *RJF 2016. 589, concl. Daumas.*

19° BIS [ABROGÉ] RÉDUCTION D'IMPÔT AFFÉRENTE À CERTAINS MODES DE DÉCLARATION ET DE PAIEMENT DE L'IMPÔT

(Abrogé par Décr. n° 2016-775 du 10 juin 2016, art. 1er)

Art. 199 *novodecies* ***Les contribuables domiciliés en France au sens de l'article 4 B peuvent bénéficier d'une réduction d'impôt annuelle d'un montant de 20 € lorsqu'ils procèdent, pour la première fois, à la déclaration de leurs revenus par voie électronique prévue à l'article 1649 quater B ter et, au titre de la même année, s'acquittent du paiement de l'impôt sur le revenu soit par prélèvement mensuel défini aux articles 1681 A et 1681 D, soit par prélèvement à la date limite de paiement prévu à l'article 188 bis de l'annexe IV, soit par voie électronique.***

19° TER RÉDUCTION D'IMPÔT ACCORDÉE AU TITRE DES INTÉRÊTS DE PRÊTS À LA CONSOMMATION

Art. 199 *vicies* *Périmé (Décr. n° 2007-484 du 30 mars 2007).*

19° QUATER RÉDUCTION D'IMPÔT : DIFFÉRÉ DE PAIEMENT ACCORDÉ À DES EXPLOITANTS AGRICOLES

Art. 199 *vicies* A 1. Les contribuables domiciliés fiscalement en France au sens de l'article 4 B bénéficient d'une réduction d'impôt sur le revenu à raison des intérêts perçus au titre du différé de paiement qu'ils accordent à des exploitants agricoles âgés de moins de quarante ans qui s'installent ou sont installés depuis moins de cinq ans, dans le cadre de la vente de l'ensemble des éléments de l'actif affectés à l'exercice d'une activité agricole, d'une branche complète d'activité ou de l'intégralité de leurs parts d'un groupement ou d'une société agricole dans lequel ils exercent.

2. La réduction d'impôt s'applique lorsque les conditions suivantes sont remplies :

a) Le contrat de vente est passé en la forme authentique ;

b) Le paiement d'au moins la moitié du prix de cession intervient à la date de conclusion du contrat mentionné au *a* et le solde au cours d'une période comprise entre la huitième et la douzième année qui suit celle de cet événement ;

c) Le prix est payé en numéraire ;

d) La rémunération du différé de paiement est définie en fonction d'un taux d'intérêt arrêté à la date du contrat mentionné au *a* dans la limite du taux de l'échéance constante à dix ans.

3. La réduction d'impôt est égale à 50 % des intérêts imposés dans la catégorie des revenus de capitaux mobiliers et soumis au barème de l'impôt sur le revenu défini au 1 du I de l'article 197. Les intérêts sont retenus dans la limite annuelle de 5 000 € pour les contribuables célibataires, veufs ou divorcés et de 10 000 € pour les contribuables mariés ou pour les partenaires liés par un pacte civil de solidarité soumis à une imposition commune. Elle s'applique au titre de l'année de perception des intérêts.

4. En cas de résolution, annulation ou rescision pour lésion du contrat de vente, les réductions d'impôt obtenues font l'objet d'une reprise au titre de l'année de réalisation de l'un de ces événements. — *Ces dispositions sont applicables à raison des ventes intervenues entre le 18 mai 2005 et le 31 déc. 2010.*

Intérêts du différé de paiement accordé lors de la transmission d'une exploitation agricole. Commentaire administratif. Conditions d'application et montant de la réduction d'impôt. Remise en cause de la réduction. BOI-IR-RICI-170 du 12 sept. 2012.

19° QUINQUIES RÉDUCTION D'IMPÔT ACCORDÉE AU TITRE DU FINANCEMENT EN CAPITAL D'ŒUVRES CINÉMATOGRAPHIQUES OU AUDIOVISUELLES

Art. 199 *unvicies* 1. Les contribuables domiciliés en France au sens de l'article 4 B bénéficient d'une réduction d'impôt au titre des souscriptions en numéraire, réalisées entre le 1er janvier 2006 et le 31 décembre *(L. n° 2020-1721 du 29 déc. 2020, art. 115-1°)* « 2023 », au capital initial ou aux augmentations de capital des sociétés définies à l'article 238 *bis* HE.

Le bénéfice de la réduction d'impôt est subordonné à l'agrément du capital de la société par le ministre chargé du budget.

2. La réduction d'impôt s'applique aux sommes effectivement versées pour les souscriptions mentionnées au 1, retenues dans la limite de 25 % du revenu net global et de 18 000 €.

3. La réduction d'impôt est égale à 30 % des sommes retenues au 2.

Le taux mentionné au premier alinéa est porté à 36 % lorsque la société s'engage à réaliser au moins 10 % de ses investissements dans les conditions prévues au *a* de l'article 238 *bis* HG avant le 31 décembre de l'année suivant celle de la souscription.

Le taux mentionné au premier alinéa du présent 3 est porté à 48 % lorsque, d'une part, la réalisation d'investissements dans les conditions mentionnées au deuxième alinéa a été respectée et, d'autre part, la société s'engage à consacrer :

a) Soit au moins 10 % de ses investissements à des dépenses de développement d'œuvres audiovisuelles de fiction, de documentaire et d'animation sous forme de séries, effectuées par les sociétés mentionnées au *a* de l'article 238 *bis* HG au capital desquelles la société a souscrit ;

b) Soit au moins 10 % de ses investissements à des versements en numéraire réalisés par contrats d'association à la production, mentionnés au *b* du même article 238 *bis* HG, en contrepartie de l'acquisition de droits portant exclusivement sur les recettes d'exploitation des œuvres cinématographiques ou audiovisuelles à l'étranger.

Les investissements et les dépenses mentionnés aux *a* et *b* du présent 3 doivent être réalisés dans un délai d'un an à compter de la création de la société.

4. Lorsque tout ou partie des titres ayant donné lieu à réduction d'impôt est cédé avant le 31 décembre de la cinquième année suivant celle du versement effectif, la réduction d'impôt obtenue est ajoutée à l'impôt dû au titre de l'année de la cession. Toutefois, la réduction d'impôt n'est pas reprise en cas de décès de l'un des époux ou partenaires liés par un pacte civil de solidarité soumis à imposition commune. — *Sur les obligations déclaratives, V. Ann. III, art. 46 quindecies E.*

1. Réduction d'impôt au titre des souscriptions au capital des SOFICA. Contribuables et souscriptions concernés. Activité de financement d'œuvres cinématographiques ou audiovisuelles par les SOFICA. Base, plafond et taux de la réduction d'impôt. Modalités d'imputation de la réduction d'impôt. Non-cumul avec d'autres avantages fiscaux. Obligations déclaratives. Remise en cause de la réduction d'impôt. * BOI-IR-RICI-180 du 6 juill. 2021.

2. Non-résidents Schumacker. Les non-résidents qui tirent de France la totalité ou la quasi-totalité de leurs revenus (« non-résidents Schumacker ») sont dans une situation comparable aux résidents et peuvent leur être assimilés. Ils peuvent donc bénéficier de la réduction d'impôt. * BOI-IR-RICI-180-20 n° 10 du 6 juill. 2021.

19° SEXIES RÉDUCTION D'IMPÔT ACCORDÉE AU TITRE DES DÉPENSES RELATIVES AUX TRAVAUX DE CONSERVATION OU DE RESTAURATION D'OBJETS MOBILIERS CLASSÉS MONUMENTS HISTORIQUES

Art. 199 *duovicies* I. — Les contribuables domiciliés fiscalement en France au sens de l'article 4 B bénéficient d'une réduction d'impôt sur le revenu à raison des dépenses qu'ils supportent au titre de travaux de conservation ou de restauration d'objets mobiliers classés au titre des monuments historiques dont ils sont propriétaires.

II. — La réduction d'impôt s'applique lorsque les conditions suivantes sont remplies :

1° Les travaux sont autorisés et exécutés conformément aux prescriptions de l'article *(Décr. n° 2018-500 du 20 juin 2018, art. 1er)* « L. 622-12 *[ancienne rédaction : L. 622-7]* » du code du patrimoine ;

2° L'objet est, dès l'achèvement des travaux et pendant au moins les cinq années suivant celui-ci, exposé au public.

III. — La réduction d'impôt est égale à 18 % des sommes effectivement versées et restant à la charge du propriétaire, retenues dans la limite annuelle de 20 000 € par contribuable. — *Les dispositions ci-dessus du Décr. n° 2012-547 du 23 avr. 2012 s'appliquent à compter de l'imposition des revenus de l'année 2012, dans les conditions prévues par la L. n° 2011-1977 du 28 déc. 2011, art. 83-IV.*

IV. — En cas de non-respect d'une des conditions fixées au II ou de cession de l'objet avant le 31 décembre de la cinquième année suivant l'achèvement des travaux, la réduction d'impôt obtenue au titre des travaux portant sur cet objet fait l'objet d'une reprise au titre de l'année de réalisation de l'un de ces événements.

V. — Un décret fixe les modalités d'application du présent article. — *V. Ann. III, art. 46 AZB.*

Réduction d'impôt pour dépenses de travaux de conservation ou de restauration d'objets mobiliers classés au titre des monuments historiques. Dépenses éligibles. Conditions d'exposition au public. Cas de remise en cause de la réduction. * BOI-IR-RICI-190 du 12 sept. 2012.

19° SEPTIES RÉDUCTION D'IMPÔT ACCORDÉE AU TITRE DES DÉPENSES DE RESTAURATION IMMOBILIÈRE DANS LES SECTEURS SAUVEGARDÉS, LES QUARTIERS ANCIENS DÉGRADÉS ET LES ZONES PROTÉGÉES

Art. 199 *tervicies* **I. — Les contribuables domiciliés en France au sens de l'article 4 B bénéficient d'une réduction d'impôt sur le revenu à raison des dépenses qu'ils supportent en vue de la restauration complète d'un immeuble bâti :**

1° Situé dans un site patrimonial remarquable classé en application du titre III du livre VI du code du patrimoine :

***a)* Soit lorsque l'immeuble est localisé dans le périmètre de ce site couvert par un plan de sauvegarde et de mise en valeur approuvé ;**

***b)* Soit lorsque l'immeuble est localisé dans le périmètre de ce site couvert par un plan de valorisation de l'architecture et du patrimoine approuvé ;**

***c)* Soit, à défaut, lorsque la restauration de l'immeuble a été déclarée d'utilité publique en application de l'article L. 313-4 du code de l'urbanisme ;**

2° Jusqu'au 31 décembre *(L. n° 2019-1479 du 28 déc. 2019, art. 160)* **« 2022** *[ancienne rédaction : 2019]* **», situé dans un quartier ancien dégradé délimité en application de l'article 25 de la loi n° 2009-323 du 25 mars 2009 de mobilisation pour le logement et la lutte contre l'exclusion lorsque la restauration a été déclarée d'utilité publique ;**

2° *bis* Jusqu'au 31 décembre *(L. n° 2019-1479 du 28 déc. 2019, art. 160)* **« 2022** *[ancienne rédaction : 2019]* **», situé dans un quartier présentant une concentration élevée d'habitat ancien dégradé et faisant l'objet d'une convention pluriannuelle prévue à l'article 10-3 de la loi n° 2003-710 du 1er août 2003 d'orientation et de programmation pour la ville et la rénovation urbaine, lorsque la restauration a été déclarée d'utilité publique. Les ministres chargés de la ville et de la culture arrêtent la liste des quartiers présentant une concentration élevée d'habitat ancien dégradé, sur proposition de l'Agence nationale pour la rénovation urbaine ;** — *V. Arr. du 19 janv. 2018 (JO 31 janv.).*

3° et 4° *Abrogé par L. n° 2016-1918 du 29 déc. 2016, art. 40-I-A-4°.— V., toutefois, art. 199 undecies C-VIII.*

La réduction d'impôt s'applique aux dépenses effectuées pour des locaux d'habitation ou pour des locaux destinés après travaux à l'habitation ou pour des locaux affectés à un usage autre que l'habitation n'ayant pas été originellement destinés à l'habitation et dont le produit de la location est imposé dans la catégorie des revenus fonciers.

Elle n'est pas applicable aux dépenses portant sur des immeubles dont le droit de propriété est démembré ou aux dépenses portant sur des immeubles appartenant à une société non soumise à l'impôt sur les sociétés dont le droit de propriété des parts est démembré.

II. — Les dépenses mentionnées au I s'entendent des charges énumérées aux *a, a bis, b, b bis, c et e* du 1° du I de l'article 31, des frais d'adhésion à des associations foncières urbaines de restauration, ainsi que des dépenses de travaux imposés ou autorisés en application des dispositions législatives ou réglementaires relatives aux sites ou quartiers mentionnés aux 1° à 2° *bis* du I du présent article, supportées à compter soit de la date de délivrance du permis de construire, soit de l'expiration du délai d'opposition à la déclaration préalable et jusqu'au 31 décembre de la troisième année suivante. Le cas échéant, cette durée est prolongée du délai durant lequel les travaux sont

interrompus ou ralentis en application des articles L. 531-14 à *(Décr. n° 2017-698 du 2 mai 2017, art. 1er)* « L. 531-15 » du code du patrimoine ou par l'effet de la force majeure.

Ouvre également droit à la réduction d'impôt la fraction des provisions versées par le propriétaire pour dépenses de travaux de la copropriété et pour le montant effectivement employé par le syndic de la copropriété au paiement desdites dépenses.

Lorsque les dépenses de travaux sont réalisées dans le cadre d'un contrat de vente d'immeuble à rénover prévu à l'article L. 262-1 du code de la construction et de l'habitation, le montant des dépenses ouvrant droit à la réduction d'impôt, dans les conditions et limites prévues au présent article, est celui correspondant au prix des travaux devant être réalisés par le vendeur et effectivement payés par l'acquéreur selon l'échéancier prévu au contrat.

II *bis*. — Au titre d'une période comprise entre la date de délivrance du permis de construire ou de l'expiration du délai d'opposition à la déclaration préalable et le 31 décembre de la troisième année suivante, le cas échéant prolongée dans les conditions du premier alinéa du II, le montant des dépenses ouvrant droit à la réduction d'impôt ne peut excéder la somme de 400 000 €.

III. — La réduction d'impôt est égale à 22 % du montant des dépenses mentionnées au II, retenues dans la limite prévue au II *bis*.

Ce taux est porté à 30 % lorsque les dépenses sont effectuées pour des immeubles mentionnés au *a* du 1° ou aux 2° ou 2° *bis* du I.

III *bis*. — La réduction d'impôt est accordée au titre de l'année du paiement des dépenses mentionnées au II et imputée sur l'impôt dû au titre de cette même année.

Lorsque la fraction de la réduction d'impôt imputable au titre d'une année d'imposition excède l'impôt dû par le contribuable au titre de cette même année, le solde peut être imputé sur l'impôt sur le revenu dû au titre des trois années suivantes.

IV. — Lorsque les dépenses portent sur un local à usage d'habitation, le propriétaire prend l'engagement de le louer nu, à usage de résidence principale du locataire, pendant une durée de neuf ans. Lorsque les dépenses portent sur un local affecté à un usage autre que l'habitation, le propriétaire prend l'engagement de le louer pendant la même durée.

La location ne peut pas être conclue avec un membre du foyer fiscal, un ascendant ou un descendant du contribuable ou, si le logement est la propriété d'une société non soumise à l'impôt sur les sociétés, à l'un de ses associés ou un membre de son foyer fiscal, un ascendant ou un descendant d'un associé. Les associés de la société s'engagent à conserver leurs parts jusqu'au terme de l'engagement de location.

La location doit prendre effet dans les douze mois suivant l'achèvement des travaux.

IV *bis*. — 1. La réduction d'impôt est applicable, dans les mêmes conditions, au titre de la souscription par les contribuables de parts de sociétés civiles de placement immobilier régies par les articles L. 214-114 et suivants du code monétaire et financier dont la quote-part de revenu est, en application de l'article 8 du présent code, soumise en leur nom à l'impôt sur le revenu dans la catégorie des revenus fonciers.

La réduction d'impôt, qui n'est pas applicable aux titres dont le droit de propriété est démembré, est subordonnée à la condition qu'au minimum 65 % du montant de la souscription servent exclusivement à financer des dépenses mentionnées au II et que 30 % au minimum servent exclusivement à financer l'acquisition d'immeubles mentionnés au I. Le produit de la souscription doit être intégralement affecté dans les dix-huit mois qui suivent la clôture de celle-ci.

2. La réduction d'impôt est égale à 22 % du montant de la souscription affecté au financement des dépenses mentionnées au II, retenu dans la limite de 400 000 € pour une période de quatre années consécutives. Ce taux est porté à 30 % lorsque le montant de la souscription est affecté au financement de dépenses relatives à un immeuble mentionné au *a* du 1° ou aux 2° ou 2° *bis* du I.

3. La société doit prendre l'engagement de louer l'immeuble au titre duquel les dépenses sont réalisées dans les conditions prévues au IV. L'associé doit s'engager à conserver la propriété de ses titres jusqu'au terme de l'engagement de location souscrit par la société.

4. La réduction d'impôt est accordée au titre de l'année de réalisation de la souscription mentionnée au 1 et imputée sur l'impôt dû au titre de cette même année. Lors-

que la fraction de la réduction d'impôt imputable au titre d'une année d'imposition excède l'impôt dû par le contribuable au titre de cette même année, le solde peut être imputé sur l'impôt sur le revenu dû au titre des trois années suivantes.

V. — Un contribuable ne peut, pour un même local ou une même souscription de parts, bénéficier à la fois de l'une des réductions d'impôt prévues aux articles 199 *decies* E à 199 *decies* G, 199 *decies* I ou 199 *undecies* A et des dispositions du présent article.

Lorsque le contribuable bénéficie à raison des dépenses mentionnées au I de la réduction d'impôt prévue au présent article, les dépenses correspondantes ne peuvent faire l'objet d'aucune déduction pour la détermination des revenus fonciers.

V *bis*. — Le montant total des dépenses retenu pour l'application du présent article au titre, d'une part, de la réalisation de dépenses mentionnées au II et, d'autre part, du montant de la souscription de parts de sociétés civiles de placement immobilier affecté au financement des dépenses mentionnées au II, ne peut excéder globalement 400 000 € par contribuable et pour une période de quatre années consécutives.

VI. — La réduction d'impôt obtenue fait l'objet d'une reprise au titre de l'année au cours de laquelle intervient :

1° La rupture de l'un des engagements mentionnés aux IV ou IV *bis*. Toutefois, aucune reprise n'est effectuée si cette rupture survient à la suite de l'invalidité correspondant au classement dans la deuxième ou la troisième des catégories prévues à l'article L. 341-4 du code de la sécurité sociale, à la suite du licenciement ou à la suite du décès du contribuable ou de l'un des membres du couple soumis à imposition commune ;

2° Le démembrement du droit de propriété de l'immeuble concerné ou des parts. Toutefois, aucune remise en cause n'est effectuée lorsque le démembrement de ce droit ou le transfert de la propriété du bien résulte du décès de l'un des membres du couple soumis à imposition commune et que le conjoint survivant attributaire du bien ou titulaire de son usufruit s'engage à respecter les engagements prévus au IV, dans les mêmes conditions et selon les mêmes modalités, pour la période restant à courir à la date du décès.

VII. — Un décret précise, en tant que de besoin, les modalités d'application du présent article. — *V. Ann. III, art. 46 AZC.*

VIII. — *Abrogé.*

V. App., L. n° 2016-1918 du 29 déc. 2016, art. 40-II et III, pour les modalités d'application des dispositions issues de cette même loi.

1. Réduction d'impôt Malraux. Commentaire administratif d'ensemble. * BOI-IR-RICI-200 du 5 sept. 2017.

2. La réduction d'impôt Malraux est susceptible de bénéficier aux propriétaires d'immeubles situés dans des sites patrimoniaux remarquables, lesquels se substituent aux secteurs sauvegardés, aux ZPPAUP et aux AVAP : L. n° 2016-925 du 7 juill. 2016, art. 75.

3. Français résidant à Monaco. L'Administration refuse le bénéfice du dispositif *Malraux* aux résidents monégasques assujettis en France à l'IR en application de la convention franco-monégasque. * BOI-IR-RICI-200-10 n° 10 du 27 févr. 2020.

19° OCTIES RÉDUCTION D'IMPÔT ACCORDÉE AU TITRE DES SOUSCRIPTIONS AU CAPITAL D'UNE SOFIPECHE

Art. 199 *quatervicies* I. — Les contribuables domiciliés en France au sens de l'article 4 B peuvent bénéficier d'une réduction d'impôt sur le revenu égale à 36 % du montant des sommes effectivement versées entre le 1er janvier 2009 et le 31 décembre 2011 pour les souscriptions en numéraire au capital des sociétés mentionnées à l'article 238 *bis* HO, retenues dans la limite annuelle de 25 % du revenu net global et de 19 000 € pour les contribuables célibataires, veufs ou divorcés ou de 38 000 € pour les contribuables mariés soumis à imposition commune.

II. — Lorsque tout ou partie des actions ou parts ayant donné lieu à la réduction est cédé avant le 31 décembre de la cinquième année suivant celle de la souscription, il est pratiqué au titre de l'année de la cession une reprise des réductions d'impôt obtenues.

Les dispositions du premier alinéa ne s'appliquent pas en cas de licenciement, d'invalidité correspondant au classement dans la deuxième ou la troisième des catégories

prévues à l'article L. 341-4 du code de la sécurité sociale ou du décès du contribuable ou de l'un des époux soumis à une imposition commune. Il en est de même en cas de donation à une personne physique des titres reçus en contrepartie de la souscription au capital de la société si le donataire reprend l'obligation de conservation des titres transmis prévue au premier alinéa. A défaut, la reprise de la réduction d'impôt sur le revenu obtenue est effectuée au nom du donateur.

19° NONIES RÉDUCTION D'IMPÔT ACCORDÉE AU TITRE DES VERSEMENTS EFFECTUÉS SUR UN COMPTE ÉPARGNE CODÉVELOPPEMENT

Art. 199 *quinvicies* *Abrogé par L. n° 2010-1657 du 29 déc. 2010, art. 107.*

19° DECIES RÉDUCTION D'IMPÔT ACCORDÉE AU TITRE DES INVESTISSEMENTS LOCATIFS ET DES LOGEMENTS DONNÉS EN LOCATION À LOYER ABORDABLE *(L. n° 2021-1900 du 30 déc. 2021, art. 67-II-1°-c).*

Art. 199 *sexvicies* **I. — Les contribuables domiciliés en France au sens de l'article 4 B peuvent bénéficier d'une réduction d'impôt sur le revenu au titre de l'acquisition, à compter du 1er janvier 2009 et jusqu'au 31 décembre** *(L. n° 2021-1900 du 30 déc. 2021, art. 74)* **« 2022 », d'un logement neuf ou en l'état futur d'achèvement ou d'un logement achevé depuis au moins quinze ans ayant fait l'objet d'une réhabilitation ou d'une rénovation ou qui fait l'objet de travaux de réhabilitation ou de rénovation si les travaux de réhabilitation ou de rénovation permettent, après leur réalisation, de satisfaire à l'ensemble des performances techniques mentionnées au II de l'article 2 *quindecies* B de l'annexe III, qu'ils destinent à une location meublée n'étant pas exercée à titre professionnel et dont le produit est imposé dans la catégorie des bénéfices industriels et commerciaux lorsque ce logement est compris dans :**

1° Un établissement mentionné aux 6° ou 7° du I de l'article L. 312-1 du code de l'action sociale et des familles, une résidence avec services pour personnes âgées ou handicapées ayant obtenu l'agrément "qualité" visé à l'article L. 7232-1 du code du travail *(L. n° 2019-1479 du 28 déc. 2019, art. 165)* **« ou l'autorisation prévue à l'article L. 313-1 du code de l'action sociale et des familles pour son service d'aide et d'accompagnement à domicile relevant des 6° ou 7° du I de l'article L. 312-1 du même code, » ou l'ensemble des logements affectés à l'accueil familial salarié de personnes âgées ou handicapées, prévu par les articles L. 444-1 à L. 444-9 du code de l'action sociale et des familles géré par un groupement de coopération sociale ou médico-sociale ;**

2° Une résidence avec services pour étudiants ;

3° Abrogé par L. n° 2016-1917 du 29 déc. 2016, art. 69-I-1°-b et II ; — Les dispositions du présent 3° sont abrogées pour les investissements réalisés à compter du 1er janv. 2017, à l'exception, sous certaines conditions, de ceux réalisés au plus tard le 31 mars 2017. — V. L. n° 2016-1917 du 29 déc. 2016, art. 69-II.

4° Un établissement délivrant des soins de longue durée, mentionné *(L. n° 2022-217 du 21 févr. 2022, art. 124)* **« à l'avant-dernier alinéa » de l'article L. 6143-5 du code de la santé publique, et comportant un hébergement, à des personnes n'ayant pas leur autonomie de vie dont l'état nécessite une surveillance médicale constante et des traitements d'entretien.**

II. — La réduction d'impôt est calculée sur le prix de revient des logements retenu pour sa fraction inférieure à 300 000 €. Lorsqu'elle est acquise au titre d'un logement achevé depuis au moins quinze ans et qui fait l'objet de travaux de réhabilitation, elle est calculée sur le prix d'acquisition majoré du montant de ces travaux.

Le taux de la réduction d'impôt est de 25 % pour les logements acquis en 2009 et en 2010, de 18 % pour les logements acquis en 2011 et de 11 % pour ceux acquis à compter de 2012.

Toutefois, pour les logements acquis en 2012, le taux de la réduction d'impôt reste fixé à 18 % au titre des acquisitions pour lesquelles le contribuable justifie qu'il a pris, au plus tard le 31 décembre 2011, l'engagement de réaliser un investissement immobilier. A titre transitoire, l'engagement de réaliser un investissement immobilier peut prendre la forme d'une réservation, à condition qu'elle soit enregistrée chez un notaire ou au service des impôts avant le 31 décembre 2011 et que l'acte authentique soit passé au plus tard le 31 mars 2012. — *V. notes 2 et 3 ss. l'art.*

Lorsque le logement est détenu en indivision, chaque indivisaire bénéficie de la réduction d'impôt dans la limite de la quote-part du prix de revient, majoré le cas échéant des dépenses de travaux de réhabilitation, correspondant à ses droits dans l'indivision.

La réduction d'impôt est répartie sur neuf années.

Pour les logements acquis neufs, en l'état futur d'achèvement ou achevés depuis au moins quinze ans et ayant fait l'objet d'une réhabilitation, elle est accordée au titre de l'année d'achèvement du logement ou de celle de son acquisition si elle est postérieure, et imputée sur l'impôt dû au titre de cette même année puis sur l'impôt dû au titre de chacune des huit années suivantes à raison d'un neuvième de son montant total au titre de chacune de ces années.

Pour les logements achevés depuis au moins quinze ans et qui font l'objet de travaux de réhabilitation, elle est accordée au titre de l'année d'achèvement de ces travaux et imputée sur l'impôt dû au titre de cette même année puis sur l'impôt dû au titre de chacune des huit années suivantes à raison d'un neuvième de son montant total au titre de chacune de ces années.

Lorsque la fraction de la réduction d'impôt imputable au titre d'une année d'imposition excède l'impôt dû par le contribuable au titre de cette même année, le solde peut être imputé sur l'impôt dû au titre des années suivantes jusqu'à la sixième année inclusivement.

III. — Le propriétaire doit s'engager à louer le logement pendant au moins neuf ans à l'exploitant de l'établissement ou de la résidence. Cette location doit prendre effet dans le mois qui suit la date :

1° d'achèvement de l'immeuble ou de son acquisition si elle est postérieure, pour les logements acquis neuf ou en l'état futur d'achèvement ;

2° d'acquisition pour les logements neufs achevés depuis au moins quinze ans ayant fait l'objet d'une réhabilitation ;

3° d'achèvement des travaux pour les logements achevés depuis au moins quinze ans et qui font l'objet de travaux de réhabilitation.

En cas de non-respect de l'engagement de location ou de cession du logement, la réduction pratiquée fait l'objet d'une reprise au titre de l'année de la rupture de l'engagement ou de la cession. Toutefois, en cas d'invalidité correspondant au classement dans la deuxième ou la troisième des catégories prévues à l'article L. 341-4 du code de la sécurité sociale, de licenciement ou de décès du contribuable ou de l'un des époux soumis à imposition commune, la réduction d'impôt n'est pas reprise.

La réduction n'est pas applicable au titre des logements dont le droit de propriété est démembré. Toutefois, lorsque le transfert de la propriété du bien ou le démembrement de ce droit résulte du décès de l'un des époux soumis à imposition commune, le conjoint survivant attributaire du bien ou titulaire de son usufruit peut demander la reprise à son profit, dans les mêmes conditions et selon les mêmes modalités, du bénéfice de la réduction prévue au présent article pour la période restant à courir à la date du décès. — *Sur les justificatifs à joindre à la déclaration de revenus, V. Ann. III, art. 46 AZD.*

IV. — Un contribuable ne peut, pour un même logement, bénéficier à la fois des réductions d'impôt mentionnées aux articles 199 *undecies* A et 199 *undecies* B et des dispositions du présent article. — *V. Ann. III, art. 46 AZA nonies.*

1) *Les dispositions de l'art. 199 sexvicies s'appliquent pour la détermination de l'impôt sur le revenu dû au titre de l'année 2009 et des années suivantes. La réduction d'impôt est également applicable, dans les mêmes conditions et limites, au titre de l'acquisition :*

— de logements neufs dans des résidences de tourisme non classées ayant fait l'objet d'une déclaration d'ouverture de chantier avant le 1er janv. 2009, lorsque cette acquisition intervient à compter de cette date et au plus tard le 31 déc. 2010 ;

— de logements achevés depuis au moins quinze ans au 1er janv. 2009 ayant fait l'objet d'une réhabilitation ou d'une rénovation au titre de laquelle une demande de permis de construire ou une déclaration de travaux a été déposée entre le 1er janv. 2006 et le 31 déc. 2008 et situés dans une résidence de tourisme au titre de laquelle une demande de permis de construire ou une déclaration de travaux a été déposée entre le 1er janv. 2006 et le 31 déc. 2008 et dans laquelle au moins un logement a été acquis ou réservé dans les conditions prévues à l'art. L. 261-15 du code de la construction et de l'habitation au cours de la même période, lorsque cette acquisition intervient à compter de cette

date et au plus tard le 31 déc. 2010 (L. n° 2008-1425 du 27 déc. 2008, art. 90-VI ; L. n° 2009-431 du 20 avr. 2009, art. 15-II).

2) *L. n° 2011-1977 du 28 déc. 2011, art. 76-II : « II. — Par dérogation aux dispositions du premier alinéa du I de l'art. 199 sexvicies CGI relatives à la date d'acquisition, la réduction d'impôt mentionnée au même article s'applique dans les conditions prévues par ledit article aux logements acquis avant le 1er janv. 2015 :*

« 1° Neufs ou en l'état futur d'achèvement ayant fait l'objet d'une demande de permis de construire avant le 1er janv. 2012 et faisant partie d'un ensemble immobilier dont un logement au moins a été acquis neuf ou en l'état futur d'achèvement avant (L. n° 2012-354 du 14 mars 2012, art. 2-IX-F) « le 30 juin 2012 » ;

« 2° Achevés depuis au moins quinze ans, ayant fait l'objet ou faisant l'objet des travaux mentionnés au même article et faisant partie d'un ensemble immobilier dont un logement au moins a été acquis avant le 1er janv. 2012 et qui a fait ou qui fait l'objet des mêmes travaux.

« Le taux de la réduction d'impôt applicable est celui en vigueur au 1er janv. 2012. »

1. Investissements immobiliers dans le secteur de la location meublée non professionnelle (dispositif « Censi-Bouvard » ou LMNP). Bénéficiaires de la réduction d'impôt. Investissements et établissements concernés. Conditions et modalités de la réduction d'impôt. * BOI-IR-RICI-220-10 du 7 mars 2019.

2. Résidences de tourisme. Conséquences fiscales de la nouvelle procédure de classement de ces résidences et de la caducité, au 24 juill. 2012, des classements antérieurs obtenus sous l'ancienne procédure. * Rescrit 7 août 2012 : *n° 2012/40 FP.* * BOI-IR-RICI-220-10-20 n°s 70 à 100 du 7 mars 2019.

Art. 199 *septvicies* I. — 1. Les contribuables domiciliés en France au sens de l'article 4 B qui acquièrent, entre le 1er janvier 2009 et le 31 décembre 2012, un logement neuf ou en l'état futur d'achèvement bénéficient d'une réduction d'impôt sur le revenu à condition qu'ils s'engagent à le louer nu à usage d'habitation principale pendant une durée minimale de neuf ans. — *Toutefois, V. art. 199 undecies C-VIII. — Pour les logements acquis jusqu'au 31 mars 2013, avec engagement pris avant le 31 déc. 2012, V. note 6 ss. l'art.*

2. La réduction d'impôt s'applique dans les mêmes conditions :

a) Au logement que le contribuable fait construire et qui fait l'objet d'un dépôt de demande de permis de construire entre le 1er janvier 2009 et le 31 décembre 2012 ;

b) Au logement que le contribuable acquiert entre le 1er janvier 2009 et le 31 décembre 2012 et qui fait ou qui a fait l'objet, entre ces mêmes dates, de travaux concourant à la production ou à la livraison d'un immeuble neuf au sens du 2° du 2 du I de l'article 257 ;

c) Au logement qui ne satisfait pas aux caractéristiques de décence, prévues à l'article 6 de la loi n° 89-462 du 6 juillet 1989 tendant à améliorer les rapports locatifs et portant modification de la loi n° 86-1290 du 23 décembre 1986, que le contribuable acquiert entre le 1er janvier 2009 et le 31 décembre 2012 et qui fait l'objet, entre ces mêmes dates, de travaux de réhabilitation définis par décret permettant au logement d'acquérir des performances techniques voisines de celles d'un logement neuf ou que le contribuable acquiert en 2012 et qui a fait l'objet, entre ces mêmes dates, de tels travaux ; — *V. Ann. III, art. 2 quindecies B.*

d) Au local affecté à un usage autre que l'habitation que le contribuable acquiert entre le 1er janvier 2009 et le 31 décembre 2012 et qui fait l'objet, entre ces mêmes dates, de travaux de transformation en logement ou que le contribuable acquiert en 2012 et qui a fait l'objet, entre ces mêmes dates, de tels travaux.

3. L'achèvement du logement doit intervenir dans les trente mois qui suivent la date de la déclaration d'ouverture de chantier dans le cas d'un logement acquis en l'état futur d'achèvement ou la date de l'obtention du permis de construire dans le cas d'un logement que le contribuable fait construire. L'achèvement des travaux mentionnés aux *b, c* et *d* du 2 doit intervenir au plus tard le 31 décembre de la deuxième année qui suit celle de l'acquisition du local ou du logement concerné.

4. L'application de la présente réduction d'impôt est, au titre de l'acquisition ou de la construction d'un logement, exclusive, pour le même logement, de la déduction au titre de l'amortissement prévue au *h* du 1° du I de l'article 31.

La location ne peut pas être conclue avec un membre du foyer fiscal ou, si le logement est la propriété d'une société non soumise à l'impôt sur les sociétés, avec l'un de ses associés ou avec un membre du foyer fiscal de l'un de ses associés.

La location du logement consentie à un organisme public ou privé qui le donne en sous-location nue à usage d'habitation principale à une personne autre que l'une de celles mentionnées au deuxième alinéa du présent 4 ne fait pas obstacle au bénéfice de la réduction d'impôt à la condition que cet organisme ne fournisse aucune prestation hôtelière ou parahôtelière. — *Pour l'application du présent al., V. Ann. III, art. 2 sexdecies-0 A ter.*

La réduction d'impôt n'est pas applicable aux logements dont le droit de propriété est démembré ou aux logements appartenant à une société non soumise à l'impôt sur les sociétés dont le droit de propriété des parts est démembré. Elle n'est pas non plus applicable aux immeubles classés ou inscrits au titre des monuments historiques ou ayant reçu le label délivré par la Fondation du patrimoine, mentionnés au premier alinéa du 3° du I de l'article 156, et aux logements financés au moyen d'un prêt mentionné à l'article *(Décr. n° 2020-897 du 22 juill. 2020, art. 1er)* « D. 331-1 » du code de la construction et de l'habitation ayant fait l'objet d'un dépôt de permis de construire à compter du 1er janvier 2010. — *La réduction d'impôt n'est pas non plus applicable aux immeubles présentant un caractère historique ou artistique, ayant fait l'objet d'un agrément ministériel ou ayant reçu le label délivré par la Fondation du patrimoine avant 2014.*

II. — La réduction d'impôt n'est applicable qu'aux logements dont les caractéristiques thermiques et la performance énergétique sont *(Ord. n° 2020-71 du 29 janv. 2020, art. 4-IX-2° et 8, en vigueur à une date fixée par décret en Conseil d'État, et au plus tard le 1er juill. 2021)* « atteignent les résultats minimaux définis en application des articles L. 171-1 et L. 172-1 *[ancienne rédaction : conformes aux prescriptions de l'article L. 111-9]* » du code de la construction et de l'habitation. Le respect de cette condition est justifié par le contribuable selon des modalités définies par décret. — *V. Ann. III, art. 46 AZA decies.*

Le premier alinéa s'applique à compter du 1er janvier 2010.

Toutefois, pour les logements acquis neufs ou en l'état futur d'achèvement par le contribuable ou que celui-ci fait construire, qui font l'objet d'un dépôt de demande de permis de construire du 1er janvier au 31 décembre 2012, et pour les autres logements, qui font l'objet, au titre des travaux mentionnés aux *b*, *c* et *d* du 2 du I, d'un dépôt de demande de permis de construire entre ces mêmes dates, la réduction d'impôt s'applique à la condition que le contribuable justifie du respect d'un niveau de performance énergétique globale fixé par décret en fonction du type de logement concerné et supérieur à celui qu'impose la législation en vigueur. — *V. Ann. III, art. 46 AZA octies-I.*

III. — L'engagement de location mentionné au I doit prendre effet dans les douze mois qui suivent la date d'achèvement de l'immeuble ou de son acquisition si elle est postérieure. Cet engagement prévoit que le loyer ne doit pas excéder un plafond fixé par le décret prévu au troisième alinéa du *h* du 1° du I de l'article 31. — *Pour l'application du présent al., V. Ann. III, art. 2 sexdecies-0 A ter.*

IV. — La réduction d'impôt est calculée sur le prix de revient du logement retenu dans la limite de plafonds par mètre carré de surface habitable fixés par décret en fonction de la localisation du logement et sans pouvoir dépasser 300 000 €. — *V. Ann. III, art. 46 AZA octies A.*

Le taux de la réduction d'impôt est de :

— 25 % pour les logements acquis ou construits en 2009 et en 2010 ; — *V. note 3 ss. l'art.*

— 13 % pour les logements acquis ou construits en 2011 ; — *V. note 2 ss. l'art.*

Toutefois, lorsque le contribuable acquiert ou fait construire un logement neuf à raison duquel il justifie du niveau de performance énergétique globale mentionné au dernier alinéa du II, ce taux est porté à 22 % ; — *V. Ann. III, art. 46 AZA octies-II.*

— 13 % pour les logements acquis en 2012 qui font l'objet d'un dépôt de demande de permis de construire au plus tard le 31 décembre 2011 et pour lesquels le contribuable justifie du niveau de performance énergétique globale mentionné au dernier alinéa du II.

Toutefois, pour les logements qui font l'objet d'un dépôt de permis de construire au plus tard le 31 décembre 2011 pour lesquels le contribuable ne justifie pas d'un tel niveau de performance énergétique globale, la réduction d'impôt s'applique au taux de 6 % ;

— 13 % pour les logements acquis ou construits en 2012 qui font l'objet d'un dépôt de demande de permis de construire à compter du 1er janvier 2012.

Lorsque le logement est détenu en indivision, chaque indivisaire bénéficie de la réduction d'impôt dans la limite de la quote-part du prix de revient correspondant à ses droits dans l'indivision.

Lorsque le logement est la propriété d'une société non soumise à l'impôt sur les sociétés autre qu'une société civile de placement immobilier, le contribuable bénéficie de la réduction d'impôt dans la limite de la quote-part du prix de revient correspondant à ses droits sur le logement concerné. Il s'engage à conserver ses parts jusqu'au terme de l'engagement de location mentionné au I.

Au titre d'une même année d'imposition, le contribuable ne peut bénéficier de la réduction d'impôt qu'à raison de l'acquisition, de la construction ou de la transformation d'un seul logement.

La réduction d'impôt est répartie sur neuf années. Elle est accordée au titre de l'année d'achèvement du logement ou de son acquisition si elle est postérieure et imputée sur l'impôt dû au titre de cette même année puis sur l'impôt dû au titre de chacune des huit années suivantes à raison d'un neuvième de son montant total au titre de chacune de ces années.

Lorsque la fraction de la réduction d'impôt imputable au titre d'une année d'imposition excède l'impôt dû par le contribuable au titre de cette même année, le solde peut être imputé sur l'impôt sur le revenu dû au titre des années suivantes jusqu'à la sixième année inclusivement pour autant que l'immeuble soit maintenu à la location pendant lesdites années.

Lorsque la réduction d'impôt est acquise au titre d'un local affecté à un usage autre que l'habitation et que le contribuable transforme en logement, d'un logement ne satisfaisant pas aux caractéristiques de décence prévues à l'article 6 de la loi n° 89-462 du 6 juillet 1989 tendant à améliorer les rapports locatifs et portant modification de la loi n° 86-1290 du 23 décembre 1986 et faisant l'objet de travaux de réhabilitation définis par décret permettant aux logements d'acquérir des performances techniques voisines de celles des logements neufs ou d'un logement qui fait l'objet de travaux concourant à la production ou à la livraison d'un immeuble neuf au sens du 2° du 2 du I de l'article 257, elle est calculée sur le prix d'acquisition du local ou du logement augmenté du montant des travaux et elle est accordée au titre de l'année d'achèvement de ces travaux.

V. — Lorsque le logement reste loué, à l'issue de la période couverte par l'engagement de location mentionnée au I, dans les conditions mentionnées au deuxième alinéa du *l* du 1° du I de l'article 31, par période de trois ans, le contribuable continue à bénéficier de la réduction d'impôt prévue au présent article pendant au plus six années supplémentaires. Dans ce cas, la réduction d'impôt annuelle est égale à 4 % du prix de revient du logement par période triennale, imputée à raison d'un tiers de son montant sur l'impôt dû au titre de chacune des années comprises dans ladite période. — *V. notes 2 et 5 ss. l'art.*

VI. — Un contribuable ne peut, pour un même logement ou une même souscription de parts, bénéficier à la fois de l'une des réductions d'impôt prévues aux articles 199 *decies* E à 199 *decies* G, 199 *decies* I, 199 *undecies* A ou 199 *tervicies* et des dispositions du présent article.

Les dépenses de travaux retenues pour le calcul de la réduction d'impôt prévue au présent article ne peuvent faire l'objet d'une déduction pour la détermination des revenus fonciers.

VII. — La réduction d'impôt obtenue fait l'objet d'une reprise au titre de l'année au cours de laquelle intervient :

1° La rupture de l'engagement de location ou de l'engagement de conservation des parts mentionné aux I, IV ou VIII ;

2° Le démembrement du droit de propriété de l'immeuble concerné ou des parts. Toutefois, aucune remise en cause n'est effectuée lorsque le démembrement de ce droit ou le transfert de la propriété du bien résulte du décès de l'un des membres du couple soumis à imposition commune et que le conjoint survivant attributaire du bien ou titulaire de son usufruit s'engage à respecter les engagements prévus au I et, le cas échéant, au VIII, dans les mêmes conditions et selon les mêmes modalités, pour la période restant à courir à la date du décès.

VIII. — La réduction d'impôt est applicable, dans les mêmes conditions, à l'associé d'une société civile de placement immobilier régie par les articles L. 214-114 et suivants du code monétaire et financier dont la quote-part de revenu est, en application de l'article 8, soumise en son nom à l'impôt sur le revenu dans la catégorie des revenus fonciers.

Le taux de la réduction d'impôt est de :

— 25 % pour les souscriptions réalisées en 2009 et en 2010 ;

— 13 % pour les souscriptions réalisées en 2011 ; — *V. note 2 ss. l'art.*

Toutefois, lorsque 95 % de la souscription servent exclusivement à financer les logements mentionnés au cinquième alinéa du IV, ce taux est porté à 22 % ;

— 13 % pour les souscriptions réalisées en 2012, à la condition que 95 % de la souscription serve exclusivement à financer des logements qui font l'objet d'un dépôt de demande de permis de construire au plus tard le 31 décembre 2011 et qui respectent le niveau de performance énergétique globale mentionné au dernier alinéa du II.

Toutefois, pour les souscriptions réalisées en 2012 autres que celles mentionnées au sixième alinéa qui servent à financer des logements qui ont fait l'objet d'un dépôt de demande de permis de construire au plus tard le 31 décembre 2011, la réduction d'impôt s'applique au taux de 6 % ;

— 13 % pour les souscriptions réalisées en 2012 qui servent à financer des logements faisant l'objet d'un dépôt de demande de permis de construire à compter du 1er janvier 2012. — *V. note 5 ss. l'art.*

La réduction d'impôt, qui n'est pas applicable aux titres dont le droit de propriété est démembré, est subordonnée à la condition que 95 % de la souscription serve exclusivement à financer un investissement pour lequel les conditions d'application du présent article sont réunies. En outre, la société doit prendre l'engagement de louer le logement dans les conditions prévues au présent article. L'associé doit s'engager à conserver la totalité de ses titres jusqu'au terme de l'engagement de location souscrit par la société. Le produit de la souscription annuelle doit être intégralement investi dans les dix-huit mois qui suivent la clôture de celle-ci.

Au titre d'une année d'imposition, le montant de la souscription ouvrant droit à la réduction d'impôt ne peut pas excéder, pour un même contribuable, la somme de 300 000 €.

La réduction d'impôt est répartie sur neuf années. Elle est accordée au titre de l'année de la souscription et imputée sur l'impôt dû au titre de cette même année puis sur l'impôt dû au titre de chacune des huit années suivantes à raison d'un neuvième de son montant total au titre de chacune de ces années.

Lorsque la fraction de la réduction d'impôt imputable au titre d'une année d'imposition excède l'impôt dû par le contribuable au titre de cette même année, le solde peut être imputé sur l'impôt sur le revenu dû au titre des années suivantes jusqu'à la sixième année inclusivement pour autant que l'immeuble soit maintenu à la location pendant lesdites années.

L'application de la présente réduction d'impôt est, au titre d'une même souscription de parts, exclusive de la déduction au titre de l'amortissement prévue à l'article 31 *bis*.
— *V. Ann. III, art. 2 octodecies A et 2 octodecies B.*

IX. — Le montant total des dépenses retenu pour l'application du présent article au titre, d'une part, de l'acquisition, de la construction ou de la transformation d'un logement et, d'autre part, de souscriptions de titres, ne peut excéder globalement 300 000 € par contribuable et pour une même année d'imposition.

X. — A compter de la publication d'un arrêté des ministres chargés du budget et du logement classant les communes par zones géographiques en fonction de l'offre et de la demande de logements, la réduction d'impôt prévue au présent article n'est plus accordée au titre des logements situés dans des communes classées dans des zones géographiques ne se caractérisant pas par un déséquilibre entre l'offre et la demande de logements et acquis à compter du lendemain de la date de publication de cet arrêté. —
V. Ann. IV, art. 18-0 ter. — V. également Arr. du 29 avr. 2009 (JO 3 mai).

Toutefois, cette réduction d'impôt est également acquise au titre des logements situés dans les communes mentionnées au premier alinéa lorsqu'elles ont fait l'objet d'un agrément délivré par le ministre chargé du logement, dans des conditions définies par décret, après avis du maire de la commune d'implantation ou du président de l'établis-

sement public de coopération intercommunale territorialement compétent en matière d'urbanisme. La décision du ministre de délivrer ou non l'agrément doit tenir compte des besoins en logements adaptés à la population. — *V. Décr. n° 2010-1112 du 23 sept. 2010 et Arr. du 23 sept. 2010 (JO 24 sept.). — Pour les agréments délivrés, V. Arr. du 23 juin 2011 (JO 1er juill.), Arr. du 11 oct. 2011 (JO 19 oct.), Arr. du 14 déc. 2011 (JO 18 déc.), Arr. du 20 déc. 2011 (JO 21 déc.), Arr. du 21 déc. 2011 (JO 24 déc.), Arr. du 26 déc. 2011 (JO 3 janv. 2012), Arr. du 28 déc. 2011 (JO 5 janv. 2012), Arr. du 20 févr. 2012 (JO 22 févr. 2012), Arr. des 13 et 14 mars 2012 (JO 22 mars).*

XI. — Les investissements mentionnés aux I et VIII et afférents à des logements situés dans les départements d'outre-mer, *[à]* Saint-Barthélemy, Saint-Martin, Saint-Pierre-et-Miquelon, en Nouvelle-Calédonie, en Polynésie française et dans les îles Wallis-et-Futuna ou à des souscriptions employées dans les conditions définies au neuvième alinéa du VIII pour le financement de tels logements ouvrent droit à la réduction d'impôt prévue au présent article dans les mêmes conditions, sous réserve des adaptations prévues au présent XI. — *V. App., Ord. n° 2013-837 du 19 sept. 2013.*

***a)* Pour ces investissements, le taux de la réduction est égal :**

1° A 36 % pour les logements acquis ou construits et pour les souscriptions réalisées entre la date de promulgation de la loi n° 2009-594 du 27 mai 2009 pour le développement économique des outre-mer et le 31 décembre 2011 ; — *V. note 2 ss. l'art.*

2° A « 24 % pour les logements acquis ou construits et pour les souscriptions réalisées en 2012. » — *V. note 5 ss. l'art.*

***b)* Pour les investissements réalisés à compter du 1er janvier 2011 afférents à des logements situés en Nouvelle-Calédonie, en Polynésie française ou dans les îles Wallis-et-Futuna :**

1° La durée minimale de l'engagement de location prévu au premier alinéa du I est fixée à cinq ans ;

2° Le nombre d'années, mentionné, selon le cas, au douzième alinéa du IV ou au onzième alinéa du VIII, sur lequel est répartie la réduction d'impôt, est fixé à cinq ;

3° La réduction d'impôt accordée, selon le cas, au titre de l'année d'achèvement du logement ou de son acquisition si elle est postérieure, comme mentionné au douzième alinéa du IV, ou au titre de la souscription, comme mentionné au onzième alinéa du VIII, est imputée sur l'impôt dû au titre de cette même année puis sur l'impôt dû au titre de chacune des quatre années suivantes à raison d'un cinquième de son montant total au titre de chacune de ces années.

Le dernier alinéa du II n'est pas applicable au présent XI.

Pour l'application du présent XI, le plafond de loyer mentionné au III ainsi que les conditions mentionnées au deuxième alinéa du 1 du 1° du I de l'article 31 peuvent être adaptés par décret.

1) *Pour l'application du présent art., V. Ann. III, art. 2 quindecies A, 2 quindecies C, 2 septdecies et 2 octodecies à 2 octodecies B.*

2) *L. n° 2010-1657 du 29 déc. 2010, art. 105-IX-1 : « IX. — 1. Les I à VII [de l'art. 105] sont applicables à compter de l'imposition des revenus de l'année 2011 pour les dépenses payées à compter du 1er janv. 2011, à l'exception de celles pour lesquelles le contribuable justifie qu'il a pris, avant le 31 déc. 2010, l'engagement de réaliser un investissement immobilier. A titre transitoire, l'engagement de réaliser un investissement immobilier peut prendre la forme d'une réservation, à condition qu'elle soit enregistrée chez un notaire ou au service des impôts avant le 31 déc. 2010 et que l'acte authentique soit passé avant le 31 mars 2011. Lorsque le bénéfice de la réduction d'impôt est subordonné à l'agrément préalable du ministre chargé du budget prévu au II de l'art. 199 undecies B CGI, les I à VII du présent article ne s'appliquent ni aux investissements agréés avant le 5 déc. 2010, ni aux investissements agréés avant le 31 déc. 2010 qui ouvrent droit à la réduction d'impôt sur les revenus de l'année 2010. »*

3) *Le troisième al. du IV de l'art. 199 septvicies est applicable aux logements pour lesquels un contrat préliminaire, visé à l'art. L. 261-15 CCH, a été signé et déposé au rang des minutes du notaire ou enregistré au service des impôts avant le 31 déc. 2010, et a donné lieu à la conclusion d'un acte de vente authentique avant le 31 janv. 2011. Dans ce cas, la majoration de taux prévue au sixième al. du même IV ne s'applique pas (L. n° 2010-1658 du 29 déc. 2010, art. 62).*

4) *L. n° 2011-1977 du 28 déc. 2011, art. 75 : « II. — A. — Pour les logements qui ont fait l'objet de travaux avant leur acquisition par le contribuable, les quatrième à septième al. du 2° du A du I* *s'appliquent à ceux pour lesquels une demande de permis de construire est déposée à compter du 1er janv. 2012.*

« B. — (...)

« C. — Les 1o et 4o du C et le 2o du E du I s'appliquent aux dépenses payées à compter du 1er janv. 2012, à l'exception de celles pour lesquelles le contribuable justifie qu'il a pris, au plus tard le 31 déc. 2011, l'engagement de réaliser un investissement immobilier. A titre transitoire, l'engagement de réaliser un investissement immobilier peut prendre la forme d'une réservation, à condition qu'elle soit enregistrée chez un notaire ou au service des impôts avant le 31 déc. 2011 et que l'acte authentique soit passé au plus tard le 31 mars 2012. Dans ce cas, la réduction d'impôt s'applique aux taux en vigueur au 31 déc. 2011 pour les logements acquis ou construits en 2011. »

5) *Les dispositions issues du Décr. no 2012-547 du 23 avr. 2012 s'appliquent à compter de l'imposition des revenus de l'année 2012, dans les conditions prévues par la L. no 2011-1977 du 28 déc. 2011, art. 83-IV.*

6) *L. no 2012-1509 du 29 déc. 2012, art. 81 : « Par dérogation aux dispositions du 1 du I de l'art. 199 septvicies CGI relatives à la date d'acquisition, la réduction d'impôt mentionnée au même art. s'applique, dans les conditions prévues audit art., aux logements acquis au plus tard le 31 mars 2013 dès lors que le contribuable justifie qu'il a pris, au plus tard le 31 déc. 2012, l'engagement de réaliser un investissement immobilier. Cet engagement peut prendre la forme d'une réservation, à condition qu'elle soit enregistrée chez un notaire ou au service des impôts au plus tard le 31 déc. 2012 et que l'acte authentique soit passé au plus tard le 31 mars 2013. Dans ce cas, la réduction d'impôt s'applique au taux en vigueur au 31 déc. 2012 pour les logements acquis en 2012. Un contribuable ne peut, pour un même logement, bénéficier à la fois de la réduction d'impôt mentionnée à l'art. 199 novovicies CGI et de la réduction d'impôt prévue à l'art. 199 septvicies du même code. »*

1. Réduction d'impôt en faveur de l'investissement locatif. Dispositif « SCELLIER ». Commentaire administratif d'ensemble. Bénéficiaires. Investissements éligibles. Conditions d'application. Engagement et conditions de mise en location. Engagement de conservation des parts. Mécanisme, obligations déclaratives et remise en cause de la réduction d'impôt. * BOI-IR-RICI-230 du 5 août 2013.

2. Non-résidents. Les non-résidents peuvent bénéficier de la réduction d'impôt. La liberté de circulation des capitaux prévue par l'art. 63 TFUE s'oppose à ce que l'avantage fiscal soit limité aux seuls contribuables domiciliés en France. • CAA Versailles, 31 mai 2018, no 17VE00744 : *RJF 2019. 7.*

3. Conditions de loyer et de ressources. Le plafond applicable dans le cadre du dispositif « Scellier » est apprécié en tenant compte du montant du loyer fixé dans le bail sans déduction possible de la valeur locative du garage bien que sa superficie ne soit pas retenue pour cette appréciation. • CAA Nancy, 24 mars 2011, no 10NC00451 : *RJF 2011. 948.*

4. Date de réalisation de l'investissement. En cas de vente en l'état futur d'achèvement, la date à retenir comme date de réalisation de l'investissement conditionnant le droit à réduction d'impôt est celle de l'acquisition du bien et non la date d'achèvement des travaux qui, elle, permet de déterminer la première année à partir de laquelle la réduction va être opérée. • CAA Douai, 3 juill. 2018, no 17DA02226 : *RJF 2018. 1203.*

5. Limitation des investissements. La réduction d'impôt s'applique à raison d'un seul logement acquis ou achevé par année d'imposition. • CAA Bordeaux, 20 juin 2017, no 15BX01647 : *RJF 2017. 1013.* ♦ Confirmation : la limitation du nombre de logements pouvant bénéficier d'une réduction d'impôt au titre d'une même année d'imposition s'apprécie, en cas de construction, en fonction de la date d'achèvement du logement qui constitue le fait générateur de l'avantage fiscal et non de la date de dépôt de la demande de permis de construire. • CE 18 juill. 2018, no 412142 : *RJF 2018. 1066 ; Dr. fisc. 2019. 142, note Di Malta.*

6. Nature des investissements. L'acquisition à titre onéreux d'un logement issu de la transformation d'un local affecté à un usage autre que l'habitation et dont la mutation entre dans le champ d'application de la TVA immobilière ouvre droit à la réduction d'impôt. * Rescrit 22 déc. 2009, no 2009/67 FP * BOI-IR-RICI-230-10-30 no 50 du 20 févr. 2014.

7. Engagement de location. L'engagement de location peut être fourni dans le délai de réclamation. • CAA Lyon, 8 janv. 2019, no 17LY02680 : *RJF 2019. 412.*

8. Bail fictif. Location non effective. La preuve du caractère fictif d'un bail, apportée par l'administration, autorise la remise en cause du bénéfice de la réduction d'impôt, la condition de location prévue par la loi n'étant alors pas remplie. • CAA Lyon, 26 juin 2018, no 16LY03155 : *RJF 2018. 120.* ♦ Remise en cause de l'avantage fiscal (amortissement Périssol en l'espèce) lorsqu'il résulte d'un faisceau d'indices que le propriétaire n'a pas mis son appartement en location mais s'est entendu avec le propriétaire de l'appartement contigu au sien pour faire croire qu'ils étaient réciproquement locataires de leurs appartements alors qu'en définitive chacun occupait son propre appartement. • TA Toulouse, 14 déc. 2010, n° 06-3571 : *RJF 2011. 975.*

9. Condition d'affectation de 95 % de la souscription au capital de SCPI à un immeuble éligible au dispositif. Pour ouvrir droit à la réduction d'impôt, le montant de la souscription net des frais de collecte et des frais de recherche des investissements doit être supérieur ou égal à 95 % de son montant net des seuls frais de collecte. * Rescrit 17 nov. 2009, n° 2009/64 FP * BOI-IR-RICI-230-10-20 n° 120 du 18 mars 2013.

19° UNDECIES [ABROGÉ] RÉDUCTION D'IMPÔT ACCORDÉE AU TITRE DES DÉPENSES DE PRÉSERVATION DU PATRIMOINE NATUREL *(Abrogé par L. n° 2021-1900 du 30 déc. 2021, art. 67-II-1°-c).*

Art. 199 octovicies *(Abrogé par L. n° 2021-1900 du 30 déc. 2021, art. 35-I-14°)* ***I. — Les contribuables domiciliés en France au sens de l'article 4 B bénéficient d'une réduction d'impôt sur le revenu à raison des dépenses, autres que les intérêts d'emprunt, qu'ils supportent, entre le 1er janvier 2010 et le 31 décembre 2013, en vue du maintien et de la protection du patrimoine naturel et effectuées sur des espaces naturels mentionnés aux articles L. 331-2, L. 332-2 à L. 332-2-2, L. 341-2, L. 411-1, L. 411-2 ou L. 414-1 du code de l'environnement ou des espaces mentionnés aux articles L. 121-23 et L. 121-50 du code de l'urbanisme, qui ont obtenu le label délivré par la Fondation du patrimoine en application de l'article L. 143-2 du code du patrimoine. Ce label prévoit les conditions de l'accès au public des espaces concernés, sauf exception justifiée par la fragilité du milieu naturel.***

La réduction d'impôt s'applique aux dépenses mentionnées au premier alinéa ayant reçu un avis favorable du service de l'État compétent en matière d'environnement.

II. — La réduction d'impôt est égale à 18 % des dépenses mentionnées au I effectivement supportées au titre de l'année d'imposition et restant à la charge des propriétaires des espaces concernés, retenues dans la limite annuelle de 10 000 €.

Lorsque le montant de la réduction d'impôt excède l'impôt dû par le contribuable au titre d'une année d'imposition, le solde peut être imputé sur l'impôt sur le revenu dû au titre des années suivantes jusqu'à la sixième année inclusivement.

Lorsque le bien est détenu en indivision, chaque indivisaire bénéficie de la réduction d'impôt à hauteur de la quote-part des dépenses correspondant à ses droits indivis sur le bien concerné.

Lorsque le bien est la propriété d'une société non soumise à l'impôt sur les sociétés, les associés bénéficient de la réduction d'impôt à hauteur de la quote-part des dépenses correspondant à leurs droits dans la société.

III. — Lorsque le contribuable bénéficie de la réduction d'impôt prévue au présent article à raison des dépenses mentionnées au I, les dépenses correspondantes ne peuvent faire l'objet d'aucune déduction pour la détermination des revenus imposables à l'impôt sur le revenu.

Réduction d'IR au titre des dépenses effectuées en vue du maintien et de la protection du patrimoine naturel. Bénéficiaires, espaces naturels et dépenses concernés. Modalités de calcul et d'imputation de la réduction d'impôt. Justification des dépenses ayant donné lieu à la réduction d'impôt et sanctions applicables en cas de remise en cause. * BOI-IR-RICI-240 du 12 sept. 2012.

19° DUODECIES [ABROGÉ] RÉDUCTION D'IMPÔT ACCORDÉE AU TITRE DES INVESTISSEMENTS LOCATIFS INTERMÉDIAIRES *(Abrogé par L. n° 2021-1900 du 30 déc. 2021, art. 67-II-1°-c).*

Art. 199 novovicies **I. — A. — Les contribuables** *(Abrogé par L. n° 2018-1317 du 28 déc. 2018, art. 188, pour les investissements réalisés à compter du 1er janv. 2019)* **« domiciliés en France, au sens de l'article 4 B, » qui acquièrent, entre le 1er janvier 2013 et le 31 décembre** *(L. n° 2020-1721 du 29 déc. 2020, art. 168-I-1°)* **« 2024 »** *(L. n° 2018-1317 du 28 déc. 2018, art. 188, applicable pour les investissements réalisés à compter du 1er janv. 2019)* **« , alors qu'ils sont domiciliés en France au sens de l'article 4 B », un logement neuf ou en l'état futur d'achèvement** *(L. n° 2019-1479 du 28 déc. 2019, art. 161-I et II, applicable aux investissements réalisés à compter du 1er janv. 2021)* **« dans un bâtiment d'habitation collectif » bénéficient d'une réduction d'impôt sur le revenu à condition qu'ils s'engagent à le louer nu à usage d'habitation principale pendant une durée minimale fixée, sur option du contribuable, à six ans ou à neuf ans. Cette option, qui est exercée lors du dépôt de la déclaration des revenus de l'année**

d'achèvement de l'immeuble ou de son acquisition si elle est postérieure, est irrévocable pour le logement considéré. – *Pour les investissements antérieurs au 1er janv. 2019, le bénéfice de la réduction d'impôt est réservé aux contribuables fiscalement domiciliés en France non seulement au moment de l'acquisition du logement, mais également pendant toute la durée de l'engagement de location.*

La réduction d'impôt s'applique, dans les mêmes conditions, *(L. n° 2018-1317 du 28 déc. 2018, art. 188, applicable pour les investissements réalisés à compter du 1er janv. 2019)* **« à l'associé d'une société non soumise à l'impôt sur les sociétés, autre qu'une société civile de placement immobilier, lorsque l'acquisition du logement est réalisée, alors que l'associé est domicilié en France au sens du même article 4 B, par l'intermédiaire d'une telle société et » à la condition que le porteur de parts s'engage à conserver la totalité de ses titres jusqu'à l'expiration de l'engagement de location mentionné au premier alinéa.**

B. – La réduction d'impôt s'applique également dans les mêmes conditions :

1° Au logement *(L. n° 2020-1721 du 29 déc. 2020, art. 169, applicable aux constructions pour lesquelles une demande de permis de construire est déposée à compter du 1er janv. 2021)* **« situé dans un bâtiment d'habitation collectif » que le contribuable fait construire et qui fait l'objet d'un dépôt de demande de permis de construire entre le 1er janvier 2013 et le 31 décembre** *(L. n° 2020-1721 du 29 déc. 2020, art. 168-I-1°)* **« 2024 » ;**

2° Au logement que le contribuable acquiert entre le 1er janvier 2013 et le 31 décembre *(L. n° 2020-1721 du 29 déc. 2020, art. 168-I-1°)* **« 2024 » et qui fait ou qui a fait l'objet de travaux concourant à la production ou à la livraison d'un immeuble neuf au sens du 2° du 2 du I de l'article 257 ;**

3° Au logement qui ne satisfait pas aux caractéristiques de décence, prévues à l'article 6 de la loi n° 89-462 du 6 juillet 1989 tendant à améliorer les rapports locatifs et portant modification de la loi n° 86-1290 du 23 décembre 1986, que le contribuable acquiert entre le 1er janvier 2013 et le 31 décembre *(L. n° 2020-1721 du 29 déc. 2020, art. 168-I-1°)* **« 2024 » et qui fait ou qui a fait l'objet de travaux de réhabilitation, définis par décret, permettant au logement d'acquérir des performances techniques voisines de celles d'un logement neuf ;** – *V. Ann. III, art. 2 quindecies B.*

4° Au local affecté à un usage autre que l'habitation que le contribuable acquiert entre le 1er janvier 2013 et le 31 décembre *(L. n° 2020-1721 du 29 déc. 2020, art. 168-I-1°)* **« 2024 » et qui fait ou qui a fait l'objet de travaux de transformation en logement ;**

(L. n° 2018-1317 du 28 déc. 2018, art. 226) **« 5° Au logement que le contribuable acquiert entre le 1er janvier 2019 et le 31 décembre** *(L. n° 2021-1900 du 30 déc. 2021, art. 75)* **« 2023 » et qui fait ou qui a fait l'objet de travaux** *(L. n° 2019-1479 du 28 déc. 2019, art. 162-I et II, applicable aux acquisitions et aux souscriptions réalisées à compter du 1er janv. 2020)* **« d'amélioration » définis par décret, ainsi qu'au local affecté à un usage autre que l'habitation que le contribuable acquiert entre le 1er janvier 2019 et le 31 décembre** *(L. n° 2021-1900 du 30 déc. 2021, art. 75)* **« 2023 » et qui fait ou qui a fait l'objet de travaux de transformation en logement. Le montant des travaux, facturés par une entreprise, doit représenter au moins 25 % du coût total de l'opération. »**

C. – L'achèvement du logement doit intervenir dans les trente mois qui suivent la date de la signature de l'acte authentique d'acquisition, dans le cas d'un logement acquis en l'état futur d'achèvement, ou la date de l'obtention du permis de construire, dans le cas d'un logement que le contribuable fait construire.

Pour les logements qui font l'objet des travaux mentionnés aux 2° *(L. n° 2018-1317 du 28 déc. 2018, art. 226)* **« à 5° » du B après l'acquisition par le contribuable, l'achèvement de ces travaux doit intervenir au plus tard le 31 décembre de la deuxième année qui suit celle de l'acquisition du local ou du logement concerné.**

Pour les logements qui ont fait l'objet des travaux mentionnés aux mêmes 2° *(L. n° 2018-1317 du 28 déc. 2018, art. 226)* **« à 5° » avant l'acquisition par le contribuable, la réduction d'impôt s'applique aux logements qui n'ont pas été utilisés ou occupés à quelque titre que ce soit depuis l'achèvement des travaux.**

D. – La location ne peut pas être conclue avec un membre du foyer fiscal du contribuable ou, lorsque le logement est la propriété d'une société non soumise à l'impôt sur les sociétés, autre qu'une société civile de placement immobilier, avec l'un des associés ou un membre du foyer fiscal de l'un des associés.

La location du logement consentie à un organisme public ou privé qui le donne en sous-location nue à usage d'habitation principale à une personne autre que l'une de celles mentionnées au premier alinéa ne fait pas obstacle au bénéfice de la réduction d'impôt à la condition que cet organisme ne fournisse aucune prestation hôtelière ou para-hôtelière.

La réduction d'impôt n'est pas applicable aux logements dont le droit de propriété est démembré ou aux logements appartenant à une société non soumise à l'impôt sur les sociétés, autre qu'une société civile de placement immobilier, dont le droit de propriété des parts est démembré.

Elle n'est pas non plus applicable aux immeubles classés ou inscrits au titre des monuments historiques ou ayant reçu le label délivré par la "Fondation du patrimoine", mentionnés au premier alinéa du 3° du I de l'article 156, et aux logements financés au moyen d'un prêt mentionné à l'article *(Décr. n° 2020-897 du 22 juill. 2020, art. 1er)* **« D. 331-1 » du code de la construction et de l'habitation.** — *V. Ann. III, art. 46 AZA duodecies.*

E. — Un contribuable ne peut, pour un même logement, bénéficier à la fois du *m* du 1° du I de l'article 31, de l'une des réductions d'impôt prévues aux articles 199 *undecies* A, 199 *undecies* C et 199 *tervicies* et de la réduction d'impôt prévue au présent article. — *Un contribuable ne peut pas non plus, pour un même logement, bénéficier à la fois de la réduction d'impôt mentionnée au présent art. et de celle prévue à l'art. 199 septvicies, de celle prévue à l'art. 199 tricies, ni de la déduction spécifique « Cosse ancien » prévue à l'art. 31-I-1°-O CGI.*

F. — Les dépenses de travaux retenues pour le calcul de la réduction d'impôt prévue au présent article ne peuvent faire l'objet d'une déduction pour la détermination des revenus fonciers.

II. — La réduction d'impôt s'applique aux logements pour lesquels le contribuable justifie du respect d'un niveau de performance énergétique globale fixé par décret en fonction du type de logement concerné. — *V. Ann. III, art. 46 AZA octies-0 A.*

III. — L'engagement de location mentionné au I doit prendre effet dans les douze mois qui suivent la date d'achèvement de l'immeuble ou de son acquisition si elle est postérieure. Cet engagement prévoit que le loyer et les ressources du locataire appréciées à la date de conclusion du bail ne doivent pas excéder des plafonds fixés par décret en fonction de la localisation du logement et de son type. — *V. Ann. III, art. 2 terdecies D-I et II et 46 AZA duodecies.*

Les plafonds de loyer mentionnés au premier alinéa peuvent être réduits, dans des conditions définies par décret, par le représentant de l'État dans la région après avis du comité régional de l'habitat et de l'hébergement mentionné à l'article L. 364-1 du code de la construction et de l'habitation, afin d'être adaptés aux particularités des marchés locatifs locaux. — *V. Ann. III, art. 2 terdecies D-III. — Toutefois, les arrêtés fixant des plafonds de loyer réduits ne s'appliquent pas aux logements pour lesquels une demande de permis de construire a été déposée avant le 30 sept. 2013, sous réserve que le contrat préliminaire de réservation mentionné à l'art. L. 261-15 CCH, la promesse synallagmatique de vente ou la promesse d'achat soient signés au plus tard le 28 févr. 2014 et l'acte authentique d'acquisition signé au plus tard le 31 mai 2014 (Décr. n° 2013-517 du 19 juin 2013, art. 3).*

IV. — *(L. n° 2018-1317 du 28 déc. 2018, art. 226)* **« Sous réserve des dispositions du IV *bis*, la réduction » d'impôt s'applique exclusivement aux logements situés dans des communes classées, par arrêté des ministres chargés du budget et du logement, dans des zones géographiques se caractérisant par un déséquilibre important entre l'offre et la demande de logements entraînant des difficultés d'accès au logement sur le parc locatif existant** *(L. n° 2017-1837 du 30 déc. 2017, art. 68)* **« et aux logements situés dans des communes dont le territoire est couvert par un contrat de redynamisation de site de défense »** *(L. n° 2018-1317 du 28 déc. 2018, art. 11)* **« ou l'a été dans un délai de huit ans précédant l'investissement ».** — *V. Ann. IV, art. 18-0 bis C. — Applicable aux investissements réalisés à compter du 1er janv. 2018. — Pour l'application du présent IV, à titre expérimental et jusqu'au 31 déc. 2024, aux logements situés dans la région de Bretagne, V. L. n° 2019-1479 du 28 déc. 2019 art. 164, mod. par L. n° 2021-1900 du 30 déc. 2021 art. 92.*

(Abrogé par L. n° 2017-1837 du 30 déc. 2017, art. 68) ***« Dans les zones géographiques se caractérisant par un déséquilibre entre l'offre et la demande de logements, autres que celles mentionnées au premier alinéa, la réduction d'impôt s'applique aux logements situés dans des communes caractérisées par des besoins particuliers en logement locatif qui ont fait l'objet,***

dans des conditions définies par décret, d'un agrément du représentant de l'État dans la région après avis du comité régional de l'habitat et de l'hébergement mentionné à l'article L. 364-1 du code de la construction et de l'habitation. — *V. Ann. III, art. 2 terdecies E. — L'agrément prévu ci-dessus est délivré sur demande de la commune intéressée ou de l'établissement public de coopération intercommunale doté d'un programme local de l'habitat exécutoire auquel elle appartient ; sur les modalités d'agrément, V. Décr. n° 2013-517 du 19 juin 2013, art. 4 (JO 21 juin).*

« Toutefois, pour les logements que le contribuable acquiert jusqu'au 30 juin 2013 ou fait construire et qui font l'objet d'un dépôt de demande de permis de construire jusqu'à cette date, la réduction d'impôt s'applique également aux logements situés dans l'ensemble des communes classées dans les zones géographiques mentionnées au deuxième alinéa.

« Dans les zones géographiques autres que celles mentionnées aux premier et deuxième alinéas, la réduction d'impôt s'applique aux logements situés dans des communes caractérisées par des besoins particuliers en logement locatif liés à une dynamique démographique ou économique particulière, qui ont fait l'objet, dans des conditions définies par décret, d'un agrément du représentant de l'État dans la région après avis conforme du comité régional de l'habitat et de l'hébergement mentionné à l'article L. 364-1 du code de la construction et de l'habitation. » — *V. Ann. III, art. 2 terdecies E. — Sous réserve des dispositions prévues au III de l'art. 68 de la L. n° 2017-1837 du 30 déc. 2017 de finances pour 2018, les dispositions du présent al. s'appliquent du 1er janv. au 31 déc. 2017 aux acquisitions de logements ou, s'agissant des logements que le contribuable fait construire, aux dépôts de demande de permis de construire, réalisés à compter de l'entrée en vigueur de l'agrément de la commune concernée (L. n° 2016-1917 du 29 déc. 2016, art. 68-II, mod. par L. n° 2017-1837 du 30 déc. 2017, art. 68-II). — Les dispositions du présent IV telles que modifiées par le I de l'art. 68 de la L. n° 2017-1837 du 30 déc. 2017 s'appliquent aux acquisitions de logements et, s'agissant des logements que le contribuable fait construire, aux dépôts de demande de permis de construire postérieurs au 31 déc. 2017. Toutefois, elle ne s'applique pas aux acquisitions de logements ayant fait l'objet d'un dépôt de demande de permis de construire au plus tard le 31 déc. 2017 et à la condition que cette acquisition soit réalisée au plus tard le 31 déc. 2018 (L. préc., art. 68-III).*

(L. n° 2018-1317 du 28 déc. 2018, art. 226) **« IV *bis*. — La réduction d'impôt mentionnée au 5° du B du I s'applique exclusivement aux logements situés dans** *(L. n° 2019-1479 du 28 déc. 2019, art. 115-I-2°, applicable aux impositions et aux souscriptions réalisées à compter du 1er janv. 2020)* **« les » communes dont le besoin de réhabilitation de l'habitat en centre-ville est particulièrement marqué ou qui ont conclu une convention d'opération de revitalisation de territoire prévue à l'article L. 303-2 du code de la construction et de l'habitation. Les modalités d'application du présent IV *bis*, notamment la liste des communes répondant à la condition liée au besoin de réhabilitation de l'habitat en centre-ville** *(Abrogé par L. n° 2019-1479 du 28 déc. 2019, art. 115-I-2°, applicable aux impositions et aux souscriptions réalisées à compter du 1er janv. 2020)* ***« et la détermination du centre des communes éligibles »*****, sont fixées par arrêté des ministres chargés du logement et du budget. »** — *V. Arr. du 26 mars 2019 (JO 27 mars).*

V. — A. — La réduction d'impôt est calculée sur le prix de revient d'au plus deux logements, retenu dans la limite d'un plafond par mètre carré de surface habitable fixé par décret et sans pouvoir dépasser la limite de 300 000 € par contribuable et pour une même année d'imposition. — *V. Ann. III, art. 46 AZA octies B.*

Lorsque la réduction d'impôt est acquise au titre des 2° à *(L. n° 2018-1317 du 28 déc. 2018, art. 226)* **« 5° » du B du I, le prix de revient mentionné au premier alinéa du présent A s'entend du prix d'acquisition du local ou du logement augmenté du prix des travaux.**

B. — Lorsque le logement est détenu en indivision, chaque indivisaire bénéficie de la réduction d'impôt dans la limite de la quote-part du prix de revient correspondant à ses droits dans l'indivision.

Lorsque les logements sont la propriété d'une société non soumise à l'impôt sur les sociétés, autre qu'une société civile de placement immobilier, le contribuable bénéficie de la réduction d'impôt dans la limite de la quote-part du prix de revient correspondant à ses droits sur les logements concernés.

VI. — Le taux de la réduction d'impôt est fixé à :

1° 12 % lorsque l'engagement de location mentionné au I est pris pour une durée de six ans. *(L. n° 2020-1721 du 29 déc. 2020, art. 168-I-2°-a et II)* **« Par dérogation, ce**

taux est fixé à 10,5 % pour les acquisitions, autres que celles mentionnées au 5° du B du I, réalisées en 2023 et pour les constructions mentionnées au 1° du même B dont le permis de construire a été déposé cette même année ; il est fixé à 9 % pour les acquisitions, autres que celles mentionnées au 5° dudit B, réalisées en 2024 et pour les constructions mentionnées au 1° du même B dont le permis de construire a été déposé cette même année ; »

2° 18 % lorsque l'engagement de location mentionné au *(Abrogé par L. n° 2020-1721 du 29 déc. 2020, art. 168-I-2°-b et II)* « *même* » I est pris pour une durée de neuf ans. *(L. n° 2020-1721 du 29 déc. 2020, art. 168-I-2°-c et II)* « Par dérogation, ce taux est fixé à 15 % pour les acquisitions, autres que celles mentionnées au 5° du B du I, réalisées en 2023 et pour les constructions mentionnées au 1° du même B dont le permis de construire a été déposé cette même année ; il est fixé à 12 % pour les acquisitions, autres que celles mentionnées au 5° dudit B, réalisées en 2024 et pour les constructions mentionnées au 1° du même B dont le permis de construire a été déposé cette même année. » — *La réduction des taux en 2023 et 2024 ne s'applique pas aux logements situés dans un quartier prioritaire de la politique de la ville ou qui respectent un niveau de performance énergétique et environnementale, supérieur à la réglementation, dont les critères sont définis par décret.*

VII. — La réduction d'impôt est répartie, selon la durée de l'engagement de location, sur six ou neuf années. Elle est accordée au titre de l'année d'achèvement du logement, ou de son acquisition si elle est postérieure, et imputée sur l'impôt dû au titre de cette même année, puis sur l'impôt dû au titre de chacune des cinq ou huit années suivantes à raison d'un sixième ou d'un neuvième de son montant total au titre de chacune de ces années.

(L. n° 2018-1317 du 28 déc. 2018, art. 188, applicable aux investissements réalisés à compter du 1er janv. 2019) « En cas de transfert du domicile fiscal du contribuable hors de France durant cette période, la réduction d'impôt s'impute, dans les conditions prévues au premier alinéa du présent VII, sur l'impôt établi dans les conditions prévues à l'article 197 A, avant imputation des prélèvements ou retenues non libératoires. Elle ne peut pas donner lieu à remboursement. »

VII *bis*. — A. — A l'issue de la période couverte par l'engagement de location mentionnée au I, lorsque le logement reste loué par période triennale dans les conditions prévues au III, le contribuable peut continuer à bénéficier de la réduction d'impôt prévue au présent article, à la condition de proroger son engagement initial pour au plus :

1° Trois années supplémentaires, renouvelables une fois, si l'engagement de location mentionné au I était d'une durée de six ans. Dans ce cas, la réduction d'impôt est égale à 6 % du prix de revient du logement, mentionné au A du V, pour la première période triennale et à 3 % pour la seconde période triennale. *(L. n° 2020-1721 du 29 déc. 2020, art. 168-I-3°-a et II)* « Par dérogation, la réduction d'impôt est égale à 4,5 % pour la première période et *[à]* 2,5 % pour la seconde pour les acquisitions, autres que celles mentionnées au 5° du B du I, réalisées en 2023 et pour les constructions mentionnées au 1° du même B dont le permis de construire a été déposé cette même année ; elle est égale à 3 % pour la première période et *[à]* 2 % pour la seconde, pour les acquisitions, autres que celles mentionnées au 5° dudit B, réalisées en 2024 et pour les constructions mentionnées au 1° du même B dont le permis de construire a été déposé cette même année ; »

2° Trois années supplémentaires, si l'engagement de location mentionné au I était d'une durée de neuf ans. Dans ce cas, la réduction d'impôt est égale à 3 % du prix de revient du logement, mentionné au A du V, pour cette période triennale. *(L. n° 2020-1721 du 29 déc. 2020, art. 168-I-3°-b et II)* « Par dérogation, la réduction d'impôt est égale à 2,5 %, pour les acquisitions, autres que celles mentionnées au 5° du B du I, réalisées en 2023 et pour les constructions mentionnées au 1° du même B dont le permis de construire a été déposé cette même année ; elle est égale à 2 % pour les acquisitions, autres que celles mentionnées au 5° dudit B, réalisées en 2024 et pour les constructions mentionnées au 1° du même B dont le permis de construire a été déposé cette même année. » — *La réduction des taux en 2023 et 2024 ne s'applique pas aux logements situés dans un quartier prioritaire de la politique de la ville ou qui respectent un niveau de performance énergétique et environnementale, supérieur à la réglementation, dont les critères sont définis par décret.*

B. — Pour l'application du A du présent VII *bis*, la réduction d'impôt est imputée, par période triennale, à raison d'un tiers de son montant sur l'impôt dû au titre de l'année au cours de laquelle l'engagement de location a été prorogé et des deux années suivantes.

(L. n° 2018-1317 du 28 déc. 2018, art. 188, applicable aux investissements réalisés à compter du 1er janv. 2019) « En cas de transfert du domicile fiscal du contribuable hors de France durant cette période, la réduction d'impôt s'impute, dans les conditions prévues au premier alinéa du présent B, sur l'impôt établi dans les conditions prévues à l'article 197 A, avant imputation des prélèvements ou retenues non libératoires. Elle ne peut pas donner lieu à remboursement. »

VIII. — A. — La réduction d'impôt est applicable, dans les mêmes conditions, *(L. n° 2018-1317 du 28 déc. 2018, art. 188, applicable aux investissements réalisés à compter du 1er janv. 2019)* « au titre de la souscription par les contribuables, alors qu'ils sont domiciliés en France au sens de l'article 4 B, de parts de sociétés civiles » de placement immobilier *(L. n° 2018-1317 du 28 déc. 2018, art. 188, applicable aux investissements réalisés à compter du 1er janv. 2019)* « régies » par le paragraphe 4 de la sous-section 2 de la section II du chapitre IV du titre Ier du livre II du code monétaire et financier dont la quote-part de revenu est, en application de l'article 8 du présent code, soumise en *(L. n° 2018-1317 du 28 déc. 2018, art. 188, applicable aux investissements réalisés à compter du 1er janv. 2019)* « leur » nom à l'impôt sur le revenu dans la catégorie des revenus fonciers.

B. — La réduction d'impôt, qui n'est pas applicable aux titres dont le droit de propriété est démembré, est subordonnée à la condition que 95 % de la souscription servent exclusivement à financer un investissement pour lequel les conditions d'application du présent article sont réunies. Le produit de la souscription annuelle doit être intégralement investi dans les dix-huit mois qui suivent la clôture de celle-ci.

C. — La société doit prendre l'engagement de louer le logement dans les conditions prévues au présent article. L'associé doit s'engager à conserver la totalité de ses titres jusqu'au terme de l'engagement de location souscrit par la société.

D. — La réduction d'impôt est calculée sur 100 % du montant de la souscription retenu dans la limite de 300 000 € par contribuable et pour une même année d'imposition.

E. — Le taux de la réduction d'impôt est fixé à :

1° 12 % pour les souscriptions qui servent à financer des logements faisant l'objet d'un engagement de location pris pour une durée de six ans. *(L. n° 2020-1721 du 29 déc. 2020, art. 168-I-4°-a et II)* « Par dérogation, le taux de la réduction est fixé à 10,5 % pour les souscriptions réalisées en 2023 et à 9 % pour celles réalisées en 2024 ; »

2° 18 % pour les souscriptions qui servent à financer des logements faisant l'objet d'un engagement de location pris pour une durée de neuf ans. *(L. n° 2020-1721 du 29 déc. 2020, art. 168-I-4°-b et II)* « Par dérogation, le taux de la réduction est fixé à 15 % pour les souscriptions réalisées en 2023 et à 12 % pour celles réalisées en 2024. » — *La réduction des taux en 2023 et 2024 ne s'applique pas aux logements situés dans un quartier prioritaire de la politique de la ville ou qui respectent un niveau de performance énergétique et environnementale, supérieur à la réglementation, dont les critères sont définis par décret.*

F. — La réduction d'impôt est répartie, selon la durée de l'engagement de location, sur six ou neuf années. Elle est accordée au titre de l'année de la souscription et imputée sur l'impôt dû au titre de cette même année, puis sur l'impôt dû au titre de chacune des cinq ou huit années suivantes à raison d'un sixième ou d'un neuvième de son montant total au titre de chacune de ces années.

(L. n° 2018-1317 du 28 déc. 2018, art. 188, applicable aux investissements réalisés à compter du 1er janv. 2019) « En cas de transfert du domicile fiscal du contribuable hors de France durant cette période, la réduction d'impôt s'impute, dans les conditions prévues au premier alinéa du présent F, sur l'impôt établi dans les conditions prévues à l'article 197 A, avant imputation des prélèvements ou retenues non libératoires. Elle ne peut pas donner lieu à remboursement. »

IX. Abrogé par L. n° 2015-1785 du 29 déc. 2015, art. 7, à compter du 1er janv. 2016.

X. — Le montant total des dépenses retenu pour l'application du présent article au titre, d'une part, de l'acquisition ou de la construction de logements et, d'autre part, de souscriptions de titres ne peut excéder globalement 300 000 € par contribuable et pour une même année d'imposition.

(L. n° 2017-1837 du 30 déc. 2017, art. 68) « X *bis.* – Le montant des frais et commissions directs et indirects imputés au titre d'une même acquisition de logement ouvrant droit à la réduction d'impôt prévue au présent article par les personnes physiques ou morales exerçant, au titre de l'acquisition, une activité de conseil ou de gestion au sens de l'article L. 321-1 du code monétaire et financier, un acte de démarchage au sens de l'article L. 341-1 du même code ou une activité d'intermédiation en biens divers au sens de l'article *(L. n° 2019-486 du 22 mai 2019, art. 85-II)* « L. 551-1 *[ancienne rédaction : 550-1]* » dudit code ou qui se livrent ou prêtent leur concours à l'opération au sens de l'article 1er de la loi n° 70-9 du 2 janvier 1970 réglementant les conditions d'exercice des activités relatives à certaines opérations portant sur les immeubles et les fonds de commerce ne peut excéder un plafond exprimé en pourcentage du prix de revient et fixé par décret. » – *Dispositions applicables aux investissements réalisés à compter de 2017.*

(L. n° 2018-1317 du 28 déc. 2018, art. 189) « Pour l'application du présent X *bis*, les frais et commissions directs et indirects s'entendent des frais et commissions versés par le promoteur ou le vendeur aux intermédiaires mentionnés au premier alinéa.

« Ces dispositions s'appliquent à toutes les acquisitions de logements mentionnées au A du I, pour lesquelles l'acquéreur demande le bénéfice de la réduction d'impôt prévue au présent article. – *V. Décr. n° 2019-1426 du 20 déc. 2019.*

« Une estimation du montant des frais et commissions directs et indirects effectivement imputés ainsi que leur part dans le prix de revient sont communiquées à l'acquéreur lors de la signature du contrat prévu à l'article L. 261-15 du code de la construction et de l'habitation. Le montant définitif de ces frais et commissions figure dans l'acte authentique d'acquisition du logement.

« Tout dépassement du plafond prévu au premier alinéa du présent X *bis* est passible d'une amende administrative due par le vendeur cosignataire de l'acte authentique. Son montant ne peut excéder dix fois les frais excédant le plafond. »

XI. – A. – La réduction d'impôt obtenue fait l'objet d'une reprise au titre de l'année au cours de laquelle intervient :

1° La rupture de l'un des engagements mentionnés au I, au VII *bis* ou au VIII ;

2° Le démembrement du droit de propriété de l'immeuble concerné ou des parts. Toutefois, aucune remise en cause n'est effectuée lorsque le démembrement de ce droit ou le transfert de la propriété du bien résulte du décès de l'un des membres du couple soumis à imposition commune et que le conjoint survivant attributaire du bien ou titulaire de son usufruit s'engage à respecter les engagements prévus au I, au VII *bis* et, le cas échéant, au VIII, dans les mêmes conditions et selon les mêmes modalités, pour la période restant à courir à la date du décès.

B. – Aucune reprise n'est effectuée en cas d'invalidité correspondant au classement dans la deuxième ou la troisième des catégories prévues à l'article L. 341-4 du code de la sécurité sociale, de licenciement ou de décès du contribuable ou de l'un des membres du couple soumis à imposition commune.

XII. – Les investissements mentionnés aux I et VIII et afférents à des logements situés en Guadeloupe, en Guyane, en Martinique, à La Réunion, à Mayotte, à Saint-Barthélemy, à Saint-Martin, à Saint-Pierre-et-Miquelon, en Nouvelle-Calédonie, en Polynésie française et dans les îles Wallis-et-Futuna ou à des souscriptions employées dans les conditions définies aux B et C du VIII pour le financement de tels logements ouvrent droit à la réduction d'impôt prévue au présent article dans les mêmes conditions, sous réserve des adaptations suivantes :

1° Le II n'est pas applicable à Mayotte. Il est applicable à Saint-Barthélemy, Saint-Martin, Saint-Pierre-et-Miquelon, en Nouvelle-Calédonie, en Polynésie française et dans les îles Wallis-et-Futuna dans des conditions fixées par décret et à compter de l'entrée en vigueur de ce décret ;

2° Les plafonds de loyer et de ressources du locataire mentionnés au III peuvent être adaptés par décret ; – *V. Ann. III, art. 2 terdecies F et 46 AZA octies-0 AA.*

3° Par dérogation au VI et au E du VIII, le taux de la réduction d'impôt est fixé à :

a) 23 % lorsque l'engagement de location mentionné au I est pris pour une durée de six ans et pour les souscriptions qui servent à financer des logements faisant l'objet

d'un engagement de location pris pour une durée de six ans. *(L. n° 2020-1721 du 29 déc. 2020, art. 168-I-5°-a et II)* **« Par dérogation, ce taux est fixé à 21,5 % pour les acquisitions, autres que celles mentionnées au 5° du B du même I, réalisées en 2023, pour les constructions mentionnées au 1° du même B dont le permis de construire a été déposé cette même année et pour les souscriptions mentionnées au VIII réalisées cette même année ; il est fixé à 20 % pour les acquisitions, autres que celles mentionnées au 5° du B du I, réalisées en 2024, pour les constructions mentionnées au 1° du même B dont le permis de construire a été déposé cette même année et pour les souscriptions mentionnées au VIII réalisées cette même année ; »**

b) **29 % lorsque l'engagement de location mentionné au même I est pris pour une durée de neuf ans et pour les souscriptions qui servent à financer des logements faisant l'objet d'un engagement de location pris pour une durée de neuf ans.** *(L. n° 2020-1721 du 29 déc. 2020, art. 168-I-5°-b et II)* **« Par dérogation, ce taux est fixé à 26 % pour les acquisitions, autres que celles mentionnées au 5° du B du I, réalisées en 2023, pour les constructions mentionnées au 1° du même B dont le permis de construire a été déposé cette même année et pour les souscriptions mentionnées au VIII réalisées cette même année ; il est fixé à 23 % pour les acquisitions, autres que celles mentionnées au 5° du B du I, réalisées en 2024, pour les constructions mentionnées au 1° du même B dont le permis de construire a été déposé cette même année et pour les souscriptions mentionnées au VIII réalisées cette même année. »** — *Sur les obligations déclaratives, V. Ann. III, art. 46 AZA undecies et 46 AZA quaterdecies.*

1) *L. n° 2013-1278 du 29 déc. 2013, art. 26-XI-3 : « 3. Les a (...) du I [de l'art. 26] s'appliquent à compter de l'imposition des revenus de l'année 2014. Toutefois, pour les immeubles ayant fait l'objet d'un agrément ministériel avant le 1er janvier 2014, les articles 31, 156, 156 bis, 199 novovicies et 239 nonies du code général des impôts continuent de s'appliquer, dans leur rédaction antérieure à l'entrée en vigueur du présent 3, jusqu'au terme de chaque agrément. »*

2) *L. n° 2014-1654 du 29 déc. 2014, art. 5-II : « II. — A. — Le I [de l'art. 5] s'applique aux acquisitions, aux constructions et aux souscriptions réalisées à compter du 1er septembre 2014, à l'exception du c du 1° [V. art. ci-dessus, § I-D] qui ne s'applique qu'à ceux de ces investissements réalisés à compter du 1er janvier 2015.*

« B. — Pour l'application du B du VIII de l'article 199 novovicies du code général des impôts, le I du présent article ne s'applique pas aux souscriptions dont la date de clôture est antérieure au 1er septembre 2014. »

La réduction des taux en 2023 et 2024 ne s'applique pas aux logements situés dans un quartier prioritaire de la politique de la ville ou qui respectent un niveau de qualité, en particulier en matière de performance énergétique et environnementale, supérieur à la réglementation, dont les critères sont définis par décret (L. n° 2020-1721 du 29 déc. 2020, art. 168-II).

1. Réduction d'impôt dite « Duflot-Pinel ». Investissement locatif intermédiaire. Commentaire d'ensemble. Personnes, opérations et immeubles concernés. Conditions de location. Calcul et montant de la réduction d'impôt. Obligations déclaratives. * BOI-IR-RICI-360 du 21 août 2020.

2. Constitutionnalité. Le plafonnement des frais et commissions facturés par les intermédiaires intervenus dans la vente d'un logement ouvrant droit à réduction d'impôt ne porte pas atteinte au principe d'égalité devant la loi ni à la liberté d'entreprendre. • Cons. const. 15 oct. 2020, n° 2020-861 QPC : *RJF 2021. 66.*

3. Limites. Le bénéfice de la réduction d'impôt est limité à deux logements au plus par année d'imposition dans la limite d'un plafond de 300 000 €. La limite du nombre de logements s'apprécie à la date du fait générateur de la réduction d'impôt. * BOI-IR-RICI-360-30-20 n° 10 du 10 mai 2019.

4. Réduction d'impôt en faveur de l'investissement locatif intermédiaire rénové, dite « Denormandie ancien ». 1° Champ d'application. * BOI-IR-RICI-365-10 du 27 août 2020. 2° Conditions d'application. * BOI-IR-RICI-365-20 du 27 août 2020. 3° Modalités d'application. * BOI-IR-RICI-365-30 du 27 août 2020.

5. Expérimentation en région Bretagne de l'éligibilité au dispositif « Pinel » (L. n° 2019-1479 du 28 déc. 2019, art. 164). Commentaire administratif. * BOI-IR-RICI-360-70 du 27 août 2020.

Art. 199 *tricies* *(L. n° 2021-1900 du 30 déc. 2021, art. 67-II-1°-c)* **I. — A. — Le contribuable domicilié en France, au sens de l'article 4 B, bénéficie d'une réduction d'impôt sur le revenu à raison du logement qu'il donne en location, sous réserve des conditions suivantes :**

1° Le logement est donné en location dans le cadre d'une des conventions mentionnées aux articles L. 321-4 ou L. 321-8 du code de la construction et de l'habitation, dont la date d'enregistrement par l'Agence nationale de l'habitat de la demande de conventionnement intervient entre le 1er mars 2022 et le 31 décembre 2024 ;

2° Le logement est loué nu à usage d'habitation principale pendant toute la durée de la convention mentionnée au 1° du présent A ;

3° Le loyer et les ressources du locataire, appréciées à la date de conclusion du bail, n'excèdent pas des plafonds fixés par décret en fonction de la localisation du logement et de son affectation à la location intermédiaire, sociale ou très sociale ;

4° La location n'est pas conclue avec un membre du foyer fiscal, un ascendant ou un descendant du contribuable ou avec une personne occupant déjà le logement, sauf à l'occasion du renouvellement du bail.

B. — La réduction d'impôt s'applique, dans les mêmes conditions, à l'associé d'une société non soumise à l'impôt sur les sociétés domicilié en France, au sens de l'article 4 B, lorsque le logement est donné en location par l'intermédiaire de ladite société, à la condition que :

1° L'associé conserve la totalité de ses titres pendant toute la durée de la convention mentionnée au 1° du A du présent I ;

2° La location n'est pas conclue avec l'un des associés de la société propriétaire du logement ni avec un membre du foyer fiscal, un ascendant ou un descendant d'un tel associé.

II. — La réduction d'impôt s'applique aux logements pour lesquels le contribuable justifie du respect d'un niveau de performance énergétique globale fixé par un arrêté conjoint des ministres chargés du logement, de l'énergie et du budget.

III. — La réduction d'impôt est calculée sur le montant des revenus bruts du logement mentionné au I.

Lorsque le logement est détenu en indivision, chaque indivisaire bénéficie de la réduction d'impôt dans la limite de la quote-part des revenus bruts correspondant à ses droits dans l'indivision.

Lorsque le logement est la propriété d'une société non soumise à l'impôt sur les sociétés, le contribuable bénéficie de la réduction d'impôt dans la limite de la quote-part des revenus bruts correspondant à ses droits sur le logement concerné.

IV. — Le taux de la réduction d'impôt est fixé à :

1° 15 % pour le logement affecté à la location intermédiaire dans le cadre de la convention mentionnée à l'article L. 321-4 du code de la construction et de l'habitation ;

2° 35 % pour le logement affecté à la location sociale dans le cadre de la convention mentionnée à l'article L. 321-8 du même code.

Toutefois, lorsque le logement est donné en mandat de gestion ou en location à un organisme public ou privé agréé en application de l'article L. 365-4 dudit code, soit en vue de sa location ou de sa sous-location, meublée ou non, à des personnes mentionnées au II de l'article L. 301-1 du même code ou aux personnes physiques dont la situation nécessite une solution locative de transition, soit en vue de l'hébergement de ces mêmes personnes, les taux mentionnés aux 1° et 2° du présent IV sont portés :

a) Pour le logement affecté à la location intermédiaire dans le cadre de la convention mentionnée à l'article L. 321-4 du code de la construction et de l'habitation, à 20 % des revenus bruts de ce logement ;

b) Pour le logement affecté à la location sociale dans le cadre de la convention mentionnée à l'article L. 321-8 du même code, à 40 % des revenus bruts de ce logement ;

c) Pour le logement affecté à la location très sociale dans le cadre de la convention mentionnée au même article L. 321-8, à 65 % des revenus bruts de ce logement.

V. — Lorsque la location du logement est consentie à un organisme public ou privé dans les conditions prévues au quatrième alinéa du IV du présent article pour le logement ou l'hébergement de personnes physiques à usage d'habitation principale, cet organisme ne doit fournir aucune prestation hôtelière ou parahôtelière et le logement ne peut être loué au propriétaire du logement, aux membres de son foyer fiscal ou à ses descendants ou ascendants.

Un décret précise les modalités d'appréciation des loyers et des ressources de l'occupant ainsi que les conditions de cette location.

VI. — La réduction d'impôt s'applique à compter de la date de prise d'effet de la convention mentionnée au 1° du A du I, sans pouvoir être antérieure au 1er janvier 2022, et pendant toute la durée de la convention.

Lorsque, à l'échéance de cette convention, le contrat de location du logement concerné est en cours de validité conformément à l'article 10 de la loi n° 89-462 du 6 juillet 1989 tendant à améliorer les rapports locatifs et portant modification de la loi n° 86-1290 du 23 décembre 1986, le bénéfice de la réduction d'impôt est maintenu jusqu'à la date fixée pour le renouvellement ou la reconduction de ce contrat de location tant que le même locataire reste en place et que toutes les conditions, notamment celle relative au montant du loyer, sont remplies.

VII. — La réduction d'impôt est imputée sur l'impôt dû au titre des revenus de chacune des années de la période d'application mentionnée au VI du présent article.

En cas de transfert du domicile fiscal du contribuable hors de France durant cette période, la réduction d'impôt s'impute, dans les conditions prévues au premier alinéa du présent VII, sur l'impôt établi dans les conditions prévues à l'article 197 A, avant imputation des prélèvements ou retenues non libératoires.

VIII. — En cas de non-respect d'une des conditions mentionnées au présent article ou de cession du logement ou des parts sociales, la réduction d'impôt obtenue fait l'objet d'une reprise au titre de l'année de la rupture de la condition ou de l'année de la cession.

Toutefois, aucune reprise n'est effectuée si la rupture de la condition ou la cession survient à la suite de l'invalidité correspondant au classement dans la deuxième ou la troisième des catégories énumérées à l'article L. 341-4 du code de la sécurité sociale, du licenciement ou du décès du contribuable ou de l'un des membres du couple soumis à imposition commune.

IX. — Les dispositions du présent article sont exclusives, pour un même logement, de celles des *f* à *o* du 1° du I de l'article 31 et des articles 31 *bis*, 199 *decies* I, 199 *undecies* A, 199 *septvicies* et 199 *novovicies*. Elles ne sont pas non plus applicables aux immeubles classés ou inscrits au titre des monuments historiques ou ayant reçu le label délivré par la Fondation du patrimoine, mentionnés au premier alinéa du 3° du I de l'article 156.

20° RÉDUCTION D'IMPÔT ACCORDÉE AU TITRE DES DONS FAITS PAR LES PARTICULIERS

Art. 200 1. Ouvrent droit à une réduction d'impôt sur le revenu égale à 66 % de leur montant les sommes prises dans la limite de 20 % du revenu imposable qui correspondent à des dons et versements, y compris l'abandon exprès de revenus ou produits, effectués par les contribuables domiciliés en France au sens de l'article 4 B, au profit :

a. De fondations ou associations reconnues d'utilité publique sous réserve du 2 *bis*, de fondations universitaires ou de fondations partenariales mentionnées respectivement aux articles L. 719-12 et L. 719-13 du code de l'éducation et, pour les seuls salariés *(L. n° 2017-1837 du 30 déc. 2017, art. 77)* « , mandataires sociaux, sociétaires, adhérents et actionnaires » des entreprises fondatrices ou des entreprises du groupe, au sens de l'article 223 A ou de l'article 223 A *bis*, auquel appartient l'entreprise fondatrice, de fondations d'entreprise, lorsque ces organismes répondent aux conditions fixées au *b*. *(L. n° 2017-1837 du 30 déc. 2017, art. 77)* « Les dons et versements réalisés par les mandataires sociaux, sociétaires, actionnaires et adhérents de ces entreprises auprès de ces fondations d'entreprise sont retenus dans la limite de 1 500 euros ; » *— L'extension de l'avantage fiscal aux mandataires sociaux, sociétaires, actionnaires et adhérents s'applique aux dons et versements effectués à compter du 1er janv. 2018 (L. n° 2017-1837 du 30 déc. 2017, art. 77-II).*

b. D'œuvres ou d'organismes d'intérêt général ayant un caractère philanthropique, éducatif, scientifique, social, humanitaire, sportif, familial, culturel, ou concourant à la mise en valeur du patrimoine artistique, notamment à travers les souscriptions ouvertes pour financer l'achat d'objets ou d'œuvres d'art destinés à rejoindre les collections d'un musée de France accessibles au public, à la défense de l'environnement naturel ou à la diffusion de la culture, de la langue et des connaissances scientifiques françaises ;

c. Des établissements d'enseignement supérieur ou d'enseignement artistique publics ou privés, d'intérêt général, à but non lucratif et des établissements d'enseignement supérieur consulaire mentionnés à l'article L. 711-17 du code de commerce pour leurs activités de formation professionnelle initiale et continue ainsi que de recherche ;

d. D'organismes visés au 4 de l'article 238 *bis* ;

e. D'associations cultuelles et de bienfaisance, ainsi que des établissements publics des cultes reconnus d'Alsace-Moselle ;

f. D'organismes publics ou privés dont la gestion est désintéressée et qui ont pour activité principale la présentation au public d'œuvres dramatiques, lyriques, musicales, chorégraphiques, cinématographiques *(L. n° 2018-1317 du 28 déc. 2018, art. 61)* « , audiovisuelles » et de cirque ou l'organisation d'expositions d'art contemporain, à la condition que les versements soient affectés à cette activité. Cette disposition ne s'applique pas aux organismes qui présentent des œuvres à caractère pornographique ou incitant à la violence ;

f bis. D'associations d'intérêt général exerçant des actions concrètes en faveur du pluralisme de la presse, par la prise de participations minoritaires, l'octroi de subventions ou encore de prêts bonifiés à des entreprises de presse, au sens du 1 de l'article 39 *bis* A.

Les donateurs peuvent affecter leurs dons au financement d'une entreprise de presse ou d'un service de presse en ligne en particulier, à condition qu'il n'existe aucun lien économique et financier, direct ou indirect, entre le donateur et le bénéficiaire.

g. De fonds de dotation :

1° Répondant aux caractéristiques mentionnées au *b* ou au *f bis* ;

2° Ou dont la gestion est désintéressée et qui reversent les revenus tirés des dons et versements mentionnés au premier alinéa du 1 à des organismes mentionnés aux *a* à *f bis* ou à la Fondation du patrimoine dans les conditions mentionnées aux quatre premiers alinéas du 2 *bis*, ou à une fondation ou association reconnue d'utilité publique agréée par le ministre chargé du budget dans les conditions mentionnées au dernier alinéa du même 2 *bis*. Ces organismes délivrent aux fonds de dotation une attestation justifiant le montant et l'affectation des versements effectués à leur profit. — *Sur la définition et les modalités de création et gestion des fonds de dotation, V. L. n° 2008-776 du 4 août 2008, art. 140-I à VIII (JO 5 août). — Le taux de la réduction d'impôt prévue au présent 1 est porté à 75 % pour les dons et versements effectués entre le 2 juin 2021 et le 31 déc. 2022 au profit d'associations cultuelles ou d'établissements publics des cultes reconnus d'Alsace-Moselle. Les versements réalisés en 2021 sont retenus dans la limite de 554 € pour l'imposition des revenus de 2021 et de 562 € pour l'imposition des revenus de 2022. Il n'est pas tenu compte de ces versements pour l'application de la limite de 20 % du revenu imposable mentionnée au présent 1 (L. n° 2021-953 du 19 juill. 2021, art. 18).*

Ouvrent également droit à la réduction d'impôt les frais engagés dans le cadre d'une activité bénévole et en vue strictement de la réalisation de l'objet social d'un organisme mentionné aux *a* à *g* , lorsque ces frais, dûment justifiés, ont été constatés dans les comptes de l'organisme et que le contribuable a renoncé expressément à leur remboursement.

1 *bis.* Pour l'application des dispositions du 1, lorsque les dons et versements effectués au cours d'une année excèdent la limite de 20 %, l'excédent est reporté successivement sur les années suivantes jusqu'à la cinquième inclusivement et ouvre droit à la réduction d'impôt dans les mêmes conditions.

1 *ter.* Le taux de la réduction d'impôt visée au 1 est porté à 75 % pour les versements effectués au profit d'organismes sans but lucratif qui procèdent à la fourniture gratuite de repas à des personnes en difficulté, qui contribuent à favoriser leur logement ou qui procèdent, à titre principal, à la fourniture gratuite des soins mentionnés au 1° du 4 de l'article 261 à des personnes en difficulté. Ces versements sont retenus dans la limite de *(Décr. n° 2021-744 du 9 juin 2021, art. 1er)* « 552 € *[ancienne rédaction : 546 €]* à compter de l'imposition des revenus de l'année 2020 *[ancienne rédaction : 2019]* ». Il n'en est pas tenu compte pour l'application de la limite mentionnée au 1. *(L. n° 2020-473 du 25 avr. 2020, art. 14)* « Par dérogation à la deuxième phrase du présent alinéa, pour l'imposition des revenus *(L. n° 2021-1900 du 30 déc. 2021, art. 76)* « de chacune des années 2020 à 2023 », ces versements sont retenus dans la limite de 1 000 euros. »

La limite de versements mentionnée au premier alinéa est relevée chaque année dans la même proportion que la limite supérieure de la première tranche du barème de l'impôt sur le revenu de l'année précédant celle des versements. Le montant obtenu est arrondi, s'il y a lieu, à l'euro supérieur. — *Le 1 ter de l'art. 200 CGI s'applique également aux versements effectués entre le 1er janv. 2020 et le 31 déc. 2022 au profit d'organismes sans but lucratif qui exercent des actions concrètes en faveur des victimes de violence domestique, qui leur proposent un accompagnement ou qui contribuent à favoriser leur relogement (L. n° 2019-1479 du 28 déc. 2019 art. 163-I, dans sa rédaction issue de la L. n°2021-1900 du 30 déc. 2021, art. 91).*

2. Les fondations et associations reconnues d'utilité publique peuvent, lorsque leurs statuts ont été approuvés à ce titre par décret en Conseil d'État, recevoir des versements pour le compte d'œuvres ou d'organismes mentionnés au 1.

La condition relative à la reconnaissance d'utilité publique est réputée remplie par les associations régies par la loi locale maintenue en vigueur dans les départements de la Moselle, du Bas-Rhin et du Haut-Rhin, lorsque la mission de ces associations est reconnue d'utilité publique.

Un décret en Conseil d'État fixe les conditions de cette reconnaissance et les modalités de procédure déconcentrée permettant de l'accorder. — *V. Décr. n° 85-1304 du 9 déc. 1985 (JO 11 déc.).*

2 *bis*. Ouvrent également droit à la réduction d'impôt les dons versés à la "Fondation du patrimoine" ou à une fondation ou une association qui affecte irrévocablement ces dons à la "Fondation du patrimoine", en vue de subventionner la réalisation des travaux prévus par les conventions conclues en application de l'article L. 143-2-1 du code du patrimoine entre la "Fondation du patrimoine" et les propriétaires des immeubles, personnes physiques ou sociétés civiles composées uniquement de personnes physiques et qui ont pour objet exclusif la gestion et la location nue des immeubles dont elles sont propriétaires.

Les immeubles mentionnés au premier alinéa ne doivent pas faire l'objet d'une exploitation commerciale. Toutefois, ces dispositions ne sont pas applicables lorsque la gestion de l'immeuble est désintéressée et que les conditions suivantes sont cumulativement remplies :

1° Les revenus fonciers nets, les bénéfices agricoles, les bénéfices industriels et commerciaux et les bénéfices des sociétés commerciales, augmentés des charges déduites en application du 5° du 1 de l'article 39, générés par l'immeuble au cours des trois années précédentes sont affectés au financement des travaux prévus par la convention ;

2° Le montant des dons collectés n'excède pas le montant restant à financer au titre de ces travaux, après affectation des subventions publiques et des sommes visées au 1°.

Le donateur ou l'un des membres de son foyer fiscal ne doit pas avoir conclu de convention avec la "Fondation du patrimoine" en application de l'article L. 143-2-1 précité, être propriétaire de l'immeuble sur lequel sont effectués les travaux ou être un ascendant, un descendant ou un collatéral du propriétaire de cet immeuble. En cas de détention de l'immeuble par une société mentionnée au premier alinéa, le donateur ou l'un des membres de son foyer fiscal ne doit pas être associé de cette société ou un ascendant, un descendant ou un collatéral des associés de la société propriétaire de l'immeuble.

Les dons versés à d'autres fondations ou associations reconnues d'utilité publique agréées par le ministre chargé du budget dont l'objet est culturel, en vue de subventionner la réalisation de travaux de conservation, de restauration ou d'accessibilité de monuments historiques classés ou inscrits, ouvrent droit à la réduction d'impôt dans les mêmes conditions.

3. Ouvrent également droit à la réduction d'impôt les dons prévus à l'article L. 52-8 du code électoral versés à une association de financement électorale ou à un mandataire financier visé à l'article L. 52-4 du même code qui sont consentis à titre définitif et sans contrepartie, soit par chèque, soit par virement, prélèvement automatique ou carte bancaire, et dont il est justifié à l'appui du compte de campagne présenté par un candidat, un binôme de candidats ou une liste. Il en va de même des dons mentionnés à l'article 11-4 de la loi n° 88-227 du 11 mars 1988 relative à la transparence financière de la vie politique ainsi que des cotisations versées aux partis et groupements politiques par l'intermédiaire de leur mandataire. — *V. C. élect., art. L. 52-8 et R. 39-1.*

Les dons et cotisations mentionnés à la seconde phrase du premier alinéa du présent 3 sont retenus dans la limite de 15 000 €. — *Sur l'établissement des reçus et la justification des dons, V. App., Décr. n° 90-606 du 9 juill. 1990, art. 11.*

4. *Abrogé par L. n° 2003-709 du 1er août 2003, art. 1er-I-6°.*

4 *bis*. Ouvrent également droit à la réduction d'impôt les dons et versements effectués au profit d'organismes agréés dans les conditions prévues à l'article 1649 *nonies* dont le siège est situé dans un État membre de l'Union européenne ou dans un autre État partie à l'accord sur l'Espace économique européen ayant conclu avec la France une convention d'assistance administrative en vue de lutter contre la fraude et l'évasion fiscales. L'agrément est accordé lorsque l'organisme poursuit des objectifs et présente des caractéristiques similaires aux organismes dont le siège est situé en France répondant aux conditions fixées par le présent article.

Lorsque les dons et versements ont été effectués au profit d'un organisme non agréé dont le siège est situé dans un État membre de l'Union européenne ou dans un autre État partie à l'accord sur l'Espace économique européen ayant conclu avec la France une convention d'assistance administrative en vue de lutter contre la fraude et l'évasion fiscales, la réduction d'impôt obtenue fait l'objet d'une reprise, sauf si le contribuable produit, à la demande de l'administration fiscale, les pièces justificatives attestant que cet organisme poursuit des objectifs et présente des caractéristiques similaires aux organismes dont le siège est situé en France répondant aux conditions fixées par le présent article. — *En Norvège, en Islande ou au Liechtenstein.*

Un décret fixe les conditions d'application du présent 4 *bis* et notamment la durée de validité ainsi que les modalités de délivrance, de publicité et de retrait de l'agrément. — *V. Ann. III, art. 46 AW bis à 46 AW quater et Ann. IV, art. 121 Z sexies.*

5. Les versements ouvrent droit au bénéfice de la réduction d'impôt, sous réserve que le contribuable soit en mesure de présenter, à la demande de l'administration fiscale, les pièces justificatives répondant à un modèle fixé par l'administration attestant du montant et de la date des versements ainsi que de l'identité des bénéficiaires. — *V. note ss. le 4 bis (al. 2). — V. Arr. du 26 juin 2008, JO 28 juin, quant au modèle des justificatifs.*

Toutefois, pour l'application du 3, les reçus délivrés pour les dons et les cotisations d'un montant égal ou inférieur à 3 000 € ne mentionnent pas la dénomination du bénéficiaire. Un décret en Conseil d'État détermine les modalités d'application de cette disposition. — *V. Décr. n° 90-606 du 9 juill. 1990 mod., art. 11.*

6. Ouvrent également droit à la réduction d'impôt les dons et versements effectués au profit d'organismes qui ont pour objet la sauvegarde, contre les effets d'un conflit armé, des biens culturels mentionnés à l'article 1er de la Convention du 14 mai 1954 pour la protection des biens culturels en cas de conflit armé, dont le siège est situé dans un État membre de l'Union européenne ou dans un autre État ayant conclu avec la France une convention d'assistance administrative en vue de lutter contre la fraude et l'évasion fiscales, sous réserve que l'État français soit représenté au sein des instances dirigeantes avec voix délibérative. — *V. note ss. le 4 bis.*

7. *Abrogé par L. n° 99-1172 du 30 déc. 1999, art. 4-I-8°.*

Le taux de la réduction d'impôt prévu au 1 du présent art. est porté à 75 % pour les dons et versements, y compris l'abandon exprès de revenus ou produits, effectués entre le 2 juin 2021 et le 31 déc. 2022, au profit d'associations cultuelles ou d'établissements publics des cultes reconnus d'Alsace-Moselle. Les versements réalisés en 2021 sont retenus dans la limite de 554 €. Pour les versements réalisés en 2022, cette limite est relevée dans la même proportion que la limite supérieure de la première tranche du barème de l'impôt sur le revenu de l'année 2021. Le montant obtenu est arrondi, s'il y a lieu, à l'euro supérieur. Il n'est pas tenu compte de ces versements pour l'application de la limite de 20 % du revenu imposable mentionnée audit 1 (L. n° 2021-953 du 19 juill. 2021, art. 18).

1. Organismes bénéficiaires. Aucune disposition ne prévoit que les œuvres ou organismes susceptibles de recevoir des dons qui ouvrent à leurs auteurs droit à la réduction d'impôt prévue par l'art. 200 fassent l'objet d'une habilitation ou d'une reconnaissance de la part de l'Administration. Par suite, en indiquant à une association qu'elle n'était pas en droit d'établir des reçus fiscaux prévus par l'art. 200, un inspecteur des impôts méconnaît sa compétence et sa décision doit être annulée. • CE 3 juill. 2002, n° 214393 : *Dr. fisc. 2002. 744 ; RJF 2002. 1169 ; concl. Courtial au BDCF 2002, n° 129.* ♦ La lettre par laquelle l'Administration saisie par une association (LPF, art. L. 80 C) dénie à celle-ci le droit d'établir des reçus fiscaux est une décision faisant grief susceptible d'un recours pour excès de pouvoir. • CAA Nantes, 22 juin 2009, n° 08NT1607 : *RJF 2009. 1151.*

2. Champ d'application territorial du régime du mécénat. Sur les lieux et pays où doit se situer le siège de l'organisme et d'exercice de son activité et sur les conditions dans lesquelles les actions menées hors d'Europe ouvrent droit à la réduction d'impôt : * BOI-BIC-RICI-20-30-10-10 nos 220 à 460 du 10 mai 2017.

3. L'art. 56 du Traité CE s'oppose à la législation d'un État membre qui réserve le bénéfice d'une déduction fiscale aux dons effectués à des organismes reconnus d'intérêt général établis sur le territoire national, sans possibilité aucune pour le contribuable de démontrer qu'un don versé à un organisme établi dans un autre État membre satisfait aux conditions imposées par ladite législation pour l'octroi d'un tel bénéfice. • CJCE 27 janv. 2009, n° C-318/07 : *RJF 2009. 416 ; Dr. fisc. 2009. 337, note Guichard et Grau.* ♦ Suite à cet arrêt, le 4 *bis* de l'art. 200 étend la réduction d'impôt aux dons consentis, à compter du 1er janv. 2010, au profit d'organismes étrangers situés dans un État de l'Union européenne et présentant des caractéristiques similaires aux organismes français éligibles. ♦ Extension du dispositif du mécénat aux dons et versements consentis au profit de certains organismes étrangers. Selon l'Administration, seuls ouvrent droit à avantage fiscal les dons affectés par l'organisme étranger aux actions qu'il exerce en France. Cette condition n'est pas opposée dans certaines hypothèses. * Projet Instr. 30 janv. 2012.

4. Dons ouvrant droit à la réduction d'impôt. Ouvrent droit à la réduction d'impôt : les dons effectués au profit d'une collectivité locale sous condition d'affectation à la réalisation d'un objet social ou humanitaire. * Rép. min. n° 4771 : *JOAN Q, 30 déc. 2002, p. 5259.* ♦ ... Les dons faits à des associations françaises recueillant des dons et organisant, à partir de la France, un programme humanitaire d'aide en faveur des populations en détresse dans le monde. * BOI-IR-RICI-250-10-20-10 n° 100 du 10 mai 2017. ♦ ... Les programmes à caractère humanitaire orientés vers l'étranger lorsque leur organisation et leur contrôle remplissent les trois conditions suivantes : l'association doit définir et maîtriser le programme à partir de la France, elle doit financer directement les actions entreprises et être en mesure de justifier des dépenses qu'elle a exposées pour remplir sa mission. Ces deux dernières conditions supposent que les fonds perçus soient versés sur des comptes bancaires propres à l'association française concernée et qu'en conséquence l'utilisation des fonds soit contrôlable à tout moment au moyen de sa propre comptabilité. * Rép. min. n° 89655 : *JOAN Q, 20 juin 2006, p. 6558.* ♦ ... Les dons effectués au profit des associations de protection animale, pour autant, notamment, que ces organismes soient d'intérêt général, qu'ils ne fonctionnent pas au profit d'un cercle restreint de personnes et que les versements qui leur sont consentis ne procurent aucune contrepartie directe ou indirecte tangible à leur auteur. * Rép. min. n° 47330 : *JOAN Q, 21 déc. 2004, p. 10240.* ♦ ... Les dons effectués au profit d'une association ou d'une fondation *ad hoc* ou abritée pour le pluralisme de la presse. * Lettre DLF 12 avr. 2007 à la FNPIS. ♦ ... Les dons effectués au profit d'une association gestionnaire d'écoles, de collèges ou de lycées dont les classes ne sont pas sous contrat simple ou d'association avec l'État dès lors que ces établissements sont régulièrement déclarés et que leur activité est d'intérêt général et présente un caractère éducatif. * Rescrit 6 déc. 2011 : *n° 2011/34 FP.* * BOI-IR-RICI-250-10-20-10 n° 20 du 10 mai 2017. ♦ ... Les dons aux associations ou aux organismes dont l'activité est consacrée, à titre prépondérant, à la diffusion, à la protection ou au développement des langues régionales. * Rép. min. n° 49279 : *JO Sénat Q, 26 mai 2016, p. 2225.* ♦ ... Les dons à une association dont l'objet statutaire est de favoriser la réinsertion sociale des cadres en recherche d'emploi. • TA Châlons-en-Champagne, 19 oct. 2017, *Assoc. compétence en temps partagé Aube*, n° 1501484 : *RJF 2018. 578.* ♦ ... Les dons aux services départementaux d'incendie et de secours (SDIS). * Rép. min. n° 380 : *JO Sénat, 18 avr. 2019, p. 2131.*

5. Le défaut de neutralité politique qui pourrait résulter du caractère « militant » et politiquement engagé d'une association ayant pour objet la défense des droits à l'information et à la culture ne fait pas par lui-même obstacle à ce que l'association puisse se prévaloir, en tant notamment qu'organisme à caractère culturel, des art. 200 et 238 *bis*. • CAA Versailles, 21 juin 2016, *Min. c/ Assoc « Action-Critique-Médias »*, n° 14VE01966 : *RJF 2016. 795.*

6. En revanche, n'ouvrent pas droit à la réduction d'impôt : les cotisations perçues par les associations de propriétaires riverains de la mer pour l'entretien des ouvrages de protection du rivage. * Rép. min. n° 16067 : *JOAN Q, 26 janv. 1987, p. 341.* ♦ ... Les dons versés aux parcs naturels régionaux dès lors que leur activité ne permet pas de les considérer comme des organismes d'intérêt général au sens de l'art. 200-1-b. * Rép. min. n° 10272 : *JO Sénat Q, 3 mars 2011, p. 520.* ♦ ... Les sommes versées par les particuliers aux associations d'anciens combattants dont l'objet social consiste en la défense des intérêts matériels et moraux de leurs membres. * Rép. min. n° 38660 : *JOAN Q, 27 juill. 2004, p. 5810.* ♦ ... Les dons versés aux associations d'élèves ou d'anciens élèves (application aux dons versés à compter de 2006). * BOI-IR-RICI-250-20 n° 110 du 1er oct. 2012 • CE 7 févr. 2007, n° 287949, *Sté des anciens élèves de l'Ensam : RJF 2007. 386 ; concl. Glaser au BDCF 4/07, n° 41 ; Dr. fisc. 2007. 881, concl. Glaser.* ♦ ... Les dons faits aux associations dont l'objet est d'assister financièrement les membres de réseaux de commerce équitable ou la microfinance. • TA Montreuil, 15 juill. 2010, n° 08-10984 : *RJF 2011. 404* * Rép. min. n° 14264 : *JO Sénat Q, 27 janv. 2011, p. 202.*

♦ ... Les dons versés à une association ayant conclu un accord de partenariat avec une organisation non gouvernementale mais ne maîtrisant ni le programme ni le financement des actions menées. • CE (na), 17 juin 2018, n° 417353 : *RJF 2018. 928.* ♦ ... Les dons versés à une association dont l'objet est d'assurer le service social des entreprises maritimes. • CE 16 mars 2011, n° 329945, *Assoc. Union sociale maritime : RJF 2011. 675 ; Dr. fisc. 2011. 346, concl. Collin.* ♦ ... Les dons faits à une association dont l'objet est de poursuivre l'étude objective de la vie et de l'œuvre du maréchal Pétain, d'exercer toutes activités en vue de défendre sa mémoire dès lors qu'elle ne peut être regardée comme un organisme d'intérêt général ayant un caractère éducatif ou culturel ou concourant à la diffusion de la culture et des connaissances scientifiques françaises au sens des art. 200 et 238 *bis.* • CAA Paris, 28 juin 2012, *Assoc. pour défendre la mémoire du maréchal Pétain,* n° 11PA02508 : *RJF 2012. 980.* ♦ ... Les dons faits à une association qui promeut la pratique de la méditation selon les préceptes de deux maîtres de méditation tibétains et au sein de laquelle l'enseignement dispensé aux membres correspond à une recherche spirituelle individuelle et ne s'inscrit pas dans une volonté de diffuser la culture tibétaine mais vise à permettre la pratique bouddhique au groupe restreint des membres de l'association. • Com. 6 déc. 2016, n° 15-19.966 : *RJF 2017. 278.*

7. Organismes présentant des œuvres culturelles au public. Réduction d'impôt accordée au titre des dons effectués au profit d'organismes publics ou privés, dont la gestion est désintéressée, et qui ont pour activité principale la présentation au public d'œuvres dramatiques, lyriques, musicales, chorégraphiques, cinématographiques et de cirque ou l'organisation d'expositions d'art contemporain. 1° Organismes bénéficiaires des dons. 2° Dons éligibles à la réduction d'IR. 3° Montant et modalités d'application de la réduction d'IR.* BOI-IR-RICI-250-10-20-10 n°s 170 à 280 du 10 mai 2017.

8. Associations exerçant des actions en faveur du pluralisme de la presse. Commentaire administratif de l'art. 200-1-f *bis.* * BOI-IR-RICI-250-10-20-50 du 10 mai 2017.

9. Fonds de dotation. Les fonds de dotation (L. n° 2008-776, 4 août 2008, art. 140) sont des personnes morales de droit privé à but non lucratif qui reçoivent et gèrent, en les capitalisant, des biens et droits de toute nature qui leur sont apportés à titre gratuit et irrévocable. Les fonds utilisent les revenus de la capitalisation pour financer la réalisation de leurs œuvres ou missions d'intérêt général ou pour assister une personne morale à but non lucratif dans l'accomplissement de ses œuvres ou de ses missions d'intérêt général. Les dons effectués par les particuliers ou les entreprises au profit des fonds de dotation ouvrent droit au régime fiscal du mécénat prévu aux art. 200 et 238 *bis.* * BOI-IR-RICI-250-10-20-20 du 12 sept. 2012.

10. Musées de France. Liste des musées bénéficiant de l'appellation. V. notamment * Arr. des 2 août 2002 : *JO 21 août, p. 14017 ;* 10 févr. 2003 : *JO 23 févr., p. 3343 ;* 17 sept. 2003 : *JO 1er oct., p. 16762.* ♦ La liste complète peut être consultée sur le site internet de la Direction des musées de France.

11. Mécénat. Sur la convention à conclure avec la Fondation du patrimoine ou certaines fondations ou associations en faveur de la restauration de monuments historiques privés : V. Décr. n° 2008-195 du 27 févr. 2008 : *JO 29 févr.*

12. Cotisations versées à des partis politiques. La déductibilité fiscale des cotisations versées aux partis politiques par leurs adhérents n'est ouverte qu'en cas de règlement par chèque. Toutefois la Commission nationale des comptes de campagne et des financements politiques assimile les cotisations versées par virement bancaire ou postal à des cotisations versées par chèque. Ces cotisations donnent donc lieu à la délivrance d'un reçu et à la déductibilité fiscale. * BOI-IR-RICI-250-10-20-40 n° 40 du 12 sept. 2012.

13. Dons consentis en vue du financement de la vie politique. Les versements effectués pour le financement de la campagne des candidats aux élections bénéficient de la réduction d'impôt à la condition expresse que les dons soient versés à une association de financement électoral ou à un mandataire financier, selon une procédure soumise au contrôle de la commission nationale des comptes de campagne et du financement politique. Toutefois, ce dispositif ne s'applique pas au financement de la campagne des candidats à l'élection des conseillers généraux dans les cantons de moins de 9 000 habitants et à l'élection des conseillers municipaux dans les communes de moins de 9 000 habitants. En conséquence, les dons affectés aux élections des listes dans les sections électorales comptant moins de 9 000 habitants ne peuvent ouvrir droit à l'avantage fiscal. * BOI-IR-RICI-250-10-20-40 n° 10 du 12 sept. 2012.

14. Les versements effectués par le candidat n'ont pas le caractère d'un don et il en est de même des versements effectués par un membre du foyer fiscal du candidat, en particulier son conjoint ou ses enfants. En revanche, les versements effectués par le conjoint ou les enfants du candidat, imposés séparément, peuvent ouvrir droit au bénéfice de l'avantage fiscal. * BOI-IR-RICI-250-10-20-40 n° 40 du 12 sept. 2012. ♦ Les indemnités perçues par les élus locaux et reversées par ces derniers à leur parti politique n'ont pas le caractère d'un don dès lors que ces sommes comportent nécessairement une contrepartie constituée par les services mis à leur disposition par celui-ci. • TA Rouen, 13 mai 2008, nº 04-2862 : *RJF 2009. 5.* ♦ De même, les versements effectués par un parlementaire au profit d'un groupe parlementaire ne sont pas assimilables à des versements effectués pour le financement des partis politiques. Par suite, ils n'ouvrent pas droit à la réduction d'IR.* Rép. min. nº 173 : *JOAN Q, 12 mars 2013, p. 2788.* ♦ Les cotisations versées par les élus locaux ou nationaux à leurs partis n'ouvrent droit à la réduction d'impôt prévue par l'art. 200 que dans la limite annuelle (commune avec les dons) de 15 000 € par foyer fiscal prévue par le 3 de cet art. * Rép. min. nº 5805 : *JO Sénat Q 26 juill. 2018, p. 3859.*

15. Dons consentis aux collectivités territoriales. Les dons effectués par des personnes privées à des collectivités territoriales pour le financement de programmes répondant à l'un des caractères mentionnés à l'art. 200 peuvent ouvrir droit à l'avantage fiscal, toutes les conditions étant par ailleurs remplies. A cette fin, la collectivité doit isoler les versements en cause au sein de sa comptabilité et s'assurer qu'ils sont utilisés conformément à leur objet. Il appartient par ailleurs au comptable public destinataire des versements d'établir au nom de chaque donateur un reçu fiscal conforme au modèle fixé par arrêté pour lui permettre de bénéficier de la réduction d'impôt. * Rép. min. nº 91164 : *JOAN Q, 8 août 2006, p. 8367.*

16. Dons consentis à des organismes fonctionnant au profit d'un cercle restreint de personnes. Ne sont pas d'intérêt général les organismes qui fonctionnent au profit d'un cercle restreint de personnes, même s'ils remplissent les deux conditions d'activité non lucrative et de gestion désintéressée. Un organisme fonctionne au profit d'un cercle restreint de personnes lorsqu'il poursuit des intérêts particuliers, notamment matériels et moraux, d'une ou de plusieurs personnes clairement individualisables (familles, entreprises, artistes, chercheurs, etc.) membre(s) ou non de l'organisme. * BOI-IR-RICI-250-10-10 nº 130 du 10 mai 2017.

17. Mise à disposition d'un local. La mise à disposition à titre gratuit d'un local à usage autre que d'habitation au profit d'une association a le caractère d'un don en nature (abandon des loyers) ouvrant droit à la réduction d'impôt. * *BOI-IR-RICI-250-20 nº* 150 du 12 sept. 2012.

18. Abandons de revenus ou de produits. Commentaire administratif. * BOI-IR-RICI-250-20 nº 130 du 12 sept. 2012. ♦ Quelle que soit sa nature, l'abandon exprès de revenus ou de produits par le contribuable à un tiers suppose que le donateur en ait eu la disposition préalable. Dans la mesure ou un artiste disposant d'une œuvre la remet à la Société des artistes français tout en en restant propriétaire à charge pour elle de la vendre et d'en reverser le prix de vente à la Ligue contre le cancer, il est considéré que l'artiste consent un abandon de revenus ouvrant droit au bénéfice de la réduction d'impôt. Un certificat fiscal doit être délivré par la Ligue contre le cancer au donateur. * BOI-IR-RICI-250-20 nº 140 du 12 sept. 2012.

19. Frais engagés par les bénévoles. Commentaire administratif. * BOI-IR-RICI-250-20 nºs 170 à 240 du 12 sept. 2012. ♦ Les frais de véhicule engagés par les bénévoles font l'objet d'un barème forfaitaire réévalué chaque année. * BOI préc. nº 220.

20. Professeurs émérites des universités. Les professeurs émérites des universités sont éligibles au bénéfice de la réduction d'impôt à raison de leurs frais de missions retenus dans la limite du plafond mentionné à l'art. 200-1, sous réserve qu'il soit établi que les personnes concernées auraient pu obtenir le remboursement effectif des sommes en cause si elles en avaient fait la demande à l'université et à condition, d'une part, que leurs frais soient dûment justifiés et correspondent à des dépenses réellement engagées dans le cadre d'une activité exercée en vue de la réalisation des missions dévolues aux universités et, d'autre part, qu'elles aient expressément renoncé à leur remboursement par l'université. L'abandon du remboursement des frais engagés doit donner lieu à une déclaration expresse de la part du bénévole, conservée par l'université à l'appui de sa comptabilité avec les pièces justificatives de frais pour lesquels le remboursement a été abandonné. Le bénéfice de la réduction est en outre subordonné à la délivrance par l'université au professeur émérite d'une attestation fiscale conforme au modèle fixé par arrêté. * Rép. min. nº 23697 : *JO Sénat Q, 12 oct. 2006, p. 2604.*

21. Revenu à prendre en considération. Le revenu à retenir pour l'application des pourcentages de réduction s'entend du revenu net annuel auquel s'appliquent les taux du barème progressif. Il n'inclut pas les plus-values de cession de droits sociaux taxées à un taux proportionnel. • CE 14 avr. 1995, nº 119994 : *Dr. fisc. 1995. 1897.*

22. Justifications. Les reçus – que doivent délivrer les organismes bénéficiaires des versements – doivent être établis conformément au modèle fixé par l'arrêté du 26 juin 2008 (JO 28 juin). ♦ Les associations sont autorisées à transmettre par Internet les reçus aux donateurs, lesquels les impriment eux-mêmes. * BOI-IR-RICI-250-40, nº 40 du 12 sept. 2012. ♦ Pérennisation de la dispense de justification en faveur des contribuables qui souscrivent leur déclaration d'IR par voie électronique. * BOI-IR-RICI-250-40 du 12 sept. 2012. ♦ A compter du 1er janv. 2018, l'administration pourra contrôler sur place la réalité des dons indiqués sur les reçus émis par les organismes sans but lucratif (LPF, art. L. 14 A).

23. Contrôle sur place des reçus fiscaux délivrés par les organismes sans but lucra-

tif. Afin de lutter contre la délivrance abusive ou frauduleuse d'attestations de versements ouvrant droit à avantage fiscal, l'art. L. 14 A LPF prévoit une procédure spécifique de contrôle sur place des organismes qui délivrent des reçus destinés à permettre à un contribuable d'obtenir des réductions d'impôt au titre des dons et versements qu'il a effectués.

24. Contreparties autorisées. Le seuil des contreparties autorisées pour les versements effectués par les particuliers est fixé à 65 € TTC à compter du 1er janv. 2011. * BOI-IR-RICI-250-20 n° 90 du 12 sept. 2012.

21° RÉDUCTION D'IMPÔT POUR VERSEMENT DE DONS À DES ŒUVRES

Art. 200 *bis* **La réduction d'impôt prévue à l'article 238 *bis* est imputée sur l'impôt sur le revenu dû au titre de l'année au cours de laquelle les dépenses ont été réalisées. L'excédent éventuel est utilisé pour le paiement de l'impôt sur le revenu dû au titre des cinq années suivant celle au titre de laquelle elle est constatée.**

Un décret fixe les obligations déclaratives et les modalités d'imputation des dispositions du présent article. — *Ces dispositions s'appliquent aux versements effectués au cours des exercices ouverts à compter du 1er janv. 2003. — V. Ann. III, art. 49 septies X à 49 septies XB.*

22°

Art. 200 *ter* *Dispositions périmées.*

23° CRÉDIT D'IMPÔT POUR LA TRANSITION ÉNERGÉTIQUE

Art. 200 *quater* **1. Les contribuables domiciliés en France au sens de l'article 4 B peuvent bénéficier d'un crédit d'impôt sur le revenu au titre des dépenses effectivement supportées pour la contribution à la transition énergétique du logement dont ils sont propriétaires** *(Abrogé par L. n° 2019-1479 du 28 déc. 2019, art. 15-I-A-1°-a)* **« , *locataires ou occupants à titre gratuit* » et qu'ils affectent à leur habitation principale.**

A la condition que le logement soit achevé depuis plus de deux ans à la date de début d'exécution des travaux, ce crédit d'impôt s'applique :

a) *Abrogé.*

(L. n° 2018-1317 du 28 déc. 2018, art. 182-I-1°-a) **« b) Aux dépenses mentionnées au présent *b*, payées entre le 1er janvier 2005 et le 31 décembre** *(L. n° 2019-1479 du 28 déc. 2019, art. 15-I-A-1°-b)* **« 2020 », au titre de :**

(Abrogé par L. n° 2019-1479 du 28 déc. 2019, art. 15-I-A-1°-b) ***« 1° L'acquisition de chaudières à très haute performance énergétique, à l'exception de celles utilisant le fioul comme source d'énergie, dans la limite d'un plafond de dépenses fixé par arrêté conjoint des ministres chargés de l'énergie, du logement et du budget ; »*** *— V. ndlr 5 ss. l'art.*

« 2° L'acquisition *(L. n° 2019-1479 du 28 déc. 2019, art. 15-I-A-1°-b)* **« et la pose » de matériaux d'isolation thermique des parois vitrées,** *(Abrogé par L. n° 2019-1479 du 28 déc. 2019, art. 15-I-A-1°-b)* ***« dans la limite d'un plafond de dépenses fixé par arrêté conjoint des ministres chargés de l'énergie, du logement et du budget, et »*** **à la condition que ces mêmes matériaux viennent en remplacement de parois en simple vitrage ; »**

3° L'acquisition et la pose de matériaux d'isolation thermique des parois opaques *(Abrogé par L. n° 2019-1479 du 28 déc. 2019, art. 15-I-A-1°-b)* ***« , dans la limite d'un plafond de dépenses par mètre carré, fixé par arrêté conjoint des ministres chargés de l'énergie, du logement et du budget, ainsi que l'acquisition de matériaux de calorifugeage de tout ou partie d'une installation de production ou de distribution de chaleur ou d'eau chaude sanitaire ;*** *— V. Ann. IV, art. 18 bis, 2-b.*

« 4° L'acquisition d'appareils de régulation de chauffage » ;

c) Aux dépenses, payées entre le 1er janvier 2005 et le 31 décembre *(L. n° 2019-1479 du 28 déc. 2019, art. 15-I-A-1°-c)* **« 2020 », au titre de l'acquisition** *(L. n° 2018-1317 du 28 déc. 2018, art. 182-I-1°-c)* **« et de la pose » :**

(L. n° 2019-1479 du 28 déc. 2019, art. 15-I-A-1°-c) **« 1° D'équipements de chauffage ou de fourniture d'eau chaude sanitaire fonctionnant au bois ou autres biomasses, ou à l'énergie solaire thermique.**

« Pour les dépenses d'acquisition et de pose d'équipements fonctionnant à l'énergie solaire thermique, l'équipement n'est éligible au crédit d'impôt qu'à la condition d'intégrer une surface minimale de capteurs solaires, fixée par arrêté conjoint des ministres chargés de l'énergie, du logement et du budget ; »

(Abrogé par L. n° 2019-1479 du 28 déc. 2019, art. 15-I-A-1°-c) ***« 2° De systèmes de fourniture d'électricité à partir de l'énergie hydraulique ou à partir de la biomasse ; »***

3° De pompes à chaleur, autres que air/air, dont la finalité essentielle est la production de chaleur ou d'eau chaude sanitaire, ainsi qu'au coût de la pose de l'échangeur de chaleur souterrain des pompes à chaleur géothermiques.

(Abrogé par L. n° 2019-1479 du 28 déc. 2019, art. 15-I-A-1°-c) (L. n° 2017-1837 du 30 déc. 2017, art. 79, applicable aux dépenses payées à compter du 1er janv. 2018) ***« Toutefois, pour les dépenses payées au titre de l'acquisition*** *(L. n° 2018-1317 du 28 déc. 2018, art. 182-I-1°-c)* ***« et de la pose » de pompes à chaleur dédiées à la production d'eau chaude sanitaire, le crédit d'impôt s'applique dans la limite d'un plafond de dépenses fixé par arrêté conjoint des ministres chargés de l'énergie, du logement et du budget ; »***

« *d)* Aux dépenses, payées entre le 1er janvier 2006 et le 31 décembre *(L. n° 2019-1479 du 28 déc. 2019, art. 15-I-A-1°-d)* **« 2020 », au titre de l'acquisition** *(L. n° 2019-1479 du 28 déc. 2019, art. 15-I-A-1°-d)* **« et de la pose » d'équipements de raccordement** *(L. n° 2017-1837 du 30 déc. 2017, art. 79, applicable aux dépenses payées à compter du 1er janv. 2018)* **« ou, au titre des droits et frais de raccordement pour leur seule part représentative du coût** *(L. n° 2019-1479 du 28 déc. 2019, art. 15-I-A-1°-d)* **« de l'acquisition et de la pose » de ces mêmes équipements, » à un réseau de chaleur, alimenté majoritairement par des énergies renouvelables** *(L. n° 2017-1837 du 30 déc. 2017, art. 79, applicable aux dépenses payées à compter du 1er janv. 2018)* **« ou de récupération » ou par une installation de cogénération, ainsi qu'aux dépenses** *(Abrogé par L. n° 2019-1479 du 28 déc. 2019, art. 15-I-A-1°-d)* ***« afférentes à un immeuble situé dans un département d'outre-mer »*****, payées entre le 1er septembre 2014 et le 31 décembre** *(L. n° 2019-1479 du 28 déc. 2019, art. art. 15-I-A-1°-d)* **« 2020 », au titre de l'acquisition** *(L. n° 2019-1479 du 28 déc. 2019, art. art. 15-I-A-1°-d)* **« et de la pose » d'équipements de raccordement** *(L. n° 2017-1837 du 30 déc. 2017, art. 79, applicable aux dépenses payées à compter du 1er janv. 2018)* **« ou, au titre des droits et frais de raccordement pour leur seule part représentative du coût** *(L. n° 2019-1479 du 28 déc. 2019, art. art. 15-I-A-1°-d)* **« de l'acquisition et de la pose » de ces mêmes équipements, » à un réseau de froid, alimenté majoritairement par du froid d'origine renouvelable ou de récupération ; »**

e) Abrogé par L. n° 2013-1278 du 29 déc. 2013, art. 74-I-A-4°.

(Abrogé par L. n° 2019-1479 du 28 déc. 2019, art. 15-I-A-1°-e) ***« f) Aux dépenses, payées entre le 1er janvier 2009 et le 31 décembre*** *(L. n° 2018-1317 du 28 déc. 2018, art. 182-I-1°-b)* ***« 2019 », au titre de :***

« 1° Abrogé.

« 2° La réalisation, en dehors des cas où la réglementation le rend obligatoire, du diagnostic de performance énergétique défini à l'article L. 134-1 du code de la construction et de l'habitation. Pour un même logement, un seul diagnostic de performance énergétique ouvre droit au crédit d'impôt par période de cinq ans ;

« g) Aux dépenses, payées entre le 1er janvier 2012 et le 31 décembre *(L. n° 2018-1317 du 28 déc. 2018, art. 182-I-1°-b)* ***« 2019 », au titre de chaudières à micro-cogénération gaz d'une puissance de production électrique inférieure ou égale à 3 kilovolt-ampères par logement*** *(L. n° 2018-1317 du 28 déc. 2018, art. 182-I-1°-d)* ***« , dans la limite d'un plafond de dépenses fixé par arrêté conjoint des ministres chargés de l'énergie, du logement et du budget » ;*** *— V. ndlr 5 ss. l'art.*

« h) Aux dépenses, payées entre le 1er septembre 2014 et le 31 décembre (L. n° 2018-1317 du 28 déc. 2018, art. 182-I-1°-b) ***« 2019 », au titre de l'acquisition d'appareils permettant d'individualiser les frais de chauffage ou d'eau chaude sanitaire dans un bâtiment équipé d'une installation centrale ou alimenté par un réseau de chaleur ; »***

i) **Aux dépenses, payées entre le 1er septembre 2014 et le 31 décembre** *(L. n° 2019-1479 du 28 déc. 2019, art. 15-I-A-1°-f)* **« 2020 », au titre de l'acquisition** *(L. n° 2019-1479 du 28 déc. 2019, art. 15-I-A-1°-f)* **« et de la pose » d'un système de charge pour véhicule électrique ;**

j) **Aux dépenses afférentes à un immeuble situé à La Réunion, en Guyane, en Martinique, en Guadeloupe ou à Mayotte, payées entre le 1er septembre 2014 et le 31 décembre** *(L. n° 2019-1479 du 28 déc. 2019, art. 15-I-A-1°-f)* **« 2020 », au titre de l'acquisition** *(L. n° 2019-1479 du 28 déc. 2019, art. 15-I-A-1°-f)* **« et de la pose » d'équi-**

pements ou de matériaux de protection des parois vitrées ou opaques contre les rayonnements solaires ;

(Abrogé par L. n° 2019-1479 du 28 déc. 2019, art. 15-I-A-1°-g) ***« k) Aux dépenses afférentes à un immeuble situé à La Réunion, en Guyane, en Martinique, en Guadeloupe ou à Mayotte, payées entre le 1er septembre 2014 et le 31 décembre** (L. n° 2018-1317 du 28 déc. 2018, art. 182-I-1°-b)* ***« 2019 », au titre de l'acquisition d'équipements ou de matériaux visant à l'optimisation de la ventilation naturelle, notamment les brasseurs d'air ; »***

(L. n° 2017-1837 du 30 déc. 2017, art. 79, applicable aux dépenses payées à compter du 1er janv. 2018) **« *l)* Aux dépenses payées entre le 1er janvier** *(L. n° 2018-1317 du 28 déc. 2018, art. 182-I-1°-e)* **« 2018 » et le 31 décembre** *(L. n° 2019-1479 du 28 déc. 2019, art. 15-I-A-1°-h)* **« 2020 », au titre de la réalisation, en dehors des cas où la réglementation le rend obligatoire, d'un audit énergétique comprenant des propositions de travaux dont au moins une permet d'atteindre un très haut niveau de performance énergétique défini par arrêté conjoint des ministres chargés de l'énergie, du logement et du budget. Pour un même logement, un seul audit énergétique ouvre droit au crédit d'impôt ; »** — *Pour l'application du présent 1, V. Ann. IV, art. 18 bis.*

(L. n° 2018-1317 du 28 déc. 2018, art. 182-I-1°-f) **« *m)* Aux dépenses payées, entre le 1er janvier 2019 et le 31 décembre** *(L. n° 2019-1479 du 28 déc. 2019, art. 15-I-A-1°-i)* **« 2020 », au titre de la dépose d'une cuve à fioul ; »**

(L. n° 2019-1479 du 28 déc. 2019, art. 15-I-A-1°-j) **« *n)* Aux dépenses, payées entre le 1er janvier 2020 et le 31 décembre 2020, au titre de l'acquisition et de la pose d'un équipement de ventilation mécanique contrôlée à double flux ;**

« *o)* Aux dépenses, payées entre le 1er janvier 2020 et le 31 décembre 2020, pour une maison individuelle, au titre d'un bouquet de travaux permettant de limiter la consommation conventionnelle annuelle en énergie primaire du logement, rapportée à la surface habitable du logement, pour le chauffage, l'eau chaude sanitaire et le refroidissement, à 150 kilowattheures par mètre carré.

« Dans ce cas, le crédit d'impôt ne s'applique qu'aux logements dont la consommation conventionnelle annuelle en énergie primaire avant travaux, rapportée à la surface habitable du logement, pour le chauffage, l'eau chaude sanitaire et le refroidissement, est supérieure à 331 kilowattheures par mètre carré.

« Le bénéfice du crédit d'impôt au titre de cette catégorie de dépenses pour les travaux permettant de satisfaire aux conditions de consommation d'énergie primaire avant et après travaux est exclusif du bénéfice du crédit d'impôt au titre de toute autre catégorie de dépenses pour ces mêmes travaux. »

1 *bis*. *Devenu sans objet (Décr. n° 2011-645 du 9 juin 2011).*

1 *ter*. Les dépenses d'acquisition d'équipements, de matériaux ou d'appareils mentionnés au 1 n'ouvrent droit au crédit d'impôt que si elles sont facturées par l'entreprise :

***a)* Qui procède à la fourniture et à l'installation des équipements, des matériaux ou des appareils ;**

***b)* Ou qui, pour l'installation des équipements, des matériaux ou des appareils qu'elle fournit ou pour la fourniture et l'installation de ces mêmes équipements, matériaux ou appareils, recourt à une autre entreprise, dans le cadre d'un contrat de sous-traitance régi par la loi n° 75-1334 du 31 décembre 1975 relative à la sous-traitance.** — *Dispositions applicables aux dépenses payées à compter du 1er janv. 2016, sauf acceptation d'un devis et versement d'un acompte avant cette date.*

2. Un arrêté conjoint des ministres chargés de l'énergie, du logement et du budget fixe la liste des équipements, matériaux et appareils qui ouvrent droit au crédit d'impôt. Il précise les caractéristiques techniques et les critères de performances minimales *(L. n° 2017-1837 du 30 déc. 2017, art. 79, applicable aux dépenses payées à compter du 1er janv. 2018)* **« , ainsi que les modalités de réalisation et le contenu de l'audit énergétique, » requis pour l'application du crédit d'impôt.** — *V. Ann. IV, art. 18 bis.*

Afin de garantir la qualité de l'installation ou de la pose des équipements, matériaux et appareils, un décret précise les travaux pour lesquels est exigé, pour l'application du crédit d'impôt, le respect de critères de qualification de l'entreprise mentionnée au *a* du 1 *ter* ou de l'entreprise sous-traitante lorsque les travaux sont réalisés dans les conditions du *b* du même 1 *ter*. — *V. Ann. III, art. 46 AX et App., Décr. n° 2014-812 du 16 juill. 2014, art. 2 à 5.*

Lorsque les travaux sont soumis à des critères de qualification, l'application du crédit d'impôt est conditionnée à une visite du logement préalable à l'établissement du devis afférent à ces mêmes travaux, au cours de laquelle l'entreprise qui installe ou pose ces équipements, matériaux ou appareils valide leur adéquation au logement.

(L. nº 2017-1837 du 30 déc. 2017, art. 79, applicable aux dépenses payées à compter du 1er janv. 2018) « Afin de garantir la qualité de l'audit énergétique mentionné au *l* du 1, un décret précise les conditions de qualification des auditeurs. » — *V. Décr. nº 2018-416 du 30 mai 2018.*

3. Le crédit d'impôt s'applique pour le calcul de l'impôt dû au titre de l'année du paiement de la dépense par le contribuable.

(L. nº 2019-1479 du 28 déc. 2019, art. 15-I-A-2º à 6º) « 4. Pour un même logement dont un contribuable est propriétaire et qu'il affecte à son habitation principale, le montant de crédit d'impôt dont peut bénéficier ce contribuable, toutes dépenses éligibles confondues, ne peut excéder, au titre d'une période de cinq années consécutives comprises entre le 1er janvier 2016 et le 31 décembre 2020, la somme de 2 400 € pour une personne célibataire, veuve ou divorcée et de 4 800 € pour un couple soumis à imposition commune. Cette somme est majorée de 120 € par personne à charge au sens des articles 196 à 196 B. La somme de 120 € est divisée par deux lorsqu'il s'agit d'un enfant réputé à charge égale de l'un et l'autre de ses parents.

« 4 *bis. a)* Les dépenses mentionnées au 1, payées à compter du 1er janvier 2020, ouvrent droit au crédit d'impôt lorsque les revenus du ménage, appréciés dans les conditions prévues au IV des articles 1391 B *ter* et 1417, sont, au titre de l'avant-dernière année précédant celle du paiement de la dépense :

« 1º Au moins égaux aux seuils suivants :

		(En euros)
Nombre de personnes composant le ménage	**Île-de-France**	**Autres régions**
1	25 068	19 074
2	36 792	27 896
3	44 188	33 547
4	51 597	39 192
5	59 026	44 860
Par personne supplémentaire	+ 7 422	+ 5 651

« Par dérogation, lorsque les revenus du ménage au titre de l'avant-dernière année précédant celle du paiement de la dépense, appréciés dans les conditions prévues au IV des articles 1391 B *ter* et 1417, sont inférieurs à ces seuils, il y a lieu de retenir ceux de l'année précédant celle du paiement de la dépense ;

« 2º Inférieurs à un montant de 27 706 € pour la première part de quotient familial, majoré de 8 209 € pour chacune des deux demi-parts suivantes et de 6 157 € pour chaque demi-part supplémentaire à compter de la troisième. Les majorations sont divisées par deux pour les quarts de part.

« Par dérogation, lorsque les revenus du ménage au titre de l'avant-dernière année précédant celle du paiement de la dépense, appréciés dans les conditions prévues au IV des articles 1391 B *ter* et 1417, sont supérieurs ou égaux à ces seuils, il y a lieu de retenir ceux de l'année précédant celle du paiement de la dépense.

« *b)* Les conditions de ressources prévues au *a* du présent 4 *bis* ne sont pas applicables pour les dépenses mentionnées au *i* du 1.

« *c)* Les conditions de ressources prévues au 2° du *a* du présent 4 *bis* ne sont pas applicables pour les dépenses mentionnées au 3° du *b* du 1.

« 5. Sous réserve des dispositions du 5 *ter*, pour les dépenses autres que celles mentionnées au 5 *bis*, le crédit d'impôt est égal, selon la nature de chaque dépense, aux montants suivants :

Nature de la dépense	**Montant**	
	Ménages remplissant les conditions de revenus mentionnées aux *a* ou *b* du 4 *bis*	**Ménages ne remplissant pas la condition de revenus mentionnée au 2° des *a* ou *b* du 4 *bis***
Matériaux d'isolation thermique des parois vitrées à la condition que ces mêmes matériaux viennent en remplacement de parois en simple vitrage mentionnés au 2° du *b* du 1	**40 €/équipement**	**(Sans objet)**
Matériaux d'isolation thermique des parois opaques mentionnés au 3° du *b* du 1	**15 € par mètre carré pour l'isolation des murs en façade ou pignon par l'intérieur, des rampants de toiture et plafonds de combles aménagés ou aménageables**	**10 € par mètre carré pour l'isolation des murs en façade ou pignon par l'intérieur, des rampants de toiture et plafonds de combles aménagés ou aménageables**
	50 € par mètre carré pour l'isolation des murs en façade ou pignon par l'extérieur, des toitures-terrasses	**25 € par mètre carré pour l'isolation des murs en façade ou pignon par l'extérieur, des toitures-terrasses**
Équipements de chauffage ou de fourniture d'eau chaude sanitaire fonctionnant au bois ou autres biomasses ou à l'énergie solaire thermique mentionnés au 1° du *c* du 1	**4 000 € pour les chaudières à alimentation automatique fonctionnant au bois ou autres biomasses**	**(Sans objet)**
	3 000 € pour les systèmes solaires combinés	
	3 000 € pour les chaudières à alimentation manuelle fonctionnant au bois ou autres biomasses	
	2 000 € pour les chauffe-eaux solaires individuels	
	1 500 € pour les poêles à granulés et cuisinières à granulés	

Nature de la dépense	**Montant**	
	Ménages remplissant les conditions de revenus mentionnées aux *a* ou *b* du 4 *bis*	**Ménages ne remplissant pas la condition de revenus mentionnée au 2° des *a* ou *b* du 4 *bis***
	1 000 € pour les poêles à bûches et cuisinières à bûches	
	***(L. n° 2020-1721 du 29 déc. 2020, art. 53-I-1°,* applicable aux dépenses payées en 2020)* « 600 € pour les foyers fermés et inserts à bûches ou granulés »**	
	1 000 € pour les équipements de chauffage ou de production d'eau chaude fonctionnant avec des capteurs solaires hybrides thermiques et électriques à circulation de liquide	
Pompes à chaleur, autres que air/air, mentionnées au 3° du *c* du 1	**4 000 € pour les pompes à chaleur géothermiques**	**(Sans objet)**
	2 000 € pour les pompes à chaleur air/eau	
	400 € pour les pompes à chaleur dédiées à la production d'eau chaude sanitaire	
Équipements de raccordement à un réseau de chaleur et/ ou de froid, et droits et frais de raccordement mentionnés au *d* du 1	**400 €**	**(Sans objet)**
***Système de charge pour* véhicule électrique mentionné au *i* du 1**	**300 €**	**300 €**
Équipements ou matériaux de protection des parois vitrées ou opaques contre les rayonnements solaires mentionnés au *j* du 1	**15 € par mètre carré**	**(Sans objet)**
Audit énergétique mentionné au *l* du 1	**300 €**	**(Sans objet)**

Nature de la dépense	Montant	
	Ménages remplissant les conditions de revenus mentionnées aux *a* ou *b* du 4 *bis*	Ménages ne remplissant pas la condition de revenus mentionnée au 2° des *a* ou *b* du 4 *bis*
Dépose de cuve à fioul mentionnée au *m* du 1	400 €	(Sans objet)
Équipements de ventilation mécanique contrôlée à double flux mentionnés au *n* du 1	2 000 €	(Sans objet)
Bouquet de travaux pour une maison individuelle mentionné au *o* du 1	150 € par mètre carré de surface habitable	(Sans objet)

« 5 *bis*. Par exception au 5 et sous réserve du 5 *ter*, le crédit d'impôt est égal, selon la nature de chaque dépense, lorsque celle-ci porte sur les parties communes d'un immeuble collectif, aux montants suivants pour lesquels "q" représente la quote-part correspondant au logement considéré :

Nature de la dépense	Montant	
	Ménages remplissant les conditions de revenus mentionnées au 4 *bis*	Ménages ne remplissant pas la condition de revenus mentionnée au 2° des *a* ou *b* du 4 *bis*
Matériaux d'isolation thermique des parois opaques mentionnés au 3° du *b* du 1	15*q € par mètre carré pour l'isolation des murs en façade ou pignon par l'intérieur, des rampants de toiture et plafonds de combles aménagés ou aménageables	10*q € par mètre carré pour l'isolation des murs en façade ou pignon par l'intérieur, des rampants de toiture et plafonds de combles aménagés ou aménageables
	50*q € par mètre carré pour l'isolation des murs en façade ou pignon par l'extérieur, des toitures-terrasses	25*q € par mètre carré pour l'isolation des murs en façade ou pignon par l'extérieur, des toitures-terrasses
Équipements de chauffage ou de fourniture d'eau chaude sanitaire fonctionnant au bois *ou autres biomasses* ou à l'énergie solaire thermique mentionnés au 1° du *c* du 1	1 000 € par logement pour les chaudières fonctionnant au bois ou autres biomasses	(Sans objet)
	350 € par logement pour les équipements de fourniture d'eau chaude sanitaire seule fonctionnant à l'énergie solaire thermique	

Nature de la dépense	Montant	
	Ménages remplissant les conditions de revenus mentionnées au 4 *bis*	Ménages ne remplissant pas la condition de revenus mentionnée au 2° des *a* ou *b* du 4 *bis*
Pompes à chaleur, autres que air/air, mentionnées au 3° du *c* du 1	1 000 € par logement pour les pompes à chaleur géothermiques et les pompes à chaleur air/eau 150 € par logement pour les pompes à chaleur dédiées à la production d'eau chaude sanitaire	(Sans objet)
Équipements de raccordement à un réseau de chaleur et/ou de froid, et droits et frais de raccordement mentionnés au *d* du 1	150 € par logement	(Sans objet)
Système de charge pour véhicule électrique mentionné au *i* du 1	300 €	300 €
Équipements ou matériaux de protection des parois vitrées ou opaques contre les rayonnements solaires mentionnés au *j* du 1	15*q € par mètre carré	(Sans objet)
Audit énergétique mentionné au *l* du 1	150 € par logement	(Sans objet)
Dépose de cuve à fioul mentionnée au *m* du 1	150 € par logement	(Sans objet)
Équipements de ventilation mécanique contrôlée à double flux mentionnés au *n* du 1	1 000 € par logement	(Sans objet)

« 5 *ter*. Pour chaque dépense, le montant du crédit d'impôt accordé en application des 5 ou 5 *bis* ne peut dépasser 75 % de la dépense éligible effectivement supportée par le contribuable. »

6. *a)* Les équipements, matériaux, appareils et travaux de pose mentionnés au 1 s'entendent de ceux figurant sur la facture de l'entreprise mentionnée au 1 *ter*. *(Abrogé par L. nº 2019-1479 du 28 déc. 2019, art. 15-I-A-7º-a)* ***« Les dépenses de diagnostic de performance énergétique mentionnées au 2º du f du 1 s'entendent de celles figurant sur la facture délivrée par une personne mentionnée à l'article L. 271-6 du code de la construction et de l'habitation. »*** *(L. nº 2017-1837 du 30 déc. 2017, art. 79, applicable aux dépenses payées à compter du 1er janv. 2018)* « Les dépenses d'audit énergétique mentionnées au *l* du 1 s'entendent de celles figurant sur la facture délivrée par un auditeur mentionné au dernier alinéa du 2. » Cette facture comporte la mention que *(L. nº 2019-1479 du 28 déc. 2019, art. 15-I-A-7º-a)* « l'audit énergétique a été réalisé en dehors des cas où la réglementation le rend obligatoire. »

b) Les dépenses mentionnées au 1 ouvrent droit au bénéfice du crédit d'impôt, sous réserve que le contribuable soit en mesure de présenter, à la demande de l'administration fiscale, la facture, autre que des factures d'acompte, de l'entreprise mentionnée au 1 *ter* *(Abrogé par L. n° 2019-1479 du 28 déc. 2019, art. 15-I-A-7°-b)* « *ou de la personne qui a réalisé le diagnostic de performance énergétique* » *(L. n° 2017-1837 du 30 déc. 2017, art. 79, applicable aux dépenses payées à compter du 1er janv. 2018)* « ou de l'auditeur qui a réalisé l'audit énergétique ».

Cette facture comporte, outre les mentions prévues à l'article 289 :

1° Le lieu de réalisation des travaux *(Abrogé par L. n° 2019-1479 du 28 déc. 2019, art. 15-I-A-7°-b)* « *ou du diagnostic de performance énergétique* » *(L. n° 2017-1837 du 30 déc. 2017, art. 79, applicable aux dépenses payées à compter du 1er janv. 2018)* « ou de l'audit énergétique » ;

2° La nature de ces travaux ainsi que la désignation, le montant et, le cas échéant, les caractéristiques et les critères de performances, mentionnés à la deuxième phrase du premier alinéa du 2, des équipements, matériaux et appareils ;

3° Dans le cas de l'acquisition et de la pose de matériaux d'isolation thermique des parois opaques, la surface en mètres carrés des parois opaques isolées, en distinguant ce qui relève de l'isolation par l'extérieur de ce qui relève de l'isolation par l'intérieur ;

4° Dans le cas de l'acquisition *(L. n° 2018-1317 du 28 déc. 2018, art. 182-I-7°)* « et de la pose » d'équipements de chauffage ou de fourniture d'eau chaude sanitaire *(L. n° 2019-1479 du 28 déc. 2019, art. 15-I-A-7°-b)* « mentionnée au 1° du *c* du 1 », la surface en mètres carrés des équipements de chauffage ou de fourniture d'eau chaude sanitaire utilisant l'énergie solaire thermique ;

5° Lorsque les travaux d'installation des équipements, matériaux et appareils y sont soumis, les critères de qualification de l'entreprise mentionnée au *a* du 1 *ter* ou de l'entreprise sous-traitante lorsque les travaux sont réalisés dans les conditions mentionnées au *b* du 1 *ter* ;

6° *Abrogé.*

7° Lorsque les travaux sont soumis à des critères de qualification, la date de la visite préalable prévue *(Décr. n° 2018-500 du 20 juin 2018, art. 1er)* « à l'avant-dernier » alinéa du 2, au cours de laquelle l'entreprise qui a installé ou posé les équipements, matériaux ou appareils a validé leur adéquation au logement ;

(L. n° 2017-1837 du 30 déc. 2017, art. 79, applicable aux dépenses payées à compter du 1er janv. 2018) « 8° Dans le cas de l'acquisition *(L. n° 2019-1479 du 28 déc. 2019, art. 15-I-A-7°-b)* « et de la pose » de matériaux d'isolation thermique des parois vitrées, dans les conditions prévues au *(Abrogé par L. n° 2018-1317 du 28 déc. 2018, art. 182-I-8°)* « *second alinéa du* » 2° du *b* du 1, la mention par l'entreprise que ces mêmes matériaux ont été posés en remplacement de parois en simple vitrage ;

« 9° Dans le cas de dépenses payées au titre des droits et frais de raccordement à un réseau de chaleur ou de froid, la mention du coût des équipements de raccordement *(L. n° 2019-1479 du 28 déc. 2019, art. 15-I-A-7°-b)* « et de la pose » compris dans ces mêmes droits et frais ;

« 10° Dans le cas de la réalisation d'un audit énergétique, la mention du respect des conditions de qualification de l'auditeur mentionnées au dernier alinéa du 2 et de la formulation de la proposition de travaux permettant d'atteindre un très haut niveau de performance énergétique mentionnée au *l* du 1 » ;

(L. n° 2019-1479 du 28 déc. 2019, art. 15-I-A-7°-b) « 11° Dans le cas de l'acquisition et de la pose d'équipements ou de matériaux de protection des parois vitrées ou opaques contre les rayonnements solaires mentionnées au *j* du 1, la surface en mètres carrés des parois protégées ;

« 12° Dans le cas de dépenses liées à un bouquet de travaux, pour une maison individuelle, permettant de limiter la consommation conventionnelle annuelle en énergie primaire du logement pour le chauffage, l'eau chaude sanitaire et le refroidissement, mentionnées au *o* du 1, la surface habitable du logement, ainsi que la consommation conventionnelle annuelle en énergie primaire du logement pour le chauffage, l'eau chaude sanitaire et le refroidissement avant travaux et après travaux, telle que déterminée par une méthode fixée par arrêté conjoint des ministres en charge de l'économie, du logement et de l'énergie. »

c) **Lorsque le bénéficiaire du crédit d'impôt n'est pas en mesure de produire une facture comportant les mentions prévues au *b* selon la nature des travaux, équipements, matériaux** *(L. nº 2017-1837 du 30 déc. 2017, art. 79, applicable aux dépenses payées à compter du 1er janv. 2018)* **« , appareils, diagnostics et audits » concernés, il fait l'objet, au titre de l'année d'imputation et dans la limite du crédit d'impôt obtenu, d'une reprise égale au montant de l'avantage fiscal accordé à raison de la dépense non justifiée.**

6 bis. *Abrogé par L. nº 2013-1278 du 29 déc. 2013, art. 74-I-H.*

(L. nº 2019-1479 du 28 déc. 2019, art. 15-I-A-8º) **« 6 *ter*. Un contribuable ne peut, pour une même dépense, bénéficier à la fois des dispositions du présent article et :**

« *a)* Du crédit d'impôt prévu à l'article 199 *sexdecies* ;

« *b)* Ou d'une déduction de charges pour la détermination de ses revenus catégoriels ;

« *c)* Ou de la prime prévue au II de l'article 15 de la loi nº 2019-1479 du 28 décembre 2019 de finances pour 2020. »

7. Le crédit d'impôt est imputé sur l'impôt sur le revenu après imputation des réductions d'impôt mentionnées aux articles 199 *quater* B à 200 *bis*, des crédits d'impôt et des prélèvements ou retenues non libératoires. S'il excède l'impôt dû, l'excédent est restitué.

Lorsque le bénéficiaire du crédit d'impôt est remboursé dans un délai de cinq ans de tout ou partie du montant des dépenses qui ont ouvert droit à cet avantage, il fait *(L. nº 2019-1479 du 28 déc. 2019, art. 15-I-A-9º-a)* **« le cas échéant » l'objet, au titre de l'année de remboursement et dans la limite du crédit d'impôt obtenu, d'une reprise égale** *(L. nº 2019-1479 du 28 déc. 2019, art. 15-I-A-9º-b)* **« à la différence entre le montant de l'avantage fiscal initialement accordé et le montant de l'avantage fiscal déterminé en application des dispositions du 5 *ter* sur la base de la dépense finalement supportée par le contribuable. » Toutefois, aucune reprise n'est pratiquée lorsque le remboursement fait suite à un sinistre survenu après que les dépenses ont été payées.**

1) *Délib. du 19 avr. 2011 du conseil régional de la Guadeloupe, art. 2 (JO 20 mai) : « Par dérogation à l'article 200 quater du code général des impôts, pour toute acquisition d'un chauffe-eau solaire individuel en vue de l'équipement d'un logement à usage d'habitation principale, sur le territoire de la Guadeloupe, le crédit d'impôt peut donner lieu à une cession par le bénéficiaire au profit de l'établissement de crédit qui lui consent un prêt pour financer ladite opération ».*

2) *Délib. nº 13-1222-1 du 28 juin 2013 du conseil régional de la Martinique, art. 2 (JO 28 août) : « Par dérogation à l'article 200 quater du code général des impôts, pour toute acquisition d'un chauffe-eau solaire individuel en vue de l'équipement d'un logement à usage d'habitation principale, sur le territoire de la Martinique, le crédit d'impôt peut donner lieu à une cession par le bénéficiaire au profit de l'établissement de crédit qui lui consent un prêt pour financer ladite opération ».*

3) *Les dispositions ci-dessus de la L. nº 2014-1654 du 29 déc. 2014 (hors art. 3-I-B-4º — V. § I-5 ter ci-dessus) s'appliquent aux dépenses payées à compter du 1er sept. 2014 (L. préc., art. 3-II).*

4) *Les dispositions du présent art. issues de la L. nº 2017-1837 du 30 déc. 2017 s'appliquent sous réserve de dispositions transitoires aux dépenses payées en 2018 (L. préc., art. 79).*

5) *Les dispositions du présent art. issues de la L. nº 2018-1317 du 28 déc. 2018 s'appliquent à compter du 1er janv. 2019. Toutefois le présent art. dans sa rédaction applicable aux dépenses mentionnées au 1er al. du 1º du b et au g du 1, s'applique également aux dépenses de même nature payées en 2019, pour lesquelles le contribuable justifie de l'acceptation d'un devis et du versement d'un acompte au plus tard le 31 déc. 2018 (L. préc., art. 182-III).*

6) *Les dispositions du présent art., issues de la L. nº 2019-1479 du 28 déc. 2019, art. 15-I, s'appliquent aux dépenses payées à compter du 1er janv. 2020. Toutefois, les dispositions du présent art., dans sa rédaction antérieure à ladite loi, peuvent, sur demande du contribuable, s'appliquer aux dépenses payées en 2021 pour lesquelles le contribuable justifie de l'acceptation d'un devis et du versement d'un acompte entre le 1er janv. 2019 et le 31 déc. 2020. Dans ce cas, le contribuable ne peut bénéficier, pour ces mêmes dépenses, à la fois des dispositions du présent art. applicables aux dépenses payées en 2020 et de la prime mentionnée au II de l'art. 15 de la L. nº 2019-1479 du 28 déc. 2019 de finances pour 2020 ou du crédit d'impôt prévu à l'art. 200 quater C (L. nº 2020-1721 du 29 déc. 2020, art. 53-III-B).*

Le contribuable ayant bénéficié au titre des dépenses réalisées entre le 1er janv. 2016 et le 31 déc. 2019, en application des dispositions du présent art. dans sa rédaction antérieure à la L. nº 2019-1479, d'un montant de crédit d'impôt supérieur au plafond prévu au 4 de l'art. 200 quater dans sa rédaction résultant de ladite loi ne fait pas l'objet d'une reprise au titre de ces années (L. n° 2019-1479 du 28 déc. 2019, art. 15-III-C).

7) Les dispositions du présent art. dans sa rédaction applicable aux dépenses payées en 2020 peuvent, sur demande du contribuable, s'appliquer aux dépenses payées en 2021 pour lesquelles le contribuable justifie de l'acceptation d'un devis et du versement d'un acompte entre le 1er janv. 2019 et le 31 déc. 2020. Dans ce cas, le contribuable ne peut bénéficier, pour ces mêmes dépenses, à la fois des dispositions du même article applicables aux dépenses payées en 2020 et de la prime mentionnée au II de l'art. 15 de la L. n° 2019-1479 du 28 déc. 2019 de finances pour 2020 ou du crédit d'impôt prévu à l'art. 200 quater C dans sa rédaction résultant de la L. n° 2020-1721 du 29 déc. 2020 (L. préc., art. 53-III-B).

1. Crédit d'impôt pour la transition énergétique (CITE). Régime applicable à compter du 1er sept. 2014. Champ d'application et conditions du crédit d'impôt. Modalités de détermination des modalités d'application du crédit d'impôt. * BOI-IR-RICI-280 du 21 juin 2019.

2. Équipements concernés. Le crédit d'impôt est limité au coût des seuls équipements de production d'énergie, à l'exclusion de leurs accessoires. Doivent donc être exclues de la base du crédit d'impôt les dépenses de conduit de raccordement, de tubage de conduit de fumées, de buse et de chapeau aspirateur, dès lors qu'elles se rapportent à des éléments distincts du poêle à bois acquis. • CE 17 mars 2017, n° 401587 : *RJF 2017. 527.*

3. Plafond pluriannuel de dépenses. La période de cinq ans s'apprécie sur une base glissante, de sorte que les dépenses exposées ne doivent pas excéder, au titre de l'année concernée par la demande de crédit d'impôt et des quatre années précédentes, le montant global du plafond pluriannuel. • TA Orléans, 2 janv. 2019, n° 1703673 : *RJF 2019. 1003.*

Ancien art. 200 quater *1. Les contribuables domiciliés en France au sens de l'article 4 B peuvent bénéficier d'un crédit d'impôt sur le revenu au titre des dépenses effectivement supportées pour l'amélioration de la qualité environnementale du logement dont ils sont propriétaires, locataires ou occupants à titre gratuit et qu'ils affectent à leur habitation principale, à condition de réaliser des dépenses mentionnées aux b à g du présent 1 selon les modalités prévues au 5 bis. Cette condition n'est pas applicable aux contribuables dont le revenu fiscal de référence défini au II de l'article 1417 n'excède pas, au titre de l'avant-dernière année précédant celle du paiement de la dépense, la limite prévue au même II.*

Ce crédit d'impôt s'applique :

a) Abrogé.

b) Aux dépenses afférentes à un immeuble achevé depuis plus de deux ans, payées entre le 1er janvier 2005 et le 31 décembre 2015, au titre de :

1° L'acquisition de chaudières à condensation ;

2° L'acquisition de matériaux d'isolation thermique des parois vitrées, de volets isolants ou de portes d'entrée donnant sur l'extérieur ;

Toutefois, lorsque l'acquisition de tels matériaux est réalisée pour une maison individuelle, le crédit d'impôt ne s'applique qu'à la condition que des dépenses mentionnées au présent 1 soient réalisées selon les modalités prévues au 5 bis ;

3° L'acquisition et la pose de matériaux d'isolation thermique des parois opaques, dans la limite d'un plafond de dépenses par mètre carré, fixé par arrêté conjoint des ministres chargés de l'énergie, du logement et du budget, ainsi que l'acquisition de matériaux de calorifugeage de tout ou partie d'une installation de production ou de distribution de chaleur ou d'eau chaude sanitaire ;

4° L'acquisition d'appareils de régulation de chauffage ;

c) Au coût des équipements de production d'énergie utilisant une source d'énergie renouvelable, à l'exception des équipements de production d'électricité utilisant l'énergie radiative du soleil, ou des pompes à chaleur, autres que air/air, dont la finalité essentielle est la production de chaleur ou d'eau chaude sanitaire, ainsi qu'au coût de la pose de l'échangeur de chaleur souterrain des pompes à chaleur géothermiques, dans la limite d'un plafond de dépenses par mètre carré pour les équipements de production d'énergie utilisant l'énergie solaire thermique, fixé par arrêté conjoint des ministres chargés de l'énergie, du logement et du budget :

1° Payés entre le 1er janvier 2005 et le 31 décembre 2012 dans le cadre de travaux réalisés dans un logement achevé ;

2° Intégrés à un logement acquis neuf entre le 1er janvier 2005 et le 31 décembre 2012 ;

3° Intégrés à un logement acquis en l'état futur d'achèvement ou que le contribuable fait construire, achevé entre le 1er janvier 2005 et le 31 décembre 2012 ;

4° Payés entre le 1er janvier 2013 et le 31 décembre 2015 dans le cadre de travaux réalisés dans un logement achevé depuis plus de deux ans ;

d) Au coût des équipements de raccordement à un réseau de chaleur, alimenté majoritairement par des énergies renouvelables ou par une installation de cogénération :

1° Payés entre le 1er janvier 2006 et le 31 décembre 2012 dans le cadre de travaux réalisés dans un logement achevé ;

2° Intégrés à un logement acquis neuf entre le 1er janvier 2006 et le 31 décembre 2012 ;

3° Intégrés à un logement acquis en l'état futur d'achèvement ou que le contribuable fait construire, achevé entre le 1er janvier 2006 et le 31 décembre 2012 ;

4° Payés entre le 1er janvier 2013 et le 31 décembre 2015 dans le cadre de travaux réalisés dans un logement achevé depuis plus de deux ans ;

e) Abrogé par L. n° 2013-1278 du 29 déc. 2013, art. 74-I-A-4°.

f) Aux dépenses afférentes à un immeuble achevé depuis plus de deux ans, payées entre le 1er janvier 2009 et le 31 décembre 2015, au titre de :

1° Abrogé.

2° La réalisation, en dehors des cas où la réglementation le rend obligatoire, du diagnostic de performance énergétique défini à l'article L. 134-1 du code de la construction et de l'habitation. Pour un même logement, un seul diagnostic de performance énergétique ouvre droit au crédit d'impôt par période de cinq ans ;

g) Aux dépenses afférentes à un immeuble achevé depuis plus de deux ans, payées entre le 1er janvier 2012 et le 31 décembre 2015, au titre de chaudières à micro-cogénération gaz d'une puissance de production électrique inférieure ou égale à 3 kilovolt-ampères par logement.

1 bis. Devenu sans objet (Décr. n° 2011-645 du 9 juin 2011).

2. Un arrêté conjoint des ministres chargés de l'énergie, du logement et du budget fixe la liste des équipements, matériaux et appareils qui ouvrent droit au crédit d'impôt. Il précise les caractéristiques techniques et les critères de performances minimales requis pour l'application du crédit d'impôt. — V. Ann. IV, art. 18 bis.

Afin de garantir la qualité de l'installation ou de la pose des équipements, matériaux et appareils, un décret précise les travaux pour lesquels est exigé, pour l'application du crédit d'impôt, le respect de critères de qualification de l'entreprise. — V. Ann. III, art. 46 AX, et App., Décr. n° 2014-812 du 16 juill. 2014, art. 2 à 5.

3. Le crédit d'impôt s'applique pour le calcul de l'impôt dû au titre de l'année du paiement de la dépense par le contribuable ou, dans les cas prévus aux 2° et 3° des c et d du 1, au titre de l'année d'achèvement du logement ou de son acquisition si elle est postérieure.

4. Pour un même logement que le propriétaire, le locataire ou l'occupant à titre gratuit affecte à son habitation principale, le montant des dépenses ouvrant droit au crédit d'impôt ne peut excéder, au titre d'une période de cinq années consécutives comprises entre le 1er janvier 2005 et le 31 décembre 2015, la somme de 8 000 € pour une personne célibataire, veuve ou divorcée et de 16 000 € pour un couple soumis à imposition commune. Cette somme est majorée de 400 € par personne à charge au sens des articles 196 à 196 B. La somme de 400 € est divisée par deux lorsqu'il s'agit d'un enfant réputé à charge égale de l'un et l'autre de ses parents.

5. Le crédit d'impôt est égal à 15 % du montant des matériaux, équipements, appareils et dépenses de diagnostic de performance énergétique mentionnés au 1.

5 bis. Si, pour un même logement et sur une même année ou sur deux années consécutives, le contribuable réalise des dépenses relevant d'au moins deux des catégories suivantes, le taux de 15 % mentionné au 5 est porté à 25 % pour ces mêmes dépenses :

a) Dépenses d'acquisition de matériaux d'isolation thermique des parois vitrées, mentionnées au 2° du b du 1 ;

b) Dépenses d'acquisition et de pose de matériaux d'isolation thermique des parois opaques en vue de l'isolation des murs, mentionnées au 3° du b du 1 ;

c) Dépenses d'acquisition et de pose de matériaux d'isolation thermique des parois opaques en vue de l'isolation des toitures, mentionnées au même 3° ;

d) Dépenses au titre de l'acquisition de chaudières ou d'équipements de chauffage ou de production d'eau chaude fonctionnant au bois ou autres biomasses, mentionnées au c du 1 ;

e) Dépenses au titre de l'acquisition d'équipements de production d'eau chaude sanitaire utilisant une source d'énergie renouvelable, mentionnées au même c ;

f) Dépenses d'acquisition de chaudières à condensation mentionnées au 1° du b du 1, de chaudières à micro-cogénération gaz mentionnées au g du même 1 et d'équipements de production d'énergie utilisant une source d'énergie renouvelable ou de pompes à chaleur mentionnées au c dudit 1, à l'exception de celles visées aux d et e du présent 5 bis.

Par dérogation au 3, lorsque les dépenses précitées sont réalisées sur une période de deux années consécutives, le contribuable porte l'ensemble de ces dépenses, payées durant cette période, sur la déclaration mentionnée à l'article 170 souscrite au titre de la seconde année. Le crédit d'impôt s'applique alors pour le calcul de l'impôt dû au titre de cette même année.

L'avant-dernier alinéa du présent 5 bis est exclusif du bénéfice du crédit d'impôt à raison de ces mêmes dépenses au titre de la première année de leur réalisation.

(L. n° 2014-1654 du 29 déc. 2014, art. 3-I-B-4°) « 5 ter. Pour les dépenses payées du 1er janvier au 31 août 2014, le crédit d'impôt s'applique dans les conditions prévues au présent article, dans sa rédaction antérieure à la loi n° 2014-1654 du 29 décembre 2014 de finances pour 2015.

« Toutefois, au titre de ces mêmes dépenses, lorsque l'application du crédit d'impôt est conditionnée à la réalisation de dépenses selon les modalités prévues au 5 bis, dans sa rédaction antérieure à la même loi, le crédit d'impôt s'applique dans les conditions prévues au présent article, dans sa rédaction antérieure à ladite loi, sous réserve que des dépenses relevant d'au moins deux des catégories prévues au même 5 bis soient réalisées au cours de l'année 2014 ou des années 2014 et 2015. Dans ce dernier cas, les deux derniers alinéas dudit 5 bis s'appliquent dans leur rédaction antérieure à la même loi. »

6. a) Les équipements, matériaux, appareils et travaux de pose mentionnés au 1 s'entendent de ceux figurant sur la facture d'une entreprise ou, le cas échéant, dans les cas prévus aux 2° et 3° des c et d du 1, des équipements figurant sur une attestation fournie par le vendeur ou le constructeur du logement. Les dépenses de diagnostic de performance énergétique mentionnées au 2° du f du 1 s'entendent de celles figurant sur la facture délivrée par une personne mentionnée à l'article L. 271-6 du code de la construction et de l'habitation. Cette facture comporte la mention que le diagnostic de performance énergétique a été réalisé en dehors des cas où la réglementation le rend obligatoire.

b) Les dépenses mentionnées au 1 ouvrent droit au bénéfice du crédit d'impôt, sous réserve que le contribuable soit en mesure de présenter, à la demande de l'administration fiscale, l'attestation du vendeur ou du constructeur du logement ou la facture, autre que des factures d'acompte, de l'entreprise qui a procédé à la fourniture et à l'installation des équipements, matériaux et appareils ou de la personne qui a réalisé le diagnostic de performance énergétique.

Cette facture comporte, outre les mentions prévues à l'article 289 :

1° Le lieu de réalisation des travaux ou du diagnostic de performance énergétique ;

2° La nature de ces travaux ainsi que la désignation, le montant et, le cas échéant, les caractéristiques et les critères de performances, mentionnés à la deuxième phrase du premier alinéa du 2, des équipements, matériaux et appareils ;

3° Dans le cas de l'acquisition et de la pose de matériaux d'isolation thermique des parois opaques, la surface en mètres carrés des parois opaques isolées, en distinguant ce qui relève de l'isolation par l'extérieur de ce qui relève de l'isolation par l'intérieur ;

4° Dans le cas de l'acquisition d'équipements de production d'énergie utilisant une source d'énergie renouvelable, la surface en mètres carrés des équipements de production d'énergie utilisant l'énergie solaire thermique ;

5° Lorsque les travaux d'installation des équipements, matériaux et appareils y sont soumis, les critères de qualification de l'entreprise.

c) Lorsque le bénéficiaire du crédit d'impôt n'est pas en mesure de produire une facture ou une attestation comportant les mentions prévues au b selon la nature des travaux, équipements, matériaux et appareils concernés, il fait l'objet, au titre de l'année d'imputation et dans la limite du crédit d'impôt obtenu, d'une reprise égale au montant de l'avantage fiscal accordé à raison de la dépense non justifiée.

6 bis. Abrogé par L. n° 2013-1278 du 29 déc. 2013, art. 74-I-H.

6 ter. Un contribuable ne peut, pour une même dépense, bénéficier à la fois de l'aide prévue à l'article 199 sexdecies et des dispositions du présent article.

7. Le crédit d'impôt est imputé sur l'impôt sur le revenu après imputation des réductions d'impôt mentionnées aux articles 199 quater B à 200 bis, des crédits d'impôt et des prélèvements ou retenues non libératoires. S'il excède l'impôt dû, l'excédent est restitué.

Lorsque le bénéficiaire du crédit d'impôt est remboursé dans un délai de cinq ans de tout ou partie du montant des dépenses qui ont ouvert droit à cet avantage, il fait l'objet, au titre de l'année de remboursement et dans la limite du crédit d'impôt obtenu, d'une reprise égale au montant de l'avantage fiscal accordé à raison de la somme qui a été remboursée. Toutefois, aucune reprise n'est pratiquée lorsque le remboursement fait suite à un sinistre survenu après que les dépenses ont été payées. — V. note 3 ss. l'art. suivant.

Art. 200 *quater* A *(L. n° 2017-1837 du 30 déc. 2017, art. 81)* « **1. *a.* Les contribuables propriétaires, locataires ou occupants à titre gratuit d'un logement situé en**

France, affecté à leur habitation principale, peuvent bénéficier d'un crédit d'impôt sur le revenu au titre des dépenses d'installation ou de remplacement d'équipements :

« 1° Spécialement conçus pour l'accessibilité des logements aux personnes âgées ou handicapées ;

« 2° Ou permettant l'adaptation des logements à la perte d'autonomie ou au handicap, lorsque les conditions prévues au *c* sont satisfaites.

« *b.* Pour ouvrir droit au crédit d'impôt, les équipements mentionnés au *a* doivent être :

« 1° Payés entre le 1er janvier 2005 et le 31 décembre *(L. n° 2020-1721 du 29 déc. 2020, art. 117-I-1°)* **« 2023 » dans le cadre de travaux réalisés dans un logement achevé ;**

« 2° Intégrés à un logement acquis neuf entre le 1er janvier 2005 et le 31 décembre *(L. n° 2020-1721 du 29 déc. 2020, art. 117-I-1°)* **« 2023 » ;**

« 3° Intégrés à un logement acquis en l'état futur d'achèvement ou que le contribuable fait construire, achevé entre le 1er janvier 2005 et le 31 décembre *(L. n° 2020-1721 du 29 déc. 2020, art. 117-I-1°)* **« 2023 ».**

« *c.* Pour les dépenses mentionnées au 2° du *a*, le crédit d'impôt s'applique à condition que le contribuable ou un membre de son foyer fiscal :

« 1° Remplisse, au titre d'une invalidité, l'une des conditions fixées aux *c* ou *d* du 1 de l'article 195 ;

« 2° Ou soit titulaire de la carte "mobilité inclusion" au titre des 1°, 2° ou 3° du I de l'article L. 241-3 du code de l'action sociale et des familles ou de l'une des cartes mentionnées aux articles L. 241-3, L. 241-3-1 ou L. 241-3-2 du même code, dans sa rédaction antérieure à la loi n° 2016-1321 du 7 octobre 2016 pour une République numérique ;

« 3° Ou souffre d'une perte d'autonomie entraînant son classement dans l'un des groupes 1 à 4 de la grille nationale mentionnée à l'article L. 232-2 du code de l'action sociale et des familles.

« La condition prévue au présent *c* est appréciée au 31 décembre de l'année du paiement de la dépense pour les dépenses réalisées dans les conditions du 1° du *b*, à la date d'acquisition du logement pour celles réalisées dans les conditions du 2° du même *b* ou à la date d'achèvement du logement pour celles réalisées dans les conditions du 3° dudit *b*.»

1 *bis*. Les contribuables propriétaires de logements situés en France, achevés avant l'approbation du plan de prévention des risques technologiques, qu'ils affectent à leur habitation principale ou qu'ils louent ou s'engagent à louer pendant une durée de cinq ans, à titre d'habitation principale, à des personnes autres que leur conjoint ou un membre de leur foyer fiscal peuvent bénéficier d'un crédit d'impôt sur le revenu au titre des dépenses payées entre le 1er janvier 2015 et le 31 décembre *(L. n° 2020-1721 du 29 déc. 2020, art. 117-I-2°)* **« 2023 pour la réalisation, dans les délais impartis, » de diagnostics préalables aux travaux et de travaux prescrits aux propriétaires d'habitation au titre de l'article L. 515-16-2 du code de l'environnement, sans qu'en soit déduit le montant des participations versées, le cas échéant, en application de l'article L. 515-19 du même code.**

2. Un arrêté *(L. n° 2017-1837 du 30 déc. 2017, art. 81)* **« conjoint des ministres en charge du budget, des personnes handicapées et des personnes âgées » fixe la liste des équipements** *(L. n° 2017-1837 du 30 déc. 2017, art. 81)* **« mentionnés aux 1° et 2° du *a* du 1, » pour lesquels les dépenses d'installation ou de remplacement ouvrent droit à cet avantage fiscal.** – *V. Ann. IV, art. 18 ter.*

3. Le crédit d'impôt s'applique pour le calcul de l'impôt dû au titre de l'année du paiement de la dépense par le contribuable ou, dans les cas prévus aux 2° et 3° *(L. n° 2017-1837 du 30 déc. 2017, art. 81)* **« du *b* » du 1, au titre de l'année d'achèvement du logement ou de son acquisition si elle est postérieure.**

4. Pour un même logement, le montant des dépenses mentionnées au 1 ouvrant droit au crédit d'impôt ne peut excéder, au titre d'une période de cinq années consécutives comprises entre le 1er janvier 2005 et le 31 décembre *(L. n° 2020-1721 du 29 déc. 2020, art. 117-I-1°)* **« 2023 », la somme de 5 000 € pour une personne célibataire, veuve ou divorcée et de 10 000 € pour un couple marié soumis à imposition commune. Cette somme est majorée de 400 € par personne à charge au sens des arti-**

cles 196 à 196 B. La somme de 400 € est divisée par deux lorsqu'il s'agit d'un enfant réputé à charge égale de l'un et l'autre de ses parents.

4 *bis*. Pour un même logement, le montant des dépenses mentionnées au 1 *bis* ouvrant droit au crédit d'impôt *(L. n° 2020-1721 du 29 déc. 2020, art. 117-I-3°)* **« payées dans les délais prévus au I des articles L. 515-16-2 et L. 515-19 du code de l'environnement ne peut excéder » la somme de 20 000 €. Lorsque plusieurs contribuables détiennent la propriété du même logement, cette somme est répartie par contribuable au prorata de leurs droits détenus sur ce logement.**

5. Le crédit d'impôt est égal à :

***a)* 25 % du montant des dépenses mentionnées au 1 ;**

***a bis)* 40 % du montant des dépenses mentionnées au 1 *bis* ;**

b) Abrogé.

6. Les travaux et les dépenses d'acquisition, d'installation ou de remplacement mentionnés aux 1 et 1 *bis* s'entendent de ceux figurant sur la facture d'une entreprise ou, le cas échéant, dans les cas prévus aux 2° et 3° *(L. n° 2017-1837 du 30 déc. 2017, art. 81)* **« du *b* » du 1, des dépenses figurant sur une attestation fournie par le vendeur ou le constructeur du logement.**

Les dépenses mentionnées aux 1 et 1 *bis* ouvrent droit au bénéfice du crédit d'impôt, sous réserve que le contribuable soit en mesure de présenter, à la demande de l'administration fiscale, l'attestation mentionnée au premier alinéa du présent 6 ou les factures, autres que des factures d'acompte, des entreprises ayant réalisé les travaux et comportant, outre les mentions prévues à l'article 289, l'adresse de réalisation des travaux, leur nature ainsi que la désignation et le montant des équipements et travaux mentionnés au 1 et 1 *bis*.

7. Le crédit d'impôt est imputé sur l'impôt sur le revenu après imputation des réductions d'impôt mentionnées aux articles 199 *quater* B à 200 *bis*, des crédits d'impôt et des prélèvements ou retenues non libératoires. S'il excède l'impôt dû, l'excédent est restitué.

8. Lorsque le bénéficiaire du crédit d'impôt est remboursé dans un délai de cinq ans de tout ou partie du montant des dépenses qui ont ouvert droit à cet avantage, il fait l'objet, au titre de l'année de remboursement et dans la limite du crédit d'impôt obtenu, d'une reprise égale au montant de l'avantage fiscal accordé à raison de la somme qui a été remboursée. Toutefois, aucune reprise n'est pratiquée lorsque le remboursement fait suite à un sinistre survenu après que les dépenses ont été payées ou lorsque les sommes remboursées ont été versées en application de l'article L. 515-19 du code de l'environnement.

9. La durée de l'engagement de location mentionné au 1 *bis* s'apprécie à compter de la date de réalisation des dépenses ou, lorsque le logement n'est pas loué à cette date, à compter de la mise en location qui doit prendre effet, pour chaque logement concerné, dans les douze mois qui suivent la réalisation des dépenses. En cas de non-respect de cet engagement, le ou les crédits d'impôt obtenus pour chaque logement concerné font l'objet d'une reprise au titre de l'année au cours de laquelle l'engagement n'est pas respecté.

10. Pour une même dépense, les dispositions du présent article sont exclusives de celles de l'article 200 *quater* ou d'une déduction de charge pour la détermination des revenus catégoriels.

Les dispositions du présent art. issues de la L. n° 2017-1837 du 30 déc. 2017 s'appliquent aux dépenses payées à compter du 1er janv. 2018 (L. préc., art. 81).

1. Dépenses d'équipements de l'habitation principale en faveur de l'aide aux personnes âgées ou handicapées. Commentaire administratif. * BOI-IR-RICI-290-10 du 15 juin 2018.

2. Douches à l'italienne. Les douches à l'italienne, dès lors qu'elles ne répondent pas à la définition des équipements spécialement conçus pour les personnes âgées ou handicapées, ne sont pas éligibles au crédit d'impôt prévu à l'art. 200 *quater* A. * Rép. min. n° 38800 : *JOAN Q, 1er oct. 2013, p. 1081.*

23° *BIS* FRAIS DE GARDE DES JEUNES ENFANTS

Art. 200 *quater* B Les contribuables domiciliés en France au sens de l'article 4 B peuvent bénéficier d'un crédit d'impôt égal à 50 % *[application à compter de l'imposition des* *revenus de l'année 2006]* des dépenses effectivement supportées pour la garde des enfants âgés de moins de six ans qu'ils ont à leur charge. Ces dépenses sont retenues dans la limite d'un plafond fixé à 2 300 € par enfant à charge et à la moitié de ce montant lorsque l'enfant est réputé à charge égale de l'un et l'autre de ses parents. Ce crédit d'impôt vient en réduction de l'impôt sur le revenu dû au titre de l'année au cours de laquelle les dépenses sont effectivement supportées, après imputation des réductions d'impôt mentionnées aux articles 199 *quater* B à 200 *bis*, des crédits d'impôt et des prélèvements ou retenues non libératoires. Si le crédit d'impôt excède l'impôt dû, l'excédent est restitué.

Les dépenses définies au premier alinéa s'entendent des sommes versées à un assistant maternel agréé en application des articles L. 421-3 et suivants du code de l'action sociale et des familles *[application à compter de l'imposition des revenus de l'année 2006]* ou à un établissement de garde répondant aux conditions prévues à l'article L. 2324-1 du code de la santé publique ou à des personnes ou établissements établis dans un autre État membre de la Communauté européenne qui satisfont à des réglementations équivalentes. — *Les dispositions de cet art. sont applicables à compter de l'imposition des revenus de 2005.*

1. Crédit d'impôt en faveur des contribuables exposant des dépenses de garde d'enfants. Commentaire administratif d'ensemble. * BOI-IR-RICI-300 du 25 avr. 2014.

2. Règlement des dépenses. Les dépenses ouvrant droit au crédit d'impôt s'entendent des sommes effectivement supportées et versées pendant l'année d'imposition. Une dépense effectivement supportée s'entend de celle ayant donné lieu à un règlement définitif afférent à une prestation réalisée. * BOI-IR-RICI-300 n° 130 du 25 avr. 2014.

3. Pièces justificatives. Le contribuable bénéficiant du crédit d'impôt n'est pas tenu, par mesure de tolérance, de joindre les pièces justificatives (documents établis par des tiers) à la déclaration de revenus sur support papier. * BOI-IR-RICI-300 n° 210 du 25 avr. 2014.

23° TER CRÉDIT D'IMPÔT POUR ACQUISITION ET POSE DE SYSTÈMES DE CHARGE POUR VÉHICULE ÉLECTRIQUE

(L. n° 2020-1721 du 29 déc. 2020, art. 53-I-2°)

Art. 200 *quater* C 1. Les contribuables domiciliés en France au sens de l'article 4 B peuvent bénéficier d'un crédit d'impôt sur le revenu au titre des dépenses effectivement supportées, entre le 1er janvier 2021 et le 31 décembre 2023, pour l'acquisition et la pose d'un système de charge pour véhicule électrique dans le logement dont ils sont propriétaires, locataires ou occupants à titre gratuit et qu'ils affectent à leur habitation principale et à leur résidence secondaire exclusivement, dans la limite d'une résidence secondaire par contribuable.

2. Les dépenses d'acquisition et de pose de systèmes de charge mentionnées au 1 du présent article n'ouvrent droit au crédit d'impôt que si elles sont facturées par l'entreprise :

1° Qui procède à la fourniture et à l'installation des systèmes de charge ;

2° Ou qui, pour l'installation des systèmes de charge qu'elle fournit ou pour la fourniture et l'installation de ces mêmes systèmes, recourt à une autre entreprise, dans le cadre d'un contrat de sous-traitance régi par la loi n° 75-1334 du 31 décembre 1975 relative à la sous-traitance.

3. Un arrêté conjoint des ministres chargés de l'énergie et du budget précise les caractéristiques techniques des systèmes de charge pour véhicule électrique requises pour l'application du crédit d'impôt. — *V. Ann. IV, art. 18 ter A.*

4. Le crédit d'impôt s'applique pour le calcul de l'impôt dû au titre de l'année du paiement de la dépense par le contribuable.

5. Le crédit d'impôt est égal à 75 % du montant des dépenses mentionnées au 1, sans pouvoir dépasser 300 € par système de charge.

6. Le bénéfice du crédit d'impôt est limité, pour un même logement, à un seul système de charge pour une personne célibataire, veuve ou divorcée et à deux systèmes pour un couple soumis à imposition commune.

7. *a.* Les dépenses mentionnées au 1 s'entendent de celles figurant sur la facture de l'entreprise mentionnée au 2.

b. Les dépenses mentionnées au 1 ouvrent droit au bénéfice du crédit d'impôt, sous réserve que le contribuable soit en mesure de présenter, à la demande de l'administration fiscale, la facture, autre que des factures d'acompte, de l'entreprise mentionnée au 2.

Cette facture indique, outre les mentions prévues à l'article 289 :

1° Le lieu de réalisation des travaux ;

2° La nature de ces travaux ainsi que la désignation, le montant et, le cas échéant, les caractéristiques techniques mentionnées au 3 du présent article des systèmes de charge.

c. Lorsque le bénéficiaire du crédit d'impôt n'est pas en mesure de produire une facture comportant les mentions prévues au *b*, il fait l'objet, au titre de l'année d'imputation et dans la limite du crédit d'impôt obtenu, d'une reprise égale au montant de l'avantage fiscal accordé à raison de la dépense non justifiée.

8. Un contribuable ne peut, pour une même dépense, bénéficier à la fois des dispositions du présent article et d'une déduction de charges pour la détermination de ses revenus catégoriels.

9. Le crédit d'impôt est imputé sur l'impôt sur le revenu après imputation des réductions d'impôt mentionnées aux articles 199 *quater* B à 200 *bis*, des crédits d'impôt et des prélèvements ou retenues non libératoires. S'il excède l'impôt dû, l'excédent est restitué.

Lorsque le bénéficiaire du crédit d'impôt est remboursé dans un délai de cinq ans de tout ou partie du montant des dépenses qui ont ouvert droit à cet avantage, il fait, le cas échéant, l'objet, au titre de l'année de remboursement et dans la limite du crédit d'impôt obtenu, d'une reprise égale à la différence entre le montant de l'avantage fiscal initialement accordé et le montant de l'avantage fiscal déterminé en application des dispositions du 5 du présent article sur la base de la dépense finalement supportée par le contribuable. Toutefois, aucune reprise n'est pratiquée lorsque le remboursement fait suite à un sinistre survenu après que les dépenses ont été payées.

24° CRÉDIT D'IMPÔT POUR L'ACQUISITION OU LA LOCATION DE CERTAINS VÉHICULES AUTOMOBILES

Art. 200 *quinquies* *(Abrogé par L. n° 2007-1824 du 25 déc. 2007, art. 63-III et VII, à compter de l'imposition des revenus de l'année 2008)* ***I. — 1. Les contribuables qui ont leur domicile fiscal en France au sens de l'article 4 B peuvent bénéficier d'un crédit d'impôt d'un montant de 2 000 € au titre des dépenses payées pour l'acquisition à l'état neuf ou pour la première souscription d'un contrat de location avec option d'achat ou de location souscrit pour une durée d'au moins deux ans d'un véhicule automobile terrestre à moteur qui satisfait à l'ensemble des conditions suivantes :***

a) Sa conduite nécessite la possession d'un permis de conduire mentionné à l'article L. 223-1 du code de la route ;

b) Ce véhicule fonctionne, exclusivement ou non, au moyen du gaz de pétrole liquéfié, de l'énergie électrique ou du gaz naturel véhicules ;

c) Le niveau d'émission de dioxyde de carbone par kilomètre parcouru du véhicule lors de son acquisition ou de la première souscription du contrat de location n'excède pas 200 grammes en 2006, 160 grammes en 2007 et 140 grammes à compter de 2008.

2. Le crédit d'impôt s'applique également aux dépenses afférentes à des travaux de transformation, effectués par des professionnels habilités, destinées à permettre le fonctionnement au moyen du gaz de pétrole liquéfié de véhicules encore en circulation qui satisfont à l'ensemble des conditions suivantes :

a) Leur première mise en circulation est intervenue depuis moins de trois ans ;

b) Le moteur de traction de ces véhicules utilise exclusivement l'essence ;

c) Le niveau d'émission de dioxyde de carbone par kilomètre parcouru du véhicule avant transformation n'excède pas 200 grammes en 2006, 180 grammes en 2007 et 160 grammes à compter de 2008.

3. Le crédit d'impôt est porté à 3 000 € lorsque l'acquisition ou la première souscription d'un contrat de location avec option d'achat ou de location souscrit pour une durée d'au moins deux ans d'un véhicule répondant aux conditions énoncées au 1 s'accompagne de la destruction d'une voiture particulière immatriculée avant le 1er janvier 1997, acquise depuis au moins douze mois à la date de sa destruction et encore en circulation à cette même date.

— Dispositions applicables aux dépenses d'acquisition, de location, et de transformation payées du 1er janv. 2006 au 31 déc. 2009, ainsi qu'aux destructions de véhicules automobiles intervenues durant cette même période (L. nº 2006-1771 du 30 déc. 2006, art. 29-II).

II. — Le crédit d'impôt est accordé au titre de l'année au cours de laquelle les dépenses sont payées en totalité, sur présentation des factures mentionnant notamment le nom et l'adresse du propriétaire du véhicule, la désignation du véhicule, la nature de l'énergie utilisée pour son fonctionnement, son prix d'acquisition ou le cas échéant le montant des dépenses de transformation réalisées. Pour l'application des dispositions du** [V. § ci-dessus] **3 du I, le contribuable doit en outre justifier de la destruction du véhicule par un organisme autorisé au titre de la législation des installations classées pour la protection de l'environnement.

Le crédit d'impôt ne s'applique pas lorsque les sommes payées pour l'acquisition du véhicule ou, le cas échéant, le montant des dépenses de transformation réalisées sont prises en compte pour l'évaluation des revenus des différentes catégories d'imposition.

***III. — Le crédit d'impôt est imputé sur l'impôt sur le revenu dû au titre de l'année au cours de laquelle le prix d'acquisition du véhicule ou les dépenses de transformation sont payés, après imputation des réductions d'impôt mentionnées aux articles 199 quater B à 200 bis et aux articles 200 octies et 200 decies A, des crédits d'impôt et des prélèvements ou retenues non libératoires. S'il excède l'impôt dû, l'excédent est restitué.** — Suppression de l'avoir fiscal : application aux revenus distribués ou répartis perçus à compter du 1er janv. 2005.*

***IV. — Les conditions d'application des dispositions précédentes et notamment celles relatives à la destruction des véhicules sont précisées en tant que de besoin par décret.** — V. Ann. III, art. 46 AS et 46 AT.*

25° PRIME POUR L'EMPLOI

Art. 200 *sexies* *(Abrogé par L. nº 2014-1655 du 29 déc. 2014, art. 28-I-1º et III-A, à compter de l'imposition des revenus de l'année 2015)* ***I. — Afin d'inciter au retour à l'emploi ou au maintien de l'activité, il est institué un droit à récupération fiscale, dénommé prime pour l'emploi, au profit des personnes physiques fiscalement domiciliées en France mentionnées à l'article 4 B. Cette prime est accordée au foyer fiscal à raison des revenus d'activité professionnelle de chacun de ses membres, lorsque les conditions suivantes sont réunies :***

A. — Le montant des revenus du foyer fiscal tel que défini au IV de l'article 1417 ne doit pas excéder 16 251 € pour la première part de quotient familial des personnes célibataires, veuves ou divorcées et 32 498 € pour les deux premières parts de quotient familial des personnes soumises à imposition commune. Ces limites sont majorées de 4 490 € pour chacune des demi-parts suivantes et de la moitié de cette somme pour chacun des quarts de part suivants.

Pour l'appréciation de ces limites, lorsqu'au cours d'une année civile survient l'événement mentionné au 8 de l'article 6, le montant des revenus, tel que défini au IV de l'article 1417, déclaré au titre de chacune des déclarations souscrites est converti en base annuelle.

B. — 1º Le montant des revenus déclarés par chacun des membres du foyer fiscal bénéficiaire de la prime majoré du montant des revenus soumis aux versements libératoires prévus par l'article 151-0, à raison de l'exercice d'une ou plusieurs activités professionnelles, ne doit être ni inférieur à 3 743 € ni supérieur à 17 451 €.

La limite de 17 451 € est portée à 26 572 € pour les personnes soumises à imposition commune lorsqu'un des membres du couple n'exerce aucune activité professionnelle ou dispose de revenus d'activité professionnelle d'un montant inférieur à 3 743 € ;

2º Lorsque l'activité professionnelle n'est exercée qu'à temps partiel ou sur une fraction seulement de l'année civile, ou dans les situations citées au deuxième alinéa du A, l'appréciation des limites de 17 451 € et de 26 572 € s'effectue par la conversion en équivalent temps plein du montant des revenus définis au 1º.

Pour les salariés, la conversion résulte de la multiplication de ces revenus par le rapport entre 1 820 heures et le nombre d'heures effectivement rémunérées au cours de l'année ou de chacune des périodes faisant l'objet d'une déclaration. Cette conversion n'est pas effectuée si ce rapport est inférieur à un.

Pour les agents de l'État et de ses établissements publics, des collectivités territoriales et de leurs établissements publics et les agents des établissements mentionnés à l'article 2 de la loi nº 86-33 du 9 janvier 1986 portant dispositions statutaires relatives à la fonction publique hospitalière, travaillant à temps partiel ou non complet et non soumis à une durée du travail résultant d'une convention collective, la conversion résulte de la division du montant des

revenus définis au 1° par leur quotité de temps de travail. Il est, le cas échéant, tenu compte de la période rémunérée au cours de l'année ou de chacune des périodes faisant l'objet d'une déclaration.

En cas d'exercice d'une activité professionnelle non salariée sur une période inférieure à l'année ou faisant l'objet de plusieurs déclarations dans l'année, la conversion en équivalent temps plein s'effectue en multipliant le montant des revenus déclarés par le rapport entre le nombre de jours de l'année et le nombre de jours d'activité ;

3° Les revenus d'activité professionnelle pris en compte pour l'appréciation des limites mentionnées aux 1° et 2° s'entendent :

a) Des traitements et salaires définis à l'article 79 à l'exclusion des allocations chômage et de préretraite et des indemnités et rémunérations mentionnées au 3° du II de l'article L. 136-2 du code de la sécurité sociale ;

b) Des rémunérations allouées aux gérants et associés des sociétés mentionnées à l'article 62 ;

c) Des bénéfices industriels et commerciaux définis aux articles 34 et 35 ;

d) Des bénéfices agricoles mentionnés à l'article 63 ;

e) Des bénéfices tirés de l'exercice d'une profession non commerciale mentionnés au 1 de l'article 92.

Les revenus exonérés en application des articles 44 sexies à 44 nonies, 44 terdecies à 44 quindecies ou du 9 de l'article 93 sont retenus pour l'appréciation du montant des revenus définis aux c, d et e. Il n'est pas tenu compte des déficits des années antérieures ainsi que des plus-values et moins-values professionnelles à long terme.

Pour l'appréciation du montant des revenus définis aux c et e, les revenus soumis aux versements libératoires prévus par l'article 151-0 sont retenus pour leur montant diminué, selon le cas, de l'abattement prévu au 1 de l'article 50-0 ou de la réfaction forfaitaire prévue au 1 de l'article 102 ter.

C. — Les membres du foyer fiscal ne doivent pas être passibles de l'impôt de solidarité sur la fortune visé à l'article 885 A au titre de l'année de réalisation des revenus d'activité professionnelle visés au premier alinéa.

II. — Lorsque les conditions définies au I sont réunies, la prime, au titre des revenus professionnels, est calculée, le cas échéant, après application de la règle fixée au III, selon les modalités suivantes :

A. — 1° Pour chaque personne dont les revenus professionnels évalués conformément au 1° du B du I, et convertis, en tant que de besoin, en équivalent temps plein sont inférieurs à 12 475 €, la prime est égale à 7,7 % du montant de ces revenus.

Lorsque ces revenus sont supérieurs à 12 475 € et inférieurs à 17 451 €, la prime est égale à 19,3 % de la différence entre 17 451 € et le montant de ces revenus ;

2° Pour les personnes dont les revenus ont fait l'objet d'une conversion en équivalent temps plein, le montant de la prime est divisé par les coefficients de conversion définis au 2° du B du I ;

Lorsque ces coefficients sont supérieurs ou égaux à 2, le montant de la prime ainsi obtenu est majoré de 85 %.

Lorsque ces coefficients sont inférieurs à 2 et supérieurs à 1, le montant résultant des dispositions du premier alinéa est multiplié par un coefficient égal à 0,15. La prime est égale au produit ainsi obtenu, majoré de 85 % du montant de la prime calculé dans les conditions prévues au 1° ;

3° Pour les couples dont l'un des membres n'exerce aucune activité professionnelle ou dispose de revenus d'activité professionnelle d'un montant inférieur à 3 743 € :

a) Lorsque les revenus professionnels de l'autre membre du couple, évalués conformément au 1°, sont inférieurs ou égaux à 17 451 €, la prime calculée conformément aux 1° et 2° est majorée de 83 € ;

b) Lorsque ces revenus sont supérieurs à 17 451 € et inférieurs ou égaux à 24 950 €, le montant de la prime est fixé forfaitairement à 83 € ;

c) Lorsque ces revenus sont supérieurs à 24 950 € et inférieurs à 26 572 €, la prime est égale à 5,1 % de la différence entre 26 572 € et le montant de ces revenus.

B. — Le montant total de la prime déterminé pour le foyer fiscal conformément aux 1°, 2° et a du 3° du A est majoré de 36 € par personne à charge au sens des articles 196 à 196 B, n'exerçant aucune activité professionnelle ou disposant de revenus d'activité professionnelle d'un montant inférieur à 3 743 €. Toutefois, la majoration est divisée par deux pour les enfants réputés à charge égale de l'un et l'autre de leurs parents.

Pour les personnes définies au II de l'article 194, la majoration de 36 € est portée à 72 € pour le premier enfant à charge qui remplit les conditions énoncées au premier alinéa. Lorsque les contribuables entretiennent uniquement des enfants dont la charge est réputée également partagée entre l'un et l'autre des parents, la majoration de 72 € est divisée par deux et appliquée à chacun des deux premiers enfants.

C. — Pour les personnes placées dans les situations mentionnées aux b et c du 3° du A et au deuxième alinéa du B, dont le montant total des revenus d'activité professionnelle est compris entre 17 451 € et 26 572 €, la majoration pour charge de famille est fixée forfaitairement aux montants mentionnés au B, quel que soit le nombre d'enfants à charge.

D. — Le montant total de la prime accordée au foyer fiscal est minoré des sommes perçues au cours de l'année civile par les membres de ce foyer fiscal au sens des 1 et 3 de l'article 6 au titre de la prestation mentionnée à l'article L. 262-1 du code de l'action sociale et des familles, à l'exclusion des montants correspondant à la différence entre le montant forfaitaire mentionné au 2° de l'article L. 262-2 du même code et les ressources du foyer définies à l'article L. 262-3 du même code.

III. — Pour l'application du B du I et du II, les revenus des activités professionnelles mentionnées aux c, d et e du 3° du B du I sont majorés, ou diminués en cas de déficits, de 11,11 %.

IV. — Le montant total de la prime accordée au foyer fiscal s'impute en priorité sur le montant de l'impôt sur le revenu dû au titre de l'année d'imposition des revenus d'activité déclarés. La prime n'est pas due lorsque son montant avant imputation est inférieur à 30 €.

L'imputation s'effectue après prise en compte des réductions d'impôt mentionnées aux articles 199 quater B à 200 bis et 200 octies, des autres crédits d'impôt et des prélèvements ou retenues non libératoires.

Si l'impôt sur le revenu n'est pas dû ou si son montant est inférieur à celui de la prime, la différence est versée aux intéressés.

Ce versement suit les règles applicables en matière d'excédent de versement.

V. — Le bénéfice de la prime est subordonné à l'indication par les contribuables, sur la déclaration prévue au 1 de l'article 170, du montant des revenus d'activité professionnelle définis au 3° du B du I et des éléments relatifs à la durée d'exercice de ces activités. Pour bénéficier de la prime pour l'emploi, les contribuables peuvent adresser ces indications à l'administration fiscale au plus tard le 31 décembre de la deuxième année suivant celle de la mise en recouvrement du rôle.

VI. — Abrogé.

VII. Le montant total de la prime accordée aux contribuables domiciliés dans le Département de Mayotte au 31 décembre de l'année de l'imposition est multiplié par :

0,74 au titre de l'imposition des revenus de l'année 2013 ;

0,81 au titre de l'imposition des revenus de l'année 2014 ;

0,88 au titre de l'imposition des revenus de l'année 2015 ;

0,94 au titre de l'imposition des revenus de l'année 2016.

Le montant de la prime calculé dans ces conditions est arrondi à l'euro le plus proche.

26° CRÉDIT D'IMPÔT AU TITRE DES REVENUS DISTRIBUÉS

Art. 200 *septies* *Abrogé par L. n° 2010-1657 du 29 déc. 2010, art. 7.*

[27°] RÉDUCTION D'IMPÔT POUR AIDE À LA CRÉATION D'ENTREPRISE

Art. 200 *octies* **1. Les contribuables fiscalement domiciliés en France au sens de l'article 4 B bénéficient d'une réduction d'impôt au titre de l'aide bénévole qu'ils apportent à des personnes inscrites comme demandeurs d'emploi ou titulaires du revenu de solidarité active mentionné à l'article L. 262-1 du code de l'action sociale et des familles ou de l'allocation aux adultes handicapés, qui créent ou reprennent une entreprise industrielle, commerciale, artisanale, agricole ou libérale, soit à titre individuel, soit sous la forme d'une société dont ils détiennent la majorité des parts ou actions.**

La réduction d'impôt s'applique lorsque les conditions suivantes sont remplies :

a) Le contribuable doit apporter son aide pour l'ensemble des diligences et démarches qui doivent être réalisées pour la création ou la reprise de l'entreprise et le démarrage de son activité.

Il doit justifier, à cet effet, d'une expérience ou de compétences professionnelles le rendant apte à exercer cette fonction. Il doit être agréé par un réseau d'appui à la création et au développement des entreprises ou par une maison de l'emploi mentionnée à l'article L. 5313-1 du code du travail dont relève ce dernier. La liste de ces réseaux et les modalités d'agrément sont fixées par arrêté conjoint des ministres chargés de l'économie et du budget ; — *V. Arr. du 3 mars 2010 (JO 11 mars).*

b) Une convention d'une durée minimale de deux mois est conclue entre le contribuable, d'une part, et le créateur ou le repreneur de l'entreprise, d'autre part, aux termes de laquelle le premier s'engage à réaliser une prestation temporaire de tutorat visant à transmettre au créateur ou repreneur de l'entreprise l'expérience ou les compétences professionnelles acquises.

Cette convention doit avoir été signée entre le 1er janvier 2009 et le 31 décembre 2011.

Cette convention est renouvelable sans toutefois pouvoir excéder une durée totale de trois ans consécutifs.

2. La réduction d'impôt s'applique également aux contribuables fiscalement domiciliés en France au sens de l'article 4 B au titre de l'aide bénévole qu'ils apportent au repreneur de leur entreprise industrielle, commerciale, artisanale, agricole ou libérale, lorsque la reprise porte sur une entreprise individuelle ou sur la majorité des parts ou actions d'une société.

Les cédants doivent apporter leur aide pour l'ensemble des diligences et démarches qui doivent être réalisées pour la reprise de l'entreprise. A cette fin, ils doivent produire un acte établissant la cession de l'entreprise et une convention de tutorat conclue avec le repreneur de leur entreprise, dans les conditions mentionnées au *b* du 1.

3. Le contribuable ne peut apporter son aide à plus de trois personnes simultanément.

4. La réduction d'impôt est fixée à 1 000 € par personne accompagnée majorée, le cas échéant, de 400 € lorsque l'aide est apportée à une personne handicapée au sens de l'article L. 114 du code de l'action sociale et des familles. Elle est accordée pour moitié au titre de l'année au cours de laquelle la convention est signée et, pour la seconde moitié, au titre de l'année au cours de laquelle la convention prend fin.

5. Un décret en Conseil d'État fixe les modalités d'application du présent article, notamment les obligations du contribuable et du bénéficiaire de l'aide et les justificatifs que doivent fournir les contribuables pour bénéficier de la réduction d'impôt. — *V. Ann. II, art. 95 W à 95 Z.*

1. Réduction d'impôt accordée au titre de l'aide apportée à certains créateurs ou repreneurs d'entreprise. Conditions d'application. Aide bénévole apportée à certains créateurs ou repreneurs. Aide bénévole apportée par le cédant au repreneur de son entreprise. Conclusion d'une convention entre l'accompagnateur et le créateur ou le repreneur de l'entreprise. Agrément des accompagnateurs. Montant, fait générateur et imputation de la réduction d'impôt. Justificatifs à fournir. Modalités de remise en cause de la réduction d'impôt. * BOI-IR-RICI-260 du 14 juin 2015.

2. Application de la réduction d'impôt lorsque l'aide est apportée à un auto-entrepreneur. * Rescrit 10 août 2010, n° 2010/ 48 FP * BOI-IR-RICI-260 n° 110 du 14 juin 2015.

3. L'indemnisation des frais kilométriques réellement supportés par un accompagnant bénévole ne remet pas en cause l'éligibilité de ce dernier à la réduction d'impôt. * BOI-IR-RICI-260 n° 190 du 14 juin 2015.

[28°] CRÉDIT D'IMPÔT POUR LES ASSURÉS CONTRE LES RISQUES D'IMPAYÉS DE LOYER

Art. 200 *nonies* *(Abrogé par L. n° 2016-1917 du 29 déc. 2016, art. 32-I-5° et II-C, pour les primes d'assurance payées à compter du 1er janv. 2017)* ***Les personnes qui louent un ou plusieurs logements dans le cadre d'une convention mentionnée à l'article L. 353-2 du code de la construction et de l'habitation bénéficient d'un crédit d'impôt sur le revenu lorsqu'elles concluent un contrat d'assurance contre les impayés de loyer respectant le cahier des charges mentionné au g de l'article L. 313-3 du même code.***

Ce crédit d'impôt est égal à 38 % [ancienne rédaction : 45 %] du montant de la prime d'assurance payée au cours de l'année d'imposition.

Les personnes mentionnées au premier alinéa ne peuvent bénéficier, pour un même contrat d'assurance, des dispositions prévues au présent article et de celles prévues au a bis du 1° du I de l'article 31 du code général des impôts.

[29°] CRÉDIT D'IMPÔT POUR EMBAUCHE DE JEUNES

Art. 200 *decies* *Périmé (Décr. n° 2011-645 du 9 juin 2011).*

[29° BIS] RÉDUCTION D'IMPÔT : DÉFENSE DES FORÊTS CONTRE L'INCENDIE

Art. 200 *decies* A **Ouvrent droit à une réduction d'impôt sur le revenu les cotisations versées aux associations syndicales autorisées ayant pour objet la réalisation de travaux de prévention en vue de la défense des forêts contre l'incendie sur des terrains inclus dans les bois classés en application de l'article L. 132-1 du code forestier ou dans les massifs visés aux articles L. 133-1 et L. 133-2 du même code.**

La réduction d'impôt est égale à 50 % des cotisations versées prises dans la limite de 1 000 € par foyer fiscal.

La cotisation versée ouvre droit au bénéfice de la réduction d'impôt, sous réserve que le contribuable soit en mesure de présenter, à la demande de l'administration fiscale, la quittance de versement de la cotisation visée par le comptable public compétent de la commune ou du groupement de communes concerné.

Réduction d'impôt au titre des cotisations versées pour la prévention des incendies de forêt. Personnes et dépenses concernées. Associations syndicales autorisées. Mode de calcul de la réduction. * BOI-IR-RICI-270 du 7 mai 2014.

[30°] CRÉDIT D'IMPÔT POUR DÉPENSES DE REMPLACEMENT POUR CONGÉS DES AGRICULTEURS

Art. 200 *undecies* **I. — Les contribuables, personnes physiques, qui ont leur domicile fiscal en France au sens de l'article 4 B et qui exercent une activité dont les revenus sont imposés dans la catégorie des bénéfices agricoles bénéficient d'un crédit d'impôt au titre des dépenses engagées pour assurer leur remplacement pour congé entre le 1er janvier 2006 et le 31 décembre** *(L. n° 2021-1900 du 30 déc. 2021, art. 77-I-1°)* **« 2024 » par l'emploi direct de salariés ou par le recours à des personnes mises à disposition par un tiers. Le bénéfice du crédit d'impôt est subordonné à la condition que l'activité exercée requière la présence du contribuable sur l'exploitation chaque jour de l'année et que son remplacement ne fasse pas l'objet d'une prise en charge au titre d'une autre législation.**

Le crédit d'impôt est accordé, sous les mêmes conditions et à proportion des droits qu'ils détiennent, aux associés personnes physiques non salariés de sociétés ou de groupements, au sein desquels ils exercent effectivement et régulièrement une activité agricole qui requiert leur présence sur l'exploitation chaque jour de l'année et sous réserve que leur remplacement ne soit pas assuré par une personne ayant la qualité d'associé de la société ou du groupement.

II. — Le crédit d'impôt est égal à 50 % des dépenses mentionnées au I et effectivement supportées, dans la limite par an de quatorze jours de remplacement pour congé. *(L. n° 2021-1900 du 30 déc. 2021, art. 77-I-2° et II, applicable aux dépenses engagées à compter du 1er janv. 2022)* **« Ce taux est porté à 60 % au titre des dépenses engagées pour assurer un remplacement pour congé en raison d'une maladie ou d'un accident du travail. » Pour ce calcul, le coût d'une journée de remplacement est plafonné à quarante-deux fois le taux horaire du minimum garanti mentionné à l'article L. 3231-12 du code du travail. Le crédit d'impôt est accordé au titre de l'année au cours de laquelle les dépenses ont été engagées.**

Lorsque l'activité dont les revenus sont imposés dans la catégorie des bénéfices agricoles est exercée dans un groupement agricole d'exploitation en commun, le plafond du crédit d'impôt est multiplié par le nombre d'associés que compte le groupement, dans la limite de quatre. Le plafond du crédit d'impôt dont bénéficie un associé de

groupement agricole d'exploitation en commun ne peut toutefois pas excéder le plafond du crédit d'impôt bénéficiant à un exploitant individuel.

III. — Le crédit d'impôt est imputé sur l'impôt sur le revenu après imputation des réductions d'impôt mentionnées aux articles 199 *quater* B à 200 *bis*, des crédits d'impôt et des prélèvements ou retenues non libératoires. S'il excède l'impôt dû, l'excédent est restitué. — *V. Ann. III, art. 46 AZA à 46 AZA quinquies : crédit d'impôt au titre des dépenses de remplacement pour congé de certains exploitants agricoles.*

IV. — Le bénéfice du crédit d'impôt au titre des dépenses engagées entre le 1er janvier 2011 et le 31 décembre *(L. n° 2021-1900 du 30 déc. 2021, art. 77-I-3°)* « 2024 » est subordonné au respect du règlement (UE) n° 1408/2013 de la Commission, du 18 décembre 2013, relatif à l'application des articles 107 et 108 du traité sur le fonctionnement de l'Union européenne aux aides *de minimis* dans le secteur de l'agriculture.

1. Crédit d'impôt accordé au titre des dépenses de remplacement pour congés de certains exploitants agricoles. Commentaire administratif d'ensemble. * BOI-IR-RICI-20-50 du 13 févr. 2019.

2. Calcul du crédit d'impôt. Pour bénéficier du crédit d'impôt, l'exploitant agricole doit remplir une déclaration spéciale fournie par l'administration fiscale. Concernant les personnes physiques, associées de sociétés ou de groupements, cette déclaration spéciale doit indiquer la quote-part du crédit d'impôt revenant à chaque associé en fonction de sa participation dans la société ou le groupement. Les quatorze jours de remplacement pour congé concernent donc le groupement ou la société et non chaque membre associé. * BOI-IR-RICI-20-50 nos 140 à 170 du 13 févr. 2019.

3. Pour apprécier le plafond de *minimis* de 15 000 € sur trois exercices fiscaux, il convient de se placer au 31 déc. de l'année, qui constitue le fait générateur du crédit d'impôt, quelle que soit la date de clôture de l'exercice. Cette date correspond à la date d'octroi de l'aide. * BOI-BA-RICI-20-50 n° 110 du 2 févr. 2019.

[31°] CRÉDIT D'IMPÔT EN CAS DE DÉMÉNAGEMENT POUR REPRISE D'UNE ACTIVITÉ SALARIÉE

Art. 200 *duodecies* I. — Les personnes domiciliées en France au sens de l'article 4 B qui changent d'habitation principale pour exercer une activité salariée bénéficient d'un crédit d'impôt sur le revenu, lorsque les conditions suivantes sont réunies :

1° L'activité doit avoir débuté entre le 1er juillet 2005 et le 31 décembre 2007 et être exercée pendant une durée au moins égale à six mois consécutifs ;

2° Le bénéficiaire doit avoir été inscrit comme demandeur d'emploi ou titulaire de l'allocation d'insertion, de l'allocation veuvage, de l'allocation supplémentaire d'invalidité, de l'allocation de parent isolé, de l'allocation aux adultes handicapés, de l'allocation supplémentaire du Fonds de solidarité vieillesse, du revenu minimum d'insertion ou de l'allocation de solidarité spécifique, pendant les douze mois précédant le début de l'activité mentionnée au 1°, ou avoir pris cette activité consécutivement à un licenciement pour motif économique au sens de l'article L. 1233-3 du code du travail ou la mise en œuvre effective d'un plan de sauvegarde de l'emploi au sens des articles L. 1233-61 à L. 1233-64 du même code ;

3° La nouvelle habitation principale doit se situer à plus de 200 kilomètres de celle précédemment occupée avant le début de l'activité mentionnée au 1°.

II. — Le crédit d'impôt sur le revenu est égal à 2 000 €. Il est accordé au titre de l'année au cours de laquelle s'achève la période de six mois mentionnée au 1° du I et s'impute sur l'impôt afférent aux revenus de l'année considérée, après prise en compte des réductions d'impôt mentionnées aux articles 199 *quater* B à 200 *bis* et à l'article 200 *octies*, des autres crédits d'impôt et des prélèvements ou retenues non libératoires. Si le montant du crédit d'impôt sur le revenu est supérieur à celui de l'impôt dû, l'excédent est restitué.

Le crédit d'impôt sur le revenu est accordé une seule fois par bénéficiaire au titre de la période d'activité qui a débuté entre le 1er juillet 2005 et le 31 décembre 2007.

III. — *Abrogé.*

[32°] CRÉDIT D'IMPÔT POUR PRÊTS ÉTUDIANTS

Art. 200 *terdecies* I. — Les prêts souscrits entre le 1er septembre 2005 et le 31 décembre 2008 en vue du financement de leurs études par des personnes âgées de vingt-cinq ans au plus et inscrites dans un cycle de l'enseignement supérieur ouvrent droit à un crédit d'impôt sur le revenu à raison des intérêts d'emprunt payés par ces personnes au titre des cinq premières annuités de remboursement.

Les intérêts des prêts qui sont affectés au remboursement en tout ou partie d'autres crédits ou découverts en compte ou qui sont retenus pour la détermination des revenus catégoriels imposables n'ouvrent pas droit au crédit d'impôt.

Les prêts mentionnés au premier alinéa s'entendent de ceux définis aux articles L. 311-1 à L. 311-3 du code de la consommation à l'exception :

a) Des ventes ou prestations de service dont le paiement est échelonné, différé ou fractionné ;

b) Des ouvertures de crédit mentionnées à l'article L. 311-16 du même code ;

c) Des découverts en compte ;

d) Des locations-ventes et locations avec option d'achat.

Les dispositions des troisième à septième alinéas s'appliquent dans les mêmes conditions aux prêts qui, souscrits dans un autre État membre de l'Union européenne, ou dans un autre État partie à l'accord sur l'Espace économique européen ayant conclu avec la France une convention d'assistance administrative en vue de lutter contre la fraude et l'évasion fiscales, satisfont à une réglementation équivalente.

II. — Le crédit d'impôt est égal à 25 % du montant des intérêts annuels effectivement payés, retenus dans la limite de 1 000 €. Il est attribué à compter de l'année au titre de laquelle le souscripteur du prêt constitue un foyer distinct.

Les intérêts payés au cours de la période durant laquelle le souscripteur du prêt était rattaché à un autre foyer fiscal en application des 2° et 3° du 3 de l'article 6 ouvrent droit au crédit d'impôt l'année à compter de laquelle cette personne devient contribuable. Le crédit d'impôt est alors égal à 25 % des intérêts effectivement payés au cours de la période concernée retenus dans la limite de 1 000 € par année civile de remboursement.

III. — Le crédit d'impôt est imputé sur l'impôt sur le revenu après imputation des réductions d'impôt mentionnées aux articles 199 *quater* B à 200 *bis*, des crédits d'impôt et des prélèvements ou retenues non libératoires. S'il excède l'impôt dû, l'excédent est restitué.

IV. — Les personnes qui n'ont pas leur domicile fiscal en France ne bénéficient pas du crédit d'impôt.

V. — Les conditions d'application du présent article et notamment les obligations des prêteurs et des emprunteurs sont fixées par décret. *— V. Ann. III, art. 46 AZ à 46 AZ bis : crédit d'impôt en faveur des étudiants en vue du financement de leurs études supérieures.*

Crédit d'impôt pour prêts aux étudiants en vue du financement de leurs études supérieures. Conditions d'attribution. Calcul du crédit d'impôt. Obligations des prêteurs et des emprunteurs. * BOI-IR-RICI-340 du 12 sept. 2012.

[33°] CRÉDIT D'IMPÔT AU TITRE DES INTÉRÊTS D'EMPRUNT SUPPORTÉS POUR L'ACQUISITION OU LA CONSTRUCTION DE L'HABITATION PRINCIPALE

Art. 200 *quaterdecies* I. — Les contribuables fiscalement domiciliés en France au sens de l'article 4 B qui acquièrent un logement affecté à leur habitation principale, directement ou par l'intermédiaire d'une société non soumise à l'impôt sur les sociétés qui le met gratuitement à leur disposition, peuvent bénéficier d'un crédit d'impôt sur le revenu au titre des intérêts des prêts contractés auprès d'un établissement financier à raison de cette opération, tels que définis à l'article L. 312-2 du code de la consommation.

Le premier alinéa s'applique également aux contribuables qui font construire un logement destiné à être affecté, dès son achèvement, à leur habitation principale. Dans cette situation, les prêts mentionnés au premier alinéa s'entendent de ceux qui sont contractés en vue de financer l'acquisition du terrain et les dépenses de construction.

Le logement doit, au jour de l'affectation à usage d'habitation principale du bénéficiaire du crédit d'impôt, satisfaire aux normes minimales de surface et d'habitabilité mentionnées à l'article 244 *quater* J. En outre, le logement acquis neuf, en l'état futur d'achèvement ou que le contribuable fait construire doit présenter des caractéristiques thermiques et une performance énergétique *(Ord. nº 2020-71 du 29 janv. 2020, art. 4-*

IX-2° et 8, en vigueur à une date fixée par décret en Conseil d'État, et au plus tard le 1er juill. 2021) « atteignent les résultats minimaux définis en application des articles L. 171-1 et L. 172-1 *[ancienne rédaction : conformes aux prescriptions de l'article L. 111-9]* » du code de la construction et de l'habitation. Le contribuable justifie du respect de cette dernière condition selon des modalités définies par décret.

II. – Le I ne s'applique pas aux intérêts des prêts affectés :

1° Au remboursement en tout ou partie d'autres crédits ou découverts en compte. Toutefois, les intérêts des emprunts souscrits pour se substituer aux prêts mentionnés au I ou rembourser ceux-ci ouvrent droit au crédit d'impôt, dans la limite des intérêts qui figurent sur les échéanciers des emprunts initiaux et de celles des annuités mentionnées au III restant à courir ;

2° A l'acquisition d'un logement par l'intermédiaire d'une société non soumise à l'impôt sur les sociétés, lorsque ce logement a antérieurement appartenu au contribuable directement ou par l'intermédiaire d'une société non soumise à l'impôt sur les sociétés.

III. – Ouvrent droit au crédit d'impôt les intérêts payés au titre des cinq premières annuités de remboursement des prêts mentionnés au I, à l'exclusion des frais d'emprunt et des cotisations d'assurances contractées en vue de garantir le remboursement des prêts.

Lorsque les prêts sont consentis à une société non soumise à l'impôt sur les sociétés dont le contribuable est membre et qui met gratuitement à la disposition de celui-ci un immeuble ou une partie d'immeuble lui appartenant qu'il affecte à son habitation principale, il est tenu compte des intérêts payés à proportion de la quote-part des droits du contribuable dans la société correspondant au logement concerné.

Par dérogation aux dispositions du premier alinéa, lorsque le contribuable acquiert ou fait construire un logement neuf dont le niveau élevé de performance énergétique globale, déterminé dans des conditions fixées par décret et justifié par le bénéficiaire, est supérieur à celui qu'impose la législation en vigueur, les intérêts ouvrant droit au crédit d'impôt sont ceux payés au titre des sept premières annuités. *– V. Ann. III, art. 46 AZA septies.*

IV. – Le montant des intérêts mentionnés au III ouvrant droit au crédit d'impôt ne peut excéder, au titre de chaque année d'imposition, la somme de 3 750 € pour une personne célibataire, veuve ou divorcée et de 7 500 € pour un couple soumis à imposition commune. Cette somme est majorée chaque année de 500 € par personne à charge au sens des articles 196 à 196 *bis*. La somme de 500 € est divisée par deux lorsqu'il s'agit d'un enfant réputé à charge égale de l'un et l'autre de ses parents.

Les montants de 3 750 € et 7 500 € sont respectivement portés à 7 500 € pour une personne handicapée célibataire, veuve ou divorcée et à 15 000 € pour un couple soumis à imposition commune lorsque l'un de ses membres est handicapé.

V. – Le crédit d'impôt est égal à 20 % du montant des intérêts mentionnés au III, dans la limite mentionnée au IV.

Ce taux est porté à 40 % pour les intérêts payés au titre de la première annuité de remboursement.

Toutefois, pour les logements acquis neufs, en l'état futur d'achèvement ou que le contribuable fait construire :

1° Lorsque l'acquisition ou la construction porte sur un logement mentionné au dernier alinéa du III, le taux mentionné au premier alinéa du présent V est porté à 40 % ;

2° Lorsque l'acquisition ou la construction porte sur un logement autre que celui visé au 1°, les taux mentionnés aux premier et deuxième alinéas sont respectivement ramenés à :

– 15 % et 30 % pour les logements acquis ou construits en 2010 ;

– 10 % et 25 % pour les logements acquis ou construits en 2011.

VI. – Le I s'applique à la condition que le logement faisant l'objet du prêt soit, à la date de paiement des intérêts, affecté à l'usage d'habitation principale du contribuable.

Toutefois, le I s'applique également aux intérêts versés avant l'achèvement du logement que le contribuable fait construire ou qu'il acquiert en l'état futur d'achèvement, lorsque celui-ci prend l'engagement d'affecter ce logement à son habitation principale au plus tard le 31 décembre de la deuxième année qui suit celle de la conclusion du contrat de prêt.

Lorsque cet engagement n'est pas respecté, le crédit d'impôt obtenu par le contribuable fait l'objet d'une reprise au titre de l'année au cours de laquelle l'engagement n'a pas été respecté et au plus tard au titre de la deuxième année qui suit celle de la conclusion du contrat de prêt. Il est fait application, le cas échéant, des sanctions prévues à l'article 1729.

Le I s'applique également aux intérêts versés par le contribuable qui, à la suite d'une mutation professionnelle, n'est plus en mesure d'affecter le logement objet du prêt à son habitation principale, sous réserve que ce logement ne soit pas donné en location et que le contribuable n'ait pas fait l'acquisition d'un nouveau logement affecté à son habitation principale ou destiné à cet usage.

La date à partir de laquelle sont décomptées les cinq ou les sept premières annuités mentionnées au III est constituée par celle de la première mise à disposition des fonds empruntés. Toutefois, en cas de construction ou d'acquisition en état futur d'achèvement, cette date peut être fixée, à la demande du contribuable, à la date de l'achèvement ou de la livraison du logement. Cette demande, irrévocable et exclusive de l'application des deuxième et troisième alinéas, doit être exercée au plus tard lors du dépôt de la déclaration de revenus de l'année au cours de laquelle intervient l'achèvement ou la livraison du logement.

VII. — Le crédit d'impôt mentionné au I est imputé sur l'impôt sur le revenu après imputation des réductions d'impôt mentionnées aux articles 199 *quater* B à 200 *bis*, 200 *octies* et 200 *decies* A, des crédits d'impôt et des prélèvements ou retenues non libératoires. S'il excède l'impôt dû, l'excédent est restitué.

VIII. — Le I s'applique aux intérêts des prêts souscrits dans un État membre de l'Union européenne ou dans un autre État partie à l'accord sur l'Espace économique européen ayant conclu avec la France une convention d'assistance administrative en vue de lutter contre la fraude et l'évasion fiscales, et qui satisfont à une réglementation équivalente.

IX. — Les dispositions du présent article sont exclusives de celles mentionnées au *a* du 2 de l'article 199 *undecies* A. — *V. Ann. III, art. 46 AZA sexies.*

X. — Le présent article s'applique aux opérations pour lesquelles chacun des prêts concourant à leur financement a fait l'objet d'une offre de prêt émise avant le 1er janvier 2011, sous réserve que l'acquisition du logement achevé ou en l'état futur d'achèvement intervienne au plus tard le 30 septembre 2011 ou, s'agissant d'opérations de construction de logements, que la déclaration d'ouverture de chantier intervienne au plus tard à la même date. — *V. Ann. III, art. 46 AZA sexies.*

1. Crédit d'impôt sur les intérêts d'emprunts versés au titre de l'acquisition ou la construction de l'habitation principale. Commentaire administratif d'ensemble. Logements, prêts et opérations concernés. Documents à produire. Plafonnement annuel, selon la situation et la composition du foyer fiscal. Exemples chiffrés. * BOI-IR-RICI-350 nos 1 à 90 du 12 sept. 2012. ♦ Extinction du dispositif. Application aux seules opérations réalisées au plus tard le 30 sept. 2011, sous réserve que chacun des prêts concourant à leur financement ait fait l'objet d'une offre de prêt émise au plus tard le 31 déc. 2010. * BOI-IR-RICI-350 n° 80 du 14 janv. 2014.

2. Un non-résident qui contracte un prêt pour faire construire en France sa future habitation principale bénéficiera du crédit d'impôt sur les intérêts d'emprunts, sous réserve d'être domicilié fiscalement en France à la date d'achèvement du logement. * Rescrit 30 mars 2010 : *n° 2010/18 FP* * BOI-IR-RICI-350-10-10 n° 50 du 12 sept. 2012.

3. Le contribuable qui, après avoir vendu à réméré son habitation principale, contracte un emprunt pour exercer sa faculté de rachat peut bénéficier du crédit d'impôt. * Rescrit 30 mars 2010 : *préc. note 2.*

[34°] CRÉDIT D'IMPÔT POUR DÉPENSES DE TRAVAUX FORESTIERS

Art. 200 *quindecies* 1. A compter de l'imposition des revenus de 2014, et à compter de l'imposition des revenus de 2016 pour les dispositions spécifiques relatives aux membres d'un groupement d'intérêt économique et environnemental forestier défini aux articles L. 332-7 et L. 332-8 du code forestier, il est institué un crédit d'impôt sur le revenu pour les contribuables domiciliés en France au sens de l'article 4 B qui réalisent, jusqu'au 31 décembre *(L. n° 2020-1721 du 29 déc. 2020, art. 103)* « **2022** », les opérations forestières mentionnées au 2.

2. Le crédit d'impôt s'applique :

(L. n° 2017-1775 du 28 déc. 2017, art. 26) « 1° Aux dépenses de travaux forestiers effectués dans une propriété lorsqu'elle constitue une unité de gestion d'au moins 10 hectares d'un seul tenant ou sans seuil plancher de surface lorsque la propriété est regroupée au sein d'une organisation de producteurs, au sens de l'article L. 552-1 du code rural et de la pêche maritime, ou lorsque la propriété est intégrée dans un groupement d'intérêt économique et environnemental forestier, et qu'elle présente l'une des garanties de gestion durable prévues à l'article L. 124-1 du code forestier, sous réserve des deux conditions suivantes : »

a) Le contribuable doit prendre l'engagement de conserver cette propriété jusqu'au 31 décembre de la huitième année suivant celle des travaux et d'appliquer, pendant la même durée, l'une des garanties de gestion durable prévues aux articles L. 124-1 et L. 124-3 du même code ;

b) Les travaux de plantation sont effectués avec des graines et des plants forestiers conformes aux prescriptions des arrêtés régionaux relatifs aux aides de l'État à l'investissement forestier pris conformément à la partie réglementaire du même code ; — *L'absence de seuil minimal de surface pour les travaux forestiers effectués dans des propriétés regroupées au sein d'organisations de producteurs concerne les travaux effectués à compter du 1er janv. 2018 (L. n° 2017-1775 du 28 déc. 2017, art. 26-II). Les travaux antérieurs à cette date doivent être effectués dans des propriétés regroupées au sein d'une organisation de producteurs constituant une unité de gestion d'au moins 4 ha d'un seul tenant.*

(L. n° 2017-1775 du 28 déc. 2017, art. 26) « 2° Aux dépenses de travaux forestiers payées par un groupement forestier ou une société d'épargne forestière dont le contribuable est membre ou par un groupement d'intérêt économique et environnemental forestier dont le contribuable est membre directement ou indirectement par l'intermédiaire d'un groupement forestier ou d'une société d'épargne forestière, lorsque la propriété du groupement forestier ou de la société sur laquelle sont réalisés les travaux constitue une unité de gestion d'au moins 10 hectares d'un seul tenant ou sans seuil plancher de surface lorsque la propriété du contribuable, du groupement forestier ou de la société d'épargne forestière est intégrée dans une organisation de producteurs, au sens de l'article L. 552-1 du code rural et de la pêche maritime, intégrée dans un groupement d'intérêt économique et environnemental forestier ou lorsque la propriété est détenue par un tel groupement, et qu'elle présente l'une des garanties de gestion durable prévues aux articles L. 124-1 et L. 124-3 du code forestier, sous réserve des trois conditions suivantes : »

a) Le contribuable doit prendre l'engagement de conserver les parts du groupement ou de la société jusqu'au 31 décembre de la quatrième année suivant celle des travaux et, le cas échéant, le contribuable, le groupement forestier ou la société d'épargne forestière doivent s'engager à rester membres du groupement d'intérêt économique et environnemental forestier pendant la même période ;

b) Le contribuable, le groupement ou la société doit prendre l'engagement de conserver les parcelles qui ont fait l'objet de travaux ouvrant droit à crédit d'impôt jusqu'au 31 décembre de la huitième année suivant celle des travaux ;

c) Les travaux de plantation sont effectués avec des graines et des plants forestiers conformes aux prescriptions des arrêtés régionaux relatifs aux aides de l'État à l'investissement forestier pris conformément à la partie réglementaire du même code ;

3° A la rémunération versée par le contribuable, par un groupement forestier ou une société d'épargne forestière dont le contribuable est membre pour la réalisation d'un contrat conclu pour la gestion de bois et forêts d'une surface inférieure à 25 hectares, avec un gestionnaire forestier professionnel, au sens de l'article L. 315-1 du code forestier, ou un expert forestier, au sens de l'article L. 171-1 du code rural et de la pêche maritime, ou une personne morale de droit privé reconnue en qualité de groupement d'intérêt économique et environnemental forestier, dans le cadre d'un mandat de gestion, avec une coopérative forestière ou une organisation de producteurs, au sens de l'article L. 552-1 du code rural et de la pêche maritime, ou avec l'Office national des forêts en application de l'article L. 315-2 du code forestier, sous réserve des trois conditions suivantes :

a) Le contrat de gestion prévoit la réalisation de programmes de travaux et de coupes sur des terrains en nature de bois et forêts dans le respect de l'une des garanties de gestion durable prévues aux articles L. 124-1 et L. 124-3 du même code ;

b) Ces coupes sont cédées soit dans le cadre d'un mandat de vente avec un gestionnaire forestier professionnel ou un expert forestier, soit en exécution d'un contrat d'apport conclu avec une coopérative ou une organisation de producteurs, au sens de l'article L. 552-1 du code rural et de la pêche maritime, soit dans les conditions prescrites à l'article L. 315-2 du code forestier ;

c) Ces coupes sont commercialisées à destination d'unités de transformation du bois ou de leurs filiales d'approvisionnement par voie de contrats d'approvisionnement annuels reconductibles ou pluriannuels.

Les conditions et les modalités d'application de ces dispositions sont fixées par décret. *— V. Ann. III, art. 46 AGH à AGK.*

3. Le crédit d'impôt est calculé sur la base :

a) Des dépenses payées mentionnées au 1° du 2 ;

b) De la fraction des dépenses payées mentionnées au 2° du même 2, correspondant aux droits que le contribuable détient dans le groupement ou la société ;

c) Des dépenses de rémunération mentionnées au 3° du 2 et payées par le contribuable ou de la fraction de ces dépenses payées par le groupement ou la société correspondant aux droits que le contribuable détient dans ces derniers.

Le crédit d'impôt n'est pas applicable aux dépenses payées dans le cadre de l'utilisation de sommes prélevées sur un compte d'investissement forestier et d'assurance prévu au chapitre II du titre V du livre III du code forestier.

4. Les dépenses et la fraction des dépenses mentionnées aux *a* et *b* du 3 sont globalement retenues dans la limite de 6 250 € pour une personne célibataire, veuve ou divorcée et de 12 500 € pour un couple marié ou pour les partenaires liés par un pacte civil de solidarité, soumis à une imposition commune. Lorsque ces dépenses dépassent cette limite, la fraction excédentaire des dépenses mentionnées aux mêmes *a* et *b* est retenue :

a) Au titre des quatre années suivant celle du paiement des travaux et dans la même limite ;

b) Au titre des huit années suivant celle du paiement des travaux en cas de sinistre forestier pour lequel le premier alinéa de l'article 1398 s'applique et dans la même limite.

Les dépenses et la fraction des dépenses mentionnées au *c* du 3 sont globalement retenues dans la limite de 2 000 € pour une personne célibataire, veuve ou divorcée et de 4 000 € pour un couple marié ou pour les partenaires liés par un pacte civil de solidarité, soumis à une imposition commune, sous réserve que le contribuable soit en mesure de présenter, à la demande de l'administration fiscale, la facture du contrat de gestion ainsi que l'attestation délivrée par l'opérateur certifiant que la cession et la commercialisation des coupes sont réalisées dans les conditions prévues au 3° du 2.

5. Le taux du crédit d'impôt est de 18 % ; il est porté à 25 % pour les bénéficiaires adhérents à une organisation de producteurs, au sens de l'article L. 552-1 du code rural et de la pêche maritime et pour les bénéficiaires membres d'un groupement d'intérêt économique et environnemental forestier directement ou indirectement par l'intermédiaire d'un groupement forestier ou d'une société d'épargne forestière.

6. Le crédit d'impôt s'applique pour le calcul de l'impôt dû au titre de l'année de paiement des dépenses mentionnées aux 1° à 3° du 2. Pour les dépenses mentionnées aux 1° et 2° du même 2, il peut s'appliquer pour le calcul de l'impôt dû au titre des quatre années suivantes ou des huit années suivantes en cas de sinistre forestier, conformément au 4.

Il est imputé sur l'impôt sur le revenu dû par les contribuables au titre des années au cours desquelles les dépenses mentionnées aux mêmes 1° à 3° ont été exposées. Si le montant du crédit d'impôt excède l'impôt dû au titre de ladite année, l'excédent est restitué.

7. Le crédit d'impôt fait l'objet d'une reprise au titre de l'année où le contribuable, le groupement, la société ou la société d'épargne forestière cesse de respecter l'un des engagements mentionnés au 2. Il en est de même en cas de dissolution des groupements ou des sociétés concernés ou lorsque ces dernières ne respectent pas les articles L. 214-121 et L. 214-123 à L. 214-125 du code monétaire et financier.

Toutefois, le crédit d'impôt n'est pas repris dans les cas mentionnés aux *a* à *c* du 7 de l'article 199 *decies* H.

(L. n° 2017-1775 du 28 déc. 2017, art. 26) « **8. Le bénéfice du crédit d'impôt mentionné au 1 est subordonné au respect du règlement (UE) n° 1407/2013 de la Commission du 18 décembre 2013 relatif à l'application des articles 107 et 108 du traité sur le fonctionnement de l'Union européenne aux aides *de minimis*.** »

V. Ann. III, art. 46 AGH à 46 AGK.

Les dispositions issues de la L. n° 2017-1775 du 28 déc. 2017 s'appliquent aux opérations forestières réalisées à compter du 1er janv. 2018 (L. préc., art. 26).

Crédit d'impôt au titre des travaux forestiers et des contrats de gestion de bois et forêts. Commentaire administratif. * BOI-IR-RICI-60-10 nos 270 s. du 6 juill. 2016.

35° CRÉDIT D'IMPÔT POUR LE PREMIER ABONNEMENT À UN JOURNAL, À UNE PUBLICATION PÉRIODIQUE OU À UN SERVICE DE PRESSE EN LIGNE D'INFORMATION POLITIQUE ET GÉNÉRALE

(L. n° 2020-935 du 30 juill. 2020, art. 2-I)

Art. 200 *sexdecies* **I. –** *(L. n° 2021-1900 du 30 déc. 2021, art. 78-I-1°-a)* « **A. –** » **Lorsqu'elles n'entrent pas en compte pour l'évaluation des revenus des différentes catégories, ouvrent droit à un crédit d'impôt sur le revenu les sommes versées, jusqu'au 31 décembre** *(L. n° 2021-1900 du 30 déc. 2021, art. 78-I-1°-b)* « **2023** *[ancienne rédaction : 2022]* », **par un contribuable domicilié en France au sens de l'article 4 B, au titre du premier abonnement, pour une durée minimale de douze mois, à un journal, à une publication de périodicité au maximum trimestrielle ou à un service de presse en ligne reconnu en application de l'article 1er de la loi n° 86-897 du 1er août 1986 portant réforme du régime juridique de la presse, lorsque ce journal ou cette publication présente le caractère de presse d'information politique et générale au sens de l'article 4 de la loi n° 47-585 du 2 avril 1947 relative au statut des entreprises de groupage et de distribution des journaux et publications périodiques ou lorsque ce service de presse en ligne présente le caractère d'information politique et générale au sens du décret pris en application de l'article 1er de la loi n° 86-897 du 1er août 1986 précitée.**

L'abonnement à un service de presse en ligne n'est pas éligible au bénéfice du crédit d'impôt lorsqu'il est inclus dans un service assurant la diffusion numérique groupée de services de presse en ligne ou de versions numérisées de journaux ou publications périodiques ne présentant pas tous le caractère de presse d'information politique ou générale, ou associé à tout autre service.

(L. n° 2021-1900 du 30 déc. 2021, art. 78-I-1°-c) « **B. – Pour ouvrir droit au bénéfice du crédit d'impôt, le montant des revenus du foyer fiscal défini au IV de l'article 1417 ne doit pas excéder, au titre de l'avant-dernière année précédant celle du premier abonnement, 24 000 euros pour une part de quotient familial. Cette limite est majorée de 25 % par demi-part supplémentaire.** »

II. – Le crédit d'impôt est égal à 30 % des dépenses mentionnées au I, effectivement supportées par le contribuable.

Il est accordé une fois pour un même foyer fiscal jusqu'au 31 décembre *(L. n° 2021-1900 du 30 déc. 2021, art. 78-I-2°)* « **2023** *[ancienne rédaction : 2022]* ».

Le crédit d'impôt est imputé sur l'impôt sur le revenu après imputation des réductions d'impôt mentionnées aux articles 199 *quater* B à 200 *bis*, des crédits d'impôt et des prélèvements ou retenues non libératoires. S'il excède l'impôt dû, l'excédent est restitué.

III. – Les sommes mentionnées au *(L. n° 2021-1900 du 30 déc. 2021, art. 78-I)* « **A du** » **I du présent article ouvrent droit au bénéfice du crédit d'impôt, sous réserve que le contribuable soit en mesure de présenter, à la demande de l'administration fiscale, un reçu répondant à un modèle fixé par l'administration établi par l'organisme auprès duquel est souscrit le premier abonnement. Le reçu mentionne le montant et la date des versements effectués ainsi que l'identité et l'adresse des bénéficiaires et de l'organisme émetteur du reçu. Il atteste que le journal, la publication périodique ou le service de presse en ligne répond à la définition prévue au premier alinéa du même** *(L. n° 2021-1900 du 30 déc. 2021, art. 78-I-3°-b)* « **A** *[ancienne rédaction : I]* » **et que l'abonnement respecte les conditions prévues audit** *(L. n° 2021-1900 du 30 déc. 2021, art. 78-I-3°-b)* « **A** *[ancienne rédaction : I]* ».

IV. — En cas de non-respect de l'une des conditions fixées au présent article ou lorsqu'il est mis fin à l'abonnement mentionné au I avant une durée minimale de douze mois, le crédit d'impôt obtenu fait l'objet d'une reprise au titre de l'année de réalisation de l'un de ces événements.

Les dispositions du présent art. s'appliquent aux versements effectués à compter du 9 mai 2021 pour les abonnements souscrits à compter de cette même date (L. n° 2020-935 du 30 juill. 2020, art. 2-II ; Décr. n° 2021-560 du 7 mai 2021, art. 1er).

Les dispositions des b du 1° et du 2° du I de l'art. 78 de la L. n° 2021-1900 du 30 déc. 2021 entrent en vigueur à une date fixée par décret, qui ne peut être postérieure de plus d'un mois à la date de réception par le Gouvernement de la réponse de la Commission européenne permettant de considérer le dispositif législatif lui ayant été notifié comme conforme au droit de l'Union européenne en matière d'aides d'État. Les dispositions des a et c du 1° et du 3° du I de l'art. 78 de la L. n° 2021-1900 du 30 déc. 2021 s'appliquent aux versements effectués au titre des abonnements souscrits à compter de la même date (L. n° 2021-1900 du 30 déc. 2021, art. 78-II).

Crédit d'impôt pour le premier abonnement à un journal, à une publication périodique ou à un service de presse en ligne d'information politique et générale. Commentaire du nouveau crédit d'impôt applicable à compter du 9 mai 2021. * BOI-IR-RICI-390 du 17 mai 2021.

III *PLAFONNEMENT DE CERTAINS AVANTAGES FISCAUX AU TITRE DE L'IMPÔT SUR LE REVENU*

(L. n° 2008-1425 du 27 déc. 2008, art. 91-I)

Art. 200-0 A **1. Le total des avantages fiscaux mentionnés au 2, à l'exception de ceux mentionnés aux articles 199 *undecies* A, 199 *undecies* B, 199 *undecies* C et 199 *unvicies* et au XII de l'article 199 *novovicies*, ne peut pas procurer une réduction de l'impôt dû supérieure à un montant de 10 000 €.**

Le total des avantages mentionnés au premier alinéa du présent 1, retenu dans la limite de 10 000 €, majoré du montant de ceux mentionnés aux articles 199 *undecies* A, 199 *undecies* B, 199 *undecies* C et 199 *unvicies* et au XII de l'article 199 *novovicies*, ne peut pas procurer une réduction de l'impôt dû supérieure à la somme d'un montant de 18 000 €. — *Pour l'application du présent 1, V. L. n° 2020-1721 du 29 déc. 2020, art. 112-I et III. — V. égal. ndlr 3, ci-dessous.*

2. Les avantages fiscaux retenus pour l'application du plafonnement mentionné au 1, au titre d'une année d'imposition, sont les suivants :

a) L'avantage en impôt procuré par les déductions au titre de l'amortissement prévues aux *h* et *l* du 1° du I de l'article 31 et à l'article 31 *bis* ;

b) Les réductions, y compris, le cas échéant, pour leur montant acquis au titre d'une année antérieure et reporté, et crédits d'impôt sur le revenu, à l'exception de ceux mentionnés aux articles 199 *quater* B, 199 *quater* C, 199 *quater* F, 199 *septies*, 199 *terdecies*-0 B, 199 *quindecies*, 199 *octodecies*, 199 *vicies* A, 199 *tervicies*, 200, 200 *bis*, 200 *quater* A, 200 *octies*, 200 *decies* A, 200 *undecies*, 238 *bis* *(Abrogé par L. n° 2019-1479 du 28 déc. 2019, art. 29-III-5°) « et 238 bis 0 AB »* **et aux 2 à 4 du I de l'article 197, des crédits d'impôt mentionnés au 1° du II de la section V du chapitre Ier du présent titre, et du crédit d'impôt correspondant à l'impôt retenu à la source à l'étranger ou à la décote en tenant lieu, tel qu'il est prévu par les conventions internationales.**

3. La réduction d'impôt acquise au titre des investissements mentionnés à la première phrase des vingt-sixième et vingt-septième alinéas du I de l'article 199 *undecies* B est retenue pour l'application du plafonnement mentionné au second alinéa du 1 pour 34 % de son montant. La réduction d'impôt acquise au titre des investissements mentionnés à la deuxième phrase du vingt-sixième alinéa du I de l'article 199 *undecies* B est retenue pour l'application du plafonnement mentionné au second alinéa du 1 pour 44 % de son montant. La réduction d'impôt acquise au titre des investissements mentionnés à l'article 199 *undecies* C est retenue pour l'application du plafonnement mentionné au second alinéa du 1 pour 30 % de son montant.

4. Un décret fixe les modalités d'application du présent article. — *V. Ann. III, art. 46-0 B à 46-0 B ter. — Pour l'imposition des revenus 2013, V. également L. n° 2014-891 du 8 août 2014, art. 1er-III, ss. art. 197 ; pour l'imposition des revenus des années antérieures, V.* ***CGI, éd. 2014.***

1) *L. n° 2012-1509 du 29 déc. 2012, art. 73-II : « II. — Le I est applicable à compter de l'imposition des revenus de 2013, sous réserve du présent II.*

« Pour l'application du I, il est tenu compte des avantages fiscaux accordés au titre des dépenses payées, des investissements réalisés ou des aides accordées à compter du 1er janv. 2013. Toutefois, il n'est pas tenu compte des avantages procurés :

« 1° Par les réductions d'impôt sur le revenu mentionnées aux articles 199 undecies A, 199 undecies B et 199 undecies C du code général des impôts qui résultent :

« a) Des investissements pour l'agrément ou l'autorisation préalable desquels une demande est parvenue à l'administration avant le 1er janv. 2013 ;

« b) Des acquisitions d'immeubles ayant fait l'objet d'une déclaration d'ouverture de chantier avant le 1er janv. 2013 ;

« c) Des acquisitions de biens meubles corporels commandés avant le 1er janv. 2013 et pour lesquels des acomptes au moins égaux à 50 % de leur prix ont été versés ;

« d) Des travaux de réhabilitation d'immeuble pour lesquels des acomptes au moins égaux à 50 % de leur prix ont été versés avant le 1er janv. 2013 ;

« 2° Par la réduction d'impôt sur le revenu prévue à l'art. 199 unvicies du même code accordée au titre des souscriptions réalisées avant le 1er janv. 2013 ;

« 3° Par la réduction d'impôt sur le revenu prévue à l'art. 199 tervicies dudit code accordée au titre des dépenses de restauration immobilière des immeubles bâtis pour lesquels une demande de permis de construire ou une déclaration de travaux a été déposée avant le 1er janv. 2013 ;

« 4° Par la réduction d'impôt sur le revenu prévue à l'art. 199 sexvicies du même code accordée au titre de l'acquisition de logements pour lesquels une promesse d'achat ou une promesse synallagmatique a été souscrite par l'acquéreur avant le 1er janv. 2013 ;

« 5° Par la réduction d'impôt sur le revenu prévue à l'art. 199 septvicies dudit code accordée au titre de l'acquisition de logements pour lesquels une promesse d'achat ou une promesse synallagmatique a été souscrite par l'acquéreur avant le 1er janv. 2013. »

2) *V. App., L. n° 2013-1278 du 29 déc. 2013, art. 21-III.*

3) *Pour les versements éligibles au bénéfice de la réduction d'impôt mentionnée à l'art. 199 terdecies-0 AA effectués du 9 mai 2021 au 31 déc. 2021 et pour les versements éligibles au bénéfice de la réduction d'impôt mentionnée à l'art. 199 terdecies-0 AB effectués en 2021, le montant cumulé de ces deux réductions d'impôt est diminué, dans la limite de 10 000 €, de 3 000 € (L. n° 2020-1721 du 29 déc. 2020, art. 112-III ; Décr. n° 2021-559 du 6 mai 2021, art. 1er).*

1. Plafonnement global des niches fiscales. Commentaire administratif. Champ et modalités d'application du dispositif de plafonnement global de certains avantages fiscaux. Modalités de calcul du plafonnement. * BOI IR-LIQ-20-20-10 du 6 avr. 2017.

2. Souscription au capital des PME et plafond global des avantages fiscaux. * BOI-IR-RICI-90-20-10 n° 220 du 9 mai 2014.

IV *[IMPOSITION DES GAINS NETS RÉALISÉS À L'OCCASION DE CESSIONS DE VALEURS MOBILIÈRES ET DE DROITS SOCIAUX]*

Art. 200 A *(L. n° 2017-1837 du 30 déc. 2017, art. 28, applicable aux impositions dont le fait générateur intervient à compter du 1er janv. 2018)* « 1. L'impôt sur le revenu dû par les personnes physiques fiscalement domiciliées en France au sens de l'article 4 B à raison des revenus, gains nets, profits, distributions, plus-values et créances énumérés aux 1° et 2° du A du présent 1 est établi par application du taux forfaitaire prévu au B du présent 1 à l'assiette imposable desdits revenus, gains nets, profits, distributions, plus-values et créances.

« A. Pour l'application du premier alinéa du présent 1, sont soumis à l'imposition forfaitaire :

« 1° Les revenus de capitaux mobiliers mentionnés au VII de la 1re sous-section de la section II du présent chapitre, à l'exception des revenus expressément exonérés de l'impôt en vertu des articles 125-0 A, 155 B, 157 et 163 *quinquies* B à 163 *quinquies* C *bis*, des produits des bons ou contrats de capitalisation ou placements de même nature mentionnés au 6° de l'article 120 et au 1° du I de l'article 125-0 A, attachés à des primes versées jusqu'au 26 septembre 2017, ainsi que des revenus qui sont pris en compte pour la détermination du bénéfice imposable d'une entreprise industrielle, commerciale, artisanale ou agricole, ou d'une profession non commerciale. Sont également soumis à l'imposition forfaitaire les produits mentionnés au 5 de l'article 13 qui se rattachent à la catégorie des revenus de capitaux mobiliers.

« Pour le calcul de l'impôt dû, les revenus mentionnés au premier alinéa du présent 1° sont retenus pour leur montant brut, sous réserve, le cas échéant, de l'application des articles 124 C, 125-00 A et 125-0 A.

« Les revenus mentionnés au premier alinéa du présent 1° de source étrangère sont également retenus pour leur montant brut. L'impôt retenu à la source est imputé sur l'imposition à taux forfaitaire dans la limite du crédit d'impôt auquel il ouvre droit, dans les conditions prévues par les conventions internationales ;

« *(L. n° 2020-1721 du 29 déc. 2020, art. 39)* « Pour l'application des deuxième et troisième alinéas du présent 1°, lorsque les revenus sont de la nature de ceux mentionnés au 2° du 7 de l'article 158, leur montant brut est multiplié par 1,25 ; »

« 2° Les gains nets, profits, distributions, plus-values et créances mentionnés aux 1° à *(L. n° 2018-1317 du 28 déc. 2018, art. 44-I-3°-a)* « 6° » du 6 *bis* de l'article 158, déterminés conformément à ces mêmes dispositions. Toutefois, pour l'établissement de l'imposition forfaitaire mentionnée au premier alinéa du présent 1, il n'est pas fait application de l'abattement mentionné aux 1 *ter* ou 1 *quater* de l'article 150-0 D.

« B. 1° Le taux forfaitaire mentionné au premier alinéa du présent 1 est fixé à 12,8 % ;

« 2° Par dérogation au 1° du présent B, lorsque *(L. n° 2019-1479 du 28 déc. 2019, art. 9-I-B, applicable aux impositions dont le fait générateur intervient à compter du 1er janv. 2020)* « les conditions d'application du *b* du 2 du II de l'article 125-0 A sont remplies », le taux prévu au même *b* est appliqué aux produits des bons ou contrats de capitalisation et placements de même nature mentionnés au I de l'article 125-0 A et au II de l'article 125 D attachés à des primes versées à compter du 27 septembre 2017 :

« *a)* Pour le montant total desdits produits, lorsque le montant des primes versées sur le bon ou contrat ou placement auquel se rattachent ces produits ainsi que sur les autres bons ou contrats ou placements dont est titulaire le bénéficiaire desdits produits et qui, au 31 décembre de l'année qui précède le fait générateur d'imposition des produits concernés, n'ont pas déjà fait l'objet d'un remboursement en capital, n'excède pas le seuil de 150 000 €. Pour l'application du présent alinéa, en cas de démembrement de propriété du bon ou contrat, les primes versées sur ce bon ou contrat ne sont prises en compte que pour la détermination du seuil applicable à l'usufruitier ;

« *b)* Lorsque le montant des primes tel que déterminé au *a* du présent 2° excède le seuil de 150 000 €, pour la seule fraction de ces produits déterminée en multipliant le montant total desdits produits par le rapport existant entre :

« – au numérateur, le montant de 150 000 € réduit, le cas échéant, du montant des primes versées antérieurement au 27 septembre 2017 et qui, au 31 décembre de l'année qui précède le fait générateur d'imposition des produits concernés, n'ont pas déjà fait l'objet d'un remboursement en capital ;

« – au dénominateur, le montant des primes versées à compter du 27 septembre 2017 et qui, au 31 décembre de l'année qui précède le fait générateur de l'imposition des produits concernés, n'ont pas déjà fait l'objet d'un remboursement en capital.

« La fraction des produits mentionnés au premier alinéa du présent 2° qui n'est pas éligible au taux mentionné au même premier alinéa est imposable au taux mentionné au 1° du présent B ;

« 3° Lorsque *(L. n° 2019-1479 du 28 déc. 2019, art. 9-I-C, applicable aux impositions dont le fait générateur intervient à compter du 1er janv. 2020)* « les conditions d'application du *b* du 2 du II de l'article 125-0 A ne sont pas remplies », les produits mentionnés au 2° du présent B attachés à des primes versées à compter du 27 septembre 2017 sont soumis au taux mentionné au 1° du présent B.

« 2. Par dérogation au 1, sur option expresse et irrévocable du contribuable, l'ensemble des revenus, gains nets, profits, plus-values et créances mentionnés à ce même 1 est retenu dans l'assiette du revenu net global défini à l'article 158. Cette option globale est exercée lors du dépôt de la déclaration prévue à l'article 170, et au plus tard avant l'expiration de la date limite de déclaration. »

(L. n° 2017-1837 du 30 déc. 2017, art. 28, applicable aux impositions dont le fait générateur intervient à compter du 1er janv. 2018) « 2 *ter. a)* Les plus-values mentionnées au I de l'article 150-0 B *ter* sont imposables à l'impôt sur le revenu au taux déterminé comme suit :

« 1° Le taux applicable aux plus-values résultant d'opérations d'apport réalisées entre le 14 novembre et le 31 décembre 2012 est déterminé conformément au A du IV de l'article 10 de la loi n° 2012-1509 du 29 décembre 2012 de finances pour 2013 ;

« 2° Le taux applicable aux plus-values résultant d'opérations d'apport réalisées entre le 1er janvier 2013 et le 31 décembre 2017 est égal au rapport entre les deux termes suivants :

« – le numérateur, constitué par le résultat de la différence entre, d'une part, le montant de l'impôt qui aurait résulté, au titre de l'année de l'apport, de l'application de l'article 197 à la somme de l'ensemble des plus-values mentionnées au premier alinéa du présent 2° réalisées au titre de cette même année ainsi que des revenus imposés au titre de la même année dans les conditions de ce même article 197 et, d'autre part, le montant de l'impôt dû au titre de cette même année et établi dans les conditions dudit article 197 ;

« – le dénominateur, constitué par l'ensemble des plus-values mentionnées au premier alinéa du présent 2° retenues au deuxième alinéa du présent 2°.

« Pour la détermination du taux mentionné au premier alinéa du présent 2°, les plus-values mentionnées au même premier alinéa sont, le cas échéant, réduites du seul abattement mentionné au 1 de l'article 150-0 D dans sa rédaction en vigueur jusqu'au 31 décembre 2017 ;

« 3° Le taux applicable aux plus-values résultant d'opérations d'apport réalisées à compter du 1er janvier 2018 est égal à 12,8 %. Toutefois, lorsque l'option globale prévue au 2 est exercée par le contribuable, le taux applicable à ces plus-values est déterminé suivant les mêmes modalités que celles prévues au 2° du présent *a*, compte tenu le cas échéant du seul abattement mentionné aux 1 *ter* ou 1 *quater* de l'article 150-0 D.

« Les plus-values mentionnées au premier alinéa du présent *a* auxquelles l'article 244 *bis* B est applicable sont imposables dans les conditions et au taux prévus au même article 244 *bis* B dans sa rédaction applicable à la date de l'apport.

« *b)* Les plus-values mentionnées au premier alinéa du *a* du présent 2 *ter*, retenues pour leur montant avant application de l'abattement mentionné aux 2° ou 3° du même *a*, sont également imposables, le cas échéant, à la contribution mentionnée à l'article 223 *sexies* au taux égal au rapport entre les deux termes suivants :

« 1° Le numérateur, constitué par le résultat de la différence entre, d'une part, le montant de la contribution qui aurait résulté, au titre de l'année de l'apport, de l'application de l'article 223 *sexies* au revenu fiscal de référence défini à ce même article, majoré du montant de l'ensemble des plus-values mentionnées au premier alinéa du présent *b* réalisées au titre de la même année, et, d'autre part, le montant de la contribution due le cas échéant dans les conditions dudit article 223 *sexies* ;

« 2° Le dénominateur, constitué par l'ensemble des plus-values mentionnées au premier alinéa du présent *b* retenues au 1° du présent *b*.

« 3. L'avantage salarial mentionné au I de l'article 80 *quaterdecies* est retenu dans l'assiette du revenu net global défini à l'article 158, après application d'un abattement de 50 % ou, le cas échéant, de l'abattement fixe prévu au 1 du I de l'article 150-0 D *ter* et, pour le surplus éventuel, de l'abattement de 50 %. Pour l'application de ces dispositions, l'abattement fixe s'applique en priorité sur le gain net mentionné au V de l'article 80 *quaterdecies* puis, pour le surplus éventuel, sur l'avantage salarial précité. »

4. *Abrogé.*

(L. n° 2018-1317 du 28 déc. 2018, art. 44-I-3°-b et II, applicable aux retraits ou aux rachats effectués à compter du 1er janv. 2019) « 5. Le gain net mentionné au 2 du II de l'article 150-0 A est imposé dans les conditions prévues aux 1 ou 2 du présent article. »

6 et 6 bis Abrogés.

7. Abrogé.

1. Épargne salariale et actionnariat salarié. * BOI-RSA-ES-10 du 7 oct. 2015.

2. Options de souscription ou d'achat d'actions. * BOI-RSA-ES-20-10 du 12 août 2014 * BOI-RSA-ES-20-20-20 du 1er mars 2019.

3. Contribution salariale sur les gains de levée d'options sur titres et d'acquisition d'actions gratuites (CSS, art. 137-14). Cette contribution est due par les bénéficiaires d'options sur titres « stock options ») ou d'actions gratuites dont les gains de levée d'options ou d'acquisition sont imposés dans les conditions prévues aux 6 et 6 *bis* de l'art. 200 A et qui sont affiliés à un régime obligatoire d'assurance maladie. Elle est due au titre de l'année de cession des actions. * BOI-RSA-ES-20-30 du 24 juill. 2017.

4. Prélèvement forfaitaire unique (PFU). Application aux produits de ces bons ou contrats attachés à des primes versées à compter du 27 sept. 2017 au taux de 12,8%, sous réserve le cas échéant, d'une part, de l'application du taux réduit de 7,5 % et, d'autre part, de l'option globale pour le barème progressif. * BOI-RPPM-RCM-20-15 n° 100 s. du 20 déc. 2019.

5. Option pour le barème progressif. L'option pour le barème peut sur demande être exercée après le dépôt de la déclaration de revenus. * Rép. min. n° 24560 : *JOAN 25 févr. 2020.*

V *IMPOSITION DES PLUS-VALUES RÉALISÉES À L'OCCASION DE CESSIONS À TITRE ONÉREUX DE BIENS OU DROITS MOBILIERS OU IMMOBILIERS*

Art. 200 B **Les plus-values réalisées dans les conditions prévues aux articles 150 U à 150 UC sont imposées au taux forfaitaire de 19 %. Elles sont imposées aux taux prévus au III *bis* de l'article 244 *bis* A lorsqu'elles sont dues par des associés de sociétés ou groupements qui relèvent des articles 8 à 8 *ter* ou par des porteurs de parts de fonds de placement immobilier mentionnés à l'article 239 *nonies*, qui ne sont pas fiscalement domiciliés en France ou dont le siège social est situé hors de France.**

Ancien art. 200 B *Les plus-values réalisées dans les conditions prévues aux articles 150 U à 150 UC sont imposées au taux forfaitaire de 19 %. Elles sont imposées au taux d'un tiers lorsqu'elles sont dues : — Le taux de 19 % mentionné ci-contre s'applique aux plus-values réalisées au titre des cessions intervenues à compter du 1er janv. 2011 (L. n° 2010-1657 du 29 déc. 2010, art. 6-VII-d).*

a) Par des associés de sociétés ou groupements dont le siège est situé en France et qui relèvent des articles 8 à 8 ter et par des porteurs de parts de fonds de placement immobilier mentionnés à l'article 239 nonies, qui ne sont pas fiscalement domiciliés ou n'ont pas leur siège social dans un État membre de l'Union européenne ou dans un autre État partie à l'accord sur l'Espace économique européen ayant conclu avec la France une convention d'assistance administrative en vue de lutter contre la fraude et l'évasion fiscales.

b) Par des associés personnes morales de sociétés ou groupements dont le siège est situé en France et qui relèvent des articles 8 à 8 ter et par des porteurs de parts, personnes morales, de fonds de placement immobilier mentionnés à l'article 239 nonies, qui sont fiscalement domiciliés dans un autre État membre de l'Union européenne ou dans un autre État partie à l'accord sur l'Espace économique européen ayant conclu avec la France une convention d'assistance administrative en vue de lutter contre la fraude et l'évasion fiscales.

VI *IMPOSITION DES PLUS-VALUES RÉALISÉES À L'OCCASION DE CESSIONS À TITRE ONÉREUX D'ACTIFS NUMÉRIQUES*

(L. n° 2018-1317 du 28 déc. 2018, art. 41-I-3° et II-A, applicable aux cessions réalisées à compter du 1er janv. 2019)

Art. 200 C **Les plus-values réalisées dans les conditions prévues à l'article 150 VH *bis* sont imposées au taux forfaitaire de 12,8 %.**

(L. n° 2021-1900 du 30 déc. 2021, art. 79-I-3° et II, applicable aux cessions réalisées à compter du 1er janv. 2023) **« Par dérogation au premier alinéa du présent article, sur option expresse et irrévocable du contribuable, les plus-values mentionnées au même premier alinéa sont retenues dans l'assiette du revenu net global défini à l'article 158. Cette option globale est exercée lors du dépôt de la déclaration prévue à l'article 170, et au plus tard avant l'expiration de la date limite de déclaration. »**

SECTION VI DISPOSITIONS SPÉCIALES APPLICABLES EN CAS DE CESSION, DE CESSATION OU DE DÉCÈS

Art. 201 **1. Dans le cas de cession ou de cessation, en totalité ou en partie, d'une entreprise industrielle, commerciale, artisanale, minière ou agricole, l'impôt sur le revenu dû en raison des bénéfices réalisés dans cette entreprise ou exploitation et qui n'ont pas encore été imposés est immédiatement établi, y compris, dans le cas d'une exploitation agricole dont le résultat est soumis à l'article 64 *bis*, en raison des bénéfices qui proviennent de créances acquises et non encore recouvrées. Il est calculé au dernier taux retenu pour le calcul de l'acompte mentionné au 2° du 2 de l'article 204 A.**

Les contribuables doivent, dans un délai de quarante-cinq jours déterminé comme il est indiqué ci-après, aviser l'administration de la cession ou de la cessation et lui faire connaître la date à laquelle elle a été ou sera effective, ainsi que, s'il y a lieu, les nom, prénoms, et adresse du cessionnaire.

Le délai de quarante-cinq jours commence à courir :

— Lorsqu'il s'agit de la vente ou de la cession d'un fonds de commerce, du jour où la vente ou la cession a été publiée *(L. n° 2019-486 du 22 mai 2019, art. 3-II-F)* « sur un support » habilité à recevoir *(L. n° 2019-486 du 22 mai 2019, art. 3-II-F)* « des » annonces judiciaires et légales, conformément aux prescriptions de l'article L. 141-12 du code de commerce ;

— Lorsqu'il s'agit de la vente ou de la cession d'autres entreprises, du jour où l'acquéreur ou le cessionnaire a pris effectivement la direction des exploitations ;

— Lorsqu'il s'agit de la cessation d'entreprises, du jour de la fermeture définitive des établissements.

2. *Abrogé par L. n° 98-1266 du 30 déc. 1998, art. 7-II-18 et IV.*

3. Les contribuables assujettis à un régime réel d'imposition sont tenus de faire parvenir à l'administration, dans un délai de soixante jours déterminé comme indiqué au 1, la déclaration de leur bénéfice réel accompagnée d'un résumé de leur compte de résultat.

Pour la détermination du bénéfice réel, il est fait application *(L. n° 2018-1317 du 28 déc. 2018, art. 37-I-9° et III-1, applicable aux exercices ouverts à compter du 1er janv. 2019)* « du régime défini aux articles 39 *duodecies* et suivants. »

Si les contribuables imposés d'après leur bénéfice réel ne produisent pas les déclarations ou renseignements visés au 1 et au premier alinéa du présent paragraphe, ou si, invités à fournir à l'appui de la déclaration de leur bénéfice réel les justifications nécessaires, ils s'abstiennent de les donner dans les trente jours qui suivent la réception de l'avis qui leur est adressé à cet effet, les bases d'imposition sont arrêtées d'office.

3 *bis*. Les contribuables soumis aux régimes définis aux articles 50-0 et 64 *bis* qui cessent leur activité en cours d'année sont tenus de faire parvenir à l'administration, dans un délai de soixante jours déterminé comme indiqué au 1, la déclaration prévue au 3 de l'article 50-0 ou au III de l'article 64 *bis*.

4. Les dispositions du présent article sont applicables dans le cas de décès de l'exploitant. Dans ce cas, les ayants droit du défunt doivent produire les renseignements nécessaires pour l'établissement de l'impôt dans les six mois de la date du décès.

Les dispositions du présent art. s'appliquent aux revenus perçus ou réalisés à compter du 1er janv. 2018 et du 1er janv. 2019 (L. n° 2016-1917 du 29 déc. 2016, art. 60-I-B-9°, I-G-1 et I-G-3, mod. par Ord. n° 2017-1390 du 22 sept. 2017, art. 1er).

1. Notion de cessation. Le fait, pour un commerçant, de mettre son fonds de commerce en gérance libre, moyennant redevance, ne saurait être assimilé à une cession d'entreprise, dès lors qu'il est considéré comme poursuivant ainsi, sous une autre forme, l'exploitation de son fonds. • CE plén., 29 juill. 1983, n° 24158 : *Dr. fisc. 1984. 163, concl. Rivière.* ♦ L'apport d'une exploitation individuelle à un GAEC n'entraîne pas les conséquences d'une cessation d'activité de l'exploitant agricole, dès lors que ce dernier doit être considéré comme poursuivant, au sein du groupement, son activité en qualité d'exploitant individuel. • CE 10 mars 1999, n° 164647 : *Dr. fisc. 1999. 742 ; RJF 1999. 559.* ♦ La location de vignes par un propriétaire à sa fille ne peut être regardée comme une activité de nature à produire des bénéfices agricoles, alors même que le contribuable, qui n'allègue ni ne démontre avoir partagé avec sa fille les responsabilités et les risques de l'exploitation de ces vignes, a continué de faire figurer celles-ci à son bilan. Dès lors ce contribuable doit être regardé comme ayant cessé son activité agricole et cette cessation fait entrer les vignes dans le patrimoine privé du contribuable. • CE 3 mai 2004, n° 241370 : *RJF 2004. 716 ; Dr. fisc. 2004. 743, concl. Mitjavile.* ♦ L'apport à une EARL par un exploitant agricole d'une de ses activités précédemment exercée à titre individuel constitue une cessation partielle d'activité même si celui-ci la poursuit en qualité d'associé de l'entreprise. Les éléments d'actifs affectés à cette activité qui ne sont pas apportés à l'EARL doivent être transférés dans son patrimoine privé. • CE 9 juill. 2010, n° 301579 : *RJF 2011. 578.*

2. Cession de la totalité des droits sociaux. La cession de l'ensemble des parts d'une SNC est de nature à entraîner l'application des dispositions de l'art. 201-1 qui prévoient l'imposition immédiate des résultats réalisés en cas de cession d'une entreprise industrielle et commerciale, sans qu'il y ait eu lieu de rechercher si cette cession a provoqué la dissolution de cette personne morale. L'Administration a pu de ce fait, même en l'absence de délibération de l'assemblée générale des associés de la société, de changement d'activité de celle-ci ou de modification de sa forme juridique, imposer immédiatement, à l'occasion de la cession des parts, les quotes-parts des associés dans le bénéfice réalisé par la société. • CAA Nantes, 31 juill. 2002, n° 99NT343 : *Dr. fisc. 2003. 113.* ♦ *Contra*, • TA Nantes, 5 déc. 2000, n° 95-2256 : *Dr. fisc. 2001. 943, concl. Pouget.*

3. Indivision conjugale. Dans le cas du décès de l'un des membres d'une indivision conjugale exploitant une exploitation agricole, l'imposition doit être immédiatement établie, en dépit de la poursuite de l'exploitation par l'autre conjoint, à raison des bénéfices réalisés par l'entreprise entre l'ouverture de l'exercice et le décès. • CE 28 juill. 1999, n° 161391 : *Dr. fisc. 2000. 206, concl. Courtial ; RJF 1999. 1215.*

4. Réintégration des provisions. Lors de la cessation d'une entreprise individuelle, les provisions qui avaient été précédemment constituées sont rapportées au résultat du dernier exercice d'exploitation, y compris si le risque à l'origine de ces provisions n'a pas disparu à la date de la cessation. • CE 20 mars 2013, *Min. du Budget, des comptes publics, de la fonction publique et de la réforme de l'État*, n° 349636 : *RJF 2013. 588 ; Dr. fisc. 2013. 375, note Chataain Autajot.* ♦ Sauf option pour le régime de report d'imposition des plus-values en cas d'apport en société d'une entreprise individuelle, une provision constituée au bilan de clôture établi avant la cession de l'entreprise doit être réintégrée à son dernier résultat imposable. • CE 3 févr. 2013, *Sastre*, n° 338976 : *RJF 2013. 809.*

5. Opérations postérieures à la cessation. Lorsqu'un commerçant cesse d'exercer l'activité qu'il poursuivait à titre individuel, l'ensemble des dettes qu'il avait contractées dans ce cadre et qui avaient, à la date de cessation, acquis un caractère certain, sont transférées dans son patrimoine privé. Ainsi, la dette contractée en 1984 par un commerçant à l'égard d'un organisme de crédit pour l'acquisition de son fonds de commerce dont il a arrêté l'exploitation en 1991 a cessé, à cette date, de grever son patrimoine professionnel. En conséquence, la dette correspondant aux intérêts de cet emprunt pour 1993 et 1994, qui se rattache à une dette dépendant du patrimoine privé du commerçant, ne peut, alors même qu'elle n'a, pour sa part, acquis un caractère certain qu'après que les intérêts ont couru, être regardée comme contractée dans le cadre de l'activité commerciale passée de l'intéressé. Par suite, ce dernier n'a pu légalement déduire cette charge de son revenu global au titre d'un déficit dans la catégorie des BIC. • CE 5 oct. 2005, n° 267088, *Ondicola : RJF 2005. 1362.*

6. En revanche, lorsqu'un emprunt a été souscrit pour faire face au passif engendré par l'activité commerciale exercée par un contribuable et a été déterminant dans l'acceptation par le tribunal de commerce de la clôture des opérations de liquidation pour extinction du passif, les intérêts de cet emprunt constituent des charges nouvelles qui se rattachent à l'activité commerciale de ce contribuable. Ces charges devenues certaines après la cessation de cette activité sont déductibles des exercices au titre desquels elles sont engagées. Elles sont de nature à engendrer un déficit relevant de la catégorie des BIC imputable sur le revenu global. • CE 10 janv. 2007, n°s 267947 et 272187 : *RJF 2007. 396.*

7. Rétroactivité d'un acte d'apport. La clause de rétroactivité, limitée au comptable et au fiscal, insérée dans un traité d'apport qui ne confère par ailleurs aucune rétroactivité à la date de réalisation de l'apport lui-même, et qui tend à mettre rétroactivement à la charge de la société bénéficiaire l'impôt dû par l'exploitant du fonds apporté, n'est pas opposable à l'Administration fiscale. • CAA Bordeaux, 12 juill. 2016, n° 14BX00394 : *RJF 2016. 942.*

Art. 201 *bis* *Périmé.*

Art. 201 *ter* **En cas de cession ou de cessation d'entreprise, les provisions visées aux articles 39 *bis*** *(L. n° 2017-1837 du 30 déc. 2017, art. 91)* **« à 39 *bis* B » non encore employées sont considérées comme un élément du bénéfice immédiatement imposable** ***dans les conditions fixées par*** **l'article 201.**

Art. 202 **1. Dans le cas de cessation de l'exercice d'une profession non commerciale, l'impôt sur le revenu dû en raison des bénéfices provenant de l'exercice de cette profession — y compris ceux qui proviennent de créances acquises et non encore recouvrées — et qui n'ont pas encore été imposés est immédiatement établi.** *(L. n° 2016-1917 du 29 déc. 2016, art. 60-I-B-10° et I-G-1, applicable aux revenus perçus ou réalisés à compter du 1er janv. 2019)* **« Il est calculé au dernier taux retenu pour le calcul de l'acompte mentionné au 2° du 2 de l'article 204 A. »**

Les contribuables doivent, dans un délai de soixante jours déterminé comme il est indiqué ci-après, aviser l'administration de la cessation et lui faire connaître la date à laquelle elle a été ou sera effective, ainsi que, s'il y a lieu, les nom, prénoms et adresse du successeur.

Ce délai de soixante jours commence à courir :
a) lorsqu'il s'agit de la cessation de l'exercice d'une profession autre que l'exploitation d'une charge ou d'un office, du jour où la cessation a été effective ;
b) lorsqu'il s'agit de la cessation de l'exploitation d'une charge ou d'un office, du jour où a été publiée au *Journal officiel* la nomination du nouveau titulaire de la charge ou de l'office ou du jour de la cessation effective si elle est postérieure à cette publication.

2. Les contribuables sont tenus de faire parvenir à l'administration, dans le délai prévu au 1, la déclaration visée à l'article 97 ou au 2 de l'article 102 *ter [pour la détermination des résultats des années 1999 s.].*

Si les contribuables ne produisent pas la déclaration visée au premier alinéa, les bases d'imposition sont arrêtées d'office.

3. Les dispositions du 1 et du 2 sont applicables dans le cas de décès du contribuable. Dans ce cas, les renseignements nécessaires pour l'établissement de l'impôt sont produits par les ayants droit du défunt dans les six mois de la date du décès.

4. *Transféré ss. l'art. 1663 bis.*

Les dispositions du présent 1 s'appliquent aux revenus perçus ou réalisés à compter du 1er janv. 2019 (L. n° 2016-1917 du 29 déc. 2016, art. 60-I-B-10° et I-G-1, mod. par Ord. n° 2017-1390 du 22 sept. 2017, art. 1er-1°).

1. Agent d'assurances. L'agent général d'assurances qui cesse de représenter une compagnie est imposable au titre des plus-values à raison de la créance d'indemnité compensatrice dont il devient titulaire en application de l'art. 20 du statut des agents généraux d'assurances. La circonstance que l'agent ait renoncé à percevoir l'indemnité compensatrice pour obtenir que ses fils lui succèdent ne fait pas obstacle à cette imposition. • TA Strasbourg, 25 avr. 1997, n° 91-128 : *Dr. fisc. 1997. 1363, concl. Miet ; RJF 1997. 783.*

2. Notaire. Le fait pour un notaire de cesser d'exercer sa profession à titre individuel pour apporter son concours à une société civile professionnelle constitue une cessation d'exercice d'une profession non commerciale. • CAA Nancy, 1er avr. 2004, n° 00NA633 : *Dr. fisc. 2004. 808.*

3. Expert-comptable. En cas d'apport en jouissance à une société, pour une durée déterminée, d'un bien, tel que les éléments corporels et incorporels attachés à un cabinet d'expertise-comptable, l'apporteur en reste propriétaire. Il ne peut dès lors être regardé comme ayant procédé à la réalisation d'actifs affectés à l'exercice de sa profession et cessé, par là même, de se livrer à son activité professionnelle. • CE 18 sept. 1998, ☎ n° 135565 : *Dr. fisc. 1998. 1081 ; RJF 1998. 1292.*

4. SCP relevant des BNC. Il résulte des principes applicables en cas de dissolution de sociétés, et notamment de l'art. 1844-8 C. civ., applicable aux SCP, qu'une société soumise au régime fiscal des sociétés de personnes exerçant une activité relevant des BNC qui est placée en liquidation ne doit déposer la déclaration prévue par l'art. 202 CGI en cas de cessation d'exercice d'une profession non commerciale que lorsque les comptes définitifs du liquidateur ont été approuvés dans les conditions prévues par la loi. • CE 29 juin 2021, n° 440982 : *RJF 2021. 920.* ♦ Les associés d'une telle société ne sont, par suite, pas fondés à se prévaloir, pour la détermination du montant des bénéfices imposables entre leurs mains, de la méthode de calcul prescrite par l'art. 202-1 (prise en compte des créances acquises et des dépenses engagées) avant l'approbation des comptes définitifs du liquidateur. • Même arrêt.

Art. 202 *bis* *Abrogé par L. n° 2005-1720 du 30 déc. 2005, art. 37-II et V, applicable aux plus-values réalisées à compter du 1er janv. 2006 et aux plus-values réalisées au titre des exercices ouverts à compter du 1er janv. 2006.*

Art. 202 *ter* I. – L'impôt sur le revenu est établi dans les conditions prévues aux articles 201 et 202 lorsque les sociétés ou organismes placés sous le régime des sociétés de personnes défini aux articles 8 à 8 *ter* cessent totalement ou partiellement d'être soumis à ce régime ou s'ils changent leur objet social ou leur activité réelle ou lorsque les personnes morales mentionnées aux articles 238 *ter*, 239 *quater* A, 239 *quater* B, 239 *quater* C, 239 *quater* D, 239 *septies* et au paragraphe I des articles 239 *quater* et 239 *quinquies* deviennent passibles de l'impôt sur les sociétés. – *V. toutefois notes ss. art. 8 et 1655 sexies.*

Toutefois en l'absence de création d'une personne morale nouvelle, les bénéfices en sursis d'imposition, les plus-values latentes incluses dans l'actif social et les profits non encore imposés sur les stocks ne font pas l'objet d'une imposition immédiate à la dou-

ble condition qu'aucune modification ne soit apportée aux écritures comptables et que l'imposition desdits bénéfices, plus-values et profits demeure possible sous le nouveau régime fiscal applicable à la société ou à l'organisme concerné.

II. — Si une société ou un organisme dont les revenus n'ont pas la nature de bénéfices d'une entreprise industrielle, commerciale, artisanale ou minière, d'une exploitation agricole ou d'une activité non commerciale cesse totalement ou partiellement d'être soumis à l'un des régimes définis aux articles 8 à 8 *ter*, 238 *ter*, 239 *quater* A, 239 *quater* B, 239 *quater* C, 239 *quater* D, 239 *septies* et au I des articles 239 *quater* et 239 *quinquies*, l'impôt sur le revenu est établi au titre de la période d'imposition précédant immédiatement le changement de régime, à raison des revenus et des plus-values non encore imposés à la date du changement de régime, y compris ceux qui proviennent des produits acquis et non encore perçus ainsi que des plus-values latentes incluses dans le patrimoine ou l'actif social.

Toutefois, en l'absence de création d'une personne morale nouvelle, ces dernières plus-values ne sont pas taxées dans les conditions prévues au premier alinéa du présent II si l'ensemble des éléments du patrimoine ou de l'actif sont inscrits au bilan d'ouverture de la première période d'imposition ou du premier exercice d'assujettissement à l'impôt sur les sociétés, en faisant apparaître distinctement, d'une part, leur valeur d'origine et, d'autre part, les amortissements et provisions y afférents qui auraient été admis en déduction si la société ou l'organisme avait été soumis à l'impôt sur les sociétés depuis sa création.

La société ou l'organisme doit, dans un délai de soixante jours à compter de la réalisation de l'événement qui a entraîné le changement de régime mentionné au premier alinéa du présent II, produire au service des impôts les déclarations et autres documents qu'il est normalement tenu de souscrire au titre d'une année d'imposition.

III. — Les sociétés et organismes définis aux I et II doivent, dans un délai de soixante jours à compter de la réalisation de l'événement qui entraîne le changement de régime ou d'activité mentionné auxdits I et II, produire le bilan d'ouverture de la première période d'imposition ou du premier exercice au titre duquel le changement prend effet.

IV. — Un décret précise les modalités d'application du présent article, notamment en vue d'éviter l'absence de prise en compte ou la double prise en compte de produits ou de charges dans le revenu ou le bénéfice de la société ou de l'organisme. — *V. Ann. III, art. 46 E.*

BIBL. ▶ DEBOISSY et WICKER, *Dr. fisc. 2004, p. 476* (sociétés civiles non immatriculées au 1er nov. 2002 : analyse de la perte de la personnalité morale et d'une immatriculation subséquente). – DESMORIEUX, *BFL 2004, p. 585* (la fiscalité de la transformation d'une société en participation en une société d'une autre forme).

1. Sociétés civiles non immatriculées. L'art. 44 de la loi du 15 mai 2002 qui oblige les sociétés civiles constituées avant le 1er juill. 1978 à s'immatriculer pour continuer de jouir de leur personnalité morale entraîne comme conséquence, pour celles qui ne se seraient pas immatriculées avant la date butoir du 1er nov. 2002, de se voir qualifier de sociétés en participation. Cette qualification implique que les sociétés ne disposent plus de capacité juridique distincte de celle des associés. Toutefois, rien n'empêche les associés d'une société devenue en participation de procéder à son immatriculation afin de bénéficier à nouveau de la personnalité morale. Au regard des impôts directs, la perte de la personnalité morale des sociétés civiles qui n'auraient pas satisfait à l'obligation d'immatriculation dans les délais prévus par la loi emporte diverses conséquences qui ont été précisées par l'Administration. * Rép. min. n° 9444 : *JOAN Q, 2 juin 2003, p. 4271* * Instr. 2 juill. 2003 : *BOI 4 H-4-03.*

2. Transformation de société. **BIBL.** Leclercq, *Dr. fisc. 2002, p. 472* (analyse critique de la doctrine « Plasait »). – Parot, *JCP E 2001, p. 1564* (même thème). ♦ Selon la doctrine « Plasait » (* Rép. min. n° 200 : *JO Sénat CR, 1er avr. 1998, p. 1344 et 1345*), la transformation d'une société de personnes, soumise ou non à l'IS, en une société de capitaux se traduit par l'entrée, à la date de l'opération, de droits nouveaux à l'actif immobilisé du bilan des associés personnes morales ou personnes physiques dans le cadre de leur activité professionnelle au motif qu'elle modifie de façon substantielle les droits et les obligations de ces derniers, en particulier au regard de leur engagement au passif social. Dès lors, une telle transformation devait s'analyser, pour les associés en question, en un échange de titres dont le résultat constituait un élément du bénéfice imposable, en application des dispositions de l'art. 38, qui pouvait, le cas échéant, bénéficier du régime des plus ou moins-values à long terme mentionné à l'art. 39 *duodecies*. L'Administration a rapporté cette doctrine selon laquelle la transformation d'une société doit être considérée comme un échange de titres. Toutefois, les associés qui auraient, en application de la réponse précitée, procédé à une modification de la valeur des droits concernés, à l'actif de leur bilan avant le 9 sept. 2003, ont pu conserver cette valeur et ont dû déterminer le résultat de la cession ultérieure de ces droits en retenant celle-ci comme prix de revient. * Instr. 9 sept. 2003 : *BOI 4 B-2-03.*

3. La transformation d'une SCEA, dont le chiffre d'affaires est constitué à raison de 99 % des ressources tirées de la location de ses biens immobiliers, en SCI ne change pas la nature de son activité réelle au sens de l'art. 202 *ter*. Par suite, cette transformation n'entraîne pas une cessation d'activité de nature à emporter la constatation d'une plus-value imposable. En conséquence l'enregistrement dans les écritures comptables d'une plus-value professionnelle sur éléments d'actif s'analyse comme une réévaluation libre de ces éléments d'actif et constitue une décision de gestion opposable au contribuable. • CE 4 août 2006, n° 272384 : *RJF 2006. 1345 ; concl. Vallée au BDCF 11/06, n° 133 ; Dr. fisc. 2007. 783, concl. Vallée.*

4. La transformation d'une SCP dont les associés sont personnellement soumis à l'IR pour la part des bénéfices sociaux qui leur est attribuée, en SELARL soumise à l'IS implique, en principe, l'imposition immédiate des plus-values latentes. Il n'en va autrement que si la transformation de la société n'entraîne pas la création d'une personne morale nouvelle, n'emporte aucune modification des écritures comptables et n'a pas pour effet d'empêcher l'imposition des plus-values sous le nouveau régime fiscal applicable à la société issue de la transformation. • CE 21 avr. 2017, n° 386896 : *RJF 2017. 666, concl. Crépey.*

5. En cas de transformation d'une SCP relevant de l'IR en société soumise à l'IS, le différé d'imposition des plus-values latentes n'est pas applicable à la plus-value résultant de la réévaluation libre du droit de présentation de la clientèle effectuée avant la transformation, dès lors que cette réévaluation a pour effet d'empêcher l'imposition ultérieure de la plus-value sous le nouveau régime fiscal de la société issue de la transformation. • CE 21 avr. 2017, n° 386896 : *préc. note 4.*

6. Transformation d'un cabinet d'avocats constitué sous la forme d'un *General Partnership* en un *Limited Liability Partnership*. Régime fiscal applicable. * Rescrit 7 août 2007 : *n° 2007/28 FP* * BOI-BNC-SECT-70-50-20 n° 210 du 12 sept. 2012.

7. Transformation de société de fait. BIBL. Garçon, *BJS Sociétés 1er janv. 2010, p. 106* (le concept trompeur de transformation d'une société de fait en société de droit). ♦ La transformation d'une société créée de fait, qui n'est pas une personne morale, en une société de droit dotée de la personnalité juridique, telle qu'une société civile professionnelle (SCP), entraîne la création d'une personne morale nouvelle. • CE 20 déc. 2013, *Hyest,* n° 349787 : *RJF 2014. 224 ; BDCF 2014. 30, concl. Hédary ; Dr. fisc. 2014. 224, note Chateauneuf.*

8. Option d'une SCI pour l'IS. Lorsqu'une SCI imposable selon le régime fiscal des revenus fonciers décide d'opter pour son assujettissement à l'IS, l'IR est établi à raison notamment des plus-values latentes incluses dans le patrimoine social. Lorsque ces plus-values latentes sont immédiatement imposables au régime des plus-values à court terme, elles comprennent outre les amortissements réellement effectués par la société, les amortissements qui auraient été admis en déduction si la société avait été soumise à l'IS depuis sa création. • CE 10 juill. 2007, n° 287661, *SA SCA Ouest : RJF 2007. 1274 ; concl. Collin au BDCF 11/07, n° 122.*

9. Une SCI peut clôturer de manière anticipée son exercice social et opter, dans les trois mois de cette clôture, pour son assujettissement à l'IS. Toutefois, cette option emporte cessation d'entreprise au sens de l'art. 202 *ter*-II. Dès lors, la SCI doit produire dans un délai de 60 jours à compter de l'événement emportant changement de régime fiscal la déclaration n° 2072 de l'exercice clos en cours d'année. * Rescrit 2 août 2011 : *n° 2011/23 FE* * BOI-IS-CHAMP-40 n° 40 du 1er mars 2017.

10. SCI transformée en SARL. La charge correspondant à une clause de retour à meilleure fortune stipulée dans une convention d'abandon de créance conclue par la SCI doit être prise en compte par la SARL dès lors que la réalisation de la clause est postérieure au changement de régime fiscal. • CE 22 juill. 2016, *Alexanian,* n° 388147 : *RJF 2016. 945.*

11. Atténuation conditionnelle des conséquences d'un changement de régime fiscal. La condition relative à l'absence de modification des écritures comptables qui est exigée pour bénéficier de l'atténuation des conséquences d'un changement de régime fiscal s'apprécie au regard des valeurs figurant dans la comptabilité au moment de la transformation. • CE 20 déc. 2013, n° 344309 : *RJF 2014. 225 ; BDCF 2014. 31, concl. Hédary.*

Art. 202 *ter* A **Les plus ou moins-values mentionnées au premier alinéa du II de l'article 202 *ter*, incluses dans l'actif des sociétés civiles à objet strictement immobilier, dont les parts sont détenues par une entreprise d'assurance** *(Ord. n° 2017-484 du 6 avr. 2017, art. 17-III-7°)* **« , un fonds de retraite professionnelle supplémentaire**

mentionné à l'article L. 381-1 du code des assurances, une mutuelle ou union de retraite professionnelle supplémentaire mentionnée à l'article L. 214-1 du code de la mutualité ou une institution de retraite professionnelle supplémentaire mentionnée à l'article L. 942-1 du code de la sécurité sociale » en représentation de provisions mathématiques relatives aux engagements exprimés en unités de compte de contrats d'assurance sur la vie ou de capitalisation, ne sont pas imposées à l'occasion de la transformation de ces sociétés civiles en sociétés de placement à prépondérance immobilière à capital variable. Les plus ou moins-values dégagées lors d'une cession ultérieure de ces actifs sont déterminées par rapport à la valeur que ces actifs avaient du point de vue fiscal avant la transformation de la société civile à objet strictement immobilier en société de placement à prépondérance immobilière à capital variable.

Ces dispositions s'appliquent aux transformations effectuées dans un délai de cinq ans à compter de la publication au *Journal officiel* de l'arrêté du ministre chargé de l'économie portant homologation des dispositions du règlement général de l'Autorité des marchés financiers relatives aux organismes de placement collectif immobilier.

Art. 202 *quater* I. – Par dérogation aux dispositions de l'article 202, lorsqu'un contribuable imposable dans les conditions prévues au 1 de cet article devient, pour exercer sa profession, associé d'une société mentionnée aux articles 8 et 8 *ter* ou d'une société d'exercice libéral mentionnée à l'article 2 de la loi n° 90-1258 du 31 décembre 1990 relative à l'exercice sous forme de sociétés des professions libérales soumises à un statut législatif ou réglementaire ou dont le titre est protégé, le bénéfice imposable peut être déterminé en faisant abstraction des créances acquises au sens des dispositions des 2 et 2 *bis* de l'article 38 et des dépenses engagées, au titre des trois mois qui précèdent la réalisation de l'événement qui entraîne l'application de l'article 202, et qui n'ont pas été encore recouvrées ou payées au cours de cette même période, à condition qu'elles soient inscrites au bilan de cette société.

Ces dispositions sont également applicables, dans les mêmes conditions, en cas d'opérations visées au *(L. n° 2021-1900 du 30 déc. 2021, art. 10-I-9°)* « premier alinéa du » I de l'article 151 *octies* A.

Par dérogation au I de l'article 202 *ter*, ces mêmes dispositions s'appliquent lorsqu'une société mentionnée aux articles 8 et 8 *ter*, exerçant une activité libérale, cesse d'être soumise au régime prévu par ces articles du fait d'une option pour le régime applicable aux sociétés de capitaux, exercée dans les conditions prévues au 1 de l'article 239.

II. – Lorsque les dispositions du I s'appliquent, les créances et les dettes qui y sont mentionnées sont prises en compte pour la détermination du résultat imposable de la société qui les recouvre ou les acquitte, au titre de l'exercice en cours au premier jour du mois qui suit la période de trois mois mentionnée au premier alinéa de ce même I ou au titre de l'année de leur encaissement ou de leur paiement, lorsque le résultat de la société est déterminé selon les règles prévues à l'article 93.

III. – Les dispositions des I et II s'appliquent sur option conjointe du contribuable visé au I et des sociétés mentionnées au II.

IV. Abrogé.

1. Doctrine administrative. Commentaire d'ensemble de l'art. 202 *quater.* * BOI-BNC-CESS-20 n° 10 du 12 sept. 2012.

2. Opérations concernées. L'art. 202 *quater* est susceptible de s'appliquer lorsqu'une personne physique exerçant à titre individuel, ou au travers d'une société en participation ou d'une société créée de fait, une activité professionnelle non commerciale ou libérale apporte celle-ci soit à une société soumise au régime fiscal des sociétés de personnes (SCP notamment) soit à une société d'exercice libéral pour en devenir un associé et poursuivre son activité au sein de la nouvelle structure ainsi constituée. Dans le cas d'une cession, à titre onéreux, de clientèle à une société, la condition d'un changement de mode d'exploitation concomitante à une cessation d'activité n'est pas remplie puisque la seule contrepartie est le versement du prix. Il n'y a pas poursuite de l'activité sous une autre forme. * BOI-BNC-CESS-20-10 n° 10 du 12 sept. 2012.

3. L'art. 202 *quater* est susceptible de s'appliquer dans les situations suivantes : cessation par une personne physique de son activité professionnelle non commerciale ou libérale exercée à titre individuel pour devenir associée d'une société qui relève du régime fiscal prévu aux art. 8 et 8 *ter* (société de personnes et notamment SCP) ou d'une SEL ; transformation d'une société relevant du régime fiscal prévu aux art. 8 et 8 *ter* et exerçant une activité libérale (SCP notamment) en SEL ; fusion ou scission d'une société relevant du régime fiscal prévu aux art. 8 et 8 *ter* (SCP notamment), au profit d'une société relevant du même régime fiscal ou d'une SEL ; opérations visées au I de l'art. 151 *octies* A, c'est-à-dire fusion ou scission d'une SCP non soumise à l'IS au profit de toute autre société, qu'elle soit ou non soumise à l'IS, quelle qu'en soit la forme ; option d'une société relevant du régime fiscal prévu aux art. 8 et 8 *ter* et exerçant une activité libérale (SCP notamment) pour son assujettissement à l'IS. * BOI-BNC-CESS-20-10 n° 10 du 12 sept. 2012.

Art. 203 Les impositions établies en cas de cession, de cessation ou de décès, par application des articles 201 et 202, viennent, le cas échéant, en déduction du montant de l'impôt sur le revenu ultérieurement calculé, conformément aux dispositions des articles 156 à 168, en raison de l'ensemble des bénéfices et revenus réalisés ou perçus par les membres du foyer fiscal désignés aux 1 et 3 de l'article 6 au cours de l'année de la cession, de la cessation ou du décès.

Art. 203 *bis* *Transféré ss. l'art. 73 D.*

Art. 204 1. Dans le cas de décès du contribuable ou de l'un ou l'autre des époux soumis à une imposition commune, l'impôt sur le revenu est établi en raison des revenus dont le défunt a disposé pendant l'année de son décès et des bénéfices industriels et commerciaux réalisés depuis la fin du dernier exercice taxé. L'impôt porte également sur les revenus dont la distribution ou le versement résulte du décès, s'ils n'ont pas été précédemment imposés et sur ceux que le défunt a acquis sans *[en]* avoir la disposition antérieurement à son décès.

Toutefois, les revenus dont la disposition résulte du décès ou que le défunt a acquis sans en avoir la disposition avant son décès font l'objet d'une imposition distincte lorsqu'ils ne devaient échoir normalement qu'au cours d'une année postérieure au décès.

L'année du décès d'un pensionné imposé suivant les modalités prévues au *e* du 5 de l'article 158, l'impôt est établi à raison des arrérages courus depuis la dernière mensualité soumise à l'impôt au titre de l'année précédente.

1 *bis*. Les impositions établies après le décès dans les conditions prévues par l'article L. 172 du Livre des procédures fiscales en cas d'omission ou d'insuffisance d'imposition, ainsi que toutes autres impositions dues par les héritiers du chef du défunt, ne sont pas admises en déduction du revenu des héritiers pour l'établissement de l'impôt sur le revenu dont ces derniers sont passibles.

2. La déclaration des revenus imposables en vertu du présent article est produite par les ayants droit du défunt. Le cas échéant, le notaire chargé de la succession peut produire cette déclaration à la demande des ayants droit si la succession n'est pas liquidée à la date de production de la déclaration. Elle est soumise aux règles et sanctions prévues à l'égard des déclarations annuelles. Les demandes d'éclaircissements et de justifications prévues par les articles L. 10 et L. 16 du Livre des procédures fiscales ainsi que les propositions de rectification mentionnées à l'article L. 57 du même livre peuvent être valablement adressées à l'un quelconque des ayants droit ou des signataires de la déclaration de succession.

Sanctions : V. art. 1725 à 1730 et 1763.

1. Allègement des obligations déclaratives (IR et ISF) des ayants droit du défunt au titre de l'année du décès. 1° Suppression du délai de production de la déclaration dans les six mois. Déclaration à produire dans le délai de droit commun fixé à l'art. 175. 2° Possibilité pour les ayants droit du défunt de transférer les obligations déclaratives au notaire chargé de la succession : application à compter de l'imposition des revenus de 2011 et de l'ISF dû à compter du 1er janv. 2011. * BOI-PAT-ISF-50-10-10 nos 80 à 116 du 14 juin 2013.

2. Absence de déclaration d'IR d'une personne décédée. Lorsqu'elle entend mettre en demeure la succession d'un contribuable décédé de déposer la déclaration de revenus relative à l'année du décès, l'Administration doit adresser cette mise en demeure à l'ensemble des ayants droit du défunt à moins que ceux-ci n'aient porté à sa connaissance la désignation d'un mandataire. Il en va de même lorsque l'Administration adresse une mise en demeure de produire une déclaration de revenus au titre des années précédant celle du décès. • CAA Nantes, 28 juin 2019, ☎ n° 18NT00021 : *RJF 2019. 1066.*

3. Résultat des sociétés de personnes. En cas de décès d'un associé d'une société de personnes et lorsque cette société continue sans les héritiers, ces derniers, qui n'acquièrent à aucun moment la qualité d'associé, ne sont pas imposés sur les résultats réalisés au cours de l'exercice du décès et au cours des exercices suivants. * BOI-BNC-CESS-10-10 n° 80 du 28 avr. 2014.

SECTION VII RETENUE À LA SOURCE SUR LES INDEMNITÉS DE FONCTION PERÇUES PAR LES TITULAIRES DE MANDATS ÉLECTIFS LOCAUX

Art. 204-0 *bis* *(Abrogé par L. n° 2016-1917 du 29 déc. 2016, art. 10-I-4° et IV, pour les indemnités de fonction perçues à compter du 1er janv. 2017)* ***I. — L'indemnité de fonction perçue par l'élu local, définie dans le code général des collectivités territoriales et au titre III modifié de la loi n° 92-108 du 3 février 1992 relative aux conditions d'exercice des mandats locaux, est soumise à une retenue à la source libératoire de l'impôt sur le revenu.***

La base de cette retenue est constituée par le montant net de l'indemnité, minorée de la fraction représentative de frais d'emploi.

La retenue est calculée par application du barème prévu à l'article 197 déterminé pour une part de quotient familial, tel qu'il est applicable pour l'imposition des revenus de l'année précédant celle du versement de l'indemnité.

Les limites des tranches de ce barème annuel sont réduites proportionnellement à la période à laquelle se rapporte le paiement de l'indemnité de fonction et à la durée d'exercice du mandat pendant cette période.

La fraction représentative des frais d'emploi est fixée forfaitairement. Cette fraction est égale à 100 % des indemnités versées pour les maires dans les communes de moins de 500 habitants. En cas de cumul de mandats, les fractions sont cumulables dans la limite d'une fois et demie la fraction représentative des frais d'emploi pour un maire d'une commune de moins de 500 habitants.

La fraction représentative des frais d'emploi est revalorisée dans les mêmes proportions que l'indemnité de fonction.

II. — En cas de cumul de mandats, un seul comptable public de l'État est chargé de la retenue libératoire.

III. — Tout élu local peut opter pour l'imposition de ses indemnités de fonction à l'impôt sur le revenu suivant les règles applicables aux traitements et salaires, dans les conditions suivantes :

1° Lorsque les indemnités de fonction ont été soumises au titre d'une année à la retenue à la source mentionnée au I, l'option est effectuée à l'occasion du dépôt de la déclaration d'ensemble des revenus perçus au titre de la même année. La retenue à la source s'impute sur l'impôt sur le revenu dû au titre de l'année au cours de laquelle elle a été opérée ; l'excédent éventuel est remboursé.

Cette disposition s'applique aux indemnités de fonction perçues à compter du 1er janvier 1993 ;

2° L'option peut être exercée avant le 1er janvier de l'année au titre de laquelle l'impôt sur le revenu est établi. Elle s'applique tant qu'elle n'a pas été expressément dénoncée dans les mêmes conditions. Les modalités d'application, et notamment les obligations déclaratives, sont fixées par décret.

Cette disposition s'applique aux indemnités de fonction perçues à compter du 1er janvier 1994.

SECTION VIII PRÉLÈVEMENT À LA SOURCE DE L'IMPÔT SUR LE REVENU

(L. n° 2016-1917 du 29 déc. 2016, art. 60-I-A et I-G-1, mod. par Ord. n° 2017-1390 du 22 sept. 2017, art. 1er-1°)

Les dispositions de cette section s'appliquent aux revenus perçus ou réalisés à compter du 1er janv. 2019.

Art. 204 A **1. Les revenus imposables à l'impôt sur le revenu suivant les règles applicables aux salaires, aux pensions ou aux rentes viagères ou dans les catégories des bénéfices industriels et commerciaux, des bénéfices agricoles, des bénéfices non commerciaux et des revenus fonciers, à l'exception des revenus mentionnés à l'article 204 D, donnent lieu, l'année au cours de laquelle le contribuable en a la disposition ou de leur réalisation, à un prélèvement.**

2. Le prélèvement prend la forme :

1° Pour les revenus mentionnés à l'article 204 B, d'une retenue à la source effectuée par le débiteur lors du paiement de ces revenus ;

2° Pour les revenus mentionnés à l'article 204 C, d'un acompte acquitté par le contribuable.

3. Le prélèvement effectué par le débiteur ou acquitté par le contribuable s'impute sur l'impôt sur le revenu dû par ce dernier au titre de l'année au cours de laquelle il a été effectué. S'il excède l'impôt dû, l'excédent est restitué.

Les dispositions du présent art. s'appliquent aux revenus perçus ou réalisés à compter du 1er janv. 2019 (L. n° 2016-1917 du 29 déc. 2016, art. 60-I-A et I-G-1, mod. par Ord. n° 2017-1390 du 22 sept. 2017, art. 1er-1°).

Afin d'éviter le double paiement en 2019 des impositions afférentes aux revenus de l'année 2018 et du prélèvement appliqué à raison des revenus perçus en 2019, l'imposition des revenus de 2018 sera neutralisée par l'octroi d'un crédit d'impôt modernisation du recouvrement (CIMR) (L. n° 2016-1917 du 29 déc. 2016, art. 60-II), à l'exception des rémunérations versées par les particuliers employeurs en 2019, qui font l'objet d'un régime transitoire spécifique (L. n° 2018-1317 du 28 déc. 2018, art. 12-II).

1. Revenus dans le champ du prélèvement à la source. * BOI-IR-PAS-10-10 du 15 mai 2018.

2. Revenus hors du champ du prélèvement à la source. * BOI-IR-PAS-10-20 du 15 mai 2018.

3. Crédit d'impot modernisation du recouvrement (CIMR). Afin d'éviter un double paiement de l'IR et des prélèvements sociaux au cours de l'année 2019, l'imposition des revenus courants de l'année 2018 est neutralisée par l'octroi d'un crédit d'impôt modernisation du recouvrement (CIMR). Ce dispositif résulte de l'art. 60-II de la L. n° 2016-1917 du 29 déc. 2016. *Commentaires administratifs. * BOI-IR-PAS-50-10 des 4 juill. et 1er août 2018.

Art. 204 B Sous réserve de la dérogation prévue à l'article 204 C, donnent lieu à l'application de la retenue à la source prévue au 1° du 2 de l'article 204 A les revenus soumis à l'impôt sur le revenu suivant les règles applicables aux salaires, aux pensions ou aux rentes viagères à titre gratuit.

V. ndlr ss. art. 204 A.

Revenus soumis à la retenue à la source. * BOI-IR-PAS-10-10-10 du 15 mai 2018.

Art. 204 C Donnent lieu au paiement de l'acompte prévu au 2° du 2 de l'article 204 A les revenus soumis à l'impôt sur le revenu dans les catégories des bénéfices industriels et commerciaux, des bénéfices agricoles, des bénéfices non commerciaux et des revenus fonciers, les rentes viagères à titre onéreux ainsi que, par dérogation à l'article 204 B, les pensions alimentaires *(L. n° 2017-1775 du 28 déc. 2017, art. 11)* « , les revenus mentionnés à l'article 62, les revenus mentionnés aux 1 *bis*, 1 *ter* et 1 *quater* de l'article 93 lorsqu'ils sont imposés suivant les règles prévues en matière de traitements et salaires » et, lorsqu'ils sont versés par un débiteur établi hors de France, les revenus de source étrangère imposables en France suivant les règles applicables aux salaires, aux pensions ou aux rentes viagères.

V. ndlr ss. art. 204 A.

Revenus soumis à l'acompte. * BOI-IR-PAS-10-10-20 du 15 mai 2018.

Art. 204 D Ne sont pas soumis au prélèvement prévu à l'article 204 A les indemnités, avantages, distributions, gains nets ou revenus mentionnés au dernier alinéa de l'article 80, aux I et II de l'article 80 *bis*, au I de l'article 80 *quaterdecies* et aux articles 80 *quindecies* *(Ord. n° 2019-766 du 24 juill. 2019, art. 3-I et 9-I ; Décr. n° 2019-807 du 30 juill. 2019, art. 9-II, en vigueur le 1er oct. 2019)* « , au 2° du *b quinquies* du 5 de l'article 158 et à l'article » 163 *bis* G, les revenus soumis aux retenues à la source prévues aux articles *(Abrogé par L. n° 2019-1479 du 28 déc. 2019, art. 12-I-4° et III, rétabli par L. n° 2020-1721 du 29 déc. 2020, art. 4-III)* « 182 A, » 182 A *bis* *(L. n° 2017-1775 du 28 déc. 2017, art. 11)* « , 182 A *ter* » et 182 B ainsi que les revenus de source étrangère qui ouvrent droit, en application d'une convention fiscale internationale, à un crédit d'impôt égal à l'impôt français correspondant à ces revenus.

V. ndlr ss. art. 204 A.

Revenus hors champ du prélèvement. * BOI-IR-PAS-1020 du 15 mai 2018.

Art. 204 E Le prélèvement prévu à l'article 204 A est calculé en appliquant au montant des revenus, déterminé dans les conditions prévues aux articles 204 F et 204 G, un taux selon les modalités prévues aux articles 204 H et 204 I.

Le prélèvement peut être modifié sur demande du contribuable dans les conditions prévues à l'article 204 J.

Le taux du prélèvement pour les conjoints ou partenaires liés par un pacte civil de solidarité peut être individualisé dans les conditions prévues à l'article 204 M.

V. ndlr ss. art. 204 A.

1. Calcul du prélèvement à la source. * BOI-IR-PAS-20 du 15 mai 2018.

2. Assiette du prélèvement. * BOI-IR-PAS-20-10 du 15 mai 2018.

3. Taux du prélèvement. * BOI-IR-PAS-20-20 du 15 mai 2018.

4. Actualisation du prélèvement. * BOI-IR-PAS-20-30 du 15 mai 2018.

Art. 204 F L'assiette de la retenue à la source prévue au 1° du 2 de l'article 204 A sur les revenus mentionnés à l'article 204 B est constituée du montant net imposable à l'impôt sur le revenu des sommes versées et des avantages accordés, avant application *(L. n° 2017-1775 du 28 déc. 2017, art. 11)* « de l'article 80 *sexies*, de la deuxième phrase du premier alinéa du 1° de l'article 81, » du 3° de l'article 83 et des deuxième et dernier alinéas du *a* du 5 de l'article 158.

V. ndlr ss. art. 204 A.

Art. 204 G 1. L'assiette de l'acompte prévu au 2° du 2 de l'article 204 A dû au titre des revenus mentionnés à l'article 204 C est constituée du montant des bénéfices ou revenus imposés au barème progressif de l'impôt sur le revenu la dernière année pour laquelle l'impôt a été établi à la date du versement prévu au 1 de l'article 1663 C.

2. Elle est déterminée pour chaque catégorie de bénéfice ou revenu et pour chaque membre du foyer fiscal dans les conditions suivantes :

1° Pour les bénéfices industriels et commerciaux, est retenu le bénéfice net mentionné au 1 de l'article 38, diminué du report déficitaire appliqué conformément aux 1° *bis* et 1° *ter* du I de l'article 156. Lorsque les bénéfices industriels et commerciaux sont déterminés selon le régime d'imposition défini à l'article 50-0 ou lorsqu'au titre de la dernière année mentionnée au 1 du présent article, le contribuable a été imposé selon les dispositions de l'article 151-0 et qu'au titre de l'année en cours, il a dénoncé son option pour ce régime, le bénéfice à retenir s'entend du résultat imposable déterminé dans les conditions prévues à l'article 50-0 ;

2° Pour les bénéfices agricoles déterminés selon un régime réel d'imposition, est retenu le bénéfice réel mentionné à l'article 72, diminué du report déficitaire appliqué conformément au 1° du I de l'article 156 et en faisant application, le cas échéant, des dispositions de l'article 75-0 A. Lorsque les bénéfices agricoles sont déterminés selon le régime d'imposition défini à l'article 64 *bis* ou en application de l'article 75-0 B, le bénéfice à retenir s'entend du résultat imposable déterminé dans les conditions prévues à ces mêmes articles ;

3° Pour les bénéfices non commerciaux, est retenu le bénéfice mentionné à l'article 93, diminué du report déficitaire appliqué conformément au 2° du I de l'article 156. Lorsque les bénéfices non commerciaux sont déterminés selon le régime d'imposition défini à l'article 102 *ter* ou en application de l'article 100 *bis*, le bénéfice à retenir s'entend du résultat imposable déterminé dans les conditions prévues à ces mêmes articles. Lorsqu'au titre de la dernière année mentionnée au 1 du présent article, le contribuable a été imposé selon les dispositions de l'article 151-0 et qu'au titre de l'année en cours, il a dénoncé son option pour ce régime, le bénéfice à retenir s'entend du résultat imposable déterminé dans les conditions prévues à l'article 102 *ter* ;

4° Pour les revenus fonciers, est retenu le revenu net, déterminé dans les conditions prévues aux articles 14 à 33 *quinquies*, sous déduction des déficits fonciers imputables conformément au 3° du I de l'article 156 ;

5° Pour les pensions alimentaires, les rentes viagères à titre onéreux *(L. n° 2017-1775 du 28 déc. 2017, art. 11)* « , les revenus mentionnés à l'article 62, les revenus mentionnés aux 1 *bis*, 1 *ter* et 1 *quater* de l'article 93 lorsqu'ils sont imposés suivant les règles prévues en matière de traitements et salaires » ainsi que les revenus de source étrangère, est retenu le montant net imposable à l'impôt sur le revenu ;

6° Pour la détermination des bénéfices mentionnés aux 1° à 3° du présent 2, les abattements prévus aux articles 44 *sexies* à *(L. n° 2018-1317 du 28 déc. 2018, art. 135-I-8°)* « 44 *septdecies* » sont, par exception, ceux applicables au titre de l'année de paiement de l'acompte ;

7° Les revenus mentionnés aux 1° à 5° du présent 2 auxquels se sont appliquées les dispositions de l'article 163-0 A ainsi que les produits ou recettes imposables ayant la nature de plus-values définies à l'article 39 *duodecies*, les subventions d'équipement, les indemnités d'assurance compensant la perte d'un élément de l'actif immobilisé et les charges ou dépenses ayant la nature de moins-values définies au même article 39 *duodecies* ne sont pas retenus dans l'assiette de l'acompte.

3. Lorsque le résultat de l'une des catégories de revenus mentionnées aux 1° à 5° du 2 est déficitaire, il est retenu pour une valeur nulle.

4. Si l'un des bénéfices mentionnés aux 1° à 3° du 2 de l'année mentionnée au 1 est afférent à une période de moins de douze mois, il est ajusté *pro rata temporis* sur une année.

V. ndlr ss. art. 204 A.

Assiette de l'acompte. * BOI-IR-PAS-20-10- 20 du 15 mai 2018.

Art. 204 H I. — 1. L'administration fiscale calcule pour chaque foyer fiscal le taux prévu à l'article 204 E. Il est égal au rapport entre le montant de l'impôt sur le revenu du foyer fiscal afférent aux revenus mentionnés au 1 de l'article 204 A, sous déduction des crédits d'impôt correspondant à ces revenus prévus par les conventions fiscales internationales, et ces mêmes revenus pour leurs montants déterminés dans les conditions mentionnées à l'article 204 F et à l'article 204 G, à l'exception des 6° et 7° du 2 et du 4 du même article 204 G.

Pour le calcul du premier terme du numérateur, l'impôt sur le revenu résultant de l'application des règles prévues aux 1 à 4 du I de l'article 197 ou, le cas échéant, à l'article 197 A est multiplié par le rapport entre les montants nets imposables des revenus mentionnés au 1 de l'article 204 A, les déficits étant retenus pour une valeur nulle, et le revenu net imposable au barème progressif de l'impôt sur le revenu, hors déficits, charges et abattements déductibles du revenu global.

2. L'impôt sur le revenu et les revenus pris en compte mentionnés au 1 sont ceux de l'avant-dernière année pour le calcul du taux relatif aux versements de l'acompte acquittés et aux retenues à la source effectuées entre le 1er janvier et le 31 août de l'année au cours de laquelle le contribuable dispose des revenus ou réalise les bénéfices, et ceux de l'année précédente pour le calcul du taux relatif aux versements de l'acompte acquittés et aux retenues à la source effectuées entre le 1er septembre et le 31 décembre.

Toutefois, dans le cas où l'impôt sur le revenu de l'avant-dernière année ou de la dernière année n'a pu être établi, l'impôt sur le revenu et les revenus pris en compte pour le calcul du taux sont ceux de la dernière année pour laquelle l'impôt a été établi à la date du calcul de l'acompte par l'administration ou de la transmission du taux au débiteur des revenus en application du 4, sans que cette année ne puisse être antérieure à l'antépénultième année par rapport à l'année de prélèvement.

3. Le taux est arrondi à la décimale la plus proche. La fraction de décimale égale à 0,50 est comptée pour un.

(L. n° 2018-1317 du 28 déc. 2018, art. 12-I-1°) « 4. Le taux, assorti des calculs qui l'ont déterminé, est communiqué au contribuable par l'administration fiscale. Celle-ci transmet le taux au débiteur mentionné au 1° du 2 de l'article 204 A. »

II. — Par dérogation au I, le taux prévu à l'article 204 E est nul pour les contribuables qui remplissent cumulativement les deux conditions suivantes :

1° L'impôt sur le revenu, avant imputation du prélèvement prévu à l'article 204 A, mis en recouvrement au titre des revenus des deux dernières années d'imposition connues est nul ;

2° Le montant des revenus, au sens du 1° du IV de l'article 1417, de la dernière année d'imposition connue est inférieur à *(L. n° 2021-1900 du 30 déc. 2021, art. 2)*

« 25 705 € *[ancienne rédaction : 25 654 €]* **» par part de quotient familial.** — *Le montant des revenus à ne pas dépasser pour bénéficier du taux nul, tel que visé au présent 2°, concerne le taux de droit commun applicable entre le 1er janv. 2022 et le 31 août 2022. Pour le taux applicable entre le 1er sept. 2022 et le 31 août 2023, le montant est estimé à 26 065 € par part de quotient familial.*

Pour l'appréciation de la condition prévue au 1° du présent II, les crédits d'impôt prévus au A et au 3 du E du II de l'article 60 de la loi n° 2016-1917 du 29 décembre 2016 de finances pour 2017 ne sont pas pris en compte.

Le montant des revenus prévu au 2° du présent II est indexé chaque année comme la limite supérieure de la première tranche du barème de l'impôt sur le revenu.

III. — 1. Lorsque le débiteur ne dispose pas d'un taux calculé par l'administration fiscale ou lorsque l'année dont les revenus ont servi de base au calcul du taux est antérieure à l'antépénultième année par rapport à l'année de prélèvement, il est appliqué un taux proportionnel fixé dans les conditions suivantes :

***a)* Pour les contribuables** *(L. n° 2018-1317 du 28 déc. 2018, art. 2-I-3°-a, applicable aux revenus perçus ou réalisés à compter du 1er janv. 2019)* **« autres que ceux mentionnés aux *b* et *c* du présent 1 » :**

Base mensuelle de prélèvement	Taux proportionnel
Inférieure à 1 440 €	0 %
Supérieure ou égale à 1 440 € et inférieure à 1 496 €	0,5 %
Supérieure ou égale à 1 496 € et inférieure à 1 592 €	1,3 %
Supérieure ou égale à 1 592 € et inférieure à 1 699 €	2,1 %
Supérieure ou égale à 1 699 € et inférieure à 1 816 €	2,9 %
Supérieure ou égale à 1 816 € et inférieure à 1 913 €	3,5 %
Supérieure ou égale à 1 913 € et inférieure à 2 040 €	4,1 %
Supérieure ou égale à 2 040 € et inférieure à 2 414 €	5,3 %
Supérieure ou égale à 2 414 € et inférieure à 2 763 €	7,5 %
Supérieure ou égale à 2 763 € et inférieure à 3 147 €	9,9 %
Supérieure ou égale à 3 147 € et inférieure à 3 543 €	11,9 %
Supérieure ou égale à 3 543 € et inférieure à 4 134 €	13,8 %
Supérieure ou égale à 4 134 € et inférieure à 4 956 €	15,8 %
Supérieure ou égale à 4 956 € et inférieure à 6 202 €	17,9 %
Supérieure ou égale à 6 202 € et inférieure à 7 747 €	20 %
Supérieure ou égale à 7 747 € et inférieure à 10 752 €	24 %
Supérieure ou égale à 10 752 € et inférieure à 14 563 €	28 %
Supérieure ou égale à 14 563 € et inférieure à 22 860 €	33 %
Supérieure ou égale à 22 860 € et inférieure à 48 967 €	38 %
Supérieure ou égale à 48 967 €	43 %

Tableau mod. par L. n° 2019-1479 du 28 déc. 2019, art. 2-I-4°-a ; mod. par L. n° 2021-1900 du 30 déc. 2021, art. 2-I-3°-a et II, applicable aux revenus perçus ou réalisés à compter du 1er janv. 2022.

***b)* Pour les contribuables domiciliés en Guadeloupe, à La Réunion et en Martinique :**

Base mensuelle de prélèvement	Taux proportionnel
Inférieure à 1 652 €	0 %
Supérieure ou égale à 1 652 € et inférieure à 1 752 €	0,5 %
Supérieure ou égale à 1 752 € et inférieure à 1 931 €	1,3 %
Supérieure ou égale à 1 931 € et inférieure à 2 108 €	2,1 %
Supérieure ou égale à 2 108 € et inférieure à 2 328 €	2,9 %
Supérieure ou égale à 2 328 € et inférieure à 2 455 €	3,5 %
Supérieure ou égale à 2 455 € et inférieure à 2 540 €	4,1 %
Supérieure ou égale à 2 540 € et inférieure à 2 794 €	5,3 %
Supérieure ou égale à 2 794 € et inférieure à 3 454 €	7,5 %
Supérieure ou égale à 3 454 € et inférieure à 4 420 €	9,9 %
Supérieure ou égale à 4 420 € et inférieure à 5 021 €	11,9 %
Supérieure ou égale à 5 021 € et inférieure à 5 816 €	13,8 %
Supérieure ou égale à 5 816 € et inférieure à 6 968 €	15,8 %
Supérieure ou égale à 6 968 € et inférieure à 7 747 €	17,9 %
Supérieure ou égale à 7 747 € et inférieure à 8 805 €	20 %
Supérieure ou égale à 8 805 € et inférieure à 12 107 €	24 %
Supérieure ou égale à 12 107 € et inférieure à 16 087 €	28 %
Supérieure ou égale à 16 087 € et inférieure à 24 554 €	33 %
Supérieure ou égale à 24 554 € et inférieure à 53 670 €	38 %
Supérieure ou égale à 53 670 €	43 %

Tableau mod. par L. n° 2019-1479 du 28 déc. 2019, art. 2-I-4°-b ; mod. par L. n° 2021-1900 du 30 déc. 2021, art. 2-I-3°-b et II, applicable aux revenus perçus ou réalisés à compter du 1er janv. 2022.

***c)* Pour les contribuables domiciliés en Guyane et à Mayotte :**

Base mensuelle de prélèvement	Taux proportionnel
Inférieure à 1 769 €	0 %
Supérieure ou égale à 1 769 € et inférieure à 1 913 €	0,5 %
Supérieure ou égale à 1 913 € et inférieure à 2 133 €	1,3 %
Supérieure ou égale à 2 133 € et inférieure à 2 404 €	2,1 %

Base mensuelle de prélèvement	Taux proportionnel
Supérieure ou égale à 2 404 € et inférieure à 2 497 €	2,9 %
Supérieure ou égale à 2 497 € et inférieure à 2 583 €	3,5 %
Supérieure ou égale à 2 583 € et inférieure à 2 667 €	4,1 %
Supérieure ou égale à 2 667 € et inférieure à 2 963 €	5,3 %
Supérieure ou égale à 2 963 € et inférieure à 4 089 €	7,5 %
Supérieure ou égale à 4 089 € et inférieure à 5 292 €	9,9 %
Supérieure ou égale à 5 292 € et inférieure à 5 969 €	11,9 %
Supérieure ou égale à 5 969 € et inférieure à 6 926 €	13,8 %
Supérieure ou égale à 6 926 € et inférieure à 7 620 €	15,8 %
Supérieure ou égale à 7 620 € et inférieure à 8 441 €	17,9 %
Supérieure ou égale à 8 441 € et inférieure à 9 796 €	20 %
Supérieure ou égale à 9 796 € et inférieure à 13 179 €	24 %
Supérieure ou égale à 13 179 € et inférieure à 16 764 €	28 %
Supérieure ou égale à 16 764 € et inférieure à 26 866 €	33 %
Supérieure ou égale à 26 866 € et inférieure à 56 708 €	38 %
Supérieure ou égale à 56 708 €	43 %

Tableau mod. par L. nº 2019-1479 du 28 déc. 2019, art. 2-I-4º-c ; mod. par L. nº 2021-1900 du 30 déc. 2021, art. 2-I-3º-c et II, applicable aux revenus perçus ou réalisés à compter du 1er janv. 2022.

d) Les limites des tranches des grilles prévues aux *a* à *c* sont réduites ou augmentées proportionnellement à la période à laquelle se *(L. nº 2017-1775 du 28 déc. 2017, art. 11)* **« rapporte le calcul de l'acompte mentionné à l'article 204 C ou proportionnellement à la périodicité usuelle de versement de la rémunération principale, telle qu'elle résulte de la loi, des conventions collectives et accords collectifs, des contrats ou des usages, par le débiteur des revenus mentionnés à l'article 204 B. Toutefois, le débiteur des revenus de remplacement peut effectuer cette réduction ou cette augmentation des tranches proportionnellement à la période à laquelle se rapporte le versement. »**

Pour les salaires versés au titre d'un contrat à durée déterminée *(L. nº 2017-1775 du 28 déc. 2017, art. 11)* **« ou d'un contrat de mission » dont le terme initial n'excède pas deux mois ou** *(L. nº 2017-1775 du 28 déc. 2017, art. 11)* **« , s'il s'agit d'un contrat à terme imprécis, dont la durée minimale n'excède pas deux mois », les grilles prévues aux *a* à *c* s'appliquent, dans la limite des deux premiers mois d'embauche, aux versements effectués au titre ou au cours d'un mois après un abattement égal à la moitié du montant mensuel du salaire minimum de croissance et sans procéder aux ajustements prévus au premier alinéa du présent *d*.**

Pour les revenus mentionnés au même article 204 C, les grilles prévues aux *a* à *c* du présent 1 s'appliquent à ces revenus majorés de 11 %.

(Abrogé par L. nº 2020-1721 du 29 déc. 2020, art. 2-I-3º-d) (L. nº 2018-1317 du 28 déc. 2018, art. 2-I-3º-g et III-B, applicable aux revenus perçus ou réalisés à compter du 1er janv. 2020) ***« e) Les limites des tranches du tableau des a à c du présent 1 sont révisées chaque année dans la même proportion que la limite supérieure de la première tranche du barème de l'impôt sur le revenu applicable aux revenus de l'année précédente. Les montants obtenus sont***

arrondis, s'il y a lieu, à l'euro le plus proche. La fraction d'euro égale à 0,50 est comptée pour 1. »

2. Par dérogation au I du présent article, le taux prévu au 1 du présent III est également applicable aux revenus des personnes rattachées, au sens des 2° et 3° du 3 de l'article 6, ou à charge, au sens des articles 196 et 196 A *bis*, au titre de la dernière année pour laquelle l'impôt a été établi.

IV. — 1. Sur option du contribuable, le taux mentionné au III du présent article est appliqué aux traitements et salaires soumis à la retenue à la source prévue au 1° du 2 de l'article 204 A.

L'option peut être exercée à tout moment auprès de l'administration fiscale et est mise en œuvre au plus tard le troisième mois qui suit celui de la demande. Elle est tacitement reconduite, sauf dénonciation dans les trente jours qui suivent la communication au contribuable d'un nouveau taux de prélèvement.

2. Lorsque le montant de la retenue à la source résultant de l'application de ce taux est inférieur à celui qui aurait résulté de l'application du taux prévu, selon le cas, au I du présent article, à l'article 204 I, à l'article 204 J ou à l'article 204 M, le contribuable acquitte un complément de retenue à la source égal à la différence entre ces deux montants.

Ce complément est calculé et versé par le contribuable au plus tard le dernier jour du mois suivant celui de la perception du revenu selon les modalités prévues aux 4 et 6 de l'article 1663 C et à l'article 1680 A.

A défaut de paiement, le recouvrement du complément de retenue à la source est assuré et poursuivi selon les mêmes modalités et sous les mêmes garanties et sûretés que l'impôt sur le revenu. Le rôle d'impôt sur le revenu servant de base au calcul du taux de retenue qui aurait dû être appliqué à défaut d'option vaut titre exécutoire en vue de l'exercice des poursuites consécutives à son non-paiement.

V. ndlr ss. art. 204 A.

Par exception, des règles spécifiques, prévues par l'art. 2-III de la L. n° 2019-1479 du 28 déc. 2019 (reproduit ci-après), s'appliquent à la détermination de l'impôt sur le revenu visé à l'art. 204 H, I-1. et retenu pour calculer le taux du prélèvement à la source opéré de janv. 2020 à août 2021 :

1. Pour le calcul du taux prévu à l'art. 204 E relatif aux versements et retenues effectués entre le 1er janv. et le 31 août 2020, en application du I de l'art. 204 H, du 3 de l'art. 204 I, du III de l'art. 204 J et des 2 et 3 de l'art. 204 M, l'impôt sur le revenu pris en compte est calculé :

a) Par dérogation au 1 du I de l'art. 197, en appliquant à la fraction de chaque part de revenu qui excède 9 964 € le taux de :

— 11 % pour la fraction supérieure à 9 964 € et inférieure ou égale à 25 405 € ;

— 30 % pour la fraction supérieure à 25 405 € et inférieure ou égale à 72 643 € ;

— 41 % pour la fraction supérieure à 72 643 € et inférieure ou égale à 156 244 € ;

— 45 % pour la fraction supérieure à 156 244 € ;

b) Par dérogation au a du 4 du I du même art. 197, en diminuant le montant de l'impôt, dans la limite de son montant, de la différence entre 769 € et 45,25 % de son montant pour les contribuables célibataires, divorcés ou veufs et de la différence entre 1 273 € et 45,25 % de son montant pour les contribuables soumis à imposition commune ;

c) Sans faire application du b du 4 du I du même art. 197.

2. Pour le calcul du taux prévu à l'art. 204 E relatif aux versements et retenues effectués entre le 1er sept. 2020 et le 31 août 2021, en application du I de l'art. 204 H, du 3 de l'art. 204 I, du III de l'art. 204 J et des 2 et 3 de l'art. 204 M et par dérogation aux 1 et 4 du I de l'art. 197, l'impôt sur le revenu pris en compte est calculé en appliquant les 1 et 4 du même I dans leur rédaction résultant du 3° du I de l'art. 2 de la L. n° 2019-1479 du 28 déc. 2019.

Les dispositions du A du III du même art. 2 s'appliquent également pour la détermination du complément de retenue à la source prévu au 2 du IV de l'art. 204 H ainsi que pour l'application de l'art. 1729 G (L. préc., art. 2-III-A et B).

Taux du prélèvement à la source. Taux déterminé pour le foyer fiscal. Taux individualisé. Taux proportionnel par défaut.* BOI-IR-PAS-20-20 du 15 mai 2018.

Art. 204 I 1. Le calcul et les conditions de mise en œuvre prévus au I de l'article 204 H du taux prévu à l'article 204 E sont modifiés en cas de :

1° Mariage ou conclusion d'un pacte civil de solidarité ;

2° Décès de l'un des conjoints ou de l'un des partenaires liés par un pacte civil de solidarité soumis à imposition commune ;

3° Divorce, rupture d'un pacte civil de solidarité ou événements mentionnés au 4 de l'article 6 ;

4° Augmentation des charges de famille résultant d'une naissance, d'une adoption ou du recueil d'un enfant mineur dans les conditions prévues à l'article 196.

2. Ces changements de situation sont déclarés à l'administration fiscale par les contribuables concernés dans un délai de soixante jours.

3. A la suite de la déclaration mentionnée au 2 :

1° Dans les cas mentionnés au 1° du 1 du présent article, le taux du prélèvement est calculé selon les modalités prévues au 1 du I de l'article 204 H, en additionnant les revenus de chaque membre du futur foyer fiscal et en déterminant l'impôt correspondant par application des règles prévues aux 1 à 4 du I de l'article 197 ou, le cas échéant, à l'article 197 A pour un couple, en tenant compte, le cas échéant, du quotient familial correspondant à la situation du futur foyer fiscal.

Ce taux s'applique dans les conditions prévues au 2 du I de l'article 204 H, au plus tard le troisième mois qui suit celui de la déclaration du changement de situation ou, sur demande des contribuables, à compter du 1er janvier de l'année qui suit celle du changement de situation et jusqu'à l'application du taux du nouveau foyer fiscal constitué, dans les conditions prévues à l'article 204 H ;

2° Dans le cas mentionné au 2° du 1 du présent article, le taux applicable au conjoint ou partenaire survivant est calculé selon les modalités prévues au 1 du I de l'article 204 H :

a) En retenant les revenus et bénéfices que le conjoint ou partenaire survivant a perçus ou réalisés personnellement ou en commun, réduits *pro rata temporis* à compter du décès, et en déterminant l'impôt correspondant en leur appliquant les règles prévues aux 1 à 4 du I de l'article 197 ou, le cas échéant, à l'article 197 A, en prenant en compte l'ensemble des parts de quotient familial dont bénéficiait le foyer fiscal au 1er janvier de l'année du décès.

Ce taux s'applique dans les conditions prévues au 2 du I de l'article 204 H, au plus tard le troisième mois qui suit celui de la déclaration du décès et jusqu'au 31 décembre de l'année du décès ;

b) En retenant les revenus et bénéfices mentionnés au a sans être réduits *pro rata temporis* et en déterminant l'impôt correspondant en leur appliquant les règles prévues aux 1 à 4 du I de l'article 197 ou, le cas échéant, à l'article 197 A, en prenant en compte le quotient familial correspondant à la situation du foyer fiscal postérieurement au décès.

Ce taux s'applique dans les conditions prévues au 2 du I de l'article 204 H, à compter du 1er janvier de l'année suivant le décès et jusqu'à l'application du taux du nouveau foyer fiscal constitué à compter du 1er septembre de la seconde année qui suit celle du décès dans les conditions prévues à l'article 204 H ;

3° Dans les cas mentionnés au 3° du 1 du présent article, les taux de prélèvement applicables à chaque ancien conjoint ou partenaire sont calculés selon les modalités prévues au 1 du I de l'article 204 H, en retenant leurs revenus respectifs estimés sous leur responsabilité au titre de l'année du changement de situation et en déterminant l'impôt correspondant en appliquant à ces revenus les règles prévues aux 1 à 4 du I de l'article 197 ou, le cas échéant, à l'article 197 A, en tenant compte du quotient familial correspondant à la situation déclarée par chacun.

Ce taux s'applique au plus tard le troisième mois qui suit celui de la déclaration du changement de situation et jusqu'à l'application du taux de chaque nouveau foyer fiscal constitué, dans les conditions prévues à l'article 204 H ;

4° Dans les cas mentionnés au 4° du 1 du présent article, le taux du prélèvement est calculé selon les modalités prévues au 1 du I de l'article 204 H en tenant compte du quotient familial résultant de l'augmentation des charges de famille.

Ce taux s'applique dans les conditions prévues au 2 du I du même article 204 H, au plus tard le troisième mois qui suit celui de la déclaration de l'augmentation des char-

ges de famille et jusqu'à l'application du taux correspondant à la nouvelle situation du foyer à compter du 1er septembre de l'année suivant cette augmentation, dans les conditions prévues audit article 204 H.

V. ndlr ss. art. 204 A.

Actualisation du prélèvement. Changements de situation. PACS. Charges de famille. Décès. Divorce ou séparation. * BOI-IR-PAS-20-30-10 du 15 mai 2018.

Art. 204 J I. — Le montant du prélèvement mentionné à l'article 204 A peut être modulé à la hausse ou à la baisse sur demande du contribuable.

Toutefois, quand un changement de situation mentionné au 1 de l'article 204 I est intervenu, aucune demande de modulation ne peut être présentée tant que ce changement de situation n'a pas été déclaré.

II. — Le contribuable peut choisir librement de moduler à la hausse le taux mentionné aux articles 204 H et 204 I ou l'assiette de l'acompte mentionnée à l'article 204 G qui lui sont applicables.

Le taux du prélèvement ou l'assiette de l'acompte modulés à la hausse par le contribuable s'appliquent au plus tard le troisième mois qui suit celui de la demande et jusqu'au 31 décembre de l'année ou, si le taux ou le montant de l'acompte modulés qui résultent de sa demande sont inférieurs, respectivement, au taux ou au montant de l'acompte déterminés par l'administration fiscale à partir de l'impôt sur le revenu et des revenus de l'année précédente en application du I de l'article 204 H, jusqu'à la date à compter de laquelle ces derniers taux ou montant d'acompte s'appliquent.

III. — 1. La modulation à la baisse du prélèvement n'est possible que si le montant du prélèvement estimé par le contribuable au titre de sa situation et de ses revenus de l'année en cours est inférieur de plus de 10 % *(Abrogé par L. n° 2019-1479 du 28 déc. 2019, art. 7-2°)* ***« et de plus de 200 € »*** **au montant du prélèvement qu'il supporterait en l'absence de cette modulation.**

2. Le contribuable qui souhaite que son prélèvement soit modulé déclare, sous sa responsabilité, sa situation et l'estimation de l'ensemble de ses revenus au titre de l'année en cours. Lorsque l'administration n'en a pas la disposition, le contribuable déclare sa situation et l'ensemble de ses revenus réalisés au titre de l'année précédente.

3. L'administration fiscale calcule le prélèvement résultant de la déclaration prévue au 2 du présent III en appliquant au montant des revenus estimés, déterminé dans les conditions prévues à l'article 204 F et à l'article 204 G, à l'exception du 7° du 2 du même article 204 G, un taux calculé selon les modalités du 1 du I de l'article 204 H, les revenus pris en compte pour le calcul de ce taux étant ceux résultant de la déclaration mentionnée au 2 du présent III et l'impôt sur le revenu y afférent étant celui résultant de l'application à ces revenus des règles prévues aux 1 à 4 du I de l'article 197 ou, le cas échéant, à l'article 197 A en vigueur à la date de la demande.

Dans le cas prévu au 2° du 5 du présent III, l'estimation mentionnée au premier alinéa du présent 3 s'entend comme celle réalisée conjointement par les deux membres du couple.

Dans le cas prévu au 3° du 5 du présent III, l'estimation mentionnée au premier alinéa du présent 3 s'entend comme celle réalisée par le conjoint ou partenaire survivant au titre de la période postérieure au décès.

Dans le cas prévu au 4° du 5 du présent III, l'estimation mentionnée au premier alinéa du présent 3 s'entend comme celle réalisée par l'ancien conjoint ou partenaire au titre de l'année entière.

4. L'administration fiscale calcule le montant du prélèvement que le contribuable supporterait en l'absence de cette modulation selon les modalités suivantes :

a) **Le montant de retenue à la source pris en compte est calculé en appliquant au montant de l'assiette mentionnée à l'article 204 F déclarée par le contribuable au titre de l'année en cours les deux tiers du taux qui s'applique entre le 1er janvier et le 31 août et le tiers du taux qui s'applique entre le 1er septembre et le 31 décembre, en application du 2 du I de l'article 204 H, du III du même article 204 H en retenant le taux sur une base annuelle en application du *d* du 1 du III dudit article 204 H ou, lorsque le contribuable a déclaré au cours de la dernière ou de l'avant-dernière année**

un changement de situation mentionné à l'article 204 I, en application du même article 204 I ;

b) Le montant de l'acompte pris en compte est le montant des versements acquittés en application de l'article 1663 C à la date de la demande de modulation, auxquels s'ajoutent les versements qui seraient opérés, en l'absence de modulation, après cette date par application des articles 204 G et 204 I, dans les conditions prévues au même article 1663 C.

5. Par dérogation au 4 du présent III :

1° Lorsque le prélèvement dont le contribuable demande la modulation est consécutif à une précédente modulation réalisée au cours de la même année :

a) Le montant de retenue à la source pris en compte est calculé en appliquant au montant de l'assiette mentionnée à l'article 204 F déclarée par le contribuable au titre de l'année en cours la moyenne *pro rata temporis* du taux résultant de la précédente modulation ainsi que des autres taux qui se sont appliqués, le cas échéant, avant la date de la mise en œuvre de ce taux ;

b) Le montant de l'acompte pris en compte est le montant des versements acquittés en application de l'article 1663 C à la date de la nouvelle demande de modulation, auxquels s'ajoutent les versements qui seraient opérés après cette date en application de la précédente modulation ;

2° Lorsque le prélèvement dont les membres d'un couple demandent la modulation est consécutif à un changement de situation prévu au 1° du 1 de l'article 204 I au cours de l'année et que le taux prévu au 1° du 3 du même article 204 I s'applique à la date de la demande de modulation :

a) Le montant de retenue à la source pris en compte est calculé en appliquant, pour chaque membre du couple, au montant de l'assiette mentionnée à l'article 204 F qu'il a déclaré au titre de l'année en cours la moyenne *pro rata temporis* du taux résultant de l'application du 1° du 3 de l'article 204 I ainsi que des autres taux qui se sont appliqués, le cas échéant, avant la date de mise en œuvre de ce taux ;

b) Le montant de l'acompte pris en compte est le montant des versements acquittés par chaque membre du couple en application de l'article 1663 C à la date de la demande de modulation, auxquels s'ajoutent les versements qui seraient opérés pour chaque membre du couple après cette date, en l'absence de modulation, en application du 1° du 3 de l'article 204 I ;

3° Lorsque le prélèvement dont le conjoint ou partenaire survivant demande la modulation est consécutif à un changement de situation prévu au 2° du 1 de l'article 204 I au cours de l'année :

a) Le montant de retenue à la source pris en compte est calculé en appliquant au montant de l'assiette mentionnée à l'article 204 F déclarée par le conjoint ou partenaire survivant à compter du décès et jusqu'au 31 décembre la moyenne *pro rata temporis* du taux résultant de l'application du 2° du 3 de l'article 204 I ainsi que des autres taux qui se sont appliqués entre la date de décès et la date de mise en œuvre de ce taux ;

b) Le montant de l'acompte pris en compte est le montant des versements afférents aux revenus ou bénéfices dont a disposé le conjoint ou partenaire survivant, acquittés en application de l'article 1663 C entre la date du décès et la date de la demande de modulation, auxquels s'ajoutent les versements de même nature qui seraient opérés après cette date, en l'absence de modulation, en application du 2° du 3 de l'article 204 I ;

4° Lorsque le prélèvement dont l'ancien conjoint ou partenaire demande la modulation est consécutif à un changement de situation prévu au 3° du 1 de l'article 204 I au cours de l'année :

a) Le montant de retenue à la source pris en compte est calculé en appliquant au montant de l'assiette mentionnée à l'article 204 F déclarée par l'ancien conjoint ou partenaire la moyenne *pro rata temporis* du taux résultant de l'application du 3° du 3 de l'article 204 I ainsi que des autres taux qui se sont appliqués depuis le 1er janvier ;

b) Le montant de l'acompte pris en compte est le montant des versements afférents aux revenus ou bénéfices dont l'ancien conjoint ou partenaire a disposé, acquittés en application de l'article 1663 C du 1er janvier à la date de la demande de modulation, auxquels s'ajoutent les versements de même nature qui seraient opérés après cette date, en l'absence de modulation, en application du 3° du 3 de l'article 204 I ;

5° Lorsque le prélèvement dont le contribuable demande la modulation est consécutif à un changement de situation prévu au 4° du 1 de l'article 204 I au cours de l'année :

a) Le montant de retenue à la source pris en compte est calculé en appliquant au montant de l'assiette mentionnée à l'article 204 F déclarée par le contribuable au titre de l'année en cours la moyenne *pro rata temporis* du taux résultant de l'application du 4° du 3 de l'article 204 I ainsi que des autres taux qui se sont appliqués, le cas échéant, avant la date de mise en œuvre de ce taux ;

b) Le montant de l'acompte pris en compte est le montant des versements acquittés en application de l'article 1663 C à la date de la demande de modulation, auxquels s'ajoutent les versements qui seraient opérés après cette date, en l'absence de modulation, en application du 4° du 3 de l'article 204 I.

6. Lorsque le contribuable décide de moduler à la baisse son prélèvement :

1° Le taux modulé calculé dans les conditions prévues au 3 du présent III s'applique au plus tard le troisième mois qui suit celui de la décision de modulation et jusqu'au 31 décembre de l'année ;

2° Le montant de l'acompte calculé dans les conditions prévues au 3 du présent III est diminué du montant des versements déjà acquittés, sans pouvoir donner lieu à restitution, et s'applique jusqu'au 31 décembre de l'année.

(L. nº 2018-1317 du 28 déc. 2018, art. 14) « L'acompte, assorti des calculs qui l'ont déterminé, prévu au 2° du 2 de l'article 204 A est communiqué au contribuable par l'administration fiscale. »

V. ndlr ss. art. 204 A.

1. Modulation du prélèvement à la source. * BOI-IR-PAS-20-10-20 du 15 mai 2018.

2. Pour les revenus avec collecteurs, le taux de prélèvement à la source est adapté en fonction des revenus déclarés par l'usager dans « Gérer mon prélèvement à la source ». Le nouveau taux calculé est transmis au collecteur dans le mois qui suit, et ce dernier dispose alors de deux mois pour l'appliquer. * Rép. min. nº 10816 : *JOAN 15 oct. 2019.*

Art. 204 K Le contribuable peut spontanément déclarer un montant d'acompte au titre de l'année de début de perception d'un revenu relevant d'une catégorie de bénéfices ou de revenus mentionnée à l'article 204 C ou au titre de l'année suivante et en acquitter le montant dans les conditions prévues au 3 de l'article 1663 C.

Le montant des versements dus l'année suivant le début de la perception du revenu est calculé, le cas échéant, sur la base du montant de l'acompte déclaré au titre de l'année de début de perception de ce revenu, ajusté le cas échéant *pro rata temporis* sur une année pleine, jusqu'à la mise en œuvre du prélèvement selon les modalités prévues au premier alinéa de l'article 204 E.

V. ndlr ss. art. 204 A.

Versement d'un acompte spontané. * BOI-IR-PAS-20-30-30 nos 30 à 90 du 15 mai 2018.

Art. 204 L Lorsque l'un des membres du foyer fiscal n'est plus titulaire de revenus ou de bénéfices relevant de l'une des catégories mentionnées à l'article 204 C au titre de l'année en cours, il peut demander à ne plus verser la part de l'acompte correspondant aux bénéfices ou aux revenus de cette catégorie. Cette demande est prise en compte à compter du versement prévu à l'article 1663 C qui suit le mois de la demande.

La part de l'acompte relative aux bénéfices industriels et commerciaux, aux bénéfices agricoles et aux bénéfices non commerciaux qui a déjà été acquittée à la date à laquelle l'impôt sur le revenu dû au titre de la cessation totale de l'activité imposée dans cette catégorie de revenus est établi est imputée sur le montant dû au titre de cette imposition. Le montant ainsi imputé n'est plus imputable sur l'impôt sur le revenu dû au titre de l'année.

V. ndlr ss. art. 204 A.

Fin de perception de revenus soumis à acompte. * BOI-IR-PAS-20-30-30 nos 100 à 230 du 15 mai 2018.

Art. 204 M 1. Le taux de prélèvement du foyer fiscal est, sur option du contribuable, individualisé selon les modalités prévues aux 2 et 3 du présent article pour chacun des conjoints ou partenaires liés par un pacte civil de solidarité soumis à imposition commune.

2. Le taux individualisé du conjoint ou du partenaire qui a personnellement disposé des revenus les plus faibles au cours de la dernière année pour laquelle l'impôt a été établi est déterminé selon les règles prévues au I de l'article 204 H.

Toutefois, les revenus pris en compte sont constitués de la somme de ceux dont il a personnellement disposé et de la moitié des revenus communs, et l'impôt sur le revenu y afférent est déterminé par l'application à ces mêmes revenus des règles prévues aux 1 à 4 du I de l'article 197 ou, le cas échéant, à l'article 197 A en retenant la moitié des déficits, charges et abattements déductibles du revenu global du foyer fiscal, ainsi que la moitié des parts de quotient familial dont le foyer fiscal bénéficie.

3. Le taux individualisé applicable à l'autre conjoint ou partenaire est déterminé selon les modalités prévues au I de l'article 204 H, en déduisant au numérateur l'impôt afférent aux revenus dont a personnellement disposé le premier conjoint, calculé en appliquant à leur assiette, établie dans les conditions prévues aux articles 204 F et 204 G, le taux individualisé mentionné au 2 du présent article, et celui afférent aux revenus communs du foyer fiscal, calculé en appliquant à leur assiette, établie dans les conditions prévues à l'article 204 G, le taux de prélèvement du foyer fiscal mentionné au 1 du présent article et en retenant au dénominateur les seuls revenus dont il a personnellement disposé.

4. Les taux individualisés prévus, respectivement, aux 2 et 3 du présent article s'appliquent, selon les modalités du 2 du I de l'article 204 H, à l'ensemble des revenus déterminés dans les conditions prévues aux articles 204 F et 204 G dont chacun des conjoints ou partenaires a personnellement disposé.

Le taux de prélèvement du foyer fiscal mentionné au 1 du présent article s'applique aux revenus communs du foyer fiscal.

5. L'option peut être exercée et dénoncée à tout moment. Les taux individualisés s'appliquent au plus tard le troisième mois suivant celui de la demande. Ils cessent de s'appliquer au plus tard le troisième mois suivant celui de la dénonciation de l'option. L'option est tacitement reconduite.

V. ndlr ss. art. 204 A.

Art. 204 N Les déclarations, options ou demandes prévues au IV de l'article 204 H et aux articles 204 I à 204 M sont présentées par voie électronique par les contribuables dont la résidence principale est équipée d'un accès à internet et qui sont en mesure de le faire. Dans les autres cas, les contribuables utilisent les autres moyens mis à leur disposition par l'administration.

V. ndlr ss. art. 204 A.

CHAPITRE PREMIER *BIS*

Art. 204 *bis* à 204 *septies* *Abrogés par L. nº 69-1161 du 24 déc. 1969, art. 5-I.*

Art. 204 *octies* *Périmé.*

CHAPITRE PREMIER *TER*

Art. 204 A *Abrogé par L. nº 97-1269 du 30 déc. 1997, art. 78, à compter de l'imposition des revenus de 1998.*

CHAPITRE PREMIER *QUATER* TAXE SUR LES PRODUITS DE PLACEMENT SOUMIS À PRÉLÈVEMENT LIBÉRATOIRE

Art. 204 B *Disjoint (Décr. nº 2008-294 du 1er avr. 2008).*

CHAPITRE II IMPÔT SUR LES BÉNÉFICES DES SOCIÉTÉS ET AUTRES PERSONNES MORALES

BIBL. ▶ Conseil des impôts, 22e rapport, La concurrence fiscale et l'entreprise, *Journaux officiels 2004*. – Conseil des prélèvements obligatoires, note sur le taux de l'impôt sur les sociétés en France, *8 juill. 2021*.

SECTION PREMIÈRE GÉNÉRALITÉS

Art. 205 Il est établi un impôt sur l'ensemble des bénéfices ou revenus réalisés par les sociétés et autres personnes morales désignées à l'article 206.

Cet impôt est désigné sous le nom d'impôt sur les sociétés.

Art. 205 A *(L. n° 2018-1317 du 28 déc. 2018, art. 108-I-2° et III, applicable aux exercices ouverts à compter du 1er janv. 2019)* Pour l'établissement de l'impôt sur les sociétés, il n'est pas tenu compte d'un montage ou d'une série de montages qui, ayant été mis en place pour obtenir, à titre d'objectif principal ou au titre d'un des objectifs principaux, un avantage fiscal allant à l'encontre de l'objet ou de la finalité du droit fiscal applicable, ne sont pas authentiques compte tenu de l'ensemble des faits et circonstances pertinents.

Un montage peut comprendre plusieurs étapes ou parties.

Aux fins du présent article, un montage ou une série de montages est considéré comme non authentique dans la mesure où ce montage ou cette série de montages n'est pas mis en place pour des motifs commerciaux valables qui reflètent la réalité économique.

Ces dispositions s'appliquent sous réserve de celles prévues au III de l'article 210-0 A.

Clause anti-abus générale en matière d'IS. du 3 juill. 2019.
Commentaires administratifs. * BOI-IS-BASE-70

Art. 205 B *(L. n° 2019-1479 du 28 déc. 2019, art. 45-I-1° et II-A, applicable aux exercices ouverts à compter du 1er janv. 2020)* I. — Pour l'application du présent article et des articles 205 C et 205 D, est entendu par :

1° Dispositif hybride : une situation dans laquelle :

a) Un paiement effectué au titre d'un instrument financier donne lieu à une charge déductible dans l'État de résidence du débiteur sans être inclus dans les revenus imposables dans l'État de résidence du bénéficiaire, lorsque cet effet d'asymétrie est imputable aux différences de qualification fiscale de l'instrument ou du paiement lui-même ;

b) Un paiement en faveur d'une entité hybride donne lieu à une charge déductible dans l'État de résidence du débiteur sans être inclus dans les revenus imposables dans l'État de résidence de l'entité hybride, lorsque cet effet d'asymétrie est imputable aux différences dans l'attribution des paiements versés à l'entité hybride en application des règles de l'État de résidence de l'entité hybride et des règles de l'État de résidence de toute personne détentrice d'une participation dans cette entité hybride ;

c) Un paiement en faveur d'une entité disposant d'un ou de plusieurs établissements donne lieu à une charge déductible dans l'État de résidence du débiteur sans être inclus dans les revenus imposables de cette entité, lorsque cet effet d'asymétrie est imputable aux différences dans l'attribution des paiements entre le siège et l'établissement ou entre deux ou plusieurs établissements de la même entité en application des règles des États dans lesquels l'entité exerce ses activités ;

d) Un paiement en faveur d'un établissement donne lieu à une charge déductible dans l'État de résidence du débiteur sans être inclus dans les revenus imposables de cet établissement dans un autre État du fait de la non prise en compte de cet établissement par cet autre État ;

e) Un paiement effectué par une entité hybride donne lieu à une charge déductible dans son État de résidence sans être inclus dans les revenus imposables du bénéficiaire, lorsque cet effet d'asymétrie est imputable à la non prise en compte du paiement par l'État de résidence du bénéficiaire ;

f) Un paiement réputé effectué entre un établissement et son siège ou entre deux ou plusieurs établissements donne lieu à une charge déductible dans l'État où est situé cet établissement sans être inclus dans les revenus imposables du bénéficiaire, lorsque cet effet d'asymétrie est imputable à la non prise en compte du paiement par l'État de résidence du bénéficiaire ;

g) Ou une double déduction se produit ;

2° Paiement : tout droit à un transfert de valeur associé à un montant susceptible d'être payé ;

3° Personne : une personne physique ou une entité ;

4° Résidence : lieu où une personne est considérée comme ayant son siège ou son domicile fiscal ;

5° Débiteur : une personne qui est tenue d'effectuer un paiement au sens du 2° ;

6° Investisseur : toute personne autre que le débiteur qui bénéficie d'une déduction afférente à un dispositif hybride mentionné au *g* du 1° ;

7° Établissement : une entreprise exploitée en France au sens du I de l'article 209 ou un établissement au sens de la législation applicable dans l'État dans lequel il est situé ou dans celui du siège de l'entité dont il dépend ou un établissement stable au sens des conventions internationales relatives aux doubles impositions ;

8° Inclusion : la prise en compte d'un paiement dans le revenu imposable du bénéficiaire en application des règles de son État de résidence.

Toutefois, pour l'application du *a* du 1° du présent I, un paiement est considéré comme inclus dans les revenus imposables du bénéficiaire :

a) S'il n'a pas ouvert droit en application des règles de l'État de résidence de ce bénéficiaire à une exonération, une réduction du taux d'imposition ou un crédit ou remboursement d'impôt, autre qu'un crédit d'impôt au titre d'une retenue à la source, en raison de la nature de ce paiement ;

b) Et si cette inclusion a lieu au titre d'un exercice qui commence dans les vingt-quatre mois suivant la fin de l'exercice au titre duquel la charge a été déduite ;

9° Double déduction : une déduction du même paiement, des mêmes dépenses ou des mêmes pertes dans l'État de résidence du débiteur et dans un autre État. Dans le cas d'un paiement par une entité hybride ou un établissement, l'État de résidence du débiteur est celui dans lequel l'entité hybride ou l'établissement est établi ou situé ;

10° Effet d'asymétrie : une déduction d'un paiement sans inclusion correspondante dans les revenus du bénéficiaire de ce paiement ou une double déduction ;

11° Entité hybride : toute entité ou tout dispositif qui est considéré comme une entité imposable par un État et dont les revenus ou les dépenses sont considérés comme les revenus ou les dépenses d'une ou de plusieurs autres personnes par un autre État ;

12° Instrument financier au sens du *a* du 1° : un instrument qui génère un rendement financier soumis, soit dans l'État de résidence du débiteur, soit dans l'État de résidence du bénéficiaire, aux règles fiscales applicables aux titres de dette, titres de participation ou instruments dérivés, y compris tout transfert hybride ;

13° Transfert hybride : un dispositif permettant de transférer un instrument financier lorsque le rendement sous-jacent de l'instrument financier transféré est considéré sur le plan fiscal comme obtenu simultanément par plusieurs des parties à ce dispositif ;

14° Dispositif structuré : un dispositif utilisant un dispositif hybride au sens du 1° et dont les termes intègrent la valorisation de l'effet d'asymétrie ou un dispositif qui a été conçu en vue de générer les mêmes conséquences qu'un dispositif hybride, lorsque le contribuable ne peut pas démontrer que lui-même ou une entreprise associée n'avaient pas connaissance du dispositif hybride et qu'ils n'ont pas bénéficié de l'avantage fiscal en découlant ;

15° Dispositif hybride inversé : un dispositif dans lequel une ou plusieurs entreprises associées détenant ensemble un intérêt direct ou indirect dans au moins 50 % du capital, des droits de vote ou des droits aux bénéfices d'une entité hybride constituée ou établie dans un État membre de l'Union européenne, sont établies dans un ou plusieurs États qui considèrent cette entité comme une personne imposable ;

16° Entreprise associée d'un contribuable :

a) Une entité dans laquelle le contribuable détient directement ou indirectement une participation d'au moins 50 % des droits de vote ou du capital ou dont il est en droit de recevoir au moins 50 % des bénéfices ;

b) Une personne qui détient directement ou indirectement une participation d'au moins 50 % des droits de vote ou du capital du contribuable, ou qui est en droit de recevoir au moins 50 % des bénéfices du contribuable ;

c) Une entité dans laquelle une personne, qui détient directement ou indirectement une participation d'au moins 50 % des droits de vote ou du capital du contribuable, détient également une participation d'au moins 50 % des droits de vote ou du capital ;

d) Ou une entité qui fait partie du même groupe consolidé que le contribuable au sens du 2° du VI de l'article 212 *bis,* une entreprise sur la gestion de laquelle le contribuable exerce une influence notable ou une entreprise qui exerce une influence notable sur la gestion du contribuable.

Pour l'application des *a, b* et *c* du présent 16°, une personne qui agit conjointement avec une autre personne au titre des droits de vote ou de la propriété du capital d'une entité est considérée comme détenant une participation dans l'ensemble des droits de vote ou du capital de cette entité qui sont détenus par l'autre personne.

Pour les dispositifs hybrides mentionnés aux *a* ou *f* du 1°, le seuil de 50 % mentionné aux *a, b* et *c* du présent 16° est remplacé par le seuil de 25 %.

II. — 1. N'est pas considéré comme un dispositif hybride au sens du *a* du 1° du I le transfert hybride réalisé par une personne dont l'activité professionnelle consiste à acheter ou à vendre régulièrement des instruments financiers pour son propre compte afin de réaliser des bénéfices, lorsque ce transfert est effectué dans le cadre de ses activités habituelles, hors le cas d'un dispositif structuré, et que les revenus perçus au titre de ce transfert sont inclus dans ses revenus imposables.

2. Ne sont pas considérées comme des dispositifs hybrides les situations mentionnées au 1° du I lorsque l'effet d'asymétrie ne survient pas, hors le cas d'un dispositif structuré, entre un contribuable et une entreprise associée, entre entreprises associées d'un même contribuable, entre le siège et un établissement ou entre deux ou plusieurs établissements de la même entité.

III. — 1. Lorsqu'un paiement effectué dans le cadre d'un dispositif hybride mentionné aux *a* à *f* du 1° du I donne lieu à :

a) Une charge déductible de l'assiette de l'impôt sur les sociétés dans les conditions de droit commun, sans être inclus dans les résultats soumis à un impôt équivalent à l'impôt sur les sociétés dans l'État de résidence du bénéficiaire, cette charge n'est pas admise en déduction ;

(L. n° 2021-1900 du 30 déc. 2021, art. 14-1°, applicable à l'impôt sur les sociétés dû au titre des exercices clos à compter du 31 déc. 2021) « Pour l'application du premier alinéa du présent *a*, lorsqu'un paiement, effectué dans le cadre d'un dispositif hybride mentionné au *a* du 1° du I, n'a pas été inclus dans les résultats imposables du bénéficiaire à l'expiration du délai prévu au *b* du 8° du même I, la réintégration de la charge dans le résultat soumis à l'impôt sur les sociétés dans les conditions de droit commun est effectuée au titre du dernier exercice ayant commencé au cours des vingt-quatre mois suivant la fin de l'exercice au titre duquel cette charge a été initialement déduite ; »

b) Une charge déduite du résultat soumis à un impôt équivalent à l'impôt sur les sociétés dans l'État de résidence du débiteur, ce paiement est ajouté au résultat soumis à l'impôt sur les sociétés dans les conditions de droit commun.

2. En présence d'un dispositif hybride mentionné au *g* du 1° du I :

a) La charge n'est pas admise en déduction des revenus de l'investisseur établi en France ;

b) Lorsque l'investisseur est établi dans un autre État qui admet la déduction de la charge, celle-ci n'est pas admise en déduction des revenus du débiteur établi en France.

Ces dispositions ne sont pas applicables lorsque la double déduction concerne un revenu soumis à double inclusion au titre du même exercice ou au titre d'un exercice qui commence dans les vingt-quatre mois suivant la fin de l'exercice au titre duquel la charge a été initialement déduite.

(L. n° 2021-1900 du 30 déc. 2021, art. 14-2°, applicable à l'impôt sur les sociétés dû au titre des exercices clos à compter du 31 déc. 2021) « Pour l'application des *a* et *b* du présent 2, la réintégration de la charge dans le résultat soumis à l'impôt sur les sociétés dans les conditions de droit commun est effectuée au titre du dernier exercice ayant commencé au cours des vingt-quatre mois suivant la fin de l'exercice au titre duquel cette charge a été initialement déduite. »

3. Lorsqu'un paiement déductible du résultat imposable à l'impôt sur les sociétés en France compense un autre paiement afférent à un dispositif hybride, directement ou indirectement, par l'intermédiaire d'une transaction ou d'une série de transactions conclues entre des entreprises associées d'un même contribuable ou par l'intermédiaire d'un dispositif structuré, la déduction de la charge correspondant à ce premier paiement n'est pas admise.

Toutefois, la charge reste admise en déduction si l'État de résidence d'une des entreprises concernées par la transaction ou la série de transactions a appliqué une disposition permettant de neutraliser les effets du dispositif hybride concerné. Lorsque cette neutralisation n'est que partielle, la déduction de la charge est admise à hauteur de la part du paiement qui a été neutralisée dans l'autre État.

4. Les revenus attribués à l'établissement d'une entité non pris en compte par l'État dans lequel il est situé du fait d'un dispositif hybride sont inclus dans le résultat soumis à l'impôt sur les sociétés de cette entité lorsqu'elle a son siège en France. Cette règle s'applique à moins que la France ne soit tenue d'exonérer les revenus en vertu d'une convention préventive de la double imposition conclue avec un pays tiers.

5. Lorsqu'un transfert hybride est conçu pour donner lieu à un allègement au titre des retenues à la source pour un paiement provenant d'un instrument financier transféré à plusieurs des parties concernées par ce transfert, le bénéfice de cet allègement est limité au prorata des revenus nets imposables liés à ce paiement.

Art. 205 C *(L. n° 2019-1479 du 28 déc. 2019, art. 45-I-1° et II-A, applicable aux exercices ouverts à compter du 1er janv. 2022)* Lorsqu'une entité hybride d'un dispositif hybride inversé est constituée ou établie en France, ses revenus sont imposés, selon le cas, soit à l'impôt sur les sociétés, soit dans les conditions prévues à l'article 8 du présent code, dans la mesure où ils ne sont pas imposés dans un autre État.

Le premier alinéa du présent article ne s'applique pas aux organismes de placement collectif, un tel organisme étant défini comme tout organisme ou fonds de placement à participation large, doté d'un portefeuille de titres diversifié et soumis aux règles de protection des porteurs dans le pays où il est établi.

Art. 205 D *(L. n° 2019-1479 du 28 déc. 2019, art. 45-I-1° et II-A, applicable aux exercices ouverts à compter du 1er janv. 2020)* Lorsque des paiements, des dépenses ou des pertes déductibles du résultat imposable d'un contribuable qui a sa résidence en France et dans un autre État en application des règles de cet État sont pris en compte dans ces deux États, leur déduction n'est pas admise en France.

Cette déduction est toutefois admise en France lorsque :

1° Le paiement, la dépense ou la perte susceptible de faire l'objet d'une double déduction est inclus dans le revenu imposable du bénéficiaire ou, s'agissant d'une perte, du contribuable en France et dans l'autre État ;

2° L'autre État est un État membre de l'Union européenne qui refuse la déduction et que la convention fiscale le liant à la France fixe la résidence de ce contribuable en France.

SECTION II CHAMP D'APPLICATION DE L'IMPÔT

I *SOCIÉTÉS ET COLLECTIVITÉS IMPOSABLES*

Art. 206 1. Sous réserve des dispositions des articles 8 *ter*, 239 *bis* AA, 239 *bis* AB et 1655 *ter*, sont passibles de l'impôt sur les sociétés, quel que soit leur objet, les sociétés anonymes, les sociétés en commandite par actions, les sociétés à responsabilité limitée n'ayant pas opté pour le régime fiscal des sociétés de personnes dans les conditions prévues au IV de l'article 3 du décret n° 55-594 du 20 mai 1955 modifié, les sociétés coopératives et leurs unions ainsi que, sous réserve des dispositions *(L. n° 2019-1479 du 28 déc. 2019, art. 29-III-6°)* « du 6° » du 1 de l'article 207, les établissements publics, les organismes de l'État jouissant de l'autonomie financière, les organismes des départements et des communes et toutes autres personnes morales se livrant à une exploitation ou à des opérations de caractère lucratif. — *Les sociétés par actions simplifiées sont assimilées aux sociétés anonymes ; V. art. 1655 quinquies.*

1 *bis*. Toutefois, ne sont pas passibles de l'impôt sur les sociétés prévu au 1 les associations régies par la loi du 1er juillet 1901, les associations régies par la loi locale

maintenue en vigueur dans les départements de la Moselle, du Bas-Rhin et du Haut-Rhin, les syndicats régis par les articles L. 2131-1 à L. 2136-2 du code du travail, les fondations reconnues d'utilité publique, les fondations d'entreprise, les fonds de dotation et les congrégations, dont la gestion est désintéressée, lorsque leurs activités non lucratives restent significativement prépondérantes et le montant de leurs recettes d'exploitation encaissées au cours de l'année civile au titre de leurs activités lucratives n'excède pas *(L. n° 2019-1479 du 28 déc. 2019, art. 51-I-1°)* « **73 518 €** *[ancienne rédaction : 72 432 €]* ». Cette limite est indexée, chaque année, sur la prévision de l'indice des prix à la consommation, hors tabac, retenue dans le projet de loi de finances de l'année. Sont réputées lucratives les activités de gestion et de capitalisation, par les fonds de dotation, de dons, droits et legs dont les fruits sont versés à des organismes autres que ceux mentionnés au présent alinéa ou à des organismes publics pour l'exercice d'activités lucratives. — *La deuxième phrase du présent al. ne s'applique pas au titre de la première année d'application du seuil de 72 000 € (L. n° 2019-1479 du 28 déc. 2019, art. 51-III-A). — Seuil applicable pour 2022.*

Les organismes mentionnés au premier alinéa deviennent passibles de l'impôt sur les sociétés prévu au 1 à compter du 1er janvier de l'année au cours de laquelle l'une des trois conditions prévues à l'alinéa précité n'est plus remplie.

Les organismes mentionnés au premier alinéa sont assujettis à l'impôt sur les sociétés prévu au 1 en raison des résultats de leurs activités financières lucratives et de leurs participations.

2. Sous réserve des dispositions de l'article 239 *ter*, les sociétés civiles sont également passibles dudit impôt, même lorsqu'elles ne revêtent pas l'une des formes visées au 1, si elles se livrent à une exploitation ou à des opérations visées aux articles 34 et 35.

Toutefois, les sociétés civiles dont l'activité principale entre dans le champ d'application de l'article 63 peuvent bénéficier des dispositions *(L. n° 2017-1837 du 30 déc. 2017, art. 24)* « de l'article 75 » lorsqu'elles sont soumises à un régime réel d'imposition. Celles relevant du régime prévu à l'article 64 *bis* ne sont pas passibles de l'impôt visé au 1 lorsque les activités accessoires visées aux articles 34 et 35 qu'elles peuvent réaliser n'excèdent pas les seuils fixés *(L. n° 2017-1837 du 30 déc. 2017, art. 24)* « à l'article 75 » : les bénéfices résultant de ces activités sont alors déterminés et imposés d'après les règles qui leur sont propres.

3. Sont soumis à l'impôt sur les sociétés s'ils optent pour leur assujettissement à cet impôt dans les conditions prévues à l'article 239 :

a) les sociétés en nom collectif ;

b) les sociétés civiles mentionnées au 1° de l'article 8 ;

c) les sociétés en commandite simple ;

d) les sociétés en participation ;

e) les sociétés à responsabilité limitée dont l'associé unique est une personne physique ;

f) les exploitations agricoles à responsabilité limitée mentionnées au 5° de l'article 8 ; — *V. Ann. IV, art. 22.*

g) les groupements d'intérêt public mentionnés à l'article 239 *quater* B ;

h) les sociétés civiles professionnelles visées à l'article 8 *ter* ;

i) les groupements de coopération sanitaire et les groupements de coopération sociale et médico-sociale mentionnés à l'article 239 *quater* D.

j) Les sociétés interprofessionnelles de soins ambulatoires mentionnées au 7° de l'article 8.

Cette option entraîne l'application auxdites sociétés et auxdits groupements, sous réserve des exceptions prévues par le présent code, de l'ensemble des dispositions auxquelles sont soumises les personnes morales visées au 1.

4. Même à défaut d'option, l'impôt sur les sociétés s'applique, sous réserve des dispositions de l'article 1655 *ter*, dans les sociétés en commandite simple et dans les sociétés en participation, y compris les syndicats financiers, à la part de bénéfices correspondant aux droits des commanditaires et à ceux des associés autres que ceux indéfiniment responsables ou dont les noms et adresses n'ont pas été indiqués à l'administration.

5. Sous réserve des exonérations prévues aux articles 1382 et 1394, les établissements publics, autres que les établissements scientifiques, d'enseignement et d'assis-

tance *(L. nº 2019-1479 du 28 déc. 2019, art. 136-2º)* « au titre de leurs exercices ouverts jusqu'au 31 décembre 2023 », ainsi que les associations et collectivités non soumis à l'impôt sur les sociétés en vertu d'une autre disposition, à l'exception, d'une part, des fondations reconnues d'utilité publique et, d'autre part, des fonds de dotation dont les statuts ne prévoient pas la possibilité de consommer leur dotation en capital, sont assujettis audit impôt en raison des revenus patrimoniaux qui ne se rattachent pas à leurs activités lucratives.

Sont qualifiés de revenus patrimoniaux :

a) Les revenus de la location des immeubles bâtis et non bâtis dont ils sont propriétaires, et de ceux auxquels ils ont vocation en qualité de membres de sociétés immobilières de copropriété visées à l'article 1655 *ter* ; *— V. Ann. III, art. 46 quater-0A.*

b) Les revenus de l'exploitation des propriétés agricoles ou forestières ;

c) Les revenus de capitaux mobiliers dont ils disposent, lorsque ces revenus n'entrent pas dans le champ d'application de la retenue à la source visée à l'article 119 *bis* ; ces revenus sont comptés dans le revenu imposable pour leur montant brut.

d) et *e) Abrogés.*

5 *bis*. Les associations intermédiaires conventionnées, mentionnées à l'article L. 5132-7 du code du travail, dont la gestion est désintéressée et les associations de services aux personnes, agréées en application de l'article L. 7232-1 du même code *(L. nº 2017-1837 du 30 déc. 2017, art. 9)* « ou autorisées en application de l'article L. 313-1 du code de l'action sociale et des familles », sont soumises à l'impôt sur les sociétés dans les conditions prévues au 5.

(L. nº 2020-1721 du 29 déc. 2020, art. 42-I-2º et II, applicable aux exercices clos à compter du 31 déc. 2020) « 5 *ter*. Les fondations reconnues d'utilité publique sont assujetties à l'impôt sur les sociétés en raison des plus-values dont l'imposition a été reportée en application du *7 quinquies* de l'article 38 du présent code » *(L. nº 2021-1900 du 30 déc. 2021, art. 9-2º)* « , y compris dans le cas où celles-ci se rattachent à leurs activités non lucratives ou exonérées ».

6. 1º L'organe central du Crédit agricole, les caisses régionales de crédit agricole mutuel mentionnées à l'article L. 512-21 du code monétaire et financier et les caisses locales de crédit agricole mutuel affiliées à ces dernières sont assujetties à l'impôt sur les sociétés dans les conditions de droit commun ;

2º Lorsqu'elles n'exercent aucune activité bancaire pour leur propre compte ou aucune activité rémunérée d'intermédiaire financier, les caisses locales mentionnées au 1º sont redevables de l'impôt sur les sociétés dans les conditions prévues au 5 et à l'article 219 *bis* ; *— V. toutefois, art. 208 ter A.*

3º Un décret en Conseil d'État fixe les modalités d'application du présent 6, notamment les dispositions transitoires qui seraient nécessaires en raison de la modification du régime fiscal applicable aux organismes mentionnés au 1º. *— V. Ann. II, art. 102 H à 102 N.*

7. Les caisses de crédit mutuel mentionnées à l'article L. 512-55 du code monétaire et financier sont assujetties à l'impôt sur les sociétés dans les conditions de droit commun.

Un décret en Conseil d'État fixe, en tant que de besoin, les conditions d'application de cette disposition. *— V. Ann. II, art. 102 O à 102 R.*

8. *Sans objet (L. nº 2001-420 du 15 mai 2001, art. 27).*

9. Les caisses de crédit mutuel agricole et rural affiliées à la fédération centrale du crédit mutuel agricole et rural visée à l'article L. 511-30 du code monétaire et financier sont assujetties à l'impôt sur les sociétés dans les conditions de droit commun.

Un décret fixe les conditions d'application du présent 9. *— V. Ann. III, art. 46 quater-0Z à 46 quater-0ZC.*

10. Les caisses d'épargne et de prévoyance et les caisses de crédit municipal sont assujetties à l'impôt sur les sociétés. *— V. art. 217 octies.*

11. *Abrogé.*

BIBL. ▶ BOKDAM-TOGNETTI, *RJF 2012, p. 795* (les collectivités territoriales et leurs régies de service public face à l'impôt : illustrations et limites du principe de réalisme fiscal) ; *RJF 2014, p. 835* (les associations face à l'IS). – KOURALEVA-CAZALS, *Dr. fisc. 2012. 50* (les critères d'assujettissement des sociétés étrangères à l'IS français : plaidoyer pour une clarification). – PLAGNET, *GAJF, p. 484* (champ d'application de l'IS).

A. ASSOCIATIONS, EXPLOITATIONS OU OPÉRATIONS DE CARACTÈRE NON LUCRATIF

BIBL. Becquart, *RFFP 2002, n° 78, p. 39* (sectorisation, fiscalisation globale ou filialisation : quelle stratégie pour quel objectif associatif). – Bokdam-Tognetti, *FR 10/17, inf. 3* (assujettissement d'une association aux impôts commerciaux : précisions sur le critère de la gestion intéressée). – Droin, *Dr. fisc. 1998, p. 319* (associations et sectorisation en matière d'IS). Goulard, *Dr. fisc. 1998, p. 415* (clarification du régime fiscal des associations). – de Guillenchmidt, *RFFP 2002, n° 78, p. 93* (fiscalité des associations : bilan provisoire). – Guillois, *Dr. fisc. 1996, p. 1208* (lien entre TVA, IS et taxe professionnelle) ; *Dr. fisc. 1998, p. 223* (utilité sociale). – Lieb, *RFFP 2002, n° 78, p. 27* (notion de gestion intéressée). – Mignon, *RJF 1999, p. 823* (fiscalité et concurrence). – Vabres, *Dr. fisc. 2016. 380* (critères de lucrativité : regards critiques et perspectives).

Doctrine administrative. Régime fiscal des organismes sans but lucratif. * BOI-IS-CHAMP-10-50-10-20 du 7 juin 2017.

1° RÈGLES GÉNÉRALES

1. Critères de non-lucrativité. Selon l'Administration, une association à but non lucratif n'est pas soumise aux impôts commerciaux (IS ; TVA ; CET) sauf lorsqu'il est établi que : 1) sa gestion est intéressée ; 2) ou, si la gestion est désintéressée, l'organisme concurrence le secteur commercial : s'il ne concurrence pas le secteur commercial et que sa gestion est désintéressée, l'organisme n'est pas imposable ; 3) s'il concurrence le secteur commercial, l'organisme exerce son activité selon des modalités de gestion similaires à celles des entreprises commerciales (règle des 4 P : produit ; public ; prix ; publicité). * BOI-IS-CHAMP-10-50-10-10 du 11 mars 2020. ♦ L'organisme est en principe soumis à l'IS, à la cotisation foncière des entreprises et à la TVA s'il entretient des relations privilégiées avec des organismes du secteur lucratif qui en retirent un avantage concurrentiel, étant précisé que tout organisme qui exerce des activités au profit d'entreprises n'entretient pas pour autant systématiquement des relations privilégiées avec les entreprises. Est donc lucratif un organisme qui permet de manière directe aux professionnels de réaliser une économie de dépenses, un surcroît de recettes ou de bénéficier de meilleures conditions de fonctionnement, quand bien même cet organisme ne rechercherait pas de profits pour lui-même. * BOI-IS-CHAMP-10-50-10-30 n° 10 et 30 du 12 sept. 2012. • CE 13 nov. 2019, *Féd. française du bâtiment,* n° 433632 : *RJF 2020. 308.*

2. Les associations sont exonérées (d'IS, de TVA, de taxe professionnelle) : dès lors, d'une part, que leur gestion présente un caractère désintéressé et, d'autre part, que les services qu'elles rendent ne sont pas offerts en concurrence dans la même zone géographique d'attraction avec ceux proposés au même public par des entreprises commerciales exerçant une activité identique. Toutefois, même dans le cas où l'association intervient dans un domaine d'activité et dans un secteur géographique où existent des entreprises commerciales, l'exonération lui reste acquise si elle exerce son activité dans des conditions différentes de celles des entreprises commerciales. • CE, sect., 1er oct. 1999, n° 170289, *Assoc. Jeune France : Dr. fisc. 2000. 106, concl. Courtial ; RJF 1999. 1354, chron. Mignon, p. 823* • CE, sect., 1er mars 2000, n° 197584 : *Dr. fisc. 2000. 732, concl. Arrighi de Casanova ; JCP E 2000, p. 1870, note Dr. fisc. ; D. 2000. 447, chron. Lenclos* • CE 5 avr. 2006, *Sté de Secours minière du Pas-de-Calais,* nos 256505 à 256508 : *RJF 2006. 832* • 7 déc. 2017, *Assoc. Audace,* n° 389299 : *RJF 2017. 219, concl. Bokdamm-Tognetti ; Dr. fisc. 2017. 250, note Vabre.* ♦ ... Soit en répondant à certains besoins insuffisamment satisfaits par le marché, soit en s'adressant à un public qui ne peut normalement accéder aux services offerts par celui-ci. • CE 23 nov. 2001, n° 206850, *Assoc. des Lacs : Dr. fisc. 2002. 347, concl. Courtial ; RJF 2002. 142.* ♦ S'agissant de la notion d'« entreprise commerciale », il ne peut être tenu compte de la seule forme juridique, mais il convient de rechercher si, eu égard aux conditions dans lesquelles les organismes concurrents exercent leur propre activité, ces derniers doivent être regardés comme des entreprises commerciales. • CE 4 oct. 2021, n° 453368 : *RJF 2021. 1118 ; Dr. fisc. 2021. 428, note Pezet.* ♦ Peu importe que l'association ait déployé ou non une « activité lucrative par nature » • CE 8 mars 2002, n° 207941 : *Dr. fisc. 2002. 496, concl. Courtial ; RJF 2002. 620.*

3. Pour apprécier le caractère lucratif exigé par l'art. 206-1, il convient de rechercher à la fois si la personne morale exerce son activité dans des conditions différentes de celles des entreprises commerciales, notamment quant à la couverture de besoins qui ne sont pas normalement ou suffisamment pris en compte par ces dernières, quant aux prix pratiqués et au public accueilli, et si la gestion est désintéressée. • CE 13 déc. 1993, n° 115097, *Assoc. Clinique St-Martin-la-Forêt : Lebon 364 ; Dr. fisc. 1994. 435, concl. Loloum ; RJF 1994. 131, chron. Goulard, p. 79.* ♦ V. déjà • CE, ass., 30 nov. 1973, n° 85599 : *Dupont 1974, p. 59 ; Lebon 683* . ♦ Pour apprécier le caractère lucratif des activités d'une société de secours minière, il convient de se référer aux critères dégagés par la jurisprudence relative aux associations (gestion désintéressée et absence de concurrence avec le secteur commercial). • CE 5 avr. 2006, nos 256505 à 256508 : *préc. note 2.* ♦ Association remplissant une mission de service public : V. note 36. ♦ Appréciation du caractère non lucratif d'organismes étrangers, V. : pour la Caisse de retraite des pharmaciens de Basse-Saxe. • CAA Versailles, 2 avr. 2013, n° 11VE02421 : *RJF 2013. 1099 ; Dr. fisc. 2013. 485, note Goulard.* ♦ Pour un fonds espagnol de pension de retraite complémentaire. • CE 9 nov. 2015, *Santander Pensiones SA EGFP*, n° 371132 : *RJF 2016. 138.* ♦ Pour une fondation de droit anglais (*charitable trust*). Prise en compte des spécifités du droit étranger. • CAA Versailles, 16 mai 2013, *Min. Économie et Finances*, n° 12VE03005 : *RJF 2013. 991 ; Dr. fisc. 2013. 486, note Goulard* • CE 22 mai 2015, *Min. du Buget c/ Welcome Trust, n° 369819 : RJF 2015. 684 ; BDCF 2015. 101, concl. Aladjidi ; Dr. fisc. 2015. 482, note de Waal.* ♦ V. aussi note 41.

4. Pour l'application des art. 206-1, 207-1-5° *bis*, 261, 7-1°-*a* et 1447-1 CGI, les associations ne sont exonérées d'IS, de TP et de TVA que si, d'une part, leur gestion présente un caractère désintéressé et si, d'autre part, les services qu'elles rendent ne sont pas offerts en concurrence dans la même zone géographique d'attraction avec ceux proposés au même public par des entreprises commerciales exerçant une activité identique. Toutefois, même dans le cas où une association intervient dans un domaine d'activité et dans un secteur géographique où existent des entreprises commerciales, elle reste exclue du champ de l'IS et de la TP et continue de bénéficier de l'exonération de TVA si elle exerce son activité dans des conditions différentes de celles des entreprises commerciales, soit en répondant à certains besoins insuffisamment satisfaits par le marché, soit en s'adressant à un public qui ne peut normalement accéder aux services offerts par les entreprises commerciales, notamment en pratiquant des prix inférieurs à ceux du secteur concurrentiel et à tout le moins des tarifs modulés en fonction de la situation des bénéficiaires, sous réserve de ne pas recourir à des méthodes commerciales excédant les besoins de l'information du public sur les services qu'elle offre. S'agissant des associations, la notion d'absence de concurrence avec le secteur commercial repose sur une analyse de la seule concurrence effective *(in concreto)* et non de la concurrence potentielle *(in abstracto)*. • CE 13 févr. 2013, *Assoc. Groupe de plongée de Carantec*, n° 342953 : *RJF 2013. 472 ; BDCF 2013. 53, concl. Aladjidi ; Dr. fisc. 2013. 249, note Lamulle* • 7 déc. 2017, *Assoc. Audace*, n° 389299 : *préc. note 2.*

5. Correspondant association. L'Administration fiscale a mis en place au sein de chaque direction départementale des services fiscaux un « correspondant association ». Celui-ci a pour mission de répondre à toute demande de consultation de la part des associations qui éprouvent des difficultés à déterminer le régime fiscal qui leur est applicable. Les prises de positions écrites du service sont opposables à l'Administration, pour autant que les consultations adressées sont complètes, précises et sincères, et que les modalités de fonctionnement de l'association restent substantiellement inchangées. Les responsables associatifs peuvent formuler leurs demandes sur un questionnaire-type qui s'appuie sur la grille d'analyse des critères permettant de déterminer la lucrativité. * Rép. min. n° 26027 : *JOAN Q, 7 juin 1999, p. 3456.*

6. Prise de position de l'Administration. La lettre par laquelle l'Administration, saisie par une association, lui indique, au vu des éléments de fait que celle-ci lui a soumis, ce qui lui paraissait être sa situation fiscale, à savoir que son activité entrait dans le champ des impôts commerciaux, n'emporte par elle-même aucun effet de droit sur cette situation régie par les dispositions législatives et réglementaires en vigueur. Néanmoins elle peut être regardée comme comportant une décision faisant grief à l'association eu égard aux sujétions, notamment comptables, que celle-ci supporterait en se conformant aux conclusions de l'Administration. Toutefois, cette décision faisant grief ne présente pas le caractère d'un acte détachable de la procédure d'imposition. Elle n'est donc pas susceptible d'être attaquée par la voie du recours pour excès de pouvoir. • CE 26 mars 2008, n° 278858 : *RJF 2008. 719 ; concl. Séners au BDCF 6/08, n° 80.*

7. Franchise des impôts commerciaux. Commentaire administratif de l'art. 206-1 *bis*. * BOI-IS-CHAMP-10-50-20-20 du 11 mars 2020.

2° GESTION DÉSINTÉRESSÉE

8. Quel que soit son objet, un organisme dont la gestion n'est pas désintéressée est considéré comme se livrant à une exploitation de caractère lucratif. • CE 13 nov. 1985, n° 42536 : *RJF 1986. 61.*

9. Le caractère désintéressé est écarté : dès lors que la gestion de l'organisme procure un profit matériel direct ou indirect à ses fondateurs, à ses dirigeants ou à ses membres. • CE, plén., 10 avr. 1992, n° 77318 : *Lebon 1992. 163 ; Dr. fisc. 1992. 1756, concl. Ph. Martin.* ♦ ... Le but exclusif ou principal de l'organisme est de fournir des débouchés à une entreprise ou d'exercer une activité complémentaire de celle d'une entreprise du secteur lucratif dans laquelle un dirigeant de l'organisme aurait, directement ou indirectement, des intérêts. * BOI-IS-CHAMP-10-50-10-20 n° 460 du 7 juin 2017. ♦ ... L'action de l'association dans le domaine spirituel est prolongée par celle d'une société commerciale et procure des revenus directs et indirects à deux de ses membres fondateurs. • CAA Marseille, 8 juill. 1999, n° 97MA622 : *Dr. fisc. 2000. 305.* ♦ ... L'association procure un avantage à ses membres en ne souscrivant pas aux augmentations de capital d'une société qu'elle détient. • CE 28 juill. 2000, n° 196129 : *RJF 2000. 1234 ; concl. Courtial au BDCF 11/00 ; Dr. fisc. 2001. 93, concl. Courtial.*

♦ ... L'association tire l'essentiel de ses ressources de l'édition et de la vente d'une revue et recherche des bénéfices importants lui permettant d'assurer l'entretien de ses membres permanents. • CE, sect., 1er oct. 1999, n° 170958 : *Dr. fisc. 2000. 240, concl. Bachelier.* ♦ ... Les statuts de l'association chargée de la gestion du parc d'exposition et de loisirs d'une ville prévoient, en cas de dissolution, l'attribution obligatoire des biens à la ville. • CAA Nantes, 3 oct. 2001, n° 98NT156 : *RJF 2002. 12 ; Dr. fisc. 2002. 144.* ♦ N'entrent pas dans le champ d'application de l'IS, tel que défini par l'art. 206-1 : une association organisatrice de spectacles, dont la gestion, dès lors que ses recettes d'ailleurs modestes sont réaffectées au financement d'opérations liées à son objet social, doit être tenue pour désintéressée. • CAA Paris, 10 juill. 2001, n° 98PA1369, *Assoc. Festival de Moret : Dr. fisc. 2002. 142.* ♦ ... Une fondation de droit néerlandais dont les ressources constituées de ses revenus de placements, des cotisations des employeurs et de leurs salariés adhérents sont exclusivement affectées à des investissements destinés à financer les prestations sociales servies aux assurés à l'exclusion de toute distribution de résultats. • CAA Paris, 6 déc. 2007, n° 02PA1567 : *RJF 2008. 408.* ♦ En revanche, la prise à bail par une association exploitant un club de rencontres, pour un loyer qualifié de normal, d'un château appartenant à une SCI détenue par la fille et le fils du président bénévole de l'association et l'absence d'activité professionnelle du président et de sa fille susceptible de leur procurer des moyens suffisants d'existence ne suffisent pas à caractériser une absence de gestion désintéressée. • CE 13 déc. 2013, *Assoc. du Château libertin en Ardennes*, n° 342187-342279 : *RJF 2014. 221.*

10. Réalisation d'excédents. L'art. 13 de la 6e Dir. TVA doit être interprété en ce sens qu'un organisme peut être qualifié comme étant sans but lucratif même s'il cherche systématiquement à générer des excédents dès lors qu'il les affecte par la suite à l'exécution de ses prestations de formation et d'initiation aux techniques informatiques. Décharge de l'IS et de la TVA bien que l'association ait systématiquement recherché à réaliser des excédents en refacturant à ses clients le coût de la prestation de formation effectuée par un sous-traitant à un prix notablement supérieur à celui qu'elle avait supporté. • CE 21 nov. 2007, n° 291375, *Assoc. Services informatiques et conseil : Dr. fisc. 2008. 168, concl. Olléon ; RJF 2008. 132 ; concl. Olléon au BDCF 2/08, n° 18.*

11. Rémunérations des dirigeants. Le fait que le dirigeant d'une association ou d'une fondation exerce également des fonctions dirigeantes rémunérées au sein d'une société filiale de cet organisme est susceptible de remettre en cause le caractère désintéressé de la gestion de l'organisme entraînant ainsi sa soumission à l'IS. En effet, afin d'apprécier si la gestion d'une association ou d'une fondation est désintéressée, il convient de prendre en compte les versements aux dirigeants de sommes d'argent ou l'octroi de tout autre avantage consenti par l'organisme ou par l'une de ses filiales. Ces règles permettent de s'assurer que l'association ou la fondation est gérée et administrée à titre bénévole par des personnes n'ayant elles-mêmes aucun intérêt direct ou indirect dans les résultats de l'exploitation. Il est, par ailleurs, rappelé que la détention d'une participation majoritaire dans le capital de la filiale d'un organisme sans but lucratif est susceptible d'être considérée comme une activité lucrative lorsque l'organisme intervient concrètement et de façon active dans la gestion de la filiale. Il en est de même lorsqu'il existe des liens économiques entre les deux entités ou lorsque les dirigeants de la filiale sont également dirigeants de l'association, ou lorsque des liens de parenté existent entre le dirigeant de l'association et le dirigeant de la filiale. L'Administration admet que le caractère désintéressé de la gestion de l'organisme ne soit pas remis en cause si la rémunération brute mensuelle totale versée à chaque dirigeant, de droit ou de fait, n'excède pas les trois quarts du Smic. En outre, si la rémunération des dirigeants est supérieure à la tolérance des trois quarts du Smic, le nombre de dirigeants pouvant être rémunérés sera limité en fonction du montant et de la nature des ressources de l'organisme et de ceux qui lui sont affiliés. * BOI-IS-CHAMP-10-50-10-20 n° 90 du 7 juin 2017. ♦ V. aussi note ss. art. 261.

3° SITUATION AU REGARD DE LA CONCURRENCE

12. Conditions d'exercice de l'activité. Présentent un caractère lucratif : une association qui offre à des entreprises des prestations de même nature que celles qui sont fournies par des entreprises commerciales. • CE 15 avr. 1991, nos 77075 et 77076 : *RJF 1991. 804 ; Dr. fisc. 1993. 722, concl. Ph. Martin.* ♦ ... Une association qui gère un palais des congrès dans des conditions comparables à celles pratiquées par des entreprises du secteur concurrentiel. • CAA Nancy, 9 mai 1996, n° 93NA1166 : *Dr. fisc. 1996. 1250 ; RJF 1997. 11.* ♦ ... Une association d'antiquaires et de brocanteurs professionnels qui organise chaque année une manifestation commerciale dénommée « salon des antiquaires », ouverte au public et visant à servir directement les intérêts des commerçants qui en sont membres. • CAA Lyon, 28 févr. 2002, n° 97LY329 : *Dr. fisc. 2002. 966.* ♦ ... Une association qui réalise des prestations de services analogues à celles fournies habituellement par les cabinets d'architecture à caractère lucratif. • CAA Bordeaux, 12 déc. 1995, n° 94BX1319 : *Dr. fisc. 1996. 936 ; RJF 1996. 281.* ♦... Une association de propriétaires qui fournit à ses adhérents des consultations personnalisées en matière de gestion patrimoniale, même si les tarifs pratiqués sont inférieurs aux rémunérations usuelles. • CAA Paris, 2 juill. 1996, n° 94PA1737 : *Dr. fisc. 1997. 439, concl. Martel ; RJF 1996. 1275.* ♦ ... Une fondation qui fournit des analyses médicales à des prix supérieurs à leur coût et comparables à ceux des laboratoires concurrents, même si le bénéfice de ces opérations est affecté au financement d'actions humanitaires et philanthropiques. • CE 20 juin 1997, ♙ n° 145610 : *Dr. fisc. 1998. 45, concl. Loloum ; RJF 1997. 772.* ♦ ... Les opérations effectuées dans les centres d'optique d'une mutuelle avec des non-adhérents, dès lors qu'elles sont réalisées dans des conditions comparables à celles que pratiquent les opticiens indépendants du secteur commercial. • CE 29 juill. 1998, ♙ n° 140448 : *Dr. fisc. 1998. 1141, concl. Loloum ; RJF 1998. 1095.* ♦ Sur les principes, V. notamment note 3.

13. Sont également passibles de l'IS les associations dont l'activité prolonge l'activité économique des entreprises adhérentes en leur permettant d'accroître leur capacité concurrentielle. • CE 10 déc. 1982, n° 25243 : *Dr. fisc. 1984. 700 ; RJF 1983. 186, concl. Verny* • 4 déc. 1989, ♙ n° 91241 : *Dr. fisc. 1991. 7, concl. Hagelsteen.* ♦ ... Ou consiste à délivrer des prestations de labelisation en contrepartie desquelles sont perçues des redevances évoluant selon les quantités vendues et, en outre, à exercer une activité de promotion collective des produits et services labelisés. • CAA Lyon, 12 mai 1999, n°s 95LY1418 et 96LY2743 : *Dr. fisc. 2000. 351.* ♦ ... Ou consiste à faciliter aux entreprises adhérentes l'exécution d'une obligation légale (association interentreprises de médecine du travail). • CE 6 nov. 1995, ♙ n° 147388 : *Dr. fisc. 1996. 356, concl. Ph. Martin.*

14. Dénotent un caractère lucratif : le recours à des méthodes commerciales. • CE 14 oct. 1985, ♙ n° 37583 : *Dr. fisc. 1986. 1170* • CAA Nantes, 18 nov. 1992, n° 90NT497 : *Dr. fisc. 1993. 1710.* ♦ ... La pratique de prix comparables à ceux du secteur lucratif. • CE, ass., 10 nov. 1973 : *Dupont 1974. 59.* ♦ Est en revanche exonérée l'association regardée comme exerçant son activité selon des modalités différentes de celles des entreprises commerciales, dès lors qu'elle vend ses produits à des prix très sensiblement supérieurs à ceux pratiqués par le secteur commercial, même si elle utilise des méthodes commerciales de démarchage et de publicité pour promouvoir la vente de ses objets. • CAA Paris, 1er févr. 2001, n° 96PA2337, *Assoc. nationale des polios de France : Dr. fisc. 2001. 926.* ♦ Est de même exonérée une association dont l'objet consiste à assurer l'insertion, par le travail, de jeunes en difficulté dès lors qu'elle ne peut être regardée comme exerçant son activité dans les mêmes conditions que les entreprises commerciales assurant les mêmes prestations, dans le même secteur géographique. • CAA Nancy, 5 juill. 2001, n° 97NA2484 : *Dr. fisc. 2002. 145.*

15. Une association qui réalise des prestations de services réservées à ses membres (association « fermée ») se livre à une exploitation lucrative qui la rend passible de l'IS, même si sa gestion est désintéressée, dès lors qu'elle offre ses services en concurrence de ceux proposés par des entreprises commerciales dans la même zone géographique d'attraction, et que les conditions dans lesquelles l'association exerce son activité ne sont pas, du point de vue de l'utilité sociale des services offerts et du public visé, différentes de celles que pratiquent les entreprises commerciales. • CE 23 nov. 2001, ♙ n° 206850, *Assoc. des Lacs : préc. note 2.* ♦ Tel est également le cas d'une association ayant pour seule activité de sous-louer à ses membres des véhicules pris en *leasing*, alors même qu'elle ne pratique ni marge ni publicité. • CAA Nancy, 5 mars 2009, n° 08NA34 : *RJF 2009. 1100.*

16. Une association islamique culturelle turque qui exploite une boucherie au sein d'une mosquée à l'aide de bénévoles intervenant en dehors de leur temps de travail et dont les bénéfices sont affectés au fonctionnement de la mosquée au profit de l'ensemble de la communauté musulmane a une gestion désintéressée. Cependant dès lors qu'il existe dans la commune d'autres boucheries musulmanes qui s'efforcent d'observer les règles religieuses d'abattage des animaux, elle entre en concurrence dans une même zone géographique avec des entreprises commerciales s'adressant au même public et ne peut donc pas bénéficier de l'exonération de TVA. • TA Strasbourg, 10 nov. 2004, n° 99-3484 : *RJF 2005. 318.*

17. Lorsqu'une personne physique est déclarée attributaire d'une part quelconque de l'actif d'un organisme sans but lucratif, sous réserve du droit de reprise des apports, cet organisme est considéré comme ayant une gestion intéressée et est en conséquence soumis aux impôts commerciaux (IS, CET, TVA). Cette règle s'applique notamment aux associations régies par la loi locale maintenue en vigueur dans les départements de la Moselle, du Bas-Rhin et du Haut-Rhin. Dès lors une association de droit local dont les statuts prévoient l'attribution des actifs à ses membres est considérée comme ayant une gestion intéressée et est de ce fait soumise à l'IS. * BOI-IS-CHAMP-10-50-10-20 n° 510 du 7 juin 2017.

B. SOCIÉTÉS CIVILES

18. **BIBL.** Cozian, *GPFE, doc. 18* (indexation et commercialité) *et doc. 21* (sociétés civiles à objet commercial). ♦ Les sociétés civiles ne sont pas soumises à l'IS lorsque le montant hors taxes de leurs recettes commerciales n'excède pas 10 % de leurs recettes totales hors taxes. Par ailleurs, il est admis que la société civile ne soit pas effectivement soumise à l'IS au titre de l'année de dépassement si la moyenne des recettes hors taxes, de nature commerciale, réalisées au cours de l'année en cause et des trois années antérieures n'excède pas 10 % du montant moyen des recettes totales hors taxes réalisées au cours de la même période. * BOI-IS-CHAMP-10-30 n°s 320 et 330 du 4 juill. 2018.

19. Une société civile qui conclut directement avec des clients des marchés d'étude, les répartit entre ses associés et perçoit un pourcentage du montant du marché exerce une activité de type commercial passible de l'IS. • CAA Bordeaux, 28 déc. 1995, n° 93BX750 : *Dr. fisc. 1996. 843.* ♦ Il en est de même d'une SCI qui met une carrière servant de décharge à la disposition d'entreprises et qui, moyennant une redevance proportionnelle aux dépôts, met en œuvre des moyens en personnels et matériels pour le gardiennage du terrain et pour le contrôle et le traitement des dépôts. • CAA Nantes, 30 juin 2000, n° 97NT1859 : *Dr. fisc. 2001. 596.*

20. Les sociétés civiles revêtant la forme de sociétés coopératives sont passibles de l'IS quelle que soit l'activité à laquelle elles se livrent, dès lors qu'elles ne font pas partie des sociétés coopératives agricoles ou artisanales expressément exonérées de cet impôt par l'art. 207. • CAA Marseille, 9 mai 2000, n° 97MA1885 : *Dr. fisc. 2001. 474.*

21. Une SCI qui donne en location un immeuble nu est passible de l'IS lorsque cette opération la fait participer indirectement à la gestion ou aux résultats de l'entreprise commerciale du preneur : rémunération en fonction du bénéfice. • CE 28 sept. 1984, n° 40666 : *Dr. fisc. 1984. 2335.* ♦ ... Du chiffre d'affaires. • CE 28 mai 1984, n° 36308 : *Dr. fisc. 1984. 1718, concl. Racine* • CE 9 déc. 1991, n° 65556 : *Dr. fisc. 1992. 666* • 11 déc. 2009, n° 301504 : *RJF 2010. 211 ; Dr. fisc. 2010. 213, concl. Olléon.* ♦ ... Ou de l'utilisation des installations. • CE 29 déc. 1995, n° 137244 : *Dr. fisc. 1995. 274.*

22. Une SCI qui donne habituellement en location des locaux garnis de meubles doit être regardée comme exerçant une activité commerciale au sens de l'art. 34 et est par conséquent passible de l'IS. Le caractère habituel de la location résulte de ce que les locaux meublés ont été loués à plusieurs reprises au cours des années vérifiées, la durée de la location étant sans incidence à cet égard. Ainsi, la mise en location pendant un mois d'été présente un caractère habituel si elle se répète plusieurs années de suite alors même que la location n'aurait duré que quinze jours les deux années précédentes. • CE 28 déc. 2012, *SCI le Mas des Sources*, n° 347607 : *RJF 2013. 257 ; BDCF 2013. 26, concl. Cortot-Boucher.*

23. En revanche, une SCI n'exerce pas une activité commerciale de loueur en meublé et n'est donc pas passible de l'IS : lorsque les meubles ne lui appartiennent pas et sont mis à la disposition des locataires par un tiers et que la SCI ne retire aucun profit de la présence de ces meubles. • CAA Nantes, 14 nov. 2001, n° 98NT1870 : *RJF 2002. 265 ; AJDI 2002. 547, note Maublanc*. ♦ ... Lorsque le contrat de location porte sur des locaux nus, que les prix de location, identiques pour tous les appartements et fixés mensuellement, correspondent aux prix pratiqués pour ce type de location et sont très inférieurs aux prix pratiqués pour les locations saisonnières en meublé et que le mobilier présent dans certains appartements ne peut être regardé comme suffisant pour conférer à ces appartements un minimum d'habitabilité. • CAA Bordeaux, 12 mars 2002, n° 00BX206 : *Dr. fisc. 2002. 839 ; RJF 2002. 1056.*

24. Une société civile n'est passible de l'IS à raison de la plus-value réalisée à l'occasion de la cession de terrains divisés en lots qu'à la condition que, lors de cette cession, elle ait eu la qualité de marchand de biens, c'est-à-dire qu'elle se soit livrée auparavant, à titre habituel, à des opérations d'achat et de revente en l'état d'immeubles, telles que visées à l'art. 35-1°-1 ou, à défaut, que de telles opérations aient été le fait d'associés qui jouent un rôle prépondérant dans la société ou bénéficient principalement de ses activités. • CE 6 nov. 1992, n° 72708 : *Dr. fisc. 1993. 1155, concl. Ph. Martin.*

25. En raison de l'intention spéculative qui découle directement de l'objet social en vue duquel une SCI a été créée et de la fréquence des opérations d'achat-revente de terrains, la société, qui figurait comme marchand de biens dans les actes d'acquisition, doit être regardée comme s'étant livrée habituellement à l'achat d'immeubles en vue de leur revente, activité commerciale la rendant passible de l'IS en application des art. 35-1-1° et 3° et 206-2. • CAA Lyon 10 nov. 2004, n° 97LY2327 : *RJF 2005. 304.* ♦ Une SCI est regardée comme ayant procédé de manière habituelle à des opérations d'achat et de revente de biens immobiliers dès lors que, dès sa création, elle a acheté immédiatement dix-sept appartements dans le même immeuble et qu'elle a cédé de manière échelonnée, sur une période de quatorze ans, seize de ces appartements ainsi que deux autres lots acquis ultérieurement. Mais l'intention spéculative de la société, à laquelle l'art. 35-I-1° subordonne également l'application du régime de marchands de biens, ne se présume pas du seul fait du caractère habituel des opérations d'achat et de revente. Cette intention doit être recherchée à la date d'acquisition par la société des immeubles ultérieurement revendus, et non à la date de leur cession. • CE 2 juin 2006, n° 266507 : *RJF 2006. 983 ; concl. Glaser au BDCF 8-9/06, n° 95.* ♦ Sur les SCI ayant ou non la qualité de marchand de biens, V. notes ss. art. 35.

26. Le fait qu'une SCI se soit portée caution d'une autre société n'entraîne pas son assujettissement à l'IS. • CE 6 nov. 1995, n° 126663 : *RJF 1996. 22.*

27. Société holding. Une société civile gérant un portefeuille d'actions n'est pas passible de l'IS même si elle apporte une assistance à ses filiales, se porte caution de certaines d'entre elles et leur consent des avances portant intérêt. • CAA Nantes, 8 juin 1995, n° 93NT330 : *Dr. fisc. 1996. 242.* ♦ En revanche, une société civile ayant pour activité la gestion centralisée de trésorerie dans un groupe non intégré exerce une activité commerciale la rendant passible de l'IS même si cette activité ne génère aucun profit. • CE 5 mars 1999, n° 155975 : *Dr. fisc. 2000. 49, concl. contraires Loloum ; Dr. sociétés 2000. 66, note Pierre.* ♦ De même, sont passibles de l'IS en application de l'art. 206-2 : une SCI qui effectue des opérations de gestion de trésorerie pour le compte de ses associés dès lors qu'elle exerce une activité d'entremise de nature commerciale alors même qu'elle n'en retire aucun profit. • CAA Lyon, 27 déc. 2002, n°s 97LY2088 et 97LY2089 : *RJF 2003. 804.* ♦ ... Une société holding qui détient des titres de participation dès lors que, consentant régulièrement des avances et des prêts significatifs à des sociétés du groupe ou à des associés, elle exerce une activité commerciale et non une simple activité civile de gestion de patrimoine. • CAA Versailles, 18 janv. 2005, n° 02VE1199 : *RJF 2005. 528.*

C. SOCIÉTÉS EN PARTICIPATION

28. **BIBL.** Bokdam-Tognetti, *RJF 2014, p. 523* (sociétés en participation et fiscalité : troubles de la personnalité et de l'a-personnalité). – Desmorieux, *Dr. fisc. 1997. 492 ; ibid. 2002. 141 ; ibid. 2003. 426* (sociétés en participation, abus de droit et acte anormal de gestion) ; *BFL 2018, p. 151* (l'indication à l'administration fiscale de l'identité des associés d'une société en participation). ♦ L'existence d'une société en participation entre deux ou plusieurs personnes : résulte tant d'apports de chacune d'elles que de leur participation au contrôle de l'affaire ainsi qu'aux bénéfices et aux pertes. • CE 18 mars 1970, n° 77568 : *Dupont 1970, p. 256.* ♦ ... N'est pas subordonnée à la condition formelle que les apports respectifs des coassociés soient précisés *dans un acte constitutif.* • CE 23 nov. 2001, n° 205132 : *Dr. fisc. 2002. 281, concl. Courtial ; RJF 2002. 196 ; concl. Courtial au BDCF 2/02, n° 26 ; Dr. sociétés 2002. 77, note Pierre.*

29. L'indication des noms et adresses des associés n'est pas considérée comme fournie lorsque l'Administration n'en a eu connaissance que par ses propres recherches. • CE 22 oct. 1962, n° 49601 : *Dr. fisc. 1962. 1070 ; BOCD II. 2180.* ♦ Dans la mesure où elles entendent que les bénéfices qu'elles ont réalisés au titre d'un exercice et éventuellement des exercices suivants, soient imposés directement au nom de leurs membres, les sociétés en participation, auxquelles il incombe d'effectuer la déclaration desdits bénéfices dans les formes appropriées au régime de leur imposition, doivent informer l'Administration des noms et adresses de leurs associés concernés, au plus tard avant l'expiration du délai dans lequel la déclaration relative au premier exercice en cause doit être déposée. Le fait que les associés aient repris dans leurs propres résultats fiscaux leur quote-part des résultats de la société ne saurait tenir lieu, en l'absence de toute déclaration en ce sens de la société, de la désignation des associés prévue au 4. • CE 21 avr. 2000, n° 179092 : *RJF 2000. 759 ; BDCF 6/00, concl. Goulard ; Dr. fisc. 2001. 58, concl. Goulard ; BJS 2000. 745, note Desmorieux ; JCP E 2000, p. 928.* ♦ Par suite, les noms et adresses des associés dont l'Administration des impôts a eu connaissance de façon indirecte, à l'occasion d'une procédure de règlement judiciaire, ne peuvent être réputés avoir été indiqués à l'Administration par la société. • CAA Paris, 17 avr. 2001, n° 97PA1515, *Girardot : Dr. fisc. 2002. 141, note Desmorieux.*

Les bénéfices d'une société en participation occulte, faute d'enregistrement de la convention et de déclaration à l'Administration, doivent être imposés conformément aux art. 206-4 et 218 au nom de l'associé ou du gérant connu des tiers. • CE 29 janv. 2003, n° 233373 : *RJF 2003. 474, chron. Olléon, p. 303 ; Dr. sociétés 2003. 97, note Pierre.*

30. Les bénéfices retirés de l'activité exercée en France par un *partnership* anglais assimilé à une société en participation sont imposables entre les mains de ses membres, à proportion de leurs droits. • TA Paris, 27 nov. 2008, n° 02-3419 : *RJF 2009. 761.*

31. Il résulte de la combinaison des art. 218 *bis* et 8 que les sociétés de personnes, telles que les sociétés en participation, constituent une entité juridique distincte de leurs membres et exercent une activité ou effectuent des opérations qui leur sont propres. Dès lors que cette activité est exercée en France, les bénéfices réalisés par ces sociétés sont imposables en France entre les mains de leurs membres, y compris de ceux qui résident hors de France, sauf stipulations conventionnelles contraires, à proportion des droits qu'ils détiennent dans la société en participation. • CE 18 mai 2009, n° 301763 : *RJF 2009. 724.*

32. Si l'imposition de la quote-part des bénéfices réalisés par une société de personnes frappe chacun de ses membres individuellement, la détermination du bénéfice net imposable doit être effectuée, avant répartition entre les membres, au niveau de la société en participation, en ne prenant en compte à titre de charges déductibles que les charges propres de celle-ci, comptabilisées et déduites par elle. La circonstance que l'un des membres n'ait pas lui-même réalisé de bénéfices ou qu'il ait enregistré des pertes est sans incidence sur le calcul de la quote-part lui revenant des bénéfices de la société de personnes. • CE 18 mai 2009, n° 301763 : *préc. note 31.*

33. L'absence d'inscription au bilan fiscal d'une société en participation de biens qu'elle utilise constitue une décision de gestion et non une erreur comptable rectifiable dès lors qu'il ne ressort pas des statuts une décision suffisamment précise de mettre ces biens en commun. • CAA Lyon, 27 juill. 2006, n° 02LY1297 : *RJF 2007. 47.* ♦ Une société en participation ne peut déduire de son résultat l'amortissement des biens qui lui ont été affectés par ses associés qu'à condition de les avoir inscrits à l'actif de son bilan. • Même arrêt.

34. Le résultat imposable d'une société en participation est déterminé au niveau de celle-ci, alors même qu'elle n'est pas directement redevable de l'impôt correspondant, qui est dû par chacun de ses associés à raison de la quote-part des droits qu'il détient dans la société. Même si elle n'a pas de personnalité morale, le résultat fiscal d'une société en participation doit être déterminé en prenant en compte tous les éléments susceptibles d'affecter le bénéfice social. Dès lors, en cas de litige avec une autre société, c'est à la société en participation et non à ses associés d'inscrire dans ses comptes la provision pour risques correspondante. • CE 5 sept. 2008, n° 286393 : *RJF 2008. 1344.*

D. COLLECTIVITÉS DIVERSES SANS BUT LUCRATIF

35. Les revenus provenant d'une activité indissociable du but non lucratif poursuivi par l'organisme et dont la mise en œuvre découle de la réalisation de sa mission désintéressée ne sont pas imposables. • CE 22 oct. 1980, n° 4906 : *Lebon 302* (centre d'aide par le travail exploitant une ferme pour la rééducation professionnelle des handicapés) • 20 avr. 1983, n° 32515 : *Lebon 158* (congrégation à but éducatif louant des locaux à des associations d'éducation populaire) • CE 10 avr. 2002, n° 213438 : *RJF 2002. 766 ; concl. Bachelier au BDCF 7/02, n° 89 ; Dr. fisc. 2002. 569, concl. Bachelier* (société de course constituée sous forme d'association).

36. La réalisation d'une mission de service public à caractère administratif conduit, en principe, à considérer que l'activité de l'organisme ne présente pas un caractère lucratif. • CE 13 déc. 1993, n° 115097 : *Dr. fisc. 1994. 435, concl. Loloum ; RJF 1994. 131, chron. Goulard, p. 79.* ♦ Application à la Société centrale canine, association reconnue d'utilité publique chargée notamment de la tenue du livre généalogique des espèces canines (LOF). • CE 28 juill. 1999, n° 150296 : *Dr. fisc. 2000. 286 ; RJF 1999. 1149.* ♦ Un organisme, constitué sous la forme d'une association de syndicats et de groupements professionnels, remplit une mission de service public administratif en prenant en charge, pour le compte et sous le contrôle de l'AFNOR, la gestion administrative et technique de la procédure de certification de conformité aux normes « NF » des articles produits par les entreprises représentées par les groupements professionnels adhérents. Quels que soient les avantages que ces entreprises peuvent tirer de cette activité, l'organisme de normalisation ne peut être regardé, pour cette seule raison, comme concourant à l'exploitation de ces entreprises concernées. Dès lors que sa gestion est désintéressée et son activité étrangère au champ de la concurrence entre entreprises commerciales, l'association ne se livre pas à une exploitation lucrative la rendant passible de l'IS. • CE 5 juin 2002, n° 219339 : *Dr. fisc. 2002. 819, concl. Courtial ; RJF 2002. 911 ; concl. Courtial au BDCF 8-9/02, n° 105.*

37. Les organismes sans but lucratif dont la gestion est désintéressée et qui se livrent accessoirement à une exploitation lucrative sont redevables de l'IS au taux réduit sur leurs revenus patrimoniaux et au taux normal sur le résultat de leur activité lucrative. * BOI-IS-CHAMP-10-50-20-10 n°s 40, 80 et 460 du 3 oct. 2018. ♦ Cette distinction d'un secteur lucratif et d'un secteur patrimonial ne résulte pas de l'art. 206, mais les contribuables peuvent s'en prévaloir dès lors qu'elle figure dans la doctrine publiée. • CE, plén., 27 nov. 1987, n° 47042 : *RJF 1988. 27.*

38. Le bénéfice imposable de chaque secteur est déterminé distinctement, après ventilation des charges communes. Le déficit d'un secteur peut être imputé sur le bénéfice de l'autre ou reporté. * BOI-IS-CHAMP-10-50-20-10 n° 460 du 3 oct. 2018.

39. Le profit réalisé par une association lors du remboursement du capital de billets de trésorerie acquis sur le marché secondaire pour un montant inférieur au capital représenté constitue un gain en capital exonéré d'impôt sur les sociétés. • CAA Lyon, 14 déc. 1995, n° 93LY1466 : *Dr. fisc. 1996. 249.*

40. Lorsqu'une association se livre à une exploitation de caractère lucratif qui la rend entièrement passible de l'IS, tous les revenus de l'association, y compris les cotisations et les dons, doivent être considérés comme des recettes professionnelles. • CE 17 déc. 2003, n° 241849 : *RJF 2004. 230.*

41. Fonds de pension de droit anglais. Caractère non lucratif d'un fonds de pension constitué en « trust » de droit britannique. • CE 15 févr. 2016, *Sté Universities Superannuation Scheme Ltd*, n° 378959 : *RJF 2016. 432.* ♦ V. aussi note 3.

42. Fondations. Les fondations reconnues d'utilité publique sont placées hors du champ d'application de l'art. 206-5. * BOI-IS-CHAMP-10-50-10-40 n° 380 du 25 mars 2013. ♦ L'exonération d'IS prévue pour les revenus patrimoniaux des fondations reconnues d'utilité publique et des fonds de dotation ne saurait être refusée à une fondation étrangère (suisse) qui démontre qu'elle pourrait en bénéficier, si elle était établie en France. • CE 7 juin 2017, *Fondation Jean et Lili Delaby,* n° 389927 : *RJF 2017. 914 ; Dr. fisc. 2017. 533, note Laporte.*

43. Associations de gouvernance des pôles de compétitivité. Ces associations présentent un caractère lucratif et sont donc assujetties aux impôts commerciaux (IS, TVA, CET) dès lors qu'elles entretiennent des relations privilégiées avec des entreprises membres du pôle qui en retirent un avantage concurrentiel. * Rescrit 11 déc. 2007, n° 2007/52 FE. * BOI-IS-CHAMP-10-50-10-30 n° 90 du 12 sept. 2012.

44. Chambres de commerce et d'industrie. Pour l'application de l'art. 206-1 rendant passibles de l'IS, quel que soit leur objet, toutes personnes morales se livrant à une exploitation ou à des opérations de caractère lucratif, les plus-values de cession de capitaux mobiliers perçues par un organisme consulaire, lorsqu'elles ont été réalisées, non dans le cadre d'une activité indissociable d'un but non lucratif de l'organisme, mais au titre de la mise en valeur d'un patrimoine, sont soumises à l'IS. Cas d'une CCI collectant la participation des employeurs à l'effort de construction par le biais d'une société immobilière puis, après abandon de la mission, gérant des participations qu'elle a conservées dans la société. • CE 31 juill. 2009, n° 294303 : *RJF 2009. 915 ; concl. Collin au BDCF 11/09, n° 123.*

45. Ports autonomes et chambres de commerce maritimes. A compter du 1er janv. 2018, les ports autonomes, les chambres de commerce maritimes, les chambres de commerce de l'intérieur gérant des installations portuaires, les municipalités concessionnaires d'outillage public propriété de l'État dans les ports maritimes, ainsi que les entreprises qu'elles ont pu se substituer pour l'exploitation de cet outillage ne pourront plus se prévaloir de la doctrine administrative exonérant d'IS certaines de leurs opérations et seront assujettis à cet impôt dans les conditions de droit commun. * BOI-IS-CHAMP-30-60 n° 10 du 13 oct. 2018.

46. Établissement public exploitant un port de plaisance. Un établissement public doté de l'autonomie financière et de la personnalité morale chargé de l'exploitation d'un port de plaisance dans les mêmes conditions que celles d'une entreprise privée est passible de l'IS au taux de droit commun. • TA Montpellier, 18 avr. 2006, n° 00-5589, 01-585 et 04-6823 : *RJF 2007. 129.*

47. Syndicat de copropriétaires. Un syndicat de copropriétaires qui se contente d'accomplir sa mission légale de conservation de l'immeuble et d'entretien des parties communes n'est pas soumis aux impôts commerciaux. En revanche, un syndicat de copropriétaires qui gère une résidence avec services se livre à l'exploitation d'une activité à but lucratif et ne peut échapper à l'IS et à la contribution économique territoriale que si sa gestion est désintéressée et s'il ne concurrence pas le secteur commercial. • CE 30 déc. 2009, nos 294933 et 294934 : *RJF 2010. 329.*

48. Mutuelles et leurs unions. Il convient de procéder à l'analyse du caractère lucratif ou non de leur activité. Si l'activité est considérée comme non lucrative, la mutuelle ou l'union est hors du champ des impôts commerciaux (IS de droit commun, CET et TVA). En revanche, si son activité est lucrative, la mutuelle ou l'union sera soumise aux impôts commerciaux. Sur les modalités de détermination du caractère non lucratif ou lucratif des activités exercées par les mutuelles et leurs unions, V. * BOI-IS-GEO-20-30 du 19 avr. 2013.

E. COLLECTIVITÉS PUBLIQUES

49. Appréciation du caractère lucratif de l'activité exercée. Il résulte de la combinaison des art. 206-1 et 1654 CGI qu'une régie d'une collectivité territoriale, dotée ou non de la personnalité morale, n'est pas passible de l'IS si le service qu'elle gère ne relève pas, eu égard à son objet ou aux conditions particulières dans lesquelles il est géré, d'une exploitation à caractère lucratif. Une cour commet une erreur de droit en se fondant, pour juger qu'une régie municipale exploitant un port de plaisance entrait dans le champ d'application de l'IS, sur l'absence de caractère désintéressé de l'exploitation, au lieu de rechercher si, eu égard à l'objet du service en cause et aux conditions particulières dans lesquelles il était géré, elle relevait d'une exploitation à caractère lucratif. • CE 20 juin 2012, *Cne de La Ciotat,* n° 341410 : *RJF 2012. 902 ; BDCF 2012.110, concl. Daumas* • CE 20 juin 2016, *Centre dptal de Méjannes-le-Clap,* n° 382975 : *RJF 2016. 810, concl. Victor.* ♦ Un syndicat mixte, composé d'un département, d'une chambre de commerce et d'industrie et de plusieurs communes, qui a été créé pour construire et gérer un aéroport, exerce une activité commerciale qui pourrait être effectuée par des entreprises privées, en assurant des prestations de services aux passagers et aux exploitants de l'aéroport en contrepartie du paiement de prix, de redevances ou de commissions. • CE 28 janv. 2015, *Synd. mixte de l'aéroport de Saint-Brieuc Armor,* n° 371501 : *RJF 2015. 326.*

50. Régie communale de télédistribution. Une régie communale dotée de l'autonomie financière qui exploite un service de télédistribution dans des conditions différentes de celles des entreprises, au regard notamment de l'intérêt général, n'exerce pas d'activité lucrative et ne sera donc pas redevable de l'IS de droit commun. A l'inverse, elle sera assujettie à cet impôt si son activité concurrence celle des entreprises dans des conditions d'exercice similaires relatives, notamment, au produit offert, aux prix pratiqués, au public bénéficiant du service et à la publicité réalisée. Cette activité ne peut en outre bénéficier de l'exonération prévue à l'art. 207-1-6°, dès lors que l'exploitation d'un réseau câblé de distribution de programmes télévisés par une commune ne peut être regardée comme indispensable à la satisfaction des besoins collectifs des habitants de cette commune. * BOI-IS-CHAMP-30-60 n° 200 du 3 oct. 2018.

51. Régie communale gérant un laboratoire. Une régie municipale assurant la gestion d'un laboratoire d'analyses chimiques et microbiologiques est assujettie à l'IS dès lors qu'elle exerce son activité en concurrence avec d'autres laboratoires privés susceptibles d'exercer les mêmes activités et implantés dans le même secteur géographique. Cette activité ne peut en outre bénéficier de l'exonération prévue à l'art. 207-1-6°, dès lors que l'exploitation de ce laboratoire ne peut pas être regardée comme constituant l'exécution d'un service indispensable à la satisfaction des besoins collectifs des habitants de la commune. • CAA Douai, 30 déc. 2003, *Cne du Havre*, n° 01DA00011 : *Dr. fisc. 2004. 745, concl. Michel ; RJF 2005. 119.*

52. Régies de quartier ou de territoire. L'exonération d'IS et de TVA prévue par les art. 206-1 *bis* et 261-7-1°-*b* en faveur des organismes sans but lucratif ne peut ainsi s'appliquer qu'aux régies de quartier ou de territoire exerçant leur activité dans des conditions s'éloignant significativement de celles qui prévalent pour une entreprise du secteur lucratif. * Rép. min. n° 18661 : *JO Sénat Q, 22 sept. 2016, p. 4061.*

F. SOLUTIONS DIVERSES

53. État étranger. L'art. 206-1 assujettit à l'IS, au-delà des sociétés qu'elles désignent expressément, toutes les personnes morales qui se livrent à une exploitation ou à des opérations de caractère lucratif, sans exclure les États étrangers. Il s'ensuit que l'activité qu'un État étranger exerce en France est assujettie à l'IS si cette activité, eu égard à son objet et aux conditions particulières dans lesquelles elle est exercée, relève d'une exploitation à caractère lucratif. Tel est le cas d'un État étranger qui exerce en France une activité de location immobilière de manière directe ou par le biais d'une SCI propriétaire d'immeubles loués, dont il est associé. • CE 22 janv. 2020, *État de Koweït*, n° 41913 : *RJF 2020. 307, concl. Bokdam-Tognetti.*

54. Cercle de jeux. Un cercle de jeux constitué sous forme associative dont le siège est à Paris ne se livre pas à une exploitation lucrative dès lors que sa gestion est désintéressée et que les services qu'il rend ne sont pas offerts en concurrence, dans la même zone géographique d'attraction, avec ceux proposés au même public par des entreprises commerciales exerçant une activité identique, les cercles de jeux à Paris exerçant tous sous forme associative et le casino le plus proche, à supposer qu'il puisse être assimilé à un cercle de jeux, étant situé dans le Val-d'Oise. Ce cercle de jeux échappe par la suite à l'IS, à l'IFA et à la taxe professionnelle. • TA Paris, 14 mars 2006, n° 00-9204, *Assoc. Le Club anglais : RJF 2006. 1157.*

55. Couveuses d'entreprises. Ces organismes, constitués généralement sous la forme associative, doivent être soumis aux impôts commerciaux car ils développent une activité de services au profit, d'une part, de porteurs de projet dont l'objectif est de valoriser commercialement leurs travaux de recherche et, d'autre part, d'entreprises déjà constituées. En effet, un organisme est considéré comme « lucratif », et par voie de conséquence soumis aux impôts commerciaux (IS, TVA, CET) lorsqu'il permet à des professionnels de réaliser une économie de dépenses, un surcroît de recettes ou de bénéficier de meilleures conditions de fonctionnement, quand bien même cet organisme ne rechercherait pas de profits pour lui-même. * BOI-IS-CHAMP-10-50-10-30 n° 100 du 12 sept. 2012.

56. GIE exerçant une activité lucrative. V. notes ss. art. 239 *quater*.

57. Centres de coordination de recherche et développement. V. note 29 ss. art. 209.

58. Associations d'insertion. Appréciation du caractère lucratif ou non de l'activité. * BOI-IS-CHAMP-10-50-10-20 n° 750 du 7 juin 2017.

59. Associations pour le maintien d'une agriculture paysanne (AMAP). Ces associations dont l'activité est considérée comme lucrative sont soumises aux impôts commerciaux quels que soient leur taille et le montant de leurs recettes. * Rép. min. n° 4374 : *JOAN Q, 12 févr. 2013, p. 1591.*

60. Agences locales de l'énergie et du climat. Ces agences sont investies de différentes missions de sensibilisation, d'information, de conseil et réalisent parfois des prestations de services individualisées au profit de collectivités publiques ou d'entreprises selon des modalités qui peuvent être différentes d'une agence à l'autre. En conséquence, le régime fiscal applicable à ces organismes dépend de l'analyse de la situation concurrentielle de chaque structure, au regard notamment de la nature des prestations qu'elles réalisent. * Rép. min. n° 2554 : *JOAN Q, 30 oct. 2012, p. 6152.*

61. Ordre des avocats. Les produits issus du placement des fonds propres d'un ordre des avocats sont soumis au taux réduit de l'IS. • CE 19 juill. 2017, *Ordre des avocats du barreau de Montpellier*, n° 402732 : *RJF 2017. 1028, concl. Cortot-Boucher.*

62. Caisses de règlements pécuniaires des avocats (CARPA). Les produits financiers perçus par les CARPA qui sont issus des fonds reçus par les avocats pour le compte de leurs clients, qu'elles ont pour mission de conserver avant qu'ils ne soient reversés à leurs bénéficiaires, ne procèdent pas d'une activité de gestion patrimoniale mais sont inhérents à la réalisation même de leur objet social, dès lors que ces produits servent au financement des missions générales des CARPA. Par suite, ces produits sont exclus des bases d'imposition à l'IS. • CE 4 juill. 2014, *CARPA*, n° 361316 : *RJF 2014. 879 ; Dr. fisc. 2014. 588.*

63. Associations de services à la personne. Ces associations qui exercent une activité lucrative bénéficient d'une exonération en matière d'IS au taux de droit commun prévue à l'art. 206-5, dès lors qu'elles sont agréées en application du C. trav. Elles sont soumises à l'IS au taux réduit sur les revenus patrimoniaux. * Rép. min. n° 23543 : *JOAN Q, 12 mai 2015, p. 3645.*

64. Sociétés en commandite simple. Il résulte de l'art. 206-4 que les sociétés en commandite simple, même lorsqu'elles n'ont pas exercé l'option pour leur assujettissement à l'IS, sont légalement passibles de cet impôt, ne serait-ce que pour une partie seulement de leurs bénéfices correspondant aux droits des commanditaires, et quelle que soit l'importance de cette part (0, 91 % en l'espèce). • CE 11 avr. 2018, *Min. c/ Sté GE Medical Systems*, n° 409027 : *RJF 2018. 735.*

65. Kommanditgesellschaft. Une société allemande constituée sous la forme d'une « *Kommanditgesellschaft* » est assimilable à une société en commandite simple de droit français, et donc à une société de personnes, dès lors que cette société est composée de deux catégories d'associés : les associés commandités, indéfiniment et solidairement responsables des dettes de la société, et les associés commanditaires, dont la responsabilité est limitée au montant de leur apport. • CAA Versailles, 12 mars 2019, *Min. c/ Sté Masterfoods Hoding SAS*, n° 17VE00724 : *RJF 2019. 936.* ♦ Confirmation • CE 8 nov. 2019, *Min. c/ Sté Masterfoods Holding SAS*, n° 430543 : *RJF 2020. 148, concl. Victor.*

II *EXONÉRATIONS ET RÉGIMES PARTICULIERS*

Art. 207 1. Sont exonérés de l'impôt sur les sociétés :

1° *Disposition devenue sans objet.*

(L. n° 2018-1317 du 28 déc. 2018, art. 141, mod. par L. n° 2019-1479 du 28 déc. 2019, art. 65) « 1° *bis* Les syndicats professionnels, quelle que soit leur forme juridique, et leurs unions pour leurs activités portant sur l'étude et la défense des droits et des intérêts collectifs matériels ou moraux de leurs membres ou des personnes qu'ils représentent et à condition qu'ils fonctionnent conformément aux dispositions qui les régissent ; »

2° Sauf pour les opérations effectuées avec des non-sociétaires et à condition qu'elles fonctionnent conformément aux dispositions qui les régissent :

a) les sociétés coopératives agricoles d'approvisionnement et d'achat ;

b) les unions de sociétés coopératives agricoles d'approvisionnement et d'achat ;

2° *bis Abrogé ;*

3° A condition qu'elles fonctionnent conformément aux dispositions qui les régissent, les sociétés coopératives de production, de transformation, conservation et vente de produits agricoles ainsi que les unions de sociétés coopératives de production, transformation, conservation et vente de produits agricoles, sauf pour les opérations ci-après désignées :

a) ventes effectuées dans un magasin de détail distinct de leur établissement principal ;

b) opérations de transformation portant sur les produits ou sous-produits autres que *ceux destinés à l'alimentation* de l'homme et des animaux ou pouvant être utilisés à titre de matières premières dans l'agriculture ou l'industrie ;

c) opérations effectuées par les sociétés coopératives ou unions susvisées avec des non-sociétaires.

Cette exonération est applicable aux opérations effectuées par les coopératives de céréales et leurs unions avec l'Établissement national des produits de l'agriculture et de la mer (FranceAgriMer) relativement à l'achat, la vente, la transformation ou le transport de céréales ; il en est de même pour les opérations effectuées par des coopératives de céréales avec d'autres coopératives de céréales dans le cadre de programmes élaborés par l'établissement ou avec son autorisation.

Les sociétés coopératives agricoles et leurs unions sont tenues de produire, à toute réquisition de l'administration, leur comptabilité et les justifications nécessaires tendant à prouver qu'elles fonctionnent conformément aux dispositions législatives et réglementaires relatives au statut juridique de la coopération agricole ;

3° *bis* Lorsqu'elles fonctionnent conformément aux dispositions de la loi n° 83-657 du 20 juillet 1983 relative au développement de certaines activités d'économie sociale, les coopératives artisanales et leurs unions, les coopératives d'entreprises de transports, les coopératives artisanales de transport fluvial ainsi que les coopératives maritimes et leurs unions, visées aux articles L. 931-5 à L. 931-27 du code rural et de la pêche maritime, sauf pour les affaires effectuées avec des non-sociétaires ;

4° Les organismes d'habitations à loyer modéré mentionnés à l'article L. 411-2 du code de la construction et de l'habitation, les sociétés d'économie mixte visées à l'article L. 481-1 du même code et les sociétés anonymes de coordination entre les organismes d'habitations à loyer modéré mentionnées à l'article L. 423-1-1 du même code pour :

a. — Les opérations réalisées au titre du service d'intérêt général défini aux *(L. n° 2018-1021 du 23 nov. 2018, art. 88-XI-1°-a)* « neuvième à treizième » alinéas de l'article L. 411-2 du même code ainsi que les produits issus de la cession de certificats d'économies d'énergie mentionnés à l'article L. 221-7 du code de l'énergie ;

b. — les produits engendrés par les locaux annexes et accessoires des ensembles d'habitations mentionnés à l'article L. 411-1 du code de la construction et de l'habitation, à la condition que ces locaux soient nécessaires à la vie économique et sociale de ces ensembles ;

c. — les produits financiers issus du placement de la trésorerie de ces organismes.

La fraction du bénéfice provenant d'activités autres que celles visées aux alinéas précédents *(Abrogé par L. n° 2019-1479 du 28 déc. 2019, art. 29-III-7°-a)* *« et au 6° bis »* est soumise à l'impôt sur les sociétés.

Pour l'application des dispositions du premier alinéa de l'article 221 *bis*, la deuxième condition mentionnée à cet alinéa n'est pas exigée des sociétés qui cessent totalement ou partiellement d'être soumises au taux prévu au deuxième alinéa du I de l'article 219 du fait des dispositions du présent 4°. Les dispositions de l'article 111 *bis* ne s'appliquent pas à ces mêmes sociétés. »

Les dispositions du présent 4° s'appliquent aux exercices clos à compter du 1er janvier 2006.

Toutefois, les organismes et les sociétés mentionnés au premier alinéa peuvent opter pour l'application anticipée de ces dispositions aux exercices clos à compter du 1er janvier 2005. Cette option est irrévocable.

4° *bis Abrogé.*

4° *ter Devenu sans objet.*

4° *quater* Les unions d'économie sociale dont les dirigeants de droit ou de fait ne sont pas rémunérés, pour :

a) Les activités mentionnées à l'article L. 365-1 du code de la construction et de l'habitation pour lesquelles les unions d'économie sociale font l'objet des agréments prévus aux articles L. 365-2 à L. 365-4 du même code lorsqu'elles relèvent du service d'intérêt général défini aux *(L. n° 2018-1021 du 23 nov. 2018, art. 88-XI-1°-b)* « neuvième et onzième » alinéas de l'article L. 411-2 du même code ainsi que les services accessoires à ces activités ;

b) Les produits engendrés par les locaux annexes et accessoires des ensembles d'habitations mentionnés à l'article L. 411-1 du même code, à la condition que ces locaux soient nécessaires à la vie économique et sociale de ces ensembles ;

c) les produits financiers issus du placement de la trésorerie de ces organismes.

5° Les bénéfices réalisés par des associations sans but lucratif régies par la loi du 1er juillet 1901 organisant, avec le concours des communes ou des départements, des foires, expositions, réunions sportives et autres manifestations publiques, correspondant à l'objet défini par leurs statuts et présentant, du point de vue économique, un intérêt certain pour la commune ou la région ;

5° *bis* Les organismes sans but lucratif mentionnés au 1° du 7 de l'article 261, pour les opérations à raison desquelles ils sont exonérés de la taxe sur la valeur ajoutée ;

6° Les régions et les ententes interrégionales, les départements et les ententes interdépartementales, les communes, les établissements publics de coopération intercommunale à fiscalité propre, syndicats de communes et syndicats mixtes constitués exclusivement de collectivités territoriales ou de groupements de ces collectivités, ainsi que leurs régies de services publics ;

(Abrogé par L. n° 2019-1479 du 28 déc. 2019, art. 29-III-7°-b) « ***6° bis Dans les conditions fixées par décret, les établissements publics et sociétés d'économie mixte chargés de l'aménagement par une convention contractée, en application du deuxième alinéa de l'article L. 300-4 du code de l'urbanisme ainsi que les organismes d'habitations à loyer modéré régis par l'article L. 411-2 du code de la construction et de l'habitation et les sociétés anonymes de coordination d'organismes d'habitations à loyer modéré régies par l'article L. 423-1-1 du même code, pour les résultats provenant des opérations réalisées dans le cadre des procédures suivantes :***

« a) zone d'aménagement concerté ;

« b) lotissements ;

« c) zone de restauration immobilière ;

« d) zone de résorption de l'habitat insalubre ; *— V. Ann. III, art. 46 bis et 46 ter.*

« e) opérations de rénovation urbaine ; » *— Les dispositions du présent 6° bis issues de la L. n° 2019-1479 du 28 déc. 2019 s'appliquent aux opérations pour lesquelles l'appel d'offres prévu au 2e al. de l'art. L. 300-4 C. urb. n'a pas été réalisé à la date du 1er janv. 2020. Pour les opérations non mentionnées au deuxième alinéa de l'art. L. 300-4 C. urb., il s'applique aux opérations pour lesquelles la demande de permis d'aménager ou la déclaration de travaux est déposée à compter du 1er janv. 2020 (L. préc., art. 29-IV-C).*

7° Les sociétés coopératives de construction qui procèdent, sans but lucratif, au lotissement et à la vente de terrains leur appartenant. Cette exonération est également applicable sous les mêmes conditions aux sociétés d'économie mixte dont les statuts sont conformes aux clauses types annexées au décret n° 69-295 du 24 mars 1969, ainsi qu'aux groupements dits de "Castors" dont les membres effectuent des apports de travail ;

8° Les sociétés coopératives de construction désignées à l'article 1378 *sexies* ;

9° Les établissements publics de recherche et les établissements publics d'enseignement supérieur ;

10° Les personnes morales créées pour la gestion d'un pôle de recherche et d'enseignement supérieur ou d'un réseau thématique de recherche avancée et les communautés d'universités et établissements ;

11° Les fondations reconnues d'utilité publique du secteur de la recherche, parmi lesquelles les fondations de coopération scientifique.

Les exonérations dont bénéficient les personnes morales visées aux 9°, 10° et 11° s'appliquent aux revenus tirés des activités conduites dans le cadre des missions du service public de l'enseignement supérieur et de la recherche définies aux articles L. 123-3 du code de l'éducation et L. 112-1 du code de la recherche ;

12° Les bénéfices, plus-values latentes et profits qui résulteraient de la transformation de la société de gestion du patrimoine immobilier des houillères du bassin du Nord et du Pas-de-Calais en société anonyme d'habitations à loyer modéré, pour les logements qui seront conventionnés à l'aide personnalisée au logement dans le cadre de la transformation ;

13° Les établissements d'enseignement supérieur consulaire mentionnés à l'article L. 711-17 du code de commerce pour leurs activités de formation professionnelle initiale et continue ainsi que de recherche ainsi que les organismes mentionnés au premier alinéa du 1 *bis* de l'article 206 du présent code, au titre de leur participation dans ces établissements ou au titre du financement de leurs activités ;

14° A condition qu'elle fonctionne conformément aux dispositions qui la régissent, la société mentionnée à l'article L. 313-19 du code de la construction et de l'habitation pour :

a) Les opérations, y compris les opérations de crédit mentionnées aux deuxième et quatrième alinéas du *a* du 2° du I de l'article L. 313-19-1 du code de la construction et de l'habitation, réalisées au titre du service d'intérêt général défini aux *(L. n° 2018-1021 du 23 nov. 2018, art. 88-XI-1°-c)* « neuvième à treizième » alinéas de l'article L. 411-2 du même code ;

b) Les opérations relevant des catégories d'emploi mentionnées aux *d* à *g* de l'article L. 313-3 du code de la construction et de l'habitation ;

c) Les opérations mentionnées *(L. n° 2019-1479 du 28 déc. 2019, art. 52)* **« aux *c* et » *d* du 2° du I de l'article L. 313-19-1 du code de la construction et de l'habitation ;**

d) Les opérations de financement du fonds mentionné à l'article *(Ord. n° 2019-770 du 17 juill. 2019, art. 7 et 23-I, en vigueur le 1er sept. 2019)* **« L. 811-1 » du code de la construction et de l'habitation ;**

15° A condition qu'elle fonctionne conformément aux dispositions qui la régissent, la société mentionnée à l'article L. 313-20 du code de la construction et de l'habitation pour :

a) **Les subventions mentionnées au *c* du 2° du I de l'article L. 313-19-1 du même code destinées à l'acquisition ou la souscription par celle-ci de participations dans des sociétés mentionnées aux 1° et 2° de l'article L. 313-20-1 de ce code** *(Abrogé par L. n° 2019-1479 du 28 déc. 2019, art. 52)* ***«, à condition que ces participations soient affectées à des activités réalisées au titre du service d'intérêt général défini aux*** *(L. n° 2018-1021 du 23 nov. 2018, art. 88-XI-1°-d)* ***« neuvième à treizième » alinéas de l'article L. 411-2 du code de la construction et de l'habitation »*** **;**

b) **La quote-part de bénéfices provenant des activités réalisées au titre du service d'intérêt général défini** *(L. n° 2019-1479 du 28 déc. 2019, art. 52)* **« aux neuvième à treizième alinéas de l'article L. 411-2 du code de la construction et de l'habitation » par des sociétés imposées dans les conditions de l'article 8 ;** — *Les présents 14° et 15° entrent en vigueur à la date d'approbation des statuts des sociétés mentionnées aux art. L. 313-19 et L. 313-20 CCH. Ces statuts sont approuvés par décret après avoir été arrêtés par leur actionnaire unique dans un délai de neuf mois après la publication de l'ordonnance (Ord. n° 2016-1408 du 20 oct. 2016, art. 5-II et 6-I).*

[16° abrogé à compter du 1er janv. 2022]

(Abrogé par Ord. n° 2021-1843 du 22 déc. 2021, art. 10-7°-a) ***« 16° La société mentionnée au I de l'article L. 2111-3 du code des transports pour le produit de la taxe prévue à l'article 1609 tervicies du présent code ; »*** — *Le présent 16° entre en vigueur à une date fixée par décret qui ne peut être postérieure de plus de six mois à la date de réception par le Gouvernement de la réponse de la Commission européenne permettant de considérer le dispositif législatif lui ayant été notifié comme conforme au droit de l'Union européenne en matière d'aides d'État (L. n° 2016-1918 du 29 déc. 2016, art. 117-II).*

[16° rétabli le 1er avr. 2026]

(Ord. n° 2021-1843 du 22 déc. 2021, art. 10-7°-b) **« 16° La société mentionnée au I de l'article L. 2111-3 du code des transports pour le produit de la majoration prévue à l'article L. 422-26-1 du code des impositions des biens et services qui lui est affecté selon les modalités prévues à l'article L. 2111-3-2 du code des transports. »**

(Ord. n° 2021-584 du 12 mai 2021, art. 4-1°) **« 17° Les communautés professionnelles territoriales de santé dont le projet de santé est validé dans les conditions prévues à l'article L. 1434-12 du code de la santé publique, pour leurs ressources perçues au titre de leurs missions de service public en application de la convention prévue à l'article L. 1434-12-2 du même code. »**

1 *bis*. Lorsque les sociétés coopératives ou leurs unions émettent des certificats coopératifs d'investissement, l'exonération visée au 1 n'est pas applicable à la fraction des résultats correspondant à la part du montant nominal des certificats coopératifs dans le capital social.

Les résultats sont déterminés selon les règles fixées par l'article 209, avant déduction des ristournes.

1 *ter*. Pour les sociétés coopératives et leurs unions autres que celles qui sont mentionnées aux 2° et 3° du 1 ou autres que celles qui relèvent du 4° du même 1, l'exonération prévue au 1 est limitée à la fraction des résultats calculée proportionnellement aux droits des coopérateurs dans le capital lorsque les associés non coopérateurs détiennent 20 % au moins du capital et que leurs parts sociales peuvent donner lieu à *rémunération*.

Les résultats sont déterminés selon les règles visées à l'article 209 avant déduction des ristournes.

1 *quater*. Pour les sociétés coopératives et leurs unions autres que celles qui sont mentionnées au 4° du 1, l'exonération prévue au 1 n'est pas applicable lorsque les associés non coopérateurs et les titulaires de certificats coopératifs d'investissement

détiennent plus de 50 % du capital et que leurs parts sociales peuvent donner lieu à rémunération.

1 *quinquies.* Pour l'application des dispositions du 1 *ter* et du 1 *quater*, sont regardées comme associés non coopérateurs les personnes physiques ou morales qui n'ont pas vocation à recourir aux services de la coopérative ou dont celle-ci n'utilise pas le travail, mais qui entendent contribuer par l'apport de capitaux à la réalisation des objectifs de celle-ci.

2. *Abrogé.*

3. *Abrogé.*

BIBL. Levoyer, *Dr. fisc. 2006, p. 419* (l'assujettissement des personnes publiques à l'IS).

1. Syndicats professionnels (avant 2020). Sont exonérés de l'IS, au titre du 1° *bis*, les syndicats professionnels, quelle que soit leur forme juridique (loi de 1884, association régie par la loi de 1901, syndicats locaux), et leurs unions (fédérations, syndicats interprofessionnels, confédérations) pour leurs activités portant sur l'étude et la défense des droits et des intérêts collectifs matériels ou moraux de leurs membres ou des personnes qu'ils représentent et à condition qu'ils fonctionnent conformément aux dispositions qui les régissent. Sont également concernés les ordres professionnels. * BOI-IS-CHAMP-30-70 n°s 190 s. du 4 avr. 2018.

2. Mutuelles et leurs unions. Si l'activité est considérée comme non lucrative, la mutuelle ou l'union est hors du champ des impôts commerciaux (IS de droit commun, IFA). Dans ce cas, l'exonération d'IS prévue à l' art. 207-1-1° *bis* s'applique aux activités portant sur l'étude et la défense des droits et des intérêts collectifs matériels ou moraux des membres ou des personnes que les fédérations ou les unions représentent. Modalités de détermination du caractère non lucratif ou lucratif des activités exercées par les mutuelles et leurs unions. * BOI-IS-GEO-20-30 du 19 avr. 2013.

3. Sociétés coopératives. Les opérations qu'une société coopérative agricole effectue avec un sociétaire sont réputées faites avec un tiers lorsque l'associé ne remplit pas les conditions légales pour adhérer. • CE 28 avr. 1993, n° 74260 : *RJF 1993. 796 ; Dr. fisc. 1993. 1709, concl. Fouquet.* ♦ Doivent être regardées comme des opérations effectuées avec des non-sociétaires celles qui sont faites par une coopérative avec des personnes qui ne sont pas ses adhérents et n'ont pour objet ni d'écouler pour leur compte la production des sociétaires, ni de leur fournir des approvisionnements. Tel est le cas du transport de betteraves à la sucrerie effectué pour le compte de l'industriel sucrier. • CE 29 déc. 1995, n° 127895 : *Dr. fisc. 1996. 1214, concl. Bachelier.* ♦ ... De la cession de courant à EDF. • CE 15 juin 1988, n° 40126 : *Dr. fisc. 1988. 1811, concl. de Saint-Pulgent ; RJF 1988. 963.* ♦ ... De la location d'immobilisations à un tiers. • CE 28 avr. 1993, n° 74260 : *Dr. fisc. 1993. 1709, concl. Fouquet ; RJF 1993. 796.* ♦ ... De la perception, auprès d'une société cliente, de sommes présentant le caractère de revenus distribués au sens de l'art. 109. • CAA Nantes, 23 mars 1999, n° 96NT1171 : *RJF 1999. 842.* ♦ En revanche, une CUMA qui réalise 70 % à 80 % de son chiffre d'affaires annuel en facturant ses prestations à des associations communales de drainage et d'irrigation, qui n'ont pas la qualité d'associés coopérateurs et dont sont membres les seuls propriétaires fonciers, doit néanmoins être regardée comme effectuant ses opérations au profit des exploitants adhérents dès lors que les travaux sont effectués au profit d'exploitants agricoles ayant adhéré à la coopérative lesquels s'engagent, lorsqu'ils ne sont pas eux-mêmes propriétaires des terrains qu'ils exploitent, à régler le montant des travaux et des redevances correspondantes, le coût des prestations effectuées par la coopérative étant ainsi répercuté sur les exploitants agricoles au prorata des surfaces drainées. La coopérative est par suite en droit de bénéficier de l'exonération d'IS prévue à l'art. 207-1. • TA Nantes, 24 févr. 2004, n° 00-3327 : *RJF 2005. 431 ; Dr. fisc. 2005. 304.* ♦ Confirmation • CAA Nantes, 29 juin 2005, n° 04NT1132 : *RJF 2006. 15* • CE (na) 11 sept. 2006, n° 28679 : *RJF 2007. 13.*

4. L'exonération n'est pas applicable lorsque la cession aux associés de produits revendus et non transformés présente un caractère non accessoire pour la société. • CAA Nantes, 4 févr. 1997, n° 94NT1132 : *Dr. fisc. 1997. 610, concl. Aubert.* ♦ Une coopérative artisanale peut avoir une activité d'achat-revente au profit de ses associés. Elle peut leur procurer des biens destinés à être revendus à condition que cette activité reste accessoire pour la coopérative. • CE 19 avr. 2000, n° 172363 : *Dr. fisc. 2000. 685, concl. Courtial* * Instr. 23 juill. 2001 : *BOI 4 H-4-01.*

5. Le fonctionnement des coopératives doit être conforme non seulement à leur statut légal et réglementaire, mais aussi à leurs propres statuts. • CE 28 avr. 1993, n° 74260 : *préc. note 3.*

6. Lorsqu'une coopérative est membre d'un GIE, l'exonération prévue au 3° ne s'étend pas à la part des bénéfices, correspondant à ses droits dans le groupement, qui résultent d'opérations effectuées, même avec ses propres sociétaires, par le groupement lui-même. • CE 6 déc. 1996, n° 146474 : *Dr. fisc. 1997. 399, concl. Arrighi de Casanova ; RJF 1997. 10.*

7. Une société coopérative à responsabilité

limitée, qui a fait usage de la faculté offerte par l'art. 32 de la loi du 20 juill. 1983 de rester régie par les dispositions de la loi locale d'Alsace-Moselle du 1er mai 1889 modifiée n'est dès lors pas au nombre des coopératives artisanales mentionnées à l'art. 207-1-3° *bis* et n'entre ainsi pas dans le champ d'application de cet art. et de l'exonération qu'il prévoit. • CE 25 sept. 2015, *Centrale des artisans coiffeurs,* n° 370687 : *RJF 2015. 99.* ♦ Infirmation de la doctrine administrative. * BOI-IS-CHAMP-30-10-20-10 n° 40 du 12 sept. 2012.

8. Sociétés d'HLM. L'exonération prévue au 4° du 1 (pour les exercices clos jusqu'au 31 déc. 2005) a été instituée eu égard à la nature des opérations que vise l'art. 411-1 du CCH. Il résulte toutefois des termes en lesquels est énoncée cette exonération que ne sont pas exclus de son bénéfice les produits qu'un office public ou une société d'HLM peut accessoirement retirer d'actes accomplis dans le cadre de la gestion des moyens requis par son activité statutaire. • CE 4 juill. 2001, n° 217290 : *RJF 2001. 1204 ; concl. Courtial au BDCF 10/01, n° 118 ; Dr. fisc. 2001. 1130, concl. Courtial ; LPA 2002, n° 69, p. 13, note Poujade.* ♦ Application : exonération des produits de location d'une partie du siège social d'une SA d'HLM. • Même arrêt. ♦ L'exonération prévue au 4° du 1 (pour les exercices clos jusqu'au 31 déc. 2005) est subordonnée à la condition qu'un office public d'HLM ou une société d'HLM consacre effectivement l'essentiel de son activité aux opérations prévues à l'art. L. 411-1 du CCH. Par suite, une société d'HLM qui réalise de manière prépondérante des opérations de promotion immobilière non destinées à des personnes aux ressources modestes est passible de l'IS. • CAA Nantes, 28 déc. 2005, n° 03NT1578 : *RJF 2006. 508* • CE 21 déc. 2007, nos 291674 et 296648 : *RJF 2008. 285 ; Dr. fisc. 2008. 224, note Quillévéré.*

9. Organismes sans but lucratif. Le 1-5° *bis* exonère de l'IS les organismes mentionnés à l'art. 261-7-1° pour les opérations exonérées de TVA en vertu de cette même disposition, mais non pour les opérations exonérées de cette taxe en vertu de l'art. 261-4-1°, ni pour celles qui sont effectuées au titre d'une activité ne relevant pas d'une gestion désintéressée. • CE 20 juin 1997, n° 145610 : *Dr. fisc. 1998. 45, concl. Loloum ; RJF 1997. 772.* ♦ Refus de l'exonération : à une association sportive dont la gestion n'est pas désintéressée. • CAA Bordeaux, 5 janv. 1999, *Le Samouraï (assoc.) : D. 2001. 1664, note Lenclos.* ♦ ... A une association de commerçants qui organise chaque année un salon des antiquaires, activité de caractère lucratif, qui ne saurait bénéficier de l'exonération prévue au 1-5°. • CAA Lyon, 28 févr. 2002, n° 97LY329 : *Dr. fisc. 2002. 966.*

10. SARL sans but lucratif et à caractère social. La forme juridique d'une société de capitaux n'exclut pas qu'elle puisse être regardée comme un organisme sans but lucratif, dès lors notamment que sa gestion est désintéressée. Est considérée comme une œuvre sans but lucratif présentant un caractère social visée par l'art. 261-7-1° b, alors même qu'elle revêt le caractère d'une société de capitaux, une SARL, agréée en application de la loi du 31 mai 1990 visant à la mise en œuvre du droit au logement, ayant pour objet « la gestion des intérêts communs de ses associés et le développement de leurs activités, notamment pour améliorer les conditions d'insertion dans un habitat normal de populations défavorisées », dont les associés sont des associations à but non lucratif agissant dans le domaine de l'insertion des personnes en difficulté, dont l'activité consiste à acquérir et améliorer des logements en secteur diffus destinés à la location à des personnes dont les ressources ne dépassent pas des plafonds fixés réglementairement pour bénéficier d'un logement très social, qui n'assigne aucun but lucratif à son activité et utilise ses éventuels excédents au développement des services rendus aux populations défavorisées. Toutefois le bénéfice de l'exonération n'est acquis que si la gestion est désintéressée. Condition non remplie en l'espèce. • CAA Lyon, 26 juin 2007, nos 02LY365 et 03LY929, *SARL HA Union d'économie sociale : RJF 2007. 1387 ; Dr. fisc. 2007. 1001, concl. Gimenez.*

11. Régies de services publics. Une régie qui gère un service (exploitation d'un port de plaisance) qui, par son objet, relève d'une exploitation à but lucratif, ne bénéficie de l'exonération d'IS au titre du 1-6° que si elle s'applique à un service public que la collectivité territoriale a le devoir d'assurer, c'est-à-dire lorsque le service qu'elle exploite est indispensable à la satisfaction de besoins collectifs intéressant l'ensemble des habitants de la collectivité territoriale. Cette régie peut être dotée ou non de la personnalité morale. • CE 7 mars 2012, *Cne de Saint-Cyprien,* n° 331970 : *RJF 2012. 572 ; BDCF 2012. 70, concl. Daumas.* ♦ Si le service que la collectivité territoriale gère en régie (exploitation d'un port de plaisance) relève d'une exploitation à caractère lucratif, elle ne bénéficie de l'exonération d'IS que si la collectivité territoriale a le devoir d'assurer ce service, c'est-à-dire si ce service est indispensable à la satisfaction de besoins collectifs intéressant l'ensemble des habitants de la collectivité territoriale. • CE 20 juin 2012, *Cne de La Ciotat,* n° 341410 : *RJF 2012. 902 ; BDCF 2012. 110, concl. Daumas.* ♦ Une régie municipale exploitant un service public à caractère industriel et commercial n'est exonérée de l'IS au titre du 1-6° qu'à la condition que le service soit indispensable à la satisfaction des besoins collectifs des habitants de la commune. • CAA Bordeaux, 7 mai 2008, n° 06BX1145 : *RJF 2008. 1054.* ♦ Une régie communale, dépourvue de personnalité morale mais dotée de l'autonomie financière, qui exploite les abattoirs municipaux gère un service public qui, dans les circonstances de l'espèce, doit être regardé comme indispensable à la satisfaction des besoins collectifs des habitants, la régie en question ayant été créée à cette fin pour pallier la défaillance et la carence de l'initiative privée constatées dans la commune. Elle est par suite exonérée d'IS et, par voie de conséquence, n'est assujettie ni à l'IFA ni à la taxe d'apprentissage. • Même arrêt. ♦ L'exonération prévue au 1-6° n'est pas applicable aux régies municipales de pompes funèbres. * Instr. 15 janv. 1998, n° 42 : *BOI 3 A-2-98*. ♦ ... Ni à une régie municipale assurant la gestion d'un laboratoire d'analyses chimiques et microbiologiques. • CAA Douai, 30 déc. 2003, n° 01DA11 : *Dr. fisc. 2004. 745, concl. Michel ; RJF 2005. 119.*

12. Sociétés d'économie mixte de construction. Le produit des placements financiers n'est pas couvert par l'exonération qui s'attache aux opérations de lotissement et de vente sans but lucratif de terrains. • TA Versailles, 2 déc. 1997, n° 87-2452 : *RJF 1998. 539.*

Art. 208 Sont également exonérés de l'impôt sous réserve des dispositions de l'article 208 A :

1° *Abrogé par L. n° 92-1476 du 31 déc. 1992, art. 78-I ;*

1° *bis* Les sociétés d'investissement qui sont régies par les articles L. 214-127 et suivants du code monétaire et financier, pour la partie des bénéfices provenant des produits nets de leur portefeuille ou des plus-values qu'elles réalisent sur la vente des titres ou parts sociales faisant partie de ce portefeuille. Ces sociétés cesseront de bénéficier des dispositions du présent alinéa trois ans après leur création, si leurs actions ne sont pas admises aux négociations sur un marché réglementé avant ce délai ;

1° *bis* A Les sociétés d'investissement à capital variable pour les bénéfices réalisés dans le cadre de leur objet légal ;

1° *ter Abrogé par L. n° 2013-1278 du 29 déc. 2013, art. 26-I-u.*

1° *quater et 1° quinquies Abrogés par L. n° 92-1476 du 31 déc. 1992, art. 78-I ;*

2° Les sociétés ayant pour objet exclusif la gestion d'un portefeuille de valeurs mobilières ou qui sont régies par les articles L. 214-127 et suivants du code monétaire et financier, pour les plus-values qu'elles réalisent sur la cession de titres ou de parts sociales faisant partie de ce portefeuille ;

3° *et 3° bis Abrogés ;*

3° *ter* Les sociétés immobilières de gestion visées à l'article 1er du décret n° 63-683 du 13 juillet 1963, pour la fraction de leur bénéfice net qui provient de la location de leurs immeubles ;

3° *quater* Les sociétés qui, à la date du 1er janvier 1991 étaient autorisées à porter la dénomination de société immobilière pour le commerce et l'industrie visée à l'article 5 de l'ordonnance n° 67-837 du 28 septembre 1967 relative aux opérations de crédit-bail et aux sociétés immobilières pour le commerce et l'industrie, pour la fraction de leur bénéfice net provenant d'opérations de crédit-bail réalisées en France et conclues avant le 1er janvier 1991 ainsi que pour les plus-values dégagées par la cession d'immeubles dans le cadre de ces opérations.

Par dérogation aux dispositions du premier alinéa, les sociétés immobilières pour le commerce et l'industrie sont, sur option de leur part exercée avant le 1er juillet 1991, exonérées d'impôt sur les sociétés pour la fraction de leur bénéfice net provenant d'opérations de crédit-bail réalisées en France, conclues avant le 1er janvier 1996 et portant sur des immeubles affectés à une activité industrielle ou commerciale ou sur des locaux à usage de bureaux neufs et vacants au 1er octobre 1992, ainsi que pour les plus-values dégagées par la cession d'immeubles dans le cadre de ces opérations.

Le bénéfice net des sociétés visées aux premier et deuxième alinéas provenant de la location simple de leurs immeubles, par contrat conclu avant le 1er janvier 1991, à des personnes physiques ou morales qui y exercent une activité industrielle ou commerciale, est retenu pour le calcul de l'impôt sur les sociétés à concurrence de :

– 20 % de son montant pour l'exercice clos en 1991 ;
– 40 % pour l'exercice clos en 1992 ;
– 60 % pour l'exercice clos en 1993 ;
– 80 % pour l'exercice clos en 1994 ;
– 100 % pour les exercices clos en 1995 et ultérieurement.

Les bénéfices qui proviennent des opérations totalement ou partiellement exonérées en application des premier à huitième alinéas sont obligatoirement distribués à hauteur

de 85 % de la fraction exonérée de leur montant avant la fin de l'exercice qui suit celui de leur réalisation.

Les sommes qui sont investies, soit directement, soit par l'intermédiaire de filiales, dans des immobilisations à l'étranger sont soumises à l'impôt sur les sociétés en proportion des bénéfices et réserves exonérés par rapport au montant total des bénéfices, des réserves et du capital. Toutefois, elles sont exonérées lorsqu'elles proviennent de fonds d'emprunt ;

3° *quinquies* Les sociétés agréées pour le financement des télécommunications qui ont pour objet exclusif l'activité mentionnée au I de l'article 1er de la loi n° 69-1160 du 24 décembre 1969 pour la partie des bénéfices provenant des contrats de crédit-bail conclus avec l'exploitant public avant le 1er janvier 1993 et pour les plus-values qu'elles réalisent à l'occasion de ces opérations, ainsi que pour la partie des bénéfices et des plus-values qu'elles réalisent en tant que société immobilière pour le commerce et l'industrie. — *V. Ann. IV, art. 23 bis.*

Les sociétés agréées pour le financement des télécommunications qui n'ont pas pour objet exclusif l'activité mentionnée au I de l'article 1er de la loi n° 69-1160 du 24 décembre 1969 pour la partie des bénéfices provenant des contrats de crédit-bail conclus avec l'exploitant public avant le 1er janvier 1993, si elles apportent à une société immobilière pour le commerce et l'industrie la branche d'activité exercée au titre du *e* du I de l'article 1er de la loi n° 69-1160 du 24 décembre 1969. — *V. Ann. IV, art. 23 bis.*

Les dividendes reçus de la société immobilière pour le commerce et l'industrie mentionnée au deuxième alinéa par la société apporteuse sont exonérés d'impôt sur les sociétés jusqu'au 31 décembre 1993. Ils sont retenus pour le calcul de cet impôt à concurrence de :

25 % de leur montant en 1994 ;

50 % de leur montant en 1995 ;

75 % de leur montant en 1996 ;

100 % de leur montant en 1997 et ultérieurement.

L'exonération totale ou partielle est subordonnée à la condition que les dividendes non soumis à l'impôt sur les sociétés provenant de la société immobilière pour le commerce et l'industrie soient redistribués par la société apporteuse avant la fin de l'exercice qui suit celui de leur encaissement ;

3° sexies Abrogé par L. n° 99-1173 du 30 déc. 1999, art. 29-I-1° ;

3° *septies* Les sociétés de capital-risque qui fonctionnent dans les conditions prévues à l'article 1er-1 de la loi n° 85-695 du 11 juillet 1985 précitée *[V. App.]*, **sur les produits et plus-values nets provenant de leur portefeuille autres que ceux afférents aux titres rémunérant l'apport de leurs activités qui ne relèvent pas de leur objet social ainsi que, pour les sociétés de capital-risque mentionnées à la deuxième phrase du 1° de l'article 1er-1 précité, sur les prestations de services accessoires qu'elles réalisent ;**

3° *octies* Les fonds communs de créances pour les bénéfices réalisés dans le cadre de leur objet légal ;

3° *nonies* Les sociétés de placement à prépondérance immobilière à capital variable régies par les articles L. 214-33 et suivants du code monétaire et financier ;

4° Abrogé par Ord. n° 2004-281 du 25 mars 2004, art. 3 ;

5° Les organismes de jardins familiaux définis à l'article L. 561-2 du code rural et de la pêche maritime, lorsque leur activité, considérée dans son ensemble, s'exerce dans des conditions telles qu'elle peut être tenue pour désintéressée.

Toutefois, ces organismes demeurent éventuellement soumis à l'impôt dans les conditions prévues au 5 de l'article 206 ;

6° Les établissements publics pour leurs opérations de lotissement et de vente de terrains leur appartenant.

Art. 208 A **Le bénéfice des dispositions des 1° *bis* et 2° de l'article 208 est réservé aux sociétés d'investissement régies par les articles L. 214-127 et suivants du code monétaire et financier qui procèdent au titre de chaque exercice à la répartition de la totalité de leurs bénéfices distribuables.** — *V. Ann. III, art. 46 quater A à 46 quater C.*

Art. 208 B I. – Les sociétés immobilières d'investissement visées au I de l'article 33 de la loi n° 63-254 du 15 mars 1963 sont exonérées de l'impôt sur les sociétés pour la fraction de leur bénéfice qui provient de la location de leurs immeubles.

II. – Lorsque, dans les conditions fixées au I de l'article 11 de la loi de finances pour 1985 n° 84-1208 du 29 décembre 1984, elles détiennent des parts de sociétés civiles constituées à compter du 1er janvier 1985 en vue de construire et de gérer des immeubles affectés à l'habitation à concurrence des trois quarts au moins de leur superficie, les sociétés mentionnées au I sont également exonérées à raison :

a) De la fraction des bénéfices sociaux correspondant à leurs parts dans ces sociétés civiles et provenant de la location des immeubles ;

b) Des produits ou avances qu'elles consentent à ces mêmes sociétés. Toutefois, cette exonération n'est accordée que durant les cinq années qui suivent la création de ces dernières sociétés et pour la fraction des avances qui n'excède pas, pour chaque société civile, deux fois le capital souscrit par la société immobilière d'investissement. – *Les dispositions du II sont applicables aux exercices clos à compter du 31 déc. 1985.*

Art. 208 C I. – Les sociétés d'investissements immobiliers cotées s'entendent des sociétés par actions cotées sur un marché réglementé respectant les prescriptions de la directive 2004/39/CE du Parlement européen et du Conseil du 21 avril 2004 concernant les marchés d'instruments financiers, modifiant les directives 85/611/CEE et 93/6/CEE du Conseil et la directive 2000/12/CE du Parlement européen et du Conseil et abrogeant la directive 93/22/CEE du Conseil, dont le capital social n'est pas inférieur à 15 millions d'euros, qui ont pour objet principal l'acquisition ou la construction d'immeubles en vue de la location, ou la détention directe ou indirecte de participations dans des personnes visées à l'article 8 et aux 1, 2 et 3 de l'article 206 dont l'objet social est identique.

Le capital ou les droits de vote des sociétés visées au premier alinéa ne doivent pas être détenus, directement ou indirectement, à hauteur de 60 % ou plus par une ou plusieurs personnes agissant de concert au sens de l'article L. 233-10 du code de commerce. Cette condition s'apprécie de manière continue au cours de chaque exercice d'application du présent régime. Elle ne s'applique pas lorsque la personne ou les personnes agissant de concert mentionnées à la première phrase sont des sociétés visées au premier alinéa.

Si, au cours d'un exercice, à la suite d'une offre publique d'achat ou d'échange au sens de l'article L. 433-1 du code monétaire et financier, d'une opération de restructuration visée à l'article 210-0 A, d'une opération de conversion ou de remboursement d'obligations en actions, le capital ou les droits de vote d'une société visée au premier alinéa viennent à être détenus à 60 % ou plus dans les conditions mentionnées à la première phrase de l'alinéa précédent, les conditions de détention sont réputées avoir été respectées si ce taux de détention est ramené au-dessous de 60 % à l'expiration du délai prévu au deuxième alinéa du 1 de l'article 223 pour le dépôt de la déclaration de résultat de cet exercice.

Le capital et les droits de vote des sociétés visées au premier alinéa doivent être détenus à hauteur de 15 % au moins par des personnes qui détiennent chacune, directement ou indirectement, moins de 2 % du capital et des droits de vote. Cette condition s'apprécie au premier jour du premier exercice d'application du présent régime.

II. – Les sociétés d'investissements immobiliers cotées visées au I et leurs filiales *détenues, individuellement* ou conjointement par plusieurs sociétés d'investissements immobiliers cotées, à 95 % au moins, directement ou indirectement, de manière continue au cours de l'exercice, soumises à l'impôt sur les sociétés et ayant un objet identique, peuvent opter pour l'exonération d'impôt sur les sociétés pour la fraction de leur bénéfice provenant de la location des immeubles, de la sous-location des immeubles pris en crédit-bail ou dont la jouissance a été conférée à titre temporaire par l'État, une collectivité territoriale ou un de leurs établissements publics et des plus-values sur la cession à des personnes non liées au sens du 12 de l'article 39 d'immeubles, de droits réels énumérés au sixième alinéa, de droits afférents à un contrat de crédit-bail portant sur un immeuble et de participations dans des personnes visées à l'article 8 ou dans des filiales soumises au présent régime. – *V. Ann. III, art. 46 ter A : forme de la notification de l'option.*

Les bénéfices exonérés provenant des opérations de location des immeubles et de la sous-location des immeubles pris en crédit-bail ou dont la jouissance a été conférée à titre temporaire par l'État, une collectivité territoriale ou un de leurs établissements publics sont obligatoirement distribués à hauteur de 95 % avant la fin de l'exercice qui suit celui de leur réalisation.

Les bénéfices exonérés provenant de la cession des immeubles, de droits réels énumérés au sixième alinéa, des droits afférents à un contrat de crédit-bail portant sur un immeuble et des participations dans des personnes visées à l'article 8 ou dans des filiales soumises au présent régime sont obligatoirement distribués à hauteur de *(L. n° 2018-1317 du 28 déc. 2018, art. 45)* « 70 % *[ancienne rédaction : 60 %]* » avant la fin du deuxième exercice qui suit celui de leur réalisation.

Sont exonérés les produits des participations prélevés sur des bénéfices exonérés en application du premier et du présent alinéas s'ils sont distribués au cours de l'exercice suivant celui de leur perception par une société ayant opté pour le présent régime. Toutefois, lorsque les sociétés versante et bénéficiaire sont deux sociétés visées au premier alinéa du I, les produits ne sont exonérés que si la société bénéficiaire de la distribution détient des titres représentant au moins 5 % du capital et des droits de vote de la société distributrice pendant une durée minimale de deux ans. La première phrase s'applique également aux produits des participations distribués par les sociétés étrangères ayant une activité identique à celles mentionnées au même I et qui sont exonérées, dans l'État où elles ont leur siège de direction effective, de l'impôt sur les sociétés de cet État ou par les sociétés visées au 3° *nonies* de l'article 208, et perçus par une société visée au premier alinéa du I, à la condition que celle-ci détienne des titres représentant au moins 5 % du capital et des droits de vote de la société distributrice pendant une durée minimale de deux ans.

Pour l'application des présentes dispositions, les opérations visées au premier alinéa et réalisées par des organismes mentionnés à l'article 8 sont réputées être faites par les associés, lorsque ceux-ci sont admis au bénéfice du présent régime, à hauteur de leur participation.

Pour l'application des présentes dispositions, les immeubles s'entendent de ceux détenus en pleine propriété, ainsi que de ceux exploités en tant que titulaire d'un usufruit ou en tant que preneur d'un bail à construction ou d'un bail emphytéotique.

II *bis*. — Les plus-values de cession d'immeubles, de droits réels et de droits afférents à un contrat de crédit-bail portant sur un immeuble, mentionnés au II, entre une société d'investissements immobiliers cotée et ses filiales visées au II ou au III *bis* ou entre sociétés placées sous le régime d'imposition prévu au II ne sont pas soumises à l'impôt sur les sociétés, lorsqu'il existe des liens de dépendance entre ces sociétés au sens du 12 de l'article 39.

L'application de ces dispositions est subordonnée à la condition que la société cessionnaire s'engage dans l'acte de cession à respecter, au titre des plus-values mentionnées au premier alinéa, les prescriptions prévues aux *c* et *d* du 3 et au 5 de l'article 210 A. Les réintégrations, prescrites au *d* du 3 de l'article 210 A, constituent des éléments du résultat soumis aux obligations de distribution mentionnées au deuxième alinéa du II.

II *ter*. — Lorsque des produits sont distribués ou réputés distribués par une société d'investissements immobiliers cotée visée au I à un associé autre qu'une personne physique détenant, directement ou indirectement, au moins 10 % du capital de cette société et que les produits perçus par cet associé ne sont pas soumis à l'impôt sur les sociétés ou à un impôt équivalent, la société distributrice doit acquitter un prélèvement égal à 20 % du montant des sommes, avant imputation éventuelle du prélèvement, distribuées à cet associé et prélevées sur des produits exonérés en application du II. L'assiette du prélèvement est diminuée des sommes distribuées provenant des produits reçus ayant déjà supporté ce prélèvement.

Toutefois, le prélèvement n'est pas dû si le bénéficiaire de la distribution est une société soumise à une obligation de distribution intégrale des dividendes qu'elle perçoit et dont les associés détenant, directement ou indirectement, au moins 10 % de son capital sont soumis à l'impôt sur les sociétés ou à un impôt équivalent à raison des distributions qu'ils perçoivent.

Pour l'application des premier et deuxième alinéas du présent II *ter*, les produits perçus ne sont pas considérés comme soumis à l'impôt sur les sociétés ou un impôt équivalent lorsqu'ils sont exonérés ou soumis à un impôt dont le montant est inférieur de plus des deux tiers à celui de l'impôt sur les sociétés qui aurait été dû dans les conditions de droit commun en France.

La détention de 10 % du capital s'entend de la détention de 10 % des droits à dividendes et s'apprécie au moment de la mise en paiement des distributions.

Ce prélèvement est acquitté spontanément au comptable public compétent, dans le mois qui suit la mise en paiement des distributions. Il est recouvré et contrôlé comme en matière d'impôt sur les sociétés et sous les mêmes garanties et sanctions. Il n'est ni imputable, ni restituable. Il n'est pas admis en charge déductible pour la détermination du résultat de la société distributrice. – *V. Ann. III, art. 361.*

III. – L'option doit être notifiée au plus tard avant la fin du quatrième mois de l'ouverture de l'exercice au titre duquel l'entreprise souhaite être soumise au présent régime, à l'exception de l'exercice clos en 2003 pour lequel l'option doit être notifiée avant le 30 septembre 2003.

Cette option est irrévocable.

III *bis*. – Les sociétés soumises à l'impôt sur les sociétés mentionnées au 3° du I de l'article L. 214-36 du code monétaire et financier et qui ont un objet identique à celui des sociétés d'investissements immobiliers cotées visées au I peuvent opter dans les conditions du III pour le régime d'imposition prévu au II lorsqu'elles sont détenues à 95 % au moins, directement ou indirectement et de manière continue au cours de l'exercice, individuellement ou conjointement par une ou plusieurs sociétés de placement à prépondérance immobilière à capital variable mentionnées au 3° *nonies* de l'article 208 ou par une ou plusieurs sociétés de placement à prépondérance immobilière à capital variable mentionnées au 3° *nonies* de l'article 208 et une ou plusieurs sociétés d'investissements immobiliers cotées visées au I.

IV. – En cas de sortie du présent régime de la société d'investissements immobiliers cotée dans les dix années suivant l'option, les plus-values imposées au taux visé au IV de l'article 219 font l'objet d'une imposition au taux prévu au I dudit article au titre de l'exercice de sortie sous déduction de l'impôt payé au titre du IV du même article. Par ailleurs, la société d'investissements immobiliers cotée et ses filiales visées au II doivent réintégrer dans leurs résultats fiscaux respectifs une somme correspondant au bénéfice distribuable à la clôture de l'exercice de sortie du présent régime, au sens du premier alinéa de l'article L. 232-11 du code de commerce, et correspondant à des résultats exonérés en vertu du II. Le montant d'impôt sur les sociétés dû est majoré de l'impôt dû au titre, d'une part, du montant de l'imposition de la plus-value qui aurait été exigible en application du cinquième alinéa si la société n'était pas sortie du présent régime, d'autre part, de l'imposition au taux de 25 % de la somme, diminuée d'un dixième par année civile écoulée depuis l'entrée dans le présent régime, des plus-values latentes depuis cette date relatives aux immeubles, droits réels mentionnés aux premier et sixième alinéas du II ou afférents à un contrat de crédit-bail portant sur un immeuble et participations dans des personnes mentionnées à l'article 8.

Si la société d'investissements immobiliers cotée ne respecte pas le plafond de détention de 60 % prévu au deuxième alinéa du I, elle est imposée à l'impôt sur les sociétés dans les conditions de droit commun au titre des exercices au cours desquels la condition n'est pas respectée.

La plus-value imposable réalisée lors de la cession d'un immeuble est toutefois diminuée du montant des amortissements déduits des résultats exonérés en application du II. Le premier alinéa devient applicable si ce plafond de détention n'est pas respecté à l'expiration de l'exercice au cours duquel le dépassement a été constaté ou si ce plafond n'est pas respecté plus d'une fois pour une cause autre que l'une de celles prévues au troisième alinéa du I pendant les dix années suivant l'option ou au cours des dix années suivantes. Dans ce cas, la société d'investissements immobiliers cotée sort du présent régime, au sens du premier alinéa, au titre de l'exercice au cours duquel le dépassement a été constaté et le bénéfice distribuable est apprécié à la clôture de l'exercice au cours duquel le dépassement a été constaté.

N'est pas constitutive d'une sortie la fusion de deux sociétés d'investissements immobiliers cotées dès lors que la société absorbante s'engage, dans l'acte de fusion, à se substituer à la société absorbée pour les obligations de distribution prévues du deuxième au quatrième alinéas du II.

Par exception au 2 de l'article 221, les plus-values nettes imposables relatives aux immeubles, droits réels énumérés au dernier alinéa du II, droits afférents à un contrat de crédit-bail et parts des organismes mentionnés au cinquième alinéa du même II inscrits à l'actif des sociétés qui ont opté pour le régime prévu audit II et qui remplissent à nouveau la condition du plafond de détention de 60 % visé au deuxième alinéa du I, et de leurs filiales au sens du même II sont limitées aux plus-values latentes acquises depuis le premier jour de l'exercice au cours duquel ce plafond n'a pas été respecté. Les plus-values latentes autres que celles visées à la phrase précédente ne font pas l'objet d'une imposition immédiate à la condition qu'aucune modification ne soit apportée aux écritures comptables.

Si au cours d'un exercice le capital d'une société d'investissements immobiliers cotée vient à être détenu, directement ou indirectement, à 95 % au moins par une autre société d'investissements immobiliers cotée, la société acquise peut devenir une filiale au sens du premier alinéa du II dès lors qu'elle satisfait aux obligations de distribution prévues au II. Dans cette situation, il n'est pas fait application des conséquences liées à la sortie du régime de la société acquise, dans la mesure où celle-ci demeure filiale jusqu'à expiration de la période de dix ans mentionnée au premier alinéa.

V. — Un décret fixe les conditions de l'option et les obligations déclaratives des sociétés mentionnées aux II et III *bis* soumises au présent régime. — *V. Ann. III, art. 46 quater-0 ZZ bis B.*

1. Sociétés immobilières d'investissement cotées (SIIC). Statut des sociétés. Option à exercer. Détermination des résultats. Régime des distributions. Obligations déclaratives. Sortie du régime. * BOI-IS-CHAMP-30-20 du 27 mars 2019.

2. L'activité de sous-location d'immeubles pris en crédit-bail répond à l'objet principal des SIIC et n'a pas à être prise en compte pour la détermination du ratio de 20 % d'activité accessoire hors crédit-bail immobilier. * Rescrit 12 avr. 2011, *n° 2011/6 FE* * BOI-IS-CHAMP-30-20-10 n° 360 du 1er juill. 2020.

Art. 208 C *bis* I. — Les dispositions des articles 210 A *(L. n° 2017-1775 du 28 déc. 2017, art. 23)* « et 210 B » s'appliquent aux opérations auxquelles participent les sociétés d'investissements immobiliers cotées, ou leurs filiales et les sociétés mentionnées au III *bis* de l'article 208 C, qui ont opté pour le régime prévu au II du même article.

L'application de ces dispositions est subordonnée à la condition que la société absorbante s'engage, dans l'acte de fusion, à se substituer à la société absorbée pour les obligations de distributions prévues du deuxième au quatrième alinéas du II de l'article 208 C.

En cas de scission, ces obligations doivent être reprises par les sociétés bénéficiaires des apports au prorata du montant de l'actif net réel apporté apprécié à la date d'effet de l'opération.

II. — En cas d'absorption d'une société ayant opté pour le régime prévu au II de l'article 208 C par une société qui a également opté pour ce régime, la plus-value mentionnée au deuxième alinéa du 1 de l'article 210 A est exonérée sous condition de distribution de *(L. n° 2020-1721 du 29 déc. 2020, art. 16, applicable aux exercices clos à compter du 31 déc. 2020)* « 70 % *[ancienne rédaction : 60 %]* » de son montant avant la fin du deuxième exercice qui suit celui de sa réalisation.

Lorsque la société bénéficiaire des apports est soumise au régime prévu au II de l'article 208 C, la réintégration, prescrite au *d* du 3 de l'article 210 A, afférente aux immeubles visés au I de l'article 208 C constitue un élément du résultat soumis aux obligations de distribution mentionnées au deuxième alinéa du II de cet article.

Art. 208 C *ter* Lorsque, postérieurement à l'exercice de l'option prévue au premier alinéa du II de l'article 208 C, des immeubles, des droits réels mentionnés au sixième alinéa du II de ce même article, des droits afférents à un contrat de crédit-bail portant sur un immeuble, des droits portant sur un immeuble dont la jouissance a été conférée à titre temporaire par l'État, une collectivité territoriale ou un de leurs établissements publics ou des participations dans des personnes visées à l'article 8 deviennent éligibles à l'exonération mentionnée à cet alinéa, la société doit réintégrer à son résul-

tat fiscal soumis à l'impôt sur les sociétés une somme correspondant à la plus-value calculée par différence entre la valeur réelle de ces biens à cette date et leur valeur fiscale. Cette réintégration est effectuée par parts égales sur une période de quatre ans. La cession des biens concernés entraîne l'imposition immédiate de la plus-value qui n'a pas encore été réintégrée.

Sociétés d'investissement immobiliers cotées. Seule une disposition législative expresse permet de déroger aux règles d'imposition à l'IS sous une cote unique et de détermination du bénéfice d'après les résultats d'ensemble de l'exploitation. Tel est le cas de l'imposition séparée du montant net des plus-values à long terme prévue par l'art. 39 *quindecies*. L'art. 208 C *ter* ne déroge pas aux règles du droit commun. Fongibilité des produits et des charges relevant de taux d'IS différents. • CE 14 avr. 2018, *Min. c/ Sté Foncière des régions,* n°s 414489 et 414493 : *RJF 2018. 730, concl. Victor.*

Art. 208 D **I. — 1. Sont exonérées d'impôt sur les sociétés jusqu'au terme du dixième exercice suivant celui de leur création les sociétés par actions simplifiées à associé unique, dites « sociétés unipersonnelles d'investissement à risque », détenues par une personne physique, qui ont dès leur création pour objet social exclusif la souscription en numéraire au capital initial ou aux augmentations de capital de sociétés ayant leur siège dans un État de l'Union européenne ou dans un autre État partie à l'accord sur l'Espace économique européen ayant conclu avec la France une convention d'assistance administrative en vue de lutter contre la fraude et l'évasion fiscales, dont les titres ne sont pas admis aux négociations sur un marché d'instruments financiers français ou étranger, dont le fonctionnement est assuré par une entreprise de marché ou un prestataire de services d'investissement** *(Ord. n° 2017-1107 du 22 juin 2017, art. 16-2° et 21, en vigueur le 3 janv. 2018)* **« autre qu'une société de gestion de portefeuille » ou tout autre organisme similaire étranger, qui exercent une activité mentionnée à l'article 34 et qui sont soumises à l'impôt sur les sociétés dans les conditions de droit commun au taux normal ou y seraient soumises dans les mêmes conditions si l'activité était exercée en France.**

Les sociétés unipersonnelles d'investissement à risque doivent détenir au plus 30 % des droits financiers et des droits de vote des sociétés dans lesquelles elles investissent.

2. Les sociétés dont les titres figurent à l'actif de la société unipersonnelle d'investissement à risque doivent également remplir les conditions suivantes :

a. Elles ont été créées depuis moins de cinq ans à la date de la première souscription par la société unipersonnelle d'investissement à risque ;

b. Elles sont nouvelles au sens de l'article 44 *sexies* ou créées pour la reprise de l'activité d'une entreprise pour laquelle est intervenu un jugement ordonnant la cession en application de l'article L. 631-22 du code de commerce, en l'absence de tout plan de sauvegarde ou de redressement judiciaire, ou prononçant sa liquidation judiciaire ;

c. Elles sont détenues majoritairement par des personnes physiques ou par des personnes morales détenues majoritairement par des personnes physiques.

3. L'associé d'une société unipersonnelle d'investissement à risque, son conjoint et leurs ascendants et descendants détiennent ensemble, directement ou indirectement, au plus 30 % des droits financiers et des droits de vote des sociétés dont les titres figurent à l'actif de la société et n'ont pas atteint ce niveau de détention depuis leur création. Ils n'exercent dans ces sociétés aucune des fonctions énumérées au 1° *(L. n° 2017-1837 du 30 déc. 2017, art. 31)* **« du 1 du III de l'article 975** *[ancienne rédaction : de l'article 885 O bis]* **».** — *Les dispositions du présent 3 issues du B du I de l'art. 31 de la L. n° 2017-1837 du 30 déc. 2017 s'appliquent au titre de l'impôt sur la fortune immobilière dû à compter du 1er janv. 2018. Toutefois, les dispositions modifiées ou abrogées par le même B du I continuent de s'appliquer, dans leur rédaction en vigueur au 31 déc. 2017, à l'impôt de solidarité sur la fortune dû jusqu'au titre de l'année 2017 incluse (L. préc., art. 31-IX-B).*

4. Par dérogation aux dispositions du 1, les sociétés unipersonnelles d'investissement à risque peuvent consentir, dans la limite de 15 % de leur actif brut comptable, des avances en compte courant aux sociétés dans lesquelles elles ont investi. Elles peuvent également détenir d'autres éléments d'actifs dans la limite de 5 % de leur actif brut comptable.

II. — Le non-respect de l'une des conditions mentionnées au I entraîne la perte de l'exonération prévue au même I, pour l'exercice en cours et les exercices suivants.

Toutefois, l'exonération d'impôt sur les sociétés est maintenue jusqu'au terme du dixième exercice suivant celui de la création de la société unipersonnelle d'investissement à risque, lorsque les actions de la société sont transmises à titre gratuit à la suite du décès de l'associé unique initial et que les conditions prévues au I, autres que celles relatives à l'unicité de l'associé, sont respectées.

III. — L'exonération prévue au I ne bénéficie qu'aux sociétés créées avant le 1er juillet 2008. — *V. Ann. III, art. 46 ter B à 46 ter D.*

Sociétés unipersonnelles d'investissement à risque (SUIR). Statut juridique et régime fiscal. * BOI-IS-CHAMP-50-30 du 18 mars 2013.

Art. 208 *bis* *Abrogé par L. n° 66-10 du 6 janv. 1966.*

Art. 208 *ter* Les collectivités imposables en vertu du 5 de l'article 206 n'ont pas à comprendre dans leurs revenus imposables :

a) Les intérêts des sommes inscrites sur les livrets A ;

b) Dans les conditions et sous les réserves prévues par le 1° de l'article 133, les intérêts, arrérages et autres produits des emprunts non négociables contractés par les régions, départements, communes, syndicats de communes et établissements publics ;

c) Même s'ils ne sont pas représentés par des titres négociables, les produits des emprunts visés au 4° de l'article 138 et à l'article 146 *quater*.

Art. 208 *ter* A Les caisses locales de crédit agricole mutuel imposables en application du 2° du 6 de l'article 206 ne comprennent pas dans leur revenu imposable les intérêts versés aux parts sociales qu'elles détiennent dans le capital des caisses auxquelles elles sont affiliées.

Art. 208 *ter* B I. — *Al. 1er abrogé.*

Les organismes qui reçoivent des intérêts des sommes inscrites sur les comptes spéciaux sur livrets ouverts avant le 1er janvier 2009, dans des conditions définies par décret, par les caisses de crédit mutuel adhérentes à la Confédération nationale du crédit mutuel n'ont pas à les comprendre dans leurs revenus imposables.

II. — Peuvent bénéficier des dispositions du I :

1° Les associations à but non lucratif régies par la loi du 1er juillet 1901 ou régies par la loi locale maintenue en vigueur dans les départements du Bas-Rhin, du Haut-Rhin et de la Moselle ;

2° Les organismes sans but lucratif à caractère cultuel ;

3° Les syndicats professionnels et leurs unions mentionnés au titre III du livre Ier de la deuxième partie du code du travail ;

4° Les comités *(Décr. n° 2020-897 du 22 juill. 2020, art. 1er)* « sociaux et économiques ».

Art. 208 *quater* I. — 1. En vue de favoriser le développement économique et social des départements d'outre-mer et la création d'emplois nouveaux, peuvent être affranchis, en totalité ou en partie, de l'impôt sur les sociétés pendant une durée de dix ans à compter de la mise en marche effective de leurs installations :

a) Les bénéfices réalisés par les sociétés passibles de l'impôt sur les sociétés qui auront été constituées postérieurement à l'entrée en vigueur de la loi n° 60-1368 du 21 décembre 1960 mais avant le 31 décembre 2006, à la condition que l'objet de ces sociétés et leur programme d'activité aient reçu l'agrément du ministre du budget après avis des commissions locale et centrale instituées par l'article 18 du décret n° 52-152 du 13 février 1952 *[V. Ann. IV, art. 121-V bis et 121-V ter]* ;

b) Sous la même condition, les bénéfices réalisés par des sociétés anciennes passibles de l'impôt sur les sociétés au titre d'une activité nouvelle, entreprise postérieurement à l'entrée en vigueur de la loi du 21 décembre 1960 précitée mais avant le 31 décembre 2006.

Les dispositions du présent paragraphe ne s'appliquent pas aux plus-values provenant de la cession de tout ou partie du portefeuille ou de l'actif immobilisé.

2. *Abrogé.*

3. Sous peine de perdre le bénéfice de l'exonération accordée en vertu du 1, les sociétés visées audit paragraphe sont tenues de satisfaire aux obligations de déclaration et de production de renseignements et documents prévues pour l'assiette de l'impôt sur les sociétés et de mentionner, dans la déclaration annuelle de résultats, les éléments relatifs à l'activité agréée lorsque celle-ci constitue une partie seulement de l'activité exercée.

II. — Les dispositions du I sont applicables, pour une durée de cinq ans, aux bénéfices retirés par des entreprises industrielles métropolitaines des opérations de franchisage réalisées à compter du 1er janvier 1983 avec des entreprises nouvelles à caractère industriel exploitées dans les départements d'outre-mer.

1. Activité nouvelle. Pour l'application du I-1-*b*, la seule circonstance que l'activité entreprise par une société soit de même nature que celles qu'elle exerce déjà ne fait pas obstacle à ce qu'elle soit regardée comme nouvelle. Ainsi, l'exploitation d'un hôtel de tourisme par une société exploitant déjà un village de vacances et une résidence hôtelière constitue pour elle une activité nouvelle, alors même que cette activité a été entreprise dans le même secteur d'activité. • CE 28 mai 2001, n° 224807 : *Dr. fisc. 2001. 1038, concl. Bachelier ; RJF 2001. 1114 ; concl. Bachelier au BDCF 8-9/01, n° 114.*

2. Agrément. La décision de refus d'agrément n'a pas à être motivée. • CE 10 mai 1996, n° 129459 : *RJF 1996. 918.* ♦ Le refus ne peut être fondé sur des motifs étrangers à l'objet ou au programme d'activité des sociétés qui le sollicitent. • CE 10 mai 1993, n° 115349 : *Dr. fisc. 1993. 2230 ; RJF 1993. 1044* • CAA Paris, 5 oct. 1995 : *Dr. fisc. 1996. 530.* ♦ Le fait que le projet présenté procède de l'extension de l'activité exercée à titre individuel par le fondateur de la société n'est pas un motif légal de refus. • CAA Paris, 18 juin 1996, n° 95PA3517 : *Dr. fisc. 1997. 162 ; RJF 1996. 1337.*

Art. 208 *quater* A *Périmé (Décr. n° 2014-549 du 26 mai 2014).*

Art. 208 *quinquies* I. — Les personnes morales soumises de plein droit ou sur option à l'impôt sur les sociétés dans les conditions de droit commun, qui, dans les cinq ans de l'institution de l'une des zones prévues à l'article 1er de l'ordonnance n° 86-1113 du 15 octobre 1986, se seront créées pour y exploiter une entreprise, sont exonérées de cet impôt à raison des bénéfices réalisés jusqu'au terme du cent vingtième mois suivant leur création. — *V. note ss. l'art.*

Les personnes morales créées dans le cadre d'une concentration ou d'une restructuration d'activités préexistant dans la zone ou pour la reprise de telles activités ne peuvent pas bénéficier de cette exonération.

II. — L'exonération prévue au I ne s'applique pas :

1° Aux produits des actions ou parts de société et aux résultats de participations dans des organismes mentionnés aux articles 8, 8 *quater*, 8 *quinquies*, 239 *quater* et 239 *quater* B ;

2° Aux subventions, libéralités et abandons de créances ;

3° Aux produits de créances et d'opérations financières pour le montant qui excède celui des frais financiers engagés au cours du même exercice ;

4° Aux produits tirés des droits de la propriété industrielle et commerciale, lorsque ces droits n'ont pas leur origine dans l'activité créée dans la zone ;

5° Aux résultats qui ne sont pas déclarés dans les conditions prévues à l'article 223.

III. — Pour bénéficier de l'exonération prévue au I, la personne morale doit remplir les conditions suivantes :

1° Son siège social, ses activités et ses moyens d'exploitation doivent être implantés dans une des zones créées en application de l'article 1er de l'ordonnance n° 86-1113 du 15 octobre 1986 ;

2° Ses activités doivent être industrielles et commerciales au sens de l'article 34 ; toutefois, l'exonération prévue au I ne s'applique pas si l'entreprise exerce à titre principal ou accessoire :

a) Une activité de stockage ou de distribution indépendante des unités de production industrielle situées dans la zone ;

b) Une activité de services qui n'est pas directement nécessaire à une activité de fabrication ou de transformation de biens corporels mobiliers ;

c) Une activité bancaire, financière, d'assurances, de location ou de gestion d'immeubles ou de travaux immobiliers ;

d) Une activité relevant de l'un des secteurs suivants : sidérurgie, fibres synthétiques, textile-habillement, construction navale, verre plat, poudre de lait, beurre, sucre, isoglucose ;

3° Son effectif de salariés bénéficiant d'un contrat de travail à durée indéterminée ou d'une durée de six mois au moins doit être égal ou supérieur à dix au cours de chaque exercice de la période d'exonération ; si l'effectif varie en cours d'exercice, il est calculé compte tenu de la durée de présence des salariés en cause pendant l'exercice.

IV. — Si l'effectif minimal prévu au 3° du III n'est pas atteint au cours des deux premiers exercices, l'exonération est accordée sous réserve que l'effectif soit d'au moins dix salariés au cours du troisième exercice.

Si, au-delà du troisième exercice, la personne morale cesse de remplir la condition d'effectif, elle ne bénéficie plus des exonérations à compter de l'exercice au cours duquel cette condition n'est plus remplie.

Les zones d'entreprises prévues à l'art. 1er de l'ordonnance n° 86-1113 du 15 oct. 1986 ont été créées par les décrets du 13 févr. 1987 (JO 15 févr.), le Décr. n° 87-536 du 15 juill. 1987 (JO 16 juill.) et le Décr. n° 92-146 du 12 févr. 1992 (JO 18 févr.).

Frais financiers. Il résulte de l'art. 208 *quinquies* que les frais financiers engagés au cours d'un exercice, qu'ils excèdent ou non le montant des produits de même nature acquis au cours de cet exercice, restent inclus dans le calcul de la partie exonérée du résultat, et sont donc insusceptibles de venir augmenter un déficit reportable sur de futurs résultats placés hors du champ de l'exonération. • CE 4 août 2006, n° 282259 : *RJF 2006. 1327 ; Dr. fisc. 2006. 806, concl. Séners.*

Art. 208 *sexies* Les entreprises créées dans les départements de la Corse après le 1er janvier 1988 et avant le 1er janvier 1999 soumises à l'impôt sur les sociétés dans les conditions de droit commun et qui exercent l'ensemble de leur activité dans ces départements, et dans les secteurs de l'industrie, de l'artisanat, de l'hôtellerie, du bâtiment et des travaux publics, sont exonérées d'impôt sur les sociétés à raison des bénéfices qu'elles réalisent à compter de la date de leur création jusqu'au terme du quatre-vingt-quinzième mois suivant celui au cours duquel cette création est intervenue. — *V. Ann. III, art. 46 quater. — Pour le secteur de l'artisanat, disposition applicable aux entreprises créées à compter de la date d'entrée en vigueur de la L. n° 94-1131 du 27 déc. 1994 portant statut fiscal de la Corse (JO 28 déc.).*

Les droits de vote attachés aux actions ou aux parts de sociétés visées au premier alinéa ne doivent pas être détenus, directement ou indirectement, pour plus de 50 % par d'autres sociétés.

Les entreprises créées dans le cadre d'une concentration ou d'une restructuration d'activités préexistantes, ou pour la reprise de telles activités, ne peuvent bénéficier de l'exonération ci-dessus.

Toute cessation, cession ou mise en location-gérance d'entreprise ou tout autre acte juridique ayant pour principal objet de bénéficier des dispositions mentionnées ci-dessus est assimilée aux actes visés par le *b* de l'article L. 64 du livre des procédures fiscales.

Le bénéfice à retenir pour l'application du présent article s'entend du bénéfice déclaré selon les modalités prévues à l'article 53 A.

Art. 208 *septies* I. — Les opérations de transferts de biens, droits et obligations réalisées, à la valeur nette comptable, par un syndicat de défense des appellations d'origine constitué sous forme de syndicat régi par la loi du 21 mars 1884 relative aux syndicats professionnels ou d'association relevant de la loi du 1er juillet 1901 relative au contrat d'association, au profit d'un organisme de défense et de gestion mentionné à l'article L. 642-17 du code rural et de la pêche maritime ou d'un organisme de contrôle mentionné à l'article L. 642-3 du même code, rendues nécessaires par la mise en œuvre de l'article 73 de la loi n° 2006-11 du 5 janvier 2006 d'orientation agricole *et de l'ordonnance* n° 2006-1547 du 7 décembre 2006 relative à la valorisation des produits agricoles, forestiers ou alimentaires et des produits de la mer, ne donnent lieu à aucune imposition à l'impôt sur les sociétés.

Pour la détermination de leurs résultats imposables, les bénéficiaires des transferts doivent se conformer aux dispositions prévues aux *a*, *b*, *c* et *e* du 3 de l'article 210 A à raison des biens, droits et obligations qui leur ont été transmis. Pour l'application de ces dispositions, la société absorbée s'entend de l'entité qui possédait les biens, droits et obligations avant l'intervention de l'opération, et la société absorbante s'entend de l'entité possédant ces mêmes biens, droits et obligations après l'opération.

Ces dispositions s'appliquent aux transferts de biens réalisés à compter du 1er janvier 2007.

II. – Les opérations de transferts de biens, droits et obligations réalisées, à la valeur nette comptable, par un syndicat agricole reconnu par l'autorité administrative comme organisation de producteurs ou comité économique agricole au profit d'un organisme qui peut être reconnu par l'autorité administrative comme organisation de producteurs ou association d'organisations de producteurs conformément aux articles L. 551-1, L. 552-1 et L. 552-4 du code rural et de la pêche maritime, et rendues nécessaires par la mise en œuvre de l'article 53 de la loi n° 2006-11 du 5 janvier 2006 précitée, ne donnent lieu à aucune imposition à l'impôt sur les sociétés.

Pour la détermination de leurs résultats imposables, les bénéficiaires des transferts doivent se conformer aux dispositions prévues aux *a*, *b*, *c* et *e* du 3 de l'article 210 A à raison des biens, droits et obligations qui leur ont été transmis. Pour l'application de ces dispositions, la société absorbée s'entend de l'entité qui possédait les biens, droits et obligations avant l'intervention de l'opération, et la société absorbante s'entend de l'entité possédant ces mêmes biens, droits et obligations après l'opération.

Ces dispositions s'appliquent aux transferts de biens réalisés à compter du 7 janvier 2006.

SECTION III DÉTERMINATION DU BÉNÉFICE IMPOSABLE

Art. 209 I. – Sous réserve des dispositions de la présente section, les bénéfices passibles de l'impôt sur les sociétés sont déterminés d'après les règles fixées par les articles 34 à 45, 53 A à 57, 108 à 117, 237 *ter* A et 302 *septies* A *bis* et en tenant compte uniquement des bénéfices réalisés dans les entreprises exploitées en France, de ceux mentionnés aux *a*, *e*, *e bis* et *e ter* du I de l'article 164 B ainsi que de ceux dont l'imposition est attribuée à la France par une convention internationale relative aux doubles impositions.

Toutefois, par dérogation aux dispositions du deuxième alinéa de l'article 37, l'impôt sur les sociétés dû par les entreprises créées à compter du 1er janvier 1984 est établi, lorsqu'aucun bilan n'est dressé au cours de la première année civile d'activité, sur les bénéfices de la période écoulée depuis le commencement des opérations jusqu'à la date de clôture du premier exercice et, au plus tard, jusqu'au 31 décembre de l'année suivant celle de la création.

Sous réserve de l'option prévue à l'article 220 *quinquies*, en cas de déficit subi pendant un exercice, ce déficit est considéré comme une charge de l'exercice suivant et déduit du bénéfice réalisé pendant ledit exercice dans la limite d'un montant de 1 000 000 € majoré de 50 % du montant correspondant au bénéfice imposable dudit exercice excédant ce premier montant. Si ce bénéfice n'est pas suffisant pour que la déduction puisse être intégralement opérée, l'excédent du déficit est reporté dans les mêmes conditions sur les exercices suivants. Il en est de même de la fraction de déficit non admise en déduction en application de la première phrase du présent alinéa.

Pour les sociétés auxquelles sont consentis des abandons de créances dans le cadre d'un accord constaté ou homologué dans les conditions prévues à l'article L. 611-8 du code de commerce ou lors d'une procédure de sauvegarde, de redressement judiciaire ou de liquidation judiciaire ouverte à leur nom, la limite de 1 000 000 € mentionnée *(L. n° 2020-473 du 25 avr. 2020, art. 3-I-5°, applicable aux exercices clos à compter du 15 avr. 2020)* « au troisième alinéa du présent I » est majorée du montant desdits abandons de créances. – *Les dispositions de cet al. ont un caractère interprétatif (L. n° 2016-1917 du 29 déc. 2016, art. 17-II).*

(L. n° 2020-473 du 25 avr. 2020, art. 3-I-5°, applicable aux exercices clos à compter du 15 avr. 2020) « Pour les sociétés auxquelles sont consentis des abandons de créances mentionnés au 9° du 1 de l'article 39, la limite de 1 000 000 € mentionnée au troisième alinéa du présent I est majorée du montant de ces abandons de créances. »

II. – *(L. n° 2019-1479 du 28 déc. 2019, art. 53-I-1° et II, applicable aux opérations réalisées à compter du 1er janv. 2020)* « 1. » En cas de fusion ou opération assimilée placée sous le régime de l'article 210 A, les déficits antérieurs *(L. n° 2018-1317 du 28 déc.*

2018, art. 34-I-2° et II, applicable aux exercices ouverts à compter du 1er janv. 2019) « , les charges financières nettes non déduites mentionnées au 1 du VIII de l'article 212 *bis* et la capacité de déduction inemployée mentionnée au 2 du même VIII » par la société absorbée ou apporteuse sont transférés, sous réserve d'un agrément délivré dans les conditions prévues à l'article 1649 *nonies*, à la ou aux sociétés bénéficiaires des apports, et imputables sur ses ou leurs bénéfices ultérieurs dans les conditions prévues respectivement au troisième alinéa du I *(L. n° 2019-1479 du 28 déc. 2019, art. 45-I-2°)* « du présent article » *(L. n° 2018-1317 du 28 déc. 2018, art. 34-I-2° et II, applicable aux exercices ouverts à compter du 1er janv. 2019)* « et aux 1 et 2 du VIII de l'article 212 *bis* ». — *Sur les modalités d'agrément, V. Ann. IV, art. 170 sexies.*

En cas de scission ou d'apport partiel d'actif, les déficits transférés sont ceux afférents à la branche d'activité apportée.

L'agrément est délivré lorsque :

a) L'opération est justifiée du point de vue économique et obéit à des motivations principales autres que fiscales ;

b) L'activité à l'origine des déficits ou des intérêts dont le transfert est demandé n'a pas fait l'objet par la société absorbée ou apporteuse, pendant la période au titre de laquelle ces déficits et ces intérêts ont été constatés, de changement significatif, notamment en termes de clientèle, d'emploi, de moyens d'exploitation effectivement mis en œuvre, de nature et de volume d'activité ;

c) L'activité à l'origine des déficits ou des intérêts dont le transfert est demandé est poursuivie par la ou les sociétés absorbantes ou bénéficiaires des apports pendant un délai minimal de trois ans, sans faire l'objet, pendant cette période, de changement significatif, notamment en termes de clientèle, d'emploi, de moyens d'exploitation effectivement mis en œuvre, de nature et de volume d'activité ;

d) Les déficits et intérêts susceptibles d'être transférés ne proviennent ni de la gestion d'un patrimoine mobilier par des sociétés dont l'actif est principalement composé de participations financières dans d'autres sociétés ou groupements assimilés ni de la gestion d'un patrimoine immobilier. *(L. n° 2018-1317 du 28 déc. 2018, art. 62)* « Cette disposition ne s'applique pas aux organismes mentionnés aux articles L. 411-2 et L. 481-1 du code de la construction et de l'habitation. »

(L. n° 2019-1479 du 28 déc. 2019, art. 53-I-1° et II, applicable aux opérations réalisées à compter du 1er janv. 2020) « 2. Le transfert des déficits antérieurs, des charges financières nettes non déduites et de la capacité de déduction inemployée prévus *[prévu]* au 1 est dispensé d'agrément lorsque :

« *a)* Le montant cumulé des déficits antérieurs, des charges financières nettes non déduites et de la capacité de déduction inemployée, transférés est inférieur à 200 000 € ;

« *b)* La condition prévue au *d* du même 1 est respectée ;

« *c)* Durant la période au cours de laquelle ces déficits, ces charges financières et cette capacité de déduction inemployée ont été constatés, la société absorbée n'a pas cédé ou cessé l'exploitation d'un fonds de commerce ou d'un établissement.

« Le présent 2 ne s'applique pas en cas de scission ou d'apport partiel d'actif d'une ou plusieurs branches complètes d'activité. »

II *bis*. — En cas de reprise d'un passif excédant la valeur réelle de l'actif qui est transféré à l'occasion d'une opération mentionnée au 3° du I de l'article 210-0 A, la charge correspondant à cet excédent ne peut être déduite.

(L. n° 2018-1317 du 28 déc. 2018, art. 37-I-10° et III-1, applicable aux exercices ouverts à compter du 1er janv. 2019) « II *ter*. — En cas de fusion ou opération assimilée placée sous le régime des articles 210 A à 210 C, les dépenses servant au calcul du rapport défini au III de l'article 238 réalisées par la société absorbée ou apporteuse sont prises en compte, au titre des exercices ultérieurs, pour le calcul du même rapport par la société absorbante ou bénéficiaire des apports. L'éventuel résultat net négatif de cession, de concession ou de sous-concession mentionné au II du même article 238 réalisé par la société absorbée ou apporteuse est imputable, par la société absorbante ou bénéficiaire des apports, sur les résultats nets ultérieurs de cession, de concession ou de sous-concession de ces mêmes actifs, biens ou services ou familles de biens ou services, dans les conditions prévues audit article 238.

« En cas de scission ou d'apport partiel d'actif, les dépenses et le résultat net négatif transférés sont ceux afférents à l'actif incorporel apporté. »

III. — *Abrogé par L. n° 2003-1311 du 30 déc. 2003, art. 89-I-C.*

III *bis.* — En cas d'option pour le régime défini à l'article 209-0 B, les déficits reportables à l'ouverture du premier exercice couvert par cette option ne peuvent pas être imputés sur les bénéfices réalisés au titre des exercices clos au cours de la ou des périodes décennales visées au III dudit article. Ces déficits peuvent être, soit déduits, dans les conditions prévues aux I et II du présent article, des résultats de l'exercice au titre duquel ce régime cesse de s'appliquer et des exercices suivants, soit imputés sur la somme mentionnée au deuxième alinéa du V de l'article 209-0 B.

IV. — 1. Pour la détermination du résultat imposable des sociétés d'assurance mutuelles, le droit d'adhésion versé par un sociétaire au cours de l'exercice de son adhésion et inscrit en comptabilité au compte "fonds d'établissement" est considéré comme un apport à hauteur d'un montant égal au rapport entre le montant minimal de la marge de solvabilité exigée par la réglementation et le nombre de sociétaires, constaté à la clôture de l'exercice précédent. Lorsque la marge de solvabilité effectivement constituée est inférieure au montant minimal réglementaire, le premier terme de ce rapport est majoré du montant de cette insuffisance.

2. Les sommes prélevées sur le compte "fonds d'établissement" sont rapportées au résultat imposable de l'exercice en cours à la date de ce prélèvement, dans la limite de celles ayant bénéficié des dispositions du 1.

3. La disposition du 2 n'est pas applicable en cas d'imputation de pertes sur le compte "fonds d'établissement" ; les pertes ainsi annulées cessent d'être reportables.

V. — Pour la détermination du résultat imposable des entreprises bénéficiant ou ayant bénéficié du régime défini à l'article 209-0 B, le montant des plus ou moins-values provenant de la cession de navires éligibles à ce régime et réalisées pendant ou après la période couverte par l'option visée au III de ce même article est réduit à concurrence du rapport existant entre la durée de détention pendant la période couverte par cette option et la durée totale de détention. La durée de détention couverte par l'option est décomptée à partir de la date de début d'exploitation du navire dans le cadre du régime défini à l'article 209-0 B par l'entreprise cédante lorsque cette dernière a acquis l'intégralité des parts de la société propriétaire du navire, puis a acquis le navire dans le cadre d'une opération bénéficiant des dispositions des articles 210 A, 210 B et 210 C.

Les dispositions du premier alinéa ne s'appliquent pas en cas de sortie du régime prévu à l'article 209-0 B dans les conditions prévues aux *b* et *d* du IV dudit article, ou de cession de navires pendant la période mentionnée au III de ce même article à des sociétés n'ayant pas opté pour le régime prévu à l'article 209-0 B précité et liées directement ou indirectement au sens du 12 de l'article 39.

VI. — Le dix-neuvième alinéa du 5° du 1 de l'article 39 s'applique distinctement aux titres de sociétés à prépondérance immobilière définis au troisième alinéa du *a* du I de l'article 219 et aux autres titres de sociétés à prépondérance immobilière.

VII. — Les frais liés à l'acquisition de titres de participation définis au dix-septième alinéa du 5° du 1 de l'article 39 ne sont pas déductibles au titre de leur exercice d'engagement mais sont incorporés au prix de revient de ces titres. Pour l'application des dispositions de la phrase précédente, les frais d'acquisition s'entendent des droits de mutation, honoraires, commissions et frais d'actes liés à l'acquisition.

La fraction du prix de revient des titres mentionnés au premier alinéa correspondant à ces frais d'acquisition peut être amortie sur cinq ans à compter de la date d'acquisition des titres.

VII *bis.* — Lorsque des titres de participation mentionnés au troisième alinéa du *a quinquies* du I de l'article 219 ont été acquis dans le cadre d'une opération d'augmentation de capital libérée par compensation avec des créances liquides et exigibles qui ont été acquises auprès d'une entreprise tierce non liée, au sens du 12 de l'article 39, à l'entreprise qui acquiert les titres, ni à l'entreprise émettrice, le profit imposable est déterminé en tenant compte de la valeur réelle des titres reçus en contrepartie. Les liens de dépendance mentionnés à la première phrase du présent VII *bis* sont appréciés à la date de l'acquisition des titres et au cours des douze mois qui précèdent et qui suivent cette date.

(L. n° 2020-1721 du 29 déc. 2020, art. 32, applicable aux exercices clos à compter du 31 déc. 2020) « **Pour l'application du premier alinéa du présent VII *bis*, il n'est toutefois pas exigé que l'entreprise auprès de laquelle les créances ont été acquises ne soit pas liée à l'entreprise émettrice lorsque l'augmentation de capital est effectuée dans le cadre d'un protocole de conciliation constaté ou homologué dans les conditions prévues à l'article L. 611-8 du code de commerce ou d'un plan de sauvegarde ou de redressement.** »

VIII. — Pour les sociétés coopératives d'intérêt collectif, la part des excédents mis en réserves impartageables est déductible de l'assiette de l'impôt sur les sociétés.

(Abrogé par L. n° 2018-1317 du 28 déc. 2018, art. 34-I-2° et II, pour les exercices ouverts à compter du 1er janv. 2019) « ***IX. — 1. Les charges financières afférentes à l'acquisition des titres de participation mentionnés au troisième alinéa du a quinquies du I de l'article 219 sont rapportées au bénéfice de l'exercice lorsque l'entreprise n'est pas en mesure de démontrer par tous moyens, au titre de l'exercice ou des exercices couvrant une période de douze mois à compter de la date d'acquisition des titres ou, pour les titres acquis au cours d'un exercice ouvert avant le 1er janvier 2012, du premier exercice ouvert après cette date, que les décisions relatives à ces titres sont effectivement prises par elle ou par une société établie en France la contrôlant au sens du I de l'article L. 233-3 du code de commerce ou par une société établie en France directement contrôlée par cette dernière au sens du même article L. 233-3 et, lorsque le contrôle ou une influence est exercé sur la société dont les titres sont détenus, que ce contrôle ou cette influence est effectivement exercé par la société détenant les titres ou par une société établie en France la contrôlant au sens du I dudit article L. 233-3 ou par une société établie en France directement contrôlée par cette dernière au sens de ce même article.*** *(L. n° 2017-1837 du 30 déc. 2017, art. 38)* « ***Est assimilée à une société établie en France au sens du présent 1 toute société ayant son siège dans un État membre de l'Union européenne ou dans un autre État partie à l'accord sur l'Espace économique européen ayant conclu avec la France une convention d'assistance administrative en vue de lutter contre la fraude et l'évasion fiscales.*** » — *Cette assimilation s'applique pour la détermination des résultats des exercices clos à compter du 31 déc. 2017.*

« ***2. Pour l'application du 1, les charges financières afférentes à l'acquisition des titres acquis sont réputées égales à une fraction des charges financières de l'entreprise les ayant acquis égale au rapport du prix d'acquisition de ces titres au montant moyen au cours de l'exercice de la dette de l'entreprise les ayant acquis.***

« ***La réintégration s'applique au titre de l'exercice au titre duquel la démonstration mentionnée au même 1 doit être apportée et des exercices clos jusqu'au terme de la huitième année suivant celle de l'acquisition.***

« ***3. En cas de fusion, de scission ou d'opération assimilée au cours de la période mentionnée au second alinéa du 2 et pour la fraction de cette période restant à courir, les charges financières déduites pour la détermination du résultat de la société absorbante ou bénéficiaire de l'apport sont rapportées à ce résultat pour une fraction égale au rapport du prix d'acquisition par la société absorbée ou scindée des titres mentionnés au 1 au montant moyen au cours de l'exercice de la dette de l'entreprise absorbante ou bénéficiaire de l'apport. En cas de scission ou d'apport partiel d'actif, la réintégration des charges financières est faite par la société détentrice des titres à l'issue de l'opération et le prix d'acquisition par la société scindée des titres mentionnés au même 1 est retenu, pour l'application du présent 3, au prorata du montant de l'actif net réel apporté à la ou les sociétés bénéficiaires des apports apprécié à la date d'effet de l'opération.***

« ***4. Pour l'application du présent IX, le montant des charges financières et celui des dettes s'apprécient au titre de chaque exercice.***

« ***5. Le présent IX n'est pas applicable lorsque la valeur totale des titres de participation mentionnés au troisième alinéa du a quinquies du I de l'article 219 détenus par une société est inférieure à un million d'euros.***

« *6. Le présent IX ne s'applique pas au titre des exercices pour lesquels l'entreprise apporte la preuve :*

« *a) que les acquisitions mentionnées au 1 n'ont pas été financées par des emprunts dont elle ou une autre société du groupe auquel elle appartient supporte les charges ;*

« *b) ou que le ratio d'endettement du groupe auquel elle appartient est supérieur ou égal à son propre ratio d'endettement.*

« Pour l'application des deuxième et troisième alinéas du présent 6, le groupe et les ratios d'endettement s'entendent conformément aux dispositions des deux derniers alinéas du III de l'article 212.

« 7. Les fractions d'intérêts non déductibles au cours de l'exercice en application de l'article 212 et des six derniers alinéas de l'article 223 B ne sont pas prises en compte pour le calcul des charges financières devant être rapportées au bénéfice de l'exercice en application du présent article. »

X. — Ne sont pas déductibles de l'assiette de l'impôt sur les sociétés :

1° Les cotisations versées au fonds de garantie des dépôts et de résolution en application de la première phrase du I de l'article L. 312-7 du code monétaire et financier pour financer les interventions prévues aux III et IV de l'article L. 312-5 du même code ;

2° Les contributions prévues aux articles 69, 70 et 71 du règlement (UE) n° 806/2014 du Parlement européen et du Conseil, du 15 juillet 2014, établissant des règles et une procédure uniformes pour la résolution des établissements de crédit et de certaines entreprises d'investissement dans le cadre d'un mécanisme de résolution unique et d'un Fonds de résolution bancaire unique, et modifiant le règlement (UE) n° 1093/2010.

BIBL. ▶ Daluzeau, *FR Lefebvre 31/17, p. 9* (établissement stable : les nouvelles dispositions issues de la convention multilatérale BEPS). – David, *GAJ Fisc., p. 353* (l'annualité de l'IS). – Pinard-Fabro, *BFL 2010, p. 517* (établissement stable : un regain d'actualité). – Gutmann et Ph. Martin, *Dr. fisc. 2021. 417* (l'établissement stable ; une entreprise autonome ?). – Wathelet, *RJF 2008, p. 90* (souveraineté fiscale des États membres et Cour de justice : nouvelles tendances ou confirmation ?).

A. TERRITORIALITÉ DE L'IMPÔT SUR LES SOCIÉTÉS

BIBL. Alliance fiscale, *Dr. fisc. 2004, p. 981* (enjeux fiscaux de demain : l'avenir de la territorialité de l'IS) ; *Dr. fisc. 2005, p. 1377* (l'évolution de la notion d'établissement stable). – Austry et Gutman, *FR Lefebvre 41/09, p. 9* (l'imposition des sociétés étrangères propriétaires d'immeubles en France : une nouvelle orientation de la jurisprudence ?). – Blaise, *BFL 2005, p. 879* (menace sur la territorialité de l'IS). – Boutemy et Meier, *LPA, 19 avr. 2006, n° 78, p. 5* (régime de groupe et compensation transfrontalière des pertes). – Burguburu, *RJF 2008, p. 667* (transfert de bénéfices et expansion à l'étranger : une jurisprudence au parfum). – Castagnède, *RFFP 1999, n° 68, p. 277* (évolution jurisprudentielle et doctrinale). – Conseil des impôts, 22e rapport : la concurrence fiscale de l'entreprise, *Journaux officiels, 2004*. – Daumas, *RJF 2009, p. 819* (subsidiarité des conventions fiscales internationales : un pragmatique retour à l'orthodoxie). – Dibout et Le Gall, *Dr. fisc. 2004, p. 1662 et 1699* (*un hybride atypique* : la filiale française établissement stable de sa société mère étrangère). – Donsimoni, *JCP E 2004, p. 405* (comment évaluer les risques de qualification d'une filiale en établissement stable). – Fouquet, *Dr. fisc. 2009. 336* (les revenus de la location nue d'immeubles situés en France y sont-ils imposables lorsqu'ils échoient à une personne morale imposable d'un État non conventionné ?). – Gelin, Gutmann et Austry, *RJF 2010, p. 451* (commissionnaire et établissement stable : lumières et zones d'ombre de la décision Zimmer). – Gouthière, *FR Lefebvre 29/14* (succursales de sociétés étrangères : déduction des intérêts et sous-capitalisation). – IFA (soirée d'étude), *Dr. fisc. 2005, p. 1619* (territorialité fiscale et compétitivité européenne). – Kouraleva-Cazals, *Dr. fisc. 2012. 50* (les critères d'assujettissement des sociétés étrangères à l'IS français : plaidoyer pour une clarification). – Maitrot de La Motte et Jaune, *Dr. fisc. 2021. 119* (l'invention de l'établissement stable). – Melot, Territorialité et mondialité de l'impôt, *Dalloz, 2004*. – Olléon, *RJF 2003, p. 571* (territorialité de l'impôt, des trous dans le mur) ; *RJF 2003, p. 751* (une filiale peut cacher un établissement stable). – Pinard-Fabro, *BFL 2010, p. 517* (établissement stable : un regain d'actualité). – Revel, *Dr. fisc. 2017. 326* (résidence conventionnelle des sociétés : le juge en quête de fortes personnalités fiscales). – Saïac, *FR Lefebvre 46/06, p. 46* (l'imputation des pertes de filiales communautaires selon Marks & Spencer : mode d'emploi). – Wathelet, *FR Lefebvre 59/05, p. 2* (déduction transfrontalière des pertes : les enseignements à tirer de l'arrêt Marks & Spencer du 13 déc. 2005).

1. Plateau continental. Les bénéfices réalisés par une société dans une entreprise exploitée par elle sur des installations ou dispositifs d'exploration ou d'exploitation du plateau continental adjacent au territoire français doivent être compris dans les bases de l'impôt sur les sociétés auquel elle est assujettie. Sont ainsi imposables les bénéfices réalisés dans l'exercice d'une activité de prestataire de services d'expertise géophysique auprès de compagnies pétrolières opérant sur le plateau continental de la mer d'Iroise. • CE 16 déc. 1998, ☎ n° 156535 : *Dr. fisc. 1999. 484, concl. Goulard ; RJF 1999. 136.*

2. Entreprises exploitées en France. Les

charges d'une société, que son siège soit situé en France ou hors de France, déductibles pour la détermination du bénéfice net imposable à l'impôt sur les sociétés sont celles qui se rattachent directement aux entreprises qu'elle exploite en France. • CAA Marseille, 5 mars 2001, n° 97MA836 : *Dr. fisc. 2001. 1137.* ♦ Dans le cas où une société ayant son siège en France ou hors de France entend déduire des frais financiers, il lui appartient non seulement de justifier de l'existence et du montant de ces frais mais aussi d'établir que les sommes empruntées ont été contractuellement affectées au règlement de dépenses inhérentes à l'exercice de l'activité imposable en France. • Même arrêt.

3. Par « entreprises exploitées en France », il faut entendre l'exercice habituel d'une activité commerciale en France, soit dans le cadre d'un établissement autonome, soit par l'intermédiaire de représentants n'ayant pas de personnalité professionnelle indépendante. • CE 17 juin 1966, n° 66590 : *Lebon 405.* ♦ ... Soit par la réalisation d'opérations formant un cycle commercial complet. • CE 8 juin 1937, n° 55081.

4. Une société étrangère qui exerce des activités de maintenance d'avions et de formation de pilotes dans les locaux dont elle dispose dans un aéroport français exploite une entreprise en France. • CE 31 juill. 2009, n° 297933, *Sté Swiss International Air Lines : RJF 2009. 980 ; concl. Glaser au BDCF 11/09, n° 126 ; Dr. fisc. 2009. 580, concl. Glaser, note Dibout.* ♦ Les bénéfices distribués par des sociétés françaises à une société dont le siège social est au Portugal où elle n'a aucune activité, alors qu'elle exerce ses activités en France où se situe le siège de sa direction effective, sont imposables à l'IS en France. • CAA Bordeaux, 10 mars 2008, n° 05BX1906 : *RJF 2008. 936.*

5. Les bénéfices réalisés par une société française qui exploite des satellites localisés dans l'espace sur l'arc géostationnaire, situé à environ 36 000 km de la Terre, sont imposables en France. • TA Montreuil, 12 mars 2019, *Stés Eutelsat communications et Eutelsat SA,* n° 1707963 : *RJF 2019.756* (sol. antérieure au régime de l'art. 247).

6. Entreprises exploitées hors de France. L'établissement français d'une société étrangère ne constitue pas une entreprise autonome au sens du droit interne dès lors qu'il ne dispose d'aucune autonomie de gestion, mais peut être regardé comme un établissement stable au sens conventionnel. • CE 18 oct. 2018, *Sté Aravis Business Retreats Ltd,* n° 405468 : *RJF 2019. 19, concl. Crépey.* ♦ Sur l'imposition en France de l'activité de placement de salariés polonais par une société polonaise dans le domaine du travail temporaire auprès d'entreprises françaises, V. • CE (na) 4 mai 2021, n° 440122 : *RJF 2021. 905.*

7. Ne peut être regardée comme exploitant une entreprise en France : une entreprise française qui dispose au Viêt-Nam d'un bureau, de matériels et emploie trois salariés et dont le directeur salarié de l'implantation vietnamienne dispose du pouvoir de négocier les contrats • CAA Versailles, 21 déc. 2004, n° 02VE3541 : *RJF 2005. 303.* ♦ ... Une succursale sans autonomie de gestion qui ne réalise aucune affaire en France, mais se borne à assurer, pour le compte de son siège situé hors de France auquel est refacturé l'ensemble des frais qu'elle expose, le suivi et la coordination des budgets de publicité internationaux exécutés pour un même client par les filiales étrangères du groupe. • CAA Paris, 22 janv. 1998, n° 94PA1614 : *Dr. fisc. 1998. 488, concl. C. Martin ; RJF 1998. 382.* ♦ Corrélativement, le bénéfice imposable ne tient pas compte du résultat des opérations réalisées hors de France dans un établissement autonome ou par l'intermédiaire de représentants sans personnalité distincte, ni du résultat d'opérations formant un cycle commercial complet à l'étranger, sauf, dans ce dernier cas, si les opérations en cause ne sont pas détachables, par leur nature ou par leur mode d'exécution, des opérations réalisées en France par l'entreprise. • CE 5 févr. 1968, n° 62333 : *BOCD 1968. II. 4139.* ♦ Des opérations commerciales matériellement exécutées à l'étranger ne constituent pas un cycle commercial complet à l'étranger lorsque les tâches de direction et de gestion y afférentes sont effectuées en France. • CE 4 juill. 1997, n° 146930 : *Dr. fisc. 1997. 1153, concl. Goulard ; RJF 1997. 770.*

8. Une SCI de droit monégasque, qui a pour objet la réalisation sur le territoire de Monaco d'opérations immobilières ayant reçu un commencement d'exécution (achat de biens à Monaco destinés à la réalisation d'un programme immobilier pour lequel un permis de construire a été obtenu suivi de la revente en l'état des biens acquis), exerce son activité hors de France, alors même que le siège de direction réel se situe à Paris. Dès lors, une société française qui détient une participation dans cette SCI ne peut pas déduire de son résultat sa quote-part des pertes de la SCI. • CE 27 juin 2008, n° 282910 : *RJF 2008. 1166.*

9. Déduction des pertes subies dans un autre État membre. Les art. 43 CE et 48 CE (devenus 49 et 54 TFUE) ne s'opposent pas, en l'état actuel du droit communautaire, à une législation d'un État membre qui exclut de manière générale la possibilité pour une société mère résidente de déduire de son bénéfice imposable des pertes subies dans un autre État membre par une filiale établie sur le territoire de celui-ci, alors qu'elle accorde une telle possibilité pour des pertes subies par une filiale résidente. Cependant, il est contraire aux art. 43 CE et 48 CE d'exclure une telle possibilité pour la société mère résidente dans une situation où, d'une part, la filiale non résidente a épuisé les possibilités de prise en compte des pertes qui existent dans son État de résidence au titre de l'exercice fiscal concerné par la demande de dégrèvement ainsi que des exercices fiscaux antérieurs et où, d'autre part, il n'existe pas de possibilités pour que ces pertes puissent être prises en compte dans son État de résidence au titre des exercices futurs soit par elle-même, soit par un tiers, notamment en cas de cession de la filiale à celui-ci. • CJCE 13 déc. 2005, n° C-446/03, *Marks & Spencer plc. : RJF 2006. 227 ; Dr. sociétés 2006. 31, note Pierre ; JCP E 2006. 1518, note Boutemy et Meier.* ♦ Dans le même sens : • CJUE 21 févr. 2013, *Oy,* n° C-123/11 : *RJF 2013. 568.* ♦ Sur la notion de pertes définitives d'une filiale non résidente, au sens de la décision *Marks & Spencer*, V. • CJUE 19 juin 2019, *Skatteverket c/ Memira Holding AB,* n° 607/17 : *RJF 2019. 992* • 19 juin 2019, *Skatteverket c/ Holmen AB,* n° 608/17 : *RJF 2019. 993.* ♦ L'imputation sur le résultat d'ensemble d'un groupe intégré français des pertes subies par une filiale belge en liquidation est refusée dès lors que leur caractère définitif, qui ne peut résulter de la seule liquidation de la filiale, n'est pas démontré. • CAA Versailles, 23 juin 2020, *Min. c/ Groupe Lucien Barrière,* n° 19VE01012 : *RJF 2020. 768, concl. Deroc ; Dr. fisc. 2020. 428, note Sadowsky* • CE (na) 7 oct. 2021, n° 443126 : *RJF 2021. 1096.*

10. Un régime fiscal refusant la déduction des pertes afférentes à un établissement stable situé dans un autre État membre peut être justifié dans la mesure où, en vertu d'une convention bilatérale, les revenus de cet établissement sont imposés dans ce dernier État dans lequel ces pertes peuvent être ultérieurement prises en compte. • CJCE 15 mai 2008, n° C-414/06, *Lidl Belgium GmbH : RJF 2008. 1030 ; Dr. fisc. 2008. 512, note Bergerès.* ♦ Une société établie dans un État membre qui détient dans un autre État membre un établissement stable peut, dans certaines circonstances, déduire les pertes de cet établissement lorsque celles-ci sont définitivement inutilisables dans cet autre État membre. • CJUE 12 juin 2018, *A/S Bevola,* n° 650/16 : *RJF 2018. 7786.*

11. Gains de change sur cessions d'éléments d'actif à l'étranger. Les gains ou pertes de change associés aux cessions d'éléments quelconques de l'actif, qui constituent une composante de la plus-value ou moins-value réalisée, sont pris en compte pour la détermination du résultat de l'exercice imposable en France, sous réserve de l'application des stipulations d'une convention fiscale bilatérale destinée à éviter les doubles impositions. • CE 12 mars 2014, *Sté DGFP Zeta,* n° 352212 : *RJF 2014. 550.* ♦ Le gain ou la perte de change réalisé à l'occasion de la cession de titres de participation n'est pas dissociable de la plus ou moins-value de cession de cet élément d'actif et les gains de change sur cession de titres doivent être traités fiscalement comme les plus-values de cession. • CE 28 sept. 2020, *Sté Securitas France Holding,* n° 438845 : *RJF 2020. 983.*

12. Aides accordées à une filiale étrangère. L'art. 43 CE (devenu 49 TFUE) ne s'oppose pas à un régime établi par la législation d'un État membre, tel que celui en cause au principal, en vertu duquel une filiale, résidente de cet État membre, ne peut déduire de ses revenus imposables un transfert financier intragroupe effectué par celle-ci en faveur de sa société mère que dans la mesure où cette dernière a son siège dans ce même État membre. • CJCE 18 juill. 2007, n° 231/05, *Oy AA : RJF 2007. 1359 ; Dr. fisc. 2007. 1092, note Bergerès.*

13. Succursales. Eu égard aux différences juridiques existant entre une succursale et une filiale et tenant notamment à ce qu'une succursale n'a pas de personnalité morale, les règles relatives à la prise en compte, pour l'imposition d'une société dont le siège est en France, des aides qu'elle apporterait à une filiale dont le siège est à l'étranger ne sont pas applicables aux aides qu'une telle société apporte à une succursale implantée à l'étranger. • CE, sect., 16 mai 2003, *Sté Télécoise,* n° 222956 : *RJF 2003. 823, chron. Olléon, p. 571 ; concl. Mitjavile au BDCF 7/03, n° 91 ; FR Lefebvre 26/03, p. 23, obs. Gouthière ; Dr. fisc. 2003. 582, concl. Mitjavile ; Dr. sociétés 2003. 183, note Pierre.* ♦ Il résulte des art. 38 et 209 que, lorsqu'une société dont le siège est en France exerce dans une succursale à l'étranger, une activité industrielle ou commerciale, il n'y a pas lieu de tenir compte, pour la détermination des bénéfices imposables en France, des variations d'actif net imputables à des évènements qui se rattachent à l'activité exercée par cette succursale. En revanche, si la succursale entretient avec le siège des relations commerciales favorisant le maintien ou le développement des activités en France de la société, celle-ci peut déduire de ses résultats imposables les pertes subies ou régulièrement provisionnées, résultant des aides apportées à la succursale dans le cadre de ces relations. • CE, sect., 16 mai 2003, n° 222956 : *préc.* ♦ Dans le même sens. • CAA Paris, 12 mai 2010, n° 08PA5384 : *RJF 2010. 1147 ; concl. Egloff au BDCF 12/10, n° 128 ; Dr. fisc. 2011. 247,* note Camus et Calloud.

14. Liberté de financement des succursales. L'art. 209-I n'autorise pas l'Administration à apprécier le caractère normal du choix opéré par le siège d'une société étrangère de financer l'activité de sa succursale française en la laissant recourir à l'emprunt, plutôt qu'en lui apportant des fonds propres, ni à en tirer, le cas échéant, de quelconques conséquences fiscales. Le contrôle fiscal peut seulement, sur ce fondement, remettre en cause la déduction d'intérêts versés, selon les circonstances, au siège de la société, à d'autres établissements stables de cette dernière ou à des tiers, en rémunération de prêts qui lui sont consentis, pour des motifs tirés, le cas échéant, de la non-conformité de l'objet des prêts à l'activité en France des succursales ou du caractère excessif de leur rémunération. • CE 11 avr. 2014, *Min. c/ Sté Unicredit*, n°s 346687 et 349015 : *RJF 2014. 667 ; Dr. fisc. 2014.305, concl. Hédary.*

15. Établissement stable. Une société suisse a en France un établissement stable dès lors qu'elle y dispose, pour son activité de recrutement de personnel, de bureaux occupés exclusivement et de manière permanente par les salariés de la société suisse, que tout le processus d'élaboration des contrats se situe en France et qu'en réalité c'est tout le processus d'élaboration du résultat de la société qui s'exécute principalement en France. Dès lors la société suisse est redevable de l'IS pour les prestations réalisées en France à partir de cet établissement. • TA Dijon, 16 avr. 2002, n° 98-7130, n° 99-353 : *Dr. fisc. 2003. 26.* ♦ En revanche, un salarié d'une société française ne peut pas constituer un agent dépendant et donc un établissement stable d'une société étrangère. • CAA Paris, 10 févr. 2011, *Sté GE Capital rail limited*, n° 09PA06295 : *RJF 2011. 872 ; Dr. fisc. 2011. 381, note Rontani.* ♦ Il en est de même du bureau parisien d'un journal britannique qui ne fait que suivre l'actualité française et rédiger des articles pour le compte de ce journal. • CE 28 mai 2014, *Min. délégué chargé du budget*, n° 360890 : *RJF 2014. 839.*

16. Les contrats conclus par le commissionnaire, alors même qu'ils sont conclus pour le compte de son commettant, n'engagent pas directement ce dernier vis-à-vis des cocontractants du commissionnaire. Par suite, un commissionnaire ne peut en principe constituer, du seul fait de ce qu'en exécution de son contrat de commission il vend, tout en signant les contrats en son propre nom, les produits ou services du commettant pour le compte de celui-ci, un établissement stable du commettant, sauf s'il ressort soit des termes mêmes du contrat de commission, soit de tout autre élément de l'instruction, qu'en dépit de la qualification de commission donnée par les parties au contrat qui les lie, le commettant est personnellement engagé par les contrats conclus avec des tiers par son commissionnaire qui doit alors, de ce fait, être regardé comme son représentant et constituer un établissement stable. • CE 31 mars 2010, *Sté Zimmer*, n°s 304715 et 308525 : *Dr. fisc. 2010. 289, concl. Burguburu, note Rivière, Escaut et Bonneaud ; RJF 2010. 568 ; Chron. Gelin et Gutmann au FR Lefebvre 18/10, p. 8.*

17. En l'absence d'établissement stable en France, au sens de la convention franco-irlandaise, par l'intermédiaire duquel elle exercerait une activité en France, une société de droit irlandais, filiale d'une société américaine, qui commercialise en France un service payant d'insertion d'annonces publicitaires en ligne, corrélé au moteur de recherche Google, incluant pour les annonceurs ou leurs agents un service de conseil et d'assistance commerciale assuré par les salariés d'une société française dépendant du même groupe, n'est pas redevable de l'IS sur les résultats rattachables à cette activité. • TA Paris, 12 juill. 2017, *Sté Google Ireland Limited*, n° 1505113/1-1 : *RJF 2017. 1100 ; Dr. fisc. 2017.482, concl. Segretain, note Zaghdoun et Philippe.* ♦ Confirmation : • CAA Paris, 25 avr. 2019, *Sté Google Ireland Limited*, n° 17PA03068 : *RJF 2019. 835 ; Dr. fisc. 2019. 305, note Deboissy et Wicker.*

18. L'art. L. 80 B-6° LPF prévoit un dispositif d'accord tacite de l'Administration sur les demandes de prise de position formelle qui lui sont adressées par les opérateurs étrangers sur le point de savoir si l'entité dont ils disposent ou qu'ils envisagent d'établir sur le territoire français constitue ou non un établissement stable ou une base fixe au sens de la convention fiscale liant la France à l'État dans lequel ils sont résidents.

19. Revenus immobiliers de source française. Sous réserve d'une convention relative aux doubles impositions n'attribuant pas le droit d'imposer à la France, l'IS est établi en tenant compte non seulement des résultats dégagés dans des établissements exploités en France mais également de certains revenus immobiliers de source française, par renvoi à l'art. 164 B-I. 1) Revenus des immeubles et droits assimilés : sont considérés comme revenus de source française, les revenus d'immeubles sis en France ou de droits relatifs à ces immeubles (art. 164 B-I-a). 2) Profits tirés d'opérations définies à l'art. 35 : sont considérés comme revenus de source française les profits tirés d'opérations sur fonds de commerce exploités en France ainsi qu'à des immeubles situés en France, sur des droits immobiliers s'y rapportant ou à de actions et parts de sociétés non cotées... (art. 164 B-I-e). 3) Plus-values immobilières : sont considérées comme revenus de source française les plus-values mentionnées aux art. 150 U, 150 UB et 150 UC (art. 164 B-I-e *bis*), et relatives, notamment, à des biens immobiliers situés en France ou des droits relatifs à ces biens. 4) Plus-values résultant des cessions de parts, actions ou autres droits dans des sociétés ou organismes à prépondérance immobilière française. (art. 164 B-I-e *ter* 2). * BOI-IS-CHAMP-60-10-30 n°s 360 à 400 du 1er août 2018.

20. Personne morale étrangère n'exerçant aucune activité en France mais propriétaire d'immeubles en France. Le simple fait pour une personne morale de droit étranger, possédant un immeuble en France, d'en attribuer la jouissance gratuite à un associé doit être regardé comme la réalisation d'une opération à caractère lucratif au sens de l'art. 206-1 et rend cette société passible de l'IS. • CAA Marseille,

3 mai 2005, n° 02MA237 : *RJF 2005. 1366 ; concl. Bonnet au BDCF 12/05, n° 146.* ♦ Jugé toutefois que : le seul fait, pour une société de droit étranger qui n'a aucune autre activité en France, de mettre à la disposition de ses salariés des appartements dont elle est propriétaire, ne peut être regardé comme une mise à disposition de locaux à des tiers constitutive d'une opération à caractère lucratif au sens de l'art. 206-1. • CAA Paris, 1er juin 2005, n° 02PA161 : *RJF 2005. 1161 ; Dr. fisc. 2006. 73, concl. Bonnet ; Dr. sociétés 2006. 32, note Pierre.*

21. Une société anonyme monégasque immatriculée au répertoire des sociétés civiles monégasques ne peut pas être regardée comme commerciale en raison de sa forme sociale et ne se livre pas à une exploitation lucrative en mettant gratuitement un immeuble qu'elle possède en France à la disposition de son principal actionnaire. Elle n'est donc pas passible de l'IS. • CE 24 mai 2006, n° 278737 : *RJF 2006. 996 ; concl. Glaser au BDCF 8-9/06, n° 98 ; Dr. fisc. 2007. 785, concl. Glaser.*

22. Une société étrangère qui se borne à mettre à disposition un bien immobilier en France n'exploite pas une entreprise au sens de l'art. 209-I. Cas d'une société siégeant à Londres propriétaire en France d'un centre d'entraînement de chevaux de course qui met les locaux à la disposition de propriétaires et d'entraîneurs sans personnel ni équipements en France. • CE, sect., 31 juill. 2009, *Sté Overseas TRSF*, n° 296471 : *RJF 2009. 979 ; concl. Glaser au BDCF 11/09, n° 126 ; Dr. fisc. 2009. 580, concl. Glaser, note Dibout.*

23. Une *Anstalt* du Liechtenstein qui met gratuitement à disposition de ses associés un appartement en France est imposable à l'IS en France du fait du caractère lucratif de sa gestion. • CAA Marseille, 7 avr. 2009, n° 06MA2890 : *RJF 2010. 104.* ♦ Confirmation : • CE 27 févr. 2013, *Min. c/ Éts Poudix*, n° 354994 : *RJF 2013. 471.*

24. Un État étranger est passible de l'IS sur la base de l'art. 206-1, à raison des revenus qu'il tire d'une activité consistant à louer en France des locaux nus à usage de bureaux, dès lors que les conditions dans lesquelles sont effectuées ces prestations, qui sont de la nature de celles que des entreprises privées poursuivant un but lucratif sont susceptibles de fournir, ne font pas apparaître que la collectivité publique aurait entendu se placer en dehors du cadre d'une exploitation à caractère lucratif et qu'il n'est pas contesté que l'activité de location est réalisée dans des conditions similaires à celles dans lesquelles des entreprises privées exercent leur activité, avec des prix pratiqués correspondant aux prix du marché et vis-à-vis d'une clientèle composée de sociétés commerciales. • CAA Versailles, 3 mai 2018, *État de Koweït*, n° 17VE02899 : *RJF 2018. 1078.* ♦ Confirmation • CE 22 janv. 2020, *État de Koweït*, n° 421913 : *RJF 2020. 307, concl. Bokdam-Tognetti.*

25. Il résulte de l'art. 206-1 que la gestion d'un patrimoine immobilier peut constituer une opération à caractère lucratif, même si elle n'a pas de caractère commercial. Le fait d'attribuer la jouissance d'un immeuble à un associé dans le seul intérêt privé de celui-ci doit être regardé comme la réalisation d'une opération à caractère lucratif. Par suite, une *limited liability company* dont le seul objet consiste en la mise à disposition d'une villa à son associé majoritaire entre dans le champ d'application de l'art. 206-1, même si elle ne peut être assimilée, à raison de sa forme, à une société passible de l'IS en France. • CAA Marseille, 2 févr. 2017, *Sté Emerald Shores LLC*, n° 16MA02619 : *RJF 2017. 419.*

26. Combinaison du droit interne et des conventions internationales. Les dispositions de l'art. 5 de la convention franco-suisse du 9 sept. 1966, combinées avec celles de l'art. 209-I CGI sont susceptibles de fonder l'imposition en France d'une société résidente de Suisse. • CE, sect., 20 juin 2003, *Sté Interhome AG*, n° 224407 : *RJF 2003. 1147, chron. Olléon, p. 751 ; Dr. fisc. 2004. 657, concl. Austry ; BJS 2003. 1289, note Nouel ; Banque et Dr. 2003, n° 91, p. 88.* ♦ Pour l'application de l'art. 5 de la convention, une société résidente de France contrôlée par une société résidente de Suisse ne peut constituer un établissement stable de cette dernière que si elle ne peut être considérée comme un agent indépendant de la société résidente de Suisse et si elle exerce habituellement en France, en droit ou en fait, des pouvoirs lui permettant d'engager cette société dans une relation commerciale ayant trait aux opérations constituant les activités propres de cette société. • Même arrêt.

27. Il incombe au juge de l'impôt, saisi d'une contestation relative à l'imposition en France des bénéfices d'une société étrangère, établie dans un État ayant conclu avec la France une convention fiscale bilatérale, de se placer d'abord au regard de la loi fiscale nationale pour rechercher si, à ce titre, l'imposition contestée a été valablement établie ; dans la négative, il lui appartient ensuite, le cas échéant, de déterminer si la société étrangère peut être assujettie à l'impôt français sur les sociétés sur le fondement de l'art. 209-I et des stipulations de la convention fiscale bilatérale (sol. impl.). • CE, sect., 31 juill. 2009, *Sté Overseas TRSF*, n° 296471 : *préc. note 22.*

28. Navire. Les revenus provenant de l'exploitation d'un navire ne sont imposables que dans le territoire où l'entreprise a sa direction effective et non dans celui où se trouve seulement le port d'attache du navire, à moins que cette direction effective ne soit exercée à bord du navire. • CE 5 juill. 1999, n° 171211 : *D. 2000. J. 28, note Tixier et Hamonic-Gaux ; RJF 1999. 1044 ; Dr. fisc. 2000. 236, concl. Arrighi de Casanova.*

B. QUARTIERS GÉNÉRAUX ET CENTRES DE LOGISTIQUE

29. Quartiers généraux. On considère comme quartier général une société dont le siège est en France ou un établissement stable situé en France d'une société dont le siège est à l'étranger, qui dépend d'un groupe international contrôlé depuis la France ou l'étranger, et qui exerce au seul profit de ce groupe des fonctions de direction, de gestion, de coordination ou de contrôle. Les quartiers généraux ont la possibilité d'obtenir *a priori* de l'Administration l'assurance que le montant de leur bénéfice imposable ne sera pas remis en cause s'ils le déterminent en fonction d'une marge bénéficiaire pour l'ensemble des activités qui relèvent des fonctions « quartier général », calculée en appliquant un pourcentage donné au montant des charges d'exploitation courantes. Ces charges s'entendent des frais divers engagés au cours de l'exercice tels qu'ils figurent au débit des comptes de charges, y compris les charges d'intérêt liées au fonctionnement et les amortissements pratiqués selon le mode linéaire ou le mode dégressif. Le taux de marge retenu est fixé au cas par cas, en fonction des caractéristiques de l'activité du quartier général et de ses conditions d'exercice, au niveau qui correspond le mieux au profit qui aurait été réalisé par une entreprise indépendante dans le respect du principe de pleine concurrence. * BOI-SJ-RES-30-10 du 12 sept. 2012. ♦ Les charges d'exploitation d'un quartier général incluent les frais de restructuration récurrents. • CAA Marseille, 15 janv. 2013, *SAS Hewlett-Packard France*, n° 09MA01670 : *RJF 2013. 477.*

30. La circonstance que la filiale française d'une société étrangère soit imposée à l'IS selon les modalités particulières prévues en faveur des quartiers généraux ne fait pas obstacle à ce que cette société soit redevable dans les conditions de droit commun de la retenue à la source prévue par l'art. 119 *bis*. • CE 26 janv. 2011, n° 331342 : *RJF 2011. 421.*

31. Centres de logistique. Le centre de logistique est une société dont le siège est en France ou l'établissement stable en France d'une société dont le siège est à l'étranger, qui dépend d'un groupe international contrôlé depuis la France ou l'étranger, et qui exerce au seul profit de ce groupe des fonctions de stockage, de conditionnement, d'étiquetage ou de distribution de produits et les activités administratives liées à ces fonctions. Les centres de logistique peuvent obtenir la garantie *a priori* de l'Administration dans les *mêmes conditions que les quartiers* généraux. Leurs charges d'exploitation courantes incluent notamment les frais inhérents à l'entreposage, au conditionnement, au transport, à la livraison et à l'étiquetage des matières premières et fournitures, marchandises et produits finis. * BOI-SJ-RES-30-20-20 du 12 sept. 2012.

C. CENTRES DE COORDINATION DE RECHERCHE

32. Définition. On considère comme « centre de coordination de recherche et développement » une société dont le siège est en France ou un établissement stable en France d'une société dont le siège est à l'étranger, qui dépend d'un groupe au sens économique du terme, contrôlé depuis la France ou l'étranger et qui exerce au seul profit de ce groupe des opérations de coordination de recherche. Le centre de coordination de recherche peut être constitué sous la forme : d'une société de droit français ; d'un simple établissement, sans personnalité juridique, d'une société étrangère ; d'un département ou d'une division adjoint à une branche d'activité industrielle ou commerciale d'une entreprise préexistante ou à une société holding. Il doit s'agir d'une entité passible en France de l'IS. * BOI-SJ-RES-30-30 n°s 20 et 30 du 12 sept. 2012.

33. Régime fiscal. Les centres dont les activités ne sont pas directement susceptibles de commercialisation auprès de tiers, peuvent obtenir *a priori* de l'Administration l'assurance que le montant de leurs bénéfices imposables à l'IS ne sera pas mis en cause s'ils le déterminent selon la méthode du « coût de revient majoré », qui consiste à appliquer un pourcentage de marge préétabli au total des charges d'exploitation courantes, ou toute autre méthode dont la pertinence aura été démontrée. * BOI-SJ-RES-30-30 n° 1 du 12 sept. 2012.

D. DÉFICITS

BIBL. Burguburu, *RJF 2008, p. 211* (heurs (et bonheurs ?) du report en arrière des déficits). – Cozian, *RF compt., févr. et mars 1986* (gestion fiscale des déficits). – Desquines, *Gestion fiscale des déficits de l'entreprise, EFE, 2001.* – Fumenier et Maignan, *Dr. fisc. 2013. Étude 223* (le nouveau cadre fiscal de constitution et d'utilisation des déficits). – Labrune, *RJF 2015, p. 539* (déficits reportés : la science de la déduction). – Parot, *Dr. fisc. 2000, p. 1576* (report déficitaire et identité d'entreprise). – Turot, *RJF 1991, p. 151* (report déficitaire : les sanctions fiscales des changements et transferts d'activité).

34. Report illimité des déficits des entreprises soumises à l'IS (2004). Suppression de la limite à 5 exercices du report en avant des déficits. Application aux exercices ouverts à compter du 1er janv. 2004. Commentaire administratif. * BOI-IS-DEF-10-30 n° 20 du 10 avr. 2013.

35. Aménagement (2012) des dispositifs de report des déficits subis par les sociétés passibles de l'IS. S'agissant du report en avant des déficits, l'imputation de déficits antérieurs sur le bénéfice constaté au titre d'un exercice n'est dorénavant possible qu'à hauteur d'un plafond égal à 1 000 000 € majoré d'un montant de 50 % du bénéfice imposable de l'exercice excédant cette première limite. Abaissement du plafond des déficits reportables et mesure d'assouplissement pour les abandons de créances consentis à des entreprises en difficulté. * BOI-DEF-10-30 n° 12 du 10 avr. 2013. ♦ Constitutionnalité de la disposition conférant un caractère interprétatif à la règle selon laquelle seules les sociétés bénéficiaires d'abandons de créances peuvent majorer le plafond d'imputation de leurs déficits antérieurs. • Cons. const. 13 avr. 2018, *Sté Technicolor,* n° 2018-700 : *RJF 2018. 782.*

36. Report déficitaire. Il résulte de la combinaison des art. 209-I et 221-5 que l'exercice par une société du droit au report déficitaire est subordonné notamment à la condition qu'elle n'ait pas subi, dans son activité réelle, de transformations telles qu'elle ne serait plus, en réalité, la même. • CE 18 mai 2005, n° 259275 : *RJF 2005. 834 ; concl. Collin au BDCF 8/9-05, n° 99 ; Dr. fisc. 2005. 769, concl. Collin, note Masquart.* ♦ La mise en œuvre du droit au report déficitaire est subordonnée notamment à la condition que l'activité de la société n'ait pas définitivement subi de profonds changements. • CAA Paris, 7 déc. 1995, n° 95PA580 : *Dr. fisc. 1996. 394.* ♦ Une société qui cesse ses activités de gestion de ses participations dans diverses sociétés et de prestations administratives au profit de ses filiales, modifie son objet social, absorbe l'une de ses filiales exerçant une activité industrielle et assure alors elle-même l'activité de fabrication et de commercialisation, subit une transformation telle qu'elle ne peut plus être regardée comme la même et prétendre au report de déficits antérieurs. • CAA Nantes, 30 juin 2000, n° 96NT1323 : *Dr. fisc. 2001. 597.* ♦ Il en est de même pour une société mère qui se bornait initialement à des activités purement administratives au profit de sa filiale exerçant une activité industrielle de déshydratation de légumes, qui absorbe sa filiale en reprenant sa dénomination et exerce une activité de conditionnement et de commerce de légumes. Elle doit être regardée comme ayant changé d'activité réelle au sens de l'art. 221 et ne peut, par suite, prétendre au report des déficits prévu par l'art. 209. • CAA Douai, 18 mars 2004, n° 01DA1065 : *Dr. fisc. 2004. 824, concl. Michel.* ♦ Il en est de même encore pour la société qui a subi entre les années N et N + 1 un changement d'une importance telle qu'il doive être regardé non comme une simple adjonction mais comme emportant cessation de l'entreprise au sens de l'art. 221-5 eu égard à l'importance prise par son activité nouvelle de commercialisation de matériaux de hautes performances utilisés comme isolants thermiques destinés aux laboratoires de recherche et à l'industrie et au caractère déclinant, au point de devenir marginal, de l'activité initiale de prise de participations au capital de sociétés et de gestion de valeurs mobilières. • CE 10 juill. 2007, n° 288484 : *RJF 2007. 1219.*

V. égal. notes ss. art. 201 et 202 *bis*.

37. En revanche, une société qui a, au cours d'un exercice, cédé son fonds de commerce de manutention en assortissant cette opération d'une clause de non-rétablissement et qui n'a tiré aucun produit de sa nouvelle activité de commissionnaire en douane au cours de l'exercice suivant, ne peut être regardée comme ayant changé d'activité réelle. Elle est donc en droit d'imputer son report déficitaire sur le résultat de ce dernier exercice. • TA Rouen, 28 mars 2002, n° 97-116 : *Dr. fisc. 2003. 294 ; RJF 2003. 552.* ♦ De même n'emporte pas changement ou cessation d'activité : la mise en gérance libre d'un fonds de commerce. • CE 28 juill. 1993, n° 70812 : *Dr. fisc. 1993. 2487* • TA Nantes, 7 janv. 2000, n° 94-3054 : *RJF 2000. 349.* ♦ ... La cessation d'une activité d'exploitation directe d'un restaurant-discothèque, suivie du développement d'une activité de services et d'investissements hôteliers puis de la reprise d'un restaurant en location-gérance. • CAA Nantes, 28 oct. 1997, n° 95NT48 : *RJF 1998. 25.* ♦ V. égal. notes ss. art. 221.

38. Ordre d'imputation des déficits. L'art. 209-I, al. 3, ne fixe aucun ordre d'ancienneté dans l'imputation des déficits reportables sur les exercices bénéficiaires suivants. Une entreprise peut donc choisir d'imputer par priorité sur le bénéfice d'un exercice les déficits subis au cours des exercices les plus récents. En conséquence, les déficits plus anciens subsistant après cette imputation sur le bénéfice de l'exercice peuvent être reportés en arrière. • TA Montreuil, 7 janv. 2010, n° 08-6809 : *RJF 2010. 570 ; Dr. fisc. 2010. 441, note Pierre.* ♦ Confirmation • CAA Versailles, 3 mai 2011, n° 10VE01100 : *RJF 2011. 1279.*

39. Le déficit net subi lors d'un exercice antérieur ne peut s'imputer que sur le bénéfice net de l'exercice sur lequel il est reporté, ce bénéfice ayant préalablement été établi, après déduction de toutes charges, dont les amortissements. • CE 10 avr. 2015, *SA Fayat,* n° 369667 : *RJF 2015. 568 ; BDCF 2015. 87, concl. Daumas ; Dr. fisc. 2015. 407 et 457, notes Fouquet et Fumenier.*

40. Il résulte des dispositions de l'art. 38-2 que, lorsqu'une société dont l'actif net fiscal est négatif est dissoute par confusion de son patrimoine avec celui d'une autre société, celle-ci peut en principe déduire le mali résultant de cette opération. La dissolution par confusion des patrimoines des filiales d'une société, qui présentent à la date de l'opération une situation nette négative, entraîne une diminution du même montant de l'actif net de la société confondante. La circonstance qu'une partie du passif des filiales repris au bilan de la société confondante aurait été constitué par des dettes des filiales à l'égard de celle-ci ainsi qu'à l'égard d'une autre société avec laquelle elle a procédé à une fusion-absorption, et en outre par des dettes d'une filiale à l'égard de deux autres filiales, est sans incidence sur la variation d'actif net de la société confondante dès lors que les créances correspondantes ont été régulièrement inscrites à son actif. Enfin, l'Administration ne peut prétendre qu'une fraction des sommes dont la réintégration est en litige correspond à des charges non déductibles fiscalement qui auraient été prises en compte à tort pour le calcul de la situation nette négative des quatre filiales dissoutes dès lors que ces charges ont été réintégrées par ces sociétés à leurs résultats respectifs régulièrement déclarés et imposés au titre du dernier exercice précédant leur dissolution. • CE 27 févr. 2006, *Sté Meubles Rapp*, n° 260047 : *RJF 2006. 509 ; concl. Olléon au BDCF 5/06, n° 54 ; Dr. fisc. 2007. 78, concl. Olléon, note Gagneur.*

41. Une société tête de groupe qui dissout sans liquidation une de ses sociétés membres détenue à 100 % ne peut pas déduire la situation nette comptable négative de cette filiale dès lors que le report à nouveau débiteur qui concourt à la déterminer correspond pour partie à des déficits de plus de cinq ans et pour partie à des pertes ayant réduit le résultat d'ensemble. • CE 28 févr. 2007, *SA Piquant Burotic*, n° 274461 : *RJF 2007. 545 ; concl. Vallée au BDCF 5/07, n° 55 ; Dr. sociétés 2007. 126, note Pierre ; Dr. fisc. 2007. 909, concl. Vallée.*

42. Option. L'entreprise optant pour le report en avant des déficits prend une décision de gestion opposable l'empêchant d'exercer l'option pour le report en arrière des déficits (*carry back*) par voie de réclamation. • TA Dijon, 21 mai 2002, n° 00-3340 : *Dr. fisc. 2002. 725.* ♦ Correction symétrique des bilans, V. notes ss. art. 38.

43. Transfert des déficits dans le cadre d'une fusion (agréments délivrés au cours des exercices clos avant le 4 juill. 2012). Pour l'application de l'art. 209-II-*b*, les déficits d'un *holding* pur absorbé pouvaient, sur agrément, être transférés à la société absorbante. • CE 19 sept. 2014, *Sté Numéricable*, n° 349084 : *RJF 2014. 1087 ; Dr. fisc. 2014. 603, note Ménard.* ♦ Lorsqu'une société, exerçant une seule activité au sein de plusieurs établissements, a cédé certains d'entre eux avant d'être absorbée, cette seule circonstance ne pouvait autoriser l'Administration à ne délivrer l'agrément pour le transfert des déficits que si l'activité afférente aux seuls établissements conservés était à l'origine de déficits et était poursuivie par la société absorbante. • CE 19 sept. 2014, *Min. Budget c/ Sté AA RA*, n° 370522 : *RJF 2014. 1086 ; Dr. fisc. 2014. 604, note Ménard.*

44. Transfert des déficits dans le cadre d'une fusion (agréments délivrés au cours des exercices clos à compter du 4 juill. 2012). Nouveau régime d'agrément de droit pour le transfert des déficits. * BOI-SJ-AGR-20-30-10-10 du 13 févr. 2019. ♦ L'art. 209-II modifié s'applique lorsque les déficits dont le transfert est demandé sont imputables, pour la première fois, sur les bénéfices réalisés par l'absorbante au titre d'exercices clos à compter du 4 juill. 2012. L'octroi de l'agrément suppose une absence de changement significatif dans l'activité déficitaire. C'est seulement l'activité de la société absorbée transmise à la société absorbante et à l'origine des déficits dont le transfert est demandé qui ne doit pas avoir fait l'objet de changements significatifs, notamment en termes de clientèle, d'emploi, de moyens d'exploitation effectivement mis en œuvre, de nature et de volume d'activité. • CE 25 oct. 2017, *Sté Serena Caoutchouc*, n° 401403 : *RJF 2018. 11.* ♦ Alors même que l'agrément pour le transfert des déficits subis par la société absorbée est délivré après la réalisation définitive de la fusion, ce transfert doit être regardé comme remontant à la date d'effet rétroactif retenue par les parties à la fusion. • CE 18 janv. 2017, *Min. c/ Sté Stago International*, n° 389004 : *RJF 2017. 309, concl. Bokdam-Tognetti.*

45. Le déficit dont le transfert à l'absorbante est autorisé par l'agrément peut être revu à la hausse. Le montant de déficits dont le transfert a fait l'objet d'un agrément n'est pas intangible : le contribuable peut demander, dans le cadre d'une réclamation contentieuse formulée dans le délai légal, à ce que le montant soit revu à la hausse. • CE 4 févr. 2015, *Sté Score-DDB*, n° 365269 : *RJF 2015. 391 ; BDCF 2015. 56, concl. Aladjidi ; Dr. fisc. 2015. 222, note Poirier.*

46. Lorsqu'une société déficitaire absorbe une société bénéficiaire, la société absorbante a le droit de déduire ses déficits antérieurs des bénéfices réalisés après la fusion, dès lors qu'elle n'a changé ni d'objet ni d'activité. • CE 21 mars 1986, *Auriège*, n° 53002 : *Dr. fisc. 1996. 1446 ; RJF 1986. 490, concl. Fouquet.* ♦ Rappr. • CAA Paris, 18 juin 2007, n° 06PA1941 : *Dr. fisc. 2007. 1085, note Fouquet.*

47. Les déficits d'une société holding animatrice susceptibles de bénéficier de l'agrément ne se limitent pas aux seuls déficits provenant d'une activité opérationnelle distincte de son activité de gestion de ses filiales et réalisée au seul profit de clients tiers. Les déficits d'un holding issus de l'activité de gestion de ses filiales peuvent donc être transférés. • CAA Paris, 8 juin 2021, n° 18PA0371 : *RJF 2021. 1004.*

48. L'absence de changement significatif d'activité de l'absorbée, qui conditionne l'octroi de l'agrément pour le transfert des déficits, s'apprécie de l'exercice de naissance des déficits jusqu'à celui au cours duquel le transfert est demandé. Sous réserve toutefois du cas d'un transfert anticipé de l'activité à l'absorbante avant la fusion. • CE 3 juin 2020 : *Sté ID Espace*, n° 436187 : *RJF 2020. 680.* ♦ La condition tenant à l'absence de changement significatif de l'activité transférée à l'origine des déficits faisant l'objet de la demande de transfert ne s'applique pas uniquement en présence de montages d'optimisation fiscale ou d'absence de réalité économique de l'opération et ne s'apprécie pas globalement pour l'ensemble des sociétés absorbées. • CE (na) 5 mai 2021, n° 442629 : *RJF 2021. 695.* ♦ La suppression d'emplois et de moyens d'exploitation par la société absorbée pendant la période de constatation de déficits, destinée à assurer le maintien du volume de l'activité, ne suffit pas à caractériser un changement significatif d'activité justifiant le refus de l'agrément pour le transfert des déficits. • CE 2 avr. 2021, n° 429319 : *RJF 2021. 557.*

49. Abus de droit pour la fusion dont le seul but est une compensation entre un déficit et un bénéfice. Une fusion de deux sociétés « coquilles » uniquement motivée par l'objectif d'imputer les déficits de l'absorbante sur les bénéfices de l'absorbée peut être constitutive d'un abus de droit. En l'espèce, la fusion entre les sociétés A et B, qui n'avait aucune justification économique, n'avait pu être inspirée par aucun autre motif que de permettre l'imputation des reports déficitaires de la société absorbante A sur le bénéfice imposable de la société absorbée B. Cette opération est par conséquent constitutive d'un abus de droit, l'objectif de restructuration étant dénué de toute portée et le gain de trésorerie négligeable et sans commune mesure avec l'avantage fiscal retiré de ces opérations. • CE 11 avr. 2014, *Min. Budget c/ SARL Garnier Choiseul Holding,* n° 352999 : *RJF 2014.709 ; Dr. fisc. 2014. 408, note Buchet.*

50. Opérations de restructuration : transfert des déficits et des intérêts différés. Conditions de délivrance de l'agrément permettant le transfert des déficits et des intérêts différés de la société apporteuse en cas de fusion ou d'opération assimilée placée sous le régime de faveur. Application pour les exercices clos à compter du 4 juill. 2012. * BOI-SJ-AGR-20-30-10-10 du 13 févr. 2019.

51. L'annulation de la décision implicite de refus d'agrément et la constatation de l'illégalité d'un tel refus ne sont pas de nature à faire regarder une société comme bénéficiaire dudit agrément. *En conséquence,* une société absorbante ne peut se prévaloir du jugement par lequel un tribunal a annulé pour excès de pouvoir la décision implicite de refus de délivrance de l'agrément prévu pour le transfert des déficits de la société absorbée pour déduire de ses résultats les déficits subis par cette dernière. • CAA Lyon, 6 nov. 2012, *SAS Grosset Janin Finances,* n° 12LY00456 : *RJF 2013. 476.*

52. Justification du déficit. A défaut de justifier son déficit par sa comptabilité détruite dans une catastrophe naturelle, constituant un cas de force majeure, le contribuable peut opposer à l'Administration la présomption de sincérité de ses déclarations. • CAA Lyon, 2 mai 2000, n° 96LY908 : *Dr. fisc. 2001. 423, concl. Millet.* ♦ Preuve des déficits antérieurs non déclarés : dans l'hypothèse où le contribuable justifie l'existence et le montant d'un déficit en produisant une comptabilité régulière et probante, il incombe à l'Administration soit de critiquer les écritures ayant conduit à la constatation d'un déficit, soit de demander au contribuable de justifier de la régularité de ces écritures. Le juge de l'impôt doit alors apprécier la valeur des explications respectives du contribuable et de l'Administration. • CE 31 déc. 2020, n° 428297 : *RJF 2021. 297.*

53. Contrôle des déficits. Lorsque le déficit subi par une entreprise est reporté sur les résultats d'un des exercices suivants, la déduction en est opérée à titre de charge de cet exercice. Il s'ensuit que ce déficit peut faire l'objet d'une rectification dans les formes prévues par la loi, même s'il a été subi au cours d'un exercice prescrit du point de vue de l'établissement de l'impôt. • CE 9 mars 1977, n° 1806 : *RJF 1977. 275.* ♦ Dès lors que le contribuable les a déduits des bénéfices imposables d'un exercice non prescrit, l'Administration est en droit de vérifier l'existence et le montant de déficits d'exercices couverts par la prescription et donc de remettre en cause les résultats prétendument déficitaires. Les rectifications apportées à ces résultats ne peuvent pas, toutefois, avoir d'autre effet que de réduire ou supprimer les reports déficitaires opérés sur des exercices non prescrits. • CE 13 nov. 1987, n° 56447 : *RJF 1988. 29.* ♦ Le contrôle des déficits d'exercices prescrits reportés au cours d'exercices non prescrits est possible. L'Administration peut vérifier l'existence et le montant des déficits subis au titre d'un exercice prescrit lorsqu'ils ont été reportés au titre d'exercices non prescrits, sans avoir à attendre leur imputation effective sur le résultat bénéficiaire des exercices ultérieurs. • TA Paris, 20 mars 2019, *SA ST Dupont,* n° 1620873 : *RJF 2019. 1020.*

E. DISPOSITIONS DIVERSES

54. Profit imposable résultant de certains apports en capital libérés par compensation avec des créances liquides et exigibles (art. 209-VII bis). Modalités de détermination du profit résultant d'une augmentation de capital libérée par compensation avec certaines créances acquises auprès d'une entreprise tierce qui n'est liée ni à l'entreprise débitrice ni à la cessionnaire de la créance. * BOI-IS-BASE-10-30 du 28 avr. 2021.

55. Charges financières liées à l'acquisition de titres de participation (art. 209-IX, abrogé à compter du 1er janv. 2019). Mesure destinée à lutter contre des schémas abusifs visant à rattacher artificiellement de la dette en France et consistant à acquérir des titres de sociétés situées hors de France par l'intermédiaire d'entités françaises s'endettant afin de financer cette acquisition et bénéficiant de la déductibilité intégrale de leurs charges financières. Entreprises, charges financières et titres concernés. Modalités de réintégration. * BOI-IS-BASE-35-30-10 et 20 du 4 avr. 2018. ♦ Non-déduction des charges liées à l'acquisition de participations : constitutionnalité sous réserve que la détentrice des titres soit autorisée à démontrer que les décisions relatives à ces titres sont prises par une de ses filiales françaises. • Cons. const. 30 nov. 2018, *Sté Zimmer Biomet France Holdings,* n° 2018-748 QPC : *RJF 2019. 186.* ♦ Conséquences de l'interprétation donnée par le Conseil constitutionnel : • CE 7 mars 2019, *SAS Zimmer Biomet France Holdings,* n° 421688 : *RJF 2019. 577.* ♦ L'art. 34 de la L. n° 2018-1317 du 28 déc. 2018 a supprimé ce dispositif de limitation des charges financières pour les exercices ouverts à compter du 1er janv. 2019.

56. Abattement sur le montant des plus ou moins-values de cession de navire (art. 209-V). Aménagement du régime. * BOI-IS-BASE-60-40-30-10 nos 170 à 190 du 31 juill. 2019.

Art. 209-0 A 1° Pour la détermination de leur résultat imposable, les entreprises qui détiennent des parts ou actions d'organismes de placement collectif en valeurs mobilières ou de placements collectifs relevant des paragraphes 1, 2 et 6 de la sous-section 2, du paragraphe 2 ou du sous-paragraphe 1 du paragraphe 1 de la sous-section 3 de la section 2 du chapitre IV du titre Ier du livre II du code monétaire et financier, qu'ils soient français ou étrangers, évaluent ces parts ou actions, à la clôture de chaque exercice, à leur valeur liquidative.

L'écart entre la valeur liquidative à l'ouverture et à la clôture de l'exercice constaté lors de cette évaluation est compris dans le résultat imposable de l'exercice concerné. En cas d'acquisition au cours de l'exercice, l'écart est calculé à partir de la valeur liquidative à la date d'acquisition.

Il en est de même lorsque ces parts ou actions sont détenues par une personne ou un organisme, établi hors de France, dont l'entreprise détient directement ou indirectement des actions, parts ou droits, si l'actif de cette personne ou de cet organisme est constitué principalement de parts ou actions mentionnées au premier alinéa, ou si son activité consiste de manière prépondérante en la gestion de ces mêmes parts ou actions pour son propre compte. Dans ce cas, l'écart imposable est celui ressortant des évaluations des parts ou actions détenues par cette personne ou cet organisme. Cet écart est retenu au prorata des actions, parts ou droits détenus par l'entreprise imposable dans la personne ou l'organisme détenteur, et regardé comme affectant la valeur de ces actions, parts ou droits.

(L. n° 2018-1317 du 28 déc. 2018, art. 114-I-2° et II, applicable aux exercices ouverts à compter du 1er janv. 2019) « Il en est de même lorsque ces parts ou actions sont détenues par une société de financement spécialisé mentionnée à l'article L. 214-190-2 du code monétaire et financier. »

Les dispositions des premier, deuxième *(L. n° 2018-1317 du 28 déc. 2018, art. 114-I-2° et II, applicable aux exercices ouverts à compter du 1er janv. 2019)* « , troisième et quatrième » alinéas ne sont pas applicables aux parts ou actions d'organismes de placement collectif en valeurs mobilières ou de placements collectifs relevant des paragraphes 1, 2 et 6 de la sous-section 2, du paragraphe 2 ou du sous-paragraphe 1 du paragraphe 1 de la sous-section 3 de la section II du chapitre IV du titre Ier du livre II du code monétaire et financier, qu'ils soient français ou étrangers, détenues par les entreprises exerçant majoritairement leur activité dans le secteur de l'assurance sur la vie ou de capitalisation *(Ord. n° 2017-484 du 6 avr. 2017, art. 17-III-8°)* « , les fonds de retraite professionnelle supplémentaire mentionnés à l'article L. 381-1 du code des assurances, les mutuelles ou unions de retraite professionnelle supplémentaire mentionnées à l'article L. 214-1 du code de la mutualité ou les institutions de retraite professionnelle supplémentaire mentionnées à l'article L. 942-1 du code de la sécurité sociale ».

Les dispositions des premier, deuxième *(L. n° 2018-1317 du 28 déc. 2018, art. 114-I-2° et II, applicable aux exercices ouverts à compter du 1er janv. 2019)* « , troisième et quatrième » alinéas ne sont pas applicables aux parts ou actions d'organismes de placement collectif en valeurs mobilières ou de placements collectifs mentionnés au premier alinéa, français ou établis dans un État membre de la Communauté européenne qui remplissent simultanément les conditions suivantes :

a) la valeur réelle de l'actif est représentée de façon constante pour 90 % au moins par des actions, des certificats d'investissement et des certificats coopératifs d'investissement émis par des sociétés ayant leur siège dans la Communauté européenne, et qui sont soumises à l'impôt sur les sociétés dans les conditions de droit commun ou qui sont soumises à un impôt comparable. La proportion de 90 % est considérée comme satisfaite si, pour chaque semestre civil, la moyenne journalière de la valeur réelle des titres mentionnés ci-avant est au moins égale à 90 % de la moyenne journalière de la valeur réelle de l'ensemble des actifs. Pour le calcul de la proportion de 90 %, les titres qui font l'objet d'un rachat ne sont pas pris en compte au numérateur du rapport ;

b) les titres dont la valeur est retenue pour le calcul de la proportion mentionnée au *a* sont rémunérés par des distributions prélevées sur les bénéfices. Les produits des titres définis à la phrase précédente sont constitués directement par ces bénéfices distribués et par les plus-values résultant de leur cession.

Pour les parts d'un fonds commun de placement à risques ou d'un fonds professionnel de capital investissement qui remplit les conditions prévues au II ou au III *bis* de l'article 163 *quinquies* B, les entreprises peuvent s'abstenir de constater l'écart mentionné au deuxième alinéa à condition de s'engager à les conserver pendant un délai d'au moins cinq ans à compter de leur date d'acquisition. L'engagement est réputé avoir été pris dès lors que cet écart n'a pas été soumis spontanément à l'impôt. En cas de rupture de l'engagement, l'entreprise acquitte spontanément une taxe dont le montant est calculé en appliquant à l'impôt qui aurait été versé en application du deuxième alinéa un taux de 0,75 % par mois décompté du premier jour du mois suivant celui au cours duquel l'impôt devait être acquitté jusqu'au dernier jour du mois du paiement. Cette taxe est acquittée dans les trois mois de la clôture de l'exercice. Elle est liquidée, déclarée et recouvrée comme en matière de taxe sur le chiffre d'affaires et sous les mêmes garanties et sanctions. La taxe n'est pas déductible pour la détermination du résultat imposable ;

2° Le résultat imposable de la cession de ces parts, actions ou droits est déterminé à partir du prix d'acquisition ou de souscription des titres, corrigé du montant des écarts d'évaluation mentionnés au 1° qui ont été compris dans les résultats imposables ;

Les provisions constituées en vue de faire face à la dépréciation des titres ou droits mentionnés au premier alinéa du 1° ne sont pas déductibles. Pour les actions, parts ou droits soumis aux dispositions du troisième alinéa du 1°, la provision constituée, dans les conditions prévues au 5° du 1 de l'article 39, est admise en déduction à hauteur du montant de la dépréciation constatée, qui excède les écarts négatifs, pris en compte en application du 1° ;

3° Pour chaque exercice, le montant net des écarts d'évaluation mentionnés au 1° obtenu après compensation éventuelle entre les écarts positifs et négatifs est indiqué en annexe à la déclaration prévue à l'article 53 A et est déterminé à partir d'un état qui fait apparaître pour chaque catégorie de titres de même nature les valeurs liquidatives de ces parts ou actions qui sont retenues pour la détermination de l'écart imposable en application du présent article. Cet état doit être représenté à toute réquisition de l'administration ; — *V. Ann. IV, art. 56 J vicies : fiche d'apport à la marque.*

4° *et* 5° *Abrogés.*

Valeur des parts ou actions d'OPCVM « actions ». Pour l'appréciation du respect du seuil minimum de 90 % de la valeur réelle de l'actif de l'OPCVM, il est désormais admis que la valeur réelle des parts ou actions des OPCVM détenues par cet OPCVM soit prise en compte « par transparence » lorsque la valeur réelle de leurs actifs respecte elle-même la proportion de 90 % en titres éligibles. * BOI-IS-BASE-10-20-10 du 12 sept. 2012.

Art. 209 A *Abrogé par L. n° 82-1126 du 29 déc. 1982, art. 4-I, en ce qui concerne les exercices ouverts à compter du 1er janv. 1982.*

Art. 209 A *bis* *Périmé.*

Art. 209-0 B I. — Les entreprises dont le chiffre d'affaires provient pour 75 % au moins de l'exploitation de navires armés au commerce peuvent, sur option, être soumises au régime défini au présent article pour la détermination des bénéfices imposables provenant de l'exploitation de ces navires.

L'option mentionnée au premier alinéa est valable sous réserve que l'entreprise exploite sous pavillon d'un État membre de l'Union européenne ou d'un autre État partie à l'accord sur l'Espace économique européen une proportion de tonnage net au moins égale à 25 % et qu'elle s'engage à maintenir ou à augmenter, au cours de la période décennale mentionnée au III, la proportion de tonnage net qu'elle exploite sous ces pavillons à la date d'ouverture du premier exercice de la période décennale couverte par l'option.

Pour les sociétés membres d'un groupe mentionné à l'article 223 A, la proportion mentionnée au deuxième alinéa du présent I est appréciée au regard du tonnage net total exploité par les sociétés membres du groupe.

Sont éligibles à ce régime les navires armés au commerce :

a) Qui ont une jauge brute égale ou supérieure à 50 unités du système de jaugeage universel (UMS) ;

b) Qui soit sont possédés en pleine propriété ou en copropriété, à l'exception de ceux donnés en affrètement coque nue à des sociétés qui ne leur sont pas liées directement ou indirectement, au sens du 12 de l'article 39, ou à des sociétés liées n'ayant pas elles-mêmes opté pour le régime, soit sont affrétés coque nue ou à temps, soit sont pris en location dans les conditions prévues au 1 de l'article L. 313-7 du code monétaire et financier et dans le cadre d'opérations de location avec option d'achat ;

c) Qui sont affectés au transport de personnes ou de biens, au remorquage en haute mer, au sauvetage ou à d'autres activités d'assistance maritime, à des opérations de transport en relation avec l'exercice de toutes autres activités nécessairement fournies en mer ;

d) Dont la gestion stratégique et commerciale est assurée à partir de la France ;

e) Et qui n'ont pas été acquis, pendant la période d'application du présent régime, auprès de sociétés liées directement ou indirectement au sens du 12 de l'article 39 n'ayant pas opté elles-mêmes pour ce régime.

Lorsque l'engagement mentionné au deuxième alinéa n'est pas respecté au titre d'un exercice, les navires qui ne battent pas pavillon d'un des États membres de l'Union européenne ou d'un autre État partie à l'accord sur l'Espace économique européen dont le tonnage a conduit à minorer la proportion de tonnage net mentionnée au même alinéa ne peuvent pas bénéficier du présent régime au titre de cet exercice.

Les dispositions de l'alinéa précédent ne s'appliquent pas si l'une des conditions suivantes est remplie :

a) Les navires éligibles au présent régime qui battent pavillon d'un des États membres de l'Union européenne ou d'un autre État partie à l'accord sur l'Espace économique européen représentent au titre de l'exercice plus de 60 % du tonnage net de la flotte de navires éligibles ;

b) La proportion, sous pavillon d'un État membre de l'Union européenne ou d'un autre État partie à l'accord sur l'Espace économique européen, de tonnage net des navires éligibles au présent régime n'a pas diminué en moyenne au cours des trois derniers exercices, ramenés le cas échéant à douze mois, par rapport à la proportion de tonnage net mentionnée au deuxième alinéa du présent I ;

c) Abrogé.

II. — Le résultat imposable provenant des opérations directement liées à l'exploitation des navires éligibles est déterminé par application à chacun de ces navires, par jour et par tranche de jauge nette de 100 unités du système de jaugeage universel (UMS), du barème suivant :

TONNAGE (en unités du système de jaugeage universel)	JUSQU'À 1 000	DE 1 000 à 10 000	De 10 000 à 25 000	PLUS DE 25 000
Montant (en euros) ……	0,93	0,71	0,47	0,24

Pour l'application du premier alinéa, la jauge nette de chaque navire est arrondie à la centaine supérieure.

Le barème s'applique également pendant les périodes d'indisponibilité des navires.

Le résultat imposable résultant de l'application de ce barème est majoré du montant :

a) Des abandons de créance, subventions et libéralités accordés par des sociétés liées directement ou indirectement au sens du 12 de l'article 39 n'ayant pas elles-mêmes opté pour le présent régime ;

b) Des résultats de participations dans des organismes mentionnés aux articles 8, 8 *quater,* 239 *quater,* 239 *quater* B, 239 *quater* C et 239 *quater* D à l'exception des résultats de copropriétés de navires soumis au présent régime ;

c) Des plus ou moins-values provenant de la cession ou de la réévaluation des navires éligibles et des éléments de l'actif immobilisé affectés à leur exploitation ;

d) Des réintégrations prévues au *d* du 3 de l'article 210 A ;

(Abrogé par L. n° 2018-1317 du 28 déc. 2018, art. 34-I-3° et II, pour les exercices ouverts à compter du 1er janv. 2019) *« e) D'un intérêt calculé au taux mentionné au 3° du 1 de l'article 39 sur la part des capitaux propres qui excède deux fois le montant des dettes de l'entreprise majoré du montant des redevances de crédit-bail restant à payer à la clôture de l'exercice et du prix d'achat résiduel des biens pris en crédit-bail. »*

Les plus et moins-values mentionnées au *c* sont déterminées conformément aux dispositions de l'article 39 *duodecies.* Pour l'application de ces dispositions, le résultat imposable résultant de l'application du barème est réputé tenir compte des amortissements pratiqués par l'entreprise.

Le bénéfice tiré des opérations qui ne sont pas directement liées à l'exploitation de navires éligibles est déterminé dans les conditions de droit commun. Pour la détermination de ce bénéfice, les charges d'intérêts sont imputées à proportion de la valeur comptable brute des éléments d'actif concourant à la réalisation de ces opérations par rapport à la valeur comptable brute de l'ensemble des éléments d'actif.

III. — L'option prévue au I doit être exercée au plus tard au titre d'un exercice clos ou d'une période d'imposition arrêtée avant le 1er janvier 2005. Pour les entreprises qui étaient éligibles avant le 1er janvier 2007 et qui n'ont pas opté, l'option prévue au I peut être exercée au plus tard au titre d'un exercice clos ou d'une période d'imposition arrêtée entre le 1er janvier 2007 et le 1er janvier 2008. Pour les entreprises qui deviennent éligibles, pour la première fois, au présent régime au titre d'un exercice clos à compter du 1er janvier 2008, l'option peut être exercée au plus tard au titre de l'exercice suivant. — *V. Ann. III, art. 46 quater-0 ZS bis et 46 quater-0 ZS bis A.*

Pour les sociétés qui sont membres d'un groupe mentionné à l'article 223 A ou à l'article 223 A *bis,* cette option n'est ou ne demeure valable que si elle est exercée par l'ensemble des sociétés membres du groupe susceptibles de bénéficier du régime défini par le présent article. Une société qui n'a pas opté dans les conditions prévues au premier alinéa peut, lorsqu'elle devient membre d'un groupe mentionné à l'article 223 A ou à l'article 223 A *bis* dont les sociétés membres ont exercé cette option, opter au titre de l'exercice d'entrée dans le groupe.

L'option est formulée pour une période irrévocable de dix années et est renouvelable au terme de cette période.

IV. — Les dispositions du présent article cessent de s'appliquer à compter de l'exercice ou de la période d'imposition au titre duquel survient l'un des événements suivants :

a) La société ne possède ou n'affrète plus aucun navire éligible ;

b) La société ne remplit plus la condition de pourcentage minimum de chiffre d'affaires provenant de l'exploitation de navires armés au commerce mentionnée au I ;

c) La société ayant opté pour le présent régime devient membre d'un groupe mentionné à l'article 223 A ou à l'article 223 A *bis* dont les sociétés membres susceptibles de bénéficier du présent régime n'ont pas exercé cette option ;

d) Une des sociétés membre d'un groupe mentionné à l'article 223 A ou à l'article 223 A *bis* susceptible de bénéficier du présent régime n'a pas exercé l'option prévue au III.

V. — En cas de sortie du présent régime dans les cas prévus au IV, le résultat de l'exercice ou de la période d'imposition au titre duquel ce régime cesse de s'appliquer est augmenté de l'avantage retiré de ce régime, évalué forfaitairement à la somme des bénéfices ayant été déterminés en application du barème mentionné au II.

En cas de réalisation de l'un des événements mentionnés au 2 de l'article 221 avant le terme de la période décennale prévue au III, à l'exception des apports et des opérations de fusion et de scission placées sous le régime prévu à l'article 210 A, le résultat de l'exercice en cours à la date de cet événement est majoré de la somme définie au premier alinéa.

Un décret fixe les modalités d'option et les obligations déclaratives.

1. Taxation au tonnage des entreprises de transport maritime. Commentaire administratif d'ensemble. Entreprises éligibles. Exercice de l'option. Engagement relatif au niveau de la flotte sous pavillon communautaire. Modalités d'application et de sortie du régime. * BOI-IS-BASE-60-40 du 1er juill. 2015.

2. Conformité au droit communautaire. Le régime d'imposition forfaitaire applicable aux compagnies de transport maritime est conforme aux exigences des orientations communautaires sur les aides au transport maritime. * Communiqué CE, 13 mai 2003, *IP/03/79.*

Art. 209 B I. — 1. Lorsqu'une personne morale établie en France et passible de l'impôt sur les sociétés exploite une entreprise hors de France ou détient directement ou indirectement plus de 50 % des actions, parts, droits financiers ou droits de vote dans une entité juridique : personne morale, organisme, fiducie ou institution comparable, établie ou constituée hors de France et que cette entreprise ou entité juridique est soumise à un régime fiscal privilégié au sens de l'article 238 A, les bénéfices ou revenus positifs de cette entreprise ou entité juridique sont imposables à l'impôt sur les sociétés. Lorsqu'ils sont réalisés par une entité juridique, ils sont réputés constituer un revenu de capitaux mobiliers imposable de la personne morale établie en France dans la proportion des actions, parts ou droits financiers qu'elle détient directement ou indirectement.

Le taux de détention mentionné à l'alinéa précédent est ramené à 5 % lorsque plus de 50 % des actions, parts, droits financiers ou droits de vote de l'entité juridique établie ou constituée hors de France sont détenus par des entreprises établies en France qui, dans le cas où l'entité étrangère est cotée sur un marché réglementé, agissent de concert ou bien par des entreprises qui sont placées directement ou indirectement dans une situation de contrôle ou de dépendance au sens de l'article 57 à l'égard de la personne morale établie en France.

2. Les actions, parts, droits financiers ou droits de vote détenus indirectement par la personne morale visée au 1 s'entendent des actions, parts, droits financiers ou droits de vote détenus par l'intermédiaire d'une chaîne d'actions, de parts, de droits financiers ou de droits de vote ; l'appréciation du pourcentage des actions, parts, droits financiers ou droits de vote ainsi détenus s'opère en multipliant entre eux les taux de détention successifs.

La détention indirecte s'entend également des actions, parts, droits financiers ou droits de vote détenus directement ou indirectement :

a. Par les salariés ou les dirigeants de droit ou de fait de la personne morale mentionnée au 1 ;

b. Par une personne physique, son conjoint, ou leurs ascendants ou descendants lorsque l'une au moins de ces personnes est directement ou indirectement actionnaire, porteuse de parts, titulaire de droits financiers ou de droits de vote dans cette personne morale ;

c. Par une entreprise ou une entité juridique ayant en commun avec cette personne morale un actionnaire, un porteur de parts ou un titulaire de droits financiers ou de droits de vote qui dispose directement ou indirectement du nombre le plus élevé de droits de vote dans cette entreprise ou entité juridique et dans cette personne morale ;

d. Par un partenaire commercial de la personne morale dès lors que les relations entre cette personne morale et ce partenaire sont telles qu'il existe entre eux un lien de dépendance économique.

Toutefois, les actions, parts, droits financiers ou droits de vote mentionnés aux *a, b, c et d ne sont pas pris* en compte pour le calcul du pourcentage de résultat de l'entité juridique établie hors de France, qui est réputé constituer un revenu de capitaux mobiliers de la personne morale.

3. Le bénéfice de l'entreprise ou le revenu de capitaux mobiliers mentionné au 1 est réputé acquis le premier jour du mois qui suit la clôture de l'exercice de l'entreprise ou de l'entité juridique établie ou constituée hors de France. Il est déterminé selon les

règles fixées par le présent code à l'exception des dispositions prévues à l'article 223 A et à l'article 223 A *bis*.

4. L'impôt acquitté localement par l'entreprise ou l'entité juridique, établie hors de France, est imputable sur l'impôt établi en France, à condition d'être comparable à l'impôt sur les sociétés et, s'il s'agit d'une entité juridique, dans la proportion mentionnée à la dernière phrase du premier alinéa du 1.

5. Lorsque les produits ou revenus de l'entreprise ou de l'entité juridique comprennent des dividendes, intérêts ou redevances qui proviennent d'un État ou territoire autre que celui dans lequel l'entreprise ou l'entité juridique est établie ou constituée, les retenues à la source auxquelles ont donné lieu ces dividendes, intérêts ou redevances sont imputables dans la proportion mentionnée à la dernière phrase du premier alinéa du 1 sur l'impôt sur les sociétés dû par la personne morale établie en France. Cette imputation est toutefois subordonnée à la condition que l'État ou le territoire d'où proviennent ces dividendes, intérêts ou redevances soit la France ou un État ou territoire qui est lié à la France par une convention d'élimination des doubles impositions en matière d'impôt sur les revenus et qui n'est pas non coopératif au sens de l'article 238-0 A, auquel cas l'imputation se fait au taux fixé dans la convention.

II. — Les dispositions du I ne sont pas applicables :

— si l'entreprise ou l'entité juridique est établie ou constituée dans un État de la Communauté européenne et

— si l'exploitation de l'entreprise ou la détention des actions, parts, droits financiers ou droits de vote de l'entité juridique par la personne morale passible de l'impôt sur les sociétés ne peut être regardée comme constitutive d'un montage artificiel dont le but serait de contourner la législation fiscale française.

III. — En dehors des cas mentionnés au II, le I ne s'applique pas lorsque la personne morale établie en France démontre que les opérations de l'entreprise ou de l'entité juridique établie ou constituée hors de France ont principalement un objet et un effet autres que de permettre la localisation de bénéfices dans un État ou territoire où elle est soumise à un régime fiscal privilégié.

Cette condition est réputée remplie notamment lorsque l'entreprise ou l'entité juridique établie ou constituée hors de France a principalement une activité industrielle ou commerciale effective exercée sur le territoire de l'État de son établissement ou de son siège.

III bis. — Abrogé par L. n° 2012-958 du 16 août 2012, art. 14-I-2°.

IV. — Un décret en Conseil d'État fixe les conditions d'application du présent article et notamment les modalités permettant d'éviter la double imposition des bénéfices ou revenus de capitaux mobiliers effectivement répartis ainsi que les obligations déclaratives de la personne morale. — *V. Ann. II, art. 102 SA à 102 ZB ; sur la sanction du non-respect de l'obligation déclarative, V. art. 1763 A.*

BIBL. ▶ BADRONE, *FR Lefebvre 53/01, p. 23* (art. 209 B et conventions internationales). – BLAISE, *BFL 2002, p. 763* (même thème). – BOKDAM-TOGNETTI, *RJF 2013, p. 107* (art. 209 B : causerie autour de la clause de sauvegarde). – BOUTEMY, MEIER et PERROT, *LPA 2002, n° 17, p. 4* (évasion fiscale, art. 209 B et conventions fiscales internationales : le paradis retrouvé). – CHAÏD-NOURAÏ et COUTURIER, *Dr. fisc. 2001, p. 333* (compatibilité avec le droit international) ; *FR Lefebvre 34/02, p. 25* (commentaire de l'arrêt d'Assemblée du 28 juin 2002). – COUTURIER, AFFEJEE et VAN STRENG, *BFL 2005, p. 887* (nouvel art. 209 B et relations franco-suisses : un obstacle levé ?). – DE L'ESTOILE-CAMPI et JUILHARD, *RJF 2003, p. 113* (Waterloo, morne plaine. L'art. 209 B après l'arrêt Schneider). – DIBOUT, *Dr. fisc. 1997, p. 600* (compatibilité avec les conventions fiscales internationales) ; *Dr. fisc. 1998, p. 1475* (art. 209 B et liberté d'établissement) ; *Dr. fisc. 2000, p. 1365* (art. 209 B et liberté de circulation des capitaux) ; *Dr. fisc. 2002, p. 1133* (inapplicabilité de l'art. 209 B face à la convention fiscale franco-suisse de 1966). – FOUQUET, *Rev. adm. 2005, n° 343, p. 49* (la lutte contre les paradis fiscaux : résurrection de l'art. 209 B). – JUILHARD, *RJF 2001, p. 303* (propos inconvenants sur l'art. 209 B). – LABRUNE, *RJF 2016, p. 269* (art. 209 B : sauvegarde, preuve et pragmatisme). – OLLÉON, *RJF 2002, p. 755* (art. 209 B et conventions fiscales internationales). – OUDENOT, *Dr. fisc. 2014. 528* (la prise en compte des bénéfices réalisés dans un pays à fiscalité privilégiée : état des lieux de l'art. 209 B). – PONS, *BFL 2011, p. 319* (l'article 209 B : règle de territorialité élargie ou mesure anti-évasion ?). – TUROT, *RJF 1998, p. 940* (compatibilité avec le droit communautaire). – VILLEMOT, *Dr. fisc. 2001, p. 1641* (qualité pour invoquer les conventions internationales). – DE WAAL, *Dr. fisc. 1991, p. 1149* (l'art. 209 B : mythe ou réalité ?).

1. Bénéfices réalisés par l'intermédiaire d'entreprises ou entités établies dans des pays à régime fiscal privilégié. Articulation du dispositif avec les conventions fiscales internationales. Champ d'application et modalités d'imposition. Clause de sauvegarde. Règles relatives aux obligations déclaratives, au contrôle, aux pénalités et au recouvrement. * BOI-IS-BASE-60-10 du 12 sept. 2012.

2. Jurisprudence (Régime antérieur à L. fin. 2005). Si une convention fiscale peut conduire à écarter la loi fiscale nationale, elle ne peut pas, par elle-même, directement servir de base légale à une décision relative à l'imposition. Par suite, il incombe au juge de l'impôt, saisi d'une contestation relative à une telle convention, de se placer d'abord au regard de la loi fiscale nationale pour rechercher si, à ce titre, l'imposition contestée a été valablement établie et, dans l'affirmative, sur le fondement de quelle qualification. Il lui appartient ensuite, en rapprochant cette qualification des stipulations de la convention, de déterminer – en fonction des moyens évoqués devant lui ou même, s'agissant de déterminer le champ d'application de la loi, d'office – si cette convention fait ou non obstacle à l'application de la loi fiscale. • CE, ass., 28 juin 2002, n° 232276, *Sté Schneider Electric : Dr. fisc. 2002. 657, chron. Dibout, p. 1133 ; RJF 2002. 1080, chron. Olléon, p. 755 ; Dr. sociétés 2002. 184, note Pierre, concl. contraires Austry au BDCF 10/02, n° 120.* ♦ Il ressort des termes mêmes de l'art. 209 B-I qu'il a pour objet de permettre l'imposition en France des bénéfices résultant de l'exploitation d'une société établie à l'étranger et non des distributions de bénéfices réputées opérées par cette société étangère à son actionnaire résidant en France. • Même arrêt. ♦ En l'absence de définition des bénéfices dans la Convention fiscale franco-suisse du 9 sept. 1966 (rédaction antérieure à l'Avenant du 22 juill. 1997), les bénéfices doivent s'entendre, en vertu de l'art. 3-2, au sens de la législation de l'État régissant les impôts faisant l'objet de la Convention ; les bénéfices visés à l'art. 7-1 – aux termes duquel « les bénéfices d'une entreprise d'un État contractant ne sont imposables que dans cet État, à moins que l'entreprise n'exerce son activité dans l'autre État contractant par l'intermédiaire d'un établissement stable qui y est situé » – sont ceux déterminés selon les règles fixées par le code général des impôts, autrement dit des bénéfices industriels et commerciaux. Par suite, il y a identité de nature entre les bénéfices d'exploitation de la filiale dont l'imposition est attribuée à la Suisse par l'art. 7-1 de la Convention et ses résultats bénéficiaires imposés en France au nom de la société mère sur le fondement de l'art. 209 B. • Même arrêt. ♦ L'objectif d'élimination des doubles impositions attribué à la Convention fiscale susvisée ne saurait justifier une méconnaissance des stipulations de celle-ci au seul motif que l'imposition par la France des bénéfices de la filiale suisse n'est pas établie au nom de cette société mais à celui de la société mère, qui est une entité juridique distincte et à laquelle lesdits bénéfices n'ont pas été distribués. • Même arrêt. ♦ A supposer que la Convention ait un objectif de lutte contre l'évasion et la fraude fiscales, cet objectif ne permet pas, faute de stipulation expresse le prévoyant, de déroger aux règles conventionnelles. • Même arrêt. ♦ Par suite, les dispositions de l'art. 7-1 de la Convention fiscale susvisée s'opposent à l'application de l'art. 209 B-1. • Même arrêt.

3. Les art. 4-1 des Conventions fiscales franco-belge du 10 mars 1964 et franco-luxembourgeoise du 1er avr. 1958 s'opposent à l'imposition en France, entre les mains d'une société mère française, sur le fondement de l'art. 209 B, des bénéfices réalisés par ses deux filiales étrangères constituant chacune un établissement stable, respectivement en Belgique et au Luxembourg. • TA Lille, 9 janv. 2003, n° 99-1876 : *Dr. fisc. 2003. 300 ; RJF 2003. 420 ; Dr. sociétés 2003. 80, note Pierre.* ♦ L'objectif d'élimination des doubles impositions attribué aux conventions fiscales ne saurait justifier une méconnaissance des stipulations conventionnelles susmentionnées au seul motif que l'imposition par la France des bénéfices des sociétés filiales belge et luxembourgeoise n'est pas établie au nom de ces sociétés mais à celui de leur société mère, qui est une entité juridique distincte et à laquelle lesdits bénéfices n'ont pas effectivement été distribués. • Même jugement.

4. Une société française, dont la filiale, implantée à Hong Kong, exerce une activité d'exportation et réalise l'essentiel de son chiffre d'affaires avec Hong Kong, la Chine et Taiwan, établit que les opérations de sa filiale n'ont pas eu principalement pour effet de permettre la localisation de bénéfices dans un territoire à fiscalité privilégiée en faisant valoir, en se fondant sur divers rapports et études ainsi que sur des statistiques émanant des gouvernements de Hong Kong et de la Chine, que Hong Kong est un intermédiaire incontournable entre le reste du monde et le marché chinois, qu'il constitue pour Taiwan un point d'accès au continent chinois et qu'à l'époque de l'implantation de sa filiale, il était impossible aux filiales de sociétés étrangères d'établir leur siège social en Chine. • CAA Versailles, 2 mai 2006, n° 04VE526, *Sté Tyco Electronics France : RJF 2006. 1328.*

5. Une banque française apporte la preuve qui lui incombe que les opérations de sa filiale établie à Hong Kong, qui exerce une activité de gestion des devises asiatiques détenues par des entités du groupe et intervient à ce titre sur les marchés asiatiques, n'ont pas principalement pour objet d'échapper à l'impôt français dès lors que cette activité ne peut être réalisée depuis la France compte tenu des exigences liées au fonctionnement des marchés en cause. • CE 30 déc. 2015, *Sté BNP Paribas*, n° 372733 : *RJF 2016. 226, concl. Bokdam-Tognetti.*

6. Une banque française apporte la preuve qui lui incombe que les opérations de sa sous-filiale, établie à Guernesey et indirectement détenue par elle, n'ont pas pour objet principalement d'échapper à l'impôt français dès lors qu'elle justifie de l'effectivité de l'activité en cause et que la création de cette sous-filiale avait pour finalité le développement de l'activité de banque privée auprès d'une clientèle internationale attirée par la réglementation bancaire et fiscale et le système juridique de Guernesey. • CE 30 déc. 2015, *Sté Paribas International*, n° 372522 : *RJF 2016. 225, concl. Bokdam-Tognetti.* ♦ La présence de résidents fiscaux français dans la clientèle de la sous-filiale ainsi que la circonstance que des fonds aient été collectés en France sont sans incidence dès lors que l'art. 209 B a pour finalité la lutte contre l'évasion fiscale de sociétés françaises désirant minorer leurs bénéfices imposables à l'IS en France et non contre celle des particuliers qui placent une partie de leur épargne dans un établissement de crédit établi dans un État ou territoire à régime fiscal privilégié. • Même arrêt

7. Pour apprécier si une société ayant son siège à l'étranger bénéficie d'un régime fiscal privilégié, et comparer la charge fiscale, en matière d'imposition des bénéfices ou des revenus, qu'elle supporte hors de France et celle à laquelle elle aurait été soumise si elle avait été établie en France, il y a lieu de prendre en compte la retenue à la source que sa filiale, établie en France, a acquittée, en application de l'art. 119 *bis* 2, à raison des dividendes versés à la société étrangère. • CE 21 nov. 2011, *SA Cie des Glénans*, n° 327207 : *RJF 2012. 102 ; Dr. fisc. 2012. 128, concl. Collin, note Durand.* ♦ Pour apprécier si une société dont le siège social est au Vanuatu et qui dispose d'un établissement en Malaisie bénéficie d'un régime fiscal privilégié, et si la société mère établie en France doit être imposée en application de l'art. 209 B, il y a lieu de comparer la charge fiscale, en matière d'imposition des bénéfices ou des revenus, qui aurait été supportée par la filiale si elle avait été établie en France et celle qui lui incombe au Vanuatu, sans prendre en compte la charge fiscale correspondant à l'établissement situé en Malaisie. • CE 21 nov. 2011, *SA SIFA*, n° 325214 : *RJF 2012. 102 ; Dr. fisc. 2012. 128, concl. Collin, note Durand.*

8. Dispositif anti-évasion et droit communautaire. BIBL. Gouthière, *FR Lefebvre n° 39-06, p. 21* (la CJCE précise la notion de montage artificiel). ♦ La seule circonstance qu'une société résidente crée un établissement secondaire, tel qu'une filiale, dans un autre État membre ne saurait fonder une présomption générale de fraude fiscale et justifier une mesure portant atteinte à l'exercice d'une liberté fondamentale garantie par le traité. En revanche, une mesure nationale restreignant la liberté d'établissement peut être justifiée par des motifs de lutte contre des pratiques abusives lorsqu'elle vise spécifiquement les montages purement artificiels, dépourvus de réalité économique, dont le but est d'échapper à l'emprise de la législation de l'État membre concerné et en particulier d'éluder l'impôt normalement dû sur les bénéfices générés par des activités réalisées sur le territoire national. • CJCE 12 sept. 2006, n° C-196/04 : *Cadbury Schweppes plc et Cadbury Schweppes Overseas Ltd.* ♦ Les art. 43 CE et 48 CE du Traité CE doivent être interprétés en ce sens qu'ils s'opposent à l'incorporation, dans l'assiette imposable d'une société résidente établie dans un État membre, des bénéfices réalisés par une société étrangère contrôlée dans un autre État membre lorsque ces bénéfices y sont soumis à un niveau d'imposition inférieur à celui applicable dans le premier État, à moins qu'une telle incorporation ne concerne que les montages purement artificiels destinés à éluder l'impôt national normalement dû. L'application d'une telle mesure d'imposition doit par conséquent être écartée lorsqu'il s'avère, sur la base d'éléments objectifs et vérifiables par des tiers, que, nonobstant l'existence de motivations de nature fiscale, ladite société contrôlée est réellement implantée dans l'État membre d'accueil et y exerce des activités économiques effectives. • Même arrêt. ♦ L'art. 209 B, dans sa rédaction antérieure à 2006, pouvait également être appliqué, sans méconnaître la liberté d'établissement, à des sociétés ou groupements ayant le caractère de montages purement artificiels destinés à éluder l'impôt normalement dû en France. • CE, plén., 4 juill. 2014, n° 357264, *Sté Bolloré : RJF 2014. 880, concl. Nicolazo de Barmon ; Dr. fisc. 2014. 536, note Ardouin.*

Art. 209 C *(Abrogé par L. n° 2013-1278 du 29 déc. 2013, art. 26-I-w)* ***I. — Les petites ou moyennes entreprises soumises à l'impôt sur les sociétés dans les conditions de droit commun qui disposent de succursales ou qui détiennent directement et de manière continue au moins 95 % du capital de filiales, établies et soumises à un impôt équivalent à l'impôt sur les sociétés dans un État de l'Union européenne ou dans un État ayant conclu avec la France une convention fiscale qui contient une clause d'assistance administrative en matière d'échange de renseignements et de lutte contre la fraude et l'évasion fiscale, peuvent déduire de leur résultat imposable de l'exercice les déficits de ces succursales et filiales subis au cours du même exercice dans l'État où elles sont imposées.***

Sous réserve que toutes les autres conditions mentionnées au précédent alinéa soient respectées, cette disposition s'applique également aux petites et moyennes entreprises qui ne sont

pas autorisées à détenir au moins 95 % du capital de leurs filiales en raison d'obligations légales prévues par l'État dans lequel elles sont établies, mais qui en détiennent la part la plus élevée légalement autorisée par cet État. Dans ce cas, les petites et moyennes entreprises peuvent déduire de leur résultat imposable de l'exercice la quote-part des déficits de ces filiales, calculée proportionnellement à leur taux de détention dans le capital de celles-ci, subis au cours du même exercice dans l'État où elles sont imposées.

II. — Les petites ou moyennes entreprises mentionnées au I sont celles :

a) Dont l'effectif est inférieur à deux mille salariés ;

b) Dont le capital et les droits de vote ne sont pas détenus, directement ou indirectement, à hauteur de 25 % ou plus par une entreprise ou conjointement par plusieurs entreprises qui ne respectent pas le seuil mentionné au a. Pour la détermination de ce pourcentage, les participations des sociétés de capital-risque, des fonds communs de placement à risques, des fonds professionnels spécialisés relevant de l'article L. 214-37 du code monétaire et financier dans sa rédaction antérieure à l'ordonnance n° 2013-676 du 25 juillet 2013 modifiant le cadre juridique de la gestion d'actifs, des fonds professionnels de capital investissement, des sociétés de développement régional, des sociétés financières d'innovation et des sociétés unipersonnelles d'investissement à risques ne sont pas prises en compte à la condition qu'il n'existe pas de lien de dépendance au sens du 12 de l'article 39 entre la petite ou moyenne entreprise en cause et ces derniers fonds ou sociétés.

Lorsque la petite ou moyenne entreprise appartient à un groupe fiscal au sens de l'article 223 A, le seuil mentionné au a du présent II est apprécié globalement au niveau du groupe fiscal.

III. — Les déficits déduits du résultat d'un exercice par une entreprise en application du I sont rapportés au résultat imposable de ses exercices suivants, au fur et à mesure des résultats bénéficiaires ultérieurs de la succursale ou de la filiale, ou de la quote-part des résultats bénéficiaires ultérieurs de la filiale détenue par obligation légale à moins de 95 % par l'entreprise, et au plus tard au résultat imposable du cinquième exercice suivant celui de leur déduction.

IV. — L'avantage fiscal procuré par la disposition mentionnée au I est subordonné au respect du règlement (CE) n° 1998/2006 de la Commission, du 15 décembre 2006, concernant l'application des articles 87 et 88 du traité aux aides de minimis.

V. — Lorsqu'au cours d'un exercice l'une des conditions mentionnées au I n'est plus respectée, les déficits déduits des résultats imposables de la petite ou moyenne entreprise et non encore rapportés sont ajoutés au résultat imposable de cet exercice.

Art. 209 *bis* et 209 *ter* *Abrogés par L. n° 2003-1311 du 30 déc. 2003, art. 93-I-A-1° et D.*

Art. 209 *quater* 1. Les plus-values soumises à l'impôt au taux réduit prévu au *a* du I de l'article 219, diminuées du montant de cet impôt, sont portées à une réserve spéciale. *— V. Ann. II, art. 101.*

L'inscription à cette réserve spéciale cesse pour les plus-values imposées au titre des exercices ouverts à compter du 1er janvier 2004. *— V. Nota ss. l'art.*

2. Les sommes prélevées sur cette réserve sont rapportées aux résultats de l'exercice en cours lors de ce prélèvement, sous déduction de l'impôt perçu lors de la réalisation des plus-values correspondantes.

3. La disposition du 2 n'est pas applicable :

a) Si la société est dissoute ;

b) En cas d'incorporation au capital intervenue avant le 1er janvier 2005 ;

c) En cas d'imputation de pertes sur la réserve spéciale avant le 1er janvier 2005 ; les pertes ainsi annulées cessent d'être reportables.

BIBL. ▶ OLLÉON, *RJF 2004, p. 431* (réserve spéciale : un grand cru). - TUROT, *RJF 1993, p. 179* (dotation de la réserve).

1. Suppression de la réserve spéciale des plus-values à long terme. L'art. 39 de la L. n° 2004-1485 du 30 déc. 2004 a supprimé l'obligation d'inscrire le montant net des plus-values à long terme imposées au titre des exercices ouverts à compter du 1er janv. 2004 dans la réserve spéciale prévue à l'art. 209 *quater*. L'imposition au taux réduit des plus-values à long terme pour les exercices ouverts à compter du 1er janv. 2005 présente donc un caractère définitif et n'est plus subordonnée au maintien des sommes en cause dans les capitaux propres de l'entreprise.* BOI-IS-BASE-20-20-20 n° 1 du 11 mars 2013.

2. Virement des sommes portées à la réserve spéciale. Les sommes portées à la réserve spéciale inscrite au bilan à la clôture du premier exercice clos à compter du 31 déc. 2004 ont dû être virées à un autre compte de réserve avant le 31 déc. 2005 dans la limite de 200 millions d'€. Jusqu'au 31 déc. 2006, les entreprises ont pu opter pour le virement de tout ou partie de la fraction de la réserve spéciale qui excède le plafond de 200 millions d'€ à l'autre compte de réserve. Ces sommes sont alors assujetties, dans leur intégralité, à la taxe exceptionnelle. * BOI-IS-BASE-20-20-20 n°s 20 et 30 du 11 mars 2013.

3. Paiement d'une taxe exceptionnelle. Les entreprises ont dû s'acquitter, pour moitié à la date du 15 mars 2006 et pour le solde à la date du 15 mars 2007, d'une taxe exceptionnelle de 2,5 % assise sur le montant des sommes virées, augmentées de celles incorporées au capital et des pertes imputées sur la réserve spéciale depuis le 1er sept. 2004, sous déduction d'un abattement de 500 000 €. En cas de non-respect des conditions *supra* note 2, la fraction de la réserve spéciale correspondante supporte la taxe exceptionnelle au taux de 5 %. * BOI-IS-BASE-20-20-20 n° 40 du 11 mars 2013.

Art. 209 *quater* A à 209 *quater* C *Abrogés par Ord. n° 2004-281 du 25 mars 2004, art. 15.*

Art. 209 *quater* D **Les bénéfices placés sous le régime de l'exonération sous condition de remploi prévue à l'article 238 *octies* sont rattachés aux résultats de l'exercice en cours lors de leur distribution.**

Ils sont retenus :

Pour la moitié de leur montant, lorsque cette distribution intervient plus de quatre ans mais moins de sept ans après leur réalisation ;

Pour 30 % de leur montant, lorsque cette distribution intervient sept ans au moins après leur réalisation.

Un décret fixe les conditions d'application de cette disposition *[Ann. III, art. 46 quater-0 R].*

Art. 209 *quater* E *Abrogé.*

Art. 209 *quinquies* *Dispositions périmées (Décr. n° 2013-463 du 3 juin 2013).*

Suppression anticipée du régime du bénéfice mondial consolidé. Compte tenu des caractéristiques particulières de l'agrément permettant de bénéficier du régime du bénéfice mondial consolidé (art. 209 *quinquies*), une société bénéficiaire d'un tel agrément, qui escomptait en retirer un gain fiscal et ne pouvait anticiper la suppression de ce régime à la date de délivrance de cet agrément, peut se prévaloir d'une espérance légitime devant être regardée comme un bien au sens des stipulations de l'art. 1er du 1er Prot. add. à la Conv. EDH. • CE, plén., 25 oct. 2017, *Min. c/ Sté Vivendi,* n° 403320 : *RJF 2018. 131, concl. Crépey.* ♦ Sur l'atteinte à l'espérance légitime, V. *RJF 2018. 7, chron Iljic.*

Art. 209 *sexies* *Abrogé par Décr. n° 2009-389 du 7 avr. 2009.*

Art. 210 **Les dispositions du présent article s'appliquent aux plus-values, autres que celles visées au deuxième alinéa du II de l'article 238 *octies*, réalisées avant l'entrée en vigueur, dans les conditions fixées par décret en Conseil d'État, des articles 39 *duodecies* à 39 *quindecies* A.**

1. Les plus-values, autres que celles réalisées sur les marchandises, résultant de l'attribution gratuite d'actions ou de parts sociales (parts de capital), à la suite de fusions de *sociétés anonymes,* en commandite par actions ou à responsabilité limitée sont exonérées de l'impôt sur les sociétés.

2. Le même régime est applicable lorsqu'une société anonyme, en commandite par actions ou à responsabilité limitée apporte :

1° L'intégralité de son actif à deux ou plusieurs sociétés constituées à cette fin sous l'une de ces formes, à condition :

***a)* que les sociétés bénéficiaires des apports soient toutes de nationalité française ; toutefois, pour l'application de ces dispositions, sont assimilées aux sociétés de nationalité française les sociétés constituées dans les termes de la loi française et ayant leur siège social à Saint-Pierre-et-Miquelon, à Mayotte, en Nouvelle-Calédonie, en Polynésie française, dans les îles Wallis-et-Futuna et dans les Terres australes et antarctiques françaises ;**

b) que les apports résultent de conventions prenant effet à la même date pour les différentes sociétés qui en sont bénéficiaires et entraînent, dès leur réalisation, la dissolution immédiate de la société apporteuse ;

2° Une partie de ses éléments d'actif à une autre société constituée sous l'une de ces formes, à condition que :

a) la société bénéficiaire de l'apport soit de nationalité française au sens du *a* du 1° ;

b) l'apport ait été préalablement agréé par le ministre de l'économie et des finances.

3. L'application des dispositions du présent article est subordonnée à l'obligation, constatée dans l'acte de fusion ou d'apport :

a) de calculer, en ce qui concerne les éléments autres que les marchandises comprises dans l'apport, les amortissements annuels à prélever sur les bénéfices ainsi que les plus-values ultérieures résultant de la réalisation de ces éléments d'après le prix de revient qu'ils comportaient pour les sociétés fusionnées ou pour la société apporteuse, déduction faite des amortissements déjà réalisés par elles ;

b) d'inscrire immédiatement au passif, en contrepartie des éléments d'actif pris en charge, des provisions pour renouvellement de l'outillage et du matériel égales à celles figurant au moment de la fusion ou de l'apport dans les écritures des sociétés fusionnées ou de la société apporteuse et qui étaient afférentes aux éléments apportés.

Cette obligation incombe, dans le cas visé au 1, à la société absorbante ou nouvelle et, dans les cas visés au 2, soit respectivement aux sociétés bénéficiaires des apports proportionnellement à la valeur des éléments d'actif qui leur sont attribués, soit à la société bénéficiaire de l'apport partiel.

L'obligation prévue au *a)* n'est pas applicable aux fusions ou apports visés au 1 et au 2° du 2 qui ont été réalisés avant le 1er janvier 1950, sous réserve qu'ils aient reçu l'agrément du ministère des finances après avis du commissariat général du Plan d'équipement et de la productivité.

4. Les dispositions du présent article sont applicables aux plus-values visées au I de l'article 238 *octies*.

Doctrine administrative. V. art. 210 B. V. égal. notes ss. art. 210 B.

BIBL. V. ss. art. 210-0 A et 210 B.

Art. 210-0 A I. — Les dispositions *(Abrogé par L. n° 2017-1775 du 28 déc. 2017, art. 23) « relatives aux fusions et aux scissions, »* prévues au 7 *bis* de l'article 38, au I *ter* et au V de l'article 93 *quater*, aux articles 112, 115, 120, 121, 151 *octies*, 151 *octies* A, 151 *octies* B, 151 *nonies*, 208 C, 208 C *bis*, 210 A à 210 C, *(Abrogé par L. n° 2017-1775 du 28 déc. 2017, art. 23) « 210 E, »* 210 F, aux deuxième et troisième alinéas du II de l'article 220 *quinquies* et aux articles 223 A à 223 U, sont applicables :

1° S'agissant des fusions, aux opérations par lesquelles :

a. Une ou plusieurs sociétés absorbées transmettent, par suite et au moment de leur dissolution sans liquidation, l'ensemble de leur patrimoine à une autre société préexistante absorbante, moyennant l'attribution à leurs associés de titres de la société absorbante et, éventuellement, d'une soulte ne dépassant pas 10 % de la valeur nominale de ces titres ;

b. Deux ou plusieurs sociétés absorbées transmettent, par suite et au moment de leur dissolution sans liquidation, l'ensemble de leur patrimoine à une société absorbante qu'elles constituent, moyennant l'attribution à leurs associés de titres de la société absorbante et, éventuellement, d'une soulte ne dépassant pas 10 % de la valeur nominale de ces titres ;

2° S'agissant des scissions, aux opérations par lesquelles la société scindée transmet, par suite et au moment de sa dissolution sans liquidation, l'ensemble de son patrimoine à deux ou plusieurs sociétés préexistantes ou nouvelles, moyennant l'attribution aux associés de la société scindée, proportionnellement à leurs droits dans le capital, *de titres des sociétés bénéficiaires* des apports et, éventuellement, d'une soulte ne dépassant pas 10 % de la valeur nominale de ces titres ;

3° Aux opérations décrites au 1° et au 2° pour lesquelles il n'est pas procédé à l'échange de titres de la société absorbante ou bénéficiaire de l'apport contre les titres de la société absorbée ou scindée lorsque ces titres sont détenus soit par la société absorbante ou bénéficiaire de l'apport, soit par la société absorbée ou scindée *(L.*

n° 2019-1479 du 28 déc. 2019, art. 44, applicable aux opérations réalisées à compter du 21 juill. 2019) **« , soit par une société qui détient la totalité des titres de la société absorbante ou bénéficiaire et de la société absorbée ou scindée » ;**

(L. n° 2017-1775 du 28 déc. 2017, art. 23) **« 4° S'agissant des apports partiels d'actifs, aux opérations par lesquelles une société apporte, sans être dissoute, l'ensemble ou une ou plusieurs branches complètes de son activité à une autre société, moyennant la remise de titres représentatifs du capital social de la société bénéficiaire de l'apport. »** *— La définition prévue au présent 4° s'applique aux opérations d'apports partiels d'actifs réalisées à compter du 1er janv. 2018 (L. n° 2017-1775 du 28 déc. 2017, art. 23-III).*

II. — Sont exclues des dispositions prévues au 7 *bis* de l'article 38, au I *ter* et au V de l'article 93 *quater*, aux articles 115, 151 *octies*, 151 *octies* A, 151 *octies* B, 151 *nonies*, 210 A à 210 C et aux deuxième et troisième alinéas du II de l'article 220 *quinquies* les opérations de fusion, de scission et d'apport partiel d'actif n'entrant pas dans le champ d'application de la directive *(L. n° 2017-1775 du 28 déc. 2017, art. 23)* **« 2009/133/CE du Conseil du 19 octobre 2009 concernant le régime fiscal commun applicable aux fusions, scissions, scissions partielles, apports d'actifs et échanges d'actions intéressant des sociétés d'États membres différents, ainsi qu'au transfert du siège statutaire d'une SE ou d'une SCE d'un État membre à un autre », lorsqu'une société, apporteuse ou bénéficiaire d'un apport, a son siège dans un État ou territoire n'ayant pas conclu avec la France une convention fiscale contenant une clause d'assistance administrative en vue de lutter contre la fraude et l'évasion fiscales.** *— La Dir. 90/434/CEE mentionnée ci-dessus est abrogée et remplacée par la Dir. 2009/133/CE du 19 oct. 2009, à compter du 15 déc. 2009.*

(L. n° 2017-1775 du 28 déc. 2017, art. 23) **« III. — Ne peuvent pas bénéficier des dispositions prévues au 7 *bis* de l'article 38, aux I *ter* et V de l'article 93 *quater*, aux articles 112, 115, 120, 121, 151 *octies*, 151 *octies* A, 151 *octies* B, 151 *nonies*, 208 C, 208 C *bis*, 210 A à 210 C, 210 F, aux deuxième et troisième alinéas du II de l'article 220 *quinquies* et aux articles 223 A à 223 U, les opérations de fusion, de scission ou d'apport partiel d'actif ayant comme objectif principal ou comme un de leurs objectifs principaux la fraude ou l'évasion fiscales.**

« Pour l'application du premier alinéa du présent III, l'opération est regardée, sauf preuve contraire appréciée dans le cadre d'une procédure de contrôle contradictoire en application de l'article L. 10 du livre des procédures fiscales, comme ayant pour objectif principal ou pour un de ses objectifs principaux la fraude ou l'évasion fiscales lorsqu'elle n'est pas effectuée pour des motifs économiques valables, tels que la restructuration ou la rationalisation des activités des sociétés participant à l'opération.

« IV. — Lorsque les opérations de fusion, de scission ou d'apport partiel d'actif, placées sous le régime de l'article 210 A, sont réalisées au profit d'une personne morale étrangère, la société apporteuse est tenue de souscrire, par voie électronique, dans le même délai que sa déclaration de résultat de l'exercice au cours duquel l'opération a été réalisée, une déclaration spéciale, conforme à un modèle établi par l'administration, permettant d'apprécier les motifs et conséquences de cette opération.

« Un décret fixe le contenu de cette déclaration. » *— Le présent IV s'applique aux opérations réalisées à compter du 1er janv. 2018.*

V. Ann. III, art. 46 quater-0 ZS ter.

Les dispositions issues de la L. n° 2017-1775 du 28 déc. 2017 s'appliquent aux opérations de fusion, de scission ou d'apport partiel d'actif réalisées à compter du 1er janv. 2018 (L. préc., art. 23).

BIBL. ▶ Plantin, *JCP E 2002, p. 456* (dissolution par confusion de patrimoines). – Touttée et Lourdeau-Morel, *BFL 2002, p. 837* (confusion de patrimoine : les points en suspens). – Villemot, *Dr. fisc. 2002, p. 911 ; JCP N 2002, p. 1630* (la nouvelle définition des fusions et des scissions).

1. Doctrine administrative. Aménagement des régimes de faveur des fusions, scission et apports partiels d'actif. Extension de l'application du régime de faveur des fusions aux opérations de dissolution sans liquidation visées à l'art. 1844-5 C. civ. Régime des restructurations * BOI-IS-FUS-10-20 du 3 oct. 2018. 1° Définition fiscale des opérations éligibles au régime spécial. * BOI-IS-FUS-10-20-10 ; 2° Champ d'application du régime spécial des fusions. * BOI-IS-FUS-10-20-20 ; 3° Conséquences du régime spécial des fusions au regard de la société absorbée. * BOI-IS-FUS-10-20-30 ; 4° Conséquences du régime spécial des fusions au regard de la société absorbante, ses obligations. * BOI-IS-FUS-10-20-40 et 10-20-50.

2. Directive communautaire sur les fusions, scissions et apports partiels d'actif. La clause « anti-abus » prévue par la directive communautaire, en vertu de laquelle les États membres peuvent refuser d'appliquer le régime de faveur lorsque l'opération a pour objectif principal la fraude ou l'évasion fiscales, ne peut être invoquée qu'en cas de fraude portant sur les impôts visés par la directive. Par conséquent, le régime de faveur instauré par la directive ne saurait être refusé à un assujetti qui a envisagé, par un montage juridique comprenant une fusion d'entreprises, d'échapper aux droits de mutation, cet impôt ne relevant pas du champ d'application de la directive. • CJUE 20 mai 2010, n° 352/08 : *RJF 2010. 869.* ♦ L'économie de coûts structurels rendue possible par une fusion entre deux sociétés d'un même groupe ne constitue pas un « motif économique valable » suffisant pour écarter l'application de la clause anti-abus de la directive communautaire. • CJUE 10 nov. 2011, n° 126/10 : *RJF 2012. 201.*

3. Confusions de patrimoine. Dissolution sans liquidation. L'Administration admet qu'un effet rétroactif soit donné à l'opération de dissolution sans liquidation. Une telle opération peut produire ses effets au premier jour de l'exercice au cours duquel elle est réalisée, étant précisé que la date de réalisation de l'opération s'entend de la date à laquelle est prise la décision de dissolution de la filiale. Un effet différé peut également être conféré à la confusion, dans la limite du délai de trente jours qui sépare la date de la décision de l'expiration du délai d'opposition des créanciers. * BOI-IS-FUS-10-20-10 n°s 30 à 110 du 3 oct. 2018.

4. Apport à une société étrangère. L'exclusion prévue à l'art. 10-0 A-II du bénéfice du régime de faveur s'applique, bien que la convention fiscale ait été conclue, dans l'hypothèse où elle n'est pas encore entrée en vigueur et dans les cas où la clause d'assistance qu'elle contient n'est pas applicable. • CE 13 avr. 2016, *SAS Auchan Hyper,* n° 377899 : *RJF 2016. 605. concl. Escaut.*

Art. 210 A **1. Les plus-values nettes et les profits dégagés sur l'ensemble des éléments d'actif apportés du fait d'une fusion ne sont pas soumis à l'impôt sur les sociétés.**

Il en est de même de la plus-value éventuellement dégagée par la société absorbante lors de l'annulation des actions ou parts de son propre capital qu'elle reçoit ou qui correspondent à ses droits dans la société absorbée.

L'inscription à l'actif de la société absorbante du mali technique de fusion consécutif à l'annulation des titres de la société absorbée ne peut donner lieu à aucune déduction ultérieure. — *V. Ann. III, art. 38 quinquies à 38 quindecies.*

Lorsque la société absorbante a acquis les titres de la société absorbée moins de deux ans avant la fusion, l'éventuelle moins-value à court terme réalisée à l'occasion de l'annulation de ces titres de participation n'est pas déductible à hauteur du montant des produits de ces titres qui a ouvert droit à l'application du régime prévu aux articles 145 et 216 depuis leur acquisition.

2. L'impôt sur les sociétés n'est applicable aux provisions figurant au bilan de la société absorbée que si elles deviennent sans objet. — *V. note ss. l'art.*

3. L'application de ces dispositions est subordonnée à la condition que la société absorbante s'engage, dans l'acte de fusion, à respecter les prescriptions suivantes :

***a)* Elle doit reprendre à son passif :**

— d'une part, les provisions dont l'imposition est différée ;

— d'autre part, la réserve spéciale où la société absorbée a porté les plus-values à long terme soumises antérieurement au taux réduit de 10 %, de 15 %, de 18 %, de 19 % ou de 25 %, ainsi que la réserve où ont été portées les provisions pour fluctuation des cours en application du sixième alinéa du 5° du 1 de l'article 39 ;

***b)* Elle doit se substituer à la société absorbée pour la réintégration des résultats dont la prise en compte avait été différée pour l'imposition de cette dernière ;**

***c)* Elle doit calculer les plus-values réalisées ultérieurement à l'occasion de la cession des immobilisations non amortissables qui lui sont apportées d'après la valeur qu'elles avaient, du point de vue fiscal, dans les écritures de la société absorbée ;**

***d)* Elle doit réintégrer dans ses bénéfices imposables les plus-values dégagées lors de l'apport des biens amortissables. La réintégration des plus-values est effectuée par parts égales sur une période de quinze ans pour les constructions et les droits qui se rapportent à des constructions ainsi que pour les plantations et les agencements et aménagements des terrains amortissables sur une période au moins égale à cette durée ; dans les autres cas, la réintégration s'effectue par parts égales sur une période de cinq ans. Lorsque le total des plus-values nettes sur les constructions, les planta-**

tions et les agencements et aménagements des terrains excède 90 % de la plus-value nette globale sur éléments amortissables, la réintégration des plus-values afférentes aux constructions, aux plantations et aux agencements et aménagements des terrains est effectuée par parts égales sur une période égale à la durée moyenne pondérée d'amortissement de ces biens. Toutefois, la cession d'un bien amortissable entraîne l'imposition immédiate de la fraction de la plus-value afférente à ce bien qui n'a pas encore été réintégrée. En contrepartie, les amortissements et les plus-values ultérieurs afférents aux éléments amortissables sont calculés d'après la valeur qui leur a été attribuée lors de l'apport.

_e)_ Elle doit inscrire à son bilan les éléments autres que les immobilisations pour la valeur qu'ils avaient, du point de vue fiscal, dans les écritures de la société absorbée. A défaut, elle doit comprendre dans ses résultats de l'exercice au cours duquel intervient l'opération le profit correspondant à la différence entre la nouvelle valeur de ces éléments et la valeur qu'ils avaient, du point de vue fiscal, dans les écritures de la société absorbée.

4. *Devenu sans objet (L. nº 97-1026 du 10 nov. 1997, art. 2).*

5. Les droits afférents à un contrat de crédit-bail conclu dans les conditions prévues aux 1 et 2 de l'article L. 313-7 du code monétaire et financier sont assimilés à des éléments de l'actif immobilisé, amortissables ou non amortissables dans les conditions prévues à l'article 39 _duodecies_ A.

Pour l'application du _c_ du 3, en cas de cession ultérieure des droits mentionnés à l'alinéa précédent qui sont assimilés à des éléments non amortissables ou de cession du terrain, la plus-value est calculée d'après la valeur que ces droits avaient, du point de vue fiscal, dans les écritures de la société absorbée.

Ces dispositions s'appliquent aux droits afférents aux contrats de crédit-bail portant sur des éléments incorporels amortissables d'un fonds de commerce ou d'un fonds artisanal.

6. Pour l'application du présent article, les titres du portefeuille dont le résultat de cession est exclu du régime des plus ou moins-values à long terme conformément à l'article 219 sont assimilés à des éléments de l'actif immobilisé.

Pour l'application du _c_ du 3, en cas de cession ultérieure des titres mentionnés au premier alinéa, la plus-value est calculée d'après la valeur que ces titres avaient, du point de vue fiscal, dans les écritures de la société absorbée.

A compter du 1er janv. 2003, les dispositions des 1 et 2 de l'art. 210 A du CGI s'appliquent à la transmission universelle de patrimoine réalisée entre deux ou plusieurs chambres de commerce et d'industrie, sous réserve que l'entité qui possède les biens à l'issue de l'opération respecte les prescriptions mentionnées au 3 du même article.

Pour l'application de ces dernières dispositions, la société absorbée s'entend de l'entité qui possédait les biens avant l'intervention de l'opération, et la société absorbante s'entend de l'entité possédant ces mêmes biens après l'opération (L. nº 2005-882 du 2 août 2005, art. 68-I).

A compter du 1er janv. 2010, les 1 et 2 de l'art. 210 A du CGI s'appliquent à la transmission universelle de patrimoine réalisée entre deux ou plusieurs établissements du réseau des chambres de métiers et de l'artisanat, sous réserve que l'entité qui possède les biens à l'issue de l'opération respecte les prescriptions mentionnées au 3 du même article. Pour l'application de ces dernières dispositions, la société absorbée s'entend de l'entité qui possédait les biens avant l'intervention de l'opération, et la société absorbante s'entend de l'entité possédant ces mêmes biens après l'opération (L. nº 2009-1674 du 30 déc. 2009, art. 68).

BIBL. ▶ AUSTRY et GUTMANN, *FR Lefebvre 37-11, p. 17* (l'invocabilité et la portée de la directive « fusions »). – BERGERÈS, *Dr. fisc. 2002, p. 576* (le mali de fusion) ; *Dr. fisc. 2002, p. 1097* (fusions : la théorie du prix d'acquisition) ; *Dr. fisc. 2004, p. 808* (continuité et rupture dans la fusion aux valeurs comptables). – BOKDAM-TOGNETTI, *RJF 2013, p. 515* (invisibilité fiscale des fusions, nature en trompe-l'œil du gain net de l'actionnaire en cas de rachat de ses titres par la société : la fiscalité au-delà du miroir). – COZIAN, *GPFE, doc. 4* (abus de droit et restructuration de sociétés). – CROS *et al.*, *Dr. et patr. 2005, nº 136, p. 48* (le traitement comptable des fusions et opérations assimilées et ses incidences fiscales). – DAMY, *Dr. fisc. 2005, p. 670* (la fiscalité des fusions et acquisitions de sociétés : étude synthétique pour une stratégie efficiente). – DE MAINTENANT, *BFL 2002, p. 825* (menaces sur les fusions rapides ?). – DE WAAL, *Dr. fisc. 1998, p. 286 ; Dr. fisc. 2000, p. 367 ; RD aff. int. 2002, nº 2, p. 245* (les fusions transfrontalières). – DIBOUT, *Dr. fisc. 2002, p. 991* (le régime fiscal français des fusions et opérations assimilées sous la lumière de la Dir. du 23 juill. 1999). – FOUQUET et LOPATER, *RJF 2020, p. 750* (rétroactivité fiscale et non-rétroactivité comptable des opérations de confusion de patrimoine : divergences et convergences). – MERCIER, Fusions. Apports partiels d'actif. Scissions, *Éd. F. Lefebvre, 2011*. – MORTEROL, *Dr. fisc. 1993, p. 1664* (fusions de sociétés, rétroactivité et théorie du coût d'acquisition). – PAILLUSSEAU, *JCP E 2000, p. 1557* (rétroactivité des fusions) ; *D. Affaires 2000, n° 35, II* (fusions rapides). – RAQUIN, *RJF 2011, p. 1019* (le statut de la transmission universelle de patrimoine au regard des textes fiscaux). – RENAULT, *JCP E 2001, p. 1420* (fusions rapides). – TUROT, *RJF 1991, p. 847* (rétroactivité fiscale des fusions). – VILLEMOT, *Dr. fisc. 1999, p. 702* (rétroactivité des fusions) ; *Dr. fisc. 2001, p. 897* (effet rétroactif des fusions, scissions et apports partiels d'actif). – VILLEMOT et BORDET, *Dr. fisc. 2004, p. 1016* (fusions de sociétés et opérations assimilées : la valorisation des apports). – X..., *FR Lefebvre 35-05, p. 19* (fusions et opérations assimilées. Nouvelles précisions comptables).

1. Régime spécial des fusions. * BOI-IS-FUS-10-20 du 3 oct. 2018.

2. Fusion ou scission sans échange de titres. * BOI-IS-FUS-50-30 du 3 juin 2020.

3. Notion de fusion. Une transmission universelle de patrimoine réalisée sur le fondement de l'art. 1844-5 C. civ. constitue une fusion au sens de la directive communautaire du 23 juill. 1990. Elle peut donc bénéficier du régime de faveur prévu par l'art. 210 A (applicable avant 2002) dès l'entrée en vigueur des aménagements apportés à cet article par la L. n° 91-1323 du 30 déc. 1991. Le législateur n'a en effet pas entendu, à cette occasion, traiter moins favorablement les fusions opérées uniquement entre sociétés françaises par rapport à celles qui mettent en cause les sociétés d'un autre État membre. • CE 17 juin 2011, *SARL Méditerranée Automobiles*, n° 324392 : *RJF 2011. 1035 ; ibid. 502, note Racine ; BDCF 10/11, n° 110, concl. Collin.*

4. En adoptant l'art. 210 A CGI, le législateur a entendu assurer la neutralité au plan fiscal des opérations de fusion des sociétés et, à cette fin, sauf lorsqu'il en a disposé autrement, regarder de telles opérations comme des opérations intercalaires. Il en résulte qu'eu égard à cet objectif et en l'absence de dispositions contraires, lorsque des éléments de l'actif immobilisé ont été reçus en apport par une société à l'occasion d'une fusion placée sous le régime de l'art. 210 A, ces éléments doivent être regardés comme figurant dans le patrimoine de la société bénéficiaire de l'apport depuis la date de leur acquisition ou de leur création par la société absorbée. Les mêmes règles sont applicables dans le cas où des éléments de l'actif immobilisé ont été reçus en apport par une société à l'occasion d'un apport partiel d'actif placé sous le bénéfice de l'art. 210 B. • CE 11 févr. 2013, *Min. c/ Sté Heineken France*, n° 356519 : *RJF 2013. 474 ; BDCF 2013. 54, concl. Bohnert ; Dr. fisc. 2013. 354, note Chadefaux.* ♦ Lorsqu'une société a bénéficié d'un apport de titres placé sous le régime de l'art. 210 A et a ultérieurement procédé à leur annulation à l'occasion d'une dissolution sans liquidation par confusion de patrimoine, la moins-value constatée lors de cette opération relève du régime du long terme dès lors que l'acquisition des titres par la société apporteuse remonte à au moins deux ans. Il en est ainsi même si la durée de détention de ces titres par la société bénéficiaire de l'apport est inférieure à deux ans. • Même arrêt.

5. Sociétés en commandite simple. Le régime de faveur des fusions s'applique aux opérations auxquelles participent les sociétés en commandite simple, y compris en qualité de société absorbante ou bénéficiaire des apports, même si elles n'ont pas exercé l'option pour l'IS. • CE 11 avr. 2018, *Min. c/ Sté GE Medical System*, n° 409027 : *RJF 2018. 735.*

6. Fusions d'associations. Concernant les opérations de fusion, scission et apport partiel d'actif de plusieurs associations, et malgré l'absence de rémunération des apports par l'attribution de droits représentatifs du capital de l'organisme bénéficiaire, il existe une réelle contrepartie des apports. Celle-ci est constituée par la garantie que l'association absorbante ou bénéficiaire de l'apport se substitue aux obligations de l'association absorbée ou apporteuse, notamment à l'égard des engagements et garanties attachés aux apports. En conséquence, dès lors que les associations parties à l'opération sont soumises à l'IS au taux de droit commun, les opérations susvisées peuvent être assimilées à des opérations de fusion ou scission au sens de l'art. 210-0 A. * BOI-IS-FUS-10-20-20 n°s 330 et 333 du 10 avr. 2019.

7. Une opération de fusion réalisée par deux associations assujetties à l'IS ne peut être placée sous le régime spécial prévu à l'art. 210 A dès lors que celui-ci est réservé aux apports rémunérés par des titres de participation en application de l'art. 210-0 A. Par conséquent, les associations, quand bien même elles sont assujetties à l'IS, ne peuvent bénéficier du transfert des déficits de l'absorbée à l'absorbante, prévu à l'art. 209-II. • CAA Douai, 21 oct. 2010, n° 08DA1310 : *RJF 2011. 148 ; Dr. fisc. 2011. 114.*

8. Rétroactivité des fusions et opérations assimilées. Dès lors que les traités de fusion, de scission ou d'apport comportent expressément une clause de rétroactivité, cette obligation contractuelle s'impose aux parties comme à l'Administration en matière d'impôt sur les sociétés dès lors que le fait générateur de l'imposition des résultats des exercices en cours n'est pas intervenu (date de clôture de l'exercice ou, à défaut, le 31 déc.). * BOI-IS-FUS-40-40 du 3 oct. 2018. ♦ Pour la détermination des bénéfices imposables de la société absorbante dans le cas de fusion de deux sociétés anonymes, le premier bilan dans lequel doivent être prises en compte les conséquences de la fusion est le bilan de clôture de l'exercice au cours duquel la convention de fusion a été définitivement conclue. Si les deux sociétés sont convenues de donner effet à la fusion à une date antérieure à celle à laquelle la convention est définitivement conclue, elles sont tenues de prendre en compte toutes les conséquences à la date ainsi stipulée, à laquelle les effets de la fusion remontent. La perte née de la poursuite de l'activité de la société absorbée entre la date d'effet de la fusion et celle de la conclusion définitive de la convention est réputée avoir été supportée par la société absorbante. Elle est donc déductible des résultats de cette dernière. • CE 16 juin 1993, *SA Laboratoires Wellcome*, n° 7044 : *Dr. fisc. 1993. 1641, concl. Arrighi de Casanova.* ♦ Si le traité d'apport prévoit de donner effet à l'apport à une date antérieure à celle de la conclusion définitive de la convention, les parties au traité sont tenues de prendre en compte toutes les conséquences de la date d'effet ainsi stipulée. La société bénéficiaire de l'apport, pour l'évaluation du résultat imposable de son premier exercice clos après la conclusion du traité d'apport, n'a pas la faculté de renoncer à rattacher à ce résultat l'ensemble des produits et des charges provenant de l'exploitation des activités apportées durant la période intercalaire. La société bénéficiaire de l'apport est fondée à déduire de son résultat les amortissements effectués pendant la période intercalaire sur les biens apportés. • CE 18 mars 1992, *Sté LHS*, n° 62402 : *Lebon 118 ; RJF 1992. 634, concl. Fouquet.*

9. Dans le cas d'une fusion de deux sociétés, qui ont convenu de donner effet à la fusion à une date antérieure à celle à laquelle la convention de fusion a été définitivement conclue, rien ne s'oppose à ce que soient prises en compte toutes les conséquences de la fusion, pour la détermination des bénéfices imposables de la société absorbante, dans le bilan de clôture de l'exercice au cours duquel la convention a été définitivement conclue. Toutefois, les effets de la fusion, qui ne *saurait exercer* une influence sur le bilan de clôture du ou des exercices précédents de chacune des deux sociétés concernées, et donc sur les bénéfices imposables dégagés par celles-ci au cours de ces exercices, ne sauraient remonter à une date antérieure à la plus récente des dates d'ouverture des exercices des deux sociétés au cours desquels la convention a été définitivement conclue. • CE 13 sept. 2021, n° 451564 : *RJF 2021. 1095 ; Dr. fisc. 2021. 444, note Pierre.*

10. Il est possible de faire rétroagir fiscalement une opération d'apport partiel d'actif à une date antérieure à la date d'immatriculation de la société nouvelle bénéficiaire de l'apport. Toutefois cette rétroactivité doit rester sans effet sur le bilan de clôture du ou des exercices précédents de la société apporteuse. En l'espèce, la société bénéficiaire de l'apport d'un fonds de commerce peut valablement reprendre à son compte toutes les opérations réalisées par le fonds apporté à compter du jour d'ouverture de l'exercice au cours duquel elle a été immatriculée au registre du commerce et des sociétés, jusqu'au jour de la réalisation définitive de l'apport. Position contraire à la doctrine administrative. • CE 29 juin 2011, n°s 317212 et 317234 : *RJF 2011. 1036 ; Dr. fisc. 2011. 494, concl. Cortot-Boucher, note Fulener.*

11. La plus-value résultant d'une cession de titres initiée par une société absorbée doit être rattachée aux résultats de la société absorbante dès lors que la condition suspensive dont cette vente est assortie se réalise après la date d'effet de la fusion. • CE 26 janv. 2011, n° 312470 : *RJF 2011. 417 ; Dr. fisc. 2011. 325, concl. Escaut.*

12. La rétroactivité d'une confusion de patrimoine a un impact sur la moins-value d'annulation des titres : lorsqu'une clause de rétroactivité est prévue, toutes les conséquences doivent en être tirées, y compris pour déterminer la moins-value d'annulation des titres qui résulte pour partie d'une augmentation de capital intervenue au cours de la période intercalaire. • CE 18 mars 2020 : *Sté Orange France*, n° 426473 : *RJF 2020. 522, concl. Cytermann.*

13. Dettes de la société absorbée nées avant la fusion. Les dettes d'une société absorbée issues de la prise en compte de la quote-part des pertes réalisées par une SCI dont elle est associée constituent un élément de son prix d'acquisition et non une charge déductible des résultats de la société absorbante dès lors qu'elle n'apporte pas la preuve qu'elle en ignorait l'existence. • CE 27 juin 2008, n° 282910 : *RJF 2008. 1166.* ♦ Pour une perte due à un détournement de fonds intervenu pendant la période intercalaire non déductible chez la société absorbée, V. • CE 6 juin 2008, n° 285629 : *RJF 2008. 1058.*

14. Mali de fusion. Perte constatée lors de l'annulation des titres acquis : lorsque l'Administration n'apporte aucun élément établissant que le prix payé pour acquérir la totalité du capital d'une société aurait eu partiellement pour contrepartie un accroissement de la valeur de son propre fonds, la perte constatée lors de l'absorption de cette filiale, en raison d'une évaluation de l'actif net reçu inférieure au prix d'acquisition des titres, est déductible des résultats imposables. • CE 25 avr. 2003, n° 236923, *Laboratoires Merck et Clévenot : RJF 2003. 822, concl. Bachelier, p. 574.*

15. Mali de confusion. Une société holding

peut déduire le mali de confusion qu'elle constate à la suite de la dissolution sans liquidation de ses deux filiales, la transmission universelle du patrimoine prévue par l'art. 1844-5 C. civ. ne dérogeant pas au principe d'autonomie juridique et fiscale des sociétés. L'administration n'établit pas par ailleurs que la transmission universelle de l'actif et du passif des sociétés dissoutes est constitutive d'un acte anormal de gestion en se bornant à relever un appauvrissement volontaire de la société qui n'aurait pas limité sa responsabilité à hauteur de ses apports. • TA Nantes, 6 juill. 2005, n° 01-1221, *Sté Mecapresse : RJF 2006. 18.*

16. *Reprise des provisions.* Les provisions inscrites au passif du bilan d'une société absorbante, constituées par les sociétés absorbées, doivent être regardées, eu égard à leur caractère fiscalement non déductible, comme incluses dans l'actif net fiscal dont ces sociétés ont fait apport à la société absorbante. La réintégration de la provision dans l'actif net de clôture de la société absorbante, diminuée du supplément d'apport auquel elle correspondait, n'affecte pas la variation de l'actif net de cette société, qui détermine l'assiette de son imposition en vertu de l'art. 38, et n'entraîne aucun redressement. • CE 26 févr. 2003, n° 222748 : *Dr. fisc. 2003. 471, concl. Maugüé ; RJF 2003. 547.* ♦ Dès lors que les provisions pour risques ou charges constituées par la société apporteuse sont prises en compte dans l'évaluation de l'apport, la société bénéficiaire d'un apport partiel d'actif placé sous le régime de droit commun ne peut déduire la charge correspondante. La reprise par cette société des provisions, même non déductibles, de la société apporteuse, ne peut donc donner lieu à aucune déduction extra-comptable. • CE 25 sept. 2013, *Sté Oddo et Cie*, n° 356382 : *RJF 2013. 1122 ; BDCF 2013. 128, concl. Escaut.* ♦ Sur l'incidence de la théorie du prix d'acquisition sur la prise en compte des coûts de démantèlement : • CE 6 juin 2018, *Sté Uniper France Power*, n° 410164 : *RJF 2018. 831, concl. Victor.*

17. *Moins-value de l'absorbante sur des titres reçus par apport.* Le régime de la moins-value de cession de titres reçus dans le cadre d'un apport partiel d'actif placé sous le régime de faveur doit être apprécié en calculant leur durée de détention à compter de la date d'acquisition des titres. • CE 11 févr. 2013, *Min. c/ Sté Heineken France*, n° 356519 : *préc. note 4.*

18. *Moins-values à long terme de l'absorbée imputables sur les plus-values de l'absorbante.* Les plus-values à long terme réalisées après la fusion peuvent être imputées sur les provisions pour dépréciation de titres constituées par l'absorbée qui sont reprises au passif de l'absorbante dans le régime de faveur et suivent le régime des moins-values à long terme. • CE 30 déc. 2011, n° 316194 : *RJF 2012. 233 ; Dr. fisc. 2012. 196, concl. Hédary, note Chadefaux.*

19. *Engagement formel de l'absorbante.* L'exigence d'un engagement formel de l'absorbante dans l'acte de fusion de respecter certaines obligations, condition d'application du régime de faveur prévu à l'art. 210 A, est conforme au droit européen. En cas de dissolution sans liquidation, cet engagement doit être pris dans l'acte de dissolution. • CAA Versailles, 28 janv. 2014, n° 13VE00293 : *RJF 2014. 553 ; Dr. fisc. 2014. 322, concl. Locatelli, note Billet.* ♦ Confirmation : la disposition légale qui impose à la société absorbante l'obligation de mentionner ses engagements dans l'acte de fusion n'est pas contraire à la directive « fusions ». • CE 20 janv. 2016, *SARL EBS*, n° 376980 : *RJF 2016.321, concl. Bokdam-Tognetti.*

20. *Obligation de la société absorbante : pénalités.* Le principe de personnalité des peines ne fait pas obstacle à ce que, à l'occasion d'une opération de fusion ou de scission, les sanctions pécuniaires infligées à la société absorbée ou scindée soient, compte tenu de la transmission universelle du patrimoine, mises à la charge de la société absorbante ou des sociétés bénéficiaires des apports. • CE, avis, 4 déc. 2009, n° 329173 : *RJF 2010. 154.*

21. *Fusion rapide.* Une opération d'acquisition d'une société suivie de sa fusion peut être remise en cause, selon les cas, conformément à la procédure de répression des abus de droit ou sur le fondement de l'acte anormal de gestion. La qualification fiscale de l'opération doit résulter de la prise en considération d'un faisceau d'indices cumulatifs ou alternatifs, parmi lesquels le délai séparant l'acquisition de la fusion, le niveau de capitalisation de la société holding de reprise, l'importance des dettes d'acquisition subsistant au moment de la fusion par rapport au financement initial, l'exercice ou non par la société cessionnaire avant la fusion d'une activité autre que la détention des titres de la société acquise. * BOI-IS-FUS-10-40 n°s 1 à 30 du 9 janv. 2019. ♦ S'agissant d'une opération dite de « LBO secondaire » (fusion de deux holdings de rachat), la déductibilité des frais financiers engagés par la société holding de rachat, société absorbante (H), n'est pas remise en cause dès lors que les conditions suivantes sont cumulativement réunies : 1) la fusion des sociétés H et M (société absorbée) n'entraîne pas de rupture dans l'application du régime fiscal des groupes de sociétés prévu à l'art. 223 A, de sorte que l'opération de fusion n'a pas pour objet de compenser fiscalement des résultats en dehors du cadre légal du régime de groupe ; 2) le capital de la société absorbée (M) ne comprend aucun intérêt minoritaire susceptible d'être lésé par l'opération de fusion (dès lors que la société absorbante, la société H, détient la totalité du capital de la société absorbée) ; 3) l'opération de fusion ne concerne que des structures de financement et n'entraîne par conséquent aucun appauvrissement des sociétés opérationnelles. * Rescrit 23 oct. 2007 : *n° 2007/48 FE.* * BOI-IS-FUS-10-40 n° 50 du 9 janv. 2019.

22. *Fiscalité et comptabilité.* Règles d'évaluation des apports. Sur le règlement n° 2004-01 du 4 mai 2004 du Comité de la réglementation comptable relatif au traitement comptable des fusions et opérations assimilées. • CE 8 juin 2005, n° 270967 : *RJF 2005. 885, concl. Vallée, p. 577.*

Art. 210 B *(L. n° 2017-1775 du 28 déc. 2017, art. 23)* « 1. L'article 210 A s'applique à l'apport partiel d'actif d'une ou plusieurs branches complètes d'activité ou d'éléments assimilés.

« Le même article 210 A s'applique à la scission de société comportant au moins deux branches complètes d'activité lorsque chacune des sociétés bénéficiaires reçoit une ou plusieurs de ces branches. »

Les apports de participations portant sur plus de 50 % du capital de la société dont les titres sont apportés *(L. n° 2017-1775 du 28 déc. 2017, art. 23)* « ou, si un tel pourcentage du capital est déjà détenu par la société bénéficiaire, les apports venant renforcer cette détention » sont assimilés à une branche complète d'activité, sous réserve que la société apporteuse respecte les règles et conditions prévues aux troisième et quatrième alinéas du *7 bis* de l'article 38. Il en est de même, d'une part, des apports de participations conférant à la société bénéficiaire des apports la détention directe de plus de 30 % des droits de vote de la société dont les titres sont apportés lorsqu'aucun autre associé ne détient, directement ou indirectement, une fraction des droits de vote supérieure et, d'autre part, des apports de participations conférant à la société bénéficiaire des apports, qui détient d'ores et déjà plus de 30 % des droits de vote de la société dont les titres sont apportés, la fraction des droits de vote la plus élevée dans la société.

(L. n° 2018-1317 du 28 déc. 2018, art. 35-1°) « 1 *bis*. En cas d'apport partiel d'actif d'éléments assimilés mentionnés au dernier alinéa du 1 du présent article, la société apporteuse est réputée détenir les titres remis en contrepartie de l'apport depuis la date à laquelle celle-ci a acquis les éléments apportés. »

(L. n° 2017-1775 du 28 déc. 2017, art. 23) « 2. Les plus-values de cession afférentes aux titres remis en contrepartie de l'apport sont calculées par référence à la valeur que les biens apportés avaient, du point de vue fiscal, dans les écritures de la société apporteuse.

« Les plus-values ou moins-values dégagées sur les titres répartis dans les conditions prévues au 2 de l'article 115 ne sont pas retenues pour l'assiette de l'impôt sur les sociétés dû par la personne morale apporteuse.

« 3. En l'absence d'apport d'une ou plusieurs branches complètes d'activité ou d'éléments assimilés », les dispositions de l'article 210 A s'appliquent aux apports partiels d'actif et aux scissions sur agrément délivré dans les conditions prévues à l'article 1649 *nonies*.

L'agrément est délivré lorsque, compte tenu des éléments faisant l'objet de l'apport : *(L. n° 2017-1775 du 28 déc. 2017, art. 23)* « *a*. L'opération est justifiée par un motif économique, se traduisant notamment par l'exercice par la société bénéficiaire de l'apport d'une activité autonome et l'amélioration des structures, ainsi que par une association entre les parties formalisée par un engagement de conservation pendant trois ans des titres remis en contrepartie de l'apport ;

« *b*. L'article 210-0 A est respecté ; »

c. Les modalités de l'opération permettent d'assurer l'imposition future des plus-values mises en sursis d'imposition.

(L. n° 2017-1775 du 28 déc. 2017, art. 23) « Pour les opérations de scission, l'obligation de conservation des titres mentionnée au *a* n'est exigée que des associés qui détiennent dans la société scindée, à la date d'approbation de la scission, 5 % au moins des droits de vote ou qui y exercent ou y ont exercé dans les six mois précédant cette date, directement ou par l'intermédiaire de leurs mandataires sociaux ou préposés, des fonctions de direction, d'administration ou de surveillance et détiennent au moins 0,1 % des droits de vote dans la société. »

La notion de branche complète d'activité est définie au j de l'art. 2 de la Dir. 2009/133/CE du 19 oct. 2009, à compter du 15 déc. 2009 ; V. App.

Les dispositions issues de la L. n° 2017-1775 du 28 déc. 2017 s'appliquent aux opérations de fusion, de scission ou d'apport partiel d'actif réalisées à compter du 1er janv. 2018 (L. préc., art. 23).

BIBL. ▶ MÉNARD, *BFL 2018, p. 234* (la sécurité juridique appliquée aux opérations de réorganisation : de l'agrément au rescrit ?). – MÉNIVAL, *BFL 2011, p. 821* (notion de branche complète d'activité). – RENAULT, *JCP E 2002, p. 364* (branche complète et autonome d'activité). – RUTSCHMANN et GAYRAL, *BFL 2009, p. 439* (apports intracommunautaires : compatibilité du droit interne avec la directive Fusions). – VILLEMOT, *Dr. fisc. 2000, p. 1117* (apports partiels d'actif et scissions). – DE WAAL, *Dr. fisc. 2000, p. 367* (filialisation d'une société française par une société européenne).

1. Restructurations soumises à agrément. 1° Apports partiels d'actif et scissions. * BOI-SJ-AGR-20-10 du 9 janv. 2019. 2° Attribution des titres reçus en contrepartie d'un apport partiel d'actif. * BOI-SJ-AGR-20-20 du 9 janv. 2019.

2. Branche complète d'activité. La définition de la branche complète d'activité prévue à l'art. 2 *i* de la Directive du 23 juill. 1990 est applicable en droit interne. Doctrine de l'Administration, V. * BOI-IS-FUS-20-20 du 3 oct. 2018.

3. Pour bénéficier de plein droit du régime spécial des fusions, un apport partiel d'actif doit concerner une branche d'activité susceptible de faire l'objet d'une exploitation autonome chez la société apporteuse comme chez la société bénéficiaire de l'apport, sous réserve que cet apport opère un transfert complet des éléments essentiels de cette activité tels qu'ils existaient dans le patrimoine de la société apporteuse et dans des conditions permettant à la société bénéficiaire de l'apport de disposer durablement de tous ces éléments. • CE 27 juill. 2005, ⛫ n° 259052 : *RJF 2005. 1170 ; concl. Olléon au BDCF 11/05, n° 127 ; Dr. fisc. 2006. 191 ; Dr. sociétés 2005. 204, note Pierre.* ♦ La circonstance que, d'après la convention d'apport, l'apport partiel d'actif ne porte pas sur les marques commerciales mais seulement sur un droit d'usage précaire du nom commercial, fait obstacle à ce que cet apport soit regardé comme portant sur une branche complète et autonome d'activité. • Même arrêt. ♦ En revanche, porte sur une branche complète d'activité l'apport par une société du supermarché qu'elle exploite sous une enseigne avec l'ensemble des droits, biens et obligations relatifs à son exploitation, dont notamment les autorisations administratives indispensables à son fonctionnement, à l'exclusion du contrat d'enseigne et d'approvisionnement exclusif précédemment conclu avec un groupe du secteur de la grande distribution. • CE 29 sept. 2017, *Sté Discount Gestion Conseil*, n° 400613 : *RJF 2017. 1167, concl. Victor.*

4. Afin d'ouvrir droit au bénéfice de l'art. 210 B, une scission de société doit concerner au moins deux branches complètes d'activités, chacune des sociétés bénéficiaires des apports recevant au moins l'une de ces branches avec son actif et son passif. Pour l'application de ces dispositions, un apport fait à une société issue d'une scission doit porter sur une ou plusieurs branches d'activités susceptibles de faire l'objet d'une exploitation autonome chez la société apporteuse comme chez la société bénéficiaire de l'apport, et opérer un transfert complet des éléments essentiels de ces activités tels qu'ils existaient dans le patrimoine de la société apporteuse, dans des conditions permettant à la société bénéficiaire de l'apport de disposer durablement de tous ces éléments. • CE 30 janv. 2013, ⛫ *Sté Ambulances de France*, n° 346683 : *RJF 2013. 392 ; ibid. 331, chron. Bokdam-Tognetti ; BDCF 2013.42, concl. Legras.* ♦ Le maintien d'une marque chez l'apporteur n'exclut pas l'existence d'une branche complète d'activité : cas d'apport d'une activité de franchisage dans le cadre duquel la société apporteuse conserve la propriété de la marque correspondante mais concède sans réserve à la bénéficiaire le droit de l'utiliser. Autrement dit, le fait qu'une marque ne soit pas apportée en pleine propriété mais sous la forme d'un droit d'usage ne fait pas obstacle à ce que la branche d'activité soit regardée comme complète et autonome dès lors que ce droit est concédé sans aucune réserve. • CE 6 déc. 2013, ⛫ *Sté Promo Art*, n° 346809 : *RJF 2014. 216.*

5. La société qui a apporté un fonds de commerce à une autre société n'a pas apporté une branche complète et autonome d'activité au sens de l'art. 301 E de l'annexe II, dès lors que les marques n'étaient ni apportées ni mises à disposition de la société bénéficiaire de l'apport, et que seul un droit d'usage précaire était consenti sur les noms commerciaux, de sorte que l'exploitation autonome et durable de la branche d'activité qui ne pouvait être acquise qu'à la condition que soit garantie la pérennité, sinon de l'usage de la marque, en tout cas celle du nom commercial assurant le ralliement de la clientèle constitutive d'un élément essentiel du fonds de commerce n'était pas assurée. L'opération ne pouvait donc pas bénéficier du régime spécial des apports partiels d'actif. • Com. 10 janv. 2006, ⛫ n° 20F-D, *Sté BL Holding : RJF 2006. 606 ; Dr. sociétés 2006. 69, note Pierre.* ♦ Lorsque l'acte de cession autorise seulement la société à faire usage de la marque à titre d'enseigne pendant une période transitoire et à titre gracieux, la marque n'a pas été cédée et il n'y a pas cession d'une branche d'activité autonome. • Com. 20 mai 2008, ⛫ n° 07-12.441 : *RJF 2008. 1127.* ♦ L'apport d'un fonds de commerce de produits œnologiques et prestations de services associées ne porte pas sur une branche d'activité complète et autonome s'il ne s'accompagne pas du transfert des technico-commerciaux qui y sont affectés. • TA Montpellier, 8 nov. 2012, *SAS Ondupack*, n° 1004452 : *RJF 2013. 804.*

6. La cession d'éléments permettant l'exploitation autonome et durable de l'activité est un transfert de branche complète d'activité même en l'absence d'apport des créances clients. • Com. 15 mai 2012 : RJF 2012. 874. ♦ Jugé, au contraire, que le transfert des créances détenues par une société sur ses distributeurs est exigé dès lors qu'elles sont indispensables à l'exploitation autonome de l'activité chez la société apporteuse comme chez la société bénéficiaire. • CE 10 juin 2013, *Sté Fresenius médical Care Groupe France*, n° 337137 : *RJF 2013. 974 ; BDCF 2013. 106, concl. Hédary.*

7. L'apport qui porte, d'une part, sur des éléments incorporels du fonds dont la société bénéficiaire disposait déjà en tant que locataire-gérante et, d'autre part, sur une quantité réduite de matériel et de mobilier, ne constitue pas l'apport d'une branche complète d'activité. • CAA Bordeaux, 20 mars 2003, n° 98BX1690 : *RJF 2003. 1208 ; Dr. fisc. 2004. 345.*

8. Le simple apport de participations dans d'autres sociétés ne constitue pas un apport partiel d'actif. • Com. 1er avr. 1997, n° 94-19.382 : *Dr. fisc. 1997. 769 ; RJF 1997. 993.* ♦ Des titres de participation dans une société ne pouvant être regardés comme des éléments d'exploitation permettant l'exercice autonome d'une activité économique, les plus-values dégagées à l'occasion d'une opération de scission qui se traduit seulement, pour l'une des sociétés bénéficiaires, par l'apport de tels titres ne peuvent donc pas bénéficier de l'exonération d'IS prévue par l'art. 210 B. • CE 30 janv. 2013, *Sté Ambulances de France*, n° 346683 : *préc. note 3.*

9. Une société qui a fait apport de sa seule et unique branche d'activité reste le seul redevable légal de l'IS sur les bénéfices produits par l'activité transférée au cours d'exercices antérieurs à celui de l'apport. • CAA Paris, 11 févr. 1999, n° 97PA879 : *RJF 1999. 537.*

10. GIE. L'apport d'une participation dans un GIE sans capital peut bénéficier du régime de faveur des fusions dès lors que cette participation permet le contrôle dudit groupement et que l'activité de celui-ci peut faire l'objet d'une exploitation autonome. • CE 16 mai 2012, *Sté GDF Suez énergie services*, n° 325370 : *RJF 2012. 806 ; Dr. fisc. 2012. 453, concl. Hédary, note Chadefaux.*

11. Déchéance du régime. Les art. 210 A et 210 B, qui prévoient que les plus-values nettes dégagées sur l'ensemble des éléments d'actif immobilisé faisant l'objet de l'apport partiel d'actif d'une branche complète d'activité sont exonérées lorsque la société apporteuse prend l'engagement dans l'acte d'apport de conserver pendant 5 ou 3 ans les titres remis en contrepartie de l'apport, impliquent que la rupture de cet engagement rend imposables ces plus-values nettes. Par suite l'imposition doit être établie au titre de l'exercice au cours duquel est intervenu ce fait générateur. • CE 13 juill. 2007, n° 289658, *SA Transalliance : RJF 2007. 1218 ; Dr. fisc. 2007. 915, concl. Séners.*

12. Rétroactivité des actes d'apport. Une société peut déduire des résultats de son premier exercice les pertes résultant de la reprise au 1er août d'une activité qui lui a été apportée dans le cadre d'un apport partiel d'actif approuvé fin décembre avec date d'effet fixée au 1er août, et ce, alors même qu'elle n'était pas encore immatriculée à cette date. • CAA Paris, 8 avr. 2009, n° 07PA2934 : *RJF 2009. 917 ; Dr. fisc. 2009. 523, note Fumenier.* ♦ V. aussi note 1 ss. art. 210 A.

13. Droit communautaire. L'art. 2-c et *i* de la Directive 90/434/CE du 23 juill. 1990 doit être interprété en ce sens qu'il n'y a pas apport d'actifs au sens de cette directive lorsqu'une transaction prévoit le maintien, dans le chef de la société apporteuse, du produit d'un emprunt important contracté par cette dernière et le transfert à la société bénéficiaire de l'apport des obligations y afférentes. Il n'importe pas à cet égard que la société apporteuse conserve un petit nombre d'actions d'une société tierce. • CJCE 15 janv. 2002, n° C-43/00, *Andersen og Jensen : RJF 2002. 458 ; Dr. fisc. 2002. 602, chron. Dibout, p. 991 ; Dr. sociétés 2002. 103, note Pierre.* ♦ Il revient à la juridiction nationale d'apprécier si un apport d'actifs porte sur une exploitation autonome, à savoir un ensemble capable de fonctionner par ses propres moyens, lorsque les besoins de trésorerie futurs de la société bénéficiaire de l'apport doivent être satisfaits par un crédit d'exploitation à consentir par une institution financière qui exige, notamment, que les actionnaires de la société bénéficiaire de l'apport remettent en garantie des actions représentant le capital social de cette société. • Même arrêt.

14. Agrément prévu à l'art. 210 B-3. La délivrance de l'agrément prévu par l'art. 210 B-3 constitue un droit pour les sociétés qui remplissent les conditions objectives, nécessaires et suffisantes fixées par ce texte. • Cons. const. 29 déc. 1999, n° 99-424 DC : *RJF 2000. 248.* ♦ Au nombre de ces conditions ne figure pas l'obligation de calculer la parité d'échange retenue pour une opération d'apport partiel d'actif sur la base de la valeur réelle des actifs apportés. En refusant l'agrément à une société au motif que la rémunération de l'opération avait été calculée sur la base des valeurs nettes comptables, le ministre lui a opposé une condition non prévue par le texte préc. • CE 28 nov. 2016, *Min. c/ H & M, Hennes et Mauritz SARL*, n° 378793 : *Dr. fisc. 2017. 62, concl. Crépey.* ♦ De même, la condition d'association entre les parties n'implique pas la conservation des titres. • CAA Versailles, 1er oct. 2019, *Min. c/ SA Oberthur Technologies*, n° 17VE02586 : *RJF 2020. 9.* ♦ L'opération de regroupement de stations-service sous deux entités distinctes selon qu'elles sont situées près d'un supermarché ou près d'un hypermarché se justifie par l'amélioration des structures. Elle peut donc bénéficier de l'agrément. • CAA Lyon, 6 oct. 2011, n° 10LY02921 : *RJF 2012. 205 ; Dr. fisc. 2012. 62, concl. Monnier, note Chadefaux.*

15. Cession de titres reçus en apport. La moins-value d'annulation de titres reçus par voie d'apport partiel d'actif placé sous le régime spécial de l'art. 210 B est à long terme si l'acquisition de ces titres par la société apporteuse remonte à au moins deux ans. • CE 11 févr. 2013, *Min. c/ Sté Heineken France*, n° 356519 : *RJF 2013. 474 ; BDCF 2013. 54, concl. Bohnert ; Dr. fisc. 2013. 354, note Chadefaux.*

16. Apports placés sous le régime spécial des fusions sur agrément avant 2018. Précisions administratives. * BOI-RES-000040 du 29 mai 2019.

Art. 210 B *bis* *(Abrogé par L. n° 2017-1775 du 28 déc. 2017, art. 23)* ***1. Les titres représentatifs d'un apport partiel d'actif ou d'une scission grevés de l'engagement de conservation de trois ans mentionné à l'article 210 B peuvent être apportés, sans remise en cause du régime prévu à l'article 210 A ou sans que l'amende prévue à l'article 1768 ne soit appliquée, sous réserve du respect des conditions suivantes :***

a. Les titres sont apportés dans le cadre d'une fusion, d'une scission ou d'un apport partiel d'actif placé sous le régime de l'article 210 A ;

b. La société bénéficiaire de l'apport conserve les titres reçus jusqu'à l'expiration du délai de conservation prévu à l'article 210 B.

L'engagement de conservation est souscrit dans l'acte d'apport par les sociétés apporteuse et bénéficiaire de l'apport.

En cas d'apports successifs au cours du délai de conservation prévu à l'article 210 B, toutes les sociétés apporteuses et bénéficiaires des apports doivent souscrire cet engagement dans le même acte pour chaque opération d'apport.

2. Le non-respect de l'une des dispositions prévues au 1 entraîne la déchéance rétroactive du régime de l'article 210 A appliqué à l'opération initiale d'apport partiel d'actif rémunérée par les titres grevés de l'engagement de conservation.

La société bénéficiaire de l'apport qui ne souscrit pas l'engagement de conservation ou ne respecte pas, totalement ou partiellement, l'obligation de conservation des titres représentatifs d'une scission est seule redevable de l'amende prévue à l'article 1768. La société apporteuse, ou les sociétés apporteuses en cas d'apports successifs, sont solidairement responsables du paiement de cette amende.

Le présent art. est abrogé pour les opérations de fusion, de scission ou d'apport partiel d'actif réalisées à compter du 1er janv. 2018 (L. n° 2017-1775 du 28 déc. 2017, art. 23).

Art. 210 C **1. Les dispositions des articles 210 A et 210 B s'appliquent aux opérations auxquelles participent exclusivement des personnes morales ou organismes passibles de l'impôt sur les sociétés.**

(L. n° 2017-1775 du 28 déc. 2017, art. 23) **« 2. Ces dispositions ne sont applicables aux opérations de fusion, de scission et d'apport partiel d'actif d'une branche complète d'activité réalisées au profit de personnes morales étrangères par des personnes morales françaises que si les éléments apportés sont effectivement rattachés à un établissement stable de la personne morale étrangère situé en France. »**

3. Les dispositions des articles 210 A à 210 B ne sont pas applicables aux opérations de fusion, scission et apport partiel d'actif par lesquelles une société non exonérée de l'impôt sur les sociétés fait apport de tout ou partie de ses biens à une société d'investissement à capital variable.

V. note ss. art. 210 B.

Apport à une société étrangère. Fusion transfrontalière Opérations réalisées avant le 1er janv. 2018. L'agrément préalable requis pour l'application du régime de faveur des fusions aux opérations d'apport à des personnes morales étrangères est contraire, d'une part, à la clause anti-abus prévue par la directive fusions en tant qu'il instaure une présomption générale de fraude ou d'évasion fiscales et, d'autre part, à la liberté d'établissement garantie par le TFUE en tant qu'il n'est exigé que pour des fusions transnationales. • CJUE 8 mars 2017, *Sté Euro Park Service*, n° 14/16 : *RJF 2017. 520 ; Dr. fisc. 2017.306, note de Boynes.* ♦ Sur renvoi de • CE 30 déc. 2015, *Sté Euro Park Service*, n° 369316 : *RJF 2016. 227 ; Dr. fisc. 2016. 258, note de Waal.* ♦ Les art. 210 C-2 et 210 B, qui soumettent à une procédure d'agrément préalable les seuls apports faits à des personnes morales étrangères, à l'exclusion des apports faits à des personnes morales françaises, instituent une discrimination contraire au droit de l'UE. • CE 26 juin 2017, *Sté Euro Park Service*, n° 369311 : *RJF 2017. 916, concl. Bokdam-Tognetti.*

Art. 210 D Les plus-values que peut faire apparaître une opération visée à l'article 48 de la loi n° 78-763 du 19 juillet 1978 portant statut des sociétés coopératives de production sont imposables, au nom de la société coopérative de production, dans les conditions suivantes :

a) Les plus-values afférentes aux immobilisations non amortissables font l'objet d'un report de taxation jusqu'à la cession, à titre onéreux, de ces immobilisations par la société coopérative de production. Ces plus-values sont calculées d'après la valeur qu'avaient, du point de vue fiscal, ces immobilisations dans le bilan de la société transformée ;

b) Les plus-values afférentes aux autres immobilisations sont réintégrées, par cinquième, dans les excédents nets de gestion imposables, sur une période de cinq ans suivant la transformation. En contrepartie, les amortissements et les plus-values ultérieurs afférents à ces immobilisations sont calculés d'après la valeur qui leur a été attribuée lors de l'opération visée au premier alinéa.

L'écart de valorisation mentionné au dernier alinéa de l'article 49 de la loi n° 78-763 du 19 juillet 1978 précitée ne peut donner lieu à aucune déduction au titre de l'exercice de réalisation de l'opération de transformation ou d'un exercice ultérieur.

Transformation d'une société en SCOP. Possibilité de comptabiliser à l'actif du bilan tout ou partie de l'écart de valorisation pouvant apparaître à l'occasion de la transformation d'une société en SCOP. Modalités de comptabilisation et traitement fiscal de cet écart. Écart de valorisation ne pouvant donner lieu à aucune déduction au titre de l'exercice de réalisation de l'opération de transformation ou d'un exercice ultérieur. * BOI-IS-CESS-20-20 n°s 40 à 240 du 1er mars 2017.

Art. 210 E I. — Les plus-values nettes dégagées lors de la cession d'un immeuble, de droits réels mentionnés au sixième alinéa du II de l'article 208 C, de titres de sociétés à prépondérance immobilière au sens du *a sexies*-0 *bis* du I de l'article 219 ou de droits afférents à un contrat de crédit-bail portant sur un immeuble par une personne morale soumise à l'impôt sur les sociétés dans les conditions de droit commun à une société dont les titres donnant obligatoirement accès au capital sont admis aux négociations sur un marché réglementé ou offerts au public sur un système multilatéral de négociation, à une société civile de placement immobilier dont les parts sociales ont été offertes au public, à une filiale mentionnée au premier alinéa du II de l'article 208 C, à une société mentionnée au III *bis* du même article ou à une société agréée par l'Autorité des marchés financiers et ayant pour objet principal l'acquisition ou la construction d'immeubles en vue de la location, ou la détention directe ou indirecte de participations dans des personnes morales visées à l'article 8 et aux 1, 2 et 3 de l'article 206 dont l'objet social est identique sont soumises à l'impôt sur les sociétés au taux visé au IV de l'article 219.

Le précédent alinéa est également applicable aux plus-values nettes dégagées lors de la cession d'un immeuble ou de droits réels mentionnés au dernier alinéa du II de l'article 208 C à une entreprise effectuant des opérations visées au 2 de l'article L. 313-7 du code monétaire et financier qui concède immédiatement la jouissance de l'immeuble ou du droit réel par un contrat de crédit-bail à une société mentionnée parmi les sociétés cessionnaires visées au précédent alinéa, et à la condition que le contrat de crédit-bail fasse l'objet d'une publication si cette formalité est obligatoire en application de l'article 28 du décret n° 55-22 du 4 janvier 1955 portant réforme de la publicité foncière. Le présent alinéa est *applicable du 1er janvier 2011* au 31 décembre 2011.

II. — L'application des dispositions du premier alinéa du I est subordonnée à la condition que la société cessionnaire prenne l'engagement de conserver pendant cinq ans l'immeuble, les titres ou les droits mentionnés au premier alinéa du I. Lorsque la société cessionnaire est une filiale mentionnée au premier alinéa du II de l'article 208 C ou une société mentionnée au III *bis* du même article, elle doit être placée sous le régime prévu au II de cet article pendant une durée minimale de cinq ans à compter de l'exercice d'acquisition. Pour l'application de ces dispositions, cette filiale est réputée être restée placée sous le régime prévu au II de l'article 208 C dès lors que la ou les sociétés d'investissements immobiliers cotées qui la détiennent directement ou indirectement ne sont pas sorties du régime au sens du IV du même article. — *V. Ann. III, art. 46 quater-0 ZZ bis C.*

Le non-respect de ces conditions par la société cessionnaire entraîne l'application de l'amende prévue au I de l'article 1764.

En cas de fusion de sociétés, l'engagement de conservation de cinq ans souscrit par la société absorbée n'est pas rompu lorsque l'opération est réalisée entre sociétés civiles de placement immobilier dont les parts sociales ont fait l'objet d'une offre au public ou entre sociétés de placement à prépondérance immobilière à capital variable. L'application de ces dispositions est subordonnée à la condition que la société absorbante s'engage, dans l'acte de fusion, à se substituer à la société absorbée dans l'engagement de conservation mentionné au premier alinéa.

(Ord. n° 2019-1067 du 21 oct. 2019, art. 18-3°) « Pour l'application du présent article, ne sont pas considérés comme offerts au public les titres financiers ou les parts sociales ayant fait l'objet d'une offre au public mentionnée au 1° ou au 2° de l'article L. 411-2 du code monétaire et financier ou à l'article L. 411-2-1 du même code. »

Toutefois, l'obligation de conservation mentionnée au premier alinéa est respectée en cas de démolition totale ou partielle d'un immeuble acquis sous le bénéfice des dispositions du I lorsque la démolition est effectuée en vue de la reconstruction totale ou partielle, réhabilitation ou rénovation de l'immeuble, et sous réserve que la reconstruction, réhabilitation ou rénovation soit achevée dans les cinq années qui suivent l'acquisition.

En cas de cession réalisée dans les conditions du II *bis* de l'article 208 C, l'engagement de conservation de cinq ans souscrit par la société cédante n'est pas rompu. L'application de ces dispositions est subordonnée à la condition que la société cessionnaire prenne, dans les mêmes conditions qu'au premier alinéa, l'engagement de conserver l'immeuble, le droit réel ou les droits afférents à un contrat de crédit-bail portant sur un immeuble mentionné au même II *bis* pendant cinq ans à compter de l'acquisition. Elle est également subordonnée à ce que la société cessionnaire demeure liée à la société cédante dans ce délai ; à défaut, les sommes dues sont majorées de l'intérêt de retard prévu à l'article 1727.

L'obligation de conservation est réputée être respectée en cas de cession de l'immeuble acquis sous les dispositions du I à une entreprise effectuant des opérations visées au 2 de l'article L. 313-7 du code monétaire et financier dont elle concède immédiatement la jouissance au vendeur par un contrat de crédit-bail, à la double condition que ce dernier fasse l'objet d'une publication si cette formalité est obligatoire en application des dispositions de l'article 28 du décret n° 55-22 du 4 janvier 1955 précité et que l'engagement de conservation initialement pris sur l'immeuble soit reporté dans le contrat de crédit-bail sur les droits afférents audit contrat. La valeur des immeubles pris à bail ne peut excéder un pourcentage fixé par décret de la valeur des immeubles inscrits au bilan de la société crédit-preneuse. Lorsqu'il est fait application de ces dispositions, la plus-value de cession à la société de crédit-bail ne peut être exonérée d'impôt sur les sociétés en application de l'article 208 C.

L'application du second alinéa du I est subordonnée à la condition que la société crédit-preneuse intervienne à l'acte de cession de l'immeuble ou du droit réel et prenne les engagements de conclure avec l'acquéreur un contrat de crédit-bail portant sur l'immeuble ou le droit réel et de conserver pendant cinq ans les droits afférents audit contrat de crédit-bail. Lorsque la société crédit-preneuse est une filiale mentionnée au premier alinéa du II de l'article 208 C ou une société mentionnée au III *bis* du même article, elle doit être placée sous le régime prévu au II de cet article pendant une durée minimale de cinq ans à compter de l'exercice d'acquisition.

Le non-respect de ces conditions par la société crédit-preneuse entraîne l'application de l'amende prévue au II de l'article 1764.

III. – Les plus-values nettes dégagées lors de la cession de biens immobiliers bâtis ou non bâtis ou de titres de sociétés à prépondérance immobilière au sens du *a sexies*-0 *bis* du I de l'article 219 par une personne morale soumise à l'impôt sur les sociétés dans les conditions de droit commun au profit d'un organisme d'habitations à loyer modéré, d'une société d'économie mixte gérant des logements sociaux, de l'association mentionnée à l'article L. 313-34 du code de la construction et de l'habitation, des sociétés civiles immobilières dont cette association détient la majorité des parts pour les logements visés au 4° de l'article L. 351-2 du code de la construction et de l'habitation ou d'un organisme bénéficiant de l'agrément relatif à la maîtrise d'ouvrage

prévu à l'article L. 365-2 du code de la construction et de l'habitation sont soumises à l'impôt sur les sociétés au taux visé au IV de l'article 219.

IV. – Les plus-values nettes dégagées par les organismes et sociétés mentionnés au 4° du 1 de l'article 207 à l'occasion de cessions d'immeubles bâtis et qui n'entrent pas dans le champ des opérations mentionnées au *a* du même 4° sont soumises à l'impôt sur les sociétés au taux visé au IV de l'article 219 si la société cédante s'engage à investir dans un délai de trois ans à compter de la cession une somme égale à la plus-value diminuée de cet impôt dans la construction, l'acquisition, la réhabilitation ou la rénovation de logements locatifs mentionnés au *(L. n° 2018-1021 du 23 nov. 2018, art. 88-XI-2°)* **« neuvième » alinéa de l'article L. 411-2 du code de la construction et de l'habitation.**

Le non-respect de cet engagement par la société cédante entraîne l'application de l'amende prévue au I de l'article 1764.

V. – Un décret fixe les conditions d'application du présent article. Le premier alinéa du I s'applique aux cessions réalisées jusqu'au 31 décembre 2011, le III aux cessions réalisées jusqu'au 31 décembre 2011 et le IV aux cessions réalisées jusqu'au 31 décembre 2010. – *V. Ann. III, art. 46 quater-0 ZZ bis C.*

1. Commentaires administratifs. Taux réduit de l'IS. Plus-values réalisées lors de certaines cessions d'immeubles ou de droits portant sur un immeuble à une société foncière spécialisée. (SIIC, SCPI, Sppicav). Plus-values réalisées lors de la cession d'immeubles à des bailleurs sociaux. Plus-values réalisées par des bailleurs sociaux. Conditions d'application du taux réduit temporaire d'IS. * Instr. 30 mars 2009 : *BOI 4 H-1-09.* ♦ Fusions entre SCPI et entre SPPICAV. Opération de fusion sans remise en cause de leur engagement de conservation. Fusions réalisées à compter du 1er janv. 2010. * Instr. 21 mai 2010 : *BOI 4 H-8-10.* ♦ Aménagements apportés au régime prévu à l'art. 210 E. Extension temporaire (cessions réalisées entre le 1er janv. et le 31 déc. 2011) de l'application du taux réduit aux plus-values de cessions réalisées au profit de sociétés de crédit-bail ayant conclu un contrat de crédit-bail au profit d'une société d'investissements immobiliers cotées (SIIC) ou sociétés civiles de placement immobilier (SCPI) notamment. * Instr. 27 déc. 2011 : *BOI 4 H-1-12.*

2. Engagement de conservation. L'absorption d'une société à prépondérance immobilière dont les titres ont été acquis sous le dispositif visé à l'art. 210 E n'entraîne pas la rupture de l'engagement de conservation pris par la société cessionnaire si celle-ci s'engage à conserver l'actif immobilier de la société absorbée pendant la durée restant à courir. * Rescrit 30 mars 2009, n° 2009/12 FE.

3. Cession d'immeubles à des organismes sociaux. Le dispositif d'imposition au taux réduit de 16,5 % (porté à 19 %) des plus-values immobilières réalisées par les personnes morales soumises à l'IS, prévu par l'art. 210 E-III, ne vise que les seules cessions de biens immobiliers effectuées directement au profit d'un organisme en charge du logement social sans intermédiation d'une collectivité territoriale, d'un établissement public foncier ou d'un établissement public de coopération intercommunale. Ce régime ne concerne donc pas les cessions réalisées par les personnes morales à ces collectivités ou établissements. * Rép. min. n° 21020 : *JOAN Q, 19 août 2008, p. 5089.*

Art. 210 F **I. – Les plus-values nettes dégagées lors de la cession d'un local à usage de bureau ou à usage commercial ou industriel** *(L. n° 2017-1837 du 30 déc. 2017, art. 25)* **« ou d'un terrain à bâtir » par une personne morale soumise à l'impôt sur les sociétés dans les conditions de droit commun sont soumises à l'impôt sur les sociétés au taux mentionné au IV de l'article 219 lorsque la cession est réalisée au profit** *(L. n° 2020-1721 du 29 déc. 2020, art. 25-I-1°-a)* **« d'une personne morale. »** – *L'extension du régime aux terrains à bâtir concerne les cessions intervenant entre le 1er janv. 2018 et le 31 déc. 2020 inclus (L. n° 2017-1837 du 30 déc. 2017, art. 25-IV).*

(Abrogé par L. n° 2020-1721 du 29 déc. 2020, art. 25-I-1°-b) ***« a) D'une personne morale soumise à l'impôt sur les sociétés dans les conditions de droit commun ;***

« b) D'une société dont les titres donnant obligatoirement accès au capital sont admis aux négociations sur un marché réglementé ou offerts au public sur un système multilatéral de négociation, d'une société civile de placement immobilier dont les parts sociales ont été offertes au public, d'une filiale mentionnée au premier alinéa du II de l'article 208 C, d'une société mentionnée au III bis du même article 208 C ou d'une société agréée par l'Autorité des marchés financiers et ayant pour objet principal l'acquisition ou la construction d'immeubles en vue de la location, ou la détention directe ou indirecte de participations dans des personnes morales mentionnées à l'article 8 et aux 1, 2 et 3 de l'article 206 dont l'objet social est identique ;

(Ord. n° 2019-1067 du 21 oct. 2019, art. 18-4°) ***« Pour l'application du présent b, ne sont pas considérées comme offertes au public les parts sociales d'une société civile de placement immobilier ayant fait l'objet d'une offre au public mentionnée au 1° ou au 2° de l'article L. 411-2 du code monétaire et financier, ou à l'article L. 411-2-1 du même code. »***

« c) D'un organisme d'habitations à loyer modéré, d'une société d'économie mixte gérant des logements sociaux, de l'association mentionnée à l'article L. 313-34 du code de la construction et de l'habitation, des sociétés civiles immobilières dont cette association détient la majorité des parts pour les logements mentionnés au 4° de l'article *(Ord. n° 2019-770 du 17 juill. 2019, art. 7 et 23-I, en vigueur le 1er sept. 2019)* ***« L. 831-1 » du même code ou d'un organisme bénéficiant de l'agrément relatif à la maîtrise d'ouvrage prévu à l'article L. 365-2 dudit code ;***

(L. n° 2017-1837 du 30 déc. 2017, art. 25) ***« d) D'une société bénéficiant du régime fiscal de l'article 239 ter du présent code ; »*** *— V. note ss. I.*

(L. n° 2019-1479 du 28 déc. 2019, art. 54) ***« e) D'un organisme de foncier solidaire visé à l'article L. 329-1 du code de l'urbanisme. »***

« Pour l'application du premier alinéa, les locaux *(L. n° 2017-1837 du 30 déc. 2017, art. 25)* « à usage de bureaux ou à usage commercial ou industriel ou les terrains à bâtir doivent être situés dans des communes situées dans des zones géographiques se caractérisant par un déséquilibre particulièrement important entre l'offre et la demande de logements. Les locaux » à usage de bureaux s'entendent, d'une part, des bureaux proprement dits et de leurs dépendances immédiates et indispensables destinés à l'exercice d'une activité de quelque nature que ce soit et, d'autre part, des locaux professionnels destinés à l'exercice d'activités libérales ou utilisés par des associations ou organismes privés poursuivant ou non un but lucratif. Les locaux à usage commercial s'entendent des locaux destinés à l'exercice d'une activité de commerce de détail ou de gros et de prestations de services à caractère commercial ou artisanal. *(L. n° 2017-1837 du 30 déc. 2017, art. 25)* « Les terrains à bâtir s'entendent de ceux définis au 1° du 2 du I de l'article 257 du présent code. »

« Le présent I ne s'applique pas aux cessions réalisées entre un cédant et un cessionnaire qui ont entre eux des liens de dépendance, au sens du 12 de l'article 39. » — *L'extension du périmètre des entités cessionnaires à l'ensemble des personnes morales s'applique aux cessions réalisées au cours des exercices clos à compter du 31 déc. 2020. La cession devait auparavant être effectuée au profit de certaines personnes limitativement énumérées.*

II. — L'application du I est subordonnée à la condition que la société cessionnaire s'engage *(L. n° 2017-1837 du 30 déc. 2017, art. 25)* « soit » à transformer le local acquis en local à usage d'habitation dans les quatre ans qui suivent la date de clôture de l'exercice au cours duquel l'acquisition est intervenue *(L. n° 2017-1837 du 30 déc. 2017, art. 25)* « , soit, en cas d'acquisition d'un terrain à bâtir, à y construire des locaux à usage d'habitation dans ce même délai ». Pour l'application de cette condition, l'engagement de transformation *(L. n° 2017-1837 du 30 déc. 2017, art. 25)* « ou de construction » est réputé respecté lorsque l'achèvement des travaux de transformation *(L. n° 2017-1837 du 30 déc. 2017, art. 25)* « ou de construction » intervient avant le terme du délai de quatre ans. — *Sur les conditions d'engagement, V. Ann. III, art. 46 quater-0 ZZ bis D.*

La date d'achèvement correspond à la date mentionnée sur la déclaration prévue à l'article L. 462-1 du code de l'urbanisme.

En cas de fusion de sociétés, l'engagement de transformation *(L. n° 2017-1837 du 30 déc. 2017, art. 25)* « ou de construction » souscrit par la société absorbée n'est pas rompu lorsque la société absorbante s'engage, dans l'acte de fusion, à se substituer à la société absorbée pour le respect de l'engagement de transformation *(L. n° 2017-1837 du 30 déc. 2017, art. 25)* « ou de construction » dans le délai restant à courir.

Le non-respect de l'engagement de transformation *(L. n° 2017-1837 du 30 déc. 2017, art. 25)* « ou de construction » par la société cessionnaire ou la société absorbante qui s'y est substituée entraîne l'application de l'amende prévue au III de l'article 1764. Par dérogation, cette amende n'est pas due lorsque la société cessionnaire ou la société absorbante ne respecte pas l'engagement de transformation *(L. n° 2017-1837 du 30 déc. 2017, art. 25)* « ou de construction » en raison de circonstances exceptionnelles indépendantes de sa volonté.

(L. n° 2020-1721 du 29 déc. 2020, art. 17) **« III. — Sur demande de l'acquéreur, une prolongation du délai de quatre ans fixé au II peut être accordée par l'autorité compétente de l'État du lieu de la situation des immeubles pour une durée n'excédant pas un an. Cette prolongation peut, dans les mêmes conditions, être renouvelée une fois. L'absence de notification d'un refus motivé de l'administration dans les deux mois de la réception de la demande vaut acceptation. »**

Les dispositions du présent art. issues de la L. n° 2017-1837 du 30 déc. 2017 s'appliquent aux cessions réalisées entre le 1er janv. 2018 et le 31 déc. 2022 inclus et aux promesses unilatérales ou synallagmatiques de vente conclues entre le 1er janv. 2018 et le 31 déc. 2020 inclus, à condition que la cession soit réalisée au plus tard le 31 déc. 2022, ainsi qu'aux promesses unilatérales ou synallagmatiques de vente conclues entre le 1er janv. 2021 et le 31 déc. 2022 inclus, à condition que la cession soit réalisée au plus tard le 31 déc. 2024 (L. n° 2017-1837 du 30 déc. 2017, art. 25-IV, mod. par L. n° 2020-1721 du 29 déc. 2020, art. 25-III).

Le présent art. s'applique aux cessions à titre onéreux réalisées jusqu'au 31 déc. 2023, ainsi qu'aux promesses unilatérales ou synallagmatiques de vente conclues entre le 1er janv. 2018 et le 31 déc. 2020 inclus, à condition que la cession soit réalisée au plus tard le 31 déc. 2022 et aux promesses unilatérales ou synallagmatiques de vente conclues entre le 1er janv. 2021 et le 31 déc. 2023 inclus, à condition que la cession soit réalisée au plus tard le 31 déc. 2024 (L. n° 2017-1837 du 30 déc. 2017, art. 25-IV, mod. par L. n° 2021-1900 du 30 déc. 2021, art. 90).

V. Ann. III, art. 46 quater-0 ZZ bis D.

1. Cession de locaux professionnels destinés à être transformés en logements. Taxation au taux réduit de 19 % des plus-values nettes réalisées entre le 1er janv. 2012 et le 31 déc. 2022 par les personnes morales soumises à l'IS dans les conditions de droit commun à l'occasion de la cession d'immeubles de bureaux et de locaux commerciaux ou de locaux industriels destinés à être transformés en immeubles d'habitation dans un délai de trois ou quatre ans. Prorogation exceptionnelle de délai. * BOI-IS-BASE-20-30-10 du 31 mars 2021.

2. Faculté de demander une prolongation exceptionnelle du délai dans lequel l'acquéreur s'engage à réaliser les travaux de transformation ou de construction. Application aux engagements en cours au 1er janv. 2021. * BOI-IS-BASE-20-30-10 du 31 mars 2021.

3. Constitutionnalité. Sont inconstitutionnelles les dispositions de l'art. 210 F qui excluaient du régime de taxation réduite les plus-values réalisées lors de la cession, au profit d'une société civile de construction-vente, d'un local professionnel destiné à être transformé en logement. • Cons. const. 31 juill. 2020, n° 2020-854 QPC : *RJF 2020. 922.*

Art. 210 *bis* à 210 *quater* *Dispositions périmées.*

Art. 210 *quinquies* **Les subventions que les employeurs versent à fonds perdus au titre de la participation à l'effort de construction à des sociétés ou organismes régulièrement habilités à les recevoir ne sont pas comprises, pour l'assiette de l'impôt sur les sociétés dû par ces sociétés ou organismes, dans les bénéfices imposables de l'exercice au cours duquel elles ont été versées.**

Le montant de la subvention vient en déduction du prix de revient des éléments construits ou acquis à l'aide de ladite subvention pour le calcul des amortissements et des plus-values réalisées ultérieurement.

Toutefois, lorsque la subvention est versée annuellement en vue de réduire les charges afférentes au service de l'emprunt contracté pour la construction d'un immeuble, elle est rapportée au bénéfice imposable à concurrence du montant de l'amortissement pratiqué à la clôture de chaque exercice sur le prix de revient de cet immeuble.

Art. 210 *sexies* *(L. n° 2019-486 du 22 mai 2019, art. 185-II-4°-a)* **« La rémunération prévue à l'article L. 225-45 du code de commerce allouée » au titre d'un exercice aux membres du conseil d'administration ou du conseil de surveillance des sociétés anonymes** *(L. n° 2019-486 du 22 mai 2019, art. 185-II-4°-a)* **« est déductible » de l'assiette de l'impôt sur les sociétés dans la limite de 5 % du produit obtenu en multipliant la moyenne des rémunérations déductibles attribuées au cours de cet exercice aux salariés les mieux rémunérés de l'entreprise par le nombre des membres composant le conseil.**

Pour l'application de cette disposition, les personnes les mieux rémunérées s'entendent de celles mentionnées au 5 de l'article 39 *(L. n° 2019-486 du 22 mai 2019, art. 185-II-4°-b)* **« du présent code ».**

Pour les sociétés anonymes qui, employant moins de cinq personnes, ne satisfont pas aux conditions définies au 5 de l'article 39, *(L. n° 2019-486 du 22 mai 2019, art. 185-II-4°-c)* « la rémunération prévue à l'article L. 225-45 du code de commerce allouée » au titre d'un exercice aux membres du conseil d'administration ou du conseil de surveillance *(L. n° 2019-486 du 22 mai 2019, art. 185-II-4°-c)* « est déductible » de l'assiette de l'impôt sur les sociétés dans la limite de 457 € par membre du conseil d'administration ou du conseil de surveillance.

BIBL. : Eyssautier et Siavellis, *BFL 2012, p. 269* (la déductibilité fiscale des jetons de présence ou l'interprétation du droit des sociétés par le juge de l'impôt).

Déductibilité des jetons de présence. La fixation, à l'art. 210 *sexies*, d'un plafond de déductibilité des jetons de présence n'exclut pas l'application de la condition générale de déductibilité d'une charge tenant à l'exercice d'une activité effective. Les jetons de présence versés en l'absence de toute participation au conseil d'administration et d'activité ou mission particulière confiée à l'administrateur dans le cadre de son mandat ne sont donc pas déductibles. • CAA Versailles, 15 juill. 2010, n° 09VE1944 : *RJF 2011. 412* • CE 14 déc. 2011, *SA Ferrero France*, n° 344158 : *RJF 2012. 346.*

Art. 211 I. – Dans les sociétés à responsabilité limitée n'ayant pas opté pour le régime fiscal des sociétés de personnes dans les conditions prévues au IV de l'article 3 du décret n° 55-594 du 20 mai 1955 modifié et dont les gérants sont majoritaires, dans les sociétés en commandite par actions, de même que dans les sociétés en commandite simple, les sociétés en nom collectif, les sociétés en participation et les sociétés civiles ayant exercé l'option prévue au 3 de l'article 206, les traitements, remboursements forfaitaires de frais et toutes autres rémunérations sont, sous réserve des dispositions du 3 de l'article 39 et *[de l'article]* 211 *bis*, admis en déduction du bénéfice de la société pour l'établissement de l'impôt, à la condition que ces rémunérations correspondent à un travail effectif.

Les sommes retranchées du bénéfice de la société en vertu du premier alinéa sont soumises à l'impôt sur le revenu au nom des bénéficiaires dans les conditions prévues à l'article 62.

Pour l'application du présent article, les gérants qui n'ont pas personnellement la propriété de parts sociales sont considérés comme associés si leur conjoint ou leurs enfants non émancipés ont la qualité d'associé.

Dans ce cas, comme dans celui où le gérant est associé, les parts appartenant en toute propriété ou en usufruit au conjoint et aux enfants non émancipés du gérant sont considérées comme possédées par ce dernier.

II. – Les dispositions du I ne sont pas applicables :

a) *Périmé ;*

b) Aux sociétés immobilières de copropriété visées à l'article 1655 *ter* ;

c) Aux sociétés à responsabilité limitée ayant opté pour le régime fiscal prévu par l'article 239 *bis* AA ou celui prévu par l'article 239 *bis* AB.

PACS. Pour l'application de la législation fiscale, l'appréciation de la situation de gérant majoritaire d'une SARL est effectuée dans les mêmes conditions que les porteurs de parts concernés soient des personnes mariées, ou des partenaires liés par un PACS faisant l'objet d'une imposition commune, soit à compter de l'imposition des revenus de l'année du troisième anniversaire de l'enregistrement du pacte. * BOI-RSA-GER-10-10-10-10 n° 160 du 12 sept. 2012.

Art. 211 *bis* Pour l'application des dispositions du premier alinéa du 3 de l'article 39, relatives à la déduction des allocations forfaitaires qu'une société attribue à ses dirigeants ou aux cadres de son entreprise pour frais de représentation et de déplacement, les dirigeants s'entendent, dans les sociétés de personnes et sociétés en participation qui ont opté pour le régime fiscal des sociétés de capitaux, des associés en nom *et des membres de ces sociétés, dans* les sociétés à responsabilité limitée qui n'ont pas opté pour le régime fiscal des sociétés de personnes et les sociétés en commandite par actions, des gérants et, en ce qui concerne les sociétés anonymes, du président du conseil d'administration, du directeur général, de l'administrateur provisoirement délégué, des membres du directoire et de tout administrateur ou membre du conseil de surveillance chargé de fonctions spéciales.

Ces dispositions ne sont pas applicables :

a) *Périmé ;*

b) Aux sociétés immobilières de copropriété visées à l'article 1655 *ter* ;

c) Aux sociétés à responsabilité limitée ayant opté pour le régime fiscal prévu par l'article 239 *bis* AA ou celui prévu par l'article 239 *bis* AB.

Art. 211 *ter* Les dispositions de l'article 39 *quinquies* ne sont applicables qu'aux entreprises industrielles, commerciales ou agricoles.

Art. 212 I. — Les intérêts afférents aux sommes laissées ou mises à disposition d'une entreprise par une entreprise liée, directement ou indirectement, au sens du 12 de l'article 39, sont déductibles :

a) Dans la limite de ceux calculés d'après le taux prévu au premier alinéa du 3° du 1 du même article 39 ou, s'ils sont supérieurs, d'après le taux que cette entreprise emprunteuse aurait pu obtenir d'établissements ou d'organismes financiers indépendants dans des conditions analogues ;

(Abrogé par L. n° 2019-1479 du 28 déc. 2019, art. 45-I-3° et II, pour les exercices ouverts à compter du 1er janv. 2020) ***« b) Et, sous réserve que l'entreprise débitrice démontre, à la demande de l'administration, que l'entreprise qui a mis les sommes à sa disposition est, au titre de l'exercice en cours, assujettie à raison de ces mêmes intérêts à un impôt sur le revenu ou sur les bénéfices dont le montant est au moins égal au quart de l'impôt sur les bénéfices déterminé dans les conditions de droit commun*** *(L. n° 2017-1837 du 30 déc. 2017, art. 84, applicable aux exercices ouverts à compter du 1er janv. 2018)* ***« et au taux normal prévu au deuxième alinéa du I de l'article 219 ».***

« Dans l'hypothèse où l'entreprise prêteuse est domiciliée ou établie à l'étranger, l'impôt sur les bénéfices déterminé dans les conditions de droit commun *(L. n° 2017-1837 du 30 déc. 2017, art. 84, applicable aux exercices ouverts à compter du 1er janv. 2018)* ***« et au taux normal prévu au deuxième alinéa du I de l'article 219 » s'entend de celui dont elle aurait été redevable en France sur les intérêts perçus si elle y avait été domiciliée ou établie.***

« Lorsque l'entreprise prêteuse est une société ou un groupement soumis au régime d'imposition prévu à l'article 8 ou un organisme de placement collectif relevant des articles L. 214-1 à L. 214-191 du code monétaire et financier ou un organisme de même nature constitué sur le fondement d'un droit étranger et situé dans un État membre de l'Union européenne ou dans un autre État ou territoire ayant conclu avec la France une convention d'assistance administrative en vue de lutter contre la fraude et l'évasion fiscales et qui n'est pas un État non coopératif au sens de l'article 238-0 A, le présent b ne s'applique que s'il existe également des liens de dépendance, au sens du 12 de l'article 39, entre cette société, ce groupement ou cet organisme et un ou plusieurs détenteurs de parts de cette société, de ce groupement ou de cet organisme. Dans cette hypothèse, l'impôt sur ces intérêts est apprécié au niveau de ces détenteurs de parts. »

(Abrogé par L. n° 2018-1317 du 28 déc. 2018, art. 34-I-4° et II, pour les exercices ouverts à compter du 1er janv. 2019) ***« II. — 1. Lorsque le montant des intérêts servis par une entreprise à l'ensemble des entreprises liées directement ou indirectement au sens du 12 de l'article 39 et déductibles conformément au I excède simultanément au titre d'un même exercice les trois limites suivantes :***

« a) Le produit correspondant au montant desdits intérêts multiplié par le rapport existant entre une fois et demie le montant des capitaux propres, apprécié au choix de l'entreprise à l'ouverture ou à la clôture de l'exercice et le montant moyen des sommes laissées ou mises à disposition par l'ensemble des entreprises liées directement ou indirectement au sens du 12 de l'article 39 au cours de l'exercice,

« b) 25 % du résultat courant avant impôts préalablement majoré desdits intérêts, des amortissements pris en compte pour la détermination de ce même résultat et de la quote-part de loyers de crédit-bail prise en compte pour la détermination du prix de cession du bien à l'issue du contrat,

« c) Le montant des intérêts servis à cette entreprise par des entreprises liées directement ou indirectement au sens du 12 de l'article 39,

« la fraction des intérêts excédant la plus élevée de ces limites ne peut être déduite au titre de cet exercice, sauf si cette fraction est inférieure à 150 000 €. — *V. Ann. III, art. 46 quater-0 BA.*

« Toutefois, cette fraction d'intérêts non déductible immédiatement peut être déduite au titre de l'exercice suivant à concurrence de la différence calculée au titre de cet exercice entre la limite mentionnée au b et le montant des intérêts admis en déduction en vertu du I. Le solde non imputé à la clôture de cet exercice est déductible au titre des exercices postérieurs dans le respect des mêmes conditions sous déduction d'une décote de 5 % appliquée à l'ouverture de chacun de ces exercices.

« 2. Les dispositions prévues au 1 ne s'appliquent pas aux intérêts dus à raison des sommes ayant servi à financer :

« 1° Des opérations de financement réalisées dans le cadre d'une convention de gestion centralisée de la trésorerie d'un groupe par l'entreprise chargée de cette gestion centralisée ;

« 2° L'acquisition de biens donnés en location dans les conditions prévues aux 1 et 2 de l'article L. 313-7 du code monétaire et financier.

« Ces dispositions ne s'appliquent pas non plus aux intérêts dus par les établissements de crédit ou les sociétés de financement mentionnés à l'article L. 511-1 du code monétaire et financier.

« Les sommes et intérêts mentionnés au premier alinéa, ainsi que les intérêts servis à ces entreprises ou ces établissements pour les opérations prévues aux 1° et 2°, ne sont pas pris en compte pour le calcul de la fraction mentionnée au cinquième alinéa du 1 et pour la détermination des limites fixées aux a et c du 1 ainsi que de la majoration d'intérêts indiquée au b du 1.

« 3. Pour l'application du 1, sont assimilés à des intérêts servis à une entreprise liée directement ou indirectement au sens du 12 de l'article 39 et admis en déduction en vertu du I du présent article, les intérêts qui rémunèrent des sommes laissées ou mises à disposition dont le remboursement est garanti par une sûreté accordée par une entreprise liée au débiteur, ou par une entreprise dont l'engagement est garanti par une sûreté accordée par une entreprise liée au débiteur, à proportion de la part de ces sommes dont le remboursement est ainsi garanti. Toutefois, les intérêts rémunérant des sommes dont le remboursement est garanti directement ou indirectement par une sûreté accordée par une entreprise ne sont pas pris en compte pour la détermination de la limite mentionnée au c du 1 applicable à l'entreprise ayant accordé cette sûreté.

« Lorsque le remboursement est garanti par une sûreté réelle, la part des sommes dont le remboursement est garanti est réputée égale au rapport entre, d'une part, un montant égal à la valeur du bien à la date où la sûreté a été constituée sur lui ou, si le bien n'existe pas encore, à sa valeur estimée à cette même date et, d'autre part, le montant initial des sommes laissées ou mises à disposition. Ce rapport est révisé en cas de modification de la convention constituant la sûreté.

« Pour l'application du a du 1, les sommes dont le remboursement est garanti dans les conditions définies au premier alinéa sont assimilées, pour leur fraction ainsi garantie, à des sommes laissées ou mises à disposition par une entreprise liée directement ou indirectement au sens du 12 de l'article 39.

« Les intérêts mentionnés à la première phrase du premier alinéa sont assimilés à des intérêts versés à une société liée directement ou indirectement au sens du 12 de l'article 39 n'appartenant pas au groupe pour l'application des quinzième et seizième alinéas de l'article 223 B.

« Le présent 3 n'est pas applicable aux sommes laissées ou mises à disposition :

« 1° A raison d'obligations émises dans le cadre d'une offre au public au sens de l'article L. 411-1 du code monétaire et financier ou d'une réglementation étrangère équivalente ;

« 2° Pour leur fraction dont le remboursement est exclusivement garanti par le nantissement des titres du débiteur, ou de créances sur ce débiteur, ou des titres d'une société détenant directement ou indirectement le débiteur lorsque le détenteur de ces titres et le débiteur sont membres d'un même groupe mentionné à l'article 223 A ou à l'article 223 A bis ;

« 3° A la suite du remboursement d'une dette préalable, rendu obligatoire par la prise de contrôle du débiteur ou en exécution d'une procédure de sauvegarde ou d'un redressement judiciaire, dans la limite du capital remboursé et des intérêts échus à cette occasion ;

« 4° A raison d'emprunts contractés antérieurement au 1er janvier 2011 à l'occasion d'une opération d'acquisition de titres ou de son refinancement ;

« 5° A raison d'emprunts contractés par une société civile ayant pour objet la construction d'immeubles en vue de la vente et garantis par l'un ou plusieurs de ses associés, sous réserve toutefois que, d'une part, la quotité garantie par le ou les associés n'excède pas pour chaque emprunt la proportion de leurs droits dans ladite société civile et, d'autre part, que les som-

mes empruntées ne soient pas à nouveau mises à disposition par cette société à une autre entreprise qui lui est liée au sens du 12 de l'article 39.

« III. – Les dispositions du II ne s'appliquent pas si l'entreprise apporte la preuve que le ratio d'endettement du groupe auquel elle appartient est supérieur ou égal à son propre ratio d'endettement au titre de l'exercice mentionné au II.

« Pour l'application des dispositions du premier alinéa, le groupe s'entend de l'ensemble des entreprises françaises ou étrangères placées sous le contrôle exclusif d'une même société ou personne morale, au sens du II de l'article L. 233-16 du code de commerce. L'appréciation des droits de vote détenus indirectement par la société ou personne morale s'opère en additionnant les pourcentages de droits de vote détenus par chaque entreprise du groupe.

« Le ratio d'endettement de l'entreprise mentionné au premier alinéa correspond au rapport existant entre le montant total de ses dettes et le montant de ses capitaux propres. Le ratio d'endettement du groupe est déterminé en tenant compte des dettes, à l'exception de celles envers des entreprises appartenant au groupe, et des capitaux propres, minorés du coût d'acquisition des titres des entreprises contrôlées et retraités des opérations réciproques réalisées entre les entreprises appartenant au groupe, figurant au bilan du dernier exercice clos de l'ensemble des entreprises appartenant au groupe. »

(L. nº 2018-1317 du 28 déc. 2018, art. 34-I-4º et II, applicable aux exercices ouverts à compter du 1er janv. 2019) **« III *bis.* – Le solde de la fraction d'intérêts non déductible immédiatement, mentionné au sixième alinéa du II du présent article dans sa rédaction antérieure à l'entrée en vigueur de la loi nº 2018-1317 du 28 décembre 2018 de finances pour 2019, non imputé à la clôture du dernier exercice ouvert avant le 1er janvier 2019 est déductible dans les mêmes conditions que les charges financières nettes non déduites mentionnées au 1 du VI de l'article 212 *bis.* »**

IV. – Les dispositions du deuxième alinéa du 3º du 1 de l'article 39 ne sont pas applicables aux sociétés régies par la loi nº 47-1775 du 10 septembre 1947 portant statut de la coopération.

BIBL. ▶ CALISTI et LE BERRE, *LPA 2006, nº 259, p. 5* (réforme de l'art. 212 : vrai régime de lutte contre la sous-capitalisation ?). – DION et AFFEJEE, *BFL 2006, p. 231* (les LBO à l'épreuve des nouvelles règles de sous-capitalisation). – JUILHARD et DALUZEAU, *BFL 2004, p. 159* (sous-capitalisation : le naufrage de l'art. 212). – KRUGER, *Dr. fisc. 2005, p. 2002* (liberté de circulation des capitaux contre sous-capitalisation). – OLLÉON, *RJF 2003, p. 191* (déductibilité des intérêts, Traité de Rome et conventions fiscales) ; *RJF 2004, p. 83* (art. 212 : suite et fin). – DE VERNEJOUL, *Dr. fisc. 2004, p. 743* (sous-capitalisation et déductibilité des intérêts : incidences pratiques des dernières jurisprudences). – VILLETTE, *RJF 2019, p. 1451* (déductibilité des intérêts des prêts intragroupe : comparaison est raison).

NOTE. Certaines décisions et les solutions rapportées ci-dessous concernent l'art. 212 dans sa rédaction antérieure à l'art. 34 de la L. nº 2018-1317 du 28 déc. 2018 qui a supprimé le dispositif de lutte contre la sous-capitalisation prévu aux II et III de l'art. 212 pour les exercices ouverts à compter du 1er janv. 2019.

1. Lutte contre la sous-capitalisation. Intérêts d'emprunt versés à des sociétés liées. Articulation avec les autres dispositifs de limitation des charges financières et avec l'art. 209 B. * *BOI-IS-BASE-35-10 du 13 mai 2020* * BOI-IS-BASE-35-30 du 13 mai 2020.

2. Intérêts servis entre sociétés liées. Appréciation de la conformité du taux d'intérêt pratiqué au taux du marché : 1º Le taux du marché s'apprécie au regard des caractéristiques propres aux prêts et à l'entreprise emprunteuse indépendamment de son appartenance à un groupe. 2º La preuve du caractère normal du taux pratiqué peut être reconstituée *a posteriori.* • CE 18 mars 2019, *SNC Siblu,* nº 41118 : *RJF 2019. 513.* ♦ L'entreprise emprunteuse, à qui incombe la charge de la preuve, peut apporter cette preuve par tout moyen. Par suite, l'entreprise emprunteuse peut tenir compte du rendement d'emprunts obligataires émanant d'entreprises se trouvant dans des conditions économiques comparables lorsque ces emprunts constituent une alternative réaliste à un prêt intragroupe. En revanche, eu égard à la différence de nature entre un emprunt auprès d'un établissement ou organisme financier et un financement par émission obligataire, le taux du marché ne saurait être celui que l'entreprise emprunteuse aurait elle-même été susceptible de servir à des souscripteurs si elle avait fait le choix, pour se financer, de procéder à l'émission d'obligations plutôt que de souscrire un prêt. • CE, avis, 10 juill. 2019, *SAS Wheelabrator Group,* nº 429426 : *RJF 2019. 877, concl. Ciavaldini ; Dr. fisc. 2019. 353, note Lalloz et Vergnet.* ♦ Pour une démonstration positive de la conformité au taux du marché du taux d'intérêt pratiqué au titre d'un prêt intragroupe, fondée sur une étude réalisée *a posteriori,* et sur la comparaison avec les taux pratiqués sur le marché obligataire : • TA Versailles, 6 déc. 2019, *SAS Wheelabrator Group,* n° 1607393 : *RJF 2020. 208.* ♦ Pour le rejet d'une démonstration fondée sur une étude de taux comparative au moyen du logiciel Riskcalc développé par une filiale de l'agence de notation Moody's : • TA Paris, 20 déc. 2019 : *SAS Willink*, n° 1803096 : *RJF 2020. 517.* ♦ Jugement confirmé : les taux d'intérêt entre sociétés liées peuvent être évalués à partir du rendement d'emprunts obligataires à condition que les entreprises de référence se trouvent dans des conditions économiques comparables, ce qui n'est pas le cas lorsque l'outil de comparaison procède d'un modèle statistique non représentatif du marché. • CAA Paris, 23 sept. 2020, *Sté Willink*, n° 20PA00585 : *RJF 2021. 15.* ♦ En sens contraire, le Conseil d'État a admis comme élément de preuve sérieux la notation résultant du logiciel Riskcalc développé par l'agence Moody's. • CE 11 déc. 2020, n° 433723 : *RJF 2021. 248, concl. Ciavaldini.*

3. Compatibilité avec le droit communautaire. L'art. 43 du Traité CE s'oppose à une législation allemande selon laquelle les intérêts versés par une filiale résidente en rémunération de capitaux externes provenant d'une société mère non résidente sont imposés comme des dividendes occultes au taux de 30 % alors que, s'agissant d'une filiale résidente dont la société mère est également résidente, les intérêts versés sont, dans la grande majorité des cas, traités comme des dépenses et non comme des dividendes occultes. • CJCE 12 déc. 2002, n° C-324/00, *Lankhorst-Hohorst GmbH : RJF 2003. 391, chron. Olléon, p. 191.*

4. Il résulte de l'interprétation donnée par la CJCE à l'art. 52 du traité CE (devenu après modification art. 43 CE) relatif à la liberté d'établissement des ressortissants d'un État membre sur le territoire d'un autre État membre qu'est de nature à constituer une restriction contraire aux stipulations de ce texte l'application par un État membre d'un traitement fiscal inégal aux filiales constituées sur son territoire selon que la société mère s'y trouve, ou non, elle-même établie, dès lors qu'au regard de l'objet de l'impôt en cause les unes et les autres de ces sociétés filiales sont dans une situation objectivement comparable. Par suite, les dispositions du 1° de l'art. 212 ne peuvent, sans qu'il en résulte une restriction à la liberté d'établissement, fonder un supplément d'IS mis à la charge d'une société française au seul motif que sa société mère est allemande. • CE, sect., 30 déc. 2003, n° 249047, *SARL Coréal Gestion : RJF 2004. 233, concl. Goulard, p. 175 ; RJF 2004. 83, chron. Olléon ; Dr. fisc. 2004. 428, note Lefeuvre ; Dr. sociétés 2004. 50, note Pierre ; BJS 2004. 366, note Nouel.*

5. Compatibilité avec les clauses de non-discrimination des conventions fiscales. Il résulte de l'art. 26-3 de la convention franco-autrichienne du 8 oct. 1959, dans sa rédaction issue de l'avenant du 30 oct. 1970, que la filiale française d'une société mère autrichienne doit, pour l'application de l'art. 212-1° et par renvoi de l'art. 145 CGI, être regardée comme étant de « même nature », au sens de cette stipulation, que la filiale française d'une société mère française, non seulement dans le cas où la société mère autrichienne disposerait en France d'un établissement stable qui détiendrait ou contrôlerait lui-même tout ou partie du capital de la filiale et serait imposé en France à l'IS au taux normal, mais encore, en l'absence d'un tel établissement, dans le cas où ladite société mère aurait elle-même été passible en France de cet impôt au même taux, si elle avait exercé son activité sur ce territoire. • CE, sect., 30 déc. 2003, n° 233894, *SA Andritz : RJF 2004. 238 ; concl. Bachelier au BDCF 3/04, n° 33 ; Dr. fisc. 2004. 427, concl. Bachelier ; Dr. sociétés 2004. 50, note Pierre ; BJS 2004. 366, note Nouel.* ♦ Les art. 6 § 5 et 17-A-IV de la convention précitée impliquent nécessairement eu égard à leurs termes de comparer les transactions conclues entre entreprises d'un même groupe à celles dont conviendraient des entreprises indépendantes. Ils ne peuvent donc être invoqués par l'Administration pour contester le caractère normal d'un choix de sous-capitalisation. • Même arrêt. ♦ Dès lors que la société mère autrichienne aurait, compte tenu de sa forme et de la nature de son activité, été imposée à l'IS au taux normal si elle avait exercé son activité en France, elle doit être regardée, au sens de l'art. 6-3 de la convention franco-autrichienne, comme une société détenant la qualité de société mère au sens de l'art. 145 CGI à l'égard de sa filiale française. Cette dernière est donc en droit de déduire sans plafonnement les intérêts qu'elle verse à sa mère, sur les sommes que celle-ci met à sa disposition. • Même arrêt. ♦ L'Administration s'est ralliée à cette jurisprudence.

6. Doit être interprétée comme restreignant la liberté d'établissement une disposition fiscale visant à diminuer la charge d'impôt pour les seules sociétés dont le siège social serait situé en France. Par suite, la filiale d'une société italienne est fondée à soutenir que l'art. 212 que lui oppose l'administration fiscale pour limiter la déduction des intérêts qu'elle verse à sa société mère constitue une restriction au droit d'établissement protégé par l'art. 43 du Traité CE. Décharge des impositions, alors même qu'un protocole annexé à la Convention franco-italienne réserve à la France la possibilité d'appliquer l'art. 212. • TA Cergy-Pontoise, 12 juill. 2002, n° 99-35.301, *Sté Ceia International : RJF 2002. 1364 ; Dr. fisc. 2003. 242, concl. Perrot, note P. M. ; Banque et Dr. 2002, n° 86, p. 62, note Acard.*

Art. 212 *bis* *(L. n° 2018-1317 du 28 déc. 2018, art. 34-I-5° et II, applicable aux exercices ouverts à compter du 1er janv. 2019)* **I. — Les charges financières nettes supportées par**

une entreprise non membre d'un groupe, au sens des articles 223 A ou 223 A *bis*, sont déductibles du résultat fiscal soumis à l'impôt sur les sociétés dans la limite du plus élevé des deux montants suivants :

1° Trois millions d'euros ;

2° 30 % de son résultat déterminé dans les conditions du II.

Le montant mentionné au 1° du présent I s'entend par exercice, le cas échéant ramené à douze mois.

II. – Le résultat mentionné au 2° du I est déterminé en corrigeant le résultat fiscal soumis à l'impôt sur les sociétés aux taux mentionnés au deuxième alinéa et *(Décr. n° 2020-897 du 22 juill. 2020, art. 1er)* **« au *b* » du I de l'article 219 des montants suivants :**

1° Les charges financières nettes déterminées conformément au III du présent article ;

2° Les amortissements admis en déduction, nets des reprises imposables et des fractions de plus ou moins-values correspondant à des amortissements déduits, à des amortissements expressément exclus des charges déductibles, ou à des amortissements qui ont été différés en méconnaissance des dispositions de l'article 39 B ;

3° Les provisions pour dépréciation admises en déduction, nettes des reprises de provision pour dépréciation imposables ;

4° Les gains et pertes soumis aux taux mentionnés au *a* du I et au IV de l'article 219.

Le résultat fiscal mentionné au premier alinéa du présent II s'entend de celui obtenu avant imputation des déficits *(L. n° 2019-1479 du 28 déc. 2019, art. 45-I-4° et II-B, applicable aux exercices clos à compter du 31 déc. 2019)* **« et avant application des dispositions du présent article ». Il tient compte des déductions pour l'assiette de l'impôt et des abattements déduits pour cette même assiette.**

En cas d'exercice de l'option mentionnée au V, le résultat mentionné au 2° du I ne tient compte ni du résultat afférent aux contrats mentionnés au 3 du III déterminé dans les conditions du II, ni du résultat mentionné au *b* du 2 du IV.

III. – 1. Pour l'application du I du présent article, les charges financières nettes s'entendent de l'excédent de charges financières déductibles après application du I de l'article 212, par rapport aux produits financiers imposables et aux autres revenus équivalents perçus par l'entreprise.

2. Les charges et produits financiers mentionnés au 1 du présent III correspondent aux intérêts sur toutes les formes de dette, c'est-à-dire ceux afférents aux sommes laissées ou mises à disposition de l'entreprise ou par l'entreprise, y compris :

***a)* Les paiements effectués dans le cadre de prêts participatifs ou d'emprunts obligataires ;**

***b)* Les montants déboursés au titre de financements alternatifs ;**

***c)* L'amortissement des intérêts capitalisés inclus dans le coût d'origine d'un actif et, le cas échéant, la part des intérêts inclus dans la valeur nette comptable des actifs sortis du bilan ;**

***d)* Les montants mesurés par référence à un rendement financier déterminés par comparaison avec des entreprises similaires exploitées normalement au sens de l'article 57 ;**

***e)* Les intérêts payés au titre d'instruments dérivés ou de contrats de couverture portant sur les emprunts de l'entreprise ;**

***f)* Les gains et pertes de change relatifs à des prêts, des emprunts et des instruments liés à des financements ;**

***g)* Les frais de garantie relatifs à des opérations de financement ;**

***h)* Les frais de dossier liés à la dette ;**

***i)* Le montant des loyers, déduction faite de l'amortissement, de l'amortissement financier pratiqué par le bailleur en application du I de l'article 39 C et des frais et prestations accessoires facturés au preneur en cas d'opération de crédit-bail, de location avec option d'achat ou de location de biens mobiliers conclue entre entreprises liées au sens du 12 de l'article 39 ;**

***j)* Tous les autres coûts ou produits équivalents à des intérêts.**

Les charges et produits à retenir pour déterminer les charges financières nettes d'un exercice s'entendent des charges engagées et des produits acquis au cours de cet exercice.

3. Les charges financières nettes mentionnées au 1 du présent III n'incluent pas les charges financières nettes supportées par le délégataire, concessionnaire et partenaire privé et afférentes aux biens acquis ou construits par lui dans le cadre :

1° D'une délégation de service public mentionnée à l'article 38 de la loi n° 93-122 du 29 janvier 1993 relative à la prévention de la corruption et à la transparence de la vie économique et des procédures publiques, dans sa rédaction antérieure à l'entrée en vigueur de l'ordonnance n° 2016-65 du 29 janvier 2016 relative aux contrats de concession ;

2° D'un contrat de concession de travaux publics, tel que défini par l'ordonnance n° 2009-864 du 15 juillet 2009 relative aux contrats de concession de travaux publics, dans sa rédaction antérieure à l'entrée en vigueur de l'ordonnance n° 2016-65 du 29 janvier 2016 précitée ;

3° D'un contrat de concession mentionné à l'article L. 2224-31 du code général des collectivités territoriales ;

4° D'un contrat de partenariat, tel que défini par l'ordonnance n° 2004-559 du 17 juin 2004 sur les contrats de partenariat, dans sa rédaction antérieure à l'entrée en vigueur de l'ordonnance n° 2015-899 du 23 juillet 2015 relative aux marchés publics ;

5° D'un bail emphytéotique prévu à l'article L. 1311-2 du code général des collectivités territoriales, dans sa rédaction antérieure à l'entrée en vigueur de l'ordonnance n° 2016-65 du 29 janvier 2016 précitée, ou à l'article L. 6148-2 du code de la santé publique, dans sa rédaction antérieure à l'entrée en vigueur de l'ordonnance n° 2015-899 du 23 juillet 2015 précitée ;

6° D'un contrat ayant un objet équivalent aux contrats mentionnés aux 1° à 5° du présent 3, conclu avec un pouvoir adjudicateur ou une entité adjudicatrice d'un autre État membre de l'Union européenne.

Les charges financières nettes mentionnées au premier alinéa du présent 3 s'entendent également de celles supportées par la société dont l'objet unique est la détention de titres de sociétés agissant exclusivement en tant que délégataire, concessionnaire ou partenaire privé dans le cadre de contrats mentionnés aux 1° à 6°.

Le présent 3 s'applique aux charges financières supportées dans le cadre des contrats mentionnés aux 1° à 6° signés avant le 29 décembre 2012.

IV. — 1. Par exception aux I, VI et VII du présent article, sont déductibles, dans les conditions déterminées aux 2 et 3 du présent IV, les charges financières nettes mentionnées au 1 du III supportées par le cocontractant d'un pouvoir adjudicateur, d'une entité adjudicatrice ou d'une autorité concédante et afférentes aux biens acquis ou construits par lui dans le cadre :

1° D'un marché de partenariat prévu à l'article 67 de l'ordonnance n° 2015-899 du 23 juillet 2015 précitée ;

2° D'un contrat de concession prévu aux I, II ou III de l'article 6 de l'ordonnance n° 2016-65 du 29 janvier 2016 précitée ;

3° D'un bail emphytéotique mentionné au 5° du 3 du III du présent article ;

4° D'un contrat en cours d'exécution conclu avant l'entrée en vigueur des dispositions mentionnées aux 1° à 3° du présent 1 et qui, eu égard à son objet, aurait relevé du champ d'application de ces dispositions ;

5° D'un contrat ayant un objet équivalent aux contrats mentionnés aux mêmes 1° à 3°, conclu avec un pouvoir adjudicateur, une entité adjudicatrice ou une autorité concédante d'un autre État membre de l'Union européenne.

Le présent 1 s'applique aux charges financières nettes supportées dans le cadre des contrats mentionnés aux 1° à 5° signés à compter du 29 décembre 2012 et pour lesquels soit une consultation a été engagée, soit un avis d'appel à la concurrence ou un avis de concession a été envoyé à la publication, soit une procédure d'approbation par décret a *été initiée* avant la date de promulgation de la loi n° 2018-1317 du 28 décembre 2018 de finances pour 2019.

2. Les charges financières nettes afférentes aux contrats mentionnés au 1 du présent IV sont déductibles dans la limite du plus élevé des deux montants suivants :

a) Trois millions d'euros ;

b) 30 % du résultat afférent à ces contrats et déterminé dans les conditions du II.

3. Les charges financières nettes non admises en déduction au titre d'un exercice, en application du 2 du présent IV, sont déductibles, au titre de cet exercice, à hauteur de 75 % de leur montant.

V. — Les charges financières nettes mentionnées au 3 du III et au 1 du IV sont celles afférentes à des emprunts utilisés exclusivement pour financer des projets d'infrastructures publiques à long terme lorsque l'opérateur du projet, les charges financières, les actifs et les revenus se situent tous dans l'Union européenne.

Le 3 du III et le IV s'appliquent sur option de l'entreprise mentionnée au I. Cette option doit être notifiée au plus tard à la date limite de dépôt de la déclaration de résultat du premier exercice au titre duquel elle est demandée. Elle est irrévocable et formulée pour une période de dix années et est renouvelable au terme de cette période ;

VI. — L'entreprise, membre d'un groupe consolidé, peut en outre déduire 75 % du montant des charges financières nettes non admises en déduction en application du I lorsque le ratio entre ses fonds propres et l'ensemble de ses actifs est égal ou supérieur à ce même ratio déterminé au niveau du groupe consolidé auquel elle appartient.

Pour l'application du premier alinéa du présent VI :

1° Les charges financières nettes s'entendent de celles déterminées conformément au III avant application du VIII ;

2° Le groupe consolidé s'entend de l'ensemble des entreprises françaises et étrangères dont les comptes sont consolidés par intégration globale pour l'établissement des comptes consolidés au sens de l'article L. 233-18 du code de commerce ou au sens des normes comptables internationales mentionnées à l'article L. 233-24 du même code ;

3° Le ratio entre les fonds propres et l'ensemble des actifs d'une entreprise est considéré comme égal au ratio équivalent du groupe consolidé auquel elle appartient lorsque le premier ratio est inférieur au second ratio de deux points de pourcentage au maximum ;

4° Les fonds propres et l'ensemble des actifs de l'entreprise et du groupe consolidé auquel elle appartient sont évalués selon la même méthode que celle utilisée dans les comptes consolidés mentionnés au 2° du présent VI.

(L. n° 2019-1479 du 28 déc. 2019, art. 45-I-4° et II-B, applicable aux exercices clos à compter du 31 déc. 2019) « VI *bis*. — 1. Les charges financières nettes mentionnées au 1 du III supportées par l'entreprise définie au 2 du présent VI *bis*, qui ne sont pas admises en déduction au titre d'un exercice en application du I, sont déductibles, au titre de ce même exercice, à hauteur de 75 % de leur montant.

« 2. Le présent VI *bis* s'applique à l'entreprise qui, au titre de l'exercice mentionné au 1, n'est pas membre d'un groupe consolidé au sens du 2° du VI et ne dispose d'aucun établissement hors de France, ni d'aucune entreprise associée au sens des quatre premiers alinéas du 4 de l'article 2 de la directive (UE) 2016/1164 du Conseil du 12 juillet 2016 établissant des règles pour lutter contre les pratiques d'évasion fiscale qui ont une incidence directe sur le fonctionnement du marché intérieur.

« 3. Les IV et VIII du présent article ne s'appliquent pas à l'entreprise définie au 2 du présent VI *bis* pour l'exercice au titre duquel elle a déduit ses charges financières dans les conditions prévues au 1. »

VII. — 1. Par exception au I, lorsque le montant moyen des sommes laissées ou mises à disposition par l'ensemble des entreprises liées directement ou indirectement au sens du 12 de l'article 39, au cours d'un exercice, excède, au titre de cet exercice, une fois et demie le montant des fonds propres, apprécié au choix de l'entreprise, à l'ouverture ou à la clôture de l'exercice, les charges financières nettes déterminées conformément au III du présent article sont déductibles :

a) Pour une fraction de leur montant, dans la limite du plus élevé des deux montants prévus au I retenue à hauteur de ce montant multiplié par la même fraction. Cette fraction est égale au rapport existant entre, au numérateur, le montant moyen des sommes laissées ou mises à disposition de l'entreprise au cours de l'exercice par des entreprises qui ne sont pas liées directement ou indirectement au sens du 12 de l'article 39 ajouté à une fois et demie le montant des fonds propres mentionnés au premier alinéa du présent 1 et, au dénominateur, le montant moyen de la totalité des sommes laissées ou mises à disposition de l'entreprise au cours de l'exercice ;

b) Pour leur solde, dans la limite du plus élevé des deux montants, entre un million d'euros et 10 % du résultat déterminé dans les conditions du II, retenue à hauteur de ce montant multiplié par le rapport existant entre, au numérateur, le montant des sommes laissées ou mises à disposition de l'entreprise par des entreprises liées directement ou indirectement au sens du 12 de l'article 39 excédant une fois et demie le montant des fonds propres mentionnés au premier alinéa du présent 1 et, au dénominateur, le montant moyen de la totalité des sommes laissées ou mises à disposition de l'entreprise au cours de l'exercice.

Le montant d'un million d'euros mentionné au b s'entend par exercice, le cas échéant ramené à douze mois.

Les charges financières nettes non admises en déduction en application du même *b* au titre d'un exercice peuvent être déduites au titre des exercices suivants conformément au 1 du VIII à hauteur d'un tiers de leur montant.

Lorsque l'entreprise remplit les conditions prévues au premier alinéa du présent 1, elle ne peut bénéficier des dispositions du VI.

2. Pour l'application du 1 du présent VII, sont considérées comme des sommes laissées ou mises à disposition de l'entreprise par des entreprises qui ne lui sont pas liées directement ou indirectement au sens du 12 de l'article 39 les sommes afférentes :

a) A des opérations de financement réalisées, dans le cadre d'une convention de gestion centralisée de la trésorerie d'entreprises liées, au sens du même 12 de l'article 39, par l'une de ces entreprises chargée de cette gestion centralisée au profit de laquelle les sommes sont mises à disposition ;

b) A l'acquisition de biens donnés en location dans les conditions prévues aux 1 et 2 de l'article L. 313-7 du code monétaire et financier.

Sont également considérées comme des sommes laissées ou mises à disposition de l'entreprise par des entreprises qui ne lui sont pas liées directement ou indirectement au sens du 12 de l'article 39 du présent code les sommes laissées ou mises à disposition des établissements de crédit ou des sociétés de financement mentionnés à l'article L. 511-1 du code monétaire et financier.

3. Le 1 du présent VII ne s'applique pas si l'entreprise apporte la preuve que le ratio d'endettement du groupe consolidé auquel elle appartient est supérieur ou égal à son propre ratio d'endettement au titre de l'exercice mentionné au même 1.

Pour l'application du premier alinéa du présent 3 :

a) Le groupe consolidé s'entend de celui défini au 2° du VI ;

b) Le ratio d'endettement de l'entreprise correspond au rapport existant entre le montant total de ses dettes et le montant de ses fonds propres. Le ratio d'endettement du groupe consolidé est déterminé en tenant compte des dettes, à l'exception de celles envers des entreprises appartenant au groupe consolidé ;

c) Le ratio d'endettement de l'entreprise est considéré comme égal au ratio d'endettement du groupe consolidé auquel elle appartient lorsque le premier ratio est supérieur au second ratio de deux points de pourcentage au maximum ;

d) Les dettes et les fonds propres de l'entreprise et du groupe consolidé auquel elle appartient sont évalués selon la même méthode que celle utilisée dans les comptes consolidés mentionnés au même 2°.

VIII. — 1. Les charges financières nettes non admises en déduction en application des I et VI ainsi que du *a* du 1 du VII et celles reportables au titre de l'avant-dernier alinéa du même 1 au titre des exercices antérieurs peuvent être déduites à hauteur d'un montant égal à la différence positive entre la limite mentionnée au I appliquée au titre de l'exercice ou, lorsque la condition mentionnée au premier alinéa du 1 du VII est remplie, la limite mentionnée au *a* du même 1 appliquée au titre de l'exercice et les charges financières nettes de l'exercice minorées, le cas échéant, de celles soumises au plafonnement du *b* dudit 1. Les charges financières nettes non admises en déduction après application du présent 1 peuvent être déduites dans les mêmes conditions au titre des exercices suivants.

2. La capacité de déduction inemployée, entendue comme la différence positive entre la limite mentionnée au I appliquée au titre de l'exercice et les charges financières nettes admises en déduction au titre de l'exercice en application des I et VI ainsi que du 1 du présent VIII, peut être utilisée au titre des cinq exercices suivants pour déduire du résultat de ces exercices le montant de charges financières nettes non admises en

déduction après application des I et VI. Cette capacité de déduction inemployée ne peut être utilisée pour déduire des charges financières en report conformément au 1 du présent VIII. — *V. Ann. III, art. 46 quater-0 BA.*

IX. — Un décret fixe les obligations déclaratives incombant aux entreprises mentionnées au I.

BIBL. ▸ OUDENOT, *Dr. fisc. 2019. 295* (le nouveau dispositif de plafonnement de déduction des charges financières).

Limitation de la déductibilité des charges financières. Nouveau dispositif applicable aux exercices ouverts à compter du 1er janv. 2019. 1° Régime de droit commun. * BOI-IS-BASE-35-40-10 du 31 juill. 2019. 2° Régime de déduction des charges financières nettes applicable en cas de sous-capitalisation. * BOI-IS-BASE-35-40-20 du 13 mai 2020. 3° Régime de déduction des charges financières nettes afférentes aux financements de projets d'infrastructures publiques à long terme. * BOI-IS-BASE-35-40-30 du 13 mai 2020.

Ancien art. 212 *bis* ***I. — Les charges financières nettes afférentes aux sommes laissées ou mises à disposition d'une entreprise non membre d'un groupe, au sens de l'article 223 A*** *(L. n° 2014-891 du 8 août 2014, art. 20-I-2°)* ***« ou de l'article 223 A bis », sont réintégrées au résultat pour une fraction égale à 25 % de leur montant.*** — *Le taux de 25 % s'applique pour les exercices ouverts à compter du 1er janv. 2014.*

II. — Le I ne s'applique pas lorsque le montant total des charges financières nettes de l'entreprise est inférieur à trois millions d'euros.

III. — Pour l'application des I et II, le montant des charges financières nettes est entendu comme le total des charges financières venant rémunérer des sommes laissées ou mises à disposition de l'entreprise, diminué du total des produits financiers venant rémunérer des sommes laissées ou mises à disposition par l'entreprise.

Les charges et produits mentionnés au premier alinéa incluent le montant des loyers, déduction faite de l'amortissement, de l'amortissement financier pratiqué par le bailleur en application du I de l'article 39 C et des frais et prestations accessoires facturés au preneur en cas d'opération de crédit-bail, de location avec option d'achat ou de location de biens mobiliers conclue entre entreprises liées au sens du 12 de l'article 39.

IV. — Pour l'application du I, le montant des charges financières est diminué des fractions des charges financières non admises en déduction en application du IX de l'article 209 et de l'article 212.

IV bis. — Pour l'application du I, le montant des charges financières nettes est diminué des charges financières afférentes aux contrats de financement des stocks de produits faisant l'objet d'une obligation réglementaire de conservation et dont le cycle de rotation est supérieur à trois ans.

V. — Le même I ne s'applique pas aux charges financières supportées par le délégataire, concessionnaire et partenaire privé, afférentes aux biens acquis ou construits par lui dans le cadre :

1° D'une délégation de service public mentionnée à l'article 38 de la loi n° 93-122 du 29 janvier 1993 relative à la prévention de la corruption et à la transparence de la vie économique et des procédures publiques ; — *L'art. 38 de la L. n° 93-122 du 29 janv. 1993 a été abrogé par le 3° de l'art. 77 de l'Ord. n° 2016-65 du 29 janv. 2016.*

2° D'un contrat de concession de travaux publics, tel que défini par l'ordonnance n° 2009-864 du 15 juillet 2009 relative aux contrats de concession de travaux publics ; — *L'Ord. n° 2009-864 du 15 juill. 2009 a été abrogée par le 5° de l'art. 77 de l'Ord. n° 2016-65 du 29 janv. 2016.*

3° D'un contrat de concession mentionné à l'article L. 2224-31 du code général des collectivités territoriales ;

4° D'un contrat de partenariat, tel que défini par l'ordonnance n° 2004-559 du 17 juin 2004 sur les contrats de partenariat ;

5° D'un bail emphytéotique, tel que défini à l'article L. 1311-2 du code général des collectivités territoriales ou à l'article L. 6148-2 du code de la santé publique.

Les charges financières mentionnées au premier alinéa du présent V s'entendent également de celles supportées par la société dont l'objet unique est la détention de titres de sociétés agissant exclusivement en tant que délégataire, concessionnaire ou partenaire privé dans le cadre de contrats mentionnés aux 1° à 5°.

Le présent V s'applique aux charges financières supportées dans le cadre des contrats mentionnés aux 1° à 5° déjà signés à la date de promulgation de la loi n° 2012-1509 du 29 décembre 2012 de finances pour 2013.

VI. — Le I du présent article ne s'applique pas aux charges financières supportées par les sociétés de capitaux agréées qui ont pour activité l'acquisition de contrats d'approvisionnement à long terme d'électricité, mentionnées à l'article 238 bis HV du présent code.

Le présent VI s'applique aux exercices ouverts à compter du 1er janvier 2016. Il est applicable aux charges financières supportées dans le cadre des contrats de financement déjà signés ou à signer à compter de la date de promulgation de la loi n° 2014-1654 du 29 décembre 2014 de finances pour 2015.

1. La jurisprudence et les solutions rapportées ci-dessous concernent l'art. 212 *bis* dans sa rédaction antérieure à l'art. 34 de la L. n° 2018-1317 du 28 déc. 2018.

2. Limitation de la déduction des charges financières. Commentaire administratif d'ensemble. Entreprises concernées. Détermination des charges financières nettes. Opérations de crédit-bail, de location avec option d'achat et de location de biens mobiliers entre entreprises liées. Concessions, délégations et partenariats public-privé. Groupes de sociétés. * BOI-IS-BASE-35-40 du 30 avr. 2014.

3. Les intérêts reportés conformément au dernier al. de l'art. 212-II-*c* sont compris dans la base soumise à la limitation prévue à l'art. 212 *bis* au titre de l'exercice au cours duquel ils sont effectivement déduits (déduction faite de l'éventuelle application de la décote). * BOI-IS-BASE-35-40 n° 60 du 30 avr. 2014. ♦ Sur la combinaison des régimes de sous-capitalisation et du rabot résultant de l'art. 212 *bis*, V. • CE 8 déc. 2017, *SA Transdev Group*, n° 411941 : *RJF 2018. 279* • TA Montreuil, 2 nov. 2017, *Sté Thai Union France*, n° 16-7835 : *FR Lefebvre 47/17. inf. 1, p. 3.*

4. Exclusion des charges financières afférentes aux stocks à rotation lente. Commentaire administratif. * BOI-IS-BASE-35-40 nos 72 à78 du 30 avr. 2014.

5. Contrat de swap. Les intérêts versés et reçus dans le cadre de *swaps* de taux ne constituent pas des charges financières nettes retenues dans la base soumise à limitation dès lors qu'ils ne rémunèrent pas des sommes laissées ou mises à disposition de l'entreprise. • TA Montreuil, 18 janv. 2018, *Éts public régional Epinorpa*, n° 1702561 : *RJF 2018. 463.*

Art. 213 **L'impôt sur les sociétés, la contribution sociale mentionnée à l'article 235 *ter* ZC, la contribution exceptionnelle mentionnée à l'article 235 *ter* ZAA** *(Abrogé par L. n° 2017-1837 du 30 déc. 2017, art. 37, applicable aux montants distribués dont la mise en paiement intervient à compter du 1er janv. 2018)* **« , *la contribution additionnelle à l'impôt sur les sociétés sur les montants distribués mentionnée à l'article 235 ter ZCA* » et l'impôt sur le revenu ne sont pas admis dans les charges déductibles pour l'établissement de l'impôt.** — *Cette contribution a été appliquée aux exercices clos du 31 déc. 2011 au 31 déc. 2016.*

Il en est de même, sans préjudice des impôts et taxes dont la déduction ne peut être admise en vertu du 4° du 1 de l'article 39, *(Ord. n° 2021-1843 du 22 déc. 2021, art. 10-8°, en vigueur le 1er janv. 2022)* **« des taxes prévues au 1° de l'article L. 421-94 du code des impositions sur les biens et services ».**

Art. 214 **1. Sont admis en déduction :**

1° En ce qui concerne les sociétés coopératives de consommation, les bonis provenant des opérations faites avec les associés et distribués à ces derniers au prorata de la commande de chacun d'eux ;

2° En ce qui concerne les sociétés coopératives de production, la part des bénéfices nets qui est distribuée aux travailleurs dans les conditions prévues au 3° de l'article 33 de la loi n° 78-763 du 19 juillet 1978 portant statut des sociétés coopératives de production ;

3° *Abrogé par L. n° 68-690 du 31 juill. 1968, art. 9 ;*

4° *Disposition périmée ;*

5° En ce qui concerne les sociétés d'intérêt collectif agricole, les bonis provenant des opérations faites avec les associés coopérateurs et distribués à ces derniers au prorata de leurs activités.

Cette disposition n'est pas applicable aux sociétés d'intérêt collectif agricole lorsque les associés visés à l'article L. 522-1 du code rural et de la pêche maritime, les établissements de crédit et les sociétés de financement détiennent directement ou par l'intermédiaire de leurs filiales 80 % ou plus du capital ou des voix et que les associés visés aux 1°, 2° et 3° du même article détiennent moins de 50 % du capital ou des voix.

6° La fraction éventuelle des ristournes déduites en vertu des 1°, 2° et 5° qui dépasse 50 % des excédents pouvant être répartis d'un exercice est réintégrée au résultat du

même exercice à concurrence des sommes apportées ou mises à disposition de la coopérative par les bénéficiaires au cours des deux exercices suivants ;

7° Les dispositions des 1° et 2° ne sont pas applicables aux sociétés dont plus de 50 % du capital est détenu par des associés non coopérateurs, définis au 1 *quinquies* de l'article 207, et des titulaires de certificats coopératifs d'investissement ou de certificats coopératifs d'associés, à l'exception des sociétés coopératives de production dont la majorité du capital est détenue par une autre société coopérative de production dans les conditions prévues à l'article 25 de la loi n° 78-763 du 19 juillet 1978 portant statut des sociétés coopératives de production ;

Le 2° est toutefois applicable aux sociétés coopératives de production issues de la transformation d'autres sociétés dans les conditions prévues aux articles 48 à 52 de la loi n° 78-763 du 19 juillet 1978 précitée et pour lesquelles les associés non coopérateurs s'engagent, au moment de la transformation et dans des conditions fixées par décret, à céder un nombre de parts sociales suffisant pour permettre aux associés coopérateurs de détenir au moins 50 % du capital de la société au plus tard le 31 décembre de la septième année qui suit celle de la transformation en société coopérative de production.

Le 2° est également applicable aux sociétés coopératives de production qui ont constitué entre elles un groupement relevant des articles 47 *bis* à 47 *septies* de la loi n° 78-763 du 19 juillet 1978 précitée et dont la majorité du capital est détenue par une ou plusieurs sociétés coopératives membres de ce groupement ou par des salariés employés par les autres sociétés coopératives membres de ce groupement.

En cas de non-respect de l'engagement mentionné au deuxième alinéa, la société rapporte au résultat imposable de l'exercice en cours ou clos le 31 décembre de la septième année suivant celle de la transformation en société coopérative de production une somme correspondant aux distributions déduites. Les droits correspondants sont majorés de l'intérêt de retard prévu à l'article 1727, décompté à partir de l'exercice au cours duquel les distributions ont été déduites ;

8° En ce qui concerne les groupements d'employeurs fonctionnant dans les conditions prévues aux articles L. 1253-1 à L. 1253-19 du code du travail, les sommes dans la limite de 2 % du montant des rémunérations, définies à l'article L. 242-1 du code de la sécurité sociale, versées à leurs salariés ou de 10 000 € au titre d'un même exercice.

Cette déduction s'exerce à la condition que, à la clôture de l'exercice, le groupement ait inscrit à un compte d'affectation spéciale ouvert auprès d'un établissement de crédit une somme provenant des recettes de l'exercice au moins égale au montant de la déduction. L'épargne doit être inscrite à l'actif du bilan.

Les sommes déposées sur le compte peuvent être utilisées au cours des cinq exercices qui suivent celui de leur versement dans le cadre de la mise en œuvre de la responsabilité solidaire prévue à l'article L. 1253-8 du code du travail.

Lorsque les sommes déposées sur le compte sont utilisées pour l'emploi prévu à l'alinéa précédent, la déduction correspondante est rapportée au résultat de l'exercice au cours duquel le retrait est intervenu.

Lorsque les sommes déposées sur le compte ne sont pas utilisées au cours des cinq exercices qui suivent celui de leur versement, la déduction correspondante est rapportée aux résultats du cinquième exercice suivant celui au titre duquel elle a été pratiquée.

Lorsque les sommes déposées sur le compte sont utilisées à des emplois autres que celui défini ci-dessus au cours des cinq exercices qui suivent celui de leur dépôt, l'ensemble des déductions correspondant aux sommes figurant sur le compte au jour de cette utilisation est rapporté au résultat de l'exercice au cours duquel cette utilisation a été effectuée. Le compte précité est un compte courant qui retrace exclusivement les opérations définies ci-dessus.

1 *bis*. Lorsqu'une société exerce l'option pour le régime de groupe mentionné à l'article 223 A ou à l'article 223 A *bis*, les dispositions du 1 ne sont pas applicables pour la détermination des résultats des exercices clos au cours de la période de cinq ans à compter de la date d'ouverture du premier exercice au titre duquel elle a exercé cette option.

Les sommes mentionnées aux 1°, 2° et 5° du 1 non déduites en application du premier alinéa conservent le caractère de ristournes pour les personnes qui les reçoivent.

2 et 3. *Dispositions périmées.*

1. Ristournes versées par les coopératives. Les ristournes versées à leurs adhérents par les coopératives sont réintégrées au résultat à concurrence du montant des souscriptions au capital et des apports en compte courant effectués par les associés au cours des deux exercices suivants, sans qu'il y ait lieu de tenir compte des retraits. • CAA Lyon, 26 mars 2009, n° 07LY272 : *RJF 2009. 918.*

2. Sort des ristournes en présence de créances commerciales des adhérents. Pour l'application de l'art. 214-1-6°, les sommes mises à disposition de la société doivent s'entendre des seules sommes mises à la disposition de la coopérative par ses associés en leur qualité d'associé, à l'exclusion des avances ou acomptes consentis dans le cadre de leurs relations commerciales avec la coopérative, sous réserve que le montant de ces avances ou acomptes soit conforme aux usages en vigueur dans le secteur considéré. Ne sont pas visées par la réintégration les sommes laissées à sa disposition qui correspondent à des modalités de règlement d'opérations commerciales dans des conditions normales. • CE 23 déc. 2011, n° 322954 : *RJF 2012. 231 ; Dr. fisc. 2012. 174.*

3. Groupements d'employeurs. Déduction spéciale. Provision pour risques en matière de dettes salariales dans la limite de 10 000 €. * BOI-IS-BASE-30-30 du 8 avr. 2013.

Art. 214 A *Abrogé pour les exercices ouverts à compter du 1er janv. 1992.*

Art. 214 B et 214 BA *Dispositions devenues sans objet pour les exercices ouverts à compter du 1er janv. 1992 (L. n° 92-1376 du 30 déc. 1992, art. 13).*

Art. 215 *Abrogé par L. n° 63-1241 du 19 déc. 1963, art. 83, et L. n° 65-566 du 12 juill. 1965, art. 45.*

Art. 216 I. — Les produits nets des participations, ouvrant droit à l'application du régime des sociétés mères et visées à l'article 145, touchés au cours d'un exercice par une société mère, peuvent être retranchés du bénéfice net total de celle-ci, défalcation faite d'une quote-part de frais et charges. — *V. Ann. II, art. 54 à 56.*

(L. n° 2018-1317 du 28 déc. 2018, art. 32-I-1° et II, applicable aux exercices ouverts à compter du 1er janv. 2019) « La quote-part de frais et charges prévue au premier alinéa du présent I est fixée à 5 % du produit total des participations, crédit d'impôt compris. Ce taux est fixé à 1 % de ce même produit, crédit d'impôt compris, perçu :

« 1° Par une société membre d'un groupe mentionné aux articles 223 A ou 223 A *bis* à raison d'une participation dans une autre société membre de ce groupe ;

« 2° Par une société membre d'un groupe mentionné aux mêmes articles 223 A ou 223 A *bis* à raison d'une participation dans une société soumise à un impôt équivalent à l'impôt sur les sociétés dans un État membre de l'Union européenne ou dans un autre État partie à l'accord sur l'Espace économique européen ayant conclu avec la France une convention d'assistance administrative en vue de lutter contre la fraude et l'évasion fiscales qui, si elle était établie en France, remplirait les conditions pour être membre de ce groupe, en application desdits articles 223 A ou 223 A *bis*, autres que celle d'être soumise à l'impôt sur les sociétés en France ;

« 3° Ou par une société non membre d'un groupe à raison d'une participation dans une société soumise à un impôt équivalent à l'impôt sur les sociétés dans un État membre de l'Union européenne ou dans un autre État partie à l'accord sur l'Espace économique européen ayant conclu avec la France une convention d'assistance administrative en vue de lutter contre la fraude et l'évasion fiscales, sous réserve que ces sociétés eussent rempli les conditions pour constituer un groupe, si la seconde société était établie en France. Le présent 3° ne s'applique pas lorsque la première société n'est pas membre d'un groupe uniquement du fait de l'absence des options et des accords à formuler en application du I et du premier alinéa du III de l'article 223 A et du I de l'article 223 A *bis.* »

Dans le cas mentionné au *(Décr. n° 2020-897 du 22 juill. 2020, art. 1er)* « sixième alinéa du *c* » du 1 de l'article 145, *(L. n° 2018-1317 du 28 déc. 2018, art. 32-I-1° et II, applicable aux exercices ouverts à compter du 1er janv. 2019)* « le présent I s'applique » à la part de bénéfice du constituant déterminée dans les conditions prévues à l'article 238 *quater* F correspondant aux produits nets des titres de participation ouvrant droit à l'application du régime des sociétés mères précité.

II. — *Abrogé par L. n° 92-1376 du 30 déc. 1992, art. 104-I-3.*
III. — *Disposition périmée.*

NOTE. Certaines décisions et les solutions rapportées ci-dessous concernent l'art. 216 dans sa rédaction antérieure à l'art. 32 de la L. n° 2018-1317 du 28 déc. 2018.

1. Compatibilité avec le droit communautaire et avec la Constitution (sol. antérieure à la L. n° 2015-786 du 29 déc. 2015, art. 40). L'art. 216 prévoyant la réintégration d'une quote-part de frais et charges n'introduit aucune discrimination quant aux modalités d'imposition des produits reçus par une société mère de ses filiales selon l'État dans lequel sont établies ces filiales et, dès lors, ne méconnaît pas les principes de la liberté d'établissement et de la libre circulation des capitaux protégés par les art. 43 et 56 du Traité CE. • CE 17 janv. 2007, n° 262967 : *RJF 2007. 406 ; concl. Vérot au BDCF 4/07, n° 43 ; Dr. fisc. 2007. 192, concl. Vérot.*

2. L'art. 216 selon lequel la quote-part de frais et charges que la société mère doit réintégrer dans ses résultats imposables à raison des produits de ses filiales est plafonnée au montant des frais et charges réellement engagés est conforme à la Constitution. La fixation d'un plafond unique sans distinction selon la forme ou l'activité de la société mère ne porte pas atteinte au principe d'égalité devant les charges publiques garanti par la Constitution. • CE, QPC, 26 juill. 2011, *Sté Renault Trucks*, n° 347113 : *RJF 2011. 1196.*

3. L'instruction administrative 4 H-1-00 prévoyant que la quote-part des frais et charges ne peut excéder le montant total des frais et charges de toute nature et pas seulement les frais de gestion afférents aux participations est compatible avec la directive mères et filiales du 23 juill. 1990. • CE 17 janv. 2007, n° 262967 : *préc. note 1.* ♦ Décision antérieure à la suppression de plafonnement de la quote-part des frais et charges pour les exercices clos à compter du 31 déc. 2010.

4. Le Conseil d'État a saisi la CJCE à titre préjudiciel sur le point de savoir si la réintégration dans le bénéfice de la société mère de 5 % des crédits d'impôts attachés aux produits de participation reçus de ses filiales est compatible avec la directive mères et filiales du 23 juill. 1990. • CE 17 janv. 2007, n° 262967 : *préc. note 1.* ♦ La CJCE a jugé que la notion de « bénéfices distribués par la société filiale », au sens de la directive mère et filiales 90/435/CEE du 23 juill. 1990 ne s'oppose pas à l'inclusion, dans ces bénéfices, des crédits d'impôt qui ont été octroyés en vue de compenser une retenue à la source opérée par l'État membre de la filiale dans le chef de la société mère. • CJCE 3 avr. 2008, n° 27/07, *Banque fédérative du Crédit mutuel : RJF 2008. 766 ; Dr. fisc. 2008. 413, note Pierre.* ♦ Décision du CE sur le fond : rejet du recours pour excès de pouvoir contre l'instruction 4 H-1-00. • CE 6 oct. 2008, n° 262967 : *RJF 2008. 1306.*

5. Produits concernés. Les produits nets de participations mentionnés à l'art. 216 doivent trouver leur origine dans les résultats que dégagent les filiales et dont le versement à leur société mère procède des droits attachés aux participations de celle-ci dans lesdites filiales. Les sommes réputées distribuées en application de l'art. 111 ne peuvent bénéficier de l'exonération. • CE 6 juin 1984, n° 35415 : *Dr. fisc. 1985. 287 ; RJF 1984. 466, concl. Verny.*

6. Produits de participation intragroupe (exercices ouverts à compter du 1er janv. 2016). Taux réduit à 1 % de la quote-part pour les dividendes de filiales intégrées et de filiales européennes à 95 %. Commentaires administratifs. * BOI-IS-GPE-20-20-20-10 du 19 mars 2021.

7. Acomptes sur dividendes. Les acomptes sur dividendes relèvent dans leur totalité du régime des sociétés mères, alors même que le montant de ces acomptes s'avère *ex post* supérieur à celui du résultat et des réserves distribuables. • CE 12 avr. 2019, *Sté Cie de Saint-Gobain*, n° 410315 : *RJF 2019. 634 ; Dr. fisc. 2019. 325, note Rutschmann et Roch.*

8. Participations exclues. Pour les exercices ouverts à compter du 1er janv. 2011, l'exclusion du régime des sociétés mères qui concerne les dividendes distribués par des filiales établies dans des États ou territoires non coopératifs (ETNC) au sens de l'art. 238-0 A vise également la quote-part de revenus provenant de l'activité d'un établissement stable situé dans un État ou territoire non coopératif. * BOI-INT-DG-20-50-20 nos 180 et 190 du 24 févr. 2021. ♦ Si la qualité d'usufruitier permet une participation aux éventuels bénéfices, elle ne confère pas à son titulaire des droits équivalents, notamment vis-à-vis du capital et de l'exercice du droit de vote, à ceux d'un propriétaire détenteur du titre. Dès lors, il résulte de l'ensemble des conditions légales que le législateur a entendu exclure du bénéfice du régime fiscal des sociétés mères les sociétés qui ne détiennent que l'usufruit des titres dont elles perçoivent les produits. • CE 20 févr. 2012, *Sté Participasanh*, n° 321224 : *RJF 2012. 454 ; BDCF 5/12, n° 54, concl. Hédary ; Dr. fisc. 2012. 275, obs. Fouquet.* ♦ Par suite, une société qui détient à la fois des titres en pleine propriété et l'usufruit d'autres titres de sa filiale ne peut bénéficier du régime mère-fille qu'à raison des titres détenus en pleine propriété. • CE 23 mars 2012, *Sté financière Aubert*, n° 335860 : *RJF 2012. 688.*

9. Exercice de l'option. L'exercice de l'option pour le régime des sociétés mères s'effectue par l'indication portée sur l'un des imprimés joints à la déclaration de résultats. Par suite, ne peut être regardée comme ayant opté une société qui n'a pas intégré dans le résultat porté sur sa déclaration sa quote-part du boni de liquidation réputé distribué à raison de participations détenues dans une société ayant cessé d'être soumise à l'IS, ni ne l'a mentionnée dans les déductions au titre du régime des sociétés mères et filiales. Ainsi, le défaut d'option pour le régime mère-fille est une décision de gestion opposable à l'entreprise. • CAA Bordeaux, 25 oct. 2007, n° 05BX1673 • CAA Nantes, 27 déc. 2006, n° 06NT22 • CE (na) 9 janv. 2008, n° 293733 : *RJF 2008. 412.* ♦ De même, la renonciation au régime mère-fille est une décision de gestion opposable. • CE 16 nov. 2016, ♔ *SA Havas,* n° 387576 : *RJF 2017. 111, concl. Nicolazo de Barmon.* ♦ Lorsque le caractère imposable d'avances consenties à une société lui est révélé à la suite d'un contrôle, la seule circonstance que la société n'a pas préalablement opté pour le régime des sociétés mères et filiales ne peut pas être regardée comme une décision de gestion. Le fait que ces sommes auraient servi à l'achat et à la restauration d'un immeuble donné en location à ses dirigeants ne suffit pas à établir qu'il aurait été procédé à une distribution volontairement dissimulée. Par conséquent, la société peut demander le bénéfice de ce régime en déposant une déclaration rectificative dans le délai de réclamation. • CAA Nantes, 14 juin 2010, n° 09NT946 : *RJF 2010. 1170 ; concl. Hervouet au BDCF 12/20, n° 131.*

10. Le caractère optionnel du régime mère-fille est compatible avec la directive. Une société qui n'a pas expressément renoncé au bénéfice du régime des sociétés mères peut exercer cette option dans le délai de réclamation prévu à l'art. R. 196-1 LPF. • CE 20 déc. 2017, ♔ *Sté Worms et Cie,* n° 414974 : *RJF 2018. 254, concl. Bohnert ; Dr. fisc. 2018. 229, note Seraille.*

11. Rachat par une société de ses propres titres. Le gain net dégagé par un associé ou actionnaire passible de l'IS détenant des titres de participation, à l'occasion du rachat par la société émettrice de ses propres actions, ne constitue pas un gain en capital mais un produit net de participation à concurrence, conformément à l'art. 38-2 combiné avec l'art. 209, de la différence entre le prix de rachat et la valeur d'acquisition des titres inscrits au bilan d'ouverture. • CE 20 mars 2013, ♔ *Sté Générale,* n° 349669 : *RJF 2013. 594 ; BDCF 2013. 69, concl. Cortot-Boucher ; Dr. fisc. 2013. 291, note Davoud et Gruzdova.*

Art. 216 A Lorsqu'ils ne sont pas déductibles des résultats imposables d'une société créancière, les abandons de créances consentis par celle-ci à une autre société dans laquelle elle détient une participation au sens de l'article 145 ne sont pas pris en compte pour la détermination des résultats imposables de la société débitrice.

Pour bénéficier de cette disposition, la société débitrice doit s'engager à augmenter son capital au profit de la société créancière, d'une somme au moins égale aux abandons de créances visés au premier alinéa. L'engagement doit être joint à la déclaration de résultats de l'exercice au cours duquel les abandons sont intervenus ; l'augmentation de capital doit être effectuée, en numéraire ou par conversion de créance, avant la clôture du second exercice suivant.

En cas de manquement à l'engagement pris, la société débitrice doit rapporter le montant des abandons accordés aux résultats imposables de l'exercice au cours duquel ceux-ci sont intervenus.

BIBL. ► COZIAN, *GPFE, doc. 31* (abandons de créances).

1. Abandons de créances consentis par les sociétés mères à leurs filiales. Commentaire administratif. * BOI-IS-BASE-10-10-30 du 29 janv. 2013.

2. Clause de retour à meilleure fortune. En application de l'art. 216 A et sous réserve des conditions prévues audit article, la filiale bénéficiaire d'un abandon de créances à caractère financier n'est imposable qu'à hauteur du montant de l'aide déductible chez la société mère. Dans le cas de la mise en œuvre ultérieure d'une clause de retour à meilleure fortune, la charge comptabilisée par la filiale ne sera déductible qu'à hauteur seulement de la fraction du profit retenu antérieurement dans le résultat imposable de la société. * Rescrit 12 sept. 2005, n° 2005/95 FE. * BOI-IS-BASE-10-10-30 n° 120 du 29 janv. 2013.

Art. 216 *bis* Les intérêts et produits, encaissés après le 31 décembre 1955, des actions A de la Société nationale des chemins de fer français qui demeureront bloquées *au-delà de cette date dans le patrimoine* des anciennes compagnies concessionnaires ne seront pas retenus pour l'assiette de l'impôt sur les sociétés dû par ces compagnies.

Art. 216 *ter* Les personnes morales qui souscrivent avant le 1er juillet 1964 au capital initial des sociétés immobilières conventionnées visées par l'ordonnance n° 58-876 du 24 septembre 1958 ou à leurs augmentations de capital, et qui libèrent les actions ainsi souscrites au plus tard le 31 décembre 1965, peuvent, dans les conditions et sous

les réserves prévues à l'article 43 *bis*, faire abstraction, pour la détermination de leur bénéfice imposable, des revenus nets provenant desdites actions.

Toutefois, la souscription des actions des sociétés immobilières conventionnées constituées après la promulgation de la loi n° 63-254 du 15 mars 1963 ne peut, en aucun cas, donner droit au bénéfice des dispositions du présent article.

Art. 216 *quater* *Abrogé par Décr. n° 65-1133 du 17 déc. 1965.*

Art. 216 *quinquies* *Périmé.*

Art. 217 *Abrogé par L. n° 59-1472 du 28 déc. 1959, art. 53.*

Art. 217 *bis* *Abrogé par L. n° 2011-1977 du 28 déc. 2011, art. 10-I-3°.*

Art. 217 *ter* *Abrogé par L. n° 72-516 du 25 juin 1972, art. 21.*

Art. 217 *quater* **Les sommes correspondant à la part du bénéfice réalisé par les sociétés mixtes d'intérêt agricole qui est affectée aux fournisseurs ou clients ayant la qualité d'agriculteur ou d'organisme mentionné à l'article L. 541-1 du code rural et de la pêche maritime, au prorata des opérations effectuées par chacun d'eux, sont réparties en franchise d'impôt sur les sociétés lorsque ces derniers sont associés ou membres d'un des organismes visés à l'article précité, lui-même associé et dans la mesure où elles proviennent d'opérations faites avec eux.**

Art. 217 *quinquies* **I. — Pour la détermination de leurs résultats fiscaux, les sociétés peuvent déduire les charges exposées du fait de la levée des options de souscription ou d'achat d'actions consenties à leurs salariés** *(Ord. n° 2020-1142 du 16 sept. 2020, art. 13-5° et 19, en vigueur le 1er janv. 2021)* **« en application des articles L. 225-177 à L. 225-184 et L. 22-10-56 du code de commerce ainsi que du fait de l'attribution gratuite d'actions en application des articles L. 225-197-1 à L. 225-197-3 et L. 22-10-59 du même code** *[ancienne rédaction : en application des articles L. 225-177 à L. 225-184 du code de commerce ainsi que du fait de l'attribution gratuite d'actions en application des articles L. 225-197-1 à L. 225-197-3 du même code]* **».**

Les dispositions de l'article 39 *duodecies* s'appliquent aux moins-values qui résultent de la différence entre le prix de souscription des actions par les salariés et leur valeur d'origine.

Al. 3 abrogé.

II. — Les entreprises peuvent pratiquer une déduction au titre de l'exercice au cours duquel elles ont émis des actions au profit de leurs salariés en application d'une attribution gratuite d'actions à émettre ou de la levée d'options de souscription d'actions mentionnées au premier alinéa du I ou en application d'une augmentation de capital réservée aux adhérents d'un plan d'épargne d'entreprise mentionnée à l'article L. 3332-18 du code du travail.

Le premier alinéa s'applique sous réserve que :

1° L'attribution ou les options de souscription mentionnées au même alinéa bénéficient à l'ensemble des salariés de l'entreprise ;

2° Les actions ou les options soient attribuées ou consenties soit de manière uniforme, soit proportionnellement à la durée de présence dans l'entreprise au cours de l'exercice ou aux salaires, soit par une combinaison de ces différents critères.

La déduction mentionnée au premier alinéa est égale à la différence entre la valeur des titres à la date de l'augmentation de capital et leur prix de souscription.

***Un décret fixe* les modalités d'application de ces dispositions, notamment les obligations déclaratives.** — *V. Ann. III, art. 46 quater-0 YD.*

Les dispositions ci-dessus de la L. n° 2006-1770 du 30 déc. 2006 s'appliquent aux cessions d'actions et aux émissions d'actions autorisées par les assemblées générales extraordinaires réunies à compter du 1er janv. 2006 (L. préc., art. 34-III).

BIBL. ▸ BÉROARD, *Dr. fisc. 2003, p. 571* (stock options : la déductibilité des moins-values sur options de souscription en matière d'IS).

1. Participation des salariés. Régime fiscal des attributions gratuites d'actions aux salariés et des opérations d'actionnariat salarié. Options de souscription ou d'achat d'actions. * BOI-BIC-PTP-20-60 du 18 août 2014.

2. Condition d'application. Le dispositif de déduction prévu en cas d'émission gratuite d'actions nouvelles réservées aux adhérents d'un plan d'épargne entreprise ne s'applique qu'aux émissions d'actions autorisées par les assemblées générales extraordinaires réunies à compter du 1er janv. 2006. • CE 16 nov. 2016, ♔ *SA Bouygues*, n° 387227 : *RJF 2017. 109.*

3. Moins-values. Contrairement aux actions acquises par un salarié du fait de la levée d'une option d'achat, qui figurent dans les comptes de la société émettrice avant la levée de l'option pour la valeur à laquelle elles ont été rachetées par la société émettrice à leur précédent propriétaire, les actions acquises par un salarié du fait de la levée d'une option de souscription ne font, avant la levée de l'option, l'objet d'aucune inscription dans la comptabilité de la société émettrice. Ainsi, contrairement à la levée d'options d'achat d'actions, la levée d'options de souscription d'actions n'entraîne pour la société émettrice aucune moins-value au sens de l'art. 217 *quinquies* qu'elle serait susceptible d'inscrire dans ses comptes. En estimant que l'art. 39 *duodecies* n'était pas applicables aux « moins-values » qui seraient résultées de la levée d'options de souscription d'actions consenties par une société à ses salariés, une cour administrative d'appel n'a pas commis d'erreur de droit. • CE 16 janv. 2006, ♔ n° 260150 : *RJF 2006. 361 ; concl. Vallée au BDCF 4/06, n° 44 ; Dr. fisc. 2006. 429.* ♦ Confirmant • CAA Paris, 11 juill. 2003, n° 98PA1676 : *RJF 2003. 1354 ; concl. Bataille au BDCF 12/03, n° 149 ; Dr. fisc. 2004. 668, note Gagneur.*

Art. 217 *sexies* *(Décr. n° 2015-608 du 3 juin 2015) Al. 1* devenu sans objet.

Le versement complémentaire effectué par les sociétés coopératives de production en application de l'article 40 de la loi n° 78-763 du 19 juillet 1978 portant statut de ces sociétés, à l'occasion de l'émission de parts sociales destinées exclusivement à leurs salariés, est déductible de leur bénéfice pour l'assiette de l'impôt sur les sociétés.

Ancien art. 217 sexies ***Le versement complémentaire de l'entreprise effectué à l'occasion de l'émission ou de l'achat en bourse d'actions réservées aux salariés et mentionné aux articles L. 225-192 et L. 225-196 du code de commerce, est déductible de son bénéfice pour l'assiette de l'impôt sur les sociétés.*** — V. art. 81 ter et L. n° 73-1196 du 27 déc. 1973, art. 13 et 14 (JO 30 déc.), mod. par Ord. n° 2000-912 du 18 sept. 2000, art. 3 (JO 21 sept.).

Il en est de même du versement complémentaire effectué par les sociétés coopératives de production en application de l'article 40 de la loi n° 78-763 du 19 juillet 1978 portant statut de ces sociétés, à l'occasion de l'émission de parts sociales destinées exclusivement à leurs salariés.

Art. 217 *septies* *(Abrogé par L. n° 2013-1278 du 29 déc. 2013, art. 26-I-x)* ***Pour l'établissement de l'impôt sur les sociétés, les entreprises peuvent pratiquer, dès l'année de réalisation de l'investissement, un amortissement exceptionnel égal à 50 % du montant des sommes effectivement versées pour la souscription au capital des sociétés définies à l'article 238 bis HE.***

Le bénéfice de ce régime est subordonné à l'agrément, par le ministre de l'économie et des finances, du capital de ces sociétés.

Un décret fixe les modalités d'application du présent article, notamment les obligations déclaratives. — Ann. III, art. 46 quindecies E.

Art. 217 *octies* **I. — Pour l'établissement de l'impôt sur les sociétés, les entreprises peuvent amortir, sur une durée de cinq ans :**

1° Les sommes versées pour la souscription en numéraire au capital de petites ou moyennes entreprises innovantes ;

2° Les sommes versées pour la souscription en numéraire de parts ou d'actions de fonds communs de placement à risques, de fonds professionnels de capital investissement, de sociétés de libre partenariat ou de sociétés de capital-risque dont l'actif est constitué de titres, de parts ou d'actions de petites ou moyennes entreprises innovantes, à hauteur d'un pourcentage au moins égal à celui mentionné au premier alinéa du I de l'article L. 214-30 du code monétaire et financier. L'actif du fonds, de la société de libre partenariat ou de la société de capital-risque doit, en outre, être constitué de titres, de parts ou d'actions reçus en contrepartie de souscriptions au capital ou de titres, de parts ou d'actions reçus en contrepartie d'obligations converties de petites ou moyennes entreprises innovantes à hauteur d'un pourcentage au moins égal à celui mentionné au 1° du A du III du même article ;

3° Les sommes versées pour la souscription en numéraire de parts ou d'actions de fonds ou sociétés constitués sur le fondement d'un droit étranger situés dans un État membre de l'Union européenne ou dans un autre État partie à l'accord sur l'Espace économique européen ayant conclu avec la France une convention d'assistance administrative en vue de lutter contre la fraude et l'évasion fiscales, lorsque ces derniers présentent les mêmes caractéristiques que ceux mentionnés au 2°.

Lorsque les fonds ou sociétés mentionnés aux 2° et 3° procèdent à des rachats de titres, parts ou actions d'une petite ou moyenne entreprise innovante entrant dans la composition de leur actif au titre du premier pourcentage mentionné au même 2°, ils procèdent à une souscription au capital de cette même entreprise à hauteur d'au moins la valeur de ces rachats. La réalisation de cette obligation est appréciée sur la durée de vie du fonds ou dans les dix ans suivant le rachat par la société de capital-risque ou par la société de libre partenariat. L'émission des titres, parts ou actions qui seront souscrits après le rachat doit être prévue au plan d'entreprise de la petite ou moyenne entreprise qui bénéficie du rachat. L'engagement du fonds ou de la société de procéder au niveau requis de souscriptions est formalisé par une déclaration remise à l'administration fiscale lors du rachat.

II. — Les petites et moyennes entreprises innovantes mentionnées au I s'entendent de celles des petites et moyennes entreprises, au sens du règlement (UE) n° 651/2014 de la Commission, du 17 juin 2014, déclarant certaines catégories d'aides compatibles avec le marché intérieur en application des articles 107 et 108 du traité sur l'Union européenne :

1° Qui ont leur siège dans un État membre de l'Union européenne ou dans un autre État partie à l'accord sur l'Espace économique européen ayant conclu avec la France une convention d'assistance administrative en vue de lutter contre la fraude et l'évasion fiscales ;

2° Dont les titres ne sont pas admis aux négociations sur un marché réglementé français ou étranger ;

3° Qui ne sont pas des entreprises en difficulté, au sens des lignes directrices communautaires concernant les aides d'État au sauvetage et à la restructuration d'entreprises en difficulté ;

4° Qui remplissent l'une des deux conditions mentionnées au *c* du 1° du I de l'article L. 214-30 du code monétaire et financier leur permettant d'être qualifiées d'entreprises innovantes au sens du règlement (UE) n° 651/2014 de la Commission du 17 juin 2014 précité ;

5° Qui respectent l'une des deux conditions suivantes :

a) Elles n'exercent leur activité sur aucun marché ;

b) Elles exercent leur activité sur un marché, quel qu'il soit, depuis moins de dix ans après leur première vente commerciale au sens du règlement (UE) n° 651/2014 de la Commission du 17 juin 2014 précité. Si l'entreprise fait appel à l'organisme mentionné au dernier alinéa du *c* du 1° du I de l'article L. 214-30 du code monétaire et financier pour démontrer son caractère innovant, ce dernier définit la date de la première vente commerciale. A défaut, cette durée de dix ans est décomptée à compter de l'ouverture de l'exercice suivant celui au cours duquel le chiffre d'affaires de l'entreprise a dépassé pour la première fois 250 000 €.

Les conditions mentionnées au premier alinéa et aux 1° à 5° du présent II s'apprécient à la date de la souscription ou du rachat. Par exception, dans le cas des souscriptions mentionnées au dernier alinéa du I que le fonds ou la société s'est engagé à réaliser à la suite d'un rachat, ces conditions sont considérées comme remplies à la date des souscriptions si elles l'étaient à la date du rachat.

Toutefois, lorsque les titres, parts ou actions d'une petite ou moyenne entreprise respectant les conditions prévues au 2° du présent II à la date de la souscription ou du rachat sont admis aux négociations sur un marché réglementé ou un système multilatéral de négociation français ou étranger postérieurement à cette date, ils ne continuent à être pris en compte pour l'appréciation des pourcentages mentionnés au 2° du I que pendant une durée de cinq ans à compter de leur admission.

II *bis*. — Les versements au titre des souscriptions mentionnées au I ne doivent pas excéder, par entreprise bénéficiaire des versements, le plafond de 15 millions d'euros défini au paragraphe 149 de la communication de la Commission, du 22 janvier 2014, concernant les lignes directrices relatives aux aides d'État visant à promouvoir les investissements en faveur du financement des risques (2014/C 19/04). Pour l'appréciation de ce plafond, il est tenu compte de l'ensemble des financements soumis au respect du même paragraphe.

III. — 1. Les entreprises mentionnées au premier alinéa du I ne doivent pas détenir :

a) Directement ou indirectement, plus de 20 % du capital ou des droits de vote de la petite ou moyenne entreprise innovante ;

b) Des titres, parts ou actions de la petite ou moyenne entreprise innovante pour lesquels elles n'ont pas pratiqué l'amortissement prévu au présent article.

La condition mentionnée au *b* ne s'applique pas aux entreprises qui souscrivent des parts d'un fonds mentionné aux 2° ou 3° du I ou d'une société de libre partenariat mentionnée au 2° du I lorsque celle-ci a délégué la gestion de son portefeuille à une société de gestion de portefeuille, si les décisions d'investissement sont prises par le gestionnaire du fonds ou de la société de libre partenariat en toute indépendance vis-à-vis des souscripteurs. Toutefois, dans cette situation, les deux pourcentages de l'actif du fonds ou de la société de libre partenariat mentionnés au 2° du même I doivent porter sur des titres, parts ou actions de petites ou moyennes entreprises innovantes dans lesquelles le fonds ou la société de libre partenariat investit pour la première fois à l'aide de souscriptions ouvrant droit à l'amortissement prévu audit I.

2. Lorsque des entreprises mentionnées au premier alinéa du I sont liées, au sens du 12 de l'article 39, elles ne doivent pas détenir ensemble, directement ou indirectement, plus de 20 % du capital ou des droits de vote de la petite ou moyenne entreprise innovante.

3. Les conditions prévues au *a* du 1 et au 2 doivent être respectées de manière continue au cours de la période d'amortissement. La condition mentionnée au *b* du 1 s'apprécie à la date de la souscription, selon le cas, dans une petite ou moyenne entreprise innovante ou dans un fonds ou une société mentionné aux 2° ou 3° du I, au titre de laquelle l'entreprise entend pratiquer l'amortissement prévu au premier alinéa du même I.

IV. — La valeur des titres, des parts ou des actions détenus par l'entreprise mentionnée au premier alinéa du I qui peuvent faire l'objet de l'amortissement prévu au même I ne doit pas dépasser 1 % du total de l'actif de cette entreprise.

Cette limite s'apprécie à la clôture de l'exercice au cours duquel a eu lieu chaque souscription, en tenant compte de l'ensemble des souscriptions de l'entreprise faisant l'objet de l'amortissement prévu audit I.

Par dérogation au premier alinéa du présent IV, pour une société membre d'un groupe au sens de l'article 223 A, la valeur des titres, parts ou actions qui peuvent faire l'objet de l'amortissement prévu au I du présent article peut dépasser 1 % de l'actif de cette entreprise, à condition que la valeur des titres, parts ou actions détenus par l'ensemble des entreprises membres du groupe qui font l'objet de l'amortissement ne dépasse pas 1 % de la somme du total de l'actif des sociétés du groupe à la clôture de l'exercice.

V. — En cas de cession de tout ou partie des titres, des parts ou des actions ayant ouvert droit à l'amortissement prévu au I dans les deux ans de leur acquisition ou en cas de non-respect des conditions prévues aux I à IV, le montant des amortissements pratiqués en application du même I, majoré d'une somme égale au produit de ce montant par le taux de l'intérêt de retard prévu à l'article 1727, est réintégré au bénéfice imposable de l'exercice au cours duquel intervient la cession ou le non-respect d'une condition prévue aux mêmes I à IV.

VI. — Lorsque les titres, les parts ou les actions ayant ouvert droit à l'amortissement exceptionnel prévu au I sont cédés après le délai mentionné au V, la plus-value de cession est imposée au taux normal de l'impôt sur les sociétés prévu au deuxième alinéa du I de l'article 219, à hauteur du montant de l'amortissement pratiqué.

Cette plus-value s'entend de l'excédent du prix de cession des titres, parts ou actions sur leur valeur d'origine diminuée des amortissements déduits en application du I et non encore rapportés au jour de la cession.

Le taux normal de l'impôt sur les sociétés s'applique également pour l'imposition, à hauteur de l'amortissement pratiqué :

1° De la différence existant entre le montant des sommes réparties par le fonds commun de placement à risques, le fonds professionnel de capital investissement ou la société de libre partenariat et le montant des sommes versées par l'entreprise diminué des amortissements déduits en application du même I, pour la souscription des parts de ce fonds ;

2° Des distributions mentionnées au 5 de l'article 39 *terdecies*, réalisées par la société de capital-risque.

VII. – Le présent article s'applique aux sommes versées pendant les dix années suivant une date fixée par décret, qui ne peut être postérieure de plus de six mois à la date de réception par le Gouvernement de la décision de la Commission européenne permettant de considérer le dispositif législatif lui ayant été notifié comme étant conforme au droit de l'Union européenne en matière d'aides d'État.

Amortissement des titres de PME innovantes. Le Décr. n° 2016-1187 du 31 août 2016 (*JO 2 sept.*) a fixé l'entrée en vigueur du dispositif au 3 sept. 2016.

Art. 217 *nonies* (*Abrogé par Décr. n° 2017-698 du 2 mai 2017, art. 1er*) *Les sommes versées pour la souscription des parts de copropriété de navires dans les conditions définies à l'article 238 bis HN viennent en déduction du bénéfice imposable au titre de chaque exercice de versement.*

Les dispositions du premier alinéa ne sont pas applicables :

1° aux entreprises ayant pour activité d'armer, exploiter ou affréter des navires ;

2° aux sociétés appartenant à un groupe, au sens de l'article 223 A ou de l'article 223 A bis, dont l'un des membres a pour activité principale celle mentionnée au 1°.

La déduction prévue au présent article est exclusive de celle résultant, pour le même navire, de l'article 238 bis HA.

Art. 217 *decies* Pour l'établissement de l'impôt sur les sociétés, les entreprises peuvent pratiquer dans la limite de 25 % du bénéfice imposable de l'exercice, dès l'année de réalisation de l'investissement, un amortissement exceptionnel égal à 50 % du montant des sommes effectivement versées pour la souscription au capital des sociétés mentionnées à l'article 238 *bis* HO.

En cas de cession de tout ou partie des titres souscrits dans les cinq ans de leur acquisition, le montant de l'amortissement exceptionnel est réintégré au bénéfice imposable de l'exercice au cours duquel intervient la cession et majoré d'une somme égale au produit de ce montant par le taux de l'intérêt de retard prévu à l'article 1727.

Un décret fixe les modalités d'application, notamment les obligations déclaratives.

Art. 217 *undecies* I. – Les entreprises soumises à l'impôt sur les sociétés réalisant, au titre de leur dernier exercice clos, un chiffre d'affaires inférieur à 20 millions d'euros peuvent déduire de leurs résultats imposables une somme égale au montant, hors taxes et hors frais de toute nature, notamment les commissions d'acquisition, à l'exception des frais de transport, d'installation et de mise en service amortissables, des investissements productifs, diminuée de la fraction de leur prix de revient financée par une aide publique ainsi que, lorsque l'investissement a pour objet de remplacer un investissement ayant bénéficié de l'un des dispositifs définis au présent article ou aux articles 199 *undecies* B ou 244 *quater* W, de la valeur réelle de l'investissement remplacé, qu'elles réalisent dans les départements de la Guadeloupe, de la Guyane, de la Martinique, de Mayotte et de La Réunion pour l'exercice d'une activité éligible en application du I de l'article 199 *undecies* B. Lorsque l'entreprise n'a clôturé aucun exercice, son chiffre d'affaires est réputé nul. Si le dernier exercice clos est d'une durée de plus ou moins de douze mois, le montant du chiffre d'affaires est corrigé pour correspondre à une année pleine. Lorsque la déduction d'impôt s'applique dans les conditions prévues aux quatorzième à dix-neuvième alinéas, le chiffre d'affaires défini au présent alinéa s'apprécie au niveau de l'entreprise locataire ou crédit-preneuse, qui en communique le montant à la société qui réalise l'investissement. Lorsque l'entreprise mentionnée aux première et avant-dernière phrases du présent alinéa est liée, directement ou indirectement, à une ou plusieurs autres entreprises au sens du 12 de l'article 39, le chiffre d'affaires à retenir s'entend de la somme de son chiffre d'affaires et de celui de l'ensemble des entreprises qui lui sont liées. (*Abrogé par L. n° 2017-256 du 28 févr. 2017, art. 127-I-2°-a et II*) *« L'investissement doit être un investissement initial, au sens de l'article 2 du règlement (UE) n° 651/2014 de la Commission, du 17 juin 2014, déclarant certaines catégories d'aides compatibles avec le marché intérieur en application des articles 107 et 108 du traité. »* Pour les projets d'investissement comportant l'acquisition, l'installation ou l'exploitation d'équipements de production d'énergie renouvelable, le montant déductible mentionné à la première phrase du présent alinéa est pris en compte dans la limite d'un montant par watt installé fixé par arrêté conjoint des ministres chargés du budget, de l'énergie, de l'outre-mer et de l'industrie pour chaque type d'équipement. Ce montant prend en compte les coûts d'acquisition et d'installation directement liés à ces équipements. La déduction est opérée sur le résultat de l'exercice au cours duquel l'investissement est mis en service, le déficit éventuel de l'exercice étant reporté dans les conditions prévues au I de l'article 209. Toutefois, en cas d'acquisition d'un immeuble à construire ou de construction d'immeuble, la déduction est opérée sur le résultat de l'exercice au cours duquel les fondations sont achevées. Si l'immeuble n'est pas achevé dans les deux ans suivant la date de l'achèvement des fondations, la somme déduite est rapportée au résultat imposable au titre de l'exercice au cours duquel intervient le terme de ce délai. En cas de réhabilitation hôtelière, la déduction est accordée au titre de l'année d'achèvement des travaux. La déduction s'applique également aux investissements réalisés par une société soumise au régime d'imposition prévu à l'article 8, à l'exclusion des sociétés en participation, ou un groupement mentionné aux articles 239 *quater* ou 239 *quater* C, dont les parts sont détenues directement par des entreprises soumises à l'impôt sur les sociétés. Dans ce cas, la déduction est pratiquée par les associés ou membres dans une proportion correspondant à leurs droits dans la société ou le groupement. — *V. notes ss. l'art.*

La déduction prévue au premier alinéa ne s'applique qu'à la fraction du prix de revient des investissements réalisés par les entreprises qui excède le montant des apports en capital ouvrant droit au profit de leurs associés aux déductions prévues au II et aux articles 199 *undecies* ou 199 *undecies* A et le montant des financements, apports en capital et prêts participatifs, apportés par les sociétés de financement définies au *g* du 2 de l'article 199 *undecies* A.

La déduction prévue au premier alinéa s'applique aux travaux de rénovation et de réhabilitation d'hôtel, de résidence de tourisme et de villages de vacances classés, lorsque ces travaux constituent des éléments de l'actif immobilisé. La déduction ne s'applique pas à l'acquisition de véhicules *(Ord. nº 2021-1843 du 22 déc. 2021, art. 10-9º, en vigueur le 1er janv. 2022)* « de tourisme au sens de l'article L. 421-2 du code des impositions sur les biens et services » qui ne sont pas strictement indispensables à l'activité de l'exploitant. — *V. Ann. III, art. 46 quater-0 ZZ ter A, et Ann. IV, art. 23 L quater.*

La déduction prévue au premier alinéa s'applique à la réalisation d'investissements affectés plus de cinq ans par le concessionnaire à l'exploitation d'une concession de service public local à caractère industriel et commercial et réalisés dans des secteurs éligibles définis par ce même alinéa. La déduction prévue au premier alinéa ne s'applique pas aux investissements portant sur des installations de production d'électricité utilisant l'énergie radiative du soleil.

La déduction prévue au premier alinéa s'applique aux investissements mentionnés au premier alinéa du I *ter* de l'article 199 *undecies* B à hauteur de la moitié de leur coût de revient, hors taxes et hors frais de toute nature, notamment les commissions d'acquisition, à l'exception des frais de transport, diminuée du montant des subventions publiques accordées pour leur financement, lorsque les conditions prévues à ce même I *ter* sont satisfaites. Pour les équipements et opérations de pose du câble de secours mentionnés au dernier alinéa de ce même I *ter*, la déduction s'applique aux investissements à hauteur du quart de leur coût de revient, sous réserve du respect des conditions prévues à la phrase précédente. Le montant de l'aide fiscale peut être réduit de moitié au plus, compte tenu du besoin de financement de la société exploitante pour la réalisation de ce projet et de l'impact de l'aide sur les tarifs. *(L. nº 2018-1317 du 28 déc. 2018, art. 138-I-2º)* « La déduction prévue au premier alinéa du présent I s'applique également aux investissements mentionnés au I *quater* du même article 199 *undecies* B, lorsque les conditions prévues au même I *quater* sont satisfaites, à hauteur de 20 % de leur coût de revient, hors taxes et hors frais de toute nature, notamment les commissions d'acquisition et les frais de transport de ces navires, diminuée du montant des subventions publiques accordées pour leur financement et, lorsque l'investissement a pour objet de remplacer un investissement ayant bénéficié de l'un des dispositifs définis au présent article ou aux articles 199 *undecies* B ou 244 *quater* W, de la valeur réelle de l'investissement remplacé. » *(L. nº 2021-1900 du 30 déc. 2021, art. 72-I-2º et II, applicable aux exercices clos à compter du 31 déc. 2022)* « Pour les investissements réalisés dans le secteur du transport aérien ou maritime, la déduction prévue au premier alinéa s'applique sous réserve du respect des conditions prévues au I *bis* de l'article 199 *undecies* B. »

[6e al. en vigueur jusqu'au 31 déc. 2021]
La déduction prévue au premier alinéa s'applique aux acquisitions ou constructions de logements neufs à usage locatif situés dans les départements d'outre-mer *(L. n° 2018-1317 du 28 déc. 2018, art. 30-I-9°)* « , à l'exclusion des logements neufs répondant aux critères mentionnés aux *b* et *c* du 1 du I de l'article 244 *quater* X, » si les conditions suivantes sont réunies : *– Toutefois, V. art. 199 undecies C-IV, 5e al.*

[6e al. applicable aux investissements réalisés à compter du 1er janv. 2022]
(L. n° 2020-1721 du 29 déc. 2020, art. 108-I-D et IV) « La déduction prévue au premier alinéa du présent article s'applique aux acquisitions ou constructions de logements neufs à usage locatif situés dans les départements d'outre-mer, à l'exclusion des logements neufs répondant aux critères mentionnés aux *b* et *c* du 1 du I de l'article 244 *quater* X, à hauteur du prix de revient des logements, minoré, d'une part, des taxes et des commissions d'acquisition versées et, d'autre part, des aides publiques reçues. Ce montant est retenu dans la limite mentionnée au 5 de l'article 199 *undecies* A, appréciée par mètre carré de surface habitable. Un décret précise la nature des sommes retenues pour l'appréciation du prix de revient de l'immeuble. Cette déduction s'applique lorsque les conditions suivantes sont réunies : »

1° l'entreprise s'engage à louer l'immeuble nu dans les *(L. n° 2018-1317 du 28 déc. 2018, art. 31, applicable aux immeubles achevés ou acquis à compter du 1er juill. 2018)* « douze » mois de son achèvement, ou de son acquisition si elle est postérieure, et pendant *(L. n° 2015-1785 du 29 déc. 2015, art. 110-I-D-1°-c et III-C, applicable aux investissements réalisés au titre des exercices ouverts à compter du 1er janv. 2018)* « cinq *[ancienne rédaction : six]* » ans au moins à des personnes qui en font leur résidence principale ;

2° le loyer et les ressources du locataire n'excèdent pas des plafonds fixés par décret. *– V. Ann. II, art. 140 nonies, et Ann. III, art. 46 quater-0 ZZ ter.*

Si, dans le délai de cinq ans de son acquisition ou de sa création, ou pendant sa durée normale d'utilisation si elle est inférieure, *(L. n° 2020-1721 du 29 déc. 2020, art. 108-I-D et IV, applicable aux investissements réalisés à compter du 1er janv. 2022)* « ou pendant sept ans au moins lorsque sa durée normale d'utilisation est égale ou supérieure à sept ans, » l'investissement ayant ouvert droit à déduction est cédé ou cesse d'être affecté à l'exploitation de l'entreprise utilisatrice ou si l'acquéreur cesse son activité, les sommes déduites sont rapportées au résultat imposable de l'entreprise ayant opéré la déduction au titre de l'exercice au cours duquel cet événement se réalise *(Abrogé par L. n° 2018-1317 du 28 déc. 2018, art. 131-I-2°-a)* « ***; ces conséquences sont également applicables si les conditions prévues aux septième et huitième alinéas cessent d'être respectées*** ». *(L. n° 2018-1317 du 28 déc. 2018, art. 131-I-2°-a)* « Ce délai est porté à *(L. n° 2019-1479 du 28 déc. 2019, art. 159-I-2° et II, applicable aux investissements mis en service à compter du 1er janv. 2021 et pour l'agrément desquels une demande est déposée à compter du 1er janv. 2020)* « dix *[ancienne rédaction : quinze]* » ans pour les investissements consistant en la construction, la rénovation ou la réhabilitation d'hôtels, de résidences de tourisme ou de villages de vacances. Ces conséquences sont également applicables si les conditions prévues aux septième et huitième alinéas du présent I cessent d'être respectées. » *(L. n° 2018-1317 du 28 déc. 2018, art. 138-I-2°)* « Ce délai est porté à quinze ans pour les investissements portant sur les navires de croisière neufs d'une capacité maximum de 400 passagers. »

Toutefois, la reprise de la déduction n'est pas effectuée lorsque les biens ayant ouvert droit à déduction sont transmis dans le cadre des opérations mentionnées aux articles 210 A ou 210 B si le bénéficiaire de la transmission s'engage à maintenir l'exploitation des biens outre-mer dans le cadre d'une activité éligible pendant la fraction du délai de conservation restant à courir.

L'engagement est pris dans l'acte constatant la transmission ou, à défaut, dans un acte sous seing privé ayant date certaine, établi à cette occasion.

En cas de non-respect de cet engagement, le bénéficiaire de la transmission doit rapporter à ses résultats imposables, au titre de l'exercice au cours duquel l'engagement cesse d'être respecté, une somme égale au montant de la déduction fiscale à laquelle les biens transmis ont ouvert droit.

Lorsque l'investissement est réalisé par une société ou un groupement visés aux deux dernières phrases du premier alinéa, les associés ou membres doivent, en outre, conserver les parts de cette société ou de ce groupement pendant un délai de cinq ans à compter de la réalisation de l'investissement *(L. n° 2020-1721 du 29 déc. 2020, art. 108-I-D et IV, applicable aux investissements réalisés à compter du 1er janv. 2022)* « ou pendant la durée normale d'utilisation de l'investissement si elle est inférieure ». A défaut, ils doivent ajouter à leur résultat imposable de l'exercice de cession le montant des déductions qu'ils ont pratiquées, diminué, le cas échéant, dans la proportion de leurs droits dans la société ou le groupement, des sommes déjà réintégrées en application des dispositions du neuvième alinéa.

La déduction prévue au premier alinéa s'applique aux investissements productifs mis à la disposition d'une entreprise dans le cadre d'un contrat de location si les conditions suivantes sont réunies :

1° Le contrat de location est conclu pour une durée au moins égale à cinq ans ou pour la durée normale d'utilisation du bien loué si elle est inférieure ;

2° Le contrat de location revêt un caractère commercial ;

3° L'entreprise locataire aurait pu bénéficier de la déduction prévue au premier alinéa si, imposable en France, elle avait acquis directement le bien ;

4° L'entreprise propriétaire de l'investissement a son siège en France métropolitaine ou dans un département d'outre-mer ;

5° 77 % de l'avantage en impôt procuré par la déduction pratiquée au titre de l'investissement et par l'imputation du déficit provenant de la location du bien acquis et de la moins-value réalisée lors de la cession de ce bien ou des titres de la société bailleresse sont rétrocédés à l'entreprise locataire sous forme de diminution du loyer et du prix de cession du bien à l'exploitant. — *V. Ann. II, art. 140 quaterdecies-I.*

Si l'une des conditions énumérées aux quinzième à dix-neuvième alinéas cesse d'être respectée dans le délai mentionné au quinzième alinéa, les sommes déduites sont rapportées au résultat imposable de l'entreprise *(L. n° 2020-1721 du 29 déc. 2020, art. 108-I-D et IV, applicable à compter du 1er janv. 2022)* « ou des entreprises ayant pratiqué la déduction, » au titre de l'exercice au cours duquel cet événement se réalise. Les sommes déduites ne sont pas rapportées lorsque, en cas de défaillance de l'entreprise locataire, les biens ayant ouvert droit à déduction sont donnés en location à une nouvelle entreprise, qui s'engage à les maintenir dans l'activité pour laquelle ils ont été acquis ou créés pendant la fraction du délai *(L. n° 2018-1317 du 28 déc. 2018, art. 131-I-2°-a)* « d'exploitation » restant à courir, sous réserve que la condition mentionnée au dix-neuvième alinéa demeure vérifiée.

Pour les investissements dont la durée normale d'utilisation est au moins égale à sept ans, les quinzième à vingtième alinéas sont applicables lorsque l'entreprise locataire prend l'engagement d'utiliser effectivement pendant sept ans au moins ces investissements dans le cadre de l'activité pour laquelle ils ont été acquis ou créés. *(L. n° 2018-1317 du 28 déc. 2018, art. 131-I-2°-a)* « Cet engagement est porté à quinze ans pour les investissements consistant en la construction, la rénovation ou la réhabilitation d'hôtels, de résidences de tourisme ou de villages de vacances. » *(L. n° 2018-1317 du 28 déc. 2018, art. 138-I-2°)* « Ce délai est porté à quinze ans pour les investissements portant sur les navires de croisière neufs d'une capacité maximum de 400 passagers. » *— Sur les sanctions de non-respect de l'engagement, V. notamment art. 1740, 1740-0 A et 1743.*

(L. n° 2020-1721 du 29 déc. 2020, art. 108-I-D et IV, applicable à compter du 1er janv. 2022) « Lorsque l'investissement est réalisé dans les conditions prévues aux quatorzième à dix-neuvième alinéas par une société ou un groupement mentionnés à l'avant-dernière phrase du premier alinéa, les associés ou membres doivent, en outre, conserver les parts de cette société ou de ce groupement pendant un délai de cinq ans à compter de la réalisation de l'investissement ou pendant la durée normale d'utilisation de l'investissement si elle est *inférieure. A défaut, ils doivent ajouter* à leur résultat imposable de l'exercice de cession le montant des déductions qu'ils ont pratiquées, diminué, le cas échéant, dans la proportion de leurs droits dans la société ou le groupement, des sommes déjà réintégrées en application des dispositions du vingtième alinéa. »

I *bis*. — La déduction prévue au premier alinéa du I s'applique également aux acquisitions ou constructions de logements neufs situés en Guadeloupe, en Guyane, en Martinique, à Mayotte ou à La Réunion si les conditions suivantes sont réunies :

1° L'entreprise signe avec une personne physique, dans les *(L. n° 2018-1317 du 28 déc. 2018, art. 31, applicable aux immeubles achevés ou acquis à compter du 1er juill. 2018)* « douze » mois de l'achèvement de l'immeuble, ou de son acquisition si elle est postérieure, un contrat de location-accession dans les conditions prévues par la loi n° 84-595 du 12 juillet 1984 définissant la location-accession à la propriété immobilière ;

2° L'acquisition ou la construction de l'immeuble a été financée au moyen d'un prêt mentionné au I de l'article *(Décr. n° 2020-897 du 22 juill. 2020, art. 1er)* « D. 331-76-5-1 » du code de la construction et de l'habitation ;

3° Les trois quarts de l'avantage en impôt procuré par la déduction pratiquée au titre de l'acquisition ou la construction de l'immeuble sont rétrocédés à la personne physique signataire du contrat mentionné au 1° sous forme de diminution de la redevance prévue à l'article 5 de la loi n° 84-595 du 12 juillet 1984 précitée et du prix de cession de l'immeuble. — *V. Ann. II, art. 140 quaterdecies-I.*

II. — Les entreprises soumises à l'impôt sur les sociétés peuvent, d'autre part, déduire de leurs résultats imposables une somme égale au montant total des souscriptions au capital des sociétés de développement régional des départements d'outre-mer ou des sociétés mentionnées au I effectuant dans les douze mois de la clôture de la souscription dans les mêmes départements des investissements productifs dans les secteurs d'activité éligibles en application du I de l'article 199 *undecies* B. Lorsque la société affecte tout ou partie de la souscription à la construction d'immeubles destinés à l'exercice d'une activité éligible, elle doit s'engager à en achever les fondations dans les deux ans qui suivent la clôture de la souscription et à achever l'immeuble dans les deux ans qui suivent la date d'achèvement des fondations. La société doit s'engager à maintenir l'affectation des biens à l'activité éligible pendant les cinq ans qui suivent leur acquisition ou pendant leur durée normale d'utilisation si elle est inférieure. *(Abrogé par L. n° 2020-1721 du 29 déc. 2020, art. 108-I-D et IV, à compter du 1er janv. 2022) (L. n° 2018-1317 du 28 déc. 2018, art. 131-I-2°)* « ***Ce délai est porté à quinze ans pour les investissements consistant en la construction, la rénovation ou la réhabilitation d'hôtels, de résidences de tourisme ou de villages de vacances.*** » *(L. n° 2018-1317 du 28 déc. 2018, art. 138-I-2°)* « ***Ce délai est porté à quinze ans pour les investissements portant sur les navires de croisière neufs d'une capacité maximum de 400 passagers.*** » En cas de non-respect de ces engagements, les sommes déduites sont rapportées aux résultats imposables de l'entreprise ayant opéré la déduction au titre de l'exercice au cours duquel le non-respect de l'engagement est constaté ; ces dispositions ne sont pas applicables si les immobilisations en cause sont comprises dans un apport partiel d'actif réalisé sous le bénéfice de l'article 210 B ou si la société qui en est propriétaire fait l'objet d'une fusion placée sous le régime de l'article 210 A, à la condition que la société bénéficiaire de l'apport, ou la société absorbante selon le cas, réponde aux conditions d'activité prévues au présent alinéa et reprenne, sous les mêmes conditions et sanctions, les engagements mentionnés au présent alinéa pour la fraction du délai restant à courir.

(L. n° 2020-1721 du 29 déc. 2020, art. 108-I-D et IV, applicable aux investissements réalisés à compter du 1er janv. 2022) « Pour les investissements dont la durée normale d'utilisation est au moins égale à sept ans, l'entreprise bénéficiaire de la souscription doit prendre l'engagement d'utiliser effectivement pendant sept ans au moins l'investissement dans le cadre de l'activité pour laquelle il a été acquis ou créé. Cet engagement est porté à dix ans pour les investissements portant sur les navires de croisière neufs d'une capacité maximale de quatre cents passagers et à quinze ans pour les investissements consistant en la construction, la rénovation ou la réhabilitation d'hôtels, de résidences de tourisme ou de villages de vacances. »

La déduction prévue au premier alinéa s'applique aux souscriptions au capital de sociétés effectuant dans les départements d'outre-mer des travaux de rénovation et de réhabilitation d'hôtel, de résidence de tourisme et de village de vacances classés exploités par ces sociétés, lorsque ces travaux constituent des éléments de l'actif immobilisé. — *V. Ann. III, art. 46 quaterdecies BA.*

La déduction prévue au premier alinéa s'applique aux souscriptions au capital de sociétés concessionnaires effectuant dans les départements d'outre-mer des investissements productifs affectés plus de cinq ans par le concessionnaire à l'exploitation d'une concession de service public local à caractère industriel et commercial, et dont l'activité s'exerce exclusivement dans un secteur éligible, dans les départements ou collectivités d'outre-mer.

II *bis*. – *Abrogé.*

II *ter*. – La déduction prévue au premier alinéa du II s'applique aux souscriptions au capital de sociétés soumises à l'impôt sur les sociétés et qui sont affectées exclusivement à l'acquisition ou à la construction de logements neufs dans les départements d'outre-mer lorsque ces sociétés ont pour activité exclusive la location de tels logements dans les conditions mentionnées aux septième et huitième alinéas du I.

Cette déduction s'applique sous les conditions et sanctions prévues au II, à l'exception de celle mentionnée à la troisième phrase du premier alinéa du même II.

II *quater*. – Les programmes d'investissement dont le montant total est supérieur à 1 000 000 € ne peuvent ouvrir droit à la déduction mentionnée aux I, II et II *ter* que s'ils ont reçu un agrément préalable du ministre chargé du budget dans les conditions prévues au III. – *V. Ann. IV, art. 170 decies.*

Les dispositions du premier alinéa sont également applicables aux investissements mentionnés au I et dont le montant total par programme est supérieur à 250 000 €, lorsqu'ils sont réalisés par une société ou un groupement mentionnés à l'avant-dernière phrase du premier alinéa de ce même I.

II *quinquies*. – La déduction prévue au II s'applique si les conditions prévues au dix-neuvième alinéa du I sont réunies. – *V. Ann. II, art. 140 quaterdecies-I.*

III. – 1. Pour ouvrir droit à déduction, les investissements mentionnés au I réalisés dans les secteurs des transports, de la navigation de plaisance, de l'agriculture, de la pêche maritime et de l'aquaculture, de l'industrie charbonnière et de la sidérurgie, de la construction navale, des fibres synthétiques, de l'industrie automobile, ou concernant la rénovation et la réhabilitation d'hôtel, de résidence de tourisme et de village de vacances classés ou des entreprises en difficultés, ou qui sont nécessaires à l'exploitation d'une concession de service public local à caractère industriel et commercial doivent avoir reçu l'agrément préalable du ministre chargé du budget, après avis du ministre chargé de l'outre-mer. L'organe exécutif des collectivités d'outre-mer compétentes à titre principal en matière de développement économique est tenu informé des opérations dont la réalisation le concerne.

L'agrément est délivré lorsque l'investissement :

a) Présente un intérêt économique pour le département dans lequel il est réalisé ; il ne doit pas porter atteinte aux intérêts fondamentaux de la nation ou constituer une menace contre l'ordre public ou laisser présumer l'existence de blanchiment d'argent ;

b) Poursuit comme l'un de ses buts principaux la création ou le maintien d'emplois dans ce département ;

c) S'intègre dans la politique d'aménagement du territoire, de l'environnement et de développement durable ;

d) Garantit la protection des investisseurs et des tiers.

L'octroi de l'agrément est subordonné au respect par les bénéficiaires directs ou indirects de leurs obligations fiscales et sociales et à l'engagement pris par ces mêmes bénéficiaires que puissent être vérifiées sur place les modalités de réalisation et d'exploitation de l'investissement aidé.

2. L'agrément est tacite à défaut de réponse de l'administration dans un délai de trois mois à compter de la réception de la demande d'agrément. Ce délai est ramené à deux mois lorsque la décision est prise et notifiée par l'autorité compétente de l'État dans les départements d'outre-mer. – *V. Ann. IV, art. 170 decies.*

Lorsque l'administration envisage une décision de refus d'agrément, elle doit en informer le contribuable par un courrier qui interrompt le délai mentionné au premier alinéa et offre la possibilité au contribuable, s'il le sollicite, de saisir, dans un délai de quinze jours, une commission consultative dont la composition, les attributions et le fonctionnement sont définis par décret. En cas de saisine, un nouveau délai d'une durée identique à celle mentionnée au premier alinéa court à compter de l'avis de la commission. La commission dispose, pour rendre cet avis, d'un délai ne pouvant excéder deux mois. – *V. Ann. III, art. 46 quaterdecies V à 46 quaterdecies X.*

Le délai mentionné au premier alinéa peut être interrompu par une demande de l'administration fiscale de compléments d'informations. Il est suspendu en cas de notification du projet pour examen et avis de la Commission européenne.

3. Toutefois, les investissements mentionnés au I dont le montant total n'excède pas 250 000 € par programme sont dispensés de la procédure d'agrément préalable lorsqu'ils sont réalisés par une entreprise qui exerce son activité dans les départements visés au I depuis au moins deux ans dans l'un des secteurs mentionnés au premier alinéa du 1. Il en est de même lorsque ces investissements sont donnés en location à une telle entreprise. L'entreprise propriétaire des biens ou qui les a acquis en crédit-bail joint à sa déclaration de résultat un état récapitulatif des investissements réalisés au cours de l'exercice et au titre desquels la déduction fiscale est pratiquée.

Le premier alinéa ne s'applique pas au secteur des transports, à l'exception des véhicules neufs de moins de sept places acquis par les entreprises de transports publics de voyageurs et affectés de façon exclusive à la réalisation desdits transports lorsque les conditions de transport sont conformes à un tarif réglementaire. — *Sur les sanctions en cas d'obtention irrégulière de l'agrément, V. art. 1740.*

IV. — En cas de cession dans *(L. nº 2020-1721 du 29 déc. 2020, art. 108-I-D et IV, applicable aux investissements réalisés à compter du 1er janv. 2022)* **« un délai de cinq ans, décompté à partir de la date de réalisation de l'investissement, ou pendant la durée normale d'utilisation de l'investissement si elle est inférieure,** *[ancienne rédaction : le délai d'exploitation]* **» de tout ou partie des droits sociaux souscrits par les entreprises avec le bénéfice des déductions prévues aux II ou II *ter*, les sommes déduites sont rapportées au résultat imposable de l'année de cession, dans la limite de la totalité du prix de cession.**

Toutefois, ces dispositions ne sont pas applicables dans le cas où, dans le délai *(L. nº 2020-1721 du 29 déc. 2020, art. 108-I-D et IV, applicable aux investissements réalisés à compter du 1er janv. 2022)* **« mentionné au premier alinéa du présent IV », l'entreprise propriétaire des titres ayant ouvert droit à la déduction prévue aux II ou II *ter* fait l'objet d'une transmission dans le cadre des dispositions prévues aux articles 210 A ou 210 B si l'entreprise qui devient propriétaire des titres remplit les conditions nécessaires pour bénéficier de cette déduction et s'engage à conserver les titres pendant la fraction du délai de conservation restant à courir. L'engagement est pris dans l'acte constatant la transmission ou, à défaut, par acte sous seing privé ayant date certaine, établi à cette occasion.**

En cas de non-respect de cet engagement, le bénéficiaire de la transmission doit rapporter à ses résultats imposables, au titre de l'exercice au cours duquel l'engagement cesse d'être respecté, une somme égale au montant de la déduction fiscale à laquelle les titres transmis ont ouvert droit, dans la limite de la totalité du prix de cession. Il en est de même dans le cas où les titres souscrits avec le bénéfice de la déduction prévue aux II ou II *ter* sont apportés ou échangés dans le cadre d'opérations soumises aux dispositions des articles 210 A ou 210 B, si l'entreprise conserve, sous les mêmes conditions et sanctions, les titres nouveaux qui se sont substitués aux titres d'origine.

IV *bis*. — Le montant de la déduction prévue par le présent article n'est pas pris en compte pour le calcul de l'abattement prévu à l'article 44 *quaterdecies*.

Si, avant l'expiration du délai visé au premier alinéa, l'un de ces investissements est cédé ou cesse d'être affecté à l'exploitation de l'entreprise utilisatrice ou si l'acquéreur cesse son activité, l'avantage résultant de l'application du premier alinéa est rapporté au résultat imposable de l'exercice au cours duquel cet événement se réalise, majoré d'un montant égal au produit de cet avantage par le taux de l'intérêt de retard prévu à l'article 1727.

Toutefois, la reprise de l'avantage n'est pas effectuée lorsque les biens ayant ouvert droit à déduction sont transmis dans le cadre d'opérations soumises aux dispositions des articles 210 A ou 210 B, si le bénéficiaire de la transmission s'engage à maintenir l'exploitation des biens outre-mer dans le cadre d'une activité éligible pendant la fraction du délai de conservation restant à courir. L'engagement est pris dans l'acte constatant la transmission ou, à défaut, dans un acte sous seing privé ayant date certaine, établi à cette occasion. En cas de non-respect de cet engagement, le bénéficiaire de la transmission doit rapporter à son résultat imposable, au titre de l'exercice au cours duquel l'engagement de conservation cesse d'être respecté, l'avantage et la majoration correspondante mentionnés au deuxième alinéa qui, à défaut d'engagement, auraient dû être rapportés au résultat imposable de l'entreprise apporteuse.

IV *ter*. — La déduction prévue aux I, II ou II *ter* est subordonnée au respect par les sociétés réalisant l'investissement ou la souscription et, le cas échéant, les entreprises exploitantes, de leurs obligations fiscales et sociales et de l'obligation de dépôt de leurs comptes annuels selon les modalités prévues aux articles L. 232-21 à L. 232-23 du code de commerce à la date de réalisation de l'investissement ou de la souscription.

Sont considérés comme à jour de leurs obligations fiscales et sociales les employeurs qui, d'une part, ont souscrit et respectent un plan d'apurement des cotisations restant dues et, d'autre part, acquittent les cotisations en cours à leur date normale d'exigibilité.

Pour l'application du premier alinéa en Nouvelle-Calédonie et en Polynésie française, les références aux dispositions du code de commerce sont remplacées par les dispositions prévues par la réglementation applicable localement.

IV *quater*. — *(Abrogé par L. n° 2018-1317 du 28 déc. 2018, art. 30-I-9°)* « *Le seuil de chiffre d'affaires défini au I ne s'applique pas aux opérations d'acquisition ou de construction de logements neufs répondant aux critères mentionnés aux b et c du 1 du I de l'article 244 quater X.* »

Lorsque la déduction d'impôt s'applique dans les conditions prévues aux sixième à huitième alinéas du I, au I *bis* ou au II *ter*, le montant de la déduction mentionnée au I est égal au montant, hors taxes et hors frais de toute nature, de l'opération, diminué de la fraction de son prix de revient financée par une subvention publique.

V. — Les dispositions du présent article sont applicables aux investissements réalisés ou aux souscriptions versées à compter de la date de promulgation de la loi n° 2009-594 du 27 mai 2009 pour le développement économique des outre-mer, à l'exception des investissements et des souscriptions pour l'agrément desquels une demande est parvenue à l'administration avant cette date.

Le présent article est applicable aux investissements neufs mis en service jusqu'au 31 décembre *(L. n° 2018-1317 du 28 déc. 2018, art. 131-I-2°-d)* « 2025 », aux travaux de rénovation et de réhabilitation d'hôtels, de résidences de tourisme et de villages de vacances classés achevés au plus tard à cette date, aux acquisitions d'immeubles à construire et aux constructions d'immeubles dont les fondations sont achevées au plus tard à cette date et aux souscriptions versées jusqu'au 31 décembre » *(L. n° 2018-1317 du 28 déc. 2018, art. 131-I-2°-d)* « 2025 ».

(Abrogé par L. n° 2018-1317 du 28 déc. 2018, art. 131-I-2°-d) « *L'extinction de la déduction d'impôt aux dates d'échéance prévues au deuxième alinéa du présent V est conditionnée par la mise en place d'un mécanisme pérenne de préfinancement à taux zéro des investissements productifs neufs mentionnés au présent article en complément du maintien du dispositif de crédit d'impôt prévu à l'article 244 quater W ou, à défaut, par la création d'un dispositif pérenne permettant aux entreprises ultramarines d'échelonner sur cinq ans le paiement de leurs investissements productifs mentionnés au présent article sans recourir à un emprunt bancaire et à un prix de revient diminué d'un taux d'abattement équivalent aux taux prévus au III du même article 244 quater W.* »

Un décret en Conseil d'État précise, en tant que de besoin, les modalités de leur application et notamment les obligations déclaratives. — *V. art. 242 sexies et Ann. II, art. 140 terdecies.*

VI. — Le bénéfice de la déduction prévue aux I, I *bis*, II et II *ter* est subordonné au respect *(L. n° 2020-1721 du 29 déc. 2020, art. 108-I-D et IV, applicable aux investissements réalisés à compter du 1er janv. 2022)* « de l'article 14 » du règlement (UE) n° 651/2014 de la Commission, du 17 juin 2014, *(L. n° 2017-256 du 28 févr. 2017, art. 127-I-2°-b)* « [,] déclarant certaines catégories d'aides compatibles avec le marché intérieur en application des articles 107 et 108 du traité » et la déduction ne s'applique pas aux investissements exploités par des entreprises en difficulté, au sens du même règlement.

1) *Les réductions d'impôt prévues aux art. 199 undecies C et 217 undecies CGI peuvent être cumulées avec l'octroi de subventions et de prêts pour la construction, l'acquisition et l'amélioration de logements locatifs aidés (L. n° 2010-1657 du 29 déc. 2010, art. 170).*

2) *Les dispositions de l'art. 30 de la L. n° 2018-1317 du 28 déc. 2018 s'appliquent :*

1° Aux acquisitions d'immeubles à construire et aux constructions d'immeubles n'ayant pas fait l'objet d'une déclaration d'ouverture de chantier à la date du 24 sept. 2018 ;

2° Aux investissements pour l'agrément desquels une demande n'est pas parvenue à l'administration à la date du 24 sept. 2018 (L. préc., art. 30-V-D).

3) *Les dispositions de l'art. 131 de la L. n° 2018-1317 du 28 déc. 2018 s'appliquent aux travaux achevés à compter du 1er janv. 2019 et aux autres investissements dont le fait générateur intervient à compter de cette même date (L. préc., art. 131-III-D).*

4) *Les dispositions de l'art. 138 de la L. n° 2018-1317 du 28 déc. 2018 s'appliquent aux investissements mis en service en Guadeloupe, en Guyane, en Martinique, à La Réunion, à Mayotte et à Saint-Martin pour l'agrément desquels une demande a été déposée à compter d'une date fixée par décret, qui ne peut être postérieure de plus de six mois à la date de réception par le Gouvernement de la réponse de la Commission européenne permettant de considérer la disposition lui ayant été notifiée comme conforme au droit de l'Union européenne en matière d'aides d'État (L. préc., art. 138-II).*

5) *Les dispositions issues de l'art. 69 de la L. n° 2019-1479 du 28 déc. 2019 sont entrées en vigueur le 1er mars 2020 (Décr. n° 2020-169 du 27 févr. 2020, art. 1er).*

NOTE. Pour l'essentiel, la jurisprudence ci-après a été rendue pour l'application de l'art. 217 *undecies* dans sa rédaction en vigueur avant l'intervention de la loi de programmation pour l'outre-mer, n° 2003-660, du 21 juill. 2003 et de la loi pour le développement économique des outre-mer, n° 2009-594 du 27 mai 2009.

1. Déduction au titre des investissements réalisés dans les DOM par des sociétés soumises à l'IS. Commentaire administratif d'ensemble. Entreprises bénéficiaires. Investissements éligibles. Exercice du droit à déduction. Procédure d'agrément préalable. Obligations de conservation des investissements. Contrôle matériel de la réalité des investissements. Sanctions. * BOI-IS-GEO-10-30-10 du 1er juin 2016.

2. Agrément. L'Administration ne peut valablement refuser son agrément pour l'application du régime de déduction au titre des investissements réalisés outre-mer en invoquant des motifs autres que le non-respect des conditions légales, tirés de la situation financière de l'entreprise caractérisée par une importante capacité d'autofinancement et la distribution aux actionnaires de dividendes importants. • CAA Bordeaux, 31 déc. 2009, n° 08BX2402 : *RJF 2010. 467.* ♦ Confirmation : l'agrément prévu par l'art. 217 *undecies* est un agrément de plein droit. • CE 7 mars 2012, n° 337529 : *RJF 2012. 574.* ♦ Sur les obligations de l'Administration, saisie par un contribuable d'une demande d'agrément pour bénéficier de la réduction d'impôt prévue par l'art. 199 *undecies* B, V. • CE 10 juin 2021, n° 443838 : *RJF 2021. 899, concl. Domingo.* ♦ *Sur le retrait d'agrément, V. note 16.*

3. Investissement outre-mer. N'ouvre pas droit à la déduction une souscription au capital d'une société implantée en France métropolitaine qui ne possède pas d'exploitation outre-mer et qui n'a pas la qualité d'intermédiaire agréé. Cas d'une société souscrivant au capital d'une société dont le siège social est à Paris, laquelle souscrit ensuite au capital d'une autre société créée en vue d'exploiter une entreprise d'hôtellerie en Martinique. • CE 18 févr. 2002, n° 221423 : *Dr. fisc. 2002. 606, concl. Goulard ; RJF 2002. 485.*

4. La déduction ne peut être opérée que par l'entreprise qui utilise pour son activité les biens qu'elle a acquis, créés ou pris en crédit-bail. Par suite, une entreprise qui prend en crédit-bail des biens qu'elle sous-loue à une entreprise utilisatrice ne peut pratiquer une déduction pour investissement à raison de ces biens, quelle que soit l'activité de l'entreprise utilisatrice. • CAA Bordeaux, 18 avr. 2000, n° 97BX1900 : *RJF 2000. 965 ; Dr. fisc. 2001. 199.*

5. La déduction étant réservée au propriétaire des biens, une société ne peut en bénéficier au titre de biens acquis et mis à sa disposition par une filiale dont l'objet est d'acquérir le matériel nécessaire à l'activité de sa mère. • CAA Bordeaux, 12 mars 2002, n° 98BX2172 : *RJF 2002. 1081 ; Dr. fisc. 2003. 767, concl. Heinis.*

6. Exclusion des entreprises en difficulté. Précisions sur la notion d'entreprise en difficulté. * BOI-BIC-RICI-20-10-10-10 nos 380 s. du 4 avr. 2018.

7. Fait générateur du droit à déduction. Le fait générateur du droit à déduction du montant des investissements que peut exercer l'entreprise est constitué soit par la création de l'immobilisation au titre de laquelle l'investissement productif a été réalisé, soit par la livraison effective de l'immobilisation dans le DOM. • CE 4 juin 2008, n° 299309 : *RJF 2008. 1056 ; concl. Escaut au BDCF 10/08, n° 120.* ♦ Ainsi, dans le cas de la création de l'immobilisation dans le DOM, la date à retenir est celle à laquelle l'entreprise dispose matériellement de l'investissement productif et peut commencer son exploitation effective. Application à l'achat d'une usine clés en mains. • Même arrêt.

8. Investissements réalisés par l'intermédiaire d'une société de personnes. Les entreprises relevant de l'IS ne peuvent pas déduire de leur résultat une provision pour dépréciation de leurs parts dans la société de personnes, afin d'anticiper le gain fiscal tiré de la moins-value de cession ultérieure. * BOI-RES-IS-000093 du 22 sept. 2021.

9. Remise en cause de la déduction. La déduction que les entreprises soumises à l'IS peuvent pratiquer au titre des souscriptions au capital de certaines sociétés est notamment subordonnée à l'obligation pour ces entités de réaliser des investissements dans un délai de douze mois suivant la clôture de la souscription. A défaut, l'avantage fiscal initialement déduit doit être réintégré dans les résultats du souscripteur au titre de l'exercice au cours duquel le délai précité arrive à expiration. • CE 30 déc. 2010, n° 324234 : *RJF 2011. 559.* ♦ Lorsque les investissements envisagés par la société bénéficiaire des souscriptions n'ont été que partiellement réalisés, l'aide fiscale ne doit être remise en cause qu'au prorata des engagements non tenus. • CAA Marseille, 17 févr. 2009, n°s 06MA508 et 06MA1155 : *RJF 2009. 623.*

10. Hôtellerie. L'art. 217 *undecies* ne subordonne pas l'avantage fiscal qu'il prévoit en faveur du secteur d'activité de l'hôtellerie au respect des conditions posées par la réglementation relative au classement des hôtels et restaurants. Par suite, la circonstance que les installations d'hébergement et de restauration d'un établissement touristique n'ont pas fait l'objet du classement prévu par la réglementation précitée ne peut le priver de la déduction. • CE 28 déc. 2001, n° 215648 : *Dr. fisc. 2002. 641, concl. Séners ; RJF 2002. 275.*

Constitue un investissement éligible l'acquisition d'une ancienne maison coloniale que le vendeur a, avant de la céder, transformée en un établissement hôtelier de confort en réalisant des travaux de reconstruction d'un montant de 533 571 €. • TA Toulouse, 25 mai 1999, n°s 95-863 et 95-864 : *RJF 1999. 974.*

11. Industrie. Relèvent du secteur de l'industrie : les activités consistant en la transformation de matières premières ou de produits semi-finis en produits fabriqués et dans lesquels le rôle du matériel ou de l'outillage est prépondérant. * Instr. 7 nov. 1986 : *BODGI 4 A-8-86.* ♦ ... Eu égard à sa nature, à sa technicité et à l'importance des moyens mis en œuvre, l'activité de captage de l'eau, de son traitement pour la rendre potable et de sa distribution. • CAA Bordeaux, 10 juill. 2000, n°s 97BX30801 et 97BX31190 : *Dr. fisc. 2001. 689 ; RJF 2001. 1243.*

12. Agriculture. Le secteur d'activité de l'agriculture au sens de l'art. 238 *bis* HA (217 *undecies* actuel) n'est pas limité aux seuls exploitants agricoles entrant dans le champ d'application des art. 63 et 1450, mais s'étend aux entreprises réalisant des travaux qui sont l'accompagnement nécessaire des opérations de production végétale agricole. • CE 7 juill. 2000, n° 212105 : *RJF 2000. 1242 ; Dr. fisc. 2001. 117, concl. Touvet.*

13. Transports. Ne peut être regardée comme une exploitation dans le secteur des transports au sens de l'art. 238 *bis* HA (cf. actuel art. 217 *undecies*) une activité de distribution de carburants exercée par une société qui, par contrat de mandat exclusif, transporte le carburant entre les lieux de dépôt de la société mandante et les lieux de vente des carburants pour le compte de la société mandante et pour les seuls besoins de l'activité de vente de celle-ci, alors même que la rémunération de cette activité comporte une commission afférente au transport, que le bénéfice de la déduction n'est pas subordonné à l'exercice d'une activité de transport public et que le directeur de la société est titulaire de l'attestation de capacité à l'exercice de la profession de transporteur routier de marchandises. • CAA Bordeaux, 25 févr. 2003, n°s 99BX2096 et 99BX2462 : *Dr. fisc. 2003. 782.*

14. Une société est en droit d'opérer une déduction pour investissement à raison d'un avion devant être regardé comme un investissement productif réalisé dans un DOM dans la mesure où son exploitation se rattache au territoire des DOM compte tenu des éléments suivants : 1) la société propose ses services à partir de l'aéroport de Pointe-à-Pitre ; 2) l'Administration n'établit pas que l'appareil effectuait principalement des vols en provenance ou à destination d'aéroports situés en dehors des DOM. 3) la circonstance que l'entretien et la maintenance de l'appareil sont assurés aux États-Unis est sans incidence sur le lieu d'exploitation effective de celui-ci. • CE 4 juin 2008, n° 301776 : *RJF 2008. 1055 ; concl. Escaut au BDCF 10/08, n° 119.*

15. Navigation de plaisance (Sol. antérieure à la loi du 30 déc. 2000). S'agissant d'une EURL qui a conclu un contrat de crédit-bail d'une durée de cinq ans, en vue d'acquérir un navire de plaisance neuf que le crédit-bailleur venait d'acquérir, la circonstance qu'elle a confié la gestion de ce navire à une société spécialisée dans la location de bateaux de tourisme par un contrat de location conclu le même jour et pour la même durée que le contrat de crédit-bail ne fait pas obstacle à ce que ladite EURL soit regardée comme poursuivant une exploitation dans le secteur du tourisme au sens de l'art. 238 *bis* HA (art. 217 *undecies* actuel). Dans ces conditions, cette acquisition constitue un investissement productif réalisé à l'occasion de la création ou de l'extension d'une exploitation relevant du secteur du tourisme au sens du même article. • CE 20 nov. 2002, n° 231094, *Orta-Sachalin : RJF 2003. 156.*

16. Retrait d'agrément. L'Administration peut retirer l'agrément qu'elle avait accordé à une société dans le cadre du régime de déduction des investissements outre-mer en se fondant sur la fourniture de renseignements inexacts quant au montant de l'investissement. Compte tenu du caractère indivisible de l'agrément, son retrait ne peut être partiel et limité au prorata de la surfacturation du montant de l'investissement. • CE 16 avr. 2010, n° 322260 : *RJF 2010. 660.*

17. Compatibilité avec le droit communautaire. L'aide d'État accordée sur agrément par la

France, sous la forme d'une déduction fiscale pour investissement, dans le cadre du régime prévu par l'ancien art. 238 *bis* HA (cf. actuel art. 217 *undecies*) pour la construction d'un paquebot destiné à être exploité à Saint-Pierre-et-Miquelon ne présente pas le caractère d'une aide au développement au sens de l'art. 4-7 de la Directive du 21 déc. 1990 concernant les aides à la construction navale. Il y a donc lieu de rejeter le recours formé par la France contre la décision du 25 juill. 2001 par laquelle la Commission a déclaré que l'aide ainsi accordée, n'étant pas conforme à la Directive précitée, était incompatible avec le Marché commun et devait être récupérée en tenant compte des intérêts. • CJCE 3 oct. 2002, n° C-394/01 : *Dr. fisc. 2002. 973, note Ginter.*

Art. 217 *duodecies* **Les bénéfices investis à Saint-Pierre-et-Miquelon, en Nouvelle-Calédonie, en Polynésie française, à Saint-Martin, à Saint-Barthélemy, dans les îles Wallis-et-Futuna et les Terres australes et antarctiques françaises peuvent, dans les mêmes conditions, bénéficier du régime prévu à l'article 217 *undecies*** *(L. n° 2018-1317 du 28 déc. 2018, art. 30-I-10°)* **« , y compris pour les opérations d'acquisition ou de construction de logements neufs répondant aux critères mentionnés aux *b* et *c* du 1 du I de l'article 244 *quater* X ». Le seuil de chiffre d'affaires prévu à la première phrase du premier alinéa du I du même article ne s'applique pas aux investissements réalisés dans les collectivités mentionnées à la première phrase du présent alinéa.** — *V. notes ss. l'art. — Sur les sanctions en cas d'obtention irrégulière d'un avantage, V. notamment art. 1740, 1740-00 AB et 1743.*

(Abrogé par L. n° 2017-256 du 28 févr. 2017, art. 127-I-3°) ***« La condition prévue à la sixième phrase du premier alinéa du I de l'article 217 undecies ne s'applique pas aux investissements réalisés à Saint-Pierre-et-Miquelon, en Nouvelle-Calédonie, en Polynésie française, à Saint-Barthélemy, dans les îles Wallis-et-Futuna et dans les Terres australes et antarctiques françaises. »***

Les aides octroyées par la Nouvelle-Calédonie, la Polynésie française, Wallis-et-Futuna, Saint-Martin, Saint-Barthélemy et Saint-Pierre-et-Miquelon dans le cadre de leur compétence fiscale propre au titre de projets d'investissements sont sans incidence pour la détermination du montant des dépenses éligibles retenues pour l'application de l'article 217 *undecies* *(L. n° 2018-1317 du 28 déc. 2018, art. 138-I-3°)* **« , à l'exception des investissements réalisés dans le secteur de la navigation de croisière conformément aux dispositions de la dernière phrase du cinquième alinéa du I du même article 217 *undecies*. »**

Pour l'application des régimes issus des articles 199 *undecies* A, 199 *undecies* B, 217 *undecies* ainsi que du présent article, les mots : "restaurants dont le dirigeant ou un salarié est titulaire du titre de maître-restaurateur mentionné à l'article 244 *quater* Q, restaurants de tourisme classés" et "hôtel classé" s'apprécient au regard de la réglementation propre à chaque collectivité d'outre-mer.

Le I *bis* de l'article 217 *undecies* est applicable à Saint-Barthélemy, Saint-Martin, Saint-Pierre-et-Miquelon, en Nouvelle-Calédonie, en Polynésie française et dans les îles Wallis-et-Futuna. Dans ces collectivités, pour l'application des 1° et 3° du même I *bis*, la référence à la loi n° 84-595 du 12 juillet 1984 définissant la location-accession à la propriété immobilière est remplacée par la référence à la réglementation applicable localement. La condition prévue au 2° du même I bis n'est pas applicable.

(Abrogé par L. n° 2018-1317 du 28 déc. 2018, art. 131-I-3°-a) ***« A Saint-Martin, le présent article est applicable aux investissements neufs mis en service jusqu'au 31 décembre 2020, aux travaux de rénovation et de réhabilitation d'hôtels, de résidences de tourisme et de villages de vacances classés achevés au plus tard à cette date, aux acquisitions d'immeubles à construire et aux constructions d'immeubles dont les fondations sont achevées au plus tard à cette date et aux souscriptions versées jusqu'au 31 décembre 2020. »***

Dans les collectivités mentionnées au premier alinéa *(Abrogé par L. n° 2018-1317 du 28 déc. 2018, art. 131-I-3°-b)* ***« à l'exception de Saint-Martin »*****, le présent article est applicable aux investissements neufs mis en service jusqu'au 31 décembre** *(L. n° 2020-1721 du 29 déc. 2020, art. 108-I-E et IV, applicable aux investissements réalisés à compter du 1er janv. 2022)* **« 2021** *[ancienne rédaction : 2025]* **», aux travaux de rénovation et de réhabilitation d'hôtels, de résidences de tourisme et de villages de vacances classés achevés au plus tard à cette date, aux acquisitions d'immeubles à construire et aux constructions d'immeubles dont les fondations sont achevées au plus tard à cette date et aux souscriptions versées jusqu'au 31 décembre** *(L. n° 2020-1721 du 29 déc. 2020,* *art. 108-I-E et IV, applicable aux investissements réalisés à compter du 1er janv. 2022)* « 2021 *[ancienne rédaction : 2025]*.

« Toutefois, sur option, le présent article reste applicable dans sa rédaction antérieure à la loi n° 2020-1721 du 29 décembre 2020 de finances pour 2021 :

« 1° Aux investissements pour l'agrément desquels une demande est parvenue à l'administration au plus tard le 31 décembre 2021 et pour lesquels le fait générateur de l'avantage fiscal n'est pas intervenu à cette date ;

« 2° Aux acquisitions de biens meubles corporels qui font l'objet d'une commande au plus tard le 31 décembre 2021 et pour lesquels des acomptes au moins égaux à 50 % de leur prix ont été versés à cette date ;

« 3° Aux travaux de réhabilitation d'immeubles pour lesquels des acomptes au moins égaux à 50 % de leur prix ont été versés au plus tard le 31 décembre 2021 ;

« 4° Aux constructions d'immeubles ayant fait l'objet d'une déclaration d'ouverture de chantier déposée au plus tard le 31 décembre 2021.

« L'option est formulée sur un document conforme à un modèle établi par l'administration, auprès du service des impôts du lieu de dépôt de la déclaration de résultat, avec la déclaration de résultat de l'exercice au titre duquel la déduction prévue au présent article est pratiquée. »

Le VI de l'article 217 *undecies* ne s'applique pas aux investissements réalisés à Saint-Pierre-et-Miquelon, en Nouvelle-Calédonie, en Polynésie française, à Saint-Barthélemy, dans les îles Wallis-et-Futuna et dans les Terres australes et antarctiques françaises.

1) *Sur l'application des dispositions ci-dessus de la L. n° 2013-1278 du 29 déc. 2013, V. App., L. préc., art. 21-III.*

2) *Les dispositions ci-dessus de la L. n° 2014-1655 du 29 déc. 2014 s'appliquent aux déductions dont le fait générateur intervient à compter du 1er janv. 2015 (L. préc., art. 67-III-B).*

3) *La perte de recettes pour l'État résultant du 3° du I de l'art. 127 de la L. n° 2017-256 du 28 févr. 2017, est compensée à due concurrence par la création d'une taxe additionnelle aux droits mentionnés aux art. 575 et 575 A CGI (L. préc., art. 127-II).*

Art. 217 *terdecies* *(Abrogé par L. n° 2018-1317 du 28 déc. 2018, art. 142, à compter du 1er janv. 2020)* ***Pour l'établissement de l'impôt sur les sociétés, les entreprises peuvent pratiquer, dès l'année de réalisation de l'investissement, un amortissement exceptionnel égal à 50 % du montant des sommes effectivement versées pour la souscription de parts de sociétés d'épargne forestière dans la limite de 15 % du bénéfice imposable de l'exercice et au plus de 100 000 €.***

En cas de cession de tout ou partie des parts souscrites dans les huit ans de leur acquisition, le montant de l'amortissement exceptionnel est réintégré au bénéfice imposable de l'exercice au cours duquel intervient la cession et majoré d'une somme égale au produit de ce montant par le taux de l'intérêt de retard prévu à l'article 1727. Il en est de même en cas de dissolution des sociétés concernées ou lorsque ces dernières ne respectent pas les dispositions prévues par les articles L. 214-121 et L. 214-123 à L. 214-125 du code monétaire et financier. *— V. Ann. III, art. 46 quater-0ZZ quater à 46 quater-0Z7 quinquies.*

Art. 217 *quaterdecies* *(Abrogé par L. n° 2013-1278 du 29 déc. 2013, art. 26-I-y)* ***Les entreprises soumises à l'impôt sur les sociétés peuvent pratiquer dans la limite de 25 % du bénéfice imposable de l'exercice, dès l'année de réalisation de l'investissement, un amortissement exceptionnel égal à 50 % du montant des sommes effectivement versées pour la souscription en numéraire au capital de sociétés d'investissement régional définies à l'article 89 de la loi n° 2000-1208 du 13 décembre 2000 relative à la solidarité et au renouvellement urbains ou de sociétés d'investissement pour le développement rural définies à l'article L. 112-18 du code rural et de la pêche maritime.***

En cas de cession de tout ou partie des titres souscrits dans les cinq ans de leur acquisition, le montant de l'amortissement exceptionnel est réintégré au bénéfice imposable de l'exercice au cours duquel intervient la cession et majoré d'une somme égale au produit de ce montant par le taux de l'intérêt de retard prévu à l'article 1727.

Un décret fixe les obligations déclaratives. *— V. Ann. III, art. 46 quater-0 ZZ sexies.*

Art. 217 *quindecies* **Pour l'établissement de l'impôt sur les sociétés, les entreprises peuvent pratiquer, dès l'année de réalisation de l'investissement, un amortissement**

exceptionnel égal à 50 % du montant des sommes effectivement versées pour la souscription au capital des sociétés définies à l'article 238 *bis* HV.

Le bénéfice de l'amortissement exceptionnel est subordonné au respect du règlement (UE) n° 1407/2013 de la Commission, du 18 décembre 2013, relatif à l'application des articles 107 et 108 du traité sur le fonctionnement de l'Union européenne aux aides *de minimis*. — *Pour les aides antérieures au 1er janv. 2014, V. App., Règl. (UE) n° 1407/2013 préc., art. 7.*

Art. 217 *sexdecies* *Périmé (Décr. n° 2014-549 du 26 mai 2014).*

Art. 217 *septdecies* 1. Les mutuelles et unions régies par le code de la mutualité et les institutions de prévoyance régies par le titre III du livre IX du code de la sécurité sociale peuvent doter un compte de réserve spéciale de solvabilité à hauteur du résultat imposable de l'exercice. Ces dotations sont admises en déduction à hauteur de :

— 60 % du résultat imposable pour l'exercice ouvert en 2012 ;

— 40 % pour l'exercice ouvert en 2013.

2. Les sommes prélevées sur la réserve mentionnée au 1 sont rapportées au résultat imposable de l'exercice en cours à la date de ce prélèvement.

Réserve spéciale de solvabilité des mutuelles et de leurs unions. Dotations admises en déduction à hauteur de 60 % du résultat imposable pour les exercices ouverts en 2012 et à hauteur de 40 % pour les exercices ouverts en 2013. Commentaire administratif. * BOI-IS-GEO-20-40 du 19 avr. 2013.

SECTION IV PERSONNES IMPOSABLES – LIEU D'IMPOSITION

Art. 218 Sous réserve des dispositions des *a* à *f* du I de l'article 219, l'impôt sur les sociétés est établi sous une cote unique au nom de la personne morale ou association pour l'ensemble de ses activités imposables en France.

Dans les cas visés au 4 de l'article 206, l'impôt est établi au nom de la société ou du gérant connu des tiers.

Art. 218 A 1. L'impôt sur les sociétés est établi au lieu du principal établissement de la personne morale.

Toutefois, l'administration peut désigner comme lieu d'imposition :

— soit celui où est assurée la direction effective de la société ;

— soit celui de son siège social.

2. Les personnes morales exerçant des activités en France ou y possédant des biens, sans y avoir leur siège social, sont imposables au lieu fixé par arrêté du ministre de l'économie et des finances publié au *Journal officiel*. — *V. Ann. IV, art. 23 ter.*

1. Ces dispositions ne sont pas incompatibles avec les stipulations, relatives notamment au droit de circuler librement et de choisir librement sa résidence, des art. 5, 12 et 16 du Pacte international de New York relatif aux droits civils et politiques, de l'art. 2 du quatrième protocole additionnel à la Conv. EDH, des art. 5, 7, 54 et 58 du traité de Rome et des art. F-1, F-2 et F-3 *du traité de Maastricht.* • CE 26 sept. 2001, n° 208238 : *RJF 2001. 1590 ; Dr. fisc. 2002. 536, concl. Bachelier.*

2. L'Administration est en droit de fixer le lieu d'imposition d'une société au lieu de la direction effective de celle-ci (lieu où est tenue sa comptabilité, où sont gérés les comptes bancaires sociaux, où est établie la facturation et où est systématiquement retourné le courrier adressé au siège parisien). • CAA Nancy, 15 juill. 1999, n° 97NA790 : *Dr. fisc. 2000. 574, concl. Stamm.* ♦ ... Alors même que la société disposerait en un autre lieu d'un établissement principal. • CE 30 sept. 2002, n° 213847, *SA CATEF : RJF 2002. 1365 ; Dr. fisc. 2002. 964, concl. Bachelier.*

3. En cas de transfert du lieu d'imposition d'une personne morale assujettie à l'IS, la décision par laquelle l'administration fiscale désigne le nouveau lieu d'imposition est compétemment prise, soit par le directeur des services fiscaux de ce dernier lieu, soit par le directeur des services fiscaux du lieu d'imposition d'origine. Cette règle ne fait toutefois pas obstacle à ce que la décision dont s'agit soit prise conjointement par ces deux directeurs. • CE 30 sept. 2002, n° 213847 : *préc. note 2.*

4. N'est pas sérieux le moyen d'inconstitutionnalité soulevé à l'encontre de l'art. L. 206 LPF selon lequel les contestations relatives au lieu d'imposition ne peuvent, en aucun cas, entraîner l'annulation de l'imposition. • CE, QPC, 10 juin 2011, n° 347630 : *RJF 2011. 1080.*

Art. 218 *bis* **Les sociétés ou personnes morales passibles de l'impôt sur les sociétés en vertu de l'article 206, à l'exception de celles désignées au 5 de l'article précité, sont personnellement soumises audit impôt à raison de la part des bénéfices correspondant aux droits qu'elles détiennent, dans les conditions prévues aux articles 8, 8 *quater*, 8 *quinquies* et 1655 *ter*, en qualité d'associées en nom ou commanditées ou de membres de sociétés visées auxdits articles.**

En vertu des dispositions combinées des art. 8, 218 *bis* et 239 *ter*, les associés des sociétés civiles qui ont pour objet la construction d'immeubles en vue de leur vente sont personnellement soumis à l'IR ou à l'IS pour la part des bénéfices sociaux correspondant à leurs droits dans la société. Dès lors, lorsque leur bénéfice imposable est déterminé conformément aux prescriptions des art. 38 s., ces associés doivent prendre en compte, à la clôture de leurs propres exercices, comme un profit imposable ou comme une charge déductible, la part qui leur revient dans les résultats bénéficiaires ou déficitaires de la société civile. Si cette règle n'a pas pour effet de priver les mêmes associés de la faculté qu'ils tiennent de l'art. 39-1-5° de constituer une provision en vue de faire face à une dépréciation de leur participation dans le cas où des circonstances postérieures à l'acquisition de cette participation et sans lien avec l'activité de la société rendent probable une dévalorisation de quelque élément du patrimoine de cette dernière, elle fait, en revanche, obstacle à ce qu'ils puissent constituer une telle provision en vue de tenir compte de résultats déficitaires de l'activité de la société qui, même probables, ne seront qu'ultérieurement constatés dans les écritures de celle-ci et dont alors, seulement, ils pourront déduire la part qui leur revient. • CE 1er avr. 2005, n° 254319 : *RJF 2005. 669 ; concl. Verclytte au BDCF 7/05, n° 87.*

SECTION V CALCUL DE L'IMPÔT

Art. 219 **I. — Pour le calcul de l'impôt, le bénéfice imposable est arrondi à l'euro le plus proche. La fraction d'euro égale à 0,50 est comptée pour 1.**

[Al. applicable aux exercices ouverts du 1er janv. 2019 au 31 déc. 2021]

(L. n° 2017-1837 du 30 déc. 2017, art. 84) **« Le taux normal de l'impôt est fixé à 31 % pour les exercices ouverts à compter du 1er janvier 2019, à 28 % pour les exercices ouverts à compter du 1er janvier 2020 et à 26,5 % pour les exercices ouverts à compter du 1er janvier 2021. »** *(L. n° 2019-759 du 24 juill. 2019, art. 4-I et IV, applicable aux exercices clos à compter du 6 mars 2019)* **« Par dérogation, pour les exercices ouverts du 1er janvier au 31 décembre 2019, le taux normal de l'impôt est fixé, sans préjudice des dispositions prévues au 2° du *c* du présent I, à 33,1/3 % pour les redevables ayant réalisé un chiffre d'affaires égal ou supérieur à 250 millions d'euros. »** *(L. n° 2019-1479 du 28 déc. 2019, art. 39-I et IX, applicable aux exercices ouverts à compter du 31 janv. 2020)* **« Par dérogation, pour les exercices ouverts du 1er janvier au 31 décembre 2020, le taux normal de l'impôt est fixé, pour les redevables ayant réalisé un chiffre d'affaires égal ou supérieur à 250 millions d'euros, à 31 % pour la fraction supérieure à 500 000 euros de bénéfice imposable apprécié par période de douze mois. Par dérogation, pour les exercices ouverts à compter du 1er janvier 2021, le taux normal de l'impôt est fixé, pour les mêmes redevables, à 27,5 %. Pour l'application des deuxième à quatrième phrases du présent alinéa, le chiffre d'affaires est apprécié selon les modalités fixées au II de l'article 4 de la loi n° 2019-759 du 24 juillet 2019 portant création d'une taxe sur les services numériques et modification de la trajectoire de baisse de l'impôt sur les sociétés. »** — *Le chiffre d'affaires mentionné à la dernière phrase du présent al. s'entend de celui réalisé par le redevable au cours de l'exercice ou de la période d'imposition, ramené s'il y a lieu à douze mois. Pour la société mère d'un groupe mentionné à l'art. 223 A ou à l'art. 223 A bis CGI, le chiffre d'affaires est apprécié en faisant la somme des chiffres d'affaires de chacune des sociétés membres de ce groupe (L. n° 2019-759 du 24 juill. 2019, art. 4-II et IV).*

[Al. applicable aux exercices ouverts à compter du 1er janv. 2022]

(L. n° 2017-1837 du 30 déc. 2017, art. 84) **« Le taux normal de l'impôt est fixé à 25 %. »**

Toutefois :

(L. n° 2018-1317 du 28 déc. 2018, art. 37-I-11° et III-1, applicable aux exercices ouverts à compter du 1er janv. 2019) **« *a)* Le montant net des plus-values à long terme fait l'objet d'une imposition séparée au taux de 15 %.**

« Le résultat net bénéficiaire déterminé en application de l'article 238 est soustrait du résultat soumis au taux normal et fait l'objet d'une imposition séparée au taux de

10 %. » *(L. n° 2019-1479 du 28 déc. 2019, art. 50-I-2° et II, applicable aux exercices clos à compter du 31 déc. 2019)* **« Toutefois, ce résultat net n'est pas imposable lorsqu'il est utilisé pour compenser le déficit d'exploitation de l'exercice. Le déficit ainsi imputé ne peut plus être reporté sur les bénéfices des exercices ultérieurs. »**

Pour les exercices ouverts à compter du 31 décembre 2007, le montant net des plus-values à long terme afférentes aux titres des sociétés à prépondérance immobilière définies au *a sexies*-0 *bis* cotées est imposé au taux prévu au IV.

Est imposé au taux de 25 % le montant net des plus-values à long terme provenant de la cession :

1° Des titres de sociétés dont l'actif est, à la date de la cession, constitué pour plus de 50 % de sa valeur réelle par une autorisation d'usage de ressources radioélectriques pour la diffusion de tout service de télévision par voie hertzienne terrestre en mode numérique délivrée par *(L. n° 2021-1382 du 25 oct. 2021, art. 33)* **« l'Autorité de régulation de la communication audiovisuelle et numérique » dans les conditions prévues à l'article 30-1 de la loi n° 86-1067 du 30 septembre 1986 relative à la liberté de communication ;**

2° Des titres de sociétés contrôlant une société définie au 1° du présent *a* et dont l'actif est, à la date de la cession, constitué pour plus de 50 % de sa valeur réelle par les titres d'une société mentionnée au même 1°.

Les quatrième à sixième alinéas du présent *a* s'appliquent à la première cession de titres suivant la délivrance de l'autorisation mentionnée au 1° entraînant une modification du contrôle direct ou indirect, au sens de l'article L. 233-3 du code de commerce, de la société titulaire de l'autorisation. Lorsque cette première cession est placée sous le régime prévu aux articles 210 A et 210 B du présent code, la plus-value réalisée lors de la cession ultérieure des titres reçus en contrepartie de l'apport des titres mentionnés aux 1° et 2° du présent *a* est imposée au taux prévu au IV, à hauteur de la plus-value d'apport de ces derniers titres.

Les provisions pour dépréciation afférentes aux titres mentionnés aux 1° et 2° du présent *a* sont soumises au régime applicable à ces mêmes titres.

L'excédent éventuel des moins-values à long terme ne peut être imputé que sur les plus-values à long terme imposables aux taux visés au présent *a* et réalisées au cours des dix exercices suivants.

***a bis)* Les moins-values à long terme existant à l'ouverture du premier des exercices ouverts à compter du 1er janvier 1994 sont imputées sur les plus-values à long terme imposées au taux de 19 %. L'excédent des moins-values à long terme subies au cours d'un exercice ouvert à compter du 1er janvier 1994 peut être déduit des bénéfices de l'exercice de liquidation d'une entreprise à raison des 19/33,33 de son montant.**

Les moins-values à long terme existant à l'ouverture du premier des exercices ouverts à compter du 1er janvier 2005 sont imputées sur les plus-values à long terme imposées au taux de 15 %. L'excédent des moins-values à long terme subies au cours d'un exercice ouvert à compter du 1er janvier 2005 et afférentes à des éléments autres que les titres de participations définis au troisième alinéa du *a quinquies* peut être déduit des bénéfices de l'exercice de liquidation d'une entreprise *(L. n° 2017-1837 du 30 déc. 2017, art. 84, applicable aux exercices ouverts à compter du 1er janv. 2018)* **« dans la limite du rapport existant entre le taux d'imposition des plus-values à long terme applicable à l'exercice de réalisation des moins-values et le taux normal prévu au deuxième alinéa du présent I applicable à l'exercice de liquidation » ;**

***a ter)* Le régime des plus-values et moins-values à long terme cesse de s'appliquer au résultat de la cession de titres du portefeuille réalisée au cours d'un exercice ouvert à compter du 1er janvier 1994 à l'exclusion des parts ou actions de sociétés revêtant le caractère de titres de participation et des parts de fonds commun de placement à risques, de fonds professionnel de capital investissement ou de sociétés de capital risque qui remplissent les conditions prévues au II ou au III *bis* de l'article 163 *quinquies* B ou à l'article 1er-1 de la loi n° 85-695 du 11 juillet 1985** *[V. App.]* **portant diverses dispositions d'ordre économique et financier et qui sont détenues par l'entreprise depuis au moins cinq ans.**

Pour les exercices ouverts à compter de la même date, le régime des plus ou moins-values à long terme cesse également de s'appliquer en ce qui concerne les titres de sociétés dont l'actif est constitué principalement par des titres exclus de ce régime ou

dont l'activité consiste de manière prépondérante en la gestion des mêmes valeurs pour leur propre compte, à l'exception des moins-values afférentes aux titres de ces sociétés à hauteur du montant des produits de ces titres qui a ouvert droit à l'application du régime prévu aux articles 145 et 216 au cours de l'exercice au titre duquel ces moins-values ont été constatées et des cinq exercices précédents. Il ne s'applique pas non plus aux titres émis par les organismes de placement collectif immobilier, les organismes professionnels de placement collectif immobilier ou par les organismes de droit étranger ayant un objet équivalent mentionnés au 5° du I de l'article L. 214-36 du code monétaire et financier.

Pour l'application des premier et deuxième alinéas, constituent des titres de participation les parts ou actions de sociétés revêtant ce caractère sur le plan comptable. Il en va de même des actions acquises en exécution d'une offre publique d'achat ou d'échange par l'entreprise qui en est l'initiatrice ainsi que des titres ouvrant droit au régime des sociétés mères ou, lorsque leur prix de revient est au moins égal à 22 800 000 €, qui remplissent les conditions ouvrant droit à ce régime autres que la détention de 5 % au moins du capital de la société émettrice, si ces actions ou titres sont inscrits en comptabilité au compte de titres de participation ou à une subdivision spéciale d'un autre compte du bilan correspondant à leur qualification comptable.

Les provisions pour dépréciation afférentes aux titres exclus du régime des plus ou moins-values en application des premier et deuxième alinéas cessent d'être soumises à ce même régime, à l'exception des provisions pour dépréciation des titres de sociétés mentionnés à la première phrase du deuxième alinéa à hauteur du montant des produits de ces titres qui a ouvert droit à l'application du régime prévu aux articles 145 et 216 au cours de l'exercice au titre duquel les provisions ont été comptabilisées et des cinq exercices précédents.

Lorsque l'entreprise transfère des titres du compte de titres de participation à un autre compte du bilan, la plus-value ou la moins-value, égale à la différence existant entre leur valeur réelle à la date du transfert et celle qu'ils avaient sur le plan fiscal, n'est pas retenue, pour le calcul du résultat ou de la plus-value ou moins-value nette à long terme, au titre de l'exercice de ce transfert ; elle est comprise dans le résultat imposable de l'exercice de cession des titres en cause et soumise au régime fiscal qui lui aurait été appliqué lors du transfert des titres. Le résultat imposable de la cession des titres transférés est calculé par référence à leur valeur réelle à la date du transfert. Le délai mentionné à l'article 39 *duodecies* est apprécié à cette date.

Ces règles s'appliquent lorsque l'entreprise transfère des titres d'un compte du bilan au compte de titres de participation ou procède à des transferts entre l'un des comptes du bilan et l'une des subdivisions spéciales mentionnées au troisième alinéa, sous réserve que le premier terme de la différence mentionnée au cinquième alinéa s'entend, pour les titres cotés, du cours moyen des trente derniers jours précédant celui du transfert et, pour les titres non cotés, de leur valeur probable de négociation et sans préjudice de l'application des dispositions de l'article 38 *bis* A.

Les dispositions des cinquième et sixième alinéas ne sont pas applicables aux transferts entre le compte de titres de participation et les subdivisions spéciales mentionnées au troisième alinéa.

Les titres inscrits au compte de titres de participation ou à l'une des subdivisions spéciales mentionnées au troisième alinéa qui cessent de remplir les conditions mentionnées à ce même alinéa doivent être transférés hors de ce compte ou de cette subdivision à la date à laquelle ces conditions ne sont plus remplies. A défaut d'un tel transfert, les titres maintenus à ce compte ou à cette subdivision sont réputés transférés pour l'application des cinquième, sixième et dixième alinéas ; les dispositions prévues au douzième alinéa en cas d'omission s'appliquent.

Lorsqu'elles reçoivent un emploi non conforme à leur objet ou qu'elles deviennent sans objet au cours d'un exercice clos après la date du transfert des titres, les provisions pour dépréciation constituées antérieurement à cette date à raison de ces titres sont rapportées aux plus-values à long terme ou au résultat imposable au taux prévu au deuxième alinéa du I, selon qu'elles sont afférentes à des titres qui, avant leur transfert, constituaient ou non des titres de participation ; les provisions rapportées s'imputent alors en priorité sur les dotations les plus anciennes.

Les provisions pour dépréciation constituées après le transfert à raison des titres transférés mentionnés aux cinquième et sixième alinéas sont déterminées par référence à la valeur des titres concernés à la date du transfert.

Les entreprises qui appliquent les dispositions des cinquième et sixième alinéas doivent, pour les titres transférés, joindre à la déclaration de résultats de l'exercice du transfert et des exercices suivants un état conforme au modèle fourni par l'administration faisant apparaître, pour chaque catégorie de titres de même nature, la date de transfert, le nombre et la valeur des titres transférés, le montant de la plus-value ou de la moins-value et le régime d'imposition qui lui est applicable, à cette date, le montant des provisions constituées avant ou après le transfert et le montant de ces provisions qui a été rapporté au résultat imposable.

Le défaut de production de l'état mentionné au onzième alinéa ou l'omission des valeurs ou provisions qui doivent y être portées entraînent l'imposition immédiate des plus-values et des provisions omises ; les moins-values ne peuvent être déduites que des résultats imposables de l'exercice au cours duquel les titres considérés sont cédés.

a quater) Pour les exercices ouverts à compter du 1er janvier 1997, le régime des plus et moins-values à long terme cesse de s'appliquer à la plus ou moins-value provenant de la cession des éléments d'actif, à l'exception des parts ou actions visées aux premier et troisième alinéas du *a ter*.

Les moins-values à long terme afférentes à des éléments d'actif désormais exclus du régime des plus et moins-values à long terme en application du premier alinéa, et restant à reporter à l'ouverture du premier exercice ouvert à compter du 1er janvier 1997, peuvent, après compensation avec les plus-values et les résultats nets de la concession de licences d'exploitation continuant à bénéficier de ce régime, s'imputer à raison des 19/33,33 de leur montant sur les bénéfices imposables. Cette imputation n'est possible que dans la limite des gains nets retirés de la cession des éléments d'actifs exclus du régime des plus et moins-values à long terme en application du premier alinéa.

(Abrogé par L. n° 2018-1317 du 28 déc. 2018, art. 37-I-11° et III, applicable aux exercices ouverts à compter du 1er janv. 2019) ***« Par dérogation au premier alinéa, le régime des plus ou moins-values à long terme s'applique, dans les conditions prévues au 1 de l'article 39 terdecies, à la plus ou moins-value résultant de la cession d'un brevet, d'une invention brevetable ou d'un procédé de fabrication industriel qui satisfait aux conditions prévues aux troisième, quatrième et cinquième alinéas du même 1. »***

a quinquies) Pour les exercices ouverts à compter du 1er janvier 2006, le montant net des plus-values à long terme afférentes à des titres de participation fait l'objet d'une imposition séparée au taux de 8 %. Ce taux est fixé à 0 % pour les exercices ouverts à compter du 1er janvier 2007.

Une quote-part de frais et charges égale à 12 % du montant brut des plus-values de cession est prise en compte pour la détermination du résultat imposable.

Les titres de participation mentionnés au premier alinéa sont les titres de participation revêtant ce caractère sur le plan comptable, les actions acquises en exécution d'une offre publique d'achat ou d'échange par l'entreprise qui en est l'initiatrice et les titres ouvrant droit au régime des sociétés mères à condition de détenir au moins 5 % des droits de vote de la société émettrice, si ces actions ou titres sont inscrits en comptabilité au compte titres de participation ou à une subdivision spéciale d'un autre compte du bilan correspondant à leur qualification comptable, à l'exception des titres des sociétés à prépondérance immobilière définis au troisième alinéa du *a*. — *V. Ann. III, art. 46 quater-0 RH.*

La fraction des moins-values à long terme existant à l'ouverture du premier des exercices ouverts à compter du 1er janvier 2006 afférente à des éléments exclus du bénéfice des taux définis au premier alinéa demeure imputable sur les plus-values à long terme imposées au taux visé au *a*, sous réserve de justifier la ou les cessions de ces éléments. Elle est majorée, le cas échéant, des provisions dotées au titre de ces mêmes éléments et non réintégrées à cette date, dans la limite des moins-values à long terme reportables à l'ouverture du premier des exercices ouverts à compter du 1er janvier 2006.

La fraction des moins-values à long terme existant à l'ouverture du premier des exercices ouverts à compter du 1er janvier 2006, non imputable en vertu des dispositions du quatrième alinéa, peut être déduite des plus-values à long terme afférentes aux titres de participation définis au troisième alinéa imposables au titre des seuls exercices ouverts en 2006. Le solde de cette fraction et l'excédent éventuel des moins-values à long terme afférentes aux titres de participation définis au troisième alinéa constaté au titre des exercices ouverts à compter du 1er janvier 2006 ne sont plus imputables ou reportables à partir des exercices ouverts à compter du 1er janvier 2007.

a sexies-0) Pour les exercices clos à compter du 31 décembre 2006, le régime des plus et moins-values à long terme cesse de s'appliquer à la plus ou moins-value provenant de la cession des titres, autres que ceux mentionnés au troisième alinéa du *a quinquies*, dont le prix de revient est au moins égal à 22 800 000 € et qui satisfont aux conditions ouvrant droit au régime des sociétés mères autres que la détention de 5 % au moins du capital de la société émettrice.

Les provisions pour dépréciation afférentes aux titres exclus du régime des plus ou moins-values à long terme en application du premier alinéa cessent d'être soumises à ce même régime.

Les moins-values à long terme afférentes à ces titres exclus du régime des plus et moins-values à long terme en application du premier alinéa, et restant à reporter à l'ouverture du premier exercice clos à compter du 31 décembre 2006, peuvent, après compensation avec les plus-values à long terme et produits imposables au taux visé au a, s'imputer à raison des 15/33,33 de leur montant sur les bénéfices imposables, dans la limite des gains nets retirés de la cession de titres de même nature.

a sexies-0 bis) Le régime des plus et moins-values à long terme cesse de s'appliquer à la plus ou moins-value provenant des cessions de titres de sociétés à prépondérance immobilière non cotées réalisées à compter du 26 septembre 2007. Sont considérées comme des sociétés à prépondérance immobilière les sociétés dont l'actif est, à la date de la cession de ces titres ou a été à la clôture du dernier exercice précédant cette cession, constitué pour plus de 50 % de sa valeur réelle par des immeubles, des droits portant sur des immeubles, des droits afférents à un contrat de crédit-bail conclu dans les conditions prévues au 2 de l'article L. 313-7 du code monétaire et financier ou par des titres d'autres sociétés à prépondérance immobilière. Pour l'application de ces dispositions, ne sont pas pris en considération les immeubles ou les droits mentionnés à la phrase précédente lorsque ces biens ou droits sont affectés par l'entreprise à sa propre exploitation industrielle, commerciale ou agricole ou à l'exercice d'une profession non commerciale.

Les provisions pour dépréciation afférentes aux titres exclus du régime des plus et moins-values à long terme en application du premier alinéa cessent d'être soumises à ce même régime.

Les moins-values à long terme afférentes aux titres exclus du régime des plus et moins-values à long terme en application du premier alinéa, restant à reporter à l'ouverture du premier exercice clos à compter du 26 septembre 2007 ou réalisées au cours du même exercice, peuvent, après compensation avec les plus-values à long terme et produits imposables au taux visé au a, s'imputer à raison des 15/33,33e de leur montant sur les bénéfices imposables, dans la limite des gains nets retirés de la cession de titres de même nature.

a sexies-0 *ter*) Pour les exercices ouverts à compter du 1er janvier 2011, le régime des plus et moins-values à long terme cesse de s'appliquer à la plus ou moins-value provenant de la cession de titres de sociétés établies dans un État ou territoire non coopératif au sens de l'article 238-0 A *(L. no 2018-898 du 23 oct. 2018, art. 31-I-I et IV, en vigueur le 1er déc. 2018)* « autre que ceux mentionnés au 2° du 2 *bis* du même article 238-0 A », sauf si la société détentrice des titres apporte la preuve que les opérations de la société établie hors de France dans laquelle est prise la participation correspondent à des opérations réelles qui n'ont ni pour objet ni pour effet de permettre, dans un but de fraude fiscale, la localisation de bénéfices dans un tel État ou territoire.

Les moins-values afférentes à des titres exclus du régime des plus et moins-values à long terme en application du premier alinéa peuvent s'imputer exclusivement sur des plus-values exclues du régime des plus et moins-values à long terme en application du même alinéa.

a sexies) 1. Pour les exercices ouverts à compter du 1er janvier 2006, les sommes réparties par un fonds commun de placement à risques ou par un fonds professionnel de capital investissement et les distributions de sociétés de capital-risque soumises au régime fiscal des plus-values à long terme en application du 2° du 5 de l'article 38 ou du 5 de l'article 39 *terdecies* sont soumises à l'impôt au taux de 8 % pour la fraction des sommes ou distributions afférentes aux cessions d'actions ou de parts de sociétés, à l'exception des titres des sociétés à prépondérance immobilière mentionnées au *a sexies*-0 *bis* et des titres des sociétés mentionnées au *a sexies*-0 *ter*, détenues depuis deux ans au moins et si le fonds ou la société a détenu au moins 5 % du capital de la société émettrice pendant deux ans au moins. Le taux de 8 % est fixé à 0 % pour les exercices ouverts à compter du 1er janvier 2007.

Pour l'appréciation du seuil de 5 % prévu au premier alinéa, sont également pris en compte les titres détenus par d'autres fonds communs de placement à risques, fonds professionnels de capital investissement ou sociétés de capital-risque qui ont agi de concert avec le fonds ou la société concerné dans le cadre d'un contrat conclu en vue d'acquérir ces titres.

Lorsque les actions ou parts cédées ont été reçues dans le cadre d'un échange, d'une conversion ou d'un remboursement d'un titre donnant accès au capital de la société, le délai de deux ans de détention des actions est décompté à partir de l'acquisition du titre donnant accès au capital de la société.

2. Pour les exercices ouverts à compter du 1er janvier 2006, la plus-value réalisée sur la cession de parts de fonds communs de placement à risques, de parts de fonds professionnels de capital investissement ou d'actions de sociétés de capital-risque mentionnées au premier alinéa du *a ter* est soumise au taux de 8 % à hauteur du rapport existant à la date de la cession entre la valeur des actions ou parts de sociétés mentionnées au premier alinéa du 1 inscrites à l'actif du fonds ou de la société augmentée des sommes en instance de distribution depuis moins de six mois représentative de la cession d'actions ou de parts de sociétés mentionnées au premier alinéa du 1 et la valeur de l'actif total de ce fonds ou de cette société. Ce taux est fixé à 0 % pour les exercices ouverts à compter du 1er janvier 2007.

a septies) Lorsqu'il existe des liens de dépendance entre l'entreprise cédante et l'entreprise cessionnaire au sens du 12 de l'article 39, la déduction des moins-values de cession de titres de participation définis au dix-septième alinéa du 5° du 1 de l'article 39, autres que ceux mentionnés au *a sexies*-0 *bis* du présent I, et détenus depuis moins de deux ans, intervient à la première des dates suivantes :

« 1° La date à laquelle l'entreprise cédante cesse d'être soumise à l'impôt sur les sociétés ou est absorbée par une entreprise qui, à l'issue de l'absorption, n'est pas liée à l'entreprise détenant les titres cédés ;

2° La date à laquelle les titres cédés cessent d'être détenus par une entreprise liée à l'entreprise cédante, à l'exception du cas où la société dont les titres ont été cédés a été absorbée par une autre entreprise liée ou qui le devient à cette occasion et pour toute la période où elle demeure liée ;

3° La date correspondant à l'expiration d'un délai de deux ans, décompté à partir du jour où l'entreprise cédante a acquis les titres.

L'imposition est établie au nom de l'entreprise cédante ou, en cas d'absorption dans des conditions autres que celles mentionnées au 1°, de l'entreprise absorbante, selon le régime de moins-value qui aurait été applicable si l'entreprise avait cédé les titres à cette date et, le cas échéant, les avait détenus depuis la date d'acquisition par l'entreprise absorbée.

L'entreprise joint à sa déclaration de résultat au titre de chaque exercice concerné un état conforme au modèle fourni par l'administration, faisant apparaître les éléments nécessaires au calcul des moins-values et ceux relatifs à l'identification de l'entreprise qui détient les titres, explicitant les liens de dépendance qui les unissent. – *Sur le contenu de l'état mentionné ci-dessus, V. Ann. III, art. 46 quater-0 RH.*

b) Par exception au deuxième alinéa du présent I et au premier alinéa du *a*, pour les redevables ayant réalisé un chiffre d'affaires *(L. n° 2020-1721 du 29 déc. 2020, art. 18, applicable aux exercices ouverts à compter du 1er janv. 2021)* « n'excédant pas 10 millions d'euros *[ancienne rédaction : de moins de 7 630 000 €]* » au cours de l'exercice ou de la période d'imposition, ramené s'il y a lieu à douze mois, le taux de l'impôt applicable au bénéfice imposable est fixé, dans la limite de 38 120 € de bénéfice imposable par période de douze mois, à 25 % pour les exercices ouverts en 2001 et à 15 % pour les exercices ouverts à compter du 1er janvier 2002. — *V. Ann. III, art. 46 quater-0 ZZ bis A.*

Pour la société mère d'un groupe mentionné à l'article 223 A ou à l'article 223 A *bis*, le chiffre d'affaires est apprécié en faisant la somme des chiffres d'affaires de chacune des sociétés membres de ce groupe. Le capital des sociétés mentionnées au premier alinéa du présent *b* doit être entièrement libéré et détenu de manière continue pour 75 % au moins par des personnes physiques ou par une société répondant aux mêmes conditions dont le capital est détenu, pour 75 % au moins, par des personnes physiques. Pour la détermination de ce pourcentage, les participations des sociétés de capital-risque, des fonds communs de placement à risques, des fonds professionnels spécialisés relevant de l'article L. 214-37 du code monétaire et financier dans sa rédaction antérieure à l'ordonnance n° 2013-676 du 25 juillet 2013 modifiant le cadre juridique de la gestion d'actifs, des fonds professionnels de capital investissement, des sociétés de développement régional et des sociétés financières d'innovation ne sont pas prises en compte à la condition qu'il n'existe pas de lien de dépendance au sens du 12 de l'article 39 entre la société en cause et ces dernières sociétés ou ces fonds. — *V. Ann. III, art. 46 quater-0 ZZ bis A.*

(Abrogé par L. n° 2017-1837 du 30 déc. 2017, art. 84-III-C, pour les exercices ouverts à compter du 1er janv. 2020) ***« c) Le taux normal de l'impôt sur les sociétés mentionné au deuxième alinéa du présent I est fixé à 28 % :***

« 1° Pour les exercices ouverts à compter du 1er janvier 2017, pour la fraction de bénéfice imposable par période de douze mois comprise entre 38 120 € et 75 000 € réalisée par les redevables mentionnés au b du présent I et dans la limite de 75 000 € de bénéfice imposable par période de douze mois pour les redevables autres que ceux mentionnés au mêmeb qui relèvent de la catégorie des micro, petites et moyennes entreprises définie à l'annexe I du règlement (UE) n° 651/2014 de la Commission du 17 juin 2014 déclarant certaines catégories d'aides compatibles avec le marché intérieur en application des articles 107 et 108 du traité ;

« 2° Pour les exercices ouverts *(L. n° 2017-1837 du 30 déc. 2017, art. 84)* ***« du 1er janvier 2018 au 31 décembre 2019 », dans la limite de 500 000 € de bénéfice imposable par période de douze mois ;***

(Abrogé par L. n° 2017-1837 du 30 déc. 2017, art. 84) ***« 3° Pour les exercices ouverts à compter du 1er janvier 2019 :***

« — pour l'ensemble de leur bénéfice imposable pour les redevables ayant réalisé un chiffre d'affaires inférieur ou égal à un milliard d'euros ;

« — dans la limite de 500 000 € de bénéfice imposable par période de douze mois pour les redevables ayant réalisé un chiffre d'affaires supérieur à un milliard d'euros.

« Le chiffre d'affaires s'entend de celui réalisé au cours de l'exercice ou de la période d'imposition, ramené s'il y a lieu à douze mois. Pour la société mère d'un groupe mentionné à l'article 223 A ou à l'article 223 A bis, le chiffre d'affaires est apprécié en faisant la somme des chiffres d'affaires de chacune des sociétés membres de ce groupe. »

d, d bis et *e) Devenus sans objet (L. n° 92-1376 du 30 déc. 1992, art. 11-II).*

f) Les sociétés mentionnées aux 1 à 3 de l'article 206, soumises à l'impôt sur les sociétés dans les conditions de droit commun, autres que les sociétés à capital variable et celles mentionnées à l'article 238 *bis* HE, peuvent bénéficier, pour une série comprenant un exercice bénéficiaire et les deux premiers exercices bénéficiaires suivant celui-ci, du taux fixé au *a bis*, à hauteur de la fraction de leurs résultats comptables qu'elles incorporent à leur capital au cours de l'exercice suivant celui de leur réalisation. Cette fraction doit représenter, pour chacun des trois exercices et dans la limite du résultat fiscal, le quart au plus du résultat comptable sans excéder la somme de 30 000 €. L'option ne peut plus être exercée pour l'imposition des résultats des exercices ouverts à compter du 1er janvier 2001. Lorsque, à cette date, la série de trois exercices bénéficiaires est en cours, le taux d'imposition prévu par le dispositif ne s'applique pas aux résultats des exercices restants, sauf, sur option de l'entreprise, pour les exercices ouverts en 2001. Dans ce dernier cas, le taux de 25 % prévu au *b* s'applique à la fraction des résultats imposables comprise entre la part des résultats imposables selon les modalités prévues au présent alinéa et 38 120 €, lorsque les conditions prévues au *b* sont réunies.

Les dispositions du premier alinéa s'appliquent si les conditions suivantes sont remplies :

1° La société a réalisé un chiffre d'affaires de moins de 7 630 000 € et n'est pas mère d'un groupe mentionné à l'article 223 A ou à l'article 223 A *bis*, au cours du premier des exercices pour lequel le bénéfice du taux réduit est demandé ;

2° Le capital de la société, entièrement libéré, est détenu de manière continue, pour 75 % au moins par des personnes physiques ou par une société répondant aux conditions visées au 1° dont le capital est détenu, pour 75 % au moins, par des personnes physiques. Pour la détermination de ce pourcentage, les participations des sociétés de capital-risque, des fonds communs de placement à risques, des fonds professionnels spécialisés relevant de l'article L. 214-37 du code monétaire et financier dans sa rédaction antérieure à l'ordonnance n° 2013-676 du 25 juillet 2013 modifiant le cadre juridique de la gestion d'actifs, des fonds professionnels de capital investissement, des sociétés de développement régional et des sociétés financières d'innovation ne sont pas prises en compte à la condition qu'il n'existe pas de lien de dépendance au sens du 12 de l'article 39 entre la société en cause et ces dernières sociétés ou ces fonds.

Lorsque la société n'a pas dressé de bilan au cours d'un exercice, le bénéfice imposé provisoirement en application du deuxième alinéa de l'article 37 ne peut être soumis au taux réduit ; lorsqu'elle a dressé plusieurs bilans successifs au cours d'une même année, comme prévu au troisième alinéa de cet article, seule la fraction du bénéfice du dernier exercice clos au cours de ladite année est soumise aux dispositions du présent *f*.

Si l'une des trois incorporations au capital mentionnées au premier alinéa n'est pas effectuée, la société acquitte, dans les trois mois suivant la clôture de l'exercice au cours duquel elle aurait dû procéder à cette incorporation, l'impôt au taux normal sur la fraction de résultat du ou des exercices qui a été soumise au taux réduit, diminué de l'impôt payé à ce titre, majoré de l'intérêt de retard mentionné à l'article 1727. Il en va de même en cas de réduction de capital non motivée par des pertes ou de survenance d'un des événements mentionnés aux 2 à 3 de l'article 221, avant la fin de la troisième année suivant celle au cours de laquelle est intervenue la dernière des incorporations au capital ayant ouvert droit au bénéfice du taux réduit ; en cas de réduction de capital, le montant de la reprise est, le cas échéant, limité au montant de cette réduction. Toutefois, si la société est absorbée dans le cadre d'une opération soumise à l'article 210 A, les sommes qui ont été incorporées à son capital ne sont pas rapportées à ses résultats au titre de l'exercice au cours duquel intervient cette opération si la société absorbante ne procède à aucune réduction de capital non motivée par des pertes avant l'expiration du délai précité. — *V. aussi Ann. III, art. 366 AA.*

Les dispositions du présent *f* sont également applicables sous les mêmes conditions et sanctions lorsque les sociétés visées au premier alinéa portent à une réserve spéciale la fraction du bénéfice mentionnée à la deuxième phrase de cet alinéa.

Cette réserve doit être incorporée au capital au plus tard au cours de l'exercice suivant le troisième exercice ayant bénéficié des dispositions du premier alinéa du présent *f*. En cas de prélèvement sur cette réserve ou d'absence d'incorporation au capital dans ce délai, les dispositions du sixième alinéa du présent *f* sont applicables. Lorsque les incorporations de capital afférentes à l'imposition de résultats d'exercices ouverts avant le 1er janvier 2001 ont été différées, elles doivent être effectuées au plus tard à la clôture du second exercice ouvert à compter de cette date. — *V. Ann. III, art. 46 quater-0 ZZ : méthode de comptabilisation de cette réserve spéciale.*

Les conditions d'application du présent *f* ainsi que les obligations déclaratives qui en découlent sont fixées par décret. — *V. Ann. III, art. 46 quater-0 ZZ, 46 quater-0 ZZ bis, 366 AA et 358.*

II. — Les plus-values visées au I de l'article 238 *octies* sont soumises à l'impôt au taux de 15 % lorsque la société n'a pas demandé à bénéficier de l'exonération sous condition de remploi prévue audit article. L'application de la présente disposition est toutefois subordonnée à la double condition que :

a) les opérations génératrices des plus-values présentent un caractère accessoire ou occasionnel pour la société intéressée ;

b) les immeubles cédés aient fait l'objet d'un permis de construire délivré avant le 1er janvier 1966.

III. – Les dispositions du II sont étendues, sous les mêmes conditions, aux profits réalisés à l'occasion de la cession d'immeubles ayant fait l'objet d'un permis de construire délivré entre le 1er janvier 1966 et le 1er janvier 1972 ou pour lesquels aura été déposée, avant le 1er janvier 1972, la déclaration de construction visée à l'article L. 430-3 du code de l'urbanisme *[dans sa rédaction antérieure à L. n° 76-1285 du 31 déc. 1976 (JO 1er janv. 1977)]*.

Toutefois, en ce qui concerne ces profits :

a) le taux réduit de l'impôt sur les sociétés est fixé à 25 % ;

b) l'application de ce taux réduit est subordonnée à la condition que les opérations de construction correspondantes présentent un caractère accessoire pour la société intéressée.

IV. – Le taux de l'impôt est fixé à 19 % en ce qui concerne les plus-values imposables en application du 2 de l'article 221, du *(L. n° 2018-1317 du 28 déc. 2018, art. 32-I-2° et II, applicable aux exercices ouverts à compter du 1er janv. 2019)* « deuxième » alinéa de l'article 223 F, du troisième alinéa du IV de l'article 208 C, et de l'article 208 C *ter*, relatives aux immeubles, droits afférents à un contrat de crédit-bail, droits portant sur un immeuble dont la jouissance a été conférée à titre temporaire par l'État, une collectivité territoriale ou un de leurs établissements publics et parts des organismes mentionnés au cinquième alinéa du II de l'article 208 C inscrits à l'actif des sociétés qui ont opté pour le régime prévu au II de ce même article.

Ce taux s'applique également aux plus-values imposables en application du 2 de l'article 221 relatives aux actifs mentionnés aux 1° à 5° du I de l'article L. 214-36 du code monétaire et financier en cas de transformation d'une société soumise à l'impôt sur les sociétés en société de placement à prépondérance immobilière à capital variable ou en société professionnelle de placement à prépondérance immobilière à capital variable mentionnée au 3° *nonies* de l'article 208.

1. Doctrine administrative. Liquidation et taux de l'IS. Modalités de baisse du taux de l'IS. * BOI-IS-LIQ-10 du 10 juin 2020. ♦ Taux réduit applicable au bénéfice des PME. * BOI-IS-LIQ-20 du 3 mars 2021. ♦ Taux réduit applicable au bénéfice des PME. * BOI-IS-LIQ-20 du 3 mars 2021.

2. Titres de participation. **BIBL.** Fouquet et Lopater, *RJF 2014, p. 953* (titres de participation ; enjeux et incertitudes du contentieux) ; *RJF 2020, p. 12* (recapitalisation d'une filiale en vue de sa cession : titres de participation ou de placement ?). – Villette, *RJF 2020, p. 8* (participation ou placement : imposer à juste titre). ♦ Au plan comptable, l'Administration retient explicitement la définition des titres de participation issue du PCG de 1982. La seule intention d'exercer une influence sur la société émettrice ne caractérise pas une participation. * BOI-BIC-PVMV-30-10 nos 40 et 42 du 3 mai 2017. ♦ Le Plan comptable général précise que les titres de participation sont ceux dont la possession durable est estimée utile à l'activité de l'entreprise, notamment parce qu'elle permet d'exercer une influence sur la société émettrice des titres ou d'en assurer le contrôle. Une telle utilité peut notamment être caractérisée si les conditions d'achat des titres en cause révèlent l'intention de l'acquéreur d'exercer une influence sur la société émettrice et lui donnent les moyens d'exercer une telle influence. • CE 20 oct. 2010, n° 314248 : *RJF 2011. 16.* ♦ Dans le même sens : • CE 29 mai 2019, *SARL Montisambert*, n° 411209 : *RJF 2019. 752, concl. Cortot-Boucher.* ♦ Tel est le cas lorsque aux termes d'un protocole d'accord conclu avec un groupe d'investisseurs dont elle faisait partie et la société cible, une société a accepté de participer aux augmentations de capital de la société cible et de ne pas céder à des tiers les titres acquis dans le but de détenir avec le groupe d'investisseurs, au terme de huit années, une minorité de blocage. Les titres ainsi acquis constituent donc des titres de participation relevant du régime du long terme dès lors que l'art. 219-I-a *ter* définit les titres de participation comme ceux revêtant ce caractère au plan comptable. • Même arrêt. ♦ Ont la nature de participation : les titres représentant une participation inférieure à 5 % du capital dès lors que : 1) la seule part du capital social détenu dans une société ne suffit pas à caractériser l'influence exercée au sein d'une société ; 2) par sa présence au sein du conseil de surveillance, la société qui détient ces titres est en mesure d'exercer une influence en son sein. • TA Paris, 26 juin 2001, n° 01-169/1 : *Dr. fisc. 2002. 943, concl. Pagès.* ♦ ... Des titres représentant une détention de 0,88 % du capital d'une société exploitant une clinique, dès lors que cette acquisition ne constitue pas un simple placement financier à court ou moyen terme, qu'elle a permis au praticien membre de la société acheteuse d'exercer son activité professionnelle au sein de la clinique dans des conditions privilégiées et qu'elle a contribué de façon durable à l'exercice et au développement de l'activité de cette société. • CE 20 mai 2016, *Min. c/ Selarl Lemaire*, n° 392527 : *RJF 2016. 685, concl. Cortot-Boucher ; Dr. fisc. 2016. 391, note Fouquet.*

3. La qualification de titres de participation donnée à des titres acquis par une entreprise dans le but d'exercer un contrôle sur la société émettrice n'est pas remise en cause dans le cas où cette dernière est par la suite mise en liquidation judiciaire au cours du même exercice. • CE 12 mars 2012, *EURL Alci*, n° 342295 : *RJF 2012. 564 ; BDCF 2012. 67, concl. Escaut.* ♦ L'inscription à l'actif du bilan d'une SARL, en tant que titres de participation, des titres qu'elle détient dans le capital de sociétés en nom collectif ne revêt ni la nature d'une décision de gestion, ni celle d'une erreur comptable délibérée. Elle n'est donc pas opposable au contribuable s'il justifie que les titres en cause n'ont pas la nature de titres de participation. • CAA Paris, 25 sept. 2012, *Boulanger*, n° 11PA03445 : *RJF 2013. 695.*

4. La qualification comptable donnée aux titres issus d'une acquisition antérieure ne fait pas par elle-même obstacle à ce que les titres de la même société émettrice acquis ultérieurement par un établissement de crédit puissent recevoir une qualification comptable différente, en fonction de l'intention de l'acquéreur à la date de leur achat ou souscription. • CAA Versailles, 17 mai 2018, *SA Crédit Agricole*, n° 15VE04052 : *RJF 2018. 824 ; Dr. fisc. 2018. 405, note Blanluet.* ♦ Confirmation : • CE 8 nov. 2019, *Min. c/ SA Crédit Agricole*, n° 422377 : *RJF 2020. 6, concl. Victor.*

5. Plus-values de cession de titres d'autocontrôle. BIBL. Austry et Lopater, *RJF 2016, p. 1401* (les titres d'autocontrôle peuvent-ils être des titres de participation ?). ♦ Annulation pour excès de pouvoir de la doctrine administrative (BOI-BIC-PVMV-30-10 n° 190 du 12 sept. 2012) selon laquelle les actions d'autocontrôle (C. com., art. L. 233-31) ne sont pas des titres de participation pouvant bénéficier du régime des plus-values à long terme. • CE 20 oct. 2016, *Sté Cie du Cambodge*, n° 397537 : *RJF 2017. 9 ; Dr. fisc. 2017. 151, note Fouquet.*

6. Plus-values de cession de titres d'un éditeur d'un service de télévision. Taxation à *25 %. Champ d'application. Sociétés concernées.* Portée du régime. * BOI-IS-BASE-20-20-10-40 du 6 avr. 2016.

7. Plus-values ou moins-values sur cession de titres de participation. Le montant des plus-values nettes à long terme afférentes aux titres de participation mentionnés à l'art. 219-I *a quinquies* (al. 3) CGI fait l'objet d'une imposition séparée au taux de 0 %, sous réserve de la réintégration au résultat imposable d'une quote-part de frais et charges. Ainsi, les entreprises passibles de l'IS doivent : d'une part, déterminer le montant net des plus-values ou moins-values à long terme imposable au taux de 0 % ; et, d'autre part, réintégrer à leur résultat imposable au taux normal de l'IS une quote-part représentative de frais et charges. * BOI-IS-BASE-20-20-10-20 n° 1 du 3 févr. 2016.

8. Pour bénéficier du régime d'exonération des plus-values à long terme de cession de titres de participation visé à l'art. 219-I-a *quinquies*, les titres cédés doivent, d'une part, avoir été acquis ou souscrits depuis au moins deux ans en vertu de l'art. 39 *duodecies* et, d'autre part, constituer des titres de participation. • CE 25 janv. 2017, *Sté C2M*, n° 391057 : *RJF 2017. 301, concl. Victor ; Dr. fisc. 2017. 212, note Fouquet.*

9. La réintégration de la quote-part de frais et charges égale à 12 % du montant brut des plus-values de cession est subordonnée à la réalisation par l'entreprise d'une plus-value nette au cours de l'exercice de cession. Par suite, annulation de la doctrine administrative (BOI-IS-BASE-20-20-10-20) selon laquelle la quote-part de frais et charges doit être réintégrée au résultat imposable de la société, quel que soit le résultat net des plus ou moins-values de cession de titres de participation. • CE 14 juin 2017, *Sté Orange Participations*, n° 400855 : *RJF 2017. 906, concl. Bohnert.*

10. Titres du régime mère-fille inscrits au compte de titres de participation. Est annulée la doctrine administrative selon laquelle, dès lors que les titres ouvrent droit au régime des sociétés mères, l'inscription dans un compte de titres de participation constitue une présomption irréfragable qui matérialise une décision de gestion de l'entreprise. • CE 29 mai 2017, *Sté Vivendi*, n° 405083 : *RRJF 2017. 777, concl. Victor.*

11. Titres de sociétés à prépondérance immobilière. Les plus-values ou moins-values provenant de la cession de titres de sociétés à prépondérance immobilière non cotées sont exclues du régime des plus-values ou moins-values à long terme en application de l'art. 219-I *a sexies-0 bis*. Elles sont prises en compte en totalité dans le résultat imposable dans les conditions et aux taux de droit commun de l'IS. Les provisions pour dépréciation afférentes à ces titres sont également exclues du régime du long terme. Toutefois les plus-values sur titres de sociétés à prépondérance immobilière cotées qui répondent à la définition fiscale des titres de participation relèvent du taux réduit d'imposition des plus-values à long terme. Ce taux est fixé à 19 % pour les exercices clos depuis le 1er janv. 2009. * BOI-IS-BASE-20-20-10-30 nos 1 et 10 du 31 déc. 2013. ♦ Lorsque les titres des sociétés à prépondérance immobilière font l'objet d'une dotation ou d'une reprise au compte de provisions pour dépréciation, le caractère immobilier prépondérant de ces sociétés s'apprécie à la date de la cession des titres ou à la clôture du dernier exercice précédant cette cession. • CE 14 oct. 2015, *Sté d'assurance mutuelle l'Auxiliaire*, n° 387249 :

RJF 2016. 8, concl. Bohnert. ♦ Sur la date à retenir pour apprécier la prépondérance immobilière, V. aussi : • CE, avis, 22 nov. 2019, *Sté l'Auxiliaire*, n° 432053 : *RJF 2020. 92 ; Dr. fisc. 2019. 487, note Pouille.* ♦ Les droits afférents à un contrat de crédit-bail doivent être pris en compte pour apprécier la prépondérance immobilière d'une société, y compris s'ils ne figurent pas à l'actif immobilisé. * Rép. min. n° 7770 : *JO Sénat Q, 31 oct. 2013, p. 3153.*

12. Il résulte de l'art. 21 *quinquies* I *a* que la réintégration de la quote-part de frais et charges égale à 12 % du montant brut des plus-values de cession est subordonnée à la réalisation par l'entreprise d'une plus-value nette au cours de l'exercice de cession. Les entreprises concernées ont la possibilité d'imputer l'impôt acquitté à l'étranger, en application d'une convention fiscale, à l'occasion de la cession de titres de participation sur le montant de l'impôt résultant de la taxation en France de la quote-part de frais et charges égale à 12 % du montant brut de la plus-value de cession. Et ceci, même en l'absence d'imposition effective en France de la plus-value réalisée. • CE 15 nov. 2021, n° 454105. ♦ Infirmation de la doctrine administrative. * BOI-IS-BASE-20-20-10-30 n°s 180 et 190 du 3 févr. 2016.

13. Titres de placement dont le coût de revient atteint 22,8 M€. Les plus-values de cession de titres exclus du long terme par la loi de finances pour 2007 doivent être comprises dans le résultat ordinaire, y compris pour la part latente à la date du changement de ce régime fiscal. • CAA Versailles, 3 oct. 2019, n° 17VE03939 : *RJF 2020. 93.* ♦ Confirmation • CE 13 oct. 2021, n° 436627 : *RJF 2022. 6.*

14. Taux réduit sur les bénéfices des PME. La libération du capital au sens de l'art. 219, I-b s'entend de celle du capital social proprement dit mais aussi des primes d'émission liées au capital social. Par suite, une PME ne peut bénéficier du taux réduit d'IS dès lors qu'elle n'a pas libéré la prime d'émission. • CAA Marseille, 24 mars 2016, *SARL Eygliers Dépannage*, n° 14MA03389 : *RJF 2016. 606.*

15. Cession de titres de participation à une société liée (art. 219, I-a septies). Le dispositif prévu en cas de cession à une société liée de titres de participation détenus depuis moins de deux ans vise à faire obstacle à une pratique d'optimisation fiscale. Il n'institue pas une présomption de fraude ou d'évasion fiscale qui aurait nécessité l'inclusion d'une clause permettant au contribuable de prouver que l'opération n'a pas un but exclusivement fiscal. • CE 30 mai 2018, *Sté Highco SA*, n° 412964 : *RJF 2018. 886* • CE, QPC, 16 sept. 2019, *Sté Abo Wind*, n° 431828 : *RJF 2019. 1183.*

16. Plus-values de cession de titres de sociétés implantées dans un État ou territoire non coopératif (ETNC). L'application du régime du long terme est exclue. Ces plus-values sont donc soumises à l'IS dans les conditions de droit commun ou au barème progressif de l'IR, selon le régime d'imposition applicable à l'entreprise cédante. * BOI-INT-DG-20-50 n°s 650 à 680 du 11 févr. 2014. ♦ Le Conseil constitutionnel, saisi d'une QPC. • CE, QPC, 20 oct. 2014, *AFEP et a.*, n° 383259 : *RJF 2015. 48 ; Dr. fisc. 2014. 643.* ♦ ... A confirmé l'exclusion du régime du long terme sous réserve que le contribuable soit admis à apporter la preuve que la prise de participation dans une société établie dans un ETNC correspond à des opérations réelles n'ayant ni pour objet ni pour effet de permettre, dans un but de fraude fiscale, la localisation de bénéfices dans un tel État ou territoire. • Cons. const. 20 janv. 2015, *AFEP et a.*, n° 2014-437 QPC : *RJF 2015. 346 ; Dr. fisc. 2015. 223, note Kouraleva-Cazals.* ♦ Annulation de la doctrine administrative. • CE 8 juin 2016, *AFEP*, n° 383259 : *RJF 2016. 870, concl Crépey.* ♦ La clause de sauvegarde est désormais légalisée à l'art. 219-I-*a-sexies*-0 *ter*.

Art. 219 *bis* **Par dérogation aux dispositions de l'article 219, le taux de l'impôt sur les sociétés est fixé à 24 % en ce qui concerne les revenus visés au 5 de l'article 206, perçus par les établissements publics, associations et collectivités sans but lucratif.**

1° Ce taux est fixé à 10 % pour :

a) **les produits des titres de créances mentionnés au** *(L. n° 2017-1837 du 30 déc. 2017, art. 28, applicable aux impositions dont le fait générateur intervient à compter du 1er janv. 2018)* **« premier alinéa de l'article 124 B » ;**

b) **les revenus des titres émis à compter du 1er janvier 1987 tels qu'ils sont définis aux articles 118, 119, 238 *septies* A, 238 *septies* B et 238 *septies* E ;**

2° Ce taux est fixé à 15 % pour les dividendes.

Art. 219 *bis* A *Abrogé par L. n° 65-566 du 12 juill. 1965, art. 40-2.*

Art. 219 *ter* **Par dérogation aux dispositions de l'article 219, les indemnités perçues par les entreprises sinistrées par faits de guerre au titre de la réparation des éléments d'actif immobilisés ou en remplacement de stocks détruits peuvent, sur demande de ces entreprises, n'être soumises à l'impôt sur les sociétés qu'au taux de l'impôt sur les bénéfices industriels et commerciaux ou de l'impôt sur les sociétés en vigueur lors de l'exercice au cours duquel le montant soit des dépenses de réparation, soit de la perte**

comptable des stocks, a été admis en déduction pour la détermination du bénéfice imposable.

Art. 219 *quater* (*Abrogé par L. nº 2018-1317 du 28 déc. 2018, art. 119, à compter du 1er janv. 2020*) ***Par dérogation aux dispositions des 1 et 5 de l'article 206, du 1 de l'article 219 et de l'article 219 bis, les caisses de retraite et de prévoyance sont assujetties à l'impôt sur les sociétés au taux réduit de 10 % :***

1º Sur le montant brut des intérêts et agios provenant des opérations de souscription, d'achat, de vente ou de pension de bons du Trésor en compte courant et autres effets publics ou privés, qu'elles réalisent sur le marché monétaire ou sur le marché hypothécaire ;

2º Sur le montant brut des intérêts des dépôts qu'elles effectuent.

Art. 219 *quinquies* **La retenue à la source perçue en application de l'article 182 B ou de l'article 182 A *bis* est imputable sur le montant de l'impôt sur les sociétés éventuellement exigible à raison des revenus qui l'ont supportée.**

Art. 220 **1. *a)* Sur justifications, la retenue à la source à laquelle ont donné ouverture les revenus des capitaux mobiliers, visés aux articles 108 à 119, 238 *septies* B et 1678 *bis*, perçus par la société ou la personne morale est imputée sur le montant de l'impôt à sa charge en vertu du présent chapitre.**

Toutefois, la déduction à opérer de ce chef ne peut excéder la fraction de ce dernier impôt correspondant au montant desdits revenus ;

Lorsque ces revenus sont perçus à raison de biens ou droits préalablement détenus par la personne, ou une autre personne qui lui est liée au sens du 12 de l'article 39, qui, dans le contrat ayant conféré au contribuable la détention de ces biens ou droits ou dans un contrat y afférent, s'est engagée à en retrouver ou s'est réservé la possibilité d'en retrouver ultérieurement la détention, ce montant est diminué des charges engagées pour l'acquisition de ces revenus par le contribuable et les personnes qui lui sont liées, y compris :

— les moins-values de cession de ces biens ou droits ;

— les sommes, autres que le prix d'acquisition de ces biens ou droits, versées à cette autre personne ou aux personnes qui lui sont liées, au sens du 12 de l'article 39.

Toutefois, les troisième à cinquième alinéas du présent *a* ne s'appliquent pas si le contribuable apporte la preuve que la conclusion du contrat n'avait pas principalement pour objet ou pour effet de lui faire bénéficier du crédit d'impôt.

***b)* En ce qui concerne les revenus de source étrangère visés aux articles 120 à 123, l'imputation est limitée au montant du crédit correspondant à l'impôt retenu à la source à l'étranger ou à la décote en tenant lieu, tel qu'il est prévu par les conventions internationales.**

***c)* En ce qui concerne les dividendes et produits distribués par les sociétés d'investissement visées aux 1º *bis* et 1º *bis* A de l'article 208 et les sociétés de capital-risque visées au 3º *septies* du même article au titre de l'exercice précédent, la société ou personne morale actionnaire a droit à l'imputation d'une quote-part du montant total des crédits d'impôt attachés aux produits du portefeuille encaissés, au cours de cet exercice, par la société distributrice. Le droit à imputation de chaque société ou personne morale actionnaire est déterminé en proportion de sa part dans les dividendes distribués, au titre du même exercice. Il ne peut excéder celui normalement attaché aux revenus distribués par les sociétés françaises ordinaires. Le montant à imputer est compris dans les bases de l'impôt sur les sociétés.**

Lorsque les sociétés d'investissement admises au bénéfice du régime prévu aux 1º [*bis*] et 1º *bis* A de l'article 208 ne peuvent transférer à leurs actionnaires tout ou partie des crédits d'impôt attachés aux produits de leur portefeuille encaissés au cours d'un exercice, les crédits non utilisés sont susceptibles d'être reportés sur les quatre exercices suivants. Cette disposition est applicable aux crédits d'impôt afférents aux revenus encaissés au cours d'exercices ouverts postérieurement au 31 décembre 1966.

2. *Périmé.*

3. *Abrogé.*

4. Les dispositions du 1 ne sont pas applicables aux établissements publics, associations et autres collectivités imposés en vertu du 5 de l'article 206. Elles ne sont également pas applicables aux produits déductibles du bénéfice net en vertu du I de l'article 216.

4 *bis*. *Devenu sans objet (L. nº 92-1376 du 30 déc. 1992, art. 11-II).*

5. Les conditions d'application du 1 sont fixées par décret en Conseil d'État. — *V. Ann. II, art. 135 à 140.*

BIBL. ▶ Austry, Dardour-Attali et Merchadier, FR *Lefevre 25/21, inf. 2* (l'application de la règle du butoir au regard des normes internationales). – Blanluet, *Dr. fisc. 2018. 166* (plafonnement de crédits d'impôt d'origine étrangère). – Iljic, *RJF 2017, p. 1365* (crédits d'impôt conventionnels : le bout du tunnel ?). – Leclercq et Pons, *Dr. fisc. 2013. Étude 501* (l'imputation des crédits d'impôt d'origine étrangère sur l'IS à taux réduit).

1. Imputation des crédits d'impôt. L'imputation de l'impôt retenu à la source sur les revenus de source française, et sur les revenus de source étrangère perçus au cours d'un exercice, peut s'opérer sur l'IS pris dans son ensemble, sans qu'il y ait lieu de distinguer selon le taux applicable (taux normal ou taux réduit). • CE 26 juin 2017, *Sté Crédit agricole*, n° 386269 : *Dr. fisc 2017. 405, note Pons* • 26 juin 2017, *Sté BPCE*, n° 386269 : *RJF 2017. 942, concl. Bokdam-Tognetti ; Dr. fisc. 2017. 408, note Durand.* ♦ Il n'y a pas lieu de distinguer selon que le résultat est déficitaire ou bénéficiaire. • CAA Versailles, 27 mai 2021, n° 17VE02205 : *RJF 2021. 1019.* ♦ Abandon de la règle de la tunnelisation de l'imputation des crédits d'impôt d'origine étrangère en fonction du taux d'IS.

2. Impossibilité de reporter un crédit d'impôt d'origine française ou étrangère. Le premier al. de l'art. 220-1-*a*, qui ne prévoit pas la possibilité de reporter sur un exercice ultérieur une retenue à la source ou un crédit d'impôt d'origine étrangère non imputé sur l'IS dû au titre de l'exercice, est conforme à la Constitution. • Cons. const. 28 sept. 2017, n° 2017-654 QPC : *RJF 2017. 1216.* ♦ Intervention législative, V. art. 39-I-4° et 220 mod.

3. Imputation du crédit d'impôt au montant de l'IS français correspondant à des dividendes. Les règles déterminant les conditions de l'imputation sur l'IS français de la retenue à la source acquittée à l'étranger sur des dividendes de source étrangère perçus par une société française sont fixées par le *b* du 1 de l'art. 220 et non par le *a* du 1 de ce même art. L'imputation sur l'impôt dû en France de la retenue à la source acquittée à l'étranger à raison des revenus est limitée au montant du crédit d'impôt correspondant à cette retenue à la source, tel qu'il est prévu par les conventions internationales. • CE, plén., 7 déc. 2015, *Min. c/ Sté CIC*, n° 357189 : *RJF 2016. 123, concl. Bohnert.* ♦ V. aussi • CE QPC, 16 juill. 2018, *Sté BNP Paribas*, n° 414463 : *RJF 2018. 1160.*

4. Bien-fondé du principe et des modalités de calcul de la règle du butoir (plafonnement des crédits d'impôt conventionnels). L'art. 63 TFUE doit être interprété en ce sens qu'il ne s'oppose pas à une réglementation d'un État membre qui, dans le cadre d'un régime visant à compenser la double imposition de dividendes perçus par une société assujettie à l'IS de cet État membre dans lequel elle est établie, ayant fait l'objet d'un prélèvement par un autre État membre, accorde à une telle société un crédit d'impôt plafonné au montant que ce premier État membre recevrait si ces seuls dividendes étaient soumis à l'IS, sans compenser en totalité le prélèvement acquitté dans cet autre État membre. • CJUE 25 févr. 2021, n° 403/19 : *RJF 2021. 543.* ♦ Sur saisine de • CE, Ass. plén., 24 avr. 2019, n° 399952 : *RJF 2019. 636, concl. Cortot-Boucher.*

5. Les reversements de dividendes auxquels une société est contractuellement tenue dans le cadre d'opérations de prêts ou d'emprunts de titres de sociétés étrangères et qui n'ont pas eu pour contrepartie un accroissement d'actif sont, en l'absence d'exclusion par des dispositions ou des stipulations spécifiques, des charges à retenir pour le calcul du butoir. • CE 11 mai 2021, n° 403692 : *RJF 2021. 795, concl. Ciavaldini.*

Art. 220 A *Abrogé par L. n° 2005-1719 du 30 déc. 2005, art. 21-I et IV.*

Art. 220 B Le crédit d'impôt pour dépenses de recherche défini à l'article 244 *quater* B est imputé sur l'impôt sur les sociétés dû par l'entreprise dans les conditions prévues à l'article 199 *ter* B. — *V. aussi Ann. III, art. 49 septies L et 49 septies M.*

Art. 220 B *bis* *(L. n° 2021-1900 du 30 déc. 2021, art. 69-I-3° et III, applicable aux dépenses facturées au titre des contrats de collaboration conclus à compter du 1er janv. 2022)* Le crédit d'impôt en faveur de la recherche collaborative défini à l'article 244 *quater* B *bis* est imputé sur l'impôt sur les sociétés dû par l'entreprise, dans les conditions prévues à l'article 199 *ter* B *bis*.

Art. 220 C Le crédit d'impôt défini à l'article 244 *quater* C est imputé sur l'impôt sur les sociétés dû par l'entreprise dans les conditions prévues à l'article 199 *ter* C. — *V. Ann. III, art. 49 septies Q.*

Art. 220 D Le crédit d'impôt défini à l'article 244 *quater* E est imputé sur l'impôt sur les sociétés dû par l'entreprise dans les conditions prévues à l'article 199 *ter* D. — *V. Ann. III, art. 49 septies WD et 49 septies WF.*

Art. 220 E La réduction d'impôt définie à l'article 238 *bis* est imputée sur l'impôt sur les sociétés dû au titre de l'exercice au cours duquel les dépenses ont été réalisées. L'excédent éventuel est utilisé pour le paiement de l'impôt sur les sociétés dû au titre des cinq exercices suivant celui au titre duquel elle est constatée.

Un décret fixe les obligations déclaratives et les modalités d'imputation des dispositions du présent article. — *V. Ann. III, art. 49 septies X à 49 septies XB.*

IMPÔT SUR LES BÉNÉFICES DES SOCIÉTÉS

Art. 220 F Le crédit d'impôt défini à l'article 220 *sexies* est imputé sur l'impôt sur les sociétés dû par l'entreprise au titre de l'exercice au cours duquel les dépenses définies au III de cet article ont été exposées. Si le montant du crédit d'impôt excède l'impôt dû au titre dudit exercice, l'excédent est restitué.

L'excédent de crédit d'impôt constitue au profit de l'entreprise une créance sur l'État d'un montant égal. Cette créance est inaliénable et incessible, sauf dans les conditions prévues par les articles L. 313-23 à L. 313-35 du code monétaire et financier.

La part du crédit d'impôt obtenu au titre des dépenses mentionnées au 1 du III de l'article 220 *sexies* n'ayant pas reçu, dans un délai maximum de huit mois à compter de la délivrance du visa d'exploitation cinématographique pour les œuvres cinématographiques ou de la date de leur achèvement définie par décret pour les œuvres audiovisuelles, l'agrément à titre définitif du président du Centre national du cinéma et de l'image animée attestant que l'œuvre cinématographique ou audiovisuelle a rempli les conditions visées au II du même article fait l'objet d'un reversement. Cet agrément est délivré dans des conditions fixées par décret.

Il en est de même de la part du crédit d'impôt obtenu au titre de dépenses relatives à des œuvres cinématographiques n'ayant pas reçu de visa d'exploitation cinématographique dans les deux ans qui suivent la clôture du dernier exercice au titre duquel le crédit d'impôt a été obtenu ou de la part du crédit d'impôt accordé au titre de dépenses relatives à des œuvres audiovisuelles n'ayant pas été achevées dans les deux ans qui suivent la clôture du dernier exercice au titre duquel le crédit d'impôt a été obtenu. — *V. Ann. III, art. 46 quater-0 YL et 46 quater-0 YP à 46 quater-0 YR.*

Art. 220 F *bis* *(L. n° 2020-935 du 30 juill. 2020, art. 49-I-2°)* Le crédit d'impôt prévu à l'article 220 *sexies* A est imputé sur l'impôt sur les sociétés dû par l'entreprise au titre de l'exercice clos le 31 décembre 2020 ou du premier exercice clos à compter de cette date.

Si le montant du crédit d'impôt excède l'impôt dû au titre de cet exercice, l'excédent est restitué.

L'excédent de crédit d'impôt constitue une créance sur l'État au profit de l'entreprise d'un montant égal. Cette créance est inaliénable et incessible, sauf dans les conditions prévues aux articles L. 313-23 à L. 313-35 du code monétaire et financier.

Les dispositions du présent art. entrent en vigueur le 17 juin 2021 (L. n° 2020-935 du 30 juill. 2020, art. 49-II ; Décr. n° 2021-764 du 15 juin 2021, art. 1er).

Art. 220 G Le crédit d'impôt défini à l'article 244 *quater* F est imputé sur l'impôt sur les sociétés dû par l'entreprise dans les conditions prévues à l'article 199 *ter* E. — *V. Ann. III, art. 49 septies YC.*

Art. 220 H *(Abrogé par L. n° 2018-771 du 5 sept. 2018, art. 27-III et IV, pour les périodes d'imposition et exercices ouverts à compter du 1er janv. 2019)* ***Le crédit d'impôt défini à l'article 244 quater G est imputé sur l'impôt sur les sociétés dû par l'entreprise dans les conditions prévues à l'article 199 ter F.*** — *V. Ann. III, art. 49 septies YJ à 49 septies YO relatifs au crédit d'impôt en faveur des entreprises qui emploient des apprentis.*

Art. 220 I *(Abrogé par L. n° 2017-1837 du 30 déc. 2017, art. 94, applicable aux périodes d'imposition et exercices ouverts à compter du 1er janv. 2018)* ***Le crédit d'impôt défini à l'article 244 quater H est imputé sur l'impôt sur les sociétés dû par l'entreprise au titre des exercices au cours desquels les dépenses définies au II de l'article 244 quater H ont été exposées. Si le montant du crédit d'impôt excède l'impôt dû au titre dudit exercice, l'excédent est restitué.*** — *V. Ann. III, art. 49 septies YU et 49 septies YV.*

Art. 220 J *Périmé (Décr. n° 2010-421 du 27 avr. 2010).*

Art. 220 K Le crédit d'impôt défini à l'article 244 *quater* J est imputé sur l'impôt sur les sociétés dû par l'entreprise dans les conditions prévues à l'article 199 *ter* I. — *Ces dispositions s'appliquent aux avances remboursables émises entre le 1er févr. 2005 et le 31 déc. 2010. — V. note ss. art. 244 quater J. — V. également Ann. III, art. 49 septies YP à 49 septies YT.*

Art. 220 L *Périmé (Décr. n° 2010-421 du 27 avr. 2010).*

Art. 220 M Lorsque l'exercice de l'entreprise coïncide avec l'année civile, le crédit d'impôt défini à l'article 244 *quater* L est imputé sur l'impôt sur les sociétés dû par l'entreprise au titre de l'exercice au cours duquel elle a respecté les conditions prévues à cet article. En cas de clôture d'exercice en cours d'année, le crédit d'impôt est imputé sur l'impôt sur les sociétés dû au titre de l'exercice clos au cours de l'année suivant celle au cours de laquelle l'entreprise a respecté les conditions prévues à l'article 244 *quater* L. Si le montant du crédit d'impôt excède le montant de l'impôt dû au titre dudit exercice, l'excédent est restitué.

Art. 220 N Le crédit d'impôt défini à l'article 244 *quater* M est imputé sur l'impôt sur les sociétés dû par l'entreprise dans les conditions prévues à l'article 199 *ter* L. — *V. Ann. III, art. 49 septies ZH.*

Art. 220 O *Périmé (Décr. n° 2011-645 du 9 juin 2011).*

Art. 220 P Le crédit d'impôt défini à l'article 244 *quater* O est imputé sur l'impôt sur les sociétés dû par l'entreprise dans les conditions prévues à l'article 199 *ter* N. — *V. Ann. III, art. 49 septies ZO. — Les dispositions du présent article s'appliquent aux crédits d'impôt calculés au titre des dépenses exposées entre le 1er janv. 2006 et le 31 déc. 2010 (L. n° 2007-1824 du 25 déc. 2007, art. 45-LI).*

Art. 220 Q Le crédit d'impôt défini à l'article 220 *octies* est imputé sur l'impôt sur les sociétés dû par l'entreprise au titre de l'exercice au cours duquel les dépenses définies au III du même article ont été exposées. Si le montant du crédit d'impôt excède l'impôt dû au titre dudit exercice, l'excédent est restitué.

L'excédent de crédit d'impôt constitue au profit de l'entreprise une créance sur l'État d'un montant égal. Cette créance est inaliénable et incessible, sauf dans les conditions prévues par les articles L. 313-23 à L. 313-35 du code monétaire et financier.

L'agrément visé au premier alinéa du IV de l'article 220 *octies* ne peut être accordé lorsque l'ensemble des obligations légales, fiscales et sociales ne sont pas respectées par l'entreprise souhaitant bénéficier du dispositif.

Le crédit d'impôt obtenu au titre des dépenses relatives à des œuvres n'ayant pas reçu, dans un délai maximum de vingt-quatre mois à compter de leur fixation au sens de l'article L. 213-1 du code de la propriété intellectuelle ou de la production d'un disque numérique polyvalent musical, l'agrément à titre définitif délivré par le ministre chargé de la culture attestant que les conditions visées au II de l'article 220 *octies* ont été respectées fait l'objet d'un reversement.

L'agrément à titre définitif est délivré par le ministre chargé de la culture après avis d'un comité d'experts dont les modalités de fonctionnement sont précisées par décret, sur la base de pièces justificatives, comprenant notamment un document comptable certifié par un expert-comptable indiquant le coût définitif des opérations, les moyens de leur financement et faisant apparaître précisément les dépenses engagées ainsi que la liste nominative définitive du personnel non permanent, des entreprises et industries techniques et des prestataires spécialisés, précisant leur nationalité.

V. Ann. III, art. 46 quater-0 YT et 46 quater-0 YU et, pour les modalités d'agrément, Décr. n° 2006-1764 du 23 déc. 2006 (JO 30 déc.), mod. par Décr. n° 2009-700 du 15 juin 2009 (JO 17 juin) et Décr. n° 2014-1167 du 9 oct. 2014 (JO 11 oct.).

Art. 220 Q *bis* *(L. n° 2021-1900 du 30 déc. 2021, art. 82-I-2° et III, applicable aux crédits d'impôt calculés au titre des exercices clos à compter du 31 déc. 2022)* Le crédit d'impôt défini à l'article 220 *septdecies* est imputé sur l'impôt sur les sociétés dû par l'entreprise au titre de l'exercice au cours duquel les dépenses définies au III du même article 220 *septdecies* ont été exposées. Si le montant du crédit d'impôt excède l'impôt dû au titre de cet exercice, l'excédent est restitué.

L'excédent de crédit d'impôt constitue au profit de l'entreprise une créance sur l'État d'un montant égal. Cette créance est inaliénable et incessible, sauf dans les conditions prévues aux articles L. 313-23 à L. 313-35 du code monétaire et financier.

L'agrément mentionné au VI de l'article 220 *septdecies* ne peut être accordé lorsque l'ensemble des obligations légales, fiscales et sociales ne sont pas respectées par l'entreprise souhaitant bénéficier du dispositif.

En cas de non-obtention de l'agrément définitif dans un délai de trente-six mois à compter de l'agrément provisoire, l'entreprise doit reverser le crédit d'impôt dont elle a bénéficié.

A défaut, le crédit d'impôt fait l'objet d'une reprise au titre de l'exercice au cours duquel intervient la décision de refus de l'agrément définitif.

L'agrément définitif est délivré par le ministre chargé de la culture après avis d'un comité d'experts. Les modalités de fonctionnement du comité d'experts et les conditions de délivrance de l'agrément définitif sont fixées par décret.

Art. 220 R Le crédit d'impôt défini à l'article 220 *nonies* est imputé sur l'impôt sur les sociétés dû par la société nouvelle au titre des exercices au cours desquels les intérêts d'emprunt ont été comptabilisés. Les intérêts d'emprunt s'entendent des intérêts dus sur les emprunts contractés par la société nouvelle en vue du rachat. L'excédent éventuel est remboursé.

Art. 220 S Le crédit d'impôt défini à l'article 220 *quindecies* est imputé sur l'impôt sur les sociétés dû par l'entreprise au titre de l'exercice au cours duquel les dépenses définies au III du même article 220 *quindecies* ont été exposées. Si le montant du crédit d'impôt excède l'impôt dû au titre dudit exercice, l'excédent est restitué.

L'excédent de crédit d'impôt constitue une créance sur l'État au profit de l'entreprise d'un montant égal. Cette créance est inaliénable et incessible, sauf dans les conditions prévues aux articles L. 313-23 à L. 313-35 du code monétaire et financier.

L'agrément mentionné au VI de l'article 220 *quindecies* du présent code ne peut être accordé lorsque l'ensemble des obligations légales, fiscales et sociales ne sont pas respectées par l'entreprise souhaitant bénéficier du dispositif.

En cas de non-obtention de l'agrément définitif dans un délai de trente-six mois à compter de l'agrément provisoire, l'entreprise doit reverser le crédit d'impôt dont elle a bénéficié.

(L. n° 2021-1900 du 30 déc. 2021, art. 80) « Par dérogation, le délai mentionné au quatrième alinéa du présent article est prolongé de quinze mois pour les spectacles ayant obtenu leur agrément provisoire entre le 1er juillet 2019 et le 2 juin 2021. Dans ce cas, l'entreprise reverse le crédit d'impôt obtenu au titre des dépenses exposées avant la période de trente-six mois qui précède la date de délivrance de l'agrément définitif. »

A défaut, le crédit d'impôt fait l'objet d'une reprise au titre de l'exercice au cours duquel intervient la décision de refus de l'agrément définitif.

Le présent art. s'applique aux crédits d'impôt calculés au titre des exercices ouverts à compter du 1er janv. 2016.

Art. 220 T *(L. n° 2020-1721 du 29 déc. 2020, art. 22-I-3° et III-B, applicable aux demandes d'agrément provisoire déposées à compter du 1er janv. 2021)* Le crédit d'impôt défini à l'article 220 *sexdecies* est imputé sur l'impôt sur les sociétés dû par l'entreprise au titre de l'exercice au cours duquel les dépenses définies au III du même article 220 *sexdecies* ont été exposées. Si le montant du crédit d'impôt excède l'impôt dû au titre de cet exercice, l'excédent est restitué.

L'excédent de crédit d'impôt constitue une créance sur l'État au profit de l'entreprise d'un montant égal. Cette créance est inaliénable et incessible, sauf dans les conditions prévues aux articles L. 313-23 à L. 313-35 du code monétaire et financier.

L'agrément mentionné au VI de l'article 220 *sexdecies* du présent code ne peut être accordé lorsque l'ensemble des obligations légales, fiscales et sociales ne sont pas respectées par l'entreprise souhaitant bénéficier du dispositif.

En cas de non-obtention de l'agrément définitif dans un délai de trente-six mois à compter de l'agrément provisoire, l'entreprise doit reverser le crédit d'impôt dont elle a bénéficié.

A défaut, le crédit d'impôt fait l'objet d'une reprise au titre de l'exercice au cours duquel intervient la décision de refus de l'agrément définitif.

Pour l'application du présent art., V. Ann. III, art. 46 quater-0 ZY sexdecies.

Art. 220 U Le crédit d'impôt défini à l'article 244 *quater* Q est imputé sur l'impôt sur les sociétés dans les conditions prévues à l'article 199 *ter* P.

Art. 220 V *Périmé (Décr. nº 2014-549 du 26 mai 2014).*

Art. 220 W *Périmé (Décr. nº 2011-645 du 9 juin 2011).*

Art. 220 X Le crédit d'impôt défini à l'article 220 *terdecies* est imputé sur l'impôt sur les sociétés dû par l'entreprise au titre de l'exercice au cours duquel l'entreprise a exposé les dépenses. Si le montant du crédit d'impôt excède l'impôt dû au titre de cet exercice, l'excédent est restitué. L'excédent de crédit d'impôt constitue au profit de l'entreprise une créance sur l'État d'un montant égal. Cette créance est inaliénable et incessible, sauf dans les conditions prévues par les articles L. 313-23 à L. 313-35 du code monétaire et financier. En cas de non-obtention de l'agrément définitif dans un délai de trente-six mois ou de soixante-douze mois, pour les jeux dont le coût de développement est supérieur à 10 millions d'euros, à compter de l'agrément provisoire, l'entreprise doit reverser le crédit d'impôt dont elle a bénéficié.

A défaut, le crédit d'impôt fait l'objet d'une reprise au titre de l'exercice au cours duquel intervient la décision de refus de l'agrément définitif.

En cas de dépassement du délai de trente-six mois pour l'obtention de l'agrément définitif pour les jeux dont le coût de développement est supérieur à 10 millions d'euros, l'entreprise reverse le crédit d'impôt obtenu au titre de dépenses exposées antérieurement à la période de trente-six mois qui précède la date de délivrance de l'agrément définitif.

A défaut, le crédit d'impôt fait l'objet d'une reprise au titre de l'exercice au cours duquel intervient la délivrance de l'agrément définitif.

Les conditions d'application du présent article, notamment celles relatives à la délivrance de l'agrément définitif, sont fixées par décret. *— V. Ann. III, art. 46 quater-0 YZG à 46 quater-0 YZI.*

Crédit d'impôt jeux vidéo. Les entreprises de création de jeux vidéo peuvent céder à un établissement bancaire leur créance future correspondant à l'excédent du crédit d'impôt sur le montant estimé de l'IS. * Rép. min. nº 44992 : *JOAN Q, 23 févr. 2010, p. 2023.*

Art. 220 Y *(Périmé, Décr. nº 2019-559 du 6 juin 2019, art. 1er)* ***Le crédit d'impôt défini à l'article 244 quater T est imputé sur l'impôt sur les sociétés de l'exercice au titre duquel les primes d'intéressement sont dues. Si le montant du crédit d'impôt excède le montant de l'impôt dû au titre dudit exercice, l'excédent est restitué.*** *— V. Ann. III, art. 49 septies ZZ.*

Art. 220 Z Le crédit d'impôt défini à l'article 244 *quater* U est imputé sur l'impôt sur les sociétés dû par l'entreprise dans les conditions prévues à l'article 199 *ter* S.

Art. 220 Z *bis* Le crédit d'impôt défini à l'article 220 *quaterdecies* est imputé en totalité sur l'impôt sur les sociétés dû par l'entreprise de production exécutive au titre de l'exercice au cours duquel les dépenses définies au III de cet article ont été exposées. Si le montant du crédit d'impôt excède l'impôt dû au titre dudit exercice, l'excédent est restitué.

L'excédent de ce crédit d'impôt constitue, au profit de l'entreprise de production exécutive, une créance sur l'État d'un montant égal. Cette créance est inaliénable et incessible, sauf dans les conditions prévues aux articles L. 313-23 à L. 313-35 du code monétaire et financier.

La part du crédit d'impôt obtenu au titre des dépenses mentionnées au III de l'article 220 *quaterdecies* n'ayant pas reçu, dans un délai maximum de vingt-quatre mois à compter de la date des derniers travaux exécutés en France, l'agrément définitif du président du Centre national du cinéma et de l'image animée certifiant que l'œuvre cinématographique ou audiovisuelle a rempli les conditions visées au II de l'article 220 *quaterdecies* fait l'objet d'un reversement. *— Les dispositions de l'art. 220 Z bis s'appliquent aux crédits d'impôt calculés au titre des dépenses engagées entre le 1er janv. 2009 et le 31 déc. 2016*

(L. n° 2008-1425 du 27 déc. 2008, art. 131-I-IV, mod. par L. n° 2012-1509 du 29 déc. 2012, art. 72). — V. Ann. III, art. 46 quater-0 ZY sexies et 46 quater-0 ZY septies.

Art. 220 Z *ter* **Le crédit d'impôt défini à l'article 244 *quater* V est imputé sur l'impôt sur les sociétés dû par l'entreprise dans les conditions prévues à l'article 199 *ter* T.** — *V. Ann. III, art. 49 septies ZZJ. — Les dispositions ci-dessus s'appliquent aux prêts émis du 1er janv. 2011 au 31 déc. 2014 (L. n° 2010-1657 du 29 déc. 2010, art. 90-V).*

Art. 220 Z *quater* **Le crédit d'impôt défini à l'article 244 *quater* W est imputé sur l'impôt sur les sociétés dû par l'entreprise, dans les conditions prévues à l'article 199 *ter* U.**

Art. 220 Z *quinquies* **Le crédit d'impôt défini à l'article 244 *quater* X est imputé sur l'impôt sur les sociétés dû par l'entreprise au titre de l'exercice au cours duquel l'événement prévu au IV du même article est survenu. Si le montant du crédit d'impôt excède l'impôt dû au titre dudit exercice, l'excédent est restitué.**

Le montant du crédit d'impôt avant imputation sur l'impôt sur les sociétés constitue une créance sur l'État lorsque, en application du deuxième alinéa de l'article L. 313-23 du code monétaire et financier, cette créance a fait l'objet d'une cession ou d'un nantissement avant la liquidation de l'impôt sur les sociétés sur lequel le crédit d'impôt correspondant s'impute, à la condition que l'administration en ait été préalablement informée.

La créance est inaliénable et incessible, sauf dans les cas et les conditions prévus aux articles L. 313-23 à L. 313-35 du même code ; elle ne peut alors faire l'objet de plusieurs cessions ou nantissements partiels auprès d'un ou de plusieurs cessionnaires ou créanciers.

Dans l'hypothèse où la créance a fait l'objet d'une cession ou d'un nantissement dans les conditions prévues au deuxième alinéa et que le crédit d'impôt fait l'objet d'une reprise dans les conditions prévues au VII de l'article 244 *quater* X, la reprise est faite auprès :

1° Des organismes ou sociétés mentionnés au 1 *(L. n° 2018-1317 du 28 déc. 2018, art. 153-I-1°)* **« et au 5 » du I de l'article 244 *quater* X, à concurrence du prix de cession ou du nantissement de la créance ;**

2° Du cessionnaire ou du bénéficiaire du nantissement de la créance, à concurrence de la différence entre le montant du crédit d'impôt et le prix d'acquisition ou du nantissement de la créance.

Les dispositions du présent art. issues de la L. n° 2018-1317 du 28 déc. 2018 sont applicables aux acquisitions et constructions d'immeubles ayant fait l'objet d'une déclaration de chantier à compter du 1er janv. 2019 (L. préc., art. 153-II-A).

Art. 220 Z *sexies* *(L. n° 2020-1721 du 29 déc. 2020, art. 108-I-F et IV, applicable aux investissements réalisés à compter du 1er janv. 2022)* **La réduction d'impôt définie à l'article 244 *quater* Y est imputée sur l'impôt sur les sociétés dû au titre de l'exercice au cours duquel le fait générateur de la réduction d'impôt est intervenu. L'excédent éventuel est utilisé pour le paiement de l'impôt sur les sociétés dû au titre des cinq exercices suivant celui au titre duquel elle est constatée.**

Art. 220 Z *septies* *(L. n° 2021-1900 du 30 déc. 2021, art. 81-I-1° et II, applicable aux logements répondant aux conditions prévues aux 1° et 3° à 5° du I de l'art. 279-0 bis A CGI dont la construction est achevée à compter du 1er janv. 2023)* **I. — Le montant de la taxe foncière sur les propriétés bâties prévue à l'article 1380 et mise en recouvrement au cours de l'exercice pour les logements mentionnés au III du présent article fait naître une créance d'impôt sur les sociétés non imposable d'égal montant au profit des personnes morales suivantes :**

1° Organismes d'habitations à loyer modéré mentionnés à l'article L. 411-2 du code de la construction et de l'habitation, sociétés d'économie mixte mentionnées à l'article L. 481-1 du même code ou sociétés anonymes de coordination entre les organismes d'habitations à loyer modéré mentionnées à l'article L. 423-1-1 dudit code ;

2° Organismes soumis au contrôle, au sens du III de l'article L. 430-1 du code de commerce, de la société mentionnée à l'article L. 313-20 du code de la construction et de l'habitation ;

3° Personnes morales, y compris les personnes morales exonérées d'impôt sur les sociétés en application d'une disposition légale, dont le capital est détenu en totalité, directement ou indirectement, par des personnes passibles de l'impôt sur les sociétés ;

4° Établissements publics administratifs ;

5° Caisses de retraite et de prévoyance.

Lorsqu'elle fait naître une créance non imposable d'égal montant, la taxe foncière mise en recouvrement pour les logements mentionnés au III du présent article n'est pas admise dans les charges déductibles pour la détermination du bénéfice imposable des personnes morales mentionnées aux 1° à 5° du présent I.

II. – Le montant de la taxe foncière sur les propriétés bâties s'entend de la taxe mentionnée à l'article 1380 et, le cas échéant :

1° De la taxe pour la gestion des milieux aquatiques et la prévention des inondations prévue à l'article 1530 *bis* ;

2° De la taxe additionnelle spéciale annuelle au profit de la région d'Île-de-France prévue à l'article 1599 *quater* D ;

3° Des taxes spéciales d'équipement additionnelles à la taxe foncière sur les propriétés bâties prévues aux articles 1607 *bis*, 1607 *ter* et 1609 B à 1609 G ;

4° Des impositions additionnelles à la taxe foncière sur les propriétés bâties levées conformément à l'article 1609 *quater* ;

5° Des prélèvements opérés par l'État sur ces taxes et impositions en application de l'article 1641.

III. – Le bénéfice du I du présent article est accordé aux personnes morales mentionnées au même I qui sont propriétaires de logements répondant aux conditions prévues aux 1° et 3° à 5° du I de l'article 279-0 *bis* A ou qui sont titulaires de leur usufruit.

IV. – Le I du présent article s'applique pendant une durée de vingt ans à compter de la première mise en recouvrement de la taxe foncière sur les propriétés bâties pour les logements mentionnés au III.

La durée de vingt ans est réduite à due concurrence du nombre d'années d'exonération totale de la taxe foncière sur les propriétés bâties dont peuvent bénéficier les logements.

Le I cesse de s'appliquer à compter de l'exercice suivant celui au cours duquel le bénéfice de l'article 279-0 *bis* A est remis en cause dans les conditions prévues au II *bis* de l'article 284.

V. – La personne morale mentionnée au I du présent article, redevable légal de la taxe foncière sur les propriétés bâties, impute la créance sur l'impôt sur les sociétés dû au titre de l'exercice au cours duquel a eu lieu la mise en recouvrement de cette taxe et, en cas d'excédent, au titre des trois exercices suivants. S'il y a lieu, la créance est remboursée à l'issue de cette période, à hauteur de la fraction non imputée.

Par dérogation, pour les personnes morales qui sont exonérées d'impôt sur les sociétés ou qui ne sont pas redevables de l'impôt sur les sociétés, la créance est immédiatement remboursable.

Le deuxième alinéa du présent V s'applique également aux petites ou moyennes entreprises, au sens de l'article 51 de la loi n° 2008-776 du 4 août 2008 de modernisation de l'économie, répondant aux conditions suivantes :

1° Employer moins de deux cent cinquante salariés ;

2° Avoir un chiffre d'affaires annuel n'excédant pas 50 millions d'euros ou un total de bilan n'excédant pas 43 millions d'euros.

Pour l'appréciation des seuils mentionnés aux 1° et 2° du présent V, il est tenu compte de la somme des effectifs et de la somme des chiffres d'affaires ou de total de bilan de l'entreprise titulaire de la créance et de l'ensemble des personnes morales avec lesquelles elle entretient des liens de dépendance, au sens du 12 de l'article 39.

La société mère mentionnée à l'article 223 A est substituée aux sociétés du groupe pour l'imputation de la créance sur le montant de l'impôt sur les sociétés dont elle est redevable au titre de chaque exercice.

La créance est inaliénable et incessible, sauf dans les conditions prévues aux articles L. 313-23 à L. 313-35 du code monétaire et financier.

En cas de fusion ou d'opération assimilée intervenant au cours de la période mentionnée au premier alinéa du présent V, la fraction de la créance qui n'a pas encore été imputée par la société apporteuse est transférée à la société bénéficiaire de l'apport.

VI. — La créance est déclarée dans les mêmes délais que ceux prévus pour le dépôt de la déclaration de résultats de l'exercice de mise en recouvrement de la taxe foncière sur les propriétés bâties ayant donné lieu à sa naissance et selon le modèle établi par l'administration.

La société mère d'un groupe, au sens de l'article 223 A, déclare les créances pour le compte des sociétés du groupe, y compris celles qui la concernent, lors du dépôt de la déclaration relative au résultat d'ensemble du groupe.

Art. 220 *bis* *Disjoint.*

Art. 220 *ter* *Abrogé par L. nº 82-540 du 28 juin 1982, art. 5, pour les résultats des exercices clos à compter du 31 déc. 1981.*

Art. 220 *quater* I. — Lorsque des membres du personnel d'une entreprise industrielle ou commerciale y exerçant un emploi salarié créent une société pour assurer la continuité de l'entreprise par le rachat d'une fraction de son capital, ladite société bénéficie d'un crédit d'impôt égal au montant de l'impôt sur les sociétés dû par la société rachetée au titre de l'exercice précédent, dans la proportion des droits sociaux qu'elle détient dans la société rachetée.

Le crédit d'impôt afférent à chaque exercice peut être remboursé à concurrence des intérêts dus au titre du même exercice sur les emprunts contractés par la société créée en vue du rachat.

Ce régime est accordé sur agrément du ministre de l'économie, des finances et du budget sur demande antérieure au 15 avril 1987.

II. — Le bénéfice des dispositions du I est subordonné aux conditions suivantes :

1º Les membres du personnel de l'entreprise rachetée visés au premier alinéa du I doivent détenir plus de 50 % des droits de vote attachés aux parts, actions ou certificats de droit de vote de la société créée ;

2º La société créée doit détenir plus de 50 % des droits de vote de la société rachetée ;

3º Lors de la fusion des deux sociétés les membres du personnel visés au premier alinéa du I doivent détenir plus de 50 % des droits de vote de la société résultant de la fusion.

III. — La fusion visée au 3º du II bénéficie du régime prévu à l'article 210 A.

Art. 220 *quater* A I. — La société constituée exclusivement pour le rachat de tout ou partie du capital d'une entreprise, dans les conditions mentionnées au II, peut bénéficier d'un crédit d'impôt. — *V. art. 1740 quinquies pour le cas où l'une des conditions cesse d'être satisfaite.*

Pour chaque exercice, le crédit d'impôt est égal à un pourcentage des intérêts dus au titre de cet exercice sur les emprunts contractés par la société constituée en vue du rachat au cours de l'année de création de cette société. Ce pourcentage est égal au taux normal de l'impôt sur les sociétés applicable aux bénéfices réalisés par la société rachetée au titre de l'exercice précédent. Le crédit d'impôt est limité au montant de l'impôt sur les sociétés acquitté par la société rachetée au titre de ce dernier exercice, dans la proportion des droits sociaux que la société nouvelle détient dans la société rachetée. Il est imputé sur l'impôt sur les sociétés dû au titre du même exercice par la société nouvelle ; l'excédent est remboursé à la société. — *V. Ann. III, art. 46 quater-0 RA, 46 quater-0 RE et 46 quater-0 RG.*

Le crédit d'impôt prévu au présent article ne constitue pas un produit imposable pour la détermination du résultat de la société créée. Les intérêts qui servent de base au calcul du crédit d'impôt ne constituent pas une charge déductible pour la détermination de ce résultat imposable. Si le crédit d'impôt est limité par application des dispositions du deuxième alinéa, le montant non déductible est réduit dans la même proportion.

Les actions de la société nouvelle peuvent bénéficier d'un droit de vote double dès leur émission.

La société nouvelle peut émettre des obligations convertibles ou des obligations à bons de souscription d'actions dès sa création. Pendant un délai de deux ans, ces titres ne peuvent être cédés qu'aux porteurs de titres de la société nouvelle.

Les administrateurs de la société rachetée peuvent lui être liés par un contrat de travail.

II. – Le bénéfice des dispositions du I est subordonné aux conditions suivantes :

a. La société rachetée et la société nouvelle doivent être soumises au régime de droit commun de l'impôt sur les sociétés ;

b. La société rachetée doit exercer une activité industrielle et commerciale au sens de l'article 34 ou une activité professionnelle au sens du 1 de l'article 92 ou une activité agricole. Elle doit avoir employé au moins dix salariés au cours de chacune des deux années qui précèdent le rachat. Cette dernière condition est requise pour les exercices ouverts à compter du 1er janvier 1991 ; – *V. Ann. III, art. 46 quater-0 RD.*

c. Les droits de vote attachés aux actions ou aux parts de la société nouvelle doivent être détenus pour plus de 50 % par les personnes qui, à la date du rachat, sont salariées de la société rachetée. Ce pourcentage est apprécié en tenant compte des droits de vote attachés aux titres émis par la société nouvelle ainsi que de ceux qui sont susceptibles de résulter de la conversion d'obligations ou de l'exercice de bons de souscription d'actions.

Pour l'application de ces dispositions, le salarié d'une entreprise dont le capital est détenu pour plus de 50 % par la société rachetée est assimilé à un salarié de cette dernière.

Ces droits ne doivent pas être détenus, directement ou indirectement, pour plus de 50 % par d'autres sociétés. – *V. Ann. III, art. 46 quater-0 RB.*

Pour l'application des dispositions du présent II, les droits de vote de la société nouvelle qui sont détenus par une société en nom collectif ou une société civile, n'ayant pas opté pour l'impôt sur les sociétés, constituée exclusivement entre les personnes salariées mentionnées au premier alinéa, sont considérés comme détenus par ces mêmes personnes, si la société a pour seul objet la détention des titres de la société nouvelle.

Si des titres de la société nouvelle sont cédés par la société en nom collectif ou la société civile ou si des titres de l'une de ces deux dernières sociétés sont cédés par les salariés, les sanctions prévues aux quatrième et cinquième alinéas du II de l'article 83 *bis* et les dispositions du III sont applicables ; – *L'art. 83 bis est abrogé pour les emprunts contractés à compter du 1er janv. 2017 (L. n° 2013-1278 du 29 déc. 2013, art. 26-I-j).*

d. La société nouvelle doit détenir, dès sa création, plus de 50 % des droits de vote de la société rachetée. La direction de la société rachetée doit être assurée par une ou plusieurs des personnes salariées mentionnées au *c.* – *V. Ann. III, art. 46 quater-0 RC, al. 1er.*

Un salarié ne peut détenir, directement ou indirectement, 50 % ou plus des droits de vote de la société nouvelle ou de la société rachetée. Les titres de la société rachetée qui sont détenus, directement ou indirectement, par les salariés mentionnés au *c* ne peuvent être cédés à la société nouvelle que contre remise de titres de cette dernière société. – *V. Ann. III, art. 46 quater-0 RC, al. 2 et 3.*

En cas de fusion des deux sociétés, les salariés en cause doivent détenir plus de 50 % des droits de vote de la société qui résulte de la fusion.

Les emprunts mentionnés au deuxième alinéa du I doivent être contractés pour une durée égale à quinze ans au plus. Leur taux actuariel brut est au plus égal au taux moyen de rendement brut à l'émission des obligations des sociétés privées du mois qui précède la date du contrat, majoré de deux points et demi. Ils ne doivent comporter aucun autre avantage ou droit au profit du prêteur autres que ceux attachés à des obligations convertibles ou à des obligations assorties de bons de souscription d'actions *mentionnées au dernier* alinéa du I.

Le rachat est effectué entre le 15 avril 1987 et le 31 décembre 1991.

III. – Les avantages prévus au I ne sont plus applicables à compter de l'année au cours de laquelle l'une des conditions prévues au II cesse d'être satisfaite.

Art. 220 *quater* B Le rachat d'une entreprise dans les conditions prévues à l'article 220 *quater* A peut être soumis, avant sa réalisation, à l'accord du ministre chargé des

finances. Dans ce cas, le bénéfice des dispositions de cet article est subordonné à cet accord. — *V. Ann. III, art. 46 quater-0 RF.*

1° REPORT EN ARRIÈRE

Art. 220 *quinquies* I. — Par dérogation aux dispositions du troisième alinéa du I de l'article 209, le déficit constaté au titre d'un exercice ouvert à compter du 1er janvier 1984 par une entreprise soumise à l'impôt sur les sociétés peut, sur option, être considéré comme une charge déductible du bénéfice de l'exercice précédent, dans la limite de la fraction non distribuée de ce bénéfice et à l'exclusion du bénéfice exonéré en application des articles 44 *sexies*, 44 *sexies* A *(Abrogé par L. n° 2021-1900 du 30 déc. 2021, art. 35-I-15° et XXI-A)* **« , 44 *septies*, 44 *octies* », 44 *octies* A, 44 *terdecies*, 44 *quaterdecies*, 44 *quindecies*** *(L. n° 2017-1775 du 28 déc. 2017, art. 17)* **« , 44 *sexdecies* »** *(L. n° 2018-1317 du 28 déc. 2018, art. 135-I-10°)* **« , 44 *septdecies* » et 207 à 208 *sexies* ou qui a bénéficié des dispositions du premier alinéa du *f* du I de l'article 219 ou qui a ouvert droit au crédit d'impôt prévu aux articles 220 *quater* et 220 *quater* A ou qui a donné lieu à un impôt payé au moyen de crédits** *(L. n° 2021-1900 du 30 déc. 2021, art. 15, applicable au report en arrière des déficits qui sont constatés au titre d'exercices clos à compter du 31 déc. 2021)* **« ou de réductions » d'impôts.** — *Les dispositions du 15° du I de l'art. 35 de la L. n° 2021-1900 du 30 déc. 2021 s'appliquent au report en arrière des déficits qui sont constatés à compter du premier exercice suivant celui au cours duquel les exonérations prévues respectivement aux art. 44 septies et 44 octies CGI, dans leur rédaction antérieure à la loi préc., cessent de s'appliquer (L. préc., art. 35-XXI-A).*

Le déficit imputé dans les conditions prévues au premier alinéa cesse d'être reportable sur les résultats des exercices suivant celui au titre duquel il a été constaté.

L'option mentionnée au premier alinéa n'est admise qu'à la condition qu'elle porte sur le déficit constaté au titre de l'exercice, dans la limite du montant le plus faible entre le bénéfice déclaré au titre de l'exercice précédent et un montant de 1 000 000 €.

L'excédent d'impôt sur les sociétés résultant de l'application du premier alinéa fait naître au profit de l'entreprise une créance non imposable d'égal montant.

La créance est remboursée au terme des cinq années suivant celle de la clôture de l'exercice au titre duquel l'option visée au premier alinéa a été exercée. Toutefois, l'entreprise peut utiliser la créance pour le paiement de l'impôt sur les sociétés dû au titre des exercices clos au cours de ces cinq années. Dans ce cas, la créance n'est remboursée qu'à hauteur de la fraction qui n'a pas été utilisée dans ces conditions. — *Par dérogation au présent al., peuvent, sur demande déposée au plus tard à la date limite de dépôt de la déclaration de résultats de l'exercice clos au 31 déc. 2020, être remboursées les créances non utilisées, autres que celles cédées dans les conditions prévues aux art. L. 313-23 à L. 313-35 C. mon. fin., nées d'une option exercée au titre d'un exercice clos au plus tard le 31 déc. 2020. Les entreprises qui estiment pouvoir bénéficier de ces dispositions au titre d'un exercice clos pour lequel la liquidation de l'impôt n'est pas intervenue peuvent, dès le lendemain de la clôture, exercer l'option mentionnée au 1er al. du I ci-dessus. Lorsque le montant de la créance remboursée résultant de cette option excède de plus de 20 % le montant de la créance déterminée à partir de la déclaration de résultats déposée au titre de cet exercice, l'intérêt de retard prévu à l'art. 1727 et la majoration prévue à l'art. 1731 sont appliqués à l'excédent indûment remboursé (L. n° 2020-935 du 30 juill. 2020, art. 5).*

Par exception aux dispositions du cinquième alinéa, les entreprises ayant fait l'objet d'une procédure *(L. n° 2020-1721 du 29 déc. 2020, art. 19-I-2°-a et II, applicable aux abandons de créance consentis et aux créances de report en arrière de déficits constatées à compter du 1er janv. 2021)* **« de conciliation ou » de sauvegarde, d'un redressement ou d'une liquidation judiciaires peuvent demander le remboursement de leur créance non utilisée à compter de la date** *(L. n° 2020-1721 du 29 déc. 2020, art. 19-I-2°-b et II, applicable aux abandons de créance consentis et aux créances de report en arrière de déficits constatées à compter du 1er janv. 2021)* **« de la décision ou » du jugement qui a ouvert ces procédures. Ce remboursement est effectué sous déduction d'un intérêt appliqué à la créance restant à imputer. Cet intérêt, dont le taux est celui de l'intérêt légal applicable le mois suivant la demande de l'entreprise, est calculé à compter du premier jour du mois suivant cette demande jusqu'au terme des cinq années suivant celle de la clôture de l'exercice au titre duquel l'option a été exercée.**

La créance est inaliénable et incessible, sauf dans les conditions prévues par les articles L. 313-23 à L. 313-35 du code monétaire et financier ou dans des conditions fixées par décret. – *Ann. III, art. 46 quater-0 S à 46 quater-0 YC.*

II. – L'option visée au I est exercée au titre de l'exercice au cours duquel le déficit est constaté et dans les mêmes délais que ceux prévus pour le dépôt de la déclaration de résultats de cet exercice. Elle ne peut pas être exercée au titre d'un exercice au cours duquel intervient une cession ou une cessation totale d'entreprise, une fusion de sociétés ou une opération assimilée, ou un jugement prononçant la liquidation judiciaire de la société. – *S'agissant du dispositif exceptionnel de report en arrière institué pour le premier déficit constaté au titre d'un exercice clos à compter du 30 juin 2020 et jusqu'au 30 juin 2021, V. le 2e al. du I de l'art. 1er de la L. n° 2021-953 du 19 juill. 2021.*

En cas de fusion, de scission ou d'opération assimilée intervenant au cours des cinq années suivant celle de la clôture de l'exercice au titre duquel l'option visée au I a été exercée, la créance de la société absorbée, scindée ou apporteuse peut être transférée à la ou les sociétés bénéficiaires des apports. Le transfert de la créance est effectué pour sa valeur nominale.

En cas de scission ou d'apport partiel d'actif, la créance est transmise au prorata du montant de l'actif net réel apporté à la ou aux sociétés bénéficiaires des apports apprécié à la date d'effet de l'opération.

III. – *Abrogé.*

IV. – Un décret fixe les conditions d'application du présent article, notamment les obligations déclaratives des entreprises. – *V. Ann. III, art. 46 quater-0 S à 46 quater-0 YC, et LPF, art. L. 171 A pour le droit de contrôle de la créance par l'administration.*

Par dérogation aux 1er et 3e al. du I de l'art. 1er de la L. n° 2021-953 du 19 juill. 2021, le déficit constaté au titre du premier exercice déficitaire clos à compter du 30 juin 2020 et jusqu'au 30 juin 2021 peut, sur option, être imputé sur le bénéfice déclaré de l'exercice précédent et, le cas échéant, sur celui de l'avant-dernier exercice, puis sur celui de l'antépénultième exercice. L'option mentionnée au 1er al. du I de l'art. 1er de la L. n° 2021-953 du 19 juill. 2021 peut, par dérogation à la première phrase du 1er al. du II du présent art., être exercée jusqu'à la date limite de dépôt de la déclaration de résultats d'un exercice clos au 30 juin 2021, et au plus tard avant que la liquidation de l'impôt sur les sociétés dû au titre de l'exercice suivant celui au titre duquel l'option est exercée ne soit intervenue. Le déficit d'ensemble constaté au titre du premier exercice déficitaire clos au cours de la période mentionnée au 1er al. du I de l'art. 1er de la L. n° 2021-953 du 19 juill. 2021 est, par dérogation au a du 1 de l'art. 223 G CGI, imputable sur les bénéfices d'ensemble déclarés ou, le cas échéant, sur les bénéfices que la société mère a déclarés au titre des exercices précédant l'application du régime prévu à l'art. 223 A du même code, dans les conditions prévues aux deux premiers alinéas du I de l'art. 1er de la L. n° 2021-953 du 19 juill. 2021 Pour l'application des trois premiers alinéas, les bénéfices d'imputation des trois exercices précédant celui au titre duquel l'option est exercée, déterminés dans les conditions prévues au présent art., sont diminués du montant des déficits constatés au titre des exercices antérieurs pour lesquels l'entreprise a opté pour le report en arrière. Au titre de chacun des trois exercices précédant celui au titre duquel l'option est exercée, l'excédent de bénéfice résultant de l'application des quatre premiers alinéas du I de l'art. 1er de la L. n° 2021-953 du 19 juill. 2021 fait naître au profit de l'entreprise une créance égale au produit de cet excédent par le taux de l'impôt sur les sociétés prévu au 2e al. du I de l'art. 219 CGI ainsi que, le cas échéant, par celui prévu au b du même I, chacun à hauteur de la fraction de bénéfice concernée, dans leur rédaction applicable aux exercices ouverts à compter du 1er janv. 2022. Le taux d'impôt sur les sociétés retenu pour la détermination de ce produit est déterminé sur la base du chiffre d'affaires de l'exercice au titre duquel cette même option est exercée. La créance de report en arrière de déficit déterminée dans les conditions prévues aux cinq premiers alinéas du I de l'art. 1er de la L. n° 2021-953 du 19 juill. 2021 est minorée du montant de la créance de report en arrière déjà liquidée lorsque l'option pour le report en arrière a déjà été exercée au titre de ce même déficit dans les conditions prévues au II du présent art. et éventuellement restituée. Cette créance ne peut pas bénéficier des dispositions de l'art. 5 de la L. n° 2020-935 du 30 juill. 2020 de finances rectificative pour 2020 (L. n° 2021-953 du 19 juill. 2021, art. 1er-I).

BIBL. ► BURGUBURU, *RJF 2008, p. 211* (heurs (et bonheurs ?) du report en arrière des déficits). – BERGERÈS, *Dr. fisc. 2004, p. 711* (les ambiguïtés de la créance de *carry back*). – JACQUEMONT, *JCP E 2001, p. 458.* – TORT, *RF compt. 1999, n° 315, p. 61.*

1. Constitutionnalité. Les dispositions relatives à l'entrée en vigueur des nouvelles règles du report en arrière des déficits aux déficits subis au titre d'exercices antérieurs aux exercices clos à compter du 21 sept. 2011 portent atteinte au principe de garantie des droits, dès lors qu'elles remettent en cause des créances dont le fait générateur était intervenu avant leur entrée en vigueur. La déclaration d'inconstitutionnalité prend effet à partir du 20 janv. 2017. Elle est applicable à toutes les instances introduites et non jugées définitivement à cette date. • Cons. const. 17 janv. 2017, *SAS Alinéa*, n° 2016-604 QPC : *RJF 2017. 361.*

2. Droit communautaire. Si aux termes de l'art. 19-1 de la 3e Directive européenne du 9 oct. 1978 concernant les fusions des sociétés anonymes, la fusion entraîne *ipso jure* et simultanément la transmission universelle, tant entre la société absorbée et la société absorbante qu'à l'égard des tiers, de l'ensemble du patrimoine actif et passif de la société absorbée à la société absorbante, la créance mentionnée à l'art. 220 *quinquies* I, qui a la nature d'un avantage fiscal soumis, en tant que tel, à des modalités particulières d'utilisation, n'est pas au nombre des éléments patrimoniaux dont les stipulations précitées de la 3e Directive ont pour objectif d'assurer la transmission universelle en cas de fusion. • CAA Douai, 18 mars 2004, n° 01DA1065 : *Dr. fisc. 2004. 824, concl. Michel.*

3. Régime du report en arrière des déficits (carry back). Commentaire administratif d'ensemble. Modalités du report. Détermination, utilisation et contrôle de la créance fiscale née du report. Remboursement anticipé de la créance. * BOI-IS-DEF-20 du 24 févr. 2021.

4. Déficits reportables (sol. ant. à L. n° 2011-1117 du 18 sept. 2011). Il résulte des dispositions du I de l'art. 220 *quinquies* que les déficits sur lesquels peut porter l'option de « report en arrière » s'entendent, non seulement du déficit né au cours de l'exercice au titre duquel cette option est exercée, mais aussi des déficits des exercices antérieurs qui sont reportables à la clôture de cet exercice en vertu des 3e et 4e al. du I de l'art. 209. • CE 30 juin 1997, n° 178742 : *Dr. fisc. 1997. 1301 ; RJF 1997. 776, concl. Arrighi de Casanova* • 30 déc. 1998, n° 170959 : *Dr. fisc. 1999. 861, concl. Loloum.* ♦ Aucune disposition de l'art. 220 *quinquies* n'impose à la société qui opte pour le report en arrière d'inclure dans cette option l'ensemble des déficits reportables constatés à la clôture de l'exercice à l'issue duquel elle exerce son option. Une société est donc en droit d'opter, à l'issue de l'exercice N, en faveur du report en arrière du seul déficit de l'exercice N – 1 sans inclure dans cette option le report du déficit de l'exercice clos en N. • CAA Paris, 1er déc. 2004, n° 01PA3555 : *RJF 2005. 673.* ♦ L'option peut porter sur la quote-part de la société dans le déficit d'une société de personnes dont elle est membre. • CAA Paris, 30 déc. 1997, n° 94PA686 : *Dr. fisc. 1998. 744, concl. Martel ; RJF 1998. 246, concl. Martel.* ♦ Il résulte des art. 209-I et 220 *quinquies* que le déficit constaté au titre d'un exercice peut être considéré comme une charge déductible du bénéfice de l'antépénultième exercice et, le cas échéant, de celui de l'avant-dernier exercice puis de celui de l'exercice précédent y compris dans le cas où ce bénéfice d'imputation ne résulte que de rehaussements apportés par l'Administration aux résultats déclarés, à la condition que la demande d'imputation soit exercée dans les délais de réclamation. • CAA Paris, 14 mai 2002, n° 98PA3194, *Benenati : Dr. fisc. 2002. 725, concl. Kimmerlin.* ♦ Par suite, une entreprise à laquelle ont été notifiés des redressements, consécutifs à une vérification de comptabilité opérée par l'Administration, qui ont pour effet de rectifier les résultats fiscaux qu'elle a déclarés au titre des exercices sur lesquels a porté le contrôle, est en droit de souscrire la déclaration d'option pour le « report en arrière » des déficits, laquelle vaut réclamation au sens de l'art. L. 190 LPF dans les formes, conditions et délais fixés par l'art. R. 196-3 LPF, sans qu'y fassent obstacle les dispositions de l'art. 46 *quater*-0 W de l'Ann. III. • Même arrêt. ♦ Une entreprise qui fait l'objet d'un redressement ayant pour effet de rehausser les résultats imposables qu'elle a déclarés est en droit de souscrire la déclaration d'option pour le report en arrière de ses déficits sur les bénéfices antérieurs rectifiés. Cette option doit être exercée dans le délai de réclamation. • CE 19 déc. 2007, nos 285588 et 294358 : *RJF 2008. 347 ; Dr. fisc. 2008. 173, concl. Landais, note Pierre.* ♦ Une société ne peut imputer un déficit que sur les seuls bénéfices antérieurs initialement déclarés, et non sur les bénéfices rectifiés, à défaut d'avoir présenté une nouvelle réclamation contentieuse à la suite de la mise en recouvrement des suppléments d'impôt. • CE 19 juill. 2016, *Sté Technogram*, n° 385768 : *RJF 2016. 1012.* ♦ Cas d'une société ayant opté pour le report en arrière d'un déficit et engageant dans le même temps une action contentieuse à l'encontre d'un redressement d'impôt dégageant un bénéfice. • CAA Bordeaux, 28 janv. 2003, n° 00BX2223 : *RJF 2003. 696.*

5. Utilisation de la créance. Il résulte de l'art. 220 *quinquies* I que le report en arrière de déficits en faveur duquel il permet aux entreprises soumises à l'IS d'opter a pour effet de doter les entreprises qui exercent cette option, à compter de la date à laquelle elles l'exercent, d'une créance sur le Trésor dont le montant est déterminé en fonction de celui du bénéfice imposé d'un exercice antérieur sur lequel ces déficits sont arithmétiquement imputables et non de remettre en cause l'impôt dû, sur ce bénéfice, au titre de l'année de clôture de l'exercice de sa réalisation, à défaut duquel aucun excédent d'imposition, de nature à faire naître une créance sur le Trésor, n'aurait lieu d'être constaté. Ainsi, la créance sur le Trésor acquise par une entreprise en conséquence de son option pour le report en arrière de déficits ne procède pas de ce que celle-ci aurait, au titre de l'exercice bénéficiaire sur lequel ce report est réputé effectué, fait l'objet d'une taxation excessive, au sens du dernier alinéa de l'art. L. 80 LPF, relatif aux compensations de droits auxquelles peuvent prétendre les contribuables soumis à un redressement. • CE 12 janv. 2005, n° 257652 : *RJF 2005. 310 ; concl. Vallée au BDCF 4/05, n° 41 ; Dr. fisc. 2005. 443, concl. Vallée.*

6. Bénéfice d'imputation. L'art. 220 *quinquies* n'a pas pour objet de limiter les notions de bénéfice et de déficit aux seuls bénéfices et déficits « déclarés ». Dès lors, c'est illégalement que, sur le fondement de l'art. 46 *quater*-0 D de l'ann. III, l'Administration refuse de retenir comme bénéfice d'imputation le bénéfice rectifié résultant d'un redressement. • TA Versailles, 16 nov. 1993, n° 87-83 : *Dr. fisc. 1994. 1252, concl. Haïm.* ♦ Dans le même sens, • CAA Paris, 14 mai 2002, n° 98PA3194 : *Dr. fisc. 2002. 726, concl. Kimmerlin.* ♦ Toutefois une entreprise ne peut reporter en arrière un déficit qui correspond à des redressements notifiés par l'Administration lorsque ces redressements portent sur des sommes présumées distribuées au titre de l'art. 109-1 et qu'il n'est pas démontré que ces sommes sont restées investies dans l'entreprise. • CAA Paris, 1er déc. 2004, n° 01PA3555 : *RJF 2005. 673.*

7. Option (sol. ant. à L. n° 2011-1117 du 18 sept. 2011). Les déficits sur lesquels peut porter l'option pour un report en arrière s'entendent, non seulement du déficit né au cours de l'exercice au titre duquel cette option est exercée, mais aussi des déficits des exercices antérieurs qui sont reportables à la clôture de cet exercice en vertu des 3e et 4e al. de l'art. 209-I. Par ailleurs, aucune disposition de l'art. 220 *quinquies* n'impose à la société qui opte en faveur du report en arrière de faire porter son option sur l'ensemble des déficits reportables constatés à la clôture de l'exercice à l'issue duquel elle l'exerce. • CE 4 août 2006, n° 285201 : *RJF 2006. 1330 ; concl. Séners au BDCF 11/06, n° 127 ; Dr. fisc. 2006. 705, note Fumenier.* ♦ Confimant • CAA Paris, 19 juill. 2005, n° 04PA1588 : *RJF 2005. 1372 ; concl. Bataille au BDCF 12/05, n° 147 ; Dr. fisc. 2006. 341, concl. Bataille, note Gagneur.* ♦ Le décompte des exercices sur les bénéfices desquels un déficit peut être imputé en arrière est réalisé à partir de l'exercice de constatation de ce déficit et non à partir de l'exercice à la clôture duquel l'option est exercée, quand bien même la créance détenue sur le Trésor ne naît qu'après que la société a exercé son option. • CE 4 août 2006, n° 285201 : *préc.*

8. Une entreprise étrangère non résidente, soumise à l'IS en France à raison de sa quote-part des résultats d'une société de personnes, ne peut imputer sa quote-part du déficit de cette société sur des bénéfices antérieurs qu'elle a mis en paiement au profit de ses propres actionnaires. • CAA Paris, 30 déc. 1997 : *préc. note 4.* ♦ Le déficit subi par une société absorbante au cours de l'exercice suivant celui au cours duquel est intervenue la fusion ne peut s'imputer « en arrière » sur les bénéfices de la société absorbée alors même que, sous réserve d'agrément, les déficits non encore déduits de la société absorbée peuvent être reportés sur les bénéfices de la société absorbante. • CAA Douai, 17 mai 2000, n° 97DA1730 : *Dr. fisc. 2001. 348, concl. Mulsant ; RJF 2000. 1247 ; concl. Mulsant au BDCF 11/00.*

9. Société en liquidation amiable. L'option pour le report en arrière des déficits ne peut pas être exercée au titre de l'exercice au cours duquel les associés d'une société ont décidé sa dissolution et sa mise en liquidation amiable, alors même que la clôture des opérations de liquidation n'a été prononcée que trois ans plus tard. • CE 20 nov. 2017, *Sté Electre International,* n° 397027 : *RJF 2018. 149.*

10. Remboursement de la créance. Il résulte de l'art. 220 *quinquies* I que l'exercice d'origine du déficit qui sert d'exercice de référence pour la computation des exercices d'imputation est également le point de départ du délai de cinq ans pour le remboursement de la créance. • CE 4 août 2006, n° 285201 : *préc. note 7.* ♦ La créance née du report en arrière d'un déficit doit être spontanément remboursée par l'Administration, pour la fraction non utilisée pour le paiement de l'IS, au terme des cinq années suivant celle de la clôture de l'exercice au titre duquel l'option a été exercée. Si l'Administration ne s'acquitte pas de cette obligation, il appartient au contribuable, dans le délai de prescription quadriennale, de demander ce remboursement et, en cas de rejet de cette demande, de saisir le juge. • CE 9 mars 2016, *Sté BFO,* n° 385244 : *RJF 2016. 515, concl. Bokdam-Tognetti ; Dr. fisc. 2016. 325, note Schneider et Daguzan.*

11. Transfert de la créance sur agrément (fusions et opérations assimilées réalisées avant le 1er janv. 2002). Le législateur, en s'abstenant de fixer expressément des conditions à l'obtention de l'agrément, avait entendu donner au ministre le pouvoir d'apprécier si les opérations de fusion et opérations assimilées envisagées justifiaient, compte tenu de l'objectif poursuivi par le législateur, l'octroi de l'avantage fiscal qu'elles comportaient. Cette appréciation impliquait nécessairement l'examen de la situation de chacune des sociétés parties à l'opération. • CE 29 nov. 2000, n° 197319, *SA Frappaz : RJF 2001. 162 ; concl. Mignon au BDCF 2/01 ; BJS 2001. 433.* ♦ En conséquence, les pouvoirs conférés au ministre lui permettaient de prendre en considération, pour l'octroi de l'avantage fiscal, le maintien de l'emploi ou la modernisation ou la rénovation de l'outil de production auxquels les opérations de fusion, ou assimilées, concouraient éventuellement. • Même arrêt.

12. La fusion par absorption d'une SA et d'une SARL entraîne nécessairement la cession à cette dernière des créances commerciales dont la première était détentrice. Mais la créance sur le Trésor, qui est inaliénable et incessible, ne suit pas le sort des créances commerciales universellement transmissibles et n'est pas transférée du seul fait de cette fusion. Elle ne peut donc être transférée sans l'agrément qui était prévu au II de l'art. 220 *quinquies*. • CE 6 nov. 2002, n° 221032, *SNC SODEPAR : RJF 2003. 18 ; Dr. fisc. 2003. 180, concl. Bachelier ; Dr. sociétés 2003. 57, note Pierre.* ♦ Une SARL ne peut se prévaloir de l'art. 19-1 de la Directive du 9 oct. 1978 relative aux fusions de SA, pour soutenir l'incompatibilité de l'exigence d'un agrément avec le principe de la transmission universelle du patrimoine énoncé par la directive, celle-ci ne concernant que les fusions entre SA. • Même arrêt.

13. Exercice de l'option (sol. ant. à L. n° 2011-1117 du 18 sept. 2011). L'option pour le report en arrière du déficit constaté à la clôture d'un exercice sur les trois exercices précédents doit être adressée à l'Administration en même temps que la déclaration de résultats de l'exercice déficitaire. L'option jointe à une déclaration rectificative déposée ultérieurement n'est pas valable. • CAA Nancy, 9 oct. 2003, n° 99NA375 : *RJF 2004. 21.* ♦ L'entreprise qui a opté pour le report en avant des déficits reportables constatés à la clôture d'un exercice N – option qui ressort des tableaux composant la liasse fiscale jointe aux déclarations de résultats des exercices N+2 et N+3 – a pris une décision de gestion qui lui est opposable. Elle ne peut exercer l'option pour le report en arrière des déficits de l'exercice N par voie de réclamation. • TA Dijon, 21 mai 2002, n° 00-3340 : *Dr. fisc. 2002. 725 ; Dr. sociétés 2002. 205, note Pierre.* ♦ Toutefois, dans le cas où le bénéfice redressé résulte de rehaussements apportés par l'Administration aux bénéfices déclarés, la demande d'imputation en arrière du déficit peut être exercée dans le délai de réclamation, sans qu'y fasse obstacle l'art. 46 *quater*-0 W de l'ann. III. • CAA Paris, 14 mai 2002, n° 98PA3194 : *Dr. fisc. 2002. 726, concl. Kimmerlin ; RJF 2002. 1227.* ♦ Une entreprise qui a déposé sa déclaration de résultats hors délai peut régulariser son option pour le report en arrière d'un déficit jusqu'à l'expiration du délai de réclamation. • CE 23 déc. 2011, n° 338773 : *RJF 2012. 232.*

14. Entreprises en difficulté. Remboursement anticipé de la créance du Trésor. Application aux créances nées à compter du 1er janv. 2004. Entreprises concernées. Montant de la créance remboursable et modalités de remboursement. * BOI-IS-DEF-20-20 n°s 60 à 220 du 24 févr. 2021. ♦ Une société en redressement judiciaire peut demander le remboursement anticipé d'une créance de *carry-back* née postérieurement à la date du jugement ouvrant cette procédure. • TA Lyon, 24 avr. 2012, *SARL Sobral,* n° 1003628 : *RJF 2013. 20* • CAA Lyon, 7 mai 2013, *Min. Budget c/ SARL Sobral,* n° 12LY02242 : *RJF 2013. 1005* * BOI-IS-DEF-20-20 n° 140 du 24 févr. 2021.

15. Dispositif temporaire de report en arrière des déficits. L'art. 1er-I de la L. n° 2021-953 du 19 juill. 2021 a instauré un dispositif dérogatoire et temporaire de report en arrière des déficits. Par dérogation aux règles de droit commun prévues à l'art. 220 *quinquies*, le premier déficit constaté au titre d'un exercice clos à compter du 30 juin 2020 et jusqu'au 30 juin 2021 peut, sur option, être imputé en totalité sur le bénéfice déclaré de l'exercice précédent et, le cas échéant, sur celui de l'avant-dernier exercice, puis sur celui de l'antépénultième exercice. * BOI-IS-DEF-20-30 du 23 août 2021.

2° CRÉDIT D'IMPÔT POUR DÉPENSES DE PRODUCTION D'ŒUVRES CINÉMATOGRAPHIQUES OU AUDIOVISUELLES

Art. 220 *sexies* **I. — Les entreprises de production cinématographique et les entreprises de production audiovisuelle soumises à l'impôt sur les sociétés qui assument les fonctions d'entreprises de production déléguées peuvent bénéficier d'un crédit d'impôt au titre des dépenses de production mentionnées au III correspondant à des opérations effectuées en vue de la réalisation d'œuvres cinématographiques de longue durée ou d'œuvres audiovisuelles agréées.**

Le bénéfice du crédit d'impôt est subordonné au respect, par les entreprises de production déléguées, de la législation sociale. Il ne peut notamment être accordé aux entreprises de production déléguées qui ont recours à des contrats de travail mentionnés au 3° de l'article L. 1242-2 du code du travail afin de pourvoir à des emplois qui ne sont pas directement liés à la production d'une œuvre déterminée. — *V. CCIA, art. D. 331-1 à D. 331-18.* — ***CCIA.***

II. — 1. Les œuvres cinématographiques ou audiovisuelles mentionnées au I appartiennent aux genres de la fiction, du documentaire *(Décr. n° 2021-744 du 9 juin 2021, art. 1er)* **« , »** *(L. n° 2020-1721 du 29 déc. 2020, art. 118-I et III)* **« de l'animation et de l'adaptation audiovisuelle de spectacles** *[ancienne rédaction : et de l'animation]* **». Ces œuvres doivent répondre aux conditions suivantes :**

a) **Être réalisées intégralement ou principalement en langue française ou dans une langue régionale en usage en France à l'exception des œuvres cinématographiques**

d'animation mentionnées à l'avant-dernier alinéa du 1 du III et des œuvres cinématographiques de fiction mentionnées au dernier alinéa du même 1 du III, ainsi que des œuvres cinématographiques pour lesquelles l'emploi d'une langue étrangère est justifié pour des raisons artistiques tenant au scénario ;

b) Être admises au bénéfice du soutien financier à la production cinématographique ou audiovisuelle ;

c) Être réalisées principalement sur le territoire français. Un décret détermine les modalités selon lesquelles le respect de cette condition est vérifié ainsi que les conditions et limites dans lesquelles il peut y être dérogé pour des raisons artistiques justifiées ;

d) Contribuer au développement de la création cinématographique et audiovisuelle française et européenne ainsi qu'à sa diversité.

2. N'ouvrent pas droit au crédit d'impôt mentionné au I :

a) Les œuvres cinématographiques ou audiovisuelles à caractère pornographique ou d'incitation à la violence ;

b) Les œuvres cinématographiques ou audiovisuelles utilisables à des fins de publicité ;

c) Les programmes d'information, les débats d'actualité et les émissions sportives, de variétés ou de jeux ;

d) Tout document ou programme audiovisuel ne comportant qu'accessoirement des éléments de création originale.

3. Les œuvres audiovisuelles documentaires peuvent bénéficier du crédit d'impôt lorsque le montant des dépenses éligibles mentionnées au III est supérieur ou égal à 2 000 € par minute produite. *(L. n° 2020-1721 du 29 déc. 2020, art. 118-I et III)* « Dans le cas de l'adaptation audiovisuelle de spectacles, ce plancher est abaissé à 1 000 € pour les œuvres d'une durée supérieure à quatre-vingt-dix minutes et à 1 250 € pour les œuvres d'une durée comprise entre soixante et quatre-vingt-dix minutes. »

III. — 1. Le crédit d'impôt, calculé au titre de chaque exercice, est égal à 20 % du montant total des dépenses suivantes effectuées en France :

a) Les rémunérations versées aux auteurs énumérés à l'article L. 113-7 du code de la propriété intellectuelle, ainsi que les charges sociales afférentes ;

b) Les rémunérations versées aux artistes-interprètes mentionnés à l'article L. 212-4 du code précité et aux artistes de complément, par référence pour chacun d'eux, à la rémunération minimale prévue par les conventions et accords collectifs conclus entre les organisations de salariés et d'employeurs de la profession, ainsi que les charges sociales afférentes ;

c) Les salaires versés aux personnels de la réalisation et de la production, ainsi que les charges sociales afférentes ;

d) Les dépenses liées au recours aux industries techniques et autres prestataires de la création cinématographique et audiovisuelle ;

(L. n° 2020-1721 du 29 déc. 2020, art. 118-I et III) « *d bis)* Dans le cas de l'adaptation audiovisuelle de spectacles, le complément de droits artistiques effectivement payé au producteur du spectacle lié à des dépenses françaises et le "coût plateau" en numéraire ; »

e) Les dépenses de transport, de restauration et d'hébergement occasionnées par la production de l'œuvre sur le territoire français. *(L. n° 2019-1479 du 28 déc. 2019, art. 138-I-1° et II, applicable aux crédits d'impôt calculés au titre des exercices ouverts à compter du 1er janv. 2020)* « Un décret détermine les conditions et les limites dans lesquelles ces dépenses sont prises en compte *[ancienne rédaction : Les dépenses d'hébergement sont retenues dans la limite d'un montant par nuitée fixé par décret]* ; »

f) Pour les œuvres audiovisuelles documentaires, les dépenses relatives à l'acquisition de droits d'exploitation d'images d'archives pour une durée minimale de quatre ans effectuées auprès d'une personne morale établie en France, dès lors qu'il n'existe pas de lien de dépendance, au sens du 12 de l'article 39, entre cette personne et l'entreprise de production bénéficiaire du crédit d'impôt.

(L. n° 2019-1479 du 28 déc. 2019, art. 138-I-1° et II, applicable aux crédits d'impôt calculés au titre des exercices ouverts à compter du 1er janv. 2020) « Le montant cumulé des rémunérations mentionnées au *a* et des salaires mentionnés au *c* versés au réalisateur

en qualité de technicien est retenu, par personne physique, dans la limite d'un montant cumulé calculé comme suit :

« 15 % de la part du coût de production de l'œuvre inférieure à 4 000 000 € ;

« 8 % de la part du coût de production de l'œuvre supérieure ou égale à 4 000 000 € et inférieure ou égale à 7 000 000 € ;

« 5 % de la part du coût de production de l'œuvre supérieure ou égale à 7 000 000 € et inférieure à 10 000 000 €. »

(L. n° 2020-1721 du 29 déc. 2020, art. 118-I et III) « Pour l'adaptation audiovisuelle de spectacles, les dépenses éligibles sont celles exposées jusqu'au 31 décembre 2022. »

Le taux mentionné au premier alinéa du présent 1 est porté à 25 % en ce qui concerne les œuvres audiovisuelles de fiction et d'animation *(L. n° 2020-1721 du 29 déc. 2020, art. 145-I, applicable aux exercices clos à compter du 31 déc. 2021)* « et les œuvres audiovisuelles documentaires ». Il est porté à 30 % pour les œuvres cinématographiques d'animation et pour les œuvres cinématographiques autres que d'animation réalisées intégralement ou principalement en langue française ou dans une langue régionale en usage en France.

Sont assimilées à des œuvres cinématographiques d'animation les œuvres cinématographiques de fiction dans lesquelles au moins 15 % des plans, soit en moyenne un plan et demi par minute, font l'objet d'un traitement numérique permettant d'ajouter des personnages, des éléments de décor ou des objets participant à l'action ou de modifier le rendu de la scène ou le point de vue de la caméra.

(L. n° 2020-1721 du 29 déc. 2020, art. 118-I et III, applicable aux exercices clos à compter du 31 déc. 2021, sous réserve de la réception préalable par le Gouvernement de la réponse de la Commission européenne permettant de considérer la disposition lui ayant été notifiée comme étant conforme au droit de l'Union européenne en matière d'aides d'État) « Le taux mentionné au premier alinéa du présent 1 est ramené à 10 % en ce qui concerne les œuvres d'adaptation audiovisuelle de spectacles. »

2. Les auteurs, artistes-interprètes et personnels de la réalisation et de la production mentionnés au 1 doivent être, soit de nationalité française, soit ressortissants d'un État membre de la Communauté européenne, d'un État partie à l'accord sur l'Espace économique européen, d'un État partie à la convention européenne sur la télévision transfrontière du Conseil de l'Europe, d'un État partie à la convention européenne sur la coproduction cinématographique du Conseil de l'Europe ou d'un État tiers européen avec lequel la Communauté européenne a conclu des accords ayant trait au secteur audiovisuel. Les étrangers, autres que les ressortissants européens précités, ayant la qualité de résidents français sont assimilés aux citoyens français.

3. Pour le calcul du crédit d'impôt, l'assiette des dépenses éligibles est plafonnée à 80 % du budget de production de l'œuvre et, en cas de coproduction internationale, à 80 % de la part gérée par le coproducteur français.

IV. — Les dépenses mentionnées au III ouvrent droit au crédit d'impôt à compter de la date de réception, par le président du Centre national du cinéma et de l'image animée, d'une demande d'agrément à titre provisoire.

L'agrément à titre provisoire est délivré par le président du Centre national du cinéma et de l'image animée après sélection des œuvres par un comité d'experts. Cet agrément atteste que les œuvres remplissent les conditions prévues au II.

V. — Les subventions publiques non remboursables reçues par les entreprises et directement affectées aux dépenses visées au III sont déduites des bases de calcul du crédit d'impôt.

VI. — 1. La somme des crédits d'impôt calculés au titre d'une même œuvre cinématographique ne peut excéder 30 millions d'euros.

2. La somme des crédits d'impôt calculés au titre d'une même œuvre audiovisuelle ne peut excéder :

a) Pour une œuvre de fiction :

1 250 € par minute produite et livrée lorsque le coût de production est inférieur à 10 000 € par minute produite ;

1 500 € par minute produite et livrée lorsque le coût de production est supérieur ou égal à 10 000 € et inférieur à 15 000 € par minute produite ;

2 000 € par minute produite et livrée lorsque le coût de production est supérieur ou égal à 15 000 € et inférieur à 20 000 € par minute produite ;

3 000 € par minute produite et livrée lorsque le coût de production est supérieur ou égal à 20 000 € et inférieur à 25 000 € par minute produite ;

4 000 € par minute produite et livrée lorsque le coût de production est supérieur ou égal à 25 000 € et inférieur à 30 000 € par minute produite ;

5 000 € par minute produite et livrée lorsque le coût de production est supérieur ou égal à 30 000 € et inférieur à 35 000 € par minute produite ;

7 500 € par minute produite et livrée lorsque le coût de production est supérieur ou égal à 35 000 € et inférieur à 40 000 € par minute produite ;

10 000 € par minute produite et livrée lorsque le coût de production est supérieur ou égal à 40 000 € par minute produite ;

b) Pour une œuvre documentaire *(L. n° 2020-1721 du 29 déc. 2020, art. 118-I et III)* **« et d'adaptation audiovisuelle de spectacles » :** *(L. n° 2020-1721 du 29 déc. 2020, art. 145-I, applicable aux exercices clos à compter du 31 déc. 2021)* **« 1 450 €** *[ancienne rédaction : 1 150 €]* **» par minute produite et livrée ;**

c) Pour une œuvre d'animation : 3 000 € par minute produite et livrée.

Les œuvres audiovisuelles de fiction produites dans le cadre d'une coproduction internationale dont le coût de production est couvert au moins à hauteur de 30 % par des financements étrangers et dont le coût de production est supérieur ou égal à 35 000 € par minute produite peuvent être réalisées en langue étrangère. Dans ce cas, elles doivent faire l'objet d'une version livrée en langue française.

3. En cas de coproduction déléguée, le crédit d'impôt est accordé à chacune des entreprises de production proportionnellement à sa part dans les dépenses exposées.

4. Lorsqu'une œuvre cinématographique et une œuvre audiovisuelle sont réalisées simultanément à partir d'éléments artistiques et techniques communs, les dépenses mentionnées au III communes à la production de ces deux œuvres ne peuvent être éligibles qu'au titre d'un seul crédit d'impôt. Les dépenses mentionnées au III qui ne sont pas communes à la production de ces deux œuvres ouvrent droit à un crédit d'impôt dans les conditions prévues au présent article.

VII. — Les crédits d'impôt obtenus pour la production d'une même œuvre cinématographique ou audiovisuelle ne peuvent avoir pour effet de porter à plus de 50 % du budget de production le montant total des aides publiques accordées. Ce seuil est porté à 60 % pour les œuvres cinématographiques ou audiovisuelles difficiles et à petit budget définies par décret.

VIII. — Un décret fixe les conditions d'application du présent article.

Pour les dispositions applicables antérieurement au 1er janv. 2014, V. ***CGI, éd. 2014.***

Le I de la L. n° 2020-1721 du 29 déc. 2020, entre en vigueur à une date fixée par décret, qui ne peut être postérieure de plus de six mois à la date de réception par le Gouvernement de la réponse de la Commission européenne permettant de considérer la disposition lui ayant été notifiée comme étant conforme au droit de l'Union européenne en matière d'aides d'État (L. préc., art. 145-III).

Les dispositions issues de l'art. 145 de la L. n° 2020-1721 du 29 déc. 2020 entrent vigueur à une date fixée par décret, qui ne peut être postérieure de plus de six mois à la date de réception par le Gouvernement de la réponse de la Commission européenne permettant de considérer la disposition lui ayant été notifiée comme étant conforme au droit de l'UE en matière d'aides d'État (L. préc., art. 145-III).

1. Crédit d'impôt au titre des dépenses de production cinématographique (dit « crédit d'impôt cinéma »). Commentaires administratifs. Entreprises concernées. Œuvres ouvrant droit au crédit d'impôt. Calcul, détermination, utilisation et contrôle du crédit d'impôt. * BOI-IS-RICI-10-20 du 2 nov. 2016.

2. Crédit d'impôt au titre des dépenses de production déléguée d'œuvres audiovisuelles (crédit d'impôt audiovisuel). Commentaires administratifs. Entreprises concernées. Œuvres ouvrant droit au crédit d'impôt. Calcul, détermination, utilisation et contrôle du crédit d'impôt. * BOI-IS-RICI-10-30 du 2 nov. 2016.

2° BIS CRÉDIT D'IMPÔT POUR DÉPENSES DE CRÉATION AUDIOVISUELLE ET CINÉMATOGRAPHIQUE, REDEVANCES VERSÉES AUX ORGANISMES DE GESTION COLLECTIVE ET RÉMUNÉRATIONS VERSÉES DIRECTEMENT AUX AUTEURS

(L. n° 2020-935 du 30 juill. 2020, art. 49-I-1°)

Art. 220 *sexies* A **I. — Les entreprises exerçant l'activité d'éditeur de services de télévision, de services de radio ou de services de médias audiovisuels à la demande au**

sens des quatrième à *(Décr. n° 2021-744 du 9 juin 2021, art. 1er)* « sixième » alinéas de l'article 2 de la loi n° 86-1067 du 30 septembre 1986 relative à la liberté de communication et soumises à l'impôt sur les sociétés peuvent bénéficier d'un crédit d'impôt au titre des dépenses mentionnées au II du présent article lorsqu'elles justifient d'une diminution de chiffre d'affaires d'au moins 10 % pour la période allant du 1er mars 2020 au 31 décembre 2020, par comparaison avec la période allant du 1er mars 2019 au 31 décembre 2019.

Lorsqu'un éditeur de services de télévision mentionné au premier alinéa du présent I détient une filiale dont l'objet social exclusif est de procéder à l'investissement en parts de producteur dans le financement d'œuvres cinématographiques, le chiffre d'affaires de cette filiale est additionné à celui de l'éditeur, à proportion du pourcentage de détention de la filiale par l'éditeur, pour l'appréciation de la diminution de chiffre d'affaires mentionnée au même premier alinéa.

La filiale mentionnée au deuxième alinéa peut bénéficier du crédit d'impôt prévu au premier alinéa au titre de la dépense mentionnée au *b* du 1° du II.

II. — Le crédit d'impôt est égal à 15 % du montant total des dépenses suivantes exposées du 1er mars 2020 au 31 décembre 2020 en France, dans un autre État membre de l'Union européenne ou dans un autre État partie à l'accord sur l'Espace économique européen ayant conclu avec la France une convention d'assistance administrative en vue de lutter contre la fraude et l'évasion fiscales, dès lors qu'elles entrent dans la détermination du résultat imposable :

1° Les dépenses exposées par les éditeurs de services de télévision ou de services de médias audiovisuels à la demande contribuant au développement de la production d'œuvres cinématographiques et audiovisuelles déclarées *(L. n° 2021-1382 du 25 oct. 2021, art. 33)* « à l'Autorité de régulation de la communication audiovisuelle et numérique » au titre des obligations prévues au 3° de l'article 27, au 6° de l'article 33 ou au 3° de l'article 33-2 de la loi n° 86-1067 du 30 septembre 1986 précitée, lorsqu'elles relèvent des catégories suivantes :

a) Achat des droits de diffusion des œuvres ;

b) Investissement en parts de producteur dans le financement des œuvres ;

c) Financement des travaux d'écriture et de développement des œuvres ;

d) Adaptation aux personnes aveugles ou malvoyantes des œuvres prises en compte au titre des obligations mentionnées au premier alinéa du présent 1° ;

e) Financement de la formation des auteurs, dans les limites et conditions fixées par les conventions prévues aux articles 28 et 33-1 de la loi n° 86-1067 du 30 septembre 1986 précitée et par les cahiers des charges prévus à l'article 48 de la même loi ;

f) Promotion des œuvres, dans les limites et conditions fixées par les conventions prévues aux articles 28 et 33-1 de la loi n° 86-1067 du 30 septembre 1986 précitée et par les cahiers des charges prévus à l'article 48 de la même loi ;

2° Les dépenses exposées par les éditeurs de services de télévision, de services de radio ou de services de médias audiovisuels à la demande lorsqu'elles relèvent des catégories suivantes :

a) Rémunérations versées aux auteurs d'œuvres cinématographiques ou audiovisuelles énumérés à l'article L. 113-7 du code de la propriété intellectuelle et aux auteurs d'œuvres radiophoniques mentionnés à l'article L. 113-8 du même code ;

b) Redevances versées aux organismes de gestion collective mentionnés aux articles L. 321-1 à L. 321-5 dudit code au titre des droits d'auteur ou des droits voisins prévus au livre II de la première partie du même code.

III. — Les dépenses mentionnées au II du présent article ne peuvent entrer à la fois dans les bases de calcul du crédit d'impôt mentionné au I et dans celle d'un autre crédit d'impôt.

IV. — Quelle que soit la date de clôture des exercices et quelle que soit leur durée, le crédit d'impôt est calculé sur la période allant du 1er mars 2020 au 31 décembre 2020.

V. — Les subventions publiques non remboursables reçues par les entreprises et directement affectées aux dépenses mentionnées au II sont déduites des bases de calcul du crédit d'impôt.

VI. — La somme totale de crédits d'impôt accordés par entreprise ne peut excéder le montant de la diminution de chiffre d'affaires déterminée dans les conditions prévues au I.

Pour la filiale mentionnée au dernier alinéa du même I, le montant de la diminution de chiffre d'affaires s'entend de la somme du montant de la diminution du chiffre d'affaires de l'éditeur qui la détient et, à proportion du pourcentage de détention, du montant de la diminution de son chiffre d'affaires.

Les dispositions issues du Décr. n° 2020-935 du 30 juill. 2020 entrent en vigueur le 17 juin 2021 (L. n° 2020-935 du 30 juill. 2020, art. 49-II ; Décr. 2021-764 du 15 juin 2021, art. 1er).

Crédit d'impôt pour dépenses de création audiovisuelle et cinématographique. Décr. n° 2021-764 du 15 juin 2021, entrée en vigueur le 17 juin 2021.

3° CRÉDIT D'IMPÔT POUR INVESTISSEMENTS EN FAVEUR DES ENTREPRISES IMPLANTÉES DANS CERTAINS SECTEURS DE LA RÉGION NORD-PAS-DE-CALAIS

Art. 220 septies Dispositions périmées (Décr. n° 2015-608 du 3 juin 2015).

Ancien art. 220 septies ***I. — Les personnes morales soumises de plein droit ou sur option à l'impôt sur les sociétés dans les conditions de droit commun qui, dans les cinq ans de l'institution de l'une des zones prévues au I de l'article 51 de la loi de finances rectificative pour 1992 n° 92-1476 du 31 décembre 1992, se seront créées pour y exploiter une entreprise, peuvent, dans les conditions prévues au présent article, bénéficier d'un crédit d'impôt égal à 22 % :***

a) du prix de revient hors taxes des investissements qu'elles réalisent jusqu'au terme du trente-sixième mois suivant celui de leur constitution ;

b) ou du prix de revient hors taxes dans les écritures du bailleur des biens qu'elles prennent en location dans le délai prévu au a auprès d'une société de crédit-bail régie par les articles L. 313-7 à L. 313-11 du code monétaire et financier.

Pour le calcul du crédit d'impôt, le prix de revient des investissements est diminué du montant des subventions attribuées à raison de ces investissements.

Les investissements ouvrant droit au crédit d'impôt s'entendent des acquisitions ou des locations en crédit-bail, dans le cadre des opérations de crédit-bail visées à l'article L. 313-7 précité, de bâtiments industriels et de biens d'équipement amortissables selon le mode dégressif en vertu du 1 de l'article 39 A. Le crédit d'impôt ne s'applique pas aux biens reçus par apport.

Les personnes morales créées dans le cadre d'une concentration ou d'une restructuration d'activités préexistant dans les zones ou qui reprennent de telles activités ne peuvent pas bénéficier de ce crédit d'impôt. *— Le bénéfice du crédit d'impôt mentionné au I ne peut être cumulé avec le crédit d'impôt pour augmentation du capital (V. art. 220 sexies-X bis). En ce qui concerne le non-cumul du crédit d'impôt mentionné au I avec le crédit d'impôt recherche, V. le 22e al. du II de l'art. 244 quater B. — Les décrets nos 93-813 et 93-814 du 11 mai 1993 (JO 12 mai) ont créé respectivement les zones d'investissements privilégiées du bassin minier du Nord-Pas-de-Calais et de la Sambre-Avesnois (le Décr. n° 93-814 a été modifié par le Décr. n° 95-576 du 6 mai 1995, JO 7 mai).*

II. — Le crédit d'impôt prévu au I est imputable sur le montant de l'impôt sur les sociétés dû par la personne morale au titre des exercices clos dans les dix ans de sa constitution. Il ne peut être restitué.

L'imputation du crédit d'impôt ne peut être appliquée sur l'impôt sur les sociétés résultant de l'imposition :

1° Des produits des actions ou parts de société, et des résultats de participations dans des organismes mentionnés aux articles 8, 8 quater, 239 quater, 239 quater B et 239 quater C ;

2° Des subventions, libéralités et abandons de créances ;

3° Des produits de créances et d'opérations financières pour le montant qui excède celui des frais financiers engagés au cours du même exercice ;

4° Des produits tirés des droits de la propriété industrielle et commerciale, lorsque ces droits n'ont pas leur origine dans l'activité créée dans la zone ;

5° Des résultats qui ne sont pas déclarés dans les conditions prévues à l'article 223 ;

6° Des plus-values de cession d'immobilisations non amortissables qui ont fait l'objet d'un apport ayant bénéficié des dispositions de l'article 210 A ainsi que des plus-values réintégrées en application du d du 3 du même article.

III. — En cas de cession, pendant la période prévue au premier alinéa du II, ou pendant sa durée normale d'utilisation si elle est inférieure à cette période, d'un bien ayant ouvert droit au crédit d'impôt ou du contrat de crédit-bail afférent à un tel bien, la quote-part de crédit d'impôt correspondant à cet investissement est reversée. Le reversement est également effectué, à raison de

la quote-part de crédit d'impôt correspondant aux biens pris en location en vertu d'un contrat de crédit-bail, en cas de résiliation du contrat sans rachat des biens loués pendant la période prévue au premier alinéa du II ou pendant la durée normale d'utilisation de ces biens si elle est inférieure à cette période, ou en cas de restitution des biens loués avant l'expiration du même délai.

Si le crédit d'impôt a été imputé en totalité à la date de l'événement qui motive son reversement, l'entreprise doit verser spontanément au comptable public compétent l'impôt sur les sociétés correspondant, majoré de l'intérêt de retard prévu à l'article 1727, au plus tard à la date de paiement du solde de l'impôt sur les sociétés de l'exercice au cours duquel intervient cet événement. Si le crédit d'impôt n'a pas été imputé, la quote-part restante est supprimée à hauteur du crédit d'impôt provenant des biens cédés ou des biens loués qui font l'objet d'une restitution ou dont le contrat de crédit-bail est cédé ou résilié sans rachat.

La personne morale perd le bénéfice du crédit d'impôt et doit, dans les conditions mentionnées aux deux alinéas précédents, verser l'impôt sur les sociétés non acquitté en raison de l'imputation du crédit d'impôt si, pendant la période au cours de laquelle il est imputable, elle est affectée par un événement mentionné aux 2 et 5 de l'article 221 ou si, pendant la même période, une des conditions visées au présent article n'est plus remplie.

IV. — Pour bénéficier du crédit d'impôt prévu au I, la personne morale doit remplir les conditions suivantes :

1° Son siège social, ses activités et ses moyens d'exploitation doivent être implantés dans l'une des zones créées en application du I de l'article 51 de la loi n° 92-1476 du 31 décembre 1992 ;

2° Ses activités doivent être industrielles ou commerciales au sens de l'article 34 ; toutefois, le dispositif prévu au I ne s'applique pas si l'entreprise exerce à titre principal ou accessoire :

a) une activité de stockage ou de distribution indépendante des unités de production industrielle situées dans les zones ;

b) une activité de services qui n'est pas directement nécessaire à une activité de fabrication ou de transformation de biens corporels mobiliers ;

c) une activité bancaire, financière, d'assurances, de location ou de gestion d'immeubles ou de travaux immobiliers ;

3° Elle ne doit pas être soumise aux dispositions des articles 44 sexies, 44 septies, 223 A et 223 A bis ;

4° Son effectif de salariés, bénéficiant d'un contrat de travail à durée indéterminée ou d'une durée de six mois au moins, doit être égal ou supérieur à dix au cours de chaque exercice de la période définie au premier alinéa du II : si l'effectif varie en cours d'exercice, il est calculé compte tenu de la durée de présence des salariés en cause pendant l'exercice.

Si l'effectif minimal prévu à l'alinéa précédent n'est pas atteint au cours des deux premiers exercices, le bénéfice du crédit d'impôt est accordé sous réserve que l'effectif soit d'au moins dix salariés au cours du troisième exercice.

V. — Les entreprises créées dans l'une des zones prévues au I de l'article 51 de la loi n° 92-1476 du 31 décembre 1992 sont exclues du bénéfice de toute aide à l'aménagement du territoire accordée par l'État.

VI. — Un décret fixe les modalités d'application du présent article ainsi que les déclarations et justifications à produire, notamment pour les investissements réalisés au profit des personnes morales bénéficiaires du crédit d'impôt par les sociétés de crédit-bail. — *V. Ann. III, art. 46 quater-0 YF à 46 quater-0 YK.*

4° CRÉDIT D'IMPÔT POUR DÉPENSES DE PRODUCTION D'ŒUVRES PHONOGRAPHIQUES

(L. n° 2006-961 du 1er août 2006, art. 36-I)

Art. 220 octies I. — Les entreprises de production phonographique au sens de l'article L. 213-1 du code de la propriété intellectuelle, soumises à l'impôt sur les sociétés *(Abrogé par L. n° 2018-1317 du 28 déc. 2018, art. 143-I-1°)* « *et existant depuis au moins une année* », peuvent bénéficier d'un crédit d'impôt au titre des dépenses de production, de développement et de numérisation d'un enregistrement phonographique ou vidéographique musical (vidéomusique ou disque numérique polyvalent musical) mentionnées au III, à condition de ne pas être détenues, directement ou indirectement, par un éditeur de service de télévision ou de radiodiffusion.

II. — Ouvrent droit au crédit d'impôt les dépenses engagées pour la production, le développement et la numérisation d'un enregistrement phonographique ou vidéographique musical (vidéomusique ou disque numérique polyvalent musical) remplissant les conditions cumulatives suivantes :

a) Être réalisé par des entreprises et industries techniques liées à la production phonographique qui sont établies en France ou dans un autre État membre de l'Union européenne ou dans un autre État partie à l'accord sur l'Espace économique européen ayant conclu avec la France une convention d'assistance administrative en vue de lutter contre la fraude et l'évasion fiscales et qui y effectuent les prestations liées à la réalisation d'un enregistrement phonographique ou vidéographique musical ainsi qu'aux opérations de postproduction ;

b) Porter sur des albums de nouveaux talents définis comme des artistes, groupes d'artistes, compositeurs ou artistes-interprètes n'ayant pas dépassé *(L. n° 2018-1317 du 28 déc. 2018, art. 143-I-2°, applicable aux demandes d'agréments provisoires prévues au IV de l'art. 220 octies déposées à compter du 1er janv. 2020)* « un seuil de ventes et d'écoutes défini par décret *[ancienne rédaction : le seuil de 100 000 ventes]* » pour deux albums distincts précédant ce nouvel enregistrement. S'agissant des albums d'expression, le bénéfice du crédit d'impôt est réservé aux albums de nouveaux talents dont la moitié au moins sont d'expression française ou dans une langue régionale en usage en France et aux albums de nouveaux talents, composés d'une ou de plusieurs œuvres libres de droit d'auteur au sens des articles L. 123-1 à L. 123-12 du code de la propriété intellectuelle. *(L. n° 2019-1479 du 28 déc. 2019, art. 192, applicable aux exercices ouverts à compter du 1er janv. 2020)* « Par dérogation, pour les entreprises qui satisfont à la définition de la microentreprise donnée au 3 de l'article 2 de l'annexe I au règlement (UE) n° 651/2014 de la Commission du 17 juin 2014 déclarant certaines catégories d'aides compatibles avec le marché intérieur en application des articles 107 et 108 du traité, les albums d'expression qui ne relèvent pas d'une de ces deux catégories ouvrent droit au bénéfice du crédit d'impôt dans la limite du nombre d'albums d'expression française ou dans une langue régionale en usage en France, produits la même année au cours du même exercice par la même entreprise. Le seuil d'effectif est calculé hors personnels rémunérés au cachet. » S'agissant des albums de nouveaux talents, le bénéfice du crédit d'impôt s'apprécie au niveau de l'entreprise redevable de l'impôt sur les sociétés pour l'ensemble des albums qu'elle produit chaque année.

III. — Le crédit d'impôt, calculé au titre de chaque exercice, est égal à *(L. n° 2020-1721 du 29 déc. 2020, art. 21-I-A-1° et II)* « 20 % *[ancienne rédaction : 15 %]* » du montant total des dépenses suivantes *(L. n° 2018-1317 du 28 déc. 2018, art. 144-I-1°)* « effectuées » *(L. n° 2020-1721 du 29 déc. 2020, art. 21-I-A-1° et II)* « jusqu'au 31 décembre 2024 *[ancienne rédaction : avant le 31 décembre 2022]* », pour des opérations mentionnées au II effectuées en France, dans un autre État membre de l'Union européenne ou dans un autre État partie à l'accord sur l'Espace économique européen ayant conclu avec la France une convention d'assistance administrative en vue de lutter contre la fraude et l'évasion fiscales, dès lors qu'elles entrent dans la détermination du résultat imposable :

1° Pour les dépenses correspondant aux frais de production d'un enregistrement phonographique ou vidéographique musical :

a) les frais de personnel non permanent de l'entreprise : les salaires et charges sociales afférents aux artistes-interprètes, au réalisateur, à l'ingénieur du son et aux techniciens engagés pour la réalisation d'un enregistrement phonographique par l'entreprise de production ;

a bis) les frais de personnel permanent de l'entreprise directement concerné par les œuvres : les salaires et charges sociales afférents aux assistants label, chefs de produit, coordinateurs label, techniciens son, chargés de production, responsables artistiques, directeurs artistiques, directeurs de label, juristes label *(L. n° 2020-1721 du 29 déc. 2020, art. 21-I-A-2°-a et II)* « , gestionnaires d'espace (physique et digital), gestionnaires des royautés, gestionnaires des paies intermittents, chargés de la comptabilité analytique » ;

a ter) la rémunération, incluant les charges sociales, du ou des dirigeants correspondant à leur participation directe à la réalisation des œuvres ;

b) les dépenses liées à l'utilisation des studios d'enregistrement ainsi qu'à la location et au transport de matériels et d'instruments ;

c) les dépenses liées à la conception graphique d'un enregistrement phonographique ;

d) les dépenses de post-production : montage, mixage, codage, matriçage et frais de création des visuels ;

e) les dépenses liées au coût de numérisation et d'encodage des productions ;

(L. n° 2020-1721 du 29 déc. 2020, art. 21-I-A-2°-b et II) « *f)* Les dépenses liées à la réalisation et à la production d'images associées à l'enregistrement phonographique ; »

2° Pour les dépenses liées au développement de productions phonographiques ou vidéographiques musicales mentionnées au II :

a) les frais de répétition des titres ayant fait l'objet d'un enregistrement dans les conditions mentionnées au II (location de studio, location et transport de matériels et d'instruments, salaires et charges sociales afférents aux personnes mentionnées au *a* du 1° du présent III et au personnel permanent suivant : administrateurs de site, attachés de presse, coordinateurs promotion, graphistes, maquettistes, chefs de produit nouveaux médias, responsables synchronisation, responsables nouveaux médias, assistants nouveaux médias, directeurs de promotion, directeurs marketing, responsables export, assistants export, *(L. n° 2020-1721 du 29 déc. 2020, art. 21-I-A-3°-a et II)* « chefs de projet digital, analystes de données, gestionnaires de données, gestionnaires des royautés, prestataires en marketing digital, » rémunération, incluant les charges sociales, du ou des dirigeants correspondant à leur participation directe aux répétitions) ;

b) les dépenses engagées afin de soutenir la production de concerts de l'artiste en France ou à l'étranger, dont le montant global est fixé dans le cadre d'un contrat d'artiste ou de licence ;

c) les dépenses engagées au titre de la participation de l'artiste à des émissions de télévision ou de radio dans le cadre de la promotion de l'œuvre agréée, prévues par le contrat d'artiste ou de licence ;

d) les dépenses liées à la réalisation et à la production d'images *(L. n° 2020-1721 du 29 déc. 2020, art. 21-I-A-3°-b et II)* « , autres que celles mentionnées au *f* du 1° du présent III, » permettant le développement de la carrière de l'artiste ;

e) les dépenses liées à la création d'un site internet dédié à l'artiste dans le cadre du développement de sa carrière dans l'environnement numérique.

La rémunération d'un dirigeant mentionnée au *a ter* du 1° et au *a* du 2° ne peut excéder un montant fixé par décret, dans la limite d'un plafond de 50 000 € par an. Cette rémunération n'est éligible au crédit d'impôt que pour les petites entreprises, au sens de l'article 2 de l'annexe I au règlement (UE) n° 651/2014 de la Commission du 17 juin 2014 déclarant certaines catégories d'aides compatibles avec le marché intérieur en application des articles 107 et 108 du traité.

Le montant des dépenses dites de développement éligibles au crédit d'impôt est limité à *(L. n° 2020-1721 du 29 déc. 2020, art. 21-I-A-4° et II)* « 700 000 € *[ancienne rédaction : 350 000 €]* » par enregistrement phonographique ou vidéographique musical. Ces dépenses devront être engagées dans les dix-huit mois suivant la fixation de l'œuvre au sens de l'article L. 213-1 du code de la propriété intellectuelle ou de la production d'un disque numérique polyvalent musical.

Le montant des dépenses définies aux 1° et 2°, lorsqu'elles sont confiées à des entreprises mentionnées au *a* du II, est plafonné à 2 300 000 € par entreprise et par exercice.

III *bis*. — Le taux mentionné au premier alinéa du III est porté à *(L. n° 2020-1721 du 29 déc. 2020, art. 21-I-B et II)* « 40 % *[ancienne rédaction : 30 %]* » pour les entreprises qui satisfont à la définition des micro, petites et moyennes entreprises donnée à l'annexe I au règlement (UE) n° 651/2014 de la Commission du 17 juin 2014 précité.

IV. — Les dépenses ouvrent droit au crédit d'impôt à compter de la *(L. n° 2020-935 du 30 juill. 2020, art. 8-1°)* « date de réception », par le ministre chargé de la culture, d'*(L. n° 2020-935 du 30 juill. 2020, art. 8-2°)* « une demande d' » agrément à titre provisoire attestant que les productions phonographiques ou vidéographiques musicales remplissent les conditions prévues au II. Cet agrément est délivré après avis d'un comité d'experts dont les modalités de fonctionnement sont précisées par décret, sur la base de pièces justificatives comprenant notamment :

a) par artiste-interprète ou compositeur, la liste des albums antérieurs, par ordre chronologique de première commercialisation en France et leurs résultats en nombre d'unités vendues ;

b) la liste des albums tels que définis au II par date de première commercialisation prévisionnelle pour l'exercice en cours ;

c) pour le calcul du seuil mentionné au dernier alinéa du III, la liste de l'ensemble des productions telles que définies au *b* du II, commercialisées les deux années précédant l'année de référence pour le calcul du crédit d'impôt.

V. — Les subventions publiques reçues par les entreprises à raison des dépenses ouvrant droit au crédit d'impôt sont déduites des bases de calcul de ce crédit.

VI. — 1° La somme des crédits d'impôt calculés au titre des dépenses éligibles ne peut excéder *(L. n° 2020-1721 du 29 déc. 2020, art. 21-I-C et II)* « 1 500 000 € *[ancienne rédaction : 1,1 million d'euros]* » par entreprise et par exercice.

2° En cas de coproduction, le crédit d'impôt est accordé à chacune des entreprises, proportionnellement à sa part dans les dépenses exposées.

VII. — Le bénéfice du crédit d'impôt mentionné au I est subordonné au respect de l'article 53 du règlement (UE) n° 651/2014 de la Commission du 17 juin 2014 déclarant certaines catégories d'aides compatibles avec le marché intérieur en application des articles 107 et 108 du traité.

V. Ann. III, art. 46 quater-0 YS à 46 quater-0 YU et, pour les modalités d'agrément, Décr. n° 2006-1764 du 23 déc. 2006 (JO 30 déc.), mod. par Décr. n° 2009-700 du 15 juin 2009 (JO 17 juin) et Décr. n° 2014-1167 du 9 oct. 2014 (JO 11 oct.).

Les dispositions issues de l'art. 21 de la L. n° 2020-1721 du 29 déc. 2020 sont applicables aux demandes d'agrément à titre provisoire prévues au IV de l'art. 220 octies CGI déposées à compter du 1er janv. 2021 (L. préc., art. 21-II).

Crédit d'impôt pour dépenses de production d'œuvres phonographiques. Entreprises concernées. Œuvres ouvrant droit au crédit d'impôt. Productions d'albums de nouveaux talents. Conditions de réalisation des enregistrements phonographiques. Agrément des œuvres éligibles. Dépenses éligibles. Plafonnement des dépenses. Calcul, utilisation et contrôle du crédit d'impôt. Obligations déclaratives. Détermination du crédit d'impôt des groupes de sociétés définis aux art. 223 A s. * BOI-IS-RICI-10-10 du 21 juill. 2021.

5° CRÉDIT D'IMPÔT POUR LE RACHAT DU CAPITAL D'UNE SOCIÉTÉ

Art. 220 *nonies* I. — Les sociétés constituées exclusivement pour le rachat de tout ou partie du capital d'une société, *(L. n° 2018-1317 du 28 déc. 2018, art. 110)* « réalisé jusqu'au 31 décembre 2022 » dans les conditions mentionnées au II, peuvent bénéficier d'un crédit d'impôt.

Pour chaque exercice, le crédit d'impôt est égal au montant de l'impôt sur les sociétés dû par la société rachetée au titre de l'exercice précédent, dans la proportion *(L. n° 2018-1317 du 28 déc. 2018, art. 110)* « des droits de vote attachés aux actions ou parts de la société rachetée détenus indirectement par les salariés *[ancienne rédaction : des droits sociaux que les salariés de la société rachetée détiennent indirectement dans le capital]* » de cette dernière et dans la limite du montant des intérêts dus par la société nouvelle au titre de l'exercice d'imputation à raison des emprunts qu'elle a contractés pour le rachat. Pour les sociétés membres d'un groupe au sens de l'article 223 A ou de l'article 223 A *bis*, l'impôt sur les sociétés dû par la société rachetée s'entend du montant qu'elle aurait dû acquitter en l'absence d'application du régime prévu à l'article 223 A ou à l'article 223 A *bis*.

II. — Le bénéfice du I est subordonné aux conditions suivantes :

1° La société rachetée et la société nouvelle doivent être soumises au régime de droit commun de l'impôt sur les sociétés et ne pas faire partie du même groupe au sens de l'article 223 A ou de l'article 223 A *bis* ;

[2° applicable aux exercices clos jusqu'au 30 déc. 2019]

2° Les droits de vote attachés aux actions ou aux parts de la société nouvelle doivent être détenus par au moins quinze personnes qui, à la date du rachat, étaient salariées de la société rachetée, ou par au moins 30 % des salariés de cette société si l'effectif n'excède pas cinquante salariés à cette date ;

[2° applicable aux exercices clos à compter du 31 déc. 2019]

(L. n° 2018-1317 du 28 déc. 2018, art. 110) « 2° Les droits de vote attachés aux actions ou aux parts de la société nouvelle, pris en compte pour le calcul du montant du crédit d'impôt mentionné au I du présent article, sont détenus par une ou plusieurs personnes qui, à la date du rachat, étaient salariées de la société rachetée depuis au moins dix-huit mois ; » — *Les dispositions du présent 2° s'appliquent à compter du 1er janv.*

2020 et pour les opérations de rachat réalisées jusqu'au 31 déc. 2022 (Décr. n° 2019-1544 du 30 déc. 2019, art. 1er).

3° L'opération de reprise a fait l'objet d'un accord d'entreprise satisfaisant aux conditions du 2° de l'article L. 3332-16 du code du travail.

III. — Un décret fixe les obligations déclaratives des sociétés concernées.

V. Ann. III, art. 46 quater-0 YX à 46 quater-0 YZC.

Les dispositions issues de l'art. 110 de la L. n° 2018-1317 du 28 déc. 2018 entrent en vigueur à une date fixée par décret, qui ne peut être postérieure de plus de six mois à la date de réception par le Gouvernement de la réponse de la Commission européenne permettant de considérer le dispositif législatif lui ayant été notifié comme conforme au droit de l'Union européenne en matière d'aides d'État (L. préc., art. 110-II).

L'art. 220 nonies, dans sa rédaction résultant de la L. n° 2018-1317 du 28 déc. 2018, s'applique aux exercices clos à compter du 31 déc. 2019 (L. préc., art. 110-II et III).

Crédit d'impôt en faveur du rachat d'entreprises par les salariés. Commentaire administratif. * BOI-IS-RICI-10-60 du 6 avr. 2016.

6° RÉDUCTION D'IMPÔT EN FAVEUR DES PETITES ET MOYENNES ENTREPRISES DE CROISSANCE

Art. 220 *decies* *Périmé (Décr. n° 2011-645 du 9 juin 2011).*

7° RÉDUCTION D'IMPÔT POUR SOUSCRIPTION AU CAPITAL DE SOCIÉTÉS DE PRESSE

Art. 220 *undecies* ***[I. applicable aux exercices clos avant le 31 déc. 2021]***

I. — Les entreprises soumises à l'impôt sur les sociétés peuvent bénéficier d'une réduction d'impôt égale à 25 % du montant des sommes versées au titre des souscriptions en numéraire réalisées entre le 1er janvier 2007 et le 31 décembre 2013 au capital de sociétés soumises à l'impôt sur les sociétés dans les conditions de droit commun et exploitant soit un journal quotidien, soit une publication de périodicité au maximum mensuelle consacrée à l'information politique et générale telle que définie à l'article 39 *bis* A.

[I. applicable aux exercices clos à compter du 31 déc. 2021]

(L. n° 2020-1721 du 29 déc. 2020, art. 147-I-1°-a et II, applicable aux exercices clos à compter du 31 déc. 2021) **« I. — Les entreprises soumises à l'impôt sur les sociétés peuvent bénéficier d'une réduction d'impôt égale à 25 % du montant des sommes versées au titre des souscriptions en numéraire réalisées entre le 1er janvier 2021 et le 31 décembre 2024 au capital de sociétés mentionnées à l'article 2 de la loi n° 86-897 du 1er août 1986 portant réforme du régime juridique de la presse, soumises à l'impôt sur les sociétés dans les conditions de droit commun, éditant soit :**

« 1° Une ou plusieurs publications de presse d'information politique et générale au sens de l'article 4 de la loi n° 47-585 du 2 avril 1947 relative au statut des entreprises de groupage et de distribution des journaux et publications périodiques ;

« 2° Un ou plusieurs services de presse en ligne d'information politique et générale reconnus en application de l'article 1er de la loi n° 86-897 du 1er août 1986 précitée ;

« 3° Une ou plusieurs publications de presse ou services de presse en ligne consacrés pour une large part à l'information politique et générale au sens de l'article 39 *bis* A du présent code. »

II. — L'entreprise souscriptrice doit conserver, pendant cinq ans à compter de la souscription en numéraire, les titres ayant ouvert droit à la réduction d'impôt.

III. — Pour l'application du I, il ne doit exister aucun lien de dépendance, au sens du 12 de l'article 39, entre l'entreprise souscriptrice et l'entité bénéficiaire de la souscription.

IV. — Le bénéfice de la réduction d'impôt mentionnée au I est réservé aux entreprises qui ne sont pas elles-mêmes bénéficiaires de souscriptions qui ont ouvert droit, au profit de leur auteur, à cette même réduction d'impôt.

V. — La réduction d'impôt s'impute sur l'impôt sur les sociétés dû par l'entreprise au titre de l'exercice au cours duquel les souscriptions en numéraire mentionnées au I ont été effectuées.

Lorsque le montant de la réduction d'impôt excède le montant de l'impôt dû, le solde non imputé n'est ni restituable, ni reportable.

VI. – En cas de non-respect de la condition prévue au II, le montant de la réduction d'impôt vient majorer l'impôt sur les sociétés dû au titre de l'exercice au cours duquel cette condition n'est plus respectée.

(L. n° 2020-1721 du 29 déc. 2020, art. 147-I-1°-b et II, applicable aux exercices clos à compter du 31 déc. 2021) **« VII. – Le bénéfice de la réduction d'impôt mentionnée au I du présent article est subordonné au respect du règlement (UE) n° 1407/2013 de la Commission du 18 décembre 2013 relatif à l'application des articles 107 et 108 du traité sur le fonctionnement de l'Union européenne aux aides *de minimis*. »**

VIII. – Un décret précise les modalités d'application du présent article, notamment les obligations déclaratives incombant aux entreprises. – *V. Ann. III, art. 46 quater-0 YZD.*

1. Réduction d'impôt en faveur des entreprises qui souscrivent au capital de sociétés de presse. Réduction égale à 25 % des souscriptions en numéraire réalisées entre le 1er janv. 2021 et le 31 déc. 2024 au capital de sociétés de presse qui exploitent soit un journal, soit une publication d'une périodicité au maximum mensuelle consacrée à l'information politique et générale. Entreprises souscriptrices. Sociétés de presse bénéficiaires. Détermination et utilisation du crédit d'impôt. Obligations déclaratives. * BOI-IS-RICI-20-10 du 30 juin 2021.

2. Sont éligibles à la réduction d'impôt les sommes investies au capital des sociétés exploitant un journal, sans qu'il ne soit exigé qu'elles soient des « entreprises éditrices » au sens de l'art. 2 de la L. n° 86-897 du 1er août 1986. • CE 10 juill. 2017, *Min. Finances c/ SAS Bey Medias,* n° 396631 : *RJF 2017. 1033.*

7° BIS RÉDUCTION D'IMPÔT POUR MISE À DISPOSITION D'UNE FLOTTE DE VÉLOS

(L. n° 2015-992 du 17 août 2015, art. 39, en vigueur le 1er janv. 2016)

Art. 220 *undecies* A **I. – Les entreprises soumises à l'impôt sur les sociétés peuvent bénéficier d'une réduction d'impôt égale aux frais générés** *(L. n° 2018-1317 du 28 déc. 2018, art. 145-I-1° et II, applicable aux réductions d'impôt calculées au titre des dépenses exposées à compter du 1er janv. 2019)* **« jusqu'au 31 décembre »** *(L. n° 2020-1721 du 29 déc. 2020, art. 148)* **« 2024 » par la mise à la disposition gratuite de leurs salariés, pour leurs déplacements entre leur domicile et le lieu de travail, d'une flotte de vélos, dans la limite de 25 % du prix d'achat** *(L. n° 2018-1317 du 28 déc. 2018, art. 145-I-1° et II, applicable aux réductions d'impôt calculées au titre des dépenses exposées à compter du 1er janv. 2019)* **« ou de location » de ladite flotte de vélos.**

(L. n° 2018-1317 du 28 déc. 2018, art. 145-I-1° et II, applicable aux réductions d'impôt calculées au titre des dépenses exposées à compter du 1er janv. 2019) **« Lorsque la flotte de vélos est prise en location par l'entreprise, le bénéfice de la réduction d'impôt prévue au premier alinéa du présent I est subordonné à la condition que le contrat de location soit souscrit pour une durée minimale de trois ans. »**

II. – La réduction d'impôt s'impute sur l'impôt sur les sociétés dû par l'entreprise au titre de l'exercice au cours duquel les frais mentionnés au I ont été générés.

Lorsque le montant de la réduction d'impôt excède le montant de l'impôt dû, le solde non imputé n'est ni restituable, ni reportable.

III. – Un décret précise les modalités d'application du présent article, notamment les obligations déclaratives incombant aux entreprises.

V. Ann. III, art. 46 quater-0 YZE et 46 quater-0 YZF.

Réduction d'impôt pour mise à disposition d'une flotte de vélos. Commentaire administratif. * BOI-IS-RICI-20-30 du 6 juill. 2016.

8° CRÉDIT D'IMPÔT POUR DÉPENSES DE DISTRIBUTION DE PROGRAMMES AUDIOVISUELS

Art. 220 *duodecies* *Périmé (Décr. n° 2011-645 du 9 juin 2011).*

[9°] CRÉDIT D'IMPÔT EN FAVEUR DES CRÉATEURS DE JEUX VIDÉO

Art. 220 *terdecies* **I. – Les entreprises de création de jeux vidéo soumises à l'impôt sur les sociétés ou exonérées en application des articles 44 *sexies*, 44 *sexies* A** *(Abrogé par L. n° 2021-1900 du 30 déc. 2021, art. 35-I-16° et XXI-B)* **« , 44 *septies*, 44 *octies* » 44 *octies* A, 44 *duodecies*** *(L. n° 2017-1775 du 28 déc. 2017, art. 17)* **« , 44 *quindecies* »**

(L. nº 2018-1317 du 28 déc. 2018, art. 135-I-11º) « , 44 *sexdecies* et 44 *septdecies* » peuvent bénéficier d'un crédit d'impôt au titre des dépenses mentionnées au IV qu'elles exposent en vue de la création de jeux vidéo agréés. *— Le 16º du I de l'art. 35 de la L. nº 2021-1900 du 30 déc. 2021 s'applique à compter du premier exercice suivant celui au cours duquel l'exonération prévue à l'art. 44 septies CGI, dans sa rédaction antérieure à la loi préc., cesse de s'appliquer (L. préc., art. 35-XXI-B).*

Le bénéfice du crédit d'impôt est subordonné au respect, par les entreprises de création de jeux vidéo, de la législation sociale en vigueur.

II. — Est considéré comme un jeu vidéo tout logiciel de loisir mis à la disposition du public sur un support physique ou en ligne intégrant des éléments de création artistique et technologique, proposant à un ou plusieurs utilisateurs une série d'interactions s'appuyant sur une trame scénarisée ou des situations simulées et se traduisant sous forme d'images animées, sonorisées ou non.

III. — 1. Les jeux vidéo ouvrant droit au bénéfice du crédit d'impôt doivent répondre aux conditions suivantes :

1º Avoir un coût de développement supérieur ou égal à 100 000 € ; *— V. notes ss. l'art.*

2º Être destinés à une commercialisation effective auprès du public ;

3º Être réalisés principalement avec le concours d'auteurs et de collaborateurs de création qui sont, soit de nationalité française, soit ressortissants d'un autre État membre de l'Union européenne, ou d'un autre État partie à l'accord sur l'Espace économique européen ayant conclu avec la France une convention d'assistance administrative en vue de lutter contre la fraude et l'évasion fiscales. Les étrangers, autres que les ressortissants européens précités, ayant la qualité de résidents français sont assimilés aux citoyens français ;

4º Contribuer au développement de la création française et européenne en matière de jeux vidéo ainsi qu'à sa diversité en se distinguant notamment par la qualité, l'originalité ou le caractère innovant du concept et le niveau des dépenses artistiques.

Le respect des conditions de création prévues aux 3º et 4º est vérifié au moyen d'un barème de points dont le contenu est fixé par décret. *— V. CCIA, art. D. 331-19 à D. 331-37. —* ***CCIA.***

2. N'ouvrent pas droit au bénéfice du crédit d'impôt les jeux vidéo comportant des séquences à caractère pornographique ou de très grande violence, susceptibles de nuire gravement à l'épanouissement physique, mental ou moral des utilisateurs. A l'exception de ceux comportant des séquences à caractère pornographique ou de très grande violence, les jeux vidéo spécifiquement destinés à un public d'adultes et qui sont commercialisés comme tels ouvrent droit au crédit d'impôt dès lors que leur contribution au développement et à la diversité de la création française et européenne en matière de jeux vidéo présente un niveau particulièrement significatif, déterminé au moyen du barème de points mentionné au 4º du 1. *— V. note ss. l'art.*

IV. — 1. Pour la création d'un jeu vidéo déterminé, le crédit d'impôt calculé au titre de chaque année est égal à 30 % du montant total des dépenses suivantes, correspondant à des opérations effectuées en France, dans un autre État membre de l'Union européenne, ou d'un autre État partie à l'accord sur l'Espace économique européen ayant conclu avec la France une convention d'assistance administrative en vue de lutter contre la fraude et l'évasion fiscales, dès lors qu'elles entrent dans la détermination du résultat imposable : *— V. note ss. l'art.*

1º Les dotations aux amortissements des immobilisations créées ou acquises à l'état neuf et affectées directement à la création du jeu vidéo dans les conditions prévues au III. Les dotations aux amortissements des immeubles ne sont pas retenues dans la base de calcul du crédit d'impôt ;

2º Les rémunérations versées aux auteurs au sens de l'article L. 113-1 du code de la propriété intellectuelle ayant participé à la création du jeu vidéo, en application d'un contrat de cession de droits d'exploitation ainsi que les charges sociales afférentes ;

3º Les dépenses de personnel relatives aux salariés de l'entreprise affectés directement à la création du jeu vidéo répondant aux conditions prévues au III et les dépenses salariales des personnels techniques et administratifs qui y concourent, ainsi que les charges sociales afférentes ; *— V. note ss. l'art.*

4º Les autres dépenses de fonctionnement, pour leur quote-part affectée à l'activité de création du jeu vidéo. Ces dépenses comprennent les achats de matières, fournitures et matériels, les loyers des immeubles, les frais d'entretien et de réparation afférents à ces immeubles, les frais de voyage et de déplacement, les frais de documentation technique et les frais postaux et de communication électronique ;

5° Les dépenses exposées pour la création d'un jeu vidéo répondant aux conditions prévues au III confiées à d'autres entreprises ou organismes. Ces dépenses entrent dans la base de calcul du crédit d'impôt dans la limite de 2 millions d'euros par exercice. — *V. note ss. l'art.*

2. Les dépenses mentionnées au 1 ouvrent droit au bénéfice du crédit d'impôt à compter de la date de réception par le président du Centre national du cinéma et de l'image animée d'une demande d'agrément provisoire. Cet agrément est délivré après sélection par un comité d'experts chargé de vérifier que le jeu vidéo remplit les conditions prévues au III.

Seules ouvrent droit au crédit d'impôt les dépenses exposées dans les trente-six mois qui précèdent la date de délivrance de l'agrément définitif mentionnée à l'article 220 X. — *V. note ss. l'art.*

V. — Les subventions publiques reçues par les entreprises à raison des opérations ouvrant droit au bénéfice du crédit d'impôt sont déduites des bases de calcul de ce crédit d'impôt.

VI. — Le crédit d'impôt est plafonné pour chaque entreprise à 6 millions d'euros par exercice. Lorsque l'exercice est d'une durée inférieure ou supérieure à douze mois, le montant du plafond est diminué ou augmenté dans les mêmes proportions que la durée de l'exercice. — *V. note ss. l'art.*

VII. — Les conditions d'application du présent article, notamment celles relatives à la délivrance de l'agrément provisoire et aux obligations déclaratives incombant aux entreprises, sont fixées par décret. — *V. Ann. III, art. 46 quater-0 YZG à 46 quater-0 YZI. — V. également art. 220 X.*

Les dispositions applicables aux crédits d'impôt calculés au titre des exercices ouverts à compter du 1er janv. 2017 entrent en vigueur à une date fixée par décret, qui ne peut être postérieure de plus de six mois à la date de réception par le Gouvernement de la réponse de la Commission européenne permettent de considérer le dispositif législatif lui ayant été notifié comme conforme au droit de l'Union européenne en matière d'aides d'État (L. n° 2016-1917 du 29 déc. 2016, art. 79-III et 80-III).

1. Crédit d'impôt pour dépenses de création de jeux vidéo. Entreprises et jeux vidéo concernés. Nature des dépenses éligibles. Modalités d'utilisation du crédit d'impôt. * BOI-IS-RICI-10-50 du 6 sept. 2017.

2. Les dépenses éligibles au crédit d'impôt pour création de jeux vidéo sont celles engagées entre la date de réception de la demande d'agrément provisoire par le CNC et la date de constitution de la demande d'agrément définitif. * Rescrit 20 avr. 2010, n° 2010/24 FE * BOI-IS-RICI-10-50 n° 180 du 6 sept. 2017.

[10°] CRÉDIT D'IMPÔT POUR DÉPENSES DE PRODUCTION EXÉCUTIVE D'ŒUVRES CINÉMATOGRAPHIQUES ET AUDIOVISUELLES

Art. 220 *quaterdecies* I. — Les entreprises de production cinématographique et les entreprises de production audiovisuelle soumises à l'impôt sur les sociétés qui assument les fonctions d'entreprises de production exécutive peuvent bénéficier d'un crédit d'impôt au titre des dépenses de production mentionnées au III, correspondant à des opérations effectuées en France en vue de la réalisation d'œuvres cinématographiques ou audiovisuelles produites par des entreprises de production établies hors de France.

Le bénéfice du crédit d'impôt est subordonné au respect, par les entreprises de production exécutive, de la législation sociale. Il ne peut notamment être accordé aux entreprises de production qui ont recours à des contrats de travail visés au troisième alinéa de l'article L. 1242-2 du code du travail afin de pourvoir à des emplois qui ne sont pas directement liés à la production d'une œuvre déterminée.

II. — 1. Les œuvres cinématographiques ou audiovisuelles mentionnées au I appartiennent aux genres de la fiction et de l'animation. Ces œuvres doivent répondre aux conditions cumulatives suivantes :

a) Ne pas être admises au bénéfice des aides financières à la production du Centre national du cinéma et de l'image animée ;

b) Comporter, dans leur contenu dramatique, des éléments rattachés à la culture, au patrimoine ou au territoire français. Le respect de cette condition est vérifié au moyen d'un barème de points dont le contenu est fixé par décret ;

c) Faire l'objet de dépenses éligibles mentionnées au III, d'un montant supérieur ou égal à 250 000 € ou, lorsque le budget de production de l'œuvre est inférieur à 500 000 €, d'un montant correspondant au moins à 50 % de ce budget et, pour les œuvres appartenant au genre de la fiction, d'un minimum de cinq jours de tournage en France. — *Le présent c s'applique aux crédits d'impôt calculés au titre des exercices ouverts à compter du 1er janv. 2017 et n'est applicable qu'aux sommes venant en déduction de l'impôt dû.*

2. N'ouvrent pas droit au crédit d'impôt mentionné au I :

a) Les œuvres cinématographiques ou audiovisuelles à caractère pornographique ou d'incitation à la violence ;

b) Les œuvres cinématographiques ou audiovisuelles utilisables à des fins de publicité.

III. — 1. Le crédit d'impôt, calculé au titre de chaque exercice, est égal à 30 % du montant total des dépenses suivantes correspondant à des opérations ou prestations effectuées en France *(L. n° 2018-1317 du 28 déc. 2018, art. 144-I-2°)* « avant le 31 décembre » *(L. n° 2020-1721 du 29 déc. 2020, art. 146, applicable aux sommes venant en déduction de l'impôt dû)* « 2024 *[ancienne rédaction : 2022]* » : — *La perte de recettes résultant pour l'État du II de l'art. 146 de la L. n° 2020-1721 du 29 déc. 2020 est compensée, à due concurrence, par la création d'une taxe additionnelle aux droits mentionnés aux art. 575 et 575 A CGI (L. préc., art. 146-III).*

a) Les rémunérations versées aux auteurs énumérés à l'article L. 113-7 du code de la propriété intellectuelle sous forme d'avances à valoir sur les recettes d'exploitation des œuvres, ainsi que les charges sociales afférentes ;

b) Les rémunérations versées aux artistes-interprètes mentionnés à l'article L. 212-4 du code de la propriété intellectuelle et aux artistes de complément, par référence pour chacun d'eux à la rémunération minimale prévue par les conventions et accords collectifs conclus entre les organisations de salariés et d'employeurs de la profession, ainsi que les charges sociales afférentes ;

c) Les salaires versés aux personnels de la réalisation et de la production, ainsi que les charges sociales afférentes ;

d) Les dépenses liées au recours aux industries techniques et autres prestataires de la création cinématographique ou audiovisuelle ;

[e applicable aux crédits d'impôt calculés au titre des exercices ouverts jusqu'au 31 déc. 2019]

e) Les dépenses de transport et de restauration, ainsi que les dépenses d'hébergement dans la limite d'un montant par nuitée fixé par décret, occasionnées par la production de l'œuvre sur le territoire français.

[e applicable aux crédits d'impôt calculés au titre des exercices ouverts à compter du 1er janv. 2020]

(L. n° 2019-1479 du 28 déc. 2019, art. 138-I-2° et II) « *e)* Les dépenses de transport, de restauration et d'hébergement occasionnées par la production de l'œuvre sur le territoire français. Un décret détermine les conditions et les limites dans lesquelles ces dépenses sont prises en compte.

« Le montant cumulé des rémunérations mentionnées au *a* et des salaires mentionnés au c versés au réalisateur en qualité de technicien est retenu par personne physique, dans la limite d'un montant cumulé calculé comme suit :

« — 15 % de la part du coût de production de l'œuvre inférieure à 4 000 000 € ;

« — 8 % de la part du coût de production de l'œuvre supérieure ou égale à 4 000 000 € et inférieure ou égale à 7 000 000 € ;

« — 5 % de la part du coût de production de l'œuvre supérieure ou égale à 7 000 000 € et inférieure à 10 000 000 €. »

[al. applicable aux dépenses engagées au titre des exercices clos jusqu'au du 30 déc. 2020]

(L. n° 2018-1317 du 28 déc. 2018, art. 146, applicable aux crédits d'impôt calculés au titre des exercices ouverts à compter du 1er janv. 2019) « Le taux mentionné au premier alinéa du présent 1 est porté à 40 % en ce qui concerne les œuvres cinématographiques ou audiovisuelles de fiction dans lesquelles au moins 15 % des plans, soit en moyenne un plan et demi par minute, font l'objet d'un traitement numérique permettant d'ajouter des personnages, des éléments de décor ou des objets participant à l'action ou de modifier le rendu de la scène ou le point de vue de la caméra et pour la part des dépenses éligibles afférentes aux travaux de traitement numérique des plans, à condition que ces dernières dépassent 2 millions d'euros pour l'œuvre concernée. » — *V. note ss. l'art.*

[al. applicable aux dépenses engagées au titre des exercices clos à compter du 31 déc. 2020 en vigueur à une date, fixée par décret, qui ne peut être postérieure de plus de trois mois à la date de réception par le Gouvernement de la réponse de la Commission européenne permettant de considérer le dispositif législatif lui ayant été notifié comme conforme au droit de l'Union européenne en matière d'aides d'État]

(L. nº 2019-1479 du 28 déc. 2019, art. 131-I et III, applicable aux dépenses engagées au titre des exercices clos à compter du 31 déc. 2020) **« Le taux mentionné au premier alinéa du présent 1 est porté à 40 % en ce qui concerne les œuvres cinématographiques ou audiovisuelles de fiction dans lesquelles au moins 15 % des plans, soit en moyenne un plan et demi par minute, font l'objet d'un traitement numérique permettant d'ajouter des personnages, des éléments de décor ou des objets participant à l'action ou de modifier le rendu de la scène ou le point de vue de la caméra, à la condition que, au sein du budget de production de l'œuvre, le montant total des dépenses éligibles afférentes aux travaux de traitement numérique des plans soit supérieur à deux millions d'euros. »** *— Les dispositions du présent al. entrent en vigueur le lendemain de la publication du Décr. nº 2020-685 du 5 juin 2020.*

2. Les auteurs, les artistes-interprètes et les personnels de la réalisation et de la production mentionnés au 1 doivent être soit de nationalité française, soit ressortissants d'un État membre de la Communauté européenne, d'un État partie à l'accord sur l'Espace économique européen, d'un État partie à la convention européenne sur la coproduction cinématographique du Conseil de l'Europe, du 2 octobre 1992, ou d'un État tiers européen avec lequel la Communauté européenne a conclu des accords ayant trait au secteur audiovisuel. Les étrangers, autres que les ressortissants européens précités, ayant la qualité de résidents français, sont assimilés aux citoyens français.

3. Pour le calcul du crédit d'impôt, l'assiette des dépenses éligibles est plafonnée à 80 % du budget de production de l'œuvre.

IV. — Les dépenses mentionnées au III ouvrent droit au crédit d'impôt à compter de la date de réception par le président du Centre national du cinéma et de l'image animée d'une demande d'agrément provisoire. L'agrément provisoire est délivré par le président du Centre national du cinéma et de l'image animée après sélection des œuvres par un comité d'experts. Cet agrément atteste que les œuvres remplissent les conditions fixées au II. Les conditions de délivrance de l'agrément provisoire sont fixées par décret.

V. — Les subventions publiques reçues par les entreprises de production exécutive à raison des opérations ouvrant droit au crédit d'impôt sont déduites des bases de calcul de ce crédit, qu'elles soient définitivement acquises par elles ou remboursables.

VI. — La somme des crédits d'impôt calculés au titre d'une même œuvre ne peut excéder 30 millions d'euros.

VII. — Les crédits d'impôts obtenus pour la production d'une même œuvre cinématographique ou audiovisuelle ne peuvent avoir pour effet de porter à plus de 50 % du budget de production de l'œuvre le montant total des aides publiques accordées.

VIII. — Un décret précise les conditions d'application du présent article. *— V. Ann. III, art. 46 quater-0 ZY bis et 46 quater-0 ZY septies.*

Les dispositions issues de l'art. 146 de la L. nº 2018-1317 du 28 déc. 2018 entrent en vigueur à une date, fixée par décret, qui ne peut être postérieure de plus de trois mois à la date de réception par le Gouvernement de la réponse de la Commission européenne permettant de considérer le dispositif législatif lui ayant été notifié comme conforme au droit de l'Union européenne en matière d'aides d'État (L. préc., art. 146-III).

Les dispositions de l'art. 220 quaterdecies s'appliquent, à compter du 2 déc. 2009, aux crédits d'impôt calculés au titre des dépenses engagées entre le 1er janv. 2009 et le 31 déc. 2016 (L. nº 2008-1425 du 27 déc. 2008, art. 131-IV et V, mod. par L. nº 2012-1509 du 29 déc. 2012, art. 72). — Pour les dispositions applicables antérieurement au 1er janv. 2015, V. **CGI, éd. 2014**.

Crédit d'impôt pour dépenses de production exécutive d'œuvres cinématographiques et audiovisuelles engagées par des entreprises établies hors de France. Commentaire administratif. Entreprises et œuvres éligibles. Agréments des œuvres éligibles. Dépenses prises en compte. Taux, plafonnement et utilisation du crédit d'impôt. Excédent de crédit d'impôt. Obligations déclaratives. * BOI-IS-RICI-10-40 du 11 août 2021.

[11°] CRÉDIT D'IMPÔT POUR DÉPENSES DE PRODUCTION DE SPECTACLES VIVANTS

Art. 220 *quindecies* **I. — Les entreprises exerçant l'activité d'entrepreneur de spectacles vivants, au sens de l'article L. 7122-2 du code du travail, et soumises à l'impôt sur les sociétés peuvent bénéficier d'un crédit d'impôt au titre des dépenses de création, d'exploitation et de numérisation d'un spectacle vivant musical** *(Abrogé par L. n° 2020-1721 du 29 déc. 2020, art. 22-I-1° et III-A, à compter du 1er janv. 2021)* **« , de théâtre »** *(L. n° 2020-935 du 30 juill. 2020, art. 37 et 38, applicable aux demandes d'agréments provisoires prévus au VI du présent art. déposées à compter du 1er janv. 2020)* **« ou de variétés » mentionnées au III du présent article si elles remplissent les conditions cumulatives suivantes :**

1° Avoir la responsabilité du spectacle, notamment celle d'employeur à l'égard du plateau artistique. Dans le cas d'une coproduction, cette condition est remplie par l'un des coproducteurs au moins ;

2° Supporter le coût de la création du spectacle.

II. — Ouvrent droit au crédit d'impôt les dépenses engagées pour la création, l'exploitation et la numérisation d'un spectacle musical *(Abrogé par L. n° 2020-1721 du 29 déc. 2020, art. 22-I-1° et III-A, à compter du 1er janv. 2021)* **« , de théâtre »** *(L. n° 2020-935 du 30 juill. 2020, art. 37 et 38, applicable aux demandes d'agréments provisoires prévus au VI du présent art. déposées à compter du 1er janv. 2020)* **« ou de variétés » remplissant les conditions cumulatives suivantes :**

1° Être réalisées par des entreprises établies en France, dans un autre État membre de l'Union européenne ou dans un autre État partie à l'accord sur l'Espace économique européen ayant conclu avec la France une convention d'assistance administrative en vue de lutter contre la fraude et l'évasion fiscales et qui y effectuent les prestations liées à la réalisation d'un spectacle musical *(Abrogé par L. n° 2020-1721 du 29 déc. 2020, art. 22-I-1° et III-A, à compter du 1er janv. 2021)* **« , de théâtre »** *(L. n° 2020-935 du 30 juill. 2020, art. 37 et 38, applicable aux demandes d'agréments provisoires prévus au VI du présent art. déposées à compter du 1er janv. 2020)* **« ou de variétés » ;**

(L. n° 2018-1317 du 28 déc. 2018, art. 147-I-2°) **« 2° Porter sur un spectacle présentant les caractéristiques suivantes :**

« *a)* Présenter des coûts de création majoritairement engagés sur le territoire français ;

[b) applicable aux demandes d'agrément provisoire prévues au VI de l'art. 220 quindecies CGI déposées entre le 1er janv. 2021 et le 31 déc. 2022]

« *b)* Comprendre au minimum *(L. n° 2020-1721 du 29 déc. 2020, art. 23-I-1° et III-A et B)* **« deux** *[ancienne rédaction : quatre]* **» représentations dans au moins** *(L. n° 2020-1721 du 29 déc. 2020, art. 23-I-1° et III-A et B)* **« deux** *[ancienne rédaction : trois]* **» lieux différents ;**

[b) applicable aux demandes d'agrément provisoire prévues au VI de l'art. 220 quindecies CGI déposées à compter du 1er janv. 2023]

« *b)* Comprendre au minimum *(L. n° 2020-1721 du 29 déc. 2020, art. 23-I-2° et III-A et C)* **« quatre** *[ancienne rédaction : deux]* **» représentations dans au moins** *(L. n° 2020-1721 du 29 déc. 2020, art. 23-I-2° et III-A et C)* **« trois** *[ancienne rédaction : deux]* **» lieux différents ;**

« *c)* Ne pas être présenté dans un lieu dont la jauge, définie comme l'effectif maximal du public qu'il est possible d'admettre dans ce lieu, est supérieure à un nombre de personnes défini par décret par catégorie de spectacle*[s]*. »

(Abrogé par L. n° 2018-1317 du 28 déc. 2018, art. 147-I-2°) ***« 3° Porter sur des artistes ou groupes d'artistes dont aucun spectacle n'a comptabilisé plus de 12 000 entrées payantes pendant les trois années précédant la demande d'agrément mentionnée au VI, à l'exception des représentations données dans le cadre de festivals ou de premières parties de spectacles. »***

III. — Le crédit d'impôt, calculé au titre de chaque exercice, est égal à 15 % du montant total des dépenses suivantes, *(L. n° 2018-1317 du 28 déc. 2018, art. 144-I-3°)* **« réalisées »** *(L. n° 2020-1721 du 29 déc. 2020, art. 23-I-3°)* **« jusqu'au 31 décembre 2024 » pour des spectacles mentionnés au II effectués en France, dans un autre État membre de l'Union européenne ou dans un autre État partie à l'accord sur l'Espace économique européen ayant conclu avec la France une convention d'assistance admi-**

nistrative en vue de lutter contre la fraude et l'évasion fiscales, dès lors qu'elles entrent dans la détermination du résultat imposable :

1° Pour les dépenses correspondant aux frais de création et d'exploitation du spectacle pour toutes ses représentations, incluant les représentations promotionnelles :

a) Les frais de personnel permanent de l'entreprise incluant :

— les salaires et charges sociales afférents au personnel directement concerné par le spectacle : directeurs artistiques, directeurs de production, directeurs musicaux, directeurs de la communication ou des relations publiques, directeurs de la commercialisation, responsables des relations publiques ou de la communication, administrateurs de production, de tournée ou de diffusion, conseillers artistiques, coordinateurs, chargés de production, de diffusion ou de commercialisation, répétiteurs, collaborateurs artistiques, attachés de production ou de diffusion, attachés de presse ou de relations publiques, responsables de la billetterie, gestionnaires de billetterie, responsables de placement, chargés de réservation, attachés à l'accueil, agents de billetterie et d'accueil, *webmasters* ;

— la rémunération, incluant les charges sociales, du ou des dirigeants correspondant à leur participation directe à la création et à l'exploitation du spectacle. Cette rémunération ne peut excéder un montant fixé par décret, dans la limite d'un plafond de 50 000 € par an. Cette rémunération n'est éligible au crédit d'impôt que pour les petites entreprises, au sens de l'article 2 de l'annexe I du règlement (UE) n° 651/2014 de la Commission, du 17 juin 2014, déclarant certaines catégories d'aides compatibles avec le marché intérieur en application des articles 107 et 108 du traité ;

b) Les frais de personnel non permanent de l'entreprise incluant :

— les salaires et charges sociales afférents aux artistes et techniciens affectés au spectacle. Les rémunérations des artistes prises en compte pour le calcul du crédit d'impôt sont plafonnées à cinq fois le montant du salaire minimum conventionnel en vigueur ;

— les rémunérations, droits d'auteur, honoraires et prestations versés à des personnes physiques ou morales ayant contribué directement au spectacle : graphiste, créateur de costumes, maquilleur, habilleur, coiffeur, couturier, accessoiriste, créateur de décors, créateur de lumières, créateur d'effets ou d'ambiances sonores, créateur de vidéo ou d'effets spéciaux, metteur en scène, chorégraphe ;

c) Les redevances versées aux organismes de gestion collective des droits d'auteur au titre des représentations de spectacle ;

d) Les frais de location de salles de répétition et de salles de spectacles ;

e) Les frais de location de matériels utilisés directement ou indirectement dans le cadre du spectacle ou à des fins d'accueil du public ;

f) Dès lors qu'ils ne sont pas immobilisés et qu'ils sont exclusivement utilisés dans le cadre du spectacle éligible, les frais d'achat du petit matériel utilisé dans le cadre du spectacle ou à des fins d'accueil du public ;

g) Les dotations aux amortissements, lorsqu'elles correspondent à des immobilisations corporelles ou incorporelles utilisées exclusivement dans le cadre du spectacle ;

h) Les frais d'assurance annulation ou d'assurance du matériel directement imputables au spectacle éligible ;

i) Les dépenses occasionnées lors de la tournée du spectacle : frais d'entretien et de réparation du matériel de tournée, frais de régie, frais de transport, frais de restauration et d'hébergement dans la limite d'un montant par nuitée fixé par décret, qui ne peut être supérieur à 270 € par nuitée ;

j) Les dépenses nécessaires à la promotion du spectacle : les dépenses engagées pour la création, la réalisation, la fabrication et l'envoi des supports promotionnels physiques ou dématérialisés, les dépenses liées à la réalisation et à la production d'images permettant le développement de la carrière de l'artiste, les dépenses liées à la création d'un site internet consacré à l'artiste dans le cadre du développement de sa carrière *dans l'environnement* numérique et les dépenses engagées au titre de la participation de l'artiste à des émissions de télévision ou de radio ;

2° Pour les dépenses liées à la numérisation de tout ou partie du spectacle : les frais d'acquisition des droits d'auteur des photographies, des illustrations et créations graphiques, ainsi que les frais techniques nécessaires à la réalisation de ces créations, les frais de captation (son, image, lumière), les frais d'acquisition d'images préexistantes, les cessions de droits facturés par l'ensemble des ayants droit, les frais correspondant

aux autorisations délivrées par des exploitants de salles ou par des organisateurs de festivals, les dépenses de postproduction (frais de montage, d'étalonnage, de mixage, de codage et de matriçage), les rémunérations et charges sociales nécessaires à la réalisation de ces opérations ainsi que, dans le cadre d'un support numérique polyvalent musical, les frais de conception technique tels que la création d'éléments d'interactivité ou d'une arborescence ou le recours à des effets spéciaux.

IV. — Les mêmes dépenses ne peuvent entrer à la fois dans les bases de calcul du crédit d'impôt mentionné au I du présent article *(L. n° 2020-1721 du 29 déc. 2020, art. 118-II)* **« et dans celles de tout autre crédit d'impôt ».** — *L'interdiction de cumul avec tout autre crédit d'impôt s'applique aux exercices clos à compter du 31 déc. 2020.*

V. — Le taux mentionné au premier alinéa du III du présent article est porté à 30 % pour les entreprises qui satisfont à la définition des micro, petites et moyennes entreprises prévue à l'article 2 de l'annexe I du règlement (UE) n° 651/2014 de la Commission du 17 juin 2014 précitée.

VI. — Les dépenses mentionnées au III ouvrent droit au crédit d'impôt à compter de la date de réception par le ministre chargé de la culture d'une demande d'agrément provisoire. Cet agrément, délivré après avis d'un comité d'experts, atteste que le spectacle remplit les conditions prévues au II. Les modalités de fonctionnement du comité d'experts et les conditions de délivrance de l'agrément provisoire sont fixées par décret.

VII. — Sont déduites des bases de calcul du crédit d'impôt :

1° Les subventions publiques non remboursables reçues par les entreprises *(L. n° 2018-1317 du 28 déc. 2018, art. 147-I-3°)* **« calculées sur la base du rapport entre le montant des dépenses éligibles et le montant total des charges de l'entreprise figurant au compte de résultat ; »**

2° Les aides dites "tours supports" reçues par l'entreprise de la part du producteur phonographique et directement affectées aux dépenses mentionnées au III.

VIII. — A. — Le montant des dépenses éligibles au crédit d'impôt est limité à 500 000 € par spectacle. Le crédit d'impôt est plafonné à 750 000 € par entreprise et par exercice. Lorsque l'exercice est d'une durée inférieure ou supérieure à douze mois, le montant du plafond est diminué ou augmenté dans les mêmes proportions que la durée de l'exercice.

B. — Dans le cas d'une coproduction, le crédit d'impôt est accordé à chacune des entreprises, proportionnellement à sa part dans les dépenses exposées.

IX. — Le bénéfice du crédit d'impôt mentionné au I est subordonné au respect de l'article 53 du règlement (UE) n° 651/2014 de la Commission du 17 juin 2014 déclarant certaines catégories d'aides compatibles avec le marché intérieur en application des articles 107 et 108 du traité.

V. Ann. III, art. 46 quater-0 ZY octies à 46 quater-0 ZY duodecies.

Le présent art. s'applique aux crédits d'impôt calculés au titre des exercices ouverts à compter du 1er janv. 2016.

Sur les modalités d'application du présent art., V. App., Décr. n° 2016-1209 du 7 sept. 2016.

Les dispositions issues de l'art. 147 de la L. n° 2018-1317 du 28 déc. 2018 s'appliquent aux demandes d'agréments provisoires prévus au VI déposées à compter du 1er janv. 2019 (L. préc., art. 147-II).

1. *L'extension du crédit d'impôt pour dépenses de production de spectacles vivants aux spectacles de variétés s'applique aux demandes d'agréments provisoires prévus au VI du présent art. déposées à compter du 1er janv. 2020.*

2. *Le crédit d'impôt pour dépenses de production de spectacles vivants a été étendu aux spectacles de théâtre pour les demandes d'agréments provisoires déposées à compter du 1er janv. 2020 et avant le 1er janv. 2021 (extension opérée par l'art. 37 de la L. n° 2020-935 du 30 juill. 2020, supprimée à compter du 1er janv. 2021 par l'art. 22 de la L. n° 2020-1721 du 29 déc. 2020 qui a créé un crédit d'impôt spécifique au théâtre codifié à l'art. 220 sexdecies).*

Par dérogation, pour les spectacles mentionnés au I de l'art. 220 quindecies CGI ayant obtenu un agrément provisoire ou pour lesquels une demande d'agrément a été déposée avant le 1er janv. 2021, la condition prévue au b du 2° du II du même art. 220 quindecies s'applique dans sa rédaction résultant du 1° du I de l'art. 23 de la L. n° 2020-1721 du 29 déc. 2020, à la condition que les entreprises justifient lors de la demande d'agrément définitif mentionné à l'art. 220 S du même code que des représentations ont été annulées à compter du 4 mars 2020 en application des mesures relatives à la lutte contre la propagation de l'épidémie de covid-19 (L. préc., art. 23-III-A).

1. Crédit d'impôt en faveur du spectacle vivant. Commentaire administratif. * BOI-IS-RICI-10-45 n° 60 du 24 févr 2021.

2. Variétés. Spectacles d'humour. * BOI-IS-RICI-10-45 n° 60 du 24 févr. 2021.

3. Base de calcul. Sont déduites des bases de calcul du crédit d'impôt « les subventions publiques non remboursables reçues par les entreprises calculées sur la base du rapport entre le montant des dépenses éligibles et le montant total des charges de l'entreprise figurant au compte de résultat ». Lorsqu'une subvention publique est versée globalement à une entreprise sans être destinée au financement d'un projet de spectacle en particulier, la part de cette subvention utilisée par l'entreprise bénéficiaire pour financer des dépenses éligibles doit être déduite des bases de calcul du crédit d'impôt. Cette part correspond au prorata des dépenses éligibles dans l'ensemble des dépenses de l'entreprise. • CE 8 nov. 2019, *Orchestre national d'Île-de-France*, n° 430794 : *RJF 2020. 101.*

12° CRÉDIT D'IMPÔT EN FAVEUR DES REPRÉSENTATIONS THÉÂTRALES D'ŒUVRES DRAMATIQUES

(L. n° 2020-1721 du 29 déc. 2020, art. 22-I-2° et III-B, applicable aux demandes d'agrément provisoire déposées à compter du 1er janv. 2021)

Art. 220 *sexdecies* I. — Les entreprises exerçant l'activité d'entrepreneur de spectacles vivants, au sens de l'article L. 7122-2 du code du travail, soumises à l'impôt sur les sociétés peuvent bénéficier d'un crédit d'impôt au titre des dépenses de création, d'exploitation et de numérisation de représentations théâtrales d'œuvres dramatiques mentionnées au III du présent article si elles remplissent les conditions cumulatives suivantes :

1° Avoir la responsabilité du spectacle, notamment celle d'employeur à l'égard du plateau artistique ;

2° Supporter le coût de la création du spectacle.

II. — Ouvrent droit au crédit d'impôt les dépenses engagées pour la création, l'exploitation et la numérisation de représentations théâtrales d'œuvres dramatiques remplissant les conditions cumulatives suivantes :

1° Être réalisées par des entreprises établies en France, dans un autre État membre de l'Union européenne ou dans un autre État partie à l'accord sur l'Espace économique européen ayant conclu avec la France une convention d'assistance administrative en vue de lutter contre la fraude et l'évasion fiscales et qui y effectuent les prestations liées à la réalisation de représentations théâtrales d'œuvres dramatiques ;

2° Porter sur un spectacle présentant les caractéristiques suivantes :

a) Présenter des coûts de création majoritairement engagés sur le territoire français ;

b) Constituer la première exploitation d'un spectacle caractérisé par une mise en scène et une scénographie nouvelles et qui n'a pas encore donné lieu à représentations ;

c) Être interprété par une équipe d'artistes composée à 90 % au moins de professionnels ;

d) Disposer d'au moins six artistes au plateau ;

e) Être programmé pour plus de vingt dates sur une période de douze mois consécutifs dans au moins deux lieux différents.

III. — Le crédit d'impôt, calculé au titre de chaque exercice, est égal à 15 % du montant des dépenses suivantes, engagées jusqu'au 31 décembre 2024, pour des spectacles mentionnés au II effectués en France, dans un autre État membre de l'Union européenne ou dans un autre État partie à l'accord sur l'Espace économique européen ayant conclu avec la France une convention d'assistance administrative en vue de lutter contre la fraude et l'évasion fiscales, dès lors qu'elles entrent dans la détermination du résultat imposable :

1° Pour les dépenses correspondant aux frais de création et d'exploitation du spectacle :

a) Les frais de personnel permanent de l'entreprise, incluant :

— les salaires et charges sociales afférents au personnel directement concerné par le spectacle : directeurs artistiques, directeurs de production, directeurs de la communication ou des relations publiques, directeurs de la commercialisation, responsables des relations publiques ou de la communication, administrateurs de production, de tournée ou de diffusion, conseillers artistiques, coordinateurs, chargés de production, de diffusion ou de commercialisation, répétiteurs, collaborateurs artistiques, attachés de production ou de diffusion, attachés de presse ou de relations publiques, responsables de la billetterie, gestionnaires de billetterie, responsables de placement, chargés de réservation, attachés à l'accueil, agents de billetterie et d'accueil, webmasters ;

— la rémunération, incluant les charges sociales, du ou des dirigeants correspondant à leur participation directe à la création et à l'exploitation du spectacle. Cette rémunération ne peut excéder un montant fixé par décret, dans la limite d'un plafond de 50 000 € par an. Cette rémunération n'est éligible au crédit d'impôt que pour les petites entreprises, au sens de l'article 2 de l'annexe I au règlement (UE) n° 651/2014 de la Commission, du 17 juin 2014, déclarant certaines catégories d'aides compatibles avec le marché intérieur en application des articles 107 et 108 du traité ;

b) Les frais de personnel non permanent de l'entreprise incluant :

— les salaires et charges sociales afférents aux artistes et techniciens affectés au spectacle. Les rémunérations des artistes prises en compte pour le calcul du crédit d'impôt sont plafonnées à cinq fois le montant du salaire minimum conventionnel en vigueur ;

— les rémunérations, droits d'auteur, honoraires et prestations versés à des personnes physiques ou morales ayant contribué directement au spectacle : graphiste, créateur de costumes, maquilleur, habilleur, coiffeur, couturier, accessoiriste, créateur de décors, créateur de lumières, créateur d'effets ou d'ambiances sonores, créateur de vidéo ou d'effets spéciaux, metteur en scène, chorégraphe ;

c) Les redevances versées aux organismes de gestion collective des droits d'auteur au titre des représentations du spectacle ;

d) Les frais de location de salles de répétition et de salles de spectacles ;

e) Les frais de location de matériels utilisés directement dans le cadre du spectacle ou à des fins d'accueil du public ;

f) Dès lors qu'ils ne sont pas immobilisés et qu'ils sont exclusivement utilisés dans le cadre du spectacle éligible, les frais d'achat du petit matériel utilisé dans le cadre du spectacle ou à des fins d'accueil du public ;

g) Les dotations aux amortissements, lorsqu'elles correspondent à des immobilisations corporelles ou incorporelles utilisées exclusivement dans le cadre du spectacle ;

h) Les frais d'assurance annulation ou d'assurance du matériel directement imputables au spectacle éligible ;

i) Les dépenses occasionnées lors de la tournée du spectacle : frais d'entretien et de réparation du matériel de tournée, frais de régie, frais de transport, frais de restauration et d'hébergement dans la limite d'un montant par nuitée fixé par décret, qui ne peut être supérieur à 270 € ;

j) Les dépenses nécessaires à la promotion du spectacle : les dépenses engagées pour la création, la réalisation, la fabrication et l'envoi des supports promotionnels physiques ou dématérialisés, les dépenses liées à la réalisation et à la production d'images permettant le développement du spectacle, les dépenses liées à la création d'un site internet consacré à ce spectacle et les dépenses engagées au titre de participations à des émissions de télévision ou de radio.

Les dépenses mentionnées au présent 1° sont prises en compte dans la limite des soixante premières représentations par spectacle, à l'exception de celles mentionnées au f, qui sont prises en compte pour leur totalité dès lors qu'elles sont exposées au cours des mêmes exercices ;

2° Pour les dépenses liées à la numérisation de tout ou partie du spectacle défini au 2° du II : les frais d'acquisition des droits d'auteur des photographies, des illustrations et créations graphiques, ainsi que les frais techniques nécessaires à la réalisation de ces créations, les frais de captation (son, image, lumière), les frais d'acquisition d'images préexistantes, les cessions de droits facturés par l'ensemble des ayants droit, les frais correspondant aux autorisations délivrées par des exploitants de salles ou par des organisateurs de festivals, les dépenses de postproduction (frais de montage, d'étalonnage, de mixage, de codage et de matriçage), les rémunérations et charges sociales nécessaires à la réalisation de ces opérations ainsi que, dans le cadre d'un support numérique polyvalent musical, les frais de conception technique tels que la création d'éléments d'interactivité ou d'une arborescence ou le recours à des effets spéciaux.

Ces dépenses sont prises en compte dès lors qu'elles sont exposées au cours des mêmes exercices que les dépenses mentionnées au 1° du présent III.

IV. — Les mêmes dépenses ne peuvent entrer à la fois dans les bases de calcul du crédit d'impôt mentionné au I et dans celle de tout autre crédit d'impôt.

V. — Le taux mentionné au premier alinéa du III est porté à 30 % pour les entreprises qui satisfont à la définition des micro, petites et moyennes entreprises prévue à l'article 2 de l'annexe I au règlement (UE) n° 651/2014 de la Commission du 17 juin 2014 précitée.

VI. — Les dépenses mentionnées au III ouvrent droit au crédit d'impôt à compter de la date de réception par le ministre chargé de la culture d'une demande d'agrément provisoire. Cet agrément, délivré après avis d'un comité d'experts, atteste que le spectacle remplit les conditions prévues au II. Les modalités de fonctionnement du comité d'experts et les conditions de délivrance de l'agrément provisoire sont fixées par décret.

VII. — Sont déduites des bases de calcul du crédit d'impôt :

1° Les subventions publiques non remboursables et les aides non remboursables versées par l'association pour le soutien du théâtre privé et directement affectées aux dépenses mentionnées au III ;

2° Les autres subventions publiques non remboursables reçues par les entreprises, calculées sur la base du rapport entre le montant des dépenses éligibles et le montant total des charges de l'entreprise figurant au compte de résultat.

VIII. — Le montant des dépenses éligibles au crédit d'impôt est limité à 500 000 € par spectacle. Le crédit d'impôt est plafonné à 750 000 € par entreprise et par exercice. Lorsque l'exercice est d'une durée inférieure ou supérieure à douze mois, le montant du plafond est diminué ou augmenté dans les mêmes proportions que la durée de l'exercice.

IX. — Le bénéfice du crédit d'impôt mentionné au I est subordonné au respect de l'article 53 du règlement (UE) n° 651/2014 de la Commission du 17 juin 2014 précité.

Pour l'application du présent art., V. Décr. n° 2021-655 du 26 mai 2021, art. 2 à 9. V. égal. Ann. III, art. 46 quater-0 ZY terdecies à 46 quater-0 ZY septdecies.

Crédit d'impôt en faveur des représentations théâtrales d'œuvres dramatiques. Entreprises concernées. Représentations théâtrales d'œuvres dramatiques concernées. Dépenses éligibles. Détermination, utilisation et déclaration du crédit d'impôt. Obligations déclaratives. Contrôle du crédit d'impôt. * BOI-IS-RICI-10-47 du 9 juin 2021.

13° CRÉDIT D'IMPÔT POUR DÉPENSES D'ÉDITION D'ŒUVRES MUSICALES

(L. n° 2021-1900 du 30 déc. 2021, art. 82-I-1° et III, applicable au titre des exercices clos à compter du 31 déc. 2022)

Art. 220 *septdecies* I. — Les entreprises d'édition musicale, au sens de l'article L. 132-1 du code de la propriété intellectuelle, soumises à l'impôt sur les sociétés peuvent bénéficier d'un crédit d'impôt au titre des dépenses mentionnées au III du présent article engagées en vue de soutenir la création d'œuvres musicales, de contrôler et d'administrer des œuvres musicales éditées, d'assurer la publication, l'exploitation et la diffusion commerciale des œuvres musicales éditées et de développer le répertoire d'un auteur ou d'un compositeur, à condition de ne pas être détenues, directement ou indirectement, par un éditeur de services de télévision ou de radiodiffusion.

II. — Ouvrent droit au crédit d'impôt mentionné au I les dépenses engagées en vue de soutenir la création d'œuvres musicales, de contrôler et d'administrer des œuvres musicales éditées, d'assurer la publication, l'exploitation et la diffusion commerciale des œuvres musicales éditées et de favoriser le développement du répertoire de nouveaux talents en exécution d'un contrat conclu à compter du 1er janvier 2022 et remplissant les conditions cumulatives suivantes :

1° Être conclu par une entreprise d'édition musicale établie en France, dans un autre État membre de l'Union européenne ou dans un autre État partie à l'accord sur l'Espace économique européen ayant conclu avec la France une convention d'assistance administrative en vue de lutter contre la fraude et l'évasion fiscales et qui y effectue les prestations liées à la création des œuvres musicales ainsi qu'aux opérations d'édition de celles-ci ;

2° Stipuler que l'auteur ou le compositeur s'engage à accorder un droit de préférence à l'entreprise pour l'édition de ses œuvres futures dans les conditions prévues à l'article L. 132-4 du code de la propriété intellectuelle ;

3° Lier une entreprise d'édition musicale à un nouveau talent, défini comme un auteur ou un compositeur dont les œuvres éditées n'ont pas dépassé un seuil de ventes et d'écoutes défini par décret pour deux albums distincts ou qui, en qualité d'auteur ou de coauteur, de compositeur ou de cocompositeur ou dans le cadre d'une œuvre collective, n'a pas contribué à l'écriture ou à la composition de plus de 50 % des œuvres figurant dans deux albums distincts ayant chacun dépassé ce seuil de ventes et d'écoutes.

S'agissant des œuvres comportant des paroles, le bénéfice du crédit d'impôt est réservé aux œuvres de nouveaux talents dont la moitié au moins sont d'expression française ou emploient une langue régionale en usage en France. Par dérogation, pour les entreprises qui satisfont à la définition de la microentreprise donnée au 3 de l'article 2 de l'annexe I au règlement (UE) n° 651/2014 de la Commission du 17 juin 2014 déclarant certaines catégories d'aides compatibles avec le marché intérieur en application des articles 107 et 108 du traité, les œuvres comportant des paroles qui ne relèvent pas de cette catégorie ouvrent droit au bénéfice du crédit d'impôt dans la limite du nombre d'œuvres d'expression française ou employant une langue régionale en usage en France, déposées la même année au cours du même exercice par la même entreprise au répertoire d'un organisme de gestion collective au sens de l'article L. 321-1 du code de la propriété intellectuelle, hors répertoire étranger sous-édité. Le seuil d'effectif est calculé hors personnel rémunéré au cachet. S'agissant des œuvres de nouveaux talents, le bénéfice du crédit d'impôt s'apprécie au niveau de l'entreprise redevable de l'impôt sur les sociétés pour l'ensemble des œuvres déposées chaque année au répertoire d'un organisme de gestion collective au sens du même article L. 321-1, hors répertoire étranger sous-édité.

III. — Le crédit d'impôt, calculé au titre de chaque exercice, est égal à 15 % du montant total des dépenses suivantes engagées jusqu'au 31 décembre 2024, pour des opérations mentionnées au II du présent article effectuées en France, dans un autre État membre de l'Union européenne ou dans un autre État partie à l'accord sur l'Espace économique européen ayant conclu avec la France une convention administrative en vue de lutter contre la fraude ou l'évasion fiscales, dès lors qu'elles entrent dans la détermination du résultat imposable :

1° Pour les dépenses de soutien à la création des œuvres musicales dans le cadre d'un contrat mentionné au II :

a) Les frais de personnel permanent de l'entreprise incluant :

— les salaires et charges sociales afférents au personnel participant directement au soutien à la création des œuvres musicales : directeurs des services artistiques, directeurs artistiques, responsables artistiques, conseillers artistiques, directeurs musicaux, répétiteurs, collaborateurs artistiques, superviseurs musicaux, musiciens, accompagnateurs musicaux, ingénieurs du son et techniciens, responsables et collaborateurs du service synchro (cinéma, audiovisuel, production multimédia, illustration musicale, promotion de marques de produits ou de services), responsables et collaborateurs du service de rédaction-correction, responsables et collaborateurs du service de fabrication, responsables et collaborateurs du service de matériel d'orchestre, directeurs administratifs et financiers, directeurs juridiques, responsables juridiques, juristes, assistants juridiques, responsables et collaborateurs du service de traitement, de valorisation et d'analyses de données, responsables et collaborateurs du service chargé de la communication et du développement numériques ;

— la rémunération, charges sociales incluses, des dirigeants, correspondant à leur participation directe à la création des œuvres musicales, dans la limite d'un montant, fixé par décret, ne pouvant excéder 50 000 € par an. Cette rémunération n'est éligible au crédit d'impôt que pour les petites entreprises, au sens de l'article 2 de l'annexe I au règlement (UE) n° 651/2014 de la Commission du 17 juin 2014 précité ;

b) Les frais de personnel non permanent de l'entreprise, incluant les salaires et charges sociales, afférents aux directeurs artistiques, responsables artistiques, conseillers artistiques, directeurs musicaux, répétiteurs, collaborateurs artistiques, superviseurs musicaux, musiciens, accompagnateurs musicaux, ingénieurs du son et techniciens engagés pour la création des œuvres musicales ;

c) Les frais et indemnités de déplacement et d'hébergement, dans la limite d'un montant par nuitée, fixé par décret, ne pouvant excéder 270 € ;

d) Les dépenses liées à la formation musicale de l'auteur ou du compositeur ;

e) Les dépenses liées à l'organisation ou à la participation de l'auteur à des séminaires d'écriture musicale, y compris les frais d'inscription et de déplacement ;

f) Les dépenses de création et de maquettage : location de studios de répétition ou d'enregistrement, captations sonores, location et transport de matériels et d'instruments ;

2° Pour les dépenses liées au contrôle et à l'administration des œuvres musicales éditées dans le cadre d'un contrat mentionné au II :

a) Les frais de personnel permanent de l'entreprise, incluant :

– les salaires et charges sociales afférents au personnel directement chargé du contrôle et de l'administration des œuvres musicales : directeurs des services artistiques, directeurs artistiques, responsables artistiques, conseillers artistiques, directeurs musicaux, répétiteurs, collaborateurs artistiques, superviseurs musicaux, accompagnateurs musicaux, ingénieurs du son et techniciens, responsables et collaborateurs du service synchro (cinéma, audiovisuel, production multimédia, illustration musicale, promotion de marques de produits ou de services), responsables et collaborateurs du service de rédaction-correction, responsables et collaborateurs du service "copyright", responsables et collaborateurs du service de fabrication, responsables et collaborateurs du service de matériel d'orchestre, responsables de catalogue, directeurs administratifs et financiers, directeurs juridiques, responsables et collaborateurs du service de traitement, de valorisation et d'analyses de données, juristes, assistants juridiques, directeurs ou responsables de services de répartition, gestionnaires des redevances, directeurs comptables, chefs comptables, comptables ;

– la rémunération, charges sociales incluses, des dirigeants, correspondant à leur participation directe au contrôle et à l'administration des œuvres musicales, dans la limite d'un montant, fixé par décret, ne pouvant excéder 50 000 € par an. Cette rémunération n'est éligible au crédit d'impôt que pour les petites entreprises, au sens de l'article 2 de l'annexe I au règlement (UE) n° 651/2014 de la Commission du 17 juin 2014 précité ;

b) Les frais de déclaration des œuvres musicales ;

c) Les dépenses de veille liées à l'exploitation illicite des œuvres musicales ;

d) Les frais de défense des œuvres musicales et des droits des auteurs et des compositeurs ;

3° Pour les dépenses liées à la publication, à l'exploitation et à la diffusion commerciale des œuvres musicales éditées et au développement du répertoire de l'auteur ou du compositeur dans le cadre d'un contrat mentionné au II :

a) Les frais de personnel permanent de l'entreprise, incluant :

– les salaires et charges sociales afférents au personnel directement chargé de la publication, de l'exploitation et de la diffusion commerciale des œuvres musicales éditées : directeurs des services artistiques, directeurs artistiques, responsables artistiques, conseillers artistiques, directeurs musicaux, répétiteurs, collaborateurs artistiques, superviseurs musicaux, accompagnateurs musicaux, ingénieurs du son et techniciens, responsables et collaborateurs du service synchro (cinéma, audiovisuel, production multimédia, illustration musicale, promotion de marques de produits ou de services), responsables et collaborateurs du service de fabrication, responsables et collaborateurs du service de matériel d'orchestre, responsables de catalogue, directeurs administratifs et financiers, directeurs juridiques, responsables juridiques, juristes, assistants juridiques, directeurs comptables, chefs comptables, comptables, directeurs de la communication et des relations publiques, directeurs de la commercialisation, responsables des relations publiques ou de la communication, chargés de diffusion ou de commercialisation, attachés de presse ou de relations publiques, responsables et collaborateurs du service de traitement, de valorisation et d'analyses de données, responsables et collaborateurs du service chargé de la communication et du développement numériques ;

– la rémunération, charges sociales incluses, des dirigeants, correspondant à leur participation directe à la publication, à l'exploitation et à la diffusion commerciale des œuvres musicales éditées, dans la limite d'un montant, fixé par décret, ne pouvant excéder 50 000 € par an. Cette rémunération n'est éligible au crédit d'impôt que pour les petites entreprises, au sens de l'article 2 de l'annexe I au règlement (UE) n° 651/2014 de la Commission du 17 juin 2014 précité ;

b) Les dépenses de reproduction graphique et d'impression, tant physique que numérique, des œuvres musicales éditées, y compris les frais de relecture et de correction des manuscrits ;

c) Les dépenses de commercialisation des œuvres musicales sur support physique ou numérique ;

d) Les dépenses de prospection commerciale engagées en vue d'assurer l'exportation et la diffusion à l'étranger des œuvres musicales éditées, incluant notamment les frais et indemnités de déplacement et d'hébergement, dans la limite d'un montant par nuitée, fixé par décret, ne pouvant excéder 270 € ;

e) Les dépenses engagées au titre de la participation de l'auteur ou du compositeur à des émissions de télévision ou de radio ou à des programmes audiovisuels ainsi que celles engagées pour la présentation des œuvres musicales éditées à des émissions ou programmes ;

f) Les dépenses liées à la création et à la gestion de contenus audiovisuels et multimédias consacrés aux œuvres musicales éditées ;

g) Les dépenses liées à la captation sonore des œuvres musicales éditées et à la création de maquettes phonographiques : location de studios d'enregistrement et frais de réalisation, d'arrangement, de mixage et de matriçage ;

h) Les frais de location ou de transport de matériel ou d'instruments ;

i) Dès lors qu'ils ne sont pas immobilisés, les frais d'achat du petit matériel utilisé exclusivement dans le cadre de la publication, de la diffusion ou de l'exploitation commerciale de l'œuvre éditée ;

j) Les dotations aux amortissements, lorsqu'elles correspondent à des immobilisations corporelles ou incorporelles utilisées exclusivement dans le cadre de la publication, de la diffusion ou de l'exploitation commerciale de l'œuvre éditée ;

k) Les dépenses liées aux répétitions et aux représentations promotionnelles des œuvres musicales éditées.

Le montant des dépenses éligibles au crédit d'impôt est limité à 300 000 € par contrat mentionné au II du présent article.

Les dépenses définies aux 1°, 2° et 3° du présent III confiées à des entreprises liées à l'édition musicale établies en France, dans un autre État membre de l'Union européenne ou dans un autre État partie à l'accord sur l'Espace économique européen ayant conclu avec la France une convention d'assistance administrative en vue de lutter contre la fraude et l'évasion fiscales sont retenues dans l'assiette du crédit d'impôt à hauteur de 1 600 000 € par exercice.

IV. — Les mêmes dépenses ne peuvent pas entrer à la fois dans les bases de calcul du crédit d'impôt mentionné au I et dans celle d'un autre crédit d'impôt.

V. — Le taux mentionné au premier alinéa du III est porté à 30 % pour les entreprises qui satisfont à la définition des micro, petites et moyennes entreprises donnée à l'article 2 de l'annexe I au règlement (UE) n° 651/2014 de la Commission du 17 juin 2014 précité.

VI. — Les dépenses mentionnées au III du présent article ouvrent droit au crédit d'impôt à compter de la date de réception par le ministre chargé de la culture d'une demande d'agrément provisoire. Cet agrément, délivré après avis d'un comité d'experts, atteste que les conditions prévues au II sont remplies. Les modalités de fonctionnement du comité d'experts et les conditions de délivrance de l'agrément provisoire sont fixées par décret.

VII. — Les subventions publiques reçues par les entreprises en raison des dépenses ouvrant droit au crédit d'impôt sont déduites des bases de calcul de ce crédit d'impôt.

VIII. — A. — La somme des crédits d'impôt calculés au titre des dépenses éligibles ne peut excéder 500 000 € par entreprise et par exercice.

B. — En cas de co-édition, le crédit d'impôt est accordé à chacune des entreprises, proportionnellement à sa part dans les dépenses exposées.

IX. — Le bénéfice du crédit d'impôt mentionné au I est subordonné au respect de l'article 53 du règlement (UE) n° 651/2014 de la Commission du 17 juin 2014 précité.

SECTION VI ÉTABLISSEMENT DE L'IMPÔT

Art. 221 1. L'impôt sur les sociétés est établi dans les mêmes conditions et sous les mêmes sanctions que l'impôt sur le revenu (bénéfices industriels et commerciaux, régime d'imposition d'après le bénéfice réel ou d'après le régime simplifié).

2. En cas de dissolution, de transformation entraînant la création d'une personne morale nouvelle, d'apport en société, de fusion, de transfert du siège ou d'un établissement dans un État étranger autre qu'un État membre de l'Union européenne ou qu'un État partie à l'accord sur l'Espace économique européen ayant conclu avec la France *(Abrogé par L. n° 2019-1479 du 28 déc. 2019, art. 45-I-5° et II-A, pour les exercices ouverts à compter du 1er janv. 2020) « une convention d'assistance administrative en vue de lutter contre la fraude et l'évasion fiscales ainsi qu' »* une convention d'assistance mutuelle en matière de recouvrement ayant une portée similaire à celle prévue par la directive 2010/24/UE du Conseil du 16 mars 2010 concernant l'assistance mutuelle en matière de recouvrement des créances relatives aux taxes, impôts, droits et autres mesures, l'impôt sur les sociétés est établi dans les conditions prévues aux 1 et 3 de l'article 201.

Il en est de même, sous réserve des dispositions de l'article 221 *bis*, lorsque les sociétés ou organismes mentionnés aux articles 206 à 208 *quinquies*, 239, 239 *bis* AA et 239 *bis* AB cessent totalement ou partiellement d'être soumis à l'impôt sur les sociétés au taux prévu au deuxième alinéa du I de l'article 219.

Lorsque le transfert *(L. n° 2019-1479 du 28 déc. 2019, art. 45-I-5° et II-A, applicable aux exercices ouverts à compter du 1er janv. 2020)* « d'un actif, » du siège ou d'un établissement s'effectue dans un autre État membre de l'Union européenne ou dans un État partie à l'accord sur l'Espace économique européen ayant conclu avec la France *(Abrogé par L. n° 2019-1479 du 28 déc. 2019, art. 45-I-5° et II-A, pour les exercices ouverts à compter du 1er janv. 2020) « une convention d'assistance administrative en vue de lutter contre la fraude et l'évasion fiscales ainsi qu' »* une convention d'assistance mutuelle en matière de recouvrement ayant une portée similaire à celle prévue par la directive 2010/24/UE du Conseil du 16 mars 2010 précitée *(Abrogé par L. n° 2019-1479 du 28 déc. 2019, art. 45-I-5° et II-A, pour les exercices ouverts à compter du 1er janv. 2020) « et qu'il s'accompagne du transfert d'éléments d'actifs »*, l'impôt sur les sociétés calculé à raison des plus-values latentes constatées sur les éléments de l'actif immobilisé transférés et des plus-values en report ou en sursis d'imposition est acquitté dans les deux mois suivant le transfert des actifs :

a) Soit pour la totalité de son montant ;

b) Soit, sur demande expresse de la société, pour le cinquième de son montant. Le solde est acquitté par fractions égales au plus tard à la date anniversaire du premier paiement au cours des quatre années suivantes. Le solde des fractions dues en application de la première phrase du présent *b* peut être versé à tout moment, en une seule fois, avant chaque date anniversaire du premier paiement.

L'impôt devient immédiatement exigible lorsque intervient, dans le délai de cinq ans, la cession des actifs ou leur transfert dans un autre État que ceux mentionnés au troisième alinéa du présent 2 ou la dissolution de la société. L'impôt devient également exigible en cas de non-respect de l'une des échéances de paiement.

La société adresse chaque année au service des impôts des non-résidents un état conforme au modèle fourni par l'administration faisant apparaître les renseignements nécessaires au suivi des plus-values latentes sur les éléments de l'actif immobilisé *transférés, mentionnées au troisième* alinéa. — *Sanction : V. art. 1763.*

2 *bis.* Qu'elle s'accompagne ou non d'un changement de forme juridique, la modification des statuts tendant à assigner à une société quelconque un objet conforme aux prévisions de l'article 1655 *ter* est assimilée, du point de vue fiscal, à une cessation d'entreprise. — *Ann. II, art. 372.*

2 *ter.* La transformation d'une société de capitaux ou d'une association constituée conformément à la loi du 1er juillet 1901 en groupement d'intérêt économique est

considérée comme une cessation d'entreprise et entraîne l'établissement de l'impôt sur les sociétés dans les conditions prévues aux 1 et 3 *[de]* l'article 201.

2 *quater*. La transformation en société d'investissement à capital variable d'une société non exonérée de l'impôt sur les sociétés entraîne les mêmes conséquences fiscales que la liquidation de la société transformée.

3. Le changement de nationalité d'une société par actions et le transfert de son siège social à l'étranger n'entraînent pas l'application des dispositions du premier alinéa du 2, lorsqu'ils sont décidés par l'assemblée générale dans les conditions prévues à l'article L. 225-97 du code de commerce.

4. *Disposition périmée.*

5. *a)* Le changement de l'objet social ou de l'activité réelle d'une société emporte cessation d'entreprise. Il en est de même en cas de disparition des moyens de production nécessaires à la poursuite de l'exploitation pendant une durée de plus de douze mois, sauf en cas de force majeure, ou lorsque cette disparition est suivie d'une cession de la majorité des droits sociaux.

Toutefois, dans les situations mentionnées au premier alinéa du présent *a*, l'article 221 *bis* est applicable, sauf en ce qui concerne les provisions dont la déduction est prévue par des dispositions légales particulières.

b) Le changement d'activité réelle d'une société s'entend notamment :

1°) De l'adjonction d'une activité entraînant, au titre de l'exercice de sa survenance ou de l'exercice suivant, une augmentation de plus de 50 % par rapport à l'exercice précédant celui de l'adjonction :

– soit du chiffre d'affaires de la société ;

– soit de l'effectif moyen du personnel et du montant brut des éléments de l'actif immobilisé de la société ;

2°) De l'abandon ou du transfert, même partiel, d'une ou de plusieurs activités entraînant, au titre de l'exercice de sa survenance ou de l'exercice suivant, une diminution de plus de 50 % par rapport à l'exercice précédant celui de l'abandon ou du transfert :

– soit du chiffre d'affaires de la société ;

– soit de l'effectif moyen du personnel et du montant brut des éléments de l'actif immobilisé de la société.

c) Sur agrément délivré par le ministre chargé du budget selon les modalités prévues à l'article 1649 *nonies*, ne sont pas considérées comme emportant cessation d'entreprise :

1°) La disparition temporaire des moyens de production pendant une durée de plus de douze mois mentionnée au *a* lorsque l'interruption et la reprise sont justifiées par des motivations principales autres que fiscales ;

2°) Les opérations mentionnées au *b* lorsqu'elles sont indispensables à la poursuite de l'activité à l'origine des déficits et à la pérennité des emplois.

6. Lorsqu'une société d'intérêt collectif agricole renonce au statut défini aux articles L. 531-1 à L. 535-4 du code rural et de la pêche maritime, les dispositions du premier alinéa du 2 ne s'appliquent pas si cette renonciation ne s'accompagne pas d'un changement de régime fiscal.

BIBL. ► DUMONT, *BFL 2009, p. 351* (le changement de régime fiscal des sociétés patrimoniales). – PAROT, *Dr. fisc. 2000, p. 1576* (report déficitaire et identité d'entreprise). – PINARD-FABRO, *BFL 2009, p. 653* (changement d'activité : une flexibilité opportune en contexte de crise). – TEPER, *Dr. fisc. 2012. 530* (transferts de sièges, transferts d'actifs au sein de l'UE). – TUROT, *RJF 1991, p. 151* (report déficitaire : les sanctions fiscales des changements et transferts d'activité). – VILLEMOT, *FR Lefebvre 34/12, p. 17* (la directive fusion est-elle contraire à la liberté d'établissement ?).

A. CHANGEMENT DE L'ACTIVITÉ RÉELLE

1. Sociétés soumises à l'IS. Commentaire administratif de l'art. 221-5. Dispositif applicable aux exercices clos à compter du 4 juill. 2012. * BOI-IS-CESS-10 du 2 août 2017.

2. Jurisprudence. Une société qui fait apport de sa seule branche d'activité et devient ainsi une société holding doit être regardée comme ayant changé d'activité à la date d'effet rétroactif de cet apport. Elle n'est pas en droit d'imputer le déficit existant à la date de ce changement sur les exercices ouverts au titre d'une activité différente. • TA Dijon, 16 déc. 1997, n° 95-2226 : *RJF 1998. 388.* ♦ Doivent également être regardées

comme ayant changé d'activité : l'entreprise cessant son commerce de gros de tissus qui liquide la totalité de ses actifs et licencie tous ses salariés et qui reprend deux ans plus tard une activité de commerce de détail de vêtements. • CAA Paris, 4 mars 2004, n° 99PA2774 : *RJF 2004. 868.* ♦ ... Une société qui cesse ses activités de gestion de ses participations dans diverses sociétés et de prestations administratives au profit de ses filiales, modifie son objet social, absorbe l'une de ses filiales exerçant une activité industrielle et assure alors elle-même l'activité de fabrication et de commercialisation, dès lors qu'elle subit une transformation telle qu'elle ne peut plus être regardée comme la même et prétendre au report de déficits antérieurs. • CAA Nantes, 30 juin 2000, n° 96NT1323 : *Dr. fisc. 2001. 597.* ♦ ... Une société mère qui se bornait initialement à des activités purement administratives au profit de sa filiale exerçant une activité industrielle de déshydratation de légumes, qui absorbe sa filiale en reprenant sa dénomination et exerce une activité de conditionnement et de commerce de légumes. Elle perd en conséquence le droit au report de ses déficits. • CAA Douai, 18 mars 2004, n° 01DA1065 : *Dr. fisc. 2004. 824, concl. Michel ; RJF 2005. 226.* ♦ ... Une société holding qui exerce exclusivement des activités administratives au profit de deux sociétés dont elle détient la totalité du capital et qui reprend l'exploitation directe du fonds de commerce de l'une d'elles après leur dissolution sans liquidation entraînant la transmission universelle de leur patrimoine. En reprenant ainsi l'activité commerciale de négoce en gros de fournitures et d'articles de bureau d'une de ses filiales, la société holding doit être regardée comme ayant changé d'activité réelle, alors même qu'elle aurait continué à assurer des activités administratives liées à son propre fonctionnement. Ses déficits antérieurs ne sont donc pas reportables. • TA Nantes, 6 juill. 2005, n° 01-1221, *Sté Mécapresse : RJF 2006. 18 ; concl. Quillévéré au BDCF 1/06, n° 6.* ♦ ... Une société holding qui, après l'absorption de ses filiales, se met à exercer une activité de production, de prestations de services et de commercialisation dans le domaine des travaux publics et de la promotion immobilière alors qu'elle se bornait précédemment à une activité de holding. • CAA Lyon, 19 juin 2008, n° 04LY106 : *RJF 2009. 12.* ♦ ... Une société qui a cessé d'exercer son activité de transport routier, transférée à une filiale détenue à 99 %, et qui se limite désormais à une activité de holding. Elle n'est pas en droit d'imputer sur les bénéfices procurés par l'activité nouvelle les déficits subis dans le cadre de l'activité initiale. • CAA Lyon, 21 juin 2007, n° 03LY1753 : *RJF 2008. 17 ; concl. Gimenez au BDCF 1/08, n° 5 ; Dr. fisc. 2008. 174, note Fumenier.* ♦ Solution confirmée. • CE 30 juin 2010, ⚖ n° 308531 : *RJF 2010. 1001 ; DSF 2010. 460, concl. Burguburu, note Fumenier.* ♦ Constituent également des changements d'activité : ... le passage d'une activité de construction-vente d'immeubles à une activité de gestion immobilière, lequel constitue un changement d'activité entraînant les conséquences fiscales d'une cessation d'entreprise. • CAA Bordeaux, 5 juill. 2007, n° 06BX376 : *RJF 2008. 18.* ♦ ... Le passage d'une activité de production avicole à une activité de location de ses locaux d'exploitation. Par suite, les déficits subis dans le cadre de l'activité initiale ne peuvent être imputés sur les bénéfices procurés par l'activité nouvelle. • CAA Bordeaux, 7 mai 2008, n° 06BX1227 : *RJF 2008. 1057.* ♦ ... La mise à disposition du personnel à un tiers : la cessation intervient lorsque l'entreprise met son personnel à la disposition d'une autre société en contrepartie d'une redevance et passe ainsi d'une activité commerciale à une activité de sous-traitance garantissant la totalité de son chiffre d'affaires. • CE 11 juin 2014, ⚖ *SA Sefival,* n° 362284 : *RJF 2014. 881.* ♦ Une société, qui a subi dans son activité des transformations ayant emporté cessation d'entreprise, ne peut reporter un déficit antérieur à son changement d'activité sur le bénéfice d'un exercice postérieur à ce changement, y compris à hauteur des profits comptabilisés au cours de cet exercice qui proviennent de l'ancienne activité. • CE 4 févr. 2013, ⚖ *Sté Sodigar 2,* n° 349169 : *RJF 2013. 391 ; BDCF 2013. 41, concl. Daumas.*

3. Doit être regardée comme ayant changé d'activité la société qui a subi entre les années N et N + 1 un changement d'une importance telle qu'il doive être regardé non comme une simple adjonction mais comme emportant cessation de l'entreprise au sens de l'art. 221-5, eu égard à l'importance prise par son activité nouvelle de commercialisation de matériaux de hautes performances utilisés comme isolants thermiques destinés aux laboratoires de recherche et à l'industrie et au caractère déclinant, au point de devenir marginal, de l'activité initiale de prise de participations au capital de sociétés et de gestion de valeurs mobilières. • CE 10 juill. 2007, ⚖ n° 288484 : *RJF 2007. 1219.*

4. En revanche, avant l'intervention de la loi n° 2012-958 du 16 août 2012, ne constituaient pas un changement d'activité ou d'objet social : l'abandon d'une activité de vente de vêtements et la reprise, après plusieurs mois d'interruption, d'une activité de vente de vêtements, chaussures et articles de sport dès lors que le commerce d'habillement représente une part prépondérante du chiffre d'affaires réalisé dans le cadre du nouveau fonds de commerce. • CE 18 mai 2005, ⚖ n° 259275 : *RJF 2005. 834 ; concl. Collin au BDCF 8/9-05, n° 99 ; Dr. fisc. 2005. 769, concl. Collin, note Masquart.* ♦ ... Le recentrage de l'activité d'une société sur une partie de son activité initiale, qui, bien que minoritaire, ne présente pas un caractère marginal. • CE 30 nov. 2007, ⚖ n° 284621 : *RJF 2008. 123 ; concl. Olléon au BDCF 2/08, n° 17 ; Dr. fisc. 2008. 197, note Pierre.* ♦ ...

L'activité d'une société lorsqu'elle cesse son activité de vente de vêtements pour exercer celle de vente de chaussures et d'articles chaussants sous l'enseigne « France Arno » au sein du groupe « Eram ». • CAA Nantes, 13 mars 2006, n° 03NT846 : *RJF 2006. 1169 ; Dr. fisc. 2008.807, concl. Hervouet.* ♦ … Le passage d'une activité exclusive de distribution de matériels médicaux à une activité de fabrication et de distribution de matériels de même type, même si la fabrication est devenue largement majoritaire. • CAA Lyon, 28 déc. 2006, n° 02LY2391 : *RJF 2007. 543.* ♦ … L'abandon progressif d'une activité de montage de produits d'électronique pour se consacrer à la distribution de produits identiques destinés au même marché. • CAA Versailles, 9 janv. 2007, n° 05VE840 : *Sté Nokia France.* ♦ … La réorientation d'une activité initiale consistant à proposer des services bancaires traditionnels vers une activité de banque d'un réseau de distribution commerciale. • CAA Bordeaux, 7 févr. 2006, n° 02BX1311 : *RJF 2006. 835.* ♦ … L'interruption, en raison de difficultés d'exploitation d'une activité de vente au détail de vêtements pendant une période de trois ans pendant laquelle l'entreprise a exercé l'activité de réalisation d'étalages dans le magasins de vêtements, l'activité initiale ayant été reprise ultérieurement dans une autre localité. • CAA Paris, 7 déc. 1995, n° 95PA580 : *RJF 1996. 429.* ♦ … La suspension temporaire, pour des raisons conjoncturelles, par une EURL de son activité principale de marchand de biens pendant quatre ans et demi et l'exercice pendant cette période d'une activité accessoire de gestion de logements. • CE 25 févr. 2008, n° 287726 : *RJF 2008. 543 ; concl. Glaser au BDCF 5/08, n° 60 ; Dr. fisc. 2008. 333, note Pierre.* ♦ … Une restructuration par laquelle une société cesse, à la clôture de l'exercice N, son activité de production pour se recentrer sur son activité de commercialisation dès lors que la société a poursuivi l'exploitation d'une partie de son activité initiale et que cette activité, bien que minoritaire, ne peut être regardée comme marginale dès lors qu'elle représente, en moyenne, un peu plus de 8 % du chiffre d'affaires des exercices ayant précédé la restructuration. • CE (na), 16 juill. 2020, *Min. c/ Sté Cabot France,* n° 436410 : *RJF 2020. 869, concl. Bokdam-Tognetti.* ♦ … La mise en gérance libre d'un fonds de commerce. • CE, sect., 28 juill. 1993, n° 70812 : *RJF 1993. 1107, concl. Fouquet, p. 628.* ♦ … Ni les changements d'objet social d'une société holding consistant initialement en l'achat d'actions d'une société exploitant un hypermarché et étendu à l'exploitation directe de ce type de commerce, ni sa transformation en société anonyme et la reprise en location gérance de l'exploitation de l'hypermarché. • CAA Nantes, 5 févr. 2003, n° 99NT1086 : *RJF 2003. 695.* ♦ … Ni la location, par une société en liquidation judiciaire, d'un immeuble utilisé antérieurement pour son activité industrielle. • CAA Douai, 11 juin 2008, n° 07DA115 : *RJF 2008. 1305.* ♦ … Ni la transformation par une SCI d'immeubles qu'elle louait à l'un de ses associés pour l'exploitation d'un hôtel-restaurant, en locaux à usage d'habitation donnés en location. • CE 11 juin 2014, *SCI Imotel,* n° 347006 : *RJF 2014. 882 ; Dr. fisc. 2014. 605, note Fumenier.*

V. égal. notes ss. art. 201 et 202 *bis*.

B. CHANGEMENT DE RÉGIME FISCAL

5. Jurisprudence. Conformément à l'art. 221-2, la transformation d'une SA en une société non soumise à l'IS est assimilée à une cessation d'entreprise qui emporte l'imposition immédiate du résultat de l'exercice en cours, nonobstant l'insertion dans l'acte de transformation d'une clause de rétroactivité. Celle-ci ne peut en effet remettre en cause la réalisation du fait générateur de l'impôt et empêcher l'Administration d'établir ledit impôt en fonction de la situation de fait et de droit existant à cette date. Par ailleurs, l'exception à l'imposition immédiate prévue par l'art. 221 *bis* ne s'applique pas à l'ensemble des bénéfices non encore imposés mais seulement à ceux visés par ledit article, à savoir les bénéfices en sursis d'imposition et les plus-values latentes incluses dans l'actif social. • CAA Lyon, 13 avr. 2006, n° 01LY2519 : *RJF 2006. 1170.* ♦ Confirmé • CE 16 mai 2008, n° 294305 : *RJF 2008. 938 ; concl. Séners au BDCF 8-9/08, n° 101.*

6. Ne constitue pas un abus de droit la transformation d'une société anonyme (SA) en société en nom collectif (SNC) qui permet le transfert à sa société mère d'une quote-part des bénéfices réalisés et leur imputation par cette dernière sur la totalité des déficits reportables issus d'une précédente intégration fiscale. • CE 15 févr. 2016, *SNC Distribution Leader Price,* n° 374071 : *RJF 2016. 465, concl. Bohnert ; Dr. fisc. 2016. 304, note Meier, Torlet et Adady.*

C. TRANSFERT DE SIÈGE À L'ÉTRANGER

7. Transfert de siège ou d'établissement dans l'UE. Dispositif nouveau résultant de l'art. 30 de la L. n° 2012-1510 du 29 déc. 2012 modifiant l'art. 221-2 CGI relatif aux transferts de siège ou d'établissement dans l'UE ou dans certains États partie à l'Espace économique européen. * BOI-IS-CESS-30 du 3 sept. 2013 * BOI-FORM-000031 du 3 sept. 2013.

8. Transfert de siège à l'étranger et liberté d'établissement. Le droit de l'Union ne s'oppose pas, en principe, à une imposition sur les plus-values latentes afférentes aux actifs d'une société à l'occasion du transfert de son siège dans un autre État membre. Toutefois, le recouvrement immédiat de l'imposition au moment où la société transfère son siège de direction effective, sans offrir à la société la possibilité de payer de façon différée le montant de celle-ci, est incompatible avec le droit de l'Union. • CJUE 29 nov. 2011, *National Grid Indus BV,* n° 371/10 : *RJF 2012. 192 ; FR Lefebvre 48/11, note Gutmann ; Dr. fisc. 2012. 125, note Blanluet ; D. 2012. 784, note Kovar* . ♦ En ayant adopté et maintenu en vigueur une réglementation nationale prévoyant l'imposition des plus-values non réalisées lors du transfert d'une entreprise ou lors du transfert du siège social statutaire ou réel d'une société dans un autre État membre, les Pays-Bas ont manqué aux obligations qui leur incombent en vertu de l'art. 49 du TFUE qui consacre la liberté d'établissement. • CJUE 31 janv. 2013, *Commission européenne c/ Royaume des Pays-Bas,* n° 301/11 : *RJF 2013. 448.* ♦ Le principe de liberté d'établissement s'oppose à la taxation immédiate des plus-values latentes en cas de transfert dans l'UE du siège statutaire et de la direction effective d'une société ou de la totalité des actifs rattachés à un établissement stable. • CJUE 6 sept. 2012, *Commission européenne c/ République portugaise,* n° C-38/10 : *RJF 2013. 115.* ♦ Constitue une atteinte proportionnée au principe de libre circulation des capitaux l'imposition, étalée sur cinq ans, de plus-values latentes générées sur le territoire d'un État qui serait privé de compétence fiscale sur ces revenus lors de leur réalisation effective. • CJUE 23 janv. 2014, *DMC Beteiligungsgesellschaft GmbH,* n° C-164/12 : *RJF 2014. 418 ; Dr. fisc. 2014. 253, note De Boynes.* ♦ La jurisprudence de l'UE s'applique aux transferts d'actifs vers l'EEE lorsque la société reste soumise à la compétence fiscale de l'État d'origine, le recours à l'assistance administrative n'étant alors pas nécessaire pour garantir l'imposition ultérieure des plus-values. • CJUE 18 juill. 2013, *Commission européenne c/ Royaume du Danemark,* n° C-261/11 : *RJF 2013. 1097.*

9. Le transfert du siège d'une société dans le territoire de la Polynésie française, où les règles de l'IS sont fixées par des conventions et non par le CGI, entraîne l'application du 2 de l'art. 221 dont il résulte l'imposition immédiate des bénéfices d'une entreprise qui transfère son siège social à l'étranger. • CE 5 févr. 2001, n° 215592 : *Dr. fisc. 2001. 729, concl. Touvet* • 30 déc. 2002, n° 215459 : *Dr. fisc. 2003. 202 ; RJF 2003. 275 ; concl. Austry au BDCF 3/03, n° 33.* ♦ ... Et l'imposition des associés sur l'intégralité des bénéfices et des réserves de la société réputés distribués aux associés en application de l'art. 111 *bis*, à concurrence de leur participation respective dans le capital de la société. • CE 30 déc. 2002, n° 215459 : *préc.*

10. Transfert de siège dans l'UE. Une société qui transfère son siège social au Luxembourg est soumise à la procédure d'imposition immédiate de ses bénéfices qui n'ont pas encore été imposés ainsi qu'à l'obligation de faire parvenir à l'Administration la déclaration de son bénéfice réel dès lors que ce transfert entraîne le transfert comptable de l'ensemble de ses actifs et la cessation de toute exploitation en France de son activité commerciale de sorte que la société cesse d'être soumise à l'IS. • CE 9 juin 2020 : *Sté Gervais Samaniotto Industries,* n° 418913 : *RJF 2020. 679, concl. Cytermann.* ♦ Un État membre dans lequel une société transfère son siège de direction effective peut exclure l'imputation des pertes fiscales subies, avant ce transfert, dans l'État membre dans lequel elle conserve son siège statutaire. • CJUE 27 févr. 2020 : *AURES Holdings a.s.,* n° 405/18 : *RJF 2020. 506.*

Art. 221 *bis* En l'absence de création d'une personne morale nouvelle, lorsqu'une société ou un autre organisme cesse totalement ou partiellement d'être soumis à l'impôt sur les sociétés au taux normal, les bénéfices en sursis d'imposition les plus-values latentes incluses dans l'actif social et les profits non encore imposés sur les stocks ne font pas l'objet d'une imposition immédiate, à la double condition qu'aucune modification ne soit apportée aux écritures comptables et que l'imposition desdits bénéfices, plus-values et profits demeure possible sous le nouveau régime fiscal applicable à la société ou à l'organisme concerné.

La première condition n'est pas exigée des entreprises lors de leur option pour le régime prévu à l'article 208 C pour leurs immobilisations autres que celles visées au IV de l'article 219, si elles prennent l'engagement de calculer les plus-values réalisées ultérieurement à l'occasion de leur cession d'après la valeur qu'elles avaient, du point de vue fiscal, à la clôture de l'exercice précédant l'entrée dans le régime. Les entreprises bénéficiant de cette disposition devront joindre à leur déclaration de résultat un état faisant apparaître les renseignements nécessaires au calcul du résultat imposable de la cession ultérieure des immobilisations considérées. Cet état est établi et contrôlé comme celui prévu à l'article 54 *septies* et sous les mêmes garanties et sanctions. — *V. Ann. III, art. 38 quindecies-IV.*

Toutefois, les plus-values dégagées à l'occasion de la cession de tout ou partie des éléments de l'actif immobilisé existant à la date à laquelle la société ou l'organisme a cessé d'être soumis à l'impôt sur les sociétés au taux normal, dans la mesure où elles étaient acquises à cette date par le ou les éléments cédés, sont imposables (*L. n° 2018-1317 du 28 déc. 2018, art. 37-I-12° et III-1°, applicable aux exercices ouverts à compter du*

1er *janv. 2019)* « conformément au régime défini aux articles 39 *duodecies* et suivants », si, au moment de la cession, les recettes de cette société n'excèdent pas les limites prévues, selon le cas, aux II, III et IV de l'article 151 *septies*. En ce cas, les dispositions de l'article 151 *septies* ne sont pas applicables.

1. Lorsqu'une société par actions ou une SARL est transformée, sans création d'un être moral nouveau et sans modification des écritures comptables, en une société de personnes, elle peut échapper à l'imposition immédiate des plus-values latentes incluses dans son actif social, si l'imposition de ces plus-values, lorsqu'elles seront réalisées par la société après sa transformation, reste possible entre les mains des associés de la société de personnes selon, un régime garantissant l'imposition de l'intégralité du montant des plus-values en sursis d'imposition. Mais la transformation d'une SARL en société civile agricole (SCA) ne peut bénéficier du régime du sursis d'imposition dès lors que le caractère civil de l'activité exercée n'est pas de nature à garantir que les plus-values de cession de terrains réalisées par la société après sa transformation, imposables désormais entre les mains des associés présents ou futurs de la SCA et selon les règles fixées par les art. 150 A s. (actuellement art. 150 U s.) du code s'il s'agit de personnes physiques, pourront en toute hypothèse être imposées selon un régime assurant l'imposition de l'intégralité du montant des plus-values en sursis d'imposition. • CE 28 juill. 2000, n° 138342 : *RJF 2000. 1240, chron. Maïa, p. 766 ; Dr. fisc. 2001. 59, concl. Courtial ; D. 2000. IR 237*.

2. La transformation d'une SARL soumise à l'IS en société de personnes relevant de l'IR ne rend pas exigible la plus-value latente sur fonds de commerce constatée à cette occasion dès lors que la SARL, qui remplissait à la date de sa transformation les conditions posées par l'art. 238 *quaterdecies*, aurait été exonérée à raison de la plus-value réalisée cinq mois plus tard lors de la cession du fonds de commerce, comme l'a été la société de personnes. • CAA Bordeaux, 5 avr. 2012, *El Ferkane*, n°s 10BX02724 et 11BX01202 : *RJF 2012. 1106*.

SECTION VII OBLIGATIONS DES PERSONNES MORALES

Art. 222 Les sociétés, entreprises et associations visées à l'article 206 sont tenues de faire des déclarations d'existence, de modification du pacte social et des conditions d'exercice de la profession dans des conditions et délais qui seront fixés par arrêté ministériel. — *V. Ann. IV, art. 23 A à 23 G.*

Art. 222 *bis* *(L. n° 2021-1109 du 24 août 2021, art. 19-I et II-A, applicable aux documents délivrés relatifs aux dons et versements reçus à compter du 1*[er] *janv. 2021 ou au titre des exercices ouverts à compter du 1*[er] *janv. 2021)* A l'exception de ceux mentionnés au 3 de l'article 200, les organismes qui délivrent des reçus, des attestations ou tous autres documents par lesquels ils indiquent à un contribuable qu'il est en droit de bénéficier des réductions d'impôt prévues aux articles 200, 238 *bis* et 978 sont tenus de déclarer chaque année à l'administration fiscale, dans les délais prévus à l'article 223, le montant global des dons et versements mentionnés sur ces documents et perçus au cours de l'année civile précédente ou au cours du dernier exercice clos s'il ne coïncide pas avec l'année civile ainsi que le nombre de documents délivrés au cours de cette période ou de cet exercice.

Le modèle de cette déclaration est fixé par l'administration.

Art. 223 1. Les personnes morales et associations passibles de l'impôt sur les sociétés sont tenues de souscrire les déclarations prévues pour l'assiette de l'impôt sur le revenu en ce qui concerne les bénéfices industriels et commerciaux (régime de l'imposition d'après le bénéfice réel ou d'après le régime simplifié). — *V. pour le régime simplifié, art. 302 septies A bis. — V. également LPF, art. L. 66-2°.*

Toutefois, la déclaration du bénéfice ou du déficit est faite dans les trois mois de la clôture de l'exercice. Si l'exercice est clos le 31 décembre ou si aucun exercice n'est clos au cours d'une année, la déclaration est à déposer au plus tard le deuxième jour ouvré suivant le 1er mai. — *Pour le premier exercice d'activité, V. l'al. 2 du I de l'art. 209.*

Elle précise les sommes dont les personnes morales demandent l'imputation sur le montant de leur cotisation en vertu du 1 de l'article 220.

2. Les personnes morales et associations visées au 1 sont tenues de fournir, en même temps que leur déclaration de bénéfice ou de déficit, outre les pièces prévues à l'article 38 de l'annexe III au présent code :

1° Les comptes rendus et les extraits des délibérations des conseils d'administration ou des actionnaires. Les entreprises d'assurances ou de réassurances, de capitalisation ou d'épargne *(Ord. n° 2017-484 du 6 avr. 2017, art. 17-III-9°)* « , ainsi que les fonds de retraite professionnelle supplémentaire mentionnés à l'article L. 381-1 du code des assurances, les mutuelles ou unions de retraite professionnelle supplémentaire mentionnées à l'article L. 214-1 du code de la mutualité et les institutions de retraite professionnelle supplémentaire mentionnées à l'article L. 942-1 du code de la sécurité sociale » remettent, en outre, un double du compte rendu détaillé et des tableaux annexes qu'elles fournissent à la direction des assurances ;

2° Un état indiquant, sous une forme qui sera précisée par arrêté ministériel, les bénéfices répartis aux associés, actionnaires ou porteurs de parts, ainsi que les sommes ou valeurs mises à leur disposition au cours de la période retenue pour l'assiette de l'impôt sur les sociétés et présentant le caractère de revenus distribués au sens du VII de la première sous-section de la section II du chapitre I ci-dessus. — *V. Ann. IV, art. 23 H et 23 I.*

3. Les personnes morales et associations passibles de l'impôt sur les sociétés sont tenues aux mêmes obligations que celles prévues aux articles 54 *bis* et 54 *quater*. — *Pour les sanctions, V. art. 1763.*

Déclaration rectificative. Les décisions de gestion prises par l'assemblée générale après l'expiration du délai de déclaration sont sans influence sur l'établissement des bases d'imposition de l'exercice telles qu'elles résultent de la déclaration souscrite dans les délais légaux. • CE 22 mars 1967, n° 63399, *Sté X : Lebon 140* • 27 avr. 2011, n° 322063 : *RJF 2011. 786 ; Dr. fisc. 2011. 543, concl. Olléon.*

Art. 223 *bis* Pour bénéficier des dispositions de l'article 219 *ter*, relatif à l'imposition des indemnités perçues par les entreprises sinistrées par faits de guerre au titre de la réparation des éléments d'actif immobilisés ou en remplacement de stocks détruits, les entreprises doivent en faire la demande dans la déclaration des résultats de l'exercice au cours duquel lesdites indemnités sont versées et apporter, à l'appui de leur demande, toutes justifications utiles.

Art. 223 *ter* En vue de l'application des dispositions des articles 39 *bis* *(L. n° 2017-1837 du 30 déc. 2017, art. 91)* « à 39 *bis* B », les sociétés ou autres personnes morales intéressées sont tenues de joindre à chaque déclaration qu'elles souscrivent pour l'établissement de l'impôt sur les sociétés, un relevé indiquant distinctement le montant des dépenses effectuées en vue des objets indiqués auxdits articles au cours de la période à laquelle s'applique la déclaration, par prélèvement, d'une part, sur les bénéfices de ladite période et, d'autre part, sur les provisions constituées, en vertu des mêmes articles, au moyen des bénéfices des périodes précédentes.

Art. 223 *quater* Les sociétés et personnes morales passibles de l'impôt sur les sociétés, en vertu de l'article 206, à l'exception de celles désignées au 5 de l'article précité, qui, directement ou indirectement, notamment par filiales, possèdent des biens ou droits générateurs des dépenses et charges visées au 4 de l'article 39, doivent faire apparaître distinctement dans leur comptabilité lesdites dépenses et charges, quelle que soit la forme sous laquelle elles les supportent.

Ces entreprises doivent soumettre chaque année à l'approbation de l'assemblée générale ordinaire de leurs actionnaires ou associés le montant global des dépenses et charges dont il s'agit, ainsi que de l'impôt supporté en raison de ces dépenses et charges.

Les dispositions ci-dessus sont applicables aux entreprises nationales.

Art. 223 *quinquies* Lorsqu'il y a lieu à application des dispositions du dixième alinéa du 5 de l'article 39, les chiffres globaux, correspondant à chacune des catégories de dépenses visées audit article et qui doivent faire l'objet du relevé prévu à l'article 54 *quater*, qui est afférent à l'exercice en cause, sont communiqués à la plus proche assemblée générale des actionnaires sous la responsabilité des commissaires aux comptes.

Art. 223 *quinquies* A Les personnes morales désignées au 2 de l'article 218 A peuvent être invitées, par le service des impôts, à désigner, dans un délai de quatre-vingt-dix jours à compter de la réception de cette demande, un représentant en France autorisé à recevoir les communications relatives à l'assiette, au recouvrement et au contentieux de l'impôt. — *V. également LPF, art. L. 72.*

Toutefois, l'obligation de désigner un représentant fiscal ne s'applique pas aux personnes qui ont leur siège social dans un autre État membre de l'Union européenne ou dans un autre État partie à l'accord sur l'Espace économique européen ayant conclu avec la France une convention d'assistance administrative en vue de lutter contre la fraude et l'évasion fiscales ainsi qu'une convention d'assistance mutuelle en matière de recouvrement de l'impôt.

Portée du mandat. Lorsqu'une société étrangère imposable en France a déclaré à l'administration fiscale un représentant en France en application de l'art. 223 *quinquies* A, le mandat ainsi donné à ce mandataire emporte élection de domicile auprès de lui aussi bien, sauf mention contraire, pour les actes relatifs à son imposition à l'IS que pour son imposition à la taxe de 3% sur la valeur vénale des immeubles possédés en France par des entités juridiques. • CE 16 mars 2016, *Sté Autophon Funk AG,* n° 376141 : *RJF 2016. 547.*

Art. 223 *quinquies* B **I. — Les personnes morales établies en France :**

1° Dont le chiffre d'affaires annuel hors taxe ou l'actif brut figurant au bilan est supérieur ou égal à 50 millions d'euros ;

2° Ou détenant à la clôture de l'exercice, directement ou indirectement, plus de la moitié du capital ou des droits de vote d'une entité juridique (personne morale, organisme, fiducie ou institution comparable établie ou constituée en France ou hors de France) satisfaisant à l'une des conditions mentionnées au 1° ;

3° Ou dont plus de la moitié du capital ou des droits de vote est détenue à la clôture de l'exercice, directement ou indirectement, par une entité juridique satisfaisant à l'une des conditions mentionnées au 1° ;

4° Ou appartenant à un groupe relevant du régime fiscal prévu à l'article 223 A ou à l'article 223 A *bis* lorsque ce groupe comprend au moins une personne morale satisfaisant à l'une des conditions mentionnées aux 1° à 3° du présent I,

souscrivent une déclaration, par voie électronique, dans le délai de six mois qui suit l'échéance prévue au 1 de l'article 223.

I *bis*. — La déclaration comporte les informations suivantes :

1° Des informations générales sur le groupe d'entreprises associées :

***a)* Une description générale de l'activité déployée, incluant les changements intervenus au cours de l'exercice ;**

***b)* Une liste des principaux actifs incorporels détenus, notamment brevets, marques, noms commerciaux et savoir-faire, en relation avec l'entreprise déclarante ainsi que l'État ou le territoire d'implantation de l'entreprise propriétaire de ces actifs ;**

***c)* Une description générale de la politique de prix de transfert du groupe et les changements intervenus au cours de l'exercice ;**

2° Des informations spécifiques concernant l'entreprise :

***a)* Une description de l'activité déployée, incluant les changements intervenus au cours de l'exercice ;**

***b)* Un état récapitulatif des opérations réalisées avec d'autres entreprises associées, lorsque le montant agrégé par nature de transactions excède 100 000 €. Cet état indique la nature et le montant des transactions, ainsi que les États et territoires d'implantation des entreprises associées ;**

***c)* Une présentation de la ou des méthodes de détermination des prix de transfert dans le respect du principe de pleine concurrence en indiquant la principale méthode utilisée et les changements intervenus au cours de l'exercice.**

II. — La déclaration est souscrite, pour le compte des personnes morales appartenant à un groupe mentionné à l'article 223 A ou à l'article 223 A *bis*, par leur société mère.

Les dispositions issues de la L. n° 2016-1691 du 9 déc. 2016 s'appliquent aux déclarations devant être déposées au titre des exercices clos à compter du 31 déc. 2016 (L. préc., art. 138-II).

Obligation déclarative en matière de prix de transfert. Commentaire administratif. * BOI-BIC-BASE-80-10-20 n°s 410 à 540 du 1er mars 2017.

Art. 223 *quinquies* C **I. — 1. Une déclaration comportant la répartition pays par pays des bénéfices du groupe et des agrégats économiques, comptables et fiscaux, ainsi que des informations sur la localisation et l'activité des entités le constituant, dont le contenu est fixé par décret, est souscrite sous forme dématérialisée, dans les douze**

mois suivant la clôture de l'exercice, par les personnes morales établies en France qui répondent aux critères suivants : — *V. Ann. III, art. 46 quater-0 YE.*

***a)* Établir des comptes consolidés ;**

***b)* Détenir ou contrôler, directement ou indirectement, une ou plusieurs entités juridiques établies hors de France ou y disposer de succursales ;**

***c)* Réaliser un chiffre d'affaires annuel, hors taxes, consolidé supérieur ou égal à 750 millions d'euros ;**

***d)* Ne pas être détenues par une ou des entités juridiques situées en France et tenues au dépôt de cette déclaration, ou établies hors de France et tenues au dépôt d'une déclaration similaire en application d'une réglementation étrangère.**

2. Une personne morale établie en France qui est détenue ou contrôlée, directement ou indirectement, par une personne morale établie dans un État ou territoire ne figurant pas sur la liste mentionnée au II et qui serait tenue au dépôt de la déclaration mentionnée au 1 si elle était établie en France dépose la déclaration :

***a)* Si elle a été désignée par le groupe à cette fin et en a informé l'administration fiscale ; ou**

***b)* Si elle ne peut démontrer qu'une autre entité du groupe, située en France ou dans un pays ou territoire inscrit sur la liste mentionnée au II, a été désignée à cette fin.**

3. La déclaration mentionnée au premier alinéa du 1 peut faire l'objet, sous condition de réciprocité, d'un échange automatique avec les États ou les territoires ayant conclu avec la France un accord à cet effet.

II. — La liste des États ou territoires qui ont adopté une réglementation rendant obligatoire la souscription d'une déclaration pays par pays similaire à celle figurant au 1 du I, qui ont conclu avec la France un accord permettant d'échanger de façon automatique les déclarations pays par pays et qui respectent les obligations résultant de cet accord est fixée par un arrêté. — *La liste des États ou territoires mentionnée au présent II a été fixée, pour les exercices ouverts à compter du 1er janv. 2016, par l'Arr. du 6 juill. 2017 (JO 8 juill.) mod., pour les exercices ouverts à compter du 1er janv. 2017, par l'Arr. du 26 déc. 2018 (JO 28 déc.), pour les exercices ouverts à compter du 1er janv. 2018, par l'Arr. du 20 juill. 2020 (JO 22 juill.) et l'Arr. du 14 févr. 2022, et, pour les exercices ouverts à compter du 1er janv. 2019, par l'Arr. du 3 févr. 2021 (JO 5 févr.) pour les exercices ouverts à compter du 1er janv. 2020, par l'Arr. du 14 févr. 2022 (JO 16 févr.).*

SECTION VIII GROUPES DE SOCIÉTÉS

BIBL. ► CEFEP, *Dr. fisc. 2011. 568* (actualité de la fiscalité des groupes de sociétés). – CHARVÉRIAT, Intégration fiscale 2016-2017 : résultat d'ensemble, restructurations, déclarations, conventions, *Éd. F. Lefebvre.* – DEBOISSY et a., *Dr. fisc. 2017. 623* (la gestion fiscale des groupes de sociétés : actualités et perspectives). – DIBOUT, *Dr. fisc. 2008. 640* (le périmètre des groupes de sociétés et la liberté d'établissement). – DIBOUT, LEPETIT, BOUVIER et RUTSCHMANN, *Dr. fisc. 2009. 234* (intégration fiscale : actualités et perspectives). – GUILMOTO et LA BERGE, *FR Lefebvre 6/15, inf. 4* (les conventions fiscales d'intégration). – GUTMANN, *Dr. fisc. 2004, p. 681* (la fiscalité française des groupes de sociétés à l'épreuve du droit communautaire : réflexions sur l'affaire *« Marks & Spencer »*) ; *FR Lefebvre 49/16, inf. 4* (la relance de l'Accis : une révolution en perspective pour les groupes français). – LECLERCQ, MERLE et DU PASQUIER, *FR Lefebvre 32/14, p. 27* (vers une réforme du régime français pour autoriser une consolidation entre sociétés sœurs ?). – MORGENSTERN, L'intégration fiscale, *Revue fiduciaire, 13e éd., 2021.* – RUTSCHMANN, DIBOUT et DE LA ROCQUE, *Dr. fisc. 2009. 277* (arrêt *Papillon* : quelles incidences pratiques ?). – TOUTTÉE, *BFL 2001, p. 781* (prise de contrôle d'un groupe fiscal par un autre). – X ..., Mémento Intégration fiscale, *22-23, Éd. F. Lefebvre 2021.*

SOUS-SECTION 1 DISPOSITIONS GÉNÉRALES

Art. 223 A *(L. no 2014-1655 du 29 déc. 2014, art. 63-I-A et II, 71-I-3o et II)* **I. — Une société, ci-après désignée par les mots : "société mère", peut se constituer seule redevable de l'impôt sur les sociétés dû sur l'ensemble des résultats du groupe formé par elle-même et les sociétés dont elle détient 95 % au moins du capital de manière continue au cours de l'exercice, directement ou indirectement par l'intermédiaire de sociétés ou d'établissements stables membres du groupe, ci-après désignés par les mots : "sociétés du groupe", ou de sociétés ou d'établissements stables, ci-après désignés par les mots : "sociétés intermédiaires", détenus à 95 % au moins par la société mère de**

manière continue au cours de l'exercice, directement ou indirectement par l'intermédiaire de sociétés du groupe ou de sociétés intermédiaires.

Une société, également désignée par les mots : "société mère", dont le capital est détenu, de manière continue au cours de l'exercice, à 95 % au moins par une société ou un établissement stable soumis à un impôt équivalent à l'impôt sur les sociétés dans un État membre de l'Union européenne ou dans un autre État partie à l'accord sur l'Espace économique européen ayant conclu avec la France une convention d'assistance administrative en vue de lutter contre la fraude et l'évasion fiscales, ci-après désigné par les mots : "entité mère non résidente", directement ou indirectement par l'intermédiaire de sociétés ou d'établissements stables détenus à 95 % au moins par l'entité mère non résidente et soumis à un impôt équivalent à l'impôt sur les sociétés dans les mêmes États, ci-après désignés par les mots : "sociétés étrangères", peut aussi se constituer seule redevable de l'impôt sur les sociétés dû sur l'ensemble des résultats du groupe formé par elle-même et les sociétés détenues par l'entité mère non résidente dans les conditions prévues au premier alinéa du présent I, directement ou indirectement par l'intermédiaire de la société mère, de sociétés étrangères, de sociétés intermédiaires ou de sociétés membres du groupe.

Le capital de la société mère mentionnée au même premier alinéa ne doit pas être détenu à 95 % au moins, directement ou indirectement, par une autre personne morale soumise à l'impôt sur les sociétés dans les conditions de droit commun ou selon les modalités prévues à l'article 214. Le capital de l'entité mère non résidente ne doit pas être détenu à 95 % au moins, directement ou indirectement, par une autre personne morale soumise à l'impôt sur les sociétés dans les conditions de droit commun ou selon les modalités prévues au même article 214 ou par une autre personne morale soumise à un impôt équivalent à l'impôt sur les sociétés dans un État mentionné au deuxième alinéa du présent I. Le capital de la société mère mentionnée au même deuxième alinéa ne doit pas être détenu indirectement par l'entité mère non résidente par l'intermédiaire de sociétés ou d'établissements stables qui peuvent eux-mêmes se constituer seuls redevables de l'impôt sur les sociétés dans les conditions décrites audit deuxième alinéa. Toutefois, le capital de la société mère mentionnée au premier alinéa du présent I peut être détenu indirectement à 95 % ou plus par une autre personne morale soumise à l'impôt sur les sociétés dans les conditions de droit commun ou selon les modalités prévues à l'article 214, par l'intermédiaire d'une ou plusieurs personnes morales non soumises à cet impôt dans ces mêmes conditions ou par l'intermédiaire d'une ou plusieurs personnes morales qui y sont soumises dans ces mêmes conditions et dont le capital n'est pas détenu, directement ou indirectement, par cette autre personne morale à 95 % au moins. Le capital de l'entité mère non résidente peut être détenu indirectement à 95 % ou plus par une autre personne morale soumise à un impôt équivalent à l'impôt sur les sociétés dans un État mentionné au deuxième alinéa du présent I ou par une autre personne morale soumise à l'impôt sur les sociétés dans les conditions de droit commun ou selon les modalités prévues à l'article 214, par l'intermédiaire d'une ou plusieurs personnes morales qui ne sont soumises ni à cet impôt dans ces mêmes conditions, ni à un impôt équivalent dans un État mentionné au deuxième alinéa du présent I, ou par l'intermédiaire d'une ou plusieurs personnes morales qui y sont soumises dans ces mêmes conditions et dont le capital n'est pas détenu, directement ou indirectement, par cette autre personne morale à 95 % au moins.

Par exception au premier alinéa, lorsqu'une personne morale soumise à l'impôt sur les sociétés dans les conditions de droit commun établit des comptes combinés en application de l'article L. 345-2 du code des assurances, de l'article L. 212-7 du code de la mutualité ou de l'article L. 931-34 du code de la sécurité sociale en tant qu'entreprise combinante, elle peut se constituer seule redevable de l'impôt sur les sociétés dû sur l'ensemble des résultats du groupe formé par elle-même, les personnes morales soumises à l'impôt sur les sociétés dans les conditions de droit commun dénuées de capital qui sont membres du périmètre de combinaison et qui ont avec elle, en vertu d'un accord, soit une direction commune, soit des services communs assez étendus pour engendrer un comportement commercial, technique ou financier commun, soit des liens importants et durables en vertu de dispositions réglementaires, statutaires ou contractuelles, et les sociétés dont elle et les personnes morales combinées détiennent 95 % au moins du capital, directement ou indirectement par l'intermédiaire de sociétés ou d'établissements stables membres du groupe, ci-après désignés par les termes : "sociétés du groupe", ou de sociétés ou d'établissements stables, ci-après désignés par les termes : "sociétés intermédiaires", dont la société mère et ces mêmes personnes morales combinées détiennent 95 % au moins du capital, directement ou indirectement par l'intermédiaire de sociétés du groupe ou de sociétés intermédiaires. Les conditions relatives aux liens entre les personnes morales mentionnées à la phrase précédente et à la détention des sociétés membres du groupe par ces personnes morales s'apprécient de manière continue au cours de l'exercice. Les autres dispositions des premier et troisième alinéas du présent I s'appliquent à la société mère du groupe formé dans les conditions prévues au présent alinéa.

Par exception au premier alinéa, lorsqu'une personne morale soumise à l'impôt sur les sociétés dans les conditions de droit commun est un organe central mentionné à l'article L. 511-30 du code monétaire et financier ou une caisse départementale ou interdépartementale mentionnée à l'article L. 512-55 du même code titulaire d'un agrément collectif délivré par l'Autorité de contrôle prudentiel et de résolution pour elle-même et pour les caisses locales qui la détiennent, elle peut se constituer seule redevable de l'impôt sur les sociétés dû sur l'ensemble des résultats du groupe formé par elle-même, les banques, caisses et sociétés mentionnées aux articles L. 512-11, L. 512-20, L. 512-55, L. 512-60, L. 512-69 et L. 512-86 du même code soumises à l'impôt sur les sociétés dans les conditions de droit commun qui lui sont affiliées au sens de l'article L. 511-31 du même code ou bénéficiant d'un même agrément collectif délivré par l'Autorité de contrôle prudentiel et de résolution, et les sociétés dont elle et les banques, caisses et sociétés précitées détiennent 95 % au moins du capital, directement ou indirectement par l'intermédiaire de sociétés ou d'établissements stables membres du groupe, ci-après désignés par les termes : "sociétés du groupe", ou de sociétés ou d'établissements stables, ci-après désignés par les termes : "sociétés intermédiaires", dont la société mère et ces mêmes banques, caisses et sociétés détiennent 95 % au moins du capital, directement ou indirectement par l'intermédiaire de sociétés du groupe ou de sociétés intermédiaires. Les conditions relatives aux liens entre les personnes morales mentionnées à la première phrase et à la détention des sociétés membres du groupe par ces personnes morales s'apprécient de manière continue au cours de l'exercice. Les autres dispositions des premier et troisième alinéas du présent I s'appliquent à la société mère du groupe formé dans les conditions prévues au présent alinéa.

Pour le calcul du taux de détention du capital, il est fait abstraction, dans la limite de 10 % du capital de la société, des titres émis dans les conditions prévues *(Ord. nº 2020-1142 du 16 sept. 2020, art. 13-6º et 19, en vigueur le 1er janv. 2021)* « aux articles L. 225-177 à L. 225-184, L. 225-197-1 à L. 225-197-5, L. 22-10-56 et L. 22-10-59 *[ancienne rédaction : aux articles L. 225-177 à L. 225-184, L. 225-197-1 à L. 225-197-5]* » du code de commerce et aux articles L. 3332-18 à L. 3332-24 du code du travail ou par une réglementation étrangère équivalente ainsi que des titres attribués, après rachat, dans les mêmes conditions, par une société à ses salariés non mandataires. Ce mode particulier de calcul ne s'applique plus à compter de l'exercice au cours duquel le détenteur des titres émis ou attribués dans les conditions qui précèdent cède ses titres ou cesse toute fonction dans la société. Toutefois, si la cession des titres ou la cessation de fonction a pour effet de réduire, au cours d'un exercice, à moins de 95 % la participation dans le capital d'une société filiale, ce capital est néanmoins réputé avoir été détenu selon les modalités fixées au premier, au deuxième, au quatrième ou au cinquième alinéas du présent I si le pourcentage de 95 % est à nouveau atteint à l'expiration du délai prévu au deuxième alinéa du 1 de l'article 223 pour le dépôt de la déclaration de résultat de l'exercice. Si la cessation de fonction intervient au cours de la période de conservation prévue au septième alinéa du I de l'article L. 225-197-1 du code de commerce ou par une réglementation étrangère équivalente, il continue à être fait abstraction des actions dont la conservation est requise dans les conditions qui précèdent, jusqu'à l'expiration de la période précitée. Pour l'application du présent article, la détention de 95 % au moins du capital d'une société s'entend de la détention en pleine propriété de 95 % au moins des droits à dividendes et de 95 % au moins des droits de vote attachés aux titres émis par cette société. Toutefois, les titres que le constituant a transférés dans un patrimoine fiduciaire dans les conditions prévues à l'article 238 *quater* B sont également pris en compte pour l'appréciation du seuil de détention du capital à condition que ces titres soient assortis de droits à dividendes et de droits de vote et que le constituant conserve l'exercice des droits de vote ou que le fiduciaire exerce ces droits dans le sens déterminé par le constituant, sous réserve des éventuelles limitations convenues par les parties au contrat établissant la fiducie pour protéger les intérêts financiers du ou des créanciers bénéficiaires de la fiducie.

II. — Les sociétés du groupe restent soumises à l'obligation de déclarer leurs résultats qui peuvent être vérifiés dans les conditions prévues par les articles L. 13, L. 47 et L. 57 du livre des procédures fiscales. La société mère supporte, au regard des droits et des pénalités visées à l'article 2 de la loi n° 87-502 du 8 juillet 1987 modifiant les procédures fiscales et douanières, les conséquences des infractions commises par les sociétés du groupe. — *V. art. 1727 à 1731 A.*

III. — Seules peuvent être membres du groupe les sociétés ou les établissements stables qui ont donné leur accord et dont les résultats sont soumis à l'impôt sur les sociétés dans les conditions de droit commun ou selon les modalités prévues à l'article 214. Seules peuvent être qualifiées de sociétés intermédiaires les sociétés ou les établissements stables qui ont donné leur accord et dont les résultats sont soumis à un impôt équivalent à l'impôt sur les sociétés dans un État membre de l'Union européenne ou dans un autre État partie à l'accord sur l'Espace économique européen ayant conclu avec la France une convention d'assistance administrative en vue de lutter contre la fraude et l'évasion fiscales. Pour se constituer société mère dans les conditions du deuxième alinéa du I, une société doit accompagner son option de l'accord de l'entité mère non résidente et des sociétés étrangères mentionnées au même deuxième alinéa. Pour être membre d'un groupe formé dans les conditions dudit deuxième alinéa, une société doit accompagner son accord de celui de l'entité mère non résidente et des sociétés étrangères. Les sociétés membres d'un groupe dans les conditions du même deuxième alinéa ne peuvent simultanément se constituer seules redevables de l'impôt sur les sociétés pour les résultats d'un autre groupe dans les conditions prévues au présent article. Lorsque la société mère opte pour l'application du régime défini au quatrième ou au cinquième alinéa du I, toutes les personnes morales dénuées de capital définies au quatrième alinéa du même I et toutes les banques, caisses et sociétés mentionnées aux articles L. 512-11, L. 512-20, L. 512-55, L. 512-60, L. 512-69 et L. 512-86 du code monétaire et financier ou bénéficiant du même agrément collectif, à l'exception des filiales dont le capital est détenu à 95 % au moins sont obligatoirement membres du groupe et ne peuvent simultanément être mères d'un autre groupe formé dans les conditions prévues au présent article.

Les sociétés du groupe et, sous réserve de la réglementation étrangère qui leur est applicable, les sociétés intermédiaires, l'entité mère non résidente et les sociétés étrangères doivent ouvrir et clore leurs exercices aux mêmes dates ; les exercices ont, en principe, une durée de douze mois. Par exception, la durée d'un exercice des sociétés du groupe peut être inférieure ou supérieure à douze mois, sans préjudice des dispositions de l'article 37. Cette exception ne peut s'appliquer qu'une seule fois au cours d'une période couverte par une même option. La modification de la date de clôture de l'exercice doit être notifiée au plus tard à l'expiration du délai prévu au deuxième alinéa du 1 de l'article 223 pour le dépôt de la déclaration de résultat de l'exercice précédant le premier exercice concerné. Les options mentionnées aux premier, deuxième, quatrième ou cinquième alinéas du I du présent article sont notifiées au plus tard à l'expiration du délai prévu au deuxième alinéa du 1 de l'article 223 pour le dépôt de la déclaration de résultat de l'exercice précédant celui au titre duquel le régime défini au présent article s'applique. Elles sont valables pour une période de cinq exercices. Les accords mentionnés au premier alinéa du présent III sont formulés au plus tard à l'expiration du délai prévu pour le dépôt de la déclaration de résultat de l'exercice précédant celui où la société devient membre du groupe ou devient une société intermédiaire, devient une société étrangère ou une entité mère non résidente, ou dans les trois mois de l'acquisition des titres d'une société du groupe, d'une autre société intermédiaire, d'une société étrangère ou d'une entité mère non résidente. Les options et les accords sont renouvelés par tacite reconduction, sauf dénonciation au plus tard à

l'expiration du délai prévu au 1 de l'article 223 pour le dépôt de la déclaration de résultat du dernier exercice de chaque période.

Pour chacun des exercices arrêtés au cours de la période de validité de l'option, la société mère notifie à l'administration, au plus tard à la date mentionnée au deuxième alinéa du présent III, une liste des sociétés membres du groupe comportant la désignation, le cas échéant, de l'entité mère non résidente, des sociétés intermédiaires et des sociétés étrangères, ainsi que des sociétés qui cessent d'être membres du groupe ou qui cessent d'être qualifiées de sociétés intermédiaires ou de sociétés étrangères. A défaut, le résultat d'ensemble est déterminé à partir du résultat des sociétés mentionnées sur la dernière liste notifiée régulièrement si ces sociétés continuent à remplir les conditions prévues à la présente section.

Chaque société du groupe est tenue solidairement au paiement de l'impôt sur les sociétés et, le cas échéant, des intérêts de retard, majorations et amendes fiscales correspondantes, dont la société mère est redevable, à hauteur de l'impôt et des pénalités qui seraient dus par la société si celle-ci n'était pas membre du groupe.

La possibilité de constituer une « intégration horizontale » entre sociétés sœurs françaises filiales d'une société établie dans un autre État de l'Union européenne, en Islande, au Liechtenstein ou en Norvège s'applique aux exercices clos à compter du 31 déc. 2014.

1. Doctrine administrative. Formation du groupe. Conditions tenant à la détention du capital des sociétés du groupe. Conditions tenant à la société mère et à la détention des filiales. * BOI-IS-GPE-10-20-10 du 24 mars 2021. ♦ Précisions nouvelles sur les conditions d'application du régime d'intégration fiscale aux sociétés nouvellement créées. * BOI-IS-GPE-10-20-10 n° 180 du 24 mars 2021.

2. Composition du groupe. La législation française, en vigueur avant l'intervention de la loi de finances pour 2010, est incompatible avec la liberté d'établissement (art. 43 CE) en tant qu'elle interdit à une société mère française, qui détient des sous-filiales françaises au moyen d'une filiale étrangère établie dans un autre État membre, d'intégrer ces sous-filiales dans son groupe fiscal. La restriction à la liberté d'établissement n'est en effet justifiée ni par la répartition du pouvoir d'imposition entre États membres, ni par la nécessité de garantir la cohérence du régime fiscal français. • CJCE 27 nov. 2008, n° C-418/07, *Sté Papillon : FR Lefebvre 62/08, p. 21, obs. Donnat ; Dr. fisc. 2008. 640 et 644, étude Dibout et note Pierre ; RJF 2009. 180 ; concl. Kokott au BDCF 2/09, n° 16.* ♦ Conséquences de l'arrêt *Papillon*. Incorporation dans un groupe fiscal des sous-filiales françaises détenues par l'intermédiaire de sociétés étrangères (ou d'établissements stables) implantées au sein de l'UE, ou dans un État partie à l'accord sur l'EEE. * BOI-IS-GPE-10-30-30 du 6 mai 2015.

3. Une société qui bénéficie du régime d'exonération prévu par l'art. 44 *septies* ne peut pas être membre du groupe intégré. Même si la *Commission des Communautés européennes* a déclaré ce régime d'aide incompatible avec le Marché commun, une telle décision n'a pas en elle-même pour effet de soumettre la filiale à l'IS dont elle a été exonérée. • CE 30 mars 2011, n° 335551 : *RJF 2011. 689 ; Dr. fisc. 2011. 357, note Fumenier et Maignan.*

4. Lorsqu'une société acquiert 95 % du capital de la société mère d'un groupe fiscal intégré, elle peut constituer un nouveau groupe fiscal dès l'exercice suivant cette acquisition, non seulement avec les sociétés qui composaient le groupe formé par la société mère acquise, mais également avec des sociétés détenues par la société rachetée mais qui n'étaient pas membres de l'ancien groupe. * Rescrit 18 nov. 2008 : *n° 2008/26 FE.* ♦ Solution étendue dans le cas où les exercices de la société cessionnaire ne coïncident pas avec ceux de l'ancienne tête de groupe et ses filiales. * BOI-IS-GPE-50-20-20-10 n° 95 du 15 avr. 2020.

5. Une société immatriculée le 3 janv. qui reprend les engagements pris par son gérant avant cette date consistant dans l'acquisition d'au moins 95 % des parts de sociétés et dans l'option pour le régime d'intégration peut valablement constituer un groupe dès le 1er janv. • CE 7 mars 2012, *Sté Alimentation générale de la Cigale*, n° 335046 : *RJF 2012. 577 ; BDCF 2012. 73, concl. Daumas ; Dr. fisc. 2012. 316, note Poirier.*

6. Lorsque l'augmentation de capital d'une filiale membre d'un groupe intégré a pour effet d'abaisser le pourcentage de détention de la société mère au-dessous de 95 %, cette filiale peut sous certaines conditions constituer immédiatement un nouveau groupe avec les filiales qu'elle détient. * BOI-IS-GPE-10-20-10 n° 200 du 15 avr. 2020.

7. Création d'un établissement stable par une société étrangère qui détient 95 % au moins du capital de la société mère d'un groupe fiscal. Conformément à l'art. 223 A (al. 1er), dès lors qu'une société intégrante vient à être détenue à 95 % au moins par une personne morale soumise à l'IS, elle ne peut plus prétendre au statut de société intégrante. Dans ce cas, le groupe cesse. Il en va notamment ainsi lorsqu'un établissement stable soumis à l'IS en France dans les conditions de droit commun inscrit à son actif au moins 95 % des titres d'une société mère. Si les titres de la société mère du groupe fiscal ne sont pas inscrits à l'actif de l'établissement stable français de la société de droit étranger mais restent inscrits à l'actif de cette dernière société aux fins de réaliser la transmission universelle du patrimoine (TUP) envisagée, l'existence de cet établissement stable ne remet pas en cause le groupe fiscal formé par la société mère française. * BOI-IS-GPE-50-10-20 n° 170 du 2 mars 2016.

8. Réglementation refusant l'intégration fiscale d'une filiale non résidente. Les articles 43 CE et 48 CE ne s'opposent pas à la législation d'un État membre qui ouvre la possibilité, pour une société mère, de constituer une entité fiscale unique avec sa filiale résidente, mais empêche la constitution d'une telle entité fiscale unique avec une filiale non résidente dès lors que les bénéfices de cette dernière ne sont pas soumis à la loi fiscale de cet État membre. Les établissements stables situés dans un autre État membre et les filiales non résidentes ne se trouvant pas dans une situation comparable en ce qui concerne la répartition du pouvoir d'imposition, l'État membre d'origine n'est par suite pas tenu d'appliquer aux filiales non résidentes le même régime fiscal qu'il applique aux établissements stables étrangers. • CJUE 25 févr. 2010, n° 337/08 : *RJF 2010. 552.* ♦ L'interdiction pour une filiale non résidente d'appartenir à un groupe fiscal n'est pas contraire au principe communautaire de liberté d'établissement dès lors que cette restriction est justifiée par la nécessité de préserver la répartition du pouvoir d'imposition et ne va pas au-delà de ce qui est nécessaire pour atteindre cet objectif. • TA Montreuil, 14 oct. 2010, n°s 08-9608 et 09-2754 : *RJF 2011. 528 ; Dr. fisc. 2011. 415, note Leclercq et Trédaniel.*

9. Conditions de validité de l'option. Le bénéfice du régime de l'intégration fiscale est lié au respect, durant la période concernée, par l'ensemble des membres, des conditions énoncées à l'art. 223 A qui portent sur la détention du capital, l'assujettissement des résultats à l'IS, la concomitance des exercices et sur la souscription d'une option en ce sens par la société mère du groupe avec l'accord de chaque société du groupe. En revanche, la seule circonstance que la société mère ne souscrive pas la déclaration de résultat d'ensemble du premier exercice concerné par l'application du régime ne saurait, en l'absence de disposition expresse de la loi, priver le groupe du bénéfice de son option. La filiale d'un groupe ne peut donc être personnellement redevable d'un rappel d'impôt sur les sociétés concernant la taxation de sa plus-value à long terme dès lors que l'option pour le régime de l'intégration fiscale a été valablement exercée et que la société mère a spontanément payé l'IS pour le compte du groupe, en tenant compte notamment de cette plus-value. Reste sans incidence le fait que la société mère se soit abstenue de souscrire la déclaration d'ensemble du groupe pour l'année en cause et qu'elle n'ait pas acquitté les impositions forfaitaires annuelles. • CAA Paris, 7 nov. 2005, n° 03PA942, *Sté Bedel : RJF 2006. 510 ; Dr. fisc. 2006. 326, note Gagneur.*

10. Refus d'option. Le refus opposé par l'Administration à la notification de l'option pour la constitution d'un groupe fiscal intégré est susceptible de recours. • CE 1er juill. 2019, *Sté Biomnis,* n° 4214600 : *RJF 2019. 965, concl. Victor ; Dr. fisc. 2019. 492, note Pillot et Locatelli.*

11. Seuil de participation de 95 %. L'Administration admet, sous certaines conditions, que, dans l'hypothèse où une filiale est cédée le premier jour de l'exercice et que cette cession entraîne sa sortie du groupe cédant, cette filiale puisse entrer dans le groupe auquel appartient la société cessionnaire dès l'exercice ayant enregistré la cession, l'exercice de l'achat pouvant être par ailleurs le premier exercice d'intégration de la société acheteuse et cette dernière pouvant être la société mère ou une filiale. * BOI-IS-GPE-10-20-10 n° 200 du 24 mars 2021.

12. Le capital d'une société mère d'un groupe fiscal ne doit pas être détenu à 95 % au moins, directement ou indirectement, par une personne morale soumise à l'IS. L'art. 46 *quater*-0 ZF de l'annexe III précise que la détention du capital s'entend de la détention des droits à dividendes et des droits de vote. S'agissant d'une société en commandite par actions (SCA), il existe deux catégories d'associés, les commandités et les commanditaires. Cette structure implique que les droits de vote, appréciés distinctement pour chaque catégorie d'associés, et les droits à dividendes d'une SCA mère d'un groupe fiscal ne peuvent être détenus à 95 % ou plus par une entreprise soumise à l'IS. Ainsi, le fait qu'une personne morale soumise à l'IS détienne 95 % des actions de commanditaires d'une SCA, mais moins de 95 %, directement ou indirectement, des parts sociales de commandités ne prive pas la SCA de la faculté de se constituer mère d'un groupe fiscal. * Rép. min. n° 87594 : *JOAN Q, 22 août 2006, p. 8827.* ♦ Jugé, en sens contraire, que la condition de détention de 95 % de ses droits de vote par la société intégrante s'apprécie au niveau de l'assemblée des commanditaires et non de l'assemblée des commandités. • CAA Versailles, 31 déc. 2015, *SAS Boccafin,* n° 13VE02416 : *RJF 2016. 324, concl. Coudert ; Dr. fisc. 2016. 237, note Morgenstern.* ♦ Confirmation : • CE 13 déc. 2017, ⛩ *Min. Finances et comptes publics c/ SAS Boccafin,* n° 397601 : *RJF 2018. 255 ; Dr. fisc. 2018. 230, note Morgenstern.*

13. Sociétés étrangères. En application de l'art. 223 A, une société française ne peut constituer un groupe intégré avec une société qu'elle détient indirectement par l'intermédiaire d'une société néerlandaise qui, ne disposant pas d'un établissement stable en France, n'y est donc pas soumise à l'impôt sur les sociétés. Ces dispositions, qui interdisent de comprendre dans un groupe fiscalement intégré une société française dont le capital est détenu par l'intermédiaire d'une société d'un État membre non établie sur le territoire français, doivent être appréciées par la CJCE au regard de la restriction au principe de liberté d'établissement consacré par le traité CE et de l'éventuelle justification de ces dispositions par la nécessité de préserver la cohérence du système fiscal national dans le cadre d'une question préjudicielle. Sursis à statuer. • CE 10 juill. 2007, n° 284785 : *RJF 2007. 1223 ; concl. Collin au BDCF 11/97, n° 120.* ♦ L'Administration admet qu'une société étrangère puisse être membre d'un groupe fiscal dès lors qu'elle possède un établissement stable soumis à l'IS en France, que la société en question a régulièrement donné son accord pour être membre du groupe, au titre de son établissement stable, et que les autres conditions de l'art. 223 A sont remplies (notamment la détention par la société mère de 95 % du capital de la société étrangère concernée). Les sociétés dont le capital est détenu à 95 % au moins par la société étrangère en cause sont également admises à entrer dans le groupe auquel appartient leur actionnaire dès lors qu'elles réunissent les conditions d'application du régime et que les titres représentatifs de leur capital sont inscrits au bilan fiscal de l'établissement stable de la société étrangère. * BOI-IS-GPE-10-30-40 n° 170 du 6 mai 2015.

14. L'impossibilité pour une société mère étrangère non soumise à l'IS en France d'opter pour l'intégration fiscale avec ses filiales françaises ne constitue pas une atteinte au principe de liberté d'établissement. • TA Montreuil, 19 oct. 2012, *Zambon Company Spa,* n° 1103097 : *RJF 2013.144.*

15. Pertes subies par une filiale étrangère. BIBL. Renoux, *FR Lefebvre 47-21, inf. 2* (intégration fiscale et pertes des filiales européennes). ♦ Une société mère d'un groupe fiscal intégré ne peut pas imputer les pertes de ses filiales établies en Pologne et en Italie sur le résultat d'ensemble du groupe alors même qu'en application des législations étrangères ces sociétés ne peuvent plus reporter leurs pertes respectives sur leurs propres résultats. • CE 15 avr. 2015, *Sté Agapes,* n° 368135 : *RJF 2015. 660 ; BDCF 2015. 97, conl. Bokdam-Tognetti ; Dr. fisc. 2015. 407, note Leclerq et Trédaniel.* ♦ Ne sont pas imputables sur le résultat d'ensemble d'un groupe intégré les pertes d'une société belge liquidée dès lors que ces pertes ne présentent pas par elles-mêmes de caractère définitif. • CAA Versailles, 23 juin 2020, *Min. c/ Groupe Lucien Barrière,* n° 19VE01012 : *RJF 2020. 769* • CE (na) 7 oct. 2021, n° 443126 : *RJF 2021. 1096.* ♦ Les pertes subies par la filiale européenne d'une société membre d'un groupe intégré peuvent être imputées sur le résultat d'ensemble à condition qu'elles soient définitives. • TA Montreuil, 11 févr. 2021, n° 18087060 • 11 févr. 2021, n° 1804038 : *FR Lefebvre 18/21, inf. 1.*

16. Confusion de patrimoine entre sociétés d'un groupe. Les sous-filiales détenues par la filiale confondue restent dans le groupe à condition que celui-ci conserve leur contrôle à 95 % pendant tout l'exercice. Cette solution vaut même si l'opération se produit au cours de l'exercice d'entrée dans le groupe des sociétés concernées. * Rescrit 7 juin 2011 : n° 2011/15 FE * BOI-IS-GPE-40-10 n° 50 du 15 avr. 2020.

17. Répartition de la charge de l'IS dans les conventions d'intégration. BIBL. Bohnert, *FR Lefebvre 4/17, p. 3* (quelles sont les règles de répartition des charges ou économies d'impôt au sein d'un groupe intégré ?). – Colonna d'Istria et Daniel-Mayeur, *FR Lefebvre 17/10, p. 9* (répartition de la charge d'IS : la liberté est la règle). – Daumas, *RJF 2010, p. 370* (traitement fiscal des conventions d'intégration : l'âge de raison). ♦ Une convention d'intégration peut répartir l'impôt dû par le groupe entre les sociétés membres au prorata de leurs résultats individuels sans que de telles modalités ne traduisent le versement de subventions intragroupe, à condition qu'elle ne porte atteinte ni à l'intérêt social de chaque société, ni aux droits des associés minoritaires. • CE 12 mars 2010, n° 328424, *Sté Wolseley Centers France : RJF 2010. 469 ; concl. Olléon au BDCF 5/10, n° 55 ; Dr. fisc. 2010. 272, concl. Olléon, note Durand et Fouquet.* ♦ Les modalités de répartition de l'impôt au sein d'un groupe intégré ne sont pas visées par la loi fiscale, laquelle ne règle pas ces modalités et n'impose, ni explicitement ni implicitement, que chacune des filiales acquitte la quote-part de l'impôt qui lui incomberait si elle avait été imposée séparément. • TA Cergy-Pontoise, 30 juin 2009, *Sté Kingfisher International France,* n° 04-1884 : *Dr. fisc. 2009. 470, note Vaudoyer.* ♦ Confirmation : • CE 5 juill. 2013, *Kingfisher International France Limited,* n° 351874 : *RJF 2013. 914 ; Dr. fisc. 2013. 483, concl. Daumas, note Fouquet et Durand.*

18. Prenant acte de l'arrêt *Sté Wolseley Centers France* (préc. note 17), l'Administration considère que les groupes peuvent désormais répartir à leur gré la charge d'impôt entre leurs membres, en déterminant librement le quantum de cette répartition et la date à laquelle elle est opérée, au cours de la période d'appartenance des membres concernés au périmètre d'intégration et au plus tard à la date de leur sortie du groupe. Toutefois, ce principe de libre répartition de la charge d'impôt s'exerce dans le cadre général tracé par le Conseil d'État, à savoir sous réserve que : « les stipulations de la convention procèdent à une répartition tenant compte des résultats propres de chaque société du groupe dans des conditions telles que cette répartition ne porte atteinte ni à l'intérêt social propre de chaque société ni aux droits des associés ou des actionnaires minoritaires ». * BOI-IS-GPE-30-30-10 n°s 230 à 270 du 7 mars 2018.

19. Avenant à une convention d'intégration. Traduit l'existence d'un accord entre une mère et sa filiale en vue de déroger ponctuellement à la convention initiale une note interne signée par la seule mère autorisant la filiale à verser un impôt inférieur à celui qu'elle devait acquitter en vertu de cette convention. • CAA Versailles, 30 déc. 2014, *Sté Safran*, n° 13VE02872 : *RJF 2015. 307 ; Dr. fisc. 2015. 308, note Fumenier et Maignan.* ♦ Confirmation • CE 13 oct. 2016, *Min. Budget c/ Sté Safran*, n° 388410 : *RJF 2017. 18, concl. Bohnert ; Dr. fisc. 2016. 602, note Ph. Durand.*

20. Versement par la société mère d'une indemnité compensatrice de la perte du droit au report en cas de sortie du groupe. Aucune disposition législative ne fait obstacle à ce que, par convention, la société mère s'engage à dédommager une filiale déficitaire, qui sort du groupe, du préjudice qu'elle subit à raison des conséquences fiscales liées à la perte de ce droit. Si la somme versée par la société mère à une telle filiale, en exécution de la convention d'intégration conclue avec celle-ci lors de son entrée dans le groupe, a pour objet de compenser le supplément d'IS que cette filiale supportera après sa sortie du groupe en raison de l'impossibilité de reporter sur ses propres résultats les déficits dégagés par son activité pendant sa période d'appartenance au groupe, cette somme, dans la mesure où elle ne correspond pas à des déficits que, compte tenu de la législation alors en vigueur, elle aurait perdu le droit de reporter, compense des charges par nature non déductibles du bénéfice imposable en application de l'art. 213. Dès lors, cette somme, que la société mère ne saurait légalement déduire de ses résultats pour la détermination de son bénéfice imposable, ne constitue pas une recette entrant elle-même dans la détermination du bénéfice imposable de la filiale. • CE 11 déc. 2009, n° 301341, *Sté GE Healthcare Clinical Systems : Dr. fisc. 2009. 603, concl. Olléon, note Fouquet et Durand ; RJF 2010. 107, concl. Olléon.* ♦ Dans le même sens • CE 24 nov. 2010, n° 333867, *Sté Saga : RJF 2011. 150 ; concl. Olléon au BDCF 2/11, n° 17 ; Dr. fisc. 2011. 245, concl. Olléon, note Fouquet et Durand.*

21. N'est pas constitutive d'une subvention imposable la réallocation par la société mère aux filiales déficitaires de l'économie d'impôt réalisée par le groupe grâce à leurs déficits. N'est pas non plus imposable l'indemnité reçue par une filiale lors de sa sortie du groupe dès lors que ce versement, destiné à la dédommager du supplément d'IS qu'elle supportera en raison de l'impossibilité de reporter sur ses propres résultats les déficits dégagés pendant l'intégration, résulte d'un engagement contractuel pris par la société mère. • CE 24 nov. 2010, n° 334032, *Sté Océ NV : RJF 2011. 151 ; concl. Olléon au BDCF 2/11, n° 18 ; Dr. fisc. 2011. 245, concl. Olléon, note Fouquet et Durand.* ♦ Ne constitue pas une subvention imposable l'indemnité qu'une société mère, conformément à son engagement de principe dans la convention d'intégration, verse à une filiale sortante pour compenser le supplément d'impôt sur les sociétés que cette filiale supportera après sa sortie du groupe du fait de la perte du droit au report des déficits subis pendant sa période d'intégration. • CE 24 nov. 2010, n° 333867 : *préc. note 20.*

22. Contrôle fiscal. Redressements. Il résulte de l'art. 223 A qu'alors même que la société mère d'un groupe fiscal intégré s'est constituée seule redevable de l'IS dû sur le résultat d'ensemble déterminé par la somme algébrique des résultats de chacune des sociétés du groupe, celles-ci restent soumises à l'obligation de déclarer leurs résultats, et que c'est avec ces dernières que l'Administration fiscale mène la procédure de vérification de comptabilité et de redressement, dans les conditions prévues aux art. L. 13, L. 47 et L. 57 LPF. Les redressements ainsi apportés aux résultats déclarés par les sociétés membres du groupe constituent cependant les éléments d'une procédure unique conduisant d'abord à la correction du résultat d'ensemble déclaré par la société mère du groupe, puis à la mise en recouvrement des rappels d'impôt établis à son nom sur les rehaussements de ce résultat d'ensemble. L'information qui doit être donnée à la société mère avant cette mise en recouvrement peut être réduite à une référence aux procédures de redressement qui ont été menées avec les sociétés membres du groupe et à un tableau chiffré qui en récapitule les conséquences sur le résultat d'ensemble, sans qu'il soit nécessaire de reprendre l'exposé de la nature, des motifs et des conséquences de chacun des chefs de redressement concernés. • CE 7 févr. 2007, n° 279588 : *RJF 2007. 407 ; concl. Glaser au BDCF 4/07, n° 44.* ♦ Solution confirmée : la société mère d'un groupe fiscal doit être informée des conséquences, sur le résultat d'ensemble, des rehaussements notifiés à l'une de ses filiales et pas seulement des seules modifications apportées aux résultats déclarés par cette filiale. • CE 21 oct. 2011, n° 325619, *Sté financière SNOP DUNOIS : RJF 2012. 16.* ♦ Lorsqu'une société fait l'objet de deux vérifications de comptabilité parallèles, l'une en sa qualité de tête d'un groupe intégré, l'autre en sa qualité de société membre du groupe intégré, l'Administration lui adresse deux notifications de redressement distinctes au titre de ces deux qualités, sans être tenue à une autre obligation que de l'informer, en sa qualité de société tête de groupe, avant la mise en recouvrement de l'impôt, des conséquences des redressements qui lui ont été notifiés en sa qualité de société membre du groupe, sur son résultat d'ensemble. Dès lors l'Administration n'est pas tenue de lui notifier, en sa qualité de tête de groupe, le montant total des droits et pénalités à acquitter sur l'ensemble des résultats du groupe. • CE 19 nov. 2008, ⛫ n° 298728, *Sté Tipiak : RJF 2009. 115 ; Dr. fisc. 2009. 203, note Pierre.*

23. Responsabilité de la société tête de groupe. Les dispositions de l'art. 223 A-II selon lesquelles la société mère d'un groupe fiscalement intégré supporte les sanctions appliquées à raison des manquements commis par les sociétés membres ne sont pas contraires au principe de personnalité des peines prévu à l'art. 6-2 de la Conv. EDH. • TA Paris, 19 avr. 2017, *Sté financière Jean Richard,* n° 1605114 : *RJF 2017. 1207.*

24. Information de la société mère sur les pénalités dues à la suite du contrôle d'une filiale intégrée. L'information donnée à la société mère d'un groupe quant aux conséquences sur le résultat d'ensemble du redressement de ses filiales doit comporter l'indication du montant et des modalités de détermination des pénalités mises en œuvre par l'Administration. • CE 13 déc. 2013, ⛫ *EURL Pub Finance,* n° 338133 : *RJF 2014. 231 ; Dr. fisc 2014. 225, note Durant.* ♦ L'information qui doit être donnée à la société mère d'un groupe fiscal intégré avant la mise en recouvrement des sommes mises à sa charge et résultant des procédures de rectification menées avec ses filiales doit comporter, en ce qui concerne les pénalités, l'indication de leur montant ainsi que leurs modalités de mise en œuvre par l'Administration. • CE 25 juin 2020 : ⛫ *Min. c/ SA BNP Paribas,* n° 421095 : *RJF 2020. 770, concl. Merloz.*

25. Information préalable au recouvrement donnée à la société mère dont les résultats sont rectifiés. La société mère d'un groupe dont les résultats sont rectifiés doit être informée non seulement des conséquences financières des redressements en sa seule qualité de membre du groupe intégré, mais également des conséquences que ceux-ci emportent sur le résultat d'ensemble du groupe. • CE 3 avr. 2020 : ⛫ *Sté Bils Deroo Holding,* n° 426146 : *RJF 2020. 586, concl. Victor.*

26. Modalités de calcul des pénalités faisant suite à la rectification du résultat d'ensemble. Lorsque le redressement d'une société membre conduit à augmenter le résultat bénéficiaire du groupe, des intérêts de retard sont dus par la mère intégrante si l'insuffisance des résultats déclarés par la filiale redressée excède le vingtième de la base d'imposition rectifiée de cette filiale. Les intérêts sont dus même si le résultat de cette société reste déficitaire après le contrôle. • *CE 2 juin 2010,* ⛫ n° 309114 : *RJF 2010. 784 ; BDCF 2010, n° 90, concl. Legras ; Dr. fisc. 2010. 390, note Durand et Fouquet.* ♦ Lorsque deux sociétés du groupe font l'objet d'une vérification de comptabilité, entraînant pour l'une la réduction de son déficit et pour l'autre la minoration de son résultat initialement déclaré, l'intérêt de retard s'applique aux suppléments d'IS résultant de la correction du résultat d'ensemble. • TA Cergy-Pontoise, 18 févr. 2010, n° 06-4085 : *RJF 2010. 883 ; Dr. fisc. 2010. 300, note Chayvialle.*

27. Option non constitutive d'un abus de droit. Une société créée pour acquérir les titres d'une société cible ne présente pas un caractère fictif dès lors qu'elle exerce régulièrement une activité de détention de titres de participation et que ses organes sociaux fonctionnent régulièrement. La création de cette société et son option pour la constitution d'un groupe fiscal avec la société cible ne sont pas constitutives d'un abus de droit. En effet, la constitution du holding vise à structurer les investissements du groupe économique auquel elle appartient en séparant les acquisitions réalisées en Europe des actifs détenus en Amérique du Nord et présente un intérêt financier pour le groupe en lui permettant de financer la charge des emprunts contractés par le holding grâce aux dividendes qui seront versés par la cible. • TA Montreuil, 16 juin 2011, *Sté Nordstrom European Capital Group,* n°s 0905509 et 1007116 : *RJF 2011. 1345.*

28. Groupe horizontal. L'intégration fiscale dite « horizontale » permet de former un groupe fiscal entre sociétés sœurs établies en France dont la société mère commune est établie dans un État membre de l'UE ou dans un autre État partie à l'accord sur l'EEE ayant conclu avec la France une convention d'assistance administrative en vue de lutter contre la fraude et l'évasion fiscales. L'expression « groupe horizontal » renvoie à un groupe formé en application de l'art. 223 A-1 (al. 2). * BOI-IS-GPE-10-30-50 n° 1 du 15 avr. 2020. ♦ Commentaire administratif du dispositif. * BOI-IS-GPE-10-30-50 n°s 10 à 200 du 15 avr. 2020. ♦ Les art. 49 et 54 du Traité sur le fonctionnement de l'UE s'opposent, au nom de la liberté d'établissement, à la législation néerlandaise qui refuse le régime d'entité fiscale unique à des sociétés sœurs résidentes des Pays-Bas au motif que leur société mère commune n'a dans cet État ni siège ni établissement stable. • CJUE 12 juin 2014, *SCA Group Holding BV,* n° 39/13 : *RJF 2014. 962 ; Dr. fisc. 2014. 524, note Schneider.* ♦ Des filiales françaises d'une société mère établie dans l'Union européenne peuvent constituer entre elles un groupe horizontal. En ne permettant pas une telle intégration, les art. 223 A s. méconnaissent le principe de liberté d'établissement. • CAA Versailles, 2 déc. 2014, ⛫ *Sté Zambon France,* n° 12VE03684 : *RJF 2015. 194.* ♦ Pour les exercices clos depuis le 30 déc. 2014, la loi autorise désormais la création d'une « intégration horizontale » entre des sociétés sœurs françaises, filiales à 95 % au moins d'une entité mère établie dans un État de l'UE ou dans certains États de l'EEE.

Art. 223 A *bis* I. — Par exception à la première phrase du premier alinéa du I de l'article 223 A, lorsqu'un établissement public industriel et commercial soumis à l'impôt sur les sociétés dans les conditions de droit commun établit des comptes consolidés dans les conditions prévues au premier alinéa de l'article L. 233-18 du code de commerce, il peut se constituer seul redevable de l'impôt sur les sociétés dû sur l'ensemble des résultats du groupe formé par lui-même, les établissements publics industriels et commerciaux également soumis à l'impôt sur les sociétés dans les conditions de droit commun qui sont membres de son périmètre de consolidation et les sociétés que lui-même et les établissements publics industriels et commerciaux membres du groupe détiennent dans les conditions prévues à l'article 223 A, lorsqu'il assure pour l'ensemble du groupe le contrôle et le pilotage stratégique et des missions transversales ou mutualisées.

Les autres dispositions du même article 223 A s'appliquent aux établissements industriels et commerciaux et aux sociétés membres d'un groupe au sens du présent article.

II. — L'établissement qui se constitue seul redevable de l'impôt sur les sociétés selon le premier alinéa du I ne peut pas être contrôlé par un autre établissement qui remplit lui-même les conditions exposées au même alinéa.

Lorsqu'un établissement public industriel et commercial se constitue seul redevable de l'impôt sur les sociétés, tous les établissements publics industriels et commerciaux mentionnés audit alinéa sont obligatoirement membres du groupe.

Un établissement public membre du groupe ne peut pas se constituer seul redevable de l'impôt sur les sociétés pour les résultats d'un autre groupe dans les conditions prévues à l'article 223 A.

III. — Les règles prévues aux articles 223 B à 223 U sont applicables aux établissements publics industriels et commerciaux et aux sociétés membres d'un groupe au sens du présent article.

1° RÉSULTAT D'ENSEMBLE

Art. 223 B Le résultat d'ensemble est déterminé par la société mère en faisant la somme algébrique des résultats de chacune des sociétés du groupe, déterminés dans les conditions de droit commun ou selon les modalités prévues à l'article 214.

(L. n° 2018-1317 du 28 déc. 2018, art. 32-I-3°, applicable aux exercices ouverts à compter du 1er janv. 2019) « Les produits de participation perçus par une société du groupe d'une société membre du groupe depuis plus d'un exercice et les produits de participation perçus par une société du groupe d'une société soumise à un impôt équivalent à l'impôt sur les sociétés dans un État membre de l'Union européenne ou dans un autre État partie à l'accord sur l'Espace économique européen ayant conclu avec la France une convention d'assistance administrative en vue de lutter contre la fraude et l'évasion fiscales qui, si elle était établie en France, remplirait depuis plus d'un exercice les conditions pour être membre de ce groupe, en application des articles 223 A ou 223 A *bis*, autres que celle d'être soumise à l'impôt sur les sociétés en France, sont retranchés du résultat d'ensemble à hauteur de 99 % de leur montant s'ils n'ouvrent pas droit à l'application du régime mentionné au 1 de l'article 145. Les produits de participation perçus par une société non membre d'un groupe à raison d'une participation dans une société soumise à un impôt équivalent à l'impôt sur les sociétés dans ces mêmes États sont retranchés du bénéfice net à hauteur de 99 % de leur montant *sous réserve que ces sociétés* eussent rempli les conditions pour constituer un groupe, en application des articles 223 A ou 223 A *bis*, si la seconde société était établie en France. La phrase précédente ne s'applique pas lorsque la première société n'est pas membre d'un groupe uniquement du fait de l'absence des options et des accords à formuler en application du I et du premier alinéa du III de l'article 223 A et du I de l'article 223 A *bis*. » Lorsque les titres n'ont pas été conservés pendant un délai de deux ans, leur prix de revient est diminué, pour la détermination de la plus-value ou moins-value de cession, du montant des produits de participation y afférents dont le montant a été retranché du résultat d'ensemble *(L. n° 2018-1317 du 28 déc. 2018, art. 32-I-3°, applicable aux exercices ouverts à compter du 1er janv. 2019)* « ou du bénéfice net » en application du présent alinéa. Lorsque les titres mentionnés à la première phrase du deuxième alinéa du *a ter* du I de l'article 219 sont conservés pendant au moins deux ans, leur prix de revient est diminué, pour la détermination de la moins-

value de cession, du montant des produits de participation y afférents dont le montant a été retranché du résultat d'ensemble *(L. nº 2018-1317 du 28 déc. 2018, art. 32-I-3º, applicable aux exercices ouverts à compter du 1er janv. 2019)* « ou du bénéfice net » en application du présent alinéa, au cours de l'exercice au titre duquel cette moins-value a été constatée et des cinq exercices précédents.

Le résultat d'ensemble est majoré du montant des dotations complémentaires aux provisions constituées par une société après son entrée dans le groupe, à raison des créances qu'elle détient sur d'autres sociétés du groupe, des titres détenus dans d'autres sociétés du groupe et exclus du régime des plus-values ou moins-values à long terme conformément à l'article 219 ou des risques qu'elle encourt du fait de telles sociétés. Il est également majoré du montant des dotations complémentaires aux provisions constituées par une société après son entrée dans le groupe, à raison des créances qu'elle détient sur des sociétés intermédiaires, sur des sociétés étrangères ou sur l'entité mère non résidente, des titres détenus dans de telles sociétés et exclus du régime des plus-values ou moins-values à long terme conformément à l'article 219 ou des risques qu'elle encourt du fait de telles sociétés, à l'exception de la fraction de ces dotations pour laquelle la société mère apporte la preuve qu'elle n'est pas liée, directement ou indirectement, aux déficits et moins-values nettes à long terme de sociétés du groupe retenus pour la détermination du résultat d'ensemble et de la plus-value ou moins-value nette à long terme d'ensemble. En cas de cession d'un élément d'actif entre sociétés du groupe, les dotations aux provisions pour dépréciation de cet élément d'actif effectuées postérieurement à la cession sont rapportées au résultat d'ensemble, à hauteur de l'excédent des plus-values ou profits sur les moins-values ou pertes afférent à ce même élément, qui n'a pas été pris en compte, en application du premier alinéa de l'article 223 F, pour le calcul du résultat ou de la plus ou moins-value nette à long terme d'ensemble du groupe. Lorsqu'en application du *(L. nº 2018-1317 du 28 déc. 2018, art. 32-I-3º, applicable aux exercices ouverts à compter du 1er janv. 2019)* « deuxième » alinéa de l'article 223 F, la société mère comprend dans le résultat d'ensemble le résultat ou la plus ou moins-value non pris en compte lors de sa réalisation, la fraction de la provision qui n'a pas été déduite en application de la deuxième phrase du présent alinéa, ni rapportée en application du quinzième alinéa du 5º du 1 de l'article 39, est retranchée du résultat d'ensemble. Celui-ci est également minoré du montant des provisions rapportées en application du quinzième alinéa du 5º du 1 de l'article 39 qui correspondent aux dotations complémentaires non retenues en application du présent alinéa si les sociétés citées aux première et troisième phrases de cet alinéa ou détenues, directement ou indirectement, par les sociétés intermédiaires, l'entité mère non résidente ou les sociétés étrangères mentionnées à la deuxième phrase du même alinéa sont membres du groupe ou, s'agissant des provisions mentionnées aux première et deuxième phrases, d'un même groupe créé ou élargi dans les conditions prévues aux *c, d, e, f, g, h, i* ou *j* du 6 de l'article 223 L au titre de l'exercice au cours duquel ces provisions sont rapportées.

Le montant *(L. nº 2019-486 du 22 mai 2019, art. 185-II-5º)* « de la rémunération prévue à l'article L. 225-45 du code de commerce et des » tantièmes déduits du résultat des sociétés filiales du groupe, et de celui de la société mère mentionnée au deuxième alinéa du I de l'article 223 A *(L. nº 2019-486 du 22 mai 2019, art. 185-II-5º)* « du présent code », est ajouté au résultat d'ensemble.

(L. nº 2018-1317 du 28 déc. 2018, art. 32-I-3º, applicable aux exercices ouverts à compter du 1er janv. 2019) « L'avantage consenti entre des sociétés du groupe résultant de la livraison de biens autres que ceux composant l'actif immobilisé ou de la prestation de services, pour un prix inférieur à leur valeur réelle mais au moins égal à leur prix de revient, n'est pas pris en compte pour la détermination du bénéfice net mentionné aux 1 et 2 de l'article 38 et ne constitue pas un revenu distribué. »

Lorsqu'une société a acheté les titres d'une autre société qui est ou qui devient membre du même groupe ou les titres d'une société intermédiaire ou d'une société étrangère aux personnes qui la contrôlent, directement ou indirectement, ou à des sociétés que ces personnes contrôlent, directement ou indirectement, au sens de l'article L. 233-3 du code de commerce, les charges financières déduites pour la détermination du résultat d'ensemble sont rapportées à ce résultat pour une fraction égale au rapport du prix d'acquisition de ces titres, limité, le cas échéant, à la valeur vénale des titres des sociétés du groupe

directement ou indirectement détenues par la société intermédiaire ou par la société étrangère acquise, à la somme du montant moyen des dettes, de chaque exercice, des entreprises membres du groupe. Le prix d'acquisition à retenir est réduit du montant des fonds apportés à la société cessionnaire lors d'une augmentation du capital réalisée simultanément à l'acquisition des titres à condition que ces fonds soient apportés à la société cessionnaire par une personne autre qu'une société membre du groupe ou, s'ils sont apportés par une société du groupe, qu'ils ne proviennent pas de crédits consentis par une personne non membre de ce groupe. La réintégration s'applique pendant l'exercice d'acquisition des titres et les huit exercices suivants.

Le sixième alinéa s'applique même si la société directement ou indirectement rachetée n'est pas ou ne devient pas membre du même groupe que la société cessionnaire, dès lors que la première est absorbée par la seconde ou par une société membre ou devenant membre du même groupe que la société cessionnaire.

Les dispositions du sixième alinéa ne s'appliquent pas :

***a)* si la cession est opérée entre sociétés membres du même groupe ;**

***b)* au titre des exercices au cours desquels la société directement ou indirectement rachetée n'est plus membre du groupe, sous réserve que sa sortie du groupe ne résulte pas d'une fusion avec une autre société du groupe ;**

***c)* si les titres cédés à la société membre du groupe ont été acquis, directement ou par l'intermédiaire de l'acquisition d'une société qui contrôle, directement ou indirectement, la société rachetée au sens de l'article L. 233-3 du code de commerce, immédiatement auparavant, auprès de personnes autres que celles mentionnées au sixième alinéa, et en vue de rétrocession.**

***d)* au titre des exercices au cours desquels la société qui détient les titres de la société rachetée n'est plus contrôlée par les personnes visées à la première phrase du sixième alinéa.**

(L. n° 2018-1317 du 28 déc. 2018, art. 34-I-6°, applicable aux exercices ouverts à compter du 1er janv. 2019) **« Le solde de la fraction des intérêts non déductibles immédiatement, mentionnés au dernier alinéa du présent article dans sa rédaction antérieure à la loi n° 2018-1317 du 28 décembre 2018 de finances pour 2019, non imputé à la clôture du dernier exercice ouvert avant le 1er janvier 2019 est déductible dans les mêmes conditions que les charges financières nettes non admises en déduction mentionnées au 1 du VIII de l'article 223 B *bis*. »**

Pour l'application des dispositions mentionnées aux 15e à 19e al. relatives aux intérêts non admis en déduction, V. Ann. III, art. 46 quater-0 ZL.

NOTE. La jurisprudence et les solutions rapportées ci-dessous concernent l'art. 223 B dans sa rédaction antérieure à l'art. 32 de la L. n° 2018-1317 du 28 déc. 2018.

BIBL. Bénard, *RJF 2006, p. 499* (groupes de sociétés : la jurisprudence n'a pas l'esprit de sacrifice). – Durand et Seraille, *Dr. fisc. 2017. 230* (la quote-part de frais et charges de face aux normes supérieures). – Legendre, *Dr. fisc. 2006, p. 607* (pour la reconnaissance en droit fiscal de l'existence d'une part, non détachable de l'intérêt du groupe auquel elle appartient, de l'intérêt propre d'une société). – Rutschmann et Buchert, *BFL 2011, p. 655* (cession d'immobilisations à prix minoré au sein de l'intégration fiscale). – Rutschmann et Durand, *BFL 2007, p. 463* (amendement Charasse et contrôle conjoint).

1. Quote-part de frais et charges afférente aux produits de participation. La CJUE a été saisie de la question de savoir si la neutralisation de la quote-part de frais et charges (art. 223 B, al. 2) est compatible avec le principe de la liberté d'établissement. • CAA Versailles, 29 juill. 2014, *Sté Steria*, n° 12VE03691 : *RJF 2014. 990 ; Dr. fisc. 2014. 579, note Leclercq et Lauratet.* ♦ La CJUE a répondu par la négative à cette question. Elle considère que ces dispositions restreignent la liberté d'établissement, sans que cette restriction soit justifiée par une raison impérieuse d'intérêt général. Exclure du bénéfice d'un tel avantage une société mère qui détient une filiale établie dans un autre État membre est de nature à la dissuader de créer des filiales dans d'autres États membres. • CJUE 2 sept. 2015, *Sté Steria SCA*, n° C-386/14 : *RJF 2015. 972 ; Dr. fisc. 2015. 611, note Hôo et Maignan.* ♦ La société mère d'un groupe fiscalement intégré peut prétendre à la neutralisation de la quote-part de frais et charges dès lors qu'elle justifie notamment que les dividendes ont été versés par des sociétés qui auraient pu rejoindre l'intégration fiscale si elles avaient été résidentes en France. • CAA Versailles, 21 juin 2016, *Sté Sopra Steria Group*, n° 12VE03691 : *RJF 2016. 814.* ♦ Le législateur est intervenu en conséquence de l'arrêt *Steria* de la CJUE, en modifiant les art. 216 et 223 B.

2. La neutralisation de la quote-part de frais et charges sur les dividendes (supprimée depuis

2016) était constitutionnelle. • Cons. const. 13 avr. 2018, *C, Sté Life Sciences Holding France,* n° 2018-599 QPC : *RJF 2018. 783 ; Dr. fisc. 2018. 277, note Nayberg et Vergnet.*

3. Produits de participation intragroupe (exercices ouverts à compter du 1er janv. 2016). Taux réduit à 1 % de la quote-part pour les dividendes de filiales intégrées et de filiales européennes à 95 %. Commentaires administratifs. * BOI-IS-BASE-10-10-20 nos 120 à 160 du 15 avr. 2020 * BOI-IS-GPE-20-20-20-20 du 15 avr. 2020.

4. Amendement Charasse. Dispositifs limitant la déduction des charges financières applicables au niveau du groupe. L'amendement « Charasse » dans sa version résultant de la L. du 25 déc. 2007 est conforme à la Constitution. • Cons. const. 20 avr. 2018, n° 2018-701 QPC : *RJF 2018. 782 ; Dr. fisc. 2018. 410, note Maitrot de la Motte.* ♦ Doctrine administrative. * BOI-IS-GPE-20-20-80 du 4 mai 2016.

5. Aide apportée à une société n'appartenant pas au groupe. L'option pour le régime dit de « l'intégration fiscale » implique que les résultats de chacune des sociétés du groupe fiscal intégré, dont la somme algébrique constitue le résultat d'ensemble servant d'assiette à l'impôt dû par la société ayant exercé l'option, soient déterminés dans les conditions de droit commun, ainsi que le prévoit l'art. 223 B, sous la seule réserve des dérogations expressément autorisées par les dispositions propres à ce régime d'exception. Aucune disposition n'autorise l'une des sociétés d'un groupe fiscal intégré à déduire, dans des conditions différant de celles du droit commun, une aide apportée à une société n'appartenant pas à ce groupe. • CE 10 mars 2006, n° 263183, *Sté Sept : RJF 2006. 678 ; concl. Séners au BDCF 6/06, n° 72 ; Dr. fisc. 2006. 414, note Pierre.* ♦ V., dans le même sens, note 13.

6. Acte normal de gestion. Intérêt de la société membre du groupe. L'art. 223 B n'autorise pas une société d'un groupe fiscal à déduire, dans des conditions différentes de celles du droit commun, les pertes ou charges résultant de la prise d'une participation dans une société extérieure au groupe. • CE 28 avr. 2006, n° 277572, *Sté SEEE : RJF 2006. 836 ; concl. Séners au BDCF 7/06, n° 83 ; Dr. fisc. 2006. 670, concl. Séners, note Gagneur ; Dr. sociétés 2006. 116, note Pierre* • 28 avr. 2006, n° 278738, *Sté Atys France : RJF 7/06 n° 837 ; concl. Séners au BDCF 7/06 n° 84 ; Dr. fisc. 2006. 706, concl. Séners.* ♦ Dès lors : dans le cas où une société membre souscrit au capital d'une société tierce puis *déduit une provision pour dépréciation* des titres correspondants, la déductibilité de la provision n'est pas justifiée par la seule circonstance que la souscription en cause présente un intérêt pour le groupe fiscalement intégré. • CE 28 avr. 2006, n° 277572 : *préc.* ♦ Constitue un acte anormal de gestion le fait pour une société française membre d'un groupe fiscal de prendre en charge les indemnités d'expatriation et les charges sociales afférentes à des cadres français détachés dans des filiales mexicaine et américaine de la société mère. En effet, la circonstance notamment que sa société sœur américaine lui aurait permis de nouer des relations commerciales avec une société tierce ne suffit pas à démontrer son intérêt propre à consentir de tels avantages. Le fait d'assurer aux cadres en cause une carrière internationale et la difficulté de faire supporter par la société d'accueil les surcoûts d'un cadre expatrié répond à l'intérêt du groupe et non à celui de la filiale française. Cet intérêt aurait seulement permis de justifier que les coûts soient supportés par la société mère française dès lors qu'elle perçoit des redevances d'assistance générale en contrepartie de la politique centralisée d'encadrement qu'elle élabore. • CE 28 avr. 2006, n° 278738, *Sté Atys France : préc.*

7. Réintégration des jetons de présence et tantièmes versés par les sociétés filiales du groupe. L'Administration est fondée, en vertu de l'art. 223 B, à réintégrer dans le résultat d'ensemble du groupe la totalité du montant des jetons de présence distribués par les filiales du périmètre. Mais elle ne peut le faire sans réaliser une double imposition, compte tenu de l'unicité du résultat déclaré, que sous déduction des sommes que les filiales ont elles-mêmes réintégrées dans leur propre résultat sur le fondement de l'art. 210 *sexies.* • CAA Nancy, 3 juin 2009, n° 07NA1792 : *RJF 2010. 571.* ♦ Montant de la réintégration. Pour la détermination des résultats des exercices ouverts à compter du 1er janv. 2010, l'art. 223 B modifié limite la réintégration à effectuer au résultat d'ensemble à la fraction des jetons et tantièmes non réintégrée fiscalement au résultat individuel des sociétés filiales membres du groupe. * BOI-IS-GPE-20-20-10 du 4 mai 2016.

8. Charges financières. Notion de contrôle de la société cessionnaire. Pour l'application avant 2006 de l'amendement « Charasse » qui restreint la déduction des charges financières en cas d'acquisition de titres auprès d'un actionnaire qui contrôle le cessionnaire, la notion de contrôle doit être appréciée au regard de la L. du 24 juill. 1966 sur les sociétés commerciales. De plus, la situation de contrôle doit être appréciée à la date d'acquisition des titres. Une société en commandite par actions doit donc être considérée comme contrôlée, non pas par les associés commandités qui exercent collégialement la gérance, mais par les associés commanditaires qui détiennent l'intégralité du capital à la date d'acquisition de la cible. • CE 13 juill. 2011, *SAS FTR,* n° 312285 : *RJF 2011. 1136 ; Dr. fisc. 2011. 544, concl. Boucher, note Fumenier et Meignan.* ♦ Sur la notion de contrôle, V. égal. • CE 19 févr. 2014, *Sté Laboratoires Virbac,* n° 346638 : *RJF 2014. 443 ; Dr. fisc. 2014. 339, note Morgenstern.*

9. Charges financières. Date d'appréciation du contrôle. Pour l'application du dispositif de réintégration des charges financières au résultat d'ensemble d'un groupe fiscal prévu par l'amendement « Charasse », la condition de contrôle doit s'apprécier au jour de la cession des titres et non antérieurement. Remise en cause de la doctrine administrative qui prévoit que le contrôle s'apprécie au cours de la période de 12 mois précédant l'acquisition des titres. • CE 13 juill. 2011, n° 312285, *SAS FTR : préc. note 8.* ♦ Une société qui a acquis auprès de son actionnaire les titres d'une autre société avec laquelle elle constitue un groupe intégré n'est pas considérée comme la contrôlant à la date de la cession, dès lors que la société cessionnaire a procédé par un acte préalable, le même jour, à une augmentation de son capital à l'issue de laquelle la société cédante ne détenait plus que 29 % de son capital ; dans ces conditions, le dispositif de réintégration des charges financières ne s'applique pas. • CAA Paris, 23 janv. 2008, n°s 06PA404 et 06PA1208 : *RJF 2008. 653 ; Dr. fisc. 2008. 298, note Fumenier.*

10. Charges financières. Notion de contrôle. Sont considérées comme exerçant un contrôle conjoint sur une société tierce deux ou plusieurs personnes qui, agissant de concert, déterminent en fait les décisions prises au sein de l'assemblée générale ou des organes sociaux. Le dispositif de réintégration s'applique même si l'acquisition de la société cible est réalisée auprès d'une seule de ces personnes. • CE 1er févr. 2018, *SAS Mi Développement 2,* n° 412155 : *RJF 2018. 421.* ♦ Le dispositif de réintégration s'applique également lorsque l'actionnaire qui contrôlait la cible exerce, de concert avec d'autres actionnaires, le contrôle de la société cessionnaire. • CE 13 mai 2019, *SAS Mi Développement 2,* n° 412155 : *RJF 2019. 523.* ♦ Doctrine administrative. * BOI-IS-GPE-20-20-80-10 n° 130 du 4 mai 2016.

11. Charges financières. Opérations exclues. Le dispositif de réintégration des charges financières au résultat d'ensemble du groupe fiscal (amendement « Charasse ») ne s'applique ni en cas de rachat par une société de ses propres titres, ni en cas de transmission universelle de patrimoine. • TA Montreuil, 8 juill. 2010, n° 08-13374 : *RJF 2011. 23.*

12. Limitation de la déductibilité des charges financières. Nouveau dispositif applicable aux exercices ouverts à compter du 1er janv. 2019. Application dans l'intégration fiscale. * BOI-IS-GPE-20-20-110 du 13 mai 2020.

13. Subventions indirectes liées aux cessions internes. L'option pour le régime dit de l'intégration fiscale ne dispense pas chacune des sociétés du groupe fiscal intégré de déterminer son résultat dans les conditions de droit commun, ainsi que le prévoit l'art. 223 B, al. 1, sous la seule réserve des dérogations expressément autorisées par les dispositions propres à ce régime d'exception. Aucune de ces dispositions n'autorise une société membre du groupe à déclarer, selon des règles différentes des règles de droit commun, un abandon de créance ou une subvention qu'elle a consenti ou dont elle a bénéficié. La neutralisation d'un tel abandon de créance ou d'une subvention consenti entre sociétés du même groupe est effectuée, conformément à l'art. 223 B, al. 6, pour la détermination du résultat d'ensemble, après l'établissement des résultats individuels des sociétés membres du groupe. • CE 10 nov. 2010, *Corbfi,* n° 309148 : *Dr. fisc. 2010. 605, concl. Cortot-Boucher, note Bocquet et Sayag ; RJF 2011. 153, concl. Cortot-Boucher au BDCF 2/11, n° 18.* ♦ Noter que la neutralisation des subventions et abandons de créances est supprimée pour les exercices ouverts à compter du 1er janv. 2019. ♦ Dès lors que la cession de titres entre sociétés membres d'un groupe fiscal intégré à un prix minoré, sans que la société cédante n'invoque aucune contrepartie, ni aucun intérêt pour justifier cette opération, constitue, à hauteur de l'écart entre la valeur vénale réelle des titres cédés et leur prix de cession, un avantage consenti par la société cédante à la société cessionnaire, l'administration fiscale est fondée à rapporter le montant de cet avantage dans les résultats individuels de la société cédante, au titre d'une gestion anormale. • Même arrêt.

14. Lorsqu'une société d'un groupe fiscalement intégré apporte à une autre société du groupe des titres de participation, la différence positive entre la valeur réelle des titres apportés et celle des titres reçus en contrepartie constitue une subvention soumise à déclaration en application des art. 223 B et 223 Q. • CE 1er juill. 2020, *Sté Lafarge, SA,* n° 418378 : *RJF 2020. 769 ; Dr. fisc. 2020. 409, note Hamis et Ghuysen.*

15. Déclaration des aides intragroupe. L'obligation incombant à la société mère de joindre à la déclaration du résultat d'ensemble de chaque exercice un état des abandons de créances ou subventions consentis entre sociétés du groupe a pour objet de permettre à l'administration fiscale de suivre les mouvements financiers à l'intérieur du groupe, quand bien même ces mouvements seraient sans incidence tant sur le résultat individuel des sociétés du groupe déterminé dans les conditions de droit commun que sur le résultat d'ensemble du groupe. Dès lors, l'amende pour défaut de production de l'état des abandons de créances et subventions intragroupe peut être infligée même si ces aides n'ont pas été déduites des résultats propres des sociétés membres ou du résultat d'ensemble. Par suite, est fondée l'application, à l'encontre d'une société mère, de l'amende alors prévue à l'art. 1734 *bis* pour n'avoir pas déclaré, sur l'état précité, la subvention indirecte consentie par une société du groupe à une autre société membre alors même que, faute d'avoir été réintégrée dans les résultats individuels de la société bénéficiaire, celle-ci ne pouvait être prise en compte *a posteriori* dans le résultat d'ensemble du groupe. • CE 10 févr. 2014, ⚖ *Sté Pinault-Printemps-Redoute*, n° 356125 : *RJF 2014. 442.*

16. Déficit qu'une filiale a omis de déclarer. La seule circonstance qu'une société membre d'un groupe ait omis de déclarer son résultat, bénéficiaire ou déficitaire, ne fait pas obstacle à sa prise en compte dans la détermination du résultat d'ensemble par la société mère du groupe. L'Administration ne peut donc pas légalement refuser la prise en compte du déficit d'une filiale dans le résultat d'ensemble du groupe, alors qu'elle n'a pas rectifié au préalable le résultat de cette filiale. • CE 31 mars 2017, ⚖ *Sté Cirrus*, n° 393253 : *RJF 2017. 540, concl. Nicolazo de Barmon.*

Art. 223 B *bis* *(L. n° 2018-1317 du 28 déc. 2018, art. 34-I-7° et II, applicable aux exercices ouverts à compter du 1er janv. 2019)* **I. — Les charges financières nettes supportées par le groupe sont déductibles du résultat d'ensemble, dans la limite du plus élevé des deux montants suivants :**

1° Trois millions d'euros ;

2° 30 % du résultat du groupe déterminé dans les conditions du II.

Le montant de trois millions d'euros mentionné au 1° du présent I s'entend par exercice, le cas échéant ramené à douze mois.

II. — Le résultat mentionné au 2° du I est déterminé en corrigeant le résultat d'ensemble soumis à l'impôt sur les sociétés aux taux mentionnés au deuxième alinéa et *(Décr. n° 2020-897 du 22 juill. 2020, art. 1er)* **« au *b* » du I de l'article 219 des montants suivants :**

1° Les charges financières nettes déterminées conformément au III du présent article ;

2° La somme des amortissements admis en déduction du résultat de chaque société membre du groupe, nette des reprises imposables et des fractions de plus ou moins-values correspondant à des amortissements déduits, à des amortissements expressément exclus des charges déductibles, ou à des amortissements qui ont été différés en contravention aux dispositions de l'article 39 B ;

3° La somme des provisions pour dépréciation admises en déduction du résultat de chaque société membre du groupe, nette des reprises de provision pour dépréciation imposables ;

4° La somme algébrique des gains et pertes constatés par chaque société membre du groupe et soumis aux taux mentionnés au *a* du I et au IV de l'article 219.

(L. n° 2019-1479 du 28 déc. 2019, art. 45-I-6° et II-B, applicable aux exercices clos à compter du 31 déc. 2019) **« Les montants mentionnés aux 2° à 4° du présent II s'entendent de ceux qui, pour la détermination du résultat d'ensemble de l'exercice, ne donnent pas lieu aux retraitements prévus aux articles 223 B et 223 F. »**

Le résultat fiscal mentionné au premier alinéa du présent II s'entend de celui obtenu avant imputation des déficits *(L. n° 2019-1479 du 28 déc. 2019, art. 45-I-6° et II-B, applicable aux exercices clos à compter du 31 déc. 2019)* **« et avant application des dispositions du présent article ». Il tient compte des déductions pour l'assiette de l'impôt et des abattements déduits pour cette même assiette. En cas d'exercice de l'option mentionnée au V, le résultat mentionné au 2° du I ne tient compte ni du résultat afférent aux contrats mentionnés au 3 du III de l'article 212 *bis* déterminé dans les conditions du présent II, ni du résultat mentionné au *b* du 2 du IV du présent article.**

III. — Pour l'application du I, les charges financières nettes supportées par le groupe s'entendent de la somme algébrique des charges et produits financiers de l'ensemble des sociétés membres du groupe tels que définis au III de l'article 212 *bis*.

IV. — 1. Par exception aux I, VI et VII du présent article, sont déductibles, dans les conditions déterminées aux 2 et 3 du présent IV, les charges financières nettes mentionnées au III supportées par le cocontractant d'un pouvoir adjudicateur, d'une entité adjudicatrice ou d'une autorité concédante et afférentes aux biens acquis ou construits par lui dans le cadre des contrats mentionnés aux 1° à *(L. n° 2019-1479 du 28 déc. 2019, art. 45-I-6° et II-B, applicable aux exercices clos à compter du 31 déc. 2019)* **« 5°** *[ancienne rédaction : 4°]* **» du 1 du IV de l'article 212 *bis*.**

Le présent 1 s'applique aux charges financières nettes supportées dans le cadre des contrats mentionnés au premier alinéa signés à compter du 29 décembre 2012 et pour lesquels soit une consultation a été engagée, soit un avis d'appel à la concurrence ou

un avis de concession a été envoyé à la publication, soit une procédure d'approbation par décret a été initiée avant la date de promulgation de la loi n° 2018-1317 du 28 décembre 2018 de finances pour 2019.

2. Les charges financières nettes afférentes aux contrats mentionnés au 1 du présent IV sont déductibles dans la limite du plus élevé des deux montants suivants :

a) Trois millions d'euros ;

b) 30 % du résultat afférent à ces contrats et déterminé dans les conditions du II.

3. Les charges financières nettes non admises en déduction au titre d'un exercice, en application du 2 du présent IV, sont déductibles, au titre de cet exercice, à hauteur de 75 % de leur montant.

V. – Les charges financières nettes mentionnées au 1 du IV sont celles afférentes à des emprunts utilisés exclusivement pour financer des projets d'infrastructures publiques à long terme lorsque l'opérateur du projet, les charges financières, les actifs et les revenus se situent tous dans l'Union européenne.

Le 3 du III de l'article 212 *bis* et le IV du présent article s'appliquent sur option de la société mère du groupe mentionné au I. Cette option doit être notifiée au plus tard à la date limite de dépôt de la déclaration de résultat du premier exercice au titre duquel elle est demandée. Elle est irrévocable et formulée pour une période de dix années et est renouvelable au terme de cette période.

VI. – Le résultat d'ensemble du groupe est en outre minoré de 75 % du montant des charges financières nettes non admises en déduction en application du I lorsque le ratio entre les fonds propres et l'ensemble des actifs déterminé au niveau du groupe est égal ou supérieur à ce même ratio déterminé au niveau du groupe consolidé auquel les sociétés membres du groupe appartiennent.

Pour l'application du premier alinéa du présent VI :

1° Les charges financières nettes s'entendent de celles déterminées conformément au III avant application du VIII ;

2° Le groupe consolidé s'entend de l'ensemble des entreprises françaises et étrangères dont les comptes sont consolidés par intégration globale pour l'établissement des comptes consolidés au sens de l'article L. 233-18 du code de commerce ou au sens des normes comptables internationales mentionnées à l'article L. 233-24 du même code ;

3° Le ratio entre les fonds propres et l'ensemble des actifs déterminé au niveau du groupe est considéré comme égal au ratio équivalent du groupe consolidé auquel les sociétés membres du groupe appartiennent, si le premier ratio est inférieur au second ratio de deux points de pourcentage au maximum ;

4° Les fonds propres et l'ensemble des actifs déterminés au niveau du groupe et du groupe consolidé sont évalués selon la même méthode que celle utilisée dans les comptes consolidés mentionnés au 2° du présent VI.

VII. – 1. Par exception au I, lorsque le montant moyen des sommes laissées ou mises à disposition d'entreprises membres du groupe par l'ensemble des entreprises non membres du groupe liées directement ou indirectement au sens du 12 de l'article 39, au cours d'un exercice, excède, au titre de cet exercice, une fois et demie le montant des fonds propres déterminés au niveau du groupe conformément au 4° du VI du présent article, apprécié au choix de l'entreprise à l'ouverture ou à la clôture de l'exercice, les charges financières nettes déterminées conformément au III sont déductibles :

a) Pour une fraction de leur montant, dans la limite du plus élevé des deux montants prévus au I retenue à hauteur de ce montant multiplié par la même fraction. Cette fraction est égale au rapport existant entre, au numérateur, le montant moyen des sommes laissées ou mises à disposition des entreprises membres du groupe au cours de l'exercice par des entreprises non membres du groupe qui ne sont pas liées directement ou indirectement au sens du 12 de l'article 39 ajouté à une fois et demie le montant des fonds propres mentionnés au premier alinéa du présent 1 et, au dénominateur, le montant moyen de la totalité des sommes laissées ou mises à disposition des entreprises membres du groupe, au cours de l'exercice, par des entreprises non membres du groupe ;

b) Pour leur solde, dans la limite du plus élevé des deux montants, entre un million d'euros et 10 % du résultat déterminé dans les conditions du II, retenue à hauteur de ce montant multiplié par le rapport existant entre, au numérateur, le montant des sommes laissées ou mises à disposition des entreprises membres du groupe par des entreprises non membres du groupe liées directement ou indirectement au sens du 12 de l'article 39 excédant une fois et demie le montant des fonds propres mentionnés au premier alinéa du présent 1 et, au dénominateur, le montant moyen de la totalité des sommes laissées ou mises à disposition des entreprises membres du groupe, au cours de l'exercice, par des entreprises non membres du groupe.

Le montant d'un million d'euros mentionné au b s'entend par exercice, le cas échéant ramené à douze mois.

Les charges financières nettes non admises en déduction en application du même *b* au titre d'un exercice peuvent être déduites au titre des exercices suivants conformément au 1 du VIII à hauteur d'un tiers de leur montant.

Lorsque le groupe remplit les conditions prévues au premier alinéa du présent 1, il ne peut bénéficier du VI.

2. Pour l'application du 1 du présent VII, sont considérées comme des sommes laissées ou mises à disposition des entreprises membres du groupe par des entreprises non membres du groupe qui ne sont pas liées directement ou indirectement au sens du 12 de l'article 39, les sommes afférentes :

a) A des opérations de financement réalisées dans le cadre d'une convention de gestion centralisée de la trésorerie d'entreprises liées au sens du même 12 par l'une d'elles chargée de cette gestion centralisée au profit de laquelle les sommes sont mises à disposition ;

b) A l'acquisition de biens donnés en location dans les conditions prévues aux 1 et 2 de l'article L. 313-7 du code monétaire et financier.

Sont également considérées comme des sommes laissées ou mises à disposition de l'entreprise par des entreprises qui ne lui sont pas liées directement ou indirectement au sens du 12 de l'article 39 du présent code les sommes laissées ou mises à disposition des établissements de crédit ou des sociétés de financement mentionnés à l'article L. 511-1 du code monétaire et financier.

3. Le 1 du présent VII ne s'applique pas si le groupe apporte la preuve que le ratio d'endettement du groupe consolidé auquel les sociétés membres du groupe appartiennent est supérieur ou égal au ratio d'endettement déterminé au niveau du groupe au titre de l'exercice mentionné au même 1.

Pour l'application du premier alinéa du présent 3 :

a) Le groupe consolidé s'entend de celui défini au 2° du VI ;

b) Le ratio d'endettement déterminé au niveau du groupe correspond au rapport existant entre le montant total des dettes du groupe et le montant des fonds propres du groupe. Le ratio d'endettement du groupe consolidé est déterminé en tenant compte des dettes, à l'exception de celles envers des entreprises appartenant au groupe consolidé ;

c) Le ratio d'endettement déterminé au niveau du groupe est considéré comme égal au ratio d'endettement du groupe consolidé auquel les sociétés membres du groupe appartiennent, si le premier ratio est supérieur au second ratio de deux points de pourcentage au maximum ;

d) Les dettes et les fonds propres déterminés au niveau du groupe et du groupe consolidé sont évalués selon la même méthode que celle utilisée dans les comptes consolidés mentionnés au même 2°.

VIII. – 1. Les charges financières nettes non déduites en application des I et VI ainsi que du *a* du 1 du VII et celles reportables au titre de l'avant-dernier alinéa du même 1 au titre des exercices antérieurs peuvent être déduites à hauteur d'un montant égal à la différence positive entre la limite mentionnée au I appliquée au titre de l'exercice ou, lorsque la condition mentionnée au premier alinéa du 1 du VII est remplie, la limite mentionnée au *a* du même 1 appliquée au titre de l'exercice et les charges financières nettes de l'exercice minorées, le cas échéant, de celles soumises au plafonnement du *b* dudit 1 des sociétés du groupe. Les charges financières nettes non déduites après application du présent 1 peuvent être déduites dans les mêmes conditions au titre des exercices suivants.

2. La capacité de déduction inemployée, entendue comme la différence positive entre la limite mentionnée au I appliquée au titre de l'exercice et les charges financières nettes admises en déduction au titre de l'exercice en application des I et VI ainsi que du 1

du présent VIII, peut être utilisée au titre des cinq exercices suivants pour déduire du résultat d'ensemble le montant de charges financières nettes non admises en déduction après application des I et VI. Cette capacité de déduction inemployée ne peut être utilisée pour déduire des charges financières en report conformément au 1 du présent VIII.

IX. — Un décret fixe les obligations déclaratives de la société mère du groupe mentionné au I.

1. La jurisprudence rapportée ci-dessous concerne l'art. 223 B *bis* dans sa rédaction antérieure à l'art. 34 de la L. n° 2018-1317 du 28 déc. 2018.

2. Limitation de la déductibilité des charges financières. Nouveau dispositif applicable aux exercices ouverts à compter du 1er janv. 2019. Application dans l'intégration fiscale. Périmètre des charges financières nettes à retenir. Détermination du montant à réintégrer. Articulation avec les autres mécanismes de limitation des charges financières dans le régime de groupe. * BOI-IS-GPE-20-20-110 du 13 mai 2020.

3. Intérêts différés. Il ne résulte pas de l'art. 223 B *bis*, ni d'aucune autre dispositions, que ne constitueraient pas des charges financières, et seraient ainsi exclus de l'assiette du dispositif du « rabot fiscal » pour un exercice donné, les intérêts qui ont été déduits au titre de cet exercice de manière extra comptable et différés, en raison de l'application du report de déduction d'intérêts prévu par le 19e al. de l'art. 223 B concernant les intérêts payés par des sociétés membres d'un groupe en cas de sous-capitalisation. • TA Montreuil, 2 nov. 2017 : *Sté Thai Union France Holding 2,* n° 16-7835 : *RJF 2018. 150 ; Dr. fisc. 2018. 275, note Humbert.*

Ancien art. 223 B *bis* ***I. — Les charges financières nettes afférentes aux sommes laissées ou mises à disposition de sociétés membres du groupe par des personnes qui n'en sont pas membres sont réintégrées au résultat d'ensemble pour une fraction égale à 25 % de leur montant.*** — *Le taux de 25 % s'applique pour les exercices ouverts à compter du 1er janv. 2014 (L. n° 2012-1509 du 29 déc. 2012, art. 23-IV).*

II. — Le I ne s'applique pas lorsque le montant total des charges financières nettes du groupe est inférieur à trois millions d'euros.

III. — Pour l'application des I et II, le montant des charges financières nettes est entendu comme la somme des charges ou produits financiers nets de chacune des sociétés membres du groupe tels que définis au III de l'article 212 bis.

IV. — Pour l'application du I, le montant des charges financières est diminué des fractions des charges financières non admises en déduction en application du IX de l'article 209, de l'article 212 et du sixième alinéa ainsi que des six derniers alinéas de l'article 223 B.

IV bis. — Pour l'application du I, le montant des charges financières nettes est diminué des charges financières de chacune des sociétés du groupe afférentes aux contrats de financement des stocks de produits faisant l'objet d'une obligation réglementaire de conservation et dont le cycle de rotation est supérieur à trois ans.

V. — Le même I ne s'applique pas aux charges financières supportées par le délégataire, concessionnaire et partenaire privé, afférentes aux biens acquis ou construits par lui dans le cadre : — *Le présent V s'applique aux charges financières supportées dans le cadre des contrats mentionnés aux 1° à 5° déjà signés à la date de promulgation de la loi n° 2012-1509 du 29 déc. 2012 de finances pour 2013.*

1° D'une délégation de service public mentionnée à l'article 38 de la loi n° 93-122 du 29 janvier 1993 relative à la prévention de la corruption et à la transparence de la vie économique et des procédures publiques ; — *L'art. 38 de la L. n° 93-122 du 29 janv. 1993 a été abrogé par le 3° de l'art. 77 de l'Ord. n° 2016-65 du 29 janv. 2016.*

2° D'un contrat de concession de travaux publics, tel que défini par l'ordonnance n° 2009-864 du 15 juillet 2009 relative aux contrats de concession de travaux publics ; — *L'Ord. n° 2009-864 du 15 juill. 2009 a été abrogée par le 5° de l'art. 77 de l'Ord. n° 2016-65 du 29 janv. 2016.*

3° D'un contrat de concession mentionné à l'article L. 2224-31 du code général des collectivités territoriales ;

4° D'un contrat de partenariat, tel que défini par l'ordonnance n° 2004-559 du 17 juin 2004 sur les contrats de partenariat ;

5° D'un bail emphytéotique, tel que défini à l'article L. 1311-2 du code général des collectivités territoriales ou à l'article L. 6148-2 du code de la santé publique.

Les charges financières mentionnées au premier alinéa du présent V s'entendent également de celles supportées par la société dont l'objet unique est la détention de titres de sociétés agissant exclusivement en tant que délégataire, concessionnaire ou partenaire privé dans le cadre de contrats mentionnés aux 1° à 5°.

(Disjoint par Décr. n° 2013-463 du 3 juin 2013, art. 1er) ***Le présent V s'applique aux charges financières supportées dans le cadre des contrats mentionnés aux 1° à 5° déjà signés à la date de promulgation de la loi n° 2012-1509 du 29 décembre 2012 de finances pour 2013.***

Art. 223 C Le bénéfice d'ensemble est imposé selon les modalités prévues au deuxième alinéa du paragraphe I de l'article 219. *(L. n° 2018-1317 du 28 déc. 2018, art. 37-I-13° et III-1°, applicable aux exercices ouverts à compter du 1er janv. 2019)* « Le résultat net d'ensemble bénéficiaire obtenu en application de l'article 223 H, lorsque l'option pour le régime prévu à l'article 238 est exercée, est soustrait du bénéfice d'ensemble pour être imposé séparément selon les modalités prévues au deuxième alinéa du *a* du I de l'article 219. » *(L. n° 2019-1479 du 28 déc. 2019, art. 50-I-3° et II, applicable aux exercices clos à compter du 31 déc. 2019)* « Toutefois, ce résultat net n'est pas imposable lorsqu'il est utilisé pour compenser le déficit d'ensemble de l'exercice. Le déficit ainsi imputé ne peut plus être reporté sur les bénéfices des exercices ultérieurs. »

Le déficit d'ensemble est reporté dans les conditions prévues au troisième alinéa du I de l'article 209.

2° PLUS-VALUES OU MOINS-VALUES D'ENSEMBLE

Art. 223 D La plus-value nette ou la moins-value nette à long terme d'ensemble est déterminée par la société mère en faisant la somme algébrique des plus-values ou des moins-values nettes à long terme de chacune des sociétés du groupe, déterminées et imposables selon les modalités prévues aux articles 39 *duodecies* à 39 *quindecies*.

Les dispositions de l'article 39 *quindecies* sont applicables à la plus-value et à la moins-value nette à long terme d'ensemble.

La plus-value nette à long terme d'ensemble fait l'objet d'une imposition séparée dans les conditions prévues au *a bis* du I de l'article 219.

Le montant net d'impôt de la plus-value nette à long terme d'ensemble doit être porté, au bilan de la société mère, à la réserve spéciale prévue à l'article 209 *quater*.

L'inscription à cette réserve spéciale cesse pour les plus-values imposées au titre des exercices ouverts à compter du 1er janvier 2004.

Le montant des dotations complémentaires aux provisions constituées par une société après son entrée dans le groupe à raison des participations détenues dans d'autres sociétés du groupe est ajouté à la plus-value nette à long terme d'ensemble ou déduit de la moins-value nette à long terme d'ensemble. Le montant des dotations complémentaires aux provisions constituées par une société après son entrée dans le groupe à raison des participations détenues dans des sociétés intermédiaires, dans des sociétés étrangères ou dans une entité mère non résidente, à l'exception de la fraction de ces dotations pour laquelle la société mère apporte la preuve qu'elle n'est pas liée, directement ou indirectement, aux déficits et moins-values nettes à long terme de sociétés du groupe retenus pour la détermination du résultat d'ensemble et de la plus-value ou moins-value nette à long terme d'ensemble, est ajouté à la plus-value nette à long terme d'ensemble ou déduit de la moins-value nette à long terme d'ensemble. En cas de cession entre sociétés du groupe de titres éligibles au régime des plus ou moins-values à long terme, les dotations aux provisions pour dépréciation de ces titres effectuées postérieurement à la cession sont également ajoutées à la plus-value nette à long terme d'ensemble ou retranchées de la moins-value nette à long terme d'ensemble, à hauteur de l'excédent des plus-values ou profits sur les moins-values ou pertes afférent à ces mêmes titres, qui n'a pas été pris en compte, en application du premier alinéa de l'article 223 F, pour le calcul du résultat ou de la plus ou moins-value nette à long terme d'ensemble. Lorsqu'en application du *(L. n° 2018-1317 du 28 déc. 2018, art. 32-I-4°, applicable aux exercices ouverts à compter du 1er janv. 2019)* « deuxième » alinéa de l'article 223 F, la société mère comprend dans la plus ou moins-value nette à long terme d'ensemble la plus ou moins-value non prise en compte lors de sa réalisation, la fraction de la provision qui n'a pas été retenue en application de la deuxième phrase du présent alinéa, ni rapportée en application du seizième alinéa du 5° du 1 de l'article 39, est, selon le cas, retranchée de la plus-value nette à long terme d'ensemble ou ajoutée à la moins-value nette à long terme d'ensemble. Le montant des provisions rapportées en application de la première phrase du seizième alinéa du 5° du 1 de l'article 39 qui correspondent aux dotations complémentaires non retenues en application du présent alinéa est déduit de la plus-value nette à long terme d'ensemble ou ajouté à la moins-value nette à long terme d'ensemble si les sociétés citées aux première et troisième phrases de cet alinéa ou détenues, directement ou indirectement, par les sociétés intermédiaires, par les sociétés étrangères ou par l'entité mère non résidente mentionnées à la deuxième phrase du même alinéa sont membres du groupe ou, s'agissant des provisions mentionnées aux première et deuxième phrases, d'un même groupe créé ou élargi dans les conditions prévues aux *c*, *d*, *e*, *f*, *g*, *h*, *i* ou *j* du 6 de l'article 223 L au titre de l'exercice au cours duquel les provisions sont rapportées. — *Pour l'application de l'art. 223 B aux exercices ouverts avant le 1er janv. 2014, V.* ***CGI, éd. 2014.***

3° NON-IMPUTATION DES DÉFICITS ET DES MOINS-VALUES PAR LES SOCIÉTÉS DU GROUPE

Art. 223 E Les déficits retenus pour la détermination du résultat d'ensemble ne sont pas déductibles des résultats de la société qui les a subis. Il en est de même des moins-values nettes à long terme retenues pour le calcul de la plus-value ou de la moins-value nette à long terme d'ensemble.

Lorsque, consécutivement à un transfert de propriété de titres effectué dans les dix-huit mois de l'ouverture d'une procédure de sauvegarde ou de redressement judiciaire ou à la suite de l'ouverture d'une procédure de liquidation judiciaire concernant une ou plusieurs sociétés membres d'un groupe, le capital d'une ou plusieurs sociétés filiales membres du groupe vient à ne plus être détenu à hauteur de 95 % au moins par la société mère du groupe dans les conditions prévues par les premier, quatrième ou cinquième alinéas du I de l'article 223 A, chacune desdites filiales conserve, nonobstant les dispositions du premier alinéa du présent article, le droit d'imputer sur son bénéfice ou ses plus-values nettes à long terme, selon les modalités prévues au troisième alinéa du I de l'article 209 ou à l'article 39 *quindecies*, une fraction du déficit d'ensemble ou de la moins-value nette à long terme d'ensemble du groupe, entendus comme le déficit d'ensemble ou la moins-value nette à long terme d'ensemble du groupe encore reportables à la clôture de l'exercice du groupe précédant celui au cours duquel intervient le transfert de propriété susvisé, égale aux déficits ou moins-values nettes à long terme subies par la filiale concernée. Le montant du déficit d'ensemble ou de la moins-value nette à long terme d'ensemble imputable au niveau de la société mère du groupe est réduit à due concurrence du montant imputable au niveau des filiales susvisées en application du présent alinéa. Le présent alinéa ne s'applique pas à la fraction du déficit d'ensemble susceptible d'être imputée dans les conditions prévues à l'article 223 G. — *V. Ann. III, art. 46 quater-0 ZJ bis-3.*

Conséquences d'une procédure collective. Transferts de déficits. Opérations concernées. Réallocation des reports déficitaires. Constitution d'un nouveau groupe. * BOI-IS-GPE-60 du 12 sept. 2012.

4° CESSIONS D'IMMOBILISATIONS ENTRE SOCIÉTÉS DU GROUPE

Art. 223 F La fraction de la plus-value ou de la moins-value afférente à la cession entre sociétés du groupe d'un élément d'actif immobilisé, acquise depuis sa date d'inscription au bilan de la société du groupe qui a effectué la première cession, n'est pas *retenue pour* le calcul du résultat ou de la plus-value ou de la moins-value nette à long terme d'ensemble au titre de l'exercice de cette cession. Cette disposition est également applicable à la fraction, calculée dans les conditions prévues à la phrase précédente, du résultat afférent à la cession entre sociétés du groupe de titres du portefeuille exclus du régime des plus-values ou moins-values à long terme conformément à l'article 219 et au transfert de titres visé au cinquième ou au sixième alinéa du a *ter* du I de l'article 219 et retenu dans le résultat imposable de la société cédante lors de la cession de ces titres à une autre société du groupe, ainsi qu'à la fraction, calculée dans les mêmes conditions, du résultat ou de la plus-value ou de la moins-value nette à long terme d'ensemble afférent à la cession par une société du groupe à une société intermédiaire, à une société étrangère ou à l'entité mère non résidente de titres d'une autre société du groupe. Une somme égale au montant des suppléments d'amortissements pratiqués par la société cessionnaire d'un bien amortissable est réintégrée au

résultat d'ensemble au titre de chaque exercice ; il en est de même de l'amortissement différé en contravention aux dispositions de l'article 39 B, lors de la cession du bien. Le régime défini par ces dispositions n'est pas applicable aux apports placés sous le régime de l'article 210 A.

(Abrogé par L. n° 2018-1317 du 28 déc. 2018, art. 32-I-5°, pour les exercices ouverts à compter du 1er janv. 2019) ***« La quote-part de frais et charges prévue au deuxième alinéa du a quinquies du I de l'article 219 afférente à la plus-value non retenue pour le calcul de la plus-value ou de la moins-value nette à long terme d'ensemble en application du premier alinéa n'est pas prise en compte pour la détermination du résultat d'ensemble au titre de l'exercice de cession des titres. »***

Lors de la cession hors du groupe du bien ou de la sortie du groupe d'une société qui l'a cédé ou de celle qui en est propriétaire, la société mère doit comprendre dans le résultat ou plus-value ou moins-value nette à long terme d'ensemble, le résultat ou la plus-value ou la moins-value qui n'a pas été retenu lors de sa réalisation. Il en est de même lors de la sortie du groupe d'une société dont les titres ont fait l'objet d'une cession à une société intermédiaire, à une société étrangère ou à l'entité mère non résidente ou, à concurrence du résultat ou de la plus-value ou de la moins-value afférent aux titres cédés, lors de la cession par une société intermédiaire, par une société étrangère ou par l'entité mère non résidente à une société autre qu'une société du groupe, une société intermédiaire, une société étrangère ou l'entité mère non résidente de titres, ayant préalablement fait l'objet d'une cession à une société intermédiaire, à une société étrangère ou à l'entité mère non résidente, d'une société qui demeure dans le groupe. Cette règle s'applique également en cas d'apport d'une immobilisation amortissable entre sociétés du groupe, lorsque cet apport bénéficie des dispositions de l'article 210 A.

(L. n° 2018-1317 du 28 déc. 2018, art. 32-I-5°, applicable aux exercices ouverts à compter du 1er janv. 2019) **« Lorsqu'une plus-value ou une moins-value afférente à la cession de titres de participation n'a pas été retenue dans la plus-value ou moins-value nette à long terme d'ensemble au titre d'un exercice ouvert avant le 1er janvier 2019, la quote-part de frais et charges prévue au deuxième alinéa du *a quinquies* du I de l'article 219 s'applique au montant brut des plus-values de cession afférentes aux mêmes titres immobilisés lors de leur première cession intervenant au cours d'un exercice ouvert à compter du 1er janvier 2019 ou lorsque, à compter de ce même exercice, la société qui en est propriétaire, selon le cas, sort du groupe ou perd la qualité de société intermédiaire, de société étrangère ou d'entité mère non résidente. Ce montant est déterminé dans les conditions prévues au deuxième alinéa du présent article. »**

Les dispositions de cet article ne sont pas applicables aux biens mentionnés au 4 de l'article 39.

1. Doctrine administrative. Traitement de la quote-part de frais et charges relative aux plus ou moins-values de cession de titres de participation. * BOI-IS-GPE-20-20-60 du 15 avr. 2020.

2. Restructuration du groupe. Effet rétroactif. Lorsqu'un effet rétroactif est attaché à un traité de fusion et procède d'une gestion commerciale normale, les conséquences de cette rétroactivité affectent obligatoirement les résultats de l'exercice des sociétés absorbée et absorbante au cours duquel le contrat est définitivement conclu. Pour la détermination de leurs résultats imposables à l'IS, la société absorbante se substitue à la société absorbée à compter de *la date d'effet rétroactif de l'opération.* En conséquence, les opérations effectuées par la société absorbée pendant la période intercalaire, c'est-à-dire entre la date d'effet de la fusion et sa date de réalisation juridique, sont réputées être effectuées par la société absorbante. Lorsque la société absorbante est société mère ou membre d'un groupe fiscal au sens de l'art. 223 A, les opérations réalisées pendant la période intercalaire par la société absorbée avec des sociétés membres du même groupe que la société absorbante sont réputées constituer des opérations intragroupes réalisées par la société absorbante et les règles de neutralisation prévues par les art. 223 B, 223 D et 223 F leur sont applicables. Ainsi, par exemple, lorsqu'une cession est intervenue entre la société absorbée et une société membre du même groupe que la société absorbante pendant la période intercalaire, cette cession est réputée effectuée entre deux sociétés du même groupe et l'art. 223 F permet de ne pas retenir pour le calcul du résultat ou de la plus-value ou moins-value nette à long terme d'ensemble au titre de l'exercice de cette cession la plus-value ou moins-value acquise entre la date d'inscription du bien au bilan de la société absorbante, c'est-à-dire la date d'effet de la fusion, et la date de cession. Cela étant, il est rappelé que l'application du principe de rétroactivité des fusions aux opérations intragroupes intervenues au cours de la période intercalaire ne fait pas obstacle à la sortie de la société absorbée du groupe fiscal auquel elle appartient, que celui-ci soit le même que celui auquel appartient la société absorbante ou pas et à l'application des opérations de retraitement qui y sont rattachées. * Rép. min. n° 58188 : *JOAN Q, 7 juin 2005, p. 5858.*

3. Plus-values ou moins-values sur cession de titres de participation. Déneutralisation de la quote-part de frais et charges. Lorsque des titres de participation ont fait l'objet d'une cession intra-groupe, puis sont cédés hors du groupe ou lorsque l'une des sociétés cédantes ou cessionnaires sort du groupe, la plus ou moins-value est déneutralisée, c'est-à-dire réintégrée ou déduite dans la plus ou moins-value d'ensemble du groupe. En pratique, dans la mesure où cette plus ou moins-value relève du taux de 0 %, aucune rectification ne doit être pratiquée. * BOI-IS-GPE-20-20-60 n° 50 du 15 avr. 2020.

4. En application des dispositions du quatrième alinéa de l'art. 223 F applicable aux exercices clos à compter du 31 déc. 2012, la quote-part de frais et charges dont le taux est porté à 12 % s'applique au montant brut des plus-values de cession déneutralisées et incluses dans la plus-value ou la moins-value nette à long terme d'ensemble. La quote-part est donc assise sur le montant brut des plus-values de cession de titres de participation déneutralisées au titre de l'exercice. Il est fait le cumul algébrique des plus-values déneutralisées au sein du groupe. * BOI-IS-GPE-20-20-60 n° 85 du 15 avr. 2020.

5° REPORT EN ARRIÈRE DES DÉFICITS

Art. 223 G 1. Lorsque la société mère opte pour le régime prévu au paragraphe I de l'article 220 *quinquies* :

a) Le déficit d'ensemble déclaré au titre d'un exercice est imputé sur le bénéfice d'ensemble ou, le cas échéant, sur le bénéfice que la société mère a déclaré au titre de l'exercice précédant l'application du régime défini à la présente section, dans les conditions prévues à l'article 220 *quinquies* ; — *S'agissant du dispositif exceptionnel de report en arrière institué pour le premier déficit constaté au titre d'un exercice clos à compter du 30 juin 2020 et jusqu'au 30 juin 2021, V. toutefois le 2e al. du I de l'art. 1er de la L. n° 2021-953 du 19 juill. 2021.*

b) *Devenu sans objet (L. n° 89-936 du 29 déc. 1989, art. 11-I-3° et II).*

2. Une société filiale du groupe ne peut pas exercer l'option prévue au paragraphe I de l'article 220 *quinquies*.

3. Par exception aux dispositions de l'article 220 *quinquies*, les créances constatées par une société filiale du groupe au titre d'exercices précédant celui à compter duquel son résultat a été pris en compte pour la détermination du résultat d'ensemble peuvent être cédées à la société mère à leur valeur nominale. Dans ce cas, la société mère peut utiliser ces créances pour le paiement de l'impôt sur les sociétés dû à raison du résultat d'ensemble à hauteur du montant de l'impôt sur les sociétés auquel aurait été soumise la société filiale si elle avait été imposée distinctement.

Report en arrière du déficit. Le déficit d'ensemble d'un groupe fiscalement intégré, déclaré au titre d'un exercice par sa société mère, ne peut être imputé, s'agissant des exercices antérieurs à la constitution de ce groupe, que sur les bénéfices déclarés, en propre, par cette société. • CE 2 déc. 2019, *Min. c/ Sté Courant SAS,* n° 420910 : *RJF 2020. 98, concl. Merloz ; Dr. fisc. 2020. 210, note Morgenstern.*

6° *[RÉGIME D'IMPOSITION DES PRODUITS DE CESSION OU DE CONCESSION DES BREVETS ET ACTIFS INCORPORELS ASSIMILÉS]*

Art. 223 H *(L. n° 2018-1317 du 28 déc. 2018, art. 37-I-14° et III-1, applicable aux exercices ouverts à compter du 1er janv. 2019)* **I. — 1. La société mère du groupe soumet à une imposition séparée au taux prévu au deuxième alinéa du *a* du I de l'article 219 le résultat net d'ensemble de cession, de concession ou de sous-concession des actifs détenus ou pris en concession par une société membre du groupe pour lesquels l'option pour le régime d'imposition prévu à l'article 238 est exercée.**

Cette option est exercée par la société mère dans les conditions prévues au V du même article 238.

2. Le résultat net d'ensemble de cession, de concession ou de sous-concession est déterminé par la société mère en faisant la somme algébrique des résultats nets déterminés par chaque société du groupe, cédante, concédante ou sous-concédante, dans les conditions prévues aux II, VI et VII dudit article 238.

3. Lorsque le résultat net d'ensemble déterminé au 2 du présent I, est négatif, il est imputé sur les résultats nets d'ensemble de cession, de concession ou de sous-

concession du même actif, du même bien ou service ou de la même famille de biens ou services, réalisés au cours des exercices suivants tant que les actifs concernés sont détenus ou sous-concédés par une société membre du groupe.

4. Pour la détermination du résultat net d'ensemble imposé en application du 1, le résultat bénéficiaire déterminé au 2 est multiplié par le rapport existant entre, au numérateur, les dépenses de recherche et de développement en lien direct avec la création et le développement de l'actif incorporel réalisées directement par une société membre du groupe ou par des entreprises sans lien de dépendance au sens du 12 de l'article 39 avec une société membre du groupe et, au dénominateur, l'intégralité des dépenses de recherche et de développement ou d'acquisition en lien direct avec la création, l'acquisition et le développement de cet actif et réalisées directement ou indirectement par les sociétés membres du groupe.

Les dépenses prises en compte pour le calcul de ce rapport s'entendent des seules dépenses réalisées par une société membre du groupe pendant la période au cours de laquelle le ou les actifs sont détenus ou sous-concédés par une société membre du groupe.

Le rapport mentionné au premier alinéa du présent 4 est calculé dans les conditions prévues au 2 du III de l'article 238. Par dérogation, ce rapport peut être calculé dans les conditions prévues au 3 du même III.

II. — Le résultat net négatif de cession, de concession ou de sous-concession d'un actif ou d'un groupe d'actifs réalisé par une société antérieurement à son entrée dans le groupe n'est pas imputable sur le résultat net d'ensemble de cession, de concession ou de sous-concession réalisé ultérieurement par le groupe.

La valeur vénale d'un ou plusieurs actifs détenus par une société à la date de son entrée dans le groupe constitue une dépense d'acquisition retenue pour le calcul du résultat net d'ensemble de concession au titre du premier exercice au cours duquel la société mère exerce l'option et prise en compte au dénominateur du ratio déterminé dans les conditions prévues au 4 du I.

III. — La société concédante ou sous-concédante d'un ou plusieurs actifs ayant généré un résultat net négatif ne l'impute, postérieurement à sa sortie du groupe, qu'à hauteur du résultat net négatif éventuellement réalisé antérieurement à son entrée dans le groupe.

Pour le calcul du rapport prévu au III de l'article 238, la société qui sort du groupe ne prend pas en compte les dépenses réalisées pendant sa période d'appartenance au groupe lorsque de telles dépenses ont été prises en compte pendant cette période par la société mère du groupe dans les conditions prévues au I du présent article. Toutefois, elle a la possibilité de prendre en compte les dépenses réalisées antérieurement à son entrée dans le groupe, dans les conditions définies au III de l'article 238.

Régime optionnel applicable aux opérations portant sur les brevets et actifs incorporels assimilés. Application du régime dans les groupes intégrés. * BOI-IS-GPE-20-20-120 du 22 avr. 2020.

SOUS-SECTION 2 SORT DES DÉFICITS ET MOINS-VALUES SUBIS PAR LA SOCIÉTÉ AVANT SON ENTRÉE OU APRÈS SA SORTIE DU GROUPE

1° RÉGIME DES DÉFICITS SUBIS AVANT L'ENTRÉE DANS LE GROUPE

Art. 223 I **1. *a)* Les déficits subis par une société du groupe au titre d'exercices antérieurs à son entrée dans le groupe ne sont imputables que sur son bénéfice, dans les limites et conditions prévues au troisième alinéa du I de l'article 209 ;** — *V. note ss. art. 209-I.*

***b)* La quote-part de déficits qui correspond aux suppléments d'amortissements résultant de la réévaluation de ses immobilisations par une société du groupe est rapportée au résultat d'ensemble, si cette réévaluation est réalisée dans les écritures d'un exercice clos entre le 31 décembre 1986 et la date d'ouverture d'un exercice au cours duquel la société est devenue membre du groupe ;**

(L. n° 2018-1317 du 28 déc. 2018, art. 34-I-8°, applicable aux exercices ouverts à compter du 1er janv. 2019) **« *c)* Les charges financières nettes non déduites mentionnées au 1 du VIII des articles 212 *bis* et 223 B *bis* et la capacité de déduction inemployée men-**

tionnée au 2 des mêmes VIII qu'une société n'a pas utilisées au titre des exercices antérieurs à son entrée dans le groupe ne peuvent pas être utilisées à compter de son entrée dans le groupe. Ces montants sont de nouveau utilisables dans les conditions prévues au VIII de l'article 212 *bis* après sa sortie du groupe. Pour l'application du présent *c*, le délai mentionné au 2 du VIII de l'article 212 *bis* est suspendu à compter de l'entrée de la société dans le groupe jusqu'à sa sortie du groupe. »

2. Les moins-values nettes à long terme constatées par une société du groupe au titre d'exercices antérieurs à son entrée dans le groupe ne peuvent être imputées que sur ses plus-values nettes à long terme, dans les conditions prévues à l'article 39 *quindecies.*

3. Si une société du groupe cède ou apporte un bien réévalué au cours de la période définie au *b* du 1, le déficit ou la moins-value nette à long terme subis par cette société au titre de l'exercice de cession sont rapportés au résultat ou à la plus-value ou moins-value nette à long terme d'ensemble de cet exercice à hauteur du montant de la plus-value de réévaluation afférente à ce bien, diminué des sommes réintégrées selon les modalités prévues au même *b* du 1.

Si le bien mentionné au premier alinéa est cédé ou apporté à une autre société du groupe, le montant de la plus-value de réévaluation défini au même alinéa est réintégré au résultat d'ensemble de l'exercice de cession ou d'apport.

4. Pour l'application du présent article, le bénéfice ou la plus-value nette à long terme de la société est diminué, le cas échéant, du montant des profits ou des plus-values à long terme qui résultent des abandons de créances ou des subventions directes ou indirectes qui lui sont consentis *(L. n° 2018-1317 du 28 déc. 2018, art. 32-I-6°, applicable aux exercices ouverts à compter du 1er janv. 2019)* « lorsqu'ils sont déductibles pour le calcul du bénéfice net de la société qui les consent », des cessions visées à l'article 223 F ainsi que d'une réévaluation libre des éléments d'actif de cette société et augmenté du montant des pertes ou des moins-values à long terme qui résultent des cessions visées à l'article 223 F ; ils sont également diminués du montant des plus-values de cession d'immobilisations non amortissables qui ont fait l'objet d'un apport ayant bénéficié des dispositions de l'article 210 A ainsi que des plus-values réintégrées en application du *d* du 3 du même article. De même, le déficit ou la moins-value nette à long terme de la société, mentionné au *b* du 1 et au 3, est augmenté de ces profits ou plus-values. Pour l'application de la limite prévue au troisième alinéa du I de l'article 209, le bénéfice imposable s'entend du bénéfice de la société déterminé selon les modalités prévues au présent 4.

5. Dans les situations visées aux *c*, *d*, *e*, *f*, *i* ou *j* du 6 de l'article 223 L, et sous réserve, le cas échéant, de l'obtention de l'agrément prévu au 6, la fraction du déficit qui n'a pu être reportée au titre d'un exercice dans les conditions prévues à l'article 223 S peut, dans la mesure où ce déficit correspond à celui de la société mère absorbée ou à celui des sociétés membres du groupe ayant cessé et qui font partie du nouveau groupe *(L. n° 2020-1721 du 29 déc. 2020, art. 30-I-1°-a)* « ou à celui des sociétés membres du groupe ayant cessé qui ont été absorbées par les sociétés précitées ou scindées au profit de celles-ci antérieurement à la cessation de ce groupe sous le régime prévu à l'article 210 A », s'imputer sur les résultats, déterminés selon les modalités prévues au 4 et par dérogation au *a* du 1, des sociétés mentionnées ci-dessus. Cette fraction de déficit s'impute dans les limites et conditions prévues au troisième alinéa du I de l'article 209.

La fraction du déficit transférée en application du 7 peut, dans la mesure où cette fraction correspond au déficit des sociétés apportées qui font partie du nouveau groupe *(L. n° 2020-1721 du 29 déc. 2020, art. 30-I-1°-b)* « et au déficit des sociétés qui ont été absorbées par ces sociétés apportées ou scindées au profit de ces dernières sous le régime prévu à l'article 210 A », s'imputer sur les résultats, déterminés selon les modalités prévues au 4 et par dérogation au *a* du 1, des sociétés mentionnées ci-dessus *(L. n° 2020-1721 du 29 déc. 2020, art. 30-I-1°-b)* « qui font partie du nouveau groupe ». — *Les dispositions concernant les sociétés de l'ancien groupe absorbées ou scindées avant sa cessation s'appliquent aux exercices clos à compter du 31 déc. 2020 (L. n° 2020-1721 du 29 déc. 2020, art. 30).*

6. Dans les situations visées aux *c* ou *e* du 6 de l'article 223 L, les déficits de la société absorbée ou scindée, déterminés dans les conditions prévues à l'article 223 S, *(L. n° 2018-1317 du 28 déc. 2018, art. 34-I-8°, applicable aux exercices ouverts à compter*

du 1er janv. 2019) « les charges financières nettes non déduites mentionnées au 1 du VIII de l'article 223 B *bis* et la capacité de déduction inemployée mentionnée au 2 du même VIII » sont transférés au profit de la ou des sociétés bénéficiaires des apports sous réserve d'un agrément délivré dans les conditions prévues à l'article 1649 *nonies.*

L'agrément est délivré lorsque :

a) L'opération est placée sous le régime prévu à l'article 210 A ;

b) Elle est justifiée du point de vue économique et obéit à des motivations principales autres que fiscales ;

c) Les déficits *(L. n° 2018-1317 du 28 déc. 2018, art. 34-I-8°, applicable aux exercices ouverts à compter du 1er janv. 2019)* « , les charges financières nettes non déduites et la capacité de déduction inemployée » mentionnés au premier alinéa proviennent de la société absorbée ou scindée *(L. n° 2020-1721 du 29 déc. 2020, art. 30-I-2°-a)* « , » ou des sociétés membres du groupe auquel il a été mis fin qui font partie du nouveau groupe et pour lesquelles le bénéfice des dispositions prévues au 5 est demandé *(L. n° 2020-1721 du 29 déc. 2020, art. 30-I-2°-a)* « , ou des sociétés membres du groupe auquel il a été mis fin et qui ont été absorbées par des sociétés membres de ce groupe ou scindées au profit de celles-ci, sous le régime prévu au même article 210 A, antérieurement à l'entrée dans le nouveau groupe de ces sociétés et pour lesquelles le bénéfice des dispositions prévues au 5 du présent article est demandé », sous réserve du respect, par ces sociétés *(L. n° 2020-1721 du 29 déc. 2020, art. 30-I-2°-a)* « absorbées ou scindées ou qui font partie du nouveau groupe », des conditions mentionnées aux *b, c* et *d* *(L. n° 2019-1479 du 28 déc. 2019, art. 53-I-2° et II, applicable aux opérations réalisées à compter du 1er janv. 2020)* « du 1 » du II de l'article 209. — *Les dispositions concernant les sociétés de l'ancien groupe absorbées par des sociétés membres de ce groupe ou scindées au profit de celles-ci s'appliquent aux exercices clos à compter du 31 déc. 2020 (L. n° 2020-1721 du 29 déc. 2020, art. 30).*

Les déficits *(L. n°2018-1317 du 28 déc. 2018, art. 34-I-8°, applicable aux exercices ouverts à compter du 1er janv. 2019)* « ainsi que les charges financières nettes non déduites et la capacité de déduction inemployée sont utilisables » sur les bénéfices ultérieurs dans les conditions prévues respectivement au troisième alinéa du I de l'article 209 et *(L. n° 2018-1317 du 28 déc. 2018, art. 34-I-8°, applicable aux exercices ouverts à compter du 1er janv. 2019)* « au VIII de l'article 223 B *bis* ».

(L. n° 2019-1479 du 28 déc. 2019, art.53-I-2° et II, applicable aux opérations réalisées à compter du 1er janv. 2020) « L'agrément n'est pas requis lorsque les conditions prévues au 2 du II de l'article 209 sont remplies et que les déficits, les charges financières nettes non déduites et la capacité de déduction inemployée mentionnés au premier alinéa du présent *c* proviennent de la société absorbée ou des sociétés membres du groupe auquel il a été mis fin, qui font partie du nouveau groupe et pour lesquelles le bénéfice des dispositions prévues au 5 est demandé *(L. n° 2020-1721 du 29 déc. 2020, art. 30-I-2°-b)* « , ou des sociétés membres du groupe auquel il a été mis fin et qui ont été absorbées par des sociétés membres de ce groupe ou scindées au profit de celles-ci, sous le régime prévu à l'article 210 A, antérieurement à l'entrée dans le nouveau groupe de ces sociétés et pour lesquelles le bénéfice des dispositions prévues au 5 du présent article est demandé ». »

7. Dans la situation visée au *g* du 6 de l'article 223 L, une fraction du déficit d'ensemble du groupe auquel appartenaient les sociétés apportées peut être transférée à la personne morale bénéficiaire de l'apport sous réserve d'un agrément délivré dans les conditions prévues à l'article 1649 *nonies.*

L'agrément est délivré lorsque :

a) L'opération est placée sous le régime combiné de l'article 210 B et du 2 de l'article 115 ou, en cas d'apport par une entité mère non résidente, l'opération répond aux conditions prévues à l'article 210 B et au 2 de l'article 115 ;

b) Ces opérations sont justifiées du point de vue économique et répondent à des motivations principales autres que fiscales ;

c) La fraction du déficit d'ensemble mentionnée au premier alinéa provient des sociétés apportées qui sont membres du groupe formé par la personne morale précitée et pour lesquelles le bénéfice des dispositions prévues au deuxième alinéa du 5 est demandé *(L. n° 2020-1721 du 29 déc. 2020, art. 30-I-3°)* « ainsi que des sociétés membres du groupe auquel appartenaient les sociétés apportées et qui ont été absorbées par

les sociétés apportées ou scindées au profit de celles-ci sous le régime prévu à l'article 210 A, et pour lesquelles le bénéfice des dispositions prévues au 5 du présent article est demandé, », sous réserve du respect, par ces sociétés, des conditions mentionnées aux ***b, c*** **et** ***d*** *(L. nº 2019-1479 du 28 déc. 2019, art. 53-I-2º et II, applicable aux opérations réalisées à compter du 1er janv. 2020)* **« du 1 » du II de l'article 209.** *— Les dispositions concernant les sociétés de l'ancien groupe absorbées par des sociétés membres de ce groupe ou scindées au profit de celles-ci s'appliquent aux exercices clos à compter du 31 déc. 2020 (L. nº 2020-1721 du 29 déc. 2020, art. 30).*

Les déficits transférés sont imputables sur les bénéfices ultérieurs dans les conditions prévues au troisième alinéa du I de l'article 209. *— Pour l'application de l'art. 223 I aux exercices ouverts avant le 1er janv. 2014, V.* ***CGI, éd. 2014.***

1. Transfert des déficits. Scission de la société mère ou de l'entité mère non résidente. Sort des déficits et intérêts différés de l'ancien groupe. Imputation du déficit sur une base élargie. Transfert sur agrément du déficit d'ensemble aux sociétés bénéficiaires des apports. * BOI-IS-GPE-50-30-30 du 11 août 2021.

2. Imputation des déficits antérieurs à l'intégration. Une société membre d'un groupe ne peut déterminer son résultat individuel en imputant ses déficits antérieurs à l'intégration avant de procéder à la déduction des amortissements de l'exercice. Ainsi, les déficits antérieurs à l'entrée dans un groupe doivent obligatoirement être imputés sur un bénéfice net calculé après déduction des amortissements de l'exercice. • CAA Versailles, 4 avr. 2013, *Min. c/ SA Fayat,* nº 11VE03914 : *RJF 2013. 915 ; Dr. fisc. 2013. 390, note Rudeaux.* ♦ Confirmation : • CE 10 avr. 2015, *Sté Fayat,* nº 369667 : *RJF 2015. 568 ; BDCF 2015. 87, concl. Daumas.*

3. Déficit non déclaré par une filiale. L'absence de déclaration de son résultat, bénéficiaire ou déficitaire, par une société membre du groupe ne saurait, à elle seule, faire obstacle à sa prise en compte dans la détermination du résultat d'ensemble par la société mère du groupe. Par suite, l'Administration ne peut refuser la prise en compte du déficit supporté par une filiale dans le résultat d'ensemble du groupe, au seul motif que cette dernière n'a pas déposé de déclaration de résultat, sans avoir rectifié au préalable son résultat. • CE 31 mars 2017, *Sté Cirrus,* nº 393253 : *RJF 2017. 540, concl. Nicolazo de Barmon.*

2º

Art. 223 J *Périmé.*

3º RÉGIME DES DÉFICITS SUBIS APRÈS LA SORTIE DU GROUPE

Art. 223 K Si une société filiale sort du groupe, le déficit déclaré par elle au titre d'un exercice postérieur à sa sortie du groupe ne constitue pas, pour l'application des dispositions de l'article 220 ***quinquies*****, une charge déductible du bénéfice antérieur pris en compte pour la détermination du résultat d'ensemble.**

SOUS-SECTION 3 DISPOSITIONS DIVERSES

1º RÉGIMES PARTICULIERS

Art. 223 L 1. *Disposition devenue sans objet (L. nº 92-1376 du 30 déc. 1992, art. 13).*

2. Les sociétés du groupe ne peuvent pas bénéficier du crédit d'impôt mentionné aux articles 220 ***quater*** **et 220** ***quater*** **A.**

3. Les déductions effectuées par des sociétés du groupe au titre des dispositions *(Abrogé par L. nº 2018-1317 du 28 déc. 2018, art. 30-I-11º)* ***« du 2 de l'article 39 quinquies A et »*** **du II de l'article 217** ***undecies*** **à raison des sommes versées pour la souscription au capital d'autres sociétés du même groupe sont réintégrées au résultat d'ensemble.**

4. *Abrogé.*

5. Pour le calcul de la participation et de la réserve spéciale de participation prévues par les articles L. 3321-1 à L. 3326-2 du code du travail, chaque société du groupe retient le bénéfice imposable de l'exercice et l'impôt sur les sociétés déterminés comme si elle était imposée séparément.

6. *a) Abrogé ;*

b) Périmé ;

c) Lorsqu'une société soumise à l'impôt sur les sociétés absorbe une société mère définie aux premier, deuxième, quatrième ou cinquième alinéas du I de l'article 223 A et remplit, avant ou du fait de cette fusion, les conditions prévues à l'un de ces alinéas, elle peut se constituer, depuis l'ouverture de l'exercice de la fusion, seule redevable des impôts mentionnés à l'un de ces alinéas dus par le groupe qu'elle forme avec les sociétés membres de celui qui avait été constitué par la société absorbée si, au plus tard à l'expiration du délai prévu au deuxième alinéa du III de l'article 223 A décompté de la date de la réalisation de la fusion, elle exerce l'une des options mentionnées aux premier, deuxième, quatrième ou cinquième alinéas du I de l'article 223 A et accompagne celle-ci d'un document sur l'identité des sociétés membres de ce dernier groupe qui entrent dans le nouveau groupe. Cette disposition s'applique aux fusions qui prennent effet au premier jour de l'exercice de la société absorbée au cours de l'opération.

La durée du premier exercice des sociétés du groupe issu de la fusion peut être inférieure ou supérieure à douze mois, sans préjudice de l'application des dispositions de l'article 37. L'option mentionnée au premier alinéa comporte l'indication de la durée de cet exercice.

La société absorbante procède, au titre de l'exercice de réalisation de la fusion, aux réintégrations prévues aux articles 223 F et 223 R du fait de la sortie de la société absorbée et des sociétés membres du groupe que cette dernière avait formé ; ces sommes sont déterminées à la clôture de l'exercice précédent après imputation, le cas échéant, du déficit d'ensemble ou de la moins-value nette à long terme d'ensemble qui étaient encore reportables à la date d'effet de la fusion.

Dans la situation visée au premier alinéa, par exception aux dispositions de la première phrase du 1 de l'article 223 N, la société mère acquitte les acomptes d'impôt sur les sociétés dus par les sociétés membres du groupe au titre de l'année ou de l'exercice d'entrée dans le groupe.

Les quatre premiers alinéas du présent *c* s'appliquent :

1° Lorsqu'une société soumise à l'impôt sur les sociétés absorbe une entité mère non résidente ou une société étrangère, sous réserve que la société absorbante remplisse, avant ou du fait de cette fusion, les conditions prévues aux premier ou deuxième alinéas du I de l'article 223 A pour être société mère et forme un groupe depuis l'ouverture de l'exercice de la fusion, dans les conditions prévues aux mêmes premier ou deuxième alinéas, avec les sociétés membres du premier groupe ;

2° Lorsqu'une entité mère non résidente est absorbée par une autre société ou un autre établissement stable remplissant les conditions définies au deuxième alinéa du I de l'article 223 A, sous réserve qu'un nouveau groupe soit formé par une société qui remplit, avant ou du fait de la fusion, les conditions prévues aux premier ou deuxième alinéas du même I pour être société mère et forme un groupe depuis l'ouverture de l'exercice de la fusion, dans les conditions prévues aux mêmes premier ou deuxième alinéas, avec les sociétés membres du premier groupe. Dans ce cas, les réintégrations mentionnées au troisième alinéa du présent *c* sont effectuées par la société mère du nouveau groupe ;

d) Si, au cours d'un exercice, le capital d'une société mère définie aux premier, deuxième, quatrième ou cinquième alinéas du I de l'article 223 A vient à être détenu, directement ou indirectement par l'intermédiaire de sociétés soumises à l'impôt sur les sociétés dans les conditions de droit commun ou selon les modalités prévues à l'article 214, à 95 % au moins par une autre personne morale passible de l'impôt sur les sociétés, ce capital est réputé avoir été détenu selon les modalités prévues à la quatrième phrase du troisième alinéa du I de l'article 223 A si le pourcentage de 95 % n'est plus atteint à la clôture de l'exercice à la condition que les sociétés concernées indiquent à l'administration les modalités de l'opération et ses justifications juridiques, économiques ou sociales.

Si ce pourcentage est encore atteint à cette date, la société mère demeure seule redevable de l'impôt dû sur le résultat d'ensemble du groupe afférent à cet exercice, selon les modalités prévues aux articles 223 A à 223 U, par exception aux dispositions de la présente section.

Dans cette situation, si la personne morale mentionnée au premier alinéa remplit les conditions mentionnées aux premier, deuxième, quatrième et cinquième alinéas du I de l'article 223 A et souhaite constituer un groupe avec les sociétés qui composaient celui qui avait été formé par la société mère visée au même alinéa, ou faire entrer celles-ci dans le groupe dont elle est déjà membre, l'option prévue aux premier, deuxième, quatrième ou cinquième alinéas du I de l'article 223 A est exercée au plus tard à l'expiration du délai prévu au deuxième alinéa du III du même article, décompté de la date de clôture de l'exercice considéré. Cette option est accompagnée du document mentionné au premier alinéa du *c*.

La durée du premier exercice des sociétés du groupe ainsi formé peut être inférieure ou supérieure à douze mois, sans préjudice de l'application des dispositions de l'article 37. L'option mentionnée au troisième alinéa comporte l'indication de la durée de cet exercice.

La société mère visée au premier alinéa ajoute au résultat d'ensemble de l'exercice qui y est également mentionné les sommes dont la réintégration est prévue aux articles 223 F et 223 R du fait de la sortie du groupe de toutes les sociétés qui le composaient.

Les cinq premiers alinéas du présent *d* s'appliquent :

1° Lorsque le capital d'une entité mère non résidente ou d'une société étrangère vient à être détenu dans les conditions prévues au premier alinéa du présent *d* par une autre personne morale passible de l'impôt sur les sociétés. Si le pourcentage de détention de 95 % est encore atteint à la date de clôture de l'exercice, cette personne morale peut constituer un groupe en application des premier ou deuxième alinéas du I de l'article 223 A avec les sociétés qui étaient membres du premier groupe ou faire entrer celles-ci dans le groupe dont elle est déjà membre, dans les conditions définies aux troisième à cinquième alinéas du présent *d* ;

2° Lorsque le capital d'une entité mère non résidente vient à être détenu à 95 % au moins par une autre société ou un autre établissement stable remplissant les conditions définies au deuxième alinéa du I de l'article 223 A. Si le pourcentage de détention de 95 % est encore atteint à la date de clôture de l'exercice, une société qui remplit les conditions prévues aux premier ou deuxième alinéas du même I pour être société mère peut constituer un nouveau groupe, dans les conditions prévues aux mêmes premier ou deuxième alinéas, avec les sociétés membres du premier groupe ou faire entrer celles-ci dans le groupe dont elle est déjà membre, dans les conditions définies aux troisième à cinquième alinéas du présent *d* ;

e) Les dispositions des quatre premiers alinéas du *c* sont applicables lorsque la société mère d'un groupe mentionnée aux premier, deuxième, quatrième ou cinquième alinéas du I de l'article 223 A fait l'objet d'une scission dans les conditions prévues à l'article 210 B. Chaque société bénéficiaire des apports procède aux réintégrations mentionnées au troisième alinéa du *c*, d'une part, à raison des sommes affectées à la branche qu'elle a reçue et, d'autre part, à raison d'une fraction des sommes qui ne peuvent être affectées aux branches apportées ; cette fraction est égale au rapport existant entre la valeur de l'actif nef qu'elle a reçu et la valeur totale de l'actif net de la société scindée, telles que ces valeurs apparaissent dans le traité de scission.

Pour l'application des dispositions du présent *e*, la société absorbante et la société absorbée visées au *c* s'entendent respectivement de chacune des sociétés bénéficiaires des apports et de la société scindée.

Lorsque l'entité mère non résidente fait l'objet d'une scission dans les conditions prévues *(L. n° 2017-1775 du 28 déc. 2017, art. 23)* « au » 1 du même article 210 B, les 1° et 2° du *c* du présent article s'appliquent, respectivement, lorsque la société bénéficiaire des apports est une personne morale passible de l'impôt sur les sociétés ou est une autre société ou un autre établissement stable remplissant les conditions définies au deuxième alinéa du I de l'article 223 A.

f) Dans la situation mentionnée au troisième alinéa de l'article 223 S, le premier groupe est considéré comme cessant d'exister à la date de clôture de l'exercice qui précède le premier exercice du nouveau groupe.

La durée du premier exercice des sociétés du nouveau groupe ainsi formé peut être inférieure ou supérieure à douze mois, sans préjudice de l'application de l'article 37. L'option mentionnée au troisième alinéa de l'article 223 S comporte l'indication de la durée de cet exercice.

La société mère du premier groupe ajoute au résultat d'ensemble de l'exercice mentionné au premier alinéa les sommes dont la réintégration est prévue aux articles 223 F et 223 R du fait de la sortie du groupe de toutes les sociétés qui le composaient ;

g) Lorsque, à la suite d'une opération d'apport et d'attribution bénéficiant des dispositions du 2 de l'article 115, effectuée par la société mère d'un groupe définie aux premier, deuxième, quatrième ou cinquième alinéas du I de l'article 223 A, le capital d'une ou plusieurs sociétés membres du groupe est détenu à 95 % ou plus, directement ou indirectement, par une personne morale soumise à l'impôt sur les sociétés autre que la société mère du groupe, cette personne morale peut se constituer seule redevable de l'impôt dû par elle et les sociétés apportées à compter de l'exercice au cours duquel intervient l'apport si, à la clôture de cet exercice, elle satisfait aux conditions prévues aux premier, deuxième, quatrième ou cinquième alinéas du I de l'article 223 A. De même, lorsque, à la suite d'une opération d'apport et d'attribution qui répond aux conditions *(L. n° 2017-1775 du 28 déc. 2017, art. 23)* « permettant de bénéficier des dispositions du 2 de l'article 115 » et qui n'est pas une opération mentionnée au 3 du même article, effectuée par l'entité mère non résidente, le capital d'une ou *[de]* plusieurs sociétés, autres que la société mère, membres du groupe formé dans les conditions prévues au deuxième alinéa du I de l'article 223 A, n'est plus détenu dans les conditions précitées par l'entité mère non résidente, une personne morale soumise à l'impôt sur les sociétés peut se constituer seule redevable de l'impôt dû par elle-même et par lesdites sociétés à compter de l'exercice au cours duquel intervient l'apport si, à la clôture de cet exercice, elle satisfait aux conditions prévues aux premier ou deuxième alinéas du I du même article 223 A.

Cette disposition s'applique aux apports qui prennent effet à la date d'ouverture de l'exercice des sociétés apportées. Elle est subordonnée à l'exercice, par la personne morale mentionnée au premier alinéa, de l'option mentionnée au premier, deuxième, quatrième ou cinquième alinéas du I de l'article 223 A et à l'accord des sociétés apportées membres du nouveau groupe, au plus tard à la date d'expiration du délai prévu au deuxième alinéa du III de l'article 223 A décompté de la date de réalisation de l'apport. L'option est accompagnée d'un document sur l'identité des sociétés apportées qui ont donné leur accord pour être membres du nouveau groupe.

La durée du premier exercice des sociétés du groupe issu de l'apport peut être inférieure ou supérieure à douze mois, sans préjudice de l'application de l'article 37. L'option mentionnée au deuxième alinéa comporte l'indication de la durée de cet exercice.

h) Lorsqu'une société filiale membre d'un groupe cesse de faire partie dudit groupe en raison d'un transfert de propriété entrant dans les prévisions du second alinéa de l'article 223 E et que ladite société remplit les conditions prévues par les premier, deuxième, quatrième ou cinquième alinéas du I de l'article 223 A, ladite société peut constituer, avec effet à la date d'ouverture de l'exercice au titre duquel elle a cessé de faire partie du groupe susmentionné, un nouveau groupe avec les sociétés qu'elle détient à hauteur de 95 % au moins dans les conditions prévues par les premier, deuxième, quatrième ou cinquième alinéas du I de l'article 223 A et qui faisaient partie du groupe susvisé, ou avec les sociétés avec lesquelles elle peut former un groupe dans les conditions prévues au deuxième alinéa du I du même article 223 A qui faisaient partie du même groupe susvisé.

L'option prévue par lesdits alinéas doit être exercée au plus tard à l'expiration du délai prévu au deuxième alinéa du III de l'article 223 A décompté de la date de réalisation du transfert de propriété concerné. Cette option est accompagnée du document mentionné au premier alinéa du *c*.

La durée du premier exercice des sociétés du groupe ainsi formé peut être inférieure ou supérieure à douze mois, sans préjudice de l'application de l'article 37. L'option mentionnée au deuxième alinéa comporte l'indication de la durée de cet exercice.

Le présent *h* s'applique également lorsque le capital des sociétés qui y sont visées vient à être détenu, dans les conditions prévues par les premier, deuxième, quatrième ou cinquième alinéas du I de l'article 223 A, par une société qui remplit les conditions prévues à l'un de ces alinéas, étant précisé que, dans cette situation, le nouveau groupe comprend cette dernière société en tant que société mère et les premières sociétés visées au présent alinéa en tant que filiales.

i) Lorsque le capital d'une société mère définie aux premier, deuxième, quatrième ou cinquième alinéas du I de l'article 223 A est détenu ou vient à être détenu, directement ou indirectement, par l'intermédiaire de sociétés intermédiaires et, le cas échéant, de sociétés soumises à l'impôt sur les sociétés dans les conditions de droit commun ou selon les modalités prévues à l'article 214, à 95 % au moins par une autre personne morale passible de l'impôt sur les sociétés qui remplit les conditions prévues aux premier, deuxième, quatrième ou cinquième alinéas du I de l'article 223 A, cette personne morale peut, sous réserve des dispositions de ce même article, constituer un groupe avec les sociétés qui composent celui qui a été formé par la société mère concernée ou faire entrer celles-ci dans le groupe dont elle est déjà membre.

Dans cette situation, l'option prévue aux premier, deuxième, quatrième ou cinquième alinéas du I de l'article 223 A est exercée au plus tard à l'expiration du délai prévu au deuxième alinéa du III du même article, décompté de la date de clôture de l'exercice précédant celui au titre duquel l'option est exercée. Cette option est accompagnée du document mentionné au premier alinéa du *c*.

La durée du premier exercice des sociétés du groupe ainsi formé peut être inférieure ou supérieure à douze mois, sans préjudice de l'application de l'article 37. L'option mentionnée au deuxième alinéa comporte l'indication de la durée de cet exercice.

Le groupe de la société mère visée au premier alinéa est considéré comme cessant d'exister à la date de clôture de l'exercice qui précède celui au titre duquel est exercée l'option visée au deuxième alinéa. La société mère concernée ajoute au résultat d'ensemble de cet exercice les sommes dont la réintégration est prévue aux articles 223 F et 223 R du fait de la cessation du groupe.

j) Lorsque le capital d'une société mère définie au premier alinéa du I de l'article 223 A est détenu ou vient à être détenu dans les conditions prévues au deuxième alinéa du même I, elle peut entrer dans le groupe formé par une société mère qui remplit les conditions du même deuxième alinéa *(Abrogé par L. nº 2018-1317 du 28 déc. 2018, art. 32-I-7º et II-B, pour les exercices clos à compter du 31 déc. 2018)* *« ou se constituer elle-même société mère au sens dudit deuxième alinéa »*.

Dans le cas prévu au premier alinéa du présent *j*, l'option prévue au deuxième alinéa du I de l'article 223 A est exercée au plus tard à l'expiration du délai prévu au deuxième alinéa du III du même article, décompté de la date de clôture de l'exercice précédant celui au titre duquel l'option est exercée. Cette option est accompagnée du document mentionné au premier alinéa du *c* du présent 6.

La durée du premier exercice des sociétés du groupe ainsi formé peut être inférieure ou supérieure à douze mois, sans préjudice de l'application de l'article 37. L'option mentionnée au deuxième alinéa du présent *j* comporte l'indication de la durée de cet exercice.

Les groupes des sociétés mères qui deviennent membres d'un groupe formé dans les conditions prévues au premier alinéa du présent *j* sont considérés comme cessant d'exister à la date de clôture de l'exercice qui précède celui au titre duquel est exercée l'option mentionnée au deuxième alinéa. Les sociétés mères concernées ajoutent au résultat d'ensemble de cet exercice les sommes dont la réintégration est prévue aux articles 223 F et 223 R du fait de la cessation de leur groupe.

(L. nº 2018-1317 du 28 déc. 2018, art. 32-I-7º, applicable aux exercices clos à compter du 31 déc. 2018) « *k)* « Lorsque, au cours d'un exercice, une entité mère non résidente ou une société étrangère, telles que définies au deuxième alinéa du I de l'article 223 A, ne satisfait plus aux conditions d'éligibilité requises aux deuxième et troisième alinéas du même I, en raison du retrait de l'État dans lequel elle est soumise à un impôt équivalent à l'impôt sur les sociétés de l'Union européenne ou de l'accord sur l'Espace économique européen, elle est réputée remplir ces conditions d'éligibilité jusqu'à la clôture de l'exercice au cours duquel le retrait est survenu.

« Dans cette situation, une société étrangère, détenue directement ou indirectement par l'entité mère non résidente mentionnée au premier alinéa du présent *k* et satisfaisant aux conditions prévues aux deuxième et troisième alinéas du I de l'article 223 A peut se substituer à cette dernière sans que cette substitution n'entraîne la cessation du groupe constitué par la société mère et sans qu'il soit nécessaire d'exercer à nouveau l'option prévue au deuxième alinéa du même I ou encore, pour les autres sociétés étrangères, sociétés intermédiaires et sociétés membres du groupe, de renouveler l'accord mentionné au premier alinéa du III du même article 223 A. Cette faculté de substitution est exercée par un accord notifié au plus tard à l'expiration du délai prévu au deuxième alinéa du même III, décompté de la date de clôture de l'exercice du retrait.

« Dans les cas mentionnés aux premier et deuxième alinéas du présent *k*, la société mère ajoute au résultat d'ensemble de l'exercice au cours duquel le retrait est survenu les sommes dont la réintégration est prévue aux articles 223 F et 223 R du fait de la perte de qualité d'entité mère non résidente ou de société étrangère au sens des deuxième et troisième alinéas du I de l'article 223 A, de la perte de la qualité de société intermédiaire au sens du premier alinéa des I et III du même article 223 A, ou de la sortie du groupe des sociétés ne remplissant plus les conditions prévues au I et au premier alinéa du III dudit article 223 A.

« *l)* Lorsque, au cours d'un exercice, une société intermédiaire, telle que définie aux premier, quatrième et avant-dernier alinéas du I de l'article 223 A et remplissant les conditions prévues au premier alinéa du III du même article 223 A, ne remplit plus les conditions prévues aux mêmes alinéas en raison du retrait de l'État dans lequel elle est soumise à un impôt équivalent à l'impôt sur les sociétés de l'Union européenne ou de l'accord sur l'Espace économique européen, elle est réputée remplir les conditions mentionnées à ces mêmes alinéas jusqu'à la clôture de l'exercice au cours duquel le retrait est survenu.

« Dans ce cas, la société mère ajoute au résultat d'ensemble de l'exercice au cours duquel le retrait est survenu les sommes dont la réintégration est prévue aux articles 223 F et 223 R du fait de la perte de la qualité de société intermédiaire par les sociétés mentionnées au premier alinéa du présent l ou de la sortie du groupe des sociétés ne remplissant plus les conditions prévues au I et au premier alinéa du III de l'article 223 A. »

Les dispositions issues de la L. n° 2017-1775 du 28 déc. 2017 s'appliquent aux opérations de fusion, de scission ou d'apport partiel d'actif réalisées à compter du 1er janv. 2018 (L. préc., art. 23).

1. Doctrine administrative. Restructuration au sein d'un groupe fiscal. * BOI-IS-GPE-50 du 15 avr. 2020.

2. Périmètre du groupe issu de l'acquisition du capital d'une société mère. Lorsqu'une société acquiert 95 % du capital de la société mère d'un groupe fiscal intégré, elle peut constituer un nouveau groupe fiscal dès l'exercice suivant cette acquisition, non seulement avec les sociétés qui composaient le groupe formé par la société mère acquise, mais également avec des sociétés détenues par la société rachetée mais qui n'étaient pas membres de l'ancien groupe. * Rescrit 18 déc. 2008, n° 2008/26 FE * BOI-IS-GPE-50-20-20-10 n° 95 du 2 mars 2016.

3. Conséquences d'une procédure collective. Constitution d'un nouveau groupe. * BOI-IS-GPE-60 nos 250 s. du 12 sept. 2012.

2° PAIEMENT DE L'IMPÔT

Art. 223 M *Abrogé par L. n° 2008-1425 du 27 déc. 2008, art. 14-I-3°-a et II, mod. par L. n° 2010-1657 du 29 déc. 2010, art. 20, à compter du 1er janv. 2014.*

Art. 223 N **1. Chaque société du groupe est tenue de verser les acomptes prévus à l'article 1668 pour la période de douze mois ouverte à compter du début de l'exercice au titre duquel cette société entre dans le groupe. Si la liquidation de l'impôt dû à raison du résultat imposable de cette période par la société mère fait apparaître que les acomptes versés sont supérieurs à l'impôt dû, l'excédent est restitué à la société mère dans le délai prévu au 2 de l'article 1668. Dans ce cas, la cotisation totale d'impôt visée au 4 *bis* de l'article 1668 est celle de la société mère de ce groupe, sous réserve que la société qui est entrée dans le groupe soit toujours membre de ce groupe à la clôture de l'exercice.**

2. Lorsqu'une société cesse d'être membre du groupe, les acomptes dus par celle-ci pour la période de douze mois ouverte à compter du début de l'exercice au titre duquel la société ne fait plus partie du groupe sont versés pour le compte de cette société par la société mère.

3. *Devenu sans objet.*

BIBL. ▶ FUMENIER, *FR Lefebvre, 47/10, p. 9* (plafonnement des acomptes d'IS lors du premier exercice d'appartenance à un groupe).

Art. 223 O **1. La société mère est substituée aux sociétés du groupe pour l'imputation sur le montant de l'impôt sur les sociétés dont elle est redevable au titre de chaque exercice :**

a) Des crédits d'impôt attachés aux produits reçus par une société du groupe et qui n'ont pas ouvert droit à l'application du régime des sociétés mères visé aux articles 145 et 216 ;

b) Des crédits d'impôt pour dépenses de recherche dégagés par chaque société du groupe en application de l'article 244 *quater* B ; l'article 199 *ter* B s'applique à la somme de ces crédits d'impôt ;

(L. n° 2021-1900 du 30 déc. 2021, art. 69-I-4° et III, applicable aux dépenses facturées au titre des contrats de collaboration conclus à compter du 1er janv. 2022) « *b bis)* Des crédits d'impôt en faveur de la recherche collaborative dégagés par chaque société du groupe en application de l'article 244 *quater* B *bis* ; l'article 199 *ter* B *bis* s'applique à la somme de ces crédits d'impôt ; »

c) Des crédits d'impôt dégagés par chaque société du groupe en application de l'article 244 *quater* C ; l'article 199 *ter* C s'applique à la somme de ces crédits d'impôt ;

d) Des crédits d'impôt pour investissement dégagés par chaque société du groupe en application de l'article 244 *quater* E ; les dispositions de l'article 199 *ter* D s'appliquent à la somme de ces crédits d'impôt ;

e) Des réductions d'impôt dégagées par chaque société du groupe en application de l'article 238 *bis* ;

f) Des crédits d'impôt dégagés par chaque société du groupe en application de l'article 244 *quater* F ; les dispositions de l'article 199 *ter* E s'appliquent à la somme de ces crédits d'impôt ; — *V. Ann. III, art. 49 septies YC.*

g) Des crédits d'impôt dégagés par chaque société du groupe en application de l'article 220 *sexies* ; les dispositions de l'article 220 F s'appliquent à la somme de ces crédits d'impôt ;

(L. n° 2020-1721 du 29 déc. 2020, art. 147-I-2° et II, applicable aux exercices clos à compter du 31 déc. 2021) « *h)* Des réductions d'impôt dégagées par chaque société du groupe en application de l'article 220 *undecies* *[ancienne rédaction : h) Des crédits d'impôt dégagés par chaque société du groupe en application de l'article 244 quater G ; les dispositions de l'article 199 ter F s'appliquent à la somme de ces crédits d'impôt]* ; » — *V. Ann. III, art. 49 septies YJ à 49 septies YO relatifs au crédit d'impôt en faveur des entreprises qui emploient des apprentis.*

(Abrogé par L. n° 2017-1837 du 30 déc. 2017, art. 94, pour les périodes d'imposition et exercices ouverts à compter du 1er janv. 2018) ***« i) Des crédits d'impôt dégagés par chaque société du groupe en application de l'article 244 quater H ; les dispositions de l'article 220 I s'appliquent à la somme de ces crédits d'impôt ; »*** — *V. Ann. III, art. 49 septies YU et 49 septies YV.*

(L. n° 2020-935 du 30 juill. 2020, art. 49-I-3°) « *j)* Des crédits d'impôt dégagés par chaque société du groupe en application de l'article 220 *sexies* A ; les dispositions de l'article 220 F *bis* s'appliquent à la somme de ces crédits d'impôt ; » — *Les dispositions du présent j entrent en vigueur le 17 juin 2021 (L. n° 2020-935 du 30 juill. 2020, art. 49-II ; Décr. n° 2021-764 du 15 juin 2021, art. 1er).*

k) Des crédits d'impôt dégagés par chaque société du groupe en application de l'article 244 *quater* J ; les dispositions de l'article 220 K s'appliquent à la somme de ces crédits d'impôt ; — *V. Ann. III, art. 49 septies YP à 49 septies YT.*

l) Périmé ;

m) Des crédits d'impôt dégagés par chaque société du groupe en application de l'article 244 *quater* M ; les dispositions de l'article 199 *ter* L s'appliquent à la somme de ces crédits d'impôt ;

n) Des crédits d'impôt dégagés par chaque société du groupe en application de l'article 244 *quater* L ; les dispositions de l'article 220 M s'appliquent à la somme de ces crédits ;

o) Périmé.

p) Des crédits d'impôt dégagés par chaque société du groupe en application de l'article 244 *quater* O ; les dispositions de l'article 220 P s'appliquent à la somme de ces crédits d'impôt ;

q) Des crédits d'impôt dégagés par chaque société du groupe en application de l'article 220 *octies* ; les dispositions de l'article 220 Q s'appliquent à la somme de ces crédits d'impôt ;

r) Des crédits d'impôt dégagés par chaque société du groupe en application de l'article 220 *nonies*, les dispositions de l'article 220 R s'appliquent à la somme de ces crédits d'impôt ;

s) Des crédits d'impôt dégagés par chaque société du groupe en application de l'article 220 *quindecies* ; l'article 220 S s'applique à la somme de ces crédits d'impôts *[impôt] ; — V. Ann. III, art. 46 quater-0 ZY undecies et 46 quater-0 ZY duodecies.*

t) (L. n° 2018-1317 du 28 déc. 2018, art. 145-I-2°) « Des réductions d'impôt dégagées par chaque société du groupe en application de l'article 220 *undecies* A ; »

u) Des crédits d'impôt dégagés par chaque société du groupe en application de l'article 244 *quater* Q ; l'article 220 U s'applique à la somme de ces crédits d'impôt ;

(L. n° 2020-1721 du 29 déc. 2020, art. 22-I-4° et III-B, applicable aux demandes d'agrément provisoire déposées à compter du 1er janv. 2021) « *v)* Des crédits d'impôt dégagés par chaque société du groupe en application de l'article 220 *sexdecies* ; l'article 220 T s'applique à la somme de ces crédits d'impôt ; »

w) Des crédits d'impôt dégagés par chaque société du groupe en application de l'article 220 *terdecies* ;

(L. n° 2021-1900 du 30 déc. 2021, art. 82-I-3° et III, applicable aux crédits d'impôt calculés au titre des exercices clos à compter du 31 déc. 2022) « *x)* Des crédits d'impôt dégagés par chaque société du groupe en application de l'article 220 *septdecies* ; l'article 220 Q *bis* s'applique à la somme de ces crédits d'impôt ; »

y) Des crédits d'impôt dégagés par chaque société du groupe en application de l'article 244 *quater* U ; l'article 220 Z s'applique à la somme de ces crédits d'impôt ;

z) Des crédits d'impôt dégagés par chaque société du groupe en application de l'article 220 *quaterdecies* ; les dispositions de l'article 220 Z *bis* s'appliquent à la somme des crédits d'impôt ;

z bis) Des crédits d'impôt dégagés par chaque société du groupe en application de l'article 244 *quater* V ; les dispositions de l'article 220 Z *ter* s'appliquent à la somme de ces crédits d'impôt ; *— V. Ann. III, art. 49 septies ZZF à 49 septies ZZK. — Les dispositions du présent z bis s'appliquent aux prêts émis du 1er janv. 2011 au 31 déc. 2023 (L. n° 2010-1657 du 29 déc. 2010, art. 90-V, mod. par L. n° 2021-1900 du 30 déc. 2021, art. 87-I).*

z ter) Des crédits d'impôt dégagés par chaque société du groupe en application de l'article 244 *quater* W ; l'article 220 Z *quater* s'applique à la somme de ces crédits d'impôt ;

(L. n° 2021-1900 du 30 déc. 2021, art. 16-I) « *z quater)* Des crédits d'impôt dégagés par chaque société du groupe en application de l'article 244 *quater* X ; l'article 220 Z *quinquies* s'applique à la somme de ces crédits d'impôt ;

« *z quinquies)* Des réductions d'impôts dégagées par chaque société du groupe en application de l'article 244 *quater* Y ; l'article 220 Z *sexies* s'applique à la somme de ces réductions d'impôt. »

2. *Abrogé.*

1. Crédits d'impôt recherche. Le remboursement de l'excédent de crédit d'impôt recherche non imputé doit, dans les groupes intégrés, être demandé par la société mère. Pour l'excédent correspondant à ses propres dépenses, une filiale ne peut le demander que si elle est mandatée par la société mère. • CE 10 mai 2017, *SAS Intelligent Electronic System et a.* n° 395447 : *RJF 2017. 863 ; Dr. fisc. 2017. 425, note Boucher.* ♦ L'Administration peut réclamer à une filiale le remboursement des crédits d'impôt recherche qu'elle a indûment obtenus, dès *lors que la société mère n'a jamais* fait mention de ces crédits d'impôt dans ses déclarations. • TA Melun, 17 déc. 1998, n° 96-1074 : *RJF 1999. 538.*

2. Réduction d'impôt mécénat. A défaut de texte l'autorisant, une société qui n'a pas imputé une réduction d'impôt mécénat antérieurement à son intégration fiscale ne peut pas la transmettre à la société mère du groupe qu'elle rejoint pour que cette dernière l'impute sur l'IS dont elle est redevable. • CE 29 mai 2017, *Sté Lilas France*, n° 404610 : *RJF 2017. 785.*

3. Crédits d'impôt étrangers. Il ne résulte ni de l'art. 223 O-1, ni d'aucune autre disposition ou d'aucun principe de droit interne que le crédit d'impôt attaché aux produits reçus par une société membre d'un groupe fiscal intégré n'ayant pu faire l'objet d'une imputation sur l'impôt dû sur le résultat d'ensemble du groupe, du fait du caractère déficitaire de ce dernier, doive être restitué par la France à la société mère de ce groupe. • CE, QPC, 13 déc. 2019, *Sté Faurecia*, n° 430523 : *RJF 2020. 377.*

4. Imputation des réductions d'impôt. Une société mère d'un groupe intégré peut imputer sur le fondement de la doctrine administrative les réductions d'impôt accordées au titre du mécénat sur les acomptes versés pour le compte de sa filiale sortante. • TA Montreuil, 8 juill. 2010, n° 08-13586 : *RJF 2011. 29.*

3° RÉGIMES ANTÉRIEURS

Art. 223 P *Dispositions périmées (Décr. n° 2013-463 du 3 juin 2013).*

4° OBLIGATIONS DÉCLARATIVES

Art. 223 Q **La société mère souscrit la déclaration du résultat d'ensemble de chaque exercice dans les conditions prévues à l'article 223. Elle y joint** *(L. n° 2018-1317 du 28 déc. 2018, art. 32-I-8°, applicable aux exercices ouverts à compter du 1er janv. 2019)* **« un état des subventions et abandons de créances non retenus pour la détermination du résultat d'ensemble des exercices ouverts avant le 1er janvier 2019 et » un état des rectifications prévues** *(Abrogé par L. n° 2018-1317 du 28 déc. 2018, art. 32-I-8°, pour les exercices ouverts à compter du 1er janv. 2019)* ***« au cinquième alinéa de l'article 223 B et »*** **à l'article 223 F, ainsi que de celles prévues aux deuxième, troisième** *(L. n° 2018-1317 du 28 déc. 2018, art. 34-I-9°, applicable aux exercices ouverts à compter du 1er janv. 2019)* **« et sixième » alinéas de l'article 223 B et à l'article 223 D qui sont afférentes à des sociétés du groupe détenues par l'intermédiaire d'une société intermédiaire.** — *V. Ann. III, art. 46 quater-0 ZL.*

Les déclarations que doivent souscrire les sociétés du groupe pour chaque exercice sont celles prévues à l'article 223 pour le régime du bénéfice réel normal.

5° CONSÉQUENCES DE LA SORTIE DU GROUPE D'UNE SOCIÉTÉ OU DE LA CESSATION DU RÉGIME DU GROUPE

Art. 223 R **En cas de sortie du groupe de l'une des sociétés mentionnées au cinquième alinéa de l'article 223 B** *(L. n° 2018-1317 du 28 déc. 2018, art. 32-I-9°)* **« dans sa rédaction en vigueur pour les exercices ouverts avant le 1er janvier 2019 », les subventions indirectes qui proviennent d'une remise de biens composant l'actif immobilisé ou de titres de portefeuille exclus du régime des plus-values ou moins-values à long terme conformément à l'article 219 pour un prix différent de leur valeur réelle, déduites pour la détermination du résultat des exercices ouverts** *(L. n° 2018-1317 du 28 déc. 2018, art. 32-I-9°)* **« avant le 1er janvier 2019 », sont rapportées par la société mère au résultat d'ensemble de l'exercice de sortie de l'une de ces sociétés. De même, la société mère rapporte à ce résultat les autres subventions indirectes, les subventions directes et les abandons de créances, également mentionnés à cet alinéa, qui ont été déduits du résultat d'ensemble de l'un des cinq exercices précédant celui de la sortie s'il a été ouvert** *(L. n° 2018-1317 du 28 déc. 2018, art. 32-I-9°)* **« avant le 1er janvier 2019 ».** — *Sur la définition des subventions indirectes, V. Ann. III, art. 46 quater-0 ZG.*

(L. n° 2018-1317 du 28 déc. 2018, art. 32-I-9°) **« Les deuxième et troisième alinéas de l'article 223 F et le premier alinéa du présent article ne sont pas applicables lorsque la sortie du groupe ou la perte de la qualité de société intermédiaire ou de société étrangère résulte d'une fusion placée sous le régime prévu à l'article 210 A de l'une des sociétés mentionnées aux deuxième et troisième alinéas de l'article 223 F et au premier alinéa du présent article avec une autre société membre du groupe, une société intermédiaire, une société étrangère ou l'entité mère non résidente. Les sommes mentionnées aux mêmes deuxième et troisième alinéas de l'article 223 F et premier alinéa du présent article sont alors comprises dans le résultat d'ensemble lorsque cette dernière société sort du groupe, ou perd la qualité de société intermédiaire, de société étrangère ou d'entité mère non résidente, ou, en cas de fusions successives placées sous le régime prévu à l'article 210 A avec une société membre du groupe, une société intermédiaire, une société étrangère ou l'entité mère non résidente, lorsque la dernière société absorbante sort du groupe ou perd la qualité de société intermédiaire, de société étrangère ou d'entité mère non résidente. Il en est de même en cas d'absorption à la suite d'une fusion de la société mère par une autre société du groupe conformément au dernier alinéa de l'article 223 S. Dans cette situation, les sommes mentionnées aux deuxième et troisième alinéas de l'article 223 F et au premier alinéa du présent article sont comprises dans le résultat d'ensemble lors de la cessation du groupe formé par la société absorbante ou, en cas de fusions successives dans les conditions prévues au**

dernier alinéa de l'article 223 S, lors de la cessation du groupe formé par la dernière société absorbante. »

Lorsqu'un groupe bénéficie des dispositions prévues au 5 de l'article 223 I, la partie du déficit afférente à une société, calculée dans les conditions prévues audit 5 et qui demeure reportable, ne peut plus être imputée si cette société sort du groupe, à moins que la sortie du groupe de cette société ne résulte de sa fusion avec une autre société du groupe placée sous le régime prévu à l'article 210 A. *(L. nº 2020-1721 du 29 déc. 2020, art. 30-II)* **« Il en est de même lorsqu'une telle société sort du groupe, à raison de la partie du déficit afférente à une société qu'elle avait absorbée au sein du groupe ayant cessé, ou qui avait été scindée à son profit au sein du groupe ayant cessé, calculée dans les conditions prévues au 5 de l'article 223 I et qui demeure reportable, à moins que la sortie du groupe ne résulte de sa fusion avec une autre société du groupe placée sous le régime prévu à l'article 210 A. » Le bénéfice des dispositions prévues au 5 de l'article 223 I est maintenu en cas de fusion de la société titulaire du déficit imputable dans les conditions prévues audit 5 avec une autre société du groupe, sous réserve de l'agrément prévu au II de l'article 209.** — *Les dispositions concernant la partie du déficit afférente à une société de l'ancien groupe absorbée par la société sortante ou scindée à son profit, au sein de l'ancien groupe s'appliquent aux exercices clos à compter du 31 déc. 2020 (L. nº 2020-1721 du 29 déc. 2020, art. 30).*

Les dispositions de l'art. 32 de la L. nº 2018-1317 du 28 déc. 2018 s'appliquent aux exercices ouverts à compter du 1er janv. 2019. Par dérogation, les deux dernières phrases du 2e al. du présent art. s'appliquent aux exercices clos à compter du 31 déc. 2018 (L. préc., art. 32-II).

1. Neutralisation de certains effets d'une fusion intragroupe. * BOI-IS-GPE-40-20-30 nº 120 du 15 avr. 2020.

2. Sort des provisions intragroupe. Suite à une fusion interne dans un groupe fiscalement intégré, la reprise de la provision pour dépréciation de créances correspondant au compte courant ouvert dans les écritures de l'absorbée, puis dans celles de l'absorbante après l'opération, peut être neutralisée. • CE 27 mars 2019, *Sté DPF Investissements*, nº 419613 : *RJF 2019. 521.*

Art. 223 S **Les dispositions prévues à la présente section en cas de sortie du groupe d'une société s'appliquent lorsqu'une société du groupe cesse de remplir les conditions prévues pour l'application du régime défini à cette section.**

(L. nº 2018-1317 du 28 déc. 2018, art. 32-I-10º, applicable aux exercices clos à compter du 31 déc. 2018) **« Il en est de même si la société mère dénonce une des options prévues aux premier, deuxième, quatrième ou avant-dernier alinéas du I de l'article 223 A ou au premier alinéa du I de l'article 223 A *bis* qu'elle a exercée, sans formuler une autre des options prévues aux mêmes alinéas, ou reste seule membre du groupe, ou lorsque le groupe cesse d'exister parce qu'il ne satisfait pas l'une des conditions prévues à la présente section. »**

Lorsqu'une personne morale membre d'un groupe formé en application du quatrième alinéa du I de l'article 223 A, autre que la société mère, opte pour devenir société mère de ce groupe, cette option entraîne la cessation du premier groupe. Lorsqu'une personne morale, autre que la société mère d'un groupe formé en application du deuxième alinéa du même I, opte pour devenir société mère de ce groupe, cette option entraîne la cessation du premier groupe.

Si le régime prévu à l'article 223 A ou à l'article 223 A *bis* cesse de s'appliquer à toutes les sociétés du groupe, la société mère doit comprendre dans son résultat imposable de l'exercice au cours duquel ce régime n'est plus applicable les sommes qui doivent être rapportées au résultat ou à la plus-value ou moins-value nette à long terme d'ensemble en application de la présente section en cas de sortie du groupe d'une société.

Le déficit d'ensemble ou la moins-value nette à long terme d'ensemble subis par le groupe pendant la période d'application du régime défini à l'article 223 A ou à l'article 223 A *bis* et encore reportables à l'expiration de cette période sont imputables par la société qui était redevable des impôts mentionnés audit article dus par le groupe, sur son bénéfice ou sa plus-value nette à long terme, selon les modalités prévues au troisième alinéa du I de l'article 209 ou à l'article 39 *quindecies*. En cas d'absorption par la société mère de toutes les autres sociétés du groupe, emportant changement de son objet social ou de son activité réelle au sens des dispositions du 5 de l'article 221,

cette disposition s'applique à la fraction de ce déficit ou de cette moins-value qui ne correspond pas à ceux subis par la société mère.

(L. n° 2018-1317 du 28 déc. 2018, art. 34-I-10°, applicable aux exercices ouverts à compter du 1er janv. 2019) **« Les charges financières nettes non déduites mentionnées au 1 du VIII de l'article 223 B *bis* et la capacité de déduction inemployée mentionnée au 2 du même VIII, qui sont encore reportables à l'expiration de la période d'application du régime défini aux articles 223 A ou 223 A *bis*, sont utilisables par la société qui était redevable des impôts mentionnés aux mêmes articles 223 A ou 223 A *bis* dus par le groupe, sur ses résultats selon les modalités prévues au VIII de l'article 212 *bis*. »**

(L. n° 2018-1317 du 28 déc. 2018, art. 32-I-10°, applicable aux exercices clos à compter du 31 déc. 2018) **« Les dispositions prévues à la présente section en cas de sortie du groupe ne s'appliquent pas en cas d'absorption à la suite d'une fusion placée sous le régime prévu à l'article 210 A de la société mère par une autre société du groupe qui exerce l'une des options mentionnées aux premier, deuxième, quatrième ou avant-dernier alinéas du I de l'article 223 A ou au premier alinéa du I de l'article 223 A *bis* dans le délai prévu au deuxième alinéa du III de l'article 223 A décompté à partir de la date de réalisation de la fusion. »**

1. Conséquences des sorties et cessations de groupes. * BOI-IS-GPE-4 du 15 avr. 2020.

2. Dissolution d'une société suivie de sa liquidation. La cessation d'activité d'une société qui intervient dès l'effet du jugement prononçant sa liquidation judiciaire ne permet plus de faire coïncider ses exercices comptables avec ceux de sa société mère, condition nécessaire, selon l'art. 223 A, pour bénéficier de l'intégration. Elle perd donc à cette date le bénéfice du régime de l'intégration fiscale. • Com. 26 janv. 2010 : *RJF 2010. 470.*

3. Société en liquidation. La clôture de l'exercice en cours à la date du jugement de liquidation judiciaire n'a pas à être avancée : n'étant pas contrainte de clore par anticipation l'exercice en cours à la date du jugement de liquidation, une filiale intégrée ne peut pas être considérée comme sortie du groupe au motif que la date de clôture de cet exercice n'est pas la même que celle de la société mère. • CE 10 avr. 2015, *SAS Holco*, n° 371765 : *RJF 2013. 570 ; BDCF 2015. 89, concl. Bohnert ; Dr. fisc. 2015. 477.* ♦ Une filiale en liquidation qui omet de déclarer ses résultats ne sort pas du groupe pour autant. • Même arrêt.

4. Confusion de patrimoine entre sociétés d'un groupe. Les sous-filiales détenues par la filiale confondue restent dans le groupe à condition que celui-ci conserve leur contrôle à 95 % pendant tout l'exercice. Cette solution vaut même si l'opération se produit au cours de l'exercice d'entrée dans le groupe des sociétés concernées. * Rescrit 7 juin 2011, n° 2011/15 FE * BOI-IS-GPE-40-10 n° 40 du 15 avr. 2020.

5. Intégration fiscale horizontale entre filiales résidentes d'une société mère non résidente. Les art. 49 et 54 TFUE s'opposent à une législation d'un État membre qui, tout en admettant une intégration fiscale verticale entre une société mère résidente ou un établissement stable, dans cet État membre, d'une société mère non résidente et ses filiales résidentes, n'admet pas une intégration fiscale horizontale entre les filiales résidentes d'une société mère non résidente. • CJUE 14 mai 2020, *B. e.a*, n° 749/18 : *RJF 2020. 747.*

6° ENTRÉE EN VIGUEUR

Art. 223 T **Lorsque les titres d'une société membre du groupe ont été transférés dans un patrimoine fiduciaire dans les conditions mentionnées au sixième alinéa du I de l'article 223 A, par un constituant qui est lui-même une société membre du groupe, la part de bénéfice pour laquelle le constituant est imposé en application de l'article 238 *quater* F est déterminée en faisant application des règles prévues aux articles 223 B, 223 D et 223 F, comme si les titres étaient directement détenus par le constituant.**

Art. 223 U **Un décret fixe les obligations déclaratives de la société mère et des filiales du groupe défini aux articles 223 A à 223 S.** — *V. Ann. III, art. 46 quater-0 ZD à 46 quater-0 ZM.*

SECTION IX FIDUCIE

(L. n° 2007-211 du 19 févr. 2007, art. 6)

SOUS-SECTION 1 CONSTITUTION DU PATRIMOINE FIDUCIAIRE

Art. 223 V *Transféré sous l'art. 238 quater B par Ord. n° 2009-112 du 30 janv. 2009, art. 10-XIV et 12, à compter du 1er févr. 2009.*

SOUS-SECTION 2 DISPOSITIONS APPLICABLES DURANT LE CONTRAT DE FIDUCIE

I RÉSULTAT DU PATRIMOINE FIDUCIAIRE

Art. 223 VA *Abrogé par Ord. n° 2009-112 du 30 janv. 2009, art. 10-XV et 12, à compter du 1er févr. 2009.*

Art. 223 VB *Abrogé par Ord. n° 2009-112 du 30 janv. 2009, art. 10-XV et 12, à compter du 1er févr. 2009.*

II SITUATION DU CONSTITUANT

Art. 223 VC *Abrogé par Ord. n° 2009-112 du 30 janv. 2009, art. 10-XV et 12, à compter du 1er févr. 2009.*

Art. 223 VD *Transféré ss. l'art. 238 quater H par Ord. n° 2009-112 du 30 janv. 2009, art. 10-XVII et 12, à compter du 1er févr. 2009.*

SOUS-SECTION 3 FIN DE LA FIDUCIE

Art. 223 VE *Transféré ss. l'art. 238 quater I par Ord. n° 2009-112 du 30 janv. 2009, art. 10-XVIII et 12, à compter du 1er févr. 2009.*

Art. 223 VF *Transféré ss. l'art. 238 quater J par Ord. n° 2009-112 du 30 janv. 2009, art. 10-XIX et 12, à compter du 1er févr. 2009.*

Art. 223 VG *Transféré ss. l'art. 238 quater K par Ord. n° 2009-112 du 30 janv. 2009, art. 10-XX et 12, à compter du 1er févr. 2009.*

SOUS-SECTION 4 OBLIGATIONS DÉCLARATIVES INCOMBANT AU FIDUCIAIRE ÈS QUALITÉS

Art. 223 VH *Transféré ss. l'art. 238 quater L par Ord. n° 2009-112 du 30 janv. 2009, art. 10-XXI et 12, à compter du 1er févr. 2009.*

Art. 223 VI *Transféré ss. l'art. 238 quater M par Ord. n° 2009-112 du 30 janv. 2009, art. 10-XXI et 12, à compter du 1er févr. 2009.*

Art. 223 VJ *Abrogé par Ord. n° 2009-112 du 30 janv. 2009, art. 10-XXII et 12, à compter du 1er févr. 2009.*

CHAPITRE III TAXES DIVERSES

SECTION 0I CONTRIBUTION EXCEPTIONNELLE SUR LES HAUTS REVENUS

(L. n° 2011-1977 du 28 déc. 2011, art. 2-I)

Art. 223 *sexies* **I. — 1. Il est institué à la charge des contribuables passibles de l'impôt sur le revenu une contribution sur le revenu fiscal de référence du foyer fiscal, tel que défini au 1° du IV de l'article 1417, sans qu'il soit tenu compte des plus-values mentionnées au I de l'article 150-0 B *ter*, retenues pour leur montant avant application de l'abattement mentionné** *(L. n° 2017-1837 du 30 déc. 2017, art. 28, applicable aux impositions dont le fait générateur intervient à compter du 1er janv. 2018)* **« aux 1 *ter* ou 1 *quater* de l'article 150-0 D », pour lesquelles le report d'imposition expire et sans qu'il soit fait application des règles de quotient définies à l'article 163-0 A. La contribution est calculée en appliquant un taux de :**

— 3 % à la fraction de revenu fiscal de référence supérieure à 250 000 € et inférieure ou égale à 500 000 € pour les contribuables célibataires, veufs, séparés ou divorcés et à la fraction de revenu fiscal de référence supérieure à 500 000 € et inférieure ou égale à 1 000 000 € pour les contribuables soumis à imposition commune ;

— 4 % à la fraction de revenu fiscal de référence supérieure à 500 000 € pour les contribuables célibataires, veufs, séparés ou divorcés et à la fraction de revenu fiscal de référence supérieure à 1 000 000 € pour les contribuables soumis à imposition commune.

2. La contribution est déclarée, contrôlée et recouvrée selon les mêmes règles et sous les mêmes garanties et sanctions qu'en matière d'impôt sur le revenu.

II. — 1. Toutefois si, au titre de l'année d'imposition à la contribution mentionnée au 1 du I, le revenu fiscal de référence du contribuable est supérieur ou égal à une fois et demie la moyenne des revenus fiscaux de référence des deux années précédentes, la fraction du revenu fiscal de l'année d'imposition supérieure à cette moyenne est divisée par deux, puis le montant ainsi obtenu est ajouté à cette même moyenne. La cotisation supplémentaire ainsi obtenue est alors multipliée par deux.

Le premier alinéa est applicable aux contribuables dont le revenu fiscal de référence au titre de chacune des deux années précédant celle de l'imposition n'a pas excédé 250 000 € pour les contribuables célibataires, veufs, séparés ou divorcés et 500 000 € pour les contribuables soumis à imposition commune.

Cette disposition est applicable aux contribuables qui ont été passibles de l'impôt sur le revenu au titre des deux années précédant celle de l'imposition pour plus de la moitié de leurs revenus de source française ou étrangère de même nature que ceux entrant dans la composition du revenu fiscal de référence.

2. En cas de modification de la situation de famille du contribuable au cours de l'année d'imposition ou des deux années précédentes, les revenus fiscaux de référence mentionnés au 1 sont ceux :

***a)* Du couple et des foyers fiscaux auxquels les conjoints ou les partenaires ont appartenu au cours des années mentionnées au présent 2 en cas d'union.**

Toutefois, en cas d'option au titre de l'année d'établissement de la contribution pour l'imposition séparée définie au second alinéa du 5 de l'article 6, le *b* du présent 2 s'applique ;

***b)* Du contribuable et des foyers fiscaux auxquels le contribuable passible de la contribution a appartenu au cours des années mentionnées au présent 2 en cas de divorce, séparation ou décès.**

Le bénéfice du présent 2 est subordonné au dépôt d'une réclamation comprenant les informations nécessaires au calcul de la moyenne calculée selon les modalités ainsi précisées.

Les réclamations sont adressées au service des impôts dans le délai prévu aux articles R. 196-1 et R. 196-3 du livre des procédures fiscales. Elles sont présentées, instruites et jugées selon les règles de procédure applicables en matière d'impôt sur le revenu.

3. Pour le calcul de la moyenne mentionnée au présent II, le revenu fiscal de référence déterminé au titre des années 2009 et 2010 s'entend de celui défini au 1° du IV de l'article 1417. Il s'entend de celui défini au 1 du I du présent article pour les revenus fiscaux de référence déterminés à compter de 2011. — *Les dispositions ci-dessus s'appliquent à compter de l'imposition des revenus de l'année 2011 et jusqu'à l'imposition des revenus de l'année au titre de laquelle le déficit public des administrations publiques est nul. Ce déficit est constaté dans les conditions prévues au deuxième alinéa de l'article 3 du règlement (CE) n° 479/2009 du Conseil, du 25 mai 2009, relatif à l'application du protocole sur la procédure concernant les déficits excessifs annexé au traité instituant la Communauté européenne (L. n° 2011-1977 du 28 déc. 2011, art. 2-III-A). — Pour leur application à Mayotte, V. App., Ord. n° 2013-837 du 19 sept. 2013, art. 1er-I-3°.*

1. Contribution sur les hauts revenus. Imposition des contribuables passibles de l'IR. *Territorialité et assiette de la contribution.* Composition du revenu fiscal de référence. Taux, liquidation et recouvrement de la contribution. Contrôle, contentieux et sanctions. * Instr. 3 août 2012 : *BOI 5 L-2-12* * BOI-IR-CHR du 11 juill. 2017.

2. Constitutionnalité. Conformité du dispositif à la Constitution sous réserve de sa rétroactivité en 2011. • Cons. const. 5 déc. 2014, n° 2014-435 QPC : *JO 7 déc. 2014 ; RJF 2015. 145 ; Dr. fisc. 2015. 120, note Lafaille.* ♦ Conformité du dispositif à la Constitution : pas d'atteinte au principe d'égalité devant la loi et au principe d'égalité devant les charges publiques. • CE, QPC, 12 nov. 2015, n° 392772 : *RJF 2016. 176, concl. Bohnert.*

3. Nature de la contribution. Eu égard notamment à son assiette qui n'est pas identique à celle de l'IR, la contribution exceptionnelle sur les hauts revenus constitue une imposition différente de cet impôt. • CE 8 mars 2021, n° 434803 : *RJF 2021. 447.*

4. Revenu fiscal de référence. Les revenus pris en compte pour l'établissement de la contribution sur les hauts revenus d'une année donnée sont les revenus et plus-values perçus au cours de l'année précédente, retenus pour l'établissement de l'IR dû au titre de cette même année. • CE 17 mai 2017, n° 402950 : *RJF 2017. 774, concl. Bohnert.*

5. Revenus étrangers. La doctrine administrative exprimée au § 280 du * BOI-IR-CHR exonère de la contribution les revenus exonérés d'impôt en application des conventions fiscales internationales, y compris ceux pris en compte pour le calcul du taux effectif en matière d'IR. Cette doctrine constitue une interprétation formelle de la loi fiscale. • TA Paris, 20 mai 2015, n° 1408607 : *RJF 2015. 1048.* ♦ Bien qu'exonérés de contribution exceptionnelle sur les hauts revenus, les revenus de source étrangère sont pris en compte pour le calcul du taux de cette contribution. • CE 10 juill. 2019, n° 412624 : *RJF 2019. 1017, concl. Bokdam-Tognetti.*

SECTION 0II IMPOSITION FORFAITAIRE ANNUELLE DES SOCIÉTÉS

Art. 223 *septies* à 223 *undecies* *Abrogés.*

SECTION PREMIÈRE CONTRIBUTION SUPPLÉMENTAIRE À L'APPRENTISSAGE

(L. n° 2013-1279 du 29 déc. 2013, art. 60-I-B-1°)

Art. 224 et 225 *Transférés, respectivement, ss. les art. 1599 ter A et 1599 ter B par L. n° 2013-1279 du 29 déc. 2013, art. 60-I-A-2°.*

Art. 225 A *(Abrogé par L. n° 2013-1279 du 29 déc. 2013, art. 60-I-A-3°)* ***Ainsi qu'il est dit au premier alinéa de l'article L. 118-5 du code du travail, une partie du salaire versé aux apprentis, égale à 11 % du salaire minimum de croissance, est exonérée de taxe d'apprentissage.***

Art. 226 et 226 A *Abrogés (pour la taxe due à raison des salaires versés à compter du 1er janv. 1996).*

Art. 226 B à 228 *bis* *Transférés, respectivement, ss. les art. 1599 ter D à 1599 ter I par L. n° 2013-1279 du 29 déc. 2013, art. 60-I-A-2°.*

Art. 229 à 229 B *Abrogés par L. n° 2007-1787 du 20 déc. 2007, art. 12-I-B et V, applicable à raison des rémunérations versées à compter du 1er janv. 2007.*

Art. 230 et 230 A *Abrogés par Ord. n° 2005-1512 du 7 déc. 2005, art. 26-II-6° et IV, applicable pour la taxe d'apprentissage due au titre des rémunérations versées à compter du 1er janv. 2005.*

Art. 230 B à 230 D *Transférés, respectivement, ss. les art. 1599 ter J à 1599 ter L par L. n° 2013-1279 du 29 déc. 2013, art. 60-I-A-2°.*

Art. 230 E à 230 FA *Dispositions devenues sans objet pour les rémunérations versées à compter du 1er janv. 1993 (L. n° 93-121 du 27 janv. 1993, art. 92-I).*

Art. 230 G *Transféré ss. art. 1599 ter M par L. n° 2013-1279 du 29 déc. 2013, art. 60-I-A-2°.*

Art. 230 H *Transféré ss. art. 1609 quinvicies par Décr. n° 2014-549 du 26 mai 2014.*

SECTION II TAXE SUR LES SALAIRES

Art. 231 ***[Al. applicable aux cotisations et contributions dues pour les périodes courant jusqu'au 1er sept. 2018]***

1. Les sommes payées à titre de rémunérations aux salariés, à l'exception de celles correspondant aux prestations de sécurité sociale versées par l'entremise de l'employeur, sont soumises à une taxe égale à 4,25 % de leur montant évalué selon les règles prévues à l'article L. 136-2 du code de la sécurité sociale, sans qu'il soit toutefois fait application du deuxième alinéa du I et du 6° du II du même article. Cette taxe est à la charge des entreprises et organismes qui emploient ces salariés, à l'exception des collectivités locales, de leurs régies personnalisées mentionnées à l'article L. 1412-2 du code général des collectivités territoriales et de leurs groupements, *(L. n° 2017-1837 du 30 déc. 2017, art. 88, applicable à la taxe sur les salaires due à raison de rémunérations versées à compter du 1er janv. 2018)* **« des établissements publics de coopération culturelle mentionnés à l'article L. 1431-1 du même code, » des services départementaux de lutte contre l'incendie, des centres d'action sociale dotés d'une personnalité propre lorsqu'ils sont subventionnés par les collectivités locales, du centre**

de formation des personnels communaux, des caisses des écoles et des établissements d'enseignement supérieur visés au livre VII du code de l'éducation qui organisent des formations conduisant à la délivrance au nom de l'État d'un diplôme sanctionnant cinq années d'études après le baccalauréat, qui paient ces rémunérations lorsqu'ils ne sont pas assujettis à la taxe sur la valeur ajoutée ou ne l'ont pas été sur 90 % au moins de leur chiffre d'affaires au titre de l'année civile précédant celle du paiement desdites rémunérations. L'assiette de la taxe due par ces personnes ou organismes est constituée par une partie des rémunérations versées, déterminée en appliquant à l'ensemble de ces rémunérations le rapport existant, au titre de cette même année, entre le chiffre d'affaires qui n'a pas été passible de la taxe sur la valeur ajoutée et le chiffre d'affaires total. Le chiffre d'affaires qui n'a pas été assujetti à la taxe sur la valeur ajoutée en totalité ou sur 90 % au moins de son montant, ainsi que le chiffre d'affaires total mentionné au dénominateur du rapport s'entendent du total des recettes et autres produits, y compris ceux correspondant à des opérations qui n'entrent pas dans le champ d'application de la taxe sur la valeur ajoutée. Le chiffre d'affaires qui n'a pas été passible de la taxe sur la valeur ajoutée mentionné au numérateur du rapport s'entend du total des recettes et autres produits qui n'ont pas ouvert droit à déduction de la taxe sur la valeur ajoutée.

[Al. applicable aux cotisations et contributions dues pour les périodes courant à compter du 1er sept. 2018]

1. *(Ord. n° 2018-474 du 12 juin 2018, art. 7 et 16)* « Les sommes payées à titre de rémunérations aux salariés sont soumises à une taxe au taux de 4,25 %. Les sommes prises en compte sont celles retenues pour la détermination de l'assiette de la contribution prévue à l'article L. 136-1 du code de la sécurité sociale, à l'exception des avantages mentionnés aux I des articles 80 *bis* et 80 *quaterdecies* du présent code. La réduction mentionnée au I de l'article L. 136-2 du code de la sécurité sociale n'est pas applicable. » Cette taxe est à la charge des entreprises et organismes qui emploient ces salariés, à l'exception des collectivités locales, de leurs régies personnalisées mentionnées à l'article L. 1412-2 du code général des collectivités territoriales et de leurs groupements, *(L. n° 2017-1837 du 30 déc. 2017, art. 88, applicable à la taxe sur les salaires due à raison de rémunérations versées à compter du 1er janv. 2018)* « des établissements publics de coopération culturelle mentionnés à l'article L. 1431-1 du même code, » des services départementaux de lutte contre l'incendie, des centres d'action sociale dotés d'une personnalité propre lorsqu'ils sont subventionnés par les collectivités locales, du centre de formation des personnels communaux, *(L. n° 2018-1203 du 22 déc. 2018, art. 15)* « de l'établissement mentionné à l'article L. 1222-1 du code de la santé publique, » des caisses des écoles et des établissements d'enseignement supérieur visés au livre VII du code de l'éducation qui organisent des formations conduisant à la délivrance au nom de l'État d'un diplôme sanctionnant cinq années d'études après le baccalauréat, qui paient ces rémunérations lorsqu'ils ne sont pas assujettis à la taxe sur la valeur ajoutée ou ne l'ont pas été sur 90 % au moins de leur chiffre d'affaires au titre de l'année civile précédant celle du paiement desdites rémunérations. L'assiette de la taxe due par ces personnes ou organismes est constituée par une partie des rémunérations versées, déterminée en appliquant à l'ensemble de ces rémunérations le rapport existant, au titre de cette même année, entre le chiffre d'affaires qui n'a pas été passible de la taxe sur la valeur ajoutée et le chiffre d'affaires total. Le chiffre d'affaires qui n'a pas été assujetti à la taxe sur la valeur ajoutée en totalité ou sur 90 % au moins de son montant, ainsi que le chiffre d'affaires total mentionné au dénominateur du rapport s'entendent du total des recettes et autres produits, y compris ceux correspondant à des opérations qui n'entrent pas dans le champ d'application de la taxe sur la valeur ajoutée. Le chiffre d'affaires qui n'a pas été passible de la taxe sur la valeur ajoutée mentionné au numérateur du rapport s'entend du total des recettes et autres produits qui n'ont pas ouvert droit à déduction de la taxe sur la valeur ajoutée. — *Les dispositions issues de la L. n° 2018-1203 du 22 déc. 2018 s'appliquent à la taxe sur les salaires due à raison des rémunérations versées à compter du 1er janv. 2019 (L. préc., art. 15-II).*

Les rémunérations versées par les employeurs dont le chiffre d'affaires réalisé au cours de l'année civile précédant le versement de ces rémunérations n'excède pas les limites définies aux I, III et IV de l'article 293 B sont exonérées de la taxe sur les salaires.

Les entreprises entrant dans le champ d'application de la taxe sur la valeur ajoutée qui n'ont pas été soumises en fait à cette taxe en vertu d'une interprétation formellement admise par l'administration sont redevables de la taxe sur les salaires.

Les rémunérations payées par l'État sur le budget général sont exonérées de taxe sur les salaires, lorsque cette exonération n'entraîne pas de distorsion dans les conditions de la concurrence.

1 *bis*. *Abrogé par L. nº 87-416 du 17 juin 1987, art. 24-I.*

1 *ter*. *Abrogé par L. nº 2000-1352 du 30 déc. 2000, art. 10-V.*

2. *Abrogé.*

2 *bis*. Le taux de la taxe sur les salaires prévue au 1 est porté de 4,25 % à 8,50 % pour la fraction comprise entre *(L. nº 2021-1900 du 30 déc. 2021, art. 2)* **« 8 133 € et 16 237 €** *[ancienne rédaction : 8 020 € et 16 013 €]* **»** *(L. nº 2017-1837 du 30 déc. 2017, art. 90)* **« et à 13,60 % pour la fraction excédant »** *(L. nº 2021-1900 du 30 déc. 2021, art. 2)* **« 16 237 €** *[ancienne rédaction : 16 013 €]* **» de rémunérations individuelles annuelles. Ces limites sont relevées chaque année dans la même proportion que la limite supérieure de la première tranche du barème de l'impôt sur le revenu de l'année précédente. Les montants obtenus sont arrondis, s'il y a lieu, à l'euro supérieur.** — *Les limites susvisées s'appliquent à la taxe sur les salaires due à raison des rémunérations versées à compter du 1er janv. 2022 (L. nº 2021-1900 du 30 déc. 2021, art. 2).*

Les taux majorés ne sont pas applicables aux rémunérations versées par les personnes physiques ou morales, associations et organismes domiciliés ou établis dans les départements d'outre-mer.

3. *a)* Les conditions et modalités d'application du 1 sont fixées par décret. Il peut être prévu par ce décret des règles spéciales pour le calcul de la taxe sur les salaires en ce qui concerne certaines professions, notamment celles qui relèvent du régime agricole au regard des lois sur la sécurité sociale. — *V. Ann. III, art. 50 à 53 quater et 369 à 374.*

Un décret en Conseil d'État fixera, en tant que de besoin, les modalités selon lesquelles sera déterminé le rapport défini au 1 ;

***b)* Un décret en Conseil d'État fixe les conditions d'application du premier alinéa du 2 *bis*.** — *V. Ann. II, art. 141 à 144 et 383.*

4. *Abrogé par L. nº 2005-1719 du 30 déc. 2005, art. 56-III.*

5. Le taux de 4,25 % prévu au 1 est réduit à 2,95 % dans les départements de la Guadeloupe, de la Martinique et de la Réunion, et à 2,55 % dans les départements de la Guyane et de Mayotte.

6. Les dispositions de l'article 1er de la loi nº 68-1043 du 29 novembre 1968, qui, sous réserve du 1, ont supprimé la taxe sur les salaires pour les rémunérations versées à compter du 1er décembre 1968, n'apportent aucune modification aux textes législatifs et réglementaires en vigueur, autres que ceux repris sous le présent article, et qui se réfèrent à la taxe sur les salaires. — *Pour les dispositions applicables avant le 1er janv. 2014, V.* ***CGI, éd. 2014****.*

7. Le bénéfice de la non-application des taux majorés mentionnée au second alinéa du 2 *bis* et de l'application des taux réduits définis au 5 du présent article est subordonné au respect de l'article 15 du règlement (UE) nº 651/2014 de la Commission du 17 juin 2014 déclarant certaines catégories d'aides compatibles avec le marché intérieur en application des articles 107 et 108 du traité.

Sur l'exonération des embauches réalisées en contrat à durée déterminée en application de l'art. L. 5132-15-1 C. trav. et ouvrant droit au versement de l'aide mentionnée à l'art. L. 5132-2 du même code, V. App., L. nº 2013-1203 du 23 déc. 2013, art. 20-IV.

Sur la taxe sur les hautes rémunérations, due au titre de 2013 et 2014, V. App., L. nº 2013-1278 du 29 déc. 2013, art. 15.

BIBL. ► BEETSCHEN, *BFL 2002, p. 5* (TVA et taxe sur les salaires : opérations financières). – CAPPELAERE, *BFL 2007, p. 11* (l'incompatibilité de la taxe sur les salaires au regard de la 6e directive TVA : l'éclairage de la jurisprudence IRAP). – DELFAUD et RECOULES, *Dr. fisc. 2002, p. 1586* (taxe sur les salaires et secteurs d'activités). – RAQUIN, *RJF 2011, p. 811* (taxe sur les salaires : règles de prise en compte des rémunérations des dirigeants de holdings mixtes et développements jurisprudentiels récents). – VILLEMOT et SARFATI, *Dr. fisc. 2006, p. 1267* (la taxe sur les salaires est-elle eurocompatible ?) ; *Dr. fisc. 2007. 538* (la taxe sur les salaires et les directives

TVA après l'arrêt Banco popolare di Cremona) ; *Dr. fisc. 2008. 490* (le Conseil d'État a-t-il définitivement sauvé la taxe sur les salaires ?).

1. Conformité à la Constitution. Constitutionnalité de l'art. 231 lequel ne méconnaît pas les principes d'égalité devant la loi et les charges publiques. • Cons. const., QPC, 17 sept. 2010, n° 2010-28 : *RJF 2010. 1214.* ♦ Sur renvoi de • CE 24 juin 2010, n° 338581 : *RJF 2010. 943.*

2. Compatibilité avec le droit communautaire. La taxe sur les salaires ne revêt pas le caractère d'une taxe sur le chiffre d'affaires prohibée par l'art. 33 de la 6e Dir. TVA, dès lors que cette taxe, qui est assise sur les rémunérations versées par l'entreprise, n'est pas établie d'une manière générale sur la base des transactions réalisées par l'entreprise et portant sur des biens ou des services, ni calculée proportionnellement au prix acquitté par le client, ni perçue à chaque stade du processus de production et de distribution après déduction des droits acquittés lors de la transaction précédente. Il ne peut être déduit de la circonstance que l'art. 231 exonère de taxe sur les salaires les entreprises assujetties à la TVA, ou réduit l'assiette de l'imposition à proportion du chiffre d'affaires soumis à la TVA, que la taxe sur les salaires se substitue à la TVA pour les entreprises qui n'entrent pas dans le champ d'application de la TVA ou en sont exonérées. Une banque n'est, dès lors, pas fondée à soutenir que son assujettissement à la taxe sur les salaires prive d'effet l'exonération de TVA prévue à l'art. 13-B-*d* de la 6e Directive. • CAA Paris, 30 mai 2007, n° 05PA4306, *Sté BNP Paribas : RJF 2007. 1241 ; concl. Evgénas au BDCF 11/07, n° 124* • CE (na) 31 déc. 2008, n° 308634 : *RJF 2009. 329.* ♦ Dans le même sens • CAA Bordeaux, 29 mars 2007, n° 05BX540 : *RJF 2007. 1039.* ♦ Jurisprudences confirmées par • CE 21 déc. 2007, n° 295646 : *RJF 2008. 300, concl. Collin au BDCF 3/08, n° 37 ; Dr. fisc. 2008. 167, note Fouquet.*

3. Condition de non-assujettissement à la TVA. Il résulte de l'art. 231-1 que ne sont pas redevables de la taxe sur les salaires pendant une année civile les personnes ou organismes qui, au cours de cette année, ont été assujettis à la TVA même sur une partie seulement de leurs opérations dès lors que durant l'année précédente, ils été ont assujettis à la TVA sur 90 % au moins de leur chiffre d'affaires. • CE 21 mai 1986, n° 49766 : *Dr. fisc. 1986. 2085, concl. M. A. Latournerie.* ♦ Dans le même sens. • TA Clermont-Ferrand, 26 mars 2003, n° 2003-215270 : *Dr. fisc. 2003. 577.* ♦ Le rapport d'assujettissement à la taxe sur les salaires mentionné par l'art. 231 doit être dissocié du rapport, dit « prorata » de TVA (désormais « coefficient de taxation forfaire »), permettant de déterminer la fraction de TVA pouvant être déduite par les redevables qui, dans le cadre de leurs activités situées dans le champ d'application de la TVA, ne réalisent pas exclusivement des opérations ouvrant droit à déduction. • CE 15 avr. 2015, *Sté AB Science*, n° 369652 : *RJF 2015. 585 ; Dr. fisc. 2015. 430, note Bouchet.*

4. Un contribuable bénéficiant de la franchise en base de la TVA en vertu de l'art. 293 B ne bénéficie pas pour ce seul motif de l'exonération de la taxe sur les salaires. En effet, un employeur bénéficiant de la franchise mais dont le chiffre d'affaires total, comprenant des recettes situées hors champ de la TVA (non prises en compte pour l'appréciation des limites de la franchise), excède lesdites limites ne peut pas bénéficier de l'exonération de taxe sur les salaires. • CE 27 juin 2012, *Le Foyer Blanche-Neige*, n° 348578 : *RJF 2012. 910 ; BDCF 2012. 112, concl. Escaut.*

5. Notion d'employeur. L'État doit être regardé comme l'employeur des enseignants de l'Éducation nationale affectés au sein des Greta, dès lors que ces personnels demeurent régis par leurs règles statutaires et rémunérés par le budget général de l'État. En conséquence, les Greta, même s'ils remboursent à l'État les rémunérations versées à ces enseignants, ne sont pas redevables de la taxe sur les salaires au titre de ces rémunérations. • CE 26 mai 2008, n° 285066 : *RJF 2008. 956, concl. Séners au BDCF 8-9/08, n° 105.* ♦ Un EHPAD (établissement d'hébergement pour personnes âgées dépendantes) doit être regardé comme l'employeur de son directeur, dès lors que celui-ci est placé sous l'autorité fonctionnelle du conseil d'administration de l'établissement, qui est investi du pouvoir de lui donner des objectifs et directives, nonobstant la circonstance que ledit directeur est statutairement nommé et géré par l'État. Par suite, un EHPAD est redevable de la taxe sur les salaires au titre des rémunérations qu'il verse à son directeur. • CAA Lyon, 6 déc. 2012, *Min. Budget*, n° 12LY01169 : *RJF 2013. 401.* ♦ Solution confirmée : l'EHPAD doit être regardé comme ayant, à l'égard de son directeur, la qualité d'employeur et est, dès lors, redevable de la taxe sur les salaires sur les sommes payées à titre de rémunérations à celui-ci. • CE 9 nov. 2015, *EHPAD « Maison de retraite départementale de la Loire »*, n° 383452 et 383453 : *RJF 2016. 132.*

6. Collectivités territoriales. L'exonération prévue par l'art. 231-1 pour les collectivités locales s'étend aux régies dépendant de ces collectivités à la condition qu'elles ne soient pas dotées de la personnalité morale (telles les régies communales ou départementales exploitant, en régie directe, des remontées mécaniques), les régies dotées de la personnalité morale (autres que celles gérant des services publics locaux administratifs) étant en revanche passibles de la taxe sur les salaires, sous réserve de leur situation au regard de la TVA. * BOI-TPS-TS-10-10 nos 300 et 310 du 4 avr. 2018. ♦ Les exploitations industrielles ou commerciales des collectivités territoriales, quelle qu'en soit la forme, doivent acquitter la taxe sur les salaires à laquelle seraient assujetties des entreprises privées effectuant les mêmes opérations. • CE 17 juin 2015, *Sté Autobus aixois*, n° 371162 : *RJF 2015. 782.*

7. Établissements d'enseignement supérieur. L'exonération de taxe sur les salaires au profit des établissements d'enseignement s'exerce selon un critère organique, tenant à l'employeur versant les salaires, et non pas selon un critère fonctionnel tenant aux tâches assurées par le personnel. Elle s'applique donc à l'ensemble des rémunérations versées par lesdits établissements à leur personnel salarié, quelle que soit la fonction exercée, enseignante ou non enseignante. • CE 9 mars 2016, n° 386911 : *RJF 2016. 522.* ♦ Une association, établissement d'enseignement supérieur privé relevant du livre VII du code de l'éducation, qui organise des formations d'une durée d'au moins cinq années après le baccalauréat, destinées à préparer ses élèves au diplôme supérieur de comptabilité et de gestion (DSCG) et au diplôme d'expertise comptable (DEC), lesquels sont délivrés au nom de l'État, lesquels sont délivrés au nom de l'État, entre dans le champ de l'exonération de taxe sur les salaires prévue par l'art. 231-1, al. 1er, alors même qu'elle ne délivre pas elle-même ces diplômes. • CE 27 juin 2016, *École nouvelle d'organisation économique et sociale*, n° 380773 : *RJF 2016. 956.* ♦ Précisions administratives diverses. * BOI-RES-000060 du 18 déc. 2019.

8. CHU. Les centres hospitaliers universitaires (CHU) ne peuvent pas bénéficier de l'exonération de taxe sur les salaires prévue en faveur des établissements d'enseignement supérieur. * BOI-RES-000043 du 24 avr. 2019.

9. Assiette de la taxe. Précisions sur l'assiette de la taxe, alignée à compter du 1er janv. 2002 sur celle de la CSG. * BOI-TPS-TS-20-10 nos 10 à 80 du 30 janv. 2019. ♦ La circonstance que les rémunérations des salariés détachés en France par un siège étranger auprès de sa succursale ne supportent pas les cotisations sociales françaises mais celle du pays du siège est sans incidence sur l'intégration de ces rémunérations dans l'assiette de la taxe sur les salaires due par la succursale française, employeur établi en France, à raison des rémunérations qu'elle verse à son personnel salarié travaillant en France. • TA Paris, 27 mars 2008, n° 05-2838 : *RJF 2008. 1187.*

10. Calcul du prorata. La CJUE a été saisie de plusieurs questions préjudicielles visant à régler la question de la prise en compte ou non, par un siège français pour la détermination de son prorata du droit à déduction de la TVA, du chiffre d'affaires réalisé par ses succursales étrangères (UE et non UE). • CE. 11 juill. 2011, n° 301849, *Sté Le Crédit Lyonnais : Dr. fisc. 2011. 573, note Sniadower ; RJF 2011. 1111, concl. Legras.* ♦ À ces questions qui ont également une incidence en ce qui concerne le calcul du rapport général d'assujettissement à la taxe sur les salaires, la CJUE a répondu que le calcul du « prorata » de déduction de la TVA ne peut pas être mondialisé. • CJUE 12 sept. 2013, n° C-388/11 : *Dr. fisc. 2013. 471, note Féron et Zana ; RJF 2013. 1192.*

11. Rapport d'assujettissement. Il résulte de l'art. 231 et dans le silence de la loi que, dans le cas où un contribuable verse des salaires correspondant à des activités partiellement exonérées de taxe sur les salaires, il y a lieu de répartir d'abord la totalité de chaque rémunération individuelle versée entre les tranches du barème progressif prévu par la loi, puis d'appliquer à chacun des montants obtenus le rapport entre les services autres que ceux exonérés et l'ensemble des services du salarié et enfin d'appliquer à ce résultat le taux d'imposition de chaque tranche. • CE, avis, 23 nov. 1998, n° 197839, *Sté d'exploitation de la clinique Ker-Lena : BOI 5 L-5-98 ; Dr. fisc. 1999. 246, concl. Goulard ; RJF 1998. 1420* • 6 août 2008, n° 288453 : *RJF 2008. 1188.* ♦ Ni la loi ni la doctrine administrative ne prévoient de règle d'arrondissement du rapport d'assujettissement à la taxe sur les salaires. • CAA Nantes, 22 juin 2009, n° 08NT795 : *RJF 2009. 1082.* ♦ Un récent rescrit a toutefois indiqué que le rapport d'assujettissement à la taxe peut faire l'objet d'une troncature au centième par l'employeur. En d'autres termes, lorsqu'il est exprimé en pourcentage, il peut être arrondi à l'unité inférieure. Ainsi lorsque le rapport calculé par l'employeur est égal à 82,7 %, il peut être arrondi à 82 %. * Rescrit 22 juin 2010 : *n° 2010/36 FP* * BOI-TPS-TS-20-30 n° 80 du 18 déc. 2019.

12. Les produits financiers exonérés de TVA, même accessoires au sens de cette taxe, sont à retenir dans le rapport d'assujettissement. • CE 15 avr. 2015, *Sté AB Science*, n° 369652 : *préc. note 3.* ♦ Pour déterminer si une société percevant des subventions non imposables à la TVA peut être assujettie à la taxe sur les salaires, lesdites subventions doivent être incluses dans le dénominateur du rapport d'assujettissement. • CE 17 juin 2015, n° 371162 : *préc. note 6.* ♦ Les aides publiques à l'emploi versées aux entreprises adaptées constituent des subventions exceptionnelles exclues du rapport d'assujettissement. * BOI-RES-000039 du 15 mai 2019.

13. La tolérance administrative selon laquelle une entreprise qui connaît une variation importante de son activité peut, après autorisation des services fiscaux, prendre en compte, pour le calcul de son rapport d'assujettissement, le chiffre d'affaires de l'année du paiement des rémunérations peut désormais être appliquée dès le paiement de la taxe intervenant au moment du paiement des rémunérations. * Lettre DLF du 16 déc. 2009 à CMS Lefebvre.

14. Les livraisons à soi-même imposées à la

TVA, qui ne résultent pas d'opérations réalisées avec des tiers et qui ne sont génératrices d'aucun flux financier, ne constituent pas des produits devant être inclus au dénominateur du rapport d'assujettissement à la taxe sur les salaires. • CE 9 nov. 2015, ⚖ *Min. c/ Caisse régionale de crédit agricole mutuel de l'Anjou et du Maine*, n° 384536 : *RJF 2016. 131.*

15. Secteurs d'activité distincts. Doivent être regardées comme relevant de secteurs différents, pour l'exercice des droits à déduction de TVA et, par suite, pour la détermination du rapport d'assujettissement à la taxe sur les salaires, des activités qui, notamment, mettent en œuvre des cycles distincts d'opérations, effectuées avec un personnel et des techniques propres à chacun d'eux, lesquels impliquent que soient fournis ou livrés à des tiers des services ou des biens non liés entre eux. • CAA Versailles, 6 mars 2012, ⚖ *Caisse régionale de Crédit agricole mutuel de Pyrénées-Gascogne,* n° 10VE02079 : *RJF 2012. 1119* • CE 7 mai 2013, n° 359532 : *RJF 2013. 824.* ♦ Lorsque les activités d'une entreprise sont, pour la déduction de la TVA, réparties en plusieurs « secteurs » distincts, les dispositions de l'art. 231 relatives à l'assiette de la taxe sur les salaires doivent recevoir application à l'intérieur de chacun de ces « secteurs », en sorte que l'assiette de la taxe sur les salaires soit, pour chacun d'eux, déterminée en appliquant au montant des rémunérations versées au personnel qui lui est spécialement affecté, le rapport qui lui est propre entre le chiffre d'affaires qui n'a pas été passible de la TVA et le chiffre d'affaires total. • CE 28 juill. 1999, ⚖ n° 144542 : *Dr. fisc. 2000. 709 et 713, concl. Goulard.* ♦ La taxe sur les salaires afférente aux rémunérations des personnels qui ne sont pas exclusivement affectés à l'un des « secteurs » ne peut qu'être établie en appliquant à ces rémunérations le rapport existant, pour l'entreprise dans son ensemble, entre le chiffre d'affaires qui n'a pas été passible de la TVA et le chiffre d'affaires total. • CE 28 juill. 1999, ⚖ n° 144542 : *préc.* ♦ Ainsi, une société qui exploite un office d'agent de change et qui, en accord avec l'Administration fiscale, a régulièrement distingué au sein de ses activités, pour l'exercice de ses droits à déduction de la TVA, deux « secteurs » correspondant, d'une part, à l'exécution d'opérations en bourse soumises à la TVA, d'autre part, au placement de la trésorerie en franchise de TVA, n'est pas passible de la taxe sur les salaires dès lors que l'activité du second secteur ne nécessite l'emploi d'aucun salarié. • CE 28 juill. 1999, ⚖ n° 164100 : *Dr. fisc. 2000. 708 et 709, concl. Goulard.*

16. Une chambre de commerce et d'industrie qui assure également la gestion d'un aéroport et des actions d'enseignement peut regrouper au sein d'un secteur distinct son activité de soutien et de développement de l'initiative économique. • CE 27 mars 2009, ⚖ *CCI de Montpellier,* n° 294302 : *RJF 2009. 550 ; BDCF 6/09, n° 472, concl. Collin.* ♦ L'activité de placement de trésorerie par un adhérent compensateur général du Matif ne peut être constituée en secteur distinct. • CAA Paris, 27 nov. 2008, n° 06PA01335 : *RJF 2009. 830.* ♦ De même, un établissement d'hébergement pour personnes âgées dépendantes fournissant des prestations complémentaires d'assistance et de soins dans ses locaux, avec des moyens en personnel et matériels communs, doit être considéré comme ayant une activité unique qui ne peut donner lieu à sectorisation. • CAA Nantes, 31 mai 2010, ⚖ n° 09NT00122 : *RJF 2010. 894.* ♦ De même, dans un établissement bancaire, ne peuvent être regardées comme mettant en œuvre des cycles distincts d'opérations et ne relèvent pas, par suite, de secteurs d'activité distincts, alors même qu'elles feraient appel à des personnels spécifiques et à des techniques propres, les activités de « recouvrement » (gérant notamment les oppositions et les avis à tiers détenteur) et de « successions » (gérant les opérations liées à la liquidation des dossiers de succession des titulaires de comptes), dès lors que ces activités, eu égard à leurs liens étroits avec les activités bancaires générales de l'établissement, n'aboutissent pas à la fourniture à la clientèle de produits ou de services distincts des activités bancaires. • CAA Versailles, 6 mars 2012, ⚖ *Caisse régionale de Crédit agricole mutuel de Pyrénées Gascogne,* n° 10VE02079 : *préc. note 15.*

17. Doivent être regardées comme relevant de secteurs différents, pour l'exercice des droits à déduction de TVA et, par suite, pour la détermination du rapport d'assujettissement à la taxe sur les salaires, des activités qui mettent en œuvre des cycles distincts d'opérations, effectuées avec un personnel et des techniques propres à chacun d'eux. • CAA Nantes, 25 juin 2004, n° 01NT947 : *RJF 2005. 128.* ♦ Les activités de prestations de services rendues à ses filiales par une société holding et la détention même de ces filiales ne peuvent être regardées comme indissociables dès lors que la détention n'implique pas par elle-même la fourniture de services par la société holding. Ces activités peuvent, par suite, être regardées comme constituant des secteurs distincts lorsqu'elles disposent de moyens propres. • CAA Nantes, 25 juin 2004, n° 00NT1629 : *RJF 2005. 128.*

18. Rémunérations des dirigeants de sociétés. Les gérants minoritaires des SARL, les présidents du conseil d'administration, directeurs généraux et directeurs généraux délégués des SA et les présidents et dirigeants des SAS, sans avoir la qualité de salarié au sens du droit du travail, sont au nombre des personnes dont les rémunérations sont soumises à la taxe sur les salaires en vertu de l'art. 231. • CE 21 janv. 2016, ⚖ *Sté Juliane,* n° 388989 : *RJF 2016. 332 ; Dr. fisc. 2016. 223, note Cuber.* ♦ Il en est de même : des rémunérations des membres du directoire d'une SA.

• CE 19 juin 2017, *SAS ICMI*, n° 406064 : *RJF 2017. 934.* * BOI-TPS-TS-20-10 n° 30 du 30 janv. 2019. ♦ ... Des rémunérations versées par une SAS au dirigeant de la société exerçant sa présidence. • CAA Nantes, 5 nov. 2020, n° 18NT03337 : *RJF 2021. 367.* ♦ En revanche, les rémunérations des gérants majoritaires de SARL ne sont pas soumises à la taxe sur les salaires. • CAA Nantes, 19 avr. 2018, n° 16NT02756 : *RJF 2018. 748.*

19. Rémunérations des dirigeants de holdings mixtes. Les dirigeants de holdings mixtes ayant constitué un secteur financier non soumis à la TVA et un secteur commercial soumis à cette taxe sont présumés être affectés indifféremment aux deux secteurs. Leurs rémunérations doivent donc être soumises à la taxe sur les salaires à proportion du rapport d'assujettissement général de l'entreprise. Elles peuvent cependant échapper à la taxe sur les salaires si l'entreprise justifie que le dirigeant n'exerce aucune responsabilité au sein du secteur financier. • CE 8 juin 2011, n° 331848 : *RJF 2011. 936.* ♦ Les dirigeants d'un holding assujetti partiel à la TVA doivent être considérés comme affectés indifféremment à l'ensemble des activités en l'absence de justification de leur affectation exclusive à l'activité soumise à la TVA. Dès lors, il y a lieu d'intégrer les rémunérations versées à ces dirigeants dans l'assiette de la taxe sur les salaires due par la société, à hauteur de la quote-part résultant de l'application auxdites rémunérations du rapport d'assujettissement général de la société. • CAA Nantes, 5 mai 2008, n° 07NT496 : *RJF 2009. 27.* ♦ Les fonctions de secrétaire général d'une société en commandite par actions, en l'absence de toute disposition du code de commerce ou de toute autre disposition légale ou réglementaire, ne confèrent pas, en principe, à leur titulaire des pouvoirs qui s'étendent au secteur financier d'une société holding. Ses rémunérations ne peuvent dès lors être incluses dans l'assiette de la taxe sur les salaires. • CAA Paris, 16 févr. 2012, n° 10PA03446 : *RJF 2012. 594.*

20. Succursales d'entreprises étrangères. Les succursales françaises d'entreprises étrangères qui ont la qualité d'employeur et qui rendent exclusivement des services à leur siège sont autorisées à calculer un rapport d'assujettissement à la taxe en réputant que ces services internes suivent le régime de TVA qui aurait été applicable s'ils avaient été rendus à une tierce personne. Ainsi, lorsque tous les services internes auraient ouvert droit à déduction de la TVA, la succursale ne sera pas redevable de la taxe sur les *salaires. * Rescrit 10 juin 2008, n° 2008-13 FP.* * BOI-TPS-TS-10-10 n° 80 du 18 déc. 2019. ♦ La succursale française d'une société ayant son siège dans un pays étranger où elle est assujettie à la TVA, dont la totalité des recettes provient des services rendus au siège et qui n'assume pas le risque lié à son activité économique conformément à son statut de succursale, doit être regardée comme dépendante de cette société, avec laquelle elle constitue un assujetti unique à la TVA. Dès lors, les modalités d'assujettissement de la société à la taxe sur les salaires à raison des rémunérations versées aux personnels affectés à cette succursale doivent être appréciées au regard de l'ensemble de l'activité de l'employeur réalisée à partir de son siège étranger. Par suite, la société étrangère assujettie à la TVA en Grande-Bretagne pour plus de 90 % de son chiffre d'affaires n'est pas redevable de la taxe sur les salaires au titre des rémunérations versées au personnel de sa succursale française. • CAA Versailles, 5 févr. 2009, n° 06VE36 : *RJF 2009. 635 ; Dr. fisc. 2009. 366, concl. Beaufaÿs, note Coraboeuf et Stemmer.*

21. Établissements bancaires. Le chiffre d'affaires provenant d'opérations de crédit exonérées de la TVA doit, dans le cas des établissements bancaires qui, au cours de l'année civile de référence définie dans la 1re phrase du 1er alinéa du 1, se sont livrés, d'une part, à ces opérations et, le cas échéant, à d'autres opérations exonérées de la TVA ou placées hors du champ d'application de cet impôt, d'autre part, et pour plus de 10 % de leur chiffre d'affaires total, à des opérations au titre desquelles ils ont été assujettis à la TVA, être pris en compte tant dans le numérateur que dans le dénominateur du rapport défini au 1er alinéa du 1, et calculé en retenant le total des recettes et autres produits perçus par ces établissements en rémunération des prêts accordés, c'est-à-dire par l'ensemble des sommes, et notamment par les intérêts, que les emprunteurs leur ont versées, sans qu'il y ait lieu d'en déduire les frais que les mêmes établissements ont exposés pour se procurer les fonds prêtés. • CE 16 sept. 1998, n° 177004 : *RJF 1998. 1288.*

22. Dividendes. Les dividendes servis à une société par ses filiales du seul fait de sa qualité d'actionnaire n'entrent pas dans le champ d'application de la TVA et ne peuvent ouvrir droit à déduction. Par suite, ils doivent figurer tant au numérateur qu'au dénominateur du rapport servant à déterminer la base d'assujettissement à la taxe sur les salaires. • CE 29 juin 2001, *SA Banque Sudaméris*, n° 176105 : *RJF 2001. 1217 ; Dr. fisc. 2001. 1056, concl. Goulard.* ♦ V., dans le même sens, • CE 14 févr. 2018, *Sté Nord Provence Finances*, n° 410302 : *RJF 2018. 483.*

23. Bénéfices des sociétés de personnes. La quote-part de bénéfices des sociétés de personnes doit être assimilée aux dividendes distribués par des sociétés de capitaux. Par suite, cette quote-part doit être comprise au numérateur du rapport. • CE (na) 2 sept. 2021, n° 447998 : *RJF 2021. 1103.*

24. Intérêts de prêts. Les intérêts de prêts accordés à son siège étranger par une succursale bancaire française dépourvue de la personnalité morale et ne pouvant être considérée comme autonome en tant que banque, notamment en ce qu'elle supporterait le risque économique découlant de cette activité, et alors même qu'elle pourrait être regardée comme un établissement stable, n'ont pas le caractère de recettes et autres produits constitutifs du chiffre d'affaires au sens de l'art. 231 et ne doivent, par suite, pas figurer au dénominateur du rapport d'assujettissement à la taxe sur les salaires. • CAA Paris, 20 févr. 2008, n° 06PA343 : *RJF 2008. 958.*

25. Produits financiers. La nouvelle définition des produits financiers accessoires retenue en matière de TVA n'a pas vocation à s'appliquer en matière de taxe sur les salaires. Pour le calcul du rapport d'assujettissement à cette dernière taxe, les redevables peuvent ne pas tenir compte des produits financiers à la seule condition que leur montant total (produits exonérés et/ou hors champ de la TVA) n'excède pas 5 % du montant total des recettes. Si ce seuil est dépassé, ils peuvent, pour les seuls besoins de la taxe sur les salaires, et sous certaines conditions, constituer un secteur « financier ». * Lettre DLF 8 nov. 2006.

26. Opérations de change. Le chiffre d'affaires ou la recette correspondant aux opérations de change, et notamment de change manuel, est constitué par la commission perçue et le profit de change réalisé et non par le prix total des devises échangées. • CAA Nantes, 22 avr. 1997, n° 94NT451 : *Dr. fisc. 1997. 924.*

27. Professions agricoles. En l'absence du texte réglementaire prévu à l'art. 231-3, précisant les conditions et modalités d'application du 1 aux salaires versés par les employeurs relevant du régime agricole au regard des lois sur la sécurité sociale, la taxe sur les salaires doit être regardée comme n'étant pas applicable aux salaires versés par ces employeurs lorsqu'ils ne relèvent pas des dispositions des art. 53 *bis* et 53 *ter* de l'annexe III. • CE 25 févr. 1987, n° 46526 : *Dr. fisc. 1987. 1066* • 3 juill. 1998, n° 163363 : *RJF 1998. 1117 ; Dr. fisc. 1999. 17* • 20 juin 2016, *SA Sté Générale*, n° 386146 : *RJF 2016. 828.* ♦ La qualification d'activité agricole, qui détermine, en application de l'art. 231-3-a préc., l'absence d'assujettissement à la taxe sur les salaires, n'est pas subordonnée à la poursuite d'un objectif de production ou de vente, à l'exclusion des finalités de recherche et d'expérimentation. • CE 8 juill. 2015, *Office du développement agricole et rural de Corse*, n° 369730 : *RJF 2015. 907.*

28. Armateurs à la pêche en mer et artisans-pêcheurs. Exonération : des armateurs et des sociétés d'armement exerçant une activité de pêche maritime ; des artisans-pêcheurs et des sociétés de pêche artisanales. * BOI-TPS-TS-20-20 n° 315 du 30 janv. 2019.

Art. 231 A *(Abrogé par L. n° 2017-1837 du 30 déc. 2017, art. 87, pour les rémunérations versées à compter du 1er janv. 2019)* ***I. — Les employeurs redevables de la taxe sur les salaires mentionnés à l'article 1679 A peuvent bénéficier d'un crédit d'impôt assis sur les rémunérations qu'ils versent à leurs salariés au cours de l'année civile. Sont prises en compte les rémunérations comprises dans l'assiette de la taxe sur les salaires et n'excédant pas deux fois et demie le salaire minimum de croissance calculé pour un an sur la base de la durée légale du travail augmentée, le cas échéant, du nombre d'heures complémentaires ou supplémentaires, sans prise en compte des majorations auxquelles elles donnent lieu. Pour les salariés qui ne sont pas employés à temps plein ou qui ne sont pas employés sur toute l'année, le salaire minimum de croissance pris en compte est celui qui correspond à la durée de travail prévue au contrat au titre de la période au cours de laquelle ils sont présents dans l'organisme concerné.***

Pour être prises en compte, les rémunérations versées aux salariés doivent avoir été régulièrement déclarées aux organismes de sécurité sociale et ne doivent pas avoir été prises en compte dans l'assiette du crédit d'impôt défini à l'article 244 quater C.

II. — Le crédit d'impôt est égal au produit de l'assiette mentionnée au I et d'un taux de 4 %, diminué du montant de l'abattement défini à l'article 1679 A dont bénéficie le redevable.

III. — Le crédit d'impôt est imputé sur la taxe sur les salaires due par le contribuable au titre de l'année au cours de laquelle les rémunérations prises en compte pour le calcul du crédit d'impôt ont été versées et après application des articles 1679 et 1679 A. L'excédent de crédit d'impôt constitue, au profit du contribuable, une créance sur l'État d'égal montant. Cette créance est utilisée pour le paiement de la taxe sur les salaires au titre des trois années suivant celle au titre de laquelle elle est constatée, puis, s'il y a lieu, la fraction non utilisée est remboursée à l'expiration de cette période.

La créance est inaliénable et incessible, sauf dans les cas et conditions prévus aux articles L. 313-23 à L. 313-35 du code monétaire et financier. Elle ne peut alors faire l'objet de plusieurs cessions ou nantissements partiels auprès d'un ou de plusieurs cessionnaires ou créanciers.

La créance sur l'État est constituée du montant du crédit d'impôt avant imputation sur la taxe sur les salaires lorsque, en application du deuxième alinéa de l'article L. 313-23 du même code, cette créance a fait l'objet d'une cession ou d'un nantissement avant la liquidation de la taxe sur les salaires sur laquelle le crédit d'impôt correspondant s'impute, à la condition que l'administration en ait été préalablement informée.

En cas de fusion ou d'opération assimilée intervenant au cours de la période mentionnée à la dernière phrase du premier alinéa du présent III, la fraction de la créance qui n'a pas encore été imputée par la personne apporteuse est transférée à la personne bénéficiaire de l'apport.

IV. — Les organismes chargés du recouvrement des cotisations de sécurité sociale dues pour l'emploi des personnes mentionnées au I sont habilités à recevoir, dans le cadre des déclarations auxquelles sont tenues les entreprises auprès d'eux, et à vérifier, dans le cadre des contrôles qu'ils effectuent, les données relatives aux rémunérations donnant lieu au crédit d'impôt. Ces éléments relatifs au calcul du crédit d'impôt sont transmis à l'administration fiscale.

Crédit d'impôt de taxe sur les salaires. Commentaire administratif. Modalités de détermination et d'utilisation. * BOI-TPS-TS-35 du 4 mai 2017.

Art. 231 *bis*, 231 *bis* A et 231 *bis* B *Dispositions périmées.*

Art. 231 *bis* C *Abrogé par L. n° 2000-1352 du 30 déc. 2000, art. 10-II et V.*

Art. 231 *bis* D **Conformément aux dispositions des articles L. 5122-2, L. 5123-2 et L. 5123-5, de l'article L. 5422-10, des premier et deuxième alinéas de l'article L. 5428-1 et de l'article L. 3232-6 du code du travail, les allocations, indemnités et contributions mentionnées à ces mêmes articles sont exonérées de la taxe sur les salaires prévue à l'article 231.**

Les dispositions du code du travail mentionnées ci-dessus concernent les allocations et contributions versées dans le cadre des actions de prévention engagées pour une durée déterminée afin d'éviter des licenciements pour motif économique touchant certaines professions dans certaines régions atteintes ou menacées d'un grave déséquilibre de l'emploi (C. trav., art. L. 5123-2 et L. 5123-5) ; le financement de l'allocation d'assurance chômage (C. trav., art. L. 5422-10) ; l'allocation de chômage partiel, l'allocation d'assurance et l'allocation de préretraite (C. trav., art. L. 5428-1) et l'allocation complémentaire (C. trav., art. L. 3232-6).

V. les art. du C. trav. cités ci-dessus, ainsi que les art. L. 5122-1 et L. 5122-3 à L. 5122-5 du même code, pour ces deux derniers art. dans leur rédaction issue de la L. n° 2021-1900 du 30 déc. 2021, art. 207-1°.

Art. 231 *bis* DA à 231 *bis* H *Abrogés par L. n° 2000-1352 du 30 déc. 2000, art. 10-II et V.*

Art. 231 *bis* I **1. Les rémunérations versées aux apprentis par les entreprises qui emploient au plus dix salariés sont exonérées de la taxe sur les salaires.**

2. *Abrogé (pour les salaires versés à compter du 1er janv. 1996) ;*

3. Pour les entreprises autres que celles mentionnées au 1, ainsi qu'il est dit au premier alinéa de l'article L. 118-5 du code du travail, la partie du salaire versé aux apprentis égale à 11 % du salaire minimum de croissance n'est pas soumise à la taxe sur les salaires.

Art. 231 *bis* J et 231 *bis* K *Abrogés par L. n° 2000-1352 du 30 déc. 2000, art. 12-II et V.*

Art. 231 *bis* L **Les salaires versés par les organismes et œuvres mentionnés aux *a* et *b* du 1° du 7 de l'article 261 ainsi que par les organismes permanents à caractère social des collectivités locales et des entreprises, aux personnes recrutées à l'occasion et pour la durée des manifestations de bienfaisance ou de soutien exonérées de taxe sur la valeur ajoutée en vertu du *c* du 1° du 7 de l'article 261, sont exonérés de taxe sur les salaires.**

Art. 231 *bis* M *Devenu sans objet (L. n° 87-39 du 27 janv. 1987, art. 34).*

Art. 231 *bis* N La rémunération versée aux salariés bénéficiaires d'un contrat d'accompagnement dans l'emploi ou d'un contrat d'avenir définis respectivement aux articles L. 5134-20 et L. 5134-35 du code du travail est exonérée de taxe sur les salaires.

Emplois-jeunes. Les rémunérations versées à d'anciens titulaires de contrats « emplois-jeunes » dans le cadre de conventions pluriannuelles prévues par l'art. L. 322-4-18 (devenu L. 5134-3) C. trav. peuvent bénéficier d'une exonération de taxe sur les salaires. * Rescrit 18 déc. 2007, n° 2005/55/ FP * BOI-TPS-TS-20-20 n°s 180 et 190 du 26 nov. 2012.

Art. 231 *bis* O *Abrogé par L. n° 2000-1352 du 30 déc. 2000, art. 10-II et V.*

Art. 231 *bis* P Les rémunérations versées par un particulier pour l'emploi d'un seul salarié à domicile dans les conditions prévues à l'article 199 *sexdecies* ou d'un seul assistant maternel régi par les articles L. 421-1 et suivants et L. 423-1 et suivants du code de l'action sociale et des familles sont exonérées de taxe sur les salaires.

La même exonération s'applique pour l'emploi de plusieurs salariés à domicile dont la présence au domicile de l'employeur est nécessitée par l'obligation pour ce dernier ou toute autre personne présente à son foyer de recourir à l'assistance d'une tierce personne pour accomplir les actes ordinaires de la vie.

Art. 231 *bis* Q *(L. n° 2016-1917 du 29 déc. 2016, art. 71-I-5° et II, applicable à la taxe sur les salaires due à raison des rémunérations versées à compter du 1er janv. 2017)* I. — Les éléments de rémunération mentionnés au 1 du I de l'article 155 B versés aux personnes dont la prise de fonction en France est intervenue à compter du 6 juillet 2016 sont exonérés de taxe sur les salaires pour le montant résultant de l'application du même 1. Pour les salariés et personnes éligibles à l'option prévue au premier alinéa dudit 1, cette exonération porte sur une fraction de 30 % de leur rémunération.

II. — Le I du présent article s'applique dans les mêmes conditions de domiciliation fiscale et de durée que celles prévues au 1 du I de l'article 155 B. L'employeur est informé par les personnes mentionnées au I du présent article de leur éligibilité au régime prévu au 1 du I de l'article 155 B.

Art. 231 *bis* R Les rémunérations versées aux enseignants des centres de formation d'apprentis sont exonérées de la taxe sur les salaires.

Exonération des rémunérations versées aux enseignants des centres de formation d'apprentis (CFA). Commentaire administratif de l'art. 231 *bis* R.* BOI-TPS-TS-20-20 n°s 210 à 240 du 8 déc. 2012.

Art. 231 *bis* S Conformément aux dispositions de l'article L. 3332-22 du code du travail, lorsqu'une société procède à une augmentation de capital réservée aux adhérents d'un plan d'épargne d'entreprise, l'avantage constitué par l'écart entre le prix de souscription et la moyenne des cours, entre le prix de souscription et le prix de cession ou par l'attribution gratuite d'actions est exonéré de taxe sur les salaires.

Art. 231 *bis* T *(Abrogé par L. n° 2018-771 du 5 sept. 2018, art. 37-VI et 46, à compter du 1er janv. 2019)* ***Conformément aux dispositions du premier alinéa de l'article L. 6332-8 du code du travail, les contributions versées par l'employeur aux fonds d'assurance-formation ne sont soumises ni aux cotisations de sécurité sociale ni à la taxe sur les salaires.***

Art. 231 *bis* U Les rémunérations versées par les centres techniques industriels mentionnés à l'article L. 521-1 du code de la recherche sont exonérées de taxe sur les salaires.

Art. 231 *bis* V Les rémunérations versées aux personnels mis à la disposition d'un établissement d'enseignement supérieur consulaire mentionné à l'article L. 711-17 du code de commerce et organisant des formations conduisant à la délivrance, au nom de l'État, d'un diplôme sanctionnant cinq années d'études après le baccalauréat sont exonérées de taxe sur les salaires.

SECTION II *BIS* TAXE ANNUELLE SUR LES LOCAUX À USAGE DE BUREAUX, LES LOCAUX COMMERCIAUX ET LES LOCAUX DE STOCKAGE PERÇUE DANS LA RÉGION ÎLE-DE-FRANCE

Art. 231 *ter* I. – Une taxe annuelle sur les locaux à usage de bureaux, les locaux commerciaux, les locaux de stockage et les surfaces de stationnement *(Abrogé par L. nº 2018-1317 du 28 déc. 2018, art. 165-I-A et II, à compter du 1er janv. 2019) « annexées à ces catégories de locaux »* est perçue, dans les limites territoriales de la région d'Île-de-France, composée de Paris et des départements de l'Essonne, des Hauts-de-Seine, de la Seine-et-Marne, de la Seine-Saint-Denis, du Val-de-Marne, du Val-d'Oise et des Yvelines.

II. – Sont soumises à la taxe les personnes privées ou publiques qui sont propriétaires de locaux imposables ou titulaires d'un droit réel portant sur de tels locaux.

La taxe est acquittée par le propriétaire, l'usufruitier, le preneur à bail à construction, l'emphytéote ou le titulaire d'une autorisation d'occupation temporaire du domaine public constitutive d'un droit réel qui dispose, au 1er janvier de l'année d'imposition, d'un local taxable.

III. – La taxe est due :

1° Pour les locaux à usage de bureaux, qui s'entendent, d'une part, des bureaux proprement dits et de leurs dépendances immédiates et indispensables destinés à l'exercice d'une activité, de quelque nature que ce soit, par des personnes physiques ou morales privées, ou utilisés par l'État, les collectivités territoriales, les établissements ou organismes publics et les organismes professionnels, et, d'autre part, des locaux professionnels destinés à l'exercice d'activités libérales ou utilisés par des associations ou organismes privés poursuivant ou non un but lucratif ;

2° Pour les locaux commerciaux, qui s'entendent des locaux destinés à l'exercice d'une activité de commerce de détail ou de gros et de prestations de services à caractère commercial ou artisanal ainsi que de leurs réserves attenantes couvertes ou non et des emplacements attenants affectés en permanence à *(L. nº 2018-1317 du 28 déc. 2018, art. 165-I-A et II, en vigueur le 1er janv. 2019)* « ces activités de vente ou de prestations de service*[s]* » ;

3° Pour les locaux de stockage, qui s'entendent des locaux ou aires couvertes destinés à l'entreposage de produits, de marchandises ou de biens et qui ne sont pas intégrés topographiquement à un établissement de production ;

4° *(L. nº 2018-1317 du 28 déc. 2018, art. 165-I-A et II, en vigueur le 1er janv. 2019)* « Pour les surfaces de stationnement, qui s'entendent des locaux ou aires, couvertes ou non couvertes, destinés au stationnement des véhicules et qui font l'objet d'une exploitation commerciale ou sont annexés aux locaux mentionnés aux 1° à 3° sans être intégrés topographiquement à un établissement de production. »

IV. – *(L. nº 2018-1317 du 28 déc. 2018, art. 165-I-A et II, en vigueur le 1er janv. 2019)* « Pour l'appréciation du caractère immédiat, attenant et annexé des locaux mentionnés au III et pour le calcul des surfaces visées au 3° du V » et au VI, il est tenu compte de tous les locaux de même nature, hors parties communes, qu'une personne privée ou publique possède à une même adresse ou, en cas de pluralité d'adresses, dans un même groupement topographique.

(L. nº 2018-1317 du 28 déc. 2018, art. 165-I-A et II, en vigueur le 1er janv. 2019) « Pour l'appréciation du caractère annexé des surfaces de stationnement mentionnées au 4° du III, il est également tenu compte des surfaces qui, bien que non intégrées à un groupement topographique comprenant des locaux taxables, sont mises à la disposition, gratuitement ou non, des utilisateurs de locaux taxables situés à proximité immédiate. »

V. – Sont exonérés de la taxe :

1° Les locaux à usage de bureaux, les locaux commerciaux, les locaux de stockage et les surfaces de stationnement *(Abrogé par L. nº 2018-1317 du 28 déc. 2018, art. 165-I-A et II, à compter du 1er janv. 2019) « annexées à ces catégories de locaux »*, situés dans une zone franche urbaine – territoire entrepreneur, telle que définie au B du 3 de l'article 42 de la loi nº 95-115 du 4 février 1995 d'orientation pour l'aménagement et le développement du territoire ;

(L. n° 2019-1479 du 28 déc. 2019, art. 18, en vigueur le 1er janv. 2020) « 2° Les locaux et les surfaces de stationnement appartenant aux fondations et aux associations, reconnues d'utilité publique, dans lesquels elles exercent leur activité ;

« 2° *bis* A Les locaux spécialement aménagés pour l'archivage administratif et pour l'exercice d'activités de recherche ou à caractère sanitaire, social, éducatif ou culturel ; »

2° *bis* Les locaux administratifs et les surfaces de stationnement des établissements publics d'enseignement du premier et du second degré et des établissements privés sous contrat avec l'État au titre des articles L. 442-5 et L. 442-12 du code de l'éducation ;

3° Les locaux à usage de bureaux d'une superficie inférieure à 100 mètres carrés, les locaux commerciaux d'une superficie inférieure à 2 500 mètres carrés, les locaux de stockage d'une superficie inférieure à 5 000 mètres carrés et les surfaces de stationnement de moins de 500 mètres carrés *(Abrogé par L. n° 2018-1317 du 28 déc. 2018, art. 165-I-A et II, à compter du 1er janv. 2019)* ***« annexées à ces catégories de locaux »*** ;

4° Les locaux de stockage appartenant aux sociétés coopératives agricoles ou à leurs unions ;

(L. n° 2018-1317 du 28 déc. 2018, art. 165-I-A et II, en vigueur le 1er janv. 2019) « 5° Les locaux et aires des parcs-relais, qui s'entendent des parcs de stationnement assurant la liaison vers différents réseaux de transport en commun et dont la vocation exclusive est de faciliter l'accès des voyageurs à ces réseaux, ainsi que les seules places de stationnement qui sont utilisées en tant que parc-relais au sein des locaux mentionnés au 4° du III. »

VI. — Les tarifs sont applicables dans les conditions suivantes :

1. *a.* *(L. n° 2019-1479 du 28 déc. 2019, art. 18, en vigueur le 1er janv. 2020)* « Des tarifs distincts au mètre carré sont appliqués *[ancienne rédaction : Pour les locaux à usage de bureaux, un tarif distinct au mètre carré est appliqué]* » par circonscription, telle que définie ci-après :

1° Première circonscription : *(L. n° 2019-1479 du 28 déc. 2019, art. 18, en vigueur le 1er janv. 2020)* « 1er, 2e, 7e, 8e, 9e, 10e, 15e, 16e et 17e arrondissements de Paris et les communes de Boulogne-Billancourt, Courbevoie, Issy-les-Moulineaux, Levallois-Perret, Neuilly-sur-Seine et Puteaux *[ancienne rédaction : Paris et le département des Hauts-de-Seine]* ;

« 1° *bis* Deuxième circonscription : les arrondissements de Paris et les communes du département des Hauts-de-Seine autres que ceux mentionnés au 1° ; »

2° *(L. n° 2019-1479 du 28 déc. 2019, art. 18, en vigueur le 1er janv. 2020)* « Troisième *[ancienne rédaction : Deuxième]* » circonscription : les communes de l'unité urbaine de Paris telle que délimitée par arrêté conjoint des ministres chargés de l'économie et du budget autres que Paris et les communes du département des Hauts-de-Seine ; — *V. Arr. du 31 déc. 2012 délimitant l'unité urbaine de Paris (JO 5 janv. 2013).*

3° *(L. n° 2019-1479 du 28 déc. 2019, art. 18, en vigueur le 1er janv. 2020)* « Quatrième *[ancienne rédaction : Troisième]* » circonscription : les autres communes de la région d'Île-de-France.

Par dérogation, les communes de la *(L. n° 2019-1479 du 28 déc. 2019, art. 18, en vigueur le 1er janv. 2020)* « troisième *[ancienne rédaction : deuxième]* » *(L. n° 2018-1317 du 28 déc. 2018, art. 165-I-A et II, en vigueur le 1er janv. 2019)* « circonscription » éligibles à la fois, pour l'année précédant celle de l'imposition, à la dotation de solidarité urbaine et de cohésion sociale et au bénéfice du fonds de solidarité des communes de la région d'Île-de-France, respectivement prévus aux articles L. 2334-15 et L. 2531-12 du code général des collectivités territoriales, sont *(Abrogé par L. n° 2018-1317 du 28 déc. 2018, art. 165-I-A)* « ***, quelle que soit leur situation géographique,*** » classées pour le calcul de la taxe dans la *(L. n° 2019-1479 du 28 déc. 2019, art. 18, en vigueur le 1er janv. 2020)* « quatrième *[ancienne rédaction : troisième]* » circonscription.

(L. n° 2018-1317 du 28 déc. 2018, art. 165-I-A) « Par dérogation, les communes de la *(L. n° 2019-1479 du 28 déc. 2019, art. 18, en vigueur le 1er janv. 2020)* « deuxième *[ancienne rédaction : première]* » circonscription éligibles à la fois, pour l'année précédant celle de l'imposition, à la dotation de solidarité urbaine et de cohésion sociale et au bénéfice du fonds de solidarité des communes de la région d'Île-de-France, respective-

ment prévus aux articles L. 2334-15 et L. 2531-12 du code général des collectivités territoriales, bénéficient sur le tarif appliqué pour le calcul de la taxe *(Abrogé par L. n° 2019-1479 du 28 déc. 2019, art. 18, à compter du 1er janv. 2020) « dans la première circonscription »* **d'une réduction du tarif de 10 %. »**

Dans chaque circonscription, pour le calcul de la taxe relative aux locaux à usage de bureaux, un tarif réduit est appliqué pour les locaux possédés par l'État, les collectivités territoriales, les organismes ou les établissements publics sans caractère industriel ou commercial, les organismes professionnels ainsi que les associations ou organismes privés sans but lucratif à caractère sanitaire, social, éducatif, sportif ou culturel et dans lesquels ils exercent leur activité.

b. Abrogé par L. n° 2010-1658 du 29 déc. 2010, art. 31-I-A-4°-c.

2. Les tarifs au mètre carré sont fixés, pour l'année *(Décr. n° 2020-897 du 22 juill. 2020, art. 1er)* **« 2022** *[ancienne rédaction : 2021]* **», conformément aux dispositions ci-dessous :**

***a)* Pour les locaux à usage de bureaux :**

1re circonscription		2e circonscription		3e circonscription		4e circonscription	
Tarif normal	Tarif réduit	Tarif normal	Tarif réduit	Tarif normal	Tarif réduit	Tarif normal	Tarif réduit
23,67 €	11,76 €	19,93 €	9,90 €	10,90 €	6,55 €	5,26 €	4,75 €

Tarifs issus de Décr. n° 2018-500 du 20 juin 2018, art. 1er, mod. par L. n° 2018-1317 du 28 déc. 2018, art. 165-I-A, mod. par Décr. n° 2020-897 du 22 juill. 2020, art. 1er, mod. par Décr. n° 2021-744 du 9 juin 2021, art. 1er.

Pour 2021, les tarifs ci-dessus étaient fixés pour les quatre circonscriptions, respectivement, à 23,32 €, 11,58 €, 19,63 €, 9,75 €, 10,73 €, 6,45 €, 5,18 € et 4,67 €.

***b)* Pour les locaux commerciaux :**

1re ET 2e CIRCONSCRIPTIONS	3e CIRCONSCRIPTION	4e CIRCONSCRIPTION
8,11 €	4,21 €	2,14 €

Tarifs issus de Décr. n° 2018-500 du 20 juin 2018, art. 1er, mod. par L. n° 2018-1317 du 28 déc. 2018, art. 165-I-A, mod. par Décr. n° 2020-897 du 22 juill. 2020, art. 1er, mod. par Décr. n° 2021-744 du 9 juin 2021, art. 1er.

Pour 2021, les tarifs ci-dessus étaient fixés, respectivement, à 7,99 € pour les 1re et 2e circonscriptions, 4,14 € pour la 3e circonscription et 2,10 € pour la 4e circonscription.

***c)* Pour les locaux de stockage :**

1re ET 2e CIRCONSCRIPTIONS	3e CIRCONSCRIPTION	4e CIRCONSCRIPTION
4,22 €	2,14 €	1,10 €

Tarifs issus de Décr. n° 2018-500 du 20 juin 2018, art. 1er, mod. par L. n° 2018-1317 du 28 déc. 2018, art. 165-I-A, mod. par Décr. n° 2020-897 du 22 juill. 2020, art. 1er, mod. par Décr. n° 2021-744 du 9 juin 2021, art. 1er.

Pour 2021, les tarifs ci-dessus étaient fixés, respectivement, à 4,15 € pour les 1re et 2e circonscriptions, 2,10 € pour la 3e circonscription et 1,08 € pour la 4e circonscription.

d) **Pour les surfaces de stationnement** *(Abrogé par L. n° 2018-1317 du 28 déc. 2018, art. 165-I-A)* ***« annexées aux catégories de locaux mentionnées aux a à c » :***

1re ET 2e CIRCONSCRIPTIONS	3e CIRCONSCRIPTION	4e CIRCONSCRIPTION
2,67 €	1,44 €	0,75 €

Tarifs issus de Décr. n° 2018-500 du 20 juin 2018, art. 1er, mod. par L. n° 2018-1317 du 28 déc. 2018, art. 165-I-A, mod. par Décr. n° 2020-897 du 22 juill. 2020, art. 1er, mod. par Décr. n° 2021-744 du 9 juin 2021, art. 1er.

Pour 2021, les tarifs ci-dessus étaient fixés, respectivement, à 2,63 € pour les 1re et 2e circonscriptions, 1,41 € pour la 3e circonscription et 0,73 € pour la 4e circonscription.

e) **Ces tarifs sont actualisés au 1er janvier de chaque année** *(L. n° 2018-1317 du 28 déc. 2018, art. 165-I-A)* **« en fonction de la prévision de l'indice des prix à la consommation, hors tabac, retenue dans le projet de loi de finances de l'année ». Les valeurs sont arrondies, s'il y a lieu, au centime d'euro supérieur.** — *Les dispositions du présent e ne s'appliquent pas, pour l'année 2020, aux tarifs de la 1re circonscription mentionnés dans le tableau du a du 2 du VI dans sa rédaction issue de la L. n° 2019-1479 du 28 déc. 2019 (L. préc., art. 18-III).*

VI *bis.* — Pour l'application des dispositions des V et VI, les parcs d'exposition et locaux à usage principal de congrès sont assimilés à des locaux de stockage.

VII. — Les redevables sont tenus de déposer une déclaration accompagnée du paiement de la taxe, avant le 1er mars de chaque année, auprès du comptable public compétent du lieu de situation des locaux imposables.

VIII. — Le contrôle, le recouvrement, le contentieux, les garanties et les sanctions relatifs à la taxe sont régis par les règles applicables en matière de taxe sur les salaires jusqu'au 31 décembre 2003.

Le privilège prévu au 1° du 2 de l'article 1920 peut être exercé pour le recouvrement de la taxe.

IX. — La taxe n'est pas déductible de l'assiette de l'impôt sur le revenu ou de l'impôt sur les sociétés.

1. Constitutionnalité. Conformité à la Constitution. • Cons. const. 29 déc. 1998, n° 98-405 DC : *RJF 4999. 194* • 21 oct. 2015, *Assoc. Fondation pour l'école*, n° 2015-496 QPC : *RJF 2016. 68* • CE 5 mars 2014, *Sté Europe immobilière*, n° 362283 : *RJF 2014. 716* • Cons. const. 15 déc. 2017, *SCI Marlin*, n° 2017-681 QPC : *RJF 2018. 292* • CE, QPC, 16 juill. 2020, *École nationale d'architecture de Paris-Val de Seine*, n° 440333 : *RJF 2020. 899.*

2. Commentaires administratifs. Commentaire d'ensemble. * BOI-IF-AUT-50-10 et 20 du 19 févr. 2020.

3. Utilisation des locaux. Pour l'application de l'art. 231 *ter*, seule doit être prise en compte l'utilisation effective des locaux au 1er janv. de l'année d'imposition soit comme bureaux, soit pour la réalisation d'une activité de commerce ou de prestation de services à caractère commercial ou artisanal. • CE 24 avr. 2019, n° 417792 : *RJF 2019. 670 ; Dr. fisc. 2019. 319, note Thiry.*

4. Locaux achevés ou vacants. Le propriétaire qui dispose au 1er janv. de l'année d'imposition de locaux à usage de bureaux doit s'acquitter de la taxe annuelle sur les locaux à usage de bureaux. La disposition de ces locaux résulte de l'achèvement des constructions, indépendamment de la circonstance que les locaux sont ou non utilisables par leur destinataire. • CE 3 déc. 2014, *SNC Papso V*, n° 378029 : *RJF 2015. 209.* ♦ Les surfaces correspondant à des locaux vacants doivent être prises en compte pour le calcul de la taxe, nonobstant leur non-occupation. • TA Melun, 16 juin 2000, n° 99-1424 : *RJF 2001. 624.* ♦ Le fait que des locaux aient été rendus temporairement impropres à leur usage de bureaux du fait des travaux réalisés n'est pas de nature à les exclure du champ de la taxe. • CE 5 mars 2014, *Sté Europe immobilière*, n° 362283 : *préc. note 1.* ♦ Il en est de même : pour des bureaux inoccupés depuis des travaux de désamiantage. • CE 27 déc. 2019, *SCI Tour Air 2 et SAS SPE II Boréalen*, n° 427385 : *RJF 2020. 339.* ♦ ... Pour des locaux de stockage démantelés et inutilisés durant plusieurs années. • CAA Versailles, 3 mars 2015, *SA Galeries Lafayette*, n° 14VE00931 : *RJF 2015. 493.* ♦ ... Pour des bureaux vacants dont le changement d'affectation n'a pas été déclaré à l'Administration. • CE (na) 13 juill. 2021, n° 449594 : *RJF 2021. 1026.*

5. Locaux d'enseignement. Exonération des locaux administratifs et des parkings des établissements publics d'enseignement des 1er et 2e degrés et des établissements sous contrat avec l'État. * BOI-IF-AUT-50-10-20 n° 120 du 19 févr. 2020. ♦ Sont seuls exceptés du champ d'application de la taxe les locaux exclusivement adaptés, de par leur conception même, à l'exercice d'une activité de la nature de celles mentionnées au II de l'art. 231 *ter*. Les locaux administratifs inclus dans un établissement d'enseignement ne présentent pas ce caractère. • CE 19 juin 2002, *Région Île-de France*, n° 229669 : *Lebon T. 712* ; *RJF 2002. 1112.*

6. Conformité à la Constitution de l'art. 231 *ter*-V-2° *bis* excluant du bénéfice de l'exonération des établissements privés d'enseignement hors contrat qui, par leurs obligations, le statut de leur personnel, leur mode de financement et le contrôle auquel ils sont soumis, sont dans une situation différente des établissements publics et des établissements privés sous contrat. • Cons. const. 15 déc. 2017, n° 2017-681 QPC : *préc. note 1.*

7. Salles de cours des établissements d'enseignement. Seules les salles de cours spécialement aménagées à cet effet sont exonérées. • CE 19 juill. 2017, n° 405377, *Min. c/ Assoc. Immobilière Notre-Dame des Champs : RJF 2017. 1070.*

8. Locaux sanitaires. Les locaux inoccupés d'une ancienne clinique auparavant réservés à l'exploitation du cabinet de radiologie, du bloc opératoire et comportant des aménagements et des équipements spécifiques faisant obstacle à ce qu'ils soient utilisés à un usage de bureaux sont au nombre de ceux spécialement aménagés pour l'exercice d'activités à caractère sanitaire et qui sont exonérés de la taxe. La circonstance qu'ils n'étaient plus affectés à cet usage n'est pas de nature à leur faire perdre le bénéfice de l'exonération dès lors qu'ils avaient conservé leur aménagement spécifique. • CAA Versailles, 27 mars 2007, n° 05VE2132 : *RJF 2007. 1056 ; Dr. fisc. 2008. 218.* ♦ Entrent notamment dans la catégorie des locaux sanitaires exonérés : les locaux spécifiquement aménagés au sein des établissements de soins, des hôpitaux, des cliniques, des dispensaires, des cabinets médicaux ou vétérinaires, des maisons médicalisées de retraite ou d'accueil de handicapés (les blocs chirurgicaux, les salles de radiologie, de dentisterie, de rééducation motrice ou fonctionnelle, les salles des laboratoires d'analyses médicales spécialement aménagées, les chambres de malades, les annexes sanitaires, les salles de soins ou d'examen, etc.). * BOI-IF-AUT-50-10-20 n° 100 du 19 févr. 2020. ♦ ... Les locaux *spécialement aménagés pour l'exercice* d'activités à caractère sanitaire les cabinets de consultation et de soins médicaux spécialisés et paramédicaux. • CAA Paris, 5 déc. 2018, n° 17PA03910.

9. Parcs d'exposition et locaux à usage de congrès. * BOI-IF-AUT-50-10-10 n° 190 du 19 févr. 2020.

10. Locaux d'agence bancaire. Les locaux d'une agence bancaire utilisés par les conseillers financiers et le directeur de l'agence pour recevoir la clientèle sont des locaux commerciaux et sont, par suite, exonérés si leur surface n'excède pas 2 500 m^2. • CE 30 mars 2011, n° 336765, *CIC : RJF 2011. 709.*

11. Locaux de comité d'entreprise. Les locaux mis à la disposition d'un comité d'entreprise, organisme privé du fait de sa qualité de personne morale de droit privé, doivent être assujettis à la taxe sur les bureaux. La seule circonstance que la réglementation du travail s'opposerait à ce que des locaux situés en sous-sol puissent servir de bureaux ne saurait suffire à les exclure du champ de cette taxe, qui d'ailleurs s'applique aux salles de réunion privées de lumière naturelle. • CAA Paris, 15 avr. 2010, n° 08PA1889 : *RJF 2010. 911.*

12. Aires de stationnement. Les aires de stationnement d'une superficie d'au moins 500 m^2 sont imposables même si les locaux auxquels elles sont annexées sont eux-mêmes exonérés en raison de leur surface. * BOI-IF-AUT-50-10-20 n° 102 du 19 févr. 2020. ♦ Les dégagements d'un parking destinés à la circulation des véhicules sont assimilés à des surfaces de stationnement. • TA Cergy-Pontoise, 14 oct. 2015, *SA Sofilo*, n° 1305500 : *RJF 2016. 342.* ♦ V. aussi note 17.

13. Surfaces de stationnement faisant l'objet d'une exploitation commerciale. Les locaux ou aires, couvertes ou non couvertes, destinés au stationnement des véhicules et qui font l'objet d'une exploitation commerciale sont taxables en tant que surfaces de stationnement. Cette disposition s'applique à la taxe due à compter de 2019. Sont visés, d'une manière générale, tous les locaux ou aires, hors voirie publique, destinés au stationnement et dans lesquels est exercée une activité d'exploitation commerciale de parcs de stationnement (parcs publics de stationnement, garages commerciaux, etc.), quelles que soient les modalités de gestion ou d'exploitation. Sont ainsi taxables les surfaces de stationnement exploitées par des personnes privées ou publiques. * BOI-IF-AUT-50-10-10 n° 285 du 27 janv. 2021.

14. Locaux d'ensembles immobiliers de bureaux. Les restaurants d'entreprise et les salles de sport exploitées commercialement sont imposables dans la catégorie des locaux commerciaux, et les locaux réservés aux comités d'entreprise sont imposables dans la catégorie des locaux à usage de bureaux ; en revanche, les crèches d'entreprise sont exonérées en tant que locaux spécialement aménagés pour l'exercice d'une activité à caractère social. * BOI-IF-AUT-50-10-10 n° 110 du 27 janv. 2021.

15. Locaux à usage de bureaux. Il convient de retenir, au titre de la surface taxable, celle des bureaux proprement dits ainsi que celle de leurs dépendances immédiates et indispensables (notamment surfaces de circulation intérieures et sanitaires) sans pondération de leur surface. • CE (na) 27 déc. 2017, *Sté MBDA France*, n° 411039 : *RJF 2018. 386.* ♦ Des réserves de bureaux situées en sous-sol et fermées à clefs mais nécessaires à l'activité, sont des dépendances immédiates. • CE (na) 21 sept. 2021, n° 44344 : *RJF 2021. 1116.*

16. Locaux affectés au culte. Les locaux affectés à l'exercice d'un culte, ainsi que leurs annexes, sont placés hors du champ d'application de la taxe, étant précisé qu'ils doivent s'entendre de ceux qui sont exonérés de taxe foncière sur les propriétés bâties au sens de l'art. 1382-4°. * BOI-IF-AUT-50-10-10 n° 50 du 27 janv. 2021.

17. Surfaces de stationnement, voies de circulation et rampes d'accès. Le législateur a entendu inclure dans le champ d'application de la taxe les surfaces de stationnement annexées à des locaux à usage de bureaux, à des locaux commerciaux ou à des locaux de stockage, sous réserve qu'ils ne soient pas topographiquement intégrés à un établissement de production. Pour déterminer si les surfaces de stationnement doivent être regardées comme annexées à l'une des catégories de locaux ainsi énumérées, il y a lieu de rechercher si leur utilisation contribue directement à l'activité qui y est déployée. Les surfaces de stationnement qui y sont mentionnées s'entendent des seules aires, couvertes ou non, destinées au stationnement des véhicules, à l'exclusion des dépendances immédiates et indissociables de celles-ci, telles les voies de circulation internes desservant les emplacements de stationnement. • CE 20 oct. 2021, n° 448562 : *RJF 2022. 38.* ♦ V. aussi note 5.

18. Notion de parties communes. Pour l'application de la taxe sur les bureaux, les parties communes des locaux imposables au nom de la personne propriétaire de ces locaux, ou de la personne titulaire de droits réels portant sur eux, doivent s'entendre comme les surfaces affectées à l'usage ou à l'utilité de tous les occupants de ces locaux ou de plusieurs d'entre eux, alors même qu'elles seraient la propriété d'une seule et même personne. • CE 27 mai 2020 : *SAS Lor Matignon*, n° 433004 : *RJF 2020. 696 ; Dr. fisc. 2020. 308, note Thiry.*

19. Locaux meublés loués à des étudiants. Eu égard à leur caractère privatif, les logements meublés loués à des étudiants conformément à l'art. L. 632-1 CCH ne constituent pas des locaux destinés à l'exercice d'une prestation de services à caractère commercial taxables au sens de l'art. 231 *ter*. En revanche, les locaux dans lesquels s'exerce une activité de prestations de services de nature commerciale et auxquels les étudiants ont accès (cafétéria, restaurant dans une résidence...) entrent dans le champ de la taxe dans la catégorie des locaux commerciaux. * Rescrit 12 déc. 2013, n° 2013/07 * BOI-IF-AUT-50-10-10 n° 135 du 27 janv. 2021.

20. Locaux des institutions spécialisées de l'ONU. Sur l'exonération de ces locaux. * BOI-IF-AUT-50-10-20 n° 60 du 19 févr. 2020.

21. Parcs relais. Depuis le 1er janv. 2019, les locaux et aires de stationnement des parcs relais sont exonérés de la taxe sur les bureaux (et par voie de conséquence de la taxe sur les surfaces de stationnement). * BOI-IF-AUT-50-10-20 n° 190 du 19 févr. 2020.

SECTION II *TER*

Art. 231 *quater* *Abrogé par L. n° 96-1181 du 30 déc. 1996, art. 47-IV.*

SECTION III TAXE ANNUELLE SUR LES LOGEMENTS VACANTS

Art. 232 **I. – La taxe annuelle sur les logements vacants est applicable dans les communes appartenant à une zone d'urbanisation continue de plus de cinquante mille habitants où existe un déséquilibre marqué entre l'offre et la demande de logements, entraînant des difficultés sérieuses d'accès au logement sur l'ensemble du parc résidentiel existant, qui se caractérisent notamment par le niveau élevé des loyers, le niveau élevé des prix d'acquisition des logements anciens ou le nombre élevé de demandes de logement par rapport au nombre d'emménagements annuels dans le parc locatif social. Un décret fixe la liste des communes où la taxe est instituée.** *(L. n° 2017-256 du 28 févr. 2017, art. 100)* **« Cette liste inclut les communes situées dans les collectivités régies par l'article 73 de la Constitution comprises dans une zone d'urbanisation continue de plus de 50 000 habitants et répondant aux conditions fixées à la première phrase du présent I. »** *— V. App., Décr. n° 2013-392 du 10 mai 2013, mod. par Décr. n° 2015-1284 du 13 oct. 2015 (JO 15 oct.).*

II. – La taxe est due pour chaque logement vacant depuis au moins une année au 1er janvier de l'année d'imposition, à l'exception des logements détenus par les organismes d'habitations à loyer modéré et les sociétés d'économie mixte et destinés à être attribués sous conditions de ressources.

III. — La taxe est acquittée par le propriétaire, l'usufruitier, le preneur à bail à construction ou à réhabilitation ou l'emphytéote qui dispose du logement depuis le début de la période de vacance mentionnée au II.

IV. — L'assiette de la taxe est constituée par la valeur locative du logement mentionnée à l'article 1409. Son taux est fixé à 12,5 % la première année d'imposition et à 25 % à compter de la deuxième.

V. — Pour l'application de la taxe, n'est pas considéré comme vacant un logement dont la durée d'occupation est supérieure à quatre-vingt-dix jours consécutifs au cours de la période de référence définie au II.

VI. — La taxe n'est pas due en cas de vacance indépendante de la volonté du contribuable.

VII. — Le contrôle, le recouvrement, le contentieux, les garanties et les sanctions de la taxe sont régis comme en matière de taxe foncière sur les propriétés bâties.

(Abrogé par L. n° 2021-1900 du 30 déc. 2021, art. 45-III-1°) ***« VIII. — Le produit de la taxe est versé à l'Agence nationale de l'habitat dans la limite du plafond prévu au I de l'article 46 de la loi n° 2011-1977 du 28 décembre 2011 de finances pour 2012. »***

1. Légalité. Légalité du décret n° 98-1249 du 29 déc. 1998 : • CE 24 mai 2000, n° 204657 : *Dr. fisc. 2000. 742.*

2. Commentaire administratif de la taxe. * BOI-IF-AUT-60 du 11 mars 2014.

3. Logements imposables ou non. Le Conseil constitutionnel, dans sa décision n° 98-403 DC du 29 juill. 1998, n'a admis la conformité à la Constitution des dispositions instituant la taxe sur les logements vacants que sous certaines réserves, dont la réserve suivante : « ne sauraient être assujettis des logements dont la vacance est imputable à une cause étrangère à la volonté du bailleur, faisant obstacle à leur occupation durable, à titre onéreux ou gratuit, dans des conditions normales d'habitation, ou s'opposant à leur occupation, à titre onéreux, dans des conditions normales de rémunération du bailleur. Ainsi, doivent être notamment exonérés les logements ayant vocation, dans un délai proche, à disparaître ou à faire l'objet de travaux dans le cadre d'opérations d'urbanisme, de réhabilitation ou de démolition, ou les logements mis en location ou en vente au prix du marché et ne trouvant pas preneur ». Toutefois, il résulte de cette décision que ces critères de qualification résultent tant de la finalité de la taxe, incitative à la mise sur le marché de logements dans certaines communes, que de la nécessité de définir des critères objectifs en rapport avec cette finalité. • CE 13 avr. 2005, n° 265562 : *RJF 2005. 709 ; concl. Collin au BDCF 7/05, n° 90.*

4. Plus récemment, le Conseil constitutionnel a précisé que ne sauraient être assujettis à la taxe des logements qui ne pourraient être rendus habitables qu'au prix de travaux importants et dont la charge incomberait nécessairement à leur *détenteur. De plus, ne sauraient* être regardés comme vacants des logements meublés affectés à l'habitation et, comme tels assujettis à la taxe d'habitation. • Cons. const. 29 déc. 2012, n° 2012-662 DC : *JO 30 déc. 2012.*

5. La loi n'a entendu établir aucune distinction tirée de la seule nature, publique ou privée, des propriétaires en ce qui concerne l'assujettissement à la taxe annuelle sur les logements vacants. • CE 18 janv. 2008, n°s 298800 et 290366 : *RJF 2008. 524 ; Dr. fisc. 2008. 200.* ♦ La taxe ne concerne que les logements pouvant être mis, sur simple décision du propriétaire, sur le marché immobilier locatif dans des conditions normales et durables d'habitation. Les logements qui constituent des dépendances du domaine public, dont l'occupation a, comme toute occupation du domaine public, un caractère précaire ne remplissent pas ces critères et, par suite, sont exclus du champ d'application de la taxe. Dès lors la taxe ne saurait s'appliquer à un logement de fonction appartenant au domaine public. • CE 18 janv. 2008, n°s 298800 et 290366 : *préc.* ♦ En revanche, les logements mis gracieusement à la disposition des associations sont soumis à la taxe si les conditions d'exigibilité de la taxe sont remplies (habitabilité, durée et cause de la vacance...). Il n'est pas envisagé d'instituer une exonération en faveur de ces logements. * Rép. min. n° 62037 : *JOAN Q, 16 mars 2010, p. 3034.*

6. Appréciation de la vacance. La taxe n'est pas due : par le propriétaire de logements occupés illégalement par des personnes dont la justice a ordonné l'expulsion. * BOI-IF-AUT-60 n° 160 du 12 sept. 2012. ♦ ... A raison d'un logement occupé par un squatteur dont le propriétaire a demandé l'expulsion. • TA Cergy-Pontoise, 29 avr. 2010, n° 06-5708 : *RJF 2010. 1119.* ♦ ... A raison d'un logement dont la vente est en cours de réalisation et dont la vacance au 1er janv. de l'année résulte du seul délai nécessaire entre la signature de la promesse de vente et la réalisation de cette promesse. • TA Paris, 24 oct. 2006, n° 00-734 : *RJF 2007. 517.* ♦ ... A raison d'un logement de fonction vacant dès lors que son propriétaire n'est pas la personne habilitée à décider de son attribution. • CE 18 janv. 2008, n°s 298800 et 290366 : *préc. note 5.* ♦ ... A raison d'un bien faisant partie d'une indivision successorale dont le caractère conflictuel fait obstacle à ce que les héritiers indivis s'accordent sur le principe d'une mise en location. • TA Cergy-Pontoise, 9 nov. 2016, n° 1400888 : *RJF 2017. 1138.* ♦ ... Lorsque la vacance est imputable à une cause étrangère à la volonté du redevable de la taxe. Dans ce cas, le contribuable doit établir qu'il a effectué toutes les démarches nécessaires pour vendre ou louer son logement vacant ou que son bien ne peut être occupé dans des conditions normales. * BOI-IF-AUT-60 n° 140 du 11 mars 2014.

SECTION V TAXE SUR LES LOYERS ÉLEVÉS DES LOGEMENTS DE PETITE SURFACE

Art. 234 *(Abrogé par L. n° 2019-1479 du 28 déc. 2019, art. 21-I-1°)* ***I. — Il est institué une taxe annuelle due à raison des loyers perçus au titre de logements situés dans des communes classées dans des zones géographiques se caractérisant par un déséquilibre particulièrement important entre l'offre et la demande de logements, donnés en location nue ou meublée pour une durée minimale de neuf mois et dont la surface habitable, au sens du code de la construction et de l'habitation, est inférieure ou égale à 14 mètres carrés, lorsque le montant du loyer mensuel, charges non comprises, des logements concernés excède un montant, fixé par décret, compris entre*** *(Décr. n° 2019-559 du 6 juin 2019, art. 1er)* ***« 31,85 € et 47,79 € » par mètre carré de surface habitable.*** *— V. Ann. III, art. 58 P. — Les limites précitées s'appliquent pour 2019 (BOI-RFPI-CTRL-10 n° 70).*

Le montant mentionné au premier alinéa peut être majoré, par le décret mentionné au même alinéa, au maximum de 10 % pour les locations meublées. Il peut, par le même décret, être modulé selon la tension du marché locatif au sein des zones géographiques concernées.

Le montant mentionné au premier alinéa, éventuellement majoré ou modulé dans les conditions prévues au deuxième alinéa, ainsi que les limites de *(Décr. n° 2019-559 du 6 juin 2019, art. 1er)* ***« 31,85 € et 47,79 €*** *[ancienne rédaction : 31,46 € et 47,20 €]* ***» mentionnées au premier alinéa sont révisés au 1er janvier de chaque année selon les modalités prévues au premier alinéa de l'article L. 353-9-2 du code de la construction et de l'habitation et arrondis au centime d'euro le plus proche.***

Un arrêté des ministres chargés du budget et du logement, révisé au moins tous les trois ans, établit le classement des communes par zone. *— V. Arr. du 1er août 2014 (JO 6 août).*

La taxe s'applique exclusivement aux loyers perçus au titre des logements donnés en location nue ou meublée et exonérés de la taxe sur la valeur ajoutée conformément aux 2° et 4° de l'article 261 D.

II. — La taxe, due par le bailleur, est assise sur le montant des loyers perçus au cours de l'année civile considérée au titre des logements imposables définis au I.

III. — Le taux de la taxe est fixé à :

a) 10 % si l'écart entre le montant du loyer mensuel, charges non comprises, et la valeur du loyer mensuel de référence est inférieur à 15 % de cette valeur ;

b) 18 % si l'écart entre le montant du loyer mensuel, charges non comprises, et la valeur du loyer mensuel de référence est supérieur ou égal à 15 % et inférieur à 30 % de cette valeur ;

c) 25 % si l'écart entre le montant du loyer mensuel, charges non comprises, et la valeur du loyer mensuel de référence est supérieur ou égal à 30 % et inférieur à 55 % de cette valeur ;

d) 33 % si l'écart entre le montant du loyer mensuel, charges non comprises, et la valeur du loyer mensuel de référence est supérieur ou égal à 55 % et inférieur à 90 % de cette valeur ;

e) 40 % si l'écart entre le montant du loyer mensuel, charges non comprises, et la valeur du loyer mensuel de référence est supérieur ou égal à 90 % de la valeur du loyer mensuel de référence.

IV. — 1. Pour les personnes physiques, la taxe est établie, contrôlée et recouvrée comme en matière d'impôt sur le revenu et sous les mêmes garanties et sanctions. Le seuil de mise en recouvrement mentionné au 1 bis de l'article 1657 s'applique à la somme de la taxe et de la cotisation initiale d'impôt sur le revenu.

2. Pour les personnes soumises à l'impôt sur les sociétés, la taxe est déclarée, contrôlée et recouvrée selon les mêmes règles d'assiette, d'exigibilité, de liquidation, de recouvrement et de contrôle que l'impôt sur les sociétés et sous les mêmes garanties et sanctions.

3. Pour les sociétés ou groupements dont les bénéfices sont imposés au nom des associés, la taxe est déclarée et acquittée par ces sociétés ou groupements auprès du comptable de la direction générale des finances publiques compétent au plus tard à la date prévue pour le dépôt de

la déclaration de leur résultat. La taxe est contrôlée et recouvrée selon les mêmes garanties et sanctions qu'en matière d'impôt sur les sociétés. *— Le 3 ci-dessus s'applique à la taxe due à raison des loyers perçus à compter du 1er janv. 2014 (L. n° 2013-1279 du 29 déc. 2013, art. 64-II).*

V. — La taxe n'est pas déductible des revenus soumis à l'impôt sur le revenu ou du résultat imposable à l'impôt sur les sociétés.

SECTION V *BIS* CONTRIBUTION ANNUELLE SUR LES REVENUS LOCATIFS

Art. 234 *bis* *Abrogé par L. n° 99-1172 du 30 déc. 1999, art. 12-A.*

Art. 234 *ter* *Transféré ss. l'art. 234 undecies.*

Art. 234 *quater* *Transféré ss. l'art. 234 duodecies.*

Art. 234 *quinquies* *Transféré ss. l'art. 234 terdecies.*

Art. 234 *sexies* *Transféré ss. l'art. 234 quaterdecies.*

Art. 234 *septies* *Abrogé par L. n° 99-1172 du 30 déc. 1999, art. 12-A.*

Art. 234 *octies* *Transféré ss. l'art. 234 quindecies.*

Art. 234 *nonies* I. — Il est institué une contribution annuelle sur les revenus retirés de la location de locaux situés dans des immeubles achevés depuis quinze ans au moins au 1er janvier de l'année d'imposition, acquittée par les bailleurs mentionnés au I de l'article 234 *duodecies* et aux articles 234 *terdecies* et 234 *quaterdecies.*

II. — Abrogé.

III. — Sont exonérés de la contribution les revenus tirés de la location :

1° dont le montant annuel n'excède pas 1 830 € par local ;

2° qui donne lieu au paiement de la taxe sur la valeur ajoutée ;

3° consentie à l'État ou aux établissements publics nationaux scientifiques, d'enseignement, d'assistance ou de bienfaisance ;

4° consentie en vertu des livres I et II du code de l'action sociale et des familles et exclusivement relative au service de l'aide sociale ;

5° à vie ou à durée illimitée ;

6° des immeubles appartenant ou destinés à appartenir, dans le cadre des contrats énumérés à l'article 1048 *ter*, à l'État, aux collectivités territoriales, aux établissements et organismes publics qui en dépendent et aux organismes d'habitations à loyer modéré ;

7° des locaux d'habitation qui font partie d'une exploitation agricole ou sont annexés à celle-ci, ainsi que des locaux dont les propriétaires ont procédé au rachat du prélèvement sur les loyers, prévu par l'article 11 de la loi de finances rectificative pour 1964 (n° 64-1278 du 23 décembre 1964) ;

8° des immeubles appartenant aux sociétés d'économie mixte de construction ou ayant pour objet la rénovation urbaine ou la restauration immobilière dans le cadre d'opérations confiées par les collectivités publiques, ainsi que de ceux appartenant aux houillères de bassin ;

9° des immeubles faisant partie de villages de vacances ou de maisons familiales de vacances agréés.

10° Des logements appartenant aux organismes sans but lucratif ou aux unions d'économie sociale réalisant les activités mentionnées à l'article L. 365-1 du code de la construction et de l'habitation, et dont les dirigeants de droit ou de fait ne sont pas rémunérés.

11° Des logements qui ont fait l'objet de travaux de réhabilitation définis par décret, lorsque ces travaux ont été financés à hauteur d'au moins 15 % de leur montant par une subvention versée par l'Agence nationale de l'habitat, pour les quinze années suivant celle de l'achèvement des travaux. *— V. Ann. III, art. 58-0 A et 58-0 A bis.*

12° Des logements qui ont fait l'objet, après une vacance continue de plus de douze mois, d'une mise en location assortie d'une convention conclue à compter du 1er juillet 2004 en application du 4° de l'article *(Ord. n° 2019-770 du 17 juill. 2019, art. 7 et 23-I, en vigueur le 1er sept. 2019)* « L. 831-1 » du code de la construction et de l'habitation, le bénéfice de l'exonération s'appliquant jusqu'au 31 décembre de la troisième année suivant celle de la conclusion du bail.

IV. — Abrogé.
V. — Abrogé.

V. Ann. III, art. 58 A et 375 à 381 quater.

1. Contribution annuelle sur les revenus locatifs. Commentaire administratif d'ensemble. * BOI-RFPI-CTRL-20 du 8 août 2014.

2. Locaux sous-loués. La contribution n'est pas applicable aux revenus retirés de la sous-location consentie par le locataire principal. * BOI-RFPI-CTRL-20-10 n° 180 du 8 août 2014. ♦ Cette doctrine concerne tous les redevables personnes physiques ou morales, par suite, une société, dont il n'est pas contesté qu'elle n'est titulaire d'aucun droit réel sur les locaux, est fondée à se prévaloir de cette doctrine pour obtenir la décharge de la contribution. • CAA Paris, 23 mars 2017, *SARL HPB Hôtels*, n° 16PA00198 : *RJF 2017. 693 ; Dr. fisc. 2017. 385, note Lemaire.*

3. Contentieux. Dès lors que les contributions annuelles sur les loyers ont pour assiette le montant des recettes nettes retirées des locations ou sous-locations entrant dans leur champ d'application, sont déclarées, contrôlées et recouvrées selon les mêmes règles et sous les mêmes garanties et sanctions qu'en matière soit d'IR soit d'IS, peuvent faire l'objet d'une compensation avec ces deux impôts, et sont au demeurant codifiées dans la section V *bis* du chapitre III du titre premier « Impôts directs et taxes assimilées » de la première partie du livre premier du CGI, et qu'elles présentent le caractère d'impôts directs, leur contentieux ressortit à la compétence de la juridiction administrative. • CAA Paris, 13 févr. 2001, n° 00PA1660 : *RJF 2001. 1240 ; Dr. fisc. 2001. 918, concl. Kimmerlin.*

Art. 234 *decies* *Abrogé par L. n° 99-1172 du 30 déc. 1999, art. 12-A.*

Art. 234 *decies A* I. — Les contribuables qui ont été soumis, pour les mêmes biens, à la contribution au titre des revenus mentionnés à l'article 234 *ter* *[transféré ss. l'art. 234 undecies, lui-même abrogé]* et, le cas échéant, à celle prévue à l'article 234 *nonies*, et aux droits d'enregistrement prévus aux articles 736 à 741 *bis* *[lire : « 738 et 739 », les autres articles ayant été abrogés]* pour la période courant du 1er janvier au 30 septembre 1998, doivent inscrire, sur la déclaration prévue à l'article 170 afférente à l'année 1999, la base de ces droits d'enregistrement correspondant à la période précédemment définie, à l'exclusion de la base des droits pour lesquels la demande de dégrèvement prévue à l'article 234 *decies* *[abrogé]* a été formulée avant le 1er janvier 2000.

II. — Les contribuables mentionnés au I bénéficient d'un crédit d'impôt d'un montant égal à 2,5 % de la base des droits d'enregistrement mentionnés aux articles 736 à 741 *[lire : « 738 et 739 »]*, déclarée dans les conditions prévues au I. Ce crédit d'impôt s'impute sur l'impôt sur le revenu dû au titre de l'année 1999 pour les personnes dont le total des recettes nettes définies au deuxième alinéa du I de l'article 234 *ter* *[abrogé]* n'excède pas 60 000 F *[9 147 €]* pour l'année 1999 et sur l'impôt sur le revenu dû au titre de l'année 2000 pour les autres personnes.

Ce crédit s'impute sur l'impôt sur le revenu dû, après imputation des réductions d'impôt mentionnées aux articles 199 *quater* B à 200, de l'avoir fiscal, des crédits d'impôt ou retenues non libératoires. S'il excède l'impôt dû, l'excédent est restitué.

III. — 1. Sur leur demande, les contribuables mentionnés au I bénéficient, en cas de cessation ou d'interruption, à compter du 1er janvier 1998, de la location d'un bien dont les revenus ont été soumis au droit d'enregistrement prévu à l'article 741 *bis* *[abrogé]*, d'un crédit d'impôt d'un montant égal à celui du droit d'enregistrement précité acquitté à raison de cette location au titre de la période courant du 1er janvier au 30 septembre 1998.

2. *La demande* prévue au 1 doit être jointe à la déclaration mentionnée à l'article 170, afférente à l'année au cours de laquelle la cessation ou l'interruption de la location est intervenue.

Ce crédit s'impute, dans les conditions prévues au deuxième alinéa du II, sur l'impôt sur le revenu dû au titre de l'année au cours de laquelle la cessation ou l'interruption s'est produite.

Art. 234 *undecies* *Abrogé par L. n° 2005-1719 du 30 déc. 2005, art. 76-XI-J et XV-1.*

Art. 234 *duodecies* I. — Lorsque la location est consentie par une personne morale ou un organisme devant souscrire la déclaration prévue au 1 de l'article 223, à l'exclusion de ceux imposés aux taux de l'impôt sur les sociétés prévus à l'article 219 *bis*, la contribution prévue à l'article 234 *nonies* est assise sur les recettes nettes définies à l'article 29 qui ont été perçues au cours de l'exercice ou de la période d'imposition définie au deuxième alinéa de l'article 37.

II. – La contribution est déclarée, contrôlée et recouvrée selon les mêmes règles et sous les mêmes garanties et sanctions qu'en matière d'impôt sur les sociétés. – *V. Ann. III, art. 38.*

III. – La contribution est payée spontanément au comptable public compétent, au plus tard à la date prévue au 2 de l'article 1668.

Elle donne lieu au préalable, à la date prévue pour le paiement du dernier acompte d'impôt sur les sociétés de l'exercice ou de la période d'imposition, à un acompte égal à 2,5 % des recettes nettes définies à l'article 29 qui ont été perçues au cours de l'exercice précédent.

Lorsque la somme due au titre d'un exercice ou d'une période d'imposition en application du deuxième alinéa est supérieure à la contribution dont l'entreprise prévoit qu'elle sera finalement redevable au titre de ce même exercice ou de cette même période, l'entreprise peut réduire ce versement à concurrence de l'excédent estimé.

Al. 4 abrogé à compter du 1er janv. 2002.

IV. – Les crédits d'impôt de toute nature ainsi que la créance mentionnée à l'article 220 *quinquies* ne sont pas imputables sur cette contribution. »

Art. 234 *terdecies* Lorsque la location est consentie par une société ou un groupement soumis au régime prévu aux articles 8, 8 *ter*, 238 *ter*, 239 *ter* à 239 *quinquies*, 239 *septies* et 239 *nonies* dont l'un des membres est soumis, à la date de clôture de l'exercice, à l'impôt sur les sociétés au taux de droit commun », la contribution prévue à l'article 234 *nonies*, établie dans les conditions définies au I de l'article 234 *duodecies*, est acquittée par cette société ou ce groupement, auprès du comptable public compétent, au vu d'une déclaration spéciale, au plus tard à la date prévue pour le dépôt de la déclaration de leur résultat. – *V. Ann. III, art. 381 octies à 381 decies.*

Elle donne lieu au préalable au versement d'un acompte payable au plus tard le 15 du dernier mois *[application à compter du 1er nov. 2004]* de l'exercice, dont le montant est déterminé selon les modalités définies au III de l'article 234 *duodecies*. – *V. Ann. III, art. 381 sexies à 381 nonies.*

La contribution est contrôlée et recouvrée selon les mêmes garanties et sanctions qu'en matière d'impôt sur les sociétés.

Art. 234 *quaterdecies* Lorsque la location est consentie par une personne morale ou un organisme de droit public ou privé, non mentionné à l'article 234 *duodecies* ou à l'article 234 *terdecies*, la contribution prévue à l'article 234 *nonies*, assise sur le montant des recettes nettes définies à l'article 29 et perçues au cours de l'année civile au titre de la location, est acquittée par cette personne ou cet organisme, auprès du comptable public compétent, au vu d'une déclaration spéciale, au plus tard le 15 octobre de l'année qui suit celle de la perception des revenus soumis à la contribution. – *V. Ann. III, art. 381 sexies, 381 octies à 381 decies.*

Sous cette réserve, la contribution est contrôlée et recouvrée selon les mêmes règles et sous les mêmes garanties et sanctions qu'en matière d'impôt sur les sociétés.

Elle donne lieu à la date prévue au premier alinéa à un acompte égal à 2,5 % de trois quarts des recettes nettes définies à l'article 29 et perçues au cours de l'année précédente. – *V. Ann. III, art. 381 sexies à 381 nonies.*

Pour les personnes morales ou organismes imposés aux taux de l'impôt sur les sociétés prévus à l'article 219 *bis*, la contribution, établie dans les conditions définies au I de l'article 234 *duodecies*, est déclarée, recouvrée et contrôlée comme l'impôt sur les sociétés dont ils sont redevables, par exception aux dispositions des premier à troisième alinéas. – *V. Ann. III, art. 58-0 A.*

Paiement de la contribution. Depuis le 1er nov. 2004, la CRL doit être payée à la caisse du comptable de la DGFiP du lieu d'imposition défini à l'art. 218 A. * BOI-IS-DECLA-20-20 n° 90 du 18 mars 2013.

Art. 234 *quindecies* La contribution prévue à l'article 234 *nonies* est égale à 2,5 % de la base définie aux articles 234 *duodecies* à 234 *quaterdecies* *[application à compter de l'imposition des revenus de 2006]*.

SECTION VI TAXE SUR LES SERVICES D'INFORMATIONS OU INTERACTIFS À CARACTÈRE PORNOGRAPHIQUE

Art. 235 *(Abrogé par L. n° 2020-1721 du 29 déc. 2020, art. 64-I-1°) I. — 1. Il est institué une taxe sur les personnes qui fournissent au public par l'intermédiaire du réseau téléphonique des services d'informations ou des services interactifs à caractère pornographique qui font l'objet d'une publicité sous quelque forme que ce soit.*

2. Cette taxe est égale à 50 % des sommes perçues en rémunération des services qu'elles mettent à la disposition du public.

3. La taxe est constatée et recouvrée comme en matière d'impôt direct.

II. — Un décret en Conseil d'État détermine les conditions de classement des services visés au I. — V. Ann. II, art. 159 A à 159 C.

SECTION VII COTISATION PERÇUE AU TITRE DE LA PARTICIPATION DES EMPLOYEURS À L'EFFORT DE CONSTRUCTION ET DE LA PARTICIPATION DES EMPLOYEURS AGRICOLES À L'EFFORT DE CONSTRUCTION *(L. n° 2006-872 du 13 juill. 2006, art. 103-II-1°).*

Art. 235 *bis* 1. Les règles concernant la cotisation perçue au titre de la participation des employeurs à l'effort de construction sont définies aux articles L. 313-1 *(Abrogé par L. n° 2019-486 du 22 mai 2019, art. 12-I-3°) « , L. 313-2 »* et L. 313-4 à L. 313-6 du code de la construction et de l'habitation.

2. Les règles concernant la cotisation perçue au titre de la participation des employeurs agricoles à l'effort de construction sont définies aux articles L. 716-2 à L. 716-5 du code rural et de la pêche maritime.

Ancien art. 235 *bis* *1. Conformément aux articles L. 313-1, L. 313-4 et L. 313-5 du code de la construction et de l'habitation, les employeurs qui, au 31 décembre de l'année suivant celle du paiement des rémunérations, n'ont pas procédé, dans les conditions fixées par décret en Conseil d'État, aux investissements prévus à l'article L. 313-1 du code de la construction et de l'habitation sont assujettis à une cotisation de 2 % calculée sur le montant des rémunérations versées par eux au cours de l'année écoulée évalué selon les règles prévues aux chapitres Ier et II du titre IV du livre II du code de la sécurité sociale ou au titre IV du livre VII du code rural et de la pêche maritime pour les employeurs de salariés visés à l'article L. 722-20 dudit code. — V. Ann. II, art. 161 à 163 ; CCH, art. R. 313-1 s.*

Conformément à l'article L. 313-6 du code de la construction et de l'habitation les agents des impôts peuvent exiger de ces employeurs et, le cas échéant, des organismes bénéficiaires des investissements, la justification qu'il a été satisfait aux obligations qui leur sont imposées. — V. art. 1679 bis A et LPF, art. R 81-1.*

2. Les employeurs n'ayant pas procédé aux investissements prévus à l'article L. 716-2 du code rural et de la pêche maritime au 31 décembre de l'année suivant celle du paiement des rémunérations sont assujettis à une cotisation de 2 % calculée sur le montant des rémunérations versées par eux au cours de l'année écoulée, évalué selon les règles prévues au titre IV du livre VII du même code pour les employeurs de salariés visés à l'article L. 722-20 du même code.

Les agents des administrations compétentes peuvent exiger de ces employeurs et des organismes bénéficiaires des investissements qu'ils aient satisfait aux obligations résultant des dispositions du présent chapitre. — V. C. rur., art. R. 716-29. — ***C. rur.***

Sur l'exonération des embauches réalisées en contrat à durée déterminée en application de l'article L. 5132-15-1 du code du travail et ouvrant droit au versement de l'aide mentionnée à l'article L. 5132-2 du même code, V. App., L. n° 2013-1203 du 23 déc. 2013, art. 20-IV.

1. Conformité à la Constitution. Conformité à la Constitution de l'art. 235 *bis*-I qui prévoit le versement d'une cotisation de 2 % par les employeurs qui n'ont pas suffisamment investi au cours d'une année donnée. • Cons. const., 13 janv. 2011, n° 2010-84 QPC : *JO 14 janv. 2011.* ♦ Sur renvoi de • CE 13 oct. 2010, nos 341536 et 341830 : *RJF 2011. 84 ; Dr. fisc. 2010. 552, concl. Legras.*

2. Territorialité. La participation des employeurs à l'effort de construction est due, outre par les employeurs établis en France, par les employeurs dont le siège social est à l'étranger et qui disposent en France d'une installation, autonome ou pas, à raison des rémunérations qu'ils versent aux salariés rattachés à celle-ci. • CE 2 avr. 2021, n° 428684 : *RJF 2021. 582.*

3. Gérants de SARL. Pour l'appréciation de la condition d'effectif prévue par l'art. L. 313-1 CCH en matière de participation des employeurs à l'effort de construction, les gérants, même minoritaires, d'une SARL ont la qualité de mandataires sociaux. • CE 27 juill. 2005, n° 259911 : *RJF 2005. 1184 ; Dr. fisc. 2005. 787, concl. Vallée.* ♦ Le cumul entre un mandat social et des fonctions salariées suppose que ces dernières correspondent à un emploi subordonné effectif en contrepartie duquel est versé un salaire distinct de la rétribution du mandat. En l'absence d'un tel emploi subordonné, les mandataires sociaux ne sont pas décomptés dans l'effectif salarié, nonobstant les circonstances que leurs rémunérations sont assimilées pour l'IR à des salaires imposables dans la catégorie des traitements et salaires et qu'elles entrent dans l'assiette de la participation. • Même arrêt.

4. Rémunérations des personnels expatriés. La taxe d'apprentissage s'applique aux rémunérations versées par une entreprise assujettie à cette taxe à ses personnels expatriés. La même solution vaut pour la participation construction. • CE 8 avr. 2013, *Min. du Budget c/ SARL Pétroservice*, n° 346808 : *RJF 2013. 721.*

SECTION VIII PRÉLÈVEMENTS DE SOLIDARITÉ SUR LES REVENUS DU PATRIMOINE ET LES PRODUITS DE PLACEMENT

(L. n° 2018-1203 du 22 déc. 2018, art. 26-III-3°)

Art. 235 ter *(L. n° 2018-1203 du 22 déc. 2018, art. 26-III-3°)* **I. – Il est institué :**

1° Un prélèvement de solidarité sur les revenus du patrimoine mentionnés à l'article L. 136-6 du code de la sécurité sociale ;

2° Un prélèvement de solidarité sur les produits de placement mentionnés à l'article L. 136-7 du même code.

II. – Le prélèvement de solidarité mentionné au 1° du I du présent article est assis, contrôlé et recouvré selon les mêmes règles et sous les mêmes sûretés, privilèges et sanctions que la contribution mentionnée à l'article L. 136-6 du code de la sécurité sociale, sans qu'il soit fait application du I *ter* du même article L. 136-6.

Le prélèvement de solidarité mentionné au 2° du I du présent article est assis, contrôlé et recouvré selon les mêmes règles et sous les mêmes sûretés, privilèges et sanctions que la contribution mentionnée à l'article L. 136-7 du code de la sécurité sociale, sans qu'il soit fait application du I *ter* du même article L. 136-7.

III. – Le taux des prélèvements de solidarité mentionnés au I est fixé à 7,5 %.

L. n° 2018-1203 du 22 déc. 2018, art. 26-XIV-A : 1. Les dispositions du présent art. s'appliquent aux faits générateurs d'imposition intervenant à compter du 1er janv. 2019 pour les produits de placement et à compter du 1er janv. 2018 pour les revenus du patrimoine.

2. Par exception, les dispositions du présent art. s'appliquent :

– pour le prélèvement prévu à l'art. L. 136-6-1 CSS, à compter de l'imposition des revenus de l'année 2019,

– aux plus-values d'apport réalisées à compter du 1er janv. 2019 (art. 150-0 B ter-I) alors que les mêmes plus-values d'apport réalisées avant cette date sont soumises aux prélèvements sociaux selon leur taux en vigueur l'année de leur réalisation,

– aux gains et plus-values placés en report d'imposition (art. 150-0 B bis et 150-0 B ter) à compter du 1er janv. 2018 pour les personnes exonérées de CSG et de CRDS (art. 1600-0 C-I ter et 1600-0 G),

– pour les produits taxés selon la règle des « taux historiques », aux produits acquis ou constatés à compter du 1er janv. 2019,

– aux transferts de domicile fiscal hors de France intervenus à compter du 1er janv. 2018.

SECTION IX

Art. 235 ter A et 235 ter B *Périmés.*

SECTION X PARTICIPATION DES EMPLOYEURS AU DÉVELOPPEMENT DE LA FORMATION PROFESSIONNELLE CONTINUE

Art. 235 ter C *(Abrogé par L. n° 2018-771 du 5 sept. 2018, art. 37-VI et 46, à compter du 1er janv. 2019) **Conformément aux dispositions de l'article L. 6331-1 du code du travail, tout employeur, à l'exception de l'État, des collectivités locales et de leurs établissements publics à caractère administratif, concourt au développement de la formation professionnelle continue dans les conditions définies par ce même article.***

I EMPLOYEURS OCCUPANT ONZE SALARIÉS ET PLUS

1° MONTANT DE LA PARTICIPATION

Art. 235 ter D *(Abrogé par L. nº 2018-771 du 5 sept. 2018, art. 37-VI et 46, à compter du 1er janv. 2019)* ***Conformément aux dispositions de l'article L. 6331-9 du code du travail, les employeurs d'au moins onze salariés versent aux organismes mentionnés au même article un pourcentage minimal du montant des rémunérations versées pendant l'année en cours s'élevant à 1 %, sous réserve des dispositions de l'article L. 6331-10 du même code.***

V. Ann. II art. 163 undecies A.

2° EXONÉRATIONS

Art. 235 ter DA *Abrogé par L. nº 2014-288 du 5 mars 2014, art. 10-II-2° et III, à compter du 1er janv. 2015.*

3° CALCUL ET PRISE EN COMPTE DE L'EFFECTIF SALARIÉ

Art. 235 ter E *(Abrogé par L. nº 2018-771 du 5 sept. 2018, art. 37-VI et 46, à compter du 1er janv. 2019)* ***Le seuil d'effectif salarié mentionné à l'article 235 ter D est apprécié conformément aux dispositions prévues aux articles L. 1111-2 et L. 1111-3 du code du travail. S'agissant des entreprises de travail temporaire, l'effectif salarié est calculé conformément aux dispositions de l'article L. 1251-54 du même code.***

Art. 235 ter EA *Abrogé par Ord. nº 2005-895 du 2 août 2005, art. 3-IV.*

Art. 235 ter EB *(Abrogé par L. nº 2018-771 du 5 sept. 2018, art. 37-VI et 46, à compter du 1er janv. 2019)* ***L'accroissement de l'effectif salarié est pris en compte, au regard des seuils prévus aux articles 235 ter D et 235 ter KA, conformément et dans les conditions prévues aux articles L. 6331-15 et L. 6331-17 du code du travail.*** *— V. Ann. II, art. 163 undecies C.*

4° EMPLOYEURS DE CINQUANTE SALARIÉS ET PLUS

Art. 235 ter F *(Abrogé par L. nº 2018-771 du 5 sept. 2018, art. 37-VI et 46, à compter du 1er janv. 2019)* ***Conformément aux dispositions de l'article L. 6331-12 du code du travail, pour être regardés comme s'étant libérés de leurs obligations de financement prévues à l'article 235 ter C, les employeurs d'au moins cinquante salariés, qui se sont acquittés du montant de la participation prévue à l'article 235 ter D, justifient que le*** *(Décr. nº 2018-500 du 20 juin 2018, art. 1er)* ***« comité social et économique » a délibéré sur les problèmes relatifs à la formation professionnelle continue au sein de l'entreprise.*** *— Le comité d'entreprise est progressivement remplacé par le comité social et économique à partir du 1er janv. 2018 (Ord. nº 2017-1386 du 22 sept. 2017). — V. Ann. II, art. 163 undecies.*

5° VERSEMENT AU TRÉSOR PUBLIC ET MAJORATION

Art. 235 ter G *(Abrogé par L. nº 2018-771 du 5 sept. 2018, art. 37-VI et 46, à compter du 1er janv. 2019)* ***Les règles relatives à l'absence de versement prévu à l'article L. 6331-11 du code du travail par l'employeur sont définies à l'article L. 6331-28 du même code.***

Art. 235 ter GA *Dispositions devenues sans objet à compter du 1er janv. 1993 (L. nº 93-121 du 27 janv. 1993, art. 92-III).*

Art. 235 ter GA-0 bis *Abrogé par L. nº 2014-288 du 5 mars 2014, art. 10-II et III, à compter du 1er janv. 2015.*

Art. 235 ter GA bis à 235 ter GC *Devenus sans objet (L. nº 2004-391 du 4 mai 2004, art. 34).*

Art. 235 ter H *Transféré ss. art. 235 ter GA-0 bis.*

Art. 235 ter H bis *(Abrogé par L. nº 2018-771 du 5 sept. 2018, art. 37-VI et 46, à compter du 1er janv. 2019)* ***Conformément et dans les conditions prévues à l'article***

L. 6331-30 du code du travail, le versement prévu à l'article 235 ter G est majoré du montant de l'insuffisance constatée.

Art. 235 ter H ter *Abrogé par L. nº 2014-288 du 5 mars 2014, art. 10-II-2º et III, à compter du 1er janv. 2015, et applicable à la collecte des contributions dues au titre de l'année 2015.*

Art. 235 ter H quater *Disjoint.*

Art. 235 ter HA *Abrogé par L. nº 2014-288 du 5 mars 2014, art. 10-II-2º et III, à compter du 1er janv. 2015, et applicable à la collecte des contributions dues au titre de l'année 2015.*

Art. 235 ter HB à 235 ter HD *Art. respectivement transférés sous les art. 235 ter KF à 235 ter KH.*

Art. 235 ter HC *Transféré sous art. 235 ter KG.*

Art. 235 ter HD *Transféré sous art. 235 ter KH.*

Art. 235 ter I *Transféré ss. l'art. 1679 bis B.*

Art. 235 ter J *Dispositions disjointes (Décr. nº 2015-608 du 3 juin 2015).*

6º OBLIGATIONS DÉCLARATIVES, CONTRÔLE ET CONTENTIEUX

Art. 235 ter JA *(Abrogé par L. nº 2018-771 du 5 sept. 2018, art. 37-VI et 46, à compter du 1er janv. 2019)* ***Conformément aux dispositions de l'article L. 6331-33 du code du travail, le contrôle et le contentieux de la participation des employeurs sont réalisés selon les règles applicables en matière de taxe sur le chiffre d'affaires.***

Art. 235 ter K *Disjoint (Décr. nº 2008-294 du 1er avr. 2008).*

II EMPLOYEURS OCCUPANT MOINS DE ONZE SALARIÉS

1º MONTANT DE LA PARTICIPATION

Art. 235 ter KA *(Abrogé par L. nº 2018-771 du 5 sept. 2018, art. 37-VI et 46, à compter du 1er janv. 2019)* ***Conformément aux dispositions de l'article L. 6331-2 du code du travail, les employeurs de moins de onze salariés consacrent au financement des actions de formation professionnelle continue un pourcentage au moins égal à 0,55 % du montant des rémunérations versées.*** *— V. Ann. II, art. 163 quindecies C.*

Art. 235 ter KB *Disjoint (Décr. nº 2008-294 du 1er avr. 2008).*

2º VERSEMENT AU TRÉSOR PUBLIC ET MAJORATION

Art. 235 ter KC *(Abrogé par L. nº 2018-771 du 5 sept. 2018, art. 37-VI et 46, à compter du 1er janv. 2019)* ***Conformément et dans les conditions prévues à l'article L. 6331-6 du code du travail, le versement prévu à l'article 235 ter KA est majoré du montant de l'insuffisance constatée.***

Art. 235 ter KD *Abrogé par L. nº 2007-1787 du 20 déc. 2007, art. 12-IV-1 et V.*

3º CONTRÔLE ET CONTENTIEUX

Art. 235 ter KD bis *(Abrogé par L. nº 2018-771 du 5 sept. 2018, art. 37-VI et 46, à compter du 1er janv. 2019)* ***Conformément aux dispositions de l'article L. 6331-8 du code du travail, le contrôle et le contentieux de la participation des employeurs sont réalisés selon les règles applicables en matière de taxe sur le chiffre d'affaires.***

Art. 235 ter KE *Devenu sans objet (L. nº 2004-391 du 4 mai 2004, art. 34).*

III DISPOSITIONS COMMUNES

Art. 235 ter KF à 235 ter KH *Disjoints (Décr. nº 2008-294 du 1er avr. 2008).*

IV FINANCEMENT DU CONGÉ INDIVIDUEL DE FORMATION

(Ord. n° 2007-329 du 12 mars 2007, art. 1er, 3, 12-I ; Décr. n° 2008-294 du 1er avr. 2008)

Art. 235 ter KI *(Abrogé par L. n° 2018-771 du 5 sept. 2018, art. 37-VI et 46, à compter du 1er janv. 2019)* ***Conformément aux dispositions de l'article L. 6322-37 du code du travail, les entreprises ou établissements consacrent au financement du congé individuel de formation un pourcentage égal à 1 % du montant des rémunérations versées aux titulaires d'un contrat à durée déterminée.***

Art. 235 ter KJ *(Abrogé par L. n° 2018-771 du 5 sept. 2018, art. 37-VI et 46, à compter du 1er janv. 2019)* ***Conformément aux dispositions de l'article L. 6322-39 du code du travail, lorsque le contrat à durée déterminée s'est poursuivi par un contrat à durée indéterminée, le versement prévu à l'article 235 ter KI n'est pas dû.***

Art. 235 ter KK *(Abrogé par L. n° 2018-771 du 5 sept. 2018, art. 37-VI et 46, à compter du 1er janv. 2019)* ***Conformément aux dispositions de l'article L. 6322-40 du code du travail, lorsque le versement au titre du financement du congé individuel de formation est inférieur au montant prévu à l'article 235 ter KI, l'employeur effectue au Trésor public un versement égal à la différence constatée majorée du montant de l'insuffisance constatée.***

Art. 235 ter KL *Dispositions disjointes (Décr. n° 2015-608 du 3 juin 2015).*

Ancien art. 235 ter KL ***Conformément aux dispositions de l'article L. 6322-41 du code du travail, le versement prévu à l'article 235 ter KK est opéré en même temps que le dépôt de la déclaration prévue à l'article 235 ter J.***

Art. 235 ter KM *(Abrogé par L. n° 2018-771 du 5 sept. 2018, art. 37-VI et 46, à compter du 1er janv. 2019)* ***Conformément aux dispositions de l'article L. 6322-51 du code du travail, le versement prévu à l'article 235 ter KI contribue également au financement du congé de bilan de compétences.***

SECTION XI PRÉLÈVEMENT SPÉCIAL SUR LES BÉNÉFICES RÉSULTANT DE LA VENTE, LA LOCATION OU L'EXPLOITATION D'ŒUVRES PORNOGRAPHIQUES OU D'INCITATION À LA VIOLENCE

Art. 235 ter L *Transféré ss. l'art. 1605 sexies (Décr. n° 2009-389 du 7 avr. 2009).*

Art. 235 ter M *(Abrogé par L. n° 2020-1721 du 29 déc. 2020, art. 64-I-2°)* ***Le prélèvement spécial prévu par l'article 1605 sexies est étendu, dans les conditions indiquées à cet article, à la fraction des bénéfices industriels et commerciaux imposables à l'impôt sur les sociétés ou à l'impôt sur le revenu qui résulte des représentations théâtrales à caractère pornographique. La fraction de ces bénéfices soumise au prélèvement est déterminée conformément à l'article précité.***

Les représentations théâtrales auxquelles s'appliquent les dispositions du présent article sont désignées par le ministre de la culture et de la communication après avis d'une commission dont la composition est fixée par arrêté du même ministre. Les réclamations et les recours contentieux relatifs à ces décisions sont instruits par le ministre de la culture et de la communication. *— Sur la composition de la commission, V. Arr. du 22 janv. 1979 (JONC 15 févr.).*

Art. 235 ter MA *Transféré ss. l'art. 1605 septies (Décr. n° 2009-389 du 7 avr. 2009).*

Art. 235 ter MB *(Abrogé par L. n° 2020-1721 du 29 déc. 2020, art. 64-I-3°)* ***Le prélèvement spécial prévu à l'article 1605 sexies s'applique également aux bénéfices industriels et commerciaux imposables à l'impôt sur le revenu ou à l'impôt sur les sociétés réalisés par les établissements mentionnés au 4° de l'article 279 bis.***

Art. 235 ter MC *Transféré ss. l'art. 1605 octies (Décr. n° 2009-389 du 7 avr. 2009).*

SECTION XII

Art. 235 ter N à 235 ter S *Abrogés par L. n° 88-1149 du 23 déc. 1988, art. 23.*

SECTION XIII

Art. 235 ter T à 235 ter W *Abrogés par L. n° 87-1060 du 30 déc. 1987, art. 9.*

SECTION XIV TAXE SUR LES EXCÉDENTS DE PROVISIONS DES ENTREPRISES D'ASSURANCES DE DOMMAGES

Art. 235 *ter* X Les entreprises d'assurances de dommages de toute nature doivent, lorsqu'elles rapportent au résultat imposable d'un exercice l'excédent des provisions constituées pour faire face au règlement des sinistres advenus au cours d'un exercice antérieur, acquitter une taxe représentative de l'intérêt correspondant à l'avantage de trésorerie ainsi obtenu.

La taxe est assise sur le montant de l'impôt sur les sociétés qui aurait dû être acquitté l'année de la constitution des provisions en l'absence d'excédent. Pour le calcul de cet impôt, les excédents des provisions réintégrés sont diminués, d'une part, d'une franchise égale, pour chaque excédent, à 3 % du montant de celui-ci et des règlements de sinistres effectués au cours de l'exercice par prélèvement sur la provision correspondante, d'autre part, des dotations complémentaires constituées à la clôture du même exercice en vue de faire face à l'aggravation du coût estimé des sinistres advenus au cours d'autres exercices antérieurs. Chaque excédent de provision, après application de la franchise, et chaque dotation complémentaire sont rattachés à l'exercice au titre duquel la provision initiale a été constituée. La taxe est calculée au taux de 0,40 % par mois écoulé depuis la constitution de la provision en faisant abstraction du nombre d'années correspondant au nombre d'exercices au titre desquels il n'était pas dû d'impôt sur les sociétés.

Toutefois, dans le cas où le montant des provisions constituées pour faire face aux sinistres d'un exercice déterminé a été augmenté à la clôture d'un exercice ultérieur, les sommes réintégrées sont réputées provenir par priorité de la dotation la plus récemment pratiquée.

La taxe est déclarée et liquidée :

1° Pour les redevables de la taxe sur la valeur ajoutée, sur l'annexe à la déclaration mentionnée au 1 de l'article 287 déposée au titre du mois d'avril ou du deuxième trimestre de l'année au cours de laquelle la taxe prévue au présent article est due ou, pour les redevables dont l'exercice comptable ne coïncide pas avec l'année civile, au titre du quatrième mois ou du deuxième trimestre qui suit la clôture de l'exercice ;

2° Pour les redevables de la taxe sur la valeur ajoutée soumis au régime simplifié d'imposition prévu à l'article 302 *septies* A, sur la déclaration annuelle mentionnée au 3 de l'article 287 déposée dans le courant de l'année au cours de laquelle la taxe est due ;

3° Pour les personnes non redevables de la taxe sur la valeur ajoutée, sur l'annexe à la déclaration prévue au 1 du même article 287 déposée auprès du service chargé du recouvrement dont relève leur siège ou principal établissement au plus tard le 25 juin de l'année au cours de laquelle la taxe prévue au présent article est due.

La taxe est acquittée lors du dépôt de la déclaration. Elle est recouvrée comme en matière de taxes sur le chiffre d'affaires et sous les mêmes garanties et sanctions.

Les dispositions du présent article ne s'appliquent pas aux provisions constituées à raison des opérations de réassurance par les entreprises pratiquant la réassurance de dommages.

La taxe n'est pas déductible de l'assiette de l'impôt sur les sociétés.

Taxe sur les excédents de provisions des entreprises d'assurances. La taxe due par la société d'assurances bénéficiaire d'un apport en cas de réintégration des excédents de provisions constitués par la société apporteuse est calculée à compter de la date à laquelle cette dernière a constitué les provisions. • CE 5 févr. 2014, *Sté GMF Assurances*, n° 358883 : *RJF 2014. 518 ; Dr. fisc. 2014. 418, note Van Daele.*

SECTION XIV *BIS* PRÉLÈVEMENT SPÉCIAL RELATIF AUX ÉCARTS DE CONVERSION SUR LES PRÊTS EN MONNAIE ÉTRANGÈRE

Art. 235 *ter* XA Lorsque l'une des conditions mentionnées au quatrième alinéa du 4 de l'article 38 n'est pas respectée sur un prêt encore en cours pendant le délai de reprise mentionné à l'article L. 169 du livre des procédures fiscales et sans préjudice de l'intérêt de retard applicable, en vertu de l'article 1727, aux droits résultant des rectifications effectuées sur la période non prescrite, l'entreprise est redevable d'un

prélèvement correspondant à l'avantage de trésorerie obtenu. Toutefois, l'entreprise n'est pas redevable de ce prélèvement lorsque le prêt est incorporé au capital de la société emprunteuse.

Ce prélèvement est calculé sur la base de *[des]* droits correspondant aux écarts de conversion non imposés pendant la durée du prêt écoulée en période prescrite, au taux de 0,75 % par mois compris entre le premier jour du mois suivant celui au cours duquel ces droits auraient dû être acquittés et le dernier jour du mois du paiement du prélèvement ou, le cas échéant, de la proposition de rectification. Pour le calcul de ce prélèvement, il est également tenu compte, le cas échéant, des droits acquittés correspondant aux écarts de conversion non déduits pendant la durée du prêt écoulée en période prescrite.

Ce prélèvement est acquitté dans les quatre mois suivant la clôture de l'exercice au cours duquel l'entreprise en est devenue redevable. Il est liquidé, déclaré et recouvré comme en matière de taxe sur le chiffre d'affaires et sous les mêmes garanties et sanctions. Il n'est pas déductible du résultat imposable.

SECTION XV

Art. 235 ter Y *Disjoint.*

Art. 235 ter YA *Périmé.*

SECTION XVI

Art. 235 ter Z *Transféré ss. l'art. 1609 decies (Décr. nº 2011-645 du 9 juin 2011).*

SECTION XVII CONTRIBUTION SUR L'IMPÔT SUR LES SOCIÉTÉS

Art. 235 ter ZA *Abrogé par L. nº 2004-1484 du 30 déc. 2004, art. 25-III, pour les exercices clos ou la période d'imposition arrêtée à compter du 1er janv. 2006.*

[SECTION XVII BIS CONTRIBUTION EXCEPTIONNELLE SUR L'IMPÔT SUR LES SOCIÉTÉS]

Art. 235 ter ZAA **I. — Les redevables de l'impôt sur les sociétés réalisant un chiffre d'affaires supérieur à 250 millions d'euros sont assujettis à une contribution exceptionnelle égale à une fraction de cet impôt calculé sur leurs résultats imposables, aux taux mentionnés à l'article 219, des exercices clos à compter du 31 décembre 2011 et jusqu'au 30 décembre 2016.**

Cette contribution est égale à 10,7 % de l'impôt sur les sociétés dû, déterminé avant imputation des réductions et crédits d'impôt et des créances fiscales de toute nature.

Pour les redevables qui sont placés sous le régime prévu à l'article 223 A ou à l'article 223 A *bis*, la contribution est due par la société mère. Elle est assise sur l'impôt sur les sociétés afférent au résultat d'ensemble et à la plus-value nette d'ensemble définis aux articles 223 B, 223 B *bis* et 223 D, déterminé avant imputation des réductions et crédits d'impôt et des créances fiscales de toute nature. — *Sur les limites aux imputations, V. également App., L. nº 2013-1278 du 29 déc. 2013, art. 15-VII.*

Le chiffre d'affaires mentionné au premier alinéa du présent I s'entend du chiffre d'affaires réalisé par le redevable au cours de l'exercice ou de la période d'imposition, ramené à douze mois le cas échéant, et pour la société mère d'un groupe mentionné à l'article 223 A ou à l'article 223 A *bis*, de la somme des chiffres d'affaires de chacune des sociétés membres de ce groupe.

II. — Les crédits d'impôt de toute nature ainsi que la créance visée à l'article 220 *quinquies* ne sont pas imputables sur la contribution.

III. — La contribution est établie, contrôlée et recouvrée comme l'impôt sur les sociétés et sous les mêmes garanties et sanctions. — *Sur les modalités de paiement et sanctions, V. art. 1668 B et 1731 A bis.*

1. Contribution exceptionnelle de 10,7 %. Commentaires administratifs. * BOI-IS-AUT-20 du 3 sept. 2014 * BOI-IS-GPE-30-30-20 nos 50 et 60 du 20 du 3 sept. 2014.

2. Constitutionnalité. Conformité à la Constitution de l'art. 235 *ter* ZAA selon lequel, pour les sociétés mères d'un groupe fiscalement intégré, le chiffre d'affaires à prendre en compte pour apprécier si le seuil d'assujettissement à la contribution exceptionnelle sur l'IS est atteint s'entend de la somme des chiffres d'affaires de chacune des sociétés membres de ce groupe. • Cons. const. 6 mars 2015, n° 2014-456 QPC : *JO 8 mars 2015, texte 22 ; RJF 2015. 512.* ♦ Sur renvoi de : • CE, QPC, 23 déc. 2014, *Sté Nextradio TV*, n° 385320 : *RJF 2015. 247.* ♦ L'appréciation du seuil d'assujettissement par rapport au chiffre d'affaires mondial est constitutionnelle. • CE 29 mars 2017, *Min. c/Sté IKB Deutsche Industriebank*, n° 402162 : *RJF 2017. 607.* ♦ Sur le seuil d'assujettissement, V. aussi notes 3 et 4.

3. Seuil de 250 M €. Le seuil de chiffre d'affaires de 250 M € s'apprécie par référence aux recettes retirées de l'ensemble des opérations réalisées par le redevable dans le cadre de son activité professionnelle, exercée en France et hors de France, quel que soit le régime fiscal du résultat des opérations correspondant à ce chiffre d'affaires. * BOI-IS-AUT-20 n° 100 du 3 sept. 2014. • CE 9 déc. 2016, *Office de coordination bancaire et financière*, n° 396160 : *RJF 2017. 266 ; Dr. fisc. 2017. 214, note Leclercq et Baxanean.*

4. Société étrangère avec un établissement stable français. Une société étrangère ayant un établissement stable en France est assujettie à la contribution dès lors que son chiffre d'affaires annuel mondial atteint au moins 250 M €. • CE 9 déc. 2016, *Min. c/ Sté Savills Fund Management GmbH*, n° 395015 : *RJF 2017. 234.*

SECTION XVIII

Art. 235 ter ZB *Périmé.*

SECTION XIX CONTRIBUTION SOCIALE SUR L'IMPÔT SUR LES SOCIÉTÉS

Art. 235 ter ZC I. — Les redevables de l'impôt sur les sociétés sont assujettis à une contribution sociale égale à une fraction de cet impôt calculé sur leurs résultats imposables aux taux mentionnés aux I et IV de l'article 219 et diminué d'un abattement qui ne peut excéder 763 000 € par période de douze mois. Lorsqu'un exercice ou une période d'imposition est inférieur ou supérieur à douze mois, l'abattement est ajusté à due proportion.

La fraction mentionnée au premier alinéa est égale à 3,3 % pour les exercices clos à compter du 1er janvier 2000.

Sont exonérés les redevables ayant réalisé un chiffre d'affaires de moins de 7 630 000 €. Le chiffre d'affaires à prendre en compte s'entend du chiffre d'affaires réalisé par le redevable au cours de l'exercice ou période d'imposition, ramené à douze mois le cas échéant, et, pour la société mère d'un groupe mentionné à l'article 223 A ou à l'article 223 A *bis*, de la somme des chiffres d'affaires de chacune des sociétés membres de ce groupe. Le capital des sociétés, entièrement libéré, doit être détenu de manière continue, pour 75 % au moins, par des personnes physiques ou par une société répondant aux mêmes conditions dont le capital est détenu, pour 75 % au moins, par des personnes physiques. Pour la détermination de ce pourcentage, les participations des sociétés de capital-risque, des fonds communs de placement à risques, des fonds professionnels spécialisés relevant de l'article L. 214-37 du code monétaire et financier dans sa rédaction antérieure à l'ordonnance n° 2013-676 du 25 juillet 2013 modifiant le cadre juridique de la gestion d'actifs, des fonds professionnels de capital investissement, des sociétés de libre partenariat, des sociétés de développement régional et des sociétés financières d'innovation ne sont pas prises en compte à la condition qu'il n'existe pas de lien de dépendance au sens du 12 de l'article 39 entre la société en cause et ces dernières sociétés ou ces fonds.

II. — Pour les entreprises placées sous le régime prévu à l'article 223 A ou à l'article 223 A *bis*, la contribution est due par la société mère. Elle est assise sur l'impôt sur les sociétés afférent au résultat d'ensemble et à la plus-value nette d'ensemble définis aux articles 223 B, 223 B *bis* et 223 D.

III. — *Dispositions périmées (Décr. n° 2013-463 du 3 juin 2013).*

III *bis.* — Les sociétés ayant opté pour le régime prévu au II de l'article 208 C ainsi que les sociétés de placement à prépondérance immobilière à capital variable mentionnées au 3° *nonies* de l'article 208 ne sont pas assujetties à la présente contribution sur les plus-values imposées en application du IV de l'article 219.

IV. — Les crédits d'impôt de toute nature ainsi que la créance visée à l'article 220 *quinquies* ne sont pas imputables sur la contribution.

V. — Elle est établie et contrôlée comme l'impôt sur les sociétés et sous les mêmes garanties et sanctions.

VI. — Les modalités d'application du présent article sont fixées par décret. — *V. Ann. III, art. 366 L à 366 N.*

1. Doctrine administrative. Commentaire d'ensemble de l'art. 235 *ter* Z C. * BOI-IS-AUT-10 du 10 avr. 2013. ♦ Personnes morales assujetties ou exonérées. * BOI-IS-AUT-10-10 du 1er août 2018.

2. Personnes exonérées : condition tenant à la détention du capital. Une Selafa dont 75 % du capital est détenu en nue-propriété par des personnes physiques, une SA possédant le reste du capital, ne peut pas bénéficier de l'exonération prévue en faveur des PME. Elle est donc soumise à la contribution. • TA Paris, 19 nov. 2008, nos 03-4866 et 03-4867 : *RJF 2009. 332.* ♦ Sur la prise en compte de participations détenues dans le cadre d'un trust : • CE 20 mars 2020 : *Sté Ponthieu Rabelais,* n° 410930 : *RJF 2020. 532, concl. Nicolazo de Barmon ; Dr. fisc. 2020. 269, note Deboissy et Wicker.*

SECTION XIX *BIS* CONTRIBUTION ADDITIONNELLE À L'IMPÔT SUR LES SOCIÉTÉS AU TITRE DES MONTANTS DISTRIBUÉS

(L. n° 2012-958 du 16 août 2012, art. 6-I-E)

Art. 235 ter ZCA *(Abrogé par L. n° 2017-1837 du 30 déc. 2017, art. 37) I. — Les sociétés ou organismes français ou étrangers passibles de l'impôt sur les sociétés en France, à l'exclusion des organismes de placement collectif mentionnés au II de l'article L. 214-1 du code monétaire et financier ainsi que de ceux qui satisfont à la définition des micro, petites et moyennes entreprises donnée à l'annexe I au règlement (UE) n° 651/2014 de la Commission du 17 juin 2014 déclarant certaines catégories d'aides compatibles avec le marché intérieur en application des articles 107 et 108 du traité, sont assujettis à une contribution additionnelle à cet impôt au titre des montants qu'ils distribuent au sens des articles 109 à 117 du présent code.*

La contribution est égale à 3 % des montants distribués. Toutefois, elle n'est pas applicable :

1° Aux montants distribués :

a) Entre sociétés qui remplissent soit les conditions fixées aux premier, deuxième, quatrième ou avant-dernier alinéas et au dernier alinéa du I de l'article 223 A, soit les conditions fixées au I de l'article 223 A bis du présent code pour être membres d'un même groupe ;

b) A des sociétés soumises à un impôt équivalent à l'impôt sur les sociétés dans un État membre de l'Union européenne ou dans un autre État ayant conclu avec la France une convention d'assistance administrative en vue de lutter contre la fraude et l'évasion fiscales qui, si elles étaient établies en France, rempliraient avec la société distributrice les conditions mentionnées au a, le cas échéant par l'intermédiaire de sociétés qui, si elles étaient établies en France, rempliraient ces conditions.

Les a et b s'apprécient à la date de la mise en paiement des montants distribués.

Le b n'est pas applicable aux montants distribués à une société établie dans un État ou territoire non coopératif au sens de l'article 238-0 A, sauf si la société distributrice apporte la preuve que les opérations de la société établie dans cet État ou territoire correspondent à des opérations réelles qui n'ont ni pour objet ni pour effet de permettre, dans un but de fraude fiscale, la localisation de bénéfices dans un État ou territoire non coopératif ;

2° Aux montants distribués aux entités mentionnées au 2° du 6 de l'article 206 par des entités affiliées à un même organe central au sens de l'article L. 511-31 du code monétaire et financier ou aux montants distribués, directement ou indirectement, aux caisses locales, départementales ou interdépartementales mentionnées au cinquième alinéa du I de l'article 223 A du présent code et rattachées au même organe central au sens de l'article L. 511-31 précité par des entités que ces caisses contrôlent conjointement, directement ou indirectement, à plus de 95 % ;

3° Aux montants distribués par les sociétés ayant opté pour le régime prévu à l'article 208 C à des sociétés ayant opté pour le même régime et détenant la société distributrice dans les conditions prévues au premier alinéa du II ou au III bis de ce même article ainsi qu'aux montants distribués par ces sociétés pour satisfaire à leurs obligations de distribution mentionnées aux deuxième à quatrième alinéas du II dudit article ;

4° Aux distributions payées en actions en application de l'article L. 232-18 du code de commerce ou en certificats coopératifs d'investissement ou d'associés en application de l'article 19 vicies de la loi n° 47-1775 du 10 septembre 1947 portant statut de la coopération, à la condition qu'il ne soit pas procédé à un rachat de titres en vue d'une réduction de capital en application de l'article L. 225-207 du code de commerce ou du second alinéa de l'arti-

cle 19 sexdecies de la loi n° 47-1775 du 10 septembre 1947 précitée dans le délai d'un an suivant la distribution. En cas de non-respect de ce délai, la société distributrice est tenue de verser une somme égale au montant de la contribution dont elle a été exonérée, majorée de l'intérêt de retard prévu à l'article 1727 du présent code. Ce versement est payé spontanément lors du premier versement d'acompte d'impôt sur les sociétés suivant le mois au cours duquel il est procédé au rachat de titres.

Pour les bénéfices réalisés en France par les sociétés étrangères et réputés distribués en application du 1 de l'article 115 quinquies, la contribution est assise sur les montants qui cessent d'être à la disposition de l'exploitation française.

II. — Les crédits d'impôt de toute nature ainsi que la créance mentionnée à l'article 220 quinquies ne sont pas imputables sur la contribution.

III. — La contribution est établie, contrôlée et recouvrée comme l'impôt sur les sociétés et sous les mêmes garanties et sanctions.

Elle est payée spontanément lors du premier versement d'acompte d'impôt sur les sociétés suivant le mois de la mise en paiement de la distribution.

Pour l'application du deuxième alinéa du présent III, les sommes réputées distribuées au titre d'un exercice au sens des articles 109 à 117 sont considérées comme mises en paiement à la clôture de cet exercice.

Les dispositions issues de la L. n° 2017-1837 du 30 déc. 2017 s'appliquent aux montants distribués dont la mise en paiement intervient à compter du 1er janv. 2018 (L. préc., art. 37).

SECTION XX **TAXE SUR LES TRANSACTIONS FINANCIÈRES** *(L. n° 2012-354 du 14 mars 2012, art. 5-I-A et C, en vigueur le 1er août 2012).*

Art. 235 ter ZD I. — Une taxe s'applique à toute acquisition à titre onéreux d'un titre de capital, au sens de l'article L. 212-1 A du code monétaire et financier, ou d'un titre de capital assimilé, au sens de l'article L. 211-41 du même code, dès lors que ce titre est admis aux négociations sur un marché réglementé français, européen ou étranger, au sens des articles L. 421-4, L. 422-1 ou L. 423-1 dudit code que son acquisition donne lieu à un transfert de propriété, au sens de l'article L. 211-17 du même code, et que ce titre est émis par une société dont le siège social est situé en France et dont la capitalisation boursière dépasse un milliard d'euros au 1er décembre de l'année précédant celle d'imposition.

L'acquisition, au sens du premier alinéa, s'entend de l'achat, y compris dans le cadre de l'exercice d'une option ou dans le cadre d'un achat à terme ayant fait préalablement l'objet d'un contrat, de l'échange ou de l'attribution, en contrepartie d'apports, de titres de capital mentionnés au même premier alinéa.

Les titres représentant ceux mentionnés audit premier alinéa émis par une société, quel que soit le lieu d'établissement de son siège social, sont soumis à la taxe.

II. — La taxe n'est pas applicable :

1° Aux opérations d'achat réalisées dans le cadre d'une émission de titres de capital, y compris lorsque cette émission donne lieu à un service de prise ferme et de placement garanti, au sens de l'article L. 321-1 du code monétaire et financier ;

2° Aux opérations réalisées par une chambre de compensation, au sens de l'article L. 440-1 du même code, dans le cadre des activités définies à ce même article L. 440-1, ou par un dépositaire central, au sens du 3° du II de l'article L. 621-9 dudit code, dans le cadre des activités définies à ce même article L. 621-9 ;

3° Aux acquisitions réalisées dans le cadre d'activités de tenue de marché. Ces activités sont définies comme les activités d'une entreprise d'investissement ou d'un établissement de crédit ou d'une entité d'un pays étranger ou d'une entreprise locale membre d'une plate-forme de négociation ou d'un marché d'un pays étranger lorsque l'entreprise, l'établissement ou l'entité concerné procède en tant qu'intermédiaire se portant partie à des opérations sur un instrument financier, au sens de l'article L. 211-1 du même code :

a) Soit à la communication simultanée de cours acheteurs et vendeurs fermes et compétitifs de taille comparable, avec pour résultat d'apporter de la liquidité au marché sur une base régulière et continue ;

b) Soit, dans le cadre de son activité habituelle, à l'exécution des ordres donnés par des clients ou en réponse à des demandes d'achat ou de vente de leur part ;

c) Soit à la couverture des positions associées à la réalisation des opérations mentionnées aux *a* et *b* ; — *V. toutefois art. 235 ter ZD bis-III et 235 ter ZD ter-II.*

4° Aux opérations réalisées pour le compte d'émetteurs en vue de favoriser la liquidité de leurs actions dans le cadre de pratiques de marché admises acceptées par l'Autorité des marchés financiers en application du règlement (UE) n° 596/2014 du Parlement européen et du Conseil du 16 avril 2014 sur les abus de marché (règlement relatif aux abus de marché) et abrogeant la directive 2003/6/CE du Parlement européen et du Conseil et les directives 2003/124/CE, 2003/125/CE et 2004/72/CE de la Commission ;

5° Aux acquisitions de titres entre sociétés membres du même groupe, au sens de l'article L. 233-3 du code de commerce, au moment de l'acquisition de titres concernée, aux acquisitions de titres entre sociétés du même groupe, au sens de l'article 223 A ou de l'article 223 A *bis* du présent code, et aux acquisitions intervenant dans les conditions prévues aux articles 210 A, 210 B, 220 *quater*, 220 *quater* A et 220 *quater* B ;

6° Aux cessions temporaires de titres mentionnées au 10° de l'article 2 du règlement (CE) n° 1287/2006 de la Commission européenne, du 10 août 2006, portant mesures d'exécution de la directive 2004/39/CE du Parlement européen et du Conseil en ce qui concerne les obligations des entreprises d'investissement en matière d'enregistrement, le compte rendu des transactions, la transparence du marché, l'admission des instruments financiers à la négociation et la définition de termes aux fins de ladite directive ;

7° Aux acquisitions, dans le cadre du livre III de la troisième partie du code du travail, de titres de capital par les fonds communs de placement d'entreprise régis par les articles L. 214-164 et L. 214-165 du code monétaire et financier et par les sociétés d'investissement à capital variable d'actionnariat salarié régies par l'article L. 214-166 du même code ainsi qu'aux acquisitions de titres de capital de l'entreprise ou d'une entreprise du même groupe, au sens des articles L. 3344-1 et L. 3344-2 du code du travail, directement faites par les salariés en application du septième alinéa de l'article L. 3332-15 du même code ;

8° Aux rachats de leurs titres de capital par les sociétés lorsque ces titres sont destinés à être cédés aux adhérents d'un plan d'épargne d'entreprise dans le cadre du titre III du livre III de la troisième partie du code du travail ;

9° Aux acquisitions d'obligations échangeables ou convertibles en actions.

III. — La taxe est assise sur la valeur d'acquisition du titre. En cas d'échange, à défaut de valeur d'acquisition exprimée dans un contrat, la valeur d'acquisition correspond à la cotation des titres sur le marché le plus pertinent en termes de liquidité, au sens de l'article 9 du règlement (CE) 1287/2006 de la Commission, du 10 août 2006, précité, à la clôture de la journée de bourse qui précède celle où l'échange se produit. En cas d'échange entre des titres d'inégale valeur, chaque partie à l'échange est taxée sur la valeur des titres dont elle fait l'acquisition.

IV. — La taxe est exigible le premier jour du mois suivant celui au cours duquel s'est produite l'acquisition du titre.

V. — Le taux de la taxe est fixé à 0,3 %.

VI. — La taxe est liquidée et due par l'opérateur fournissant des services d'investissement, au sens de l'article L. 321-1 du code monétaire et financier, ayant exécuté l'ordre d'achat du titre ou ayant négocié pour son compte propre, quel que soit son lieu d'établissement.

Lorsque plusieurs opérateurs mentionnés au premier alinéa du présent VI interviennent pour l'exécution de l'ordre d'achat d'un titre, la taxe est liquidée et due par celui qui reçoit directement de l'acquéreur final l'ordre d'achat.

Lorsque l'acquisition a lieu sans intervention d'un opérateur fournissant des services d'investissement, la taxe est liquidée et due par l'établissement assurant la fonction de tenue de compte-conservation, au sens du 1 de l'article L. 321-2 du même code, quel que soit son lieu d'établissement. L'acquéreur lui transmet les informations mentionnées au VIII du présent article.

VII. — Si le dépositaire central teneur du compte d'émission du titre de capital est soumis au 3° du II de l'article L. 621-9 du code monétaire et financier et effectue la livraison du titre, le redevable mentionné au VI du présent article fournit au dépositaire central les informations mentionnées au VIII avant le 5 du mois suivant les acquisitions mentionnées au I et désigne l'adhérent sur le compte duquel la taxe peut être prélevée.

Si le dépositaire central teneur du compte d'émission du titre de capital est soumis au 3° du II de l'article L. 621-9 du code monétaire et financier et n'effectue pas la livraison du titre, laquelle est effectuée dans les livres d'un de ses adhérents, cet adhérent fournit au dépositaire central les informations mentionnées au VIII du présent article avant le 5 du mois suivant les acquisitions mentionnées au I.

Si le dépositaire central teneur du compte d'émission du titre de capital est soumis au 3° du II de l'article L. 621-9 du code monétaire et financier et que ni ce dépositaire, ni aucun de ses adhérents n'effectue la livraison du titre, laquelle est réalisée dans les livres d'un client d'un adhérent du dépositaire central, ce client fournit les informations mentionnées au VIII du présent article à l'adhérent, lequel les transmet au dépositaire central avant le 5 du mois suivant les acquisitions mentionnées au I.

Si le dépositaire central teneur du compte d'émission du titre de capital est soumis au 3° du II de l'article L. 621-9 du code monétaire et financier et que la livraison s'effectue dans des conditions différentes de celles mentionnées aux trois premiers alinéas du présent VII, le redevable mentionné au VI déclare à l'administration fiscale, selon le modèle qu'elle a fixé, et paie au Trésor la taxe avant le 25 du mois suivant les acquisitions mentionnées au I. Le redevable peut également acquitter la taxe par l'intermédiaire d'un adhérent du dépositaire central, auquel il transmet, directement ou indirectement, les informations mentionnées au VIII. L'adhérent transmet ces informations au dépositaire central avant le 5 du mois suivant les acquisitions mentionnées au I. Si le redevable opte pour le paiement de la taxe par l'intermédiaire d'un adhérent du dépositaire central, il en informe le Trésor par une déclaration avant le 1er novembre. Cette déclaration est valable un an et se renouvelle par tacite reconduction.

Si le dépositaire central teneur du compte d'émission du titre de capital n'est pas soumis au 3° du II de l'article L. 621-9 du code monétaire et financier, le redevable mentionné au VI du présent article déclare à l'administration fiscale, selon le modèle qu'elle a fixé, et paie au Trésor la taxe avant le 25 du mois suivant les acquisitions mentionnées au I. Il tient à disposition de l'administration les informations mentionnées au VIII.

VIII. – Si le dépositaire central teneur du compte d'émission du titre de capital est soumis au 3° du II de l'article L. 621-9 du code monétaire et financier, il recueille de la part de ses adhérents ou des redevables, dans les conditions prévues au VII du présent article, des informations relatives aux opérations entrant dans le champ d'application de la taxe. Un décret précise, la nature de ces informations, qui incluent le montant de la taxe due au titre de la période d'imposition, les numéros d'ordre des opérations concernées, la date de leur réalisation, la désignation, le nombre et la valeur des titres dont l'acquisition est taxable et les opérations exonérées, réparties selon les catégories d'exonération mentionnées au II. – *V. Ann. III, art. 58 Q.*

IX. – Le dépositaire central teneur du compte d'émission du titre soumis au 3° du II de l'article L. 621-9 du code monétaire et financier déclare à l'administration fiscale, selon le modèle qu'elle a fixé, centralise et reverse au Trésor la taxe avant le 25 du mois suivant les acquisitions mentionnées au I du présent article. La déclaration précise notamment le montant de la taxe due et acquittée par chaque redevable. – *V. Ann. III, art. 58 R-III.*

Dans les cas mentionnés aux trois premiers alinéas du VII ou en cas d'option du redevable mentionnée à l'avant-dernier alinéa du même VII, l'adhérent ayant transmis les informations mentionnées au VIII ou ayant été désigné par le redevable en application du premier alinéa du VII l'autorise à prélever sur son compte le montant de la taxe avant le 5 du mois suivant les acquisitions mentionnées au I.

X. – Le dépositaire central soumis au 3° du II de l'article L. 621-9 du code monétaire et financier tient une comptabilité séparée pour l'enregistrement des opérations liées à la collecte de la taxe. Il assure un contrôle de cohérence entre les déclarations qu'il reçoit et les informations en sa possession en tant que dépositaire central. Les informations recueillies par le dépositaire central en application du VII du présent article sont tenues à la disposition de l'administration sur simple requête. Un rapport annuel est remis à l'administration sur la nature et l'ampleur des contrôles mis en œuvre. Un décret définit les modalités d'application du présent X. — *V. Ann. III, art. 58 R.*

XI. — En cas de manquement, de son fait, aux obligations de paiement prévues au IX, le dépositaire central acquitte l'intérêt de retard prévu par l'article 1727.

En cas de manquement aux obligations de paiement prévues au VII, le redevable de la taxe acquitte l'intérêt de retard prévu au même article 1727.

En cas de manquement du redevable ou de l'adhérent aux obligations déclaratives prévues au même VII, celui-ci acquitte l'amende prévue à l'article 1788 C.

XII. — La taxe est recouvrée et contrôlée selon les procédures et sous les mêmes sanctions, garanties et privilèges que les taxes sur le chiffre d'affaires. Les réclamations sont présentées, instruites et jugées selon les règles applicables à ces mêmes taxes.

(Abrogé par L. n° 2018-1317 du 28 déc. 2018, art. 83-IV) (L. n° 2016-1917 du 29 déc. 2016, art. 36-II-1°, applicable aux acquisitions réalisées à compter du 1er janv. 2018) ***« XIII. — La taxe est affectée à l'Agence française de développement dans la limite du plafond prévu au I de l'article 46 de la loi n° 2011-1977 du 28 décembre 2011 de finances pour 2012. »***

1. Taxe sur les acquisitions de titres de capital ou assimilés. Titres et acquisitions concernés. Redevable. Fait générateur et exigibilité. Base et taux d'imposition. Modalités de déclaration et de paiement. Modalités de contrôle et sanctions. * BOI-TCA-FIN-10-10 du 21 déc. 2015 à * BOI-TCA-FIN-50 du 7 févr. 2015. ♦ Application de la taxe aux certificats représentatifs d'action (CRA). * BOI-TCA-FIN-10-10 du 21 déc. 2015. ♦ Redevable de la taxe en présence d'une « table d'intermédiation ». * BOI-TCA-FIN-10-30 n° 10 du 3 mai 2017. ♦ Liste des sociétés françaises dont la capitalisation boursière dépasse un milliard d'euros au 1er déc. 2020. * BOI-ANNX-000 467 du 23 déc. 2020.

2. Le principe de libre circulation des capitaux (TFUE, art. 63) ne s'oppose pas à une réglementation d'un État membre qui soumet à une taxe les transactions financières portant sur des instruments financiers dérivés, pesant sur les parties à l'opération, indépendamment du lieu où la transaction est conclue ou de l'État de résidence de ces parties et de l'éventuel intermédiaire intervenant dans l'exécution de celle-ci, dès lors que ces instruments ont pour titre sous-jacent un titre émis par une société établie dans cet État membre. Les obligations administratives et déclaratives accompagnant cette taxe incombant aux entités non résidentes ne doivent toutefois pas aller au-delà de ce qui est nécessaire pour le recouvrement de ladite taxe. • CJUE 30 avr. 2020 : *Sté Générale SA*, n° 65/18 : *RJF 2020. 748.*

Art. 235 *ter* ZD *bis* I. — Les entreprises exploitées en France, au sens du I de l'article 209, sont assujetties à une taxe sur les opérations à haute fréquence portant sur des titres de capital, au sens de l'article L. 212-1 A du code monétaire et financier, réalisées pour compte propre par l'intermédiaire de dispositifs de traitement automatisé.

II. — Constitue une opération à haute fréquence sur titre de capital, au sens du I du présent article, le fait d'adresser à titre habituel des ordres en ayant recours à un dispositif de traitement automatisé de ces ordres caractérisé par l'envoi, la modification ou l'annulation d'ordres successifs sur un titre donné séparés d'un délai inférieur à un seuil fixé par décret. Ce seuil ne peut pas être supérieur à une seconde. Constitue un dispositif de traitement automatisé, au sens du présent article, tout système permettant des opérations sur instruments financiers dans lequel un algorithme informatique détermine automatiquement les différents paramètres des ordres, comme la décision de passer l'ordre, la date et l'heure de passage de l'ordre ainsi que le prix et la quantité des instruments financiers concernés. — *Sur le seuil mentionné ci-dessus, V. Ann. III, art. 58 S-I.*

Ne constituent pas des dispositifs de traitement automatisé, au sens du présent article, les systèmes utilisés aux fins d'optimiser les conditions d'exécution d'ordres ou d'acheminer des ordres vers une ou plusieurs plates-formes de négociation ou pour confirmer des ordres.

Un décret définit les modalités d'application du présent II.

III. — Les entreprises mentionnées au I ne sont pas redevables de la taxe au titre des activités de tenue de marché mentionnées au 3° du II de l'article 235 *ter* ZD.

IV. — Dès lors que le taux d'annulation ou de modification des ordres relatifs à des opérations à haute fréquence, à l'exception des opérations mentionnées au III du pré-

sent article, excède un seuil, défini par décret, sur une journée de bourse, la taxe due est égale à 0,01 % du montant des ordres annulés ou modifiés excédant ce seuil. Ce seuil ne peut être inférieur à deux tiers des ordres transmis. – *Sur le seuil mentionné ci-dessus, V. Ann. III, art. 58 S-II.*

V. – La taxe est exigible le premier jour du mois suivant celui au cours duquel les ordres annulés ou modifiés ont été transmis.

VI. – La taxe est déclarée et liquidée :

1° Sur l'annexe à la déclaration mentionnée au 1 de l'article 287 relative au mois ou au trimestre au cours duquel a été effectuée la transmission des ordres mentionnée au II du présent article ;

2° Pour les redevables de la taxe sur la valeur ajoutée soumis au régime simplifié d'imposition prévu à l'article 302 *septies* A, sur la déclaration annuelle mentionnée au 3 de l'article 287 déposée dans le courant de l'année au cours de laquelle la taxe est due.

La taxe est acquittée lors du dépôt de la déclaration.

VII. – La taxe est recouvrée et contrôlée selon les procédures et sous les mêmes sanctions, garanties et privilèges que les taxes sur le chiffre d'affaires. Les réclamations sont présentées, instruites et jugées selon les règles applicables à ces mêmes taxes.

Taxe sur les opérations à haute fréquence. Champ d'application. Territorialité. Redevable. Fait générateur et exigibilité. Base et taux d'imposition. Modalités de déclaration et de paiement. Modalités de contrôle et sanctions. * BOI-TCA-FIN-20 du 12 sept. 2012.

Art. 235 *ter* ZD *ter* (*Abrogé par L. n° 2018-1317 du 28 déc. 2018, art. 26-III-1°*) ***I. – Une taxe sur les contrats d'échange sur défaut d'un État de l'Union européenne s'applique à tout achat, par une personne physique domiciliée en France au sens de l'article 4 B, une entreprise exploitée en France au sens du I de l'article 209 ou une entité juridique établie ou constituée en France, d'un instrument dérivé servant au transfert du risque de crédit, au sens du 8 de la section C à l'annexe I à la directive 2004/39/CE du Parlement européen et du Conseil, du 21 avril 2004, concernant les marchés d'instruments financiers, modifiant les directives 85/611/CEE et 93/6/CEE du Conseil et la directive 2000/12/CE du Parlement européen et du Conseil et abrogeant la directive 93/22/CEE du Conseil.***

La taxe n'est pas due lorsque le bénéficiaire du contrat soit détient une position longue correspondante sur la dette de cet État, soit détient des actifs ou contracte des engagements dont la valeur est corrélée à la valeur de la dette de cet État.

II. – La personne, l'entreprise ou l'entité mentionnée au I n'est pas redevable de la taxe au titre de ses activités de tenue de marché mentionnées au 3° du II de l'article 235 ter ZD.

III. – La taxe est due lors de la conclusion du contrat d'échange sur défaut mentionné au I.

IV. – La taxe est égale à 0,01 % du montant notionnel du contrat, qui s'entend du montant nominal ou facial utilisé pour calculer les paiements liés au contrat.

V. – La taxe est acquittée auprès du Trésor lors du dépôt de la déclaration mentionnée au 1 de l'article 287.

VI. – La taxe est recouvrée et contrôlée selon les procédures et sous les mêmes sanctions, garanties et privilèges que les taxes sur le chiffre d'affaires. Les réclamations sont présentées, instruites et jugées selon les règles applicables à ces mêmes taxes.

SECTION XXI PRÉLÈVEMENT ANNUEL SUR LE PRODUIT DES PRIMES OU COTISATIONS ADDITIONNELLES RELATIVES À LA GARANTIE CONTRE LE RISQUE DE CATASTROPHES NATURELLES PRÉVUES À L'ARTICLE L. 125-2 DU CODE DES ASSURANCES

(*L. n° 2020-1721 du 29 déc. 2020, art. 85-III-1° et IV, en vigueur le 1er janv. 2021*)

Art. 235 *ter* ZE I. – Il est institué un prélèvement annuel sur le produit des primes ou cotisations additionnelles prévues à l'article L. 125-2 du code des assurances relatives à la garantie contre le risque de catastrophes naturelles. Ce prélèvement est versé par les entreprises d'assurance.

II. – Le taux de ce prélèvement est fixé à 12 %. Le prélèvement est recouvré suivant les mêmes règles, sous les mêmes garanties et les mêmes sanctions que la taxe prévue à l'article 991 du présent code.

SECTION XXI *BIS* TAXE POUR LE FINANCEMENT DU FONDS DE SOUTIEN AUX COLLECTIVITÉS TERRITORIALES

Art. 235 *ter* ZE *bis* I. — 1. — Les personnes mentionnées aux 1° à 4° du A du I de l'article L. 612-2 du code monétaire et financier, soumises au contrôle de l'Autorité de contrôle prudentiel et de résolution pour le respect des ratios de couverture et de division des risques ou du niveau de fonds propres adéquat prévus au I de l'article L. 511-41 et aux articles L. 522-14 et L. 533-2 du même code, sont assujetties à une taxe pour le financement du fonds de soutien créé par l'article 92 de la loi n° 2013-1278 du 29 décembre 2013 de finances pour 2014, au titre de leur activité exercée au 1er janvier de chaque année.

2. — Toutefois, ne sont pas assujetties à cette taxe :

1° Les personnes ayant leur siège social dans un autre État partie à l'accord sur l'Espace économique européen et exerçant leur activité en France exclusivement par une succursale ou par voie de libre prestation de services ;

2° Les personnes auxquelles s'appliquent des exigences minimales en fonds propres permettant d'assurer le respect des ratios de couverture ou du niveau de fonds propres adéquat prévus au I de l'article L. 511-41 et aux articles L. 522-14 et L. 533-2 du code monétaire et financier, définies au cours de l'exercice clos l'année civile précédente, inférieures à 500 millions d'euros. Le seuil de 500 millions d'euros est apprécié sur la base sociale ou consolidée d'un groupe, au sens du III de l'article L. 511-20 du même code, retenue pour le calcul de l'assiette définie au II du présent article ;

3° L'Agence française de développement.

II. — L'assiette de la taxe est constituée par les exigences minimales en fonds propres permettant d'assurer le respect des ratios de couverture ou du niveau de fonds propres adéquat prévus au I de l'article L. 511-41 et aux articles L. 522-14 et L. 533-2 du code monétaire et financier, définies au cours de l'exercice clos l'année civile précédente. Les exigences minimales en fonds propres sont appréciées sur base consolidée pour les personnes relevant des articles L. 511-41-2, L. 517-5, L. 517-9 et L. 533-4-1 du même code appartenant à un groupe, au sens du III de l'article L. 511-20 dudit code. Une contribution additionnelle est calculée sur base sociale ou sous-consolidée pour les personnes n'appartenant pas à un groupe, au sens du même III, ou quand l'entreprise mère n'exerce pas un contrôle exclusif sur l'entreprise surveillée sur base sociale ou sous-consolidée. Dans ce dernier cas, l'assiette sur base consolidée de l'entreprise mère est diminuée des montants pris en compte au titre de l'imposition d'une personne sur base sociale ou sous-consolidée. Aucune contribution additionnelle sur base sociale n'est versée par les personnes mentionnées au I du présent article qui appartiennent à un groupe, au sens dudit III, lorsqu'il s'agit de l'organe central ou des entreprises affiliées à un réseau ou d'entreprises sur lesquelles l'entreprise mère exerce, directement ou indirectement, un contrôle exclusif.

III. — Le taux de la taxe est fixé à 0,064 2 % pour les années 2016 à 2025 et à 0,050 5 % pour les années 2026 à 2028.

IV. — La taxe est exigible le 30 avril.

V. — 1. — La taxe est liquidée par la personne assujettie au vu des exigences minimales en fonds propres mentionnées dans l'appel à contribution mentionné au 1° du V de l'article L. 612-20 du code monétaire et financier. L'Autorité de contrôle prudentiel et de résolution communique cet appel au comptable public compétent avant le 30 avril.

2. — La taxe est déclarée et liquidée :

1° Pour les redevables de la taxe sur la valeur ajoutée, sur l'annexe à la déclaration mentionnée au 1 de l'article 287 du présent code déposée au titre du mois de mai ou du deuxième trimestre de l'année au cours de laquelle la taxe prévue au présent article est due ;

2° Pour les personnes non redevables de la taxe sur la valeur ajoutée, sur l'annexe à la déclaration prévue au même 1 déposée auprès du service chargé du recouvrement dont relève leur siège ou principal établissement, au plus tard le 25 juin de l'année au cours de laquelle la taxe prévue au présent article est due.

La taxe est acquittée lors du dépôt de la déclaration.

3. — La taxe n'est pas déductible de l'assiette de l'impôt sur les sociétés.

VI. – Les contestations du montant des exigences minimales en fonds propres sur lequel la taxe est assise suivent le régime applicable aux contestations prévues au 3° du V de l'article L. 612-20 du code monétaire et financier.

VII. – 1. – Lorsque, en application du VII du même article L. 612-20, l'Autorité de contrôle prudentiel et de résolution révise le montant des exigences en fonds propres de la personne assujettie à la taxe prévue au présent article, elle communique au comptable public compétent l'appel à contribution rectificatif, accompagné de l'avis de réception, par la personne assujettie.

2. – Lorsque le montant des exigences minimales en fonds propres est révisé à la hausse, le complément de taxe qui en résulte est exigible à la date de réception de l'appel à contribution rectificatif. Le complément de taxe est acquitté auprès du comptable public compétent, dans les deux mois de son exigibilité.

3. – Lorsque le montant des exigences minimales en fonds propres est révisé à la baisse, la personne assujettie peut adresser au comptable public compétent, dans un délai d'un mois après réception de l'appel à contribution rectificatif, une demande écrite de restitution du montant correspondant. Il est procédé à cette restitution dans un délai d'un mois après réception de ce courrier.

VIII. – A défaut de paiement ou en cas de paiement partiel de la taxe dans le délai de trente jours suivant la date limite de paiement, le comptable public compétent émet un titre exécutoire. La taxe est recouvrée et contrôlée selon les mêmes procédures et sous les mêmes sanctions, garanties, sûretés et privilèges que les taxes sur le chiffre d'affaires. Les réclamations sont présentées, instruites et jugées selon les règles applicables à ces taxes. Toutefois, en cas de révision du montant des exigences minimales en fonds propres dans les conditions prévues au VII du présent article, le droit de reprise de l'administration s'exerce, pour l'ensemble de la taxe due au titre de l'année concernée, jusqu'à la fin de la troisième année suivant celle au cours de laquelle la personne assujettie a reçu l'avis à contribution rectificatif.

L'art. 235 ter ZE bis est abrogé à compter du 1er janv. 2029 (L. n° 2014-1655 du 29 déc. 2014, art. 26-II-E).

Taxe pour le financement du fonds de soutien aux collectivités territoriales. Champ d'application. Modalités de liquidation et de paiement. Contrôle et contentieux. * BOI-TFP-TFSCT du 1er avr. 2015.

[SECTION XXII TAXE SUR LE RÉSULTAT DES ENTREPRISES FERROVIAIRES]

Art. 235 ter ZF *(Abrogé par L. n° 2021-1900 du 30 déc. 2021, art. 36-I-1° et III, à compter du 1er janv. 2023)* ***I. – Il est institué une taxe dénommée : "taxe sur le résultat des entreprises ferroviaires", exigible le 1er janvier de chaque année, due par les entreprises de transport ferroviaire :***

1° Qui, à cette date, exploitent une entreprise en France au sens du I de l'article 209 et sont autorisées à exploiter des services de transport en application de l'article L. 2122-9 du code des transports ;

2° Et qui, au titre de la même année, sont redevables de la taxe mentionnée à l'article 302 bis ZC, pour autant que celle-ci soit assise sur un montant supérieur à 300 millions d'euros.

II. – 1. La taxe est assise sur le résultat imposable à l'impôt sur les sociétés aux taux mentionnés au deuxième alinéa du I et du a du I et au IV de l'article 219 réalisé par la personne assujettie au titre de son dernier exercice clos avant l'exigibilité de la taxe ou, lorsque cette personne assujettie est membre d'un groupe formé en application des articles 223 A et suivants, sur le résultat qui aurait été imposable en son nom à l'impôt sur les sociétés à ces mêmes taux au titre de ce même exercice si elle avait été imposée séparément.

2. Pour l'application du 1, les résultats imposables correspondent aux résultats, majorés des dotations aux amortissements de l'exercice, hors amortissements dérogatoires, déterminés avant application des règles de déduction des déficits mentionnées au troisième alinéa du I de l'article 209 et à l'article 220 quinquies.

III. – Le taux de la taxe, compris entre 5 % et 25 %, est fixé par arrêté conjoint des ministres chargés respectivement des transports, de l'économie et du budget. Le montant de la taxe est plafonné à 226 millions d'euros. *– V. Ann. IV, art. 23 M bis.*

IV. — La taxe est déclarée et liquidée :

1° Pour les redevables de la taxe sur la valeur ajoutée, sur l'annexe à la déclaration mentionnée au 1 de l'article 287 relative au mois ou au trimestre au cours duquel a été publié l'arrêté mentionné au III du présent article ;

2° Pour les personnes non redevables de la taxe sur la valeur ajoutée, sur l'annexe à la déclaration prévue au 1 du même article 287 déposée auprès du service chargé du recouvrement dont relève leur siège ou principal établissement au plus tard le 25 du mois suivant celui au cours duquel a été publié l'arrêté mentionné au III du présent article.

La taxe est acquittée lors du dépôt de la déclaration.

V. — La taxe est recouvrée et contrôlée selon les procédures et sous les mêmes sanctions, garanties et privilèges que la taxe sur la valeur ajoutée. Les réclamations sont présentées, instruites et jugées selon les règles applicables à cette même taxe.

Par dérogation aux dispositions du 2° du I du présent art., la taxe sur le résultat des entreprises ferroviaires est exigible au 1er janv. 2022 pour les entreprises qui, au titre de l'année 2021, ont été redevables de la taxe mentionnée à l'art. 302 bis ZC, dans sa rédaction antérieure à la L. n° 2021-1900 du 30 déc. 2021, pour autant que cette taxe ait été assise sur un montant supérieur à 300 millions d'€ (L. préc., art. 36-II).

CHAPITRE IV DISPOSITIONS COMMUNES AUX IMPÔTS ET TAXES, REVENUS ET BÉNÉFICES VISÉS AUX CHAPITRES Ier À III

SECTION PREMIÈRE RETENUES À LA SOURCE ET PRÉLÈVEMENTS SUR CERTAINS REVENUS ET PROFITS RÉALISÉS PAR LES ENTREPRISES QUI NE SONT PAS FISCALEMENT ÉTABLIES EN FRANCE

(L. n° 2019-1479 du 28 déc. 2019, art. 42-I-3° et II, applicable aux exercices ouverts à compter du 1er janv. 2020)

Art. 235 *quater* I. — Le bénéficiaire des revenus et profits soumis aux retenues ou prélèvements à la source mentionnés aux articles 119 *bis*, 182 A *bis*, 182 B, 244 *bis*, 244 *bis* A et 244 *bis* B peut demander que l'imposition versée en application de ces articles lui soit restituée lorsque les conditions suivantes sont réunies :

1° Le bénéficiaire des revenus et profits est une personne morale ou un organisme, quelle qu'en soit la forme, dont le siège ou l'établissement stable dans le résultat duquel les revenus et profits sont inclus est situé dans un État membre de l'Union européenne ou dans un autre État partie à l'accord sur l'Espace économique européen ayant conclu avec la France une convention d'assistance administrative en vue de lutter contre la fraude et l'évasion fiscales ainsi qu'une convention d'assistance mutuelle en matière de recouvrement ayant une portée similaire à celle prévue par la directive 2010/24/ UE du Conseil du 16 mars 2010 concernant l'assistance mutuelle en matière de recouvrement des créances relatives aux taxes, impôts, droits et autres mesures et n'étant pas non coopératif au sens de l'article 238-0 A ou, pour les retenues à la source prévues à l'article 119 *bis*, dans un État non membre de l'Union européenne ou qui n'est pas un État partie à l'accord sur l'Espace économique européen ayant conclu avec la France les conventions mentionnées au présent 1°, sous réserve que cet État ne soit pas non coopératif au sens de l'article 238-0 A et que la participation détenue dans la société ou l'organisme distributeur ne permette pas au bénéficiaire de participer de manière effective à la gestion ou au contrôle de cette société ou de cet organisme ;

2° Son résultat fiscal, calculé selon les règles applicables dans l'État ou le territoire où est situé son siège ou son établissement stable, est déficitaire au titre de l'exercice au cours duquel les revenus et profits mentionnés au premier alinéa du présent I sont, selon le cas, perçus ou réalisés.

Le résultat déficitaire est calculé en tenant compte des revenus et profits dont l'imposition fait l'objet d'une demande de restitution au titre de cet exercice et des revenus et profits mentionnés au même premier alinéa ayant ouvert droit à une restitution au titre d'exercices antérieurs, lorsque le report d'imposition mentionné au II est toujours en cours.

II. — La restitution prévue au I des sommes retenues ou prélevées en application des articles 119 *bis*, 182 A *bis*, 182 B, 244 *bis*, 244 *bis* A et 244 *bis* B donne lieu à une

imposition des revenus et profits mentionnés au I. Celle-ci est calculée en appliquant à ces revenus et profits les règles d'assiette et de taux prévues, selon le cas, aux articles 119 *bis*, 182 A *bis*, 182 B, 244 *bis*, 244 *bis* A et 244 *bis* B en vigueur à la date du fait générateur des retenues et prélèvements restitués. Elle est due par le bénéficiaire des revenus et profits mentionnés au I et fait l'objet d'un report.

L'imposition mentionnée au premier alinéa du présent II est établie, contrôlée et recouvrée comme l'impôt sur les sociétés et sous les mêmes garanties et sanctions.

III. — La restitution et le report mentionnés au premier alinéa du II sont subordonnés au dépôt par le bénéficiaire des revenus et profits mentionnés au I d'une déclaration auprès du service des impôts des non-résidents *(L. n° 2021-1900 du 30 déc. 2021, art. 24-I-2°-a et III, applicable aux retenues à la source dont le fait générateur intervient à compter du 1er janv. 2022)* **« dans le délai prévu pour les réclamations relatives aux impôts autres que les impôts locaux et les taxes annexes à ces impôts** *[ancienne rédaction : dans les trois mois suivant la clôture de l'exercice au cours duquel est intervenu le fait générateur de la retenue ou du prélèvement dont la restitution est sollicitée]*. **» Cette déclaration fait apparaître l'identité et l'adresse du bénéficiaire ainsi que le montant de son déficit déterminé en application du 2° du I.**

IV. — L'imposition et le report mentionnés au premier alinéa du II prennent effet à la date de dépôt de la déclaration mentionnée au III. Le report est maintenu pour chacun des exercices suivant celui au titre duquel la déclaration mentionnée au III a été produite par le bénéficiaire, sous réserve que celui-ci dépose auprès du service des impôts des non-résidents, au titre de chacun de ces exercices, une déclaration faisant apparaître un résultat déficitaire déterminé en application du 2° du I dans les *(L. n° 2021-1900 du 30 déc. 2021, art. 24-I-2°-b et III, applicable aux retenues à la source dont le fait générateur intervient à compter du 1er janv. 2022)* **« six** *[ancienne rédaction : trois]* **» mois suivant la clôture de l'exercice.**

Un état de suivi des revenus et profits dont l'imposition est reportée en application du premier alinéa du II est joint en annexe des déclarations mentionnées au III et au premier alinéa du présent IV sur un formulaire conforme au modèle établi par l'administration.

Lorsque le bénéficiaire n'a pas déposé la déclaration ou l'état mentionnés aux deux premiers alinéas du présent IV dans le délai prévu au premier alinéa ou a déposé une déclaration ou un état incomplets, l'administration fiscale lui adresse une mise en demeure de respecter les obligations déclaratives qui lui incombent en application du présent IV dans un délai de trente jours, en précisant, le cas échéant, les compléments déclaratifs requis. Le non-respect des obligations déclaratives à l'issue de cette mise en demeure entraîne la fin du report d'imposition en application du 3° du V.

Le fait, pour le bénéficiaire, de satisfaire à ses obligations déclaratives à la suite de la réception de la mise en demeure prévue au troisième alinéa du présent IV et dans le délai de trente jours prévu par celle-ci entraîne l'application d'une amende, due par le bénéficiaire, égale à 5 % des impositions placées en report à la date du manquement mentionné au même troisième alinéa.

V. — Il est mis fin au report d'imposition mentionné au II lorsque :

1° La déclaration prévue au premier alinéa du IV fait apparaître un bénéfice ;

2° Le bénéficiaire des revenus et profits mentionnés au I fait l'objet d'une opération entraînant sa dissolution sans liquidation, sauf si ses déficits tels que définis au 2° du I sont transférés à la société absorbante ou bénéficiaire des apports, et que cette dernière prend l'engagement de déposer une déclaration dans les conditions du IV.

En l'absence de transfert des déficits de la société faisant l'objet d'une dissolution sans liquidation et si la dernière déclaration déposée par cette société dans les conditions prévues aux III ou IV fait apparaître un résultat déficitaire déterminé en application du 2° du I, l'imposition placée en report dans les conditions prévues au II fait l'objet d'un dégrèvement ;

3° Le bénéficiaire des revenus et profits mentionnés au I n'a pas respecté les obligations prévues au IV dans les trente jours de la réception de la mise en demeure mentionnée au dernier alinéa du même IV.

Le montant des revenus et profits au titre desquels il est mis fin au report en application du 1° du présent V n'est retenu que dans la limite du bénéfice mentionné au même 1°.

L'imposition mentionnée au II est due à compter de la fin du report, qui entraîne son exigibilité immédiate.

(L. n° 2021-1900 du 30 déc. 2021, art. 24-I-2°-c et III, applicable aux retenues à la source dont le fait générateur intervient à compter du 1er janv. 2022) **« Lorsque les impositions mises en report en application du même II portent sur des exercices distincts, la déchéance de ce report s'applique en priorité aux impositions les plus anciennes. »**

Art. 235 *quinquies* *(L. n° 2021-1900 du 30 déc. 2021, art. 24-I-3° et III, applicable aux retenues à la source dont le fait générateur intervient à compter du 1er janv. 2022)* **I. — Le bénéficiaire des produits et sommes soumis aux retenues à la source prévues au 2 de l'article 119 *bis* et aux articles 182 A *bis* et 182 B peut demander que l'imposition ainsi versée lui soit restituée, à hauteur de la différence entre cette imposition et l'imposition déterminée à partir d'une base nette des charges d'acquisition et de conservation directement rattachées à ces produits et sommes, lorsque les conditions suivantes sont réunies :**

1° Le bénéficiaire des produits et sommes est une personne morale ou un organisme dont les résultats ne sont pas imposés à l'impôt sur le revenu entre les mains d'un associé et dont le siège ou l'établissement stable dans le résultat duquel les produits et sommes sont inclus est situé dans un État membre de l'Union européenne ou dans un autre État partie à l'accord sur l'Espace économique européen ayant conclu avec la France une convention d'assistance administrative en vue de lutter contre la fraude et l'évasion fiscales et n'étant pas non coopératif au sens de l'article 238-0 A ou, pour la retenue à la source prévue au 2 de l'article 119 *bis*, dans un État non membre de l'Union européenne ou qui n'est pas un État partie à l'accord sur l'Espace économique européen ayant conclu avec la France la convention mentionnée au présent 1°, sous réserve que cet État ne soit pas non coopératif au sens de l'article 238-0 A et que la participation détenue dans la société ou l'organisme distributeur ne permette pas au bénéficiaire de participer de manière effective à la gestion ou au contrôle de cette société ou de cet organisme ;

2° Les charges d'acquisition et de conservation de ces produits et sommes seraient déductibles si le bénéficiaire était situé en France ;

3° Les règles d'imposition dans l'État de résidence ne permettent pas au bénéficiaire d'y imputer la retenue à la source.

II. — La demande de restitution mentionnée au I est déposée auprès du service des impôts des non-résidents dans les conditions prévues pour les réclamations relatives aux impôts autres que les impôts locaux et les taxes annexes à ces impôts. Elle est accompagnée de l'ensemble des pièces justificatives nécessaires au calcul de la restitution demandée.

Art. 235 *sexies à 235 nonies* *Périmés.*

SECTION II IMPÔT SUR LE REVENU ET IMPÔT SUR LES SOCIÉTÉS

I BÉNÉFICES ET REVENUS IMPOSABLES

Art. 236 I. — Pour l'établissement de l'impôt sur le revenu ou de l'impôt sur les sociétés, les dépenses de fonctionnement exposées dans les opérations de recherche scientifique ou technique peuvent, au choix de l'entreprise, être immobilisées ou déduites des résultats de l'année ou de l'exercice au cours duquel elles ont été exposées.

Lorsqu'une entreprise a choisi de les déduire, ces dépenses ne peuvent pas être prises en compte dans l'évaluation du coût des stocks.

Ces dispositions sont applicables aux dépenses exposées dans les opérations de conception de logiciels.

I *bis*. — Les subventions allouées aux entreprises par l'État, les collectivités territoriales et les établissements publics spécialisés dans l'aide à la recherche scientifique ou technique et qui sont affectées au financement de dépenses de recherche immobilisées dans les conditions prévues au I ci-dessus sont rattachées aux résultats imposables à concurrence des amortissements du montant de ces dépenses pratiqués à la clôture de chaque exercice.

Al. 2 disjoint par Décr. n° 2009-389 du 7 avr. 2009.

II. Abrogé par L. n° 2016-1917 du 29 déc. 2016, art. 32-I-6° et II-D, pour les logiciels acquis au cours des exercices ouverts à compter du 1er janv. 2017.

1. *Choix entre amortissement et déduction.* L'art. 236-I permet aux contribuables d'opter entre l'immobilisation ou la déduction immédiate des dépenses de fonctionnement exposées dans les opérations de recherche, mais il n'autorise pas l'application d'un traitement comptable différencié aux dépenses afférentes à un même projet de recherche. Par suite, une entreprise ne saurait se prévaloir d'une décision de gestion pour justifier la déduction en charges d'une partie de ces dépenses alors qu'elle a choisi d'immobiliser les autres dépenses de fonctionnement, telles les salaires et charges sociales des chercheurs. • CAA Paris, 18 févr. 2005, n° 01PA3090 : *RJF 2005. 532.* ♦ Sauf circonstances exceptionnelles dûment justifiées, le choix fait par une entreprise de porter des dépenses de recherche scientifique ou technique en immobilisations, plutôt que de les déduire immédiatement au titre des charges, ne peut donner lieu à un amortissement intégral de ces immobilisations au cours de l'exercice même de leur inscription à l'actif. • CAA Nantes, 30 juill. 2003, n° 99NT2660 : *RJF 2004. 7 ; concl. Magnier au BDCF 1/04, n° 2 ; Dr. fisc. 2004. 626.*

2. Les dépenses exposées dans des opérations de recherche scientifique ou technique par une entreprise qui réalise une commande de tiers doivent être passées en charges. Elles sont donc exclues du choix prévu à l'art. 236-I entre leur immobilisation ou leur déduction immédiate des résultats de l'exercice au cours duquel elles sont exposées. Ces dépenses sont incorporées au coût de revient des commandes qui figurent dans les comptes de stocks ou travaux en cours. • CE 11 juill. 2011, *Sté Faurecia sièges d'automobile,* n° 340202 : *RJF 2011. 1129 ; Dr. fisc. 2011. 607, concl. Olléon, note Fumenier et Maignan.*

3. Lorsqu'une entreprise opte pour l'immobilisation des dépenses de fonctionnement exposées dans des opérations de recherche scientifique ou technique, elle doit être regardée comme créant un élément d'actif incorporel, qui ne peut donner lieu à un compte d'amortissements que s'il est normalement prévisible, lors de sa création ou de son acquisition par l'entreprise, que ses effets bénéfiques sur l'exploitation prendront fin à une date déterminée. • CE 6 mai 2015, *SAS Sabella,* n° 376989 : *RJF 2015. 558 ; Dr. fisc. 2015. 425, note Jacquemont.*

4. *Amortissement d'un actif incorporel nouveau.* Sauf dispositions contraires, un nouvel actif incorporel créé ou acquis par l'entreprise n'est susceptible d'être amorti qu'à compter de la date où débute la consommation des avantages économiques qui lui sont attachés. En revanche, en cas d'échec du projet, les frais immobilisés doivent être immédiatement amortis, conformément aux règles fixées par le Plan comptable général. • CE 6 mai 2015, *SAS Sabella,* n° 376989 : *préc. note 3.*

5. *Dépenses de fonctionnement.* L'art. 236-I s'applique à l'ensemble des dépenses exposées par les entreprises pour l'exécution de travaux de recherche menés par elles ou à leur instigation, dès lors qu'elles présentent le caractère de dépenses de fonctionnement et alors même qu'elles auraient pour objet ou pour effet, par les résultats auxquelles elles aboutiraient, de servir de manière durable l'activité de l'entreprise et d'augmenter la valeur de l'actif immobilisé de celle-ci. Il n'est en revanche pas applicable aux frais d'acquisition ou de construction d'immobilisations telles que des immeubles, des installations ou des matériels, exposés dans le cadre d'opérations de recherche scientifique ou technique, c'est-à-dire affectés à la réalisation de ces opérations, quelle que soit la structure des coûts correspondant à ces frais. Par suite, les frais engagés par une société pour l'élaboration d'un système de commande innovant destiné à améliorer une unité industrielle affectée à un usage commercial constituent des dépenses de fonctionnement exposées dans le cadre d'une opération de recherche et sont déductibles des résultats. • CE 10 juin 2010, n° 312377 : *RJF 2010. 878 ; concl. Olléon au BDCF 10/10, n° 98.* ♦ Doivent être regardés comme des dépenses de fonctionnement entrant dans les prévisions de l'art. 236 les frais engagés en vue du dépôt d'un brevet. • CE 30 oct. 1995, n° 142319 : *Sté Saint-Gobain Emballage : Lebon 385 ; Dr. fisc. 1995. 2400 ; RJF 1995. 1363, chron. Goulard* • 4 mars 1996, n° 150233 : *Dr. fisc. 1996. 743.* ♦ ... Ou en vue d'obtenir l'autorisation de mise sur le marché d'un médicament. • CE 30 oct. 1995, n° 154403, *Sté Pierre Fabre SA : Lebon 386 ; Dr. fisc. 1995. 2400 ; RJF 1995. 1354, concl. Arrighi de Casanova ; LPA 29 mars 1996, p. 13, note Calvo.*

6. Les dépenses exposées dans des opérations de recherche peuvent être déduites immédiatement lorsqu'elles ne constituent pas des frais d'acquisition, de création ou d'amélioration d'une immobilisation. Peu importe qu'elles augmentent la valeur de l'actif sur laquelle elles sont réalisées. • CE 10 juin 2010, n° 312377 : *préc. note 5.*

7. *Frais de développement non liés à des commandes.* La lettre d'intention attribuant un marché d'équipement n'est pas une commande de tiers. Les frais de développement du produit engagés par la société bénéficiaire ne sont donc pas incorporés dans le coût de production des stocks et peuvent être déduits du résultat imposable. • TA Montreuil, 18 nov. 2013, n° 1206500 : *RJF 2014. 434 ; BDCF 2014. 51, concl. Restino.* – Rappr. • CE 11 juill. 2011, *Sté Faure-*

cia sièges d'automobile, n° 340202 : *préc. note 2.*

8. Sites internet. Traitement fiscal (hors obtention et immatriculation du nom du domaine) des dépenses exposées pour la création d'un site « web ». * BOI-BIC-CHG-20-30-30 n°s 150 à 210 du 3 juin 2015 * BOI-BIC-CHG-20-30-30 n°s 1 à 80 du 1er mars 2017.

9. Dossiers techniques des substances chimiques (Reach). Les dépenses de constitution des dossiers techniques de substances chimiques réalisés en application du règlement européen Reach constituent des frais de développement s'ils sont réalisés en interne (et non pas acquis). Ils peuvent donc être comptabilisés en tant que charges. * Lettre de la DLF au Medef, 31 mai 2010.

Art. 236 *bis* Si une entreprise qui a opté pour le régime défini au deuxième alinéa du 1° *bis* du 1 de l'article 39 est absorbée par une entreprise qui n'a pas exercé cette option, l'indemnité pour congés payés correspondant aux droits acquis par les salariés transférés, durant la période neutralisée définie ci-après, n'est pas déductible. Cette période neutralisée est celle durant laquelle ont été acquis les droits non utilisés par ces salariés à la date de la fusion. Sa durée ne peut être inférieure à celle de la période d'acquisition des droits à congés payés non utilisés à la clôture de l'exercice de la société absorbante qui est en cours lors de la fusion ; elle est au minimum de sept mois. L'indemnité correspondant à ces derniers droits est considérée comme déduite du point de vue fiscal.

Si la charge déduite des résultats imposables de cet exercice par la société absorbante au titre des droits effectivement utilisés durant ce même exercice par les salariés transférés est inférieure à l'indemnité correspondant à la période neutralisée définie au premier alinéa, la différence est réintégrée aux résultats imposables de cet exercice.

En cas d'apport partiel d'actif, de scission et de transfert de salariés avec maintien des contrats de travail, il est fait application des dispositions du présent article.

Ces dispositions s'appliquent aux charges sociales et fiscales afférentes aux indemnités pour congés payés.

Un décret fixe les modalités d'application du présent article. — *V. Ann. III, art. 49 octies à 49 octies D.*

Art. 236 *ter* Pour l'établissement de l'impôt sur le revenu ou de l'impôt sur les sociétés, les dépenses exposées à l'occasion d'études archéologiques préalables ou d'opérations archéologiques qui constituent un élément du prix de revient d'une immobilisation peuvent être déduites des résultats de l'exercice au cours duquel elles sont engagées, si elles sont effectuées en application des dispositions de la loi du 27 septembre 1941 modifiée portant réglementation des fouilles archéologiques, de la loi n° 76-629 du 10 juillet 1976 modifiée relative à la protection de la nature et de la loi n° 76-1285 du 31 décembre 1976 portant réforme de l'urbanisme.

Les sommes ainsi déduites sont rapportées aux résultats du même exercice et des exercices suivants, au même rythme que l'amortissement de l'immobilisation et, en cas de cession de celle-ci, à ceux de l'exercice en cours à la date de la cession pour leur fraction non encore rapportée ou pour leur totalité selon que l'immobilisation est amortissable ou non. — *Application pour les dépenses engagées à compter du 1er janv. 1997.*

Art. 237 Les dépenses afférentes aux publicités prohibées par les articles L. 3323-2, L. 3323-4 et L. 3323-5 du code de la santé publique ne sont pas admises en déduction pour la détermination des bénéfices soumis à l'impôt sur le revenu ou à l'impôt sur les sociétés.

Art. 237 *bis* Conformément aux dispositions du premier alinéa de l'article L. 5422-10 du code du travail, les contributions des employeurs au financement de l'allocation d'assurance prévue à l'article L. 5422-1 du même code ainsi que l'allocation complémentaire prévue à l'article L. 3232-6 du code précité sont déductibles du bénéfice imposable pour l'établissement de l'impôt sur le revenu ou de l'impôt sur les sociétés dû par ces employeurs.

Art. 237 *bis* A I. — Les sommes portées au cours d'un exercice à la réserve spéciale de participation constituée en application du titre II du livre III de la troisième partie du code du travail sont déductibles pour l'assiette de l'impôt sur les sociétés ou de l'impôt sur le revenu exigible au titre de l'exercice au cours duquel elles sont réparties entre les salariés. L'application de cette disposition est subordonnée au dépôt de l'accord de participation à la direction départementale du travail et de l'emploi du lieu où cet accord a été conclu. – *Sur la participation, V. C. trav., art. L. 3322-1 s.* – **C. *trav.***

II. – 1. Les entreprises peuvent constituer, en franchise d'impôt, une provision pour investissement égale à 50 % du montant des sommes portées à la réserve spéciale de participation au cours du même exercice et admises en déduction des bénéfices imposables, qui sont attribuées en plus de la participation de droit commun en application d'accords qui répondent aux conditions prévues à l'article L. 3324-2 du code du travail. – *V. Ann. II, art. 171 bis.*

Les entreprises ayant adopté un régime facultatif conformément aux articles L. 3323-6 et L. 3323-7 du code du travail peuvent également constituer, dans les mêmes conditions, une provision pour investissement égale à 25 % du montant des sommes portées à la réserve de participation au cours du même exercice et qui correspondent à la participation de droit commun. Ce taux est porté à 50 % pour les accords existant à la date de publication de la loi n° 2001-152 du 19 février 2001 sur l'épargne salariale et ceux conclus au plus tard deux ans après cette publication. Ce taux est porté à 50 % pour les accords conclus dans les trois ans de la publication de la loi n° 2006-1770 du 30 décembre 2006 pour le développement de la participation et de l'actionnariat salarié et portant diverses dispositions d'ordre économique et social.

Le montant de la provision visée aux premier et deuxième alinéas est réduit de moitié lorsque les accords prévoient que les sommes attribuées sont indisponibles pendant trois ans seulement.

Les entreprises employant moins de cent salariés ayant conclu un accord d'intéressement en application du titre Ier du livre III de la troisième partie du code du travail à la date de la publication de la loi n° 2001-152 du 19 février 2001 précitée ou dans un délai de deux ans après cette publication et ayant un plan d'épargne mis en place en application du titre III du livre III de la troisième partie du code du travail peuvent constituer, en franchise d'impôt, une provision pour investissement égale à 50 % du montant des sommes mentionnées aux articles L. 3332-11 à L. 3332-13 dudit code qui complètent le versement du salarié issu de l'intéressement et affecté au plan d'épargne.

Les entreprises peuvent constituer, en franchise d'impôt, une provision pour investissement égale à 25 % du montant des versements complémentaires effectués dans le cadre du plan d'épargne pour la retraite collectif défini aux articles L. 3334-1 à L. 3334-16 du code du travail. Ce taux est porté à 50 % pour les versements complémentaires investis en titres donnant accès au capital de l'entreprise.

Les entreprises qui versent, au titre du plan d'épargne pour la retraite collectif défini aux articles L. 3334-1 à L. 3334-16 du code du travail et dans le cadre des dispositions des articles L. 3332-11 à L. 3332-13 du même code, des sommes complémentaires au montant versé par leurs salariés pour l'acquisition de parts de fonds régis par les quinzième à dix-huitième alinéas de l'article L. 214-164 du code monétaire et financier peuvent constituer, en franchise d'impôt, une provision pour investissement égale à 35 % des versements complémentaires. Les titres d'entreprises solidaires ou d'organismes acquis doivent être conservés pendant deux ans au moins par le fonds.

2. Les sociétés anonymes à participation ouvrière peuvent constituer, en franchise d'impôt, à la clôture de chaque exercice, une provision pour investissement d'un montant égal à 50 % des sommes portées à la réserve spéciale de participation au cours du même exercice et admises en déduction du bénéfice imposable. Ce montant est porté à 75 % lorsque les entreprises concernées affectent, au titre de chaque exercice, à un compte de réserve non distribuable, par prélèvement sur les résultats, une somme égale à 25 % des sommes portées à la réserve spéciale de participation au cours du même exercice et admises en déduction des bénéfices imposables. En cas de dissolution, la réserve provenant de cette affectation ne peut être répartie qu'entre les seuls détenteurs d'actions de travail.

3. Le montant de la provision pour investissement que les sociétés coopératives de production peuvent constituer en franchise d'impôt à la clôture d'un exercice est au plus égal à celui des sommes portées à la réserve spéciale de participation au titre du même exercice. Les dotations à la réserve légale et au fonds de développement de ces sociétés peuvent tenir lieu, à due concurrence, de provision pour investissement.

Cette disposition n'est pas applicable aux sociétés coopératives de production dont le capital est détenu pour plus de 50 % par des personnes définies au 1 *quinquies* de l'article 207 et des titulaires de certificats coopératifs d'investissement, à l'exception de celles dont la majorité du capital est détenue par une autre société coopérative de production dans les conditions prévues à l'article 25 de la loi n° 78-763 du 19 juillet 1978 portant statut des sociétés coopératives de production. — *V. Décr. n° 2014-1758 du 31 déc. 2014.*

Cette disposition est toutefois applicable aux sociétés coopératives de production issues de la transformation d'autres sociétés dans les conditions prévues aux articles 48 à 52 de la même loi et pour lesquelles les associés non coopérateurs s'engagent, au moment de la transformation et dans des conditions fixées par décret, à céder un nombre de parts sociales suffisant pour permettre aux associés coopérateurs de détenir au moins 50 % du capital de la société au plus tard le 31 décembre de la septième année qui suit celle de la transformation en société coopérative de production.

Cette disposition est également applicable aux sociétés coopératives de production qui ont constitué entre elles un groupement relevant des articles 47 *bis* à 47 *septies* de ladite loi *[n° 78-763 du 19 juill. 1978]*et dont la majorité du capital est détenue par une ou plusieurs sociétés coopératives membres de ce groupement ou par des salariés employés par les autres sociétés coopératives membres de ce groupement.

En cas de non-respect de l'engagement mentionné au troisième alinéa et par dérogation au premier alinéa du 4, la société rapporte au résultat imposable de l'exercice en cours ou clos le 31 décembre de la septième année suivant celle de la transformation en société coopérative de production une somme correspondant aux excédents de provisions pour investissement admis en déduction en application du présent 3 par rapport au montant de provision déductible en application du 2. Les droits correspondants sont majorés de l'intérêt de retard prévu à l'article 1727, décompté à partir de l'exercice au cours duquel la provision a été déduite.

4. La provision visée aux 1 à 3 est rapportée au bénéfice imposable si elle n'est pas utilisée dans le délai de deux ans à l'acquisition ou la création d'immobilisations. Ce délai est porté à quatre ans pour les sociétés coopératives de production lorsque la provision pour investissement est représentée par des dotations à la réserve légale et au fonds de développement.

La provision visée au cinquième alinéa du 1 peut également être utilisée au titre des dépenses de formation prévues à l'article L. 3341-3 du code du travail.

5. Lorsqu'un accord est conclu au sein d'un groupe de sociétés soumis au régime défini aux articles 223 A et suivants et aboutit à dégager une réserve globale de participation, la provision pour investissement est constituée par chacune des sociétés intéressées dans la limite de sa contribution effective à la participation globale. Toutefois, chacune de ces sociétés peut transférer tout ou partie de son droit à constitution de ladite provision à l'une des autres sociétés du groupe dont il s'agit, ou à plusieurs d'entre elles.

6. Lorsqu'un plan d'épargne pour la retraite collectif défini aux articles L. 3334-1 à L. 3334-16 du code du travail est créé par un accord de groupe prévu par les articles L. 3344-1 et L. 3344-2 du même code, la provision pour investissement est constituée par chacune des sociétés intéressées dans la limite des contributions complémentaires effectivement versées dans ce cadre. Toutefois, chacune de ces sociétés peut, sur autorisation du ministre chargé des finances, transférer tout ou partie de son droit à constitution de ladite provision à l'une des autres sociétés du groupe dont il s'agit, ou à plusieurs d'entre elles.

III. — Les dispositions du présent article s'appliquent pour chaque entreprise au premier jour du premier exercice ouvert après le 23 octobre 1986.

IV. — Les provisions prévues aux 1 et 2 du II cessent d'être admises en déduction des résultats imposables constatés au titre des exercices clos à compter du 17 août 2012. A compter de ces mêmes exercices, les 5 et 6 du II s'appliquent aux seules provisions constituées en application du 3 dudit II.

Les provisions mentionnées au premier alinéa du présent IV figurant à l'ouverture du premier exercice clos à compter de cette même date sont rapportées aux résultats imposables dans les conditions prévues au 4 du II.

Régime de la provision pour investissement. Suppression de la déductibilité des provisions pour investissement constituées dans le cadre de la participation des salariés. * BOI-BIC-PTP-10-20-10-10 du 5 août 2015.

Art. 237 *ter* **Les sommes versées par l'entreprise, en application de plans d'épargne constitués conformément aux dispositions du titre III du livre III de la troisième partie du code du travail sont déduites de son bénéfice pour l'assiette de l'impôt sur le revenu ou de l'impôt sur les sociétés.** — *V. C. trav., art. L. 3332-1 s.* — ***C. trav.*** *p. 17179.*

Régime de la déduction. Commentaire administratif. * Circ. 14 sept. 2005 : *JO 1er nov. 2005.*

Art. 237 *ter* A **I. — Conformément au premier alinéa de l'article L. 3315-1 du code du travail et sous réserve des dispositions prévues au troisième alinéa du même article, le montant des participations versées en espèces par les entreprises en application d'un contrat d'intéressement est déductible des bases retenues pour l'assiette de l'impôt sur les sociétés ou de l'impôt sur le revenu.**

II. — A compter du 1er janvier 1991, les dividendes des actions de travail qui sont attribuées aux salariés des sociétés anonymes à participation ouvrière régies par la loi du 26 avril 1917 bénéficient des dispositions du I.

Intéressement. Régime de la déduction. Commentaire administratif. * BOI-BIC-PTP-20-10 nos 290 et 300 du 4 janv. 2013.

Art. 237 *quater* **Les dons reçus par une entreprise ayant subi un sinistre survenu à la suite d'une catastrophe naturelle constatée par arrêté pris en application de l'article L. 125-1 du code des assurances ou d'un événement ayant des conséquences dommageables, mentionné par un arrêté contresigné par le ministre du Budget pris en application du présent dispositif** *[V. Arr. du 21 mars 2003 (JO 28 mars), mod. par Arr. du 2 déc. 2003 (JO 11 déc.)]* **ne sont pas pris en compte pour la détermination des résultats imposables.** — *Ces dispositions s'appliquent pour la détermination des résultats imposables des exercices ouverts à compter du 1er janv. 2002. — Les dons reçus dans les conditions prévues à l'art. 237 quater et pris en compte pour la détermination des résultats imposables des exercices ouverts à compter du 1er janv. 1999 et jusqu'au 31 déc. 2001 sont déductibles du résultat imposable du premier exercice ouvert à compter du 1er janv. 2002 (L. no 2002-1576 du 30 déc. 2002, art. 48-II et III).*

1. Doctrine administrative. Entreprises concernées. Dons non imposables. Nature des sinistres. * BOI-BIC-BASE-30 nos 70 à 160 du 3 févr. 2016. ♦ Sur la nature des sinistres concernés, V. égal. * Arr. du 21 mars 2003 (*JO 28 mars*) et Arr. du 2 déc. 2003 (*JO 11 déc.*).

2. Aides versées par le Fonds de calamités de l'APCMA aux entreprises sinistrées par la tempête Xynthia. Ces aides n'ont pas à être prises en compte dans le résultat imposable des bénéficiaires, dans la mesure où elles constituent une aide de secours globale n'ayant pas de contrepartie effective. * Rescrit 26 juill. 2011, no 2011/21 FE. * BOI-BIC-BASE-30 no 120 du 3 févr. 2016.

Art. 237 *quinquies* *(Abrogé par L. no 2018-771 du 5 sept. 2018, art. 37-VI et 46, à compter du 1er janv. 2019)* ***Conformément aux dispositions du deuxième alinéa de l'article L. 6332-8 du code du travail, les contributions versées par les employeurs aux fonds d'assurance-formation sont déductibles pour l'établissement de l'impôt sur le revenu ou de l'impôt sur les sociétés dû par ces employeurs.***

Art. 237 *sexies* **1. Les produits et charges correspondant aux pénalités de retard mentionnées à l'article** *(Ord. no 2019-698 du 3 juill. 2019, art. 6-1o)* **« L. 441-9 et au II de l'article L. 441-10 » du code de commerce sont respectivement rattachés, pour la détermination du résultat imposable à l'impôt sur le revenu ou à l'impôt sur les sociétés, à l'exercice de leur encaissement et de leur paiement.**

2. Les dispositions du 1 s'appliquent aux pénalités de retard afférentes à des créances et dettes nées à compter de la date d'entrée en vigueur de la loi no 2001-420 du 15 mai 2001 relative aux nouvelles régulations économiques.

Doctrine administrative. Les règles relatives aux pénalités de retard dues en cas de paiement tardif des créances commerciales ont été modifiées (L. n° 2001-420 du 15 mai 2001, art. 53). Désormais, la facture doit normalement préciser le taux des pénalités exigibles le jour suivant la date de règlement inscrite sur la facture (C. com., art. L. 441-3), tandis que les pénalités de retard sont exigibles sans qu'un rappel soit nécessaire (C. com., art. L. 441-6). Dès lors que les pénalités de retard sont exigibles sans mise en demeure, l'art. 237 *sexies* prévoit que les produits et charges correspondant aux pénalités de retard mentionnées aux art. L. 441-3 et L. 441-6 C. com. sont respectivement rattachés, pour la détermination du résultat imposable à l'IR ou à l'IS, à l'exercice de leur encaissement et de leur décaissement. Ces modalités s'appliquent également aux indemnités forfaitaires pour frais de recouvrement en cas de retard de paiement dans les transactions commerciales instituées par l'art. 121 de la L. n° 2012-387 du 22 mars 2012. En revanche, les indemnités complémentaires susceptibles d'être demandées par les créanciers sur justification doivent être rattachées aux résultats de l'exercice au cours duquel la décision de justice les octroyant est devenue définitive. * BOI-BIC-BASE-20-10 n° 230 du 4 déc. 2012.

Art. 237 *septies* I. — **La majoration ou la minoration du bénéfice imposable du premier exercice ouvert à compter du 1er janvier 2005 résultant de l'application aux immobilisations de la méthode par composants est répartie, par parts égales, sur cet exercice et les quatre exercices ou périodes d'imposition suivants.**

Toutefois, lorsque le montant de la majoration ou minoration mentionnée au premier alinéa n'excède pas 150 000 €, l'entreprise peut renoncer à l'étalement prévu à ce même alinéa.

II. — Le montant des charges à répartir, à l'exception des droits de mutation, honoraires ou commissions et frais d'actes, transféré dans un compte d'immobilisation au titre des exercices ouverts à compter du 1er janvier 2004, ne peut être amorti ou déprécié.

Pour l'application des dispositions de l'article 39 *duodecies*, les plus ou moins-values sont respectivement majorées ou minorées du montant des charges à répartir mentionnées au premier alinéa diminué des amortissements exclus des charges déductibles en application du même alinéa.

III. — Un décret en Conseil d'État précise les conditions d'application du I. — *V. Ann. II, art. 15 bis.*

Amortissement par composants. L'art. 237 *septies* prévoit d'étaler sur cinq ans les conséquences sur les résultats imposables au titre du premier exercice ouvert à compter du 1er janv. 2005 de la première application de la méthode par composants. L'adoption de cette nouvelle méthode de comptabilisation et d'amortissement des éléments principaux d'une immobilisation, dénommée usuellement la méthode par composants, s'inscrit dans le cadre de la modernisation du plan comptable général entreprise par le Comité de la réglementation comptable qui a adopté deux règlements n° 2002-10 relatif aux amortissements et aux dépréciations des actifs et n° 2004-06 relatif à la définition, à la comptabilisation et à l'évaluation des actifs. L'Administration a commenté l'ensemble de ces adaptations et précisé les modalités d'articulation entre les nouvelles normes comptables en matière d'actifs et les règles fiscales. * BOI-BIC-AMT-10-10 n° 90 du 12 sept. 2012.

Art. 238 *(L. n° 2018-1317 du 28 déc. 2018, art. 37-I-15°)* **I. — Les entreprises soumises de plein droit ou sur option à un régime réel d'imposition peuvent, dans les conditions prévues au présent article, soumettre à une imposition séparée au taux prévu au deuxième alinéa du *a* du I de l'article 219 le résultat net de la concession de licences d'exploitation des éléments présentant le caractère d'actifs incorporels immobilisés suivants :**

1° Les brevets, les certificats d'utilité et les certificats complémentaires de protection rattachés à un brevet ;

2° Les certificats d'obtention végétale ;

3° Les logiciels protégés par le droit d'auteur ;

4° Les procédés de fabrication industriels qui :

***a)* Constituent le résultat d'opérations de recherche ;**

***b)* Sont l'accessoire indispensable de l'exploitation d'une invention mentionnée au 1° ;**

***c)* Font l'objet d'une licence d'exploitation unique avec l'invention ;**

5° Les inventions dont la brevetabilité a été certifiée par l'Institut national de la propriété industrielle. — *Pour l'entrée en vigueur du 5° du I du présent art., V. L. n° 2018-1317 du 28 déc. 2018, art. 37-III-2.*

Le présent 5° s'applique aux contribuables dont le chiffre d'affaires mondial du groupe auquel ils appartiennent n'excède pas cinquante millions d'euros et dont les revenus bruts issus de la totalité des actifs incorporels mentionnés au présent I ne dépassent pas 7,5 millions d'euros par an, en moyenne sur les cinq derniers exercices. Pour l'application de ces dispositions, le groupe s'entend de l'ensemble des entreprises françaises ou étrangères placées sous le contrôle d'une même société ou personne morale, au sens de l'article L. 233-16 du code de commerce.

(L. n° 2019-1479 du 28 déc. 2019, art. 56, applicable aux exercices clos à compter du 31 déc. 2019) « Lorsque les sociétés de personnes mentionnées aux articles 8 et 238 *bis* L du présent code ou les groupements mentionnés aux articles 239 *quater*, 239 *quater* B et 239 *quater* C ne sont pas soumis à l'impôt sur les sociétés et déterminent un résultat net selon les modalités prévues au présent article, leurs associés sont personnellement imposés au taux prévu au deuxième alinéa du *a* du I de l'article 219 pour la part de ce résultat correspondant à leurs droits dans ces sociétés ou ces groupements, à condition qu'il s'agisse de redevables de l'impôt sur les sociétés ou de personnes physiques participant à l'exploitation au sens du 1° *bis* du I de l'article 156. »

II. — 1. Le résultat net de la concession est déterminé par différence entre les revenus, acquis au cours de l'exercice, tirés des actifs éligibles et les dépenses de recherche et de développement qui se rattachent directement à ces actifs et qui sont réalisées, directement ou indirectement par l'entreprise, au cours du même exercice. Au titre du premier exercice pour lequel le revenu net est calculé, celui-ci est diminué de l'ensemble des dépenses en lien direct avec la création, l'acquisition et le développement de l'actif incorporel, y compris celles réalisées antérieurement au cours des exercices ouverts à compter de la date à laquelle l'option pour le présent régime est exercée par l'entreprise dans les conditions prévues au V.

2. Lorsque le résultat net déterminé au 1 est négatif, il est imputé sur les résultats nets de concession du même actif, du même bien ou service ou de la même famille de biens ou services réalisés au cours des exercices suivants.

III. — 1. Pour la détermination du résultat net imposé en application du I, le résultat net bénéficiaire déterminé au 1 du II est multiplié par le rapport existant entre, au numérateur, les dépenses de recherche et de développement en lien direct avec la création et le développement de l'actif incorporel réalisées directement par le contribuable ou par des entreprises sans lien de dépendance au sens du 12 de l'article 39 avec celui-ci et, au dénominateur, l'intégralité des dépenses de recherche et de développement ou d'acquisition en lien direct avec la création, l'acquisition et le développement de l'actif incorporel et réalisées directement ou indirectement par le contribuable.

Pour l'application du rapport mentionné au premier alinéa du présent 1, il n'est pas tenu compte des coûts afférents aux emprunts, aux terrains et aux bâtiments. — *Pour la détermination du rapport prévu au présent 1 du III, V. L. n° 2018-1317 du 28 déc. 2018, art. 37-III-3.*

2. Le rapport mentionné au 1 est calculé au titre de chaque exercice et tient compte des dépenses réalisées par le contribuable au titre de cet exercice ainsi que de celles réalisées au titre des exercices antérieurs.

Par dérogation au premier alinéa du présent 2, le contribuable peut ne tenir compte, au titre des dépenses réalisées au cours des exercices antérieurs, que de celles réalisées au titre des exercices ouverts à compter du 1er janvier 2019. — *Le présent al. s'applique aux exercices ouverts à compter du 1er janv. 2021 (L. n° 2018-1317 du 28 déc. 2018, art. 37-III-4).*

Les dépenses du numérateur sont retenues pour 130 % de leur montant. Le rapport obtenu est arrondi au nombre entier supérieur et ne peut pas excéder 100 %. — *Par dérogation aux deux premiers al. du 2 du présent III, pour les deux premiers exercices ouverts en 2019 et en 2020, le rapport prévu au 1 du III du présent art. peut être déterminé en retenant les dépenses de l'exercice en cours et des deux exercices ouverts au cours des deux années antérieures appréciées globalement au niveau du contribuable.*

3. Par dérogation au 1, le contribuable peut, en raison de circonstances exceptionnelles et après obtention d'un agrément délivré dans les conditions prévues à l'arti-

cle 1649 *nonies*, substituer au rapport défini au 1 du présent III un rapport de remplacement représentant la proportion de la valeur de l'actif éligible qui serait effectivement attribuable aux activités de recherche et développement réalisées directement par le contribuable ou par des entreprises sans lien de dépendance au sens du 12 de l'article 39 avec celui-ci.

La proportion de la valeur mentionnée au premier alinéa du présent 3 correspond à celle que lui reconnaîtraient des personnes sans lien de dépendance avec le contribuable au sens du 12 de l'article 39 qui auraient engagé, dans des conditions analogues, ces activités de recherche et développement.

L'agrément mentionné au premier alinéa du présent 3 est délivré lorsque :

a) Le rapport mentionné au 1 est supérieur à 32,5 % ;

b) Le rapport de remplacement mentionné au premier alinéa du présent 3 est significativement supérieur au rapport défini au 1 du fait de circonstances exceptionnelles indépendantes de la volonté du contribuable.

L'agrément est valable pour une période de cinq exercices sous réserve que les conditions mentionnées aux *a* et *b* du présent 3 continuent d'être satisfaites à la clôture de chacun des exercices concernés.

Par dérogation à l'article 1649 *nonies*, la demande d'agrément est déposée au moins six mois avant la date limite de déclaration de résultat du premier exercice au titre duquel le bénéfice du rapport de remplacement est sollicité.

IV. — Les II et III peuvent être calculés distinctement pour chacun des actifs mentionnés au I ou en faisant masse des actifs concourant à la production d'un bien ou service identifié ou d'une famille de biens ou services. Lorsque les frais en cause se rattachent à plusieurs actifs ou groupes d'actifs, l'entreprise les affecte au prorata de la valeur ajoutée qu'ils procurent à chaque actif ou groupe d'actifs ou, par défaut, à proportion du revenu que génère chaque actif ou chaque groupe d'actifs.

Lorsque l'entreprise effectue un suivi par bien ou service ou par famille de biens ou services, elle justifie ce choix au regard de l'impossibilité pour elle de l'effectuer, selon le cas, par actif ou par bien ou service, en respectant une permanence et une cohérence dans la méthode retenue. — *Par dérogation au présent IV, pour les deux premiers exercices ouverts en 2019 et en 2020, le rapport prévu au 1 du III du présent art. peut être déterminé en retenant les dépenses de l'exercice en cours et des deux exercices ouverts au cours des deux années antérieures appréciées globalement au niveau du contribuable.*

V. — L'option pour le régime prévu au présent article est formulée pour chaque actif, bien ou service ou famille de biens ou services dans la déclaration de résultat de l'exercice au titre duquel elle est exercée. Une annexe jointe à la déclaration de résultat détaille, pour chaque actif, bien ou service ou famille de biens ou services, les calculs réalisés pour l'application des II et III.

Cette annexe fait apparaître distinctement la liste des inventions mentionnées au 5° du I ainsi que la somme des résultats nets issus de cette catégorie d'actifs. — *Pour l'entrée en vigueur du présent al., V. L. n° 2018-1317 du 28 déc. 2018, art. 37-III-2.*

Le cas échéant, cette annexe fait apparaître distinctement la liste des actifs pour lesquels le résultat net imposé en application du I a été calculé en faisant usage du rapport de remplacement prévu au 3 du III et la somme des résultats nets issus de cette catégorie d'actifs.

L'entreprise qui cesse d'appliquer le régime prévu au présent article au titre d'un exercice donné en perd définitivement le bénéfice pour chaque actif, bien ou service ou famille de biens ou services concerné.

VI. — Le présent article est également applicable dans les mêmes conditions au résultat net d'une sous-concession d'un actif incorporel mentionné au I. Les redevances dues par l'entreprise sous-concédante sont prises en compte dans le résultat net de sous-concession calculé conformément au 1 du II et au dénominateur du ratio mentionné au 1 du III.

VII. — Le présent article est également applicable dans les mêmes conditions au résultat net de cession d'un actif incorporel mentionné au I lorsque les conditions supplémentaires suivantes sont remplies :

1° L'actif incorporel n'a pas été acquis à titre onéreux depuis moins de deux ans ;

2° Il n'existe pas de liens de dépendance entre l'entreprise cédante et l'entreprise cessionnaire au sens du 12 de l'article 39.

Sous réserve des 2 et 4 du III de l'art. 37 de la L. n° 2018-1317 du 28 déc. 2018, les dispositions du présent art. s'appliquent aux exercices ouverts à compter du 1er janv. 2019 (L. préc., art. 37-III-1).

BIBL. ▶ BOGAERT, *BFL 2019, p. 665* (le nouveau régime d'imposition des produits de la propriété intellectuelle : principaux changements et opportunités). – SILBERZTEIN et BRICARD, *Dr. fisc. 2019. 172* (réforme des modalités d'imposition des produits de propriété industrielle). – OUDENOT, *ibid. 2020. 273* (le régime des produits et charges de la propriété industrielle).

Régime optionnel applicable aux opérations portant sur les brevets et actifs incorporels assimilés. 1° Champ d'application. * BOI-BIC-BASE-110-10 du 22 avr. 2020. 2° Conditions d'application * BOI-BIC-BASE-110-20 du 22 avr. 2020. 3° Régime fiscal du résultat net de la cession, de la concession ou de la sous-concession de brevets et actifs incorporels assimilés. * BOI-BIC-BASE-110-30 du 22 avr. 2020. 4° Application du régime dans les groupes intégrés. * BOI-IS-GPE-20-20-120 du 22 avr. 2020.

Art. 238-0 A **1. Sont considérés comme non coopératifs, à la date du 1er janvier 2010, les États et territoires** *(Abrogé par L. n° 2018-898 du 23 oct. 2018, art. 31-I-A et IV, à compter du 1er déc. 2018)* ***« non membres de la Communauté européenne »*** **dont la situation au regard de la transparence et de l'échange d'informations en matière fiscale a fait l'objet d'un examen par l'Organisation de coopération et de développement économiques et qui, à cette date, n'ont pas conclu avec la France une convention d'assistance administrative permettant l'échange de tout renseignement nécessaire à l'application de la législation fiscale des parties, ni signé avec au moins douze États ou territoires une telle convention.**

La liste des États et territoires non coopératifs est fixée par un arrêté des ministres chargés de l'économie et du budget après avis du ministre des affaires étrangères. — *La liste des États et territoires non coopératifs a été fixée par l'Arr. du 12 févr. 2010 (JO 17 févr.), mod. en dernier lieu par l'Arr. du 2 mars 2022 (JO 16 mars). — Pour 2012, V. Arr. du 12 févr. 2010 (JO 17 févr.), mod. par Arr. du 14 avr. 2011 (JO 29 avr.), Arr. du 4 avr. 2012 (JO 12 avr.), Arr. du 21 août 2013 (JO 28 août), Arr. du 17 janv. 2014 (JO 19 janv.). Cette liste fait l'objet d'un débat, chaque année, devant les commissions permanentes compétentes en matière de finances et d'affaires étrangères de l'Assemblée nationale et du Sénat (L. n° 2013-672 du 26 juill. 2013, art. 6).*

2. La liste mentionnée au 1 est mise à jour, au moins une fois chaque année, dans les conditions suivantes :

a) **En sont retirés les États ou territoires ayant conclu avec la France une convention d'assistance administrative permettant d'échanger tout renseignement nécessaire à l'application de la législation fiscale des parties ;**

b) **Y sont ajoutés ceux des États ou territoires ayant conclu avec la France une convention d'assistance administrative dont les stipulations ou la mise en œuvre n'ont pas permis à l'administration des impôts d'obtenir les renseignements nécessaires à l'application de la législation fiscale française, ainsi que les États et territoires qui n'ont pas conclu avec la France de convention d'assistance administrative permettant l'échange de tout renseignement nécessaire à l'application de la législation fiscale des parties et auxquels la France avait proposé, avant le 1er janvier de l'année précédente, la conclusion d'une telle convention ;**

c) **En sont retirés ou y sont ajoutés les États ou territoires n'ayant pas conclu avec la France une convention d'assistance administrative, auxquels la France n'avait pas proposé la conclusion d'une telle convention avant le 1er janvier de l'année précédente, et dont le forum mondial sur la transparence et l'échange d'informations en matière fiscale, créé par la décision du conseil de l'Organisation de coopération et de développement économiques en date du 17 septembre 2009, considère, selon le cas, qu'ils procèdent, ou non, à l'échange de tout renseignement nécessaire à l'application des législations fiscales.**

(Abrogé par L. n° 2018-898 du 23 oct. 2018, art. 31-I-A et IV, à compter du 1er déc. 2018) ***« L'arrêté des ministres chargés de l'économie et du budget modifiant la liste, pris après avis du ministre des affaires étrangères, indique le motif qui, en application des a, b et c, justifie l'ajout ou le retrait d'un État ou territoire. »***

(L. n° 2018-898 du 23 oct. 2018, art. 31-I-A et IV, en vigueur le 1er déc. 2018) **« 2 bis. Nonobstant le 2, sont inscrits sur la liste mentionnée au 1 les États et territoires,**

autres que ceux de la République française, figurant à la date de publication de l'arrêté mentionné au même 1 sur l'annexe I, le cas échéant actualisée, relative à la liste de l'Union européenne des pays et territoires non coopératifs à des fins fiscales, des conclusions adoptées par le Conseil de l'Union européenne le 5 décembre 2017, pour l'un des motifs suivants :

« 1° Ils ne respectent pas le critère, défini à l'annexe V des conclusions du Conseil de l'Union européenne citées ci-dessus, relatif aux États ou territoires facilitant la création de structures ou de dispositifs extraterritoriaux destinés à attirer des bénéfices qui n'y reflètent pas une activité économique réelle ;

« 2° Ils ne respectent pas au moins un des autres critères définis à la même annexe V. — *Le présent 2 bis s'applique à compter du 1er déc. 2018 (L. n° 2018-898 du 23 oct. 2018, art. 31-IV). — La prise en compte des États et territoires figurant sur la liste de l'Union européenne des pays et territoires non coopératifs à des fins fiscales est effective depuis l'Arr. du 6 janv. 2020 (JO 7 janv.).*

« 2 *ter*. L'arrêté des ministres chargés de l'économie et du budget modifiant la liste indique le motif qui, en application du 2 et des 1° ou 2° du 2 *bis*, justifie l'ajout ou le retrait d'un État ou territoire. »

3. Les dispositions du présent code *(L. n° 2018-898 du 23 oct. 2018, art. 31-I-A et IV, en vigueur le 1er déc. 2018)* **« et du livre des procédures fiscales relatives aux États ou territoires non coopératifs s'appliquent à ceux qui sont ajoutés à cette liste par arrêté pris en application des 2 et 2 *bis* », à compter du premier jour du troisième mois qui suit la publication de celui-ci.**

Elles cessent de s'appliquer à la date de publication de l'arrêté qui les retire de cette liste.

V. Arr. du 26 févr. 2021, art. 1er et 2 (JO 4 mars).

BIBL. ▸ CHAPELLIER et PERROT, *BFL 2010, p. 423* (paiements d'intérêts et de dividendes vers les États et territoires non coopératifs : la nouvelle donne pour les émetteurs et les emprunteurs français).

1. Commentaire des dispositifs de lutte contre la fraude et l'évasion fiscale à l'encontre des États et territoires non coopératifs (ETNC). Notion d'État ou territoire non coopératif. Mesures applicables aux transactions réalisées par des résidents français avec des États ou territoires non coopératifs. Mesures applicables aux transactions réalisées par des résidents d'États ou territoires non coopératifs ou localisées dans ces États. * BOI-INT-DG-20-50 du 11 févr. 2014.

2. Liste des États et territoires non coopératifs. Un arrêté du 6 janv. 2020 a modifié la liste des ETNC en matière fiscale. Le Botswana, Brunei, le Guatemala, les îles Marshall, Nauru et Niue sont retirés de la liste. Sont ajoutés à la liste Anguilla, les Bahamas, les îles Vierges britanniques et les Seychelles ainsi que le Vanuatu, Fidji, Guam, les îles Vierges américaines, Oman, les Samoa américaines, Samoa et Trinité-et-Tobago.

Art. 238 A **Les intérêts, arrérages et autres produits des obligations, créances, dépôts et cautionnements, les redevances de cession ou concession de licences d'exploitation, de brevets d'invention, de marques de fabrique, procédés ou formules de fabrication et autres droits analogues ou les rémunérations de services, payés ou dus par une personne physique ou morale domiciliée ou établie en France à des personnes physiques ou morales qui sont domiciliées ou établies dans un État étranger ou un territoire situé hors de France et y sont soumises à un régime fiscal privilégié, ne sont admis comme charges déductibles pour l'établissement de l'impôt que si le débiteur apporte la preuve que les dépenses correspondent à des opérations réelles et qu'elles ne présentent pas un caractère anormal ou exagéré.**

Pour l'application du premier alinéa, les personnes sont regardées comme soumises à un régime fiscal privilégié dans l'État ou le territoire considéré si elles n'y sont pas imposables ou si elles y sont assujetties à des impôts sur les bénéfices ou les revenus dont le montant est inférieur de *(L. n° 2018-898 du 23 oct. 2018, art. 32, en vigueur le 1er janv. 2020)* **« 40 % ou plus** *[ancienne rédaction : plus de la moitié]* **» à celui de l'impôt sur les bénéfices ou sur les revenus dont elles auraient été redevables dans les conditions de droit commun en France, si elles y avaient été domiciliées ou établies.**

Toutefois, les intérêts, arrérages et autres produits des obligations, créances, dépôts et cautionnements, à l'exception de ceux dus au titre d'emprunts conclus avant le

1er mars 2010 ou conclus à compter de cette date mais assimilables à ces derniers, ainsi que les redevances de cession ou concession de licences d'exploitation, de brevets d'invention, de marques de fabrique, procédés ou formules de fabrication et autres droits analogues ou les rémunérations de services, payés ou dus par une personne physique ou morale domiciliée ou établie en France à des personnes physiques ou morales qui sont domiciliées ou établies dans un État ou territoire non coopératif au sens de l'article 238-0 A, ne sont pas admis comme charges déductibles pour l'établissement de l'impôt, sauf si le débiteur apporte la preuve mentionnée au premier alinéa et démontre que les opérations auxquelles correspondent les dépenses ont principalement un objet et un effet autres que de permettre la localisation de ces dépenses dans un État ou territoire non coopératif.

Les premier et troisième alinéas s'appliquent également à tout versement effectué sur un compte tenu dans un organisme financier établi dans un des États ou territoires visés, respectivement, aux premier et troisième alinéas.

1. Compatibilité avec les conventions internationales. Le dispositif de l'art. 238 A est compatible avec le droit communautaire et avec la Conv. EDH. • CAA Lyon, 7 mai 2008, n° 05LY646 : *RJF 2008. 1304 ; Dr. fisc. 2008. 36, concl. Gimenez.*

2. Bénéficiaire effectif. L'Administration est fondée à recourir aux dispositions de l'art. 238 A dès lors que les paiements sont effectués au profit d'un bénéficiaire établi dans un État à régime fiscal privilégié, la circonstance que ces sommes soient ensuite reversées à des tiers étant indifférente à cet égard. • CE 5 juin 2020 : *Min. c/ Sté Faraday,* nos 425789 et 42596 : *RJF 2020. 671, concl. Bokdam-Tognetti ; ibid. 2020. 871, chron. Guibé.*

3. Preuve à la charge de l'Administration. Lorsqu'elle se prévaut de l'art. 238 A pour contester la déduction de rémunérations, l'Administration doit justifier que le bénéficiaire de ces rémunérations est soumis hors de France à un régime fiscal privilégié. • CE 21 mars 1986, n° 53002 : *Dr. fisc. 1986. 1432 ; RJF 1986. 470, concl. Fouquet, p. 267.* ♦ ... Par comparaison avec celui auquel il serait soumis s'il les percevait en France. • CE 2 avr. 2003, nos 237751-237753 : *RJF 2003. 693 ; concl. Collin au BDCF 6/03, n° 75.* ♦ L'Administration justifie : qu'une société établie à Hong Kong qui a perçu des commissions d'une société française a bénéficié à Hong Kong d'un régime fiscal privilégié, dès lors qu'elle n'y a supporté aucun impôt direct sur les bénéfices tirés de son activité exercée en Thaïlande pour le compte de la société française, alors qu'elle aurait supporté en tant qu'entreprise exploitée en France une imposition de 33,33 % sur les bénéfices au titre de l'IS. • CE 19 nov. 2013, *Sté Alcatel Lucent France,* n° 364708 : *RJF 2014. 128.* ♦ ... Qu'une société établie en Tunisie doit être regardée comme soumise à un régime fiscal privilégié dès lors qu'elle y est placée sous le régime des sociétés totalement exportatrices et bénéficie de ce fait d'une exonération totale d'impôt sur les bénéfices pendant dix ans, puis d'une exonération de 50 % à compter de la onzième année. • TA Poitiers, 5 févr. 2015, *SARL Indigo Yacht,* n° 1200893 : *RJF 2015. 392.* ♦ ... Qu'une société américaine, établie dans l'État du Delaware et bénéficiant d'un régime de transparence pour l'imposition des bénéfices, doit être regardée comme soumise à un régime fiscal privilégié dès lors qu'elle n'a payé aucun impôt sur les bénéfices aux États-Unis et que ses deux associés, la société mère luxembourgeoise et une autre société américaine membre du groupe, n'ont pas acquitté d'impôt sur les bénéfices ni aux États-Unis ni au Luxembourg. • TA Montreuil, 17 mars 2016, *Sté Rexel,* n° 1403640 : *RJF 2016. 604.* ♦ Confirmation : un *limited partnership* américain bénéficie d'un régime fiscal privilégié dès lors qu'il n'est pas imposé dans son pays alors qu'une société en commandite simple à laquelle il doit être assimilé l'aurait été en France. • CAA Versailles, 5 mars 2019, *Min. c/ Sté Rexel,* n° 16VE02168 : *RJF 2019. 762, concl. Chayvialle.*

4. Notion de régime fiscal privilégié. Pour apprécier l'existence d'un régime fiscal privilégié dans un État étranger, il y a lieu de prendre en compte l'ensemble des impositions directes sur les bénéfices et revenus prévues par la législation de cet État. • CE 29 juin 2020, *Sté Bernys,* n° 433937 : *RJF 2020. 767, concl. Victor.* ♦ Appréciation de la situation fiscale du bénéficiaire étranger, qu'il soit directement établi dans un pays à fiscalité privilégiée ou qu'il perçoive les versements sur un compte tenu par un organisme financier établi dans un tel pays. • CE 4 avr. 2019, *Sté Control Union Inspections France (CUIF),* n° 413129 : *RJF 2019. 631, concl. Cytermann* • 4 avr. 2019, *Sté Gemar Lumitec,* n° 412284 : *RJF 2019. 632, concl. Cytermann.*

5. Preuve à la charge du contribuable. Il appartient, dans tout les cas, au contribuable, que la commission départementale des impôts ait été ou non saisie et, si elle l'a été, quel que soit le sens de son avis, d'établir lorsque l'Administration a remis en cause la déduction d'une charge sur le fondement de l'art. 238 A, la réalité des opérations auxquelles correspondent les dépenses exposées dont les montants ne doivent pas présenter un caractère anormal ou exagéré. • TA Rouen, 14 mars 2002, n° 97-1741 : *Dr. fisc. 2003. 345 ; RJF 2003. 606.* ♦ Il doit en outre justifier du principe de déductibilité des charges.

• CE 24 juin 2009, ⚖ n° 298582 : *RJF 2009. 820 ; concl. Olléon au BDCF 10/09, n° 111.*

6. Lorsque l'Administration a remis en cause la déduction d'une charge sur le fondement de l'art. 238 A, il appartient au contribuable d'apporter la preuve que les dépenses correspondent à des prestations réelles et qu'elles ne présentent pas un caractère anormal ou exagéré, nonobstant les dispositions, applicables sauf loi contraire, de l'art. L. 192 issues de la loi n° 87-502 du 8 juill. 1987 en vertu desquelles la charge de la preuve incombe à l'Administration lorsque la commission départementale des impôts a été saisie. • CE (na) 26 juill. 2006, n° 282595, *Sté des Hôtels et Casinos de Deauville : RJF 2007. 601.*

7. La déduction des versements effectués sur un compte tenu dans un organisme financier établi dans un État ou un territoire à fiscalité privilégiée (versements visés au 3e al.) n'est admise que si le débiteur apporte la preuve de la réalité des opérations et de l'absence de caractère anormal ou exagéré de la rémunération payée, quel que soit l'État ou le territoire dans lequel la personne au nom de laquelle le compte crédité est ouvert est domiciliée ou établie. • CE 18 mai 1998, ⚖ n° 157974 : *Dr. fisc. 1998. 1092, concl. Loloum ; RJF 1998. 790.*

8. Une société française, qui fabrique des composants électromécaniques et qui a conclu un accord avec une société étrangère, domiciliée dans l'île de Man, en vue de développer ses ventes sur le marché italien, moyennant le versement d'une commission assise sur le chiffre d'affaires réalisé, doit être regardée comme établissant que les commissions égales à 3 % des ventes effectuées sur ce marché étaient la rémunération non excessive d'opérations réelles dès lors qu'elle produit un état attestant du développement significatif des livraisons de matériels à destination de l'Italie, postérieurement à l'accord. • CE 10 août 2005, ⚖ n° 275983, *Sté Électromécanique du Nivernais : Dr. fisc. 2005. 712 ; RJF 2005. 138 ; concl. Glaser au BDCF 12/05, n° 151.*

9. Sommes dues ou payées à des personnes établies dans des États et territoires non coopératifs (ETNC). Notion d'ETNC. Principe d'interdiction de déduction. Clause de sauvegarde. Preuve à la charge du contribuable. * BOI-INT-DG-20-50 n° 520 du 11 févr. 2014.

Art. 238 B *(Abrogé par L. n° 2020-1721 du 29 déc. 2020, art. 64-I-4°)* ***Le montant de la taxe spéciale sur les films pornographiques ou d'incitation à la violence instituée par l'article 11-II-2 de la loi n° 75-1278 du 30 décembre 1975 n'est pas admis en déduction pour l'établissement de l'impôt sur les sociétés ou de l'impôt sur le revenu.***

Art. 238 *bis* ***[Al. applicable aux versements effectués au cours des exercices clos jusqu'au 30 déc. 2020]***

1. Ouvrent droit à une réduction d'impôt égale à 60 % de leur montant les versements, pris dans la limite de *(L. n° 2018-1317 du 28 déc. 2018, art. 148, applicable aux versements effectués au cours des exercices clos à compter du 31 déc. 2019)* **« 10 000 € ou de 5 ‰ du chiffre d'affaires lorsque ce dernier montant est plus élevé** *[ancienne rédaction : 5 ‰ du chiffre d'affaires]* **», effectués par les entreprises assujetties à l'impôt sur le revenu ou à l'impôt sur les sociétés au profit :**

[Al. applicable aux versements effectués au cours des exercices clos à compter du 31 déc. 2020]

(L. n° 2019-1479 du 28 déc. 2019, art. 134-I-1° et III) **« 1. Ouvrent droit à une réduction d'impôt les versements effectués par les entreprises assujetties à l'impôt sur le revenu ou à l'impôt sur les sociétés au profit : »**

a) **D'œuvres ou d'organismes d'intérêt général ayant un caractère philanthropique, éducatif, scientifique, social, humanitaire, sportif, familial, culturel ou concourant à la mise en valeur du patrimoine artistique, à la défense de l'environnement naturel ou à la diffusion de la culture, de la langue et des connaissances scientifiques françaises, notamment quand ces versements sont faits au bénéfice d'une fondation universitaire, d'une fondation partenariale mentionnées respectivement aux articles L. 719-12 et L. 719-13 du code de l'éducation ou d'une fondation d'entreprise, même si cette dernière porte le nom de l'entreprise fondatrice. Ces dispositions s'appliquent même si le nom de l'entreprise versante est associé aux opérations réalisées par ces organismes ;**

b) **De fondations ou associations reconnues d'utilité publique ou des musées de France et répondant aux conditions fixées au *a*, ainsi que d'associations cultuelles ou de bienfaisance et des établissements publics des cultes reconnus d'Alsace-Moselle. La condition relative à la reconnaissance d'utilité publique est réputée remplie par les associations régies par la loi locale maintenue en vigueur dans les départements de la Moselle, du Bas-Rhin et du Haut-Rhin lorsque la mission de ces associations est reconnue d'utilité publique. Un décret en Conseil d'État fixe les conditions de cette reconnaissance et les modalités de procédure permettant de l'accorder ;**

c) Des établissements d'enseignement supérieur ou d'enseignement artistique publics ou privés, d'intérêt général, à but non lucratif ;

c bis) Des établissements d'enseignement supérieur consulaire mentionnés à l'article L. 711-17 du code de commerce pour leurs activités de formation professionnelle initiale et continue ainsi que de recherche ;

d) Des sociétés ou organismes publics ou privés agréés à cet effet par le ministre chargé du budget en vertu de l'article 4 de l'ordonnance n° 58-882 du 25 septembre 1958 relative à la fiscalité en matière de recherche scientifique et technique ;

e) D'organismes publics ou privés, y compris de sociétés de capitaux dont les actionnaires sont l'État ou un ou plusieurs établissements publics nationaux, seuls ou conjointement avec une ou plusieurs collectivités territoriales, dont la gestion est désintéressée et qui ont pour activité principale la présentation au public d'œuvres dramatiques, lyriques, musicales, chorégraphiques, cinématographiques *(L. n° 2018-1317 du 28 déc. 2018, art. 61)* « , audiovisuelles » et de cirque ou l'organisation d'expositions d'art contemporain, à la condition que les versements soient affectés à cette activité. Cette disposition ne s'applique pas aux organismes qui présentent des œuvres à caractère pornographique ou incitant à la violence ;

e bis) De projets de thèse proposés au mécénat de doctorat par les écoles doctorales dans des conditions fixées par décret ; *— V. Décr. n° 2008-390 du 24 avr. 2008 (JO 25 avr.) ; V. également C. éduc., art. D. 612-43 à D. 612-47.* — ***C. éduc.***

e ter) De sociétés, dont l'État est l'actionnaire unique, qui ont pour activité la représentation de la France aux expositions universelles ;

e quater) Des sociétés nationales de programme mentionnées à l'article 44 de la loi n° 86-1067 du 30 septembre 1986 relative à la liberté de communication et affectés au financement de programmes audiovisuels culturels ;

(L. n° 2019-1479 du 28 déc. 2019, art. 134-I-1° et III, applicable aux versements effectués au cours des exercices clos à compter du 31 déc. 2020) « ***e quinquies)*** De la société nationale de programme mentionnée au III de l'article 44 de la loi n° 86-1067 du 30 septembre 1986 relative à la liberté de communication et affectés au financement des activités des formations musicales dont elle assure la gestion et le développement ; »

f) De la "Fondation du patrimoine" ou d'une fondation ou une association qui affecte irrévocablement ces versements à la "Fondation du patrimoine", en vue de subventionner la réalisation des travaux prévus par les conventions conclues en application de l'article L. 143-2-1 du code du patrimoine entre la "Fondation du patrimoine" et les propriétaires des immeubles, personnes physiques ou sociétés civiles composées uniquement de personnes physiques et qui ont pour objet exclusif la gestion et la location nue des immeubles dont elles sont propriétaires.

Les immeubles mentionnés au premier alinéa ne doivent pas faire l'objet d'une exploitation commerciale. Toutefois, ces dispositions ne sont pas applicables lorsque la gestion de l'immeuble est désintéressée et que les conditions suivantes sont cumulativement remplies :

1° Les revenus fonciers nets, les bénéfices agricoles, les bénéfices industriels et commerciaux et les bénéfices des sociétés commerciales, augmentés des charges déduites en application du 5° du 1 de l'article 39, générés par l'immeuble au cours des trois années précédentes sont affectés au financement des travaux prévus par la convention ;

2° Le montant des dons collectés n'excède pas le montant restant à financer au titre de ces travaux, après affectation des subventions publiques et des sommes visées au 1°.

Les dirigeants ou les membres du conseil d'administration ou du directoire de la société ne doivent pas avoir conclu une convention avec la "Fondation du patrimoine" en application de l'article L. 143-2-1 précité, être propriétaires de l'immeuble sur lequel sont effectués les travaux ou être un conjoint, un ascendant, un descendant ou un collatéral du propriétaire de cet immeuble. Lorsque l'immeuble est détenu par une société mentionnée au premier alinéa, les associés ne peuvent pas être dirigeants ou membres du conseil d'administration ou du directoire de la société donatrice ou d'une société qui entretiendrait avec la société donatrice des liens de dépendance au sens du 12 de l'article 39. Les dirigeants ou les membres du conseil d'administration ou du directoire de la société donatrice ne peuvent être un conjoint, un ascendant, un descendant ou un collatéral des associés de la société civile propriétaire de l'immeuble.

Les dons versés à d'autres fondations ou associations reconnues d'utilité publique agréées par le ministre chargé du budget dont l'objet est culturel, en vue de subventionner la réalisation de travaux de conservation, de restauration ou d'accessibilité de monuments historiques classés ou inscrits ouvrent droit à la réduction d'impôt dans les mêmes conditions ;

g) De fonds de dotation :

1° Répondant aux caractéristiques mentionnées au *a* ;

2° Ou dont la gestion est désintéressée et qui reversent les revenus tirés des dons et versements mentionnés au premier alinéa du présent 1 à des organismes mentionnés aux *a* à *e bis* ou à la Fondation du patrimoine dans les conditions mentionnées aux quatre premiers alinéas du *f*, ou à une fondation ou association reconnue d'utilité publique agréée par le ministre chargé du budget dans les conditions mentionnées au sixième alinéa du même *f*. Ces organismes délivrent aux fonds de dotation une attestation justifiant le montant et l'affectation des versements effectués à leur profit.

Les organismes mentionnés au *b* peuvent, lorsque leurs statuts ont été approuvés à ce titre par décret en Conseil d'État, recevoir des versements pour le compte d'œuvres ou d'organismes mentionnés au *a*.

(Abrogé par L. n° 2019-1479 du 28 déc. 2019, art. 134-I-1° et III, pour les versements effectués au cours des exercices clos à compter du 31 déc. 2020) ***« Lorsque la limite fixée au premier alinéa est dépassée au cours d'un exercice, l'excédent de versement peut donner lieu à réduction d'impôt au titre des cinq exercices suivants, après prise en compte des versements effectués au titre de chacun de ces exercices, sans qu'il puisse en résulter un dépassement du plafond défini au premier alinéa.***

« La limite de** (L. n° 2018-1317 du 28 déc. 2018, art. 148, applicable aux versements effectués au cours des exercices clos à compter du 31 déc. 2019)* ***« 10 000 € ou de 5 ‰ du chiffre d'affaires lorsque ce dernier montant est plus élevé** [ancienne rédaction : 5 ‰ du chiffre d'affaires]* ***» s'applique à l'ensemble des versements effectués au titre du présent article.

« Les versements ne sont pas déductibles pour la détermination du bénéfice imposable. »

Lorsque les versements mentionnés au premier alinéa du présent 1 sont effectués sous forme de dons en nature, leur valorisation est effectuée au coût de revient du bien donné ou de la prestation de service donnée. — *Les modalités d'évaluation des dons en nature s'appliquent au calcul de la réduction d'impôt imputable sur l'impôt sur le revenu de 2016 et des années suivantes ou sur l'impôt sur les sociétés dû au titre d'un exercice clos à compter du 31 déc. 2016.*

(L. n° 2019-1479 du 28 déc. 2019, art. 134-I-1° et III, applicable aux versements effectués au cours des exercices clos à compter du 31 déc. 2020) « Lorsque le don en nature prend la forme d'une mise à disposition gratuite de salariés de l'entreprise, le coût de revient à retenir dans la base de calcul de la réduction d'impôt correspond, pour chaque salarié mis à disposition, à la somme de sa rémunération et des charges sociales y afférentes dans la limite de trois fois le montant du plafond mentionné à l'article L. 241-3 du code de la sécurité sociale.

« 2. Pour l'ensemble des versements effectués au titre du présent article, la fraction inférieure ou égale à 2 millions d'euros ouvre droit à une réduction d'impôt au taux de 60 % et la fraction supérieure à ce montant ouvre droit à une réduction d'impôt au taux de 40 %. Par dérogation à la première phrase du présent alinéa, ouvrent droit à une réduction d'impôt au taux de 60 % de leur montant les versements effectués par les entreprises au profit d'organismes sans but lucratif qui procèdent à la fourniture gratuite de repas à des personnes en difficulté, qui contribuent à favoriser leur logement ou qui procèdent, à titre principal, à la fourniture gratuite à des personnes en difficulté de soins mentionnés au 1° du 4 de l'article 261, de meubles, de matériels et ustensiles de cuisine, de matériels et équipements conçus spécialement pour les personnes handicapées ou à mobilité réduite, de fournitures scolaires, de vêtements, couvertures et duvets, de produits sanitaires, d'hygiène bucco-dentaire et corporelle, de produits de protection hygiénique féminine, de couches pour nourrissons, de produits et matériels utilisés pour l'incontinence et de produits contraceptifs. La liste des prestations et produits mentionnés à la deuxième phrase du présent alinéa est fixée par décret. — *V. Ann. III, art. 49 septies XC, créé par Décr. n° 2020-1013 du 7 août 2020, art. 1er-2°.*

« Pour l'application du seuil de 2 millions d'euros, il n'est pas tenu compte des versements effectués au profit des organismes mentionnés à la deuxième phrase du premier alinéa du présent 2.

« 3. Pour le calcul du montant de la réduction d'impôt, l'ensemble des versements y ouvrant droit en application du présent article sont retenus dans la limite de 20 000 € ou de 5 pour mille du chiffre d'affaires lorsque ce dernier montant est plus élevé.

« Lorsque cette limite est dépassée au cours d'un exercice, l'excédent de versement donne lieu à réduction d'impôt au titre des cinq exercices suivants, après prise en compte des versements effectués au titre de chacun de ces exercices, sans qu'il puisse en résulter un dépassement de cette même limite. Le taux de réduction d'impôt applicable à cet excédent de versement est le taux auquel il a ouvert droit en application du premier alinéa du 2. » — *Pour les versements effectués au cours des exercices clos à compter du 31 déc. 2019 et avant le 31 déc. 2020, la réduction d'impôt s'élève à 60 % du montant des versements (quel que soit le montant de ces derniers), pris dans la limite de 10 000 € ou de 5 pour mille du chiffre d'affaires lorsque ce dernier montant est plus élevé.*

4. Ouvrent également droit *(Abrogé par L. n° 2019-1479 du 28 déc. 2019, art. 134-I-1° et III, pour les versements effectués au cours des exercices clos à compter du 31 déc. 2020)* **« , *et dans les mêmes conditions,* » à la réduction d'impôt** *(Abrogé par L. n° 2019-1479 du 28 déc. 2019, art. 134-I-1° et III, pour les versements effectués au cours des exercices clos à compter du 31 déc. 2020)* **« *prévue au 1* » les dons versés aux organismes agréés dans les conditions prévues à l'article 1649 *nonies* et dont l'objet exclusif est de verser des aides financières permettant la réalisation d'investissements tels que définis au 3 de l'article 17 du règlement (UE) n° 651/2014 de la Commission du 17 juin 2014 déclarant certaines catégories d'aides compatibles avec le marché intérieur en application des articles 107 et 108 du traité ou de fournir des prestations d'accompagnement à des petites et moyennes entreprises telles qu'elles sont définies à l'annexe I à ce règlement.**

L'agrément est délivré à l'organisme s'il s'engage à respecter continûment l'ensemble des conditions suivantes :

1° La gestion de l'organisme est désintéressée ;

2° Ses aides et prestations ne sont pas rémunérées *(L. n° 2019-1479 du 28 déc. 2019, art. 134-I-1° et III, applicable aux versements effectués au cours des exercices clos à compter du 31 déc. 2020)* **« par les entreprises bénéficiaires » et sont utilisées dans l'intérêt direct** *(L. n° 2019-1479 du 28 déc. 2019, art. 134-I-1° et III, applicable aux versements effectués au cours des exercices clos à compter du 31 déc. 2020)* **« de ces dernières » ;**

3° Les aides accordées entrent dans le champ d'application de l'article 17 du règlement (UE) n° 651/2014 de la Commission du 17 juin 2014 précité ;

4° Le montant versé chaque année à une entreprise ne devra pas excéder 20 % des ressources annuelles de l'organisme ;

5° Les aides ne peuvent bénéficier aux entreprises exerçant à titre principal une activité visée à l'article 35.

Un organisme ayant pour objet exclusif de participer, par le versement d'aides financières ne relevant pas du 3 de l'article 17 du règlement mentionné au premier alinéa du présent 4, à la création, à la reprise ou au développement de petites et moyennes entreprises telles qu'elles sont définies à l'annexe I au même règlement ou de leur fournir des prestations d'accompagnement peut également se voir délivrer l'agrément, sous réserve du respect des conditions mentionnées aux 1°, 2°, 4° et 5° et du règlement (UE) n° 1407/2013 de la Commission, du 18 décembre 2013, relatif à l'application des articles 107 et 108 du traité sur le fonctionnement de l'Union européenne aux aides *de minimis* ou du règlement (UE) n° 1408/2013 de la Commission, du 18 décembre 2013, relatif à l'application des articles 107 et 108 du traité sur le fonctionnement de l'Union européenne aux aides *de minimis* dans le secteur de l'agriculture ou du *(L. n° 2018-1317 du 28 déc. 2018, art. 149, applicable aux exercices ouverts à compter du 1er janv. 2019)* **« règlement (UE) n° 717/2014 de la Commission du 27 juin 2014 concernant l'application des articles 107 et 108 du traité sur le fonctionnement de l'Union européenne aux aides *de minimis* dans le secteur de la pêche et de l'aquaculture. »**

(L. n° 2020-1721 du 29 déc. 2020, art. 149, applicable aux versements effectués au cours des exercices clos à compter du 31 déc. 2021) **« Les fédérations ou unions d'organismes ayant pour objet exclusif de fédérer, d'organiser, de représenter et de promouvoir les organismes agréés en application du présent 4 peuvent également se voir délivrer l'agrément sous réserve qu'elles présentent une gestion désintéressée et réalisent exclusivement des prestations non rémunérées au bénéfice de leurs membres. »**

L'agrément accordé aux organismes qui le sollicitent pour la première fois porte sur une période comprise entre la date de sa notification et le 31 décembre de la deuxième année qui suit cette date. En cas de demande de renouvellement d'agrément, ce dernier, s'il est accordé, l'est pour une période de cinq ans.

Un décret fixe les modalités d'application du présent article, notamment les dispositions relatives aux statuts des organismes bénéficiaires des dons, les conditions de retrait de l'agrément et les informations relatives aux entreprises aidées que les organismes communiquent au ministre ayant délivré l'agrément. — *V. Ann. III, art. 46 quindecies M à 46 quindecies Q.*

4 *bis*. Ouvrent également droit à la réduction d'impôt les dons et versements effectués au profit d'organismes agréés dans les conditions prévues à l'article 1649 *nonies* dont le siège est situé dans un État membre de l'Union européenne ou dans un autre État partie à l'accord sur l'Espace économique européen ayant conclu avec la France une convention d'assistance administrative en vue de lutter contre la fraude et l'évasion fiscales. L'agrément est accordé lorsque l'organisme poursuit des objectifs et présente des caractéristiques similaires aux organismes dont le siège est situé en France répondant aux conditions fixées par le présent article.

Lorsque les dons et versements ont été effectués au profit d'un organisme non agréé dont le siège est situé dans un État membre de l'Union européenne ou dans un autre État partie à l'accord sur l'Espace économique européen ayant conclu avec la France une convention d'assistance administrative en vue de lutter contre la fraude et l'évasion fiscales, la réduction d'impôt obtenue fait l'objet d'une reprise, sauf lorsque le contribuable a produit dans le délai de dépôt de déclaration les pièces justificatives attestant que cet organisme poursuit des objectifs et présente des caractéristiques similaires aux organismes dont le siège est situé en France répondant aux conditions fixées par le présent article.

Un décret fixe les conditions d'application du présent 4 *bis* et notamment la durée de validité ainsi que les modalités de délivrance, de publicité et de retrait de l'agrément. — *V. Ann. III, art. 46 quindecies QA à 46 quindecies QC et Ann. IV, art. 121 Z sexies.*

5. Ouvrent également droit à la réduction d'impôt les dons et versements effectués au profit d'organismes qui ont pour objet la sauvegarde, contre les effets d'un conflit armé, des biens culturels mentionnés à l'article 1er de la Convention du 14 mai 1954 pour la protection des biens culturels en cas de conflit armé, dont le siège est situé dans un État membre de l'Union européenne ou dans un autre État ayant conclu avec la France une convention d'assistance administrative en vue de lutter contre la fraude et l'évasion fiscales, sous réserve que l'État français soit représenté au sein des instances dirigeantes avec voix délibérative.

(L. nº 2021-1109 du 24 août 2021, art. 19-I et II-B, applicable aux dons et versements effectués à compter du 1er janv. 2022) « 5 *bis*. Le bénéfice de la réduction d'impôt est subordonné à la condition que le contribuable soit en mesure de présenter, à la demande de l'administration fiscale, les pièces justificatives, répondant à un modèle fixé par l'administration, attestant la réalité des dons et versements. »

(L. nº 2018-1317 du 28 déc. 2018, art. 149, applicable aux exercices ouverts à compter du 1er janv. 2019) « 6. Les entreprises qui effectuent au cours d'un exercice plus de 10 000 € de dons et *[de]* versements ouvrant droit à la réduction d'impôt prévue au présent article déclarent à l'administration fiscale le montant et la date de ces dons et versements, l'identité des bénéficiaires ainsi que, le cas échéant, la valeur des biens et services reçus, directement ou indirectement, en contrepartie.

« Ces informations sont transmises sur un support électronique dans le même délai que celui prévu pour le dépôt de la déclaration de résultats de l'exercice au cours duquel les dons et *[les]* versements mentionnés au premier alinéa du présent 6 sont effectués, suivant des modalités fixées par décret. » — *V. aussi les art. 200 bis et 220 E.*

(L. nº 2019-1479 du 28 déc. 2019, art. 134-I-1º et III, applicable aux versements effectués au cours des exercices clos à compter du 31 déc. 2020) « 7. Lorsque les versements mentionnés au présent article sont effectués par les sociétés de personnes mentionnées aux articles 8, 238 *bis* L, 239 *ter* et 239 *quater* A ou les groupements mentionnés aux articles 238 *ter*, 239 *quater*, 239 *quater* B, 239 *quater* C, 239 *quater* D et 239 *quinquies* qui ne sont pas soumis à l'impôt sur les sociétés, la réduction d'impôt peut être utilisée par leurs associés proportionnellement à leurs droits dans ces sociétés ou ces groupe-

ments, à condition qu'il s'agisse de redevables de l'impôt sur les sociétés ou de personnes physiques participant à l'exploitation au sens du 1° *bis* du I de l'article 156.

« 8. Les versements effectués au titre du présent article ne sont pas déductibles pour la détermination du bénéfice imposable. »

1. Mécénat ou réduction d'impôt pour les dons en faveur d'œuvres d'intérêt général ou d'organismes agréés. * BOI-BIC-RICI-20-30 du 3 févr. 2021.

2. Versements effectués au titre du mécénat. * BOI-BIC-RICI-20-30-10 du 3 févr. 2021. Régime du mécénat d'entreprise. * BOI-BIC-RICI-20-30-10-20 du 3 févr. 2021.

3. Champ d'application territorial du régime du mécénat. Sur les lieux et pays où doit se situer le siège de l'organisme et d'exercice de son activité et sur les conditions dans lesquelles les actions menées hors d'Europe ouvrent droit à la réduction d'impôt. * BOI-BIC-RICI-20-30-10-10 n°s 220 à 460 du 17 févr. 2021.

4. Plafond d'éligibilité des versements. * BOI-BIC-RICI-20-30-10-20 n°s 1 à 70 du 3 févr. 2021.

5. Association du nom de l'entreprise à l'opération de mécénat. La signature d'une opération de mécénat par l'entreprise versante ne remet pas en cause la réduction d'impôt sous réserve que la valorisation du nom de l'entreprise représente pour celle-ci une contrepartie très inférieure aux versements qu'elle a accordés. • CE 20 mars 2020 : *Min. c/ Sté M2I Fayard*, n° 423664 : *RJF 2020. 531, concl. Nicolazo de Barmon.*

6. Organismes d'intérêt général. Versements donnant droit à la réduction d'impôt. V. notes ss. art. 200.

7. Fonds de dotation. Les fonds de dotation (L. n° 2008-776, 4 août 2008, art. 140) sont des personnes morales de droit privé à but non lucratif qui reçoivent et gèrent, en les capitalisant, des biens et droits de toute nature qui leur sont apportés à titre gratuit et irrévocable. Les fonds utilisent les revenus de la capitalisation pour financer la réalisation de leurs œuvres ou missions d'intérêt général ou pour assister une personne morale à but non lucratif dans l'accomplissement de ses œuvres ou de ses missions d'intérêt général. Les dons effectués par les particuliers ou les entreprises au profit des fonds de dotation ouvrent droit au régime fiscal du mécénat prévu aux art. 200 et 238 *bis*. * BOI-IR-RICI-20-30-10-15 n°s 130 à 220 du 7 avr. 2021.

8. Mise à disposition de sapeurs-pompiers ou de réservistes des forces armées ou de la gendarmerie. La mise à disposition par une entreprise de salariés sapeurs-pompiers à titre gratuit, pendant les heures de travail au profit des services départementaux d'incendie et de secours constitue un don en nature ouvrant droit à la réduction d'impôt. * Rescrit 2 sept. 2006, n° 2006/38 FE. ♦ Extension de la mesure : 1) ... A la mise à disposition de salariés réservistes par une entreprise pendant les heures de travail, à titre gratuit, au profit de la réserve opérationnelle des forces armées et des formations rattachées relevant du ministre de la défense ainsi que de la réserve opérationnelle de la gendarmerie nationale. * BOI-BIC-RICI-20-30-10-20 n° 75 du 3 févr. 2021. ♦ ... A la mise à disposition de salariés sapeurs-pompiers volontaires ou réservistes pour des formations. * BOI-BIC-RICI-20-30-10-20 n° 75 du 3 févr. 2021.

9. Mise à disposition gratuite de logements. Les entreprises qui procèdent à la mise à disposition gratuite de logements en faveur de sans-abri et de mal-logés peuvent, à ce titre, bénéficier du dispositif de réduction d'impôt. Cette mise à disposition gratuite constitue un abandon de recettes pour l'entreprise, correspondant au montant des loyers qui auraient été perçus si les biens avaient été loués dans des conditions normales de marché. S'appréciant comme un don en numéraire, l'assiette de la réduction d'impôt est par conséquent constituée par le montant du produit imposable constaté par l'entreprise. * Rép. min. n° 21595 : *JOAN 31 déc. 2019.*

10. Versements par « sociétés d'amis ». Les versements effectués par l'intermédiaire d'associations dites « sociétés d'amis » en faveur d'un organisme éligible au mécénat ouvrent droit à la réduction d'impôt à condition que le don reste individualisé jusqu'à sa remise effective entre les mains de cet organisme. * Rép. min. n° 3561 : *JOAN Q, 11 déc. 2007, p. 7838.*

11. Musées de France. Liste des musées bénéficiant de l'appellation. V. note ss. art. 200.

12. Justifications : dons effectués en numéraire ou en nature. Les reçus à délivrer par les organismes bénéficiaires des versements doivent être établis conformément au modèle fixé par l'arrêté du 26 juin 2008 *(JO 28 juin).*

13. Le bénéfice de la réduction d'impôt n'est pas subordonné à la production d'un reçu répondant au modèle fixé par arrêté. Toutefois, les entreprises peuvent en pratique utiliser ces reçus à titre de pièces justificatives. Elles ont également la possibilité de délivrer à l'organisme bénéficiaire un document indiquant la nature et la valeur du don ainsi que la date du versement. Lorsque le don est effectué en nature, le reçu peut ne comporter qu'une description physique des biens reçus sans aucune valorisation ou mentionner une valorisation effectuée par l'association ou sur la base des informations données par les entreprises. * Rescrit 3 juill. 2009, n° 2009/44 FE.

14. Contrôle sur place des reçus fiscaux délivrés par les organismes sans but lucratif. Afin de lutter contre la délivrance abusive ou frauduleuse d'attestations de versements ouvrant droit à avantage fiscal, l'art. L. 14 A LPF prévoit une procédure spécifique de contrôle sur place des organismes qui délivrent des reçus destinés à permettre à un contribuable d'obtenir des réductions d'impôt au titre des dons et versements qu'il a effectués.

Art. 238 *bis*-0 A **Les entreprises imposées à l'impôt sur les sociétés d'après leur bénéfice réel peuvent bénéficier d'une réduction d'impôt égale à 90 % des versements effectués en faveur de l'achat de biens culturels présentant le caractère de trésors nationaux ayant fait l'objet d'un refus de délivrance d'un certificat d'exportation par l'autorité administrative, dans les conditions prévues à l'article L. 111-4 du code du patrimoine et pour lesquels l'État a fait au propriétaire du bien une offre d'achat dans les conditions prévues par l'article L. 121-1 du même code.**

Cette réduction d'impôt est également applicable, après avis motivé de la commission prévue à l'article L. 111-4 précité, aux versements effectués en faveur de l'achat des biens culturels situés en France ou à l'étranger dont l'acquisition présenterait un intérêt majeur pour le patrimoine national au point de vue de l'histoire, de l'art ou de l'archéologie. — *V. Ann. II, art. 171 BA, al. 2.*

Les versements ne sont pas déductibles pour la détermination du bénéfice imposable.

Les versements doivent faire l'objet d'une acceptation par les ministres chargés de la culture et du budget.

La réduction d'impôt s'applique sur l'impôt sur les sociétés dû au titre de l'exercice au cours duquel les versements sont acceptés. Toutefois, la réduction d'impôt ne peut être supérieure à 50 % du montant de l'impôt dû par l'entreprise au titre de cet exercice conformément au I de l'article 219. Pour les sociétés membres d'un groupe au sens de l'article 223 A ou de l'article 223 A *bis*, la limite de 50 % s'applique pour l'ensemble du groupe par référence à l'impôt dû par la société mère du groupe.

Un décret en Conseil d'État fixe les modalités d'application du présent article. — *V. Ann. II, art. 171 BA à 171 BD.*

1. Doctrine administrative. Entreprises et biens concernés. Procédure. Modalités d'application de la réduction d'impôt. * BOI-IS-RICI-20-20 du 12 sept. 2012.

2. Offre d'achat par l'État. Exemples d'appel aux entreprises : *JO 6 sept. 2007, p. 14729 ; JO 15 mai 2008, p. 7972 ; JO 14 déc. 2011, p. 21163 ; JO 17 nov. 2012, p. 18235 ; JO 10 oct. 2013, p. 16721.*

Art. 238 *bis*-0 AB *(Abrogé par L. n° 2019-1479 du 28 déc. 2019, art. 29-III-8° et IV-D, pour les opérations pour lesquelles le compromis de vente ou le contrat de vente n'a pas été signé à la date du 1er janv. 2020)* ***Ouvrent droit, à compter de la date de publication de la loi n° 2002-5 du 4 janvier 2002 relative aux musées de France, à une réduction d'impôt sur le revenu ou d'impôt sur les sociétés, égale à 40 % de leur montant, les sommes consacrées par les entreprises à l'achat de biens culturels faisant l'objet à la date d'acquisition d'un refus de certificat en application des articles L. 111-4 et L. 121-1 du code du patrimoine, dans les conditions suivantes :***

a) le bien ne doit pas avoir fait l'objet d'une offre d'achat de l'État dans les conditions fixées par l'article L. 121-1 précité ;

b) L'entreprise s'engage à consentir au classement du bien comme monument historique en application de l'article *(Décr. n° 2018-500 du 20 juin 2018, art. 1er)* ***« L. 622-5*** *[ancienne rédaction : L. 622-4]* ***» du code du patrimoine ou comme archives historiques en application de l'article L. 212-15 du même code ;***

c) le bien ne doit pas être cédé avant l'expiration d'un délai de dix ans à compter de l'acquisition ;

d) durant la période visée au c, le bien doit être placé en dépôt auprès d'un musée de France, d'un service public d'archives ou d'une bibliothèque relevant de l'État ou placée sous son contrôle technique.

La réduction d'impôt est subordonnée à l'agrément du ministre de l'économie et des finances qui se prononce après avis de la commission prévue à l'article L. 111-4 précité.

Un décret en Conseil d'État fixe les conditions d'application du présent article. — *V. Ann. II, art. 171 BE à 171 BH.*

Art. 238 *bis* A et 238 *bis* AA *Abrogés par L. n° 2003-709 du 1er août 2003, art. 6-III.*

Art. 238 *bis* AB Les entreprises qui achètent, à compter du 1er janvier 2002 *(L. n° 2019-1479 du 28 déc. 2019, art. 29-III-9°)* « et avant le 31 décembre 2022 », des œuvres originales d'artistes vivants et les inscrivent à un compte d'actif immobilisé peuvent déduire du résultat de l'exercice d'acquisition et des quatre années suivantes, par fractions égales, une somme égale au prix d'acquisition.

La déduction ainsi effectuée au titre de chaque exercice ne peut excéder la limite mentionnée au premier alinéa du *(L. n° 2019-1479 du 28 déc. 2019, art. 134-I-2° et III, applicable aux versements effectués au cours des exercices clos à compter du 31 déc. 2020)* « 3 *[ancienne rédaction : 1]* » de l'article 238 *bis*, minorée du total des versements mentionnés au même article.

Pour bénéficier de la déduction prévue au premier alinéa, l'entreprise doit exposer dans un lieu accessible au public ou aux salariés, à l'exception de leurs bureaux, le bien qu'elle a acquis pour la période correspondant à l'exercice d'acquisition et aux quatre années suivantes.

Sont également admises en déduction dans les conditions prévues au premier alinéa les sommes correspondant au prix d'acquisition d'instruments de musique. Pour bénéficier de la déduction, l'entreprise doit s'engager à prêter ces instruments à titre gratuit aux artistes-interprètes qui en font la demande.

L'entreprise doit inscrire à un compte de réserve spéciale au passif du bilan une somme égale à la déduction opérée en application du premier alinéa. Cette somme est réintégrée au résultat imposable en cas de changement d'affectation ou de cession de l'œuvre ou de l'instrument ou de prélèvement sur le compte de réserve.

L'entreprise peut constituer une provision pour dépréciation lorsque la dépréciation de l'œuvre excède le montant des déductions déjà opérées au titre des premier à quatrième alinéas.

1. Déduction spéciale des dépenses d'acquisition d'œuvres originales d'artistes vivants et d'instruments de musique. Entreprises et biens concernés. Procédure. Modalités d'application de la réduction d'impôt. * BOI-BIC-CHG-70-10 du 2 déc. 2015.

2. Exposition au public. Une société ne peut déduire de son résultat imposable le prix d'acquisition d'œuvres d'artistes vivants qu'elle n'a exposées que durant six mois dans une galerie d'art et dans un hôtel, puis qu'elle a placées dans les bureaux du personnel, notamment du président-directeur général. • CAA Douai, 22 juill. 2003, n° 00DA938 : *RJF 2004. 352.*

Art. 238 *bis* B Les sommes versées en application des articles 9 et 15 de la loi n° 54-782 du 2 août 1954 relative à l'attribution de biens et d'éléments d'actif d'entreprises de presse et d'information, ainsi que les sommes versées pour l'acquisition des biens non visés à l'article 1er, premier alinéa, de ladite loi mais se rattachant directement à l'exploitation de l'entreprise de presse, sont exemptes de tous impôts et taxes.

Les dations en paiement visées aux articles 11, 13 et 24 de la loi du 2 août 1954 précitée ne pourront donner lieu à aucun impôt ni taxe.

Art. 238 *bis* C I. — Le règlement des indemnités qui sont allouées aux personnes physiques ou morales françaises atteintes par une mesure de nationalisation, d'expropriation ou toute autre mesure restrictive de caractère similaire prise par un gouvernement étranger ne donne lieu à aucune perception au titre de l'impôt sur les sociétés ou de l'impôt sur le revenu.

La même immunité s'applique à la répartition des indemnités entre les actionnaires, porteurs de parts et personnes ayant des droits similaires, lorsque la société distributrice exploitait directement à l'étranger des établissements ayant fait l'objet de mesures visées au premier alinéa, à la condition :

1° Que la répartition intervienne dans un délai maximal d'un an à compter de l'encaissement effectif des sommes reçues au titre de l'indemnité ou de la date de la loi n° 57-198 du 22 février 1957 si l'encaissement a eu lieu antérieurement ;

2° Qu'elle soit imputée sur les postes du passif correspondant le plus étroitement aux éléments transférés.

II. — *Devenu sans objet (Décr. n° 2013-463 du 3 juin 2013).*

Art. 238 *bis* D *Périmé.*

Art. 238 *bis* E et 238 *bis* F *Dispositions abrogées en vertu de l'art. 79-V de la L. n° 80-30 du 18 janv. 1980. Les investissements qui ont donné lieu à un agrément délivré en application de l'art. 238 bis E sont restés soumis au régime de déduction prévu à cet article (Décr. n° 80-450 du 23 juin 1980, art. 10).*

Art. 238 *bis* G *(Abrogé par L. n° 2018-1317 du 28 déc. 2018, art. 37-I-16° et III-1, pour les exercices ouverts à compter du 1er janv. 2019)* ***Dans le cas d'imposition d'après le régime du bénéfice réel, les profits provenant de la cession ou de la concession de certificats d'obtention végétale sont imposés dans les mêmes conditions que les bénéfices réalisés par les entreprises industrielles et commerciales à l'occasion de la cession ou de la concession de brevets.***

Art. 238 *bis* GA Le montant de la cotisation perçue sur les boissons alcooliques prévue par l'article L. 245-7 du code de la sécurité sociale n'est pas déductible pour l'établissement de l'impôt sur le revenu ou de l'impôt sur les sociétés dû par le consommateur conformément à l'article L. 245-11 du même code.

Art. 238 *bis* GB La contribution à la charge des fabricants ou distributeurs de dispositifs médicaux, tissus et cellules, produits de santé autres que les médicaments et prestations associées, mentionnée à l'article L. 245-5-1 du code de la sécurité sociale est exclue des charges déductibles pour la détermination du résultat fiscal des entreprises conformément aux dispositions de l'article L. 245-5-4 du même code.

Art. 238 *bis* GC Les contributions dues par les entreprises assurant l'exploitation d'une ou plusieurs spécialités pharmaceutiques sont exclues des charges déductibles pour l'assiette de l'impôt sur le revenu ou de l'impôt sur les sociétés conformément au IX de l'article L. 245-6 du code de la sécurité sociale.

Art. 238 *bis* GD La contribution prévue par l'article L. 245-1 du code de la sécurité sociale est exclue des charges déductibles pour l'assiette de l'impôt sur le revenu ou de l'impôt sur les sociétés conformément à l'article L. 245-5 du même code.

Art. 238 *bis* H *Abrogé par L. n° 80-30 du 18 janv. 1980, art. 79-V.*

Art. 238 *bis* HA *Transféré ss. art. 217 undecies.*

Art. 238 *bis* HB *Abrogé par L. n° 86-824 du 11 juill. 1986, art. 22-IV, à compter du 1er janv. 1986.*

Art. 238 *bis* HC *Transféré ss. art. 217 duodecies.*

Art. 238 *bis* HD *Dispositions transférées ss. art. 199 undecies.*

1° FINANCEMENT EN CAPITAL D'ŒUVRES CINÉMATOGRAPHIQUES OU AUDIOVISUELLES

Art. 238 *bis* HE Pour l'établissement de l'impôt sur le revenu ou de l'impôt sur les sociétés, les souscriptions en numéraire au capital de sociétés anonymes soumises à l'impôt sur les sociétés dans les conditions de droit commun et qui ont pour activité exclusive le financement en capital d'œuvres cinématographiques ou audiovisuelles agréées ouvrent droit à la réduction d'impôt prévue à l'article 199 *unvicies.* *— Sur la condition d'exclusivité de l'activité, V. Ann. III, art. 46 quindecies B.*

SOFICA. Économie du dispositif de financement en capital d'œuvres cinématographiques ou audiovisuelles (SOFICA). * BOI-IR-RICI-180-10 du 6 juill. 2021.

Art. 238 *bis* HF L'agrément prévu à l'article 238 *bis* HE est délivré par le président du Centre national du cinéma et de l'image animée aux œuvres *(L. n° 2020-1721 du 29 déc. 2020, art. 115-2°-a)* **« d'expression originale française, au sens du décret pris en application de la loi n° 86-1067 du 30 septembre 1986 relative à la liberté de communication, de la nationalité d'un État partie à la Convention européenne sur la coproduction cinématographique faite à Strasbourg le 2 octobre 1992 » et éligibles aux aides financières à la production du Centre national du cinéma et de l'image animée, à l'exclusion :**

Des œuvres figurant sur la liste prévue à l'article L. 311-2 du code du cinéma et de l'image animée *[œuvres pornographiques ou d'incitation à la violence]* ;

Des œuvres cinématographiques ou audiovisuelles utilisables à des fins de publicité ;

Des programmes d'information, des débats d'actualité et des émissions sportives ou de variétés ;

De tout document ou programme audiovisuel ne comportant qu'accessoirement des éléments de création originale.

Toutefois, dans la limite de 20 % des financements annuels visés à l'article 238 *bis* HE, l'agrément prévu au même article peut être délivré aux œuvres de coproduction réalisées dans une langue du pays du coproducteur majoritaire établi dans un État *(L. nº 2020-1721 du 29 déc. 2020, art. 115-2º-b)* « partie à la convention mentionnée au premier alinéa du présent article ou à un accord intergouvernemental de coproduction auquel la France est partie ».

Art. 238 *bis* HG Les sociétés définies à l'article 238 *bis* HE doivent réaliser leurs investissements sous la forme :

a) De souscriptions au capital de sociétés passibles de l'impôt sur les sociétés dans les conditions de droit commun et qui ont pour activité exclusive la réalisation d'œuvres cinématographiques ou audiovisuelles entrant dans le champ d'application de l'agrément prévu à l'article précité ;

b) De versements en numéraire réalisés par contrat d'association à la production. Ce contrat doit être conclu et les versements doivent être effectués avant le début des prises de vues. Il permet d'acquérir un droit sur les recettes d'exploitation d'une œuvre cinématographique ou audiovisuelle agréée dans les conditions prévues à l'article 238 *bis* HF et limite la responsabilité du souscripteur au montant du versement. Le contrat est inscrit au registre public du cinéma et de l'audiovisuel prévu au titre II du livre Ier du code du cinéma et de l'image animée ; son titulaire ne jouit d'aucun droit d'exploitation de l'œuvre et ne peut bénéficier des aides financières à la production du Centre national du cinéma et de l'image animée. Le financement par ces contrats ne peut pas excéder 50 % du coût total de l'œuvre ;

(L. nº 2020-1721 du 29 déc. 2020, art. 116) « *c)* De versements en numéraire réalisés par contrat d'association à la distribution, afin de concourir au financement, par les entreprises de distribution, de la production d'œuvres cinématographiques sous forme d'avances et à la prise en charge par ces entreprises des dépenses d'édition et de promotion de ces œuvres en salles de spectacles cinématographiques. Le contrat doit être conclu et les versements doivent être effectués avant la sortie de l'œuvre en salles de spectacles cinématographiques. Il permet d'acquérir un droit sur les recettes d'exploitation d'une œuvre cinématographique agréée dans les conditions prévues à l'article 238 *bis* HF et limite la responsabilité du souscripteur au montant du versement. Le contrat est inscrit au registre public du cinéma et de l'audiovisuel prévu au titre II du livre Ier du code du cinéma et de l'image animée ; son titulaire ne jouit d'aucun droit d'exploitation de l'œuvre et ne peut bénéficier des aides financières à la distribution du Centre national du cinéma et de l'image animée. Le financement par ces contrats de la production d'œuvres cinématographiques sous forme d'avances ne peut pas excéder 50 % du coût total de l'œuvre.

« Le cumul du financement par des contrats mentionnés au *b* et du financement de la production sous forme d'avances par des contrats mentionnés au *c* ne peut excéder 50 % du coût total de production de l'œuvre cinématographique.

« Le montant des versements mentionnés au même *c* représente au maximum 15 % du montant total des investissements annuels mentionnés à l'article 238 *bis* HE. »

Art. 238 *bis* HH Les actions souscrites doivent obligatoirement revêtir la forme nominative. Une même personne ne peut détenir, directement ou indirectement, plus de 25 % du capital d'une société définie à l'article 238 *bis* HE. Cette dernière disposition n'est plus applicable après l'expiration d'un délai de cinq années à compter du versement effectif de la première souscription au capital agréée. Aucune augmentation du capital ne peut être agréée dans les conditions mentionnées à l'article 199 *unvicies* lorsque la limite de 25 % est franchie.

Lorsqu'elles sont inscrites au bilan d'une entreprise relevant de l'impôt sur le revenu, les actions des sociétés définies à cet article ne peuvent faire l'objet sur le plan fiscal d'une provision pour dépréciation.

Art. 238 *bis* HI Les sociétés définies à l'article 238 *bis* HE ne peuvent bénéficier du régime prévu en faveur des sociétés de capital-risque par l'article 1er-I de la loi n° 85-695 du 11 juillet 1985 *[V. App.]* portant diverses dispositions d'ordre économique et financier ni du régime prévu en faveur des sociétés unipersonnelles d'investissement à risque mentionnées à l'article 208 D.

Art. 238 *bis* HJ En cas de non-respect de la condition d'exclusivité de leur activité, les sociétés définies à l'article 238 *bis* HE doivent verser au Trésor une indemnité égale à 25 % de la fraction du capital qui n'a pas été utilisée de manière conforme à leur objet, sans préjudice de l'application des dispositions de l'article 1649 *nonies* A. Le montant de cette indemnité est exclu des charges déductibles pour l'assiette du bénéfice imposable. La constatation, le recouvrement et le contentieux de cette indemnité sont exercés et suivis comme en matière d'impôts directs.

Art. 238 *bis* HK Les plus-values réalisées à l'occasion de la cession d'actions d'une société définie à l'article 238 *bis* HE ainsi que celles retirées du rachat par ladite société de ses propres titres *[cette disposition s'applique aux rachats par une société de ses propres titres réalisés à compter du 1er janv. 2006]* sont soumises aux règles prévues à l'article 150-0 A, sans préjudice de l'application des dispositions du 4 de l'article 199 *unvicies*.

Art. 238 *bis* HL En cas de dissolution de la société ou de réduction de son capital, le ministre de l'économie, des finances et du budget peut ordonner la reprise de la réduction d'impôt prévue à l'article 199 *unvicies* l'année au cours de laquelle elle a été opérée.

Art. 238 *bis* HM Un décret fixe les modalités d'application des articles 238 *bis* HE à 238 *bis* HL, notamment les modalités de délivrance des agréments, les obligations déclaratives et, le cas échéant, les clauses types du contrat d'association à la production. — *V. Ann. III, art. 46 quindecies A à 46 quindecies F. — Sur les modalités d'agrément, V. CCIA, art. D. 332-2 à D. 336-6.* — **CCIA.**

2° SOUSCRIPTION DE PARTS DE COPROPRIÉTÉ DE NAVIRES DE COMMERCE

Art. 238 *bis* HN *(Abrogé par Décr. n° 2017-698 du 2 mai 2017, art. 1er)* ***Sont admises en déduction du revenu ou du bénéfice mentionnés respectivement au 2 de l'article 13 et au premier alinéa du I de l'article 209, selon les modalités définies aux articles 163 unvicies ou 217 nonies, les sommes versées au titre de la souscription de parts de copropriété de navires armés au commerce, lorsque les conditions ci-après définies sont remplies :***

a) La souscription est effectuée avant le 31 décembre 2000 ;

b) Le navire est livré au plus tard trente mois après la souscription et sa durée d'utilisation, attestée par une société de classification agréée, est d'au moins huit ans ;

c) Les parts de copropriété sont conservées par le souscripteur, qui prend un engagement en ce sens, jusqu'au 31 décembre de la quatrième année suivant celle de la livraison du navire à la copropriété ;

d) Le navire est, dès sa livraison et pendant la période prévue au c, exploité ou frété par la copropriété selon les modalités prévues aux articles L. 5423-1 et L. 5423-3 à L. 5423-14 du code des transports ;

e) Le navire bat pavillon français dès sa livraison à la copropriété et jusqu'au 31 décembre de la quatrième année qui suit celle de cette livraison ;

f) L'entreprise qui, pendant la période prévue au c, exploite directement le navire soit en qualité de gérant de la copropriété, soit en qualité d'affréteur est une société passible de l'impôt sur les sociétés dans les conditions du droit commun et son activité principale est l'exploitation ou l'affrètement direct de navires armés au commerce ;

g) L'entreprise visée au f détient pendant la période prévue au c un cinquième au moins des parts de la copropriété et prend un engagement en ce sens envers les autres souscripteurs ;

h) Le navire n'est pas acquis auprès d'un organisme, ou d'une entreprise, lié directement ou indirectement, au sens des dispositions du 12 de l'article 39, à l'entreprise mentionnée au f.

En outre, le projet de copropriété quirataire doit avoir fait, préalablement à sa réalisation, l'objet d'un agrément délivré par le ministre chargé du budget après avis du ministre chargé de la marine marchande et du ministre chargé de l'équipement naval. Cet agrément est accordé lorsque l'investissement, effectué au prix du marché et à un coût financier normal, permet de renforcer la flotte de l'entreprise mentionnée au f et présente, au regard notamment des besoins du secteur concerné de la flotte de commerce, un intérêt économique justifiant l'avantage fiscal demandé.

Dans le cas où l'une des conditions fixées aux a et b et d à h n'est pas remplie ou cesse de l'être, le montant total des sommes qui avaient été déduites est ajouté, selon le cas, au revenu net global de l'année ou au bénéfice de l'exercice au cours de laquelle ou au titre duquel le manquement est intervenu.

Lorsqu'un souscripteur autre que l'entreprise visée au f ne respecte pas l'engagement prévu au c, le montant des sommes déduites est ajouté, selon le cas, au revenu net global de chaque année ou au bénéfice de chaque exercice au cours de laquelle ou au titre duquel les versements ont été effectués.

Un décret en Conseil d'État précise les modalités d'application du présent article. *— V. Ann. II, art. 171 AB à 171 AK.*

Les dispositions du présent article cessent de s'appliquer aux investissements qui n'ont pas fait l'objet d'une demande d'agrément parvenue à l'autorité administrative avant le 15 septembre 1997.

Acquisitions de parts de copropriété de navires. L'art. 238 *bis* HN permet, sous certaines conditions, de déduire notamment du revenu global des personnes physiques le montant des acquisitions de parts de copropriété de navires armés au commerce. La déduction est effectuée en application de l'art. 163 *unvicies*. Toutefois, l'art. 9 de la LF pour 1998 n° 97-1269 du 30 déc. 1997 précise que l'art. 238 *bis* HN cesse de s'appliquer aux investissements qui n'ont pas fait l'objet d'une demande d'agrément parvenue à l'autorité administrative avant le 15 sept. 1997.
* BOI-BIC-BASE-10-20 n°s 350 et 360 du 11 mars 2013.

3° FINANCEMENT DE LA PÊCHE ARTISANALE

Art. 238 *bis* HO **Pour l'établissement de l'impôt sur le revenu ou de l'impôt sur les sociétés, les souscriptions en numéraire, effectuées entre le 1er janvier 1998 et le 31 décembre 2010, au capital de sociétés soumises à l'impôt sur les sociétés dans les conditions de droit commun qui ont pour activité le financement de la pêche artisanale et qui sont agréées par le ministre chargé du budget** *[V. Ann. III, art. 46 quindecies G]* **après avis du ministre chargé de la pêche sont admises en déduction dans les conditions définies aux articles 163 *duovicies* et 217 *decies*.**

Art. 238 *bis* HP *I. — Abrogé.*

II. — L'agrément prévu à l'article 238 *bis* HO est accordé aux sociétés anonymes qui ont pour objet exclusif l'achat en copropriété de navires de pêche neufs :

a) Exploités de façon directe et continue dans les départements d'outre-mer par des artisans pêcheurs ou des pêcheurs associés de sociétés de pêche artisanale ou de sociétés d'armement à la pêche telles que définies au II de l'article 240 de la loi n° 2005-157 du 23 février 2005 relative au développement des territoires ruraux âgés de moins de cinquante ans à la date de demande d'agrément ;

b) Et n'ayant pas ouvert droit au bénéfice des dispositions des articles 199 *undecies* A ou 199 *undecies* B ou 217 *undecies*.

Par dérogation au premier alinéa, les sociétés agréées peuvent, dans la limite de 25 % de leur capital social libéré, mettre ou laisser leurs disponibilités en comptes productifs d'intérêts si la créance correspondante est liquide.

Plus de la moitié des parts de la copropriété doit être détenue pendant cinq ans par un artisan pêcheur ou une société mentionné au *a*, seul ou conjointement avec un armement coopératif agréé par le ministre chargé de la pêche dans le cadre d'une accession à la propriété dans un délai qui ne peut excéder dix ans ; dans ce cas, l'artisan pêcheur ou la société doit initialement détenir au moins un cinquième des parts de la copropriété.

Le capital mentionné à l'article 238 *bis* HO s'entend du capital de la société lors de sa constitution, de la première augmentation de capital intervenant dans les trois mois

de cette constitution et des augmentations de capital agréées par le ministre chargé du budget après avis du ministre chargé de la pêche.

Les actions souscrites doivent revêtir la forme nominative. Pendant un délai de cinq années à compter du versement effectif de la souscription au capital de la société agréée, une même personne ne peut détenir, directement ou indirectement, plus de 25 % du capital de la société.

Les sociétés agréées doivent conserver, à compter de la mise en exploitation du bateau, pendant au moins cinq ans, les parts de copropriété de navires mentionnés aux premier à troisième alinéas.

Les sociétés anonymes visées au premier alinéa doivent conclure une convention permettant le transfert de propriété, au profit de ces mêmes artisans ou sociétés, des parts de copropriété du navire dans un délai maximal de dix ans.

En cas de financement de navire neuf, l'agrément est accordé sous réserve que l'artisan pêcheur ou les sociétés mentionnés au *a* s'engagent à exploiter ce navire dans les départements d'outre-mer jusqu'au terme d'une période de dix ans décomptée à partir de la date d'octroi de l'agrément prévu à l'article 238 *bis* HO. En cas de cession des parts du navire au cours de cette période, le cessionnaire doit reprendre cet engagement.

L'avantage en impôt procuré par la déduction des sommes souscrites doit être rétrocédé pour un montant égal au moins à 15 % du montant des souscriptions visées à l'article 238 *bis* HO sous forme de diminution de loyer ou du prix de cession du navire.

Art. 238 *bis* HQ Les sociétés définies à l'article 238 *bis* HO ne peuvent bénéficier du régime prévu en faveur des sociétés de capital-risque par l'article 1er-I de la loi n° 85-695 du 11 juillet 1985 *[V. App.]* portant diverses dispositions d'ordre économique et financier, ni du régime prévu en faveur des sociétés unipersonnelles d'investissement à risque mentionnées à l'article 208 D.

Art. 238 *bis* HR I. – En cas de non-respect de la condition d'exclusivité de leur activité ou en cas de cession de leurs parts de copropriété visées à l'article 238 *bis* HP dans un délai inférieur à cinq ans, les sociétés définies à l'article 238 *bis* HO doivent verser au Trésor une indemnité égale à 25 % de la fraction du capital qui n'a pas été utilisée de manière conforme à leur objet, sans préjudice de l'application des dispositions de l'article 1649 *nonies* A. Le montant de cette indemnité est exclu des charges déductibles pour l'assiette du bénéfice imposable. La constatation, le recouvrement et le contentieux de cette indemnité sont exercés et suivis comme en matière d'impôts directs. – *V. Ann. III, art. 46 quindecies H.*

II. – En cas de non-respect de l'engagement d'exploitation dans les départements d'outre-mer prévu au dixième alinéa du II de l'article 238 *bis* HP, les sociétés définies à l'article 238 *bis* HO ou le propriétaire du navire, si le transfert de propriété des parts du navire de la société agréée au profit de l'artisan pêcheur ou de la société de pêche artisanale ou d'armement à la pêche est déjà intervenu, doivent verser au Trésor une indemnité correspondant au montant de l'aide publique conformément à l'article 3 du règlement (CE) n° 639/2004 du Conseil, du 30 mars 2004, relatif à la gestion des flottes de pêche enregistrées dans les régions ultrapériphériques. Le montant de cette indemnité est exclu des charges déductibles pour l'assiette du bénéfice imposable. La constatation, le recouvrement et le contentieux de cette indemnité sont exercés et suivis comme en matière d'impôts directs.

Les sociétés d'armement à la pêche sont des sociétés soumises au régime d'imposition des sociétés de personnes, ayant pour objet l'armement au plus de quatre navires de pêche exploités dans les départements d'outre-mer et dont 75 % des droits sociaux et droits de vote sont détenus par le ou les gérants personnes physiques de la société ou des pêcheurs embarqués. Pour calculer ce taux de détention, les parts détenues par les ascendants, descendants ou conjoints du gérant de ces sociétés ou des marins pêcheurs sont assimilées à celles détenues par ces derniers (L. n° 2005-157 du 26 févr. 2005, art. 240-II).

Art. 238 *bis* HS Les plus-values réalisées à l'occasion de la cession d'actions d'une société définie à l'article 238 *bis* HP ainsi que celles retirées du rachat par ladite société de ses propres titres *[cette disposition s'applique aux rachats par une société de ses propres titres réalisés à compter du 1er janv. 2006]* sont soumises aux règles prévues à l'article 150-0 A, sans préjudice de l'application des dispositions du deuxième alinéa de l'article 163 *duovicies*.

Art. 238 *bis* HT En cas de dissolution de la société agréée ou de réduction de son capital, le ministre chargé du budget peut ordonner la réintégration des sommes déduites en application des articles 163 *duovicies* et 217 *decies* au revenu net global ou au résultat imposable de l'année ou de l'exercice au cours desquels elles ont été déduites.

Art. 238 *bis* HU Un décret fixe les modalités d'application des articles 238 *bis* HO à 238 *bis* HT, notamment les obligations déclaratives. – *V. Ann. III, art. 46 quindecies K et 46 quindecies L.*

4° ACQUISITION DE CONTRATS À LONG TERME D'APPROVISIONNEMENT D'ÉLECTRICITÉ

Art. 238 *bis* HV Pour l'établissement de l'impôt sur les sociétés, les souscriptions en numéraire, effectuées avant le 1er janvier 2012, au capital de sociétés de capitaux agréées, soumises à l'impôt sur les sociétés dans les conditions de droit commun et qui ont pour activité l'acquisition de contrats d'approvisionnement à long terme d'électricité sont admises en déduction dans les conditions définies à l'article 217 *quindecies* et dans la limite du montant du capital agréé.

Art. 238 *bis* HW L'agrément prévu à l'article 238 *bis* HV est délivré par le ministre chargé du budget, après avis du ministre chargé de l'énergie, aux sociétés de capitaux qui ont pour objet la conclusion de contrats d'approvisionnement à long terme d'électricité auprès de producteurs d'électricité au profit des associés desdites sociétés vérifiant les conditions ci-dessous énoncées. Ces contrats permettent de réserver des droits à consommation d'électricité qui ne peuvent être exercés pour une période inférieure à quinze ans.

Les actions de la société agréée ne peuvent être souscrites que par des entreprises exerçant une activité industrielle et éligibles au sens de l'article L. 331-2 du code de l'énergie à la condition que, au titre du dernier exercice clos en 2005, le rapport existant entre la quantité consommée d'électricité et la valeur ajoutée produite définie aux articles 1586 *ter* à 1586 *sexies* soit supérieur à deux kilowattheures et demi par euro.

Les droits à consommation sont cédés en application de l'article L. 333-1 du code précité.

Les droits à consommation acquis par un associé sont exercés, sur la durée du contrat, sous forme d'une puissance constante et sont limités en volume à la consommation de ses sites qui vérifient individuellement, au titre du dernier exercice clos en 2005, les conditions cumulatives suivantes :

a. La consommation annuelle d'électricité du site en heures creuses, c'est-à-dire réalisées entre 20 heures et 8 heures en semaine, ainsi que le samedi et le dimanche, représente au moins 55 % de la consommation annuelle totale d'électricité ;

b. Le rapport entre l'énergie consommée au-dessous de la puissance visée au quatrième alinéa du présent article et cette puissance ne peut être inférieur à 8 000 heures, hors arrêts exceptionnels et périodes d'entretien ;

c. Les consommations d'électricité de cette entreprise donnent lieu au paiement de la contribution aux charges du service public de l'électricité prévue aux articles L. 121-10 à L. 121-26 du code de l'énergie, dans leur rédaction antérieure à la loi n° 2015-1786 du 29 décembre 2015 de finances rectificative pour 2015.

Al. abrogé.

Les actions souscrites doivent revêtir la forme nominative. Le montant du capital agréé est limité à 600 000 €.

Art. 238 *bis* HX Les sociétés définies à l'article 238 *bis* HW ne peuvent bénéficier du régime prévu en faveur des société de capital-risque par l'article 1er-1 de la loi n° 85-695 du 11 *juillet* 1985 portant diverses dispositions d'ordre économique et financier, ni du régime prévu en faveur des sociétés unipersonnelles d'investissement à risque mentionnées à l'article 208 D.

Art. 238 *bis* HY En cas de non-respect de leur objet social, les sociétés définies à l'article 238 *bis* HW doivent verser au Trésor une indemnité égale à 25 % de la fraction du capital qui n'a pas été utilisée de manière conforme à leur objet, sans préjudice de l'application des dispositions de l'article 1649 *nonies* A. Le montant de cette indemnité est exclu des charges déductibles pour l'assiette du bénéfice imposable. La constatation, le recouvrement et le contentieux de cette indemnité sont exercés et suivis comme en matière d'impôts directs.

Art. 238 *bis* HZ En cas de dissolution de la société ou de réduction de son capital, le ministre de l'économie, des finances et du budget peut ordonner la réintégration des sommes déduites en application de l'article 217 *quindecies* au résultat imposable de l'exercice au cours duquel elles ont été déduites.

Art. 238 *bis* HZ *bis* Un décret fixe les modalités d'application des articles 238 *bis* HV à 238 *bis* HZ et, notamment, les obligations déclaratives. – *V. Ann. III, art. 46 quindecies R à 46 quindecies W.*

0I *BIS* *TRANSFERTS D'ACTIFS HORS DE FRANCE, RÉALISÉS PAR LES ENTREPRISES*

Art. 238 *bis*-0 I I. – Une entreprise qui a transféré ou transfère hors de France, directement ou indirectement, par elle-même ou par l'intermédiaire d'un tiers, des éléments de son actif à une personne, à un organisme, dans un trust ou dans une institution comparable, en vue de les gérer dans son intérêt ou d'assumer pour son compte un engagement existant ou futur, comprend dans son résultat imposable les résultats qui proviennent de la gestion ou de la disposition de ces actifs ou des biens acquis en remploi.

Ces résultats, arrêtés à la clôture de chacun des exercices de l'entreprise, sont déterminés selon les règles applicables au bénéfice de cette dernière, indépendamment de ses autres opérations, à partir d'une comptabilité distincte tenue pour son compte par la personne, l'organisme, le trust ou l'institution comparable à qui les actifs ont été transférés.

A l'appui de la déclaration de ses résultats, l'entreprise produit :

Un état qui mentionne la nature, la consistance et les caractéristiques des éléments d'actif transférés ou des biens acquis en remploi, la personne, l'organisme, le trust ou l'institution comparable à qui les actifs ont été transférés ainsi que l'État ou le territoire où il est établi ;

Une déclaration des résultats qui proviennent de la gestion ou de la disposition de ces actifs.

L'entreprise est autorisée à imputer sur le montant de l'impôt sur les sociétés dont elle est redevable, au titre de chaque exercice, à raison des résultats mentionnés au deuxième alinéa, l'impôt acquitté, le cas échéant, hors de France, sur les mêmes résultats, à condition que ce dernier soit comparable à l'impôt sur les sociétés.

A défaut du respect des dispositions du présent article, l'entreprise comprend dans ses résultats imposables de chaque exercice une somme égale au produit du montant de la valeur réelle, à l'ouverture du même exercice, des actifs définis au premier alinéa par un taux égal à celui mentionné au 3° du 1 de l'article 39. Pour l'application du présent alinéa, la valeur réelle des actifs à l'ouverture d'un exercice est égale à la valeur réelle de ces mêmes actifs au moment du transfert, majorée des produits acquis depuis cette date ou, à défaut, du total des sommes calculées ainsi qu'il est précisé à la phrase qui précède. Toutefois, l'entreprise peut apporter la preuve que le résultat ainsi déterminé excède le résultat effectivement réalisé, déterminé dans les conditions fixées *au deuxième alinéa.*

II. – Les dispositions du I ne sont pas applicables aux transferts qui résultent de l'exécution de contrats d'assurances ou de mandats.

III. – Un décret fixe les modalités d'application du présent article ainsi que les obligations déclaratives des entreprises concernées. – *V. Ann. III, art. 64 bis, 64 ter et 64 quater.*

IV. – Les dispositions du présent article s'appliquent pour la détermination des résultats imposables des exercices ouverts à compter du 1er janvier 1992.

Art. 238 *bis*-0 I *bis* I. – Les produits provenant du placement de la fraction des sommes reçues lors de l'émission de valeurs mobilières relevant des dispositions de l'article L. 228-97 du code de commerce transférée hors de France à une personne ou une entité, directement ou indirectement, par l'entreprise émettrice ou par l'intermédiaire d'un tiers, sont compris dans le résultat imposable de cette entreprise au titre du premier exercice clos à compter du 31 décembre 2005 ou, s'il est postérieur, de l'exercice clos au cours de la quinzième année qui suit la date d'émission, sous déduction des intérêts déjà imposés sur cette même fraction postérieurement à la date du douzième anniversaire de l'émission. Pour l'application des dispositions de la phrase précédente, le montant de ces produits est réputé égal à la différence entre le montant nominal de l'émission et la fraction transférée hors de France majorée des intérêts capitalisés, jusqu'à ce douzième anniversaire, calculés au taux d'intérêt actuariel défini au deuxième alinéa du 2 du II de l'article 238 *septies* E à la date du transfert.

Par exception aux dispositions du premier alinéa, cette imposition est différée au titre de l'exercice au cours duquel ces valeurs mobilières donnent lieu au paiement d'un montant d'intérêts effectif inférieur au produit du montant nominal de l'émission par le taux d'intérêt légal si cet exercice est postérieur à l'exercice clos au cours de la quinzième année qui suit la date d'émission.

En cas de rachat des valeurs mobilières postérieurement à l'exercice d'imposition défini au premier ou deuxième alinéa, l'annulation de cette dette n'entraîne pas d'imposition supplémentaire.

II. — Les dispositions du I s'appliquent aux émissions de valeurs mobilières réalisées entre le 1er janvier 1988 et le 31 décembre 1991 ainsi qu'aux émissions réalisées en 1992 sous réserve que les produits mentionnés au I n'aient pas été imposés sur le fondement de l'article 238 *bis*-0 I, et dont les dettes corrélatives sont inscrites au bilan d'ouverture du premier exercice clos à compter du 31 décembre 2005 de l'entreprise émettrice.

Émission de titres subordonnés à durée indéterminée (TSDI). Les règles des titres subordonnés à durée indéterminée ne s'appliquent pas en l'absence d'émission de valeurs mobilières. • CAA Versailles, 5 juill. 2016, *SA Carrefour*, n° 14VE02647 : *RJF 2016. 947, concl. Coudert.* ♦ Confirmation • CE 6 juin 2018, *Min. c/ Sté Carrefour*, n° 403303 : *RJF 2018. 936.*

I BIS RÉÉVALUATION DES IMMOBILISATIONS NON AMORTISSABLES

Art. 238 *bis* I I. — Les personnes physiques ou morales qui exercent une activité commerciale, industrielle, artisanale, agricole ou libérale sont autorisées à réévaluer leurs immobilisations non amortissables, y compris les titres de participation, figurant au bilan du premier exercice clos à dater du 31 décembre 1976.

Il peut être procédé à cette réévaluation soit dans les écritures du premier exercice, clos à dater du 31 décembre 1976, soit dans celles des trois exercices suivants.

La réévaluation est obligatoire pour les sociétés dont les titres sont admis aux négociations sur un marché réglementé et pour les sociétés dans lesquelles une société dont les titres sont admis aux négociations sur un marché réglementé détient une participation entrant dans le champ de l'établissement de comptes consolidés.

Les immobilisations non amortissables sont réévaluées, en fonction de l'utilité que leur possession présente pour l'entreprise le 31 décembre 1976, à leur coût estimé d'acquisition ou de reconstitution en l'état.

II. — La plus-value de réévaluation est inscrite, en franchise de tout impôt, à une réserve de réévaluation au passif du bilan. Cette réserve n'est pas distribuable.

III. — La plus-value ou la moins-value de cession des immobilisations non amortissables est, du point de vue fiscal, calculée à partir de leur valeur non réévaluée.

IV. — Un décret en Conseil d'État pris après avis de l'Autorité des normes comptables fixe les conditions d'application du présent article, notamment les techniques de réévaluation, et la nature des obligations incombant aux entreprises. Il adapte les dispositions des I à III au cas des professions libérales. — *V. Ann. II, art. 171 quinquies à 171 quaterdecies.*

I TER RÉÉVALUATION DES IMMOBILISATIONS AMORTISSABLES

Art. 238 *bis* J I. — Les dispositions du I de l'article 238 *bis* I relatives à la réévaluation des immobilisations non amortissables sont étendues aux immobilisations amortissables figurant au bilan du premier exercice clos à dater du 31 décembre 1976.

Les valeurs réévaluées de ces immobilisations ne doivent pas dépasser les montants obtenus en appliquant aux valeurs nettes comptables des indices représentatifs de l'évolution :

– du prix des constructions en ce qui concerne les biens de cette nature ;

– du prix des matériels et outillages en ce qui concerne les autres immobilisations amortissables.

Ces indices sont déterminés par arrêté du ministre de l'économie et des finances. – *V. Ann. IV, art. 23 L bis.*

II. – Les plus-values de réévaluation des immobilisations amortissables sont portées directement, en franchise d'impôt, à une provision spéciale figurant au passif du bilan. Il doit être produit un état détaillé de cette provision en annexe au bilan et aux déclarations fiscales des intéressés.

Les annuités d'amortissement des exercices ouverts à compter du 1er janvier 1977 sont calculées à partir des valeurs réévaluées.

La provision spéciale est rapportée aux résultats de ces exercices dans les conditions suivantes :

– pour ce qui concerne les plus-values de réévaluation des actifs amortissables selon le régime linéaire : par fractions annuelles égales pendant la durée résiduelle d'amortissement appréciée au 31 décembre 1976 ;

– pour ce qui concerne les plus-values de réévaluation des actifs amortissables selon le régime dégressif : par fractions annuelles dont chacune est calculée dans les mêmes conditions et au même taux que l'annuité correspondante d'amortissement. Ce taux ne peut excéder celui que l'entreprise eût été autorisée à pratiquer en l'absence de réévaluation.

En cas de cession d'une immobilisation amortissable réévaluée, la fraction résiduelle de la provision spéciale correspondant à l'élément cédé est rapportée aux résultats de l'exercice de la cession. La plus-value ou moins-value de cession est calculée à partir de la valeur réévaluée.

III. – En fonction de la conjoncture économique et budgétaire et compte tenu des besoins d'investissement des entreprises, celles-ci pourront être autorisées à déduire de leurs bases d'imposition une partie des sommes rapportées en application des dispositions précédentes aux résultats des exercices clos à compter du 31 décembre 1978. Le taux et les modalités de cette déduction seront fixés, pour chacune des années au cours desquelles elle sera appliquée, par la loi de finances.

IV. – La réévaluation des immobilisations prévues au présent article peut être effectuée dans les écritures du premier exercice clos à dater du 31 décembre 1976 ou des trois exercices suivants.

V. – Un décret en Conseil d'État, pris après avis de l'Autorité des normes comptables, fixe les conditions d'application du présent article, les modalités de réévaluation, notamment celles applicables aux immeubles bâtis, la nature des obligations incombant aux entreprises. – *Ann. II, art. 171 A à 171 P.*

Il précise les règles de détermination, d'un point de vue fiscal, des plus ou moins-values de cession d'immobilisations amortissables, réévaluées de telle façon que la réévaluation prévue au présent article s'accompagne d'une parfaite neutralité fiscale, ainsi que des amortissements différés. Il adapte les dispositions du présent article aux professions agricoles et libérales.

VI. – Les déficits reportables au 31 décembre 1976 peuvent être imputés, du point de vue fiscal, sur la provision spéciale.

VII. – La présente réévaluation, telle qu'elle est définie aux paragraphes I à V, n'aura pas d'effet sur l'assiette des impôts locaux (cotisation foncière des entreprises et taxes foncières).

0I *QUATER* *RÉÉVALUATION DES IMMEUBLES ET TITRES DE SOCIÉTÉS À PRÉPONDÉRANCE IMMOBILIÈRE*

Art. 238 *bis* JA Les plus-values nettes dégagées lors de la réévaluation des immeubles et titres de sociétés à prépondérance immobilière sont soumises à l'impôt sur les sociétés au taux visé au IV de l'article 219 lorsque ces sociétés s'engagent à les conserver pendant une durée minimale de cinq ans. – *V. Ann. II, art. 171 P bis et 171 P ter.*

La cession des immeubles ainsi réévalués avant la fin du délai de conservation de cinq ans n'entraîne pas la remise en cause de l'application du taux visé au IV de l'article 219 lorsque la cession est effectuée dans les conditions prévues à l'article 210 E. –

Ces dispositions s'appliquent aux apports réalisés du 1er janv. 2005 au 31 déc. 2009 (L. no 2007-1822 du 24 déc. 2007, art. 30). — V. Ann. II, art. 171 P bis et 171 P ter.

Engagement de conservation. Pour une société ayant régulièrement procédé à la réévaluation de ses actifs immobiliers et souscrit l'engagement de conservation dans les conditions prévues à l'art. 238 *bis* JA : la fusion-absorption, avant le terme du délai de cinq ans, n'entraîne pas la remise en cause rétroactive du taux réduit dont a bénéficié la plus-value de réévaluation afférente aux actifs immobiliers réévalués sous réserve du respect des conditions suivantes : 1) la société absorbante, venant aux droits et obligations de la société absorbée, doit reprendre expressément l'engagement de conservation des biens ou des titres réévalués dans le traité de fusion. 2) la fusion doit être réalisée sous le bénéfice du régime prévu à l'art. 210 A. * Rescrit 29 mai 2007, no 2007/15 FE * BOI-BIC-PVMV-40-10-60-20 no 100 du 12 sept. 2012. ♦ … La cession, avant le terme du délai de cinq ans, d'un immeuble ayant ouvert droit au bénéfice du taux réduit de 16,5 % (porté à 19 %), entraîne la remise en cause rétroactive du taux réduit dont a bénéficié la plus-value de réévaluation afférente à l'immeuble cédé. Cette rupture partielle de l'engagement de conservation reste toutefois sans incidence sur l'imposition des profits de réévaluation afférents aux autres actifs immobiliers conservés par la société. Le taux d'IS applicable est celui en vigueur au cours de l'exercice au cours duquel la réévaluation a été réalisée. Les droits complémentaires exigibles sur le profit de réévaluation de l'immeuble cédé sont majorés des intérêts de retard légalement dus. * Rescrit 29 mars 2007, no 2007/10 FE * BOI-BIC-PVMV-40-10-60-20 no 100 du 12 sept. 2012.

0I QUATER A ***RÉÉVALUATION DES IMMOBILISATIONS CORPORELLES ET FINANCIÈRES***

(L. no 2020-1721 du 29 déc. 2020, art. 31-I-2o et II, applicable à la première opération de réévaluation constatée au terme d'un exercice clos à compter du 31 déc. 2020 jusqu'au 31 déc. 2022)

Art. 238 *bis* JB L'entreprise qui procède à une réévaluation d'ensemble des immobilisations corporelles et financières dans les conditions prévues à l'article L. 123-18 du code de commerce peut ne pas prendre en compte l'écart de réévaluation qu'elle constate pour la détermination du résultat imposable de l'exercice au titre duquel elle procède à cette réévaluation.

L'application du premier alinéa du présent article est subordonnée à l'engagement de l'entreprise :

1o De calculer la plus-value ou la moins-value réalisée ultérieurement lors de la cession des immobilisations non amortissables d'après leur valeur non réévaluée ;

2o De réintégrer l'écart de réévaluation afférent aux immobilisations amortissables dans ses bénéfices imposables. La réintégration de l'écart de réévaluation est effectuée par parts égales sur une période de quinze ans pour les constructions ainsi que pour les plantations et les agencements et aménagements des terrains amortissables sur une période au moins égale à cette durée, et par parts égales sur une durée de cinq ans pour les autres immobilisations.

La cession d'une immobilisation amortissable entraîne l'imposition immédiate de la fraction de l'écart de réévaluation afférent à ce bien qui n'a pas encore été réintégrée à la date de la cession.

L'entreprise qui a procédé à une réévaluation d'ensemble dans les conditions prévues au premier alinéa calcule les amortissements, provisions et plus-values de cession ultérieurs afférents aux immobilisations amortissables d'après la valeur qui leur a été attribuée lors de la réévaluation.

L'entreprise qui applique les dispositions du même premier alinéa joint à la déclaration de résultats de l'exercice de réévaluation et des exercices suivants un état conforme au modèle fourni par l'administration faisant apparaître les renseignements nécessaires au calcul des amortissements, des provisions ou des plus-values ou moins-values afférents aux immobilisations qui ont fait l'objet d'une réévaluation.

Régime optionnel et temporaire de réévaluation libre. 1o Dispositif de neutralisation des conséquences fiscales des réévaluations libres d'actifs. Champ d'application. Sursis d'imposition pour les immobilisations non amortissables. Régime d'étalement pour les immobilisations amortissables. Sort des amortissements dérogatoires antérieurs à la réévaluation. Obligations déclaratives. * BOI-BIC-PVMV-40-10-60-30 du 9 juin 2021. 2o Provision pour dépréciation du fonds de commerce. * BOI-BIC-PROV-40-10-10 n° 425 du 9 juin 2021. 3° Modèle d'état de suivi des écarts de réévaluation. * BOI-FORM-000090-30 du 9 juin 2021.

I *QUATER* DÉTERMINATION DE LA PART DE BÉNÉFICES CORRESPONDANT AUX DROITS DÉTENUS DANS UNE SOCIÉTÉ DE PERSONNES, UNE COPROPRIÉTÉ DE CHEVAL DE COURSE OU D'ÉTALON, UN GROUPEMENT D'INTÉRÊT ÉCONOMIQUE, UN GROUPEMENT D'INTÉRÊT PUBLIC OU UN GROUPEMENT EUROPÉEN D'INTÉRÊT ÉCONOMIQUE

Art. 238 *bis* K I. — Lorsque des droits dans une société ou un groupement mentionnés aux articles 8, 8 *quinquies*, 239 *quater*, 239 *quater* B, 239 *quater* C ou 239 *quater* D sont inscrits à l'actif d'une personne morale passible de l'impôt sur les sociétés dans les conditions de droit commun ou d'une entreprise industrielle, commerciale, artisanale ou agricole imposable à l'impôt sur le revenu de plein droit selon un régime de bénéfice réel, la part de bénéfice correspondant à ces droits est déterminée selon les règles applicables au bénéfice réalisé par la personne ou l'entreprise qui détient ces droits.

Si les droits en cause sont détenus par une société exerçant une activité agricole créée avant le 1er janvier 1997 ou un groupement d'exploitation en commun mentionné à l'article 71 qui relèvent de l'impôt sur le revenu selon le régime prévu à l'article 64 *bis* ou, sur option, selon le régime du bénéfice réel simplifié d'imposition, les modalités d'imposition des parts de résultat correspondantes suivent les règles applicables en matière d'impôt sur les sociétés. Il en va de même lorsque cette société ou ce groupement a pour activité la gestion de son propre patrimoine mobilier ou immobilier. Toutefois, si le contribuable apporte la preuve qu'une fraction des droits dans cette dernière société ou ce dernier groupement est elle-même détenue directement ou indirectement par des personnes physiques ou entreprises, qui entrent dans le champ d'application du II, cette règle ne s'applique pas à la part de bénéfice correspondante.

Un décret fixe les conditions d'application du deuxième alinéa, notamment en ce qui concerne les obligations déclaratives. — *V. Ann. III, art. 46 terdecies E.*

II. — Dans tous les autres cas, la part de bénéfice ainsi que les profits résultant de la cession des droits sociaux sont déterminés et imposés en tenant compte de la nature de l'activité et du montant des recettes de la société ou du groupement.

BIBL. ▶ COZIAN et PEIGNELIN, *Dr. fisc. 1994, p. 205* (le régime fiscal des sociétés de personnes). – COZIAN, *GPFE, Doc. 22* (un sac d'embrouilles : le régime fiscal des sociétés de personnes). – FERNOUX, *BFL 2009, p. 181* (immobilier d'entreprise : démembrement des parts d'une SCI).

1. Catégorie d'impositions. Les revenus d'une société en nom collectif dont les associés sont des personnes physiques et qui a pour seule activité la location d'immeubles et la perception de revenus de participations détenues dans le capital d'une SCI et d'une autre société en nom collectif exploitant un établissement hôtelier ne sont pas imposables dans la catégorie des BIC dès lors qu'elle ne se livre à aucune des activités ou opérations industrielles et commerciales définies *aux art. 34 et 35. La quote-part des résultats* revenant à l'associé personne physique de cette société de personnes doit, en application de l'art. 238 *bis* K-II, être déterminée et imposée à son nom en tenant compte de la nature respective des produits perçus. • CAA Lyon, 13 juin 2002, n° 97LY269 : *RJF 2003. 64.*

2. Une EURL qui a pour seule activité la gestion de parts sociales dans des SNC d'exploitation hôtelière et qui ne participe en aucune manière à l'activité commerciale de ces sociétés ne peut être regardée, alors même que les revenus qu'elle a retirés de cette participation sont imposables entre les mains de son associé dans la catégorie des BIC, comme ayant elle-même réalisé un bénéfice commercial dont la détermination serait gouvernée par les art. 238 *bis* K-I et 36 s. et notamment sous déduction de frais généraux de toute nature. • CE 17 nov. 2006, n° 254597, *Bec : RJF 2007. 73 ; Dr. fisc. 2007. 468, concl. Mitjavile.* ♦ Confirmant • CAA Bordeaux, 31 déc. 2002, n° 00BX148 : *Dr. fisc. 2003. 414 ; RJF 2003. 993.* ♦ Cette EURL ne peut davantage prétendre bénéficier des dispositions du II de l'art. 238 *bis* K pour déduire de ses revenus les intérêts des emprunts souscrits pour l'acquisition des parts sociales des SNC dès lors qu'elle a pour seule activité l'accroissement du patrimoine privé de son associé. • Mêmes arrêts. ♦ Dans le même sens, • CAA Bordeaux, 30 sept. 2004, n° 01BX1345 : *RJF 2005. 48.*

3. Il résulte des art. 38 et 238 *bis* K que, dès lors que des parts détenues dans des sociétés de personnes (société civile agricole, en l'espèce) sont inscrites au bilan d'une société de personnes ayant une activité commerciale, imposable dans la catégorie des BIC, les revenus liés à la détention de ces parts relèvent de la catégorie des BIC et sont déterminés selon les règles applicables au bénéfice réalisé par l'entreprise qui détient ces droits. En conséquence, le résultat déficitaire de la société de personnes a un caractère industriel et commercial dans son ensemble, y compris pour la fraction provenant de l'activité de la société agricole. • CE 7 août 2008, nos 290465 et 290555 : *RJF 2008. 1209, concl. Glaser, p. 991 ; Dr. fisc. 2008. 567, concl. Glaser ; RTD com. 2008. 888, note Fouquet*.

4. Charges. La taxe sur les véhicules des sociétés prévue par l'art. 1010 n'est pas déductible pour la détermination de la part du résultat d'une société de personnes qui revient à un associé soumis à l'IS. • CAA Paris, 5 janv. 2004, n° 00PA238, *SA Wabco Westinghouse : RJF 2004. 1121.*

5. Amortissements. Lorsqu'une SCI imposable selon le régime fiscal des revenus fonciers décide d'opter pour son assujettissement à l'IS, l'IR est établi à raison notamment des plus-values latentes incluses dans le patrimoine social. Lorsque ces plus-values latentes sont immédiatement imposables au régime des plus-values à court terme, elles comprennent outre les amortissements réellement effectués par la société, les amortissements qui auraient été admis en déduction si la société avait été soumise à l'IS depuis sa création. • CE 10 juill. 2007, n° 287661, *SA SCA Ouest : RJF 2007. 1274 ; concl. Collin au BDCF 11/07, n° 122.* ♦ Confirmant • CAA Nantes, 28 sept. 2005, nos 03NT640 et 03NT812, *Sté SCA Ouest : RJF 2006. 278 ; BFL 2006, p. 1022, chron. Fernoux.*

6. Pour la détermination de la part du bénéfice d'une société de personnes imposable au nom d'un associé soumis à l'IS, ne peuvent être déduits que les amortissements effectivement comptabilisés par cette société de personnes même si celle-ci n'est pas soumise à l'obligation de tenir une comptabilité commerciale. • CAA Paris, 6 juill. 2000, n° 97PA2317 : *Dr. fisc. 2001. 420.*

7. Plus-value de cession de parts. Le remboursement d'un emprunt contracté pour le rachat de ses propres titres par une SCP doit être ajouté au prix de revient des parts des autres associés pour le calcul de la plus-value de cession. • CAA Douai, 30 mai 2013, n° 11DA007204.

8. En application de l'art. 238 *bis* K II, les profits réalisés par une société de personnes lors de la cession de titres d'une société civile d'exploitation agricole (SCEA) sont imposés en tenant compte de la nature de l'activité de la société dont les titres sont cédés. La SCEA exerçant une activité d'exploitation agricole, la plus-value résultant de cette cession a le caractère d'une plus-value professionnelle agricole pouvant bénéficier du régime d'exonération prévu à l'art. 151 *septies*. • CAA Bordeaux, 16 juin 2014, n° 12BX01631 : *RJF 2014. 914.*

9. Réévaluation libre. Une SCI n'ayant pas opté pour l'IS et ne comprenant que des associés personnes physiques n'est pas soumise à l'obligation de tenir une comptabilité commerciale et ne peut procéder à la réévaluation libre de ses immeubles sur le fondement de l'art. L. 123-18 C. com. Par suite, la réévaluation réalisée par la société est dépourvue de conséquences fiscales. Les résultats des exercices postérieurs à celui de la réévaluation, au cours desquels le nouvel associé est soumis à l'IS, doivent donc être déterminés en déduisant les amortissements calculés d'après la valeur d'origine des immeubles et non d'après leur valeur réévaluée. • CE 19 sept. 2018, *Sté JMD*, n° 409864 : *Dr. fisc. 2019. 135, concl. Victor, note Chateauneuf.*

I *QUINQUIES* *RÉGIME FISCAL DES SOCIÉTÉS CRÉÉES DE FAIT*

Art. 238 *bis* L Les bénéfices réalisés par les sociétés créées de fait sont imposés selon les règles prévues au présent code pour les sociétés en participation.

Portée de la référence aux sociétés en participation. La référence aux règles prévues pour les sociétés de participation s'entend uniquement de celles relatives à la détermination du résultat et à l'imposition des bénéfices ainsi arrêtés entre les mains des associés à proportion de leurs droits respectifs, dans le cadre du régime des sociétés de personnes, et sous réserve de l'option pour l'IS. Dès lors, en l'absence d'option pour cet impôt, c'est le régime des sociétés de personnes qui s'applique. • CE 17 févr. 2016, n° 365943 : *RJF 2016. 452 ; Dr. fisc. 2016. 390, note Desmorieux.*

Art. 238 *bis* LA Les bénéfices réalisés par les associations d'avocats mentionnées à l'article 7 de la loi n° 71-1130 du 31 décembre 1971 portant réforme de certaines professions judiciaires et juridiques sont imposés selon les règles prévues au présent code pour les sociétés en participation.

Régime fiscal des associations d'avocats. Application du régime des sociétés en participation. Imposition des résultats. Patrimoine fiscal propre. * BOI-BNC-SECT-70-50-10 du 12 sept. 2012.

I *SEXIES* ***OBLIGATION DES SOCIÉTÉS EN PARTICIPATION***

Art. 238 *bis* M Les sociétés en participation doivent, pour l'application des articles 8 et 60, inscrire à leur actif les biens dont les associés ont convenu de mettre la propriété en commun.

1. L'absence d'inscription au bilan fiscal d'une société en participation de biens qu'elle utilise constitue une décision de gestion et non une erreur comptable rectifiable dès lors qu'il ne ressort pas des statuts une décision suffisamment précise de mettre ces biens en commun. • CAA Lyon, 27 juill. 2006, n° 02LY1297 : *RJF 2007. 47.*

2. L'apport en pleine propriété d'un immeuble par un particulier à une société en participation constituée pour l'exploitation, l'aménagement et la vente de cet immeuble doit être regardé comme ayant entraîné la mise en propriété en commun de l'immeuble pour le gérer en indivision. Cet apport est assimilable à une cession à titre onéreux, rendant immédiatement imposable la plus-value constatée. • CAA Paris, 6 févr. 2003, n° 98PA221 : *RJF 2003. 994 ; concl. Pruvost au BDCF 8-9/03, n° 110 ; Dr. fisc. 2004. 354, note Desmorieux.*

3. Une société en participation ne peut déduire de son résultat l'amortissement des biens qui lui ont été affectés par ses associés qu'à condition de les avoir inscrits à l'actif de son bilan. • CAA Lyon, 27 juill. 2006, n° 02LY1297 : *préc. note 1.*

4. Si les sociétés en participation, qui ne jouissent pas de la personnalité morale et ne disposent pas de patrimoine propre, ne peuvent devenir propriétaires des biens que les associés mettent à leur disposition, elles peuvent, cependant, déduire de leurs résultats les charges qui ont été engagées pour l'acquisition des biens que les associés ont décidé de mettre en commun et qui doivent, conformément à l'art. 238 *bis* M, figurer à l'actif du bilan desdites sociétés. Ainsi une société en participation peut déduire de ses résultats imposables les intérêts d'emprunt contractés pour l'acquisition de titres affectés à l'actif de son bilan fiscal alors même que ses membres sont demeurés propriétaires de ces titres. • CAA Nantes, 4 mars 2010, n° 07NT1039 : *RJF 2010. 726.*

5. Le résultat réalisé par une société de personnes est imposable entre les mains des associés présents à la clôture de l'exercice. En cas de cession de parts par un associé, l'intention de l'acte peut être recherchée pour déterminer les associés à la clôture de l'exercice. • CE 26 sept. 2019, n° 419825 : *RJF 2019. 1160.*

6. V. notes ss. art. 8, 206 et 151 *nonies.*

II ***RÉGIME FISCAL DES GROUPEMENTS FORESTIERS ET DE LEURS MEMBRES***

Art. 238 *ter* Les groupements forestiers constitués dans les conditions prévues par les articles L. 331-1 à L. 331-15 du code forestier ne sont pas assujettis à l'impôt sur les sociétés ; mais chacun de leurs membres est personnellement passible, pour la part des bénéfices sociaux correspondant à ses droits dans le groupement, soit de l'impôt sur le revenu, déterminé d'après les règles prévues pour la catégorie de revenus à laquelle ces bénéfices se rattachent, soit, s'il s'agit de personnes morales assujetties à l'impôt sur les sociétés, de l'impôt sur les sociétés. — *Pour le cas où le groupement deviendrait passible de l'impôt sur les sociétés, V. art. 202 ter.*

Art. 238 *quater* *(Abrogé par L. n° 2015-1786 du 29 déc. 2015, art. 22-2°) I. — **Lorsqu'elles sont réalisées par des entreprises industrielles ou commerciales passibles de l'impôt sur le revenu ou par des sociétés passibles, à un titre quelconque, de l'impôt sur les sociétés, les opérations de transformation en un groupement forestier d'une société propriétaire de bois ou de terrains à reboiser ainsi que d'apport de biens de cette nature à un tel groupement, donne lieu à la perception d'une taxe spéciale sur la valeur nette, au moment de leur réalisation, de l'actif transféré au groupement forestier. Cette taxe, perçue au taux de 6 % dans le premier cas et de 8 % dans le second, libère les plus-values afférentes à l'actif transféré, de l'impôt sur le revenu ou de l'impôt sur les sociétés susceptibles d'être réclamés du chef de l'opération.***

Le paiement de la taxe entraîne en outre l'exonération, s'il s'agit d'une société de capitaux ou d'une société assimilée, de l'impôt sur le revenu et de la retenue à la source sur le revenu des capitaux mobiliers auxquels donnerait ouverture la distribution à ses membres des parts d'intérêt du groupement forestier représentatives des bois et des terrains à reboiser à lui transférés.

La taxe est perçue, selon les règles et sous les sanctions applicables en matière de droits d'enregistrement, lors de l'enregistrement de l'acte constatant la transformation ou l'apport, ou lors de l'accomplissement de la formalité fusionnée.

Elle n'est pas admise en déduction pour l'assiette de l'impôt sur le revenu ni pour l'assiette de l'impôt sur les sociétés.

II. — Le bénéfice des dispositions du I est subordonné aux conditions suivantes :

1° Les statuts du groupement forestier doivent être préalablement approuvés par le ministre de l'agriculture ;

2° Les bois et terrains à reboiser doivent se trouver dans le patrimoine de la société transformée ou de la personne physique ou morale auteur de l'apport depuis une date antérieure au 1er janvier 1962 ou y être entrés depuis cette date par succession ou par donation ; toutefois, aucune condition de date d'entrée dans le patrimoine n'est exigée pour les apports effectués par les sociétés d'aménagement foncier et d'établissement rural constituées et fonctionnant conformément aux dispositions des articles L. 141-1 à L. 142-6, L. 142-8, L. 181-19 et L. 181-20 du code rural et de la pêche maritime ;

3° La transformation ou l'apport ne doit pas comporter de transmission de biens meubles ou immeubles entre les membres du groupement ou d'autres personnes.

III FIDUCIE

BIBL. ▶ Blanluet et Le Gall, *Dr. fisc. 2005. 1230* (le trust au pied du mur) ; *Dr. fisc. 2007. 676* (la fiducie, une œuvre inachevée). – De Bissy, *JCP E 2007. 1516* (aspects fiscaux de la fiducie). – Fumenier, Hayden, Miller et Dorin, *Dr. fisc. 2007. 1364* (le régime fiscal de la fiducie). – J. Turot, *Dr. fisc. 2007. 433* (fiducie : être ou ne pas être neutre, voici la question). – La fiducie, mode d'emploi, *Éd. F. Lefebvre, 2e éd. 2009*.

Art. 238 *quater* A Pour l'application des dispositions du présent code, le constituant s'entend de la personne titulaire des droits représentatifs des biens ou droits transférés dans le patrimoine fiduciaire.

Art. 238 *quater* B I. — Les profits ou les pertes ainsi que les plus ou moins-values résultant du transfert, réalisé en application d'une opération de fiducie définie à l'article 2011 du code civil, dans un patrimoine fiduciaire de biens et droits inscrits à l'actif du bilan du constituant de la fiducie ne sont pas compris dans le résultat imposable de l'exercice de transfert si les conditions suivantes sont réunies :

1° Le constituant exerce une activité relevant des articles 34 ou 35, une activité agricole au sens de l'article 63, une activité professionnelle au sens du 1 de l'article 92 ou une activité civile soumise à l'impôt sur les sociétés ;

2° Le constituant est désigné comme le ou l'un des bénéficiaires dans le contrat de fiducie ; les droits du constituant représentatifs des biens ou droits transférés dans le patrimoine fiduciaire sont inscrits au bilan du constituant ;

3° Le fiduciaire doit respecter les engagements, pris dans le contrat de fiducie, suivants :

a) Inscrire dans les écritures du patrimoine fiduciaire les biens ou droits transférés ainsi que les amortissements et provisions de toute nature y afférents ;

b) Se substituer au constituant pour la réintégration des provisions et résultats afférents aux biens ou droits transférés dont la prise en compte avait été différée pour l'imposition de ce dernier ;

c) Calculer les plus-values réalisées ultérieurement à l'occasion de la cession des immobilisations non amortissables qui ont été transférées dans le patrimoine fiduciaire d'après la valeur qu'elles avaient, du point de vue fiscal, dans les écritures du constituant ;

d) Réintégrer dans les bénéfices imposables au titre du patrimoine fiduciaire les plus ou moins-values dégagées lors du transfert de biens amortissables. La réintégration des plus-values est effectuée par parts égales, dans la limite de la durée initiale du contrat de fiducie, sur une période de quinze ans pour les constructions et les droits qui se rapportent à des constructions ainsi que pour les plantations et les agencements et aménagements des terrains amortissables sur une période au moins égale à cette durée. Cette période est de cinq ans dans les autres cas.

Toutefois, la cession d'un bien amortissable entraîne l'imposition immédiate de la fraction de la plus-value afférente à ce bien qui n'a pas encore été réintégrée.

En contrepartie, les amortissements et les plus-values ultérieurs afférents aux éléments amortissables sont calculés d'après la valeur d'inscription dans les écritures du patrimoine fiduciaire ;

4° Les éléments autres que les immobilisations transférés dans le patrimoine fiduciaire doivent être inscrits dans les écritures du patrimoine fiduciaire pour la valeur qu'ils avaient, du point de vue fiscal, dans les écritures du constituant.

A défaut, le profit correspondant à la différence entre la valeur d'inscription dans les écritures du patrimoine fiduciaire de ces éléments et la valeur qu'ils avaient, du point de vue fiscal, dans les écritures du constituant est compris dans le résultat imposable de ce dernier au titre de l'exercice au cours duquel intervient le transfert dans le patrimoine fiduciaire.

II. — Les droits afférents à un contrat de crédit-bail conclu dans les conditions prévues aux 1 et 2 de l'article L. 313-7 du code monétaire et financier sont assimilés à des éléments de l'actif immobilisé, amortissables ou non amortissables dans les conditions prévues à l'article 39 *duodecies* A.

Pour l'application du *c* du 3° du I, en cas de cession ultérieure des droits mentionnés au premier alinéa qui sont assimilés à des éléments non amortissables ou de cession du terrain, la plus-value est calculée d'après la valeur que ces droits avaient, du point de vue fiscal, dans les écritures du constituant.

Ces dispositions s'appliquent aux droits afférents aux contrats de crédit-bail portant sur des éléments incorporels amortissables d'un fonds de commerce ou assimilé.

III. — Pour l'application du présent article, les titres du portefeuille dont le résultat de cession est exclu du régime des plus ou moins-values à long terme conformément à l'article 219 sont assimilés à des éléments non amortissables de l'actif immobilisé.

IV. — Un décret précise, en tant que de besoin, les modalités d'application du présent article, notamment lorsque le constituant exerce une activité dont les résultats sont imposables à l'impôt sur le revenu dans la catégorie des bénéfices non commerciaux. — *Anc. art. 223 V.*

Art. 238 *quater* C Le transfert dans un patrimoine fiduciaire de l'ensemble des éléments d'actif et de passif du constituant n'entraîne pas la cessation de son activité au sens des articles 201 et 202 lorsque ce transfert bénéficie des dispositions de l'article 238 *quater* B.

Art. 238 *quater* D Lorsque le transfert dans un patrimoine fiduciaire de biens ou droits bénéficie des dispositions de l'article 238 *quater* B, les reports d'imposition afférents aux biens ou droits transférés prévus à l'article 41, à l'article 93 *quater*, aux articles 151 *octies*, 151 *octies* A, 151 *octies* B et 151 *nonies* sont maintenus jusqu'à la date de cession des biens ou droits transférés ou jusqu'à la date de fin de l'opération de fiducie au sens de l'article 238 *quater* I.

Art. 238 *quater* E Les dispositions de l'article 238 *quater* B sont applicables au transfert dans un patrimoine fiduciaire de droit ou parts considérés, en application du I de l'article 151 *nonies*, comme des éléments d'actif affectés à l'exercice de la profession.

Art. 238 *quater* F Lorsque les droits du constituant représentatifs des biens ou droits transférés dans le patrimoine fiduciaire sont inscrits à son bilan, la part de bénéfice correspondant à ces droits est déterminée selon les règles applicables au bénéfice réalisé par le constituant.

Le constituant demeure personnellement soumis à l'impôt sur le revenu ou à l'impôt sur les sociétés pour la part de bénéfice correspondant à ses droits représentatifs des biens ou droits transférés dans le patrimoine fiduciaire, proportionnellement à la valeur réelle de ces biens ou droits mis à la date du transfert dans le patrimoine fiduciaire.

Un décret précise, en tant que de besoin, les modalités d'application du présent article, notamment lorsque le constituant exerce une activité dont les résultats sont imposables à l'impôt sur le revenu dans la catégorie des bénéfices non commerciaux.

Art. 238 *quater* G Toute variation ou dépréciation du montant des droits du constituant représentatifs des biens ou droits transférés dans le patrimoine fiduciaire demeure sans incidence sur le résultat imposable du constituant.

Art. 238 *quater* H Lorsque la détermination du régime d'imposition des résultats ou l'application des régimes d'exonération dépend du montant du chiffre d'affaires, le chiffre d'affaires provenant de la gestion du patrimoine fiduciaire s'ajoute à celui réalisé par le constituant.

En cas de pluralité de constituants, le chiffre d'affaires est réparti proportionnellement à la valeur réelle du ou des biens ou droits mis en fiducie par chacun des constituants à la date à laquelle celui-ci a transféré des éléments dans le patrimoine fiduciaire.

Art. 238 *quater* I I. — En cas de cession ou d'annulation de tout ou partie des droits du constituant représentatifs des biens ou droits transférés dans le patrimoine fiduciaire, les résultats du patrimoine fiduciaire sont déterminés, à la date de cession ou d'annulation, dans les conditions prévues aux articles 201 et suivants et imposés au nom du cédant.

La différence entre le prix de cession et le prix de revient de ces droits n'a pas d'incidence sur le résultat imposable du cédant.

II. — Les dispositions du I s'appliquent également en cas de décès, *[de]* cessation ou de dissolution du constituant, en cas de résiliation ou d'annulation du contrat de fiducie ou lorsqu'il prend fin. — *Anc. art. 223 VE.*

Art. 238 *quater* J I. — Les dispositions de l'article 238 *quater* I ne s'appliquent pas en cas de transfert des droits du constituant représentatifs des biens ou droits transférés dans le patrimoine fiduciaire réalisé dans le cadre d'une opération bénéficiant des dispositions prévues aux articles 41, 151 *octies*, 151 *octies* A ou 210 A.

II. — Les dispositions de l'article 238 *quater* I ne s'appliquent pas lorsque, en l'absence de création d'une personne morale nouvelle, le constituant :

1° Société ou organisme placé sous le régime des sociétés de personnes défini aux articles 8 à 8 *ter* cesse totalement ou partiellement d'être soumis à l'impôt sur le revenu, ou s'il change son objet social ou son activité réelle ;

2° Personne morale mentionnée aux articles 238 *ter*, 239 *quater* A, 239 *quater* B, 239 *quater* C, 239 *quater* D, 239 *septies* et au I des articles 239 *quater* et 239 *quinquies* devient passible de l'impôt sur les sociétés ;

3° Cesse totalement ou partiellement d'être soumis à l'impôt sur les sociétés.

Les dispositions du présent II s'appliquent à la double condition qu'aucune modification ne soit apportée aux écritures comptables relatives aux droits dans la fiducie et que l'imposition des profits et des plus-values définis à l'article 238 *quater* B demeure possible sous le nouveau régime fiscal applicable au constituant.

Art. 238 *quater* K I. — Par exception aux dispositions de l'article 238 *quater* I, lorsque le contrat de fiducie prend fin, les profits ou les pertes ainsi que les plus ou moins-values résultant du transfert des biens ou droits du patrimoine fiduciaire au constituant ne sont pas compris dans le résultat imposable de l'exercice de transfert si les conditions suivantes sont réunies :

1° Le contrat de fiducie prend fin sans liquidation du patrimoine fiduciaire ;

2° Le constituant doit respecter les engagements suivants :

a) Inscrire à son bilan les biens ou droits transférés ainsi que les amortissements et provisions de toute nature y afférents ;

b) Se substituer au fiduciaire pour la réintégration des provisions et résultats afférents aux biens et droits transférés dont la prise en compte avait été différée pour l'imposition du patrimoine fiduciaire ;

c) Calculer les plus-values réalisées ultérieurement à l'occasion de la cession des immobilisations non amortissables qui lui ont été transférées d'après la valeur qu'elles avaient, du point de vue fiscal, dans les écritures du patrimoine fiduciaire ;

d) Réintégrer dans ses bénéfices imposables les plus ou moins-values dégagées lors du transfert de biens amortissables. La réintégration des plus-values est effectuée par parts égales sur une période de quinze ans pour les constructions et les droits qui se rapportent à des constructions ainsi que pour les plantations et les agencements et aménagements des terrains amortissables sur une période au moins égale à cette durée. Cette période est de cinq ans dans les autres cas.

Toutefois, la cession d'un bien amortissable entraîne l'imposition immédiate de la fraction de la plus-value afférente à ce bien qui n'a pas encore été réintégrée.

En contrepartie, les amortissements et les plus-values ultérieurs afférents aux éléments amortissables sont calculés d'après la valeur d'inscription à son bilan ;

3° Les éléments autres que les immobilisations doivent être inscrits au bilan du constituant pour la valeur qu'ils avaient, du point de vue fiscal, dans les écritures du patrimoine fiduciaire. A défaut, le profit correspondant à la différence entre la valeur d'inscription au bilan du constituant de ces éléments et la valeur qu'ils avaient, du point de vue fiscal, dans les écritures du patrimoine fiduciaire est compris dans le résultat imposable de ce dernier au titre de l'exercice au cours duquel intervient le retour des biens au constituant.

II. – Pour l'application du I, les engagements mentionnés au 2° du I sont pris dans l'acte constatant le transfert des biens ou droits du patrimoine fiduciaire au constituant ou, à défaut, dans un acte sous seing privé ayant date certaine, établi à cette occasion.

III. – Les droits afférents à un contrat de crédit-bail conclu dans les conditions prévues aux 1 et 2 de l'article L. 313-7 du code monétaire et financier sont assimilés à des éléments de l'actif immobilisé, amortissables ou non amortissables dans les conditions prévues à l'article 39 *duodecies* A.

Pour l'application du *c* du 2° du I, en cas de cession ultérieure des droits mentionnés au premier alinéa qui sont assimilés à des éléments non amortissables ou de cession du terrain, la plus-value est calculée d'après la valeur que ces droits avaient, du point de vue fiscal, dans les écritures du patrimoine fiduciaire.

Ces dispositions s'appliquent aux droits afférents aux contrats de crédit-bail portant sur des éléments incorporels amortissables d'un fonds de commerce ou assimilé.

IV. – Pour l'application du présent article, les titres du portefeuille dont le résultat de cession est exclu du régime des plus ou moins-values à long terme conformément à l'article 219 sont assimilés à des éléments non amortissables de l'actif immobilisé.

V. – Un décret précise, en tant que de besoin, les modalités d'application du présent article, notamment lorsque le constituant exerce une activité dont les résultats sont imposables à l'impôt sur le revenu dans la catégorie des bénéfices non commerciaux. – *Anc. art. 223 VG.*

Art. 238 *quater* L La fiducie fait l'objet d'une déclaration d'existence par le fiduciaire dans des conditions et délais fixés par décret.

Art. 238 *quater* M Le fiduciaire est tenu aux obligations déclaratives qui incombent normalement aux sociétés soumises au régime fiscal des sociétés de personnes défini à l'article 8.

Art. 238 *quater* N Lorsque le constituant d'une fiducie définie à l'article 2011 du code civil n'exerce pas une activité relevant des articles 34 ou 35, une activité agricole au sens de l'article 63, une activité professionnelle au sens du 1 de l'article 92 ou une activité civile soumise à l'impôt sur les sociétés, le transfert de biens ou droits dans un patrimoine fiduciaire n'est pas un fait générateur d'impôt sur le revenu si les conditions suivantes sont réunies :

1° Le constituant est désigné comme le ou l'un des bénéficiaires dans le contrat de fiducie ;

2° Le fiduciaire inscrit, dans les écritures du patrimoine fiduciaire, les biens ou droits transférés pour leur prix ou valeur d'acquisition par le constituant.

Art. 238 *quater* O Lorsque les droits du constituant représentatifs des biens ou droits transférés dans le patrimoine fiduciaire ne sont pas inscrits au bilan d'une entreprise, le résultat de la fiducie est imposé au nom de chaque constituant pour la part de résultat correspondant à ses droits représentatifs des biens ou droits transférés dans le patrimoine fiduciaire, proportionnellement à la valeur vénale des biens ou droits mis en fiducie, appréciée à la date du transfert dans le patrimoine fiduciaire et la part de résultat correspondant aux droits du constituant est déterminée et imposée en tenant compte de la nature de l'activité de la fiducie.

Art. 238 *quater* P I – En cas de transmission à titre onéreux de tout ou partie des droits du constituant représentatifs des biens ou droits transférés dans le patrimoine fiduciaire qui ne sont pas inscrits au bilan d'une entreprise, les résultats du patrimoine fiduciaire sont déterminés, à la date de la transmission, dans les conditions prévues aux articles 201 et suivants et imposés au nom du cédant selon les règles prévues à l'article 238 *quater* N.

La différence entre le prix de cession et le prix d'acquisition de ces droits n'a pas d'incidence sur les revenus imposables du cédant.

II – Le I s'applique également en cas de décès du constituant, de résiliation ou d'annulation de l'opération de fiducie ou lorsqu'elle prend fin.

Art. 238 *quater* Q Lorsque le constituant n'exerce pas une activité relevant des articles 34 ou 35, une activité agricole au sens de l'article 63, une activité professionnelle au sens du 1 de l'article 92 ou une activité civile soumise à l'impôt sur les sociétés, et par exception aux dispositions du II de l'article 238 *quater* P, le transfert de biens ou droits du patrimoine fiduciaire dans le patrimoine du constituant n'est pas un fait générateur d'impôt sur le revenu, lorsque l'opération de fiducie prend fin sans liquidation du patrimoine fiduciaire et que le constituant prend, dans l'acte constatant le transfert, l'engagement de déterminer, en cas de cession ultérieure des biens ou droits concernés, les plus ou moins-values et, plus généralement, les gains ou pertes par référence :

1° Si le titulaire des droits représentatifs des biens ou droits du patrimoine fiduciaire est le constituant initial, au prix ou à la valeur d'acquisition par ce dernier des biens ou droits, lorsque ces biens ou droits ont fait l'objet d'un transfert dans le patrimoine fiduciaire dans les conditions prévues à l'article 238 *quater* N, et au prix d'acquisition du ou des biens ou droits par la fiducie pour les autres biens ou droits ;

2° Si le titulaire des droits représentatifs des biens ou droits du patrimoine fiduciaire n'est pas le constituant initial, à la valeur des biens ou droits à la date d'acquisition de ses droits au titre de la fiducie ou, pour les biens ou droits qui sont entrés dans le patrimoine fiduciaire après l'acquisition de ses droits, au prix d'acquisition de ces biens ou droits par la fiducie.

V *et* VI

Art. 238 *sexies* et 238 *septies* *Périmés.*

VI *BIS* *PRIMES DE REMBOURSEMENT ET INTÉRÊTS CAPITALISÉS*

Art. 238 *septies* A I. – Lorsqu'une personne acquiert le droit au paiement du principal ou le droit au paiement d'intérêts d'une obligation provenant d'un démembrement effectué avant le 1er juin 1991, la prime de remboursement s'entend de la différence entre :

a) Le capital ou l'intérêt qu'elle perçoit ;

b) Le prix de souscription ou le prix d'acquisition originel du droit correspondant.

II. – Constitue une prime de remboursement :

1. Pour les emprunts négociables visés à l'article 118 et aux 6° et 7° de l'article 120 et les titres de créances négociables visés à l'article 124 B émis à compter du 1er janvier 1992, la différence entre les sommes ou valeurs à recevoir et celles versées lors de l'acquisition ; toutefois, n'entrent pas dans la définition de la prime les intérêts versés chaque année et restant à recevoir après l'acquisition ;

2. Pour les emprunts ou titres de même nature démembrés à compter du 1er juin 1991, la différence entre les sommes ou valeurs à recevoir et le prix d'acquisition du droit au paiement du principal, d'intérêts ou de toute autre rémunération de l'emprunt, ou du titre représentatif de l'un de ces droits.

Les dispositions du présent II sont applicables à un emprunt qui fait l'objet d'émissions successives et d'une cotation en bourse unique si une partie de cet emprunt a été émise après le 1er janvier 1992.

III. – Les dispositions du 1 et du 2 du II ne s'appliquent qu'aux titres émis à compter du 1er juin 1985. Elles ne s'appliquent pas aux titres démembrés lors d'une succession.

Les dispositions du II sont applicables à tous les contrats mentionnés à l'article 124 qui sont conclus ou démembrés à compter du 1er janvier 1993.

Les dispositions du II s'appliquent également aux emprunts, titres ou droits visés aux 6° et 7° de l'article 120 émis ou démembrés à compter du 1er janvier 1993 ou qui font l'objet d'émissions successives et d'une cotation en bourse unique si une partie de ces emprunts a été émise à compter de la même date.

IV. — Les dispositions du présent article cessent de s'appliquer aux titres ou droits émis à compter du 1er janvier 1993 et détenus par les contribuables autres que ceux mentionnés au V de l'article 238 *septies* E.

V. — Lorsque les titres ou droits mentionnés au II et au III ont été reçus, à compter du 1er janvier 2000, dans le cadre d'une opération d'échange dans les conditions prévues à l'article 150-0 B, au quatrième alinéa de l'article 150 A *bis* en vigueur avant la date de promulgation de la loi de finances pour 2004 (n° 2003-1311 du 30 décembre 2003) ou au II de l'article 150 UB, la prime de remboursement mentionnée au II est calculée à partir du prix ou de la valeur d'acquisition des titres ou droits remis à l'échange, diminué du montant de la soulte reçue, qui n'a pas fait l'objet d'une imposition au titre de l'année de l'échange, ou majoré de la soulte versée lors de cet échange.

Perte éventuelle subie lors d'un remboursement d'obligation. En cas de remboursement à un prix inférieur à la valeur d'acquisition, la différence constitue une perte (en capital). Cette perte trouve en général sa contrepartie dans l'encaissement chaque année d'intérêts supérieurs au taux du marché en vigueur au jour de l'investissement. Il est toutefois admis que les souscripteurs d'obligations visées à l'art. 108 et souscrites à compter du 1er janv. 1995 puissent imputer la perte en capital résultant de la différence entre le prix de remboursement et le prix de souscription d'une obligation sur les intérêts afférents à cette obligation versés la dernière année et qui n'entrent pas dans la définition de la prime de remboursement. Tolérance applicable aux obligations de même nature, émises par des entités établies dans un autre État membre de l'UE ou dans un autre État partie à l'accord sur l'EEE ayant conclu avec la France une convention d'assistance administrative. * BOI-RPPM-RCM-20-10-20-20 nos 390 et 395 du 25 janv. 2019.

Art. 238 *septies* B I. — Quand la prime de remboursement prévue à l'émission ou lors de l'acquisition originelle du droit excède 10 % du nominal ou du prix d'acquisition de ce droit, ou encore quand le contrat d'émission d'un emprunt obligataire prévoit une capitalisation partielle ou totale des intérêts, la prime ou l'intérêt sont imposés après une répartition par annuités.

Chaque annuité est imposée au nom du détenteur du titre ou du droit à la date anniversaire de l'entrée en jouissance.

Cette annuité est calculée en appliquant au montant nominal de l'emprunt souscrit le taux d'intérêt actuariel brut déterminé à la date d'entrée en jouissance. Toutefois, lors du versement des intérêts ou de la prime, la base d'imposition est égale au montant des intérêts perçus et non encore imposés et, le cas échéant, de la fraction non encore imposée de la prime.

Ces règles ne s'appliquent pas aux titres émis par l'État dont le porteur a la possibilité d'obtenir la conversion dans les trois ans suivant l'émission.

II. — Abrogé.

III. — Les dispositions des I et II ne s'appliquent qu'aux titres émis à compter du 1er juin 1985.

IV. — 1. Pour les emprunts ou titres ainsi que pour les opérations de démembrement visés au II de l'article 238 *septies* A, la prime de remboursement et les intérêts versés chaque année sont imposés après une répartition par annuités quand la prime excède 10 % du prix d'acquisition.

Cependant, la répartition par annuités n'est pas applicable aux emprunts ou titres *visés au 1 du II de l'article 238 septies* A dont le prix moyen à l'émission est supérieur à 90 % de la valeur de remboursement.

2. L'annuité est calculée en appliquant au prix d'acquisition le taux d'intérêt actuariel déterminé à la date de l'acquisition. Toutefois, lors du remboursement de l'emprunt, du titre ou du droit, la base d'imposition est égale au montant de la fraction non encore imposée du revenu. En outre, la première annuité imposable après l'acquisition est calculée *prorata temporis* depuis la date d'acquisition jusqu'à la première date d'imposition.

3. En cas d'acquisition de titres d'un même débiteur et présentant la même échéance et le même mode de rémunération, mais acquis à des prix différents, le prix d'acquisition à retenir est la valeur moyenne pondérée d'acquisition de ces titres. Lors de chaque nouvelle acquisition, la répartition par annuités est modifiée en conséquence.

4. Lorsque le contrat comporte une clause d'indexation ou plusieurs dates de remboursement possibles, la prime de remboursement est déterminée en retenant comme taux d'intérêt actuariel le dernier taux de rendement brut à l'émission des obligations des sociétés privées connu lors de l'acquisition et la date de remboursement s'entend de la date la plus éloignée.

5. Chaque annuité est imposable annuellement et, à cet effet, est réputée avoir été perçue à la date qui, dans l'année d'imposition, correspond à celle qui est prévue pour le remboursement.

6. Le prélèvement prévu à l'article 125 A est opéré à la date prévue au 5 ci-dessus. Ce prélèvement est pratiqué par la personne chez laquelle le titre ou le droit est déposé ou inscrit en compte, ou, dans les autres cas, par le débiteur sur le compte approvisionné par le contribuable à cet effet.

7. Les dispositions du présent article cessent de s'appliquer aux titres ou droits émis à compter du 1er janvier 1993 et détenus par les contribuables autres que ceux mentionnés au V de l'article 238 *septies* E.

V. – A compter du 3 juin 1992, la répartition par annuités prévue aux I et IV cesse de s'appliquer aux titres détenus par les personnes physiques et non inscrits à un actif professionnel.

Art. 238 *septies* C Un décret en Conseil d'État précise les modalités d'application des articles 238 *septies* A et 238 *septies* B et leurs incidences sur le calcul des plus-values ou moins-values éventuellement réalisées en cas de cession, ainsi que les obligations incombant aux émetteurs et aux intermédiaires *[Ann. II, art. 50 A et 164]*.

Art. 238 *septies* D Les articles 238 *septies* A, 238 *septies* B, 238 *septies* C et 238 *septies* E s'appliquent aux parts des fonds communs de créances lorsque leur durée à l'émission est supérieure à cinq ans.

Art. 238 *septies* E I. – Constitue une prime de remboursement :

1. Pour les emprunts négociables visés à l'article 118 et aux 6° et 7° de l'article 120, les titres de créances négociables visés à l'article 124 B et tous autres titres ou contrats d'emprunt ou de capitalisation négociables ou non, émis ou conclus à compter du 1er janvier 1993, la différence entre les sommes ou valeurs à recevoir quelle que soit leur nature, à l'exception des intérêts linéaires versés chaque année à échéances régulières et restant à recevoir après l'acquisition, et celles versées lors de la souscription ou de l'acquisition ;

2. Pour les emprunts ou titres de même nature démembrés à compter du 1er janvier 1993, la différence entre les sommes ou valeurs à recevoir quelle que soit leur nature et le prix d'acquisition du droit au paiement du principal, d'intérêts ou de toute autre rémunération de l'emprunt, ou du titre représentatif de l'un de ces droits.

Le cas échéant, pour l'application du présent article, la prime comprend la différence entre la valeur actuelle du titre après détachement des droits d'achat, de souscription, d'échange ou d'option prévus au contrat et sa valeur de remboursement.

Les dispositions du présent I sont applicables à un emprunt qui fait l'objet d'émissions successives et d'une cotation en bourse unique si une partie de cet emprunt a été émise à compter du 1er janvier 1993.

II. – 1. Pour les emprunts ou titres ainsi que pour les opérations de démembrement visés au I, la prime de remboursement et les intérêts versés chaque année sont imposés au titre de chaque exercice après une répartition actuarielle quand la prime excède 10 % du prix d'acquisition.

Cependant, cette répartition actuarielle n'est pas applicable aux emprunts ou titres visés au 1 du I dont le prix moyen à l'émission est supérieur à 90 % de leur valeur de remboursement.

2. La fraction de la prime et des intérêts à rattacher aux résultats imposables de chaque exercice jusqu'au remboursement est déterminée en appliquant au prix d'acquisition le taux d'intérêt actuariel déterminé à la date d'acquisition ; le prix d'acquisition est majoré de la fraction de la prime et des intérêts capitalisés à la date anniversaire de l'emprunt ou du titre.

Le taux actuariel est le taux annuel qui, à la date d'acquisition, égalise à ce taux et à intérêts composés les valeurs actuelles des montants à verser et des montants à recevoir.

3. Lorsque le contrat ou le titre comporte une clause rendant aléatoire la détermination avant l'échéance de la valeur de remboursement, les dispositions du 2 s'appliquent en considérant que le taux d'intérêt actuariel à la date d'acquisition est égal à 105 % du dernier taux mensuel des emprunts d'État à long terme connu lors de l'acquisition, et en retenant comme date de remboursement la date la plus éloignée prévue au contrat. Toutefois, ces dispositions ne s'appliquent pas si la prime de remboursement déterminée par application de ce même taux, diminuée des intérêts linéaires versés chaque année à échéances régulières, est inférieure à 10 % de la valeur d'émission.

Par exception aux dispositions du premier alinéa, si le contrat comporte une clause d'indexation, la prime de remboursement est calculée à la clôture de chaque exercice en retenant la valeur de remboursement telle qu'elle apparaît compte tenu de la variation de l'index constatée à cette date depuis l'acquisition du titre ou la conclusion du contrat. La fraction imposable de la prime ainsi définie est égale à la différence entre :

a) La valeur acquise de cette prime calculée au taux qui, appliqué au prix d'acquisition, permet, en retenant la méthode des intérêts composés, d'obtenir la valeur de remboursement définie ci-dessus ;

b) Et les fractions imposées en application des deuxième à quatrième alinéas depuis l'acquisition au titre des exercices antérieurs.

Dans ce dernier cas, est également imposable, le cas échéant, une part des intérêts capitalisés en vue d'être versés à échéances supérieures à un an ; cette part est égale au montant acquis de ces intérêts calculé au taux qui, appliqué au prix d'acquisition, permet, en retenant la méthode des intérêts composés, d'obtenir le montant des intérêts contractuellement dus à une échéance donnée.

Si le contrat prévoit une clause de garantie d'une valeur de remboursement minimale, la fraction imposable de la prime au titre d'un exercice donné ne peut être inférieure à celle qui résulte de l'application des dispositions du présent paragraphe en retenant, pour le calcul de la prime, la valeur de remboursement garantie.

III. — Pour l'application des dispositions du 5° du 1 de l'article 39, les provisions pour dépréciation de ces emprunts, titres ou droits sont calculées par rapport à leur valeur lors de l'entrée à l'actif du bilan.

IV. — Pour chaque exercice, les sommes imposées en application du II sont indiquées en annexe à la déclaration prévue à l'article 53 A et sont déterminées à partir d'un état qui fait apparaître, pour chaque catégorie de titres ou contrats de même nature, les éléments retenus pour le calcul de ces sommes. Cet état doit être représenté à toute réquisition de l'administration.

V. — Les dispositions du présent article ne sont pas applicables aux titres détenus par les personnes physiques dans le cadre de la gestion de leur patrimoine privé.

Modalités d'imposition de la prime de remboursement et des intérêts. Application. • CE 12 juill. 2017, *Min c/ Sté MMA Vie Assurances Mutuelles*, n° 400834 : *RJF 2017. 1022.*

VI *TER* DÉTERMINATION DU RÉSULTAT RÉALISÉ PAR LES ENTREPRISES À L'OCCASION DE LA CESSION DE CERTAINS TITRES DE PLACEMENTS À REVENU FIXE

Art. 238 *septies* F En cas de cession de titres mentionnés à l'article 118, aux 6° et 7° de l'article 120 et à l'article 1678 *bis* ainsi que de bons du Trésor sur formules et inscrits au bilan d'une entreprise à la clôture du premier exercice ouvert à compter du 1er janvier 1993, le résultat de la cession est sur le plan fiscal calculé par rapport à leur coût d'acquisition, y compris le montant des revenus acquis à la date d'achat des titres et non encore déduits du résultat imposable, diminué d'une somme égale au montant des revenus de ces titres, acquis et non imposés à l'ouverture de cet exercice.

Lorsque ces titres sont apportés dans le cadre d'une fusion ou d'une opération assimilée placée sous le régime défini à l'article 210 A, puis font l'objet d'une cession ultérieure, le résultat de la cession des titres par la société absorbante ou par la société bénéficiaire des apports est déterminé selon les modalités prévues au premier alinéa.

Pour chaque exercice, la différence entre le montant des revenus acquis à la date d'acquisition des titres concernés et non encore déduits du résultat imposable et celui des revenus de ces titres, acquis et non imposés à l'ouverture de cet exercice, est indiquée en annexe à la déclaration prévue à l'article 53 A et est déterminée à partir d'un état qui fait apparaître pour chaque catégorie de titres de même nature les deux termes de cette différence tels qu'ils sont définis ci-dessus. Ces dispositions s'appliquent à la société absorbante ou bénéficiaire d'un apport pour les titres détenus à la suite d'une fusion ou d'une opération assimilée réalisée dans les conditions prévues au deuxième alinéa. Cet état doit être représenté à toute réquisition de l'administration.

VII *PLUS-VALUES RÉALISÉES PAR LES ENTREPRISES À L'OCCASION DE LA CONSTRUCTION ET DE LA VENTE D'IMMEUBLES AFFECTÉS PRINCIPALEMENT À L'HABITATION*

Art. 238 *octies* I. – Les plus-values réalisées jusqu'à une date qui sera fixée par décret, sans que celle-ci puisse être antérieure au 1er janvier 1972, par les entreprises relevant de l'impôt sur le revenu au titre des bénéfices industriels et commerciaux ou de l'impôt sur les sociétés, à l'occasion de la cession d'immeubles qu'elles ont construits ou fait construire et qui ne présentent pas le caractère d'éléments de l'actif immobilisé au sens de l'article 40, peuvent néanmoins bénéficier des dispositions de cet article lorsqu'elles se rapportent à des immeubles affectés à l'habitation pour les trois quarts au moins de leur superficie totale et dont la construction était achevée à la date de la cession. – *V. Ann. II, art. 165 et Ann. III, art. 10 H bis et 46 quater-0 R.*

Toutefois, le montant de la somme à réinvestir est, le cas échéant, déterminé sous déduction des sommes empruntées pour la construction ou l'acquisition des éléments cédés et non encore remboursées à la date de la cession.

D'autre part, sous les sanctions prévues au 4 de l'article 40, le remploi correspondant doit être obligatoirement effectué, soit dans la construction d'immeubles affectés à l'habitation pour les trois quarts au moins de leur superficie totale, soit en l'achat de terrains pour lesquels un engagement de construire prévu au I du A de l'article 1594-0 G a été souscrit, soit en la souscription d'actions ou de parts de sociétés ayant pour objet principal de concourir directement ou indirectement à la construction d'immeubles dans des conditions qui sont fixées par un arrêté du ministre de l'économie et des finances. Dans le cas où le remploi ayant été effectué en achat de terrains, les conditions fixées au A de l'article 1594-0G n'ont pas été remplies, la plus-value est rapportée aux bénéfices de l'exercice en cours à l'expiration du délai prévu audit article. – *V. Ann. IV, art. 23 J et 23 K.*

Sous réserve des exceptions qui peuvent être prévues par décret, les plus-values provenant de ventes précédées de versements d'acomptes ou d'avances faits à quelque titre que ce soit, directement ou par personne interposée, sont exclues du bénéfice des dispositions du présent paragraphe. – *V. Ann. II, art. 168.*

Pour l'application de ce paragraphe, les ventes d'immeubles en l'état futur d'achèvement peuvent être assimilées à des ventes d'immeubles achevés dans des conditions qui sont fixées par décret. – *V. Ann. II, art. 166, 167 et 169.*

II. – Les plus-values visées au I peuvent bénéficier des dispositions de l'article 41.

Elles peuvent également être placées sous le régime d'exonération prévu à l'article 210, en cas de fusion de sociétés ou d'opérations assimilées remplissant les conditions prévues au 2 dudit article 210.

III. – *Périmé.*

VII *BIS* *[PLUS-VALUES RÉALISÉES PAR LES ENTREPRISES À L'OCCASION DE LA CESSION D'UN DROIT DE SURÉLÉVATION]*

Art. 238 *octies* A I. – Les plus-values réalisées par les entreprises relevant de l'impôt sur le revenu au titre des bénéfices industriels et commerciaux, des bénéfices non commerciaux, des bénéfices agricoles ou de l'impôt sur les sociétés à l'occasion de la cession d'un droit de surélévation effectuée au plus tard le 31 décembre 2017 en vue de la réalisation de locaux destinés à l'habitation sont exonérées.

II. – L'application du I est subordonnée à la condition que la personne cessionnaire s'engage à achever les locaux destinés à l'habitation dans un délai de quatre ans à compter de la date de l'acquisition.

Le non-respect par la personne cessionnaire de l'engagement d'achèvement des locaux destinés à l'habitation mentionné au premier alinéa entraîne l'application de l'amende prévue au IV de l'article 1764.

Par exception au deuxième alinéa, l'amende prévue au IV de l'article 1764 n'est pas due lorsque la personne cessionnaire ne respecte pas l'engagement d'achèvement des locaux en raison de circonstances exceptionnelles indépendantes de sa volonté. Elle n'est pas due non plus en cas de licenciement, d'invalidité correspondant au classement dans les deuxième ou troisième des catégories prévues à l'article L. 341-4 du code de la sécurité sociale ou de décès du contribuable ou de l'un des époux soumis à une imposition commune.

En cas de fusion de sociétés, l'engagement souscrit par le cessionnaire n'est pas rompu lorsque la société absorbante s'engage, dans l'acte de fusion, à se substituer à la société absorbée pour le respect de l'engagement d'achèvement des locaux dans le délai restant à courir. Le non-respect par la société absorbante de l'engagement d'achèvement des locaux entraîne l'application de l'amende prévue pour le cessionnaire.

Exonération des plus-values de cession d'un droit de surélévation. Commentaire administratif. * BOI-BIC-PVMV-40-10-80 du 28 nov. 2012.

Art. 238 *octies* B En cas de transmission ou de rachat des droits d'un associé imposable dans la catégorie des bénéfices industriels et commerciaux, des bénéfices non commerciaux ou des bénéfices agricoles, ou relevant de l'impôt sur les sociétés, dans une société qui relève des articles 8 à 8 *ter* et qui exerce une activité immobilière, la plus-value professionnelle provenant de la cession d'un bien mentionné aux articles 150 U, 150 UB et 150 UC intervenue entre la fin de la dernière période d'imposition et la date de cet événement est imposée au nom de cet associé.

Un décret en Conseil d'État fixe les conditions d'application du présent article et notamment les obligations déclaratives incombant aux contribuables et aux intermédiaires.

Art. 238 *octies* C I. – Les plus-values dégagées par une entreprise lors de l'échange d'un bien immobilier avec l'État, une collectivité territoriale, un établissement public de coopération intercommunale compétent ou un établissement public ou une association mentionnés aux chapitres Ier, II et IV du titre II du livre III du code de l'urbanisme peuvent, sur option, ne pas être imposées lors de l'échange, sous réserve que :

a) Le ou les biens remis lors de l'échange et le ou les biens reçus lors de cet échange ont la nature de biens immobiliers, bâtis ou non bâtis, ou de droits portant sur un immeuble ;

b) Le ou les biens remis lors de l'échange sont affectés par l'État, la collectivité territoriale ou l'établissement public ou l'association mentionnés au premier alinéa à la réalisation d'ouvrages d'intérêt collectif ;

c) En cas de versement d'une soulte par l'une ou l'autre partie, celle-là ne dépasse ni 10 % de la valeur vénale des biens ou droits remis à l'échange ni le montant de la plus-value réalisée lors de l'échange.

II. – Les plus-values mentionnées au I sont affectées aux biens ou droits reçus en échange au prorata de la valeur vénale de ceux-ci à la date de l'échange.

La plus-value affectée à un bien ou droit non amortissable est imposée lors de la cession de ce bien ou droit ou, le cas échéant, lorsque le droit prend fin.

Les plus-values affectées à des biens ou droits amortissables sont réintégrées au résultat imposable au fur et à mesure de l'amortissement des biens ou droits auxquels les plus-values sont affectées. En cas de cession du bien ou droit ou lorsque le droit prend fin, la fraction de la plus-value affectée à ce bien ou droit et non encore réintégrée est immédiatement imposée.

III. – L'entreprise joint à sa déclaration de résultat au titre de chacune des années d'application du présent régime un état conforme au modèle fourni par l'administration qui fait apparaître, pour chaque bien ou droit reçu à l'occasion de l'échange, les renseignements nécessaires au calcul des réintégrations mentionnées au II et au calcul du résultat imposable lors de la cession ultérieure du bien ou droit considéré.

La production de l'état mentionné au premier alinéa du présent III au titre de l'exercice au cours duquel l'échange a été réalisé vaut option pour le régime d'imposition défini au présent article. Pour les exercices suivants, le défaut de production ou le caractère inexact ou incomplet de cet état entraîne l'application de l'amende définie au I de l'article 1763.

Plus-values d'échange de biens immobiliers en vue de la réalisation d'ouvrages d'intérêt collectif. Report ou étalement de l'imposition. Système optionnel. Conditions relatives aux parties à l'opération et aux opérations. * BOI-BIC-PVMV-40-10-70 du 12 sept. 2012.

VIII *IMPOSITION DES PLUS-VALUES DÉGAGÉES À L'OCCASION DE L'ALIÉNATION DE TERRAINS À BÂTIR*

Art. 238 *nonies* Lorsque l'acquéreur est une collectivité publique, la plus-value réalisée à l'occasion de l'aliénation d'un terrain non bâti ou d'un bien assimilé au sens du A de l'article 1594-0G peut, pour l'établissement de l'impôt sur le revenu ou de l'impôt sur les sociétés, être rapportée, sur demande du redevable, au revenu de l'année au cours de laquelle l'indemnité a été effectivement perçue.

Art. 238 *decies* I. — 1. En cas d'apport d'un terrain non bâti ou d'un bien assimilé au sens du A de l'article 1594-0G à une société civile de construction répondant aux conditions définies à l'article 239 *ter*, la plus-value dégagée est, pour l'établissement de l'impôt sur le revenu ou de l'impôt sur les sociétés, taxée au titre de l'année de la dernière cession par la société des immeubles ou fractions d'immeubles construits par elle sur un terrain faisant l'objet de l'apport.

Toutefois, en cas de décès de l'apporteur, l'imposition est établie au titre de l'année du décès.

En tout état de cause, l'imposition doit être établie, au plus tard, au titre de la cinquième année qui suit celle de l'achèvement des constructions.

2. En cas de cession par le redevable des droits reçus en rémunération de son apport ou des immeubles ou fractions d'immeubles reçus en représentation de ses droits, la plus-value dégagée par l'apport du terrain est, pour l'établissement de l'impôt sur le revenu ou de l'impôt sur les sociétés, imposée au titre de l'année de la dernière cession si elle n'a pas été déjà taxée en vertu du 1.

3. *Abrogé.*

II. — Lorsqu'un terrain non bâti ou un bien assimilé au sens du A de l'article 1594-0 G est apporté à une société de copropriété définie à l'article 1655 *ter*, la cession est réputée porter sur la totalité du terrain ou du bien pour la détermination de la plus-value correspondante.

Cette plus-value est, pour l'établissement de l'impôt sur le revenu ou de l'impôt sur les sociétés, taxée au titre de l'année de la dernière cession par le redevable des droits reçus en rémunération de son apport ou des immeubles ou fractions d'immeubles reçus en représentation de ses droits.

Toutefois, en cas de décès de l'apporteur, l'imposition est établie au titre de l'année du décès.

En tout état de cause, l'imposition doit être établie, au plus tard, au titre de la cinquième année qui suit celle de l'achèvement des constructions.

III. — Lorsqu'elle devient imposable dans les conditions définies aux I et II, la plus-value dégagée lors de l'apport du terrain est déterminée d'après les règles applicables lors de la réalisation de l'apport.

Art. 238 *undecies* Lorsque la cession d'un terrain non bâti ou d'un bien assimilé au sens du A de l'article 1594-0G est rémunérée par la remise d'immeubles ou de fractions d'immeubles à édifier sur ce terrain, l'imposition de la plus-value dégagée à l'occasion de cette opération est, pour l'établissement de l'impôt sur le revenu ou de l'impôt sur les sociétés, établie au titre de la cinquième année qui suit celle de l'achèvement des constructions.

Toutefois, en cas de cession des immeubles ou des fractions d'immeubles ou de décès du contribuable avant l'expiration de ce délai, l'imposition est établie au titre de l'année de la dernière cession des immeubles ou fractions d'immeubles ou du décès.

Dans l'un ou l'autre cas, la plus-value résultant de la cession du terrain est déterminée d'après les règles applicables lors de la réalisation de cette cession.

Personnes visées par le report. Le législateur a entendu réserver le report d'imposition aux plus-values réalisées par les personnes physiques soit personnellement, soit à raison de leurs droits dans des sociétés de personnes. Il n'en a pas étendu la portée aux personnes morales soumises à l'IS. • CE 8 févr. 2012, *Sté Le Chave*, n° 336543 : *RJF 2012. 477.*

Art. 238 *duodecies* Les dispositions des articles 238 *decies* et 238 *undecies* sont applicables aux apports et échanges réalisés postérieurement à la promulgation de la loi d'orientation foncière n° 67-1253 du 30 décembre 1967.

Art. 238 *terdecies* Les articles 238 *nonies* à 238 *duodecies* s'appliquent lorsque la cession intervient au moins deux ans après l'acquisition.

Toutefois, le différé d'imposition ne peut excéder cinq ans.

Les articles 238 *nonies* à 238 *duodecies* ne s'appliquent pas aux plus-values imposées conformément à l'article 150 U.

Art. 238 *quaterdecies* *(Abrogé par Décr. n° 2017-698 du 2 mai 2017, art. 1er) I. — Les plus-values soumises au régime des articles 39 duodecies à 39 quindecies et réalisées dans le cadre d'une activité commerciale, industrielle, artisanale ou libérale sont exonérées lorsque les conditions suivantes sont simultanément satisfaites :*

1° Le cédant est soit :

a) Une entreprise dont les résultats sont soumis à l'impôt sur le revenu ;

b) Un organisme sans but lucratif ;

c) Une collectivité territoriale ou un établissement public de coopération intercommunale ou l'un de leurs établissements publics ;

d) Une société dont le capital est entièrement libéré et détenu de manière continue, pour 75 % au moins, par des personnes physiques ou par des sociétés dont le capital est détenu, pour 75 % au moins, par des personnes physiques ;

2° La cession est réalisée à titre onéreux et porte sur une branche complète d'activité ;

3° La valeur des éléments de cette branche complète d'activité servant d'assiette aux droits d'enregistrement exigibles en application des articles 719, 720 ou 724 n'excède pas 300 000 €.

4° « Le cédant ne doit pas être dans l'une, au moins, des situations suivantes :

« a) Le cédant, son conjoint, le partenaire auquel il est lié par un pacte civil de solidarité défini à l'article 515-1 du code civil, leurs ascendants et descendants, leurs frères et sœurs détiennent ensemble, directement ou indirectement, plus de 50 % des droits de vote ou des droits dans les bénéfices sociaux de la société, de la personne morale ou du groupement cessionnaire ;

« b) Le cédant exerce en droit ou en fait, directement ou indirectement, la direction effective de la société, de la personne morale ou du groupement cessionnaire ».

I bis. — « L'exonération prévue au I est remise en cause si le cédant vient à se trouver dans l'une ou l'autre des situations visées au 4° du I à un moment quelconque au cours des trois années qui suivent la réalisation de la cession ». — Application aux cessions intervenues entre le 1er janv. et le 31 déc. 2005.

II. — Par dérogation aux dispositions du I, les plus-values réalisées à l'occasion de la cession de biens immobiliers bâtis ou non bâtis, compris, le cas échéant, dans la branche complète d'activité cédée, demeurent imposables dans les conditions de droit commun.

III. — Les dispositions des 1°, 2°, 3° du I et du II s'appliquent aux cessions intervenues entre le 16 juin 2004 et le 31 décembre 2005.

Art. 238 *quindecies* I. — Les plus-values soumises au régime des articles 39 *duodecies* à 39 *quindecies* et réalisées dans le cadre d'une activité commerciale, industrielle, artisanale, libérale ou agricole à l'occasion de la transmission d'une entreprise individuelle ou d'une branche complète d'activité autres que celles mentionnées au V sont exonérées pour :

(L. n° 2021-1900 du 30 déc. 2021, art. 19-I-2°-a) « 1° La totalité de leur montant lorsque le prix stipulé des éléments transmis ou leur valeur vénale, auxquels sont ajoutées les charges en capital et les indemnités stipulées au profit du cédant, à quelque titre et pour quelque cause que ce soit, est inférieur ou égal à 500 000 € ;

2° Une partie de leur montant lorsque le prix stipulé des éléments transmis ou leur valeur vénale, auxquels sont ajoutées les charges en capital et les indemnités stipulées

au profit du cédant, à quelque titre et pour quelque cause que ce soit, est supérieur à 500 000 € et inférieur à 1 000 000 €. »

Pour l'application du 2°, le montant exonéré des plus-values est déterminé en leur appliquant un taux égal au rapport entre, au numérateur, la différence entre le montant de *(L. nº 2021-1900 du 30 déc. 2021, art. 19-I-2º-a)* **« 1 000 000 € » et la valeur des éléments transmis et, au dénominateur, le montant de** *(L. nº 2021-1900 du 30 déc. 2021, art. 19-I-2º-a)* **« 500 000 € ».** — *Le montant des plafonds d'exonération et la définition de la valeur des éléments transmis s'appliquent au titre de l'année 2021 et des années suivantes pour les entreprises relevant de l'impôt sur le revenu et au titre des exercices clos à compter du 31 déc. 2021 pour les entreprises relevant de l'impôt sur les sociétés.*

II. — L'exonération prévue au I est subordonnée aux conditions suivantes :

1. L'activité doit avoir été exercée pendant au moins cinq ans ;

2. La personne à l'origine de la transmission est :

***a)* Une entreprise dont les résultats sont soumis à l'impôt sur le revenu ou un contribuable qui exerce son activité professionnelle dans le cadre d'une société dont les bénéfices sont, en application des articles 8 et 8 *ter*, soumis en son nom à l'impôt sur le revenu ;**

***b)* Un organisme sans but lucratif ;**

***c)* Une collectivité territoriale, un établissement public de coopération intercommunale ou l'un de leurs établissements publics ;**

***d)* Une société soumise à l'impôt sur les sociétés qui répond cumulativement aux conditions suivantes :**

1° elle emploie moins de deux cent cinquante salariés et soit a réalisé un chiffre d'affaires annuel inférieur à 50 millions d'euros au cours de l'exercice, soit a un total de bilan inférieur à 43 millions d'euros ;

2° son capital ou ses droits de vote ne sont pas détenus à hauteur de 25 % ou plus par une entreprise ou par plusieurs entreprises ne répondant pas aux conditions du précédent alinéa de manière continue au cours de l'exercice. Pour la détermination de ce pourcentage, les participations de sociétés de capital-risque, des fonds communs de placement à risques, des fonds professionnels spécialisés relevant de l'article L. 214-37 du code monétaire et financier dans sa rédaction antérieure à l'ordonnance nº 2013-676 du 25 juillet 2013 modifiant le cadre juridique de la gestion d'actifs, des fonds professionnels de capital investissement, des sociétés de libre partenariat, des sociétés de développement régional, des sociétés financières d'innovation et des sociétés unipersonnelles d'investissement à risque ne sont pas prises en compte à la condition qu'il n'existe pas de lien de dépendance au sens du 12 de l'article 39 entre la société en cause et ces dernières sociétés ou ces fonds. Cette condition s'apprécie de manière continue au cours de l'exercice ;

3° En cas de transmission à titre onéreux, le cédant ou, s'il s'agit d'une société, l'un de ses associés qui détient directement ou indirectement au moins 50 % des droits de vote ou des droits dans les bénéfices sociaux ou y exerce la direction effective n'exerce pas, en droit ou en fait, la direction effective de l'entreprise cessionnaire ou ne détient pas, directement ou indirectement, plus de 50 % des droits de vote ou des droits dans les bénéfices sociaux de cette entreprise.

(L. nº 2021-1900 du 30 déc. 2021, art. 19-I-2º-b) **« Pour l'application du présent *d*, le bénéfice des dispositions du I est subordonné au respect du règlement (UE) nº 1407/2013 de la Commission du 18 décembre 2013 relatif à l'application des articles 107 et 108 du traité sur le fonctionnement de l'Union européenne aux aides *de minimis*, du règlement (UE) nº 1408/2013 de la Commission du 18 décembre 2013 relatif à l'application des articles 107 et 108 du traité sur le fonctionnement de l'Union européenne aux aides *de minimis* dans le secteur de l'agriculture ou du règlement (UE) nº 717/2014 de la Commission du 27 juin 2014 concernant l'application des articles 107 et 108 du traité sur le fonctionnement de l'Union européenne aux aides *de minimis* dans le secteur de la pêche et de l'aquaculture. »** — *Le présent al. s'applique au titre de l'année 2021 et des années suivantes pour les entreprises relevant de l'impôt sur le revenu et au titre des exercices clos à compter du 31 déc. 2021 pour les entreprises relevant de l'impôt sur les sociétés.*

III. — Est assimilée à une branche complète d'activité l'intégralité des droits ou parts détenus par un contribuable qui exerce son activité professionnelle dans le cadre d'une

société dont les bénéfices sont, en application des articles 8 et 8 *ter*, soumis en son nom à l'impôt sur le revenu et qui sont considérés comme des éléments d'actif affectés à l'exercice de la profession au sens du I de l'article 151 *nonies*.

Lorsqu'il est satisfait aux conditions prévues aux 1 à 3 du II, les plus-values réalisées à l'occasion de la transmission de droits ou parts mentionnés au premier alinéa du présent III sont exonérées pour :

1° La totalité de leur montant lorsque la valeur vénale des droits ou parts transmis est inférieure ou égale à *(L. n° 2021-1900 du 30 déc. 2021, art. 19-I-2°-c)* « 500 000 € » ;

2° Une partie de leur montant lorsque la valeur vénale des droits ou parts transmis est supérieure à *(L. n° 2021-1900 du 30 déc. 2021, art. 19-I-2°-c)* « 500 000 € » et inférieure à *(L. n° 2021-1900 du 30 déc. 2021, art. 19-I-2°-c)* « 1 000 000 € ».

Pour l'application du 2°, le montant exonéré des plus-values est déterminé en leur appliquant un taux égal au rapport entre, au numérateur, la différence entre le montant de *(L. n° 2021-1900 du 30 déc. 2021, art. 19-I-2°-c)* « 1 000 000 € » et la valeur des titres transmis et, au dénominateur, le montant de *(L. n° 2021-1900 du 30 déc. 2021, art. 19-I-2°-c)* « 500 000 € ». — *Le montant des plafonds d'exonération s'applique au titre de l'année 2021 et des années suivantes pour les entreprises relevant de l'impôt sur le revenu et au titre des exercices clos à compter du 31 déc. 2021 pour les entreprises relevant de l'impôt sur les sociétés.*

Pour la détermination des seuils mentionnés aux 1° et 2°, il est tenu compte de la transmission de l'intégralité des droits ou parts définis au premier alinéa ainsi que des transmissions réalisées au cours des cinq années précédentes.

Par dérogation au V, les dispositions du présent III s'appliquent aux plus-values réalisées sur les droits ou parts de sociétés dont l'actif est principalement constitué de biens immobiliers bâtis ou non bâtis affectés par la société à sa propre exploitation ou de droits ou parts de sociétés dont l'actif est principalement constitué des mêmes biens, droits ou parts.

En cas de transmission à titre onéreux de droits ou de parts ouvrant droit à l'exonération prévue au deuxième alinéa, le cédant ne doit pas détenir directement ou indirectement de droits de vote ou de droits dans les bénéfices sociaux de l'entreprise cessionnaire.

IV. — L'exonération prévue aux I et III est remise en cause si le cédant relève de l'une des situations mentionnées au 3 du II et au dernier alinéa du III à un moment quelconque au cours des trois années qui suivent la réalisation de l'opération ayant bénéficié du régime prévu au présent article.

V. — Sont imposées dans les conditions de droit commun les plus-values réalisées à l'occasion de la transmission de l'entreprise individuelle ou de la branche complète d'activité portant sur :

1° Des biens immobiliers bâtis ou non bâtis ;

2° Des droits ou parts de sociétés dont l'actif est principalement constitué de biens immobiliers bâtis ou non bâtis ou de droits ou parts de sociétés dont l'actif est principalement constitué des mêmes biens, droits ou parts.

VI. — Pour l'application des dispositions prévues aux III et V, les droits afférents à un contrat de crédit-bail conclu dans les conditions prévues au 2 de l'article L. 313-7 du code monétaire et financier sont assimilés à des éléments de l'actif.

Pour l'application des dispositions prévues au III, les biens mentionnés au I du A de l'article 1594-0 G ne sont pas considérés comme affectés à l'exploitation de l'activité.

VII. — La transmission d'une activité qui fait l'objet d'un contrat de location-gérance ou d'un contrat comparable peut bénéficier du régime défini au I si les conditions suivantes sont simultanément satisfaites :

1° L'activité est exercée depuis au moins cinq ans au moment de la mise en location ;

2° La transmission est réalisée au profit du locataire *(L. n° 2021-1900 du 30 déc. 2021, art. 19-I-2°-d)* « ou, dans le respect du contrat, de toute autre personne, sous réserve que cette transmission porte sur l'intégralité des éléments concourant à l'exploitation de l'activité qui a fait l'objet du contrat de location-gérance ou d'un contrat comparable.

« Pour l'appréciation des seuils mentionnés aux 1° et 2° du I, il est tenu compte du prix stipulé des éléments de l'activité donnée en location ou de leur valeur vénale, auxquels sont ajoutées les charges en capital et les indemnités stipulées au profit du cédant, à quelque titre et pour quelque cause que ce soit. »

VIII. — L'option pour le bénéfice du régime défini au présent article est exclusive de celui des régimes prévus au I de l'article 41, au I *ter* de l'article 93 *quater*, aux articles 151 *septies*, 151 *octies* et 151 *octies* A, au II de l'article 151 *nonies* et aux articles 210 A à 210 C et 210 E.

IX. — Les dispositions du présent article s'appliquent aux transmissions réalisées à compter du 1er janvier 2006.

BIBL. ▸ Ménival, *BFL 2011, p. 821* (notion de branche complète d'activité).

1. Cession de fonds de commerce et de branches complètes d'activité. Exonération en fonction de la valeur des éléments cédés. Commentaire administratif général du dispositif. * BOI-BIC-PVMV-40-20-50 du 25 mars 2014.

2. Transfert du personnel ou de technologies nécessaires à l'exploitation. La transmission d'une branche complète d'activité est subordonnée au transfert effectif du personnel nécessaire, compte tenu de la nature de l'activité et de la spécificité des emplois qui y sont affectés, à la poursuite de l'exploitation autonome de l'activité. Seul est donc exigé le transfert du personnel nécessaire à la poursuite de l'exploitation autonome de l'activité transmise et à la spécificité des emplois qui y sont affectés, étant précisé, en cas de refus de certains membres du personnel d'être transférés, qu'il convient d'apprécier dans chaque cas si ce refus est de nature à faire obstacle à ce que le transfert des éléments essentiels de l'activité puisse néanmoins être regardé comme complet. • CE, avis, 13 juill. 2012, *AS Ondupack*, n° 358931 : *RJF 2012. 986 ; BDCF 2012. 122, concl. Bohnert ; Dr. fisc. 2012. 452, note Massart.* ♦ Dans le même sens • CE 23 oct. 2013, *SARL Michaël*, n° 359516 : *RJF 2014. 6.* ♦ L'apport d'un fonds de commerce de produits œnologiques et prestations de services associées ne porte pas sur une branche d'activité complète et autonome s'il ne s'accompagne pas du transfert des technico-commerciaux qui y sont affectés. • TA Montpellier, 8 nov. 2012, *SAS Ondupack*, n° 1004452 : *RJF 2013. 804.* ♦ L'absence d'apport en pleine propriété d'immeubles ne fait pas obstacle à ce que le transfert soit regardé comme complet dès lors qu'il garantit à son bénéficiaire, pour une durée suffisante au regard de la nature de l'activité transmise, le libre usage de ces immeubles aux fins de l'exploitation de cette activité. • CE 8 déc. 2017, n° 407128 : *RJF 2018. 244, concl. Victor.* ♦ Eu égard aux conditions particulières d'exercice de l'activité d'agent commercial, la cession de cartes commerciales doit être regardée comme un transfert complet des éléments essentiels de l'activité, activité qui faisait l'objet d'une exploitation autonome tant chez le cédant que chez le cessionnaire. • CAA Nantes, 27 mai 2021, n° 19NT03799 : *RJF 2021. 903.*

3. Précisions diverses. Le dispositif d'exonération, prévu à l'art. 238 *quindecies*, s'applique à toutes les transmissions à titre onéreux, y compris aux apports partiels d'actifs. * BOI-BIC-PVMV-40-20-50 n° 70 du 25 mars 2014.

4. Les exonérations totales ou partielles de plus-values prévues par les I et II de l'art. 238 *quindecies*, qui sont subordonnées à une condition d'exercice de l'activité pendant au moins cinq ans à la date de la transmission de l'entreprise ou de la branche complète d'activité, ne sont pas soumises à une condition supplémentaire tenant à ce que les fonds ou établissements dans lesquels cette activité a été exercée aient eux-mêmes été détenus ou exploités pendant au moins cinq ans. Lorsque cette activité a été exercée, successivement ou simultanément, dans plusieurs fonds ou établissements, elles n'imposent pas, en outre, que ceux-ci aient été eux-mêmes détenus ou exploités pendant au moins cinq ans à la date de leur cession. • CE, plén., 13 juin 2018, *SARL Berthelot Opticiens,* n° 401942 : *RJF 2018. 933, concl. Bénard, chron. Iljic ; Dr. fisc. 2018. 352, note Daragon.*

5. La plus-value constatée lors de la cession d'un fonds donné en location-gérance ne peut bénéficier de l'exonération en fonction de la valeur des éléments cédés si l'associé majoritaire de la société cédante détient plus de 50 % des droits de vote de la société cessionnaire. • CAA Nancy, 17 janv. 2011, n° 10NC01255. ♦ Le cédant qui exerce en droit la direction de la société cessionnaire ne peut bénéficier de l'exonération même s'il n'assure pas l'exercice effectif du pouvoir de direction. • CE 12 juill. 2013, *Airvault,* n° 355677 : *RJF 2013. 1002.*

6. La plus-value de cession d'un fonds de commerce donné en location-gérance ne peut bénéficier de l'exonération en fonction de la valeur des éléments cédés que si l'ensemble des conditions requises pour l'application du régime – et non les seules conditions spécifiques à la location-gérance – sont respectées. • CE 16 oct. 2013, n° 346063 : *RJF 2014. 7 ; Dr. fisc. 2014. 152, note Lamulle.*

7. La cession d'une entreprise mise en location-gérance ne peut pas bénéficier de l'exonération des plus-values prévue à l'art. 238 *quindecies* dès lors que le cédant détient la majorité du capital de la société locataire-gérante cessionnaire. • CE 30 déc. 2013, n° 355328 : *RJF 2014. 315.*

8. La résiliation préalable d'un contrat de location-gérance avant la cession du fonds de commerce permet l'application du régime d'exonération des plus-values de l'art. 238 *quindecies* même si le cessionnaire n'est pas l'ancien locataire-gérant. • CAA Versailles, 23 oct. 2014, n° 12VE00905 : *RJF 2015. 95.* ♦ Rappr. cas où la cession de l'activité est intervenue le lendemain de la résiliation du contrat de location-gérance. • CAA Douai, 21 nov. 2019, n° 17DA01771 : *RJF 2020. 200.*

9. Ne peut bénéficier de l'exonération la cession d'un fonds de commerce par l'héritier de l'exploitant au bénéficiaire d'une promesse de vente consentie par le défunt mais devenue caduque à la date de son décès. • CE 6 mars 2015, n° 370008 : *RJF 2015. 467.*

10. L'exonération dont a bénéficié la plus-value réalisée par l'associé d'une SCP lors de la cession de ses parts à d'autres associés ne peut être remise en cause au motif que le cédant s'est vu attribuer, peu de temps après la cession, des parts en industrie dans cette SCP, cette dernière ne pouvant être regardée comme le cessionnaire des parts. • CE 19 mai 2021, n° 430265 : *RJF 2021. 788 ; Dr. fisc. 2021. 409, note Pierre.*

11. L'exonération dont a bénéficié la plus-value réalisée par l'associé d'une SCP lors de la cession de ses parts à d'autres associés ne peut être remise en cause au motif que le cédant s'est vu attribuer, peu de temps après la cession, des parts en industrie dans cette SCP, cette dernière ne pouvant être regardée comme le cessionnaire des parts. • CE 19 mai 2021, n° 430265 : *RJF 2021. 788.*

12. Délai d'option. L'option pour le régime d'exonération en fonction de la valeur des éléments cédés prévu par l'art. 238 *quindecies* peut s'exercer après le dépôt de la déclaration de cession ou de cessation. • TA Poitiers, 11 juill. 2013, n° 1101310 : *RJF 2014. 122.* ♦ Infirmation de la doctrine administrative. ♦ L'option pour le régime d'exonération peut être exercée dans le délai de réclamation. • TA Clermont-Ferrand, 13 juin 2017, n° 1500711 : *RJF 2018. 584.* ♦ Infirmation de la doctrine administrative.

Art. 238 *sexdecies* Sont exonérées les plus-values soumises au régime des articles 39 *duodecies* à 39 *quindecies* et réalisées lors de la cession de bateaux de la navigation intérieure affectés au transport de marchandises, en cours d'exploitation par une entreprise de transport fluvial ou par une entreprise dont l'activité est de louer de tels bateaux. Pour bénéficier de l'exonération, l'entreprise doit avoir acquis, au cours du dernier exercice, ou avoir pris l'engagement d'acquérir dans un délai de vingt-quatre mois à compter de la cession, pour les besoins de son exploitation, un ou des bateaux de navigation intérieure, neufs ou d'occasion, affectés au transport de marchandises à un prix au moins égal au prix de cession.

Le bateau cédé doit, à la date de la cession, faire l'objet d'un titre de navigation en cours de validité.

Le bateau acquis en remploi doit satisfaire à l'une des conditions suivantes :

1° Sa construction est achevée depuis vingt ans au plus et il doit avoir été construit à une date plus récente que le bateau cédé ;

2° Il répond à des conditions de capacité supplémentaire.

Le montant total de l'exonération accordée au titre du présent article ne peut excéder 100 000 € par cession.

Si les sommes réinvesties sont inférieures au prix de cession, le montant bénéficiant de l'exonération est limité au produit de la plus-value par le rapport entre le prix de cession affecté à l'acquisition du navire et la totalité de ce prix. La régularisation à effectuer est comprise dans le résultat imposable de l'exercice en cours à l'expiration du délai de vingt-quatre mois fixé au premier alinéa, majorée d'un montant égal au produit de cette régularisation par le taux de l'intérêt de retard prévu à l'article 1727.

Lorsque l'entreprise mentionnée au premier alinéa est une société soumise au régime d'imposition prévu à l'article 8, la condition tenant à la nature de l'activité de cette entreprise doit être également remplie par ses associés personnes morales.

L'engagement mentionné au premier alinéa doit être annexé à la déclaration de résultat de l'exercice de cession.

Le premier alinéa n'est pas applicable aux plus-values soumises aux dispositions de l'article 223 F.

Le bénéfice des dispositions du premier alinéa est subordonné au respect du règlement (UE) n° 1407/2013 de la Commission, du 18 décembre 2013, relatif à l'application des articles 107 et 108 du traité sur le fonctionnement de l'Union européenne aux aides *de minimis*. — *Pour les aides antérieures au 1er janv. 2014, V. App., Règl. (UE) n° 1407/2013 préc., art. 7.*

Le remploi peut être réalisé dans le cadre d'un contrat de crédit-bail conclu dans le délai mentionné au premier alinéa. Dans ce cas, les sommes réinvesties mentionnées au septième alinéa s'entendent d'un montant égal à la somme des loyers effectivement versés, pour leur quote-part prise en compte pour la détermination du prix d'acquisition, majorée du prix d'acquisition versé à l'issue du contrat. Le cas échéant, la régularisation mentionnée au même septième alinéa est alors comprise dans le résultat imposable de l'exercice au cours duquel le contrat prend fin, majorée d'un montant égal au produit de cette régularisation par le taux de l'intérêt de retard prévu à l'article 1727.

Plus-values de cession de bateaux affectés au transport fluvial de marchandises. Entreprises et plus-values concernées. Conditions tenant au bateau cédé. Obligation de réinvestissement. Montant de l'exonération. Conséquences du non-respect de l'engagement de réinvestir. * BOI-BIC-PVMV-40-10-90 n°s 1 à 400 du 12 sept. 2012.

IX *RÉGIME FISCAL DES SOCIÉTÉS DE PERSONNES, DES SOCIÉTÉS EN PARTICIPATION, DES GROUPEMENTS D'INTÉRÊT PUBLIC, DES SOCIÉTÉS À RESPONSABILITÉ LIMITÉE, DES EXPLOITATIONS AGRICOLES À RESPONSABILITÉ LIMITÉE ET DES SOCIÉTÉS CIVILES PROFESSIONNELLES. OPTION POUR LE RÉGIME DES SOCIÉTÉS DE CAPITAUX*

Art. 239 1. Les sociétés et groupements mentionnés au 3 de l'article 206 peuvent opter, dans des conditions qui sont fixées par arrêté ministériel, pour le régime applicable aux sociétés de capitaux. Dans ce cas, l'impôt sur le revenu dû par les associés en nom, commandités, coparticipants, l'associé unique de société à responsabilité limitée et les associés d'exploitations agricoles est établi suivant les règles prévues aux articles 62 et 162. — *V. Ann. III, art. 350 F-I (Arr. du 27 juin 2019, art. 1er).*

L'option doit être notifiée avant la fin du troisième mois de l'exercice au titre duquel l'entreprise souhaite être soumise pour la première fois à l'impôt sur les sociétés. Toutefois, en cas de transformation d'une société de capitaux en une des formes de société mentionnées au 3 de l'article 206 ou en cas de réunion de toutes les parts d'une société à responsabilité limitée entre les mains d'une personne physique, l'option peut être notifiée avant la fin du troisième mois qui suit cette transformation ou cette réunion pour prendre effet à la même date que celle-ci. *(Abrogé par L. n° 2018-1317 du 28 déc. 2018, art. 50-1°)* *« Dans tous les cas, l'option exercée est irrévocable. »*

(L. n° 2018-1317 du 28 déc. 2018, art. 50-1°) « Les sociétés et groupements mentionnés au premier alinéa du présent 1 qui désirent renoncer à leur option pour le régime des sociétés de capitaux notifient leur choix à l'administration avant la fin du mois précédant la date limite de versement du premier acompte d'impôt sur les sociétés de l'exercice au titre duquel s'applique la renonciation à l'option. En cas de renonciation à l'option, les sociétés et groupements ne peuvent plus opter à nouveau pour le régime des sociétés de capitaux. En l'absence de renonciation avant la fin du mois précédant la date limite de versement du premier acompte d'impôt sur les sociétés du cinquième exercice suivant celui au titre duquel l'option a été exercée, l'option devient irrévocable. »

Les dispositions du présent 1 ne sont pas applicables :

a) aux sociétés immobilières de copropriété visées à l'article 1655 *ter* ;

b) aux sociétés de personnes issues de la transformation de sociétés de capitaux intervenue depuis moins de quinze ans lorsqu'elles n'ont pas exercé l'option lors de cette transformation, dans le délai mentionné au deuxième alinéa ;

c) aux sociétés civiles mentionnées aux articles 238 *ter*, 239 *ter*, 239 *quater* A et 239 *septies*.

2. *Disposition périmée.*

3. Les sociétés de personnes qui ont opté avant le 1er janvier 1981 pour l'imposition selon le régime fiscal des sociétés de capitaux mentionné au 1 et exerçant une activité *industrielle, commerciale ou* artisanale peuvent renoncer à leur option si elles sont formées entre personnes parentes en ligne directe ou entre frères et sœurs, ainsi que les conjoints. La renonciation ne peut être effectuée qu'avec l'accord de tous les associés.

Sur les modalités de renonciation à l'option, V. Ann. III, art. 350 F-II.

BIBL. ▶ PAYS, *BFL 2019, p. 541* (révocabilité de l'option pour l'IS : enjeux et perspectives).

1. Sociétés pouvant opter. Une société de personnes issue de la transformation d'un GIE qui n'était pas assujetti à l'IS peut opter pour cet impôt quel que soit le délai écoulé entre la date de la transformation et celle de l'option. * Rép. min. n° 22392 : *JOAN Q, 22 déc. 2003, p. 9841* * BOI-IS-CHAMP-40 n° 20 du 10 juill. 2019. ♦ Une société de personnes issue de la transformation d'une SARL de famille depuis moins de quinze ans peut opter pour l'IS. * Rescrit 27 janv. 2009, n° 2009/03 FE * BOI-IS-CHAMP-40 n° 30 du 10 juill. 2019.

2. Notification de l'option. L'art. 22 de l'annexe IV, pris en application de l'art. 239-1, exige que la notification faite à l'Administration de l'option d'une société civile pour le régime de l'IS soit signée par tous les associés. Dès lors, l'option d'une société civile dont les deux associés sont des époux mariés sous le régime de la communauté légale n'est pas valable si elle n'est signée que par l'un des époux. • CE 28 déc. 2007, n° 277370 : *RJF 2008. 282.*

3. Durée de l'option. Lorsqu'une SARL dont l'associé unique est une personne physique, mentionnée à l'art. 206-3-*e*, a régulièrement opté, sur le fondement de l'art. 239, pour le régime d'imposition applicable aux sociétés de capitaux, cette option demeure en vigueur aussi longtemps que cette société ne prend pas fin, soit pour l'une des causes énumérées à l'art. 1844-7 C. civ., soit en faisant place à une personne morale constituée sous une forme autre que celle d'une société. La seule circonstance que cette société cesse, le cas échéant, son entreprise, au sens de l'art. 221-5 est, sur ce point, sans incidence. • CE 11 juin 2014, *Min. Budget c/ Salleron*, n° 347355 : *RJF 2014. 877.*

4. Option auprès du centre de formalités des entreprises (CFE). L'option par une société de personnes pour son assujettissement à l'IS expressément formulée dans la déclaration déposée auprès du centre de formalités des entreprises vaut notification et est opposable à l'administration fiscale. • CE 30 déc. 2011, n° 342566 : *RJF 2012. 227 ; BDCF 3/12, n° 30, concl. Escaut.*

5. Possibilités d'option. Pour exercer valablement leur option pour l'imposition selon le régime propre aux sociétés de capitaux, les sociétés de personnes doivent : – soit notifier cette option au service des impôts du lieu de leur principal établissement, conformément aux prescriptions de l'art. 239 et de l'art. 22 de l'annexe IV ; – soit cocher la case prévue à cet effet sur le formulaire remis au centre de formalités des entreprises dont elles dépendent à l'occasion de la déclaration de leur création ou de leur modification, manifestant ainsi sans ambiguïté l'exercice de leur option. • CE 30 déc. 2011, n° 342566 : *préc. note 4.*

6. Option exprimée dans les statuts. Une EURL, née de la réunion en une seule main des parts d'une SARL soumise à l'IS, qui a opté pour cet impôt dans ses statuts et a souscrit une déclaration de résultats sous ce régime, est regardée comme ayant valablement exercé l'option pour l'IS. • CE 20 mars 2020 : *M. B. et Sté Le Saint'E*, n°s 426850 et 426857 : *RJF 2020. 519 ; Dr. fisc. 2020. 270, note Herold.*

X et XI

Art. 239 *bis* et 239 *bis* A *Dispositions périmées.*

XI *BIS* RÉGIME FISCAL DE CERTAINES SOCIÉTÉS À RESPONSABILITÉ LIMITÉE. OPTION POUR LE RÉGIME DES SOCIÉTÉS DE PERSONNES

Art. 239 *bis* AA **Les sociétés à responsabilité limitée exerçant une activité industrielle, commerciale, artisanale ou agricole et formées uniquement entre personnes parentes en ligne directe ou entre frères et sœurs, ainsi que les conjoints et les partenaires liés par un pacte civil de solidarité défini à l'article 515-1 du code civil, peuvent opter pour le régime fiscal des sociétés de personnes mentionné à l'article 8. L'option ne peut être exercée qu'avec l'accord de tous les associés. Elle cesse de produire ses effets dès que des personnes autres que celles prévues dans le présent article deviennent associées.** – *V. Ann. III, art. 46 terdecies A à 46 terdecies D.*

BIBL. ▶ Cozian, *JCP E 2006. 2423* (pourquoi ne pas penser à la SARL de famille ?). – *BFL 2003. 505* (le régime fiscal des SARL dites « de famille »).

1. Conditions nécessaires. Il résulte de l'art. 239 *bis* AA que l'option pour le régime des sociétés de personnes est soumise à deux conditions, tenant à la nature de l'activité exercée et à l'existence de liens familiaux entre les associés. Ces deux conditions doivent être satisfaites non seulement au moment de la notification de l'option, mais aussi pendant toutes les années au titre desquelles la société prétend au bénéfice de ce régime. • CE 5 févr. 2014, *Bokobza*, n° 345436 : *RJF 2014. 355.*

2. Notion de SARL de famille. Il résulte de l'art. 239 *bis* AA que les conjoints de personnes parentes en ligne directe ou de frères et sœurs ne peuvent devenir associés d'une SARL de famille en dehors de l'hypothèse où la qualité d'associé est elle-même reconnue à la personne dont procède leur lien de conjugalité. Par suite, est irrégulière et n'est donc pas opposable aux associés l'option exercée par une société constituée entre un gendre et ses beaux-parents dès lors qu'il n'existe aucun lien direct de parenté entre ces personnes. • TA Paris, 7 juin 2005, n° 99-18.635/1 : *RJF 2006. 61.* ♦ L'option pour le régime des sociétés de personnes d'une SARL constituée entre une personne et ses deux belles-sœurs est irrégulière, les deux frères de cette personne n'ayant pas notifié à la société leur intention d'être associés pour les parts acquises par leurs épouses à l'aide de biens communs. • CE 28 août 2008, n°s 299557 et 299558 : *RJF 2008. 1353.* ♦ Ne peut pas être considérée comme une « SARL de famille » pouvant opter pour le régime des sociétés de personnes une société constituée entre un père et ses deux filles dont l'une d'elles a cédé ses parts en nue-propriété à une autre société. • CAA Paris, 15 oct. 2003, n° 01PA1423 : *RJF 2004. 369 ; Dr. fisc. 2004. 386.*

3. Nature de l'activité. Pour bénéficier de l'option pour le régime fiscal des sociétés de personnes, les SARL doivent exercer de façon exclusive une ou des activités ayant une nature industrielle, commerciale ou artisanale, sous la seule réserve de situations où une activité annexe exercée par la société, n'ayant pas cette nature, constituerait le complément indissociable d'une activité entrant dans l'une de ces catégories. • CAA Nancy, 10 mars 2005, n° 01NA1230 : *RJF 2005. 886.* ♦ Une SARL de famille qui n'a la qualité de commerçant qu'en tant qu'associée d'une SNC ne peut exercer l'option pour le régime des sociétés de personnes. • CE 16 juill. 2008, n° 300839 : *RJF 2008. 1210 ; concl. Vérot au BDCF 11/08, n° 134 ; Dr. sociétés 2008. 239, note Pierre.*

4. Une SARL dont l'activité consiste à titre quasi exclusif en la détention de parts d'une société de personnes ayant pour objet l'exploitation de maisons de retraite ne peut, malgré la réalisation d'opérations de location à titre accessoire, être regardée comme exerçant une activité de nature commerciale. • CAA Douai, 27 mars 2007, n° 06DA286 : *RJF 2007. 1082.* ♦ Les entreprises familiales ayant une activité de prestations de services peuvent bénéficier du régime dans la mesure où leur activité est industrielle, commerciale, artisanale ou agricole. En revanche, la nature civile des activités libérales notamment entraîne leur exclusion du régime optionnel. * BOI-IS-CHAMP-20-20-10 n° 140 du 4 juill. 2018.

5. Une SARL de famille qui exerce une activité n'ayant pas la nature d'une activité industrielle, commerciale, artisanale ou agricole peut exercer l'option pour le régime des sociétés de personnes dès lors que cette activité est accessoire et constitue le complément indissociable de l'activité industrielle, commerciale, artisanale ou agricole exercée par la société. • CE 7 août 2008, n° 283238 : *RJF 2008. 1211 ; concl. Séners au BDCF 11/08, n° 135 ; Dr. sociétés 2008. 239, note Pierre.*

6. Modalités de l'option. V. note ss. art. 46 *terdecies* A et 46 *terdecies* B de l'Annexe III.

Art. 239 *bis* AB I. — Les sociétés anonymes, les sociétés par actions simplifiées et les sociétés à responsabilité limitée dont les titres ne sont pas admis aux négociations sur un marché d'instruments financiers, dont le capital et les droits de vote sont détenus à hauteur de 50 % au moins par une ou des personnes physiques et à hauteur de 34 % au moins par une ou plusieurs personnes ayant, au sein desdites sociétés, la qualité de président, directeur général, président du conseil de surveillance, membre du directoire ou gérant, ainsi que par les membres de leur foyer fiscal au sens de l'article 6, peuvent opter pour le régime fiscal des sociétés de personnes mentionné à l'article 8. — *Sur les modalités de l'option et les obligations déclaratives, V. Ann. III, art. 46 terdecies DA et 48-1.*

Pour la détermination des pourcentages mentionnés au premier alinéa, les participations de sociétés de capital-risque, des fonds communs de placement à risques, des fonds professionnels spécialisés relevant de l'article L. 214-37 du code monétaire et financier dans sa rédaction antérieure à l'ordonnance n° 2013-676 du 25 juillet 2013 modifiant le cadre juridique de la gestion d'actifs, des fonds professionnels de capital investissement, des sociétés de libre partenariat, des sociétés de développement régional, des sociétés financières d'innovation et des sociétés unipersonnelles d'investissement à risque ou de structures équivalentes établies dans un autre État de la Communauté européenne ou dans un État ou territoire ayant conclu avec la France une convention fiscale qui contient une clause d'assistance administrative en vue de lutter contre la fraude ou l'évasion fiscale ne sont pas prises en compte à la condition qu'il n'existe pas de lien de dépendance au sens du 12 de l'article 39 entre la société en cause et ces sociétés, fonds ou structures équivalentes.

Pour l'application du 1° du II de l'article 163 *quinquies* B, du 1 du I de l'article 208 D, du premier alinéa du I de l'article L. 214-30 et du premier alinéa du I de l'article L. 214-31 du code monétaire et financier et du troisième alinéa du 1° de l'article 1er-1 de la loi n° 85-695 du 11 juillet 1985 portant diverses dispositions d'ordre économique et financier, les sociétés ayant exercé l'option prévue au I sont réputées soumises à l'impôt sur les sociétés dans les conditions de droit commun au taux normal.

II. — L'option prévue au I est subordonnée au respect des conditions suivantes :

1° La société exerce à titre principal une activité industrielle, commerciale, artisanale, agricole ou libérale, à l'exclusion de la gestion de son propre patrimoine mobilier ou immobilier ;

2° La société emploie moins de cinquante salariés et a réalisé un chiffre d'affaires annuel ou a un total de bilan inférieur à 10 millions d'euros au cours de l'exercice ;

3° La société est créée depuis moins de cinq ans.

(L. n° 2019-486 du 22 mai 2019, art. 12-I-4°-a et III-B, applicable aux exercices ouverts à compter du 1er janv. 2019) « La condition relative à l'effectif salarié mentionnée au 2° du présent II est appréciée selon les modalités prévues au I de l'article L. 130-1 du code de la sécurité sociale. En cas de dépassement du seuil d'effectif salarié déterminé selon les modalités prévues au II du même article L. 130-1, l'article 206 du présent code devient applicable à la société.

« Les conditions mentionnées aux 1° et 2° du présent II, autres que celle relative à l'effectif salarié, ainsi que la condition de détention du capital mentionnée au I s'apprécient de manière continue au cours des exercices couverts par l'option. Lorsque l'une de ces conditions n'est plus respectée au cours de l'un de ces exercices, l'article 206 est applicable à la société, à compter de ce même exercice. » — *Les dispositions du présent al., dans leur rédaction antérieure à la L. n° 2019-486 du 22 mai 2019, s'appliquent aux exercices ouverts entre le 1er janv. et le 31 déc. 2019 (L. n° 2019-1479 du 28 déc. 2019, art. 41-2°).*

La condition mentionnée au 3° *(L. n° 2019-486 du 22 mai 2019, art. 12-I-4°-b et III-B, applicable aux exercices ouverts à compter du 1er janv. 2019)* « du présent II » s'apprécie à la date d'ouverture du premier exercice d'application de l'option.

III. — L'option ne peut être exercée qu'avec l'accord de tous les associés, à l'exclusion des associés mentionnés au deuxième alinéa du I. Elle doit être notifiée au service des impôts auprès duquel est souscrite la déclaration de résultats dans les trois premiers mois du premier exercice au titre duquel elle s'applique.

Elle est valable pour une période de cinq exercices, sauf renonciation notifiée dans les trois premiers mois de la date d'ouverture de l'exercice à compter duquel la renonciation s'applique.

En cas de sortie anticipée du régime fiscal des sociétés de personnes, quel qu'en soit le motif, la société ne peut plus opter à nouveau pour ce régime en application du présent article.

Options des sociétés de capitaux pour le régime fiscal des sociétés de personnes. Sociétés éligibles. Modalités et conséquences de l'option. Modèle d'option. Principes d'imposition des bénéfices et d'imputation des déficits. Conséquences de la sortie du régime des sociétés de personnes. Application, sur option, aux exercices ouverts à compter du 5 août 2008. * BOI-IS-CHAMP-20-20-20 du 12 sept. 2012.

XII

Art. 239 *bis* B *Abrogé par Ord. n° 2004-281 du 25 mars 2004, art. 5-I.*

XII *BIS*

Art. 239 *bis* C *Périmé.*

XIII ***RÉGIME FISCAL DES SOCIÉTÉS CIVILES AYANT POUR OBJET LA CONSTRUCTION D'IMMEUBLES EN VUE DE LA VENTE***

Art. 239 *ter* I. — Les dispositions du 2 de l'article 206 ne sont pas applicables aux sociétés civiles créées après l'entrée en vigueur de la loi n° 64-1278 du 23 décembre 1964 et qui ont pour objet la construction d'immeubles en vue de la vente, à la condition que ces sociétés ne soient pas constituées sous la forme de sociétés par actions ou à responsabilité limitée et que leurs statuts prévoient la responsabilité indéfinie des associés en ce qui concerne le passif social.

Les sociétés civiles visées au premier alinéa sont soumises au même régime que les sociétés en nom collectif effectuant les mêmes opérations ; leurs associés sont imposés dans les mêmes conditions que les membres de ces dernières sociétés.

II. — Les dispositions du I sont également applicables :

1° Aux sociétés civiles ayant pour objet la construction d'immeubles en vue de la vente, qui ont été créées avant la date de publication de la loi n° 64-1278 du 23 décembre 1964 mais n'ont procédé, avant cette date, à aucune vente d'immeuble ou de fraction d'immeuble ;

2° Aux sociétés civiles ayant pour objet la construction d'immeubles en vue de la vente qui sont issues de la transformation de sociétés en nom collectif ayant le même objet, ou de sociétés visées à l'article 1655 *ter* sous réserve qu'elles soient en mesure de justifier que, jusqu'à la date de la transformation inclusivement, elles n'ont consenti aucune vente d'immeuble ou de fraction d'immeuble et qu'aucune de leurs parts ou actions n'a été cédée à titre onéreux à une personne autre qu'un associé initial.

Il est sursis à l'imposition des plus-values dégagées lors de la transformation à la condition que celle-ci ne s'accompagne d'aucune modification des valeurs comptables des éléments d'actif, tant dans les écritures de la société que dans celles de ses associés.

1. Objet exclusif. Le régime de l'art. 239 *ter* cesse de s'appliquer aux sociétés civiles qui, tout en remplissant, par leur objet statutaire et par leur forme, les conditions exigées par ces dispositions, se livrent, en plus des opérations de construction-vente, à d'autres opérations qui, si elles étaient effectuées isolément, auraient pour conséquence la soumission de ces sociétés à l'IS en application des dispositions combinées des art. 206, 34 et 35 CGI. • CE 28 nov. 2012, 🏛 *SCI Virapin Apou*, n° 332110 : *RJF 2013. 136 ; BDCF 2013. 16, concl. Aladjidi.* ♦ Une société civile de construction vente qui loue accessoirement des immeubles invendus ne sort pas du champ d'application de l'art. 239 *ter*. • CE 6 nov. 1998, 🏛 n° 171927 : *Dr. fisc. 1999. 647, concl. Loloum.* ♦ De même, la circonstance qu'une société de construction vente donne à bail des appartements n'ayant pas trouvé acquéreur ne saurait avoir pour effet de l'exclure du dispositif dérogatoire prévu à l'art. 239 *ter d* si cette activité peut être qualifiée de nécessaire et accessoire. • CE 4 mai 2016, 🏛 n° 383135 : *RJF 2016. 638.* ♦ En revanche, une SCI de construction-vente qui a acquis un terrain en vue d'y construire et qui, renonçant à son projet en raison de difficultés financières, revend ce terrain en lots constructibles perd le bénéfice de l'art. 239 *ter*. • CAA Lyon, 22 mars 2000, n° 96LY1985 : *RJF 2000. 1235 ; AJDI 2001. 455, note Maublanc* ✎. ♦ Il en est de même : d'une SCI de construction-vente qui ne justifie pas que des ventes de terrains auraient été rendues nécessaires à la réalisation de son objet social ou provoquées par des circonstances indépendantes de sa volonté. • CAA Lyon, 10 nov. 2004, n° 97LY2327 : *RJF 2005. 304 ; Dr. fisc. 2005. 230, concl. Gimenez.* ♦ *... D'une SCI dont l'objet social ne se limite pas à* la construction d'immeubles en vue de la vente mais comporte aussi « toute opération de promoteur immobilier » : elle ne peut prétendre au régime de l'art. 239 *ter* alors même qu'elle s'est livrée exclusivement à une opération de construction-vente durant les années en litige. • CAA Bordeaux, 16 mai 2002, 🏛 *SCI Schweitzer*, n° 98BX01654 : *RJF 2002. 1360 ; AJDI 2003. 450, note Maublanc* ✎.

2. Le bénéfice du régime est maintenu : sous certaines conditions en cas de livraison d'équipements mobiliers simplement stabilisés ou raccordés dont la valeur n'excède pas 2 440 € par logement. * BOI-BIC-CHAMP-70-20-100-10 n° 160 du 12 sept. 2012. ♦ ... Au profit d'une société civile de construction-vente contrainte par la commune à rétrocéder une partie des terrains aux organismes d'HLM. * Rescritit 5 juin 2007, n° 2007/23 FE. ♦ ... Au profit d'une SCI qui a réalisé des travaux de transformation assimilés à une construction. • CE 12 mars 2007, 🏛 n° 263850 : *RJF 2007. 665.* ♦ ... Au profit d'une SCI de construction-vente qui met en location la quasi-totalité des garages invendus bien qu'elle s'écarte de son objet social dès lors que cette activité de location est civile. • TA Montpellier, 1er juin 2006, n° 01-5175 : *RJF 2007. 400.* ♦ ... Au profit d'une SCI qui n'a réalisé aucune opération de construction ou de commercialisation à la date de sa transformation en SARL et de la constatation de la plus-value. • CE 6 mai 2015, 🏛 n° 368173 : *RJF 2015. 567.* ♦ ... Sous certaines conditions, au profit d'une SCI de construction-vente qui cède un terrain à bâtir à une structure de portage dans le cadre du dispositif spécifique du « pass-foncier ». * Rescrit 3 mars 2009, n° 2009/13 FI. * BOI-BIC-CHAMP-70-20-100-10 n° 310 du 12 sept. 2012. ♦ De même, le bénéfice du régime ne peut pas être refusé à une société exerçant une activité de construction-vente au seul motif que son objet social n'était pas exclusivement limité à cette catégorie d'opérations mais mentionnait d'autres opérations de nature commerciale, sans examiner les opérations effectivement réalisées. • CE 18 mars 2019, 🏛 n° 411640 : *RJF 2019. 516, concl. Merloz.* ♦ De même, la circonstance qu'une société a réalisé les opérations de construction-vente sur des terrains différents de ceux qui étaient mentionnés dans ses statuts est sans incidence sur l'appréciation à porter sur la nature de ses activités. • CE 29 mai 2019, n° 412500 : *RJF 2019. 759.*

3. Sont sans influence sur l'application du régime l'absence de référence dans les statuts de la société à l'art. 239 *ter* ainsi que l'absence de convocation aux assemblée et l'absence d'édition périodique des comptes depuis la constitution de la société, qui touchent seulement au fonctionnement de la société mais ne remettent en cause ni sa forme juridique, ni son objet. • CAA Bordeaux, 2 nov. 2003, n° 99BX354 : *RJF 2003. 706.*

4. La méconnaissance par une société civile de construction-vente des dispositions de l'art. L. 211-1 CCH qui prohibent l'attribution des immeubles construits aux associés est sans incidence sur l'application du régime spécial dès lors qu'aucune disposition de la loi fiscale ne prévoit son exclusion dans une telle hypothèse. • TA Rouen, 17 oct. 2002, n°s 98-309 et 98-310 : *Dr. fisc. 2003. 337.*

5. Régime fiscal. En vertu des dispositions combinées des art. 8, 218 *bis* et 239 *ter*, les associés des sociétés civiles qui ont pour objet la construction d'immeubles en vue de leur vente sont personnellement soumis à l'IR ou à l'IS pour la part des bénéfices sociaux correspondant à leurs droits dans la société. Dès lors, lorsque leur bénéfice imposable est déterminé conformément aux prescriptions des art. 38 s., ces associés doivent prendre en compte, à la clôture de leurs propres exercices, comme un profit imposable ou comme une charge déductible, la part qui leur revient dans les résultats bénéficiaires ou déficitaires de la société civile. Si cette règle n'a pas pour effet de priver les mêmes associés de la faculté qu'ils tiennent de l'art. 39-1-5° de constituer une provision en vue de faire face à une dépréciation de leur participation dans le cas où des circonstances postérieures à l'acquisition de cette participation et sans lien avec l'activité de la société rendent probable une dévalorisation de quelque élément du patrimoine de cette dernière, elle fait, en revanche, obstacle à ce qu'ils puissent constituer une telle provision en vue de tenir compte de résultats déficitaires de l'activité de la société qui, même probables, ne seront qu'ultérieurement constatés dans les écritures de celle-ci et dont alors, seulement, ils pourront déduire la part qui leur revient. • CE 1er avr. 2005, n° 254319 : *RJF 2005. 669 ; concl. Verclytte au BDCF 7/05, n° 87.*

6. Vente d'appartements à un associé pour un prix inférieur à la valeur vénale. La cession par une société de construction-vente, à un de ses associés, d'un appartement pour un prix inférieur à la valeur vénale du bien, constitue une libéralité à concurrence de l'avantage consenti, dont le montant est réintégré d'une part dans les bénéfices sociaux de la SCI et, d'autre part, pour sa totalité, dans le revenu imposable de l'associé bénéficiaire de la libéralité. L'existence d'une libéralité doit être appréciée par rapport à la valeur vénale de l'appartement en cause établie à partir de celle d'appartements intrinsèquement similaires, ce qui n'implique pas une stricte identité dans le temps, dans l'environnement et dans l'espace. Un écart de 12 % entre la valeur vénale de l'appartement et le prix de vente est suffisamment significatif, s'agissant d'un bien immobilier, pour justifier la réintégration de la différence ainsi constatée. • CAA Nantes, 21 avr. 2011, *Feray*, n° 10NT01349 : *RJF 2011. 1170.* ♦ Confirmé par • CE 13 juin 2012, *Feray*, n° 350277 : *RJF 2012. 1138.*

XIV ***RÉGIME FISCAL DES GROUPEMENTS D'INTÉRÊT ÉCONOMIQUE ET DE LEURS MEMBRES***

Art. 239 *quater* **I. — Les groupements d'intérêt économique constitués et fonctionnant dans les conditions prévues aux articles L. 251-1 à L. 251-23 du code de commerce n'entrent pas dans le champ d'application du 1 de l'article 206, mais chacun de leurs membres est personnellement passible, pour la part des bénéfices correspondant à ses droits dans le groupement, soit de l'impôt sur le revenu, soit de l'impôt sur les sociétés s'il s'agit de personnes morales relevant de cet impôt.** — *Pour le cas où le groupement deviendrait passible de l'impôt sur les sociétés, V. art. 202* ter.

Pour l'application de cette disposition, la répartition est effectuée dans les conditions fixées par le contrat de groupement ou, à défaut, par fractions égales.

II. — *Périmé.*

III. — Les membres d'un groupement d'intérêt économique bénéficient des mêmes avantages fiscaux que les membres des sociétés conventionnées instituées par l'ordonnance n° 59-248 du 4 février 1959 et des groupements visés à l'article 39 *octies* A, lorsqu'ils remplissent toutes les conditions prévues par ces dispositions. — *V. art. 39 quinquies C, 40 quinquies et 93 ter.*

1. Territorialité. Dans la mesure où les actes correspondant à l'activité du groupement sont effectués en France, les bénéfices en découlant sont imposables en France entre les mains des membres du groupement, à proportion, pour chacun, des droits qu'il détient dans ce dernier, y compris de ceux qui résident hors de France, sauf stipulation contraire d'une convention internationale relative aux doubles impositions. • CE 4 avr. 1997, n° 144211, *Sté Kingroup INC : Dr. fisc. 1997. 728 ; RJF 1997. 424 ; D. 1997. 490, note Tixier et Hamonic-Gaux*.

2. GIE constitué par des organismes sans but lucratif. Un GIE qui commercialise des produits fabriqués dans des centres d'aide par le travail, en utilisant un personnel commercial important, en pratiquant des taux de marge analogues à ceux du marché et en cherchant à réaliser des bénéfices, se livre à des opérations de caractère lucratif, au sens de l'art. 206-1, dont les résultats sont imposables à l'IS entre les mains de ses membres, alors même que ceux-ci sont exonérés de cet impôt au titre de l'art. 261-4, 9° pour leurs propres activités. • CAA Nantes, 16 févr. 1999, n° 96NT1270 : *RJF 1999. 543.*

3. GIE exerçant une activité lucrative. Des travaux d'analyse et de contrôle de la qualité des laits effectués par un GIE, réalisés dans des conditions analogues à celles d'autres laboratoires, ont un caractère lucratif, bien que les résultats soient réinvestis et non distribués. La circonstance que cette organisation participe d'une mission d'intérêt général n'exclut pas qu'elle fonctionne dans un cadre commercial. Une association membre du GIE est dès lors, en application de l'art. 239 *quater*, passible de l'IS pour la part de bénéfices correspondant à ses droits dans le groupement. • CE 27 avr. 1994, n° 156860 : *RJF 1994. 723.* ♦ Il en est de même pour un centre public hospitalier qui a constitué à parts égales avec des médecins libéraux un GIE dont l'objet est d'exploiter un scanographe : ce centre est passible de l'IS à raison de la moitié des bénéfices du groupement dès lors que celui-ci se livre à des opérations de caractère lucratif. • CAA Douai, 14 déc. 2004, n° 02DA159 : *RJF 2005. 1052.*

4. GIE dont l'activité ne se situe pas dans le prolongement de celle de ses membres. Un GIE ne peut relever du régime des sociétés de personnes que si son activité constitue le prolongement de l'activité économique de ses membres et a un caractère auxiliaire par rapport à celle-ci. • CE 29 août 2008, n° 299557 : *RJF 2008. 1353.* ♦ Le membre d'un GIE, propriétaire d'un avion exploité par une société en participation qui le loue à des organisateurs de vols touristiques, ne justifie pas d'une activité économique dont le GIE serait le prolongement, en se bornant à invoquer sa qualité d'associé de la société en participation dès lors d'une part que cette société était gérée par une SARL et que d'autre part elle n'avait aucune activité autre que de louer l'avion appartenant au groupement à des organisateurs de vols touristiques. En conséquence, le GIE qui ne peut être regardé comme ayant été constitué et fonctionnant dans les conditions prévues par le code de commerce est passible de l'IS. La quote-part du déficit du GIE revenant au contribuable ne peut être imputée sur ses propres BIC. • Même arrêt. ♦ Dès lors que les associés d'un GIE qui prend, en vue de la location, un avion en crédit-bail n'exercent pas à titre personnel une activité aéronautique, le GIE n'a pas été créé pour développer l'activité économique de ses membres. • CE 18 mai 2009, n° 298038 : *RJF 2009. 759 ; Dr. fisc. 2009. 457, concl. Olléon ; RTD com. 2009. 640, note Fouquet*. ♦ Même si les associés du GIE sont également membres de la société en participation à laquelle le groupement a confié l'exploitation de l'avion, cette société se borne à sous-louer à des tiers l'avion qu'elle n'exploite pas elle-même, de sorte que le GIE exerce la même activité que la société et ne peut être regardé comme ayant une activité auxiliaire à celle-ci. • Même arrêt. ♦ Le GIE, ne fonctionnant pas dans les conditions prévues par le code de commerce, doit être assujetti à l'IS. • Même arrêt.

5. Provisions pour dépréciation de la participation dans un GIE. Les membres des GIE peuvent constituer une provision en vue de faire face à une dépréciation de leur participation dans le cas où des circonstances postérieures à l'acquisition de cette participation et sans lien avec l'activité du groupement rendent probable une dévalorisation de quelque élément du patrimoine de ce dernier. En revanche, ils ne peuvent pas constituer une telle provision en vue de tenir compte de résultats déficitaires de l'activité du groupement qui, même probables, ne seront qu'ultérieurement constatés dans les écritures de celui-ci et dont alors seulement ils pourront déduire la part qui leur revient. • CAA Paris, 27 mai 1997, n° 96PA347 : *Dr. fisc. 1998. 13.*

6. GIE fiscaux. V. note ss. art. 39 C.

XIV *BIS* SOCIÉTÉS CIVILES DE MOYENS

Art. 239 *quater* A Les sociétés civiles de moyens définies à l'article 36 de la loi n° 66-879 du 29 novembre 1966 n'entrent pas dans le champ d'application de l'impôt sur les sociétés, même lorsque ces sociétés ont adopté le statut de coopérative ; chacun de leurs membres est personnellement passible, pour la part des bénéfices correspondant à ses droits dans la société, soit de l'impôt sur le revenu, soit de l'impôt sur les sociétés s'il s'agit d'une entreprise relevant de cet impôt. Lorsque des droits dans la société sont affectés à l'exercice d'une activité dont les revenus sont imposables dans la catégorie des bénéfices non commerciaux, la part de bénéfice correspondant à ces droits est déterminée selon les règles définies à l'article 96.

Un décret fixe les modalités d'application du présent article, notamment les modalités du changement de mode de détermination des résultats *[Ann. III, art. 46 terdecies F à 46 terdecies H].*

Sociétés civiles de moyens. L'exonération est réservée aux sociétés définies à l'art. 36 de la loi n° 66-879 du 29 nov. 1966, c'est-à-dire aux sociétés civiles ayant pour objet exclusif de faciliter à chacun de leurs membres l'exercice de son activité par la mise en commun de moyens. Une société qui met des moyens à la disposition de tiers, à titre onéreux, ne peut prétendre à l'exonération. • CE 17 mai 1991, n° 74374 : *Dr. fisc. 1991. 1512, concl. Arrighi de Casanova ; RJF 1991. 913.* ♦ La condition d'objet exclusif est considérée comme remplie si les opérations réalisées avec des tiers ont un caractère accessoire et si les recettes correspondantes n'excèdent pas 10 % des recettes totales de la société. * BOI-IS-CHAMP-20-10-20 n° 20 du 12 sept. 2012.

XIV *TER* *RÉGIME FISCAL DES GROUPEMENTS D'INTÉRÊT PUBLIC*

Art. 239 *quater* B Les groupements d'intérêt public constitués et fonctionnant dans les conditions prévues par le chapitre II de la loi n° 2011-525 du 17 mai 2011 de simplification et d'amélioration de la qualité du droit n'entrent pas dans le champ d'application du 1 de l'article 206, mais chacun de leurs membres est personnellement passible, pour la part des excédents correspondant à ses droits dans le groupement, soit de l'impôt sur le revenu, soit de l'impôt sur les sociétés s'il s'agit d'une personne morale relevant de cet impôt.

Ancien art. 239 *quater* B ***Les groupements d'intérêt public constitués et fonctionnant dans les conditions prévues aux articles L. 341-1 à L. 341-4 et L. 351-1, L. 352-1, L. 353-1, L. 354-1 et L. 355-1 du code de la recherche et aux articles L. 1115-2 et L. 1115-3 du code général des collectivités territoriales n'entrent pas dans le champ d'application du 1 de l'article 206, mais chacun de leurs membres est personnellement passible, pour la part des excédents correspondant à ses droits dans le groupement, soit de l'impôt sur le revenu, soit de l'impôt sur les sociétés s'il s'agit d'une personne morale relevant de cet impôt.*** *— Les dispositions abrogées ou modifiées par l'art. 119 de la L. n° 2011-525 du 17 mai 2011 continuent de régir les groupements créés sur leur fondement jusqu'à la mise en conformité de la convention constitutive de ces groupements avec les dispositions du chapitre II de cette même loi. Cette mise en conformité doit intervenir au plus tard le 18 mai 2013 (L. préc., art. 120, 1er al.).*

XIV *QUATER* *RÉGIME FISCAL DES GROUPEMENTS DE COOPÉRATION SANITAIRE ET DE LEURS MEMBRES*

Art. 239 *quater* C Les groupements européens d'intérêt économique qui sont constitués et fonctionnent dans les conditions prévues par le règlement n° 2137/85 du 25 juillet 1985 du Conseil des communautés européennes n'entrent pas dans le champ d'application du 1 de l'article 206.

Chacun de leurs membres est personnellement passible, pour la part de résultats correspondant à ses droits dans le groupement, soit de l'impôt sur le revenu, soit de l'impôt sur les sociétés s'il s'agit d'une personne morale qui relève de cet impôt. — *Pour le cas où le groupement deviendrait passible de l'impôt sur les sociétés, V. art. 202 ter.*

Art. 239 *quater* D Les groupements de coopération sanitaire mentionnés aux articles L. 6133-1 et L. 6133-4 du code de la santé publique et les groupements de coopération sociale et médico-sociale mentionnés à l'article L. 312-7 du code de l'action sociale et des familles n'entrent pas dans le champ d'application du 1 de l'article 206, mais chacun de leurs membres est personnellement passible, pour la part des excédents correspondant à ses droits dans le groupement soit de l'impôt sur le revenu, soit de l'impôt sur les sociétés s'il s'agit d'une personne morale relevant de cet impôt. — *Ces dispositions s'appliquent aux exercices ouverts à compter du 1er janv. 2005.*

XV *RÉGIME FISCAL DES SYNDICATS MIXTES DE GESTION FORESTIÈRE ET DES GROUPEMENTS SYNDICAUX FORESTIERS*

Art. 239 *quinquies* I. — Par dérogation aux dispositions du 1 de l'article 206, ne sont pas passibles de l'impôt sur les sociétés :

1° Les syndicats mixtes de gestion forestière définis aux articles L. 232-1 et L. 232-2 du code forestier ;

2° Les groupements syndicaux forestiers prévus aux articles L. 233-1 et L. 233-2 du même code. – *Pour le cas où le groupement deviendrait passible de l'impôt sur les sociétés, V. art. 202 ter.*

II. – Conformément aux dispositions de l'article 218 *bis*, les personnes morales membres d'un tel syndicat ou d'un tel groupement qui sont elles-mêmes passibles de l'impôt sur les sociétés y sont personnellement soumises, à raison de la part correspondant à leurs droits dans les revenus ou bénéfices du syndicat ou du groupement déterminés selon les règles prévues aux articles 38 et 39.

XVI *OPÉRATIONS DE CRÉDIT-BAIL*

1° OPÉRATIONS DE CRÉDIT-BAIL RÉALISÉES PAR LES SOCIÉTÉS IMMOBILIÈRES POUR LE COMMERCE ET L'INDUSTRIE ET LES SOCIÉTÉS AGRÉÉES POUR LE FINANCEMENT DES ÉCONOMIES D'ÉNERGIE

Art. 239 *sexies* I. – Lorsque le prix d'acquisition, par le locataire, de l'immeuble pris en location par un contrat de crédit-bail conclu avec une société immobilière pour le commerce et l'industrie est inférieur à la différence existant entre la valeur de l'immeuble lors de la signature du contrat et le montant total des amortissements que le locataire aurait pu pratiquer s'il avait été propriétaire du bien depuis cette date, le locataire acquéreur est tenu de réintégrer, dans les résultats de son entreprise afférents à l'exercice en cours au moment de la cession, la fraction des loyers versés pendant la période au cours de laquelle l'intéressé a été titulaire du contrat et correspondant à ladite différence diminuée du prix de cession de l'immeuble *[ces dispositions s'appliquent aux exercices ouverts à compter du 1er janv. 1995]*. Le montant ainsi déterminé est diminué des quotes-parts de loyers non déductibles en application des dispositions du 10 de l'article 39 *[cette dernière disposition s'applique aux contrats conclus à compter du 1er janv. 1996]*. *– V. Ann. III, art. 38 quindecies J et 38 quindecies K.*

Toutefois, lorsque la durée du contrat de crédit-bail est d'au moins quinze ans, cette réintégration est limitée à la différence entre le prix de revient du terrain sur lequel la construction a été édifiée et le prix de cession de l'immeuble au locataire. Cette disposition ne s'applique pas aux opérations conclues à compter du 1er janvier 1991 autres que celles mentionnées au deuxième alinéa du 3° *quater* de l'article 208.

Al. 3 abrogé.

II. – Les sociétés immobilières pour le commerce et l'industrie sont tenues de fournir au locataire acquéreur ainsi qu'à l'administration, en fin de bail, les renseignements nécessaires pour établir les impositions prévues au I.

Art. 239 *sexies* A *Dispositions supprimées par L. n° 99-1173 du 30 déc. 1999, art. 29-I et III, pour les exercices ouverts à compter du 1er janv. 2000.*

2° OPÉRATIONS DE CRÉDIT-BAIL AUPRÈS DE BAILLEURS AUTRES QUE DES SICOMI

Art. 239 *sexies* B Les dispositions du premier alinéa du I et celles du II de l'article 239 *sexies* sont applicables aux locataires qui acquièrent des immeubles qui leur sont donnés en crédit-bail par des sociétés ou organismes autres que des sociétés immobilières pour le commerce et l'industrie.

Un décret fixe les modalités d'application des dispositions du présent article ainsi que les obligations déclaratives. *– V. Ann. III, art. 49 octies E.*

3° AMORTISSEMENT DES BIENS ACQUIS À L'ÉCHÉANCE D'UN CONTRAT DE CRÉDIT-BAIL

Art. 239 *sexies* C Le prix de revient du bien acquis à l'échéance d'un contrat de crédit-bail est majoré des quotes-parts de loyers non déductibles en application des dispositions du 10 de l'article 39 et des sommes réintégrées en application des articles 239 *sexies* et 239 *sexies* B. La fraction du prix qui excède, le cas échéant, le prix d'achat du terrain par le bailleur, regardée comme le prix de revient des constructions, est amortie dans les conditions mentionnées au 2° du 1 de l'article 39. Toutefois, pour les immeubles visés au deuxième alinéa du 10 de l'article 39, le prix de revient des constructions est amorti sur la durée normale d'utilisation du bien restant à courir à cette date depuis son acquisition par le bailleur. Pour ces derniers immeubles, en cas de cession ultérieure, le délai de deux ans visé au *b* du 2 de l'article 39 *duodecies* s'apprécie à compter de la date d'inscription du bien à l'actif du bailleur.

Lorsque le locataire acquéreur a acquis les droits attachés au contrat auprès d'un précédent locataire, le prix de revient des constructions et celui du terrain tels qu'ils sont définis au premier alinéa sont respectivement majorés de la fraction du prix d'acquisition des droits qui correspond à chacun de ces éléments.

Un décret fixe les modalités d'application des dispositions du présent article ainsi que les obligations déclaratives. — *V. Ann. III, art. 49 octies E.*

4° DISPOSITIONS APPLICABLES À CERTAINS CONTRATS CONCLUS POUR DES IMMEUBLES SITUÉS DANS LES ZONES PRIORITAIRES D'AMÉNAGEMENT DU TERRITOIRE

Art. 239 *sexies* D Par dérogation aux dispositions du I de l'article 239 *sexies* et à celles de l'article 239 *sexies* B, les locataires répondant aux conditions des *a* et *b* de l'article 39 *quinquies* D sont dispensés de toute réintégration à l'occasion de la cession d'immeubles à usage industriel et commercial pris en location par un contrat de crédit-bail d'une durée effective d'au moins quinze ans.

Ces dispositions s'appliquent aux opérations conclues entre le 1er janvier 1996 et le 31 décembre 2015 pour la location, par un contrat de crédit-bail, d'immeubles situés dans les zones d'aide à finalité régionale et dans les zones de revitalisation rurale définies au II de l'article 1465 A. — *Pour les zones d'aides à finalité régionale, V. Décr. n° 2014-758 du 2 juill. 2014.*

Pour les immeubles neufs situés dans les zones de revitalisation rurale, le bénéfice de la dispense de réintégration est subordonné au respect de l'article 17 du règlement (UE) n° 651/2014 de la Commission, du 17 juin 2014, déclarant certaines catégories d'aides compatibles avec le marché intérieur en application des articles 107 et 108 du traité. Pour les immeubles neufs situés dans les zones d'aide à finalité régionale, le bénéfice de la dispense de réintégration est subordonné au respect de l'article 14 du règlement (UE) n° 651/2014 de la Commission, du 17 juin 2014, précité. Pour les autres immeubles situés dans ces zones, le bénéfice de l'exonération est subordonné au respect du règlement (UE) n° 1407/2013 de la Commission, du 18 décembre 2013, relatif à l'application des articles 107 et 108 du traité sur le fonctionnement de l'Union européenne aux aides *de minimis*. — *Les références ci-dessus à l'art. 14 du Règl. (UE) n° 651/2014 du 17 juin 2014 s'appliquent aux avantages octroyés à compter du 1er juill. 2014 (L. n° 2014-1655 du 29 déc. 2014, art. 47-II-B) ; celles au Règl. (UE) n° 1407/2013 du 18 déc. 2013 s'appliquent aux avantages octroyés à compter du 1er janv. 2014 (L. n° 2014-1655 du 29 déc. 2014, art. 47-II-A). — Sur la carte des aides à finalité régionale, V. Décr. n° 2014-758 du 2 juill. 2014 (JO 3 juill.).*

Ancien art. 239 *sexies* D *Par dérogation aux dispositions du I de l'article 239 sexies et à celles de l'article 239 sexies B, les locataires répondant aux conditions des a et b de l'article 39 quinquies D sont dispensés de toute réintégration à l'occasion de la cession d'immeubles à usage industriel et commercial pris en location par un contrat de crédit-bail d'une durée effective d'au moins quinze ans.*

Ces dispositions s'appliquent aux opérations conclues entre le 1er janvier 1996 et le 31 décembre 2014 pour la location, par un contrat de crédit-bail, d'immeubles situés dans les zones d'aide à finalité régionale, dans les zones de revitalisation rurale définies au II de l'article 1465 A et dans les zones de redynamisation urbaine définies au A du 3 de l'article 42 de la loi n° 95-115 du 4 février 1995 d'orientation pour l'aménagement et le développement du territoire.

Pour les immeubles neufs situés dans les zones de revitalisation rurale ou dans les zones de redynamisation urbaine, le bénéfice de la dispense de réintégration est subordonné au respect de l'article 15 du règlement (CE) n° 800/2008 de la Commission du 6 août 2008 déclarant certaines catégories d'aides compatibles avec le marché commun en application des articles 87 et 88 du traité (Règlement général d'exemption par catégorie). Pour les immeubles neufs situés dans les zones d'aide à finalité régionale, le bénéfice de la dispense de réintégration est subordonné au respect de l'article 13 du règlement (CE) n° 800/2008 de la Commission du 6 août 2008 précité. Pour les autres immeubles situés dans ces zones, le bénéfice de l'exonération est subordonné au respect du règlement (CE) n° 1998/2006 de la Commission du 15 décembre 2006 concernant l'application des articles 87 et 88 du traité aux aides de minimis. — *A compter du 1er janv. 2014, le Règl. (CE) n° 1998/2006 cité ci-dessus est remplacé par le Règl. (UE) n° 1407/2013 du 18 déc. 2013*

(JOUE 24 déc.) ; pour les aides antérieures, V. App., Règl. (UE) nº 1407/2013 préc., art. 7. – Sur la carte des aides à finalité régionale, V. Décr. nº 2014-758 du 2 juill. 2014 (JO 3 juill.).

XVII *SOCIÉTÉS CIVILES DE PLACEMENT IMMOBILIER AUTORISÉES À PROCÉDER À UNE OFFRE AU PUBLIC DE TITRES FINANCIERS*

Art. 239 *septies* **Les sociétés civiles de placement immobilier ayant un objet conforme à celui défini à l'article L. 214-114 du code monétaire et financier et autorisées à procéder à une offre au public de titres financiers dans les conditions prévues par l'article L. 214-86 du même code** *(Ord. nº 2019-1067 du 21 oct. 2019, art. 18-5º)* **« , à l'exception des offres au public mentionnées au 1º de l'article L. 411-2 du même code** *[,]* **» n'entrent pas dans le champ d'application du 1 de l'article 206, mais chacun de leurs membres est personnellement passible, pour la part des bénéfices sociaux correspondant à ses droits dans la société, soit de l'impôt sur le revenu, soit de l'impôt sur les sociétés s'il s'agit de personnes morales relevant de cet impôt.** – *Pour le cas où la société deviendrait passible de l'impôt sur les sociétés, V. art. 202 ter.*

En ce qui concerne les associés personnes physiques soumis à l'impôt sur le revenu dans la catégorie des revenus fonciers, les bénéfices sociaux visés au premier alinéa sont déterminés dans les conditions prévues aux articles 28 à 31.

1. Travaux d'amélioration, d'agrandissement et de reconstruction. Les conditions dans lesquelles les SCPI peuvent effectuer de telles opérations tout en conservant leur régime juridique ou fiscal particulier ont été précisées par les décrets nº 94-483 du 9 juin 1994 et 2003-74 du 28 janv. 2003 et assouplies par le Décr. nº 2003-74 du 28 janv. 2003. * BOI-IS-CHAMP-20-10-20 nº 360 du 25 nov. 2013.

2. Remise en cause du régime. Une SCPI est assujettie à l'IS dans les conditions de droit commun lorsqu'elle remplit les deux conditions suivantes : 1) le montant de ses opérations commerciales dépasse 10 % de ses recettes totales hors taxes de l'année ; 2) la moyenne de ses recettes commerciales hors taxes de l'année en cause et des trois années précédentes excède 10 % du montant moyen de ses recettes hors taxes de la même période. * BOI-IS-CHAMP-20-10-20 nº 530 du 25 nov. 2013.

XVII *BIS* *PERSONNES MORALES PASSIBLES DE L'IMPÔT SUR LES SOCIÉTÉS AYANT POUR OBJET DE TRANSFÉRER GRATUITEMENT À LEURS MEMBRES LA JOUISSANCE D'UN BIEN MEUBLE OU IMMEUBLE*

Art. 239 *octies* **Lorsqu'une personne morale passible de l'impôt sur les sociétés a pour objet de transférer gratuitement à ses membres la jouissance d'un bien meuble ou immeuble, la valeur nette de l'avantage en nature ainsi consenti n'est pas prise en compte pour la détermination du résultat imposable et elle ne constitue pas un revenu distribué au sens des articles 109 à 111. Cet avantage est exonéré d'impôt entre les mains du bénéficiaire, sauf si celui-ci est une personne morale passible de l'impôt sur les sociétés ou une entreprise imposable à l'impôt sur le revenu selon les règles des bénéfices industriels et commerciaux.**

Ces dispositions ne sont pas applicables aux personnes morales qui réalisent avec des tiers des opérations productives de recettes, à moins qu'il ne s'agisse d'opérations accessoires n'excédant pas 10 % de leurs recettes totales ou résultant d'une obligation imposée par la puissance publique.

Un décret fixe la nature des renseignements particuliers que les sociétés mentionnées au premier alinéa doivent fournir annuellement au service des impôts, indépendamment des déclarations dont la production est déjà prévue par le présent code. – *V. Ann. III, art. 46 quaterdecies.*

(L. nº 2019-1479 du 28 déc. 2019, art. 136-3º) **« Le présent article s'applique aux avantages en nature mentionnés au premier alinéa consentis au cours d'un exercice ouvert jusqu'au 31 décembre 2023. »**

Les dispositions de l'art. 239 *octies* n'ont ni pour effet ni pour objet d'étendre l'exonération d'IS qu'elles prévoient aux opérations productives de recettes réalisées avec des tiers alors même qu'elles présenteraient un caractère accessoire ou obligatoire. L'Administration a donc pu à bon droit scinder l'activité de la société en deux secteurs d'activité distincts et refuser de prendre en compte, pour le calcul de l'avantage en nature exonéré d'IS, le montant des recettes et des charges relatives au secteur lucratif, y compris les sommes perçues auprès des actionnaires qui en raison de la marge pratiquée constituent des recettes de nature commerciale. • CAA Marseille, 14 mars 2006, n° 02MA1275 : *RJF 2006. 1160 ; concl. Bonnet au BDCF 10/06, n° 112 ; Dr. fisc. 2006. 766, concl. Bonnet.*

XVII *TER* ORGANISMES DE PLACEMENT COLLECTIF IMMOBILIER

Art. 239 *nonies* I. – Les fonds de placement immobilier sont des organismes de placement collectif immobilier et des organismes professionnels de placement collectif immobilier, mentionnés au paragraphe 3 de la sous-section II de la section II et au sous-paragraphe 2 du paragraphe 1 de la sous-section 3 de la section II du chapitre IV du titre Ier du livre II du code monétaire et financier.

II. – 1. Les revenus et profits imposables mentionnés au I de l'article L. 214-81 du code monétaire et financier sont déterminés par la société de gestion du fonds de placement immobilier pour la fraction correspondant aux droits de chaque porteur de parts passible de l'impôt sur le revenu qui n'a pas inscrit ses parts à son actif professionnel, dans les conditions prévues :

a) Aux articles 14 A à 33 *quinquies*, pour les revenus relevant de la catégorie des revenus fonciers au titre des actifs mentionnés au *a* du 1° du II de l'article L. 214-81 du code monétaire et financier ;

b) A l'article 137 *ter*, pour les revenus relevant de la catégorie des revenus de capitaux mobiliers au titre des actifs mentionnés au *b* du 1° du II du même article L. 214-81 ;

c) Aux articles 150 UC à 150 VH et à l'article 244 *bis* A, pour les plus-values de cession à titre onéreux de biens et de droits immobiliers mentionnées au 2° du II du même article L. 214-81 ainsi que pour les plus-values de cession d'actifs mentionnés au même 2°, lorsque ces actifs ont la nature d'immeubles auxquels sont affectés des biens meubles meublants, biens d'équipement ou biens affectés à ces immeubles et nécessaires au fonctionnement, à l'usage ou à l'exploitation de ces derniers par un tiers, mentionnés à l'article L. 214-34 du code monétaire et financier, sous réserve que le porteur de parts ne soit pas considéré comme exerçant à titre professionnel, au sens du IV de l'article 155 du présent code, à la date d'échéance du dépôt de la déclaration mentionnée à l'article 170 précédant la distribution de la plus-value ;

d) A l'article 150-0 F, pour les plus-values de cession à titre onéreux d'actifs mentionnées au 3° du II du même article L. 214-81 ;

e) A l'article 35 A, pour les revenus relevant de la catégorie des bénéfices industriels et commerciaux au titre des actifs mentionnés au *a* du 1° du II de l'article L. 214-81 du code monétaire et financier qui ont la nature d'immeubles auxquels sont affectés des biens meubles meublants, biens d'équipement ou biens affectés à ces immeubles et nécessaires au fonctionnement, à l'usage ou à l'exploitation de ces derniers par un tiers, mentionnés à l'article L. 214-34 du même code ;

f) Aux articles 39 *duodecies* à 39 *quindecies* et à l'article 244 *bis* A du présent code, pour les plus-values de cession d'actifs mentionnés au 2° du II de l'article L. 214-81 du code monétaire et financier, lorsque ces actifs ont la nature d'immeubles auxquels sont affectés des biens meubles meublants, biens d'équipement ou biens affectés à ces immeubles et nécessaires au fonctionnement, à l'usage ou à l'exploitation de ces derniers par un tiers, mentionnés à l'article L. 214-34 du même code et que le porteur de parts est considéré comme exerçant à titre professionnel, au sens du IV de l'article 155 du présent code. L'assiette de la plus-value est déterminée par le porteur de parts en réintégrant les fractions d'amortissement théorique des immeubles qu'il a déduites dans les conditions prévues au second alinéa du 2 du présent II.

2. Les porteurs de parts de fonds de placement immobilier mentionnés au 1 sont soumis à l'impôt sur le revenu à raison des revenus et profits distribués par le fonds, au titre de l'année au cours de laquelle cette distribution intervient.

Les revenus imposés dans les conditions prévues au *e* du 1 s'entendent des revenus distribués, minorés de la différence positive entre la fraction de l'amortissement comptable théorique des immeubles et la fraction de l'abattement pratiqué par le fonds en application du *a* du 1° du II de l'article L. 214-81 du code monétaire et financier. Ces

fractions sont déterminées, pour chaque porteur de parts, à proportion de sa quote-part de revenus distribués.

3. Les dispositions prévues *(L. nº 2015-1785 du 29 déc. 2015, art. 118-I-4º et III, applicable aux dépenses payées à compter du 1er janv. 2018)* **« au** *[ancienne rédaction : aux b ter et]* **» *h* du 1º du I de l'article 31, à l'article 31 *bis*, au premier alinéa du 3º du I de l'article 156 relatives aux immeubles classés** *(L. nº 2021-710 du 4 juin 2021, art. 1er-II-2º)* **« ou inscrits au titre des monuments historiques » ou ayant reçu le label délivré par la Fondation du patrimoine** *(Abrogé par L. nº 2015-1785 du 29 déc. 2015, art. 118-I-4º et III, applicable aux dépenses payées à compter du 1er janv. 2018)* **« *, aux deuxième et troisième alinéas du 3º du I de l'article 156* », aux articles 199 *decies* E à 199 *decies* H, à l'article 199 *undecies* A, à l'article 199 *tervicies* et à l'article 199 *septvicies* ne sont pas applicables lorsque les immeubles, droits immobiliers ou parts sont détenus directement ou indirectement par des fonds de placement immobilier autres que ceux qui sont issus de la transformation des sociétés civiles mentionnées à l'article 239 *septies* et pour lesquelles l'application de ces dispositions a été demandée avant la date limite de dépôt des déclarations des revenus de l'année 2006.**

III. — Pour les autres porteurs de parts, les revenus et profits mentionnés au I de l'article L. 214-81 du code monétaire et financier sont imposés à la date de leurs distributions pour la fraction correspondant à leurs droits.

L. nº 2013-1278 du 29 déc. 2013, art. 26-XI-3 : 3. Les a (...) du I [de l'art. 26] s'appliquent à compter de l'imposition des revenus de l'année 2014. Toutefois, pour les immeubles ayant fait l'objet d'un agrément ministériel avant le 1er janvier 2014, les articles 31, 156, 156 bis, 199 novovicies et 239 nonies du code général des impôts continuent de s'appliquer, dans leur rédaction antérieure à l'entrée en vigueur du présent 3, jusqu'au terme de chaque agrément.

Revenus issus d'une location meublée. Régime d'imposition applicable aux revenus des immeubles loués meublés, aux plus-values de cession d'immeubles meublés, ainsi qu'aux plus-values résultant de la cession de parts de FPI. Commentaires administratifs. * BOI-BIC-BASE-10-30 et * BOI-BIC-VMV-20-30-10 du 6 juill. 2016.

XVIII *DÉCLARATION DES COMMISSIONS, COURTAGES, RISTOURNES, HONORAIRES, DES DROITS D'AUTEUR, DES RÉMUNÉRATIONS D'ASSOCIÉS ET DES PARTS DE BÉNÉFICES*

Art. 240 **1. Les personnes physiques qui, à l'occasion de l'exercice de leur profession, versent à des tiers des commissions, courtages, ristournes commerciales ou autres, vacations, honoraires occasionnels ou non, gratifications et autres rémunérations, doivent déclarer ces sommes.**

Ces sommes sont cotisées, au nom du bénéficiaire, d'après la nature d'activité au titre de laquelle ce dernier les a perçues.

La déclaration peut être souscrite selon les modalités prévues au premier alinéa de l'article 87 A, quel que soit le statut du tiers bénéficiaire, durant le mois de janvier de l'année civile qui suit celle au cours de laquelle ces sommes ont été versées.

A défaut, la déclaration est souscrite auprès de l'organisme ou de l'administration désigné par décret, au plus tard le 31 janvier de l'année civile suivant celle au cours de laquelle ces sommes ont été versées ou, par dérogation, en même temps que la déclaration de résultats.

Elle est également souscrite dans les cas prévus à l'article 89.

1 *bis*. La déclaration prévue au 1 doit faire ressortir distinctement pour chacun des bénéficiaires le montant des indemnités ou des remboursements pour frais qui lui ont été alloués ainsi que, le cas échéant, la valeur réelle des avantages en nature qui lui ont été consentis.

2. Les dispositions des 1 et 1 *bis* sont applicables à toutes les personnes morales ou *organismes, quel que soit leur objet* ou leur activité, y compris les administrations de l'État, des départements et des communes et tous les organismes placés sous le contrôle de l'autorité administrative.

3. *Transféré ss. le 1 du I de l'art. 1736.*

1. Les dispositions de l'art. 240 n'instituent pas une présomption de versement opposable au bénéficiaire désigné dans la déclaration. Il incombe à l'Administration d'établir la réalité du versement déclaré. • CE 28 févr. 1996, n° 128087 : *Dr. fisc. 1996. 850* • CE 7 nov. 2008, n° 299099 : *RJF 2009. 220 ; Dr. fisc. 2009. 204, concl. Olléon, note De La Mardière.*

2. Cadeaux et rémunérations déguisées. Figure au nombre des sommes visées à l'art. 240-1 l'avantage en nature consenti à l'occasion d'une prestation et dont l'Administration établit qu'il constitue, eu égard notamment à la valeur de la prestation, à la valeur de cet avantage et, le cas échéant, à l'importance de l'avantage par rapport aux rémunérations en espèces versées en contrepartie de la même prestation, un complément de rémunération déguisée. • CE 25 avr. 2003, n° 236923 : *RJF 2003. 822, concl. Bachelier, p. 574.*

3. Ristournes commerciales. Il n'y a pas lieu de déclarer les ristournes commerciales, proportionnelles au chiffre d'affaires réalisé, consenties par le fournisseur aux distributeurs ou par les distributeurs de premier rang aux distributeurs de second rang, dès lors que les deux parties sont des commerçants indépendants. • TA Grenoble, 30 avr. 1996, n° 94-3727 : *RJF 1996. 976.*

En revanche, les ristournes versées par les exploitants de jeux automatiques aux débitants de boissons auprès desquels ils placent du matériel sont au nombre des sommes à déclarer. • CE 6 mars 1992, n° 65486 : *Dr. fisc. 1992. 1818.*

4. Honoraires. Dès lors qu'il n'est pas établi que les sommes reversées par un avocat à des confrères auxiliaires de justice en rémunération de leur intervention l'ont été d'ordre et pour le compte de ses clients, elles doivent être regardées comme des rétrocessions d'honoraires et déclarées à l'administration. • CE 29 juill. 1983, n° 26506 : *RJF 1983. 1311* * DB 5 A 3133 n° 17 du 30 sept. 1997. ♦ Les personnes astreintes à déclaration peuvent s'abstenir de déclarer les honoraires versés aux notaires et aux huissiers, dès lors que ces honoraires sont fixés suivant les tarifs réglementaires, pour les actes portés sur le répertoire de ces officiers ministériels. * DB préc. n° 4. ♦ Les sommes versées à un cabinet spécialisé pour assurer la protection juridique de brevets exploités par une société présentent le caractère d'une rémunération à déclarer. • CE 26 janv. 2000, n° 186618 : *Dr. fisc. 2000. 809 ; RJF 2000. 339.* ♦ Les sommes versées par un formateur, imposé dans la catégorie des BNC, à un prestataire indépendant, en contrepartie d'actions de formation que ce dernier a assurées pour son compte, revêtent le caractère d'honoraires à déclarer. • CE 15 avr. 2015, n° 370225 : *RJF 2015. 588 ; Dr. fisc. 2015. 458.*

5. Commission d'intermédiaire immobilier. La somme versée par une entreprise exerçant une activité de marchand de biens à une personne chargée de négocier des hôtels, en exécution d'une lettre par laquelle le bénéficiaire demande le versement d'un « acompte sur la négociation des hôtels parisiens », constitue une commission, dès lors que la société versante n'établit pas que ce versement correspond à une subvention à caractère commercial allouée en vue de la création d'une société immobilière par le bénéficiaire. Dans ces conditions, elle doit être déclarée conformément à l'art. 240-1. • CE 7 nov. 2008, n° 291063 : *RJF 2009. 258.*

6. Indication des bénéficiaires. Lorsqu'une partie des travaux confiés par une entreprise à des prestataires a été réalisée par des associations que l'entreprise a rémunérées directement, celle-ci doit indiquer dans la déclaration des honoraires les noms de l'ensemble des personnes ou organismes auxquels elle a versé des sommes et non la seule identité de ses cocontractants. • CE 3 déc. 1999, n° 176669, *SA Laboratoires Wyeth-France : RJF 2000. 27 ; BDCF 1/00, concl. Goulard ; Dr. fisc. 2000. 785, concl. Goulard.*

7. Dématérialisation des échanges. La déclaration des commissions, honoraires et autres rémunérations prévue à l'art. 240 devra être déposée sous forme dématérialisée en utilisant l'une des trois modalités suivantes : la déclaration sociale nominative (DSN), la déclaration DADS-U ou une déclaration salaires et/ou honoraires et/ou actionnariat salarié selon les modalités EDI ou EFI. * BOI-BIC-DECLA-30-70-20 du 6 déc. 2017.

Art. 241 **Les entreprises, sociétés ou associations qui procèdent à l'encaissement et au versement des droits d'auteur ou d'inventeur sont tenues de déclarer le montant des sommes qu'elles versent à leurs membres ou à leurs mandants.**

Cette déclaration **peut être souscrite selon les modalités prévues au premier alinéa de l'article 87 A, quel que soit le statut des bénéficiaires, durant le mois de janvier de l'année civile qui suit celle au cours de laquelle ces sommes ont été versées.**

A défaut, la déclaration est souscrite auprès de l'organisme ou de l'administration désigné par décret, au plus tard le 31 janvier de l'année civile suivant celle au cours de laquelle ces sommes ont été versées ou, par dérogation, en même temps que la déclaration de résultats.

Elle est également souscrite dans les cas prévus à l'article 89.

Produits perçus par les auteurs d'œuvres de l'esprit. La déclaration doit comprendre, notamment, les produits de droits d'auteur perçus par les écrivains et les compositeurs ainsi que ceux perçus par les auteurs d'œuvres de l'esprit mentionnées à l'art. L. 112-2 CPI qui sont soumis, sauf option, au régime fiscal des traitements et salaires lorsque ces produits sont intégralement déclarés par les tiers (CGI, art. 93-1 *quater*), car l'application de ce régime spécial n'a pas pour effet de conférer aux revenus en cause le caractère de salaires. * BOI-BNC-SECT-20-10-60 n° 40 du 15 juill. 2013.

Art. 241 *bis* *Transféré ss. art. L. 82 A LPF.*

Art. 242 1. Les sociétés en nom collectif, en commandite simple, les sociétés en participation et les sociétés de copropriétaires de navires qui n'ont pas opté pour le régime fiscal des sociétés de capitaux, sont tenues de fournir à l'administration, en même temps que la déclaration annuelle prévue par les articles 53 A et 97, un état indiquant les conditions dans lesquelles leurs bénéfices sont répartis ou ont été distribués entre les associés et coparticipants.

2. Les personnes morales, sociétés et entreprises passibles de l'impôt sur les sociétés sont tenues de fournir à l'administration, dans les trois premiers mois de chaque année, un état indiquant les conditions dans lesquelles leurs bénéfices sont répartis ou ont été distribués, à titre de rémunération de leurs fonctions ou de leurs apports, entre les associés en nom ou commandités, associés-gérants, coparticipants ou membres de leur conseil d'administration.

3. Les modalités d'application du présent article sont fixées par décret *[Ann. III, art. 48]*.

Déclaration des rémunérations versées aux membres de certaines sociétés passibles de l'IS. Sociétés concernées. Modalités, contenu et délai de la déclaration. * BOI-IS-DECLA-10-10-20 n° 30 du 15 juill. 2013.

XVIII *BIS* *INFORMATION DE LEURS UTILISATEURS PAR LES PLATES-FORMES DE MISE EN RELATION PAR VOIE ÉLECTRONIQUE*

(L. n° 2015-1785 du 29 déc. 2015, art. 87-I-1° et IV, applicable aux transactions réalisées à compter du 1er juill. 2016)

Art. 242 *bis* *(L. n° 2018-898 du 23 oct. 2018, art. 10-I-1° et VI, applicable à compter du 31 déc. 2018)* L'entreprise, quel que soit son lieu d'établissement, qui en qualité d'opérateur de plateforme met en relation à distance, par voie électronique, des personnes en vue de la vente d'un bien, de la fourniture d'un service ou de l'échange ou du partage d'un bien ou d'un service est tenue :

1° De fournir, à l'occasion de chaque transaction, une information loyale, claire et transparente sur les obligations fiscales et sociales qui incombent aux personnes qui réalisent des transactions commerciales par son intermédiaire. Elle est également tenue de mettre à disposition un lien électronique vers les sites des administrations permettant de se conformer, le cas échéant, à ces obligations ;

2° D'adresser par voie électronique aux vendeurs, aux prestataires ou aux parties à l'échange ou au partage d'un bien ou service qui ont perçu, en qualité d'utilisateur d'une plateforme, des sommes à l'occasion de transactions réalisées par son intermédiaire et dont elle a connaissance, au plus tard le 31 janvier de l'année suivant celle au titre de laquelle les informations sont données, un document mentionnant, pour chacun d'eux, les informations suivantes :

a) Les éléments d'identification de l'opérateur de la plateforme concerné ;

b) Les éléments d'identification de l'utilisateur ;

c) Le statut de particulier ou de professionnel indiqué par l'utilisateur de la plateforme ;

d) Le nombre et le montant total brut des transactions réalisées par l'utilisateur au cours de l'année civile précédente ;

e) Si elles sont connues de l'opérateur, les coordonnées du compte bancaire sur lequel les revenus sont versés ;

3° D'adresser par voie électronique à l'administration fiscale, au plus tard le 31 janvier de l'année suivant celle au titre de laquelle les informations sont données, un document récapitulant l'ensemble des informations mentionnées au 2°.

Par exception, l'opérateur de plateforme est dispensé de l'obligation prévue au premier alinéa du présent 3°, dans le cas où les conditions mentionnées au dernier alinéa du présent 3° sont réunies, lorsque les transactions dont il a connaissance portent sur la vente entre particuliers de biens mentionnés au II de l'article 150 UA ou sur une prestation de services dont bénéficie également le particulier qui la propose, sans objectif lucratif et avec partage de frais avec les bénéficiaires.

La dispense de l'obligation mentionnée au deuxième alinéa du présent 3° s'applique lorsque le total des montants perçus par un même utilisateur n'excède pas un montant annuel fixé par arrêté des ministres chargés du budget et de la sécurité sociale ou lorsque le nombre de transactions réalisées dans l'année est inférieur à un seuil fixé par le même arrêté.

Un arrêté des ministres chargés du budget et de la sécurité sociale précise le contenu des obligations prévues aux 1° à 3°. — *V. Ann. IV, art. 23 L sexies à 23 L undecies.*

Les obligations prévues aux mêmes 1° à 3° s'appliquent à l'égard des utilisateurs de plateforme résidant en France ou qui réalisent des ventes ou des prestations de service en France au sens des articles 258 à 259 D.

Obligations des opérateurs de plateforme. Ces obligations sont prévues à l'art. 242 *bis* 3° et aux art. 23 L *sexies* à 23 L *undecies* de l'Annexe IV. 1° Territorialité du dispositif ; Opérateurs et utilisateurs de plateforme concernés. * BOI-BIC-DECLA-30-70-40-10 du 7 janv. 2020. 2° Obligation d'informer les utilisateurs des plateformes en ligne. * BOI-BIC-DECLA-30-70-40-20 n° 10 du 21 févr. 2020. 3° Obligation d'adresser un document annuel aux utilisateurs. * BOI-BIC-DECLA-30-70-40-20 n° 40 du 21 févr. 2020. 4° Obligation d'adresser un document récapitulatif annuel à l'administration fiscale. * BOI-BIC-DECLA-30-70-40-20 n° 340 du 21 févr. 2020.

Ancien art. 242 *bis* *I. — Les entreprises, quel que soit leur lieu d'établissement, qui mettent en relation à distance, par voie électronique, des personnes en vue de la vente d'un bien, de la fourniture d'un service ou de l'échange ou du partage d'un bien ou d'un service sont tenues de fournir, à l'occasion de chaque transaction, une information loyale, claire et transparente sur les obligations fiscales et sociales qui incombent aux personnes qui réalisent des transactions commerciales par leur intermédiaire. Elles peuvent utiliser, dans ce but, les éléments d'information mis à leur disposition par les autorités compétentes de l'État. Elles sont également tenues de mettre à disposition un lien électronique vers les sites des administrations permettant de se conformer, le cas échéant, à ces obligations.*

II. — Les entreprises mentionnées au I adressent, en outre, à leurs utilisateurs, en janvier de chaque année, un document récapitulant le montant brut des transactions dont elles ont connaissance et qu'ils ont perçu, par leur intermédiaire, au cours de l'année précédente.

III. — Les obligations définies aux I et II s'appliquent à l'égard des utilisateurs résidant en France ou qui réalisent des ventes ou des prestations de services en France.

IV. — Les entreprises mentionnées au I font certifier chaque année, avant le 15 mars, par un tiers indépendant, le respect, au titre de l'année précédente, des obligations définies aux I et II.

V. — Un décret en Conseil d'État fixe les conditions d'application du présent article. — V. Ann. II, art. 171 AX et 171 AY.

Nouvel art. 242 *bis* *(L. n° 2021-1900 du 30 déc. 2021, art. 134-I-A et III-B, en vigueur le 1er janv. 2023) L'entreprise, quel que soit son lieu d'établissement, qui, en qualité d'opérateur de plateforme, met en relation des personnes par voie électronique en vue de la vente d'un bien, de la fourniture d'un service ou de l'échange ou du partage d'un bien ou d'un service fournit, à l'occasion de chaque transaction, une information sur les obligations fiscales et sociales qui incombent aux personnes qui réalisent des transactions commerciales par son intermédiaire. Elle met à leur disposition un lien électronique vers les sites des administrations leur permettant de se conformer, le cas échéant, à ces obligations.*

Un arrêté des ministres chargés du budget et de la sécurité sociale précise le contenu des obligations prévues au premier alinéa.

XIX *DÉCLARATION DES REVENUS DE VALEURS MOBILIÈRES*

Art. 242 *ter* 1. Les personnes qui assurent le paiement des revenus de capitaux mobiliers visés aux articles 108 à 125 ainsi que des produits des bons ou contrats de capitalisation et placements de même nature sont tenues de déclarer l'identité et l'adresse des bénéficiaires ainsi que, par nature de revenus, le détail du montant imposable et du crédit d'impôt, le revenu brut soumis à un prélèvement et le montant dudit prélèvement et le montant des revenus exonérés. — *V. également art. 1649 AC.*

Cette déclaration ne concerne pas :

1° Les produits et intérêts exonérés visés aux 7°, 7° *ter*, 7° *quater*, 9° *bis*, 9° *ter* *(Décr. n° 2019-559 du 6 juin 2019, art. 1er)* « et 9° *quater* » de l'article 157 ;

2° *Devenu sans objet (Décr. n° 2009-389 du 7 avr. 2009) ;*

(Abrogé par L. n° 2017-1837 du 30 déc. 2017, art. 28) « ***3° Les intérêts des bons et titres placés sous le régime fiscal de l'anonymat ;*** » — *Les dispositions du présent 3° telles que modifiées par la L. n° 2017-1837 du 30 déc. 2017 s'appliquent aux impositions dont le fait générateur intervient à compter du 1er janv. 2018 (L. préc., art. 28-VI-A).*

4° Les produits de participation distribués par une société membre d'un groupe fiscal au sens de l'article 223 A ou de l'article 223 A *bis* à une société membre de ce même groupe. — *V. note ss. l'art.*

Pour l'établissement de la déclaration mentionnée au premier alinéa, les personnes qui en assurent le paiement individualisent les revenus distribués par les sociétés mentionnées au 2° du 3 de l'article 158 et par les organismes ou sociétés mentionnés au 4° du 3 de ce même article au regard de leur éligibilité à l'abattement de 40 % mentionné au 2° du 3 de l'article 158.

La déclaration mentionnée au premier alinéa doit être faite dans des conditions et délais fixés par décret. Une copie de cette déclaration doit être adressée aux bénéficiaires des revenus concernés. — *V. Ann. III, art. 49 D à 49 I bis.*

Elle est obligatoirement transmise à l'administration fiscale selon un procédé informatique.

1 *bis.* Les dispositions du 1 sont applicables aux revenus imposables dans les conditions prévues par l'article 238 *septies* B. La déclaration doit être faite par la personne chez laquelle les titres ou droits sont déposés ou inscrits en compte ou, dans les autres cas, par l'emprunteur.

2. *Abrogé.*

3. Les personnes qui interviennent à un titre quelconque dans la conclusion des contrats de prêts ou dans la rédaction des actes qui les constatent sont tenues de déclarer à l'administration la date, le montant et les conditions du prêt ainsi que les noms et adresses du prêteur et de l'emprunteur.

Cette déclaration est faite dans des conditions et délais fixés par décret. — *V. Ann. III, art. 49 B.*

Déclaration des revenus de valeurs mobilières. Les opérations sur valeurs mobilières et les revenus de capitaux mobiliers font l'objet d'une déclaration récapitulative annuelle dénommée Imprimé Fiscal Unique (IFU) dont le contenu est fixé par les art. 49 D à 49 I *sexies* de l'annexe III. A cette déclaration, le cas échéant, doit être joint un état des intérêts de créances de toute nature et produits assimilés dénommé état « directive ». * BOI-RPPM-PVBMI-40-30 du 5 oct. 2016.

Art. 242 ter A *I. — Abrogé.*

II *et* III. — *Disjoints.*

1° REVENUS ET PLUS-VALUES DISTRIBUÉS PAR UN FONDS DE PLACEMENT IMMOBILIER

Art. 242 *ter* B I. — 1. Les personnes qui assurent la mise en paiement des revenus distribués par un fonds de placement immobilier, tels que mentionnés au *a* du 1 du II de l'article 239 *nonies*, sont tenues de déclarer, sur la déclaration mentionnée à l'article 242 *ter*, l'identité et l'adresse des bénéficiaires et le détail du montant imposable en application des règles mentionnées aux articles 28 à 33 *quinquies*.

Les personnes qui assurent la mise en paiement des revenus distribués par un fonds de placement immobilier, mentionnés au *e* du 1° du II de l'article 239 *nonies*, sont tenues de déclarer, sur la déclaration mentionnée à l'article 242 *ter*, l'identité et l'adresse des bénéficiaires et le détail du montant imposable en application des articles 36 à 60 et du 2 du II de l'article 239 *nonies*.

2. Pour l'application des dispositions du 1, la société de gestion du fonds de placement immobilier, mentionnée à l'article L. 214-61 du code monétaire et financier, fournit aux personnes mentionnées au 1 les informations nécessaires à l'identification des porteurs et à la détermination de la fraction des revenus distribués et de la fraction du revenu net imposable correspondant à leurs droits.

3. Une copie de la déclaration mentionnée au 1 doit être adressée aux bénéficiaires des revenus concernés.

Elle est obligatoirement transmise à l'administration fiscale selon un procédé informatique.

II. – Les personnes qui assurent la mise en paiement des plus-values distribuées mentionnées à l'article 150-0 F et des revenus et profits mentionnés au III de l'article 239 *nonies* sont également tenues de faire figurer l'identité, l'adresse des bénéficiaires et le détail du montant imposable sur la déclaration mentionnée au 1 du I.

2° GAINS NETS ET DISTRIBUTIONS AFFÉRENTS À DES DROITS DE CARRIED INTEREST

Art. 242 *ter* C 1. Les sociétés de capital-risque, les gérants des sociétés de libre partenariat, les sociétés de gestion de fonds communs de placement à risques, de fonds professionnels spécialisés relevant de l'article L. 214-37 du code monétaire et financier dans sa rédaction antérieure à l'ordonnance n° 2013-676 du 25 juillet 2013 modifiant le cadre juridique de la gestion d'actifs, de fonds professionnels de capital investissement » ou de sociétés de capital-risque, les gérants des sociétés de libre partenariat et les entités mentionnées au dernier alinéa du 8 du II de l'article 150-0 A, ou les sociétés qui réalisent des prestations de services liées à la gestion de tels fonds ou de sociétés de libre partenariat, des sociétés de capital-risque ou des entités précitées sont tenus de mentionner, sur la déclaration prévue à l'article 242 *ter*, l'identité et l'adresse de leurs salariés ou dirigeants qui ont bénéficié de gains nets et distributions mentionnés au 8 du II de l'article 150-0 A, aux deuxième à *(L. n° 2019-1479 du 28 déc. 2019, art. 8-I-3°, applicable aux gains nets réalisés et aux distributions perçues à compter du 1er janv. 2020)* « dernier *[ancienne rédaction : huitième]* » alinéas du 1 du II de l'article 163 *quinquies* C et à l'article 80 *quindecies* ainsi que, par bénéficiaire, le détail du montant de ces gains et distributions.

2. Pour l'application du 1, la société de gestion ou, le cas échéant, le dépositaire des actifs des sociétés de capital-risque, des fonds mentionnés au 1 et des entités mentionnées au dernier alinéa du 8 du II de l'article 150-0 A fournit aux personnes mentionnées au 1 les informations nécessaires en vue de leur permettre de s'acquitter de l'obligation déclarative correspondante.

3° PLUS-VALUES DISTRIBUÉES PAR LES ORGANISMES DE PLACEMENT COLLECTIF EN VALEURS MOBILIÈRES ET CERTAINS PLACEMENTS COLLECTIFS

(L. n° 2013-1278 du 29 déc. 2013, art. 17-I-T)

Art. 242 *ter* D Les organismes de placement collectif en valeurs mobilières et les placements collectifs relevant des articles L. 214-24-24 à L. 214-32-1, L. 214-139 à L. 214-147 et L. 214-152 à L. 214-166 du code monétaire et financier, leur société de gestion ou les dépositaires des actifs de ces organismes ou placements collectifs sont tenus de mentionner, sur la déclaration prévue à l'article 242 *ter* du présent code, l'identité et l'adresse des actionnaires ou des porteurs de parts qui ont bénéficié des distributions mentionnées au 7 *bis* du II de l'article 150-0 A ainsi que, par bénéficiaire, le détail du montant de ces distributions. – *Les dispositions ci-dessus s'appliquent aux gains réalisés et aux distributions perçues à compter du 1er janv. 2013 (L. n° 2013-1278 du 29 déc. 2013, art. 17-III).*

4° OPÉRATIONS RÉALISÉES SUR LES INSTRUMENTS FINANCIERS À TERME

(L. n° 2013-1279 du 29 déc. 2013, art. 43-I-H et IV-A, applicable aux profits ou pertes réalisés à compter du 1er janv. 2014)

Art. 242 *ter* E Les teneurs de compte des opérations réalisées sur les instruments financiers à terme mentionnés au 8° du I de l'article 35, au 5° du 2 de l'article 92 et à l'article 150 *ter* ou, en l'absence de teneur de compte, les personnes cocontractantes de ces contrats financiers mentionnent sur la déclaration prévue à l'article 242 *ter* l'identité et l'adresse de leurs clients ou de leurs cocontractants ainsi que le montant des profits et pertes réalisés par ces derniers. – *Pour les sanctions, V. art. 1736-IX.*

XX *INFORMATION RELATIVE AU REVENU FISCAL DE RÉFÉRENCE*

(L. n° 2012-1509 du 29 déc. 2012, art. 9-I-L et VI, applicable aux revenus perçus à compter du 1er janv. 2013)

Art. 242 *quater* Les personnes physiques mentionnées *(L. n° 2017-1837 du 30 déc. 2017, art. 28)* « au dernier alinéa du 1 du I de l'article 117 *quater* » et au dernier alinéa du I de l'article 125 A formulent, sous leur responsabilité, leur demande de dispense des prélèvements prévus aux mêmes I au plus tard le 30 novembre de l'année précédant celle du paiement des revenus mentionnés auxdits I, en produisant, auprès des personnes qui en assurent le paiement, une attestation sur l'honneur indiquant que leur revenu fiscal de référence figurant sur l'avis d'imposition établi au titre des revenus de l'avant-dernière année précédant le paiement des revenus mentionnés aux mêmes I est inférieur aux montants mentionnés *(L. n° 2017-1837 du 30 déc. 2017, art. 28)* « au dernier alinéa du 1 du I de l'article 117 *quater* » et au dernier alinéa du I de l'article 125 A. *(L. n° 2017-1837 du 30 déc. 2017, art. 28)* « Par dérogation, les contribuables formulent leur demande de dispense de prélèvement prévu au 2 du II de l'article 125-0 A *(L. n° 2020-1721 du 29 déc. 2020, art. 40)* « et au 2° du *b quinquies* du 5 de l'article 158 » au plus tard lors de l'encaissement des revenus. »

Les personnes qui assurent le paiement des revenus mentionnés au premier alinéa sont tenues de produire cette attestation sur demande de l'administration. — *Sur le défaut de production de l'attestation, V. art. 1736-III.*

Les dispositions du présent art. issues de la L. n° 2017-1837 du 30 déc. 2017 s'appliquent aux impositions dont le fait générateur intervient à compter du 1er janv. 2018 (L. préc., art. 28).

Art. 242 *quinquies* I. La société de gestion d'un fonds commun de placement à risques ou d'un fonds professionnel de capital investissement ou le gérant d'une société de libre partenariat dont le règlement ou les statuts prévoient que les porteurs de parts ou les associés pourront bénéficier des avantages fiscaux prévus au 2° du 5 de l'article 38 et aux articles 163 *quinquies* B, 150-0 A, 209-0 A et 219 sont tenus de souscrire et de faire parvenir au service des impôts auprès duquel ils souscrivent leur déclaration de résultats une déclaration annuelle détaillée permettant d'apprécier :

1° A la fin de chaque semestre de l'exercice, le quota d'investissement prévu au 1° du II de l'article 163 *quinquies* B et la limite prévue au III de l'article L. 214-28 du code monétaire et financier, ou le quota d'investissement et la limite prévus aux I et II de l'article L. 214-30 du même code ;

2° Pour chaque répartition, les conditions d'application du 2° du 5 de l'article 38 et du *a sexies* du I de l'article 219.

II. Les sociétés de capital-risque joignent à leur déclaration de résultats un état :

1° Permettant d'apprécier, à la fin de chaque semestre de l'exercice, le quota d'investissement et la limite prévus respectivement au troisième alinéa et au quatrième alinéa du 1° de l'article 1er-1 de la loi n° 85-695 du 11 juillet 1985 portant diverses dispositions d'ordre économique et financier ;

2° Pour chaque distribution, les conditions d'application du 5 de l'article 39 *terdecies* et du *a sexies* du I de l'article 219.

III. Un décret en Conseil d'État fixe les modalités d'application des obligations déclaratives mentionnées aux I et II. — *V. Ann. II, art. 171 AS bis et 171 AW.*

Art. 242 *sexies* Les personnes qui réalisent des investissements bénéficiant des dispositions prévues aux articles 199 *undecies* A, 199 *undecies* B, 199 *undecies* C, 217 *undecies*, *(L. n° 2018-1317 du 28 déc. 2018, art. 140-2°)* « 217 *duodecies*, » 244 *quater* W *(L. n° 2020-1721 du 29 déc. 2020, art. 108-I-G et IV, applicable aux investissements réalisés à compter du 1er janv. 2022)* « , 244 *quater* X ou 244 *quater* Y » déclarent à l'administration fiscale la nature, le lieu de situation, les modalités de financement et les conditions d'exploitation de ces investissements. Lorsque les investissements sont réalisés par des personnes morales en vue d'être donnés en location, la déclaration indique l'identité du locataire et, dans les cas prévus par la loi, le montant de la fraction de l'aide fiscale rétrocédée à ce dernier. La déclaration donne lieu à la délivrance d'un récépissé. — *V. L. n° 2020-1721 du 29 déc. 2020, art. 108-IV-B.*

Ces informations sont transmises sur un support électronique dans le même délai que celui prévu pour le dépôt de la déclaration de résultats de l'exercice au cours

duquel les investissements mentionnés au premier alinéa sont réalisés ou achevés lorsqu'il s'agit d'immeubles, suivant des modalités fixées par décret. *— V. art. 1740-0 A, Ann. II, art. 171 AX, et Ann. III, art. 46 quaterdecies Y.*

Art. 242 *septies* **L'activité professionnelle consistant à obtenir pour autrui les avantages fiscaux prévus aux articles 199 *undecies* A, 199 *undecies* B, 199 *undecies* C, 217 *undecies*, 217 *duodecies*, 244 *quater* W** *(L. n° 2020-1721 du 29 déc. 2020, art. 108-I-G et IV, applicable aux investissements réalisés à compter du 1er janv. 2022)* **« , 244 *quater* X ou 244 *quater* Y » ne peut être exercée que par les entreprises inscrites sur un registre** *(L. n° 2018-1317 du 28 déc. 2018, art. 131-I-4°)* **« public tenu par le représentant de l'État dans les départements et collectivités désignés par arrêté conjoint des ministres chargés du budget et de l'outre-mer. »** *— L'inscription sur le registre public mentionné au présent al., dans sa rédaction résultant de l'art. 131 de la L. n° 2018-1317 du 28 déc. 2018, doit être sollicitée à compter du 1er janv. 2019 lorsque l'inscription initiale sur le registre tenu par le représentant de l'État dans le département ou la collectivité concerné date de trois ans révolus. L'inscription initiale reste acquise tant que l'autorité compétente ne s'est pas formellement prononcée sur la demande de renouvellement (L. préc., art. 131-III-B). — Pour l'application du présent al., V. Arr. du 3 mai 2019 (JO du 23 juin). — V. aussi L. n° 2020-1721 du 29 déc. 2020, art. 108-IV-B.*

Ne peuvent être inscrites sur ce registre que les entreprises qui satisfont aux conditions suivantes :

1° Justifier de l'aptitude professionnelle des dirigeants et associés ;

2° Être à jour de leurs obligations fiscales et sociales ;

3° Contracter une assurance contre les conséquences pécuniaires de leur responsabilité civile professionnelle *(L. n° 2018-1317 du 28 déc. 2018, art. 131-I-4°)* **« couvrant tous les risques afférents au montage des opérations réalisées pour le bénéfice des avantages fiscaux mentionnés au premier alinéa du présent article » ;**

4° Présenter, pour chacun des dirigeants et associés, un bulletin n° 3 du casier judiciaire vierge de toute condamnation ;

5° Justifier d'une certification annuelle de leurs comptes par un commissaire aux comptes ;

6° Avoir signé une charte de déontologie et respecter ses dispositions.

(L. n° 2018-1317 du 28 déc. 2018, art. 131-I-4°) **« L'inscription sur le registre est valable pour une durée de trois ans. Le renouvellement de l'inscription est subordonné au respect des conditions prévues aux 1° à 6°. »**

Les opérations réalisées par ces entreprises en application des dispositions mentionnées au » premier alinéa sont déclarées annuellement à l'administration fiscale, quel que soit le montant de l'investissement ouvrant droit aux avantages fiscaux mentionnés au premier alinéa. Pour chaque opération sont précisés la nature et le montant de l'investissement, son lieu de situation, les conditions de son exploitation, l'identité de l'exploitant, les noms et adresses des investisseurs, le montant de la base éligible à l'avantage en impôt, la part de l'avantage en impôt rétrocédée, le cas échéant, à l'exploitant, ainsi que le montant de la commission d'acquisition et de tout honoraire demandés aux clients.

Lorsque l'investissement est exploité dans une collectivité d'outre-mer ou en Nouvelle-Calédonie, l'administration fiscale transmet au représentant de l'État les informations mentionnées à la seconde phrase de l'alinéa précédent.

Lorsque le montant de l'investissement dépasse le seuil au-delà duquel l'avantage fiscal est conditionné à l'agrément préalable du ministre chargé du budget, dans les conditions définies aux articles mentionnés au premier alinéa, et qu'il est exploité par une société dont plus de 50 % du capital sont détenus par une ou plusieurs personnes publiques, l'intervention éventuelle des entreprises mentionnées au premier alinéa est subordonnée à leur mise en concurrence, dans des conditions fixées par le décret mentionné à l'avant-dernier alinéa. Cette mise en concurrence conditionne le bénéfice de l'avantage en impôt.

Les conditions d'application du présent article sont fixées par décret en Conseil d'État. *— V. Ann. II, art. 171 BK et 171 BL.*

Le présent article n'est pas applicable aux investissements réalisés avant la date de promulgation de la loi n° 2011-1977 du 28 décembre 2011 de finances pour 2012, ni aux opérations pour lesquelles la délivrance d'un agrément a été sollicitée avant cette

date. Le onzième alinéa du présent article ne s'applique pas aux opérations pour lesquelles les entreprises mentionnées au premier alinéa ont été missionnées avant la date de promulgation de la loi n° 2011-1977 du 28 décembre 2011 précitée. – *Sanctions : V. art. 1740-00 AB.*

BIBL. ▸ AMBLARD et GRÉTEAU, *Dr. fisc. 2017. 3422* (la mise en concurrence des monteurs en défiscalisation outre-mer). – ZUIN, *Dr. fisc. 2015. 302* (une nouvelle profession réglementée : le monteur en défiscalisation outre-mer).

XXI *MESURES DE PUBLICITÉ*

Art. 243 *Transféré ss. LPF, art. L. 111.*

Art. 243 *bis* Les rapports présentés et les propositions de résolution soumises aux assemblées générales d'associés ou d'actionnaires en vue de l'affectation des résultats de chaque exercice doivent mentionner le montant des dividendes qui ont été mis en distribution au titre des trois exercices précédents, le montant des revenus distribués au titre de ces mêmes exercices éligibles à l'abattement de 40 % mentionné au 2° du 3 de l'article 158 ainsi que celui des revenus distribués non éligibles à cet abattement, ventilés par catégorie d'actions ou de parts.

Pour les revenus distribués qui ne résultent pas de décisions des assemblées mentionnées à l'alinéa précédent, la société distributrice communique à l'établissement payeur lors de la mise en paiement de la distribution la fraction correspondante éligible à l'abattement de 40 % mentionné au 2° du 3 de l'article 158 ainsi que celle non éligible à cet abattement, ventilées par catégorie d'actions ou de parts. Cette information est tenue à la disposition des actionnaires ou associés.

Art. 243 *ter* Les personnes soumises aux obligations prévues à l'article 242 *ter*, qui paient des revenus de capitaux mobiliers mentionnés au 3 de l'article 158 à des personnes soumises aux mêmes obligations ainsi qu'à des organismes ou sociétés mentionnés au 4° du 3 de ce même article, identifient lors de leur paiement la part de ces revenus éligibles à l'abattement de 40 % mentionné au 2° du 3 de l'article 158 précité. Les justificatifs de cette identification sont tenus à la disposition de l'administration fiscale.

XXII

Art. 244 1. *Abrogé par L. n° 63-1316 du 27 déc. 1963, art. 41-3.*

2. *Transféré ss. art. 1653 C.*

XXIII *PRÉLÈVEMENT SUR CERTAINS PROFITS IMMOBILIERS RÉALISÉS PAR LES PERSONNES PHYSIQUES OU SOCIÉTÉS N'AYANT PAS D'ÉTABLISSEMENT EN FRANCE*

Art. 244 *bis* Les profits mentionnés à l'article 35 donnent lieu à la perception d'un prélèvement *(L. n° 2017-1837 du 30 déc. 2017, art. 84, applicable aux exercices ouverts à compter du 1er janv. 2018)* « au taux prévu *(L. n° 2019-1479 du 28 déc. 2019, art. 39-IV et X-A, applicable aux retenues et prélèvements à la source dont le fait générateur est intervenu entre le 6 mars 2019 et le 31 déc. 2021)* « à la première phrase du *[ancienne rédaction : au]* » deuxième alinéa du I de l'article 219 » lorsqu'ils sont réalisés par des contribuables ou par des sociétés, quelle qu'en soit la forme, qui n'ont pas d'établissement en France. Par dérogation, le taux est porté à 75 % lorsque les profits sont réalisés par ces mêmes contribuables ou sociétés lorsqu'ils sont domiciliés, établis ou constitués hors de France dans un État ou territoire non coopératif au sens de l'article 238-0 A *(L. n° 2018-898 du 23 oct. 2018, art. 31-I-G et IV, en vigueur le 1er déc. 2018)* « autre que ceux mentionnés au 2° du 2 *bis* du même article 238-0 A, sauf s'ils apportent la preuve que les opérations auxquelles correspondent ces profits ont principalement un objet et un effet autres que de permettre leur localisation dans un État ou territoire non coopératif ».

Ce prélèvement est opéré au service des impôts dans les conditions et délais prévus à l'article 244 *quater* A.

Il est à la charge exclusive du cédant ; il est établi et recouvré suivant les mêmes règles, sous les mêmes garanties et sous les mêmes sanctions que les droits d'enregistrement. — *V. Ann. II, art. 3 : obligation des contribuables soumis à ce prélèvement ; LPF, art. L. 172 C : règles de prescription.*

Il libère les contribuables fiscalement domiciliés hors de France au sens de l'article 4 B de l'impôt sur le revenu dû en raison des sommes qui ont supporté ce prélèvement.

Il s'impute sur le montant de l'impôt sur les sociétés dû par le cédant au titre de l'année de réalisation des profits. Pour les personnes morales et organismes résidents d'un État de l'Union européenne ou d'un État ou territoire ayant conclu avec la France une convention fiscale qui contient une clause d'assistance administrative en matière d'échange de renseignements et de lutte contre la fraude et l'évasion fiscales et n'étant pas non coopératif au sens de l'article 238-0 A, l'excédent du prélèvement sur l'impôt dû est restitué.

Pour l'application de ces dispositions les donations entre vifs ne sont pas opposables à l'administration.

BIBL. ▶ Boutemy et Meier, *Dr. fisc. 2003. 1537* (profits immobiliers réalisés par les non-résidents : la fin de l'inégalité résultant de l'art. 244 *bis*).

1. Redevables du prélèvement. Sous réserve de l'application des conventions internationales, les personnes physiques ou sociétés, quelle qu'en soit la forme, n'ayant pas d'établissement en France et qui réalisent des profits visés à l'art. 35 sont assujetties à un prélèvement de 33,1/3 %. Par dérogation, le taux est porté à 50 % (actuellement 75 %) lorsque les profits sont réalisés par ces mêmes contribuables ou sociétés lorsqu'ils sont domiciliés, établis ou constitués hors de France dans un État ou territoire non coopératif au sens de l'art. 238-0 A * BOI-BIC-CHAMP-20-10-40 n° 240 du 1er août 2018.

2. Taux de retenue à la source. Maintien du taux de 50 % (actuellement 75 %) du prélèvement sur les profits immobiliers réalisés par des marchands de biens, des intermédiaires pour le négoce et des lotisseurs résidents d'États ou de territoires non coopératifs. * BOI-INT-DG-20-50 n° 730 du 11 févr. 2014.

3. Société étrangère. Il résulte de l'art. 244 *bis* que sont soumises au prélèvement qu'il institue les personnes morales qui ne disposent pas en France d'un établissement auquel seraient rattachés les immeubles faisant l'objet de leur activité de négoce immobilier ou de construction et dont la cession est à l'origine du profit immobilier imposable. Par suite, la différence de traitement qu'instaurent ce texte n'est pas fondée, s'agissant des personnes morales, sur *le lieu* de leur siège social, qui détermine leur nationalité, mais sur celui de l'établissement auquel se rattache l'activité immobilière exercée, qu'il s'agisse de l'établissement en France d'une société étrangère ou de l'établissement à l'étranger d'une société française. • CE 15 déc. 2004, n° 257337 : *RJF 2005. 261, concl. Olléon, p. 147 ; Dr. fisc. 2005. 469, concl. Olléon.*

4. Imputation du prélèvement sur l'IS. V. note 13 ss. art. 244 *bis* A.

5. Application des conventions internationales. La majorité des conventions fiscales signées par la France prévoient que les profits immobiliers réalisés par les entreprises sont assimilés à des revenus immobiliers, imposables dans l'état de situation du bien. Ces conventions permettent de faire application des dispositions prévues aux art. 244 *bis* et 244 *bis* A (cas des conventions signées avec le Koweït et les Émirats arabes unis). En revanche, quelques conventions, de rédaction ancienne, ne précisent pas la nature des profits immobiliers réalisés par des sociétés situées dans l'autre État (cas des conventions signées avec le Luxembourg et le Danemark, lesquelles ne contiennent aucun art. permettant d'assimiler les profits immobiliers réalisés par des entreprises à des revenus immobiliers au sens des conventions). Or, dans le silence du texte conventionnel, il convient de se référer aux dispositions du droit interne pour qualifier le revenu. L'art. 244 *bis* faisant référence à l'art. 35, les profits soumis au prélèvement de 50 % doivent être considérés comme des revenus d'entreprise pour l'application des conventions signées avec le Luxembourg et le Danemark. Les revenus d'entreprises commerciales situées au Luxembourg ou au Danemark n'étant imposables en France que s'ils sont réalisés par l'intermédiaire d'un établissement stable, le prélèvement de l'art. 244 *bis*, qui ne concerne que les seules entreprises non résidentes qui n'ont pas d'établissement en France, n'est en définitive jamais applicable aux profits de marchands de biens et de lotissements réalisés en France par les entreprises luxembourgeoises ou danoises. Par ailleurs, ainsi que l'Administration l'a précisé dans une instruction du 4 août 2000 (*BOI 8-M-3-00*), les sociétés fiscalement domiciliées au Luxembourg ne sont pas redevables du prélèvement du tiers prévu à l'art. 244 *bis* A. En revanche, si l'activité immobilière de la société en France est constitutive d'un établissement stable, les plus-values seront imposables dans cet État à l'IS, conformément aux dispositions de l'art. 209-I. La convention franco-danoise du 8 févr. 1957 contient les mêmes lacunes s'agissant de l'imposition des plus-values immobilières réalisées en France et ne permet pas à la France d'appliquer le prélèvement prévu à l'art. 244 *bis* A. L'exonération des prélèvements prévus par les art. 244 *bis* et 244 *bis* A vaut, quel que soit le type de société domiciliée au Danemark ou au Luxembourg, à l'exception notable toutefois des sociétés holding au sens de la législation particulière luxembourgeoise dès lors que ces sociétés sont exclues du bénéfice de la convention fiscale du 1er avr. 1958 modifiée, par un échange de lettres en date du 8 sept. 1970. * Rép. min. n° 41773 : *JOAN Q, 30 nov. 2004, p. 9441.*

6. Juridiction compétente. Les juridictions de l'ordre administratif sont compétentes pour juger les litiges relatifs au prélèvement. • T. confl. 18 mars 1991, *Banque romande : Lebon 459* ; *RJF 1991. 854.*

XXIII *BIS* IMPOSITION DES PLUS-VALUES RÉALISÉES PAR LES PERSONNES PHYSIQUES OU SOCIÉTÉS QUI NE SONT PAS FISCALEMENT DOMICILIÉES EN FRANCE

A PLUS-VALUES DE CESSIONS DE BIENS OU DROITS DE TOUTE NATURE

Art. 244 *bis* A I. — 1. Sous réserve des conventions internationales, les plus-values, telles que définies aux *e bis* et *e ter* du I de l'article 164 B, réalisées par les personnes et organismes mentionnés au 2 du I lors de la cession des biens ou droits mentionnés au 3 sont soumises à un prélèvement selon les taux fixés au III *bis*.

Cette disposition n'est pas applicable aux cessions d'immeubles réalisées par des personnes physiques ou morales ou des organismes mentionnés au premier alinéa, qui exploitent en France une entreprise industrielle, commerciale ou agricole ou y exercent une profession non commerciale à laquelle ces immeubles sont affectés. Les immeubles doivent être inscrits, selon le cas, au bilan ou au tableau des immobilisations établis pour la détermination du résultat imposable de cette entreprise ou de cette profession.

Les organisations internationales, les États étrangers, les banques centrales et les institutions financières publiques de ces États sont exonérés de ce prélèvement dans les conditions prévues à l'article 131 *sexies*.

(L. n° 2018-1317 du 28 déc. 2018, art. 43, applicable aux cessions réalisées à compter du 1er janv. 2019) « Le premier alinéa du présent 1 n'est pas applicable à la cession de l'immeuble qui constituait la résidence principale en France du cédant à la date du transfert de son domicile fiscal hors de France dans un État membre de l'Union européenne ou dans un État ou territoire ayant conclu avec la France une convention d'assistance administrative en vue de lutter contre la fraude et l'évasion fiscales ainsi qu'une convention d'assistance mutuelle en matière de recouvrement ayant une portée similaire à celle prévue par la directive 2010/24/ UE du Conseil du 16 mars 2010 concernant l'assistance mutuelle en matière de recouvrement des créances relatives aux taxes, impôts, droits et autres mesures et qui n'est pas un État ou territoire non coopératif au sens de l'article 238-0 A. Cette exonération s'applique à la double condition que la cession soit réalisée au plus tard le 31 décembre de l'année suivant celle du transfert par le cédant de son domicile fiscal hors de France et que l'immeuble n'ait pas été mis à la disposition de tiers, à titre gratuit ou onéreux, entre ce transfert et la cession. Cette exonération s'applique également à la cession des dépendances immédiates et nécessaires de cet immeuble, à la condition que leur cession intervienne simultanément à celle de l'immeuble.

« Un contribuable ne peut bénéficier de l'exonération prévue à l'avant-dernier alinéa du présent 1 s'il a déjà bénéficié de l'exonération au titre de la cession d'un logement prévue au 2° du II de l'article 150 U. »

2. Sont soumis au prélèvement mentionné au 1 :

a) Les personnes physiques qui ne sont pas fiscalement domiciliées en France au sens de l'article 4 B ;

b) Les personnes morales ou organismes, quelle qu'en soit la forme, dont le siège social est situé hors de France ;

c) Les sociétés ou groupements qui relèvent des articles 8 à 8 *ter* dont le siège social est situé en France, au prorata des droits sociaux détenus par des associés qui ne sont pas domiciliés en France ou dont le siège social est situé hors de France ;

d) Les fonds de placement immobilier mentionnés à l'article 239 *nonies*, au prorata des parts détenues par des porteurs qui ne sont pas domiciliés en France ou dont le siège social est situé hors de France.

3. Le prélèvement mentionné au 1 s'applique aux plus-values résultant de la cession :

a) De biens immobiliers ou de droits portant sur ces biens ;

b) De parts de fonds de placement immobilier mentionnés à l'article 239 *nonies* ;

c) D'actions de sociétés d'investissements immobiliers cotées visées à l'article 208 C, lorsque le cédant détient directement ou indirectement au moins 10 % du capital de la société dont les actions sont cédées ;

d) D'actions de sociétés de placement à prépondérance immobilière à capital variable mentionnées au 3° *nonies* de l'article 208, lorsque le cédant détient directement ou indirectement au moins 10 % du capital de la société dont les actions sont cédées ;

e) De parts ou droits dans des organismes de droit étranger qui ont un objet équivalent et sont de forme similaire aux fonds mentionnés au *b* ;

f) De parts, d'actions ou d'autres droits dans des organismes, quelle qu'en soit la forme, présentant des caractéristiques similaires, ou soumis à une réglementation équivalente, à celles des sociétés mentionnées aux *c* et *d*, dont le siège social est situé hors de France, lorsque le cédant détient directement ou indirectement au moins 10 % du capital de l'organisme dont les parts, actions ou autres droits sont cédés ;

g) De parts ou d'actions de sociétés cotées sur un marché français ou étranger, autres que celles mentionnées aux *c* et *f*, dont l'actif est, à la clôture des trois exercices qui précèdent la cession, principalement constitué directement ou indirectement de biens et droits mentionnés au 3, lorsque le cédant détient directement ou indirectement au moins 10 % du capital de la société dont les parts ou actions sont cédées. Si la société dont les parts ou actions sont cédées n'a pas encore clos son troisième exercice, la composition de l'actif est appréciée à la clôture du ou des seuls exercices clos ou, à défaut, à la date de la cession ;

h) De parts, d'actions ou d'autres droits dans des organismes, autres que ceux mentionnés aux *b* à *f*, quelle qu'en soit la forme, non cotés sur un marché français ou étranger, dont l'actif est, à la clôture des trois exercices qui précèdent la cession, principalement constitué directement ou indirectement de biens ou droits mentionnés au 3. Si l'organisme dont les parts, actions ou droits sont cédés n'a pas encore clos son troisième exercice, la composition de l'actif est appréciée à la clôture du ou des seuls exercices clos ou, à défaut, à la date de la cession.

II. — Lorsque le prélèvement mentionné au I est dû par des contribuables assujettis à l'impôt sur le revenu, les plus-values sont déterminées selon les modalités définies :

1° Au I et aux 2° à 9° du II de l'article 150 U, aux II et III de l'article 150 UB et aux articles 150 V à 150 VD ;

(L. n° 2018-1317 du 28 déc. 2018, art. 43, applicable aux cessions réalisées à compter du 1er janv. 2019) « Un contribuable ne peut toutefois bénéficier de l'exonération prévue au 2° du II de l'article 150 U s'il a déjà bénéficié de l'exonération prévue à l'avant-dernier alinéa du 1 du I du présent article ; »

2° Au III de l'article 150 U lorsqu'elles s'appliquent à des ressortissants d'un État membre de l'Union européenne ou d'un autre État partie à l'accord sur l'Espace économique européen ayant conclu avec la France une convention d'assistance administrative en vue de lutter contre la fraude et l'évasion fiscales.

Lorsque la plus-value est exonérée en application *(L. n° 2018-1317 du 28 déc. 2018, art. 43, applicable aux cessions réalisées à compter du 1er janv. 2019)* « de l'avant-dernier alinéa du 1 du I du présent article ou » du 6° du II de l'article 150 U ou par l'application de l'abattement prévu au I de l'article 150 VC, aucune déclaration ne doit être déposée, sauf dans le cas où le prélèvement afférent à la plus-value en report est dû. *(L. n° 2018-1317 du 28 déc. 2018, art. 43, applicable aux cessions réalisées à compter du 1er janv. 2019)* « L'acte de cession soumis à la formalité fusionnée ou présenté à l'enregistrement précise, sous peine de refus du dépôt ou de la formalité d'enregistrement, la nature et le fondement de cette exonération ou de cette absence de taxation ; »

3° A l'article 150 UC, au 6 *ter* de l'article 39 *duodecies* ou au *f* du 1° du II de l'article 239 *nonies* lorsque les plus-values sont réalisées, directement ou indirectement, par un fonds de placement immobilier ou par ses porteurs de parts assujettis à l'impôt sur le revenu.

III. — Lorsque le prélèvement mentionné au I est dû par une personne morale assujettie à l'impôt sur les sociétés, les plus-values sont déterminées par différence entre, d'une part, le prix de cession du bien et, d'autre part, son prix d'acquisition, diminué pour les immeubles bâtis d'une somme égale à 2 % de son montant par année entière de détention.

Par dérogation au III *bis* et au premier alinéa du présent III, le prélèvement dû par des personnes morales résidentes d'un État membre de l'Union européenne ou d'un autre État partie à l'accord sur l'Espace économique européen ayant conclu avec la France une convention d'assistance administrative en vue de lutter contre la fraude et l'évasion fiscales et n'étant pas non coopératif au sens de l'article 238-0 A est déterminé selon les règles d'assiette et de taux prévues en matière d'impôt sur les sociétés dans les mêmes conditions que celles applicables à la date de la cession aux personnes morales résidentes de France.

III *bis*. — 1. Les plus-values réalisées par les personnes et organismes mentionnés au 2 du I lors de la cession des biens ou droits mentionnés au 3 du même I sont soumises au prélèvement selon le taux *(L. n° 2019-1479 du 28 déc. 2019, art. 39-V et X-A, applicable aux retenues et prélèvements à la source dont le fait générateur est intervenu entre le 6 mars 2019 et le 31 déc. 2021)* « prévu à la première phrase du *[ancienne rédaction : fixé au]* » deuxième alinéa du I de l'article 219.

Toutefois, les personnes physiques, les associés personnes physiques de sociétés, groupements ou organismes dont les bénéfices sont imposés au nom des associés et les porteurs de parts, personnes physiques, de fonds de placement immobilier mentionnés à l'article 239 *nonies* sont soumis au prélèvement au taux de 19 %.

2. *[Dispositions déclarées non conformes à la Constitution par la décision du Conseil constitutionnel n° 2014-708 DC du 29 décembre 2014].*

IV. — L'impôt dû en application du présent article est acquitté lors de l'enregistrement de l'acte ou, à défaut d'enregistrement, dans le mois suivant la cession, sous la responsabilité d'un représentant *(L. n° 2021-1900 du 30 déc. 2021, art. 30-I-1° et III-E)* « établi en France, accrédité par l'administration fiscale.

« Seule peut être accréditée la personne qui remplit les conditions suivantes :

« 1° Ni elle, ni aucun de ses dirigeants, lorsqu'il s'agit d'une personne morale, n'a commis d'infractions graves ou répétées aux dispositions fiscales, n'a fait l'objet des sanctions prévues aux articles L. 651-2, L. 653-2 et L. 653-8 du code de commerce au cours des trois années qui précèdent, ni ne fait l'objet d'une mesure d'interdiction en cours d'exécution prévue au même article L. 653-8 ;

« 2° Elle respecte les obligations fiscales déclaratives et de paiement qui lui incombent pour le compte des personnes qu'elle représente ou pour son propre compte ;

« 3° Elle dispose de garanties permettant d'assurer le respect des obligations résultant de sa qualité de représentant.

« Le non-respect de l'une de ces conditions entraîne le retrait de l'accréditation.

« Un décret en Conseil d'État précise les conditions d'accréditation et fixe les modalités d'octroi et de retrait de celle-ci.

« IV *bis*. — Par dérogation au IV : »

1° L'impôt dû au titre des cessions que réalise un fonds de placement immobilier est acquitté pour le compte des porteurs au service des impôts des entreprises du lieu du siège social du dépositaire du fonds de placement immobilier et par celui-ci, dans un délai de dix jours à compter de la date de mise en paiement mentionnée à l'article L. 214-82 du code monétaire et financier des plus-values distribuées aux porteurs afférentes à ces cessions ;

2° L'impôt dû au titre des cessions de parts que réalise un porteur de parts de fonds de placement immobilier est acquitté pour le compte de ce porteur au service des impôts des entreprises du lieu du siège social de l'établissement payeur et par celui-ci, dans un délai d'un mois à compter de la cession. *— V. art. 289 A et Ann. II, art. 171 ter A et 171 quater.*

L'obligation de désigner un représentant fiscal ne s'applique pas lorsque le cédant est domicilié, établi ou constitué dans un État membre de l'Union européenne ou dans un autre État partie à l'accord sur l'Espace économique européen ayant conclu avec la France une convention d'assistance administrative en vue de lutter contre la fraude et l'évasion fiscales ainsi qu'une convention d'assistance mutuelle en matière de recouvrement de l'impôt. Lorsque le cédant est une société ou un groupement mentionnés au *c* du 2 du I, ou une société ou un groupement dont le régime fiscal est équivalent et

dont le siège social est situé dans un des États mentionnés à la première phrase du présent alinéa, l'obligation de désigner un représentant fiscal s'apprécie au regard de la situation de chacun des associés.

V. — Le prélèvement mentionné au I est libératoire de l'impôt sur le revenu dû en raison des sommes qui ont supporté celui-ci.

Il s'impute, le cas échéant, sur le montant de l'impôt sur les sociétés dû par le contribuable à raison de cette plus-value au titre de l'année de sa réalisation. S'il excède l'impôt dû, l'excédent est restitué aux personnes morales résidentes d'un État de l'Union européenne ou d'un État ou territoire ayant conclu avec la France une convention fiscale qui contient une clause d'assistance administrative en matière d'échange de renseignements et de lutte contre la fraude et l'évasion fiscales et n'étant pas non coopératif au sens de l'article 238-0 A.

Pour les plus-values réalisées à compter du 1er sept. 2013, V. également App., L. n° 2013-1278 du 29 déc. 2013, art. 27-III et IV.

Les représentants fiscaux ayant obtenu une accréditation délivrée en application du IV du présent art., avant l'entrée en vigueur du décret en Conseil d'État mentionné au 1° du I de l'art. 30 de la L. n° 2021-1900 du 30 déc. 2021, doivent se conformer aux prescriptions de ce décret dans un délai de douze mois à compter de cette entrée en vigueur. A défaut, leur accréditation est caduque de plein droit à l'expiration de ce délai (L. préc., art. 30-III-E).

BIBL. ► GUTMAN, AUSTRY et LE ROUX, *RJF 2008. 337* (le traitement fiscal des fonds de pension étrangers). – FOISSAC, *FR Lefebvre 18/18, n° 6, p. 10* (plus-values immobilières des non-résidents : un régime d'imposition encore imparfait). – GOUTHIÈRE, *FR Lefebvre 29/08, p. 6* (plus-values immobilières des non-résidents : les dernières modifications).

1. Prélèvement sur certaines plus-values immobilières réalisées par les sociétés dont le siège social est situé hors de France. * BOI-RFPI-PVINR-10-10 n° 100 du 19 avr. 2019 et * BOI-RFPI-PVINR-10-20 du 19 avr. 2019.

2. Exonération des organismes et États étrangers. L'exonération du prélèvement prévu par l'art. 244 *bis* A bénéficie aux États étrangers mais ne s'étend pas aux sociétés de personnes dont ils sont associés. • CE 22 janv. 2020, *SCI Faucon*, n° 423160 : *RJF 2020. 335.*

3. Exonération résultant de la cession de l'ancienne résidence principale en France par des non-résidents. * BOI-RFPI-PVINR-10-20 n° 440 du 19 avr. 2019.

4. Taux du prélèvement (sol. antérieure au 1er janv. 2015). L'art. 244 *bis* A CGI, qui prévoit des taux d'imposition différents selon que les contribuables sont ou non résidents d'un État partie à l'Espace économique européen (EEE), constitue une restriction aux mouvements de capitaux, dès lors qu'aucune différence de situation et aucune raison impérieuse d'intérêt général ne justifient cette inégalité de traitement. Cette restriction peut cependant être maintenue en application de la clause de gel prévue à l'art. 64 TFUE (ex-art. 57 du traité CE). • CAA Versailles, 7 juin 2012, n° 11VE03607 : *RJF 2012. 969.* ♦ En vertu des art. 206-1 et 206-5 un organisme français sans but lucratif qui procède à la cession d'un immeuble qu'il détient en France n'est pas assujetti à l'IS sur la plus-value réalisée. Il s'ensuit que l'art. 244 *bis* A-I, en tant qu'il introduit une différence de traitement fiscal au détriment des organismes sans but lucratif dont le siège est situé hors de France, qui sont soumis au prélèvement d'un tiers sur les plus-values immobilières, constitue une restriction à la liberté de circulation des capitaux au sens de l'art. 63 TFUE, qui ne peut être admise au regard de l'art. 65 de ce traité que si la différence de traitement concerne des situations qui ne sont pas objectivement comparables. Clause de gel non applicable. • CAA Paris, 7 oct. 2011, *Caisse autonome des retraites des travailleurs salariés de Monaco*, n° 09PA0498 : *RJF 2012. 84.*

5. Le prélèvement d'un tiers auquel sont soumises les plus-values immobilières réalisées par des SCI françaises ayant des associés résidents d'un État tiers à l'EEE est contraire à la libre circulation des capitaux. Le taux du prélèvement doit donc être aligné sur celui applicable aux SCI ayant des associés résidents d'un État membre de l'EEE, soit 19 % du montant de la plus-value, et ce, quel que soit le lieu de résidence de ses associés (France, EEE ou État tiers). • CE 20 oct. 2014, *Min. Budget c/ SCI Saint-Étienne*, n° 367234 : *RJF 2015. 84 ; BDCF 2015.12, concl. Daumas ; Dr. fisc. 2014. 659, note Maitrot de La Motte.* ♦ Confirmant • CAA Lyon, 29 janv. 2013, *SCI Saint-Étienne*, n° 12LY00100 : *RJF 2013. 680 ; Dr. fisc. 2013. 348, concl. Levy, Ben Cheton, note Maitrot de La Motte.*

6. Le taux du prélèvement sur les plus-values immobilières réalisées par des résidents d'États ou territoires non coopératifs (ETNC) est porté de 50 % à 75 % à compter du 1er janv. 2013. * BOI-INT-DG-20-50 n° 760 du 11 févr. 2014.

7. Expatriation avant la vente de la résidence principale. Les particuliers qui, s'expatriant, cèdent leur résidence principale dans la foulée bénéficient d'une exonération partielle de la plus-value à hauteur de 150 000 €, et non d'une exonération totale, comme c'est le cas pour des résidents français. Cette différence de traitement est conforme à la Constitution. • Cons. const. 27 oct. 2017, n° 2017-668 QPC : *RJF 2018. 74.* ♦ Sur renvoi de • CE, QPC, 28 juill. 2017, n° 411546 : *RJF 2017. 1087.*

8. Non-résidents. Lorsque les personnes ne sont pas fiscalement domiciliées en France, au sens de l'art. 4 B, y compris lorsqu'elles ont leur domicile fiscal à Mayotte, en Polynésie française, dans les îles Wallis-et-Futuna, dans les Terres australes et antarctiques françaises, à Saint-Martin, à Saint-Barthélemy, à Saint-Pierre-et-Miquelon et en Nouvelle-Calédonie, les plus-values qu'elles réalisent à l'occasion de la cession à titre onéreux de biens immobiliers bâtis ou non bâtis, de droits relatifs à ces biens et de titres de sociétés à prépondérance immobilière, sont passibles de l'IR dans les conditions prévues à l'art. 244 *bis* A. La non-résidence fiscale s'apprécie au jour de la cession. * BOI-RFPI-PVINR-10-10 n° 20 du 19 avr. 2019.

9. Conventions internationales. Les clauses de non-discrimination figurant dans les conventions internationales peuvent faire obstacle à l'assujettissement du cédant au prélèvement. • TA Nice, 3 août 1988, n° 897/88/III : *RJF 1989. 54* (ressortissant belge résidant en Belgique) • CE 30 déc. 1996, n° 128611 : *RJF 1997. 158, concl. Bachelier, p. 74* (ressortissant algérien domicilié en Suisse). ♦ Les sociétés fiscalement domiciliées au Luxembourg ne sont pas redevables du prélèvement du tiers à raison des plus-values de cession d'immeubles situés en France. • CE 18 mars 1994, n° 79971 : *BOI 8 M-3-00.* ♦ V. égal. note 10 ci-après et notes ss. art. 244 *bis.* ♦ En application de l'art. 15-4 de la convention franco-suisse : un résident suisse cédant deux biens immobiliers situés en France est fondé à bénéficier du taux auquel sont soumises les plus-values immobilières réalisées par les résidents français, c'est-à-dire 16 % au lieu du taux de 33, 1/3 % prévu par l'art. 244 *bis* A pour les plus-values réalisées par des résidents d'un État non membre de l'Espace économique européen. • CAA Versailles, 21 juill. 2011, n° 10VE04101 : *RJF 2012. 35.* ♦ Un résident suisse cédant des parts de sociétés françaises à prépondérance immobilière bénéficie, en application de la convention franco-suisse, du taux d'imposition des plus-values immobilières réalisées par des résidents français, soit actuellement 19 % au lieu de 33, 1/3 %. • CE 20 nov. 2013, *Min. délégué, chargé du budget*, n° 361167 : *RJF 2014. 149.* ♦ Le gain de cession de parts d'une SCI française par un résident belge est imposable en France dès lors, que l'art. 244 *bis* A prévoit le même régime d'imposition pour les parts de SCI et les immeubles. • CE 24 févr. 2020, n° 436392 : *RJF 2020. 480, concl. Ciavaldini.*

10. Organismes sans but lucratif de droit étranger. La clause de non-discrimination contenue dans la convention fiscale franco-néerlandaise du 16 mars 1973 et le principe de libre circulation de capitaux institué par l'art. 56 du traité CE s'opposent à soumettre au prélèvement du tiers une fondation de droit néerlandais dont l'objet social (gestion d'un régime de retraite et de prévoyance) est à but non lucratif dès lors que les organismes similaires de droit français échappent à l'impôt sur ces gains. • CAA Paris, 6 déc. 2007, n° 06PA3370 : *RJF 2008. 409 ; chron. Gouthière au FR Lefebvre 15/08, p. 33* • CE (na) 27 oct. 2008, n° 31335 : *RJF 2009. 113.* ♦ Un établissement grec sans but lucratif peut invoquer la clause de non-discrimination de la convention fiscale franco-grecque. • CE 5 juill. 2010, n° 309693, *Pinacothèque d'Athènes : RJF 2010. 1092 ; Dr. fisc. 2010. 543, note Dieu.* ♦ Un trust sans but lucratif britannique peut invoquer la clause de non-discrimination de la convention franco-britannique du 22 mai 1968. • CAA Paris, 23 déc. 2010, n° 08PA5504 : *RJF 2011. 638.* ♦ Le prélèvement sur les plus-values d'une fondation portugaise constitue une entrave à la libre circulation des capitaux. • CAA Versailles, 22 sept. 2016, *Min. c/ Fondation Calouste Gulbenkian*, n° 14VE01037 : *RJF 2016. 1137.*

11. Représentant accrédité. Un avocat ne peut être représentant fiscal au sens de l'art. 244 *bis* A. * BOI-RFPI-PVINR-30-20 n° 30 du 19 avr. 2019.

12. Non-imputation de déficits catégoriels. Un non-résident ne peut demander l'imputation de déficits de source française constatés dans la catégorie des BIC sur la plus-value de cession d'immeuble imposée sous forme du prélèvement prévu par l'art. 244 *bis* A dès lors que ce prélèvement, libératoire de l'IR est distinct de cet impôt. • CAA Paris, 8 oct. 2004, n° 00PA3264 : *RJF 2005. 29.*

13. Imputation du prélèvement sur l'IS. Lorsque l'imputation du prélèvement sur l'IS fait apparaître un excédent de prélèvement, celui-ci est restituable. • TA Nice, 5 déc. 2000, n° 97-03.108, *Sté La Torretta Ltd : Dr. sociétés 2002. 186, note Pierre.*

14. Contentieux. Le juge administratif est compétent pour les litiges relatifs au prélèvement du tiers. • CE 30 déc. 1996 : *préc. note 9.*

B PLUS-VALUES DE CESSIONS DE DROITS SOCIAUX

Art. 244 *bis* B Sous réserve des dispositions de l'article 244 *bis* A, les gains mentionnés à l'article 150-0 A résultant de la cession ou du rachat de droits sociaux mentionnés au f du I de l'article 164 B, réalisés par des personnes physiques qui ne sont pas domiciliées en France au sens de l'article 4 B ou par des personnes morales ou

organismes quelle qu'en soit la forme, ayant leur siège social hors de France, sont déterminés selon les modalités prévues aux articles 150-0 A à 150-0 E et soumis à un prélèvement *(L. nº 2017-1837 du 30 déc. 2017, art. 28)* **« aux taux mentionnés au deuxième alinéa du présent article » lorsque les droits dans les bénéfices de la société détenus par le cédant ou l'actionnaire ou l'associé, avec son conjoint, leurs ascendants et leurs descendants, ont dépassé ensemble 25 % de ces bénéfices à un moment quelconque au cours des cinq dernières années. Le prélèvement est libératoire de l'impôt sur le revenu dû à raison des sommes qui ont supporté celui-ci.** *(Abrogé par L. nº 2017-1837 du 30 déc. 2017, art. 28) « Toutefois, les personnes physiques qui ne sont pas fiscalement domiciliées en France au sens de l'article 4 B peuvent demander le remboursement de l'excédent du prélèvement de 45 % lorsque ce prélèvement excède la différence entre, d'une part, le montant de l'impôt qui résulterait de l'application de l'article 197 A à la somme des gains nets mentionnés au présent alinéa et des autres revenus de source française imposés dans les conditions de ce même article 197 A au titre de la même année et, d'autre part, le montant de l'impôt établi dans les conditions prévues audit article 197 A sur ces autres revenus. »*

(L. nº 2017-1837 du 30 déc. 2017, art. 28) **« Le prélèvement mentionné au premier alinéa est fixé au taux prévu** *(L. nº 2019-1479 du 28 déc. 2019, art. 39-VI et X-A, applicable aux retenues et prélèvements à la source dont le fait générateur est intervenu entre le 6 mars 2019 et le 31 déc. 2021)* **« à la première phrase du** *[ancienne rédaction : au]* **» deuxième alinéa du I de l'article** *(L. nº 2017-1837 du 30 déc. 2017, art. 28, rect. JO 20 janv. 2018)* **« 219 » lorsqu'il est dû par une personne morale ou un organisme quelle qu'en soit la forme et au taux de 12,8 % lorsqu'il est dû par une personne physique. » Par dérogation, les gains mentionnés au premier alinéa sont imposés au taux forfaitaire de 75 % quel que soit le pourcentage de droits détenus dans les bénéfices de la société concernée, lorsqu'ils sont réalisés par des personnes ou organismes domiciliés, établis ou constitués hors de France dans un État ou territoire non coopératif au sens de l'article 238-0 A** *(L. nº 2018-898 du 23 oct. 2018, art. 31-I-H et IV, en vigueur le 1er déc. 2018)* **« autre que ceux mentionnés au 2° du 2 *bis* du même article 238-0 A, sauf s'ils apportent la preuve que les opérations auxquelles correspondent ces profits ont principalement un objet et un effet autres que de permettre leur localisation dans un État ou territoire non coopératif ».** — *Les dispositions issues de la L. nº 2017-1837 du 30 déc. 2017 s'appliquent aux impositions dont le fait générateur intervient à compter du 1er janv. 2018 (L. préc., art. 28).*

Les deux premiers alinéas sont applicables aux distributions mentionnées aux *f bis* et *f ter* du I de l'article 164 B effectuées au profit des personnes et organismes mentionnés aux mêmes deux premiers alinéas. Le seuil de 25 % est apprécié en faisant la somme des droits détenus directement et indirectement par les personnes ou organismes mentionnés à la première phrase du présent alinéa, dans la société mentionnée au *f* du I de l'article 164 B. Les droits détenus indirectement sont déterminés en multipliant le pourcentage des droits de ces personnes et organismes dans les entités effectuant les distributions par le pourcentage des droits de ces dernières dans la société mentionnée au même *f*.

L'impôt est acquitté dans les conditions fixées *(L. nº 2021-1900 du 30 déc. 2021, art. 30-I-2°)* **« aux IV et IV *bis* » de l'article 244 *bis* A.**

Les organisations internationales, les États étrangers, les banques centrales et les institutions financières publiques de ces États sont exonérés lorsque les cessions se rapportent à des titres remplissant les conditions prévues à l'article 131 *sexies*.

(L. nº 2021-953 du 19 juill. 2021, art. 2-I et II, applicable aux cessions ou rachats de droits sociaux et aux distributions réalisés à compter du 30 juin 2021) **« Le prélèvement mentionné au premier alinéa du présent article ne s'applique pas aux organismes de placement collectif constitués sur le fondement d'un droit étranger, situés dans un État membre de l'Union européenne ou dans un autre État ou territoire ayant conclu avec la France une convention d'assistance administrative en vue de lutter contre la fraude et l'évasion fiscales et n'étant pas non coopératif au sens de l'article 238-0 A et qui satisfont aux conditions suivantes :**

« 1° Lever des capitaux auprès d'un certain nombre d'investisseurs en vue de les investir, conformément à une politique d'investissement définie, dans l'intérêt de ces investisseurs ;

« 2° Présenter des caractéristiques similaires à celles d'organismes de placement collectif de droit français relevant de la section I, des paragraphes 1, 2, 3, 5 et 6 de la sous-section 2, de la sous-section 3 ou de la sous-section 4 de la section II du chapitre IV du titre Ier du livre II du code monétaire et financier ;

« 3° Pour les organismes situés dans un État non membre de l'Union européenne ou non partie à l'accord sur l'Espace économique européen, ne pas participer de manière effective à la gestion ou au contrôle de la société mentionnée au *f* du I de l'article 164 B du présent code.

« Les stipulations de la convention d'assistance administrative mentionnée au sixième alinéa du présent article et leur mise en œuvre doivent effectivement permettre à l'administration fiscale d'obtenir, des autorités de l'État dans lequel l'organisme de placement collectif constitué sur le fondement d'un droit étranger mentionné au même sixième alinéa est situé, les informations nécessaires à la vérification du respect par cet organisme des conditions prévues aux 1° à 3°.

« Peuvent obtenir la restitution de la part du prélèvement mentionné au premier alinéa qui excède l'impôt sur les sociétés dont elles auraient été redevables si leur siège social avait été situé en France les personnes morales ou organismes, quelle qu'en soit la forme :

« *a)* Dont le siège social se situe dans un État de l'Union européenne ou dans un autre État partie à l'accord sur l'Espace économique européen ayant conclu avec la France une convention d'assistance administrative en vue de lutter contre la fraude et l'évasion fiscales et n'étant pas non coopératif au sens de l'article 238-0 A ;

« *b)* Ou, sous réserve qu'ils ne participent pas de manière effective à la gestion ou au contrôle de la société dont les titres sont cédés ou rachetés, dont le siège social se situe dans un État ou territoire ayant conclu avec la France une convention fiscale qui contient une clause d'assistance administrative en matière d'échange de renseignements et de lutte contre la fraude et l'évasion fiscales et n'étant pas non coopératif au sens du même article 238-0 A. »

BIBL. ▶ De Waal, *RD aff. int. 1996, n° 7, p. 914.*

1. Incompatibilité avec le droit de l'UE. Le prélèvement sur les plus-values réalisées par les personnes non résidentes à raison de la cession d'une participation substantielle dans une société française est incompatible avec le droit de l'UE. Décharge totale de l'imposition. • CE 14 oct. 2020, *AVM International Holding*, n° 421524 : *RJF 2021. 42.*

2. Taux du prélèvement. Le taux du prélèvement sur les plus-values mobilières réalisées par des résidents d'États ou territoires non coopératifs (ETNC) est porté de 50 % à 75 % à compter du 1er janv. 2013. * BOI-INT-DG-20-50 n° 760 du 11 févr. 2014.

3. Cession de titres de participation par une société étrangère. Restitution de la part du prélèvement qui excède l'IS dont elle aurait été redevable si elle avait été une société résidente en France. * BOI-IS-RICI-30-20 n°s 125 à 129 du 10 août 2018.

C PLUS-VALUES DE CESSIONS DE VALEURS MOBILIÈRES

Art. 244 *bis* C Sous réserve des dispositions de l'article 244 *bis* B, les dispositions de l'article 150-0 A ne s'appliquent pas aux plus-values réalisées à l'occasion de cessions à titre onéreux de valeurs mobilières ou de droits sociaux effectuées par les personnes qui ne sont pas fiscalement domiciliées en France au sens de l'article 4 B, ou dont le siège social est situé hors de France, ainsi qu'aux plus-values réalisées par ces mêmes personnes lors du rachat par une société émettrice de ses propres titres. — *Ces dispositions s'appliquent aux rachats par une société de ses propres titres réalisés à compter du 1er janv. 2006.*

Il en est de même des plus-values réalisées par les organisations internationales, les États étrangers, les banques centrales et les institutions financières publiques de ces États lorsque les conditions prévues à l'article 131 *sexies* sont remplies.

XXIV

Art. 244 *ter* *Abrogé par Ord. n° 2004-281 du 25 mars 2004, art. 15.*

XXV

Art. 244 *quater* *Abrogé par L. n° 67-1253 du 30 déc. 1967, art. 75.*

XXVI *PRÉLÈVEMENTS SUR LES PLUS-VALUES PRÉVUES À L'ARTICLE 244 BIS*

Art. 244 *quater* A **I. — Le prélèvement prévu à l'article 244 *bis* est opéré lors de la présentation à la formalité de l'enregistrement si la cession dont résulte la plus-value fait l'objet d'un acte ou d'une déclaration soumis à cette formalité.**

Sous réserve des dispositions des I et II de l'article 238 *decies* et de l'article 238 *undecies*, lorsque la plus-value résulte d'opérations constatées par des actes soumis à la formalité fusionnée prévue à l'article 647, le prélèvement est acquitté dans le délai de deux mois prévu pour l'accomplissement de cette formalité, au vu d'une déclaration déposée dans le même délai au service des impôts.

II. — Lorsque le prélèvement visé au I est exigible sur des plus-values résultant de décisions juridictionnelles dispensées de la formalité de l'enregistrement en application du 1° du 2 de l'article 635, la déclaration est souscrite et les droits sont acquittés au service des impôts dans le mois de la signification du jugement.

III. — *Disposition périmée.*

XXVII *CRÉDIT D'IMPÔT POUR DÉPENSES DE RECHERCHE EFFECTUÉES PAR LES ENTREPRISES INDUSTRIELLES ET COMMERCIALES OU AGRICOLES*

Art. 244 *quater* B **I. — Les entreprises industrielles et commerciales ou agricoles imposées d'après leur bénéfice réel ou exonérées en application des articles 44 *sexies*, 44 *sexies* A** *(Abrogé par L. n° 2021-1900 du 30 déc. 2021, art. 35-I-17° et XXI-B)* **« , 44 *septies*, 44 *octies* », 44 *octies* A, 44 *duodecies*, 44 *terdecies* à** *(L. n° 2018-1317 du 28 déc. 2018, art. 135-I-8°)* **« 44 *septdecies* » peuvent bénéficier d'un crédit d'impôt au titre des dépenses de recherche qu'elles exposent au cours de l'année. Le taux du crédit d'impôt est de 30 % pour la fraction des dépenses de recherche inférieure ou égale à 100 millions d'euros et de 5 % pour la fraction des dépenses de recherche supérieure à ce montant. Le premier de ces deux taux est porté à 50 % pour les dépenses de recherche exposées** *(Abrogé par L. n° 2020-1721 du 29 déc. 2020, art. 35-I-1° et IV-A, applicable aux dépenses de recherche exposées à compter du 1er janv. 2020)* ***« à compter du 1er janvier 2015 »*** **dans des exploitations situées dans un département d'outre-mer** *(L. n° 2018-1317 du 28 déc. 2018, art. 150-I-1°-a)* **« ou sur le territoire de la collectivité de Corse ». Pour les dépenses mentionnées au *k* du II, le taux du crédit d'impôt est de** *(L. n° 2021-1900 du 30 déc. 2021, art. 83-I-1°-a et II, applicable aux dépenses exposées à compter du 1er janv. 2023)* **« 30 %** *[ancienne rédaction : 20 %]* **». Ce taux est porté à** *(L. n° 2021-1900 du 30 déc. 2021, art. 83-I-1°-b et II, applicable aux dépenses exposées à compter du 1er janv. 2023)* **« 60 %** *[ancienne rédaction : 40 %]* **» pour les dépenses mentionnées au même *k* exposées** *(Abrogé par L. n° 2020-1721 du 29 déc. 2020, art. 35-I-1° et IV-A, applicable aux dépenses de recherche exposées à compter du 1er janv. 2020)* ***« , à compter du 1er janvier 2015, »*** **dans des exploitations situées dans un département d'outre-mer** *(L. n° 2018-1317 du 28 déc. 2018, art. 150-I-1°-a)* **« ou sur le territoire de la collectivité de Corse ».** *(L. n° 2020-1721 du 29 déc. 2020, art. 35-I-1° et IV-A, applicable aux dépenses de recherche exposées à compter du 1er janv. 2020)* **« Ce même taux est porté respectivement à 35 % pour les moyennes entreprises et à 40 % pour les petites entreprises pour les dépenses mentionnées audit *k* exposées dans des exploitations situées sur le territoire de la collectivité de Corse. »** — *Les dispositions issues de la L. n° 2018-1317 du 28 déc. 2018 s'appliquent aux dépenses engagées au titre des exercices clos à compter du 31 déc. 2019. Elles entrent en vigueur à une date fixée par décret, qui ne peut être postérieure de plus de six mois à la date de réception par le Gouvernement de la réponse de la Commission européenne permettant de considérer le dispositif législatif lui ayant été notifié comme conforme au droit de l'Union européenne en matière d'aides d'État (L. préc., art. 150-II et III). — Les dispositions issues de l'art. 35 de la L. n° 2021-1900 du 30 déc. 2021 s'appliquent à compter du premier exercice suivant celui au cours duquel l'exonération prévue à l'art. 44 septies CGI, dans sa rédaction antérieure à ladite loi, cesse de s'appliquer (L. préc., art. 35-XXI-B).*

Al. 2 à 6 abrogés.

Lorsque les sociétés de personnes mentionnées aux articles 8 et 238 *bis* L ou groupements mentionnés aux articles 239 *quater*, 239 *quater* B *(L. n° 2021-1900 du 30 déc. 2021, art. 69-I-5°-a et III, applicable aux dépenses facturées au titre des contrats de collaboration conclus à compter du 1er janv. 2022)* **« , 239 *quater* C et 239 *quater* D » ne sont pas soumis à l'impôt sur les sociétés, le crédit d'impôt peut, sous réserve des dispo-**

sitions prévues au dernier alinéa du I de l'article 199 *ter* B, être utilisé par les associés proportionnellement à leurs droits dans ces sociétés ou ces groupements.

(L. n° 2021-1900 du 30 déc. 2021, art. 69-I-5°-b et III, applicable aux dépenses facturées au titre des contrats de collaboration conclus à compter du 1er janv. 2022) « Le seuil de 100 millions d'euros mentionné au premier alinéa du présent I est apprécié en prenant en compte les dépenses mentionnées aux *a* à *j* du II du présent article et les dépenses mentionnées au 1 du A du II de l'article 244 *quater* B *bis*. »

II. — Les dépenses de recherche ouvrant droit au crédit d'impôt sont :

a) Les dotations aux amortissements des immobilisations créées ou acquises à l'état neuf et affectées directement à la réalisation d'opérations de recherche scientifique et technique, y compris la réalisation d'opérations de conception de prototypes ou d'installations pilotes. Toutefois, les dotations aux amortissements des immeubles acquis ou achevés avant le 1er janvier 1991 ainsi que celles des immeubles dont le permis de construire a été délivré avant le 1er janvier 1991 ne sont pas prises en compte ;

a bis) En cas de sinistre touchant les immobilisations visées au *a*, la dotation aux amortissements correspondant à la différence entre l'indemnisation d'assurance et le coût de reconstruction et de remplacement ;

b) Les dépenses de personnel afférentes aux chercheurs et techniciens de recherche directement et exclusivement affectés à ces opérations. Lorsque ces dépenses se rapportent à des personnes titulaires d'un doctorat, au sens de l'article L. 612-7 du code de l'éducation, ou d'un diplôme équivalent, elles sont prises en compte pour le double de leur montant pendant les vingt-quatre premiers mois suivant leur premier recrutement à condition que le contrat de travail de ces personnes soit à durée indéterminée et que l'effectif du personnel de recherche salarié de l'entreprise ne soit pas inférieur à celui de l'année précédente ;

b bis) Les rémunérations supplémentaires et justes prix mentionnés aux 1 et 2 de l'article L. 611-7 du code de la propriété intellectuelle, au profit des salariés auteurs d'une invention résultant d'opérations de recherche ; »

c) Les autres dépenses de fonctionnement exposées dans les mêmes opérations ; ces dépenses sont fixées forfaitairement à la somme de 75 % des dotations aux amortissements mentionnées au *a* et de *(L. n° 2019-1479 du 28 déc. 2019, art. 130-I-1°-a et IV, applicable aux dépenses exposées à compter du 1er janv. 2020)* « 43 % » des dépenses de personnel mentionnées à la première phrase du *b* et au *b bis*.

Ce pourcentage est fixé à :

1° et 2° *Abrogés ;*

3° 200 % des dépenses de personnel qui se rapportent aux personnes titulaires d'un doctorat, au sens de l'article L. 612-7 du code de l'éducation, ou d'un diplôme équivalent pendant les vingt-quatre premiers mois suivant leur premier recrutement à la condition que le contrat de travail de ces personnes soit à durée indéterminée et que l'effectif du personnel de recherche salarié de l'entreprise ne soit pas inférieur à celui de l'année précédente ;

(Abrogé par L. n° 2020-1721 du 29 déc. 2020, art. 35-I-2° et IV-B, applicable aux dépenses exposées à compter du 1er janv. 2022) « *d) Les dépenses exposées pour la réalisation d'opérations de même nature confiées à :*

« 1° Des organismes de recherche publics ;

« 2° Des établissements d'enseignement supérieur délivrant un diplôme conférant un grade de master ;

« 3° Des fondations de coopération scientifique agréées conformément au d bis ;

« 4° Des établissements publics de coopération scientifique ;

« 5° Des fondations reconnues d'utilité publique du secteur de la recherche agréées conformément au d bis ;

« 6° Des associations régies par la loi du 1er juillet 1901 relative au contrat d'association ayant pour fondateur et membre l'un des organismes mentionnés aux 1° ou 2° ou des sociétés de capitaux dont le capital ou les droits de vote sont détenus pour plus de 50 % par l'un de ces mêmes organismes. Ces associations et sociétés doivent être agréées conformément au d bis et avoir conclu une convention en application de l'article L. 533-3 du code de la recherche ou de l'article L. 762-3 du code de l'éducation avec l'organisme précité. Les travaux de recherche doivent être réalisés au sein d'une ou plusieurs unités de recherche relevant de l'organisme mentionné aux 1° ou 2° ayant conclu la convention ;

« 7° Des instituts techniques liés aux professions mentionnées à l'article L. 830-1 du code rural et de la pêche maritime, ainsi qu'à leurs structures nationales de coordination ; *— Le présent 7° ne s'applique qu'aux sommes venant en déduction de l'impôt dû.*

« 8° Des communautés d'universités et établissements ;

(L. n° 2016-1918 du 29 déc. 2016, art. 103-I-1°) ***« 9° Des stations ou fermes expérimentales dans le secteur de la recherche scientifique et technique agricole, ayant pour membre une chambre d'agriculture départementale ou régionale. »***

« Ces dépenses sont retenues pour le double de leur montant *(L. n° 2019-1479 du 28 déc. 2019, art. 132, applicable aux dépenses exposées à compter du 1er janv. 2020)* ***« pour la seule part relative aux opérations réalisées par ces organismes, » à la condition qu'il n'existe pas de lien de dépendance au sens*** *(Abrogé par L. n° 2018-1317 du 28 déc. 2018, art. 37-I-3° et III)* ***« des deuxième à quatrième alinéas » du 12 de l'article 39 entre l'entreprise qui bénéficie du crédit d'impôt et l'entité mentionnée aux 1° à*** *(L. n° 2016-1918 du 29 déc. 2016, art. 103-I-2°)* ***« 9° » ; »*** *— Le présent 9° ne s'applique qu'aux sommes venant en déduction de l'impôt dû (L. n° 2016-1918 du 29 déc. 2016, art. 103-III).*

d bis) **Les dépenses exposées pour la réalisation d'opérations de même nature confiées à des organismes** *(Abrogé par L. n° 2020-1721 du 29 déc. 2020, art. 35-I-2° et IV-B, applicable aux dépenses exposées à compter du 1er janv. 2022)* ***« de recherche privés »*** **agréés par le ministre chargé de la recherche** *(L. n° 2020-1721 du 29 déc. 2020, art. 35-I-2° et IV-B, applicable aux dépenses exposées à compter du 1er janv. 2022)* **« selon des modalités définies par décret », ou à des experts scientifiques ou techniques agréés dans les mêmes conditions. Pour les organismes** *(Abrogé par L. n° 2020-1721 du 29 déc. 2020, art. 35-I-2° et IV-B, applicable aux dépenses exposées à compter du 1er janv. 2022)* ***« de recherche »*** **établis dans un État membre de l'Union européenne, ou dans un autre État partie à l'accord sur l'Espace économique européen ayant conclu avec la France une convention d'assistance administrative en vue de lutter contre la fraude et l'évasion fiscales, l'agrément peut être délivré par le ministre français chargé de la recherche ou, lorsqu'il existe un dispositif similaire dans le pays d'implantation de l'organisme auquel sont confiées les opérations de recherche, par l'entité compétente pour délivrer l'agrément équivalent à celui du crédit d'impôt recherche français ;**

Ces dépenses sont retenues dans la limite de trois fois le montant total des autres dépenses de recherche ouvrant droit au crédit d'impôt, avant application des limites prévues au *d ter* ; *— V. Ann. III, art. 49 septies H.*

d ter) *(L. n° 2019-1479 du 28 déc. 2019, art. 132, applicable aux dépenses exposées à compter du 1er janv. 2020)* **« Les opérations mentionnées** *(L. n° 2020-1721 du 29 déc. 2020, art. 35-I-2° et IV-B, applicable aux dépenses exposées à compter du 1er janv. 2022)* **« au d *bis* [*ancienne rédaction : aux d et d bis*] » sont réalisées directement par les organismes auxquels elles ont été confiées. Par dérogation, ces organismes peuvent recourir à des organismes mentionnés** *(L. n° 2020-1721 du 29 déc. 2020, art. 35-I-2° et IV-B, applicable aux dépenses exposées à compter du 1er janv. 2022)* **« au même d *bis* [*ancienne rédaction : aux mêmes d et d bis*] » pour la réalisation de certains travaux nécessaires à ces opérations. »**

Les dépenses mentionnées *(L. n° 2020-1721 du 29 déc. 2020, art. 35-I-2° et IV-B, applicable aux dépenses exposées à compter du 1er janv. 2022)* **« au d *bis* [*ancienne rédaction : aux d et d bis*] » entrent dans la base de calcul du crédit d'impôt recherche dans la limite globale de 2 millions d'euros par an. Cette limite est portée à 10 millions d'euros pour les dépenses de recherche correspondant à des opérations confiées aux organismes mentionnés** *(L. n° 2020-1721 du 29 déc. 2020, art. 35-I-2° et IV-B, applicable aux dépenses exposées à compter du 1er janv. 2022)* **« au d *bis* [*ancienne rédaction : aux d et d bis*] », à la condition qu'il n'existe pas de lien de dépendance au sens** *(Abrogé par L. n° 2018-1317 du 28 déc. 2018, art. 37-I-3° et III)* ***« des deuxième à quatrième alinéas »*** **du 12 de l'article 39 entre l'entreprise qui bénéficie du crédit d'impôt et ces organismes ;**

(Abrogé par L. n° 2020-1721 du 29 déc. 2020, art. 35-I-2° et IV-B, applicable aux dépenses exposées à compter du 1er janv. 2022) ***« Le plafond de 10 millions d'euros mentionné au*** *(L. n° 2019-1479 du 28 déc. 2019, art. 132, applicable aux dépenses exposées à compter du 1er janv. 2020)* ***« deuxième*** *[ancienne rédaction : premier]* ***» alinéa est majoré de 2 millions d'euros à raison des dépenses correspondant aux opérations confiées aux organismes mentionnés au d ; »***

e) Les frais de prise et de maintenance de brevets et de certificats d'obtention végétale ;

e bis) Les frais de défense de brevets et de certificats d'obtention végétale, ainsi que, dans la limite de 60 000 € par an, les primes et cotisations ou la part des primes et cotisations afférentes à des contrats d'assurance de protection juridique prévoyant la prise en charge des dépenses exposées, à l'exclusion de celles procédant d'une condamnation éventuelle, dans le cadre de litiges portant sur un brevet ou un certificat d'obtention végétale dont l'entreprise est titulaire ; *— V. Ann. III, art. 49 septies H.*

f) Les dotations aux amortissements des brevets et des certificats d'obtention végétale acquis en vue de réaliser des opérations de recherche et de développement expérimental ;

g) Les dépenses de normalisation afférentes aux produits de l'entreprise, définies comme suit, pour la moitié de leur montant :

1° Les salaires et charges sociales afférents aux périodes pendant lesquelles les salariés participent aux réunions officielles de normalisation ;

2° Les autres dépenses exposées à raison de ces mêmes opérations ; ces dépenses sont fixées forfaitairement à 30 % des salaires mentionnés au 1° ;

3° Dans des conditions fixées par décret, les dépenses exposées par le chef d'une entreprise individuelle, les personnes mentionnées au I de l'article 151 *nonies* et les mandataires sociaux pour leur participation aux réunions officielles de normalisation, à concurrence d'un forfait journalier de 450 € par jour de présence auxdites réunions ; *— V. Ann. III, art. 49 septies I bis.*

(L. n° 2019-1479 du 28 déc. 2019, art. 29-III-10°) « *h)* Jusqu'au 31 décembre 2022, les dépenses » liées à l'élaboration de nouvelles collections exposées par les entreprises industrielles du secteur textile-habillement-cuir et définies comme suit :

1° Les dépenses de personnel afférentes » aux stylistes et techniciens des bureaux de style directement et exclusivement chargés de la conception de nouveaux produits et aux ingénieurs et techniciens de production chargés de la réalisation de prototypes ou d'échantillons non vendus ;

2° Les dotations aux amortissements des immobilisations créées ou acquises à l'état neuf qui sont directement affectées à la réalisation d'opérations visées au 1° ;

3° Les autres dépenses de fonctionnement exposées à raison de ces mêmes opérations ; ces dépenses sont fixées forfaitairement à 75 % des dépenses de personnel mentionnées au 1° ;

4° Les frais de dépôt des dessins et modèles.

5° Les frais de défense des dessins et modèles, dans la limite de 60 000 € par an.

(L. n° 2019-1479 du 28 déc. 2019, art. 29-III-10°) « *i)* Jusqu'au 31 décembre 2022, les dépenses » liées à l'élaboration de nouvelles collections confiée par les entreprises industrielles du secteur textile-habillement-cuir à des stylistes ou bureaux de style agréés selon des modalités définies par décret. *— V. Ann. III, art. 49 septies I ter.*

j) Les dépenses de veille technologique exposées lors de la réalisation d'opérations de recherche, dans la limite de 60 000 € par an. *— V. Ann. III, art. 49 septies I quater.*

(L. n° 2019-1479 du 28 déc. 2019, art. 29-III-10°) « *k)* Jusqu'au 31 décembre *(L. n° 2021-1900 du 30 déc. 2021, art. 83-I-2°-a et II, applicable aux dépenses exposées à compter du 1er janv. 2023)* « 2024 *[ancienne rédaction : 2022]* », les dépenses » exposées par les entreprises qui satisfont à la définition des micro, petites et moyennes entreprises donnée à l'annexe I au règlement (UE) n° 651/2014 de la Commission du 17 juin 2014 déclarant certaines catégories d'aides compatibles avec le marché intérieur en application des articles 107 et 108 du traité et définies comme suit : *— V. note ss. le I, 1er al.*

1° Les dotations aux amortissements des immobilisations créées ou acquises à l'état neuf et affectées directement à la réalisation d'opérations de conception de prototypes ou installations pilotes de nouveaux produits autres que les prototypes et installations pilotes mentionnés au *a* ;

2° Les dépenses de personnel directement et exclusivement affecté à la réalisation des opérations mentionnées au 1° ;

(Abrogé par L. n° 2021-1900 du 30 déc. 2021, art. 83-I-2°-b et II, applicable aux dépenses exposées à compter du 1er janv. 2023) « *3° Les autres dépenses de fonctionnement exposées à raison des opérations mentionnées au 1° ; ces dépenses sont fixées forfaitairement à la*

somme de 75 % des dotations aux amortissements mentionnées au 1° et de (L. n° 2019-1479 du 28 déc. 2019, art. 130-I-1°-b et IV, applicable aux dépenses exposées à compter du 1er janv. 2020) « 43 % » des dépenses de personnel mentionnées au 2° ; »

4° Les dotations aux amortissements, les frais de prise et de maintenance de brevets et de certificats d'obtention végétale ainsi que les frais de dépôt de dessins et modèles relatifs aux opérations mentionnées au 1° ;

5° Les frais de défense de brevets, de certificats d'obtention végétale, de dessins et modèles relatifs aux opérations mentionnées au 1° ;

6° Les dépenses exposées pour la réalisation d'opérations mentionnées au 1° confiées à des entreprises ou des bureaux d'études et d'ingénierie agréés selon des modalités prévues par décret. — *Sur l'agrément des entreprises et des bureaux mentionnés ci-dessus, V. Ann. III, art. 49 septies I quinquies.*

Les dépenses mentionnées aux 1° à 6° entrent dans la base de calcul du crédit d'impôt recherche dans la limite globale de 400 000 € par an.

Pour l'application du présent *k*, est considéré comme nouveau produit un bien corporel ou incorporel qui satisfait aux deux conditions cumulatives suivantes :

— il n'est pas encore mis à disposition sur le marché ;

— il se distingue des produits existants ou précédents par des performances supérieures sur le plan technique, de l'écoconception, de l'ergonomie ou de ses fonctionnalités.

Le prototype ou l'installation pilote d'un nouveau produit est un bien qui n'est pas destiné à être mis sur le marché mais à être utilisé comme modèle pour la réalisation d'un nouveau produit.

Pour être éligibles au crédit d'impôt mentionné au premier alinéa du I, les dépenses prévues aux *a* à *k* doivent être des dépenses retenues pour la détermination du résultat imposable à l'impôt sur le revenu ou à l'impôt sur les sociétés dans les conditions de droit commun et, à l'exception des dépenses prévues aux *e*, *e bis*, *j* et des frais mentionnés aux 4° et 5° du *k*, correspondre à des opérations localisées au sein de l'Union européenne ou dans un autre État partie à l'accord sur l'Espace économique européen ayant conclu avec la France une convention d'assistance administrative en vue de lutter contre la fraude et l'évasion fiscales. — *V. notes ci-dessus, ss. le I, 1er al., et ss. le II-b.*

II *bis*.— 1. Le bénéfice de la fraction du crédit d'impôt qui résulte de la prise en compte des dépenses prévues aux *h* et *i* du II du présent article est subordonné au respect du règlement (UE) n° 1407/2013 de la Commission du 18 décembre 2013 relatif à l'application des articles 107 et 108 du traité sur le fonctionnement de l'Union européenne aux aides *de minimis*.

Pour l'application du premier alinéa du présent 1, les sociétés de personnes et groupements mentionnés aux articles 8, 238 *bis* L, 239 *quater*, 239 *quater* B et 239 *quater* C qui ne sont pas soumis à l'impôt sur les sociétés doivent également respecter le règlement (UE) n° 1407/2013 de la Commission du 18 décembre 2013 précité. La fraction du crédit d'impôt mentionnée au premier alinéa du présent 1 peut être utilisée par les associés de ces sociétés ou les membres de ces groupements proportionnellement à leurs droits dans ces sociétés ou groupements s'ils satisfont aux conditions d'application de ce même règlement et sous réserve qu'il s'agisse de redevables soumis à l'impôt sur les sociétés ou de personnes physiques participant à l'exploitation au sens du 1° *bis* du I de l'article 156.

2. Le bénéfice de la fraction du crédit d'impôt qui résulte de la prise en compte des dépenses mentionnées au *k* du II du présent article est subordonné au respect des articles 2,25 et 30 et du 1, du *a* du 2 et du 3 de l'article 28 du règlement (UE) n° 651/2014 de la Commission du 17 juin 2014 déclarant certaines catégories d'aides compatibles avec le marché intérieur en application des articles 107 et 108 du traité.

3. Le bénéfice des taux majorés mentionnés au I pour le crédit d'impôt qui résulte de la prise en compte des dépenses de recherche prévues aux *a* à *k* du II exposées dans des exploitations situées dans un département d'outre-mer est subordonné au respect de l'article 15 du règlement (UE) n° 651/2014 de la Commission du 17 juin 2014 précité *(Abrogé par L. n° 2020-1721 du 29 déc. 2020, art. 35-I-3° et IV-A, applicable aux dépenses exposées à compter du 1er janv. 2020) « , y compris pour les secteurs mentionnés au 3 de l'article 1er et au a de l'article 13 du même règlement ». — V. supra, ndlr ss. l'al. 1 du I.*

III. – Les subventions publiques reçues par les entreprises à raison des opérations ouvrant droit au crédit d'impôt sont déduites des bases de calcul de ce crédit, qu'elles soient définitivement acquises par elles ou remboursables. Il en est de même des sommes reçues par les entreprises, organismes ou experts mentionnés *(Abrogé par L. n° 2020-1721 du 29 déc. 2020, art. 35-I-4° et IV-B, applicable aux dépenses exposées à compter du 1er janv. 2022) « au d, »* **au *d bis* ou au 6° du *k* du II, pour le calcul de leur propre crédit d'impôt. Lorsque ces subventions sont remboursables, elles sont ajoutées aux bases de calcul du crédit d'impôt de l'année au cours de laquelle elles sont remboursées à l'organisme qui les a versées.** *– V. supra ss. le I, 1er al.*

Pour le calcul du crédit d'impôt, le montant des dépenses exposées par les entreprises auprès de tiers au titre de prestations de conseil pour l'octroi du bénéfice du crédit d'impôt est déduit des bases de calcul de ce dernier à concurrence :

***a)* Du montant des sommes rémunérant ces prestations fixé en proportion du montant du crédit d'impôt pouvant bénéficier à l'entreprise ;**

***b)* Du montant des dépenses ainsi exposées, autres que celles mentionnées au *a*, qui excède le plus élevé des deux montants suivants : soit la somme de 15 000 € hors taxes, soit 5 % du total des dépenses hors taxes mentionnées au II minoré des subventions publiques mentionnées au III.**

III *bis*. – Les entreprises qui engagent plus de *(L. n° 2019-1479 du 28 déc. 2019, art. 130-I-2°-a et IV, applicable aux dépenses exposées à compter du 1er janv. 2020)* **« 100 millions d'euros** *[ancienne rédaction : 2 millions d'euros]* **» de dépenses de recherche mentionnées au II joignent à leur déclaration de crédit d'impôt recherche un état décrivant la nature de leurs travaux de recherche en cours, l'état d'avancement de leurs programmes, les moyens matériels et humains, directs ou indirects, qui y sont consacrés** *(L. n° 2017-1837 du 30 déc. 2017, art. 95)* **« , la part de titulaires d'un doctorat financés par ces dépenses ou recrutés sur leur base, le nombre d'équivalents temps plein correspondants et leur rémunération moyenne, ainsi que la localisation de ces moyens.** *(Abrogé par L. n° 2019-1479 du 28 déc. 2019, art. 130-I-2°-b et IV, applicable aux dépenses exposées à compter du 1er janv. 2020)* ***« Sur la base de ces informations, le ministre chargé de la recherche publie chaque année*** *(L. n° 2018-1317 du 28 déc. 2018, art. 151-2°)* ***« , au moment du dépôt du projet de loi de finances de l'année au Parlement, » un rapport synthétique sur l'utilisation du crédit d'impôt recherche par ses bénéficiaires ». »***

(L. n° 2019-1479 du 28 déc. 2019, art. 130-I-2°-c et IV, applicable aux dépenses exposées à compter du 1er janv. 2020) **« Les entreprises qui engagent un montant de dépenses de recherche mentionnées au II supérieur à 10 millions d'euros et n'excédant pas 100 millions d'euros joignent à leur déclaration de crédit d'impôt recherche un état précisant, pour l'exercice au titre duquel la déclaration porte, la part de titulaires d'un doctorat financés par ces dépenses ou recrutés sur leur base, le nombre d'équivalents temps plein correspondant et leur rémunération moyenne.**

« Sur la base des informations contenues dans les états mentionnés aux deux premiers alinéas du présent III *bis*, le ministre chargé de la recherche publie chaque année, au moment du dépôt au Parlement du projet de loi de finances de l'année, un rapport synthétique présentant l'utilisation du crédit d'impôt recherche par ses bénéficiaires, notamment s'agissant de la politique des entreprises en matière de recrutement de personnes titulaires d'un doctorat. »

IV *à* V. – *Dispositions périmées.*

VI. – Un décret fixe les conditions d'application du présent article. Il en adapte les dispositions aux cas d'exercices de durée inégale ou ne coïncidant pas avec l'année civile. *– V. Ann. III, art. 49 septies F à 49 septies N.*

Les dispositions issues de l'art. 150 de la L. n° 2018-1317 du 29 déc. 2018 s'appliquent aux dépenses engagées au titre des exercices clos à compter du 31 déc. 2019. Elles entrent en vigueur à une date fixée par décret, qui ne peut être postérieure de plus de six mois à la date de réception par le Gouvernement de la réponse de la Commission européenne permettant de considérer le dispositif législatif lui ayant été notifié comme conforme au droit de l'Union européenne en matière d'aides d'État (L. préc., art. 150-II et III).

En ce qui concerne le contrôle des dépenses prises en compte pour la détermination du crédit d'impôt, V. LPF, art. L. 45 B. – V. également LPF, art. L. 80 B (3° et 3° bis) et Arr. du 28 nov. 2014 (JO 10 déc.), fixant le modèle des demandes d'appréciation.

BIBL. ▸ Bénard, *RJF 2006. 843* (quelles sont les entreprises qui peuvent bénéficier du crédit d'impôt recherche ?). – Blaise, *BFL 2008. 311* (la réforme du crédit d'impôt recherche). – Boucher, *BFL 2006. 1130* (crédit d'impôt recherche : quand le juge innove...). – Iljic, *RJF 2017. 907* (crédit d'impôt recherche : quoi de neuf ?). – Olléon, *RJF 2003. 487* (crédit d'impôt recherche : mode d'emploi). – Pierre et Restino, *Dr. fisc. 2020. 171* (regards croisés sur le crédit d'impôt recherche).

1. Commentaires administratifs. * BOI-BIC-RICI-10-10 n°s 1 et 10 du 27 févr. 2019. ♦ Crédit d'impôt innovation. Cas des PME réalisant certaines dépenses d'innovation. * BOI-BIC-RICI-10-10-45 du 2 mars 2016. ♦ Dépenses de personnel et de sous-traitance. * BOI-BIC-RICI-10-10-20-20 du 13 juill. 2021. ♦ Secteur textile-habillement-cuir : notion d'entreprise industrielle ayant recours à la sous-traitance. * BOI-BIC-RICI-10-10-40 du 13 févr. 2019.

2. Entreprises concernées. Les entreprises industrielles et commerciales ou agricoles qui relèvent du régime du bénéfice réel et qui satisfont aux conditions relatives à l'effort de recherche définies par la loi mais qui bénéficient, pour tout ou partie de leur activité, d'un régime d'exonération distinct de ceux que l'art. 244 *quater* B énumère limitativement ne peuvent bénéficier du crédit d'impôt pour dépenses de recherche qu'à raison, le cas échéant, des dépenses de recherche se rattachant à leurs activités non exonérées. • CE 18 sept. 2015, *Min. c/ Union de coopératives agricoles « Conseils et compétences en productions animales »*, n° 376154 : *RJF 2015. 995.* ♦ Rappr. • CE 9 févr. 2005, n° 253349 : *RJF 2005. 427.*

3. Le fait d'exercer une activité sous la forme associative ne fait pas, par lui-même, obstacle au bénéfice du CIR dès lors que l'organisme est soumis à l'IS, car ce dernier doit, pour être éligible à ce dispositif, exercer une activité de nature industrielle et commerciale ou agricole. • CE 5 févr. 2021, n° 426882 : *RJF 2021. 360 ; Dr. fisc. 2021. 319, note Pierre.*

4. Il ne résulte ni de l'art. 244 *quater* B-I, dans sa rédaction antérieure à l'art. 87 de la loi de fin. pour 2004, ni de ses travaux préparatoires, qu'il exclut de son champ d'application une société commerciale soumise à l'IS, du seul fait que l'activité de ses salariés n'a pas un caractère industriel et commercial. En conséquence une SARL qui exerce à titre principal une activité de formation professionnelle et de conseil en organisation industrielle peut bénéficier du crédit d'impôt recherche. • CE 7 juill. 2006, n° 270899 : *RJF 2006. 1156 ; concl. Olléon au BDCF 10/06, n° 111 ; Chron. Boucher, BFL 2006, p. 1130 ; Dr. fisc. 2006. 768, concl. Olléon.*

5. Territorialité. L'art. 49 CE (ex art. 53) s'oppose à une réglementation d'un État membre (la France, en l'espèce) qui réserve aux seules opérations de recherche réalisées sur le territoire de cet État membre le bénéfice d'un CIR. Le régime du crédit d'impôt français en vigueur avant le 1er janv. 2005 est incompatible avec la liberté de circulation des services. • CJCE 10 mars 2005, n° C-39/04 : *RJF 2005. 513 ; Dr. fisc. 2005. 399, note Boutemy et Meier.* ♦ La condition de territorialité des dépenses de recherche, prévue à l'art. 244 *quater*-II, à laquelle est subordonné le bénéfice du CIR est constitutionnelle. En effet, l'exclusion des opérations de recherche effectuées dans un État qui n'est ni membre de l'UE ni partie à l'accord sur l'EEE ne méconnaît pas les principes d'égalité devant la loi et les charges publiques. • CE, QPC, 26 juin 2017, *Sté PalmElit*, n° 410437 : *RJF 2017. 920.*

6. Activités de recherche et développement éligibles au CIR. La définition des opérations de recherche éligibles au crédit d'impôt s'appuie sur le « Manuel de Frascati », méthode type proposée pour les enquêtes sur la recherche et le développement expérimental manuel constitue la référence internationale pour la définition du périmètre des activités de R&D et leur mesure par les statistiques nationales. * BOI-BIC-RICI-10-10-10-20 n° 1 du 13 juill. 2021.

7. Preuve des dépenses. Il appartient à l'entreprise d'établir la consistance et la nature des dépenses de recherche ou de développement expérimental qu'elle a effectivement engagées. Il ne suffit pas qu'elle produise un état chronologique de ses travaux et un descriptif des différents projets auxquels elle a participé. • CAA Nantes, 16 déc. 1997, n° 95NT892 : *Dr. fisc. 1998. 589.*

8. Dépenses de personnel. Les dépenses de personnel afférentes aux techniciens n'ouvrent pas droit au CIR si ces techniciens ne travaillent pas en étroite collaboration avec des chercheurs. • CAA Paris, 11 févr. 1999, n° 97PA879 : *RJF 1999. 537.* ♦ En revanche, les rémunérations versées par une société à des commerciaux sans diplôme ou qualification professionnelle scientifique ouvrent droit au CIR dès lors que leur soutien technique est indispensable aux travaux menés par l'équipe de recherche. • CAA Paris, 7 nov. 2013, n° 12PA01442 : *RJF 2012. 216.* ♦ Les gratifications versées aux stagiaires doivent être regardées comme des rémunérations au sens de l'art. 49 *septies* I de l'annexe III ouvrant droit au crédit d'impôt recherche, alors même que les stagiaires ne sont pas salariés de l'entreprise, dès lors que ceux-ci travaillent en étroite collaboration avec les chercheurs pour assurer le soutien technique indispensable aux projets de recherches éligibles au crédit d'impôt recherche. • CAA Versailles, 6 nov. 2014, *Min. éco. fin. c/ SAS Cooper Standard Automotive*, n° 13VE01479. ♦ La quote-part des bénéfices sociaux versés à l'associé d'une société de personnes n'ayant pas opté pour le régime fiscal des sociétés de capitaux n'a pas le caractère d'une dépense de l'entreprise et ne peut donc ouvrir droit au crédit d'impôt quelles que soient les modalités des « rémunérations » que l'intéressé a décidé en l'espèce de se verser à lui-même pour se travaux de recherche. • CE 28 mai 2001, n° 221133 : *RJF 2001. 1045 ; Dr. fisc. 2001. 1204, concl. Austry.* ♦ Les rémunérations et charges sociales prises en charge par une société au titre du personnel mis à sa disposition pour effectuer, dans ses locaux et avec ses moyens, des opérations de recherche sont à prendre en compte pour le calcul du CIR. • CE 25 janv. 2017, *Sté Intuigo*, n° 390652 : *RJF 2017. 311 ; Dr. fisc. 2017. 262, note Boucher.* ♦ En revanche, l'indemnité de départ à la retraite d'un salarié n'est pas considérée comme une dépense de recherche éligible au CIR dès lors qu'elle se rattache à l'ensemble de sa carrière. • TA Montreuil, 8 juin 2017, *Sté Areva NP*, n° 1604882 : *RJF 2017. 909 ; Dr. fisc. 2017. 452, note Humbert.* ♦ Sur les dépenses de personnel, V. égal. note ss. art. 49 *septies* G et 49 *septies* I de l'Ann. III et * BOI-BIC-RICI-10-10-20-20 du 13 juill. 2021.

9. Société de portage. Les dépenses de personnel d'une société de portage salarial qui n'a pas défini le contenu des opérations de recherches, ni supporté le coût et les risques de ces opérations ne sont pas éligibles au CIR. • CAA Bordeaux, 16 mars 2018, n° 16BX00922 : *RJF 2018. 498.*

10. Dépenses relatives aux « jeunes docteurs ». Modalités de prise en compte. * BOI-BIC-RICI-10-10-20-20 n°s 180 à 240 du 13 juill. 2021. ♦ Le premier recrutement d'un titulaire d'un doctorat s'entend du premier contrat à durée indéterminée conclu par l'intéressé postérieurement à l'obtention de son doctorat. • CAA Marseille, 8 janv. 2018, *SAS ITK*, n° 16MA03157 : *RJF 2018. 1072* • TA Paris, 13 janv. 2021, n° 1913442 : *RJF 2021. 1091.* ♦ Les dépenses liées à l'embauche d'un doctorant en droit par une société d'avocats ne sont pas éligibles au CIR. • CAA Bordeaux, 9 juill. 2020, *Selarl P. Fribourg – M. Fribourg*, n° 18BX03378 : *RJF 2021. 16.* ♦ V. aussi note ss. art. 49 *septies* G de l'annexe III.

11. Sommes versées à des intermédiaires. La rémunération versée à un tiers pour une prestation de conseil rendue en vue de l'octroi du CIR au titre d'une année, fixée en proportion du montant de l'avantage obtenu, est déduite de l'assiette du crédit d'impôt établie au titre de *l'année suivante.* * *BOI-BIC-RICI-10-10-20-30* n° 340 du 5 avr. 2017.

12. Rémunérations des dirigeants. Les rémunérations allouées aux dirigeants non salariés à raison de leur participation personnelle aux travaux de recherche de l'entreprise ouvrent droit au crédit d'impôt pour leur montant total s'agissant des sociétés soumises à l'IS et à concurrence d'un montant forfaitaire dans les entreprises relevant de l'IR.* Rescrit 2014/02 du 4 avr. 2014 * BOI-BIC-RICI-10-10-20-20 n° 70 du 13 juill. 2021.

13. Dépenses confiées aux fondations d'utilité publique du secteur de la recherche agréées, à certains établissements d'enseignement supérieur, aux fondations de coopération scientifique et aux établissements publics de coopération scientifique. Modalités d'application. Liste des organismes et des établissements publics de coopération scientifique concernés. * BOI-BIC-RICI-10-10-20-30 n°s 30 à 100 du 13 juill. 2021.

14. Sous-traitant agréé. Une société agréée en tant qu'organisme de recherche privé ne peut retenir dans la base de calcul de son CIR les dépenses facturées à ses donneurs d'ordre. • CAA Versailles, 15 oct. 2015, *SA Altran Technologies*, n° 14VE02410 : *RJF 2016. 6.* ♦ Confirmé : • CE 20 oct. 2016, *SA Altran Technologies*, n° 395306 : *RJF 2017. 10.* ♦ Les organismes de recherche privés agréés ne peuvent inclure dans la base de calcul de leur propre CIR les dépenses exposées pour la réalisation d'opérations de recherche qui leur sont confiées par des entreprises entrant elles-mêmes dans le champ des bénéficiaires du CIR, et qui constituent pour ces dernières des dépenses éligibles à ce crédit d'impôt. • CE 5 mars 2018, *Sté Lunalogic*, n° 416836 : *RJF 2018. 662, concl. Victor.* ♦ Dans le même sens • CAA Versailles, 22 janv. 2019, *SA Altran Technologies*, n° 17VE01717 : *RJF 2019. 418.* ♦ En revanche, un sous-traitant non agréé ne peut bénéficier du CIR pour les frais refacturés à une société agréée. • TA Paris, 29 nov. 2017, *Sté HF*, n° 1606696 : *RJF 2018. 728.*

15. Les sommes reçues par les organismes de recherche privés agréés pour la réalisation d'opérations de recherche qui leur sont confiées par des entreprises entrant elles-mêmes dans le champ des bénéficiaires du CIR constituent, pour ces entreprises donneuses d'ordre, des dépenses éligibles à ce crédit. D'autre part, les organismes de recherche sous-traitants ne peuvent inclure les dépenses exposées pour réaliser de telles opérations dans la base de calcul de leur propre CIR. • CE 9 sept. 2020 : *SARL Takima*, n° 440523 : *RJF 2020. 979 ; Dr. fisc. 2021. 188, note Tailfer.* ♦ Lorsqu'un organisme de recherche privé agréé engage des dépenses de recherche pour son propre compte, y compris dans l'hypothèse où elles sont suscitées par l'exécution de prestations pour le compte d'un tiers dont l'objet ne porte pas sur la réalisation d'opérations de recherche, cet organisme peut inclure ces dépenses dans la base de calcul de son crédit d'impôt si elles satisfont aux exigences posées par l'art. 44 *quater* B, sans que ces dispositions lui imposent de déduire de cette assiette les sommes facturées au bénéficiaire des prestations, qui ne constituent pas, pour ce dernier, des dépenses éligibles à ce crédit d'impôt. • CE 18 juin 2021, n° 433319 : *RJF 2021. 904.*

16. Une entreprise qui sous-traite l'exécution de prestations nécessaires à la réalisation d'opérations de recherche qu'elle mène peut retenir les dépenses correspondantes pour le calcul de son crédit d'impôt même si ces prestations, prises isolément, ne constituent pas des opérations de recherche. • CE 22 juill. 2020, *Féd. nationale des agriculteurs multiplicateurs de semences,* n° 428127 : *RJF 2020. 871, concl. Nicolazo de Barmon ; Dr. fisc. 2020. 381, note Pierre.*

17. Sous-traitant non agréé (sol. ant. au 1er janv. 2020). Dans le cas d'une sous-traitance en cascade, la circonstance qu'une entreprise effectue des opérations de recherche pour le compte d'un organisme agréé n'est pas en soi de nature à la priver du bénéfice du CIR, sauf à ce que l'Administration invoque sa participation à un montage constitutif d'une fraude à la loi. • CE 9 juin 2020 : *Sté Hays France,* n° 427441 : *RJF 2020. 678 ; Dr. fisc. 2020. 315, note Restino et de Dampierre.*

18. Opérations de recherche. Périmètre des opérations de recherche et développement. Définition des trois types d'activités de R&D. Types d'activités de R&D dans divers domaines scientifiques et secteurs économiques. * BOI-BIC-RICI-10-10-20-20 du 13 juill. 2021. ♦ V. aussi *supra* note 6 et note ss. art. 49 *septies* F de l'Ann. III.

19. Dépenses de logiciels. V. note ss. art. 49 *septies* F de l'Ann. III.

20. Rémunérations d'experts agréés ou de fonctionnaires. Les opérations de recherche confiées par une entreprise à un fonctionnaire ouvrent droit au crédit d'impôt si elles respectent deux conditions : 1) elles doivent répondre à la définition des opérations de recherche scientifique et technique prévue à l'art. 49 *septies* F de l'annexe III ; 2) le fonctionnaire qui apporte son concours à l'entreprise doit être agréé conformément à l'art. 244 *quater* B-II-d *bis.* * Rescrit 17 mars 2009, n° 2009/17 FE * BOI-BIC-RICI-10-10-10-20-30 nos 90 à 120 du 13 juill. 2021.

21. Les sommes versées par une entreprise à un fonctionnaire qui lui apporte son concours scientifique peuvent, depuis le 1er janvier 2009, être imposées dans la catégorie des traitements et salaires. Lorsqu'une option en ce sens a été exercée, les rémunérations en cause ouvrent droit au CIR.* Rescrit 9 févr. 2010, n° 2010/06 FE.

22. Frais de collection du secteur textile-habillement-cuir. N'est pas contraire à la Constitution l'art. 244 *quater* B-II-*h* qui réserve le bénéfice du CIR au titre des dépenses exposées pour l'élaboration de nouvelles collections aux entreprises industrielles du secteur textile-habillement-cuir dès lors que le législateur s'est fondé sur un critère objectif et rationnel en rapport avec l'objet de la mesure pour exclure du bénéfice de ce crédit d'impôt les entreprises commerciales, qui sont dans une situation différente des entreprises industrielles. • Cons. const. 27 janv. 2017, *Sté Comptoir de Bonneterie Rafco,* n° 2016-609 QPC : *RJF 2017. 360.* ♦ Le bénéfice du CIR prévu à raison des dépenses engagées par les entreprises industrielles du secteur textile-habillement-cuir pour l'élaboration de nouvelles collections n'est pas subordonné au renouvellement des collections à intervalles réguliers et connus d'avance. • CAA Nantes, 27 mars 2007, n° 05NT1700 : *RJF 2007. 1014.* ♦ Ont un caractère industriel : les entreprises exerçant une activité qui concourt directement à la fabrication ou à la transformation de biens corporels mobiliers et pour laquelle le rôle des installations techniques, matériels et outillages mis en œuvre est prépondérant. • CE 13 juin 2016, *Sté Antik Batik,* n° 380490 : *Dr. fisc. 2016. 481, note Boucher.* ♦ Le bénéfice du CIR est ouvert aux entreprises qui exercent une activité industrielle dans le secteur textile-habillement-cuir lorsque les dépenses liées à l'élaboration de nouvelles collections sont exposées en vue d'une production dans le cadre de cette activité. Par suite, une société ne peut en bénéficier à raison des dépenses de collection engagées dans le seul cadre de son activité de commercialisation. • CE 26 juin 2017, *Sté Le Tanneur et Cie,* n° 390619 : *RJF 2017. 921 ; Dr. fisc. 2017. 426.* ♦ De même, une entreprise qui se borne à concevoir les nouvelles collections, mais sous-traite l'intégralité de leur fabrication, ne peut bénéficier du crédit d'impôt. • CE 28 mars 2018, *Sté Comptoir de Bonneterie Rafco,* n° 391678 : *RJF 2018. 596.* ♦ En revanche, ouvrent droit au crédit d'impôt recherche les dépenses de personnel engagées par une société, ayant une activité industrielle dans le secteur de l'ennoblissement textile, pour la réalisation des échantillons de tissus non destinés à la vente qu'elle propose à ses clients, aux fins de la fabrication par eux de nouvelles collections. En effet, ces dépenses peuvent être regardées comme liées à l'élaboration de nouvelles collections, alors même que la société n'élabore pas elle-même de nouvelles collections. • CE 23 janv. 2020, *Min. c/ Sté France Teinture,* n° 430846 : *RJF 2020. 315.* ♦ Les dépenses prises en compte peuvent ne concerner qu'une catégorie de personnel (ingénieurs et techniciens de production ou stylistes et techniciens des bureaux de style). • CE 18 juill. 2018, *Sté France Teinture,* n° 413314 : *RJF 2018. 1073.*

23. Dépenses de veille technologique. Ne peuvent être regardées comme tels les frais de location d'un stand, de transport, d'hébergement et de repas pour la participation à un salon professionnel. • TA Melun, 25 mai 2018, *Sté Connecting Technology,* n° 1601454 : *RJF 2018. 1211.*

24. Subventions publiques. L'aide à l'innovation consentie sous forme d'un prêt par l'ANVAR et non remboursée en raison de l'échec du projet est une subvention à déduire des bases du crédit d'impôt. • CAA Nancy, 13 févr. 2003, n° 98NA623 : *Dr. fisc. 2003. 489.* ♦ L'aide à la recherche versée par EDF (avant sa transformation en SA) à une entreprise, qui ne fait pas l'objet de remboursement, constitue une subvention publique et doit être déduite de l'assiette du CIR. • CAA Nantes, 4 déc. 2006, n° 04NT1271 : *RJF 2007. 662.* ♦ Pour les dépenses de recherche exposées depuis le 1er janv. 2008, les subventions publiques sont déductibles de la base de calcul du CIR, qu'elles soient ou non remboursables. * BOI-BIC-RICI-10-10-30-20 du 13 juill. 2021.

25. Bien à usage mixte (expérimental et commercial). Lorsqu'une machine destinée à réaliser des tests d'endurance de pièces de véhicules est utilisée par une société pour son propre programme de recherche mais sert également à réaliser des tests d'endurance sur des pièces confiées par des entreprises tierces à qui ces prestations sont facturées, la part des amortissements correspondant à l'utilisation commerciale de cette machine doit être exclue du crédit d'impôt. Les dotations d'amortissement peuvent être valablement exclues de la base de calcul du crédit d'impôt à hauteur des facturations des tests effectués pour le compte des entreprises tierces. • CAA Bordeaux, 25 mars 2003, n° 99BX148 : *RJF 2003. 811 ; Dr. fisc. 2004. 19.*

26. Immobilisations. Même comptabilisées en immobilisations les dépenses de recherche sont éligibles au CIR dès lors que l'éligibilité des dépenses de recherche n'est pas conditionnée par leur mode de comptabilisation mais par leur nature. * Rép. min. n° 12558 : *JOAN Q, 19 mars 2013, p. 3058.*

27. Immobilisations en location-gérance. Les dotations aux amortissements des immobilisations affectées à la réalisation d'opérations de recherche ne peuvent être prises en compte par une société pour le calcul de son CIR que dans la mesure où elle a elle-même exposé au cours de l'année en cause les dépenses de recherche correspondantes. Par suite, une société propriétaire d'immobilisations ne peut bénéficier du crédit d'impôt au titre des dotations aux amortissements afférentes à des immobilisations données en location-gérance à une autre société qui les exploite aux fins de mener des opérations de recherche. • CE 17 sept. 2010, n° 313576 : *RJF 2010. 1144 ; concl. Escaut au BDCF 12/10, n° 127 ; Dr. fisc. 2010. 549, note Fumenier.*

28. Amortissements de brevets. Le législateur a entendu faire bénéficier du CIR les dotations aux amortissements tant des brevets acquis *que des droits d'exploitation attachés* à la qualité de concessionnaire de brevets. Dès lors que de tels droits présentent le caractère d'immobilisations incorporelles, les dotations aux amortissements correspondantes ouvrent droit au CIR. • CE 28 déc. 2017, *Min. c/ Sté Terranere,* n° 399516 : *RJF 2018. 247.* ♦ Confirmant : • CAA Bordeaux, 15 mars 2016, *Sté Terranere,* n° 14BX01502 : *RJF 2016. 511, concl. de la Taille ; Dr. fisc. 2016. 336, note Boucher.* ♦ En revanche, des frais de prise, de maintenance et de défense des brevets qui sont refacturés aux sociétés titulaires des brevets ne peuvent bénéficier du CIR. • CAA Versailles, 25 févr. 2020 : *Sté Delphi France Holding,* n° 18VE02357 : *RJF 2020. 584.*

29. Options pour le crédit d'impôt. V. note ss. art. 49 *septies* M de l'Ann. III.

30. Incidence du CIR sur la réserve de participation. Pour calculer leur réserve spéciale de participation en application du C. trav., l'impôt que les entreprises relevant de l'IS doivent retrancher de leur bénéfice s'entend de l'IS au taux de droit commun, sans qu'il y ait lieu de tenir compte des crédits d'impôt imputables. Doit par conséquent être annulée la doctrine administrative selon laquelle l'impôt à retenir pour le calcul de la réserve spéciale doit être minoré du montant des crédits d'impôt, notamment du crédit d'impôt recherche, que celui-ci ait été imputé ou restitué à l'entreprise. • CE 20 mars 2013, *Sté Études et Productions Schlumberger (EPS),* n° 347633 : *RJF 2013. 609 ; Dr. fisc. 2013. 380, concl. Legras, note Meier et Quéré.* ♦ V. dans le même sens • Soc. 10 janv. 2017, n° 14-23.888. ♦ L'Administration s'est alignée sur le Conseil d'État. * BOI-BIC-PTP 10-10-20-10 n° 200 du 5 sept. 2014.

31. Contrôle du CIR. Pour pouvoir s'assurer de l'impartialité des agents de l'Administration, le contribuable doit avoir connaissance du nom de l'agent mandaté pour procéder aux vérifications concernant ses projets de recherche, quand bien même cet agent aurait rempli une déclaration d'absence de conflit d'intérêts. • CE 19 juill. 2016, *SAS Fruitofood,* nos 380716 et 380717 : *RJF 2016. 951.* ♦ Aucune disposition législative ou réglementaire ne prescrit à l'Administration de communiquer au contribuable les éventuelles déclarations d'absence de conflit d'intérêts souscrites par ces agents. • CE 25 mai 2018, *SAS ASTEN,* n° 407544 : *RJF 2018. 1074.* ♦ Aucune disposition n'impose en toute hypothèse la tenue d'un débat oral et contradictoire avec les agents du ministère de la Recherche intervenant lors d'un contrôle. Mais le non-respect de la procédure peut entraîner l'irrégularité de celui-ci si l'entreprise a été privée d'une garantie. • CE 3 févr. 2021, n° 431253 : *RJF 2021. 392.*

32. Versements liés à la participation et à l'intéressement. Les sommes versées par une société à ses salariés en application d'un accord d'intéressement ou du régime légal de participation constituent des dépenses de personnel qui peuvent être comprises dans l'assiette du CIR. • CE 12 mars 2014, *Sté Spécialités Pet Food,* n° 365875 : *RJF 2014. 555 ; BDCF 2014. 55, concl. Bonnert ; Dr. fisc. 2014. 291, note Boucher.*

33. Prescription. Le droit de reprise de l'Administration s'exerce jusqu'à la fin de la troisième année qui suit celle au titre de laquelle est déterminé le montant de l'impôt dû compte tenu de l'imputation des CIR. • CAA Nancy, 18 déc. 2003, n° 99NA1816 : *RJF 2004. 628 ; concl. Rousselle au BDCF 6/04, n° 73.* ♦ Dans le même sens : * Instr. 21 janv. 2000 : *BOI 4 A-1-00.* ♦ L'Administration peut déterminer le CIR d'une année non prescrite en corrigeant le montant des dépenses des années prescrites. • CAA Nantes, 4 déc. 2006, n° 04NT1271 : *préc. note 24.*

34. Demande de rectification. Une demande de rectification du CIR constitue une réclamation distincte de celle tendant au remboursement du crédit qui n'a pu être utilisé. • CAA Versailles, 3 mars 2015, n° 13VE01024 : *RJF 2015. 521.*

35. Demande de remboursement. La demande de remboursement d'un CIR constitue une réclamation contentieuse au sens de l'art. L. 190 LPF. • TA Paris, 13 mars 2019, n° 1718945 : *RJF 2019. 1094.*

36. Comité consultatif du crédit d'impôt recherche. Ce comité (CGI, art. 1653 F) émet un avis, dans le cadre d'une procédure de rectification contradictoire, lorsqu'un désaccord subsiste entre l'Administration et le contribuable sur des rehaussements portant sur la réalité de l'affectation à la recherche des dépenses prises en compte pour la détermination du CIR.* BOI-CF-CMSS-60 du 6 juill. 2016.

Art. 244 *quater* B *bis* *(L. n° 2021-1900 du 30 déc. 2021, art. 69-I-6° et III, applicable aux dépenses facturées au titre des contrats de collaboration conclus à compter du 1er janv. 2022)* **I. — A. — Les entreprises industrielles et commerciales ou agricoles imposées d'après leur bénéfice réel ou exonérées en application des articles 44 *sexies*, 44 *sexies* A, 44 *septies*, 44 *octies* A, 44 *duodecies* et 44 *terdecies* à 44 *septdecies* peuvent bénéficier d'un crédit d'impôt au titre des dépenses facturées par des organismes de recherche et de diffusion des connaissances dans le cadre d'un contrat de collaboration de recherche conclu jusqu'au 31 décembre 2025.**

B. — Les organismes de recherche mentionnés au A répondent à la définition donnée par la communication de la Commission européenne n° 2014/C 198/01 relative à l'encadrement des aides d'État à la recherche, au développement et à l'innovation. Ils sont agréés par le ministre chargé de la recherche selon des modalités définies par décret.

Ils n'entretiennent pas de lien de dépendance, au sens du 12 de l'article 39, avec les entreprises mentionnées au A du présent I.

C. — Le contrat mentionné au même A remplit les conditions suivantes :

1° Il est conclu entre l'entreprise et les organismes de recherche et de diffusion des connaissances préalablement à l'engagement des travaux de recherche menés en collaboration ;

2° Il prévoit la facturation des dépenses de recherche par les organismes de recherche à leur coût de revient ;

3° Il fixe l'objectif commun poursuivi, la répartition des travaux de recherche entre l'entreprise et les organismes de recherche et les modalités de partage des risques et des résultats. Les résultats, y compris les droits de propriété intellectuelle, ne peuvent être attribués en totalité à l'entreprise ;

4° Il prévoit que les dépenses facturées par les organismes de recherche au titre des travaux de recherche ne peuvent pas excéder 90 % des dépenses totales exposées pour la réalisation des opérations prévues au contrat ;

5° Les organismes de recherche disposent du droit de publier les résultats de leurs propres recherches conduites dans le cadre de cette collaboration.

D. — Les dépenses mentionnées au A sont afférentes à des travaux de recherche localisés au sein de l'Union européenne ou dans un État partie à l'accord sur l'Espace économique européen ayant conclu avec la France une convention d'assistance administrative en vue de lutter contre la fraude et l'évasion fiscales.

E. — Les opérations de recherche sont réalisées directement par les organismes de recherche avec lesquels les entreprises ont conclu un contrat de collaboration.

Par dérogation, ces organismes peuvent recourir à d'autres organismes de recherche et de diffusion des connaissances, agréés dans les mêmes conditions, pour la réalisation de certains travaux nécessaires à ces opérations, lorsque cela est prévu au contrat.

II. — A. — 1. Sont prises en compte dans l'assiette du crédit d'impôt mentionné au I les dépenses facturées par les organismes de recherche et de diffusion des connaissances pour la réalisation des opérations de recherche scientifique et technique prévues au contrat mentionné au même I.

Ces dépenses sont minorées, le cas échéant, de la quote-part des aides publiques reçues par ces mêmes organismes au titre de ces mêmes opérations.

2. Les dépenses facturées mentionnées au 1 du présent A sont retenues dans la base de calcul du crédit d'impôt de l'entreprise, dans la limite globale de 6 millions d'euros par an.

3. La charge afférente aux dépenses facturées mentionnées au même 1 est prise en compte pour la détermination du résultat imposable à l'impôt sur le revenu ou à l'impôt sur les sociétés de l'entreprise, dans les conditions de droit commun.

B. — 1. Les aides publiques reçues par les entreprises en raison des opérations ouvrant droit au crédit d'impôt mentionné au I sont déduites des bases de calcul de ce crédit d'impôt, qu'elles soient définitivement acquises par elles ou remboursables. Lorsque ces aides sont remboursables, elles sont ajoutées aux bases de calcul du crédit d'impôt de l'année au cours de laquelle elles sont remboursées à l'organisme qui les a versées.

2. Les sommes mentionnées au A du présent II ne peuvent être prises en compte à la fois dans la base de calcul du crédit d'impôt et dans celle d'un autre crédit d'impôt ou d'une autre réduction d'impôt.

III. — Le taux du crédit d'impôt est de 40 %. Il est porté à 50 % pour les entreprises qui satisfont à la définition des micro, petites et moyennes entreprises donnée à l'annexe I au règlement (UE) n° 651/2014 de la Commission du 17 juin 2014 déclarant certaines catégories d'aides compatibles avec le marché intérieur en application des articles 107 et 108 du traité.

IV. — Lorsque les sociétés de personnes mentionnées aux articles 8 et 238 *bis* L ou les groupements mentionnés aux articles 239 *quater*, 239 *quater* B, 239 *quater* C et 239 *quater* D ne sont pas soumis à l'impôt sur les sociétés, le crédit d'impôt peut, sous réserve du dernier alinéa du I de l'article 199 *ter* B *bis*, être utilisé par les associés proportionnellement à leurs droits dans ces sociétés ou ces groupements.

V. — Un décret définit les conditions d'application du présent article. Il en adapte les dispositions aux cas d'exercices de durée inégale ou ne coïncidant pas avec l'année civile.

VI. — Le bénéfice du crédit d'impôt est subordonné au respect du régime cadre exempté de notification n° SA.58995 relatif aux aides à la recherche, au développement et à l'innovation pour la période 2014-2023, pris sur la base du règlement (UE) n° 651/2014 de la Commission du 17 juin 2014 déclarant certaines catégories d'aides compatibles avec le marché intérieur en application des articles 107 et 108 du traité.

XXVIII *CRÉDIT D'IMPÔT POUR LA COMPÉTITIVITÉ ET L'EMPLOI*

Art. 244 quater C I. — Les entreprises *(L. n° 2017-1837 du 30 déc. 2017, art. 86-I-2°-a et IV-B, mod. par L. n° 2018-1317 du 28 déc. 2018, art. 155-1°)* « exploitées à Mayotte et » imposées d'après leur bénéfice réel ou exonérées en application des articles 44 *sexies*, 44 *sexies* A *(Abrogé par L. n° 2021-1900 du 30 déc. 2021, art. 35-I-18° et XXI-B)* « , 44 *septies*, 44 *octies* », 44 *octies* A et 44 *duodecies* à *(L. n° 2018-1317 du 28 déc. 2018, art. 135-I-8°)* « 44 *septdecies* » peuvent bénéficier d'un crédit d'impôt ayant pour objet le financement de l'amélioration de leur compétitivité à travers notamment des efforts en matière d'investissement, de recherche, d'innovation, de formation, de recrutement, de prospection de nouveaux marchés, de transition écologique et énergétique et de reconstitution de leur fonds de roulement. L'entreprise retrace dans ses comptes annuels l'utilisation du crédit d'impôt conformément aux objectifs mentionnés à la première phrase. Les informations relatives à l'utilisation du crédit d'impôt pour la compétitivité et l'emploi doivent figurer, sous la forme d'une description littéraire, en annexe du bilan ou dans une note jointe aux comptes. Le crédit d'impôt ne peut ni financer une hausse de la part des bénéfices distribués, ni augmenter les rémunérations des personnes exerçant des fonctions de direction dans l'entreprise. *(L. n° 2017-1775 du 28 déc. 2017, art. 20, applicable aux rémunérations versées à compter du 1er janv. 2018)* « Les établissements publics, les collectivités territoriales et les organismes sans but lucratif peuvent bénéficier du crédit d'impôt mentionné au présent I au titre des rémunérations qu'ils versent à leurs salariés affectés à des activités lucratives. » Les organismes mentionnés à l'article 207 peuvent également bénéficier du crédit d'impôt mentionné au présent alinéa au titre des rémunérations qu'ils versent à leurs salariés affectés à leurs activités non exonérées

d'impôt sur les bénéfices. Ces organismes peuvent également en bénéficier à raison des rémunérations versées aux salariés affectés à leurs activités exonérées après que la Commission européenne a déclaré cette disposition compatible avec le droit de l'Union européenne. *Les dispositions issues de l'art. 35 de la L. n° 2021-1900 du 30 déc. 2021 s'appliquent à compter du premier exercice suivant celui au cours duquel l'exonération prévue à l'art. 44 septies CGI, dans sa rédaction antérieure à ladite loi, cesse de s'appliquer (L. préc., art. 35-XXI-B).*

II. — Le crédit d'impôt mentionné au I est assis sur les rémunérations que les entreprises versent à leurs salariés *(L. n° 2017-1837 du 30 déc. 2017, art. 86-I-2°-b et IV-B, mod. par L. n° 2018-1317 du 28 déc. 2018, art. 155-1°)* **« affectés à des exploitations situées à Mayotte » au cours de l'année civile. Sont prises en compte les rémunérations, telles qu'elles sont définies pour le calcul des cotisations de sécurité sociale à l'article L. 242-1 du code de la sécurité sociale, n'excédant pas deux fois et demie le salaire minimum de croissance calculé pour un an sur la base de la durée légale du travail augmentée, le cas échéant, du nombre d'heures complémentaires ou supplémentaires, sans prise en compte des majorations auxquelles elles donnent lieu. Pour les salariés qui ne sont pas employés à temps plein ou qui ne sont pas employés sur toute l'année, le salaire minimum de croissance pris en compte est celui qui correspond à la durée de travail prévue au contrat au titre de la période où ils sont présents dans l'entreprise.**

Pour être éligibles au crédit d'impôt, les rémunérations versées aux salariés doivent être retenues pour la détermination du résultat imposable à l'impôt sur le revenu ou à l'impôt sur les sociétés dans les conditions de droit commun et avoir été régulièrement déclarées aux organismes de sécurité sociale.

III. — *(L. n° 2017-1837 du 30 déc. 2017, art. 86-I-2°-c et IV-B, mod. par L. n° 2018-1317 du 28 déc. 2018, art. 155-1°)* **« Le taux du crédit d'impôt est fixé à 9 %** *[ancienne rédaction : 6 %]* **».**

Par dérogation au premier alinéa du présent III, lorsque l'assiette du crédit d'impôt est constituée par des rémunérations versées à des salariés affectés à des exploitations situées dans les départements d'outre-mer, son taux est fixé à :

1° 7,5 % pour les rémunérations versées en 2015 ;

2° 9 % pour les rémunérations versées à compter du 1er janvier 2016.

Le bénéfice du taux majoré du crédit d'impôt pour des exploitations situées dans les départements d'outre-mer est subordonné au respect de l'article 15 du règlement (UE) n° 651/2014 de la Commission du 17 juin 2014 déclarant certaines catégories d'aides compatibles avec le marché intérieur en application des articles 107 et 108 du traité, y compris pour les secteurs mentionnés au 3 de l'article 1er et au *a* de l'article 13 du même règlement.

IV. — Le crédit d'impôt calculé par les sociétés de personnes mentionnées aux articles 8, 238 *bis* L, 239 *ter* et 239 *quater* A ou les groupements mentionnés aux articles 238 *ter*, 239 *quater*, 239 *quater* B, 239 *quater* C *(L. n° 2021-1900 du 30 déc. 2021, art. 69-I-7° et III, applicable aux dépenses facturées au titre des contrats de collaboration conclus à compter du 1er janv. 2022)* **« , 239 *quater* D » et 239 *quinquies* qui ne sont pas soumis à l'impôt sur les sociétés peut être utilisé par leurs associés proportionnellement à leurs droits dans ces sociétés ou groupements, à condition qu'il s'agisse de redevables de l'impôt sur les sociétés ou de personnes physiques participant à l'exploitation au sens du 1° *bis* du I de l'article 156.**

V. — Les organismes chargés du recouvrement des cotisations de sécurité sociale dues pour l'emploi des personnes mentionnées au I sont habilités à recevoir, dans le cadre des déclarations auxquelles sont tenues les entreprises auprès d'eux, et à vérifier, dans le cadre des contrôles qu'ils effectuent, les données relatives aux rémunérations donnant lieu au crédit d'impôt. Ces éléments relatifs au calcul du crédit d'impôt sont transmis à l'administration fiscale.

VI. — Un décret fixe les conditions d'application du présent article, notamment les obligations déclaratives incombant aux entreprises et aux organismes chargés du recouvrement des cotisations de sécurité sociale. *— V. Ann. III, art. 49 septies P à 49 septies T. — V. également art. 199 ter C et 220 C.*

(L. n° 2017-1837 du 30 déc. 2017, art. 86-I-2°-d et IV-B, mod. par L. n° 2018-1317 du 28 déc. 2018, art. 155-1°) **« VII. — Le bénéfice du crédit d'impôt mentionné au I est subordonné au respect de l'article 15 du règlement (UE) n° 651/2014 de la Commis-**

sion du 17 juin 2014 déclarant certaines catégories d'aides compatibles avec le marché intérieur en application des articles 107 et 108 du traité. »

Les dispositions issues de l'art. 86 de la L. n° 2017-1837 du 30 déc. 2017 s'appliquent aux rémunérations versées à compter du 1er janv. 2019 (L. préc., art. 86-IV-B, mod. par L. n° 2018-1317 du 28 déc. 2018, art. 155-4°).

1. Crédit d'impôt pour la compétitivité et l'emploi (CICE). 1° Commentaire administratif d'ensemble. Entreprises concernées. Détermination et utilisation du crédit d'impôt. Obligations déclaratives. Contrôle. 2° Réduction du taux du CICE à 6 % pour 2018. 3° Suppression du dispositif à compter de 2019. Conséquences. * BOI-BIC-RICI-10-150 du 5 juin 2019.

2. Nature de la créance. Le CICE n'a pas d'impact sur le calcul de la valeur ajoutée et donc sur la CVAE due par l'entreprise. En outre, la créance ne constitue pas un produit imposable pour la détermination du résultat fiscal de l'exercice au titre duquel elle est constatée. Il convient donc d'en déduire extra-comptablement le montant. * BOI-BIC-RICI-10-150-30-10 n° 1 du 12 juin 2019.

3. Salaires versés aux associés de sociétés de personnes. Les associés de sociétés de personnes ne peuvent être assimilés à des salariés au regard de la législation fiscale. Par conséquent, les rémunérations versées à des associés, même s'ils disposent du statut de salarié au regard de la législation sociale, de sociétés de personnes non soumises à l'IS ne doivent pas être comprises dans l'assiette du CICE. * Rép. min. n° 46168 : *JOAN Q, 29 juill. 2014, p. 6500.*

4. Travail temporaire. Les salariés intérimaires font partie de l'effectif d'une entreprise de travail temporaire. • CAA Douai, 12 nov. 2019, *SARL Alternative Travail Temporaire*, n° 17DA01857 : *RJF 2020. 103.*

5. Associés non professionnels de sociétés de personnes. Seules les personnes physiques qui participent de manière personnelle, continue et directe à l'exercice de l'activité professionnelle peuvent bénéficier du crédit d'impôt à proportion de leurs droits dans la société. Le respect de cette condition qui relève de l'appréciation d'une situation de fait ne peut s'appliquer systématiquement à des associés ayant la qualité de salarié au regard de la législation sociale. * Rép. min. n° 46168 : *préc. note 3.*

6. Groupements d'employeurs. Les « groupements d'employeurs », régis par les art. L. 1253-1 s. C. trav., peuvent bénéficier du CICE pour les salariés qu'ils mettent à disposition d'une autre entreprise dès lors qu'ils exercent une activité lucrative non exonérée d'impôt sur les bénéfices. * BOI-BIC-RICI-10-150-10 n° 120 du 5 juin 2019. * Rép. min. n° 9978 : *JO Sénat Q, 22 janv. 2015, p. 157.*

7. Associations. Les associations, fondations et unions mutualistes qui ne se livrent pas à des activités lucratives n'interviennent pas, par définition, dans le champ de l'économie concurrentielle et ne peuvent revendiquer le bénéfice d'un dispositif destiné à soutenir la compétitivité de l'économie concurrentielle. * Rép. min. n° 18213 : *JO Sénat Q, 10 mars 2016, p. 962.*

8. Associations de services à la personne. Ces associations qui exercent une activité lucrative bénéficient d'une exonération en matière d'IS au taux de droit commun prévue à l'art. 206-5 s., dès lors qu'elles sont agréées en application du C. trav. Elles sont soumises à l'IS au taux réduit sur les revenus patrimoniaux et ne peuvent pas, par conséquent, bénéficier du CICE. * Rép. min. n° 23543 : *JOAN Q, 12 mai 2015, p. 3645.*

XXIX *CRÉDIT D'IMPÔT POUR DÉPENSES D'ADHÉSION À UN GROUPEMENT DE PRÉVENTION AGRÉÉ*

Art. 244 *quater* D (*Abrogé par L. n° 2017-1837 du 30 déc. 2017, art. 94*) ***Les entreprises qui adhèrent à un groupement de prévention agréé, créé par le titre Ier du livre VI du code de commerce relatif à la prévention et au règlement amiable des difficultés des entreprises bénéficient au titre de l'impôt sur les sociétés ou, pour ce qui concerne les entreprises individuelles, au titre de l'impôt sur le revenu, d'un crédit d'impôt égal à 25 % des dépenses consenties dans les deux premières années d'adhésion dans la limite de 1 500 € par an.***

Les dispositions du présent art. s'appliquent aux entreprises adhérant à compter du 1er janv. 2018 à un groupement de prévention agréé mentionné à l'art. L. 611-1 C. com. (L. n° 2017-1837 du 30 déc. 2017, art. 94-II).

XXX *CRÉDIT D'IMPÔT POUR CERTAINS DES INVESTISSEMENTS RÉALISÉS ET EXPLOITÉS EN CORSE*

Pour l'application des art. 244 quater E s., V. Ann. III, art. 49 septies WB s.

Art. 244 *quater* E **I. — 1° Les petites et moyennes entreprises relevant d'un régime réel d'imposition peuvent bénéficier d'un crédit d'impôt au titre des investissements**

autres que de remplacement, financés sans aide publique pour 25 % au moins de leur montant, réalisés jusqu'au 31 décembre *(L. n° 2020-935 du 30 juill. 2020, art. 46)* **« 2023 » et exploités en Corse pour les besoins d'une activité industrielle, commerciale, artisanale, libérale ou agricole autre que :**

a) **la gestion ou la location d'immeubles lorsque les prestations ne portent pas exclusivement sur des biens situés en Corse, ainsi que l'exploitation de jeux de hasard et d'argent ;**

(L. n° 2018-1317 du 28 déc. 2018, art. 22, applicable aux investissements réalisés à compter du 1er janv. 2019) **« *a bis*) la gestion et la location de meublés de tourisme situés en Corse ; »** — *Le a bis ne s'applique pas aux investissements que le contribuable justifie avoir pris l'engagement de réaliser avant le 31 déc. 2018, et dès lors que ces investissements sont achevés au 31 déc. 2020. A titre transitoire, les investissements effectués dans des meublés de tourisme ayant fait l'objet d'un contrat préliminaire de réservation prévu à l'art. L. 261-15 CCH, signé et déposé au rang des minutes d'un notaire ou enregistré au service des impôts des entreprises au plus tard le 31 déc. 2018, sont éligibles au crédit d'impôt au présent art. dès lors que ces investissements sont achevés au 31 déc. 2020 (L. n° 2019-1479 du 28 déc. 2019, art. 57).*

b) **l'agriculture ainsi que la transformation ou la commercialisation de produits agricoles, sauf lorsque le contribuable peut bénéficier des aides à l'investissement au titre du règlement (CE) n° 1257/1999 du Conseil, du 17 mai 1999, concernant le soutien au développement rural par le Fonds européen d'orientation et de garantie agricole (FEOGA) et modifiant et abrogeant certains règlements, la production ou la transformation de houille et lignite, la sidérurgie, l'industrie des fibres synthétiques, la pêche, le transport, la construction et la réparation de navires d'au moins 100 tonnes de jauge brute, la construction automobile.**

Les petites et moyennes entreprises mentionnées au premier alinéa sont celles qui ont employé moins de 250 salariés et ont soit réalisé un chiffre d'affaires inférieur à 40 millions d'euros au cours de l'exercice ou de la période d'imposition, ramené le cas échéant à douze mois en cours lors de la réalisation des investissements éligibles, soit un total de bilan inférieur à 27 millions d'euros. L'effectif de l'entreprise est apprécié par référence au nombre moyen de salariés employés au cours de cet exercice ou de cette période d'imposition. Le capital des sociétés doit être entièrement libéré et être détenu de manière continue, pour 75 % au moins, par des personnes physiques ou par une société répondant aux mêmes conditions. Pour la détermination du pourcentage de 75 %, les participations des sociétés de capital-risque, des fonds communs de placement à risques, des fonds professionnels spécialisés relevant de l'article L. 214-37 du code monétaire et financier dans sa rédaction antérieure à l'ordonnance n° 2013-676 du 25 juillet 2013 modifiant le cadre juridique de la gestion d'actifs, des fonds professionnels de capital investissement, des sociétés de libre partenariat, des sociétés de développement régional et des sociétés financières d'innovation ne sont pas prises en compte à la condition qu'il n'existe pas de lien de dépendance au sens *(Abrogé par L. n° 2018-1317 du 28 déc. 2018, art. 37-I-3° et III, pour les exercices ouverts à compter du 1er janv. 2019)* ***« des deuxième à quatrième alinéas »*** **du 12 de l'article 39 entre la société en cause et ces dernières sociétés ou ces fonds. Pour les sociétés membres d'un groupe au sens de l'article 223 A ou de l'article 223 A *bis*, le chiffre d'affaires et l'effectif à prendre en compte s'entendent respectivement de la somme des chiffres d'affaires et de la somme des effectifs de chacune des sociétés membres de ce groupe. La condition tenant à la composition du capital doit être remplie par la société mère du groupe ;**

(L. n° 2018-1317 du 28 déc. 2018, art. 152-I-1° et II, applicable aux exercices clos à compter du 31 déc. 2019) **« Les petites et moyennes entreprises mentionnées au premier alinéa du présent 1° répondent à la définition de l'annexe I au règlement (UE) n° 651/2014 de la Commission du 17 juin 2014 déclarant certaines catégories d'aide*[s]* compatibles avec le marché intérieur en application des articles 107 et 108 du traité. »**

2° *Abrogé.*

3° Le crédit d'impôt prévu au 1° est égal à 20 % du prix de revient hors taxes *(L. n° 2018-1317 du 28 déc. 2018, art. 22, applicable aux investissements réalisés à compter du 1er janv. 2019)* **« , à l'exclusion des meublés de tourisme » :**

a) **Des biens d'équipement amortissables selon le mode dégressif en vertu des 1 et 2 de l'article 39 A et des agencements et installations de locaux commerciaux habituellement ouverts à la clientèle créés ou acquis à l'état neuf ;**

b) Des biens, agencements et installations visés au *a* pris en location, au cours de la période visée au 1°, auprès d'une société de crédit-bail régie par le chapitre V du titre Ier du livre V du code monétaire et financier ;

c) Des logiciels qui constituent des éléments de l'actif immobilisé et qui sont nécessaires à l'utilisation des investissements mentionnés aux *a* et *b* ;

d) Des travaux de rénovation d'hôtel ;

(L. n° 2020-1721 du 29 déc. 2020, art. 24, applicable aux investissements réalisés à compter du 1er janv. 2021) « *e)* Des travaux de construction et de rénovation des établissements de santé privés réalisés pour l'exercice de l'activité mentionnée à l'article L. 6111-1 du code de la santé publique. »

Pour le calcul du crédit d'impôt, le prix de revient des investissements est diminué du montant des subventions publiques attribuées en vue de financer ces investissements ;

3° *bis* Le taux mentionné au premier alinéa du 3° est porté à 30 % pour les entreprises qui ont employé moins de onze salariés et ont réalisé soit un chiffre d'affaires n'excédant pas 2 millions d'euros au cours de l'exercice ou de la période d'imposition, ramené le cas échéant à douze mois en cours lors de la réalisation des investissements éligibles, soit un total de bilan n'excédant pas 2 millions d'euros. *(L. n° 2019-486 du 22 mai 2019, art. 12-I-5°-a et III-B, applicable aux exercices ouverts à compter du 1er janv. 2019)* « L'effectif salarié est apprécié, au titre de chaque exercice, selon les modalités prévues au I de l'article L. 130-1 du code de la sécurité sociale ». Le capital des sociétés bénéficiaires doit être entièrement libéré et être détenu de manière continue, pour 75 % au moins, par des personnes physiques ou par une société répondant aux mêmes conditions. *(L. n° 2018-1317 du 28 déc. 2018, art. 152-I-2° et II, applicable aux exercices clos à compter du 31 déc. 2019)* « Pour la détermination du pourcentage de 75 %, les participations des sociétés de capital-risque, des fonds communs de placement à risques *[risque]*, des fonds professionnels spécialisés relevant de l'article L. 214-37 du code monétaire et financier dans sa rédaction antérieure à l'ordonnance n° 2013-676 du 25 juillet 2013 modifiant le cadre juridique de la gestion d'actifs, des fonds professionnels de capital investissement, des sociétés de libre partenariat, des sociétés de développement régional et des sociétés financières d'innovation ne sont pas prises en compte*[,]* à la condition qu'il n'existe pas de lien de dépendance au sens du 12 de l'article 39 du présent code entre la société en cause et ces dernières sociétés ou ces fonds. — *Les dispositions du présent al., dans leur rédaction antérieure à la L. n° 2019-486 du 22 mai 2019, s'appliquent aux exercices ouverts entre le 1er janv. et le 31 déc. 2019 (L. n° 2019-1479 du 28 déc. 2019, art. 41-2°).*

(L. n° 2019-486 du 22 mai 2019, art. 12-I-5°-b et III-B, applicable aux exercices ouverts à compter du 1er janv. 2019) « Lorsqu'une entreprise constate, à la date de la clôture de son exercice, un dépassement du seuil d'effectif prévu au premier alinéa du présent 3° *bis*, cette circonstance ne lui fait pas perdre le bénéfice du crédit d'impôt au taux de 30 % au titre de l'exercice au cours duquel les investissements éligibles sont réalisés. » *— Lorsque le seuil d'effectif est franchi au titre des exercices clos entre le 31 déc. 2017 et le 31 déc. 2019, le taux de 30 % continue de s'appliquer pour l'exercice au cours duquel le seuil a été dépassé et les deux exercices suivants. — Les dispositions du présent al., dans leur rédaction antérieure à la L. n° 2019-486 du 22 mai 2019, s'appliquent jusqu'aux exercices clos au 31 déc. 2019 (L. n° 2019-1479 du 28 déc. 2019, art. 41-3°).*

4° Les investissements réalisés par les petites et moyennes entreprises en difficulté peuvent ouvrir droit au crédit d'impôt prévu au 1° si elles ont reçu un agrément préalable délivré dans les conditions prévues à l'article 1649 *nonies.* Une entreprise est considérée comme étant en difficulté lorsqu'elle fait l'objet d'une procédure de sauvegarde ou de redressement judiciaire ou lorsque sa situation financière rend imminente sa cessation d'activité.

L'agrément mentionné au premier alinéa est accordé si l'octroi du crédit d'impôt aux investissements prévus dans le cadre du plan de restructuration présenté par l'entreprise n'altère pas les échanges dans une mesure contraire à l'intérêt commun.

II. — Les dispositions du présent article s'appliquent sur option de l'entreprise à compter du premier jour de l'exercice ou de l'année au titre duquel elle est exercée. Cette option emporte renonciation au bénéfice des régimes prévus aux articles 44 *sexies,* 44 *sexies* A *(Abrogé par L. n° 2021-1900 du 30 déc. 2021, art. 35-I-19°)*

« , 44 *septies* », 44 *quindecies* *(L. n° 2017-1775 du 28 déc. 2017, art. 17)* **« , 44 *sexdecies* »** *(L. n° 2018-1317 du 28 déc. 2018, art. 135-I-10°)* **« , 44 *septdecies* » et 208 *sexies*. Elle est irrévocable.** — *Les dispositions issues de l'art. 35 de la L. n° 2021-1900 du 30 déc. 2021 s'appliquent à compter du premier exercice suivant celui au cours duquel l'exonération prévue à l'art. 44 septies CGI, dans sa rédaction antérieure à ladite loi, cesse de s'appliquer (L. préc., art. 35-XXI-B).*

Lorsque les investissements sont réalisés par les sociétés soumises au régime d'imposition de l'article 8 ou par les groupements mentionnés aux articles 239 *quater* ou 239 *quater* C, le crédit d'impôt peut être utilisé par leurs associés, proportionnellement à leurs droits dans ces sociétés ou ces groupements, à condition qu'il s'agisse de redevables de l'impôt sur les sociétés ou de personnes physiques participant à l'exploitation au sens du 1° *bis* du I de l'article 156.

III. — Si, dans le délai de cinq ans de son acquisition ou de sa création ou pendant sa durée normale d'utilisation si elle est inférieure, un bien ayant ouvert droit au crédit d'impôt prévu au I est cédé ou cesse d'être affecté à l'activité pour laquelle il a été acquis ou créé, ou si l'acquéreur cesse son activité, le crédit d'impôt imputé fait l'objet d'une reprise au titre de l'exercice ou de l'année où interviennent les événements précités.

Toutefois, les dispositions de l'alinéa précédent ne sont pas applicables lorsque le bien est transmis dans le cadre d'opérations placées sous les régimes prévus aux articles 41, 151 *octies* *(L. n° 2021-1900 du 30 déc. 2021, art. 10-I-10°)* **« , 151 *octies* A », 210 A ou 210 B si le bénéficiaire de la transmission s'engage à exploiter les biens en Corse dans le cadre d'une activité répondant aux conditions mentionnées au I pendant la fraction du délai de conservation restant à courir. L'engagement est pris dans l'acte constatant la transmission ou, à défaut, dans un acte sous seing privé ayant date certaine, établi à cette occasion.**

Lorsque l'investissement est réalisé par une société soumise au régime d'imposition prévu à l'article 8 ou un groupement mentionné aux articles 239 *quater* ou 239 *quater* C, les associés ou membres mentionnés au deuxième alinéa du II doivent, en outre, conserver les parts ou actions de cette société ou ce groupement pendant un délai de cinq ans à compter de la réalisation de l'investissement. A défaut, le crédit d'impôt qu'ils ont imputé fait l'objet d'une reprise au titre de l'exercice ou de l'année de la cession, du rachat ou de l'annulation de ces parts ou actions. — *V. Ann. III, art. 49 septies WH.*

IV. — Les dispositions du présent article s'appliquent aux investissements réalisés à compter du 1er janvier 2002 au cours d'un exercice clos à compter de la date de publication de la loi n° 2002-92 du 22 janvier 2002 relative à la Corse.

V. — Le bénéfice du crédit d'impôt mentionné au I est subordonné au respect de l'article 14 du règlement (UE) n° 651/2014 de la Commission du 17 juin 2014 déclarant certaines catégories d'aides compatibles avec le marché intérieur en application des articles 107 et 108 du traité. — *V. art. 199 ter D et 220 D et Annexe III, art. 49 septies WB à 49 septies WH.*

1. Crédit d'impôt pour investissements réalisés et exploités par les PME en Corse. Doctrine administrative. Entreprises d'investissement éligibles au crédit d'impôt. Option à exercer. Cas des entreprises en difficulté. Détermination et modalités d'utilisation du crédit d'impôt. Remise en cause du crédit d'impôt. * BOI-BIC-RICI-10-60 du 25 août 2021.

2. Constitutionnalité. Est conforme à la Constitution l'obligation faite aux PME qui souhaitent bénéficier du crédit d'impôt pour investissement en Corse d'avoir entièrement libéré leur capital. • Cons. const. 22 janv. 2019, *Sté Prato Corbara*, n° 2019-814 QPC : *RJF 2020. 160.*

3. Conditions relatives à la détention du capital. Société détenue indirectement à 75 % au moins par des personnes physiques : seul un niveau d'interposition est permis. • CE 27 juin 2018, *Sté Corstyrène*, n° 419370 : *RJF 2018. 998.* ♦ La date d'appréciation du respect de la condition de libération intégrale du capital social s'apprécie à la clôture de l'exercice. • CE 27 juin 2018, *Sté Prato Corbara*, n° 418526 : *RJF 2018. 939.*

4. Meublés de tourisme. Chambres d'hôtes. Les activités de gestion et de location de meublés de tourisme sont exclues du champ d'application du crédit d'impôt. Les chambres d'hôtes ne sont pas visées par cette exclusion. * BOI-BIC-RICI-10-60-10-20 n° 275 du 25 août 2021.

5. Activités de promenades en mer. Les activités de promenades en mer par lesquelles les personnes embarquées ne sont pas transportées d'un port à un autre ne sont pas exclues du dispositif. • CAA Marseille, 13 avr. 2017, *Min. c/ EURL Via Mare*, n° 16MA01871 : *RJF 2017. 669.*

6. Hangar à usage agricole supportant des panneaux photovoltaïques. N'est pas éligible au crédit d'impôt un hangar à usage agricole reposant sur des fondations composé d'une charpente métallique et servant de support à des panneaux photovoltaïques. • CE 1er juill. 2021, n° 434313 : *RJF 2021. 912.*

XXXI *CRÉDIT D'IMPÔT FAMILLE*

Art. 244 *quater* F I. — 1. Les entreprises imposées d'après leur bénéfice réel peuvent bénéficier d'un crédit d'impôt égal à 50 % des dépenses ayant pour objet de financer la création et le fonctionnement d'établissements mentionnés aux deux premiers alinéas de l'article L. 2324-1 du code de la santé publique et assurant l'accueil des enfants de moins de trois ans de leurs salariés.

2. Elles peuvent également bénéficier d'un crédit d'impôt égal à 25 % des dépenses engagées au titre de l'aide financière de l'entreprise mentionnée aux articles L. 7233-4 et L. 7233-5 du code du travail.

3. Elles peuvent également bénéficier d'un crédit d'impôt égal à 10 % de la somme :

a) Des dépenses de formation engagées en faveur des salariés de l'entreprise bénéficiant d'un congé parental d'éducation dans les conditions prévues aux articles L. 1225-47 à L. 1225-51 du code du travail ;

b) Des dépenses de formation engagées par l'entreprise en faveur de nouveaux salariés recrutés à la suite d'une démission ou d'un licenciement pendant un congé parental d'éducation mentionné à l'article L. 1225-47 du même code, lorsque cette formation débute dans les trois mois de l'embauche et dans les six mois qui suivent le terme de ce congé ;

c) Des rémunérations versées par l'entreprise à ses salariés bénéficiant d'un congé dans les conditions prévues aux articles L. 1225-8, L. 1225-17, L. 1225-35 à L. 1225-38, L. 1225-40, L. 1225-41, L. 1225-43, L. 1225-44, L. 1225-47 à L. 1225-51 et L. 1225-61 du même code ;

d) Des dépenses visant à indemniser les salariés de l'entreprise qui ont dû engager des frais exceptionnels de garde d'enfants à la suite d'une obligation professionnelle imprévisible survenant en dehors des horaires habituels de travail, dans la limite des frais réellement engagés.

II. — Les subventions publiques reçues par les entreprises à raison des dépenses ouvrant droit au crédit d'impôt sont déduites des bases de calcul de ce crédit.

III. — Le crédit d'impôt est plafonné pour chaque entreprise y compris les sociétés de personnes, à 500 000 €. Ce plafond s'apprécie en prenant en compte la fraction du crédit d'impôt correspondant aux parts des associés de sociétés de personnes mentionnées aux articles 8, 238 *bis* L, 239 *ter* et 239 *quater* A, et aux droits des membres de groupements mentionnés aux articles 238 *ter*, 239 *quater*, 239 *quater* B, 239 *quater* C et 239 *quinquies*.

Lorsque ces sociétés ou groupements ne sont pas soumis à l'impôt sur les sociétés, le crédit d'impôt peut être utilisé par les associés proportionnellement à leurs droits dans ces sociétés ou ces groupements, à condition qu'il s'agisse de redevables de l'impôt sur les sociétés ou de personnes physiques participant à l'exploitation au sens du 1° *bis* du I de l'article 156.

IV. — Un décret fixe les conditions d'application du présent article. — *V. Ann. III, art. 49 septies Y à 49 septies YC.*

1. Crédit d'impôt famille. Commentaire administratif d'ensemble. Entreprises concernées. Dépenses éligibles. Montant et utilisation du crédit d'impôt. * BOI-BIC-RICI-10-130 du 12 sept. 2012.

2. Dépenses éligibles. Sont notamment éligibles au crédit d'impôt : les dépenses engagées par l'entreprise au titre de l'aide financière à l'émission de chèques emploi-service universels (CESU) même lorsque l'aide est accordée par le comité d'entreprise, le financement par l'entreprise de services de conciergerie d'entreprise ainsi que la cotisation versée à une entreprise de conciergerie. * BOI-BIC-RICI-10-130-10 nos 590 et 600 du 12 sept. 2012.

XXXII *CRÉDIT D'IMPÔT EN FAVEUR DE L'APPRENTISSAGE*

Art. 244 *quater* G *(Abrogé par L. n° 2018-771 du 5 sept. 2018, art. 27-III et IV, pour les périodes d'imposition et exercices ouverts à compter du 1er janv. 2019) I. — **Les entreprises imposées d'après leur bénéfice réel ou exonérées en application des articles 44 sexies, 44 sexies***

A, 44 octies ou 44 terdecies à** (L. n° 2017-1775 du 28 déc. 2017, art. 17) **« 44 sexdecies » peuvent bénéficier d'un crédit d'impôt au titre de la première année du cycle de formation d'un apprenti dont le contrat a été conclu dans les conditions prévues au titre II du livre II de la sixième partie du code du travail.

Ce crédit d'impôt est égal au produit du montant de 1 600 € par le nombre moyen annuel d'apprentis n'ayant pas achevé la première année de leur cycle de formation dans l'entreprise et qui préparent un diplôme ou un titre à finalité professionnelle équivalent au plus à un brevet de technicien supérieur ou un diplôme des instituts universitaires de technologie, enregistré au répertoire national des certifications professionnelles mentionné à l'article L. 335-6 du code de l'éducation.

Ce montant est porté à 2 200 € dans les cas suivants, quel que soit le diplôme préparé.

1° lorsque la qualité de travailleur handicapé est reconnue à l'apprenti en application des articles L. 5213-1 et L. 5213-2 du code du travail ;

2° lorsque l'apprenti bénéficie du parcours contractualisé d'accompagnement** [ancienne rédaction : de l'accompagnement personnalisé et renforcé] **prévu par décret en Conseil d'État en application du 1° de l'article L. 5131-7 du code du travail ;** — V. C. trav., art. R. 5131-13. — **C. trav.

3° lorsque l'apprenti est employé par une entreprise portant le label "Entreprise du patrimoine vivant" au sens de l'article 23 de la loi n° 2005-882 du 2 août 2005 en faveur des petites et moyennes entreprises ;

4° Abrogé par L. n° 2013-595 du 8 juill. 2013, art. 56-III.

5° Lorsque l'apprenti a signé son contrat d'apprentissage à l'issue d'un contrat de volontariat pour l'insertion mentionné à l'article L. 130-1 du code du service national.

Le nombre moyen annuel d'apprentis s'apprécie en fonction du nombre d'apprentis dont le contrat avec l'entreprise a été conclu depuis au moins un mois.

II. — Le crédit d'impôt calculé au titre des apprentis mentionnés au I est plafonné au montant des dépenses de personnel afférentes aux apprentis visés au I minoré des subventions publiques reçues en contrepartie de leur accueil par l'entreprise.

III. — Le crédit d'impôt calculé par les sociétés de personnes mentionnées aux articles 8, 238 bis, L. 239 ter et L. 239 quater A ou les groupements mentionnés aux articles 238 ter, 239 quater, 239 quater B, 239 quater C et 239 quinquies qui ne sont pas soumis à l'impôt sur les sociétés peut être utilisé par leurs associés proportionnellement à leurs droits dans ces sociétés ou ces groupements, à condition qu'il s'agisse de redevables de l'impôt sur les sociétés ou de personnes physiques participant à l'exploitation au sens du 1° bis du I de l'article 156.

XXXIII CRÉDIT D'IMPÔT POUR DÉPENSES DE PROSPECTION COMMERCIALE

Art. 244 quater H *(Abrogé par L. n° 2017-1837 du 30 déc. 2017, art. 94, applicable aux périodes d'imposition et exercices ouverts à compter du 1er janv. 2018)* ***I. — Les petites et moyennes entreprises imposées d'après leur bénéfice réel ou exonérées en application des articles 44 sexies, 44 sexies A, 44 octies, 44 octies A, 44 terdecies à** (L. n° 2017-1775 du 28 déc. 2017, art. 17) **« 44 sexdecies » peuvent bénéficier d'un crédit d'impôt lorsqu'elles exposent des dépenses de prospection commerciale afin d'exporter des services, des biens et des marchandises.***

Les petites et moyennes entreprises mentionnées au premier alinéa sont celles qui ont employé moins de 250 salariés et ont soit réalisé un chiffre d'affaires inférieur à 50 millions d'euros au cours de chaque période d'imposition ou exercice clos pendant la période mentionnée au IV, soit un total de bilan inférieur à 43 millions d'euros. L'effectif de l'entreprise est apprécié par référence au nombre moyen de salariés employés au cours de cette période. Le capital des sociétés doit être entièrement libéré et être détenu de manière continue, pour 75 % au moins, par des personnes physiques ou par une société répondant aux mêmes conditions. Pour la détermination du pourcentage de 75 %, les participations des sociétés de capital-risque, des fonds communs de placement à risques, des fonds professionnels spécialisés relevant de l'article L. 214-37 du code monétaire et financier dans sa rédaction antérieure à l'ordonnance n° 2013-676 du 25 juillet 2013 modifiant le cadre juridique de la gestion d'actifs, des fonds professionnels de capital investissement, des sociétés de libre partenariat, des sociétés de développement régional et des sociétés financières d'innovation ou des sociétés unipersonnelles d'investissement à risque ne sont pas prises en compte à la condition qu'il n'existe pas de lien de dépendance au sens des deuxième à quatrième alinéas du 12 de l'arti-

cle 39 entre la société en cause et ces dernières sociétés ou ces fonds. Pour les sociétés membres d'un groupe au sens de l'article 223 A ou de l'article 223 A bis, le chiffre d'affaires et l'effectif à prendre en compte s'entendent respectivement de la somme des chiffres d'affaires et de la somme des effectifs de chacune des sociétés membres de ce groupe. La condition tenant à la composition du capital doit être remplie par la société mère du groupe.

Le crédit d'impôt bénéficie également aux sociétés des professions libérales soumises à un statut législatif ou réglementaire ou dont le titre est protégé et aux sociétés de participations financières de professions libérales visées par la loi n° 90-1258 du 31 décembre 1990 relative à l'exercice sous forme de société des professions libérales soumises à un statut législatif ou réglementaire ou dont le titre est protégé et aux sociétés de participations financières de professions libérales.

II. — Les dépenses ouvrant droit au crédit d'impôt sont, à condition qu'elles soient déductibles du résultat imposable :

a. Les frais et indemnités de déplacement et d'hébergement liés à la prospection commerciale en vue d'exporter ;

b. Les dépenses visant à réunir des informations sur les marchés et les clients ;

c. Les dépenses de participation à des salons et à des foires-expositions ;

d. Les dépenses visant à faire connaître les produits et services de l'entreprise en vue d'exporter ;

e. Les indemnités mensuelles et les prestations mentionnées à l'article L. 122-12 du code du service national lorsque l'entreprise a recours à un volontaire international en entreprise comme indiqué au III ;

f. Les dépenses liées aux activités de conseil fournies par les opérateurs spécialisés du commerce international ;

g. Les dépenses exposées par un cabinet d'avocats pour l'organisation ou la participation à des manifestations hors de France ayant pour objet de faire connaître les compétences du cabinet.

Le crédit d'impôt, calculé au titre de chaque période d'imposition ou exercice clos au cours desquels des dépenses éligibles ont été exposées, est égal à 50 % de ces dépenses. Les subventions publiques reçues par les entreprises à raison des dépenses ouvrant droit au crédit d'impôt sont déduites des bases de calcul de ce crédit.

III. — L'obtention du crédit d'impôt est subordonnée au recrutement d'une personne affectée au développement des exportations ou au recours à un volontaire international en entreprise affecté à la même mission dans les conditions prévues par les articles L. 122-1 et suivants du code du service national.

IV. — Les dépenses éligibles sont les dépenses exposées pendant les vingt-quatre mois qui suivent le recrutement de la personne mentionnée au III ou la signature de la convention prévue à l'article L. 122-7 du code du service national.

V. — Le crédit d'impôt est plafonné pour chaque entreprise, y compris les sociétés de personnes, à 40 000 € pour la période de vingt-quatre mois mentionnée au IV. Ce montant est porté à 80 000 € pour les associations régies par la loi du 1er juillet 1901 relative au contrat d'association, les associations régies par la loi locale maintenue en vigueur dans les départements de la Moselle, du Bas-Rhin et du Haut-Rhin lorsqu'elles sont soumises à l'impôt sur les sociétés en vertu des dispositions du 1 de l'article 206, et les groupements mentionnés à l'article 239 quater répondant aux conditions mentionnées au I et ayant pour membres des petites et moyennes entreprises définies au même I lorsqu'ils exposent des dépenses de prospection commerciale pour le compte de leurs membres afin d'exporter des services, des biens et des marchandises. Ces plafonds s'apprécient en prenant en compte la fraction du crédit d'impôt correspondant aux parts des associés de sociétés de personnes mentionnées aux articles 8, 238 bis L, aux parts des associés de sociétés de professions libérales mentionnées au I et aux droits des membres de groupements mentionnés aux articles 239 quater, 239 quater B et 239 quater C.

Lorsque ces sociétés ou groupements ne sont pas soumis à l'impôt sur les sociétés, le crédit d'impôt peut être utilisé par les associés proportionnellement à leurs droits dans ces sociétés ou ces groupements, à condition qu'il s'agisse de redevables de l'impôt sur les sociétés ou de personnes physiques participant à l'exploitation au sens du 1° bis du I de l'article 156.

Le crédit d'impôt ne peut être obtenu qu'une fois par l'entreprise. — V. Ann. III, art. 49 *septies YU et 49 septies YV : obligations déclaratives et modalités de détermination et d'imputation du crédit d'impôt pour dépenses de prospection commerciale.*

XXXIV *CRÉDIT D'IMPÔT POUR RELOCALISATION D'ACTIVITÉ EN FRANCE*

Art. 244 *quater* I *Périmé (Décr. n° 2010-421 du 27 avr. 2010).*

XXXV *CRÉDIT D'IMPÔT AU TITRE D'UNE AVANCE REMBOURSABLE NE PORTANT PAS INTÉRÊT*

Art. 244 *quater* J I. — **Les établissements de crédit ou les sociétés de financement mentionnés à l'article L. 511-1 du code monétaire et financier passibles de l'impôt sur les sociétés, de l'impôt sur le revenu ou d'un impôt équivalent, ayant leur siège dans un État membre de l'Union européenne ou dans un autre État partie à l'accord sur l'Espace économique européen ayant conclu avec la France une convention d'assistance administrative en vue de lutter contre la fraude et l'évasion fiscales, peuvent bénéficier d'un crédit d'impôt au titre d'avances remboursables ne portant pas intérêt consenties à des personnes physiques, soumises à des conditions de ressources, pour l'acquisition ou la construction d'une résidence principale en accession à la première propriété et versées au cours de l'année d'imposition ou de l'exercice.**

Le montant de l'avance remboursable sans intérêt peut, le cas échéant, financer l'ensemble des travaux prévus par le bénéficiaire de cette avance lors de l'acquisition de cette résidence.

Remplissent la condition de première propriété mentionnée au premier alinéa les personnes physiques bénéficiaires de l'avance remboursable sans intérêt n'ayant pas été propriétaires de leur résidence principale au cours des deux dernières années précédant l'offre de ladite avance.

Toutefois, cette condition n'est pas exigée dans les cas suivants :

***a)* Lorsque le bénéficiaire de l'avance remboursable ou l'un des occupants du logement à titre principal est titulaire de la carte "mobilité inclusion" portant la mention "invalidité" mentionnée à l'article L. 241-3 du code de l'action sociale et des familles ;**

***b)* Lorsque le bénéficiaire de l'avance remboursable ou l'un des occupants de la résidence à titre principal bénéficie d'une allocation attribuée en vertu des dispositions des articles L. 821-1 à L. 821-8 ou L. 541-1 à L. 541-3 du code de la sécurité sociale ;**

***c)* Lorsque le bénéficiaire de l'avance remboursable ou l'un des occupants de la résidence à titre principal est victime d'une catastrophe ayant conduit à rendre inhabitable de manière définitive sa résidence principale.**

L'attribution de ces avances remboursables est fonction de l'ensemble des ressources et du nombre des personnes destinées à occuper à titre principal la résidence des bénéficiaires desdites avances, de la localisation et du caractère neuf ou ancien du bien immobilier.

Lors de l'offre de l'avance remboursable sans intérêt, le montant total des ressources à prendre en compte s'entend de la somme des revenus fiscaux de référence, au sens du 1° du IV de l'article 1417, des personnes mentionnées au huitième alinéa au titre de :

1° L'avant-dernière année précédant celle de l'offre de l'avance lorsque cette dernière intervient entre le 1er janvier et le 31 mai ;

2° L'année précédant celle de l'offre de l'avance lorsque cette dernière intervient entre le 1er juin et le 31 décembre.

Dans le cas **où la composition du ou des foyers fiscaux des personnes mentionnées au huitième alinéa incluait, l'année retenue pour la détermination du montant total des ressources, des personnes qui ne sont pas destinées à occuper à titre principal le bien immobilier, le ou les revenus fiscaux de référence, au sens du 1° du IV de l'article 1417, concernés sont corrigés afin de ne tenir compte que des personnes mentionnées au huitième alinéa, le cas échéant de manière forfaitaire.**

Le montant total des ressources à prendre en compte ne doit pas excéder 64 875 €.

Le montant de l'avance remboursable sans intérêt est plafonné à 32 500 €. — *V. note ss. l'art.*

Ce dernier montant est majoré de 50 % dans les quartiers prioritaires de la politique de la ville et dans les zones franches urbaines – territoires entrepreneurs mentionnés à l'article 42 de la loi n° 95-115 du 4 février 1995 d'orientation pour l'aménagement et le développement du territoire. — *Pour la liste des quartiers prioritaires de la politique de la* *ville, V. Décr. n° 2014-1750 (métropole) et n° 2014-1751 (outre-mer) du 30 déc. 2014 (JO 31 déc.), et Arr. du 29 avr. 2015 (JO 7 mai).*

Jusqu'au 31 décembre 2010, le montant plafond de l'avance remboursable sans intérêt est majoré d'un montant de 15 000 € pour les opérations d'accession sociale à la propriété portant sur la construction ou l'acquisition de logements neufs et donnant lieu à une aide à l'accession sociale à la propriété attribuée par une ou plusieurs collectivités territoriales ou par un groupement de collectivités territoriales du lieu d'implantation du logement, dans les conditions prévues à l'article L. 312-2-1 du code de la construction et de l'habitation. Les ressources des ménages bénéficiaires de cette majoration doivent être inférieures ou égales aux plafonds de ressources permettant l'accès aux logements locatifs sociaux visés au I de l'article R. 331-1 du même code.

Le montant plafond de l'avance remboursable sans intérêt est majoré d'un montant de 20 000 € pour les opérations portant sur la construction ou l'acquisition de logements neufs ou en l'état futur d'achèvement dont le niveau élevé de performance énergétique globale, déterminé dans des conditions fixées par décret et justifié par le bénéficiaire de l'avance, est supérieur à celui qu'impose la législation en vigueur.

Un décret en Conseil d'État définit les caractéristiques financières et les conditions d'attribution de l'avance remboursable sans intérêt. *— V. CCH, art. R. 318-1 à R. 318-3, R. 318-13 et D. 318-28 à D. 318-34. — V. également Arr. du 29 avr. 2009 (JO 3 mai).*

II. — Le montant du crédit d'impôt est égal à la somme actualisée des écarts entre les mensualités dues au titre de l'avance remboursable sans intérêt et les mensualités d'un prêt consenti à des conditions normales de taux à la date d'émission de l'offre de l'avance remboursable sans intérêt.

Les modalités de calcul du crédit d'impôt et de détermination de ce taux sont fixées par décret en Conseil d'État.

Le crédit d'impôt résultant de l'application des premier et deuxième alinéas fait naître au profit de l'établissement de crédit ou de la société de financement une créance, inaliénable et incessible, d'égal montant. Cette créance constitue un produit imposable rattaché à hauteur d'un cinquième au titre de l'exercice au cours duquel l'établissement de crédit ou la société de financement a versé des avances remboursables sans intérêt et par fractions égales sur les exercices suivants.

En cas de fusion, la créance de la société absorbée est transférée à la société absorbante. En cas de scission ou d'apport partiel d'actif, la créance est transmise à la société bénéficiaire des apports à la condition que l'ensemble des prêts à taux zéro y afférents et versés à des personnes physiques par la société scindée ou apporteuse soient transférés à la société bénéficiaire des apports.

III. — Le bénéfice du crédit d'impôt est subordonné à la conclusion d'une convention entre l'établissement de crédit ou la société de financement mentionné au I et l'État, conforme à une convention type approuvée par arrêté conjoint du ministre chargé de l'économie et du ministre chargé du logement.

IV. — Une convention conclue entre l'établissement de crédit ou la société de financement mentionné au I et l'organisme chargé de gérer le Fonds de garantie de l'accession sociale à la propriété mentionné à l'article L. 312-1 du code de la construction et de l'habitation définit les modalités de déclaration par l'établissement de crédit ou la société de financement des avances remboursables, le contrôle de l'éligibilité des avances remboursables et le suivi des crédits d'impôt. *— V. CCH, art. R. 318-18 à R. 318-19.*

V. — L'organisme chargé de gérer le Fonds de garantie de l'accession sociale à la propriété mentionné au IV est tenu de fournir à l'administration fiscale dans les quatre mois de la clôture de l'exercice de chaque établissement de crédit ou société de financement les informations relatives aux avances remboursables sans intérêt versées par chaque établissement de crédit ou société de financement, le montant total des crédits d'impôt correspondants obtenus ainsi que leur suivi.

VI. — Lorsque les sociétés de personnes mentionnées aux articles 8 et 238 *bis* L, ou groupements mentionnés aux articles 239 *quater*, 239 *quater* B et 239 *quater* C ne sont pas soumis à l'impôt sur les sociétés, le crédit d'impôt peut être utilisé par les associés proportionnellement à leurs droits dans ces sociétés ou ces groupements, à condition qu'il s'agisse de redevables de l'impôt sur les sociétés ou de personnes physiques participant à l'exploitation au sens du 1° *bis* du I de l'article 156.

Sur les obligations déclaratives et modalités de détermination et d'imputation du crédit d'impôt en faveur des établissements qui consentent des avances remboursables sans intérêt, V. Ann. III, art. 49 septies YP à 49 septies YT.

Les avances prévues au présent art. n'ouvrent pas droit au crédit d'impôt mentionné au même art. lorsque l'offre de prêt n'a pas fait l'objet d'une acceptation avant le 1er juill. 2011 ou lorsque les fonds n'ont pas été mis à disposition de l'emprunteur, en totalité ou partiellement, avant le 1er juill. 2012.

XXXVI CRÉDIT D'IMPÔT POUR INVESTISSEMENT DANS LES TECHNOLOGIES DE L'INFORMATION

Art. 244 *quater* K *Périmé (Décr. n° 2010-421 du 27 avr. 2010).*

XXXVII CRÉDIT D'IMPÔT EN FAVEUR DE L'AGRICULTURE BIOLOGIQUE

Art. 244 *quater* L **I. — Les entreprises agricoles bénéficient d'un crédit d'impôt au titre de chacune des années 2011 à** *(L. n° 2021-1900 du 30 déc. 2021, art. 84-I-1° et II, en vigueur le 1er janv. 2023)* **« 2025** *[ancienne rédaction : 2022]* **» au cours desquelles au moins 40 % de leurs recettes proviennent d'activités mentionnées à l'article 63 relevant du mode de production biologique conformément aux règles fixées dans le règlement** *(L. n° 2020-1721 du 29 déc. 2020, art. 150-I-2° et II, en vigueur le 1er janv. 2022)* **« (UE) 2018/848 du Parlement européen et du Conseil du 30 mai 2018 relatif à la production biologique et à l'étiquetage des produits biologiques, et abrogeant le règlement (CE) n° 834/2007 du Conseil** *[ancienne rédaction : (CE) n° 834/2007 du Conseil, du 28 juin 2007, relatif à la production biologique et à l'étiquetage de produits biologiques et abrogeant le règlement (CEE) n° 2092/91]* **».**

II. — 1. Le montant du crédit d'impôt mentionné au I s'élève à *(L. n° 2021-1900 du 30 déc. 2021, art. 84-I-2° et II, en vigueur le 1er janv. 2023)* **« 4 500 €** *[ancienne rédaction : 3 500 €]* **».**

2. Les entreprises qui bénéficient d'une aide à la conversion à l'agriculture biologique ou d'une aide au maintien de l'agriculture biologique, en application du règlement (UE) n° 1305/2013 du Parlement européen et du Conseil du 17 décembre 2013 relatif au soutien au développement rural par le Fonds européen agricole pour le développement rural (Feader) et abrogeant le règlement (CE) n° 1698/2005 du Conseil, peuvent bénéficier du crédit d'impôt prévu au I du présent article lorsque le montant résultant de la somme de ces aides et de ce crédit d'impôt n'excède pas *(L. n° 2021-1900 du 30 déc. 2021, art. 84-I-3° et II, en vigueur le 1er janv. 2023)* **« 5 000 €** *[ancienne rédaction : 4 000 €]* **» au titre de chacune des années mentionnées au même I. Le montant du crédit d'impôt mentionné audit I est diminué, le cas échéant,** *(L. n° 2017-1837 du 30 déc. 2017, art. 96)* **« pour que le montant résultant de la somme des aides et du crédit d'impôt ne dépasse pas** *(L. n° 2021-1900 du 30 déc. 2021, art. 84-I-3° et II, en vigueur le 1er janv. 2023)* **« 5 000 €** *[ancienne rédaction : 4 000 €]* **». »** *— Le Règl. (UE) n° 1305/2013 du 17 déc. 2013 est abrogé à compter du 1er janv. 2023. Il continue toutefois de s'appliquer, sous réserve du Règl. (UE) 2020/2220 du Parlement européen et du Conseil, à la mise en œuvre des programmes de développement rural conformément au Règl. (UE) n° 1305/2013, jusqu'au 31 déc. 2025 (Règl. (UE) 2021/2115 du 2 déc. 2021, art. 154-1).*

3. Pour le calcul du crédit d'impôt des groupements agricoles d'exploitation en commun, les montants mentionnés aux 1 et 2 sont multipliés par le nombre d'associés, sans que le montant du crédit d'impôt ainsi obtenu puisse excéder quatre fois le crédit d'impôt calculé dans les conditions prévues aux mêmes 1 et 2.

III. — Le crédit d'impôt calculé par les sociétés de personnes mentionnées aux articles 8 et 238 *bis* L ou les groupements mentionnés aux articles 238 *ter*, 239 *quater*, 239 *quater* B, 239 *quater* C et 239 *quinquies*, qui ne sont pas soumis à l'impôt sur les sociétés, peut être utilisé par leurs associés proportionnellement à leurs droits dans ces sociétés ou ces groupements, à condition qu'il s'agisse de redevables de l'impôt sur les sociétés ou de personnes physiques participant à l'exploitation au sens du 1° *bis* du I de l'article 156.

IV. — Le bénéfice du crédit d'impôt mentionné au I est subordonné au respect du règlement (UE) n° 1408/2013 de la Commission, du 18 décembre 2013, relatif à l'application des articles 107 et 108 du traité sur le fonctionnement de l'Union européenne aux aides *de*

minimis **dans le secteur de l'agriculture** *(L. n° 2017-1837 du 30 déc. 2017, art. 96)* **« ou du règlement (UE) n° 717/2014 de la Commission du 27 juin 2014 concernant l'application des articles 107 et 108 du traité sur le fonctionnement de l'Union européenne aux aides *de minimis* dans le secteur de la pêche et de l'aquaculture ».** *— V. art. 199 ter K et 220 M. — V. Ann. III, art. 49 septies Z à 49 septies ZB bis.*

Les dispositions du présent art. issues de la L. n° 2017-1837 du 30 déc. 2017 s'appliquent aux crédits d'impôt calculées à compter du 1er janv. 2018 (L. préc., art. 96).

Crédit d'impôt en faveur de l'agriculture biologique. Champ d'application. Entreprises et groupements concernés. Détermination du crédit d'impôt. Calcul du ratio de recettes. Obligations déclaratives. Règlement *de minimis* agricole. * BOI-BA-RICI-20-40 du 10 mars 2021.

XXXVIII *CRÉDIT D'IMPÔT POUR FORMATION DES DIRIGEANTS*

Art. 244 *quater* M **I. — Les entreprises imposées d'après leur bénéfice réel ou exonérées en application des articles 44 *sexies*, 44 *sexies* A** *(Abrogé par L. n° 2021-1900 du 30 déc. 2021, art. 35-I-20°)* **« , 44 *octies* », 44 *octies* A, 44 *terdecies* à** *(L. n° 2018-1317 du 28 déc. 2018, art. 135-I-8°)* **« 44 *septdecies* » peuvent bénéficier d'un crédit d'impôt égal au produit du nombre d'heures passées par le chef d'entreprise en formation par le taux horaire du salaire minimum de croissance établi en exécution des articles L. 3231-2 à L. 3231-11 du code du travail.**

(L. n° 2021-1900 du 30 déc. 2021, art. 19-I-3°-a et IV, applicable aux heures de formation effectuées à compter du 1er janv. 2022) **« I *bis*. — Pour les entreprises qui satisfont à la définition de la microentreprise donnée à l'annexe I au règlement (UE) n° 651/2014 de la Commission du 17 juin 2014 déclarant certaines catégories d'aides compatibles avec le marché intérieur en application des articles 107 et 108 du traité, le montant du crédit d'impôt est égal au double du produit déterminé au I du présent article. »**

II. — Le crédit d'impôt est plafonné à la prise en compte de quarante heures de formation par année civile. *(Abrogé par L. n° 2018-1317 du 28 déc. 2018, art. 19-I-4°, pour les crédits d'impôts calculés au titre des exercices ouverts à compter du 1er janv. 2019 pour les heures de formation effectuées à compter de cette même date)* ***« Les heures de formation correspondant aux dépenses mentionnées au V de l'article 44 quaterdecies ne sont pas prises en compte. »***

II *bis*. — Pour le calcul du crédit d'impôt des groupements agricoles d'exploitation en commun, le plafond horaire mentionné au II est multiplié par le nombre d'associés chefs d'exploitation.

III. — Le crédit d'impôt calculé par les sociétés de personnes mentionnées aux articles 8, 238 *bis* L, 239 *ter* et 239 *quater* A ou les groupements mentionnés aux articles 238 *ter*, 239 *quater*, 239 *quater* B, 239 *quater* C et 239 *quinquies* qui ne sont pas soumis à l'impôt sur les sociétés peut être utilisé par leurs associés proportionnellement à leurs droits dans ces sociétés ou ces groupements, à condition qu'il s'agisse de redevables de l'impôt sur les sociétés ou de personnes physiques participant à l'exploitation au sens du 1° *bis* du I de l'article 156.

(L. n° 2021-1900 du 30 déc. 2021, art. 19-I-3° et IV, applicable aux heures de formation effectuées à compter du 1er janv. 2022) **« III *bis*. — Le bénéfice du crédit d'impôt déterminé dans les conditions prévues au I *bis* est subordonné au respect du règlement (UE) n° 1407/2013 de la Commission du 18 décembre 2013 relatif à l'application des articles 107 et 108 du traité sur le fonctionnement de l'Union européenne aux aides *de minimis*, du règlement (UE) n° 1408/2013 de la Commission du 18 décembre 2013 relatif à l'application des articles 107 et 108 du traité sur le fonctionnement de l'Union européenne aux aides *de minimis* dans le secteur de l'agriculture ou du règlement (UE) n° 717/2014 de la Commission du 27 juin 2014 concernant l'application des articles 107 et 108 du traité sur le fonctionnement de l'Union européenne aux aides *de minimis* dans le secteur de la pêche et de l'aquaculture.**

« IV. — Les I et I *bis* s'appliquent » aux heures de formation effectuées jusqu'au 31 décembre 2022. » *— V. art. 199 ter L et 220 N, et Ann. III, art. 49 septies ZC à 49 septies ZH.*

1. Commentaire administratif. Dirigeants et formations concernés. Calcul et utilisation du crédit d'impôt. Obligations déclaratives. Entrée en vigueur. * BOI-BIC-RICI-10-50 du 11 févr. 2013.

2. Agent d'assurances. Un agent d'assurances qui exerce l'option pour l'imposition selon le régime des traitements et salaires et qui opte pour la déduction de ses frais professionnels réels peut bénéficier du crédit d'impôt en faveur de la formation des dirigeants. • TA Poitiers, 1er avr. 2010, n° 08-2543 : *RJF 2010. 901.*

3. Sapeurs-pompiers. Les dépenses liées aux actions de formation de sapeurs-pompiers volontaires ne sont pas éligibles au crédit d'impôt. * Rescrit 6 sept. 2011 : *n° 2011/26 FE* * BOI-BIC-RICI-10-50 n° 20 du 11 févr. 2013.

XXXIX *CRÉDIT D'IMPÔT POUR EMPLOI DE SALARIÉS RÉSERVISTES*

Art. 244 quater N *Périmé (Décr. n° 2011-645 du 9 juin 2011).*

XL *CRÉDIT D'IMPÔT EN FAVEUR DES MÉTIERS D'ART*

Art. 244 quater O I. — Les entreprises mentionnées au III et imposées d'après leur bénéfice réel ou exonérées en application des articles 44 *sexies*, 44 *sexies* A *(Abrogé par L. n° 2021-1900 du 30 déc. 2021, art. 35-I-21°)* « , 44 *septies*, 44 *octies* », 44 *octies* A, 44 *duodecies*, 44 *terdecies* à *(L. n° 2018-1317 du 28 déc. 2018, art. 135-I-8°)* « 44 *septdecies* » peuvent bénéficier d'un crédit d'impôt égal à 10 % de la somme : — *Les dispositions issues de l'art. 35 de la L. n° 2021-1900 du 30 déc. 2021 s'appliquent à compter du premier exercice suivant celui au cours duquel l'exonération prévue à l'art. 44 septies CGI, dans sa rédaction antérieure à ladite loi, cesse de s'appliquer (L. préc., art. 35-XXI-B).*

1° Des salaires et charges sociales afférents aux salariés directement affectés à la création d'ouvrages réalisés en un seul exemplaire ou en petite série. La création d'ouvrages uniques, réalisés en un exemplaire ou en petite série, se définit selon deux critères cumulatifs :

a) Un ouvrage pouvant s'appuyer sur la réalisation de plans ou maquettes ou de prototypes ou de tests ou encore de mise au point manuelle particulière à l'ouvrage ;

b) Un ouvrage produit en un exemplaire ou en petite série ne figurant pas à l'identique dans les réalisations précédentes de l'entreprise ;

2° Des dotations aux amortissements des immobilisations créées ou acquises à l'état neuf qui sont directement affectées à la création d'ouvrages mentionnés au 1° et à la réalisation de prototypes ;

3° Des frais de dépôt des dessins et modèles relatifs aux ouvrages mentionnés au 1° ;

4° Des frais de défense des dessins, des modèles, dans la limite de 60 000 € par an ;

5° *Abrogé.*

6° Des dépenses liées à l'élaboration d'ouvrages mentionnés au 1° confiées par ces entreprises à des stylistes ou bureaux de style externes.

I *bis.* — Les entreprises mentionnées aux 1° et 3° du III du présent article et imposées d'après leur bénéfice réel ou exonérées en application des mêmes articles 44 *sexies*, 44 *sexies* A *(Abrogé par L. n° 2021-1900 du 30 déc. 2021, art. 35-I-21° et XXI-B)* « , 44 *septies*, 44 *octies* », 44 *octies* A, 44 *duodecies* et 44 *terdecies* à *(L. n° 2018-1317 du 28 déc. 2018, art. 135-I-8°)* « 44 *septdecies* » et œuvrant dans le domaine de la restauration du patrimoine bénéficient du crédit d'impôt prévu au premier alinéa du I du présent article au titre : — *Les dispositions du présent al. s'appliquent au report en arrière des déficits qui sont constatés à compter du premier exercice suivant celui au cours duquel les exonérations prévues respectivement aux art. 44 septies et 44 octies CGI, dans leur rédaction antérieure à la L. n° 2021-1900 du 30 déc. 2021, cessent de s'appliquer (L. préc., art. 35-XXI-B).*

1° Des salaires et charges sociales afférents aux salariés directement affectés à l'activité de restauration du patrimoine ;

2° Des dotations aux amortissements des immobilisations créées ou acquises à l'État neuf qui sont directement affectées à l'activité mentionnée au 1° ;

3° Des frais de dépôt des dessins et modèles relatifs à l'activité mentionnée au même 1° ;

4° Des frais de défense des dessins et des modèles, dans la limite de 60 000 € par an ;

5° Des dépenses liées à l'activité mentionnée audit 1° confiées par ces entreprises à des stylistes ou à des bureaux de style externes.

II. — Le taux de 10 % visé au I est porté à 15 % pour les entreprises visées au 3° du III. Le crédit d'impôt est plafonné à 30 000 € par an et par entreprise.

III. — Les entreprises pouvant bénéficier du crédit d'impôt sont :

1° Les entreprises dont les charges de personnel afférentes aux salariés qui exercent un des métiers d'art énumérés dans un arrêté du ministre chargé des petites et moyennes entreprises représentent au moins 30 % de la masse salariale totale ;

2° Les entreprises industrielles des secteurs de l'horlogerie, de la bijouterie, de la joaillerie, de l'orfèvrerie, de la lunetterie, des arts de la table, du jouet, de la facture instrumentale et de l'ameublement ; les nomenclatures des activités et des produits concernés sont définies par arrêté du ministre chargé de l'industrie ;

3° Les entreprises portant le label "Entreprise du patrimoine vivant" au sens de l'article 23 de la loi n° 2005-882 du 2 août 2005 en faveur des petites et moyennes entreprises.

IV. — Quelle que soit la date de clôture des exercices et quelle que soit leur durée, le crédit d'impôt est calculé par année civile.

V. — Les subventions publiques reçues par les entreprises à raison de dépenses ouvrant droit au crédit d'impôt sont déduites des bases de calcul de ce crédit.

VI. — Les mêmes dépenses ne peuvent entrer à la fois dans la base de calcul du crédit d'impôt et dans celle d'un autre crédit d'impôt.

VI *bis*. — Le bénéfice du crédit d'impôt est subordonné au respect du règlement (UE) n° 1407/2013 de la Commission, du 18 décembre 2013, relatif à l'application des articles 107 et 108 du traité sur le fonctionnement de l'Union européenne aux aides *de minimis*.

Pour l'application du premier alinéa, les sociétés de personnes et les groupements mentionnés aux articles 8, 238 *bis* L, 239 *quater*, 239 *quater* A, 239 *quater* B et 239 *quater* C qui ne sont pas soumis à l'impôt sur les sociétés doivent également respecter le règlement (UE) n° 1407/2013 de la Commission, du 18 décembre 2013, précité. Le crédit d'impôt peut être utilisé par les associés de ces sociétés ou les membres de ces groupements proportionnellement à leurs droits dans ces sociétés ou groupements s'ils satisfont aux conditions d'application de ce même règlement et sous réserve qu'il s'agisse de redevables soumis à l'impôt sur les sociétés ou de personnes physiques participant à l'exploitation au sens du 1° *bis* du I de l'article 156. — *Pour les aides antérieures au 1er janv. 2014, V. App., Règl. (UE) n° 1407/2013 préc., art. 7.*

VII. — *Abrogé.*

VIII. — Le présent article s'applique aux crédits d'impôt calculés au titre des dépenses exposées par les entreprises mentionnées au III jusqu'au 31 décembre *(L. n° 2021-1900 du 30 déc. 2021, art. 85)* « 2023 ». — *V. Ann. III 49 septies ZM à 49 septies ZO ; V. également LPF, art. L. 45 BA.* — ***C. pr. fisc.***

1. Crédit d'impôt en faveur des métiers d'art. Commentaire administratif. Entreprises et dépenses concernées. Notion de « conception de nouveaux produits ». Activités de restauration du patrimoine. Calcul, plafonnement et utilisation du crédit d'impôt. Obligations déclaratives. * BOI-BIC-RICI-10-100 du 24 mars 2021.

2. Exclusion des prestations de services. Sont exclues du bénéfice du crédit d'impôt, d'une part, les activités de prestation de services et, d'autre part, celles conduisant à la production de biens immeubles ou de biens meubles incorporels. • CE 9 avr. 2014, *Sté Anges et Design*, n° 373436 : *RJF 2014. 673.*

3. Ébéniste. Un contribuable qui exerce la profession d'ébéniste peut bénéficier du crédit d'impôt dès lors que ce métier figure sur la liste annexée à un arrêté du 12 déc. 2003. La circonstance que cette liste précise que la restauration de meubles est une spécialité du métier d'ébéniste n'a pas pour effet de limiter l'application du crédit d'impôt aux professionnels qui exercent cette spécialité. • TA Dijon, 16 mars 2010, n° 08-2864 : *RJF 2010. 879.*

4. Tailleur de pierre. Une entreprise qui exerce une activité de maçonnerie et taille de pierre doit être regardée comme exerçant un métier d'art au sens de l'article 244 *quater* O. Elle est donc susceptible de bénéficier du crédit d'impôt métiers d'art pour une part de son activité sous réserve de remplir les conditions requises. • TA Caen, 17 mai 2011, n° 1001889 : *RJF 2012. 225.*

5. Ferronnier. Une entreprise de conception et réalisation d'ouvrages de ferronnerie (grilles, portails, rampes d'escalier, dessus de puits et garde-corps) ne peut prétendre au crédit d'impôt métiers d'art dès lors que ces ouvrages ne se distinguent pas des objets industriels ou artisanaux existants ou des séries ou collections précédentes, par leur apparence caractérisée en particulier par leurs lignes, contours, couleurs, matériaux, forme, texture, ou par leur fonctionnalité. • CAA Douai, 12 févr. 2013, *SARL Ferronnerie Cauchoise*, n° 12DA00168 : *RJF 2013. 808.*

XLI *CRÉDIT D'IMPÔT POUR DÉPENSES DE FORMATION À L'ÉCONOMIE DE L'ENTREPRISE ET AUX DISPOSITIFS D'ÉPARGNE SALARIALE ET D'ACTIONNARIAT SALARIÉ*

Art. 244 *quater* P *Périmé (Décr. nº 2011-645 du 9 juin 2011).*

XLII *CRÉDIT D'IMPÔT EN FAVEUR DES MAÎTRES[-]RESTAURATEURS*

Art. 244 *quater* Q I. — 1. Les entreprises imposées d'après leur bénéfice réel ou exonérées en application des articles 44 *sexies* *(Abrogé par L. nº 2021-1900 du 30 déc. 2021, art. 35-I-22º)* « , 44 *septies*, 44 *octies* », 44 *terdecies*, 44 *quaterdecies* *(L. nº 2017-1775 du 28 déc. 2017, art. 17)* « , 44 *quindecies* » *(L. nº 2018-1317 du 28 déc. 2018, art. 135-I-5º)* « , 44 *sexdecies* ou 44 *septdecies* », dont le dirigeant ou un salarié est titulaire du titre de maître-restaurateur, peuvent bénéficier d'un crédit d'impôt égal à 50 % des dépenses qui permettent de satisfaire aux normes d'aménagement et de fonctionnement prévues par le cahier des charges relatif au titre de maître-restaurateur. — *Les dispositions issues de l'art. 35 de la L. nº 2021-1900 du 30 déc. 2021 s'appliquent à compter du premier exercice suivant celui au cours duquel l'exonération prévue à l'art. 44 septies CGI, dans sa rédaction antérieure à ladite loi, cesse de s'appliquer (L. préc., art. 35-XXI-B).*

Lorsque le titulaire du titre de maître-restaurateur est dirigeant d'une entreprise disposant de plusieurs établissements, le crédit d'impôt est calculé au titre des dépenses exposées par les établissements contrôlés dans le cadre de la délivrance de ce titre.

Lorsque le titulaire du titre de maître-restaurateur est dirigeant de plusieurs entreprises, le crédit d'impôt est accordé à une seule entreprise, dont le ou les établissements sont contrôlés dans le cadre de la délivrance de ce titre.

Lorsque le titulaire du titre de maître-restaurateur est un salarié, le crédit d'impôt est accordé à l'entreprise dont le ou les établissements sont contrôlés dans le cadre de la délivrance de ce titre.

2. Pour l'application du 1, le dirigeant s'entend de l'exploitant pour les entreprises individuelles ou d'une personne exerçant les fonctions de gérant nommé conformément aux statuts d'une société à responsabilité limitée ou en commandite par actions, de président, directeur général, président du conseil de surveillance ou membre du directoire d'une société par actions.

Le salarié titulaire du titre de maître-restaurateur doit, au 31 décembre de l'année civile au titre de laquelle le crédit d'impôt est calculé, être employé depuis au moins un mois, le cas échéant après une période d'essai, par l'entreprise et avoir conclu avec celle-ci un contrat de travail à durée indéterminée ou à durée déterminée pour une période minimale de douze mois, pour un temps de travail qui ne peut être inférieur à la durée minimale de travail définie au premier alinéa de l'article L. 3123-7 et aux articles L. 3123-19 et L. 3123-27 du code du travail.

II. — 1. Les dépenses qui permettent de satisfaire aux normes d'aménagement et de fonctionnement prévues par le cahier des charges relatif au titre de maître-restaurateur et ouvrant droit au crédit d'impôt mentionné au 1 du I sont :

1º Les dotations aux amortissements des immobilisations permettant d'adapter les capacités de stockage et de conservation de l'entreprise à un approvisionnement majoritaire en produits frais :

a) matériel de réfrigération en froid positif ou négatif ;

b) matériel lié au stockage en réserve sèche ou en cave ;

c) matériel de conditionnement sous vide ;

d) matériel pour la réalisation de conserves et de semi-conserves ;

e) matériel de stérilisation et de pasteurisation ;

f) matériel de transport isotherme ou réfrigéré utilisé pour le transport des produits frais et permettant de respecter l'isolation des produits transportés ;

2º Les dotations aux amortissements des immobilisations relatives à l'agencement et à l'équipement des locaux lorsqu'elles permettent d'améliorer l'hygiène alimentaire :

a) travaux de gros œuvre et de second œuvre liés à la configuration des locaux ;

b) matériel de cuisson, de réchauffage, de conservation des repas durant le service ;

c) plans de travail ;

d) systèmes d'évacuation ;

3° Les dotations aux amortissements des immobilisations et les dépenses permettant d'améliorer l'accueil de la clientèle et relatives :

a) à la verrerie, à la vaisselle et à la lingerie ;

b) à la façade et à la devanture de l'établissement ;

c) à la création d'équipements extérieurs ;

d) à l'acquisition d'équipements informatiques et de téléphonie directement liés à l'accueil ou à l'identité visuelle de l'établissement ;

4° Les dotations aux amortissements des immobilisations et les dépenses permettant l'accueil des personnes à mobilité réduite ;

5° Les dépenses d'audit externe permettant de vérifier le respect du cahier des charges relatif au titre de maître-restaurateur.

2. Les dépenses mentionnées au 1 sont prises en compte pour le calcul du crédit dans la limite de 30 000 € pour l'ensemble de la période constituée de l'année civile au cours de laquelle le dirigeant de l'entreprise ou un salarié a obtenu le titre de maître-restaurateur et des deux années suivantes.

3. Les dépenses mentionnées au 1 doivent satisfaire aux conditions suivantes :

a) Être des charges déductibles du résultat imposable à l'impôt sur le revenu ou à l'impôt sur les sociétés dans les conditions de droit commun ;

b) Ne pas avoir été ou être comprises dans la base de calcul d'un autre crédit ou réduction d'impôt.

4. Les subventions publiques reçues par les entreprises à raison de dépenses ouvrant droit au crédit d'impôt sont déduites des bases de calcul de ce crédit.

III. — Quelle que soit la date de clôture des exercices et quelle que soit leur durée, le crédit d'impôt mentionné au I est calculé par année civile.

IV. — Le bénéfice du crédit d'impôt mentionné au I est subordonné au respect du règlement (UE) n° 1407/2013 de la Commission, du 18 décembre 2013, relatif à l'application des articles 107 et 108 du traité sur le fonctionnement de l'Union européenne aux aides *de minimis*. — *Pour les aides antérieures au 1er janv. 2014, V. App., Règl. (UE) n° 1407/2013 préc., art. 7.*

Pour l'application du premier alinéa, les sociétés de personnes mentionnées aux articles 8 et 238 *bis* L qui ne sont pas soumises à l'impôt sur les sociétés doivent également respecter le règlement (UE) n° 1407/2013 de la Commission, du 18 décembre 2013, précité. Le crédit d'impôt peut être utilisé par les associés de ces sociétés proportionnellement à leurs droits dans ces sociétés s'ils satisfont aux conditions d'application de ce même règlement et sous réserve qu'il s'agisse de redevables soumis à l'impôt sur les sociétés ou de personnes physiques participant à l'exploitation au sens du 1° *bis* du I de l'article 156.

V. — Les I à IV s'appliquent aux entreprises dont le dirigeant ou un salarié a obtenu la délivrance du titre de maître-restaurateur entre le 15 novembre 2006 et le 31 décembre 2017.

VI. — Les conditions dans lesquelles le titre de maître-restaurateur est délivré par l'autorité administrative aux dirigeants ou aux salariés et le cahier des charges est établi sont définies par décret en Conseil d'État. — *V. Décr. n° 2007-1359 du 14 sept. 2007, mod. par Décr. n° 2015-348 du 26 mars 2015, Arr. du 14 sept. 2007 (JO 16 sept.) et Arr. du 17 janv. 2008 (JO 25 janv.).*

Un décret fixe les conditions d'application du présent article, notamment les obligations déclaratives incombant aux entreprises. — *V. Ann. III, art. 49 septies ZR à 49 septies ZU.*

1. Crédit d'impôt en faveur des maîtres-restaurateurs. Entreprises concernées. Dépenses éligibles. Calcul et utilisation du crédit d'impôt. Obligations déclaratives et contrôle. * BOI-BIC-RICI-10-70-10 n° 290 du 4 mai 2016.

2. Ouvrent droit au crédit d'impôt maître-restaurateur les dépenses éligibles engagées et les dotations aux amortissements d'immobilisations acquises l'année de renouvellement du titre et les deux années suivantes, dans la limite de 30 000 € pour l'ensemble de cette période. * BOI-BIC-RICI-10-70-10 du 4 mai 2016.

XLIII *CRÉDIT D'IMPÔT EN FAVEUR DES DÉBITANTS DE TABAC*

Art. 244 *quater* R *Périmé (Décr. n° 2014-549 du 26 mai 2014).*

Crédit d'impôt en faveur des débitants de tabac. Entreprises concernées. Dépenses éligibles (linéaires, vitrines, terminaux informatiques). Taux et utilisation du crédit d'impôt. Application de la réglementation communautaire relative aux aides *de minimis*. Obligations déclaratives. * BOI-BIC-RICI-10-80 du 12 sept. 2012.

Art. 244 quater S *Transféré ss. l'art. 220 terdecies par L. n° 2007-1824 du 25 déc. 2007, art. 91-I.*

XLV *CRÉDIT D'IMPÔT AU TITRE DES PRIMES D'INTÉRESSEMENT*

Art. 244 quater T *(Périmé, Décr. n° 2019-559 du 6 juin 2019, art. 1er)* ***I. — Les entreprises imposées d'après leur bénéfice réel ou exonérées en application des articles 44 sexies, 44 sexies A, 44 septies, 44 octies, 44 octies A, 44 duodecies et 44 terdecies, employant habituellement, au sens de l'article L. 1111-2 du code du travail, moins de cinquante salariés et ayant conclu un accord d'intéressement en application du titre Ier du livre III de la troisième partie du même code peuvent bénéficier d'un crédit d'impôt au titre des primes d'intéressement dues en application de cet accord.***

Au titre des exercices clos entre le 1er janvier 2015 et le 31 décembre 2017, lorsqu'une entreprise, à la date de clôture de l'exercice, constate un dépassement du seuil d'effectif fixé au premier alinéa, cette circonstance ne lui fait pas perdre le bénéfice du crédit d'impôt au titre de cet exercice et des deux exercices suivants.

I bis. — Pour les entreprises employant habituellement, au sens de l'article L. 1111-2 du code du travail, moins de deux cent cinquante salariés, le I s'applique aux crédits d'impôt relatifs aux primes d'intéressement dues en application d'accords d'intéressement conclus ou renouvelés à compter du 1er janvier 2011. Pour les entreprises membres d'un groupe mentionné à l'article 223 A ou à l'article 223 A bis du code général des impôts, le nombre de salariés est apprécié en faisant la somme des salariés de chacune des sociétés membres de ce groupe.

II. — Ce crédit d'impôt est égal à 30 % de la différence entre, d'une part, les primes d'intéressement mentionnées au I dues au titre de l'exercice et, d'autre part, la moyenne des primes dues au titre de l'accord précédent ou, si leur montant est plus élevé, les primes d'intéressement dues au titre de l'exercice précédent.

III. — Les primes mentionnées au I ne peuvent entrer à la fois dans la base de calcul du crédit d'impôt et dans celle d'un autre crédit d'impôt.

IV. — En cas de fusion, apports ou opérations assimilées réalisés pendant la durée d'application de l'accord en cours ou de l'accord précédent, ou au cours de l'un des exercices séparant l'accord en cours du précédent, la moyenne des primes mentionnées au II dues par la société absorbante ou bénéficiaire des apports et par la société apporteuse est égale au montant moyen des primes dues à chaque salarié au titre de l'accord précédent multiplié par le nombre total de salariés constaté à l'issue de ces opérations.

V. — Un décret fixe les conditions d'application du présent article, notamment les obligations déclaratives. *— V. art. 199 ter R et 220 Y ci-dessus, et Ann. III, art. 49 septies ZY et 49 septies ZZ.*

VI. — Le bénéfice du crédit d'impôt mentionné aux I et I bis est subordonné au respect du règlement (UE) n° 1407/2013 de la Commission, du 18 décembre 2013, relatif à l'application des articles 107 et 108 du traité sur le fonctionnement de l'Union européenne aux aides de minimis. *— Pour les aides antérieures au 1er janv. 2014, V. App., Règl. (UE) n° 1407/2013 préc., art. 7.*

Pour l'application du premier alinéa, les sociétés de personnes mentionnées aux articles 8 et 238 bis L qui ne sont pas soumises à l'impôt sur les sociétés doivent également respecter le règlement (UE) n° 1407/2013 de la Commission, du 18 décembre 2013, précité. Le crédit d'impôt peut être utilisé par les associés de ces sociétés proportionnellement à leurs droits dans ces sociétés s'ils satisfont aux conditions d'application de ce même règlement et sous réserve qu'il s'agisse de redevables soumis à l'impôt sur les sociétés ou de personnes physiques participant à l'exploitation au sens du 1° bis du I de l'article 156.

XLVI *CRÉDIT D'IMPÔT AU TITRE DES AVANCES REMBOURSABLES NE PORTANT PAS INTÉRÊT POUR LE FINANCEMENT DE TRAVAUX D'AMÉLIORATION DE LA PERFORMANCE ÉNERGÉTIQUE DES LOGEMENTS ANCIENS*

Art. 244 *quater* U I. – 1. Les établissements de crédit et les sociétés de financement mentionnés à l'article L. 511-1 du code monétaire et financier passibles de l'impôt sur les sociétés, de l'impôt sur le revenu ou d'un impôt équivalent, ayant leur siège dans un État membre de l'Union européenne ou dans un autre État partie à l'accord sur l'Espace économique européen ayant conclu avec la France une convention d'assistance administrative en vue de lutter contre la fraude et l'évasion fiscales, peuvent bénéficier d'un crédit d'impôt au titre d'avances remboursables ne portant pas intérêt versées au cours de l'année d'imposition ou de l'exercice pour financer des travaux d'amélioration de la performance énergétique globale de logements achevés *(L. n° 2018-1317 du 28 déc. 2018, art. 184-I et III, applicable aux offres d'avances émises à compter du 1er juill. 2019)* « depuis plus de deux ans à la date de début d'exécution des travaux *[ancienne rédaction : avant le 1er janvier 1990 en métropole, et de logements dont le permis de construire a été déposé avant le 1er mai 2010 pour les départements de Guadeloupe, de Martinique, de Guyane, de La Réunion et de Mayotte,]* » et utilisés ou destinés à être utilisés en tant que résidence principale.

2. Les travaux mentionnés au 1 sont constitués :

1° Soit de travaux qui correspondent à *(L. n° 2018-1317 du 28 déc. 2018, art. 184-I et III, applicable aux offres d'avances émises à compter du 1er mars 2019)* « au moins une *[ancienne rédaction : une combinaison d'au moins deux]* » des catégories suivantes :

a) Travaux d'isolation thermique performants des toitures ;

b) Travaux d'isolation thermique performants des murs donnant sur l'extérieur ;

c) Travaux d'isolation thermique performants des parois vitrées et portes donnant sur l'extérieur ;

d) Travaux d'installation, de régulation ou de remplacement de systèmes de chauffage, le cas échéant associés à des systèmes de ventilation économiques et performants, ou de production d'eau chaude sanitaire performants ;

e) Travaux d'installation d'équipements de chauffage utilisant une source d'énergie renouvelable ;

f) Travaux d'installation d'équipements de production d'eau chaude sanitaire utilisant une source d'énergie renouvelable ;

(L. n° 2018-1317 du 28 déc. 2018, art. 184-I et III, applicable aux offres d'avances émises à compter du 1er juill. 2019) « *g)* Travaux d'isolation des planchers bas ;

1° *bis* Soit de travaux permettant d'améliorer la performance énergétique du logement et ayant ouvert droit à une aide accordée par l'Agence nationale de l'habitat au titre de la lutte contre la précarité énergétique ;

(L. n° 2021-1900 du 30 déc. 2021, art. 86-I-A-1° et IV-B, applicable aux offres d'avances émises à compter du 1er juill. 2022) « 1° *ter* Soit de travaux d'amélioration de la performance énergétique du logement ayant ouvert droit à la prime de transition énergétique mentionnée au II de l'article 15 de la loi n° 2019-1479 du 28 décembre 2019 de finances pour 2020 ; »

2° Soit de travaux permettant d'atteindre une performance énergétique globale minimale du logement ;

3° Soit de travaux de réhabilitation de systèmes d'assainissement non collectif par des dispositifs ne consommant pas d'énergie.

Les modalités de détermination des travaux mentionnés aux 1° à 3° sont fixées par décret. Ce décret fixe également les critères de qualification de l'entreprise exigés pour les travaux mentionnés aux 1° et 2°. – V. CCH, art. D. 319-16 et D. 319-17. – **CCH.** – *V. égal. Arr. du 30 mars 2009 (JO 31 mars) et du 25 mai 2011, (JO 17 juin).*

La condition d'ancienneté du logement mentionnée au 1 ne s'applique pas en cas de réalisation de travaux prévus *(L. n° 2021-1900 du 30 déc. 2021, art. 86-I-A-1° et IV-B, applicable aux offres d'avances émises à compter du 1er juill. 2022)* « aux 1° *bis* et 1° *ter* *[ancienne rédaction : au 1° bis]* » du présent 2. – *Sur la qualification des entreprises, V. Ann. III, art. 46 AX-II, et App., Décr. n° 2014-812 du 16 juill. 2014, art. 2 à 5.*

(L. n° 2021-1900 du 30 déc. 2021, art. 86-I-A-1° et IV-B, applicable aux offres d'avances émises à compter du 1er juill. 2022) « Les travaux mentionnés au 1° *ter* ne sont pas cumulables avec les autres travaux mentionnés au présent 2. »

3. L'avance remboursable sans intérêt peut être consentie aux personnes suivantes :

1° Aux personnes physiques à raison de travaux réalisés dans leur habitation principale lorsqu'elles en sont propriétaires ou dans des logements qu'elles donnent en location ou qu'elles s'engagent à donner en location ;

2° Aux sociétés civiles non soumises à l'impôt sur les sociétés dont au moins un des associés est une personne physique, lorsqu'elles mettent l'immeuble faisant l'objet des travaux gratuitement à la disposition de l'un de leurs associés personne physique, qu'elles le donnent en location ou s'engagent à le donner en location ;

3° Aux personnes physiques membres d'un syndicat de copropriétaires, à raison du prorata qui leur revient des travaux d'intérêt collectif réalisés sur les parties privatives prévus au *f* de l'article 25 de la loi n° 65-557 du 10 juillet 1965 fixant le statut de la copropriété des immeubles bâtis ainsi que des travaux réalisés sur les parties et équipements communs de l'immeuble dans lequel elles possèdent leur habitation principale ou des logements qu'elles donnent ou s'engagent à donner en location ; *— V. note ss. le 4° ci-dessous.*

4° Aux sociétés civiles non soumises à l'impôt sur les sociétés dont au moins un des associés est une personne physique, membres d'un syndicat de copropriétaires, à raison du prorata qui leur revient des travaux d'intérêt collectif réalisés sur les parties privatives prévus au *f* de l'article 25 de la loi n° 65-557 du 10 juillet 1965 fixant le statut de la copropriété des immeubles bâtis ainsi que des travaux réalisés sur les parties et équipements communs de l'immeuble dans lequel elles possèdent un logement qu'elles mettent gratuitement à la disposition de l'un de leurs associés personne physique, donnent en location ou s'engagent à donner en location. *— Les 3° et 4° ci-dessus s'appliquent aux offres de prêt émises à compter du 1er avr. 2012 (L. n° 2011-1978 du 28 déc. 2011, art. 43-II).*

4. Le montant de l'avance remboursable ne peut excéder la somme de 30 000 € par logement. *(L. n° 2021-1900 du 30 déc. 2021, art. 86-I-A-2° et IV-A, applicable aux offres d'avances émises à compter du 1er janv. 2022)* « Par dérogation, ce montant est porté à 50 000 € lorsque l'avance finance les travaux mentionnés au 2° du 2. Un décret fixe le montant des plafonds d'avances remboursables pour les travaux mentionnés au même 2. » *— V. CCH, art. D. 319-5 et D. 319-21.*

5. L'emprunteur fournit à l'établissement de crédit ou la société de financement mentionné au 1, à l'appui de sa demande d'avance remboursable sans intérêt, un descriptif et un devis détaillés des travaux envisagés. Par exception, lorsque la demande d'avance remboursable sans intérêt intervient concomitamment à une demande de prêt pour l'acquisition du logement faisant l'objet des travaux, le descriptif et le devis détaillés des travaux envisagés peuvent être fournis postérieurement, au plus tard à la date de versement du prêt. Il transmet, *(Abrogé par L. n° 2019-1479 du 28 déc. 2019, art. 24, pour les demandes de dérogation déposées à compter du 1er juill. 2019)* ***« dans un délai de trois ans à compter de la date d'octroi de l'avance par l'établissement de crédit ou la société de financement mentionné au 1, »*** tous les éléments justifiant que les travaux ont été effectivement réalisés conformément au descriptif et au devis détaillés et satisfont aux conditions prévues aux 1 et 2 *(L. n° 2019-1479 du 28 déc. 2019, art. 24, applicable aux demandes de dérogation déposées à compter du 1er juill. 2019)* « , dans un délai de trois ans à compter de la date d'octroi de l'avance par l'établissement de crédit ou la société de financement mentionné au 1, sauf en cas de décès de l'emprunteur, d'accident de santé de ce dernier entraînant une interruption temporaire de travail d'au moins trois mois, d'état de catastrophe naturelle ou technologique, de contestation contentieuse de l'opération ou de force majeure, dans des conditions fixées par décret ». *— V. CCH, art. D. 319-19 et D. 319-20. —* ***CCH.*** *— V. égal. Arr. du 30 mars 2009 (JO 31 mars), Arr. du 25 mai 2011 (JO 17 juin) et Arr. du 29 juin 2020 (JO 12 juill.).*

Toutefois, lorsque l'avance est consentie pour financer des travaux mentionnés au 1° *bis* du 2, la demande d'avance s'appuie sur un descriptif des travaux envisagés et des éléments fournis à l'emprunteur par l'Agence nationale de l'habitat et la justification que les travaux ont été effectivement réalisés est assurée par le versement de l'aide mentionnée au même 1° *bis*.

(L. n° 2021-1900 du 30 déc. 2021, art. 86-I-A-3° et IV-B, applicable aux offres d'avances émises à compter du 1er juill. 2022) **« Lorsque l'avance est consentie pour financer des travaux mentionnés au 1° *ter* du 2 du présent I, la demande d'avance s'appuie sur la décision d'octroi de la prime adressée à l'emprunteur par l'Agence nationale de l'habitat. La justification que les travaux ont été effectivement réalisés est assurée par la notification du versement de la prime adressée à l'emprunteur par l'agence. »**

6. Il ne peut être accordé qu'une seule avance remboursable par logement.

6 *bis*. Par dérogation au 6, l'avance remboursable sans intérêt prévue au présent article peut être consentie dans les mêmes conditions à titre complémentaire aux personnes mentionnées au 3 pour financer d'autres travaux portant sur le même logement qui correspondent à au moins l'une des catégories mentionnées au 1° du 2. L'offre d'avance complémentaire est émise dans un délai de *(L. n° 2018-1317 du 28 déc. 2018, art. 184-I et III, applicable aux offres d'avances émises à compter du 1er juill. 2019)* **« cinq » ans à compter de l'émission de l'offre d'avance initiale. La somme des montants de l'avance initiale et de l'avance complémentaire ne peut excéder la somme de 30 000 € au titre d'un même logement.** *— Aucune offre d'avance complémentaire mentionnée au présent 6 bis ne peut être émise après la date fixée à la fin du VII de l'art. 99 de la L. n° 2008-1425 du 27 déc. 2008 de finances pour 2009, soit le 31 déc. 2023 (L. préc., art. 99-VII, mod. par L. n° 2021-1900 du 30 déc. 2021, art. 86-II). — Le délai de cinq ans concerne les offres de prêts émises à compter du 1er juill. 2019. Par ailleurs, aucune offre d'avance complémentaire ne peut être émise après la date fixée à la fin du VII de l'art. 99 de la L. n° 2008-1425 du 27 déc. 2008 de finances pour 2009, soit le 31 déc. 2023 (L. n° 2008-1425 du 27 déc. 2008, art. 99-VII, mod. par L. n° 2021-1900 du 30 déc. 2021, art. 86-II).*

(L. n° 2021-1900 du 30 déc. 2021, art. 86-I-A-4° et IV-A, applicable aux offres d'avances émises à compter du 1er janv. 2022) **« Par dérogation, lorsque l'avance initiale a financé des travaux mentionnés au 2° du 2 du présent I, la somme de l'avance initiale et de l'avance complémentaire ne peut excéder la somme de 50 000 € au titre d'un même logement. »**

7. Abrogé par L. n° 2016-1917 du 29 déc. 2016, art. 23-I-3°-a et II, pour les offres d'avances émises à compter du 1er mars 2016. — V. Ann. III, art. 49 septies ZZE bis. — V. note ss. l'art.

8. Abrogé par L. n° 2010-1657 du 29 déc. 2010, art. 102.

[9 applicable jusqu'au 30 juin 2019]

9. La durée de remboursement de l'avance remboursable sans intérêt ne peut excéder cent vingt mois. Cette durée est portée à cent quatre-vingts mois pour les travaux comportant au moins trois des six actions prévues au 1° du 2 du I et pour les travaux prévus au 2° du même 2. *— V. note ss. l'art.*

[9 en vigueur le 1er juill. 2019]

(L. n° 2018-1317 du 28 déc. 2018, art. 184-I et III) **« 9. La durée de remboursement de l'avance remboursable sans intérêt ne peut excéder cent quatre-vingts mois. »** *(L. n° 2021-1900 du 30 déc. 2021, art. 86-I-A-5° et IV-A, applicable aux offres d'avances émises à compter du 1er janv. 2022)* **« Par dérogation, cette durée est portée à deux cent quarante mois lorsque l'avance finance les travaux mentionnés au 2° du 2. »**

II. — Le montant du crédit d'impôt est égal à l'écart entre la somme actualisée des mensualités dues au titre de l'avance remboursable sans intérêt et la somme actualisée des montants perçus au titre d'un prêt de mêmes montant et durée de remboursement, consenti à des conditions normales de taux à la date d'émission de l'offre de prêt ne portant pas intérêt. *— V. note ss. l'art.*

Le crédit d'impôt fait naître au profit de l'établissement de crédit ou la société de financement une créance, inaliénable et incessible, d'égal montant. Cette créance constitue un produit imposable rattaché à hauteur d'un cinquième au titre de l'exercice au cours duquel l'établissement de crédit ou la société de financement a versé des avances remboursables sans intérêt et par fractions égales sur les quatre exercices suivants.

En cas de fusion, la créance de la société absorbée est transférée à la société absorbante. En cas de scission ou d'apport partiel d'actif, la créance est transmise à la société bénéficiaire des apports à la condition que l'ensemble des avances remboursables ne portant pas intérêt y afférentes et versées par la société scindée ou apporteuse soit transféré à la société bénéficiaire des apports.

III. – Le bénéfice du crédit d'impôt est subordonné à la conclusion d'une convention entre l'établissement de crédit ou la société de financement mentionné au 1 du I et l'État, conforme à une convention type approuvée par arrêté conjoint des ministres chargés de l'économie, du logement et de l'environnement. – *V. CCH, art. D. 319-11.*

IV. – Une convention conclue entre l'établissement de crédit ou la société de financement mentionné au 1 du I et la société chargée de gérer le Fonds de garantie de l'accession sociale à la propriété mentionnée à l'article L. 312-1 du code de la construction et de l'habitation définit les modalités de déclaration par l'établissement de crédit ou la société de financement des avances remboursables, le contrôle de l'éligibilité des avances remboursables et le suivi des crédits d'impôt. – *V. CCH, art. D. 319-12.*

V. – La société chargée de gérer le Fonds de garantie de l'accession sociale à la propriété mentionnée au IV est tenue de fournir à l'administration fiscale, dans les quatre mois de la clôture de l'exercice de chaque établissement de crédit ou société de financement, les informations relatives aux avances remboursables sans intérêt versées par chaque établissement de crédit ou société de financement, le montant total des crédits d'impôt correspondants obtenus ainsi que leur suivi.

VI. – Lorsque les sociétés de personnes mentionnées aux articles 8 et 238 *bis* L, ou groupements mentionnés aux articles 239 *quater*, 239 *quater* B et 239 *quater* C ne sont pas soumis à l'impôt sur les sociétés, le crédit d'impôt peut être utilisé par les associés proportionnellement à leurs droits dans ces sociétés ou ces groupements, à condition qu'il s'agisse de redevables de l'impôt sur les sociétés ou de personnes physiques participant à l'exploitation au sens du 1° *bis* du I de l'article 156.

VI *bis*. – L'avance remboursable sans intérêt prévue au présent article peut être consentie dans les mêmes conditions à un syndicat de copropriétaires pour financer les travaux d'intérêt collectif réalisés sur les parties privatives prévus au *f* de l'article 25 de la loi n° 65-557 du 10 juillet 1965 précitée ainsi que les travaux réalisés sur les parties et équipements communs de l'immeuble *(Abrogé par L. n° 2018-1317 du 28 déc. 2018, art. 184-I et III, pour les offres d'avances émises à compter du 1er juill. 2019)* ***« lorsqu'au moins 75 % des quotes-parts de copropriété sont compris dans des lots affectés à l'usage d'habitation »*, détenus par l'une des personnes mentionnées aux 3° et 4° du 3 du I du présent article et utilisés ou destinés à être utilisés en tant que résidence principale, et sous réserve des adaptations prévues au présent VI *bis*.**

Les travaux mentionnés au premier alinéa du présent VI *bis* sont constitués des travaux mentionnés aux 1°, 2° et 3° du 2 du I *(Abrogé par L. n° 2018-1317 du 28 déc. 2018, art. 184-I et III, pour les offres d'avances émises à compter du 1er mars 2019)* ***« ainsi que de travaux qui correspondent à l'une des catégories mentionnées au 1° du même 2 ».***

(L. n° 2019-1479 du 28 déc. 2019, art. 24, applicable aux avances émises à compter du 1er juill. 2015) **« Pour l'appréciation du délai mentionné au 5 du I du présent article lorsque l'avance est accordée en application du premier alinéa du présent VI *bis*, la date d'octroi de l'avance s'entend de la date de signature par l'emprunteur du contrat de prêt mentionné à l'article 26-5 de la loi n° 65-557 du 10 juillet 1965 fixant le statut de la copropriété des immeubles bâtis. »**

[Al. applicable jusqu'au 30 juin 2019]

(Abrogé par L. n° 2015-1785 du 29 déc. 2015, art. 108-I-2°) ***« Conformément au 6 du I, »*** **L'avance prévue au premier alinéa du présent VI *bis* ne peut être consentie au titre d'un logement lorsque celui-ci a déjà bénéficié d'une avance remboursable prévue au présent article pour ce même logement.**

[Al. en vigueur le 1er juill. 2019]

(L. n° 2018-1317 du 28 déc. 2018, art. 184-I) **« L'avance prévue au premier alinéa du présent VI *bis* peut être consentie au titre d'un logement ayant déjà fait l'objet d'une avance remboursable prévue au I du présent article, à la condition que l'offre relative à la seconde avance soit émise dans un délai de cinq ans à compter de l'émission de l'offre d'avance initiale et que la somme des montants des deux avances n'excède pas la somme de 30 000 € au titre d'un même logement. »** *(L. n° 2021-1900 du 30 déc. 2021, art. 86-I-B-1° et IV-A, applicable aux offres d'avances émises à compter du 1er janv. 2022)* **« Par dérogation, lorsque l'une des deux avances a financé ou finance des travaux mentionnés au 2° du 2 du I, la somme des deux montants ne doit pas excéder 50 000 €. »**

Il ne peut être accordé qu'une seule avance remboursable par syndicat de copropriétaires des logements sur lesquels portent les travaux.

Le montant de l'avance remboursable mentionné *(L. n° 2018-1317 du 28 déc. 2018, art. 184-I)* **« au premier alinéa du présent VI *bis*** *[ancienne rédaction : au 4 du I]* **» ne peut excéder la somme de 30 000 € par logement affecté à l'usage d'habitation et utilisé ou destiné à être utilisé en tant que résidence principale et détenu par l'une des personnes mentionnées aux 3° et 4° du 3** *(L. n° 2018-1317 du 28 déc. 2018, art. 184-I et III, en vigueur le 1er juill. 2019)* **« du I** *[ancienne rédaction : du même I]* **».** *(L. n° 2021-1900 du 30 déc. 2021, art. 86-I-B-2° et IV-A, applicable aux offres d'avances émises à compter du 1er janv. 2022)* **« Par dérogation, ce montant est porté à 50 000 € lorsque l'avance finance des travaux mentionnés au 2° du 2 du même I. »**

(L. n° 2018-1317 du 28 déc. 2018, art. 184-I) **« Par dérogation au** *(L. n° 2019-1479 du 28 déc. 2019, art. 24, applicable aux avances émises à compter du 1er juill. 2015)* **« cinquième** *[ancienne rédaction : quatrième]* **» alinéa du présent VI *bis*, l'avance prévue au premier alinéa peut être consentie aux syndicats de copropriétaires au titre de logements ayant déjà fait l'objet d'une avance remboursable accordée en application du même VI *bis*, pour financer d'autres travaux mentionnés au premier alinéa, à la condition que l'offre d'avance complémentaire soit émise dans un délai de cinq ans à compter de l'émission de l'offre d'avance initiale et que la somme des montants de l'avance initiale et de l'avance complémentaire n'excède pas la somme de 30 000 € au titre d'un même logement. »** *(L. n° 2021-1900 du 30 déc. 2021, art. 86-I-B-3° et IV-A, applicable aux offres d'avances émises à compter du 1er janv. 2022)* **« Par dérogation, lorsque l'une des deux avances a financé ou finance des travaux mentionnés au 2° du 2 du I, la somme des deux montants ne doit pas excéder 50 000 €. »** — *Les dispositions du présent VI bis issues de la L. n° 2018-1317 du 28 déc. 2018 sont applicables aux offres d'avance émises à compter du 1er juill. 2019 (1er mars pour l'al. 2 du présent VI bis) (L. préc., art. 184-III). — V. CCH, art. D. 319-23 à D. 319-34. —* **CCH.**

VI *ter*. — L'avance remboursable sans intérêt prévue *(L. n° 2018-1317 du 28 déc. 2018, art. 184-I et III, en vigueur le 1er juill. 2019)* **« au I du présent article** *[ancienne rédaction : au présent article]* **» peut être consentie dans les mêmes conditions à titre complémentaire aux personnes mentionnées aux 3° et 4° du 3 du même I lorsqu'elles participent à une avance remboursable mentionnée au VI *bis*, pour financer d'autres travaux portant sur le même logement qui correspondent à au moins l'une des catégories mentionnées au 1° du 2 du I et sous réserve des adaptations prévues au présent VI *ter*.**

L'offre d'avance doit être émise dans un délai *(L. n° 2018-1317 du 28 déc. 2018, art. 184-I et III, en vigueur le 1er juill. 2019)* **« de cinq ans** *[ancienne rédaction : d'un an]* **» à compter de l'émission de l'offre d'avance prévue au VI *bis*.**

La somme des montants de l'avance émise au titre du présent VI *ter* et de l'avance émise au titre du VI *bis* ne peut excéder la somme de 30 000 € au titre d'un même logement. *(L. n° 2021-1900 du 30 déc. 2021, art. 86-I-C et IV-A, applicable aux offres d'avances émises à compter du 1er janv. 2022)* **« Par dérogation, lorsque l'avance émise au titre du VI *bis* a financé des travaux mentionnés au 2° du 2 du I, cette somme est portée à 50 000 €. »**

VII. — Un décret fixe les modalités d'application du présent article et notamment les modalités de calcul du crédit d'impôt et de détermination du taux mentionné au II, ainsi que les caractéristiques financières et les conditions d'attribution de l'avance remboursable sans intérêt. — *V. art. 199 ter S et 220 Z et Ann. III, art. 49 septies ZZA à 49 septies ZZE. — V. également CCH, D. 319-1 à D. 319-4, D. 319-5 à D. 319-8, D. 319-21, D. 319-22 et D. 319-36. —* **CCH** *; Arr. du 30 mars 2009 (JO 31 mars), mod. par Arr. du 3 mai 2012 (JO 8 mai), Arr. du 27 déc. 2013 (JO 31 déc.), Arr. du 15 sept. 2014 (JO 24 sept.) et, pour les offres de prêts émises à compter du 1er sept. 2014, par Arr. du 16 juill. 2014 (JO 18 juill.) ; pour l'outre-mer, V. également Arr. du 25 mai 2011 (JO 17 juin), mod., pour les offres de prêts émises à compter du 1er oct. 2015, par Arr. du 16 juill. 2014 (JO 18 juill.), et Arr. du 22 déc. 2014 (JO 28 déc.).*

Les dispositions du présent art. s'appliquent aux avances remboursables émises entre le 1er avr. 2009 et le 31 déc. 2023 (L. n° 2008-1425 du 27 déc. 2008, art. 99-VII, mod. par la L. n° 2021-1900 du 30 déc. 2013, art. 86-II).

Pour les offres de prêt émises à compter du 1er mars 2016, les dépenses de rénovation énergétique du logement financées par un éco-PTZ ouvrent droit au CITE sans condition de ressources.

Crédit d'impôt éco-prêt à taux zéro. Crédit d'impôt au titre des avances remboursables ne portant pas intérêt versées par les établissements de crédit en vue de financer certains travaux d'amélioration de l'habitation principale. Établissements de crédit concernés. Principe d'éco-conditionnalité. Opérations éligibles au crédit d'impôt. Application aux syndicats de copropriétaires. Caractéristiques financières de l'avance. Justificatifs à fournir par l'emprunteur. Calcul et utilisation du crédit d'impôt. Conditions de cumul de l'éco-prêt à taux zéro et du crédit d'impôt prévu à l'art. 200 *quater* V. Remise en cause du crédit d'impôt. Obligations déclaratives. Modalités de contrôle. * BOI-BIC-RICI-10-110 du 30 oct. 2019.

XLVII *CRÉDIT D'IMPÔT AU PROFIT DES ÉTABLISSEMENTS DE CRÉDIT ET DES SOCIÉTÉS DE FINANCEMENT QUI OCTROIENT DES PRÊTS À TAUX ZÉRO PERMETTANT LA PREMIÈRE ACCESSION À LA PROPRIÉTÉ*

Art. 244 *quater* V I. — Les établissements de crédit et les sociétés de financement mentionnés à l'article L. 511-1 du code monétaire et financier passibles de l'impôt sur les sociétés, de l'impôt sur le revenu ou d'un impôt équivalent, ayant leur siège dans un État membre de l'Union européenne ou dans un autre État partie à l'accord sur l'Espace économique européen ayant conclu avec la France une convention d'assistance administrative en vue de lutter contre la fraude et l'évasion fiscales, peuvent bénéficier d'un crédit d'impôt au titre des prêts ne portant pas intérêt mentionnés à l'article L. 31-10-1 du code de la construction et de l'habitation.

Les conditions d'attribution et les modalités des prêts ne portant pas intérêt mentionnés au premier alinéa sont fixées chaque année par décret dans les conditions prévues aux articles L. 31-10-1 et suivants du code de la construction et de l'habitation. Une étude d'impact jointe au décret fait apparaître les mesures prises pour que le montant des crédits d'impôt afférents aux prêts ne portant pas intérêt émis sur une même période de douze mois ne dépasse pas 2,1 milliards d'euros. Ce montant s'entend du montant brut des crédits d'impôt accordés, diminué de l'impôt sur les bénéfices correspondant. — *V. CCH, art. D. 31-10-3-1 à D. 31-10-5.* — **CCH.** — *Pour l'étude d'impact mentionnée ci-dessus, V. Décr. n° 2014-1103 du 30 sept. 2014 (JO 1er oct.).* — *Pour les offres de prêts émises à compter du 1er janv. 2022 V. Décr. n° 2021-1863 du 28 déc. 2021.*

II. — Le montant du crédit d'impôt est égal à l'écart entre la somme actualisée des mensualités dues au titre du prêt ne portant pas intérêt et la somme actualisée des montants perçus au titre d'un prêt de mêmes montant et durée de remboursement, consenti à des conditions normales de taux à la date d'émission de l'offre de prêt ne portant pas intérêt.

La période de mise à disposition des fonds mentionnée au dernier alinéa de l'article L. 31-10-11 du code de la construction et de l'habitation n'est pas prise en compte pour le calcul du crédit d'impôt.

Les modalités de calcul du crédit d'impôt et de détermination du taux mentionné au premier alinéa sont fixées par décret. — *V. Ann. III, art. 49 septies ZZF et 49 septies ZZG.*

Le crédit d'impôt fait naître au profit de l'établissement de crédit ou la société de financement une créance, inaliénable et incessible, d'égal montant. Cette créance constitue un produit imposable rattaché à hauteur d'un cinquième au titre de l'exercice au cours duquel l'établissement de crédit ou la société de financement a versé des prêts ne portant pas intérêt et par fractions égales sur les exercices suivants.

En cas de fusion, la créance de la société absorbée est transférée à la société absorbante. En cas de scission ou d'apport partiel d'actif, la créance est transmise à la société bénéficiaire des apports à la condition que l'ensemble des prêts ne portant pas intérêt y afférents et versés à des personnes physiques par la société scindée ou apporteuse soient transférés à la société bénéficiaire des apports.

III. — La société mentionnée au cinquième alinéa de l'article L. 312-1 du code de la construction et de l'habitation est tenue de fournir à l'administration fiscale, dans les quatre mois de la clôture de l'exercice de chaque établissement de crédit ou société de financement, les informations relatives aux prêts ne portant pas intérêt versés par chaque établissement de crédit ou société de financement, au montant total des crédits

d'impôt correspondants obtenus ainsi qu'à leur suivi. *— V. Ann. III, art. 49 septies ZZJ et 49 septies ZZK.*

IV. — Lorsque les sociétés de personnes mentionnées aux articles 8 et 238 *bis* L ou les groupements mentionnés aux articles 239 *quater*, 239 *quater* B et 239 *quater* C ne sont pas soumis à l'impôt sur les sociétés, le crédit d'impôt peut être utilisé par les associés proportionnellement à leurs droits dans ces sociétés ou ces groupements, à la condition que les associés soient redevables de l'impôt sur les sociétés ou soient des personnes physiques participant à l'exploitation au sens du 1° *bis* du I de l'article 156. *— V. aussi art. 199 ter T, 220 Z ter et Ann. III, art. 49 septies ZZJ et 49 septies ZZK.*

Les dispositions du présent art. s'appliquent aux prêts émis du 1er janv. 2011 au 31 déc. 2023 (L. n° 2010-1657 du 29 déc. 2010, art. 90, mod. par L. n° 2021-1900 du 30 déc. 2021, art. 87-I).

Crédit d'impôt au titre de prêts à taux zéro (PTZ+) pour la première accession à la propriété des personnes physiques. 1° Champ d'application et modalités d'application du crédit d'impôt. Modalités déclaratives et de contrôle. 2° Prorogation et recentrage du dispositif. * BOI-BIC-RICI-10-140 du 10 mars 2021.

XLVIII *CRÉDIT D'IMPÔT EN FAVEUR DES INVESTISSEMENTS PRODUCTIFS NEUFS RÉALISÉS OUTRE-MER*

Art. 244 *quater* W **I. — 1. Les entreprises imposées d'après leur bénéfice réel ou exonérées en application des articles 44 *sexies*, 44 *sexies* A** *(Abrogé par L. n° 2021-1900 du 30 déc. 2021, art. 35-I-23°)* **« , 44 *septies*, 44 *octies* », 44 *octies* A et 44 *duodecies* à** *(L. n° 2018-1317 du 28 déc. 2018, art. 135-I-8°)* **« 44 *septdecies* », exerçant une activité agricole ou une activité industrielle, commerciale ou artisanale relevant de l'article 34, peuvent bénéficier d'un crédit d'impôt à raison des investissements productifs neufs qu'elles réalisent dans un département d'outre-mer pour l'exercice d'une activité ne relevant pas de l'un des secteurs énumérés aux *a* à *l* du I de l'article 199 *undecies* B** *(L. n° 2018-1317 du 28 déc. 2018, art. 138-I-4°)* **« , à l'exception des activités mentionnées au I *quater* du même article 199 *undecies* B ».** *(Abrogé par L. n° 2017-256 du 28 févr. 2017, art. 127-I-4°-a)* ***« L'investissement doit être un investissement initial, au sens de l'article 2 du règlement (UE) n° 651/2014 de la Commission, du 17 juin 2014, déclarant certaines catégories d'aides compatibles avec le marché intérieur en application des articles 107 et 108 du traité. »*** *(L. n° 2021-1900 du 30 déc. 2021, art. 72-I-3° et II, applicable aux exercices clos à compter du 31 déc. 2022)* **« Pour les investissements afférents aux navires de croisière mentionnés au I *quater* de l'article 199 *undecies* B, le crédit d'impôt s'applique sous réserve du respect des conditions prévues au même I *quater*. Pour les investissements réalisés dans le secteur du transport aérien ou maritime, le crédit d'impôt s'applique sous réserve du respect des conditions prévues au I *bis* de l'article 199 *undecies* B. »** *— Les dispositions issues de l'art. 35 de la L. n° 2021-1900 du 30 déc. 2021 s'appliquent à compter du premier exercice suivant celui au cours duquel l'exonération prévue à l'art. 44 septies CGI, dans sa rédaction antérieure à ladite loi, cesse de s'appliquer (L. préc., art. 35-XXI-B).*

Le crédit d'impôt prévu au premier alinéa s'applique également aux travaux de rénovation et de réhabilitation d'hôtel, de résidence de tourisme et de village de vacances classés lorsque ces travaux constituent des éléments de l'actif immobilisé.

Le crédit d'impôt prévu au premier alinéa s'applique également aux investissements affectés plus de cinq ans par le concessionnaire à l'exploitation d'une concession de service public local à caractère industriel et commercial et réalisés dans des secteurs éligibles.

2. Le crédit d'impôt ne s'applique pas :

***a)* A l'acquisition de véhicules** *(Ord. n° 2021-1843 du 22 déc. 2021, art. 10-9°, en vigueur le 1er janv. 2022)* **« de tourisme au sens de l'article L. 421-2 du code des impositions sur les biens et services » qui ne sont pas strictement indispensables à l'activité ;**

***b)* Aux investissements portant sur des installations de production d'électricité utilisant l'énergie radiative du soleil.**

3. Le crédit d'impôt est également accordé aux entreprises qui exploitent dans un département d'outre-mer des investissements mis à leur disposition dans le cadre d'un contrat de location avec option d'achat ou d'un contrat de crédit-bail, sous réserve du respect des conditions suivantes :

a) Le contrat de location ou de crédit-bail est conclu *(L. n° 2018-1317 du 28 déc. 2018, art. 131-I-5° et III, applicable aux investissements dont le fait générateur intervient à compter du 1er janv. 2019)* « avec un établissement de crédit ou une société de financement mentionnés à l'article L. 511-1 du code monétaire et financier, ou leurs filiales, avec une société dont le capital est détenu en partie par un établissement mentionné à l'article L. 518-2 du même code ou avec une société bailleresse appartenant au même groupe fiscal au sens de l'article 223 A du présent code que l'entreprise exploitante » pour une durée au moins égale à cinq ans ou pour la durée normale d'utilisation du bien loué si elle est inférieure ;

b) Le contrat de location ou de crédit-bail revêt un caractère commercial ;

c) L'entreprise locataire ou crédit-preneuse aurait pu bénéficier du crédit d'impôt prévu au 1 si elle avait acquis directement le bien.

4. Pour les entreprises soumises à l'impôt sur les sociétés *(Abrogé par L. n° 2017-256 du 28 févr. 2017, art. 132)* « *dont l'activité principale relève de l'un des secteurs d'activité éligibles à la réduction d'impôt prévue à l'article 199 undecies B* » *(L. n° 2018-1317 du 28 déc. 2018, art. 131-I-5° et III, applicable aux investissements dont le fait générateur intervient à compter du 1er janv. 2019)* « qui exercent leur activité dans le département dans lequel l'investissement est réalisé » ou pour les organismes mentionnés au 1 du I de l'article 244 *quater* X, le crédit d'impôt s'applique également :

1° Aux acquisitions ou constructions de logements neufs à usage locatif situés dans les départements d'outre-mer, à l'exception des logements neufs répondant aux critères mentionnés aux *b* et *c* du 1 *(L. n° 2018-1317 du 28 déc. 2018, art. 153-I-2°)* « et au 5 » du I de l'article 244 *quater* X, si les conditions suivantes sont réunies :

a) L'entreprise ou l'organisme s'engage à louer l'immeuble nu dans les *(L. n° 2018-1317 du 28 déc. 2018, art. 31, applicable aux immeubles achevés ou acquis à compter du 1er juill. 2018)* « douze » mois de son achèvement, ou de son acquisition si elle est postérieure, et pendant *(L. n° 2015-1785 du 29 déc. 2015, art. 110-I-F-1°-b et III-C, applicable aux investissements réalisés au titre des exercices ouverts à compter du 1er janv. 2018)* « cinq *[ancienne rédaction : six]* » ans au moins à des personnes qui en font leur résidence principale ;

b) Le loyer et les ressources du locataire n'excèdent pas des plafonds fixés par décret ;

2° Aux logements neufs à usage locatif mis à leur disposition lorsque les conditions suivantes sont respectées :

a) Le contrat de crédit-bail est conclu pour une durée au moins égale à cinq ans ;

b) L'entreprise ou l'organisme aurait pu bénéficier du crédit d'impôt dans les conditions définies au 1° s'il avait acquis directement le bien ;

3° Aux acquisitions ou constructions de logements neufs situés dans les départements d'outre-mer si les conditions suivantes sont réunies :

a) L'entreprise signe avec une personne physique, dans les *(L. n° 2018-1317 du 28 déc. 2018, art. 31, applicable aux immeubles achevés ou acquis à compter du 1er juill. 2018)* « douze » mois de l'achèvement de l'immeuble, ou de son acquisition si elle est postérieure, un contrat de location-accession dans les conditions prévues par la loi n° 84-595 du 12 juillet 1984 définissant la location-accession à la propriété immobilière ;

b) L'acquisition ou la construction de l'immeuble a été financée au moyen d'un prêt mentionné au I de l'article *(Décr. n° 2020-897 du 22 juill. 2020, art. 1er)* « D. 331-76-5-1 » du code de la construction et de l'habitation ;

c) Les trois quarts de l'avantage en impôt procuré par le crédit d'impôt pratiqué au titre de l'acquisition ou la construction de l'immeuble sont rétrocédés à la personne physique signataire du contrat mentionné au 1° du présent 4 sous forme de diminution de la redevance prévue à l'article 5 de la loi n° 84-595 du 12 juillet 1984 précitée et du prix de cession de l'immeuble.

II. — 1. Le crédit d'impôt est assis sur le montant, hors taxes et hors frais de toute nature, notamment les commissions d'acquisition, à l'exception des frais de transport, d'installation et de mise en service amortissables, des investissements productifs, diminué de la fraction de leur prix de revient financée par une aide publique.

Pour les projets d'investissement comportant l'acquisition, l'installation ou l'exploitation d'équipements de production d'énergie renouvelable, ce montant est pris en compte dans la limite d'un montant par watt installé, fixé par arrêté conjoint des ministres chargés du budget, de l'énergie, de l'outre-mer et de l'industrie pour chaque type d'équipement. Ce montant prend en compte les coûts d'acquisition et d'installation directement liés à ces équipements.

(L. n° 2018-1317 du 28 déc. 2018, art. 138-I-4°) « Pour les investissements mentionnés au I *quater* de l'article 199 *undecies* B, l'assiette du crédit d'impôt est égale à 20 % de leur coût de revient, hors taxes et hors frais de toute nature, notamment les commissions d'acquisition et les frais de transport de ces investissements, diminuée du montant des subventions publiques accordées pour leur financement. »

2. Lorsque l'investissement a pour objet de remplacer un investissement ayant bénéficié de l'un des dispositifs définis aux articles 199 *undecies* B et 217 *undecies* ou du crédit d'impôt défini au présent article, l'assiette du crédit d'impôt telle que définie au 1 est diminuée de la valeur réelle de l'investissement remplacé.

3. Pour les travaux mentionnés au deuxième alinéa du 1 du I, le crédit d'impôt est assis sur le prix de revient de l'hôtel, de la résidence de tourisme ou du village de vacances classés après réalisation des travaux, diminué du prix de revient de ces mêmes biens avant réalisation des travaux *(L. n° 2020-1721 du 29 déc. 2020, art. 108-I-H et IV, applicable aux investissements réalisés à compter du 1er janv. 2022)* « et de la fraction du prix de revient des travaux financée par une aide publique ».

4. Pour les logements mentionnés au 4 du I, le crédit d'impôt est assis sur le prix de revient des logements, minoré, d'une part, des taxes et des commissions d'acquisition versées et, d'autre part, des subventions publiques reçues. Ce montant est retenu dans la limite mentionnée au 5 de l'article 199 *undecies* A appréciée par mètre carré de surface habitable.

5. Lorsque l'entreprise qui réalise l'investissement bénéficie d'une souscription au capital mentionnée au II ou *[au]* II *ter* de l'article 217 *undecies* et à l'article 199 *undecies* A ou de financements, apports en capital et prêts participatifs, apportés par les sociétés de financement définies au *g* du 2 du même article 199 *undecies* A, l'assiette du crédit d'impôt est minorée du montant de ces apports et financements.

III. — Le taux du crédit d'impôt est fixé à :

1° 38,25 % pour les entreprises soumises à l'impôt sur le revenu ;

2° 35 % pour les entreprises et les organismes soumis à l'impôt sur les sociétés.

Le taux mentionné au 1° est porté à 45,9 % pour les investissements réalisés en Guyane et à Mayotte, dans les limites définies par les règles européennes relatives aux aides d'État. *(L. n° 2018-1317 du 28 déc. 2018, art. 138-I-4°)* « Toutefois, cette majoration de taux ne s'applique pas aux investissements mentionnés au dernier alinéa du 1 du II. »

IV. — 1. Le bénéfice du crédit d'impôt prévu au 1 du I est accordé au titre de l'année au cours de laquelle l'investissement est mis en service.

2. Toutefois :

a) Lorsque l'investissement consiste en la seule acquisition d'un immeuble à construire ou en la construction d'un immeuble, le crédit d'impôt, calculé sur le montant prévisionnel du prix de revient défini au II, est accordé à hauteur de *(L. n° 2018-1317 du 28 déc. 2018, art. 154, applicable aux immeubles dont l'achèvement des fondations intervient à compter du 1er janv. 2019)* « 70 % *[ancienne rédaction : 50 %]* » au titre de l'année au cours de laquelle les fondations sont achevées et de *(L. n° 2018-1317 du 28 déc. 2018, art. 154, applicable aux immeubles dont l'achèvement des fondations intervient à compter du 1er janv. 2019)* « 20 % *[ancienne rédaction : 25 %]* » au titre de l'année de la mise hors d'eau, et le solde, calculé sur le prix de revient définitif, est accordé au titre de l'année de livraison de l'immeuble ;

b) En cas de rénovation ou de réhabilitation d'immeuble, le crédit d'impôt est accordé au titre de l'année d'achèvement des travaux.

3. Lorsque l'investissement est réalisé dans les conditions prévues au 3 ou au 2° du 4 du I, le crédit d'impôt est accordé au titre de l'année au cours de laquelle l'investissement est mis à la disposition de l'entreprise locataire ou crédit-preneuse ou de l'organisme crédit-preneur.

V. — 1. Lorsque l'entreprise ou l'organisme qui exploite l'investissement réalise un chiffre d'affaires, apprécié selon les règles définies au premier alinéa du I de l'article 199 *undecies* B, inférieur, selon le cas, aux limites prévues à ce même alinéa ou à la limite fixée à la première phrase du premier alinéa du I de l'article 217 *undecies*, le bénéfice du crédit d'impôt est subordonné à l'exercice d'une option.

Cette option est exercée par investissement et s'applique à l'ensemble des autres investissements d'un même programme. L'option est exercée par l'entreprise ou l'organisme qui exploite l'investissement, au plus tard à la date à laquelle celui-ci est mis en service ou est mis à sa disposition dans les cas mentionnés au 3 et au 2° du 4 du I ; l'option est alors portée à la connaissance du loueur ou du crédit-bailleur. Elle est formalisée dans la déclaration de résultat de l'exercice au cours duquel l'investissement a été mis en service ou mis à disposition et est jointe à la déclaration de résultat du loueur ou du crédit-bailleur de ce même exercice.

2. L'exercice de l'option mentionnée au 1 emporte renonciation au bénéfice des dispositifs définis aux articles 199 *undecies* B et 217 *undecies*.

VI. — Le crédit d'impôt calculé par les sociétés de personnes mentionnées aux articles 8, 238 *bis* L, 239 *ter* et 239 *quater* A ou les groupements mentionnés aux articles 238 *ter*, 239 *quater*, 239 *quater* B, 239 *quater* C et 239 *quinquies* qui ne sont pas soumis à l'impôt sur les sociétés peut être utilisé par leurs associés proportionnellement à leurs droits dans ces sociétés ou groupements, à condition qu'il s'agisse de redevables de l'impôt sur les sociétés *(L. n° 2018-1317 du 28 déc. 2018, art. 131-I-5°, applicable aux investissements dont le fait générateur intervient à compter du 1er janv. 2019)* « qui exercent leur activité dans un secteur éligible au sens du 1 du I dans le département dans lequel l'investissement est réalisé » ou de personnes physiques participant à l'exploitation au sens du 1° *bis* du I de l'article 156 ou, pour les investissements mentionnés au 4 du I du présent article, d'entreprises ou d'organismes mentionnés au premier alinéa du même 4.

VII. — Lorsque le montant total par programme d'investissements est supérieur aux seuils mentionnés au II *quater* et au III de l'article 217 *undecies*, le bénéfice du crédit d'impôt est conditionné à l'obtention d'un agrément préalable délivré par le ministre chargé du budget dans les conditions prévues au III du même article *(L. n° 2017-256 du 28 févr. 2017, art. 133)* « , sauf dans le cas où il s'agit d'un programme d'investissements mentionné au 3° du 4 du I du présent article réalisé par un organisme mentionné au 1 du I de l'article 244 *quater* X ».

(L. n° 2017-1775 du 28 déc. 2017, art. 21, applicable aux demandes d'agrément déposées à compter du 1er janv. 2018) « Pour l'application du premier alinéa du présent VII, les conditions relatives à l'intérêt économique, d'une part, et à l'intégration dans la politique d'aménagement du territoire, de l'environnement et de développement durable, d'autre part, prévues, respectivement, aux *a* et *c* du 1 du III de l'article 217 *undecies*, sont réputées satisfaites lorsque le programme d'investissements porte sur des investissements mentionnés au second alinéa du 1 du II du présent article au titre desquels un contrat d'achat d'électricité a été conclu avec un fournisseur d'électricité mentionné au I de l'article R. 121-28 du code *(Décr. n° 2019-559 du 6 juin 2019, art. 1er)* « de l'énergie », après évaluation par la Commission de régulation *(Décr. n° 2019-559 du 6 juin 2019, art. 1er)* « de l'énergie » en application du II du même article R. 121-28. »

VIII. — 1. L'investissement ayant ouvert droit au crédit d'impôt doit être affecté, par l'entreprise qui en bénéficie, à sa propre exploitation pendant un délai de cinq ans, décompté à partir de la date de l'acquisition ou de la création du bien. Ce délai est réduit à la durée normale d'utilisation de l'investissement si cette durée est inférieure à cinq ans *(L. n° 2018-1317 du 28 déc. 2018, art. 131-I-5°, applicable aux investissements dont le fait générateur intervient à compter du 1er janv. 2019)* « , et porté *(L. n° 2020-1721 du 29 déc. 2020, art. 108-I-H et IV, applicable aux investissements réalisés à compter du 1er janv. 2022)* « à sept ans lorsque sa durée normale d'utilisation est égale ou supérieure à sept ans et à » quinze ans pour les investissements consistant en la construction, la rénovation ou la réhabilitation d'hôtels, de résidences de tourisme ou de villages de vacances ». *(L. n° 2018-1317 du 28 déc. 2018, art. 138-4°-d)* « Ce délai est porté à *(L. n° 2019-1479 du 28 déc. 2019, art. 159-I-3° et II, applicable aux investissements mis en service au titre des exercices ouverts à compter du 1er janv. 2021 et pour l'agrément desquels une demande est déposée à compter du 1er janv. 2020)* « dix *[ancienne rédaction : quinze]* » ans pour les investissements portant sur les navires de croisière neufs d'une capacité maximum de 400 passagers. »

Si, dans le délai ainsi défini, l'investissement ayant ouvert droit au crédit d'impôt est cédé ou cesse d'être affecté à l'exploitation de l'entreprise utilisatrice ou si l'acquéreur cesse son activité, le crédit d'impôt fait l'objet d'une reprise au titre de l'exercice ou de l'année au cours duquel interviennent les événements précités.

Toutefois, la reprise du crédit d'impôt n'est pas effectuée :

a) Lorsque les biens ayant ouvert droit au crédit d'impôt sont transmis dans le cadre des opérations mentionnées aux articles 41 *(L. n° 2021-1900 du 30 déc. 2021, art. 10-I-11°)* « et 151 *octies*, au deuxième alinéa du I de l'article 151 *octies* A et aux articles » 210 A ou 210 B, si le bénéficiaire de la transmission s'engage à maintenir l'exploitation des biens dans un département d'outre-mer dans le cadre d'une activité éligible pendant la fraction du délai de conservation restant à courir. En cas de non-respect de cet engagement, le bénéficiaire de la transmission doit, au titre de l'exercice au cours duquel cet événement est intervenu, ajouter à son résultat une somme égale au triple du montant du crédit d'impôt auquel les biens transmis ont ouvert droit.

L'engagement est pris dans l'acte constatant la transmission ou, à défaut, dans un acte sous seing privé ayant date certaine, établi à cette occasion ;

b) Lorsque, en cas de défaillance de l'exploitant, les biens ayant ouvert droit au crédit d'impôt sont repris par une autre entreprise qui s'engage à les maintenir dans l'activité pour laquelle ils ont été acquis ou créés pendant la fraction du délai de conservation restant à courir.

Le présent 1 ne s'applique pas aux investissements mentionnés au 4 du I.

2. Lorsque l'investissement revêt la forme de la construction d'un immeuble ou de l'acquisition d'un immeuble à construire, l'immeuble doit être achevé dans les deux ans suivant la date à laquelle les fondations sont achevées.

A défaut, le crédit d'impôt acquis au titre de cet investissement fait l'objet d'une reprise au titre de l'année au cours de laquelle intervient le terme de ce délai de deux ans.

En outre, lorsque l'investissement porte sur la construction ou l'acquisition d'un logement neuf, le crédit d'impôt acquis au titre de cet investissement fait l'objet d'une reprise au titre de l'année au cours de laquelle l'une des conditions prévues au 4 du I n'est plus respectée. Toutefois, la reprise du crédit d'impôt n'est pas effectuée lorsque, en cas de défaillance de l'entreprise ou de l'organisme, les logements ayant ouvert droit au crédit d'impôt sont repris par une autre entreprise ou *[un]* organisme qui s'engage à louer les logements, dans les conditions prévues au même 4, pour la fraction de la durée minimale de location restant à courir.

3. Le crédit d'impôt prévu au présent article est subordonné au respect par les entreprises exploitantes et par les organismes mentionnés au 4 du I de leurs obligations fiscales et sociales et de l'obligation de dépôt de leurs comptes annuels selon les modalités prévues aux articles L. 232-21 à L. 232-23 du code de commerce à la date de réalisation de l'investissement.

Sont considérés comme à jour de leurs obligations fiscales et sociales les employeurs qui, d'une part, ont souscrit et respectent un plan d'apurement des cotisations restant dues et, d'autre part, acquittent les cotisations en cours à leur date normale d'exigibilité.

IX. — 1. Le présent article est applicable aux investissements mis en service à compter du 1er janvier 2015, et jusqu'au 31 décembre *(L. n° 2018-1317 du 28 déc. 2018, art. 131-I-5°)* « 2025 *[ancienne rédaction : 2020]* », aux travaux de réhabilitation hôtelière achevés au plus tard à cette date et aux acquisitions d'immeubles à construire et constructions d'immeubles dont les fondations sont achevées au plus tard à cette date.

(Abrogé par L. n° 2018-1317 du 28 déc. 2018, art. 131-I-5°) « ***L'extinction du crédit d'impôt aux dates prévues au présent IX n'intervient, conformément aux derniers alinéas du VI de l'article 199 undecies B et du V de l'article 217 undecies, que dans le cas où un dispositif pérenne permettant aux entreprises ultramarines d'échelonner sur cinq ans le paiement de leurs investissements productifs mentionnés au présent article, sans recourir à un emprunt bancaire et à un prix de revient diminué d'un taux d'abattement équivalent aux taux prévus au III, a été créé à la date de ces échéances.*** »

2. Un décret fixe les conditions d'application du présent article, notamment les obligations déclaratives incombant aux entreprises et organismes mentionnés au 4 du I. — *V. Ann. III, art. 49 septies ZZL à 49 septies ZZS ; Ann. IV, art. 23 L quater et 170 decies. — Sur les conditions d'imputation du crédit d'impôt, V. art. 220 Z quater. — Sur les sanctions, V. notamment art. 1740-00 AB, 1740-0 A et 1743.*

X. — Le bénéfice du crédit d'impôt prévu au I est subordonné au respect *(L. n° 2020-1721 du 29 déc. 2020, art. 108-I-H et IV, applicable aux investissements réalisés à compter du 1er janv. 2022)* **« de l'article 14 » du règlement (UE) n° 651/2014 de la Commission, du 17 juin 2014,** *(L. n° 2017-256 du 28 févr. 2017, art. 127-I-4°-b et II)* **« déclarant certaines catégories d'aides compatibles avec le marché intérieur en application des articles 107 et 108 du traité » et le crédit d'impôt ne s'applique pas aux investissements exploités par des entreprises en difficulté, au sens du même règlement.**

La perte de recettes pour l'État résultant du 4° du I de l'art. 127 de la L. n° 2017-256 du 28 févr. 2017 est compensée à due concurrence par la création d'une taxe additionnelle aux droits mentionnés aux art. 575 et 575 A CGI (L. préc., art. 127-II).

L. n° 2020-1721 du 29 déc. 2020, art. 15 : I. — Le crédit d'impôt prévu à l'art. 244 quater W CGI s'applique, par dérogation au X du même art. 244 quater W, aux investissements exploités par des entreprises en difficulté au sens du règlement (UE) n° 651/2014 de la Commission du 17 juin 2014 déclarant certaines catégories d'aides compatibles avec le marché intérieur en application des art. 107 et 108 du traité, sous réserve qu'il concoure, en complément d'une ou plusieurs autres aides publiques, à la reprise ou à la restructuration de l'entreprise exploitante dans le cadre d'un plan de reprise ou de restructuration mis en œuvre à l'issue de l'une des procédures définies aux art. L. 611-3, L. 611-4 ou L. 620-1 C. com. et qu'il fasse l'objet d'une décision individuelle de la Commission européenne autorisant l'aide fiscale.

II. — Le I s'applique aux investissements pour lesquels le fait générateur de l'aide fiscale intervient entre le 1er janv. 2021 et le 31 déc. 2022.

Crédit d'impôt en faveur des investissements productifs outre-mer. Extension du bénéfice du crédit d'impôt à l'ensemble des sociétés soumises à l'IS quel que soit leur secteur d'activité, lorsqu'elles réalisent dans un DOM un investissement dans le secteur du logement intermédiaire. * BOI-BIC-RICI-10-160 du 6 juill. 2017.

XLIX *CRÉDIT D'IMPÔT EN FAVEUR DES ORGANISMES D'HABITATIONS À LOYER MODÉRÉ QUI RÉALISENT DES INVESTISSEMENTS DANS LES LOGEMENTS NEUFS EN OUTRE-MER*

Art. 244 *quater* X **I. — 1.** *(Abrogé par L. n° 2018-1317 du 28 déc. 2018, art. 30-I-12°-a)* **« *Sur option,* » Les organismes d'habitations à loyer modéré mentionnés à l'article L. 411-2 du code de la construction et de l'habitation, à l'exception des sociétés anonymes coopératives d'intérêt collectif pour l'accession à la propriété, les sociétés d'économie mixte exerçant une activité immobilière outre-mer et les organismes mentionnés à l'article L. 365-1 du même code peuvent bénéficier d'un crédit d'impôt à raison de l'acquisition ou de la construction de logements neufs dans les départements d'outre-mer, lorsqu'ils respectent les conditions suivantes :**

***a)* Les logements sont donnés en location nue ou meublée par l'organisme mentionné au premier alinéa, dans les** *(L. n° 2018-1317 du 28 déc. 2018, art. 31, applicable aux immeubles achevés ou acquis à compter du 1er juill. 2018)* **« douze » mois de leur achèvement ou de leur acquisition, si elle est postérieure, et pour une durée au moins égale à cinq ans, à des personnes physiques qui en font leur résidence principale ou confiés en gestion à un centre régional des œuvres universitaires et scolaires pour le logement d'étudiants bénéficiaires de la bourse d'enseignement supérieur sur critères sociaux.**

Les logements peuvent être spécialement adaptés à l'hébergement de personnes âgées de plus de soixante-cinq ans ou de personnes handicapées auxquelles des prestations de services de nature hôtelière peuvent être proposées ;

Les logements peuvent être adaptés pour recevoir des logements foyers conformément à l'article L. 633-1 du code de la construction et de l'habitation.

Pour ces logements, les obligations de location mentionnées au premier alinéa du présent article peuvent être remplies par un gestionnaire avec lequel l'organisme ou la société bénéficiaire du crédit d'impôt a signé une convention.

b) Les bénéficiaires de la location sont des personnes physiques dont les ressources n'excèdent pas des plafonds fixés par décret en fonction du nombre de personnes destinées à occuper à titre principal le logement et de la localisation de celui-ci ; – *V. Ann. III, art. 49 septies ZZT.*

c) Le montant des loyers à la charge des personnes physiques mentionnées au premier alinéa du *a* ne peut excéder des limites fixées par décret et déterminées en fonction notamment de la localisation du logement ; – *V. Ann. III, art. 49 septies ZZT.*

d) Une part minimale, définie par décret, de la surface habitable des logements compris dans un programme d'investissement d'un montant supérieur à deux millions d'euros est louée, dans les conditions définies au *a*, à des personnes physiques dont les ressources sont inférieures aux plafonds mentionnés au *b*, pour des loyers inférieurs aux limites mentionnées au *c* ; – *V. note ss. l'art. – V. Ann. III, art. 49 septies ZZT.*

e) Une fraction, définie par décret, du prix de revient d'un programme d'investissement d'un montant supérieur à deux millions d'euros correspond à des dépenses supportées au titre de l'acquisition d'équipements de production d'énergie renouvelable, d'appareils utilisant une source d'énergie renouvelable ou de matériaux d'isolation. Un arrêté des ministres chargés du budget, de l'écologie, de l'énergie, du développement durable et de l'outre-mer fixe la nature des dépenses d'équipement concernées ; – *V. note ss. l'art. – V. Ann. III, art. 49 septies ZZT, et Ann. IV, art. 23 L quinquies.*

f) Les logements sont financés par subvention publique à hauteur d'une fraction minimale de 5 %. Cette condition ne s'applique pas aux logements bénéficiant des prêts conventionnés définis à l'article *(Décr. n° 2020-897 du 22 juill. 2020, art. 1er)* « D. 372-21 » du code de la construction et de l'habitation. Toutefois, pour ouvrir droit au crédit d'impôt, la construction ou l'acquisition de logements bénéficiant des prêts conventionnés précités doit avoir reçu l'agrément préalable du représentant de l'État dans le département de situation des logements. Le nombre de logements agréés par le représentant de l'État au titre d'une année ne peut excéder *(L. n° 2018-1317 du 28 déc. 2018, art. 153-I-3° et II, applicable au nombre de logements agréés par le représentant de l'État à compter de l'année 2019)* « 25 % *[ancienne rédaction : 15 %]* » *(L. n° 2019-1479 du 28 déc. 2019, art. 141, applicable à compter de l'année 2020 pour le calcul du nombre de logements agréés par le représentant de l'État)* « de la moyenne des logements livrés au cours des trois années précédentes dans le département qui satisfont aux conditions prévues aux *b* et *c* du présent 1 *[ancienne rédaction : du nombre de logements qui satisfont aux conditions prévues aux b et c du présent 1 livrés l'année précédente dans le département]*. » *(L. n° 2020-1721 du 29 déc. 2020, art. 106, applicable aux travaux de rénovation et de réhabilitation pour lesquels une déclaration préalable de travaux ou une demande de permis de construire est déposée à compter du 1er janv. 2021)* « Ce taux est porté à 35 % pour les logements situés à La Réunion *(L. n° 2021-1900 du 30 déc. 2021, art. 88-I-1° et II, applicable au nombre de logements agréés par les représentants de l'État au titre d'une année, à compter du 1er janv. 2022)* « , en Guadeloupe ou en Martinique ». » *(Abrogé par L. n° 2021-1900 du 30 déc. 2021, art. 88-I-2° et II, applicable au nombre de logements agréés par les représentants de l'État au titre d'une année, à compter du 1er janv. 2022)* « ***Par dérogation, le nombre annuel de logements agréés par le représentant de l'État ne peut excéder cent au titre des acquisitions et constructions d'immeubles réalisées à Mayotte jusqu'au 31 décembre 2021.*** »

2. Le crédit d'impôt défini au 1 bénéficie également aux organismes mentionnés au premier alinéa de ce même 1 à la disposition desquels sont mis des logements neufs lorsque les conditions suivantes sont respectées :

a) Le contrat de crédit-bail est conclu pour une durée au moins égale à cinq ans ;

b) L'organisme mentionné au premier alinéa du 1 aurait pu bénéficier du crédit d'impôt prévu au même 1 s'il avait acquis directement le bien.

3. Ouvre également droit au bénéfice du crédit d'impôt l'acquisition de logements, qui satisfont aux conditions fixées au 1, achevés depuis plus de vingt ans faisant l'objet de travaux de réhabilitation, définis par décret, permettant aux logements d'acquérir des performances techniques voisines de celles des logements neufs *(L. n° 2017-1837 du 30 déc. 2017, art. 82, applicable à compter de l'imposition des revenus de l'année 2018)* « ou permettant leur confortation contre le risque sismique ou cyclonique ».

4. Ouvrent également droit au bénéfice du crédit d'impôt les travaux de rénovation ou de réhabilitation des logements satisfaisant aux conditions fixées au 1, achevés

depuis plus de vingt ans et situés dans les quartiers mentionnés au II de l'article 9-1 de la loi n° 2003-710 du 1er août 2003 d'orientation et de programmation pour la ville et la rénovation urbaine *(L. n° 2019-1479 du 28 déc. 2019, art. 144, applicable aux travaux de rénovation et de réhabilitation pour lesquels une déclaration préalable de travaux ou une demande de permis de construire est déposée à compter du 1er janv. 2020)* **« et dans les quartiers prioritaires mentionnés à l'article 5 de la loi n° 2014-173 du 21 février 2014 de programmation pour la ville et la cohésion urbaine », permettant aux logements d'acquérir des performances techniques voisines de celles des logements neufs ou permettant leur confortation contre le risque sismique** *(L. n° 2017-1837 du 30 déc. 2017, art. 82, applicable à compter de l'imposition des revenus de l'année 2018)* **« ou cyclonique ».** *— Les dispositions du présent 4 s'appliquent aux travaux achevés à compter du 1er janv. 2016 qui ont fait l'objet d'une commande à compter du 30 sept. 2015 et n'ont pas fait l'objet de versements d'acomptes avant cette date.*

(L. n° 2018-1317 du 28 déc. 2018, art. 153-I-3° et II, applicable aux acquisitions et constructions d'immeubles ayant fait l'objet d'une déclaration de chantier à compter du 1er janv. 2019) **« 5. Ouvre également droit au bénéfice du crédit d'impôt l'acquisition ou la construction de logements neufs situés dans les départements d'outre-mer réalisée par les entreprises soumises à l'impôt sur les sociétés y exerçant leur activité lorsque les conditions suivantes sont réunies :**

« *a)* L'entreprise bénéficie des prêts conventionnés définis à l'article *(Décr. n° 2020-897 du 22 juill. 2020, art. 1er)* **« D. 372-21 » du code de la construction et de l'habitation ;**

« *b)* Les logements sont donnés en location nue, dans les douze mois de leur achèvement ou de leur acquisition si elle est postérieure, et pour une durée au moins égale à cinq ans, à des personnes physiques qui en font leur résidence principale ;

« *c)* Les conditions mentionnées aux *b, c, e* et *f* du 1 du présent I sont respectées ;

« *d)* Les conditions mentionnées au 3 du VIII de l'article 244 *quater* W sont également respectées. »

(L. n° 2019-1479 du 28 déc. 2019, art. 142, applicable aux travaux pour lesquels une demande de permis de construire est déposée à compter du 1er janv. 2020) **« 6. Ouvrent également droit au bénéfice du crédit d'impôt les travaux de démolition préalables à la construction de logements neufs réalisée dans les conditions prévues au 1 lorsque l'achèvement des fondations de l'immeuble intervient dans un délai de deux ans suivant la date de fin des travaux de démolition. »**

II. — 1. Le crédit d'impôt est assis sur le prix de revient des logements, minoré, d'une part, des taxes et des commissions d'acquisition versées et, d'autre part, des subventions publiques reçues. Ce montant est retenu dans la limite mentionnée au 5 de l'article 199 *undecies* A, appréciée par mètre carré de surface habitable et, dans le cas des logements mentionnés au second alinéa du *a* du 1 du I, par mètre carré de surface des parties communes dans lesquelles des prestations de services sont proposées.

Un décret précise, en tant que de besoin, la nature des sommes retenues pour l'appréciation du prix de revient mentionné au premier alinéa. *— V. Ann. III, art. 49 septies ZZT.*

2. Dans le cas mentionné au 3 du I, le crédit d'impôt est assis sur le prix de revient des logements, majoré du coût des travaux de réhabilitation et minoré, d'une part, des taxes et des commissions d'acquisition versées et, d'autre part, des subventions publiques reçues. La limite mentionnée au 1 est applicable.

3. Dans le cas mentionné au 4 du I, le crédit d'impôt est assis sur le prix de revient des travaux de réhabilitation minoré, d'une part, des taxes versées et, d'autre part, des subventions publiques reçues. Ce montant est retenu dans la limite d'un plafond de *(L. n° 2017-256 du 28 févr. 2017, art. 134-1°)* **« 50 000 €** *[ancienne rédaction : 20 000 €]* **» par logement.**

(L. n° 2019-1479 du 28 déc. 2019, art. 142, applicable aux travaux pour lesquels une demande de permis de construire est déposée à compter du 1er janv. 2020) **« 4. Dans le cas mentionné au 6 du I, le crédit d'impôt est assis sur le prix de revient des travaux de démolition minoré, d'une part, des taxes versées et, d'autre part, des subventions publiques reçues au titre de ces mêmes travaux. Ce montant est retenu dans la limite d'un plafond de 25 000 € par logement démoli. »**

III. — Le taux du crédit d'impôt est fixé à 40 %. *(Abrogé par L. n° 2017-256 du 28 févr. 2017, art. 134-2°)* *« Toutefois, ce taux est fixé à 20 % pour les travaux mentionnés au 4 du I. »*

IV. — 1. Le crédit d'impôt prévu au I est accordé au titre de l'année d'acquisition de l'immeuble.

2. Toutefois :

a) En cas de construction de l'immeuble, le crédit d'impôt, calculé sur le montant prévisionnel du prix de revient défini au II, est accordé à hauteur de *(L. n° 2018-1317 du 28 déc. 2018, art. 154, applicable aux immeubles dont l'achèvement des fondations intervient à compter du 1er janv. 2019)* « 70 % *[ancienne rédaction : 50 %]* » au titre de l'année au cours de laquelle les fondations sont achevées et de *(L. n° 2018-1317 du 28 déc. 2018, art. 154, applicable aux immeubles dont l'achèvement des fondations intervient à compter du 1er janv. 2019)* « 20 % *[ancienne rédaction : 25 %]* » au titre de l'année de la mise hors d'eau ; le solde, calculé sur le prix de revient définitif, est accordé au titre de l'année de livraison de l'immeuble ;

b) En cas de réhabilitation d'immeuble, le crédit d'impôt est accordé au titre de l'année d'achèvement des travaux.

(L. n° 2019-1479 du 28 déc. 2019, art. 142, applicable aux travaux pour lesquels une demande de permis de construire est déposée à compter du 1er janv. 2020) « *c)* En cas de travaux de démolition, le crédit d'impôt est accordé, pour ces seuls travaux, au titre de l'année de leur achèvement. »

3. Lorsque l'investissement est réalisé dans les conditions prévues au 2 du I, le crédit d'impôt est accordé au titre de l'année au cours de laquelle le bien est mis à la disposition du crédit-preneur.

(Abrogé par L. n° 2018-1317 du 28 déc. 2018, art. 30-I-12°-b) *« V. — 1. L'option mentionnée au 1 du I est exercée par investissement et s'applique à l'ensemble des autres investissements d'un même programme. L'option est exercée par l'organisme qui exploite l'investissement au plus tard l'année précédant l'achèvement des fondations.*

« Cette option doit être exercée auprès de l'administration avant la date limite de dépôt de la déclaration de résultats de l'exercice précédant l'achèvement des fondations.

« Dans la situation mentionnée au 2 du I, l'option est portée à la connaissance du crédit-bailleur. Elle est formalisée dans la déclaration de résultat de l'exercice au cours duquel l'investissement a été mis en service ou mis à disposition et est jointe à la déclaration de résultat du crédit-bailleur au titre de ce même exercice.

« 2. L'option mentionnée au 1 emporte renonciation au bénéfice des dispositifs définis aux articles 199 undecies C et 217 undecies. »

VI. Abrogé par L. n° 2016-1918 du 29 déc. 2016, art. 106. — V. note ss. l'art.

VII. — 1. Le crédit d'impôt fait l'objet d'une reprise au titre de l'année au cours de laquelle :

a) L'une des conditions mentionnées au I n'est pas respectée ;

b) Les logements mentionnés au I sont cédés, si cette cession intervient avant l'expiration de la période de cinq ans mentionnée au *a* des 1 et 2 *(L. n° 2018-1317 du 28 déc. 2018, art. 153-I-3° et II, applicable aux acquisitions et constructions d'immeubles ayant fait l'objet d'une déclaration de chantier à compter du 1er janv. 2019)* « et au *b* du 5 » du même I.

2. Lorsque l'investissement revêt la forme de la construction d'un immeuble ou de l'acquisition d'un immeuble à construire, l'immeuble doit être achevé dans les deux ans suivant la date à laquelle les fondations sont achevées.

A défaut, le crédit d'impôt acquis au titre de cet investissement fait l'objet d'une reprise au titre de l'année au cours de laquelle intervient le terme de ce délai de deux ans.

VIII. — 1. Le présent article est applicable aux acquisitions, constructions ou réhabilitations d'immeubles effectuées à compter du 1er juillet 2014, et jusqu'au 31 décembre *(L. n° 2018-1317 du 28 déc. 2018, art. 131-I-6°)* « 2025 *[ancienne rédaction : 2020]* ». Pour l'application du présent VIII, les constructions s'entendent des immeubles ayant fait l'objet d'une déclaration d'ouverture de chantier. *(Abrogé par L. n° 2018-1317 du 28 déc. 2018, art. 30-I-12°-c)* *« L'extinction du dispositif de crédit d'impôt aux dates prévues au présent VIII n'intervient, conformément au dernier alinéa du IX de l'article 199 undecies C, que dans le cas où un dispositif pérenne permettant aux entreprises ultramarines*

d'échelonner sur huit ans le paiement de leurs investissements productifs mentionnés au présent article, sans recourir à un emprunt bancaire et à un prix de revient diminué d'un taux d'abattement équivalent au taux prévu au III, a été créé à la date de ces échéances ».

2. Un décret fixe les conditions d'application du présent article, notamment les obligations déclaratives incombant aux organismes mentionnés au premier alinéa du 1 du I. — *V. Ann. III, art. 49 septies ZZT à 49 septies ZZX, et Ann. IV, art. 23 L quinquies et 170 decies. — Sur les conditions d'imputation du crédit d'impôt, V. art. 220 Z quinquies. — Sur les sanctions, V. notamment art. 1740-00 AB, 1740-0 A et 1743.*

IX. — Le bénéfice du crédit d'impôt prévu au I est subordonné au respect de la décision 2012/21/UE de la Commission, du 20 décembre 2011, relative à l'application de l'article 106, paragraphe 2, du traité sur le fonctionnement de l'Union européenne aux aides d'État sous forme de compensations de service public octroyées à certaines entreprises chargées de la gestion de services d'intérêt économique général.

Les dispositions issues de la L. n° 2016-1918 du 29 déc. 2016 s'appliquent aux opérations d'acquisition et de construction dont le fait générateur, pour l'application du crédit d'impôt mentionné au même I, intervient à compter du 31 mai 2016 et qui, à cette date, n'ont pas obtenu l'agrément prévu au VI de l'article 244 quater X du code général des impôts (L. préc., art. 106-II).

Les dispositions issues des a et b du 12° du I de l'art. 30 de la L. n° 2018-1317 du 28 déc. 2018 sont applicables :

1° Aux acquisitions d'immeubles à construire et aux constructions d'immeubles n'ayant pas fait l'objet d'une déclaration d'ouverture de chantier à la date du 24 sept. 2018 ;

2° Aux investissements pour l'agrément desquels une demande n'est pas parvenue à l'administration à la date du 24 sept. 2018 (L. préc., art. 30-V-D).

Crédit d'impôt en faveur des organismes de logement social outre-mer. Commentaires administratifs. * BOI-IS-RICI-10-70 du 15 mai 2019.

Art. 244 *quater* Y *(L. n° 2020-1721 du 29 déc. 2020, art. 108-I-I et IV, applicable aux investissements réalisés à compter du 1er janv. 2022)* **I. — A. — 1. Les entreprises soumises à l'impôt sur les sociétés peuvent bénéficier d'une réduction d'impôt à raison des investissements productifs neufs qu'elles réalisent à Saint-Pierre-et-Miquelon, en Nouvelle-Calédonie, en Polynésie française, à Saint-Martin, à Saint-Barthélemy, dans les îles Wallis-et-Futuna et les Terres australes et antarctiques françaises si les conditions suivantes sont réunies :**

1° Les investissements sont mis à la disposition d'une entreprise dans le cadre d'un contrat de location revêtant un caractère commercial et conclu pour une durée au moins égale à cinq ans ou pour la durée normale d'utilisation du bien loué si elle est inférieure ;

2° Les investissements sont exploités par l'entreprise locataire pour l'exercice d'une activité ne relevant pas de l'un des secteurs énumérés aux *a* à *l* du I de l'article 199 *undecies* B, à l'exception des activités mentionnées aux I *ter* et I *quater* du même article 199 *undecies* B ;

(L. n° 2021-1900 du 30 déc. 2021, art. 72-I-4° et II, applicable aux exercices clos à compter du 31 déc. 2022) **« Pour les investissements réalisés dans le secteur du transport aérien ou maritime, le crédit d'impôt s'applique sous réserve du respect des conditions prévues au I *bis* de l'article 199 *undecies* B. Pour les investissements afférents aux équipements et opérations de pose de câbles sous-marins de communication ou de secours mentionnés au I *ter* du même article 199 *undecies* B, le crédit d'impôt s'applique sous réserve du respect des conditions prévues au même I *ter*. Pour les investissements afférents aux navires de croisière mentionnés au I *quater* de l'article 199 *undecies* B, le crédit d'impôt s'applique sous réserve du respect des conditions prévues au même I *quater* ; »**

3° L'entreprise locataire aurait pu bénéficier de la déduction prévue à l'article 217 *undecies* si, imposable en France, elle avait acquis directement le bien. Pour l'appréciation de cette condition, le seuil de chiffre d'affaires prévu à la première phrase du premier alinéa du I du même article 217 *undecies* est réputé satisfait quelle que soit l'entreprise locataire ;

4° L'entreprise propriétaire de l'investissement est exploitée en France métropolitaine ou dans un département d'outre-mer au sens du I de l'article 209 ;

5° 80 % de l'avantage en impôt procuré par la réduction d'impôt pratiquée au titre de l'investissement et par l'imputation du déficit provenant de la location du bien acquis et de la moins-value réalisée lors de la cession de ce bien ou des titres de la société bailleresse sont rétrocédés à l'entreprise locataire sous forme de diminution du loyer et du prix de cession du bien.

2. La réduction d'impôt ne s'applique pas aux investissements portant sur :

1° L'acquisition de véhicules *(Ord. n° 2021-1843 du 22 déc. 2021, art. 10-9°, en vigueur le 1er janv. 2022)* « de tourisme au sens de l'article L. 421-2 du code des impositions sur les biens et services » qui ne sont pas strictement indispensables à l'activité de l'entreprise locataire ;

2° Des installations de production d'électricité utilisant l'énergie radiative du soleil.

B. — La réduction d'impôt prévue au A du présent I s'applique également aux travaux de rénovation et de réhabilitation d'hôtel, de résidence de tourisme et de village de vacances classés lorsque ces travaux constituent des éléments de l'actif immobilisé.

C. — La réduction d'impôt prévue au A du présent I s'applique également aux investissements affectés plus de cinq ans par le concessionnaire à l'exploitation d'une concession de service public local à caractère industriel et commercial et réalisés dans des secteurs éligibles.

Pour l'application du présent article, les références aux restaurants dont le dirigeant ou un salarié est titulaire du titre de maître-restaurateur mentionné à l'article 244 *quater* Q, aux restaurants de tourisme classés et aux hôtels classés prévues au I de l'article 199 *undecies* B s'apprécient au regard de la réglementation propre à chaque collectivité d'outre-mer.

D. — La réduction d'impôt prévue au A du présent I s'applique également aux acquisitions ou constructions de logements neufs à usage locatif situés à Saint-Pierre-et-Miquelon, en Nouvelle-Calédonie, en Polynésie française, à Saint-Martin, à Saint-Barthélemy et dans les îles Wallis-et-Futuna, lorsque les conditions suivantes sont réunies :

1° Pour les investissements réalisés dans le secteur du logement intermédiaire :

a) Les logements sont donnés en location nue, dans les douze mois de leur achèvement ou de leur acquisition si elle est postérieure et pour une durée au moins égale à cinq ans, à une entreprise exploitée dans un territoire mentionné au premier alinéa du 1 du même A ;

b) Les logements sont donnés en sous-location nue ou meublée par l'entreprise mentionnée au *a* du présent 1° pour une durée au moins égale à cinq ans à des personnes physiques qui en font leur résidence principale ;

c) Le loyer et les ressources du locataire n'excèdent pas des plafonds fixés par décret ;

d) Une fraction, définie par décret, du prix de revient d'un ensemble d'investissements portés simultanément à la connaissance du ministre chargé du budget dans les conditions prévues au VI correspond à des dépenses supportées au titre de l'acquisition d'équipements de production d'énergie renouvelable, d'appareils utilisant une source d'énergie renouvelable ou de matériaux d'isolation. Un arrêté conjoint des ministres chargés du budget, de l'écologie, de l'énergie, du développement durable et de l'outremer fixe la nature des dépenses d'équipements concernées ;

e) 80 % de l'avantage en impôt procuré par la réduction d'impôt pratiquée au titre de l'investissement et par l'imputation du déficit provenant de la location du bien acquis et de la moins-value réalisée lors de la cession de ce bien ou des titres de la société bailleresse sont rétrocédés à l'entreprise locataire sous forme de diminution du loyer et du prix de cession du bien ;

2° Pour les investissements réalisés dans le secteur du logement social :

a) Les logements sont donnés en location nue, dans les douze mois de leur achèvement ou de leur acquisition si elle est postérieure et pour une durée au moins égale à cinq ans, à un organisme de logement social agréé conformément à la réglementation locale par l'autorité publique compétente. L'opération peut prendre la forme d'un crédit-bail immobilier ;

b) Les logements sont donnés en sous-location nue ou meublée par l'organisme mentionné au *a* du présent 2° et pour une durée au moins égale à cinq ans à des personnes physiques qui en font leur résidence principale et dont les ressources n'excèdent pas des plafonds fixés par décret en fonction du nombre de personnes destinées à occuper à titre principal le logement et de la localisation de celui-ci.

Les logements peuvent être spécialement adaptés à l'hébergement de personnes âgées de plus de soixante-cinq ans ou de personnes handicapées auxquelles des prestations de services de nature hôtelière peuvent être proposées ;

c) Le montant des loyers à la charge des personnes physiques mentionnées au *b* du présent 2° ne peut excéder des limites fixées par décret en fonction notamment de la localisation du logement ;

d) Une part minimale, définie par décret, de la surface habitable des logements compris dans un ensemble d'investissements portés simultanément à la connaissance du ministre chargé du budget dans les conditions prévues au VI est louée, dans les conditions définies au *b* du présent 2°, *(L. n° 2021-1900 du 30 déc. 2021, art. 16-II-1°)* « à des personnes physiques dont les ressources sont inférieures aux plafonds mentionnés au même *b,* » pour des loyers inférieurs aux limites mentionnées au *c* ;

e) Une fraction, définie par décret, du prix de revient d'un ensemble d'investissements portés simultanément à la connaissance du ministre chargé du budget dans les conditions prévues au VI correspond à des dépenses supportées au titre de l'acquisition d'équipements de production d'énergie renouvelable, d'appareils utilisant une source d'énergie renouvelable ou de matériaux d'isolation. Un arrêté conjoint des ministres chargés respectivement du budget, de l'écologie, de l'énergie, du développement durable et de l'outre-mer fixe la nature des dépenses d'équipements concernées ;

f) 80 % de l'avantage en impôt procuré par la réduction d'impôt pratiquée au titre de l'investissement et par l'imputation du déficit provenant de la location du bien acquis et de la moins-value réalisée lors de la cession de ce bien ou des titres de la société bailleresse sont rétrocédés à l'organisme de logement social locataire sous forme de diminution du loyer et du prix de cession du bien ;

(L. n° 2021-1900 du 30 déc. 2021, art. 16-II-1°) « *g)* Au terme de la période de location mentionnée au *b* du présent 2°, les logements ou les parts ou actions des sociétés qui en sont propriétaires sont cédés, dans des conditions, notamment de prix, définies par une convention conclue entre leur propriétaire et l'organisme locataire au plus tard lors de la conclusion du bail, à l'organisme locataire ou à des personnes physiques choisies par celui-ci et dont les ressources, au titre de l'année précédant celle de la première occupation du logement, n'excèdent pas des plafonds fixés par décret en fonction du nombre de personnes destinées à occuper à titre principal le logement et de la localisation de celui-ci ; »

3° Pour les logements faisant l'objet d'un contrat de location-accession à la propriété immobilière :

a) L'entreprise signe avec une personne physique, dans les douze mois de l'achèvement de l'immeuble ou de son acquisition si elle est postérieure, un contrat de location-accession dans les conditions prévues par la réglementation locale définissant la location-accession à la propriété immobilière ;

b) Une fraction, définie par décret, du prix de revient d'un ensemble d'investissements portés simultanément à la connaissance du ministre chargé du budget dans les conditions prévues au VI correspond à des dépenses supportées au titre de l'acquisition d'équipements de production d'énergie renouvelable, d'appareils utilisant une source d'énergie renouvelable ou de matériaux d'isolation. Un arrêté conjoint des ministres chargés du budget, de l'écologie, de l'énergie, du développement durable et de l'outre-mer fixe la nature des dépenses d'équipements concernées ;

c) 80 % de l'avantage en impôt procuré par la réduction d'impôt pratiquée au titre de l'acquisition ou la construction de l'immeuble sont rétrocédés à la personne physique signataire du contrat mentionné au *a* du présent 3° sous forme de diminution de la redevance prévue dans le contrat de location-accession et du prix de cession de l'immeuble ;

(L. n° 2021-1900 du 30 déc. 2021, art. 16-II-1°-b et III) « 4° La réduction d'impôt s'applique également aux travaux de démolition préalables à la construction des logements mentionnés au 2° du présent D lorsque l'achèvement des fondations de l'immeuble intervient dans un délai de deux ans à compter de la date de fin des travaux de démolition. » — *Pour les investissements réalisés à Saint-Martin, les dispositions issues de l'art. 16-II de la L. n° 2021-1900 du 30 déc. 2021 entrent en vigueur à une date fixée par*

décret, qui ne peut être postérieure de plus de six mois à la date de réception par le Gouvernement de la réponse de la Commission européenne permettant de considérer le dispositif législatif lui ayant été notifié comme conforme au droit de l'Union européenne en matière d'aides d'État (L. préc., art. 16-III-B).

II. — A. — La réduction d'impôt prévue au I du présent article s'applique aux investissements réalisés par une société soumise au régime d'imposition prévu à l'article 8, à l'exclusion des sociétés en participation, ou un groupement mentionné aux articles 239 *quater* ou 239 *quater* C, dont les parts sont détenues directement par des entreprises soumises à l'impôt sur les sociétés. Dans ce cas, la réduction d'impôt est pratiquée par les associés ou membres dans une proportion correspondant à leurs droits dans la société ou le groupement.

B. — 1. La réduction d'impôt s'applique également aux souscriptions en numéraire réalisées par les entreprises soumises à l'impôt sur les sociétés, au capital de :

1° Sociétés de développement régional des collectivités d'outre-mer et de Nouvelle-Calédonie ;

2° Sociétés effectuant des investissements productifs dans les collectivités d'outre-mer et en Nouvelle-Calédonie ;

3° Sociétés concessionnaires effectuant dans les collectivités d'outre-mer et en Nouvelle-Calédonie des investissements productifs affectés plus de cinq ans par le concessionnaire à l'exploitation d'une concession de service public local à caractère industriel et commercial ;

4° Sociétés affectées exclusivement à l'acquisition ou à la construction de logements neufs dans les collectivités d'outre-mer et en Nouvelle-Calédonie lorsque ces sociétés ont pour activité exclusive la location de tels logements dans les conditions mentionnées aux 1° et 2° du D du I.

2. Pour l'application du présent B :

1° Les sociétés bénéficiaires des souscriptions seraient soumises de plein droit ou sur option à l'impôt sur les sociétés si elles étaient imposables en France et si elles exercent exclusivement leur activité en outre-mer, dans les secteurs d'activité éligibles en application des A à D du I ;

2° La valeur d'origine des éléments d'actif autres que ceux nécessaires à l'exercice de l'activité ouvrant droit à la réduction d'impôt ne doit pas excéder 10 % du montant total de l'actif brut de la société ;

3° 80 % de l'avantage en impôt procuré par la réduction d'impôt pratiquée au titre de la souscription et par l'imputation du déficit provenant de la moins-value réalisée lors de la cession des titres reçus lors de la souscription sont rétrocédés à la société bénéficiaire des souscriptions sous forme de diminution du prix de cession des titres souscrits.

III. — A. — 1. La réduction d'impôt est assise sur le montant, hors taxes et hors frais de toute nature, notamment les commissions d'acquisition, à l'exception des frais de transport, d'installation et de mise en service amortissables, des investissements productifs, diminué de la fraction de leur prix de revient financée par une aide publique.

Pour les souscriptions mentionnées au B du II, la réduction d'impôt est assise sur le montant total des souscriptions en numéraires effectuées.

2. Les aides octroyées par la Nouvelle-Calédonie, la Polynésie française, Wallis-et-Futuna, Saint-Martin, Saint-Barthélemy et Saint-Pierre-et-Miquelon dans le cadre de leur compétence fiscale propre au titre de projets d'investissements sont sans incidence pour la détermination du montant des dépenses éligibles retenues pour l'application du présent article, à l'exception des investissements mentionnés au C du présent III.

3. Lorsque l'investissement a pour objet de remplacer un investissement ayant bénéficié du présent dispositif ou de l'un de ceux définis aux articles 199 *undecies* B et 217 *duodecies*, l'assiette de la réduction d'impôt telle que définie aux A à C du présent III est diminuée de la valeur réelle de l'investissement remplacé.

B. — Pour les projets d'investissement comportant l'acquisition, l'installation ou l'exploitation d'équipements de production d'énergie renouvelable, ce montant est pris en compte dans la limite d'un montant par watt installé, fixé par arrêté conjoint des ministres chargés du budget, de l'énergie, de l'outre-mer et de l'industrie pour chaque

type d'équipement. Ce montant prend en compte les coûts d'acquisition et d'installation directement liés à ces équipements.

C. – Pour les équipements et opérations de pose de câbles sous-marins de communication mentionnés au I *ter* de l'article 199 *undecies* B desservant pour la première fois la Polynésie française, Saint-Barthélemy, Saint-Martin, Saint-Pierre-et-Miquelon, les îles Wallis-et-Futuna, la Nouvelle-Calédonie ou les Terres australes et antarctiques françaises, l'assiette de la réduction d'impôt est égale à la moitié du montant déterminé en application du A du présent III.

Pour les équipements et opérations de pose du câble de secours mentionnés au dernier alinéa du I *ter* de l'article 199 *undecies* B, l'assiette de la réduction d'impôt est égale au quart du montant déterminé en application du A du présent III.

Pour l'application du présent C, le montant de l'aide fiscale peut être réduit de moitié au plus, compte tenu du besoin de financement de la société exploitante pour la réalisation de ce projet et de l'impact de l'aide sur les tarifs.

D. – Pour les investissements mentionnés au I *quater* de l'article 199 *undecies* B, l'assiette de la réduction d'impôt est égale à 20 % du montant déterminé en application du A du présent III.

E. – Pour les travaux mentionnés au B du I, la réduction d'impôt est assise sur le prix de revient de l'hôtel, de la résidence de tourisme ou du village de vacances classés après réalisation des travaux, diminué du prix de revient de ces mêmes biens avant réalisation des travaux et de la fraction du prix de revient des travaux financée par une aide publique.

F. – Pour les logements mentionnés au D du I, la réduction d'impôt est assise sur le prix de revient des logements, minoré, d'une part, des taxes et des commissions d'acquisition versées et, d'autre part, des aides publiques reçues.

Ce montant est retenu dans la limite mentionnée au 5 de l'article 199 *undecies* A appréciée par mètre carré de surface habitable.

Un décret précise la nature des sommes retenues pour l'appréciation du prix de revient des logements.

(L. nº 2021-1900 du 30 déc. 2021, art. 16-II-2º et III) « Pour les travaux de démolition mentionnés au 4° du D du I, la réduction d'impôt est assise sur le prix de revient des travaux de démolition, minoré, d'une part, des taxes versées et, d'autre part, des aides publiques reçues au titre de ces mêmes travaux. Ce montant est retenu dans la limite d'un plafond de 25 000 € par logement démoli. »

IV. – Le taux de la réduction d'impôt est fixé à 35 %.

V. – 1. Le bénéfice de la réduction d'impôt prévue au I est accordé au titre de l'exercice au cours duquel l'investissement est mis en service.

2. Toutefois :

1° Lorsque l'investissement consiste en l'acquisition d'un immeuble à construire ou en la construction d'immeuble, la réduction d'impôt est accordée au titre de l'exercice au cours duquel les fondations sont achevées ;

(L. nº 2021-1900 du 30 déc. 2021, art. 16-II-3º et III) « En cas de travaux de démolition, la réduction d'impôt est accordée, pour ces seuls travaux, au titre de l'exercice de leur achèvement ; »

2° En cas de rénovation ou de réhabilitation d'immeuble, la réduction d'impôt est accordée au titre de l'exercice au cours duquel les travaux ont été achevés ;

3° En cas de souscription au capital de sociétés dans les conditions prévues au B du II, la réduction d'impôt est pratiquée au titre de l'exercice au cours duquel les fonds ont été versés. En cas de versements échelonnés, ceux-ci sont pris en compte au titre de chacun des exercices au cours desquels ils ont été effectués.

VI. – Lorsque le montant total par programme d'investissements est supérieur au seuil mentionné au premier alinéa du II *quater* de l'article 217 *undecies*, ou au seuil mentionné au second alinéa du même II *quater* pour les investissements réalisés par les sociétés et groupements mentionnés au A du II du présent article, et au III de l'article 217 *undecies*, le bénéfice de la réduction d'impôt est conditionné à l'obtention d'un agrément préalable délivré par le ministre chargé du budget dans les conditions prévues au même III.

VII. – A. – L'investissement ayant ouvert droit à la réduction d'impôt doit être exploité par l'entreprise locataire dans les conditions fixées au I du présent article pendant un délai de cinq ans, décompté à partir de la date de réalisation dudit investissement. Ce délai est réduit à la durée normale d'utilisation de l'investissement si cette durée est inférieure à cinq ans.

Pour les investissements dont la durée normale d'utilisation est au moins égale à sept ans, l'entreprise locataire doit prendre l'engagement d'utiliser effectivement pendant sept ans au moins l'investissement dans le cadre de l'activité pour laquelle il a été acquis ou créé. Cet engagement est porté à dix ans pour les investissements portant sur les navires de croisière neufs d'une capacité maximale de quatre cents passagers et à quinze ans pour les investissements consistant en la construction, la rénovation ou la réhabilitation d'hôtels, de résidences de tourisme ou de villages de vacances.

Si, dans le délai mentionné au premier alinéa du présent A, l'investissement ayant ouvert droit à la réduction d'impôt est cédé ou cesse d'être affecté à l'exploitation de l'entreprise utilisatrice ou si l'acquéreur cesse son activité, ou si l'une des conditions prévues au I cesse d'être respectée, la réduction d'impôt fait l'objet d'une reprise au titre de l'exercice ou de l'année au cours duquel interviennent les événements précités.

Toutefois, la reprise de la réduction d'impôt n'est pas effectuée :

1° Lorsque les biens ayant ouvert droit à la réduction d'impôt sont transmis dans le cadre des opérations mentionnées aux articles 210 A ou 210 B, si le bénéficiaire de la transmission s'engage à maintenir l'exploitation des biens dans une collectivité d'outre-mer ou en Nouvelle-Calédonie dans le cadre d'une activité éligible pendant la fraction du délai de conservation restant à courir.

L'engagement est pris dans l'acte constatant la transmission ou, à défaut, dans un acte sous seing privé ayant date certaine, établi à cette occasion ;

2° Lorsque, en cas de défaillance de l'exploitant, les biens ayant ouvert droit à la réduction d'impôt sont repris par une autre entreprise qui s'engage à les maintenir dans l'activité pour laquelle ils ont été acquis ou créés pendant la fraction du délai de conservation restant à courir.

B. — Pour les souscriptions au capital de sociétés mentionnées au B du II du présent article :

1° Les investissements productifs doivent être effectués par les sociétés bénéficiaires des souscriptions dans les douze mois de la clôture de la souscription. A défaut, la réduction d'impôt dont a bénéficié le souscripteur fait l'objet d'une reprise au titre de l'exercice au cours duquel le délai arrive à expiration ;

2° Les investissements productifs doivent être exploités par la société bénéficiaire des souscriptions dans les conditions fixées au même II pendant un délai de cinq ans, décompté à partir de la date de réalisation de l'investissement. Ce délai est réduit à la durée normale d'utilisation de l'investissement si cette durée est inférieure à cinq ans.

Pour les investissements dont la durée normale d'utilisation est au moins égale à sept ans, la société bénéficiaire des souscriptions doit prendre l'engagement d'utiliser effectivement pendant sept ans au moins l'investissement dans le cadre de l'activité pour laquelle il a été acquis ou créé. Cet engagement est porté à dix ans pour les investissements portant sur les navires de croisière neufs d'une capacité maximale de quatre cents passagers et à quinze ans pour les investissements consistant en la construction, la rénovation ou la réhabilitation d'hôtels, de résidences de tourisme ou de villages de vacances.

Si, dans le délai prévu au premier alinéa du présent 2°, cet engagement ou l'une de ces conditions ne sont pas respectés, la réduction d'impôt dont a bénéficié le souscripteur fait l'objet d'une reprise au titre de l'exercice au cours duquel cet événement est constaté.

Ces dispositions ne sont pas applicables si les immobilisations en cause sont comprises dans un apport partiel d'actif réalisé sous le régime de l'article 210 B ou si la société qui en est propriétaire fait l'objet d'une fusion placée sous le régime de l'article 210 A, à la condition que la société bénéficiaire de l'apport ou la société absorbante, selon le cas, réponde aux mêmes conditions d'activité et reprenne, sous les mêmes conditions et sanctions, les mêmes engagements pour la fraction du délai restant à courir ;

3° En cas de cession dans le délai prévu au 2° du présent B de tout ou partie des droits sociaux souscrits, la réduction d'impôt dont a bénéficié le souscripteur fait l'objet d'une reprise au titre de l'exercice au cours duquel la cession est intervenue.

Ces dispositions ne sont pas applicables dans le cas où l'entreprise propriétaire des titres fait l'objet d'une transmission dans le cadre des dispositions prévues aux articles 210 A et 210 B, si l'entreprise qui devient propriétaire des titres remplit les conditions nécessaires pour bénéficier de cette réduction d'impôt et s'engage à conserver les titres pendant la fraction du délai de conservation restant à courir. L'engagement est pris dans l'acte constatant la transmission ou, à défaut, par acte sous seing privé ayant date certaine, établi à cette occasion.

Ces dispositions ne sont pas non plus applicables dans le cas où les titres ayant ouvert droit à la réduction d'impôt sont apportés ou échangés dans le cadre d'opérations soumises aux dispositions prévues aux mêmes articles 210 A ou 210 B, si l'entreprise conserve, sous les mêmes conditions et sanctions, les titres nouveaux qui sont substitués aux titres d'origine.

C. — 1. Lorsque l'investissement *(Abrogé par L. n° 2021-1900 du 30 déc. 2021, art. 16-II-4°-a et III-B)* « *productif* » revêt la forme de la construction d'un immeuble ou de l'acquisition d'un immeuble à construire, l'immeuble doit être achevé dans les deux ans suivant la date à laquelle les fondations sont achevées.

En cas de souscription affectée totalement ou partiellement à la construction d'immeubles destinés à l'exercice d'une activité éligible, la société bénéficiaire de la souscription doit s'engager à en achever les fondations dans les deux ans qui suivent la clôture de la souscription et à achever l'immeuble dans les deux ans qui suivent la date d'achèvement des fondations.

A défaut, la réduction d'impôt acquise au titre de cet investissement ou de cette souscription fait l'objet d'une reprise au titre de l'année au cours de laquelle intervient le terme des délais mentionnés aux deux premiers alinéas du présent 1.

(L. n° 2021-1900 du 30 déc. 2021, art. 16-II-4°-b et III-B) « 2. La réduction d'impôt fait l'objet » d'une reprise au titre de l'exercice au cours duquel l'une des conditions prévues au D du I n'est plus respectée.

Toutefois, la reprise de la réduction d'impôt n'est pas effectuée lorsque, en cas de défaillance de l'entreprise ou de l'organisme, les logements ayant ouvert droit à la réduction d'impôt sont repris par une autre entreprise ou organisme qui s'engage à louer les logements, dans les conditions prévues au même D, pour la fraction de la durée minimale de location restant à courir.

D. — Les associés ou membres de sociétés ou groupement mentionnés au A du II doivent conserver les parts de cette société ou de ce groupement pendant un délai de cinq ans à compter de la date de réalisation de l'investissement. Ce délai est réduit à la durée normale d'utilisation de l'investissement si cette durée est inférieure à cinq ans.

A défaut, la réduction d'impôt qu'ils ont pratiquée fait l'objet d'une reprise au titre de l'exercice au cours duquel la cession est intervenue.

E. — La réduction d'impôt prévue au présent article est subordonnée au respect par les entreprises réalisant l'investissement et par les entreprises exploitantes de leurs obligations fiscales et sociales et de l'obligation de dépôt de leurs comptes annuels selon les modalités prévues aux articles L. 232-21 à L. 232-23 du code de commerce à la date du fait générateur de l'avantage fiscal tel que défini au V du présent article. Pour l'application du présent alinéa, les références aux dispositions du code de commerce s'apprécient au regard de la réglementation propre à chaque collectivité d'outre-mer ou à la Nouvelle-Calédonie.

Sont considérés comme à jour de leurs obligations fiscales et sociales les employeurs qui d'une part, ont souscrit et respectent un plan d'apurement des cotisations restant dues et, d'autre part, acquittent les cotisations en cours à leur date normale d'exigibilité.

VIII. — Le bénéfice de la réduction d'impôt prévue au I est exclusif du bénéfice des dispositifs définis aux articles 199 *undecies* A, 199 *undecies* B, 199 *undecies* C et 217 *duodecies* au titre d'un même programme d'investissement.

IX. — Le bénéfice de la réduction d'impôt prévue aux A à C et aux 1° et 3° du D du I du présent article est subordonné, pour les investissements réalisés à Saint-Martin, au respect de l'article 14 du règlement (UE) n° 651/2014 de la Commission du 17 juin 2014 déclarant certaines catégories d'aides compatibles avec le marché intérieur en application des articles 107 et 108 du traité.

Le bénéfice de la réduction d'impôt prévue au 2° du D du I est subordonné, pour les investissements réalisés à Saint-Martin, au respect de la décision 2012/21/UE de la Commission du 20 décembre 2011 relative à l'application de l'article 106, paragraphe 2, du traité sur le fonctionnement de l'Union européenne aux aides d'État sous forme de compensations de service public octroyées à certaines entreprises chargées de la gestion de services d'intérêt économique général.

X. — A. — Le présent article est applicable aux investissements réalisés jusqu'au 31 décembre 2025.

B. — Un décret fixe les conditions d'application du présent article.

Les dispositions issues de l'art. 16-II-1°-b, 16-II-2° et 3° de la L. n° 2021-1900 du 30 déc. 2021 s'appliquent aux travaux pour lesquels les conditions cumulatives suivantes sont remplies : 1° Une demande de permis de construire est déposée à compter du 1er janv. 2022 ; 2° Les travaux de démolition n'ont pas été engagés avant cette date (L. préc., art. 16-III-A).

SECTION III DÉDUCTION FISCALE POUR INVESTISSEMENT

Art. 244 *quinquies* à 244 *sexdecies* *Dispositions périmées.*

SECTION IV

Art. 245 *Transféré ss. art. 1762 bis, depuis périmé.*

SECTION V IMPÔT SUR LE REVENU, IMPÔT SUR LES SOCIÉTÉS ET TAXES VISÉES AU CHAPITRE III

I *ENTREPRISES DE NAVIGATION MARITIME OU AÉRIENNE OU EXPLOITANT DES SATELLITES DE COMMUNICATION* (*L. n° 2018-1317 du 28 déc. 2018, art. 63*).

Art. 246 Les bénéfices réalisés par les entreprises de navigation maritime ou aérienne établies à l'étranger et provenant de l'exploitation de navires ou d'aéronefs étrangers sont exonérés d'impôts à condition qu'une exemption réciproque et équivalente soit accordée aux entreprises françaises de même nature.

Les modalités de l'exemption et les impôts compris dans l'exonération sont fixés, pour chaque pays, par un accord diplomatique et font l'objet d'un décret contresigné par le ministre de l'économie et des finances. Ce décret est soumis, dans le délai de trois mois, à la ratification législative.

Les bénéfices réalisés dans les pays ayant consenti l'exonération réciproque prévue au deuxième alinéa par les entreprises de navigation maritime ou aérienne qui ont leur siège en France seront compris dans les bases de l'impôt dû en France par ces entreprises.

Art. 247 (*L. n° 2018-1317 du 28 déc. 2018, art. 63*) Ne sont pas considérés comme des bénéfices réalisés dans des entreprises exploitées en France les bénéfices, déterminés dans les conditions fixées à l'article 57, provenant de l'exploitation de satellites de communication localisés sur des positions orbitales géostationnaires qui ne sont pas la propriété de ces entreprises.

II *et* II *BIS*

Art. 247 *bis* *Transféré ss. LPF, art. L. 206.*

III *PRÉSENTATION ET CONTENU DES DÉCLARATIONS FISCALES*

Art. 248 Le Gouvernement peut fixer par décret, dans la mesure où la législation en vigueur ne les a pas fixés, les renseignements que doivent contenir les déclarations fiscales en vue de l'application des impôts et taxes existants, ainsi que le nombre d'exemplaires de ces déclarations que doit fournir chaque contribuable.

SECTION VI **DISPOSITIONS SPÉCIALES APPLICABLES AUX OPÉRATIONS DE NATIONALISATION**

1° PLUS-VALUES MOBILIÈRES RÉALISÉES PAR LES ENTREPRISES

Art. 248 A Lorsque des actions de sociétés nationalisées figurent à l'actif d'une entreprise, la plus-value ou la moins-value résultant de l'indemnisation prévue aux articles 4, 15, 16 et 32 de la loi de nationalisation n° 82-155 du 11 février 1982 n'est pas prise en compte pour la détermination du résultat imposable de l'exercice en cours lors de sa réalisation. Les titres reçus en échange sont inscrits au bilan pour la même valeur comptable que celle des titres ayant ouvert droit à l'indemnisation. Lors de la cession ou du remboursement de tout ou partie des nouveaux titres, d'une part, ceux-ci sont réputés avoir été acquis à la date à laquelle les actions des sociétés nationalisées avaient été acquises par l'entreprise, d'autre part, la plus-value ou la moins-value est déterminée à partir de la valeur que les actions des sociétés nationalisées avaient du point de vue fiscal dans les écritures de l'entreprise.

2° PLUS-VALUES MOBILIÈRES RÉALISÉES PAR LES PARTICULIERS

Art. 248 B Les dispositions des articles 92 et 150-0 A ne sont pas applicables aux échanges de titres effectués dans le cadre de la loi de nationalisation n° 82-155 du 11 février 1982.

En cas de vente des titres reçus en échange, la plus ou moins-value est calculée à partir du prix ou de la valeur d'acquisition des titres ayant ouvert droit à l'indemnisation.

Pour l'application de ces dispositions, le remboursement des titres reçus en échange est assimilé à une vente.

Dispositions applicables, en ce qui concerne les opérations d'échange des obligations émises par l'Office national d'études et de recherches aérospatiales contre les actions de la société Matra (L. n° 81-1179 du 31 déc. 1981, art. 19-IV). Elles sont également applicables à l'échange de ces obligations contre les obligations émises par la Caisse nationale de l'industrie (L. n° 82-1152 du 30 déc. 1982, art. 14).

3° SUBROGATION DES OBLIGATIONS

Art. 248 C Les obligations de la caisse nationale de l'industrie et de la caisse nationale des banques attribuées aux détenteurs d'actions transférées à l'État sont subrogées de plein droit à ces actions dans tous les cas où la loi, le règlement ou les contrats ont, soit prévu un emploi ou un remploi de fonds en actions, soit créé ou modifié les droits portant sur ces actions ; les opérations ainsi intervenues sur ces actions sont réputées avoir été effectuées avec les mêmes effets sur les obligations de la caisse nationale de l'industrie et de la caisse nationale des banques. Ces obligations sont également subrogées de plein droit aux actions détenues en application des dispositions relatives à l'actionnariat et à la participation des salariés. Elles n'ont alors pas à revêtir la forme nominative si elles sont déposées pendant la période d'incessibilité auprès d'un intermédiaire agréé choisi sur une liste fixée par décret *[V. Ann. III, art. 65]*.

4° REDEVANCES VERSÉES PAR LES SOCIÉTÉS NATIONALISÉES

Art. 248 D *(Devenu sans objet, Décr. n° 2018-500 du 20 juin 2018, art. 1er)* ***Les redevances versées à la caisse nationale de l'industrie ou à la caisse nationale des banques en application des articles 11 et 26 de la loi de nationalisation n° 82-155 du 11 février 1982 par les sociétés et les établissements de crédit nationalisés ainsi que par les compagnies mentionnées à l'article 29 de la même loi ne sont pas déductibles du résultat imposable.***

SECTION VII **DISPOSITIONS SPÉCIALES APPLICABLES AUX OPÉRATIONS DE PRIVATISATION**

1° PLUS-VALUES RÉALISÉES PAR LES ENTREPRISES

Art. 248 E Lorsque des titres, mentionnés aux articles 5 et 6 de la loi n° 86-912 du 6 août 1986 ou des titres participatifs mentionnés à l'article 1er modifié de la même

loi, figurent au bilan d'une entreprise et sont échangés dans le cadre des opérations mentionnées au 1° de l'article 5 de la loi n° 86-793 du 2 juillet 1986 ou au titre IV de la loi n° 86-1067 du 30 septembre 1986 modifiée, la plus-value ou la moins-value résultant de l'échange n'est pas prise en compte pour la détermination du résultat imposable de l'exercice en cours ; les actions reçues en échange sont inscrites au bilan pour la même valeur comptable que celle des titres échangés. — *Les dispositions du présent alinéa ne sont plus susceptibles de s'appliquer pour les titres mentionnés à l'art. 5 de la L. n° 86-912 du 6 août 1986, qui est abrogé par l'art. 23 de la L. n° 93-923 du 19 juill. 1993. — Les art. 1er, 5 et 6 de la L. n° 86-912 du 6 août 1986 et la L. n° 86-793 du 2 juill. 1986 ont été abrogés par l'art. 41 de l'Ord. n° 2014-948 du 20 août 2014. — L'art. 41-II de cette Ord. n° 2014-948 prévoit toutefois que les dispositions de la L. n° 86-793 du 2 juill. 1986 et de la L. n° 86-912 du 6 août 1986 susvisées, à l'exception de celles de ses art. 3 et 3-1, dans leur rédaction applicable à la date d'entrée en vigueur de l'Ord. n° 2014-948 du 20 août 2014 susvisée, restent applicables aux sociétés et opérations qui ne sont pas régies par le titre III de cette Ord.*

Lors de la cession par l'entreprise des actions ainsi reçues, la date à laquelle les titres remis à l'échange ont été acquis sert de référence pour le calcul de la plus-value. Le calcul s'effectue à partir de la valeur fiscale inscrite dans les écritures de la société. Pour les titres remis en application de la loi de nationalisation n° 82-155 du 11 février 1982 ou dans le cadre des opérations mentionnées à l'article 19 de la loi de finances rectificative pour 1981, n° 81-1179 du 31 décembre 1981, et à l'article 14 de la loi de finances rectificative pour 1982, n° 82-1152 du 30 décembre 1982, cette valeur est celle définie à l'article 248 A.

2° PLUS-VALUES RÉALISÉES PAR LES PARTICULIERS

Art. 248 F Les dispositions de l'article 150-0 A ne sont pas applicables, dans le cadre des opérations prévues au 1° de l'article 5 de la loi n° 86-793 du 2 juillet 1986 et au titre IV de la loi n° 86-1067 du 30 septembre 1986 *(L. n° 2021-1382 du 25 oct. 2021, art. 33)* **« relative à la liberté de communication dans sa rédaction applicable au 23 décembre 2020 », aux échanges de titres participatifs mentionnés à l'article 1er modifié de la loi n° 86-912 du 6 août 1986, de titres mentionnés aux articles 5** *[abrogé par L. n° 93-923 du 19 juill. 1993, art. 23]* **et 6 de la même loi, de titres mentionnés aux articles 60 et 61 de la loi du 30 septembre 1986** *(L. n° 2021-1382 du 25 oct. 2021, art. 33)* **« dans sa rédaction applicable au 23 décembre 2020 » réalisés avant le 21 juillet 1993, date de publication de la loi de privatisation n° 93-923 du 19 juillet 1993.**

En cas de cession des actions reçues, la plus-value ou la moins-value est calculée à partir du prix ou de la valeur d'acquisition des titres remis en échange ; lorsque ces titres ont été acquis dans le cadre de la loi de nationalisation n° 82-155 du 11 février 1982 ou des opérations mentionnées à l'article 19 de la loi n° 81-1179 du 31 décembre 1981 et à l'article 14 de la loi n° 82-1152 du 30 décembre 1982, le calcul s'effectue à partir du prix ou de la valeur d'acquisition des titres ayant ouvert droit à l'indemnisation. Ces dispositions sont applicables aux cessions des actions reçues lors d'échanges de titres réalisés avant le 21 juillet 1993, date de publication de la loi de privatisation n° 93-923 du 19 juillet 1993. — *Les art. 1er, 5 et 6 de la L. n° 86-912 du 6 août 1986, la L. n° 86-793 du 2 juill. 1986 et la L. n° 93-923 du 19 juill. 1993 ont été abrogés par l'art. 41 de l'Ord. n° 2014-948 du 20 août 2014.*

Art. 248 G Les dispositions de l'article 150-0 B sont applicables aux plus-values réalisées, à compter du 21 juillet 1993, date de publication de la loi de privatisation n° 93-923 du 19 juillet 1993, lors de l'échange des titres mentionnés à l'article 6 de la loi n° 86-912 du 6 août 1986, des titres participatifs mentionnés à l'article 1er modifié de la même loi, ainsi que des titres de l'emprunt d'État mentionné à l'article 9 de la loi n° 93-859 du 22 juin 1993. — *Les art. 1er et 6 de la L. n° 86-912 du 6 août 1986 et la L. n° 93-923 du 19 juill. 1993 ont été abrogés par l'art. 41 de l'Ord. n° 2014-948 du 20 août 2014.*

CHAPITRE V

Art. 249 *Abrogé.*

Art. 250 à 254 *Disjoints.*

Art. 255 *Disjoint : C. dom. Ét., art. L. 27.*

Art. 255 *bis* *Transféré ss. art. 1756 bis-I.*

TITRE DEUXIÈME TAXES SUR LE CHIFFRE D'AFFAIRES ET TAXES ASSIMILÉES

CHAPITRE PREMIER TAXE SUR LA VALEUR AJOUTÉE

BIBL. ▸ Alliance fiscale, *Dr. fisc. 2005. 810* (l'évolution de la TVA financière). – Bénard, *RJF 2007. 3* (qu'est-ce qu'une taxe sur le chiffre d'affaires ?). – Benoît, *BFL 2003. 423* (la TVA : un impôt communautaire). – Charlet et Owens, *Dr. fisc. 2010. Étude 499* (une perspective internationale sur la TVA). – Conseil des impôts, 19e rapport (relatif à la TVA), *Journaux officiels, 2001*. – Desmorieux, *Dr. fisc. 2007. 600* (société en participation et TVA). – Fouquet, *Dr. fisc. 2006. 2092* (un impôt direct n'est pas d'effet équivalent à la TVA). – Fouquet et Bénard, *Dr. fisc. 2005. 1063* (un impôt direct peut-il être incompatible avec la 6e directive ?). – Laperrière, *Dr. fisc. 2018. 494* (TVA, minage et ICOS). – Philippart, *BFL 2002. 667* (les taxes cumulatives à cascade et l'art. 33 de la 6e Directive) ; *BFL 2005. 615* (la 1re directive TVA, l'interdiction des taxes cumulatives à cascade et l'IRAP). – Philippe, *Dr. fisc. 2005. 382* (50 ans de TVA : de sa préhistoire à son actualité). – Plagnet, *GAJ Fisc., p. 694* (notion de taxe sur le chiffre d'affaires). – Y. et I. Sérandour, *Dr. fisc. 2007. 794* (les arrhes, hors du champ d'application de la TVA). – Tracanelli, *Rev. fisc. europ. 2005, no 140, p. 15* (les holdings et le système commun de TVA). – X., Mémento TVA, *Éd. F. Lefebvre.*

SECTION 0I DÉFINITION DU TERRITOIRE COMMUNAUTAIRE

Art. 256-0 **Pour l'application du présent chapitre :**

1° Les autres États membres de la Communauté européenne sont ceux énumérés à l'article 299 du Traité instituant la Communauté européenne, à l'exclusion des territoires suivants :

Pour la République fédérale d'Allemagne, l'île d'Helgoland et le territoire de Büsingen ;

Pour le Royaume d'Espagne, Ceuta, Melilla et les îles Canaries ;

Pour la République de Finlande, les îles Aland ;

Pour la République hellénique, le mont Athos ;

Pour la République italienne, Livigno, Campione d'Italia et les eaux nationales du lac de Lugano.

Les îles Anglo-Normandes.

Toutefois, l'île de Man est considérée comme une partie du territoire du Royaume-Uni de Grande-Bretagne et d'Irlande du Nord et les zones de souveraineté du Royaume-Uni de Grande-Bretagne et d'Irlande du Nord à Akrotiri et Dhekelia sont considérées comme une partie du territoire de la République de Chypre.

2° La Communauté européenne est l'ensemble des États membres, tel que défini au 1°. *— Entrée en vigueur le 1er janv. 1996. — V. Ann. III, art. 73 A.*

Depuis le 1er févr. 2020, le Royaume-Uni de Grande-Bretagne et d'Irlande du Nord est sorti de l'Union européenne. La période transitoire prévue dans l'accord de retrait s'est achevée le 31 déc. 2020.

SECTION PREMIÈRE CHAMP D'APPLICATION

I OPÉRATIONS OBLIGATOIREMENT IMPOSABLES

Art. 256 **I. — Sont soumises à la taxe sur la valeur ajoutée les livraisons de biens et les prestations de services effectuées à titre onéreux par un assujetti agissant en tant que tel.**

II. — 1° Est considéré comme livraison d'un bien, le transfert du pouvoir de disposer d'un bien corporel comme un propriétaire.

2° Sont notamment considérés comme des biens meubles corporels : l'électricité, le gaz, la chaleur, le froid et les biens similaires.

3° Sont également considérés comme livraisons de biens :

***a)* le transfert de propriété d'un bien meuble corporel opéré en vertu d'une réquisition de l'autorité publique ;**

b) Abrogé.

c) la remise matérielle d'un bien meuble corporel en vertu d'un contrat qui prévoit la location de ce bien pendant une certaine période ou sa vente à tempérament et qui est assorti d'une clause selon laquelle la propriété de ce bien est normalement acquise au détenteur ou à ses ayants droit au plus tard lors du paiement de la dernière échéance ;

d) la remise matérielle d'un bien meuble corporel en vertu d'un contrat de vente qui comporte une clause de réserve de propriété.

(L. n° 2019-1479 du 28 déc. 2019, art. 147-I-A et IV, mod. par L. n° 2020-1721 du 29 déc. 2020, art. 51-II, applicable aux opérations pour lesquelles le fait générateur de la taxe sur la valeur ajoutée intervient à compter du 1er juill. 2021) « II *bis*. — 1° Une vente à distance intracommunautaire de biens s'entend d'une livraison de biens expédiés ou transportés par le fournisseur ou pour son compte, y compris lorsque le fournisseur intervient indirectement dans le transport ou l'expédition des biens, à partir d'un État membre autre que celui d'arrivée de l'expédition ou du transport à destination de l'acquéreur, lorsque les conditions suivantes sont réunies :

« *a)* La livraison de biens est effectuée au profit d'un assujetti ou d'une personne morale non assujettie dont les acquisitions intracommunautaires de biens ne sont pas soumises à la taxe soit en application *(L. n° 2021-1900 du 30 déc. 2021, art. 30-I-3°)* « des 1° *bis* et » 2° du I de l'article 256 *bis* lorsque ces acquisitions intracommunautaires ont lieu en France, soit en application du paragraphe 1 de l'article 3 de la directive 2006/112/CE du Conseil du 28 novembre 2006 relative au système commun de taxe sur la valeur ajoutée lorsque ces acquisitions intracommunautaires ont lieu dans un autre État membre de l'Union européenne, ou au profit de toute autre personne non assujettie ;

« *b)* Les biens livrés ne sont ni des moyens de transport neufs, ni des biens livrés après montage ou installation, avec ou sans essai de mise en service, par le fournisseur ou pour son compte.

« 2° Une vente à distance de biens importés de territoires tiers ou de pays tiers s'entend d'une livraison de biens expédiés ou transportés par le fournisseur ou pour son compte, y compris lorsque le fournisseur intervient indirectement dans le transport ou l'expédition des biens, à partir d'un territoire tiers ou d'un pays tiers à destination d'un acquéreur dans un État membre, lorsque les conditions suivantes sont réunies :

« *a)* La livraison de biens est effectuée au profit d'un assujetti ou d'une personne morale non assujettie dont les acquisitions intracommunautaires de biens ne sont pas soumises à la taxe soit en application du 2° du I de l'article 256 *bis* lorsque ces acquisitions intracommunautaires ont lieu en France, soit en application du paragraphe 1 de l'article 3 de la directive 2006/112/CE du Conseil du 28 novembre 2006 précitée lorsque ces acquisitions intracommunautaires ont lieu dans un autre État membre de l'Union européenne, ou au profit de toute autre personne non assujettie ;

« *b)* Les biens livrés ne sont ni des moyens de transport neufs ni des biens livrés après montage ou installation, avec ou sans essai de mise en service, par le fournisseur ou pour son compte. »

III. — Est assimilé à une livraison de biens, le transfert par un assujetti d'un bien de son entreprise à destination d'un autre État membre de *(L. n° 2019-1479 du 28 déc. 2019, art. 34-I-1°-a)* « l'Union » européenne.

Est considéré comme un transfert au sens des dispositions qui précèdent l'expédition ou le transport, par un assujetti ou pour son compte, d'un bien meuble corporel pour les besoins de son entreprise, à l'exception de l'expédition ou du transport d'un bien qui, dans l'État membre d'arrivée, est destiné :

a) à être utilisé temporairement pour les besoins de prestations de services effectuées par l'assujetti ou dans des conditions qui lui ouvriraient droit, si ce bien était importé, au bénéfice de l'admission temporaire en exonération totale de droits ;

b) à faire l'objet d'expertises ou de travaux à condition que le bien soit réexpédié ou transporté en France à destination de cet assujetti ;

c) à faire l'objet d'une installation ou d'un montage ;

d) à faire l'objet de livraisons à bord des moyens de transport, effectuées par l'assujetti, dans les conditions mentionnées à l'article 37 de la directive 2006/112/CE du Conseil du 28 novembre 2006.

Pour l'application du présent III, n'est pas assimilé à une livraison de biens, le transfert, au sens des dispositions du premier alinéa, de gaz naturel, d'électricité, de chaleur ou de froid vers un autre État membre pour les besoins d'une livraison dont le lieu y est situé, conformément aux dispositions des articles 38 et 39 de la directive 2006/112/CE du Conseil du 28 novembre 2006.

(L. nº 2019-1479 du 28 déc. 2019, art. 34-I-1º-b, applicable aux livraisons de biens meubles corporels pour lesquelles le fait générateur de la taxe sur la valeur ajoutée intervient à compter du 1er janv. 2020) « III *bis*. — 1. N'est pas assimilé à une livraison de biens le transfert par un assujetti d'un bien de son entreprise sous un régime de stocks sous contrat de dépôt à destination d'un autre État membre de l'Union européenne lorsque les conditions suivantes sont remplies :

« 1º Les biens sont expédiés ou transportés par l'assujetti ou par un tiers pour le compte de celui-ci, à destination d'un autre État membre afin d'y être livrés, à un stade ultérieur et après leur arrivée, à un autre assujetti qui pourra en disposer comme un propriétaire en vertu d'un accord entre les deux assujettis ;

« 2º L'assujetti qui expédie ou transporte les biens n'est pas établi ou ne dispose pas d'un établissement stable dans l'État membre vers lequel les biens sont expédiés ou transportés ;

« 3º L'assujetti auquel les biens sont destinés à être livrés est identifié aux fins de la taxe sur la valeur ajoutée dans l'État membre vers lequel les biens sont expédiés ou transportés et a communiqué à l'assujetti mentionné au 2º son identité et ce numéro d'identification au moment du départ de l'expédition ou du transport ;

« 4º L'assujetti qui expédie ou transporte les biens inscrit le transfert des biens dans le registre prévu au 2 du I de l'article 286 *quater* et indique l'identité de l'assujetti qui acquiert les biens et le numéro d'identification aux fins de la taxe sur la valeur ajoutée attribué par l'État membre vers lequel les biens sont expédiés ou transportés dans l'état récapitulatif prévu au I de l'article 289 B.

« 2. Si, dans les douze mois suivant leur arrivée dans l'État membre vers lequel ils ont été expédiés ou transportés, les biens n'ont pas été livrés à l'assujetti mentionné au 3º du 1 du présent III *bis* et qu'aucune des circonstances mentionnées au 4 n'est intervenue, un transfert au sens du III du présent article est réputé avoir lieu le jour suivant celui de l'expiration de la période de douze mois.

« 3. Aucun transfert au sens du III du présent article n'est réputé avoir lieu lorsque, dans les douze mois suivant leur arrivée dans l'État membre vers lequel ils ont été expédiés ou transportés, le droit de disposer des biens n'a pas été transféré, qu'ils sont renvoyés vers la France et que l'assujetti inscrit leur renvoi dans le registre mentionné au 4º du 1 du présent III *bis*.

« 4. Aucun transfert au sens du III du présent article n'est réputé avoir lieu lorsque l'assujetti mentionné au 3º du 1 est remplacé, dans le délai de douze mois suivant l'arrivée des biens, par un autre assujetti dès lors que les autres conditions mentionnées au même 1 demeurent satisfaites et que l'assujetti mentionné au 2º dudit 1 inscrit ce remplacement dans le registre prévu au 2 du I de l'article 286 *quater*.

« 5. Pendant le délai de douze mois suivant leur arrivée dans l'État membre vers lequel ils ont été expédiés ou transportés, un transfert de biens au sens du III du présent article est réputé avoir lieu :

« 1º Dès que l'une des conditions mentionnées aux 1 et 4 du présent III *bis* cesse d'être remplie ;

« 2º Immédiatement avant la livraison lorsque les biens mentionnés au 1º du 1 sont livrés à une personne autre que celle mentionnée au 3º du même 1 sans que les conditions du 4 ne soient remplies ;

« 3º Immédiatement avant le début de l'expédition ou du transport lorsque les biens mentionnés au 1º du 1 sont expédiés ou transportés vers un pays autre que la France ;

« 4º Lorsque les biens mentionnés au même 1º sont détruits, perdus ou volés, à la date à laquelle les biens ont effectivement été enlevés ou détruits ou, si cette date est impossible à déterminer, à la date à laquelle il a été constaté que les biens étaient détruits ou manquants. »

IV. — 1° Les opérations autres que celles qui sont définies au II, notamment la cession ou la concession de biens meubles incorporels, le fait de s'obliger à ne pas faire ou à tolérer un acte ou une situation, les opérations de façon, les travaux immobiliers et l'exécution des obligations du fiduciaire, sont considérés comme des prestations de services ;

2° Sont également considérées comme des prestations de services *[disposition à caractère interprétatif]* **:**

a) Les opérations, y compris la négociation, portant sur les devises, les billets de banque et les monnaies qui sont des moyens de paiement légaux à l'exception des monnaies et billets de collection.

Le chiffre d'affaires afférent à ces opérations est constitué par le montant des profits et autres rémunérations.

Sont considérés comme des monnaies et billets de collection, les pièces en or, autres que celles visées au 2 de l'article 298 *sexdecies* A, en argent, ou autre métal, ainsi que les billets qui ne sont pas normalement utilisés dans leur fonction comme moyen de paiement légal ou qui présentent un intérêt numismatique ;

b) Les opérations, portant sur les actions, les parts de sociétés ou d'associations, les obligations et les autres titres, à l'exclusion des titres représentatifs de marchandises et des parts d'intérêt dont la possession assure en droit ou en fait l'attribution en propriété ou en jouissance d'un bien immeuble ou d'une fraction d'un bien immeuble.

Le chiffre d'affaires afférent aux opérations, autres que celles de garde et de gestion, mentionnées ci-dessus est constitué par le montant des profits et autres rémunérations.

V. — *(L. nº 2019-1479 du 28 déc. 2019, art. 147-I-A et IV, mod. par L. nº 2020-1721 du 29 déc. 2020, art. 51-II, applicable aux opérations pour lesquelles le fait générateur de la taxe sur la valeur ajoutée intervient à compter du 1er juill. 2021)* **« 1° » L'assujetti, agissant en son nom propre mais pour le compte d'autrui, qui s'entremet dans une livraison de bien ou une prestation de services, est réputé avoir personnellement acquis et livré le bien, ou reçu et fourni les services considérés.**

(L. nº 2019-1479 du 28 déc. 2019, art. 147-I-A et IV, mod. par L. nº 2020-1721 du 29 déc. 2020, art. 51-II, applicable aux opérations pour lesquelles le fait générateur de la taxe sur la valeur ajoutée intervient à compter du 1er juill. 2021) **« 2° Sont également réputés avoir acquis et livré les biens :**

« a) L'assujetti qui facilite, par l'utilisation d'une interface électronique telle qu'une place de marché, une plateforme, un portail ou un dispositif similaire, les ventes à distance de biens importés de territoires tiers ou de pays tiers contenus dans des envois d'une valeur intrinsèque ne dépassant pas 150 € ;

« b) L'assujetti qui facilite, par l'utilisation d'une interface électronique telle qu'une place de marché, une plateforme, un portail ou un dispositif similaire, la livraison d'un bien dans l'Union européenne par un assujetti non établi sur le territoire de l'Union européenne à une personne non assujettie.

« Lorsqu'un assujetti est réputé avoir acquis et livré des biens dans les conditions prévues aux *a* et *b* du présent 2°, l'expédition ou le transport de ces biens est imputé à la livraison effectuée par cet assujetti. »

A. PRESTATIONS DE SERVICES À TITRE ONÉREUX

BIBL. Abadie et Brin, *FR Lefebvre 24/20, nº 4* (indemnités de résiliation anticipée et TVA). – Bergerès, *Dr. fisc. 2000, p. 1484* (abandons de créances). – Bouchard et Danis, *RJF 1998, p. 848* (indemnités et TVA). – Bouchard, *RJF 2004, p. 913* (TVA : une non-opération est-elle une *opération* ?). – Bouchard et Miller, *Dr. fisc. 2009. 182* (la TVA : une question de principes, analyse des grands principes communautaires). – Broville, *Dr. fisc. 2005, p. 977* (les subventions publiques à l'épreuve de la TVA ou lorsque la CJCE entretient le flou). – Demangel, *Dr. fisc. 2002, p. 329* (le lien direct est-il encore le critère de détermination du champ d'application de la TVA ?). – Droin, *Dr. fisc. 1999, p. 561* (fondements juridiques de la TVA). – Jouffroy, *Dr. fisc. 2001, p. 684* (indemnités et TVA). – Legentil et Daniel-Thézard, *Dr. fisc. 1996, p. 940.* – Maïa, *RJF 2002, p. 102* (débat sur les frontières de l'activité économique imposable à la TVA). – Plagnet, *GAJ Fisc., p. 703* (le champ d'application matériel de la TVA : l'activité économique). – Sérandour, *Dr. fisc. 2015. 325* (la notion d'assujetti à la TVA) ; *ibid.* 2017. 146 (la TVA sur les opérations complexes).

1° PRINCIPES

1. Lien direct. Il doit exister un lien direct entre le service rendu et la contre-valeur reçue.

• CJCE 5 févr. 1981, n° 154/80 : *Rec. CJCE, p. 445* • CE, sect., 6 juill. 1990, n° 88224, *Codiac : Dr. fisc. 1990. 1849 ; RJF 1990. 989* • 28 juill. 1993, n° 46886 : *Dr. fisc. 1996. 1347, concl. Fouquet.* ♦ Les bénéficiaires doivent retirer de l'opération un avantage individuel en relation avec la contre-valeur versée. • CJCE 8 mars 1988, n° 102/86, *Apple and Pear : Rec. CJCE, p. 1443 ; Dr. fisc. 1989. 813* • CE 9 mai 1990, n° 82611 : *Dr. fisc. 1990. 1845 ; RJF 1990. 676* • CE, avis, 25 nov. 1994, n° 160335 : *Dr. fisc. 1995. 279, obs. Turot, p. 329 ; RJF 1995. 14, concl. Ph. Martin.* ♦ Il doit exister un rapport juridique au cours duquel des prestations réciproques sont échangées, la rétribution perçue par le prestataire constituant la contre-valeur effective du service fourni au bénéficiaire. • CJCE 3 mars 1994, n° 16/93, *Tolsma : Dr. fisc. 1993. 525, concl. Lenz ; LPA, 5 oct. 1994, note Cozian.*

2. Prestations ayant une contrepartie. Les art. 2, 5-6 et 6-2 *b* de la 6e Dir. TVA doivent être interprétés en ce sens qu'ils s'opposent à une réglementation nationale qui considère comme le prélèvement d'un bien ou la prestation de services pour des besoins privés des opérations pour lesquelles une contrepartie réelle est acquittée même si cette contrepartie est inférieure au prix de revient du bien ou du service fourni. • CJCE 20 janv. 2005, n° C-412/03 : *RJF 2005. 417.*

3. Prestation à titre onéreux non susceptible d'exécution forcée. L'art. 2-1 de la 6e Dir. TVA doit être interprété en ce sens qu'une prestation de services effectuée à titre onéreux mais ne résultant pas d'obligations susceptibles d'exécution forcée, en raison du fait qu'il a été convenu que le prestataire ne s'engage que sur l'honneur à fournir lesdits services, constitue une opération soumise à la TVA. ♦ • CJCE 17 sept. 2002, n° C-489/99, *Town and County Factors Ltd : RJF 2002. 1431.*

2° SUBVENTIONS

4. Principes. La notion de « subventions directement liées au prix » comprend uniquement les subventions qui constituent la contrepartie totale ou partielle d'une opération de livraison de biens ou de prestation de services et qui sont versées par un tiers au vendeur ou au prestataire. La *subvention doit être spécifiquement* versée à l'organisme subventionné afin qu'il fournisse un bien ou effectue un service déterminé. Elle doit donc être identifiable comme la contrepartie d'une opération taxable et non versée globalement pour couvrir les coûts de l'organisme subventionné (il ne suffit pas que son versement permette indirectement à cet organisme de pratiquer des prix moins élevés). Les acheteurs du bien ou les preneurs du service doivent tirer profit de la subvention octroyée au bénéficiaire. * BOI-TVA-BASE-10-10-10 nos 370 et 380 du 15 nov. 2012.

5. Subventions non taxables. N'ont pas été regardées comme rémunérant des prestations de services à titre onéreux : les subventions d'équilibre versées par une ville et une chambre de commerce à un comité de développement économique. • CE, sect., 6 juill. 1990, n° 88224, *Codiac : Dr. fisc. 1990. 1849 ; RJF 1990. 989, concl. Racine.* ♦ ... Par une association religieuse à un journal. • CE 20 mars 1996, n° 139062, *SARL Informations juives : Dr. fisc. 1996. 1040, concl. Ph. Martin ; Quot. jur. 1996, n° 52, p. 10, note Davoust ; RJF 1996. 567.* ♦ ... Les subventions versées par des collectivités locales à une chambre de commerce pour le financement d'un aéroport. • CE 10 juill. 1991, n° 61575, *CCI de Perpignan : Dr. fisc. 1991. 2121 ; RJF 1991. 1215* • CE 26 nov. 1999, n° 180276 : *Dr. fisc. 2000. 356, concl. Courtial.* ♦ ... Les subventions versées par une ville à une société d'économie mixte de construction pour compenser les pertes résultant d'une mauvaise gestion, subventions dont l'octroi n'était lié à aucun engagement de la société quant aux prix de vente des logements ou au niveau des loyers. • CE 18 sept. 1998, n° 152656 : *RJF 1998. 1280.* ♦ ... Les subventions versées par une commune à une communauté urbaine qui exploite un réseau d'assainissement, pour financer le raccordement à ce réseau de bâtiments d'habitation situés sur le territoire de la commune, alors que celle-ci n'en a pas la disposition ou la propriété et qu'elle n'exerce pas de compétence en matière d'assainissement. • CE 29 oct. 2003, n° 241524, *Cté urbaine de Lyon : RJF 2004. 25 ; concl. Bachelier au BDCF 1/04, n° 7 ; Dr. fisc. 2004. 461, concl. Bachelier.* ♦ ... Les participations financières et les subventions de fonctionnement versées par des collectivités publiques à un syndicat mixte d'aménagement rural qui construit des réseaux d'irrigation, dans la mesure où ces recettes ne sont pas fixées en fonction du coût des travaux. • CE 31 mai 2000, n° 189775 : *Dr. fisc. 2000. 765 ; RJF 2000. 1067.* ♦ ... Les subventions d'équilibre et d'équipement versées par des collectivités publiques à l'association gérant un palais des congrès. • CE 31 mai 2000, n° 182012 : *Dr. fisc. 2000. 1002, concl. Courtial.*

6. De même, n'ont pas été regardées comme rémunérant des prestations de services à titre onéreux : les subventions versées par les sociétés de courses parisiennes aux sociétés de courses de province, nonobstant le fait qu'elles sont calculées proportionnellement au nombre de courses que chaque société est autorisée à organiser. • CE 6 nov. 1996, n° 137686 : *Dr. fisc. 1997. 24, concl. Goulard ; RJF 1996. 1417.* ♦ ... Les subventions versées par l'Agence nationale de valorisation de la recherche (ANVAR) à une société qui exerce une activité de bureau de recherche, qui visent à développer et à renouveler le capital technologique de cette société et ne sont pas destinées à financer des projets offrant des débouchés commerciaux à court terme, dès lors qu'elles ne correspondent pas à des prestations de services individualisées fournies à l'Agence et qu'en outre elles ne sont pas liées à un engagement de la société quant au prix de vente des prestations qu'elle fournit par ailleurs. • CAA Marseille, 18 avr. 2002, n° 98MA1307 : *RJF 2003. 557 ; Dr. fisc. 2003. 91.* ♦ ... Une participation à l'effort d'implantation sur le marché versée par une société mère à sa filiale dès lors que, notamment, cette participation n'a fait l'objet d'aucune convention engageant la filiale à fournir une prestation individualisée à sa société mère en contrepartie des sommes reçues. Par suite la taxe facturée par la filiale à sa mère n'est pas déductible. • CAA Douai, 26 avr. 2005, n° 02DA736 : *RJF 2005. 1175.* ♦ ... Les avances sur recettes consenties, puis abandonnées, par le Centre national de la cinématographie dès lors que la société de production bénéficiaire n'a pris aucun engagement quant au montant du prix de la place de cinéma acquitté par le spectateur de sorte que les subventions litigieuses ne peuvent être regardées comme constituant le complément du prix d'une opération imposable et que, d'autre part, les prestations mises à la charge du bénéficiaire sont sans commune mesure avec le montant des subventions octroyées qui ne peuvent, dès lors, être regardées comme constituant leur rémunération. • TA Lyon, 8 févr. 2005, n° 02-3580 : *RJF 2005. 674* * BOI-TVA-SECT-20-30 n° 240 du 29 avr. 2014.

7. Les subventions et les participations financières versées par des collectivités, institutions et établissements publics et par des entreprises privées à l'association qui organise un festival n'entrent pas dans le champ d'application de la TVA dès lors qu'elles n'ont pas été versées en contrepartie d'une obligation d'effectuer des prestations de services individualisées et qu'elles n'étaient pas liées à la souscription d'un quelconque engagement quant au prix de vente des billets des spectacles. • CE 2 juin 1999, n° 191937 : *RJF 1999. 851 ; BDCF 6-7/97, concl. Arrighi de Casanova ; Dr. fisc. 2000. 22, concl. Arrighi de Casanova.* ♦ Il en est de même des subventions versées par des personnes publiques et privées à une chambre de commerce et d'industrie organisant une manifestation sportive sans autres contreparties que la mise à disposition de sites privilégiés pour assister à la manifestation et quelques messages de promotion. • CAA Douai, 27 sept. 2006, n° 05DA1056 : *RJF 2007. 675.* ♦ Des subventions versées sous forme d'une participation aux pertes à une société d'exploitation d'un golf public en l'absence de corrélation avec le tarif pratiqué. • CAA Marseille, 20 nov. 2008, n° 06MA1190 : *RJF 2009. 1073.*

8. Subventions taxables. En revanche, sont soumises à la TVA : des subventions attribuées à une communauté urbaine par l'État en vue de la réalisation du raccordement au réseau d'assainissement d'un cantonnement de CRS dès lors que ces subventions, qui étaient la condition pour que des bâtiments appartenant à l'État bénéficient du raccordement au réseau, présentaient un lien direct avec les prestations individualisées effectuées par la communauté urbaine au profit de l'État. • CE 29 oct. 2003, n° 241524, *Cté urbaine de Lyon : RJF 2004. 25 ; concl. Bachelier au BDCF 1/04, n° 7.* ♦ ... Des subventions versées à une société d'économie mixte par une commune pour financer la construction et la rénovation de bâtiments scolaires dont la propriété doit être transférée à la commune. • CAA Versailles, 20 déc. 2005, n° 04VE889 : *RJF 2006. 512.* ♦ ... Des subventions publiques directement liées au coût des opérations d'enlèvement des cadavres d'animaux chez les éleveurs, dont elles sont la contrepartie. • CAA Nantes, 31 déc. 2001, n° 98NT2184 : *Dr. fisc. 2002. 301.* ♦ ... Des contributions financières versées par des collectivités pour la production et la diffusion d'un programme de télévision locale. • CAA Versailles, 1er déc. 2015, *Sté Slecansqca,* n° 14VE01070 : *RJF 2016. 230.*

♦ Sur l'imposition des subventions, V. égal. notes ss. art. 266.

3° AIDES, PARTICIPATIONS ET COTISATIONS DIVERSES

9. Aides à l'agriculture. Les aides qui ne sont pas directement liées au prix de vente des produits agricoles ne sont pas imposables à la TVA. Sont notamment considérées comme non liées au prix de vente les aides versées aux agriculteurs pour compenser une perte de revenus consécutive par ex. à un changement ou à l'abandon d'une production ou à une nouvelle politique agricole. * BOI-TVA-SECT-80-30-20-10 n° 130 du 12 sept. 2012.

10. Prestations financées par des cotisations ou des participations. Un groupement d'entreprises de sous-traitance constitué sous une forme associative, dont l'activité est de faire fonctionner une bourse de sous-traitance et dont le financement est assuré par les cotisations des entreprises adhérentes, rend à celles-ci, en facilitant des rapprochements avec des donneurs d'ouvrage potentiels, des services qui ne peuvent être qualifiés de prestations à titre onéreux au sens de l'art. 256, faute d'équivalence suffisante, et donc de lien direct, entre les services rendus et les cotisations versées par ses adhérents qui sont calculées en fonction du nombre de salariés. • CE 21 déc. 2001, n° 206683 : *Dr. fisc. 2002. 388, concl. Courtial ; RJF 2002. 277.*

11. Cotisations perçues par une association. Ces cotisations, lorsqu'elles constituent l'unique ressource de l'association et qu'elles sont uniquement affectées à la défense collective des intérêts matériels et moraux des adhérents, et non à l'accomplissement de prestations individualisées à leur profit, ne sont pas la contrepartie de prestations de services à titre onéreux et n'entrent donc pas dans le champ d'application de la TVA. • CAA Lyon, 11 oct. 2000, n° 97LY306, *Assoc. Autodéfense : RJF 2001. 606.*

12. L'art. 2-1 de la 6e Dir. TVA doit être interprété en ce sens que les cotisations annuelles des membres d'une association sportive sont susceptibles de constituer la contrepartie des prestations de services fournies par celle-ci, alors même que les membres qui n'utilisent pas ou pas régulièrement les installations de l'association sont néanmoins tenus de verser leur cotisation annuelle. • CJCE 21 mars 2002, n° C-174/00 : *Dr. fisc. 2002. 441 ; D. 2002. IR 1403.*

13. Prestations financées par des organismes collecteurs. Il existe un lien direct entre les cotisations versées par les cabinets d'avocat au titre de la participation à la formation continue et les avantages que chacun d'eux est en mesure de retirer des services rendus par l'ENADEP, organisme de formation des collaborateurs d'avocat. Dès lors, ces services doivent être regardés comme des prestations à titre onéreux passibles de la TVA. • CAA Paris, 17 févr. 1998, n° 95PA3893 : *Dr. fisc. 1998. 716 ; RJF 1998. 543.*

4° PRESTATIONS RÉMUNÉRÉES PAR DES RABAIS, DES OBJETS OU DES SERVICES

14. Prestations rémunérées par des rabais. Constituent des prestations de services taxables les prestations (actions de promotion ; opérations de stockage) effectuées par une entreprise pour son fournisseur exclusif et rémunérées sous forme de rabais, remises et ristournes sur le prix de vente normal des produits vendus. • CE 10 avr. 2002, n° 212014, *SA Somagri : RJF 2002. 777 ; Dr. fisc. 2002. 994.* ♦ Dans le même sens : diminution de prix consentie par un fabricant à un revendeur en contrepartie de la prise en dépôt et de la garde des matériels appartenant au fabricant et en instance de vente. • CE 29 juill. 2002, n° 233966, *SA Grundig Electronic : RJF 2002. 1230 ; Dr. fisc. 2002. 1016.*

15. Prestations rémunérées par des remises d'objets. La remise gratuite d'objets par des entreprises de vente à domicile à des hôtesses qui organisent à titre indépendant des réunions à leur domicile à l'occasion desquelles sont présentés, démontrés et vendus les produits de ces entreprises constitue la contrepartie directe des services rendus à ces entreprises. Les sommes correspondant à ces remises gratuites doivent, en conséquence, être incluses dans les bases d'imposition des entreprises de vente à domicile. • CAA Paris, 10 juill. 1990, n° 89PA2134 : *RJF 1991. 287 ; Dr. fisc. 1991. 1997* (pour des ustensiles de cuisine) • TA Amiens, 4 nov. 2003, n° 01-241 : *RJF 2004. 586* (pour des vêtements de marque).

16. Échange de marchés ou de services. Des prestations de blanchisserie de linge pénitentiaire assurées par une société en contrepartie de la mise à sa disposition par la maison d'arrêt des moyens en locaux et matériels nécessaires à cette activité constituent des prestations de service effectuées à titre onéreux au sens de l'art. 256 et sont soumises à bon droit à la TVA. • CAA Paris, 13 déc. 2006, n° 04PA3592 : *RJF 2007. 900.*

5° ABANDONS DE CRÉANCES ET REMISES DE DETTES

17. Abandons de créances. Les abandons de créances consentis par une société mère à sa filiale ne sont pas imposables lorsqu'ils ne représentent pas la contrepartie individualisée de prestations de services rendus à la société mère par sa filiale. • CAA Nancy, 17 oct. 1996, n° 94NA355 : *Dr. fisc. 1996. 323.*

18. Remises de dettes. Les remises de dettes consenties dans le cadre de la procédure de règlement amiable (L. 1er mars 1984, art. 35 s.) et du redressement et de la liquidation judiciaires (L. 25 janv. 1985) ne sont pas soumises à la TVA et n'ont pas à être inscrite au dénominateur du rapport de déduction de l'entreprise bénéficiaire. De plus, l'entreprise qui consent une telle remise peut récupérer le montant de la taxe facturée à ses clients détaillants selon les règles prévues en matière d'impayés. La taxe afférente à la quotité des créances impayées peut être récupérée lors de la conclusion de l'accord entre le débiteur et les créanciers fixant les remises de dettes. Ces règles s'appliquent également aux remises de dettes consenties dans le cadre des procédures de conciliation ou de sauvegarde d'entreprise. * BOI-TVA-DED-40-10-20 n° 120 du 5 avr. 2017.

6° INDEMNITÉS, INTÉRÊTS MORATOIRES ET PÉNALITÉS

19. Principes. En principe, pour être imposées à la TVA, les indemnités doivent correspondre à des sommes qui constituent la contrepartie d'une prestation de services individualisée rendue à celui qui la verse. A l'inverse, une indemnité qui a pour objet exclusif de réparer un préjudice commercial, fut-il courant, n'a pas à être soumise à cet impôt dès lors qu'elle ne constitue pas la contrepartie d'une prestation de services. * BOI-TVA-BASE-10-10-10 n° 260 du 15 nov. 2012.

20. Indemnité de résiliation de contrat. BIBL. Cozian, *Dr. fisc. 2001, p. 705* (fiscalité des indemnités). – Deboissy et Wicker, *BFL 2002, p. 593* (indemnités dues à raison d'un contrat et TVA) ; *RTD com. 2001. 807* (même thème). – Lautre-Goasguen, *RJF 2004, p. 275* (indemnités de résiliation d'un contrat de crédit-bail immobilier et TVA : la dérive du lien direct). – Maïa, *RJF 2001, p. 191* (indemnités et TVA). – Olléon, *RJF 2004, p. 635* (assujettissement à la TVA des indemnités de résiliation de contrat). ♦ En cas de résiliation du contrat de mandat, un agent commercial n'est pas imposable à la TVA sur le montant de l'indemnité perçue dès lors que celle-ci n'a pas de lien direct avec des opérations de prestations de services qu'il aurait effectuées à l'occasion de la résiliation. • CAA Nantes, 25 mai 1999, n° 96NT1862 : *Dr. fisc. 2000. 188.* ♦ Confirmé. • CE 10 nov. 2000, n° 210958 : *RJF 2000. 295.* ♦ Dans le même sens • CAA Nancy, 31 juill. 1997, n° 94NA189 : *Dr. fisc. 1998. 362, concl. Commenville.* ♦ Confirmé. • CE 24 mai 2000, n° 190479 : *RJF 2000. 916.* ♦ L'indemnité compensatrice versée à un agent commercial n'est pas imposable à la TVA dès lors que la reprise par le mandant de la clientèle acquise par cet agent commercial durant la période d'exécution du contrat d'agence ne caractérise pas une prestation individualisée de services entrant dans le champ d'application de la taxe. • CAA Nancy, 29 nov. 2007, n° 06NA762 : *SARL ACB.* ♦ Dans le cas du versement d'une indemnité globale, seule la fraction de cette indemnité pouvant s'analyser comme la contrepartie d'une prestation de services individualisée rendue par l'agent commercial au profit de son mandant doit être soumise à la TVA. * BOI-TVA-BASE-10-10-10 n° 290 du 15 nov. 2012.

21. En revanche, l'indemnité versée par une entreprise à un fournisseur en cas de renonciation à une convention d'approvisionnement entre dans le champ d'application de la TVA dès lors qu'elle constitue la contrepartie directe et la rémunération du service que ce dernier a rendu à l'entreprise en prenant l'engagement de satisfaire à ses besoins en matériel, selon des modalités particulières dont les parties étaient convenues pour assurer l'équilibre du contrat. • CE, sect., 15 déc. 2000, n° 194696, *SA Polyclad Europe : RJF 2001. 293, chron. Maïa, p. 191 ; Dr. fisc. 2001. 378, note Jouffroy, concl. Goulard ; Rev. adm. 2001, n° 319, p. 34, obs. Fouquet ; RTD com. 2001. 807, note Deboissy.*

22. Indemnité de résiliation anticipée d'un contrat. S'agissant d'un contrat de prestation de services prévoyant une période minimale d'engagement du client, le montant prédéterminé perçu par un opérateur économique en cas de résiliation anticipée par le client est soumis à la TVA. • CJUE 22 nov. 2018, *MEO-Serviços de Comunicações e Multimédia SA*, n° 295/17 : *RJF 2019. 232.*

23. Crédit-bail immobilier. Taxation d'une indemnité de résiliation anticipée rémunérant une prestation de services consistant à la réalisation d'un local individualisé répondant aux besoins spécifiques du preneur. • CE 30 juill. 2003, *n° 241371 : RJF 2003. 1232 ; concl. Collin au BDCF 11/03, n° 137 ; Dr. fisc. 2004. 246, concl. Collin.* ♦ Non-taxation d'une indemnité ayant pour objet de réparer le préjudice subi du fait de la résiliation unilatérale d'un contrat mais non de rémunérer une prestation individualisable. • CE 28 mai 2004, n° 250817 : *RJF 2004. 916, chron. Olléon, p. 635 ; concl. Bachelier au BDCF 8-9/04, n° 104 ; Dr. fisc. 2005. 428, concl. Bachelier.* ♦ Dans le même sens, s'agissant d'un contrat de location de longue durée. • CE 20 mars 2013, *SA Diac*, n° 346990 : *RJF 2013. 600.* ♦ Taxation de l'indemnité de résiliation anticipée d'un contrat de bail commercial versée par le bailleur au locataire. • CE 27 févr. 2015, *SCI Catleya*, n° 36861 : *RJF 2015. 576.* ♦ Caractère imposable d'une indemnité due au crédit-bailleur immobilier en cas de résiliation anticipée imputable au preneur et correspondant aux loyers impayés. • CJUE 3 juill. 2019, *UniCredit Leasing EAD*, n° 242/18 : *RJF 2019. 997.*

24. Indemnité d'occupation sans titre de locaux après résiliation du bail. Une indemnité accordée au bailleur de locaux par le juge judiciaire au titre de l'occupation illégale des locaux par l'occupant sans titre, après résiliation du bail, ne constitue pas la rémunération d'une prestation de services à titre onéreux passible de la TVA, alors que cette indemnité visait seulement à compenser le préjudice causé au propriétaire des locaux par l'occupant, les occupent sans titre. • CE 10 mai 2018, *SCI Armor Immo*, n° 402447 : *RJF 2018. 540.*

25. Indemnité au titre d'une garantie de loyer. Une indemnité versée par le vendeur de l'immeuble à l'acheteur à titre de garantie de loyer constitue une modalité de réalisation de la vente de l'immeuble de nature à entraîner une réduction du prix d'acquisition stipulé ainsi que de la TVA y afférente. • CE 5 janv. 1994, *Min. c/ UAP*, n° 73875 : *RJF 1994. 249.* ♦ ... Sauf si les sommes versées rémunèrent un service rendu par l'acquéreur au vendeur. • CE 28 sept. 2016, *Sté Akerys Promotion*, n° 393229 : *RJF 2016. 1074.*

26. Arrhes conservées en cas de résiliation. Les art. 2-1 et 6-1 de la 6e Dir. TVA (devenus respectivement art. 2-1-*a* et *c* et art. 24 et 25 de la Dir. 2006/112/CE du 28 nov. 2006) doivent être interprétés en ce sens que des sommes versées à titre d'arrhes, dans le cadre de contrats portant sur des prestations de service hôtelier assujetties à la TVA, doivent être regardées, lorsque le client fait usage de la faculté de dédit qui lui est ouverte et que ces sommes sont conservées par l'exploitant d'un établissement hôtelier, comme des indemnités forfaitaires de résiliation versées en réparation du préjudice subi à la suite de la défaillance du client, sans lien direct avec un quelconque service rendu à titre onéreux et, en tant que telles, non soumises à cette taxe. • CJCE 18 juill. 2007, n° 277/05, *Sté thermale d'Eugénie-les-Bains : RJF 2007. 1363 ; Dr. fisc. 2007. 794, chron. Y. et I. Sérandour.* • CE 30 nov. 2007, n° 263653, Sté Thermale d'Eugénie-les-Bains : *RJF 2008. 129.* ♦ Les arrhes ne présentent la nature de sommes taxables qu'au moment où la prestation est effectivement rendue, le client n'ayant pas fait usage de sa faculté de dédit • CAA Paris, 25 mars 2009, n° 05PA3829 : *RJF 2010. 218.* ♦ Les commissions perçues par une agence immobilière pour son intermédiation dans des opérations de vente d'immeubles ne peuvent pas, en l'absence de dédit du contrat de prestation de services unissant l'agence immobilière à ses clients, être regardées comme des arrhes. Ces sommes constituent la contrepartie effective de la prestation de services d'assistance et d'intermédiation fournie par l'agence dans le cadre du contrat l'unissant à son client. • CE 23 nov. 2015, ♤ n° 375764 : *RJF 2016. 124.*

27. Acomptes sur commandes annulées. Des acomptes conservés par un fournisseur en cas d'annulation unilatérale de la commande du fait du client doivent être regardés comme des arrhes dépourvues de contrepartie et ne doivent donc pas être soumis à TVA, dès lors qu'il ressort des conditions générales de vente que leur conservation par le vendeur vise à l'indemniser forfaitairement du préjudice consécutif à l'annulation. • CAA Bordeaux, 25 oct. 2007, n° 04BX1631 : *RJF 2008. 294.*

28. Indemnité forfaitaire transactionnelle. L'indemnité forfaitaire versées à titre transactionnel par le maître d'ouvrage à une entreprise de travaux créancière du promoteur défaillant doit être regardée comme la rémunération des travaux de l'entreprise et doit donc être soumise à la TVA. • CE 14 janv. 2008, ♤ n° 297221 : *RJF 2008. 419 ; concl. Olléon au BDCF 4/08, n° 51 ; Dr. fisc. 2008. 262, concl. Olléon, note Sérandour.*

29. Indemnité d'immobilisation. La somme dénommée « indemnité d'immobilisation » stipulée dans une vente d'immeuble comme acquise au vendeur en cas de défaut de réalisation de la vente constitue une indemnité forfaitaire versée en réparation du préjudice subi à la suite de la défaillance du client, sans lien direct avec un quelconque service rendu à titre onéreux et, en tant que telle, non soumise à la TVA. Ainsi, cette somme ne constitue pas la rémunération d'une prestation de services, au sens de l'art. 256-I et IV, et n'entre dès lors pas dans le champ d'application de la TVA. • CAA Lyon, 31 oct. 2007, n° 06LY525 : *RJF 2008. 420.*

30. Indemnité pour vol. L'indemnité versée par un transporteur au propriétaire de biens volés ou détruits en cours de transport n'est pas imposable dès lors qu'elle n'est pas la contrepartie d'une livraison de biens. • CAA Nantes, *20 nov. 1993, n° 92NT355 : Dr. fisc. 1994. 1151.*

31. Indemnités de transfert. S'agissant des indemnités de transfert de joueurs versées entre les clubs de football professionnel, l'Administration considère que ces indemnités doivent être regardées, non plus comme des dommages et intérêts, mais comme la contrepartie de prestations de services effectuées à titre onéreux et soumises à ce titre à la TVA, selon les règles de territorialité prévues pour les prestations immatérielles. * BOI-TVA-BASE-10-10-10 n° 300 du 15 nov. 2012.

32. Indemnités d'assurance. BIBL. Maïa, *RJF 2001, p. 191* (indemnités et TVA). ♦ Ne sont pas soumises à la TVA les indemnités versées à un loueur de véhicules, en exécution de polices d'assurance souscrites par ses clients, pour le dédommager de l'inexécution par ceux-ci de l'obligation de restituer le bien loué en fin de location. • CE 29 juill. 1998, ♤ n° 146333, *SNC Géfiroute : D. Affaires 1998. 1379 ; RJF 1998. 926, chron. Verclytte, p. 630 ; BDCF 4/98, concl. Loloum ; RFDA 1999. 230, note Kornprobst* * Instr. 15 févr. 1999 : *BOI 3 B-11-99.* ♦ Il en est de même : des indemnités de résiliation perçues par un bailleur de son propre assureur. • CE 18 mars 1988, ♤ n° 66891 : *RJF 1988, p. 307.* ♦ ... De l'indemnité due au loueur d'un véhicule en longue durée par l'assureur du locataire en réparation de la perte du véhicule qui a été détruit dans un accident. • Com. 16 nov. 1999, ♤ n° 96-22.046 : *D. 2000. IR 8* ✎. ♦ ... Des crédits bancaires portés au compte mixte d'un contribuable et correspondant au montant de deux indemnités versées par un cabinet d'assurances en remboursement de deux sinistres. • CE 30 déc. 2002, ♤ n° 232240 : *Dr. fisc. 2003. 335.*

33. Intérêts moratoires. Pénalités de retard. L'indemnité perçue par le créancier du fait du retard apporté au paiement de la somme due au titre de l'exécution du marché n'est pas la contrepartie d'une prestation mais constitue la réparation d'un préjudice qui est dissociable de la prestation fournie par l'entreprise bénéficiaire du paiement. Dès lors les intérêts moratoires applicables en cas de retard de paiement aux marchés publics régis par le code des marchés publics n'entrent pas dans le champ d'application de la TVA. • CE 25 juin 2004, ♤ n° 234687 : *RJF 2004. 978 ; concl. Piveteau au BDCF 10/04, n° 119 ; Dr. fisc. 2004. 868.*

34. Les pénalités contractuelles pour retard de livraison ou d'exécution versées par un fournisseur ou un prestataire à son client constituent des indemnités ayant pour objet de réparer un préjudice et non plus des réductions de prix. Ces pénalités sont ainsi situées hors du champ d'application de la TVA. * BOI-TVA-BASE-10-10-30 n° 70 du 15 janv. 2014.

35. Dépôt de garantie. Le dépôt de garantie conservé par le vendeur en cas de désistement de l'acheteur constitue la rémunération du service rendu de réservation d'un bien au profit d'un candidat acquéreur et présente avec ce service un lien direct. Cette prestation, en cas de conservation du dépôt de garantie, est, dès lors, passible de la TVA. • CE 23 oct. 1998, ♤ n° 154039 : *Dr. fisc. 1998. 1179, concl. Arrighi de Casanova.*

7° PRIMES DIVERSES

36. Prime d'abandon de la production laitière. L'engagement pris par un agriculteur de cesser la production de lait n'étant pas une prestation de services, la prime d'abandon de la production laitière n'est pas soumise à la TVA. • CJCE 29 févr. 1996, n° C-215/94, *Jürgen Mohr : RJF 1996. 568.*

37. Primes aux distributeurs. Une « prime de service » versée par un fabricant de pneumatiques à un distributeur, en contrepartie directe de services individualisés rendus par le revendeur à son fournisseur et des avantages que celui-ci en retire, constitue non pas une simple remise de prix mais la rémunération d'une prestation de services effectuée à titre onéreux, soumise à la TVA en application de l'art. 256-I. • CAA Nantes, 30 juin 2000, n° 97NT230 : *RJF 2000. 1436 ; Dr. fisc. 2001. 514.* ♦ Sur des primes « de volume », « d'objectif » ou « de conjoncture », V. notes 20 et 21 ss. art. 266.

38. Primes de capture de cartes bancaires frauduleuses. Les primes dites de capture de cartes bancaires frauduleuses ou en opposition versées par le GIE des cartes bancaires aux commerçants qui interceptent ces cartes sont soumises à la TVA. • CAA Versailles, 15 nov. 2016, n° 14VE03680 : *RJF 2017. 224, concl. Rudeaux.*

8° PRESTATIONS ET OPÉRATIONS DIVERSES

39. Péages d'autoroutes. BIBL. Bénard, *RJF 2006, p. 267* (highway to hell ou quand l'État passe au péage). – Danis, *BFL 2001, p. 5* (TVA et autoroutes). ♦ En ne soumettant pas à la TVA les péages d'autoroute perçus, avant le 1er janv. 2001, en contrepartie du service rendu aux usagers, lorsque celui-ci n'est pas fourni par un organisme de droit public au sens de l'art. 4-5 de la 6e Directive du 17 mai 1977, la France a manqué aux obligations qui lui incombent en vertu des art. 2 et 4 de ladite Directive. • CJCE, ass. plén., 12 sept. 2000, n° 276/97 : *RJF 2000. 1536 ; Dr. fisc. 2000, p. 1185 ; Dr. fisc. 2000. 862 ; D. 2000. IR 242 ; Europe 2000. 360, note Berrod et Piétri.* ♦ Le législateur et l'Administration fiscale ont pris acte de la décision de la CJCE : assujettissement des péages à la TVA à compter du 1er janv. 2001 ; taxation des livraisons à soi-même des travaux de construction à compter du 12 sept. 2000 ; déduction de la taxe grevant les travaux et les péages. ♦ Sur la déduction de la TVA pour les péages acquittés avant le 1er janv. 2001. • CE 29 juin 2005, n° 268681, *Mazet : RJF 2005. 1016 ; concl. Olléon au BDCF 10/05, n° 114 ; Dr. fisc. 2005. 772, concl. Olléon* • CE 22 nov. 2006, n° 286699, *COFIROUTE et a. : RJF 2007. 138 ; concl. Olléon au BDCF 2/07, n° 15* • CE 5 mai 2010, n° 309328 : *RJF 2010. 670* • 5 mai 2010, n° 309337 : *RJF 2010. 670.*

40. Les litiges pouvant naître entre les usagers et le concessionnaire quant au principe et au montant du péage, y compris quant à la délivrance de factures afférentes à ce péage, relèvent de la compétence de la juridiction administrative. La juridiction judiciaire est donc incompétente pour connaître de l'action introduite par une entreprise de transport routier pour obtenir de sociétés d'autoroutes la délivrance de factures rectificatives correspondant aux péages acquittés du 1er janv. 1996 au 31 déc. 2000. • T. confl., 20 nov. 2006, n° 3599 : *SAS Transports Gautier et Transports Merret c/ Sté des autoroutes Estérel Côte d'Azur Provence Alpes (Escota).*

41. Vente à réméré. Dès lors qu'elle a pour contrepartie de réserver au vendeur la possibilité, dans le délai fixé par le contrat, d'obtenir la résolution de la cession immobilière et ainsi de récupérer effectivement son bien, la somme correspondant à la différence entre le prix de rachat et le prix de vente doit être regardée comme rémunérant une prestation de services assujettie en application de l'art. 256. • CE 7 oct. 2021, n° 430136 : *RJF 2022. 12.*

42. Opérations de façon. Le travail à façon se définit comme la fabrication ou l'assemblage par un entrepreneur d'un bien meuble au moyen de matériaux qui lui ont été confiés par ses clients à cette fin. La circonstance que les objets fabriqués par l'entrepreneur sont adaptés aux exigences de la clientèle ne saurait le faire regarder comme exécutant du travail à façon dès lors que les matériaux entrant dans la fabrication de ses produits n'appartiennent pas aux clients et ne lui ont pas été confiés par ceux-ci, mais ont été acquis par l'entreprise à l'état brut. • CAA Marseille, 27 janv. 1998, n° 96MA990 : *Dr. fisc. 1998. 767.* ♦ De même, la fourniture de travaux d'impression et de reprographie réalisés à partir de matières premières appartenant à l'entreprise ne constitue pas une opération de façon, mais une vente, taxable dès la délivrance des biens. • CAA Nantes, 5 oct. 1999, n° 96NT1443 : *Dr. fisc. 2000. 618.* ♦ Les conditions auxquelles la doctrine administrative subordonne la qualification de travail à façon, particulièrement les conditions d'absence de transfert de propriété et de restitution « à l'identique », sont en harmonie avec l'art. 121 de la Dir. TVA. • CE 26 déc. 2018, *Union de la Bijouterie Horlogerie*, n° 422330 : *RJF 2019. 253, concl. Ciavaldini.*

43. Opérations sur logiciels. L'art. 2-1 de la 6e Dir. TVA doit être interprété en ce sens que, lorsque deux ou plusieurs éléments ou actes fournis par un assujetti à un consommateur, envisagé comme un consommateur moyen, sont si étroitement liés qu'ils forment objectivement, sur un plan économique, un tout dont la dissociation revêtirait un caractère artificiel, l'ensemble de ces éléments ou de ces actes constitue une prestation unique aux fins de l'application de la TVA. Tel est le cas d'une opération par laquelle un assujetti fournit à un consommateur un logiciel standard précédemment développé et commercialisé, enregistré sur un support, ainsi que l'adaptation subséquente de ce logiciel aux besoins spécifiques de cet acquéreur, même moyennant paiement de prix distincts. • CJCE

27 oct. 2005, ⚖ n° C-41/04 : *RJF 2006. 112 ; Dr. fisc. 2006. 434.* ♦ L'art. 6-1 de la même Directive doit être interprété en ce sens qu'une telle prestation, consistant à céder un logiciel spécifique adapté aux exigences du client, doit être qualifiée de « prestation de services » lorsqu'il apparaît que l'adaptation en cause n'est ni mineure ni accessoire, mais qu'elle revêt au contraire un caractère prédominant ; il en est notamment ainsi lorsque, au vu d'éléments tels que son ampleur, son coût ou sa durée, cette adaptation revêt une importance décisive aux fins de permettre l'utilisation d'un logiciel sur mesure par l'acquéreur. • Même arrêt • TA Toulouse, 7 nov. 2009, n° 05-2500 : *RJF 2010. 668.* ♦ L'art. 9-2-e, troisième tiret, de la même Directive doit être interprété en ce sens qu'il s'applique à une telle prestation de services rendue à un assujetti établi dans la Communauté, mais en dehors du pays du prestataire. • CJCE 27 oct. 2005 : ⚖ *préc.*

44. Opérations sur brevets. Constitue une activité économique imposable le fait, pour un inventeur, de céder un brevet à titre onéreux, quel que soit le mode de rémunération de ladite cession et alors même qu'il n'en aurait retiré qu'une recette unique. • CE 20 oct. 2000, ⚖ n° 204129, *Cambon : Dr. fisc. 2001. 431, concl. Mignon ; D. 2001. IR 301* ✎. ♦ L'apport à titre onéreux de brevets étrangers « hors CEE » doit être regardé comme une vente d'un bien incorporel constitutive d'une prestation de services imposable à la TVA, alors même que les brevets auraient fait l'objet d'une exploitation antérieure. • CAA Bordeaux, 3 avr. 2003, n° 98BX2218 : *Dr. fisc. 2004. 389.* ♦ V. note 15 ss. art. 256 A.

45. Opérations en capital. Une émission d'actions nouvelles ne constitue pas une prestation de service effectuée à titre onéreux et relevant du champ d'application de l'art. 2-1 de la 6e Dir. TVA. • CJCE 26 mai 2005, ⚖ n° C-465/03 : *RJF 2005. 982.* ♦ De même, une société de personnes qui admet un associé en contrepartie du versement d'un apport en numéraire n'effectue pas envers celui-ci une prestation de services à titre onéreux. • CJCE 26 juin 2003, ⚖ n° C-442/01 : *RJF 2003. 1194.*

46. Cession d'un contrat d'agent commercial. Le fait, pour le titulaire d'un contrat d'agent commercial, de céder ce contrat à titre onéreux, quel que soit le mode de rémunération de ladite cession et alors même qu'il n'en aurait retiré qu'une recette unique, constitue une opération relevant d'une activité économique comprise dans le champ d'application de la TVA. • CAA Lyon, 20 oct. 2005, n° 01LY1550 : *RJF 2006. 365.*

9° SOLUTIONS DIVERSES

47. Associations syndicales autorisées. Les taxes syndicales étant établies proportionnellement à l'intérêt que trouve chaque propriétaire à l'exécution des travaux, les associations syndicales autorisées doivent être regardées, en raison du lien direct existant entre le montant de ces taxes et les opérations qu'elles réalisent, comme effectuant des prestations de services à titre onéreux. • CE, sect., 28 juill. 1993, ⚖ n° 46886, *Bernadet : Dr. fisc. 1996. 1347, concl. Fouquet ; Lebon 233* ✎.

48. Syndicats de copropriété. En raison du lien direct existant, en vertu du statut de la copropriété des immeubles bâtis (L. 10 juill. 1965, art. 10), entre le montant des frais et des dépenses engagés par les syndicats de copropriétaires et les charges versées au budget de ces syndicats par leurs membres au prorata de leurs quotes-parts respectives, d'une part, et de l'absence d'un lien de subordination vis-à-vis des propriétaires, d'autre part, ces syndicats doivent être regardés comme fournissant à leurs membres des prestations de services à titre onéreux et comme exerçant leur activité de manière indépendante au sens respectivement des art. 256-I et 256 A. • CE, sect., 7 déc. 2001, ⚖ n° 212273 : *Dr. fisc. 2002. 571, concl. Bachelier ; RJF 2002. 148, chron. Maïa, p. 102.* ♦ V. égal. notes 22 et 29 ss. art. 256 A.

49. Copropriétés et syndicats d'étalons. Ils sont soumis à la TVA et relèvent du régime applicable aux exploitants agricoles. Sont notamment taxables : les saillies supplémentaires, les saillies dites gratuites, les gains de courses. En revanche, ne sont pas taxables les saillies individuelles (taxées chez les propriétaires) et les mouvements financiers internes. * BOI-TVA-SECT-80-10-30-40 nos 30 et 70 à 100 du 7 mars 2013.

50. Associations de gouvernance des pôles de compétitivité. Ces associations présentent un caractère lucratif et sont donc assujetties aux impôts commerciaux (IS, TVA, taxe professionnelle) dès lors qu'elles entretiennent des relations privilégiées avec des entreprises membres du pôle qui en retirent un avantage concurrentiel ; Règles applicables en matière de TVA. * Rescrit 11 déc. 2007, n° 2007/52 FE * BOI-IS-CHAMP-10-50-10-30 n° 90 du 12 sept. 2012.

51. Centres techniques industriels et comités professionnels de développement économique. Situation fiscale des activités d'intérêt général, et notamment des activités de recherche, des centres techniques industriels financés par des ressources publiques. Règles nouvelles applicables à compter du 1er janv. 2009. Distinction entre les activités hors du champ de la taxe (activités de normalisation, actions collectives de promotion) et celles situées dans le champ (activités de prestataire de services, activités de recherche, études ou veille technologique). * BOI-TVA-CHAMP-10-10-60-50 nos 500 à 530 du 2 mai 2015.

52. Contrat de collaboration. La redevance perçue par un chirurgien-dentiste en raison de la mise à disposition d'un confrère d'un « poste dentaire techniquement aménagé », bien que fixée proportionnellement au montant des honoraires reçus par ce confrère, constitue, eu égard à l'entière indépendance professionnelle reconnue au débiteur de la redevance par les stipulations du contrat passé entre les deux praticiens, et nonobstant le caractère non commercial de la profession de chirurgien-dentiste, la contrepartie financière d'une opération soumise à la TVA en vertu des art. 256-I et 256 A, et non une rétrocession d'honoraires liée à une forme particulière d'exercice de l'activité libérale du bénéficiaire de cette redevance. • CE 5 mars 1993, n° 121980 : *Dr. fisc. 1993. 2465.* ♦ En revanche, l'avocat titulaire d'un cabinet qui met à la disposition d'avocats collaborateurs un local et du personnel dans le cadre défini par le décret du 9 juin 1972 ne saurait être regardé comme procédant à une location soumise à la TVA. • TA Rennes, 4 juill. 1996, n° 90-2536 : *Dr. fisc. 1997. 1373.*

53. Auteurs. Redevance pour copie privée. Les titulaires de droits de reproduction n'effectuent pas une prestation de services au profit des producteurs et des importateurs de supports vierges et d'appareils d'enregistrement et de reproduction auprès desquels les sociétés de gestion collective des droits d'auteur et des droits voisins perçoivent, pour le compte de ces titulaires, mais en leur nom propre, des redevances sur la vente de ces appareils et supports. Absence de prestation de services soumise à la TVA. • CJUE 18 janv. 2017 : *Minister Finansow c/ Stowarzyszenie Artystów Wykonawców Utworów Muzycznych i Słowno-Muzycznych SAWP (SAWP),* n° 37/16 : *RJF 2017. 397.* ♦ Suite à cet arrêt, les bénéficiaires n'ont plus à soumettre la rémunération pour copie privée à la TVA en France. * Rescrit du 8 juin 2018.

54. Avocats. L'imposition à la TVA des prestations de services des avocats est validée par la CJUE. • CJUE 25 juill. 2016, n° 543/14 : *RJF 2016. 1038.* ♦ L'imposition de ces prestations ne remet pas en cause l'équilibre procédural des parties. • CE 23 nov. 2016, *Ordre des avocats de Paris,* n° 386143 : *RJF 2017. 118.*

55. Notaires. Lorsque les notaires exercent leur activité dans le cadre d'une société d'exercice libéral, le redevable de la TVA est la société. * BOI-TVA-CHAMP-10-10-60-10 n° 185 du 8 janv. 2020.

56. Greffiers des tribunaux de commerce. Ils exercent une activité économique de manière indépendante, soumise par suite à la TVA. • CE 1er avr. 2019, n° 419393 : *RJF 2019. 768.*

57. Experts judiciaires. Depuis le 1er janv. 2014, les expertises réalisées par des experts nommément désignés pour accomplir leur mission par un organe juridictionnel sont toutes imposables à la TVA. Depuis la même date, les fonctionnaires ou agents des collectivités locales qui réalisent des expertises de manière indépendante et qui ont alors la qualité d'assujetti lorsqu'ils les fournissent à titre onéreux sont, bien que désignés en raison des compétences développées dans l'exercice de leurs fonctions et sous réserve du bénéfice de la franchise en base, soumis à la TVA. * BOI-TVA-CHAMP-10-10-60-50 n° 180 du 2 mai 2018.

58. Arbitre sportif. L'arbitre de football qui prend des décisions d'arbitrage en toute indépendance et qui perçoit une rémunération qui est la contrepartie directe du service qu'il rend doit être assujetti à la TVA. • TA Orléans, 2 mars 1999, n° 96-469 : *D. 2001. 1363, note Lenclos* . ♦ Un arbitre de football, eu égard à la nature et aux modalités de l'activité qu'il exerce, ne se trouve pas à l'égard de la Fédération française de football dans une situation de subordination caractérisant une activité salariée.Il a donc la qualité d'assujetti à la TVA et ses prestations sont imposables à la TVA en application des art. 256-I et 256 A • CE 18 janv. 2008, n° 303824 : *RJF 2008. 418.* ♦ Pour les revenus perçus à compter du 1er janv. 2007, taxables dans la catégorie des BNC, V. art. 93-2-6°.

59. Pasteur conférencier. Les sommes que versent des églises à un pasteur conférencier à l'issue de sa prestation et qui sont prélevées sur les oboles remises par les fidèles ne peuvent être regardées comme rémunérant une prestation de services à titre onéreux dès lors notamment que, si les églises organisatrices peuvent être regardées en l'espèce comme étant les bénéficiaires de cette prestation, ces sommes ne présentent pas une équivalence suffisante avec ladite prestation. • CAA Douai, 28 mai 2008, n° 07DA435 : *RJF 2009. 19.*

60. Prime d'intéressement versée à un chercheur. Des primes d'intéressement versées à un chercheur du CNRS du fait de sa participation à une « invention de mission » ont le caractère de compléments de rémunération salariale et ne peuvent être assujetties à la TVA, alors même que l'Administration a accepté de les imposer à l'IR dans la catégorie des BNC. • CAA Versailles, 20 juin 2017, n° 16VE00355 : *RJF 2017. 1173.*

61. Coffrets cadeaux (sol. ant. au 1er janv. 2019). Règles de TVA applicables : a) au niveau de la société émettrice ; b) au niveau des prestataires ou fournisseurs ; c) au niveau des distributeurs. * Rescrit 18 sept. 2007, n° 2007/31 TCA * BOI-TVA-CHAMP-10-10-10 n° 80 du 12 sept. 2012.

B. LIVRAISONS DE BIENS À TITRE ONÉREUX

62. Notion de livraison de bien. L'art. 5-1 de la 6e Dir. TVA doit être interprété en ce sens que : est considéré comme « livraison d'un bien » le transfert du pouvoir de disposer d'un bien corporel comme un propriétaire, même s'il n'y a pas transfert de la propriété juridique du bien.

• CJCE 8 févr. 1990, n° C-320/88 : *Dr. fisc. 1990. 1200, obs. E. K.* ♦ Il n'y a pas livraison de carburant du donneur de véhicule en leasing au preneur de véhicule en leasing lorsque ce dernier ravitaille en carburant, à des postes d'essence, le véhicule ayant fait l'objet d'un contrat de leasing alors même que ce ravitaillement est effectué au nom et pour le compte dudit donneur. • CJCE 6 févr. 2003, n° C-185/01 : *Dr. fisc. 2003. 421 ; RJF 2003. 524.* ♦ Le transfert de la propriété d'un bien immeuble, par un assujetti à la TVA, au bénéfice du Trésor public d'un État membre ou à une collectivité territoriale d'un tel État, intervenant en paiement d'un arriéré d'impôt, ne constitue pas une livraison de bien à titre onéreux soumise à la TVA. • CJUE 11 mai 2017, *Min. Finansow c/Posnania Investment SA* n° 36/16 : *RJF 2017. 893.* ♦ Le transfert de propriété d'un immeuble intervenant sur réquisition du Trésor public et moyennant le paiement d'une indemnité sans changement du gestionnaire constitue une opération soumise à la TVA. • CJUE 13 juin 2018, *Min. Finansow c/ Gmina Wroclaw,* n° 665/16 : *RJF 2018. 1051.*

63. Activité de reprographie. L'activité de reprographie constitue une livraison de biens lorsqu'elle se limite à une simple opération de reproduction de documents sur des supports. En revanche, elle constitue une prestation de services lorsqu'elle s'accompagne de services complémentaires susceptibles, eu égard à leur importance pour leur destinataire, au temps nécessité pour leur exécution, au traitement requis par les documents originaux et à leur part dans le coût total, de revêtir un caractère prédominant par rapport à l'opération de livraison de biens, de sorte qu'ils constituent une fin en soi pour leur destinataire. • CJCE 11 févr. 2010, n° C-88/09 : *RJF 2010. 553.*

64. Prestations ayant une contrepartie. V. note 2.

65. Opérations effectuées par un assujetti agissant en tant que tel. BIBL. Goulard, *RJF 1996, p. 91.* ♦ Une opération effectuée par un assujetti à titre privé ne tombe pas sous le coup de la TVA. • CJCE 4 oct. 1995, n° C-291/92 : *Dr. fisc. 1996. 75, concl. Jacobs ; RJF 1995. 1447 ; Rev. Marché commun 1996, n° 403, p. 740, note Maublanc-Fernandez.* ♦ Ainsi la vente par un *marchand de tableaux d'une toile qu'il a conservée* dans son patrimoine personnel n'est pas soumise à la taxe. • CE 16 nov. 1992, n° 89367 : *Dr. fisc. 1993. 2447 ; RJF 1993. 41.* ♦ Lorsqu'un assujetti vend un bien dont il avait choisi de réserver une partie à son usage privé, il n'agit pas, pour ce qui concerne la vente de cette partie, en qualité d'assujetti. • CJCE 4 oct. 1995, n° C-291/92 : *préc.* ♦ En revanche, un contribuable qui, parallèlement à son activité de professeur de violon, réalise des opérations d'achat et de ventes d'œuvres d'art et d'objets anciens n'agit pas comme un simple collectionneur, alors même que ces opérations seraient faites par l'intermédiaire de commissaires priseurs, mais se livre à une activité commerciale de vente d'objets d'occasion ou d'antiquités qui entre dans le champ d'application des BIC et de la TVA, eu égard à l'importance, au nombre et à la fréquence des opérations effectuées et à la brièveté du délai séparant certains achats de leur revente. • CAA Lyon, 2 mars 2006, n° 00LY418 et 03LY1244 : *RJF 2006. 982.*

66. Opérations s'inscrivant dans un circuit de fraude. Des opérations conçues pour récupérer l'intégralité de la TVA payée en amont sur des travaux de construction par une personne qui, en principe, n'aurait pu en récupérer qu'une très faible partie constituent des livraisons de biens ou des prestations de services et une activité économique au sens des art. 2-1, 4-1 et 2, 5-1 et 6-1 de la 6e Dir. TVA, dès lors qu'elles satisfont aux critères objectifs sur lesquels sont fondées lesdites notions, même lorsqu'elles sont effectuées dans le seul but d'obtenir un avantage fiscal, sans autre objectif économique. • CJCE 21 févr. 2006, n° C-255/02, *Halifax plc : RJF 2006. 848.* ♦ La 6e Dir. TVA doit être interprétée en ce sens qu'une pratique abusive peut être retenue lorsque la recherche d'un avantage fiscal constitue le but essentiel de l'opération ou des opérations en cause. • CJCE 21 févr. 2008, n° 425/06, *Part Service Srl : RJF 2008. 765 ; Dr. fisc. 2008. 366, note Fouquet.* ♦ V. égal. notes 11 à 20 ss. art. 271.

67. Opérations et activités illicites. BIBL. Sérandour, *Dr. fisc. 2015. 391* (illicéité et TVA). ♦ La qualification d'un comportement comme répréhensible n'entraîne pas, à elle seule, une exception à l'imposition à la TVA. Une telle exception ne joue que dans des situations spécifiques dans lesquelles, en raison des caractéristiques particulières de certaines marchandises ou de certaines prestations, toute concurrence entre un secteur économique licite et un secteur illicite est exclue. La location d'un emplacement utilisé pour la vente de stupéfiants dans un établissement dans lequel des drogues douces sont vendues et consommées constitue une activité économique et relève du champ d'application de la 6e Directive. • CJCE 29 juin 1999, n° C-15898 : *Dr. fisc. 1999, p. 1031 ; Europe 1999, n° 8-9, p. 218, note Piétri.*

68. Les opérations effectuées par un assujetti ne font naître aucune dette de TVA lors de la livraison de produits dans la mesure où ceux-ci ne font pas partie d'un circuit économique autorisé. Tel est le cas : de l'importation de fausse monnaie. • CJCE 6 déc. 1990, n° C-343/89 : *Dr. fisc. 1991. 2211.* ♦ ... Des importations. • CJCE 28 févr. 1984, n° C-294/82 : *Rec. CJCE, p. 1177.* ♦ ... Et des ventes de stupéfiants. • CJCE 5 juill. 1988, n° C-289/86 : *Dr. fisc. 1989. 514.* ♦ ... Des livraisons d'amphétamines. • CJCE 5 juill. 1988, n° C-269/86 : *RJF 1989. 532.* ♦ ... Des vols de marchandises, peu important que des marchandises comme les cigarettes soient soumises à un droit d'accise. • CJCE 14 juill. 2005, n° C-435/03 : *RJF 2005. 1336.* ♦ En revanche, les ventes de produits œstrogènes sont soumises à la TVA dès lors qu'elles font partie intégrante d'un circuit économique autorisé, nonobstant les restrictions apportées à leur emploi. • CAA Lyon, 10 juill. 1996, n° 93LY1244 : *Dr. fisc. 1996. 1126.* ♦ Tel est également le cas des importations frauduleuses d'alcool éthylique, une concurrence pouvant exister avec l'alcool faisant l'objet d'opérations réalisées dans un circuit légal. • CJCE 29 juin 2000, n° 455/98 : *RJF 2000. 1537 ; Dr. fisc. 2000. 1063 ; Europe 2000. 274, note Simon.* ♦ ... Et d'un trafic de voitures volées eu égard à l'importance et à la répétition des opérations d'achat et de revente réalisées. • TA Lyon, 22 janv. 2003, n° 99-1902 : *Dr. fisc. 2003. 494.* ♦ Mais, en l'absence au sein de la Communauté d'un circuit légal de vente de cartes grises, dont la commercialisation est même interdite par nature, le trafic de ces documents ne constitue pas une activité soumise à la TVA. • Même jugement.

69. Cession d'un bien d'investissement à usage mixte. Lorsqu'un assujetti acquiert un bien d'investissement pour l'utiliser à la fois à des fins professionnelles et à des fins privées, il peut le conserver entièrement dans son patrimoine privé et ainsi l'exclure complètement du système de la TVA. Lorsqu'un assujetti a choisi d'intégrer entièrement dans son patrimoine professionnel un bien d'investissement qu'il utilise à la fois à des fins professionnelles et à des fins privées, la vente dudit bien est intégralement soumise à la TVA conformément aux art. 2-1 et 11-A-1 *a* de la 6e Directive. Lorsque l'assujetti n'a intégré dans son patrimoine professionnel que la partie du bien utilisée à des fins professionnelles, seule la vente de cette partie est soumise à la TVA. Le fait que le bien a été acheté d'occasion à un non-assujetti et que l'assujetti n'a donc pas été autorisé à déduire la TVA résiduelle le grevant est sans pertinence à cet égard. Toutefois, si l'assujetti prélève un tel bien de son entreprise, ce bien doit être considéré comme n'ayant pas ouvert droit à déduction de la TVA au sens de l'art. 5-6 de la 6e Directive et l'imposition, en vertu de cette disposition, du prélèvement est, par conséquent, exclue. Si, par la suite, l'assujetti vend le bien, il effectue cette opération à titre privé et celle-ci est donc exclue du système de la TVA. • CJCE 8 mars 2001, n° C-415/98, *Lazlo Bakesi : RJF 2001. 892 ; concl. Saggio au BDCF 6/01, n° 75.*

70. Transmission d'une universalité de biens. V. art. 257 *bis* et note 1 ss. art. 261.

71. Indemnité pour vol. L'indemnité versée par un transporteur au propriétaire de biens volés ou détruits en cours de transport n'est pas imposable dès lors qu'elle n'est pas la contrepartie d'une livraison de biens. • CAA Nantes, 20 nov. 1993, n° 92NT355 : *Dr. fisc. 1994. 1151.*

72. Dation en paiement d'un bien en paiement d'une dette fiscale. Le transfert de la propriété d'un bien immeuble, par un assujetti à la TVA, au bénéfice du Trésor public d'un État membre ou à une collectivité territoriale d'un tel État, intervenant en paiement d'un arriéré d'impôt, ne constitue pas une livraison de bien à titre onéreux soumise à la TVA. • CJUE 11 mai 2017, *Min. Finansow c/Posnania Investment SA,* n° 36/16 : *RJF 2017. 893.*

73. Transferts de biens sous un régime de stocks sous contrat de dépôt. Biens stockés dans un autre État membre destinés à être livrés ultérieurement à un acquéreur identifié. Régime des stocks sous contrat de dépôt. * BOI-TVA-CHAMP-10-10-40-10 du 13 août 2021.

74. Régime des intermédiaires. 1° Distinction entre intermédiaire transparent, inter médire opaque et courtier. 2° Régime de TVA applicable aux opérations d'entremise de ces intermédiaires. * BOI-TVA-CHAMP-10-10-40-40 du 13 août 2021.

Art. 256 *bis* **I. — 1° Sont également soumises à la taxe sur la valeur ajoutée les acquisitions intracommunautaires de biens meubles corporels effectuées à titre onéreux par un assujetti agissant en tant que tel ou par une personne morale non assujettie lorsque le vendeur est un assujetti agissant en tant que tel et qui ne bénéficie pas dans son État du régime particulier de franchise des petites entreprises ;**

(L. n° 2021-1900 du 30 déc. 2021, art. 30-I-4°-a et III-a, en vigueur le 1er juill. 2022) **« 1° *bis* Ne sont pas soumises à la taxe sur la valeur ajoutée les acquisitions de biens effectuées par un assujetti ou une personne morale non assujettie et dont la livraison est exonérée en application des 2° à 6° du II de l'article 262 ou de l'article 262-00 *bis*. »**

2° Sous réserve de ne pas excéder le seuil ci-après indiqué, ne sont pas soumises à la taxe sur la valeur ajoutée les acquisitions de biens autres que des moyens de transport neufs *(Ord. n° 2021-1843 du 22 déc. 2021, art. 10-10°-a, en vigueur le 1er janv. 2022)* **« ou des produits soumis à accise » effectuées :**

a) par une personne morale non assujettie ;

b) par un assujetti qui ne réalise que des opérations n'ouvrant pas droit à déduction ;

c) par un exploitant agricole placé sous le régime du remboursement forfaitaire prévu aux articles 298 *quater* et 298 *quinquies*.

Ces dispositions ne sont applicables que lorsque le montant des acquisitions réalisées par les personnes mentionnées ci-dessus n'a pas excédé, au cours de l'année civile précédente, ou n'excède pas, pendant l'année civile en cours au moment de l'acquisition, le seuil de 10 000 €.

Ce montant est égal à la somme, hors taxe sur la valeur ajoutée, des acquisitions de biens, autres que des moyens de transport neufs, *(Ord. n° 2021-1843 du 22 déc. 2021, art. 10-10°-b, en vigueur le 1er janv. 2022)* « ou des produits soumis à accise », ayant donné lieu à une livraison de biens située dans un autre État membre de *(L. n° 2019-1479 du 28 déc. 2019, art. 34-I-2°-a)* « l'Union » européenne, en application des dispositions de la législation de cet État prise pour la mise en œuvre des articles 31 à 39 de la directive 2006/112/CE du Conseil du 28 novembre 2006.

2° *bis* Les acquisitions intracommunautaires de biens d'occasion, d'œuvres d'art, d'objets de collection ou d'antiquité effectuées à titre onéreux par un assujetti agissant en tant que tel ou par une personne morale non assujettie ne sont pas soumises à la taxe sur la valeur ajoutée lorsque le vendeur ou l'assujetti est un assujetti revendeur qui a appliqué dans l'État membre de départ de l'expédition ou du transport du bien les dispositions de la législation de cet État prises pour la mise en œuvre des articles 312 à 325 ou 333 à 341 de la directive 2006/112/CE du Conseil du 28 novembre 2006.

3° Est considérée comme acquisition intracommunautaire l'obtention du pouvoir de disposer comme un propriétaire d'un bien meuble corporel expédié ou transporté en France par le vendeur, par l'acquéreur ou pour leur compte, à destination de l'acquéreur à partir d'un autre État membre de *(L. n° 2019-1479 du 28 déc. 2019, art. 34-I-2°-b)* « l'Union » européenne.

(L. n° 2019-1479 du 28 déc. 2019, art. 34-I-2°-b et c, applicable aux opérations pour lesquelles le fait générateur de la taxe sur la valeur ajoutée intervient à compter du 1er janv. 2021) « Est également considérée comme acquisition intracommunautaire l'obtention, par l'assujetti destinataire de la livraison, du pouvoir de disposer comme un propriétaire des biens expédiés ou transportés dans les conditions prévues au 2 de l'article 17 *bis* de la directive 2006/112/CE du Conseil du 28 novembre 2006 relative au système commun de taxe sur la valeur ajoutée dans les douze mois suivant l'arrivée des biens en France.

« 4° N'est pas assimilée à une acquisition intracommunautaire de biens l'affectation en France par un assujetti d'un bien de son entreprise en provenance d'un autre État membre sous le régime des stocks sous contrat de dépôt prévu à l'article 17 *bis* de la directive 2006/112/CE du Conseil du 28 novembre 2006 précitée. »

II. — Est assimilée à une acquisition intracommunautaire *(L. n° 2021-1900 du 30 déc. 2021, art. 30-I-4°-b et III-A, en vigueur le 1er juill. 2022)* « effectuée à titre onéreux » :

1° *Abrogé par L. n° 95-1347 du 30 déc. 1995 ;*

2° L'affectation en France par un assujetti pour les besoins de son entreprise d'un bien de son entreprise expédié ou transporté à partir d'un autre État membre, à l'exception d'un bien qui, en France, est destiné :

a) à être utilisé temporairement pour les besoins de prestations de services effectuées par l'assujetti ou dans des conditions qui lui ouvriraient droit, s'il était importé, au bénéfice de l'admission temporaire en exonération totale de droits ;

b) à faire l'objet de travaux, à condition que le bien soit réexpédié ou transporté à destination de l'assujetti dans l'État membre de l'expédition ou du transport ;

c) à faire l'objet d'une installation ou d'un montage ;

d) à faire l'objet de livraisons à bord des moyens de transport, effectuées par l'assujetti, dans les conditions mentionnées au *d* du I de l'article 258.

N'est pas assimilée à une acquisition intracommunautaire l'affectation en France de gaz naturel, d'électricité, de chaleur ou de froid à partir d'un autre État membre pour les besoins d'une livraison imposable dans les conditions mentionnées au III de l'article 258.

3° La réception en France, par une personne morale non assujettie, d'un bien qu'elle a importé sur le territoire d'un autre État membre de *(L. n° 2019-1479 du 28 déc. 2019, art. 34-I-2°-d)* « l'Union » européenne.

(L. n° 2021-1900 du 30 déc. 2021, art. 30-I-4°-b et III-A, en vigueur le 1er juill. 2022) « 4° L'affectation de biens par les forces armées stationnées ou séjournant en France,

à leur usage ou à l'usage de l'élément civil qui les accompagne, lorsque l'une des conditions suivantes est remplie :

« *a)* Ces forces sont les forces armées françaises et ont acquis ces biens en exonération dans un État membre de l'Union européenne autre que la France, en raison de leur affectation soit à un effort de défense mené en vue de la mise en œuvre d'une activité de l'Union européenne dans le cadre de la politique de sécurité et de défense commune, soit à l'effort commun de défense prévu par le traité de l'Atlantique Nord ;

« *b)* Ces forces relèvent d'un autre État partie au traité de l'Atlantique Nord, ne sont pas affectées à l'effort commun de défense prévu par ce traité et ont acquis ces biens en exonération en dehors de l'État membre de l'Union européenne dont elles relèvent en raison de leur affectation à cet effort commun de défense. »

III. — Un assujetti, agissant en son nom propre mais pour le compte d'autrui, qui s'entremet dans une acquisition intracommunautaire, est réputé avoir personnellement acquis et livré le bien.

1. Régime d'imposition des acquisitions intracommunautaires. * BOI-TVA-CHAMP-10-10-40-20 du 22 juin 2021.

2. Intermédiaires transparents et intermédiaires opaques. Critères de distinction. • CJUE 14 juill. 2011, n° 464/10 : *RJF 2011. 1254* • CE 8 nov. 2019, *Sté Donnadieu Automobile*, n° 420507 : *RJF 2020. 318.*

Art. 256 *ter* *(L. n° 2018-1317 du 28 déc. 2018, art. 73-I-1° et II, applicable aux bons émis à compter du 1er janv. 2019)* **1. Chaque transfert d'un bon à usage unique effectué par un assujetti agissant en son nom propre est considéré comme une livraison des biens ou une prestation des services à laquelle le bon se rapporte. La remise matérielle des biens ou la prestation effective des services en échange d'un bon à usage unique accepté en contrepartie totale ou partielle par le fournisseur ou le prestataire n'est pas considérée comme une opération distincte.**

Lorsque le fournisseur de biens ou le prestataire de services n'est pas l'assujetti qui a, en son nom propre, émis le bon à usage unique, ce fournisseur ou ce prestataire est néanmoins réputé avoir livré ou fourni à cet assujetti les biens ou la prestation des services en lien avec ce bon.

2. La remise matérielle de biens ou la prestation effective de services en échange d'un bon à usages multiples accepté en contrepartie totale ou partielle par le fournisseur ou le prestataire est soumise à la taxe sur la valeur ajoutée. Tout transfert précédent d'un tel bon à usages multiples n'est pas soumis à la taxe sur la valeur ajoutée en tant que tel.

3. Pour l'application du présent chapitre :

***a)* Est considéré comme un bon tout instrument assorti d'une obligation de l'accepter comme contrepartie totale ou partielle d'une livraison de biens ou d'une prestation de services et pour lequel les biens à livrer ou les services à fournir ou l'identité de leurs fournisseurs ou prestataires potentiels sont indiqués soit sur l'instrument même, soit dans la documentation correspondante, notamment dans les conditions générales d'utilisation de cet instrument ;**

***b)* Est considéré comme un bon à usage unique un bon au sens du *a* pour lequel le lieu de la livraison des biens ou de la prestation des services à laquelle le bon se rapporte et la taxe sur la valeur ajoutée due sur ces biens ou services sont connus au moment de l'émission du bon ;**

***c)* Est considéré comme un bon à usages multiples un bon au sens du *a* autre qu'un bon à usage unique.**

Bons à usage unique et bons à usages multiples. Bons émis depuis le 1er janv. 2019. Traitement fiscal. * BOI-TVA-CHAMP-10-10-40-50 du 7 août 2019.

Art. 256 A **Sont assujetties à la taxe sur la valeur ajoutée les personnes qui effectuent de manière indépendante une des activités économiques mentionnées au cinquième alinéa, quels que soient le statut juridique de ces personnes, leur situation au regard des autres impôts et la forme ou la nature de leur intervention.**

Ne sont pas considérés comme agissant de manière indépendante :

— les salariés et les autres personnes qui sont liés par un contrat de travail ou par tout autre rapport juridique créant des liens de subordination en ce qui concerne les

conditions de travail, les modalités de rémunération et la responsabilité de l'employeur ;

— les travailleurs à domicile dont les gains sont considérés comme des salaires, lorsqu'ils exercent leur activité dans les conditions prévues aux articles L. 7412-1, L. 7412-2 et L. 7413-2 du code du travail.

Les activités économiques visées au premier alinéa se définissent comme toutes les activités de producteur, de commerçant ou de prestataire de services, y compris les activités extractives, agricoles et celles des professions libérales ou assimilées. Est notamment considérée comme activité économique une opération comportant l'exploitation d'un bien meuble corporel ou incorporel en vue d'en retirer des recettes ayant un caractère de permanence.

BIBL. ► BERGERÈS, *Dr. fisc. 2003. 203* (les holdings mixtes et la TVA). – COZIAN, *GPFE, doc. 37* (notion d'activité économique). – DANIEL-THÉZARD, *Dr. fisc. 2001. 781* (même thème). – MAÏA, *RJF 2002. 102* (débat sur les frontières de l'activité économique : le cas des activités des syndicats de copropriété). – PLAGNET, *GAJ Fisc., p. 703* (activité économique). – SÉRANDOUR, *Dr. fisc. 2015. 325* (la notion d'assujetti à la TVA). – TOURNÈS, *RJF 2004. 511* (classification des produits financiers au regard de la TVA).

1. Liens de subordination. La personne qui, moyennant commission, recherche des terrains pour un lotisseur et présente des terrains aux clients potentiels de ce dernier est assujettie à la TVA dès lors qu'il n'y a entre elle et le lotisseur ni contrat de travail ni lien de subordination. • CAA Nantes, 28 oct. 1997, n° 95NT794 : *Dr. fisc. 1998. 593.* ♦ N'est pas assujetti à la TVA un universitaire qui prête son concours à un avocat, lequel assume seul la responsabilité du dossier confié et exerce donc à ce titre le contrôle de l'affaire. • CAA Nancy, 6 juill. 1995 : *Dr. fisc. 1995. 455.* ♦ Seules les personnes physiques peuvent être réputées ne pas agir de manière indépendante, dès lors que les personnes morales ne peuvent pas être regardées comme placées dans un lien de subordination vis-à-vis d'un employeur, quelles que soient les modalités de leur intervention. • CAA Bordeaux, 9 oct. 2008, n° 06BX1306 : *RJF 2009. 117.*

2. Une personne physique qui exécute l'ensemble des travaux au nom et pour le compte d'une société assujettie à la TVA en exécution d'un contrat de travail la liant à cette société, dont elle est par ailleurs l'unique actionnaire, administrateur et membre du personnel, n'est pas elle-même un assujetti au sens de l'art. 4-1 de la 6e Dir. TVA (la Dir. 2006/112/CE, 28 nov. 2006, art. 9-1). • CJCE 18 oct. 2007, n° C-355/06 : *RJF 2008. 101.* ♦ Les redevances perçues par un mannequin en rémunération de la concession d'exploitation du droit à l'*image consentie* à son employeur, imposées à l'IR dans la catégorie des BNC mais qui sont perçues passivement par l'intéressée en conséquence des missions qui lui sont confiées par son employeur, constituent un accessoire indissociable de son activité salariée. Ces redevances ne peuvent être regardées comme provenant d'une activité effectuée de manière indépendante et ne sont, dès lors, pas taxables à la TVA. • CAA Paris, 14 déc. 2010, n° 08PA03207, *Min. du Budget* : *RJF 2011. 692.*

3. Activité indépendante. Lorsqu'une personne a pour seule activité économique la location d'un bien corporel à une société, telle une société civile de droit néerlandais, dans laquelle elle est associée, cette location doit être considérée comme accomplie de façon indépendante au sens de l'art. 4 § 1 de la 6e Dir. TVA. • CJCE 27 janv. 2000, n° C-23/98 : *RJF 2000. 438 ; D. 2000. IR 48*.

4. Lorsqu'une société, titulaire d'un marché public, confie une partie des prestations convenues à un sous-traitant, ce dernier est seul redevable de la TVA sur le prix de ses propres services qu'il facture directement à la collectivité bénéficiaire. • CAA Nancy, 24 juin 2004, n° 00NA862 : *Dr. fisc. 2004. 792.*

5. Les art. 2-1 et 9-1 de la 6e Dir. TVA doivent être interprétés en ce sens qu'un établissement stable, qui n'est pas une entité juridique distincte de la société dont il relève, établi dans un autre État membre et auquel la société fournit des prestations de services, ne doit pas être considéré comme un assujetti en raison des coûts qui lui sont imputés au titre desdites prestations. • CJCE 23 mars 2006, n° C-210/04, *FCE Bank plc* : *RJF 2006.806.* ♦ Les art. 2-1, 9 et 11 de la Dir. TVA 2006/112/CE du 28 nov. 2006 doivent être interprétés en ce sens que les prestations de services fournies par un établissement principal établi dans un pays tiers à sa succursale établie dans un État membre constituent des opérations imposables quand cette dernière est membre d'un groupement de personnes pouvant être considérées comme un seul assujetti à la TVA. • CJUE 17 sept. 2014, *Skandia America Corp. (USA)*, n° C-7/15 : *RJF 2014. 1161 ; Dr. fisc. 2014. 681, note Stemmer, Courjon et Michenot.* ♦ Lorsque le siège d'une entreprise et sa succursale sont situés dans deux États distincts, le lien d'unicité existant entre les deux entités est toujours rompu si le siège ou/et sa succursale appartiennent à un groupe de TVA. • CJUE 11 mars 2021, n° 812/19 : *RJF 2021. 673 ; Dr. fisc. 2021. 209, note Dorin et Wolf.* ♦ Les prestations de services fournies par un établissement principal à sa succursale établie dans un autre État membre constituent des opérations imposables quand cette dernière est membre d'un groupement de TVA. • CE 4 nov. 2020, *Sté BNP Paribas Securities Services,* n° 435295 : *RJF 2021. 137, concl. Cyterman.* ♦ Une prestation n'est taxable que s'il existe entre le prestataire et le bénéficiaire un rapport juridique au cours duquel des prestations réciproques sont échangées. Dans le cas de prestations effectuées par une succursale au profit de sa maison mère, la reconnaissance d'un tel rapport est subordonnée à la condition que la succursale, qui ne constitue pas une entité juridique distincte de sa société mère, puisse être regardée comme exerçant une activité économique indépendante vis-à-vis de cette dernière. • TA Paris, 28 févr. 2007, n° 00-15.330 : *RJF 2007. 1229.*

6. L'art. 9-1 de la Dir. TVA 2006/112/CE du 28 nov. 2006 doit être interprété en ce sens que des organismes de droit public, tels que des entités budgétaires communales, ne peuvent pas être qualifiés d'assujettis à la TVA dans la mesure où ils ne remplissent pas le critère d'indépendance prévu à cette disposition. • CJUE 29 sept. 2015, *Gmina Wroclaw,* C.-276/14 : *RJF 2015. 1080.*

7. Activité dite « de minage ». L'activité de minage – qui se définit comme l'utilisation de la puissance de calcul d'un ordinateur pour sécuriser des transactions dans le cadre de la technologie dite « blockchain » – n'entre pas dans le champ de la TVA et le mineur n'a pas à collecter de taxe sur les actifs numériques reçus en récompense. Corrélativement, le mineur n'est pas fondé à exercer un droit à déduction. * BOI-TVA-CHAMP-10-10-10 n° 60 du 7 août 2019.

8. Dirigeant de société. L'activité de membre du conseil de surveillance d'une fondation n'entre pas dans le champ de la TVA. • CJUE 13 juin 2019, n° 420/18 : *RJF 2019. 996.*

9. Personne morale dirigeante de société. Une société qui perçoit une rémunération annuelle en contrepartie de ses fonctions de présidente-mandataire social d'une société holding doit être regardée comme exerçant de ce fait à titre indépendant une activité économique de prestations de services à titre onéreux passible de la TVA. • CAA Nantes, 28 juin 2010, n° 09NT612 : *RJF 2010. 1153.* ♦ Une société, dont l'objet social est l'exercice d'activités de contrôle et de gestion d'autres entreprises, qui assure moyennant rémunération l'exercice de fonctions de direction au sein de sociétés tierces faisant appel à ses services doit être regardée comme réalisant à titre indépendant une activité économique de prestations de services à titre onéreux passibles de la TVA. Il en va ainsi même si ces activités sont rémunérées forfaitairement. • CAA Douai, 8 mars 2011, n° 09DA01303 : *RJF 2011. 797 ; Dr. fisc. 2011. 413, concl. Minne.*

10. Collaborateur occasionnel de service public. Les personnes intervenant en qualité de collaborateur du service public sont en principe assujetties à la TVA sauf si elles agissent dans le cadre d'un lien de subordination. * BOI-TVA-CHAMP-10-10-20 n° 320 du 20 nov. 2013.

11. Interprètes-traducteurs du service de la justice. Les interprètes-traducteurs collaborateurs du service public de la justice doivent être regardés comme agissant de manière indépendante, au sens de l'art. 256 A et sont donc sont soumis à la TVA. • CE 6 mars 2015, *Union des traducteurs interprètes,* n° 377093 : *RJF 2015. 683.*

12. Activités économiques. Lorsque l'Administration fiscale a admis la qualité d'assujetti à la TVA d'une société qui a déclaré son intention de commencer une activité économique donnant lieu à des opérations imposables, la commande d'une étude de rentabilité pour l'activité envisagée peut être considérée comme une activité économique, même si, au vu du résultat de cette étude, la société a été mise en liquidation et n'a pas réalisé d'opérations imposables. • CJCE 29 févr. 1996, n° C-110/94 : *Dr. fisc. 1996. 1303.*

13. L'art. 9-1 de la Dir. n° 2006/112/CE du Conseil du 28 nov. 2006 doit être interprété en ce sens qu'une personne physique, déjà assujettie à la TVA pour ses activités d'huissier indépendant, doit être considérée comme « assujetti » pour toute autre activité économique exercée de manière occasionnelle, à condition que cette activité constitue une activité au sens de l'art. 9-1, al. 2, de la Dir. préc. • CJUE 13 juin 2013, *Galin Kostov,* n° C-62/12 : *RJF 2013. 992.*

14. Un employeur qui effectue des prestations de services en faveur de ses salariés peut être considéré comme agissant de manière indépendante. Ainsi, la mise à disposition des salariés d'un véhicule à titre privatif en contrepartie d'un loyer, fût-il modique, doit être regardée comme une prestation de services effectuée de manière indépendante par la société et non comme un simple avantage en nature ou un complément de rémunération consenti à ses employés. • CAA Lyon, 30 mars 2017, *SARL Berner,* n° 15LY02973 : *RJF 2017. 1172.*

15. Constitue une activité économique imposable : le fait, pour un inventeur, de céder un brevet à titre onéreux, quel que soit le mode de rémunération de ladite cession et alors même qu'il n'en aurait retiré qu'une recette unique. Jurisprudence antérieure à L. n° 92-677 du 17 juill. 1992. • CAA Bordeaux, 1er déc. 1998, n° 95BX1702 : *Dr. fisc. 1999. 687, concl. Péano* • CE 20 oct. 2000, n° 204129, *Cambon : Dr. fisc. 2001. 431, concl. Mignon ; D. 2001. IR 301* . ♦ ... L'activité de représentation de personnes majeures légalement incapables, exercée par un avocat mandaté par une autorité judiciaire, visant à les protéger dans les actes de la vie civile. • CJUE 4 avr. 2021, n° 846/19 : *RJF 2021. 775.*

♦ ... Le fait, pour le titulaire d'un contrat d'agent commercial, de céder ce contrat à titre onéreux, quel que soit le mode de rémunération de ladite cession et alors même qu'il n'en aurait retiré qu'une recette unique. • CAA Lyon, 20 oct. 2005, n° 01LY1550 : *RJF 2006. 365.* ♦ ... Le fait, pour le propriétaire d'une marque commerciale, de céder à titre onéreux les droits attachés à la propriété de cette marque, à l'exclusion de tout transfert de clientèle, quel que soit le mode de rémunération de ladite cession et alors même qu'il n'en aurait retiré qu'une recette unique. • CE 3 sept. 2008, n°s 300420 à 300422 : *RJF 2008. 1292 ; concl. Vallée au BDCF 12/08, n° 142 ; Dr. fisc. 2008. 542, note Pierre.* ♦ Mais un marchand de tableaux et de meubles anciens ne peut être regardé comme se livrant à une activité économique eu égard au faible nombre des transactions réalisées (deux ventes à intervalle de deux ans), et ce en dépit du montant des gains réalisés. • CAA Bordeaux, 30 oct. 2003, n° 99BX1878 : *RJF 2004. 227.*

16. La simple acquisition et la simple détention de parts sociales ne constituent pas une activité économique conférant à son auteur la qualité d'assujetti. • CJCE 20 juin 1991, n° C-60/90, *Polysar Investments : Dr. fisc. 1991. 1911, note Kornprobst.*

17. L'immixtion d'un holding dans la gestion des sociétés dans lesquelles il a pris des participations constitue une activité économique au sens de l'art. 4-2 de la 6e Dir. TVA dans la mesure où elle implique la mise en œuvre de transactions soumises à la TVA en vertu de l'art. 2 de cette Directive, telles que la fourniture de services administratifs, financiers, commerciaux et techniques par le holding à ses filiales. • CJCE 27 sept. 2001, n° C-16/00, *Cibo Participations SA : RJF 2001. 1611.* ♦ Constituent de même une activité économique, au sens des dispositions précitées : l'octroi annuel par un holding de prêts rémunérés aux sociétés dans lesquelles il détient une participation. • CJCE 29 avr. 2004, n° C-77/01 : *RJF 2004. 827.* ♦ ... Les placements d'un holding dans des dépôts bancaires ou dans des titres, tels que des bons du Trésor ou des certificats de dépôt. • Même arrêt. ♦ ... La cession, par une société mère, des actions d'une filiale à laquelle elle a fourni des prestations de services soumises à la TVA. • CJCE 29 oct. 2009, n° C-29/08, *AB SKF : RJF 2010. 90 ; Dr. fisc. 2009. 578, note Tournès.* ♦ ... L'exploitation d'une installation photovoltaïque située au-dessus ou à proximité d'une maison à usage d'habitation, conçue de telle sorte que la quantité d'électricité produite, d'une part, est toujours inférieure à la quantité totale d'électricité consommée à titre privé par son exploitant et, d'autre part, est livrée au réseau en échange de recettes ayant un caractère de permanence. • CJUE 20 juin 2013, *Finanzamt Freistadt Rohrbach Urfahr,* n° C-219/12 : *RJF 2013. 993.* ♦ En revanche, la simple immixtion d'un holding dans la gestion de ses filiales, sans la mise en œuvre de transactions soumises à la TVA en vertu de l'art. 2 de la 6e Dir. TVA ne saurait être considérée comme une activité économique au sens de l'art. 4-2 de cette directive. • CJCE 12 juill. 2001, n° C-102/00, *Welthgrove BV : RJF 2001. 1474.* ♦ Il en est de même de l'immixtion d'une société holding dans la gestion de ses filiales qui n'est pas une activité économique lorsqu'elle ne facture à ces dernières ni le prix des services qu'elle a acquis dans l'intérêt de l'ensemble du groupe de sociétés ou de certaines de ses filiales ni la TVA y afférente. • CJUE 12 janv. 2017, *MVM Magyar Villamos Müvek Zrt, n° 28/16 : RJF 2017. 401.*

18. Les recettes résultant de la refacturation, par une société holding tête de groupe, de prestations de conseil à ses filiales ayant réalisé les prises de participation qui faisaient l'objet de ces prestations, pour respecter le principe selon lequel les transactions entre sociétés liées doivent s'effectuer selon les conditions normales de marché, correspondent à des opérations ouvrant droit à déduction dès lors qu'elles constituent pour la société holding tête de groupe la rémunération d'une activité économique occasionnelle et qu'une personne assujettie à la TVA pour une activité économique exercée de manière permanente doit être considérée comme assujettie pour toute autre activité économique exercée de manière occasionnelle. • CE 13 déc. 2017, *Sté Lagardère SCA,* n° 397580 : *RJF 2018. 264, concl. Bokdam-Tognetti.* ♦ Sont considérés comme étant pertinents aux fins de la TVA les prêts ou les détachements de personnel d'une société mère auprès de sa filiale, opérés contre le seul remboursement des coûts y afférents, pour autant que les montants versés par la filiale en faveur de sa société mère, d'une part, et ces prêts ou détachements, d'autre part, se conditionnent mutuellement. • CJUE 11 mars 2020, *San Domenico Vetraria SpA,* n° 94/19 : *RJF 2020. 573.*

19. La refacturation de salaires versés aux joueurs par un club de rugby professionnel à l'association qui les forme n'est pas taxable. • CAA Lyon, 23 avr. 2019, *Min. c/ SASP ASM Clermont Auvergne,* n° 17LY04235 : *RJF 2019. 769.*

20. L'attribution de fréquences UMTS par voie d'enchères par une autorité publique ne constitue pas une activité économique. • CJCE 26 juin 2007, n° 284/04 : *RJF 2007. 1364.*

21. Activités de prestataire de services. BIBL. Verclytte, *RJF 1998, p. 75* (produits financiers et TVA). ♦ Ayant la nature d'une activité économique, les opérations concernant les dépôts de fonds effectuées contre rémunération entrent dans le champ d'application de la TVA lorsque, étant liées de manière habituelle à l'exercice d'une activité taxable, en l'absence de laquelle elles ne seraient pas effectuées, elles constituent le prolongement direct, permanent et nécessaire de cette activité. Ainsi, les intérêts des dépôts de fonds effectués par un rédacteur d'actes de vente de fonds de commerce qui est chargé du séquestre des sommes provenant de ces ventes sont passibles de la TVA. • CE 11 févr. 1998, n° 142871, *SA Étude Havre Tronchet : Dr. fisc. 1998. 443, concl. Bachelier ; RJF 1998. 255.* ♦ Il en est de même des intérêts perçus par une entreprise de gestion d'immeubles qui place pour son compte les fonds versés par les propriétaires et les locataires. • CJCE 11 juill. 1996, n° C-306/94, *Régie Dauphinoise-Cabinet Forest : Dr. fisc. 1996, p. 1388, obs. Turot, p. 1384.* ♦ Prestations de services fournies par un holding, V. • CJCE 27 sept. 2001, n° C-16/00 : *préc. note 17.*

22. Constitue une activité économique le fait pour un syndicat de copropriétaires de prendre la charge des éléments d'équipement communs et de fournir à ses membres des biens et services collectifs lorsque ces éléments d'équipement et ces biens et services sont sans lien avec la conservation et l'entretien de l'immeuble et l'administration des parties communes. Sont donc soumises à la TVA les prestations de services rendues par un syndicat dans le cadre de la gestion d'une résidence avec services telles que la restauration, les soins, le blanchissage, la coiffure, l'aide ménagère ou les animations. • CE sect., 7 déc. 2001, n° 212273 : *Dr. fisc. 2002. 571, concl. Bachelier ; RJF 2002. 148, chron. Maïa, p. 102.* ♦ Cependant, ne constitue pas une activité économique le simple fait, pour un tel syndicat, d'assurer la mission de conservation et d'entretien de l'immeuble et d'administration des parties communes que lui assigne la loi de 1965 et de prendre en charge les éléments d'équipement communs et les services collectifs nécessaires à ces missions, comme le ferait le propriétaire unique du même immeuble. • Même arrêt.

23. Un opérateur qui rachète des créances en prenant à sa charge le risque de défaillance des débiteurs (affacturage) et qui, en contrepartie, facture à ses clients une commission exerce une activité économique au sens des art. 2 et 4 de la 6ᵉ Dir. TVA, de sorte qu'il a la qualité d'assujettie et bénéficie donc du droit à déduction en application de l'art. 17 de ladite Directive. • CJCE 26 juin 2003, n° C-305/01 : *RJF 2003. 1193.* ♦ Un opérateur qui achète, à son propre risque, des créances douteuses à un prix inférieur à leur valeur nominale n'effectue pas une prestation de services à titre onéreux, au sens de l'art. 2-1 de la 6ᵉ Dir. TVA et n'accomplit pas une activité économique relevant du champ d'application de cette directive lorsque la différence entre la valeur nominale desdites créances et le prix d'achat de celles-ci reflète la valeur économique effective des créances en cause au moment de leur cession. • CJUE 27 oct. 2011, n° 93/10 : *RJF 2012. 88.*

24. Opérations ne relevant pas d'une activité économique. Une opération n'est soumise à la TVA que si elle relève par elle-même d'une activité de producteur, de commerçant ou de prestataire de services. La revente de biens (lingots d'or) acquis à titre de placement et non comme objets de négoce est étrangère à de telles activités et se trouve donc placée hors du champ d'application de la TVA. • CE 29 déc. 1995, n° 118754 : *Dr. fisc. 1996. 221, concl. Ph. Martin.* ♦ De même, les locations de locaux nus ne relèvent pas du champ des activités économiques lorsque le loyer demandé par le bailleur, ou celui versé par le preneur avec l'accord du bailleur, est non seulement sensiblement inférieur au cours de référence du marché immobilier locatif, mais encore tellement faible qu'il ne couvre pas le coût de revient du local. • TA Grenoble, 18 déc. 1997, n° 94-2967 : *Dr. fisc. 1998. 593.* ♦ Dans le même sens, s'agissant de la location d'un immeuble à usage culturel dont, eu égard au coût de sa construction et aux frais qui incombent au propriétaire, notamment pour assurer son entretien, le montant du loyer révèle de la part du bailleur une libéralité au bénéfice du preneur (convention conclue moyennant un prix dont le montant correspond à une rentabilité de 2,39 % du capital investi pour construire l'immeuble loué). • TA Lyon, 3 mars 2003, n° 98-5583, *Sté civile « Mosquée de Lyon » : Dr. fisc. 2003. 509 ; RJF 2003. 705.*

25. La perception de dividendes n'étant la contrepartie d'aucune opération économique, elle se situe hors du champ d'application de la TVA. • CJCE 20 juin 1991, n° C-60/90, *Polysar Investments Netherlands : Rec. CJCE I. 3111 ; Dr. fisc. 1991. 1911, obs. Kornprobst ; D. 1991. IR 195.* ♦ Dans le même sens. • CJCE 27 sept. 2001, n° C-16/00, *Cibo Participations SA : RJF 2001. 1611.*

26. De même, ne constituent pas des activités économiques au sens de l'art. 4-2 de la 6ᵉ Dir. TVA, et ne relèvent donc pas du champ d'application de la TVA : l'achat et la vente d'actions et autres titres par un trustee dans le cadre de la gestion d'un trust corporation caritatif. • CJCE 20 juin 1996, n° C-155/94, *Wellcome Trust Ltd : D. 1996. IR 178 ; Dr. fisc. 1996, p. 1389 ; RJF 1996. 1111.* ♦ ... Des activités qui consistent en la simple vente d'actions et d'autres titres, tels que des participations dans des fonds d'investissement. • CJCE 29 avr. 2004, n° C-77/01 : *Dr. fisc. 2004. 631, note Guichard et Jeannin ; RJF 2004. 827.*

27. En recourant à des facturations fictives et en détournant des sommes au préjudice de tiers, l'auteur des facturations ne peut être regardé comme s'étant livré à une activité économique au sens des art. 256 et 256 A et n'est donc pas passible de la TVA. • CAA Marseille, 25 mars 2004, n° 99MA1518 : *RJF 2005. 437.*

28. Une société de personnes qui admet un associé en contrepartie du versement d'un apport en numéraire n'effectue pas envers celui-c une prestation de services à titre onéreux au sen de l'art. 2-1 de la 6e Dir. TVA. • CJCE 26 juin 2003, n° C-442/01 : *RJF 2003. 1194.*

29. Le simple fait pour un syndicat de copropriétaires d'assurer la mission de conservation et d'entretien de l'immeuble ainsi que l'administration des parties communes que lui assigne la loi du 10 juillet 1965 et de prendre en charge les éléments d'équipement communs et les services collectifs nécessaires à ces missions comme le ferait le propriétaire unique du même immeuble ne constitue pas une activité économique au sens de l'art. 256 A. • CE sect. 7 déc. 2001, n° 212273 : *Dr. fisc. 2002. 571, concl. Bachelier ; RJF 2002. 148, chron. Maïa, p. 102.*

Art. 256 B Les personnes morales de droit public ne sont pas assujetties à la taxe sur la valeur ajoutée pour l'activité de leurs services administratifs, sociaux, éducatifs, culturels et sportifs lorsque leur non-assujettissement n'entraîne pas de distorsions dans les conditions de la concurrence.

Ces personnes morales sont assujetties, en tout état de cause, pour les opérations suivantes :

Livraisons de biens neufs fabriqués en vue de la vente ;

Distribution de gaz, d'électricité et d'énergie thermique ;

Opérations des économats et établissements similaires ;

Transports de biens, à l'exception de ceux effectués par La Poste ;

Transports de personnes ;

Opérations des organismes d'intervention agricoles portant sur les produits agricoles et effectuées en application des règlements portant organisation commune du marché de ces produits ;

Organisation d'expositions à caractère commercial ;

Prestations de services portuaires et aéroportuaires ;

Entreposage de biens meubles ;

Organisation de voyages et de séjours touristiques ;

Diffusion ou redistribution de programmes de radiodiffusion ou de télévision ;

Télécommunications ; — *V. App., Dir. n° 2006-112 du 28 nov. 2006, art. 24 ; à compter du 1er janv. 2015, sur les notions de « services de télécommunication » et de « services de radiodiffusion ou de télévision », V. également App., Règl. d'exéc. n° 282/2011 du 15 mars 2011, art. 6 bis et 6 ter.*

Fourniture d'eau dans les communes d'au moins 3 000 habitants ou par les établissements publics de coopération intercommunale dont le champ d'action s'exerce sur un territoire d'au moins 3 000 habitants.

BIBL. ▶ ASHWORTH et GROUSSET, *BFL 2012. 627* (TVA : taxation et déduction des personnes publiques, la double inconstance). – BOKDAM-TOGNETTI, *RJF 2012. 795* (les collectivités territoriales et leurs régies de service public face à l'impôt : illustrations et limites du principe de réalisme fiscal).

1. Cas de distorsion de concurrence. Les distorsions de concurrence d'une certaine importance auxquelles conduirait le non-assujettissement des organismes de droit public agissant en tant qu'autorités publiques doivent être évaluées par rapport à l'activité en cause, en tant que telle, sans que cette évaluation porte sur un marché local en particulier. Les termes « conduirait à » doivent être interprétés en ce sens qu'ils prennent en considération non seulement la concurrence actuelle, mais également la concurrence potentielle, pour autant que la possibilité pour un opérateur privé d'entrer sur le marché pertinent soit réelle, et non purement hypothétique. L'expression « d'une certaine importance » doit être comprise en ce sens que les distorsions de concurrence actuelles ou potentielles doivent être plus que négligeables. • CJCE 16 sept. 2008, n° C-288/07, *Isle of Wight Council : RJF 2009. 100.* ♦ La notion de « distorsions de concurrence », dont l'existence entraîne l'assujettissement à la TVA des organismes publics pour leurs activités économiques exercées en tant qu'autorités publiques, doit s'apprécier non seulement par rapport à la nature de l'activité en cause mais aussi par rapport aux conditions de l'exploitation. • CE 23 déc. 2010, n° 307856 : *RJF 2011. 296 ; concl. Legras au BDCF 3/11, n° 30 ; Dr. fisc. 2011. 287, note Sniadower.* ♦ Un assujetti (exploitant de crématorium en l'espèce), personne privée, qui se trouve en concurrence avec un organisme de droit public et qui allègue le non-assujettissement à la TVA de cet organisme ou l'imposition trop basse à laquelle ce dernier est soumis, pour les activités qu'il exerce en tant qu'autorité publique, est fondé à invoquer l'art. 4-5, al. 2, de la 6e Dir. TVA dans le cadre d'un litige l'opposant à l'administration fiscale nationale. • CJCE 8 juin 2006, n° C-430/04 : *RJF 2006. 1131.* ♦ En revanche, un organisme de droit public qui exerce une activité consistant à fournir l'accès à une route moyennant acquittement d'un péage ne doit pas être considéré comme étant en concurrence avec les opérateurs privés qui perçoivent des péages sur d'autres routes à péage en application d'un accord avec l'organisme de droit public concerné en vertu de dispositions législatives nationales. • CJUE 19 janv. 2017, *National Roads Authority,* n° 344/15 : *RJF 2017. 398.*

2. Les organismes publics doivent être considérés comme des assujettis lorsque leur non-assujettissement conduit à des distorsions de concurrence d'une certaine importance au détriment non seulement de leurs concurrents privés, mais aussi à leur propre détriment. • CJCE 4 juin 2009, n° 102/08 : *RJF 2009. 806.*

3. Redevances perçues au titre de la délégation de service public. Lorsqu'une collectivité territoriale confie l'exploitation d'un service à un tiers, la mise à disposition à titre onéreux des investissements que la collectivité a réalisés est constitutive d'une activité économique imposable. Par conséquent, la redevance d'affermage qui lui est versée par son délégataire en contrepartie de cette mise à disposition est soumise à la TVA. Application à compter du 1er janv. 2012. * BOI-TVA-CHAMP-10-20-10-10 nos 93 et 97 du 4 févr. 2015.

4. Service public de distribution d'eau. Relève de la distribution d'eau l'opération de branchement individuel qui consiste en la pose d'une canalisation permettant le raccordement de l'installation hydraulique d'un immeuble aux réseaux fixes de distribution d'eau, de sorte qu'un organisme de droit public agissant en tant qu'autorité publique a la qualité d'assujetti pour ladite opération. • CJCE 3 avr. 2008, ♔ n° C-442/05 : *RJF 2008. 917.*

5. Service de transport scolaire. Une collectivité territoriale qui fournit un service de transport scolaire, en ajustant la contribution demandée aux parents en fonction de leurs revenus et qui ne récupère, à travers ces contributions, qu'une très faible part des coûts engagés (de l'ordre de 3 %) n'exerce pas une activité économique et n'a donc pas la qualité d'assujettie. • CJUE 12 mai 2016, *Gemeente Borsele,* n° 520/14 : *RJF 2016. 775.* ♦ L'Administration a mis en place un seuil (10 % des coûts annuels) en deçà duquel les recettes des transports scolaires publics relevant de la région ne sont pas taxables. * Rép. min. n° 4573 : *JOAN Q, 15 mai 2018, p. 4063.*

6. Mise à disposition de personnels. Les mises à disposition de personnels consenties entre personnes morales de droit public peuvent ne pas être soumises à la TVA, à la condition toutefois que ces prestations soient fournies par ces organismes en tant qu'autorités publiques et que leur non-assujettissement n'entraîne pas de distorsions dans les conditions de la concurrence. Il en va ainsi des mises à disposition de personnels consenties par les chambres de commerce et d'industrie régionales (CCIR), personnes morales de droit public, au profit des chambres de commerce et d'industrie territoriales (CCIT), dans la mesure où le recrutement des personnels de droit public ainsi que leurs mises à disposition par les CCIR au profit des CCIT sont effectués en vertu de l'obligation légale prévue à l'art. L. 711-8, 5, C. com. * Rép. min. n° 6128 : *JOAN Q, 20 sept. 2016, p. 8394.*

7. Pompes funèbres. Les régies municipales de pompes funèbres sont soumises à la TVA de plein droit à raison des opérations relevant du service extérieur des pompes funèbres dont le fait générateur est intervenu à compter du 10 janv. 1998, à l'exception des opérations réalisées gratuitement ou moyennant un prix symbolique. * BOI-TVA-CHAMP-10-20-10-30 n° 20 du 13 janv. 2014.

8. Crématoriums. Les régies communales et intercommunales qui exploitent un crématorium exercent une activité à caractère concurrentiel et sont, à ce titre, assujetties à la TVA pour les opérations dont le fait générateur intervient à compter du 1er janv. 2005. * BOI-TVA-CHAMP-10-20-10-30 nos 40 et 50 du 13 janv. 2014.

9. Cantines d'entreprises. Conformément aux dispositions de la 6e Directive relatives au champ d'application de la TVA et aux articles correspondants du CGI, notamment l'art. 256 B concernant les personnes morales de droit public, les administrations et les entreprises sont assujetties à la TVA sur les opérations des cantines ouvertes à leur personnel. Par ailleurs, les prestations fournies par les organismes gestionnaires des cantines d'entreprises ne sauraient être regardées comme « étroitement liées » à l'assistance sociale et à la sécurité sociale et, par suite, ne peuvent bénéficier ni de l'exonération prévue à l'art. 13-A-1-*g* de la 6e Directive, ni des autres exonérations prévues audit art. 13 et reprises aux art. 261 s. CGI. En conséquence, le Conseil d'État a enjoint au ministre de l'économie, des finances et de l'industrie d'abroger les décisions ministérielles des 23 mars 1942 et 19 mars 1943 exonérant, sous certaines conditions, les cantines d'entreprises et les cantines d'administration. • CE 27 mars 2000, ♔ n° 204227 : *Dr. fisc. 2000. 687, concl. Arrighi de Casanova.* ♦ Abrogation réalisée. * Instr. 21 mars 2001 : *BOI 3 A-5-01.* ♦ L'Administration maintient néanmoins l'exonération des cantines scolaires ou universitaires. * BOI-TVA-CHAMP-30-10-20-50 n° 50 du 15 janv. 2019.

10. Cercles et mess militaires. La doctrine administrative qui exonérait les repas servis est caduque à compter du 30 mars 2001. • CE 6 mars 2002, ♔ nos 225980 et 236746 : *RJF 2002. 538, concl. Bachelier, p. 366 ; Dr. fisc. 2002. 445.*

11. Location d'emplacements de stationnement. Une telle location est une activité qui, lorsqu'elle est exercée par un organisme de droit public, est accomplie par celui-ci en tant qu'autorité publique, au sens de l'art. 4-5 (al. 1er) de la 6e Directive, si cette activité est accomplie dans le cadre d'un régime juridique propre aux organismes de droit public. Tel est le cas lorsque l'exercice de cette activité comporte l'usage de prérogatives de puissance publique. • CJCE 14 déc. 2000, n° C-446/98 : *RJF 2001. 421.* ♦ L'art. 4-5 (al. 4) de la 6e Directive doit être interprété en ce sens que l'absence d'exonération de la location d'emplacements destinés au stationnement des véhicules, qui découle de l'art. 13-B *b* de cette Directive, n'empêche pas les organismes de droit public qui accomplissent cette activité de bénéficier du non-assujettissement à la TVA pour celle-ci, lorsque sont remplies les conditions prévues par les 1er et 2e al. de cette disposition. • Même arrêt.

12. La location d'emplacements destinés au stationnement des véhicules est une activité à raison de laquelle les autorités publiques peuvent être assujetties à la TVA, lorsqu'elle est accomplie hors du cadre du régime juridique propre aux organismes de droit public comportant, notamment, l'usage de prérogatives de puissance publique telles que celles consistant à autoriser ou à limiter le stationnement sur une voie ouverte à la circulation publique, à sanctionner par une amende le dépassement du temps de stationnement autorisé ou encore à rendre obligatoire le stationnement sur les emplacements payants. • CE 16 févr. 2015, *Cne du Perthus*, n° 364793 : *RJF 2015. 395.* ♦ Pour l'application de cette dérogation à la règle normale d'assujettissement à la TVA des recettes issues de l'activité de location d'emplacements de stationnement, la seule mise en œuvre, par la collectivité publique, de ses pouvoirs généraux de police pour la réglementation du stationnement sur d'autres parties du territoire de la commune que les espaces de stationnement payant, y compris lorsque le stationnement sur ces derniers trouve son origine directe dans les mesures ainsi édictées, ne peut conduire à regarder l'activité de location de tels emplacements comme exercée dans le cadre du régime juridique propre aux organismes de droit public. • Même arrêt.

13. En ce qui concerne les locations d'emplacements consenties par les collectivités locales, il y a lieu de *distinguer entre le station*nement dans les parcs aménagés spécialement à cet effet, et le stationnement sur les voies publiques affectées à la circulation. 1) Dans le premier cas, les parcs publics sont spécialement aménagés pour le stationnement des véhicules et leur location représente indéniablement un service rendu aux usagers. Le fait que ces parkings soient généralement bâtis sur le domaine public, dont ils constituent une dépendance, ne peut faire perdre aux redevances de location le caractère de rémunération pour services rendus. Le Conseil d'État en a jugé ainsi à plusieurs reprises, écartant l'analyse qui aurait conduit à considérer ces redevances comme des taxes. En outre, l'art. L. 2331-4 CGCT classe « le produit de la location sur la voie publique » parmi les recettes non fiscales de la section de fonctionnement du budget des communes. La location d'emplacements publics de stationnement des véhicules ne peut donc être considérée comme un service administratif, susceptible d'être placé en dehors du champ d'application de la TVA en vertu de l'art. 256 B. 2) Dans le second cas, les droits perçus en contrepartie des autorisations de stationner pendant un temps limité, sur la chaussée réservée à la circulation, ont avant tout un caractère dissuasif et répondent à un objectif de régulation de la circulation et du stationnement. Cette activité doit donc être rattachée à l'exercice du pouvoir de police du maire et considérée comme un service administratif hors du champ d'application de la TVA, en vertu de l'art. 256 B. * BOI-TVA-CHAMP-10-10-30 n° 190 du 15 févr. 2013. ♦ Non-taxation de la location de places de stationnement par une commune dans le cadre juridique propre aux organismes de droit public comportant, notamment, l'usage de prérogatives de puissance publique. • TA Rennes, 29 janv. 2004, n° 00-1605 : *RJF 2004. 587 ; Dr. fisc. 2004. 543.*

V. égal. notes 12 et 13 ss. art. 261 D.

14. Commune cédant une parcelle de terrain. Compte tenu des engagements imposés au cessionnaire dans la convention de partenariat, la commune, qui a agi en tant qu'autorité publique dans le cadre de ses politiques démographique et urbanistique, n'a pas exercé son activité dans les mêmes conditions juridiques qu'un opérateur économique privé. Dès lors qu'elle est intervenue dans le cadre du régime juridique qui lui est propre, elle ne doit pas être assujettie à la TVA. • TA Amiens, 2 févr. 2017, *Cne de S.*, n° 1403846 : *RJF 2017. 673.*

15. Piscines. Parcs aquatiques. Les droits d'entrée perçus par une collectivité locale ou par un établissement public au titre de l'exploitation tant d'une piscine que d'un parc aquatique ne sont soumis à la taxe que s'il existe une offre commerciale concurrente compte tenu des activités de service public assurées par la collectivité. S'agissant de l'exploitation d'une piscine traditionnelle, l'absence de distorsions de concurrence est présumée (présomption simple). Un parc aquatique est soumis à la TVA s'il est en concurrence avec un exploitant privé proposant le même service. A cet égard, la notion de concurrence à laquelle il convient de se référer dépasse le strict cadre communal, car la clientèle vers laquelle l'activité du parc est orientée n'est pas constituée des seuls habitants de la commune. L'assujettissement à la taxe de l'activité d'exploitation d'une piscine ou d'un parc aquatique a pour corollaire le droit à déduction de la TVA ayant grevé les investissements réalisés pour l'exercice de cette activité. * Rép. min. n° 14355 : *JO Sénat Q, 20 janv. 2005, p. 171.*

16. Piscine municipale. Lorsque eu égard aux caractéristiques des principaux équipements d'une piscine municipale, l'exploitation de celle-ci revêt la nature d'une prestation à caractère sportif, et lorsque eu égard à la modicité des droits d'entrée, un opérateur privé ne serait pas en mesure de proposer le même service sauf à bénéficier de subventions publiques, la commune exploitante n'est pas assujettie à la TVA. • CE 28 mai 2021, n° 442378 : *RJF 2021. 798.*

17. Cantine scolaire. La fourniture de repas aux élèves dans une cantine scolaire étant étroitement liée à la prestation d'enseignement, et la satisfaction de ces besoins de restauration dans des conditions de prix comparables n'étant pas susceptible d'être assurée par un opérateur privé de manière profitable sans subvention publique, la commune exploitante n'est pas assujettie à la TVA. • CE 28 mai 2021, n° 441739 : *RJF 2021. 79 ; Dr. fisc. 2021. 318, note Lamulle.*

18. Plages. L'exploitation d'une plage par une commune est taxable dès lors que celle-ci est en concurrence avec d'autres plages offrant des prestations similaires. • CAA Lyon, 7 juin 2007, n° 04LY124 : *RJF 2007. 1398.*

19. Golf public. Doivent être soumises à la TVA les recettes issues de l'exploitation d'un golf par un syndicat intercommunal à vocations multiples (Sivom) dès lors que l'activité développée par le Sivom ne présente pas, par ses modalités d'exploitation relatives à l'utilisation des installations et aux tarifs pratiqués, ainsi que par la nature de ses services, des caractéristiques telles qu'elle serait insusceptible de se trouver confrontée à la concurrence potentielle d'un opérateur privé manifestant l'intention d'entrer sur ce marché. • CAA Nancy, 14 janv. 2010, n° 09NA570 : *RJF 2010. 785.*

20. Groupements d'intérêt public. Les GIP, lorsqu'ils sont qualifiés de personne morale de droit public par le texte qui les institue ou, à défaut, lorsqu'ils peuvent y être assimilés en raison de la qualité de leurs membres et de leur financement, sont, en matière de TVA, soumis au régime prévu par l'art. 256 B. Ils ne sont alors assujettis à la TVA pour l'activité de leurs services administratifs, sociaux, éducatifs, culturels et sportifs que lorsque leur non-assujettissement est susceptible de provoquer des distorsions dans les conditions de la concurrence. A défaut de relever des dispositions spécifiquement prévues pour les personnes morales de droit public, les GIP sont soumis aux règles de droit commun de la TVA définies par les art. 256 s. * Rép. min. n° 16037 : *JO Sénat Q, 14 avr. 2005, p. 1071.*

21. Ehpad public. Pour être non assujettie, l'activité doit être exercée par l'organisme agissant en tant qu'autorité publique et son non-assujettissement ne doit pas conduire à des distorsions de concurrence d'une certaine importance. • CE, avis, 12 avr. 2019, *CH de Vire*, n° 427540 : *RJF 2019. 642.*

22. Complexe aquatique exploité par une commune. Assujettissement à la TVA faute de remplir les deux conditions cumulatives requises tenant, d'une part, à ce que l'activité économique soit exercée par un organisme agissant en tant qu'autorité publique et, d'autre part, à ce que le non-assujettissement ne conduise pas à des distorsions de concurrence d'une certaine importance. • CAA Lyon, 14 janv. 2020 : *Min. c/ Cne de Nyons*, n° 18LY02896 : *RJF 2020. 588.*

23. Société anonyme à capitaux publics. Une société anonyme à capitaux publics et dotée de prérogatives de puissance publique est susceptible d'être qualifiée d'organisme de droit public. • CJUE 29 oct. 2015, C-174/14 : *RJF 2016. 104.*

24. Société publique locale. Assimilation possible à un organisme public. * Rép. min. n° 25591 : *JOAN 30 mars 2021.*

25. Établissements et organismes publics de recherche. Règles de TVA applicables aux opérations réalisées par les établissements et organismes publics qui se livrent à des activités d'enseignement, de formation et de recherche. Taxation des subventions. * BOI-TVA-CHAMP-10-10-60-40 n°s 30 à 250 du 12 sept. 2012.

26. Visite de grottes. L'exploitation commerciale d'une grotte par une commune, dans des conditions similaires à celles pratiquées par des entreprises privées proposant au public la visite d'autres grottes dans la région, ne relève pas de l'art. 256 B et est soumise à la TVA. • CAA Bordeaux, 24 mai 2004, n° 00BX2433 • CE (na), 14 déc. 2005, n° 270477 : *RJF 2006. 1007.*

27. Secours aux skieurs. Au regard des règles applicables en matière de TVA, l'activité de secours aux usagers du domaine skiable des communes relève de leurs prérogatives de puissance publique. Cette activité se trouve ainsi placée hors du champ d'application de la taxe en application de l'art. 256 B. Le fait que cette activité soit en pratique assurée par un syndicat mixte ou par un autre prestataire privé ou public ne modifie en rien cette analyse dès lors que celui-ci agit en qualité de simple prestataire de la commune. * Rép. min. n° 33490 : *JOAN Q, 24 mars 2009, p. 2831.*

Art. 256 C *(L. n° 2020-1721 du 29 déc. 2020, art. 162-I-1° et III, en vigueur le 1er janv. 2022)* **I. — Les personnes assujetties qui ont en France le siège de leur activité économique ou un établissement stable ou, à défaut, leur domicile ou leur résidence habituelle, à l'exception des établissements stables de ces assujettis qui ne sont pas situés en France, et qui sont étroitement liées entre elles sur les plans financier, économique**

et de l'organisation peuvent demander, pour l'application des dispositions du présent chapitre, à constituer un seul assujetti au sens de l'article 256 A.

II. – 1. Sont considérés comme liés entre eux sur le plan financier les assujettis contrôlés en droit, directement ou indirectement, par une même personne, y compris cette dernière. Cette condition est satisfaite lorsqu'un assujetti ou une personne morale non assujettie, détient plus de 50 % du capital d'un autre assujetti, directement ou indirectement par l'intermédiaire d'autres assujettis ou personnes morales non assujetties, ou plus de 50 % des droits de vote d'un autre assujetti ou d'une personne morale non assujettie dans les mêmes conditions.

Sont également considérés comme liés entre eux sur le plan financier :

a) Les organes centraux, caisses et fédérations mentionnés aux articles L. 511-30, L. 512-55 et au *b* de l'article L. 512-1-1 du code monétaire et financier ainsi que leurs adhérents ou affiliés mentionnés aux articles L. 512-11, L. 512-20, L. 512-55, L. 512-60, L. 512-69 et L. 512-86 du même code ;

b) Les membres des groupements prévus aux articles L. 931-2-1 et L. 931-2-2 du code de la sécurité sociale, à l'article L. 111-4-2 du code de la mutualité ainsi qu'aux articles L. 322-1-2 et L. 322-1-3 et au 5° de l'article L. 356-1 du code des assurances ;

c) Les personnes qui respectent les conditions pour établir des comptes combinés en application de l'article L. 345-2 du code des assurances, de l'article L. 212-7 du code de la mutualité ou de l'article L. 931-34 du code de la sécurité sociale ;

d) Les associations constituées conformément à l'accord du 25 avril 1996 portant dispositions communes à l'AGIRC et à l'ARRCO, chargées d'assurer la gouvernance d'un groupe paritaire de protection sociale dans les conditions prévues par l'accord du 8 juillet 2009 sur la gouvernance des groupes paritaires de protection sociale, et les associations et groupements d'intérêt économique contrôlés par ces associations sommitales, comptant parmi leurs membres soit au moins une fédération ou institution de retraite complémentaire régie par le titre II du livre IX du code de la sécurité sociale, soit au moins une association ou un groupement d'intérêt économique comptant parmi ses membres au moins une telle fédération ou institution ;

e) Les sociétés de coordination mentionnées à l'article L. 423-1-2 du code de la construction et de l'habitation et les organismes qui détiennent leur capital.

2. Sont considérés comme liés entre eux sur le plan économique les assujettis exerçant :

a) Soit une activité principale de même nature ;

b) Soit des activités interdépendantes, complémentaires ou poursuivant un objectif économique commun ;

c) Soit une activité réalisée en totalité ou en partie au bénéfice des autres membres.

3. Sont considérés comme liés entre eux sur le plan de l'organisation les assujettis :

a) Qui sont en droit ou en fait, directement ou indirectement, sous une direction commune, ou,

b) Qui organisent leurs activités totalement ou partiellement en concertation.

4. Les liens financier, économique et de l'organisation mentionnés au I doivent exister lors de l'exercice de l'option mentionnée au 3 du III et de manière continue pendant toute la période couverte par la demande.

III. – 1. Une personne assujettie ne peut être membre que d'un seul assujetti unique. Un assujetti unique ne peut pas être membre d'un autre assujetti unique.

2. Les membres de l'assujetti unique désignent parmi eux un représentant qui s'engage à accomplir les obligations déclaratives ainsi que toute formalité en matière de taxe sur la valeur ajoutée incombant à l'assujetti unique et, en cas d'opérations imposables, à acquitter la taxe en son nom ainsi qu'à obtenir le remboursement de crédit de taxe sur la valeur ajoutée. Chaque membre de l'assujetti unique reste tenu solidairement au paiement de la taxe sur la valeur ajoutée et, le cas échéant, des intérêts de retard, majorations et amendes fiscales correspondantes dont l'assujetti unique est redevable, à hauteur des droits et pénalités dont il serait redevable s'il n'était pas membre de l'assujetti unique.

L'assujetti unique doit déposer ses déclarations de chiffre d'affaires selon les modalités prévues au premier alinéa du 2 de l'article 287.

3. La création de l'assujetti unique s'effectue sur option formulée par son représentant auprès du service des impôts dont celui-ci dépend. Elle ne peut être exercée qu'avec l'accord de chacun des membres de l'assujetti unique.

L'option est formulée au plus tard le 31 octobre de l'année qui précède son application. Elle prend effet au 1er janvier de l'année qui suit celle au cours de laquelle elle a été exprimée et couvre obligatoirement une période de trois années civiles.

Tout membre d'un assujetti unique n'est plus un assujetti au sens de l'article 256 A. Il en constitue un secteur d'activité.

A l'issue de la période obligatoire mentionnée au deuxième alinéa du présent 3 et sur accord exprès de chacun des membres de l'assujetti unique, il peut être mis fin à l'assujetti unique sur dénonciation de l'option formulée par son représentant. Cette dénonciation prend effet à compter du premier jour du deuxième mois qui suit celui au cours duquel elle est intervenue.

Nonobstant la période obligatoire mentionnée au même deuxième alinéa, l'assujetti unique cesse de plein droit à la date à laquelle les conditions mentionnées aux I et II ne sont plus remplies. Il en va notamment ainsi en cas de sortie de son pénultième membre. Le représentant en informe l'administration sans délai.

4. L'introduction d'un nouveau membre de l'assujetti unique ne peut intervenir qu'à l'issue de la période obligatoire mentionnée au deuxième alinéa du 3 du présent III, sauf si cette introduction concerne un assujetti qui, au jour de prise d'effet de l'option mentionnée au même deuxième alinéa, ne remplissait pas les conditions de liens mentionnées aux I et II. Cette introduction est subordonnée au respect des conditions de liens mentionnées aux mêmes I et II et doit être formulée par le représentant de l'assujetti unique accompagnée de l'accord exprès du membre concerné. Elle prend effet le 1er janvier de l'année qui suit celle au cours de laquelle elle a été formulée.

A l'issue de la période obligatoire mentionnée au deuxième alinéa du 3 du présent III, tout membre d'un assujetti unique peut décider de s'en retirer à compter du 1er janvier de l'année suivante avec l'accord du représentant de l'assujetti unique. Le représentant informe l'administration de cette décision au plus tard le 31 octobre de l'année qui précède celle de la sortie du membre.

L'appartenance d'un membre à l'assujetti unique cesse de plein droit à compter du premier jour du mois suivant celui au cours duquel ce membre ne remplit plus les conditions de liens mentionnées aux I et II. Le représentant en informe l'administration sans délai.

5. Chaque année, le représentant communique à l'administration, au plus tard le 31 janvier, la liste des membres de l'assujetti unique appréciée au 1er janvier de la même année.

6. Le crédit de taxe sur la valeur ajoutée constaté par un membre de l'assujetti unique au titre d'une période antérieure à l'entrée en vigueur de l'option prévue au présent III ne peut faire l'objet d'un report sur une déclaration déposée par l'assujetti unique. Ce crédit donne lieu à remboursement à ce membre dans les conditions prévues au IV de l'article 271.

Le crédit de taxe sur la valeur ajoutée constaté sur la déclaration mentionnée au 2 de l'article 287 souscrite par l'assujetti unique pendant l'application du régime optionnel prévu au I du présent article lui est définitivement acquis.

7. L'existence de l'assujetti unique aux fins d'application des règles de la taxe sur la valeur ajoutée est sans incidence sur les autres impôts, taxes, droits et prélèvements de toute nature dont sont redevables ses membres.

Art. 257 I. — Les opérations concourant à la production ou à la livraison d'immeubles sont soumises à la taxe sur la valeur ajoutée dans les conditions qui suivent.

1. Sont assimilés à des biens corporels et suivent le régime du bien immeuble auquel ils se rapportent :

1° Les droits réels immobiliers, à l'exception des locations résultant de baux qui confèrent un droit de jouissance ;

2° Les droits relatifs aux promesses de vente ;

3° Les parts d'intérêts et actions dont la possession assure en droit ou en fait l'attribution en propriété ou en jouissance d'un bien immeuble ou d'une fraction d'un bien immeuble ;

4° Les droits au titre d'un contrat de fiducie représentatifs d'un bien immeuble.

2. Sont considérés :

1° Comme terrains à bâtir, les terrains sur lesquels des constructions peuvent être autorisées en application d'un plan local d'urbanisme, d'un autre document d'urbanisme en tenant lieu, d'une carte communale ou de l'article L. 111-3 du code de l'urbanisme ;

2° Comme immeubles neufs, les immeubles qui ne sont pas achevés depuis plus de cinq années, qu'ils résultent d'une construction nouvelle ou de travaux portant sur des immeubles existants qui ont consisté en une surélévation ou qui ont rendu à l'état neuf :

***a)* Soit la majorité des fondations ;**

***b)* Soit la majorité des éléments hors fondations déterminant la résistance et la rigidité de l'ouvrage ;**

***c)* Soit la majorité de la consistance des façades hors ravalement ;**

***d)* Soit l'ensemble des éléments de second œuvre tels qu'énumérés par décret en Conseil d'État, dans une proportion fixée par ce décret qui ne peut être inférieure à la moitié pour chacun d'entre eux.**

3. Sont également soumises à la taxe sur la valeur ajoutée :

1° Les livraisons à soi-même de travaux immobiliers mentionnés *(Abrogé par L. nº 2017-1837 du 30 déc. 2017, art. 12)* ***« au 2 du III et au IV de l'article 278 sexies et »*** **à l'article 278 *sexies* A réalisées par des personnes assujetties au sens de l'article 256 A ;** — *Les dispositions du présent 1° issues de la L. nº 2017-1837 du 30 déc. 2017 s'appliquent aux opérations dont le fait générateur intervient à compter du 1er janv. 2018. Toutefois, il ne s'applique pas aux encaissements pour lesquels la taxe sur la valeur ajoutée est exigible avant cette date (L. préc., art. 12-II-B).*

2° Les livraisons à soi-même d'immeubles *(L. nº 2019-1479 du 28 déc. 2019, art. 30-I-1° et III, applicable aux opérations intervenant à compter du 1er déc. 2019)* **« mentionnées à » l'article 278 *sexies* réalisées hors d'une activité économique, au sens de l'article 256 A, par toute personne dès lors assujettie à ce titre.**

II. — Les opérations suivantes sont assimilées, selon le cas, à des livraisons de biens ou à des prestations de services effectuées à titre onéreux.

1. Sont assimilés à des livraisons de biens effectuées à titre onéreux :

1° Le prélèvement par un assujetti d'un bien de son entreprise pour ses besoins privés ou ceux de son personnel ou qu'il transmet à titre gratuit ou, plus généralement, qu'il affecte à des fins étrangères à son entreprise, lorsque ce bien ou les éléments le composant ont ouvert droit à une déduction complète ou partielle de la taxe sur la valeur ajoutée. Toutefois, ne sont pas visés les prélèvements effectués pour les besoins de l'entreprise pour donner des cadeaux de faible valeur et des échantillons. Le montant à retenir pour l'imposition des prélèvements correspondant aux cadeaux de faible valeur est fixé par arrêté. Cette limite s'applique par objet et par an pour un même bénéficiaire ;

2° L'affectation par un assujetti aux besoins de son entreprise d'un bien produit, construit, extrait, transformé, acheté, importé ou ayant fait l'objet d'une acquisition intracommunautaire dans le cadre de son entreprise lorsque l'acquisition d'un tel bien auprès d'un autre assujetti, réputée faite au moment de l'affectation, ne lui ouvrirait pas droit à déduction complète ;

3° L'affectation d'un bien par un assujetti à un secteur d'activité exonéré n'ouvrant pas droit à déduction, lorsque ce bien a ouvert droit à une déduction complète ou partielle de la taxe sur la valeur ajoutée lors de son acquisition ou de son affectation conformément au 2° ;

4° La détention de biens par un assujetti ou par ses ayants droit en cas de cessation de son activité économique taxable, lorsque ces biens ont ouvert droit à déduction complète ou partielle lors de leur acquisition ou de leur affectation conformément au 2°.

2. Sont assimilées à des prestations de services effectuées à titre onéreux :

1° L'utilisation d'un bien affecté à l'entreprise pour les besoins privés de l'assujetti ou pour ceux de son personnel ou, plus généralement, à des fins étrangères à son entreprise, lorsque ce bien a ouvert droit à une déduction complète ou partielle de la taxe sur la valeur ajoutée ;

2° Les prestations de services à titre gratuit effectuées par l'assujetti pour ses besoins privés ou pour ceux de son personnel ou, plus généralement, à des fins étrangères à son entreprise.

3. Un décret en Conseil d'État définit les opérations désignées ci-dessus ainsi que le moment où la taxe devient exigible.

III. — Sont également soumis à la taxe sur la valeur ajoutée :

1° La cession d'aéronefs ou d'éléments d'aéronefs par les compagnies de navigation aérienne mentionnées au 4° du II de l'article 262 à d'autres compagnies ne remplissant pas les conditions fixées à cet article. Les modalités d'application de cette disposition sont fixées, en tant que de besoin, par des arrêtés du ministre chargé de l'économie et des finances ;

2° Les biens et produits mentionnés aux 2° et 3° du II de l'article 262 lorsqu'ils cessent d'être utilisés dans les conditions prévues par cet article. Les modalités d'application de cette disposition sont fixées, en tant que de besoin, par des arrêtés du ministre chargé de l'économie et des finances ;

3° La contribution à l'audiovisuel public ;

(Abrogé par L. n° 2020-1721 du 29 déc. 2020, art. 52-1°) ***« 4° Les sommes attribuées par les sociétés de course au titre des gains de course réalisés par les entraîneurs pour les chevaux dont ils sont propriétaires. »***

BIBL. ▶ ILJIC, *RJF 2018. 479* (TVA sur les repas gratuits : une jurisprudence bien généreuse). – TOURNÈS, *RJF 2017. 1053* (régime de TVA des lotisseurs).

A. ACTIVITÉS IMMOBILIÈRES

1. Réforme de la TVA immobilière (L. n° 2010-237 du 9 mars 2010, art. 16). Commentaire administratif général. * BOI-TVA-IMM-10-10 du 22 janv. 2020.

2. Régime applicable aux opérations immobilières réalisées dans le secteur du logement social. Opérations locatives sociales. Opérations d'accession sociale à la propriété. * BOI-TVA-IMM-20-20-20 du 24 avr. 2019.

3. Notion de terrain à bâtir. Constituent des constructions au sens de l'art. 257-I-2-1° les habitations légères de loisirs réalisées sur les parcelles d'un parc résidentiel de loisirs, lesquelles consistent en des maisonnettes préfabriquées qui, si elles sont en principe démontables ou transportables, constituent des constructions posées sur des murets faits de parpaing scellés au béton et fixés au sol par des fondations et n'ont pas vocation, dans une utilisation normale et courante, à être déplacées de sorte que les parcelles sur lesquelles de telles habitations ont été autorisées en application d'un document d'urbanisme constituent des terrains à bâtir. • CE (na) 21 oct. 2019, *Sté Loisirs Plein Air 50*, n° 429940 : *RJF 2020. 15.*

4. Notion d'assujetti. Les ventes de terres par un ancien agriculteur, après que celles-ci ont été requalifiées en terrains destinés à la construction, ne peuvent, lorsqu'elles sont réalisées dans le cadre de la gestion du patrimoine privé, être assujetties à la TVA ni au titre de l'art. 9 ni au titre de l'art. 12 de la Dir. TVA. • CJUE 15 sept. 2011, *Slaby*, n° C 180/10 : *RJF 2011. 1406 ; Dr. fisc. 2011. 608, note Stemmer* • 15 sept. 2011, *Kuć*, n° C 180/10 : *RJF 2011. 1406 ; Dr. fisc. 2011. 608, note Stemmer.* ♦ De même, l'opération par laquelle une personne se voit adjuger un immeuble saisi dans le cadre d'une procédure d'exécution forcée engagée en vue du recouvrement d'un prêt précédemment octroyé et, par la suite, procède à la vente de cet immeuble ne constitue pas, en soi, une activité économique lorsque cette opération relève du simple exercice du droit de propriété ainsi que de la bonne gestion du patrimoine privé, de sorte que ladite personne ne saurait, au titre de ladite opération, être considérée comme un assujetti. • CJUE 20 janv. 2021, n° 655/19 : *RJF 2021. 441.*

5. Cession d'un terrain à bâtir par un particulier. La livraison, par une personne physique, de terrains à bâtir est soumise à la TVA lorsqu'elle procède, non de la simple gestion d'un patrimoine privé, mais de démarches actives de commercialisation foncière, telles que la réalisation de travaux de viabilisation ou la mise en œuvre de moyens de commercialisation de type professionnel, similaires à celles déployées par un producteur, un commerçant ou un prestataire de services, et qu'elle permet ainsi de regarder cette personne comme ayant exercé une activité économique. • CE 9 juin 2020, n° 432596 : *RJF 2020. 686.*

6. Cession hors du cadre d'une activité économique d'un immeuble neuf acquis en Vefa. L'Administration admet que la cession par un particulier après le 31 déc. 2012 d'un immeuble acquis en Vefa peut rester soumise à la TVA et au droit de vente au taux réduit lorsqu'une promesse de vente a été signée avant cette date. * BOI-TVA-IMM-10-10-20 n°s 250 à 270 du 2 août 2017.

7. Sociétés civiles d'attribution. Les SCA sont considérées comme des assujettis lorsqu'elles effectuent une activité de promotion immobilière financée par les apports de leurs associés. Ces apports, comme les appels de fonds ultérieurs de leurs associés, doivent être soumis à la TVA en application de l'art. 257-I-1-3. Corrélativement, les SCA bénéficient d'un droit à déduction de la taxe ayant grevé leurs dépenses. Enfin, de leur côté, les associés sont fondés à déduire la TVA ayant grevé les apports et appels de fonds versés à la SCA dans les conditions de droit commun. * Rép. min. nº 13638 : *JOAN Q, 25 déc. 2018, p. 12121.*

B. LIVRAISONS À SOI-MÊME

8. *Réforme du mécanisme des livraisons à soi-même.* * BOI-TVA-CHAMP-10-10-20 du 2 août 2017.

9. *Biens et services.* Les art. 2, 5-6 et 6-2 *b* de la 6e Dir. TVA doivent être interprétés en ce sens qu'ils s'opposent à une réglementation nationale qui considère comme le prélèvement d'un bien ou la prestation de services pour des besoins privés des opérations pour lesquelles une contrepartie réelle est acquittée même si cette contrepartie est inférieure au prix de revient du bien ou du service fourni. • CJCE 20 janv. 2005, nº C-412/03 : *RJF 2005. 417 ; Dr. fisc. 2005. 463.* ♦ Dans le même sens, concernant des habitations légères de loisirs consistant en des maisonnettes préfabriquées. • CAA Nantes, 28 janv. 2021, nº 19NT01800 : *RJF 2021. 568.*

10. La fourniture à titre gratuit de repas dans les cantines d'entreprises à des relations d'affaires ou au personnel ne donne pas lieu à taxation d'une prestation de services à soi-même lorsqu'elle est faite à des fins strictement professionnelles. • CJCE 11 déc. 2008, *Danfoss A/S et AstraZeneca A/S*, nº C-371/07 : *RJF 2009. 419.* ♦ Il en est de même de la fourniture gratuite de repas : par un restaurant d'autoroute à son personnel. • CE 11 oct. 2017, *SAS Autogrill Côté France*, nº 397902 : *RJF 2018. 17.* ♦ ... Par des sociétés de restauration à leur personnel. • CE 15 déc. 2017, *SAS Autogrill Gares Métropoles*, nos 397913 et 397907 : *RJF 2018. 258, concl. Bretonneau.*

11. Est soumis à la TVA en application du 8° (devenu II) le prélèvement effectué sur son stock par un viticulteur assujetti qui fait donation à son fils d'un stock de vins et lui donne à bail une partie de ses terres pour l'aider à démarrer. • CE 15 oct. 1997, nº 151566 : *Dr. fisc. 1998. 81, concl. Loloum ; RJF 1997. 1119.*

12. Les importateurs ou concessionnaires de marques automobiles sont tenus, lorsqu'ils ont bénéficié de la déduction de la TVA acquittée lors de l'importation ou de l'achat des véhicules, de soumettre à la taxe, en application du 8° (devenu II), l'opération consistant à affecter ces véhicules à l'usage des cadres de l'entreprise ou à une opération de promotion et de recherche-développement. Ces véhicules ne constituent pas des véhicules de démonstration au sens de la doctrine administrative qui assimile lesdits véhicules à des véhicules destinés à être revendus à l'état neuf. • TA Versailles, 27 févr. 1998, nº 89-425 : *Dr. fisc. 1998. 1032.*

13. *Échantillons et cadeaux de faible valeur.* Les notions d'échantillons et de cadeaux de faible valeur ne donnant pas lieu à imposition au titre des livraisons à soi-même, la notion d'échantillon ne saurait être limitée aux spécimens donnés sous une forme non disponible à la vente. Est valide une réglementation prévoyant un plafond d'environ 56 €, par an et par bénéficiaire, pour les cadeaux de faible valeur. • CJUE 30 sept. 2010, nº 581/08 : *RJF 2010. 1243.* ♦ Valeur du plafond unitaire de 69 € TTC par objet et par année pour un même bénéficiaire à compter du 1er janv. 2016.

14. *Utilisation pour les besoins privés.* Les art. 6-2-*a*, al. 1, *a* et 13 B-*b* de la 6e Dir. TVA s'opposent à une législation nationale qui traite comme une prestation de services exonérée, en tant qu'affermage ou location d'un bien immeuble au sens dudit art. 13 B-b, l'utilisation pour les besoins privés de l'assujetti d'une partie d'un bâtiment affecté dans sa totalité à son entreprise. • CJCE 8 mai 2003, nº C-269/00, *Seeling : RJF 2003. 1072 ; Dr. fisc. 2003. 806.*

15. *Changement d'affectation d'un bien.* Le transfert par une SCI du compte de stock au compte d'immobilisations d'appartements invendus plus de cinq ans après l'achèvement de la construction, s'accompagnant du changement de l'objet social auquel l'activité de location est ajoutée, doit être regardé comme l'affectation de ces biens du secteur d'activité de vente à un secteur de location. S'agissant d'une affectation d'un bien par un assujetti à un secteur d'activité exonéré n'ouvrant pas droit à déduction lorsque le bien a ouvert droit à une déduction complète, l'opération entre dans le champ d'application de la livraison à soi-même de l'art. 257-8°-1-c (devenu 257-II-3°). • CAA Bordeaux, 9 nov. 2006, nº 04BX946 : *RJF 2007. 410.*

Art. 257 *bis* **Les livraisons de biens et les prestations de services, réalisées entre redevables de la taxe sur la valeur ajoutée, sont dispensées de celle-ci lors de la transmission à titre onéreux ou à titre gratuit, ou sous forme d'apport à une société, d'une universalité totale ou partielle de biens.**

(L. nº 2020-1721 du 29 déc. 2020, art. 162-I-2° et III, en vigueur le 1er janv. 2022) **« L'adhésion ou la sortie d'un assujetti en tant que membre d'un assujetti unique constitué en application de l'article 256 C constitue le transfert d'une universalité totale bénéficiant des dispositions du présent article. »**

Le bénéficiaire est réputé continuer la personne du cédant, notamment à raison des régularisations de la taxe déduite par ce dernier, ainsi que, s'il y a lieu, pour l'application des dispositions du *e* du 1 de l'article 266, de l'article 268 ou de l'article 297 A.

BIBL. ▶ Frémeaux, Guichard et Stemmer, *Dr. fisc. 2008. 169* (dispense de TVA sur la cession d'un immeuble affecté à une activité de location). – Guichard et Stemmer, *JCP N 2006. 1378* (cession d'immeuble, transmission d'entreprise et TVA). – Suquet-Cozic, *BFL 2008, p. 935* (cession d'immeuble locatif et dispense de TVA : de la théorie à la pratique) ; *BFL 2019, p. 609* (la TVA, la transmission d'universalité et l'expert-comptable).

1. Transmission ou apport d'une universalité de biens. Commentaire général du régime de dispense de TVA applicable à compter du 1er janv. 2006. Cession d'immeuble, transmission d'entreprise et TVA. * BOI-TVA-CHAMP-10-10-50-10 nos 1 à 90 du 3 janv. 2018. ♦ Précisions administratives * Rescrit 12 sept. 2006, no 2006/34 TCA * BOI-TVA-CHAMP-10-10-50-10 no 30 du 3 janv. 2018 ; *Dr. fisc. 2006. 709, note Guichard et Stemmer.*

2. Notion communautaire de transmission d'une universalité de biens. L'art. 5-8 de la 6e Dir. TVA doit être interprété en ce sens que, lorsqu'un État membre a fait usage de la faculté de considérer que, pour les besoins de la TVA, aucune livraison de biens n'est intervenue à l'occasion de la transmission d'une universalité de biens, cette règle de la non-livraison s'applique à tout transfert d'un fonds de commerce ou d'une partie autonome d'une entreprise, comprenant des éléments corporels et, le cas échéant, incorporels qui, ensemble, constituent une entreprise ou une partie d'une entreprise susceptible de poursuivre une activité économique autonome. • CJCE 27 nov. 2003, ⚖ no C-497/01 : *RJF 2004. 211 ; Dr. fisc. 2004. 466.* ♦ Cette même disposition n'exige pas que, antérieurement à la transmission, le bénéficiaire exerce le même type d'activité économique que le cédant. Le bénéficiaire du transfert doit cependant avoir pour intention d'exploiter le fonds de commerce ou la partie d'entreprise ainsi transmis et non simplement de liquider immédiatement l'activité concernée ainsi que, le cas échéant, de vendre le stock. • Même arrêt. ♦ Constitue la transmission d'une universalité totale ou partielle de biens, au sens de l'art. 5-8 de la 6e Dir. TVA, le transfert de la propriété du stock de marchandises et de l'équipement commercial d'un magasin de vente au détail, concomitant à la location, au cessionnaire, des locaux dudit magasin pour une durée indéterminée, mais résiliable à court terme par les deux parties, à condition que les biens transférés suffisent pour que ledit cessionnaire puisse poursuivre de manière durable une activité économique autonome. • CJUE 10 nov. 2011, ⚖ *Schriever*, no C-444/10 : *RJF 2012. 202.* ♦ Tel n'est pas le cas de la mise en location d'un immeuble avec tous les biens nécessaires à une exploitation commerciale. • CJUE 19 déc. 2018, ⚖ *Virgil Mailat e.a.*, no C-17/18 : *RJF 2019. 311.*

3. Les art. 5-8 et/ou 6-5 de la 6e Dir. TVA doivent être interprétés en ce sens que la cession de 30 % des actions d'une société, pour laquelle le cédant fournit des services soumis à la TVA, ne constitue pas la transmission d'une universalité totale ou partielle de biens ou de services au sens de ces dispositions, indépendamment du fait que les autres actionnaires transfèrent pratiquement en même temps à la même personne le reste des actions de cette société et que ce transfert soit en étroite corrélation avec les activités de direction effectuées pour la même société. • CJUE 30 mai 2013, ⚖ *Staatssecretaris van Financiën c/ X BV*, no C-651/11 : *RJF 2013. 994.*

4. Marchand de biens. La cession par un marchand de biens du ou des immeubles qu'il détient en stock, qui interviendrait dans le cadre de la transmission de l'ensemble de son activité de négociant en biens immobiliers au profit d'une personne qui continuera à réaliser cette activité, bénéficie du régime de dispense prévu par l'art. 257 *bis.* * Rescrit 26 déc. 2006, no 2006/58 TCA * BOI-TVA-DED-60-20-10 no 285 du 3 janv. 2018.

5. Immeuble affecté à une activité locative taxable. L'art. 257 *bis* peut s'appliquer lors de la cession de l'immeuble et des agencements commerciaux affectés à une activité locative à un tiers assujetti, dès lors que ce dernier poursuit l'activité de location des locaux concernés. • CE 23 nov. 2015, ⚖ *SCI JM3 FOR*, no 375054 : *RJF 2016. 129 ; Dr. fisc. 2016. 292, note Deleu.* ♦ La cession d'un immeuble, même intervenant quelques mois seulement après le début de sa location, ne fait pas obstacle à l'application de la dispense de TVA dès lors que le bénéficiaire du transfert poursuit l'activité de location des locaux concernés. • CAA Versailles, 25 févr. 2020 : ⚖ *Sté IVG Immobilière*, no 18VE01521 : *RJF 2020. 590.* ♦ Lorsqu'un assujetti opère la cession isolée d'un immeuble qu'il avait affecté jusqu'alors de manière partielle à une activité locative au titre de laquelle les loyers perçus étaient en tout ou partie soumis effectivement à la TVA, il y a lieu d'écarter le bénéfice de la dispense de taxation ou de régularisation visée à l'art. 257 *bis* dans la mesure où l'immeuble cédé ne constitue pas dans son ensemble une partie d'entreprise susceptible d'être qualifiée d'universalité partielle. * Rescrit 4 mars 2008, no 2008/4 TCA * BOI-TVA-DED-60-20-10 no 287 du 3 janv. 2018.

6. Transferts de compétence réalisés entre collectivités locales et EPCI. Les transferts de compétence réalisés entre collectivités locales et établissements publics de coopération intercommunale (EPCI), en application des art. L. 1321-1 s. CGCT, sont regardés comme la transmission d'une universalité de patrimoine au sens de l'art. 257 *bis* CGI. Par suite, les livraisons et les prestations de services réalisées entre redevables de la TVA à l'occasion de la transmission à titre onéreux ou à titre gratuit d'une universalité totale ou partielle de biens ou services sont dispensées de taxe ou de régularisation de la taxe. * BOI-TVA-CHAMP-10-10-50-10 n° 30 du 3 janv. 2018.

7. Dispense de TVA pour les transmissions d'immeubles dans le cadre d'un contrat de crédit-bail. Modalités d'application. * BOI-TVA-DED-60-20-10 n°s 285 et 286 du 3 janv. 2018.

Art. 257 ter *(L. n° 2020-1721 du 29 déc. 2020, art. 44-I-1°)* **I. — Chaque opération imposable à la taxe sur la valeur ajoutée est considérée comme étant distincte et indépendante et suit son régime propre déterminé en fonction de son élément principal ou de ses éléments autres qu'accessoires.**

L'étendue d'une opération est déterminée, conformément au II, à l'issue d'une appréciation d'ensemble réalisée du point de vue du consommateur, envisagé comme un consommateur moyen, tenant compte de l'importance qualitative et quantitative des différents éléments en cause ainsi que de l'ensemble des circonstances dans lesquelles l'opération se déroule.

II. — Relèvent d'une seule et même opération les éléments qui sont si étroitement liés qu'ils forment, objectivement, une seule prestation économique indissociable dont la décomposition revêtirait un caractère artificiel.

Lorsqu'un élément est accessoire à un ou plusieurs autres éléments, il relève de la même opération que ces derniers.

III. — Par dérogation aux I et II, constituent une prestation de services unique suivant son régime propre les différents éléments fournis pour la réalisation d'un voyage par une agence de voyages ou un organisateur de circuits touristiques qui agit en son nom à l'égard du voyageur et recourt à des livraisons de biens ou des prestations de services d'autres assujettis.

I *BIS* ***TERRITORIALITÉ***

Art. 258 **I. — Le lieu de livraison de biens meubles corporels est réputé se situer en France lorsque le bien se trouve en France :**

a) **au moment de l'expédition ou du transport par le vendeur, par l'acquéreur, ou pour leur compte, à destination de l'acquéreur ;**

b) **lors du montage ou de l'installation par le vendeur ou pour son compte ;**

c) **lors de la mise à disposition de l'acquéreur, en l'absence d'expédition ou de transport ;**

d) **au moment du départ d'un transport dont le lieu d'arrivée est situé sur le territoire d'un autre État membre de** *(L. n° 2019-1479 du 28 déc. 2019, art. 147-I-B et IV)* **« l'Union** *[ancienne rédaction : la Communauté]* **» européenne, dans le cas où la livraison, au cours de ce transport, est effectuée à bord d'un bateau, d'un aéronef ou d'un train.**

(Abrogé par L. n° 2019-1479 du 28 déc. 2019, art. 181-I-A et IV, à compter du 1er janv. 2022) ***« Par dérogation aux dispositions du a et du b, lorsque le lieu de départ de l'expédition ou du transport est en dehors du territoire des États membres de*** *(L. n° 2019-1479 du 28 déc. 2019, art. 147-I-B et IV)* ***« l'Union*** *[ancienne rédaction : la Communauté]* ***» européenne, le lieu de la livraison de ces biens effectuée par l'importateur ou pour son compte ainsi que le lieu d'éventuelles livraisons subséquentes est réputé*** *[sont réputés]* ***se situer en France, lorsque les biens sont importés en France. »***

II. — Le lieu des opérations visées au I de l'article 257 et au 5° *bis* de l'article 260 se situe en France lorsqu'elles portent sur des immeubles situés en France.

III. — Le lieu de livraison du gaz naturel, de l'électricité, de la chaleur ou du froid est situé en France :

a. **lorsqu'ils sont consommés en France ;**

b. **dans les autres cas, lorsque l'acquéreur a en France le siège de son activité économique ou un établissement stable pour lequel les biens sont livrés ou, à défaut, son domicile ou sa résidence habituelle.**

(L. n° 2019-1479 du 28 déc. 2019, art. 147-I-B et IV, mod par L. n° 2020-1721 du 29 déc. 2020, art. 51-II, applicable aux opérations pour lesquelles le fait générateur de la taxe sur la valeur ajoutée intervient à compter du 1er juill. 2021) **« IV. — Le lieu de livraison**

des biens importés de territoires tiers ou de pays tiers dans le cadre de ventes à distance est réputé se situer en France lorsque le bien se trouve en France :

« *a)* Au moment de l'arrivée de l'expédition ou du transport des biens à destination de l'acquéreur si le bien a été importé dans un autre État membre ;

« *b)* Au moment de l'arrivée de l'expédition ou du transport des biens à destination de l'acquéreur si le bien a été importé en France lorsque la taxe sur la valeur ajoutée est déclarée dans le cadre du régime particulier de déclaration et de paiement prévu à l'article 298 *sexdecies* H, ou dans un autre État membre dans le cadre du régime particulier prévu à la section IV du chapitre VI du titre XII de la directive 2006/112/CE du Conseil du 28 novembre 2006 relative au système commun de taxe sur la valeur ajoutée ;

« *c)* Au moment de l'arrivée de l'expédition ou du transport des biens à destination de l'acquéreur, lorsque le bien a été importé en France *(L. n° 2019-1479 du 28 déc. 2019, art. 181-I-A et IV, en vigueur le 1er janv. 2022)* **« sans recourir au régime particulier prévu à l'article 298 *sexdecies* I et que la vente est réputée avoir été effectuée par l'assujetti qui la facilite en application du » *a* du 2° du V de l'article 256 du présent code ; »**

(L. n° 2020-1721 du 29 déc. 2020, art. 51-I-1° et III, applicable aux opérations pour lesquelles le fait générateur de la taxe sur la valeur ajoutée intervient à compter du 1er juill. 2021) **« *d)* Les dispositions du présent IV ne sont pas applicables aux livraisons de biens d'occasion, d'œuvres d'art, d'objets de collection ou d'antiquité effectuées par un assujetti revendeur qui applique les dispositions de l'article 297 A ainsi qu'aux livraisons de moyens de transport d'occasion effectuées par un assujetti revendeur qui applique les dispositions de l'article 297 G. »**

(L. n° 2019-1479 du 28 déc. 2019, art. 181-I-A et IV, applicable aux opérations pour lesquelles l'exigibilité de la taxe sur la valeur ajoutée intervient à compter du 1er janv. 2022) **« V. — Est également réputé se situer en France le lieu des livraisons suivantes :**

« 1° La livraison d'un bien qui est importé, lorsque le vendeur recourt à l'option prévue à l'article 293 A *quater* ;

« 2° Les éventuelles livraisons subséquentes à celle mentionnée au 1° du présent V. »

BIBL. ▶ PILCZER, *BFL 2015, p. 140* (de l'articulation entre un transfert intracommunautaire de biens et une livraison interne).

1. Île de Saint-Martin (sol. antérieures au 15 juill. 2007). La 11e Directive du 26 mars 1980, modifiant la 6e Dir. TVA, a exclu les DOM du champ d'application du système commun de TVA. Par suite, une société ne saurait utilement se prévaloir de ce que les dispositions de droit national applicables au territoire de Saint-Martin seraient contraires aux objectifs fixés par l'art. 2 de la 1re Dir. TVA du 11 avr. 1967, dès lors que cet art. concerne seulement le système commun de TVA. Le décret du 20 mars 1948, qui a introduit la législation sur les taxes sur le chiffre d'affaires dans le département de la Guadeloupe, n'a pas eu pour effet d'exclure la partie française de l'île de Saint-Martin du champ d'application de ces impositions, ni d'exonérer les prestations de services hôteliers ou les opérations immobilières qui y sont effectuées. Ces opérations sont actuellement assujetties à la TVA en vertu respectivement des art. 256 et 257-7° CGI, sans qu'y fasse obstacle aucun autre texte. • CE 29 juill. 2005, *n° 271822 : RJF 2005. 1172.* ♦ La circonstance que l'Administration s'abstienne d'exiger le versement de la TVA dans la partie française de l'île de Saint-Martin est sans incidence sur le droit que le redevable légal de la taxe tient de l'art. 271 de déduire ou, le cas échéant, d'obtenir le remboursement de la taxe ayant grevé une opération imposable. • CE 29 juill. 2005, n° 271822 : *préc.*

2. L'île de Saint-Martin est un territoire d'exportation par rapport à l'île de la Guadeloupe et à ses dépendances. Par suite l'acquisition d'un navire par une personne domiciliée dans l'île de la Guadeloupe auprès d'un résident de Saint-Martin constituait une opération d'importation, soumise à la TVA. • Com. 10 nov. 2009, n° 08-19.626.

3. Entrepôt douanier. Un entrepôt douanier est considéré comme faisant partie du territoire d'application de la TVA. • CJUE 8 nov. 2012, n° 165/11 : *RJF 2013. 241.*

4. Escales. Les arrêts effectués par un bateau dans des ports de pays tiers, au cours desquels les voyageurs peuvent quitter le bateau, même pour une courte période, constituent des « escales en dehors de la Communauté » au sens de l'art. 8-1-c de la 6e Dir. TVA, dans sa version résultant de la Directive 92/111/CEE du 14 déc. 1992. • CJCE 15 sept. 2005, n° C-58/04, *Köhler : RJF 2005. 1495 ; Dr. fisc. 2006. 251.*

5. Ambassades et consulats étrangers. Les travaux réalisés dans les locaux de l'ambassade et des consulats d'un État étranger implantés en France entrent dans le champ d'application territorial de la TVA française. • CAA Versailles,

29 juin 2017, ♔ n° 16VE00158 : *RJF 2017. 1171 ; Dr. fisc. 2017. 455, note Revel.*

6. Livraisons de gaz et d'électricité. Règles de territorialité à compter du 1er janv. 2005. * BOI-TVA-CHAMP-20-20-10 n° 810 du 12 sept. 2012.

7. Tirages de photographies numériques. Les tirages photographiques consistant en la simple impression de fichiers remis par le client, éventuellement assortie d'améliorations standardisées, telles la mise aux dimensions des photographies ou le contrôle qualité, doivent être regardés comme des livraisons de biens. En conséquence, les règles de territorialité applicables aux ventes à distance sont susceptibles de concerner ces opérations, et l'exigibilité de la taxe intervient lors de la livraison. * BOI-TVA-CHAMP-10-10-40 n° 10 du 12 sept. 2012.

8. Lieu de livraison de biens. Pour l'application des art. 256, 256 *bis* et 258 CGI le lieu de livraison des pièces métalliques fabriquées dans un autre État membre par une société X qui les a vendues à une société Y, dont le siège est situé en France, doit être regardé comme situé en France, dès lors que le vendeur a fait réaliser par la société Z, établie en France, des travaux visant à rendre ces pièces aptes pour leur livraison. • CJUE 2 oct. 2014, *Fonderie 2A*, n° n° 446/13 : *RJF 2015. 87* • CE 30 déc. 2014, ♔ *Sté Fonderie 2A*, n° 345103 : *RJF 2015. 197 ; BDCF 2015.29, concl. Crépey.*

Art. 258 A *(L. n° 2019-1479 du 28 déc. 2019, art. 147-I-C et IV, mod. par L. n° 2020-1721 du 29 décembre 2020, art. 51-II, applicable aux opérations pour lesquelles le fait générateur de la taxe sur la valeur ajoutée intervient à compter du 1er juill. 2021)* I. — Par dérogation aux dispositions du I de l'article 258 :

1° Le lieu de livraison de biens expédiés ou transportés à partir de la France à destination d'un autre État membre dans le cadre de ventes à distance intracommunautaires est réputé ne pas se situer en France lorsque :

a) La valeur totale prévue au 1 du II de l'article 259 D des prestations de services mentionnées aux 10°, 11° et 12° de l'article 259 B et des ventes à distance intracommunautaires de biens effectuées par l'assujetti est dépassée pendant l'année civile en cours ou l'a été pendant l'année civile précédente ;

b) Ou l'assujetti a fait usage de l'option prévue soit au 2 du II de l'article 259 D, soit dans les conditions prévues au 3 de l'article 59 *quater* de la directive 2006/112/CE du Conseil du 28 novembre 2006 relative au système commun de taxe sur la valeur ajoutée ;

2° Le lieu de livraison de biens expédiés ou transportés à partir d'un autre État membre à destination de la France dans le cadre de ventes à distance intracommunautaires est réputé se situer en France lorsque :

a) La valeur totale prévue au 2 du I de l'article 259 D du présent code des prestations de services mentionnées aux 10°, 11° et 12° de l'article 259 B et des ventes à distance intracommunautaires de biens effectuées par l'assujetti est dépassée pendant l'année civile en cours ou l'a été pendant l'année civile précédente ;

b) Ou l'assujetti a fait usage de l'option prévue soit au 3 du I de l'article 259 D, soit dans les conditions prévues au 3 de l'article 59 *quater* de la directive 2006/112/CE du Conseil du 28 novembre 2006 précitée.

(L. n° 2020-1721 du 29 déc. 2020, art. 51-I-2° et III, applicable aux opérations pour lesquelles le fait générateur de la taxe sur la valeur ajoutée intervient à compter du 1er juill. 2021) « II. — Les dispositions du I du présent article ne sont pas applicables aux livraisons de biens d'occasion, d'œuvres d'art, d'objets de collection ou d'antiquité effectuées par un assujetti revendeur qui applique les dispositions de l'article 297 A ainsi qu'aux livraisons de moyens de transport d'occasion effectuées par un assujetti revendeur qui applique les dispositions de l'article 297 G ou qui a appliqué dans l'État membre de l'Union européenne de départ de l'expédition ou du transport de ces biens les dispositions de la législation de cet État prises pour l'application des régimes particuliers prévus aux sections II et III du chapitre IV du titre XII de la directive 2006/112/CE du Conseil du 28 novembre 2006 précitée *[ancienne rédaction : Les dispositions du I du présent article ne sont pas applicables aux livraisons de biens d'occasion, d'objets d'art, d'objets de collection ou d'antiquités et aux livraisons de moyens de transport d'occasion]*. »

Règles applicables aux ventes à distance de biens dans le cadre du commerce électronique. * BOI-TVA-CHAMP-20-20-30 du 13 août 2021.

Ancien art. 258 A *I. — Par dérogation aux dispositions du I de l'article 258, est réputé ne pas se situer en France le lieu de la livraison des biens meubles corporels, autres que des moyens de transport neufs, des alcools, des boissons alcooliques, des huiles minérales et des tabacs manufacturés, expédiés ou transportés sur le territoire d'un autre État membre de la Communauté européenne par le vendeur ou pour son compte, lorsque les conditions mentionnées aux 1° et 2° ci-après sont réunies.*

1° La livraison doit être effectuée :

a) Soit à destination d'une personne morale non assujettie ou d'un assujetti qui, sur le territoire de cet État membre, bénéficie du régime forfaitaire des producteurs agricoles, ou ne réalise que des opérations n'ouvrant pas droit à déduction, et n'a pas opté pour le paiement de la taxe sur ses acquisitions intracommunautaires.

Au moment de la livraison, le montant des acquisitions intracommunautaires de ces personnes ne doit pas avoir dépassé, pendant l'année civile en cours ou au cours de l'année civile précédente, le seuil en dessous duquel ces acquisitions ne sont pas soumises à la taxe sur la valeur ajoutée dans l'État membre dont ces personnes relèvent ;

b) Soit à destination de toute autre personne non assujettie.

2° Le montant des livraisons effectuées par le vendeur à destination du territoire de cet État membre excède, pendant l'année civile en cours au moment de la livraison, ou a excédé pendant l'année civile précédente, le seuil fixé par cet État en application des stipulations de l'article 34 de la directive 2006/112/CE du Conseil, du 28 novembre 2006.

Cette condition de seuil ne s'applique pas lorsque le vendeur a opté pour que le lieu des livraisons prévues au présent article se situe sur le territoire de l'État membre où est arrivé le bien expédié ou transporté.

Cette option prend effet au premier jour du mois au cours duquel elle est exercée. Elle couvre obligatoirement une période expirant le 31 décembre de la deuxième année qui suit celle au cours de laquelle elle a été exercée. Elle est renouvelée, par tacite reconduction, par période de deux années civiles, sauf dénonciation formulée avant l'expiration de chaque période.

II. — Par dérogation aux dispositions du I de l'article 258, est réputé ne pas se situer en France le lieu de la livraison des alcools, boissons alcooliques, huiles minérales et tabacs manufacturés expédiés ou transportés sur le territoire d'un autre État membre de la Communauté européenne par le vendeur ou pour son compte, lorsque la livraison est effectuée à destination d'une personne physique non assujettie.

III. — Les dispositions du I et du II ne sont pas applicables aux livraisons de biens d'occasion, d'œuvres d'art, d'objets de collection ou d'antiquité effectuées par un assujetti revendeur qui applique les dispositions de l'article 297 A.

Art. 258 B *(Abrogé par L. n° 2019-1479 du 28 déc. 2019, art. 147-I-S et IV, mod. par L. n° 2020-1721 du 29 déc. 2020, art. 51-II, à compter du 1er juill. 2021) I. — Par dérogation aux dispositions du I de l'article 258, est réputé se situer en France :*

1° Le lieu de la livraison des biens meubles corporels, autres que des moyens de transport neufs, des alcools, des boissons alcooliques, des huiles minérales et des tabacs manufacturés, expédiés ou transportés en France à partir d'un autre État membre de l'Union européenne, par le vendeur ou pour son compte, lorsque la livraison est effectuée à destination d'une personne bénéficiant de la dérogation prévue au 2° du I de l'article 256 bis ou à destination de toute autre personne non assujettie. Le montant de ces livraisons effectuées par le vendeur à destination de la France doit avoir excédé, pendant l'année civile en cours au moment de la livraison ou pendant l'année civile précédente, le seuil de 35 000 € hors taxe sur la valeur ajoutée.

Cette condition de seuil ne s'applique pas lorsque le vendeur a opté, dans l'État membre où il est établi, pour que le lieu de ces livraisons se situe en France.

2° Le lieu de livraison des alcools, des boissons alcooliques, des huiles minérales et des tabacs manufacturés, expédiés ou transportés en France à partir du territoire d'un autre État membre de l'Union européenne, par le vendeur ou pour son compte, lorsque la livraison est effectuée à destination d'une personne physique non assujettie.

II. — Lorsque les biens sont expédiés ou transportés à partir d'un territoire tiers et importés par le vendeur sur le territoire d'un autre État membre de l'Union européenne, ils sont considérés comme expédiés ou transportés à destination de l'acquéreur à partir de cet État.

III. — Les dispositions du I et du II ne sont pas applicables aux livraisons de biens d'occasion, d'œuvres d'art, d'objets de collection ou d'antiquité effectuées par un assujetti revendeur qui a appliqué dans l'État membre de départ de l'expédition ou du transport du bien les dis-

positions de la législation de cet État prises pour la mise en œuvre des articles 312 à 325 ou 333 à 341 de la directive 2006/112/CE du Conseil, du 28 novembre 2006.

Art. 258 C I. — Le lieu d'une acquisition intracommunautaire de biens meubles corporels est réputé se situer en France lorsque les biens se trouvent en France au moment de l'arrivée de l'expédition ou du transport à destination de l'acquéreur.

II. — Le lieu de l'acquisition est réputé se situer en France si l'acquéreur a donné au vendeur son numéro d'identification à la taxe sur la valeur ajoutée en France et s'il n'établit pas que l'acquisition a été soumise à la taxe sur la valeur ajoutée dans l'État membre de destination des biens.

Toutefois, si l'acquisition est ultérieurement soumise à la taxe dans l'État membre où est arrivé le bien expédié ou transporté, la base d'imposition en France est diminuée du montant de celle qui a été retenue dans cet État. — *Entrée en vigueur le 1er janv. 1993.*

1. Lieu des acquisitions intracommunautaires de biens meubles corporels. * BOI-TVA-CHAMP-20-30 du 4 oct. 2020.

2. Droits à déduction. En cas d'application du mécanisme dit du « filet de sécurité » (art. 258 C-II), la TVA ayant grevé l'acquisition intracommunautaire de biens n'est pas déductible. L'acquéreur peut seulement demander une diminution de la base d'imposition retenue par l'État membre d'identification si l'acquisition a été soumise à la TVA dans l'État membre d'arrivée des biens. • CJUE 22 avr. 2010, n° 536/08 et 539/08 : *RJF 2010. 758.* ♦ Dans le cadre des opérations triangulaires, n'ouvre pas immédiatement droit à déduction la TVA ayant grevé une acquisition intracommunautaire dont, en application du mécanisme dit du « filet de sécurité », le lieu d'imposition est réputé se situer non sur le territoire de l'État membre d'arrivée des biens mais sur celui de l'État membre qui a attribué le numéro d'identification sous lequel l'acquisition a été effectuée. • CE 23 déc. 2011, n° 330608 : *Dr. fisc. 2012. 134 ; RJF 2012. 241.*

Art. 258 D I. — Les acquisitions intracommunautaires de biens meubles corporels situées en France en application du I de l'article 258 C, réalisées par un acquéreur qui dispose d'un numéro d'identification à la taxe sur la valeur ajoutée dans un autre État membre de la Communauté, ne sont pas soumises à la taxe sur la valeur ajoutée lorsque les conditions suivantes sont réunies :

1° L'acquéreur est un assujetti qui n'est pas établi ou identifié en France et qui n'y a pas désigné de représentant en application du I de l'article 289 A ;

2° L'acquisition intracommunautaire est effectuée pour les besoins d'une livraison consécutive du même bien à destination d'un assujetti ou d'une personne morale non assujettie, identifié à la taxe sur la valeur ajoutée en application des dispositions de l'article 286 *ter* ;

3° Le bien est expédié ou transporté directement à partir d'un État membre de la Communauté autre que celui dans lequel est identifié l'acquéreur, à destination de l'assujetti ou de la personne morale non assujettie mentionné au 2° ;

4° L'acquéreur s'assure qu'est délivrée au destinataire de la livraison mentionné au 2° une facture hors taxe comportant :

a) le numéro d'identification à la taxe sur la valeur ajoutée de l'acquéreur ;

b) le numéro d'identification à la taxe sur la valeur ajoutée en France du destinataire de la livraison ;

c) la mention : "Application de l'article 141 de la directive 2006/112/CE du Conseil, du 28 novembre 2006".

II. — Pour l'application du II de l'article 258 C, sont considérées comme soumises à la taxe sur la valeur ajoutée dans l'État membre de destination des biens, les acquisitions qui y sont réalisées dans les conditions de l'article 141 de la directive 2006/112/CE du Conseil, du 28 novembre 2006, et sous réserve que l'acquéreur :

1° Se soit assuré qu'a été délivrée la facture mentionnée à l'article 289 au destinataire de la livraison consécutive dans l'État membre où les biens ont été expédiés ou transportés et comportant :

a) son numéro d'identification à la taxe sur la valeur ajoutée en France ;

b) le numéro d'identification à la taxe sur la valeur ajoutée du destinataire de la livraison consécutive dans l'État membre où les biens ont été expédiés ou transportés ;

c) la mention : "Application de l'article 141 de la directive 2006/112/CE du Conseil, du 28 novembre 2006" ;

2° Dépose l'état récapitulatif mentionné à l'article 289 B dans lequel doivent figurer distinctement :

a) son numéro d'identification à la taxe sur la valeur ajoutée en France ;

b) le numéro d'identification à la taxe sur la valeur ajoutée du destinataire de la livraison consécutive dans l'État membre où les biens ont été expédiés ou transportés ;

c) pour chaque destinataire, le montant total, hors taxe sur la valeur ajoutée, des livraisons de biens consécutives effectuées dans l'État membre où les biens ont été expédiés ou transportés. Ces montants sont déclarés au titre de la période où la taxe sur la valeur ajoutée est devenue exigible sur ces livraisons.

1. Opérations triangulaires intracommunautaires sur biens meubles corporels. Mesures de simplification. * BOI-TVA-CHAMP-20-40 n° 120 du 12 sept. 2012.

2. Conditions d'application de la mesure de simplification. • CJUE 19 avr. 2018, *Firma Hans Bühler KG*, n° 580/16 : *RJF 2018. 918 ; Dr. fisc. 2018. 300, note Benoit.*

Art. 259-0 Pour l'application des règles relatives au lieu des prestations de services prévues aux articles 259 à 259 D, est considéré comme assujetti :

1° Pour tous les services qui lui sont fournis, un assujetti, même s'il exerce également des activités ou réalise des opérations qui ne sont pas considérées comme des livraisons de biens ou des prestations de services imposables ;

2° Une personne morale non assujettie qui est identifiée à la taxe sur la valeur ajoutée.

1. Lieu des prestations de services. Notion de preneur assujetti. * BOI-TVA-CHAMP-20-50 du 7 nov. 2018.

2. Établissement stable. La détention d'une filiale dans un État membre de l'UE ne suffit pas, à elle seule, pour caractériser l'existence d'un établissement stable de la société mère établie dans un pays tiers, mais il n'est pas exclu qu'une filiale puisse constituer un tel établissement stable. • CJUE 7 mai 2020 : *Dong Yang Electronics sp. z.o.o.*, n° 547/18 : *RJF 2020. 749.*

Art. 259 Le lieu des prestations de services est situé en France :

1° Lorsque le preneur est un assujetti agissant en tant que tel et qu'il a en France :

a) Le siège de son activité économique, sauf lorsqu'il dispose d'un établissement stable non situé en France auquel les services sont fournis ;

b) Ou un établissement stable auquel les services sont fournis ;

c) Ou, à défaut du *a* ou du *b*, son domicile ou sa résidence habituelle ;

2° Lorsque le preneur est une personne non assujettie, si le prestataire :

a) A établi en France le siège de son activité économique, sauf lorsqu'il dispose d'un établissement stable non situé en France à partir duquel les services sont fournis ;

b) Ou dispose d'un établissement stable en France à partir duquel les services sont fournis ;

c) Ou, à défaut du *a* ou du *b*, a en France son domicile ou sa résidence habituelle.

BIBL. ▶ BEETSCHEN, TVA et territorialité des services : les nouvelles règles du jeu au 1er janvier 2010, *Éd. Fr. Lefebvre, déc. 2009.* – MAITROT DE LA MOTTE et JAUNE, *Dr. fisc. 2021. 119* (l'invention de l'établissement stable).

1. Définitions. Notion d'établissement en France. Notion d'assujetti. Notions de siège économique et d'établissement stable. Notions de domicile et de résidence habituelle. * BOI-TVA-CHAMP-20-50-10 nos 10 à 190 du 12 sept. 2012.

2. Notion d'établissement stable en France. Un établissement ne peut être utilement regardé, par dérogation au critère prioritaire du siège, comme lieu des prestations de services d'un assujetti, que s'il présente un degré suffisant de permanence et une structure apte, du point de vue de l'équipement humain et technique, à rendre possibles, de manière autonome, les prestations de services considérées. * BOI-TVA-CHAMP-20-50-10 n° 150 du 12 sept. 2012. ♦ Un établissement stable implique un degré suffisant de permanence et une structure apte, du point de vue de l'équipement humain et technique, à rendre possibles, de manière autonome, les prestations de services considérées. • CJCE 28 juin 2007, n° 73/06 : *RJF 2007. 1367.* ♦ Ainsi, doit être regardée comme établissement stable la société française disposant de moyens humains et techniques qui, de manière habituelle, même si elle ne conclut pas formellement de contrats au nom de la société irlandaise, décide de transactions que celle-ci se borne à entériner et qui, ainsi entérinées, l'engagent. • CE, ass. plén., 11 déc. 2020, n° 420174 : *RJF 2021. 196, concl. Cytermann ; Dr. fisc. 2021. 117, note Deboissy et Wicker.* ♦ Un immeuble donné en location dans un État membre par un propriétaire qui ne dispose pas de son propre personnel pour y exécuter la prestation locative ne constitue pas un établissement stable. • CJUE 3 juin 2021, n° 931/19 : *RJF 2021. 887.*

3. Lieu des prestations de services fournies à un preneur assujetti en tant que tel. Règle de territorialité. Services visés. Cas de certaines prestations de services utilisées ou exploitées hors de l'UE. Notion d'assujetti agissant en tant que tel. * BOI-TVA-CHAMP-20-50-20 n°s 1 à 250 du 25 sept. 2019.

4. Notion d'assujetti en tant que tel. Dans le cas où un assujetti exerçant une activité non économique à titre professionnel acquiert des services pour les besoins de cette activité non économique, ces services doivent être regardés comme étant fournis à cet assujetti « agissant en tant que tel ». • CJUE 17 févr. 2021, n° 459/19 : *RJF 2021. 672.*

5. Détermination du point de rattachement des services rendus (art. 259 et 259 B). Prestations de publicité fournies par une société de droit irlandais à des assujettis en France avec un service de conseil et d'assistance commerciale assuré par les salariés de sa société sœur, établie en France : établissement stable en France de la société irlandaise. • TA Paris, 12 juill. 2017, *Sté Google Ireland Limited,* n° 1505165 : *RJF 2017. 1034.* ♦ Confirmation : • CAA Paris, 25 avr. 2019, ⚖ *Sté Google Ireland Limited,* n° 17PA03068 : *RJF 2019. 835 ; Dr. fisc. 2019. 305, note Deboissy et Wicker.*

6. Lieu des prestations de services fournies à un preneur non assujetti. Services visés. Cas de certaines prestations de services utilisées ou exploitées hors de l'UE. * BOI-TVA-CHAMP-20-50-20 n°s 270 à 320 du 12 sept. 2012.

7. Lieu du prestataire. Le siège de l'activité économique d'une société est le lieu où sont adoptées les décisions essentielles concernant la direction générale de cette société et où sont exercées les fonctions d'administration centrale de celle-ci. • CJCE 28 juin 2007, *Planzer Luxembourg SARL,* n° 73/06 : *RJF 2007. 1367.* ♦ La détermination de ce lieu implique la prise en considération d'un faisceau de facteurs relatifs à l'activité du prestataire. En revanche, des notions telles que le lieu du preneur des prestations ou le lieu d'exploitation ou d'utilisation de ces prestations ne sauraient figurer parmi les facteurs de détermination du siège de l'activité du prestataire. • CE 28 mai 2014, ⚖ *Guitay,* n° 361413 : *RJF 2014. 777.*

8. Acte notarié. La rédaction d'un acte par un notaire est susceptible, selon son objet, d'être qualifiée de prestation de conseil (art. 259-1° ou 2°) ou de prestation se rattachant à un immeuble (art. 259 A-2°). * Rép. min. n° 88614 : *JOAN Q, 8 févr. 2011, p. 1236.*

Art. 259 A Par dérogation à l'article 259, est situé en France le lieu des prestations de services suivantes :

1° Les locations de moyens de transport :

a) Lorsqu'elles sont de courte durée et que le moyen de transport est effectivement mis à la disposition du preneur en France.

La location de courte durée s'entend de la possession ou de l'utilisation continue d'un moyen de transport pendant une période ne dépassant pas trente jours ou, dans le cas d'un moyen de transport maritime, quatre-vingt-dix jours ;

b) Les locations, autres que celles de courte durée, consenties à une personne non assujettie, lorsque cette personne est établie ou a son domicile ou sa résidence habituelle en France ;

c) Par dérogation au *b*, la location d'un bateau de plaisance, à l'exception de la location de courte durée, à une personne non assujettie lorsque le bateau est effectivement mis à disposition du preneur en France et le service fourni par le prestataire à partir du siège de son activité économique ou d'un établissement stable qui y est situé ;

2° Les prestations de services se rattachant à un bien immeuble situé en France, y compris les prestations d'experts et d'agents immobiliers, la fourniture de logements dans le cadre du secteur hôtelier ou de secteurs ayant une fonction similaire tels que des camps de vacances ou des sites aménagés pour camper, l'octroi de droits d'utilisation d'un bien immeuble et les prestations tendant à préparer ou à coordonner l'exécution de travaux immobiliers, telles que celles fournies par les architectes et les entreprises qui surveillent l'exécution des travaux ;

3° Les prestations de transport intracommunautaire de biens effectuées pour des personnes non assujetties lorsque le lieu de départ du transport est en France.

On entend par transport intracommunautaire de biens, tout transport de biens dont le lieu de départ et le lieu d'arrivée sont situés sur les territoires de deux États membres différents.

On entend par lieu de départ, le lieu où commence effectivement le transport des biens, sans tenir compte des trajets effectués pour se rendre au lieu où se trouvent les biens, et par lieu d'arrivée, le lieu où s'achève effectivement le transport des biens ;

4° Les prestations de transport de biens effectuées pour des personnes non assujetties autres que les transports intracommunautaires de biens et les prestations de transport de passagers, en fonction des distances parcourues en France ;

5° Lorsqu'elles sont matériellement exécutées ou ont effectivement lieu en France :

a) Les prestations de services fournies à une personne non assujettie ayant pour objet des activités culturelles, artistiques, sportives, scientifiques, éducatives, de divertissement ou similaires, telles que les foires et les expositions, y compris les prestations de services des organisateurs de telles activités, ainsi que les prestations de services accessoires à ces activités ;

b) Les ventes à consommer sur place ;

c) Sont réputées effectuées en France les ventes à consommer sur place lorsqu'elles sont réalisées matériellement à bord de navires, d'aéronefs ou de trains au cours de la partie d'un transport de passagers effectuée à l'intérieur de la Communauté, européenne et que le lieu de départ du transport de passagers est situé en France.

On entend par partie d'un transport de passagers effectuée à l'intérieur de la Communauté, la partie d'un transport effectuée sans escale en dehors de la Communauté européenne, entre le lieu de départ et le lieu d'arrivée du transport de passagers.

On entend par lieu de départ d'un transport de passagers, le premier point d'embarquement de passagers prévu dans la Communauté européenne, le cas échéant après escale en dehors de la Communauté européenne.

On entend par lieu d'arrivée d'un transport de passagers, le dernier point de débarquement, prévu dans la Communauté européenne, pour des passagers ayant embarqué dans la Communauté européenne, le cas échéant avant escale en dehors de la Communauté européenne.

Dans le cas d'un transport aller-retour, le trajet de retour est considéré comme un transport distinct ;

5° *bis* Les prestations de services fournies à un assujetti, ainsi que celles qui leur sont accessoires, consistant à donner accès à des manifestations culturelles, artistiques, sportives, scientifiques, éducatives, de divertissement ou similaires, telles que les foires et les expositions lorsque ces manifestations ont effectivement lieu en France ;

6° Lorsqu'elles sont matériellement exécutées en France au profit d'une personne non assujettie :

a) Les activités accessoires au transport, telles que le chargement, le déchargement, la manutention et les activités similaires ;

b) Les expertises ou les travaux portant sur des biens meubles corporels ;

7° Les prestations de services fournies à une personne non assujettie par un intermédiaire agissant au nom et pour le compte d'autrui lorsque le lieu de l'opération principale est situé en France ;

(L. n° 2020-1721 du 29 déc. 2020, art. 44-I-2°) « 8° La prestation de services unique mentionnée au III de l'article 257 *ter* réalisée par une personne qui a en France le siège » de son activité économique ou un établissement stable à partir duquel elle a fourni cette prestation.

(Abrogé par L. n° 2020-1721 du 29 déc. 2020, art. 44-I-2°) ***« L'agence de voyages réalise une prestation de services unique lorsqu'elle agit, en son propre nom, à l'égard du client et utilise, pour la réalisation du voyage, des livraisons de biens et des prestations de services d'autres assujettis. »***

BIBL. ▶ VILLEMOT et LAY, *FR Lefebre 6/21, inf. 1* (les services fournis par les data centers ne sont pas des services se rattachant à un bien immeuble).

1. Dérogations à la règle générale régissant le lieu des prestations de services fournies tant à des assujettis qu'à des personnes non assujetties. Locations de moyens de transport. Services se rattachant à un bien immeuble. *Prestations de transport de passagers.* Prestations de services culturelles, artistiques, sportives, scientifiques, éducatives, de divertissement ou similaires. Ventes à consommer sur place. Prestations uniques des agences de voyages. * BOI-TVA-CHAMP-20-50-30 n°s 10 à 680 du 30 mars 2020.

2. Dérogations aux règles générales régissant le lieu des prestations de services fournies à des personnes non assujetties. Prestations de transport intracommunautaire de biens. Prestations de transport de biens autre qu'intracommunautaire. Prestations accessoires aux transports. Expertises ou travaux portant sur des biens meubles. Prestations réalisées par les intermédiaires qui agissent au nom et pour le compte d'autrui. Prestations désignées à l'art. 259 B. * BOI-TVA-CHAMP-20-50-40 du 25 sept. 2019. ♦ Locations de moyens de transport autres que de courte durée. * BOI-TVA-CHAMP-20-50-40 n°s 13 s. du 25 sept. 2019.

3. Location de bateau de plaisance. La location de bateau à des fins de voyage d'agrément à une personne assujettie ou non assujettie est imposable en France dès lors que le bateau a effectivement été mis à disposition de cette personne en France. Modalités particulières d'imposition. * BOI-TVA-CHAMP-20-50-30 n° 40 du 4 déc. 2020.

4. Mise à disposition de véhicule. La mise à disposition d'un véhicule par un employeur qui permet au salarié de l'utiliser pour ses besoins privés constitue, lorsqu'elle est effectuée à titre onéreux, une location de moyen de transport. Tel n'est pas le cas lorsqu'elle est effectuée à titre gratuit. • CJUE 20 janv. 2021, n° 288/19 : *RJF 2021. 440.*

5. Prestations culturelles, artistiques, sportives, scientifiques, éducatives, de divertissement ou similaires. Règles applicables à compter du 1er janvier 2011. Services fournis à des assujettis et à des non-assujettis. Prestations fournies dans le cadre de foires, salons et congrès. * BOI-TVA-CHAMP-20-50-30 n°s 270 à 525 du 30 mars 2020.

6. Prestations de formation. Dans l'attente d'une définition communautaire de la notion de « manifestation », et à titre de règle pratique, il est admis que les prestations de formation réalisées au profit de plusieurs assujettis, qui se déroulent sur une durée n'excédant pas sept jours ouvrés consécutifs, constituent des manifestations éducatives au sens de l'art. 259 A-5° et sont donc situées à l'endroit où la formation est effectivement dispensée. * Rescrit 10 avr. 2012, *n° 2012/27 TCA* * BOI-TVA-CHAMP-20-50-30 n° 320 du 30 mars 2020.

7. Services fournis par les data centers. Des services d'hébergement en centre de données dans le cadre desquels le prestataire de ces services met à la disposition de ses clients, afin qu'ils y installent leurs serveurs, des baies de brassage et leur fournit des biens et des services accessoires, tels que de l'électricité et divers services destinés à assurer l'utilisation de ces serveurs dans des conditions optimales, ne constituent pas des services de location de biens *immeubles relevant de l'exonération* de TVA, dès lors que, d'une part, ce prestataire ne procède pas à la mise à disposition passive d'une surface ou d'un emplacement à ses clients en leur garantissant le droit de l'occuper comme s'ils en étaient propriétaires et que, d'autre part, les baies de brassage ne font pas partie intégrante de l'immeuble dans lequel elles sont installées et n'y sont pas non plus installées à demeure. • CJUE 2 juill. 2020, n° 215/19 : *RJF 2021. 230.* ♦ L'exonération n'est donc pas applicable au prestataire de services d'hébergement en centre de données qui met à disposition de ses clients des baies de brassage, ainsi que de l'électricité et divers services destinés à permettre une utilisation des serveurs dans des conditions optimales. • Versailles, 8 déc. 2020, n° 19VE00526 : *RJF 2021. 255, concl. Met.*

8. Prestations d'entreposage de biens. L'art. 47 de la Dir. n° 2006/112/CE du Conseil du 28 nov. 2006 doit être interprété en ce sens qu'un service complexe d'entreposage de biens relève de la règle générale de territorialité sauf si l'entreposage constitue la prestation principale d'une opération unique et s'il est accordé au preneur un droit d'utilisation d'un immeuble expressément déterminé, auquel cas le service est situé au lieu de situation dudit immeuble. • CJUE 27 juin 2013, n° C-155/12 : *RJF 2013. 1101.*

9. Prestations de garde-meubles. La mise à disposition d'un espace immobilier (box, garage, etc.) affecté à l'entreposage de biens au profit exclusif d'un particulier est soumise à la TVA en France au taux normal et ce, quel que soit le lieu du domicile ou de la résidence habituelle du bénéficiaire de la prestation, en vertu de l'art. 259 A-2°. Au contraire, la mise à disposition d'un espace d'entreposage non affecté à l'usage exclusif du preneur du service comme la location de simples conteneurs individuels placés dans des dépôts et des hangars, qui constituent des locations de biens meubles, relève des règles de territorialité prévues pour les prestations de services immatérielles (CGI, art. 259, 2°, 259 B et 259 C). * Rép. min. n° 4482 : *JO Sénat Q, 31 mai 2018.*

10. Transports internationaux routiers. Un carnet TIR visé par les douanes du pays de destination peut constituer un élément de preuve de la réalité d'un transport de biens à l'exportation. • CJUE 8 nov. 2018, *Cartrans Spedition SRL,* n° 495/17 : *RJF 2019. 116.*

11. Péages autoroutiers. Des prestations correspondant à la prise en charge des péages autoroutiers en France, au moyen de badges électroniques, fournies par une société irlandaise à ses sociétés clientes à qui elle offre des prestations variées dans le domaine du transport de marchandises, constituent des prestations de services se rattachant à un bien immeuble et sont soumises à la TVA en France, en vertu de l'art. 259 A-2°, dès lors qu'elles se rattachent à des biens immobiliers situés en France. • CE (na), 21 nov. 2019, *Sté Motis Ireland Ltd,* n° 430861 : *RJF 2020. 316.*

Art. 259 B **Par dérogation à l'article 259, le lieu des prestations de services suivantes est réputé ne pas se situer en France lorsqu'elles sont fournies à une personne non assujettie qui n'est pas établie ou n'a pas son domicile ou sa résidence habituelle dans un État membre de la Communauté européenne :**

1° Cessions et concessions de droits d'auteurs, de brevets, de droits de licences, de marques de fabrique et de commerce et d'autres droits similaires ;

2° Locations de biens meubles corporels autres que des moyens de transport ;

3° Prestations de publicité ;

4° Prestations des conseillers, ingénieurs, bureaux d'études dans tous les domaines y compris ceux de l'organisation, de la recherche et du développement ; prestations des experts-comptables ;

5° Traitement de données et fournitures d'information ;

6° Opérations bancaires, financières et d'assurance ou de réassurance, à l'exception de la location de coffres-forts ;

7° Mise à disposition de personnel ;

8° *Abrogé par L. n° 2009-1673 du 30 déc. 2009, art. 102-I-4°-b et VII, à compter du 1er janv. 2010 ;*

9° Obligation de ne pas exercer, même à titre partiel, une activité professionnelle ou un droit mentionné au présent article ;

10° Prestations de télécommunications ;

11° Services de radiodiffusion et de télévision ;

12° Services fournis par voie électronique fixés par décret ; — *V. Ann. III, art. 98 C.*

13° Accès aux réseaux de transport et de distribution d'électricité ou de gaz naturel, accès aux réseaux de chauffage ou de refroidissement, acheminement par ces réseaux et tous les autres services qui lui sont directement liés.

1. Dérogations aux règles générales régissant le lieu des prestations de services fournies à des personnes non assujetties. Prestations désignées à l'art. 259 B. Prestations immatérielles. Précisions et solutions diverses relatives à ces prestations. * BOI-TVA-CHAMP-20-50-50 du 25 sept. 2020.

2. Opérations sur logiciels. La fourniture par voie électronique de logiciels en France par un prestataire établi hors de France relève des « services fournis par voie électronique » pour l'application des dispositions combinées de l'art. 259 B-12° et de l'art. 98 C de l'annexe III. • CE 7 mars 2016, *Min. c/ Sté 3D Storm,* n° 390746 : *RJF 2016. 519.*

Art. 259 C Le lieu des prestations de services suivantes est réputé, en outre, se situer en France lorsqu'elles sont fournies à des personnes non assujetties et que l'utilisation ou l'exploitation effectives de ces services s'effectuent en France :

1° Les prestations de services autres que celles mentionnées aux articles 259 A, à l'exception de celles mentionnées au *c* du 1°, et 259 D lorsqu'elles sont fournies à des personnes qui sont établies ou ont leur domicile ou leur résidence habituelle dans un État membre de la Communauté européenne par un assujetti qui a établi le siège de son activité économique ou qui dispose d'un établissement stable à partir duquel les services sont fournis en dehors de la Communauté européenne ou qui, à défaut d'un tel siège ou d'un tel établissement stable, a son domicile ou sa résidence habituelle en dehors de la Communauté européenne ;

2° Les locations de moyens de transport autres que de courte durée lorsque le preneur est établi ou a son domicile ou sa résidence habituelle en dehors de la Communauté européenne, à l'exception des locations de bateau de plaisance si le bateau est effectivement mis à disposition du preneur dans un autre État membre de la Communauté européenne où le prestataire a établi le siège de son activité économique ou dispose d'un établissement stable à partir duquel les services sont fournis.

Prestations désignées à l'article 259 C. Nature des services visés. Notion d'utilisation ou d'exploitation effectives. * BOI-TVA-CHAMP-20-50-40 nos 240 à 330 du 25 sept. 2019.

Art. 259 D *(L. n° 2018-1317 du 28 déc. 2018, art. 72-1°)* I. — 1. Le lieu des prestations de services mentionnées aux 10°, 11° et 12° de l'article 259 B est réputé situé en France lorsqu'elles sont fournies à des personnes non assujetties qui sont établies, ont leur domicile ou leur résidence habituelle en France.

2. Par dérogation au 1 du présent article, le lieu de ces prestations n'est pas réputé situé en France lorsqu'elles sont fournies par un prestataire qui est établi dans un *(L. n° 2020-1721 du 29 déc. 2020, art. 51-I-3°-a et III, applicable aux opérations pour lesquelles le fait générateur de la taxe sur la valeur ajoutée intervient à compter du 1er juill. 2021)* « seul » autre État membre de l'Union européenne ou, en l'absence d'établissement,

qui a dans *(L. nº 2020-1721 du 29 déc. 2020, art. 51-I-3º-a et III, applicable aux opérations pour lesquelles le fait générateur de la taxe sur la valeur ajoutée intervient à compter du 1er juill. 2021)* **« ce seul** *[ancienne rédaction : cet autre]* **» État membre son domicile ou sa résidence habituelle, à des personnes non assujetties qui sont établies ou ont leur domicile ou leur résidence habituelle en France, et que la valeur totale de ces prestations** *(L. nº 2019-1479 du 28 déc. 2019, art. 147-I-D et IV, mod. par L. nº 2020-1721 du 29 déc. 2020, art. 51-II, en vigueur le 1er juill. 2021)* **« ainsi que des ventes à distance intracommunautaires de biens effectuées par cet assujetti » n'a pas excédé, pendant l'année civile en cours au moment de la prestation** *(L. nº 2019-1479 du 28 déc. 2019, art. 147-I-D et IV, mod. par L. nº 2020-1721 du 29 déc. 2020, art. 51-II, en vigueur le 1er juill. 2021)* **« ou de la vente à distance intracommunautaire de biens » et pendant l'année civile précédente, le seuil de 10 000 € hors taxe sur la valeur ajoutée. Ce seuil s'apprécie en tenant compte de l'ensemble des** *(L. nº 2019-1479 du 28 déc. 2019, art. 147-I-D et IV, mod. par L. nº 2020-1721 du 29 déc. 2020, art. 51-II, en vigueur le 1er juill. 2021)* **« opérations** *[ancienne rédaction : prestations]* **» concernées fournies à des personnes non assujetties établies ou ayant leur domicile ou leur résidence habituelle dans des États membres autres que celui dans lequel** *(L. nº 2019-1479 du 28 déc. 2019, art. 147-I-D et IV, mod. par L. nº 2020-1721 du 29 déc. 2020, art. 51-II, en vigueur le 1er juill. 2021)* **« l'assujetti** *[ancienne rédaction : le prestataire]* **» est établi ou a son domicile ou sa résidence habituelle.**

Lorsque, au cours d'une année civile, le seuil mentionné au premier alinéa du présent 2 est dépassé, les dispositions du 1 s'appliquent aux prestations fournies à compter du jour de ce dépassement.

3. Le 2 ne s'applique pas lorsque *(L. nº 2019-1479 du 28 déc. 2019, art. 147-I-D et IV, mod. par L. nº 2020-1721 du 29 déc. 2020, art. 51-II, en vigueur le 1er juill. 2021)* **« l'assujetti** *[ancienne rédaction : le prestataire]* **» a opté, dans l'État membre dans lequel il est établi ou dans lequel il a son domicile ou sa résidence habituelle, pour que le lieu de ces prestations se situe en France conformément au 1** *(L. nº 2019-1479 du 28 déc. 2019, art. 147-I-D et IV, mod. par L. nº 2020-1721 du 29 déc. 2020, art. 51-II, en vigueur le 1er juill. 2021)* **« et pour que le lieu de ses ventes à distance intracommunautaires de biens soit situé dans l'État membre à destination duquel les biens vendus sont expédiés ».**

II. — 1. Le lieu des prestations de services mentionnées aux 10°, 11° et 12° de l'article 259 B est également réputé situé en France lorsqu'elles sont fournies par un prestataire qui est établi *(L. nº 2020-1721 du 29 déc. 2020, art. 51-I-3º-b et III, applicable aux opérations pour lesquelles le fait générateur de la taxe sur la valeur ajoutée intervient à compter du 1er juill. 2021)* **« uniquement » en France ou, en l'absence d'établissement, qui a** *(L. nº 2020-1721 du 29 déc. 2020, art. 51-I-3º-b et III, applicable aux opérations pour lesquelles le fait générateur de la taxe sur la valeur ajoutée intervient à compter du 1er juill. 2021)* **« uniquement » en France son domicile ou sa résidence habituelle, à des personnes non assujetties qui sont établies, ont leur domicile ou leur résidence habituelle dans d'autres États membres de l'Union européenne et que la valeur totale de ces prestations** *(L. nº 2019-1479 du 28 déc. 2019, art. 147-I-D et IV, mod. par L. nº 2020-1721 du 29 déc. 2020, art. 51-II, en vigueur le 1er juill. 2021)* **« ainsi que des ventes à distance intracommunautaires de biens effectuées par cet assujetti » n'a pas excédé, pendant l'année civile en cours au moment de la prestation** *(L. nº 2019-1479 du 28 déc. 2019, art. 147-I-D et IV, mod. par L. nº 2020-1721 du 29 déc. 2020, art. 51-II, en vigueur le 1er juill. 2021)* **« ou de la vente à distance intracommunautaire de biens » et pendant l'année civile précédente, le seuil de 10 000 € hors taxe sur la valeur ajoutée.**

Lorsque, au cours d'une année civile, le seuil mentionné au premier alinéa du présent 1 est dépassé, les dispositions du présent 1 cessent de s'appliquer aux prestations fournies à compter du jour de ce dépassement.

2. Toutefois, *(L. nº 2019-1479 du 28 déc. 2019, art. 147-I-D et IV, mod. par L. nº 2020-1721 du 29 déc. 2020, art. 51-II, en vigueur le 1er juill. 2021)* **« cet assujetti** *[ancienne rédaction : ce prestataire]* **» peut opter pour que le lieu de ces prestations fournies à des personnes non assujetties se situe dans l'État membre où ces personnes sont établies, ont leur domicile ou leur résidence habituelle** *(L. nº 2019-1479 du 28 déc. 2019, art. 147-I-D et IV, mod. par L. nº 2020-1721 du 29 déc. 2020, art. 51-II, en vigueur le 1er juill. 2021)* **« et que le lieu des ventes à distance intracommunautaires de biens soit**

situé dans l'État membre à destination duquel les biens sont expédiés ou transportés ». Cette option couvre une période de deux années civiles *(L. n° 2019-1479 du 28 déc. 2019, art. 147-I-D et IV, mod. par L. n° 2020-1721 du 29 déc. 2020, art. 51-II, en vigueur le 1er juill. 2021)* **« et est renouvelable par tacite reconduction, sauf dénonciation à l'expiration de chaque période ».**

Services électroniques, de télécommunication, de radiodiffusion et de télévision. Commentaires administratifs des règles applicables au 1er janv. 2019. Définitions. Lieu d'imposition des prestations. * BOI-TVA-CHAMP-20-50-40-20 du 25 sept. 2019.

Ancien art. 259 D *Le lieu des prestations de services mentionnées aux 10°, 11° et 12° de l'article 259 B est réputé situé en France, lorsqu'elles sont effectuées en faveur de personnes non assujetties qui sont établies, ont leur domicile ou leur résidence habituelle en France. — Concernant les services compétents, V. notamment Ann. III, art. 95 et 95 D.*

II *OPÉRATIONS IMPOSABLES SUR OPTION*

Art. 260 Peuvent sur leur demande acquitter la taxe sur la valeur ajoutée :

1° *Disposition devenue sans objet (L. n° 91-716 du 26 juill. 1991, art. 5-I et VII) ;*

2° Les personnes qui donnent en location des locaux nus pour les besoins de l'activité d'un preneur assujetti à la taxe sur la valeur ajoutée ou, si le bail est conclu à compter du 1er janvier 1991, pour les besoins de l'activité d'un preneur non assujetti.

L'option ne peut pas être exercée :

***a)* Si les locaux nus donnés en location sont destinés à l'habitation ou à un usage agricole ;**

***b)* Si le preneur est non assujetti, sauf lorsque le bail fait mention de l'option par le bailleur ;** *— V. Ann. II, art. 193 à 195.*

3° *Abrogé ;*

4° *Abrogé ;*

5° Les personnes qui consentent un bail visé au 1° *bis* de l'article 261 D ;

5° *bis* Les personnes qui réalisent une opération visée au 5 de l'article 261 ;

6° A compter du 1er octobre 1988, les personnes qui donnent en location des terres et bâtiments d'exploitation à usage agricole. L'option ne peut être exercée que si le preneur est redevable de la taxe sur la valeur ajoutée et elle s'applique à tous les baux conclus par un même bailleur avec des agriculteurs répondant à cette condition. *— V. Ann. II, art. 202.*

Les conditions et modalités de l'option, notamment, pour l'application du 6°, les modalités d'évaluation des bâtiments d'habitation lorsqu'ils ne font pas l'objet d'une location distincte, sont fixées par décret en Conseil d'État.

BIBL. ▶ BERGER-PICQ, *FR Lefebvre 20/40, inf. 4* (locations de locaux nus à usage professionnel : une option pour la TVA sur mesure). – MAUBLANC, *AJDI 2005, n° 4. 289* (la vacance du local à usage professionnel révèle-t-elle la renonciation du bailleur à louer ?). – X., *BFL 2002, p. 773* (l'option pour la TVA des bailleurs d'immeubles nus à usage professionnel).

1. Personnes pouvant opter. Le bailleur ne peut pas opter pour la TVA lorsque le loyer qu'il demande ou le loyer versé par le preneur avec son accord est non seulement sensiblement inférieur au cours de référence du marché immobilier locatif, mais encore tellement faible qu'il ne couvre pas le coût de revient du local. • TA Grenoble, 18 déc. 1997, n° 94-2967 : *Dr. fisc. 1998. 593.*

2. L'option prévue à l'art. 260-6° peut être exercée par les personnes qui consentent un bail *à métayage,* alors même qu'elles sont considérées comme exploitants. • CE 29 juill. 1998, nos 193445 et 193473 : *Dr. fisc. 1998. 1148, concl. Arrighi de Casanova ; RJF 1998. 1104* * Instr. 28 févr. 2005 : *BOI 3 I-2-05.*

3. Le droit d'option ne peut toutefois être valablement exercé que pour la totalité d'un bail. • CE 29 juill. 1998, n° 193473 : *préc.* • CAA Douai, 28 juin 2005, n° 03DA528 : *RJF 2005. 1377.*

4. Lorsqu'un immeuble est en indivision, l'option prévue par l'art. 260-2° requiert le consentement express de tous les indivisaires. Cependant, aucune disposition du CGI n'impose que les options en faveur de l'assujettissement à la TVA des revenus locatifs tirés d'un immeuble en indivision soient effectuées par les indivisaires à la même date et sur un même document. • CAA Paris, 29 mars 2007, n° 05PA2104 : *RJF 2007. 904.*

5. Locaux nus à usage professionnel affectés à l'hébergement du personnel. L'option pour l'assujettissement à la TVA des locations de locaux nus à usage professionnel couvre non seulement les locaux affectés à l'hébergement du personnel chargé de fonctions permanentes de surveillance ou de sécurité, mais plus largement l'ensemble des locaux affectés à des personnels exerçant des fonctions impliquant, par nature et au regard de l'activité exercée par le preneur, une résidence permanente sur les lieux mêmes du travail. Ce qui est le cas du gérant d'un restaurant d'altitude non accessible par la route pendant l'hiver. • CE 7 sept. 2009, n° 31338 : *RJF 2009. 1074 ; Dr. fisc. 2009. 588, concl. Olléon.* ♦ Se ralliant à cette jurisprudence, l'Administration admet que, lorsque l'option de l'art. 260-2° est valablement exprimée, elle couvre les locaux nus à usage professionnel et les logements de fonction répondant aux critères dégagés par le Conseil d'État. * Rescrit 28 déc. 2010, n° 2010/73 TCA * BOI-TVA-CHAMP-50-10 n° 200 du 4 avr. 2014.

6. Date et forme de l'option pour la TVA. L'option prévue par l'art. 260-2° doit faire l'objet d'une déclaration expresse à l'Administration et distincte pour chaque immeuble ou ensemble d'immeubles. Si elle peut être exercée à l'occasion de la déclaration d'existence, cette dernière doit comporter des indications suffisamment précises pour identifier le ou les immeubles auxquels elle se rapporte. • CE 23 déc. 2011, *Sté Mercedes*, n° 323189 : *RJF 2012. 236 ; BDCF 3/12, n° 32, concl. Collin ; Dr. fisc. 2012. 178* * BOI-TVA-CHAMP-50-10 n° 20 du 4 avr. 2014. ♦ L'option déclarée avant la signature du bail doit être regardée comme ayant été valablement exercée à la date de prise d'effet de celui-ci. • CAA Nancy, 11 mars 1999, n° 94NA1417 : *RJF 1999. 850.* ♦ En cas d'engagement contractuel de location à effet rétroactif non frauduleux souscrit à titre de régularisation postérieurement à l'exercice de l'option, l'option emporte effet à la date de son exercice et non à celle de la signature de l'engagement contractuel. • CAA Nantes, 11 oct. 2012, *Cne de Brest*, n° 11NT01763 : *RJF 2013. 278.*

7. Location de locaux nus à usage commercial. Pour les locations de locaux nus à usage professionnel faites à un assujetti sans indication de l'option dans le bail, le loyer est considéré toutes taxes comprises. * Rép. min. n° 23131 : *JOAN Q, 16 juill. 2013, p. 7512.* ♦ L'option pour l'assujettissement à la TVA en ce qui concerne l'activité de location nue doit faire l'objet d'une déclaration expresse qui doit prendre la forme de la déclaration visée à l'art. 286-1° et ne peut résulter seulement de la facturation, de la déclaration et de l'acquittement de la taxe. • CE 1er juin 1990, nos 63998 et 63999 : *RJF 1990. 1027.* ♦ L'option pour l'assujettissement à la TVA d'une activité de location de locaux nus à usage commercial est valablement exercée par la souscription d'une déclaration d'existence auprès d'un centre de formalités des entreprises sur laquelle le loueur a indiqué relever du régime simplifié d'imposition à la TVA. • CAA Lyon, 14 nov. 2002, n° 97LY20275 : *Dr. fisc. 2003. 790, concl. Bonnet ; RJF 2003. 826.* ♦ En sens contraire • CAA Bordeaux, 26 oct. 2006, n° 04BX448 : *RJF 2007. 269.* ♦ L'option peut prendre la forme d'une simple lettre de déclaration d'option adressée au service des impôts compétent, sans qu'il soit nécessaire d'y joindre une copie du contrat de bail. * BOI-TVA-CHAMP-50-10 n° 210 du 4 avr. 2014.

8. Portée de l'option. L'option pour la TVA prévue pour les locations de locaux nus à usage professionnel ne prend effet qu'à la date de souscription des engagements contractuels aux fins de location, immédiate ou future, de ces locaux. • CE 13 janv. 2006, n° 253404 : *RJF 2006. 366 ; Dr. fisc. 2006. 570, concl. Verclytte.* ♦ L'art. 260-2° n'interdisant pas expressément d'exercer une option avant même le début des travaux de construction, une telle option peut produire ses effets dès la conclusion des baux commerciaux, avant même la construction de l'immeuble, à condition que ces baux correspondent à des engagements contractuels réels et sérieux susceptibles de justifier l'option ainsi formulée. • CE (na) 7 déc. 2015, *SCI 3ME*, n° 386964 : *RJF 2016. 232.* ♦ Jugé, d'autre part, que l'option peut être exercée et prendre effet avant même le début des travaux de construction de l'immeuble en cause et avant l'acquisition de la propriété de l'immeuble, dès lors que le loueur établit l'existence d'un projet d'activité économique à la date de l'option. • TA Lyon, 14 févr. 2012, n° 1002050 : *RJF 2012. 994.*

9. Un bailleur qui détient, dans un même immeuble, plusieurs locaux nus à usage professionnel ouvrant droit à l'option pour la TVA peut n'opter que pour certains de ces locaux seulement, dès lors que l'option exercée désigne sans équivoque les locaux concernés. • CE 9 sept. 2020 : *Min. c/ SCI EMO*, n° 439143 : *RJF 2020. 989.* ♦ Le bailleur peut donc, lors de l'exercice de l'option pour la taxation de ses opérations de location à la TVA, décider de ne mentionner que certains des locaux nus à usage professionnel situés dans un même immeuble ou ensemble d'immeubles pour lesquels il entend soumettre les loyers à la TVA. Ce choix ne dépend pas de l'existence d'une division juridique de l'immeuble et de ses locaux mais peut s'apprécier par opération de location. * Rép. min. n° 38389 : *JOAN 16 nov. 2021.* ♦ V. égal. notes ss. art. 193 à 195 de l'Ann. II.

10. Récupération de la TVA. Modalités de récupération de la TVA à l'égard des immeubles pour lesquels l'option a été exercée. Cas des locaux nus à usage professionnel non effectivement donnés en location par le bailleur au moment de la formulation de l'option, mais dont il peut être établi qu'il les offre à la location.* BOI-TVA-CHAMP-50-10 n° 170 du 4 avr. 2014.

Art. 260 A Les collectivités locales, leurs groupements ou leurs établissements publics peuvent, sur leur demande, être assujettis à la taxe sur la valeur ajoutée au titre des opérations relatives aux services suivants :

fourniture de l'eau dans les communes de moins de 3 000 habitants ou par les établissements publics de coopération intercommunale dont le champ d'action s'exerce sur un territoire de moins de 3 000 habitants ;

assainissement ;

abattoirs publics ;

marchés d'intérêt national ;

enlèvement et traitement des ordures, déchets et résidus lorsque ce service donne lieu au paiement de la redevance pour services rendus prévue par l'article L. 2333-76 du code général des collectivités territoriales.

L'option peut être exercée pour chacun des services cités ci-dessus, dans des conditions et pour une durée qui sont fixées par décret en Conseil d'État. — *V. Ann. II, art. 201 quinquies à 201 octies.*

1. L'option pour la TVA ne peut être exercée que par les collectivités locales qui exploitent directement le service (responsabilité de l'exploitation et attribution des recettes). Tel n'est pas le cas lorsque la collectivité afferme ou concède l'exploitation du service. Elle réalise alors une activité administrative placée de plein droit hors du champ d'application de la TVA pour laquelle aucune option à la TVA ne peut être exercée. En conséquence et dès lors qu'elle ne participe pas aux résultats de l'exploitation du service public, la collectivité concédante ou affermante n'est pas imposable à la TVA sur la redevance d'affermage ou de concession qu'elle perçoit du fermier ou du concessionnaire. * BOI-TVA-CHAMP-50-20 n° 70 du 12 sept. 2012.

2. Une commune qui a fait construire une maison de retraite médicalisée destinée à l'hébergement de personnes âgées dans des chambres individuelles meublées et qui en a confié l'exploitation et la gestion à une association ne peut pas opter pour l'assujettissement à la TVA au titre de la location des locaux dès lors que ceux-ci constituent la résidence principale des occupants et qu'ils doivent être regardés comme affectés à l'habitation. • CAA Nantes, 31 oct. 2001, n° 98NT382 : *Dr. fisc. 2002. 414.*

3. Lorsque les deux services de distribution d'eau potable et d'assainissement sont soumis à la TVA sur option et que les opérations qui s'y rapportent sont suivies dans un budget unique selon les modalités prévues par l'art. L. 2224-6 CGCT, la commune ou le groupement peut, tout en demeurant tenu d'ériger chaque service en un secteur d'activité distinct, souscrire une déclaration unique de TVA au titre des opérations de ces deux services. * BOI-TVA-CHAMP-50-20 n° 200 du 12 sept. 2012.

4. L'art. 260 A définit comme constituant un seul et même service les opérations d'enlèvement et de traitement des ordures, déchets et résidus. Ces opérations ne sont donc pas dissociables en vue de l'exercice du droit d'option. • CAA Lyon, 7 avr. 2008, n° 05LY538 : *RJF 2008. 1175.*

Art. 260 B Les opérations qui se rattachent aux activités bancaires, financières et, d'une manière générale, au commerce des valeurs et de l'argent, telles que ces activités sont définies par décret, peuvent, lorsqu'elles sont exonérées de taxe sur la valeur ajoutée, être soumises sur option à cette taxe. — *V. Ann. III, art. 70 sexies et 70 septies.*

(L. n° 2021-1900 du 30 déc. 2021, art. 30-I-5°-a et b) **« L'assujetti qui a exercé l'option l'applique aux seules opérations qu'il détermine. Cette option » peut être dénoncée à partir du 1er janvier de la cinquième année qui suit celle au cours de laquelle elle a été exercée.**

L'option ou sa dénonciation prend effet à compter du premier jour du mois suivant celui au cours duquel elle est formulée auprès du service des impôts.

(L. n° 2020-1721 du 29 déc. 2020, art. 162-I-3° et III, en vigueur le 1er janv. 2022) **« Par dérogation au deuxième alinéa, l'option formulée par un assujetti unique constitué en application de l'article 256 C est exercée par secteur d'activité. »**

BIBL. Pons, *Dr. fisc. 2005. 340* (TVA financière : faut-il révoquer l'option ?).

1. Frais et commissions sur parts de FCP. Compte tenu des dispositions de l'art. 13-II de la loi de finances pour 1979 permettant d'opter pour le paiement de la TVA à raison des activités bancaires et financières soumises à l'ancienne taxe spéciale sur les activités financières, les commissions dites « droits d'entrée » perçues lors de l'émission de parts de fonds communs de placement ne peuvent pas donner lieu à l'exercice de l'option, dès lors qu'elles étaient exonérées de la taxe spéciale en application de l'ancien art. 300. Il en est ainsi alors même que l'art. 260 C, énumérant les opérations exclues du champ d'application de l'option, omet de mentionner ces commissions. Étant non imposables en vertu de la loi, et non d'une tolérance administrative, ces opérations n'ouvrent pas droit à déduction. • CE 24 mai 2000, n° 183483 : *Dr. fisc. 2000. 1034, concl. Arrighi de Casanova ; RJF 2000. 915 ; concl. Arrighi de Casanova au BDCF 7-8/00.*

2. Commissions perçues lors de l'émission et du placement d'actions. Exclusion de l'option. Commentaire administratif. * BOI-TVA-SECT-50-10-30-10 n° 300 du 12 sept. 2012.

3. Cotisations et commissions versées aux émetteurs de cartes bancaires. V. note ss art. 260 C.

4. Portée de l'option. L'option pour la taxation des opérations bancaires et financières exercée par un siège établi en France pour ses propres opérations ne s'étend pas aux opérations réalisées par son établissement stable établi à l'étranger et dont le lieu d'imposition est situé en France. Mais l'assujetti peut, s'il le souhaite, exercer l'option pour ces dernières opérations. * Rescrit 26 janv. 2010, n° 2010/03 TCA : *Banque et Dr. 2010, n° 130, p. 54, note Acard et Vasseur* * BOI-TVA-SECT-50-10-30-10 n° 140 du 12 sept. 2012.

L'option pour la taxation des opérations bancaires et financières exercée par un assujetti établi en France ne couvre pas celles de ses opérations dont le lieu d'imposition est situé dans un autre État membre, lesquelles relèvent des règles en vigueur dans ce pays. Toutefois ces opérations ouvrent droit à déduction en France dans la mesure où elles seraient soumises à la TVA à raison de l'exercice de l'option si leur lieu d'imposition était situé en France. * Rescrit 23 févr. 2010, n° 2010/10 TCA * BOI-TVA-SECT-50-10-30-10 n° 160 du 12 sept. 2012.

5. Dénonciation de l'option. Depuis le 11 mars 2010, la dénonciation de l'option pour l'imposition à la TVA des opérations bancaires et financières peut intervenir à tout moment à compter du 1er janv. de la cinquième année qui suit celle au cours de laquelle elle a été exercée, même si un remboursement de crédit de taxe a été obtenu. Ces règles s'appliquent aux options en cours de validité à cette date, les options exercées avant 2007 pouvant ainsi être dénoncées à tout moment. * BOI-TVA-SECT-50-10-30-20 n° 110 du 12 sept. 2012.

Art. 260 C L'option mentionnée à l'article 260 B ne s'applique pas :

1° Aux opérations effectuées par les affiliés de l'organe central des caisses d'épargne et des banques populaires, ainsi que leurs groupements, entre eux ou avec l'organe central des caisses d'épargne et des banques populaires ;

2° Aux opérations effectuées entre elles par les caisses de crédit mutuel adhérentes à la confédération nationale du crédit mutuel ;

3° Aux opérations effectuées entre elles par les caisses de crédit agricole mentionnées à l'article L. 512-21 du code monétaire et financier ;

3° *bis Abrogé ;*

4° Aux intérêts, agios, rémunérations de prêts de titres effectués dans les conditions prévues aux articles L. 211-22 à L. 211-26 du code monétaire et financier, aux profits tirés des pensions réalisées dans les conditions prévues par les articles L. 211-27 à L. 211-34 du même code ;

5° Aux rémunérations assimilables à des intérêts ou agios dont la liste est établie par arrêté du ministre chargé des finances ; — *Ann. IV, art. 23 O.*

6° Aux cessions de valeurs mobilières et de titres de créances négociables ;

7° Aux sommes versées par le Trésor à la Banque de France ;

8° Aux frais et commissions perçus lors de l'émission des actions des sociétés d'investissement à capital variable et aux sommes perçues lors des cessions de créances ou en rémunération de la gestion des créances cédées ;

9° Aux opérations bancaires afférentes au financement d'exportations, de livraisons exonérées en vertu du I de l'article 262 *ter* ou d'opérations situées hors de France, *dont la liste est fixée* **par arrêté du ministre chargé du budget ; toutefois, l'option englobe les commissions afférentes au financement d'exportations ou de livraisons exonérées en vertu du I de l'article 262 *ter* lorsque, par l'effet de l'option, les commissions de même nature sont elles-mêmes soumises à la taxe sur la valeur ajoutée en régime intérieur ;** — *Ann. IV, art. 23 P.*

10° Aux opérations soumises à la taxe sur les conventions d'assurance ;

11° Aux opérations visées aux *d* et *g* du 1° de l'article 261 C ;

12° Aux commissions perçues lors de l'émission et du placement d'emprunts obligataires et d'actions ;

13° *Abrogé ;*

14° Aux opérations portant sur les produits de capitalisation relevant du code des assurances.

1. Bons d'achat. L'option s'applique notamment aux commissions perçues auprès des commerçants par un établissement de crédit à la consommation qui émet des bons d'achat utilisables dans des magasins agréés. • CAA Paris, 1er avr. 1996, n° 93PA937 : *Dr. fisc. 1996. 979.*

2. Commissions et frais d'émissions de FCP. V. note ss. art. 260 B.

3. Opérations sur bons et contrats de capitalisation. L'exonération résultant du 14° a pour conséquence d'exclure de l'option pour la taxation prévue à l'art. 260 B les opérations de cette nature réalisées par les personnes exerçant à titre principal une activité de nature bancaire ou financière. * BOI-TVA-SECT-50-10-10 n° 200 du 12 sept. 2012.

4. Cotisations et commissions versées aux émetteurs de cartes bancaires. Les cotisations versées par les porteurs de cartes et les commissions versées par les commerçants aux établissements émetteurs de cartes bancaires ne sont pas exclues de l'option pour l'assujettissement à la TVA des opérations bancaires et financières. • TA Cergy-Pontoise, 25 mars 2010, n° 07-5020 : *RJF 2010. 1152.*

Art. 260 CA Les assujettis et les personnes morales non assujetties susceptibles de bénéficier des dispositions du 2° du I de l'article 256 *bis* peuvent, sur leur demande, acquitter la taxe sur leurs acquisitions intracommunautaires.

L'option prend effet au premier jour du mois au cours duquel elle est exercée. Elle couvre obligatoirement une période expirant le 31 décembre de la deuxième année qui suit celle au cours de laquelle elle a été exercée. Elle est renouvelée par tacite reconduction, par période de deux années civiles, sauf dénonciation formulée avant l'expiration de chaque période.

II *BIS* LOCATION DE LOCAUX DESTINÉS AU LOGEMENT EN MEUBLÉ

Art. 260 D Pour l'application de la taxe sur la valeur ajoutée, la location d'un local meublé ou nu dont la destination finale est le logement meublé est toujours considérée comme une opération de fourniture de logement meublé quelles que soient l'activité du preneur et l'affectation qu'il donne à ce local.

1. Locations de locaux nus, meublés ou garnis consenties aux exploitants d'établissements d'hébergement à caractère hôtelier. Depuis le 1er janv. 2007, toutes les locations de locaux nus ou meublés consenties, par bail commercial ou non, aux exploitants d'un établissement d'hébergement sont soumises à la TVA, même si le preneur exploitant bénéficie, à un autre titre, d'une exonération ou est un non-assujetti. * BOI-TVA-CHAMP-10-10-50-20 n° 100 du 12 sept. 2012.

2. Locations de locaux consenties aux exploitants de logements-foyers. Exonération à compter du 7 mars 2007. * BOI-TVA-CHAMP-10-10-50-20 n° 110 du 12 sept. 2012.

II *TER* OPÉRATIONS IMPOSABLES SUR AUTORISATION

Art. 260 E *à* 260 G *Abrogés par L. n° 2007-1824 du 25 déc. 2007, art. 57-XV et XVII, applicable aux opérations pour lesquelles la taxe sur la valeur ajoutée est exigible à compter du 1er janv. 2008.*

III OPÉRATIONS EXONÉRÉES

Art. 261 Sont exonérés de la taxe sur la valeur ajoutée :

1. (Affaires ou opérations soumises à un autre impôt) :

1° *à* 3° *Abrogés.*

4° Les opérations à terme sur marchandises réalisées sur un marché réglementé à l'exclusion de celles qui déterminent l'arrêt de la filière ;

5° *Abrogé.*

2. (Agriculture et pêche) :

1° *et* 2° *Abrogés.*

3° Les prestations réalisées dans le cadre de l'entraide entre agriculteurs définie par les articles L. 325-1 à L. 325-3 du code rural et de la pêche maritime. Cette exonération pourra être étendue par décret en Conseil d'État aux départements d'outre-mer ; *— V. Décr. n° 64-285 du 2 avr. 1964 (JO 4 avr.).*

4° Les opérations effectuées par les pêcheurs et armateurs à la pêche, à l'exception des pêcheurs en eau douce, en ce qui concerne la vente des produits de leur pêche

(poissons, crustacés, coquillages frais ou conservés à l'état frais par un procédé frigorifique) ;

5° *Abrogé.*

3. (Biens usagés) :

1° *a)* Sous réserve, le cas échéant, des dispositions des 1° et 2° du III de l'article 257, les ventes de biens usagés faites par les personnes qui les ont utilisés pour les besoins de leurs exploitations.

Toutefois, l'exonération ne s'applique pas aux biens qui ont ouvert droit à déduction complète ou partielle de la taxe sur la valeur ajoutée lors de leur achat, acquisition intracommunautaire, importation ou livraison à soi-même ;

Les dispositions du deuxième alinéa ne s'appliquent ni aux biens cédés à des personnes qui ont souscrit un contrat de crédit-bail ou de location avec option d'achat avant le 8 septembre 1989, ni aux véhicules destinés à la location simple, inscrits à l'actif des entreprises de location avant le 8 septembre 1989, si ces véhicules sont cédés à des personnes autres que des négociants en biens d'occasion ;

b) *Disposition périmée ;*

2° *Abrogé par L. n° 2007-1824 du 25 déc. 2007, art. 57-XV et XVII.*

4. (Professions libérales et activités diverses) :

1° Les soins dispensés aux personnes par les membres des professions médicales et paramédicales réglementées, *(L. n° 2019-1479 du 28 déc. 2019, art. 31, applicable aux prestations pour lesquelles le fait générateur de la taxe sur la valeur ajoutée intervient à compter du 15 oct. 2019)* **« par les pharmaciens, » par les praticiens autorisés à faire usage légalement du titre d'ostéopathe** *(L. n° 2017-1837 du 30 déc. 2017, art. 10)* **« , de chiropracteur, de psychologue ou de psychothérapeute et par les psychanalystes » titulaires d'un des diplômes requis, à la date de sa délivrance, pour être recruté comme psychologue dans la fonction publique hospitalière ainsi que les travaux d'analyse de biologie médicale et les fournitures de prothèses dentaires par les dentistes et les prothésistes ;** *— Les dispositions du présent 1° issues de la L. n° 2017-1837 du 30 déc. 2017 s'appliquent aux prestations pour lesquelles le fait générateur de la taxe sur la valeur ajoutée intervient à compter du 1er janv. 2018 (L. préc., art. 10).*

1° *bis* Les frais d'hospitalisation et de traitement, y compris les frais de mise à disposition d'une chambre individuelle, dans les établissements de santé privés titulaires de l'autorisation mentionnée à l'article L. 6122-1 du code de la santé publique ;

1° *ter* Les soins dispensés par les établissements privés d'hébergement pour personnes âgées mentionnés au 6° du I de l'article L. 312-1 du code de l'action sociale et des familles, pris en charge par un forfait annuel global de soins en application de l'article L. 174-7 du code de la sécurité sociale ;

2° Les livraisons, *(L. n° 2020-1721 du 29 déc. 2020, art. 44-I-3°)* **« services d'intermédiation et prestations de travail à façon » portant sur les organes, le sang et le lait humains ;**

3° Le transport de malades ou de blessés à l'aide de véhicules spécialement aménagés à cet effet effectué par des personnes visées à l'article L. 6312-2 du code de la santé publique ; *— Les personnes visées par l'art. L. 6312-2 CSP sont celles ayant obtenu de l'administration un agrément préalable (dans les conditions définies par les art. R. 6312-6 à R. 6312-10 CSP pour les transports sanitaires terrestres).*

4° *a)* Les prestations de services et les livraisons de biens qui leur sont étroitement liées, effectuées dans le cadre :

(L. n° 2018-266 du 13 avr. 2018, art. 4-III) **« — de l'enseignement primaire, secondaire et supérieur dispensé dans les établissements publics et les établissements privés régis par les articles L. 151-3, L. 212-2, L. 424-1 à L. 424-4, L. 441-1, L. 443-1 à L. 443-5 et L. 731-1 à L. 731-17 du code de l'éducation ; »**

— de l'enseignement universitaire dispensé dans les établissements publics et dans les établissements privés visés aux articles L. 613-7, L. 714-2 et L. 718-16 du code de l'éducation ;

(Abrogé par L. n° 2018-266 du 13 avr. 2018, art. 4-III) ***« — de l'enseignement technique ou professionnel réglementé par les articles L. 441-10 à L. 441-13, L. 443-1 à L. 443-4 et L. 424-1 à L. 424-4 du code de l'éducation et le décret du 14 septembre 1956 ; »***

– un tel organisme peut rémunérer trois de ses dirigeants si le montant annuel de ses ressources, majorées de celles des organismes qui lui sont affiliés et qui remplissent les conditions leur permettant de bénéficier de la présente disposition, hors ressources issues des versements effectués par des personnes morales de droit public, est supérieur à 1 000 000 €, en moyenne sur les trois exercices clos précédant celui pendant lequel la rémunération est versée ;

– un tel organisme peut verser des rémunérations dans le cadre de la présente disposition uniquement si ses statuts le prévoient explicitement et si une décision de son organe délibérant l'a expressément décidé à la majorité des deux tiers de ses membres ;

– le montant des ressources *(L. n° 2017-86 du 27 janv. 2017, art. 12-I-1°)* « le cas échéant » hors ressources issues des versements effectués par des personnes morales de droit public est constaté par un commissaire aux comptes ;

– le montant de toutes les rémunérations versées à chaque dirigeant au titre de la présente disposition ne peut en aucun cas excéder trois fois le montant du plafond visé à l'article L. 241-3 du code de la sécurité sociale.

(L. n° 2017-86 du 27 janv. 2017, art. 12-I-2°) « La condition d'exclusion des ressources issues des versements effectués par des personnes morales de droit public mentionnée aux quatrième à sixième alinéas du présent *d* n'est pas applicable aux associations de jeunesse et d'éducation populaire ayant fait l'objet d'un agrément par le ministre chargé de la jeunesse dont l'instance dirigeante est composée de membres dont la moyenne d'âge est inférieure à trente ans et qui décident de rémunérer, dans la limite du plafond mentionné à l'article L. 241-3 du code de la sécurité sociale, pour une durée maximale de trois ans, renouvelable une fois, leurs dirigeants âgés de moins de trente ans à la date de leur élection. »

Un décret en Conseil d'État fixe les modalités d'application des *(L. n° 2017-86 du 27 janv. 2017, art. 12-I-3°)* « neuf » alinéas précédents ;

l'organisme ne doit procéder à aucune distribution directe ou indirecte de bénéfice, sous quelque forme que ce soit ;

les membres de l'organisme et leurs ayants droit ne doivent pas pouvoir être déclarés attributaires d'une part quelconque de l'actif, sous réserve du droit de reprise des apports.

Tous les organismes concernés par les *a*, *b* et *c* sont placés sous le régime du chiffre d'affaires réel ; un décret en Conseil d'État détermine leurs obligations ainsi que l'étendue et les modalités d'exercice de leurs droits à déduction ; – *V. Ann. II, art. 242 octies.*

1° *bis* Les opérations effectuées par les associations intermédiaires conventionnées, mentionnées à l'article L. 5132-7 du code du travail, dont la gestion est désintéressée, dans les conditions prévues au 1° ;

(L. n° 2018-1317 du 28 déc. 2018, art. 71) « 1° *ter* Les prestations de services mentionnées au D de l'article 278-0 *bis* et au *i* de l'article 279, réalisées par des associations agréées en application de l'article L. 7232-1 du code du travail ou autorisées en application de l'article L. 313-1 du code de l'action sociale et des familles, et dont la gestion est désintéressée au sens du *d* du 1° du présent 7, au profit des personnes physiques ou des familles mentionnées aux 1°, 6°, 7° et 16° du I de l'article L. 312-1 du code de l'action sociale et des familles, ainsi qu'au profit des personnes mentionnées au 1° de l'article L. 7232-1 du code du travail ; »

1° *quater* Les prestations de services et les livraisons de biens qui leur sont étroitement liées, effectuées dans les lieux de vie et d'accueil mentionnés au III de l'article L. 312-1 du code de l'action sociale et des familles, conformément à leur objet ;

2° *Abrogé.*

3° Les ventes portant sur les articles fabriqués par des groupements d'aveugles ou de travailleurs handicapés, agréés dans les conditions prévues par la loi n° 72-616 du 5 juillet 1972, ainsi que les réparations effectuées par ces groupements. Ils peuvent toutefois, sur leur demande, renoncer à l'exonération dans les conditions et selon les modalités prévues par décret en Conseil d'État ; – *V. Ann. II, art. 195 B à 195 D.*

4° *Abrogé.*

8. et 9. *Abrogés.*

A. CESSIONS DE BIENS D'INVESTISSEMENT

1. Transmission d'une universalité de biens. Nouveau régime. L'art. 89 de la loi n° 2005-1720 du 30 déc. 2005 a transposé en droit interne la faculté prévue à l'art. 5-8 de la 6e Dir. TVA. L'art. 257 *bis* prévoit désormais que les livraisons ou prestations intervenues dans le cadre des transmissions d'universalités totales ou partielles de biens sont dispensées de TVA.

B. VENTES DE BIENS USAGÉS

2. Véhicules. L'exonération prévue par l'art. 261-3 n'est applicable qu'aux ventes de biens ayant la nature d'une immobilisation. Tel n'est pas le cas des véhicules qu'un négociant revend après une courte période d'utilisation, inférieure à un an. • CAA Nantes, 6 févr. 1991, n° 89NT1072 : *Dr. fisc. 1991. 1661.*

3. Résidus de démolition. Les objets divers provenant d'immeubles anciens démolis, tels que cheminées, carrelages, poutres et pierres, qu'une entreprise achète et revend en vue de leur réemploi doivent être regardés non comme des matériaux de récupération, dont la vente est exonérée de TVA, mais comme des objets d'occasion, dont le commerce est passible de cette taxe. • CE 8 sept. 1999, n° 161330 : *Dr. fisc. 2000. 746, concl. Goulard.*

C. ACTIVITÉS MÉDICALES ET PARAMÉDICALES

1° PROFESSIONS ET ACTIVITÉS DIVERSES

4. Consultations médicales par téléphone. Les consultations médicales par téléphone peuvent être exonérées de TVA si elles poursuivent une finalité thérapeutique et qu'elles sont réalisées par des personnes ayant les qualifications professionnelles requises. • CJUE 5 mars 2020, *X-GmbH c/ Finanzamt Z*, n° 48/19 : *RJF 2020. 512.*

5. Diététicien. Ne sont pas exonérées des prestations informatisées fournies par un logiciel sans dialogue ni interaction entre un patient et un praticien. • CE 29 déc. 2020, n° 426219 : *RJF 2021. 263 ; Dr. fisc. 2021. 198, note Pezet.*

6. Professions médicales et paramédicales. Masseurs-kinésithérapeutes. Ostéopathes. Sont exonérés les actes régulièrement dispensés par les membres des professions médicales et paramédicales réglementées par une disposition législative ou par un texte pris en application d'une telle disposition. Les soins que les masseurs-kinésithérapeutes sont habilités à dispenser dans l'exercice de leur profession, telle que celle-ci est réglementée par les art. L. 487 s. [art. L. 4321-1 s.] CSP, sont exonérés de la TVA, même s'ils ne sont pas effectués sur ordonnance médicale. • CE 15 févr. 1999, n° 176932 : *Dr. fisc. 1999. 436, concl. Bachelier.*

7. Un masseur-kinésithérapeute peut bénéficier de l'exonération de TVA pour la totalité des honoraires qu'il a perçus s'il n'est pas démontré que, au cours de la période en cause, il a effectué des actes constitutifs de « manœuvres de force » prohibées, ou, sans la prescription requise, des « mobilisations manuelles » autorisées par cette disposition pour la mise en œuvre de traitements prescrits par un médecin. • CE 5 avr. 2004, n° 252367 : *Dr. fisc. 2004. 858, concl. Vallée ; RJF 2004. 700 ; concl. Vallée au BDCF 7/04, n° 86.*

8. L'art. 261-4-1° exonère les soins dispensés par les praticiens autorisés à faire usage légalement du titre d'ostéopathe. – V. note 9.

9. Les conditions de l'usage professionnel du titre d'ostéopathe sont fixées par le Décr. n° 2007-435 du 25 mars 2007 modifié, pris en application de l'art. 75 de la L. n° 2002-303 du 24 mars 2020 relative aux droits des malades et à la qualité du système de santé. * BOI-TVA-CHAMP-30-10-20-10 n° 190 du 17 juin 2020.

10. Les soins pratiqués sous forme de massage ou de traitements prévus par l'art. 6-3 du décret du 26 août 1985, pour la mise en œuvre de traitements prescrits par un médecin, entrent dans le champ d'application de l'exonération. • TA Paris, 11 mars 1997, n° 93-9243 : *RJF 1997. 1115 ; BDCF 1997. 107, concl. Brotons.* ♦ Il en est de même des soins de kinébalnéothérapie et d'hydrothérapie dispensés par des masseurs-kinésithérapeutes, associés d'une SCP, aux curistes d'un établissement thermal, dans le cadre de traitements prescrits par le médecin. • CAA Bordeaux, 10 avr. 2001, n° 97BX777 : *Dr. fisc. 2001. 1110 ; RJF 2001. 1060.* ♦ Toutefois, les soins dispensés dans un établissement thermal par des masseurs-kinésithérapeutes salariés d'une société de fait chargée d'assurer une partie des actes relatifs aux traitements de cure thermale et constituée entre autres de masseurs-kinésithérapeutes exerçant à titre libéral, ne sont pas exonérés de TVA. • CAA Bordeaux, 1er févr. 2000, n° 96BX1286 : *Dr. fisc. 2000. 864.* ♦ A défaut de comptabilisation distincte des recettes provenant de l'activité libérale des associés et de celles provenant des actes accomplis par le personnel salarié, la société ne peut pas bénéficier, même partiellement, de l'exonération. • Même arrêt.

11. La gymnastique médicale dispensée par les masseurs-kinésithérapeutes est exonérée de TVA même si elle n'est pas prescrite par un médecin. * BOI-TVA-CHAMP-30-10-20-10 n° 180 du 17 juin 2020.

12. Chiropracteurs. A compter du 30 déc. 2011, l'art. 261-4-1° exonère de TVA les actes dispensés par les praticiens autorisés à faire usage légalement du titre de chiropracteur, ce qui suppose l'enregistrement (y compris provisoire) des diplômes, certificats, titres, autorisations ou récépissés de ces professionnels. Les praticiens ne peuvent prétendre à l'exonération qu'au titre des actes réalisés à compter de cet enregistrement. * BOI-TVA-CHAMP-30-10-20-10 n° 200 du 17 juin 2020.

13. Psychothérapeutes. Il appartient au juge de l'impôt, compte tenu de l'évolution de la réglementation nationale applicable aux prestations de psychothérapie, d'interpréter la loi fiscale à la lumière des dispositions de la 6e Dir. TVA, telles qu'interprétées par l'arrêt du 27 avr. 2006 de la CJUE (V. *infra*, note 22). Condition : qualifications professionnelles propres à assurer aux prestations de psychothérapie un niveau de qualité équivalant à celui des prestations fournies par des personnes bénéficiant de l'exonération en vertu de la réglementation nationale. • CE 30 déc. 2014, *Nantas*, n° 360809 : *RJF 2015. 199 ; BDCF 2015. 30, concl. Aladjidi.* ♦ Nouvelle doctrine administrative. * BOI-TVA-CHAMP-30-10-20-10 nos 100 et 105 du 17 juin 2020.

14. Autres prestations paramédicales. Sont soumis à la TVA lorsqu'ils ne sont pas accomplis par un docteur en médecine les actes d'acupuncture. • CE 4 déc. 1989, n° 89214 : *Dr. fisc. 1990. 959, concl. Hagelsteen.* ♦ ... D'étiopathie. • CE 28 avr. 1993, n° 119665 : *Dr. fisc. 1993. 1795.* ♦ ... Et de thérapie manuelle chinoise. • CAA Nantes, 18 déc. 1989, *Jégouzo*, n° 89-198. ♦ Il en est de même pour des soins dispensés par un orthopédiste-podologue qui n'exerce pas une profession réglementée, alors même qu'il agit sur prescription médicale. • CAA Nantes, 30 juin 2000, n° 97NT295 : *Dr. fisc. 2001. 600, concl. Stamm.*

15. Sont également soumis à la TVA : les prestations médicales consistant à établir, par des analyses biologiques, l'affinité génétique d'individus (médecin expert près les tribunaux). • CJCE 14 sept. 2000, n° C-384/98 : *RJF 2001. 124 ; D. 2000. IR 266*. ♦ ... Les essais thérapeutiques de médicaments effectués par une association en tant que personne morale, et non par des personnes physiques dans le cadre d'une activité libérale. • CAA Bordeaux, 18 avr. 2000, n° 97BX97 : *Dr. fisc. 2001. 231.*

16. Prothèses dentaires. L'art. 13 A-1-e de la 6e Dir. TVA (cf. Dir. n° 2006/112/CE 28 nov. 2006, art. 132-1-e) doit être interprété en ce sens qu'il ne s'applique pas aux livraisons de prothèses dentaires effectuées par un intermédiaire qui n'a pas la qualité de dentiste ou de mécanicien dentiste, mais qui a acquis de telles prothèses auprès d'un mécanicien dentiste. • CJCE 14 déc. 2006, n° 401/05, *VDP Dental Laboratory NV : RJF 2007. 378.* ♦ Sont soumises à la TVA les fournitures de prothèses dentaires par une société qui n'assure pas elle-même la fabrication des prothèses adaptées aux besoins de chaque patient et qu'elle achète à son fournisseur avant de les livrer aux clients. • CAA Nancy, 10 oct. 2002, n° 98NA1577 : *Dr. fisc. 2003. 169.* ♦ En revanche, la fourniture d'éléments de prothèse dentaire, tels que plaques de squeletté ou stellites, par un prothésiste dentaire, sur commande de chirurgiens-dentistes à partir d'une prise d'empreinte des patients, est exonérée de TVA. • CAA Nancy, 20 janv. 2005, n° 00NA907 : *RJF 2005. 843 ; Dr. fisc. 2005. 429.* ♦ La fourniture et la pose d'un implant dentaire et d'une infrastructure coronaire sur implant par un dentiste ou un stomatologue, qu'il soit ou non également dentiste, sont exonérés. * BOI-RES-000009 du 7 juin 2018. ♦ Précisions administratives sur les règles de TVA applicables aux opérations effectuées par les prothésistes dentaires, notamment lorsque celles-ci sont réalisées en sous-traitance. * BOI-TVA-CHAMP-30-10-20-10 n° 310 du 17 juin 2020.

17. L'art. 261-4-1° ne crée pas une discrimination injustifiée au sens de l'art. 14 de la Convention EDH entre les fabricants de prothèses internes, qui ne sont pas exonérés de TVA, et les dentistes et prothésistes dentaires dont les opérations de fournitures de prothèses sont exonérées. • CE (na) 30 oct. 2007, n° 296298 : *RJF 2008. 547.*

18. Les livraisons de prothèses dentaires exonérées de TVA en application de l'art. 13 A-1-e de la 6e Dir. TVA (cf. Dir. n° 2006/112/CE 28 nov. 2006, art. 132-1-e) n'ouvrent pas droit à déduction de la TVA payée en amont, même lorsqu'elles constituent des opérations intracommunautaires. • CJCE 7 déc. 2006, C-240/05, *Eurodental SARL : RJF 2007. 245.*

19. Les importations et acquisitions intracommunautaires de prothèses dentaires sont exonérées de TVA si l'État de destination exonère ces livraisons. • CJUE 26 févr. 2015, *VDP Dental Laboratory NV*, C-144/13 : *RJF 2015. 456.*

20. Expertises médicales. L'exonération des expertises médicales réalisées par un médecin dans le prolongement de son activité exonérée de soins à la personne est incompatible avec la Dir. TVA. L'administration fiscale a donc supprimé cette tolérance, mais admet que les médecins peuvent continuer à s'en prévaloir pour les expertises dont le fait générateur est antérieur au 1er janv. 2014. * BOI-TVA-CHAMP-30-10-20-10 n° 80 du 17 juin 2020. ♦ Les expertises psychiatriques sont, comme les autres expertises médicales, soumises à la TVA. * Rép. min. n° 45775 : *JOAN Q, 4 févr. 2014, p. 1074.* ♦ Des actes (électrocardiogrammes), fussent-ils de nature médicale, qui ont pour finalité principale la fourniture à un laboratoire pharmaceutique d'un avis destiné à apprécier le bon déroulement d'essais cliniques mis en œuvre en vue de la mise sur le marché d'un nouveau médicament ne peuvent être regardés comme des prestations de soins auxquelles s'applique l'exonération prévue à l'art. 261-4-1°. • CE 2 avr. 2015, n° 375212 : *RJF 2015. 579.*

21. Médecine esthétique. BIBL. Mrozovski, *Dr. fisc. 2012. Actu 378* (les critères d'exonération des actes de médecine et de chirurgie esthétique). ♦ Les actes pratiqués par les médecins ne sont éligibles à l'exonération que dans la mesure où ils sont considérés comme poursuivant une finalité thérapeutique. • CJUE 21 mars 2013, *Skatteverket c/ Clinic AB,* n° C-91/12 : *RJF 2013. 794.* ♦ Dans le même sens. • CE (na), 9 nov. 2020, n° 437374 : *RJF 2021. 131.* ♦ Tel n'est pas le cas des actes à visée purement esthétique. En revanche, peuvent bénéficier de l'exonération les actes pris en charge totalement ou partiellement par l'assurance maladie, c'est-à-dire notamment les actes de chirurgie réparatrice et certains actes de chirurgie esthétique justifiés par un risque pour la santé du patient ou liés à la reconnaissance d'un grave préjudice psychologique ou social. * Rescrit 10 avr. 2012 : n° 2012/25 TCA * BOI-TVA-CHAMP-30-10-20-10 n° 40 du 17 juin 2020. ♦ Il en est ainsi de la chirurgie réparatrice de l'obésité laquelle est exonérée si elle est prise en charge par l'assurance maladie. * Rép. min. n° 27903 : *JOAN Q, 1er juin 2013, p. 6103.* ♦ Les actes de médecine et de chirurgie à visée esthétique non remboursés par la sécurité sociale ne peuvent bénéficier de l'exonération de TVA relative aux prestations de soins rendues aux personnes. Par mesure de tempérament, cette interprétation ne donnera lieu ni à rappel, ni à restitution de TVA s'agissant des actes effectués avant le 1er oct. 2012. * BOI préc. ♦ Il est précisé qu'un acte de médecine ou de chirurgie esthétique non pris en charge par la sécurité sociale doit être soumis à la TVA, quel que soit le type d'établissement (hôpitaux publics compris) dans lequel cet acte est pratiqué. * BOI-TVA-CHAMP-30-10-20-10 n° 45 du 17 juin 2020. ♦ Assouplissement de la doctrine en faveur des actes de médecine et de chirurgie esthétique dont l'intérêt diagnostique ou thérapeutique a été reconnu dans les avis rendus par l'autorité sanitaire compétente. * BOI-TVA-CHAMP-30-10-20-10 nos 43 à 45 du 17 juin 2020. ♦ Légalité du critère du remboursement par la sécurité sociale. • CE 5 juill. 2013, *Synd. nat. de chirurgie plastique reconstructrice et esthétique (SNCPRE),* n° 363118 : *Dr. fisc. 2013. 392, concl. Escaut ; RJF 2013. 970.*

22. Chirurgie réfractive. La chirurgie réfractive qui permet de corriger certaines pathologies *de l'œil est exonérée. * Rép. min. n° 3356 : JO Sénat Q, 12 avr. 2018, p. 1756.*

2° DROIT COMMUNAUTAIRE

23. Prestations de soins médicaux ou paramédicaux. L'exonération visée à l'art. 13 A-1-*c* de la 6e Dir. TVA ne dépend pas de la forme juridique de l'assujetti qui fournit les prestations médicales ou paramédicales y mentionnées. Cette exonération s'applique aux prestations de soins à caractère thérapeutique effectuées par une société de capitaux gérant un service de soins ambulatoires fournies, y compris à domicile, par du personnel infirmier qualifié, à l'exclusion des prestations de soins généraux et d'économie ménagère. • CJCE 10 sept. 2002, n° C-141/00, *Ambulanter Pflegendienst Kügler : RJF 2002. 1433 ; Dr. fisc. 2003. 56 ; Europe 2002. 386, note Meisse.* ♦ Les prestations de soins généraux et d'économie ménagère fournies par un service de soins ambulatoires à des personnes en état de dépendance physique ou économique constituent des prestations de services étroitement liées à l'assistance sociale et à la sécurité sociale au sens de l'art. 13 A-1-*g* de la Directive précitée. • Même arrêt.

24. Les traitements psychothérapeutiques dispensés dans le service de consultations externes d'une fondation de droit privé, à l'aide de psychologues diplômés qui n'ont pas la qualité de médecin, ne constituent pas des « opérations... étroitement liées » à l'hospitalisation ou aux soins médicaux au sens de l'art. 13 A-1-*b* de la 6e Dir. TVA, sauf si ces traitements sont effectivement prodigués en tant que prestations accessoires à l'hospitalisation des destinataires ou à des soins médicaux reçus par ces derniers et qui constituent la prestation principale. • CJCE 6 nov. 2003, n° C-45/01 : *RJF 2004. 105 ; Dr. fisc. 2004. 263.* ♦ En revanche, les termes « soins médicaux » figurant dans cette disposition doivent être interprétés en ce sens qu'ils recouvrent l'ensemble des prestations de soins à la personne visées au c du même paragraphe, notamment les prestations effectuées par des personnes n'ayant pas la qualité de médecin, mais fournissant des prestations paramédicales telles que les traitements psychothérapeutiques dispensés par des psychologues diplômés. • Même arrêt. ♦ L'exonération visée à l'art. 13 A-1-*c* de la 6e Directive ne dépend pas de la forme juridique de l'assujetti qui fournit les prestations médicales ou paramédicales y mentionnées. Par suite, des traitements psychothérapeutiques dispensés par une fondation de droit privé, à l'aide de psychothérapeutes employés par cette dernière, peuvent bénéficier de ladite exonération. • Même arrêt.

25. L'art. 13 A-1-*c* de la 6e Dir. TVA doit être interprété en ce sens qu'il confère aux États membres un pouvoir d'appréciation pour définir les professions paramédicales et les prestations de soins à la personne qui relèvent de telles professions aux fins de l'exonération prévue par cette disposition. Toutefois, les États membres doivent, dans l'exercice de ce pouvoir d'appréciation, respecter l'objectif poursuivi par ladite disposition, qui est de garantir que l'exonération s'applique uniquement à des prestations fournies par des personnes possédant les qualifications professionnelles requises, ainsi que le principe de neutralité fiscale. • CJCE 27 avr. 2006, *Solleveld et van den Hout-van Eijnsbergen,* nos C-443/04 et C-444/04 : *RJF 2006. 973.* ♦ Une réglementation nationale qui exclut la profession de psychothérapeute de la définition des professions paramédicales n'est contraire auxdits objectif et principe que dans la mesure où, ce qu'il incombe à la juridiction de renvoi de vérifier, les traitements psychothérapeutiques seraient, s'ils étaient effectués par des psychiatres, des psychologues ou toute autre profession médicale ou paramédicale, exonérés de la TVA, alors que, dispensés par des psychothérapeutes, ils peuvent être considérés comme étant d'une qualité équivalente compte tenu des qualifications professionnelles de ces derniers. • CJCE 27 avr. 2006, n° C-443/04 et C-444/04 : *préc.* ♦ De même, une réglementation nationale qui exclut certaines activités spécifiques de soins à la personne, tels que les traitements par diagnostic des champs de perturbation, exercées par des physiothérapeutes de la définition de cette profession paramédicale n'est contraire à ces mêmes objectif et principe que dans la mesure où, ce qu'il incombe à la juridiction de renvoi de vérifier, lesdits traitements seraient, s'ils étaient effectués par des médecins ou des dentistes, exonérés de la TVA, alors que, mis en œuvre par des physiothérapeutes, ils peuvent être considérés comme étant d'une qualité équivalente compte tenu des qualifications professionnelles de ces derniers. • CJCE 27 avr. 2006, n^os^ C-443/04 et C-444/04 : *préc.* ♦ L'exonération des soins médicaux ou paramédicaux n'est pas limitée aux praticiens dont l'activité est réglementée. • CJUE 27 juin 2019, *Belgish Syndicaat von Chiropraxie et Bart Vandendries,* n° 597/17 : *RJF 2019. 1107.*

26. La fourniture, par les personnes visées à l'art. 13-A-1-*b* de la 6e Dir. TVA, de services téléphoniques et de location de postes de télévision aux personnes hospitalisées ainsi que la fourniture par ces mêmes personnes de lits et de repas à leurs accompagnateurs ne constituent pas, en règle générale, des opérations étroitement liées à l'hospitalisation et aux soins médicaux au sens de cette disposition. Il ne peut en être autrement que si ces prestations revêtent un caractère indispensable pour atteindre les buts thérapeutiques visés par l'hospitalisation et les soins médicaux et qu'elles ne sont pas essentiellement destinées à procurer à leur fournisseur des recettes supplémentaires par la réalisation d'opérations effectuées en concurrence directe avec celles d'entreprises commerciales soumises à la TVA. Pour déterminer si les prestations fournies remplissent ces conditions, il doit être tenu compte de l'ensemble des éléments concrets de la prestation, et, le cas échéant, du contenu des prescriptions médicales établies en faveur des patients concernés. • CJCE 1er déc. 2005, n° C-394/04, *Ygeia : RJF 2006. 229.*

27. L'art. 13 A-1-c de la 6e Directive doit être interprété en ce sens que l'exonération de la TVA ne s'applique pas à la prestation d'un médecin consistant à établir un rapport d'expertise relatif à l'état de santé d'une personne en vue d'étayer ou d'infirmer une demande de versement d'une pension d'invalidité. • CJCE 20 nov. 2003, n° C-212/01 : *RJF 2004. 210 ; Dr. fisc. 2004. 407.*

28. Lorsque les examens médicaux et prélèvements visent principalement à protéger la santé de la personne concernée, l'exonération de TVA s'applique aux prestations médicales consistant à : procéder à des examens médicaux de particuliers, à la demande d'employeurs : ou de compagnies d'assurances ; à procéder à des prises de sang ou au prélèvement d'autres échantillons corporels afin d'y tester la présence de virus, d'infections ou d'autres maladies à la demande d'employeurs ou de compagnies d'assurances ; à délivrer un certificat médical d'aptitude, par exemple, d'aptitude à voyager. • CJCE 20 nov. 2003, n° C-307/01 : *RJF 2004. 210 ; Dr. fisc. 2004. 407.* ♦ L'exonération ne s'applique pas aux prestations suivantes, effectuées dans le cadre de l'exercice de la profession médicale : délivrer des certificats médicaux dans le contexte de l'octroi d'une pension de guerre ; procéder à des examens médicaux en vue de préparer un rapport médical d'expert relatif à des questions de responsabilité et à l'évaluation du dommage subi par des particuliers ou relatif à des cas d'erreur médicale, à la demande de personnes envisageant d'introduire une action en justice pour dommages corporels ; préparer des rapports médicaux à la suite des examens précités, ainsi que préparer des rapports médicaux basés sur des notes médicales, sans toutefois procéder à des examens médicaux. • Même arrêt.

29. Ne bénéficient pas de l'exonération prévue en faveur des prestations étroitement liées à l'hospitalisation et aux soins médicaux : la prestation de collecte de sang de cordon ombilical et de stockage des cellules souches qui y sont contenues effectuée par une banque de cellules souches pour une éventuelle utilisation thérapeutique future. • CJUE 10 juin 2010, C-262/08 : *RJF 2010. 74.* ♦ ... L'activité de transport d'organes et de prélèvements d'origine humaine aux fins d'analyse médicale ou de soins médicaux ou thérapeutiques, exercée par un tiers indépendant, dont les prestations sont comprises dans le remboursement opéré par la sécurité sociale, en faveur de cliniques et de laboratoires. • CJUE 2 juill. 2015, *État belge c/ D.F,* C-334/14 : *RJF 2015. 874.*

30. Extraction et culture de cartilages. La prestation consistant en l'extraction de cellules de cartilage articulaire du matériel cartilagineux prélevé sur un être humain et la culture ultérieure de celles-ci en vue de leur réimplantation à des fins thérapeutiques constituent une prestation de soins à la personne exonérée de TVA au sens de l'art. 132 de la Dir. TVA. • CJUE 18 nov. 2010, n° C-156/09 : *RJF 2011. 259.*

31. Analyses biologiques médicales. L'indemnité forfaitaire de transmission de prélèvements aux fins d'analyses de biologie médicale (CSP, art. L. 6211-5) doit être exonérée de TVA en application de l'art. 13-A 1-*b* de la 6e Dir. TVA. • CJCE 11 janv. 2001, n° C-76/99 : *RJF 2001. 1253 ; Dr. fisc. 2001. 662 ; D. 2001. 427*. ♦ L'administration fiscale s'aligne sur la jurisprudence de la CJCE et exonère l'indemnité au titre de l'art. 261-4-1°. * BOI-TVA-CHAMP-30-10-20-10 n° 280 du 17 juin 2020.

32. Livraisons de sang humain. L'exonération de TVA prévue par l'art. 132-1 *d* de la Dir. TVA pour les livraisons de sang humain s'applique également aux livraisons de plasma obtenu à partir du sang humain lorsque ce plasma est destiné à un usage thérapeutique direct. En revanche, les livraisons de plasma de sang humain sont soumises à la TVA lorsque ce plasma est destiné exclusivement à la fabrication de médicaments. • CJUE 5 oct. 2016, n° C-412/15 : *RJF 2016. 1142.* ♦ Nouvelle doctrine administrative : extension de l'exonération applicable au sang total aux produits dérivés à usage thérapeutique direct. * BOI-TVA-CHAMP-30-10-20-30 * BOI-TVA-CHAMP-30-40 n° 40 du 26 déc. 2018.

3° ÉTABLISSEMENTS DE SANTÉ PRIVÉS. TRANSPORTS SANITAIRES

33. Établissements de santé privés. Avant même l'entrée en vigueur de la loi du 12 avr. 1996 complétant l'art. 261-4-1° *bis*, l'exonération couvrait les recettes perçues par les établissements de soins privés en contrepartie de la mise à disposition d'une chambre individuelle, soit nécessitée par une prescription médicale d'isolement du patient, soit répondant à une demande de ce dernier. • CE, sect. avis, 31 mai 2000, n° 216836 : *Dr. fisc. 2000. 620, concl. Courtial ; RJF 2000. 1069.*

34. L'exonération s'étend aux fournitures de prothèses, appareils orthopédiques, médicaments et pansements effectuées par l'établissement dans le prolongement des soins au cours du séjour hospitalier. • CAA Lyon, 29 juin 1999, n° 98LY768 : *Dr. fisc. 2000. 406.*

35. TVA et établissement pour personnes âgées (EHPAD). Le forfait annuel de soins perçu de l'assurance maladie par un établissement d'hébergement pour personnes âgées dépendantes, destiné à couvrir les dépenses de prestations de soins engagées en faveur des pensionnaires, constitue une contrepartie de prestations exonérées et est, dès lors, lui-même exonéré de TVA, et non pas situé hors du champ de la taxe, alors même que ces soins ne donnent pas lieu à une facturation spécifique. Il doit, par suite, être inclus dans le dénominateur du prorata de déduction. • CAA Nantes, 31 mai 2010, n° 09NT122 : *RJF 2010. 894.* ♦ La CJUE a été saisie de la question de savoir si le « forfait soins » versé par l'assurance maladie aux EHPAD doit être considéré comme « hors champ » et, par suite, non pris en compte pour le calcul du coefficient de taxation forfaitaire. • CAA Versailles, 7 mars 2013, *SARL Le Rayon d'Or*, n° 12VE00079 : *RJF 2013. 929.* ♦ La CJUE a jugé qu'un versement forfaitaire constitue la contrepartie des prestations de soins effectuées à titre onéreux par un établissement d'hébergement pour personnes âgées dépendantes au profit de ses résidents et relève, à ce titre, du champ d'application de la TVA. • CJUE 27 mars 2014, *SARL Le Rayon d'Or*, n° 151/13 : *RJF 2014. 648 ; BFL 2014. 463, étude Pilczer ; Dr. fisc. 2014. 292, note Sérandour.* ♦ Par conséquent, le « forfait soins », qui est dans le champ mais exonéré de TVA en vertu du droit français, doit être pris en compte pour le calcul du coefficient de taxation forfaitaire (ex prorata de déduction) de l'EHPAD (inscription au seul dénominateur). • Même arrêt. ♦ Dans le même sens • CE 20 oct. 2014, *Sté La Galicia*, n° 364715 : *RJF 2015. 19 ; BDCF 2015. 13, concl. Daumas.*

36. Solutions diverses. Depuis le 1er mars 1999, les redevances pour cliniques ouvertes versées aux établissements de santé publics ou privés par les médecins ou les auxiliaires médicaux sont dans tous les cas soumises à la TVA dans les conditions de droit commun. Il en est de même des fournitures de repas ou des cessions de denrées ou autres produits au personnel des établissements de santé privés à but non lucratif. * BOI-TVA-CHAMP-30-10-20-20 n° 110 du 16 oct. 2019.

37. Les redevances versées par les médecins qui exercent leur activité libérale dans des centres de radiothérapie ne constituent en elles-mêmes, ni des soins médicaux, ni des opérations étroitement liées à ces soins qui seraient assurés par le centre, dès lors que l'acte de radiothérapie émane du seul médecin qui est rémunéré par le patient dans le cadre de son exercice libéral. En conséquence, lesdites redevances ne sont pas exonérées sur le fondement de l'art. 261-4-1° *bis*, mais présentent le caractère d'opérations taxables sur le fondement de l'art. 256-I. • CE 31 déc. 2008, n° 306091 : *RJF 2009. 321 ; Dr. fisc. 2009. 273, concl. Escaut.* ♦ Cette solution ne remet pas en cause l'exonération de TVA applicable au forfait technique perçu par les groupements exploitant un appareil d'imagerie médicale par résonance magnétique (IRM) * BOI-TVA-CHAMP-10-10-50-70 n° 220 du 26 déc. 2018. ♦ La mise à la disposition des praticiens, par une clinique, des services nécessaires au suivi administratif et comptable de leur activité, mais non directement liés aux soins, rémunérée par une redevance calculée sur les honoraires payés par les patients n'est pas exonérée de taxe. • CE 16 avr. 2010, n° 307944 : *RJF 2010. 666 ; Dr. fisc. 2010. 383, concl. Olléon.*

38. Des cours de préparation à l'accouchement dispensés par les sages-femmes d'une clinique privée aux femmes enceintes qui doivent y accoucher constituent des frais d'hospitalisation et de soins exonérés de TVA, alors même qu'ils ne résultent pas d'une prescription médicale. • CAA Paris, 31 déc. 2004, n° 01PA2689 : *RJF 2005. 844.*

39. Transports sanitaires aériens. Précisions administratives pour l'application de l'exonération prévue à l'art. 261-4-3°. * BOI-TVA-CHAMP-30-10-20-40 n°s 30 à 40 du 12 sept. 2012. ♦ Les transports sanitaires aériens effectués par une entreprise agréée sont nécessairement réalisés au moyen d'appareils spécialement aménagés et sont, par suite, obligatoirement exonérés. • CAA Paris, 9 déc. 2005, n° 03PA1109 : *RJF 2006. 368.* ♦ Des hélicoptères pouvant servir au transport de malades ou de blessés grâce à la pose ou à la dépose de matériels rapidement et facilement amovibles ne sont pas des véhicules spécialement aménagés pour le transport de malades ou de blessés, les aménagements spécifiques n'étant pas durablement implantés dans le véhicule. • CAA Lyon, 8 juin 2010, n° 08LY2111 : *RJF 2010. 1156.*

D. ENSEIGNEMENT

40. Établissements et organismes publics de recherche. La réalisation à titre onéreux, par des établissements publics d'enseignement supérieur, de projets de recherche ne saurait être considérée comme une activité étroitement liée à l'enseignement universitaire et, par suite, ne saurait être exonérée à ce titre. • CJCE 20 juin 2002, n° C-287/00 : *Dr. fisc. 2002. 728.*

41. Enseignement. Il résulte des art. L. 441-10 et L. 441-11, C. éduc., auxquels renvoie l'art. 261-4-4°-*a*, que les établissements privés d'enseignement technique sont tenus d'adresser à l'administration de l'éducation nationale une déclaration préalable d'ouverture, à laquelle est subordonnée l'exonération de TVA. • CE 10 avr. 2002, n° 219715 : *RJF 2002. 779 ; Dr. fisc. 2002. 1019.* ♦ Dans le même sens, pour des établissements d'enseignement privés, • CAA Paris, 28 févr. 2013, *Sté parisienne de soutien et de perfectionnement scolaire*, n° 11PA01226 : *RJF 2013. 713.* ♦ Les opérations d'enseignement à distance dispensé par des organismes privés ou publics régis par les art. L. 444-1 à L. 444-11, C. éduc., ainsi que les prestations de services ou livraisons de biens qui leur sont étroitement liées, et notamment les ventes aux élèves de supports pédagogiques qui constituent le complément indispensable de cet enseignement, sont exonérées de TVA en application de l'art. 261-4-4°-*a*. L'exonération s'applique, que les cours ou leçons soient transmis par voie postale ou diffusés en ligne via l'Internet, sans qu'il y ait lieu de distinguer les modalités de transmission de ces supports. * Rép. min. n° 1355 : *JO Sénat Q, 3 oct. 2002, p. 2240.*

42. Les services fournis par des étudiants à des tiers, dans le cadre de leur formation, peuvent être exonérés de TVA. • CJUE 4 mai 2017, n° 699-15 : *RJF 2017. 762.* ♦ Les ventes d'objets fabriqués et les prestations de services fournies par les élèves des établissements d'enseignement technique échappent au paiement de la TVA dans la mesure où elles font partie intégrante de l'enseignement ou en constituent le prolongement indispensable. * BOI-TVA-CHAMP-30-10-20-50 n° 60 du 16 oct. 2019. ♦ En revanche, des prestations de services pédagogiques fournies par la société holding d'un groupe d'enseignement privé au profit de ses filiales ne sauraient bénéficier de l'exonération de la TVA au titre des prestations étroitement liées à l'enseignement dès lors qu'elles ne sont pas fournies par un établissement visé à l'art. 261-4-4°-a. * Rép. min. n° 3118 : *JOAN 3 nov. 2020.*

43. Formation professionnelle continue. L'exonération de TVA prévue à l'art. 261-4-4° *a* est applicable aux prestations d'accompagnement au profit des demandeurs d'emploi présentant les caractéristiques générales fixées par l'art. L. 920-1 C. trav. (telles celles mises en œuvre par l'ANPE), ainsi qu'aux bilans de compétence approfondis mis en œuvre au bénéfice des demandeurs d'emploi dès lors qu'ils s'inscrivent dans un parcours de formation ou d'accès à l'emploi. Il en est de même des prestations d'accompagnement des demandeurs d'emploi réalisées dans le cadre des marchés « Trajectoire Emploi », « d'accompagnement des licenciés économiques » et « Atoutcadre » conclus avec Pôle emploi qui sont susceptibles d'être exonérées de TVA. * BOI-TVA-CHAMP-30-10-20-50 n°s 120 et 350 du 16 oct. 2019. ♦ En revanche, les stages de sensibilisation à la sécurité routière ne peuvent pas bénéficier de l'exonération de TVA. * BOI-RES-000045 du 7 avr. 2019.

44. L'administration fiscale ne peut, sauf fraude, remettre en cause rétroactivement l'exonération de TVA découlant de la délivrance à un organisme privé de l'attestation prévue par l'art. 261-4-4°-a pour l'exercice d'activités de formation professionnelle continue. • CE, avis, 10 mars 2020 : *Sté Institut français de kinésiologie appliquée (IFKA)*, n° 437592 : *RJF 2020. 525, concl. Victor.* ♦ V. aussi notes ss. art. 202 D de l'Annexe II.

45. Accompagnement des demandeurs d'emploi sous-traité par Pôle emploi. Ces prestations entrent dans le champ de l'exonération de TVA prévue par l'art. 261-4-4°-*a*. • CAA Nantes, 29 juin 2018, *Min. c/ Assoc. de gestion du Conservatoire national des arts et métiers en région Pays de la Loire*, n° 17NT00652 : *RJF 2018. 1221.*

46. Formation fournie à l'occasion d'une cession de logiciel. Cette opération de formation, constituant l'accessoire d'une opération de vente d'un logiciel, suit le régime fiscal de l'opération principale qui, par sa nature, ne constitue pas une prestation éligible à l'exonération de l'art. 261-4-4°-a. Toutefois, si cette prestation de formation peut être détachée de l'opération de vente du logiciel et satisfait par ailleurs aux conditions prévues par le code du travail, elle peut, le cas échéant, être éligible au bénéfice de l'exonération dès lors que le prestataire est titulaire de l'attestation délivrée par la direction régionale du travail, de l'emploi et de la formation professionnelle. * Rép. min. n° 11147 : *JO Sénat Q, 11 mars 2010, p. 610.*

47. Enseignement sportif. Des cours de surf et de voile dispensés par des écoles aux élèves d'établissements scolaires ou universitaires ne sont pas exonérés. • CJUE, ord., 7 oct. 2019, ⚖ *Ha*, n° 47/19 : *RJF 2020. 79.* ♦ Présente le caractère d'un enseignement de nature sportive la discipline dénommée « wa-jutsu », partie du jiu-jitsu au titre de laquelle un diplôme est délivré par le ministre de la Jeunesse et des Sports. • CAA Marseille, 14 mars 2002, n° 98MA1393 : *Dr. fisc. 2003. 237.* ♦ Confirmé. • CE 29 nov. 2002, n° 247991 : *RJF 2003. 559.* ♦ Cet enseignement ne peut bénéficier de l'exonération de l'art. 261-4-4° *b* que pour la part de l'activité correspondant aux cours personnellement dispensés et payés directement par les élèves. Toutefois, les sommes qui auraient été versées directement par les élèves ne peuvent bénéficier de l'exonération à défaut de présentation d'une comptabilité distinguant ces sommes de celles perçues au titre d'autres activités, non exonérées. • Mêmes arrêts. ♦ Enseignement du « stretching » : exonération bien que non reconnu par le ministère de la Jeunesse et des Sports. • TA Pau, 27 avr. 2004, n° 02-1730 : *RJF 2004. 984.* ♦ En revanche, le parachutisme ascensionnel nautique ne peut être assimilé à une activité d'enseignement sportif et ne peut bénéficier de l'exonération de TVA. * BOI-RES-000002 du 7 juin 2018.

48. Centres équestres. Les cours ou leçons d'équitation sont exonérés en application de l'art. 261-4 4° lorsqu'ils sont dispensés sans le concours de salariés, par une personne physique rémunérée directement par ses élèves et qui ne dispose pas, pour l'exercice de son activité, de moyens d'exploitation autres que son savoir-faire. * BOI-TVA-SECT-80-10-30-50 n° 60 du 31 janv. 2014. ♦ Exonération de l'exploitant d'un centre équestre qui assure lui-même les leçons d'équitation et n'emploie aucun moniteur salarié. • TA Versailles, 4 avr. 1995, n° 87-718 : *Dr. fisc. 1995. 2425.*

49. Cours ou leçons. Les professeurs d'une école de musique ne peuvent être regardés comme rémunérés directement par leurs élèves lorsque ceux-ci règlent l'ensemble des frais de scolarité au directeur qui en reverse une partie aux professeurs. • CE 26 janv. 2000, ⚖ n° 169626 : *Dr. fisc. 2000. 899, concl. Goulard ; RJF 2000. 353.* ♦ Exonération des prestations d'enseignement fournies par un masseur-kinésithérapeute qui assure des cycles de formation destinés à perfectionner les connaissances de ses confrères et qui est rémunéré directement par ces derniers. • TA Lyon, 11 mars 1999, n° 92-5118 : *RJF 1999. 852.* ♦ Exonération d'un enseignant qui dispense personnellement les cours et s'adjoint les services d'un tiers qui, sans participer lui-même à ces leçons, apporte un simple concours bénévole. * Rép. min. n° 6805 : *JOAN Q, 2 juin 2003, p. 4267.* ♦ Assujettissement d'un professeur d'astrologie : • CAA Bordeaux, 6 mai 1997, n° 95BX833 : *Dr. fisc. 1998. 50.*

50. Les activités d'un particulier ayant le statut de collaborateur indépendant consistant à dispenser des leçons de soutien scolaire ainsi que des cours de céramique et de poterie dans des centres d'enseignement pour adultes ne peuvent bénéficier de l'exonération de la TVA prévue par l'art. 13 A-1-*j* de la 6e Directive (devenu art. 132-1-*j* de la Dir. n° 2006/112/CE du 28 nov. 2006) si de telles activités constituent des leçons données par un enseignant, pour son propre compte et sous sa propre responsabilité, et portant sur l'enseignement scolaire ou universitaire. • CJCE 14 juin 2007, n° 445/05 : *RJF 2007. 1162.* ♦ Des cours fournis par un ingénieur dans le cadre de cycles destinés à des personnes déjà diplômées poursuivant leur formation professionnelle ne peuvent bénéficier de l'exonération prévue pour les leçons particulières. • CJCE 28 janv. 2010, n° 473/08 : *RJF 2010. 448.*

51. Les leçons qu'un enseignant ou moniteur donne avec le concours de personnes qu'il salarie ne peuvent être regardées comme dispensées à titre personnel, quelles que soient les fonctions exercées par ces personnes salariées. Ces leçons ne peuvent donc être exonérées de TVA sur le fondement de l'art. 261-4-4. • CE 27 janv. 2017, ⚖ n° 391373 : *RJF 2017. 316, concl. Daumas.* ♦ Dans le même sens, V. * BOI-TVA-CHAMP-30-10-20-50 n° 370 du 7 juin 2018.

52. Soutien scolaire. Les associations de soutien scolaire dont la gestion est désintéressée et l'activité non lucrative ne sont pas soumises aux impôts commerciaux (TVA et IS). * Rép. min. n° 20187 : *JOAN, 17 nov. 2004, p. 8817.* ♦ Les prestations de soutien scolaire dispensées par les établissements d'enseignement primaire, secondaire ou universitaire au cours des vacances scolaires bénéficient de l'exonération de TVA prévue par l'art. 261-4-4°-a lorsqu'elles constituent le complément à la formation initiale donnée durant l'année scolaire à leurs élèves ou à des élèves d'autres établissements. * Rép. min. n° 13823 : JOAN 27 mai 2008, p. 4469. ♦ Dans le même sens, pour des stages de préparation intensive aux examens. • TA Marseille, 17 déc. 2007, n° 05-492 : *RJF 2008. 1062.* ♦ V. aussi * BOI-TVA-CHAMP-30-10-20-50 n° 45 du 16 oct. 2019.

53. Éducateurs spécialisés. Les éducateurs spécialisés exerçant à titre libéral ne peuvent pas être exonérés de TVA. * Rép. min. n° 26030 : *JOAN 16 févr. 2021.*

54. Prestation d'internat. Une prestation d'internat ne peut bénéficier de l'exonération de la TVA prévue par l'art. 261-4-4°-a dès lors qu'elle n'est pas un accessoire indispensable de l'activité d'enseignement exonérée. • CE (na) 15 févr. 2007, n° 293477 : *RJF 2007. 551.*

55. Mise à disposition d'un professeur. Le fait de mettre, à titre onéreux, un professeur à la disposition d'un établissement d'enseignement dans lequel ce professeur assure temporairement des tâches d'enseignement sous la responsabilité de celui-ci peut constituer une opération exonérée de la TVA en tant qu'il s'agit de prestations de services « étroitement liées » à l'enseignement si une telle mise à disposition est le moyen de bénéficier dans les meilleures conditions de l'enseignement considéré comme la prestation principale. • CJCE 14 juin 2007, n° 434/05 : *RJF 2007. 1181 ; Dr. fisc. 2008. 211.*

E. ŒUVRES ET ORGANISMES SANS BUT LUCRATIF

BIBL. Sérandour, *Dr. fisc. 2005, p. 1417* (l'exonération de TVA de l'organisme à caractère social et lucratif selon la CJCE).

56. Absence de but lucratif. L'art. 13 de la 6e Dir. TVA doit être interprété en ce sens qu'un organisme peut être qualifié comme étant sans but lucratif même s'il cherche systématiquement à générer des excédents dès lors qu'il les affecte par la suite à l'exécution de ses prestations de formation et d'initiation aux techniques informatiques. Décharge de l'IS et de la TVA bien que l'association ait systématiquement recherché à réaliser des excédents en refacturant à ses clients le coût de la prestation de formation effectuée par un sous-traitant à un prix notablement supérieur à celui qu'elle avait supporté. • CE 21 nov. 2007, n° 291375, *Assoc. Services informatiques et conseil : Dr. fisc. 2008. 168, concl. Olléon ; RJF 2008. 132 ; concl. Olléon au BDCF 2/08, n° 18.*

57. Organismes de caractère social. La notion d'« organismes reconnus comme ayant un caractère social par l'État membre concerné » mentionnée à l'art. 13 A-1-*g* et *h* de la 6e Dir. TVA n'exclut pas des entités privées poursuivant un but lucratif. • CJCE 26 mai 2005, n° C-498/03, *Kingscrest Associates et Montecello : RJF 2005. 984.* ♦ Sur le point de savoir si les prestations servies par une résidence-services fournissant à titre onéreux à des personnes âgées de 60 ans au moins des logements particuliers, ainsi que des services facultatifs également accessibles aux non-résidents, doivent être regardés comme exonérés. V. • CJUE 21 janv. 2016, *Les Jardins de Jouvence SCRL,* n° 335/14 : *RJF 2016. 390.*

58. Organisme à objectif syndical. On entend par là une organisation ayant pour objectif principal la défense des intérêts collectifs de ses membres – qu'ils soient travailleurs, employeurs, titulaires de professions libérales ou opérateurs exerçant une activité économique donnée – et la représentation de ceux-ci vis-à-vis des parties tierces concernées, y compris les autorités publiques. • CJCE 12 nov. 1998, n° C-149/97, *The Institute of the Motor Industry : RJF 1999. 116.*

59. Syndicats professionnels. Opérations hors champ d'application de la TVA. Opérations exonérées au titre de l'art. 261-4-9°. * BOI-TVA-CHAMP-30-10-30-30 n° 60 du 4 avr. 2018.

60. Mutuelles et leurs unions. Si l'activité est considérée comme non lucrative, la mutuelle ou l'union est hors du champ des impôts commerciaux (TVA notamment). Dans ce cas, l' exonération prévue à l' art. 261-4-9° s'applique aux prestations de services et aux livraisons de biens qui leur sont étroitement liées fournies à leurs membres, moyennant une cotisation fixée conformément aux statuts, par les organismes dont la gestion est désintéressée et qui poursuivent, notamment, des objectifs de nature syndicale dans la mesure où ces opérations se rapportent directement à la défense collective des intérêts moraux ou matériels des membres. Sur les modalités de détermination du caractère non lucratif ou lucratif et du caractère désintéressé des activités exercées par les mutuelles et leurs unions, V. * BOI-TVA-CHAMP-30-10-30-20 n° 440 du 7 mars 2018.

61. Centre interentreprises de médecine du travail. Assujetti de plein droit à la TVA : • CE 20 juill. 1990, n° 84-846 : *Dr. fisc. 1990. 1867, concl. Racine.*

62. Prestations de services liées à l'assistance sociale et à la sécurité sociale. L'art. 13 A-1 *g* et *h* de la 6e Dir. TVA lu conjointement avec le 2-*b* du même art., doit être interprété en ce sens que des prestations de services en qualité d'intermédiaire entre des personnes qui cherchent et des personnes qui proposent un service de garde d'enfants, fournies par un établissement de droit public ou un organisme reconnu comme ayant un caractère social par l'État membre concerné, ne peuvent être exonérées au titre desdites dispositions que si : le service de garde d'enfants satisfait lui-même aux conditions d'exonération prévues par ces dispositions ; ce service est d'une nature ou d'une qualité telles que les parents ne pourraient pas être assurés de bénéficier d'un service de valeur identique sans le concours d'un service d'intermédiaire tel que celui faisant l'objet du litige au principal ; ces services d'intermédiaire ne sont pas essentiellement destinés à procurer des recettes supplémentaires au prestataire par la réalisation d'opérations effectuées en concurrence directe avec celles d'entreprises commerciales soumises à la TVA. • CJCE 9 févr. 2006, n° C-415/04 : *RJF 2006. 807.*

63. Associations de services aux personnes (CGI, art. 261-7 1° ter). Depuis le

1er janv. 2019, cette exonération est limitée aux prestations d'aide expressément désignées et qui sont réalisées au bénéfice d'un public en situation de fragilité ou de dépendance. * BOI-TVA-CHAMP-30-10-30-20 du 15 mai 2019. ♦ Les associations qui opèrent en tant que simples mandataires, en assurant le placement de travailleurs auprès de personnes physiques employeurs ainsi que, pour le compte de ces dernières, l'accomplissement des formalités administratives et des déclarations sociales et fiscales liées à l'emploi de ces travailleurs, ne sont plus éligibles à l'exonération. * BOI-TVA-CHAMP-30-10-30-20 n° 385 du 15 mai 2018. • CE 22 nov. 2019, *Assoc. APF France Handicap*, n° 432648 : *RJF 2020. 108*.

64. Opérations effectuées dans les lieux de vie et d'accueil. Établissements et opérations exonérées. * BOI-TVA-CHAMP-30-10-60-10 nos 460 à 480 du 11 déc. 2019.

65. Crèches et haltes-garderies d'enfants. Exonération des opérations de garde d'enfants de moins de trois ans. Établissements concernés. Portée de l'exonération. * BOI-TVA-CHAMP-30-10-60-10 n° 410 du 11 déc. 2019.

66. Mandataires judiciaires à la protection des majeurs. Personnes exonérées. Portée de l'exonération. * BOI-TVA-CHAMP-30-10-60-10 n° 450 du 11 déc. 2019. ♦ Exonération de l'activité de représentation de personnes majeures légalement incapables, exercée par un avocat mandaté par une autorité judiciaire, visant à les protéger dans les actes de la vie civile. • CJUE 4 avr. 2021, n° 846/19 : *RJF 2021. 775*.

67. Rémunération des dirigeants. Le versement de rémunérations aux dirigeants d'une association ne fait pas obstacle en soi au caractère désintéressé de sa gestion. Toutefois, les rémunérations versées doivent être proportionnées aux ressources de l'association et constituer la contrepartie des sujétions effectivement imposées à ses dirigeants dans l'exercice de leur mandat. • CE 2 oct. 2006, n° 281286 : *RJF 2006. 1512 ; Dr. Sociétés 2006.192 ; Dr. fisc. 2007. 408.* ♦ Conditions dans lesquelles les associations sont autorisées à rémunérer leurs dirigeants sans que le caractère désintéressé de la gestion soit remis en cause. * BOI-IS-CHAMP-10-50-10-20 nos 50 à 510 du 7 juin 2017.

68. Services rendus à leurs membres par des organismes sans but lucratif. L'exonération prévue à l'art. 261-7-1° *a* est subordonnée à l'absence de caractère lucratif et au caractère désintéressé de la gestion. L'activité de formation professionnelle exercée par une association constituée entre des syndicats d'employeurs et de salariés revêt un caractère lucratif dès lors que les prestations qu'elle offre sont de même nature que celles qui pourraient être fournies par des entreprises commerciales et qu'au surplus, ces services ont pour objet d'améliorer les conditions de fonctionnement des entreprises qui emploient les personnels bénéficiant de la formation. • CAA Paris, 17 févr. 1998, n° 95PA3893 : *Dr. fisc. 1998. 716 ; RJF 1998. 543.* ♦ Présente un caractère lucratif une association de chasse qui vend des actions conférant un droit de chasse pour un prix forfaitaire rémunérant sa prestation de services et vend du gibier à des tiers. • CAA Nancy, 2 avr. 1998, n° 94NA409 : *Dr. fisc. 1999. 23.* ♦ La condition tenant à la gestion désintéressée n'est pas remplie par un club sportif qui prend en sous-location d'une société des terrains appartenant à ses dirigeants. • CAA Bordeaux, 19 mars 1996, n° 94BX1774 : *D. 1998. Somm. 35, obs. Lenclos ; RJF 1996. 720.*

69. La condition facultative prévue à l'art. 13 A-2-*a* de la 6e Dir. TVA selon laquelle les organismes sans but lucratif doivent être gérés et administrés à titre essentiellement bénévole, vise uniquement les membres de ces organismes qui, selon leurs statuts, sont désignés pour assurer la direction au niveau le plus élevé, ainsi que d'autres personnes qui, sans être désignées par les statuts, en exercent effectivement la direction, en ce sens qu'elles prennent les décisions de dernier ressort relatives à la politique des organismes, notamment dans le domaine financier, et qu'elles effectuent les tâches de contrôle supérieures. Par ailleurs, le caractère « essentiellement bénévole » de cette activité concerne à la fois les membres et les personnes précités ainsi que la rétribution que ces dernières reçoivent des organismes. • CJCE 21 mars 2002, n° C-267/00 : *Dr. fisc. 2002. 523 ; RJF 2002. 736 ; concl. Jacobs au BDCF 6/02, n° 76 ; BJS 2002. 1244, note David.*

70. Œuvres sociales ou philanthropiques. Les associations ou organismes qui poursuivent un objet social ou philanthropique sont exonérées de la TVA dès lors, d'une part, que leur gestion présente un caractère désintéressé et, d'autre part, que les services qu'elles rendent ne sont pas offerts en concurrence dans la même zone géographique d'attraction avec ceux proposés au même public par des entreprises commerciales exerçant une activité identique. Toutefois, même dans le cas où l'association ou l'organisme intervient dans un domaine d'activité et dans un secteur géographique où existent des entreprises commerciales, l'exonération de TVA lui est acquise si elle exerce son activité dans des conditions différentes de celles des entreprises commerciales, soit en répondant à certains besoins insuffisamment satisfaits par le marché, soit en s'adressant à un public qui ne peut normalement accéder aux services offerts par les entreprises commerciales, notamment en pratiquant des prix inférieurs à ceux du secteur concurrentiel et à tout le moins des tarifs modulés en fonction de la situation des bénéficiaires, sous réserve de ne pas recourir à des méthodes commerciales excédant les besoins de l'information du public sur les services qu'elle offre. • CE, sect., 1er oct. 1999, n° 170289 : *RJF 1999. 1354 ; Dr. fisc. 2000. 106, concl. Courtial ; D. 2000. 477, note Lenclos* • CE 6 nov. 2002, *UMIH*, nos 233467 et 233940 : *RJF 2003. 29 ; Dr. fisc. 2003. 186, concl. Bachelier* • CE 2 oct. 2006, n° 281286 : *RJF 2006. 1512.*

71. Exonération de l'association gérant une patinoire de façon désintéressée, dès lors qu'aucun équipement identique n'est exploité concurremment dans la même zone géographique d'attraction par une entreprise commerciale. • CE 1er oct. 1999, n° 170289 : *préc. note 70.* ♦ Exonération d'une association organisant des soirées dansantes ou concerts « rock » pour les jeunes issus de quartiers défavorisés moyennant des tarifs très inférieurs à ceux pratiqués par les professionnels. • CAA Nancy, 7 nov. 1996, n° 94NA833 : *Dr. fisc. 1997. 766.* ♦ Exonération d'une association regardée comme exerçant son activité selon des modalités différentes de celles des entreprises commerciales, dès lors qu'elle vend ses produits à des prix très sensiblement supérieurs à ceux pratiqués par le secteur commercial, même si elle utilise des méthodes commerciales de démarchage et de publicité pour promouvoir la vente de ses objets. • CAA Paris, 1er févr. 2001, n° 96PA2337, *Assoc. nationale des polios de France : Dr. fisc. 2001. 926.*

72. Le fait qu'une association (de défense des citoyens et des administrés) recoure à des pratiques de démarchage pour développer ses activités de conseil et effectue des actes d'entremise moyennant rémunération n'est pas de nature à caractériser l'absence d'une gestion désintéressée. • CE 3 déc. 1999, n° 133291, *Assoc. L'Alliage recours : Dr. fisc. 2000. 1813, concl. Goulard.* ♦ Une société d'économie mixte chargée de la gestion d'une piscine municipale peut bénéficier de l'exonération de TVA de l'art. 261-7-1° *b* dès lors que sa gestion est désintéressée, que son activité est sociale et que les prix pratiqués sont homologués. • TA Lille, 10 déc. 1998, *Sté Cogim : D. 2000. Somm. 220, note Lenclos*. ♦ La prise en pension à titre onéreux, par une association, des chevaux de ses adhérents est une prestation de services assujettie à la TVA et ce service ne peut être regardé comme un service de caractère social, éducatif, culturel ou sportif au sens de l'art. 261-7-1°, de sorte que les recettes provenant de cette activité ne peuvent être exonérées de cette taxe. • CE 1er juin 2001, n° 200236 : *RJF 2001. 1059 ; Dr. fisc. 2001. 1166, concl. Courtial.* ♦ Sur la doctrine administrative, V. note 1 ss. art. 206.

73. Association sportive. L'art. 13 A-1 *m* de la 6e Dir. TVA doit être interprété en ce sens que : 1° a) la qualification d'un organisme comme étant « sans but lucratif » doit être effectuée en prenant en considération l'ensemble des activités de celui-ci ; b) un organisme peut être qualifié comme étant « sans but lucratif », même s'il cherche systématiquement à générer des excédents qu'il affecte par la suite à l'exécution de ses prestations. • CJCE 21 mars 2002, n° C-174/00 : *Dr. fisc. 2002. 441 ; D. 2002. IR 1403*. ♦ 2° Il couvre également, dans le contexte de personnes qui pratiquent le sport, des prestations de services fournies à des personnes morales et à des associations non enregistrées, pour autant que ces prestations soient étroitement liées à la pratique du sport et indispensables à son accomplissement, qu'elles soient fournies par des organismes sans but lucratif et que les bénéficiaires desdites prestations soient des personnes qui pratiquent le sport. • CJCE 16 oct. 2008, n° C-253/07 : *RJF 2009. 101.* ♦ Des activités sportives non organisées, non systématiques et n'ayant pas pour but la participation à des compétitions sportives peuvent être qualifiées de pratique du sport. D'autre part, l'accès à un parc aquatique proposant aux visiteurs non seulement des installations permettant l'exercice d'activités sportives, mais également d'autres types d'activités de détente ou de repos peut constituer une prestation de services ayant un lien étroit avec la pratique du sport. • CJUE 21 févr. 2013, *Mesto Zamberk*, n° C-18/12 : *RJF 2013. 569.* ♦ L'exonération des prestations sportives rendues par une association peut bénéficier aux non-membres. Exonération des prestation de services consistant en l'octroi, par un organisme sans but lucratif gérant un terrain de golf et proposant un système d'affiliation, du droit d'utiliser ce terrain de golf aux visiteurs non membres de cet organisme. • CJUE 19 déc. 2013, n° C-495/12 : *RJF 2014. 307 ; Dr. fisc. 2014. 703, note Provost, Maubert et Stoss.*

74. Notion de sport (bridge en duplicate). Une activité, telle que le bridge en duplicate, qui est caractérisée par une composante physique paraissant négligeable, ne relève pas de la notion de « sport », au sens de l'art. 132-1 *m* de la Dir. TVA du 28 nov. 2006. • CJUE 26 oct. 2017, *The English Bridge Union Limited*, n° C-90/16 : *RJF 2018. 123.*

75. Prestations de services culturels. 1) L'art. 13 A-1 *n* de la 6e Dir. TVA doit être interprété en ce sens que l'expression « autres organismes culturels reconnus » n'exclut pas les solistes se produisant à titre individuel. 2) En lui-même le titre de l'art. 13 A, de cette Directive, « Exonérations en faveur de certaines activités d'intérêt général », n'entraîne pas de restrictions aux possibilités d'exonération prévues par cette disposition. • CJCE 3 avr. 2003, n° C-144/00, *Hoffman : RJF 2003. 793.* ♦ L'art. 13 A-1 *n* de la 6e Dir. TVA ne remplit pas les conditions pour être regardé comme possédant un effet direct, et par suite, pour pouvoir être directement invoqué devant les juridictions nationales. • CJUE 15 févr. 2017, *Commissioners for Her Majesty's Revenue and Customs c/ British Film Institute*, n° 592/15 : *RJF 2017. 518.*

76. Fonds de dotation. La condition de gestion désintéressée – afin que l'organisme soit considéré comme d'intérêt général – est examinée, pour un fonds de dotation, dans les mêmes conditions que pour les autres organismes sans but lucratif, c'est-à-dire au regard des principes définis à l'art. 261-7-1° *d* CGI. * BOI-IS-CHAMP-10-50-30-50 n° 110 du 4 avr. 2018.

77. SARL sans but lucratif et à caractère social. Admission au régime de l'art. 261-7-1° *b* : V. note 10 ss. art. 207.

78. Manifestations de bienfaisance. L'exonération des recettes de six manifestations de bienfaisance est accordée à chaque section locale d'un organisme représenté sur diverses parties du territoire à condition que les manifestations organisées au cours d'une même année dans une même commune par les différentes sections locales de cet organisme n'excèdent pas le nombre de six. * BOI-TVA-CHAMP-30-10-30-30 n° 210 du 4 avr. 2018. ♦ En raison des actions essentielles que mènent les comités des fêtes dans l'animation des festivités des communes, il est admis que, lorsqu'une municipalité prend une part prépondérante dans la gestion d'un comité des fêtes et contribue à assurer son équilibre financier au moyen de subventions, le comité puisse bénéficier de l'exonération de TVA prévue pour six manifestations annuelles. Cette exonération est également applicable dans les mêmes conditions lorsque les manifestations sont organisées par les municipalités elles-mêmes. * BOI-TVA-CHAMP 30-10-30-10 du 4 avr. 2018. ♦ Les spectacles tauromachiques organisés à leur profit exclusif par les organismes permanents à caractère social des collectivités locales, au nombre desquels figurent les comités des fêtes gérés directement ou indirectement par les collectivités locales, sont susceptibles de bénéficier, dans la limite de six journées par an, d'une exonération de TVA lorsque ces spectacles ont la nature de manifestations de bienfaisance ou de soutien. • CE 22 sept. 2017, *Gpt des entrepreneurs de spectacles tauromachiques*, n° 407114 : *RJF 2017. 1175, concl. Victor.*

79. Club de golf. Les clubs de golf constitués sous forme associative, dont la gestion est désintéressée au sens de l'art. 261-7-1° *d* CGI peuvent bénéficier des exonérations prévues : 1) pour les organismes qui rendent à leurs membres des services sportifs, éducatifs, culturels ou sociaux (art. 261-7-1° *a*) ; 2) pour les organismes à caractère social ou philanthropique (art. 261-7-1° *b*) ; 3) pour six manifestations annuelles de bienfaisance ou de soutien (art. 261-7-1° *c*). * BOI-TVA-CHAMP-30-10-30-20 n°s 1 à 70 du 15 mai 2019.

80. Cantines d'entreprises. Les prestations de restauration fournies par les organismes gestionnaires de cantines d'entreprises ne sont pas au nombre des prestations rendues à leurs membres par certains groupements autonomes et organismes sans but lucratif exonérées de la TVA en vertu de l'art. 13 A-1 *f* et *l* de la 6e Dir. TVA. • CE 6 nov. 2002, n°s 233467 et 233940 : *RJF 2003. 29 ; Dr. fisc. 2003. 186, concl. Bachelier.* ♦ Non-exonération, au titre de l'art. 261-7-1° *b*, des cantines d'entreprises gérées par ou sous le contrôle d'un comité d'entreprise. • Même arrêt. V. note 9 ss. art. 256 B.

F. OPÉRATIONS IMMOBILIÈRES

81. **BIBL.** Fernoux, *BF Lefebre 2012, p. 715* (TVA immobilière : à quoi sert l'option de l'art. 261-5 CGI ?).

Art. 261 A **Les services indispensables à l'utilisation des biens meubles ou immeubles et fournis à leurs membres par les personnes morales désignées à l'article 239 *octies* moyennant, indépendamment des apports, le strict remboursement de la part qui leur incombe dans les dépenses communes, sont exonérés de la taxe sur la valeur ajoutée dans les conditions prévues à l'article précité.**

Art. 261 B **Les services rendus à leurs adhérents par les groupements constitués par des personnes physiques ou morales exerçant une activité exonérée de la taxe sur la valeur ajoutée** *(L. n° 2020-1721 du 29 déc. 2020, art. 162-I-4° et III, en vigueur le 1er janv. 2023)* **« sur le fondement du 4, à l'exception du 10°, et du 7 de l'article 261, » ou pour laquelle elles n'ont pas la qualité d'assujetti sont exonérés de cette *taxe* à la condition qu'ils concourent directement et exclusivement à la réalisation de ces opérations exonérées ou exclues du champ d'application de la taxe sur la valeur ajoutée et que les sommes réclamées aux adhérents correspondent exactement à la part leur incombant dans les dépenses communes.**

Un décret fixe la nature des renseignements particuliers que les sociétés mentionnées au premier alinéa doivent fournir annuellement au service des impôts, indépendamment des déclarations dont la production est déjà prévue par le présent code. — *V. Ann. III, art. 96 A.*

Sur la mise à disposition de personnel par les OPHLM au profit de certaines copropriétés, V. CCH, art. L. 443-15. — ***CCH.***

1. L'exonération de l'art. 261 B est, sous certaines conditions, applicable aux prestations de services rendues à leurs membres par des groupements de droit ou de fait transfrontaliers.

* Rescrit 20 mars 2007, n° 2007/11 (TVA) * BOI-TVA-CHAMP-30-10-40 n° 30 du 10 févr. 2021.

2. Un groupement de moyens peut rendre des services à des tiers non membres sans perdre le bénéfice de l'exonération de TVA pour les services rendus à ses membres. • CJUE 20 nov. 2019, n° 400/18 : *RJF 2020. 191.* ♦ Un groupement ne perd pas le bénéfice de l'exonération prévue à l'art. 261 B pour les services rendus à ses membres lorsqu'il rend des services à des personnes non adhérentes ayant la qualité d'assujetti ou dont l'activité n'est pas exonérée. Ces dernières prestations sont alors seulement soumises à la TVA dans les conditions de droit commun. • CE 8 juill. 2002, n° 212867, *Caisse fédérale du Crédit mutuel d'Anjou : Dr. fisc. 2002. 791, note Guichard, concl. Collin ; RJF 2002. 1086 ; concl. Collin au BDCF 10/02, n° 121 ; BJS 2002. 1352, note Nouel.* ♦ Une société dont l'activité entre dans le champ d'application de la TVA et n'est pas exonérée de cette taxe ne peut constituer avec d'autres personnes morales un groupement remplissant les conditions de l'art. 261 B. • Même arrêt. ♦ Une personne morale ne peut constituer un groupement satisfaisant aux conditions fixées par l'art. 261 B si les sommes qu'elle réclame à ses adhérents ne correspondent pas exactement à la part qui leur incombe dans les dépenses communes. • Même arrêt. ♦ Un GIE ayant pour objet la coordination et la gestion des remplacements des professionnels de santé ne peut bénéficier de l'exonération de taxe dès lors que les sommes réclamées aux infirmiers bénéficiaires des services rendus ne correspondent pas exactement à leur part dans les dépenses du groupement. • CAA Bordeaux, 30 déc. 2005, n° 01BX861 : *RJF 2006. 687* • CE (na) 25 juill. 2007, n° 290904 : *RJF 2007. 1404.*

3. En revanche, peut prétendre à l'exonération un GIE qui finance sa trésorerie par des appels de fonds mensuels assis sur un pourcentage du chiffre d'affaires de ses membres et qui procède en fin d'année à des régularisations comportant, d'une part, l'imputation aux membres concernés des charges correspondant aux prestations spécifiquement fournies et, d'autre part, l'imputation des charges non individualisables réparties entre les membres du groupement selon leur part de chiffre d'affaires dans le total du chiffre d'affaires du groupement. Les sommes ainsi réclamées, qui ne dépassent pas les frais de fonctionnement du groupement, doivent, dans les circonstances de l'espèce, être regardées comme correspondant exactement à la part incombant à chacune des sociétés membres dans les dépenses communes. • CAA Nantes, 21 avr. 2011, *GIE Multiconseils, n° 10NT00223 : RJF 2011. 1141.*

4. L'exonération prévue par l'art. 261 B s'applique seulement aux services rendus par un groupement qui concourent à l'activité économique exonérée de TVA des adhérents de ce groupement ou à une activité pour laquelle ils n'ont pas la qualité d'assujetti et ne s'étend pas aux services personnels rendus à ces adhérents sans rapport avec une activité économique exercée par eux en cette qualité. • CE, sect., 7 déc. 2001, n° 212273 : *Dr. fisc. 2002. 571, concl. Bachelier ; RJF 2002. 148, chron. Maïa, p. 102.* ♦ Les services rendus par un groupement de moyens à un groupe TVA d'un périmètre différent sont taxables. • CJUE 18 nov. 2020, n° 77/19 : *RJF 2021. 340.*

5. L'art. 13 A-1-*f* de la 6ᵉ Dir. TVA (repris à l'art. 132-1-f de la Fir. 2006/112/CE du 28 nov. 2006) doit être interprété en ce sens que : l'octroi d'une exonération de la TVA fondée sur ladite disposition à une association qui satisfait à toutes les autres conditions de cette disposition, doit être refusé s'il existe un risque réel que l'exonération puisse à elle seule, dans l'immédiat ou dans le futur, provoquer des distorsions de concurrence. • CJCE 20 nov. 2003, n° C-8/01 : *RJF 2004. 2088 ; Dr. fisc. 2004. 191, note Guichard et Stemmer.* ♦ Les prestations de services fournies à leurs membres par des groupements autonomes bénéficient de l'exonération même si ces prestations sont fournies à un seul ou à quelques-uns seulement desdits membres et non à tous. • CJCE 11 déc. 2008, n° C-40/07 : *RJF 2009. 304.* ♦ Une législation nationale qui permet d'accorder une exonération temporaire, lorsqu'il y a un doute sur le point de savoir si celle-ci est susceptible de provoquer ultérieurement des distorsions de concurrence, est compatible avec l'art. 13 A-1-*f*, pourvu que l'exonération soit renouvelée aussi longtemps que l'intéressé satisfait aux conditions de cette disposition. • CJCE 20 nov. 2003 : *préc.*

6. L'art. 132-1-f de la Dir. 2006/112/CE du 28 nov. 2006 doit être interprété en ce sens que l'exonération qu'il prévoit ne vise que les groupements autonomes de personnes dont les membres exercent une activité d'intérêt général. Partant, les services rendus par des groupements autonomes de personnes, dont les membres exercent une activité économique dans le domaine des assurances ou dans celui des services financiers, qui ne constituent pas de telles activités d'intérêt général, ne bénéficient pas de cette exonération. • CJUE 2 sept. 2017, *Minister Finansów c/ Aviva Towarzystwo Ubezpieczeń na Życie S.A. w Warszawie*, n° 605/15 : *RJF 2017. 1266.* ♦ Pour sa part, l'Administration accorde le bénéfice de l'exonération de l'art. 261 B aux groupements constitués d'établissements bancaires ou de compagnies d'assurances ainsi qu'à d'autres groupements de moyens dont les membres n'exercent pas une activité d'intérêt général. * BOI-TVA-CHAMP-30-10-40 n° 40 du 10 févr. 2021.

7. Sur l'assouplissement des conditions pour le recours aux groupements de moyens dans les secteurs poursuivant une activité exonérée pour des raisons d'intérêt général, V. * BOI-RES-000082 du

10 févr. 2021.

8. Une personne redevable de la TVA ayant créé plusieurs secteurs d'activité distincts dont l'un regroupe des opérations exonérées peut être membre d'un groupement au titre de ce seul secteur sans mettre en cause l'exonération de l'art. 261 B. * Rescrit 12 sept. 2006 : *n° 2006/43 (TCA)* * BOI-TVA-CHAMP-30-10-40 n° 60 du 10 févr. 2021.

9. La simple mise à disposition de moyens par une personne au profit d'une autre ne saurait constituer un groupement, y compris lorsque cette mise à disposition est facturée à prix coûtant. Par suite, la convention de mise à disposition passée entre une institution de prévoyance et sa filiale société anonyme n'a pu instituer un groupement au sens de l'art. 261 B. • CE 10 juill. 2012, *Médéric Prévoyance*, n° 345595 : *RJF 2012. 1001 ; BDCF 2012. 124, concl. Legras ; Dr. fisc. 2012. 455.*

Art. 261 C Sont exonérées de la taxe sur la valeur ajoutée :

1° Les opérations bancaires et financières suivantes :

a) L'octroi et la négociation de crédits, la gestion de crédits effectuée par celui qui les a octroyés, les prêts de titres effectués dans les conditions prévues aux articles L. 211-22 à L. 211-26 du code monétaire et financier et les pensions réalisées dans les conditions prévues par les articles L. 211-27 à L. 211-34 du même code ;

b) La négociation et la prise en charge d'engagements, de cautionnements et d'autres sûretés et garanties ainsi que la gestion de garanties de crédits effectuée par celui qui a octroyé les crédits ;

c) Les opérations, y compris la négociation, concernant les dépôts de fonds, comptes courants, paiements, virements, créances, chèques et autres effets de commerce, à l'exception du recouvrement de créances ;

d) Les opérations, y compris la négociation, portant sur les devises, les billets de banque et les monnaies qui sont des moyens de paiement légaux à l'exception des monnaies et billets de collection ;

e) Les opérations, autres que celles de garde et de gestion portant sur les actions, les parts de sociétés ou d'associations, les obligations et les autres titres, à l'exclusion des titres représentatifs de marchandises et des parts d'intérêt dont la possession assure en droit ou en fait l'attribution en propriété ou en jouissance d'un bien immeuble ou d'une fraction d'un bien immeuble ;

(L. n° 2019-1479 du 28 déc. 2019, art. 33) « *f)* La gestion des organismes de placement collectif en valeurs mobilières mentionnés au paragraphe 2 de l'article 1er de la directive 2009/65/CE du Parlement européen et du Conseil du 13 juillet 2009 portant coordination des dispositions législatives, réglementaires et administratives concernant certains organismes de placement collectif en valeurs mobilières (OPCVM) ainsi que des autres organismes de placement collectif présentant des caractéristiques similaires. La liste de ces organismes est fixée par décret. Elle comprend notamment les organismes relevant des paragraphes 1er, 2 et 6 de la sous-section 2, du sous-paragraphe 1er du paragraphe 1er ou du paragraphe 2 de la sous-section 3 ou de la sous-section 4 de la section II du chapitre IV du titre Ier du livre II du code monétaire et financier ; » *— V. Ann. III, art. 71 (Décr. n° 2020-493 du 28 avr. 2020, art. 1er).*

g) Les opérations relatives à l'or, autre que l'or à usage industriel, lorsqu'elles sont réalisées par les établissements de crédit, prestataires de services d'investissement, changeurs, escompteurs et remisiers, ou par toute autre personne qui en fait son activité principale ;

2° Les opérations d'assurance et de réassurance ainsi que les prestations de services afférentes à ces opérations effectuées par les courtiers et intermédiaires d'assurances ;

3° Les livraisons à leur valeur officielle de timbres fiscaux et de timbres-poste ayant cours ou valeur d'affranchissement en France.

BIBL. ▶ SÉRANCOUR, *Dr. fisc. 2017. 146* (la TVA sur les opérations complexes). - TOURNÈS, *RJF 2004. 511* (classification des produits financiers au regard de la TVA).

1. Opérations bancaires et financières. Ces dispositions exonèrent de la TVA la gestion de crédits effectuée par celui qui les a octroyés, aussi bien lorsque celui-ci assume seul le risque de l'opération que lorsqu'il le partage avec un ou des copréteurs, à l'égard desquels il joue le rôle d'établissement « chef de file ». Sauf dans le cas où la rémunération perçue par cet établissement correspond au remboursement de frais de gestion spécifiquement exposés par lui pour le compte du ou des copréteurs ou trouve sa contrepartie dans l'exécution de tâches de gestion particulières que ce ou ces derniers l'ont contractuellement chargé d'assurer en leur nom, les dispositions du 1° du *a* font obstacle à ce qu'une fraction quelconque des intérêts et commissions versés par l'emprunteur à l'établissement « chef de file » et restant acquis à celui-ci soit soumise à la TVA. • CE 18 juin 1997, ♠ n° 133230 : *Dr. fisc. 1997. 1123, concl. Bachelier ; RJF 1997. 778, chron. Verclytte, p. 507.*

2. Le fournisseur qui autorise son client à surseoir au paiement du prix moyennant le paiement d'intérêts octroie un crédit exonéré de TVA. Toutefois, s'il est sursis au paiement jusqu'à la livraison seulement, les intérêts sont inclus dans la base d'imposition. • CJCE 27 oct. 1993, n° 281-91 : *Dr. fisc. 1994. 918 ; RJF 1994. 116.* ♦ Un prestataire de services qui autorise le preneur à surseoir au paiement du prix, moyennant le paiement d'intérêts, octroie un crédit exonéré de TVA au sens de l'art. 261 C, dès lors que ces intérêts sont dus à partir de la fourniture des services. • CAA Paris, 20 oct. 2006, n° 04PA3041 : *RJF 2007. 148.*

3. Blanchiment d'argent. Sont imposables les prestations de blanchiment d'argent consistant à encaisser des chèques sans ordre avant de restituer la somme en espèces, sous déduction d'une commission. De telles opérations, qui correspondent aux prestations réalisées dans l'exercice de leur profession par les agents d'affaires, ne sont pas éligibles à l'exonération de TVA prévue par l'art. 261 C-1°-c. • CAA Versailles, 20 janv. 2011, ♠ n° 08VE00363 : *RJF 2011. 568.*

4. Échanges de devises traditionnelles contre des « bitcoins ». Les opérations d'échange de devises traditionnelles contre des unités de la devise virtuelle « *bitcoin* » (et inversement) constituent des prestations de services fournies à titre onéreux au sens de la Dir. TVA. Ces opérations sont exonérées de la taxe en vertu de l'art. 135-1-e de ladite directive concernant les opérations portant sur « les devises, les billets de banque et les monnaies qui sont des moyens de paiement légaux ». • CJUE 22 oct. 2015, ♠ *Skatteverket / David Hedqvist*, C-264/14 : *RJF 2016. 105.*

5. Vente de cartes de réduction. Des cartes donnant droit à des réductions de prix sur des produits ou services vendus par des entreprises affiliées ne constituent ni des titres ni des effets de commerce au sens des dispositions de la Dir. TVA qui prévoient l'exonération de certaines opérations financières de sorte que leur vente n'est pas exonérée. • CJUE 12 juin 2014, ♠ *Granton Advertising BV*, C-461/12 : *RJF 2014. 968.*

6. Négociation et prise en charge d'engagements. L'article 13 B-2 de la 6ᵉ Dir. TVA (cf. Dir. 2006/112/CE, 28 nov. 2006, art. 135-1-c ; CGI, art. 261 C-1°-b) doit être interprété en ce sens que la notion de « prise en charge d'engagements » exclut du champ d'application de cette disposition des engagements autres que financiers, tels que l'engagement de rénovation d'un bien immeuble. • CJCE 19 avr. 2007, n° 455/05 : *RJF 2007. 875 ; Dr. fisc. 2007. 848.*

7. Pour l'application de l'art. 261 C-1°-*b*, les opérations de négociation s'entendent des opérations d'entremise par lesquelles une personne autre que l'une des parties au contrat fait le nécessaire pour que ces parties concluent effectivement un tel contrat, sans que le négociateur ait un intérêt propre quant à son contenu. Ne constituent pas de telles opérations de négociation les opérations qui se résument à la simple délivrance, par une société à un courtier mandaté par une société d'assurance, d'informations sur les personnes susceptibles d'être intéressées par la conclusion d'un contrat de garantie, sans qu'elles soient assorties de prestations d'entremise visant à la conclusion individuelle d'un tel contrat. • CE 17 sept. 2010, ♠ n° 307508 : *RJF 2010. 1154.*

8. Garanties d'émission d'actions. Une garantie d'émission fournie contre rémunération par un établissement de crédit à une société souhaitant émettre des actions, en application de laquelle cet établissement s'engage à acquérir les actions qui ne seraient pas souscrites à l'expiration de la période de souscription, constitue une opération portant sur des titres au sens de l'art. 135-1-f de la Dir. TVA du 28 nov. 2006 et bénéficie donc de l'exonération prévue par cette disposition. • CJUE 10 mars 2011, n° 540/09 : *RJF 2011. 765.*

9. Messagerie électronique pour établissements financiers. Des services de messagerie électronique pour des établissements financiers utilisés par ceux-ci pour réaliser des paiements interbancaires et des opérations sur titres ne sont pas exonérés au titre de l'art. 13 B-d-3 et 5 de la 6ᵉ Dir. TVA (V. CGI, art. 261 C-1°-*c* et *e*). • CJUE 28 juill. 2011, *Nordea Pankki Oyj*, n° 350/10 : *RJF 2011. 1253.*

10. Prestations de « call center ». Pour l'application de l'exonération prévue à l'art. 13 B-d-5 de la 6ᵉ Dir. TVA (V. CGI, art. 261 C-1° e) en cas de réalisation d'opérations sur valeurs mobilières (prestations de « *call center* »), il convient de considérer : d'une part, que les termes « opérations portant sur les titres » visent des opérations susceptibles de créer, de modifier ou d'éteindre les droits et obligations des parties sur des titres ; d'autre part, que les termes « négociation portant sur des titres » ne visent pas les services se limitant à fournir des informations sur un produit financier et, le cas échéant, à réceptionner et à traiter les demandes de souscription des titres correspondants, sans les émettre. • CJCE 13 déc. 2001, ♠ n° C-235/00 : Dr. fisc. *2002. 522 ; RJF 2002. 353 ; Banque et Dr. 2002, n° 82, p. 64.* ♦ Les opérations portant sur les titres qui sont exonérées incluent les opérations de négociation, c'est-à-dire en particulier les opérations d'entremise. • CAA Paris, 30 mars 2005, n° 01PA769 : *RJF 2005. 841.*

11. Frais de règlement supplémentaires facturés par les prestataires de téléphonie mobile. Les frais supplémentaires facturés par un prestataire de services de télécommunications à ses clients, lorsque ceux-ci paient ces services non pas par le système de « débit direct » ou par virement, mais par carte de crédit, par carte de débit, par chèque ou en espèces au guichet d'une banque ou au comptoir d'un agent habilité, ne constituent pas la contrepartie d'une prestation de services distincte et indépendante de la prestation de services principale consistant à fournir des services de télécommunications. Par conséquent, l'exonération des opérations concernant les paiements et les virements n'a pas lieu de s'appliquer. • CJUE 2 déc. 2010, n° 276/09, *Everything Everywhere Ltd : RJF 2011. 532*

12. Monnaie électronique (cartes, tickets et bons prépayés). Ni l'émetteur, ni le distributeur de cartes prépayées, qualifiées de « monnaie électronique », permettant l'achat de biens et services sur internet, ne sont soumis à la TVA lors de leur commercialisation. En outre, les frais de gestion sont exonérés. * Lettre DLF 20 mai 2009 à CMS Bureau Fr. Lefebvre.

13. Services de « traitement du paiement par carte ». L'exonération de TVA prévue pour les opérations concernant les paiements et les virements ne s'applique pas à un service dit « de traitement du paiement par carte de débit ou par carte de crédit » effectué par un assujetti, prestataire de ce service, lorsqu'une personne achète, par l'intermédiaire de ce prestataire, un billet de cinéma qu'il vend au nom et pour le compte d'une autre entité, que cette personne paye par carte de débit ou par carte de crédit. • CJUE 26 mai 2016, *Bookit Ltd*, n° 607/14 : *RJF 2016. 719.*

14. Gestion de distributeurs de billets. Des services fournis à une banque pour la gestion de distributeurs de billets ne sont pas exonérés. • CJUE 3 oct. 2019, ☎ *Finanzamt Trier c/ Cardpoint GmbH*, n° 42/18 : *RJF 2019. 1207.*

15. Cessions de quotas (« droits à polluer »). Sur le mécanisme d'autoliquidation de la TVA par le client mis en place pour les transferts de quotas d'émission de gaz à effet de serre (art. 283-2 *septies*), V. note ss. art. 283.

16. Gestion de fonds communs de placement. *L'art. 13-B-d-6 de la 6e Dir. TVA (V. CGI, art. 261 C-1° f)* doit être interprété en ce sens que relèvent de la notion de « gestion de fonds communs de placement » les services de gestion administrative et comptable des fonds fournis par un gestionnaire tiers, s'ils forment un ensemble distinct, apprécié de façon globale, et sont spécifiques et essentiels pour la gestion de ces fonds. En revanche, ne relèvent pas de cette notion, les prestations correspondant aux fonctions de dépositaire, telles que celles indiquées aux art. 7-1 et 3 et 14-1 et 3 de la Dir. n° 85/611/CEE du Conseil du 20 déc. 1985 concernant certains OPCVM. • CJCE 4 mai 2006, ☎ n° C-169/04, *Abbey National : RJF 2006. 972.* ♦ Relèvent également de la notion de « gestion de fonds communs de placement » des prestations de conseil et d'information en placement de valeurs mobilières fournies par un tiers à un gestionnaire de fonds communs de placement. • CJUE 7 mars 2013, *GfBk*, n° C-275/11 : *RJF 2013. 683 ; Dr. fisc. 2013. 260, note Béra et Vansteenkiste.* ♦ L'art. 13 B-d-6 de la 6e Dir. TVA (V. Dir. n° 2006/112/CE, 28 nov. 2006, art. 135-1-g ; CGI, art. 261 C-1° *b)* doit être interprété en ce sens : – que la notion de « fonds communs de placement » figurant à cette disposition est de nature à englober les fonds communs de placement à capital fixe tels que les sociétés fiduciaires d'investissement *(Investment Trust Companies)* ; – qu'il confère aux États membres, dans certaines limites, un pouvoir d'appréciation pour définir les fonds situés sur leur territoire qui relèvent de la notion de « fonds communs de placement » aux fins de l'exonération prévue par cette disposition. • CJCE 28 juin 2007, n° 363/05 : *RJF 2007. 1366.*

17. La gestion d'un fonds de placement immobilier peut être exonérée de TVA dès lors que le fonds présente des caractéristiques identiques ou comparables aux FCP définis par la directive OPCVM et qu'il est soumis à une surveillance étatique spécifique. La notion de « gestion » ne vise toutefois pas l'exploitation effective des biens immobiliers. • CJUE 9 déc. 2015, n° n° 595/13 : *RJF 2016. 308.*

18. Une prestation unique de gestion rendue par un tiers à une société qui gère à la fois des FCP et d'autres fonds n'est pas exonérée de TVA par l'art. 135-1-*g* de la directive TVA. • CJUE 2 juill. 2020, ☎ *BlackRock Investment Management (UK) Ltd*, n° 231/19 : *RJF 2020. 972.*

19. Lorsqu'une société effectue, pour le compte d'un fonds commun de placement (FCP), diverses tâches spécifiques à la gestion de ce fonds (comptabilisation des opérations sur actifs ; valorisation des actifs et des parts ; inventaire du portefeuille ; contrôle des ratios ; etc.) et qui en sont indissociables, la rémunération qui s'y attache est exonérée de TVA en vertu de l'art. 261 C-1° *f* qui ne subordonne pas l'exonération à l'exercice de la gestion à son exercice par une seule personne. • CE 6 avr. 2001, ☎ n° 224406 : *RJF 2001. 924 ; concl. Mignon au BDCF 7/01, n° 91 ; Dr. fisc. 2002. 500.*

20. Gestion de portefeuille. Une prestation de gestion de portefeuille sous mandat consistant essentiellement en une prestation d'analyse et de surveillance du patrimoine et en une prestation d'achat et de vente de titres n'est pas exonérée de TVA. • CJUE 19 juill. 2012, *Finanzamt Frankfurt am Main V-Höchst*, n° 44/11 : *RJF 2012. 1090 ; Dr. fisc. 2012. 454, note Féron et Cornély.*

21. Récépissés-warrants. La cession de récépissés-warrants ne constitue pas une opération sur effets de commerce exonérée de TVA par l'art. 261 C, mais présente le caractère d'une livraison de biens soumise à la taxe en application de l'art. 256-II. • CAA Bordeaux, 8 déc. 2005, n° 02BX243 : *RJF 2006. 364.*

22. Opérations d'affacturage. Recouvrement de créances. BIBL. Tournès, *RJF 2003, p. 850* (affacturage et opérations financières exonérées de TVA et difficultés d'interprétation de la 6e Directive).

Une activité économique, par laquelle un opérateur rachète des créances en prenant à sa charge le risque de défaillance des débiteurs et, en contrepartie, facture à ses clients une commission, constitue un « recouvrement de créances » au sens de l'art. 13 B-d-3 de la 6e Dir. TVA et, partant, est exclu de l'exonération établie par cette disposition. • CJCE 26 juin 2003, n° C-305/01 : *RJF 2003. 1193.* ♦ Une prestation de services consistant, contre rémunération, à récupérer des créances et à assurer un service de gestion de celles-ci pour le compte de leur titulaire n'est pas exonérée de TVA car elle constitue une activité de recouvrement de créances. • CJUE 28 oct. 2010, n° 175/09 : *RJF 2011. 258.*

23. L'art. 135-1-*b* et *d* de la Dir. 2006/112/CE du 28 nov. 2006 doit être interprété en ce sens que l'exonération de TVA que ces dispositions prévoient, respectivement, pour l'octroi de crédits et les opérations concernant d'autres effets de commerce, s'applique à une opération qui consiste, pour l'assujetti, à mettre à la disposition d'un autre assujetti, contre rémunération, des fonds obtenus auprès d'une société d'affacturage à la suite de la transmission à celle-ci d'un billet à ordre émis par le second assujetti, le premier assujetti garantissant le remboursement à cette société d'affacturage dudit billet à ordre à son échéance. • CJUE 17 févr. 2020, n° 801/19 : *RJF 2021. 338.*

24. Les frais facturés au titre d'un ATD par une banque à ses clients ne rémunèrent aucune prestation de services au bénéfice du client ou du Trésor public et ne sont, par suite, pas soumis à la TVA. • CE 24 avr. 2019, *SA Caisse d'épargne Cepac,* n° 412570 : *RJF 2019. 641.*

25. Or industriel. De l'or, livré sous forme de plaques et de grenailles à des clients professionnels de la bijouterie, ainsi destiné à un usage industriel de transformation, doit être regardé comme de « l'or à usage industriel ». • TA Marseille, 20 oct. 2003, n° 99-5593 : *RJF 2004. 512.* ♦ Il en est de même de lingots constitués d'un alliage grossier d'or et d'autres matériaux dont la teneur en or excède 325 millièmes. • CJUE 26 mai 2016, *Envirotec Denmark ApS,* n° 550/14 : *RJF 2016. 781.*

26. Opérations d'assurance. BIBL. Guichard, *Dr. fisc. 2002. 1510* (assurances : le risque TVA). – Guichard et Stemmer, *Dr. fisc. 2005, p. 1236* (assurances : le dommage TVA). ♦ Une opération d'assurance se caractérise, de façon généralement admise, par le fait que l'assureur se charge, moyennant le paiement d'une prime, de procurer à l'assuré, en cas de réalisation du risque couvert, la prestation convenue lors de la conclusion du contrat. Un État membre de l'UE ne peut pas restreindre la portée de l'exonération des opérations d'assurance aux seules prestations effectuées par les assureurs autorisés par le droit national à exercer leur activité d'assureur. • CJCE 25 févr. 1999, n° C-349/96 : *Dr. fisc. 1999, p. 590 ; RJF 1999. 512.* ♦ Les dispositions du 2° n'ont fixé aucune restriction quant à la qualité des personnes effectuant des opérations d'intermédiaire d'assurance et notamment, n'ont pas subordonné l'exonération à la condition que ces opérations soient réalisées par une personne visée par des dispositions du code des assurances. L'exonération est donc applicable aux commissions reçues par une banque pour le placement de bons de capitalisation qui constituent des opérations d'assurance. • CAA Nantes, 27 avr. 1999, n° 96NT1701 : *RJF 1999. 980 ; Dr. fisc. 2000. 104.* ♦ En sens contraire : • CAA Paris, 29 juin 2000, n° 98PA2198 : *Dr. fisc. 2001. 60, concl. Mortelecq.*

27. Le fait qu'une compagnie d'assurances ne saurait exercer d'autre activité commerciale que des opérations d'assurance ou des opérations qui en découlent directement n'implique pas que toutes les opérations qu'elle effectue constituent, sur le plan fiscal, des opérations d'assurance au sens strict, telles que visées à l'art. 13 B-*a* de la 6e Dir. TVA. • CJCE 8 mars 2001, n° C-240/99 : *RJF 2001. 892 ; Banque et Dr. 2001, n° 75, p. 58, note Acard ; D. 2001. IR 1142* . ♦ Par suite, l'engagement d'une compagnie d'assurances d'exercer, en contrepartie d'une rémunération calculée sur la base des prix du marché, les activités d'une autre compagnie d'assurances, qui est sa filiale à 100 % et qui continuerait de conclure les contrats d'assurance en son propre nom, ne constitue pas une opération d'assurance au sens de l'art. 13 B-*a* de la 6e Directive relative à la TVA. • CJCE 8 mars 2001, n° C-240/99 : *préc.*

28. L'art. 13 B-*a* de la 6e Dir. TVA (Dir. 2006/112/CE, 28 nov. 2006, art. 135-1-*a*) doit être interprété en ce sens que des évaluations de dommages causés à des véhicules automobiles effectuées par une association dont les membres sont des sociétés d'assurance pour le compte de ceux-ci ne constituent ni des opérations d'assurance ni des prestations de services afférentes à ces opérations effectuées par un courtier ou un intermédiaire d'assurance au sens de cette disposition. Le fait que les grandes sociétés d'assurance fassent effectuer les évaluations des dommages causés à des véhicules automobiles par leurs propres experts, évitant ainsi que ces prestations de services soient soumises à la TVA, est sans incidence sur cette interprétation. • CJCE

20 nov. 2003, n° C-8/01 : *RJF 2004. 2088 ; Dr. fisc. 2004. 191, note M. Guichard et W. Stemmer.*

29. Les courtiers et intermédiaires d'assurance qui agissent en tant que sous-agents pour le compte d'un autre intermédiaire peuvent bénéficier de l'exonération de TVA, alors même qu'ils n'entretiennent qu'un rapport indirect avec les parties au contrat d'assurance ou de réassurance à la conclusion duquel ils contribuent, par l'entremise d'un autre assujetti auquel ils sont liés contractuellement. • CJCE 3 avr. 2008, n° C-124/07 : *RJF 2008. 916.*

30. L'art. 13 B-*a* de la 6e Dir. TVA (V. Dir. 2006/112/CE, 28 nov. 2006, art. 135-1-*a*) doit être interprété en ce sens que des activités de « back office », consistant à rendre des services, moyennant rémunération, à une entreprise d'assurances, ne constituent pas des prestations de services afférentes à des opérations d'assurance effectuées par un courtier ou un intermédiaire d'assurance au sens de cette disposition. • CJCE 3 mars 2005, *Arthur Andersen & Cop. Accountants,* n° 472/03 : *RJF 2005. 516 ; Banque et Dr. 2005, n° 101, p. 94, note Acard* • TA Montreuil, 30 oct. 2017, *SARL Retraite et sécurité,* n° 1608507 : *RJF 2018. 904.* ♦ De même, des services de règlement de sinistres fournis par un tiers, au nom et pour le compte d'une entreprise d'assurance, ne relèvent pas de l'exonération. • CJUE 17 mars 2016, *Aspiro SA,* n° C-40/15 : *RJF 2016. 585.* ♦ ... Pas plus que des services de gestion de placements fournis au titre d'un régime professionnel de retraite. • CJUE 8 oct. 2020, *United Biscuits et United Biscuits Pension Investments,* n° 235/19 : *RJF 2020. 1057.* ♦ ... Ou encore la fourniture d'un produit d'assurance à une société d'assurances et, à titre accessoire, le placement de ce produit pour le compte de cette société ainsi que la gestion des contrats d'assurance conclus. • CJUE 25 mars 2021, n° 907/19 : *RJF 2021. 674.* ♦ Sur les prestations de back-office ne pouvant relever de la notion de « prestations de services afférentes à des opérations d'assurance effectuées par les courtiers et intermédiaires d'assurance », V. • CE 9 oct. 2019, n° 416107 : *RJF 2020. 16 ; Dr. fisc. 2019. 489, note Breton et Medjebar.*

31. Constitue une opération d'assurance exonérée la prestation de services consistant, pour *un opérateur économique (assureur)* indépendant du revendeur d'un véhicule d'occasion, à garantir, moyennant le versement d'une somme forfaitaire, la panne mécanique susceptible d'affecter certaines pièces de ce véhicule. • CJUE 16 juill. 2015, n° C-584/13 : *RJF 2015. 981.* ♦ Jugé, de même, que la garantie en réparation d'un véhicule d'occasion fournie par un assureur indépendant du revendeur constitue une opération d'assurance exonérée. • Com. 24 nov. 2015, n° 12-15.419 : *RJF 2016. 298.*

32. L'opération par laquelle un courtier en assurances donne en location-gérance le cabinet de courtage dont il est propriétaire n'est ni une opération d'assurance ou de réassurance, ni une prestation de services afférente à une telle opération. Dès lors, les loyers qu'il perçoit ne sont pas exonérés de la TVA par l'art. 261 C-2°. • CE 6 mars 2002, n° 221353 : *Dr. fisc. 2002. 688, concl. Bachelier ; RJF 2002. 492.*

33. La cession à titre onéreux à une compagnie d'assurances de contrats de réassurance vie ne constitue ni une opération d'assurance ou de réassurance au sens des art. 56-1 e et 135-1 *a* de la Dir. TVA du 28 nov. 2006, ni une prise en charge d'engagements ou une opération concernant les créances au sens de l'art. 135-1-c de la directive et ne peut, par suite, être exonérée de TVA. • CJCE 22 oct. 2009, n° C-242/08, *Swiss Re Germany Holding : Dr. fisc. 2009. Actu. 332 et 335, chron. W. Stemmer ; RJF 2010. 91.* ♦ Toutefois, l'Administration admet que les cessions de contrats d'assurance ou de réassurance soient dispensées de la TVA sur le fondement de l'art. 257 *bis.* * Rescrit 26 janv. 2010, n° 2010/02 TCA. * BOI-TVA-CHAMP-30-10-60-10 n° 260 du 11 déc. 2019.

34. N'est pas exonérée de TVA par l'art. 261 C-2° une prestation d'assurance qui ne constitue pas une prestation principale distincte, mais seulement une prestation accessoire d'une prestation principale taxable, dont elle doit alors partager le sort fiscal. Doit être regardée comme une prestation accessoire de celle de location de véhicules et non comme une prestation indépendante de celle-ci, non seulement la prestation d'assurance obligatoire couvrant notamment le risque de dommages susceptibles d'affecter le véhicule, mais également la prestation d'assurance complémentaire facultative permettant d'améliorer la couverture de l'assuré en cas de sinistre en réduisant le montant de la franchise. Assujettissement de ces prestations à la TVA. • CAA Marseille, 9 nov. 2004, n° 03MA208 : *RJF 2005. 542 ; concl. Bonnet au BDCF 6/05, n° 72.*

35. L'opération de crédit-bail et la prestation d'assurance afférente au bien pris en crédit-bail, fournie par le bailleur, sont, en principe, deux opérations distinctes et indépendantes aux fins de la TVA. Lorsque la prestation d'assurance est souscrite par le bailleur et refacturée au coût réel par ce dernier au preneur, elle est exonérée de TVA. • CJUE 17 janv. 2013, *BGZ Leasing sp.,* n° 224/11 : *RJF 2013. 449.*

36. Une société négociatrice qui conclut une convention d'assurance de groupe par laquelle elle procure aux autres sociétés du groupe une couverture d'assurance par le biais d'un assureur qui prend en charge le risque couvert effectue une opération d'assurance, sous réserve que la quote-part relative à chaque filiale soit refacturée à l'euro-l'euro, ces prestations bénéficiant de l'exonération de TVA. * BOI-RES-000058 du 11 déc. 2019.

37. La prestation d'assurance d'un bien vendu ou donné en location, d'une part, et la prestation consistant en la location ou la vente de ce même bien, d'autre part, sont dissociables lorsque la prestation d'assurance est facultative et qu'une telle prestation peut être recherchée auprès d'un autre opérateur que celui réalisant la vente ou la location du bien à assurer. * BOI-TVA-CHAMP-30-10-60-10 n° 260 du 11 déc. 2019. ♦ Ainsi, une prestation d'assurance et une prestation de transport proposées par un loueur de skis à ses clients doivent suivre le régime qui leur est propre (respectivement exonération et bénéfice du taux intermédiaire) dès lors qu'elles sont facultatives. • CAA Lyon, 13 déc. 2016, n° 15LY01413 : *RJF 2017. 315.* ♦ De même, une prestation complémentaire fournie, à titre facultatif, par un hôtelier tenant à la souscription, auprès d'une compagnie d'assurance, d'une assurance annulation de ce séjour, ne peut pas être accessoire à la prestation de location d'hébergement et de pension et peut, dès lors, bénéficier de l'exonération prévue par l'art. 261 C-2°. • CAA Lyon, 28 mars 2017, *Les balcons de Belle Plagne*, n° 15LY02661 : *RJF 2017. 674.*

38. Liste des OPCVM dont la gestion est exonérée de TVA. * BOI-TVA-SECT-50-10-10 n° 330 du 6 mai 2020.

Art. 261 D Sont exonérées de la taxe sur la valeur ajoutée :

1° Les locations de terres et bâtiments à usage agricole ;

1° *bis* Les locations d'immeubles résultant d'un bail conférant un droit réel ;

2° Les locations de terrains non aménagés et de locaux nus, à l'exception des emplacements pour le stationnement des véhicules ; toutefois, ces dispositions ne sont pas applicables lorsque les locations constituent pour le bailleur un moyen de poursuivre, sous une autre forme, l'exploitation d'un actif commercial ou d'accroître ses débouchés ou lorsque le bailleur participe aux résultats de l'entreprise locataire ;

3° Les locations ou concessions de droits portant sur les immeubles visés aux 1° et 2° dans la mesure où elles relèvent de la gestion d'un patrimoine foncier ;

4° Les locations occasionnelles, permanentes ou saisonnières de logements meublés ou garnis à usage d'habitation.

Toutefois, l'exonération ne s'applique pas :

a) Aux prestations d'hébergement fournies dans les hôtels de tourisme classés, les villages de vacances classés ou agréés et les résidences de tourisme classées, lorsque ces dernières sont destinées à l'hébergement des touristes et qu'elles sont louées par un contrat d'une durée d'au moins neuf ans à un ou plusieurs exploitants qui ont souscrit un engagement de promotion touristique à l'étranger dans les conditions fixées par un décret en Conseil d'État ; *— V. Ann. II, art. 176 à 178.*

b) Aux prestations de mise à disposition d'un local meublé ou garni effectuées à titre onéreux et de manière habituelle, comportant en sus de l'hébergement au moins trois des prestations suivantes, rendues dans des conditions similaires à celles proposées par les établissements d'hébergement à caractère hôtelier exploités de manière professionnelle : le petit déjeuner, le nettoyage régulier des locaux, la fourniture de linge de maison et la réception, même non personnalisée, de la clientèle.

c) Aux locations de locaux nus, meublés ou garnis consenties à l'exploitant d'un établissement d'hébergement qui remplit les conditions fixées aux *a* ou *b*, à l'exclusion de celles consenties à l'exploitant d'un établissement mentionné à l'article L. 633-1 du code de la construction et de l'habitation dont l'activité n'ouvre pas droit à déduction.

d) Dispositions devenues sans objet (Décr. n° 2017-698 du 2 mai 2017, art. 1er).

BIBL. ► BURGUBURU, *RJF 2007. 1103* (taxation de la location immobilière : le trousseau de clefs). – CRUVELIER, *Dr. fisc. 2011. Étude 402* (la notion fiscale de location immobilière dans la jurisprudence européenne). – DUHEM, *JCP N 2003. 1250* (loueurs en meublés et TVA : la nouvelle donne).

1. Notion de location. La « location » visée par les art. 261 D-2° CGI et 13-B-*b* de la 6e Dir. TVA (Dir. 2006/112/CE, 28 nov. 2006, art. 135) s'entend de la concession faite à un preneur, pour *une durée* et *moyennant* une rémunération convenues, du droit d'occuper des locaux à titre exclusif, quelle que soit la qualité en laquelle le donneur a la faculté d'accorder ce droit. • CE 16 nov. 2005, n° 257532, *SCI Genty Immobilier : RJF 2006. 130 ; concl. Vallée au BDCF 2/06, n° 13.* ♦ L'exonération de la TVA pour l'affermage et la location de biens immeubles prévue s'applique à un contrat de cession de l'exploitation agricole de terres agricoles couvertes de vignes à une société exerçant une activité dans le secteur de la viticulture, conclu pour une période d'un an, renouvelable automatiquement, et en contrepartie d'un loyer payable au terme de chaque période annuelle. • CJUE 28 févr. 2019, n° 278/18 : *RJF 2019. 507.*

2. Location de biens immeubles. La location d'un bâtiment construit à base d'éléments préfabriqués incorporés au sol de manière à n'être ni aisément démontables ni aisément déplaçables constitue une location de bien immeuble au sens de l'art. 13-B-*b* de la 6e Dir. TVA (Dir. 2006/112/CE, 28 nov. 2006, art. 135), même si ce bâtiment doit être enlevé à la fin du contrat de location et réutilisé sur un autre terrain. La circonstance que le bailleur met à la disposition du locataire le terrain et le bâtiment, ou seulement le bâtiment qu'il a construit sur le terrain du locataire, n'est pas pertinente aux fins de déterminer si une location constitue une location de bien immeuble au sens de la disposition précitée. • CJCE 16 janv. 2003, n° C-315/00, *Maierhofer : Dr. fisc. 2003. 238 ; RJF 2003. 523.* ♦ Constituent des opérations de « location de biens immeubles » au sens de l'art. 13-B-*b* de la Directive précitée : des opérations par lesquelles une société octroie simultanément, par des contrats différents à des sociétés qui lui sont liées, un droit précaire d'occupation sur le même immeuble contre le paiement d'une indemnité fixée principalement en fonction de la surface occupée et lorsque ces contrats, tels qu'ils sont exécutés, ont essentiellement pour objet la mise à disposition passive de locaux ou de surfaces d'immeubles, moyennant une rémunération liée à l'écoulement du temps et non une prestation de services susceptible de recevoir une autre qualification. • CJCE 18 nov. 2004, n° C-284/03, *Temco Europe SA : RJF 2005. 206.* ♦ ... La location d'emplacements prévus pour l'amarrage de bateaux sur l'eau, ainsi que d'emplacements pour l'entreposage de ces bateaux à terre dans l'aire portuaire. • CJCE 3 mars 2005, n° C-428/02 : *RJF 2005. 517 ; Dr. fisc. 2005. 477.* ♦ ... La location d'une péniche, y compris l'espace et le ponton y attenants, qui est immobilisée au moyen d'attaches non aisément amovibles fixées à la berge et au bassin d'un fleuve. • CJUE 15 nov. 2012, *Susanne Leichenich*, n° 532/11 : *RJF 2013. 245.* ♦ ... Une relation juridique dans le cadre de laquelle une personne se voit accorder le droit d'occuper et d'utiliser, y compris de manière exclusive, un bien public, à savoir des zones du domaine maritime, pour une durée déterminée et moyennant une rémunération. • CJCE 25 oct. 2007, n° 174/06 : *RJF 2008. 103.*

3. En revanche, ne constituent pas une *location de biens immeubles au sens de l'art. 13 B-b* précité : l'octroi par le propriétaire des lieux au propriétaire d'un distributeur de cigarettes du droit d'installer ledit distributeur et d'en assurer le fonctionnement et la maintenance dans son établissement pour une période de deux ans, dans un emplacement désigné par ledit propriétaire des lieux, en échange d'un pourcentage des bénéfices bruts résultant de la vente de cigarettes et d'autres produits à base de tabac dans son établissement, sans toutefois que le propriétaire du distributeur se voie octroyer des droits de possession ou de contrôle autres que ceux qui ont été expressément prévus dans le contrat conclu entre les parties. • CJCE 12 juin 2003, *Sinclair Collis Ltd*, n° C-275/01 : *RJF 2003. 1195 ; Dr. fisc. 2003. 851.* ♦ ... La concession à titre onéreux du droit de pratiquer la pêche, en vertu d'un contrat de location conclu pour une durée de dix ans, par le propriétaire du plan d'eau pour lequel ce droit a été accordé ainsi que par le titulaire du droit de pêche dans un plan d'eau relevant du domaine public, cette concession ne constituant pas un affermage ni une location de biens immeubles, dans la mesure où elle ne confère pas le droit d'occuper le bien immeuble concerné et d'exclure toute autre personne du bénéfice d'un tel droit. • CJCE 6 déc. 2007, n° 451/06 : *RJF 2008. 252.* ♦ ... La location d'un stade de football si elle est l'accessoire d'un service complexe de fourniture d'accès à des installations sportives. • CJUE 22 janv. 2015, *Régie cnale autonome du stade Luc-Varenne*, n° C-55/14 : *RJF 2015. 374.*

4. Services d'hébergement en centre de données (data center). Des services d'hébergement en centre de données dans le cadre desquels le prestataire de ces services met à la disposition de ses clients, afin qu'ils y installent leurs serveurs, des baies de brassage et leur fournit des biens et des services accessoires, tels que de l'électricité et divers services destinés à assurer l'utilisation de ces serveurs dans des conditions optimales, ne constituent pas des services de location de biens immeubles relevant de l'exonération de TVA, dès lors que, ce qu'il incombe à la juridiction de renvoi de vérifier, d'une part, ce prestataire ne procède pas à la mise à disposition passive d'une surface ou d'un emplacement à ses clients en leur garantissant le droit de l'occuper comme s'ils en étaient propriétaires et, d'autre part, les baies de brassage ne font pas partie intégrante de l'immeuble dans lequel elles sont installées et n'y sont pas non plus installées à demeure. • CJUE 2 juill. 2020, n° 215/19 : *RJF 2021. 230.* ♦ L'exonération n'est pas applicable au prestataire de services d'hébergement en centre de données qui met à disposition de ses clients des baies de brassage, ainsi que de l'électricité et divers services destinés à permettre une utilisation des serveurs dans des conditions optimales. • Versailles, 8 déc. 2020, n° 19VE00526 : *RJF 2021. 255, concl. Met.*

5. Location et sous-location de locaux nus. La sous-location de locaux nus pris en crédit-bail doit être regardée comme une location de locaux nus au sens de l'art. 261 D-2°. Par suite, elle est exonérée de TVA. • CE 16 nov. 2005, n° 257532 : *préc. note 1.* ♦ Les locaux nus, au sens de l'art. 261 D-2°, s'entendent des locaux qui ne sont pas munis de l'essentiel des équipements immobiliers et mobiliers et du matériel nécessaires à l'exploitation à laquelle ils sont destinés. Il en est ainsi : de locaux munis d'équipements et du matériel nécessaires à une activité qui n'est pas celle du preneur et dépourvus de ceux nécessaires à l'activité de ce dernier. • CAA Lyon, 23 oct. 2003, n° 98LY407 : *RJF 2004. 981 ; AJDI 2005. 405, note Maublanc*. ♦ ... Des terrains et bâtiments d'exploitation d'un établissement de santé dont les agencements, le mobilier, l'outillage et le matériel nécessaires à l'activité dudit établissement ont fait l'objet d'un apport de la part du bailleur, ancien exploitant, au nouvel exploitant. • CAA Lyon, 22 déc. 2005, n° 00LY1149 : *RJF 2006. 683.*

6. Concession portant sur des terrains et immeubles non aménagés. L'exploitant d'un site préhistorique (grottes) ne peut bénéficier, pour les droits d'entrée versés par les visiteurs, de l'exonération prévue par l'art. 261 D-3° dès lors que les moyens matériels et humains (plusieurs salariés ; matériels de bureau, informatique et de transport ; publicité) mis en œuvre pour cette activité excèdent ceux qui sont normalement nécessaires à la gestion d'un patrimoine foncier. • CAA Lyon, 15 juill. 2004, n° 98LY1290 : *RJF 2005. 16.* ♦ Confirmé • CE (na) 28 juin 2006, n° 273074 : *RJF 2007. 17.*

7. Location de terrains aménagés. Constitue une location de locaux ou de terrains aménagés, soumise de plein droit à la TVA, la location qui porte sur des locaux ou des terrains qui sont pourvus des aménagements nécessaires, c'est-à-dire ceux sans lesquels l'exploitation commerciale à laquelle ils sont destinés n'est pas possible. • CE 26 déc. 2013, *SCI Rostand*, n° 360124 : *RJF 2014. 234 ; BDCF 2012. 34, concl. Bohnert.*

8. Location de logements meublés. Dispositif nouveau entré en vigueur le 1er janv. 2003. Exonération des locations de logements meublés ou garnis à usage d'habitation. Taxation des prestations d'hébergement à caractère hôtelier. Taux et droits à déduction. * BOI-TVA-CHAMP-30-10-50 n° 100 du 12 sept. 2012. ♦ La circonstance que le loueur d'un logement meublé délègue à un tiers la fourniture des prestations mentionnées à l'art. 267 D-4° *b*, que sont le petit-déjeuner, le nettoyage régulier des locaux, la fourniture de linge de maison et la réception de la clientèle, ne fait pas obstacle à ce qu'il soit soumis à la TVA lorsque la prestation est proposée dans des conditions similaires à celles proposées dans le secteur hôtelier et que l'exploitant demeure seul responsable de cette prestation vis-à-vis de ses clients. • CE 20 nov. 2017, n° 392740 : *RJF 2018. 155.*

9. Locations de locaux nus, meublés ou garnis consenties aux exploitants d'établissements d'hébergement à caractère hôtelier. Depuis le 1er janv. 2007, toutes les locations *de locaux nus ou meublés* consenties, par bail commercial ou non, aux exploitants d'un établissement d'hébergement sont soumises à la TVA, même si le preneur exploitant bénéficie, à un autre titre, d'une exonération ou est un non-assujetti. * BOI-TVA-CHAMP-10-10-50-20 n° 10 du 12 sept. 2012.

10. Locations de locaux consenties aux exploitants de logements-foyers. Exonération à compter du 7 mars 2007. * BOI-TVA-CHAMP-30-10-50 n° 160 du 12 sept. 2012.

11. Maison d'enfants. Les maisons d'enfants à caractère social qui assurent, notamment, l'hébergement d'enfants placés par les services sociaux ne peuvent pas être considérées comme des loueurs en meublé au sens de l'art. 261 D-4°. • CE 13 juill. 2007, n° 282054 : *RJF 2007. 1233.*

12. Aires de stationnement. L'art. 13 B-*b*-2 de la 6e Dir. TVA (Dir. 2006/112/CE, 28 nov. 2006, art. 135) doit être interprété en ce sens que la notion de « véhicules » englobe les bateaux. • CJCE 3 mars 2005, n° C-428/02 : *RJF 2005. 517 ; Dr. fisc. 2005. 477.* ♦ Sauf si elle est étroitement liée à celle, elle-même exonérée, de biens immeubles destinés à un autre usage, la location d'emplacements pour le stationnement des véhicules, qu'il s'agisse d'aires ouvertes ou de garages fermés, est soumise à la TVA, quel que soit le statut juridique du bailleur. • CE 26 juin 1996, n° 128396 : *Dr. fisc. 1996. 1178.*

13. Parkings publics. En application de l'art. 261 D-2°, les locations d'emplacement pour le stationnement des véhicules sont imposables de plein droit lorsqu'elles sont consenties par une entreprise agissant en tant que concessionnaire d'une collectivité locale. Il en est de même dans la situation où une collectivité locale exerce directement l'activité de mise à disposition d'emplacements de stationnement dans les mêmes conditions juridiques que celles consenties par des opérateurs économiques privés, les recettes perçues constituant alors la contrepartie d'un service rendu aux usagers. * BOI-TVA-CHAMP-10-10-30 n° 190 du 15 févr. 2013.

14. Établissement thermal. La location d'un immeuble comprenant certains aménagements caractérisant un établissement thermal, à l'exclusion du mobilier nécessaire à l'exploitation, doit être regardée comme portant sur des locaux nus, et par suite exonérée de TVA. • CAA Bordeaux, 22 juin 1999, n° 97BX966 : *Dr. fisc. 2000. 512.*

15. Village de vacances. La location d'un village de vacances est soumise à la TVA dès lors quelle porte sur un ensemble de locaux et d'installations entièrement équipés pour permettre aux vacanciers de bénéficier de prestations complètes en matière d'hébergement, de restauration, de garderie, de loisirs et de sports. • CAA Bordeaux, 6 déc. 2004, *Assoc. pour le développement du tourisme européen : Dr. fisc. 2005. 505.*

16. Centres hippiques. Manèges. La location d'un centre hippique qui ne comprend pas tous les éléments indispensables à l'activité d'entraîneur public ou de propriétaire-entraîneur de chevaux de course des locataires n'est pas soumise à la TVA alors même qu'elle porte sur des locaux et objets spécialement conçus pour l'hébergement, la nourriture, l'entretien et l'hygiène des chevaux. • CE 24 mai 1989, n° 64257 : *RJF 1989. 819.* ♦ De même, la location d'un bâtiment à usage de manège équestre, équipé d'un pare-bottes et de box, mais dépourvu des autres installations et matériels indispensables à son exploitation, est exonérée de TVA et n'ouvre pas droit à déduction de la taxe ayant grevé le coût de construction du manège. • CE 28 juill. 1999, n° 164834 : *Dr. fisc. 2000. 663.*

17. Cession de bail. L'art. 13 B-*b* de la 6e Dir. TVA (Dir. 2006/112/CE, 28 nov. 2006, art. 135) n'exonère pas une prestation de services effectuée par une personne qui ne possède aucun titre sur un bien immeuble et consistant à accepter, à titre onéreux, la cession d'un bail sur ce bien de la part du preneur. • CJCE 9 oct. 2001, n° C-108/99 : *RJF 2002. 124 ; D. 2001. IR 3169*.

Art. 261 E **Sont exonérés de la taxe sur la valeur ajoutée :**

(L. n° 2017-1775 du 28 déc. 2017, art. 34, en vigueur le 1er janv. 2018) **« 1° L'organisation de jeux de hasard ou d'argent soumis aux prélèvements progressifs mentionnés à l'article 1560 du présent code,** *(L. n° 2020-1721 du 29 déc. 2020, art. 64-I-5°)* **« à l'article L. 2333-56 » du code général des collectivités territoriales et aux 2 à 9 du II de l'article 34 de la loi n° 2017-1775 du 28 décembre 2017 de finances rectificative pour 2017 ; »**

2° Le produit de l'exploitation de la loterie nationale, du loto national, des paris mutuels hippiques, des paris sur des compétitions sportives et des jeux de cercle en ligne, à l'exception des rémunérations perçues par les organisateurs et les intermédiaires qui participent à l'organisation de ces jeux et paris ;

3° *Abrogé.*

1. Portée de l'exonération des jeux de hasard et d'argent. L'exonération de la TVA s'applique à l'ensemble des recettes perçues par un cercle ou une maison de jeux en contrepartie de l'organisation de jeux de hasard et d'argent, y compris celles qui, ne faisant pas partie de la « cagnotte », ne sont pas retenues dans l'assiette de l'impôt sur les spectacles. Ainsi, les cotisations annuelles ouvrant le droit aux adhérents d'accéder aux salles de jeux sont exonérées de la taxe. • CE 10 mai 1999, n° 176468 : *RJF 1999. 981 ; BDCF 8-9/99, concl. Bachelier.* ♦ Et il en est de même des droits d'entrée, des droits de carte ou de table. * BOI-TVA-CHAMP-30-10-10 n° 30 du 13 mars 2019.

2. L'Administration ne peut opposer à une association qui organise des lotos, lesquels sont des jeux de hasard inclus dans le champ de l'art. 261 E-1, le fait qu'elle n'a pas acquitté l'impôt sur les spectacles, jeux et divertissements, pour lui refuser le bénéfice de l'exonération de TVA. Toutefois, en l'absence de comptabilité ou de tout document permettant de distinguer les sommes provenant d'opérations exonérées des recettes imposables provenant du vestiaire, de la buvette et de la restauration, l'association ne peut bénéficier de l'exonération, même pour les recettes qui constituent la contrepartie de l'organisation des lotos. • CAA Bordeaux, 21 nov. 2005, n° 01BX2070 : *RJF 2006. 688.* ♦ Jugé, en sens contraire, que l'organisation de jeux de loto ne peut pas bénéficier de l'exonération prévue pour les jeux de hasard ou d'argent soumis à l'impôt sur les spectacles, laquelle est réservée aux casinos, cercles et maisons de jeux. • CAA Marseille, 16 avr. 2009, n° 06MA362 : *RJF 2010. 662.*

3. Organisateurs de jeux en ligne. Modalités de détermination de la base d'imposition des rémunérations soumises à TVA. * BOI-TVA-CHAMP-30-10-10 n° 85 du 13 mars 2019.

4. Jurisprudence communautaire. L'exploitation illégale d'un jeu de hasard, en l'occurrence la roulette, relève du champ d'application de la 6e Dir. TVA. L'art. 13 B-*f* de ladite Directive doit être interprété en ce sens : qu'un État membre ne peut soumettre cette activité à la TVA alors que l'activité correspondante effectuée par un casino public agréé bénéficie d'une exonération. • CJCE 11 juin 1998, n° 283/95 : *RJF 1998. 1232.* ♦ Ce même article s'oppose à une législation nationale qui prévoit que l'exploitation de tous les jeux et appareils de jeux de hasard est exonérée de la TVA lorsqu'elle est effectuée dans des casinos publics agréés, alors que l'exercice de cette même activité par des opérateurs autres que les exploitants de tels casinos ne bénéficie pas de cette exonération. • CJCE 17 févr. 2005, n° C-453/02 et 462/02 : *RJF 2005. 518 ; Dr. fisc. 2005. 315, note Georgopoulos.*

5. Les organisateurs de paris à cote fixe sont soumis à la TVA sur le résultat brut des opérations au cours d'une période d'imposition donnée. • CJUE 14 juill. 1998, *First national Bank of Chicago,* n° C-172/96 : *RJF 1998. 1234* * BOI-RES-000033 du 13 mars 2019.

Art. 261 F *Périmé.*

Art. 261 G **Les représentations théâtrales à caractère pornographique indiquées au 2° de l'article 279** ***bis*** **ne peuvent en aucun cas bénéficier des exonérations de taxe sur la valeur ajoutée prévues par les dispositions législatives en vigueur.**

Il en est de même des cessions de droits portant sur les films cinématographiques ou les supports vidéographiques d'œuvre pornographique ou d'incitation à la violence

indiqués au 3° de l'article 279 *bis* et des droits d'entrée pour les séances au cours desquelles ces œuvres cinématographiques ou vidéographiques sont représentées. — *Dispositions applicables à compter du 1er janv. 1993.*

Art. 262 I. — **Sont exonérées de la taxe sur la valeur ajoutée :** — *V. Ann. III, art. 73 A, 73 G, 73 H et 74.*

1° Les livraisons de biens expédiés ou transportés par le vendeur ou pour son compte, en dehors de la Communauté européenne ainsi que les prestations de services directement liées à l'exportation ;

2° Les livraisons de biens expédiés ou transportés par l'acheteur qui n'est pas établi en France, ou pour son compte, hors de la Communauté européenne, à l'exclusion des biens d'équipement et d'avitaillement des bateaux de plaisance, des avions de tourisme ou de tous autres moyens de transport à usage privé, ainsi que les prestations de services directement liées à l'exportation.

Lorsque la livraison porte sur des biens à emporter dans les bagages personnels de voyageurs, l'exonération s'applique si les conditions suivantes sont réunies :

***a.* Le voyageur n'a pas son domicile ou sa résidence habituelle en France ou dans un autre État membre de la Communauté européenne ;**

***b.*La livraison ne porte pas sur les tabacs manufacturés, les marchandises qui correspondent par leur nature ou leur qualité à un approvisionnement commercial ainsi que celles qui sont frappées d'une prohibition de sortie ;**

***c.* Les biens sont transportés en dehors de la Communauté européenne avant la fin du troisième mois suivant celui au cours duquel la livraison est effectuée ;**

***d.* La valeur globale de la livraison, taxe sur la valeur ajoutée comprise, excède un montant qui est fixé par arrêté du ministre chargé du budget.** — *Sur les modalités d'application du 2° ci-dessus, V. Ann. III, art. 75 et 75 A, Ann. IV, art. 24 ter, et Arr. du 16 déc. 2014 (JO 24 déc.) ; sur le seuil mentionné au d, V. Ann. IV, art. 24 bis.*

II. — **Sont également exonérés de la taxe sur la valeur ajoutée :**

1° Les prestations de services consistant en travaux portant sur des biens meubles acquis ou importés en vue de faire l'objet de ces travaux et expédiés ou transportés en dehors du territoire des États membres de la Communauté européenne par le prestataire de services ou par le preneur établi hors de France ou pour leur compte ;

2° Les opérations de livraison, de réparation, de transformation, d'entretien, d'affrètement et de location portant sur :

les navires de commerce maritime affectés à la navigation en haute mer ;

les bateaux utilisés pour l'exercice d'une activité industrielle en haute mer ;

les bateaux affectés à la pêche professionnelle maritime, les bateaux de sauvetage et d'assistance en mer ; — *V. Ann. IV, art. 42 à 46.*

3° Les opérations de livraison, de location, de réparation et d'entretien portant sur des objets destinés à être incorporés dans ces bateaux ou utilisés pour leur exploitation en mer, ainsi que sur les engins et filets pour la pêche maritime ; — *V. Ann. IV, art. 42 à 46.*

4° Les opérations de livraison, de transformation, de réparation, d'entretien, d'affrètement et de location portant sur les aéronefs utilisés par des compagnies de navigation aérienne dont les services à destination ou en provenance de l'étranger ou des collectivités et départements d'outre-mer, à l'exclusion de la France métropolitaine, représentent au moins 80 % des services qu'elles exploitent ; — *V. Ann. IV, art. 42 à 46.*

5° Les opérations de livraison, de location, de réparation et d'entretien portant sur des objets destinés à être incorporés dans ces aéronefs ou utilisés pour leur exploitation en vol ; — *V. Ann. IV, art. 42 à 46.*

6° Les livraisons de biens destinés à l'avitaillement des bateaux et des aéronefs désignés aux 2° et 4°, ainsi que des bateaux de guerre, tels qu'ils sont définis à la sous-position 89-01 du tarif douanier commun, à l'exclusion des provisions de bord destinées aux bateaux affectés à la petite pêche côtière ; — *V. Ann. III, art. 73-I, et Ann. IV, art. 42 à 46.*

7° Les prestations de services effectuées pour les besoins directs des bateaux ou des aéronefs désignés aux 2° et 4° et de leur cargaison ; — *V. Ann. III, art. 73 B à 73 E, et Ann. IV, art. 42 à 46.*

8° Les transports aériens ou maritimes de voyageurs en provenance ou à destination de l'étranger ou des collectivités et départements d'outre-mer ;

9° Les transports ferroviaires de voyageurs en provenance et à destination de l'étranger, ainsi que les transports de voyageurs effectués par les trains internationaux et sur les relations dont la liste est fixée par arrêtés conjoints du ministre du budget et du ministre des transports ; — *V. Ann. IV, art. 24 A.*

10° Les transports par route de voyageurs étrangers en provenance et à destination de l'étranger, circulant en groupe d'au moins dix personnes ; — *V. Ann. III, art. 73 F.*

11° Les transports entre la France continentale et *(Abrogé par Ord. n° 2016-1561 du 21 nov. 2016, art. 1er-II-1° et 20, à compter du 1er janv. 2018)* ***« les départements de »*** **la Corse pour la partie du trajet située en dehors du territoire continental ;**

11° ***bis*** **Les prestations de transport de biens effectuées à destination ou en provenance des Açores ou de Madère ;**

12° Les livraisons d'or aux instituts d'émission ;

***13° à 13° ter** Abrogés.*

14° Les prestations de services se rapportant à l'importation de biens en France ou dans un autre État membre de la Communauté européenne et dont la valeur est comprise dans la base d'imposition de l'importation.

1. Manutention portuaire. Un GIE qui a mentionné une quote-part de ses frais de fonctionnement sur ses factures relatives à des opérations de manutention portuaire exonérées n'est pas soumis à la TVA sur le montant de ces frais. • CE 5 juill. 1996, n° 183634 : *Dr. fisc. 1996. 1416, concl. Ph. Martin.*

2. Livraisons de moyens de transport effectuées pour le compte de personnes ayant leur résidence principale en France. Biens acquis pour l'exportation par des personnes résidant en France en instance d'affectation ou transférant leur domicile dans un pays tiers. 1) Personnes et véhicules concernés. 2) Justificatifs à fournir auprès du vendeur. 3) Modalités d'immatriculation des véhicules. * BOI-TVA-CHAMP-30-30-10-20 n°s 440 à 510 du 28 mai 2013.

3. Transports à l'exportation effectués par des sous-traitants. Les transports de biens à destination d'un pays tiers ne sont pas exonérés de TVA, lorsque ces services ne sont pas fournis directement à l'expéditeur ou au destinataire des biens mais au transporteur principal par un transporteur sous-traitant. • CJUE 29 juin 2017, *L. C. IK*, n° 288/16 : *RJF 2017. 1009.*

4. Transports par route de voyageurs. Le législateur a entendu réserver l'exonération aux transports de voyageurs en situation de transit international, c'est-à-dire de ceux qui, arrivés en France en provenance d'un pays étranger, se rendent dans un autre pays étranger. • CE 13 nov. 1996, ♖ n° 155625 : *Dr. fisc. 1997. 359, concl. Bachelier ; RJF 1997. 16.* ♦ Elle est applicable aux transports routiers dits « en étoile », c'est-à-dire rayonnant à partir d'un même lieu, exécutés en vertu d'un contrat de transport international unique faisant effectuer à des voyageurs étrangers un transit par la France. • CE 13 nov. 1996, ♖ n° 155625 : *préc.* ♦ Sont également exonérés les transports réguliers d'ouvriers frontaliers ou d'écoliers français travaillant dans un pays fiscalement tiers à la Communauté, effectués par l'employeur étranger ou l'établissement scolaire. * DA du 4 févr. 2005 : *BO douanes 2005, n° 6616.*

5. Une société de transports qui n'organise pas elle-même les circuits touristiques mais se borne à véhiculer des touristes étrangers pour le compte d'agences de voyages entre dans les prévisions de l'instruction 3 A-3-99 du 9 nov. 1999, selon laquelle l'exonération s'applique dans l'hypothèse où les pays de provenance et de retour sont identiques et qui estime que l'interruption du transport routier (cas des voyageurs s'arrêtant dans une ou plusieurs villes françaises ou des voyageurs disposant pendant la durée du transport en France de journées libres) ne fait pas obstacle à l'exonération, la durée du séjour en France étant sans incidence. • CAA Lyon, 25 oct. 2007, n° 04LY1243 : *RJF 2008. 417.*

6. Prestations liées à l'exportation. Les prestations de services directement liées aux exportations de biens meubles corporels que vise l'art. 262-I CGI s'entendent de celles qui concourent à la réalisation matérielle d'une livraison de biens à un acheteur établi à l'étranger. Une indemnité perçue en contrepartie de la prestation consistant à prendre envers un client l'engagement de satisfaire à ses besoins d'approvisionnement n'a pas un tel objet, même si le client est établi à l'étranger. • CE, sect., 15 déc. 2000, ♖ n° 194696, *SA Polyclad Europe : Dr. fisc. 2001. 378, concl. Goulard, note Jouffroy ; RJF 2001. 293, chron. Maïa, p. 191.* ♦ Si elles sont indispensables avant tout transport de denrées liquides destinées à l'exportation, les prestations de nettoyage et de désinfection par une entreprise des cuves de véhicules d'entreprises de transport étrangères ne peuvent être regardées comme directement liées à l'exportation de marchandises en l'absence de réalisation effective d'une livraison de certaines marchandises liquides sur une destination déterminée à l'étranger. • CE 1er déc. 2004, ♖ n° 258780 : *RJF 2005. 313 ; Dr. fisc. 2005. 462.* ♦ Seules les prestations de services, qu'il s'agisse de prestations d'expertise ou d'autres prestations, qui sont directement liées à l'exportation elle-même peuvent bénéficier de l'exonération prévue à l'art. 262-I-1°. Tel n'est pas le cas des prestations d'expertise réalisées par des entreprises habilitées par les autorités d'un pays tiers d'importation pour certifier la conformité des biens expédiés au départ de la France aux normes commerciales de ce pays. * Instr. 2 déc. 2003 : *BOI 3 A-4-03.* ♦ Les prestations de services visées par l'art. 262-I s'entendent de celles qui concourent à la réalisation matérielle d'une livraison de biens à un acheteur établi à l'étranger. Par suite, des prestations publicitaires destinées à faire la promotion à l'étranger (hors communauté européenne) de produits français n'ont pas pour objet de concourir à la réalisation matérielle d'une livraison de biens meubles à un acheteur établi à l'étranger et ne peuvent donc être regardées comme des prestations de services directement liées aux exportations entrant dans le champ de l'exonération. • CAA Bordeaux, 10 juill. 2003, n° 99BX2326 : *RJF 2004. 22.*

7. Opérations portant sur les navires de commerce maritime. Définition de ces navires. Facturation et justificatifs à fournir. * BOI-TVA-CHAMP-30-30-30-10 du 24 févr. 2021. ♦ Modalités spécifiques d'appréciation pour 2021 de la condition de 70 % de trajets hors des eaux territoriales. * BOI-RES-000081 du 13 janv. 2021. ♦ Un petit bâtiment de mer spécialement conçu pour réaliser des expéditions maritimes dans les zones polaires ne peut être regardé comme un navire de commerce maritime au sens de l'art. 262-II-2° dès lors que ce bateau n'est pas immatriculé en tant que navire de commerce et n'est pas affecté à une activité de nature commerciale comme le transport payant de biens ou de passagers. • CAA Nantes, 8 juin 2006, n° 04NT264 : *RJF 2007. 16.*

8. En ne subordonnant pas l'exonération de TVA des opérations visées à l'art. 262, II-2°, 3°, 6° et 7° à l'exigence d'une affectation à la navigation en haute mer des bateaux assurant un trafic rémunéré de voyageurs et de ceux utilisés pour l'exercice d'une activité commerciale, la France a manqué aux obligations qui lui incombent en vertu de la Dir. 2006/112/CE du Conseil du 28 nov. 2006 et, en particulier, de l'art. 148, a, c et d de celle-ci. • CJUE 21 mars 2013, ♧ n° C-197/12 : *RJF 2013. 888 ; Dr. fisc. 2013. 379, note Israël et Gaucher.* ♦ Nouvelle doctrine administrative en conséquence de l'arrêt préc. * BOI-TVA-CHAMP-30-30-30-10 du 24 févr. 2021.

9. Navires de plaisance. L'art. 15-5 de la 6e *Dir. TVA (devenu art. 148 c de la Dir. 2006/112/CE)* doit être interprété en ce sens que l'exonération de TVA ainsi prévue ne s'applique pas aux prestations de services consistant à mettre, contre rémunération, un bateau avec équipage à la disposition de personnes physiques à des fins de voyages d'agrément en haute mer. • CJUE 22 déc. 2010, n° 116/10 : *RJF 2011. 395.* ♦ En conséquence, l'exonération ne s'applique plus aux opérations de location et d'affrètement consistant, contre rémunération, à mettre un navire avec ou sans équipage, à la disposition de personnes à des fins de voyages d'agrément, y compris lorsque ce voyage se déroule en haute mer, et que ces personnes n'affectent pas elles-mêmes le navire à une activité rémunérée. Ces prestations de location et d'affrètement effectuées pour les besoins de voyages d'agrément sont donc désormais soumises à la TVA selon les règles du droit commun déterminées pour les besoins des navires de plaisance à usage privé. * BOI-TVA-CHAMP-30-30-30-10 n° 180 du 24 févr. 2021. ♦ Pour les contrats conclus après le 30 nov. 2020, la part des loyers correspondant à la proportion de la durée d'utilisation ou d'exploitation effective du bateau en dehors des eaux territoriales communautaires est exonérée. Cette part est calculée de façon différente selon que les navires sont dotés ou non d'un système d'identification automatique conforme aux normes du chapitre V de la convention Solas. * BOI-RES-000080 du 4 déc. 2020.

10. Bateaux de sauvetage et d'assistance en mer. L'exonération de TVA relative aux opérations de livraison, de transformation, d'entretien, d'affrètement ou de location portant sur les bateaux de sauvetage et d'assistance en mer ne s'applique qu'aux bateaux effectivement utilisés à des missions de sauvetage et d'assistance, sans toutefois qu'une utilisation marginale à d'autres missions leur en fasse perdre le bénéfice. • CE 23 déc. 2010, ♧ n° 309886 : *RJF 2011. 293 ; Dr. fisc. 2011. 270.*

11. Plateformes de forage. Ces plateformes ne constituent pas des bateaux affectés à la navigation en haute mer éligibles à l'exonération. • CJUE 20 juin 2019, ♧ n° 291/18 : *RJF 2019. 1108 ; Dr. fisc. 2020. 166, note Barviaux.*

12. Livraisons portant sur les navires. La commercialisation de parts de copropriété de navires de commerce maritime constitue une activité distincte de celle consistant dans la livraison des mêmes navires. Elle n'est donc pas exonérée au titre de l'art. 262-II-2°. • CAA Bordeaux, 5 févr. 2004, n° 00BX1037 : *RJF 2004. 585 ; Dr. fisc. 2004. 653.*

13. Affrètement des bateaux. L'exonération vise tant l'affrètement total que l'affrètement partiel des bateaux affectés à la navigation en haute mer. Partant, cette disposition s'oppose à une législation nationale (en l'espèce espagnole) qui n'octroie le bénéfice de l'exonération de la TVA que dans le cas d'un affrètement total desdits bateaux. • CJCE 18 oct. 2007, n° 97/06 : *RJF 2008. 102.*

14. Opérations portant sur les aéronefs. Liste des compagnies aériennes réputées remplir les conditions d'exonération. * BOI-ANNX-

000215 et 216 du 4 nov. 2020.

15. Livraisons, avitaillement et prestations de services portant sur les aéronefs. Les dispositions de l'art. 15-6, 7 et 9 de la 6e Dir. TVA doivent être interprétées en ce sens que les livraisons de biens et les prestations de services, visées par ces dispositions, à des aéronefs qui effectuent des vols intérieurs mais qui sont utilisés par des compagnies de navigation aérienne pratiquant essentiellement un trafic international rémunéré sont exonérées de la TVA. • CJCE 16 sept. 2004, n° C-382/02 : *RJF 2004. 1291 ; Dr. fisc. 2005. 232.* ♦ Il appartient aux juridictions nationales d'apprécier l'importance respective des parts d'activités internationales et autres qu'internationales de ces compagnies. Afin de procéder à cette appréciation, peuvent être pris en compte tous les éléments qui donnent une indication de l'importance relative du type de trafic concerné, notamment le chiffre d'affaires. • Même arrêt.

16. Les magazines et journaux destinés aux passagers des compagnies aériennes sont considérés comme des biens d'avitaillement exonérés. * BOI-RES-000038 du 27 mars 2019.

17. L'exonération de TVA relative aux livraisons portant sur les aéronefs utilisés par des compagnies de navigation aérienne pratiquant essentiellement un trafic international rémunéré s'applique : 1) aux compagnies aériennes effectuant des vols internationaux charters ; 2) à la livraison d'un aéronef à un opérateur qui n'est pas lui-même une telle compagnie mais qui acquiert cet aéronef aux fins de son utilisation exclusive par une telle compagnie. • CJUE 19 juill. 2012, *A Oy,* n° 33/11 : *RJF 2012. 1089.*

18. Biens à emporter dans les bagages personnels des voyageurs. * BOI-TVA-CHAMP-30-30-10-20 n° 30 du 28 mai 2013. ♦ Conditions d'exonération à l'exportation des biens faisant partie des bagages personnels des voyageurs. • CJUE 17 févr. 2020, n° 656/19 : *RJF 2021. 337.*

19. Procédure du bordereau de vente. Commentaire général de la procédure. Conditions relatives à la vente et formalités. * BOI-TVA-CHAMP-30-30-10-20 nos 30 à 330 du 28 mai 2013. * DA du 20 nov. 2020 : *BO douanes, n° 7396.* ♦ Les modalités d'émission des bordereaux de vente à l'exportation dans le cadre du programme d'apurement des bordereaux par lecture optique de codes-barres (PABLO) font l'objet des art. 75 et 75 A de l'annexe III. ♦ Sur les justifications à apporter par le vendeur concernant l'acheteur et, le cas échéant, la personne effectuant les formalités pour le compte de l'acheteur, V. • Com. 21 juin 2017, *RGDDI c/ Sté Harry Winston,* n° 15-19.453 : *RJF 2017. 1170.*

20. Justifications. Il résulte des art. 262 CGI et 74 de l'Ann. III (rédaction antérieure au Décr. n° 2004-468 du 25 mai 2004) que l'exonération de TVA prévue par l'art. 262 à raison des exportations réalisées au profit de clients établis en dehors de la Communauté européenne est subordonnée à la condition que le contribuable établisse la réalité des opérations d'exportation par la production des pièces justificatives mentionnées audit art. 74 et de la déclaration d'exportation des biens dûment visée par le service des douanes. Dès lors, un assujetti n'apporte pas la preuve de la réalité de l'exportation en produisant des justificatifs de paiement de donneurs d'ordre établis à l'étranger. • CE 30 déc. 2009, n° 307732, *SA Maison Bosc : RJF 2010. 260.*

Art. 262-00 *bis* *(L. n° 2021-1900 du 30 déc. 2021, art. 30-I-6° et III-A, en vigueur le 1er juill. 2022)* **I. – Sont exonérées de la taxe sur la valeur ajoutée :**

1° Les livraisons de biens et les prestations de services effectuées dans le cadre des relations diplomatiques et consulaires, dans la limite, le cas échéant, des contingents attribués par l'administration ;

2° Les livraisons de biens et les prestations de services destinées aux personnes et organismes suivants :

a) L'Union européenne ;

b) La Communauté européenne de l'énergie atomique ;

c) La Banque centrale européenne ;

d) La Banque européenne d'investissement ;

e) Les organismes créés par l'Union européenne auxquels s'applique le protocole n° 7 annexé au traité sur le fonctionnement de l'Union européenne relatif aux privilèges et immunités de l'Union européenne, dans les limites et conditions fixées par ce protocole et les accords relatifs à sa mise en œuvre ou par les accords de siège, dans la mesure où cette exonération n'engendre pas de distorsions de concurrence ;

3° Les livraisons de biens et les prestations de services destinées à des organismes internationaux autres que ceux mentionnés au 2° du présent I, reconnus comme tels par les autorités publiques françaises ou par celles de l'État d'accueil membre de l'Union européenne, ainsi qu'à des membres de ces organismes, dans les limites et conditions fixées par les conventions internationales instituant ces organismes ou par les accords de siège ;

4° Les livraisons de biens et les prestations de services destinées aux forces armées pour leur usage, pour l'usage de l'élément civil qui les accompagne ou pour l'approvisionnement de leurs mess ou cantines, lorsque les conditions suivantes sont cumulativement remplies :

a) Ces forces armées ont l'une des affectations suivantes :

— l'effort de défense mené en vue de la mise en œuvre d'une activité de l'Union européenne dans le cadre de la politique de sécurité et de défense commune ;

— l'effort commun de défense prévu par le traité de l'Atlantique Nord, si elles relèvent d'un État partie à ce traité ;

b) Ces forces sont stationnées ou séjournent dans un État membre de l'Union européenne autre que celui dont elles relèvent ;

5° Les livraisons de biens et les prestations de services destinées aux forces armées du Royaume-Uni de Grande-Bretagne et d'Irlande du Nord stationnées sur l'île de Chypre en application du traité relatif à la création de la République de Chypre, signé le 16 août 1960, pour leur usage, pour l'usage de l'élément civil qui les accompagne ou pour l'approvisionnement de leurs mess ou cantines ;

6° Les livraisons de biens et les prestations de services destinées à la Commission européenne ou à une agence ou un organisme créé en application du droit de l'Union européenne, lorsque les conditions suivantes sont remplies :

a) Ces biens ou services sont achetés dans le cadre de l'exécution des missions qui sont confiées par le droit de l'Union européenne à l'acquéreur afin de réagir à la pandémie de covid-19. Lorsque cette condition n'est plus remplie, la personne mentionnée au premier alinéa du présent 6° en informe l'administration, dans des conditions déterminées par arrêté du ministre chargé du budget ;

b) Les biens et services achetés ne sont pas utilisés, immédiatement ou ultérieurement, aux fins de livraisons de biens ou prestations de services subséquentes effectuées à titre onéreux par l'acquéreur.

II. — Les exonérations prévues aux 1° à 3° du I s'appliquent aux seuls achats de biens et services effectués pour un usage officiel.

Les exonérations prévues aux 1° à 5° du I s'appliquent aux seuls achats dont le montant hors taxes excède 150 €.

III. — Lorsque les biens ne sont pas expédiés hors de France ou que les services sont exécutés en France, l'exonération est mise en œuvre au moyen d'une procédure de remboursement.

Pour l'application du 6° du I du présent art., V. L. n° 2021-1900 du 30 déc. 2021, art. 30-III-A.

Art. 262-0 *bis* *(L. n° 2016-1918 du 29 déc. 2016, art. 87-II et VI-C)* I. — Les personnes qui interviennent, en leur nom et pour leur compte ou au nom et pour le compte des vendeurs qui leur sont affiliés, dans une opération de livraison de biens exonérée de la taxe sur la valeur ajoutée dans les conditions mentionnées au deuxième alinéa du 2° du I de l'article 262, en transmettant à l'administration, au moyen d'une plate-forme d'échange de données informatisées certifiée par l'administration, les données électroniques des bordereaux de vente à l'exportation qu'elles émettent ou qui sont émis par les vendeurs qui leur sont affiliés doivent, pour exercer leur activité, être agréées par l'administration en tant qu'opérateur de détaxe.

L'agrément est accordé lorsque les critères suivants sont remplis :

1° Le demandeur dispose d'un dispositif efficace de sécurisation de ses opérations au moyen d'un système informatique de gestion des bordereaux de vente à l'exportation ;

2° Le demandeur justifie d'une solvabilité financière. Ce critère est réputé rempli dès lors que le demandeur n'a pas fait l'objet de défaut de paiement auprès des services fiscaux et douaniers au cours des trois dernières années précédant la présentation de la demande, ne fait pas l'objet d'une procédure collective et apporte la preuve, sur la base des écritures comptables et d'autres informations disponibles, qu'il présente une situation financière lui permettant de s'acquitter de ses engagements, compte tenu des caractéristiques du type de l'activité économique concernée. Si le demandeur est établi depuis moins de trois ans, sa solvabilité est appréciée sur la base des informations disponibles au moment du dépôt de la demande ;

3° Le demandeur n'a pas été sanctionné du fait de manquements graves et répétés aux règles prévues par le code des douanes ou par le présent code au cours des trois années précédant la présentation de la demande ou la décision de retrait.

II. — L'opérateur de détaxe agréé :

1° Assure, dans un délai fixé par décret en Conseil d'État, la transmission à l'administration des données électroniques des bordereaux de vente à l'exportation qu'il émet ou qui sont émis par les vendeurs qui lui sont affiliés, au moyen de la plate-forme mentionnée au I ;

2° Utilise un système d'évaluation et de gestion des risques liés au processus de détaxe ;

3° Assure la formation et l'information régulière de son personnel et de ses clients ;

4° Porte à la connaissance de l'autorité administrative, dans un délai fixé par décret en Conseil d'État, toute modification de ses statuts et tout changement ne lui permettant plus d'assurer le respect des critères mentionnés au I.

III. — En cas de non-respect des obligations prévues au II du présent article, l'autorité administrative peut, dans le respect de la procédure prévue aux articles L. 122-1 et L. 122-2 du code des relations entre le public et l'administration, prononcer une amende dont le montant, fixé par décret en Conseil d'État, ne peut pas excéder :

1° 60 € par bordereau en cas de manquement aux obligations prévues au 1° du II ;

2° 300 000 € en cas de manquement à l'une des obligations prévues aux 2° à 4° du même II.

(L. n° 2020-1721 du 29 déc. 2020, art. 170-II) **« III *bis*. — Le fait pour une personne de solliciter ou d'obtenir le visa du bordereau mentionné au premier alinéa du I du présent article lorsque les conditions d'application de l'exonération prévue au deuxième alinéa du 2° du I de l'article 262 du présent code ne sont pas réunies est sanctionné dans les conditions prévues au chapitre VI du titre XII du code des douanes. Ces manquements sont constatés selon les mêmes procédures et les réclamations sont présentées, instruites et jugées selon les règles applicables aux manquements prévus au même chapitre VI. »**

IV. — Un décret en Conseil d'État définit :

1° Les modalités de délivrance et de retrait de l'agrément mentionné au I ;

2° Les conditions et procédures préalables à la certification de la plate-forme mentionnée au même I ;

3° Les modalités techniques permettant le respect des obligations mentionnées au II.

V. Ann. II, art. 202 E à 202 O.

Les dispositions du présent art. entrent en vigueur à une date fixée par décret, postérieure à l'expiration du délai mentionné à l'art. 6 de la Dir. (UE) 2015/1535 du 9 sept. 2015 prévoyant une procédure d'information dans le domaine des réglementations techniques et des règles relatives aux services de la société de l'information, et au plus tard le 1er janvier 2018. Toutefois, les opérateurs de détaxe exerçant leur activité avant la date mentionnée précédent alinéa peuvent continuer à exercer leur activité sans agrément jusqu'au 1er juill. 2019. A compter de cette date, ils ne peuvent continuer à exercer leur activité que s'ils ont obtenu l'agrément prévu au présent art. (L. n° 2016-1918 du 29 déc. 2016 art. 87-II et VI-C).

Art. 262 *bis* **Les prestations de services** *(L. n° 2020-1721 du 29 déc. 2020, art. 44-I-4°)* **« uniques mentionnées au III de l'article 257 *ter* » sont exonérées de la taxe sur la valeur ajoutée pour la partie de ces prestations se rapportant aux services exécutés hors de** *(L. n° 2020-1721 du 29 déc. 2020, art. 44-I-4°)* **« l'Union » européenne.**

Départements d'outre-mer. A compter du *1er janv. 1997, la marge des agences de voyages relative à la vente de voyages organisés dans les DOM est exonérée lorsque les services sont exécutés par une agence située en métropole ou dans un DOM autre que celui de la réalisation du voyage, sous réserve du cas particulier des relations entre la Guadeloupe et la Martinique, qui constituent un territoire fiscal unique. * BOI-TVA-SECT-60 n° 130 du 12 sept. 2012.*

Art. 262 *ter* **I. — Sont exonérés de la taxe sur la valeur ajoutée :**

1° Les livraisons de biens expédiés ou transportés sur le territoire d'un autre État membre de *(L. n° 2019-1479 du 28 déc. 2019, art. 34-I-3°-a et II, applicable aux livraisons de biens meubles corporels pour lesquelles le fait générateur de la taxe sur la valeur ajoutée intervient à compter du 1er janv. 2020)* **« l'Union » européenne à destination d'un autre assujetti ou d'une personne morale non assujettie** *(L. n° 2019-1479 du 28 déc. 2019, art. 34-I-3°-a et II, applicable aux livraisons de biens meubles corporels pour lesquelles le fait générateur de la taxe sur la valeur ajoutée intervient à compter du 1er janv. 2020)* **« qui est**

identifié aux fins de la taxe sur la valeur ajoutée dans un autre État membre que celui du départ de l'expédition ou du transport et a communiqué au fournisseur son numéro d'identification à la taxe sur la valeur ajoutée.

« L'exonération ne s'applique pas lorsque le fournisseur n'a pas déposé l'état récapitulatif mentionné à l'article 289 B ou lorsque l'état récapitulatif qu'il a souscrit ne contient pas les informations mentionnées au II du même article 289 B, à moins que celui-ci ne puisse dûment justifier son manquement à l'administration. »

L'exonération ne s'applique pas lorsqu'il est démontré que le fournisseur savait ou ne pouvait ignorer que le destinataire présumé de l'expédition ou du transport n'avait pas d'activité réelle.

L'exonération ne s'applique pas aux livraisons de biens effectuées par des assujettis visés à l'article 293 B et aux livraisons de biens, autres que *(Ord. n° 2021-1843 du 22 déc. 2021, art. 10-11°, en vigueur le 1er janv. 2022)* **« des produits soumis à accise » ou des moyens de transport neufs, expédiés ou transportés à destination des personnes mentionnées** *(L. n° 2019-1479 du 28 déc. 2019, art. 147-I-E et IV, mod. par L. n° 2020-1721 du 29 déc. 2020, art. 51-II, applicable aux opérations pour lesquelles le fait générateur de la taxe sur la valeur ajoutée intervient à compter du 1er juill. 2021)* **« aux *a*, *b* et *c* du 2° du I de l'article 256 *bis*** *[ancienne rédaction : au a du 1° du I de l'article 258 A]* **».**

L'exonération ne s'applique pas aux livraisons de biens d'occasion, d'œuvres d'art, d'objets de collection ou d'antiquité effectuées par des assujettis revendeurs qui appliquent les dispositions de l'article 297 A *[entrée en vigueur de cet alinéa à compter du 1er janv. 1995].*

(L. n° 2019-1479 du 28 déc. 2019, art. 34-I-3°-b et II, applicable aux livraisons de biens meubles corporels pour lesquelles le fait générateur de la taxe sur la valeur ajoutée intervient à compter du 1er janv. 2020) **« 1° *bis* En cas de livraisons successives des mêmes biens expédiés ou transportés sur le territoire d'un autre État membre de l'Union européenne directement du premier vendeur au dernier acquéreur dans la chaîne, la livraison mentionnée au 1° du présent article est réputée être celle effectuée à l'opérateur intermédiaire.**

« Par dérogation, la livraison mentionnée au même 1° est réputée être celle effectuée par l'opérateur intermédiaire lorsqu'il a communiqué à son fournisseur le numéro individuel d'identification à la taxe sur la valeur ajoutée qui lui a été attribué conformément à l'article 286 *ter*.

« Pour l'application du présent 1° *bis*, est considéré comme un opérateur intermédiaire un assujetti dans la chaîne, autre que le premier vendeur, qui expédie ou transporte les biens soit lui-même, soit par l'intermédiaire d'un tiers agissant pour son compte. »

2° Les transferts assimilés aux livraisons mentionnées au III de l'article 256 qui bénéficieraient de l'exonération prévue au 1° ci-dessus si elles avaient été effectuées à destination d'un tiers assujetti.

(L. n° 2019-1479 du 28 déc. 2019, art. 34-I-3°-c et II, applicable aux livraisons de biens meubles corporels pour lesquelles le fait générateur de la taxe sur la valeur ajoutée intervient à compter du 1er janv. 2020) **« 3° Les livraisons de biens effectuées dans les conditions mentionnées au III *bis* de l'article 256, lors du transfert du pouvoir de disposer des biens comme un propriétaire dans les douze mois suivant l'arrivée des biens dans l'État membre vers lequel ils ont été expédiés ou transportés. »**

II. — Sont également exonérées de la taxe sur la valeur ajoutée les acquisitions intracommunautaires de biens :

1° dont la livraison en France serait exonérée ;

2° dont l'importation serait exonérée en application du II de l'article 291 du code général des impôts ;

3° pour lesquelles l'acquéreur non établi en France et qui n'y réalise pas des livraisons de biens ou des prestations de services bénéficierait du droit à remboursement total en application du V de l'article 271 de la taxe qui serait due au titre de l'acquisition.

(L. n° 2019-1479 du 28 déc. 2019, art. 147-I-E et IV, mod. par L. n° 2020-1721 du 29 déc. 2020, art. 51-II, applicable aux opérations pour lesquelles le fait générateur de la taxe sur la valeur ajoutée intervient à compter du 1er juill. 2021) **« III. — Sont exonérées de la**

taxe sur la valeur ajoutée les livraisons de biens à destination des assujettis mentionnés au *b* du 2° du V de l'article 256. »

BIBL. ▶ BACHELARD et DANIS, *BFL 2004, p. 85* (l'exonération de TVA des livraisons intracommunautaires à l'épreuve du juge) ; *BFL 2005, p. 287* (livraisons intracommunautaires). – DUPARC et VIARDOT, *FR Lefebvre 14/15, inf. 2* (preuve des livraisons intracommunautaires de biens : vers plus d'objectivité ?). – SÉRANDOUR, *Dr. fisc. 2011. Étude 491* (la fraude à la TVA sur les livraisons intracommunautaires).

1. Livraisons intracommunautaires de biens exonérées. 1° Livraisons intracommunautaires exonérées. Conditions d'application de l'exonération. Livraisons successives de biens faisant l'objet d'un seul transport intracommunautaire. 2° Transferts intracommunautaires assimilés à des livraisons. * BOI-TVA-CHAMP-30-20-10 n°s 1 à 128-4 du 14 oct. 2020.

2. Acquisitions intracommunautaires de biens exonérées. Conditions d'application de l'exonération. * BOI-TVA-CHAMP-30-20-20 du 12 sept. 2012.

3. Lutte contre la fraude carrousel. Refus du bénéfice de l'exonération des livraisons intracommunautaires. Nécessité de démontrer que les intéressés « savaient ou ne pouvaient ignorer » participer, par leur action, à une opération frauduleuse. Application aux livraisons de biens et non aux prestations de services. * BOI-TVA-CHAMP-30-20-10 n°s 130 à 230 du 14 oct. 2020.

4. Preuve de la réalité de la livraison, de l'expédition ou du transport. Pour l'application de l'art. 28 *quater* de la 6e Dir. TVA et de l'art. 262 *ter* CGI, un assujetti à la TVA disposant de justificatifs de l'expédition des biens à destination d'un autre État membre et du numéro d'identification à la TVA de l'acquéreur doit être présumé avoir effectué une livraison intracommunautaire exonérée. Mais cette présomption ne fait pas obstacle à ce que l'Administration fiscale puisse établir que les livraisons en cause n'ont pas eu lieu, en faisant notamment valoir que des livraisons, répétées et portant sur des montants importants, ont eu pour destinataires présumés des personnes dépourvues d'activité réelle. • CE 27 juill. 2005, n°s 273619 et 273620, *Sté Fauba France : RJF 2005. 1173 ; Dr. fisc. 2006. 268, concl. Olléon* • CE 9 mars 2012, *Sté Rebmeister Automobiles*, n° 330760 : *RJF 2012. 457 ; BDCF 2012. 55, concl. Geffray.* ♦ Un assujetti à la TVA disposant de justificatifs de l'expédition de biens à destination d'un autre État membre et du numéro d'identification à la TVA de l'acquéreur est présumé avoir effectué une livraison intracommunautaire exonérée, à moins que l'Administration n'établisse que la livraison en cause n'a pas eu lieu. • Com. 10 févr. 2015, *DGDDI c/ Sté française de transports*, n° 12-28.770 : *RJF 2015. 394.* ♦ Pour juger que les documents produits par l'entreprise ne suffisent pas à établir la réalité de certaines livraisons, le juge peut se fonder sur les circonstances suivantes : les sociétés clientes étrangères étaient dépourvues de comptabilité, ne pouvaient être regardées comme ayant eu une activité économique correspondant à l'acquisition des marchandises litigieuses, ne possédaient pas d'établissement stable mais une simple adresse de domiciliation et, enfin, ne remplissaient pas leurs obligations comptables et fiscales dans leurs pays. • CE 27 juill. 2005, *Sté Fauba France*, n°s 273619 et 273620 : *préc.* ♦ Sur le refus du droit à déduction lorsque les opérations s'inscrivent dans un circuit de fraude (fraude « carrousel »), V. note ss. art. 271.

5. Le juge peut se fonder à la fois sur l'élément déterminant que constitue l'absence de justification du transport physique des marchandises et sur des éléments complémentaires même s'ils ne sont pas, par eux-mêmes, de nature à établir l'absence de livraison effective des marchandises, pour en déduire que les livraisons litigieuses ne remplissaient pas les conditions d'exonération de la TVA. • CE 6 mars 2014, *Sté Pacoclean.com*, n° 362827 : *RJF 2014. 556.*

6. Le droit à exonération d'un assujetti au titre d'une livraison intracommunautaire de biens ne peut être remis en cause que s'il est établi, au vu des éléments dont il avait connaissance, qu'il savait ou aurait pu savoir, en effectuant les diligences nécessaires, que la livraison intracommunautaire qu'il effectuait le conduisait à participer à une fraude fiscale. • CE 25 févr. 2011, n° 312290 : *RJF 2011. 562 ; Dr. fisc. 2011. 375, concl. Escaut, note Vié* • CE 9 mars 2012, *Sté Rebmeister Automobiles*, n° 330760 : *préc. note 4.* ♦ Aucune disposition n'impose à un assujetti de consulter la base de données des numéros d'identification à la TVA. Par suite, un assujetti, qui ne dispose pas d'éléments lui permettant de soupçonner l'existence d'une fraude, ne peut voir son droit à exonération remis en cause au seul motif qu'il n'a pas procédé à cette consultation. • CE 25 févr. 2011, n° 312290 : *préc.*

7. Si la mention du numéro d'identification à la TVA de l'acquéreur, prévue à l'art. 289, permet de présumer que les biens ont été livrés à un autre assujetti à cette taxe, l'absence de mention de ce numéro sur une facture ne saurait entraîner à elle seule la perte du droit à exonération prévu à l'art. 262 *ter*-I pour les livraisons intracommunautaires, mais le fournisseur doit alors prouver que l'acquéreur est identifié à la TVA. • CE 30 déc. 2010, n° 316022 : *RJF 2011. 424.*

8. En matière de preuve de l'effectivité de l'expédition ou du transport de biens dans un autre État membre de la Communauté européenne pour le bénéfice de l'exonération de TVA prévue

f bis) Pour les prestations effectuées par un fiduciaire, par la rémunération versée par le constituant ou retenue sur les recettes de l'exploitation des droits et biens du patrimoine fiduciaire ;

g) Abrogé ;

h) Abrogé.

Des décrets peuvent fixer des bases minimales ou forfaitaires d'imposition pour les achats imposables :

1 *bis.* Lorsque les éléments servant à déterminer la base d'imposition sont exprimés dans une monnaie autre que l'euro, le taux de change à appliquer est celui du dernier taux publié par la Banque centrale européenne, au jour de l'exigibilité de la taxe prévue au 2 de l'article 269.

1 *ter. a) Abrogé ;*

b) Devenu sans objet (L. n° 85-1403 du 30 déc. 1985, art. 66).

2. En ce qui concerne les opérations mentionnées au I de l'article 257, la taxe sur la valeur ajoutée est assise :

a) Pour les livraisons à soi-même, sur le prix de revient total des immeubles, y compris le coût des terrains ou leur valeur d'apport ;

b) Pour les mutations à titre onéreux ou les apports en société sur :

– le prix de la cession, le montant de l'indemnité ou la valeur des droits sociaux rémunérant l'apport, augmenté des charges qui s'y ajoutent ;

– la valeur vénale réelle des biens, établie dans les conditions prévues à l'article L. 17 du Livre des procédures fiscales, si cette valeur vénale est supérieure au prix, au montant de l'indemnité ou à la valeur des droits sociaux, augmenté des charges.

b bis) Abrogé.

3. *Devenu sans objet.*

4. *Abrogé.*

5. Lorsque le bail à construction est soumis à la taxe sur la valeur ajoutée, la base d'imposition est constituée par la valeur du droit de reprise des immeubles qui doivent revenir au bailleur abstraction faite, le cas échéant, de l'indemnité de reprise stipulée au profit du preneur et du montant des loyers, lesquels sont imposés par ailleurs dans les conditions du *a* du 1.

6. En ce qui concerne les livraisons à soi-même de travaux immobiliers mentionnées au 1° du 3 du I de l'article 257, la taxe sur la valeur ajoutée est assise sur le prix de revient total des travaux.

7. Abrogé.

BIBL. ▶ Moreno et Rodrigues, *Dr. fisc. 2009. 434* (le régime de TVA des techniques promotionnelles : état des lieux et perspectives). – Plagnet, *GAJ Fisc., p. 723* (TVA collectée ; assiette de la TVA).

1. Prix ne mentionnant pas la TVA. Lorsqu'un assujetti réalise une affaire moyennant un prix convenu qui ne mentionne aucune TVA dans des conditions qui ne font pas apparaître que les parties seraient convenues d'ajouter au prix stipulé un supplément de prix égal à la TVA applicable à l'opération, la taxe due au titre de cette affaire doit être assise sur une somme égale au prix stipulé, diminué notamment du montant de la taxe. • CE, sect., 14 déc. 1979, n° 11798, *Comité de propagande de la banane : Dr. fisc. 1980. 869, concl. Martin Laprade* • CAA Paris, 22 févr. 2000, n° 97PA1208 : *Dr. fisc. 2000. 1042.* ♦ Toutefois, la Cour de cassation a jugé que, selon un usage constant entre commerçants, les prix s'entendent hors taxes, sauf convention contraire. • Com. 9 janv. 2001, n° 97-22.212, *Sté Méditerranée poids lourds : RJF 2001. 476 ; D. 2001. AJ 550, obs. Lienhard.* ♦ Mais l'usage entre commerçants précité ne s'applique pas si le vendeur est une SCI. • Com. 21 mars 2018, n° 17-12.744 : *RJF 2018. 846.* ♦ Il a par ailleurs été jugé qu'en l'absence de preuve d'un accord des parties à un contrat quant à la charge définitive de la TVA, il convient de la faire supporter à celle d'entre elles qui en était redevable selon la loi fiscale. • Com. 16 févr. 2010, n° 09-12.751 : *RJF 2010. 482.* ♦ La Dir. 2006/112/CE du 28 nov. 2006, notamment ses art. 73 et 78, doit être interprétée en ce sens que, lorsque le prix d'un bien a été établi par les parties sans aucune mention de la TVA et que le fournisseur dudit bien est la personne qui est redevable de la TVA due sur l'opération imposée, le prix convenu doit être considéré, dans le cas où le fournisseur n'a pas la possibilité de récupérer auprès de l'acquéreur la TVA réclamée par l'administration fiscale, comme incluant déjà la TVA. • CJUE 7 nov. 2013, *Corina-Hrisi Tulica et a.,* n° C-249/12 et C-250/12 : *RJF 2014. 109.*

2. Recettes détournées. La fraction des recettes d'une entreprise qui a été détournée par un de ses salariés provient de ventes qui doivent être regardées comme ayant été réalisées pour le compte de l'entreprise, s'agissant de produits achetés par l'entreprise et de ventes effectuées dans le cadre de l'entreprise. Elle fait, par suite, partie des recettes de l'entreprise imposables à la TVA. • CE 9 mars 1990, n° 86604 : *RJF 1990. 531.* ♦ La circonstance que les recettes aient été détournées par un salarié de la société à l'insu de celle-ci est sans incidence sur le caractère taxable des sommes en cause provenant de ventes effectuées dans le cadre de l'entreprise et qui doivent être regardées comme réalisées pour son compte. • CAA Marseille, 18 oct. 2005, n° 02MA40 : *RJF 2006. 690.* ♦ Dès lors que les sommes détournées ne tiraient pas leur origine d'agissements frauduleux de son épouse mais correspondaient à des prélèvements sur les recettes de l'exploitation individuelle de l'entrepreneur, ces sommes pouvaient être soumises à la TVA puisqu'elles provenaient de prestations de services effectuées dans le cadre de l'exploitation et constituaient des recettes de celle-ci. • CE 27 avr. 2011, n° 319472 : *RJF 2011. 806.*

3. Pourboires. Les majorations de prix versées aux employés au titre des pourboires entrent dans la base d'imposition à la TVA. • CE 30 janv. 1976, n° 97401, *Les Deux Hémisphères : Dr. fisc. 1977. 748* • 21 déc. 1994, n° 110329, *Casino de Cabourg : Dr. fisc. 1995. 270* • CAA Paris, 22 nov. 1994, n° 93PA536 : *LPA 12 avr. 1994, n° 44, p. 8* (restaurant). ♦ ... Lorsque ces versements sont conformes à l'usage. • CE 29 juin 1988, n° 79642 : *Dr. fisc. 1989. 655, concl. Fouquet* (taxis). ♦ Ainsi, les pourboires versés selon l'usage pratiqué dans cet établissement au personnel du vestiaire d'une discothèque doivent être regardés, même s'ils sont laissés à l'appréciation du client, comme un élément du prix de la prestation de services assurée par ledit établissement et sont de ce fait passibles de la TVA. • CAA Paris, 30 déc. 2005, n° 03PA3169 : *RJF 2006. 369.*

4. En autorisant, sous certaines conditions, l'exclusion de la base d'imposition à la TVA des majorations obligatoires de prix réclamées par certains assujettis au titre de la rémunération du service (« taxes de service »), la France a manqué aux obligations qui lui incombent en vertu des art. 2-1 et 11 A, § 1, *a)* de la 6e Dir. TVA. • CJCE 29 mars 2001, n° C-404/99 : *RJF 2001. 894 ; concl. Jacobs au BDCF 6/01, n° 17 ; Dr. fisc. 2001. 725 ; D. 2001. IR 1281* . ♦ En conséquence, l'Administration a rapporté, à compter du 1er octobre 2001, la tolérance administrative antérieure qui admettait, sous certaines conditions, que les majorations de prix réclamées à la clientèle par les entreprises au titre du « service » ne soient pas soumises à la TVA. Désormais, toutes les majorations de prix réclamées à la clientèle au titre du « service » doivent être comprises dans la base d'imposition à la TVA de l'entreprise prestataire, qu'elles soient centralisées par l'employeur ou perçues directement auprès de la clientèle par les employés. Ces sommes sont soumises aux mêmes règles de TVA que les prestations de services auxquelles elles se rapportent. En revanche, comme par le passé, ne sont pas à comprendre dans le chiffre d'affaires taxable les simples gratifications, appelées communément « pourboires », que les clients versent spontanément, en témoignage de leur satisfaction, aux employés d'une entreprise où le « service » est déjà incorporé dans les prix facturés. * BOI-TVA-BASE-10-20-40-20 nos 90 à 130 du 12 sept. 2012.

5. Tabacs. Les hôteliers, restaurateurs, débitants de boissons, exploitants de stations-services, compagnie internationale des wagons-lits, etc., qui sont autorisés, sous certaines conditions, à rétrocéder les tabacs au prix réglementaire majoré éventuellement d'un supplément à titre de rémunération de leurs services, doivent soumettre ce supplément à la TVA au taux normal. * BOI-TVA-BASE-10-20-70 n° 50 du 4 nov. 2015.

6. Taxes postales. Les droits et taxes postaux perçus en cas d'envoi contre remboursement ne sont pas à comprendre dans la base d'imposition à la TVA du fournisseur. • CE 12 avr. 1996, n° 146697 : *Dr. fisc. 1996. 1120, concl. Loloum ; RJF 1996. 721, note Austry, p. 398.*

7. Subventions. BIBL. Brovillé, *Dr. fisc. 2005, p. 977* (les subventions publiques à l'épreuve de la TVA ou lorsque la CJCE entretient le flou). – Sérandour, *Dr. fisc. 2003, p. 84* (les critères d'identification de la subvention à inclure dans l'assiette de la TVA). ♦ La notion de « subventions directement liées au prix » au sens de l'art. 11 A-1 *a* de la 6e Dir. TVA doit être interprétée en ce sens qu'elle comprend uniquement les subventions qui constituent la contrepartie totale ou partielle d'une opération de livraison de biens ou de prestation de services et qui sont versées par un tiers au vendeur ou au prestataire. Il appartient au juge de renvoi de vérifier, sur la base des éléments de fait qui lui sont soumis si la subvention constitue ou non une telle contrepartie. • CJCE 22 nov. 2001, *Office des produits wallons*, n° C-184/00 : *RJF 2002. 250 ; concl. Geelhoed au BDCF 2/02, n° 20 ; Dr. fisc. 2002. 74 ; D. 2002. IR 40* . ♦ L'art. 11 A-1 *a* de la 6e Dir. TVA vise, entre autres, des situations où trois parties sont en cause, à savoir l'organisme public qui accorde la subvention, l'opérateur économique qui en bénéficie et l'acheteur du bien ou le preneur du service respectivement livré ou fourni par l'opérateur subventionné. Dans ce cadre, la somme versée par un organisme public à un opérateur économique, en rapport avec un service de conseil en énergie fourni par ce dernier à certaines catégories d'occupants de logements, est susceptible de constituer une subvention. En tant que contrepartie d'un service ladite somme est incluse dans la base d'imposition de cette opération. • CJCE 13 juin 2002, ♔ n° C-353/00 : *RJF 2002. 1194 ; Dr. fisc. 2002. 730.*

8. Dans la mesure où, désormais, une subvention n'entre plus dans le champ d'application de la TVA du seul fait qu'elle est perçue à raison d'une activité taxable, il convient de rechercher, lorsqu'un organisme est financé par des sommes qualifiées d'aides, de subventions, d'abandons de créances ou de dons, si les sommes versées constituent la contrepartie d'une opération réalisée au profit de la partie versante (lien direct) et s'il existe une relation entre l'importance des avantages rendus et leur contre-valeur, ou, à défaut, ces sommes complètent le prix d'une opération imposable (complément de prix). ♦ Il est précisé qu'au sens de l'art. 11 A-1-*a* de la 6ᵉ Dir. TVA la notion de « subventions directement liées au prix » doit être interprétée en ce sens qu'elle comprend uniquement les sommes qui constituent la contrepartie totale ou partielle d'une opération de livraison de biens ou de prestation de services et qui sont versées par un tiers au vendeur. ♦ Ultérieurement, tirant les conséquences de l'arrêt de la CJCE du 22 nov. 2001 préc. note 7, l'Administration a fait le point sur les règles de TVA applicables aux subventions directement liées au prix d'opérations imposables à la TVA. Enfin, compte tenu d'hésitations qui sont apparues en matière de subventions soumises à la TVA, l'Administration a précisé les critères permettant de qualifier ou non le versement d'une somme de subvention complément de prix. Notamment, une subvention ne saurait être qualifiée de complément de prix et, par suite, ne saurait être taxée dès lors qu'elle n'est pas calculée de manière à couvrir spécialement l'insuffisance de recettes résultant de la tarification mais a pour objet de prendre en charge des coûts fixes et/variables (par exemple dans le domaine du transport public). * BOI-TVA-BASE-10-10-10 nᵒˢ 360, 370 et 380 du 15 nov. 2012.

9. Le montant des aides aux fourrages séchés versées en application du règlement (CE) n° 603/95 du 21 févr. 1995 aux entreprises de transformation revendant après séchage des fourrages achetés auprès des producteurs ainsi que celles versées aux entreprises de transformation travaillant à façon pour les producteurs de fourrages ne constituent pas des « subventions directement liées au prix » au sens de l'art. 11 A-1-*a* de la 6ᵉ Dir. TVA. Par suite, ces aides ne sont pas soumises à la TVA. • CJCE 15 juill. 2004, ♔ n° C-144/02 : *Dr. fisc. 2004. 770, note Sérandour ; RJF 2004. 1214.*

10. La subvention perçue d'un tiers auquel *n'est pas rendu un service individualisé* n'entre pas dans la base d'imposition du bénéficiaire dès lors que son octroi n'est pas lié à la souscription d'un quelconque engagement de ce dernier quant au prix ou à la nature de ses prestations. • CE 10 juill. 1991, ♔ n° 61575, *CCI de Perpignan : Dr. fisc. 1991. 2121* • 20 mars 1996, ♔ n° 139062, *SARL Informations juives : Dr. fisc. 1996. 1040, concl. Ph. Martin* • CAA Nancy, 27 juin 1996, nᵒˢ 93NA1164 et 94NA93 : *Dr. fisc. 1996. 1352 ; RJF 1997. 18.*

11. Une subvention d'équilibre versée à l'exploitant d'une patinoire par les collectivités propriétaires en contrepartie des obligations souscrites quant à la nature et aux prix des prestations offertes constitue une « subvention complément de prix » imposable dès lors que le prix des prestations, le principe et le mode de calcul de la subvention sont déterminés à la date du fait générateur de la taxe. • CE 10 juin 2010, ♔ n° 301586 : *RJF 2010. 8847 ; BDCF 2010, n° 99, concl. Olléon.* ♦ L'abandon de créance consenti par une société mère à sa filiale structurellement déficitaire, afin de compenser les pertes dues aux tarifs trop bas que lui impose une convention de groupe pour les services rendus à ses sociétés sœurs, constitue une aide « complément de prix » imposable. • CE 16 avr. 2012, ♔ *Sté Géodis Division Messageries Services,* n° 323232 : *RJF 2012. 693 ; BCDF 2012. 85, concl. Boucher ; Dr. fisc. 2012. 519, note Sniadower.*

12. Des subventions publiques accordées à un crédit-bailleur, qui sont conventionnellement répercutées sous forme d'avoirs sur les loyers demandés au crédit-preneur, qui en répercute lui-même l'effet sur les loyers demandés à son sous-locataire et qui sont versées en vue d'obtenir une réduction d'égal montant des loyers du sous-locataire, sont, quelles qu'aient été les modalités de leur versement, directement liées au prix de sous-location de l'immeuble et sont par suite imposables à la TVA. Les subventions de l'espèce étaient octroyées par des collectivités locales afin de favoriser l'implantation d'une entreprise. • CE 27 janv. 2010, ♔ n° 299113, *SARL Les Jardins de Beauce : RJF 2010. 339.* ♦ Sur l'imposition des subventions, V. égal. notes ss. art. 256.

13. Dépôt de garantie. Le non-remboursement des dépôts de garantie et la perception d'indemnités de résiliation sont soumis à la TVA dès lors qu'ils ont pour objet de faire face à des aléas commerciaux normaux. • CE 12 oct. 1991, n° 78170 : *Dr. fisc. 1992. 240, note Louit.* ♦ Le dépôt de garantie conservé par une société de vente d'immeubles à construire est imposable dès lors qu'il a été versé dans le cadre d'un contrat comportant pour le vendeur l'obligation de réserver des locaux. • CAA Paris, 30 mars 1993, n° 91PA1057 : *Dr. fisc. 1994. 625, concl. Mendras* • CE 23 oct. 1998, ♔ n° 154039 : *RJF 1998. 1406 ; Dr. fisc. 1998. 1179, concl. Arrighi de Casanova.* ♦ V. égal. notes ss. art. 256.

14. Bons de réduction. La base d'imposition d'un fabricant qui délivre aux consommateurs, d'une part, des bons de remboursement et, d'autre part, des bons de réduction dont il rembourse la valeur aux détaillants qui les acceptent est égale au prix de vente qu'il pratique, diminué de la valeur des bons qu'il a remboursés.

• CJCE 24 oct. 1996, n° 317/94, *Elida Gibbs Ltd : RJF 1997. 192.* ♦ V. égal. • CJCE 27 avr. 1999, n° 48/97, *Kuwait Petroleum Ltd : Dr. fisc. 1999. 827 ; Europe 1999. 226 ; concl. Fennely au BDCF 6-7/99* • 15 oct. 2002, n° C-427/98 : *Dr. fisc. 2003. 88.* ♦ L'art. 11 A-1-a et l'art. 11 C-1 de la 6ᵉ Dir. TVA doivent être interprétés en ce sens, lorsqu'un détaillant accepte, lors de la vente d'un produit, que le consommateur final règle le prix de vente en partie au comptant et en partie au moyen d'un bon de réduction émis par le fabriquant de ce produit et que ce dernier rembourse au détaillant le montant indiqué sur ledit bon, la valeur nominale de ce bon doit être intégrée dans la base d'imposition de ce détaillant. • CJCE 16 janv. 2003, n° C-399/99 : *RJF 2003. 523.*

15. Livraisons réglées au moyen de bons. Bons commerciaux. Bons de réduction et bons de remboursement. BOI-TVA-BASE-10-20-10 nᵒˢ 30 à 120 du 7 août 2019. ♦ Validation des nᵒˢ 60 à 90 de cette doctrine. • CE, sect., 13 mars 2020, *Sté Hasbro European Trading BV,* n° 435634 : *RJF 2020. 487.*

16. Bons à usage unique et bons à usages multiples. Bons émis depuis le 1ᵉʳ janv. 2019. Traitement fiscal. * BOI-TVA-BASE-20-40 nᵒˢ 270 à 290 du 7 août 2019.

17. Réduction de prix accordée par un intermédiaire au consommateur final. Les principes définis par la CJUE dans l'arrêt du 24 oct. 1996, *(Elida Gibbs, préc. note 14)*, concernant la détermination de la base d'imposition de la TVA, ne s'appliquent pas lorsqu'une agence de voyages, agissant en qualité d'intermédiaire, accorde au consommateur final, de sa propre initiative et à ses propres frais, une réduction de prix sur la prestation principale fournie par l'organisateur de circuits touristiques. Par suite, les réductions de prix accordées au consommateur final par un intermédiaire, de sa propre initiative et à ses propres frais, ne peuvent entraîner aucune diminution de la base d'imposition à la TVA de l'intermédiaire ni de celle de l'opérateur principal. • CJUE 16 janv. 2014, *Finanzamt Düsseldorf-Mitte,* n° C-300/12 : *RJF 2014. 421.*

18. Remises des entreprises pharmaceutiques aux assurances maladie. Réduction de l'assiette. • CJUE 20 déc. 2017, n° C-462/16 : *RJF 2018. 332* • *CAA Versailles, 28 janv. 2020, SAS Novartis Pharma,* n° 17VE02907 : *RJF 2020. 430* • CE 12 mars 2021, n° 442871 : *RJF 2021. 574, concl. Victor ; Dr. fisc. 2021. 224, note Irigoyen et al.*

19. Vente avec crédit gratuit. Cas d'application. • CJCE 15 mai 2001, *Primback Ltd,* n° C-34/99 : *RJF 2001. 1166 ; D. 2001. IR 1922 ; Dr. fisc. 2001. 797, note Meier.* ♦ La prise en charge par le vendeur des intérêts des premières mensualités des prêts consentis à ses clients par un établissement financier ne présente pas le caractère d'une remise consentie directement aux clients et ne peut donc pas venir en déduction du prix de vente des marchandises pour le calcul de la base d'imposition à la TVA. • TA Dijon, 7 janv. 2003, n° 01-3546 : *Dr. fisc. 2003. 473.* ♦ En cas de vente assortie d'un crédit gratuit accordé par le vendeur par le biais d'un organisme prêteur, la base d'imposition à la TVA est constituée par le montant facturé à l'acheteur, sans que puisse être déduite la somme versée par le vendeur à l'organisme prêteur correspondant au coût du crédit qu'auraient supporté les clients emprunteurs. • CE 20 nov. 2013, *SA des Galeries Lafayette,* n° 358331 : *RJF 2014. 136 ; BDCF 2014. 14, concl. Bohnert.*

20. Primes en nature. La base d'imposition pour la livraison d'une prime en nature constituant la contrepartie de la présentation d'un nouveau client comprend, outre le prix d'achat de cette prime, également les frais d'expédition lorsque ceux-ci sont pris en charge par celui qui livre la prime. • CJCE 3 juill. 2001, n° C-380/99 : *Dr. fisc. 2001. 1052 ; D. 2001. 2873.*

21. Primes de conjoncture. BIBL. Olléon, *RJF 2004, p. 162* (TVA : l'automobile fait avancer la jurisprudence).

Des primes, dites de « conjoncture », accordées par un constructeur de véhicules à son concessionnaire afin de lui permettre d'adapter le prix de vente de chaque véhicule au marché ne constituent pas des subventions en complément du prix acquitté par les acquéreurs de véhicules mais un simple élément de calcul du prix de cession consenti par le concessionnaire. Ces primes doivent être exclues de la base d'imposition du concessionnaire. • CE 3 nov. 2003, n° 246606, *SA Gorrias Véhicules Industriels : RJF 2004. 31 ; concl. Vallée au BDCF 11/04 ; Dr. fisc. 2004. 460, concl. Vallée.*

22. Primes de volume ou d'objectifs. BIBL. Olléon, *RJF 2004, p. 162* (TVA : l'automobile fait avancer la jurisprudence). ♦ Ces primes, accordées par un constructeur automobile à ses concessionnaires sous forme d'avoirs venant en déduction du prix des véhicules qu'ils lui achètent et qui sont calculées en fonction des immatriculations de véhicules vendus au-delà des objectifs fixés par le constructeur, n'ont pas à être comprises dans les bases d'imposition des concessionnaires dès lors que ceux-ci vendent les véhicules pour leur propre compte et à leurs propres risques et ne rendent au concédant aucune prestation de services particulière dont les primes seraient la contrepartie. • CE 30 déc. 2002, n° 205131, *SA Rennesson : RJF 2003. 284 ; concl. Bachelier au BDCF 3/03, n° 35 ; Dr. fisc. 2003. 183, concl. Bachelier, note Guichard et Jeannin ; FR Lefebvre 2003, n° 16, p. 15, chron. Clément et Benoit.* ♦ L'Administration a précisé le régime de TVA applicable aux sommes versées par les constructeurs automobiles dénommées primes de volume ou primes d'objectifs. * BOI-TVA-BASE-10-10-40 n° 30 du 12 sept. 2012.

23. Vente avec service. L'art. 11 A-1-*a* de la 6e Dir. TVA, doit être interprété en ce sens que, lorsqu'un fournisseur (« le grossiste ») livre des articles (« le produit motivant ») à une autre personne (« le détaillant ») pour une contrepartie monétaire (c'est-à-dire une somme d'argent) inférieure à celle en échange de laquelle il lui livre les mêmes articles en vue de la revente au public, le détaillant s'étant engagé à utiliser le produit motivant pour amener un tiers, ou pour l'en récompenser, à organiser une réunion au cours de laquelle d'autres articles du grossiste peuvent être vendus par le détaillant au public à leur avantage mutuel, étant entendu qu'à défaut d'une telle réunion le produit motivant doit être rendu au fournisseur ou être payé à son prix de vente en gros, la base d'imposition est constituée par la somme de la contrepartie monétaire et de la valeur du service rendu par le détaillant qui consiste à utiliser le produit motivant pour s'assurer les services du tiers ou pour le récompenser ; la valeur de ce service doit être considérée comme égale à la différence entre le prix effectivement payé pour ce produit et son prix courant de vente en gros. • CJCE 23 nov. 1998, n° C-230/87 : *Dr. fisc. 1989. 815, concl. Da Cruz Vilaça, obs. E. K.*

24. Reprise d'un véhicule d'occasion en cas de vente d'un véhicule neuf. Les sommes correspondant à la valeur des voitures d'occasion reprises lors de la vente des véhicules neufs doivent être incluses dans le chiffre d'affaires imposable à la TVA d'une société exerçant l'activité de négociant en automobiles, dès lors que les voitures reprises ne sont pas sans valeur aucune et que, par suite, les sommes correspondant à la reprise ne constituent pas un rabais sur le prix de vente des véhicules neufs. • CAA Lyon, 16 oct. 2003, n° 02LY2202 : *RJF 2005. 445* • CE (na) 21 févr. 2005, n° 263494 : *RJF 2005. 445.*

25. Prestations rémunérées par des remises d'objets. La remise gratuite d'objets par des entreprises de vente à domicile à des hôtesses qui organisent à titre indépendant des réunions à leur domicile à l'occasion desquelles sont présentés, démontrés et vendus les produits de ces entreprises constitue la contrepartie directe des services rendus à ces entreprises. Les sommes correspondant à ces remises gratuites doivent, en conséquence, être incluses dans les bases d'imposition des entreprises de vente à domicile. • CAA Paris, 10 juill. 1990, n° 89PA2134 : *RJF 1991. 287 ; Dr. fisc. 1991. 1997* (pour des ustensiles de cuisine) • TA Amiens, 4 nov. 2003, n° 01-241 : *RJF 2004. 586* (pour des vêtements de marque).

26. Intérêts moratoires. Pénalités de retard. L'indemnité perçue par le créancier du fait du retard apporté au paiement de la somme due au titre de l'exécution du marché n'est pas la contrepartie d'une prestation mais constitue la réparation d'un préjudice qui est dissociable de la prestation fournie par l'entreprise bénéficiaire du paiement. Dès lors les intérêts moratoires applicables en cas de retard de paiement aux marchés publics régis par le code des marchés publics n'entrent pas dans le champ d'application de la TVA. • CE 25 juin 2004, ⚖ n° 234687 : *RJF 2004. 978 ; concl. Piveteau au BDCF 10/04, n° 119 ; Dr. fisc. 2004. 868.* ♦ Les pénalités contractuelles pour retard de livraison ou d'exécution versées par un fournisseur ou un prestataire à son client constituent des indemnités ayant pour objet de réparer un préjudice et non plus des réductions de prix. Ces pénalités sont ainsi situées hors du champ d'application de la TVA. * BOI-TVA-BASE-10-10-30 n° 70 du 15 janv. 2014.

27. Opérations de change. Pour les opérations de change, lorsque aucun frais ni commission ne sont calculés sur certaines opérations spécifiques, la base d'imposition est constituée par le résultat brut des opérations du prestataire au cours d'une période donnée. • CJCE 14 juill. 1998, ⚖ n° C-172/96 : *RJF 1998. 1234.*

28. Intermédiaires transparents mandataires d'entreprises étrangères établies hors UE. Le dernier alinéa de l'art. 266-1-*b*, prévoyant que, pour certaines opérations d'entremise définies par ce texte, la base d'imposition est constituée par le montant total de la transaction, n'est pas compatible avec l'art. 11-A-1 de la 6e Dir. TVA, applicable aux mêmes opérations, limitant la base d'imposition à la seule contrepartie obtenue ou à obtenir par le prestataire. Pour justifier l'application de cette disposition de droit interne, le ministre ne saurait utilement faire valoir qu'elle a pour finalité d'éviter que le fournisseur ou le prestataire qui n'est pas établi en France puisse se soustraire à l'impôt français. • CAA Paris, 26 oct. 2005, n° 04PA2889 et 04PA3936 : *RJF 2006. 249.*

29. Agences de voyages. Régime de la marge. L'art. 26 de la 6e Dir. TVA (devenu art. 306 à 310 de la Dir. n° 2006/112/CE du 28 nov. 2006) doit être interprété en ce sens qu'il s'applique à un opérateur économique qui propose des services tels que les programmes « *High School* » et « *College* » consistant dans l'organisation de voyages linguistiques et d'études à l'étranger et qui, en contrepartie du paiement d'un forfait, fournit en son nom propre, à ses clients, un séjour à l'étranger de trois à dix mois et recourt à cet effet aux prestations de services d'autres assujettis. • CJCE 13 oct. 2005, ⚖ n° C-200/04 : *RJF 2006. 113 ; Dr. fisc. 2006. 253.* ♦ Le régime particulier de TVA applicable aux agents de voyages n'est pas limité aux cas de vente de voyages aux voyageurs mais s'étend aux ventes à tout client. • CJUE 26 sept. 2013, n° C-296/11 : *RJF 2013. 1190.*

30. Le régime prévu à l'art. 26 de la 6e Dir. TVA s'applique à un hôtelier qui, contre le paiement d'un forfait, propose de manière habituelle à ses clients, outre l'hébergement, le transport aller-retour entre l'hôtel et des points de ramassage, ainsi que des excursions, lesquels services sont acquis auprès de tiers. Ainsi, le régime de la marge s'applique aux opérateurs économiques qui organisent en leur nom propre des voyages ou des circuits touristiques et qui, pour fournir les prestations de services généralement attachées à ce type d'activité, recourent à des tiers assujettis, même s'ils ne bénéficient pas formellement de la qualité d'agence de voyages ou d'organisateur de circuits touristiques. • CJCE 22 oct. 1998, n° C-308/96 et C-94/97 : *RJF 1998. 1521.* ♦ S'alignant sur la position de la CJCE, l'Administration estime désormais que le régime des agents de voyages s'applique en fonction de la nature de l'opération et non de la qualité de l'opérateur, titulaire ou non d'une licence d'agent de voyages. * BOI-TVA-SECT-60 n° 20 du 12 sept. 2012.

31. Lorsque, dans le cadre d'une prestation fournie à un voyageur en contrepartie d'un prix forfaitaire, une agence de voyages fournit à l'intéressé une prestation de transport assurée par elle-même, cette prestation est soumise au régime commun de la TVA, notamment en ce qui concerne le taux d'imposition, et non pas au régime particulier de la TVA applicable aux opérations des agences de voyages. • CJUE 25 oct. 2012, *Maria Kozak*, n° 557/11 : *RJF 2013. 243.*

32. Le régime d'imposition prévu à l'art. 26 de la 6ᵉ Dir. TVA (repris à l'art. 266-*e* CGI) ne s'applique qu'aux seules prestations acquises par une agence de voyages auprès de tiers, et non à celles qu'elle a elle-même matériellement exécutées, lesquelles relèvent du *a* de ce même article. • CE 5 mars 2012, *Hoischen*, n° 324263 : *RJF 2012. 561 ; Dr. fisc. 2012329.*

33. L'art. 26-2 de la 6ᵉ Dir. TVA doit être interprété en ce sens que la notion de « montant total à payer par le voyageur » au sens de cette disposition comprend le montant additionnel qu'une agence de voyages opérant en qualité d'intermédiaire pour le compte d'un organisateur de circuits touristiques doit verser à celui-ci en sus du prix acquitté par le voyageur et à hauteur de la remise consentie à ce dernier par ladite agence de voyages sur le prix du voyage fixé au catalogue de l'organisateur de circuits touristiques. • CJCE 19 juin 2003, n° C-149/01 : *RJF 2003. 1197 ; Dr. fisc. 2003. 835.*

34. L'art. 26 de la 6ᵉ Dir. TVA doit être interprété en ce sens qu'une agence de voyages ou un organisateur de circuits touristiques qui, contre le paiement d'un prix forfaitaire, fournit au voyageur des prestations acquises auprès de tiers et des prestations effectuées par lui-même, doit, en principe, isoler la partie du forfait correspondant à ses prestations propres sur la base de leur valeur de marché, dès lors que cette valeur peut être déterminée. Dans un tel cas de figure, un assujetti ne peut utiliser le critère des coûts réels que s'il démontre que ce critère rend fidèlement compte de la structure réelle du forfait. L'application du critère de la valeur de marché n'est pas subordonnée à la condition qu'elle soit plus simple que celle de la méthode fondée sur les coûts réels ni à la condition qu'elle aboutisse à une dette de taxe sur la valeur ajoutée identique ou voisine de celle qui résulterait de l'utilisation de la méthode fondée sur les coûts réels. Dès lors : 1) une agence de voyages ou un organisateur de circuits touristiques ne peut pas utiliser de manière discrétionnaire la méthode fondée sur la valeur de marché ; 2) cette dernière méthode s'applique pour les prestations propres dont la valeur de marché peut être déterminée, même si, dans le cadre de la même période d'imposition, la valeur de certains composants propres du forfait ne peut pas être déterminée dans la mesure où l'assujetti ne vend pas de prestations analogues hors forfait. • CJCE 6 oct. 2005, n° 291/03 : *RJF 2005. 1496.*

35. Les sommes conservées par un tour-opérateur en cas d'annulation, par le client, du voyage commandé ne peuvent pas être considérées comme la contrepartie d'un service fourni et ne sont donc pas soumises à la TVA. Elles peuvent ainsi venir en majoration des sommes remboursées aux clients pour la détermination des dépenses à prendre en considération dans le deuxième terme du calcul de la marge. * BOI-TVA-SECT-60 n° 230 du 12 sept. 2012. * Rescrit 10 avr. 2012 : *n° 2012/26 TCA.*

36. L'art. 26 de la 6ᵉ Dir. TVA ne s'applique pas à la vente isolée de billets pour un spectacle (en l'espèce des billets d'opéra) par une agence de voyages, sans fourniture d'une prestation de voyage. • CJUE 9 déc. 2010, n° 31/10 : *RJF 2011. 1110.*

37. Il résulte de l'art. 266-1 que, lorsqu'un opérateur économique propose à sa clientèle des circuits touristiques organisés comportant la fourniture de services matériellement exécutés, les uns, par lui-même et, les autres, par des tiers assujettis qui les lui facturent, ce contribuable doit, en principe, acquitter la TVA, d'une part, à raison des prestations propres qu'il a fournies, sur une base déterminée conformément à la règle générale fixée par l'art. 266-1-*a* et, d'autre part, à raison de son entremise en ce qui concerne les prestations effectuées par d'autres assujettis, sur la base définie, à titre de règle particulière, par le e du même art. Toutefois, dans le cas où le prix des circuits organisés payé par les clients est un forfait qui couvre l'ensemble des prestations fournies à ceux-ci, l'application du régime d'imposition dérivé de la règle d'assiette particulière mentionnée ci-dessus exige que ce forfait soit décomposé de manière à ce qu'en soit déterminée la fraction pouvant raisonnablement être réputée correspondre au paiement par les clients des services matériellement exécutés par des tiers. A cette fin, l'opérateur doit être en mesure de justifier d'éléments permettant d'effectuer la ventilation requise avec une précision suffisante. • CE 15 nov. 2006, n° 276006, *SARL Canoës Loisirs : RJF 2007. 143 ; concl. Verclytte au BDCF 2/07, n° 17 ; Dr. fisc. 2007. 1010.*

38. Une entreprise ayant une activité de transport de voyageurs et une activité d'agent de voyages pour laquelle elle fournit elle-même des prestations qui s'ajoutent à des prestations de services non accessoires fournies par des tiers (logement et nourriture) est susceptible de bénéficier du régime de taxation sur la marge à raison des opérations d'entremise auxquelles elle se livre. L'entreprise ne peut toutefois bénéficier de ce régime dès lors que sa comptabilité ne permet pas de distinguer, au sein du prix de chaque voyage organisé, la partie de ses recettes correspondant aux activités offertes par voie d'entremise, de celles correspondant aux activités d'agence de voyages mises en œuvre par ses propres moyens, ni de celle correspondant à son activité de transporteur. • CAA Lyon, 2 avr. 2004, n° 98LY1046 : *RJF 2005. 1021 ; Dr. fisc. 2005. 431, concl. Bonnet.*

39. S'agissant des transporteurs routiers qui organisent des voyages, le régime de la marge des agences de voyages s'applique uniquement aux prestations fournies par les tiers. Il appartient au transporteur de ventiler en comptabilité le forfait facturé au client en retenant notamment la valeur de marché des prestations qu'il rend personnellement (en général, le transport). Ces prestations sont soumises au régime et au taux qui leur sont propres, tandis que le surplus du forfait, correspondant aux prestations réalisées par des tiers, est soumis au régime de la marge. * BOI-TVA-SECT-60 n° 400 du 12 sept. 2012.

40. Une société qui exploite un site internet permettant à ses clients de comparer les tarifs de différents loueurs de voitures de tourisme, de réserver leur véhicule et de bénéficier de prestations d'information et de conseil fournit une prestation d'agent de voyages soumis au régime particulier de TVA. • CE 7 déc. 2015, *Sté Holiday Autos UK and Ireland*, n° 371403 : *RJF 2016. 235, concl. Escaut.*

41. En autorisant les agences de voyages à déterminer la base d'imposition de la TVA de manière globale (et non sur une base individuelle) pour des groupes de services ou pour l'ensemble des services fournis au cours d'une période d'imposition, un État membre manque aux obligations qui lui incombent. • CJUE 27 janv. 2021, n° 787/19 : *RJF 2021. 677.*

42. Voitures achetées à des particuliers. Cas de prélèvement à des fins privées de voitures achetées à des particuliers sans droit à déduction de la TVA et ayant ultérieurement fait l'objet de travaux pour lesquels la TVA a été déduite. • CJCE 17 mai 2001, n° C-322/99 et C-323/99 : *RJF 2001. 1165 ; D. 2001. IR 1995* .

43. Taxe foncière. La refacturation par le vendeur, à l'acquéreur d'un immeuble, de la taxe foncière correspondant à la période postérieure à l'entrée en jouissance constitue une charge augmentative de prix pour la TVA au sens de l'art. 266-2-*b*. Elle doit donc être comprise dans la base d'imposition à la TVA. * Rescrit 20 janv. 2009, n° 2009/01 E et FI. * BOI-TVA-IMM-10-20-10 n° 150 du 2 mars 2016.

44. Opérations de démolition. Base d'imposition des démolisseurs. * BOI-TVA-BASE-10-20-30 n°s 40 à 80 du 12 sept. 2012. ♦ Sur des contrats de démolition et des contrats d'achats pour démontage : • CJUE 10 janv. 2019, *A Oy*, n° 410/17 : *RJF 2019. 608.*

45. Évaluation des immeubles et droits immobiliers. BIBL. Bachelier, *Dr. fisc. 2002, p. 1258* (l'évaluation fiscale des biens et des services). – Bouchard, *BIM 11/94, p. 283* (TVA immobilière et valeur vénale). – Cozian, *Dr. fisc. 2002, p. 733* (même thème). – Gibert, *FR Lefebvre 44/01, p. 21* (même thème). ♦ La dérogation obtenue par la France sur la base de l'art. 27 de la 6e Dir. TVA n'autorise pas l'Administration, sur le fondement de l'art. 266-2 *b*, à substituer la valeur vénale d'un immeuble au prix déclaré pour l'assiette de la TVA, en dehors des cas de fraude ou d'évasion fiscales. • TA Lyon, 3 juill. 2001, n° 97-3956 à 97-3958 : *Dr. fisc. 2002. 733, note Cozian ; RJF 2001. 1517 ; concl. Gimenez au BDCF 12/01, n° 151 ; LPA 2002, n° 135, p. 17, note Meier ; Rev. Marché commun 2002, p. 478, note Maublanc* • TA Grenoble, 20 déc. 2001, n° 98-2450 : *RJF 2002. 494.* ♦ Dès lors que l'Administration établit une volonté d'évasion fiscale en relevant que les prix des locaux faisant l'objet des mutations ont été minorés de 40 % et 63 % et que le vendeur et l'acheteur sont étroitement liés, elle peut, en application des art. 27 de la 6e Dir. TVA et 266-2 *b* CGI, substituer la valeur vénale des immeubles aux prix déclarés pour l'assiette de la TVA. • CAA Lyon, 27 févr. 2006, n° 01LY1102 : *RJF 2006.1012* • CE (na) 25 juin 2007, n° 292864 : *RJF 2007. 1405.*

46. La fixation de la valeur vénale de droits immobiliers indivis doit, sauf circonstances particulières, tenir compte, lorsque ces droits sont cédés séparément, de l'état d'indivision du bien et ne saurait, en principe, être considérée comme purement et simplement égale à une fraction de la valeur vénale totale. • CAA Paris, 28 juill. 2000, n° 97PA1290 : *Dr. fisc. 2001. 697, concl. Haïm.* ♦ En cas de contestation, les biens retenus comme bases de comparaison doivent être comparables : il peut s'agir de la valeur vénale résultant de prix observés lors de transactions effectuées dans un même ensemble immobilier. • CE 29 déc. 1997, n° 125208 : *Dr. fisc. 1998. Comm. 613, concl. Goulard.* ♦ ... Ou dans des immeubles de standing comparable. • CE 19 juin 1991, *Perrot*, n° 77524.

47. Précisions administratives. 1) Substitution de la valeur vénale au prix stipulé dans l'acte. 2) Procédure de rectification des prix. 3) Cession pour un prix symbolique. * BOI-TVA-IMM-10-20-10 n°s 190, 200 et 210 du 2 mars 2016.

V. égal. l'abondante jurisprudence citée ss. art. L. 17 LPF *in* **C. pr. fisc.** Dalloz, annoté par Jean Lamarque.

Art. 267 **I. — Sont à comprendre dans la base d'imposition :**

1° Les impôts, taxes, droits et prélèvements de toute nature à l'exception de la taxe sur la valeur ajoutée elle-même ; — *Par exception aux dispositions du 1°, l'octroi de mer et l'octroi de mer régional ne sont pas compris dans la base d'imposition de la taxe sur la valeur ajoutée (L. n° 2004-639 du 2 juill. 2004, art. 45, mod. par L. n° 2015-762 du 29 juin 2015, art. 31).*

2° Les frais accessoires aux livraisons de biens ou prestations de services tels que commissions, intérêts, frais d'emballage, de transport et d'assurance demandés aux clients.

II. — Ne sont pas à comprendre dans la base d'imposition :

1° Les escomptes de caisse, remises, rabais, ristournes et autres réductions de prix consenties directement aux clients ;

2° Les sommes remboursées aux intermédiaires *(Abrogé par L. n° 2020-1721 du 29 déc. 2020, art. 44-I-7°)* « ***, autres que les agences de voyages et organisateurs de circuits touristiques,*** » **qui effectuent des dépenses au nom et pour le compte de leurs commettants dans la mesure où ces intermédiaires rendent compte à leurs commettants, portent ces dépenses dans leur comptabilité dans des comptes de passage et justifient auprès de l'administration des impôts de la nature ou du montant exact de ces débours.**

III. — Les sommes perçues lors des livraisons d'emballages consignés peuvent être exclues de la base d'imposition à la condition que la taxe sur la valeur ajoutée afférente à ces sommes ne soit pas facturée. Elles doivent être incorporées dans la base d'imposition lorsque les emballages n'ont pas été rendus au terme des délais en usage dans la profession.

1. Taxes sur l'électricité. Les taxes locales sur l'électricité entrent dans la base d'imposition des livraisons d'électricité. • CE 3 mars 1993, n° 129715 : *Dr. fisc. 1993. 1146, concl. Fouquet ; RJF 1993. 516.*

2. Contribution pour la collecte et l'élimination des déchets d'équipements électriques et électroniques ménagers. Cette contribution environnementale n'est pas détachable de l'activité des fabricants, importateurs ou revendeurs et constitue, dès lors qu'elle est décomptée à part sur la facture, un élément du prix de leurs opérations de vente d'équipements électriques ou électroniques nouveaux. En application des art. 266-1-a et 267-1-1°, la contribution doit être comprise dans la base d'imposition de ces ventes. * Rescrit 6 juin 2006, n° 2006/30 TCA. * BOI-TVA-BASE-10-10-20 n° 230 du 12 sept. 2012.

3. Redevance. La TVA dont est redevable le fournisseur d'un bien ou d'un service a pour base le prix total que le client doit lui payer pour obtenir ce bien ou ce service, y compris toute somme, incluse dans ce prix, telle que le montant d'une redevance, dont le client est débiteur envers un tiers en raison même de ce qu'il reçoit le bien ou le service et que le fournisseur est chargé de percevoir pour le compte de ce tiers. Seul doit être, le cas échéant, exclu de la base d'imposition le montant, à rembourser par le client, de frais que le fournisseur aurait, au nom et pour le compte de celui-ci, exposés auprès d'un tiers à l'occasion de la vente ou de la prestation de service, mais à une autre fin que la réalisation de cette opération. Application : droit d'usage pour traitement de déchets. • CE 13 juill. 2007, n° 286399 : *RJF 2007. 1234.*

4. Taxe sur l'immatriculation des véhicules automobiles. Dans le cadre d'un contrat de vente prévoyant que, conformément à l'usage auquel l'acheteur destine le véhicule, le distributeur livre celui-ci avec une immatriculation et pour un prix englobant la taxe sur l'immatriculation des véhicules automobiles neufs qu'il a acquittée avant la livraison, cette taxe, dont le fait générateur réside non pas dans ladite livraison, mais dans la première immatriculation du véhicule sur le territoire national, ne relève pas de la notion d'impôts, droits, prélèvements et taxes au sens de l'art. 11 A-2-*a* de la 6e Dir. TVA. Une telle taxe correspond à un montant reçu par l'assujetti de la part de l'acheteur du véhicule, en remboursement des frais exposés au nom et pour le compte de ce dernier, au sens du 3-c de la même disposition. • CJCE 1er juin 2006, n° 98/05 : *RJF 2006. 1133.*

5. Octroi de mer. L'octroi de mer perçu dans les DOM n'est pas compris dans la base d'imposition de la TVA (L. n° 2004-639, 2 juill. 2004, art. 45 : *JO 3 juill. 2004*).

6. Intérêts. Les intérêts moratoires réclamés par un fournisseur à un client qui n'a pas payé le prix à l'échéance sont en dehors du champ d'application de la TVA. • CJCE 1er juill. 1982, n° 222-81 : *Rec. CJCE 2527.* ♦ Le fournisseur qui autorise son client à surseoir au paiement du prix moyennant le paiement d'intérêts octroie un crédit exonéré de TVA. Toutefois, s'il est sursis au paiement jusqu'à la livraison seulement, les intérêts sont inclus dans la base d'imposition. • CJCE 27 oct. 1993, n° 281-91 : *Dr. fisc. 1994. 918 ; RJF 1994. 116.*

Sur les intérêts moratoires, V. égal. note 26 ss. art. 266.

7. Frais de transport. Les frais de transport sont compris dans la base d'imposition même si le vendeur mentionne sur la facture un prix départ usine et indique distinctement le prix du transport. • CE 8 févr. 1978, n° 5207 : *Dr. fisc. 1978. 1975, concl. Fabre ; RJF 1978. 96.* ♦ Toutefois, le prix du transport n'est pas compris dans l'assiette de la TVA lorsque, la vente étant stipulée « départ », le transport est à la charge de l'acheteur et fait l'objet d'une facturation séparée à un prix normal. • CE 21 févr. 1979, n° 8192 : *Dr. fisc. 1980. 749, concl. Rivière ; RJF 1979. 209* • 18 janv. 1989, n° 73 084 : *Dr. fisc. 1989. 1223 ; RJF 1989. 293.* ♦ Une telle dissociation n'est pas admise pour les ventes de livres par correspondance comportant un délai d'examen au profit du client. • CE 23 nov. 1988, n° 53554 : *Dr. fisc. 1989. 554 ; RJF 1989. 30.* ♦ La taxe de recouvrement perçue par La Poste en cas d'envoi contre remboursement n'est pas comprise dans la base d'imposition du fournisseur. • CE 12 avr. 1996, n° 146697 : *Dr. fisc. 1996. 1120, concl. Loloum.* ♦ En revanche, n'ont pas le caractère de débours exclus de la base d'imposition : les frais d'affranchissement exposés par une société de routage au profit de ses clients dès lors qu'il ne résulte pas des documents produits par la société qu'elle aurait refacturé à l'euro près ces dépenses. • CAA Versailles, 15 nov. 2016, *Sté Action Dif,* n° 15VE0114 : *RJF 2017. 422.*

8. Arrhes conservées en cas de résiliation. Les art. 2-1 et 6-1 de la 6e Dir. TVA (devenus respectivement art. 2-1-*a* et *c* et art. 24 et 25 de la Dir. n° 2006/112/CE du 28 nov. 2006) doivent être interprétés en ce sens que des sommes versées à titre d'arrhes, dans le cadre de contrats portant sur des prestations de service hôtelier assujetties à la TVA, doivent être regardées, lorsque le client fait usage de la faculté de dédit qui lui est ouverte et que ces sommes sont conservées par l'exploitant d'un établissement hôtelier, comme des indemnités forfaitaires de résiliation versées en réparation du préjudice subi à la suite de la défaillance du client, sans lien direct avec un quelconque service rendu à titre onéreux et, en tant que telles, non soumises à cette taxe. • CJCE 18 juill. 2007, n° 277/05, *Sté thermale d'Eugénie-les-Bains : RJF 2007. 1363 ; Dr. fisc. 2007. 794, chron. Y. et I. Sérandour* • CE 30 nov. 2007, n° 263653, *Sté Thermale d'Eugénie-les-Bains : RJF 2008. 129.* ♦ Les arrhes ne présentent la nature de sommes taxables qu'au moment où la prestation est effectivement rendue, le client n'ayant pas fait usage de sa faculté de dédit. • CAA Paris, 25 mars 2009, n° 05PA3829 : *RJF 2010. 218.*

9. Ristournes. Les « remises additionnelles » attribuées par une société de vente à domicile à ses distributeurs directs en fonction du montant des produits qu'ils ont effectivement achetés auprès d'elle doivent être regardées comme des ristournes exclues de la base d'imposition. • CAA Bordeaux, 9 juin 1998, n° 96BX1299 : *Dr. fisc. 1998. 769.*

10. Réduction de prix. Pour les biens fournis par correspondance à partir d'un catalogue à un client pour son propre usage, lorsque le fournisseur accorde au client une ristourne sur le prix catalogue, un compte séparé étant crédité au bénéfice de celui-ci du montant de cette ristourne au moment du versement des mensualités au fournisseur – ristourne qui peut alors être immédiatement retirée ou utilisée d'une autre manière par le client –, la base d'imposition est l'intégralité du prix catalogue des biens vendus au client, réduit à due concurrence du montant de cette ristourne au moment où celle-ci est retirée ou utilisée d'une autre manière par le client. • CJCE 29 mai 2001, n° C-86/99 : *RJF 2001. 1167 ; Dr. fisc. 2001. 828.* ♦ Les réductions de prix accordées au consommateur final par un intermédiaire, de sa propre initiative et à ses propres frais, ne peuvent entraîner aucune diminution de la base d'imposition à la TVA de l'intermédiaire ni de celle de l'opérateur principal. Cas d'une agence de voyages, agissant en qualité d'intermédiaire, qui accorde au consommateur final une réduction de prix sur la prestation principale fournie par l'organisateur de circuits touristiques. • CJUE 16 janv. 2014, n° 300/12 : *RJF 2014. 42.*

11. Rabais rémunérant des services. Les sommes reçues par une société de son fournisseur, sous forme de rabais, remises et ristournes sur le prix de vente normal des produits qu'elle lui achète, n'entrent pas dans les prévisions de l'art. 267-II-1°, dès lors qu'elles rémunèrent des prestations de services rendues par elle à son fournisseur, constituées par des actions de promotion et des opérations de stockage effectuées par elle pour le compte de celui-ci, prestations soumises à la TVA sur le fondement des dispositions de l'art. 256. • CE 10 avr. 2002, n° 212014, *SOMAGRI : RJF 2002. 777 ; Dr. fisc. 2002. 994.*

V. égal. note 14 s. ss. art. 256.

12. Indemnité au titre d'une garantie de loyer. Une indemnité versée par le vendeur de l'immeuble à l'acheteur à titre de garantie de loyer constitue une modalité de réalisation de la vente de l'immeuble de nature à entraîner une réduction du prix d'acquisition stipulé ainsi que de la TVA y afférente. • CE 5 janv. 1994, *Min. c/ UAP,* n° 73875 : *RJF 1994. 249.* ♦ ... Sauf si les sommes versées rémunèrent un service rendu par l'acquéreur au vendeur. • CE 28 sept. 2016, *Sté Akerys Promotion*, n° 393229 : *RJF 2016. 1074*.

13. Droit d'entrée versé lors de la conclusion d'un bail commercial. Le droit d'entrée versé lors de la conclusion d'un bail commercial (soumis à la TVA) doit, en principe, être regardé comme un supplément de loyer qui constitue, avec le loyer lui-même, la contrepartie d'une opération unique de location et qui est soumis à la TVA au même titre que celui-ci. • CE 15 févr. 2019, *Sté Land River*, n° 410796 : *RJF 2019. 424*.

14. Primes aux distributeurs. Une « prime de service » versée par un fabricant de pneumatiques à un distributeur, en contrepartie directe de services individualisés rendus par le revendeur à son fournisseur et des avantages que celui-ci en retire, constitue non pas une simple remise de prix mais la rémunération d'une prestation de services effectuée à titre onéreux, soumise à la TVA en application de l'art. 256-I. • CAA Nantes, 30 juin 2000, n° 97NT230 : *RJF 2000. 1436 ; Dr. fisc. 2001. 514*. ♦ V., sur des « primes de volume ». • CAA Nancy, 17 déc. 1998, n° 94NA1071 : *RJF 1999. 399, note Clément et Benoît, p. 250*.

15. Primes de conjoncture, de volume ou d'objectifs. L'Administration a précisé le régime de TVA applicable aux sommes versées par les constructeurs automobiles dénommées « primes de volume » ou « primes d'objectifs ». * BOI-TVA-BASE-10-10-40 n°s 30 à 180 du 12 sept. 2012. ♦ V. égal. notes ss. art. 266.

16. Remboursements des charges et réparations locatives perçues par les bailleurs de leurs locataires. Ils peuvent, sous certaines conditions, être exclus de la base d'imposition à la TVA des bailleurs. * BOI-TVA-BASE-10-10-30 n° 240 du 15 janv. 2014.

17. Impôts ou charges incombant normalement aux bailleurs d'immeubles répercutés sur les locataires. Lorsque le locataire d'un local commercial rembourse au propriétaire une partie des impôts dont ce dernier est personnellement redevable, la somme ainsi payée l'est en contrepartie de la location consentie, de sorte qu'elle doit être incluse dans l'assiette de la TVA. • Com. 4 déc. 2007, n° 06-21.149 : *RJF 2008. 433*.

18. Régisseur de cantine. Le régisseur d'une cantine d'entreprise bénéficiant de l'exonération instituée par la décision ministérielle du 23 mars 1942 est imposable à la TVA sur sa seule rémunération, à l'exclusion du prix de vente des repas, à condition qu'il se comporte comme un véritable mandataire. Ce régime ne s'applique pas à un gérant libre seul responsable de la gestion financière de la cantine vis-à-vis des fournisseurs, du personnel et de l'entreprise. • CAA Paris, 25 oct. 1995, n° 94-326 : *Dr. fisc. 1996. 461 ; RJF 1996. 288*.

19. Société de restauration collective. Une société de restauration collective qui ne se borne pas à exécuter les Directives de son cocontractant mais participe, sous sa propre responsabilité, à la gestion des cantines qui lui sont confiées ne peut bénéficier des dispositions du 2° du II. • CE 6 mai 1996, n° 134114 : *Dr. fisc. 1996. 1218, concl. Ph. Martin*.

20. Syndicats de copropriété. Les syndicats dont l'activité se limite à gérer des immeubles utilisés pour l'habitation ou l'occupation professionnelle peuvent exclure de leur base d'imposition les versements effectués par les copropriétaires et destinés à couvrir les charges des syndicats (remboursement de charges). * BOI-TVA-BASE-10-10-30 n° 330 du 15 janv. 2014.

21. Dons par SMS. Ces dons peuvent constituer des débours exclus de la base d'imposition des opérateurs de téléphonie. * Rép. min. n° 730 : *JOAN Q, 15 janv. 2013, p. 416*.

Art. 267 *bis* En ce qui concerne les ventes à des agriculteurs, pour les besoins de leur consommation familiale, de produits fabriqués par des entreprises de transformation à partir de produits agricoles fournis par ces agriculteurs, la taxe sur la valeur ajoutée n'est due que sur la différence entre la valeur des produits fabriqués et celle des produits correspondants fournis par les agriculteurs auxquels la vente est consentie.

Pour la détermination de cette différence, les valeurs s'entendent tous frais et taxes compris à l'exclusion de la taxe sur la valeur ajoutée et des prélèvements de toute nature assis en addition à cette taxe et suivant les mêmes règles que celle-ci. En outre, des modalités forfaitaires de calcul pourront être fixées par décret en Conseil d'État.

Art. 268 S'agissant de la livraison d'un terrain à bâtir, ou d'une opération mentionnée au 2° du 5 de l'article 261 pour laquelle a été formulée l'option prévue au 5° *bis* de l'article 260, si l'acquisition par le cédant n'a pas ouvert droit à déduction de la taxe sur la valeur ajoutée, la base d'imposition est constituée par la différence entre :

1° D'une part, le prix exprimé et les charges qui s'y ajoutent ;

2° D'autre part, selon le cas :

a) soit les sommes que le cédant a versées, à quelque titre que ce soit, pour l'acquisition du terrain ou de l'immeuble ;

b) soit la valeur nominale des actions ou parts reçues en contrepartie des apports en nature qu'il a effectués.

Lorsque l'opération est réalisée par un fiduciaire, les sommes mentionnées aux *a* et *b* du 2° s'apprécient, le cas échéant, chez le constituant.

BIBL. Berger-Picq, *FR Lefebvre 23/20, inf. 12* (TVA sur marge dans les opérations immobilières : le choix de la complexité).

1. Définition de la marge. Depuis le 11 mars 2010, l'imposition sur une base réduite à la marge est applicable à l'ensemble des assujettis en cas de livraison d'un terrain à bâtir ou de livraison d'un immeuble achevé depuis plus de cinq ans imposée sur option à la TVA, si l'acquisition par le cédant n'a pas ouvert droit à déduction de la TVA. La marge est constituée par la différence entre le prix exprimé augmenté des charges et les sommes que le cédant a versées pour l'acquisition du bien. L'Administration a précisé que le « prix exprimé » s'entend de la différence entre le prix payé par le cessionnaire et le montant de la TVA afférente à la marge elle-même. De plus, le prix de cession retenu pour le calcul de la marge doit inclure les subventions complément de prix. Il y a donc lieu de procéder à un calcul de la TVA « en-dedans » selon la formule suivante : marge taxable = (prix payé par le cessionnaire ou par un tiers + charges augmentatives – prix d'achat) / (1 + taux applicable à l'opération). * Rescrit 27 avr. 2010, n° 2010/21 TCA * BOI-TVA-IMM-10-20-10 n° 250 du 13 mai 2020.

2. Conditions. Le régime de la TVA sur la marge s'applique aux opérations de cession de terrains à bâtir qui ont été acquis en vue de leur revente et ne s'applique donc pas à une cession de terrains à bâtir, qui lors de leur acquisition avaient le caractère d'un terrain bâti, quand le bâtiment qui y était édifié a fait l'objet d'une démolition de la part de l'acheteur-revendeur. • CE 27 mars 2020 : *Min. c/ Sté Promialp,* n° 428234 : *RJF 2020. 524, concl. Ciavaldin ; Dr. fisc. 2020. 241, note Casimir et Moraine.* * BOI-TVA-IMM-10-20-10 n° 20 du 13 mai 2020. ♦ Il n'y a pas lieu de donner suite à une question prioritaire de constitutionnalité portant sur l'interprétation, par sa jurisprudence Promialp, de l'art. 268. • CE, QPC, 6 juill. 2020, n° 435464 : *RJF 2020. 877, concl. Ciavaldini.*

3. Le régime de la marge ne s'applique pas à l'achat-revente d'un terrain à bâtir lorsque l'acquisition n'a pas été soumise à la TVA, sauf si le prix d'acquisition incorpore une TVA d'amont. Par ailleurs, si bien acquis et bien revendu doivent rester qualifiés comme tels, la division en lots ou la viabilisation avant la revente ne font pas obstacle à l'application de ce régime. • CJUE 30 sept. 2021, n° 299720 : *FR Lefebvre 43/21, inf. 1 ; Dr. fisc. 2021.405, note Kornprobst.* ♦ Sur renvoi de • CE 5 juin 2020, n° 416727 : *RJF 2020. 775, concl. Merloz.*

4. Précisions de l'Administration dans l'attente de la décision de la CJUE. * Rép. min. n° 35554 : *JOAN du 28 avr. 2021.*

5. Revente d'un bien acheté en une seule fois et alloti. Dans le cas de revente par lot d'un immeuble ou d'un terrain à bâtir acheté en une seule fois pour un prix global, chaque vente de lot constitue une opération distincte, à raison de laquelle le vendeur doit acquitter une taxe calculée sur la base de la différence entre, d'une part, le prix de vente de ce lot et, d'autre part, son prix de revient estimé en imputant à ce lot une fraction du prix d'achat global de l'immeuble ou du terrain. Le contribuable peut imputer sur le prix de revient de chacun des lots vendus une fraction du prix d'acquisition des terrains cédés gratuitement ou pour l'euro symbolique à une commune en vue de la réalisation d'aménagements de voirie, lorsque cette cession conditionne la réalisation de l'opération immobilière. • CE 13 oct. 2021, n° 433745 : *RJF 2022. 13.*

Art. 268 *bis* *(L. n° 2020-1721 du 29 déc. 2020, art. 44-I-8° et II, applicable aux opérations pour lesquelles l'exigibilité et le fait générateur de la taxe sur la valeur ajoutée interviennent à compter du 1er janv. 2021)* **I. — Le présent article est applicable aux offres d'abonnement comprenant plusieurs services, dont au moins l'un des services mentionnés aux 10° à 12° de l'article 259 B, qui sont fournis en contrepartie d'un prix forfaitaire, lorsqu'elles sont constituées de plusieurs opérations imposables à la taxe sur la valeur ajoutée.**

II. — La base d'imposition d'une opération comprise dans une offre relevant du I est constituée, lorsqu'il existe une offre identique ne comprenant pas tout ou partie des services de cette opération et commercialisée par le fournisseur dans des conditions comparables, par la différence entre :

1° D'une part, le prix forfaitaire mentionné au même I ;

2° D'autre part, le prix de l'offre identique mentionnée au premier alinéa du présent II.

Ancien art. 268 *bis* ***Lorsqu'une personne effectue concurremment des opérations se rapportant à plusieurs des catégories prévues aux articles du présent chapitre, son chiffre d'affaires est déterminé en appliquant à chacun des groupes d'opérations les règles fixées par ces articles.***

1. Conformément à l'art. 268 *bis*, lorsque des opérations passibles de taux différents font l'objet d'une facturation globale et forfaitaire, il appartient au redevable de ventiler les recettes correspondant à chaque taux, de manière simple et économiquement réaliste, sous sa propre responsabilité et sous réserve du droit de contrôle de l'Administration. À défaut d'une telle ventilation, le prix doit être soumis dans sa totalité au taux le plus élevé. * BOI-TVA-LIQ-30-30 n° 220 du 20 déc. 2012.

2. Application de l'art. 268 *bis* : à un exploitant de chasse également éleveur de gibier. • CAA Bordeaux, 3 déc. 1992, n° 91BX143, *Gilbon.* ♦ ... A un éditeur commercialisant pour un prix global et forfaitaire une publication et un cédérom ou DVD. • CE 5 juin 2002, n° 232392 : *Dr. fisc. 2002. 656, concl. Bachelier.* ♦ ... À des trousses de prévention de la contamination par les virus du sida et des hépatites qui sont composées de produits soumis à des taux réduits différents. * BOI-TVA-LIQ-30-10-50 n° 270 du 12 sept. 2012.

Art. 268 *ter* **I. — Des décrets en Conseil d'État peuvent fixer des modalités particulières de détermination de la base d'imposition pour l'imposition des ventes d'animaux de grande valeur.**

II. — *Disposition devenue sans objet.*

Art. 268 *quater* *Devenu sans objet (Décr. n° 2007-484 du 30 mars 2007).*

SECTION III **FAIT GÉNÉRATEUR ET EXIGIBILITÉ**

Art. 269 **1. Le fait générateur de la taxe se produit :**

a) **Au moment où la livraison, l'acquisition intracommunautaire du bien ou la prestation de services est effectué ;**

a bis) **Pour les livraisons autres que celles qui sont visées au *c* du 3° du II de l'article 256 ainsi que pour les prestations de services qui donnent lieu à l'établissement de décomptes ou à des encaissements successifs, au moment de l'expiration des périodes auxquelles ces décomptes ou encaissements se rapportent ;**

a ter) **Pour les livraisons de biens, les prestations de services et les acquisitions intracommunautaires réputées effectuées en application** *(L. n° 2019-1479 du 28 déc. 2019, art. 147-I-F et IV, mod. par L. n° 2020-1721 du 29 déc. 2020, art. 51-II, applicable aux opérations pour lesquelles le fait générateur de la taxe sur la valeur ajoutée intervient à compter du 1er juill. 2021)* **« du 1°** *[ancienne rédaction : des dispositions]* **» du V de l'article 256 et du III de l'article 256 *bis*, au moment où l'opération dans laquelle l'assujetti s'entremet est effectuée ;**

a quater) **Pour les prestations de services pour lesquelles la taxe est due par le preneur de services en application du 2 de l'article 283, qui ont lieu de manière continue sur une période supérieure à une année et qui ne donnent pas lieu à des décomptes ou à des paiements durant cette période, à l'expiration de chaque année civile, tant qu'il n'est pas mis fin à la prestation de services ;**

a quinquies) **Pour les livraisons et transferts mentionnés au I de l'article 262 *ter* effectués de manière continue pendant une période de plus d'un mois civil, à l'expiration de chaque mois civil ;**

(L. n° 2019-1479 du 28 déc. 2019, art. 147-I-F et IV, mod. par L. n° 2020-1721 du 29 déc. 2020, art. 51-II, applicable aux opérations pour lesquelles le fait générateur de la taxe sur la valeur ajoutée intervient à compter du 1er juill. 2021) **« *a sexies)* Pour les livraisons de biens par un assujetti réputé avoir acquis et livré les biens conformément aux *a* et *b* du 2° du V de l'article 256 et pour la livraison à cet assujetti, au moment où le paiement a été accepté ; »**

b) **Pour les livraisons à soi-même d'immeubles neufs taxées en application du 2° du 1 du II de l'article 257, au moment où le dépôt à la mairie de la déclaration prévue par la réglementation relative au permis de construire est exigé ;**

c) *Abrogé.*

d) **Pour les livraisons à soi-même de travaux immobiliers mentionnées au 1° du 3 du I de l'article 257, au moment de l'achèvement de l'ensemble des travaux.**

Toutefois, par dérogation au précédent alinéa, le fait générateur de la taxe intervient au dernier jour de chaque trimestre pour les livraisons à soi-même de travaux d'entretien effectués au cours de ce trimestre.

e) *Abrogé.*

2. La taxe est exigible :

[a) en vigueur jusqu'au 31 déc. 2022]

a) Pour les livraisons et les achats *(L. n° 2019-1479 du 28 déc. 2019, art. 147-I-F et IV, mod. par L. n° 2020-1721 du 29 déc. 2020, art. 51-II, applicable aux opérations pour lesquelles le fait générateur de la taxe sur la valeur ajoutée intervient à compter du 1er juill. 2021)* « mentionnés aux *a* et *a sexies* *[ancienne rédaction : visés au a]* » du 1 et pour les opérations mentionnées aux *b* et *d* du même 1, lors de la réalisation du fait générateur ;

Toutefois, pour les livraisons d'électricité, de gaz, de chaleur, de froid ou de biens similaires donnant lieu à des décomptes ou à des encaissements successifs, l'exigibilité peut, sur option du redevable, intervenir au moment du débit ; elle intervient en tout état de cause dès la perception d'acomptes et à concurrence de leur montant, lorsqu'il en est demandé avant l'intervention du fait générateur ou du débit ;

[a) en vigueur le 1er janv. 2023 et applicable aux acomptes encaissés à compter de cette même date]

(L. n° 2021-1900 du 30 déc. 2021, art. 30-I-8° et III-B) « *a)* Pour les livraisons mentionnées aux *a* et *a ter* du 1, lors de la réalisation du fait générateur. Toutefois, en cas de versement préalable d'un acompte, la taxe devient exigible au moment de son encaissement, à concurrence du montant encaissé ; »

a bis) Pour les livraisons d'immeubles à construire, lors de chaque versement des sommes correspondant aux différentes échéances prévues par le contrat en fonction de l'avancement des travaux ;

(L. n° 2021-1900 du 30 déc. 2021, art. 30-I-8° et III-B, en vigueur le 1er janv. 2023 et applicable aux acomptes encaissés à compter de cette même date) « *b)* Pour les opérations mentionnées aux *a sexies*, *b* et *d* du 1, lors de la réalisation du fait générateur ; »

b bis) Pour les prestations de services pour lesquelles la taxe est due par le preneur en application du 2 de l'article 283, lors du fait générateur, ou lors de l'encaissement des acomptes ;

c) Pour les prestations de services autres que celles visées au *b bis*, lors de l'encaissement des acomptes, du prix, de la rémunération ou, sur option du redevable, d'après les débits. *— V. Ann. III, art. 77.*

En cas d'escompte d'effet de commerce ou de transmission de créance, l'exigibilité intervient respectivement à la date du paiement de l'effet par le client ou à celle du paiement de la dette transmise entre les mains du bénéficiaire de la transmission.

Les entrepreneurs de travaux immobiliers peuvent, dans des conditions et pour les travaux qui sont fixés par décret, opter pour le paiement de la taxe sur les livraisons ; *— V. Ann. III, art. 78 à 84.*

(L. n° 2020-1721 du 29 déc. 2020, art. 162-I-5° et III, en vigueur le 1er janv. 2022) « Par dérogation au premier alinéa du présent *c*, l'option formulée par un assujetti unique constitué en application de l'article 256 C peut être exercée par secteur d'activité ; »

c bis) Pour le bail à construction, lors de sa conclusion s'agissant de la valeur du droit de reprise visée au 5 de l'article 266 et, s'il y a lieu, lors de l'encaissement pour les loyers ;

d) Pour les acquisitions intracommunautaires et pour les livraisons et les transferts exonérés en application du I de l'article 262 *ter*, le 15 du mois suivant celui au cours duquel s'est produit le fait générateur.

Toutefois, la taxe devient exigible lors de la délivrance de la facture, à condition qu'elle précède la date d'exigibilité prévue au premier alinéa et qu'il ne s'agisse pas d'une facture d'acompte.

1. Livraison. En l'absence de toute définition législative définissant les actes ou opérations qui, *au regard de la loi fiscale*, doivent être regardés comme constitutifs d'une livraison, il y a lieu de se référer à la définition de la « délivrance » mentionnée à l'art. 1604 C. civ. • CE 31 mars 1978, n° 1683 : *Dr. fisc. 1978. 1974 ; RJF 1978, p. 150, concl. Martin Laprade.*

2. Crédit-bail. Un contrat de location d'un bien avec option d'achat doit être considéré comme une livraison de biens au sens de l'art. 14-2-*b* de la Dir. TVA, taxable dès la remise matérielle du bien, lorsqu'il peut être déduit des conditions financières de ce contrat que l'exercice de l'option apparaît comme le seul choix économiquement rationnel que le preneur sera susceptible de faire le moment venu si le contrat est exécuté jusqu'à son terme. En revanche, si la clause d'option d'achat offre une véritable alternative économique au preneur et lui permet, le moment venu, de choisir soit l'acquisition du bien, soit sa restitution au bailleur ou la prolongation du louage, en fonction de ses intérêts propres à la date à laquelle il doit se déterminer, l'opération ne constitue pas une livraison de biens mais une prestation de services, taxable au fur et à mesure de l'encaissement des loyers. • CJUE 4 oct. 2017, *Commissioners for Her Majesty's Revenue & Customs c/ Mercedes-Benz Financial Services UK Ltd,* n° 164/16 : *RJF 2017. 1263.* ♦ En cas de signature d'un contrat de crédit-bail, lorsqu'il peut être déduit des conditions financières du contrat que l'exercice de l'option d'achat apparaît comme le seul choix économiquement rationnel que le preneur sera susceptible de faire le moment venu si le contrat est exécuté jusqu'à son terme, l'opération doit être considérée comme une livraison de biens rendant la TVA exigible dès la remise matérielle du bien. • CAA Bordeaux, 16 juin 2020, *Sté Bonita,* n° 18BX02182 : *RJF 2020. 875.*

3. Exigibilité et paiement de la taxe. Un État ne peut imposer une obligation de paiement de la TVA sur l'acquisition intracommunautaire de carburants avant que cette taxe ne devienne exigible. • CJUE 9 sept. 2021, n° 855/19 : *RJF 2021. 1085.*

4. Encaissement. Constituent des encaissements, au sens de l'art. 269-2 *c*, rendant la TVA exigible : un virement sur le compte bancaire du prestataire, l'inscription au crédit de son compte courant d'associé, la compensation avec les sommes dont le prestataire est débiteur envers le client. • CAA Paris, 27 avr. 1995 : *Dr. fisc. 1996. 23, concl. Martel.* ♦ ... L'inscription du prix de prestations de services au compte courant ouvert au nom de la société prestataire dans la société débitrice, dès lors que la société prestataire n'établit pas ne pas avoir eu disposition de la somme. • CAA Paris, 22 oct. 2004, n° 00PA31 : *RJF 2005. 124.* ♦ ... L'encaissement des acomptes ou du prix constitué par la remise des chèques dès lors que le contribuable est réputé pouvoir disposer des sommes dès ce moment. C'est à cette date qu'intervient l'exigibilité de la TVA et non lors de la présentation des chèques en banque. • TA Nantes, 24 févr. 2004, n° 99-455 : *RJF 2005. 444 ; concl. Quillévéré au BDCF 5/05, n° 60* • CAA Marseille, 29 mai 2007, n° 04MA188 : *RJF 2008. 27.* ♦ ... La remise d'un chèque au prestataire même si ce chèque est touché par un tiers. • CAA Marseille, 7 avr. 2009, n° 06MA2951 : *RJF 2010. 17.* ♦ ... La cession de créances par un prestataire de services : l'encaissement intervient au moment de la cession pour la totalité du prix des prestations facturées aux clients. • CE 24 juill. 2009, n° 305222 : *RJF 2009. 922 ; Dr. fisc. 2009. 541, concl. Escaut, note Sérandour.* ♦ ... Les arrhes qui présentent la nature de sommes taxables au moment où la prestation est effectivement rendue, le client n'ayant pas fait usage de sa faculté de dédit. • CAA Paris, 25 mars 2009, n° 05PA3829 : *RJF 2010. 218.* ♦ En revanche, la circonstance qu'un prestataire de services renonce volontairement à percevoir des redevances pour la mise à disposition d'un fonds de commerce ne rend pas exigible la TVA sur ces sommes, dès lors que la taxe ne peut porter que sur une rémunération effectivement encaissée. • CE 2 mai 2018, n° 404161 : *RJF 2018. 740 ; Dr. fisc. 2018. 341, note Fouquet et Bouchard.*

5. Dans l'hypothèse où le créancier d'un prestataire assujetti à la TVA saisit entre les mains d'un tiers la somme que ce dernier doit à ce prestataire en paiement d'une prestation de services, la taxe due par ce dernier à raison de la prestation est exigible lors de l'encaissement par le saisissant de la somme saisie. • CE 14 juin 2017, n° 396901 : *RJF 2017. 928.*

6. Acomptes. Si le fait générateur de la TVA et son exigibilité interviennent en principe au moment où la livraison du bien ou la prestation de services sont effectués, la taxe devient toutefois exigible dès l'encaissement, à concurrence du montant encaissé, lorsque des acomptes sont versés avant que la prestation de services ne soit effectuée. Pour que la TVA soit exigible sans que la prestation ait encore été effectuée, il faut, d'une part, que tous les éléments pertinents du fait générateur, c'est-à-dire de la future prestation, soient déjà connus et donc, en particulier, que, au moment du versement de l'acompte, les biens ou les services soient désignés avec précision et, d'autre part, que la réalisation de la prestation ne soit pas incertaine. • CE 24 févr. 2021, n° 429647 : *RJF 2021. 470 ; Dr. fisc. 2021. 445, note Bradburn.* ♦ Compte tenu de la non-conformité de l'art. 269-2-*a* à l'art. 65 de la Dir. TVA du 28 nov. 2006, et sous réserve du respect de certaines conditions, la TVA portant sur un acompte versé avant la réalisation d'une livraison de biens peut devenir exigible chez le fournisseur dès son versement et, corrélativement, déductible chez son client. • CAA Nantes, 28 mai 2021, n° 19NT03579 : *RJF 2021. 800.*

7. Affacturage. Les opérations d'affacturage par lesquelles l'entreprise est réglée au comptant de créances non encore exigibles, sans qu'aucune signification au débiteur ne soit nécessaire pour saisir la société d'affacturage à l'égard des tiers, n'ont pas le caractère d'une cession définitive de créances, régie par les art. 1689 s. C. civ., et dont le paiement serait constitutif d'un encaissement, au sens des dispositions de l'art. 269-1, mais constituent des opérations de crédit retracées dans le compte-courant de l'entreprise, pour lesquelles la subrogation de la société d'affacturage dans les droits des créanciers assure seulement l'exécution et la garantie. Dans ces conditions, l'inscription à un compte courant des sommes versées par la société d'affacturage ne peut, en aucun cas, être regardée comme celle de l'encaissement du montant des factures concernées. L'encaissement a lieu au moment du règlement des sommes payées par les clients à la société d'affacturage. • CE 27 juill. 1984, n° 29388 : *RJF 1984. 1140.* ♦ En revanche, lorsque la société d'affacturage ne règle l'entreprise ayant émis les factures que postérieurement à leur recouvrement, la date de l'encaissement à laquelle la TVA devient exigible est celle à laquelle le règlement des factures par le client a été effectué et non celle à laquelle la société d'affacturage en reverse le montant à l'entreprise ayant émis les factures. • CAA Paris, 9 févr. 2005, n° 01PA2659 : *RJF 2005. 846.* ♦ La date d'exigibilité de la TVA correspond au jour, soit de la cession, soit de l'encaissement de la facture selon que celle-ci a été cédée définitivement par l'entreprise ou a été recouvrée pour son compte auprès du client par la société d'affacturage. • Crim. 5 avr. 2006, n° 05-82.862.

8. Salle de cinéma. Si le fait générateur de la taxe due à raison de l'exploitation d'une salle de cinéma est bien la projection du film, la taxe n'en est pas moins exigible dès l'encaissement du prix du billet, et ce alors même qu'il a été réglé par avance sous forme d'abonnement. • CAA Marseille, 27 juin 2002, n° 98MA1919 : *Dr. fisc. 2003. 269, concl. Duchon-Doris.*

9. Contrat obsèques. Les entreprises de pompes funèbres concluent des contrats organisant les obsèques de certains clients qui versent aussitôt le prix convenu pour des prestations et fournitures prévues à l'occasion de leur décès. La TVA afférente à ces opérations est exigible, pour les livraisons de biens, au moment de la signature du contrat et, pour les prestations de services, lors des encaissements. • CAA Nancy, 28 déc. 1995, n° 94NA264 : *Dr. fisc. 1996. 823.*

10. Travaux de photocomposition et d'impression. Ce sont des prestations de services lorsque les matières premières à façonner, et notamment le papier, sont fournies par le client donneur d'ouvrage. Ce sont des livraisons de biens si l'entreprise procède aux travaux à partir de matériaux qui lui appartiennent. • CAA Paris, 28 déc. 1995, n° 95PA167 : *Dr. fisc. 1996. 403.* ♦ Dans le même sens, • CAA Nantes, 5 oct. 1999, n° 96NT1443 : *Dr. fisc. 2000. 618.* ♦ En fournissant à un imprimeur des clichés-typons permettant d'obtenir une image susceptible d'être reproduite et réalisés soit à partir de films impressionnés ayant fait l'objet de travaux de photogravure, soit à partir de documents numérisés, les photograveurs effectuent des livraisons de biens. • CE 16 févr. 2000, n° 195743 : *Dr. fisc. 2000. 480.* ♦ Sur la doctrine administrative relative aux clichés-typons, V. * BOI-TVA-BASE-20-10 n° 140 du 1er juill. 2013.

11. Travaux de reprographie. Le Conseil d'État a saisi la CJCE de la question de savoir quels sont les critères qui doivent être mis en œuvre pour déterminer si la reprographie est une livraison de biens ou une prestation de services, dans le cas d'une société qui effectue avec ses propres matériaux des copies de documents, de dossiers et de plans à la demande d'une clientèle de professionnels qui lui fournissent le document original à reproduire dont ils restent propriétaires, et qui effectue des tirages de un à plusieurs centaines d'exemplaires selon les commandes. • CE 27 juin 2008, n° 296591, *Sté Graphic Procédé : Dr. fisc. 2008. 511, concl. Olléon, note Sérandour.* ♦ En réponse, la CJUE a jugé que l'activité de reprographie constitue une livraison de biens lorsqu'elle se limite à une simple opération de reproduction de documents sur des supports. En revanche, elle constitue une prestation de services lorsqu'elle s'accompagne de services complémentaires susceptibles, eu égard à leur importance pour leur destinataire, au temps nécessité pour leur exécution, au traitement requis par les documents originaux et à leur part dans le coût total, de revêtir un caractère prédominant par rapport à l'opération de livraison de biens, de sorte qu'ils constituent une fin en soi pour leur destinataire. • CJUE 11 févr. 2010, n° 88/09 : *RJF 2010. 553.* ♦ Une activité de reprographie caractérise en principe une livraison de biens, sauf si elle s'accompagne de services complémentaires susceptibles de revêtir un caractère prédominant par rapport à la simple livraison des documents reproduits et de constituer donc une fin en soi pour les clients. Peuvent constituer de tels services complémentaires, le conseil, l'adaptation, la modification ou l'altération des originaux en fonction des souhaits des clients, dans le but de produire des copies différant plus ou moins sensiblement de ces originaux. • CE 10 juin 2010, n° 296591 : *RJF 2010. 889.*

12. Fourniture de films. Cas d'une société qui fournit à ses clients, qui les exploite directement pour l'impression de boîtes, étuis ou étiquettes, des films réalisés par elle à l'aide de moyens informatiques à partir de données numériques communiquées par les clients, celles-ci étant conservées dans un fichier susceptible d'être modifié sur demande de ces derniers et transférées sur les films par « flashage » : bien qu'il y ait une part de création dans cette activité et que la matière première n'intervienne que pour une faible mesure dans le coût final du produit, la fourniture de ces films ne constitue pas une prestation de services mais la production de biens physiques intermédiaires nécessaires aux imprimeurs et dont la livraison est soumise à la TVA. • CE 30 juill. 2003, n° 242722 : *RJF 2003. 1275* • CAA Paris, 13 nov. 2001, n° 97PA347 : *Dr. fisc. 2002. 446.*

13. Tirages de photographies numériques. Les tirages photographiques consistant en la simple impression de fichiers remis par le client, éventuellement assortie d'améliorations standardisées, telles la mise aux dimensions des photographies ou le contrôle qualité, doivent être regardés comme des livraisons de biens. En conséquence, les règles de territorialité applicables aux ventes à distance sont susceptibles de concerner ces opérations, et l'exigibilité de la taxe intervient lors de la livraison. * Instr. 4 avr. 2008 : *BOI 3 A-2-08.*

14. Fourniture de documents publicitaires. L'activité consistant à concevoir et à faire fabriquer en série des supports matériels de communication tels que catalogues, guides, plaquettes, dépliants, affiches, emballages, étiquettes et logotypes est constitutive de la livraison de biens meubles corporels, quand bien même le coût de conception de ces supports constituerait l'essentiel de leur prix de revient. Toutefois, les prestations de publicité, quelles qu'elles soient, doivent, en vertu notamment de l'art. 259 B, être assimilées à des prestations de service. Doivent être regardées comme des prestations de publicité toutes les opérations, quels qu'en soient les auteurs, la nature ou la forme, dont l'objet est de transmettre un message destiné à informer le public de l'existence et des qualités d'un produit ou d'un service dans le but d'en augmenter les ventes ou qui, faisant indissociablement partie d'une campagne publicitaire, concourent, de ce fait, à cette transmission. En l'espèce, ne peuvent être regardées comme des prestations de publicité les opérations du contribuable qui consistent : 1) en la conception et la livraison d'emballages, logotypes ou étiquettes, dès lors que l'objet prédominant de ces opérations n'est pas de transmettre un message distinct du produit concerné mais de fournir le conditionnement physique ou l'habillage graphique de celui-ci ; 2) en la conception et la livraison de guides ou dépliants, dont le contribuable n'établit pas qu'ils auraient pour objet, au-delà de leur caractère informatif, d'augmenter les ventes d'un ou plusieurs produits ou qu'ils feraient indissociablement partie d'une campagne publicitaire. Pour ces opérations, la TVA est exigible à la date de livraison des produits. En revanche, la TVA est exigible lors de l'encaissement des acomptes, du prix ou de la rémunération pour des opérations du contribuable qui constituent des prestations de publicité et qui correspondent aux factures établies au titre d'un dépliant vantant les mérites de la gamme des produits commercialisée par son client, celles établies au titre des affiches faisant la promotion des concerts d'un artiste, et celles établies au titre d'une plaquette faisant la promotion d'une opération immobilière. • CE 20 juin 2006, n° 264316 : *RJF 2006. 1173 ; concl. Verclytte au BDCF 10/06, n° 117.* ♦ L'activité de fabrication et de vente de maquettes publicitaires exercée par une société doit être regardée comme une activité de livraison de biens et non comme une prestation de services de sorte que la société doit acquitter la TVA à la date de livraison des biens et non au moment de l'encaissement du paiement. • CE (na) 13 févr. 2008, n° 301937 : *RJF 2008. 548.*

15. Vente d'images satellitaires. Une société qui commande des images satellitaires au CNES, les conditionne sur un support magnétique ou papier et vend le produit ainsi transformé, réalise des ventes de biens corporels, soumises à la TVA au moment de la livraison. • TA Toulouse, 29 déc. 1998, n° 95-390 : *RJF 1999. 549.*

16. Duplication de cassettes vidéo. La duplication en grandes séries de cassettes vidéo à partir d'un exemplaire original confié par le client ne constitue pas une prestation de services mais la livraison de biens meubles corporels nouveaux destinés à être commercialisés. • CAA Nancy, 1er juill. 1999, n° 95NA1586 : *Dr. fisc. 2000. 462.*

17. Fabrication d'un moule « unique ». La vente de moules en acier, dont chacun est fabriqué en exemplaire unique selon les besoins du client en vue d'une production d'articles en série, doit être traitée, au regard des règles d'exigibilité de la TVA, comme la livraison d'un bien meuble corporel et non comme l'exécution d'une prestation de services bien que le fabricant des moules participe à la conception de ceux-ci, qu'il effectue des modifications en fonction des résultats d'essais intervenant après la livraison et que la valeur de la matière première n'entre que pour une faible part dans la formation du prix des moules. • CE 5 juin 2002, n° 204741 : *Dr. fisc. 2002. 792, concl. Courtial ; RJF 2002. 919 ; concl. Courtial au BDCF 8-9/02, n° 106.*

18. Fabrication de prototypes. La fabrication et la livraison de prototypes est constitutive d'une activité de livraison de biens et non de prestation de services, nonobstant la circonstance que le fabricant en réalise également la conception. • TA Versailles, 18 janv. 2005, n° 03-112 : *RJF 2005. 1020.* ♦ En revanche, la facturation par une société de « développements logiciels informatiques et électroniques permettant d'engager un processus industriel de fabrication », pour la réalisation d'un serveur web, avec logiciel intégré, correspond uniquement, en l'absence de toute facturation du prototype du serveur, à des prestations de services, pour lesquelles l'exigibilité de la TVA intervient lors de l'encaissement des acomptes, du prix ou de la rémunération. • CAA Bordeaux, 2 juill. 2015, *SNC VDOM Box,* n° 14BX00711 : *RJF 2015. 901.*

19. Services comportant l'emploi de fournitures et pièces détachées. La pose des pièces détachées est une livraison de biens ; toutefois, si la valeur globale des fournitures et des pièces détachées n'excède pas 50 % du coût total de l'opération, celle-ci conserve en principe sa qualification de prestation de services imposable lors des encaissements. * BOI-TVA-BASE-10-20-40-20 n° 160 du 12 sept. 2012.

20. Travaux immobiliers. Doivent être qualifiées de travaux immobiliers toutes opérations

II. – 1. Dans la mesure où les biens et les services sont utilisés pour les besoins de leurs opérations imposables, et à la condition que ces opérations ouvrent droit à déduction, la taxe dont les redevables peuvent opérer la déduction est, selon les cas :

a) Celle qui figure sur les factures établies conformément aux dispositions de l'article 289 et si la taxe pouvait légalement figurer sur lesdites factures ;

[b) en vigueur jusqu'au 31 déc. 2019]

b) Celle qui est due à l'importation ;

[b) en vigueur le 1er janv. 2020]

(L. nº 2018-1317 du 28 déc. 2018, art. 193-II-1º-a et VI) « *b)* Celle qui est acquittée par les redevables eux-mêmes, dans les conditions prévues au II de l'article 1695, pour les importations ou les sorties de régimes suspensifs mentionnés au 1º, au *a* du 2º et au 7º du I de l'article 277 A ou, dans le cas contraire, celle qui est due pour les importations ou les sorties de ces régimes ; »

[b) en vigueur le 1er janv. 2021]

(L. nº 2018-1317 du 28 déc. 2018, art. 193-II-1º-a, b et VI) « *b)* Sauf pour les opérations mentionnées au *e*, celle qui est acquittée par les redevables eux-mêmes, dans les conditions prévues au II de l'article 1695, pour les importations ou les sorties de régimes suspensifs mentionnés au 1º, au *a* du 2º et au 7º du I de l'article 277 A ou, dans le cas contraire, celle qui est due pour les importations ou les sorties de ces régimes ; » – *Les dispositions du présent b sont applicables aux opérations pour lesquelles l'exigibilité de la taxe sur la valeur ajoutée intervient à compter du 1er janv. 2021 (L. nº 2018-1317 du 28 déc. 2018, art. 193-II-1º-b et VI-B).*

[b) en vigueur le 1er janv. 2022]

(L. nº 2019-1479 du 28 déc. 2019, art. 181-I-B et IV) « *b)* Celle qui est acquittée par les redevables eux-mêmes pour les importations ou sorties des régimes suspensifs mentionnés au I de l'article 277 A ; »

c) Celle qui est acquittée par les redevables eux-mêmes lors de l'achat ou de la livraison à soi-même des biens ou des services ;

d) Celle qui correspond aux factures d'acquisition intracommunautaire établies conformément à la réglementation communautaire dont le montant figure sur la déclaration de recettes conformément au *b* du 5 de l'article 287.

(Abrogé par L. nº 2019-1479 du 28 déc. 2019, art. 181-I-B et IV, à compter du 1er janv. 2022) (L. nº 2018-1317 du 28 déc. 2018, art. 193-II-1º-b et VI-B, en vigueur le 1er janv. 2021) « ***e) Celle qui est acquittée par les redevables eux-mêmes pour les importations de produits pétroliers définis au 1º du 1 de l'article 298 ou pour les sorties de ces mêmes produits du régime suspensif prévu au a du 2º du I de l'article 277 A.*** »

[2. en vigueur jusqu'au 31 déc. 2021]

2. La déduction ne peut pas être opérée si les redevables ne sont pas en possession soit desdites factures, soit de la déclaration d'importation sur laquelle ils sont désignés comme destinataires réels. Pour les acquisitions intracommunautaires *(L. nº 2018-1317 du 28 déc. 2018, art. 193-II-1º-d et VI, en vigueur le 1er janv. 2020)* « et les sorties des régimes suspensifs prévus au 1º, au *a* du 2º et au 7º du I de l'article 277 A », la déduction ne peut être opérée que si les redevables ont fait figurer sur la déclaration *(L. nº 2018-1317 du 28 déc. 2018, art. 193-II-1º-d et VI, en vigueur le 1er janv. 2020)* « prévue à l'article 287, conformément aux *b* et *b quinquies* de son 5, *[ancienne rédaction : mentionnée au d du 1]* » ci-dessus toutes les données nécessaires pour constater le montant de la taxe due au titre de ces *(L. nº 2018-1317 du 28 déc. 2018, art. 193-II-1º-d et VI, en vigueur le 1er janv. 2020)* « opérations *[ancienne rédaction : acquisitions]* » et détiennent des factures établies conformément à la réglementation communautaire *(L. nº 2018-1317 du 28 déc. 2018, art. 193-II-1º-d et VI, en vigueur le 1er janv. 2020)* « ou les documents attestant de la sortie de ces régimes suspensifs ». Toutefois, les redevables qui n'ont pas porté sur *(L. nº 2018-1317 du 28 déc. 2018, art. 193-II-1º-d et VI, en vigueur le 1er janv. 2020)* « cette déclaration *[ancienne rédaction : la déclaration mentionnée au d du 1]* » le montant de la taxe due au titre *(L. nº 2018-1317 du 28 déc. 2018, art. 193-II-1º-d et VI, en vigueur le 1er janv. 2020)* « de ces opérations »*[ancienne rédaction : d'acquisitions intracommunautaires]* » sont autorisés à opérer la déduction lorsque les conditions de fond sont remplies et sous réserve de l'application de l'amende prévue au 4 de l'article 1788 A.

[2. en vigueur le 1er janv. 2022]

(L. n° 2019-1479 du 28 déc. 2019, art. 181-I-B et IV) « 2. La déduction peut être opérée :

« *a)* Pour les livraisons de biens et les prestations de services, si les redevables sont en possession des factures ;

« *b)* Pour les autres opérations, si les redevables ont fait figurer sur la déclaration prévue à l'article 287, conformément au 5 du même article 287, toutes les données nécessaires pour constater le montant de la taxe due au titre de ces opérations et s'ils détiennent :

« 1° Pour les acquisitions intracommunautaires, des factures établies conformément à la réglementation de l'Union européenne ;

« 2° Pour les importations, soit la déclaration d'importation, soit les documents mentionnant le numéro, la date de cette déclaration et la base imposable constatée conformément au dernier alinéa de l'article 292, au moyen desquels leur rend compte la personne remplissant, pour leur compte, les obligations prévues au 3 de l'article 293 A ;

« 3° Pour les sorties des régimes suspensifs mentionnés au I de l'article 277 A, les documents attestant de la sortie de ces régimes ainsi que les factures, déclarations d'importation ou autres documents à partir desquels la base d'imposition a été calculée.

« Toutefois, dans les cas prévus au *b* du présent 2, les redevables qui n'ont pas porté sur la déclaration le montant de la taxe due au titre de ces opérations sont autorisés à opérer la déduction lorsque les conditions de fond sont remplies, sans préjudice de l'application de l'amende prévue au 4 de l'article 1788 A. »

3. Lorsque ces factures ou ces documents font l'objet d'une rectification, les redevables doivent apporter les rectifications correspondantes dans leurs déductions et les mentionner sur la déclaration qu'ils souscrivent au titre du mois au cours duquel ils ont eu connaissance de cette rectification.

III. — A cet effet, les assujettis, qui sont autorisés à opérer globalement l'imputation de la taxe sur la valeur ajoutée, sont tenus de procéder à une régularisation :

a) si les marchandises ont disparu ;

b) lorsque l'opération n'est pas effectivement soumise à l'impôt.

IV. — La taxe déductible dont l'imputation n'a pu être opérée peut faire l'objet d'un remboursement dans les conditions, selon les modalités et dans les limites fixées par décret en Conseil d'État. — *Ann. II, art. 242-0 A à 242-0 K.*

V. — Ouvrent droit à déduction dans les mêmes conditions que s'ils étaient soumis à la taxe sur la valeur ajoutée :

a) les opérations d'assurances et de réassurances et les opérations de courtages d'assurances et de réassurances lorsqu'elles concernent :

1° des assurés ou réassurés domiciliés ou établis en dehors de l'Union européenne ;

2° des exportations de biens ;

b) les services bancaires et financiers exonérés en application des dispositions des *a* à *e* du 1° de l'article 261 C lorsqu'ils sont rendus à des personnes domiciliées ou établies en dehors de l'Union européenne ou se rapportent à des exportations de biens ;

c) les opérations exonérées en application des dispositions des articles 262 *(L. n° 2021-1900 du 30 déc. 2021, art. 30-I-9°)* « , 262-00 *bis* » et 262 *bis*, *(L. n° 2019-1479 du 28 déc. 2019, art. 147-I-G et IV, mod. par L. n° 2020-1721 du 29 déc. 2020, art. 51-II, applicable aux opérations pour lesquelles le fait générateur de la taxe sur la valeur ajoutée intervient à compter du 1er juill. 2021)* « des I et III *[ancienne rédaction : du I]* » de l'article 262 *ter*, de l'article 263, du 1° du II et du 2° du III de l'article 291 ;

d) les opérations non imposables en France réalisées par des assujettis dans la mesure où elles ouvriraient droit à déduction si leur lieu d'imposition se situait en France. Un décret en Conseil d'État fixe les modalités et les limites du remboursement de la taxe déductible au titre de ces opérations ; ce décret peut instituer des règles différentes suivant que les assujettis sont domiciliés ou établis dans les États membres de l'Union européenne ou dans d'autres pays. — *Ann. II, art. 242-0M à 242-0Z decies, et Ann. IV, art. 47.*

[VI. en vigueur jusqu'au 31 déc. 2021]

VI. — Pour l'application du présent article, une opération légalement effectuée en suspension du paiement de la taxe sur la valeur ajoutée est considérée comme en

ayant été grevée à concurrence du montant de la somme dont le paiement a été suspendu.

[VI. en vigueur le 1er janv. 2022]

(L. n° 2019-1479 du 28 déc. 2019, art. 181-I-B et IV) **« VI. – Pour l'application du présent article, une opération légalement effectuée en franchise, conformément à l'article 275, ou en suspension de paiement, conformément au I de l'article 277 A, de la taxe sur la valeur ajoutée est considérée comme en ayant été grevée à concurrence du montant de la somme bénéficiant de la franchise ou dont le paiement a été suspendu. »**

Les I à V de l'art. 193 de la L. n° 2018-1317 du 28 déc. 2018, à l'exception des b et c du 1° du II, entrent en vigueur le 1er janv. 2020.

Ils s'appliquent aux opérations pour lesquelles le fait générateur de la taxe générale sur les activités polluantes ou l'exigibilité de la taxe sur la valeur ajoutée intervient à compter de cette même date.

Les b et c du 1° du II de ladite loi entrent en vigueur le 1er janv. 2021. Ils sont applicables aux opérations pour lesquelles l'exigibilité de la taxe sur la valeur ajoutée intervient à compter de cette même date (L. préc., art. 193-VI).

BIBL. ▶ ACARD, *JCP E 2002. 561* (TVA et frais d'acquisition de participations). – ASHWORTH et GROUSSET, *BFL 2012. 627* (TVA : taxation et déduction des personnes publiques, la double inconstance). – ASHWORTH, RTINBOLD et ALDEBERT, *FR Lefebvre, 39/13, p. 20* (droit à déduction dans une relation siège/succursale). – ASHWORD, *FR Lefebvre 31/14, p. 13* (prorata mondial : fallait-il sacrifier le principe de neutralité ?). – BACHELIER et ANDRIEU, *BFL 2007. 823* (la refonte des modalités de déduction de la TVA : commentaire du décret n° 2007-756 du 16 avril 2007). – BENOÎT, *Dr. fisc. 2007. 776* (coup de tonnerre sur la TVA). – BEETSCHEN, *BFL 2002. 5* (TVA et taxe sur les salaires : opérations financières) ; *FR Lefebvre, 40/10, p. 25* (TVA et frais de cession de titres de participation, AB SKF : mode d'emploi). – BOKDAM-TOGNETTI, *RJF 2013. 707* (TVA à l'importation, droit à déduction et remboursement de crédit de taxe : les éclairages de l'affaire Véléclair) ; *RJF 2014. 731* (TVA et prorata de déduction : la force du territoire). – BOUCHARD et COURJON, *Dr. fisc. 2006. 2058* (le prorata et le principe de neutralité). – COURJON et GUICHARD, *Dr. fisc. 2008. 144* (le droit à déduction de la TVA ou comment une refonte à droit quasi constant a fait émerger le principe de l'affectation). – DAUMAS, *RJF 2011. 235* (déductibilité de la TVA grevant des prestations liées à la cession de titres par une société holding : le Conseil d'État précise les règles du jeu). – FOUQUET, *Dr. fisc. 2008. Actu. 184* (abus de droit en matière de TVA : une définition toujours incertaine). – GUICHARD et STEMMER, *Dr. fisc. 2005. 1921* (subventions et droit à déduction de la TVA : *dura lex, sed lex*). – MIGNON, *RJF 2000. 395* (disparitions de marchandises et régularisations). – MILLER et GAINET, *Dr. fisc. 2016. 474* (déduction de la TVA par les holdings mixtes : un quart de siècle de construction jurisprudentielle). – PLAGNET, *GAJ Fisc., p. 738* (les déductions en matière de TVA). – SÉRANDOUR, *Dr. fisc. 2009. 416* (le délai d'exercice du droit à déduction de la TVA en cas d'omission) ; *ibid. 2011. Étude 202* (la déductibilité de la TVA sur les frais de cession de titres de participation) ; *ibid. 2013. Étude 464* (TVA et irrégularités de forme au sein de l'UE : illustrations récentes). – WOLF, COURJON et BOUCHARD, *BFL 2014. 403* (une déclaration électronique des achats pour éradiquer la fraude carrousel à la TVA). – WOLF, *Dr. fisc. 2014. 696* (éradiquer la « fraude carrousel » à la TVA).

A. CONDITIONS DE DÉDUCTION

1. Conditions générales de déduction. La TVA qui a grevé les éléments du prix d'opérations taxables est déductible, dans le cas de services facturés à l'entreprise, de la taxe à laquelle celle-ci est assujettie, à condition : 1) que les factures mentionnent cette taxe ; 2) qu'elles aient été établies au nom du redevable par son fournisseur ; 3) qu'elles correspondent effectivement à l'exécution de la prestation de services *dont elles font état ; 4) et que le prix indiqué* soit réellement celui qui doit être acquitté par l'entreprise. • CE 2 avr. 2003, n° 233375 : *RJF 2003. 704 ; concl. Collin au BDCF 6/03, n° 78.*

2. Conditions formelles de déduction. Le seul irrespect d'obligations formelles ne suffit pas à faire obstacle à la déduction de la taxe dès lors que les exigences de fond sont satisfaites et que l'erreur commise par le redevable n'est pas le résultat de sa mauvaise foi ou d'une fraude. • CJCE 27 sept. 2007, n° C-146/05, *Teleos plc : RJF 2007. 1512* • 8 mai 2008, n° C-95/07 et 96/07 : *RJF 2008. 920.* ♦ Le défaut de production d'une facture d'achat de biens ou de services, qui ne constitue qu'une exigence formelle du droit à déduction, ne saurait empêcher la déduction de la TVA correspondante si l'assujetti établit, par des preuves objectives, que les conditions matérielles d'exercice de ce droit sont satisfaites. • CJUE 21 nov. 2018, *Lucreţiu Hadrian Vădan,* n° 664/16 : *RJF 2019. 237.* ♦ Un assujetti à la TVA qui remplit les conditions de fond pour déduire celle-ci et qui s'identifie à la TVA dans un délai raisonnable à partir de la réalisation des opérations qui donnent lieu au droit à déduction ne peut être privé de la possibilité d'exercer ce droit par une législation nationale qui interdit la déduction de la TVA acquittée à l'occasion de l'achat de biens dès lors que cet assujetti ne se serait pas identifié à la TVA avant d'utiliser ceux-ci aux fins de son activité assujettie. • CJUE 21 oct. 2010, n° 385/09 : *RJF 2011. 126.* ♦ La Dir. TVA s'oppose à ce que l'administration fiscale d'un État membre refuse d'attribuer un numéro d'identification à la TVA à une société au seul motif qu'elle ne dispose pas, selon cette administration, des moyens matériels, techniques et financiers pour exercer l'activité économique déclarée et que le détenteur des parts de capital de cette société a déjà obtenu, à plusieurs reprises, un tel numéro pour des sociétés qui n'ont jamais réellement exercé d'activité économique et dont les parts de capital ont été cédées peu de temps après l'attribution dudit numéro, sans que l'administration fiscale concernée ait établi, au vu d'éléments objectifs, qu'il existe des indices sérieux permettant de suspecter que le numéro d'identification à la TVA attribué sera utilisé de manière frauduleuse. • CJUE 14 mars 2013, ⚖ *Vlasts ienemumum dienests c/ Ablessio SIA,* n° C-527/11 : *RJF 2013. 795.* ♦ L'administration fiscale d'un État membre ne peut refuser le droit à déduction de la TVA au seul motif que : la facture détenue par l'assujetti n'a pas été établie conformément à l'art. 226 de la Dir. TVA – du fait de l'omission ou de l'inexactitude de certaines mentions devant y figurer en vertu de cet art. –, dès lors qu'elle dispose de toutes les informations nécessaires pour vérifier que les conditions de fond relatives à l'exercice de ce droit sont satisfaites. • CJUE 15 sept. 2016, ⚖ *Investimentos Imobiliarose Turisticos SA,* n° C-516/14 : *RJF 2016. 1145.* ♦ ... La facture du fournisseur ne mentionne pas le lieu où celui-ci exerce son activité économique. • CJUE 15 nov. 2017, *Rochus Geissel et a.,* n° C-374/16 : *RJF 2018. 239.* ♦ ... Les factures établies comportent une erreur relative à l'identification des marchandises. • CJUE, ord., 13 déc. 2018, *Mennica Wrocławska sp. z o.o.,* n° C-491/18 : *RJF 2019. 316.*

3. Possibilité de corriger une facture incomplète. Le droit à déduction de la TVA peut être refusé à un assujetti détenant des factures incomplètes mais qui ont été rectifiées si cette rectification est intervenue après l'adoption par l'Administration de sa décision refusant ce droit. En outre, dans une telle hypothèse, le prestataire n'a pas droit à restitution de la taxe acquittée. • CJUE 8 mai 2013, ⚖ *Petroma Transports SA,* n° C-271/12 : *RJF 2013. 892.*

4. Taxe dont la déduction a été omise : condition formelle d'inscription de la TVA sur la déclaration de CA. L'art. 208-1 (ex 224-1) de l'Ann. II, en subordonnant la régularisation dans le délai prévu de la taxe dont la déduction a été omise à son inscription sur une ligne distincte de la déclaration de chiffre d'affaires souscrite par le contribuable, fixe une condition formelle relative non à l'existence même du droit à déduction mais aux modalités d'exercice de ce droit dont le non-respect est sanctionné par un refus de déduction alors que les exigences de fond sont satisfaites et que l'absence d'inscription distincte ne rend pas impossible ou excessivement difficile l'exercice par l'administration de son droit de contrôle pour s'assurer de l'exacte perception de la taxe et pour éviter la fraude. Dès lors, en tant qu'il conditionne au respect d'une exigence formelle le droit à déduction prévu à l'art. 17 de la 6ᵉ Dir. TVA, l'art. 208-1 méconnaît ce principe fondamental du système commun de la TVA et le principe de proportionnalité tels qu'interprétés par la CJCE. • CAA Paris, 19 févr. 2009, *SNC Kimberly Clark,* n° 07PA1498 : *RJF 2009. 630 ; Dr. fisc. 2009. 431, concl. Niollet.*

5. Péremption du droit à déduction. Le délai de réparation d'une omission de déclaration d'un montant de TVA déductible ou d'un report de crédit de taxe court, respectivement, à compter de la date limite de souscription de cette déclaration ou de la déclaration correspondant au premier report du crédit. • CE 23 janv. 2020, n° 428497 : *RJF 2021. 441.* ♦ V. note ss. art. 208 de l'annexe II au CGI.

6. Abandon de la condition financière. En instaurant une règle particulière limitant la déductibilité de la TVA afférente à l'achat de biens d'équipement en raison du fait qu'ils ont été financés au moyen de subventions, la France a manqué aux obligations qui lui incombent en vertu du droit communautaire et, notamment, des art. 17 et 19 de la 6ᵉ Dir. TVA. Infirmation de la doctrine administrative. • CJCE 6 oct. 2005, ⚖ n° C-243/03 : *RJF 2005. 1497.* ♦ Tirant les conséquences de cette décision de la CJCE, l'Administration n'oppose plus désormais aux redevables de la TVA la condition financière qui était jusqu'alors exigée pour l'exercice du droit à déduction, notamment pour les biens financés par des subventions d'équipement.

7. Condition de nécessité aux besoins de l'exploitation. La TVA ayant grevé les cotisations qu'une entreprise membre d'un réseau de grande distribution (en l'espèce le réseau Leclerc) verse à une association chargée de former des personnels du réseau destinés à être affectés dans d'autre États membres de l'UE n'est pas déductible par l'entreprise dès lors que les prestations de l'association, qui ne sont pas fournies à l'entreprise, ne peuvent pas être regardées comme des services nécessaires à l'exploitation. • CE 6 mars 2006, ⚖ n° 281034 : *RJF 2006. 502 ; Dr. fisc. 2007. 490, note Rossignol.* ♦ En sens contraire, admettant la déduction • CE 29 août 2008, ⚖ n° 309330, *SA Auxerdis : Dr. fisc. 2008. 572, concl. Olléon, note Sérandour.* ♦ On rappelle toutefois qu'à compter du 1ᵉʳ janv. 2008, le nouvel art. 206-IV-2-1° de l'annexe II (Décr.

n° 2007-566 du 16 avr. 2007) ne reprend pas la condition de « nécessité » qui figurait à l'art. 230-1 de la même annexe. Les assujettis sont donc désormais fondés à déduire la TVA qui grève leurs dépenses pour autant que, sur le fond, celles-ci ne soient pas visées par une mesure d'exclusion particulière et qu'elles soient utilisées pour les besoins de leurs opérations ouvrant droit à déduction.

8. TVA sur un projet abandonné. Le droit à déduction une fois né, sauf cas de fraude, reste en principe acquis même si, ultérieurement, l'activité économique envisagée n'a pas été réalisée et, ainsi, n'a pas donné lieu à des opérations taxées. • CJUE 12 nov. 2020, ♘ n° 734/19 : *RJF 2021. 235* • CJUE, ord., 18 mai 2021, n° 248/20 : *RJF 2021. 890.*

9. Absence de condition tenant à la propriété du bien. Le fait qu'un redevable ne soit pas propriétaire des biens qu'il utilise ne s'oppose pas à la déduction de la taxe les ayant grevés, dès lors que les investissements en cause ont été constatés et supportés par le redevable lui-même dans le cadre de son exploitation. * Rescrit. 14 déc. 2010, n° 2010/70 TCA * BOI-TVA-DED-40-30 n° 20 du 2 mars 2016.

10. Calcul du prorata. La CJUE a été saisie de plusieurs questions préjudicielles visant à régler la question de la prise en compte ou non, par un siège français pour la détermination de son prorata du droit à déduction de la TVA, du chiffre d'affaires réalisé par ses succursales étrangères (UE et non UE). Les recettes réalisées par les succursales établies dans d'autres États membres ou dans des pays tiers d'une banque française doivent-elles être prises en compte pour le calcul du « prorata » de déduction de la TVA (coefficient de taxation forfaitaire) et en cas de réponse positive, selon quelles modalités ? • CE. 11 juill. 2011, ♘ n° 301849, *Sté Le Crédit Lyonnais : Dr. fisc. 2011. 573, note Sniadower ; RJF 2011. 1111, concl. Legras.* ♦ A ces questions, la CJUE a répondu que le calcul du « prorata » de déduction de la TVA ne peut pas être mondialisé. La Cour juge, en effet, que le régime des déductions, dont le calcul du « prorata » constitue un élément fondamental, est fondé sur le principe de territorialité des dispositions nationales applicables. Un assujetti est donc soumis, à côté du régime applicable dans l'État de son siège, à autant de régimes de déduction nationaux que d'États membres de l'UE dans lesquels il dispose d'établissements stables. Par suite, un tel assujetti ne peut pas prendre en compte, pour le calcul de son « prorata » de déduction, le chiffre d'affaires de ses succursales établies dans d'autres États membres, ni celui de ses succursales établies dans des pays tiers. • CJUE 12 sept. 2013, ♘ *Le Crédit Lyonnais,* n° C-388/11 : *RJF 2013. 1192 ; Dr. fisc. 2013. 471, note Féron et Zana.* ♦ Application de ces principes. • CE 28 mai 2014, ♘ *Sté Crédit Lyonnais,* n° 301849 : *RJF 2014. 864.* ♦ Sur la détaxation des achats d'une succursale pour les besoins du siège étranger, V. aussi note 54.

B. OPÉRATIONS S'INSCRIVANT DANS UN CIRCUIT DE FRAUDE

11. Refus du droit à déduction si les opérations s'inscrivent dans un circuit de fraude (fraude « carrousel »). BIBL. Bouchard, Recoules et Wolf, *BFL 2017, p. 537* (carrousels de TVA : le temps est-il venu de refermer le dossier ?). – Fouquet, *RJF 2006, p. 383* (interprétation française et interprétation européenne de l'abus de droit) ; *Rev. adm. 2006, n° 49, p. 44* (l'administration fiscale française a-t-elle les moyens juridiques de lutter contre la fraude « carrousel » à la TVA intracommunautaire ?). – Sérandour, *Dr. fisc. 2006, p. 846* (l'abus de droit selon la CJCE : à propos de l'arrêt *Halifax*) ; *Dr. fisc. 2011. Étude 491* (la fraude à la TVA sur les livraisons intracommunautaires) ; *Dr. fisc. 2012. 59* (la fraude au droit à déduction de la TVA selon la CJUE). ♦ La 6e Dir. TVA s'oppose au droit de l'assujetti de déduire la TVA acquittée en amont lorsque les opérations fondant ce droit sont constitutives d'une pratique abusive. La constatation de l'existence d'une pratique abusive exige, d'une part, que les opérations en cause, malgré l'application formelle des conditions prévues par les dispositions pertinentes de la 6e Directive et de la législation nationale transposant cette Directive, aient pour résultat l'obtention d'un avantage fiscal dont l'octroi serait contraire à l'objectif de ces dispositions. D'autre part, il doit également résulter d'un ensemble d'éléments objectifs que les opérations en cause ont pour but essentiel l'obtention d'un avantage fiscal. • CJCE 21 févr. 2006, ♘ n° C-255/02, *Halifax plc : RJF 2006. 848.* ♦ Lorsque l'existence d'une pratique abusive a été constatée, les opérations impliquées doivent être redéfinies de manière à rétablir la situation telle qu'elle aurait existé en l'absence des opérations constitutives de cette pratique abusive. • Même arrêt. ♦ La 6e Dir. TVA doit être interprétée en ce sens qu'une pratique abusive peut être retenue lorsque la recherche d'un avantage fiscal constitue le but essentiel de l'opération ou des opérations en cause. • CJCE 21 févr. 2008, ♘ n° C-425/06, *Part Service Srl : RJF 2008. 765 ; Dr. fisc. 2008. 366, note Fouquet.* ♦ Jugé, ultérieurement, que le principe de l'interdiction de l'abus de droit conduit à prohiber les montages purement artificiels dépourvus de réalité économique, effectués à la seule fin d'obtention d'un avantage fiscal. • CJCE 22 mai 2008, ♘ n° C-162/07, *Ampliscientica Srl et a. : RJF 2008. 1031.* ♦ La déduction de la TVA d'amont peut être remise en cause en cas d'abus de droit. Il appartient à la juridiction saisie d'établir, compte tenu de l'ensemble des circonstances factuelles caractérisant la prestation de services en cause, l'existence ou l'absence d'un abus de droit en ce qui concerne le droit à déduction de la TVA versée en amont. • CJUE 27 oct. 2011, n° C-504/10 : *RJF 2012. 89.* ♦ Les stipulations contractuelles ne sont pas déterminantes aux fins d'identifier le prestataire et le bénéficiaire d'une « prestation de services ».Elles peuvent notamment être écartées lorsqu'il s'avère qu'elles ne reflètent pas la réalité économique et commerciale, mais constituent un montage purement artificiel, dépourvu de réalité économique, effectué à la seule fin d'obtention d'un avantage fiscal, ce qu'il appartient à la juridiction nationale d'apprécier. • CJUE 20 juin 2013, n° C-653/11 : *RJF 2013. 1102.*

12. Il incombe aux autorités et aux juridictions nationales d'opposer à un assujetti, dans le cadre d'une livraison intracommunautaire, un refus du bénéfice des droits à déduction, à exonération ou à remboursement de la TVA, même en l'absence de dispositions du droit national prévoyant un tel refus, s'il est établi, au vu d'éléments objectifs, que cet assujetti savait ou aurait dû savoir que, par l'opération invoquée pour fonder le droit concerné, il participait à une fraude à la TVA commise dans le cadre d'une chaîne de livraisons. • CJUE 18 déc. 2014, n° 131/13, 163/13 et 164/13 : *RJF 2015. 286.* ♦ Un assujetti qui savait ou aurait dû savoir que, par l'opération invoquée pour fonder des droits à déduction, à exonération ou à remboursement de la TVA, il participait à une fraude à la TVA commise dans le cadre d'une chaîne de livraisons peut se voir refuser le bénéfice de ces droits, nonobstant le fait que cette fraude a été commise dans un État membre autre que celui dans lequel le bénéfice de ceux-ci a été demandé et que cet assujetti a, dans ce dernier État membre, respecté les conditions formelles prévues par la législation nationale pour pouvoir bénéficier desdits droits. • Même arrêt.

13. Les opérations réalisées par un membre d'une chaîne de livraisons, qui ne sont pas elles-mêmes entachées de fraude à la TVA, constituent des livraisons de biens effectuées par un assujetti agissant en tant que tel et une activité économique au sens des art. 2-1, 4-1, 2, 5-1 et 6-1 de la 6e Dir. TVA, dès lors qu'elles satisfont aux critères objectifs sur lesquels sont fondées lesdites notions, indépendamment de l'intention d'un opérateur autre que l'assujetti concerné intervenant dans la même chaîne de livraisons et/ou de l'éventuelle nature frauduleuse, dont cet assujetti n'avait et ne pouvait avoir connaissance, d'une autre opération faisant partie de cette chaîne, antérieure ou postérieure à l'opération réalisée par ledit assujetti. Le droit d'un assujetti effectuant de telles opérations de déduire la TVA acquittée en amont ne saurait être affecté par le fait que, dans la chaîne de livraisons dans laquelle s'inscrivent ces opérations, sans que ce même assujetti le sache ou puisse le savoir, une autre opération, antérieure ou postérieure à celle réalisée par ce dernier, est entachée de fraude à la TVA. • CJCE 12 janv. 2006, n° C-354/03, C-355/03 et C-484/03, *Optigen Ltd, Fulcrum Electronics Ltd, Bond House Systems Ltd : RJF 2006. 488 ; Dr. fisc. 2006. 574.*

14. Lorsqu'une livraison est effectuée à un assujetti qui ne savait pas et n'aurait pas pu savoir que l'opération concernée était impliquée dans une fraude commise par le vendeur, l'art. 17 de la 6e Dir. TVA s'oppose à une règle de droit national selon laquelle l'annulation du contrat de vente, en vertu d'une disposition de droit civil, qui frappe ce contrat de nullité absolue comme contraire à l'ordre public pour une cause illicite dans le chef du vendeur, entraîne la perte du droit à déduction de la TVA acquittée par ledit assujetti. Est sans pertinence à cet égard la question de savoir si ladite nullité résulte d'une fraude à la TVA ou d'autres fraudes. En revanche, lorsqu'il est établi, au vu des éléments objectifs, que la livraison est effectuée à un assujetti qui savait ou aurait dû savoir que, par son acquisition, il participait à une opération impliquée dans une fraude à la TVA, il appartient à la juridiction nationale de refuser audit assujetti le bénéfice du droit à déduction. • CJCE 6 juill. 2006, n° C-439/04 et C-440/04, *Axel Kittel et Recolta Recycling SRPL : RJF 2006. 1301.*

15. Le droit à déduction de la TVA ne peut être refusé à un assujetti qui remplit les conditions matérielles et formelles du droit à déduction que s'il est établi, au vu d'éléments objectifs, que cet assujetti savait ou aurait dû savoir que l'opération en cause était impliquée dans une fraude commise par le fournisseur ou un autre opérateur en amont. C'est aux autorités fiscales qu'il appartient d'établir les éléments objectifs permettant de conclure que l'assujetti savait ou aurait dû savoir que l'opération en cause s'inscrivait dans un circuit de fraude. L'ampleur des vérifications que l'on peut exiger de lui dépend essentiellement des circonstances de fait de chaque espèce. • CJUE 21 juin 2012, *Mahagében kft et Dávid*, n° C-80/11 et C-142/11 : *RJF 2012. 973.* ♦ Plus généralement, le fait que l'émetteur de la facture fondant le droit à déduction de la TVA ait commis des irrégularités ne suffit pas, en tant que tel, pour remettre en cause ce droit. • CJUE 6 sept. 2012, *Gábor Tóth,* n° C-324/11 : *RJF 2012. 1179.* ♦ Lorsque les indices permettent de soupçonner une méconnaissance, par un fournisseur de biens ou un prestataire de services, de ses obligations de déclaration ou de paiement de la TVA, il appartient à l'assujetti qui a acquis certains de ces biens ou services, pour les céder à son tour, de s'assurer qu'en ce qui concerne ces biens et services son fournisseur ou son prestataire s'est acquitté de ses obligations. Mais il incombe à l'Administration fiscale d'établir les éléments objectifs permettant de conclure que l'assujetti savait ou aurait dû savoir que l'opération invoquée pour fonder le droit à déduction était impliquée dans une fraude. • CE 14 oct. 2019, *Sté Consus France*, n° 421925 : *RJF 2020. 20, concl. Merloz ; Dr. fisc. 2019. 442, note Pons.*

16. L'art. 28 *quater* A a), al. 1er, de la 6e Dir. TVA s'oppose à ce que les autorités compétentes de l'État membre de livraison obligent un fournisseur, qui a agi de bonne foi et a présenté des preuves justifiant, à première vue, son droit à l'exonération d'une livraison intracommunautaire de biens, à acquitter ultérieurement la TVA sur ces biens, lorsque de telles preuves se révèlent être fausses, sans toutefois que soit établie la participation dudit fournisseur à la fraude fiscale, pour autant que ce dernier a pris toute mesure raisonnable en son pouvoir pour s'assurer que la livraison intracommunautaire qu'il effectue ne le conduit pas à participer à une telle fraude. • CJCE 27 sept. 2007, n° C-409/04, *Teleos plc : RJF 2007. 1511.* ♦ Le fait que l'acquéreur a présenté une déclaration aux autorités fiscales de l'État membre de destination relative à l'acquisition intracommunautaire peut constituer une preuve supplémentaire visant à établir que les biens ont effectivement quitté le territoire de l'État membre de livraison, mais il ne constitue pas une preuve déterminante aux fins de l'exonération de la TVA d'une livraison intracommunautaire. • Même arrêt.

17. L'art. 15-2 de la 6e Dir. TVA (désormais repris aux art. 146, 1-*b* et 147 de la Directive 2006/112/CE du 28 nov. 2006) ne s'oppose pas à l'exonération, par un État membre, de la TVA afférente à une livraison de biens à l'exportation en dehors de la CE lorsque les conditions d'une telle exonération ne sont pas remplies, mais que l'assujetti ne pouvait pas s'en rendre compte, même en déployant toute la diligence d'un commerçant avisé, en raison de la falsification de la preuve de l'exportation présentée par l'acheteur. • CJCE 21 févr. 2008, n° C-271/06, *Netto Supermarkt GmbH : RJF 2008. 763.*

18. Circuit de facturation de complaisance. Conditions du refus du droit à déduction de la TVA et charge de la preuve. • CE 30 déc. 2015, *Sté Lovie Style*, n° 374816 : *RJF 2016. 264, concl. Crepey.*

19. Pratiques non abusives. Le recours à des opérations de crédit-bail, plutôt qu'à des achats directs, afin d'échelonner la charge de la TVA non déductible n'est pas constitutif d'une pratique abusive, sous réserve que les loyers ne soient pas minorés. • CJUE 22 déc. 2010, n° C-103/09 : *RJF 2011. 397.* ♦ Le fait de recourir à des opérations de *leasing* auprès d'une société établie dans un autre État membre afin de bénéficier d'un avantage fiscal grâce à une divergence d'interprétation des États membres sur la nature de ces opérations n'est pas une pratique abusive dès lors que les opérations en cause ont été effectuées dans le cadre d'échanges commerciaux normaux. • CJUE 22 déc. 2010, n° C-277/09 : *RJF 2011. 396.*

20. Lutte contre la fraude carrousel. Remise en cause du droit à déduction. * BOI-TVA-DED-10-30 nos 20 à 50 du 8 mars 2013. ♦ V. aussi notes ss. art. 272.

C. PRIX DES PRESTATIONS

21. Prestation réelle à un prix excessif. La TVA facturée à raison d'une prestation réelle mais facturée à un prix anormalement élevé est déductible. • CE 4 mars 1985, nos C-41398 et C-41400 : *Dr. fisc. 1985. 1697 ; RJF 1985. 700* • 6 juill. 1988, n° 46549 : *RJF 1988. 1085 ; Dr. fisc. 1989. 2405.* ♦ Ainsi, dès lors que les conditions mentionnées note 1 sont remplies, l'Administration ne peut, pour refuser le droit à déduction, se fonder sur la circonstance que l'entreprise ne justifie pas que les redevances versées par elle à un prestataire de services correspondent, pour plus du tiers de leur montant, à des services que celui-ci a effectivement rendus, et regarde ainsi la société comme ayant acquitté, en contrepartie des services rendus, un prix anormalement élevé au regard d'une gestion commerciale normale. • CE 2 avr. 2003, n° 233375 : *préc. note 1* • 21 oct. 2011, *Sté Mijomo*, n° 323656 : *RJF 2012. 21.*

22. De même, l'Administration ne peut utilement invoquer le coût excessif de prestations de publicité supporté par un redevable pour remettre en cause la déductibilité de la TVA correspondante alors même que les dépenses en cause paraissent disproportionnées par rapport au chiffre d'affaires réalisé par le redevable et même par rapport au chiffre d'affaires que ce dernier pouvait attendre de cette action publicitaire. • CAA Nancy, 24 oct. 2006, n° 03NA750 : *RJF 2007. 423.*

23. Prestation réelle à un prix anormalement bas. La seule circonstance qu'un loyer annuel est anormalement bas au regard d'une gestion commerciale normale ne fait pas obstacle à la déduction de l'intégralité de la taxe supportée par le loueur sur les dépenses de construction et d'aménagement des locaux loués. • CAA Lyon, 15 mai 2007, n° C-03LY1267 : *RJF 2008. 134.* ♦ Même solution, s'agissant d'une location dont le taux de rentabilité est de 2,94 %. • CAA Lyon, 28 avr. 2016, *SCI Capoue*, n° 13LY01889 : *RJF 2016. 696.* ♦ ... Et d'une location d'emplacements sur un terrain de camping pour un tarif de 2 € par mètre carré. • CAA Nantes, 19 oct. 2017, *SAS Le Domaine du Soleil Levant*, n° 16NT01751 : *RJF 2018. 153.*

D. LIEN ENTRE LES BIENS ET SERVICES UTILISÉS ET LES OPÉRATIONS TAXÉES

24. Nécessité d'un lien direct et immédiat entre biens et services uilisés (opérations d'amont) et opérations taxées (opérations

d'aval). Il résulte des art. 2 de la première Dir. TVA du 11 avr. 1967 et 17-2, 3 et 5 de la 6e Directive que, en principe, l'existence d'un lien direct et immédiat entre une opération particulière en amont et une ou plusieurs opérations en aval ouvrant droit à déduction est nécessaire pour qu'un droit à déduction de la TVA en amont soit reconnu à l'assujetti et pour déterminer l'étendue d'un tel droit. • CJCE 8 juin 2000, n° C-98/98, *Midland Bank plc : RJF 2000. 1187 ; concl. Saggio au BDCF 9-10/00 ; D. 2000. IR 189*. ♦ Lorsqu'un assujetti exerce à la fois des activités économiques, taxées ou exonérées, et des activités non économiques ne relevant pas du champ d'application de la Dir. TVA, la déduction de la TVA ayant grevé les dépenses en amont n'est admise que dans la mesure où ces dernières peuvent être imputées en aval aux activités économiques de l'assujetti. • CJCE 12 févr. 2009, n° C-515/07 : *RJF 2009. 529*.

25. Il appartient à la juridiction nationale d'appliquer le critère du lien direct et immédiat aux faits de chaque affaire dont elle est saisie. Un assujetti qui effectue à la fois des opérations ouvrant droit à déduction et des opérations n'y ouvrant pas droit peut déduire la TVA qui a grevé les biens ou services acquis par lui, dès lors que ceux-ci présentent un lien direct et immédiat avec les opérations en aval ouvrant droit à déduction, sans qu'il y ait lieu de faire une différence selon que s'appliquent les § 2, 3 ou 5 de l'art. 17 de la 6e Directive. Toutefois, un tel assujetti ne peut pas déduire l'intégralité de la TVA ayant grevé des services en amont dès lors que ceux-ci ont été utilisés non pour la réalisation d'une opération ouvrant droit à déduction, mais dans le cadre d'activités qui ne sont que la conséquence de celle-ci, à moins que cet assujetti n'établisse, par des éléments objectifs, que les dépenses liées à l'acquisition de tels services font partie du coût des divers éléments constitutifs du prix de l'opération en aval. • CJCE 8 juin 2000, n° C-98/98 : *préc. note 24*.

26. Les dépenses supportées par un assujetti dans le cadre de son activité économique ouvrent droit à déduction même si elles profitent aussi à un tiers. Cas d'une prestation de services consistant à construire ou à améliorer un bien immobilier dont un tiers est propriétaire, lorsque ce dernier bénéficie à titre gratuit du résultat de ces services et que ceux-ci sont utilisés tant par cet assujetti que par ce tiers dans le cadre de leurs activités économiques. • CJUE 14 sept. 2017, *Iberdrola Inmobiliaria Real Estate Investments EOOD*, n° 132/16 : *RJF 2017. 1268*. ♦ Dans le même sens, pour des services dont une partie ne bénéficie qu'à un tiers. • CJUE 1er oct. 2020, *Vos Aannemingen BVBA*, n° 405/19 : *RJF 2020. 1061*.

27. Il résulte des art. 256-I et 256 A, interprétés à la lumière de l'art. 4-2 de la 6e Dir. TVA (devenu art. 9 de la Dir. 2006/112/CE), que le droit à déduction, qui prend naissance lorsque la taxe devient exigible chez le fournisseur, reste acquis, dès lors que l'assujetti s'est acquitté du prix des biens ou services et détient une facture mentionnant la TVA, même lorsque l'activité économique envisagée ne donne pas lieu à des opérations ouvrant droit à déduction ou lorsque l'assujetti n'a pas utilisé les biens ou services ayant donné lieu à déduction dans le cadre d'une opération taxable, comme il prévoyait de le faire, en raison de circonstances indépendantes de sa volonté et en l'absence de toute intention frauduleuse ou abusive. • CE 16 avr. 2010, n° 316186 : *RJF 2010. 676 ; BDCF 7/10, n° 75, concl. Olléon ; Dr. fisc. 2010. 477, note Sérandour.*

28. Transmission d'une universalité de biens. Lorsqu'un État membre a fait usage de la faculté accordée par l'art. 5-8 de la 6e Dir. TVA, de sorte que la transmission d'une universalité totale ou partielle de biens est considérée comme n'étant pas une livraison de biens, les dépenses exposées par le cédant pour les services acquis afin de réaliser cette transmission font partie des frais généraux de cet assujetti et entretiennent donc en principe un lien direct et immédiat avec l'ensemble de l'activité économique dudit assujetti. Dès lors, si le cédant effectue à la fois des opérations ouvrant droit à déduction et des opérations n'y ouvrant pas droit, il résulte de l'art. 17-5 de la 6e Directive qu'il peut uniquement déduire la partie de la TVA qui est proportionnelle au montant afférent aux premières opérations. Toutefois, si les différents services acquis par le cédant afin de réaliser la transmission présentent un lien direct et immédiat avec une partie clairement délimitée de ses activités économiques, de sorte que les coûts desdits services font partie des frais généraux afférents à ladite partie de l'entreprise, et que toutes les opérations relevant de cette partie de l'entreprise sont soumises à la TVA, cet assujetti peut déduire la totalité de la TVA qui a grevé les dépenses qu'il a exposées pour acquérir lesdits services. • CJCE 22 févr. 2001, n° C-408/98, *Abbey National plc : RJF 2001. 894 ; D. 2001. IR 114 ; Dr. fisc. 2002. 278*. ♦ Jugé, dans ce sens, que la TVA grevant des services acquis pour réaliser une transmission d'une universalité de biens est déductible. • CAA Versailles, 10 oct. 2017, *SCI Assurecureuil Pierre 4*, n° 16VE00567 : *RJF 2018. 303*.

29. Une société de personnes, créée dans le seul but de constituer une société de capitaux, est en droit de déduire la taxe en amont pour la fourniture de prestations de services et de biens, lorsque, conformément à son objet social, sa seule opération en aval a été la cession des prestations fournies par un acte à titre onéreux à ladite société de capitaux une fois créée et lorsque, en raison du fait que l'État membre concerné a fait usage des options prévues aux art. 5-8 et 6-5 de la 6e Directive, aucune livraison de biens ou aucune prestation de services n'intervient lors de la transmission d'une universalité totale de biens. • CJCE 29 avr. 2004, n° C-137/02 : *Dr. fisc. 2004. 603, note Sérandour ; RJF 2004. 831 ; concl. Jacobs au BDCF 7/04, n° 98.*

30. Biens affectés partiellement à l'activité professionnelle. Les art. 6-2 et 17-2 et 6 de la 6e Dir. TVA s'opposent à une législation nationale qui ne permet pas à un assujetti d'affecter à son entreprise la totalité d'un bien d'investissement utilisé en partie pour les besoins de l'entreprise et en partie à des fins étrangères à celle-ci et, le cas échéant, de déduire intégralement et immédiatement la TVA due sur l'acquisition d'un tel bien. • CJCE 14 juill. 2005, n° C-434/03 : *RJF 2005. 1337 ; Dr. fisc. 2005. 618, note Sérandour.* ♦ Un assujetti qui utilise temporairement pour ses besoins privés une partie d'un bien d'investissement affecté à son entreprise dispose d'un droit à déduction de la TVA en amont sur les dépenses engagées pour apporter des transformations durables audit bien alors même que ces transformations ont été réalisées en vue de cette utilisation temporaire à des fins privées et que, d'autre part, ce droit à déduction existe indépendamment du point de savoir si, lors de l'acquisition du bien d'investissement auquel lesdites transformations ont été apportées, la TVA a été facturée à l'assujetti et si elle a été déduite par ce dernier. • CJUE 19 juill. 2012, n° C-334/10 : *RJF 2012. 1181.*

31. Un assujetti qui utilise des biens pour les besoins d'une activité économique a le droit, au moment de l'acquisition de ces biens, de déduire la taxe versée en amont, si réduite que soit la proportion de l'utilisation à des fins professionnelles. • CAA Lyon, 26 nov. 1997, n° 95LY2140 : *Dr. fisc. 1998. 1173 ; RJF 1998. 396.*

E. OPÉRATIONS EN CAPITAL

32. Perception de dividendes. Elle n'entre pas dans le champ d'application de la TVA et les dividendes distribués par ses filiales à un holding doivent être exclus de dénominateur de la fraction servant au calcul du prorata de déduction en vertu de l'art. 19 de la 6e Directive. • CJCE 14 nov. 2000, n° C-142/99, *Floridienne SA : Dr. fisc. 2001. 21.*

33. Holdings s'immisçant dans la gestion de leurs filiales. De l'art. 17-2 de la 6e Dir. TVA il résulte que : 1° les frais liés à l'acquisition de participations dans ses filiales supportés par une société holding qui participe à leur gestion et qui, à ce titre, exerce une activité économique doivent être considérés comme faisant partie de ses frais généraux et la TVA acquittée sur ces frais *doit, en principe, être déduite intégralement* ; 2° les frais liés à l'acquisition de participations dans ses filiales supportés par une société holding qui ne participe à la gestion que de certaines d'entre elles et qui, à l'égard des autres, n'exerce, en revanche, pas d'activité économique doivent être considérés comme faisant partie seulement partiellement de ses frais généraux, de telle sorte que la TVA acquittée sur ces frais ne peut être déduite qu'en proportion de ceux qui sont inhérents à l'activité économique, selon des critères de ventilation définis par les États membres, lesquels, dans l'exercice de ce pouvoir, doivent prévoir un mode de calcul reflétant objectivement la part d'imputation réelle des dépenses en amont à l'activité économique et à l'activité non économique. • CJUE 16 juill. 2015, *Beteiligungsgesellschaft Larentia + mbH& Co KG,* nos C-108/14 et C-109/14 : *RJF 2015. 982.*

34. La simple acquisition et la simple détention de parts sociales ne doivent pas être regardées comme des activités économiques au sens de la directive TVA, conférant à leur auteur la qualité d'assujetti, il en va différemment lorsque la participation est accompagnée d'une immixtion directe ou indirecte dans la gestion des sociétés dans lesquelles des participations sont détenues. Dans ce cas, la TVA est déductible, d'une part, lorsque les opérations effectuées en amont présentent un lien direct et immédiat avec des opérations en aval ouvrant droit à déduction, d'autre part, même en l'absence de lien direct et immédiat entre une opération particulière en amont et une ou plusieurs opérations en aval ouvrant droit à déduction, lorsque les coûts en cause font partie des frais généraux de l'assujetti et sont, en tant que tels, des éléments constitutifs du prix des biens ou des services qu'il fournit. • CE 20 mai 2016, *Sté Ginger Groupe Ingénierie Europe,* n° 371940 : *RJF 2016. 703, concl. Bohnert.* ♦ Dans ces conditions, les frais liés à la détention de participations dans ses filiales supportés par une société holding qui participe à leur gestion et qui, à ce titre, exerce une activité économique, doivent être regardés comme affectés à l'activité économique de cette société et que la TVA acquittée sur ces frais ouvre droit à déduction intégrale. Ce n'est que dans l'hypothèse où ces frais ont été affectés pour partie à d'autres filiales à la gestion desquelles cette société holding ne participait pas, que la TVA acquittée sur ceux-ci ne pourrait être déduite que partiellement, selon une clé de répartition reflétant objectivement la part d'affectation réelle des dépenses en amont à chacune des deux activités, économique et non économique, de la société holding. Il s'en déduit que la taxe grevant les frais généraux des holdings qui s'immiscent dans la gestion de leurs filiales est entièrement déductible. • CJUE 16 juill. 2015, *Beteiligungsgesellschaft Larentia + mbH& Co KG,* nos C-108/14 et C-109/14 : *préc. note 29.* ♦ Par suite, une société s'immisçant dans la gestion de ses filiales et exerçant, en sa qualité de société holding, une activité économique entrant dans le champ d'application de la taxe, la circonstance que les dividendes qu'elle perçoit de ses filiales ne constituent pas des recettes soumises à la TVA étant à cet égard indifférente. Dans ces conditions, les dépenses exposées par la société et grevées de TVA font partie de ses frais généraux et sont des éléments constitutifs du prix des services qu'elle fournit en qualité d'assujettie. Elle est dès lors fondée à déduire de la taxe qu'elle a collectée l'intégralité de la TVA d'amont. • CE 20 mai 2016, *Sté Ginger Groupe Ingénierie Europe,* nº 371940 : *préc.*

35. La notion d'immixtion d'un holding dans la gestion de sa filiale, lui permettant de déduire la TVA grevant ses frais généraux, s'entend de toute opération taxable (y compris la location d'un immeuble taxable) effectuée par le holding au profit de sa filiale. • CJUE 5 juill. 2018, *Marle Participations SARL,* nº 320/17 : *RJF 2018. 1053 ; Dr. fisc. 2018. 406, note Grousset.* ♦ Confirmation : la location d'immeubles par un holding à ses filiales traduit une immixtion dans leur gestion. • CE 19 déc. 2018, *Marle Participations SARL,* nº 396945 : *RJF 2019. 259.*

36. Acquisitions et cessions de participations. L'immixtion d'une holding dans la gestion des sociétés dans lesquelles il a pris des participations constitue une activité économique au sens de l'art. 4-2 de la 6e Dir., dans la mesure où elle implique la mise en œuvre de transactions soumises à la TVA en vertu de l'art. 2 de cette dir., telles que la fourniture de services administratifs, financiers, commerciaux et techniques par le holding à ses filiales. • CJCE 27 sept. 2001, nº C-16/00, *Cibo Participations SA : Dr. fisc. 2001. 1433.* ♦ Les dépenses exposées par un holding pour les différents services qu'il a acquis dans le cadre d'une prise de participation dans une filiale font partie de ses frais généraux et entretiennent donc en principe un lien direct et immédiat avec l'ensemble de son activité économique. Dès lors, si le holding effectue à la fois des opérations ouvrant droit à déduction et des opérations n'y ouvrant pas droit, il résulte de l'art. 17-5 (al. 1er) de la 6e Dir. qu'il peut uniquement déduire la partie de la TVA qui est proportionnelle au montant afférent aux premières opérations. • Même arrêt. ♦ Sur les frais liés à l'acquisition de participations dans ses filiales supportés par une société holding, V. notes 33 et 34.

37. L'Administration, tirant les conséquences de la jurisprudence, a précisé les règles de déductibilité de la TVA grevant les dépenses exposées pour la réalisation d'opérations en capital (introduction en bourse, augmentation de capital, prise de participation s'accompagnant ou non d'une immixtion dans la gestion de l'entreprise, fusion, scission, apport d'une universalité totale ou partielle). Les dépenses en question sont engagées pour assurer, au moyen de sources de financement diversifiées, la croissance de l'entreprise et, partant, pour la pérenniser. En d'autres termes, leurs coûts peuvent être regardés comme étant inhérents au fonctionnement de l'entreprise. Lesdites dépenses entretiennent donc un lien direct et immédiat avec l'ensemble de l'activité économique de l'entreprise qui les supporte, à défaut de présenter un tel lien avec une ou plusieurs opérations particulières ouvrant droit à déduction de la TVA. Dès lors, il y a lieu de considérer que ces dépenses font partie des frais généraux de l'entreprise et qu'ils constituent, en principe, des éléments du prix des opérations imposables que celle-ci réalise. * BOI-TVA-DED-20-10-20 nº 480 du 10 juin 2013. ♦ La circonstance que l'entreprise perçoive, par ailleurs, des recettes non imposables (dividendes, produits financiers non imposables, etc.) est sans incidence. Par suite, les dépenses supportées par une entreprise assujettie à la TVA pour la réalisation de ses opérations en capital ouvrent droit à déduction dans les conditions suivantes : 1º Si toutes ses opérations imposables ouvrent droit à déduction, le montant de la taxe est déductible en totalité dans les conditions de droit commun (coefficient de taxation égal à l'unité) ; 2º L'entreprise ne peut pas, en revanche, déduire la TVA grevant ces dépenses si aucune de ses opérations imposables n'ouvre droit à déduction (coefficient de taxation égal à zéro) ; 3º Enfin, lorsque les opérations imposables n'ouvrent pas toutes droit à déduction, la TVA grevant les dépenses en cause est, en principe, déductible partiellement (coefficient de taxation déterminé de manière forfaitaire). * BOI-TVA-DED-20-10-20 nº 490 du 10 juin 2013.

38. Les dépenses exposées par une société pour l'augmentation de capital d'une filiale ne peuvent pas être rattachées à ses frais généraux si la société n'a pas souscrit à cette augmentation de capital. La TVA grevant de telles dépenses n'est donc pas déductible. • CE 29 oct. 2012, *Sté First International Production,* nº 326813 : *RJF 2013. 8.*

39. Lorsqu'un assujetti exerce à la fois des activités économiques, taxées ou exonérées, et des activités non économiques ne relevant pas du champ d'application de la 6e Dir. TVA, la déduction de la TVA ayant grevé les dépenses liées à l'émission d'actions et de participations tacites atypiques n'est admise que dans la mesure où ces dépenses peuvent être imputées à l'activité économique de l'assujetti au sens de l'art. 2-1 de cette Directive. • CJCE 13 mars 2008, *Securenta,* nº C-437/06 : *RJF 2008. 764 ; Banque et Dr. 2008, nº 121, p. 89, note Acard et Vasseur.* ♦ La détermination des méthodes et des critères de ventilation des montants de TVA payée en amont entre activités économiques et activités non économiques au sens de la 6e Directive relève du pouvoir d'appréciation des États membres qui, dans l'exercice de ce pouvoir, doivent tenir compte de la finalité et de l'économie de cette Directive et, à ce titre, prévoir un mode de calcul reflétant objectivement la part d'imputation réelle des dépenses en amont à chacune de ces deux activités. • Même arrêt. ♦ Sur les dépenses liées à l'émission d'actions, V. aussi note 47.

♦ Sur les dépenses liées à la perception de dividendes, V. aussi notes 33 et 34.

40. Les dépenses engagées par un holding en vue de conserver une participation peuvent être regardées comme faisant partie de ses frais généraux détaxables si elles ne se rattachent pas à une activité purement patrimoniale de gestion de titres mais peuvent être imputées à l'activité économique du holding. • CE 26 déc. 2013, *France Télécom*, n° 350797 : *RJF 2014. 328 ; BDCF 2014. 41, concl. Aladjidi ; Dr. fisc. 2014. 207, note Hénique et Moraine.*

41. Pour déterminer si des frais de cession de titres de participation peuvent ou non être détaxés, il convient de faire la distinction suivante : les dépenses exposées en vue de préparer la cession sont présumées faire partie des frais généraux et peuvent donc être détaxées sous réserve de produire des pièces justificatives, mais l'Administration peut remettre en cause la détaxation quand, compte tenu des éléments portés à sa connaissance et au vu des pièces qu'il appartient à l'assujetti qui les détient de produire, elle établit que le produit de la cession a été distribué ou que les dépenses ont été incorporées dans le prix de cession des titres ; en revanche, les dépenses inhérentes à la transaction elle-même ne sont pas en principe détaxables, sauf si l'assujetti, compte tenu de la nature des titres cédés ou par tous éléments probants tels que sa comptabilité analytique, établit qu'elles n'ont pas été incorporées dans le prix de cession des titres. • CE 23 déc. 2010, *Sté Pfizer Holding France*, n° 307698 : *RJF 2011. 301, chron. Daumas, p. 235 ; Dr. fisc. 2011. 206, concl. Olléon, étude Sérandour.* ♦ Pour des applications de la jurisprudence *Pfizer* préc., V. • CAA Douai, 30 avr. 2013, *Min. du Budget c/ SA Entreprises Franque*, n° 12DA01108 : *RJF 2013. 817* • CAA Paris, 30 avr. 2013, *SA Ifrah Finance*, n° 11PA02843 : *RJF 2013. 818* • CE 26 déc. 2013, *France Télécom*, n° 350797 : *préc. note 40.* ♦ La taxe grevant des frais d'avocat et d'instance d'un holding mixte engagés postérieurement à une cession de titres n'est pas déductible, dans la mesure où cette cession présente un caractère purement patrimonial. • CE 28 sept. 2021, n° 440987 : *RJF 2021. 1101 ; Dr. fisc. 2021. 436, note Moraine et Sevesque.* ♦ L'Administration peut remettre en cause la déductibilité de la TVA grevant les dépenses engagées par un holding en vue de préparer une cession de titres si elle établit, en l'absence de justifications contraires, le caractère patrimonial de la cession (distribution du produit de la cession) ou l'incorporation des dépenses dans le prix de cession des titres. • CE 4 févr. 2015, *SA Nexity*, n° 370525 : *RJF 2015. 313 ; BDCF 2015. 45, concl. Bretonneau ; Dr. fisc. 2015. 335.* ♦ En tout état de cause, la TVA grevant des dépenses liées à une opération de cession de titres non réalisée n'est pas déductible. • CJUE 8 nov. 2018, *C&D Foods Acquisition ApS*, n° C-502/17 : *RJF 2019. 118.*

42. Conformément à la jurisprudence, l'Administration estime qu'il convient de distinguer selon que les dépenses sont préparatoires à la cession de titres, inhérentes à cette même opération, ou « mixtes », c'est-à-dire que les dépenses ont été payées à un même intermédiaire, chargé à la fois de préparer cette cession et de réaliser la transaction, dès lors que ces deux catégories de prestations n'ont pas donné lieu à une rémunération distincte et qu'elles doivent alors être regardées comme un tout indissociable se rattachant à la transaction. 1) Les dépenses préparatoires (honoraires d'études et de conseils portant sur l'opportunité de la cession, frais d'audit, frais de valorisation des titres, etc.) sont réputées faire partie des frais généraux sauf si l'administration établit, soit que l'opération a revêtu un caractère patrimonial dès lors que le produit de la cession a été distribué, soit que, en l'absence d'éléments contraires produits par la société (par exemple, le contrat de cession), ces dépenses ont été incorporées dans le prix de cession des titres. 2) Les dépenses inhérentes (frais de courtage, commissions bancaires, honoraires d'intermédiation, frais de rédaction d'acte, etc.) sont présumées non déductibles, dès lors qu'elles présentent un lien direct et immédiat avec l'opération de cession de titres n'ouvrant pas droit à déduction, sauf si, compte tenu de la nature des titres cédés (selon que les titres sont ou non cotés) ou de tous éléments probants, tels que sa comptabilité analytique ou le contrat de cession, la holding établit que les dépenses en cause n'ont pas été incorporées dans le prix de cession. 3) Enfin, les règles afférentes aux dépenses inhérentes sont applicables aux dépenses mixtes. * BOI-TVA-DED-20-10-20 n° 70 du 10 juin 2013.

43. Les dépenses d'honoraires d'avocat versés par un holding à l'occasion d'un accord transactionnel le conduisant à verser une indemnité à raison de la garantie de passif qu'il a consentie au cessionnaire des titres dans ses filiales se rattachent à l'opération de cession des titres, opération exonérée n'ouvrant pas droit à déduction de la TVA. Par suite, la taxe ayant grevé ces dépenses n'est pas déductible. • CE 13 juill. 2012, *SA Entreprises Franque*, n° 345204 : *RJF 2012. 1004 ; BDCF 2012. 125, concl. Bohnert ; Dr. fisc. 2012. 435, note Sérandour.* ♦ Jugement sur le fond, admettant la déductibilité de la TVA sur les honoraires d'avocat, ceux-ci ne se rattachant pas à la garantie de passif accordée au cessionnaire des titres des filiales, mais faisant partie des frais généraux : • CAA Douai, 30 avr. 2013, *Min. du Budget c/ Sté SA Entreprises Franque*, n° 12DA01108 : *préc. note 41.*

44. Les frais de courtage acquittés par une société à l'occasion d'une cession de titres de placement qui, en raison de difficultés financières graves et durables n'ayant pu être réglées par d'autres sources de financement, était nécessaire au maintien de son activité font partie de ses frais généraux et sont, en tant que tels, des éléments constitutifs du prix des produits qu'elle fabrique et entretiennent ainsi un lien direct et immédiat avec l'ensemble de son activité économique taxable. Par suite, la TVA s'y rapportant est déductible. • CE 22 juin 2010, n° 292389. ♦ Les frais de conseil exposés par une entreprise à l'occasion d'une opération consistant en l'apport d'une branche d'activité suivi de la cession des titres reçus en échange et ayant pour finalité, au moyen d'une cession de titres, de procéder à une restructuration de son activité taxable sont en lien direct avec l'ensemble de son activité économique taxable. La TVA les ayant grevés est donc déductible. • CAA Versailles, 14 mai 2008, n° 06VE1989 : *RJF 2008. 1070 ; Dr. fisc. 2008. 386, note Courjon et Coraboeuf.* ♦ En revanche, n'est pas déductible la TVA grevant des honoraires d'assistance et de conseil engagés par une société holding à l'occasion d'une opération d'acquisition de titres réalisée par une filiale. • CE 6 oct. 2008, ♜ n° 299265, *SA AXA : RJF 2008. 1318 ; FR Lefebvre 62/08, p. 25, obs. Guichard ; Dr. fisc. 2008. 587, note Sérandour.*

45. L'art. 17-2 de la 6e Dir. TVA (devenu art. 168-a de la Directive 2006/112/CE du 28 nov. 2006) doit être interprété en ce sens que les coûts de services de conseil auxquels un assujetti a eu recours aux fins de la détermination du montant d'une créance faisant partie du patrimoine de son entreprise et liée à une vente d'actions antérieure à son assujettissement à la TVA ne présentent pas, à défaut d'éléments de nature à établir que lesdits services trouvent leur cause exclusive dans l'activité économique, au sens de ladite Directive, exercée par l'assujetti, un lien direct et immédiat avec cette activité et n'ouvrent, par conséquent, pas droit à la déduction de la TVA qui les a grevés. • CJCE 8 févr. 2007, n° 435/05 : *RJF 2007. 524 ; Dr. fisc. 2007. 759, chron. Villemot et Sarfati.*

46. Les dépenses exposées par une société et correspondant à des prestations d'audit et d'expertise comptable effectuées pour l'acquisition et la cession de titres de participation font partie des frais généraux de la société et entretiennent ainsi un lien direct et immédiat avec l'ensemble de son activité économique. Par suite, la société est autorisée à déduire la TVA grevant ces dépenses. • *TA Lille, 3 nov. 2005, n° 03-4607 : RJF 2006. 371.* ♦ Les prestations d'audit facturées à la société cible, réalisées à l'occasion du changement de son contrôle et dont les recommandations ont été suivies d'effet après le changement de dirigeants, ouvrent droit à déduction bien que l'audit ait été commandé par le futur associé avant cette prise de contrôle. • CE 29 août 2008, ♜ n° 311954 : *RJF 2008. 1320.* ♦ Un holding mixte peut déduire la TVA grevant les dépenses qu'il a exposées en vue d'une prise de participations réalisée par une de ses filiales ayant un objet purement patrimonial, à condition toutefois de justifier que, compte tenu de l'organisation du groupe, lui seul effectuera au profit des sous-filiales acquises des prestations de services taxables. • CE 24 juin 2013, ♜ *Sté L'Air Liquide,* n° 350588 : *RJF 2013. 927 ; BDCF 2013. 102, concl. Escaut ; Dr. fisc. 2013. 414, note Deboissy.* ♦ Une société qui envisage, dans le cadre d'une OPA, d'acquérir la totalité des actions d'une autre société dans l'intention de s'immiscer dans sa gestion en lui fournissant des prestations de services de gestion soumises à la TVA, et d'exercer ainsi une activité économique, peut déduire intégralement la taxe ayant grevé ces dépenses, même si l'opération échoue. • CJUE 17 oct. 2018, *Ryanair Ltd,* n° 249/17 : *RJF 2019. 236.* ♦ Un holding mixte peut déduire la taxe grevant les honoraires exposés par un holding mixte en vue de la cession de titres détenus non par ce holding mais par une filiale si cette cession s'inscrit dans le cadre d'une stratégie consistant à recentrer son activité sur son cœur de métier. • CAA Versailles, 31 mars 2015, ♜ *SA Orange,* n° 13VE02435 : *RJF 2015. 686 ; Dr. fisc. 2015. 496, concl. Coudert, note Dorin.* ♦ La TVA grevant les frais facturés par une banque à une SA pour la gestion des titres des actionnaires qui les détiennent au nominatif et des dividendes à leur verser est déductible au titre des frais généraux. • TA Montreuil, 14 avr. 2016, *Sté GDF Suez SA,* n° 1411157 : *RJF 2017. 125.*

47. Une émission d'actions nouvelles ne constitue pas une prestation de services effectuée à titre onéreux et relevant du champ d'application de l'art. 2-1 de la 6e Dir. TVA. • CJCE 26 mai 2005, ♜ n° C-465/03 : *RJF 2005. 982.* ♦ Cependant, l'art. 17-1 et 2 de la 6e Dir. TVA ouvre droit à déduction de l'intégralité de la taxe grevant les dépenses exposées par un assujetti pour les différentes prestations qu'il a acquises dans le cadre d'une émission d'actions dans la mesure où l'intégralité des opérations effectuées par cet assujetti dans le cadre de son activité économique constitue des opérations taxées. • Même arrêt.

48. La cession, par une société mère, des actions d'une filiale à laquelle elle a fourni des prestations de services soumises à la TVA constitue, en principe, une activité économique relevant du champ d'application de la TVA. Une telle cession est toutefois exonérée en vertu de l'art. 135-1-*f* de la Dir. TVA du 28 nov. 2006. Pour autant, la TVA ayant grevé les dépenses engagées pour les besoins de cette cession peut être déduite si ces dépenses ont un lien direct et immédiat non avec la cession elle-même mais avec l'ensemble des activités économiques de l'assujetti. • CJCE 29 oct. 2009, ♜ n° C-29/08, *AB SKF : RJF 2010. 90 ; Dr. fisc. 2009. 578, note Tournès.*

49. L'immixtion d'une société holding dans la gestion de ses filiales n'est pas une activité économique lorsqu'elle ne facture à ces dernières ni le prix des services qu'elle a acquis dans l'intérêt de l'ensemble du groupe de sociétés ou de certaines de ses filiales ni la TVA y afférente. Dès lors, une telle société holding ne peut pas bénéficier du droit à déduction de la taxe payée en amont pour ces services acquis, dans la mesure où ceux-ci se rapportent à des opérations ne relevant pas du champ d'application de la TVA. • CJUE 12 janv. 2017, *MVM Magyar Villamos Muvek Zrt,* n° 28/16 : *RJF 2017. 4041.*

50. La refacturation par un holding mixte à ses filiales de frais de restructurations réalisées par celles-ci constitue une activité économique, considérée en l'espèce comme occasionnelle, et par suite taxable. Ces recettes doivent figurer aux deux termes du coefficient de taxation. • CE 13 déc. 2017, *Sté Lagardère SCA,* n° 397580 : *RJF 2018. 264, concl. Bokdam-Tognetti.*

51. Dès lors qu'une société a été contrainte par de graves et durables difficultés financières, faute de trouver d'autres sources de financement, de céder, afin d'assurer le maintien de son activité, des valeurs mobilières cotées en bourse qu'elle avait acquises à titre de placement de ses disponibilités, les frais de courtage acquittés à cette occasion font partie de ses frais généraux. Ils sont par suite constitutifs du prix des produits qu'elle fabrique et entretiennent ainsi un lien direct et immédiat avec l'ensemble de l'activité taxable de la société, de sorte que la taxe grevant ces frais de courtage est déductible. • CE 10 juin 2010, n° 292389 : *RJF 2010. 893 ; concl. Olléon au BDCF 10/10, n° 101.*

52. Prêts consentis à l'établissement stable hors UE d'une société européenne. Des intérêts de prêts consentis à des sociétés dont le siège social est dans l'UE mais utilisés en réalité par les établissements stables situés hors UE de ces sociétés ouvrent droit à déduction. • CAA Versailles, 29 févr. 2016, *Sté Total Finance,* n° 14VE03239 : *RJF 2017. 427.*

F. OPÉRATIONS ET SITUATIONS DIVERSES

53. Opérations occasionnelles. Avant l'entrée en vigueur de la disposition de l'art. 3 du Décret du 11 avr. 1991, reprise au I-2, 2e al., l'Administration ne pouvait exiger d'un redevable ayant effectué des opérations occasionnelles portant, en particulier, sur la vente de terrains à bâtir, qu'il n'opère la déduction de la TVA d'amont, par imputation sur la taxe due pour une même période de déclaration, qu'au fur et à mesure de la livraison de chacun de ces biens. • CE 5 juill. 1999, n° 179444 : *RJF 1999. 985.*

54. Achats d'une succursale pour les besoins de son siège étranger. Une succursale établie dans un État membre où elle réalise des opérations taxables a le droit d'y déduire la TVA qu'elle y a supportée sur les achats de biens et services utilisés pour les besoins des opérations taxées de son siège établi dans un autre État membre qui sont effectuées dans cet autre État. • CJUE 21 juin 2016, n° C-393/15 : *RJF 2016. 917.* ♦ Une succursale immatriculée dans un État membre peut déduire, dans cet État, la TVA grevant ses dépenses à usage mixte affectées exclusivement à des opérations réalisées par son siège étranger ainsi que ses frais généraux concourant à la réalisation de ses propres opérations et de celles du siège, en appliquant des prorata de déduction dont les modalités de calcul diffèrent selon les opérations auxquelles sont affectées ces dépenses. • CJUE 24 janv. 2019, *Morgan Stanley & Co International plc,* n° C-165/17 : *RJF 2019. 406.* ♦ Sur le calcul des proratas : • CE 5 avr. 2019, *Morgan Stanley & Co International plc,* n° 389105 : *RJF 2019. 533 ; Dr. fisc. 2019. 346, note Habibou.* ♦ Sur la détaxation des achats d'une succursale pour les besoins du siège étranger, V. aussi, *supra,* note 10.

55. Dépenses de fonctionnement d'un EHPAD. La TVA grevant les frais généraux des redevables partiels ne peut être déduite intégralement, même si ces frais sont répercutés dans le prix de leurs seules opérations taxées. • CE 7 oct. 2020, *Min. c/ Sté Résidence de la Forêt,* n° 426661 : *RJF 2021. 27 ; Dr. fisc. 2020. 471, note Locatelli et Hénique.*

56. Entreprises nouvelles. Une activité nouvelle donne droit à la déduction ou au remboursement de la TVA dès qu'elle a été entreprise, sans attendre la réalisation d'opérations imposables à la TVA. • CE, plén., 21 déc. 1979, n° 13230 : *Dr. fisc. 1980. 1765, concl. Martin Laprade ; Lebon 482 ; RJF 1980. 104.* ♦ Le droit à déduction accordé à l'entreprise lui reste acquis même si, finalement, elle cesse son activité sans avoir accompli d'opérations imposables. • CJCE 29 févr. 1996, n° C-110/94, *INZO : Dr. fisc. 1996. 1303 ; Rec. CJCE, p. 857 ; RJF 1996. 690, concl. Lenz.* ♦ ... Même si l'assujetti ne fait pas usage des biens et services acquis pour la réalisation d'opérations ouvrant droit à déduction. • CJCE 15 janv. 1998, n° C-37/95, *Ghent Coal Terminal : RJF 1998. 359.* ♦ En tout état de cause, toute personne qui a l'intention de commencer de façon indépendante une activité économique doit être considérée comme un assujetti à la condition que la déclaration de l'intention de commencer les activités économiques envisagées ait été faite de bonne foi et se trouve confirmée par des éléments objectifs. • CE 25 févr. 2013, *Gounou,* n° 355687 : *RJF 2013. 926.*

57. En tout état de cause, l'art. 17 de la 6e Dir. TVA s'oppose à une réglementation nationale (Espagne) subordonnant le droit à déduction immédiate des entreprises nouvelles à la présentation d'une demande expresse en ce sens avant que la taxe ne soit devenue exigible et le respect d'un délai d'un an entre cette présentation et le début effectif des opérations taxées, et sanctionnant le non-respect de ces conditions par la perte du droit à déduction ou par le report de l'exercice de ce droit jusqu'au début effectif de la réalisation habituelle des opérations taxées. • CJCE 21 mars 2000, n° C-147/98 : *RJF 2000. 872 ; D. 2000. IR 112.* ♦ L'identification à la TVA n'est pas une condition du droit à déduction : un assujetti non encore identifié au moment où il a supporté des dépenses grevées de TVA ne peut donc être privé de la possibilité de déduire la taxe s'il respecte les conditions de fond du droit à déduction et s'il s'identifie dans un délai raisonnable à partir de la réalisation des opérations donnant lieu au droit à déduction. • CJUE 21 oct. 2010, n° C-385/09 : *préc. note 2.*

58. Bâtiments détruits et reconstruits en vue d'opérations taxables. Une société ayant acquis un terrain et des bâtiments construits sur ce dernier, en vue de la démolition de ceux-ci et de la réalisation d'un lotissement sur ce terrain, a le droit de déduire la TVA relative à l'acquisition desdits bâtiments. • CJUE 29 nov. 2012, *SC Gran Via Moinesti SRL,* n° C-257/11 : *RJF 2013. 374.*

59. Cessation d'activité. **BIBL.** Moraine et More, *Dr. fisc. 2006, p. 1538* (cessation d'activité et récupération de la TVA). ♦ Des opérations de service après-vente effectuées gratuitement dans le cadre d'une garantie contractuellement due, et après la liquidation du stock de la société, ne sauraient être regardées comme des opérations imposables ouvrant à la société un droit à la déduction de la taxe ayant grevé, durant la période où ces opérations ont été mises en œuvre, ses propres consommations de biens et de services. • CAA Nancy, 10 févr. 2000, n° 95NA967 : *RJF 2001. 23.* ♦ En revanche, une entreprise de construction, qui a décidé de mettre fin temporairement à son activité et qui, en vue d'assumer les obligations lui incombant dans le cadre de la garantie décennale des constructeurs, fait exécuter par d'autres entreprises, intervenant pour son compte, des travaux non facturés à leurs bénéficiaires, réalise ainsi, des prestations qui prolongent les opérations de même nature faites par l'entreprise avant la cessation de ses activités. Dès lors, ces prestations sont directement rattachées aux opérations de construction effectuées antérieurement par l'entreprise. Par suite, la taxe afférente aux prestations en cause doit être considérée comme ayant grevé les éléments du prix d'opérations imposables à la TVA. Elle présente, *donc, un caractère* déductible et l'entreprise est en droit d'en obtenir le remboursement. • CE 30 avr. 2004, n° 253488, *Leduan : RJF 2004. 702 ; concl. Collin au BDCF 7/04, n° 87 ; Dr. fisc. 2004. 731, concl. Collin.* ♦ Confirmant • CAA Nantes, 20 nov. 2002, n° 99NT733 : *RJF 2003. 287 ; Dr. fisc. 2003. 297.* ♦ De même, la taxe grevant les travaux de dépollution engagés par une entreprise ayant cessé son activité est déductible dès lors qu'elle est légalement tenue de procéder auxdits travaux. • TA Cergy-Pontoise, 30 juin 2009, n° 05-651 : *RJF 2010. 582.*

60. L'art. 4-1 à 3 de la 6e Dir. TVA, telle que modifiée par la Directive 95/7/CE du 10 avr. 1995, doit être interprété en ce sens qu'une personne qui a cessé une activité commerciale, mais qui continue de payer le loyer et les charges afférents au local ayant servi pour cette activité, en raison du fait que le contrat de location contient une clause de non-résiliation, est considérée comme un assujetti au sens de cet article et peut déduire la TVA sur les montants ainsi acquittés, pour autant qu'il existe un lien direct et immédiat entre les paiements effectués et l'activité commerciale et que l'absence d'intention frauduleuse ou abusive est établie. • CJCE 3 mars 2005, n° C-32/03 : *RJF 2005. 519 ; Dr. fisc. 2005. 487.*

61. La TVA grevant les charges liées à l'activité taxable mais supportées postérieurement à la cessation de cette activité peut, sauf fraude ou abus, être récupérée par l'assujetti s'il existe un lien direct et immédiat entre ces charges et l'activité qui était exercée. Ainsi, une société qui a cessé son activité économique, mais qui a continué après sa cessation d'activité à payer les loyers afférents aux locaux commerciaux ayant servi à cette activité, en raison du fait qu'elle était tenue par une clause de non-résiliation à poursuivre l'exécution du bail commercial jusqu'à une certaine date, peut, en l'absence d'intention frauduleuse ou abusive, déduire la TVA grevant lesdits loyers, dès lors que ces derniers se rattachent, par un lien direct et immédiat, à l'activité économique exercée jusqu'alors. • TA Cergy-Pontoise, 13 mars 2012, *Sarl DHL Excel Central Services,* nos 0913621-1002731 : *RJF 2012. 811.* ♦ Un redevable est susceptible d'être remboursé de la taxe qu'il a supportée alors même qu'il aurait cessé son activité dès lors qu'elle est en relation avec son activité précédemment exercée. Par suite, un redevable qui a cédé son fonds de commerce et doit exposer ultérieurement des dépenses de remise en état des locaux commerciaux qu'il occupait et des frais liés au contentieux né à ce sujet avec le bailleur est fondé à demander le remboursement du crédit de taxe afférent à ces dépenses, lesquelles se rattachent à l'activité commerciale antérieurement exercée. • TA Amiens, 15 déc. 2005, n° 02-666 : *RJF 2006. 1176.*

62. Les honoraires d'entremise versés par une SCI à une agence immobilière intervenant dans la vente d'un immeuble qui était affecté à une activité de location soumise à la TVA entretiennent un lien direct et immédiat avec cette activité dès lors qu'ils ont été engagés en vue de la liquidation de l'activité de la société, laquelle n'était propriétaire d'aucun autre immeuble. Par suite, la TVA grevant ces honoraires est déductible, alors même que la cession de l'immeuble n'était pas elle-même assujettie à la taxe. • TA Paris, 23 juin 2008, n° 02-7209 : *RJF 2009. 118 ; FR Lefebvre 57/08, p. 33, obs. Berger-Picq.*

63. Immeuble achevé depuis plus de cinq ans acquis en vue de sa revente. Lorsqu'un immeuble achevé depuis plus de cinq ans est acquis en vue de sa revente, la TVA ayant éventuellement grevé le prix d'acquisition n'est pas déductible sauf exercice, au moment de la revente, de l'option prévue à l'art. 260-5°. Par suite, la taxe acquittée lors de l'acquisition du bien n'est pas déductible avant cette date, quand bien même l'immeuble donnerait lieu, dans l'attente de sa revente, à des opérations de location soumises à la TVA. • CE 27 nov. 2020, *SAS Lord Byron*, n° 426091 : *RJF 2021.133, concl. Guibé.*

64. Dissolution de société par suite de la réunion des parts en une seule main. En cas de dissolution d'une société par suite de la réunion de toutes les parts en une seule main, le transfert du crédit de taxe à la société absorbante ne peut être opéré qu'à la date de la dissolution effective de la société absorbée. • CAA Paris, 10 févr. 2011, n° 09PA00660, *SA France Immobilier Group : RJF 2011. 700* • CE (na) 18 déc. 2013, *Sté France Immobilier Group*, n° 348437 : *RJF 2014. 237.*

65. Entreprises en liquidation judiciaire. La TVA afférente aux honoraires réclamés par le mandataire-liquidateur est déductible dans la mesure où ils correspondent à des prestations réalisées avant la date de la cessation d'activité, celle-ci intervenant à la date de cession des stocks ou à la date à laquelle tous les biens mobiliers d'investissement sont cédés ou mis au rebut, si cette date est postérieure. • TA Dijon, 29 juill. 1997, n° 96-5973 : *Dr. fisc. 1998. 61.* ♦ La déductibilité de la TVA prévue aux art. 271 s. CGI, qui n'établit aucun lien de connexité entre une dette antérieure au jugement d'ouverture de redressement judiciaire et un crédit de TVA afférent à des opérations postérieures au jugement, ne permet pas la compensation entre eux. • Com. 19 janv. 1999, n° 95-22.136 : *RJF 1999. 494.*

66. Disparition de marchandises. Elle s'entend d'une disparition non justifiée, laissant présumer que cette marchandise a été utilisée pour les besoins d'une opération non effectivement soumise à la taxe, telle qu'une consommation finale. En revanche, sont dispensées de régularisation les déperditions justifiées de marchandises qu'une entreprise établit avoir subies à l'occasion de l'accomplissement de ses opérations imposables et du fait des modalités de son activité, le coût des déperditions constituant ainsi l'un des éléments du prix de revient des opérations imposables. En conséquence, les déperditions résultant du procédé commercial d'une entreprise de vente par correspondance d'encyclopédies qui consiste à mettre des ouvrages à disposition de ses clients en vue de leur vente, ne *doivent pas donner lieu* à régularisation, même si l'entreprise n'est pas en mesure de justifier du vol effectif de ces ouvrages. • CE 23 févr. 2000, n° 174240 : *Dr. fisc. 2000. 507, concl. Courtial ; RJF 2000. 480, chron. Mignon, p. 395 ; D. 2000. IR 110*.

G. MODALITÉS DE DÉDUCTION

67. Date et conditions de la déduction. Pour la déduction visée à l'art. 17-2-*a* de la 6e Dir. TVA, l'art. 18-2 (al. 1er) de cette même Directive doit être interprété en ce sens que le droit à déduction doit être exercé au titre de la période de déclaration au cours de laquelle sont réunies les deux conditions requises par cette disposition, à savoir que la livraison des biens ou la prestation de services ait été effectuée et que l'assujetti soit en possession de la facture ou du document en tenant lieu. • CJCE 29 avr. 2004, n° C-152/02 : *RJF 2004. 834 ; Dr. fisc. 2004. 730, note Benoît.* ♦ Lorsqu'un assujetti est entré en possession d'une facture à une date postérieure à l'échéance de la période d'imposition au cours de laquelle la taxe est devenue exigible mais avant la date limite de dépôt de sa déclaration de TVA couvrant cette période, il peut exercer son droit à déduction sur cette déclaration. * Rescrit 15 sept. 2009, n° 2009/501 TCA * BOI-TVA-DED-40-20 n° 20 du 8 mars 2013.

68. Notion de facture. Des états récapitulatifs de frais engagés par les salariés de l'entreprise et des reçus de paiement par carte bancaire correspondant à des dépenses d'essence ne constituent pas des factures au sens de l'art. 271 CGI, dès lors que ces documents ne mentionnent ni le numéro d'identification à la TVA de l'assujetti qui réalise l'opération, ni l'identification du client qui s'entend de son nom complet et de son adresse. La TVA portée sur ces documents ne peut, par suite, être déduite, alors même qu'il n'est pas contesté que les dépenses étaient nécessaires à l'exercice de l'activité. • TA Nantes, 28 mai 2009, n° 06-871 : *RJF 2010. 344.*

69. Justification de la TVA déductible. L'exercice du droit à déduction est en principe subordonné à la possession de l'orignal de la facture et les États membres ont le pouvoir d'exiger la production de cet original ainsi que celui d'admettre, lorsque l'assujetti ne le détient plus, d'autres preuves établissant que la transaction qui fait l'objet de la demande a effectivement eu lieu. • CJCE 5 déc. 1996, n° C-85/95 : *RJF 1997. 638.* ♦ La production de la seule photocopie d'une facture ne suffit pas à autoriser la déduction de la taxe qu'elle mentionne. • CAA Nantes, 17 déc. 2003, n° 00NT923 : *RJF 2004. 475.*

70. Société en formation. Les États membres doivent accorder le droit à déduction de la TVA grevant les dépenses d'investissement effectuées par les futurs associés d'une société pour les besoins de l'activité de celle-ci soit aux associés eux-mêmes, soit à la société. Lorsque le droit à déduction est reconnu à la société, cette déduction doit être permise même si la facture a été émise au nom des associés. • CJUE 1er mars 2012, n° C-280/10 : *RJF 2012. 545.* ♦ La TVA grevant les dépenses réglées par un incubateur d'entreprises pour le compte d'une société en formation peut être déduite par la société après sa création, alors même que les factures correspondantes ont été libellées au nom de l'incubateur, dès lors qu'elles ont été ratifiées par la société et reprises dans sa comptabilité. • CAA Douai, 8 févr. 2011, n° 09DA00664 : *RJF 2011. 699.*

71. Taxe facturée pour une opération non imposable. La TVA facturée au titre d'une indemnité non imposable l'a été à tort et n'est pas déductible même si l'assujetti a cru de bonne foi que cette indemnité devait être soumise à la taxe. • CE 21 nov. 2011, n° 316485 : *RJF 2012. 108.*

72. Taxe irrégulièrement facturée. Un assujetti à la TVA n'est pas en droit de déduire la taxe que son bailleur lui a facturée sur des loyers de locaux nus dès lors, d'une part, que le bailleur n'avait pas opté pour la TVA et, d'autre part, que le locataire ne pouvait avoir ignoré cette circonstance eu égard aux liens existant entre lui et le bailleur. • CE 8 juin 2005, n° 255919 : *RJF 2005. 855.*

73. Condition d'identification certaine du bénéficiaire. Il résulte notamment des art. 271 et 289 CGI que l'identification certaine du bénéficiaire d'une opération taxable est essentielle à l'exercice de son droit à déduction. Si la mention du nom complet et de l'adresse du client assujetti à la TVA sur la facture établie par le fournisseur ou le prestataire permet de présumer que les biens ou les services lui ont été livrés ou rendus et de vérifier qu'ils l'ont été pour les besoins de ses opérations taxées, l'absence de mention de ces informations ou leur caractère erroné sur la facture qui lui est remise peut ne pas faire obstacle à ce que la taxe soit déductible de celle à laquelle il est soumis en raison de ses propres affaires dans le cas seulement où il apporte la preuve par tout moyen du règlement effectif par lui-même de cette facture pour les besoins de ses propres opérations imposables. • CE 26 mars 2012, *Sté Cerp Lorraine*, n° 326333 : *RJF 2012. 589 ; BDCF 2012. 74, concl. Hédary.* ♦ La seule circonstance que l'assujetti serait en possession d'une facture établie à un autre nom que le sien ne permet pas de faire obstacle au droit à déduction résultant, sous réserve qu'il en apporte la preuve, du règlement effectif par lui-même de cette facture pour les besoins de ses propres opérations imposables. • CAA Nantes, 10 nov. 2004, n° 01NT580 : *RJF 2005. 546* • CAA Bordeaux, 28 avr. 2009, n° 07BX1704 : *RJF 2010. 581.* ♦ Un contribuable ne peut pas déduire la TVA figurant sur une facture émise à un autre nom dès lors qu'il n'apporte pas la preuve qu'il s'agit d'une erreur matérielle ou d'habitudes invétérées de ses fournisseurs. • CAA Douai, 9 avr. 2003, n° 99DA1966 : *RJF 2003. 1238.* ♦ Lorsque les factures correspondant à des dépenses de restaurant (engagées pour les besoins de l'exploitation) sont établies au nom des salariés de l'entreprise, celle-ci ne peut pas opérer la déduction de la TVA mentionnée sur ces factures, alors même qu'elle rembourserait ces dépenses aux salariés. • CE 17 avr. 2013, *SARL Laboratoires Vitarmonyl*, n° 334423 : *RJF 2013. 718 ; Dr. fisc. 2013. 531, note Fouquet et Bouchard.*

74. Taxe facturée pour une opération exonérée. La circonstance que la TVA, facturée à tort par le crédit-preneur aux sous-locataires de locaux nus pris en crédit-bail, ait été effectivement versée au Trésor par l'intéressé est inopérante au regard de l'absence de droit à imputation par le crédit-preneur de la taxe qui a grevé la prise en crédit-bail des immeubles donnés en sous-location, sur la taxe dont il s'est déclaré à tort redevable. • CE 16 nov. 2005, n° 257532, *SCI Genty Immobilier : RJF 2006. 130 ; concl. Vallée au BDCF 2/06, n° 13.*

75. Facture mentionnant la TVA en devises étrangères. La seule circonstance que la facture mentionne la taxe dans une monnaie autre que l'euro (dollars américains) n'entraîne pas nécessairement la remise en cause de la validité de cette facture pour l'exercice des droits à déduction de la taxe même si l'obligation de libeller le montant de TVA à payer dans la monnaie nationale de l'État membre où se situe la livraison de biens est instituée par l'art. 289. En l'espèce, l'assujetti avait fourni un tableau de conversion dollars américains/euros de l'ensemble des montants de TVA facturés. • TA Montreuil, 16 févr. 2016, *Sté Computacenter AG & Co*, n° 1503203 : *RJF 2016. 614.* ♦ La validité d'une facture mentionnant la TVA dans une autre monnaie que l'euro n'est pas remise en cause pour l'exercice des droits à déduction si l'assujetti justifie du taux de change utilisé, par exemple en produisant en annexe un tableau de conversion des montants de TVA. • CAA Versailles, 15 oct. 2019, *Sté DII Industries LLC*, n° 18VE00031 : *RJF 2020. 19.*

76. Facture ne mentionnant pas la TVA. Lorsqu'une facture a été délivrée sans faire mention de la TVA applicable à une opération soumise à cette taxe, la facture adressée ultérieurement par le vendeur ou le prestataire de services et faisant apparaître pour la première fois cette taxe doit être regardée comme une facture rectificative au sens de l'art. 271-II-3. • CE 24 févr. 2010, n° 308312 : *RJF 2010. 476.*

77. Marchandise non livrée. Prestation non effectuée. Un contribuable n'est pas en droit de déduire de la TVA dont il est redevable à raison de ses propres opérations la taxe mentionnée sur une facture établie à son nom par une personne qui ne lui a fourni aucune marchandise ou prestation de services ou qui n'était pas le fournisseur réel de la marchandise ou de la prestation effectivement livrée ou exécutée. Dans le cas où l'auteur de la facture était régulièrement inscrit au RCS et se présentait à ses clients comme assujetti à la TVA, sans qu'il soit manifeste qu'il n'aurait pas rempli les obligations l'autorisant à faire figurer cette taxe sur les factures, il appartient à l'Administration, si elle entend refuser à celui qui a reçu la facture le droit de déduire la taxe qui y était mentionnée, d'établir qu'il s'agissait d'une facture fictive ou d'une facture de complaisance. • CE 18 sept. 1998, n° 149341, *SARL DIVA : RJF 1998. 1330 ; Dr. fisc. 1999. 85, concl. Goulard* • 14 déc. 2005, n° 253285 : *RJF 2006. 289* • 13 janv. 2006, n° 273398 : *RJF 2006. 433.* ♦ Lorsque des factures de sous-traitants ont été payées par la société et la TVA acquittée pour les montants portés sur ces factures, l'Administration ne peut refuser la déduction de cette taxe, en invoquant la requalification des contrats de sous-traitance en contrats de louage de services, dès lors qu'elle ne soutient ni n'établit que les factures en cause auraient revêtu un caractère fictif ou de complaisance. • CE 30 juill. 2003, n° 232004 : *RJF 2003. 1273 ; Dr. fisc. 2004. 338, concl. Collin.*

78. Le contribuable doit justifier tant du montant des charges et droits à déduction dont il se prévaut que de la correction de leur inscription en comptabilité, c'est-à-dire du principe même de leur déductibilité. Lorsqu'il est justifié que les charges comptabilisées correspondent à des factures émanant d'un fournisseur, l'Administration peut remettre en cause les déductions effectuées en établissant, d'une part, que les factures sont fictives et, d'autre part, que le contribuable ne pouvait ignorer le caractère fictif desdites factures. • CAA Lyon, 11 oct. 2001, n°s 00LY398 et 00LY817 : *Dr. fisc. 2002. 416.* ♦ De même, un contribuable n'est pas en droit de déduire de la TVA dont il est redevable à raison de ses propres opérations la taxe mentionnée sur une facture établie à son nom par une personne qui ne lui a fourni aucune marchandise ou prestation de services. • CE 24 juill. 2009, n° 309278 : *RJF 2009. 126 ; concl. Escaut au BDCF 11/09, n° 126 ; Dr. fisc. 2009. 568, note Bonnet.*

79. Le droit à déduction de la TVA peut être refusé au destinataire d'une facture en raison de l'absence de livraison effective alors même que l'Administration fiscale n'a pas corrigé, dans un avis d'imposition rectificatif adressé à l'émetteur de la facture, la TVA déclarée par celui-ci. • CJUE 31 janv. 2013, *Stroy trans EOOD*, n° C-642/11 : *RJF 2013. 451.* ♦ Pour refuser à l'assujetti destinataire d'une facture le droit de déduire la TVA mentionnée sur cette facture, il suffit que l'Administration établisse que les opérations auxquelles cette facture correspond n'ont pas été réalisées effectivement. • CJUE *27 juin 2018, SGI et Valériane SNC*, n°s 459/17 et 460/17 : *RJF 2018. 1054.* ♦ Un assujetti qui a participé à son insu à une opération fictive ne peut pas déduire la TVA d'amont. • CE 24 oct. 2018, *SNC Églantine*, n° 394100 : *RJF 2019. 27* • CE 24 oct. 2018, *SNC Valériane*, n° 394101 : *RJF 2019. 27.* ♦ Cas d'une TVA indûment facturée dans le cadre d'un montage circulaire de ventes fictives entre mêmes opérateurs, mais néanmoins susceptible d'être régularisée. • CJUE 8 mai 2019, *EN.SA. Srl*, n° 12/17 : *RJF 2019. 732.*

80. TVA perçue à l'importation. L'art. 17-2-*b* de la 6e Dir. TVA (devenu art. 168 *e* de la Dir. n° 2006/112/CE du 28 nov. 2006) ne permet pas à un État membre de subordonner le droit à déduction de la TVA à l'importation au paiement effectif préalable de ladite taxe par le redevable lorsque ce dernier est également le titulaire du droit à déduction. • CJUE 29 mars 2012, *Véleclair SA*, n° C-414/10 : *RJF 2012. 672 ; Dr. fisc. 2012. 286, note Hamonic-Gaux.* ♦ Il en résulte que les dispositions de l'art. 271-II-1-*b* CGI, en tant qu'elles subordonnaient le droit à déduction de la TVA due à l'importation à sa perception effective préalable par l'Administration, étaient incompatibles avec les dispositions de la Dir. du 17 mai 1977. De plus, le droit au remboursement d'un crédit de TVA à l'importation s'apprécie à la date à laquelle l'Administration prend sa décision et exclut tout remboursement lorsque cette TVA n'est plus due pour quelque motif que ce soit à cette date. • CE 10 juin 2013, *Sté Véleclair*, n° 293478 : *RJF 2013. 820 ; BDCF 2013. 91, concl. Aladjidi.*

81. L'obligation qui s'impose à l'Administration, si elle entend refuser à celui qui a reçu une facture le droit de déduire la taxe qui y est mentionnée, d'établir qu'il s'agit d'une facture de complaisance et que le contribuable le savait ou ne pouvait l'ignorer, n'est pas transposable au cas de factures fictives. • CE 11 oct. 2017, *Sté Régie nationale de publicité et d'organisation*, n° 392121 : *RJF 2018. 21 ; Dr. fisc. 2017. 592, concl. Cortot-Boucher, note Angotti.*

82. Justification de la TVA déductible à l'importation. Une entreprise ne peut pas déduire la TVA afférente à l'importation d'un bien dès lors qu'elle n'est pas en possession de la déclaration d'importation ou, selon une solution administrative, d'une « note de frais », d'une facture ou de tout autre document faisant référence au numéro et à la date de déclaration en douane. Il en est ainsi alors même que l'entreprise établit avoir effectivement payé au commissionnaire en douane la somme correspondant à la TVA due à raison de l'importation et être le destinataire réel du matériel. • CE 16 févr. 2001, n° 195718 : *RJF 2001. 810 ; Dr. fisc. 2002. 417.*

83. Transferts de crédit de TVA. Il résulte du 3e al. de l'art. 1844-5 C. civ. qu'en cas de réunion de toutes les parts sociales de sociétés en participation dissoutes entre les mains de leur associé unique, les crédits de TVA déductible dont disposaient ces sociétés peuvent régulièrement être transmis audit associé au moment de leur dissolution. • TA Paris, 21 juin 2005, n° 99-12.692 : *RJF 2006. 71.*

84. Modalités de remboursement d'un crédit de TVA déductible supplémentaire pour un contribuable en situation de crédit permanent. Lorsqu'un contribuable en situation de crédit permanent de TVA constate un crédit de TVA déductible supplémentaire il n'est pas recevable à présenter une réclamation contentieuse. Il lui appartient seulement de reporter, sur les déclarations suivantes, l'excédent de crédit de taxe déductible pour en permettre l'imputation ultérieure sur la TVA à collecter, puis, le cas échéant, de formuler une demande de remboursement de l'excédent de TVA déductible dans les conditions fixées par les art. 242-0 A s. de l'annexe II. • CE (na), 24 oct. 2019, *Sté Basinger*, n° 430752 : *RJF 2020. 23.*

85. Remboursement des crédits de TVA non imputables. V. notes ss. art. 242-0 A et 242-0 C de l'Ann. II.

86. Remboursement de la TVA facturée à tort (ou rabais consenti) à des assujettis étrangers non établis en France. La TVA qui n'est pas due ou qui a été facturée par erreur à l'acquéreur des biens ou au preneur d'un service ne peut pas faire l'objet d'un remboursement en vertu des dispositions des art. 242-0 M à 242-0 Z *ter* (assujettis établis dans l'UE) et des art. 242-0 Z *quater* à 242-0 Z *decies* de la même annexe (assujettis établis en dehors de l'UE), alors même qu'elle aurait été versée au Trésor. Il en va notamment ainsi de la TVA facturée à raison de livraisons de biens qui sont exonérées ou peuvent l'être en application des dispositions des art. 262-I et 262 *ter*-I. * BOI-TVA-DED-50-20-30-20 n° 20 du 12 sept. 2012 * BOI-TVA-DED-50-20-30-40 n° 400 du 5 août 2015.

87. Remboursement de la TVA supportée en France par les assujettis qui ne sont pas établis en France mais dans un autre État membre de l'UE. V. notes ss. art. 242-0 M de l'Ann. II.

88. Remboursement de la TVA supportée en France par un assujetti qui est établi hors de l'UE. V. note aux art. 242-0 Z *quater* à 242-0 Z *decies* de l'Ann. II.

89. Remboursement de la TVA aux assujettis établis dans l'UE. Le délai d'un mois pour répondre à une demande d'informations complémentaires de la part de l'État membre de remboursement n'est pas un délai de forclusion. • CJUE 2 mai 2019, *Sea Chefs Cruise Services GmbH*, n° 13/19 : *RJF 2019. 735 ; Dr. fisc. 2019. 347, note Moraine et Medjebar.*

90. Crédit de TVA remboursable. Le traitement comptable d'une créance de TVA détenue par une société, de même que les mentions de cette créance dans les déclarations souscrites en matière d'IS, sont sans influence sur le droit au remboursement de celle-ci en matière de TVA. • CE 21 déc. 2018, *Sté Linpac Packaging Provence*, n° 412984 : *RJF 2019. 327.*

Art. 271 A *Périmé (Décr. n° 2007-484 du 30 mars 2007).*

Art. 272 **1. La taxe sur la valeur ajoutée qui a été perçue à l'occasion de ventes ou de services est imputée ou remboursée dans les conditions prévues à l'article 271 lorsque ces ventes ou services sont par la suite résiliés ou annulés ou lorsque les créances correspondantes sont devenues définitivement irrécouvrables.**

Toutefois, l'imputation ou le remboursement de la taxe peuvent être effectués dès la date de la décision de justice qui prononce la liquidation judiciaire.

L'imputation ou la restitution est subordonnée à la justification, auprès de l'administration, de la rectification préalable de la facture initiale.

2. La taxe sur la valeur ajoutée facturée dans les conditions définies au 4 de l'article 283 ne peut faire l'objet d'aucune déduction par celui qui a reçu la facture.

3. La taxe sur la valeur ajoutée afférente à une livraison de biens ou à une prestation de services ne peut faire l'objet d'aucune déduction lorsqu'il est démontré que l'acquéreur savait ou ne pouvait ignorer que, par son acquisition, il participait à une fraude consistant à ne pas reverser la taxe due à raison de cette livraison ou de cette prestation.

1. Créance définitivement irrécouvrable. Le caractère définitivement irrécouvrable d'une créance ne saurait résulter de la seule ouverture d'une procédure collective à l'encontre du débiteur. Toutefois l'art. 272, qui autorise le créancier à imputer la taxe afférente à sa créance dès le prononcé de la liquidation judiciaire de son débiteur, ne fait pas pour autant obstacle à ce qu'à tout moment et par tout moyen, dès avant ce prononcé, le créancier établisse le caractère définitivement irrécouvrable de cette créance, notamment dans les cas où il ne l'aurait pas déclarée en temps utile, ou en aurait fait totalement ou partiellement abandon. • CE 1er juin 2005, n° 260401 : *RJF 2005. 848 ; concl. Collin au BDCF 8-9/05, n° 101.*

2. Refus du droit à déduction si les opérations s'inscrivent dans un circuit de fraude (fraude « carrousel »). Remise en cause du droit à déduction. Nécessité de démontrer que les intéressés « savaient ou ne pouvaient ignorer » participer, par leur action, à une opération frauduleuse. Application aux livraisons de biens et non aux prestations de services. * BOI-TVA-CHAMP-30-20-10 nos 130 à 230 du 14 oct. 2020. ♦ Application aux prestations de services à compter du 31 déc. 2015. ♦ V. notes 11 à 15 ss. art. 271.

3. Taxe facturée à tort à un assujetti étranger. La TVA facturée à tort à un assujetti étranger ne peut pas faire l'objet d'un remboursement selon la procédure prévue par la 8e Dir. TVA. • CJCE 15 mars 2007, n° 35/05, *Reemtsma : Dr. fisc. 2007. 576, note Jeannin et Irigoyen.* ♦ La taxe facturée à tort à un assujetti non établi en France ne peut pas être régularisée par l'émetteur de la facture même si l'assujetti étranger n'a pu en obtenir le remboursement du fait d'une demande tardive. • CAA Versailles, 22 janv. 2008, n° 06VE1949 : *RJF 2008. 806.*

4. Opérations impayées. Facture rectificative. L'imputation ou la restitution de TVA prévue par l'art. 272 en cas de ventes annulées ou restées impayées est subordonnée à la justification de la rectification préalable des factures initiales correspondantes. • CE 4 mars 1987, n° 50502 : *RJF 1987. 553.* ♦ L'imputation ou la restitution de la TVA est subordonnée à l'obligation de justifier de la rectification préalable de la facture initiale lorsque la créance correspondant à la vente ou aux services est devenue définitivement irrécouvrable du fait de la mise en liquidation judiciaire du débiteur. • CE 28 mars 2012, *Sté Saint-Germain Automobile,* n° 320470 : *RJF 2012. 587 ; Dr. fisc. 2012. 352, concl. Boucher.* ♦ Lorsque le client est en liquidation judiciaire, la facture rectificative requise pour obtenir l'imputation ou le remboursement de la TVA acquittée au titre des opérations demeurées impayées n'a pas à être communiquée à l'Administration avant la clôture de la liquidation. L'art. 272-1 ne fixe, en effet, aucun délai pour la production de cette facture. Mais la demande de récupération de la taxe doit être formée avant le 31 déc. de la deuxième année suivant celle au cours de laquelle est prononcée la clôture de la liquidation. • CE 28 juill. 2011, *Sté Myrys,* n° 318872 : *RJF 2011. 1145 ; Dr. fisc. 2011. 574, concl. Collin.* ♦ La récupération de la TVA ne peut être refusée pour une créance devenue irrécouvrable à la suite d'une procédure de faillite. • CJUE, ord., 24 oct. 2019, *Porr Építési Kft,* n° 292/19 : *RJF 2020. 292.* ♦ ... Et elle ne peut être refusée au motif que la faillite a été prononcée dans un autre État membre. • CJUE, ord., 29 avr. 2020, n° 756/19 : *RJF 2020. 845.* ♦ Lorsqu'un État membre fixe un délai de prescription au terme duquel l'assujetti, qui dispose d'une créance devenue définitivement irrécouvrable, ne peut plus faire valoir son droit d'obtenir une réduction de l'assiette d'imposition, ce délai doit commencer à courir à compter non pas de la date de l'exécution de l'obligation de paiement initialement prévue, mais de celle à laquelle la créance est devenue définitivement irrécouvrable. • CJUE, ord., 3 mars 2021, n° 507/20 : *RJF 2021. 675.*

5. Note d'avoir ne contenant pas les mentions requises. Des omissions ou erreurs entachant une facture rectificative ou une note d'avoir ne font pas obstacle au droit à la récupération de la TVA sur le fondement de l'art. 272-1 en cas d'opération annulée, résiliée, définitivement impayée ou de rabais postérieur à l'opération facturée lorsque les pièces produites par le redevable permettent d'établir le bien-fondé de sa demande. • CE 12 juill. 2021, n° 433977 : *RJF 2021. 1012.*

6. Opérations facturées avec escompte. Lorsqu'un fournisseur émet des factures sur le montant desquelles le client peut bénéficier d'un escompte s'il paie comptant, ledit fournisseur doit, si le client use de cette possibilité et bénéficie de l'escompte, établir une facture rectificative ou une note d'avoir. A défaut d'établissement de l'un ou l'autre de ces documents, le fournisseur reste redevable de la TVA sur la totalité du prix figurant sur les factures. • CAA Douai, 5 déc. 2017, *EURL Soternor,* n° 15DA00481 : *RJF 2018. 365.*

Art. 273 **1. Des décrets en Conseil d'État déterminent les conditions d'application de l'article 271.**

Ils fixent notamment :

— la date à laquelle peuvent être opérées les déductions ;

— les régularisations auxquelles elles doivent donner lieu ;

— les modalités suivant lesquelles la déduction de la taxe ayant grevé les biens ou services qui ne sont pas utilisés exclusivement pour la réalisation d'opérations imposables doit être limitée ou réduite. — *V. Ann. II, art. 205 à 209.*

2. Ces décrets peuvent édicter des exclusions ou des restrictions et définir des règles particulières, soit pour certains biens ou certains services, soit pour certaines catégories d'entreprises.

Ils peuvent apporter des atténuations aux conséquences des principes définis à l'article 271, *notamment lorsque le redevable* aura justifié de la destruction des marchandises. — *Pour les véhicules ou engins affectés à l'enseignement de la conduite, V. art. 273 septies A.*

3. Ils fixent également les conséquences des déductions sur la comptabilisation et l'amortissement des biens. — *V. Ann. II, art. 15 et 209-II.*

1. Réforme des modalités de déduction. Les modalités de déduction de la TVA sont substantiellement modifiées à compter du 1er janv. 2008. Le Décr. n° 2007-566 du 16 avr.

2007 a remplacé, à compter de cette date, les précédents art. 205 à 242 de l'Ann. II par de nouveaux art. 205 à 210. * BOI-TVA-DED du 12 sept. 2012.

2. Délai de péremption du droit à déduction de la TVA. Conformité à la Constitution de l'art. 273-1, al. 3, qui habilite le pouvoir réglementaire à fixer la date à laquelle peuvent être opérées les déductions de TVA et en vertu duquel ce dernier a limité à deux ans le délai de péremption. • Cons. const., QPC, 18 juin 2010, *SNC Kimberly Clark*, n° 2010-5 : *RJF 2010. 940 ; Dr. fisc. 2010. 576, note Guichard et Grau.*

Art. 273 *bis* *Abrogé par L. n° 90-1169 du 29 déc. 1990, art. 48-II et IV, à compter du 1er janv. 1991.*

Art. 273 *ter* *Abrogé par L. n° 2000-1353 du 30 déc. 2000, art. 2-I, à compter du 1er janv. 2001.*

Art. 273 *quater* *Abrogé par L. n° 88-1149 du 23 déc. 1988, art. 10.*

Art. 273 *quinquies* *Périmé.*

Art. 273 *sexies* et 273 *septies* *Devenus sans objet (Décr. n° 2007-484 du 30 mars 2007).*

Art. 273 *septies* A **La taxe sur la valeur ajoutée afférente aux achats, importations, acquisitions intracommunautaires, livraisons et services effectués à compter du 1er janvier 1993 cesse d'être exclue du droit à déduction en ce qui concerne les véhicules ou engins affectés de façon exclusive à l'enseignement de la conduite.**

1. Selon la CJCE, la France n'a pas manqué aux obligations qui lui incombent en vertu de l'art. 17-2 de la 6e Directive en soumettant la déduction de la TVA ayant grevé l'acquisition des véhicules utilisés par les assujettis enseignant la conduite à la condition qu'ils soient affectés à l'usage exclusif de cette activité. • CJCE 14 juin 2001, n° C-345/99 : *RJF 2001. 1342 ; Dr. fisc. 2001. 924.*

2. N'était pas déductible la TVA grevant l'achat avant le 1er janvier 1993 de motocyclettes utilisées pour l'enseignement de la conduite par un exploitant d'auto-école dès lors que ces engins n'étaient pas munis d'équipements spéciaux destinés à cet usage. • CAA Nantes, 17 déc. 2003, n° 00NT923 : *RJF 2004. 475.* ♦ Cette circonstance ne fait en revanche plus obstacle à la déduction pour des engins acquis après le 1er janvier 1993 dès lors que l'art. 273 *septies* A a fait cesser l'exclusion du droit à déduction les concernant sous la seule condition que les engins soient affectés de façon exclusive à l'enseignement de la conduite. • Même arrêt. ♦ La circonstance que des engins affectés exclusivement à l'enseignement de la conduite ne sont pas inscrits en immobilisation ne fait pas obstacle à la déduction de la TVA. • Même arrêt.

Art. 273 *septies* B **Les assujettis peuvent déduire la taxe sur la valeur ajoutée afférente à l'électricité consommée par les véhicules terrestres exclus du droit à déduction, lorsque ces véhicules sont utilisés pour les besoins d'opérations ouvrant droit à déduction et qu'ils fonctionnent exclusivement au moyen de l'énergie électrique. Il en va de même lorsque les véhicules de cette nature sont pris en location et que la taxe relative à cette location n'est pas déductible.**

Art. 273 *septies* C **La taxe sur la valeur ajoutée afférente aux achats, importations, acquisitions intracommunautaires, livraisons et services effectués à compter du 1er janvier 2006 cesse d'être exclue du droit à déduction en ce qui concerne les véhicules ou engins de type tout terrain affectés exclusivement à l'exploitation des remontées mécaniques et des domaines skiables, selon des conditions fixées par décret.** — *V. Ann. III, art. 84 A.*

Art. 273 *septies* D *(L. n° 2020-105 du 10 févr. 2020, art. 36)* **Une régularisation de la taxe initialement déduite et grevant un bien n'est pas opérée pour les invendus alimentaires et non alimentaires neufs qui ont été donnés aux associations reconnues d'utilité publique présentant un intérêt général de caractère humanitaire, éducatif, social ou charitable dans des conditions fixées par décret.** — *V. Ann. III, art. 84 B (Décr. n° 2020-731 du 15 juin 2020, art. 1er).*

Dispense de régularisation pour les biens donnés à des associations. Commentaires administratifs.* BOI-TVA-DED-60-30 n° 70 du 26 août 2020 * BOI-TVA-CHAMP-10-20-20 n° 130 du 26 août 2020.

Art. 273 octies *Devenu sans objet (Décr. n° 2007-484 du 30 mars 2007).*

III RÉGIME SUSPENSIF

Art. 274 *Abrogé par L. n° 2011-1977 du 28 déc. 2011, art. 23-1°.*

Art. 275 **I. — Les assujettis sont autorisés à recevoir ou à importer en franchise de la taxe sur la valeur ajoutée les biens qu'ils destinent à une livraison à l'exportation, à une livraison exonérée en vertu du I de l'article 262 *ter*, à une livraison dont le lieu est situé sur le territoire d'un autre État membre de** *(L. n° 2019-1479 du 28 déc. 2019, art. 147-I-H et IV, mod. par L. n° 2020-1721 du 29 déc. 2020, art. 51-II, applicable aux opérations pour lesquelles le fait générateur de la taxe sur la valeur ajoutée intervient à compter du 1er juill. 2021)* **« l'Union européenne en application du 1° du I de l'article 258 A** *[ancienne rédaction : la Communauté européenne en application des dispositions de l'article 258 A]* **» ou à une livraison située hors de France en application du III de l'article 258, ainsi que les services portant sur ces biens, dans la limite du montant des livraisons de cette nature qui ont été réalisées au cours de l'année précédente et qui portent sur des biens passibles de cette taxe.**

Pour bénéficier des dispositions qui précèdent, les intéressés doivent, selon le cas, adresser à leurs fournisseurs, remettre au service des douanes ou conserver une attestation, visée par le service des impôts dont ils relèvent, certifiant que les biens sont destinés à faire l'objet, en l'état ou après transformation, d'une livraison mentionnée au premier alinéa ou que les prestations de services sont afférentes à ces biens. Cette attestation doit comporter l'engagement d'acquitter la taxe sur la valeur ajoutée au cas où les biens et les services ne recevraient pas la destination qui a motivé la franchise.

II. — Les dispositions du I s'appliquent aux organismes sans but lucratif dont la gestion est désintéressée qui exportent des biens à l'étranger dans le cadre de leur activité humanitaire, charitable ou éducative.

III. — Les assujettis revendeurs qui, en application des dispositions du présent article, reçoivent ou importent en franchise des biens d'occasion, des œuvres d'art, des objets de collection ou d'antiquité ne peuvent pas appliquer, lors de la livraison de ces biens, les dispositions de l'article 297 A.

1. Attestation. L'exigence d'une attestation de l'« exportateur » visée par l'administration fiscale, établissant la vocation des biens à être exportés ou expédiés dans un autre État membre, afin de bénéficier du régime des livraisons en franchise, n'excède pas ce qui est nécessaire pour assurer une application correcte et simple de ce régime et prévenir toute fraude, évasion ou abus éventuels, et ne méconnaît pas le principe de proportionnalité. Cette exigence est donc compatible avec le droit communautaire. • CE 20 mars 2013, *Sté 2H Energy*, n° 351365 : *RJF 2013. 599.*

2. L'attestation visée au I doit être exigée par les fournisseurs préalablement à la livraison des biens. • CE 25 mars 1983, n° 32048 : *Dr. fisc. 1983. 2182 ; RJF 1983. 773* • 27 juill. 1984, n° 40378 : *RJF 1984. 1138.* ♦ Il en est ainsi même lorsque les conditions de fond de la franchise de TVA sont réunies et que les biens sont réellement exportés. • CE 22 juin 1988, n° 58969 : *RJF 1988. 969.* ♦ Le fournisseur ne peut utilement se prévaloir de ce que des attestations postérieures aux livraisons ont été visées par le service des impôts. • CE 16 déc. 1987, n° 60680 : *Dr. fisc. 1988. 908 ; RJF 1988. 156* • CAA Bordeaux, 18 nov. 1997, n° 96BX387 : *Dr. fisc. 1998. 768 ; RJF 1998. 791 ; BDCF 1998, concl. Péano.*

3. L'attestation prévue par l'art. 275-I ne peut résulter que d'un engagement formel authentifié par la signature d'une personne représentant la société exportatrice. • CAA Bordeaux, 2 oct. 2007, n° 05BX41 : *RJF 2008. 544.*

4. Le bénéfice du régime des achats en franchise n'est pas subordonné à la condition que l'attestation délivrée par l'entreprise exportatrice au fournisseur soit chiffrée. Par suite, l'absence de chiffrage de l'attestation n'entraîne pas l'assujettissement du fournisseur à la TVA. • CE 14 janv. 2002, n° 219318 : *RJF 2002. 381, concl. Goulard, p. 294.*

5. Déclarations établies par procédés informatiques. L'administration des douanes a mis en place la procédure dématérialisée DELT@-C, qui permet d'établir, par voie électronique, une déclaration en douane complète de droit commun pour les importations et les exportations. Cette procédure a remplacé en 2008 le système d'ordinateur pour le traitement du fret international (Sofi) et complété la gamme de téléprocédures DELT@ mise en place par la douane. * Instr. douanes 20 mars 2007, n° 07-019 : *BO douanes n° 6707.* ♦ L'administration des douanes a par ailleurs rappelé, pour les entreprises utilisant la procédure de dédouanement par voie électronique Delt@, les modalités de dématérialisation de la procédure d'avis d'importation en franchise de TVA selon qu'elles sont ou non dispensées du visa de la part des services des impôts des entreprises et allège certaines obligations. * Instr. Douanes 7 juin 2011, n° 11-014 : *BO douanes n° 6896.*

6. Achats en franchise à l'importation. Contingent d'achats en franchise. Avis d'importation d'achat en franchise modèle AI2. * Instr. douanes, 27 oct. 2003, n° 03-078 : *BO douanes n° 6951.*

Art. 276 Toute personne ou société qui entend se prévaloir d'une disposition légale ou réglementaire pour recevoir des produits en franchise de la taxe sur la valeur ajoutée, peut être tenue de présenter, au préalable, une caution solvable qui s'engage, solidairement avec elle, à payer les droits et pénalités qui pourraient être mis à sa charge.

Les modalités d'application du présent article sont fixées par arrêté du secrétaire d'État à l'économie et aux finances. — *V. Ann. IV, art. 49 à 50 bis.*

Art. 277 *Abrogé par L. n° 2007-1824 du 25 déc. 2007, art. 57-XV et XVII, applicable aux opérations pour lesquelles la taxe sur la valeur ajoutée est exigible à compter du 1er janv. 2008.*

Art. 277 A I. — Sont effectuées en suspension du paiement de la taxe sur la valeur ajoutée les opérations ci-après :

1° Les livraisons de biens destinés à être placés sous l'un des régimes suivants prévus par les règlements communautaires en vigueur : conduite en douane, magasins et aires de dépôt temporaire, entrepôts d'importation ou d'exportation, perfectionnement actif ;

2° Les livraisons de biens destinés à être placés sous l'un des régimes suivants :

a) Le régime fiscal suspensif ;

b) et *c)* *Abrogés.*

d) l'entrepôt de stockage de biens négociés sur un marché à terme international et dont la liste est fixée par arrêté du ministre chargé du budget ; — *V. Ann. IV, art. 29 A.*

e) l'entrepôt destiné à la fabrication de biens réalisée en commun par des entreprises, dont une au moins n'a pas d'établissement en France, en exécution d'un contrat international fondé sur le partage de cette fabrication et la propriété indivise des biens produits entre les entreprises contractantes.

L'autorisation d'ouverture d'un régime mentionné au présent 2° est délivrée par le ministre chargé du budget. Cette autorisation détermine les principales caractéristiques de l'entrepôt ou du régime fiscal suspensif demandé. Des arrêtés du ministre pourront instituer des procédures simplifiées et déléguer le pouvoir de décision à des agents de l'administration des impôts ou des douanes ; — *V. Ann. IV, art. 29 B.*

3° Les importations de biens destinés à être placés sous un des régimes mentionnés au 2° ;

4° Les acquisitions intracommunautaires de biens destinés à être placés sous l'un des régimes mentionnés aux 1° et 2° ;

5° Les prestations de services afférentes aux opérations mentionnées aux 1°, 2°, 3° et 4° ;

6° Les livraisons de biens et les prestations de services effectuées sous les régimes énumérés aux 1° et 2°, avec maintien, selon le cas, d'une des situations mentionnées auxdits 1° et 2° ;

7° *a)* Les livraisons de biens placés sous le régime de l'admission temporaire en exonération totale des droits à l'importation, du transit externe ou du transit communautaire interne, avec maintien du même régime ;

b) Les importations de biens mentionnées au 3 de l'article 294 et les importations de biens en provenance d'une partie du territoire douanier de *(L. n° 2019-1479 du 28 déc. 2019, art. 181-I-P et IV)* « l'Union » européenne exclue de son territoire fiscal qui rempliraient les conditions pour bénéficier du régime d'admission temporaire en exonération totale s'il s'agissait de biens en provenance de pays tiers, ainsi que les livraisons de ces biens, avec maintien du même régime ou situation ;

c) Les prestations de services afférentes aux livraisons mentionnées aux *a* et *b*.

II. — 1. La sortie du bien de l'un des régimes mentionnés au I *(L. n° 2019-1479 du 28 déc. 2019, art. 181-I-C et IV, en vigueur le 1er janv. 2022)* « donne lieu à l'exigibilité de la taxe sur la valeur ajoutée afférente aux opérations pour lesquelles elle a été suspendue *[ancienne rédaction : met fin à la suspension du paiement de la taxe sur la valeur ajoutée]*.

« Les conditions dans lesquelles la taxe ainsi devenue exigible est déclarée et dans lesquelles sa déduction est justifiée sont celles qui sont prévues pour les sorties des régimes suspensifs, sans préjudice, lorsque cette sortie constitue également une impor-

tation au sens du *b* du 2 du I de l'article 291, des obligations relatives à la taxe due pour cette importation. »

Le retrait de l'autorisation mentionnée au 2° du I met également fin à la suspension du paiement de la taxe sur la valeur ajoutée. *(L. n° 2018-1317 du 28 déc. 2018, art. 193-II-2° et VI-A, en vigueur le 1er janv. 2020)* **« La déduction de cette taxe est effectuée** *(L. n° 2019-1479 du 28 déc. 2019, art. 181-I-C et IV, en vigueur le 1er janv. 2022)* **« et justifiée » dans les mêmes conditions que** *(L. n° 2019-1479 du 28 déc. 2019, art. 181-I-C et IV, en vigueur le 1er janv. 2022)* **« pour » celle due à la sortie du régime mentionnée au premier alinéa. »** — *V. note ss. art. 271.*

2. *a*. Lorsque le bien n'a fait l'objet d'aucune livraison pendant son placement sous le régime, la taxe doit être acquittée, selon le cas, par l'une des personnes mentionnées ci-après :

1° Pour les livraisons visées aux 1° et 2° du I, le destinataire ;

2° Pour l'importation visée au 3° du I, la personne désignée au *(L. n° 2019-1479 du 28 déc. 2019, art. 181-I-C et IV, en vigueur le 1er janv. 2022)* **« 2** *[ancienne rédaction : troisième alinéa du 1]* **» de l'article 293 A ;**

3° Pour l'acquisition intracommunautaire visée au 4° du 1, la personne désignée au 2 *bis* de l'article 283 ;

4° Pour les prestations de services visées aux 5° et 6° du I, le preneur.

***b*. Lorsque le bien a fait l'objet d'une ou plusieurs livraisons mentionnées aux 6° et 7° du I pendant son placement sous le régime, la taxe doit être acquittée par le destinataire de la dernière de ces livraisons.**

***c*. Dans les cas visés aux *a* et *b*, la personne qui a obtenu l'autorisation du régime est solidairement tenue au paiement de la taxe.**

3. La taxe due est, selon le cas :

1° Lorsque le bien n'a fait l'objet d'aucune livraison pendant son placement sous le régime, la taxe afférente à l'opération mentionnée aux 1°, 2°, 3° ou 4° du I, et, le cas échéant, la taxe afférente aux prestations de services mentionnées aux 5° et 6° du I ;

2° Lorsque le bien a fait l'objet d'une ou plusieurs livraisons mentionnées aux 6° et 7° du I pendant son placement sous le régime, la taxe afférente à la dernière de ces livraisons, augmentée, le cas échéant, de la taxe afférente aux prestations de services mentionnées aux 5°, 6° et 7° du I, effectuées soit après cette dernière livraison soit avant cette dernière livraison si le preneur est la personne mentionnée au *b* du 2 ;

3° Lorsque le bien ne représente qu'une partie des biens placés sous le régime, la taxe afférente, selon le cas, aux opérations visées aux 1° et 2°, pour leur quote-part se rapportant audit bien ;

4° La taxe due conformément aux 1° à 3° est assortie de l'intérêt de retard mentionné au III de l'article 1727 lorsque les biens placés sous un régime fiscal suspensif, mentionné au *a* du 2° du I, en vue de leur expédition ou de leur exportation hors de France, sont reversés sur le marché national.

L'intérêt de retard est calculé à compter du premier jour du mois suivant celui au cours duquel la taxe devenue exigible a été suspendue conformément au I, jusqu'au dernier jour du mois précédant celui au cours duquel les biens sont sortis du régime fiscal suspensif.

[4. en vigueur jusqu'au 31 déc. 2021]

4. Par dérogation au 2, la personne qui doit acquitter la taxe est dispensée du paiement lorsque le bien fait l'objet d'une exportation ou d'une livraison exonérée en vertu de l'article 262 ou du I de l'article 262 *ter*. — *V. Ann. III, art. 95 A.*

[4. en vigueur le 1er janv. 2022]

(L. n° 2019-1479 du 28 déc. 2019, art. 181-I-C et IV) **« 4. Donnent lieu à une dispense de paiement :**

« 1° Lorsque le bien fait l'objet, directement après la sortie du régime, d'une exportation ou d'une livraison exonérée en application de l'article 262 ou du I de l'article 262 *ter*, la taxe devenue exigible conformément au 1 du présent II ;

« 2° Lorsque la sortie du régime constitue une importation, au sens du *b* du 2 du I de l'article 291, et que le bien n'a fait l'objet d'aucune livraison pour laquelle la taxe a été suspendue conformément aux 1°, 2° et 6° ainsi qu'au *a* du 7° du I du présent article, la taxe afférente aux prestations de services comprises dans la base d'imposition de l'importation conformément à l'article 292. »

III. — La personne qui a obtenu l'autorisation d'ouverture d'un régime mentionné au 2° du I doit, au lieu de situation des biens :

1° Tenir un registre des stocks et des mouvements de biens, et un registre devant notamment faire apparaître, pour chaque bien, la nature et le montant des opérations réalisées, les nom et adresse des fournisseurs et des clients. Les prestations de services mentionnées au I doivent faire l'objet d'une indication particulière sur ce dernier registre.

Les assujettis peuvent être autorisés, sur leur demande, à regrouper les informations contenues dans les registres mentionnés ci-dessus dans une comptabilité matières identifiant les biens placés sous les régimes visés, ainsi que la date d'entrée et de sortie desdits régimes.

Un arrêté du ministre chargé du budget fixe les conditions de tenue des registres et de la comptabilité matières ; — *V. Ann. IV, art. 29 C à 29 F.*

2° Être en possession du double des factures et des différentes pièces justificatives relatives aux opérations mentionnées au I.

[IV. en vigueur jusqu'au 31 déc. 2021]

IV. — *Disjoint (Décr. n° 2008-294 du 1er avr. 2008). — V. Ann. III, art. 85 à 85 L. — V. aussi Ann. III, art. 95 B.*

[IV. en vigueur le 1er janv. 2022]

(L. n° 2019-1479 du 28 déc. 2019, art. 181-I-C et IV) **« IV. — La base d'imposition de la taxe due est constatée par l'administration chargée de la gestion du régime, y compris en cas de régularisation et pour les opérations exonérées ou dispensées du paiement de la taxe. »**

(L. n° 2019-1479 du 28 déc. 2019, art. 181-I-C et IV, en vigueur le 1er janv. 2022) **« V. — Le redevable désigné au 2 du II communique à l'administration chargée de la gestion du régime, outre les informations nécessaires pour constater la base imposable :**

« 1° Sa dénomination sociale et l'identifiant prévu à l'article 286 *ter* en cours de validité ;

« 2° Les autres informations qui sont nécessaires pour liquider la taxe ou en contrôler l'application.

« Il indique, le cas échéant, s'il s'agit d'une opération exonérée ou dispensée du paiement de la taxe.

« L'administration chargée de la gestion du régime transmet ces informations à l'administration chargée de la gestion de la déclaration de la taxe.

« Un arrêté du ministre chargé du budget définit les informations prévues au 2° et les modalités de la transmission prévue à l'avant-dernier alinéa du présent V. »

1. Opérations relatives aux produits pétroliers sous un régime suspensif. Nouveau régime suspensif applicable depuis le 1er janv. 2021. * BOI-TVA-CHAMP-40-40 du 24 févr. 2021.

2. Responsabilité du gérant d'un entrepôt fiscal. L'art. 21-3 de la 6e Dir. TVA ne permet pas aux États membres de prévoir que le gérant d'un entrepôt autre qu'un entrepôt douanier est tenu solidairement au paiement de la TVA due à la suite d'une livraison de marchandises effectuée à titre onéreux, au départ de cet entrepôt, par le propriétaire de celles-ci assujetti à cette taxe, alors même que le gérant dudit entrepôt est de bonne foi ou qu'aucune faute ou négligence ne peut lui être reprochée. • CJUE 21 déc. 2011, n° 499/10 : *RJF 2012. 430.*

SECTION V CALCUL DE LA TAXE

I *TAUX*

BIBL. ▶ DE FRÉMINET, *Dr. fisc. 2003. 242* (taux de la TVA : cohérence ou incohérence européenne ?).

Art. 278-0 *(L. n° 2020-1721 du 29 déc. 2020, art. 44-I-9°)* **Lorsqu'une opération comprend des éléments autres qu'accessoires relevant de taux différents, le taux applicable à cette opération est le taux le plus élevé parmi les taux applicables à ces différents éléments.**

Art. 278-0 A *(L. n° 2020-1721 du 29 déc. 2020, art. 44-I-9°)* **Par dérogation aux I et II de l'article 257 *ter*, lorsque les éléments autres qu'accessoires d'une opération relèvent des taux particuliers prévus aux articles 281 *quater* à 281 *nonies* ou à l'article 298**

septies, les éléments accessoires relèvent du taux qui leur est propre déterminé dans les conditions prévues à l'article 278-0.

Art. 278-0 B *(L. nº 2020-1721 du 29 déc. 2020, art. 44-I-9º)* I. — Les acquisitions intracommunautaires et importations de biens, autres que les œuvres d'art, relèvent du taux prévu pour les livraisons portant sur les mêmes biens.

II. — La prestation de travail à façon relève du taux prévu pour les livraisons portant sur le bien obtenu au moyen de ce travail à façon lorsque cette prestation porte sur des biens d'origine agricole, de la pêche, de la pisciculture ou de l'aviculture qui sont normalement destinés :

1º A être utilisés dans la production agricole ;

2º A être utilisés dans la préparation de denrées alimentaires ;

3º A être consommés en l'état par l'homme.

A TAUX NORMAL

Art. 278 Le taux normal de la taxe sur la valeur ajoutée est fixé à 20 %.

B TAUX RÉDUIT

Art. 278-0 *bis* La taxe sur la valeur ajoutée est perçue au taux réduit de 5,5 % en ce qui concerne :

A. — Les *(L. nº 2020-1721 du 29 déc. 2020, art. 44-I-10º-a et II, applicable aux opérations pour lesquelles l'exigibilité et le fait générateur de la taxe sur la valeur ajoutée interviennent à compter du 1er janv. 2021)* « livraisons » portant sur :

(L. nº 2021-1900 du 30 déc. 2021, art. 30-I-10º-a) « 1º Les denrées alimentaires destinées à la consommation humaine, les produits normalement destinés à être utilisés dans la préparation de ces denrées et les produits normalement utilisés pour compléter ou remplacer ces denrées, à l'exception » des produits suivants auxquels s'applique le taux prévu à l'article 278 :

a) Les produits de confiserie ;

b) Les chocolats et tous les produits composés contenant du chocolat ou du cacao. Toutefois le chocolat, le chocolat de ménage au lait, les bonbons de chocolat, les fèves de cacao et le beurre de cacao sont admis au taux réduit de 5,5 % ;

c) Les margarines et graisses végétales ;

d) Le caviar ;

(L. nº 2021-1900 du 30 déc. 2021, art. 30-I-10º-a) « *e)* Les boissons alcooliques ; »

1º *bis* Les produits de protection hygiénique féminine ;

2º Les appareillages, équipements et matériels suivants :

a) Les appareillages pour handicapés mentionnés aux chapitres Ier et III à VII du titre II et au titre IV de la liste des produits et des prestations remboursables prévue à l'article L. 165-1 du code de la sécurité sociale ;

b) Les appareillages pour handicapés mentionnés au titre III de la liste précitée ou pris en charge au titre des prestations d'hospitalisation définies aux articles L. 162-22-6 et L. 162-22-7 du même code et dont la liste est fixée par arrêté conjoint des ministres chargés de la santé et du budget ; — *V. Arr. du 27 avr. 2005 (JO 30 avr.), mod. par Arr. du 22 févr. 2013 (JO 27 févr.) et Arr. du 24 févr. 2014 (JO 6 mars), abrogés par Arr. du 18 févr. 2015, art. 2 et 3 (JO 28 févr.), à compter du 1er mars 2015. A compter de cette date, V. Ann. IV, art. 30-0 A.*

c) Les équipements spéciaux, dénommés aides techniques et autres appareillages, dont la liste est fixée par arrêté du ministre chargé du budget et qui sont conçus exclusivement pour les personnes handicapées en vue de la compensation d'incapacités graves ; — *V. Ann. IV, art. 30-0 B.*

d) Les autopiqueurs, les appareils pour lecture automatique chiffrée de la glycémie, les seringues pour insuline, les stylos injecteurs d'insuline et les bandelettes et comprimés pour l'autocontrôle du diabète ;

e) Les appareillages de recueil pour incontinents et stomisés digestifs ou urinaires, les appareillages d'irrigation pour colostomisés, les sondes d'urétérostomie cutanée pour stomisés urinaires, les solutions d'irrigation vésicale et les sondes vésicales pour incontinents urinaires ;

f) Les ascenseurs et matériels assimilés, spécialement conçus pour les personnes handicapées et dont les caractéristiques sont fixées par arrêté du ministre chargé de l'économie et des finances ; — *V. Ann. IV, art. 30-0 C.*

(L. n° 2021-1900 du 30 déc. 2021, art. 30-I-10°-b) « *g)* Les appareillages, matériels et équipements pour personnes en situation de handicap bénéficiant du forfait de prise en charge prévu à l'article L. 165-1-1 du code de la sécurité sociale pour les produits innovants ou bénéficiant de la prise en charge transitoire prévue à l'article L. 165-1-5 du même code ; »

(L. n° 2017-1837 du 30 déc. 2017, art. 11) « Pour les appareillages, équipements et matériels mentionnés aux *c* et *f* du présent 2°, la taxe sur la valeur ajoutée au taux réduit de 5,5 % s'applique également aux opérations définies à l'article 1709 du code civil ; »

3° Les livres, y compris leur location. *(L. n° 2019-1479 du 28 déc. 2019, art. 35)* « Le présent 3° s'applique aux livres sur tout type de support physique et à ceux qui sont fournis par téléchargement, y compris les livres audio ; »

(Abrogé par L. n° 2020-1721 du 29 déc. 2020, art. 44-I-10°-a et II, applicable aux opérations pour lesquelles l'exigibilité et le fait générateur de la taxe sur la valeur ajoutée interviennent à compter du 1er janv. 2021) (L. n° 2019-1479 du 28 déc. 2019, art. 36) ***« Lorsque ces prestations sont comprises dans une offre, composée ou non de plusieurs autres offres, qui comprend l'accès à un réseau de communications électroniques au sens du 2° de l'article L. 32 du code des postes et des communications électroniques ou à un équipement terminal au sens du 10° du même article L. 32 ou la fourniture de services de télévision au sens de l'article 2 de la loi n° 86-1067 du 30 septembre 1986 relative à la liberté de communication, le taux réduit est applicable au supplément de prix payé par le client par rapport à une offre identique, mais ne comprenant pas tout ou partie de ces mêmes prestations, commercialisée dans des conditions comparables. Le cas échéant, cette assiette est majorée de celle établie pour l'application du taux réduit à cette autre offre.***

« A défaut d'une telle autre offre, le taux réduit est applicable aux sommes payées, par client, pour l'acquisition de ces prestations, dans la limite, le cas échéant, du prix auquel ces prestations sont commercialisées par ailleurs par le fournisseur ; »

B. — Les abonnements relatifs aux livraisons d'électricité d'une puissance maximale inférieure ou égale à 36 kilovoltampères, d'énergie calorifique et de gaz naturel combustible, distribués par réseaux, ainsi que la fourniture de chaleur lorsqu'elle est produite au moins à 50 % à partir de la biomasse, de la géothermie, *(L. n° 2018-1317 du 28 déc. 2018, art. 18)* « de l'énergie solaire thermique, » des déchets et d'énergie de récupération.

La puissance maximale prise en compte correspond à la totalité des puissances maximales souscrites par un même abonné sur un même site ;

C. — La fourniture de logement et de nourriture dans les maisons de retraite, les établissements accueillant des personnes handicapées, les logements-foyers mentionnés à l'article L. 633-1 du code de la construction et de l'habitation et les établissements mentionnés au *b* du 5° et aux 8° et 10° du I de l'article L. 312-1 du code de l'action sociale et des familles. Ce taux s'applique également aux prestations d'hébergement et d'accompagnement social rendues dans les résidences hôtelières à vocation sociale mentionnées à l'article L. 631-11 du code de la construction et de l'habitation s'engageant à réserver plus de 80 % des logements de la résidence à des personnes désignées par le représentant de l'État dans le département ou à des personnes mentionnées au II de l'article L. 301-1 du même code, au premier alinéa de l'article L. 345-2 du code de l'action sociale et des familles ou à l'article *(Ord. n° 2020-1733 du 16 déc. 2020, art. 8-1° et 20, en vigueur le 1er mai 2021)* « L. 552-1 *[ancienne rédaction : L. 744-3]* » du code de l'entrée et du séjour des étrangers et du droit d'asile ainsi qu'aux prestations exclusivement liées, d'une part, à l'état de dépendance des personnes âgées et, d'autre part, aux besoins d'aide des personnes handicapées, hébergées dans ces établissements et qui sont dans l'incapacité d'accomplir les gestes essentiels de la vie quotidienne ; — *S'agissant des résidences hôtelières à vocation sociale, ces dispositions sont applicables aux prestations de service dont le fait générateur intervient à compter du 1er mars 2017 (L. n° 2016-1917 du 29 déc. 2016, art. 29-II).*

D. — Les prestations de services exclusivement liées aux gestes essentiels de la vie quotidienne des personnes handicapées et des personnes âgées dépendantes qui sont dans l'incapacité de les accomplir, fournies par des associations, des entreprises ou des organismes déclarés en application de l'article L. 7232-1-1 du code du travail, dont la liste est fixée par décret, à titre exclusif ou à titre non exclusif pour celles qui bénéficient d'une dérogation à la condition d'activité exclusive selon l'article L. 7232-1-2 du même code ; — *Pour la liste des services à la personne entrant dans le champ du D ci-dessus, V. Ann. III, art. 86-I et III.*

E. — La fourniture de repas par des prestataires dans les établissements publics ou privés d'enseignement du premier et du second degré.

F. — 1° Les spectacles suivants : théâtres, théâtres de chansonniers, cirques, concerts ; spectacles de variétés à l'exception de ceux qui sont donnés dans les établissements où il est d'usage de consommer pendant les séances. Cette exception n'est pas applicable aux établissements affiliés au Centre national de la *(L. n° 2019-1100 du 30 oct. 2019, art. 9 et 10, en vigueur le 1er janv. 2020)* « musique *[ancienne rédaction : chanson, des variétés et du jazz]* » ;

2° Le prix du billet d'entrée donnant accès à des interprétations originales d'œuvres musicales nécessitant la présence physique d'au moins un artiste du spectacle percevant une rémunération dans des établissements où il est servi facultativement des consommations pendant le spectacle et dont l'exploitant est titulaire de la licence de la catégorie mentionnée au 1° de l'article D. 7122-1 du code du travail.

G. — Les droits d'entrée dans les salles de spectacles cinématographiques, quels que soient le procédé de fixation ou de transmission et la nature du support des œuvres ou documents audiovisuels qui sont présentés.

(Abrogé par L. n° 2020-1721 du 29 déc. 2020, art. 44-I-10°-b et II, applicable aux opérations pour lesquelles l'exigibilité et le fait générateur de la taxe sur la valeur ajoutée interviennent à compter du 1er janv. 2021) (L. n° 2019-1479 du 28 déc. 2019, art. 36) ***« Lorsque ces prestations sont comprises dans une offre, composée ou non de plusieurs autres offres, qui comprend l'accès à un réseau de communications électroniques au sens du 2° de l'article L. 32 du code des postes et des communications électroniques ou à un équipement terminal au sens du 10° du même article L. 32 ou la fourniture de services de télévision au sens de l'article 2 de la loi n° 86-1067 du 30 septembre 1986 relative à la liberté de communication, le taux réduit est applicable au supplément de prix payé par le client par rapport à une offre identique, mais ne comprenant pas tout ou partie de ces mêmes prestations, commercialisée dans des conditions comparables. Le cas échéant, cette assiette est majorée de celle établie pour l'application du taux réduit à cette autre offre.***

« A défaut d'une telle autre offre, le taux réduit est applicable aux sommes payées, par client, pour l'acquisition de ces prestations, dans la limite, le cas échéant, du prix auquel ces prestations sont commercialisées par ailleurs par le fournisseur ; »

H. — Les cessions de droits patrimoniaux portant sur des œuvres cinématographiques représentées au cours des séances de spectacles cinématographiques mentionnées à l'article L. 214-1 du code du cinéma et de l'image animée ou dans le cadre de festivals de cinéma ; — *Les dispositions des G et H ci-dessus s'appliquent aux opérations pour lesquelles la taxe sur la valeur ajoutée est exigible à compter du 1er janv. 2014 (L. n° 2013-1278 du 29 déc. 2013, art. 7-IV).*

I. — 1° Les importations d'œuvres d'art, d'objets de collection ou d'antiquité, ainsi que sur les acquisitions intracommunautaires, effectuées par un assujetti ou une personne morale non assujettie, d'œuvres d'art, d'objets de collection ou d'antiquité qu'ils ont importés sur le territoire d'un autre État membre de l'Union européenne ;

2° Les acquisitions intracommunautaires d'œuvres d'art qui ont fait l'objet d'une livraison dans un autre État membre par d'autres assujettis que des assujettis revendeurs. — *Les dispositions du I ci-dessus s'appliquent aux opérations dont le fait générateur intervient à compter du 1er janv. 2014 (L. n° 2013-1278 du 29 déc. 2013, art. 8-II).*

3° Les livraisons d'œuvres d'art effectuées par leur auteur ou ses ayants droit.

J. — Les droits d'entrée perçus par les organisateurs de réunions sportives.

K. — Les autotests de détection de l'infection par les virus de l'immunodéficience humaine. — *Le présent K est applicable du 1er janv. 2017 au 31 déc. 2018 (L. n° 2016-1918 du 29 déc. 2016, art. 61, mod. par L. n° 2017-1837 du 30 déc. 2017, art. 13).*

[K bis et K ter en vigueur jusqu'au 31 déc. 2022]

(L. n° 2020-473 du 25 avr. 2020, art. 5-I et II, applicable aux livraisons et acquisitions intracommunautaires dont le fait générateur intervient à compter du 24 mars 2020) **« K *bis*.**

— Les masques et les tenues de protection adaptés à la lutte contre la propagation du virus covid-19 dont la liste et les caractéristiques techniques sont fixées par arrêté conjoint des ministres chargés de la santé et du budget ; » — *Le présent K bis est abrogé à compter du 1er janv. 2023 (L. n° 2020-473 du 25 avr. 2020, art. 5-III, mod. par L. n° 2021-1900 du 30 déc. 2021, art. 31). — V. Ann. IV, art. 30-0 E et 30-0 G, créé par Arr. du 23 juill. 2020, art. 1er.*

(L. n° 2020-473 du 25 avr. 2020, art. 6, applicable aux livraisons et acquisitions intracommunautaires dont le fait générateur intervient à compter du 1er mars 2020) **« K ter. — Les produits destinés à l'hygiène corporelle et adaptés à la lutte contre la propagation du virus covid-19 dont les caractéristiques sont fixées par arrêté conjoint des ministres chargés du budget et de l'environnement ; »** — *Le présent K ter est abrogé à compter du 1er janv. 2023 (L. n° 2020-473 du 25 avr. 2020, art. 6-III, mod. par L. n° 2021-1900 du 30 déc. 2021, art. 31). — V. Ann. IV, art. 30-0 F (Arr. du 7 mai 2020, art. 1er).*

(L. n° 2017-1775 du 28 déc. 2017, art. 72) **« L. — Les droits d'entrée pour la visite d'un parc zoologique répondant aux conditions fixées par arrêté des ministres compétents. »**

(L. n° 2018-1317 du 28 déc. 2018, art. 190-I-1° et II, applicable aux opérations dont le fait générateur intervient à compter du 1er janv. 2021) **« M. — Les prestations de collecte séparée, de collecte en déchetterie, de tri et de valorisation matière des déchets des ménages et des autres déchets que les collectivités mentionnées à l'article L. 2224-13 du code général des collectivités territoriales peuvent, eu égard à leurs caractéristiques et aux quantités produites, collecter et traiter sans sujétions techniques particulières, ainsi que les prestations de services qui concourent au bon déroulement de ces opérations. »**

1° PRODUITS DIVERS

1. Eau. Le prix de l'eau facturé à l'acheteur au taux réduit peut inclure le coût de l'ensemble des opérations réalisées par le vendeur et concourant directement à la fourniture de l'eau. • CAA Bordeaux, 15 févr. 2007, *Assoc. synd. autorisée de Prénabot*, n° 04BX01865 : *RJF 2007. 799.* ♦ Pour ce qui est de l'eau fournie par les réseaux publics de distribution d'eau potable, le prix se décompose en plusieurs éléments. Aussi, le taux de 5,5 % s'applique non seulement aux parts relatives à la consommation d'eau revenant à l'exploitant du service mais également à celles qui sont reversées à l'autorité publique organisatrice du service de distribution lorsque la gestion de ce dernier est confiée à un délégataire. Ce taux s'applique également à la part du prix relative à l'abonnement ainsi qu'aux redevances perçues à l'occasion de la distribution de l'eau. En revanche, le taux de 7 % s'applique aux opérations relatives à la fourniture et à l'évacuation de l'eau ainsi qu'aux prestations d'assainissement sur le fondement de l'art. 279 b. * BOI-TVA-LIQ-30-10-10 n° 40 du 14 janv. 2020.

2. Produits destinés à l'alimentation humaine. Les notions de « denrées alimentaires destinées à la consommation humaine » et de « produits normalement utilisés pour compléter ou remplacer des denrées alimentaires » doivent être interprétées en ce sens qu'elles visent tous les produits contenant des nutriments constitutifs, énergétiques et régulateurs de l'organisme humain, nécessaires au maintien, au fonctionnement et au développement de cet organisme, consommés afin d'apporter ces nutriments à celui-ci. • CJUE 1er oct. 2020, n° 331/19 : *RJF 2020. 1060 ; Dr. fisc. 2020. 421, note Barviaux.*

3. Bières. Le taux réduit de 5,5 % s'applique aux boissons dont le titre alcoométrique volumique est inférieur à 0,5 % sans qu'il y ait lieu de se référer aux catégories retenues en matière de droit d'accises sur les alcools. Par suite, le taux normal s'applique aux bières dites sans alcool. • CE 4 mai 2018, *Sté Kronenbourg*, n° 417475 : *RJF 2018. 741.* ♦ Les boissons alcooliques s'entendent des boissons dont le titre alcoométrique volumique excède 1,2 % ou, dans le cas des bières, au sens de l'art. 520 A, 0,5 % vol. * BOI-TVA-LIQ-30-10-10 n° 70 du 14 oct. 2020.

4. Produits alimentaires vendus par distributeurs automatiques. Nouvelle doctrine. * BOI-TVA-LIQ-30-10-10 n° 520 du 14 oct. 2020.

5. Vente à emporter de produits alimentaires. Régime applicable à compter du 1er janv. 2012. * BOI-TVA-LIQ-30-10-10 n° 430 du 14 oct. 2020.

6. Sandwichs et salades préparées. Les ventes de sandwichs et de salades avec assaisonnement séparé ou couverts réalisées par les fabricants aux distributeurs ou aux détaillants doivent être taxées au taux réduit de 5,5 %. • CE 11 févr. 2013, *Sté Daunat Bretagne et Sté Daniel Dessaint*, n° 357348 : *RJF 2013. 386 ; Dr. fisc. 2013. 293.*

7. Plats cuisinés vendus par un traiteur. Régime applicable à compter du 1er janv. 2012. * BOI-TVA-LIQ-30-10-10 n° 400 du 14 oct. 2020.

8. Compléments alimentaires. Un complément alimentaire qui ne se présente pas comme un médicament est regardé comme un aliment et bénéficie du taux réduit. Un complément alimentaire qui se présente comme un médicament ne peut pas bénéficier des taux réduits prévus par les art. 278 *quater* et 281 *octies* dès lors qu'il ne remplit pas les conditions de mise sur le marché exigées par ces textes. N'étant pas par ailleurs un aliment, il ne peut pas bénéficier du taux réduit. Il relève donc du taux normal de la TVA. • CE 29 août 2008, ⚖ *Sté des laboratoires IPRAD*, n° 295806 : *RJF 2008. 1313 ; Dr. fisc. 2008. 588, concl. Olléon.* ♦ Un complément alimentaire qui se présente comme un médicament et dont il est constant qu'il n'a pas fait l'objet de l'autorisation de mise sur le marché (AMM) prévue à l'art. L. 5121-8 CSP relève du taux normal et non du taux réduit. • CAA Bordeaux, 18 févr. 2018, *Sté X*, n° 16BX02180 : *RJF 2019. 325.*

9. Chocolats. Les produits de chocolat font l'objet d'une définition élargie résultant du Décr. n° 2003-702 du 29 juill. 2003, applicable à compter du 3 août 2003. Sont notamment passibles du taux réduit : dans la catégorie « chocolats », les produits présentés en tablettes, en bâtons, en vermicelles ou en flocons, ainsi que le chocolat de couverture et le chocolat aux noisettes gianduja ; dans la catégorie « chocolats de ménage au lait », les produits présentés en tablettes ou en bâtons. * BOI-TVA-LIQ-30-10-10 n° 160 du 14 oct. 2020.

10. Margarines et graisses végétales. L'application aux margarines et graisses végétales du taux normal, au lieu du taux réduit dont bénéficient les produits alimentaires d'origine laitière entrant dans la composition des corps gras non végétaux et notamment du beurre, est conforme à la Constitution. • Cons. const. 29 avr. 2011, n° 2011/121 QPC : *RJF 2011. 866.* ♦ Sur renvoi de • CE 14 févr. 2011, ⚖ *Sté UNILEVER France*, n° 344966 : *RJF 2011. 634.*

11. Association de chasse. Gibier. L'attribution du gibier aux chasseurs ne peut être soumise au taux réduit dès lors que le droit de chasser et le droit d'emporter les pièces abattues constituent un ensemble indissociable faisant l'objet d'un prix global forfaitaire. • CAA Bordeaux, 31 juill. 1992, ⚖ *Assoc. Club de chasse de Troupins*, n° 91BX00607 : *Dr. fisc. 1993. 2203 ; RJF 1992. 1493* • 26 févr. 2002, n° 98BX359 : *Dr. fisc. 2002. 617.* ♦ Les pièces de gibier commercialisées dans le cadre de parties de chasse organisées sont indissociables de l'organisation desdites parties de chasse, quelles que soient leurs modalités d'organisation et de facturation. Elles sont, par suite, soumises au taux normal de la TVA comme la prestation d'organisation elle-même. • CAA Nancy, 7 oct. 2004, ⚖ n° 00NC01148 : *RJF 2005. 678 ; Dr. fisc. 2005. 286.*

12. Produits d'origine agricole, de la pêche, de la pisciculture et de l'aviculture. Le taux réduit de 10 % de la TVA s'applique aux opérations d'achat, d'importation, d'acquisition intracommunautaire, de vente, de livraison, de commission, de courtage ou de façon portant sur les produits d'origine agricole et sous-produits du règne animal, du règne végétal, de la pêche, de la pisciculture et de l'aviculture n'ayant subi aucune transformation (exemple : cuir, laine, duvet, latex, fleur, etc.) visés à l'art. 278 *bis* 3°. Lorsqu'ils sont destinés à être consommés en l'état par l'homme (la circonstance que le produit nécessite d'être préparé avant d'être mangé – épluchage, séchage, cuisson, vidage – ne fait pas obstacle à sa qualification de produit consommable en l'état), ils sont soumis au taux réduit de 5,5 %, quelle que soit l'utilisation qui en est faite. * BOI-TVA-LIQ-30-10-20 n° 1 du 2 mars 2016.

2° LIVRES

13. Notion de livre. Un livre est un ensemble imprimé, illustré ou non, publié sous un titre, ayant pour objet la reproduction d'une œuvre de l'esprit d'un ou plusieurs auteurs en vue de l'enseignement, de la diffusion de la pensée et de la culture. * BOI-TVA-LIQ-30-10-40 n° 40 du 15 juill. 2013. ♦ Le livre s'entend d'un ouvrage qui constitue un ensemble homogène comportant un apport intellectuel. • CE 17 juin 1996, ⚖ *SA France Sud Diffusion*, n° 145594 : *Dr. fisc. 1996. 1476, concl. Ph. Martin ; RJF 1996. 902* • 17 févr. 1997, ⚖ *SA France Sud Diffusion*, n° 155372 : *Dr. fisc. 1997. 1344.* ♦ ... Peu important qu'il soit imprimé ou non. • CE 16 juill. 2021, ⚖ n° 437681 : *RJF 2021. 1008, concl. Ciavaldini ; Dr. fisc. 2021. 397, note Deleu.* ♦ L'application du taux réduit de la TVA est étendue aux ouvrages comportant un apport éditorial avéré. Sont ainsi soumis à ce taux les ouvrages qui, bien que dépourvus de contenu rédactionnel au sens strict, constituent cependant des œuvres de l'esprit en raison du travail éditorial important qu'ils supposent. L'apport éditorial est caractérisé par la recherche, la sélection et la mise en forme de données (agrégation, ordonnancement, présentation, indexation, etc.) conférant à l'ensemble une homogénéité et une cohérence globale. * BOI-TVA-LIQ-30-10-40 n° 80 du 15 juill. 2013.

14. Sont notamment soumis au taux réduit les annuaires de personnalités, les répertoires portant sur un secteur d'activité particulier, les guides (guides d'hôtels-restaurants ou guides touristiques non mentionnés note 16), les recueils de photographies, les ouvrages artistiques constitués de reproductions, les répertoires d'œuvres, les catalogues d'exposition vendus dans les musées, les ouvrages de cotation comportant un aspect rédactionnel ou éditorial (philatélie, numismatique, cartophilie, etc.), les partitions de musique, les cartes géographiques (routières, touristiques, de ville, etc.) et les atlas, les albums et livres de coloriage, les cahiers d'exercices et de travaux pratiques scolaires. * BOI-TVA-LIQ-30-10-40 n° 140 du 15 juill. 2013. ♦ Admission au taux réduit des partitions de musique. • CE 26 nov.

2007, *Sté Arezzo,* n° 300828 : *RJF 2008. 133 ; Dr. fisc. 2007. 1064, concl. Escaut.* ♦ ... D'ouvrages contenant une sélection de photographies prises durant une année scolaire et des textes rédigés par les enseignants commentant les activités pédagogiques proposées aux élèves des classes concernées. • CE 16 juill. 2021, n° 437681 : *préc. note 13.*

15. Ne constituent pas des livres : des ouvrages se présentant comme la réunion et l'amalgame de chapitres interchangeables qui peuvent être répartis dans diverses publications, vendues sous des titres différents sans mention d'auteur, et ne comportant aucun apport intellectuel. • CE 17 juin 1996, *SA France Sud Diffusion,* n° 145594 : *préc. note 13* • 17 févr. 1997, *SA France Sud Diffusion,* n° 155372 : *préc. note 13.* ♦ ... Les répertoires comportant de simples énumérations. • CE 28 nov. 1964, *Lafitte,* n° 44067. ♦ ... Les plans de ville et répertoires de rues. • CE 12 nov. 1965, *Bererd,* n° 53347. ♦ ... Les albums destinés à recevoir des images vendues séparément. • CE 20 févr. 1980, *SA Éditions de la Tour,* n° 12513 : *RJF 1980. 301.* ♦ ... Les barèmes, tables, tarifs, cotations, distanciers. * BOI-TVA-LIQ-30-10-40 n° 200 du 15 juill. 2013. ♦ ... Les dossiers techniques décrivant les caractéristiques et le mode d'emploi d'appareils ou de pièces, sans apport pédagogique ou scientifique. • CE 6 nov. 1974, n° 91114 : *RJF 1975. 13* • 29 oct. 1984, *Sté d'édition de l'expertise automobile et du matériel industriel,* n° 38555 : *RJF 1984. 1423.* ♦ ... Les recueils de mots croisés. • CE 9 oct. 1991, *SARL Éditions G. Cotteau,* n° 82284 : *Dr. fisc. 1992. 511 ; RJF 1991. 1369.* ♦ ... Les ouvrages périodiques ou non périodiques consacrés aux jeux (mots croisés, mots fléchés, mots à caser, etc.). * BOI-TVA-LIQ-30-10-40 n° 207 du 15 juill. 2013. ♦ ... Un ouvrage constitué de « tablettes de jeux » permettant aux joueurs de loto de déterminer des combinaisons de chiffres à jouer. • CAA Nantes, 14 oct. 1997, n° 95NT0829 : *Dr. fisc. 1998. 121.* ♦ ... Des guides et annuaires politiques constituant de simples répertoires des élus et responsables administratifs, dépourvus de tout commentaire ou développement. • CAA Lyon, 13 nov. 2003, *SARL Sté Information, Recherches, Études sociales (IRES),* n° 03LY1206 : *RJF 2005. 228.* ♦ ... Le rapport annuel d'une société. * Rép. min. n° 15289 : *JOAN Q, 4 juin 2013, p. 5836.* ♦ ... Les livres de naissance : albums destinés à être distribués dans un cadre familial (photos de naissance...). * BOI-TVA-LIQ-30-10-40 n° 200 du 15 juill. 2013. ♦ ... Des journaux anciens, revendus à l'unité sous l'appellation « Le journal du jour de sa naissance » après avoir été triés et remis en état. • CAA Paris, 25 janv. 2006, *SARL Les temps de la presse et de l'image,* n° 04PA02347 : *RJF 7/06, n° 845* • CE (na), 13 juin 2007, n° 291503 : *RJF 2007. 1407.* ♦ ... Des brochures de voyance ou de numérologie, qui sont adressées personnellement à chacun des clients, dont le contenu dépend d'indications et de renseignements qu'il leur est demandé de fournir, qui se présentent comme des études de voyance personnalisées et qui ne comportent pas de véritable apport intellectuel. • CAA Nancy, 14 déc. 2006, *SARL Bibliothèque du Grand Prieuré,* n° 03NC00970 : *RJF 2007. 552.* ♦ ... Un ouvrage, intitulé « L'Agenda chrétien », qui a principalement pour objet de remplir une fonction d'agenda, et dont l'apport intellectuel, constitué par des citations, photographies, biographies et extraits de la Bible, demeure accessoire par rapport à cette fonction. • CE 16 juill. 2014, *Sté Ancleberg,* n° 364477 : *RJF 2014. 1000.* ♦ ... Une revue sur les véhicules d'une marque particulière composée de photos, de descriptions techniques et de pages à caractère promotionnel dont l'apport intellectuel demeure accessoire. • CE (na), 27 déc. 2019, *Sté Éditions Terre Mars,* n° 430892 : *RJF 2020. 319.* ♦ En revanche, des tests pour l'examen du permis de conduire qui se présentent comme des recueils de questions comportant des réponses à choix multiples, les réponses exactes étant indiquées en fin d'ouvrage à l'aide d'une grille de correction, participent à l'enseignement ou à la diffusion de la culture. Ils doivent, dès lors, être regardés comme des livres. • CAA Lyon, 13 nov. 2003, n° 99LY03010 : *RJF 2005. 228.*

16. Les guides d'établissements de restauration et de loisirs qui permettent de bénéficier de réductions de prix dans une zone déterminée et dont les règles d'utilisation stipulent que les restaurateurs présents dans ces guides se sont engagés par écrit auprès des éditeurs à garantir les réductions dans l'unique but de faire découvrir leur établissement ne répondent pas à la définition fiscale du livre. * BOI-TVA-LIQ-30-10-40 n° 205 du 15 juill. 2013. ♦ Il en est de même d'un guide de restaurants permettant de bénéficier de réductions de prix. • CAA Bordeaux, 24 févr. 2015, *SARL Veverka,* n° 13BX00477 : *RJF 2015. 480.*

17. Un livre à caractère pornographique qui n'a pas fait l'objet des interdictions prévues au 1° de l'art. 279 *bis* est soumis au taux réduit. • CAA Nantes, 13 mars 1996, *SARL Promotion-Diffusion « Les Vikings »,* n° 94NT00950 : *RJF 1997. 20.*

18. *Documents de propagande électorale.* Ces documents (bulletin de vote, profession de foi, circulaire, journal de campagne, programme électoral) répondent à la définition fiscale du livre et peuvent donc bénéficier du taux réduit. En conséquence, les opérations de façon concourant à leur fabrication, telles que les opérations de composition et d'impression, relèvent également du taux réduit. En revanche, les affiches électorales, qui ne constituent pas des livres dans leur usage, sont soumises au taux normal. * BOI-TVA-LIQ-30-10-40 n° 260 du 15 juill. 2013.

19. *Livres sur supports physiques.* La fourniture de livres sous forme de disque compact, de cédérom, de clé USB, ou de tout autre support physique similaire, relève du taux réduit de la taxe dès lors que le contenu du support reproduit, pour l'essentiel, la même information textuelle que celle contenue dans les livres imprimés effectivement diffusés. Tel est le cas, notamment, de la fourniture de livres audio. * BOI-TVA-LIQ-30-10-40 n° 80 du 15 juill. 2013. ♦ V. aussi note 21.

20. Cédéroms. Cassettes. Même si, par son contenu homogène et son apport intellectuel, un « livre-cédérom » – composé d'un livre conçu par des éditeurs d'art et d'un cédérom comportant l'un et l'autre des reproductions d'œuvres d'art accompagnées de texte – est susceptible de contribuer à la diffusion de la culture et de la pensée, le disque numérique à lecture optique qui constitue le cédérom ne peut être regardé lui-même comme un livre. Dès lors les opérations portant sur un tel support ne peuvent bénéficier du taux réduit. S'agissant d'un produit composé d'un livre et d'un cédérom, le taux normal s'applique à la totalité du prix de vente du produit dès lors que l'assujetti n'a pas ventilé les opérations dans sa comptabilité selon le taux de TVA applicable. • CAA Paris, 8 févr. 2001, *Havas Interactive*, n° 99PA03795 : *RJF 2001. 928 ; Dr. fisc. 2001. 925* • CE 5 juin 2002, *Sté Havas Interactive*, n° 232392 : *Dr. fisc. 2002. 656, concl. Bachelier ; RJF 2002. 921.* ♦ Le support de l'enregistrement sonore de la lecture d'un livre ne peut être regardé lui-même comme un livre, lequel est constitué exclusivement par un ouvrage imprimé. Par suite, les opérations effectuées sur un tel support ne bénéficient pas du taux réduit. • CAA Lyon, 10 mai 2000, *SARL « Éditions La voix de son livre »*, n° 97LY00360 : *Dr. fisc. 2001. 433, concl. Millet.*

21. Livres numériques ou électroniques. **BIBL.** Carré de Souza et Moraine, *Dr. fisc. 2012.167* (et si l'application du taux réduit au livre numérique était compatible avec le droit de l'UE ?). – Varnerot, *Dr. fisc. 2014. 649* (la détermination du taux de TVA applicable aux livres numériques). ♦ Le taux réduit s'applique aux livres sur tout type de support physique, y compris ceux fournis par téléchargement. Le livre, numérique, ou sur support physique, a pour objet la reproduction et la représentation d'une œuvre de l'esprit créée par un ou plusieurs auteurs, constituée d'éléments graphiques (textes, illustrations, dessins...) publiée sous un titre. Le livre numérique ne diffère du livre imprimé que par quelques éléments nécessaires inhérents à son format. Sont considérées comme *des éléments accessoires* propres au livre numérique les variations typographiques et de composition ainsi que les modalités d'accès au texte et aux illustrations (moteur de recherche associé, modalités de défilement ou de feuilletage du contenu). Le livre numérique est disponible sur un réseau de communication au public en ligne, notamment par téléchargement ou diffusion en flux, ou sur un support d'enregistrement amovible.* BOI-TVA-LIQ-30-10-40 n° 85 du 15 juill. 2013. ♦ La Dir. mod. n° 2006/112/CE du 28 nov. 2006 ne s'oppose pas, pour autant que le principe de neutralité fiscale inhérent au système commun de la TVA soit respecté, ce qu'il incombe à la juridiction de renvoi de vérifier, à une législation nationale qui soumet les livres édités au format papier à un taux réduit de TVA et ceux qui le sont sur d'autres supports physiques, tels que des CD, des CD-ROM ou des clés USB, au taux normal de cette taxe. • CJUE 11 sept. 2014, *Koy*, n° C-219/13 : *RJF 2014. 1163 ; Dr. fisc. 2014. 589, note Moraine et de Bechade.*

22. Selon la CJUE, le taux réduit ne peut s'appliquer qu'à la fourniture de livres sur support physique. Or, un livre électronique ne peut être considéré comme tel : même s'il nécessite, aux fins d'être lu, un support physique (comme un ordinateur, par exemple), ce support n'est pas fourni avec le livre électronique. D'autre part, la fourniture d'un livre électronique fait partie des prestations de services électroniques, pour lesquelles la Dir. TVA exclut toute possibilité d'appliquer un taux réduit de TVA. • CJUE 5 mars 2015, n° C-479/13 : *RJF 2045. 457.* ♦ Une Dir. UE/2018/1713 du 6 nov. 2018 permet désormais aux États membres qui le souhaitent d'appliquer aux publications fournies par voie électronique les taux de TVA qu'ils appliquent aux publications sur tout type de support physique.

3° SERVICES À LA PERSONNE

23. Nouvelle liste des services d'aide à la personne. Entrée en vigueur au 1er juill. 2013. * BOI-TVA-LIQ-30-20-80 du 15 mai 2019.

24. Hébergement et accompagnement social rendus dans certaines résidences hôtelières à vocation très sociale. Le taux de 5,5 % s'applique aux prestations d'hébergement et d'accompagnement social rendues à toutes les personnes hébergées dans ces résidences hôtelières, quelle que soit la qualité du prestataire, dans les conditions précisées dans l'agrément. * BOI-TVA-LIQ-30-20-10-10 n° 270 du 7 juin 2017.

25. Maison de retraite. Pour l'application de l'art. 278-0 *bis* C, les maisons de retraite s'entendent des établissements sociaux ou médico-sociaux destinés à l'hébergement des personnes âgées et mentionnés au 6° de l'art. L. 312-1 CASF et qui sont régis par les dispositions de ce code. • CE 18 mars 2019, *Sté Les Jardins d'Arcadie Résidences*, nos 409652 et 409653 : *RJF 2019. 239.*

4° ÉQUIPEMENTS POUR HANDICAPÉS. PRODUITS MÉDICAUX

26. Équipements pour handicapés. 1° Liste des produits et des prestations remboursables

Orthèses et prothèses externes (titre II de la LPP). 2° Dispositifs médicaux implantables, implants et greffons tissulaires (titre III de la LPP). 3° Équipements spéciaux. Fauteuils roulants. Équipements pour véhicules automobiles. 4° Ascenseurs et matériels assimilés spécialement conçus pour les personnes handicapées. 5° Appareillages utilisés par les diabétiques, stomisés ou incontinents. Pompes à insuline. * BOI-TVA-LIQ-30-10-50 du 23 sept. 2020.

27. Équipements pour aveugles. Seuls les équipements pour aveugles figurant sur la liste de l'art. 30-0 B de l'annexe IV bénéficient du taux de 5,5 %. • CE 21 juin 2019, n° 411740 : *RJF 2019. 895.* * BOI-TVA-LIQ-30-10-50 n° 150 du 23 sept. 2020.

28. Préservatifs. Prévention du sida. A compter du 1er janv. 2014, le taux réduit de TVA de 5,5 % est étendu aux opérations portant sur les préservatifs masculins et féminins. Les trousses de prévention de la contamination par les virus du sida et des hépatites, y compris les trousses dites « modèle de rue », bénéficient également du taux réduit. * BOI-TVA-LIQ-30-10-60 n° 60 du 23 janv. 2019.

29. Lutte contre le covid-19. Application du taux réduit. Masques de protection et produits destinés à l'hygiène corporelle. Tenues de protection (lunettes et visières de protection, gants médicaux d'examen, casaques, blouses, surblouses, tabliers, charlottes et surchaussures). * BOI-TVA-LIQ-30-10-55 du 4 août 2020.

5° SPECTACLES

30. Spectacles de variétés. Le taux réduit n'est pas applicable : à un spectacle composé d'attractions variées comportant une succession de tableaux et de passages chantés. • CAA Nancy, 22 juin 1995, n° 93NA00559 : *RJF 1995. 1108.* ♦ ... A des spectacles « son et lumière », comportant la mise en œuvre de moyens pyrotechniques et audiovisuels ainsi que de techniques produisant des effets aquatiques et des jeux de lumière et de rayons laser, dès lors que ces spectacles ne donnent lieu à aucune interprétation artistique et que ne sont employés que des artificiers. • CE 14 nov. 2001, *SARL Pyroscénie*, n° 228587 : *Dr. fisc. 2002. 597, concl. Bachelier.* ♦ ... Aux intermédiaires assurant la vente des billets, lesquels sont soumis au taux normal. • CAA Bordeaux, 28 déc. 1995, n° 94BX00617 : *Dr. fisc. 1996. 983.* ♦ ... Aux opérations dites de « catering » relatives à la restauration des artistes et techniciens participant aux spectacles. • TA Paris, 9 mars 2004, n° 97-11.461/1 : *Dr. fisc. 2004. 617, concl. Merloz.* ♦ ... A l'activité de thé dansant. • CAA Lyon, 2 déc. 2009, n° 08LY00327 : *RJF 2010. 578.* ♦ ... Aux corridas. • CE 15 févr. 2019, *Sté Plateau de Valras*, n° 408228 : *RJF 2019. 428.* ♦ En revanche, le taux réduit est applicable : aux spectacles de strip-tease qui constituent des spectacles de variétés. • CAA Bordeaux, 20 nov. 2008, n° 07BX00946 : *RJF 2009. 323.*

31. Réunions sportives. La règle selon laquelle l'exonération de TVA prévue en faveur des droits d'entrée perçus par les organisateurs de réunions sportives entrant dans le champ de l'impôt sur les spectacles s'applique même lorsque ces manifestations ne sont pas effectivement soumises à cet impôt en raison d'une exonération est modifiée à compter du 1er janv. 2015. A compter de cette date, les droits d'entrée aux manifestations sportives exonérées d'impôt sur les spectacles sont taxés à la TVA au taux réduit de 5,5 %. * BOI-TVA-LIQ-30-20-40 nos 40 à 50 du 23 sept. 2020.

6° PRODUITS ET SERVICES DIVERS

32. Objets de collection. BIBL. Desmorieux, *BFL 2015, p. 514* (TVA à l'importation : l'un des charmes cachés des véhicules de collection).

33. Livraisons d'œuvres d'art effectuées par leur auteur ou par ses ayants droit. Seul l'auteur de l'œuvre et ses ayants droit peuvent appliquer le taux réduit pour peu qu'ils ne bénéficient pas de la franchise en base prévue par l'art. 293 B-III. Les livraisons de ces mêmes biens par d'autres personnes (galerie d'art, intermédiaire agissant en son nom propre) relèvent du taux normal. * BOI-TVA-SECT-90-40 n° 300 du 4 mars 2015.

34. Tatouages. Les tatouages qui ne sont pas repris dans la liste des œuvres d'art définies à l'art. 98 A de l'annexe III ne peuvent pas bénéficier du taux réduit de 5,5 %.

35. Fourniture de chaleur issue de l'énergie solaire. Extension du taux réduit aux abonnements. * BOI-TVA-LIQ-30-20-20 nos 140 et 145 du 4 mars 2020.

36. Service public de gestion des déchets des ménages. Taux applicables aux prestations. * BOI-TVA-LIQ-30-20-70 du 19 mai 2021.

Art. 278-0 *bis* A **1. La taxe sur la valeur ajoutée est perçue au taux réduit mentionné au premier alinéa de l'article 278-0 *bis* sur les travaux d'amélioration de la qualité énergétique des locaux à usage d'habitation achevés depuis plus de deux ans ainsi que sur les travaux induits qui leur sont indissociablement liés. Ces travaux portent sur la pose, l'installation et l'entretien des matériaux et équipements mentionnés au 1 de l'article 200 *quater*** *(L. n° 2017-1837 du 30 déc. 2017, art. 79)* **« , dans sa rédaction antérieure à celle résultant de la loi n° 2017-1837 du 30 décembre 2017 de finances pour 2018 », sous réserve que ces matériaux et équipements respectent des**

caractéristiques techniques et des critères de performances minimales fixés par arrêté du ministre chargé du budget. – *V. Ann. IV, art. 30-0 D.*

2. Par dérogation au 1, le taux prévu à l'article 278 s'applique aux travaux, réalisés sur une période de deux ans au plus :

a) Qui concourent à la production d'un immeuble neuf au sens du 2° du 2 du I de l'article 257 ;

b) A l'issue desquels la surface de plancher des locaux existants est augmentée de plus de 10 %.

3. Le taux réduit prévu au 1 est applicable aux travaux facturés au propriétaire ou, le cas échéant, au syndicat de copropriétaires, au locataire, à l'occupant des locaux ou à leur représentant, à condition que le preneur atteste que ces travaux se rapportent à des locaux d'habitation achevés depuis plus de deux ans, ont la nature de travaux mentionnés au même 1 et ne répondent pas aux conditions mentionnées au 2. Il est également applicable, dans les mêmes conditions, aux travaux réalisés par l'intermédiaire d'une société d'économie mixte intervenant comme tiers financeur. Le prestataire est tenu de conserver cette attestation à l'appui de sa comptabilité.

Le preneur doit conserver copie de cette attestation ainsi que les factures ou notes émises par les entreprises ayant réalisé des travaux, jusqu'au 31 décembre de la cinquième année suivant la réalisation de ces travaux.

Le preneur est solidairement tenu au paiement du complément de taxe si les mentions portées sur l'attestation s'avèrent inexactes de son fait. – *[Anc. art. 278-0 ter.]*

Travaux d'amélioration de la qualité énergétique des locaux d'habitation. Équipements et prestations éligibles. Travaux indissociablement liés. Chaudières à condensation et chaudières à micro-cogénération gaz. Matériaux d'isolation thermique des parois opaques ou vitrées, volets isolants, portes d'entrée donnant sur l'extérieur. Matériaux de calorifugeage et appareils de régulation de chauffage. Équipements de production d'énergie renouvelable, échangeur de chaleur souterrain, équipements de raccordement à un réseau de chaleur. Modalités d'application. Entrée en vigueur. * BOI-TVA-LIQ-30-20-95 du 25 févr. 2014.

Art. 278-0 *ter* *Transféré ss. art. 278-0 bis A par Décr. n° 2014-549 du 26 mai 2014.*

Art. 278 *bis* La taxe sur la valeur ajoutée est perçue au taux réduit de 10 % en ce qui concerne les *(L. n° 2020-1721 du 29 déc. 2020, art. 44-I-11° et II, applicable aux opérations pour lesquelles l'exigibilité et le fait générateur de la taxe sur la valeur ajoutée interviennent à compter du 1er janv. 2021)* « livraisons » portant sur les produits suivants :

1° *et* 2° *Abrogés.*

(L. n° 2021-1900 du 30 déc. 2021, art. 30-I-11°-a) « 3° Sauf lorsqu'ils relèvent du 1° du A de l'article 278-0 *bis*, les denrées alimentaires destinées à la consommation animale, les produits normalement destinés à être utilisés dans la préparation de ces denrées et ceux normalement utilisés pour compléter ou remplacer ces denrées lorsque l'une des conditions suivantes est remplie :

« *a)* Il s'agit de produits d'origine agricole, de la pêche, de la pisciculture ou de l'aviculture qui n'ont subi aucune transformation ;

« *b)* Il s'agit de matières premières, d'aliments composés ou d'additifs destinés aux animaux producteurs de denrées alimentaires elles-mêmes destinées à la consommation humaine ; »

3° *bis* Produits suivants :

a) bois de chauffage ;

b) produits de la sylviculture agglomérés destinés au chauffage ;

c) déchets de bois destinés au chauffage ;

d) Produits de l'horticulture et de la floriculture d'ornement n'ayant subi aucune transformation ;

(Abrogé par L. n° 2021-1900 du 30 déc. 2021, art. 30-I-11°-b) (L. n° 2019-1479 du 28 déc. 2019, art. 38-2°) ***« 4° Matières premières, aliments composés et additifs utilisés pour l'alimentation des animaux nourris, élevés ou détenus pour la production de denrées alimentaires destinées à la consommation humaine ; »***

5° Produits suivants *(L. n° 2021-1900 du 30 déc. 2021, art. 30-I-11°-c)* «, lorsqu'ils sont d'un type normalement destiné à être utilisé dans la production agricole et qu'ils ne sont pas destinés à l'alimentation animale » :

(L. n° 2021-1900 du 30 déc. 2021, art. 30-I-11°-c) **« *a)* Produits d'origine agricole n'ayant subi aucune transformation ;**

« a *bis*) Produits de la pêche, de la pisciculture ou de l'aviculture n'ayant subi aucune transformation ;

« a *ter*) Poulains vivants ; »

b) **Engrais et amendements calcaires mentionnés à l'annexe I au règlement (CE) n° 889/2008 de la Commission du 5 septembre 2008 portant modalités d'application du règlement (CE) n° 834/2007 du Conseil relatif à la production biologique et à l'étiquetage des produits biologiques en ce qui concerne la production biologique, l'étiquetage et les contrôles ;**

c) **Matières fertilisantes ou supports de culture d'origine organique agricole autorisés à la vente dans les conditions prévues à l'article L. 255-2 du code rural et de la pêche maritime ;**

d) Abrogé.

e) **Produits phytopharmaceutiques mentionnés à l'annexe II au règlement (CE) n° 889/2008 de la Commission, du 5 septembre 2008, portant modalités d'application du règlement (CE) n° 834/2007 du Conseil relatif à la production biologique et à l'étiquetage des produits biologiques en ce qui concerne la production biologique, l'étiquetage et les contrôles ;**

6° *(Abrogé par L. n° 2012-958 du 16 août 2012, art. 28-I-2° et II, pour les opérations pour lesquelles la taxe sur la valeur ajoutée est exigible à compter du 1er janv. 2013)* ***« Livres, y compris leur location. Dans le cas des opérations dont le fait générateur intervient à compter du 1er janvier 2012, cette disposition s'applique aux livres sur tout type de support physique, y compris ceux fournis par téléchargement. »***

NOTA. Le taux réduit mentionné dans les notes est fixé à 10 % depuis le 1er janv. 2014.

1. Produits de la pisciculture. La vente au poids ou à la pièce de truites, déversées par une société d'exploitation d'étangs dans de petits étangs pour être pêchées par les clients, truites que ces clients acquierent à des tarifs identiques à ceux pratiqués pour leur vente directe, doit être regardée non comme une prestation de services mais comme la vente de produits de la pisciculture, vente en l'état d'un produit de la pêche taxable au taux intermédiaire de 10 %. • CE 1er avr. 2005, n° 252713 : *RJF 2005. 679 ; Dr. fisc. 2005. 486, concl. Verclytte.*

2. Produits d'origine agricole, de la pêche, de la pisciculture et de l'aviculture. Depuis le 1er janv. 2016, seuls les produits d'origine agricole, de la pêche, de la pisciculture et de l'aviculture n'ayant subi aucune transformation et qui sont normalement destinés à être utilisés dans la préparation des denrées alimentaires ou dans la production agricole bénéficient désormais du taux réduit de 10 %. Par ailleurs, les produits de l'horticulture et de la floriculture d'ornement n'ayant subi aucune transformation relèvent également du taux de 10 %. * BOI-TVA-LIQ-30-10-20 n° 1 du 7 mars 2016.

3. Les opérations de conditionnement de produits agricoles ne peuvent être regardées comme des travaux à façon soumis au taux réduit dès lors qu'elles ne comportent aucune transformation des produits. • CE 16 oct. 1996, *Sté civile agricole du domaine de Gaujac,* n° 138662 : *Dr. fisc. 1996. 1489 ; RJF 1996. 1419* • 18 juin 1997, *Sté civile agricole du domaine de Gaujac,* n° 156974 : *Dr. fisc. 1997. 1060 ; RJF 1998. 781.* ♦ Des aliments pour chiens et chats sous forme de carcasses de volailles broyées ne bénéficient pas du taux réduit dès lors qu'ils ont subi une transformation. • CAA Nantes, 18 juin 2003, *Ets ARRIVÉ SA,* n° 99NT02951 : *RJF 2004. 368.* ♦ Confirmation • CE (na) 15 oct. 2004, n° 259372 : *RJF 2005. 18.* ♦ De même, les noix de lavage, sectionnées et dénoyautées, ne bénéficient pas du taux réduit dès lors qu'elles ont subi une transformation. * DA douanes, 16 avr. 2009, n° 09-035 : *BO douanes 6819.*

4. Produits de l'horticulture. Conditions d'application du taux réduit. Assemblages de fleurs et de plantes. Compositions florales. * BOI-TVA-LIQ-30-10-20 n° 70 du 7 mars 2016.

5. Produits floraux. Application du taux normal aux fleurs ayant subi une modification substantielle au moyen d'une part importante de main-d'œuvre ou de l'usage d'un procédé technologique. • CE 28 janv. 2015, *Sté Duchêne Fleurs,* n° 370455 : *RJF 2015. 310.*

6. Alimentation animale. Nouvelle définition, issue de la loi de finances pour 2020, des produits destinés à l'alimentation animale qui bénéficient du taux intermédiaire de 10 %. * BOI-TVA-LIQ-30-10-30 nos 1 à 160 du 5 févr. 2020.

7. Alimentation du bétail. La circonstance qu'un aliment simple ou composé utilisé pour la nourriture du bétail ne respecte pas les règles qui régissent sa composition n'est pas de nature, à elle seule, à le faire regarder comme un médicament vétérinaire tel que défini à l'art. L. 5111-1 CSP. Des produits utilisés pour la nourriture du bétail ne peuvent ainsi être qualifiés de médicaments vétérinaires au seul motif que leur concentration en vitamine D serait supérieure aux teneurs maximales fixées par la réglementation relative aux conditions d'incorporation des additifs alimentaires aux aliments pour animaux dès lors qu'il n'est soutenu, ni que ces produits seraient présentés comme possédant des propriétés curatives ou préventives à l'égard des maladies animales, ni qu'ils pourraient être administrés en vue d'établir un diagnostic médical ou de restaurer, corriger ou modifier les fonctions organiques des animaux. • CE 21 mars 2008, *Sté Wyjolab*, n° 292721 : *RJF 2008. 659 ; Dr. fisc. 2008. 277, concl. Escaut.* ♦ Dès lors que des aliments pour le bétail sont présentés comme dotés de vertus thérapeutiques, ils doivent être regardés, quelles que puissent être leurs vertus réelles, comme des médicaments au sens des art. L. 511 et L. 607 CSP, et non comme des « aliments simples ou composés utilisés pour la nourriture du bétail » visés au 4°. Par suite, ils sont taxables au taux normal. • CAA Lyon, 13 déc. 2001, *SARL Sté nouvelle des laboratoires Eurotonic*, n° 97LY20212 : *Dr. fisc. 2002. 371, concl. Bonnet ; RJF 2002. 496.* ♦ Le caractère de médicament vétérinaire par présentation (soumis au taux normal) s'apprécie au regard de l'aspect matériel du produit et des indications éventuellement portées sur son étiquette, son emballage ou sur un prospectus distinct, tenant à sa composition, à sa posologie et aux vertus curatives ou préventives qui lui sont prêtées. • CE 16 juill. 2014, *Sté Agranix*, n° 363037 : *RJF 2014. 999 ; BDCF 2014. 106, concl. Daumas.*

8. Appâts de pêche. Des larves d'insectes commercialisées comme appâts pour la pêche de loisir, qui font l'objet d'une coloration artificielle résultant de l'ingestion d'une viande préalablement colorée, ne peuvent, de ce seul fait, être regardées comme ayant subi une transformation. Elles relèvent, en conséquence, du taux intermédiaire de 10 %. • CE (na), 9 juin 2015, n° 387528 : *RJF 2015. 902.*

9. Opérations relatives aux chevaux. Peuvent bénéficier du taux réduit de 10 % : les cessions entre assujettis d'équidés morts ou vifs immédiatement destinés à la boucherie ou à la charcuterie ; les ventes, les locations, le prédébourrage, le débourrage et les prises en pension d'équidés destinés à être utilisés dans la production agricole, sylvicole ou piscicole (tels que les chevaux de labour ou de trait ou ceux utilisés pour le débardage) ; les ventes d'étalons, de parts d'étalon en indivision ou de femelles à des fins reproductives, y compris leurs prises en pension, ainsi que les opérations de monte ou de saillie, les ventes de doses (paillettes) et d'embryons et les opérations de poulinage (sans intervention d'un vétérinaire). * BOI-TVA-LIQ-30-10-20 n° 20 du 2 mars 2016.

10. Enlèvement des cadavres d'animaux. Dissociables de la production des farines animales, ces opérations d'enlèvement ne bénéficient pas du taux réduit applicable à l'alimentation du bétail. • CAA Nantes, 31 déc. 2001, *SA Caillaud*, n° 98NT02184 : *Dr. fisc. 2002. 301 ; RJF 2002. 491.*

11. Bois de chauffage. La condition tenant à l'usage domestique des produits visés au 3 *bis* de l'art. 278 *bis* ayant été supprimée, le taux réduit de la TVA s'applique désormais au bois, aux produits de la sylviculture agglomérés et aux déchets de bois, sans autre condition que celle d'être destinés à un usage de chauffage. * BOI-TVA-LIQ-30-10-20 n°s 90 à 180 du 2 mars 2016. ♦ En revanche, les ventes d'arbres sur pied même utilisés pour fabriquer du bois de chauffage sont soumises au taux normal. * Rép. min. n° 95387 : *JOAN 20 sept. 2016, p. 8517.* ♦ Des chutes de scierie constituées de croûtes et de délignures, tronçonnées à une longueur uniforme et liées en fagots en vue d'une utilisation comme bois de chauffage, ne peuvent être regardées comme des produits d'origine agricole n'ayant subi aucune transformation et ne peuvent, par suite, bénéficier du taux réduit prévu par l'art. 278 *bis*-3°. • TA Toulouse, 7 sept. 2004, n° 99-2793 : *RJF 2005. 15.*

12. Engrais et produits assimilés. Notion d'engrais et amendements. Conditions d'application du taux réduit. * BOI-TVA-LIQ-30-10-30 n°s 180 à 255 du 5 févr. 2020.

13. Produits phytopharmaceutiques. Produits biocides. Produits antiparasitaires. Conditions d'application du taux réduit et du taux normal. * BOI-TVA-LIQ-30-10-30 n°s 280 et 290 du 5 févr. 2020.

Art. 278 ter *(L. n° 2020-1721 du 29 déc. 2020, art. 46-I-1° et II-A, applicable aux opérations, y compris les importations et acquisitions intracommunautaires, dont le fait générateur intervient à compter du 15 oct. 2020)* **La taxe sur la valeur ajoutée est perçue au taux de 0 % en ce qui concerne les livraisons et les prestations de services qui leur sont étroitement liées portant sur les vaccins contre la covid-19 bénéficiant d'une autorisation nationale ou européenne de mise sur le marché ou sur les dispositifs médicaux de diagnostic *in vitro* de la covid-19 conformes aux exigences énoncées, selon leur date de mise sur le marché ou de mise en service, par la directive 98/79/CE du Parlement européen et du Conseil du 27 octobre 1998 relative aux dispositifs médicaux de diagnostic *in vitro* ou par le règlement (UE) 2017/746 du Parlement européen et du Conseil du 5 avril 2017 relatif aux dispositifs médicaux de diagnostic *in vitro* et abrogeant la directive 98/79/CE et la décision 2010/227/UE de la Commission.**

*L'art. 278 ter est abrogé à compter du **1er janv. 2023** (L. n° 2020-1721 du 29 déc. 2020, art. 46-I-2° et II-B).*

« Taux zéro » applicable aux tests et vaccins contre la covid-19. Produits et prestations concernés. * BOI-TVA-LIQ-30-10-55 du 21 avr. 2021.

Art. 278 *quater* **La taxe sur la valeur ajoutée est perçue au taux de 10 % en ce qui concerne les** *(L. n° 2020-1721 du 29 déc. 2020, art. 44-I-12° et II, applicable aux opérations pour lesquelles l'exigibilité et le fait générateur de la taxe sur la valeur ajoutée interviennent à compter du 1er janv. 2021)* **« livraisons » portant sur les préparations magistrales, produits officinaux et médicaments ou produits pharmaceutiques destinés à l'usage de la médecine humaine et faisant l'objet de l'autorisation de mise sur le marché prévue à l'article L. 5121-8 du code de la santé publique, qui ne sont pas visés à l'article 281 *octies*.**

1. *Compatibilité avec le droit communautaire.* L'art. 278 *quater* qui réserve l'application du taux intermédiaire de 10 % (taux réduit de 7 % avant le 1er janv. 2012) aux seuls médicaments ou produits pharmaceutiques ayant fait l'objet d'une autorisation de mise sur le marché (AMM) est compatible avec le principe communautaire de neutralité fiscale. • CE 9 nov. 2011, *Sté Laboratoire Juva Santé,* n° 342965 : *RJF 2012. 115 ; Dr. fisc. 2012. 136, concl. Escaut, note Courjon et Bouchard.*

2. *Médicaments remboursables.* V. note ss. art. 281 *octies*.

3. *Médicaments homéopathiques.* Des médicaments homéopathiques fabriqués industriellement et non d'après une prescription médicale destinée à un malade déterminé ne constituent pas des préparations magistrales au sens de l'art. L. 511-1 CSP (devenu art. L. 5121-1), susceptibles de bénéficier du taux intermédiaire (taux réduit avant le 1er janv. 2012) en application de l'art. 278 *quater*. • TA Poitiers, 2 déc. 2004, n° 03-1472 : *RJF 2005. 544.*

4. *Préparations magistrales.* Les préparations magistrales ne sont pas soumises à l'obtention préalable d'une autorisation de mise sur le marché (AMM) pour l'application du taux intermédiaire (taux réduit avant le 1er janv. 2012). • CE 27 janv. 2011, n° 319870 : *RJF 2011. 432.* ♦ Mais, pour bénéficier du taux intermédiaire, les préparations magistrales doivent être réalisées sur prescription médicale. • CE 4 févr. 2015, *Sté en participation Picard Devrière,* n° 357350 : *RJF 2015. 311.*

Art. 278 *quinquies* *Abrogé par L. n° 2011-1978 du 28 déc. 2011, art. 13-I-J et III, pour les opérations pour lesquelles la taxe sur la valeur ajoutée est exigible à compter du 1er janv. 2012.*

Art. 278 *sexies* *(L. n° 2019-1479 du 28 déc. 2019, art. 30-I-3° et III, applicable aux opérations intervenant à compter du 1er déc. 2019)* **I. — Pour l'application du présent article :**

1° Un logement locatif social s'entend d'un logement auquel s'applique l'aide personnalisée au logement conformément aux 3° ou 5° de l'article L. 831-1 du code de la construction et de l'habitation ;

2° Le prêt réglementé s'entend du prêt octroyé pour financer la construction, l'acquisition ou l'amélioration d'un logement locatif social et conditionnant l'application de l'aide personnalisée au logement conformément aux mêmes 3° ou 5° de l'article L. 831-1 du même code ;

3° Le prêt locatif aidé d'intégration s'entend du prêt réglementé octroyé pour financer un logement locatif social adapté aux besoins des ménages qui rencontrent des difficultés d'insertion particulières dont la construction, l'acquisition ou l'amélioration est éligible aux aides de l'État conditionnant l'application de l'aide personnalisée au logement conformément auxdits 3° ou 5° de l'article L. 831-1 dudit code ;

4° Le prêt locatif à usage social s'entend du prêt réglementé, autre que le prêt locatif aidé d'intégration, octroyé pour financer un logement locatif social dont la construction, l'acquisition ou l'amélioration est éligible aux aides de l'État conditionnant l'application de l'aide personnalisée au logement conformément aux mêmes 3° ou 5° de l'article L. 831-1 du même code ;

5° Le prêt locatif social s'entend du prêt réglementé octroyé à compter du 8 mars 2001 pour financer un logement locatif social dont la construction, l'acquisition ou l'amélioration n'est pas éligible aux aides de l'État conditionnant l'application de l'aide personnalisée au logement conformément aux mêmes 3° ou 5° de l'article L. 831-1 du même code ;

6° L'acquisition-amélioration s'entend de la succession des opérations suivantes portant sur des locaux affectés ou non à l'habitation :

a) La livraison financée par un prêt réglementé ou la mise à disposition dans le cadre d'un bail emphytéotique consenti par l'État, une collectivité territoriale ou un groupement de collectivités territoriales ;

b) La réalisation de travaux d'amélioration, de transformation ou d'aménagement financés par un prêt réglementé ;

7° Le contrat d'accession à la propriété s'entend, dans le cadre d'une opération d'accession à la propriété à usage de résidence principale, du contrat unique de vente ou de construction de logements destinés à des personnes physiques dont les ressources, à la date de signature de l'avant-contrat ou du contrat préliminaire ou, à défaut, à la date du contrat de vente ou du contrat ayant pour objet la construction du logement, ne dépassent pas les plafonds majorés prévus à la première phrase du dixième alinéa de l'article L. 411-2 du même code ;

8° Les quartiers prioritaires de la politique de la ville s'entendent de ceux définis à l'article 5 de la loi n° 2014-173 du 21 février 2014 de programmation pour la ville et la cohésion urbaine ;

9° Les conventions de rénovation urbaine s'entendent des conventions pluriannuelles prévues au deuxième alinéa de l'article 10 de la loi n° 2003-710 du 1er août 2003 d'orientation et de programmation pour la ville et la rénovation urbaine ;

10° Les conventions de renouvellement urbain s'entendent des conventions pluriannuelles prévues au premier alinéa du I de l'article 10-3 de la loi n° 2003-710 du 1er août 2003 précitée et, le cas échéant, de leurs protocoles de préfiguration ;

11° Les organismes d'habitations à loyer modéré s'entendent de ceux mentionnés à l'article L. 411-2 du code de la construction et de l'habitation ;

12° L'association foncière logement s'entend de celle mentionnée à l'article L. 313-34 du même code.

II. — Dans le secteur du logement locatif social, relèvent des taux réduits de la taxe sur la valeur ajoutée mentionnés à l'article 278 *sexies*-0 A du présent code :

A. — Les livraisons et livraisons à soi-même des logements neufs suivants :

1° Les logements locatifs sociaux financés par un prêt locatif aidé d'intégration ;

2° Les logements locatifs sociaux financés par un prêt locatif à usage social lorsqu'ils sont situés :

a) Dans un quartier prioritaire de politique de la ville, y compris partiellement, lorsque ces logements font l'objet d'une convention de renouvellement urbain ;

b) En dehors de ces quartiers et :

— soit font l'objet d'une convention de renouvellement urbain ;

— soit sont intégrés dans un ensemble immobilier pour lequel la proportion de logements relevant d'une telle convention, parmi l'ensemble des logements locatifs sociaux financés par un prêt locatif aidé d'intégration ou à usage social, est au moins égale à 50 % ;

3° Les logements locatifs sociaux autres que ceux mentionnés aux 1° et 2°.

Le présent A s'applique lorsque le destinataire de l'opération est bénéficiaire des aides ou prêts ouvrant droit à l'aide personnalisée au logement pour le logement livré. Le 3° du présent A s'applique également lorsque le destinataire est l'association foncière logement lorsque celle-ci a conclu, pour le logement livré, la convention prévue au 4° de l'article L. 831-1 du code de la construction et de l'habitation ;

B. — Les opérations suivantes :

1° Les cessions de droits immobiliers démembrés de logements locatifs sociaux lorsque l'usufruitier bénéficie du prêt réglementé et a conclu la convention conditionnant l'application de l'aide personnalisée au logement ;

(L. n° 2021-1900 du 30 déc. 2021, art. 32-I-1°, 2° et II, applicable aux livraisons et aux travaux pour lesquels le fait générateur de la taxe sur la valeur ajoutée et la décision d'accorder un prêt locatif social sont intervenus à compter du 1er janv. 2022) « 2° Les livraisons de locaux dans le cadre de l'acquisition-amélioration qui sont financées :

« *a)* Par un prêt locatif aidé d'intégration ou un prêt locatif à usage social ;

« *b)* Ou par un prêt locatif social, lorsque les travaux consistent en une transformation en logements locatifs sociaux de locaux à usage autre que d'habitation.

« Le présent 2° s'applique également, dans les mêmes conditions, aux livraisons de logements dans le cadre de l'article L. 262-1 du code de la construction et de l'habitation ;

« 2° *bis* Les livraisons à soi-même de logements sociaux dans les cas où les travaux réalisés dans ce cadre ont rendu l'immeuble à l'état neuf au sens du 2° du 2 du I de l'article 257 du présent code ; »

C. — Les livraisons et livraisons à soi-même de logements à usage locatif autres que sociaux destinés à être occupés par des ménages dont le total des ressources n'excède pas celui prévu au *(L. n° 2020-1721 du 29 déc. 2020, art. 50-I-1° et III, applicable aux livraisons de logements réalisées à compter du 1er janv. 2021 intervenant dans le cadre d'opérations de construction ou de transformation n'ayant pas fait l'objet d'un agrément conformément à l'art. 279-0 bis A CGI, dans sa rédaction antérieure au 1er janv. 2021)* **« 1° du I » de l'article 279-0 *bis* A lorsque le destinataire est :**

1° Pour les logements situés dans un quartier faisant l'objet d'une convention de rénovation urbaine ou d'une convention de renouvellement urbain, ou entièrement situés à moins de 300 mètres de la limite de ces quartiers, l'association foncière logement ou des sociétés civiles immobilières dont cette association détient la majorité des parts ;

2° Pour les logements situés sur des terrains octroyés au titre des contreparties mentionnées au onzième alinéa de l'article L. 313-3 du code de la construction et de l'habitation, un organisme réalisant, en substitution de l'association foncière logement, des opérations immobilières qui relèvent d'une convention de rénovation urbaine.

III. — Dans le secteur de l'accession sociale à la propriété, relèvent des taux réduits de la taxe sur la valeur ajoutée mentionnés à l'article 278 *sexies*-0 A :

1° Les livraisons et livraisons à soi-même des logements destinés à être occupés par des titulaires de contrats de location-accession conclus dans les conditions prévues par la loi n° 84-595 du 12 juillet 1984 définissant la location-accession à la propriété immobilière lorsqu'ils font l'objet, dans des conditions fixées par décret, d'une convention et d'une décision d'agrément prise par le représentant de l'État dans le département ;

2° Les livraisons et livraisons à soi-même des logements et travaux faisant l'objet d'un contrat d'accession à la propriété pour lequel le prix de vente ou de construction n'excède pas le plafond prévu pour les logements mentionnés au 1° du présent III lorsque, à la date du dépôt de la demande de permis de construire, ces logements et travaux :

***a)* Soit sont situés dans un quartier faisant l'objet d'une convention de rénovation urbaine ou dans un quartier prioritaire de la politique de la ville faisant l'objet d'un contrat de ville prévu à l'article 6 de la loi n° 2014-173 du 21 février 2014 précitée, ou sont entièrement situés à moins de 300 mètres de la limite de ces quartiers ;**

***b)* Soit, dans les situations autres que celles mentionnées au *a*, sont intégrés à un ensemble immobilier partiellement situé à moins de 300 mètres et entièrement situé à moins de 500 mètres de la limite d'un quartier prioritaire de la politique de la ville faisant l'objet d'une convention de renouvellement urbain ;**

3° Les apports des immeubles sociaux neufs aux sociétés civiles immobilières d'accession progressive à la propriété effectués dans les conditions prévues aux articles L. 443-6-2 à L. 443-6-13 du code de la construction et de l'habitation ;

4° Les opérations suivantes réalisées *(L. n° 2020-1721 du 29 déc. 2020, art. 48-1°-a)* **« dans le cadre » d'un bail réel solidaire dans les conditions prévues au chapitre V du titre V du livre II du même code :**

(L. n° 2020-1721 du 29 déc. 2020, art. 48-1°-b) **« *a)* Les livraisons à un organisme de foncier solidaire et les livraisons à soi-même effectuées par ce dernier, d'immeubles destinés, le cas échéant après travaux, à faire l'objet d'un bail réel solidaire ;**

« *b)* Les cessions de droits réels immobiliers objets du bail. »

(Abrogé par L. n° 2020-1721 du 29 déc. 2020, art. 48-1°-c) ***« c) Lorsque le bail est pris par une autre personne, les cessions des droits réels immobiliers. »***

IV. — Dans le secteur social et médico-social, relèvent des taux réduits de la taxe sur la valeur ajoutée mentionnés à l'article 278 *sexies*-0 A les livraisons et livraisons à soi-même de locaux directement destinés ou mis à la disposition des structures suivantes :

1° Les structures d'hébergement temporaire ou d'urgence suivantes :

***a)* Les centres d'hébergement et de réinsertion sociale relevant du 8° du I de l'article L. 312-1 du code de l'action sociale et des familles ;**

b) Les structures dénommées "lits halte soins santé", les structures dénommées "lits d'accueil médicalisés" et les appartements de coordination thérapeutique mentionnés au 9° du même I ;

c) Les centres d'hébergement d'urgence déclarés conformément à l'article L. 322-1 du même code, lorsqu'ils sont destinés aux personnes sans domicile ;

2° Les établissements suivants, lorsqu'ils agissent sans but lucratif, que leur gestion est désintéressée et qu'ils assurent un accueil temporaire ou permanent :

(L. n° 2020-1721 du 29 déc. 2020, art. 49) « *aa)* Les établissements mentionnés au 1° du I de l'article L. 312-1 du code de l'action sociale et des familles qui hébergent des mineurs et des majeurs de moins de vingt et un ans relevant des articles L. 221-1, L. 222-3 et L. 222-5 du même code ; »

a) Les établissements mentionnés au 2° du I de l'article L. 312-1 du code de l'action sociale et des familles qui hébergent des mineurs ou de jeunes adultes handicapés, pour la seule partie des locaux dédiée à l'hébergement ;

b) Les établissements mentionnés au 6° du même I qui hébergent des personnes âgées et qui remplissent les critères d'éligibilité d'un prêt réglementé ;

c) Les établissements mentionnés au 7° dudit I qui hébergent des personnes handicapées ;

d) Les établissements mentionnés à l'article L. 633-1 du code de la construction et de l'habitation qui hébergent des jeunes travailleurs et auxquels s'applique l'aide personnalisée au logement conformément au 5° de l'article L. 831-1 du même code.

Le présent IV s'applique aux seules opérations faisant l'objet d'une convention entre le propriétaire ou le gestionnaire des locaux et l'État formalisant l'engagement d'héberger les publics concernés dans les conditions prévues au présent article et, selon le cas, par le code de l'action sociale et des familles ou le code de la construction et de l'habitation.

V. — Relèvent des taux réduits de la taxe sur la valeur ajoutée mentionnés à l'article 278 *sexies*-0 A les livraisons de terrains à bâtir destinés à la construction de locaux faisant l'objet d'une opération taxable au taux réduit conformément au présent article, autres que celles mentionnées au *a* du 4° du III, lorsque l'acquéreur atteste de cette destination dans l'acte de vente.

Ancien art. 278 *sexies* *(L. n° 2017-1837 du 30 déc. 2017, art. 12)* « *Les taux réduits de taxe sur la valeur ajoutée sont ceux mentionnés à l'article 278 sexies-0 A pour les opérations suivantes, réalisées dans le cadre de la politique sociale du logement :* » — *V. notes ss. l'art.*

I. — (Abrogé par L. n° 2017-1837 du 30 déc. 2017, art. 12) « *Les opérations suivantes réalisées dans le cadre de la politique sociale :* »

1. Les livraisons de terrains à bâtir consenties aux organismes d'habitations à loyer modéré visés à l'article L. 411-2 du code de la construction et de l'habitation ou aux personnes bénéficiaires, au moment de la livraison, d'un prêt mentionné à l'article R. 331-1 du même code pour la construction de logements visés aux 3° et 5° de l'article (Ord. n° 2019-770 du 17 juill. 2019, art. 7 et 23-I, en vigueur le 1er sept. 2019) « *L. 831-1* » *dudit code ;*

2. Les livraisons de logements sociaux neufs à usage locatif mentionnés aux 3° et 5° de l'article (Ord. n° 2019-770 du 17 juill. 2019, art. 7 et 23-I, en vigueur le 1er sept. 2019) « *L. 831-1* » *du même code et qui bénéficient de la décision favorable prise dans les conditions prévues aux articles R. 331-3 et R. 331-6 du même code à compter du 1er octobre 1996, et dont l'ouverture de chantier est intervenue à compter de cette date, lorsque l'acquéreur bénéficie pour cette acquisition d'un prêt prévu à l'article R. 331-1 du même code ou d'une subvention de l'Agence nationale pour la rénovation urbaine et a conclu avec l'État une convention en application des 3° ou 5° de l'article (Ord. n° 2019-770 du 17 juill. 2019, art. 7 et 23-I, en vigueur le 1er sept. 2019)* « *L. 831-1* » *du même code ;*

3. Le premier apport de logements sociaux à usage locatif dont la construction a fait l'objet d'une livraison à soi-même mentionnée au II, réalisé dans les cinq ans de l'achèvement de la construction au profit d'un organisme d'habitations à loyer modéré visé à l'article L. 411-2 du code de la construction et de l'habitation, à la condition que l'acte d'apport prévoie le transfert de la société cédante à la société bénéficiaire de l'apport, du prêt prévu à l'article R. 331-1 du même code et de la convention mentionnée aux 3° ou 5° de l'article (Ord. n° 2019-770 du 17 juill. 2019, art. 7 et 23-I, en vigueur le 1er sept. 2019) « *L. 831-1* » *du même code ;*

4. Les livraisons de logements destinés à être occupés par des titulaires de contrats de location-accession conclus dans les conditions prévues par la loi n° 84-595 du 12 juillet 1984 définissant

la location-accession à la propriété immobilière, qui font l'objet, dans des conditions fixées par décret, d'une convention et d'une décision d'agrément prise par le représentant de l'État dans le département ;

5. Les livraisons de logements aux structures d'hébergement temporaire ou d'urgence faisant l'objet d'une convention entre le propriétaire ou le gestionnaire des locaux et le représentant de l'État dans le département et destinées aux personnes visées au II de l'article L. 301-1 du code de la construction et de l'habitation ;

6. Les livraisons de logements sociaux à usage locatif à l'association mentionnée à l'article L. 313-34 du même code, lorsqu'elle a conclu avec l'État une convention en application du 4° de l'article *(Ord. n° 2019-770 du 17 juill. 2019, art. 7 et 23-I, en vigueur le 1er sept. 2019)* ***« L. 831-1 » dudit code ;***

7. Les livraisons de logements à usage locatif à l'association mentionnée à l'article L. 313-34 du même code ou à des sociétés civiles immobilières dont cette association détient la majorité des parts, lorsque ces logements sont destinés à être occupés par des ménages dont le total des ressources n'excède pas le montant mentionné à l'article R. 391-8 du même code et sont situés soit dans des quartiers faisant l'objet de la convention pluriannuelle prévue aux articles 10 ou 10-3 de la loi n° 2003-710 du 1er août 2003 d'orientation et de programmation pour la ville et la rénovation urbaine, soit entièrement situés à une distance de moins de 300 mètres de la limite de ces quartiers ;

7 bis. Les livraisons de logements à usage locatif aux organismes réalisant les opérations prévues par une convention mentionnée à l'article 10 de la loi n° 2003-710 du 1er août 2003 d'orientation et de programmation pour la ville et la rénovation urbaine et situées sur des terrains octroyés au titre des contreparties mentionnées au onzième alinéa de l'article L. 313-3 du code de la construction et de l'habitation et dont la réalisation était initialement prévue par l'association mentionnée à l'article L. 313-34 du même code. Ces logements sont destinés à être occupés par des ménages dont le total des ressources n'excède pas le montant mentionné à l'article R. 391-8 dudit code. *— V. notes ss. l'art.*

8. Les livraisons de locaux aux établissements mentionnés aux 6° et 7° du I de l'article L. 312-1 du code de l'action sociale et des familles, agissant sans but lucratif et dont la gestion est désintéressée, de même pour la seule partie des locaux dédiée à l'hébergement s'agissant des établissements mentionnés au 2° du I du même article, lorsqu'ils hébergent à titre permanent ou temporaire des personnes handicapées, ou des personnes âgées remplissant les critères d'éligibilité au prêt prévu à l'article R. 331-1 du code de la construction et de l'habitation, et que ces locaux font l'objet d'une convention entre le propriétaire ou le gestionnaire des locaux et le représentant de l'État dans le département ;

9. Périmé.

10. Les cessions de droits immobiliers démembrés de logements sociaux neufs à usage locatif mentionnés aux 3° et 5° de l'article *(Ord. n° 2019-770 du 17 juill. 2019, art. 7 et 23-I, en vigueur le 1er sept. 2019)* ***« L. 831-1 » du code de la construction et de l'habitation, lorsque l'usufruitier bénéficie d'un prêt prévu à l'article R. 331-1 du même code et a conclu avec l'État une convention en application des 3° ou 5° de l'article*** *(Ord. n° 2019-770 du 17 juill. 2019, art. 7 et 23-I, en vigueur le 1er sept. 2019)* ***« L. 831-1 » du même code ;***

11. Les livraisons d'immeubles et les travaux réalisés en application d'un contrat unique de construction de logements dans le cadre d'une opération d'accession à la propriété à usage de résidence principale, destinés à des personnes physiques dont les ressources à la date de signature de l'avant-contrat ou du contrat préliminaire ou, à défaut, à la date du contrat de vente ou du contrat ayant pour objet la construction du logement ne dépassent pas les plafonds prévus à la première phrase du *(L. n° 2018-1021 du 23 nov. 2018, art. 88-XI-3°)* ***« dixième » alinéa de l'article L. 411-2 du code de la construction et de l'habitation et situés dans des quartiers faisant l'objet d'une convention prévue à l'article 10 de la loi n° 2003-710 du 1er août 2003 précitée ou entièrement situés à une distance de moins de 300 mètres de la limite de ces quartiers ; —*** *V. notes ss. l'art.*

(L. n° 2014-1654 du 29 déc. 2014, art. 17-I-A) ***« 11 bis. Les livraisons d'immeubles et les travaux réalisés en application d'un contrat unique de construction de logements dans le cadre d'une opération d'accession à la propriété à usage de résidence principale, destinés à des personnes physiques dont les ressources à la date de signature de l'avant-contrat ou du contrat préliminaire ou, à défaut, à la date du contrat de vente ou du contrat ayant pour objet la construction du logement ne dépassent pas les plafonds prévus à la première phrase du*** *(L. n° 2018-1021 du 23 nov. 2018, art. 88-XI-3°)* ***« dixième » alinéa de l'article L. 411-2 du code de la construction et de l'habitation et situés, à la date du dépôt de la demande de permis de construire, dans les quartiers prioritaires de la politique de la ville définis à l'article 5 de la loi n° 2014-173 du 21 février 2014 de programmation pour la ville et la cohésion urbaine qui font l'objet d'un***

contrat de ville prévu à l'article 6 de la même loi ou entièrement situés, à la même date, à une distance de moins de 300 mètres de la limite de ces quartiers ou, à la condition que ces quartiers fassent l'objet d'une convention prévue à l'article 10-3 de la loi nº 2003-710 du 1er août 2003 précitée, intégrés à un ensemble immobilier entièrement situé, à la même date, à moins de 500 mètres de la limite de ces quartiers et partiellement à moins de 300 mètres de cette même limite.

« Le prix de vente ou de construction des logements ne peut excéder les plafonds prévus pour les opérations mentionnées au 4 du présent I ; » *— Les dispositions du présent 11 bis s'appliquent aux opérations pour lesquelles la demande de permis de construire est déposée à compter du 1er janv. 2015 et jusqu'au 31 déc. 2024 pour les opérations situées dans les quartiers faisant l'objet d'une convention prévue à l'art. 10-3 de la L. nº 2003-710 du 1er août 2003 d'orientation et de programmation pour la ville et la rénovation urbaine (L. nº 2014-1654 du 29 déc. 2014, art. 17-II). — Elles s'appliquent également aux opérations dont la demande de permis de construire a été déposée entre le 1er janv. 2015 et la date de signature du contrat de ville qui doit intervenir au plus tard le 31 déc. 2015 (L. nº 2015-1785 du 29 déc. 2015, art. 11) ; pour la liste des quartiers prioritaires de la politique de la ville, V. Décr. nº 2014-1750 (métropole) et nº 2014-1751 (outre-mer) du 30 déc. 2014 (JO 31 déc.), et Arr. du 29 avr. 2015 (JO 7 mai).*

12. Les apports des immeubles sociaux neufs aux sociétés civiles immobilières d'accession progressive à la propriété effectués dans les conditions prévues aux articles L. 443-6-2 et suivants du code de la construction et de l'habitation ;

13. Les livraisons de terrains à bâtir à un organisme de foncier solidaire en vue de la conclusion d'un bail réel solidaire, les livraisons de logements neufs à un organisme de foncier solidaire en vue de la conclusion d'un bail réel solidaire conclu dans les conditions prévues au premier alinéa de l'article L. 255-2 du code de la construction et de l'habitation ainsi que les cessions, prévues à l'article L. 255-3 du même code, des droits réels immobiliers attachés aux logements construits ou réhabilités dans le cadre d'un tel bail et destinés à la résidence principale des acquéreurs.

II. — Les livraisons à soi-même d'immeubles dont l'acquisition aurait bénéficié du taux réduit *(Abrogé par L. nº 2017-1837 du 30 déc. 2017, art. 12)* ***« de 5,5 % » en application du I ;*** *— V. notes ss. l'art.*

III. — *(L. nº 2014-1654 du 29 déc. 2014, art. 19-2º)* ***« 1. Les livraisons à soi-même de travaux portant sur les locaux mentionnés aux 2, 5, 6 et 8 du I, lorsque ces travaux consistent en une extension ou rendent l'immeuble à l'état neuf, au sens du 2º du 2 du I de l'article 257, sous réserve de la prise en compte de ces opérations d'extension ou de remise à neuf dans les conventions mentionnées aux 2, 5, 6 et 8 du I du présent article ;***

(Abrogé par L. nº 2017-1837 du 30 déc. 2017, art. 12) ***« 2. Les livraisons à soi-même de travaux de rénovation, d'amélioration, de transformation ou d'aménagement réalisés dans le cadre de l'une des opérations suivantes, lorsque l'acquéreur bénéficie pour cette opération d'un prêt accordé pour la construction, l'acquisition ou l'amélioration de logements locatifs aidés ou d'une subvention de l'Agence nationale pour la rénovation urbaine et a conclu avec l'État une convention en application des 3º à 5º de l'article L. 351-2 du code de la construction et de l'habitation :***

« a) Acquisition de logements et d'immeubles destinés à l'habitation, suivie de travaux d'amélioration ;

« b) Acquisition de locaux ou d'immeubles non affectés à l'habitation, suivie de leur transformation ou aménagement en logements ;

« c) Travaux d'amélioration exécutés sur des immeubles ou des logements cédés à bail emphytéotique par l'État, des collectivités territoriales ou leurs groupements ; »

« IV. — 1. Les livraisons à soi-même de travaux de rénovation portant sur les locaux mentionnés aux 2 à 8 du I et ayant pour objet de concourir directement à :

« 1º La réalisation d'économies d'énergie et de fluides, concernant :

« a) Les éléments constitutifs de l'enveloppe du bâtiment ;

« b) Les systèmes de chauffage ;

« c) Les systèmes de production d'eau chaude sanitaire ;

« d) Les systèmes de refroidissement dans les départements d'outre-mer ;

« e) Les équipements de production d'énergie utilisant une source d'énergie renouvelable ;

« f) Les systèmes de ventilation ;

« g) Les systèmes d'éclairage des locaux ;

« h) Les systèmes de répartition des frais d'eau et de chauffage ;

« 2º L'accessibilité de l'immeuble et du logement et l'adaptation du logement aux personnes en situation de handicap et aux personnes âgées, concernant les cheminements extérieurs, le stationnement, l'accès au bâtiment, les parties communes de l'immeuble et les logements ;

« 3º La mise en conformité des locaux avec les normes mentionnées à l'article 25 de la loi nº 86-1290 du 23 décembre 1986 tendant à favoriser l'investissement locatif, l'accession à la propriété de logements sociaux et le développement de l'offre foncière ;

« 4° La protection de la population contre les risques sanitaires liés à une exposition à l'amiante ou au plomb ;

« 5° La protection des locataires en matière de prévention et de lutte contre les incendies, de sécurité des ascenseurs, de sécurité des installations de gaz et d'électricité, de prévention des risques naturels, miniers et technologiques ou d'installation de dispositifs de retenue des personnes.

« 2. Les livraisons à soi-même de travaux induits et indissociablement liés aux travaux prévus au 1. » — *V. notes ss. l'art.*

L. n° 2013-1278 du 29 déc. 2013, art. 29-III : « III. — A. — Les A [V. art. 257] et C du II s'appliquent aux opérations dont le fait générateur intervient à compter du 1er janvier 2014. Toutefois, pour les livraisons d'immeubles à construire, le C du II s'applique aux immeubles achevés à compter du 1er janvier 2014, y compris aux sommes versées en paiement du prix avant la date d'achèvement.

« B. — Par dérogation, le taux de taxe sur la valeur ajoutée de 7 % reste applicable, pour les livraisons, les livraisons à soi-même et les travaux réalisés en application d'un contrat unique de construction de logements mentionnés au 11 du I de l'article 278 sexies du code général des impôts et situés à une distance de plus de 300 mètres et de moins de 500 mètres de la limite des quartiers faisant l'objet d'une convention prévue à l'article 10 de la L. n° 2003-710 du 1er août 2003 d'orientation et de programmation pour la ville et la rénovation urbaine, aux opérations pour lesquelles la demande de permis de construire a été déposée avant le 31 décembre 2013 ainsi qu'aux opérations réalisées en application d'un traité de concession d'aménagement défini à l'article L. 300-5 du code de l'urbanisme signé avant cette même date. »

L. n° 2014-891 du 8 août 2014, art. 27 : « Pour l'application du 11 du I de l'article 278 sexies du code général des impôts, le taux de la taxe sur la valeur ajoutée reste fixé à 5,5 % pour les opérations pour lesquelles la demande de permis de construire a été déposée avant le 31 décembre 2015 et pour les opérations réalisées en application d'un traité de concession d'aménagement défini à l'article L. 300-5 du code de l'urbanisme signé avant cette même date, soit situées dans les quartiers faisant l'objet d'une convention prévue à l'article 10 de la loi n° 2003-710 du 1er août 2003 d'orientation et de programmation pour la ville et la rénovation urbaine dont la date d'échéance intervient en 2014, soit entièrement situées à moins de 300 mètres de la limite de ces quartiers. »

L. n° 2015-1785 du 29 déc. 2015, art. 12 : « Pour l'application du 11 du I, le taux de la taxe sur la valeur ajoutée reste fixé à 5,5 % pendant les deux années suivant la date de l'échéance de la convention pluriannuelle prévue à l'art. 10 de la L. n° 2003-710 du 1er août 2003 d'orientation et de programmation pour la ville et la rénovation urbaine pour les opérations dont la demande de permis de construire a été déposée au cours de ces deux années et pour les opérations réalisées en application d'un traité de concession d'aménagement défini à l'art. L. 300-5 C. urb. signé durant cette même période, dès lors que ces opérations sont situées à l'intérieur des quartiers faisant l'objet d'une convention prévue au même art. 10, ou entièrement situées à moins de 300 mètres de ces derniers. »

Les dispositions du présent art. issues de l'art. 12 de la L. n° 2017-1837 du 30 déc. 2017 s'appliquent aux opérations dont le fait générateur intervient à compter du 1er janv. 2018. Toutefois, il ne s'applique pas aux encaissements pour lesquels la taxe sur la valeur ajoutée est exigible avant cette date (L. préc., art. 12-II-A).

1. Opérations immobilières réalisées dans le secteur du logement social. * BOI-TVA-IMM-20 du 24 avr. 2019.

2. Logements situés dans les zones faisant l'objet d'une convention de rénovation urbaine. * BOI-TVA-IMM-20-20-20 du 24 avr. 2019.

3. Établissements accueillant des personnes handicapées ou des personnes âgées. Taux réduit de TVA applicable aux ventes, apports et livraisons à soi-même de locaux de ces établissements ainsi qu'aux travaux d'amélioration, de transformation, d'aménagement ou d'entretien portant sur ces locaux. * BOI-TVA-IMM-20-10-30 du 1er juill. 2015. ♦ L'application du taux réduit de TVA est réservée aux livraisons et livraisons à soi-même de locaux de certains établissements sociaux et médico-sociaux pour tenir compte de la situation spécifique de ces établissements qui, accueillant soit des personnes âgées soit des mineurs ou jeunes adultes porteurs d'un handicap, doivent réaliser des investissements importants pour offrir un hébergement et des équipements adaptés à la situation de dépendance ou de perte d'autonomie de ces personnes. • CE 23 mars 2018, *Fondation AJD*, n° 409606 : *RJF 2018. 946.*

4. Immeubles situés dans un quartier prioritaire. Le bénéfice du taux réduit de TVA est étendu aux opérations d'accession sociale à la propriété situées à une distance maximale de 500 mètres (300 mètres antérieurement) de la limite d'un quartier prioritaire de la politique de la ville. Le taux réduit de TVA s'applique aux opérations pour lesquelles la demande de permis de construire est déposée à compter du 1er janv. 2017 et jusqu'au 31 déc. 2024. * BOI-TVA-IMM-20-20-20 du 24 avr. 2019.

5. Baux réels solidaires. Logements et opérations concernés. Cas de remise en cause du taux réduit. * BOI-TVA-IMM-20-20-50 du 24 avr. 2019.

Art. 278 *sexies*-0 A *(L. nº 2017-1837 du 30 déc. 2017, art. 12)* **Les taux réduits prévus à l'article 278 *sexies* sont égaux à :**

Secteurs ou locaux concernés	Subdivision de l'article 278 *sexies*	Taux
Logements locatifs sociaux financés par un prêt locatif aidé d'intégration	1° du A du II	5,5 %
Logements locatifs sociaux financés par un prêt locatif à usage social et relevant de la politique de renouvellement urbain	2° du A du II	5,5 %
Autres logements locatifs sociaux	3° du A du II	10 %
Locaux faisant l'objet d'une acquisition-amélioration, d'une opération assimilée sous certaines conditions de financement ou d'une opération assimilée au sens du 2° *bis* du B du II du présent article	2° du B du II	5,5 %
Logements assimilés à des logements locatifs sociaux	C du II	10 %
Accession sociale à la propriété	III	5,5 %
Secteur social et médico-social	IV	5,5 %
Terrains à bâtir destinés à des locaux faisant l'objet d'une opération taxable au taux réduit	V	10 %

Tableau issu de L. nº 2019-1479 du 28 déc. 2019, art. 30-I-4° et III, applicable aux opérations intervenant à compter du 1er déc. 2019 ; mod. par L. nº 2021-1900 du 30 déc. 2021, art. 32-I-3° et II, applicable aux livraisons et aux travaux pour lesquels le fait générateur de la taxe sur la valeur ajoutée et la décision d'accorder un prêt locatif social sont intervenus à compter du 1er janv. 2022.

« Pour les opérations mentionnées au 1° du B du II de l'article 278 *sexies*, le taux applicable est celui prévu par le tableau du deuxième alinéa du présent article pour la livraison mentionnée au A du II de l'article 278 *sexies* portant sur la même catégorie de logements.

« Par dérogation aux trois premiers alinéas du présent article, le taux applicable aux livraisons des logements, terrains et locaux mentionnés aux II à IV du même article 278 *sexies* postérieures à la première livraison ou livraison à soi-même de ces mêmes logements, terrains et locaux est celui applicable à cette première livraison ou livraison à soi-même. »

Les dispositions du présent art. issues de l'art. 12 de la L. nº 2017-1837 du 30 déc. 2017 s'appliquent aux opérations dont le fait générateur intervient à compter du 1er janv. 2018. Toutefois, il ne s'applique pas aux encaissements pour lesquels la taxe sur la valeur ajoutée est exigible avant cette date (L. préc., art. 12-II-A).

Art. 278 *sexies* A *(L. nº 2019-1479 du 28 déc. 2019, art. 30-I-5° et III, applicable aux opérations intervenant à compter du 1er déc. 2019)* **I. — Relèvent des taux réduits mentionnés au II les livraisons à soi-même des travaux suivants :**

1° Les travaux d'extension des locaux ou rendant l'immeuble à l'état neuf au sens du *2° du 2 du I de l'article 257*, portant sur :

***a)* Les logements locatifs sociaux faisant l'objet d'une convention conditionnant l'application de l'aide personnalisée au logement ;**

***b)* Les locaux du secteur social et médico-social mentionnés au IV de l'article 278 *sexies*, lorsque ces travaux sont pris en compte par la convention prévue au dernier alinéa du même IV ;**

(L. n° 2021-1900 du 30 déc. 2021, art. 32-I-4°-a et II, applicable aux livraisons et aux travaux pour lesquels le fait générateur de la taxe sur la valeur ajoutée et la décision d'accorder un prêt locatif social sont intervenus à compter du 1er janv. 2022) **« 2° Les travaux dans le cadre de l'acquisition-amélioration qui sont financés :**

« *a)* Par un prêt locatif aidé d'intégration ou un prêt locatif à usage social ;

« *b)* Ou par un prêt locatif social, lorsque ces travaux consistent en une transformation en logements locatifs sociaux de locaux à usage autre que d'habitation ; »

3° Les travaux d'amélioration, de transformation, d'aménagement ou d'entretien, autres que l'entretien des espaces verts, les travaux de nettoyage et les travaux mentionnés au 2° du présent I, portant sur :

***a)* Les logements locatifs sociaux faisant l'objet d'une convention conditionnant l'application de l'aide personnalisée au logement, situés dans un quartier prioritaire de la politique de la ville faisant l'objet d'une convention de renouvellement urbain et dont la construction n'a pas été financée par un prêt locatif social ;**

***b)* Les autres logements locatifs sociaux faisant l'objet d'une convention conditionnant l'application de l'aide personnalisée au logement ;**

***c)* Les locaux dont la livraison est éligible au taux réduit conformément au 1° du III et au IV de l'article 278 *sexies* ;**

4° Les travaux de démolition des logements mentionnés au *a* du 3° du présent I, dans le cadre d'une reconstitution de l'offre des logements locatifs sociaux prévue par la convention de renouvellement urbain.

Le présent I ne s'applique pas aux travaux pour lesquels l'article 278-0 *bis* A prévoit un taux réduit inférieur à celui mentionné au II.

(L. n° 2020-1721 du 29 déc. 2020, art. 48-2°-a) **« 5° Les travaux suivants réalisés en vue de la conclusion d'un bail réel solidaire dans les conditions prévues au chapitre V du titre V du livre II du code de la construction et de l'habitation :**

« *a)* Ceux acquis par un organisme de foncier solidaire et portant sur un immeuble destiné à faire l'objet d'un bail réel solidaire ;

« *b)* Ceux acquis par le détenteur des droits réels immobiliers avant qu'ils n'aient été cédés à l'occupant ou que les logements n'aient été mis en location et portant sur un immeuble faisant l'objet d'un bail réel solidaire. »

II. — Les taux réduits prévus au I sont égaux à :

Travaux concernés	**Subdivision du présent article**	**Taux**
Travaux dans le cadre d'une opération d'acquisition-amélioration sous certaines conditions de financement	**2° du I**	**5,5 %**
Autres travaux portant sur des logements locatifs sociaux situés dans les quartiers relevant de la politique de renouvellement urbain	***a* du 3° du I**	**5,5 %**
Travaux portant sur les autres logements locatifs sociaux	***b* du 3° du I**	**10 %**
Travaux portant sur les logements faisant l'objet d'un contrat de location-accession ou sur les locaux relevant du secteur social et médico-social	***c* du 3° du I**	**10 %**
Travaux de démolition portant sur des logements locatifs sociaux situés dans les quartiers relevant de la politique de renouvellement urbain	**4° du I**	**5,5 %**
Travaux réalisés dans le cadre d'un bail réel solidaire	**5° du I**	**5,5 %**

Tableau mod. par L. n° 2020-1721 du 29 déc. 2020, art. 48-2°-b et L. n° 2021-1900 du 30 déc. 2021, art. 32-I-4°-b et II, applicable aux livraisons et aux travaux pour lesquels le fait générateur de la taxe sur la valeur ajoutée et la décision d'accorder un prêt locatif social sont intervenus à compter du 1er janv. 2022.

Pour les travaux mentionnés au 1° du I, le taux applicable est celui prévu pour la livraison du local sur lequel ils portent, conformément à l'article 278 *sexies*-0 A. A cette fin, un logement dont la construction n'a été financée ni par un prêt locatif aidé d'intégration, ni par un prêt locatif à usage social, ni par un prêt locatif social est assimilé à un logement dont la construction a été financée par un prêt locatif à usage social.

Ancien art. 278 sexies A ***La taxe sur la valeur ajoutée est perçue au taux réduit de 10 % en ce qui concerne les livraisons à soi-même de travaux d'amélioration, de transformation, d'aménagement ou d'entretien, autres que l'entretien des espaces verts et les travaux de nettoyage, lorsqu'ils ne bénéficient pas du taux réduit de 5,5 % en*** *(L. n° 2014-1654 du 29 déc. 2014, art. 19-3°)* ***« application »*** *(L. n° 2017-1837 du 30 déc. 2017, art. 12)* ***« de l'article 278-0 bis A ou de 10 % en application de l'article 279-0 bis et dans la mesure où ces travaux portent sur les locaux mentionnés aux 2 à 8 du I de l'article 278 sexies. »***

L. n° 2013-1278 du 29 déc. 2013, art. 29-III : « A (…) [V. art. 278 sexies]

« C. — 1. Le D du II [de l'art. 29] s'applique aux opérations dont le fait générateur intervient à compter du 1er janvier 2014.

« 2. Par dérogation, il ne s'applique pas aux opérations soumises au taux de 5,5 % en application du dixième alinéa du III de l'article 13 de la L. n° 2011-1978 du 28 décembre 2011 de finances rectificative pour 2011.

« 3. Par dérogation, le taux de taxe sur la valeur ajoutée de 7 % reste applicable, pour les livraisons à soi-même mentionnées à l'article 278 sexies A du code général des impôts, aux opérations ayant fait l'objet d'un devis daté accepté par les deux parties avant le 1er janvier 2014 et ayant donné lieu à un acompte encaissé avant cette date ou ayant fait l'objet d'une décision d'octroi de la subvention mentionnée à l'article R. 323-1 du code de la construction et de l'habitation ou d'une décision favorable prise dans les conditions prévues aux articles R. 331-3 et R. 331-6 du même code avant cette même date. »

V. note ss. art. 278 sexies-0 A.

Art. 278 *septies* **La taxe sur la valeur ajoutée est perçue au taux de 10 % :**

1° *Abrogé par L. n° 2013-1278 du 29 déc. 2013, art. 8-I-1°. — V. Ann. III, art. 98 A.*

2° *Abrogé.*

3° Sur les livraisons d'œuvres d'art effectuées à titre occasionnel par les personnes qui les ont utilisées pour les besoins de leurs exploitations et chez qui elles ont ouvert droit à déduction de la taxe sur la valeur ajoutée ;

4° *Abrogé.*

1. Livraisons d'œuvres d'art. La remise à une société par un artiste de l'ensemble de ses œuvres et des droits patrimoniaux qui y sont attachés n'a pas pour effet de conférer à cette société la qualité d'ayant droit de l'artiste et, par suite, celle-ci ne peut bénéficier du taux réduit (taux intermédiaire depuis le 1er janv. 2012) de la TVA réservé par l'article 278 *septies*-2° aux livraisons d'œuvres d'art effectuées par leur auteur ou ses ayants droit. • CAA Lyon, 28 déc. 2006, n° 04LY85 : *RJF 2007. 417 ; Dr. fisc. 2007. 575, concl. Gimenez.*

2. Photographies. Sur les photographies pouvant être considérées comme des objets d'art, V. • CJUE 5 sept. 2019, *Regards photographiques SARL*, n° 145/18 : *RJF 2019. 1113.* ♦ Pour *l'application du taux réduit* de TVA à des portraits et photographies de mariage, V. • CE 2 déc. 2019, *Sté Regards Photographiques*, n° 400837 : *RJF 2020. 110 ; Dr. fisc. 2020. 152, note Deleu.*

3. Tatouages. La réalisation de tatouages constitue non pas une « livraison » d'œuvre d'art pouvant bénéficier du taux réduit (taux intermédiaire depuis le 1er janv. 2012), mais une prestation de services relevant du taux normal, alors même que ces derniers auraient la nature d'œuvres d'art. • CAA Douai, 25 juin 2009, n° 08DA518 : *RJF 2010. 22.* ♦ Les tatouages ne peuvent pas bénéficier du taux intermédiaire de 10 % accordé aux auteurs des œuvres de l'esprit. En effet, le contrat liant le tatoueur et le tatoué est un contrat de prestation de services et ne présente pas les caractéristiques d'un contrat de cession de droits d'auteur La réalisation d'un tatouage est, par conséquent, une prestation de services soumise au taux normal. * Rép. min. n° 29035 : *JOAN 22 déc. 2020.* ♦ A supposer même que les tatouages puissent être regardés comme des œuvres de l'esprit, ils ne figurent pas au nombre des œuvres d'art originales définies par l'art. 98 A-II de l'annexe III, seules susceptibles de bénéficier du taux réduit (taux intermédiaire depuis le 1er janv. 2012). • CAA Paris, 8 oct.

1998, n° 97PA85 : *RJF 1999. 150.* ♦ Un tatoueur sur peau humaine, bien qu'il réalise des œuvres originales exécutées de sa main selon une conception et une exécution personnelles, ne peut prétendre au bénéfice du taux réduit (taux intermédiaire depuis le 1er janv. 2012). • CE 21 oct. 2013, *Auville*, n° 358183 : *RJF 2014. 18 ; BDCF 2014. 4, concl. Bonhert.*

4. *Verre soufflé.* Des objets entièrement réalisés par un souffleur de verre qui sont exposés dans des musées et des galeries d'art à titre permanent ou temporaire en France et à l'étranger, dont le caractère original est reconnu dans la mesure où l'une, au moins, desdites productions est cotée sur le marché de l'art et qui comportent la signature de l'auteur et la date de leur réalisation, doivent être regardés comme des productions originales de l'art statuaire ou de la sculpture et bénéficient du taux réduit (taux intermédiaire depuis le 1er janv. 2012). • TA Toulouse, 27 juin 2013, nos 1004510, 1100772 et 1104647 : *RJF 2014. 139.*

Art. 279 **La taxe sur la valeur ajoutée est perçue au taux réduit de 10 % en ce qui concerne :**

a) Les prestations relatives :

— A la fourniture de logement *(Abrogé par L. n° 2020-1721 du 29 déc. 2020, art. 44-I-13°-a)* ***« et aux trois quarts du prix de pension ou de demi-pension »*** **dans les établissements d'hébergement ; ce taux s'applique aux locations meublées dans les mêmes conditions que pour les établissements d'hébergement ;** *— V. Ann. IV, art. 30.*

— *(L. n° 2017-1837 du 30 déc. 2017, art. 14)* **« A la fourniture de logements dans les terrains de campings classés et à la location d'emplacement sur les terrains de campings classés ; »**

— A la location d'aires d'accueil ou de terrains de passage des gens du voyage ;

a bis) **Les recettes provenant de la fourniture des repas dans les cantines d'entreprises et répondant aux conditions qui sont fixées par décret** *(L. n° 2019-1479 du 28 déc. 2019, art. 38-3°)* **« , à l'exclusion de celles relatives aux boissons alcooliques qui relèvent du taux prévu à l'article 278 » ;** *— V. Ann. III, art. 85 bis.*

(Abrogé par L. n° 2017-1837 du 30 déc. 2017, art. 14) ***« a ter) Les locations d'emplacements sur les terrains de camping classés, à condition que soit délivrée à tout client une note d'un modèle agréé par l'administration indiquant les dates de séjour et le montant de la somme due ; »***

a quater) *Abrogé.*

a quinquies) **Les prestations de soins dispensées par les établissements thermaux autorisés dans les conditions fixées par l'article L. 162-21 du code de la sécurité sociale ;**

b) **1° Les remboursements et les rémunérations versés par les communes ou leurs groupements aux exploitants des services de distribution d'eau et d'assainissement.**

2° Les taxes, surtaxes et redevances perçues sur les usagers des réseaux d'assainissement ;

(L. n° 2019-1479 du 28 déc. 2019, art. 37-I-1°) **« *b bis)* Les loteries foraines mentionnées à l'article L. 322-5 du code de la sécurité intérieure ; »**

b bis a) *Abrogé.*

(Abrogé par L. n° 2019-1479 du 28 déc. 2019, art. 37-I-1°) ***« b ter) Les droits d'entrée pour la visite des parcs*** *(Abrogé par L. n° 2017-1775 du 28 déc. 2017, art. 72)* ***« zoologiques et » botaniques, des musées, monuments, grottes et sites ainsi que des expositions culturelles ; »***

b quater) **Les transports de voyageurs ;**

b quinquies) *Abrogé par L. n° 2013-1278 du 29 déc. 2013, art. 7-II-B-1° et IV.*

b sexies) *Abrogé.*

b septies) *(L. n° 2019-1479 du 28 déc. 2019, art. 136-4°)* **« S'ils sont réalisés jusqu'au 31 décembre 2023, » les travaux sylvicoles et d'exploitation forestière réalisés au profit d'exploitants agricoles, y compris les travaux d'entretien des sentiers forestiers, ainsi que les travaux de prévention des incendies de forêt menés par des associations syndicales autorisées ayant pour objet la réalisation de ces travaux ;**

b octies) **Les abonnements souscrits par les** *(L. n° 2017-1837 du 30 déc. 2017, art. 8)* **« clients » afin de recevoir les services de télévision mentionnés à l'article 2 de la loi n° 86-1067 du 30 septembre 1986 relative à la liberté de communication.**

(Abrogé par L. n° 2020-1721 du 29 déc. 2020, art. 44-I-13°-b) (L. n° 2017-1837 du 30 déc. 2017, art. 8) ***« Lorsque la distribution de services de télévision est comprise dans une offre, composée ou non de plusieurs autres offres, qui comprend l'accès à un réseau de***

communications électroniques au sens du 2° de l'article L. 32 du code des postes et des communications électroniques ou à un équipement terminal au sens du 10° du même article L. 32, le taux réduit est applicable au supplément de prix payé par le client par rapport à une offre identique, mais ne comprenant pas tout ou partie de ces services de télévision, commercialisée dans des conditions comparables. Le cas échéant, cette assiette est majorée de celle établie pour l'application du taux réduit à cette autre offre.

« A défaut d'une telle autre offre, le taux réduit est applicable aux sommes payées, par client, pour l'acquisition des droits de distribution des services de télévision, dans la limite, le cas échéant, du prix auquel les services de télévision afférents aux mêmes droits sont commercialisés par ailleurs par le fournisseur » ; *— Les dispositions du présent b octies telles que modifiées par la L. n° 2017-1837 du 30 déc. 2017 s'appliquent aux prestations de service pour lesquelles l'exigibilité et le fait générateur de la taxe sur la valeur ajoutée intervient à compter du 1er mars 2018 (L. préc., art. 8).*

(L. n° 2019-1479 du 28 déc. 2019, art. 37-I-3°) **« *b nonies)* Les droits d'admission aux expositions, sites et installations à caractère culturel, ludique, éducatif ou professionnel.**

« Le présent *b nonies* ne s'applique pas aux opérations relevant de l'article 278-0 *bis* ou aux sommes payées pour utiliser des installations ou des équipements sportifs, assister à des spectacles, faire fonctionner des appareils automatiques ou participer à des jeux d'argent et de hasard ; »

b decies) *Abrogé.*

c, d, e) *Abrogés.*

f) *Abrogé.*

g) **Les cessions des droits patrimoniaux reconnus par la loi aux auteurs des œuvres de l'esprit et aux artistes-interprètes ainsi que de tous droits portant sur les œuvres cinématographiques et sur les livres.**

Cette disposition n'est pas applicable aux cessions de droits portant sur des œuvres d'architecture et des logiciels, ainsi qu'aux cessions de droits patrimoniaux portant sur des œuvres cinématographiques représentées au cours des séances de spectacles cinématographiques mentionnées à l'article L. 214-1 du code du cinéma et de l'image animée ou dans le cadre de festivals de cinéma ;

[h) applicable aux opérations dont le fait générateur intervient jusqu'au 31 déc. 2020]

h) **Les prestations de collecte, de tri et de traitement des déchets visés aux articles L. 2224-13 et L. 2224-14 du code général des collectivités territoriales, portant sur des matériaux ayant fait l'objet d'un contrat conclu entre une commune ou un établissement public de coopération intercommunale et un organisme ou une entreprise agréé au titre de l'article L. 541-2 du code de l'environnement ;**

[h) applicable aux opérations dont le fait générateur intervient à compter du 1er janv. 2021]

(L. n° 2018-1317 du 28 déc. 2018, art. 190-I-2° et II) **« *h)* Lorsqu'elles ne relèvent pas du taux réduit prévu au M de l'article 278-0 *bis*, les prestations de collecte et de traitement des déchets des ménages et des autres déchets que les collectivités mentionnées à l'article L. 2224-13 du code général des collectivités territoriales peuvent, eu égard à leurs caractéristiques et aux quantités produites, collecter et traiter sans sujétions techniques particulières, ainsi que les prestations de services qui concourent au bon déroulement de ces opérations ; »**

i) **Les prestations de services fournies à titre exclusif, ou à titre non exclusif pour celles qui bénéficient d'une dérogation à la condition d'activité exclusive selon l'article L. 7232-1-2 du code du travail, par des associations, des entreprises ou des organismes déclarés en application de l'article L. 7232-1-1 du même code, et dont la liste est fixée par décret.** *— Pour la liste des services à la personne entrant dans le champ du i) ci-dessus, V. Ann. III, art. 86-II et III.*

j) **Les rémunérations versées par les collectivités territoriales et leurs groupements pour la mise en œuvre d'un contrat d'objectifs et de moyens correspondant à l'édition *d'un service de télévision locale* ;**

k) **Les remboursements et les rémunérations versés par les communes ou leurs groupements aux exploitants assurant les prestations de balayage des caniveaux et voies publiques lorsqu'elles se rattachent au service public de voirie communale ;**

l) **Les remboursements et les rémunérations versés par les départements, les communes ou leurs groupements aux exploitants assurant les prestations de déneigement**

des voies publiques lorsqu'elles se rattachent à un service public de voirie communale ou départementale.

***m)* Les ventes à consommer sur place, à l'exclusion de celles relatives aux boissons alcooliques qui relèvent du taux prévu à l'article 278.**

***n)* Les ventes à emporter ou à livrer de produits alimentaires préparés en vue d'une consommation immédiate, à l'exclusion de celles relatives aux boissons alcooliques qui relèvent du taux prévu à l'article 278.**

NOTA : Le taux réduit mentionné dans les notes ci-après est fixé à 10 %.

1. Établissements d'hébergement. Le bénéfice du taux réduit est réservé aux établissements ayant pour objet principal la fourniture de logement. Ce taux n'est donc pas applicable à une association qui n'effectue des opérations d'hébergement qu'au profit exclusif de ses membres. • CAA Marseille, 3 mai 1999, n° 96MA903 : *Dr. fisc. 2000. 308.* ♦ Des prestations de piscine, de sauna, d'appareils de musculation et de salles de séminaires fournies à sa clientèle par un hôtelier, dont l'établissement est équipé à cet effet, sans facturation distincte de celle de l'hébergement, ne constituent pas pour la clientèle une fin en soi et ne sont pas séparables de la prestation principale de logement et de nourriture à laquelle elles se rattachent et dont elles doivent suivre le traitement fiscal en tant que prestations accessoires. Par suite, le prix de revient de ces prestations ne peut être déduit du prix des prestations de logement et de nourriture fournies aux clients en pension ou demi-pension pour le soumettre au taux normal. • CAA Lyon, 1er avr. 2004, n° 98LY53 : *RJF 2005. 676.*

2. Les établissements hôteliers tels les clubs de vacances proposant des formules de « séjours tout compris » ne peuvent pas bénéficier du taux réduit pour les prestations d'animation sportive ou en soirée. En revanche, ce taux peut bénéficier, outre à l'hébergement, aux prestations d'accès aux équipements sportifs, aux espaces de détente et de bien-être et aux mini-clubs. • CAA Versailles, 5 avr. 2011, *Sté Club Méditerranée*, n° 09VE04193 : *RJF 2011. 1040.*

3. Centres de vacances. La location de centres de vacances, composés de plusieurs bâtiments et d'importantes infrastructures comme des terrains de sport ou des piscines, constitue une location meublée indirecte bénéficiant du taux réduit, contrairement à la location de simples terrains de camping comportant des emplacements pour des tentes. • CE 30 déc. 2009, n° 301077 : *RJF 2010. 342 ; concl. Collin au BDCF 4/10, n° 42 ; Dr. fisc. 2010. 264.*

4. Cantines d'entreprises et cantines administratives. Conditions d'application du taux réduit. * BOI-TVA-LIQ-30-20-10-20 nos 20 s. du 14 oct. 2020. ♦ V. égal. note ss. art. 85 *bis* de l'Ann. III. ♦ Légalité du refus du ministre d'étendre le taux réduit applicable aux cantines d'entreprises aux restaurants traditionnels pour les repas payés par les salariés au moyens de titres-restaurant. • CE 6 juin 2008, n° 299287 : *RJF 2008. 1065.*

5. Campings. Modalités d'application du taux réduit aux campings consécutives à la modification de la procédure de classement. * Rescrit 6 juill. 2012 : n° 2012/39 TCA * BOI-TVA-LIQ-30-20-10-30 n° 70 du 6 juin 2018. ♦ Application du taux réduit à des emplacements de camping non autorisés. • CE 10 mai 2012, *SARL La Pinède*, n° 328216 : *RJF 2012. 809.*

6. Emplacements d'amarrage pour bateaux. La location d'emplacements d'amarrage pour bateaux ne bénéficie pas du taux prévu pour la location d'emplacements de camping. • CJUE 19 déc. 2019, *Segler Vereinigung Cuxhaven V*, n° 715/18 : *RJF 2020. 291.*

7. Maisons de retraite. Les maisons de retraite visées par l'art. 279 *a* doivent s'entendre de tout établissement effectivement spécialisé dans l'hébergement de personnes âgées, que cet établissement ait ou non fait l'objet de l'autorisation administrative prévue, le cas échéant, par la législation sociale en vigueur et qu'il réponde ou non aux critères qui lui sont éventuellement applicables en vertu de cette même législation. • CAA Paris, 31 déc. 2004, n° 00PA1630 : *RJF 2005. 677.* ♦ Le taux réduit est applicable dès avant 1996 aux majorations de prix de journées facturées par une maison de retraite pour tenir compte des conditions, variables selon le degré de dépendance des intéressés, dans lesquelles sont assurées les prestations relatives à la fourniture de logement et de nourriture. • CE 20 oct. 2000, n° 203198 : *SARL Maison de retraite « Le Saint Bernard » : RJF 2000. 21 ; Dr. fisc. 2001. 284.*

8. Résidences-services pour personnes âgées. Une société qui fournit notamment la restauration aux personnes âgées occupant en tant que propriétaires ou locataires des logements dans une résidence-services en copropriété ne peut pas bénéficier du taux réduit prévu pour les maisons de retraite. Cette résidence, ne fournissant pas en tant que telle des logements, ne peut être regardée comme une maison de retraite alors même que les occupants ont l'obligation de souscrire un contrat de prestations de services minimales auprès d'une société de services. • CE (na) 21 mai 2010, n° 323564 : *RJF 2010. 1158.*

9. Résidences avec services. Les prestations d'hébergement et de restauration sur place fournies par les résidences avec services aux visiteurs des personnes qu'elles hébergent, qui constituent des activités économiques au sens de l'art. 256 A, n'entrent dans le champ ni de l'art. 278 *bis*, qui ne vise que les ventes de nourriture à emporter, ni de celles de l'art. 279 *a*, lesquelles ne visent que les prestations d'hébergement et de restauration fournies par les établissements hôteliers ou les entreprises ayant une fonction similaire, au nombre desquelles ne sont pas les résidences avec services, dont l'accès est réservé aux résidents et à leurs visiteurs. En conséquence, illégalité partielle de la doctrine administrative étendant le taux réduit à ces prestations. • CE 22 mai 2002, ♙ n° 226954 : *RJF 2002. 922 ; concl. Mignon au BDCF 8-9/02, n° 108.* ♦ Sur les services d'aide à la personne fournis dans les résidences-services, V. notes 32 et 33.

10. Prestations relatives à l'eau. Relève de la distribution d'eau (opération susceptible de bénéficier du taux réduit) l'opération de branchement individuel qui consiste en la pose d'une canalisation permettant le raccordement de l'installation hydraulique d'un immeuble aux réseaux fixes de distribution d'eau, de sorte qu'un organisme de droit public agissant en tant qu'autorité publique a la qualité d'assujetti pour ladite opération. En outre, les États membres peuvent appliquer un taux réduit de TVA à des aspects concrets et spécifiques de la distribution d'eau, tels que l'opération de branchement individuel en cause, à condition de respecter le principe de la neutralité fiscale inhérent au système commun de la TVA. • CJCE 3 avr. 2008, ♙ n° C-442/05 : *RJF 2008. 917.*

11. Exploitants des services de distribution d'eau et d'assainissement. Les prestations relatives aux travaux d'entretien et de nettoyage des réseaux municipaux d'égouts et de stations d'épuration sont soumises au taux réduit si elles sont réalisées par l'exploitant du service public de l'eau ou les personnes qui fournissent directement la prestation en exécution d'un contrat conclu avec l'exploitant. * BOI-TVA-LIQ-30-20-30 n°s 100 à 200 du 19 sept. 2014. ♦ Un syndicat intercommunal qui assure la gestion et l'entretien du réseau public d'assainissement et effectue le nettoyage et le curage des ouvrages publics doit être considéré comme l'exploitant du service public d'eau et d'assainissement. • CAA Nantes, 18 oct. 1995, n° 93NT558, *SA Bonnefonds : Dr. fisc. 1996. 408, concl. Cadenat.* ♦ En revanche, l'entreprise chargée seulement du nettoyage des égouts n'a pas cette qualité. • CE 10 févr. 1993, ♙ n° 71485, *Sté générale d'assainissement et de distribution : RJF 1993. 518.* ♦ De même, l'entreprise qui est chargée de l'entretien des voies publiques incluant le balayage des *caniveaux ne peut bénéficier* du taux réduit (sol. antérieure à 2007). • CAA Versailles, 18 janv. 2005, n° 02VE2485 : *RJF 2005. 559* • CE (na) 10 mai 2006, n° 278918 : *RJF 2006. 1013.*

12. Enfin, les rémunérations versées à un prestataire par un établissement public interdépartemental chargé de capter les eaux d'une rivière, de les traiter et d'alimenter en eau potable les réseaux de distribution propres aux communes des départements membres de l'établissement, en contrepartie de ses prestations d'exploitation des ouvrages de production et d'adduction d'eau potable ainsi vendue par cet établissement à des communes ou groupements de communes n'entrent pas, du fait de l'identité de leur partie versante qui n'est pas une commune ou un groupement de communes, et quand bien même l'exploitation dont s'agit concourt au fonctionnement du service public de distribution de l'eau, dans le champ d'application du taux réduit. • CE 28 déc. 2007, ♙ n° 296837 : *RJF 2008. 296 ; concl. Vallée au BDCF 3/08, n° 36 ; Dr. fisc. 2008. 278, note Sérandour.*

13. Élimination des boues d'épuration. Les opérations d'élimination des boues d'épuration faisant partie du service public de l'assainissement sont susceptibles, à l'instar des opérations d'évacuation et de transport desdites boues, d'être soumises au taux réduit prévu par l'art. 279-*b*. * BOI-TVA-LIQ-30-20-30 n° 100 du 19 sept. 2014.

14. Expositions, sites, installations et appareils à caractère culturel, ludique, éducatif ou professionnel. Application du taux de 10 % à l'ensemble des droits d'admission aux expositions, sites et installations à caractère culturel, ludique, éducatif ou professionnel. * BOI-TVA-LIQ-30-20-50 du 8 sept. 2021.

15. Jeux et manèges forains. Le taux de 10 % n'est pas applicable : aux spectacles forains de cascades automobiles. • CE 13 févr. 1985, ♙ n° 47752 : *Dr. fisc. 1985. 1590, concl. Mme Latournerie ; RJF 1985. 553.* ♦ ... Aux prestations d'organisation, d'animation et de promotion de fêtes foraines fournies par un tiers aux exploitants de manèges forains. • CAA Lyon, 26 juin 2003, *Min. du Budget,* n°s 00LY657 et 02LY1637 : *RJF 2004. 876.* ♦ ... Aux locations de karts. • CAA Nantes, 28 mars 2000, n° 97NT243 : *RJF 2000. 1072.* ♦ ... A des installations de jeux pour enfants fixées dans un bâtiment, qui ne peuvent être aisément démontées et déplacées sur un autre site. • CE 28 juill. 2011, ♙ *Sté Kidzy,* n° 318132 : *RJF 2011. 1146.*

16. Le taux réduit est applicable : aux attractions constituées d'une piste de descente pour luge (ou autre engin) en métal ou béton et d'un treuil pour hisser le participant en haut de la piste. * BOI-TVA-LIQ-30-20-50 n° 240 du 8 sept. 2021. ♦... À la mise à disposition par un forain d'une grande roue à des clients organisant des manifestations. • CAA Lyon, 28 juin 2011, ♙ n° 10LY01558 : *RJF 2011. 128.* ♦ ... À un jeu de « pistolet laser » sans caractère sportif et dont les installations sont démontables. • CE 23 déc. 2011, ♙ n° 328029 : *RJF 2012. 239 ; Dr. fisc. 2012. 137.*

17. Des jeux de lotos qui s'apparentent à des lotos traditionnels généralement organisés dans un cadre associatif, n'ont pas d'équivalent qui serait habituellement proposé au public dans le cadre de fêtes foraines. Par suite, cette activité, à supposer même qu'elle soit exercée de manière itinérante, ne peut être qualifiée de « jeu forain » au sens de l'art. 279 B *bis*. • CE 10 déc. 2014, *Milan*, n° 373456 : *RJF 2015. 200.*

18. Foire aux vins. Le droit d'entrée qui donne lieu à la délivrance d'un verre et de dix tickets de dégustation doit être regardé comme versé, dans le cadre d'une dégustation, dans le but principal de consommer du vin, et non comme un droit d'accès à une foire. Dès lors, à défaut de ventiler le droit d'entrée entre la part correspondant à une consommation de vin et la part permettant d'accéder aux activités accessoires de la manifestation, il doit être principalement regardé comme le prix correspondant à la consommation d'une certaine quantité de vin et doit être, par suite, soumis en totalité au taux normal. • CAA Nancy, 1er juin 2017, *Min. c/ Assoc. Ambassadeurs des vins jaunes*, n° 15NC01930 : *RJF 2017. 930.*

19. Transports de corps. Depuis le 1er juin 2005, seules les prestations de transport de corps, avant et après mise en bière, réalisées par les prestataires agréés au moyen de véhicules spécialement aménagés à cet effet sont soumises au taux réduit. Toutes les autres opérations susceptibles d'être effectuées par ces prestataires dans le cadre du service extérieur des pompes funèbres ou d'autres activités annexes relèvent du taux qui leur est propre, soit en principe le taux normal. Ainsi les prestations de portage de corps relèvent du taux normal. * BOI-TVA-LIQ-30-20-60 n° 160 du 25 juin 2013. ♦ La CJUE a rejeté le recours en manquement de la Commission dirigé contre le régime français soumettant le transport des corps par véhicules au taux réduit de TVA alors que les autres prestations fournies par les entreprises de pompes funèbres sont soumises au taux normal. • CJUE 6 mai 2010, n° n° 94/09 : *RJF 2010. 868.*

20. Transports de voyageurs. Ne constituent pas des transports de voyageurs bénéficiant du taux réduit : le transport et le largage de parachutistes. • CAA Paris, 16 avr. 1998, *n° 96PA1042 : Dr. fisc. 1998. 1054 ; RJF 1998. 666.* ♦ ... Les sauts en parachute en tandem. • CE 28 mai 2021, n° 445020 : *RJF 2021. 801.* ♦ ... Les « baptêmes de l'air ». • CAA Nantes, 30 déc. 1998, n° 96NT2047 : *Dr. fisc. 1999. 728.* ♦ ... Les vols en montgolfières. • CAA Lyon, 20 févr. 2003, n° 02LY1525 : *RJF 2004. 369.* ♦ ... Les descentes de rivières en rafting. • CAA Bordeaux, 6 févr. 2001, n° 98BX72 : *RJF 2001. 775.* ♦ ... Les promenades en vélorail (dit « pédalorail ») sur des voies de chemin de fer désaffectées. • CAA Lyon, 5 juin 2018, *SAS Cie des chemins de fer du Cantal*, n° 17LY01367 : *RJF 2018. 1091.* ♦ ... L'activité de livraison à domicile des bagages des voyageurs d'une compagnie aérienne, livraison assurée par une entreprise distincte (taxi) pour le compte de la compagnie. • CAA Lyon, 5 févr. 2004, n° 03LY193 : *RJF 2004. 877 ; concl. Bourrachot au BDCF 8-9/04, n° 105.* ♦ ... Les prestations de gestion d'un système centralisé de feux tricolores fournies par une société assurant un service de transport public de voyageurs. • CAA Bordeaux, 19 juin 2006, n° 03BX936 : *RJF 2007. 144.*

21. Mises à disposition de véhicules avec chauffeur. Critères permettant de regarder les prestations de transport dites de « grande remise » comme des prestations de transport de personnes bénéficiant du taux réduit... * BOI-TVA-LIQ-30-20-60 n° 220 du 25 juin 2013. ♦ Le taux réduit de TVA s'applique aux mises à disposition, avec chauffeur, de véhicules conçus pour le transport de personnes lorsque ces opérations procèdent de l'exécution de contrats de transport. • CE 20 mars 2013, *Chambre synd. nat. des entreprises de remise et de tourisme*, n° 337259 : *RJF 2013. 608.* ♦ Le taux normal est, en revanche, applicable en l'absence de contrat de transport, faute que les trajets à effectuer aient été définis conjointement par le client et le prestataire. • CE, QPC, 7 oct. 2015, *Sté Laisser-Passer*, n° 389306 : *RJF 2016. 21.* ♦ Les mises à disposition de véhicules avec chauffeur tarifées à l'heure ne constituent pas des prestations de transport de voyageurs. • CAA Paris, 11 mars 2014, *SARL XP Global Services*, n° 13PA01624 : *RJF 2014. 1093.* ♦ Il en est de même de la mise à disposition avec chauffeur, de véhicules de type autobus, aménagés spécifiquement afin d'y organiser, dans Paris, des événements festifs tels que des soirées dansantes et destinés, le cas échéant, à circuler dans la capitale. • TA Cergy-Pontoise, 1er mars 2017, *SARL Evicent*, n° 1406945 : *RJF 2016. 792.*

22. Transport maritime et fluvial de personnes. Armateurs côtiers de navires de passagers. Application du taux réduit : aux croisières et excursions maritimes et fluviales et à certaines prestations côtières à caractère touristique, et notamment aux promenades en barque. * BOI-TVA-LIQ-30-20-60 n° 130 du 25 juin 2013. ♦ ... Aux opérations de mise à disposition de bateaux fluviaux avec équipage dès lors qu'elles ont pour objet la réalisation d'un déplacement assuré par un équipage qui, conservant en permanence la responsabilité de la navigation et de l'exploitation du bateau, définit et organise l'itinéraire. * BOI-TVA-LIQ-30-20-60 n° 210 du 25 juin 2013.

23. Prestations relatives aux chevaux. A compter du 1er janv. 2014, les activités équestres sont soumises au taux normal de TVA. Les contrats conclus avant cette date continuent toutefois à bénéficier du taux intermédiaire jusqu'à leur terme et au plus tard jusqu'au 31 déc. 2014. * Communiqué min. Budget n° 908, 13 nov. 2013.

24. Travaux forestiers. Les prestations de débroussaillage et de fauchage effectuées au profit de collectivités territoriales qui n'ont pas une activité sylvicole ne peuvent pas bénéficier du taux réduit. * Rescrit 16 déc. 2008 : n° 2008/30 TCA * BOI-TVA-LIQ-30-20-100 n° 520 du 5 déc. 2018.

25. Abonnement à des services de télévision. Règles d'assiette. * BOI-TVA-LIQ-30-20-100 n°s 40 à 120 du 5 déc. 2018. ♦ Si, pour le client, l'accès à la télévision de rattrapage est indissociable de l'abonnement aux services de télévision, l'ensemble de la prestation bénéficie du taux réduit. • TA Montreuil, 29 déc. 2016, *Sté Free*, n° 1509713 : *RJF 2017. 322.*

26. Accès à des chaînes de télévision dans les hôpitaux. L'activité d'une société qui procède à l'installation de téléviseurs dans des hôpitaux et vend aux patients des bouquets représentatifs d'une offre de services de télévision relève de la vente de services de télévision et non de la location de postes de télévision. Par suite, cette prestation relève du taux de 10 % prévu à l'art. 279 *b octies*. • CAA Paris, 29 janv. 2020 : *SAS Telecom Services*, n° 18PA03732 : *RJF 2020. 592, concl. Jimenez* • CE (na), 16 févr. 2021, n°s 439758 et 439759 : *RJF 2021. 471.*

27. Offre couplée presse en ligne, télévision. Règles d'assiette des taux de TVA de 2,1 % et 10 % applicables aux services de presse en ligne et de télévision lorsqu'ils sont proposés notamment avec des services ou des équipements de communication électronique. Les conditions d'application de ces taux doivent respecter les principes dégagés par la CJUE en matière d'opérations complexes. * BOI-TVA-LIQ-30-20-100 et * BOI-TVA-SECT-40-40 du 5 déc. 2018.

28. Aide juridictionnelle. Les prestations d'aide juridictionnelle ne peuvent bénéficier du taux réduit prévu par la Dir. TVA pour les prestations fournies par des organismes reconnus comme ayant un caractère social et engagés dans des œuvres d'aide et de sécurité sociale. • CJUE 17 juin 2010, n° C-492/08 : *RJF 2010. 976.* ♦ Par suite, les prestations pour lesquelles les avocats, les avocats au Conseil d'État et à la Cour de cassation et les avoués sont indemnisés totalement ou partiellement par l'État dans le cadre de l'aide juridictionnelle sont soumises au taux normal de la TVA à compter du 31 déc. 2010. Cela étant, il est admis que le taux réduit s'applique aux provisions versées avant le 31 déc. 2010 à un avocat ou avoué agissant dans le cadre de l'aide juridictionnelle. * BOI-TVA-LIQ-30-20-100 n° 190 du 5 déc. 2018.

29. Cession d'œuvres de l'esprit. Le taux réduit s'applique à la vente par l'auteur de droits à reproduction de photographies à des journaux, à des agences de publicité ou à des annonceurs dans le cadre de son activité libérale, même si certaines photos sont destinées à des campagnes publicitaires, une telle finalité n'étant pas incompatible avec l'intention créatrice de leur auteur. • CAA Versailles, 26 mai 2005, n° 03VE1074 : *Dr. fisc. 2005. 757.* ♦ Des films fabriqués par une personne à partir d'images ou d'extraits de films achetés à l'étranger, qu'elle monte, complète éventuellement avec ses propres prises de vue et commente en réalisant la bande-son constituent des œuvres audiovisuelles composites qui présentent la nature d'œuvres de l'esprit dont elle est l'auteur. Leur cession à des conférenciers intervenant en milieu scolaire relève ainsi du taux réduit. • CAA Paris, 28 juin 2007, n° 06PA175 : *RJF 2008. 18.* ♦ Au regard des règles de taux de la TVA, une opération mixte comportant la réalisation de travaux d'études, de conception ou de mise en œuvre suivis d'une cession du droit de représentation ou de reproduction doit être analysée, dans sa globalité, comme une cession de droits patrimoniaux sur une œuvre de l'esprit passible dans sa totalité du taux réduit. • CAA Nantes, 2 avr. 2015, n° 14NT02139 : *RJF 2015. 685.* ♦ La cession de droits patrimoniaux à des tiers, par les auteurs d'œuvres de l'esprit, des droits de représentation ou de reproduction qu'ils détiennent sur celles-ci est soumise au taux réduit de TVA, alors même que les conditions posées par l'art. L. 131-3 *d* CPI ne seraient pas remplies. • CE 21 janv. 2017, n° 390660 : *RJF 2017. 323.* ♦ Les tatouages ne peuvent pas bénéficier du taux intermédiaire de 10 % sur le fondement de l'art. 279 *g* relatif aux cessions des droits patrimoniaux reconnus par la loi aux auteurs des œuvres de l'esprit. En effet, le contrat liant le tatoueur et le tatoué est un contrat de prestation de services et ne présente pas les caractéristiques d'un contrat de cession de droits d'auteur. La réalisation d'un tatouage est, par conséquent, une prestation de services soumise au taux normal. * Rép. min. n° 29035 : *JOAN 22 déc. 2020.*

30. Collecte et traitement des déchets. Le bénéfice du taux réduit est réservé aux prestations de collecte et de tri sélectif des déchets ménagers et assimilés. • CE 5 juin 2002, n° 216590 : *Dr. fisc. 2002. 845 ; RJF 2002. 924, concl. Courtial.* ♦ Les prestations de service qui concourent au bon déroulement des opérations de collecte et de tri sélectif, comme la location et la maintenance des bacs roulants et des conteneurs, le transport et le transit des déchets, leur conditionnement, le transport et le stockage des résidus du traitement, l'entretien des installations ou du matériel ou encore la communication auprès des usagers, sont imposables au taux réduit de TVA, alors que les prestations préalables aux opérations de collecte ou de tri, comme les prestations d'ingénierie et de conseil, ou encore les acquisitions de bacs roulants et de conteneurs sont soumises au taux normal. * BOI-TVA-LIQ-30-20-70 n° 160 du 19 mai 2021.

31. Seules les prestations de collecte, de tri et

de traitement des déchets, à l'exclusion donc des achats de biens tels que des sacs plastiques, peuvent bénéficier du taux réduit. Cependant, lorsque les sacs sont repris, après utilisation, en vue de leur recyclage par leur fournisseur, l'opération de fourniture s'analyse comme une prestation de conditionnement éligible au taux réduit. Par ailleurs, lorsque le fournisseur produit des sacs à partir de matières plastiques issues du tri sélectif qui lui sont fournies par la collectivité, leur restitution sous forme de sacs à cette même collectivité s'analyse en une prestation de traitement de déchets d'origine ménagère éligible, comme telle, au taux réduit. Enfin, lorsqu'il est recouru à un prestataire de collecte qui, dans le cadre de sa prestation, fournit également les sacs de collecte aux usagers alors que la prestation est facturée pour son montant global à la collectivité, la fourniture de sacs constitue un élément du prix de la prestation qui est éligible au taux réduit dans son ensemble si toutes les conditions pour l'application de ce taux sont satisfaites par ailleurs. * Rép. min. n° 19430 : *JO Sénat Q, 17 nov. 2005, p. 2986.* ♦ Il en est de même des prestations de communication auprès des usagers destinées à favoriser la mise en œuvre et le développement de la collecte sélective des déchets. * BOI-TVA-LIQ-30-20-70 n° 160 du 19 mai 2021. ♦ Le taux réduit s'applique : aux prestations rendues à un groupement qui n'a pas directement conclu de contrat avec un organisme agréé, mais dont des membres ont contracté avec la société agréée. * BOI-TVA-LIQ-30-20-70 n° 320 du 19 mai 2021. ♦ ... Aux prestations rendues par un syndicat mixte, si toutes les conditions pour l'application de ce taux sont satisfaites par ailleurs. * Rép. min. n° 12191 : *JOAN Q, 3 août 2013, p. 9713.*

32. Services d'aides à la personne. Conditions d'application du taux réduit. Activités concernées. Activités nouvellement éligibles : livraisons à domicile de courses ou de linge repassé, prestation de garde-malade, assistance informatique et internet à domicile, assistance administrative à domicile. * BOI-TVA-LIQ-30-20-80 n° 170 du 7 mars 2018. ♦ Les prestations « homme toutes mains » rendues par une entreprise agréée conformément à l'art. D. 129-11 C. trav. ouvrent droit au bénéfice du taux réduit. * BOI-TVA-LIQ-30-20-80 n° 170 du 7 mars 2018. ♦ Les services à la personne fournis dans le cadre d'un contrat avec des plates-formes ou des organismes d'assurance relèvent du taux normal, dès lors que le taux intermédiaire ne s'applique qu'aux prestations fournies par les organismes habilités directement à des personnes physiques qui les rémunèrent. • CAA Bordeaux, 7 avr. 2016, *Sté APR Services*, n° 14BX03392 : *RJF 2016. 613.*

33. Soins pour les personnes dépendantes. Les soins d'hygiène et de mise en beauté à domicile pour les personnes dépendantes bénéficient du taux réduit. * BOI-TVA-LIQ-30-20-80 n° 170 du 17 mars 2018.

34. Prestations de balayage des caniveaux et des voies publiques. Service public de voirie communale. Champ d'application du taux réduit. * BOI-TVA-LIQ-30-20-100 n° 420 du 5 déc. 2018. ♦ Les opérations préventives de salage bénéficient du taux réduit. * Rescrit 28 avr. 2009 : n° 2009/29 TCA * BOI-TVA-LIQ-30-20-100 n° 530 du 5 déc. 2018.

35. Ventes à consommer sur place de produits alimentaires. Les produits vendus par distributeur qui ne sont pas considérés comme préparés en vue d'une consommation immédiate (cannettes, paquets de chips, etc.) sont soumis au taux de 5,5 %. * BOI-TVA-LIQ-30-10-10 n° 520 du 14 oct. 2020.

36. Ventes à emporter ou à livrer de produits alimentaires préparés. Les plateaux-repas, réputés être destinés à une consommation immédiate, sont soumis au taux intermédiaire. Les boissons alcooliques restent soumises au taux normal. * BOI-TVA-LIQ-30-10-10 n° 450 du 14 oct. 2020.

Art. 279-0 *bis* **1. La taxe sur la valeur ajoutée est perçue au taux réduit de 10 % sur les travaux d'amélioration, de transformation, d'aménagement et d'entretien autres que ceux mentionnés à l'article 278-0 *bis* A portant sur des locaux à usage d'habitation, achevés depuis plus de deux ans, à l'exception de la part correspondant à la fourniture d'équipements ménagers ou mobiliers ou à l'acquisition de gros équipements fournis dans le cadre de travaux d'installation ou de remplacement du système de chauffage, des ascenseurs, de l'installation sanitaire ou de système de climatisation dont la liste est fixée par arrêté du ministre chargé du budget.** — *V. notes ss. l'art. — V. Ann. IV, art. 30-00-A.*

2. Par dérogation au 1, le taux prévu à l'article 278 s'applique aux travaux, réalisés sur une période de deux ans au plus :

a) **Qui concourent à la production d'un immeuble neuf au sens du 2° du 2 du I de l'article 257 ;**

b) **A l'issue desquels la surface de plancher des locaux existants est augmentée de plus de 10 %.**

2 *bis*. Par dérogation au 1, le taux prévu à l'article 278 s'applique aux travaux de nettoyage ainsi qu'aux travaux d'aménagement et d'entretien des espaces verts.

3. Le taux réduit prévu au 1 est applicable aux travaux facturés au propriétaire ou le cas échéant au syndicat de copropriétaires, au locataire, à l'occupant des locaux ou à leur représentant à condition que le preneur atteste que ces travaux se rapportent à des locaux d'habitation achevés depuis plus de deux ans et ne répondent pas aux conditions mentionnées au 2. Il est également applicable dans les mêmes conditions aux travaux réalisés par l'intermédiaire d'une société d'économie mixte intervenant comme tiers financeur. Le prestataire est tenu de conserver cette attestation à l'appui de sa comptabilité.

Le preneur doit conserver copie de cette attestation, ainsi que les factures ou notes émises par les entreprises ayant réalisé des travaux jusqu'au 31 décembre de la cinquième année suivant la réalisation de ces travaux.

Le preneur est solidairement tenu au paiement du complément de taxe si les mentions portées sur l'attestation s'avèrent inexactes de son fait. — *Les dispositions ci-dessus s'appliquent aux opérations dont le fait générateur intervient à compter du 1er janv. 2014, sauf pour les encaissements pour lesquels la taxe sur la valeur ajoutée est exigible avant cette date (V. note ss. l'art. 278 sexies).*

Le taux antérieur de la taxe sur la valeur ajoutée, 7 %, reste applicable aux travaux mentionnés aux 1 et 3 de l'art. 279-0 bis CGI ayant fait l'objet d'un devis daté et accepté avant le 1er janv. 2014, ayant donné lieu au versement d'un acompte de 30 % encaissé avant cette même date et d'un solde facturé avant le 1er mars 2014 et encaissé avant le 15 mars 2014 (L. n° 2013-1279 du 29 déc. 2013, art. 21-I).

1. Locaux concernés. Le taux réduit s'applique à l'ensemble des travaux portant sur les locaux dès lors que ceux-ci sont principalement affectés à un usage d'habitation, c'est-à-dire dans une proportion au moins égale à 50 % de leur superficie totale, cette proportion devant être appréciée indépendamment de la surface des éventuelles dépendances. Les travaux effectués dans un local répondant à cette condition bénéficient du taux réduit de la TVA, y compris lorsque ces travaux ne concernent que la partie non affectée à l'habitation. En revanche, lorsque ce local est affecté pour plus de 50 % à un usage autre que l'habitation, le taux réduit de la TVA ne s'applique qu'aux travaux réalisés dans les pièces affectées exclusivement à l'habitation. * BOI-TVA-LIQ-30-20-90-10 n°s 200 et 210 du 19 sept. 2014. ♦ Le taux réduit est applicable aux travaux portant sur les habitations légères et structures préfabriquées (mobil-home, etc.) qui sont incorporées au sol et ne sont pas aisément démontables et déplaçables. * BOI-TVA-LIQ-30-20-90-10 n°s 50 à 70 du 19 sept. 2014. ♦ De même des habitations légères qui, même si elles avaient à l'origine le caractère de résidences mobiles, ne sont plus destinées à être déplacées doivent être regardées comme des locaux d'habitation. Par suite, les travaux de rénovation et d'aménagement portant sur ces constructions bénéficient du taux réduit de la TVA. • TA Marseille, 11 déc. 2006, n° 02-3236 : *RJF 2007. 908.*

2. Travaux concernés. L'art. 279-0 *bis* exclut du taux réduit de la TVA les travaux qui, portant sur des immeubles existants, ont pour effet de rendre à l'état neuf la majorité des fondations. Tel est le cas s'agissant de travaux de reprise en sous-œuvre ayant pour objet de renforcer et de consolider l'ensemble des éléments de fondation existante. Application du taux normal. • Aix-en-Provence 3e ch. A, 22 nov. 2007, n° 05/19790.

3. Lorsque les travaux d'abattage, de tronçonnage, d'élagage et d'enlèvement des arbres constituent le préalable nécessaire à des travaux d'entretien, même lorsque ces derniers sont réalisés par le client lui-même, portant sur des locaux d'habitation achevés depuis plus de deux ans (locaux affectés à l'habitation proprement dits mais également dépendances usuelles, voies d'accès principales à l'habitation, murs de clôture et portails), ils n'ont pas la nature de travaux d'aménagement et d'entretien des espaces verts. Ils relèvent donc à ce titre du taux réduit appliqué aux travaux d'entretien même s'ils sont le cas échéant réalisés par un prestataire distinct. * Rescrit 24 févr. 2009, n° 2009/10 TCA * BOI-TVA-LIQ-30-20-90-30 n° 40 du 19 sept. 2014.

4. Travaux augmentant la surface de plancher. Définition des surfaces de plancher. Remplacement des notions de surface de plancher hors œuvre nette (SHON) et de surface de plancher hors œuvre brute (SHOB) par la notion unique de surface de plancher de la construction. * BOI-TVA-LIQ-30-20-90-30 n°s 360 à 380 du 19 sept. 2014.

5. Traitements et diagnostics. Les travaux de traitement préventif et curatif des immeubles contre les insectes xylophages bénéficient du taux réduit de la TVA. En revanche, les opérations de diagnostic parasitaire constituent des prestations d'études qui relèvent toujours du taux normal de la TVA. * BOI-TVA-LIQ-30-20-90-30 n° 220 du 19 sept. 2014.

6. Panneaux solaires. Seuls les travaux d'installation et la fourniture de panneaux solaires (ou photovoltaïques) d'une puissance n'excédant pas 3 kWc sont éligibles au taux réduit. Ceux portant sur des panneaux d'une puissance supérieure relèvent, dans leur totalité, du taux normal. * Rescrit 4 déc. 2007, *n° 2007/50 TCA* * BOI-TVA-LIQ-30-20-90-20 n° 260 du 23 déc. 2020.

7. Prestations des décorateurs et architectes d'intérieur. Conditions d'application du taux réduit. * Lettre DLF 6 oct. 2008.

8. Prestations d'assistance juridique. Les prestations d'un cabinet d'avocats qui consistent à proposer à ses clients d'acquérir des logements à restaurer, situés dans des secteurs sauvegardés ou relevant du régime des monuments historiques et à leur fournir une assistance administrative, juridique, fiscale, ne peuvent bénéficier du taux de 10 %. • CAA Bordeaux, ord., 13 mars 2019, *AARPI X et Associés*, n° 18BX01553 : *RJF 2019. 650.*

9. Qualité du client. Le taux réduit s'applique quelle que soit la qualité du preneur des travaux (propriétaire occupant, propriétaire bailleur, syndicat de copropriété, locataire, etc.). Ainsi, la circonstance que des particuliers se regroupent dans le cadre d'une association qui assure la maîtrise et le suivi des travaux est sans incidence sur l'application du taux réduit dès lors que l'association agit en leur nom et pour leur compte. * BOI-TVA-LIQ-30-20-90-40 n° 10 du 12 mars 2016.

10. Attestations. L'application du taux réduit est soumise à la double condition que le preneur établisse, à la date du fait générateur de la taxe ou au plus tard à celle de la facturation, une attestation selon laquelle les travaux effectués remplissent les conditions posées par l'art. 279-0 *bis* et que la personne qui réalise ces travaux et qui établit la facturation, conserve cette attestation à l'appui de sa comptabilité. Par suite, un assujetti qui soumet des prestations au taux réduit de TVA ne peut ni s'exonérer de l'obligation tenant à la détention d'une attestation, ni justifier l'application du taux réduit par des attestations postérieures à la facturation. • CE 26 déc. 2008, n° 308530 : *RJF 2009. 205.* ♦ L'attestation du client permettant l'application du taux réduit par le prestataire doit être délivrée au plus tard à la date de la facturation mentionnant la taxe au taux réduit. • CAA Bordeaux, 9 nov. 2006, n° 04BX944 : *RJF 2007. 274.* ♦ Modèles d'attestation consultables et téléchargeables sur « www.impot.gouv.fr ».

11. Facturation. Dans les cas où la fourniture d'équipements mobiliers est exclue du bénéfice du taux réduit de 10 %, il convient de faire apparaître distinctement le prix de la fourniture et le prix de la pose de l'équipement sur la facture. • *CAA Lyon, 12 nov. 2020,* n° 19LY00376 : *RJF 2021. 366.* ♦ En dehors de ces cas, lorsqu'un assujetti réalise des travaux immobiliers qui relèvent du taux réduit, la fourniture et la pose de ces biens meubles s'analysent comme une unique opération au regard de la TVA. Aucune disposition législative ou réglementaire n'impose, pour la réalisation de telles prestations, de distinguer, dans la facture adressée à une personne assujettie à la TVA ou à une personne morale non assujettie ou dans la note adressée à un particulier, la fourniture et la pose du bien meuble. • Même arrêt.

12. Acompte sur travaux. Lorsqu'un acompte est perçu pour les travaux dans le logement, la TVA exigible à ce titre ne peut être calculée au taux réduit que si, au moment de l'encaissement de l'acompte, le prestataire est en possession de l'attestation du preneur certifiant que les travaux sont éligibles au taux réduit. • CE 3 févr 2011, *Munoz*, n° 321512 : *RJF 2011. 431.* ♦ Toutefois, l'Administration admet que le taux réduit s'applique dès le premier acompte, sous réserve que les travaux et les locaux soient éligibles au taux réduit et que l'attestation soit fournie lors de la facturation finale ou de l'achèvement des travaux. Cette tolérance s'applique également aux acomptes et à tous les paiements partiels ainsi qu'aux soldes, facturés entre le 3 févr. 2011, date de l'arrêt *Munoz*, et la date de publication du rescrit, se rapportant à des opérations de travaux d'amélioration, de transformation, d'aménagement et d'entretien, portant sur les locaux à usage d'habitation achevés depuis plus de deux ans visés à l'art. 279-0 *bis*. * Rescrit 24 avr. 2012 : *n° 2012/29 TCA* * BOI-TVA-LIQ-30-20-90-40 n° 100 du 2 mars 2016.

13. Facturation erronée au taux normal. En cas de facturation de travaux à tort au taux normal, l'envoi d'une facture rectificative faisant apparaître le taux réduit de 7 % (au lieu du taux normal) est donc toujours possible, à condition toutefois que l'attestation soit délivrée au plus tard à la date de la nouvelle facture. • Com. 3 avr. 2012, n° 11-14.631 : *RJF 2012. 699.*

14. Pérennisation du taux réduit. La possibilité d'appliquer le taux réduit de TVA prévu à l'art. 279-0 *bis* CGI est désormais pérennisée au regard du droit communautaire, par l'adoption de la directive 2009/47/CE du Conseil du 5 mai 2009 modifiant la directive 2006/112/CE en ce qui concerne les taux réduits de TVA.

Art. 279-0 *bis* A *(L. n° 2020-1721 du 29 déc. 2020, art. 50-I-2° et III, applicable aux livraisons de logements réalisées à compter du 1er janv. 2021 intervenant dans le cadre d'opérations de construction ou de transformation n'ayant pas fait l'objet d'un agrément conformément à l'art. 279-0 bis A CGI, dans sa rédaction antérieure au 1er janv. 2021)* I. — Relèvent du taux réduit de 10 % les livraisons de logements répondant aux conditions suivantes :

1° Les logements sont destinés par le preneur à la location à usage de résidence principale pour des personnes physiques dont les ressources, appréciées à la date de conclusion du bail, n'excèdent pas les plafonds mentionnés au premier alinéa du III de l'article 199 *novovicies* et dont le loyer mensuel n'excède pas les plafonds mentionnés au même III ;

2° Le destinataire de la livraison ou, en cas de démembrement de la propriété, l'usufruitier, est l'une des personnes suivantes :

a) Organismes d'habitations à loyer modéré mentionnés à l'article L. 411-2 du code de la construction et de l'habitation, sociétés d'économie mixte mentionnées à l'article L. 481-1 du même code ou sociétés anonymes de coordination entre les organismes d'habitations à loyer modéré mentionnées à l'article L. 423-1-1 dudit code ;

b) Organismes soumis au contrôle, au sens du III de l'article L. 430-1 du code de commerce, de la société mentionnée à l'article L. 313-20 du code de la construction et de l'habitation ;

c) Personnes morales dont le capital est détenu *(L. n° 2021-1900 du 30 déc. 2021, art. 32-I-5°-a et III)* « , directement ou indirectement, » en totalité par des personnes passibles de l'impôt sur les sociétés ;

d) Établissements public*[s]* administratifs ;

e) Caisses de retraite et de prévoyance ;

3° Les logements sont situés, à la date du dépôt de la demande de permis de construire, sur le territoire de communes classées par l'arrêté mentionné au IV de l'article 199 *novovicies* du présent code ;

4° Les logements répondent aux conditions de localisation mentionnées au A du II du présent article ou sont intégrés au sein d'ensembles immobiliers répondant à la condition de mixité prévue au B du même II ;

5° Les logements résultent d'une construction nouvelle ou d'une transformation de locaux affectés à un usage autre que l'habitation par des travaux mentionnés au 2° du 2 du I de l'article 257.

II. — A. — En application du 4° du I du présent article, les terrains des logements à construire sont situés, à la date du dépôt de la demande de permis de construire, sur le territoire d'une commune comptant déjà plus de *(L. n° 2021-1900 du 30 déc. 2021, art. 32-I-5°-b et III)* « 25 % » de logements locatifs sociaux, au sens de l'article L. 302-5 du code de la construction et de l'habitation, ou dans un quartier prioritaire de la politique de la ville, au sens du 8° du I de l'article 278 *sexies* du présent code. — *Le taux de 25 % s'applique aux livraisons de logements pour lesquels le permis de construire est déposé à compter du 1er janv. 2022 ; il était antérieurement fixé à 35 %. Toutefois, pour les ventes en l'état futur d'achèvement, le taux de 25 % s'applique aux livraisons de logements pour lesquels l'acte de vente ou, le cas échéant, le contrat préliminaire, est signé à compter de cette même date (L. n° 2021-1900 du 30 déc. 2021 art. 32-III).*

B. — En application du 4° du I du présent article, la proportion du nombre des logements locatifs sociaux, au sens du 1° du I de l'article 278 *sexies*, excède 25 % des logements de l'ensemble immobilier.

V. égal. CCH, art. L. 302-16-1, L. 302-16-2 et D. 302-31 à D. 302-35. — **CCH.**

Ancien art. 279-0 *bis* A *La taxe sur la valeur ajoutée est perçue au taux réduit de 10 % en ce qui concerne les livraisons de logements neufs et de logements, issus de la transformation de locaux à usage de bureaux, considérés comme neufs au sens du 2° du 2 du I de l'article 257, soit à des organismes mentionnés au 4° du 1 de l'article 207 ou soumis au contrôle, au sens du III de l'article L. 430-1 du code de commerce, de la société mentionnée à l'article L. 313-20 du code de la construction et de l'habitation, soit à des personnes morales dont le capital est détenu en totalité par des personnes passibles de l'impôt sur les sociétés (L. n° 2019-1479 du 28 déc. 2019, art. 32-1°) « , » des établissements publics administratifs (L. n° 2019-1479 du 28 déc. 2019, art. 32-2° et 3°) « ou des caisses de retraite et de prévoyance que ces organismes, personnes morales, établissements ou caisses », destinent à la location à usage de résidence principale dans le cadre d'une opération de construction ayant fait l'objet d'un agrément préalable entre le propriétaire ou le gestionnaire des logements et le représentant de l'État dans le département, qui précise le cadre de chaque opération et porte sur le respect des conditions prévues aux a à c.*

Pour l'application du premier alinéa, les logements doivent :

a) Être implantés sur un terrain situé, à la date de signature de l'agrément, sur le territoire des communes classées, par arrêté des ministres chargés du budget et du logement, dans les zones géographiques se caractérisant par un déséquilibre important entre l'offre et la demande de logements entraînant des difficultés d'accès au logement sur le parc locatif existant, mentionnées au (Abrogé par L. n° 2017-1837 du 30 déc. 2017, art. 68) « premier alinéa du » IV de l'article 199 novovicies ;

b) Être intégrés dans un ensemble immobilier comprenant au minimum 25 % de surface de logements mentionnés aux (L. n° 2019-1479 du 28 déc. 2019, art. 30-I-6° et III, applicable aux opérations intervenant à compter du 1er déc. 2019) « A et B du II, au 1° du III et au IV » de

l'article 278 sexies, sauf dans les communes comptant déjà plus de** (L. n° 2017-1837 du 30 déc. 2017, art. 69, applicable aux opérations pour lesquelles la demande d'agrément prévue au présent art. est déposée à compter du 1er janv. 2019)* **« 35 %** *[ancienne rédaction : 50 %]* **» de logements locatifs sociaux, au sens de l'article L. 302-5 du code de la construction et de l'habitation, et dans les quartiers faisant l'objet d'une convention prévue à l'article 10-3 de la loi n° 2003-710 du 1er août 2003 d'orientation et de programmation pour la ville et la rénovation urbaine.

c) Être destinés à être loués à des personnes physiques dont les ressources à la date de conclusion du bail ne dépassent pas les plafonds fixés par le décret prévu au premier alinéa du III de l'article 199 novovicies. Le loyer mensuel de ces logements ne dépasse pas les plafonds visés au premier ou, le cas échéant, au second alinéa du même III.

Les dispositions du présent art. s'appliquent aux opérations pour lesquelles l'ouverture du chantier est intervenue à compter du 1er janv. 2014 (L. n° 2013-1278 du 29 déc. 2013, art. 73-IV-1).

Les dispositions ci-dessus de l'Ord. n° 2016-1408 du 20 oct. 2016 entrent en vigueur à la date d'approbation des statuts de la société mentionnée à l'art. L. 313-20 CCH. Ces statuts sont approuvés par décret après avoir été arrêtés par leur actionnaire unique dans un délai de neuf mois après la publication de l'Ord. préc. Toutefois, le présent art., dans sa rédaction antérieure à l'Ord. préc., s'applique aux organismes mentionnés au deuxième al. de l'art. L. 313-18 CCH dans sa rédaction antérieure à l'Ord. préc. jusqu'à la date de leur dissolution intervenue conformément au II de l'art. 6 de l'Ord. préc. (Ord. préc., art. 5-II, 6-I et II).

Construction de logements intermédiaires. Opérations et immeubles concernés. Conditions de location. Remise en cause du taux de TVA. * BOI-TVA-IMM-30 du 28 oct. 2020.

Art. 279 *bis* Les taux réduits de la taxe sur la valeur ajoutée ne s'appliquent pas :

1° Aux opérations, y compris les cessions de droits, portant sur les publications qui ont fait l'objet d'au moins deux des interdictions prévues par l'article 14 de la loi n° 49-956 du 16 juillet 1949 sur les publications destinées à la jeunesse ;

2° Aux représentations théâtrales à caractère pornographique, ainsi qu'aux cessions de droits portant sur ces représentations et leur interprétation, désignées par le ministre chargé de la culture après avis d'une commission dont la composition est fixée par arrêté du même ministre *[Arr. du 22 janv. 1979, JONC 15 févr.]*. Les réclamations et recours contentieux relatifs à ces décisions sont instruits par le ministre chargé de la culture ;

3° *a)* Aux cessions de droits portant sur les films pornographiques ou d'incitation à la violence et sur leur interprétation, ainsi qu'aux droits d'entrée pour les séances au cours desquelles ces films sont projetés.

Les spectacles cinématographiques concernés par cette disposition sont désignés par le ministre chargé de la culture, après avis de la commission de classification des œuvres cinématographiques. Les réclamations et les recours contentieux relatifs à ces décisions sont instruits par le ministre chargé de la culture ;

b) Aux cessions de droits portant sur les œuvres pornographiques ou d'incitation à la violence diffusées sur support vidéographique et sur leur interprétation ainsi qu'aux droits d'entrée pour les séances au cours desquelles ces œuvres sont présentées.

Un décret en Conseil d'État détermine les conditions de classement des œuvres qui sont diffusées sur support vidéographique et qui ne sont pas également soumises à la procédure de désignation des films cinématographiques prévue au deuxième alinéa du *a* ;

4° Aux prestations de services ainsi qu'aux livraisons de biens réalisées dans les établissements dont l'accès est interdit aux mineurs en raison de leur caractère licencieux ou pornographique, soit en application de l'ordonnance n° 59-28 du 5 janvier 1959 réglementant l'accès des mineurs à certains établissements, soit en vertu des pouvoirs de police que le maire et le représentant de l'État dans le département tiennent des articles L. 2212-2, L. 2212-3 et L. 2215-1 du code général des collectivités territoriales.

Art. 279 *ter* *Périmé.*

C

Art. 280 *Abrogé par L. n° 91-716 du 26 juill. 1991, art. 11-VI, à compter du 1er janv. 1993.*

D

Art. 280 *bis* *Abrogé.*

Art. 280 *ter* *Périmé.*

E

Art. 281 *Abrogé à compter du 13 avr. 1992.*

Art. 281 *bis* 1° *Abrogé à compter du 1er janv. 1993.*

2° *Abrogé à compter du 13 avr. 1992.*

Art. 281 *bis* A et 281 *bis* B *Abrogés à compter du 1er janv. 1993.*

Art. 281 *bis* C *Abrogé.*

Art. 281 *bis* D à 281 *bis* G *Abrogés à compter du 13 avr. 1992.*

Art. 281 *bis* H *Abrogé à compter du 13 avr. 1992 ou à compter du 1er janv. 1993 pour les opérations de location portant sur les cassettes vidéo préenregistrées qui présentent des œuvres à caractère pornographique ou d'incitation à la violence.*

Art. 281 *bis* I *Abrogé à compter du 1er janv. 1993.*

Art. 281 *bis* J *Abrogé à compter du 13 avr. 1992.*

Art. 281 *bis* K *Abrogé à compter du 1er janv. 1993.*

F

Art. 281 *ter* *Abrogé par L. n° 81-1160 du 30 déc. 1981, art. 12-IX-2.*

G TAUX PARTICULIERS

Art. 281 *quater* **La taxe sur la valeur ajoutée est perçue au taux de 2,10 % en ce qui concerne les recettes réalisées aux entrées des premières représentations théâtrales d'œuvres dramatiques, lyriques, musicales ou chorégraphiques nouvellement créées ou d'œuvres classiques faisant l'objet d'une nouvelle mise en scène, ainsi que des spectacles de cirque comportant exclusivement des créations originales conçues et produites par l'entreprise et faisant appel aux services réguliers d'un groupe de musiciens.**

Un décret définit la nature des œuvres et fixe le nombre de représentations auxquelles ces dispositions sont applicables. — *V. Ann. III, art. 89 ter.*

Ces dispositions ne s'appliquent pas aux recettes provenant :

a) **Des représentations théâtrales à caractère pornographique ;**

b) Disposition devenue sans objet (L. n° 90-1168 du 29 déc. 1990, art. 27-1).

c) **De la vente de billets imposée au taux réduit de 5,5 % dans les conditions prévues au 2° du F de l'article 278-0 *bis*.**

Art. 281 *quinquies* *Abrogé par L. n° 91-716 du 26 juill. 1991, art. 10-I.*

Art. 281 *sexies* **La taxe sur la valeur ajoutée est perçue au taux de 2,10 % en ce qui concerne les ventes d'animaux vivants de boucherie et de charcuterie faites à des personnes non assujetties à cette taxe.**

1. Taux de 2,10 %. Relèvent de ce taux les ventes d'animaux vivants de boucherie et de charcuterie effectuées par des redevables de cette taxe à des personnes non assujetties (particuliers, collectivités locales) et à des exploitants agricoles soumis au régime du remboursement forfaitaire agricole.* BOI-TVA-SECT-80-30-20-20 n° 290 du 4 avr. 2014.

2. Vente à des non-assujettis. Le défaut de mention sur la facture de la qualité de non-assujetti de l'acheteur d'animaux vivants de boucherie ou de charcuterie n'est pas de nature à priver le vendeur du bénéfice du taux de 2,10 %. • CE 30 déc. 2009, n° 312277 : *RJF 2010. 343.*

Art. 281 *septies* *Abrogé par L. n° 91-716 du 26 juill. 1991, art. 11-VII ; L. n° 92-655 du 15 juill. 1992, art. 1er.*

Art. 281 *octies* **La taxe sur la valeur ajoutée est perçue au taux de 2,10 % pour les** *(L. n° 2020-1721 du 29 déc. 2020, art. 44-I-11° et II, applicable aux opérations pour lesquelles l'exigibilité et le fait générateur de la taxe sur la valeur ajoutée interviennent à compter du 1er janv. 2021)* **« livraisons » portant sur les préparations magistrales, médicaments officinaux, médicaments ou produits pharmaceutiques définis à l'article L. 5121-8 du code de la santé publique, qui remplissent les conditions de l'article L. 162-17 du code**

de la sécurité sociale ou qui sont agréés dans les conditions prévues par les articles L. 5123-2 et L. 5123-3 du code de la santé publique *(L. n° 2021-1900 du 30 déc. 2021, art. 30-I-12°)* « ainsi que, lorsqu'ils sont préparés à partir du sang ou de ses composants, les produits sanguins labiles destinés à des fins de recherche sur la personne humaine et les dispositifs médicaux de diagnostic *in vitro*. »

Le taux de 2,10 % s'applique également aux *(L. n° 2020-1721 du 29 déc. 2020, art. 44-I-14° et II, applicable aux opérations pour lesquelles l'exigibilité et le fait générateur de la taxe sur la valeur ajoutée interviennent à compter du 1er janv. 2021)* « livraisons » portant sur les médicaments soumis à *(L. n° 2020-1576 du 14 déc. 2020, art. 78-III et IV, applicable à compter d'une date fixée par Décr., et au plus tard le 1er juill. 2021)* « une autorisation ou un cadre de prescription compassionnelle prévus aux articles L. 5121-12 et L. 5121-12-1 *[ancienne rédaction : autorisation temporaire d'utilisation visés à l'article L. 5121-12]* » du code de la santé publique.

A compter du 1er janv. 2021, au second al. de l'art. 281 octies le mot : « visés » est remplacé par le mot : « mentionnés » (L. n° 2020-1721 du 29 déc. 2020, art. 44-I-14° et II).

BIBL. Gicquel, *Dr. fisc. 2006, p. 653* (la notion de médicament en droit douanier et fiscal).

Conformité au droit communautaire. En instituant et en maintenant en vigueur le taux de 2,1 % pour les médicaments remboursables par la sécurité sociale alors que les autres médicaments sont taxés au taux de 5,5 %, la France n'a pas manqué aux obligations qui lui incombent en vertu de la 6e Dir. TVA. • CJCE 3 mai 2001, n° 481/98 : *RJF 2001. 1169 ; Dr. fisc. 2001. 979, note Meier.*

Art. 281 *nonies* La taxe sur la valeur ajoutée est perçue au taux de 2,10 % en ce qui concerne la contribution à l'audiovisuel public.

II

Art. 282 à 282 *ter* *Abrogés par L. n° 98-1266 du 30 déc. 1998, art. 7-IV.*

SECTION VI REDEVABLES DE LA TAXE

Art. 283-0 Pour l'application des articles 283 à 285 A, un assujetti qui réalise une livraison de biens ou une prestation de services imposable en France et qui y dispose d'un établissement stable ne participant pas à la réalisation de cette livraison ou de cette prestation est considéré comme un assujetti établi hors de France.

Art. 283 1. La taxe sur la valeur ajoutée doit être acquittée par les personnes qui réalisent les opérations imposables, sous réserve des cas visés aux articles 275 à 277 A où le versement de la taxe peut être suspendu.

Toutefois, lorsqu'une livraison de biens ou une prestation de services mentionnée à l'article 259 A est effectuée par un assujetti établi hors de France, la taxe est acquittée par l'acquéreur, le destinataire ou le preneur qui agit en tant qu'assujetti et qui dispose d'un numéro d'identification à la taxe sur la valeur ajoutée en France. Le montant dû est identifié sur la déclaration mentionnée à l'article 287.

2. Lorsque les prestations mentionnées au 1° de l'article 259 sont fournies par un assujetti qui n'est pas établi en France, la taxe doit être acquittée par le preneur.

2 *bis*. Pour les acquisitions intracommunautaires de biens imposables mentionnées à l'article 258 C, la taxe doit être acquittée par l'acquéreur. Toutefois, le vendeur est solidairement tenu avec ce dernier au paiement de la taxe, lorsque l'acquéreur est établi hors de France.

2 *ter*. Pour les livraisons mentionnées au 2° du I de l'article 258 D, la taxe doit être acquittée par le destinataire. Toutefois, le vendeur est solidairement tenu au paiement de la taxe.

2 *quater*. Pour les livraisons à un autre assujetti d'or sous forme de matière première ou de produits semi-ouvrés d'une pureté égale ou supérieure à 325 millièmes, la taxe est acquittée par le destinataire. Toutefois, le vendeur est solidairement tenu au paiement de la taxe.

2 *quinquies*. Pour les livraisons mentionnées au III de l'article 258, la taxe est acquittée par l'acquéreur qui dispose d'un numéro d'identification à la taxe sur la valeur ajoutée en France lorsque son fournisseur est établi hors de France.

Pour les livraisons de gaz naturel ou d'électricité mentionnées au *b* du même III, ainsi que pour les services définis au 13° de l'article 259 B qui leur sont directement liés, la taxe est acquittée par l'acquéreur qui dispose d'un numéro d'identification à la taxe sur la valeur ajoutée en France, y compris lorsque son fournisseur est établi en France.

2 *sexies.* Pour les livraisons et les prestations de façon portant sur des déchets neufs d'industrie et des matières de récupération, la taxe est acquittée par le destinataire ou le preneur qui dispose d'un numéro d'identification à la taxe sur la valeur ajoutée en France.

2 *septies.* Pour les transferts de quotas autorisant les exploitants à émettre des gaz à effet de serre, au sens de l'article 3 de la directive 2003/87/CE du Parlement européen et du Conseil du 13 octobre 2003 établissant un système d'échange de quotas d'émission de gaz à effet de serre dans la Communauté et modifiant la directive 96/61/CE du Conseil, et d'autres unités pouvant être utilisées par les opérateurs en vue de se conformer à cette directive, la taxe est acquittée par l'assujetti bénéficiaire du transfert.

(L. nº 2019-1479 du 28 déc. 2019, art. 170, applicable aux opérations facturées à compter du 1er janv. 2020) « Pour les transferts de certificats de garanties d'origine et de garanties de capacités mentionnées aux articles L. 314-14 *(L. nº 2020-1721 du 29 déc. 2020, art. 182, applicable aux opérations facturées à compter du 1er janv. 2021)* « , L. 335-3, L. 446-18 et L. 446-20 » du code de l'énergie, la taxe est acquittée par l'assujetti bénéficiaire du transfert. » *— V. les art. L. 314-14 (qui est remplacé par l'art. L. 311-20 à compter du 1er juill. 2021), L. 335-3, L. 446-18 et L. 446-20. —* ***C. énergie****. — La taxe est acquittée par l'assujetti bénéficiaire du transfert.*

2 *octies.* Pour les services de communications électroniques, à l'exclusion de ceux soumis à la taxe prévue à l'article 302 *bis* KH, la taxe est acquittée par l'acquéreur qui dispose d'un numéro d'identification à la taxe sur la valeur ajoutée en France.

2 *nonies.* Pour les travaux de construction, y compris ceux de réparation, de nettoyage, d'entretien, de transformation et de démolition effectués en relation avec un bien immobilier par une entreprise sous-traitante, au sens de l'article 1er de la loi nº 75-1334 du 31 décembre 1975 relative à la sous-traitance, pour le compte d'un preneur assujetti, la taxe est acquittée par le preneur.

2 *decies.* Lorsqu'il est constaté une urgence impérieuse tenant à un risque de fraude à la taxe sur la valeur ajoutée présentant un caractère soudain, massif et susceptible d'entraîner pour le Trésor des pertes financières considérables et irréparables, un arrêté du ministre chargé du budget prévoit que la taxe est acquittée par l'assujetti destinataire des biens ou preneur des services.

3. Toute personne qui mentionne la taxe sur la valeur ajoutée sur une facture est redevable de la taxe du seul fait de sa facturation.

4. Lorsque la facture ne correspond pas à la livraison d'une marchandise ou à l'exécution d'une prestation de services, ou fait état d'un prix qui ne doit pas être acquitté effectivement par l'acheteur, la taxe est due par la personne qui l'a facturée.

4 *bis.* L'assujetti en faveur duquel a été effectuée une livraison de biens ou une prestation de services et qui savait ou ne pouvait ignorer que tout ou partie de la taxe sur la valeur ajoutée due sur cette livraison ou sur toute livraison antérieure des mêmes biens, ou sur cette prestation ou toute prestation antérieure des mêmes services, ne serait pas reversée de manière frauduleuse est solidairement tenu, avec la personne redevable, d'acquitter cette taxe.

Les dispositions du premier alinéa et celles prévues au 3 de l'article 272 ne peuvent pas être cumulativement mises en œuvre pour un même bien ou pour un même service.

4 *ter.* L'assujetti en faveur duquel a été effectuée une livraison de véhicules terrestres à moteur et qui savait ou ne pouvait ignorer que tout ou partie de cette livraison ou de toute livraison antérieure des mêmes véhicules ne pouvait pas bénéficier du régime prévu à l'article 297 A est solidairement tenu d'acquitter, avec tout assujetti partie à cette livraison ou à toute autre livraison antérieure des mêmes véhicules, la taxe frauduleusement éludée.

5. Pour les opérations de façon, lorsque le façonnier réalise directement ou indirectement plus de 50 % de son chiffre d'affaires avec un même donneur d'ordre, ce der-

nier est solidairement tenu au paiement de la taxe à raison des opérations qu'ils ont réalisées ensemble. Le pourcentage de 50 % s'apprécie pour chaque déclaration mensuelle ou trimestrielle.

Toutefois, ces dispositions ne sont pas applicables lorsque le donneur d'ordre établit qu'il n'a pas eu connaissance du non-respect par le façonnier de ses obligations fiscales.

BIBL. Duvaux, *BFL 2005, p. 689* (factures de fraudeur et droit à déduction de la TVA). – Habibou, *Dr. fisc. 2021. 424* (autoliquidation domestique de l'art. 283, al. 2, CGI).

1. Factures ou documents mentionnant la TVA. En vertu du 3 de l'art. 283, l'émetteur d'une facture mentionnant la TVA est, en principe, de ce seul fait, redevable de la taxe facturée, même si le contribuable ne se livre pas à une activité passible de la TVA. • CE 8 avr. 1994, nos 60405 et 65876 : *RJF 1994.579, concl. Loloum, p. 229* • CAA Douai, 16 nov. 2010, n° 09DA00523 : *RJF 2011. 566.* ♦ La circonstance que l'Administration aurait pu également, le cas échéant, exiger cette taxe sur le fondement du 4 du même art., faisant ainsi obstacle à ce que ladite taxe fût déduite par le destinataire de la facture en cause, n'est pas de nature à rendre inapplicables à l'émetteur de cette facture le 3 de cet art. • CE 25 juin 2003, n° 237914 : *RJF 2003. 1095 ; concl. Austry au BDCF 10/03, n° 116 ; Dr. fisc. 2002. 809, concl. Austry.*

2. La personne qui a mentionné sur ses factures le taux normal de la TVA est redevable de la taxe calculée à ce taux sur le montant hors taxe de ses prestations, même si celles-ci relèvent du taux réduit. • CE 11 juill. 1977, n° 1929 : *Dr. fisc. 1978. 1116, concl. Lobry.*

3. Les bordereaux adressés par un établissement de santé aux caisses de sécurité sociale ne sont pas des documents tenant lieu de facture, mais de simples justificatifs. La mention de la TVA sur ces bordereaux ne rend donc pas l'établissement redevable de la taxe. • CE 6 avr. 1998, n° 145281 : *Dr. fisc. 1998. 770, concl. Goulard ; RJF 1998. 548.*

4. Des factures mentionnant uniquement la somme suivie de la mention « TTC » ne peuvent être regardées comme mentionnant régulièrement la TVA au sens de l'art. 283-3. • CAA Marseille, 25 mars 2004, n° 99MA1518 : *RJF 2005. 437.*

5. La simple mention dans l'acte de vente d'un immeuble achevé depuis plus de cinq ans (vente non assujettie à la TVA) d'un prix de vente comprenant la TVA équivaut à la facturation de cette taxe et rend les vendeurs redevables de celle-ci. • CE 24 nov. 1986, n° 50200 : *RJF 1987. 30* • CAA Marseille, 14 juin 1999, n° 97MA584 : *Dr. fisc. 2000. 357 ; RJF 2000. 183.* ♦ De même, pour des cessions de parts SCI relevant d'une taxation sur les plus-values alors que, dans les actes authentiques de cession, la TVA était assise sur le prix total des cession. • CE 19 mars 2003, n° 231165 : *Dr. fisc. 2003. 495, concl. Bachelier ; RJF 2003. 698 ; AJDI 2004. 44, note Maublanc.*

6. TVA facturée à tort. Le principe communautaire de neutralité de la TVA impose aux États membres, compte tenu des objectifs d'exacte perception de la taxe et de lutte contre la fraude, de déterminer les conditions dans lesquelles la TVA indûment facturée peut être régularisée, pourvu que cette régularisation ne dépende pas du pouvoir d'appréciation discrétionnaire de l'administration fiscale. Ce principe ne fait pas obstacle à la récupération, conformément aux art. 272-2 et 283-4, d'une taxe indûment déduite car facturée à tort. • CE 14 avr. 2008, n° 297059 : *RJF 2008. 801.* ♦ L'art. 283-3 n'est pas contraire au principe de neutralité dès lors que les règles françaises applicables à la TVA permettent à un assujetti de régulariser la taxe qu'il a indûment facturée, notamment par l'émission d'une facture rectificative. • Même arrêt. ♦ Le principe de neutralité fiscale ne s'oppose pas à ce qu'un État membre subordonne la correction de la TVA due dans cet État membre du seul fait qu'elle est mentionnée par erreur sur la facture envoyée à la condition que l'assujetti ait envoyé au bénéficiaire des services effectués une facture rectifiée ne mentionnant pas ladite taxe, si cet assujetti n'a pas éliminé, en temps utile, complètement le risque de pertes de recettes fiscales. • CJCE 18 juin 2009, n° 566/07 : *RJF 2009. 901.* ♦ Le montant qui est mentionné comme TVA sur la facture établie par une personne qui fournit des services à l'État ne doit pas être qualifié de TVA dans le cas où cette personne pense par erreur qu'elle fournit ces services en tant d'indépendant alors qu'il existe en réalité un lien de subordination. L'art. 21-1-c de la 6e Directive, en vertu duquel la TVA est due par toute personne qui mentionne la taxe sur une facture, ne s'oppose pas au remboursement d'un montant qui a été mentionné par erreur en tant que TVA sur une facture ou tout document en tenant lieu, lorsque les services en question ne sont pas soumis à la TVA et que le montant facturé ne peut donc pas être qualifié de TVA. • CJCE 6 nov. 2003, n° C-78/02 à 80/02 : *RJF 2004. 107 ; Dr. fisc. 2004. 393.* ♦ Sur les conditions dans lesquelles l'émetteur de la facture peut procéder à sa régularisation d'une TVA indûment facturée, V. aussi • CE 16 mai 2011, *Crédit coopératif,* n° 330153 : *RJF 2011. 934 ; concl. Geffray au BDCF 8-9/11, n° 98.* ♦ La régularisation d'une TVA facturée à tort par le fournisseur ne peut pas être subordonnée à la rectification de la facture erronée lorsque le risque de perte de recettes fiscales a été éliminé. • CJUE 11 avr. 2013,

Rusedespred OOD, n° C-138/12 : *RJF 2013. 894.* ♦ Tel est le cas s'agissant d'opérations effectuées au profit de clients particuliers ne pouvant récupérer la taxe. Une facture rectificative n'est donc pas nécessaire. • TA Montreuil, 1er déc. 2016, *Sté Detox Delight*, n° 1502570 : *RJF 2017. 233.* ♦ Jugé cependant qu'une société qui a émis une facture fictive ne peut obtenir le remboursement de la TVA au seul motif que l'Administration fiscale a remis en cause la déduction par le bénéficiaire de factures fictives de la TVA qui y était mentionnée, alors que cette société n'ava pas procédé à la régularisation des factures pour éliminer tout risque de perte de recettes fiscales. • CE 15 févr. 2016, *Sté Richardet et Associés*, n° 374458 : *RJF 2016. 424, concl. Bohnert ; Dr. fisc. 2016. 352, note Moraine.*

7. Facture établie au nom d'un salarié de l'entreprise. Lorsque les factures correspondant à des dépenses de restaurant (engagées pour les besoins de l'exploitation) sont établies au nom des salariés de l'entreprise, celle-ci ne peut pas opérer la déduction de la TVA mentionnée sur ces factures, alors même qu'elle rembourserait ces dépenses aux salariés. • CE 17 avr. 2013, *SARL Laboratoires Vitarmonyl*, n° 334423 : *RJF 2013. 718.*

8. Entreprises étrangères : autoliquidation de la taxe par le client identifié à la TVA en France. BIBL. Beetschen, Duparc et Hamon, L'autoliquidation de la TVA, *Éd. Fr. Lefebvre 2015 ; F. Lefebvre n° 45/06, p. 17* (l'autoliquidation de la TVA : la nouvelle donne pour les opérateurs français et étrangers). – Clément, *Dr. fisc. 2007. 244* (autoliquidation : qui peut être recherché en paiement de la TVA lorsque l'opérateur étranger a mis en place la procédure du répondant ?). – Courjon, *Dr. fisc. 2016. 242* (autoliquidation de la TVA d'importation). ♦ A compter du 1er sept. 2006, la TVA exigible sur les livraisons de biens et prestations de services effectuées par les assujettis non établis en France au profit de clients identifiés à la TVA en France doit, en principe, être autoliquidée par le client. * BOI-TVA-DECLA-10-10-20 du 11 mars 2020. ♦ Le dispositif général d'autoliquidation ne s'applique pas lorsque la prestation est fournie à partir d'un établissement stable situé dans l'État membre où la taxe est due. • CJUE 23 avr. 2015, *GST-Sarviz AG Germania*, n° C-111/14 : *RJF 2015. 667.* ♦ Lorsqu'un fournisseur a acquitté par erreur la TVA alors que la livraison réalisée relevait en réalité du régime de l'autoliquidation, il ne peut pas être regardé comme étant redevable de la TVA et a donc droit, en principe, au remboursement de la taxe versée à tort. • *Même arrêt.* ♦ *Peut être régularisée la TVA acquittée à tort par un fournisseur sur des opérations soumises à autoliquidation même si l'avis d'imposition est définitif.* • CJUE 2 juill. 2020, *SC Terracult SRL*, n° 835/18 : *RJF 2020. 974.*

9. Répondant fiscal TVA. La CJUE a jugé incompatible avec la Dir. TVA la tolérance administrative dite du « répondant » mise en place par la France par l'Instr. 3 A-9-06 du 23 juin 2006 (BOI 3 A-9-06). • CJUE 15 déc. 2011, n° C-24/10 : *RJF 2012. 330.* ♦ En conséquence, l'administration fiscale a supprimé cette tolérance à compter du 1er oct. 2012.

10. Territorialité des services. Autoliquidation de la TVA par le preneur assujetti. Articulation avec les autres régimes d'autoliquidation. * BOI-TVA-DECLA-10-10-20 nos 130 à 180 du 11 mars 2020.

11. Livraisons de gaz naturel ou d'électricité réalisées entre assujettis établis en France. Afin d'empêcher toute fraude à la TVA de type « carrousel » sur les marchés d'échange de gaz naturel et d'électricité, l'art. 2832 *quinquies*, al. 2, prévoit un dispositif d'autoliquidation de la TVA pour certaines livraisons d'électricité ou de gaz naturel imposables en France en application de l'art. 258-III. Ce nouveau dispositif s'applique y compris à la fourniture d'électricité aux entreprises locales de distribution (ELD) pour couvrir les besoins des consommateurs finaux de leur zone de desserte, quand bien même ces ELD consomment une part de l'électricité ainsi acquise pour leurs propres besoins et pour la compensation des pertes de réseaux. * BOI-TVA-DECLA-10-10-20 nos 250 à 300 du 11 mars 2020.

12. Transfert de quotas d'émission de gaz à effet de serre ou de certificats de garanties d'origine et de garanties de capacités. * BOI-TVA-DECLA-10-10-20 nos 440 à 447 du 11 mars 2020.

13. Opérations sur les déchets neufs d'industrie et les matières de récupération. Redevable de la TVA : personne du destinataire ou du preneur de l'opération lorsque celle-ci possède un numéro d'identification à la TVA en France. Dispositif d'autoliquidation par le client. * BOI-TVA-DECLA-10-10-20 nos 350 à 430 du 11 mars 2020. ♦ L'activité de pose, d'entretien et de transformation de plafonds tendus entre dans le champ de l'autoliquidation prévue pour les sous-traitants du secteur du bâtiment. * BOI-RES-000037 du 15 mai 2019.

14. Notion de déchets neufs d'industrie et de matières de récupération. Ne peuvent être regardées comme des déchets neufs d'industrie que les chutes de fabrication inutilisables en l'état. Par suite, des chutes de scierie constituées de croûtes et de délignures, tronçonnées à une longueur uniforme et liées en fagots en vue d'une utilisation comme bois de chauffage ne peuvent être regardées comme des déchets neufs d'industrie, dès lors qu'il n'est pas établi que les chutes ainsi conditionnées ne seraient pas utilisables en l'état comme bois de chauffage, notamment par des acquéreurs professionnels. • TA Toulouse, 7 sept. 2004, n° 99-2793 : *RJF 2005. 15.*

15. Les déchets et matières de récupération

constitués de métaux ferreux et non ferreux qui subissent des opérations de tri, de cisaillage, de concassage ou de broyage ne perdent pas leur qualité de déchets neufs ou de matières de récupération. * Rescrit 20 avr. 2010, n° 2010/25 TCA * BOI-TVA-CHAMP-10-10-50-60 n° 20 du 12 sept. 2012. ♦ Les simples opérations de mise en balles tendant à faciliter le stockage ou le transport de déchets ne font pas perdre à ces derniers leur qualité de matières de récupération, contrairement aux opérations de tri ou de conditionnement destinées à répondre à une norme technique. * Rescrit 20 avr. 2010, n° 2010/26 TCA * BOI-TVA-CHAMP-10-10-50-60 n° 60 du 12 sept. 2012. ♦ Les métaux non ferreux extraits dans le cadre de l'activité de transformation des mâchefers bruts en vue de produire des mâchefers purifiés ne constituent ni des déchets neufs d'industrie ni des matières de récupération. • CE 17 mars 2010, n° 315713 : *RJF 2010. 574.*

16. *Cessions de quotas de gaz à effet de serre (« droits à polluer »).* Sur le mécanisme d'autoliquidation de la TVA par le client mis en place pour les transferts de quotas d'émission de gaz à effet de serre (art. 283-2 *septies*), V. * BOI-TVA-DECLA-10-10-20 n° 440 du 12 avr. 2021.

17. *Services de communications électroniques réalisés entre assujettis établis en France.* En application de l'art. 283-2 *octies* la TVA grevant les services de communications électroniques imposables en France est désormais acquittée par le preneur (autoliquidation de la taxe) s'il dispose d'un numéro d'identification à la TVA en France, quel que soit le lieu d'établissement du prestataire, à l'exclusion des services soumis à la taxe sur les services fournis par les opérateurs de communications électroniques prévue à l'art. 302 *bis* KH. * BOI-TVA-DECLA-10-10-20 n°s 450 s. du 11 mars 2020.

18. *Travaux dans le bâtiment.* Mécanisme d'autoliquidation de la TVA par le client dans le secteur du bâtiment en cas de recours à un sous-traitant. Champ et modalités d'application. * BOI-TVA-DECLA-10-10-20 n°s 531 s. du 11 mars 2020.

19. *Société en participation.* Une société en participation qui exploite directement un hôtel dont les recettes sont perçues sur des comptes ouverts à son nom, à partir desquels sont versées les sommes correspondant aux charges d'exploitation, *est le redevable légal* de la TVA afférente à l'exploitation de cet hôtel. • CE 27 juill. 2005, n° 271822 : *RJF 2005. 1172.* ♦ Une société en participation qui exploite une résidence hôtelière est le redevable légal de la TVA pour les opérations relevant de cette activité de sorte qu'alors même que les frais et les dépenses des associés de cette société leur sont directement facturés et réglés par eux, le montant de la taxe ayant grevé les dépenses acquittées par ses membres et se rapportant à ladite activité ne peut être déduit que par la société. • CE (na) 26 févr. 2010, n° 316645 : *RJF 2010. 481.*

20. *Société de fait.* Même si une société en participation (C. civ., art. 1871) et, par extension, une société de fait (C. civ., art. 1873) n'ont pas de personnalité morale, elles ont une personnalité fiscale et, à ce titre, ont la qualité de redevable de la TVA. Par suite, les associés d'une société de fait exerçant une activité commerciale sont, comme la société elle-même, redevables conjointement et solidairement de la TVA due par la société lorsqu'ils ont agi au vu et au su des tiers. La TVA due par la société de fait ne peut être mise à la charge que de ses associés connus de l'Administration. • CAA Nancy, 14 mai 2013, n° 11NC00530 : *RJF 2014. 239* • CE 5 juin 2015, n° 369859 : *RJF 2015. 809 ; BDCF 2015. 122, concl. Bokdam-Tognetti.*

21. *Taxe facturée à tort à un assujetti étranger.* La TVA facturée à tort à un assujetti étranger ne peut pas faire l'objet d'un remboursement selon la procédure prévue par la 8e Dir. TVA. • CJCE 15 mars 2007, n° 35/05, *Reemtsma : Dr. fisc. 2007. 576, note Jeannin et Irigoyen.*

22. L'instr. 3 E-1-83 du 7 févr. 1983 (DB 3 E-2226, n° 10, 2 nov. 1996), qui interdit à l'émetteur en France d'une facture mentionnant indûment la TVA à destination d'un client assujetti étranger non établi en France, d'envoyer une facture rectificative, ne fixe pas, pour l'interprétation de l'art. 283-3, de règle nouvelle entachée d'incompétence dès lors que l'assujetti étranger non établi en France peut obtenir le remboursement des crédits de TVA correspondante. Cette instruction, en prévoyant, lorsque des montants de TVA ont été facturés à tort à des clients étrangers non établis en France, la possibilité pour ces derniers d'obtenir leur remboursement, assurant ainsi la neutralité de la taxe, et en n'excluant toute rectification par l'émetteur de factures erronées que lorsque le client de celui-ci peut faire jouer la possibilité d'obtenir le remboursement de la taxe indûment facturée, n'est pas incompatible avec les objectifs de l'art. 21 de la 6e Dir. TVA, interprétés au regard du principe de neutralité de la TVA. • CE 7 juill. 2006, n° 282354 : *RJF 2006. 1181 ; concl. Olléon au BDCF 10/06, n° 119.*

23. *Refus du droit à déduction ou solidarité en paiement si les opérations s'inscrivent dans un circuit de fraude (fraude « carrousel »).* Remise en cause du droit à déduction. Solidarité de paiement. * BOI-TVA-CHAMP-30-20-10 n°s 130 à 170 du 12 sept. 2012. ♦ L'art. 272-3 et l'art. 283-4 *bis*, al. 2, ont pour seul objet de faire obstacle à ce qu'un même contribuable soit, d'une part, solidairement tenu au paiement de la TVA éludée par un fournisseur direct ou indirect au titre d'une livraison de biens et, d'autre part, privé du droit de déduire la TVA ayant grevé l'acquisition par lui du même bien. • CE 29 mai 2017, n° 396896 : *RJF 2017. 798 ; Dr. fisc. 2018. 459, note Bouchard et Dorin.* ♦ V. égal. notes 11 à 20 ss. art. 271.

24. Solidarité de paiement en cas de fournisseur défaillant. * BOI-TVA-DECLA-10-10-30-10 du 23 mars 2020.

Art. 283 bis *(L. n° 2018-898 du 23 oct. 2018, art. 11-I et III, en vigueur le 1er janv. 2020)* **I. — Sont soumis aux dispositions du présent article, quel que soit leur lieu d'établissement,** *(L. n° 2019-1479 du 28 déc. 2019, art. 182-1°)* **« les entreprises qui, en qualité d'opérateurs de plateforme en ligne, mettent en relation à distance, par voie électronique, des personnes en vue de la vente d'un bien, de la fourniture d'un service ou de l'échange ou du partage d'un bien ou d'un service. »**

II. — Lorsqu'il existe des présomptions qu'un assujetti, quel que soit son lieu d'établissement, son domicile ou sa résidence habituelle, qui effectue ou fournit à destination ou au profit de personnes non assujetties, par l'intermédiaire d'une plateforme en ligne, des livraisons de biens ou des prestations de service dont le lieu d'imposition est situé en France en application des articles 258 à 259 D du présent code, se soustrait à ses obligations en matière de déclaration ou de paiement de la taxe sur la valeur ajoutée, l'administration peut signaler cet assujetti à l'opérateur de la plateforme en ligne, afin que celui-ci puisse prendre les mesures de nature à permettre à cet assujetti de régulariser sa situation.

L'opérateur de plateforme en ligne notifie à l'administration les mesures prises au titre du présent II.

III. — Si les présomptions persistent après un délai d'un mois à compter de la notification prévue au second alinéa du II ou, à défaut d'une telle notification, à compter du signalement prévu au premier alinéa du même II, l'administration peut mettre en demeure l'opérateur de plateforme en ligne de prendre des mesures supplémentaires ou, à défaut, d'exclure l'assujetti concerné de la plateforme en ligne.

L'opérateur de plateforme en ligne notifie à l'administration les mesures prises au titre du présent III.

IV. — En l'absence de mise en œuvre des mesures ou de l'exclusion mentionnées au III après un délai d'un mois à compter de la notification prévue au second alinéa du III ou, à défaut d'une telle notification, à compter de la mise en demeure prévue au premier alinéa du même III, la taxe dont est redevable l'assujetti mentionné au II est solidairement due par l'opérateur de plateforme en ligne.

V. — Les modalités d'application du présent article sont définies par arrêté du ministre chargé du budget. — *V. Ann. IV, art. 190 à 192 bis.*

Le présent art. n'est pas applicable aux livraisons de biens soumises aux dispositions de l'art. 14 bis de la Dir. 2006/112 du Conseil du 28 nov. 2006 relative au système commun de taxe sur la valeur ajoutée, telle que modifiée par la Dir. 2017/2455 du Conseil du 5 déc. 2017, et sous réserve de leur transposition (L. n° 2018-898 du 23 oct. 2018, art. 11-III).

Cette transposition a été réalisée par la L. n° 2019-1479 du 28 déc. 2019, art. 147-I-A-2° et IV, mod. par L. n° 2020-1721 du 29 déc. 2020, art. 51-II, en vigueur le 1er juill. 2021.

Plateformes en ligne. Dispositif de solidarité en paiement de la TVA. * BOI-TVA-DECLA-10-10-30-20 du 2 sept. 2020.

Art. 284 **I. — Toute personne qui a été autorisée à recevoir des biens ou services en franchise, en suspension de taxe en vertu de l'article 277 A ou sous le bénéfice d'un taux réduit est tenue au paiement de l'impôt ou du complément d'impôt, lorsque les conditions auxquelles est subordonné l'octroi de cette franchise, de cette suspension ou de ce taux ne sont pas remplies.**

II. — *(L. n° 2019-1479 du 28 déc. 2019, art. 30-I-7°-a et III, applicable aux opérations intervenant à compter du 1er déc. 2019)* **« Tout destinataire des opérations éligibles aux taux réduits conformément à l'article 278** ***sexies,*** *(L. n° 2020-1721 du 29 déc. 2020, art. 48-3°-a)* **« à l'exception du 4° du III du même article 278** ***sexies*** **A, » est tenu au paiement » de l'impôt ou du complément d'impôt lorsque les conditions auxquelles est** ***subordonné l'octroi*** **de** *(L. n° 2017-1837 du 30 déc. 2017, art. 12)* **« ces taux » cessent d'être remplies dans les quinze ans qui suivent le fait générateur de l'opération. Ce délai est ramené à dix ans lorsque l'immeuble fait l'objet d'une cession, d'une transformation d'usage ou d'une démolition dans les conditions prévues au chapitre III du titre IV du livre IV du code de la construction et de l'habitation. Il est également ramené à dix ans lorsque le logement a été acquis par des personnes physiques dans**

les conditions prévues aux *(L. n° 2019-1479 du 28 déc. 2019, art. 30-I-7°-a et III, applicable aux opérations intervenant à compter du 1er déc. 2019)* **« 1° et 2° du III » de l'article 278 *sexies*. Toutefois, le complément d'impôt n'est pas dû lorsque les conditions cessent d'être remplies à la suite de la vente à leurs occupants, dans les conditions prévues par la loi n° 84-595 du 12 juillet 1984 définissant la location-accession à la propriété immobilière, de logements mentionnés au** *(L. n° 2019-1479 du 28 déc. 2019, art. 30-I-7°-a et III, applicable aux opérations intervenant à compter du 1er déc. 2019)* **« 1° du III » de l'article 278 *sexies* ou de terrains à bâtir.**

Pour les livraisons des logements visés aux *(L. n° 2019-1479 du 28 déc. 2019, art. 30-I-7°-b et III, applicable aux opérations intervenant à compter du 1er déc. 2019)* **« 1° et 3° du III » de l'article 278 *sexies*, le complément d'impôt dû est diminué d'un dixième par année de détention au-delà de la cinquième année. Toutefois, lorsque le logement a été acquis par des personnes physiques dans les conditions prévues aux** *(L. n° 2019-1479 du 28 déc. 2019, art. 30-I-7°-b et III, applicable aux opérations intervenant à compter du 1er déc. 2019)* **« 1° et 2° du même III », il est diminué d'un dixième par année de détention à compter de la première année.**

(Abrogé par L. n° 2020-1721 du 29 déc. 2020, art. 48-3°-a) ***« Les organismes de foncier solidaire qui ont acquis un terrain à bâtir ou un logement au taux prévu au*** *(L. n° 2019-1479 du 28 déc. 2019, art. 30-I-7°-c et III, applicable aux opérations intervenant à compter du 1er déc. 2019)* ***« 4° du III » de l'article 278 sexies sont tenus au paiement du complément d'impôt lorsque les conditions auxquelles est subordonné l'octroi de ce taux ne sont pas remplies dans les cinq ans qui suivent le fait générateur de l'opération ou cessent d'être remplies dans les quinze ans qui suivent le fait générateur de l'opération.*** *(L. n° 2018-1317 du 28 déc. 2018, art. 76)* ***« Dans ce dernier cas, le complément d'impôt est diminué d'un dixième par année de détention au-delà de la cinquième année. Lorsque le non-respect des conditions auxquelles est subordonné le taux réduit ne concerne que certains logements au sein d'un ensemble de logements, le complément d'impôt est calculé au prorata de la surface des logements concernés rapporté à la surface de l'ensemble des logements. »***

II *bis*. — *(L. n° 2020-1721 du 29 déc. 2020, art. 50-I-3° et III, applicable aux livraisons de logements réalisées à compter du 1er janv. 2021 intervenant dans le cadre d'opérations de construction ou de transformation n'ayant pas fait l'objet d'un agrément conformément à l'art. 279-0 bis A CGI, dans sa rédaction antérieure au 1er janv. 2021)* **« Tout preneur des livraisons soumises au taux réduit conformément à l'article 279-0 *bis* A est tenu au paiement du complément d'impôt lorsqu'il » cesse de louer tout ou partie des logements dans les conditions prévues au *c* du même article dans les vingt ans qui suivent le fait générateur de l'opération** *(Abrogé par L. n° 2020-1721 du 29 déc. 2020, art. 50-I-3°-a et III, applicable aux livraisons de logements réalisées à compter du 1er janv. 2021 intervenant dans le cadre d'opérations de construction ou de transformation n'ayant pas fait l'objet d'un agrément conformément à l'art. 279-0 bis A CGI, dans sa rédaction antérieure au 1er janv. 2021)* ***« de construction »*****, sauf si cette cessation résulte, à compter de la onzième année, de cessions de logements.**

Jusqu'à la seizième année qui suit le fait générateur de l'opération de construction, les cessions ne peuvent porter sur plus de 50 % des logements.

III. — Toute personne qui s'est livré à elle-même des travaux *(L. n° 2017-1837 du 30 déc. 2017, art. 12)* **« mentionnés » à l'article 278 *sexies* A** *(L. n° 2020-1721 du 29 déc. 2020, art. 48-3°-b)* **« , à l'exception du 5° du I du même article 278 *sexies* A, » est tenue au paiement du complément d'impôt lorsque les conditions auxquelles est** *subordonné l'octroi de ces* **» taux cessent d'être remplies dans les trois ans qui suivent le fait générateur de l'opération.**

(L. n° 2020-1721 du 29 déc. 2020, art. 48-3°-c) **« IV. — Les organismes de foncier solidaire sont tenus au paiement du complément d'impôt lorsque les conditions auxquelles est subordonné l'octroi des taux réduits appliqués conformément au 4° du III de l'article 278 *sexies* ou au 5° du I de l'article 278 *sexies* A ne sont pas remplies dans les cinq ans qui suivent le fait générateur de l'opération ou cessent d'être remplies dans les quinze ans qui suivent l'acquisition des droits réels par la personne qui occupe le logement. Dans ce dernier cas, le complément d'impôt est diminué d'un dixième par année de détention au delà de la cinquième année. Lorsque le non-respect des conditions auxquelles est subordonné le taux réduit ne concerne que certains logements au sein d'un ensemble de logements, le complément d'impôt est calculé au pro-**

rata de la surface des logements concernés rapporté à la surface de l'ensemble des logements. »

Les dispositions issues de la L. n° 2017-1837 du 30 déc. 2017 s'appliquent aux opérations dont le fait générateur intervient à compter du 1er janv. 2018. Toutefois, il ne s'applique pas aux encaissements pour lesquels la taxe sur la valeur ajoutée est exigible avant cette date (L. préc., art. 12-II-A).

Acquisitions en franchise. Les personnes « autorisées à recevoir des biens en franchise » au sens du I sont celles qui ont délivré à leurs fournisseurs, avant la livraison, les attestations dûment visées mentionnées au I de l'art. 275. Si les biens ont été livrés avant le visa des attestations, le fournisseur est le seul redevable de la TVA afférente aux livraisons, en application des dispositions du 1 de l'art. 283. • CAA Bordeaux, 18 nov. 1997, n° 96BX387 : *Dr. fisc. 1998. 768 ; RJF 1998. 791 ; BDCF 1998, concl. Péano.*

Art. 285 *Abrogé par L. n° 2010-237 du 9 mars 2010, art. 16-XVIII.*

Art. 285 A Pour les opérations relatives à l'exploitation des biens ou droits d'un patrimoine fiduciaire, le fiduciaire est considéré comme un redevable distinct pour chaque contrat de fiducie, sauf pour l'appréciation des limites de régimes d'imposition et de franchises, pour lesquelles est retenu le chiffre d'affaires réalisé par l'ensemble des patrimoines fiduciaires ayant un même constituant.

V. Ann. IV, art. 50-0 B.

SECTION VI *BIS* RETENUE DE LA TAXE SUR LES DROITS D'AUTEURS

Art. 285 *bis* 1. Les éditeurs, organismes de gestion collective de droits et les producteurs qui versent des droits mentionnés au 2 du III de l'article 293 B doivent, sauf lorsque l'auteur a renoncé à ce dispositif en application du 3, retenir sur le montant de ces droits la taxe sur la valeur ajoutée due par l'auteur et acquitter cette taxe au Trésor.

2. A défaut d'indication contraire de l'auteur formulée dans les conditions prévues au 3, les sommes qui lui sont dues par les personnes mentionnées au 1 sont réputées passibles de la retenue de taxe sur la valeur ajoutée, y compris en ce qui concerne les auteurs qui bénéficient de la franchise mentionnée au III de l'article 293 B.

3. La renonciation par l'auteur au dispositif de retenue vaut pour l'ensemble des droits qu'il perçoit.

Cette renonciation doit être notifiée à toutes les personnes visées au 1 qui versent des droits à l'auteur ainsi qu'au service des impôts dont celui-ci relève.

Elle prend effet le premier jour du mois qui suit celui au cours duquel elle est déclarée.

Elle couvre obligatoirement une période de cinq années, y compris celle au cours de laquelle elle est déclarée. Elle est renouvelable par tacite reconduction, sauf dénonciation à l'expiration de chaque période. Toutefois, elle est reconduite de plein droit pour la période de cinq années suivant celle au cours ou à l'issue de laquelle l'auteur ayant notifié cette renonciation a bénéficié d'un remboursement de taxe sur la valeur ajoutée prévu à l'article 271.

4. Les auteurs qui n'ont pas renoncé au dispositif de la retenue et qui reçoivent des droits de personnes autres que celles visées au 1 doivent retenir les modalités de liquidation de la taxe définies au 5. Ils déposent au titre de ces droits une déclaration annuelle de chiffre d'affaires.

5. Pour le calcul du montant de la taxe nette due par l'auteur, les personnes visées au 1 appliquent en France métropolitaine un taux forfaitaire de 0,8 % des droits d'auteur au titre des droits à déduction en France métropolitaine. Ce taux est de 0,4 % dans les départements de la Guadeloupe, de la Réunion et de la Martinique. Cette déduction est exclusive de toute autre déduction.

6. Les personnes visées au 1 doivent déclarer et acquitter la retenue dans les mêmes conditions et sous les mêmes sanctions que leurs propres opérations. La taxe sur la valeur ajoutée acquittée pour le compte de l'auteur par ces personnes n'est pas prise en compte pour la détermination de leur pourcentage de déduction de taxe sur la valeur ajoutée.

SECTION VII OBLIGATIONS DES REDEVABLES

I *OBLIGATIONS GÉNÉRALES*

A DÉCLARATIONS D'EXISTENCE ET COMPTABILITÉ

Art. 286 **I. — Toute personne assujettie à la taxe sur la valeur ajoutée doit :**

1° Dans les quinze jours du commencement de ses opérations, souscrire au bureau désigné par un arrêté une déclaration conforme au modèle fourni par l'administration. Une déclaration est également obligatoire en cas de cessation d'entreprise ; — *V. Ann. IV, art. 32 à 36.*

2° Fournir, sur un imprimé remis par l'administration, tous renseignements relatifs à son activité professionnelle ; — *V. Ann. IV, art. 32 à 36.*

3° Si elle ne tient pas habituellement une comptabilité permettant de déterminer son chiffre d'affaires tel qu'il est défini par le présent chapitre, avoir un livre aux pages numérotées sur lequel elle inscrit, jour par jour, sans blanc ni rature, le montant de chacune de ses opérations, en distinguant, au besoin, ses opérations taxables et celles qui ne le sont pas ; — *V. Ann. IV, art. 37.*

Chaque inscription doit indiquer la date, la désignation sommaire des objets vendus, du service rendu ou de l'opération imposable, ainsi que le prix de la vente ou de l'achat, ou le montant des courtages, commissions, remises, salaires, prix de location, intérêts, escomptes, agios ou autres profits. Toutefois, les opérations au comptant peuvent être inscrites globalement en comptabilité à la fin de chaque journée lorsqu'elles sont inférieures à 76 € pour les ventes au détail et les services rendus à des particuliers. Le montant des opérations inscrites sur le livre est totalisé à la fin du mois.

Le livre prescrit ci-dessus ou la comptabilité en tenant lieu, ainsi que les pièces justificatives des opérations effectuées par les redevables, notamment les factures d'achat, doivent être conservés selon les modalités prévues aux I et I *bis* de l'article L. 102 B du livre des procédures fiscales ; — *L'abrogation issue de la L. n° 2016-1918 du 29 déc. 2016 s'applique à la date de publication de l'arrêté du ministre chargé du budget prévu au 3e al. du I de l'art. L. 102 B LPF, et au plus tard le 31 mars 2017 (L. préc., art. 16-III).*

(L. n° 2017-1837 du 30 déc. 2017, art. 105) **« 3° *bis* Si elle effectue des livraisons de biens et des prestations de services ne donnant pas lieu à facturation conformément à l'article 289 du présent code et enregistre ces opérations au moyen d'un logiciel ou d'un système de caisse, utiliser un logiciel ou un système satisfaisant à des conditions d'inaltérabilité, de sécurisation, de conservation et d'archivage des données en vue du contrôle de l'administration fiscale, attestées par un certificat délivré par un organisme accrédité dans les conditions prévues à l'article L. 433-4 du code de la consommation ou par une attestation individuelle de l'éditeur, conforme à un modèle fixé par l'administration ; »**

4° Fournir aux agents des impôts, ainsi qu'à ceux des autres services financiers désignés par décrets, pour chaque catégorie d'assujettis, tant au principal établissement que dans les succursales ou agences, toutes justifications nécessaires à la fixation des opérations imposables, sans préjudice des dispositions de l'article L. 85 du livre des procédures fiscales. — *V. LPF, art. R. 13-2.* — ***C. pr. fisc.***

II. — *(L. n° 2017-1837 du 30 déc. 2017, art. 105)* **« 1. » Les assujettis bénéficiant d'une franchise de taxe mentionnée à l'article 293 B sont dispensés des obligations mentionnées au 3° du I. Ils doivent toutefois tenir et, sur demande du service des impôts, présenter un registre récapitulé par année, présentant le détail de leurs achats, ainsi qu'un livre-journal servi au jour le jour et présentant le détail de leurs recettes professionnelles afférentes à ces opérations, appuyés des factures et de toutes autres pièces justificatives.**

(L. n° 2017-1837 du 30 déc. 2017, art. 105) **« 2. Les assujettis bénéficiant d'une franchise de taxe mentionnée à l'article 293 B, ceux placés sous le régime du remboursement forfaitaire prévu aux articles 298 *quater* et 298 *quinquies* et ceux effectuant exclusivement des opérations ou des prestations exonérées de taxe sur la valeur ajoutée sont dispensés de l'obligation mentionnée au 3° *bis* du I. »**

(L. n° 2020-1721 du 29 déc. 2020, art. 162-I-6° et III, en vigueur le 1er janv. 2022) **« III. — L'option formulée au titre du III de l'article 256 C vaut déclaration au sens des 1° et 2° du I du présent article pour l'assujetti unique constitué en application de l'arti-**

cle 256 C. Elle précise la dénomination, la domiciliation et le représentant de l'assujetti unique ainsi que la nature des activités de chacun de ses membres. La déclaration comporte la liste des membres ainsi que les numéros individuels d'identification à la taxe sur la valeur ajoutée qui leur ont été attribués avant leur entrée dans l'assujetti unique.

« Chaque membre de l'assujetti unique constitué en application du même article 256 C est tenu de remplir les obligations mentionnées aux 3°, 3° *bis* et 4° du I du présent article. »

1. Identification. L'identification à la TVA n'est pas une condition du droit à déduction : un assujetti non encore identifié au moment où il a supporté des dépenses grevées de TVA ne peut donc être privé de la possibilité de déduire la taxe s'il respecte les conditions de fond du droit à déduction et s'il s'identifie dans un délai raisonnable à partir de la réalisation des opérations donnant lieu au droit à déduction. • CJUE 21 oct. 2010, n° 385/09 : *RJF 2011. 126.*

2. Recours obligatoire, à partir de 2018, à des logiciels ou systèmes de caisse sécurisés. Obligation pour les assujettis à la TVA d'utiliser des logiciels de comptabilité ou de gestion ou des systèmes de caisse sécurisés et certifiés à compter du 1er janv. 2018. Conditions que doivent remplir ces logiciels et systèmes. Moyens de justifier du respect de l'obligation. Procédure de contrôle spécifique. * BOI-TVA-DECLA-30-10-30 du 19 mai 2021.

A *BIS* IDENTIFICATION DES PERSONNES NE REMPLISSANT PLUS LES CONDITIONS POUR BÉNÉFICIER DU RÉGIME DÉROGATOIRE PRÉVU AU 2° DU I DE L'ARTICLE 256 *BIS*

Art. 286 *bis* Les personnes mentionnées au 2° du I de l'article 256 *bis* doivent déclarer qu'elles effectuent des acquisitions intracommunautaires de biens dès qu'elles ne remplissent plus les conditions qui leur permettaient de n'être pas soumises à la taxe sur la valeur ajoutée.

Un décret en Conseil d'État détermine les conditions d'application du présent article. — *V. Ann. II, art. 242 decies.*

A *TER* NUMÉRO INDIVIDUEL D'IDENTIFICATION

Art. 286 *ter* Est identifié par un numéro individuel :

[1° applicable aux opérations pour lesquelles le fait générateur de la taxe sur la valeur ajoutée intervient avant le 1er janv. 2021]

1° Tout assujetti qui effectue des livraisons de biens ou des prestations de service lui ouvrant droit à déduction, autres que des livraisons de biens ou des prestations de services pour lesquelles la taxe est due uniquement par le destinataire ou par le preneur.

Ces dispositions ne s'appliquent pas aux assujettis qui effectuent, à titre occasionnel, des livraisons de biens ou des prestations de services entrant dans le champ d'application de la taxe sur la valeur ajoutée ;

[1° applicable aux opérations pour lesquelles le fait générateur de la taxe sur la valeur ajoutée intervient à compter du 1er juill. 2021]

(L. n° 2019-1479 du 28 déc. 2019, art. 147-I-I et IV, mod. par L. n° 2020-1721 du 29 déc. 2020, art. 51-III) « 1° Tout assujetti qui effectue des livraisons de biens ou des prestations de services lui ouvrant droit à déduction, autres que :

« *a)* Des livraisons de biens ou des prestations de services pour lesquelles la taxe est due uniquement par le destinataire ou le preneur ;

« *b)* Des ventes à distance de biens importés soumises au régime particulier prévu à l'article 298 *sexdecies* H ;

« *c)* Des livraisons de biens ou des prestations de services effectuées par un assujetti non établi en France pour lesquelles cet assujetti a recours, dans un autre État membre, aux régimes particuliers prévus aux sections II, III et IV du chapitre VI du titre XII de la directive 2006/112/CE du Conseil du 28 novembre 2006 relative au système commun de taxe sur la valeur ajoutée. »

Ces dispositions ne s'appliquent pas aux assujettis qui effectuent, à titre occasionnel, des livraisons de biens ou des prestations de services entrant dans le champ d'application de la taxe sur la valeur ajoutée ;

[1° applicable aux opérations pour lesquelles l'exigibilité de la taxe sur la valeur ajoutée intervient à compter du 1er janv. 2022]

(L. n° 2019-1479 du 28 déc. 2019, art. 147-I-I et IV) « 1° Tout assujetti qui effectue des livraisons de biens ou des prestations de services lui ouvrant droit à déduction *(L. n° 2019-1479 du 28 déc. 2019, art. 181-I-D et IV)* « ; »

(Abrogé par L. n° 2019-1479 du 28 déc. 2019, art. 181-I-D et IV) ***« a) Des livraisons de biens ou des prestations de services pour lesquelles la taxe est due uniquement par le destinataire ou le preneur ;***

« b) Des ventes à distance de biens importés soumises au régime particulier prévu à l'article 298 sexdecies H ;

« c) Des livraisons de biens ou des prestations de services effectuées par un assujetti non établi en France pour lesquelles cet assujetti a recours, dans un autre État membre, aux régimes particuliers prévus aux sections II, III et IV du chapitre VI du titre XII de la directive 2006/112/CE du Conseil du 28 novembre 2006 relative au système commun de taxe sur la valeur ajoutée.

« Ces dispositions ne s'appliquent pas aux assujettis qui effectuent, à titre occasionnel, des livraisons de biens ou des prestations de services entrant dans le champ d'application de la taxe sur la valeur ajoutée ; »

2° Tout assujetti ou toute personne morale non assujettie qui effectue des acquisitions intracommunautaires de biens soumises à la taxe sur la valeur ajoutée conformément au I de l'article 256 *bis* ou au I de l'article 298 *sexies*, toute personne visée à l'article 286 *bis*, *(Abrogé par L. n° 2019-1479 du 28 déc. 2019, art. 181-I-D et IV, à compter du 1er janv. 2022)* ***« ainsi que »*** toute personne ayant exercé l'option prévue à l'article 260 CA *(L. n° 2019-1479 du 28 déc. 2019, art. 181-I-D et IV, en vigueur le 1er janv. 2022)* « ainsi que tout assujetti redevable de la taxe sur la valeur ajoutée pour des importations ou des sorties des régimes mentionnés au I de l'article 277 A » ;

3° Tout assujetti qui effectue en France des acquisitions intracommunautaires de biens *(L. n° 2019-1479 du 28 déc. 2019, art. 181-I-D et IV, en vigueur le 1er janv. 2022)* « ou qui est redevable de la taxe pour des importations ou des sorties des régimes mentionnés au I de l'article 277 A » pour les besoins de ses opérations qui relèvent des activités économiques visées au cinquième alinéa de l'article 256 A et effectuées hors de France. — *V. aussi Décr. n° 97-497 du 16 mai 1997 (JO 18 mai) : numéro unique d'identification des entreprises.*

4° Tout assujetti preneur d'une prestation de services au titre de laquelle il est redevable de la taxe en France en application du 2 de l'article 283 ; — *V. Ann. III, art. 95-0.*

5° Tout prestataire établi en France d'une prestation de services au titre de laquelle seul le preneur est redevable de la taxe dans un autre État membre de l'Union européenne en application de l'article 196 de la directive 2006/112/CE du Conseil, du 28 novembre 2006, relative au système commun de taxe sur la valeur ajoutée ; — *V. Ann. III, art. 95-0.*

(L. n° 2020-1721 du 29 déc. 2020, art. 162-I-7° et III, en vigueur le 1er janv. 2022) « 6° Tout assujetti unique au sens de l'article 256 C du présent code, sans préjudice du numéro d'identification attribué à ses membres. »

V. Décr. n° 97-497 du 16 mai 1997 (JO 18 mai, p. 7552) : numéro unique d'identification des entreprises ; Arr. du 16 mai 1997 (JO 18 mai, p. 7554) ; V. égal. C. pr. fisc., art. L. 10 BA. — **LPF.** *— V. C. com., art. D. 123-235 et D. 123-236. —* **C. com.**

Obligations des assujettis communautaires. Entreprises communautaires sans établissement stable en France. Formalités d'immatriculation à la TVA en France. * BOI-TVA-DECLA-20-30-40-20 n° 60 du 21 oct. 2020.

Art. 286 ter A *(L. n° 2019-1479 du 28 déc. 2019, art. 181-I-E et IV, en vigueur le 1er janv. 2022)* I. — Par dérogation à l'article 286 *ter*, ne sont pas tenus de s'identifier par un numéro individuel les assujettis qui effectuent, à titre occasionnel, des livraisons de biens ou des prestations de services.

II. — Ne sont pas non plus tenus de s'identifier les assujettis qui effectuent exclusivement les opérations suivantes :

1° Des livraisons de biens ou prestations de services pour lesquelles la taxe est due par le destinataire ;

2° Des sorties de biens des régimes prévus au I de l'article 277 A donnant lieu à dispense de paiement en application du 2° du 4 du II du même article 277 A ou des importations exonérées en application du 1° du II de l'article 291 ;

3° Des ventes à distance de biens importés soumises au régime particulier prévu à l'article 298 *sexdecies* H ainsi que des importations effectuées dans le cadre de ce régime ;

4° Lorsque les assujettis ne sont pas établis en France, des livraisons de biens ou des prestations de services pour lesquelles ils ont recours, dans un autre État membre, à l'un des régimes particuliers prévus aux sections II à IV du chapitre VI du titre XII de la directive 2006/112/CE du Conseil du 28 novembre 2006 relative au système commun de taxe sur la valeur ajoutée.

A *QUATER* TENUE DES REGISTRES

Art. 286 *quater* *(L. nº 2019-1479 du 28 déc. 2019, art. 34-I-4°-a, applicable aux livraisons de biens meubles corporels pour lesquelles le fait générateur de la taxe sur la valeur ajoutée intervient à compter du 1er janv. 2020)* « I. – 1.Tout assujetti tient un registre des biens expédiés ou transportés, par lui-même ou pour son compte, sur le territoire d'un autre État membre de l'Union européenne et destinés dans cet État à être utilisés dans les conditions prévues aux *a* et *b* du III de l'article 256.

« 2. Tout assujetti tient un registre des biens qu'il transfère ou qui lui sont livrés dans le cadre du régime des stocks sous contrat de dépôt prévu au III *bis* du même article 256. »

II. – 1. Tout façonnier doit tenir un registre spécial indiquant les nom et adresse des donneurs d'ordre et mentionnant, pour chacun d'eux, la nature et les quantités de matériaux mis en œuvre et des produits transformés livrés.

2. *Abrogé.*

3. Les prestataires de services, autres que les façonniers, qui réalisent des travaux et expertises portant sur des biens meubles corporels, doivent tenir un registre spécial indiquant, pour les biens expédiés à partir d'un autre État membre de *(L. nº 2019-1479 du 28 déc. 2019, art. 34-I-4°-b)* « l'Union » européenne par, ou pour le compte, d'un assujetti identifié à la taxe sur la valeur ajoutée dans cet État, la date de réception et celle où les biens quittent l'entreprise, la nature et la quantité des biens concernés, le nom et l'adresse du donneur d'ordre ainsi que son numéro de taxe sur la valeur ajoutée intracommunautaire. – *Entrée en vigueur le 1er janv. 1996.*

III. – Un arrêté du ministre chargé du budget fixe les conditions de tenue de ces registres. – *V. Ann. IV, art. 41 bis à 41 quinquies.*

Art. 286 *quinquies* *(L. nº 2019-1479 du 28 déc. 2019, art. 147-I-J et IV-A, applicable aux opérations pour lesquelles le fait générateur de la taxe sur la valeur ajoutée intervient à compter du 1er janv. 2021)* Tout assujetti qui facilite, par l'utilisation d'une interface électronique telle qu'une place de marché, une plateforme, un portail ou un dispositif similaire, la livraison de biens ou la prestation de services à une personne non assujettie est tenu de consigner dans un registre ces livraisons ou prestations. Ce registre est suffisamment détaillé pour permettre de vérifier que la taxe sur la valeur ajoutée a été correctement appliquée.

Ce registre est mis à disposition de l'administration, à sa demande, par voie électronique.

Il est conservé pendant dix ans à compter du 31 décembre de l'année au cours de laquelle l'opération a été effectuée.

B DÉCLARATIONS DE RECETTES

Art. 287 1. Tout redevable de la taxe sur la valeur ajoutée *(L. nº 2019-1479 du 28 déc. 2019, art. 181-I-F-1° et IV, en vigueur le 1er janv. 2022)* « identifié conformément ***aux dispositions combinées*** des articles 286 ter et 286 ter A » est tenu de remettre au service des impôts dont il dépend et dans le délai fixé par arrêté une déclaration conforme au modèle prescrit par l'administration. – *V. pour le service compétent : Ann. III, art. 95, 95 B et 95 C. – Pour les délais : Ann. IV, art. 32, 33 et 39 à 41.*

2. Les redevables soumis au régime réel normal d'imposition déposent mensuellement la déclaration visée au 1 indiquant, d'une part, le montant total des opérations

réalisées, d'autre part, le détail des opérations taxables. La taxe exigible est acquittée tous les mois. — *Pour les livraisons à soi-même, V. Ann. II, art. 244.*

Ces redevables peuvent, sur leur demande, être autorisés, dans des conditions qui sont fixées par arrêté du ministre de l'économie et des finances, à disposer d'un délai supplémentaire d'un mois. — *V. Ann. IV, art. 39 bis.*

(Abrogé par L. n° 2021-1900 du 30 déc. 2021, art. 30-I-13°-a) (L. n° 2019-1479 du 28 déc. 2019, art. 181-I-F-2° et IV, en vigueur le 1er janv. 2022) ***« Lorsqu'ils ne bénéficient pas de l'autorisation prévue au deuxième alinéa du présent 2, les assujettis peuvent bénéficier, sur option, pour une durée minimale de douze mois et après en avoir informé l'administration, d'un report de la déclaration des importations et sorties des régimes mentionnés au 2° du I de l'article 277 A. Dans ce cas, l'ensemble de ces opérations est déclaré lors du troisième mois suivant l'exigibilité de la taxe. »***

(L. n° 2018-1317 du 28 déc. 2018, art. 193-II-3°-a et VI, en vigueur le 1er janv. 2020) **« Les redevables disposent d'un délai supplémentaire d'un mois pour les opérations d'importation pour lesquelles ils sont en mesure de démontrer qu'ils ne sont pas en possession de la déclaration d'importation sur laquelle ils sont désignés comme destinataires réels. »**

Lorsque la taxe exigible annuellement est inférieure à 4 000 €, ils sont admis à déposer leurs déclarations par trimestre civil.

3. Les redevables placés sous le régime simplifié d'imposition prévu à l'article 302 *septies* A, à l'exception de ceux mentionnés *(L. n° 2019-1479 du 28 déc. 2019, art. 181-I-F-3° et IV, en vigueur le 1er janv. 2022)* **« aux 3 *bis* et 3 *ter* », déposent au titre de chaque exercice une déclaration qui détermine la taxe due au titre de la période et le montant des acomptes semestriels pour la période ultérieure.**

Des acomptes semestriels sont versés en juillet et en décembre. Ils sont égaux, respectivement, à 55 % et 40 % de la taxe due au titre de l'exercice précédent avant déduction de la taxe sur la valeur ajoutée relative aux biens constituant des immobilisations. Le complément d'impôt éventuellement exigible est versé lors du dépôt de la déclaration annuelle mentionnée au premier alinéa. — *V. Ann. IV, art. 39-1-1°-d.*

S'il estime que le montant des acomptes déjà versés au titre de l'exercice est égal ou supérieur au montant de la taxe qui sera finalement due, le redevable peut se dispenser de nouveaux versements en remettant au comptable chargé du recouvrement de ladite taxe, avant la date d'exigibilité du prochain versement à effectuer, une déclaration datée et signée.

S'il estime que la taxe due à raison des opérations réalisées au cours d'un semestre, après imputation de la taxe sur la valeur ajoutée relative aux biens constituant des immobilisations, est inférieure d'au moins 10 % au montant de l'acompte correspondant, calculé selon les modalités prévues au deuxième alinéa, le redevable peut diminuer à due concurrence le montant de cet acompte, en remettant au comptable chargé du recouvrement, au plus tard à la date d'exigibilité de l'acompte, une déclaration datée et signée. Si ces opérations ont été réalisées au cours d'une période inférieure à six mois, la modulation n'est admise que si la taxe réellement due est inférieure d'au moins 10 % à l'acompte réduit au prorata du temps.

S'il estime que la taxe sera supérieure d'au moins 10 % à celle qui a servi de base aux acomptes, il peut modifier le montant de ces derniers.

Les redevables sont dispensés du versement d'acomptes lorsque la taxe due au titre de l'exercice précédent, avant déduction de la taxe sur la valeur ajoutée relative aux *biens constituant des immobilisations*, est inférieure à 1000 €. Dans ce cas, le montant total de l'impôt exigible est acquitté lors du dépôt de la déclaration annuelle mentionnée au premier alinéa.

Les nouveaux redevables sont autorisés, lors de leur première année d'imposition, à acquitter la taxe sur la valeur ajoutée par acomptes semestriels dont ils déterminent eux-mêmes le montant mais dont chacun doit représenter au moins 80 % de l'impôt réellement dû pour le semestre correspondant.

Les conditions d'application du présent 3, notamment les modalités de versement et de remboursement des acomptes, sont fixées par décret en Conseil d'État. — *V. Ann. II, art. 242 sexies à 242 septies L et 383 ter.*

3 *bis*. Les redevables dont le chiffre d'affaires est inférieur aux *(Ord. n° 2021-1843 du 22 déc. 2021, art. 10-12°, en vigueur le 1er janv. 2022)* **« seuils prévus aux 1° et 2° de**

l'article L. 162-4 du code des impositions sur les biens et services » et dont le montant de la taxe exigible au titre de l'année précédente est supérieur à 15 000 € déposent mensuellement la déclaration mentionnée au 1 du présent article.

(L. n° 2019-1479 du 28 déc. 2019, art. 181-I-F-4° et IV, en vigueur le 1er janv. 2022) « 3 *ter*. Les redevables placés sous le régime simplifié d'imposition prévu à l'article 302 *septies* A déposent mensuellement la déclaration mentionnée au 1 du présent article dès lors qu'ils réalisent des acquisitions intracommunautaires, des importations ou des sorties des régimes suspensifs mentionnés au 2° du I de l'article 277 A. La première de ces déclarations récapitule l'ensemble des opérations pour lesquelles la taxe est devenue exigible depuis le début de l'exercice en cours. » *(L. n° 2021-1900 du 30 déc. 2021, art. 30-I-13°-b)* « Toutefois, lorsque la taxe exigible annuellement est inférieure à 4 000 €, ils sont admis à déposer leurs déclarations par trimestre civil. »

4. En cas de cession ou de cessation d'une activité professionnelle, les redevables sont tenus de souscrire dans les trente jours la déclaration prévue au 1. Toutefois, ce délai est porté à soixante jours pour les entreprises placées sous le régime simplifié d'imposition. *— V. Ann. II, art. 242 septies et 242 septies L.*

5. Dans la déclaration prévue au 1, doivent notamment être identifiés :

a) Le montant total, hors taxe sur la valeur ajoutée, des livraisons de biens exonérées en vertu du I de l'article 262 *ter*, des livraisons de biens installés ou montés sur le territoire d'un autre État membre de l'Union européenne, des livraisons de gaz naturel, d'électricité, de chaleur ou de froid imposables sur le territoire d'un autre État membre de l'Union européenne, et des livraisons dont le lieu n'est pas situé en France en application des dispositions *(L. n° 2019-1479 du 28 déc. 2019, art. 147-I-K-1° et IV, mod. par L. n° 2020-1721 du 29 déc. 2020, art. 51-III, applicable aux opérations pour lesquelles le fait générateur de la taxe sur la valeur ajoutée intervient à compter du 1er juill. 2021)* « du 1° du I » de l'article 258 A ;

b) Le montant total, hors taxe sur la valeur ajoutée, des acquisitions intracommunautaires mentionnées au I de l'article 256 *bis*, et, le cas échéant, des livraisons de biens expédiés ou transportés à partir d'un autre État membre de l'Union européenne et installés ou montés en France, des livraisons de biens dont le lieu est situé en France en application des dispositions *(L. n° 2019-1479 du 28 déc. 2019, art. 147-I-K-2° et IV, mod. par L. n° 2020-1721 du 29 déc. 2020, art. 51-III, applicable aux opérations pour lesquelles le fait générateur de la taxe sur la valeur ajoutée intervient à compter du 1er juill. 2021)* « du 2° du I de l'article 258 A *[ancienne rédaction : de l'article 258 B]* », des livraisons de biens effectuées en France pour lesquelles le destinataire de la livraison est désigné comme redevable de la taxe en application des dispositions du 2 *ter* de l'article 283 et des livraisons de gaz naturel, d'électricité, de chaleur ou de froid pour lesquelles l'acquéreur est désigné comme redevable de la taxe conformément aux dispositions du 2 *quinquies* de ce dernier article ;

b bis) Le montant hors taxes des opérations mentionnées au 2 *sexies* de l'article 283 réalisées ou acquises par l'assujetti ;

b ter) Le montant total, hors taxe sur la valeur ajoutée, des services pour lesquels le preneur est redevable de la taxe en application, d'une part, du second alinéa du 1, d'autre part et distinctement, du 2 de l'article 283 ;

(L. n° 2019-1479 du 28 déc. 2019, art. 181-I-F-5° et IV, en vigueur le 1er janv. 2022) « *b quater)* Le montant total, hors taxe sur la valeur ajoutée, des importations et sorties des régimes mentionnés au I de l'article 277 A, autres que celles relevant du *b quinquies* du présent 5, en distinguant celles qui sont taxables et celles qui ne le sont pas, ainsi que le montant de taxe dû afférent à ces opérations ; »

(L. n° 2018-1317 du 28 déc. 2018, art. 193-II-3°-b et VI-B, en vigueur le 1er janv. 2021) « *b quinquies)* L'assiette totale afférente aux importations des produits pétroliers définis au 1° du 1 de l'article 298 et aux sorties de ces mêmes produits du régime suspensif prévu au *a* du 2° du I de l'article 277 A ; »

c) Le montant total hors taxes des transmissions mentionnées à l'article 257 *bis*, dont a bénéficié l'assujetti ou qu'il a réalisées.

(L. n° 2019-1479 du 28 déc. 2019, art. 181-I-F-6° et IV, en vigueur le 1er janv. 2022) « 6. Par dérogation aux 2 et 5, ne sont pas indiquées dans la déclaration mentionnée au 1 :

« *a)* Les opérations mentionnées aux 2° à 4° du II de l'article 286 *ter* A ;

« *b)* Les opérations soumises au régime particulier prévu à l'article 298 *sexdecies* G. » *(L. n° 2020-1721 du 29 déc. 2020, art. 162-I-8° et III, en vigueur le 1er janv. 2022)* « 7. Pour chacun de ses membres constitués en secteur d'activité, l'assujetti unique communique les informations figurant sur la déclaration mentionnée au 1 ainsi que des informations sur les opérations réalisées à destination des autres membres, selon des modalités fixées par arrêté du ministre chargé du budget. »

Les I à V de l'art. 193 de la L. n° 2018-1317 du 28 déc. 2018, à l'exception du b du 3° du II, entrent en vigueur le 1er janv. 2020.

Ils s'appliquent aux opérations pour lesquelles le fait générateur de la taxe générale sur les activités polluantes ou l'exigibilité de la taxe sur la valeur ajoutée intervient à compter de cette même date.

Le b du 3° du II entre en vigueur le 1er janv. 2021. Il est applicable aux opérations pour lesquelles l'exigibilité de la taxe sur la valeur ajoutée intervient à compter de cette même date (L. n° 2018-1317 du 28 déc. 2018, art. 193-VI).

B *BIS*

Art. 287 A *Transféré ss. art. L. 75 et R* 75-1 LPF.*

Art. 288 *Transféré ss. art. L. 66, L. 70, L. 76, L. 76 A, L. 193 et R* 193-1 LPF.*

C FACTURES

Art. 289-0 I. — Les règles de facturation prévues à l'article 289 s'appliquent aux opérations réputées situées en France en application des articles 258 à 259 D, à l'exclusion de celles qui sont réalisées par un assujetti qui a établi le siège de son activité économique dans un autre État membre ou qui y dispose d'un établissement stable à partir duquel la livraison de biens ou la prestation de services est effectuée ou, à défaut, son domicile ou sa résidence habituelle, et pour lesquelles l'acquéreur ou le preneur établi en France est redevable de la taxe, sauf si l'assujetti leur a donné mandat pour facturer en son nom et pour son compte.

II. — Elles s'appliquent également aux opérations dont le lieu d'imposition n'est pas situé en France qui sont réalisées par un assujetti qui a établi le siège de son activité économique en France ou qui y dispose d'un établissement stable à partir duquel la livraison de biens ou la prestation de services est effectuée ou, à défaut, son domicile ou sa résidence habituelle :

1° Lorsque l'acquéreur ou le preneur établi dans un autre État membre est redevable de la taxe, sauf si l'assujetti leur a donné mandat pour facturer en son nom et pour son compte ;

2° *(Abrogé par L. n° 2018-1317 du 28 déc. 2018, art. 72-2°-a)* « Ou » Lorsque la livraison de biens ou la prestation de services est réputée ne pas être effectuée dans l'Union européenne en application du titre V de la directive 2006/112/CE du Conseil du 28 novembre 2006 relative au système commun de taxe sur la valeur ajoutée.

(L. n° 2018-1317 du 28 déc. 2018, art. 72-2°-b) « III. — Elles s'appliquent également aux opérations pour lesquelles le prestataire se prévaut *(L. n° 2019-1479 du 28 déc. 2019, art. 147-I-L et IV, mod. par L. n° 2020-1721 du 29 déc. 2020, art. 51-III, applicable aux opérations pour lesquelles le fait générateur de la taxe sur la valeur ajoutée intervient à compter du 1er juill. 2021)* « des régimes particuliers prévus aux articles 298 *sexdecies* F et 298 *sexdecies* G *[ancienne rédaction : du régime spécial prévu à l'article 298* sexdecies *F ou du régime particulier prévu à l'article 298* sexdecies *G]* ». »

Services électroniques, de télécommunication, de radiodiffusion et de télévision. Règles de facturation en cas de recours au guichet. * BOI-TVA-DECLA-30-20-10 et -30-20-20-30 du 25 sept. 2019.

Art. 289 I. — 1. Tout assujetti est tenu de s'assurer qu'une facture est émise, par lui-même, ou en son nom et pour son compte, par son client ou par un tiers :

a) Pour les livraisons de biens ou les prestations de services qu'il effectue pour un autre assujetti, ou pour une personne morale non assujettie, et qui ne sont pas exonérées en application des articles 261 à 261 E ;

[b) applicable aux opérations pour lesquelles le fait générateur de la taxe sur la valeur ajoutée intervient avant le 1er juill. 2021]

b) Pour les livraisons de biens visées aux articles 258 A et 258 B et pour les livraisons de biens exonérées en application du I de l'article 262 *ter* et *[du]* II de l'article 298 *sexies* ;

[b) applicable aux opérations pour lesquelles le fait générateur de la taxe sur la valeur ajoutée intervient à compter du 1er juill. 2021]

(L. n° 2019-1479 du 28 déc. 2019, art. 147-I-M et IV, mod. par L. n° 2020-1721 du 29 déc. 2020, art. 51-III) « *b)* Pour les livraisons de biens mentionnées à l'article 258 A et pour les livraisons de bien*[s]* exonérées en application des I et III de l'article 262 *ter* et du II de l'article 298 *sexies*, sauf lorsque l'assujetti se prévaut du régime particulier prévu à l'article 298 *sexdecies* G ; »

c) Pour les acomptes qui lui sont versés avant que l'une des opérations visées aux *a* et *b* ne soit effectuée, à l'exception des livraisons de biens exonérées en application du I de l'article 262 *ter* et du II de l'article 298 *sexies* ;

d) Pour les livraisons aux enchères publiques de biens d'occasion, d'œuvres d'art, d'objets de collection ou d'antiquité.

2. Les factures peuvent être matériellement émises par le client ou par un tiers lorsque l'assujetti leur donne mandat à cet effet. Sous réserve de son acceptation par l'assujetti, chaque facture est alors émise en son nom et pour son compte.

Un décret en Conseil d'État précise les modalités particulières d'application du premier alinéa lorsque le mandataire est établi dans un pays avec lequel il n'existe aucun instrument juridique relatif à l'assistance mutuelle ayant une portée similaire à celle prévue par la directive 2010/24/UE du Conseil du 16 mars 2010 concernant l'assistance mutuelle en matière de recouvrement des créances relatives aux taxes, impôts, droits et autres mesures et par le règlement (UE) n° 904/2010 du Conseil du 7 octobre 2010 concernant la coopération administrative et la lutte contre la fraude dans le domaine de la taxe sur la valeur ajoutée. — *V. Ann. II, art. 242 nonies.*

3. La facture est, en principe, émise dès la réalisation de la livraison ou de la prestation de services.

Pour les livraisons de biens exonérées en application du I de l'article 262 *ter* et du II de l'article 298 *sexies* et pour les prestations de services pour lesquelles la taxe est due par le preneur en application de l'article 196 de la directive 2006/112/CE du Conseil du 28 novembre 2006 relative au système commun de taxe sur la valeur ajoutée, la facture est émise au plus tard le 15 du mois suivant celui au cours duquel s'est produit le fait générateur.

Elle peut être établie de manière périodique pour plusieurs livraisons de biens ou prestations de services distinctes réalisées au profit d'un même acquéreur ou preneur pour lesquelles la taxe devient exigible au cours d'un même mois civil. Cette facture est établie au plus tard à la fin de ce même mois.

4. L'assujetti doit conserver un double de toutes les factures émises.

5. Tout document ou message qui modifie la facture initiale, émise en application de cet article, et qui fait référence à la facture initiale de façon spécifique et non équivoque est assimilé à une facture. Il doit comporter l'ensemble des mentions prévues au II.

II. — Un décret en Conseil d'État fixe les mentions obligatoires qui doivent figurer sur les factures. Ce décret détermine notamment les éléments d'identification des parties, les données concernant les biens livrés ou les services rendus et celles relatives à la détermination de la taxe sur la valeur ajoutée. — *V. Ann. II, art. 242 nonies A.*

(Abrogé par L. n° 2020-1721 du 29 déc. 2020, art. 52-2°) ***« III. — L'entraîneur bénéficiaire des sommes mentionnées au 4° du III de l'article 257 s'assure qu'une facture est émise au titre des gains réalisés et y ajoute le montant de la taxe sur la valeur ajoutée. »***

IV. — Les montants figurant sur la facture peuvent être exprimés dans toute monnaie, pour autant que le montant de taxe à payer ou à régulariser soit déterminé en euros en utilisant le mécanisme de conversion prévu au 1 *bis* de l'article 266.

Lorsqu'elle est rédigée dans une langue étrangère, le service des impôts peut, à des fins de contrôle, exiger une traduction en français, dans les conditions prévues au deuxième alinéa de l'article 54.

V. — L'authenticité de l'origine, l'intégrité du contenu et la lisibilité de la facture doivent être assurées à compter de son émission et jusqu'à la fin de sa période de conservation.

VI. — Les factures électroniques sont émises et reçues sous une forme électronique quelle qu'elle soit. Elles tiennent lieu de factures d'origine pour l'application de l'article 286 et du présent article. Leur *[Leurs]* **transmission et mise à disposition sont soumises à l'acceptation du destinataire.**

VII. — Pour satisfaire aux conditions prévues au V, l'assujetti peut émettre ou recevoir des factures :

1° Soit sous forme électronique en recourant à toute solution technique autre que celles prévues aux 2° et 3°, ou sous forme papier, dès lors que des contrôles documentés et permanents sont mis en place par l'entreprise et permettent d'établir une piste d'audit fiable entre la facture émise ou reçue et la livraison de biens ou prestation de services qui en est le fondement ;

2° Soit en recourant à la procédure de signature électronique *(Ord. n° 2021-1190 du 15 sept. 2021, art. 1er)* **« qualifiée au sens du règlement (UE) n° 910/2014 du Parlement européen et du Conseil du 23 juillet 2014 sur l'identification électronique et les services de confiance pour les transactions électroniques au sein du marché intérieur ». Un décret précise les conditions d'émission, de signature et de stockage de ces factures ;** — *V. Ann. III, art. 96 F à 96 I bis.*

3° Soit sous la forme d'un message structuré selon une norme convenue entre les parties, permettant une lecture par ordinateur et pouvant être traité automatiquement et de manière univoque, dans des conditions précisées par décret. — *V. Ann. III, art. 96 F et 96 I bis.*

BIBL. ▶ CLÉMENT, *BFL 2001. 503* (factures : vers une simplification ?). – FOUQUET, *RJF 2007. 631* (jusqu'où théoriser la charge de la preuve ?). – GOUYET, *Fr Lefebvre 57/08, p. 35* (facturation électronique : quels enjeux pour l'entreprise ?). – SÉRANDOUR, *Dr. fisc. 2010. Étude 70* (« marge arrière et TVA »). – VALLUIS, DELANNOY et MANIN, *Dr. fisc. 2009. 224* (la réforme des relations commerciales par la loi LME est-elle compatible avec la directive TVA ?).

1. Doctrine administrative. Obligation de délivrance des factures. Mentions à porter sur les factures. Factures transmises par voie électronique. Conservation et stockage des factures. * BOI-TVA-DECLA-30-20-10 du 13 août 2021.

2. Factures électroniques. Pour qu'une facture soit une facture électronique, l'intégralité du processus de facturation doit, selon l'Administration, être électronique. Par conséquent, elle considère qu'une facture initialement conçue sur support papier puis numérisée, envoyée et reçue par courrier électronique ou réseau sécurisé ne constitue pas une facture électronique mais une facture papier. Elle admet, toutefois, qu'une telle facture puisse être considérée comme une facture électronique, sous réserve du respect de certaines conditions. * BOI-TVA-DECLA-30-20-30-10 n° 90 du 7 févr. 2018.

3. Factures rectificatives et notes d'avoir. * BOI-TVA-DECLA-30-20-20-20 nos 180 à 340 du 25 sept. 2019. ♦ La modification d'une facture initiale, qu'elle prenne la forme d'une facture rectificative ou d'une note d'avoir, est assimilée à une nouvelle facture devant comporter les mentions énumérées à l'art. 242 *nonies* A de l'Ann. II. • CE 12 juill. 2021, ⚖ n° 433977 : *RJF 2021. 1012.*

4. Tickets de cartes bancaires, relevés mensuels de banque, reçus de péage. Les tickets de cartes bancaires et les relevés de banque ne constituent pas des factures permettant de déduire la TVA. Exception : reçus délivrés aux barrières de péages des autoroutes. * BOI-TVA-DECLA-30-20-20-20 n° 50 du 25 sept. 2019. ♦ Sur la déduction de la TVA pour les péages d'autoroutes acquittés avant le 1er janv. 2001. • CE 29 juin 2005, ⚖ n° 268681 : *RJF 2005. 1016 ; concl. Olléon au BDCF 10/05, n° 114* • 22 nov. 2006, ⚖ n° 286699, *Cofiroute et a. : RJF 2007. 138 ; concl. Olléon au BDCF 2/07, n° 15.* ♦ Précisions sur le délai de production des factures rectificatives. • CE 5 mai 2010, ⚖ n° 309328 : *RJF 2010. 670* • 5 mai 2010, ⚖ n° 309337 : *RJF 2010. 670* ♦ V. égal. notes 39 et 40 ss. art. 256.

5. Factures établies dans le secteur de la restauration. Pour les factures d'un montant total HT n'excédant pas 150 €, il est admis que les éléments d'identification du client (nom, raison sociale, adresse ou lieu du siège social) ne soient pas mentionnés sur la facture par l'entreprise qui émet celle-ci, mais inscrits par le client lui-même dans un espace réservé sur le document remis. * BOI-TVA-DECLA-30-20-20-20 n° 140 du 25 sept. 2019.

6. Mandat de facturation. Un mandat de facturation entre un assujetti et son mandataire (client ou tiers) peut prévoir, sous réserve du respect de certaines conditions, que l'établissement matériel des factures est effectué par un sous-traitant du mandataire. * Rescrit 12 sept. 2006, n° 2006/39 TCA * BOI-TVA-DECLA-30-20-10 nos 340 à 560 du 25 sept. 2019.

7. Droit communautaire. Les États membres de l'UE peuvent exiger que les factures comportent des mentions supplémentaires pour assurer l'exacte perception de la TVA pour autant qu'elles ne rendent pas, par leur nombre ou leur technicité, excessivement difficile l'exercice du droit à déduction. • CJCE 14 juill. 1988, n° 123 et 330/87 : *RJF 1988. 1396.*

Art. 289 *bis* *(Ord. n° 2021-1190 du 15 sept. 2021, art. 1er)* **I. — Pour l'application de l'article 289 et par dérogation au VI du même article, l'émission, la transmission et la réception des factures relatives aux opérations mentionnées aux *a* et *d* du 1° du I de l'article 289, ainsi qu'aux acomptes s'y rapportant, s'opèrent sous une forme électronique selon des normes de facturation électronique définies par arrêté du ministre chargé du budget lorsque l'émetteur de la facture et son destinataire sont des assujettis qui sont établis, ont leur domicile ou leur résidence habituelle en France.**

L'émission, la transmission et la réception des factures électroniques s'effectuent, au choix des intéressés, en recourant au portail public de facturation mentionné à l'article L. 2192-5 du code de la commande publique ou à une autre plateforme de dématérialisation.

Les conditions et modalités d'application du présent I sont fixées par décret en Conseil d'État.

II. — Les assujettis mentionnés au I communiquent à l'administration les données relatives aux mentions figurant sur les factures électroniques qu'ils émettent.

A cet effet, les données de facturation émises par les assujettis ayant recours au portail public de facturation mentionné au deuxième alinéa du I sont transmises par ce dernier à l'administration. Les données de facturation émises par les assujettis ayant recours à une autre plateforme de dématérialisation sont transmises par l'opérateur de plateforme de dématérialisation au portail public de facturation qui les communique à l'administration.

Les transmissions de données prévues au présent II s'effectuent par voie électronique selon une périodicité, dans des conditions et selon des modalités définies par décret en Conseil d'État.

III. — Par dérogation à l'article L. 151-1 du code de commerce, le portail public de facturation met à disposition des opérateurs de plateforme de dématérialisation un annuaire central. Cet annuaire est constitué et mis à jour à partir des informations transmises par ces opérateurs et recense les informations nécessaires à l'adressage des factures électroniques aux opérateurs de plateforme des destinataires de ces factures.

Dans le cas où l'assujetti recourt directement au portail public de facturation pour transmettre ses factures électroniques, il lui transmet ces informations.

Un décret en Conseil d'État précise les informations à transmettre aux fins de constitution et de mise à jour de l'annuaire qui permettent d'identifier les opérateurs de plateforme intéressés ainsi que les modalités de cette transmission.

IV. — Sans préjudice des dispositions de l'article L. 2392-1 du code de la commande publique, les dispositions du présent article ne sont pas applicables aux opérations faisant l'objet d'une mesure de classification au sens de l'article 413-9 du code pénal.

L'obligation d'émission, de transmission et de réception sous forme de factures électroniques prévues par le 2° du I de l'art. 1er de l'Ord. n° 2021-1190 du 15 sept. 2021 s'appliquent aux factures émises à compter du 1er juill. 2024.

Toutefois, pour les assujettis autres que les assujettis uniques mentionnés à l'art. 256 C CGI, cette obligation ne s'applique qu'à compter :

1° Du 1er janv ; 2025 pour les factures émises par les assujettis relevant de la catégorie d'entreprises de taille intermédiaire ;

2° Du 1er janv. 2026 pour les factures émises par les assujettis relevant de la catégorie des petites et moyennes entreprises et les microentreprises.

Les catégories d'entreprises mentionnées aux 1° et 2° sont celles prévues pour l'application de l'art. 51 de la L. n° 2008-776 du 4 août 2008. L'appartenance à une catégorie s'apprécie au niveau de chaque personne juridique.

Les dispositions susmentionnées s'appliquent après obtention de l'autorisation prévue au § 1er de l'art. 395 de la Dir. 2006/112/CE du Conseil du 28 nov. 2006 (Ord. préc., art. 3-I). — Cette autorisation a été accordée par une Décis. d'exéc. UE/2022/133 du 25 janv. 2022 (JOUE L 20, p. 272).

Facture électronique et transmission de données (Ord. n° 2021-1190 du 15 sept. 2021). Recours à la facturation électronique (« *e-invoicing* ») et transmission de données relatives à certaines opérations et au paiement (« *e-reporting* »). ♦ V. *FR Lefebvre 40/21, inf. 3.*

D DÉSIGNATION D'UN REPRÉSENTANT EN FRANCE

Art. 289 A I. — Lorsqu'une personne non établie dans l'Union européenne est redevable de la taxe sur la valeur ajoutée ou doit accomplir des obligations déclaratives, elle est tenue de faire accréditer auprès du service des impôts un représentant assujetti établi en France qui s'engage à remplir les formalités incombant à cette personne et, en cas d'opérations imposables, à acquitter la taxe à sa place. A défaut, la taxe sur la valeur ajoutée et, le cas échéant, les pénalités qui s'y rapportent, sont dues par le destinataire de l'opération imposable. — *V. Ann. III, art. 95.*

Le premier alinéa n'est pas applicable :

1° Aux personnes établies dans un État non membre de l'Union européenne avec lequel la France dispose d'un instrument juridique relatif à l'assistance mutuelle ayant une portée similaire à celle prévue par la directive 2010/24/UE du Conseil du 16 mars 2010 concernant l'assistance mutuelle en matière de recouvrement des créances relatives aux taxes, impôts, droits et autres mesures et par le règlement (UE) n° 904/2010 du Conseil du 7 octobre 2010 concernant la coopération administrative et la lutte contre la fraude dans le domaine de la taxe sur la valeur ajoutée. La liste de ces États est fixée par arrêté du ministre chargé du budget ; — *V. Arr. du 15 mai 2013 (JO 4 juill.).*

2° Aux personnes non établies dans l'Union européenne qui réalisent uniquement des opérations mentionnées au I de l'article 277 A en suspension du paiement de la taxe sur la valeur ajoutée ou des livraisons de gaz naturel, d'électricité, de chaleur ou de froid pour lesquelles la taxe est due en France par l'acquéreur en application du 2 *quinquies* de l'article 283.

II. — Pour l'application du 2 de l'article 283 et à défaut du paiement de la taxe par le preneur, le prestataire non établi dans l'Union européenne est tenu de désigner un représentant assujetti établi en France *(L. n° 2021-1900 du 30 déc. 2021, art. 30-I-14°-a)* « , accrédité auprès du service des impôts, » qui remplit les formalités afférentes à l'opération en cause et acquitte la taxe.

III. — Par dérogation au premier alinéa du I, les personnes non établies dans l'Union européenne qui réalisent exclusivement des opérations pour lesquelles elles sont dispensées du paiement de la taxe en application du 4 du II de l'article 277 A ou des opérations exonérées en vertu du 4° du III de l'article 291 peuvent charger un assujetti établi en France, accrédité par le service des impôts, d'accomplir les obligations déclaratives afférentes à l'opération en cause. — *V. Ann. III, art. 95 A.*

Cet assujetti est redevable de la taxe afférente à l'opération pour laquelle il doit effectuer les obligations déclaratives, ainsi que des pénalités qui s'y rapportent, lorsque les conditions auxquelles sont subordonnées la dispense de paiement ou l'exonération ne sont pas remplies.

(L. n° 2019-1479 du 28 déc. 2019, art. 181-I-G et IV, en vigueur le 1er janv. 2022) « Un décret définit les conditions dans lesquelles les obligations déclaratives prévues à l'article 287 sont simplifiées pour ces opérations. »

(L. n° 2021-1900 du 30 déc. 2021, art. 30-I-14°-b et III-C) « IV. — A. — Aux fins d'application des I à III du présent article, seule peut être accréditée la personne qui *remplit les conditions suivantes* :

« 1° Ni elle ni aucun de ses dirigeants, lorsqu'il s'agit d'une personne morale, n'a commis d'infractions graves ou répétées aux dispositions fiscales, n'a fait l'objet des sanctions prévues aux articles L. 651-2, L. 653-2 et L. 653-8 du code de commerce au cours des trois années qui précèdent ni ne fait l'objet d'une mesure d'interdiction en cours d'exécution prévue au même article L. 653-8 ;

« 2° Elle dispose d'une organisation administrative et de moyens humains et matériels lui permettant d'assurer sa mission de représentation ;

« 3° Elle dispose d'une solvabilité financière en relation avec ses obligations de représentant ou d'une garantie financière à hauteur d'un quart des sommes nées de ces obligations, qui résulte d'un engagement de caution pris par une société de caution mutuelle, un organisme de garantie collective, une compagnie d'assurance, une banque ou un établissement financier habilité à donner caution. Toutefois, lorsque ces sommes ne peuvent être déterminées pour une personne représentée, elle dispose, pour les obligations associées à cette personne, d'une garantie financière égale à un niveau fixé par arrêté du ministre chargé du budget.

« B. — Le service des impôts retire l'accréditation du représentant lorsque celui-ci cesse de remplir les conditions mentionnées au A du présent IV ou lorsqu'il ne respecte pas les obligations déclaratives et de paiement des taxes qui lui incombent pour le compte des personnes qu'il représente ou pour son propre compte.

« C. — Les modalités de délivrance et de retrait de l'accréditation sont déterminées par décret en Conseil d'État. »

Pour les accréditations délivrées avant le 1ᵉʳ janv. 2022, le 3ᵉ du A du IV du présent art. est applicable à compter du 1ᵉʳ janv. 2024 (L. nº 2021-1900 du 30 déc. 2021, art. 30-III-C).

1. Assujettis établis hors de l'UE : représentation fiscale. Doctrine administrative. Champ d'application de la représentation fiscale. Régime de droit commun. Régime de la représentation ponctuelle. * BOI-TVA-DECLA-20-30-40-10 du 12 sept. 2012.

2. Redevable de la TVA. Le client d'une entreprise étrangère n'ayant pas d'établissement en France est débiteur de la TVA due par cette entreprise étrangère lorsque celle-ci n'a pas fait accréditer de représentant assujetti établi en France. Il doit la taxe en qualité de débiteur solidaire sans avoir la qualité de contribuable substitué à son fournisseur étranger. ♦ La notification de redressement doit donc être adressée à l'entreprise étrangère dès lors qu'elle a seule la qualité de contribuable. Dans la mesure où elle n'a été adressée qu'au client français de l'entreprise étrangère qui, dès lors que celle-ci n'a pas fait accréditer de représentant assujetti établi en France, a la qualité de débiteur solidaire de la TVA, la procédure d'imposition est irrégulière. • CE 5 avr. 2006, ♖ nº 276602 : *RJF 2006. 699 ; concl. Olléon au BDCF 6/06, nº 73.*

3. Le représentant fiscal établi en France qui a été désigné sur le fondement de l'art. 289 A doit acquitter pour le compte de la personne établie hors de France la totalité de la taxe dont celle-ci est redevable, que cette taxe résulte des déclarations qu'il dépose ou des redressements que le fisc est susceptible d'y apporter. Dans le cas où des redressements sont apportés à ces déclarations, et alors même que la personne établie hors de France demeure l'unique redevable de la taxe, l'Administration est fondée à conduire avec ce représentant les procédures de contrôle et de redressement des déclarations ainsi que, le cas échéant, la procédure d'établissement de pénalités en rapport avec les opérations de la personne redevable réalisées en France ou les formalités lui incombant au titre de ces opérations. La circonstance que ce représentant aurait méconnu les termes de la mission que la société lui avait confiée en application de l'art. 289 A est sans incidence sur la régularité de la procédure d'imposition, un tel litige ne relevant que des rapports contractuels de droit privé noués entre le redevable de la taxe et son représentant fiscal. • CE 24 juill. 2009, ♖ nº 304672 : *RJF 2009. 930 ; concl. Escaut au BDCF 11/09, nº 126 ; Dr. fisc. 2009. 568, note Bonnet.* ♦ Lorsque l'Administration procède à des redressements à raison du non-paiement de la taxe, elle doit établir l'avis de mise en recouvrement au nom de la personne établie hors de France qui a réalisé les opérations imposables. L'avis de mise en recouvrement doit être notifié à l'adresse de son représentant fiscal en France. • CE 24 juill. 2009, ♖ nº 309278 : *RJF 2009. 931 ; concl. Escaut au BDCF 11/09, nº 126 ; Dr. fisc. 2009. 568, note Bonnet.* ♦ Lorsque l'Administration procède à des redressements à raison du non-paiement de la taxe, elle doit établir les différents actes de la procédure au nom de la personne établie hors de France qui a réalisé les opérations imposables et les notifier à l'adresse de son représentant en France accrédité à la date de cette notification. • CE 23 déc. 2010, ♖ nº 309331 : *RJF 2011. 465.*

4. Qualité de représentant fiscal. Elle résulte de la seule accréditation qui lui a été donnée, avec son consentement, par l'Administration fiscale. Est sans incidence sur cette qualité l'intervention d'un jugement judiciaire, au demeurant revêtu uniquement de l'autorité relative de la chose jugée, ayant déclaré nul et de nul effet le contrat de représentation signé par ce représentant avec cette personne, ainsi que la circonstance, à la supposer établie, que cette personne aurait disposé d'un établissement stable en France. • CE 24 juill. 2009, ♖ nº 309278 : *préc. note 3.*

5. Obligations liées à la réalisation d'opérations situées en France. À défaut de désignation d'un représentant fiscal par l'entreprise établie hors de l'UE, la TVA et, le cas échéant, les pénalités qui s'y rapportent sont dues par le destinataire de l'opération imposable (pour ces entreprises, les propositions de rectifications doivent être adressées au redevable légal de la taxe, en l'occurrence l'entreprise établie hors de l'Union européenne, en application de la jurisprudence citée note 2). * BOI-TVA-DECLA-20-30-40-10 nº 130 du 12 sept. 2012.

6. Les sociétés étrangères qui disposent d'un établissement stable en France, au sens de la législation applicable en matière de TVA, ne peuvent être regardées, alors même que leur siège social est situé hors de France, comme établies hors de France pour l'application de l'art. 289 A-I.

• CE 7 sept. 2009, n° 308751 : *RJF 2009. 1063 ; Dr. fisc. 2009. 581, concl. Olléon.*

E ÉTAT RÉCAPITULATIF DES CLIENTS

Art. 289 B **I. — Tout assujetti identifié à la taxe sur la valeur ajoutée doit déposer, dans un délai et selon des modalités fixés par décret, un état récapitulatif des clients, avec leur numéro d'identification à la taxe sur la valeur ajoutée, auxquels il a livré des biens dans les conditions prévues au I de l'article 262 *ter*** *(L. nº 2019-1479 du 28 déc. 2019, art. 34-I-5º-a et II, applicable aux livraisons de biens meubles corporels pour lesquelles le fait générateur de la taxe sur la valeur ajoutée intervient à compter du 1er janv. 2020)* **« ou auxquels des biens sont destinés dans les conditions prévues au III *bis* de l'article 256 » et un état récapitulatif des clients auxquels il a fourni des services pour lesquels le preneur est redevable de la taxe dans un autre État membre de** *(L. nº 2019-1479 du 28 déc. 2019, art. 34-I-5º-a et II, applicable aux livraisons de biens meubles corporels pour lesquelles le fait générateur de la taxe sur la valeur ajoutée intervient à compter du 1er janv. 2020)* **« l'Union » européenne en application de l'article 196 de la directive 2006/112/CE du Conseil, du 28 novembre 2006, relative au système commun de taxe sur la valeur ajoutée.** — *V. Ann. III, art. 96 J à 96 M.*

II. — Dans l'état récapitulatif relatif aux livraisons de biens doivent figurer :

1° Le numéro d'identification sous lequel l'assujetti a effectué ces livraisons de biens.

2° Le numéro par lequel chaque client est identifié à la taxe sur la valeur ajoutée dans l'État membre où les biens lui ont été livrés.

3° Pour chaque acquéreur, le montant total des livraisons de biens effectuées par l'assujetti. Ces montants sont déclarés au titre du mois au cours duquel la taxe est devenue exigible dans l'autre État membre conformément au 1 de l'article 69 de la directive 2006/112/CE du Conseil, du 28 novembre 2006.

4° Pour les livraisons de biens exonérées en vertu du 2° du I de l'article 262 *ter*, le numéro par lequel l'assujetti est identifié à la taxe sur la valeur ajoutée dans l'État membre d'arrivée de l'expédition ou du transport ainsi que la valeur du bien, déterminée dans les conditions fixées au *c* du I de l'article 266.

5° Le montant des régularisations effectuées en application du 1 de l'article 272. Ces montants sont déclarés au titre du mois au cours duquel la régularisation est notifiée à l'acquéreur.

(L. nº 2019-1479 du 28 déc. 2019, art. 34-I-5º-b et II, applicable aux livraisons de biens meubles corporels pour lesquelles le fait générateur de la taxe sur la valeur ajoutée intervient à compter du 1er janv. 2020) **« 6° Le numéro par lequel le client auquel sont destinés les biens est identifié à la taxe sur la valeur ajoutée dans l'État membre où les biens sont expédiés ou transportés dans les conditions prévues au III *bis* de l'article 256 ainsi que tout changement concernant les informations fournies. »**

III. — Dans l'état récapitulatif relatif aux prestations de services doivent figurer :

1° Le numéro d'identification sous lequel l'assujetti a effectué ces prestations de services ;

2° Le numéro par lequel chaque client est identifié à la taxe sur la valeur ajoutée dans l'État membre où les services lui ont été fournis ;

3° Pour chaque preneur, le montant total des prestations de services effectuées par l'assujetti. Ces montants sont déclarés au titre du mois au cours duquel la taxe est devenue exigible dans l'autre État membre ;

4° Le montant des régularisations effectuées en application du 1 de l'article 272. Ces montants sont déclarés au titre du mois au cours duquel la régularisation est notifiée au preneur. — *V. Ann. III, art. 96 N, et Arr. du 23 juill. 2010 relatif aux modalités de transmission de la déclaration européenne de services — DES (JO 6 août).*

(L. nº 2021-1900 du 30 déc. 2021, art. 30-I-15º et III-D, applicable aux opérations pour lesquelles la déclaration ou l'état récapitulatif est exigé au titre d'une période engagée après le 1er janv. 2022) **« IV. — A. — L'état récapitulatif mentionné au II est transmis par voie électronique.**

« Les assujettis bénéficiant du régime de franchise prévu à l'article 293 B peuvent souscrire l'état récapitulatif mentionné au II du présent article au moyen d'un formulaire sur papier conforme au modèle établi par l'administration des douanes.

« B. — Les documents nécessaires à l'établissement de l'état récapitulatif mentionné au même II doivent être conservés par les assujettis pendant un délai de six ans à compter de la date de l'opération ayant donné lieu à cet état. »

Déclaration européenne de services (DES). État récapitulatif des clients. Modalités et délai d'établissement. * BOI-TVA-DECLA-20-20-40 n° 130 du 12 sept. 2012.

F *[ABROGÉ]* DÉCLARATION DES ÉCHANGES DE BIENS ENTRE ÉTATS MEMBRES DE LA COMMUNAUTÉ EUROPÉENNE

(Abrogé par L. n° 2021-1900 du 30 déc. 2021, art. 30-I-16° et III-D, pour les opérations pour lesquelles la déclaration ou l'état récapitulatif est exigé au titre d'une période engagée après le 1er janv. 2022)

Art. 289 C *1. Les échanges de biens entre États membres de la Communauté européenne font l'objet de la déclaration périodique, prévue à l'article 5 du règlement (CE) n° 638/2004 du Parlement européen et du Conseil, du 31 mars 2004.*

2. L'état récapitulatif des clients mentionné au II de l'article 289 B et la déclaration statistique périodique prévue au 1 font l'objet d'une déclaration unique. — V. Ann. III, art. 96 J à 96 M.

Al. disjoint.

3. La déclaration mentionnée au 2 peut être transmise par voie électronique.

Elle est obligatoirement souscrite par voie électronique par le redevable qui a réalisé au cours de l'année civile précédente des expéditions ou des introductions d'un montant hors taxes supérieur à 2 300 000 €, ou atteint ce seuil en cours d'année.

Les déclarants qui utilisent le mode de transmission électronique respectent les prescriptions d'un cahier des charges, établi et publié par arrêté du ministre chargé du budget. — V. Arr. du 4 janv. 2002 (JO 5 févr.) et Arr. du 8 oct. 2004 (JO 22 oct.).

4. Les documents nécessaires à l'établissement de la déclaration prévue au 2 doivent être conservés par les assujettis pendant un délai de six ans à compter de la date de l'opération faisant l'objet de cette déclaration.

5. Les agents des douanes peuvent exiger sans préavis, à des fins de contrôle statistique, la communication des documents nécessaires à l'établissement de la déclaration prévue au 2 chez toute personne physique ou morale tenue de souscrire celle-ci.

BIBL. ▶ BEETSCHEN et BOZZACHI, La pratique de la déclaration d'échanges de biens, *Éd. F. Lefebvre*, 2005.

1. Modalités d'application de la déclaration d'échanges de biens (DEB). Commentaire général. * BOI-TVA-DECLA-20-20-40 n° 20 du 12 sept. 2012 * Circ. n° 21-003 du 5 janv. 2021 : *BO douanes n° 7400* * Circ. n° 21-028 du 26 mai 2021 relative aux ventes à distance : *BO douanes n° 7421*.

2. Impacts de la sortie du Royaume-Uni de l'Union européenne (Brexit). * Circ. n° 21-003 du 5 janv. 2021 : *préc. note 1*.

3. Déclaration sur internet. Site : https://pro.douane.gouv.fr.

G DEMANDE DE REMBOURSEMENT DE LA TAXE SUR LA VALEUR AJOUTÉE SUPPORTÉE DANS UN AUTRE ÉTAT MEMBRE

Art. 289 D Les assujettis établis en France peuvent demander le remboursement de la taxe sur la valeur ajoutée supportée dans un autre État membre dans les conditions prévues par la directive 2008/9/CE du Conseil, du 12 février 2008, définissant les modalités du remboursement de la taxe sur la valeur ajoutée, prévu par la directive 2006/112/CE, en faveur des assujettis qui ne sont pas établis dans l'État membre du remboursement, mais dans un autre État membre, en adressant leurs demandes de remboursement souscrites par voie électronique au moyen du portail mis à leur disposition et selon les modalités et dans les délais fixés par voie réglementaire. — *V. Ann. III, art. 96 O. — Pour les demandes de remboursement au titre de l'année 2009, V. App., Dir. n° 2008/9/CE du 12 févr. 2008, art. 15, mod. par Dir. n° 2010/66/UE du 14 oct. 2010.*

II *OBLIGATIONS PARTICULIÈRES DE TRANSMISSION D'INFORMATIONS*

(*Ord. n° 2021-1190 du 15 sept. 2021, art. 1er*)

Art. 290 (*Ord. n° 2021-1190 du 15 sept. 2021, art. 1er*) **I. — Les assujettis qui sont établis, ont leur domicile ou leur résidence habituelle en France, communiquent à l'administration sous forme électronique selon des normes de transmission définies par arrêté du ministre chargé du budget les informations relatives aux opérations suivantes lorsqu'elles ne sont pas exonérées en application des articles 261 à 261 E :**

1° Les livraisons exonérées en application du I de l'article 262 et du I de l'article 262 *ter* ;

2° Les livraisons de biens expédiés ou transportés à partir de la France à destination d'un autre État membre dans le cadre de ventes à distance intracommunautaires de biens et qui ne sont pas situées en France en application du 1° du I de l'article 258 A ;

3° Les livraisons de biens dont le lieu d'imposition est situé en France conformément aux dispositions de l'article 258 lorsque le destinataire de la livraison est une personne non assujettie ou une personne assujettie qui n'est pas établie en France ou n'y dispose pas de son domicile ou de sa résidence habituelle ;

4° Les livraisons de biens expédiés ou transportés à partir d'un autre État membre à destination de la France dans le cadre de ventes à distance intracommunautaires de biens situées en France en application du 2° du I de l'article 258 A ;

5° Les prestations de services réalisées au profit de preneurs assujettis non établis en France et qui n'y sont pas situées en application des dispositions des articles 259 et 259 A ;

6° Les prestations de services réputées ne pas être situées en France mentionnées à l'article 259 B ;

7° Les prestations de services situées en France mentionnées au 2° de l'article 259 ;

8° Les acquisitions intracommunautaires de biens meubles corporels situées en France en application de l'article 258 C ;

9° Les livraisons de biens dont le lieu d'imposition est situé en France conformément aux dispositions de l'article 258 dont ils sont destinataires, lorsque la livraison est effectuée par une personne assujettie qui n'est pas établie en France ou n'y dispose pas de son domicile ou de sa résidence habituelle ;

10° Les prestations situées en France conformément aux dispositions du 1° de l'article 259 et de l'article 259 A acquises auprès d'un assujetti qui n'est pas établi en France ou n'y dispose pas de son domicile ou de sa résidence habituelle ;

11° Les livraisons de biens expédiés ou transportés à partir de la France à destination de la Principauté de Monaco ou les acquisitions de biens en provenance de la Principauté de Monaco ainsi que les prestations de services lorsque le preneur est un assujetti qui est établi dans la Principauté de Monaco ou une personne non*[-]*assujettie qui y a son domicile ou sa résidence habituelle ou l'acquisition de prestations de services pour lesquelles le prestataire est établi dans la Principauté de Monaco.

II. — Les assujettis non établis en France ou leur représentant lorsqu'ils sont tenus d'en désigner un conformément à l'article 289 A transmettent à l'administration par voie électronique des informations relatives aux livraisons de biens et prestations de services situées en France pour lesquelles ils sont redevables de la taxe sur la valeur ajoutée lorsque le destinataire ou le preneur est un assujetti ou un non assujetti, à l'exception de celles pour lesquelles l'assujetti se prévaut des régimes particuliers mentionnés aux articles 359, 369 *ter* et 369 *quaterdecies* de la directive 2006/112/CE du Conseil du 28 novembre 2006 relative au système commun de taxe sur la valeur ajoutée.

III. — Les informations relatives aux opérations mentionnées aux I et II du présent article sont transmises sous forme électronique en recourant soit au portail public de facturation mentionné à l'article 289 *bis* qui les communique à l'administration, soit à un autre opérateur de plateforme de dématérialisation qui les transmet à ce portail, lequel assure leur communication à l'administration.

Les informations mentionnées au I et au II sont précisées par décret en Conseil d'État ainsi que la périodicité, les conditions et les modalités de leur transmission.

IV. — Les dispositions du présent article ne sont pas applicables aux opérations faisant l'objet d'une mesure de classification au sens de l'article 413-9 du code pénal ou

aux opérations concernées par une clause de confidentialité prévue pour un motif de sécurité nationale par un contrat ayant pour objet des travaux, fournitures et services ou la fourniture d'équipements mentionnés aux 1° à 4° de l'article L. 1113-1 du code de la commande publique.

L'obligation de transmission des informations et des données de paiement prévue par le 3° du I de l'art. 1er de l'Ord. n° 2021-1190 du 15 sept. 2021 s'applique aux factures émises ou, à défaut, aux opérations réalisées à compter du 1er juill. 2024. Toutefois, cette date est portée :

1° Au 1er janv. 2025 pour les entreprises mentionnées au 1° du I ;

2° Au 1er janv. 2026 pour les entreprises mentionnées au 2° du I (Ord. préc., art. 3-II).

Art. 290 A *(Ord. n° 2021-1190 du 15 sept. 2021, art. 1er)* **I. — Les données relatives au paiement des opérations relevant de la catégorie des prestations de services mentionnées aux articles 289 *bis* et 290, à l'exception de celles pour lesquelles la taxe est due par le preneur, sont communiquées sous forme électronique à l'administration selon des normes de transmission définies par arrêté du ministre chargé du budget en recourant soit au portail public de facturation qui les communique à l'administration, soit à un autre opérateur de plateforme de dématérialisation qui les transmet à ce portail chargé d'assurer leur transmission à l'administration.**

Les données mentionnées à l'alinéa précédent sont transmises :

1° Par l'assujetti sur lequel porte l'obligation d'émission des factures électroniques prévue par l'article 289 *bis* ;

2° Par l'assujetti sur lequel porte l'obligation de transmission prévue par l'article 290.

Les données à transmettre nécessaires à la détermination de l'exigibilité de la taxe sur la valeur ajoutée ainsi que la périodicité, les conditions et modalités de leur transmission à l'administration sont précisées par décret en Conseil d'État.

II. — Les dispositions du I s'appliquent aux factures émises dans le cadre de l'exécution de contrats de la commande publique régis par les deuxième et troisième parties du code de la commande publique à l'exception des contrats définis par l'article L. 1113-1 de ce même code.

Les dispositions du I ne sont pas applicables aux opérations mentionnées au IV de l'article 290.

V. ndlr ss. art. 290.

II *BIS* PLATEFORMES DE DÉMATÉRIALISATION PARTENAIRES

(Ord. n° 2021-1190 du 15 sept. 2021, art. 1er)

Art. 290 B *(Ord. n° 2021-1190 du 15 sept. 2021, art. 1er)* **Les plateformes de dématérialisation qui assurent la transmission des factures électroniques ainsi que la transmission au portail public de facturation des données mentionnées aux articles 289 *bis*, 290 et 290 A sont des opérateurs de dématérialisation identifiés comme partenaires de l'administration dans l'annuaire central mentionné au III de l'article 289 *bis*.**

A cette fin, l'administration fiscale leur délivre un numéro d'immatriculation pour une durée de trois ans renouvelable, le cas échéant assortie de réserves. Un décret en Conseil d'État prévoit ses conditions et modalités de délivrance ainsi que de renouvellement.

III *AGRICULTURE*

Art. 290 *bis* **Les personnes redevables de la taxe sur la valeur ajoutée qui effectuent des achats auprès d'exploitants agricoles bénéficiaires du remboursement forfaitaire** *[V. art. 298 quater et 298 quinquies]* **délivrent chaque année à ceux-ci des attestations indiquant le montant de leurs achats payés l'année précédente.**

En outre, ces acheteurs délivrent aux mêmes exploitants un bulletin d'achat ou un bon de livraison pour tout paiement correspondant à des achats.

Art. 290 *ter* *Abrogé par L. n° 78-1240 du 29 déc. 1978, art. 48.*

IV *ÉTABLISSEMENTS DE SPECTACLES*

Art. 290 *quater* **I. — Sur les lieux où sont organisés des spectacles comportant un prix d'entrée, les exploitants doivent délivrer un billet à chaque spectateur ou enregis-**

trer et conserver dans un système informatisé les données relatives à l'entrée, avant l'accès au lieu du spectacle.

Les modalités d'application du premier alinéa, notamment les obligations incombant aux exploitants d'un lieu de spectacles, ainsi qu'aux fabricants, importateurs ou marchands de billets d'entrée, sont fixées par arrêté. *— Ann. IV, art. 50 sexies B à 50 sexies I. — V. également Décr. n° 2009-1254 du 16 oct. 2009 relatif au contrôle des recettes d'exploitation cinématographique (JO 18 oct.).*

II. — Lorsqu'ils ne délivrent pas de billets d'entrée et qu'ils ne disposent pas d'un système informatisé prévu au I, les exploitants de discothèques et de cafés-dansants sont tenus de remettre à leurs clients un ticket émis par une caisse enregistreuse. *— V. Ann. III, art. 96 B à 96 D.*

Al. disjoint.

III. — Les infractions aux dispositions du présent article ainsi qu'aux textes pris pour leur application sont recherchées, constatées, poursuivies et sanctionnées comme en matière de contributions indirectes. *— V. art. 1791.*

1. Notion de spectacle. La projection de films pornographiques sur plusieurs écrans vidéo, la diffusion à forte puissance d'une musique provenant d'une chaîne musicale de télévision et la vision des ébats ayant lieu dans les cabines non fermées de l'établissement constituent un spectacle au sens de l'art. 290 *quater* I. • Crim. 7 mars 2001, ☎ n° 00-81.083 : *JCP 2001. IV. 1950.*

2. Obligations des établissements de spectacles. Établissements comportant un prix d'entrée. Adaptation de la réglementation aux nouveaux procédés technologiques. Billetterie issue de caisses manuelles, automatisées ou informatisées. * BOI-TVA-DECLA-20-30-20-30 n°s 250 à 270 du 12 sept. 2012.

3. Les exploitants de discothèques sont soumis à la réglementation de la billetterie instituée par la loi du 21 déc. 1970 dès lors qu'il est perçu un droit d'entrée. Notamment, ils doivent délivrer un ticket aux spectateurs bénéficiant de la gratuité d'entrée, cette obligation n'ayant pas été abolie par l'entrée en vigueur du deuxième paragraphe de l'art. 290 *quater* issu de la loi du 18 janv. 1980. • Crim. 15 mars 2000, n° 99-81.834 : *Dr. fisc. 2000. 1036.* ♦ Sont également soumis à la réglementation de la billetterie : les établissements, tels les « sex-shop », où l'accès à des cabines de projection est subordonné au paiement d'un droit d'entrée. • Crim. 20 août 1991, ☎ n° 90-85.268 P. ♦ ... Les courses de lévriers. • Crim. 25 nov. 1985, ☎ n° 84-90.263 P. ♦ En sont, en revanche, dispensés, sous condition, les « bals sous tente » (bals forains). * BOI-TVA-DECLA-20-30-20-40 n° 190 du 12 sept. 2012.

V *TRAVAUX IMMOBILIERS*

Art. 290 *quinquies* **Toute prestation de services comprenant l'exécution de travaux immobiliers, assortie ou non de vente, fournie à des particuliers par un redevable de la taxe sur la valeur ajoutée, doit faire l'objet d'une note mentionnant le nom et l'adresse des parties, la nature et la date de l'opération effectuée, le montant de son prix et le montant de la taxe sur la valeur ajoutée. L'original de la note est remis au client au plus tard lors du paiement du solde du prix ; le double est conservé par le prestataire dans la limite du droit de reprise de l'administration.**

VI *OPÉRATIONS PORTANT SUR LES DÉCHETS NEUFS D'INDUSTRIE ET LES MATIÈRES DE RÉCUPÉRATION*

Art. 290 *sexies* *Abrogé par L. n° 2007-1824 du 25 déc. 2007, art. 57-XV et XVII, pour les opérations pour lesquelles la taxe sur la valeur ajoutée est exigible à compter du 1er janv. 2008.*

SECTION VIII **IMPORTATIONS**

Art. 291 **I. — 1. Les importations de biens sont soumises à la taxe sur la valeur ajoutée.**

2. Est considérée comme importation d'un bien :

***a)* L'entrée en France d'un bien, originaire ou en provenance d'un État ou d'un territoire n'appartenant pas à** *(L. n° 2019-1479 du 28 déc. 2019, art. 147-I-N et IV, mod. par L. n° 2020-1721 du 29 déc. 2020, art. 51-III, applicable aux opérations pour lesquelles le fait générateur de la taxe sur la valeur ajoutée intervient à compter du 1er juill. 2021)* **« l'Union » européenne, et qui n'a pas été mis en libre pratique, ou d'un bien en provenance d'un territoire visé au 1° de l'article 256-0 d'un autre État membre de** *(L. n° 2019-1479 du*

28 déc. 2019, art. 147-I-N et IV, mod. par L. nº 2020-1721 du 29 déc. 2020, art. 51-III, applicable aux opérations pour lesquelles le fait générateur de la taxe sur la valeur ajoutée intervient à compter du 1er juill. 2021) « l'Union » européenne ;

b) La mise à la consommation en France d'un bien placé, lors de son entrée sur le territoire, sous l'un des régimes suivants prévus par les règlements communautaires en vigueur : conduite en douane, magasins et aires de dépôt temporaire, zone franche, entrepôt franc, entrepôt d'importation, perfectionnement actif, admission temporaire en exonération totale des droits à l'importation, transit externe ou sous le régime du transit communautaire interne. *— V. Ann. III, art. 73 G et 73 H.*

II. — Toutefois, sont exonérés :

1° L'importation au sens du *b* du 2 du I de biens qui ont fait l'objet d'une ou plusieurs livraisons mentionnées au 6° ou au 7° du I de l'article 277 A pendant leur placement sous les régimes énumérés audit *b* ; *— V. Ann. III, art. 73 G et 73 H.*

2° Les biens importés définitivement dans le cadre des franchises fiscales communautaires et qui sont désignés par arrêté.

Cet arrêté détermine également les modalités d'application du présent paragraphe ;

3° Les produits suivants :

a) organes, sang et lait humains ;

b) devises, billets de banque et monnaies qui sont des moyens de paiement légaux, à l'exception des billets et monnaies de collection ;

c) et d) Abrogés.

e) Abrogé.

4° L'or, sous toutes ses formes, importé par les instituts d'émission ;

5° Dans les conditions fixées par arrêté du ministre du budget, les navires, aéronefs, objets incorporés, engins et filets pour la pêche maritime prévus aux 2° à 5° du II de l'article 262 ; *— V. Ann. IV, art. 42 à 46.*

6° Les produits de la pêche en l'état ou ayant fait l'objet d'opérations destinées à les préserver en vue de leur commercialisation importés par les entreprises de pêche maritime ;

7° Les prothèses dentaires importées par les dentistes ou prothésistes dentaires ;

8° Les œuvres d'art originales, les timbres, objets de collection ou d'antiquité, lorsque l'importation est réalisée directement à destination d'établissements agréés par le ministre de la culture et de la communication ; les conditions d'application de ces dispositions sont fixées par arrêté du ministre du budget ; *— V. Ann. IV, art. 50 decies.*

9° *Abrogé.*

10° Les importations de gaz naturel, d'électricité, de chaleur ou de froid ;

(L. nº 2019-1479 du 28 déc. 2019, art. 147-I-N et IV, mod. par L. nº 2020-1721 du 29 déc. 2020, art. 51-III, applicable aux opérations pour lesquelles le fait générateur de la taxe sur la valeur ajoutée intervient à compter du 1er juill. 2021) « 11° Les importations de biens effectuées dans le cadre d'une vente à distance de biens importés mentionnée au B du I de l'article 298 *sexdecies* H pour lesquelles l'assujetti qui réalise la vente à distance de biens importés a présenté, au plus tard au moment du dépôt de la déclaration d'importation, le numéro d'identification à la taxe sur la valeur ajoutée qui lui a été attribué dans le cadre du régime particulier prévu au même article 298 *sexdecies* H ou qui lui a été fourni conformément à la législation d'un autre État membre au titre de l'article 369 *octodecies* de la directive 2006/112/CE du Conseil du 28 novembre 2006 relative au système commun de taxe sur la valeur ajoutée. »

III. — Sont également exonérés de la taxe sur la valeur ajoutée :

1° La réimportation, par la personne qui les a exportés, de biens dans l'état où ils ont été exportés et qui bénéficient de la franchise des droits de douane, ou qui en bénéficieraient s'ils étaient soumis à des droits de douane ;

2° Les prestations de services directement liées au placement d'un bien sous l'un des régimes mentionnés au *b* du 2 du I ; *— V. Ann. III, art. 73 F et 73 G.*

3° Les radoubs, réparations et transformations des navires français à l'étranger à l'exception de celles de ces opérations qui portent sur des bateaux de sport ou de plaisance ;

4° Les importations de biens expédiés ou transportés en un lieu situé sur le territoire d'un autre État membre de *(L. nº 2019-1479 du 28 déc. 2019, art. 147-I-N et IV, mod. par L. nº 2020-1721 du 29 déc. 2020, art. 51-III, applicable aux opérations pour lesquelles le fait générateur de la taxe sur la valeur ajoutée intervient à compter du 1er juill. 2021)* **« l'Union » européenne et qui font l'objet par l'importateur d'une livraison exonérée en vertu du I de l'article 262 *ter*.** — *V. Ann. III, art. 95 B et 96 P.*

(L. n° 2021-1900 du 30 déc. 2021, art. 30-I-17°) **« IV. — Sont également exonérées de la taxe sur la valeur ajoutée les importations de biens dont la livraison est exonérée en application des I et II de l'article 262-00 *bis*. »** — *Concernant les livraisons de biens et les prestations de services mentionnées au 6° du I de l'art. 262-00 bis, le IV du présent art. s'applique aux opérations dont le fait générateur intervient à compter du 1er janv. 2021 (L. n° 2021-1900 du 30 déc. 2021, art. 30-III-A).*

1. Transfert de la TVA à l'importation à la DGFIP à compter du 1er janv. 2022. Nouvelles obligations déclaratives. * DA douanes, 23 nov. 2021, n° 31-051 : *BO douanes n° 7440.*

2. Biens importés définitivement dans le cadre des franchises fiscales communautaires. La liste de ces biens, exonérés en application de l'art. 291-II-2°, est fixée par l'arrêté du 18 juin 2009 (JO 24 juin) qui a codifié l'ensemble des dispositions réglementaires relatives aux franchises fiscales à l'importation sous les art. 50 *septies* à 50 *octies* C de l'annexe IV.

3. Importations de navires, aéronefs, objets incorporés, engins et filets de pêche. Conditions de l'exonération prévue à l'art. 291-II-5°. * BOI-TVA-CHAMP-30-40 nos 120 et 130 du 13 juin 2021.

4. Biens faisant l'objet, consécutivement à leur importation, d'une livraison intracommunautaire exonérée par l'importateur. Conditions de l'exonération prévue à l'art. 291-III-4°. * DA douanes, 14 déc. 2011, n° 11-034 : *BO douanes n° 69127.* ♦ Nouvelles obligations. Transposition de la Dir. CE n° 2009/69 du 25 juin 2009 en ce qui concerne la fraude fiscale liée aux importations. * DA douanes, 14 déc. 2011, n° 11-034 : *préc.*

5. Île de Saint-Martin. L'île de Saint-Martin est un territoire d'exportation par rapport à l'île de la Guadeloupe et à ses dépendances. Par suite l'acquisition d'un navire par une personne domiciliée dans l'île de la Guadeloupe auprès d'un résident de Saint-Martin constitue une opération d'importation, soumise à la TVA. • Com. 10 nov. 2009, n° 08-19.626 : *Dr. fisc. 2010. 235, rapp. Salomon, note Castagnède.*

Art. 291 *bis* *(Abrogé par L. n° 2019-1479 du 28 déc. 2019, art. 181-I-H et IV, à compter du 1er janv. 2022) I. — 1. Lorsqu'un bien en provenance du territoire d'un État membre de la Communauté européenne situé au 1er janvier 1993 dans le champ d'application de la directive 77/388/CEE du Conseil du 17 mai 1977 a été placé, avant le 1er janvier 1993, sous un des régimes douaniers de conduite en douane, magasins et aires de dépôt temporaire, entrepôts d'importation ou d'exportation, perfectionnement actif, admission temporaire, ou sous une procédure de transit communautaire interne ou externe, et n'est pas sorti de ce régime ou de cette procédure avant le 1er janvier 1993, les dispositions en vigueur au moment du placement du bien continuent de s'appliquer pendant la durée du séjour de celui-ci sous ce régime ou sous cette procédure.*

2. Lorsqu'un bien en provenance du territoire de l'Autriche, de la Finlande ou de la Suède situé dans le champ d'application de la directive 77/388/CEE du Conseil du 17 mai 1977 a été placé avant le 1er janvier 1995 sous un des régimes douaniers de conduite en douane, magasins et aires de dépôt temporaire, entrepôts d'importation ou d'exportation, perfectionnement actif, admission temporaire, sous un régime de transit commun prévu par la convention du 20 mai 1987 ou sous un autre régime de transit douanier, et n'est pas sorti de ce régime avant le 1er janvier 1995, les dispositions en vigueur au moment du placement du bien continuent de s'appliquer pendant la durée du séjour de celui-ci sous ce régime.

II. — Sont assimilés à une importation d'un bien au sens du a du 2 du I de l'article 291 :

1° Toute sortie de ce bien d'un des régimes douaniers suivants : conduite en douane, magasins et aires de dépôt temporaire, entrepôts d'importation ou d'exportation, perfectionnement actif ou admission temporaire sous lequel il a été placé avant le 1er janvier 1993 pour un bien mentionné au 1 du I ou avant le 1er janvier 1995 pour un bien mentionné au 2 du I ;

2° Pour un bien mentionné au 1 du I, l'achèvement en France, à partir du 1er janvier 1993, d'une opération de transit communautaire interne engagée avant cette date pour les besoins de sa livraison effectuée avant le 1er janvier 1993 à titre onéreux à l'intérieur de la Communauté européenne par un assujetti agissant en tant que tel ;

3° Pour un bien mentionné au 1 du I, l'achèvement en France, à partir du 1er janvier 1993, d'une opération de transit externe engagée avant cette date ;

3° bis Pour un bien mentionné au 2 du I, l'achèvement en France, à partir du 1er janvier 1995, d'une opération de transit engagée avant cette date pour les besoins de sa livraison effectuée avant le 1er janvier 1995 à titre onéreux à l'intérieur de la Communauté européenne par un assujetti agissant en tant que tel ;

4° Toute irrégularité ou infraction commise à l'occasion ou au cours d'une opération de transit mentionnée aux 2°, 3° et 3° bis ;

5° L'affectation en France par un assujetti, ou par un non-assujetti, d'un bien mentionné au 1 du I qui lui a été livré, avant le 1er janvier 1993, à l'intérieur d'un autre État membre de la Communauté européenne ou d'un bien mentionné au 2 du I qui lui a été livré, avant le 1er janvier 1995, à l'intérieur de l'un de ces États, de l'Autriche, de la Finlande ou de la Suède lorsque les conditions suivantes sont réunies :

a) La livraison de ce bien a été exonérée, ou était susceptible d'être exonérée, en vertu du 1 et du 2 de l'article 15 de la directive 77/388/CEE du Conseil du 17 mai 1977 ou de dispositions similaires applicables en Autriche, en Finlande ou en Suède ;

b) Le bien n'a pas été importé en France avant le 1er janvier 1993 pour un bien mentionné au 1 du I ou avant le 1er janvier 1995 pour un bien mentionné au 2 du I.

III. — Par dérogation aux dispositions de l'article 293 A, l'importation d'un bien, au sens du II ci-dessus, n'entraîne pas fait générateur de la taxe dans les cas suivants :

1° Le bien importé est expédié ou transporté en dehors de la Communauté européenne ;

2° Le bien autre qu'un moyen de transport, placé sous un régime d'admission temporaire, importé au sens du 1° du II, est réexpédié ou transporté dans l'État membre à partir duquel il a été exporté et à destination de la personne qui l'a exporté ;

3° Le bien est un moyen de transport placé sous un régime d'admission temporaire, importé au sens du 1° du II, qui a été acquis ou importé :

a) Pour un bien mentionné au 1 du I avant le 1er janvier 1993, aux conditions générales d'imposition du marché intérieur d'un autre État membre de la Communauté européenne et n'a pas bénéficié dans cet État, au titre de son exportation, d'une exonération ou d'un remboursement de la taxe sur la valeur ajoutée ;

b) Pour un bien mentionné au 2 du I avant le 1er janvier 1995, aux conditions générales d'imposition du marché intérieur de l'Autriche, de la Finlande ou de la Suède et n'a pas bénéficié dans cet État, au titre de son exportation, d'une exonération ou d'un remboursement de la taxe sur la valeur ajoutée.

Cette condition est réputée remplie lorsque la date de première mise en service du moyen de transport est antérieure au 1er janvier 1985 pour un bien mentionné au a ou au 1er janvier 1987 pour un bien mentionné au b ou lorsque le montant de la taxe qui serait due au titre de l'importation est inférieur à 23 €.

Art. 292 La base d'imposition est constituée par la valeur définie par la législation douanière conformément aux règlements communautaires en vigueur.

Toutefois, sont à comprendre dans la base d'imposition :

1° Les impôts, droits, prélèvements et autres taxes qui sont dus en raison de l'importation, à l'exception de la taxe sur la valeur ajoutée elle-même ; — *Par exception aux dispositions du 1°, l'octroi de mer et l'octroi de mer régional ne sont pas compris dans la base d'imposition de la taxe sur la valeur ajoutée (L. n° 2004-639 du 2 juill. 2004, art. 45, mod. par L. n° 2015-762 du 29 juin 2015, art. 31).*

2° Les frais accessoires, tels que les frais de commission, d'emballage, de transport et d'assurance intervenant jusqu'au premier lieu de destination des biens à l'intérieur du pays ; par premier lieu de destination, il faut entendre le lieu mentionné sur la lettre de voiture ou tout autre document de transport sous le couvert duquel les biens sont importés ; à défaut de cette mention, le premier lieu de destination est celui de la première rupture de charge ;

3° Les frais accessoires visés au 2°, lorsqu'ils découlent du transport vers un autre lieu de destination à l'intérieur de *(L. n° 2019-1479 du 28 déc. 2019, art. 181-I-Q et IV, en vigueur le 1er janv. 2022)* « l'Union » européenne, si ce dernier lieu est connu au moment où intervient le fait générateur de la taxe ;

Lorsqu'un bien placé sous l'un des régimes mentionnés au *b* du 2 du I de l'article 291 est mis à la consommation, sont également à comprendre dans la base d'imposition les prestations de services mentionnées au 6° du I de l'article 277 A et au 2° du III de l'article 291, autres que les frais accessoires visés aux 2° et 3° du présent article.

Ne sont pas à comprendre dans la base d'imposition les remises, rabais et autres réductions de prix acquis au moment de l'importation.

(L. nº 2018-1317 du 28 déc. 2018, art. 193-II-4º et VI-A, en vigueur le 1er janv. 2020) **« Cette base d'imposition est constatée par l'administration des douanes et des droits indirects, y compris en cas de régularisation »** *(L. nº 2019-1479 du 28 déc. 2019, art. 181-I-I et IV, en vigueur le 1er janv. 2022)* **« et pour les catégories d'opérations mentionnées au 2º du 3 de l'article 293 A. A cette fin, elle dispose des pouvoirs prévus par le code des douanes pour l'établissement, le recouvrement et le contrôle des droits de douanes. »**

Les dispositions ci-dessus issues de la L. nº 2018-1317 du 28 déc. 2018 s'appliquent aux opérations pour lesquelles le fait générateur de la taxe générale sur les activités polluantes ou l'exigibilité de la TVA intervient à compter du 1er janv. 2020 (L. préc., art. 193-VI-A).

Les dispositions issues de la L. nº 2019-1479 du 28 déc. 2019 s'appliquent aux opérations pour lesquelles l'exigibilité de la taxe sur la valeur ajoutée intervient à compter du 1er janv. 2022 (L. préc., art. 181-IV).

1. Base d'imposition de la TVA à l'importation. Règles de détermination de la base d'imposition à la TVA des biens importés (y compris les biens sortant d'un régime suspensif douanier ou fiscal). * BOI-TVA-BASE-10-20-60 nos 50 à 840 du 4 nov. 2015.

2. Base d'imposition à l'importation : réduction constituant la rémunération ou la contrepartie d'un service. Aux termes de l'art. 292, dernier al., ne sont pas à comprendre dans la base d'imposition de la taxe sur la valeur ajoutée les remises, rabais et autres réductions de prix acquis au moment de l'importation. Ayant énoncé que les réductions de prix ne sont pas exclues de cette base lorsqu'elles constituent la rémunération ou la contrepartie d'une prestation de services et relevé qu'en l'espèce, la convention conclue entre l'importateur et le fabricant, qui comportait la renonciation du premier à la garantie due par le second, obligeait l'importateur à prendre lui-même en charge la garantie du fabricant auprès de ses propres clients, une cour d'appel en a déduit à bon droit que la réduction de prix prévue par cette convention constituait en réalité la rémunération d'un service rendu par l'importateur. • Com. 11 juill. 2006, nº 04-14.246 : *RJF 2006. 1519 ; Dr. fisc. 2007. 657.*

3. Déclaration d'importation. Cette déclaration est constituée par le document administratif unique (DAU). Modalités d'utilisation et d'établissement de la DAU. * DA douanes nº 07-001, 4 janv. 2007 : *BOD nº 6696.* ♦ La législation européenne prévoit la dématérialisation complète des déclarations en douane. A l'issue de la période transitoire, le 1er janv. 2021, la déclaration papier (DAU) sera supprimée.

Art. 293 **Les biens qui sont exportés temporairement et qui sont réimportés après avoir fait l'objet d'une réparation, d'une transformation, d'une adaptation, d'une façon ou d'une ouvraison hors du territoire des États membres de la Communauté européenne sont soumis à la taxe, lors de leur réimportation, sur la valeur des biens et services fournis par le prestataire.**

Réimportation en suite d'ouvraison ou de réparation. Le bénéfice de la base d'imposition réduite prévue par l'art. 293 pour les biens exportés temporairement et réimportés après ouvraison ou réparation n'est pas subordonné à l'utilisation systématique du régime douanier du perfectionnement passif. Le recours à l'art. 293 est donc possible (sous réserve du respect de certaines conditions formelles) pour des opérations économiques simples et ponctuelles, indépendamment du régime douanier du perfectionnement passif. * DA douanes nº 06-030, 6 juill. 2006 : *BO douanes nº 6677.*

Art. 293 A ***[1 en vigueur jusqu'au 31 déc. 2021]***

1. A l'importation, le fait générateur **se produit et la taxe devient exigible au moment où le bien est considéré comme importé, au sens du 2 du I de l'article 291.**

Pour l'application de cette disposition, il est procédé comme en matière de dette douanière, que les biens importés soient passibles ou non de droits à l'importation.

La taxe doit être acquittée par la personne désignée comme destinataire réel des biens sur la déclaration d'importation. Toutefois, cette taxe est solidairement due par le déclarant en douane qui agit dans le cadre d'un mandat de représentation indirecte, tel que défini par l'article 5 du code des douanes communautaire.

(L. nº 2019-1479 du 28 déc. 2019, art. 147-I-O et IV, mod. par L. nº 2020-1721 du 29 déc. 2020, art. 51-III, applicable aux opérations pour lesquelles le fait générateur de la taxe sur la valeur ajoutée intervient à compter du 1er juill. 2021) **« Par dérogation à la première phrase du troisième alinéa du 1, la taxe doit être acquittée par l'assujetti qui facilite,**

par l'utilisation d'une interface électronique telle qu'une place de marché, une plateforme, un portail ou un dispositif similaire, la vente à distance des biens importés de territoires tiers ou de pays tiers. Toutefois, la personne désignée à la même première phrase reste solidairement tenue au paiement de la taxe.

« Les dispositions du quatrième alinéa ne s'appliquent pas pour les envois d'une valeur intrinsèque de plus de 150 € lorsque l'assujetti facilite la vente à distance des biens importés dont le lieu d'imposition est situé dans autre État membre. »

Le taux de la taxe applicable aux importations est celui en vigueur au moment de la déclaration de mise à la consommation. Dans les cas de réimportation prévus à l'article 293, la taxe sur la valeur ajoutée est perçue au taux qui serait applicable, en régime intérieur, aux livraisons de biens et prestations de services correspondantes.

[1 en vigueur le 1er janv. 2022]

1. A l'importation, le fait générateur se produit et la taxe devient exigible au moment où le bien est considéré comme importé, au sens du 2 du I de l'article 291.

(L. n° 2019-1479 du 28 déc. 2019, art. 181-I-J et IV, en vigueur le 1er janv. 2022) « La déclaration d'importation s'entend de la déclaration en douane, au sens du 12 de l'article 5 du code des douanes de l'Union, y compris pour les échanges mentionnés au 3 de l'article 1er du même code. »

[2 en vigueur jusqu'au 31 déc. 2021]

2. Par dérogation au 1, la taxe afférente à l'importation d'or sous forme de matière première ou de produits semi-ouvrés d'une pureté égale ou supérieure à 325 millièmes est acquittée sur la déclaration mentionnée à l'article 287 par l'assujetti désigné comme destinataire réel du bien sur la déclaration d'importation.

[2 en vigueur le 1er janv. 2022]

(L. n° 2019-1479 du 28 déc. 2019, art. 181-I-J et IV, en vigueur le 1er janv. 2022) « 2. Le redevable de la taxe est :

« 1° Lorsque le bien fait l'objet d'une livraison située en France, conformément aux I à IV de l'article 258, ou d'une vente à distance de biens importés, expédiés ou transportés dans un autre État membre, la personne qui réalise cette livraison ;

« 2° Lorsque le bien fait l'objet d'une vente à distance de biens importés ne relevant pas du 1° et qu'un assujetti facilite la livraison par l'utilisation d'une interface électronique, telle qu'une place de marché, une plateforme, un portail ou un dispositif similaire, cet assujetti ;

« 3° Dans les autres situations, le destinataire des biens indiqué sur la déclaration d'importation ;

« 4° Par dérogation aux 1° à 3°, la personne recourant à l'option prévue à l'article 293 A *quater*.

« 3. Le redevable assujetti communique à l'administration chargée de la gestion de la déclaration des droits de douanes, outre les informations nécessaires pour constater la base imposable conformément au dernier alinéa de l'article 292 :

« 1° *(Abrogé par L. n° 2021-1900 du 30 déc. 2021, art. 30-I-18°)* « *Sa dénomination sociale et* » L'identifiant prévu à l'article 286 *ter* en cours de validité ou, lorsque l'exonération prévue au 11° du II de l'article 291 s'applique, celui mentionné au même 11° ;

« 2° Le cas échéant, les autres informations utiles pour le contrôle de la taxe sur la valeur ajoutée.

« Il précise, le cas échéant, s'il s'agit d'une opération réalisée en franchise conformément à l'article 275, d'une opération réalisée en suspension conformément au 3° ou au *b* du 7° du I de l'article 277 A, d'une opération exonérée de la taxe sur la valeur ajoutée en application du 11° du II de l'article 291 ou d'une opération pour laquelle la taxe n'est pas perçue sur un autre fondement.

« L'administration chargée de la gestion de la déclaration des droits de douanes *transmet* ces informations à l'administration chargée de la gestion de la déclaration de la taxe.

« Un arrêté du ministre chargé du budget définit les informations prévues au 2° et les modalités de la transmission prévue à l'avant-dernier alinéa du présent 3.

« 4. Le représentant en douane, au sens du 6 de l'article 5 du code des douanes de l'Union, lorsqu'il agit en son nom propre et pour le compte d'autrui, est solidaire du paiement de la taxe.

« Toutefois, cette disposition n'est pas applicable aux opérations pour lesquelles le représentant a rempli les obligations prévues au 3 du présent article pour le compte du redevable assujetti de la taxe mentionné au 2 et est en mesure d'établir qu'il a transmis à ce redevable, ou lui a rendu accessible par voie électronique, au plus tard lors de la réception des marchandises par le destinataire, l'information de la base imposable constatée conformément au dernier alinéa de l'article 292 ainsi que les documents nécessaires pour l'exercice du droit à déduction conformément au 2 de l'article 271 ;

« 5. Sans préjudice des dispositions du 4, en cas de vente à distance de biens importés, lorsque ni le vendeur, ni le destinataire indiqué sur la déclaration d'importation ne sont redevables, ils sont solidairement tenus au paiement de la taxe. »

Les dispositions issues de l'art. 181 de la L. n° 2019-1479 du 28 déc. 2019 sont applicables aux opérations pour lesquelles l'exigibilité de la taxe sur la valeur ajoutée intervient à compter du 1er janv. 2022 (L. préc., art. 181-IV).

Redevable de la TVA. En rendant le déclarant en douane responsable solidaire du paiement de la taxe, le législateur s'est référé à la définition du déclarant en douane que donne le droit douanier, c'est-à-dire la personne qui souscrit la déclaration en douane en son nom propre ou la personne au nom de laquelle une déclaration en douane a été déposée. Dès lors, les commissionnaires en douane en représentation directe qui n'agissent qu'au nom et pour le compte de leur mandant ne peuvent être regardés comme des déclarants en douane pour l'application de l'art. 293 A. Ainsi, en étendant le régime de solidarité aux commissionnaires en douane agissant en représentation directe, l'instruction du 1er mars 2002 (*BO Douanes n° 6546*) a méconnu la portée de cette disposition. Annulation de l'instruction en tant qu'elle soumet les commissionnaires en douane agissant en représentation directe au régime d'obligation solidaire. • CE 28 nov. 2003, *Féd. des entreprises de transport et logistique de France*, n° 246501 : *Dr. fisc. 2004. 306, concl. Collin ; RJF 2004. 178.* ♦ Nouvelle doctrine des douanes : seul le déclarant en douane qui agit dans le cadre d'un mandat de représentation indirecte est solidairement tenu au paiement de la taxe. * Instr. douanes 9 janv. 2004 : *BO Douanes n° 6953.*

Art. 293 A *bis* Les personnes morales non assujetties qui ont acquitté la taxe sur la valeur ajoutée lors de l'importation d'un bien peuvent obtenir le remboursement de la taxe si elles expédient ou transportent ce bien vers un autre État membre de la Communauté européenne, à condition de justifier que l'acquisition intracommunautaire a été soumise à la taxe sur la valeur ajoutée dans cet État.

Art. 293 A *ter* *(L. n° 2018-898 du 23 oct. 2018, art. 11-II, en vigueur le 1er janv. 2020)* I. — Sont soumis aux dispositions du présent article, quel que soit leur lieu d'établissement, *(L. n° 2019-1479 du 28 déc. 2019, art. 182-2°)* « les entreprises qui, en qualité d'opérateurs de plateforme en ligne, mettent en relation à distance, par voie électronique, des personnes en vue de la vente d'un bien, de la fourniture d'un service ou de l'échange ou du partage d'un bien ou d'un service. »

II. — Lorsqu'il existe des présomptions qu'une personne, quel que soit son lieu d'établissement, son domicile ou sa résidence habituelle, qui exerce son activité par l'intermédiaire d'une plateforme en ligne se soustrait à ses obligations en matière de déclaration ou de paiement de la taxe sur la valeur ajoutée due en application de l'article 293 A, l'administration peut signaler cette personne à l'opérateur de la plateforme en ligne, afin que celui-ci puisse prendre les mesures de nature à permettre à cette personne de régulariser sa situation.

L'opérateur de plateforme en ligne notifie à l'administration les mesures prises au titre du présent II.

III. — Si les présomptions persistent après un délai d'un mois à compter de la notification prévue au second alinéa du II ou, à défaut d'une telle notification, à compter du signalement prévu au premier alinéa du même II, l'administration peut mettre en demeure l'opérateur de plateforme en ligne de prendre des mesures supplémentaires ou, à défaut, d'exclure la personne concernée de la plateforme en ligne.

L'opérateur de plateforme en ligne notifie à l'administration les mesures prises au titre du présent III.

IV. — En l'absence de mise en œuvre des mesures ou de l'exclusion mentionnées au III après un délai d'un mois à compter de la notification prévue au second alinéa du III ou, à défaut d'une telle notification, à compter de la mise en demeure prévue au

premier alinéa du même III, la taxe dont est redevable la personne mentionnée au II est solidairement due par l'opérateur de plateforme en ligne.

V. — Les modalités d'application du présent article sont définies par arrêté du ministre chargé du budget. — *V. Ann. IV, art. 190 à 192 bis.*

Le présent art. n'est pas applicable aux livraisons de biens soumises aux dispositions de l'art. 14 bis de la Dir. 2006/112 du Conseil du 28 nov. 2006 relative au système commun de taxe sur la valeur ajoutée, telle que modifiée par la Dir. 2017/2455 du Conseil du 5 déc. 2017, et sous réserve de leur transposition à l'art. 256-V-2° CGI (L. n° 2018-898 du 23 oct. 2018, art. 11-III).

Cette transposition a été réalisée par la L. n° 2019-1479 du 28 déc. 2019, art. 147-I-A-2° et IV, mod. par L. n° 2020-1721 du 29 déc. 2020, art. 51-II, en vigueur le 1er juill. 2021.

Plateformes en ligne. Dispositif de solidarité en paiement de la TVA. * BOI-TVA-DECLA-10-10-30-20 du 2 sept. 2020.

Art. 293 A *quater* *(L. n° 2019-1479 du 28 déc. 2019, art. 181-I-K et IV, en vigueur le 1er janv. 2022)* **I. — Conformément au 4° du 2 de l'article 293 A, les personnes mentionnées au II qui déposent la déclaration d'importation ou qui mandatent à cette fin la personne qui dépose la déclaration peuvent opter pour être redevables de la taxe sur la valeur ajoutée à l'importation.**

Elles exercent cette option en mentionnant *(Abrogé par L. n° 2021-1900 du 30 déc. 2021, art. 30-I-19°) « leur dénomination et »* **leur identifiant, prévu à l'article 286 *ter*, en cours de validité sur la déclaration d'importation.**

II. — Peut opter, lorsqu'il n'est pas désigné comme redevable par les 1° à 3° du 2 de l'article 293 A :

1° En cas de vente à distance de biens importés, l'assujetti réalisant cette livraison ;

2° Dans les autres situations, tout assujetti effectuant des opérations relevant des activités économiques, au sens du dernier alinéa de l'article 256 A, pour les besoins desquelles l'importation est réalisée.

SECTION VIII *BIS* FRANCHISE EN BASE

Art. 293 B I. — Pour leurs livraisons de biens et leurs prestations de services, les assujettis établis en France, à l'exclusion des redevables qui exercent une activité occulte au sens du deuxième alinéa de l'article L. 169 du livre des procédures fiscales, bénéficient d'une franchise qui les dispense du paiement de la taxe sur la valeur ajoutée, lorsqu'ils n'ont pas réalisé :

1° Un chiffre d'affaires supérieur à :

a) (Décr. n° 2020-897 du 22 juill. 2020, art. 1er) **« 85 800 € » l'année civile précédente ;**

b) **Ou** *(Décr. n° 2020-897 du 22 juill. 2020, art. 1er)* **« 94 300 € » l'année civile précédente, lorsque le chiffre d'affaires de la pénultième année n'a pas excédé le montant mentionné au *a* ;**

2° Et un chiffre d'affaires afférent à des prestations de services, hors ventes à consommer sur place et prestations d'hébergement, supérieur à :

a) (Décr. n° 2020-897 du 22 juill. 2020, art. 1er) **« 34 400 € » l'année civile précédente ;**

b) **Ou** *(Décr. n° 2020-897 du 22 juill. 2020, art. 1er)* **« 36 500 € » l'année civile précédente, lorsque la pénultième année il n'a pas excédé le montant mentionné au *a*.** — *Limites applicables à compter du 1er janv. 2020. Elles étaient fixées respectivement à 82 800 €, 91 000 €, 33 200 € et 35 200 € de 2017 à 2019.*

(L. n° 2021-1900 du 30 déc. 2021, art. 33-I-1°) **« Pour les assujettis établis en Guadeloupe, en Martinique et à La Réunion, les seuils mentionnés aux *a* et *b* du 1° du présent I sont portés respectivement à 100 000 € et à 110 000 €. Pour ces mêmes assujettis, les seuils mentionnés aux *a* et *b* du 2° sont portés respectivement à 50 000 € et à 60 000 €. »** — *Le présent al. est abrogé pour les opérations pour lesquelles le fait générateur de la taxe sur la valeur ajoutée intervient à compter du 1er janv. 2023 (L. n° 2021-1900 du 30 déc. 2021, art. 33-II et III).*

II. — 1. Le I cesse de s'appliquer :

***a)* Aux assujettis dont le chiffre d'affaires de l'année en cours dépasse le montant mentionné au *b* du 1° du I ;**

b) Ou à ceux dont le chiffre d'affaires de l'année en cours afférent à des prestations de services, hors ventes à consommer sur place et prestations d'hébergement, dépasse le montant mentionné au *b* du 2° du I.

2. Les assujettis visés au 1 deviennent redevables de la taxe sur la valeur ajoutée pour les prestations de services et les livraisons de biens effectuées à compter du premier jour du mois au cours duquel ces chiffres d'affaires sont dépassés.

III. — Le chiffre d'affaires limite de la franchise prévue au I est fixé à *(Décr. n° 2020-897 du 22 juill. 2020, art. 1er)* **« 44 500 € » :** — *Limite applicable à compter du 1er janv. 2020. Elle était fixée à 42 900 € de 2017 à 2019.*

1. Pour les opérations réalisées par les avocats et les avocats au Conseil d'État et à la Cour de cassation, dans le cadre de l'activité définie par la réglementation applicable à leur profession ;

2. Pour la livraison de leurs œuvres désignées aux 1° à 12° de l'article L. 112-2 du code de la propriété intellectuelle et la cession des droits patrimoniaux qui leur sont reconnus par la loi par les auteurs d'œuvres de l'esprit, à l'exception des architectes ;

3. Pour l'exploitation des droits patrimoniaux qui sont reconnus par la loi aux artistes-interprètes visés à l'article L. 212-1 du code de la propriété intellectuelle.

IV. — Pour leurs livraisons de biens et leurs prestations de services qui n'ont pas bénéficié de l'application de la franchise prévue au III, ces assujettis bénéficient également d'une franchise lorsque le chiffre d'affaires correspondant réalisé au cours de l'année civile précédente n'excède pas *(Décr. n° 2020-897 du 22 juill. 2020, art. 1er)* **« 18 300 € ».** — *Limite applicable à compter du 1er janv. 2020. Elle était fixée à 17 700 € de 2017 à 2019.*

Cette disposition ne peut pas avoir pour effet d'augmenter le chiffre d'affaires limite de la franchise afférente aux opérations mentionnées au 1, au 2 ou au 3 du III.

V. — Les dispositions du III et du IV cessent de s'appliquer aux assujettis dont le chiffre d'affaires de l'année en cours dépasse respectivement *(Décr. n° 2020-897 du 22 juill. 2020, art. 1er)* **« 54 700 € et 22 100 € ». Ils deviennent redevables de la taxe sur la valeur ajoutée pour les prestations de services et pour les livraisons de biens effectuées à compter du premier jour du mois au cours duquel ces chiffres d'affaires sont dépassés.** — *Limites applicables aux chiffres d'affaires réalisés à compter de 2020. Elles étaient fixées respectivement à 52 800 € et 21 300 € de 2017 à 2019.*

VI. — Les seuils mentionnés aux I à V sont actualisés tous les trois ans dans la même proportion que l'évolution triennale de la limite supérieure de la première tranche du barème de l'impôt sur le revenu et arrondis à la centaine d'euros la plus proche. — *Les dispositions ci-dessus de la L. n° 2013-1279 du 29 déc. 2013 s'appliquent à compter du 1er janv. 2015. La première révision triennale mentionnée a pris effet à compter du 1er janv. 2017 (L. préc., art. 20-XVII-C).*

(L. n° 2021-1900 du 30 déc. 2021, art. 33-I-2°) **« Le premier alinéa du présent VI n'est pas applicable aux seuils mentionnés au dernier alinéa du I. »** — *Le présent al. est abrogé pour les opérations pour lesquelles le fait générateur de la taxe sur la valeur ajoutée intervient à compter du 1er janv. 2023 (L. n° 2021-1900 du 30 déc. 2021, art. 33-II et III).*

(Abrogé par L. n° 2021-1900 du 30 déc. 2021, art. 33-I-3°) (L. n° 2017-256 du 28 févr. 2017, art. 135-I) ***« VII. — Par dérogation au I du présent article et à titre expérimental pour une durée n'excédant pas cinq ans, pour leurs livraisons de biens et leurs prestations de services, les assujettis établis dans les départements d'outre-mer de la Guadeloupe, de la Martinique et de La Réunion, à l'exclusion des redevables qui exercent une activité occulte au sens du deuxième alinéa de l'article L. 169 du livre des procédures fiscales, bénéficient d'une franchise qui les dispense du paiement de la taxe sur la valeur ajoutée lorsqu'ils n'ont pas réalisé :***

« 1° Un chiffre d'affaires supérieur à :

« a) 100 000 € l'année civile précédente ;

« b) Ou 110 000 € l'année civile précédente, lorsque le chiffre d'affaires de la pénultième année n'a pas excédé le montant mentionné au a ;

« 2° Et un chiffre d'affaires afférent à des prestations de services, hors ventes à consommer sur place et prestations d'hébergement, supérieur à :

« a) 50 000 € l'année civile précédente ;

« b) Ou 60 000 € l'année civile précédente, lorsque la pénultième année il n'a pas excédé le montant mentionné au a. »

La perte de recettes pour l'État résultant du I de l'art. 135 de la L. n° 2017-256 du 28 févr. 2017 est compensée à due concurrence par la création d'une taxe additionnelle aux droits mentionnés aux art. 575 et 575 A CGI (L. préc., art. 135-II).

1. Redevables concernés. Les dispositions de la Dir. TVA qui excluent du bénéfice de la franchise en base les petites entreprises non établies dans l'État membre dans lequel la TVA est due ne sont pas contraires aux dispositions du Traité CE relatives à la libre prestation des services (art. 49 CE). Par ailleurs, le chiffre d'affaires limite en deçà duquel s'applique la franchise doit être déterminé en tenant compte du seul chiffre d'affaires annuel réalisé par l'entreprise dans l'État membre dans lequel elle est établie, à l'exclusion de celui réalisé dans d'autres États membres. • CJUE 26 oct. 2010, n° 97/09 : *RJF 2011. 120.*

2. Seuils de chiffre d'affaires. Il résulte des art. 266-I, 267-I et 293 E CGI que, conformément au principe de neutralité de la TVA, le franchissement du seuil fixé à l'art. 293 B doit être apprécié au regard du chiffre d'affaires hors taxe réalisé par le redevable l'année précédente. Ainsi, pour apprécier si un contribuable qui a bénéficié de la franchise B au cours d'une année N peut à nouveau en bénéficier en N + 1, il y a lieu de se référer au montant du chiffre d'affaires hors taxe réalisé, sans y ajouter le montant de la TVA qui aurait été acquittée l'année précédente par l'intéressé s'il n'avait pas bénéficié de cette franchise, pour le confronter au seuil fixé par cet art. • CE 13 févr. 2013, *Abi Aad*, n° 342197 : *RJF 2013. 481.*

3. Pour les assujettis-revendeurs, le chiffre d'affaires qui sert de référence aux fins de l'applicabilité du régime particulier des petites entreprises est constitué par le montant total des livraisons effectuées et non par la marge bénéficiaire de ces derniers. • CJUE 29 juill. 2019, *Finanzamt A c/ B*, n° 388/18 : *RJF 2019. 111.*

4. Seuils dérogatoires dans les DOM. Modalités d'application. * BOI-TVZ-DECLA-10-10, n° 130 du 5 juill. 2017.

Art. 293 BA La franchise mentionnée à l'article 293 B n'est pas applicable lorsque l'administration a dressé un procès-verbal de flagrance fiscale, dans les conditions prévues à l'article L. 16-0 BA du livre des procédures fiscales, au titre de l'année ou de l'exercice au cours duquel ce procès-verbal est établi.

Art. 293 C La franchise mentionnée aux I et IV de l'article 293 B n'est pas applicable :

1° Aux opérations visées au I de l'article 257 ;

2° Aux opérations visées à l'article 298 *bis* ;

3° Aux opérations soumises à la taxe sur la valeur ajoutée en vertu d'une option prévue aux articles 260, 260 A et 260 B ;

4° Aux livraisons de moyens de transport neufs effectuées dans les conditions prévues à l'article 298 *sexies*.

Art. 293 D I. — Les chiffres d'affaires mentionnés aux I et IV de l'article 293 B sont constitués par le montant hors taxe sur la valeur ajoutée des livraisons de biens et des prestations de services effectuées au cours de la période de référence, à l'exception des opérations exonérées et des cessions de biens d'investissement corporels ou incorporels mais y compris les opérations immobilières, bancaires, financières et des assurances qui n'ont pas le caractère d'opérations accessoires et les opérations visées au I et aux 1° à 7°, 12° et 14° du II de l'article 262 et à l'article 263.

II. — Les chiffres d'affaires mentionnés au III de l'article 293 B sont constitués par le montant hors taxe sur la valeur ajoutée, réalisé au cours de la période de référence :

1° des prestations de services relevant de l'activité réglementée de chacune des professions citées au 1 du III de l'article 293 B ;

2° des livraisons et des cessions de droits visées au 2 du III de l'article 293 B.

III. — Pour l'application des dispositions prévues à l'article 293 B, les limites mentionnées au I, au III et au IV du même article sont ajustées au prorata du temps d'exploitation de l'entreprise ou d'exercice de l'activité pendant l'année de référence. — *Le III de l'art. 293 D n'est pas applicable aux entreprises qui ont exercé l'option pour le régime prévu à l'art. L. 133-6-8 CSS avant le 31 déc. 2010 (L. n° 2010-1658 du 29 déc. 2010, art. 54-II et III en vigueur le 1er janv. 2010).*

Art. 293 E Les assujettis bénéficiant d'une franchise de taxe mentionnée à l'article 293 B ne peuvent opérer aucune déduction de la taxe sur la valeur ajoutée, ni faire apparaître la taxe sur leurs factures, notes d'honoraires ou sur tout autre document en tenant lieu.

En cas de délivrance d'une facture, d'une note d'honoraires ou de tout autre document en tenant lieu par ces assujettis pour leurs livraisons de biens et leurs prestations de services, la facture, la note d'honoraires ou le document doit comporter la mention : TVA non applicable, article 293 B du CGI.

Déductions. Les dépenses exposées pour des opérations réalisées dans d'autres États membres par un assujetti bénéficiant d'une franchise de TVA ne peuvent pas être détaxées. • CJUE 16 nov. 2017, *Entertainment Bulgaria System EOOD*, n° C-507/16 : *RJF 2018. 240.*

Art. 293 F I. — Les assujettis susceptibles de bénéficier des franchises mentionnées *[de la franchise mentionnée]* à l'article 293 B peuvent opter pour le paiement de la taxe sur la valeur ajoutée.

II. — Cette option prend effet le premier jour du mois au cours duquel elle est déclarée.

Elle couvre obligatoirement une période de deux années, y compris celle au cours de laquelle elle est déclarée.

Elle est renouvelable par tacite reconduction, sauf dénonciation à l'expiration de chaque période. Toutefois, elle est reconduite de plein droit pour la période de deux ans suivant celle au cours ou à l'issue de laquelle les assujettis ayant exercé cette option ont bénéficié d'un remboursement de taxe sur la valeur ajoutée prévu à l'article 271.

III. — L'option et sa dénonciation sont déclarées au service des impôts dans les conditions et selon les mêmes modalités que celles prévues au 1° du I de l'article 286.

Art. 293 G I. — Les assujettis visés au III de l'article 293 B qui remplissent les conditions pour bénéficier de la franchise et qui n'ont pas opté pour le paiement de la taxe sur la valeur ajoutée sont exclus du bénéfice de la franchise quand le montant cumulé des opérations visées aux III et IV de l'article 293 B excède la somme des chiffres d'affaires mentionnés respectivement aux III et IV de ce même article l'année de référence ou la somme des chiffres d'affaires mentionnés au V du même article l'année en cours.

Les opérations visées au IV de l'article 293 B ne sont prises en compte que lorsque la franchise prévue par cette disposition est appliquée.

II. — Les assujettis visés au I peuvent, le cas échéant, bénéficier de la franchise prévue au I de l'article 293 B pour l'ensemble de leurs opérations.

III. — Les franchises prévues au I de l'article 293 B, d'une part, et aux III et IV du même article, d'autre part, ne peuvent pas se cumuler.

IV. — *Disjoint.*

SECTION IX RÉGIMES SPÉCIAUX

I DÉPARTEMENTS D'OUTRE-MER

Art. 294 1. La taxe sur la valeur ajoutée n'est provisoirement pas applicable dans les départements de la Guyane et de Mayotte.

2. Pour l'application de la taxe sur la valeur ajoutée, est considérée comme exportation d'un bien :

1° L'expédition ou le transport d'un bien hors de France métropolitaine à destination des départements de la Guadeloupe, de la Guyane, de Mayotte, de la Martinique ou de La Réunion ;

2° L'expédition ou le transport d'un bien hors des départements de la Guadeloupe ou de la Martinique à destination de la France métropolitaine, d'un autre État membre de la Communauté européenne, des départements de la Guyane, de Mayotte, ou de La Réunion ;

3° L'expédition ou le transport d'un bien hors du département de La Réunion à destination de la France métropolitaine, d'un autre État membre de la Communauté européenne, des départements de la Guadeloupe, de la Guyane, de Mayotte, ou de la Martinique.

3. Pour l'application de la taxe sur la valeur ajoutée, est considérée comme importation d'un bien :

1° L'entrée en France métropolitaine d'un bien originaire ou en provenance des départements de la Guadeloupe, de la Guyane, de Mayotte, de la Martinique ou de La Réunion ;

2° L'entrée dans les départements de la Guadeloupe ou de la Martinique d'un bien originaire ou en provenance de la France métropolitaine, d'un autre État membre de la Communauté européenne, des départements de la Guyane, de Mayotte, ou de La Réunion ;

3° L'entrée dans le département de La Réunion d'un bien originaire ou en provenance de la France métropolitaine, d'un autre État membre de la Communauté européenne, des départements de la Guadeloupe, de la Guyane, de Mayotte, ou de la Martinique. — *Les dispositions ci-dessus s'appliquent à Mayotte à compter du 1er janv. 2014, V. App., Ord. n° 2013-837 du 19 sept. 2013, art. 35-I.*

1. Doctrine administrative. L'administration a aménagé sa doctrine relative aux règles de territorialité, et par suite aux taux, applicables aux prestations de services réalisées dans le cadre des relations entre la métropole et les DOM et entre les DOM afin de tenir compte de la refonte au 1er janv. 2010 des règles de territorialité applicables aux services issues de l'art. 102 de la L. n° 2009-1673 du 30 déc. 2009. * BOI-TVA-GEO-20-40 nos 140, 150 et 220 du 21 juin 2013.

2. Importation d'un bateau de plaisance. Est redevable de la TVA différentielle le propriétaire d'un navire ayant son port d'attache à Fort-de-France convoyé et installé provisoirement dans un port de France métropolitaine afin d'être remis en état. • Com. 27 mai 2015, ☎ n° 14-14.008 : *RJF 2015. 771.*

Art. 295 1. Sont exonérés de la taxe sur la valeur ajoutée :

1° Les transports maritimes de personnes et de marchandises effectués dans les limites de chacun des départements de la Guadeloupe, de la Martinique et de la Réunion ;

2° Les ventes et importations de riz dans le département de la Réunion ;

(Abrogé par L. n° 2019-1479 du 28 déc. 2019, art. 29-III-12° et IV-E) ***« 3° Les ventes résultant de l'application des articles L. 181-18 à L. 181-24 du code rural et de la pêche maritime relatifs à la mise en valeur agricole des terres incultes, des terres laissées à l'abandon et des terres insuffisamment exploitées de la Guadeloupe, de la Martinique, de la Réunion et de la Guyane ; »*** — *Les dispositions de l'art. 29-III-12° de la L. n° 2019-1479 du 28 déc. 2019 s'appliquent aux opérations concernant des terrains dont le propriétaire a été mis en demeure en application de l'art. L. 181-17 C. rur. à compter du 1er janv. 2020 (L. préc., art. 29-IV-E).*

(Abrogé par L. n° 2019-1479 du 28 déc. 2019, art. 29-III-13° et IV-F) ***« 4° Dans les départements de la Guadeloupe, de la Martinique, de la Réunion et de la Guyane, les opérations immobilières effectuées, en vue de l'accession à la propriété rurale, par les sociétés d'aménagement foncier et d'établissement rural mentionnées au deuxième alinéa de l'article L. 181-23 du code rural et de la pêche maritime, ainsi que par les sociétés d'intérêt collectif agricole, qui ont bénéficié d'un agrément préalable avant le 28 décembre 1969, date de publication de la loi n° 69-1168 du 26 décembre 1969.***

« Pour les acquisitions, le bénéfice de l'exonération est subordonné à l'engagement dans l'acte, ou au pied de l'acte, par ces sociétés de procéder dans un délai de cinq ans au morcellement des terres en vue de leur cession à de petits exploitants agricoles. En cas d'inobservation de cet engagement, les taxes non perçues lors de l'acquisition sont exigibles à première réquisition ; » — *Les dispositions de l'art. 29-III-13° de la L. n° 2019-1479 du 28 déc. 2019 s'appliquent aux opérations afférentes à des terrains pour lesquels l'engagement de procéder au morcellement a été pris à compter du 1er janv. 2020 (L. préc., art. 29-IV-F).*

5° Dans les départements de la Guadeloupe, de la Martinique et de la Réunion :

a) Les importations de matières premières et produits dont la liste est fixée par arrêtés conjoints du ministre de l'économie et des finances et du ministre chargé des départements d'outre-mer ; — *Ann. IV, art. 50 undecies et 50 duodecies.*

b) Les ventes et les livraisons à soi-même des produits de fabrication locale analogues à ceux dont l'importation dans les départements susvisés est exemptée en vertu des dispositions qui précèdent ;

c) La livraison en l'état de biens importés en exonération de la taxe conformément au *a* ; — *V. note ss. l'art.*

(L. n° 2020-1721 du 29 déc. 2020, art. 44-I-15°) « 6° Les livraisons, importations, services d'intermédiation et prestations de travail à façon portant sur les produits *(Ord n° 2021-1843 du 22 déc. 2021, art. 10-13°, en vigueur le 1er janv. 2022)* « énergétiques e

assimilés, autres que les charbons et les gaz naturels, » réalisés en Guadeloupe, en Martinique ou à La Réunion ; »

(L. nº 2018-1317 du 28 déc. 2018, art. 20) **« 7º Les affrètements et locations de courte durée, au sens du *a* du 1º de l'article 259 A du présent code, de navires de plaisance qui sont d'une longueur de coque supérieure à vingt-quatre mètres et dont la jauge brute est inférieure à trois mille, mis à disposition à partir du territoire de la Guadeloupe ou de la Martinique en vue de réaliser des voyages d'agréments en dehors des eaux territoriales. »**

2. *Abrogé.*

3. *Abrogé. — L'exonération totale ou partielle prévue en faveur des entreprises hôtelières établies dans les départements d'outre-mer, sous réserve de l'agrément prévu par l'art. 26-2 de la L. nº 66-10 du 6 janv. 1966, demeure applicable aux entreprises qui ont bénéficié, avant le 1er janv. 1971, dudit agrément.*

4. *Périmé.*

BIBL. ▶ MARTEAU-PETIT, *Dr. fisc. 2002. 1618* (une spécificité fiscale de La Réunion : la TVA non perçue).

1. Le producteur ou l'importateur de matières premières et produits relevant des dispositions de l'art. 295-1-5º qui en assure accessoirement l'installation ou le montage chez des clients ne doit en principe être assujetti à la TVA que pour la fraction de son chiffre d'affaires qui se rapporte à la partie de son activité qui consiste dans l'exécution des travaux d'installation, mais il en va autrement si l'installation de ces matières premières et produits est au nombre des opérations qui concourent à l'édification d'un bâtiment et constitue un travail immobilier dont le prix comprend, à la fois, celui des matières et produits fournis et celui de leur mise en œuvre. Dans ce dernier cas, il y a lieu d'assujettir à la taxe l'ensemble du prix facturé aux clients. • CE 27 juill. 2001, nº 216193 : *RJF 2001. 1311 ; Dr. fisc. 2002. 638.*

2. En application des dispositions de l'art. 295-1-5º et de l'art. 50 *duodecies* de l'Annexe IV, une entreprise qui procède à la fabrication de menuiseries dont elle assure la pose réalise un travail immobilier dont le prix comprend à la fois celui des matériaux fournis et celui des travaux de pose. Dès lors, elle est assujettie à la TVA sur l'ensemble du prix facturé. • CE 27 juill. 2001 : *préc. note 1.* ♦ En revanche, des opérations consistant en la vente et l'installation de panneaux photovoltaïques sur des toitures louées à cet effet ne constituent pas des travaux immobiliers. Elles sont en conséquence exonérées. • CE 12 janv. 2018, *Sté Solar Electric Martinique*, nº 384395 : *RJF 2018. 363.*

Art. 295 A *(Abrogé par L. nº 2018-1317 du 28 déc. 2018, art. 17-I)* ***1. Les livraisons ou importations en Guadeloupe, en Martinique ou à La Réunion de biens d'investissement neufs, exonérés de la taxe sur la valeur ajoutée en application du 5º du 1 de l'article 295, donnent lieu à une déduction calculée, selon le cas, sur le prix d'achat ou de revient, ou sur la valeur en douane des biens, lorsque le destinataire de la livraison ou l'importateur est un assujetti qui dispose dans ces départements d'un établissement stable et y réalise des activités ouvrant droit à déduction en application de l'article 271.***

2. Le 1 s'applique aux assujettis qui, disposant d'un établissement stable en Guadeloupe, en Martinique ou à La Réunion, y réalisent une activité exonérée en application du I de l'article 262 et des b et c du 5º du 1 de l'article 295.

3. La déduction prévue aux 1 et 2 s'opère à proportion de l'utilisation des biens d'investissement exonérés pour la réalisation des activités mentionnées aux mêmes 1 et 2. Cette proportion est déterminée dans les mêmes conditions que pour l'exercice du droit à déduction ouvert à l'article 271.

4. Lorsque la proportion de l'utilisation des biens mentionnée au 3 évolue avant la fin de la période d'amortissement de ces biens, une régularisation du montant de la taxe déduite est opérée chaque année pour tenir compte de cette évolution, en fonction du nombre d'années restant à courir jusqu'à la fin de cette période.

5. Lorsque les biens d'investissement sont cédés avant la fin de leur période d'amortissement, la taxe déductible déterminée conformément au 1 fait l'objet d'une régularisation au prorata de la durée écoulée entre le moment où les biens ont cessé d'être affectés à l'activité de l'assujetti et la fin de la période d'amortissement.

6. Les assujettis indiquent le montant de la déduction prévue au 1 sur la déclaration mentionnée à l'article 287.

7. Les fournisseurs des biens d'investissement neufs exonérés de la taxe doivent indiquer sur leurs factures le montant de la taxe déterminée conformément au 1 et y porter la mention : "TVA au taux de non perçue".

Les dispositions de l'art. 295 A s'appliquent à compter du 1er juin 2009. Restent toutefois soumises au régime applicable antérieurement à leur entrée en vigueur :

1° Les livraisons ou importations de biens qui se rattachent à des opérations régies par le code des marchés publics lorsque la soumission de l'offre est antérieure au 1er juin 2009 ;

2° Les livraisons ou importations faites pour des biens acquis ou fabriqués sur place destinés à des travaux de construction immobilière pour lesquels des devis ont été acceptés avant le 1er juin 2009 ;

3° Les livraisons ou importations de biens pour lesquelles l'assujetti autorisé à exercer la déduction de la taxe apporte la preuve que ces biens ont fait l'objet d'une commande antérieure au 1er juin 2009 (L. n° 2009-594 du 27 mai 2009, art. 30-II).

Les dispositions de l'art. 17 de la L. n° 2018-1317 du 28 déc. 2018 s'appliquent aux livraisons et importations pour lesquelles l'exigibilité de la taxe sur la valeur ajoutée intervient à compter du 1er janv. 2019.

Toutefois, elles ne s'appliquent pas aux opérations pour lesquelles l'exigibilité de la taxe sur la valeur ajoutée intervient à compter du 1er janv. 2019 et avant le 31 déc. 2019 lorsque, au plus tard le 31 déc. 2018 :

1° S'agissant des importations sur le territoire de la Guadeloupe, de la Martinique ou de La Réunion, la livraison à l'importateur en dehors de ce territoire est intervenue ou a fait l'objet du versement d'un acompte ;

2° S'agissant des livraisons réalisées sur le territoire de la Guadeloupe, de la Martinique ou de La Réunion, l'opération a fait l'objet du versement d'un acompte (L. préc., art. 17-II).

Dispositions transitoires. Abrogation du mécanisme de la TVA non perçue récupérable (dite « TVA NPR »), qui était applicable en Guadeloupe, en Martinique et à La Réunion en vertu de l'ancien art. 295 A, pour les opérations pour lesquelles l'exigibilité de la TVA est intervenue à compter du 1er janv. 2019. * BOI-TVA-GEO-20-30 n° 10 du 19 juin 2019.

Art. 296 Dans les départements de la Guadeloupe, de la Martinique et de La Réunion, la taxe sur la valeur ajoutée est perçue :

1° *a)* Au taux réduit de 2,10 % pour les opérations visées aux articles 278-0 *bis* à 279-0 *bis* A et à l'article 298 *octies* ; — *V. note ss. art. 278 sexies.*

b) Au taux normal de 8,50 % dans les autres cas ;

2° *Abrogé.*

Importation d'un navire de plaisance en provenance des DOM. Lorsqu'un bateau immatriculé dans les DOM vient en métropole dans le cadre d'une importation définitive, il s'agit d'une importation soumise à la TVA au taux de 20 %. Toutefois, afin de tenir compte de la TVA déjà acquittée dans les DOM, les particuliers, sous réserve qu'ils attestent du paiement de la taxe, ne s'acquittent lors de l'importation en métropole que du différentiel de la TVA, soit 11,5 %. * Rép. min. n° 5969 : *JOAN Q, 17 févr. 2015, p. 1184.*

Art. 296 *bis* Dans les départements de la Guadeloupe, de la Martinique et de La Réunion, la taxe sur la valeur ajoutée est perçue au taux de :

a) 1,05 % pour les opérations visées à l'article 281 *quater* ;

b) 1,75 % pour les opérations visées à l'article 281 *sexies* ;

c) Abrogé ;

d) Abrogé à compter du 1er janv. 1993.

Art. 296 *ter* Dans les départements de la Guadeloupe, de la Martinique et de La Réunion, la taxe sur la valeur ajoutée est perçue au taux réduit en ce qui concerne :

a) Les travaux de construction de logements évolutifs sociaux, financés dans les conditions prévues par arrêté interministériel en application des articles L. 301-1 et L. 301-2 du code de la construction et de l'habitation et facturés aux personnes physiques accédant directement à la propriété à titre de résidence principale et qui concourent à la production ou à la livraison d'immeubles au sens du I de l'article 257 du présent code ;

b) Les ventes de logements évolutifs sociaux mentionnés au *a* qui entrent dans le champ d'application du I de l'article 257, lorsque l'acquéreur bénéficie pour cette acquisition des aides de l'État dans les conditions prévues par le même arrêté ;

c) Les livraisons à soi-même mentionnées au I de l'article 257, ainsi que les ventes et apports de terrains à bâtir et de logements neufs *(L. n° 2018-1317 du 28 déc. 2018, art. 30-I-13°)* « lorsque ces opérations sont financées à l'aide d'un prêt aidé accordé ou d'une subvention de l'État accordée dans les conditions prévues aux articles R. 372-1 et *(Décr. n° 2020-897 du 22 juill. 2020, art. 1er)* « D. 372-20 à D. 372-24 » du code de la construction et de l'habitation ou dans les conditions fixées à l'article 244 *quater* X du présent code ».

L'application du taux réduit est subordonnée à la condition que les personnes physiques accédant à la propriété justifient bénéficier d'une aide dans les conditions prévues par l'arrêté mentionné au *a*. Le prestataire ou le vendeur sont tenus de conserver ce justificatif à l'appui de leur comptabilité.

Le présent c, dans sa rédaction antérieure à la L. n° 2018-1317 du 28 déc. 2018, demeure applicable aux livraisons à soi-même, ventes, apports, acquisitions et cessions de logements qui relèvent des art. 199 undecies C et 217 undecies (L. préc., art. 30-V-E).

Art. 296 *quater* *(L. n° 2019-1479 du 28 déc. 2019, art. 147-I-P et IV-A, applicable aux opérations pour lesquelles le fait générateur de la taxe sur la valeur ajoutée intervient à compter du 1er janv. 2021)* Ne sont pas applicables en Guadeloupe, à La Réunion et en Martinique :

1° Les articles 298 *sexdecies* G et 298 *sexdecies* H ;

2° Les autres dispositions relatives à la taxe sur la valeur ajoutée en tant qu'elles font référence aux opérations effectuées dans le cadre des régimes particuliers prévus aux mêmes articles 298 *sexdecies* G et 298 *sexdecies* H.

II CORSE

Art. 297 I. — 1. *(Ord. n° 2016-1561 du 21 nov. 2016, art. 1er-II-2° et 20, en vigueur le 1er janv. 2018)* « En *[ancienne rédaction : Dans les départements de]* » Corse, la taxe sur la valeur ajoutée est perçue au taux de :

1° 0,90 % pour les opérations visées aux articles 281 *quater* et 281 *sexies ;*

2° 2,10 % en ce qui concerne :

— les opérations visées aux 1° et 3° du A de l'article 278-0 *bis* et à l'article 278 *bis* portant sur des produits livrés en Corse ;

— les prestations de services visées aux B, C et E à H de l'article 278-0 *bis* et aux *a* à *b nonies* de l'article 279 ;

3° *Disposition devenue sans objet : L. n° 88-1149 du 23 déc. 1988, art. 9-I.*

4° *Abrogé.*

5° 10 % en ce qui concerne :

a) les travaux immobiliers ainsi que les opérations visées au I de l'article 257 ;

b) les ventes de matériels agricoles livrés en Corse et dont la liste est fixée par arrêté du ministre de l'économie et des finances ; *— V. Ann. IV, art. 50 duodecies A.*

c) les fournitures de logement en meublé ou en garni autres que celles visées au *a* de l'article 279 ;

d) les ventes à consommer sur place autres que celles visées au *a bis* de l'article 279 ;

e) les ventes d'électricité effectuées en basse tension ;

f) Les opérations mentionnées à l'article 279-0 *bis* A ;

6° 13 % en ce qui concerne :

a) Abrogé.

b) les ventes de produits pétroliers *(Abrogé par Ord. n° 2021-1843 du 22 déc. 2021, art. 10-14°, à compter du 1er janv. 2022)* « *énumérés au tableau B de l'article 265 du code des douanes et* » livrés en Corse ;

7° *Abrogé.*

8° *Disposition devenue sans objet.*

2. Les mêmes dispositions sont applicables aux importations et acquisitions intracommunautaires en Corse et aux expéditions de France continentale à destination de la Corse, des produits qui sont visés au 1.

II. — *Abrogé.*

III. — *Disposition périmée.*

Taux de la TVA applicables en Corse. * BOI-TVA-GEO-10-10 du 14 oct. 2020.

II *BIS* *BIENS D'OCCASION, ŒUVRES D'ART, OBJETS DE COLLECTION ET D'ANTIQUITÉ*

Art. 297 A **I. — 1° La base d'imposition des livraisons par un assujetti revendeur de biens d'occasion, d'œuvres d'art, d'objets de collection ou d'antiquité qui lui ont été livrés par un non redevable de la taxe sur la valeur ajoutée ou par une personne qui n'est pas autorisée à facturer la taxe sur la valeur ajoutée au titre de cette livraison est constituée de la différence entre le prix de vente et le prix d'achat.**

La définition des biens d'occasion, des œuvres d'art, des objets de collection et d'antiquité est fixée par décret ; *— V. Ann. III, art. 98 A. — Sur les formalités en cas de revente d'un véhicule terrestre à moteur d'occasion, V. également Ann. II, art. 242 terdecies et 242 quaterdecies-4°.*

2° Pour les livraisons aux enchères publiques de biens d'occasion, d'œuvres d'art, d'objets de collection ou d'antiquité réalisées par un assujetti agissant en son nom propre pour le compte d'un non redevable de la taxe sur la valeur ajoutée ou d'une personne qui n'est pas autorisée à facturer la taxe sur la valeur ajoutée au titre de sa livraison, la base d'imposition est constituée par la différence entre le prix total payé par l'adjudicataire et le montant net payé par cet assujetti à son commettant ;

3° Pour les transferts visés au III de l'article 256, effectués par un assujetti revendeur, de biens d'occasion, d'œuvres d'art, d'objets de collection ou d'antiquité qui lui ont été livrés dans des conditions qui permettraient l'application des dispositions prévues au 1° et au 2°, la base d'imposition est constituée par la différence entre la valeur du bien déterminée conformément au *c* du 1 de l'article 266 et le prix d'achat du bien ;

4° Pour les assujettis qui ont exercé l'option prévue à l'article 297 B, le prix d'achat mentionné aux 1° et 3° s'entend, selon le cas, du montant de la livraison, de l'acquisition intracommunautaire, ou de la valeur à l'importation, déterminés conformément aux articles 266 ou 292, augmentés de la taxe sur la valeur ajoutée.

II. — La base d'imposition définie au I peut être déterminée globalement, pour chacune des périodes couvertes par les déclarations mentionnées à l'article 287, par la différence entre le montant total des livraisons et le montant total des achats de biens d'occasion, d'œuvres d'art, d'objets de collection ou d'antiquité effectués au cours de chacune des périodes considérées.

Si au cours d'une période le montant des achats excède celui des livraisons, l'excédent est ajouté aux achats de la période suivante.

Les assujettis revendeurs qui se placent sous ce régime procèdent à une régularisation annuelle en ajoutant la différence entre le stock au 31 décembre et le stock au 1er janvier de la même année aux achats de la première période suivante, telle que définie au deuxième alinéa, si cette différence est négative, ou en la retranchant si elle est positive.

Cette modalité de calcul de la base d'imposition ne fait naître, au profit des assujettis revendeurs, aucun droit à restitution de la taxe sur la valeur ajoutée au titre de ces opérations.

III. — Pour les livraisons d'œuvres d'art, lorsqu'il n'est pas possible de déterminer avec précision le prix d'achat payé par un assujetti revendeur au vendeur ou lorsque ce prix n'est pas significatif, la base d'imposition peut être constituée par une fraction du prix de vente égale à 30 % de celui-ci.

BIBL. ▶ DIEU, *Dr. fisc. 2007. 405* (le contrôle de l'assujettissement au régime de la taxation sur marge et l'appréciation subjective des droits du contribuable). – KACZYNSKI, *Dr. fisc. 2008. 615* (le régime de la taxation sur marge des véhicules d'occasion : la dialectique subtile de l'objectif et du subjectif). – MIRIEU DE LABARRE, *Dr. fisc. 2006. 973* (le régime fiscal de l'objet d'art).

1. Régime particulier de TVA sur la marge. Ne peuvent jamais être soumises au régime de la *marge les reventes de biens qui* : 1) ont été importés ; 2) ont été achetés auprès d'un assujetti qui a facturé de la taxe au titre de sa livraison ; 3) ont fait l'objet d'une acquisition intracommunautaire taxable. * BOI-TVA-SECT-90-20 n° 230 du 6 mai 2015. ♦ Le régime de la marge bénéficiaire n'est pas applicable à des livraisons de biens tels que des pièces usagées pour véhicules automobiles que l'assujetti-revendeur a lui-même importées dans l'Union européenne en étant soumis au régime normal de la TVA. • CJUE 3 mars 2011, n° C-200/10 : *RJF 2011. 667.*

2. Un assujetti-revendeur qui a effectué des acquisitions intracommunautaires de véhicules d'occasion est en droit de bénéficier pour ce acquisitions du régime de non-taxation prévu par l'art. 256 *bis*-I-2° *bis* et de faire application du régime particulier de TVA sur la marge lors de la revente, dès lors que les factures établies par les vendeurs mentionnent que ces derniers ont fait application du régime particulier de TVA sur la marge dans l'État membre de départ des biens. Hormis le cas de collusion frauduleuse entre l'acquéreur et le vendeur, l'Administration ne peut s'y opposer en invoquant le fait que les vendeurs ne pouvaient effectuer les ventes selon le régime particulier de TVA sur la marge au motif qu'ils avaient acquis les véhicules auprès d'assujettis-utilisateurs. • TA Poitiers, 19 juin 2003, n° 02-436 : *RJF 2003. 1365.*

3. Dès lors que la facture délivrée par le vendeur étranger à l'occasion de la vente intracommunautaire d'un véhicule d'occasion mentionne qu'il a appliqué les dispositions de l'État concerné prises pour la mise en œuvre de l'article 26 *bis* de la 6e Directive, TVA, l'acquéreur n'a pas à vérifier que le vendeur, qui s'est présenté à lui comme un assujetti-revendeur, était autorisé à appliquer le régime de TVA sur la marge et est donc en droit de bénéficier pour l'acquisition intracommunautaire correspondante du régime de non-taxation prévu par l'art. 256 *bis*-I-2° *bis* CGI et d'appliquer lui-même le régime de TVA sur la marge lors de la revente du véhicule. • TA Besançon, 29 avr. 2004, n° 01-1258 : *RJF 2004. 979.*

4. Il résulte des art. 256 *bis*, 297 A et 297 E qu'une entreprise française assujettie à la TVA a la qualité d'assujetti-revendeur et peut appliquer le régime de taxation sur marge prévu par l'art. 297 A, lorsqu'elle revend un bien d'occasion acquis auprès d'un fournisseur situé dans un autre État membre qui, en sa qualité d'assujetti-revendeur, lui a délivré une facture conforme à l'art. 297 E et dont le fournisseur a aussi cette qualité ou n'est pas assujetti à la TVA. L'Administration peut toutefois remettre en cause l'application de ce régime lorsque l'entreprise française ne pouvait ignorer la circonstance que son fournisseur n'avait pas la qualité d'assujetti-revendeur et n'était pas autorisé à appliquer lui-même le régime de taxation sur marge prévu par l'art. 26 *bis* de la 6e Dir. TVA. • CE 4 août 2006, n° 275274, *SA Warsemann automobiles : RJF 2006. 1335 ; concl. Verclytte au BDCF 11/06, n° 129 ; Dr. fisc. 2007. 188, concl. Verclytte.* ♦ Confirmant : • CAA Nantes, 15 déc. 2004, n° 03NT590 : *RJF 2005. 540 ; Dr. fisc. 2006. 195, concl. Lalauze.* ♦ L'Administration n'est pas fondée à remettre en cause l'application, par une entreprise ayant pour objet le négoce de véhicules d'occasion, du régime de taxation sur la marge lorsque les factures qui lui ont été adressées mentionnent explicitement que ses fournisseurs ont appliqué la TVA selon le régime de taxation sur la marge en application de la 7e directive et qu'il n'est pas manifeste que ces fournisseurs n'auraient pas été autorisés à revendiquer la qualité d'assujetti-revendeur. • CE 4 août 2006, n° 275274 : *préc.*

5. Afin de bénéficier des dispositions de l'art. 297 A au titre de la revente des biens acquis auprès de fournisseurs dont les factures ne font pas apparaître la TVA mais ne mentionnent pas qu'ils ont placé leurs livraisons sous le régime de la marge, l'assujetti-revendeur est en droit de rectifier ces factures et d'apporter, par tous moyens, la justification de ce qu'il était en droit d'appliquer le régime de taxation sur la marge, à charge pour l'Administration de contester le caractère probant des rectifications et justifications apportées. • CAA Douai, 26 févr. 2008, n° 07DA690 : *RJF 2008. 657.* ♦ Dans le cas où une entreprise produit des factures émanant de ses fournisseurs qui mentionnent que les ventes de véhicules acquis par les fournisseurs dans d'autres États de l'UE, s'effectuaient sous le régime particulier de la TVA sur la marge, il incombe à l'Administration, si elle s'y croit fondée, de démontrer, d'une part, que les mentions portées sur ces factures sont erronées, d'autre part, que l'entreprise cliente ne pouvait manifestement pas ignorer que les opérations présentaient le caractère d'acquisitions intracommunautaires taxables sur le prix total et non sur la marge. • CAA Douai, 3 mai 2005, n° 02DA479 : *RJF 2005. 847 ; Dr. fisc. 2005. 538.* ♦ L'Administration est fondée à remettre en cause l'application du régime de la marge dans la mesure où, nonobstant la circonstance que les factures délivrées aux sociétés requérantes par leurs fournisseurs aient expressément fait référence aux dispositions fiscales permettant une taxation de la vente selon le régime de la marge, l'Administration a établi, d'une part, le caractère inexact de ces mentions, d'autre part, la circonstance que ces sociétés ne pouvaient ignorer cette situation. • CE 29 oct. 2008, ♔ nos 292894 et 292895 : *Dr. fisc. 2008. 615, concl. Collin, note Kaczynski ; RJF 2009. 20.*

6. Il n'incombe pas à une société qui a acquis des véhicules automobiles d'occasion auprès de fournisseurs situés dans des États membres de l'UE, lesquels lui ont remis des factures mentionnant explicitement qu'ils avaient appliqué la TVA selon le régime de la marge, de vérifier la régularité du régime retenu par les fournisseurs alors, d'une part, qu'il n'est ni établi, ni même allégué que, de connivence avec ces derniers, la société aurait poursuivi un but frauduleux, d'autre part, qu'il n'était pas manifeste que le régime d'imposition sur la marge n'était pas applicable par les assujettis fournisseurs et enfin, au surplus, qu'il n'est pas démontré que l'évasion fiscale invoquée, à la supposer établie, a également affecté les opérations réalisées en France. • CAA Bordeaux, 29 sept. 2005, n° 04BX384 : *RJF 2006. 128.*

7. Il résulte des art. 256 *bis*-I-2° *bis* et 297 A que, si l'acquisition d'un bien d'occasion faite auprès d'un assujetti appartenant à un pays membre de l'UE a été soumise au régime de la taxation sur la marge, ce régime s'applique également aux reventes ultérieures. • Crim. 15 juin 2005, n° 04-84.134.

8. Si certaines opérations n'ont pas été enregistrées en comptabilité pour leur montant exact, cela ne signifie pas que leur prix d'achat ne peut pas être déterminé avec précision, mais seulement que des erreurs d'enregistrement ont été commises et que dans ce cas le régime de la marge forfaitaire de 30 % prévu pour les livraisons d'œuvres d'art pour lesquelles il n'est pas possible de déterminer avec précision le prix d'achat ou dont le prix d'achat n'est pas significatif, n'est pas applicable. • CE (na) 7 févr. 2008, n° 298808 : *RJF 2008. 426.*

9. En l'absence de factures d'achat, le taux de marge est reconstitué, le cas échéant, de manière forfaitaire. • CE (na), 1er juill. 2020, n° 431398 : *RJF 2020. 815.*

10. Notion de biens d'occasion et d'œuvres d'art. V. notes ss. art. 98 A de l'Ann. III.

Art. 297 B Les assujettis revendeurs peuvent demander à appliquer les dispositions de l'article 297 A pour les livraisons d'œuvres d'art, d'objets de collection ou d'antiquité subséquentes à une importation, une acquisition intracommunautaire ou une livraison soumises au taux réduit de la taxe sur la valeur ajoutée en application de l'article 278 *septies* ou du I de l'article 278-0 *bis*.

L'option est valable à compter du premier jour du mois suivant celui de la demande et jusqu'à la fin de la deuxième année civile suivante.

Elle est renouvelable par tacite reconduction, par période de deux années civiles, sauf dénonciation formulée avant l'expiration de chaque période.

Art. 297 C Pour chaque livraison de biens d'occasion, d'œuvres d'art, d'objets de collection ou d'antiquité, les assujettis revendeurs peuvent appliquer les règles de taxe sur la valeur ajoutée applicables aux autres assujettis. — *Entrée en vigueur le 1er janv. 1995.*

Art. 297 D I. — 1° La taxe sur la valeur ajoutée incluse dans le prix de vente des biens d'occasion, des œuvres d'art, des objets de collection ou d'antiquité qui ont été taxés conformément aux dispositions de l'article 297 A n'est pas déductible par l'acquéreur ;

2° Les assujettis revendeurs ne peuvent pas déduire la taxe sur la valeur ajoutée afférente à l'achat, à l'acquisition intracommunautaire, à l'importation ou à la livraison à soi-même des biens d'occasion, des œuvres d'art, des objets de collection ou d'antiquité dont la livraison est taxée conformément aux dispositions de l'article 297 A.

II. — Les assujettis revendeurs qui ont exercé l'option prévue à l'article 297 B et qui effectuent des livraisons d'œuvres d'art, d'objets de collection ou d'antiquité dans les conditions prévues à l'article 297 C ne peuvent déduire la taxe sur la valeur ajoutée afférente à ces biens qu'au moment de leur livraison. — *Entrée en vigueur le 1er janv. 1995.*

Art. 297 E Les assujettis qui appliquent les dispositions de l'article 297 A ne peuvent pas faire apparaître la taxe sur la valeur ajoutée sur leurs factures.

Art. 297 F Les assujettis qui effectuent des opérations portant sur des biens d'occasion, des œuvres d'art, des objets de collection ou d'antiquité doivent comptabiliser distinctement par mode d'imposition leurs opérations portant sur ces biens.

Art. 297 G Pour bénéficier du régime prévu à l'article 297 A, l'assujetti revendeur qui effectue une opération portant sur un véhicule terrestre à moteur d'occasion justifie, dans les conditions fixées par décret en Conseil d'État, du régime de taxe sur la valeur ajoutée appliqué par le titulaire du certificat d'immatriculation du véhicule lorsque le titulaire est un assujetti.

III PRODUITS PÉTROLIERS

Art. 298 *(L. n° 2018-1317 du 28 déc. 2018, art. 193-II-5° et VI-B, applicable aux opérations pour lesquelles l'exigibilité de la TVA intervient à compter du 1er janv. 2021)* 1. Pour l'application du présent article :

1° Les produits pétroliers s'entendent des produits pétroliers et assimilés *(Abrogé par Ord. n° 2021-1843 du 22 déc. 2021, art. 10-16°-a-i, à compter du 1er janv. 2022)* ***« énumérés au tableau B du 1 de l'article 265 du code des douanes »***, à l'exclusion du gaz naturel ;

2° Les régimes suspensifs d'accises s'entendent *(Ord. n° 2021-1843 du 22 déc. 2021, art. 10-16°-a-ii, en vigueur le 1er janv. 2022)* « des régimes mentionnés à l'article

L. 142-1 du code des impositions sur les biens et services qui suspendent l'accise sur les énergies mentionnée à l'article L. 312-1 du même code ; »

1 *bis*. Le régime fiscal suspensif prévu au *a* du 2° du I de l'article 277 A du présent code s'applique aux produits pétroliers placés sous un régime suspensif d'accises, dans les conditions prévues au même article 277 A et sous réserve des adaptations suivantes :

1° L'autorisation prévue au dernier alinéa du 2° du I dudit article 277 A n'est pas requise ;

2° Par dérogation aux 2° à 6° du I du même article 277 A, sont effectuées en suspension du paiement de la taxe sur la valeur ajoutée les opérations réalisées avant la sortie du régime qui :

***a)* Soit portent sur les produits pétroliers, à l'exception des opérations de transport qui ne sont pas réalisées par pipe-line ;**

b)* Soit sont utilisées pour l'extraction, la fabrication, le transport par pipe-line ou le stockage de produits pétroliers** *(Abrogé par Ord. n° 2021-1843 du 22 déc. 2021, art. 10-16°-b-i, à compter du 1er janv. 2022)* ***« autres que ceux identifiés par l'indice 39 du tableau mentionné au 1° du 1 du présent article » ;

3° La sortie du régime mentionnée au 1 du II de l'article 277 A du présent code est constituée par la sortie du régime suspensif d'accises *(Abrogé par Ord. n° 2021-1843 du 22 déc. 2021, art. 10-16°-b-ii, à compter du 1er janv. 2022)* ***« , au sens du a de l'article 158 quinquies du code des douanes » ;***

4° Par dérogation au 2 du II de l'article 277 A du présent code, la taxe est due par le redevable de *(Ord. n° 2021-1843 du 22 déc. 2021, art. 10-16°-b-iii, en vigueur le 1er janv. 2022)* **« l'accise sur les énergies désigné au 2° de l'article L. 311-26 du code des impositions sur les biens et services et, le cas échéant, aux articles L. 311-32 et L. 311-33 du même code » et l'exploitant de l'entrepôt suspensif d'accises est solidairement tenu au paiement de la taxe ;**

5° Par dérogation au 3 du II de l'article 277 A du présent code, l'assiette de la taxe est déterminée conformément au 2 du présent article ;

6° Les obligations prises en application du III de l'article 277 A du présent code sont celles régissant les régimes suspensifs d'accises susmentionnés.

2. L'assiette de la taxe sur la valeur ajoutée afférente aux produits pétroliers et exigible à la sortie du régime mentionnée au 3° du 1 *bis* ou à l'importation est déterminée, à la date de l'exigibilité, conformément aux dispositions ci-après :

1° Sauf en ce qui concerne les gaz de pétrole et autres hydrocarbures gazeux repris aux numéros 27-11-14, ex 27-11-19, ex 27-11-21, 27-11-29 du tarif des douanes et non destinés à être utilisés comme carburants, la valeur imposable est fixée forfaitairement, pour chaque année par décision du directeur général des douanes et des droits indirects, sur proposition du directeur des carburants.

En ce qui concerne les produits autres que le gaz comprimé destiné à être utilisé comme carburant, cette valeur est établie sur la base du prix CAF moyen des produits importés, ou faisant l'objet d'une acquisition intracommunautaire, majoré du montant des droits de douane applicables aux produits de l'espèce en régime de droit commun en tarif minimum et des taxes et redevances exigibles à la sortie du régime mentionné au 3° du 1 *bis* ou à l'importation, à l'exception de la taxe sur la valeur ajoutée.

La valeur imposable peut être révisée au cours de l'année par décision du directeur général des douanes et droits indirects sur proposition du directeur des hydrocarbures, dans le cas où les prix C. A. F. des produits pétroliers accusent une variation en plus ou en moins, égale ou supérieure à 10 % par rapport aux prix ayant servi de base au calcul de cette valeur.

2° et 3° *Abrogés.*

(Abrogé par L. n° 2019-1479 du 28 déc. 2019, art. 181-I-L et IV, à compter du 1er janv. 2022) ***« Cette assiette est constatée par l'administration des douanes et des droits indirects, y compris en cas de régularisation. »***

3. Sous réserve des dispositions du 4, les droits à déduction dont peuvent bénéficier l'industrie et le commerce du pétrole sont déterminés dans les conditions prévues aux articles 271 et 273.

4. 1° N'est pas déductible la taxe sur la valeur ajoutée afférente aux achats, importations, acquisitions intracommunautaires, livraisons et services portant sur :

a) *(Ord. n° 2021-1843 du 22 déc. 2021, art. 10-16°-c-i, en vigueur le 1er janv. 2022)* **« Dans la limite de 20 % de son montant, les carburants relevant des catégories fis-**

cales des gazoles et des essences au sens de l'article L. 312-22 du code des impositions sur les biens et services pour des véhicules et engins exclus du droit à déduction ainsi que pour des véhicules et engins pris en location quand le preneur ne peut pas déduire la taxe relative à cette location, à l'exception de celles utilisées pour les essais effectués pour les besoins de la fabrication de moteurs ou d'engins à moteur ; »

Pour la totalité de son montant jusqu'au 31 décembre 2017, puis dans la limite de 80 % de son montant à partir du 1er janvier 2018, de 60 % à partir du 1er janvier 2019, de 40 % à partir du 1er janvier 2020 et de 20 % à partir du 1er janvier 2021, les essences utilisées comme carburants mentionnés au même tableau B utilisées pour des véhicules et engins autres que ceux mentionnés au premier alinéa du présent a, à l'exception de celles utilisées pour les essais effectués pour les besoins de la fabrication de moteurs ou d'engins à moteur. A compter du 1er janvier 2022, la taxe sur la valeur ajoutée afférente aux achats, importations, acquisitions intracommunautaires, livraisons et services portant sur les essences mentionnées au présent alinéa est déductible dans sa totalité ;

(Abrogé par Ord. n° 2021-1843 du 22 déc. 2021, art. 10-16°-c-ii, à compter du 1er janv. 2022) ***« b) Dans la limite de 20 % de son montant, les gazoles et le superéthanol E85 utilisés comme carburants mentionnés au tableau B de l'article 265 du code des douanes utilisés pour des véhicules et engins exclus du droit à déduction ainsi que pour des véhicules et engins pris en location quand le preneur ne peut pas déduire la taxe relative à cette location, à l'exception de ceux utilisés pour les essais effectués pour les besoins de la fabrication de moteurs ou d'engins à moteur ; »***

c) (Ord. n° 2021-1843 du 22 déc. 2021, art. 10-16°-c-iii, en vigueur le 1er janv. 2022) « Dans la limite de 50 % de son montant, les carburants relevant des catégories fiscales des gaz naturels et des gaz de pétrole liquéfiés au sens de l'article L. 312-22 du code des impositions sur les biens et services pour les véhicules et engins » exclus du droit à déduction ainsi que pour des véhicules et engins pris en location quand le preneur ne peut pas déduire la taxe relative à cette location ;

d) (Ord. n° 2021-1843 du 22 déc. 2021, art. 10-16°-c-iv, en vigueur le 1er janv. 2022) « Les carburants relevant de la catégorie fiscale des carburéacteurs au sens de l'article L. 312-22 du code des impositions sur les biens et services pour les aéronefs » exclus du droit à déduction ainsi que pour les aéronefs et engins pris en location quand le preneur ne peut pas déduire la taxe relative à cette location ;

e) les produits pétroliers utilisés pour la lubrification des véhicules et engins exclus du droit à déduction ainsi que des véhicules et engins pris en location quand le preneur ne peut pas déduire la taxe relative à cette location.

1° *bis* Les dispositions du 1° ne s'appliquent pas lorsque les produits sont ultérieurement livrés ou vendus en l'état ou sous forme d'autres produits pétroliers.

1° *ter à* 4° *Abrogés.*

5. *(Abrogé par L. n° 2019-1479 du 28 déc. 2019, art. 181-I-L et IV, à compter du 1er janv. 2022)* ***« L'article 1695 n'est pas applicable aux opérations relevant du présent article. »***

6. *Abrogé.*

7. *Transféré ss. l'art. L. 45 C LPF.*

1. Régime ancien. En réintroduisant, à dater du 1er janv. 1998, une suppression totale du droit à déduction de la TVA ayant grevé les gazoles utilisés comme carburants pour des véhicules et des engins n'ouvrant pas droit à déduction après avoir partiellement ouvert ce droit à déduction, la France a manqué aux obligations qui lui incombent en vertu de l'art. 17-2 de la 6e Directive relative à la TVA. • CJCE 14 juin 2001, n° C-4000 : *Dr. fisc. 2001. 861, note Desmorieux ; RJF 2001. 1342 ; D. 2001. 2085.*

2. Régime actuel. Depuis le 1er juin 2001, les entreprises sont autorisées à exercer leurs droits à déduction, dans les conditions habituelles, à concurrence de 80 % du montant de la TVA grevant les dépenses de gazoles visées à l'art. 298-4-1° *b.* * BOI-TVA-SECT-10-30 n° 460 du 24 févr. 2021. ♦ Les industriels du pétrole qui éprouvent des difficultés à mettre en œuvre la procédure de transfert des droits à déduction peuvent solliciter le remboursement de leur crédit de TVA dans les conditions de droit commun. * BOI-TVA-SECT-10-30 n° 120 du 24 févr. 2021.

3. Transfert de la gestion et du recouvrement de la TVA à la DGFiP. Transfert réalisé à compter du 1er janv. 2021. * BOI-TVA-CHAMP-40-40 du 24 févr. 2021.

4. Régime fiscal suspensif. Régime suspensi[f] applicable en matière de TVA aux produits pétroliers avant leur « mise à la consommation » * BOI-TVA-CHAMP-40-40 : *préc. note 3.*

Ancien art. 298 *1. 1° Toute opération de mise à la consommation sur le marché intérieur de produits pétroliers et assimilés énumérés au tableau B de l'article 265 du code des douanes et désignés dans la suite du présent article par les mots « produits pétroliers » constitue un fait générateur de la taxe sur la valeur ajoutée ;*

2° Les opérations portant sur ces produits, réalisées antérieurement à leur mise à la consommation, sont effectuées en suspension de la taxe, à l'exception des opérations de transport autres que les transports par pipe-line.

2. L'assiette de la taxe sur la valeur ajoutée applicable aux produits pétroliers est déterminée conformément aux dispositions ci-après :

1° Sauf en ce qui concerne les gaz de pétrole et autres hydrocarbures gazeux repris aux numéros 27-11-14, ex. 27-11-19, ex. 27-11-21, 27-11-29 du tarif des douanes et non destinés à être utilisés comme carburants, la valeur imposable lors de la mise à la consommation est fixée forfaitairement, pour chaque quadrimestre, par décision du directeur général des douanes et des droits indirects, sur proposition du directeur des carburants.

En ce qui concerne les produits autres que le gaz comprimé destiné à être utilisé comme carburant, cette valeur est établie sur la base du prix CAF moyen des produits importés ou faisant l'objet d'une acquisition intracommunautaire, majoré du montant des droits de douane applicables aux produits de l'espèce en régime de droit commun en tarif minimum et des taxes et redevances perçues lors de la mise à la consommation, à l'exception de la taxe sur la valeur ajoutée.

La valeur imposable peut être révisée au cours du quadrimestre par décision du directeur général des douanes et droits indirects sur proposition du directeur des hydrocarbures, dans le cas où les prix CAF des produits pétroliers accusent une variation en plus ou moins, égale ou supérieure à 10 % par rapport aux prix ayant servi de base au calcul de cette valeur ;

2° La valeur imposable lors des opérations postérieures à la mise à la consommation est fixée dans les conditions prévues aux articles 266 et 267 ;

3° Abrogé.

3. Sous réserve des dispositions du 4, les droits à déduction dont peuvent bénéficier l'industrie et le commerce du pétrole sont déterminés dans les conditions prévues aux articles 271 et 273.

4. 1° N'est pas déductible la taxe sur la valeur ajoutée afférente aux achats, importations, acquisitions intracommunautaires, livraisons et services portant sur :

a. Dans la limite de 90 % de son montant à partir du 1er janvier 2017, de 80 % à partir du 1er janvier 2018, de 60 % à partir du 1er janvier 2019, de 40 % à partir du 1er janvier 2020 et de 20 % à partir du 1er janvier 2021, les essences utilisées comme carburants mentionnés au tableau B du 1 de l'article 265 du code des douanes pour des véhicules et engins exclus du droit à déduction ainsi que pour des véhicules et engins pris en location quand le preneur ne peut pas déduire la taxe relative à cette location, à l'exception de celles utilisées pour les essais effectués pour les besoins de la fabrication de moteurs ou d'engins à moteur.

Pour la totalité de son montant jusqu'au 31 décembre 2017, puis dans la limite de 80 % de son montant à partir du 1er janvier 2018, de 60 % à partir du 1er janvier 2019, de 40 % à partir du 1er janvier 2020 et de 20 % à partir du 1er janvier 2021, les essences utilisées comme carburants mentionnés au même tableau B utilisées pour des véhicules et engins autres que ceux mentionnés au premier alinéa du présent a, à l'exception de celles utilisées pour les essais effectués pour les besoins de la fabrication de moteurs ou d'engins à moteur. A compter du 1er janvier 2022, la taxe sur la valeur ajoutée afférente aux achats, importations, acquisitions intracommunautaires, livraisons et services portant sur les essences mentionnées au présent alinéa est déductible dans sa totalité ;

b. dans la limite de 20 % de son montant, les gazoles et le superéthanol E85 utilisés comme carburants mentionnés au tableau B de l'article 265 du code des douanes utilisés pour des véhicules et engins exclus du droit à déduction ainsi que pour des véhicules et engins pris en location quand le preneur ne peut pas déduire la taxe relative à cette location, à l'exception de ceux utilisés pour les essais effectués pour les besoins de la fabrication de moteurs ou d'engins à moteur ;

c. les gaz de pétrole et autres hydrocarbures présentés à l'état gazeux (position 27.11.29 du tarif des douanes) et le pétrole lampant (position 27.10.19.25 du tarif des douanes) utilisés comme carburants, dans la limite de 50 % de son montant, lorsque ces produits sont utilisés pour des véhicules et engins exclus du droit à déduction ainsi que pour des véhicules et engins pris en location quand le preneur ne peut pas déduire la taxe relative à cette location ;

d. les carburéacteurs mentionnés à la position 27.10.00 du tableau B de l'article 265 du code des douanes utilisés pour les aéronefs et engins exclus du droit à déduction ainsi que pour les aéronefs et engins pris en location quand le preneur ne peut pas déduire la taxe relative à cette location ;

e. les produits pétroliers utilisés pour la lubrification des véhicules et engins exclus du droit à déduction ainsi que des véhicules et engins pris en location quand le preneur ne peut pas déduire la taxe relative à cette location. — Pour les présents a à e, V. Ann. II, art. 206-IV-2-8° et 3.

1° bis Les dispositions du 1° ne s'appliquent pas lorsque les produits sont ultérieurement livrés ou vendus en l'état ou sous forme d'autres produits pétroliers ;

1° ter à 1° sexies Abrogés ;

2° La taxe sur la valeur ajoutée ayant grevé les biens ou les services utilisés pour l'extraction, la fabrication, le transport par pipe-line ou le stockage des produits pétroliers ne peut être déduite, lorsque ces opérations sont effectuées dans des installations placées sous un régime suspensif prévu par la législation douanière, que de la taxe sur la valeur ajoutée due lors de la mise à la consommation de ces produits ;

3° Le montant brut de la taxe sur la valeur ajoutée exigible lors de la mise à la consommation des produits pétroliers ouvre droit à déduction. Cette déduction ne peut être opérée que sur la taxe sur la valeur ajoutée due au titre d'autres opérations que la mise à la consommation.

Le droit à déduction correspondant peut être exercé sur la taxe due par l'entreprise au titre du mois pendant lequel ce droit à déduction a pris naissance ; — Disposition devenue sans objet : V. le 3 du I de l'art. 271 issu de la L. n° 93-859 du 22 juin 1993, art. 2-I-3.

4° Les redevables de la taxe sur la valeur ajoutée qui, compte tenu des dispositions du 2° du 1 et du 2° ci-dessus, ne peuvent opérer eux-mêmes les déductions auxquelles ils ont droit sont autorisés à transférer leurs droits à déduction aux redevables de la taxe sur la valeur ajoutée exigible lors de la mise à la consommation des produits pétroliers.

Ce transfert s'effectue sous le couvert de certificats de transfert de droits à déduction, délivrés par la direction générale des douanes et droits indirects.

5. La déduction de la taxe sur la valeur ajoutée qui a grevé les biens ou services autres que ceux visés au 2° du 4 peut être opérée indifféremment auprès de la direction générale des douanes et droits indirects ou auprès de la direction générale des finances publiques.

6. Les dispositions du 2° du 4 ne s'appliquent pas en ce qui concerne les gaz de pétrole et autres hydrocarbures gazeux relevant des positions 27-11-14, ex. 27-11-19, ex. 27-11-21, 27-11-29 du tarif des douanes et repris au tableau B de l'article 265 du code des douanes sous les indices d'identification 33, 35 et 39.

7. Transféré ss. l'art. L. 45 C LPF.

IV EXPLOITANTS AGRICOLES

Art. 298 *bis* I. — Pour leurs opérations agricoles, les exploitants agricoles sont placés sous le régime du remboursement forfaitaire prévu aux articles 298 *quater* et 298 *quinquies*. Ils sont dispensés du paiement de la taxe sur la valeur ajoutée et des obligations qui incombent aux assujettis.

Ils peuvent cependant opter pour leur imposition d'après le régime simplifié ci-après :

1° Ils sont dispensés de l'obligation de déclaration prévue à l'article 287 et doivent seulement déposer chaque année, au plus tard le deuxième jour ouvré suivant le 1er mai, une déclaration indiquant les éléments de liquidation de la taxe sur la valeur ajoutée afférente à l'année écoulée. Si leur exercice comptable ne coïncide pas avec l'année civile, ils peuvent, sur option, déposer une déclaration annuelle correspondant à cet exercice avant le cinquième jour du cinquième mois qui suit la clôture de celui-ci. L'option doit être formulée avant le début du premier exercice pour lequel elle est souscrite. Les modalités d'exercice de cette option sont fixées par décret en Conseil d'État. En outre, les exploitants agricoles doivent, au titre de la période comprise entre le 1er janvier et le dernier jour précédant la date d'ouverture du premier exercice concerné par l'option, déposer une déclaration entre une date fixée par décret et au plus tard le deuxième jour ouvré suivant le 1er mai, et le cinquième jour du cinquième mois de cet exercice ; — *V. Ann. II, art. 260 J et 260 K, et Ann. III, art. 344 I-0 bis.*

2° L'exigibilité de la taxe sur la valeur ajoutée due à raison des ventes effectuées par eux intervient lors de l'encaissement des acomptes ou du prix ; l'exigibilité de la taxe sur la valeur ajoutée due à raison des acquisitions intracommunautaires qu'ils réalisent intervient dans les conditions fixées au *d* du 2 de l'article 269 ;

3° Ils peuvent opérer immédiatement la déduction de la taxe ayant grevé les biens ne constituant pas des immobilisations et les services, par imputation sur la taxe due au titre du trimestre pendant lequel le droit à déduction a pris naissance ; — *Disposition sans portée depuis la suppression de la règle du décalage d'un mois.*

4° Sous réserve des mesures prévues aux 1° à 3° et aux articles 1693 *bis* et 1785, les exploitants agricoles assujettis à la taxe sur la valeur ajoutée sont soumis à l'ensemble des dispositions prévues par le présent code. *(Abrogé par Ord. n° 2021-1843 du 22 déc. 2021, art. 10-17°, à compter du 1er janv. 2022)* ***« Toutefois, l'article 302 septies A ne leur est pas applicable. »***

II. — Sont soumis de plein droit au régime simplifié prévu au I :

1° Les exploitants agricoles dont les activités sont, par leur nature ou leur importance, assimilables à celles exercées par des industriels ou des commerçants, même si ces opérations constituent le prolongement de l'activité agricole, à l'exception de celles de ces opérations considérées comme entrant dans les usages habituels et normaux de l'agriculture ; *— V. Ann. II, art. 260 A et 260 B.*

2° *Abrogé.*

3° Pour leurs activités agricoles, les personnes qui effectuent des *(L. n° 2020-1721 du 29 déc. 2020, art. 44-I-16°-a)* **« achats, des livraisons, des importations, des acquisitions intracommunautaires ou des services d'intermédiation » portant sur des animaux vivants de boucherie et de charcuterie ;** *— Pour la définition des animaux de boucherie et de charcuterie, V. Ann. III, art. 69 A.*

4° Les personnes qui effectuent des *(L. n° 2020-1721 du 29 déc. 2020, art. 44-I-16°-b)* **« livraisons, des importations, des acquisitions intracommunautaires ou des services d'intermédiation » portant sur des animaux vivants de boucherie et de charcuterie ;** *— V. note au 3° ci-dessus.*

5° Les exploitants agricoles, lorsque le montant moyen des recettes de l'ensemble de leurs exploitations, calculé sur deux années civiles consécutives, dépasse 46 000 €. L'assujettissement prend effet à compter du 1er janvier de l'année suivante.

Lorsque la moyenne des recettes hors taxe sur la valeur ajoutée, calculée sur trois périodes annuelles d'imposition consécutives, devient inférieure à 46 000 €, les exploitants agricoles peuvent cesser d'être soumis au régime simplifié à compter du 1er janvier ou du premier jour de l'exercice suivant, à condition qu'ils le signalent au service des impôts avant le 1er février ou avant le premier jour du deuxième mois de l'exercice et qu'ils n'aient pas bénéficié, au cours de ces trois périodes annuelles d'imposition, y compris, le cas échéant, au cours de la période mentionnée à la dernière phrase du 1° du I, de remboursement de crédit de taxe.

Pour les groupements agricoles d'exploitation en commun dont tous les associés participent effectivement et régulièrement à l'activité du groupement par leur travail personnel, la moyenne des recettes mentionnée aux premier et deuxième alinéas est fixée à 60 % de la limite prévue pour les exploitants individuels multipliée par le nombre d'associés.

Toutefois, elle est égale à la limite prévue pour les exploitants individuels multipliée par le nombre d'associés lorsque la moyenne des recettes du groupement est inférieure ou égale à 138 000 € ;

6° Les bailleurs de biens ruraux qui ont exercé l'option autorisée par le 6° de l'article 260 ;

7° Pour les prestations de services rendues à leurs sociétaires, les coopératives d'utilisation de matériel agricole et les coopératives d'insémination artificielle.

II *bis*. —Par dérogation aux dispositions des I et II, en cas de décès d'un exploitant soumis au régime simplifié, ce régime continue de s'appliquer dans les mêmes conditions au conjoint, à l'héritier ou à l'indivision reprenant l'exploitation.

III. — Les conditions et les modalités de l'option mentionnée au deuxième alinéa du I sont fixées par décret en Conseil d'État. Ce décret peut notamment prévoir l'identification ou le marquage des animaux et la tenue d'une comptabilité matière les concernant. *— V. Ann. II, art. 260 D à 260 K et 267 quater.*

Les caractéristiques des activités soumises obligatoirement à la taxe sur la valeur ajoutée en application du II sont précisées en tant que de besoin par décret en Conseil d'État, après avis des organisations professionnelles intéressées. *— V. Ann. II, art. 260 A, 260 B et 260 C.*

III *bis*. — Les recettes accessoires commerciales et non commerciales, passibles de la taxe sur la valeur ajoutée, réalisées par un exploitant agricole soumis pour ses opérations agricoles au régime simplifié prévu au I peuvent être imposées selon ce régime lorsqu'au titre de la période couvrant les trois années d'imposition précédentes, la

moyenne annuelle des recettes accessoires, taxes comprises, de ces trois années n'excède pas *(L. n° 2017-1837 du 30 déc. 2017, art. 24)* « 100 000 € et 50 % *[ancienne rédaction : 50 000 € et 30 %]* » de la moyenne annuelle des recettes, taxes comprises, provenant de ses activités agricoles, au titre desdites années.

Par dérogation au précédent alinéa, les recettes accessoires commerciales et non commerciales, passibles de la taxe sur la valeur ajoutée, réalisées au titre des trois premières années d'activité par un exploitant agricole soumis pour ses opérations agricoles au régime simplifié prévu au I peuvent être imposées selon ce régime sous réserve du respect des dispositions visées au *(L. n° 2018-1317 du 28 déc. 2018, art. 57-I-3°, applicable aux exercices ouverts à compter du 1er janv. 2019)* « troisième » alinéa de l'article 75.

(Abrogé par L. n° 2017-1837 du 30 déc. 2017, art. 24) ***« Il en est de même des recettes des activités de production d'électricité d'origine photovoltaïque ou éolienne, passibles de la taxe sur la valeur ajoutée, réalisées par un exploitant agricole sur son exploitation agricole, lorsque le montant total des recettes provenant de ces activités, majorées des recettes accessoires commerciales et non commerciales susvisées, n'excède pas, au titre de la période annuelle d'imposition précédente, 100 000 € et 50 % du montant des recettes taxes comprises de ses activités agricoles. »***

IV. — En cas de cession ou de cessation de leur activité, les exploitants agricoles sont tenus de souscrire dans les trente jours la déclaration prévue au 1° du I ou, le cas échéant, au quatrième alinéa du I de l'article 1693 *bis*.

V. — Abrogé par L. n° 2013-1278 du 29 déc. 2013, art. 10-I-B.

1. Cas d'imposition. Les ventes de jus de fruits fabriqués par un groupement foncier agricole à partir des produits de son exploitation sont passibles de la TVA dès lors qu'elles sont faites sous une marque commerciale et selon un conditionnement analogue à celui sous lequel ce type de produits est vendu dans le commerce et que la production annuelle d'environ 80 000 litres implique l'usage d'installations et de matériels de la nature de ceux dont se servent les industriels pour des opérations semblables. • CE 5 mars 1997, n° 141057 : *Dr. fisc. 1997. 643, concl. Goulard ; RJF 1997. 321.*

2. Bailleur à métayage. Lorsqu'un bailleur à portion de fruits confie ses fonds agricoles à plusieurs métayers, il convient, pour apprécier le seuil de 300 000 F [46 000 €], de prendre en compte, à proportion de la part lui revenant dans les fruits des exploitations, les recettes provenant de l'ensemble de celles-ci. • CAA Bordeaux, 15 oct. 1996, n° 94BX1345 : *Dr. fisc. 1997. 469.*

3. Copropriétés et syndicats d'étalons. Ils sont soumis à la TVA et relèvent du régime applicable aux exploitants agricoles. Sont notamment taxables : les saillies supplémentaires, les saillies dites gratuites, les gains de courses. En revanche, ne sont pas taxables les saillies individuelles (taxées chez les propriétaires) et les mouvements financiers internes. * BOI-TVA-SECT-80-10-30-40 nos 30 s. du 12 sept. 2012.

4. Cessation d'activité. Un exploitant agricole qui était placé sous le régime du remboursement forfaitaire peut être assujetti pour la première fois à la TVA après son départ à la retraite si le montant moyen de ses recettes, dépasse le seuil fixé par l'art. 298 *bis*-II. • CAA Bordeaux, 14 déc. 1995, n° 94BX455 : *RJF 1997. 19.*

Art. 298 *bis*-0 A *Abrogé par L. n° 86-824 du 11 juill. 1986, art. 23.*

Art. 298 *bis* A et 298 *bis* B *Abrogés par L. n° 2004-1485 du 30 déc. 2005, art. 84-I-B et II, à compter du 1er janv. 2005.*

Art. 298 *ter* *Transféré ss. l'art. 267 bis.*

Art. 298 *quater* I. — Le remboursement forfaitaire est liquidé en fonction du montant :

a) des livraisons de produits agricoles faites à des assujettis autres que les agriculteurs qui bénéficient en France du remboursement forfaitaire ;

b) des livraisons de produits agricoles faites à des personnes morales non assujetties qui réalisent des acquisitions intracommunautaires imposables dans l'État membre de l'Union européenne d'arrivée de l'expédition ou du transport des produits agricoles ;

c) des exportations de produits agricoles.

I *bis*. — Le taux du remboursement forfaitaire est fixé pour les ventes faites à compter du 1er janvier 2014 :

1° à 5,59 % pour le lait, les animaux de basse-cour, les œufs, les animaux de boucherie et de charcuterie définis par décret, ainsi que les céréales, les graines oléagi-

neuses et les protéagineux mentionnés à l'annexe I du règlement (CE) n° 73/2009 du Conseil du 19 janvier 2009 ; — *V. Ann. III, art. 65 A.*

2° à 4,43 % pour les autres produits. — *I bis : Les taux issus de la L. n° 2013-1278 du 29 déc. 2013 s'appliquent aux opérations dont le fait générateur intervient à compter du 1ᵉʳ janv. 2014. Toutefois, ils ne s'appliquent pas aux encaissements pour lesquels la taxe sur la valeur ajoutée est exigible avant cette date (L. préc., art. 10-III).*

I *ter.* — 1. *Disposition périmée.*

2. *Abrogé.*

II. — Des décrets en Conseil d'État fixent, en tant que de besoin, les conditions d'application des I et I *bis*, notamment les justifications à fournir par les bénéficiaires du remboursement forfaitaire, ainsi que les bases de calcul dudit remboursement dans le cas d'exportation ou de livraisons intracommunautaires d'animaux vivants. — *V. Ann. II, art. 263 à 267 bis.*

III. — La déclaration déposée en vue d'obtenir le bénéfice du remboursement forfaitaire est recevable jusqu'au 31 décembre de l'année suivant celle au cours de laquelle le droit au remboursement forfaitaire est né. — *V. Ann. II, art. 266.*

IV. — Les justifications exigées pour l'octroi du remboursement forfaitaire peuvent être modifiées, pour certains secteurs de la production agricole, par décret pris après avis des organisations professionnelles agricoles. — *V. Ann. III, art. 98 bis.*

1. L'art. 25 de la 6ᵉ Dir. TVA doit être interprété en ce sens qu'un producteur agricole, qui a donné en fermage et/ou en location à long terme une partie des éléments substantiels de son exploitation agricole et qui poursuit, avec le reste de celle-ci, son activité d'agriculteur pour laquelle il est assujetti au régime commun forfaitaire, ne peut pas faire relever de ce régime forfaitaire le produit d'un tel fermage et/ou d'une telle location. Le chiffre d'affaires y afférent doit être soumis au régime normal ou, le cas échéant, au régime simplifié de la TVA. • CJCE 15 juill. 2004, n° C-321/02 : *RJF 2004. 1215.*

2. L'art. 25 de la directive précitée doit être interprété en ce sens que le régime commun forfaitaire des producteurs agricoles s'applique seulement à la livraison de produits agricoles et à la fourniture de prestations de services agricoles, telles que définies au 2, et que les autres opérations effectuées par les agriculteurs forfaitaires sont soumises au régime général de cette directive. • CJCE 26 mai 2005, n° C-43/04 : *RJF 2005. 987.*

3. L'art. 25-2, 5ᵉ tiret, de la directive précitée, lu conjointement avec l'annexe B de celle-ci, doit être interprété en ce sens que la location de lots de chasse par un agriculteur forfaitaire ne constitue pas une prestation de services agricoles au sens de cette directive. • CJCE 26 mai 2005, n° C-43/04 : *préc. note 2.*

Art. 298 *quinquies* **I. — Le remboursement forfaitaire institué par l'article 298 *quater* bénéficie :**

***a)* aux exploitants agricoles qui vendent des animaux de boucherie et de charcuterie définis par décret, soit à une personne redevable de la taxe sur la valeur ajoutée au titre de ces mêmes animaux, soit, en vue de l'abattage, à une personne redevable de la taxe sur la valeur ajoutée au titre de la vente des viandes provenant des animaux susvisés, soit à des personnes morales non assujetties qui réalisent des acquisitions intracommunautaires imposables dans l'État membre de la Communauté européenne où arrive le bien expédié ou transporté, soit à l'exportation ;** — *Pour la liste des animaux concernés, V. Ann. III, art. 65 A.*

***b)* aux exploitants agricoles qui vendent les mêmes animaux à des exploitants agricoles bénéficiaires du remboursement forfaitaire en vertu des dispositions du *a*.**

II. — Le remboursement forfaitaire alloué au revendeur est liquidé sur la différence entre le prix de vente et le prix d'achat de l'animal vivant.

L'application de ces dispositions est subordonnée à la publication d'un décret en Conseil d'État pris après avis des organisations professionnelles intéressées. Ce décret fixe notamment les modalités de contrôle et d'identification des animaux vivants et les formalités administratives auxquelles ce remboursement est soumis, ainsi que les modalités de décompte de l'assiette du remboursement. Le même texte peut fixer la base sur laquelle est décompté le remboursement forfaitaire dans le cas où le prix de cession des animaux excède leur valeur normale en poids de viande. — *V. Ann. II, art. 267 bis-7 et 267 ter.*

Dans le cas visé au *b* du I le remboursement forfaitaire est liquidé dans les conditions suivantes :

Le montant global du remboursement forfaitaire alloué au vendeur et au revendeur est décompté à partir des ventes d'animaux vivants réalisées par le revendeur ;

Dans la limite de ces ventes, celui-ci délivre à ses fournisseurs des attestations concernant les achats d'animaux effectués au cours de la même année ou au cours de l'année précédente ;

Le remboursement forfaitaire est versé aux fournisseurs sur la base des attestations qu'ils ont reçues ; il est versé au revendeur sur la différence entre le montant de ses ventes et celui des attestations qu'il a délivrées.

V *OPÉRATIONS INTRACOMMUNAUTAIRES PORTANT SUR DES MOYENS DE TRANSPORT NEUFS OU D'OCCASION*

Art. 298 *sexies* I. – Sont soumises à la taxe sur la valeur ajoutée les acquisitions intracommunautaires de moyens de transport neufs effectuées par des personnes mentionnées au 2° du I de l'article 256 *bis* ou par toute autre personne non assujettie.

II. – Est exonérée de la taxe sur la valeur ajoutée la livraison par un assujetti d'un moyen de transport neuf expédié ou transporté sur le territoire d'un autre État membre de la Communauté européenne.

III. – 1. Sont considérés comme moyens de transport : les bateaux d'une longueur de plus de 7,5 mètres, les aéronefs dont le poids total au décollage excède 1 550 kilogrammes et les véhicules terrestres à moteur d'une cylindrée de plus de 48 centimètres cubes ou d'une puissance de plus de 7,2 kilowatts, destinés au transport de personnes ou de marchandises, à l'exception des bateaux et aéronefs visés aux 2° et 4° du II de l'article 262.

2. Sont considérés comme moyens de transport neufs :

a) les bateaux et aéronefs dont la livraison est effectuée dans les trois mois suivant la première mise en service ou qui ont, respectivement, navigué moins de 100 heures, ou volé moins de 40 heures ;

b) les véhicules terrestres dont la livraison est effectuée dans les six mois suivant la première mise en service ou qui ont parcouru moins de 6 000 kilomètres. – *Entrée en vigueur du 2 le 1er janv. 1995.*

IV. – Est considérée comme un assujetti toute personne qui effectue à titre occasionnel la livraison d'un moyen de transport neuf expédié ou transporté sur le territoire d'un autre État membre de la Communauté européenne, à destination de l'acheteur, par le vendeur, par l'acheteur ou pour leur compte, dans les conditions prévues au II.

V. – Le droit à déduction prend naissance au moment de la livraison du moyen de transport neuf.

L'assujetti peut obtenir le remboursement de la taxe sur la valeur ajoutée facturée ou acquittée au titre de la livraison, de l'importation ou de l'acquisition intracommunautaire de ce moyen de transport neuf. Le remboursement ne peut excéder le montant de la taxe sur la valeur ajoutée qui serait due si la livraison n'était pas exonérée.

V *bis*. – Tout assujetti ou personne morale non assujettie, autre qu'une personne bénéficiant du régime dérogatoire prévu au 2° du I de l'article 256 *bis*, qui réalise des acquisitions intracommunautaires de moyens de transport mentionnés au 1 du III est tenu, pour obtenir le certificat fiscal avant d'acquitter effectivement la taxe, de présenter une caution solvable qui s'engage, solidairement avec l'assujetti ou la personne morale non assujettie, à acquitter la taxe sur la valeur ajoutée due au titre de l'acquisition intracommunautaire.

L'assujetti ou la personne morale non assujettie mentionné au premier alinéa peut cependant demander à être dispensé de l'obligation de présentation s'il offre des garanties suffisantes de solvabilité. Il est statué sur la demande de dispense dans un délai de trente jours.

Dans le cas où l'assujetti ou la personne morale non assujettie n'a pas présenté une caution solvable ni offert des garanties suffisantes de solvabilité, le certificat fiscal ne lui est délivré qu'au moment où la taxe est effectivement acquittée.

V *ter*. – Le règlement de la taxe sur la valeur ajoutée due au titre de l'acquisition intracommunautaire, par une personne physique non assujettie, d'un moyen de transport neuf mentionné au 2 du III, doit être effectué auprès du Trésor public, ou par un chèque libellé à l'ordre du Trésor public, par l'acquéreur. En cas de recours à un man-

dataire, celui-ci est tenu d'informer le mandant de cette obligation, par écrit, à la signature du contrat, sous peine de nullité de ce dernier, dans des conditions fixées par décret.

VI. – Les dispositions de l'article 297 A ne sont pas applicables aux livraisons de moyens de transport neufs visées au II. – *Entrée en vigueur du VI le 1er janv. 1995.*

VII. – Un décret en Conseil d'État fixe les conditions d'application des dispositions du présent article et, notamment, en tant que de besoin, les mesures permettant, en vue d'en assurer le contrôle, l'identification des moyens de transport neufs. – *V. Ann. II, art. 242 undecies à 242 sexdecies.*

BIBL. ▶ HÉDARY, *Dr. fisc. 2011. Étude 479* (journaux et écrits périodiques : les conditions pour bénéficier du taux de TVA et du tarif postal réduits).

1. Moyens de transport neufs. Au sens du droit communautaire, constituent des moyens de transport neufs les véhicules terrestres à moteur dont la livraison est effectuée dans les six mois suivant la première mise en service ou qui ont parcouru moins de 6 000 kilomètres. Les véhicules qui ne répondent pas à cette définition sont considérés comme des biens d'occasion soumis à la taxe dans le pays de départ. A titre pratique, et afin d'éviter les doubles impositions, les autorités françaises veillent à ce que seules soient imposées en France les acquisitions intracommunautaires portant sur des moyens de transport qui ont été mis à la disposition matérielle de l'acquéreur sur le territoire national moins de six mois après leur première mise en circulation. * BOI-TVA-SECT-70-10 nos 70 à 100 du 12 sept. 2012. ♦ Des véhicules acquis par un assujetti-revendeur dont les certificats destinés à l'immatriculation en France mentionnent une date de livraison postérieure au délai de six mois prévu par la loi mais qui ont fait l'objet d'un enlèvement chez le fournisseur avant l'expiration de ce délai et pour lesquels les factures ne mentionnent pas l'application par le fournisseur du régime de la marge doivent être réputés neufs. • CAA Bordeaux, 5 juill. 2007, n° 05BX2091 : *RJF 2008. 21.*

2. Lorsque l'Administration est saisie d'un dossier complet de demande de délivrance du certificat fiscal prévu par l'art. 298 *sexies* nécessaire à l'immatriculation d'un véhicule lorsque l'achat de ce dernier a été effectué dans un autre État membre de l'UE, elle est tenue de délivrer le certificat sollicité même si elle soupçonne l'existence d'une fraude à la TVA. Il lui appartient seulement de se prémunir d'une telle fraude et, le cas échéant, de la réprimer en mettant en œuvre les procédures de contrôle et de redressement dont elle dispose. • CE 6 avr. 2018, n° 403401 : *RJF 2018. 745.*

3. La qualification d'une opération en tant que livraison ou acquisition intracommunautaire ne saurait dépendre du respect d'un quelconque délai dans lequel le transport du bien en cause à partir de l'État membre de livraison vers l'État membre de destination devrait commencer ou s'achever. Dans le cas particulier de l'acquisition d'un moyen de transport neuf, la détermination du caractère intracommunautaire de l'opération doit s'effectuer par une appréciation globale de toutes les circonstances objectives ainsi que de l'intention de l'acquéreur, pour autant qu'elle soit étayée par des éléments objectifs permettant d'identifier l'État membre dans lequel est envisagée l'utilisation finale du bien concerné. Pour apprécier si un moyen de transport faisant l'objet d'une acquisition intracommunautaire est neuf, il faut se placer au moment de la livraison du bien concerné par le vendeur à l'acquéreur. • CJUE 18 nov. 2010, n° C-84/09 : *RJF 2011. 257.*

4. Preuve de la réalité de la livraison. Il appartient au redevable de la TVA, qui se prévaut de l'exonération, d'apporter la preuve, par tous moyens, que les biens ont été effectivement expédiés ou transportés sur le territoire d'un autre État membre de la Communauté européenne. Cette preuve est appréciée au cas par cas et peut résulter de différents documents constituant un faisceau d'indices de la réalité de la livraison. • CAA Bordeaux, 22 janv. 2004, n° 01BX634 : *RJF 2004. 467.*

Art. 298 *sexies* A **Les assujettis revendeurs soumis aux obligations prévues à l'article 297 G qui souhaitent bénéficier du régime prévu à l'article 297 A et les mandataires sont tenus de demander, pour le compte de leur client ou mandant, le certificat fiscal prévu au V *bis* de l'article 298 *sexies*.**

Ce certificat est délivré si le demandeur justifie, dans les conditions fixées par décret en Conseil d'État, du régime de taxe sur la valeur ajoutée appliqué par le titulaire du certificat d'immatriculation du véhicule. – *V. Ann. II, art. 242 undecies à 242 sexdecies.*

Régime de la marge et véhicules d'occasion. Demande de certificat fiscal. Documents à présenter. * BOI-TVA-SECT-70-30-10 du 2 sept. 2012.

VI *RÉGIME DE LA PRESSE ET DE SES FOURNISSEURS*

Art. 298 *septies* *(L. n° 2020-1721 du 29 déc. 2020, art. 44-I-17°-a)* **« Les livraisons et services d'intermédiation »** *(Abrogé par L. n° 2021-1900 du 30 déc. 2021, art. 30-I-20°)* ***« portant sur les ventes, commissions et courtages »*** **portant sur les publications qui remplissent les conditions prévues par les articles 72 et 73 de l'annexe III au présent code pris en application de l'article 52 de la loi du 28 février 1934, sont soumis à la taxe sur la valeur ajoutée au taux de 2,10 % dans les départements de la France métropolitaine et de 1,05 % dans les départements de la Guadeloupe, de la Martinique et de La Réunion.**

Sont également soumis aux mêmes taux de la taxe sur la valeur ajoutée les *(L. n° 2020-1721 du 29 déc. 2020, art. 44-I-17°-b)* **« livraisons et services d'intermédiation » portant** *(L. n° 2017-1837 du 30 déc. 2017, art. 8)* **« sur les versions numérisées d'une publication mentionnée au premier alinéa du présent article et » sur les services de presse en ligne reconnus comme tels en application de l'article 1er de la loi n° 86-897 du 1er août 1986 portant réforme du régime juridique de la presse.** — *V. Ann. III, art. 73-0 A.*

(Abrogé par L. n° 2020-1721 du 29 déc. 2020, art. 44-I-17°-c) (L. n° 2017-1837 du 30 déc. 2017, art. 8) ***« Lorsque ces prestations sont comprises dans une offre, composée ou non de plusieurs autres offres, qui comprend l'accès à un réseau de communications électroniques au sens du 2° de l'article L. 32 du code des postes et des communications électroniques ou à un équipement terminal au sens du 10° du même article L. 32 ou la fourniture de services de télévision au sens de l'article 2 de la loi n° 86-1067 du 30 septembre 1986 relative à la liberté de communication, le taux réduit est applicable au supplément de prix payé par le client par rapport à une offre identique, mais ne comprenant pas tout ou partie de ces mêmes prestations, commercialisée dans des conditions comparables. Le cas échéant, cette assiette est majorée de celle établie pour l'application du taux réduit à cette autre offre.***

« A défaut d'une telle autre offre, le taux réduit est applicable aux sommes payées, par client, pour l'acquisition de ces prestations, nettes des frais de mise à disposition du public acquittés par les éditeurs de presse au fournisseur de service, dans la limite, le cas échéant, du prix auquel ces prestations sont commercialisées par ailleurs par le fournisseur. »

V. Décr. n° 2009-1340 du 29 oct. 2009, art. 1er.

Les dispositions du présent art. issues de la L. n° 2017-1837 du 30 déc. 2017 sont applicables aux prestations de service pour lesquelles l'exigibilité et le fait générateur de la taxe sur la valeur ajoutée interviennent à compter du 1er mars 2018 (L. préc., art. 8).

1. Écrits périodiques constituant des publications de presse. Il s'agit, en principe, des publications qui ont obtenu un certificat d'inscription en commission paritaire des publications et agences de presse (CPPAP) et une décision favorable du directeur des services fiscaux prise sur demande des éditeurs intéressés. * BOI-TVA SECT-70-10-10 du 12 sept. 2021. ♦ Jugé toutefois que le bénéfice du régime de la presse prévu à l'art. 298 *septies* n'est pas subordonné à un agrément préalable de l'administration fiscale. • CAA Nantes, 2 mars 1995, n° 94NT391 : *Dr. fisc. 1995. 1871, concl. Isaïa ; RJF 1995. 595* • TA Paris, 3 janv. 2007, n° 00-6521 : *RJF 2007. 1031.*

2. Extension du taux de TVA de 2,1 % aux services de presse en ligne. Depuis le 1er févr. 2014, les ventes, commissions et courtages portant sur les services de presse en ligne qui remplissent les conditions prévues par l'art. 1er du Décr. n° 2009-1340 du 29 oct. 2009 sont soumis à la TVA, aux taux de 2,1 % dans les départements de la France métropolitaine et de 1,05 % dans les départements de la Guadeloupe, de la Martinique et de La Réunion. * BOI-TVA-SECT-40-40 n° 20 du 5 déc. 2018.

3. Offre couplée presse en ligne, télévision. Règles d'assiette des taux de TVA de 2,1 % et 10 % applicables aux services de presse en ligne et de télévision lorsqu'ils sont proposés notamment avec des services ou des équipements de communication électronique. Les conditions d'application de ces taux doivent respecter les principes dégagés par la CJUE en matière d'opérations complexes. * BOI-TVA-LIQ-30-20-100 et * BOI-TVA-SECT-40-40 du 5 déc. 2018.

4. Décision de la CPPAP. La décision de refus de délivrance d'un premier certificat d'inscription d'une publication au régime de la presse ne constitue pas une ingérence de l'autorité publique et ne porte pas, par elle-même, atteinte à la liberté d'expression garantie par l'art. 10 de la Conv. EDH. • CE 15 mai 2009, n° 297529 : *RJF 2009. 735* • 10 juill. 2009, n° 299696 : *RJF 2009. 923.* ♦ La décision de la commission refusant le renouvellement d'inscription d'une publication constitue une ingérence de l'autorité publique au sens de la Conv. EDH, mais, eu égard aux garanties prévues par la réglementation, cette ingérence n'est pas proscrite. • CE 7 août 2007, n° 298828, *Sté Lyon Mag : RJF 2007.*

1514. ♦ La même décision ne porte pas une atteinte disproportionnée à la liberté du commerce et de l'industrie. • Même arrêt.

5. Procédure devant la CPPAP. Aucune disposition législative ou réglementaire, ni aucun principe général de droit, n'imposent à la commission de prendre des dispositions particulières pour permettre au demandeur de formuler des observations avant l'intervention de la décision. • CE 10 mars 2004, n° 254110 : *RJF 2004. 593.* ♦ ...Ou avant celle de la décision prise sur un recours gracieux formé contre la décision initiale. • CE 25 mai 2005, n°s 270109 et 247968 : *RJF 2005. 917 ; concl. Donnat au BDCF 8-9/05, n° 111.* ♦ Lorsqu'elle est saisie d'un dossier pour l'obtention du régime de la presse dans les conditions de l'art. 72 de l'annexe III, la commission n'est pas tenue de vérifier d'office si un des régimes dérogatoires de l'art. 73 de la même annexe peut, le cas échéant, s'appliquer. • CE 12 mars 2007, n° 285304 : *RJF 2007. 679.* ♦ Lors d'une demande de renouvellement du certificat d'inscription d'une publication de presse, la commission n'est pas liée par les appréciations qu'elle a pu porter sur cette publication par le passé. • CE 30 mars 2007, n° 287667 : *RJF 2007. 678.*

6. Les décisions par lesquelles la commission refuse d'accorder ou de renouveler le certificat d'inscription n'ont pas le caractère d'une sanction. • CE 25 oct. 2004, n°s 262425 et 265460 : *RJF 2005. 21.* ♦ La décision de refus de délivrance du certificat d'inscription d'une publication de presse n'est pas suffisamment motivée lorsqu'elle se borne à faire référence à un texte réglementaire de portée générale, sans faire état de considérations de fait. • CE 7 août 2008, n° 308927, *Assoc. « La santé de la famille des chemins de fer français » : RJF 2008. 1182.* ♦ La commission doit motiver ses décisions défavorables. Mais la décision implicite par laquelle la commission refuse de délivrer le certificat d'inscription d'une publication n'est pas illégale en vertu du seul fait qu'elle est dépourvue de motivation. Si l'éditeur de cette publication n'a pas demandé que lui soient communiqués les motifs de cette décision implicite, il n'est pas fondé à soutenir que la commission aurait méconnu l'obligation de motivation qui s'imposait à elle en rejetant sa demande de délivrance du certificat par une telle décision. • CE 20 avr. 2005, n°s 267097 et 272019 : *RJF 2005. 680.* ♦ La commission ne peut rejeter le recours gracieux formé contre une première décision en reprenant le motif fondé sur l'examen d'un seul numéro d'une publication sans faire état des éléments nouveaux produits devant elle à l'appui de ce recours et relatifs à deux numéros antérieurs à cette décision. • CE 10 mai 2006, n° 284692 : *RJF 2006. 1015.*

7. La CPPAP peut légalement, dès lors qu'elle constate que les conditions prévues par la réglementation ne sont pas satisfaites, décider pour l'avenir de ne pas renouveler le certificat d'inscription. En revanche, elle ne peut pas rétroactivement remettre en cause le bénéfice du certificat d'inscription pour les numéros couverts par le certificat délivré antérieurement et dont les effets n'ont pas expiré. • CE 26 juill. 2007, n° 293141, *Sté Groupe Revue Fiduciaire SA : RJF 2007. 1237.*

8. Certificat de la CPPAP. Le taux spécial est réservé aux publications titulaires du certificat d'inscription délivré par la Commission paritaire des publications et agences de presse. • CAA Nantes, 18 févr. 1997, n° 94NT191 : *Dr. fisc. 1997. 1179.*

9. Portée relative du certificat de la CPPAP. L'autorité administrative compétente pour se prononcer sur la demande d'un contribuable tendant à bénéficier du taux réduit prévu à l'art. 298 *septies* n'est pas tenue d'accorder cet avantage lorsque la commission paritaire des publications et agences de presse a délivré un certificat d'inscription à la publication que le contribuable édite mais conserve la faculté d'apprécier si cette publication satisfait aux conditions mentionnées aux art. 72 et 73 de l'Ann. III. • CE 29 nov. 2002, *SARL Les Courses,* n° 224644 : *Dr. fisc. 2003. 678 ; RJF 2003. 170.*

V. égal. notes ss. art. 72 de l'Ann. III.

10. Recueils d'invendus. Une société, qui achète auprès de particuliers des journaux anciens qu'elle trie et remet en état en vue de leur revente à l'unité sous l'appellation « Le journal de sa naissance », exerce une activité d'achat et de revente de journaux anciens qui ne constituent pas des invendus. Dès lors, elle n'offre pas habituellement au public ces journaux à un prix marqué ou sur abonnement et n'a pas la qualité d'éditeur de presse. Cette société ne peut donc pas prétendre au bénéfice du taux spécifique de 2,1 %. • CAA Paris, 25 janv. 2006, n° 04PA2347 : *RJF 2006. 845.*

Art. 298 *octies* **Les travaux de composition et d'impression des écrits périodiques sont soumis au taux réduit de 10 % de la taxe sur la valeur ajoutée.**

Sont également soumises au taux réduit de 10 % de la taxe sur la valeur ajoutée les fournitures d'éléments d'information faites par les agences de presse figurant sur la liste prévue à l'article 1er de l'ordonnance n° 45-2646 du 2 novembre 1945 modifiée ainsi que les opérations de cession ou de rétrocession par une entreprise de presse, d'éléments d'information (articles, reportages, dessins, photographies), à une autre entreprise de presse en vue de l'édition des journaux ou publications mentionnées à l'article 298 *septies*.

1. Travaux de composition. Les opérations qui consistent à saisir et à mettre en page un texte et des photographies, dessins ou graphiques illustrant ce texte sur un support informatique et qui se matérialisent par la remise d'une disquette au photograveur pour impression sont considérées comme des travaux de composition soumis au taux réduit à la condition d'être effectuées dans le cadre d'une opération d'édition d'écrits périodiques. * BOI-TVA-SECT-40-20-20 n° 80 du 12 sept. 2012. ♦ Plus généralement, certains travaux, se situant au stade antérieur aux travaux de composition proprement dits, sont assimilés à des travaux de composition, sous réserve que ces travaux soient effectués dans le cadre d'une publication dont l'éditeur assure pleinement la responsabilité éditoriale. De plus, la livraison des matériaux nécessaires aux travaux d'impression (papier, encre) est soumise au taux réduit, pour autant que la fourniture de ces derniers ne soit pas mentionnée distinctement sur la facture de travaux d'impression. * BOI-TVA-SECT-40-20-20 n° 90 du 12 sept. 2012.

2. Publications concernées. Les écrits périodiques s'entendent de toutes les publications qui, à l'exception de celles consacrées exclusivement ou principalement à la diffusion de messages publicitaires, sont éditées à intervalles réguliers, sans que le législateur en ait limité le champ d'application du taux réduit aux seules publications relevant par ailleurs de l'art. 298 *septies.* • CE 19 déc. 2008, ♔ n° 309338 : *RJF 2009. 206 ; Dr. fisc. 2009. 89, concl. Collin.* ♦ La diffusion par une agence de location auprès de ses clients, moyennant un prix forfaitaire, d'un journal d'annonces immobilières qu'elle imprime elle-même ne bénéficie pas du taux réduit prévu en faveur des travaux de composition et d'impression d'écrits périodiques. • CAA Lyon, 17 janv. 2006, n° 00LY1916 : *RJF 2006. 516.*

3. Les travaux de composition et d'impression des écrits périodiques bénéficient du taux réduit même si ces derniers n'ont pas de certificat d'inscription à la CPPAP. • CE 19 déc. 2008, ♔ n° 309338 : *préc. note 2.*

4. Journal politique de circonscription. Les travaux de composition et d'impression des écrits périodiques, tels qu'un journal politique de circonscription publié une ou deux fois par an, sont soumis au taux intermédiaire. *Rép. min. n° 43977 : *JOAN Q, 25 nov. 2014, p. 9856.*

Art. 298 *nonies* **L'exigibilité de la taxe sur la valeur ajoutée intervient lors de l'encaissement des acomptes ou du prix en ce qui concerne les ventes des publications désignées à l'article 298 *septies* ainsi que les ventes de papier réalisées par les sociétés participant à la constitution, au maintien et au financement d'un stock de précaution de papier de presse équivalant à trois mois de consommation de papier des éditeurs de presse qu'elles fournissent. En ce qui concerne les acquisitions intracommunautaires portant sur ces produits, l'exigibilité de la taxe sur la valeur ajoutée intervient dans les conditions fixées au *d* du 2 de l'article 269.**

Art. 298 *decies* **I. — Les droits à déduction des entreprises qui éditent les publications désignées à l'article 298 *septies* sont déterminés dans les mêmes conditions que pour les entreprises qui deviennent redevables de cette taxe, compte tenu, s'il y a lieu, des droits qui ont été exercés antérieurement à cette date.**

II. — *Disposition périmée.*

III. — Les droits à déduction des sociétés de messagerie de presse régies par la loi n° 47-585 du 2 avril 1947, de la société professionnelle des papiers de presse et des agences de presse figurant sur la liste prévue à l'article 1er de l'ordonnance n° 45-2646 du 2 novembre 1945 modifiée sont déterminés dans les mêmes conditions que pour les entreprises qui deviennent assujetties à la taxe sur la valeur ajoutée, compte tenu, s'il y a lieu, des droits qui ont été exercés antérieurement à cette date. Il en est de même pour les imprimeries qui justifieront qu'elles consacrent plus de 50 % de leur activité à la composition ou à l'impression des publications mentionnées à l'article 298 *septies*.

Art. 298 *undecies* **Les opérations d'entremise accomplies par des personnes justifiant de la qualité de mandataire régulièrement inscrit** *(L. n° 2019-1063 du 18 oct. 2019, art. 6-1°)* **« à la commission mentionnée à l'article 26 de la loi n° 47-585 du 2 avril 1947 relative au statut des entreprises de groupage et de distribution des journaux et publications périodiques » ne donnent pas lieu au paiement de la taxe sur la valeur ajoutée lorsqu'elles concernent des écrits périodiques au sens de la loi du 29 juillet 1881. Les éditeurs des périodiques ainsi diffusés acquittent la taxe sur la valeur ajoutée sur le prix de vente total au public.**

Pour le calcul des droits à déduction, les opérations ci-dessus sont considérées comme ayant été effectivement taxées.

Art. 298 *duodecies* Les *(L. n° 2020-1721 du 29 déc. 2020, art. 44-I-18°)* « livraisons et services d'intermédiation » portant sur les annuaires et sur les publications périodiques autres que celles mentionnées à l'article 298 *septies* édités par les collectivités publiques et leurs établissements publics à caractère administratif, ainsi que par les organismes à but non lucratif, sont exonérés à la condition, d'une part, que les annonces et réclames ne couvrent jamais plus des deux tiers de la surface de ces périodiques ou annuaires, d'autre part, que l'ensemble des annonces ou réclames d'un même annonceur ne soit jamais, dans une même année, supérieur au dixième de la surface totale des numéros parus durant cette année.

Art. 298 *terdecies* Un décret en Conseil d'État fixe les modalités d'application des articles 298 *septies* à 298 *duodecies*.

Art. 298 *terdecies* A à 298 *terdecies* E *Abrogés par L. n° 87-1060 du 30 déc. 1987, art. 88, à compter du 1er janv. 1989.*

VII *OPÉRATIONS PORTANT SUR LES TABACS MANUFACTURÉS*

Art. 298 *quaterdecies* I. — Les opérations portant sur les tabacs manufacturés sont soumises à la taxe sur la valeur ajoutée dans les conditions de droit commun, sous réserve des dispositions ci-après.

II. — Le fait générateur de la taxe sur la valeur ajoutée applicable aux ventes dans les départements de France métropolitaine de tabacs manufacturés est *(Ord. n° 2021-1843 du 22 déc. 2021, art. 10-18°, en vigueur le 1er janv. 2022)* « constitué par la mise à la consommation au sens de l'article L. 311-15 du code des impositions sur les biens et services ».

La taxe est assise sur le prix de vente au détail, à l'exclusion de la taxe sur la valeur ajoutée elle-même.

Elle est acquittée par le fournisseur dans le même délai que le droit de consommation.

1. Il résulte des art. 298 *quaterdecies* et 298 *sexdecies* que les opérations portant sur les tabacs manufacturés sont, à chacun des stades du circuit de commercialisation, soumises à la TVA à laquelle sont soumises les ventes de tabacs manufacturés réalisées dans les conditions du droit commun. Sont toutefois exclues de l'assiette de la taxe à laquelle sont soumises les ventes de tabacs manufacturés réalisées dans les DOM, les marges commerciales prises postérieurement à la fabrication ou à l'importation de ces tabacs. Par suite, les opérations de vente de tabacs importés à des distributeurs réalisées dans les DOM sont comprises dans le champ de la taxe. Dès lors les importateurs peuvent déduire la taxe ayant grevé les biens et services ayant concouru à la réalisation de ces opérations, même si la TVA due par les importateurs n'est pas recouvrée en vertu d'une tolérance administrative. • CE 6 nov. 2002, n° 212630, *SARL DISTRIVIT : RJF 2003. 30 ; Dr. fisc. 2003. 167, concl. Bachelier.*

2. Les ventes faites par les distributeurs (débitants de tabacs) échappent à la TVA : il en est de même pour les remises qui leur sont allouées. En effet, les débitants de tabacs sont de simples dépositaires des marchandises qui leur sont livrées par la SEITA ou les fournisseurs agréés. Ils ne sont donc pas redevables de la TVA sur leurs ventes de tabacs manufacturés. Toutefois, les hôteliers, restaurateurs, débitants de boissons, exploitants de stations-services, compagnie internationale des wagons-lits, etc., qui sont autorisés, sous certaines conditions, à rétrocéder les tabacs au prix réglementaire majoré éventuellement d'un supplément à titre de rémunération de leurs services, doivent soumettre ce supplément à la TVA au taux normal. * BOI-TVA-BASE-10-20-60 n° 160 du 12 sept. 2012.

Art. 298 *quindecies* En ce qui concerne les tabacs importés dans les départements de France métropolitaine, la taxe sur la valeur ajoutée qui a grevé les éléments de leur prix est déductible de la taxe due au titre des autres opérations imposables effectuées en France par le fournisseur ; à défaut de pouvoir être ainsi déduite, cette taxe peut faire l'objet d'un remboursement dans les conditions prévues au IV de l'article 271.

Art. 298 *quindecies* A *Abrogé à compter du 1er janv. 1995.*

Art. 298 *sexdecies* Dans les départements de La Réunion, de la Martinique et de la Guadeloupe, les marges commerciales postérieures à la fabrication ou à l'importation demeurent exclues de la taxe sur la valeur ajoutée.

VIII RÉGIME APPLICABLE À L'OR D'INVESTISSEMENT

Art. 298 *sexdecies* A 1. Sont exonérées de la taxe sur la valeur ajoutée :

a. Les livraisons, les acquisitions intracommunautaires et les importations d'or d'investissement, y compris lorsque l'or d'investissement est négocié sur des comptes or ou sous la forme de certificats ou de contrats qui confèrent à l'acquéreur un droit de propriété ou de créance sur cet or ;

b. Les prestations de services rendues par les assujettis qui interviennent au nom et pour le compte d'autrui dans les opérations visées au *a.*

2. Est considéré comme or d'investissement :

a. L'or sous la forme d'une barre, d'un lingot ou d'une plaquette d'un poids supérieur à un gramme et dont la pureté est égale ou supérieure à 995 millièmes, représenté ou non par des titres ;

b. Les pièces d'une pureté égale ou supérieure à 900 millièmes qui ont été frappées après 1800, ont ou ont eu cours légal dans leur pays d'origine et dont le prix de vente n'excède pas de plus de 80 % la valeur de l'or qu'elles contiennent. – *Mentions des factures, V. Ann. III, art. 98 B.*

1. Doctrine administrative. Régime spécial de l'or d'investissement. Personnes et opérations concernées. Exonérations. Option pour la taxation. Déductions. Obligations. * BOI-TVA-SECT-30-10 du 12 sept. 2012.

2. Liste des pièces d'or. La liste des pièces éligibles au régime de l'or d'investissement est publiée chaque année par la Commission européenne. ♦ Pour 2018, V. JOUE, C 381, 11 nov. 2017. ♦ Pour 2019, V. JOUE, C 412, 14 nov. 2018. ♦ Pour 2020, V. JOUE, C 364, 29 oct. 2019. ♦ Pour 2021, V. JOUE, C 381, 12 nov. 2020.

Art. 298 *sexdecies* B 1. Les assujettis qui produisent de l'or d'investissement ou transforment de l'or en or d'investissement peuvent, sur option, soumettre à la taxe sur la valeur ajoutée la livraison de cet or d'investissement à un autre assujetti.

2. Les assujettis qui réalisent habituellement des livraisons d'or destiné à un usage industriel peuvent, sur option, soumettre à la taxe sur la valeur ajoutée chacune des livraisons d'or mentionné au *a* du 2 de l'article 298 *sexdecies* A à un autre assujetti.

3. Les assujettis qui interviennent au nom et pour le compte d'autrui dans des opérations mentionnées au *a* du 1 de l'article 298 *sexdecies* A peuvent, sur option, soumettre à la taxe sur la valeur ajoutée leur prestation lorsque l'opération dans laquelle ils s'entremettent est imposée en application du 1 ou du 2.

4. Lorsqu'ils ont exercé l'une des options ci-dessus, les assujettis portent sur la facture qu'ils délivrent la mention : Application des articles 348 à 351 de la directive 2006/112/CE du Conseil, du 28 novembre 2006. A défaut, l'option est réputée ne pas avoir été exercée.

Art. 298 *sexdecies* C 1. Les assujettis qui réalisent des livraisons d'or exonérées en application de l'article 298 *sexdecies* A peuvent déduire la taxe sur la valeur ajoutée qui a grevé :

a. Leurs achats d'or d'investissement lorsque ces achats ont été soumis à la taxe en application de l'article 298 *sexdecies* B ;

b. Leurs achats d'or autre que d'investissement lorsque cet or a été acquis ou importé en vue de sa transformation en or d'investissement ;

c. Les prestations de services ayant pour objet un changement de forme, de poids ou de pureté de l'or, y compris l'or d'investissement.

2. Lorsqu'ils réalisent des livraisons exonérées en application de l'article 298 *sexdecies* A, les assujettis qui produisent de l'or d'investissement ou transforment de l'or en or d'investissement peuvent déduire la taxe sur la valeur ajoutée qu'ils ont supportée au titre des livraisons, des acquisitions intracommunautaires et des importations des biens ou des services directement liés à la production ou à la transformation de cet or.

Art. 298 *sexdecies* D Pour les livraisons mentionnées au 1 et au 2 de l'article 298 *sexdecies* B, la taxe est acquittée par le destinataire. Toutefois, le vendeur est solidairement tenu au paiement de la taxe.

Art. 298 *sexdecies* E 1. Les assujettis qui achètent et revendent de l'or d'investissement tel que défini au 2 de l'article 298 *sexdecies* A doivent conserver pendant six

ans à l'appui de leur comptabilité les documents permettant d'identifier leurs clients pour toutes les opérations d'un montant égal ou supérieur à 15 000 euros.

2. Lorsqu'ils sont astreints aux obligations de l'article 537, les assujettis peuvent répondre à l'obligation mentionnée au 1 par la production du registre prévu à cet article.

3. Les assujettis comptabilisent distinctement les opérations portant sur l'or d'investissement en les distinguant selon qu'elles sont exonérées ou ont fait l'objet de l'option.

IX *SERVICES FOURNIS PAR VOIE ÉLECTRONIQUE*

Pour les opérations pour lesquelles le fait générateur de la taxe sur la valeur ajoutée intervient à compter du 1er janv. 2021, le IX s'intitule : « Régimes particuliers applicables aux assujettis qui fournissent des prestations de services à des personnes non assujetties ou qui effectuent des ventes à distance de biens ou certaines livraisons intérieures de biens » (L. nº 2019-1479 du 28 déc. 2019, art. 147-I-Q-1º et IV).

A RÉGIME PARTICULIER APPLICABLE AUX PRESTATIONS DE SERVICES FOURNIES PAR DES ASSUJETTIS NON ÉTABLIS SUR LE TERRITOIRE DE L'UNION EUROPÉENNE *(L. nº 2019-1479 du 28 déc. 2019, art. 147-I-Q-2º et IV, applicable aux opérations pour lesquelles le fait générateur de la TVA intervient à compter du 1er janv. 2021).*

Art. 298 *sexdecies* F 1. Tout assujetti non établi dans *(L. nº 2018-1317 du 28 déc. 2018, art. 72-3º-a)* **« l'Union » européenne qui fournit des prestations de services** *(Abrogé par L. nº 2019-1479 du 28 déc. 2019, art. 147-I-Q-3º et IV, applicable aux opérations pour lesquelles le fait générateur de la TVA intervient à compter du 1er juill. 2021)* ***« mentionnées à l'article 259 D »*** **à une personne non assujettie qui est établie dans un État membre de** *(L. nº 2018-1317 du 28 déc. 2018, art. 72-3º-a)* **« l'Union » européenne, y a son domicile ou sa résidence habituelle, peut se prévaloir du régime** *(L. nº 2019-1479 du 28 déc. 2019, art. 147-I-Q-3º et IV, applicable aux opérations pour lesquelles le fait générateur de la TVA intervient à compter du 1er juill. 2021)* **« particulier** *[ancienne rédaction : spécial]* **» exposé au présent article. Ce régime** *(L. nº 2019-1479 du 28 déc. 2019, art. 147-I-Q-3º et IV, applicable aux opérations pour lesquelles le fait générateur de la TVA intervient à compter du 1er juill. 2021)* **« particulier** *[ancienne rédaction : spécial]* **» est applicable à l'ensemble de ces services fournis dans** *(L. nº 2018-1317 du 28 déc. 2018, art. 72-3º-a)* **« l'Union » européenne.**

Est considéré comme un assujetti non établi dans *(L. nº 2018-1317 du 28 déc. 2018, art. 72-3º-a)* **« l'Union » européenne un assujetti qui n'a pas établi le siège de son activité économique et ne dispose pas d'établissement stable sur le territoire de** *(L. nº 2018-1317 du 28 déc. 2018, art. 72-3º-a)* **« l'Union » européenne** *(Abrogé par L. nº 2018-1317 du 28 déc. 2018, art. 72-3º-a)* ***« et qui n'est pas tenu d'être identifié à la taxe sur la valeur ajoutée à d'autres fins »*****.**

Est considéré comme État membre d'identification, l'État membre auquel l'assujetti non établi dans *(L. nº 2018-1317 du 28 déc. 2018, art. 72-3º-a)* **« l'Union » européenne choisit de notifier le moment où commence son activité en qualité d'assujetti sur le territoire de** *(L. nº 2018-1317 du 28 déc. 2018, art. 72-3º-a)* **« l'Union » européenne conformément aux dispositions du présent article.**

On entend par État membre de consommation, l'État membre de *(L. nº 2018-1317 du 28 déc. 2018, art. 72-3º-a)* **« l'Union » européenne dans lequel, conformément** *(L. nº 2019-1479 du 28 déc. 2019, art. 147-I-Q-3º et IV, applicable aux opérations pour lesquelles le fait générateur de la TVA intervient à compter du 1er juill. 2021)* **« au titre V du chapitre 3** *[ancienne rédaction : à l'article 58]* **» de la directive 2006/112/CE du Conseil, du 28 novembre 2006, relative au système commun de taxe sur la valeur ajoutée,** *(L. nº 2019-1479 du 28 déc. 2019, art. 147-I-Q-3º et IV, applicable aux opérations pour lesquelles le fait générateur de la TVA intervient à compter du 1er juill. 2021)* **« les prestations de services sont réputées** *[ancienne rédaction : la prestation des services de télécommunication, de radiodiffusion et de télévision ou des services électroniques est réputée]* **» avoir lieu.**

2. Il informe l'administration du moment où il commence son activité imposable, la cesse ou la modifie au point de ne plus pouvoir se prévaloir de ce régime *(L. nº 2019-1479 du 28 déc. 2019, art. 147-I-Q-3º et IV, applicable aux opérations pour lesquelles le fait générateur de la TVA intervient à compter du 1er juill. 2021)* **« particulier** *[ancienne rédaction : spécial]* **». Il communique cette information et notifie à l'administration toute**

modification par voie électronique dans les conditions fixées par arrêté. – *V. Ann. IV, art. 50 sexies J et 50 sexies K.*

3. L'administration lui attribue et lui communique par voie électronique un numéro individuel d'identification *(L. n° 2019-1479 du 28 déc. 2019, art. 147-I-Q-3° et IV, applicable aux opérations pour lesquelles le fait générateur de la TVA intervient à compter du 1er juill. 2021)* « aux fins de l'application du présent régime particulier » dont les modalités sont fixées par décret. – *V. Ann. III, art. 97 bis et 97 ter.*

[4. applicable aux opérations pour lesquelles le fait générateur de la TVA intervient avant le 1er juill. 2021]

4. L'administration le radie du registre d'identification dans les cas suivants :

a) S'il notifie qu'il ne fournit plus de services mentionnés au 1 ;

b) Ou si l'administration peut présumer, par d'autres moyens, que ses activités imposables ont pris fin ;

c) Ou s'il ne remplit plus les conditions nécessaires pour être autorisé à se prévaloir du régime spécial ou du régime particulier visé à l'article 298 *sexdecies* G ;

d) Ou si, de manière systématique, il ne se conforme pas aux règles relatives au régime spécial ou du régime particulier visé à l'article 298 *sexdecies* G.

Les modalités d'une telle radiation sont fixées par décret. – *V. Ann. III, art. 97 ter.*

[4. applicable aux opérations pour lesquelles le fait générateur de la TVA intervient à compter du 1er juill. 2021]

(L. n° 2019-1479 du 28 déc. 2019, art. 147-I-Q-3° et IV, mod. par L. n° 2020-1721 du 29 déc. 2020, art. 51-III) « 4. L'administration l'exclut du présent régime particulier dans les cas suivants : »

a) S'il notifie qu'il ne fournit plus de services mentionnés au 1 ;

b) Ou si l'administration peut présumer, par d'autres moyens, que ses activités imposables ont pris fin ;

c) Ou s'il ne remplit plus les conditions nécessaires pour être autorisé à se prévaloir du *(L. n° 2020-1721 du 29 déc. 2020, art. 51-I-4° et III, applicable aux opérations pour lesquelles le fait générateur de la TVA intervient à compter du 1er juill. 2021)* « présent régime particulier ; »

d) Ou si, de manière systématique, il ne se conforme pas aux règles relatives au *(L. n° 2019-1479 du 28 déc. 2019, art. 147-I-Q-3° et IV)* « présent régime particulier ».

Les modalités d'une telle *(L. n° 2019-1479 du 28 déc. 2019, art. 147-I-Q-3° et IV)* « exclusion » sont fixées par décret. – *V. Ann. III, art. 97 ter.*

[5. applicable aux opérations pour lesquelles le fait générateur de la TVA intervient avant le 1er juill. 2021]

5. Pour chaque trimestre civil, il dépose, par voie électronique, une déclaration de taxe sur la valeur ajoutée, que des services électroniques aient été fournis ou non au titre de cette période. La déclaration de taxe sur la valeur ajoutée comporte le numéro d'identification et, pour chaque État membre de consommation dans lequel la taxe est due, la valeur totale hors taxe sur la valeur ajoutée des prestations de services mentionnés au 1 pour la période imposable et le montant total de la taxe correspondante ventilé par taux d'imposition. Les taux d'imposition applicables et le montant total de la taxe due sont également indiqués. Les modalités de cette déclaration sont fixées par arrêté. – *V. Ann. III, art. 95 D, et Ann. IV, art. 41 nonies.*

[5. applicable aux opérations pour lesquelles le fait générateur de la TVA intervient à compter du 1er juill. 2021]

5. Pour chaque trimestre civil, il dépose, par voie électronique, une déclaration de taxe sur la valeur ajoutée, que des services *(L. n° 2019-1479 du 28 déc. 2019, art. 147-I-Q-3° et IV, mod. par L. n° 2020-1721 du 29 déc. 2020, art. 51-III)* « couverts par le présent régime particulier » aient été fournis ou non au titre de cette période. La déclaration de taxe sur la valeur ajoutée comporte le numéro d'identification *(L. n° 2019-1479 du 28 déc. 2019, art. 147-I-Q-3° et IV, mod. par L. n° 2020-1721 du 29 déc. 2020, art. 51-III)* « mentionné au 3 » et, pour chaque État membre de consommation dans lequel la taxe est due, la valeur totale hors taxe sur la valeur ajoutée des prestations de services *(L. n° 2019-1479 du 28 déc. 2019, art. 147-I-Q-3° et IV, mod. par L. n° 2020-1721 du 29 déc. 2020, art. 51-III)* « mentionnées » au 1 pour la période imposable et le montant total de la taxe correspondante ventilé par taux d'imposition. Les taux d'imposition applicables et le montant total de la taxe due sont également indi-

qués. Les modalités de cette déclaration sont fixées par arrêté. — *V. Ann. III, art. 95 D, et Ann. IV, art. 41 nonies.*

(L. n° 2019-1479 du 28 déc. 2019, art. 147-I-Q-3° et IV, mod. par L. n° 2020-1721 du 29 déc. 2020, art. 51-III, applicable aux opérations pour lesquelles le fait générateur de la TVA intervient à compter du 1er juill. 2021) **« 5 *bis*. Lorsqu'il est nécessaire d'apporter des modifications à la déclaration de taxe sur la valeur ajoutée après la transmission de celle-ci, ces modifications sont incluses dans une déclaration ultérieure, dans un délai de trois ans à compter de la date à laquelle la déclaration initiale devait être déposée conformément au 5. Cette déclaration de taxe sur la valeur ajoutée ultérieure précise l'État membre de consommation concerné, la période imposable et le montant de taxe sur la valeur ajoutée pour lequel des modifications sont nécessaires. »**

6. La déclaration de taxe sur la valeur ajoutée est libellée en euros.

7. Il acquitte la taxe sur la valeur ajoutée en mentionnant la déclaration de taxe sur la valeur ajoutée sur laquelle est liquidée la taxe, lorsqu'il dépose sa déclaration, au plus tard à l'expiration du délai dans lequel la déclaration doit être déposée. Le paiement est effectué sur un compte bancaire libellé en euros.

[8. applicable aux opérations pour lesquelles le fait générateur de la TVA intervient avant le 1er juill. 2021]

8. S'il se prévaut du présent régime spécial, il ne peut déduire aucun montant de taxe sur la valeur ajoutée. La taxe afférente aux opérations liées aux services mentionnés au 1 est remboursée dans les conditions prévues par décret.

[8. et 8 bis applicables aux opérations pour lesquelles le fait générateur de la TVA intervient à compter du 1er juill. 2021]

(L. n° 2019-1479 du 28 déc. 2019, art. 147-I-Q-3° et IV, mod. par L. n° 2020-1721 du 29 déc. 2020, art. 51-III) **« 8. Un assujetti qui se prévaut, dans un autre État membre, du régime particulier prévu à la section II du chapitre VI du titre XII de la directive 2006/112/CE du Conseil du 28 novembre 2006 précitée ne peut, en ce qui concerne ses activités imposables couvertes par ce régime particulier, déduire aucun montant de taxe sur la valeur ajoutée en France. La taxe afférente aux livraisons de biens et prestations de services couvertes par ce régime est remboursée selon les modalités prévues au *d* du V de l'article 271 du présent code.**

« 8 *bis*. Nonobstant les dispositions du 8 du présent article, si un assujetti qui se prévaut, dans un autre État membre, du régime particulier prévu à la section II du chapitre VI du titre XII de la directive 2006/112/CE du Conseil du 28 novembre 2006 précitée est tenu de se faire identifier en France pour des activités non couvertes par ce régime particulier, il opère la déduction de la taxe sur la valeur ajoutée afférente aux biens et services utilisés pour les besoins de ses opérations imposables couvertes par ce régime particulier conformément à l'article 271 du présent code. »

9. Il tient un registre des opérations relevant de ce régime *(L. n° 2019-1479 du 28 déc. 2019, art. 147-I-Q-3° et IV, mod. par L. n° 2020-1721 du 29 déc. 2020, art. 51-III, applicable aux opérations pour lesquelles le fait générateur de la TVA intervient à compter du 1er juill. 2021)* **« particulier** *[ancienne rédaction : spécial]* **». Ce registre doit, sur demande, être mis par voie électronique à la disposition des administrations de l'État membre d'identification et de l'État membre de consommation. Il est suffisamment détaillé pour permettre à l'administration de l'État membre de consommation de vérifier l'exactitude de la déclaration de taxe sur la valeur ajoutée mentionnée au 5 du présent article** *(Abrogé par L. n° 2019-1479 du 28 déc. 2019, art. 147-I-Q-3° et IV, mod. par L. n° 2020-1721 du 29 déc. 2020, art. 51-III, applicable aux opérations pour lesquelles le fait générateur de la TVA intervient à compter du 1er juill. 2021)* ***« et au 5 de l'article 298 sexdecies G »*** **et dans les conditions déterminées par arrêté.** — *V. Ann. IV, art. 41 quinquies, 41 nonies, 50 sexies J et 50 sexies K ; V. égal. C. pr. fisc., art. L. 102 B-I (al. 4).* — ***C. pr. fisc.***

(L. n° 2019-1479 du 28 déc. 2019, art. 147-I-Q-3° et IV, mod. par L. n° 2020-1721 du 29 déc. 2020, art. 51-III, applicable aux opérations pour lesquelles le fait générateur de la TVA intervient à compter du 1er juill. 2021) **« Le registre est conservé pendant dix ans à compter du 31 décembre de l'année de l'opération. »**

10. Les dispositions prévues à l'article 289 A ne s'appliquent pas aux assujettis non établis dans *(L. n° 2018-1317 du 28 déc. 2018, art. 72-3°-b)* **« l'Union » européenne et relevant de ce régime** *(L. n° 2019-1479 du 28 déc. 2019, art. 147-I-Q-3° et IV, mod. par*

L. n° 2020-1721 du 29 déc. 2020, art. 51-III, applicable aux opérations pour lesquelles le fait générateur de la TVA intervient à compter du 1er juill. 2021) « **particulier** *[ancienne rédaction : spécial]* ».

B RÉGIME PARTICULIER APPLICABLE AUX VENTES À DISTANCE INTRACOMMUNAUTAIRES DE BIENS, AUX LIVRAISONS DE BIENS EFFECTUÉES DANS UN ÉTAT MEMBRE PAR DES INTERFACES ÉLECTRONIQUES FACILITANT CES LIVRAISONS ET AUX SERVICES FOURNIS PAR DES ASSUJETTIS ÉTABLIS SUR LE TERRITOIRE DE L'UNION EUROPÉENNE, MAIS NON DANS L'ÉTAT MEMBRE DE CONSOMMATION *(L. n° 2019-1479 du 28 déc. 2019, art. 147-I-Q-4° et IV, mod. par L. n° 2020-1721 du 29 déc. 2020, art. 51-III, applicable aux opérations pour lesquelles le fait générateur de la TVA intervient à compter du 1er juill. 2021).*

Art. 298 *sexdecies* G *(L. n° 2019-1479 du 28 déc. 2019, art. 147-I-Q-5° et IV, mod. par L. n° 2020-1721 du 29 déc. 2020, art. 51-III, applicable aux opérations pour lesquelles le fait générateur de la TVA intervient à compter du 1er juill. 2021)* **I. — Peut se prévaloir du régime particulier de déclaration et de paiement exposé au présent article, tout assujetti :**

1° Qui a établi en France le siège de son activité économique ou y dispose d'un établissement stable et qui fournit des prestations de services à des personnes non assujetties dont le lieu d'imposition est situé dans un autre État membre que la France et dans lequel il n'est pas établi ;

2° Qui effectue des ventes à distance intracommunautaires de biens ;

3° Qui facilite des livraisons de biens conformément au *b* du 2° du V de l'article 256 lorsque le lieu de départ et le lieu d'arrivée du transport des biens livrés se situent dans le même État membre.

Ce régime est applicable à tous les biens et services ainsi fournis dans l'Union européenne.

Est considéré comme un assujetti non établi dans l'État membre de consommation un assujetti qui a établi le siège de son activité économique dans l'Union ou y dispose d'un établissement stable mais qui n'a pas établi le siège de son activité économique sur le territoire de l'État membre de consommation et n'y dispose pas d'un établissement stable.

Est considéré comme État membre de consommation :

***a)* En cas de prestation de services, l'État membre dans lequel la prestation est réputée avoir lieu selon le chapitre III du titre V de la directive 2006/112/CE du Conseil du 28 novembre 2006 relative au système commun de taxe sur la valeur ajoutée ;**

***b)* En cas de vente à distance intracommunautaire de biens, l'État membre d'arrivée de l'expédition ou du transport des biens à destination de l'acquéreur ;**

***c)* En cas de livraison de biens effectuée par un assujetti qui facilite ces livraisons conformément au *b* du 2° du V de l'article 256 du présent code lorsque le lieu de départ et d'arrivée de l'expédition ou du transport des biens livrés se situe dans le même État membre, ce même État membre.**

II. — L'assujetti informe l'administration du moment où il commence son activité imposable, la cesse ou la modifie au point de ne plus pouvoir se prévaloir de ce régime particulier. Il communique cette information et notifie à l'administration toute modification par voie électronique dans des conditions fixées par arrêté du ministre chargé du budget.

III. — Un assujetti qui se prévaut du présent régime particulier n'est identifié, pour les opérations imposables dans le cadre de ce régime, qu'en France. A cette fin, il utilise le numéro individuel d'identification qui lui a déjà été attribué en application de l'article 286 *ter*.

IV. — L'administration exclut l'assujetti du présent régime particulier dans les cas *suivants :*

1° S'il notifie qu'il ne réalise plus de livraisons de biens et de prestations de services couvertes par le présent régime particulier ;

2° Ou si l'administration peut présumer, par d'autres moyens, que ses activités imposables ont pris fin ;

3° Ou s'il ne remplit plus les conditions nécessaires pour être autorisé à se prévaloir du présent régime particulier ;

4° Ou si, de manière systématique, il ne se conforme pas aux règles relatives au présent régime particulier ;

Les modalités d'une telle exclusion sont fixées par décret.– *V. Ann. III, art. 97 ter.*

V. – L'assujetti qui se prévaut du présent régime particulier dépose, pour chaque trimestre civil, par voie électronique une déclaration de taxe sur la valeur ajoutée, que des livraisons de biens et des prestations de services couvertes par le présent régime particulier aient été effectuées ou non au titre de la période. La déclaration de taxe sur la valeur ajoutée comporte le numéro d'identification et, pour chaque État membre de consommation dans lequel la taxe est due, la valeur totale hors taxe sur la valeur ajoutée des livraisons de biens et des prestations de services couvertes par le présent régime particulier pour la période imposable ainsi que le montant total de la taxe correspondante ventilé par taux d'imposition. Les taux d'imposition applicables et le montant total de la taxe due sont également indiqués.

Lorsque les biens sont expédiés ou transportés à partir d'un État membre autre que la France, ou lorsque l'assujetti fournissant des services couverts par le présent régime particulier dispose d'un ou de plusieurs établissements stables situés ailleurs qu'en France à partir desquels les services sont fournis, la déclaration de taxe sur la valeur ajoutée comporte également les éléments suivants, ventilés par État membre de consommation :

1° La valeur totale, hors taxe, des opérations visées, les taux de taxe sur la valeur ajoutée applicables et le montant total de la taxe correspondante ventilé par taux d'imposition ;

2° Le montant total de la taxe sur la valeur ajoutée due pour les opérations visées, pour chaque État membre dans lequel l'assujetti dispose d'un établissement stable ou à partir duquel les biens sont expédiés ou transportés ;

3° Le numéro individuel d'identification à la taxe sur la valeur ajoutée ou le numéro d'enregistrement fiscal attribué par chacun de ces États membres.

Les modalités de cette déclaration sont fixées par arrêté du ministre chargé du budget. – *V. Ann. III, art. 95 D.*

VI. – Lorsqu'il est nécessaire d'apporter des modifications à la déclaration de taxe sur la valeur ajoutée après la transmission de celle-ci, ces modifications sont incluses dans une déclaration ultérieure, dans un délai de trois ans à compter de la date à laquelle la déclaration initiale devait être déposée conformément au V. Cette déclaration de taxe sur la valeur ajoutée ultérieure précise l'État membre de consommation concerné, la période imposable et le montant de taxe sur la valeur ajoutée pour lequel des modifications sont nécessaires.

VII.– La déclaration de taxe sur la valeur ajoutée est libellée en euros.

VIII. – L'assujetti qui se prévaut du présent régime particulier acquitte la taxe sur la valeur ajoutée, en mentionnant la déclaration de taxe sur la valeur ajoutée concernée mentionnée au V, au plus tard à l'expiration du délai dans lequel la déclaration doit être déposée. Le paiement est effectué sur un compte bancaire libellé en euros.

IX. – 1. Un assujetti qui se prévaut, dans un autre État membre, du régime particulier prévu à la section III du chapitre VI du titre XII de la directive 2006/112/CE du Conseil du 28 novembre 2006 précitée ne peut, en ce qui concerne ses activités imposables couvertes par ce régime particulier, déduire aucun montant de taxe sur la valeur ajoutée en France. La taxe afférente aux livraisons de biens et prestations de *services couvertes par* ce régime particulier est remboursée selon les modalités prévues au *d* du V de l'article 271 du présent code.

2. Nonobstant les dispositions du 1 du présent IX, si un assujetti qui se prévaut, dans un autre État membre, du régime particulier prévu à la section III du chapitre VI du titre XII de la directive 2006/112/CE du Conseil du 28 novembre 2006 précitée est tenu de se faire identifier en France pour des activités non couvertes par ce régime particulier, il opère la déduction de la taxe sur la valeur ajoutée afférente aux biens et services utilisés pour les besoins de ses opérations imposables couvertes par ce régime particulier conformément à l'article 271 du présent code.

X. – L'assujetti qui se prévaut du présent régime particulier tient un registre des opérations relevant de ce régime particulier. Ce registre doit, sur demande, être mis par voie électronique à la disposition de l'administration et de l'État membre de consommation. Il est suffisamment détaillé pour permettre à l'administration de l'État membre de consommation de vérifier l'exactitude de la déclaration de taxe sur la valeur ajoutée mentionnée au V du présent code. — *V. Ann. IV, art. 41 quinquies A.*

Le registre est conservé pendant dix ans à partir du 31 décembre de l'année de l'opération.

Ancien art. 298 sexdecies G *I. — Tout assujetti qui a établi en France le siège de son activité économique ou qui y dispose d'un établissement stable, et qui fournit des prestations de services mentionnées à l'article 259 D à des personnes non assujetties établies dans un État membre autre que la France dans lequel sont consommés ces services, peut se prévaloir du régime particulier de déclaration et de paiement exposé au présent article lorsqu'il n'est pas établi dans l'État membre de consommation.*

Ce régime est applicable à tous les services ainsi fournis dans la Communauté européenne.

Un assujetti qui n'a pas établi le siège de son activité économique dans la Communauté européenne, mais qui y dispose de plusieurs établissements stables dont l'un est situé en France, peut également se prévaloir du régime particulier visé au présent article lorsqu'il en informe l'administration.

Est considéré comme un assujetti non établi dans l'État membre de consommation, un assujetti qui n'y a pas établi le siège de son activité économique et qui n'y dispose pas d'un établissement stable.

II. — Un assujetti qui se prévaut du régime particulier n'est identifié, pour les opérations imposables dans le cadre dudit régime, qu'en France. A cette fin, il utilise le numéro individuel d'identification qui lui a déjà été attribué en application de l'article 286 ter.

III. — L'assujetti non établi dans l'État membre de consommation est exclu du présent régime particulier dans les cas prévus au 4 de l'article 298 sexdecies F. — V. Ann. III, art. 97 ter.

IV. — L'assujetti non établi dans l'État membre de consommation qui se prévaut du présent régime particulier dépose par voie électronique une déclaration de taxe sur la valeur ajoutée dans les conditions prévues au 5 de l'article 298 sexdecies F.

Lorsque l'assujetti dispose d'un ou de plusieurs établissements stables situés ailleurs qu'en France à partir desquels les services sont fournis, la déclaration de taxe sur la valeur ajoutée doit également mentionner la valeur totale des services de télécommunication, de radiodiffusion et de télévision ou des services électroniques qui relèvent du présent régime particulier, ventilée par État membre de consommation, pour chaque État membre dans lequel il dispose d'un établissement, ainsi que le numéro d'identification individuel à la taxe sur la valeur ajoutée ou le numéro d'enregistrement fiscal de cet établissement. Les modalités de cette déclaration sont fixées par arrêté du ministre chargé du budget. — V. Ann. III, art. 95 D et Ann. IV, art. 41 quinquies, 41 nonies, 50 sexies J et 50 sexies K.

V. — Le 2 et les 6 à 9 de l'article 298 sexdecies F s'appliquent à l'assujetti non établi qui se prévaut du régime particulier.

Pour l'application du 9 de l'article 298 sexdecies F, on entend par État d'identification la France.

C RÉGIME PARTICULIER APPLICABLE AUX VENTES À DISTANCE DE BIENS IMPORTÉS DE TERRITOIRES OU DE PAYS TIERS

(L. n° 2019-1479 du 28 déc. 2019, art. 147-I-Q-6° et IV, applicable aux opérations pour lesquelles le fait générateur de la taxe sur la valeur ajoutée intervient à compter du 1er janv. 2021)

Art. 298 *sexdecies* H I. — A. Peut se prévaloir du présent régime particulier :

1° Tout assujetti établi sur le territoire de l'Union européenne effectuant des ventes à distance de biens importés de territoires ou de pays tiers ;

2° Tout assujetti établi ou non sur le territoire de l'Union européenne effectuant des ventes à distance de biens importés de territoires ou de pays tiers et étant représenté par un intermédiaire établi sur le territoire de l'Union européenne. Un assujetti ne peut désigner plus d'un intermédiaire en même temps ;

3° *Tout assujetti* établi sur le territoire d'un pays tiers avec lequel l'Union a conclu un accord en matière d'assistance mutuelle ayant une portée similaire à la directive 2010/24/UE du Conseil du 16 mars 2010 concernant l'assistance mutuelle en matière de recouvrement des créances relatives aux taxes, impôts, droits et autres mesures et au règlement (UE) n° 904/2010 du Conseil du 7 octobre 2010 concernant la coopération administrative et la lutte contre la fraude dans le domaine de la taxe sur la valeur ajoutée et qui effectue des ventes à distance de biens importés de ce pays tiers.

Lorsque l'assujetti se prévaut du présent régime particulier, il doit l'appliquer à l'ensemble de ses ventes à distance de biens importés de territoires tiers ou de pays tiers.

B. — Aux fins du présent régime, les ventes à distance de biens importés de territoires tiers ou de pays tiers ne couvrent que les biens, à l'exception des produits soumis à accises, contenus dans des envois d'une valeur intrinsèque ne dépassant pas 150 €, ou sa contre-valeur en monnaie nationale.

C. — Aux fins du présent régime, est considéré comme :

1° Assujetti non établi sur le territoire de l'Union européenne, un assujetti qui n'a pas établi le siège de son activité économique sur le territoire de l'Union européenne et n'y dispose pas d'établissement stable ;

2° Intermédiaire, une personne établie sur le territoire de l'Union européenne désignée par l'assujetti effectuant des ventes à distance de biens importés de territoires tiers ou de pays tiers comme étant le redevable de la taxe sur la valeur ajoutée et remplissant les obligations prévues par le présent régime particulier au nom et pour le compte de l'assujetti ;

(L. n° 2021-1900 du 30 déc. 2021, art. 30-I-21°) **« Cet intermédiaire est accrédité par l'administration dans les conditions mentionnées au IV de l'article 289 A lorsqu'il est désigné par un assujetti qui n'est pas établi dans l'Union européenne, sauf si cet assujetti est une personne remplissant les conditions mentionnées au 1° du I du même article 289 A ou si cet assujetti est une personne établie dans un État avec lequel l'Union européenne a conclu un accord en matière d'assistance mutuelle ayant une portée similaire à la directive 2010/24/UE du Conseil du 16 mars 2010 précitée et au règlement (UE) n° 904/2010 du Conseil du 7 octobre 2010 précité ; »**

3° État membre de consommation, l'État membre d'arrivée de l'expédition ou du transport des biens à destination de l'acquéreur.

D. — Pour les ventes à distance de biens importés de territoire tiers ou de pays tiers pour lesquelles la taxe sur la valeur ajoutée est déclarée au titre du présent régime particulier, le fait générateur de la taxe intervient et la taxe devient exigible au moment de la livraison. Les biens sont considérés comme ayant été livrés au moment où le paiement a été accepté.

II. — L'assujetti qui se prévaut du présent régime particulier ou un intermédiaire agissant pour son compte informe l'administration du moment où il commence son activité dans le cadre du présent régime particulier, la cesse ou la modifie de telle manière qu'il ne remplit plus les conditions requises pour pouvoir se prévaloir du présent régime particulier. Cette information est communiquée par voie électronique. Il communique cette information et notifie à l'administration toute modification par voie électronique selon des modalités fixées par arrêté. — *V. Ann. IV, art. 50 sexies K.*

III. — Un assujetti qui se prévaut du présent régime particulier n'est identifié, pour les opérations imposables dans le cadre de ce régime, qu'en France.

1. L'administration attribue à l'assujetti qui se prévaut du présent régime particulier un numéro individuel de taxe sur la valeur ajoutée aux seules fins de l'application du présent régime particulier et informe celui-ci par voie électronique du numéro d'identification qui lui a été attribué.

2. L'administration attribue à un intermédiaire un numéro individuel d'identification et informe celui-ci par voie électronique du numéro d'identification qui lui a été attribué.

3. L'administration attribue à l'intermédiaire, pour chaque assujetti pour lequel celui-ci est désigné, un numéro individuel d'identification de taxe sur la valeur ajoutée aux fins de l'application du présent régime particulier.

Le numéro d'identification de taxe sur la valeur ajoutée attribué au titre des 1, 2 et 3 du présent III n'est utilisé qu'aux fins du présent régime particulier.

IV. — 1. L'administration exclut du présent régime particulier les assujettis identifiés directement ou par le biais d'un intermédiaire dans les cas suivants :

***a)* Si l'assujetti notifie directement à l'administration ou par le biais de son intermédiaire, selon le cas, qu'il n'effectue plus de ventes à distance de biens importés en provenance de pays ou territoires tiers ;**

b) Si l'administration peut présumer, par d'autres moyens, que ses activités imposables de ventes à distance de biens importés de territoires tiers ou de pays tiers ont pris fin ;

c) Si l'assujetti ne remplit plus les conditions requises pour pouvoir se prévaloir du présent régime particulier ;

d) Si, de manière systématique, l'assujetti ne se conforme pas aux règles relatives au présent régime particulier ;

e) Si l'intermédiaire informe l'État membre d'identification qu'il ne représente plus cet assujetti.

2. L'administration exclut l'intermédiaire du présent régime particulier dans les cas suivants :

a) Si, pendant une période de deux trimestres civils consécutifs, il n'a pas agi en tant qu'intermédiaire pour le compte d'un assujetti qui se prévaut du présent régime particulier ;

b) S'il ne remplit plus les autres conditions nécessaires pour agir en tant qu'intermédiaire ;

c) Si, de manière systématique, il ne se conforme pas aux règles relatives au présent régime particulier.

Les modalités de telles exclusions sont fixées par décret. — *V. Ann. III, art. 97 ter.*

V. — Pour chaque mois, l'assujetti qui se prévaut du présent régime particulier ou son intermédiaire transmet, par voie électronique, une déclaration de taxe sur la valeur ajoutée, que des ventes à distance de biens importés de territoires tiers ou de pays tiers aient été effectuées ou non.

La déclaration de taxe sur la valeur ajoutée comporte le numéro d'identification de taxe sur la valeur ajoutée mentionné au III et, pour chaque État membre de consommation dans lequel la taxe sur la valeur ajoutée est due, la valeur totale, hors taxe sur la valeur ajoutée, des ventes à distance de biens importés de territoires tiers ou de pays tiers pour lesquelles la taxe est devenue exigible pendant la période imposable et le montant total de la taxe correspondante ventilé par taux d'imposition. Les taux de taxe sur la valeur ajoutée applicables et le montant total de la taxe sur la valeur ajoutée due doivent également figurer sur la déclaration.

Les modalités de cette déclaration sont fixées par arrêté du ministre chargé du budget. — *V. Ann. III, art. 95 D et Ann. IV, art. 41 nonies.*

VI. — Lorsqu'il est nécessaire d'apporter des modifications à la déclaration de taxe sur la valeur ajoutée après la transmission de celle-ci, ces modifications sont incluses dans une déclaration ultérieure, dans un délai de trois ans à compter de la date à laquelle la déclaration initiale devait être déposée. Cette déclaration de taxe sur la valeur ajoutée ultérieure précise l'État membre de consommation concerné, la période imposable et le montant de taxe sur la valeur ajoutée pour lequel des modifications sont nécessaires.

VII. — La déclaration de taxe sur la valeur ajoutée est libellée en euros.

VIII. — L'assujetti qui se prévaut du présent régime particulier ou son intermédiaire acquitte la taxe sur la valeur ajoutée, en mentionnant la déclaration de taxe sur la valeur ajoutée concernée, au plus tard à l'expiration du délai dans lequel la déclaration doit être déposée. Le paiement est effectué sur un compte bancaire libellé en euros.

IX. — 1. Un assujetti qui se prévaut, dans un autre État membre, du régime particulier prévu à la section IV du chapitre VI du titre XII de la directive 2006/112/CE du Conseil du 28 novembre 2006 relative au système commun de taxe sur la valeur ajoutée ne peut, en ce qui concerne ses activités imposables couvertes par ce régime particulier, déduire aucun montant de taxe sur la valeur ajoutée en France. La taxe afférente aux livraisons de biens et prestations de services couvertes par ce régime est remboursée selon les modalités prévues au *d* du V de l'article 271 du présent code.

2. Nonobstant le 1 du présent IX, si un assujetti qui se prévaut, dans un autre État membre, du régime particulier prévu à la section IV du chapitre VI du titre XII de la directive 2006/112/ CE du Conseil du 28 novembre 2006 précitée est tenu de se faire identifier en France pour des activités non couvertes par ce régime particulier, il opère la déduction de la taxe sur la valeur ajoutée afférente aux biens et services utilisés pour les besoins de ses opérations imposables couvertes par ce régime conformément à l'article 271 du présent code.

X. – L'assujetti qui se prévaut du présent régime particulier, ou l'intermédiaire pour chacun des assujettis qu'il représente, tient un registre des opérations relevant de ce régime particulier. Ce registre doit, sur demande, être mis par voie électronique à la disposition de l'administration et de l'État membre de consommation. Il est suffisamment détaillé pour permettre à l'administration de l'État membre de consommation de vérifier l'exactitude de la déclaration de taxe sur la valeur ajoutée mentionnée au V du présent article. — *V. Ann. IV, art. 41 quinquies B.*

Ce registre est conservé pendant dix ans à compter du 31 décembre de l'année de l'opération.

XI. – Aux fins du présent régime, la contre-valeur en monnaie nationale du montant mentionné au I est déterminée annuellement avec effet au 1er janvier. Elle s'apprécie en fonction des taux de conversion applicables au premier jour ouvrable du mois d'octobre de l'année qui précède. Le montant ainsi converti est arrondi le cas échéant à l'euro le plus proche.

X *RÉGIME PARTICULIER POUR LA DÉCLARATION ET LE PAIEMENT DE LA TAXE SUR LA VALEUR AJOUTÉE À L'IMPORTATION*

(L. no 2019-1479 du 28 déc. 2019, art. 147-I-Q-7o et IV, applicable aux opérations pour lesquelles le fait générateur de la TVA intervient à compter du 1er janv. 2021)

Art. 298 *sexdecies* I I. – Lorsque, pour l'importation de biens faisant l'objet d'une vente à distance de biens importés, à l'exception des produits soumis à accises, contenus dans des envois d'une valeur intrinsèque ne dépassant pas 150 € ou sa contre-valeur en monnaie nationale, le régime particulier prévu à l'article 298 *sexdecies* H n'est pas utilisé, la personne qui présente les marchandises en douane pour le compte de la personne destinataire des biens peut se prévaloir du régime particulier prévu au présent article pour la déclaration et le paiement de la taxe sur la valeur ajoutée à l'importation en ce qui concerne des biens expédiés ou transportés à destination de la France.

II. – Lorsqu'il est recouru au présent dispositif, les conditions suivantes sont applicables :

[1o en vigueur jusqu'au 31 déc. 2021]

1o Le destinataire des biens est redevable de la taxe sur la valeur ajoutée conformément à la première phrase du troisième alinéa du 1 de l'article 293 A ;

[1o en vigueur le 1er janv. 2022]

(L. no 2019-1479 du 28 déc. 2019, art. 181-I-M et IV) « 1o Par dérogation au 2 de l'article 293 A, le redevable de la taxe sur la valeur ajoutée est le destinataire du bien indiqué sur la déclaration d'importation et l'option prévue à l'article 293 A *quater* ne peut être exercée ; » — *Ces dispositions sont applicables aux opérations pour lesquelles l'exigibilité de la TVA intervient à compter du 1er janv. 2022 (L. no 2019-1479 du 28 déc. 2019, art. 181-IV).*

2o La personne qui présente les biens en douane prend les mesures appropriées pour percevoir la taxe sur la valeur ajoutée auprès du destinataire des biens préalablement à son acquittement auprès du service des douanes conformément aux dispositions du présent article ;

(L. no 2020-1721 du 29 déc. 2020, art. 51-I-5o, applicable aux opérations pour lesquelles le fait générateur de la TVA intervient à compter du 1er juill. 2021) « 3o Par dérogation aux articles 278-0 *bis* à 281 *nonies*, l'importation des biens est soumise au taux prévu à l'article 278. »

III. – Les personnes présentant les biens en douane déclarent, par voie électronique, dans une déclaration mensuelle, la taxe sur la valeur ajoutée perçue au titre du présent régime particulier. La déclaration indique le montant total de la taxe sur la valeur ajoutée perçue au cours du mois civil concerné.

IV. – La taxe sur la valeur ajoutée due au titre du présent régime particulier est acquittée au plus tard à la fin du mois suivant son exigibilité. Elle est recouvrée et contrôlée selon les mêmes procédures et sous les mêmes sanctions, garanties, sûretés et privilèges que les droits de douane.

V. – Les personnes qui présentent les biens en douane prennent les mesures nécessaires afin de s'assurer que la taxe est correctement payée par le destinataire des biens.

Sont exclus des services taxables les services mentionnés aux 1° et 2° du présent II fournis entre entreprises appartenant à un même groupe, au sens du dernier alinéa du III.

III. — Les entreprises mentionnées au I sont celles, quel que soit leur lieu d'établissement, pour lesquelles le montant des sommes encaissées en contrepartie des services taxables lors de l'année civile précédant celle mentionnée au même I excède les deux seuils suivants :

1° 750 millions d'euros au titre des services fournis au niveau mondial ;

2° 25 millions d'euros au titre des services fournis en France, au sens de l'article 299 *bis*.

Pour les entreprises, quelle que soit leur forme, qui sont liées, directement ou indirectement, au sens du II de l'article L. 233-16 du code de commerce, le respect des seuils mentionnés aux 1° et 2° du présent III s'apprécie au niveau du groupe qu'elles constituent.

Pour la taxe prévue au présent art. au titre de l'année 2019, V. L. nº 2019-759 du 24 juill. 2019, art. 1er-III et V.

Taxe sur certains services fournis par les grandes entreprises du secteur numérique (TSN), dite « taxe GAFA ». 1° Champ d'application, base d'imposition et liquidation de la taxe. * BOI-TCA-TSN du 30 mars 2020. 2° Calcul du montant à payer. * BOI-TCA-TSN-20 du 8 avr. 2021. 3° Obligations déclaratives et comptables, recouvrement, contrôle et contentieux.* BOI-TCA-TSN-30 du 8 avr. 2021. 4° Régime de consolidation, au sein d'un groupe, de la déclaration et du paiement.* BOI-TCA-TSN-30-20 du 8 avr. 2021.

Art. 299 *bis* **I. — Pour l'application du présent chapitre :**

1° La France s'entend du territoire national, à l'exception des collectivités régies par l'article 74 de la Constitution, de la Nouvelle-Calédonie, des Terres australes et antarctiques françaises et de l'île de Clipperton ;

2° L'utilisateur d'une interface numérique est localisé en France s'il la consulte au moyen d'un terminal situé en France. La localisation en France de ce terminal est déterminée par tout moyen, y compris en fonction de son adresse IP (protocole internet), dans le respect des règles relatives au traitement de données à caractère personnel ;

3° Les encaissements versés en contrepartie de la fourniture d'un service taxable défini au 1° du II de l'article 299 s'entendent de l'ensemble des sommes versées par les utilisateurs de cette interface, à l'exception de celles versées en contrepartie de livraisons de biens ou de fournitures de services qui constituent, *(L. nº 2020-1721 du 29 déc. 2020, art. 44-I-19°)* **« au sens des I et II de l'article 257 *ter* », des opérations indépendantes de l'accès et de l'utilisation du service taxable ;**

4° Les encaissements versés en contrepartie de la fourniture d'un service taxable défini au 2° du même II s'entendent de l'ensemble des sommes versées par les annonceurs, ou leurs mandataires, en contrepartie de la réalisation effective du placement des messages publicitaires ou de toute autre opération qui lui est étroitement liée *(L. nº 2020-1721 du 29 déc. 2020, art. 44-I-19°)* **« au sens des I et II de l'article 257 *ter* ».**

II. — Les services taxables mentionnés au 1° du II de l'article 299 sont fournis en France au cours d'une année civile si :

1° Lorsque l'interface numérique permet la réalisation, entre utilisateurs de l'interface, de livraisons de biens ou de prestations de services, une telle opération est conclue au cours de cette année par un utilisateur localisé en France ;

2° Lorsque l'interface numérique ne permet pas la réalisation de livraisons de biens ou de prestations de services, un de ses utilisateurs dispose au cours de cette année d'un compte ayant été ouvert depuis la France et lui permettant d'accéder à tout ou partie des services disponibles sur cette interface.

III. — Les services taxables mentionnés au 2° du II de l'article 299 sont fournis en France au cours d'une année civile si :

1° Pour les services autres que ceux mentionnés au 2° du présent III, un message publicitaire est placé au cours de cette année sur une interface numérique en fonction de données relatives à un utilisateur qui consulte cette interface en étant localisé en France ;

2° Pour les ventes de données qui ont été générées ou collectées à l'occasion de la consultation d'interfaces numériques par des utilisateurs, des données vendues au cours de cette année sont issues de la consultation d'une de ces interfaces par un utilisateur localisé en France.

IV. – Lorsqu'un service taxable mentionné au II de l'article 299 est fourni en France au cours d'une année civile au sens des II ou III du présent article, le montant des encaissements versés en contrepartie de cette fourniture est défini comme le produit de la totalité des encaissements versés au cours de cette année en contrepartie de ce service par le pourcentage représentatif de la part de ces services rattachée à la France évalué lors de cette même année. Ce pourcentage est égal :

1° Pour les services mentionnés au 1° du II, à la proportion des opérations de livraisons de biens ou de fournitures de services pour lesquelles l'un des utilisateurs de l'interface numérique est localisé en France ;

2° Pour les services mentionnés au 2° du même II, à la proportion des utilisateurs qui disposent d'un compte ayant été ouvert depuis la France et permettant d'accéder à tout ou partie des services disponibles à partir de l'interface et qui ont utilisé cette interface durant l'année civile concernée ;

3° Pour les services mentionnés au 1° du III, à la proportion des messages publicitaires placés sur une interface numérique en fonction de données relatives à un utilisateur qui consulte cette interface en étant localisé en France ;

4° Pour les services mentionnés au 2° du même III, à la proportion des utilisateurs pour lesquels tout ou partie des données vendues ont été générées ou collectées à l'occasion de la consultation, lorsqu'ils étaient localisés en France, d'une interface numérique.

Art. 299 *ter* Le fait générateur de la taxe prévue à l'article 299 est constitué par l'achèvement de l'année civile au cours de laquelle l'entreprise définie au III du même article 299 a encaissé des sommes en contrepartie de la fourniture en France de services taxables. Toutefois, en cas de cessation d'activité du redevable, le fait générateur de la taxe intervient lors de cette cessation.

Le redevable de la taxe est la personne qui encaisse les sommes. La taxe devient exigible lors de l'intervention du fait générateur.

Art. 299 *quater* I. – La taxe prévue à l'article 299 est assise sur le montant, hors taxe sur la valeur ajoutée, tel que défini au IV de l'article 299 *bis*, des sommes encaissées par le redevable, lors de l'année au cours de laquelle la taxe devient exigible, en contrepartie d'un service taxable fourni en France.

Toutefois, ne sont pas prises en compte les sommes versées en contrepartie de la mise à disposition d'une interface numérique qui facilite la vente de produits soumis à accises, au sens du 1 de l'article 1er de la directive 2008/118/CE du Conseil du 16 décembre 2008 relative au régime général d'accise et abrogeant la directive 92/12/CEE, lorsqu'elles présentent un lien direct et indissociable avec le volume ou la valeur de ces ventes.

II. – Le montant de la taxe est calculé en appliquant à l'assiette définie au I du présent article un taux de 3 %.

Art. 299 *quinquies* Pour l'application du présent chapitre, les sommes encaissées dans une monnaie autre que l'euro sont converties en appliquant le dernier taux de *change publié au Journal officiel de l'Union européenne*, connu au premier jour du mois au cours duquel les sommes sont encaissées.

Art. 300 I. – La taxe prévue à l'article 299 est déclarée et liquidée par le redevable selon les modalités suivantes :

1° Pour les redevables de la taxe sur la valeur ajoutée soumis au régime réel normal d'imposition mentionné au 2 de l'article 287, sur l'annexe à la déclaration mentionnée au 1 du même article 287 déposée au titre du mois de mars ou du premier trimestre de l'année qui suit celle au cours de laquelle la taxe est devenue exigible ;

2° Pour les redevables de la taxe sur la valeur ajoutée soumis au régime réel simplifié d'imposition prévu à l'article 302 *septies* A, sur la déclaration annuelle mentionnée au 3 de l'article 287 déposée au titre de l'exercice au cours duquel la taxe est devenue exigible ;

3° Dans tous les autres cas, sur l'annexe à la déclaration prévue au 1 du même article 287, déposée auprès du service de recouvrement dont relève le siège ou le principal établissement du redevable, au plus tard le 25 avril de l'année qui suit celle au cours de laquelle la taxe est devenue exigible.

II. — La taxe est acquittée dans les conditions prévues à l'article 1693 *quater*, sauf par les redevables soumis au régime réel simplifié d'imposition prévu à l'article 302 *septies* A, pour lesquels elle est acquittée dans les conditions prévues à l'article 1692. Sans préjudice des dispositions prévues aux articles L. 16 C et L. 70 A du livre des procédures fiscales, elle est recouvrée et contrôlée selon les mêmes procédures et sous les mêmes sanctions, garanties, sûretés et privilèges que les taxes sur le chiffre d'affaires. Les réclamations sont présentées, instruites et jugées selon les règles applicables à ces mêmes taxes.

III. — Tant que le droit de reprise de l'administration est susceptible de s'exercer, conformément à l'article L. 177 A du livre des procédures fiscales, les redevables conservent, à l'appui de leur comptabilité, l'information des sommes encaissées mensuellement en contrepartie de chacun des services taxables fournis, en distinguant celles se rapportant à un service fourni en France, au sens des II et III de l'article 299 *bis* du présent code et, le cas échéant, celles exclues de l'assiette en application du second alinéa du I de l'article 299 *quater*, ainsi que les éléments quantitatifs mensuels utilisés pour calculer les proportions prévues au IV de l'article 299 *bis*. L'information sur les sommes encaissées mensuellement précise, le cas échéant, le montant encaissé dans une monnaie autre que l'euro et le montant converti en euro selon les modalités prévues à l'article 299 *quinquies*, en faisant apparaître le taux de change retenu en application du même article 299 *quinquies*.

Ces informations sont tenues à la disposition de l'administration et lui sont communiquées à première demande.

IV. — Lorsque le redevable n'est pas établi dans un État membre de l'Union européenne ou dans tout autre État partie à l'accord sur l'Espace économique européen ayant conclu avec la France une convention d'assistance administrative en vue de lutter contre la fraude et l'évasion fiscales ainsi qu'une convention d'assistance mutuelle en matière de recouvrement de l'impôt, il fait accréditer auprès du service des impôts compétent un représentant assujetti à la taxe sur la valeur ajoutée établi en France, qui s'engage, le cas échéant, à remplir les formalités au nom et pour le compte du représenté et à acquitter la taxe à sa place.

CHAPITRE II *BIS* TAXE SUR LES EXPLOITANTS DE PLATEFORMES DE MISE EN RELATION PAR VOIE ÉLECTRONIQUE EN VUE DE FOURNIR CERTAINES PRESTATIONS DE TRANSPORT

(L. n° 2021-1900 du 30 déc. 2021, art. 116-I-1°)

Art. 300 *bis* Il est institué une taxe sur la fourniture, en France, de services de mise en relation des personnes par voie électronique en vue de la réalisation d'opérations économiques qui répondent aux conditions cumulatives suivantes :

1° Ces opérations incluent au moins l'un des transports suivants :

a) Le transport de passagers et, le cas échéant, de leurs bagages au moyen d'une voiture de transport avec chauffeur, au sens de l'article L. 3122-1 du code des transports ;

b) La livraison de marchandises au moyen de véhicules à deux ou trois roues ;

2° Le transport mentionné au 1° du présent article est réalisé par un travailleur indépendant ;

3° L'exploitant du service de mise en relation détermine les caractéristiques et le prix de l'opération économique ou de l'opération de transport.

Art. 300 *ter* Pour l'application du présent chapitre, la France s'entend du territoire métropolitain, des territoires des collectivités régies par l'article 73 de la Constitution, de Saint-Barthélemy, de Saint-Martin et de Saint-Pierre-et-Miquelon.

Les services de mise en relation mentionnés à l'article 300 *bis* du présent code sont réputés être fournis en France lorsque le lieu de départ ou d'arrivée du transport mentionné au 1° du même article 300 *bis* est situé en France.

Art. 300 *quater* Le fait générateur de la taxe prévue à l'article 300 *bis* est constitué par l'achèvement de l'année civile au cours de laquelle le service de mise en relation mentionné au même article 300 *bis* est fourni en France. Toutefois, en cas de cessation d'activité du redevable, le fait générateur de la taxe intervient lors de cette cessation.

Le redevable de la taxe est la personne qui exploite le service de mise en relation. La taxe devient exigible lors de l'intervention du fait générateur.

Art. 300 *quinquies* I. — La taxe prévue à l'article 300 *bis* est assise sur la différence entre les montants suivants, évalués hors taxe sur la valeur ajoutée lors de l'année civile au cours de laquelle la taxe devient exigible, dans la mesure où les montants en cause se rapportent à la fourniture du service de mise en relation mentionné au même article 300 *bis*, aux opérations mentionnées au 1° dudit article 300 *bis* ou aux éléments qui relèvent de la même opération économique au sens des I et II de l'article 257 *ter* :

1° La somme des montants perçus par le redevable au cours de l'année civile ;

2° La somme des montants versés par le redevable, au cours de la même année civile, aux utilisateurs du service de mise en relation.

II. — Le montant de la taxe est calculé en appliquant à l'assiette définie au I du présent article un taux déterminé chaque année par un arrêté conjoint des ministres chargés du budget, des transports et du travail. Ce taux ne peut excéder 0,5 %.

Le taux de la taxe due en 2022 au titre de l'année 2021 est fixé à 0,46 % (Arr. du 14 mars 2022, art. 1er [JO 17 mars]).

Art. 300 *sexies* I. — La taxe est déclarée et liquidée par le redevable aux dates déterminées par un arrêté du ministre chargé du budget. La périodicité des déclarations et des paiements est au plus mensuelle et au moins annuelle.

En cas de cessation d'activité du redevable, le montant dû au titre de l'année de la cessation d'activité est établi immédiatement. La taxe est déclarée, acquittée et, le cas échéant, régularisée selon les modalités prévues pour la taxe sur la valeur ajoutée dont il est redevable ou, à défaut, dans les soixante jours suivant la cessation d'activité.

II. — La taxe est recouvrée et contrôlée selon les mêmes procédures et sous les mêmes sanctions, garanties, sûretés et privilèges que les taxes sur le chiffre d'affaires. Les réclamations sont présentées, instruites et jugées selon les règles applicables à ces mêmes taxes.

III. — Lorsque le redevable n'est pas établi dans un État membre de l'Union européenne ou dans l'un des États mentionnés au 1° du I de l'article 289 A, il fait accréditer auprès du service des impôts compétent, dans les conditions prévues au IV du même article 289 A, un représentant assujetti à la taxe sur la valeur ajoutée établi en France, qui s'engage à remplir les formalités au nom et pour le compte du redevable et, le cas échéant, à acquitter la taxe à sa place.

CHAPITRES III *à* V

Art. 301 *Transféré ss. l'art. 298 septdecies.*

Art. 302 *et* 302 *bis* *Abrogés par L. n° 77-646 du 24 juin 1977, art. 7.*

Art. 302 *bis* A *à* 302 *bis* E *Transférés ss. les art. 150 V bis à 150 V sexies.*

CHAPITRE VI TAXE SUR LES HYDROFLUOROCARBONES

(L. n° 2018-1317 du 28 déc. 2018, art. 197, mod. par L. n° 2020-1721 du 29 déc. 2020, art. 64-XIV-2°, en vigueur le 1er janv. 2023)

Art. 302 *bis* F I. — Il est institué une taxe sur les hydrofluorocarbones, au sens du 2 de l'article 2 du règlement (UE) n° 517/2014 du Parlement européen et du Conseil du 16 avril 2014 relatif aux gaz à effet de serre fluorés et abrogeant le règlement (CE) n° 842/2006, autres que les gaz régénérés ou recyclés, au sens des 15 ou 16 du même article 2.

Pour l'application du présent article, les références au même règlement sont celles résultant de sa rédaction en vigueur au 1er janvier 2018.

II. — La taxe est due par la personne qui réalise la première livraison des substances mentionnées au I, à titre gratuit ou onéreux, en France, en dehors des collectivités régies par l'article 74 de la Constitution, de la Nouvelle-Calédonie, des Terres australes et antarctiques françaises et de l'île de Clipperton, à raison de cette première livraison.

Sont assimilées à une livraison de ces substances :

1° L'utilisation de ces substances dans le cadre d'une activité économique ;

2° La livraison d'équipements chargés de ces substances.

La taxe est exigible lors de cette première livraison.

III. — La taxe est assise, pour chacune des substances énumérées à la section 1 de l'annexe I du règlement (UE) n° 517/2014 du Parlement européen et du Conseil du 16 avril 2014 précité, sur le produit entre :

1° Le poids net, en tonnes, des quantités livrées ;

2° Le potentiel de réchauffement planétaire mentionné à cette même section 1.

IV. — Le tarif de la taxe, au sens du 7 de l'article 2 du même règlement, est le suivant :

Année	2023	2024	2025	2026	À compter de 2027
Tarif (en euros par tonne équivalent CO_2)	15	18	22	26	30

Tableau mod. par L. n° 2020-1721 du 29 déc. 2020, art. 64-XIV.

V. — A. — Sont exonérées les livraisons de substance :

1° Destinées à être détruites ;

2° Utilisées par l'acquéreur comme un intermédiaire de synthèse ;

3° Expédiées ou transportées hors de France par le redevable, par l'acquéreur s'il est différent, ou pour leur compte. Une expédition ou un transport hors de France s'entend de l'expédition ou du transport des produits en dehors du territoire national ou à destination des collectivités régies par l'article 74 de la Constitution, de la Nouvelle-Calédonie, des Terres australes et antarctiques françaises et de l'île de Clipperton ;

4° Utilisées par l'acquéreur dans des équipements militaires, au sens du 35 de l'article 2 du règlement (UE) n° 517/2014 du Parlement européen et du Conseil du 16 avril 2014 précité ;

5° Utilisées par l'acquéreur pour la gravure de matériaux semi-conducteurs ou le nettoyage de chambre de dépôt en phase de vapeur par procédé chimique dans l'industrie des semi-conducteurs ;

6° Utilisées par l'acquéreur pour la production d'inhalateurs doseurs pour l'administration de produits pharmaceutiques ;

7° Utilisées par l'acquéreur pour le fonctionnement des unités de réfrigération des camions et remorques frigorifiques, au sens des 26 et 27 de l'article 2 du même règlement ;

8° Utilisées par l'acquéreur dans des applications spécifiques ou dans des catégories spécifiques de produits ou d'équipements pour lesquels, d'une part, des solutions de substitution n'existent pas ou ne peuvent être mises en œuvre pour des raisons techniques ou de sécurité et, d'autre part, une offre suffisante d'hydrofluorocarbones ne peut être garantie sans entraîner des coûts disproportionnés. Ces applications ou catégories sont listées par décret.

B. — Lorsque les substances sont affectées par l'acquéreur à une autre destination que celles prévues au A, le complément d'impôt est dû par la personne qui réalise cette affectation.

C. — Lorsque la destination prévue au A ne figure pas sur l'étiquetage prévu à l'article 12 du règlement (UE) n° 517/2014 du Parlement européen et du Conseil du 16 avril 2014 précité, l'acquéreur établit une attestation certifiant que les substances sont affectées à cette destination. Le cas échéant, un exemplaire est remis au fournisseur.

VI. — A. — La taxe est déclarée et liquidée par le redevable selon les modalités suivantes :

1° Pour les redevables de la taxe sur la valeur ajoutée soumis au régime réel normal d'imposition mentionné au 2 de l'article 287, sur l'annexe à la déclaration mentionnée au 1 du même article 287 déposée au titre du mois de mars ou du premier trimestre de l'année qui suit celle au cours de laquelle la taxe est devenue exigible ;

2° Pour les redevables de la taxe sur la valeur ajoutée soumis au régime simplifié d'imposition prévu à l'article 302 *septies* A, sur la déclaration annuelle mentionnée au 3 de l'article 287 déposée au titre de l'exercice au cours duquel la taxe est devenue exigible ;

3° Dans tous les autres cas, sur l'annexe à la déclaration prévue au 1 du même article 287, déposée auprès du service de recouvrement dont relève le siège ou le principal établissement du redevable, au plus tard le 25 avril de l'année qui suit celle au cours de laquelle la taxe est devenue exigible.

B. — La taxe est acquittée lors du dépôt de la déclaration. Elle est recouvrée et contrôlée selon les mêmes procédures et sous les mêmes sanctions, garanties, sûretés et privilèges que les taxes sur le chiffre d'affaires. Les réclamations sont présentées, instruites et jugées selon les règles applicables à ces mêmes taxes.

C. — Les redevables conservent, à l'appui de leur comptabilité, l'information des quantités mensuelles taxées pour chaque substance, en distinguant celles qui sont livrées et celles qui sont utilisées, ainsi que celles afférentes à chacune des exonérations mentionnées au A du V.

Ces informations sont tenues à la disposition de l'administration et lui sont communiquées à première demande.

D. — Les A à C du présent VI s'appliquent également à toute personne qui réalise l'un des changements d'affectation mentionnés au B du V.

E. — Lorsque le redevable, ou la personne mentionnée au D, n'est pas établi dans un État membre de l'Union européenne ou dans tout autre État partie à l'accord sur l'Espace économique européen ayant conclu avec la France une convention fiscale qui contient une clause d'assistance administrative en vue de lutter contre la fraude et l'évasion fiscales ainsi qu'une convention d'assistance mutuelle en matière de recouvrement de l'impôt, il fait accréditer auprès du service des impôts compétent un représentant assujetti à la taxe sur la valeur ajoutée établi en France qui s'engage à remplir les formalités au nom et pour le compte du représenté et, le cas échéant, à acquitter la taxe à sa place.

Art. 302 *bis* G à 302 *bis* J *Abrogés par L. n° 88-1193 du 29 déc. 1988, art. 35, à compter du 1er janv. 1990.*

CHAPITRE VII TAXE DE L'AVIATION CIVILE

Art. 302 *bis* K *(Abrogé par Ord. n° 2021-1843 du 22 déc. 2021, art. 10-47°-a et 38, à compter du 1er janv. 2022) I. — 1. A compter du 1er janvier 2006, une taxe de l'aviation civile au profit du budget annexe "Contrôle et exploitation aériens" est due par les entreprises de transport aérien public.*

La taxe est assise sur le nombre de passagers et la masse de fret et de courrier embarqués en France, quelles que soient les conditions tarifaires accordées par le transporteur, à l'exception :

a) Des personnels dont la présence à bord est directement liée au vol considéré, notamment les membres de l'équipage assurant le vol, les agents de sûreté ou de police, les accompagnateurs de fret ;

b) Des enfants de moins de deux ans ;

c) Des passagers en transit direct, du fret ou du courrier effectuant un arrêt momentané sur l'aéroport et repartant par le même aéronef avec un numéro de vol au départ identique au numéro de vol de l'aéronef à bord duquel ils sont arrivés ;

d) Des passagers, du fret du courrier reprenant leur vol après un atterrissage forcé en raison d'incidents techniques, de conditions atmosphériques défavorables ou de tout autre cas de force majeure.

La taxe est exigible pour chaque vol commercial.

2. Pour la perception de la taxe, ne sont pas considérés comme des vols commerciaux de transport aérien public :

a) Les évacuations sanitaires d'urgence ;

[b) applicable aux impositions dont le fait générateur intervient jusqu'au 31 mars 2020]

b) Les vols locaux au sens du 2 de l'article 1er du règlement (CEE) n° 2407/92 du Conseil du 23 juillet 1992 concernant les licences des transporteurs aériens.

[b) applicable aux impositions dont le fait générateur intervient à compter du 1er avr. 2020]

(L. n° 2019-1479 du 28 déc. 2019, art. 171-I-A et II-A) ***« b) Les vols n'impliquant pas de transport de passagers, de courrier ou de fret entre différents aéroports ou autres points d'atterrissage agréés. »***

3. La taxe n'est pas perçue lorsque le passager est en correspondance. Est considéré comme tel celui qui remplit les trois conditions suivantes :

a) L'arrivée a eu lieu par voie aérienne sur l'aéroport considéré ou sur l'un des aéroports appartenant au même système aéroportuaire desservant la même ville ou agglomération ;

b) Le délai entre les heures programmées respectives de l'arrivée et du départ n'excède pas vingt-quatre heures ;

c) L'aéroport de destination finale est distinct de celui de provenance initiale et ne fait pas partie du même système aéroportuaire tel que mentionné au a.

Pour l'application du a, un décret précise les aéroports faisant partie d'un même système aéroportuaire.

4. Par dérogation au 1, les entreprises de transport aérien public qui effectuent des vols au départ de la France non soumis, en vertu d'un accord international conclu avec un État dont le territoire est contigu au territoire national, à l'autorisation préalable prévue à l'article L. 6412-3 du code des transports sont exonérées, à raison de ces vols, de la taxe de l'aviation civile.

II. — 1. Le tarif de la taxe, perçue en fonction de la destination finale du passager, est le suivant :

(Décr. n° 2021-744 du 9 juin 2021, art. 1er) ***« 4,66 €*** *[ancienne rédaction : 4,63 €]* ***» par passager embarqué à destination de la France, d'un autre État membre de l'Union européenne, d'un autre État partie à l'accord sur l'Espace économique européen*** *(L. n° 2020-1721 du 29 déc. 2020, art. 71-I-1°, en vigueur le 1er janv. 2021)* ***« , de la Confédération suisse ou d'un autre État situé à moins de 1 000 kilomètres de la France continentale » ;***

(Décr. n° 2021-744 du 9 juin 2021, art. 1er) ***« 8,37 €*** *[ancienne rédaction : 8,32 €]* ***» par passager embarqué vers d'autres destinations ;***

Le tarif de la taxe est de *(Décr. n° 2021-744 du 9 juin 2021, art. 1er)* ***« 1,38 €*** *[ancienne rédaction : 1,37 €]* ***» par tonne de courrier ou de fret embarquée.*** *— Tarifs applicables aux vols effectués à compter du 1er avr. 2018.*

A compter de l'année 2011, ces tarifs sont revalorisés chaque année dans une proportion égale au taux prévisionnel de croissance de l'indice des prix à la consommation hors tabac associé au projet de loi de finances de l'année.

Ces tarifs annuels entrent en vigueur pour les vols effectués à compter du 1er avril de l'année.

Le tarif défini ci-dessus pour le fret et le courrier s'applique au tonnage total déclaré par chaque entreprise le mois considéré, arrondi à la tonne inférieure.

(L. n° 2020-1721 du 29 déc. 2020, art. 71-I-2°, en vigueur le 1er janv. 2021) ***« Pour l'application du présent 1, est situé à moins de 1 000 kilomètres de la France continentale l'État dont le principal aérodrome desservant sa capitale est situé à une distance inférieure à 1 000 kilomètres de l'aérodrome Paris-Charles de Gaulle. Un arrêté du ministre chargé de l'aviation civile fixe la liste de ces États. »*** *— V. Ann. IV, art. 50 duodecies-0 B (Arr. du 29 déc. 2020).*

2. Les entreprises de transport aérien déclarent, au plus tard le dernier jour de chaque mois, *(L. n° 2019-1479 du 28 déc. 2019, art. 171-I-A-2° et II-A, applicable aux impositions dont le fait générateur intervient à compter du 1er avr. 2020)* ***« conformément au modèle prescrit*** *[ancienne rédaction : sur un imprimé fourni]* ***» par l'administration de l'aviation civile,***

le nombre de passagers et la masse de fret et de courrier embarqués le mois précédent pour les vols effectués au départ de la France.

Toutefois, les entreprises de transport aérien qui ont déclaré au cours de l'année précédente un montant de taxe égal ou inférieur à 12 000 € sont admises à souscrire, à compter du premier trimestre civil de l'année qui suit, des déclarations trimestrielles indiquant le nombre de passagers et la masse de fret et de courrier embarqués au cours du trimestre précédent pour les vols effectués au départ de France. Ces déclarations trimestrielles sont souscrites au plus tard le dernier jour du mois qui suit le trimestre au titre duquel elle est établie. Lorsque le montant de la taxe déclarée au terme des quatre trimestres civils consécutifs de l'année dépasse le montant de 12 000 €, l'entreprise souscrit mensuellement ses déclarations dans les conditions fixées au huitième alinéa ; dans ce cas, l'obligation court à compter du premier mois qui suit l'année de dépassement.

3. Ces déclarations, mensuelles ou trimestrielles, sont adressées *(L. n° 2019-1479 du 28 déc. 2019, art. 171-I-A-2° et II-A, applicable aux impositions dont le fait générateur intervient à compter du 1er avr. 2020)* ***« par voie électronique » aux comptables du budget annexe "Contrôle et exploitation aériens". Concomitamment, les redevables acquittent la taxe ainsi que la contribution additionnelle prévue au VI, par*** *(L. n° 2019-1479 du 28 déc. 2019, art. 171-I-A-2° et II-A, applicable aux impositions dont le fait générateur intervient à compter du 1er avr. 2020)* ***« télépaiement*** *[ancienne rédaction : virement bancaire]* ***».***

III. — Abrogé par L. n° 2015-1786 du 29 déc. 2015, art. 42-I-2° et III, à compter du 1er janv. 2016.

IV. — 1. Les déclarations mentionnées au II sont contrôlées par les services de la direction générale de l'aviation civile. A cette fin, les agents assermentés peuvent examiner sur place les documents utiles. *— Sur l'assermentation des agents, V. Décr. n° 2002-212 du 12 févr. 2002 (JO 19 févr.), mod. par Décr. n° 2007-323 du 8 mars 2007 (JO 10 mars).*

Préalablement, un avis de vérification est adressé à l'entreprise afin qu'elle puisse se faire assister d'un conseil.

Au cours de la vérification, l'entreprise peut régulariser les erreurs, inexactitudes, omissions ou insuffisances dans les déclarations souscrites dans les délais, moyennant le paiement d'un intérêt de retard égal à 70 % de l'intérêt de retard prévu à l'article 1727.

Cette procédure de régularisation spontanée est subordonnée au respect des conditions suivantes :

1° L'entreprise en fait la demande avant toute proposition de rectification ;

2° La régularisation ne concerne pas une infraction exclusive de bonne foi ;

3° L'entreprise dépose une déclaration complémentaire dans les trente jours de sa demande et acquitte l'intégralité des suppléments de droits simples et des intérêts de retard au moment du dépôt de cette déclaration.

Les insuffisances constatées et les sanctions y afférentes sont notifiées à l'entreprise qui dispose d'un délai de trente jours pour présenter ses observations. Sur demande de l'entreprise reçue avant l'expiration du délai précité par les services de la direction générale de l'aviation civile, ce délai est prorogé de trente jours.

Après examen des observations éventuelles, le directeur général de l'aviation civile émet, s'il y a lieu, un titre exécutoire comprenant les droits supplémentaires maintenus, assortis de l'intérêt de retard prévu à l'article 1727 et, le cas échéant, des majorations prévues à l'article 1729.

2. A défaut de déclaration dans les délais, il est procédé à la taxation d'office sur la base des capacités d'emport offertes par les types d'aéronefs utilisés pour l'ensemble des vols du mois au départ de chaque aérodrome et exprimées comme suit :

a. nombre total de sièges offerts pour les avions passagers ;

b. nombre total de sièges offerts au titre du trafic passagers et charge maximale offerte pour le trafic de fret et de courrier pour les avions emportant à la fois des passagers, du fret ou du courrier ;

c. charge marchande totale pour les avions cargos.

L'entreprise peut toutefois, dans les trente jours de la notification du titre exécutoire, déposer une déclaration qui se substitue à ce titre s'agissant des droits, sous réserve d'un contrôle ultérieur dans les conditions prévues au 1.

Les droits sont assortis de l'intérêt de retard prévu à l'article 1727 et de la majoration prévue au 1 de l'article 1728.

2 bis. Lorsque les rehaussements opérés en vertu des 1 et 2 sont passibles de plusieurs des majorations prévues au 1 de l'article 1728 et à l'article 1729, l'article 1729 A est applicable.

3. Le droit de rectification de la taxe se prescrit en trois ans. Cette prescription est suspendue et interrompue dans les conditions de droit commun et notamment par le dépôt d'une déclaration dans les conditions visées au 2.

4. Le droit de reprise par les services de la direction générale de l'aviation civile, tant en ce qui concerne le contrôle des redevables défaillants déclaratifs que le contrôle des insuffisances déclaratives ou de paiement, s'exerce dans les mêmes conditions que celles prévues à l'article L. 176 du livre des procédures fiscales.

V. — Sous réserve des dispositions qui précèdent, le recouvrement de la taxe est assuré par les agents comptables du budget annexe "Contrôle et exploitation aériens" selon les procédures, sûretés, garanties et sanctions applicables en matière de taxes sur le chiffre d'affaires.

Le contentieux est suivi par la direction générale de l'aviation civile. Les réclamations sont présentées, instruites et jugées comme en matière de taxes sur le chiffre d'affaires.

[VI. applicable à compter du 1er janv. 2020]

VI. — (L. n° 2019-1479 du 28 déc. 2019, art. 72-I-1°-a et II) ***« 1. Une contribution additionnelle, dénommée taxe de solidarité sur les billets d'avion, est perçue par majoration des montants par passager de la taxe de l'aviation civile mentionnés aux deuxième et troisième alinéas du 1 du II.***

« Le tarif de la taxe est fixé en fonction de la destination finale et de la catégorie de chaque passager, selon le tableau suivant : »

Destination finale du passager	***Passager pouvant bénéficier, sans supplément de prix, de services à bord auxquels l'ensemble des passagers ne peut accéder gratuitement***	***Autre passager***
– la France, un autre État membre de l'Union européenne, un autre État partie à l'accord sur l'Espace économique européen, la Confédération suisse	*20,27 €*	*2,63 €*
– autres États	*63,07 €*	*7,51 €*

Tableau issu de la L. n° 2019-1479 du 28 déc. 2019, art. 72-I-1°-a.

2. Cette taxe n'est pas perçue lorsque le passager est en correspondance. Est considéré comme passager en correspondance celui qui remplit les trois conditions suivantes :

a) L'arrivée a eu lieu par voie aérienne sur l'aéroport considéré ou sur l'un des aéroports appartenant au même système aéroportuaire desservant la même ville ou agglomération ;

b) Le délai entre les heures programmées respectives de l'arrivée et du départ n'excède pas vingt-quatre heures ;

c) L'aéroport de destination finale est distinct de celui de provenance initiale et ne fait pas partie du même système aéroportuaire tel que mentionné au a.

Pour l'application du a, un décret précise les aéroports faisant partie d'un même système aéroportuaire. *— V. Ann. III, art. 99.*

3. La taxe de solidarité sur les billets d'avion est contrôlée dans les conditions prévues au IV et suivant les délais de prescription du droit de reprise prévus à l'article L. 176 du livre des procédures fiscales en matière de taxes sur le chiffre d'affaires.

(L. n° 2019-1479 du 28 déc. 2019, art. 72-I-1°-b et II) ***« 4. La taxe de solidarité sur les billets d'avion est recouvrée dans les conditions fixées au V.***

« Le produit annuel de la contribution additionnelle mentionnée au premier alinéa du 1 du présent VI est affecté, dans l'ordre de priorité suivant :

« 1° Au fonds de solidarité pour le développement mentionné à l'article 22 de la loi n° 2005-1720 du 30 décembre 2005 de finances rectificative pour 2005 dans la limite du

plafond prévu au I de l'article 46 de la loi n° 2011-1977 du 28 décembre 2011 de finances pour 2012 ;

« 2° A l'Agence de financement des infrastructures de transport de France mentionnée à l'article L. 1512-19 du code des transports dans la limite du plafond prévu au I de l'article 46 de la loi n° 2011-1977 du 28 décembre 2011 précitée.

« Le produit de la contribution additionnelle est versé mensuellement à ces affectataires.

« Le produit annuel excédant les plafonds mentionnés ci-dessus est attribué au budget annexe "Contrôle et exploitation aériens". »

(L. n° 2017-256 du 28 févr. 2017, art. 136) ***« 5. La taxe de solidarité sur les billets d'avion n'est pas perçue au départ des collectivités d'outre-mer de Saint-Barthélemy et de Saint-Martin. »***

(L. n° 2019-1479 du 28 déc. 2019, art. 72-I-1°-c et II) ***« 6. Les montants mentionnés à la deuxième ligne du tableau du dernier alinéa du 1 font l'objet d'une réduction de 9 € pour les passagers pouvant bénéficier, sans supplément de prix, de services à bord auxquels l'ensemble des passagers ne peut accéder gratuitement et d'une réduction de 1,5 € pour les autres passagers. Ces réductions s'appliquent aux vols commerciaux :***

« a) Effectués entre la Corse et la France continentale ;

« b) Effectués entre les départements ou collectivités d'outre-mer et la France métropolitaine ainsi qu'entre ces mêmes départements ou collectivités d'outre-mer ;

« c) Soumis à une obligation de service public au sens de l'article 16 du règlement (CE) n° 1008/2008 du Parlement européen et du Conseil du 24 septembre 2008 établissant des règles communes pour l'exploitation de services aériens dans la Communauté. » *— Les dispositions du 6 entrent en vigueur à une date fixée par arrêté conjoint des ministres chargés de l'aviation civile et du budget qui ne peut pas être postérieure de plus d'un mois à la date de réception par le gouvernement de la réponse de la Commission européenne permettant de considérer ce dispositif législatif comme conforme aux droits de l'UE.*

[VI. applicable à compter du 1er janv. 2021]

VI. — (L. n° 2019-1479 du 28 déc. 2019, art. 72-I-1°-a et II) ***« 1. Une contribution additionnelle, dénommée taxe de solidarité sur les billets d'avion, est perçue par majoration des montants par passager de la taxe de l'aviation civile mentionnés aux deuxième et troisième alinéas du 1 du II. »***

(L. n° 2019-1479 du 28 déc. 2019, art. 72 et III) ***« Le tarif de la taxe est fixé par arrêté conjoint des ministres chargés de l'aviation civile et du budget en fonction de la destination finale et de la catégorie de chaque passager dans les limites définies comme suit : »*** *— V. Ann. IV, art. 50 duodecies-0 B (Arr. du 29 déc. 2020).*

Destination finale du passager	***Passager pouvant bénéficier, sans supplément de prix, de services à bord auxquels l'ensemble des passagers ne peut accéder gratuitement***	***Autre passager***
– la France, un autre État membre de l'Union européenne, un autre État partie à l'accord sur l'Espace économique européen, la Confédération suisse ou un État situé à moins de 1 000 kilomètres de la France continentale	***11,27 € – 20,27 €***	***1,13 € – 2,63 €***
– autres États	***45,07 € – 63,07 €***	***4,51 € – 7,51 €***

Tableau issu de la L. n° 2019-1479 du 28 déc. 2019, art. 72-III, mod. par L. n° 2020-1721 du 29 déc. 2020, art. 71-I-3°-a, en vigueur le 1er janv. 2021.

(L. nº 2020-1721 du 29 déc. 2020, art. 71-I-3º-b, en vigueur le 1er janv. 2021) ***« Pour l'application du présent 1, l'identification d'un État situé à moins de 1 000 kilomètres de la France continentale est déterminée conformément au 1 du II. »***

2. Cette taxe n'est pas perçue lorsque le passager est en correspondance. Est considéré comme passager en correspondance celui qui remplit les trois conditions suivantes :

a) L'arrivée a eu lieu par voie aérienne sur l'aéroport considéré ou sur l'un des aéroports appartenant au même système aéroportuaire desservant la même ville ou agglomération ;

b) Le délai entre les heures programmées respectives de l'arrivée et du départ n'excède pas vingt-quatre heures ;

c) L'aéroport de destination finale est distinct de celui de provenance initiale et ne fait pas partie du même système aéroportuaire tel que mentionné au a.

Pour l'application du a, un décret précise les aéroports faisant partie d'un même système aéroportuaire. *— V. Ann. III, art. 99.*

3. La taxe de solidarité sur les billets d'avion est contrôlée dans les conditions prévues au IV et suivant les délais de prescription du droit de reprise prévus à l'article L. 176 du livre des procédures fiscales en matière de taxes sur le chiffre d'affaires.

(L. nº 2019-1479 du 28 déc. 2019, art. 72-I-1º-a et II) ***« 4. La taxe de solidarité sur les billets d'avion est recouvrée dans les conditions fixées au V.***

« Le produit annuel de la contribution additionnelle mentionnée au premier alinéa du 1 du présent VI est affecté, dans l'ordre de priorité suivant :

« 1º Au fonds de solidarité pour le développement mentionné à l'article 22 de la loi nº 2005-1720 du 30 décembre 2005 de finances rectificative pour 2005 dans la limite du plafond prévu au I de l'article 46 de la loi nº 2011-1977 du 28 décembre 2011 de finances pour 2012 ;

« 2º A l'Agence de financement des infrastructures de transport de France mentionnée à l'article L. 1512-19 du code des transports dans la limite du plafond prévu au I de l'article 46 de la loi nº 2011-1977 du 28 décembre 2011 précitée.

« Le produit de la contribution additionnelle est versé mensuellement à ces affectataires.

« Le produit annuel excédant les plafonds mentionnés ci-dessus est attribué au budget annexe "Contrôle et exploitation aériens". »

(L. nº 2017-256 du 28 févr. 2017, art. 136) ***« 5. La taxe de solidarité sur les billets d'avion n'est pas perçue au départ des collectivités d'outre-mer de Saint-Barthélemy et de Saint-Martin. »***

(L. nº 2019-1479 du 28 déc. 2019, art. 72-I-1º-a et II) ***« 6.*** *(L. nº 2019-1479 du 28 déc. 2019, art. 72 et III)* ***« Les montants mentionnés à la deuxième ligne du tableau du dernier alinéa du 1 font l'objet d'une réduction égale à la différence entre le tarif résultant de l'arrêté mentionné au deuxième alinéa du même 1 et le montant minimum mentionné à la deuxième ligne du tableau du dernier alinéa dudit 1. » Ces réductions s'appliquent aux vols commerciaux :***

« a) Effectués entre la Corse et la France continentale ;

« b) Effectués entre les départements ou collectivités d'outre-mer et la France métropolitaine ainsi qu'entre ces mêmes départements ou collectivités d'outre-mer ;

« c) Soumis à une obligation de service public au sens de l'article 16 du règlement (CE) nº 1008/2008 du Parlement européen et du Conseil du 24 septembre 2008 établissant des règles communes pour l'exploitation de services aériens dans la Communauté. »

(L. nº 2015-1785 du 29 déc. 2015, art. 49-I-2º, en vigueur le 25 avr. 2017) ***« VII. — 1. Les entreprises de transport aérien exonérées de la taxe de l'aviation civile en application du 4 du I sont assujetties à une contribution destinée à couvrir les coûts des missions d'intérêt général assurées par l'administration française de l'aviation civile à l'occasion de l'utilisation de l'aérodrome où ces entreprises effectuent les vols mentionnés au même 4.***

« 2. La contribution est assise sur le nombre de passagers embarqués sur un vol commercial, au sens du 2 du I, remplissant les conditions mentionnées au 4 du I, à l'exception des passagers mentionnés aux a à d du 1 du I.

« 3. Le tarif de la contribution est égal au rapport entre le montant des coûts mentionnés au 1 du présent VII et le nombre total de passagers mentionnés au 2.

« Il est fixé par arrêté des ministres chargés du budget et de l'aviation civile, après avis de l'organe délibérant compétent de la personne morale gestionnaire de l'aérodrome. Il ne peut excéder le tarif de la taxe de l'aviation civile applicable, en application du 1 du II, pour les passagers à destination de la France, d'un autre État membre de l'Union européenne, d'un

autre État partie à l'accord sur l'Espace économique européen ou de la Confédération suisse. *— V. Arr. du 6 juin 2017 (JO 21 juin) abrogé par Arr. du 23 mars 2020, art. 2 et 3. — V. Ann. IV, art. 50 duodecies B.*

« 4. Les coûts des missions d'intérêt général mentionnées au 1 se rattachent aux activités de régulation technique et économique, à la réglementation de la circulation aérienne, au respect des règles de sécurité et de protection de l'environnement des installations aéroportuaires et des aéronefs, à la surveillance du service de lutte contre l'incendie et contre le péril animalier dans l'enceinte de l'aéroport et incluent les coûts de structure associés à ces missions. Un arrêté des ministres chargés du budget et de l'aviation civile, pris après concertation avec les autorités compétentes de l'autre État partie à l'accord international mentionné au 4 du I, fixe la liste des coûts pris en considération pour le calcul du tarif de la contribution ainsi que les règles de leur actualisation. *— V. Arr. du 6 juin 2017 (JO 21 juin) abrogé par Arr. du 23 mars 2020, art. 2 et 3.*

« 5. Le produit de la contribution est recouvré par le comptable public territorialement compétent qui le reverse aux comptables publics du budget annexe " Contrôle et exploitation aériens ". La contribution est établie, recouvrée et contrôlée selon les procédures et sous les mêmes sanctions, garanties et privilèges que les taxes sur le chiffre d'affaires. Les réclamations sont présentées, instruites et jugées selon les règles applicables à ces mêmes taxes. » *— V. Décr. n° 2017-640 du 26 avr. 2017.*

Dispositions abrogées et transférées aux art. L. 422-13 s. CIBS à compter du 1er janv. 2022.

Art. 302 *bis* K *bis* *(Abrogé par Ord. n° 2021-1843 du 22 déc. 2021, art. 10-47°-a, à compter du 1er janv. 2022) (L. n° 2019-1479 du 28 déc. 2019, art. 171-I-B et II-B, applicable aux impositions dont le fait générateur intervient à compter du 1er avr. 2021)* ***Lorsque le redevable de l'une des taxes mentionnées aux I ou VI de l'article 302 bis K, à l'article 1609 quatervicies, à l'article 1609 quatervicies A ou à l'article 1609 tervicies n'est pas établi dans un État membre de l'Union européenne ou dans tout autre État partie à l'accord sur l'Espace économique européen ayant conclu avec la France une convention d'assistance administrative en vue de lutter contre la fraude et l'évasion fiscales ainsi qu'une convention d'assistance mutuelle en matière de recouvrement de l'impôt, il fait accréditer auprès des services compétents de la direction générale de l'aviation civile un représentant fiscal établi en France qui s'engage à remplir les formalités au nom et pour le compte du représenté et, le cas échéant, à acquitter la taxe à sa place.***

Ce représentant est unique pour l'ensemble des impositions et obligations mentionnées au premier alinéa du présent article.

Dispositions transférées à l'art. L. 422-11 CIBS.

CHAPITRE VII *BIS* TAXE SUR LA PUBLICITÉ TÉLÉVISÉE

Art. 302 *bis* KA *(Abrogé par L. n° 2018-1317 du 28 déc. 2018, art. 26-III-2° et XV-E, pour les encaissements intervenant à compter du 1er janv. 2020)* ***Une taxe sur la publicité télévisée est due par les personnes qui assurent la régie des messages de publicité reçus en France sur les écrans de télévision.***

Elle est assise sur le message publicitaire selon les tarifs suivants :

a) Abrogé ;

b) 3,80 € par message dont le prix est supérieur à 500 € et au plus égal à 1 520 € ;

c) 20,60 € par message dont le prix est supérieur à 1 520 € et au plus égal à 9 150 € ;

d) 34,30 € par message dont le prix est supérieur à 9 150 €.

Ces prix s'entendent hors taxes.

La taxe ne s'applique pas aux messages passés pour le compte d'œuvres reconnues d'utilité publique à l'occasion de grandes campagnes nationales.

Les redevables sont tenus de souscrire, dans le mois du commencement des opérations imposables, auprès du service des impôts dont ils dépendent, une déclaration d'existence et, avant le 25 de chaque mois, un relevé conforme au modèle établi par l'administration indiquant pour chaque tranche du barème le nombre de messages publicitaires diffusés le mois précédent.

La taxe est établie et recouvrée au vu de ce relevé selon les règles, conditions, garanties et sanctions prévues en matière de taxe sur la valeur ajoutée.

CHAPITRE VII *TER* TAXE SUR LES SERVICES DE TÉLÉVISION

Art. 302 *bis* KB et 302 *bis* KC *Transférés, par Décr. n° 2009-389 du 7 avr. 2009, ss. les art. 1609 sexdecies et 1609 sexdecies A, abrogés depuis.*

CHAPITRE VII *QUATER* TAXE SUR LA PUBLICITÉ DIFFUSÉE PAR VOIE DE RADIODIFFUSION SONORE ET DE TÉLÉVISION

Art. 302 *bis* KD *(Abrogé par L. n° 2018-1317 du 28 déc. 2018, art. 26-III-2° et XV-E, pour les encaissements intervenant à compter du 1er janv. 2020)* ***1. Il est institué, à compter du 1er juillet 2003, une taxe sur la publicité diffusée par voie de radiodiffusion sonore et de télévision.***

2. La taxe est assise sur les sommes, hors commission d'agence et hors taxe sur la valeur ajoutée, payées par les annonceurs aux régies pour l'émission et la diffusion de leurs messages publicitaires à partir du territoire français.

Elle est due par les personnes qui assurent la régie de ces messages publicitaires.

Elle est déclarée et liquidée sur la déclaration mentionnée au 1 de l'article 287, déposée suivant la fin de chaque trimestre civil ou à l'issue de l'exercice pour les redevables placés sous le régime simplifié d'imposition prévu à l'article 302 septies A.

La taxe est acquittée lors du dépôt de cette déclaration.

3. Le tarif d'imposition par palier de recettes trimestrielles perçues par les régies assujetties est fixé comme suit à compter du premier trimestre 2005 :

1° Pour la publicité radiodiffusée :

RECETTES TRIMESTRIELLES (en euros)	MONTANT DE LA TAXE (en euros)
De 46 000 à 229 000	526
De 229 001 à 457 000	1 314
De 457 001 à 915 000	2 761
De 915 001 à 1 372 000	4 734
De 1 372 001 à 2 286 000	7 889
De 2 286 001 à 3 201 000	12 492
De 3 201 001 à 4 573 000	17 882
De 4 573 001 à 6 860 000	26 297
De 6 860 001 à 9 147 000	38 131
De 9 147 001 à 13 720 000	54 435
De 13 720 001 à 18 294 000	76 263
De 18 294 001 à 22 887 000	102 560
De 22 887 001 à 27 441 000	126 228
De 27 441 001 à 32 014 000	149 895
De 32 014 001 à 36 588 000	173 563
De 36 588 001 à 41 161 000	197 231
De 41 161 001 à 45 735 000	220 889
De 45 735 001 à 50 308 000	244 566
De 50 308 001 à 54 882 000	268 234
De 54 882 001 à 59 455 000	291 902
De 59 455 001 à 64 029 000	315 569
Au-dessus de 64 029 000	344 497

2° Pour la publicité télévisée :

RECETTES TRIMESTRIELLES (en euros)	MONTANT DE LA TAXE (en euros)
De 457 001 à 915 000	3 000
De 915 001 à 2 287 000	7 000
De 2 287 001 à 4 573 000	18 000
De 4 573 001 à 9 147 000	41 000
De 9 147 001 à 18 294 000	92 500
De 18 294 001 à 27 441 000	183 000
De 27 441 001 à 36 588 000	285 000
De 36 588 001 à 45 735 000	368 000
De 45 735 001 à 54 882 000	455 000
De 54 882 001 à 64 029 000	545 500
De 64 029 001 à 73 176 000	629 500
De 73 176 001 à 83 322 000	717 500
De 83 322 001 à 91 469 000	806 000
De 91 469 001 à 100 616 000	894 500
De 100 616 001 à 109 763 000	982 500
De 109 763 001 à 118 910 000	1 071 000
De 118 910 001 à 128 057 000	1 159 000
De 128 057 001 à 137 204 000	1 330 000
De 137 204 001 à 148 351 000	1 420 000
De 148 351 001 à 161 498 000	1 510 000
De 161 498 001 à 176 645 000	1 600 000
De 176 645 001 à 193 345 000	1 690 000
De 193 345 001 à 221 939 000	1 780 000
De 221 939 001 à 242 086 000	1 870 000
Au-dessus de 242 086 000	1 960 000

4. *Abrogé.*

5. ***La taxe est recouvrée et contrôlée selon les procédures et sous les mêmes sanctions, garanties et privilèges que la taxe sur la valeur ajoutée. Les réclamations sont présentées, instruites et jugées selon les règles applicables à cette même taxe.***

CHAPITRE VII *QUINQUIES* TAXE SUR LES VENTES ET LES LOCATIONS DE VIDÉOGRAMMES DESTINÉS À L'USAGE PRIVÉ DU PUBLIC

Art. 302 *bis* KE *Transféré ss. l'art. 1609 sexdecies B (Décr. n° 2009-389 du 7 avr. 2009).*

CHAPITRE VII *SEXIES* CONTRIBUTION POUR UNE PÊCHE DURABLE

(L. n° 2007-1824 du 25 déc. 2007, art. 60)

Art. 302 *bis* KF *Abrogé par L. n° 2011-900 du 29 juill. 2011, art. 46, à compter du 1er janv. 2012.*

CHAPITRE VII *SEPTIES* TAXE SUR LA PUBLICITÉ DIFFUSÉE PAR LES CHAÎNES DE TÉLÉVISION

(L. n° 2009-258 du 5 mars 2009, art. 32-I et 92-I)

Art. 302 *bis* KG *(Abrogé par L. n° 2018-1317 du 28 déc. 2018, art. 26-III-2° et XV-E, pour les encaissements intervenant à compter du 1er janv. 2020)* ***I. — Il est institué une taxe due par tout éditeur de services de télévision au sens de l'article 2 de la loi n° 86-1067 du 30 septembre 1986 relative à la liberté de communication, établi en France.***

(L. n° 2017-1775 du 28 déc. 2017, art. 36, en vigueur le 1er janv. 2018) ***« La taxe est également due par toute personne établie en France ou hors de France qui encaisse des sommes versées par les annonceurs pour la diffusion de leurs messages publicitaires par un éditeur de services de télévision mentionné au premier alinéa. »***

II. — La taxe est assise sur le montant, hors taxe sur la valeur ajoutée, des sommes versées par les annonceurs, pour la diffusion de leurs messages publicitaires, aux redevables concernés ou aux régisseurs de messages publicitaires, déduction faite des sommes versées en application de la taxe prévue aux articles L. 115-6 à L. 115-13 du code du cinéma et de l'image animée. *(L. n° 2017-1775 du 28 déc. 2017, art. 36, en vigueur le 1er janv. 2018)* ***« Les sommes reversées par une personne mentionnée au second alinéa du I à un éditeur mentionné au premier alinéa du même I sont incluses dans l'assiette de la taxe due par ce dernier et exclues de l'assiette de la taxe due par la personne mentionnée au second alinéa dudit I.***

« Pour les sommes versées par les annonceurs pour la diffusion de leurs messages publicitaires par un éditeur de services de télévision dont l'audience quotidienne réalisée hors de France métropolitaine est supérieure à 90 % de son audience totale, le montant à retenir pour le calcul de la taxe afférente à ces seules sommes est diminué du montant des sommes versées pour la diffusion de messages publicitaires destinés au marché européen ou mondial multiplié par la part dans l'audience totale annuelle de l'éditeur de services de télévision de l'audience qu'il a obtenue hors de France métropolitaine. »

III. — L'exigibilité de la taxe est constituée par le versement des sommes mentionnées au II.

IV. — *(L. n° 2017-1775 du 28 déc. 2017, art. 36, en vigueur le 1er janv. 2018)* ***« La taxe est calculée en appliquant un taux de 0,5 % à la fraction du montant des versements annuels, hors taxe sur la valeur ajoutée, afférent à chaque service de télévision, qui excède 11 millions d'euros. Cet abattement est réparti entre un éditeur mentionné au premier alinéa du I et une personne mentionnée au second alinéa du même I au prorata de l'assiette respective établie pour chacun d'entre eux. »***

V. — Les redevables procèdent à la liquidation de la taxe due au titre de l'année civile précédente lors du dépôt de la déclaration mentionnée au 1 de l'article 287 du mois de mars ou du premier trimestre de l'année civile.

VI. — La taxe est recouvrée et contrôlée selon les mêmes procédures et sous les mêmes sanctions, garanties, sûretés et privilèges que la taxe sur la valeur ajoutée. Les réclamations sont présentées, instruites et jugées selon les règles applicables à cette même taxe. *— V. art. 1693 quinquies.*

Pour la taxe prévue au présent art. due au titre de l'année 2018, les acomptes mensuels ou trimestriels prévus au 1er al. de l'art. 1693 quinquies dus par les redevables mentionnés au I de l'art. 302 bis KG sont au moins égaux, respectivement, au douzième ou au quart du montant obtenu en appliquant le taux de 0,5 % aux versements, hors taxe sur la valeur ajoutée, mentionnés au II du même art. constatés en 2017 (L. n° 2017-1775 du 28 déc. 2017, art. 36).

CHAPITRE VII *OCTIES* TAXE SUR LES SERVICES FOURNIS PAR LES OPÉRATEURS DE COMMUNICATIONS ÉLECTRONIQUES

(L. n° 2009-258 du 5 mars 2009, art. 33-I et 92-II)

Art. 302 *bis* KH I. — Il est institué une taxe due par tout opérateur de communications électroniques, au sens de l'article L. 32 du code des postes et des communications électroniques, qui fournit un service en France *(Ord. n° 2021-650 du 26 mai 2021, art. 50-I)* « autre qu'un service fourni sur un réseau interne ouvert au public, au sens dudit article L. 32 ».

II. — La taxe est assise sur le montant, hors taxe sur la valeur ajoutée, des abonnements et autres sommes acquittés par les usagers aux opérateurs mentionnés au I en rémunération des services de communications électroniques qu'ils fournissent, déduction faite du montant des dotations aux amortissements comptabilisés au cours de l'exercice clos au titre de l'année au cours de laquelle la taxe est devenue exigible, lorsqu'ils sont afférents aux matériels et équipements acquis, à compter de l'entrée en vigueur de la loi n° 2009-258 du 5 mars 2009 relative à la communication audiovisuelle et au nouveau service public de la télévision, par les opérateurs pour les besoins des infrastructures et réseaux de communications électroniques établis sur le territoire national et dont la durée d'amortissement est au moins égale à dix ans.

Sont toutefois exclues de l'assiette de la taxe :

1° Les sommes acquittées par les opérateurs au titre des prestations d'interconnexion et d'accès faisant l'objet des conventions définies au I de l'article L. 34-8 du code des postes et des télécommunications électroniques ;

2° Les sommes acquittées au titre des prestations de diffusion ou de transport des services de communication audiovisuelle ;

3° Les sommes acquittées au titre de l'utilisation de services universels de renseignements téléphoniques mentionnés à l'article R. 10-7 du même code.

Lorsque les services de communications électroniques fournis sont compris dans une offre composite comprenant des services de télévision, le 2° n'est pas applicable et les sommes versées au titre de la présente taxe font l'objet d'un abattement de 50 %.

III. – L'exigibilité de la taxe est constituée par l'encaissement du produit des abonnements et autres sommes mentionnées au II.

IV. – La taxe est calculée en appliquant un taux de 1,3 % à la fraction de l'assiette visée au II qui excède 5 millions d'euros.

V. – Les redevables procèdent à la liquidation de la taxe due au titre de l'année civile précédente lors du dépôt de la déclaration mentionnée au 1 de l'article 287 du mois de mars ou du premier trimestre de l'année civile.

VI. – La taxe est recouvrée et contrôlée selon les mêmes procédures et sous les mêmes sanctions, garanties, sûretés et privilèges que la taxe sur la valeur ajoutée. Les réclamations sont présentées, instruites et jugées selon les règles applicables à cette même taxe. – *V. art. 1693 sexies.*

L'art. 302 bis KH n'est applicable aux opérateurs de communications électroniques établis dans les départements de Guadeloupe, de Martinique, de Guyane et de La Réunion, pour les activités qu'ils y exercent, que sous réserve de la disparition des messages publicitaires dans les programmes de télévision de la société mentionnée au I de l'art. 44 de la L. n° 86-1067 du 30 sept. 1986 relative à la liberté de communication (L. n° 2009-258 du 5 mars 2009, art. 33-IV).

1. Taxe sur les services fournis par les opérateurs de communications électroniques. Conformité au droit communautaire. • CJUE 27 juin 2013, ☎ n° C-485/11 ♦ Commentaire administratif. Champ d'application. Base d'imposition. Exigibilité et taux. Déclaration et paiement de la taxe. * BOI-TCA-OCE du 6 avr. 2016.

2. Nature de la taxe. La taxe n'est ni une aide d'État, ni une entrave à la libre prestation de services. • CE 19 juill. 2016, *Sté Française du Radiotéléphone SFR*, n° 592574 : *RJF 2016. 1035.* ♦ La taxe ne crée pas de discrimination entre les opérateurs possédant un réseau mobile et les opérateurs de réseaux mobiles virtuels. Elle ne méconnaît pas l'art. 110 du TFUE (impositions discriminatoires) et ne présente pas le caractère d'une taxe incompatible avec l'art. 33 de la sixième Dir. TVA (repris à l'art. 401 de la Dir. n° 2006/112/CE du 28 nov. 2006). • CAA Versailles, 11 juin 2015, ☎ *Sté Omea Télécom SAS*, n° 13VE03506 : *RJF 2015. 878.* ♦ Confirmation • CE 23 juin 2016, ☎ *Sté Omea Télécom SAS*, n° 392723 : *RJF 2016. 903.*

CHAPITRE VII *NONIES* TAXE SUR LES SERVICES DE PUBLICITÉ EN LIGNE

Art. 302 *bis* KI *Abrogé par L. n° 2011-900 du 29 juill. 2011, art. 19.*

CHAPITRE VIII TAXE FORFAITAIRE ANNUELLE SUR LES SERVICES DE COMMUNICATION AUDIOVISUELLE

Art. 302 *bis* L et 302 *bis* M *Abrogés par L. n° 99-1172 du 30 déc. 1999, art. 30-A.*

CHAPITRE VIII *BIS* TAXE SUR CERTAINES DÉPENSES DE PUBLICITÉ

Art. 302 *bis* MA I. – Il est institué à compter du 1er janvier 1998 une taxe sur certaines dépenses de publicité.

II. – Cette taxe est due par toute personne assujettie à la taxe sur la valeur ajoutée dont le chiffre d'affaires de l'année civile précédente est supérieur à 763 000 € hors taxe sur la valeur ajoutée.

III. – Elle est assise sur les dépenses engagées au cours de l'année civile précédente et ayant pour objet :

1° La réalisation ou la distribution d'imprimés publicitaires ;

2° Les annonces et insertions dans les journaux mis gratuitement à la disposition du public.

Sont toutefois exclues de l'assiette de la taxe :

a) Les dépenses engagées pour les besoins d'activités non soumises à la taxe sur la valeur ajoutée en application des dispositions de l'article 256 B, du 9° du 4 ou du 1° du 7 de l'article 261 ;

b) Les dépenses afférentes à la réalisation ou à la distribution de catalogues adressés, destinés à des opérations de vente par correspondance ou à distance.

IV. – Le taux de la taxe est fixé à 1 % du montant hors taxe sur la valeur ajoutée de ces dépenses.

V. – La taxe est déclarée et liquidée sur l'annexe à la déclaration des opérations du mois de mars de l'année au titre de laquelle la taxe est due, déposée en application de l'article 287.

Elle est acquittée au plus tard lors du dépôt de cette déclaration.

VI. – La taxe est constatée, recouvrée et contrôlée selon les mêmes procédures et sous les mêmes sanctions, garanties et privilèges que la taxe sur la valeur ajoutée.

Les réclamations sont présentées, instruites et jugées selon les règles applicables à cette même taxe.

1. Incompatibilité avec le droit communautaire. La taxe sur certaines dépenses de publicité fait partie intégrante du système d'aide à la presse mis en place par l'art. 62 de la loi de finances pour 1998, lequel, étant susceptible d'affecter les échanges intracommunautaires, constitue une aide d'État au sens de l'art. 87 du Traité CE. Ce système d'aide n'ayant pas été notifié à la Commission, la taxe a été instituée en méconnaissance des règles communautaires et doit être restituée. • CE 21 déc. 2006, *SA Auchan France,* n° 288562 : *RJF 2007. 369, chron. Bénard ; RJF 2007. 195 ; concl. Collin au BDCF 3/07, n° 38 ; Dr. fisc. 2006.735, concl. Collin, note Meier.* ♦ Cf dans le même sens. • TA Lille, 27 mai 2004, n° 02-2420 : *RJF 2004. 1205.* ♦ Solution confirmée par : • CAA Douai, 25 oct. 2005, n° 04DA880 : *RJF 2006. 480 ; Dr. fisc. 2006. 292, note Meier.* ♦ Les redevables qui ont acquitté la taxe au cours de la période 1998-2005 ont pu obtenir le remboursement de celle-ci pour tout ou partie de la période.* Instr. 16 mars 2007 : BOI 3 P-1-07.

2. Constitutionnalité de la taxe. La différence de traitement prévue par l'art. 302 *bis* MA entre les catalogues adressés nominativement et les imprimés publicitaires correspond à une différence entre ces deux types de produits et est fondée sur un critère objectif et rationnel en rapport avec l'objet de la loi. Dans ces conditions, ces dispositions ne méconnaissent pas le principe d'égalité devant l'impôt. • CE, QPC, 26 déc. 2013, *Sté Sogara France,* n° 372563 : *RJF 2014. 278.*

CHAPITRE VIII *TER* TAXE SUR LE CHIFFRE D'AFFAIRES DES EXPLOITANTS AGRICOLES

Art. 302 *bis* MB I. – Une taxe est due par les exploitants agricoles au titre de leurs activités agricoles, à l'exclusion de ceux placés sous le régime du remboursement forfaitaire agricole mentionné aux article 298 *quater* et 298 *quinquies*.

II. – La taxe est assise sur le chiffre d'affaires de l'année précédente ou du dernier exercice clos, tel que défini à l'article 293 D, auquel sont ajoutés les paiements accordés aux agriculteurs au titre des soutiens directs attribués en application du règlement (CE) n° 73/2009 du Conseil du 19 janvier 2009, à l'exclusion du chiffre d'affaires issu des activités de sylviculture, de conchyliculture et de pêche en eau douce. Elle est également assise sur le chiffre d'affaires mentionné sur la déclaration prévue à la dernière phrase du 1° du I de l'article 298 *bis*.

III. – Le tarif de la taxe est composé d'une partie forfaitaire comprise entre 76 € et 92 € par exploitant et d'une partie variable fixée à 0,19 % jusqu'à 370 000 € de chiffre d'affaires et à 0,05 % au-delà. Le chiffre d'affaires mentionné au II s'entend hors taxe sur la valeur ajoutée. *— V. VI ci-dessous.*

Al. abrogé.

IV. – La taxe est acquittée :

1° Sur la déclaration annuelle visée au 1° du I de l'article 298 *bis*, pour les exploitants agricoles imposés à la taxe sur la valeur ajoutée selon le régime simplifié mentionné à cet article. Lorsqu'elle est acquittée sur la déclaration mentionnée à la dernière phrase du 1° du 1 de l'article précité, la partie forfaitaire et le seuil de 370 000 € mentionnés au premier alinéa du III ainsi que les montants au-delà des-

quels la taxe due est plafonnée en application du second alinéa dudit III sont ajustés *prorata temporis*.

2° Sur la déclaration déposée au titre du premier trimestre de l'année ou de l'exercice au titre de laquelle ou duquel *[application aux exercices ouverts à compter du 1er janv. 2005]* **la taxe est due, pour les exploitants agricoles ayant opté pour le dépôt de déclarations trimestrielles et mentionnés au quatrième alinéa du I de l'article 1693 *bis*. Lorsqu'elle est acquittée au titre de la période définie à la dernière phrase du 1° du I de l'article 298 *bis*, la partie forfaitaire et le seuil de 370 000 € mentionnés au premier alinéa du III du présent article ainsi que les montants au-delà desquels la taxe due est plafonnée en application du second alinéa dudit III sont ajustés *prorata temporis* ;**

3° Sur l'annexe de la déclaration des opérations du premier trimestre ou du mois de mars de l'année au titre de laquelle la taxe est due, déposée en application de l'article 287, pour les exploitants agricoles qui ont été autorisés à soumettre l'ensemble de leurs opérations au régime de droit commun de la taxe sur la valeur ajoutée.

Le paiement de la taxe est effectué au plus tard à la date limite de dépôt des déclarations mentionnées aux 1° à 3°.

V. — La taxe est recouvrée et contrôlée selon les procédures et sous les mêmes sanctions, garanties et privilèges que la taxe sur la valeur ajoutée. Les réclamations sont présentées, instruites et jugées selon les règles applicables à cette même taxe.

VI. — Un arrêté conjoint du ministre chargé de l'agriculture et du ministre chargé du budget fixe, dans les limites déterminées au III, le montant de la partie forfaitaire de la taxe. — *V. Ann. IV, art. 50 terdecies-0.*

Taxe sur le chiffre d'affaires des exploitants agricoles. Champ d'application de la taxe. Base d'imposition. Exigibilité. Tarif et liquidation. Plafonnement de la taxe. * BOI-TCA-CAEA du 12 sept. 2012.

CHAPITRE IX REDEVANCE SANITAIRE D'ABATTAGE

Art. 302 *bis* N Toute personne qui fait abattre un animal dans un abattoir acquitte une redevance sanitaire d'abattage au profit de l'État. Toutefois, en cas d'abattage à façon, la redevance est acquittée par le tiers abatteur pour le compte du propriétaire.

Cette redevance est également acquittée par toute personne qui fait traiter du gibier sauvage par un atelier ayant reçu l'agrément prévu à l'article L. 233-2 du code rural et de la pêche maritime. En cas de traitement à façon, la redevance est acquittée par l'atelier agréé pour le compte du propriétaire.

Le fait générateur de la redevance est constitué par l'opération d'abattage ou, s'agissant du gibier sauvage, par l'opération de traitement des pièces entières. — *Sur les modalités d'application des art. 302 bis N s., V. art. 302 bis R.*

Art. 302 *bis* O Le tarif de cette redevance est fixé par animal de chaque espèce, dans la limite d'un plafond de 150 % des niveaux moyens forfaitaires définis en euros par décision du Conseil de l'Union européenne.

Cette redevance peut être modulée, dans la limite d'une augmentation ou d'une réduction de 20 % de son montant, compte tenu notamment des résultats des contrôles officiels pratiqués dans l'établissement ainsi que des mesures d'autocontrôle et de traçabilité qu'il met en œuvre, au sens de l'article 27 du règlement (CE) n° 882/2004 *du Parlement* européen et du Conseil du 29 avril 2004 relatif aux contrôles officiels effectués pour s'assurer de la conformité avec la législation sur les aliments pour animaux et les denrées alimentaires et avec les dispositions relatives à la santé animale et au bien-être des animaux. — *V. Ann. IV, art. 111 quater J.*

Art. 302 *bis* P La redevance visée à l'article 302 *bis* N est constatée et recouvrée suivant les mêmes règles, sous les mêmes garanties, privilèges et sanctions qu'en matière de taxe sur la valeur ajoutée.

Art. 302 *bis* Q *Abrogé par L. n° 95-95 du 1er févr. 1995, art. 80-II.*

Art. 302 *bis* R Un décret fixe les conditions d'application des articles 302 *bis* N à 302 *bis* P. Il détermine notamment les critères et modalités de modulation de la redevance, en particulier le classement des abattoirs, selon les dispositions posées par les

règlements communautaires (CE) n° 852/2004 du Parlement européen et du Conseil du 29 avril 2004 relatif à l'hygiène des denrées alimentaires et (CE) n° 853/2004 du Parlement européen et du Conseil du 29 avril 2004 fixant des règles spécifiques d'hygiène applicables aux denrées alimentaires d'origine animale et, le cas échéant, selon la filière concernée. – *V. Ann. III, art. 111 quater A, 111 quater G, 111 quater I et 111 quater J.*

Un arrêté conjoint du ministre chargé du budget et du ministre chargé de l'agriculture fixe les taux de la redevance. – *V. Ann. IV, art. 50 terdecies.*

CHAPITRE X REDEVANCE SANITAIRE DE DÉCOUPAGE

Art. 302 *bis* S Toute personne qui procède à des opérations de découpage de viande avec os acquitte une redevance sanitaire de découpage au profit de l'État. La redevance est perçue auprès de l'abatteur, du tiers abatteur ou de l'atelier de traitement du gibier sauvage ayant reçu l'agrément prévu à l'article L. 233-2 du code rural et de la pêche maritime, pour le compte du propriétaire des viandes à découper.

Le fait générateur de la redevance est soit l'opération de découpage chez l'abatteur, le tiers abatteur ou dans l'atelier de traitement du gibier sauvage, soit l'enlèvement des viandes à découper chez ces derniers.

La redevance sanitaire de découpage n'est pas due lorsque les viandes à découper font l'objet d'achat par les organismes d'intervention ou sont destinées à être exportées, à faire l'objet d'une livraison exonérée en vertu du I de l'article 262 *ter* ou d'une livraison dans un lieu situé dans un autre État membre de *(L. n° 2019-1479 du 28 déc. 2019, art. 147-I-R et IV, mod. par L. n° 2020-1721 du 29 déc. 2020, art. 51-III, applicable aux opérations pour lesquelles le fait générateur de la taxe sur la valeur ajoutée intervient à compter du 1er juill. 2021)* « l'Union européenne en application du 1° du I de l'article 258 A *[ancienne rédaction : la Communauté européenne en application de l'article 258 A]* », en l'état, et qu'il est justifié de l'exportation, de l'expédition ou du transport.

La redevance sanitaire de découpage est également perçue sur les acquisitions intracommunautaires de viandes avec os à découper. Elle est due par la personne qui réalise l'acquisition intracommunautaire de viandes avec os à découper, lors de l'acquisition.

Art. 302 *bis* T Le tarif de la redevance est fixé par tonne de viande avec os à désosser, dans la limite d'un plafond de 150 % du niveau moyen forfaitaire défini en euros par décision du Conseil de l'Union européenne.

Cette redevance peut être modulée, dans la limite d'une augmentation ou d'une réduction de 20 % de son montant, compte tenu notamment des résultats des contrôles officiels pratiqués dans l'établissement ainsi que des mesures d'autocontrôle et de traçabilité qu'il met en œuvre, au sens de l'article 27 du règlement (CE) n° 882/2004 du Parlement européen et du Conseil du 29 avril 2004 relatif aux contrôles officiels effectués pour s'assurer de la conformité avec la législation sur les aliments pour animaux et les denrées alimentaires et avec les dispositions relatives à la santé animale et au bien-être des animaux.

Art. 302 *bis* U La redevance sanitaire visée à l'article 302 *bis* S est constatée et recouvrée suivant les mêmes règles, sous les mêmes garanties, privilèges et sanctions qu'en matière de taxe sur la valeur ajoutée.

Art. 302 *bis* V La redevance sanitaire visée à l'article 302 *bis* S est également perçue à l'importation des viandes, préparées ou non. Elle est due par l'importateur ou le déclarant en douane.

Elle est constatée et recouvrée par le service des douanes selon les mêmes règles, sous les mêmes garanties, privilèges et sanctions qu'en matière de droits de douane.

Art. 302 *bis* W Un décret fixe les conditions d'application des articles 302 *bis* S à 302 *bis* V et définit notamment les modalités de calcul du poids net de viande. Il détermine également les critères et modalités de modulation de la redevance, notamment le classement des ateliers de découpe. – *V. Ann. III, art. 111 quater L à 111 quater R.*

Un arrêté conjoint du ministre chargé du budget et du ministre chargé de l'agriculture fixe les taux de la redevance. – *V. Ann. IV, art. 50 quaterdecies.*

CHAPITRE X *BIS* REDEVANCES SANITAIRES SUR LES PRODUITS DE LA PÊCHE ET DE L'AQUACULTURE

Art. 302 *bis* WA I. – Toute personne qui procède au premier achat ou à la première réception de produits de la pêche ou de l'aquaculture acquitte une redevance sanitaire de première mise sur le marché au profit de l'État.

II. – Cette redevance est assise sur le poids des produits.

III. – Le fait générateur de la redevance est constitué par l'opération de première réception ou de première vente.

IV. – La redevance n'est pas perçue :

1. Lors de la vente ou de la cession directe sur le marché par un pêcheur, au détaillant ou au consommateur, d'une quantité n'excédant pas celle prévue à l'article 3 du règlement (CEE) n° 3703/85 de la Commission du 23 décembre 1985 établissant les modalités d'application relatives aux normes communes de commercialisation pour certains poissons frais ou réfrigérés ;

2. En cas de retrait définitif dans le cadre de l'organisation commune des marchés instituée par le règlement (CE) n° 104/2000 du Conseil du 17 décembre 1999, portant organisation commune des marchés dans le secteur des produits de la pêche et de l'aquaculture ;

3. En cas de débarquement direct de poissons frais par un navire de pêche battant pavillon d'un pays tiers à la Communauté européenne.

V. – Les taux de la redevance sont fixés par tonne de produits de la pêche ou de l'aquaculture dans la limite d'un plafond de 150 % des niveaux forfaitaires définis en euros par décision du Conseil de l'Union européenne. Toutefois :

1. Les opérations de première vente réalisées dans les halles à marées sont soumises à un taux réduit fixé dans la limite d'un plancher égal à 45 % des niveaux forfaitaires ;

2. Les opérations de première vente réalisées en cas d'absence de classification par catégorie de fraîcheur et/ou de calibrage, ou de classification insuffisante, conformément au règlement (CE) n° 2406/96 du Conseil du 26 novembre 1996 fixant des normes communes de commercialisation pour certains produits de la pêche, sont soumises à un taux majoré fixé dans la limite du plafond de 150 % des niveaux forfaitaires définis en euros par décision du Conseil de l'Union européenne ;

3. Un montant maximum par lot est fixé pour certaines espèces dans la limite de 50 €.

Un arrêté conjoint du ministre chargé du budget et du ministre chargé de l'agriculture fixe les taux de la redevance. – *V. Ann. IV, art. 50 quaterdecies-0 A.*

VI. – La redevance est recouvrée et contrôlée selon les mêmes procédures et sous les mêmes sanctions, garanties, sûretés et privilèges que la taxe sur la valeur ajoutée.

Les réclamations sont présentées, instruites et jugées selon les règles applicables à cette même taxe.

VII. – Un décret en Conseil d'État fixe les conditions d'application du présent article. – *V. Ann. II, art. 267 quater F.*

Art. 302 *bis* WB I. – Toute personne qui procède à la préparation ou à la transformation de produits de la pêche ou de l'aquaculture, dans un établissement terrestre ou dans un navire-usine, acquitte une redevance sanitaire de transformation au profit de l'État.

II. – Cette redevance est assise sur le poids des produits introduits dans un établissement terrestre pour y subir des opérations de préparation ou de transformation ou qui proviennent d'un navire-usine.

III. – Le fait générateur de la redevance est constitué par l'introduction des produits dans l'établissement terrestre ou leur débarquement du navire-usine.

IV. – Le taux de la redevance est fixé par tonne de produits de la pêche ou de l'aquaculture, dans la limite d'un plafond de 150 % des niveaux forfaitaires définis en euros par décision du Conseil de l'Union européenne.

Un arrêté conjoint du ministre de l'économie, des finances et de l'industrie, du ministre de l'agriculture et de la pêche et du secrétaire d'État au budget fixe le taux de la redevance. – *V. Ann. IV, art. 50 quaterdecies-0 A bis.*

V. – La redevance est reco uvrée et contrôlée selon les mêmes procédures et sous les mêmes sanctions, garanties, sûretés et privilèges que la taxe sur la valeur ajoutée.

Les réclamations sont présentées, instruites et jugées selon les règles applicables à cette même taxe.

VI. – Un décret en Conseil d'État fixe les conditions d'application du présent article. *– V. Ann. II, art. 267 quater G.*

CHAPITRE X *TER* REDEVANCE SANITAIRE POUR LE CONTRÔLE DE CERTAINES SUBSTANCES ET DE LEURS RÉSIDUS

Art. 302 *bis* WC I. – Il est institué au profit de l'État une redevance sanitaire pour le contrôle de certaines substances et de leurs résidus.

Cette redevance est due par :

1. *et* 2. *Abrogés.*

3. Les centres de collecte ou les établissements de transformation recevant du lait cru titulaires de l'agrément prévu à l'article L. 233-2 du code rural et de la pêche maritime.

La redevance est assise sur le volume de lait cru introduit dans le centre ou l'établissement.

Le fait générateur est constitué par l'introduction du lait cru dans le centre ou l'établissement ;

4. Les établissements de fabrication ou de traitement d'ovoproduits ayant reçu l'agrément prévu à l'article L. 233-2 du code rural et de la pêche maritime.

La redevance est assise sur le poids d'œufs de poule en coquille introduits dans ces établissements.

Le fait générateur est constitué par l'introduction des œufs en coquille dans ces établissements.

II. – Les taux de la redevance sanitaire pour le contrôle de certaines substances et de leurs résidus applicables au lait sont fixés par produit dans la limite de 150 % du niveau forfaitaire défini en euros par décision du Conseil de l'Union européenne.

Un arrêté conjoint du ministre chargé du budget et du ministre chargé de l'agriculture fixe les taux de la redevance. *– V. Ann. IV, art. 50 quaterdecies-0 A ter.*

Le taux de la redevance applicable aux ovoproduits est fixé, par arrêté conjoint du ministre chargé du budget et du ministre chargé de l'agriculture, dans la limite de 0,76 € par tonne d'œufs en coquille.

III. – La redevance est recouvrée et contrôlée selon les mêmes procédures et sous les mêmes sanctions, garanties, sûretés et privilèges que la taxe sur la valeur ajoutée.

Les réclamations sont présentées, instruites et jugées selon les règles applicables à cette même taxe.

IV. – Un décret en Conseil d'État fixe les conditions d'application du présent article. *– V. Ann. II, art. 267 quater H.*

CHAPITRE X *QUATER* REDEVANCE POUR L'AGRÉMENT DES ÉTABLISSEMENTS DU SECTEUR DE L'ALIMENTATION ANIMALE

(L. nº 2009-1674 du 30 déc. 2009, art. 90-II)

Art. 302 *bis* WD La délivrance à un établissement qui prépare, manipule, entrepose ou cède des substances et des produits destinés à l'alimentation des animaux, de l'agrément prévu à l'article L. 235-1 du code rural et de la pêche maritime, le renouvellement de cet agrément et le contrôle du respect des conditions d'agrément donnent lieu à perception auprès de l'établissement concerné d'une redevance sanitaire. *– V. Ann. III, art. 111 quater U.*

La redevance est déclarée et liquidée par l'établissement principal l'année suivant celle de la délivrance, du renouvellement ou du contrôle de l'agrément de l'établissement mentionné au premier alinéa :

1º Sur l'annexe à la déclaration mentionnée au 1 de l'article 287 déposée au titre du mois de mars ou du premier trimestre de l'année civile ;

2º Pour les redevables de la taxe sur la valeur ajoutée soumis au régime simplifié d'imposition prévu à l'article 302 *septies* A, sur la déclaration annuelle mentionnée au 3 de l'article 287.

La redevance est acquittée lors du dépôt de la déclaration.

Art. 302 *bis* WE Le tarif de cette redevance est fixé à un niveau forfaitaire de 125 € par établissement agréé.

Art. 302 *bis* WF La redevance visée à l'article 302 *bis* WD est constatée et recouvrée suivant les mêmes règles, sous les mêmes garanties, privilèges et sanctions qu'en matière de taxe sur la valeur ajoutée.

Art. 302 *bis* WG Un décret fixe les conditions d'application du présent chapitre.

CHAPITRE XI

Art. 302 *bis* X *Abrogé par L. n° 99-1172 du 30 déc. 1999, art. 30-A-2°, à compter du 1er janv. 2000.*

CHAPITRE XII TAXE FORFAITAIRE SUR LES ACTES DES HUISSIERS DE JUSTICE

Art. 302 *bis* Y *(Abrogé par L. n° 2019-1479 du 28 déc. 2019, art. 21-I-3° et XI-F, applicable aux actes établis à compter du 1er janv. 2021)* ***1. Les actes des huissiers de justice sont soumis à une taxe forfaitaire de 13,04 € pour les actes accomplis à compter du 1er janvier 2016 et 14,89 € pour les actes accomplis à compter du 1er janvier 2017.***

Sont exonérés de la taxe :

a) les actes accomplis à la requête d'une personne qui bénéficie de l'aide juridique totale ou partielle et en application des règles de procédure se rattachant directement à une instance ou à l'exécution d'une décision de justice ;

b) les actes désignés aux 3° à 7° du 1 et aux 2° à 7° bis du 2 de l'article 635 *(L. n° 2019-1479 du 28 déc. 2019, art. 21-I-2° et XI-D, applicable aux actes établis à compter du 1er janv. 2020)* ***« , dans sa rédaction applicable au 31 décembre 2019 » ;***

c) les actes qui, en matière mobilière :

1° sont exercés pour le compte d'un comptable public de l'État ainsi que de la sécurité sociale et des groupements mutualistes régis par le code de la mutualité ;

2° ou qui, portant sur une somme n'excédant pas 530 €, ne sont pas accomplis en application des règles de procédure se rattachant directement à une instance ou à l'exécution d'une décision de justice et ne constituent pas une signification du certificat de non-paiement prévu à l'article 65-3 du décret-loi du 30 octobre 1935 unifiant le droit en matière de chèque et relatif aux cartes de paiement.

2. La taxe est due par les huissiers de justice pour le compte du débiteur. Elle est intégralement exigible dès que les encaissements, même partiels, des sommes dues au titre d'un acte accompli ont atteint ou dépassé son montant.

3. Elle est constatée, recouvrée et contrôlée selon les règles, garanties et sanctions prévues en matière de taxe sur la valeur ajoutée.

4. Abrogé par L. n° 2015-1785 du 29 déc. 2015, art. 42-IV-2°-b.

CHAPITRE XIII CONTRIBUTION ANNUELLE DESTINÉE À FINANCER LE FONDS DE MODERNISATION DE LA RESTAURATION

(Décr. n° 2010-893 du 29 juill. 2010).

Art. 302 *bis* Z *(Abrogé par L. n° 2020-1721 du 29 déc. 2020, art. 64-I-6°) (Périmé, Décr. n° 2020-897 du 22 juill. 2020, art. 1er)* ***Sont soumises à une contribution annuelle les ventes de produits alimentaires à consommer sur place ou à emporter, réalisées par des personnes qui exploitent en France métropolitaine :***

— des établissements d'hébergement ;

— des établissements qui réalisent des ventes à consommer sur place de produits alimentaires et dont l'activité principale résulte des ventes mentionnées au premier alinéa, à l'exception des cantines d'entreprises.

La contribution est calculée au taux de 0,12 % sur la fraction qui excède 200 000 € du montant hors taxe sur la valeur ajoutée des sommes encaissées en rémunération des ventes mentionnées au premier alinéa réalisées au cours de l'année précédente ou du dernier exercice clos.

Les redevables déclarent et acquittent la contribution due lors du dépôt de la déclaration mentionnée au 1 de l'article 287 au titre du mois de mars ou au titre du premier trimestre de l'année civile, ou, pour les redevables placés sous le régime simplifié d'imposition prévu à l'article 302 septies A, lors du dépôt de la déclaration mentionnée au 3 de l'article 287.

La contribution n'est pas recouvrée lorsque le montant de la contribution due est inférieur à 50 €.

La contribution est recouvrée et contrôlée selon les mêmes procédures et sous les mêmes sanctions, garanties, sûretés et privilèges que la taxe sur la valeur ajoutée.

Les réclamations sont présentées, instruites et jugées selon les règles applicables à cette même taxe.

CHAPITRE XIV TAXE ADDITIONNELLE À LA TAXE SUR LES SURFACES COMMERCIALES

Art. 302 *bis* ZA I. — Sont soumises à une taxe additionnelle à la taxe sur les surfaces commerciales prévue par l'article 3 de la loi n° 72-657 du 13 juillet 1972 instituant des mesures en faveur de certaines catégories de commerçants et artisans âgés les personnes assujetties à la taxe sur la valeur ajoutée qui satisfont aux conditions suivantes :

a) elles achètent et revendent en l'état ou après conditionnement à des personnes autres que des personnes assujetties à la taxe sur la valeur ajoutée, agissant en tant que telles, des pommes de terre, des bananes et des fruits ou des légumes mentionnés à la partie IX de l'annexe I au règlement (CE) n° 1234/2007 du Conseil du 22 octobre 2007 portant organisation commune des marchés dans le secteur agricole et dispositions spécifiques en ce qui concerne certains produits de ce secteur ;

b) elles ne sont pas parties à des accords de modération des marges de distribution des fruits et légumes frais mentionnés à l'article L. 611-4-1 du code rural et de la pêche maritime.

II. — Sont exonérées de cette taxe les personnes mentionnées au I qui satisfont aux conditions suivantes :

a) elles exploitent des établissements dont le chiffre d'affaires annuel afférent aux ventes de fruits et légumes mentionnés au deuxième alinéa du I est inférieur à 100 millions d'euros ;

b) elles ne sont pas liées contractuellement à un groupement de distributeurs dont le chiffre d'affaires annuel afférent aux ventes de fruits et légumes mentionnés au même alinéa est supérieur à 100 millions d'euros.

III. — Pour l'application du II, le chiffre d'affaires d'un groupement de distributeurs est réputé correspondre à la somme des chiffres d'affaires des membres de ce groupement.

IV. — Le montant de la taxe est égal à trois fois le produit entre, d'une part, le montant dû au titre de la taxe sur les surfaces commerciales par les personnes mentionnées au I et, d'autre part, le rapport entre le montant total des ventes de fruits et légumes mentionnés au deuxième alinéa de ce même I et le chiffre d'affaires total.

V. — La taxe est déclarée et acquittée lors du dépôt de la déclaration relative à la taxe sur les surfaces commerciales, et due au titre de l'année.

VI. — La taxe est liquidée, recouvrée et contrôlée sous les mêmes sanctions, garanties, sûretés et privilèges que la taxe sur la valeur ajoutée.

Les réclamations sont présentées, instruites et jugées selon les règles applicables à cette même taxe.

VII. — L'exonération prévue au II est subordonnée au respect du règlement (UE) n° *1407/2013* de la Commission, du 18 décembre 2013, relatif à l'application des articles 107 et 108 du traité sur le fonctionnement de l'Union européenne aux aides de minimis. — *Pour les aides antérieures au 1er janv. 2014, V. App., Règl. (UE) n° 1407/2013 préc., art. 7.*

CHAPITRE XV *[ABROGÉ]* TAXES DUES PAR LES CONCESSIONNAIRES D'AUTOROUTES *(L. n° 2019-1479 du 28 déc. 2019, art. 21-I-4°-a et XI-B, applicable aux impositions dont le fait générateur intervient à compter du 1er janv. 2020).*

(Abrogé par Ord. n° 2021-1843 du 22 déc. 2021, art. 10-47°-b, à compter du 1er janv. 2022)

Art. 302 *bis* ZB ***Il est institué une taxe due par les concessionnaires d'autoroutes à raison du nombre de kilomètres parcourus par les usagers.***

Le tarif de la taxe est fixé à 7,32 € par 1 000 kilomètres parcourus *(L. n° 2019-1479 du 28 déc. 2019, art. 81-II-3° et XX, en vigueur le 1er janv. 2020)* ***« jusqu'au 31 décembre 2019. Pour les années civiles ultérieures, il est égal à ce montant, majoré de 70 % de l'évolution, entre 2018 et l'année précédant l'année en cours, de l'indice des prix à la consommation hors tabac au mois de novembre. Le tarif est arrondi au centième d'euro par 1 000 kilomètres, la fraction égale à 0,005 comptant pour 0,01. »*** *— Le tarif de la taxe s'élève en 2020 à 7,36 € par 1 000 km.*

La taxe est constatée, recouvrée et contrôlée selon les mêmes procédures et sous les mêmes sanctions, garanties et privilèges que la taxe sur la valeur ajoutée. Les réclamations sont présentées, instruites et jugées selon les règles applicables à cette même taxe.

(L. n° 2020-1721 du 29 déc. 2020, art. 88-III) ***« Le produit de la taxe est affecté à l'Agence de financement des infrastructures de transport de France, dans la limite du plafond prévu au I de l'article 46 de la loi n° 2011-1977 du 28 décembre 2011 de finances pour 2012. »***

Dispositions transférées aux art. L. 421-175 s. CIBS.

Taxe due par les concessionnaires d'autoroutes. Commentaire administratif. * BOI-TCA-CAR du 12 févr. 2020.

Art. 302 *bis* ZB *bis* *(L. n° 2019-1479 du 28 déc. 2019, art. 21-I-4°-b et XI-B, applicable aux impositions dont le fait générateur intervient à compter du 1er janv. 2020)* ***I. — Une taxe annuelle pour frais de contrôle est due par les concessionnaires d'autoroutes.*** *— Dispositions abrogées et transférées aux art. L. 421-181 s. CIBS à compter du 1er janv. 2022.*

II. — La taxe est assise sur la part du chiffre d'affaires afférent à l'activité concédée réalisé au cours de l'exercice, après abattement de 200 millions d'euros.

III. — Le taux de la taxe, compris entre 0,15 ‰ et 0,4 ‰, est fixé par arrêté conjoint des ministres chargés des transports et du budget.

IV. — Le fait générateur de la taxe est constitué par la clôture de l'exercice mentionné au II.

V. — Les redevables procèdent à la liquidation de la taxe lors du dépôt de la déclaration mentionnée au 1 de l'article 287, au titre du deuxième trimestre ou du sixième mois de l'exercice suivant celui pour lequel la taxe est due.

Ils portent sur la déclaration le montant du chiffre d'affaires soumis à taxation ainsi que le montant de la taxe due au titre de l'exercice. *— Les dispositions du présent V sont abrogées à compter de l'entrée en vigueur des dispositions prises en application ou pour l'application des dispositions législatives du CIBS (Ord. n° 2021-1843 du 22 déc. 2021, art. 38).*

VI. — La taxe est recouvrée et contrôlée selon les mêmes procédures et sous les mêmes sanctions, garanties, sûretés et privilèges que la taxe sur la valeur ajoutée. Les réclamations sont présentées, instruites et jugées selon les règles applicables à cette même taxe.

CHAPITRE XVI CONTRIBUTION DE SOLIDARITÉ TERRITORIALE

Art. 302 *bis* ZC *(Abrogé par L. n° 2021-1900 du 30 déc. 2021, art. 36-I-2°)* ***I. — Il est institué une taxe dénommée : "contribution de solidarité territoriale", exigible le 1er janvier de chaque année.***

La taxe est due par les entreprises de transport ferroviaire autorisées au 1er janvier de l'année en cours à exploiter des services de transport mentionnées aux articles L. 2121-12 et L. 2141-1 du code des transports.

Ne sont pas soumis à la taxe les services de transport ferroviaire conventionnés par des autorités organisatrices de transports en France au titre des articles L. 1241-1 ou L. 2121-3 du code des transports, ainsi que ceux conventionnés par l'État.

II. — La taxe est assise sur le montant total, hors taxe sur la valeur ajoutée et déduction faite des contributions versées par l'État en compensation des tarifs sociaux et conventionnés, du chiffre d'affaires encaissé au cours du dernier exercice clos à la date d'exigibilité de la taxe afférent aux opérations situées dans le champ d'application de la taxe sur la valeur ajoutée réalisé au titre des prestations de transport ferroviaire de voyageurs, et des prestations commerciales qui leur sont directement liées, effectuées entre deux gares du réseau ferré national.

III. — Le taux de la taxe, compris entre (L. n° 2017-1775 du 28 déc. 2017, art. 2) « 0,1 % [ancienne rédaction : 1,5 %] » et (L. n° 2017-1775 du 28 déc. 2017, art. 2) « 3 % [ancienne rédaction : 5 %] », est fixé par arrêté conjoint des ministres chargés respectivement des transports, de l'économie et du budget. — V. Ann. IV, art. 50 quaterdecies B.

IV. — Lorsqu'une entreprise non établie en France est redevable de la taxe mentionnée au I, elle est tenue de désigner un représentant fiscal établi en France qui s'engage à remplir les formalités incombant à cette entreprise et à acquitter la taxe à sa place ainsi que, le cas échéant, les pénalités qui s'y rapportent.

V. — La taxe est déclarée et liquidée :

1° Pour les redevables de la taxe sur la valeur ajoutée, sur l'annexe à la déclaration mentionnée au 1 de l'article 287 relative au mois ou au trimestre au cours duquel a été publié l'arrêté mentionné au III du présent article ;

2° Pour les personnes non redevables de la taxe sur la valeur ajoutée, sur l'annexe à la déclaration prévue au 1 du même article 287 déposée auprès du service chargé du recouvrement dont relève leur siège ou principal établissement au plus tard le 25 du mois suivant celui au cours duquel a été publié l'arrêté mentionné au III du présent article.

La taxe est acquittée lors du dépôt de la déclaration.

VI. — La taxe est recouvrée et contrôlée selon les mêmes procédures et sous les mêmes sanctions, garanties et privilèges que la taxe sur la valeur ajoutée. Les réclamations sont présentées, instruites et jugées selon les règles applicables à cette même taxe.

CHAPITRE XVII TAXE SUR LES ACHATS DE VIANDES

Art. 302 *bis* ZD *Abrogé par L. n° 2003-1311 du 30 déc. 2003, art. 28-I-2° et II, à compter du 1er janv. 2004.*

CHAPITRE XVIII CONTRIBUTION SUR LA CESSION À UN SERVICE DE TÉLÉVISION DES DROITS DE DIFFUSION DE MANIFESTATIONS OU DE COMPÉTITIONS SPORTIVES

Art. 302 *bis* ZE Il est institué une contribution sur la cession à un éditeur ou un distributeur de services de télévision au sens des articles 2 et 2-1 de la loi n° 86-1067 du 30 septembre 1986 relative à la liberté de communication des droits de diffusion de manifestations ou de compétitions sportives.

Est également soumise à cette contribution la cession de droits de diffusion à une personne qui met à la disposition du public un service offrant l'accès à titre onéreux à des retransmissions de manifestations ou compétitions sportives sur demande individuelle formulée par un procédé de communication électronique.

Cette contribution est due par toute personne mentionnée aux articles L. 121-1, L. 122-2, L. 122-12, L. 131-1 ou L. 331-5 du code du sport, ainsi que par toute personne agissant directement ou indirectement pour son compte.

La contribution est assise sur les sommes hors taxe sur la valeur ajoutée perçues au titre de la cession des droits de diffusion.

Son exigibilité est constituée par l'encaissement de ces sommes.

Le taux de la contribution est fixé à 5 % du montant des encaissements.

La contribution est constatée, recouvrée et contrôlée selon les mêmes procédures et sous les mêmes sanctions, garanties et privilèges que la taxe sur la valeur ajoutée. Les réclamations sont présentées, instruites et jugées selon les règles applicables à cette même taxe.

Taxe sur les retransmissions sportives. Extension du champ d'application de la contribution aux cessions de droits de diffusion aux distributeurs de services de télévision ainsi qu'à toute personne qui met à la disposition du pu blic un service offrant l'accès à titre onéreux à de retransmissions de manifestations ou compéti tions sportives, sur demande individuelle formu lée par un procédé de communication électronique. Manifestations et compétitions sportives concernées. Cessions de droit concernées. * BOI-TCA-RSP du 19 avr. 2013.

CHAPITRE XIX TAXE DESTINÉE À FINANCER LE FONDS DE GARANTIE DES RISQUES LIÉS À L'ÉPANDAGE DES BOUES D'ÉPURATION URBAINES OU INDUSTRIELLES

(L. n° 2006-1772 du 30 déc. 2006, art. 45-II ; Décr. n° 2007-484 du 30 mars 2007)

Art. 302 bis ZF *(Abrogé par L. n° 2016-1917 du 29 déc. 2016, art. 83-II-5°) **La taxe sur les boues d'épuration urbaines et industrielles est déclarée, liquidée, recouvrée et contrôlée conformément au II de l'article L. 425-1 du code des assurances.***

CHAPITRE XX PRÉLÈVEMENTS SUR LES JEUX ET PARIS

(L. n° 2010-476 du 12 mai 2010, art. 47)

Art. 302 bis ZG **Il est institué, pour le pari mutuel organisé et exploité par les sociétés de courses dans les conditions fixées par l'article 5 de la loi du 2 juin 1891 ayant pour objet de réglementer l'autorisation et le fonctionnement des courses de chevaux et pour les paris hippiques en ligne mentionnés à l'article 11 de la loi n° 2010-476 du 12 mai 2010 relative à l'ouverture à la concurrence et à la régulation du secteur des jeux d'argent et de hasard en ligne, un prélèvement sur** *(L. n° 2019-1479 du 28 déc. 2019, art. 28-I-A et VI-B, en vigueur à une date fixée par décret qui ne peut être antérieure au 1er janv. 2021, et au plus tard le 1er janv. 2022)* **« le produit brut des jeux ».**

Ce prélèvement est dû par le Pari mutuel urbain ou les sociétés de courses intéressées pour les paris organisés dans les conditions fixées par l'article 5 de la loi du 2 juin 1891 précitée et par les personnes devant être soumises, en tant qu'opérateur de paris hippiques en ligne, à l'agrément mentionné à l'article 21 de la loi n° 2010-476 du 12 mai 2010 précitée. *(L. n° 2018-1317 du 28 déc. 2018, art. 168-1°)* **« Le produit de ce prélèvement est affecté, à concurrence de 15 % et dans la limite de** *(Décr. n° 2021-744 du 9 juin 2021, art. 1er)* **« 11 361 983 €** *[ancienne rédaction : 11 294 218 €]* **»** *(L. n° 2019-809 du 1er août 2019, art. 4-II et IV, en vigueur le 1er avr. 2020)* **« aux communes mentionnées au V de l'article L. 5210-1-1 du code général des collectivités territoriales et », pour moitié aux établissements publics de coopération intercommunale et pour moitié aux communes sur le territoire desquels sont ouverts au public un ou plusieurs hippodromes, au prorata des enjeux des courses hippiques effectivement organisées par lesdits hippodromes,** *(L. n° 2019-1479 du 28 déc. 2019, art. 116)* **« pour 75 % du montant affecté et au prorata du nombre de réunions de courses organisées par ces hippodromes pour les 25 % restants, » et dans la limite de** *(Décr. n° 2021-744 du 9 juin 2021, art. 1er)* **« 795 340 €** *[ancienne rédaction : 790 596 €]* **»** *(L. n° 2019-809 du 1er août 2019, art. 4-II et IV, en vigueur le 1er avr. 2020)* **« par commune ou » par ensemble intercommunal concerné. L'établissement public de coopération intercommunale est substitué aux communes membres pour la perception du produit de ce prélèvement, sur délibération des communes membres prise dans les conditions prévues à l'article 1639 A *bis* du présent code ». Les limites mentionnées dans la** *(L. n° 2018-1317 du 28 déc. 2018, art. 168-2°)* **« deuxième phrase du présent alinéa » sont indexées, chaque année, sur la prévision de l'indice des prix à la consommation hors tabac retenue dans le projet de loi de finances de l'année.** — *Les montants issus du Décr. n° 2020-897 du 22 juill. 2020 correspondent aux limites applicables en 2020 ; ceux issus du Décr. n° 2021-744 du 9 juin 2021, correspondent aux limites applicables en 2021. — Sur le taux du prélèvement, V. art. 302 bis ZK, et Ann. III, art. 111 quater V.*

Art. 302 bis ZH **Il est institué, pour les paris sportifs organisés et exploités dans les conditions fixées par** *(L. n° 2019-486 du 22 mai 2019, art. 138-III-A et VIII, en vigueur le 1er janv. 2020)* **« le I de l'article 137 de la loi n° 2019-486 du 22 mai 2019 relative à la croissance et la transformation des entreprises » et pour les paris sportifs en ligne organisés et exploités dans les conditions fixées à l'article 12 de la loi n° 2010-476 du 12 mai 2010 relative à l'ouverture à la concurrence et à la régulation du secteur des jeux d'argent et de hasard en ligne, un prélèvement sur** *(L. n° 2019-486 du 22 mai 2019, art. 138-III-A et VIII, en vigueur le 1er janv. 2020)* **« le produit brut des jeux, constitué par la différence entre les sommes misées par les joueurs et les sommes versées ou à reverser aux gagnants. »**

Ce prélèvement est dû par la personne morale chargée de l'exploitation des paris sportifs dans les conditions fixées par *(L. n° 2019-486 du 22 mai 2019, art. 138-III-A et*

VIII, en vigueur le 1er janv. 2020) « le I de l'article 137 de la loi n° 2019-486 du 22 mai 2019 précitée » et par les personnes devant être soumises, en tant qu'opérateur de paris sportifs en ligne, à l'agrément mentionné à l'article 21 de la loi n° 2010-476 du 12 mai 2010 précitée. *— Sur le taux du prélèvement, V. art. 302 bis ZK.*

Ancien art. 302 *bis* ZH *Il est institué, pour les paris sportifs organisés et exploités dans les conditions fixées par l'article 42 de la loi de finances pour 1985 (n° 84-1208 du 29 décembre 1984) et pour les paris sportifs en ligne organisés et exploités dans les conditions fixées à l'article 12 de la loi n° 2010-476 du 12 mai 2010 relative à l'ouverture à la concurrence et à la régulation du secteur des jeux d'argent et de hasard en ligne, un prélèvement sur les sommes engagées par les parieurs. — L'art. 42 de la L. n° 84-1208 du 29 déc. 1984 est abrogé par l'Ord. n° 2019-1015 du 2 oct. 2019, art. 24-2° et 47, à compter du 3 oct. 2019.*

Ce prélèvement est dû par la personne morale chargée de l'exploitation des paris sportifs dans les conditions fixées par l'article 42 de la loi de finances pour 1985 précitée et par les personnes devant être soumises, en tant qu'opérateur de paris sportifs en ligne, à l'agrément mentionné à l'article 21 de la loi n° 2010-476 du 12 mai 2010 précitée. — Sur le taux du prélèvement, V. art. 302 bis ZK.

Art. 302 *bis* ZI Il est institué, pour les jeux de cercle en ligne organisés et exploités dans les conditions fixées par l'article 14 de la loi n° 2010-476 du 12 mai 2010 relative à l'ouverture à la concurrence et à la régulation du secteur des jeux d'argent et de hasard en ligne, un prélèvement sur les sommes engagées par les joueurs.

Ce prélèvement est dû par les personnes devant être soumises, en tant qu'opérateur de jeux de cercle en ligne, à l'agrément mentionné à l'article 21 de la loi n° 2010-476 du 12 mai 2010 précitée.

Le produit de ce prélèvement est affecté à concurrence de 15 % et dans la limite indexée, chaque année, sur la prévision de l'indice des prix à la consommation hors tabac retenue dans le projet de loi de finances de l'année, de *(Décr. n° 2021-744 du 9 juin 2021, art. 1er)* « 11 361 983 € *[ancienne rédaction : 11 294 218 €]* » aux communes dans le ressort territorial desquelles sont ouverts au public un ou plusieurs établissements visés au premier alinéa de l'article L. 321-1 du code de la sécurité intérieure, au prorata du produit brut des jeux de ces établissements. *— Le montant issu de l'art. 1er du Décr. n° 2021-744 du 9 juin 2021, correspond à la limite applicable en 2021. — Sur le taux du prélèvement, V. art. 302 bis ZK.*

Art. 302 *bis* ZJ *(L. n° 2019-1479 du 28 déc. 2019, art. 28-I-B-1° et VI-B, en vigueur à une date fixée par décret qui ne peut être antérieure au 1er janv. 2021, et au plus tard le 1er janv. 2022)* « Le prélèvement mentionné à l'article 302 *bis* ZG est assis sur le produit brut des jeux, constitué par la part des enjeux collectés, en France métropolitaine et dans les départements d'outre-mer, revenant à l'opérateur au titre de l'organisation des paris, avant déduction des sommes en numéraire ou en nature attribuées à titre gracieux à certains joueurs dans le cadre d'actions commerciales et des impositions de toute nature. Les gains résultant de sommes apportées par l'opérateur, à condition que le joueur puisse en demander le versement en numéraire ou sur son compte de paiement, sont déductibles du produit brut des jeux. »

(L. n° 2019-486 du 22 mai 2019, art. 138-III-B et VIII, en vigueur le 1er janv. 2020) « *(L. n° 2019-1479 du 28 déc. 2019, art. 28-I-B-2° et VI-B, en vigueur à une date fixée par décret qui ne peut être antérieure au 1er janv. 2021, et au plus tard le 1er janv. 2022)* « Le prélèvement mentionné à l'article 302 *bis* ZI est » assis sur le montant des sommes engagées par les joueurs. Les gains réinvestis par ces derniers sous forme de nouvelles mises sont également assujettis à *(L. n° 2019-1479 du 28 déc. 2019, art. 28-I-B-2° et VI-B, en vigueur à une date fixée par décret qui ne peut être antérieure au 1er janv. 2021, et au plus tard le 1er janv. 2022)* « ce prélèvement ».

« Le prélèvement mentionné à l'article 302 *bis* ZH est assis sur le produit brut des jeux, constitué par la différence entre les sommes misées par les joueurs et les sommes versées ou à reverser aux gagnants. Les sommes engagées par les joueurs à compter du 1er janvier 2020 sont définies comme des sommes misées à compter de la date de réalisation du ou des événements sur lesquels repose le jeu. Les sommes versées ou à reverser aux gagnants sont constituées de l'ensemble des gains en numéraire ou en nature versés ou à reverser aux joueurs à compter de la date de réalisation du ou des événements sur lesquels repose le jeu, y compris les gains résultant de sommes appor-

tées par l'opérateur, à condition que le joueur puisse en demander le versement en numéraire ou sur son compte de paiement. »

(L. n° 2019-1479 du 28 déc. 2019, art. 28-I-B-3° et VI-B, en vigueur le 1er janv. 2020) **« Pour le calcul du prélèvement mentionné au** *(Décr. n° 2020-897 du 22 juill. 2020, art. 1er)* **« précédent » alinéa du présent article, le montant du produit brut des jeux est multiplié par le rapport entre, d'une part, le montant des mises effectuées sur le jeu en France métropolitaine et dans les départements d'outre-mer et, d'autre part, le montant total des mises effectuées sur le jeu. »**

S'agissant des jeux de cercle organisés sous forme de tournoi et donnant lieu au paiement, par chaque joueur, d'un droit d'entrée représentatif d'une somme déterminée que celui-ci engagera au jeu, le prélèvement mentionné à l'article 302 *bis* ZI est assis sur le montant de ce droit d'entrée et, le cas échéant, sur celui du ou des droits d'entrée ultérieurement acquittés par le joueur afin de continuer à jouer.

S'agissant des autres jeux de cercle, le prélèvement mentionné à l'article 302 *bis* ZI est plafonné à 0,9 € par donne.

Ancien art. 302 *bis* ZJ *Les prélèvements mentionnés aux articles 302 bis ZG, 302 bis ZH et 302 bis ZI sont assis sur le montant des sommes engagées par les joueurs et parieurs. Les gains réinvestis par ces derniers sous forme de nouvelles mises sont également assujettis à ces prélèvements.*

S'agissant des jeux de cercle organisés sous forme de tournoi et donnant lieu au paiement, par chaque joueur, d'un droit d'entrée représentatif d'une somme déterminée que celui-ci engagera au jeu, le prélèvement mentionné à l'article 302 bis ZI est assis sur le montant de ce droit d'entrée et, le cas échéant, sur celui du ou des droits d'entrée ultérieurement acquittés par le joueur afin de continuer à jouer.

S'agissant des autres jeux de cercle, le prélèvement mentionné à l'article 302 bis ZI est plafonné à 0,9 € par donne.

Art. 302 *bis* ZK **Le taux des prélèvements mentionnés aux articles 302 *bis* ZH et 302 *bis* ZI est fixé à :**

(L. n° 2019-486 du 22 mai 2019, art. 138-III-C et VIII, en vigueur le 1er janv. 2020) **« – 27,9 % du produit brut des jeux au titre des paris sportifs commercialisés en réseau physique de distribution et 33,7 % du produit brut des jeux au titre des paris sportifs en ligne** *[ancienne rédaction : 5,7 % des sommes engagées au titre des paris sportifs]* **; »**

– 1,8 % des sommes engagées au titre des jeux de cercle en ligne.

Le taux du prélèvement mentionné à l'article 302 *bis* ZG est fixé *(L. n° 2019-1479 du 28 déc. 2019, art. 28-I-C et VI-B, en vigueur à une date fixée par décret qui ne peut être antérieure au 1er janv. 2021, et au plus tard le 1er janv. 2022)* **« à 20,2 % du produit brut des jeux au titre des paris hippiques régis par le règlement du Pari Mutuel applicable dans le réseau urbain et sur les hippodromes et à 20,2 % du produit brut des jeux au titre des paris hippiques en ligne ».** – *V. Ann. III, art. 111 quater V.*

Art. 302 *bis* ZL **Dans le cas d'un jeu ou d'un pari en ligne, le prélèvement est dû au titre des sommes engagées dans le cadre d'une session de jeu ou de pari réalisée au moyen d'un compte joueur ouvert sur un site dédié tel que défini à l'article 24 de la loi n° 2010-476 du 12 mai 2010 relative à l'ouverture à la concurrence et à la régulation du secteur des jeux d'argent et de hasard en ligne.**

[2e al. en vigueur le 1er janv. 2020]

(L. n° 2019-1479 du 28 déc. 2019, art. 28-I-D-1° et VI-A) **« L'exigibilité du prélèvement mentionné à l'article 302 *bis* ZH est constituée par la réalisation du ou des événements sur lesquels repose le jeu. L'exigibilité des prélèvements mentionnés aux articles 302 *bis* ZG et 302 *bis* ZI est constituée par l'encaissement des sommes engagées par les joueurs ou les parieurs. » L'exigibilité du prélèvement mentionné à l'article 302 *bis* ZO est constituée par le versement des commissions aux sociétés de courses. »**

[2e al. en vigueur à une date fixée par décret qui ne peut être antérieure au 1er janv. 2021, et au plus tard le 1er janv. 2022]

(L. n° 2019-1479 du 28 déc. 2019, art. 28-I-D-2° et VI-B) **« L'exigibilité des prélèvements mentionnés aux articles 302 *bis* ZG et 302 *bis* ZH est constituée par la réalisation du ou des événements sur lesquels repose le jeu. L'exigibilité du prélèvement mentionné à l'article 302 *bis* ZI est constituée par l'encaissement des sommes engagées**

par les joueurs ou les parieurs. » L'exigibilité du prélèvement mentionné à l'article 302 *bis* ZO est constituée par le versement des commissions aux sociétés de courses. »

Le produit des prélèvements mentionnés aux articles 302 *bis* ZG, 302 *bis* ZH, 302 *bis* ZI et 302 *bis* ZO est déclaré et liquidé par les opérateurs de jeux ou de paris en ligne mentionnés au deuxième alinéa de ces mêmes articles ou par le Pari mutuel urbain pour le prélèvement mentionné à l'article 302 *bis* ZO selon les modalités suivantes : *— V. Ann. III, art. 344 GD.*

1° Pour les redevables de la taxe sur la valeur ajoutée soumis au régime réel normal d'imposition prévu au 2 de l'article 287, sur l'annexe à la déclaration mentionnée au 1 du même article 287 déposée au titre du mois ou du trimestre au cours duquel l'exigibilité est intervenue ;

2° Pour les redevables de la taxe sur la valeur ajoutée soumis au régime simplifié d'imposition prévu à l'article 302 *septies* A, sur la déclaration annuelle mentionnée au 3 de l'article 287 déposée au titre de l'exercice au cours duquel l'exigibilité est intervenue ;

3° Pour les personnes non redevables de la taxe sur la valeur ajoutée et les assujettis non établis en France se prévalant d'un des régimes particuliers mentionnés aux articles 359 et 369 *ter* de la directive 2006/112/CE du Conseil du 28 novembre 2006 relative au système commun de la taxe sur la valeur ajoutée, sur l'annexe à la déclaration prévue au 1 de l'article 287 du présent code déposée auprès du service chargé du recouvrement dont relève le siège ou le principal établissement au plus tard le 25 du mois qui suit celui au cours duquel l'exigibilité est intervenue. *— V. Ann. III, art. 344 GD.*

Art. 302 *bis* ZM Les prélèvements mentionnés aux articles 302 *bis* ZG, 302 *bis* ZH, 302 *bis* ZI et 302 *bis* ZO sont recouvrés et contrôlés selon les mêmes procédures et sous les mêmes sanctions, garanties, sûretés et privilèges que les taxes sur le chiffre d'affaires. Les réclamations sont présentées, instruites et jugées selon les règles applicables à ces mêmes taxes.

Art. 302 *bis* ZN Lorsqu'une personne non établie en France est redevable de l'un des prélèvements mentionnés aux articles 302 *bis* ZG, 302 *bis* ZH et 302 *bis* ZI, elle est tenue de faire accréditer auprès de l'administration fiscale un représentant établi en France, qui s'engage à remplir les formalités lui incombant et à acquitter les prélèvements à sa place. Il tient à la disposition de l'administration fiscale ainsi que de l'*(Ord. n° 2019-1015 du 2 oct. 2019, art. 30 et 50, en vigueur le 1er janv. 2020)* « Autorité nationale des jeux *[ancienne rédaction : Autorité de régulation des jeux en ligne]* » la comptabilité de l'ensemble des sessions de jeu ou de pari en ligne mentionnées au premier alinéa de l'article 302 *bis* ZL.

Procédure d'accréditation pour les personnes non établies en France. Désignation, accréditation et obligations du représentant. * BOI-TCA-PJP nos 130 à 180 du 12 sept. 2012.

Art. 302 *bis* ZO Dans les conditions fixées à l'article 15 de la loi de finances pour 1965 (n° 64-1279 du 23 décembre 1964), il est institué pour les paris engagés depuis l'étranger et regroupés en France un prélèvement égal à 12 % de la commission revenant aux sociétés de courses, nette de toute rémunération des organismes habilités et détenteurs de droits étrangers.

Le prélèvement est dû par le groupement d'intérêt économique Pari mutuel urbain pour le compte des sociétés de courses intéressées pour les paris organisés dans les conditions fixées à l'article 5 de la loi du 2 juin 1891 ayant pour objet de réglementer l'autorisation et le fonctionnement des courses de chevaux.

TITRE DEUXIÈME *BIS* DISPOSITIONS COMMUNES AUX IMPÔTS *DIRECTS* ET AUX TAXES SUR LE CHIFFRE D'AFFAIRES

CHAPITRE PREMIER

Art. 302 *ter* à 302 *septies* *Abrogés à compter de la date d'entrée en vigueur de la L. n° 98-1266 du 30 déc. 1998, art. 7-I-1 (JO 31 déc.).*

CHAPITRE PREMIER *BIS* RÉGIMES SIMPLIFIÉS D'IMPOSITION

1° TAXES SUR LE CHIFFRE D'AFFAIRES

Art. 302 *septies* A *(Ord. n° 2021-1843 du 22 déc. 2021, art. 10-20°, en vigueur le 1er janv. 2022)* **Le régime simplifié de déclaration des taxes sur le chiffre d'affaires est le régime simplifié de déclaration prévu à l'article L. 162-1 du code des impositions sur les biens et services.**

Ancien art. 302 *septies* A ***I. — Il est institué par décret en Conseil d'État un régime simplifié de liquidation des taxes sur le chiffre d'affaires dues par les personnes dont le chiffre d'affaires, ajusté s'il y a lieu au prorata du temps d'exploitation au titre de l'année civile précédente, n'excède pas*** *(Décr. n° 2020-897 du 22 juill. 2020, art. 1er)* ***« 818 000 € », s'il s'agit d'entreprises dont le commerce principal est de vendre des marchandises, objets, fournitures et denrées à emporter ou à consommer sur place ou de fournir le logement, ou*** *(Décr. n° 2020-897 du 22 juill. 2020, art. 1er)* ***« 247 000 € », s'il s'agit d'autres entreprises. Ces limites s'apprécient en faisant abstraction de la taxe sur la valeur ajoutée et des taxes assimilées.*** *— Limites applicables à compter du 1er janv. 2020. Elles étaient fixées respectivement à 789 000 € et 238 000 € de 2017 à 2019. — V. Ann. II, art. 242-0 C-I-2 et III, 242-0 D, 242 sexies à 242 septies L, 267 quinquies à 267 septies et 383 ter. —* ***I s.*** *: pour l'application de la L. n° 2013-1279 du 29 déc. 2013, V. note ss. l'art.*

II. — Le régime simplifié prévu au I demeure applicable pour l'établissement de l'imposition due au titre de la première année suivant celle au cours de laquelle les chiffres d'affaires limites prévus pour ce régime sont dépassés. Cette imposition est établie compte tenu de ces dépassements.

Ces dispositions ne sont pas applicables si le chiffre d'affaires de l'année en cours excède *(Décr. n° 2020-897 du 22 juill. 2020, art. 1er)* ***« 901 000 € » s'il s'agit d'entreprises dont le commerce principal est de vendre des marchandises, objets, fournitures et denrées à emporter ou à consommer sur place ou de fournir le logement, et*** *(Décr. n° 2020-897 du 22 juill. 2020, art. 1er)* ***« 279 000 € » s'il s'agit d'autres entreprises.*** *— Limites applicables à compter du 1er janv. 2020. Elles étaient fixées respectivement à 869 000 € et 269 000 € de 2017 à 2019.*

II bis. — Les seuils mentionnés aux I et II sont actualisés tous les trois ans dans la même proportion que l'évolution triennale de la limite supérieure de la première tranche du barème de l'impôt sur le revenu et arrondis au millier d'euros le plus proche.

III. — La régularisation de la taxe sur la valeur ajoutée due au titre d'un exercice doit intervenir dans les trois mois qui suivent la clôture de cet exercice. Un décret en Conseil d'État fixe les modalités d'application pratique du présent paragraphe ; il procède aux adaptations nécessaires de la législation en vigueur, notamment pour les entreprises qui n'ont clôturé aucun exercice au cours d'une année civile. *— V. Ann. II, art. 242 septies A à 242 septies L.*

Dern. al. devenu sans objet *(Décr. n° 2017-698 du 2 mai 2017, art. 1er).*

Les dispositions des A et B du XIV de l'art. 20 de la L. n° 2013-1279 du 29 déc. 2013 s'appliquent aux chiffres d'affaires réalisés à compter du 1er janv. 2015. La première révision triennale mentionnée au II bis a pris effet à compter du 1er janv. 2017 (L. préc., art. 20-XVII-C).

Régime simplifié de liquidation et de recouvrement (RSI). Champ d'application. Déclarations. Options. * BOI-TVA-DECLA-20-20-30 du 5 juill. 2017.

Art. 302 *septies*-0 AA *(Abrogé par Ord. n° 2021-1843 du 22 déc. 2021, art. 10-47°-c et 38, à compter du 1er janv. 2022)* ***Le régime simplifié prévu à l'article 302 septies A ne s'applique pas aux personnes effectuant des travaux de construction, y compris ceux de réparation, de nettoyage, d'entretien, de transformation et de démolition, en relation avec un bien immobilier :***

a) Qui commencent leur activité dans les conditions prévues à l'article 286 ;

b) Qui reprennent leur activité après une cessation temporaire ;

c) Ou qui optent pour le paiement de la taxe sur la valeur ajoutée en application de l'article 293 F.

Les redevables concernés sont soumis au régime réel normal d'imposition et souscrivent les déclarations prévues à l'article 287, selon les modalités mentionnées au 2 du même article.

Ils *[Les redevables effectuant des travaux de construction, y compris ceux de réparation, de nettoyage, d'entretien, de transformation et de démolition, en relation avec un bien immobilier]* ***peuvent demander à bénéficier du régime simplifié prévu à l'article 302 septies A, sous réserve d'en respecter les conditions, à compter du 1er janvier de la seconde année suivant celle au cours de laquelle a débuté ou repris l'activité concernée ou celle au cours de laquelle a été exercée l'option pour le paiement de la taxe sur la valeur ajoutée. Cette demande est formulée au***

plus tard le 31 janvier de l'année au titre de laquelle les redevables souhaitent bénéficier du régime simplifié. *— Le présent al. est abrogé à compter de l'entrée en vigueur des dispositions prises en application ou pour l'application des dispositions législatives du CIBS (Ord. n° 2021-1843 du 22 déc. 2021, art. 38).*

Dispositions abrogées et transférées à l'art. L. 162-2 CIBS.

Art. 302 *septies* AA *(Ord. n° 2021-1843 du 22 déc. 2021, art. 10-20°, en vigueur le 1er janv. 2022)* **L'article L. 163-1 du code des impositions sur les biens et services est applicable aux taxes sur le chiffre d'affaires.**

Ancien art. 302 *septies* AA ***L'article 302 septies A n'est applicable ni aux personnes physiques ou morales, ni aux groupements de personnes de droit ou de fait à l'encontre desquels l'administration a dressé un procès-verbal de flagrance fiscale, dans les conditions prévues à l'article L. 16-0 BA du livre des procédures fiscales, au titre de l'année ou de l'exercice au cours duquel ce procès-verbal est établi.***

2° BÉNÉFICES INDUSTRIELS ET COMMERCIAUX

Art. 302 *septies* A *bis* **I. — En ce qui concerne l'imposition des bénéfices industriels et commerciaux, il est institué un régime du bénéfice réel pour les petites et moyennes entreprises qui comporte des obligations allégées.** *— V. Ann. II, art. 38 bis, 267 septies A à 267 septies C ; Ann. III, art. 38-III.*

II. — Abrogé.

III. — Le bénéfice du régime prévu au I est réservé :

a. Sur option, aux entreprises normalement placées sous le régime défini à l'article 50-0 ;

b. Aux autres entreprises dont le chiffre d'affaires de l'année civile précédente n'excède pas les *(Ord. n° 2021-1843 du 22 déc. 2021, art. 10-21°, en vigueur le 1er janv. 2022)* **« seuils prévus aux 1° et 2° de l'article L. 162-4 du code des impositions sur les biens et services » ainsi qu'aux sociétés civiles de moyens définies à l'article 36 de la loi n° 66-879 du 29 novembre 1966.**

Les entreprises conservent le bénéfice de ces dispositions pour la première année suivant celle au cours de laquelle le chiffre d'affaires limite fixé au premier alinéa est dépassé, sauf en cas de changement d'activité.

IV. — Les personnes morales passibles de l'impôt sur les sociétés dont le chiffre d'affaires n'excède pas les limites définies au *b* du III sont admises au bénéfice du régime prévu au I.

V. — Un décret en Conseil d'État fixe les conditions dans lesquelles les entreprises mentionnées au *b* du III et au IV peuvent renoncer au bénéfice du présent article, ainsi que les conditions d'exercice de l'option prévue au *a* du III.

VI. — Il n'est pas exigé de bilan des exploitants individuels et des sociétés visées à l'article 239 *quater* A soumis à l'impôt sur le revenu selon le régime d'imposition prévu au I, lorsque leur chiffre d'affaires de l'année civile précédente n'excède pas *(Décr. n° 2020-897 du 22 juill. 2020, art. 1er)* **« 164 000 €** *[ancienne rédaction : 158 000 €]* **» hors taxe s'il s'agit d'entreprises dont le commerce principal est de vendre des marchandises, objets, fournitures et denrées à emporter ou à consommer sur place, ou de fournir le logement, ou** *(Décr. n° 2020-897 du 22 juill. 2020, art. 1er)* **« 57 000 €** *[ancienne rédaction : 55 000 €]* **» hors taxe s'il s'agit d'autres entreprises.** *— Limites applicables à compter du 1er janv. 2020 (L. n° 2019-1479 du 28 déc. 2019, art. 2).*

Ces seuils sont calculés dans les conditions prévues au 1 de l'article 50-0. Ils sont actualisés tous les trois ans dans la même proportion que l'évolution triennale de la limite supérieure de la première tranche du barème de l'impôt sur le revenu et arrondis au millier d'euros le plus proche.

Ces entreprises sont dispensées de présenter leur bilan lors des vérifications de comptabilité.

Régime simplifié d'imposition. Champ d'application. Déclarations. Options. * BOI-TVA-DECLA du 3 janv. 2018.

Art. 302 *septies* A *ter* **L'option pour le régime simplifié d'imposition des bénéfices industriels et commerciaux peut être exercée chaque année.**

Les entreprises nouvelles exercent cette option dans les délais prévus pour le dépôt de la déclaration concernant leur premier exercice ou leur première période d'activité visée à l'article 53 A ou au 1 de l'article 223. Ce délai est également applicable aux entreprises nouvelles qui désirent se placer sous le régime de droit commun d'imposition du bénéfice réel.

Art. 302 *septies* A *ter* A 1. Les exploitants individuels et les sociétés visées à l'article 239 *quater* A soumis au régime défini à l'article 302 *septies* A *bis* peuvent tenir une comptabilité super-simplifiée. Cette comptabilité n'enregistre journellement que le détail des encaissements et des paiements. Les créances et les dettes sont constatées à la clôture de l'exercice, sauf en ce qui concerne les dépenses relatives aux frais généraux, qui sont payées à échéances régulières et dont la périodicité n'excède pas un an ; les stocks et les travaux en cours peuvent être évalués selon une méthode simplifiée définie par un arrêté du ministre chargé du budget. — *V. Ann. IV, art. 4 LA.*

1 *bis.* A l'exception de celles ayant la qualité de commerçant qui sont contrôlées par une société qui établit des comptes en application de l'article L. 233-16 du code de commerce, les personnes morales soumises au régime défini à l'article 302 *septies* A *bis* du présent code et qui ne sont pas visées au 1 peuvent n'enregistrer les créances et les dettes qu'à la clôture de l'exercice.

2. Les frais relatifs aux carburants consommés lors des déplacements professionnels de l'exploitant peuvent être enregistrés forfaitairement d'après un barème qui est publié chaque année.

La justification des frais généraux accessoires payés en espèces n'est pas exigée dans la limite de 1 p. 1 000 du chiffre d'affaires réalisé et d'un minimum de 150 €.

Al. disjoint.

3. Un décret précise les modalités d'application de ces dispositions notamment en cas de changement de mode de comptabilisation en vue d'éviter qu'une même charge ne puisse être déduite des résultats de deux exercices. — *V. Ann. III, art. 38 sexdecies-00A et 38 sexdecies-00B.*

1. Livre de caisse. Le livre de caisse doit être tenu au jour le jour. Une comptabilité établie après la clôture de l'exercice est irrégulière et peut être écartée, même si elle est appuyée des bandes de caisse enregistreuse comportant le détail des opérations et leur date dans l'ordre chronologique. Toutefois, ces pièces sont de nature à justifier les montants déclarés. • CAA Bordeaux, 24 juin 1997, n° 96BX371 : *Dr. fisc. 1998. 133.*

2. Frais relatifs aux carburants. La mesure de simplification vise essentiellement les frais de carburant correspondant à des véhicules, qu'ils soient ou non inscrits à l'actif du bilan, affectés à un usage mixte (professionnel et personnel). Sont notamment exclus du bénéfice de cette mesure les frais de carburant qui concernent les véhicules affectés uniquement à un usage professionnel, tels que les scooters utilisés par les entreprises de livraison de pizzas, les camions, tracteurs, véhicules utilitaires ou les véhicules utilisés par les entreprises qui ont pour objet le transport de personnes ou de marchandises (taxis, transporteurs...). * BOI-BIC-CHG-10-20-20 n° 150 du 19 mai 2014.

Art. 302 *septies* A *ter* B Les dispositions *(Ord. n° 2021-1843 du 22 déc. 2021, art. 10-22°, en vigueur le 1er janv. 2022)* « de l'article » 302 *septies* A *bis* ne sont pas applicables aux personnes physiques ou morales ni aux groupements de personnes de droit ou de fait qui exercent une activité occulte au sens du deuxième alinéa de l'article L. 169 du livre des procédures fiscales.

CHAPITRE PREMIER BIS A

Art. 302 *septies* A *quater* *Dispositions transférées ss. art. 96 B.*

CHAPITRE PREMIER *TER* DÉTERMINATION DU PRIX DE REVIENT DES TERRAINS OU ENSEMBLES IMMOBILIERS

Art. 302 *septies* B I. — Constituent, du point de vue fiscal, un élément du prix de revient du terrain sur lequel est édifiée la construction :

a) la redevance payée, à raison d'une construction donnée, dans le cadre des articles L. 520-1 à L. 520-22 du code de l'urbanisme ;

b) Devenu sans objet (L. n° 2000-1208 du 13 déc. 2000, art. 202-XXXIX).

c) Abrogé.

II. – Constituent, du point de vue fiscal, un élément du prix de revient de l'ensemble immobilier :

***a)* La taxe d'aménagement prévue par les articles L. 331-1 à L. 331-4 du code de l'urbanisme ;**

(Abrogé par L. n° 2020-1721 du 29 déc. 2020, art. 155-III et VI-A, applicable aux sommes dues à compter du 1er janv. 2021) ***« b) Le versement pour sous-densité prévu par les articles L. 331-36 et L. 331-38 du même code. »***

c) et d) *Abrogés.*

CHAPITRE II RÉCÉPISSÉ DE CONSIGNATION

(Abrogé par L. n° 2020-1525 du 7 déc. 2020, art. 127-I-1° et III)

Art. 302 *octies* ***Quiconque exerce une activité lucrative sur la voie ou dans un lieu public sans avoir en France de domicile ou de résidence fixe depuis plus de six mois est tenu de se faire connaître à l'administration fiscale et de déposer une somme en garantie du recouvrement des impôts et taxes dont il est redevable. Le récépissé qui lui est délivré en contrepartie doit être produit à toute réquisition des fonctionnaires et magistrats désignés à l'article L. 225 du Livre des procédures fiscales*** *[Ann. III, art. 111 quaterdecies à 111 novodecies].*

CHAPITRE III SUPPRESSION DES AVANTAGES FISCAUX PRÉVUS EN FAVEUR DES ENTREPRISES EN CAS DE NON-RESPECT DES OBLIGATIONS DÉCLARATIVES EN MATIÈRE DE TAXE SUR LA VALEUR AJOUTÉE

Art. 302 *nonies* **Les allègements d'impôt sur le revenu ou d'impôt sur les sociétés prévus aux articles** *(Abrogé par L. n° 2021-1900 du 30 déc. 2021, art. 35-I-24°)* ***« 44 septies, 44 octies, »*** **44 *octies* A, 44 *terdecies*, 44 *quaterdecies*, 44 *quindecies*** *(L. n° 2017-1775 du 28 déc. 2017, art. 17)* **« , 44 *sexdecies* »** *(L. n° 2018-1317 du 28 déc. 2018, art. 135-I-10°)* **« , 44 *septdecies* » et 208 *sexies* ne s'appliquent pas lorsqu'une ou des déclarations de chiffre d'affaires se rapportant à l'exercice concerné n'ont pas été souscrites dans les délais et qu'il s'agit de la deuxième omission successive.**

L'art. 302 *nonies* qui subordonne le bénéfice d'avantages fiscaux en matière d'IS et d'IR au respect des obligations de déclaration du chiffre d'affaires ne constitue pas une sanction ayant le caractère d'une punition. En effet, il n'a pas pour objet de prévenir ou de réprimer la méconnaissance de ces obligations, laquelle est d'ailleurs punie par les sanctions fiscales prévues à l'art. 1728, mais seulement de réserver le bénéfice de ces avantages aux contribuables remplissant les conditions prévues par la loi. Par suite, l'art. 302 *nonies* ne relève pas des accusations en matière pénale au sens de l'art. 6-1 Conv. EDH. • CE 18 janv. 2017, n° 389268 : *RJF 2017. 342, concl. Bokdam-Tognetti.*

CHAPITRE IV RÈGLES APPLICABLES AUX REPRÉSENTANTS FISCAUX

(L. n° 2017-1775 du 28 déc. 2017, art. 11, en vigueur le 1er janv. 2019)

Art. 302 *decies* **Lorsqu'une personne non établie en France est tenue de désigner ou de faire accréditer auprès de l'administration fiscale un représentant établi en France en application du I de l'article 289 A, à l'exception des représentants chargés d'accomplir au nom et pour le compte du représenté les formalités et obligations afférentes au régime fiscal mentionné au 2° du I de l'article 277 A, ou en application des articles** *(L. n° 2020-1721 du 29 déc. 2020, art. 55-I-2°-a)* **« 300 »,** *(Abrogé par L. n° 2021-1900 du 30 déc. 2021, art. 36-I-3°)* ***« 302 bis ZC, »*** *(L. n° 2021-1900 du 30 déc. 2021, art. 116-I-2°)* **« 300 *sexies*, » 302 *bis* ZN,** *(L. n° 2020-1721 du 29 déc. 2020, art. 55-I-2°-b et V-A, en vigueur le 1er janv. 2022)* **« 1010 *sexies*, »** *(Abrogé par Ord. n° 2021-1843 du 22 déc. 2021, art. 10-15°, à compter du 1er janv. 2022)* ***« 1582, »*** *(Abrogé par L. n° 2018-1317 du 28 déc. 2018, art. 26-III-3° et XV-D, à compter du 1er janv. 2020)* ***« 1609 quintricies »*** *(L. n° 2018-1317 du 28 déc. 2018, art. 193-II-6° et 199-I-1°-b)* **« , 1613 *ter*, 1613 *quater* »** *(Décr. n° 2020-897 du 22 juill. 2020, art. 1er)* **« , » 1671 du présent code** *(Ord. n° 2021-1843 du 22 déc. 2021, art. 10-15°, en vigueur le 1er janv. 2022)* **« , de l'article 266 *undecies* du code des douanes ou de l'article L. 253-8-2 du**

code rural et de la pêche maritime », ce représentant est unique et désigné pour l'ensemble des obligations incombant à la personne représentée. – *V. Ann. III, art. 111 quinquies.*

Les dispositions issues de l'art. 199 de la L. n° 2018-1317 du 28 déc. 2018 s'appliquent aux impositions dont le fait générateur intervient à compter du 1er janv. 2019 (L. préc., art. 199-V-C).

Les accréditations des représentants obtenues avant le 1er janv. 2019 demeurent valides et sont étendues à l'ensemble des obligations des personnes non établies en France mentionnées au présent art. En cas de pluralité de représentants, le représenté désigne expressément, avant le 1er janv. 2019, un seul représentant pour les dispositifs mentionnés au même art. (L. n° 2017-1775 du 28 déc. 2017, art. 11).

V. L. n° 2020-1721 du 29 déc. 2020, art. 55-V-B (dérogation).

TITRE TROISIÈME CONTRIBUTIONS INDIRECTES ET TAXES DIVERSES

CHAPITRE 0I *[ABROGÉ]* ALCOOLS, BOISSONS ALCOOLIQUES ET TABACS MANUFACTURÉS

(Abrogé par Ord. n° 2021-1843 du 22 déc. 2021, art. 10-47°-d, à compter du 1er janv. 2022)

1° [ABROGÉ] CHAMP D'APPLICATION

Art. 302 A *Abrogé par L. n° 2009-1674 du 30 déc. 2009, art. 36-I-Y et V, à compter du 1er avr. 2010.*

Art. 302 B ***Sous réserve de l'article 564 undecies, sont soumis aux articles 302 B à 302 V bis : les alcools, les boissons alcooliques et les tabacs manufacturés.***

[2e al. en vigueur jusqu'au 31 déc. 2025]

Les droits indirects entrant dans le champ d'application du présent chapitre, qui sont dits "accises", comprennent le droit de circulation prévu par l'article 438, le droit de consommation prévu par les articles 402 bis, 403, 575** (L. n° 2019-1479 du 28 déc. 2019, art. 195-I-1°) **« , 575 E » et 575 E bis, le droit spécifique sur les bières prévu par l'article 520 A.

[2e al. en vigueur le 1er janv. 2026]

Les droits indirects entrant dans le champ d'application du présent chapitre, qui sont dits "accises", comprennent le droit de circulation prévu par l'article 438, le droit de consommation prévu par les articles 402 bis, 403, 575** (L. n° 2019-1479 du 28 déc. 2019, art. 195-III-1°) **« et 575 E », le droit spécifique sur les bières prévu par l'article 520 A.

2° [ABROGÉ] DÉFINITION DU TERRITOIRE COMMUNAUTAIRE

Art. 302 C *(L. n° 2017-1775 du 28 déc. 2017, art. 63)* ***Pour l'application des articles 302 B à 302 V bis :***

1° Les territoires ultramarins s'entendent du territoire de la Guyane, de La Réunion, de Mayotte et de celui constitué de l'union des territoires de la Guadeloupe et de la Martinique ;

2° Les territoires d'importation nationaux s'entendent du territoire de la France métropolitaine et de chacun des territoires ultramarins ;

3° Le territoire communautaire s'entend :

a) Du territoire de l'Union européenne tel qu'il est défini par l'article 299 du traité instituant l'Union européenne, à l'exclusion des territoires ultramarins, de l'île d'Helgoland, du territoire de Büsingen, de Livigno,** (Abrogé par L. n° 2019-1479 du 28 déc. 2019, art. 64-II) **« de Campione d'Italia, des eaux italiennes du lac de Lugano, » de Ceuta, de Melilla, des îles Canaries, des îles anglo-normandes et des îles Aland ;

b) Des territoires de Jungholz, de Mittelberg, de l'île de Man, de Saint-Marin ainsi que des zones de souveraineté du Royaume-Uni d'Akrotiri et de Dhekelia ;

4° L'importation s'entend de l'entrée dans un territoire d'importation national d'un produit qui est :

a) Soit originaire ou en provenance d'un autre territoire d'importation national ;

b) Soit originaire ou en provenance d'un État ou d'un territoire n'appartenant pas à l'Union européenne et qui n'a pas été mis en libre pratique ;

c) Soit en provenance d'un territoire appartenant à l'Union européenne mais en dehors du territoire communautaire.

Toutefois, l'importation est constituée par l'apurement de la procédure suspensive dans le territoire d'importation national, lorsque le bien a été placé, lors de son entrée sur le territoire d'importation national, sous l'une des procédures suivantes : dépôt temporaire, zone franche, entrepôt douanier, perfectionnement actif, admission temporaire en exonération totale des droits, transit externe ou interne de l'Union ;

5° L'exportation s'entend de la sortie d'un bien du territoire communautaire ou d'un territoire ultramarin.

Les dispositions issues de la L. n° 2017-1775 du 28 déc. 2017 s'appliquent aux opérations dont le fait générateur intervient à compter du 1er janv. 2018 (L. préc., art. 63).

Ancien art. 302 C *I. — Pour l'application des articles 302 B à 302 V bis, la France s'entend de la France métropolitaine.*

II. — Le territoire communautaire s'entend :

1° du territoire de (Ord. n° 2015-1247 du 7 oct. 2015, art. 4-14°) « l'Union européenne » tel qu'il est défini par l'article 299 du traité instituant la Communauté européenne, à l'exclusion des départements français d'outre-mer, de l'île d'Helgoland, du territoire de Büsingen, de Livigno, de Campione d'Italia, des eaux italiennes du lac de Lugano, de Ceuta, Melilla, des îles Canaries, des îles Anglo-Normandes et des îles Aland ;

2° de Jungholz, de Mittelberg, de l'île de Man, de Saint-Marin et des zones de souveraineté du Royaume-Uni d'Akrotiri et de Dhekelia.

3° [ABROGÉ] EXIGIBILITÉ

Art. 302 D *I. — 1. L'impôt est exigible :*

1° Lors de la mise à la consommation. Le produit est mis à la consommation :

a. Lorsqu'il cesse de bénéficier du régime suspensif des droits d'accises prévu au II de l'article 302 G ou de l'entrepôt mentionné au 8° du I de l'article 570 ;

a bis. Lorsqu'il est fabriqué hors des régimes suspensifs mentionnés au a, sans bénéficier des exonérations prévues à l'article 302 D bis ;

b. Lorsqu'il est importé, à l'exclusion des cas où il est placé, au moment de l'importation, sous un régime suspensif des droits d'accises mentionné au a.

(Abrogé par L. n° 2017-1775 du 28 déc. 2017, art. 63) « Est considérée comme une importation :

« — l'entrée en France d'un produit originaire ou en provenance d'un État ou d'un territoire n'appartenant pas à l'Union européenne et qui n'a pas été mis en libre pratique ou d'un produit en provenance d'un territoire d'un autre État membre exclu du territoire de l'Union européenne tel que défini au II de l'article 302 C ;

« — pour un bien placé lors de son entrée sur le territoire sous l'un des régimes suivants prévus par les règlements communautaires en vigueur : magasins et aires de dépôt temporaire, zone franche, entrepôt franc, entrepôt d'importation, perfectionnement actif, admission temporaire en exonération totale des droits, transit communautaire externe ou interne, la sortie de ce régime en France ; »

2° Lors de la constatation de déchets ou de pertes de produits soumis à accise placés sous un régime de suspension de droits.

Par dérogation au premier alinéa du présent 2° sont exonérés de droits :

a. Les alcools, les boissons alcooliques et les tabacs manufacturés dont la destruction totale est intervenue à la suite d'une autorisation donnée par l'administration des douanes et droits indirects ou dont la destruction totale ou la perte irrémédiable est imputable à une cause dépendant de la nature même des produits ou à un cas fortuit ou de force majeure ;

b. Les alcools et les boissons alcooliques détruits ou perdus en cours de fabrication, de transformation ou de stockage, lorsque le volume des produits détruits ou perdus est inférieur aux taux annuels de déchets ou de pertes fixés par arrêté du ministre chargé du budget pour chaque produit ou catégorie de produit [produits]*, sous réserve que ces déchets ou ces pertes aient été dûment retracés en comptabilité matières.*

Les taux annuels de déchets ou de pertes mentionnés ci-dessus sont fixés en tenant compte de la nature des alcools et des boissons alcooliques concernés ainsi que du type d'opération auquel ces produits sont soumis.

Lorsque des déchets ou des pertes n'entrant pas dans le champ d'application des a et b du présent 2° concernent des produits relevant de taux d'accises différents et pour lesquels la base d'imposition ne peut être déterminée avec certitude, l'impôt est liquidé sur la base du tarif le plus élevé, sauf justification contraire apportée par l'entrepositaire agréé.

2° bis Lors de la constatation de manquants.

Sont considérés comme manquants les produits soumis à accise placés sous un régime de suspension de droits, autres que ceux détruits ou perdus en cours de fabrication, de transformation ou de stockage, qui ne peuvent être présentés aux services des douanes et droits indirects alors qu'ils figurent dans la comptabilité matières tenue par l'entrepositaire agréé ou qu'ils auraient dû figurer dans celle-ci ;

3° Abrogé par Ord. n° 2004-281 du 25 mars 2004, art. 21-I ;

4° Sans que cela fasse obstacle aux dispositions du 9° de l'article 458, lors de la constatation de la détention, en France, d'alcools, de boissons alcooliques et de tabacs manufacturés à des fins commerciales pour lesquels le détenteur ne peut prouver, par la production d'un document d'accompagnement, d'une facture ou d'un ticket de caisse, selon le cas, qu'ils circulent en régime suspensif de l'impôt ou que l'impôt a été acquitté en France ou y a été garanti conformément aux articles 302 U bis ou 302 V bis.

Pour établir que ces produits sont détenus en France à des fins commerciales, l'administration tient compte des éléments suivants :

a. L'activité professionnelle du détenteur des produits ;

b. Le lieu où ces produits se trouvent, le mode de transport utilisé ou les documents relatifs à ces produits ;

c. La nature de ces produits ;

d. Les quantités de ces produits, notamment lorsque celles-ci sont supérieures aux seuils indicatifs fixés par l'article 32, paragraphe 3, de la directive 2008/118/CE du Conseil du 16 décembre 2008 relative au régime général d'accise et abrogeant la directive 92/12/CEE ;

Le présent 4° est abrogé à compter de l'entrée en vigueur des dispositions prises en application ou pour l'application des dispositions législatives du CIBS (Ord. n° 2021-1843 du 22 déc. 2021, art. 38).

5° Par dérogation au 4° du présent 1 et conformément au 3 de l'article 46 de la directive 2008/118/CE du 16 décembre 2008 relative au régime général d'accise et abrogeant la directive 92/12/CEE, les cigarettes importées des États membres de l'Union européenne bénéficiant d'une période transitoire pour porter leurs accises aux minima prévus aux deux premiers alinéas du 2 de l'article 10 de la directive 2011/64/UE du Conseil du 21 juin 2011 concernant la structure et les taux des accises applicables aux tabacs manufacturés ne peuvent être introduites en France (L. n° 2017-1775 du 28 déc. 2017, art. 63) « métropolitaine » que dans la limite de trois cents cigarettes par détenteur. Toute quantité excédentaire, même importée pour les besoins propres de son détenteur, fait l'objet d'une liquidation des droits au taux national. Les modalités d'application, la durée de la mesure et les pays concernés sont définis par arrêté du ministre chargé des douanes.

2. L'impôt est dû :

1° Dans les cas visés aux a, a bis et b du 1° du 1, par la personne qui met à la consommation ;

2° Dans le cas de déchets ou de pertes qui ne sont pas exonérés de droits, par la personne chez laquelle ces déchets ou ces pertes ont été constatés ;

2° bis Dans le cas de manquants, par la personne chez laquelle les manquants sont constatés ;

3° Abrogé par Ord. n° 2004-281 du 25 mars 2004, art. 21-I ;

4° Dans les cas mentionnés au 4° du 1, par la personne qui détient ces produits.

3. L'impôt est acquitté par toute personne qui a bénéficié d'une exonération ou d'une franchise des droits d'accises mentionnée à l'article 302 E ou (L. n° 2017-1775 du 28 déc. 2017, art. 63) « au 1° » de l'article 302 F bis ou à l'article 317, lorsque les conditions d'application auxquelles est subordonnée l'obtention de cette exonération ou de cette franchise ne sont pas remplies, ainsi que par toute personne qui a été autorisée à recevoir des alcools, des boissons alcooliques ou des tabacs manufacturés en franchise, en exemption ou en exonération des droits d'accises, conformément aux dispositions de l'article 302 D bis, du 3° de l'article 302 F bis, de l'article 406, des articles 440 bis, 441, 442 et 508, lorsque les conditions d'application auxquelles est subordonné l'octroi de cette franchise, exemption ou exonération ne sont pas remplies.

II. — Abrogé par L. n° 2009-1674 du 30 déc. 2009, art. 36-I-C-4° et V.

III. — 1. L'impôt est liquidé mensuellement, au plus tard le dixième jour de chaque mois, sur la base d'une déclaration des quantités de produits mis à la consommation au cours du mois précédent transmise à l'administration.

2. L'impôt est acquitté auprès de l'administration soit à la date de la liquidation, soit dans le délai d'un mois à compter de cette date, une caution garantissant le paiement de l'impôt dû est exigée dans l'un et l'autre cas. Une dispense de caution peut être accordée aux entrepositaires agréés mentionnés à l'article 302 G dans les limites et conditions fixées par décret. — *V. Ann. III art. 111-00 A à 111-00 D.*

Par dérogation au premier alinéa du présent 2, les entrepositaires agréés dispensés de caution acquittent l'impôt :

a) Au plus tard le 10 septembre suivant la clôture de la campagne viticole, pour les entrepositaires agréés produisant des produits vitivinicoles régis par les règlements européens relatifs à l'organisation commune des marchés des produits agricoles ;

b) Au plus tard le 10 janvier de l'année civile suivant celle au titre de laquelle la liquidation de la taxe a été effectuée en application du 1, pour les autres entrepositaires agréés ;

c) A la date fixée au 1 au choix des entrepositaires agréés dispensés de caution qui effectuent la déclaration par voie électronique et acquittent l'impôt par télérèglement.

3. Les entrepositaires agréés dispensés de caution dont le volume de production annuelle et le montant annuel de droits d'accises à acquitter sont inférieurs à des seuils fixés par décret en fonction de la nature de la production liquident et acquittent l'impôt :

a) Au plus tard le dixième jour du deuxième mois suivant la fin de la campagne viticole, pour les entrepositaires agréés produisant des produits vitivinicoles régis par les règlements européens relatifs à l'organisation commune des marchés des produits agricoles, sur la base d'une déclaration des quantités de produits mis à la consommation au cours des douze mois précédant la fin de la campagne viticole ;

b) Au plus tard le dixième jour du deuxième mois suivant la clôture de la comptabilité matières, pour les autres entrepositaires agréés, sur la base d'une déclaration des quantités de produits mis à la consommation au cours des douze mois précédant la fin de l'exercice.

4. Un arrêté du ministre chargé du budget fixe le modèle et le contenu des déclarations mentionnées aux 1 et 3.

V. note ss. art. 302 C.

4° [ABROGÉ] EXONÉRATIONS

Art. 302 D *bis* ***I. — Sont exonérés des droits mentionnés à l'article 302 B, selon des modalités fixées par décret, les alcools :***

a) Dénaturés totalement selon un procédé notifié et autorisé conformément aux dispositions des paragraphes 3 et 4 de l'article 27 de la directive 92/83/CEE du Conseil du 19 octobre 1992 concernant l'harmonisation des structures des droits d'accises sur l'alcool et les boissons alcooliques, et répondant aux conditions posées aux articles 302 M et 508 à 513;

b) Dénaturés selon un procédé, autre que celui mentionné au a, autorisé par l'administration et utilisés en vue de la fabrication de produits qui ne sont pas destinés à la consommation humaine. — *V. App., Décr. n° 2014-1281 du 23 oct. 2014.*

II. — Sont exonérés, dans les conditions posées au I, les alcools et boissons alcooliques utilisés :

a) Pour la production de vinaigre relevant du code NC 2209 du tarif des douanes ;

b) Pour la fabrication de médicaments tels que définis par l'article L. 5111-1 du code de la santé publique ;

c) Pour la production d'arômes destinés à la préparation de denrées alimentaires et de boissons non alcooliques ayant un titre alcoométrique n'excédant pas 1,2 % vol. ;

d) Directement ou en tant que composants de produits semi-finis pour la fabrication d'aliments fourrés ou non, à condition que, dans chaque cas, la teneur en alcool n'excède pas 8,5 litres d'alcool pur par 100 kilogrammes de produit entrant dans la composition de chocolats et 5 litres d'alcool pur par 100 kilogrammes de produit entrant dans la composition d'autres produits ;

e) Comme échantillons pour des analyses ou des tests de production nécessaires ou à des fins scientifiques ;

f) A des fins de recherche ou d'analyse scientifique ;

g) A des fins médicales ou pharmaceutiques dans les hôpitaux et établissements similaires ainsi que dans les pharmacies ;

h) Dans des procédés de fabrication pour autant que le produit fini ne contienne pas d'alcool ;

i) Dans la fabrication d'un composant qui n'est pas soumis à l'impôt en application des dispositions du présent titre ; *— V. Ann. III, art. 111-0 E à 111-0 H.*

(L. n° 2021-1900 du 30 déc. 2021, art. 169) ***« j) Pour les besoins de la production des compléments alimentaires, au sens du a de l'article 2 de la directive 2002/46/ CE du Parlement européen et du Conseil du 10 juin 2002 relative au rapprochement des législations des États membres concernant les compléments alimentaires, qui répondent aux conditions cumulatives suivantes :***

« — ils contiennent de l'alcool éthylique ;

« — l'unité de conditionnement n'excède pas 0,15 litre ;

« — ils sont mis sur le marché en France dans le respect de la procédure prévue par voie réglementaire relative à l'information de l'administration sur le modèle de l'étiquetage utilisé. »

III. — Les opérateurs qui veulent bénéficier des exonérations prévues au I et au II ou qui veulent se livrer au commerce des alcools totalement dénaturés mentionnés au a du I doivent en faire préalablement déclaration à l'administration selon des modalités fixées par décret. Cette déclaration est effectuée par voie électronique. Toutefois, les opérateurs qui ne disposent pas, en raison de l'absence de couverture du lieu où ils sont établis par un ou plusieurs réseaux offrant un accès aux communications électroniques, d'un système d'information permettant d'accéder à internet, établissent leur déclaration sur papier. *— Les dispositions du présent III sont abrogées à compter du 1er janv. 2023 (L. n° 2019-1479 du 28 déc. 2019, art. 185-II, mod. par L. n° 2020-935 du 30 juill. 2020, art. 55).*

[IV. en vigueur jusqu'au 31 déc. 2025]

IV. — Sont exonérés des droits mentionnés aux articles 575 *(L. n° 2019-1479 du 28 déc. 2019, art. 195-I-2°)* ***« , 575 E » et 575 E bis les tabacs manufacturés :***

[IV. en vigueur le 1er janv. 2026]

IV. — Sont exonérés des droits mentionnés aux articles 575 *(L. n° 2019-1479 du 28 déc. 2019, art. 195-III-2°)* ***« et 575 E » les tabacs manufacturés :***

a) Dénaturés, utilisés pour des usages industriels ou horticoles ;

b) Détruits sous la surveillance des services des douanes et droits indirects ;

c) Exclusivement destinés à des tests scientifiques ou à des tests en relation avec la qualité des produits.

Les opérateurs qui veulent bénéficier des exonérations prévues au présent IV doivent en faire préalablement la demande auprès du directeur régional des douanes et droits indirects territorialement compétent.

Dispositions transférées aux art. L. 313-7 s. CIBS.

Art. 302 E ***L'exportation de produits placés sous régime suspensif d'accise met fin au bénéfice de ce régime. Elle s'effectue en exonération d'impôt.***

(Abrogé par L. n° 2017-1775 du 28 déc. 2017, art. 63) ***« L'exportation s'entend de la sortie du territoire communautaire à destination de pays ou territoires non compris dans ce territoire. »***

V. note ss. art. 302 C.

Art. 302 F *Périmé.*

Art. 302 F *bis* ***Sont exonérés des droits d'accises exigibles lors de la mise à la consommation les alcools, boissons alcooliques et tabacs manufacturés :***

(L. n° 2021-953 du 19 juill. 2021, art. 20-1°) ***« 1° Destinés à leur exportation par les voyageurs empruntant la voie aérienne, la voie maritime ou la liaison fixe trans-Manche qui les transportent dans leurs bagages, lorsque ces mêmes biens sont livrés soit dans l'enceinte d'un aéroport, d'un port ou de la partie du terminal ferroviaire de Coquelles réservée aux passagers se rendant au Royaume-Uni de Grande-Bretagne et d'Irlande du Nord par les personnes qui y exploitent des comptoirs de vente, soit à bord d'un avion ou d'un bateau lors du transport ; »***

(Abrogé par L. n° 2017-1775 du 28 déc. 2017, art. 63) ***« 2° Destinés à faire l'objet de livraisons à emporter dans les bagages personnels des voyageurs, effectuées à bord d'un avion***

ou d'un bateau au cours d'un transport à destination d'un pays non compris dans le territoire communautaire ; »

3° Destinés à l'avitaillement des navires effectuant une navigation maritime, à l'exclusion des navires de plaisance ou de sport, ainsi que des aéronefs effectuant des liaisons commerciales. Pour les droits d'accises au sens du présent code, ne sont considérés comme biens d'avitaillement que les alcools, boissons alcooliques et tabacs manufacturés, exclusivement destinés à être consommés à bord desdits moyens de transport par les membres de l'équipage ou par les passagers.

Un décret fixe les conditions d'application du présent article. — V. Ann. III, art. 111-0 HA à 111-0 HD ; V. égal. Ann. IV, art. 50-0 B à 50-0 BC.

V. note ss. art. 302 C.

Art. 302 F ter *1° Les personnes qui exploitent des comptoirs de vente situés dans l'enceinte d'un port, d'un aéroport ou du terminal* (L. n° 2021-953 du 19 juill. 2021, art. 20-2°) *« ferroviaire de Coquelles » ou des boutiques à bord de moyens de transport et qui effectuent des livraisons de biens à emporter en exonération des droits mentionnés à l'article 302 B, dans les conditions prévues* (L. n° 2017-1775 du 28 déc. 2017, art. 63) *« au 1° » de l'article 302 F bis, ou en droits acquittés aux voyageurs qui se rendent à destination d'un autre État membre de l'Union européenne, doivent prendre la qualité d'entrepositaire agréé mentionnée à l'article 302 G pour bénéficier du régime suspensif de ces droits ;*

2° Toute personne mentionnée au 1° qui veut effectuer des ventes au détail d'alcools, de boissons alcooliques et de tabacs manufacturés à des voyageurs, qui se rendent à destination d'un pays non compris dans le territoire communautaire ou d'un autre État membre de l'Union européenne, est tenue d'en faire la déclaration auprès de l'administration des douanes et droits indirects préalablement au commencement de son activité et de désigner le ou les lieux de vente ;

3° a. Les droits mentionnés à l'article 302 B sont liquidés et acquittés dans les conditions prévues au III de l'article 302 D, d'après les quantités déclarées en sortie de régime suspensif ;

b. Les dispositions du a s'appliquent également lorsque les alcools, boissons alcooliques et tabacs manufacturés sont détenus sous le régime fiscal suspensif mentionné au a du 2° du I de l'article 277 A et sous un régime suspensif des droits d'accises ;

4° Un décret en Conseil d'État fixe les conditions d'application du présent article. — V. Ann. II, art. 285 A, 285 B, 286 O à 286 W et 289-56°, et Ann. III, art. 111-0 HA à 111-0 HD.

V. note ss. art. 302 C.

5° [ABROGÉ] ENTREPOSITAIRE AGRÉÉ

Art. 302 G *I. — Doit exercer son activité comme entrepositaire agréé :*

1° Toute personne qui produit ou transforme des alcools, des produits intermédiaires, des produits visés à l'article 438 ou des bières ;

2° Toute personne qui reçoit, détient ou expédie des tabacs manufacturés en suspension des droits d'accises ;

3° Toute personne qui détient des produits mentionnés au 1° qu'elle a reçus ou achetés et qui sont destinés à l'expédition ou à la revente par quantités qui, pour le même destinataire ou le même acquéreur, sont supérieures aux niveaux fixés par décret. — V. Ann. III, art. 111-0 A.

II. — La production ou la transformation des produits mentionnés au 1° du I est obligatoirement réalisée en suspension des droits d'accises, dans un entrepôt suspensif de ces droits.

La réception, la détention ou l'expédition des tabacs manufacturés en suspension des droits d'accises au sens du 2° du I est réalisée dans un entrepôt suspensif de ces droits ou sous le couvert du document mentionné à l'article 302 M.

La réception ou l'achat, la détention, l'expédition ou la revente au sens du 3° du I des produits mentionnés au 1° du I sont réalisés en suspension des droits d'accises dans un entrepôt suspensif de ces droits ou sous le couvert du document mentionné à l'article 302 M. Ces opérations peuvent également être effectuées en droits acquittés, auquel cas elles circulent sous couvert du document d'accompagnement mentionné à l'article 302 M ter ou sous couvert de capsules, empreintes, vignettes ou autres marques fiscales représentatives de droits indirects, sous réserve des dispositions (L. n° 2017-1775 du 28 déc. 2017, art. 63) *« des deux derniers alinéas » de l'article 302 M ter.*

Sont également considérés comme se trouvant en régime suspensif des droits d'accises, les alcools, les boissons alcooliques et les tabacs manufacturés placés ou destinés à être placés sous l'un des régimes suivants prévus par les règlements communautaires en vigueur : magasins et aires de dépôt temporaire, entrepôt d'importation, zone franche, entrepôt franc, perfectionnement actif, admission temporaire en exonération totale, transformation sous douane et transit communautaire externe.

Par dérogation aux dispositions du I, les personnes autorisées par les services des douanes et droits indirects à placer des alcools, des boissons alcooliques et des tabacs manufacturés sous ces régimes, et qui sont soumises à toutes les obligations prévues pour l'application de ces régimes douaniers, n'ont pas à prendre la qualité d'entrepositaire agréé et ne sont pas soumises aux obligations prévues aux III, IV et V.

III. — L'entrepositaire agréé tient, par entrepôt fiscal suspensif des droits d'accises, une comptabilité matières des productions, transformations, stocks et mouvements de produits mentionnés aux 1° et 2° du I, ainsi que des produits viti-vinicoles, autres que les vins, mentionnés à la partie XII de l'annexe I au règlement (CE) modifié n° 1234/2007 du Conseil du 22 octobre 2007 portant organisation commune des marchés dans le secteur agricole et dispositions spécifiques en ce qui concerne certains produits de ce secteur. L'entrepositaire agréé présente ladite comptabilité matières et lesdits produits à toute réquisition.

Pour les produits vitivinicoles, un numéro d'accises distingue les entrepositaires agréés en fonction de leur activité entre, d'une part, les entrepositaires agréés qui ont pour activité la vinification des vendanges issues de leur récolte et, d'autre part, les autres entrepositaires agréés.

Un entrepositaire agréé qui a pour activité la vinification des vendanges issues de sa récolte peut, sous son numéro d'accise *[accises]*, ***effectuer en complément de sa vendange des achats de vendanges, de moûts, ou de vins notamment dans le cas de la réalisation de coupage mentionné au dernier alinéa du 1 de l'article 8 du règlement (CE) n° 606/2009 de la Commission du 10 juillet 2009 fixant certaines modalités d'application du règlement (CE) n° 479/2008 du Conseil en ce qui concerne les catégories de produits de la vigne, les pratiques œnologiques et les restrictions qui s'y appliquent. Un arrêté des ministres chargés des douanes et de l'agriculture définit les conditions et les limites dans lesquelles ces achats sont effectués, les modalités de leur déclaration, et les conditions d'application pour les associés coopérateurs définis à l'article L. 522-1 du code rural et de la pêche maritime.***

IV. — Un entrepositaire agréé détenant des produits mentionnés aux 1° et 2° du I qu'il a acquis ou reçus tous droits acquittés, ou pour lesquels il a précédemment acquitté les droits, peut les replacer en suspension de droits dans son entrepôt fiscal suspensif des droits d'accises. Sur demande, les droits acquittés ou supportés lui sont remboursés ou sont compensés avec des droits exigibles.

V. — L'administration accorde la qualité d'entrepositaire agréé à la personne qui justifie être en mesure de remplir les obligations prévues au III et qui fournit une caution solidaire garantissant le paiement des droits dus.

Peuvent être dispensés de caution :

1° En matière de production, de transformation et de détention, les récoltants, y compris les sociétés coopératives agricoles et leurs unions, ainsi que les brasseurs ;

2° En matière de circulation, les petits récoltants de vin, y compris les sociétés coopératives agricoles et leurs unions, dans les limites et conditions fixées par décret ;

3° Dans les limites et conditions fixées par décret, les opérateurs qui détiennent et expédient les produits mentionnés au 1° du I. *— V. Ann. III, art. 111-0 D.*

En cas de violation par l'entrepositaire de ses obligations, de défaillance de la caution ou de dénonciation par cette caution de son engagement, l'administration peut retirer l'agrément.

VI. — Un décret en Conseil d'État fixe les conditions et modalités d'application du présent article. *— V. Ann. II, art. 286 H à 286 N. — V. Arr. du 27 juill. 2003 (JO 30 août), mod. par Arr. du 18 mai 2005 (JO 1er juin), Arr. du 7 janv. 2008 (JO 15 mars), Arr. du 21 nov. 2012 (JO 6 déc.) et Arr. du 20 juill. 2015 (JO du 31 juill.), portant application de l'art. 302 G pour ce qui concerne les eaux-de-vie de Cognac et leur vieillissement. — V. également App., Décr. n° 2014-1280 du 23 oct. 2014.*

V. note ss. art. 302 C.

6° [ABROGÉ] OPÉRATEUR ENREGISTRÉ

Art. 302 H et 302 H *bis* *Abrogés par L. n° 2009-1674 du 30 déc. 2009, art. 36-I-Y et V, à compter du 1er avr. 2010.*

Art. 302 H *ter* ***Les personnes qui n'ont pas la qualité d'entrepositaire agréé peuvent, dans l'exercice de leur profession, recevoir*** *(L. n° 2017-1775 du 28 déc. 2017, art. 63)* ***« en France métropolitaine » des produits expédiés en suspension de droits d'accise en provenance d'un autre État membre de l'Union européenne, si elles ont été préalablement agréées par le directeur régional des douanes et droits indirects territorialement compétent en tant que destinataire enregistré.***

I. — La qualité de destinataire enregistré est accordée à la personne qui fournit une caution solidaire garantissant le paiement des droits. Une dispense de caution peut être accordée aux destinataires enregistrés dans les limites et conditions fixées par décret. *— V. Ann. III, art. 111-0 B.*

L'impôt est exigible dès la réception des produits. Il est dû par le destinataire enregistré. Ce dernier transmet à l'administration des douanes et droits indirects, au plus tard le dixième jour de chaque mois, une déclaration indiquant le montant de l'impôt dû au titre des réceptions du mois précédent. L'impôt est acquitté lors du dépôt de la déclaration. *— V. Ann. III, art. 111 H sexdecies et Ann. IV, art. 50-00 I.*

Le destinataire enregistré tient une comptabilité des livraisons de produits et la présente à toute réquisition des services de contrôle.

En cas de violation par le destinataire enregistré de ses obligations, de défaillance de la caution ou de dénonciation par cette caution de son engagement, le directeur régional des douanes et droits indirects peut retirer l'agrément.

II. — Le destinataire enregistré ne recevant des produits soumis à accise qu'à titre occasionnel doit, préalablement à l'expédition, y être autorisé par l'administration des douanes et droits indirects et consigner auprès d'elle le paiement des droits dus au titre de cette opération. Cette autorisation est limitée, pour une opération, à la quantité de produits pour laquelle les droits d'accise ont été consignés, à un seul expéditeur et est valable le temps nécessaire à l'acheminement et à la réception des marchandises par le destinataire. *— V. Ann. IV, art. 50-00 J.*

Les droits d'accise sont acquittés sur la base d'une déclaration, dès la réception des produits par l'opérateur.

Il est joint au document d'accompagnement une attestation de l'administration des douanes et droits indirects pour les produits reçus en France *(L. n° 2017-1775 du 28 déc. 2017, art. 63)* ***« métropolitaine » établissant que l'impôt a été acquitté ou qu'une garantie de son paiement a été acceptée.***

Lorsqu'un entrepositaire agréé ou un expéditeur enregistré expédie *(L. n° 2017-1775 du 28 déc. 2017, art. 63)* ***« depuis la France métropolitaine » des produits à un destinataire enregistré, établi dans un autre État membre de l'Union européenne, il doit joindre au document d'accompagnement une attestation délivrée par l'autorité compétente de l'État de destination justifiant que l'impôt a été acquitté ou qu'une garantie de son paiement a été acceptée.***

V. note ss. art. 302 C.

Art. 302 H *quater* ***Les personnes qui n'ont pas la qualité d'entrepositaire agréé peuvent, dans l'exercice de leur profession, expédier des produits en suspension de droits d'accise à la suite de leur mise en libre pratique conformément aux dispositions de l'article 79 du règlement (CEE) n° 2913/92 du Conseil du 12 octobre 1992 établissant le code des douanes communautaire et de l'article 302 L, si elles ont été préalablement agréées par le directeur régional des douanes et droits indirects en tant qu'expéditeur enregistré.***

Le directeur régional des douanes et droits indirects accorde la qualité d'expéditeur enregistré à la personne qui fournit une caution solidaire garantissant le paiement des droits.

L'expéditeur enregistré tient une comptabilité des expéditions de produits soumis à accise et la présente à toute réquisition des services de contrôle.

En cas de violation par l'expéditeur enregistré de ses obligations, de défaillance de la caution ou de dénonciation par cette caution de son engagement, le directeur régional des douanes et droits indirects peut retirer l'agrément.

7° [ABROGÉ] OPÉRATEUR NON ENREGISTRÉ

Art. 302 I *Abrogé par L. n° 2009-1674 du 30 déc. 2009, art. 36-I-Y et V, à compter du 1er avr. 2010.*

8° [ABROGÉ] DISPOSITIONS APPLICABLES AUX PERSONNES MORALES DE DROIT PUBLIC

Art. 302 J ***Les personnes morales de droit public qui, pour les besoins de leur mission, prennent la qualité d'entrepositaire agréé, d'expéditeur enregistré ou de destinataire enregistré sont dispensées de la présentation d'une caution ou de la consignation des droits dus.***

9° [ABROGÉ] RÉGIME FISCAL DES PERTES CONSTATÉES SUR LES PRODUITS CIRCULANT EN SUSPENSION DE DROITS

Art. 302 K ***I. — Les pertes, constatées dans les conditions prévues en régime intérieur et, le cas échéant, les limites fixées par l'État membre de destination, de produits circulant en suspension de droits vers un entrepositaire agréé ou un destinataire enregistré ne sont pas soumises à l'impôt, s'il est justifié auprès de l'administration qu'elles résultent d'un cas fortuit ou d'un cas de force majeure, ou qu'elles sont inhérentes à la nature des produits.***

II. — Les pertes, constatées dans les conditions prévues en régime intérieur, de produits mis à la consommation dans un État membre de l'Union européenne livrés *(L. n° 2017-1775 du 28 déc. 2017, art. 63)* ***« en France métropolitaine » à destination d'une personne mentionnée aux I ou II de l'article 302 U bis ne sont pas soumises aux droits d'accise, s'il est justifié auprès de l'administration des douanes et droits indirects qu'elles résultent d'un cas fortuit ou d'un cas de force majeure, ou qu'elles sont inhérentes à la nature des produits.***

La consignation mise en place en application *(L. n° 2019-1479 du 28 déc. 2019, art. 186-1°)* ***« de l'article 302 U bis » est alors levée.*** *— V. App., Décr. n° 2014-1281 du 23 oct. 2014.*

V. note ss. art. 302 C.

10° [ABROGÉ] RÉGIME SUSPENSIF

Art. 302 L ***I. — La circulation des produits en suspension de droits s'effectue entre entrepositaires agréés, d'un expéditeur enregistré à destination d'un entrepositaire agréé, ou lorsque les produits sont exportés au sens de l'article 302 E.***

II. — L'expédition *(L. n° 2017-1775 du 28 déc. 2017, art. 63)* ***« depuis la France métropolitaine » de produits dans un autre État membre de l'Union européenne par un entrepositaire agréé ou un expéditeur enregistré s'effectue en suspension de droits lorsqu'elle est réalisée :***

1° Vers un destinataire enregistré ;

2° En vue d'une exportation par un bureau de douane de sortie, tel que défini à l'article *(L. n° 2020-1508 du 3 déc. 2020, art. 11-1°)* ***« 329 du règlement d'exécution (UE) 2015/2447 de la Commission du 24 novembre 2015 établissant les modalités d'application de certaines dispositions du règlement (UE) 952/2013 du Parlement européen et du Conseil établissant le code des douanes de l'Union », qui n'est pas situé en France.***

V. note ss. art. 302 C.

11° [ABROGÉ] FORMALITÉS ET RÉGIME FISCAL APPLICABLES À LA CIRCULATION DES PRODUITS

Art. 302 M *(L. n° 2015-1785 du 29 déc. 2015, art. 81-I-2° et III, en vigueur le 1er juill. 2017) (L. n° 2017-1775 du 28 déc. 2017, art. 63)* ***« I. — » Pour l'application de l'article 302 L*** *(Abrogé par L. n° 2017-1775 du 28 déc. 2017, art. 63)* ***« et sans préjudice du I de l'article 302 M bis », les produits en suspension de droits en France*** *(L. n° 2017-1775 du 28 déc. 2017, art. 63)* ***« métropolitaine » et dans les échanges intracommunautaires circulent sous couvert du document administratif électronique établi par l'expéditeur dans les conditions prévues par le règlement d'exécution (UE) n° 1221/2012 de la Commission du 12 décembre 2012 portant modification du règlement (CE) n° 684/2009 en ce qui concerne les données à fournir dans le cadre de la procédure informatisée applicable aux mouvements en suspension de droits des produits soumis à accise et selon des modalités fixées par décret.***

Les vins en provenance de ceux des autres États membres de l'Union européenne ayant utilisé la faculté de dispense au profit de leurs petits producteurs prévue à l'article 40 de la

directive 2008/118/CE du Conseil du 16 décembre 2008 relative au régime général d'accise et abrogeant la directive 92/12/CEE et expédiés à destination de personnes mentionnées aux articles 302 G et 302 H ter circulent** (L. n° 2017-1775 du 28 déc. 2017, art. 63) **« en France métropolitaine »** **sous couvert d'un des documents d'accompagnement** [prévus] (L. n° 2020-1508 du 3 déc. 2020, art. 11-2°) **« au iii du a du 1 de l'article 10 du règlement délégué (UE) 2018/273 de la Commission du 11 décembre 2017. »

*(L. n° 2017-1775 du 28 déc. 2017, art. 63) **« II. — Pour l'application de l'article 302 L, les produits en suspension de droits circulent dans les territoires ultramarins sous couvert d'un document administratif électronique et selon des modalités définis par décret. »***

V. note ss. art. 302 C.

Ancien art. 302 M *I. — Pour l'application des dispositions de l'article 302 L, les produits en suspension de droits circulent sous couvert d'un document d'accompagnement établi par l'expéditeur dont le modèle et les conditions d'utilisation sont fixés par le règlement (CEE) n° 2719/92 de la Commission du 11 septembre 1992 modifié par le règlement (CEE) n° 2225/93 de la Commission du 27 juillet 1993. Ce document est établi lorsque les droits ont été consignés ou garantis.*

Il en est de même pour les produits qui circulent en suspension de droits entre deux entrepôts suspensifs des droits d'accises situés en France via le territoire d'un autre État membre et pour les alcools dénaturés mentionnés au b du I de l'article 302 D bis.

Les vins en provenance d'autres États membres de (Ord. n° 2015-1247 du 7 oct. 2015, art. 4-14°) « l'Union européenne » qui ont utilisé la faculté de dispense au profit de leurs petits producteurs prévue à l'article 40 de la directive 2008/118 du Conseil du 16 décembre 2008 relative au régime général d'accise et abrogeant la directive 92/12/CEE, et expédiés à destination de personnes mentionnées aux articles 302 G et 302 H ter circulent sous couvert du seul document d'accompagnement prévu au paragraphe 2 de l'article 24 du règlement (CE) n° 436/2009 de la Commission du 26 mai 2009 portant modalités d'application du règlement (CE) n° 479/2008 du Conseil en ce qui concerne le casier viticole, les déclarations obligatoires et l'établissement des informations pour le suivi du marché, les documents accompagnant les transports des produits et les registres à tenir dans le secteur vitivinicole.

II. — Les produits soumis à accise mis à la consommation conformément au 1 du I de l'article 302 D ou qui sont exonérés ou exemptés des droits et les produits qui ont déjà été mis à la consommation en provenance ou à destination d'un autre État membre de (Ord. n° 2015-1247 du 7 oct. 2015, art. 4-14°) « l'Union européenne » dont le destinataire est une personne mentionnée au I de l'article 302 U bis circulent sous couvert d'un document simplifié d'accompagnement établi par l'expéditeur dont le modèle et les conditions d'utilisation sont fixés par le règlement (CEE) n° 3649/92 de la Commission du 17 décembre 1992 ou sous couvert de capsules, empreintes, vignettes ou autres marques fiscales représentatives des droits indirects.

Il en est de même pour les produits qui ont été mis à la consommation en France et qui sont expédiés en France via le territoire d'un autre État membre et pour les alcools dénaturés totalement mentionnés au a du I de l'article 302 D bis.

Pour les bières, l'exigence de ce document d'accompagnement est limitée aux échanges à destination ou en provenance d'un autre État membre de (Ord. n° 2015-1247 du 7 oct. 2015, art. 4-14°) « l'Union européenne ».

III. — Les documents d'accompagnement prévus aux I et II peuvent être établis au moyen du service de suivi informatique des mouvements de marchandises soumises à accises, sur autorisation du directeur régional des douanes et droits indirects. — V. Ann. III, art. 111 H bis et 111 H decies à 111 H sexdecies.

L'article 302 M ter est applicable aux entrepositaires agréés ou aux expéditeurs enregistrés qui souhaitent utiliser ce service en France.

Art. 302 M *bis* *(L. n° 2015-1785 du 29 déc. 2015, art. 81-I-2° et III, en vigueur le 1er juill. 2017)* ***I. —*** *(L. n° 2017-1775 du 28 déc. 2017, art. 63)* ***« Par dérogation à l'article 302 M, » dans les échanges nationaux, les produits en suspension de droits peuvent circuler sous couvert d'un document administratif d'accompagnement établi, selon le modèle défini par arrêté du ministre chargé du budget, par :*** *— V. Arr. du 13 juin 2017 (JO 27 juin).*

1° Les loueurs d'alambic ambulants mentionnés aux articles 327 et 329 à 330 ainsi que les bouilleurs et distillateurs de profession définis à l'article 332 ;

2° Les entrepositaires agréés mentionnés à l'article 302 G qui ne disposent pas, en raison de l'absence de couverture de la zone de localisation de leur entreprise, d'un système d'information permettant un accès à internet.

II. — L'entrepositaire agréé qui expédie des produits en suspension de droits peut modifier le document administratif d'accompagnement mentionné au I du présent article pour indiquer au verso soit un nouveau destinataire, qui doit être un entrepositaire agréé, soit un nouveau lieu de livraison.

L'entrepositaire agréé expéditeur doit aviser immédiatement l'administration de ces changements.

III. — Dans les quinze jours suivant le mois de la réception, l'entrepositaire agréé qui reçoit des produits en suspension de l'impôt adresse à l'expéditeur un exemplaire du document d'accompagnement, le cas échéant annoté et visé par l'administration. Il en adresse un autre exemplaire à l'administration.

V. note ss. art. 302 C.

Le présent art., qui concerne des mesures de suivi et de gestion des produits soumis à accise visées à l'art. L. 311-39 CIBS, est abrogé à compter de l'entrée en vigueur des dispositions prises en application ou pour l'application des dispositions législatives du CIBS (Ord. n° 2021-1843 du 22 déc. 2021, art. 38).

Ancien art. 302 M *bis* ***I. — L'entrepositaire agréé ou l'expéditeur enregistré qui expédie des produits en suspension de droits peut modifier le document d'accompagnement visé au I de l'article 302 M pour indiquer au verso soit un nouveau destinataire qui doit être un entrepositaire agréé ou un destinataire enregistré, soit un nouveau lieu de livraison.***

II. — L'entrepositaire agréé expéditeur ou l'expéditeur enregistré doit aviser immédiatement l'administration de ces changements.

Art. 302 M *ter* *(L. n° 2015-1785 du 29 déc. 2015, art. 81-I-2° et III, en vigueur le 1er juill. 2017 ; L. n° 2019-1479 du 28 déc. 2019, art. 186-2°)* ***« Sans préjudice des dispositions prévues à l'article 302 M quater, les produits soumis à accise » mis à la consommation conformément au 1 du I de l'article 302 D ou qui sont exonérés ou exemptés des droits et les produits qui ont déjà été mis à la consommation*** *(L. n° 2017-1775 du 28 déc. 2017, art. 63)* ***« dans un » autre État membre de l'Union européenne dont le destinataire est une personne mentionnée au I de l'article 302 U bis circulent*** *(L. n° 2017-1775 du 28 déc. 2017, art. 63)* ***« , en France métropolitaine, » sous couvert d'un document simplifié d'accompagnement, établi par l'expéditeur, dont le modèle et les conditions d'utilisation sont fixés par le règlement (CEE) n° 3649/92 de la Commission du 17 décembre 1992 relatif au document d'accompagnement simplifié pour la circulation intracommunautaire de produits soumis à accise, qui ont été mis à la consommation dans l'État membre de départ, ou sous couvert de capsules, empreintes, vignettes ou autres marques fiscales représentatives des droits indirects.***

Pour les bières, l'exigence de ce document d'accompagnement est limitée aux échanges à destination ou en provenance d'un autre État membre de l'Union européenne.

(L. n° 2017-1775 du 28 déc. 2017, art. 63) ***« Dans les territoires ultramarins, les produits soumis à accise mis à la consommation conformément au 1° du 1 du I de l'article 302 D ou qui sont exonérés ou exemptés des droits circulent sous couvert d'un document administratif et selon des modalités définis par décret. »***

V. note ss. art. 302 C.

Le présent art., qui concerne des mesures de suivi et de gestion des produits soumis à accise visées à l'art. L. 311-39 CIBS, est abrogé à compter de l'entrée en vigueur des dispositions prises en application ou pour l'application des dispositions législatives du CIBS (Ord. n° 2021-1843 du 22 déc. 2021, art. 38).

Ancien art. 302 M *ter* ***Dans les échanges intracommunautaires, les mouvements de produits soumis à accise sont effectués en suspension de droits s'ils sont réalisés sous le couvert d'un document administratif électronique établi par l'expéditeur dans les conditions prévues par le règlement (CE) n° 684/2009 de la Commission du 24 juillet 2009 mettant en œuvre la directive 2008/118/CE du Conseil en ce qui concerne les procédures informatisées applicables aux mouvements en suspension de droits de produits soumis à accise, et selon les modalités fixées par voie réglementaire.*** *— V. Ann. III, art. 111 H decies à 111 H sexdecies.*

Art. 302 M *quater* *(L. n° 2019-1479 du 28 déc. 2019, art. 186-3°)* ***Les produits soumis à accise déjà mis à la consommation, en France ou dans un autre État membre de l'Union européenne, achetés par une personne qui n'a pas la qualité d'entrepositaire agréé ou de destinataire enregistré établi en France métropolitaine et qui n'exerce pas d'activité écono-***

mique indépendante, lorsqu'ils sont expédiés par le vendeur, ou pour le compte de celui-ci, circulent en France métropolitaine sous couvert d'un document établi par l'expéditeur comportant les informations définies par décret. *— V. Ann. III, art. 111 H septdecies (Décr. n° 2020-338 du 26 mars 2020, art. 1er).*

Cette obligation s'applique également en cas de retour des produits à l'expéditeur.

Le présent art., qui concerne des mesures de suivi et de gestion des produits soumis à accise visées à l'art. L. 311-39 CIBS, est abrogé à compter de l'entrée en vigueur des dispositions prises en application ou pour l'application des dispositions législatives du CIBS (Ord. n° 2021-1843 du 22 déc. 2021, art. 38).

Art. 302 N *Abrogé par L. n° 2009-1674 du 30 déc. 2009, art. 36-I-Y et V, à compter du 1er avr. 2010.*

Art. 302 O *(Abrogé par L. n° 2015-1785 du 29 déc. 2015, art. 81-I-9° et III, à compter du 1er juill. 2017)* ***Dans les quinze jours qui suivent le mois de la réception, l'entrepositaire agréé ou le destinataire enregistré qui reçoit des produits en suspension de l'impôt, adresse à l'expéditeur l'exemplaire prévu à cet effet, dûment annoté et visé en tant que de besoin par l'administration, du document d'accompagnement.***

Il adresse un autre exemplaire de ce document à l'administration.

Art. 302 P ***I. — L'entrepositaire agréé ou l'expéditeur enregistré qui expédie en suspension des droits et sa caution solidaire sont déchargés de leur responsabilité par l'apurement du régime suspensif.***

Lorsque des produits sont expédiés en suspension des droits d'accise par l'intermédiaire du service de suivi informatique des mouvements de marchandises soumises à accise, l'entrepositaire agréé ou l'expéditeur enregistré et leur caution solidaire sont déchargés de leur responsabilité par l'obtention de l'accusé de réception ou du rapport d'exportation établi dans les conditions et selon les modalités fixées par voie réglementaire.

Lorsque des produits sont expédiés en suspension des droits d'accise sur présentation d'un document administratif d'accompagnement, l'entrepositaire agréé et sa caution solidaire sont déchargés de leur responsabilité par la production d'un exemplaire du document d'accompagnement rempli par le destinataire ou comportant la certification par un bureau de douane du placement en régime suspensif douanier ou par la production d'une preuve *(L. n° 2017-1775 du 28 déc. 2017, art. 63)* ***« d'exportation ».***

II. — A défaut d'apurement dans les deux mois et demi à compter de la date d'expédition, l'expéditeur en informe l'administration.

L'impôt est exigible au terme d'un délai de quatre mois à compter de la date d'expédition, sauf si la preuve est apportée dans ce même délai de la régularité de l'opération ou s'il est établi que l'infraction qui a entraîné la constatation de manquants a été commise hors de France. Si l'entrepositaire agréé ou l'expéditeur enregistré n'a pas eu ou a pu ne pas avoir connaissance du fait que les produits ne sont pas arrivés à destination, il dispose d'un délai d'un mois supplémentaire à compter de la communication de l'information qui lui a été notifiée par l'administration des douanes et droits indirects pour apporter cette preuve. Lorsque l'impôt est exigible, l'administration procède à la mise en recouvrement de droits à l'encontre du soumissionnaire et de sa caution. L'action de l'administration doit être intentée, sous peine de déchéance dans un délai de trois ans à compter de la date d'expédition figurant sur le document d'accompagnement. *— V. Ann. III, art. 111 H quater et 111 H sexies.*

III. — L'administration dispose d'un délai de trois ans à compter de la date d'expédition figurant sur le document d'accompagnement pour mettre en recouvrement les droits consécutifs à une infraction commise en France.

Si, dans un délai de trois ans à compter de la date d'expédition figurant sur le document d'accompagnement, l'État membre de l'Union européenne *(L. n° 2017-1775 du 28 déc. 2017, art. 63)* ***« autre que la France » où l'infraction a été commise procède au recouvrement des droits, les droits perçus en France*** *(L. n° 2017-1775 du 28 déc. 2017, art. 63)* ***« métropolitaine » sont remboursés.***

Les règles fixées en régime intérieur concernant la responsabilité de l'expéditeur s'appliquent sans préjudice des dispositions précédentes.

V. note ss. art. 302 C.

Le présent art., qui concerne des mesures de suivi et de gestion des produits soumis à accise visées à l'art. L. 311-39 CIBS, est abrogé à compter de l'entrée en vigueur des dispositions prises en appli-

cation ou pour l'application des dispositions législatives du CIBS (Ord. n° 2021-1843 du 22 déc. 2021, art. 38).

12° [ABROGÉ] REMBOURSEMENT DES ACCISES

Art. 302 Q ***I. — L'impôt supporté par des produits mis à la consommation en France** (L. n° 2017-1775 du 28 déc. 2017, art. 63)* ***« métropolitaine » est remboursé à l'opérateur professionnel qui, dans le cadre de son activité, les a expédiés dans un autre État membre de** (L. n° 2017-1775 du 28 déc. 2017, art. 63)* ***« l'Union » européenne, si les conditions suivantes sont remplies :***

(Abrogé par L. n° 2019-1479 du 28 déc. 2019, art. 186-4°) ***« 1° la demande de remboursement a été présentée avant l'expédition des produits hors de France** (L. n° 2017-1775 du 28 déc. 2017, art. 63)* ***« métropolitaine » ;***

2° le demandeur justifie par tout moyen qu'il a acquis les produits tous droits acquittés en France** (L. n° 2017-1775 du 28 déc. 2017, art. 63)* ***« métropolitaine » ;

3° le demandeur présente un exemplaire du document d'accompagnement annoté par le destinataire et une attestation de l'administration fiscale du pays de destination qui certifie que l'impôt a été payé dans cet État ou, le cas échéant, qu'aucun impôt n'était dû au titre de la livraison en cause.

L'impôt est remboursé, dans un délai d'un an à partir de la présentation à l'administration des documents visés au 3° ci-dessus, au taux en vigueur à la date de l'acquisition des produits par l'opérateur professionnel, ou, à défaut d'individualisation de ces produits dans son stock, au taux en vigueur lors de l'acquisition des produits de même nature qui sont depuis le plus longtemps dans son stock.

Lorsque des marques fiscales ont été apposées sur les produits à l'occasion du paiement de l'impôt en France, elles sont réputées détruites.

II. — L'impôt supporté au titre de produits mis à la consommation en France** (L. n° 2017-1775 du 28 déc. 2017, art. 63)* ***« métropolitaine » est remboursé à l'opérateur professionnel lorsque des pertes ont été constatées dans les conditions prévues en régime intérieur et s'il est justifié auprès de l'administration des douanes et droits indirects qu'elles résultent d'un cas fortuit ou d'un cas de force majeure, ou qu'elles sont inhérentes à la nature des produits. Le demandeur doit justifier par tout moyen que les droits d'accise ont été acquittés sur les produits.

Les droits d'accise sont remboursés, dans un délai d'un an à partir de la présentation à l'administration de la demande de remboursement, au taux en vigueur à la date de l'acquisition des produits par l'opérateur professionnel ou, à défaut d'individualisation de ces produits dans son stock, au taux en vigueur lors de l'acquisition des produits de même nature qui sont les plus anciens dans son stock.

V. note ss. art. 302 C.

13° [ABROGÉ] NON-RECOUVREMENT DES ACCISES

Art. 302 R ***L'impôt n'est pas recouvré au titre des produits expédiés ou transportés** (L. n° 2017-1775 du 28 déc. 2017, art. 63)* ***« depuis la France métropolitaine » dans un autre État membre de l'Union européenne par un entrepositaire agréé ou un expéditeur enregistré établi en France ou pour son compte à destination d'une personne autre qu'un entrepositaire agréé ou un destinataire enregistré et qui n'exerce pas d'activité économique indépendante pour lesquels l'impôt dû dans l'État membre de destination a été acquitté.***

V. note ss. art. 302 C.

14° [ABROGÉ] OBLIGATIONS COMPTABLES ET DE CONTRÔLE

Art. 302 S *Abrogé par L. n° 99-1173 du 30 déc. 1999, art. 18-C-16.*

Art. 302 T *Abrogé par L. n° 2009-1674 du 30 déc. 2009, art. 36-I-Y et V, à compter du 1er avr. 2010.*

15° [ABROGÉ] OBLIGATIONS DÉCLARATIVES

Art. 302 U *Abrogé par L. n° 2009-1674 du 30 déc. 2009, art. 36-I-Y et V, à compter du 1er avr. 2010.*

Art. 302 U *bis* ***I. — Lorsque des produits déjà mis à la consommation dans un autre État membre de l'Union européenne sont livrés en France*** *(L. n° 2017-1775 du 28 déc. 2017, art. 63)* ***« métropolitaine » à un opérateur, autre qu'un entrepositaire agréé ou un destinataire enregistré mentionné au I de l'article 302 H ter ou un particulier, qui entend les commercialiser, la personne qui effectue la livraison, celle qui détient les produits ou celle à qui sont destinés les produits établit, préalablement à l'expédition, une déclaration auprès du service des douanes et droits indirects et consigne auprès de lui le paiement des droits dus au titre de cette opération.***

Cette personne acquitte les droits d'accise sur la base d'une déclaration, dès la réception des produits.

Il est joint au document d'accompagnement une attestation du service des douanes et droits indirects pour les produits reçus en France *(L. n° 2017-1775 du 28 déc. 2017, art. 63)* ***« métropolitaine » établissant que l'impôt a été acquitté ou qu'une garantie de son paiement a été acceptée.***

Lorsque des produits sont expédiés de France *(L. n° 2017-1775 du 28 déc. 2017, art. 63)* ***« métropolitaine » à un opérateur, autre qu'un particulier, qui entend les commercialiser et qui est établi dans un autre État membre de l'Union européenne, la personne qui effectue la livraison joint au document d'accompagnement une attestation délivrée par l'autorité compétente de l'État de destination justifiant que les droits d'accise ont été acquittés ou qu'une garantie de leur paiement a été acceptée.*** *— V. Ann. IV, art. 50-0 A.*

II. — Lorsque des produits soumis à accise déjà mis à la consommation dans un État membre de l'Union européenne sont achetés par une personne autre qu'un entrepositaire agréé ou un destinataire enregistré établie en France *(L. n° 2017-1775 du 28 déc. 2017, art. 63)* ***« métropolitaine », qui n'exerce pas d'activité économique indépendante, et qui sont expédiés ou transportés directement ou indirectement en France*** *(L. n° 2017-1775 du 28 déc. 2017, art. 63)* ***« métropolitaine » par le vendeur ou pour le compte de celui-ci, l'impôt est dû par le représentant fiscal du vendeur mentionné à l'article 302 V bis, lors de la réception des produits.***

(L. n° 2019-1479 du 28 déc. 2019, art. 186-5°) ***« L'impôt est déclaré au plus tard le dixième jour du mois suivant l'exigibilité auprès du bureau de douane de domiciliation du représentant fiscal. Il est acquitté au même moment. »***

III. — A défaut de déclaration préalable ou de mise en place d'une garantie conformément aux dispositions des I et II et de l'article 302 V bis, les droits d'accise sont exigibles dès la réception des produits, sauf si la preuve est apportée de la régularité de l'opération ou s'il est établi que l'infraction qui a entraîné la constatation de manquants a été commise hors de France *(L. n° 2017-1775 du 28 déc. 2017, art. 63)* ***« métropolitaine ».***

Dans ces cas, l'impôt est dû :

a) Par les personnes mentionnées au I ;

b) Dans le cas mentionné au II, par le représentant fiscal mentionné à l'article 302 V bis ou, à défaut, par le destinataire des produits soumis à accises.

L'action de l'administration des douanes et droits indirects doit être intentée, sous peine de déchéance, dans un délai de trois ans à compter de la date de réception des produits.

Si, dans un délai de trois ans à compter de la date de réception des produits, l'État membre de l'Union européenne où l'infraction a été commise procède au recouvrement des droits d'accise, les droits perçus en France *(L. n° 2017-1775 du 28 déc. 2017, art. 63)* ***« métropolitaine » sont remboursés.***

V. note ss. art. 302 C.

Le présent art., qui concerne des mesures de suivi et de gestion des produits soumis à accise visées à l'art. L. 311-39 CIBS, est abrogé à compter de l'entrée en vigueur des dispositions prises en application ou pour l'application des dispositions législatives du CIBS (Ord. n° 2021-1843 du 22 déc. 2021, art. 38).

16° [ABROGÉ] DÉSIGNATION D'UN REPRÉSENTANT FISCAL

Art. 302 V *Abrogé par L. n° 2009-1674 du 30 déc. 2009, art. 36-I-Y et V, à compter du 1er avr. 2010.*

Art. 302 V *bis* *(L. n° 2019-1479 du 28 déc. 2019, art. 186-6°)* ***Dans les cas prévus au II de l'article 302 U bis, l'expéditeur désigne un représentant fiscal établi en France métropolitaine autre que le vendeur.***

Le représentant fiscal est préalablement agréé par l'administration des douanes et droits indirects. Son activité est domiciliée auprès du bureau des douanes du ressort de son siège social en France. Il dépose, conformément aux dispositions du même article 302 U bis, une déclaration mensuelle globalisant l'intégralité des opérations de réception et de mise en consommation en France pour le compte des destinataires mentionnés au premier alinéa de l'article 302 M quater.

L'agrément est accordé à la personne qui fournit une caution solidaire garantissant le paiement des droits. Il peut être retiré en cas de défaillance de la caution, de dénonciation par cette caution de son engagement ou de non-respect des obligations prévues au présent chapitre.

Le représentant fiscal tient une comptabilité des livraisons de produits et la présente à toute réquisition des services de contrôle. »

CHAPITRE PREMIER BOISSONS

SECTION PREMIÈRE ALCOOLS

A *PRODUCTION*

I ALAMBICS

1° OBLIGATIONS DES FABRICANTS ET DES MARCHANDS

Art. 303 **Tout fabricant ou marchand d'appareils propres à la distillation, à la fabrication ou au repassage d'eaux-de-vie ou d'esprits est tenu, trois jours au moins avant le commencement de la fabrication ou du commerce, de faire la déclaration de sa profession à l'administration et de désigner le nombre, la nature et la capacité des appareils ou portions d'appareils qu'il a en sa possession dans le lieu de son domicile ou ailleurs.** – *V. Ann. III, art. 350 quinquies-1°.*

Art. 304 **Le fabricant ou marchand doit inscrire, sur un registre spécial dont la présentation peut être exigée par les agents de l'administration, ses fabrications et ses réceptions successives, ainsi que les noms et demeures des personnes auxquelles il a livré, à quelque titre que ce soit, des appareils ou portions d'appareils. Au fur et à mesure de leur achèvement ou de leur réception, les appareils et portions d'appareils en la possession des fabricants et marchands sont pris en compte ; les excédents sont saisissables ; les manquants non justifiés donnent lieu, pour chaque appareil ou portion d'appareil, à l'application des pénalités encourues.** – *V. Ann. III, art. 350 quater, § III-1°.*

Art. 305 *Transféré ss. l'art. L. 26 LPF.*

2° OBLIGATIONS DES PARTICULIERS

Art. 306 **Nul ne peut importer, acquérir à titre gratuit ou onéreux, louer ou faire réparer ou transformer un appareil ou des portions d'appareils propres à la distillation, à la fabrication ou au repassage d'eaux-de-vie ou d'esprits sans y avoir été préalablement et expressément autorisé par l'administration dans des conditions fixées par arrêté** *[V. le 12 de l'art. 289 de l'Ann. II et Ann. IV, art. 50 A à 50 E]*. **Une justification de** *cette autorisation doit* **être** *fournie* **à l'importateur, au vendeur, au donateur, au loueur ou au réparateur ou transformateur. Tout particulier qui cède accidentellement un alambic ou une portion d'alambic est tenu de faire connaître à cette administration, dans les quinze jours de la cession, les nom et domicile de son acheteur.**

L'autorisation mentionnée ci-dessus est refusée aux personnes physiques autres que les distillateurs de profession, sauf si elles justifient de la nécessité d'utiliser des appareils ou portions d'appareils pour des besoins professionnels excluant la production d'alcools de bouche et d'eaux-de-vie. – *V. Ann. III, art. 350 quater, § I-1°.*

L'art. 306, texte clair et précis, impose à tout acquéreur d'un appareil ou portion d'appareil propre à la distillation l'obligation d'obtenir une autorisation administrative préalable. • Crim. 21 oct. 2009, n° 08-83.723.

3° CIRCULATION

Art. 307 A l'exception des alambics des loueurs ambulants, les appareils ou portions d'appareils propres à la distillation, à la fabrication ou au repassage d'eaux-de-vie ou d'esprits ne peuvent circuler en tous lieux, en dehors des propriétés privées, qu'en vertu des documents *(Ord. n° 2021-1843 du 22 déc. 2021, art. 10-23°, en vigueur le 1er janv. 2022)* « prévus pour les échanges nationaux en application du 4° de l'article L. 311-39 du code des impositions sur les biens et services ». Ces documents sont seulement déchargés lorsque lesdits appareils ou portions d'appareils ont été reconnus au lieu de destination ou au point de sortie du territoire s'ils sont expédiés à l'étranger.

Par dérogation aux dispositions du premier alinéa, les appareils ou portions d'appareils propres à la distillation, à la fabrication ou au repassage d'eaux-de-vie destinés à être réparés ou transformés circulent sous couvert de l'autorisation administrative mentionnée à l'article 306. – *Application de l'al. 2 à compter du 1er janv. 2000.*

4° OBLIGATIONS DES DÉTENTEURS

Art. 308 Tout détenteur d'appareils ou de portions d'appareils propres à la distillation, à la fabrication ou au repassage d'eaux-de-vie ou d'esprits, est tenu de faire à l'administration *[V. Ann. III, art. 350 quinquies-9°]*, dans les cinq jours qui suivent son entrée en possession, une déclaration énonçant le nombre, la nature et la capacité de ses appareils ou portions d'appareils.

Les appareils sont, s'il y a lieu, poinçonnés.

Les appareils doivent demeurer scellés pendant les périodes où il n'en est pas fait usage. Ils peuvent être conservés à domicile ou déposés dans un local agréé par l'administration *[V. également LPF, art. L. 27 et L. 29]*.

Art. 309 Sous les conditions déterminées par l'administration, peuvent être dispensés de la formalité du scellement prévue par l'article 308 :

1° Les détenteurs d'alambics d'essai, tels qu'ils sont définis par arrêté ministériel *[Ann. IV, art. 51]* ;

2° Les établissements scientifiques et d'enseignement pour les appareils exclusivement destinés à des expériences ;

3° Les pharmaciens diplômés ;

4° Les personnes qui justifient de la nécessité de faire emploi d'appareils de distillation pour des usages déterminés et qui ne mettent en œuvre aucune matière alcoolique.

Toutefois, le bénéfice de cette exception n'est acquis qu'aux détenteurs pourvus d'une autorisation personnelle donnée par l'administration *[V. le 1 de l'art. 289 de l'Ann. II]*. Cette autorisation peut toujours être révoquée. – *V. aussi, en ce qui concerne le contrôle, LPF, art. L. 29.*

Art. 310 Les dispositions concernant les alambics s'appliquent à tous autres appareils pouvant servir à la fabrication ou au repassage d'eaux-de-vie ou d'esprits.

5° RACHAT DES ALAMBICS PAR L'ÉTAT

Art. 310 *bis* L'État peut racheter, dans des conditions fixées par arrêté conjoint du ministre de l'économie et des finances et du ministre de l'industrie, les alambics qui étaient utilisés pour la production des alcools de cru et, notamment, ceux qui appartiennent soit à des bouilleurs de cru qui ne peuvent plus utiliser les appareils dont ils se trouvent détenteurs, soit à des utilisateurs d'appareils ambulants auxquels l'agrément prévu à l'article 311 *bis* n'a pas été accordé. – *V. Ann. IV, art. 51 A à 51 H.*

6° MESURES D'APPLICATION

Art. 311 Des décrets en Conseil d'État fixent les modalités d'application des dispositions relatives aux alambics *[Ann. I, art. 27, 30, 32 et 33]*. – *V. aussi LPF, art. R.* 29-1 et R* 29-2.*

II DISPOSITIONS GÉNÉRALES

1° CONDITIONS D'EXERCICE DE LA PROFESSION DE DISTILLATEUR

Art. 311 *bis* **La profession de distillateur ne peut s'exercer que dans un établissement fixe. Toutefois, des dérogations individuelles peuvent être accordées par arrêté de l'autorité désignée par décret sur proposition de l'administration. Les bénéficiaires desdites dérogations sont soumis aux obligations prévues aux articles 327** *(Ord. n° 2021-1843 du 22 déc. 2021, art. 10-24°, en vigueur le 1er janv. 2022)* **« et 328 ». Les conditions de délivrance et de retrait des dérogations sont fixées par arrêté de l'autorité de l'État désignée par décret** *[Ann. IV, art. 51 bis à 51 sexies, et Ann. III, art. 350 sexies]. — V. aussi le 2 de l'art. 289 de l'Ann. II.*

2° DÉCLARATIONS

Art. 312 *(Abrogé par Ord. n° 2021-1843 du 22 déc. 2021, art. 10-47°-e, à compter du 1er janv. 2022)* **Doivent faire l'objet d'une déclaration à l'administration** *[V. Ann. III, art. 350 quinquies-3°]*, **dans un délai fixé par décret en Conseil d'État** *[Ann. I, art. 57 à 59, 61 à 63, 65, 67, 70, 71, 73, 79 à 85, 87, et LPF, art. R* 32-1 et R* 32-2]* **:**

1° La préparation, en vue de la distillation, de macérations de grains, de matières farineuses ou amylacées, la mise en fermentation de matières sucrées, et toute opération chimique ayant pour conséquence directe ou indirecte une production d'alcool ;

2° La fabrication ou le repassage d'eaux-de-vie, esprits et liquides alcooliques de toute nature, que ces opérations aient lieu par distillation ou par tous autres moyens.

La déclaration doit indiquer le siège de l'établissement ou de la distillerie, la nature et la provenance des produits mis en œuvre. Elle est complétée au fur et à mesure de la préparation et de l'introduction de nouveaux produits.

Le présent art., qui concerne des mesures de suivi et de gestion des produits soumis à accise visées à l'art. L. 311-39 CIBS, est abrogé à compter de l'entrée en vigueur des dispositions prises en application ou pour l'application des dispositions législatives du CIBS (Ord. n° 2021-1843 du 22 déc. 2021, art. 38).

Art. 313 *Devenu sans objet (Règl. CEE n° 822/87 du 16 mars 1987, art. 35-2).*

III COMPTEURS

Art. 314 **Des arrêtés ministériels déterminent la date et les modalités de l'apposition, sur les appareils de distillation utilisés par les bouilleurs de profession, par les bouilleurs de cru ou pour leur compte, de compteurs agréés par l'administration** *[Ann. IV, art. 51 septies à 51 octies E].*

Les indications des compteurs font foi, jusqu'à preuve contraire, pour la prise en charge des quantités d'alcool produites.

Les compteurs utilisés par les bouilleurs de profession, par les bouilleurs de cru ou pour leur compte, sont achetés par les intéressés ou donnés en location par l'administration, le tarif de location étant fixé par arrêté ministériel.

Le relevé de ces compteurs est opéré, au plus tard, quinze jours après la fin des travaux.

Il est interdit de fausser sciemment les indications des compteurs ou de nuire, par un moyen quelconque, à leur fonctionnement. *— V. Ann. I, art. 61 à 63.*

IV BOUILLEURS DE CRU

1° DÉFINITION

Art. 315 *(Abrogé par Ord. n° 2021-1843 du 22 déc. 2021, art. 10-47°-f, à compter du 1er janv. 2022)* ***Sont considérés comme bouilleurs de cru les propriétaires, fermiers, métayers ou vignerons qui distillent ou font distiller des vins, cidres ou poirés, marcs, lies, cerises, prunes et prunelles, provenant exclusivement de leur récolte.***

Est admise également sous le régime des bouilleurs de cru la distillation de vins, marcs et lies provenant de vendanges ou de moûts chaptalisés dans les limites et conditions légales.

Al. 3 et 4 supprimés par L. n° 2002-1575 du 30 déc. 2002, art. 107-I-2°.

Art. 316 *(Abrogé par Ord. n° 2021-1843 du 22 déc. 2021, art. 10-47°-f, à compter du 1er janv. 2022)* ***Sont soumis au même régime que les bouilleurs de cru, mais ne bénéficient pas de l'allocation en franchise, les propriétaires de vergers, fermiers, métayers qui mettent en œuvre des fruits frais provenant exclusivement de leur récolte pour la distillation.***

Art. 317 *(Abrogé par Ord. n° 2021-1843 du 22 déc. 2021, art. 10-47°-f, à compter du 1er janv. 2022)* ***L'allocation en franchise de 10 litres d'alcool pur, prévue en faveur des bouilleurs de cru par l'article 3 de la loi du 28 février 1923, est supprimée.***

Toutefois, les personnes physiques qui pouvaient prétendre à cette allocation pendant la campagne 1959-1960, sous réserve qu'elles continuent à remplir les conditions prévues au *[aux]* ***premier et deuxième alinéas de l'article 315, sont maintenues dans ce droit, à titre personnel, sans pouvoir le transmettre à d'autres personnes que leur conjoint survivant. Ce droit est également maintenu aux militaires remplissant ces conditions qui n'ont pu bénéficier de l'allocation en franchise du fait de leur présence sous les drapeaux pendant la même campagne.***

Les personnes visées au deuxième alinéa bénéficient de l'allocation en franchise pour la campagne pendant laquelle les alcools sont fabriqués, l'alcool correspondant devant résulter d'une distillation en atelier public soumis au contrôle effectif de l'administration.

Les bouilleurs de cru, non titulaires de l'allocation en franchise, bénéficient d'un droit réduit de 50 % du droit de consommation mentionné au 2° du I de l'article 403 dans la limite d'une production de 10 litres d'alcool pur par campagne, non commercialisables. Ce droit réduit est exprimé avec deux chiffres significatifs après la virgule, le second chiffre étant augmenté d'une unité si le chiffre suivant est égal ou supérieur à cinq. *— Au 1er janv. 2019, le tarif du droit réduit mentionné ci-dessus a été fixé à 879,24 € (Arr. du 22 déc. 2017, art. 1er-I et 4, mod. par Arr. du 5 janv. 2018, art. 1er et Arr. du 10 déc. 2018, art. 1er-I). — Au 1er janv. 2021, le tarif du droit réduit mentionné ci-dessus est fixé à 901,33 €, V. Arr. du 28 déc. 2020 (JO 30 déc., NOR : CCPD2036946A).*

En cas de métayage, l'allocation ou la réduction d'impôt appartient au métayer qui a la faculté de rétrocéder une partie des alcools concernés à son propriétaire, conformément aux usages ruraux en vigueur dans la région, sous réserve que la totalité des quantités dont celui-ci bénéficie en franchise ou au titre de la réduction d'impôt, le cas échéant, ne dépasse jamais 10 litres d'alcool pur.

2° LIEUX DE DISTILLATION

Art. 318 *(Abrogé par Ord. n° 2021-1843 du 22 déc. 2021, art. 10-47°-f, à compter du 1er janv. 2022)* ***Les distillations opérées par les bouilleurs de cru ou pour leur compte doivent avoir lieu en atelier public, dans les locaux des associations coopératives ou, aux conditions fixées par l'administration, chez les bouilleurs de profession.***

Les distillations à domicile sont interdites.

Art. 319 A la demande des conseils municipaux ou des syndicats agricoles et de bouilleurs, il est ouvert au moins un atelier public de distillation par commune ou hameau, sur des emplacements ou locaux publics que le directeur régional des douanes et droits indirects désigne, après avis du conseil municipal, et où les périodes et les heures de travail sont fixées par le directeur régional précité. *— V. Ann. I, art. 54.*

Art. 320 Sont considérés comme associations coopératives les groupements de propriétaires, fermiers et métayers réunis en syndicats professionnels ou en associations coopératives de distillation, qui déposent leurs appareils et leurs alcools et effectuent la distillation des vins, cidres, poirés, lies, marcs, cerises, prunes ou prunelles, provenant exclusivement de la récolte de leurs membres dans des locaux gérés par lesdits syndicats ou associations et agréés par l'administration.

Les dispositions des lois et règlements sur les distilleries sont applicables à l'agencement des locaux gérés par les syndicats ou associations coopératives et aux opérations qui y sont pratiquées.

Les membres de chaque syndicat ou association coopérative sont solidairement responsables de toutes les infractions commises dans le local commun. Les syndicats professionnels ou associations coopératives peuvent toutefois présenter à l'agrément de l'administration deux de leurs membres qui sont solidairement responsables des infrac-

tions commises dans le local commun et des droits sur les manquants constatés, sauf le recours contre les membres du syndicat ou les associés, tel qu'il est réglé par les statuts.

3° DÉCLARATIONS

Art. 321 *(Abrogé par Ord. nº 2021-1843 du 22 déc. 2021, art. 10-47º-g, à compter du 1er janv. 2022)* ***Pour les distillations faites en atelier public ou dans les locaux des associations coopératives, les bouilleurs de cru sont personnellement dispensés de toute déclaration ; l'accomplissement de cette formalité, qui doit avoir lieu trois jours avant le commencement des travaux, incombe, soit au possesseur de l'alambic (professionnel ou simple particulier), soit au gérant de l'association.***

Le transport des produits fabriqués s'effectue sous le lien des documents mentionnés aux articles 302 M, 302 M bis ou 302 M ter.

Les eaux-de-vie ne peuvent être enlevées qu'après reconnaissance du service. A défaut de reconnaissance, l'enlèvement ne peut être opéré avant l'heure fixée pour la fin des opérations de la journée.

Les eaux-de-vie produites en atelier public peuvent être emmagasinées en suspension des droits dans un local commun soumis aux visites de l'administration et sans communications intérieures avec d'autres locaux contenant de l'alcool. *— V. Ann. III, art. 350 quater-I, 1º.*

Le présent art., qui concerne des mesures de suivi et de gestion des produits soumis à accise visées à l'art. L. 311-39 CIBS, est abrogé à compter de l'entrée en vigueur des dispositions prises en application ou pour l'application des dispositions législatives du CIBS (Ord. nº 2021-1843 du 22 déc. 2021, art. 38).

4° CAUTIONNEMENT

Art. 322 *(Abrogé par Ord. nº 2021-1843 du 22 déc. 2021, art. 10-47º-g, à compter du 1er janv. 2022)* ***Avant de commencer leurs opérations, les exploitants d'ateliers publics et les associations coopératives de distillation peuvent être tenus de présenter une caution solvable qui s'engage solidairement avec eux à payer les droits constatés à leur charge.***

Le présent art., qui concerne des mesures de suivi et de gestion des produits soumis à accise visées à l'art. L. 311-39 CIBS, est abrogé à compter de l'entrée en vigueur des dispositions prises en application ou pour l'application des dispositions législatives du CIBS (Ord. nº 2021-1843 du 22 déc. 2021, art. 38).

Art. 323 *Transféré ss. l'art. L. 30 LPF.*

5° LIQUIDATION DE L'IMPÔT

Art. 324 *(Abrogé par Ord. nº 2021-1843 du 22 déc. 2021, art. 10-47º-h, à compter du 1er janv. 2022)* ***Pour les quantités fabriquées en sus de l'allocation en franchise ou de la réduction d'impôt mentionnées à l'article 317, les bouilleurs de cru ont la faculté d'acquitter immédiatement les droits ou de réclamer l'ouverture d'un compte réglé par campagne comptée du 1er septembre au 31 août de l'année suivante.***

Dans le second cas, ils jouissent de la déduction accordée aux entrepositaires agréés pour ouillage, coulage et déchets de magasin *[V. aussi LPF, art. L. 31].*

Les bouilleurs de cru qui déplacent leurs alcools autrement que pour les conduire de la brûlerie au siège de l'exploitation d'où émanent les matières premières ayant servi à leur fabrication, ne peuvent conserver le crédit de l'impôt qu'à la condition de se soumettre à toutes les obligations des entrepositaires agréés.

Art. 325 et 325 *bis* *Transférés ss. les art. 1825 A et 1825 B.*

6° MESURES D'APPLICATION

Art. 326 **Des décrets en Conseil d'État déterminent les modalités d'application des dispositions relatives aux bouilleurs de cru.** *— Ann. I, art. 37 à 41, 44, 48 à 52, et 54 à 56 et LPF, art. R* 30-1.*

V BOUILLEURS AMBULANTS

1° PERMIS DE CIRCULATION

Art. 327 Tout alambic utilisé par un loueur ambulant ne peut être mis en circulation ni stationner sur la voie publique, dans une cour non fermée ou sur un emplacement non clos n'appartenant pas au possesseur de l'appareil, sans que la déclaration en ait été faite à l'administration soixante-douze heures d'avance et sans que le conducteur soit muni d'un permis de circulation. — *V. Ann. III, art. 350 quinquies-3° et le 2 de l'art. 289 de l'Ann. II.*

La déclaration et le permis de circulation doivent indiquer le numéro de poinçonnement de l'alambic, sa capacité, le jour où commencera et celui où finira sa mise en circulation, les communes dans lesquelles il doit être conduit.

Art. 328 Le permis de circulation est valable pour un mois au plus et pour les communes comprises dans la circonscription du poste d'exercice d'où il émane. En cas de passage dans une autre circonscription, il peut être échangé sans condition de délai. — *V. aussi LPF, art. L. 24 et Ann. II, le 2 de l'art. 289.*

2° DÉCLARATIONS

Art. 329 *(Abrogé par Ord. nº 2021-1843 du 22 déc. 2021, art. 10-47°-i, à compter du 1er janv. 2022)* ***Dès son arrivée dans une commune, tout loueur d'alambic ambulant est tenu de déclarer à l'administration*** *[V. Ann. III, art. 350 quinquies-3°]* ***le nom et le domicile des personnes pour le compte desquelles l'appareil doit être successivement utilisé, ainsi que la date à laquelle commencent les opérations chez chacune d'elles. Ces indications peuvent, pendant la durée du séjour du loueur dans la commune, être modifiées par des déclarations nouvelles.***

Le présent art., qui concerne des mesures de suivi et de gestion des produits soumis à accise visées à l'art. L. 311-39 CIBS, est abrogé à compter de l'entrée en vigueur des dispositions prises en application ou pour l'application des dispositions législatives du CIBS (Ord. nº 2021-1843 du 22 déc. 2021, art. 38).

3° REGISTRE JOURNAL

Art. 330 *(Abrogé par Ord. nº 2021-1843 du 22 déc. 2021, art. 10-47°-i, à compter du 1er janv. 2022)* ***Le loueur d'alambic ambulant est tenu de consigner sur un registre journal dont la remise lui est faite par l'administration, le jour, l'heure et le lieu où commence et s'achève chacune de ses distillations, les quantités et espèces de matières mises en œuvre et, dès l'achèvement de chaque chauffe ou repasse, le volume et le titre alcoométrique volumique des produits obtenus.***

En cas d'emploi d'alambics à marche continue, l'indication du volume et du titre alcoométrique volumique des produits obtenus a lieu à chaque interruption des travaux, à chaque visite des employés, ou, à défaut, en fin de journée.

Le loueur doit représenter le registre à toute réquisition des agents de l'administration, soit à son domicile ordinaire ou temporaire, soit en tous autres lieux où il se livre à l'exercice de sa profession. — *V. Ann. III, art. 350 quater-III-2°.*

Le présent art., qui concerne des mesures de suivi et de gestion des produits soumis à accise visées à l'art. L. 311-39 CIBS, est abrogé à compter de l'entrée en vigueur des dispositions prises en application ou pour l'application des dispositions législatives du CIBS (Ord. nº 2021-1843 du 22 déc. 2021, art. 38).

Art. 331 *(Abrogé par Ord. nº 2021-1843 du 22 déc. 2021, art. 10-47°-i, à compter du 1er janv. 2022)* ***Toute personne qui a recours à un loueur d'alambic ambulant est tenue de contresigner le résultat des opérations de distillation sur le registre journal du loueur. Une ampliation des inscriptions faites sur ce registre, dûment signée par le producteur et par le loueur d'alambic ambulant, est remise par celui-ci au service dès l'achèvement des travaux.***

Le présent art., qui concerne des mesures de suivi et de gestion des produits soumis à accise visées à l'art. L. 311-39 CIBS, est abrogé à compter de l'entrée en vigueur des dispositions prises en application ou pour l'application des dispositions législatives du CIBS (Ord. nº 2021-1843 du 22 déc. 2021, art. 38).

VI DISTILLATEURS DE PROFESSION

1° DÉFINITION

Art. 332 *(Abrogé par Ord. nº 2021-1843 du 22 déc. 2021, art. 10-47°-i, à compter du 1er janv. 2022)* ***Sont considérées comme bouilleurs et distillateurs de profession et tenues, en cette qualité, de déclarer les boissons qu'elles possèdent au siège de leurs établissements et dans l'étendue du canton où sont situés lesdits établissements et les communes limitrophes de ce canton, les personnes ou sociétés qui distillent ou rectifient des produits d'achat ou des matières de récolte autres que celles visées aux articles 315 et 316.***

Le présent art., qui concerne des mesures de suivi et de gestion des produits soumis à accise visées à l'art. L. 311-39 CIBS, est abrogé à compter de l'entrée en vigueur des dispositions prises en application ou pour l'application des dispositions législatives du CIBS (Ord. nº 2021-1843 du 22 déc. 2021, art. 38).

2° OBLIGATIONS

Art. 333 et 334 *Abrogés par Décr. nº 76-1329 du 31 déc. 1976 et Décr. nº 70-791 du 2 sept. 1970.*

Art. 335 *(Abrogé par Ord. nº 2021-1843 du 22 déc. 2021, art. 10-47°-j, à compter du 1er janv. 2022)* ***Avant de commencer leurs opérations, les distillateurs de profession doivent présenter une caution solvable qui s'engage solidairement avec eux à payer les droits constatés à leur charge.***

Le présent art., qui concerne des mesures de suivi et de gestion des produits soumis à accise visées à l'art. L. 311-39 CIBS, est abrogé à compter de l'entrée en vigueur des dispositions prises en application ou pour l'application des dispositions législatives du CIBS (Ord. nº 2021-1843 du 22 déc. 2021, art. 38).

Art. 336 *(Abrogé par Ord. nº 2015-1247 du 7 oct. 2015, art. 4-1°)* ***Toute communication entre les distilleries et les maisons voisines non occupées par le distillateur est interdite.***

Art. 337 *(Abrogé par Ord. nº 2015-1247 du 7 oct. 2015, art. 4-1°)* ***Sauf si le lieu du débit est totalement séparé de l'atelier de fabrication, la vente au détail des boissons ne peut être faite par les distillateurs pendant la durée de leur fabrication.***

3° TENUE DES COMPTES

Art. 338 *(Abrogé par Ord. nº 2021-1843 du 22 déc. 2021, art. 10-47°-k, à compter du 1er janv. 2022)* ***Les produits alcooligènes dont la liste est fixée par arrêté du ministre de l'économie et des finances, autres que les spiritueux, introduits ou fabriqués dans les distilleries, y sont pris en charge comme matières premières à la fois pour leur volume, ou pour leur poids, et pour la quantité d'alcool pur, acquis ou en puissance, qu'ils représentent.***

Le présent art., qui concerne des mesures de suivi et de gestion des produits soumis à accise visées à l'art. L. 311-39 CIBS, est abrogé à compter de l'entrée en vigueur des dispositions prises en application ou pour l'application des dispositions législatives du CIBS (Ord. nº 2021-1843 du 22 déc. 2021, art. 38).

Art. 339 *(Abrogé par Ord. nº 2021-1843 du 22 déc. 2021, art. 10-47°-k, à compter du 1er janv. 2022)* ***L'administration peut convenir, de gré à gré, avec les distillateurs de profession, d'une base d'évaluation, pour la conversion en alcool des produits alcooligènes visés à l'article 338.***

Le présent art., qui concerne des mesures de suivi et de gestion des produits soumis à accise visées à l'art. L. 311-39 CIBS, est abrogé à compter de l'entrée en vigueur des dispositions prises en application ou pour l'application des dispositions législatives du CIBS (Ord. nº 2021-1843 du 22 déc. 2021, art. 38).

Art. 340 *Abrogé par L. nº 99-1173 du 30 déc. 1999, art. 18-C-16.*

Art. 341 *Transféré ss. les art. L. 26 et L. 32 LPF.*

4° MESURES D'APPLICATION

Art. 342 **Sont déterminées par décrets en Conseil d'État les conditions d'agencement des distilleries, les mesures propres à assurer la prise en charge et les obligations des**

est destiné à la consommation humaine ou qu'il présente des dangers pour la santé publique.

II DROIT DE CONSOMMATION

1° TARIFS

Art. 402 *bis* *(Abrogé par Ord. n° 2021-1843 du 22 déc. 2021, art. 10-47°-n, à compter du 1er janv. 2022)* ***Les produits intermédiaires supportent un droit de consommation dont le tarif par hectolitre est fixé à :***

a) *(Décr. n° 2021-744 du 9 juin 2021, art. 1er)* ***« 48,87 €*** *[ancienne rédaction : 48,43 €]* ***» pour les vins doux naturels à appellation d'origine contrôlée et les vins de liqueur mentionnés à l'article 417 bis ;***

b) *(Décr. n° 2021-744 du 9 juin 2021, art. 1er)* ***« 195,47 €*** *[ancienne rédaction : 193,73 €]* ***» pour les autres produits.***

Le tarif du droit de consommation est relevé au 1er janvier de chaque année dans une proportion égale au taux de croissance de l'indice des prix à la consommation hors tabac de l'avant-dernière année. Il est exprimé avec deux chiffres significatifs après la virgule, le second chiffre étant augmenté d'une unité si le chiffre suivant est égal ou supérieur à cinq. Ce relèvement ne peut excéder 1,75 %. Le tarif est publié au Journal officiel par arrêté du ministre chargé du budget.

Bien que l'art. 18, § 4, de la directive n° 92-83 du 19 oct. 1992 permette aux États membres de prévoir un taux réduit pour les vins doux naturels, les principes fondamentaux d'égalité de traitement et de proportionnalité reconnus par l'ordre juridique communautaire sont applicables, y compris entre producteurs d'un même État membre. • Com. 30 nov. 1999, ☖ n° 97-16.869, *DGDDI e.a. c/ Lalanne et a. : RJF 2000. 441.* ♦ La différence de taxation entre le Pineau des Charentes et les vins doux naturels n'est pas contraire aux principes communautaires d'égalité et de proportionnalité, même en l'absence d'une limite au taux maximal retenu par chaque État membre pour les produits intermédiaires. • Com. 21 mars 2000, ☖ n° 713P : *RJF 2000. 1189.*

Art. 403 *(Abrogé par Ord. n° 2021-1843 du 22 déc. 2021, art. 10-47°-n, à compter du 1er janv. 2022)* ***En dehors de l'allocation en franchise ou de la réduction d'impôt mentionnées à l'article 317, de 10 litres d'alcool pur accordée aux bouilleurs de cru, les alcools supportent un droit de consommation dont le tarif par hectolitre d'alcool pur est fixé à :***

I. — 1° *(Décr. n° 2021-744 du 9 juin 2021, art. 1er)* ***« 901,84 €*** *[ancienne rédaction : 893,80 €]* ***»*** *(L. n° 2017-1775 du 28 déc. 2017, art. 63, applicable aux opérations dont le fait générateur intervient à compter du 1er janv. 2018)* ***« lors de la mise à la consommation en France métropolitaine, » dans la limite de*** *(L. n° 2021-1900 du 30 déc. 2021, art. 170-I et II)* ***« 153 000*** *[ancienne rédaction : 144 000]* ***» hectolitres d'alcool pur par an pour le rhum tel qu'il est défini aux a et f du point 1 de l'annexe II au règlement (CE) n° 110/2008 du Parlement européen et du Conseil du 15 janvier 2008 concernant la définition, la désignation, la présentation, l'étiquetage et la protection des indications géographiques des boissons spiritueuses et abrogeant le règlement (CEE) n° 1576/89 du Conseil et produit dans les départements d'outre-mer à partir de canne à sucre récoltée sur le lieu de production, ayant une teneur en substances volatiles égale ou supérieure à 225 grammes par hectolitre d'alcool pur et un titre alcoométrique acquis égal ou supérieur à 40 % vol.*** — *V. Ann. III, art. 111 H septies et Ann. IV, art. 50-00-8°. — Le I de l'art. 170 de la L. n° 2021-1900 du 30 déc. 2021 entre en vigueur à une date fixée par décret, qui ne peut être postérieure de plus de six mois à la date de réception par le Gouvernement de la réponse de la Commission européenne permettant de considérer le dispositif législatif lui ayant été notifié comme conforme au droit de l'Union européenne en matière d'aides d'État (L. préc., art. 170-II).*

Un décret détermine les modalités d'application du premier alinéa. — *V. Ann. III, art. 169-0 A.*

(L. n° 2020-1721 du 29 déc. 2020, art. 202-I) ***« 1° bis 1 340,19 € dans les mêmes conditions qu'au 1° pour le rhum produit dans les collectivités de l'article 74 de la Constitution. Un décret détermine les modalités d'application du présent 1° bis ; »*** — *Les dispositions de l'art. 202 de la L. n° 2020-1721 du 29 déc. 2020 entrent en vigueur à une date fixée par décret, qui ne peut être postérieure de plus d'un mois à la date de l'acte pris en application de l'art. 203 TFUE et permettant de considérer ce dispositif législatif comme conforme au droit de l'Union européenne et, pour la collectivité de Saint-Martin, à une date fixée par décret, qui ne peut être posté-*

rieure de plus d'un mois à la date la plus tardive entre celle mentionnée ci-avant et celle de la réception par le gouvernement de la réponse de la Commission européenne permettant de considérer le dispositif législatif lui ayant été notifié comme conforme au droit de l'Union européenne en matière d'aides d'État (L. préc., art. 202-II et III).

*2° (Décr. n° 2021-744 du 9 juin 2021, art. 1er) « **1 802,67 €** [ancienne rédaction : 1 786,59 €] » **pour les autres produits.***

II. — Le tarif du droit de consommation est relevé au 1er janvier de chaque année dans une proportion égale au taux de croissance de l'indice des prix à la consommation hors tabac de l'avant-dernière année. Il est exprimé avec deux chiffres significatifs après la virgule, le second chiffre étant augmenté d'une unité si le chiffre suivant est égal ou supérieur à cinq. Ce relèvement ne peut excéder 1,75 %. Le tarif est publié au Journal officiel par arrêté du ministre chargé du budget.

***III. —** Abrogé.*

IV. — A l'égard des alcools bénéficiant d'un tarif réduit, l'administration peut prescrire toutes mesures de contrôle, d'identification ou autres, afin d'assurer l'utilisation de ces alcools aux usages comportant l'application dudit tarif.

Dispositions transférées aux art. L. 313-24 s. CIBS.

2°

Art. 404 et 405 *Abrogés par L. n° 99-1173 du 30 déc. 1999, art. 18-C-16.*

3° EXEMPTIONS

Art. 406 *(Abrogé par Ord. n° 2021-1843 du 22 déc. 2021, art. 10-47°-o, à compter du 1er janv. 2022)* ***Sont exemptés du droit de consommation, sans préjudice des quantités attribuées en franchise aux bouilleurs de cru à titre d'allocation familiale ou de la réduction d'impôt mentionnées à l'article 317 :***

***1° à 4°** Abrogés ;*

5° Les alcools employés dans les conditions réglementaires pour le vinage des vins destinés à l'exportation ;

6° Sous réserve qu'il soit justifié du paiement antérieur de l'impôt, les alcools expédiés par un débitant ou un simple particulier non récoltant en cas de changement de cave ou de domicile.

II *BIS*

Art. 406 A à 406 F *Abrogés par L. n° 98-1266 du 30 déc. 1998, art. 47-A, à compter du 1er janv. 1999.*

III et IV

Art. 406 *bis* et 406 ter *Abrogés par L. n° 70-576 du 3 juill. 1970, art. 2-XI, à compter du 1er janv. 1971.*

Art. 406 *quater* *Abrogé par L. n° 67-1114 du 21 déc. 1967, art. 15-I.*

V CORSE

Art. 406 *quinquies* *(Abrogé par Ord. n° 2021-1843 du 22 déc. 2021, art. 10-47°-p, à compter du 1er janv. 2022)* ***Les impositions prévues aux articles 402 bis et 403 sont applicables en Corse.***

SECTION II VINS ET CIDRES

A *PRODUCTION*

I DÉCLARATIONS

1° RÉCOLTE

Art. 407 **Les déclarations de récolte, de production et de stock prévues** *(L. n° 2020-699 du 10 juin 2020, art. 12-I-1°)* **« par la réglementation européenne prise pour**

l'application du règlement (UE) n° 1308/2013 du Parlement européen et du Conseil du 17 décembre 2013 portant organisation commune des marchés des produits agricoles et abrogeant les règlements (CEE) n° 922/72, (CEE) n° 234/79, (CE) n° 1037/2001 et (CE) n° 1234/2007 du Conseil » sont *(L. n° 2020-699 du 10 juin 2020, art. 12-I-2°)* **« obligatoires et » souscrites auprès de l'autorité compétente par les personnes et dans** *(L. n° 2020-699 du 10 juin 2020, art. 12-I-3°)* **« des conditions prévues par la réglementation européenne et » selon des modalités précisées par décret.**

A compter du 1er janvier 2017, les déclarations mentionnées au premier alinéa ainsi que les déclarations des opérations d'enrichissement, d'acidification, de désacidification ou de concentration des vins prévues au point 4 de la section D de la partie I de l'annexe VIII au règlement (UE) n° 1308/2013 du Parlement européen et du Conseil du 17 décembre 2013 portant organisation commune des marchés des produits agricoles et abrogeant les règlements (CEE) n° 922/72, (CEE) n° 234/79, (CE) n° 1037/2001 et (CE) n° 1234/2007 du Conseil sont souscrites par voie électronique.

Jusqu'au 1er janv. 2017, les déclarations prévues au deuxième alinéa de l'art. 407 CGI sont soit souscrites sous forme électronique, soit déposées sous forme papier auprès du service compétent de l'administration des douanes et droits indirects sur des imprimés qu'elle met à la disposition des déclarants. — Toutefois, jusqu'au 31 déc. 2015, la déclaration de récolte et de production sous forme papier est déposée à la mairie de la commune du siège de l'exploitation qui en délivre récépissé au déclarant, en conserve une copie et transmet un exemplaire au service des douanes et droits indirects dans le ressort duquel sont situées les exploitations intéressées (Décr. n° 2015-1577 du 2 déc. 2015, art. 2).

2° STOCKS

Art. 408 *(Abrogé par Ord. n° 2015-1247 du 7 oct. 2015, art. 4-1°)* ***La déclaration des stocks restant dans les caves des producteurs doit être souscrite, chaque année, avant le 1er septembre, dans les mêmes conditions que celles prévues à l'article 407.*** *— V. Ann. II, art. 267 octies.*

3° DISPOSITIONS COMMUNES

Art. 409 *Abrogé par Décr. n° 70-175 du 2 mars 1970, art. 1er, al. 1er.*

Art. 410 *Transféré ss. l'art. L. 28 LPF.*

Art. 410 *bis* *(Abrogé par Ord. n° 2015-1247 du 7 oct. 2015, art. 4-1°)* ***Dans les conditions fixées par décret pris sur le rapport du ministre de l'économie et des finances et du ministre de l'agriculture, les producteurs de cidre ou de poiré doivent souscrire des déclarations de production ainsi que des déclarations de stocks.***

II VINAGE

Art. 411 *Abrogé par Décr. n° 72-309 du 12 avr. 1972, art. 8-I.*

Art. 412 *(Abrogé par Ord. n° 2021-1843 du 22 déc. 2021, art. 10-47°-q, à compter du 1er janv. 2022)* ***Les vins destinés à être exportés ou expédiés à destination d'un autre État membre de la Communauté européenne peuvent, dans tous les départements, soit au port d'embarquement ou au point de sortie, soit au lieu d'expédition, recevoir, en franchise des droits, une addition d'alcool, pourvu que le mélange soit opéré en présence des agents de l'administration, dans les conditions fixées par arrêté ministériel, et que l'exportation soit opérée immédiatement.***

Si elles ne sont pas effectuées sur un emplacement désigné ou agréé par le directeur régional des douanes et droits indirects, les opérations de vinage donnent lieu au paiement des frais de surveillance. *— V. Ann. III, art. 350 quater-I-1°.*

III VINS MOUSSEUX

1° FABRICATION

Art. 413 *Abrogé par L. n° 2008-1443 du 30 déc. 2008, art. 63-1°.*

Art. 414 *(Abrogé par Ord. n° 2015-1247 du 7 oct. 2015, art. 4-1°)* ***Peuvent seuls conserver leur appellation d'origine les vins rendus mousseux par fermentation en bouteilles dans***

l'aire géographique de l'appellation revendiquée. Toutefois, l'appellation d'origine peut être conservée pour les vins rendus mousseux dans le département d'origine et les départements limitrophes, pourvu que cette extension n'aille pas à l'encontre des dispositions légales ou réglementaires en vigueur.

Des décrets déterminent les modalités d'application du présent article et de l'article 413.

2° APPAREILS À GAZÉIFIER

Art. 415 *Abrogé par L. n° 2008-1443 du 30 déc. 2008, art. 63-1°.*

IV VINS DOUX NATURELS

Art. 416 La dénomination de "vin doux naturel" est réservée aux vins dont la production est traditionnelle et d'usage :

– Vinifiés directement par les producteurs récoltants et provenant exclusivement de leurs vendanges de muscat, de grenache, de maccabéo ou de malvoisie ; toutefois, sont admises les vendanges obtenues sur des parcelles complantées dans la limite de 10 % du nombre total de pieds avec des cépages autres que les quatre désignés ci-dessus ;

– Obtenus dans la limite d'un rendement de 40 hectolitres de moût à l'hectare ; tout dépassement de ce rendement fait perdre à la totalité de la récolte le bénéfice de la dénomination "vin doux naturel" ;

– Issus de moûts accusant une richesse naturelle initiale en sucre de 252 grammes au minimum par litre ;

– Obtenus à l'exclusion de tout autre enrichissement par addition d'alcool vinique correspondant en alcool pur à 5 % au minimum du volume des moûts mis en œuvre et au maximum à la plus faible des deux proportions suivantes :

soit 10 % du volume des moûts mis en œuvre ;

soit 40 % de la teneur alcoolique volumique totale du produit fini représentée par la somme de la teneur en alcool acquis et l'équivalent de la teneur en alcool en puissance calculée sur la base de 1 % volumique d'alcool pur pour 17,5 grammes de sucre résiduel par litre.

Art. 417 *(Abrogé par Ord. n° 2015-1247 du 7 oct. 2015, art. 4-1°)* ***Les vins doux naturels mentionnés à l'article 402 bis sont :***

*1° **Les vins doux naturels à appellation d'origine contrôlée ;***

2° Abrogé.

Art. 417 *bis* Sont assimilés, du point de vue fiscal, aux vins doux naturels visés à l'article 416 les vins de liqueur à appellation d'origine protégée, dont la production est traditionnelle et d'usage et qui, sous réserve d'être soumis à un dispositif de contrôle offrant des garanties équivalentes à celles exigées pour les vins doux naturels en ce qui concerne les conditions de leur production et leur commercialisation, présentent les caractéristiques suivantes :

– avoir été élaborés directement par les producteurs récoltants à partir de leurs vendanges provenant à raison de 90 % minimum de cépages aromatiques ;

– provenir de parcelles dont le rendement ne dépasse pas 40 hectolitres par hectare de vigne en production ;

– être issus de moûts accusant une richesse naturelle initiale en sucre de 252 grammes au minimum par litre ;

– être obtenus à l'exclusion de tout autre enrichissement par addition d'alcool vinique correspondant en alcool pur à 5 % au minimum du volume des moûts mis en œuvre et au maximum à la plus faible des deux proportions suivantes :

soit 10 % du volume des moûts mis en œuvre ;

soit 40 % de la teneur alcoolique volumique totale du produit fini représentée par la somme de la teneur en alcool acquis et l'équivalent de la teneur en alcool en puissance calculée sur la base de 1 % volumique d'alcool pur pour 17,5 grammes de sucre résiduel par litre.

Art. 418 *Abrogé par L. n° 92-1476 du 31 déc. 1992, art. 32-VIII, à compter du 1er févr. 1993.*

V SUCRAGES

Art. 419 à 421 *Abrogés par Décr. n° 72-309 du 21 avr. 1972, art. 8-I.*

1° DÉCLARATIONS

Art. 422 *(Abrogé par L. n° 2018-1317 du 28 déc. 2018, art. 26-III-4°)* ***L'enrichissement des vins est effectué dans les conditions prévues par l'annexe VIII du règlement (CE) n° 1308/2013 du Parlement européen et du Conseil du 17 décembre 2013 portant organisation commune des marchés des produits agricoles et abrogeant les règlements (CEE) n° 922/72, (CEE) n° 234/79, (CE) n° 1037/2001 et (CE) n° 1234/2007 du Conseil.***

Il est perçu, lors de l'ajout de sucre à la vendange, une taxe de 13 € par 100 kilogrammes de sucre ajouté.

Cette taxe est recouvrée et les infractions sont poursuivies selon les mêmes procédures et sous les mêmes garanties que celles applicables en matière de contributions indirectes.

2° DÉTENTION ET CIRCULATION DES SUCRES

Art. 423 *(Abrogé par Ord. n° 2015-1247 du 7 oct. 2015, art. 4-1°)* ***Toute personne qui, en même temps que des vins destinés à la vente, logés en récipients de plus de trois litres, des vendanges, moûts, lies ou marcs de raisins, désire avoir en sa possession une quantité de sucre, de glucose, d'isoglucose ou de sirop d'inuline supérieure à 25 kilogrammes est tenue d'en faire préalablement la déclaration et de fournir des justifications d'emploi. Cette disposition n'est pas applicable aux détaillants qui ne détiennent pas des vendanges, moûts, lies, marcs de raisins, ferments ou levures.***

Art. 424 *(Abrogé par Ord. n° 2015-1247 du 7 oct. 2015, art. 4-1°)* ***Tout détenteur d'une quantité de sucre, de glucose, d'isoglucose ou de sirop d'inuline supérieure à 200 kilogrammes et dont le commerce ou l'industrie n'implique pas la possession de sucre, de glucose, d'isoglucose ou de sirop d'inuline est tenu d'en faire la déclaration à l'administration et de se soumettre aux visites de ses agents.*** — *V. Ann. III, art. 350 quinquies-6°.*

Art. 425 *(Abrogé par Ord. n° 2015-1247 du 7 oct. 2015, art. 4-1°)* ***Tout commerçant qui veut vendre du sucre, du glucose, de l'isoglucose ou du sirop d'inuline par quantités supérieures à 25 kilogrammes est tenu d'en faire préalablement la déclaration à l'administration. Il doit inscrire ses réceptions de sucre, de glucose, d'isoglucose et de sirop d'inuline sur un carnet conforme au modèle établi par cette administration. Il mentionne sur le même carnet les livraisons supérieures à 25 kilogrammes. Ce registre est représenté à toute réquisition du service qui procède à toutes vérifications nécessaires pour le contrôle des réceptions et des livraisons.*** — *V. Ann. III, art. 350 quinquies-9°.*

Le carnet visé au premier alinéa peut être remplacé, sur autorisation de l'administration, par tous autres registres ou documents présentant les mêmes indications, qui doivent être représentés à l'administration dans les mêmes conditions que ledit carnet. — *V. Ann. III, art. 350 septies et le 3 de l'art. 289 de l'Ann. II.*

Art. 426 *(Abrogé par Ord. n° 2015-1247 du 7 oct. 2015, art. 4-1°)* ***Tout envoi de sucre, de glucose, d'isoglucose ou de sirop d'inuline fait par quantités de 25 kilogrammes au moins à une personne n'en faisant pas le commerce ou n'exerçant pas une industrie qui en comporte l'emploi doit être accompagné d'un document mentionné au I de l'article 302 M qui est remis à l'administration par le destinataire dans les quarante-huit heures suivant l'expiration du délai de transport. Le négociant convaincu d'avoir, en violation des dispositions du présent article, livré sans le document mentionné au I de l'article 302 M du sucre, du glucose, de l'isoglucose ou du sirop d'inuline par quantités supérieures à 25 kilogrammes, est assujetti, pendant la campagne en cours et la campagne suivante, à tenir un compte d'entrées et de sorties des sucres, glucoses, isoglucoses et sirops d'inuline et à se soumettre aux vérifications de l'administration.*** — *V. Ann. III, art. 350 quater-1-1°.*

L'art. 5-III de la loi n° 70-576 du 3 juill. 1970 a abrogé l'art. 426 et précisé que cette abrogation prendrait effet après publication d'un décret, lequel devait intervenir avant le 1er juill. 1971. En l'absence de publication de ce décret dans le délai prévu par la loi, l'abrogation est devenue effective à l'expiration dudit délai. Si l'art. 426 a été rétabli par l'art. 18 de la loi n° 94-1163 du 29 déc. 1994, son contenu reste incertain, les dispositions précitées se bornant à énoncer que les mots « de sucre et de glucose » seront remplacés par les mots « de sucre, de glucose, inoglucose et sirop d'inuline ». ♦ Dès lors que toute infraction doit être définie en termes clairs et non équivoques permettant au prévenu de connaître exactement la nature et la cause de l'accusation portée contre lui, les textes invoqués, en raison de leur imprécision, ne peuvent servir de fondement à une poursuite du chef d'infraction à la législation sur les contributions indirectes. • Crim. 16 janv. 2002, n° 01-81.829 : *D. 2002. 1225, note Dobkine*. ♦ L'art. 426 est néanmoins maintenu dans la dernière codification officielle. ♦ Toutefois, aucun document d'accompagnement et aucun cautionnement n'est désormais exigible au titre de la circulation du sucre, de l'isoglucose et du sirop d'inuline. * DA douanes n° 06-001, 2 janv. 2006 : *BO douanes n° 6659.*

3° MESURES D'APPLICATION

Art. 427 *(Abrogé par Ord. n° 2015-1247 du 7 oct. 2015, art. 4-1°)* ***Des décrets règlent les conditions d'application des articles 422 et 423 ; l'administration est chargée du contrôle de leur exécution.*** *— V. Ann. III, art. 350 quater-I-1°.*

Art. 427 *bis* *Abrogé par Décr. n° 72-309 du 21 avr. 1972, art. 8.*

VI PIQUETTES ET VINS DE SUCRE

1° DÉFINITION

Art. 428 1° *Abrogé par Décr. n° 72-309 du 21 avr. 1972, art. 8-I.*

2° Est considéré comme vin de sucre le produit de la fermentation de marcs de raisins frais avec de l'eau et du sucre.

Art. 429 et 430 *Abrogés par Décr. n° 59-632 du 16 mai 1959, art. 25 et 30.*

2° INTERDICTIONS DIVERSES

Art. 431 Sont interdites la fabrication, la circulation et la détention des piquettes ou des vins de sucre.

Art. 432 Les vins de marcs, vins de sucre, piquettes et autres vins non conformes aux dispositions des règlements communautaires portant organisation commune du marché vitivinicole, saisis chez le producteur de ces vins ou chez le négociant, doivent être transformés en alcool après paiement de leur valeur ou être détruits. En attendant la solution du litige, le prévenu est tenu de conserver gratuitement les marchandises intactes.

VII

Art. 433 *Abrogé par Décr. n° 72-309 du 21 avr. 1972, art. 8-I.*

VIII CONTENTIEUX

Art. 433 A Les infractions aux lois et règlements relatifs à l'organisation du marché des vins, aux obligations fixées pour les sorties des vins de la propriété et aux mesures prises pour l'amélioration de la qualité des vins sont constatées et poursuivies comme en matière de contributions indirectes.

B ***RÉGIME FISCAL***

I DÉFINITION DES PRODUITS

1° VINS ET CIDRES

Art. 434 Il est interdit de fabriquer, d'expédier, de vendre, de mettre en vente ou de détenir en vue de la vente, sous le nom de vin, cidre, poiré ou hydromel, des produits ne répondant pas à la définition donnée, pour le vin, par le règlement (CE) n° 1493/1999 du Conseil du 17 mai 1999, pour les autres boissons, par les décrets en Conseil d'État pris pour l'application des articles L. 212-1 à L. 215-5, L. 215-7 à L. 215-9, L. 216-1 à L. 216-9 du code de la consommation.

Les cidres et poirés ne présentant pas la composition prévue pour être considérés comme propres à la consommation, mais répondant aux caractéristiques définies à l'annexe III au décret n° 87-600 du 29 juillet 1987 modifiant les dispositions du titre II du décret n° 53-978 du 30 septembre 1953, ne peuvent être mis en vente ou vendus pour la consommation sous quelque dénomination que ce soit.

Art. 435 *(Abrogé par Ord. n° 2021-1843 du 22 déc. 2021, art. 10-47°-r, à compter du 1er janv. 2022)* ***I. — 1° Dans les dispositions du présent code relatives aux contributions indirectes, sont compris sous la dénomination de vin, les produits, autres que les vins mousseux, relevant des codes NC 2204 et 2205 du tarif des douanes dont le titre alcoométrique acquis est supérieur à 1,2 % vol. et qui répondent aux conditions prévues aux a et a bis du 2° de l'article 438 ;***

2° Sont regardés comme vins mousseux, les produits relevant des codes NC 2204 et 2205 du tarif des douanes qui ont un titre alcoométrique acquis compris entre 1,2 % et 15 % vol. et ont une surpression dépassant un seuil fixé par décret ou sont présentés dans des bouteilles fermées dans des conditions également fixées par décret ;

3° Sont également soumis au régime fiscal des vins tous les produits viti-vinicoles, autres que les vins, définis par les règlements communautaires en vigueur portant organisation commune du marché viti-vinicole, qui relèvent des codes NC 2204 et 2205 du tarif des douanes et qui présentent un titre alcoométrique acquis supérieur à 1,2 % vol.

II. — 1° Dans les dispositions du présent code relatives aux contributions indirectes, sont compris sous la dénomination de produits ou boissons fermentés autres que le vin ou la bière, les produits relevant des codes NC 2204 à 2206 du tarif des douanes dont le titre alcoométrique acquis est supérieur à 1,2 % vol. et qui répondent aux conditions prévues aux b et c du 2° et au 3° de l'article 438 ;

2° Sont regardés comme produits ou boissons fermentés mousseux, les produits répondant à la définition du 1° et qui ont une surpression dépassant un seuil fixé par décret ou sont présentés dans des bouteilles fermées dans des conditions également fixées par décret. *— V. Ann. III, art. 170.*

2° VINS DE DIFFUSION

Art. 436 *(Abrogé par Ord. n° 2015-1247 du 7 oct. 2015, art. 4-1°)* ***Est prohibée la fabrication des vins produits par le procédé dit de "diffusion".***

3° BOISSONS DE POMMES SÈCHES

Art. 437 *Abrogé par L. n° 2008-1443 du 30 déc. 2008, art. 63-1°.*

II DROIT DE CIRCULATION

Dans le code général des impôts et le Livre des procédures fiscales ainsi qu'au deuxième alinéa de l'art. L. 245-8 du code de la sécurité sociale :

1° Pour les alcools et boissons alcooliques, les références au statut de marchand en gros s'entendent comme faites au statut d'entrepositaire agréé ;

2° Les références au titre de mouvement dénommé « acquit-à-caution » s'entendent comme faites au document mentionné au I de l'art. 302 M ;

3° Les références aux titres de mouvement dénommés : « congé », « laissez-passer » ou « passavant » s'entendent comme faites au document mentionné au II de l'art. 302 M.

1° TARIFS

Art. 438 *(Abrogé par Ord. n° 2021-1843 du 22 déc. 2021, art. 10-47°-s, à compter du 1er janv. 2022)* ***Il est perçu un droit de circulation dont le tarif est fixé, par hectolitre, à :***

1° *(Décr. n° 2021-744 du 9 juin 2021, art. 1er)* ***« 9,68 €*** *[ancienne rédaction : 9,59 €]* ***» pour les vins mousseux ;***

2° *(Décr. n° 2021-744 du 9 juin 2021, art. 1er)* ***« 3,91 €*** *[ancienne rédaction : 3,88 €]* ***» :***

a) pour tous les autres vins dont le titre alcoométrique acquis n'excède pas 15 % vol. pour autant que l'alcool contenu dans le produit fini résulte entièrement d'une fermentation ;

a bis) pour les vins qui ont un titre alcoométrique acquis excédant 15 % vol., mais n'excédant pas 18 % vol. pour autant qu'ils aient été obtenus sans aucun enrichissement et que

l'alcool contenu dans le produit fini résulte entièrement d'une fermentation. Un décret définit les conditions d'application du présent a bis.

b) pour les autres produits fermentés, autres que le vin et la bière, et les produits visés au 3°, dont l'alcool contenu dans le produit résulte entièrement d'une fermentation et dont le titre alcoométrique acquis n'excède pas 15 % vol. ;

c) pour les autres produits fermentés autres que le vin et la bière et les produits visés au 3°, dont le titre alcoométrique acquis n'excède pas 5,5 % vol. pour les boissons non mousseuses et 8,5 % vol. pour les boissons mousseuses ;

3° (Décr. n° 2021-744 du 9 juin 2021, art. 1er) *« 1,37 €* [ancienne rédaction : 1,36 €] *» pour les cidres, les poirés, les hydromels et les jus de raisin légèrement fermentés dénommés "pétillants de raisin".*

Le tarif du droit de circulation est relevé au 1er janvier de chaque année dans une proportion égale au taux de croissance de l'indice des prix à la consommation hors tabac de l'avant-dernière année. Il est exprimé avec deux chiffres significatifs après la virgule, le second chiffre étant augmenté d'une unité si le chiffre suivant est égal ou supérieur à cinq. Ce relèvement ne peut excéder 1,75 %. Le tarif est publié au Journal officiel par arrêté du ministre chargé du budget.

Art. 438 *bis* Transféré ss. l'art. 440 bis.

2°

Art. 439 Abrogé par L. n° 99-1173 du 30 déc. 1999, art. 18-C-16.

Art. 439 *bis* Abrogé par L. n° 75-1278 du 30 déc. 1975, art. 9-II.

Art. 440 Abrogé par L. n° 96-1182 du 30 déc. 1996, art. 28-I, à compter du 1er mars 1997.

3° EXONÉRATIONS ET EXEMPTIONS

Art. 440 *bis* (Abrogé par Ord. n° 2021-1843 du 22 déc. 2021, art. 10-47°-t, à compter du 1er janv. 2022) *Les vins, cidres, poirés, hydromels et les jus de raisin légèrement fermentés dénommés "pétillants de raisin" sont exonérés du droit de circulation prévu à l'article 438 lorsqu'ils sont transportés ou expédiés par un récoltant de l'une à l'autre de ses caves ou cédés par lui à titre gratuit à ses parents en ligne directe.*

Art. 441 (Abrogé par Ord. n° 2021-1843 du 22 déc. 2021, art. 10-47°-t, à compter du 1er janv. 2022) *Sont exemptés du droit de circulation :*

1° Les vins, cidres et poirés qu'un récoltant transporte de son pressoir ou d'un pressoir public à ses caves ou celliers ou de l'une à l'autre de ses caves, dans l'étendue du canton de récolte et des cantons limitrophes ou hors de ces limites territoriales s'il s'agit d'un changement de domicile ;

2° Les boissons de même espèce qu'un métayer, fermier ou preneur à bail emphytéotique à rente remet au propriétaire ou reçoit de lui dans les mêmes limites en vertu de baux authentiques ou d'usages notoires.

Dans les cas prévus aux deux alinéas précédents, les boissons circulent sous couvert du document mentionné à l'article 302 M ter. Pour jouir de l'exemption des droits, l'expéditeur est tenu, lors du premier envoi après la récolte, de justifier de ses droits à cette exonération et, s'il n'a pas souscrit de déclaration à la mairie, de déclarer la quantité totale par lui obtenue. Il ne peut plus établir de document d'accompagnement lorsque les expéditions faites depuis la récolte ont épuisé cette quantité ;

3° Abrogé ;

4° Dans les conditions fixées par décrets, les quantités de vin disparues au cours d'opérations de concentration par le froid régulièrement déclarées. — V. Ann. III, art. 172 à 178.

Art. 442 (Abrogé par Ord. n° 2021-1843 du 22 déc. 2021, art. 10-47°-t, à compter du 1er janv. 2022) *Sont également exemptés du droit de circulation, les vins, cidres, poirés et hydromels :*

1° à 3° Abrogés ;

4° Expédiés par un débitant ou un simple particulier non récoltant en cas de changement de cave ou de domicile, sous réserve qu'il soit justifié du paiement antérieur de l'impôt.

II *BIS*, III à V

Art. 442 A *Abrogé par L. n° 82-1126 du 29 déc. 1982, art. 23-VIII.*

Art. 442 *bis* à 442 *sexies* *Abrogés par L. n° 66-10 du 6 janv. 1966, art. 52-1.*

SECTION III CIRCULATION

I DISPOSITIONS COMMUNES

Art. 442 *septies* *(Abrogé par Ord. n° 2021-1843 du 22 déc. 2021, art. 10-47°-u, à compter du 1er janv. 2022)* ***Les dispositions des articles 444 à 450 et 458 à 468 ne s'appliquent pas pour les expéditions ou les transports de produits à destination ou en provenance d'un autre État membre de l'Union européenne.***

1° TITRES DE MOUVEMENT

Art. 443 *Abrogé par L. n° 2007-1824 du 25 déc. 2007, art. 78-II et V, à compter du 1er juill. 2008.*

Art. 444 *(Abrogé par Ord. n° 2021-1843 du 22 déc. 2021, art. 10-47°-v, à compter du 1er janv. 2022)* ***Les modalités d'application des dispositions relatives à l'apposition des capsules ou des vignettes représentatives de droits indirects, notamment en ce qui concerne les frais de confection des matrices et de surveillance de leur emploi, sont fixées par arrêté ministériel.*** *— V. Ann. IV, art. 54-0 A à 54-0 BX. — Sur les titres de mouvement, V. aussi Ann. III, art. 111 H bis à 111 H sexdecies.*

Le présent art., qui concerne des mesures de suivi et de gestion des produits soumis à accise visées à l'art. L. 311-39 CIBS, est abrogé à compter de l'entrée en vigueur des dispositions prises en application ou pour l'application des dispositions législatives du CIBS (Ord. n° 2021-1843 du 22 déc. 2021, art. 38).

Art. 445 et 445 A *Abrogés par L. n° 99-1173 du 30 déc. 1999, art. 18-C-16.*

2° DÉCLARATIONS D'ENLÈVEMENT

Art. 446 et 446 A *Abrogés par L. n° 99-1173 du 30 déc. 1999, art. 18-C-16.*

Art. 447 *Abrogé par L. n° 70-576 du 3 juill. 1970, art. 6.*

Art. 448 *(Abrogé par Ord. n° 2021-1843 du 22 déc. 2021, art. 10-47°-w, à compter du 1er janv. 2022)* ***Sont interdites toute déclaration d'enlèvement faite sous un nom supposé ou sous le nom d'un tiers sans son consentement et toute déclaration ayant pour but de simuler un enlèvement de boissons non effectivement réalisé.***

Le présent art., qui concerne des mesures de suivi et de gestion des produits soumis à accise visées à l'art. L. 311-39 CIBS, est abrogé à compter de l'entrée en vigueur des dispositions prises en application ou pour l'application des dispositions législatives du CIBS (Ord. n° 2021-1843 du 22 déc. 2021, art. 38).

Art. 449 *Abrogé par L. n° 70-576 du 3 juill. 1970, art. 6.*

3° BOISSONS WARRANTÉES

Art. 450 **Les porteurs de warrants agricoles sur des alcools ou des vins peuvent demander aux agents de l'administration de n'accorder qu'avec leur agrément des documents mentionnés** *(Ord. n° 2021-1843 du 22 déc. 2021, art. 10-25°, en vigueur le 1er janv. 2022)* **« au 4° de l'article L. 311-39 du code des impositions sur les biens et services » permettant le déplacement de ces boissons.**

Si les warrants ne sont pas remboursés à l'échéance, les porteurs peuvent, en outre, demander eux-mêmes les titres de mouvement nécessaires à l'enlèvement des produits warrantés. *— V. Ann. III, art. 350 quater-I-1°.*

4° OBLIGATIONS DES TRANSPORTEURS

Art. 451 **Les boissons doivent être conduites à la destination déclarée, dans le délai porté sur l'expédition. Ce délai est fixé en raison des distances à parcourir et des moyens de transport.**

Si le chargement doit emprunter successivement divers modes de transport, un délai spécial est fixé pour le premier parcours jusqu'à la gare du chemin de fer ou jusqu'au point de départ des véhicules ou des bateaux.

Art. 452 *Transféré ss. art. L. 24 et L. 25 LPF.*

Art. 453 *Abrogé par L. n° 85-1403 du 30 déc. 1985, art. 64-III.*

Art. 454 **Toute opération nécessaire à la conservation des boissons (transvasement, ouillage ou rabattement) est permise en cours de transport, mais seulement en présence des agents de l'administration** *[V. Ann. III, art. 350 quater-I-1°]* **qui en font mention au verso des expéditions. Si un accident de force majeure nécessite le prompt déchargement d'un véhicule ou d'un bateau ou le transvasement immédiat des liquides, ces opérations peuvent avoir lieu sans déclaration préalable, à charge par le conducteur de faire constater l'accident par les agents ou, à leur défaut, par le maire ou l'adjoint de la commune dont la mairie est la plus proche.**

Art. 455 *(Abrogé par Ord. n° 2021-1843 du 22 déc. 2021, art. 10-47°-x, à compter du 1er janv. 2022)* ***Le conducteur d'un chargement dont le transport est suspendu est tenu d'en faire la déclaration à l'administration, dans les vingt-quatre heures et, en tout cas, avant le déchargement des boissons. Les documents mentionnés aux articles 302 M bis et 302 M ter sont conservés par les agents jusqu'à la reprise du transport ; ils sont visés et remis au départ, après vérification des boissons qui doivent être représentées aux agents à toute réquisition. Le délai est prolongé de toute la durée pendant laquelle le transport a été interrompu.*** *— V. Ann. III, art. 350 quinquies-9°.*

Le présent art., qui concerne des mesures de suivi et de gestion des produits soumis à accise visées à l'art. L. 311-39 CIBS, est abrogé à compter de l'entrée en vigueur des dispositions prises en application ou pour l'application des dispositions législatives du CIBS (Ord. n° 2021-1843 du 22 déc. 2021, art. 38).

5° TOLÉRANCE SUR DÉCLARATIONS — CREUX DE ROUTE

Art. 456 *(Abrogé par Ord. n° 2021-1843 du 22 déc. 2021, art. 10-47°-x, à compter du 1er janv. 2022)* ***Une tolérance de 1 % est accordée aux expéditeurs sur leurs déclarations ; mais les quantités reconnues en excédent sont prises en charge au compte du destinataire.***

Les déductions réclamées pour coulage de route sont réglées d'après les distances parcourues, l'espèce des liquides, les moyens employés pour le transport, sa durée, la saison pendant laquelle il est effectué et les accidents légalement constatés. L'administration se conforme à cet égard aux usages du commerce.

Le présent art., qui concerne des mesures de suivi et de gestion des produits soumis à accise visées à l'art. L. 311-39 CIBS, est abrogé à compter de l'entrée en vigueur des dispositions prises en application ou pour l'application des dispositions législatives du CIBS (Ord. n° 2021-1843 du 22 déc. 2021, art. 38).

Art. 457 *Abrogé par Décr. n° 70-791 du 2 sept. 1970, art. 2.*

6° EXEMPTION DES FORMALITÉS À LA CIRCULATION

Art. 458 **Sont affranchis des formalités à la circulation :**

(Abrogé par Ord. n° 2021-1843 du 22 déc. 2021, art. 10-26°-a, à compter du 1er janv. 2022) ***« 1° Quelle que soit la quantité déplacée, les alcools dénaturés définis au a du I de l'article 302 D bis ; »***

2° *Abrogé ;*

3° et 4° *Abrogés par Ord. n° 2015-1247 du 7 oct. 2015, art. 4-10°.*

(Abrogé par Ord. n° 2021-1843 du 22 déc. 2021, art. 10-26°-a, à compter du 1er janv. 2022) ***« 5° Les cidres et poirés répondant à la définition légale de ces boissons et commercialisés dans les conditions fixées par arrêté du ministre chargé du budget pris après avis du ministre chargé de l'agriculture ; »*** *— V. Ann. IV, art. 54 bis.*

6° *(Ord. n° 2021-1843 du 22 déc. 2021, art. 10-26°-b, en vigueur le 1er janv. 2022)* « Dans les conditions fixées par arrêté du ministre chargé du budget pris après avis du ministre chargé de l'agriculture, les jus de raisin », de pommes ou de poires, concentrés ou non, lorsqu'ils sont livrés en récipients d'une contenance ne dépassant pas 2 litres, ou pour les jus concentrés d'un contenu en poids ne dépassant pas 25 kilogrammes ;

7° et 8° *Abrogés ;*

(Abrogé par Ord. n° 2021-1843 du 22 déc. 2021, art. 10-26°-a, à compter du 1er janv. 2022) ***« 9° Les alcools et boissons alcooliques achetés, reçus ou détenus à des fins non commerciales par les particuliers non récoltants et transportés par eux-mêmes ou, en cas de changement de domicile, pour leur compte. »***

(Abrogé par L. n° 2019-1479 du 28 déc. 2019, art. 187, à compter du 1er janv. 2020) ***« La disposition prévue au premier alinéa ne s'applique pas aux vins contenus dans des bouteilles, sauf en cas de changement de domicile. Un décret en définit les conditions d'application. »*** *— V. Ann. III, art. 111 H octies et 111 H nonies.*

10° Les fruits à cidre ou à poiré.

7°

Art. 459 *Abrogé par L. n° 99-1173 du 30 déc. 1999, art. 18-C-16.*

Art. 460 *Abrogé par L. n° 70-576 du 3 juill. 1970, art. 6.*

II *DISPOSITIONS SPÉCIALES AUX ALCOOLS*

Art. 461 à 462 *bis* *Abrogés par L. n° 70-576 du 3 juill. 1970, art. 6 ; Décr. n° 70-791 du 2 sept. 1970, art. 2.*

1°

Art. 462 *ter* *Abrogé par L. n° 98-1266 du 30 déc. 1998, art. 47-A.*

2° PLOMBAGE

Art. 463 *Abrogé par Ord. n° 2004-281 du 25 mars 2004, art. 21-VII.*

Art. 464 *Abrogé par L. n° 70-576 du 3 juill. 1970, art. 6.*

3°

Art. 464 *bis* *Abrogé par L. n° 99-1173 du 30 déc. 1999, art. 18-C-16.*

III *DISPOSITIONS SPÉCIALES AUX VINS*

(Abrogé par L. n° 2020-1508 du 3 déc. 2020, art. 11-3°)

ATTESTATION DU RÉCOLTANT-VENDEUR

Art. 465 *Abrogé par Ord. n° 2004-281 du 25 mars 2004, art. 21-VII.*

Art. 465 *bis* ***Sauf dans les cas prévus au 6° de l'article 458, les produits mentionnés à la partie XII de l'annexe I au règlement (CE) n° 1234/2007 du Conseil du 22 octobre 2007 portant organisation commune des marchés dans le secteur agricole et dispositions spécifiques en ce qui concerne certains produits de ce secteur sont accompagnés d'un document mentionné à l'article 302 M.***

IV **VENDANGES** *(L. n° 2020-1508 du 3 déc. 2020, art. 11-4°).*

1° VENDANGES *(Abrogé par L. n° 2020-1508 du 3 déc. 2020, art. 11-5°).*

Art. 466 *(L. n° 2020-1508 du 3 déc. 2020, art. 11-6°)* A l'exception des raisins de table, les vendanges fraîches sont soumises aux obligations prévues aux articles 8 à 10 du règlement délégué (UE) 2018/273 de la Commission du 11 décembre 2017 et sont

passibles des mêmes droits que les vins à raison d'un hectolitre de vin pour 130 litres ou 130 kilogrammes de vendanges.

Ancien art. 466 ***A l'exception des raisins de table, les vendanges fraîches, autres que celles déplacées par les récoltants du lieu de récolte au pressoir ou à la cuve de fermentation, à l'intérieur du canton de récolte et des cantons limitrophes, sont soumises aux mêmes formalités à la circulation que les vins et passibles des mêmes droits à raison d'un hectolitre de vin pour 130 litres ou 130 kilogrammes de vendanges.***

Toutefois, les vendanges fraîches expédiées par les récoltants à des pressoirs de vinification circulent sous le lien de documents mentionnés *(L. n° 2015-1785 du 29 déc. 2015, art. 81-I-6° et III, en vigueur le 1er juill. 2017)* ***« à l'article 302 M ter » à l'intérieur d'un périmètre constitué par l'arrondissement de récolte et les cantons limitrophes.***

L'administration a la faculté d'accorder, aux conditions qu'elle détermine, des facilités particulières pour la circulation des vendanges fraîches expédiées par les récoltants aux coopératives de vinification qui étendent leur activité au-delà des limites ainsi fixées.

2°

Art. 467 *Abrogé par Ord. n° 2004-281 du 25 mars 2004, art. 21.*

3° LEVURES ALCOOLIQUES — MARCS DE RAISINS ET LIES SÈCHES

(Abrogé par L. n° 2020-1508 du 3 déc. 2020, art. 11-7°)

Art. 468 *(Abrogé par L. n° 2020-1508 du 3 déc. 2020, art. 11-7°)* ***Tout expéditeur de marcs de raisins ou de lies est tenu d'établir un document mentionné à l'article 302 M ter indiquant le poids pour les marcs ou le volume et le titre alcoométrique volumique pour les lies.***

V *et* VI

Art. 469 à 481 *Abrogés par L. n° 99-1173 du 30 déc. 1999, art. 18-C-16.*

SECTION IV **COMMERCE**

I ***DISPOSITIONS GÉNÉRALES***

1° ALCOOLS

Art. 482 *Abrogé par L. n° 2010-1658 du 29 déc. 2010, art. 52-II-2°.*

2°

Art. 483 *Abrogé par Ord. n° 2004-281 du 25 mars 2004, art. 12-VII.*

II ***ENTREPOSITAIRES AGRÉÉS***

1° à 3°

Art. 484 à 486 *Abrogés par L. n° 99-1173 du 30 déc. 1999, art. 18-C-16.*

Art. 486 *bis* et 487 *Abrogés par L. n° 78-1239 du 29 déc. 1978, art. 89 ; Décr. n° 70-791 du 2 sept. 1970, art. 2.*

Art. 488 à 491 *Abrogés par L. n° 99-1173 du 30 déc. 1999, art. 18-C-16.*

Art. 492 *Transféré ss. l'art. L. 34 LPF.*

Art. 493 *Abrogé par Décr. n° 70-791 du 2 sept. 1970, art. 2.*

4° TOLÉRANCES

Art. 494 *(Abrogé par Ord. n° 2021-1843 du 22 déc. 2021, art. 10-47°-y, à compter du 1er janv. 2022)* ***Tout excédent à la balance de la comptabilité matières constaté en fin de***

campagne, à la clôture de l'exercice commercial de l'entrepositaire agréé ou lors d'un contrôle donne lieu à procès-verbal.

Le présent art., qui concerne des mesures de suivi et de gestion des produits soumis à accise visées à l'art. L. 311-39 CIBS, est abrogé à compter de l'entrée en vigueur des dispositions prises en application ou pour l'application des dispositions législatives du CIBS (Ord. nº 2021-1843 du 22 déc. 2021, art. 38).

Art. 494 *bis* *Abrogé par L. nº 99-1173 du 30 déc. 1999, art. 18-C-16.*

5º à 9º

Art. 495 à 499 *Abrogés par L. nº 99-1173 du 30 déc. 1999, art. 18-C-16.*

10º CESSATION DE COMMERCE

Art. 500 *(Abrogé par Ord. nº 2021-1843 du 22 déc. 2021, art. 10-47º-y, à compter du 1er janv. 2022)* ***Nul ne peut faire une déclaration de cesser le commerce d'entrepositaire agréé tant qu'il détient des boissons reçues en raison de ce commerce, sauf si la quantité restante n'excède pas celle reconnue nécessaire pour sa propre consommation.***

Le présent art., qui concerne des mesures de suivi et de gestion des produits soumis à accise visées à l'art. L. 311-39 CIBS, est abrogé à compter de l'entrée en vigueur des dispositions prises en application ou pour l'application des dispositions législatives du CIBS (Ord. nº 2021-1843 du 22 déc. 2021, art. 38).

III ***DÉBITANTS***

1 DÉBITANTS RÉCOLTANTS

Art. 501 *Abrogé par L. nº 2010-1658 du 29 déc. 2010, art. 52-II-2º.*

2 AUTRES DÉBITANTS

1º DÉFINITION

Art. 502 **Toute personne se livrant à la vente au détail de boissons ne provenant pas de sa récolte exerce son activité en qualité de débitant de boissons et est soumise à la législation des contributions indirectes.**

Elle doit justifier toute détention de boissons par un document mentionné *(Ord. nº 2021-1843 du 22 déc. 2021, art. 10-27º, en vigueur le 1er janv. 2022)* **« au 4º de l'article L. 311-39 du code des impositions sur les biens et services ou une quittance attestant du paiement de l'accise sur les alcools mentionnée à l'article L. 311-1 du même code. »**

Art. 503 *Abrogé par L. nº 92-677 du 17 juill. 1992, art. 86.*

2º COMMUNICATIONS INTÉRIEURES ET RECEL

Art. 504 **Il est interdit aux débitants de dissimuler des boissons dans leurs maisons ou ailleurs et à tous propriétaires ou principaux locataires de laisser entrer chez eux des boissons appartenant aux débitants, sans qu'il y ait bail par acte authentique pour les caves, celliers, magasins et autres lieux où sont placées lesdites boissons.**

Toute communication intérieure entre les maisons des débitants et les maisons voisines est interdite et l'administration est autorisée à exiger qu'elle soit scellée.

3º INTERDICTIONS RELATIVES À LA DÉTENTION DES ALCOOLS

Art. 505 *(Abrogé par Ord. nº 2015-1247 du 7 oct. 2015, art. 4-1º)* ***1. Il est interdit aux débitants de boissons de détenir des alcools ayant le caractère de spiritueux rectifiés au sens de la réglementation en matière de fraudes commerciales, à l'exception des eaux-de-vie de fantaisie et des genièvres artificiels ou de fantaisie ne titrant pas plus de 40 % volumique et reçus en bouteilles capsulées et sous étiquette mentionnant les nom et adresse du fabricant ou du préparateur.***

2. *Abrogé.*

Art. 506 *Transféré ss. art. L. 26 et L. 35 LPF.*

4°

Art. 507 *Abrogé par Ord. nº 2001-766 du 29 août 2001, art. 15-XI.*

SECTION V **RÉGIMES PARTICULIERS**

I ***ALCOOLS DÉNATURÉS***

1° ALCOOLS DESTINÉS À DES USAGES INDUSTRIELS

Art. 508 *(Abrogé par Ord. nº 2021-1843 du 22 déc. 2021, art. 10-47º-z, à compter du 1er janv. 2022)* ***Pour bénéficier de l'exonération prévue aux a et b du I de l'article 302 D bis, les alcools doivent être dénaturés, soit dans l'établissement même où ils ont été produits, soit dans tout autre établissement désigné à l'administration.***

Le présent art., qui concerne des mesures de suivi et de gestion des produits soumis à accise visées à l'art. L. 311-39 CIBS, est abrogé à compter de l'entrée en vigueur des dispositions prises en application ou pour l'application des dispositions législatives du CIBS (Ord. nº 2021-1843 du 22 déc. 2021, art. 38).

Art. 509 *Abrogé par Ord. nº 2001-766 du 29 août 2001, art. 15-XI.*

Art. 510 *Transféré ss. l'art. L. 26 LPF.*

Art. 511 et 511 *bis* *Abrogés par Ord. nº 2001-766 du 29 août 2001, art. 15-XI.*

Art. 512 *Abrogé par Décr. nº 83-56 du 26 janv. 1983, art. 1er.*

2° MESURES D'APPLICATION

Art. 513 *(Abrogé par Ord. nº 2021-1843 du 22 déc. 2021, art. 10-47º-z, à compter du 1er janv. 2022)* ***Des décrets en Conseil d'État fixent les modalités d'application des dispositions qui précèdent et, notamment, les formalités auxquelles sont assujettis la préparation, la circulation, la détention et l'emploi des alcools dénaturés en vue de la carburation, soit en nature, soit en mélange avec des hydrocarbures, et la préparation des mélanges carburants*** *[Ann. I, art. 165 à 192].*

Le présent art., qui concerne des mesures de suivi et de gestion des produits soumis à accise visées à l'art. L. 311-39 CIBS, est abrogé à compter de l'entrée en vigueur des dispositions prises en application ou pour l'application des dispositions législatives du CIBS (Ord. nº 2021-1843 du 22 déc. 2021, art. 38).

II ***MATIÈRES ABSORBANTES***

Art. 514 *Abrogé par L. nº 2008-1443 du 30 déc. 2008, art. 63-1º.*

II *BIS* ***ESSENCES POUVANT SERVIR À LA FABRICATION DE BOISSONS ALCOOLIQUES***

Art. 514 *bis* *(Abrogé par L. nº 2019-1479 du 28 déc. 2019, art. 188-1º)* ***Le régime de la vente, de la revente, de l'offre à titre gratuit et de la circulation des essences pouvant servir à la fabrication de boissons alcooliques est fixé par l'article L. 3322-5 du code de la santé publique.*** *— V. Ann. III, art. 178 A à 178 AB.*

III

Art. 515 *Abrogé par Ord. nº 2001-766 du 29 août 2001, art. 15-XI.*

IV *[ABROGÉ]* **PRÉLÈVEMENTS D'ÉCHANTILLONS**

(Abrogé par L. nº 2020-1721 du 29 déc. 2020, art. 184-II)

Art. 516 ***Les distillateurs de profession, les dénaturateurs d'alcool et les personnes qui font usage d'alcool dénaturé pour les besoins de leur industrie sont tenus de livrer gratuitement***

les échantillons, prélevés aux fins d'analyse, de matières premières, d'alcool, de substances dénaturantes et de produits achevés ou en cours de fabrication.

V

Art. 517 *Abrogé par L. n° 70-576 du 3 juill. 1970, art. 6.*

VI ***DISPOSITIONS SPÉCIALES***

Art. 518 **Les dispositions du présent chapitre ne font pas échec aux dispositions spéciales prévues en matière d'alcools, de vins, de cidres, poirés et hydromels par les textes en vigueur, à l'égard** *(Abrogé par Ord. n° 2016-1561 du 21 nov. 2016, art. 1er-II-3° et 20, à compter du 1er janv. 2018)* **« des départements » de la Corse, du Bas-Rhin, du Haut-Rhin et de la Moselle.**

Art. 519 *(Abrogé par L. n° 2017-1775 du 28 déc. 2017, art. 63)* ***A l'égard des formalités à la circulation prévues par la réglementation des contributions indirectes, les départements de la Guadeloupe, de la Guyane, de la Martinique, de Mayotte et de La Réunion, d'une part, et la France métropolitaine, d'autre part, sont considérés respectivement comme territoires d'exportation.***

Il en est de même pour chacun de ces cinq départements par rapport aux quatre autres, sauf entre la Guadeloupe et la Martinique. *— Pour l'application des dispositions ci-dessus à Mayotte, V. App., Ord. n° 2013-837 du 19 sept. 2013, art. 24.*

Ancien art. 519 *A l'égard des formalités à la circulation prévues par la réglementation des contributions indirectes, les départements de la Guadeloupe, de la Guyane, de la Martinique et de La Réunion, d'une part, et la France métropolitaine, d'autre part, sont considérés respectivement comme territoires d'exportation.*

Il en est de même pour chacun de ces quatre départements par rapport aux trois autres, sauf entre la Guadeloupe et la Martinique.

VII ***IMPORTATIONS***

Art. 520 **Les alcools, vins, cidres, poirés et hydromels importés sont soumis à toutes les dispositions prévues par la législation intérieure.**

SECTION VI BIÈRES ET BOISSONS NON ALCOOLISÉES

Art. 520 A *(Abrogé par Ord. n° 2021-1843 du 22 déc. 2021, art. 10-47°-aa, à compter du 1er janv. 2022)* ***I. — Il est perçu un droit spécifique :***

a) Sur les bières, dont le taux, par hectolitre, est fixé à :

— *(Décr. n° 2021-744 du 9 juin 2021, art. 1er)* ***« 3,84 €*** *[ancienne rédaction : 3,81 €]* ***» par degré alcoométrique pour les bières dont le titre alcoométrique n'excède pas 2,8 % vol. ;***

— *(Décr. n° 2021-744 du 9 juin 2021, art. 1er)* ***« 7,68 €*** *[ancienne rédaction : 7,61 €]* ***» par degré alcoométrique pour les autres bières.***

Dans les dispositions du présent code relatives aux contributions indirectes, sont compris sous la dénomination de bière, tout produit relevant du code NC 2203 du tarif des douanes ainsi que tout produit contenant un mélange de bière et de boissons non alcooliques relevant du code NC 2206 du tarif des douanes et ayant dans l'un ou l'autre cas un titre alcoométrique acquis supérieur à 0,5 % vol. *— Les produits soumis au droit spécifique visés au a sont considérés comme bières pour l'application de l'art. L. 245-13 CSS (L. n° 2002-1487 du 20 déc. 2002, art. 13).*

Par dérogation aux dispositions précédentes, le taux par hectolitre applicable aux bières produites par les petites brasseries indépendantes, dont le titre alcoométrique excède 2,8 % vol., est fixé à :

(Décr. n° 2021-744 du 9 juin 2021, art. 1er) ***« 3,84 €*** *[ancienne rédaction : 3,81 €]* ***» par degré alcoométrique pour les bières brassées par les entreprises dont la production annuelle est inférieure ou égale à 10 000 hectolitres ;***

(Décr. n° 2021-744 du 9 juin 2021, art. 1er) ***« 3,84 €*** *[ancienne rédaction : 3,81 €]* ***» par degré alcoométrique pour les bières brassées par les entreprises dont la production annuelle est supérieure à 10 000 hectolitres et inférieure ou égale à 50 000 hectolitres ;***

*(Décr. n° 2021-744 du 9 juin 2021, art. 1er) « **3,84** € [ancienne rédaction : 3,81 €] »* ***par degré alcoométrique pour les bières brassées par les entreprises dont la production annuelle est supérieure à 50 000 hectolitres et inférieure ou égale à 200 000 hectolitres.***

Le tarif du droit spécifique est relevé au 1er janvier de chaque année dans une proportion égale au taux de croissance de l'indice des prix à la consommation hors tabac de l'avant-dernière année. Il est exprimé avec deux chiffres significatifs après la virgule, le second chiffre étant augmenté d'une unité si le chiffre suivant est égal ou supérieur à cinq. Ce relèvement ne peut excéder 1,75 %. Le tarif est publié au Journal officiel par arrêté du ministre chargé du budget.

(Abrogé par L. n° 2018-1317 du 28 déc. 2018, art. 199-I-2° et V-C, pour les impositions dont le fait générateur intervient à compter du 1er janv. 2019) ***« b) Sur les boissons non alcoolisées énumérées ci-après dont le tarif, par hectolitre, est fixé à :***

« — 0,54 € pour les eaux minérales naturelles ou artificielles, eaux de source et autres eaux potables, eaux de laboratoire filtrées, stérilisées ou pasteurisées, ainsi que pour les boissons gazéifiées ou non, ne renfermant pas plus de 1,2 % vol. d'alcool, livrées à titre onéreux ou gratuit en fûts, bouteilles ou boîtes, à l'exception des sirops et des jus de fruits et de légumes et des nectars de fruits.

« II. — Pour les eaux et boissons mentionnées au b du I, le droit est dû par les fabricants, les exploitants de sources, les importateurs et les personnes qui réalisent des acquisitions intracommunautaires sur toutes les quantités livrées à titre onéreux ou gratuit sur le marché intérieur, y compris la Corse et les départements d'outre-mer.

« Le droit est liquidé lors du dépôt, au service de l'administration dont dépend le redevable, du relevé des quantités livrées au cours du mois précédent. Ce relevé doit être déposé et l'impôt acquitté avant le 25 de chaque mois. *— V. Ann. III, art. 350 decies.*

« Les expéditions vers un autre État membre de l'Union européenne et les exportations vers un pays tiers sont exonérées du paiement du droit spécifique lorsqu'elles sont réalisées directement et sans intermédiaire par les personnes mentionnées au premier alinéa ou par une société de distribution. »

III. — Les modalités d'application des dispositions qui précèdent seront, en tant que de besoin, fixées par décret.

1. Eaux de source. Application du droit spécifique aux eaux de source commercialisées en bonbonnes. • Crim. 31 mai 2006, n° 05-81.697 : *Dr. fisc. 2006. 539.*

2. Boissons non alcoolisées. L'art. 520 A-I *b* soumet à un droit spécifique les boissons non alcoolisées qu'il énumère, soit les eaux minérales naturelles ou artificielles, eaux de source et autres eaux potables, eaux de laboratoire filtrées, stérilisées ou pasteurisées, ainsi que les boissons gazéifiées ou non, ne renfermant pas plus de 1,2 % vol. d'alcool, et n'en exonère que les sirops, jus de fruits et de légumes, nectars de fruits. Ayant retenu qu'un produit est une boisson non alcoolisée n'entrant pas dans les exceptions prévues par ce texte, une cour d'appel, qui n'avait pas à se prononcer au regard de l'art. L. 3321-1 CSP, inopérant en l'espèce, a statué à bon droit. • Com. 14 févr. 2012 : *Rev. dr. rur. 2012, n° 402, p. 44, note Lebel.*

3. Est assujetti au droit spécifique prévu par l'art. 520 A le vendeur de boissons non alcoolisées fabriquées par ses soins à partir de sirops transformés en sodas dans des fontaines à boissons et livrées, pour être emportées ou consommées sur place, dans des gobelets cartonnés fermés. Encourt dès lors la censure l'arrêt d'une cour d'appel qui retient, ajoutant au texte, que la livraison exige une prestation logistique de transport. • Crim. 16 mai 2012 : *Dr. fisc. 2012. 372, note Salomon.*

4. En revanche, n'est pas redevable du droit spécifique sur les boissons non alcoolisées prévu par l'art. 520 A-I *b*, dans sa version applicable au litige, la société qui se borne à préparer des sirops conditionnés, à l'aide d'appareils appropriés et selon les instructions du fabricant, afin de les vendre au détail aux consommateurs. • Com. 8 avr. 2014, n° 12-29.408 : *RJF 2014. 854.* ♦ De même, les sodas gazeux reconditionnés par un débitant de boissons pour être vendus au public en gobelets ne sont pas taxables car ils ne sont pas conditionnés pour la vente en fûts, bouteilles ou boîtes, comme le prévoit l'art. 520 A, I b. • Crim. 28 oct. 2015, n° 13-88.513.

5. Bières. V. note ss. art. 178-0 *bis* A de l'Annexe III.

Art. 520 *bis* *(Abrogé par Ord. n° 2021-1843 du 22 déc. 2021, art. 10-47°-aa, à compter du 1er janv. 2022) (L. n° 2020-1721 du 29 déc. 2020, art. 203)* ***Les bières fabriquées par un particulier, en dehors de toute activité professionnelle, qui sont consommées par lui-même, les membres de sa famille ou ses invités sont exonérées d'accise à condition qu'elles ne donnent lieu à aucune vente.*** *— Anc. art. 520 B (Décr. n° 2021-744 du 9 juin 2021, art. 1er).*

Art. 520 C *Transféré ss. l'art. 1613 quater (Décr. n° 2013-463 du 3 juin 2013).*

CHAPITRES PREMIER *BIS* et PREMIER *TER*

Art. 520 *bis* à 520 *sexies* *Abrogés par L. n° 68-1043 du 29 nov. 1968, art. 6 ; L. n° 69-1161 du 24 déc. 1969, art. 24.*

Art. 520 *septies* et 520 *octies* *Abrogés par L. n° 65-543 du 8 juill. 1965, art. 20.*

CHAPITRE II GARANTIE DES MATIÈRES D'OR, D'ARGENT ET DE PLATINE

SECTION PREMIÈRE TITRE DES OUVRAGES

Art. 521 **Les fabricants d'ouvrages d'or, d'argent *[ou]* de platine sont soumis à la législation de la garantie prévue au présent chapitre, non seulement à raison de leur propre production mais également pour les ouvrages qu'ils ont fait réaliser pour leur compte par des tiers avec des matières leur appartenant ou pas. Les personnes qui mettent sur le marché ces ouvrages en provenance des autres États membres de l'Union européenne et des pays tiers, ou leurs représentants, sont également soumises à cette législation.**

Les ouvrages d'or, d'argent ou de platine, commercialisés en France, doivent être conformes aux titres prescrits par la loi.

La législation relative à la garantie du titre des matières d'or, d'argent et de platine est également applicable aux ouvrages composés d'éléments d'or, d'argent ou de platine.

Ces titres, ou la quantité de fin contenue dans chaque pièce, s'expriment en millièmes.

Art. 522 **Les titres légaux des ouvrages d'or ainsi que les titres légaux des ouvrages en argent ou en platine sont les suivants :**

***a)* 999 millièmes, 916 millièmes, 750 millièmes, 585 millièmes et 375 millièmes pour les ouvrages en or ;**

***b)* 999 millièmes, 925 millièmes et 800 millièmes pour les ouvrages en argent ;**

***c)* 999 millièmes, 950 millièmes, 900 millièmes et 850 millièmes pour les ouvrages en platine.**

L'iridium associé au platine est compté comme platine.

Aucune tolérance négative de titre n'est admise.

Le titre des ouvrages est garanti par l'État, par les organismes de contrôle agréés par l'État ou par les professionnels habilités par une convention conclue avec l'administration des douanes et droits indirects. — *Entrée en vigueur le 1er juill. 2004.*

Art. 522 *bis* **Seuls les ouvrages d'or dont le titre est supérieur ou égal à 375 millièmes peuvent bénéficier de l'appellation "or" lors de leur commercialisation au stade du détail auprès des particuliers.**

Al. 2 supprimé.

Les ouvrages d'or aux titres de 920 millièmes et 840 millièmes, légalement revêtus du poinçon de titre avant la date de publication de la loi du 4 janv. 1994, pourront valablement être commercialisés après l'entrée en vigueur de celle-ci (L. n° 94-6 du 4 janv. 1994, art. 30).

SECTION II POINÇONS

Art. 523 **La garantie du titre est attestée par le poinçon appliqué sur chaque pièce selon les modalités suivantes :**

***a)* Soit par l'apposition d'un poinçon de garantie métallique fabriqué et commercialisé par la Monnaie de Paris dans les conditions fixées à l'article L. 121-3 du code *monétaire et financier* ;**

***b)* Soit par le marquage au laser d'un poinçon autorisé par l'autorité administrative compétente selon des conditions fixées par décret en Conseil d'État.** — *V. Ann. II, art. 275 bis F et 275 ter G.*

Art. 524 **Les ouvrages sont marqués de deux poinçons : celui du fabricant et celui du titre de l'ouvrage, dit poinçon de garantie.**

Le poinçon du fabricant a la forme d'un losange renfermant une lettre initiale de son nom et le symbole choisi par lui. Il peut être gravé par tel artiste qu'il lui plaît de choisir.

Le poinçon de garantie est apposé :

a. Soit par l'administration des douanes et droits indirects ;

b. Soit par un organisme de contrôle agréé dans les conditions prévues au II de l'article 535 ;

c. Soit par les professionnels habilités par une convention conclue avec l'administration des douanes et droits indirects dans les conditions prévues au deuxième alinéa du I de l'article 535.

La forme des poinçons ainsi que les conditions dans lesquelles ils sont apposés sont fixées par décret *[V. Ann. III, art. 183 à 186 bis]*.

La garantie assure à l'acheteur, par l'apposition du poinçon de garantie, le titre du produit mis sur le marché. Elle est mise en œuvre par l'administration ou par l'organisme de contrôle agréé au moyen d'un contrôle préalable. Lorsque les professionnels bénéficient de l'habilitation prévue au deuxième alinéa du I de l'article 535, ils répondent de la concordance entre le titre correspondant au poinçon insculpé et le titre réel de l'ouvrage mis sur le marché. — *Entrée en vigueur le 1er juill. 2004.*

Art. 524 *bis* Sont dispensés du poinçon de garantie :

a) les ouvrages antérieurs à l'année 1838 et ceux postérieurs à cette date déjà revêtus d'anciens poinçons français de garantie ;

b) les ouvrages contenant de l'or, de l'argent ou du platine et d'un poids inférieur à des seuils fixés par décret *[V. Ann. III, art. 186 ter]* ;

c) les ouvrages qui ne peuvent supporter l'empreinte des poinçons sans détérioration ;

d) les ouvrages introduits sur le territoire national en provenance d'un autre État membre de la Communauté européenne ou importés d'un autre État partie à l'accord instituant l'Espace économique européen ou de Turquie, comportant déjà l'empreinte, d'une part, d'un poinçon de fabricant ou d'un poinçon de responsabilité et, d'autre part, d'un poinçon de titre enregistrés dans cet État. Le poinçon de titre doit être apposé par un organisme indépendant ou par l'administration compétente de l'État concerné selon des normes identiques ou équivalentes à celles exigées en France pour le contrôle et la certification du titre.

Art. 525 *Abrogé par Ord. n° 2004-281 du 25 mars 2004, art. 13-II.*

Art. 526 Il est interdit de détenir ou de mettre en vente des ouvrages marqués de faux poinçons ou de poinçons volés ou sur lesquels les marques des poinçons se trouvent entées, soudées et contretirées. Ces ouvrages sont saisis dans tous les cas.

SECTION III DROIT SPÉCIFIQUE ET ESSAI DES MÉTAUX PRÉCIEUX

I DROIT SPÉCIFIQUE

Art. 527 *(Abrogé par L. n° 2018-1317 du 28 déc. 2018, art. 26-III-5°) Les ouvrages mentionnés à l'article 522 supportent une contribution fixée à :*

a. Pour les ouvrages en or et platine, 8 € par ouvrage marqué ;

b. Pour les ouvrages en argent, 4 € par ouvrage marqué.

Toutefois, le montant de cette contribution est limité respectivement à 4 € et 2 € jusqu'au 30 juin 2005.

Dans les départements d'outre-mer, la contribution est fixée à :

a. Pour les ouvrages en or et platine, 2 € par ouvrage marqué ;

b. Pour les ouvrages en argent, 1 € par ouvrage marqué.

Le fait générateur de la contribution est constitué par l'apposition du poinçon sur les ouvrages par les bureaux de garantie.

L'exigibilité intervient lors du fait générateur.

Les redevables sont tenus de souscrire au plus tard le 15 du mois suivant la date d'exigibilité, auprès du service des douanes chargé du recouvrement, une déclaration conforme à un modèle fixé par l'administration et accompagnée du paiement de cette contribution. Toutefois, ils ont la possibilité d'acquitter la contribution au comptant en déposant ladite déclaration à la date du fait générateur. Les modalités d'application du présent article sont fixées par décret. — *Entrée en vigueur le 1er juill. 2004. — V. Ann. III, art. 209-0 A et 406 undecies A.*

Art. 528 *Abrogé par L. nº 2003-1312 du 30 déc. 2003, art. 35-B-II.*

II *MODALITÉS DE L'ESSAI*

Art. 529 *Abrogé par L. nº 83-558 du 1er juill. 1983, art. 9.*

Art. 530 **Lorsque le titre d'un ouvrage apporté à la marque au service de la garantie ou à l'organisme de contrôle agréé est trouvé inférieur au titre légal déclaré, il peut être procédé à un nouvel essai si le propriétaire le demande.**

Lorsque le nouvel essai confirme le résultat du premier, l'ouvrage est, au choix du propriétaire, soit remis à ce dernier après avoir été rompu en sa présence, soit marqué au titre constaté lors de l'essai s'il correspond à l'un des titres légaux.

Dans tous les cas, le propriétaire dispose également de la possibilité d'exporter ses ouvrages conformément aux dispositions de l'article 545. — *Entrée en vigueur le 1er juill. 2004.*

Art. 530 *bis* *Abrogé par L. nº 2003-1312 du 30 déc. 2003, art. 35-A-V, à compter du 1er juill. 2004.*

Art. 530 *ter* *(Abrogé par L. nº 2003-1312 du 30 déc. 2003, art. 35-A-VI, à compter du 1er juill. 2004)* ***La garantie publique ne peut être accordée que par des organismes de contrôle préalablement agréés par le ministre chargé du budget et le ministre chargé de l'industrie. Les conditions de délivrance et de retrait de l'agrément sont fixées par le décret prévu à l'article 530 bis.*** — *V. Ann. II, art. 275 ter B à 275 ter E.*

Art. 531 **Si l'essayeur suppose qu'un ouvrage d'or, de vermeil, d'argent ou de platine est fourré de fer, de cuivre ou de toute autre matière étrangère, il le fait couper en présence du propriétaire. Si la fraude est reconnue, l'ouvrage est saisi sans préjudice des sanctions applicables ; si la fraude n'est pas reconnue, le dommage est payé au propriétaire par l'administration.**

III

Art. 532 *Abrogé par L. nº 94-6 du 4 janv. 1994, art. 12, à compter du 13 déc. 1993.*

SECTION IV **OBLIGATIONS DES REDEVABLES**

I *FABRICANTS*

Art. 533 **Les fabricants d'ouvrages d'or, d'argent et de platine sont tenus de se faire connaître au bureau de garantie dont ils dépendent et d'y faire insculper leur poinçon particulier, avec leur nom, sur une planche de cuivre à ce destinée. Le bureau de la garantie veille à ce que le même symbole ne soit pas employé par plusieurs fabricants.**

S'ils fabriquent des ouvrages devant bénéficier de la garantie, ils doivent indiquer, par écrit, au service compétent désigné par l'autorité administrative, l'organisme de contrôle agréé qu'ils ont choisi et justifier de l'accord de ce dernier. En cas de changement d'organisme de contrôle agréé, ils doivent justifier auprès du service qu'ils ont notifié leur décision au précédent organisme et ont rempli leurs obligations envers ce dernier. — *V. Ann. IV, art. 56 J novodecies.*

II *MARCHANDS ET PERSONNES ASSIMILÉES*

Art. 534 **Toutes personnes qui départissent et affinent l'or, l'argent ou le platine pour le commerce, ainsi que les commissaires-priseurs judiciaires, officiers ministériels ou organismes quelconques (salles de ventes, établissements de crédit municipal, etc.) effectuant, même occasionnellement, des ventes ou adjudications de matières d'or, d'argent ou de platine ouvrées ou non ouvrées, les intermédiaires, ouvriers en chambre, sertisseurs, polisseurs, etc., et, d'une manière générale, toutes personnes qui détiennent des matières de l'espèce pour l'exercice de leur profession, sont tenus d'en faire la déclaration au bureau de garantie dont ils dépendent ; il est tenu registre desdites déclarations et délivré copie au besoin.**

III OBLIGATIONS COMMUNES

Art. 535 I. – Les fabricants, les marchands et personnes assimilées et les commissionnaires en garantie doivent porter au bureau de garantie dont ils relèvent ou à un organisme de contrôle agréé les ouvrages qui doivent bénéficier de la garantie pour y être essayés, titrés et marqués, à l'exclusion de ceux mentionnés aux *a* et *b* de l'article 524 *bis*.

Sont toutefois dispensés de cette obligation les professionnels habilités à vérifier leurs produits par une convention passée avec l'administration des douanes et droits indirects. Un décret en Conseil d'État détermine les obligations qui peuvent être imposées aux professionnels dans le cadre de cette convention ainsi que les conditions dans lesquelles l'habilitation est accordée. – *V. Ann. II, art. 275 bis B à 275 bis L.*

Nul ne peut faire profession d'accomplir pour autrui la formalité prévue au premier alinéa s'il n'a été agréé comme commissionnaire en garantie, dans les conditions prévues par arrêté ministériel. – *V. Ann. IV, art. 56 J quinquies à 56 J undecies.*

II. – Les organismes de contrôle agréés et leur personnel sont astreints au secret professionnel dans les termes des articles 226-13 et 226-14 du code pénal.

Les modalités de contrôle, les obligations des organismes de contrôle agréés, les conditions de leur activité, les règles applicables à leur personnel et leur encadrement en vue d'assurer leur indépendance dans l'exécution de leurs missions, les exigences touchant à leurs compétences techniques et à leur intégrité professionnelle, ainsi que les spécifications applicables aux moyens et équipements nécessaires sont fixées par décret en Conseil d'État. – *V. Ann. II, art. 275 ter à 275 ter P.*

III. – Pour être acceptés à la marque, les ouvrages doivent porter l'empreinte du poinçon du professionnel et être assez avancés pour n'éprouver aucune altération au cours du finissage.

Art. 536 Les ouvrages dépourvus de marques et achetés par les fabricants et marchands, même pour leur usage personnel, doivent être présentés au contrôle dans les trois jours ou brisés.

Tout ouvrage d'or, d'argent ou de platine trouvé non marqué chez un marchand doit être saisi. Il en est de même pour les ouvrages trouvés achevés et non marqués chez un fabricant, sauf si, dès la fin de la fabrication, ils sont revêtus de son poinçon de maître et enregistrés dans sa comptabilité.

(L. nº 2017-203 du 21 févr. 2017, art. 8-II) « Les obligations énoncées aux deux premiers alinéas du présent article sont suspendues pendant la durée du délai de rétractation prévu à l'article L. 224-99 du code de la consommation pour les ouvrages qui ont fait l'objet d'un contrat relevant de l'article L. 224-97 du même code et d'une inscription dans le registre mentionné à l'article 537 du présent code. »

Art. 537 Les fabricants et les marchands d'or, d'argent et de platine ouvrés ou non ouvrés ou d'alliage de ces métaux, et, d'une manière générale, toutes les personnes qui détiennent des matières de l'espèce pour l'exercice de leur profession, doivent tenir un registre de leurs achats, ventes, réceptions et livraisons, dont la forme et le contenu sont définis par arrêté du ministre chargé du budget. Ce registre doit être présenté à l'autorité publique à toute réquisition. – *V. Ann. IV, art. 56 J quaterdecies à 56 J octodecies.*

Toutefois, pour les transactions d'un montant égal ou supérieur à 15 000 euros qui portent sur l'or d'investissement tel que défini au 2 de l'article 298 *sexdecies* A, le registre visé au premier alinéa doit comporter l'identité des parties. Il en est de même lorsque ces transactions sont réalisées au cours de ventes publiques ou lorsque le client en fait la demande.

Il peut être dérogé par arrêté du ministre chargé du budget à l'obligation de tenir le registre mentionné par le présent article pour certaines catégories de détenteurs ou d'objets détenus.

Art. 538 Les ouvrages neufs déposés chez les fabricants et marchands en vue de la vente et les ouvrages usagés que lesdits fabricants ont reçus en dépôt, à quelque titre que ce soit et notamment pour réparation, doivent également être inscrits sur ce registre, dans les conditions prévues à l'article 537, au moment de l'entrée et au moment de la sortie.

L'inscription sur le registre des articles d'horlogerie usagés revêtus des poinçons courants n'est toutefois pas obligatoire.

Art. 539 Les fabricants et marchands ne peuvent acheter que de personnes connues ou ayant des répondants connus d'eux.

Lorsque les achats de matières, ouvrages, lingots en platine, or ou argent, ont été conclus avec des personnes domiciliées à l'étranger, les inscriptions à faire figurer sur le registre prévu aux articles précédents doivent être appuyées des quittances attestant que les droits et taxes exigibles à l'entrée en France ont été payés.

IV *MARCHANDS AMBULANTS*

Art. 540 et 541 *Abrogés par Ord. n° 2004-281 du 25 mars 2004, art. 13-II.*

SECTION V EXPORTATION OU LIVRAISON À DESTINATION D'UN AUTRE ÉTAT MEMBRE DE L'UNION EUROPÉENNE

Art. 542 *Abrogé par L. n° 2003-1312 du 30 déc. 2003, art. 35 B-II et C, à compter du 1er juill. 2004.*

Art. 543 Les ouvrages d'or, d'argent ou de platine peuvent, dans les conditions fixées par décret en Conseil d'État, être exportés ou faire l'objet d'une livraison à destination d'un autre État membre de l'Union européenne sans marque des poinçons intérieurs *[V. Ann. I, art. 204 à 211]*.

Art. 544 *Abrogé par L. n° 83-558 du 1er juill. 1983, art. 9.*

Art. 545 Les fabricants d'orfèvrerie, joaillerie, bijouterie sont seuls autorisés à fabriquer des objets d'or, d'argent ou de platine à tous autres titres non légaux exclusivement destinés à l'expédition vers les autres États membres de la Communauté européenne ou à l'exportation vers les pays tiers.

Les objets ainsi fabriqués ne peuvent, en aucun cas, sous peine de saisie, être livrés à la consommation intérieure et ils ne sont jamais revêtus des poinçons de la garantie. Ils doivent être marqués, aussitôt après l'achèvement, avec un poinçon de maître.

Il n'en est autrement que si le fabricant dépose au bureau de garantie une déclaration préalable de mise en fabrication de ces objets, les inscrit dès leur achèvement sur un registre spécial et les exporte ou les livre à destination d'un autre État membre de l'Union européenne dans un délai fixé par décret en Conseil d'État. — *V. Ann. I, art. 215, et Ann. III, art. 211 AC.*

Art. 546 Sont applicables auxdits fabricants et négociants exportateurs toutes les dispositions de la législation sur le commerce des matières d'or, d'argent et de platine, compatibles avec celles de l'article 545.

Les manquants constatés d'ouvrages fabriqués en vue de l'exportation ou de la livraison à destination d'un autre État membre de l'Union européenne donnent lieu à rédaction d'un procès-verbal.

Art. 547 Les mesures complémentaires sont déterminées par décrets en Conseil d'État. — *Ann. I, art. 204 à 211.*

SECTION VI IMPORTATION

Art. 548 Les ouvrages importés d'un État non membre de l'Union européenne doivent être présentés aux services douaniers en vue de recevoir une destination douanière. Après apposition du poinçon de responsabilité dans les locaux de l'importateur, les ouvrages sont ensuite acheminés jusqu'au bureau de garantie ou à l'organisme de contrôle agréé pour y être essayés et marqués sauf :

a. S'il s'agit d'ouvrages mentionnés aux *a* et *b* de l'article 524 *bis*. Toutefois ces ouvrages devront être revêtus du poinçon de responsabilité, apposé dans les locaux de l'importateur ;

b. Ou si l'importateur est bénéficiaire d'une convention passée avec l'administration des douanes et droits indirects dans les conditions prévues au deuxième alinéa du I de l'article 535.

Dans ce cas, les ouvrages sont revêtus par l'importateur, dans ses locaux, des poinçons de responsabilité et de garantie dans les conditions fixées par décret en Conseil d'État. — *V. Ann. II, art. 275 bis B à 275 bis L.*

Les ouvrages aux titres légaux, fabriqués ou mis en libre pratique dans un autre État membre de la Communauté européenne ou importés d'un autre État partie à l'accord instituant l'Espace économique européen ou de Turquie, comportant déjà l'empreinte, d'une part, d'un poinçon de fabricant ou d'un poinçon de responsabilité et, d'autre part, d'un poinçon de titre enregistrés dans cet État peuvent être commercialisés sur le territoire national sans contrôle préalable d'un bureau de garantie français ou d'un organisme de contrôle agréé selon le cas. Le poinçon de titre doit être apposé par un organisme indépendant ou par l'administration compétente de l'État concerné selon des normes identiques ou équivalentes à celles exigées en France pour le contrôle et la certification du titre. Les services en charge de la garantie publient une liste des États membres ou États associés utilisant des systèmes de contrôle et de certification des titres de métal précieux équivalents ou identiques au système français, ainsi qu'une liste des organismes de contrôle habilités par ces États et des poinçons qu'ils utilisent. Toutefois, les personnes qui les commercialisent sur le territoire national ont la faculté de présenter ces ouvrages au bureau de garantie ou à un organisme de contrôle agréé pour y être testés et marqués du poinçon de garantie français. En l'absence de l'une de ces empreintes, ces ouvrages sont soumis aux dispositions des quatre premiers alinéas.

Lorsqu'ils apposent un poinçon de responsabilité, les professionnels responsables de l'importation et de l'introduction en France d'ouvrages en métaux précieux doivent déposer leur poinçon au service de la garantie préalablement à toute opération.

Sont exemptés des dispositions ci-dessus :

1° les objets d'or *[ou contenant de l'or : supprimé par Ord. n° 2005-1512 du 7 déc. 2005, art. 30]*, d'argent et de platine appartenant aux ambassadeurs et envoyés des puissances étrangères ;

2° les bijoux d'or *[ou contenant de l'or : supprimé par Ord. n° 2005-1512 du 7 déc. 2005, art. 30]* et de platine, à l'usage personnel des voyageurs, et les ouvrages en argent servant également à leur personne, pourvu que leur poids n'excède pas en totalité 5 hectogrammes.

Dispositions en vigueur le 1er juill. 2004.

L'administration française est tenue d'opérer la reconnaissance des poinçons de titres étrangers dès lors que leur contenu informatif est équivalent à celui du poinçon français, que leurs mentions sont compréhensibles par les consommateurs français et qu'ils sont apposés par un organisme indépendant du fabricant. Cette reconnaissance ne peut être subordonnée à une demande officielle émanant de l'administration étrangère concernée. • CE 3 déc. 1999, n° 191491, *Sté Holland & Holland : JCP E 2000, p. 114.*

Art. 549 Lorsque sont mis sur le marché des ouvrages en provenance d'un autre État membre de la Communauté européenne ou d'un autre État partie à l'accord instituant l'Espace économique européen ou de Turquie qui ne sont pas revêtus d'un poinçon de fabricant ou de responsabilité et d'un poinçon de titre dans les conditions prévues au cinquième alinéa de l'article 548 et introduits en France en vertu des exceptions prévues au dernier alinéa du même article, ils doivent être apportés au bureau de garantie ou à l'organisme de contrôle agréé, pour y être marqués. Il en va de même pour les ouvrages importés des autres pays.

SECTION VII FABRICATION DU PLAQUÉ ET DU DOUBLÉ D'OR, D'ARGENT ET DE PLATINE SUR TOUS MÉTAUX

Art. 550 Quiconque veut plaquer ou doubler l'or, l'argent et le platine sur le cuivre ou sur tout autre métal est tenu d'en faire la déclaration au bureau de garantie.

Les ouvrages en métal précieux doublés ou plaqués de métal précieux sont soumis aux dispositions du présent chapitre applicables au métal précieux qui constitue le corps de ces ouvrages.

Art. 551 Ne peuvent prétendre à l'appellation "plaqué", "doublé" ou "métal argenté" que les ouvrages recouverts de métal précieux à un titre au moins égal à 500 millièmes et revêtus d'un poinçon spécial du fabricant.

Les ouvrages en argent à un titre légal recouverts d'une couche d'or également à un titre légal supérieur ou égal à 750 millièmes ont seuls droit à l'appellation Vermeil.

L'épaisseur minimale de la couche de métal précieux recouvrant les ouvrages désignés aux premier et deuxième alinéas est fixée par décret. — *V. Ann. III, art. 212 A.*

Les infractions aux dispositions du présent article donnent lieu à l'application des sanctions prévues au I de l'article 1791 et à l'article 1794.

SECTION VIII

Art. 552 *Transféré ss. l'art. L. 36 LPF.*

SECTION IX MODALITÉS D'APPLICATION

Art. 553 **Les modalités d'application des articles relatifs aux ouvrages d'or, d'argent ou de platine, notamment celles qui sont relatives** *(Abrogé par L. n° 2018-1317 du 28 déc. 2018, art. 26-III-6°)* ***« à la contribution sur les ouvrages mentionnés à l'article 522, »*** **à l'essai ou à la délivrance des habilitations, à l'application des poinçons, à l'organisation et au fonctionnement des bureaux de garantie et des organismes de contrôle agréés, sont fixées par décret, sous réserve des décrets en Conseil d'État prévus à l'article 535** *[V. art. 1825 D du CGI et art. 187 à 214 de l'annexe III]*.

SECTION X DÉPARTEMENTS D'OUTRE-MER

Art. 553 *bis* *Dispositions périmées (Décr. n° 2015-608 du 3 juin 2015).*

Ancien art. 553 *bis* ***La date d'entrée en vigueur de la réglementation de la garantie telle qu'elle est définie par les articles 521 à 553 et les textes pris pour leur application et par l'article L. 36 du Livre des procédures fiscales est fixée par décret pour chacun des départements de la Guadeloupe, de la Martinique et de La Réunion.***

La date d'entrée en vigueur en Guyane de la réglementation de la garantie mentionnée au premier alinéa est fixée à la date de promulgation de la loi n° 2010-1657 du 29 décembre 2010 de finances pour 2011.

La date d'entrée en vigueur à Mayotte de la réglementation de la garantie mentionnée au premier alinéa est fixée au 1er janvier 2014.

CHAPITRES II *BIS* et II *TER*

Art. 553 A *Abrogé par L. n° 66-10 du 6 janv. 1966, art. 1er.*

Art. 553 B *Disjoint. — La taxe spéciale sur certains véhicules routiers a été transférée à la direction générale des douanes et droits indirects (L. n° 70-601 du 9 juill. 1970, art. 6, D. et BLD 1970. 182 ; Décr. n° 70-1285 du 23 déc. 1970, D. et BLD 1971. 33).*

CHAPITRE III DROITS DIVERS

SECTIONS PREMIÈRE *à* IV

Art. 554 *à* 558 *Abrogés.*

SECTION V DROITS DE RECHERCHE

Art. 559 *Transféré ss. art. L. 109, L. 110 et R* 109-1 LPF.*

Art. 560 *Abrogé par L. n° 2001-1276 du 28 déc. 2001, art. 60-II-C.*

SECTION VI

Art. 561 *Abrogé par L. n° 51-598 du 24 mai 1951, art. 13.*

SECTION VII

Art. 562 *et* 562 *bis* *Abrogés par L. n° 99-1172 du 30 déc. 1999, art. 30-A-3°, à compter du 1er janv. 2000.*

SECTION VIII

Art. 563 *Abrogé par L. n° 98-1266 du 30 déc. 1998, art. 47-B, à compter du 1er janv. 1999.*

SECTION IX DROIT DE FABRICATION SUR LES BOISSONS DE RAISINS SECS — DROIT DE CIRCULATION SUR LES RAISINS SECS À BOISSONS — TAXE SPÉCIALE SUR LE SUCRE UTILISÉ AU SUCRAGE EN PREMIÈRE CUVÉE

Art. 564 *(Abrogé par Ord. n° 2015-1247 du 7 oct. 2015, art. 4-1°)* ***L'article 422 détermine l'assiette et le tarif de la taxe spéciale sur le sucre utilisé au sucrage en première cuvée.***

SECTION X

Art. 564 *bis* *Abrogé par L. n° 94-1163 du 29 déc. 1994, art. 30-I.*

CHAPITRE III *BIS* RÉGIME ÉCONOMIQUE DU SUCRE

Art. 564 *ter* *Abrogé par L. n° 2006-1666 du 21 déc. 2006, art. 92-I-1°, applicable à compter de la campagne de production 2006-2007.*

Les agents de la direction générale des douanes et droits indirects demeurent compétents pour le contrôle, le recouvrement et le contentieux des cotisations prévues aux art. 564 ter, 564 quater et 564 quater A du CGI dans leur rédaction en vigueur avant leur abrogation (L. n° 2006-1666 du 21 déc. 2006, art. 92-III).

CHAPITRE III *TER* RÉGIME ÉCONOMIQUE DE L'ISOGLUCOSE

Art. 564 *quater* *Abrogé par L. n° 2006-1666 du 21 déc. 2006, art. 92-I-1°, applicable à compter de la campagne de production 2006-2007.*

CHAPITRE III *TER* A RÉGIME ÉCONOMIQUE DU SIROP D'INULINE

Art. 564 *quater* A *Abrogé par L. n° 2006-1666 du 21 déc. 2006, art. 92-I-1°, applicable à compter de la campagne de production 2006-2007.*

CHAPITRE III *QUATER [ABROGÉ]* COTISATION DE SOLIDARITÉ SUR LES CÉRÉALES

(Abrogé par L. n° 2019-1479 du 28 déc. 2019, art. 21-I-5° et XI-B, applicable aux impositions dont le fait générateur intervient à compter du 1er janv. 2020)

Art. 564 *quinquies* ***I. — Il est institué une cotisation de solidarité à la charge des producteurs de blé et d'orge, portant sur toutes les quantités livrées aux collecteurs agréés. Toutefois, sont exclues, à compter de la campagne 1991-1992, les quantités de céréales contenues dans les aliments acquis par les producteurs-éleveurs pour la nourriture animale.***

Le taux de cette cotisation est fixé par décret pour chaque campagne, dans la limite d'un montant de 0,1 € par quintal.

La cotisation est perçue auprès des collecteurs agréés par les services de l'État *[V. Ann. III, le 1° de l'art. 406 undecies].*

Elle est recouvrée et les infractions sont poursuivies selon les mêmes procédures et sous les mêmes garanties que celles applicables en matière de contributions indirectes.

II. — Abrogé.

CHAPITRE III *QUINQUIES* COTISATION DE SOLIDARITÉ SUR LES GRAINES OLÉAGINEUSES

Art. 564 *sexies* *Abrogé par L. n° 2014-1654 du 29 déc. 2014, art. 20-II-1°.*

CHAPITRE III *SEXIES*

Art. 564 *septies* et 564 *octies* *Abrogés par L. n° 86-1317 du 30 déc. 1986, art. 35-I.*

CHAPITRE III *SEPTIES*

Art. 564 *nonies* *Transféré ss. art. 302 bis KA.*

CHAPITRE IV TABACS

SECTION PREMIÈRE TABACS

0I DISPOSITIONS GÉNÉRALES

Art. 564 decies *(Abrogé par Ord. n° 2021-1843 du 22 déc. 2021, art. 10-47°-ab, à compter du 1er janv. 2022)* ***Sont assimilés aux tabacs manufacturés :***

1° Les produits destinés à être fumés, prisés ou mâchés, même s'ils ne sont que partiellement constitués de tabac** [Ann. II, art. 275 A à 275 G]* ***;

2° Les cigarettes et produits à fumer, même s'ils ne contiennent pas de tabac, à la seule exclusion des produits qui sont destinés à un usage médicamenteux.

Art. 564 undecies *(Abrogé par Ord. n° 2021-1843 du 22 déc. 2021, art. 10-47°-ab, à compter du 1er janv. 2022)* ***Les dispositions de l'article 302 H ter, du II de l'article 302 K et des articles 302 U bis et 302 V bis ne sont pas exclusives des dispositions spécifiques relatives à la vente au détail des produits du tabac.***

Art. 564 duodecies *Transféré ss. l'art. 569 (Décr. n° 2013-463 du 3 juin 2013).*

I TABACS – RÉGIME ÉCONOMIQUE

Art. 565 1. L'importation, l'introduction et la commercialisation en gros en France métropolitaine des tabacs manufacturés peuvent être effectuées par toute personne physique ou morale qui s'établit en qualité de fournisseur en vue d'exercer cette activité dans les conditions fixées par décret en Conseil d'État. – *Ann. II, art. 276, 277 et 279.*

2. Sur ce même territoire, la fabrication des tabacs manufacturés peut être effectuée par toute personne physique ou morale qui s'établit en qualité de fabricant en vue d'exercer cette activité dans les conditions fixées par décret en Conseil d'État *[Ann. II, art. 276 à 279]*. Les dispositions des articles 570 et 571 sont applicables à cette personne en tant que fournisseur. La vente au détail des tabacs manufacturés est réservée à l'État.

3. Les personnes physiques ou morales qui approvisionnent les titulaires du statut d'acheteur-revendeur prévu au douzième alinéa de l'article 568 ne sont pas tenues de s'établir en qualité de fournisseur pour introduire, commercialiser en gros et, le cas échéant, importer des tabacs manufacturés. *(Ord. n° 2021-1843 du 22 déc. 2021, art. 10-28°, en vigueur le 1er janv. 2022)* « Ces personnes sont soumises aux règles de suivi et de gestion des produits mentionnées aux 2°, 6° et 7° de l'article L. 311-39 du code des impositions sur les biens et services. »

Art. 566 *Transféré ss. l'art. 564 decies.*

Art. 567 *Abrogé à compter du 6 janv. 1995.*

Art. 568 Le monopole de vente au détail est confié à l'administration qui l'exerce, dans des conditions et selon des modalités fixées par décret, par l'intermédiaire de débitants désignés comme ses préposés et tenus à droit de licence, des titulaires du statut d'acheteur-revendeur mentionné au dernier alinéa, ou par l'intermédiaire de revendeurs qui sont tenus de s'approvisionner en tabacs manufacturés exclusivement auprès des débitants désignés ci-dessus. – *V. Ann. III, art. 350 quater-II-3°.*

Un débitant de tabac ne peut gérer son activité que sous la forme juridique de l'exploitation individuelle ou de la société en nom collectif dont tous les associés sont des personnes physiques. Cette dernière condition n'est cependant pas exigée du débitant de tabac bénéficiant d'une autorisation d'occupation du domaine public. Dans ce cas, le débitant peut être une société en nom collectif comportant des associés personnes morales. Les conditions d'exploitation du débit de tabac sont fixées par décret.

Dans l'hypothèse où l'activité est exercée sous forme de société en nom collectif :

– l'activité de vente de tabac doit figurer dans l'objet social ;

– l'ensemble des activités commerciales et l'activité de vente au détail des tabacs manufacturés sont gérés sous la même forme juridique d'exploitation ;

– la société en nom collectif prend en charge l'actif et le passif de l'ensemble des activités, y compris, pour les sociétés déjà constituées, le passif de l'activité de vente de tabac antérieur à l'extension de l'objet social ;

— chacun des associés doit remplir l'ensemble des conditions d'agrément fixées par décret.

Pour chaque catégorie fiscale de tabac, le taux du droit de licence appliqué à la remise mentionnée au 3° du I de l'article 570 est fixé conformément au tableau ci-après :

ANNÉE	TAUX (en %)
2017	18,856
2018	18,465
2019	19,920
2020	18,913
2021	17,907

Tableau mod par L. n° 2018-1317 du 28 déc. 2018, art. 207-I-1°, en vigueur jusqu'au 31 déc. 2021.

Pour 2019 et 2020, les tarifs ci-dessus étaient fixés, respectivement, à 18,275 € et 18,089 €.

ANNÉE	TAUX (en %)
À partir du 1er janvier 2022	17,729

Tableau issu de la L. n° 2020-1721 du 29 déc. 2020, art. 152-I-1° et II, en vigueur le 1er janv. 2022.

Le droit de licence est exigible à la *(L. n° 2019-1479 du 28 déc. 2019, art. 195-I-3°-a)* **« mise à la consommation des tabacs manufacturés ». Il est liquidé par les fournisseurs mentionnés au 1 de l'article 565, au plus tard le** *(L. n° 2018-1317 du 28 déc. 2018, art. 207-I-1°-b et III-B, en vigueur le 1er juill. 2019)* **« 10** *[ancienne rédaction : 25]* **» de chaque mois, sur la base d'une déclaration des quantités livrées au débitant au cours du mois précédent transmise à l'administration. Il est acquitté,** *(L. n° 2018-1317 du 28 déc. 2018, art. 207-I-1°-b et III-B, en vigueur le 1er juill. 2019)* **« le 5 du mois suivant celui** *[ancienne rédaction : à la date]* **» de la liquidation, auprès de l'administration, par les mêmes fournisseurs et pour le compte des débitants.** *(Abrogé par L. n° 2019-1479 du 28 déc. 2019, art. 195-I-3°-b)* **«** ***Une caution garantissant le paiement du prélèvement est exigée des fournisseurs.*** **» Jusqu'au 31 décembre** *(L. n° 2020-1721 du 29 déc. 2020, art. 152, en vigueur le 1er janv. 2022)* **« 2022** *[ancienne rédaction : 2021]* **», sauf pour les débitants constitués en société sous la forme juridique de sociétés en nom collectif dont les associés sont des personnes morales, l'administration restitue les sommes qu'elle a encaissées au titre du droit de licence jusqu'à un seuil de chiffre d'affaires annuel réalisé sur les livraisons de tabacs manufacturés fixé à 157 303 € pour les débits de France continentale et à** *(L. n° 2020-1721 du 29 déc. 2020, art. 152, en vigueur le 1er janv. 2022)* **« 125 842 €** *[ancienne rédaction : 117 977 €]* **» pour ceux situés en Corse. La restitution est réservée aux débitants dont le montant des livraisons de tabacs manufacturés de l'année précédente est inférieur à** *(L. n° 2020-1721 du 29 déc. 2020, art. 152, en vigueur le 1er janv. 2022)* **« 500 000 €** *[ancienne rédaction : 400 000 €]* **». Elle fait l'objet d'un versement annuel sur la base des déclarations mensuelles des livraisons effectuées à chaque débitant, adressées par les fournisseurs au plus tard le neuvième jour du mois suivant. Un décret fixe les modalités et conditions d'application du présent alinéa.** — *V. Décr. n° 2016-1987 du 30 déc. 2016.*

Le droit de licence mentionné au premier alinéa est constaté, recouvré et contrôlé suivant les règles propres aux contributions indirectes.

Les acheteurs-revendeurs de tabacs manufacturés sont les personnes physiques ou morales agréées par la Direction générale des douanes et droits indirects, qui exploitent des comptoirs de vente *(Ord. n° 2021-1843 du 22 déc. 2021, art. 10-29°-a, en vigueur le 1er janv. 2022)* « situés dans l'enceinte d'un port, d'un aéroport ou du terminal du tunnel sous la Manche ou des boutiques à bord de moyens de transport, qui sont autorisés en application du 2° de l'article L. 311-39 du code des impositions sur les biens et services et qui » vendent des tabacs manufacturés aux seuls voyageurs titulaires d'un titre de transport mentionnant comme destination *(Ord. n° 2021-1843 du 22 déc. 2021, art. 10-29°-c, en vigueur le 1er janv. 2022)* « un territoire autre que la métropole », dans des conditions fixées par décret en Conseil d'État. — *Sur les délais d'agrément, V. App., Décr. n° 2014-1281 du 23 oct. 2014. — V. Ann. II, art. 289, 56°.*

V. Décr. n° 2010-720 du 28 juin 2010 relatif à l'exercice du monopole de la vente au détail des tabacs manufacturés.

Art. 568 *bis* Par dérogation à l'article 568, dans les départements d'outre-mer, seuls *[seules]* peuvent vendre du tabac au détail, à compter du 1er janvier *(L. n° 2017-1775 du 28 déc. 2017, art. 68)* « 2019 », les personnes ayant la qualité de commerçants, titulaires d'une licence accordée au nom du département par le président du conseil départemental. Une licence ne vaut que pour un point de vente.

Le nombre de licences accordées par département est déterminé en application de règles générales d'implantation fixées par décret. Ces règles tiennent notamment compte du nombre d'habitants par commune.

Cette licence ne peut être accordée pour la vente au détail du tabac dans un magasin de commerce de détail d'une surface de vente supérieure à 200 mètres carrés ou dans les galeries marchandes attenantes à des supermarchés ou des hypermarchés, à l'exclusion des surfaces réservées à la distribution de carburants, ou dans un magasin de vente en gros ouvert aux particuliers. Ne sont pas concernés par cette interdiction les magasins de commerce de détail du tabac installés au 1er janvier *(L. n° 2017-1775 du 28 déc. 2017, art. 68)* « 2018 » dans les galeries marchandes attenantes à des supermarchés ou des hypermarchés.

La délivrance de cette licence est soumise au versement, au profit du département d'outre-mer concerné, d'une redevance annuelle dont le montant est fixé par délibération du conseil départemental.

A compter du 1er janvier *(L. n° 2017-1775 du 28 déc. 2017, art. 68)* « 2019 », seuls les distributeurs agréés peuvent vendre du tabac manufacturé aux personnes mentionnées au premier alinéa.

A titre transitoire, les détaillants vendant habituellement du tabac manufacturé antérieurement au 1er janvier *(L. n° 2017-1775 du 28 déc. 2017, art. 68)* « 2019 » et n'ayant pas bénéficié de l'attribution d'une licence au titre de l'année *(L. n° 2017-1775 du 28 déc. 2017, art. 68)* « 2019 » sont autorisés à poursuivre la vente aux particuliers pendant la période strictement nécessaire à l'épuisement de leur stock et au plus tard jusqu'au 30 juin *(L. n° 2017-1775 du 28 déc. 2017, art. 68)* « 2019 ».

Art. 568 *ter* I. — La vente à distance de produits du tabac manufacturé, y compris lorsque l'acquéreur est situé à l'étranger, est interdite en France métropolitaine et dans les départements d'outre-mer. L'acquisition, l'introduction en provenance d'un autre État membre de l'Union européenne ou l'importation en provenance de pays tiers de produits du tabac manufacturé dans le cadre d'une vente à distance sont également interdites en France métropolitaine et dans les départements d'outre-mer.

II. — Les produits du tabac manufacturé découverts dans les colis postaux ou dans les colis acheminés par les entreprises de fret express *(Abrogé par L. n° 2021-1900 du 30 déc. 2021, art. 135)* « *, provenant d'un autre État,* » sont présumés avoir fait l'objet d'une opération interdite au sens du I, sauf preuve contraire.

Art. 569 *(Abrogé par L. n° 2015-1785 du 29 déc. 2015, art. 122)* I. — *Les paquets, cartouches et tous conditionnements de produits du tabac fabriqués, importés ou en provenance d'un autre État membre de l'Union européenne et introduits en France doivent être revêtus d'un identifiant unique, imprimé ou apposé de façon inamovible et indélébile, qui n'est en aucune façon dissimulé ou interrompu et permet d'accéder à des informations relatives aux mouvements de ces produits du tabac.*

Les personnes concernées par le commerce des produits du tabac, du fabricant au dernier opérateur avant le premier détaillant, enregistrent l'entrée de toutes les unités de conditionnement en leur possession, ainsi que tous les mouvements intermédiaires et la sortie définitive des unités de conditionnement.

Les personnes qui interviennent dans la chaîne d'approvisionnement des produits du tabac conservent un relevé complet et précis de toutes les opérations concernées.

Les fabricants de produits du tabac fournissent à toutes les personnes concernées par le commerce de ces produits, du fabricant au dernier opérateur avant le premier détaillant, y compris les importateurs, entrepôts et sociétés de transport, l'équipement nécessaire pour enregistrer les produits du tabac achetés, vendus, stockés, transportés ou soumis à toute autre manipulation. Cet équipement permet de lire les données enregistrées et de les transmettre sous forme électronique à une installation de stockage de données.

(Abrogé par Ord. n° 2016-623 du 19 mai 2016, art. 3) (L. n° 2016-41 du 26 janv. 2016, art. 33) « L'enregistrement et la traçabilité des données liées aux opérations d'importation et de commercialisation de produits du tabac sont contrôlés par un tiers indépendant, selon des modalités fixées par décret. »

II. — Les fabricants et les importateurs de produits du tabac concluent un contrat de stockage de données avec un tiers indépendant, dans le but d'héberger l'installation de stockage des informations mentionnées au I.

Le tiers, au regard notamment de son indépendance et ses capacités techniques, de même que le contrat de stockage de données sont approuvés par la Commission européenne.

Les activités du tiers indépendant sont contrôlées par un auditeur externe, lequel est proposé et rémunéré par le fabricant de tabac et approuvé par la Commission européenne. L'auditeur externe soumet au ministre chargé des douanes et à la Commission européenne un rapport annuel dans lequel sont en particulier évaluées les irrégularités éventuelles liées à l'accès aux données stockées par le tiers indépendant.

III. — L'installation de stockage de données est physiquement située sur le territoire de l'Union européenne.

La Commission européenne, le ministre chargé des douanes et l'auditeur externe ont pleinement accès aux installations de stockage de données.

Les informations mentionnées au I sont enregistrées dans des traitements automatisés de données à caractère personnel et sont soumises à la loi n° 78-17 du 6 janvier 1978 relative à l'informatique, aux fichiers et aux libertés.

Elles ne peuvent pas être modifiées ou effacées par une personne concernée par le commerce des produits du tabac.

IV. — Outre l'identifiant unique mentionné au I, toutes les unités de conditionnement des produits du tabac mentionnés au même I comportent un dispositif de sécurité infalsifiable, composé d'éléments visibles et invisibles. Le dispositif de sécurité est imprimé ou apposé de façon inamovible et indélébile, et n'est en aucune façon dissimulé ou interrompu.

V. — Un décret en Conseil d'État, pris après avis de la Commission nationale de l'informatique et des libertés, définit les modalités d'application du présent article.

Art. 570 I. — Selon les modalités fixées par voie réglementaire, tout fournisseur est soumis aux obligations suivantes :

1° Livrer des tabacs aux seuls débitants désignés à l'article 568 ;

2° Conserver la propriété des tabacs depuis leur entrée ou leur fabrication en France jusqu'à leur vente au détail après consignation chez le débitant ;

3° Consentir à chaque débitant une remise dont les taux *(L. n° 2017-1775 du 28 déc. 2017, art. 35)* « ou les montants sont réglementés » par arrêté pour la France continentale, d'une part, et pour *(Ord. n° 2016-1561 du 21 nov. 2016, art. 1er-II-4° et 20, en vigueur le 1er janv. 2018)* « la *[ancienne rédaction : les départements de]* Corse », d'autre part. Cette remise comprend l'ensemble des avantages directs ou indirects qui lui sont alloués ; *— V. Arr. du 24 déc. 2008 (JO 28 déc.).*

4° Consentir à chaque débitant des crédits dans des conditions fixées par décret en Conseil d'État ; *— V. Ann. II, art. 282.*

5° Livrer les tabacs commandés par tout débitant quelle que soit la localisation géographique du débit ;

6° Utiliser pour chaque livraison à un débitant un document revêtu de la marque du monopole de vente au détail, conforme au modèle fixé par l'administration et fournir périodiquement à celle-ci des relevés récapitulatifs des livraisons ;

7° Présenter à l'administration pour obtenir la mainlevée des tabacs importés, soit un titre de mouvement à destination d'un entrepôt, soit le document mentionné au 6° en cas d'expédition à un débitant ;

8° Lorsque les tabacs transitent par des entrepôts autres que douaniers :

a) soumettre ces entrepôts au contrôle de l'administration ;

b) y tenir une comptabilité-matières qui doit être représentée à toute réquisition de l'administration ; *— V. Ann. II, art. 278.*

c) faire circuler les tabacs jusqu'au dernier entrepôt sous le couvert d'un titre de mouvement.

II. — Selon les modalités fixées par décret, les personnes désignées au 3 de l'article 565 sont soumises aux obligations suivantes :

1° Livrer des tabacs manufacturés aux seuls acheteurs-revendeurs mentionnés au douzième alinéa de l'article 568 ;

2° Conserver la propriété des tabacs jusqu'à leur entrée sous le régime suspensif mentionné au 1° de l'article 302 F *ter.*

III. Toute infraction aux obligations mentionnées aux I et II peut entraîner le retrait de l'agrément, sans préjudice des dispositions contentieuses prévues en matière de contributions indirectes. *— V. Ann. III, le 4° du I de l'art. 350 quater.*

Art. 571 Les fournisseurs mentionnés à l'article 570 sont tenus de déclarer à l'administration chacun de leurs établissements.

Les agents du service peuvent procéder librement à tous les contrôles nécessaires à l'intérieur de ces établissements, dans les conditions fixées par l'article L. 27 du Livre des procédures fiscales. *— V. Ann. III, le 8° de l'art. 350 quinquies.*

Art. 572 Le prix de détail de chaque produit, exprimé aux 1 000 unités ou aux 1 000 grammes est unique pour l'ensemble du territoire et librement déterminé par les fabricants et les fournisseurs agréés. *(L. n° 2017-1775 du 28 déc. 2017, art. 35)* « Pour chaque conditionnement, le prix de détail du produit est égal à ce prix unique rapporté à la contenance du conditionnement, puis arrondi au multiple de 5 centimes d'euros le plus proche. Pour chaque produit et chaque conditionnement, le prix de détail » est applicable après avoir été homologué par arrêté conjoint des ministres chargés de la santé et du budget, dans des conditions définies par décret en Conseil d'État. Il ne peut toutefois être homologué s'il est inférieur à la somme du prix de revient et de l'ensemble des taxes. Cet arrêté mentionne la marque et la dénomination commerciale des produits du tabac à la condition que ces dernières respectent les dispositions de l'article L. 3512-21 du code de la santé publique. *— V. Ann. II, art. 284.*

Les tabacs manufacturés vendus ou importés dans les départements de Corse sont ceux qui ont été homologués conformément aux dispositions du premier alinéa. Toutefois, le prix de vente au détail applicable à ces produits *(Ord. n° 2016-1561 du 21 nov. 2016, art. 1er-II-5° et 20, en vigueur le 1er janv. 2018)* « en *[ancienne rédaction : dans les départements de]* » Corse est déterminé dans les conditions prévues à l'article 575 E *bis.* *— V. L. n° 2019-1479 du 28 déc. 2019, art. 195-III-3°, abrogé par Ord. n° 2021-1843 du 22 déc. 2021, art. 36-20°, en vigueur le 1er janv. 2022.*

En cas de changement de prix de vente et sur instruction expresse de l'administration, les débitants de tabac sont tenus de déclarer, dans les cinq jours qui suivent la date d'entrée en vigueur des nouveaux prix, les quantités en leur possession à cette date. Cette déclaration est effectuée par voie électronique. Toutefois, les débitants de tabac qui ne disposent pas, en raison de l'absence de couverture du lieu dans lequel se situe leur débit par un ou plusieurs réseaux offrant un accès aux communications électroniques, d'un système d'information permettant d'accéder à internet, établissent leur déclaration sur papier.

Droit communautaire. En maintenant en vigueur, d'une part, un système imposant un prix de référence minimal pour l'ensemble des cigarettes vendues sous une même marque et, d'autre part, un système imposant une taxation différente pour les cigarettes brunes et les cigarettes blondes, au détriment des cigarettes blondes, la France a manqué aux obligations qui lui incombent en vertu des art. 9-1, 8-2 et 16-5 de la Directive modifiée n° 95-59/CE du 27 nov. 1995 concernant les impôts autres que les taxes sur le chiffre d'affaires frappant la consommation des tabacs manufacturés, de l'art. 2 de la Directive n° 92-79/CE du 19 oct. 1992 concernant le rapprochement des taxes frappant les cigarettes et de l'art. 95 (devenu 90) du Traité CE. • CJCE 27 févr. 2002, n° C-302-00 : *D. 2002. IR 1012 ; Europe 2002. 156, note Rigaux.*

Art. 572 *bis* **Le prix de vente au détail des produits vendus par les revendeurs mentionnés au douzième alinéa de l'article 568 et des produits livrés aux voyageurs par les acheteurs-revendeurs désignés au troisième alinéa de cet article est librement déterminé, sans que toutefois ce prix puisse être inférieur au prix de détail exprimé aux 1 000 unités ou aux 1 000 grammes repris à l'arrêté d'homologation. Les acheteurs-revendeurs sont tenus d'inscrire dans leur comptabilité matières et de porter sur la déclaration de liquidation des droits tous les changements de prix intervenus au cours de la période couverte par ladite déclaration.**

Art. 573 *(Abrogé par L. n° 2016-41 du 26 janv. 2016, art. 23-III)* ***Dans les débits de tabac et chez les acheteurs-revendeurs mentionnés au douzième alinéa de l'article 568, la publicité pour les tabacs manufacturés est réglementée dans les conditions déterminées par décret en Conseil d'État.*** *— V. Ann. II, art. 283.*

La publicité est interdite chez les acheteurs-revendeurs mentionnés au premier alinéa de l'article 568.

DOM

Art. 574 **Les conditions d'application dans les départements d'outre-mer des articles 565 et 570 à 572 sont fixées par voie réglementaire.** *— Ann. II, art. 286 G.*

II *RÉGIME FISCAL*

Art. 575 *(Abrogé par Ord. n° 2021-1843 du 22 déc. 2021, art. 10-47°-ac, à compter du 1er janv. 2022)* ***« Les tabacs manufacturés vendus au détail ou importés dans les départements de la France métropolitaine*** *[ancienne rédaction : continentale]* ***» sont soumis à un droit de consommation.***

« Le droit de consommation sur les tabacs comporte une part spécifique par unité de produit ou de poids et une part proportionnelle au prix de vente au détail.

« La part proportionnelle résulte de l'application du taux proportionnel au prix de vente au détail des produits. La part spécifique est exprimée en montant pour mille unités ou mille grammes au sein d'un même groupe de produits.

« Le taux de la part proportionnelle ainsi que le montant pour mille unités ou pour mille grammes de la part spécifique sont fixés, par groupe de produits, à l'article 575 A. »

Le prix moyen pondéré de vente au détail *(Ord. n° 2021-1843 du 22 déc. 2021, art. 10-30°, en vigueur le 1er janv. 2022)* **« en France continentale des tabacs manufacturés » est calculé par groupe de produits en fonction de la valeur totale de l'ensemble des unités mises à la consommation, basée sur le prix de vente au détail toutes taxes comprises, divisée par la quantité totale mise à la consommation.**

Le prix moyen pondéré de vente au détail *(Ord. n° 2021-1843 du 22 déc. 2021, art. 10-30°, en vigueur le 1er janv. 2022)* **« en France continentale des tabacs manufacturés » est établi pour chaque groupe de produits au plus tard le 31 janvier de chaque année, sur la base des données concernant toutes les mises à la consommation effectuées l'année civile précédente, par arrêté conjoint des ministres chargés de la santé et du budget.** *— V. Arr. du 21 janv. 2015 (JO 30 janv.).*

(Abrogé par Ord. n° 2021-1843 du 22 déc. 2021, art. 10-47°-ac, à compter du 1er janv. 2022) ***« Le montant du droit de consommation applicable à un groupe de produits ne peut être inférieur à un minimum de perception fixé par mille unités ou mille grammes. Le minimum de perception de chacun des groupes de produits figurant à l'article 575 A peut être majoré dans la limite de 10 % pour l'ensemble des références de produits du tabac d'un même groupe, par arrêté conjoint des ministres chargés de la santé et du budget. »***

Pour l'année 2021, V. Arr. du 26 janv. 2022, art. 1er (JO 30 janv.).

Art. 575 A *(Abrogé par Ord. n° 2021-1843 du 22 déc. 2021, art. 10-47°-ad, à compter du 1er janv. 2022) (L. n° 2018-1317 du 28 déc. 2018, art. 207-I-2° et III-A, en vigueur le 1er mars 2019)* ***Pour les différents groupes de produits mentionnés à l'article 575, le taux***

proportionnel, la part spécifique et le minimum de perception sont, pour chacune des périodes au cours de laquelle le droit devient exigible, fixés conformément au tableau ci-après :

[Tableau en vigueur jusqu'au 29 févr. 2020]

Période	**Du 1er mars 2019 au 31 octobre 2019**	**Du 1er novembre 2019 au 29 février 2020**	**Du 1er mars 2020 au 31 octobre 2020**	**À compter du 1er novembre 2020**
Cigarettes				
Taux proportionnel (en %)	*51,7*	*52,7*	*53,6*	*54,6*
Part spécifique pour mille unités (en euros)	*61,1*	*62,0*	*62,5*	*62,7*
Minimum de perception pour mille unités (en euros)	*279*	*297*	*314*	*333*
Cigares et cigarillos				
Taux proportionnel (en %)	*30,0*	*32,3*	*34,3*	*36,1*
Part spécifique pour mille unités (en euros)	*30,0*	*35,3*	*41,5*	*46,0*
Minimum de perception pour mille unités (en euros)	*176*	*205*	*237*	*266*
Tabacs fine coupe destinés à rouler les cigarettes				
Taux proportionnel (en %)	*45,6*	*46,7*	*47,7*	*48,7*
Part spécifique pour mille grammes (en euros)	*72,5*	*76,2*	*79,3*	*82,1*
Minimum de perception pour mille grammes (en euros)	*239*	*260*	*281*	*302*
Autres tabacs à fumer				
Taux proportionnel (en %)	*49,0*	*49,9*	*50,6*	*51,3*
Part spécifique pour mille grammes (en euros)	*23,4*	*25,3*	*27,2*	*29,1*
Minimum de perception pour mille grammes (en euros)	*108*	*117*	*126*	*134*
Tabacs à priser				
Taux proportionnel (en %)	*55,0*	*56,2*	*57,1*	*58,0*
Tabacs à mâcher				
Taux proportionnel (en pourcentage)	*38,5*	*39,3*	*40,0*	*40,6*

[Tableau en vigueur le 1er mars 2020 (L. nº 2019-1479 du 28 déc. 2019, art. 195-I-4º), mod. par L. nº 2020-1721 du 29 déc. 2020, art. 204, mod. par Décr. nº 2021-744 du 9 juin 2021, art. 1er)]

Période	*Du 1er mars 2020 au 31 octobre 2020*	*À compter du 1er novembre 2020*	*À compter du 1er janvier 2021*	*À compter du 1er janvier 2022*
Cigarettes				
Taux proportionnel (en %)	*54*	*55*	*55*	*55*
Part spécifique pour mille unités (en euros)	*62,8*	*62,9*	*63,5*	*63,60*
Minimum de perception pour mille unités (en euros)	*314*	*333*	*336*	*336,70*
Cigares et cigarillos				
Taux proportionnel (en %)	*34,5*	*36,3*	*36,3*	*36,3*
Part spécifique pour mille unités (en euros)	*43,7*	*48,2*	*48,60*	*48,70*
Minimum de perception pour mille unités (en euros)	*237*	*266*	*268,40*	*268,90*
Tabacs fine coupe destinés à rouler les cigarettes				
Taux proportionnel (en %)	*48,1*	*49,1*	*49,1*	*49,1*
Part spécifique pour mille grammes (en euros)	*79,8*	*82,6*	*83,30*	*83,50*
Minimum de perception pour mille grammes (en euros)	*281*	*302*	*304,70*	*305,30*
Autres tabacs à fumer				
Taux proportionnel (en %)	*50,7*	*51,4*	*51,4*	*51,4*
Part spécifique pour mille grammes (en euros)	*29,1*	*31,0*	*31,30*	*31,40*
Minimum de perception pour mille grammes (en euros)	*126*	*134*	*135,20*	*135,50*
Tabac[s] à priser				
Taux proportionnel (en %)	*57,2*	*58,1*	*58,1*	*58,1*
Tabacs à mâcher				
Taux proportionnel (en %)	*40,1*	*40,7*	*40,7*	*40,7*

Les montants de part spécifique et de minimum de perception de chacun des groupes de produits sont, à compter du 1er janvier 2021, relevés au 1er janvier de chaque année dans une proportion égale au taux de croissance de l'indice des prix à la consommation hors tabac

de l'avant-dernière année sans toutefois pouvoir excéder 1,8 %. Cette proportion est arrondie au dixième de pourcent, le demi-dixième comptant pour un. Le tarif est constaté par arrêté conjoint des ministres chargés de la santé et du budget.

Art. 575 B *(Abrogé par L. n° 2019-1479 du 28 déc. 2019, art. 195-I-5°)* ***Pour les tabacs manufacturés importés soumis à des droits de douane, il est fait abstraction de ceux-ci pour le calcul du droit de consommation.***

Ces dispositions s'appliquent également aux tabacs manufacturés importés dans les départements d'outre-mer et *(Ord. n° 2016-1561 du 21 nov. 2016, art. 1er-II-5° et 20, en vigueur le 1er janv. 2018)* ***« en*** *[ancienne rédaction : dans les départements de]* ***» Corse.***

Art. 575 C *(Abrogé par Ord. n° 2021-1843 du 22 déc. 2021, art. 10-47°-ae, à compter du 1er janv. 2022)* ***Le droit de consommation est exigible à la mise à la consommation ou lors de l'importation.***

Sous réserve des dispositions mentionnées au 3° de l'article 302 F ter, le droit de consommation est liquidé *(L. n° 2018-1317 du 28 déc. 2018, art. 207-I-3°-a et III-B, en vigueur le 1er juill. 2019)* ***« au plus tard le dixième*** *[ancienne rédaction : le dernier]* ***» jour de chaque mois d'après la déclaration*** *[Ann. II, art. 286 C]* ***des quantités de tabacs manufacturés mis à la consommation*** *(L. n° 2018-1317 du 28 déc. 2018, art. 207-I-3°-a et III-B, en vigueur le 1er juill. 2019)* ***« au cours du mois précédent. Le modèle de cette déclaration est établi par l'administration. »***

Il est payé par le fournisseur à l'administration *[V. Ann. III, le 2° de l'art. 406 undecies]*, ***au plus tard le 5 du*** *(L. n° 2018-1317 du 28 déc. 2018, art. 207-I-3°-b et III-B, en vigueur le 1er juill. 2019)* ***« mois suivant celui de la liquidation*** *[ancienne rédaction : deuxième mois suivant celui au titre duquel la liquidation a été effectuée]* ***».***

En ce qui concerne les tabacs manufacturés fabriqués dans les départements de France métropolitaine ou dans un autre État membre de l'Union européenne ou mis en libre pratique dans un autre État membre de la l'Union européenne, le droit de consommation est recouvré selon les procédures et sous le bénéfice des sûretés prévues par le code général des impôts en matière de contributions indirectes.

A l'importation, le droit est dû par l'importateur ; il est recouvré comme en matière de douane.

Le régime fiscal des tabacs est transféré aux art. L. 314-1 s. CIBS à compter du 1er janv. 2022.

Les dispositions ci-dessus seront abrogées à compter de l'entrée en vigueur des dispositions prises en application ou pour l'application des dispositions législatives du CIBS susvisées (Ord. n° 2021-1843 du 22 déc. 2021, art. 38).

Art. 575 D *(Abrogé par Ord. n° 2021-1843 du 22 déc. 2021, art. 10-47°-ae, à compter du 1er janv. 2022)* ***Dans des conditions et à partir d'une date fixées par décret*** *[non émis]*, ***les unités de conditionnement pour la vente au détail des tabacs doivent être revêtues d'une marque fiscale représentative du droit de consommation.***

Ces marques sont suivies en compte pour la valeur fiscale qu'elles représentent. Les quantités manquantes sont soumises au droit de consommation dès leur constatation par l'administration. *— V. Ann. III, art. 350 undecies.*

Jusqu'à la mise en vigueur de la marque fiscale, les fournisseurs doivent imprimer de façon apparente sur chaque unité de conditionnement les mentions prescrites par l'administration. *— V. Ann. IV, art. 56 AQ.*

Le présent art., qui concerne des mesures de suivi et de gestion des produits soumis à accise visées à l'art. L. 311-39 CIBS, est abrogé à compter de l'entrée en vigueur des dispositions prises en application ou pour l'application des dispositions législatives du CIBS (Ord. n° 2021-1843 du 22 déc. 2021, art. 38).

CORSE — DOM

Art. 575 E *(Abrogé par Ord. n° 2021-1843 du 22 déc. 2021, art. 10-47°-ae, à compter du 1er janv. 2022)* ***Dans les*** *(L. n° 2019-1479 du 28 déc. 2019, art. 195-I-6°-a)* ***« territoires ultramarins mentionnés au 1° de l'article 302 C », le droit de consommation est exigible, soit à l'importation, soit à l'issue de la fabrication par les usines locales. Il est liquidé et perçu selon les règles et garanties applicables en matière douanière*** *[V. Ann. II, art. 286 B]*.

Le droit de consommation perçu dans les départements de la Guyane et de La Réunion reçoit l'affectation prévue pour les droits de consommation sur les tabacs par l'article 1er de la loi n° 66-1011 du 28 décembre 1966 portant réforme du régime fiscal particulier des

tabacs consommés dans les départements de la Guyane, de la Martinique et de La Réunion et par l'article 9 de la loi de finances rectificative pour 1974 (nº 74-1114 du 27 décembre 1974).

(L. nº 2019-1479 du 28 déc. 2019, art. 77-XI) ***« A compter du 1er janvier 2020, le droit de consommation perçu dans le département de La Réunion est ainsi réparti :***

« a) 77,43 % sont affectés au budget de ce département ;

« b) 22,57 % reviennent au budget général de l'État.

« Si le produit de la taxe sur les tabacs attribué pour une année donnée représente un montant inférieur pour l'année considérée au montant correspondant au produit de la fraction définie au b du présent article par l'assiette pour 2020, la différence fait l'objet d'une minoration, à due concurrence, de la dotation de compensation mentionnée à l'article L. 3334-7-1 du code général des collectivités territoriales. »

(L. nº 2019-1479 du 28 déc. 2019, art. 195-I-6º-b) ***« Pour l'application du régime fiscal des tabacs, les échanges entre la France métropolitaine et chacun des territoires ultramarins mentionnés au 1º de l'article 302 C ainsi qu'entre ces territoires, à l'exclusion de l'union des territoires de la Guadeloupe et de la Martinique, sont assimilés à des opérations d'importation ou d'exportation. »***

Les unités de conditionnement doivent être revêtues des mentions prescrites par l'administration. *— V. Ann. IV, art. 56 AQ.*

Art. 575 E *bis* *(Abrogé par Ord. nº 2021-1843 du 22 déc. 2021, art. 10-47º-af, à compter du 1er janv. 2022)* ***« I. — Les tabacs manufacturés vendus au détail ou importés*** *(Ord. nº 2016-1561 du 21 nov. 2016, art. 1er-II-5º et 20, en vigueur le 1er janv. 2018)* ***« en » Corse sont soumis à un droit de consommation.***

« Ce droit de consommation, par dérogation aux taux mentionnés à l'article 575 A et dans la limite d'un contingent de 1 200 tonnes par an pour les cigarettes, est déterminé conformément aux deuxième à sixième alinéas de l'article 575. *— V. Arr. du 23 janv. 2014, art. 2 (JO 30 janv.).*

« *(L. nº 2018-1317 du 28 déc. 2018, art. 207-I-4º et III-A, en vigueur le 1er mars 2019)* ***« Pour les différents groupes de produits mentionnés à l'article 575, le taux proportionnel*** *(L. nº 2019-1479 du 28 déc. 2019, art. 195-I-7º)* ***« et la part spécifique » sont, pour chacune des périodes au cours de laquelle le droit devient exigible, fixés conformément au tableau ci-après : »***

Groupe de produits	***Du 1er mars 2019 au 31 octobre 2019***	***Du 1er novembre 2019 au 29 février 2020***	***Du 1er mars 2020 au 31 octobre 2020***	***À compter du 1er novembre 2020***
Cigarettes				
Taux proportionnel (en %)	***44,4***	***45,8***	***47,3***	***48,8***
Part spécifique pour mille unités (en euros)	***36,3***	***40,1***	***43,9***	***47,6***
Cigares et cigarillos				
Taux proportionnel (en %)	***17,8***	***20,4***	***22,9***	***25,5***
Part spécifique pour mille unités (en euros)	***31,9***	***36,4***	***40,9***	***45,4***
Tabacs fine coupe destinés à rouler les cigarettes				
Taux proportionnel (en %)	***25,1***	***28,5***	***31,9***	***35,2***
Part spécifique pour mille grammes (en euros)	***40,4***	***46,3***	***52,3***	***58,3***

Groupe de produits	***Du 1er mars 2019 au 31 octobre 2019***	***Du 1er novembre 2019 au 29 février 2020***	***Du 1er mars 2020 au 31 octobre 2020***	***À compter du 1er novembre 2020***
Autres tabacs à fumer				
Taux proportionnel (en %)	*32,9*	*35,5*	*38,1*	*40,8*
Part spécifique pour mille grammes (en euros)	*8,7*	*11,6*	*14,5*	*17,5*
Tabacs à priser				
Taux proportionnel (en %)	*31,4*	*35,2*	*39,0*	*42,8*
Tabacs à mâcher				
Taux proportionnel (en %)	*22,7*	*25,2*	*27,8*	*30,4*

[Tableau en vigueur jusqu'au 28 févr. 2018]

Groupe de produits	***Taux proportionnel (en %)***	***Part spécifique (en euros)***
Cigarettes	*40*	*25*
Cigares et cigarillos	*10*	*18,5*
Tabacs fine coupe destinés à rouler les cigarettes	*15*	*22,5*
Autres tabacs à fumer	*22*	*0*
Tabacs à priser	*15*	*0*
Tabacs à mâcher	*13*	*0*

[Tableau en vigueur le 1er janv. 2022 (L. nº 2019-1479 du 28 déc. 2019, art. 195-II)]

Groupe de produits	***Du 1er janvier 2022 au 31 décembre 2022***	***Du 1er janvier 2023 au 31 décembre 2023***	***Du 1er janvier 2024 au 31 décembre 2024***	***Du 1er janvier 2025 au 31 décembre 2025***
Cigarettes				
Taux proportionnel (en %)	*50,4*	*51,5*	*52,7*	*53,8*
Part spécifique pour mille unités (en euros)	*50,8*	*53,7*	*56,8*	*58,9*

Groupe de produits	*Du 1er janvier 2022 au 31 décembre 2022*	*Du 1er janvier 2023 au 31 décembre 2023*	*Du 1er janvier 2024 au 31 décembre 2024*	*Du 1er janvier 2025 au 31 décembre 2025*
Cigares et cigarillos				
Taux proportionnel (en %)	*28,1*	*30,2*	*32,4*	*34,5*
Part spécifique pour mille unités (en euros)	*45,8*	*45,9*	*46,1*	*46,2*
Tabacs fine coupe destinés à rouler les cigarettes				
Taux proportionnel (en %)	*38,3*	*41,0*	*43,7*	*46,4*
Part spécifique pour mille grammes (en euros)	*63,3*	*68,0*	*72,8*	*77,5*
Autres tabacs à fumer				
Taux proportionnel (en %)	*43,3*	*45,4*	*47,5*	*50,0*
Part spécifique pour mille grammes (en euros)	*20,0*	*22,3*	*24,7*	*27,0*
Tabacs à priser				
Taux proportionnel (en %)	*46,2*	*49,3*	*52,3*	*55,4*
Tabacs à mâcher				
Taux proportionnel (en %)	*32,8*	*34,9*	*36,9*	*39,0*

[II en vigueur jusqu'au 31 déc. 2021]

II. — Pour les cigarettes, le prix de vente au détail appliqué *(Ord. n° 2016-1561 du 21 nov. 2016, art. 1er-II-5° et 20, en vigueur le 1er janv. 2018)* **« en** *[ancienne rédaction : dans les départements de]* **» Corse est au moins égal à 75 % des prix de vente continentaux des mêmes produits.**

Pour les tabacs fine coupe destinés à rouler les cigarettes, les autres tabacs à fumer, les tabacs à priser et les tabacs à mâcher, le prix de vente au détail appliqué *(Ord. n° 2016-1561 du 21 nov. 2016, art. 1er-II-5° et 20, en vigueur le 1er janv. 2018)* **« en** *[ancienne rédaction : dans les départements de]* **» Corse est au moins égal aux deux tiers des prix continentaux des mêmes produits.**

Pour les cigares et les cigarillos, le prix de vente au détail appliqué *(Ord. n° 2016-1561 du 21 nov. 2016, art. 1er-II-5° et 20, en vigueur le 1er janv. 2018)* **« en** *[ancienne rédaction : dans les départements de]* **» Corse est au moins égal à 85 % des prix continentaux des mêmes produits.**

[II en vigueur le 1er janv. 2022]

(L. n° 2019-1479 du 28 déc. 2019, art. 195-II) **« II. — Pour les différents produits du tabac, le prix de vente au détail appliqué en Corse est au moins égal à un pourcentage**

des prix de vente continentaux des mêmes produits, fixé conformément au tableau ci-après : »

Groupe de produits	**Du 1er janvier 2022 au 31 décembre 2022**	**Du 1er janvier 2023 au 31 décembre 2023**	**Du 1er janvier 2024 au 31 décembre 2024**	**Du 1er janvier 2025 au 31 décembre 2025**
Cigarettes	80 %	85 %	90 %	95 %
Cigares et cigarillos	85 %	91 %	94 %	97 %
Tabacs fine coupe destinés à rouler les cigarettes	80 %	85 %	90 %	95 %
Autres tabacs à fumer	80 %	85 %	90 %	95 %
Tabacs à priser	80 %	85 %	90 %	95 %
Tabacs à mâcher	80 %	85 %	90 %	95 %

(Abrogé par Ord. n° 2021-1843 du 22 déc. 2021, art. 10-47°-af, à compter du 1er janv. 2022) ***« III. — Outre les cas prévus au 1 du I de l'article 302 D en ce qui concerne les tabacs manufacturés directement introduits*** *(Ord. n° 2016-1561 du 21 nov. 2016, art. 1er-II-5° et 20, en vigueur le 1er janv. 2018)* ***« en » Corse en provenance d'un autre État membre de la Communauté européenne, le droit de consommation est également exigible soit à l'importation, soit à l'issue d'un régime suspensif de l'accise. Dans ces cas, le droit est dû par la personne qui importe les produits ou qui sort les biens du régime suspensif.***

« IV. — Le droit de consommation est recouvré dans les conditions prévues par les deuxième à cinquième alinéas de l'article 575 C. A l'exclusion des tabacs directement importés *(Ord. n° 2016-1561 du 21 nov. 2016, art. 1er-II-5° et 20, en vigueur le 1er janv. 2018)* ***« en » Corse qui demeurent soumis aux dispositions de l'article 575 M, les infractions aux dispositions du présent article sont recherchées, constatées, poursuivies et réprimées comme en matière de contributions indirectes.***

(Ord. n° 2016-1561 du 21 nov. 2016, art. 1er-II-6° et 20, en vigueur le 1er janv. 2018) ***« V. — Le produit du droit de consommation est affecté à la collectivité de Corse pour le financement de travaux de mise en valeur de la Corse. »***

« VI. — Les unités de conditionnement doivent être revêtues des mentions prescrites par l'administration. » *— V. Ann. IV, art. 56 AQ.*

III CIRCULATION, DÉTENTION ET COMMERCE DES TABACS

Art. 575 F *Abrogé par L. n° 99-1173 du 30 déc. 1999, art. 18-C-16.*

Art. 575 G *(Abrogé par L. n° 2013-1279 du 29 déc. 2013, art. 23-III-3°)* ***Les tabacs manufacturés ne peuvent circuler après leur vente au détail, par quantité supérieure à 1 kilogramme, sans un document mentionné au II de l'article 302 M.***

Art. 575 H *(Abrogé par L. n° 2013-1279 du 29 déc. 2013, art. 23-III-3°)* ***A l'exception des fournisseurs dans les entrepôts, des débitants dans les points de vente, des personnes désignées au 3 de l'article 565, des acheteurs-revendeurs mentionnés au dixième alinéa de l'article 568 ou, dans des quantités fixées par arrêté du ministre chargé du budget, des revendeurs mentionnés au premier alinéa dudit article, nul ne peut détenir dans des entrepôts, des locaux commerciaux ou à bord des moyens de transports plus de 2 kilogrammes de tabacs manufacturés.***

Art. 575 I *(Abrogé par Ord. n° 2021-1843 du 22 déc. 2021, art. 10-47°-ag et 38, à compter de l'entrée en vigueur des dispositions prises en application ou pour l'application des dispositions législatives du CIBS) (L. n° 2018-898 du 23 oct. 2018, art. 27) (L. n° 2020-935 du*

30 juill. 2020, art. 51-1°) **« 1. » *Est réputée détenir des tabacs manufacturés à des fins commerciales au sens du 4° du 1 du I de l'article 302 D toute personne qui transporte dans un moyen de transport individuel affecté au transport de personnes plus de :***

1° *(L. n° 2020-935 du 30 juill. 2020, art. 51-2°)* ***« Deux cents** [ancienne rédaction : huit cents]* ***» cigarettes ;***

2° *(L. n° 2020-935 du 30 juill. 2020, art. 51-3°)* ***« Cent** [ancienne rédaction : quatre cents]* ***» cigarillos, c'est-à-dire de cigares d'un poids maximal de trois grammes par pièce ;***

3° *(L. n° 2020-935 du 30 juill. 2020, art. 51-4°)* ***« Cinquante** [ancienne rédaction : deux cents]* ***» cigares, autres que les cigarillos ;***

4° *(L. n° 2020-935 du 30 juill. 2020, art. 51-5°)* ***« Deux cent cinquante grammes** [ancienne rédaction : un kilogramme]* ***» de tabac à fumer.***

(L. n° 2020-935 du 30 juill. 2020, art. 51-6°) ***« Ces dispositions s'appliquent également » à toute personne qui transporte ces quantités à bord d'un moyen de transport collectif.***

(L. n° 2020-935 du 30 juill. 2020, art. 51-7°) ***« 2. Le 1 s'applique à toute personne qui introduit en France des tabacs manufacturés*** *(L. n° 2020-1721 du 29 déc. 2020, art. 205)* ***« en provenance d'un autre État membre de l'Union européenne. »***

Art. 575 J **Il est interdit à quiconque de détenir des ustensiles, machines ou mécaniques tels que moulins, râpes, hache-tabacs, rouets, mécaniques à scaferlati, presses à carotte et autres de quelque forme qu'ils puissent être, propres à la fabrication ou à la pulvérisation du tabac.**

Art. 575 K **Il est interdit à quiconque de faire profession de fabriquer pour autrui ou de fabriquer accidentellement, en vue d'un profit, des cigarettes avec du tabac sauf dans les conditions prévues par le décret mentionné au 2 de l'article 565** *[V. Ann. II, art. 276 à 279]* **ou, lorsque cette fabrication est effectuée au domicile du consommateur dans la limite de ses besoins personnels, par lui-même, par les membres de sa famille ou par des gens à son service.**

Art. 575 L **Les préposés à la vente des tabacs convaincus d'avoir falsifié des tabacs des manufactures par l'addition ou le mélange de matières hétérogènes sont destitués, sans préjudice des peines prévues par le présent code pour les infractions au monopole.**

Art. 575 M **En ce qui concerne les tabacs manufacturés importés dans les départements de France métropolitaine, les infractions aux dispositions des articles** *(Ord. n° 2021-1843 du 22 déc. 2021, art. 10-31°-a, en vigueur le 1er janv. 2022)* **« 571 et 575 E *bis* » sont recherchées, constatées, poursuivies et réprimées comme en matière de douane.** *— V. art. 1793 A.*

(Abrogé par Ord. n° 2021-1843 du 22 déc. 2021, art. 10-31°-b, à compter du 1er janv. 2022) ***« Les infractions à l'article 575 E sont recherchées, constatées, poursuivies et réprimées comme en matière de douane. »***

SECTION II

I

Art. 576 A *Abrogé à compter du 6 janv. 1995.*

Art. 577 à 580 *Abrogés par L. n° 72-1069 du 4 déc. 1972, art. 1er, 2 et 6.*

Art. 581 *Disposition périmée.*

II et III

Art. 582 à 585 *Abrogés par L. n° 72-1069 du 4 déc. 1972, art. 6.*

Art. 585 A à 585 C *Abrogés par L. n° 81-1160 du 30 déc. 1981, art. 29-I.*

SECTION III

Art. 586 *Abrogé par L. n° 98-1266 du 30 déc. 1998, art. 47-C et D, à compter du 1er oct. 1998.*

SECTION IV

Art. 587 à 589, 591 à 593, 595 à 613 *Disjoints, dispositions non fiscales.*

Art. 590, 594 et 613 *bis* *Abrogés.*

CHAPITRE IV *BIS* IMPÔT SUR LES SPECTACLES – TAXE SUR LES APPAREILS AUTOMATIQUES

(L. n° 2006-1666 du 21 déc. 2006, art. 25-I)

Art. 613 *ter* à 613 *duodecies* *Abrogés par L. n° 2014-1654 du 29 déc. 2014, art. 20-II-1°.*

CHAPITRE V DISPOSITIONS COMMUNES À L'ENSEMBLE DES CONTRIBUTIONS INDIRECTES

SECTION PREMIÈRE FORMALITÉS GÉNÉRALES À L'ENLÈVEMENT

Art. 614 Il est interdit à quiconque de laisser enlever de chez lui, sans accomplissement des formalités réglementaires, des objets, produits ou marchandises soumis aux droits ou à la réglementation. *— V. Ann. III, art. 111 H bis à 111 H septies.*

SECTION PREMIÈRE *BIS* DOCUMENT COMMUNAUTAIRE D'ACCOMPAGNEMENT

Art. 614 A *(Abrogé par L. n° 2015-1785 du 29 déc. 2015, art. 81-I-9° et III, à compter du 1er juill. 2017)* ***Le document d'accompagnement prévu à l'article 302 M doit être validé avant l'expédition des produits et lors de leur réception.***

Les conditions d'établissement, de validation et d'annotation de ce document sont fixées par décret. *— V. Ann. III, art. 111 H quinquies.*

SECTION II

Art. 615 à 624 *Abrogés par L. n° 99-1173 du 31 déc. 1999, art. 18-C-16.*

SECTION III REGISTRES PORTATIFS

Art. 625 *(Abrogé par Ord. n° 2021-1843 du 22 déc. 2021, art. 10-47°-ah, à compter du le 1er janv. 2022)* ***Les registres de perception, de déclaration et tout autre document pouvant servir à établir les droits du Trésor et l'accomplissement des obligations des redevables sont cotés et paraphés par un des fonctionnaires publics que l'autorité administrative désigne à cet effet.*** *— V. Ann. III, art. 350 quater-I-5°.*

Le présent art., qui concerne des mesures de suivi et de gestion des produits soumis à accise visées à l'art. L. 311-39 CIBS, est abrogé à compter de l'entrée en vigueur des dispositions prises en application ou pour l'application des dispositions législatives du CIBS (Ord. n° 2021-1843 du 22 déc. 2021, art. 38).

SECTION IV ENTREPRISES DE TRANSPORT

Art. 626 *(Abrogé par Ord. n° 2015-1247 du 7 oct. 2015, art. 4-1°)* ***Les compagnies de chemins de fer, de même que toutes les entreprises ou compagnies de transport, quelle que soit la voie empruntée, doivent déclarer au service de l'administration de leur circonscription les lieux de dépôts des objets dont le transport est soumis à l'impôt.***

SECTION V MODIFICATION DES TARIFS D'IMPÔTS INDIRECTS

Art. 627 *(Abrogé par Ord. n° 2021-1843 du 22 déc. 2021, art. 10-47°-ai, à compter du le 1er janv. 2022)* ***Des arrêtés ministériels peuvent modifier les tarifs des impôts indirects et des droits intérieurs de consommation perçus par l'administration, afin de maintenir le rapport qui existait, à la date à laquelle ont été fixés les tarifs en vigueur, entre les prix des produits et le montant de l'impôt applicable à ces produits.***

Le présent art., qui concerne des mesures de suivi et de gestion des produits soumis à accise visées à l'art. L. 311-39 CIBS, est abrogé à compter de l'entrée en vigueur des dispositions prises en application ou pour l'application des dispositions législatives du CIBS (Ord. n° 2021-1843 du 22 déc. 2021, art. 38).

Art. 628 *(Abrogé par Ord. n° 2021-1843 du 22 déc. 2021, art. 10-47°-ai, à compter du le 1er janv. 2022)* ***Les arrêtés ministériels prévus à l'article 627 fixent les conditions dans les-***

quelles les quantités de produits imposables se trouvant en cours de transport ou détenus, lors des changements de tarifs, par des commerçants ou dépositaires doivent être déclarées par leurs détenteurs et soumises aux compléments de droits exigibles.

Toute infraction est relevée par procès-verbal.

Le présent art., qui concerne des mesures de suivi et de gestion des produits soumis à accise visées à l'art. L. 311-39 CIBS, est abrogé à compter de l'entrée en vigueur des dispositions prises en application ou pour l'application des dispositions législatives du CIBS (Ord. nº 2021-1843 du 22 déc. 2021, art. 38).

SECTIONS VI *et* VII

Art. 629 et 630 *Transférés ss. l'art. 511 bis et ss. l'art. L. 27 LPF.*

SECTION VIII FRAIS DE SURVEILLANCE

Art. 631 (*Abrogé par Ord. nº 2015-1247 du 7 oct. 2015, art. 4-1º*) *Les frais d'exercice que les redevables sont tenus de rembourser à l'administration, en vertu de dispositions législatives ou réglementaires, consistent dans le versement du traitement brut moyen du grade auquel appartiennent les agents attachés en permanence à l'établissement, majoré de 20 %, à titre de frais généraux et des différentes indemnités effectivement touchées par ces agents.* — *V. Ann. III, art. 350 duodecies.*

La rémunération servant de base au calcul des frais de surveillance est celle d'un fonctionnaire ayant deux enfants à charge dans la localité où se trouve situé l'établissement. Ces frais sont payables par trimestre indivisible et d'avance.

Dans le cas de surveillance intermittente, la somme à rembourser est calculée, pour chaque heure de vacation, à raison des émoluments déterminés comme il est dit ci-dessus, selon les modalités fixées par décret [Ann. II, art. 287]. Toute fraction inférieure à trente minutes est comptée pour une demi-heure. Le remboursement est exigible après chaque opération.

La perception des frais d'exercice décomptés dans les conditions indiquées ci-dessus peut être étendue par décret aux vacations effectuées en vue d'accorder les remboursements ou décharges de droits ou tous autres avantages.

SECTION IX

Art. 632 *Abrogé par Décr. nº 71-72 du 26 janv. 1971, art. 1er.*

SECTION X MACHINES À TIMBRER

Art. 633 Dans les divers cas où, en matière d'impôts, le paiement est attesté par l'apposition de timbres, vignettes ou marques, l'administration peut autoriser les redevables à substituer à ces figurines des empreintes imprimées à l'aide de machines spéciales préalablement soumises à son agrément. — *Ann. IV, art. 164 L s. : réglementation des machines à timbrer fiscales.*

Dans ce cas, le ministre de l'économie et des finances est autorisé à allouer une remise ne pouvant dépasser 0,03 euro par dix mille empreintes utilisées.

TITRE QUATRIÈME ENREGISTREMENT, PUBLICITÉ FONCIÈRE, IMPÔT DE SOLIDARITÉ SUR LA FORTUNE, TIMBRE *[, IMPÔT SUR LA FORTUNE IMMOBILIÈRE]*

CHAPITRE PREMIER DROITS D'ENREGISTREMENT ET TAXE DE PUBLICITÉ FONCIÈRE

BIBL. ▸ Colloque Aix-Marseille 7 oct. 2016, *Dr. fisc. 2017. 268* (les droits d'enregistrement : quel avenir ?). – SUQUET-COZIC, *Éd. F. Lefebvre, 2010* (pratique de l'enregistrement et de la publicité foncière).

SECTION PREMIÈRE **DISPOSITIONS GÉNÉRALES**

I *DES FORMALITÉS*

A CHAMP D'APPLICATION RESPECTIF DE LA FORMALITÉ DE L'ENREGISTREMENT ET DE LA FORMALITÉ FUSIONNÉE – DÉLAIS

1 ACTES ET MUTATIONS SOUMIS À LA FORMALITÉ DE L'ENREGISTREMENT

a *ACTES PUBLICS ET SOUS SEINGS PRIVÉS*

Art. 634 *Abrogé par L. nº 2010-237 du 9 mars 2010, art. 16-XXIII.*

Art. 635 **Doivent être enregistrés dans le délai d'un mois à compter de leur date :**

1. – Sous réserve des dispositions des articles 637 et 647 :

1º Les actes des notaires à l'exception de ceux visés à l'article 636 ;

(Abrogé par L. nº 2019-1479 du 28 déc. 2019, art. 21-I-6º-a et XI-F, à compter du 1er janv. 2021) ***« 2º Les actes des huissiers de justice ; »***

3º Les actes portant transmission de propriété ou d'usufruit de biens immeubles ;

4º Les actes portant mutation de jouissance à vie ou à durée illimitée de biens immeubles, de fonds de commerce ou de clientèles ;

(L. nº 2019-1479 du 28 déc. 2019, art. 21-I-6º-b et XI-D, en vigueur le 1er janv. 2020) **« 5º Les actes constatant la transformation d'une société et ceux constatant l'augmentation** *(L. nº 2020-1721 du 29 déc. 2020, art. 67-I-1º-a et II, en vigueur le 1er janv. 2021)* **« de son capital, à l'exception des augmentations de capital en numéraire et par incorporation de bénéfices, de réserves ou de provisions et des augmentations nettes de capital de société à capital variable constatées à la clôture d'un exercice » ; »**

(Abrogé par L. nº 2020-1721 du 29 déc. 2020, art. 67-I-1º-b et II, à compter du 1er janv. 2021) ***« 6º Les actes constatant la formation de groupement d'intérêt économique ; »***

7º Les actes constatant un partage de biens à quelque titre que ce soit ;

8º Les actes constatant la formation, la modification ou l'extinction d'un contrat de fiducie, et le transfert de biens ou droits supplémentaires au fiduciaire dans les conditions prévues par l'article 2019 du code civil ;

9º La transaction prévoyant, en contrepartie du versement d'une somme d'argent ou de l'octroi d'un avantage en nature, le désistement du recours pour excès de pouvoir formé contre un permis de construire, de démolir ou d'aménager.

2. – 1º Les décisions des juridictions de l'ordre judiciaire lorsqu'elles donnent ouverture à un droit proportionnel ou progressif ;

(Abrogé par L. nº 2019-1479 du 28 déc. 2019, art. 21-I-6º-c et XI-D, à compter du 1er janv. 2020) ***« 2º Les actes portant acceptation ou répudiation de successions, legs ou communautés ;***

« 3º Les certificats de propriété ; *– V. toutefois Ann. III, art. 245, et Ann. IV, art. 60.*

« 4º Les inventaires de meubles, titres et papiers et les prisées de meubles ; » *– V. toutefois Ann. III, art. 245, et Ann. IV, art. 60.*

5º Les actes portant transmission de propriété ou d'usufruit de fonds de commerce, de clientèles ou d'offices, ou cession de droit à un bail ou du bénéfice d'une promesse de bail portant sur tout ou partie d'un immeuble ;

(Abrogé par L. nº 2019-1479 du 28 déc. 2019, art. 21-I-6º-c et XI-D, à compter du 1er janv. 2020) ***« 6º Les procès-verbaux constatant une adjudication aux enchères publiques de biens meubles corporels ou incorporels ou toute autre vente des mêmes biens faite avec publicité et concurrence, lorsqu'ils sont soumis à un droit proportionnel ou progressif ; »***

7º Les actes portant cession d'actions, de parts de fondateurs ou de parts bénéficiaires ou cession de parts sociales dans les sociétés dont le capital n'est pas divisé en actions ;

7º bis **Les actes portant cession de participations dans des personnes morales à prépondérance immobilière au sens du troisième alinéa du 2º du 1 de l'article 726, y compris lorsque ces cessions sont réalisées à l'étranger et quelle que soit la nationalité des parties ;**

8º et 9º *Abrogés.*

10º Les actes portant cession et rachat taxables de parts de fonds de placement immobilier.

1. Actes soumis obligatoirement à l'enregistrement. Bien que l'art. 635-1-5° ne vise plus les actes constatant la formation des sociétés, certains de ces actes peuvent être obligatoirement soumis à l'enregistrement, en application de l'art. 635 par ailleurs, soit en raison de la qualité de leur rédacteur (notaire, huissier, etc.), soit en raison des dispositions qu'ils contiennent (mutations immobilières, de fonds de commerce, etc.). * BOI-ENR-AVS-10-10-10 n° 130 du 2 sept. 2015.

2. Vente du domicile commun avant divorce sans juge. Le partage verbal entre époux du produit de la vente d'un immeuble commun qui intervient avant un divorce par consentement mutuel n'est pas soumis au droit de partage. Mais en présence d'un acte mentionnant le partage verbal antérieur, le droit de partage sera dû lors de l'enregistrement de cet acte. * Rép. n° 10159 : *JOAN 1er sept. 2020.*

Art. 635 A Les dons manuels mentionnés au deuxième alinéa de l'article 757 doivent être déclarés ou enregistrés par le donataire ou ses représentants dans le délai d'un mois qui suit la date à laquelle le donataire a révélé ce don à l'administration fiscale. — *V. Ann. III, art. 281 E.*

Toutefois, pour les dons manuels dont le montant est supérieur à 15 000 €, la déclaration doit être réalisée :

a) dans le délai d'un mois qui suit la date à laquelle le donataire a révélé ce don à l'administration fiscale ou, sur option du donataire lors de la révélation du don, dans le délai d'un mois qui suit la date du décès du donateur ;

b) dans le délai d'un mois qui suit la date à laquelle ce don a été révélé, lorsque cette révélation est la conséquence d'une réponse du donataire à une demande de l'administration ou d'une procédure de contrôle fiscal.

1. Option pour la taxation des dons manuels au décès du donateur. Don révélé d'un montant supérieur à 15 000 €. Valeur imposable, tarif et abattement. * BOI-ENR-DMTG-20-10-20-10 n° 80 du 28 janv. 2014.

2. Taxation des dons manuels révélés d'un montant supérieur à 15 000 € révélés en réponse à une demande de l'Administration. La lettre des contribuables, qui révélait l'existence de dons manuels à l'Administration fiscale, était une réponse à une demande formulée par celle-ci à l'occasion de la vérification de la situation fiscale personnelle des intéressés, vaut révélation au sens des art. 635 A et 757. • Com. 4 mars 2020, n° 18-11.120 : *RJF 2020. 563 ; Dr. fisc. 2020. 362, note Bradburn.*

Art. 636 *(Abrogé par L. n° 2019-1479 du 28 déc. 2019, art. 21-I-7° et XI-D, à compter du 1er janv. 2020) « Les testaments déposés chez les notaires ou reçus par eux doivent être enregistrés, à la diligence des héritiers, donataires, légataires ou exécuteurs testamentaires, dans un délai de trois mois à compter du décès du testateur. » — V. toutefois, Ann. III, art. 245, et Ann. IV, art. 60.*

(L. n° 2020-1721 du 29 déc. 2020, art. 156) « Les testaments reçus par les notaires doivent être enregistrés dans un délai de trois mois à compter de la date du décès du testateur. »

Les testaments-partages déposés chez les notaires ou reçus par eux doivent être enregistrés au plus tard lors de l'enregistrement de l'acte constatant le partage de la succession.

Art. 637 Des décrets peuvent instituer pour certaines catégories d'actes une dispense de la formalité d'enregistrement. — *V. Ann. III, art. 245 et Ann. IV, art. 60.*

Art. 637 *bis* *(L. n° 2019-1479 du 28 déc. 2019, art. 21-I-8° et XI-D, en vigueur le 1er janv. 2020)* Les actes de concessions perpétuelles dans les cimetières sont dispensés de la formalité d'enregistrement.

b *MUTATIONS ET AUTRES OPÉRATIONS RÉSULTANT DE CONVENTIONS VERBALES*

Art. 638 A défaut d'actes, les mutations de propriété ou d'usufruit de biens immeubles, de fonds de commerce, de clientèles ou d'offices et les cessions de droit à un bail ou du bénéfice d'une promesse de bail portant sur tout ou partie d'un immeuble font l'objet, dans le mois de l'entrée en possession, de déclarations détaillées et estimatives sur des formules spéciales délivrées par l'administration.

Art. 638 A A défaut d'acte les constatant, la formation *(L. n° 2019-1479 du 28 déc. 2019, art. 21-I-9° et XI-D, en vigueur le 1er janv. 2020)* « ou la transformation » d'une société ou d'un groupement d'intérêt économique, l'augmentation *(L. n° 2020-1721 du*

29 déc. 2020, art. 67-I-2° et II, applicable aux opérations réalisées à compter du 1er janv. 2021) **« de leur capital, à l'exception des augmentations de capital en numéraire et par incorporation de bénéfices, de réserves ou de provisions et des augmentations nettes de capital de société à capital variable constatées à la clôture d'un exercice, » doivent donner lieu au dépôt d'une déclaration au service des impôts compétent dans le mois qui suit leur réalisation.**

Ces opérations sont passibles des mêmes droits ou taxes que les actes correspondants.

Un décret fixe les conditions d'application du présent article. — *V. Ann. III, art. 250 A et 251 A.*

Art. 639 A défaut d'actes, les cessions d'actions, de parts de fondateurs, de parts bénéficiaires des sociétés dont les droits sociaux ne sont pas négociés sur un marché réglementé d'instruments financiers au sens de l'article L. 421-1 du code monétaire et financier ou sur un système multilatéral de négociation au sens de l'article L. 424-1 du même code, de parts des sociétés dont le capital n'est pas divisé en actions, ou de participations dans des personnes morales à prépondérance immobilière au sens du troisième alinéa du 2° du I de l'article 726 doivent être déclarées dans le mois de leur date.

Art. 640 A défaut d'actes, les mutations de jouissance à vie ou à durée illimitée d'immeubles, de fonds de commerce ou de clientèles doivent être déclarées dans le mois de l'entrée en jouissance. — *Ces dispositions s'appliquent aux loyers courus à compter du 1er oct. 1998. Toutefois, pour les baux écrits d'immeubles ruraux et les locations de droits de chasse ou de droits de pêche en cours à la date de publication de la présente loi, elles ne s'appliquent qu'aux loyers courus à compter de la date d'ouverture d'une nouvelle période (L. n° 98-1267 du 30 déc. 1998, art. 12-F, al. 2).*

Art. 640 A A défaut d'actes, les cessions et les rachats taxables de parts de fonds de placement immobilier doivent être déclarés dans le mois de leur date.

C *MUTATIONS PAR DÉCÈS*

Art. 641 Les délais pour l'enregistrement des déclarations que les héritiers, donataires ou légataires ont à souscrire des biens à eux échus ou transmis par décès sont :

— de six mois, à compter du jour du décès, lorsque celui dont on recueille la succession est décédé en France métropolitaine ;

— d'une année, dans tous les autres cas.

BIBL. Fruleux, *JCP N 2002, p. 1136* (sanctions, pénalités et intérêts en cas de retard de dépôt d'une déclaration de succession).

1. Dès lors que l'héritier légitime est, en application de l'art. 724 C. civ., saisi de plein droit de la succession de son auteur, il est tenu de souscrire la déclaration de succession dans le délai légal décompté du jour du décès, même lorsque ses droits sont contestés par des tiers revendiquant le bénéfice d'un legs. • Com. 17 oct. 1995, n° 93-19.043 : *Dr. fisc. 1996. 25 ; RJF 1996. 141.* ♦ ... Ou s'il existe un litige ayant pour objet de contester la dévolution successorale. • Com. 18 oct. 2011, n° 10-25.074 : *RJF 2012. 178.*

L'héritière saisie de plein droit de la succession de son père ne peut, en dépit de l'action en retranchement par elle engagée contre l'épouse *survivante, contester être tenue de déposer* une déclaration de succession et par suite prétendre différer le paiement des droits de mutation par décès au motif que la succession n'est pas ouverte. • Com. 8 mars 2005, n° 02-12.721 : *RJF 2005. 790.* ♦ Une action en recherche de paternité, qui aurait évincé l'héritier de l'ordre des successibles si elle avait été couronnée de succès, ne saurait différer jusqu'au règlement du litige le délai imparti à l'héritier pour déposer sa déclaration. • Com. 26 mars 2008, n° 07-11.703 : *RJF 2008. 901.*

2. En revanche, lorsque les droits du légataire universel sont contestés, le point de départ du délai de six mois au cours duquel il doit faire sa déclaration de succession est reporté au jour où ses droits sont définitivement reconnus par une décision de justice. • Com. 1er avr. 1997, n° 95-13.181 : *Dr. fisc. 1997. 580 ; RJF 1997. 753.* ♦ Doivent être considérés comme définitivement reconnus les droits établis par une décision de justice passée en force de chose jugée, même si elle fait l'objet d'un pourvoi en cassation. * BOI-ENR-DMTG-10-60-50 n° 60 du 2 sept. 2013.

3. Lorsque la déclaration a été faite dans le délai légal mais n'a pas été enregistrée en raison d'un refus de l'Administration pour défaut de paiement préalable des droits de succession, il n'y a pas lieu à taxation d'office. • Com. 17 déc. 2002, n° 98-15.195 : *RJF 2003. 513.*

4. Responsabilité du notaire pour n'avoir pas

renseigné son client sur les sanctions encourues pour inobservation des délais de déclaration. • Civ. 1re, 26 nov. 2002, n° 99-17.745 : *Juris-Data n° 016555.*

Art. 641 *bis* **Les délais prévus à l'article 641 sont portés à vingt-quatre mois pour les déclarations de succession comportant des immeubles ou des droits immobiliers pour lesquels le droit de propriété du défunt n'a pas été constaté avant son décès par un acte régulièrement transcrit ou publié, à la condition que les attestations notariées mentionnées au 3° de l'article 28 du décret n° 55-22 du 4 janvier 1955 portant réforme de la publicité foncière, relatives à ces biens, soient publiées dans ce même délai.** — *Les dispositions ci-dessus s'appliquent aux successions ouvertes et aux donations consenties à compter du 30 déc. 2013 (L. n° 2013-1278 du 29 déc. 2013, art. 11-II).*

Ancien art. 641 *bis* *I. — Les délais prévus à l'article 641 sont portés à vingt-quatre mois pour les déclarations de succession comportant des immeubles ou droits immobiliers situés en Corse.*

II. — Les dispositions du I ne sont applicables aux déclarations de succession comportant des immeubles ou droits immobiliers situés en Corse pour lesquels le droit de propriété du défunt n'a pas été constaté antérieurement à son décès par un acte régulièrement transcrit ou publié qu'à la condition que les attestations notariées visées au 3° de l'article 28 du décret n° 55-22 du 4 janvier 1955 portant réforme de la publicité foncière relatives à ces biens soient publiées dans les vingt-quatre mois du décès.

III. — Ces dispositions sont applicables aux successions ouvertes entre la date de publication de la loi n° 2002-92 du 22 janvier 2002 relative à la Corse et le 31 décembre 2012. — *Les dispositions de l'art. 641 bis ne sont pas applicables aux biens et droits immobiliers situés en Corse acquis à titre onéreux à compter du 23 janv. 2002.*

Prolongation du délai de déclaration. Depuis le 1er janv. 2013, les déclarations de succession comportant des immeubles situés en Corse sont à déposer dans les conditions de droit commun (dans les six mois du décès) et sont imposables à concurrence de la moitié de la valeur de ces immeubles. En raison des difficultés rencontrées pour la mise en œuvre de cette imposition partielle, le Gouvernement a annoncé qu'il dispense de pénalités, intérêts de retard et majoration, les déclarations de succession comportant des immeubles situés en Corse enregistrées dans les vingt-quatre mois du décès, à la condition que la propriété de ces biens soit régulièrement enregistrée dans le même délai. * Communiqué min. budget 31 janv. 2013.

Art. 642 **Dans les départements de la Guadeloupe, de la Guyane, de la Martinique, de Mayotte et de La Réunion, les délais pour l'enregistrement des déclarations visées à l'article 641 sont :**

— de six mois à compter du jour du décès, lorsque celui dont on recueille la succession est décédé dans le département où il était domicilié ;

— d'une année dans les autres cas.

Toutefois, en ce qui concerne La Réunion, le délai est de deux ans à compter du jour du décès lorsque celui dont on recueille la succession est décédé ailleurs qu'à Madagascar, à l'île Maurice, en Europe ou en Afrique.

Le délai de deux ans mentionné au quatrième alinéa est également applicable à Mayotte lorsque celui dont on recueille la succession est décédé ailleurs qu'à Madagascar, aux Comores, en Europe ou en Afrique.

Art. 643 *Abrogé par L. n° 77-1447 du 28 déc. 1977, art. 1er.*

Art. 644 **A l'égard de tous les biens légués aux départements et à tous autres établissements publics ou d'utilité publique, le délai pour le paiement des droits de mutation par décès ne court contre les héritiers ou légataires saisis de la succession qu'à compter du jour où l'autorité compétente a statué sur la demande en autorisation d'accepter le legs, sans que le paiement des droits puisse être différé au-delà de deux années à compter du jour du décès.**

Cette disposition ne porte pas atteinte à l'exercice du privilège accordé au Trésor par l'article *(L. n° 2021-1900 du 30 déc. 2021, art. 130-I-A-1° et V-A, en vigueur le 1er janv. 2022)* **« 1920 ».** — *Les dispositions issues de la L. n° 2021-1900 du 30 déc. 2021 s'appliquent aux créances mises en recouvrement à compter du 1er janv. 2022 ainsi qu'aux créances mises en recouvrement antérieurement et restant dues à cette date. Ces dispositions ne sont pas applicables aux procédures de sauvegarde, de redressement judiciaire ou de liquidation judiciaire en cours au 1er janv. 2022 (L. préc., art. 130-V-A).*

Art. 645 Doivent être entendues comme s'appliquant à toute succession comprenant des biens légués aux départements et autres établissements publics ou d'utilité publique, les dispositions de l'article 644 relatives au délai dans lequel les héritiers ou légataires saisis de la succession sont tenus de payer les droits de mutation par décès sur ces biens. Ce délai ne court, pour chaque hérédité, qu'à compter du jour où l'autorité compétente a statué sur la demande en autorisation d'accepter le legs, sans que le paiement des droits puisse être différé au-delà de deux années à compter du décès de l'auteur de la succession.

Art. 646 *Périmé.*

2 ACTES SOUMIS À LA FORMALITÉ FUSIONNÉE DE L'ENREGISTREMENT ET DE LA PUBLICITÉ FONCIÈRE

Art. 647 I. — Les formalités de l'enregistrement et de la publicité foncière sont fusionnées pour les actes publiés au fichier immobilier *[V. art. 28, 35, 36 et 37, Décr. nº 55-22 du 4 janv. 1955 modifié]* et les actes portant sur des droits inscrits sur le livre foncier de Mayotte, à l'exclusion des privilèges et hypothèques mentionnés au *i* du 1° de l'article 2521 du code civil. La nouvelle formalité prend *[le]* nom de " formalité fusionnée ". — *V. note ss. l'art.*

Sont exclus de ce régime : les décisions judiciaires, les baux de plus de douze ans à durée limitée et les actes pour lesquels il est impossible de procéder à la formalité fusionnée. — *V. Ann. III, art. 249.*

II. — L'enregistrement des actes soumis à cette formalité et assujettis obligatoirement à la publicité foncière ou de ceux portant sur des droits devant être inscrits sur le livre foncier de Mayotte résulte de leur publicité ou de leur inscription. Il en est de même pour les actes admis à la publicité foncière ou pour ceux portant sur des droits inscrits à titre facultatif lorsque la publicité ou l'inscription est requise en même temps que l'enregistrement.

III. — La formalité fusionnée doit être requise dans le délai d'un mois à compter de la date de l'acte. Toutefois, en cas d'adjudication, ce délai est porté à deux mois. En ce qui concerne les actes dont la publication ou ceux portant sur des droits dont l'inscription est facultative, les formalités de l'enregistrement et de la publicité foncière ou de l'inscription demeurent distinctes si la formalité fusionnée n'a pas été requise dans le délai prévu à l'article 635 pour la formalité de l'enregistrement.

IV. En cas de rejet de la formalité de publicité foncière ou de refus avec inscription provisoire conservatoire l'acte est néanmoins réputé enregistré à la date du dépôt. — *V. Ann. II, art. 3.*

Pour l'application des dispositions ci-dessus à Mayotte, V. App., Ord. nº 2013-837 du 19 sept. 2013, art. 24.

1. Formalité fusionnée. Le Décr. nº 2017-770 du 4 mai 2017 *(JO 6 mai)* porte obligation pour les notaires d'effectuer par voie électronique leurs dépôts de documents auprès des services chargés de la publicité foncière à compter de 2018. Depuis le 1er janv. 2018 (actes signés depuis cette date), les notaires ont l'obligation de déposer la plupart de leurs documents auprès des services de publicité foncière par voie électronique via l'application Télé@ctes.

2. Donations et donations-partages. Depuis le 1er juill. 2014, les donations et les donations-partages portant en totalité ou en partie sur des immeubles sont obligatoirement soumises à la formalité fusionnée. * BOI-ENR-DG-10-30 nº 20 du 30 sept. 2014.

3. Baux à construction, baux à réhabilitation et baux emphytéotiques. Ces baux, comme les baux d'immeubles à durée limitée, sont dispensés de la formalité de l'enregistrement, mais ils doivent être soumis obligatoirement à cette formalité dans le cadre de la formalité fusionnée s'ils sont rédigés par un notaire en forme authentique. * BOI-ENR-JOMI-30 nos 40, 180 et 302 du 24 mars 2021.

Ancien art. 647 ***I. — Les formalités de l'enregistrement et de la publicité foncière sont fusionnées pour les actes publiés au fichier immobilier*** *[V. art. 28, 35, 36 et 37, Décr. nº 55-22 du 4 janv. 1955 modifié].* ***La nouvelle formalité prend*** *[le]* ***nom de "formalité fusionnée".***

Sont exclus de ce régime : les décisions judiciaires, les mutations à titre gratuit, les baux de plus de douze ans à durée limitée et les actes pour lesquels il est impossible de procéder à la formalité fusionnée. *— Les actes qui contiennent à la fois des dispositions soumises à la publicité foncière et* *d'autres qui ne le sont pas cessent d'être exclus de la formalité fusionnée à compter du 1er juill. 1999. – V. Ann. III, art. 249.*

II. – L'enregistrement des actes soumis à cette formalité et assujettis obligatoirement à la publicité foncière résulte de leur publicité. Il en est de même pour les actes admis à la publicité foncière à titre facultatif lorsque la publicité est requise en même temps que l'enregistrement.

III. – La formalité fusionnée doit être requise dans le délai d'un mois à compter de la date de l'acte. Toutefois, en cas d'adjudication, ce délai est porté à deux mois en ce qui concerne les actes dont la publication est facultative, les formalités de l'enregistrement et de la publicité foncière demeurent distinctes si la formalité fusionnée n'a pas été requise dans le délai prévu à l'article 635 pour la formalité de l'enregistrement.

IV. – En cas de rejet de la formalité de publicité foncière l'acte est néanmoins réputé enregistré à la date du dépôt. *– V. Ann. II, art. 3.*

3 COMPUTATION DES DÉLAIS

Art. 648 **Le jour de la date de l'acte ou celui de l'ouverture de la succession n'est pas compté dans les délais impartis pour l'exécution de la formalité de l'enregistrement ou de la formalité fusionnée.**

Lorsque l'expiration du délai prévu pour ces formalités ou pour le paiement de l'impôt coïncide avec un jour de fermeture du bureau, ce délai est prorogé jusqu'au premier jour ouvrable qui suit.

4 RÉGIME PARTICULIER AUX DÉPARTEMENTS DE LA MOSELLE, DU BAS-RHIN ET DU HAUT-RHIN

Art. 649 **Les dispositions applicables aux immeubles situés dans les départements de la Moselle, du Bas-Rhin et du Haut-Rhin sont fixées par décret** *[Ann. III, art. 250]*.

B ACCOMPLISSEMENT DES FORMALITÉS

1 BUREAUX COMPÉTENTS

a *FORMALITÉ DE L'ENREGISTREMENT*

1° ACTES ET MUTATIONS AUTRES QUE LES MUTATIONS PAR DÉCÈS

Art. 650 **1. Les notaires ne peuvent faire enregistrer leurs actes qu'aux services des impôts dans le ressort desquels ils résident.**

2. Les huissiers et tous autres ayant pouvoir de faire des exploits ou procès-verbaux font enregistrer leurs actes, soit au service des impôts de leur résidence, soit à celui du lieu où ils les ont faits.

3. Les secrétaires-greffiers, greffiers et greffiers en chef ainsi que les secrétaires des administrations centrales et municipales font enregistrer les actes qu'ils sont tenus de soumettre à cette formalité aux services des impôts dans le ressort desquels ils exercent leurs fonctions.

Art. 651 *Abrogé par L. nº 71-1061 du 29 déc. 1971, art. 43-IV.*

Art. 652 **L'enregistrement des actes sous seings privés, qui doivent être présentés à *cette formalité dans un délai* fixé par la loi, a lieu, pour ceux d'entre eux portant transmission de propriété, d'usufruit ou de jouissance de biens immeubles, de fonds de commerce ou de clientèle, ou cession d'un droit à un bail ou du bénéfice d'une promesse de bail concernant tout ou partie d'un immeuble, au service des impôts de la situation des biens, et, pour tous les autres, à celui du domicile de l'une des parties contractantes.**

Art. 653 **Les déclarations de mutations verbales d'immeubles, de fonds de commerce ou de clientèles, ainsi que les déclarations de cessions verbales d'un droit à un bail ou du bénéfice d'une promesse de bail portant sur tout ou partie d'un immeuble, doivent être faites au service des impôts de la situation des biens.**

Les déclarations de cessions de parts sociales doivent être faites au service des impôts dans le ressort duquel est situé le domicile de l'une des parties contractantes.

Art. 654 Les actes sous signature privée autres que ceux visés à l'article 652 et les actes passés en pays étrangers peuvent être enregistrés dans tous les services des impôts indistinctement.

Art. 654 *bis* *(Abrogé par Décr. n° 2017-487 du 6 avr. 2017, art. 1er et 2, à compter du 1er juill. 2017)* ***A compter du 1er janvier 2002, par dérogation aux dispositions des articles 650 à 654, les actes et déclarations relatifs aux opérations concernant les entreprises tenues de souscrire leurs déclarations de résultats auprès du service chargé des grandes entreprises au sein de l'administration fiscale peuvent être enregistrés ou faits auprès de ce même service.***

Art. 655 Les testaments faits en pays étrangers ne peuvent être exécutés sur les biens situés en France, qu'après avoir été enregistrés au service des impôts du domicile du testateur, s'il en a conservé un, sinon à celui de son dernier domicile connu en France ; et dans le cas où le testament contient des dispositions d'immeubles qui y sont situés, il doit être, en outre, enregistré au service des impôts de la situation de ces immeubles, sans que les pénalités prévues aux articles 1727 et suivants soient applicables.

2° MUTATIONS PAR DÉCÈS

Art. 656 Les mutations par décès sont enregistrées au service des impôts du domicile du décédé quelle que soit la situation des valeurs mobilières ou immobilières à déclarer.

Les déclarations de succession de personnes non domiciliées en France sont déposées auprès du service désigné par le ministre chargé du budget. — *Ce service est la recette des non-résidents de la direction des impôts des non-résidents. — V. égal. Ann. IV, art. 121 Z quinquies.*

b *FORMALITÉ FUSIONNÉE DE L'ENREGISTREMENT ET DE LA PUBLICITÉ FONCIÈRE*

Art. 657 La formalité fusionnée a lieu au service chargé de la publicité foncière de la situation de l'immeuble. A Mayotte, la formalité fusionnée a lieu au service de la conservation de la propriété immobilière. — *V. Décr. n° 55-22 du 4 janv. 1955, art. 28, 35, 36 et 37. — V. toutefois Ann. III, art. 251 et le III de l'art. 253.*

2 MODALITÉS D'EXÉCUTION DES FORMALITÉS

Art. 658 I. — La formalité de l'enregistrement est donnée sur les minutes, brevets ou originaux des actes qui y sont soumis. *(L. n° 2020-1721 du 29 déc. 2020, art. 157-1°-a et b)* « Toutefois, la formalité peut être donnée :

« 1° Sur une expédition intégrale des actes notariés à enregistrer ;

« 2° Sur une copie des actes sous seing privé signés électroniquement à enregistrer, à l'exception des promesses unilatérales de vente mentionnées à l'article 1589-2 du code civil. »

Il n'est dû aucun droit d'enregistrement pour les extraits, copies ou expéditions des actes qui doivent être enregistrés sur les minutes ou originaux, à l'exception des expéditions *(L. n° 2020-1721 du 29 déc. 2020, art. 157-1°-c)* « et des copies mentionnées aux 1° et 2° du présent I. »

II. — Des décrets peuvent instituer pour certaines catégories d'actes des modalités particulières d'exécution de la formalité d'enregistrement *[Ann. III, art. 252]*.

III. — Le paiement au comptant des droits d'enregistrement peut être substitué par décret à l'enregistrement en débet.

Art. 659 Les modalités d'exécution de la formalité fusionnée sont fixées par décret *[Ann. III, art. 253 à 259]*.

Art. 660 Il est fait défense aux comptables publics compétents d'accomplir la formalité de l'enregistrement à l'égard des actes sujets à publicité foncière en exécution du décret n° 55-22 du 4 janvier 1955 modifié et qui ne seraient pas dressés en la forme authentique, conformément aux prescriptions de l'article 4 de ce texte.

Le refus est constaté sur le registre du service, à la date de la présentation de l'acte sous seing privé à la formalité de l'enregistrement. La mention de refus, datée et signée par le comptable, apposée sur chacun des originaux, donne date certaine à l'acte ; un des originaux est conservé au service des impôts.

Art. 661 **Il est également fait défense aux comptables publics compétents :**

1° *Abrogé.*

2° D'enregistrer des protêts d'effets négociables, sans se faire représenter ces effets en bonne forme.

II *DES IMPOSITIONS*

A CHAMP D'APPLICATION RESPECTIF DES DROITS D'ENREGISTREMENT ET DE LA TAXE DE PUBLICITÉ FONCIÈRE

Art. 662 **Sous réserve de dispositions particulières, sont passibles des droits d'enregistrement :**

1° Lorsqu'ils ne donnent pas lieu à la formalité fusionnée, les actes visés au 1 de l'article 635 ;

2° Les actes visés aux *(L. nº 2019-1479 du 28 déc. 2019, art. 21-I-10º et XI-D, en vigueur le 1er janv. 2020)* **« 1°, 5°, 7° et 7°** ***bis*** **» du 2 de l'article 635 et à l'article 636 et généralement tous les actes soumis volontairement à la formalité de l'enregistrement ;**

3° Les mutations résultant de conventions verbales visées aux articles 638, 639 et 640 ;

4° Les mutations par décès.

Art. 663 **Donnent lieu à la perception de la taxe de publicité foncière :**

1° Les inscriptions d'hypothèques judiciaires ou conventionnelles à l'exception des inscriptions en renouvellement ;

2° Sous réserve des dispositions de l'article 665, les décisions judiciaires, actes, attestations de transmission par décès et documents mentionnés aux articles 28, 35, au 2° de l'article 36 et à l'article 37 du décret n° 55-22 du 4 janvier 1955 modifié et ceux portant sur des droits mentionnés aux articles 2521, à l'exclusion de ceux mentionnés au ***i*** **de son 1°, et 2522 du code civil.**

Art. 664 **Lorsqu'ils donnent lieu à la formalité fusionnée en application de l'article 647, les actes visés au 1 de l'article 635 sont soumis à la taxe de publicité foncière dans les conditions prévues par le présent code. Corrélativement, les droits d'enregistrement ne sont pas exigibles sur les dispositions soumises à cette taxe, à l'exception des mutations à titre gratuit.**

Art. 665 **Les dispositions sujettes à publicité foncière ou à inscription sur le livre foncier de Mayotte des décisions judiciaires et des actes exclus du champ d'application de la formalité fusionnée sont soumises aux droits d'enregistrement.**

A l'exception de ceux qui constatent des baux de plus de douze ans, ces décisions et actes sont dispensés du paiement de la taxe de publicité foncière lors de la formalité de la publication ou de l'inscription.

B ASSIETTE ET LIQUIDATION

Art. 666 **Les droits proportionnels ou progressifs d'enregistrement et la taxe proportionnelle de publicité foncière sont assis sur les valeurs.**

BIBL. ► BACHELIER, *Dr. fisc. 2002. 1258* (l'évaluation fiscale des biens et services). – DANTCHEFF, *Dr. fisc. 2013. Étude 500* (les évaluations : principes généraux, évaluation des immeubles et des entreprises) ; *ibid. 2017. 207 et 342 ; ibid. 2018. 250* (l'évaluation des entreprises). – DGFiP, Guide de l'évaluation des entreprises et des titres de sociétés, *2006*. – GREVET, *Dr. fisc. 2020. 54* (le juge de l'impôt et l'évaluation des titres non cotés). – LE DOLLEY, *Dr. fisc. 2002. 1470* (la valeur vénale des titres). – HATOUX, *RJF 2002. 117* (l'évaluation des biens en matière d'enregistrement). – X., Évaluations (terrains, immeubles bâtis, fonds de commerce, titres non cotés...), *Éd. Fr. Lefebvre, 9e éd., 2018.*

1. Évaluation compte tenu de faits postérieurs. Les juges peuvent déterminer la nature d'un bien, pour fixer sa valeur aux fins de taxation d'une mutation, aussi bien à partir de faits antérieurs que de faits contemporains ou, s'ils révèlent des circonstances connues du contribuable lors de l'opération litigieuse, de faits postérieurs à cette mutation. • Com. 16 nov. 1999, nº 97-13.179 : *Dr. fisc. 2000. 509* * Note 26 mai 2000 : *BOI 13 L-5-00.*

2. Principes d'évaluation. La valeur vénale d'un bien doit être déterminée de manière concrète et objective, à partir des seuls termes de comparaison tirés de la cession de biens similaires, à la date de la mutation litigieuse ou du fait taxable. Le juge ne peut donc fixer cette valeur en pratiquant un abattement forfaitaire pour « démembrement » de la propriété (caractère indivis des droits détenus sur l'immeuble). • Com. 6 mars 2007, n° 05-21.216 : *RJF 2007. 863.* ♦ Un immeuble dont la propriété est démembrée ne peut faire l'objet d'aucun abattement : 1) au titre du démembrement, les biens devant être compris dans le patrimoine de l'usufruitier pour leur valeur en pleine propriété ; 2) au titre de la restriction à la liberté d'aliéner (en l'espèce interdiction faite aux nus-propriétaires d'aliéner et d'hypothéquer le bien pendant la vie de l'usufruitier) ; 3) au titre de l'occupation à titre de résidence secondaire. • Com. 27 oct. 2009, n° 08-11.362 : *RJF 2010. 175 ; Dr. fisc. 2010. 417, note Quilici ; BOI 7 G-3-10.* ♦ L'état d'indivision dans lequel se trouvent les héritiers sur la pleine propriété d'un bien reçu par succession est sans incidence sur la valeur vénale de ce bien au jour de sa transmission. Application à des titres non cotés. Refus d'un abattement de 15 %. • Com. 20 mars 2007, n° 504-FD : *BOI 7 G-3-09.*

3. La valeur vénale réelle du fonds de commerce cédé à une société peut être déterminée par comparaison avec d'autres cessions, intervenues en nombre suffisant et à des dates relativement proches de la cession litigieuse, de fonds de même nature et situés dans des villes de taille et de tissu économique semblables, la pertinence de cette évaluation n'étant pas affectée par la circonstance que certains termes de comparaison correspondent à des fonds situés hors d'un centre commercial, dans la mesure où la situation privilégiée du fonds litigieux au sein d'un tel centre induisait un afflux régulier de clientèle. • Com. 6 févr. 2007, *Sté Casino cafétéria,* n° 05-16.448 (n° 176 F-PB) : *RJF 2007. 765.*

4. Dès lors que les droits d'enregistrement sont assis sur la valeur réelle des biens, c'est-à-dire sur le prix qui pourrait en être obtenu sur un marché réel, compte tenu de leur état de fait et de droit, toutes les clauses d'un acte de donation-partage susceptibles d'affecter la valeur vénale réelle du bien doivent être retenues, notamment la clause relative à l'indivision de la nue-propriété, et le fait que ces clauses résultent d'un choix délibéré des parties à l'acte est inopérant pour déterminer leur influence sur la valeur vénale dudit bien. • *Paris, 30 mars 2001,* n° 00-8399 : *Dr. fisc. 2001. 1017.*

5. Entraîne une réduction de la valeur des biens cédés la circonstance que la cession des biens immobiliers litigieux est intervenue dans le cadre de la reprise globale des actifs d'une société en redressement judiciaire et d'un engagement de maintenir un certain nombre d'emplois salariés, conformément à un plan de cession homologué par jugement du tribunal de commerce, opération dont le caractère forfaitaire implique l'existence d'un aléa. • Com. 16 juin 1998, n° 95-15.689 : *Dr. fisc. 1998. 967.* ♦ Lorsque les biens sont acquis en vertu d'un plan de cession homologué par le tribunal, seuls peuvent être considérés comme des biens intrinsèquement similaires pour être utilisés comme termes de comparaison, les biens acquis dans les mêmes conditions, c'est-à-dire dans le cadre d'une procédure collective. La démarche consistant à évaluer le bien par référence à des ventes ordinaires puis à appliquer un abattement en vue de prendre en compte les caractères particuliers de la cession litigieuse ne peut être que subsidiaire après avoir démontré l'impossibilité absolue de se référer à des termes de comparaison intrinsèquement similaires. • Grenoble, 23 juin 2003, n° 01-2001 : *RJF 2004. 431.*

6. La commission payée par le vendeur à l'intermédiaire conformément au mandat confié à ce dernier par le vendeur ne constitue pas une charge augmentative du prix. • Com. 12 déc. 1995, n° 94-10.791 : *Dr. fisc. 1996. 463 ; RJF 1996. 383.*

7. Titres non cotés. La valeur de titres non cotés en bourse doit être appréciée en tenant compte de tous les éléments dont l'ensemble permet d'obtenir une évaluation aussi proche que possible de celle qu'aurait entraîné le jeu de l'offre et de la demande dans un marché réel à la date du fait générateur de l'impôt. En présence d'éléments de comparaison pertinents avec une cession antérieure, il n'y a pas lieu de recourir à d'autres méthodes d'évaluation. • Com. 7 juill. 2009, n° 08-14.855 (n° 209F-D) : *Dr. fisc. 2009. 463, note Poirier ; RJF 2009. 1173.* ♦ Pour l'évaluation de titres d'une société non cotée détenus indirectement par le contribuable par le biais d'une autre société, il n'y a pas lieu à application d'un abattement de 33 % au titre de la fiscalité latente qui serait appliquée en cas de vente des titres dès lors que les titres de la première qui figurent à l'actif de la seconde sont indispensables à l'activité de cette dernière et n'ont donc pas vocation à être cédés alors que, par ailleurs, elle a constaté l'absence de similarité et de complémentarité des activités de location des deux sociétés, de sorte que les titres de la première détenus par la seconde n'étaient pas nécessaires à la poursuite de son activité. • Com. 3 juill. 2019, n° 17-27.888 : *RJF 2020. 739.*

8. Actions. La valeur de l'action d'une société anonyme ne dépend pas de l'existence d'une dette personnelle de l'actionnaire. Il s'ensuit que la dette fiscale afférente à la plus-value d'apport réalisée par le défunt ne vient pas en déduction de la valeur des actions rémunérant l'apport. • Com. 25 janv. 2005, n° 157FS-PB : *RJF 2005. 630.* ♦ La valeur d'actions n'est pas affectée par la charge fiscale, personnelle à l'acquéreur, pesant sur ce dernier à la suite de la donation dont elles ont fait l'objet. • Com. 14 févr. 2006, n° 209F-D : *RJF 2006. 791 ; Dr. fisc. 2007. 314.*

9. Renvois. Sur les questions d'évaluation, V. égal. notes ss. art. 683 et 761 (valeur vénale des immeubles), 669 (nue-propriété et usufruit) ; 759 et 764 (biens mobiliers divers, titres), 885 S (ISF : biens mobiliers et immobiliers, titres, non cotés, créances, rentes), 885 T *bis* (ISF : titres cotés) et l'abondante jurisprudence citée ss. art. L. 17 du LPF *in* **C. pr. fisc.** Dalloz, annoté par Jean Lamarque.

Art. 667 1. *Transféré ss. l'art. L. 17 LPF.*

2. La commission départementale de conciliation prévue à l'article 1653 A peut être saisie pour tous les actes ou déclarations constatant la transmission ou l'énonciation :

1° De la propriété, de l'usufruit ou de la jouissance de biens immeubles, de fonds de commerce, y compris les marchandises neuves qui en dépendent, de clientèles, de navires, de bateaux ou de biens meubles ;

2° D'un droit à un bail ou du bénéfice d'une promesse de bail portant sur tout ou partie d'un immeuble *[Ann. III, art. 349]*.

L'Administration n'est pas tenue de proposer au contribuable la faculté de recourir à la commission lorsque celle-ci n'a pas compétence pour apprécier la contestation. • Com. 3 juin 1998, n° 96-16.470 : *Dr. fisc. 1998. 1122 ; RJF 1998. 1038.*

Art. 668 *Transféré ss. l'art. L. 18 LPF.*

Art. 668 *bis* **Pour la liquidation des droits d'enregistrement et de la taxe de publicité foncière, la valeur de la créance détenue sur une fiducie est évaluée à la valeur vénale réelle nette des biens mis en fiducie ou des biens acquis en remploi, à la date du fait générateur de l'impôt.**

Art. 668 *ter* **Pour l'application des droits d'enregistrement, les droits du constituant résultant du contrat de fiducie sont réputés porter sur les biens formant le patrimoine fiduciaire. Lors de la transmission de ces droits, les droits de mutation sont exigibles selon la nature des biens et droits transmis.**

Art. 669 **I. — Pour la liquidation des droits d'enregistrement et de la taxe de publicité foncière, la valeur de la nue-propriété et de l'usufruit est déterminée par une quotité de la valeur de la propriété entière, conformément au barème ci-après :**

Âge de l'usufruitier	Valeur de l'usufruit	Valeur de la nue-propriété
Moins de :		
21 ans révolus	90 %	10 %
31 ans révolus	80 %	20 %
41 ans révolus	70 %	30 %
51 ans révolus	60 %	40 %
61 ans révolus	50 %	50 %
71 ans révolus	40 %	60 %
81 ans révolus	30 %	70 %
91 ans révolus	20 %	80 %
Plus de 91 ans révolus	10 %	90 %

Pour déterminer la valeur de la nue-propriété, il n'est tenu compte que des usufruits ouverts au jour de la mutation de cette nue-propriété.

II. — L'usufruit constitué pour une durée fixe est estimé à 23 % de la valeur de la propriété entière pour chaque période de dix ans de la durée de l'usufruit, sans fraction et sans égard à l'âge de l'usufruitier.

BIBL. ▶ Barthélemy, *Dr. fisc. 2012. 379* (évaluation économique de l'usufruit : la nécessité d'une approche dualiste). – Delory et Fruleux, *JCP N 2004. 1878* (les effets induits du nouveau barème d'évaluation forfaitaire de l'usufruit). – Douet, *Dr. et patr. 2004, n° 125, p. 24* (nouveau barème fiscal de l'usufruit viager : un tour de passe-passe législatif). – Duchene et Epstein, *Dr. fisc. 2005. 555* (usufruit et nue-propriété : évaluation fiscale/évaluation économique, mode d'emploi). – Fernoux, *BFL 2005. 542* (SCI et démembrement : l'arrêt Tabourdeau ou comment se donner des bâtons...). – GIRAY, *Dr. fisc. 2003. 1429* (la suppression de l'art. 762 du CGI : effets pervers et effets collatéraux) ; *Dr. fisc. 2006, p. 1416* (barèmes de l'usufruit et de la nue-propriété : la difficile cohabitation des art. 669 et 762 du CGI). – IWANESKO et JULIEN SAINT-AMAND, *BFL 2005. 5* (le nouveau barème d'évaluation de l'usufruit : un nouveau pas dans la bonne direction). – SALVADOR, *JCP N 2004. 342* (le barème de l'art. 669 : variations autour du principe des vases communicants).

NOTE. Les notes ci-dessous comportent, pour partie, des décisions et solutions rendues pour l'application de l'ancien art. 762 lorsqu'elles conservent leur intérêt pour l'application de l'art. 669 fixant un nouveau barème d'évaluation.

1. Valeur à retenir. Pour déterminer la valeur de la propriété entière, il n'est pas possible de pratiquer un abattement pour tenir compte de la moins-value résultant du fait que la propriété du bien est démembrée. • Com. 24 juin 1997, n° 95-14.144 : *Dr. fisc. 1997. 1063 ; RJF 1997. 1069* • 6 févr. 2003, n° 01-12.373 : *Dr. fisc. 2004. 353 ; RJF 2003. 646.*

2. Actions. Le barème est notamment applicable pour déterminer la valeur de la nue-propriété d'actions cotées en bourse. • Com. 23 févr. 1999, n° 96-21.294 : *RJF 1999. 935 ; Defrénois 1999, 37016, note Chappert.*

3. Nue-propriété. Pour déterminer la valeur de la nue-propriété de l'héritier, il est tenu compte des droits en usufruit de l'époux survivant, même s'ils résultent d'un avantage matrimonial ne rentrant pas dans la succession. • Com. 24 févr. 1998, n° 96-14.957 : *Dr. fisc. 1998. 450 ; RJF 1998. 626.*

4. Usufruit. Un bien dont le contribuable n'a reçu que l'usufruit dans la succession de son épouse, qui en avait la pleine propriété, ne doit être retenu dans l'assiette des droits de mutation dus par celui-ci que pour la valeur de l'usufruit. • Com. 19 oct. 1999, n° 97-15.255 : *Dr. fisc. 2000. 606.*

5. Usufruit de titres. L'évaluation de l'usufruit de titres non cotés selon la méthode des flux de trésorerie actualisés doit se fonder non pas sur les résultats imposables prévisionnels de la société, mais sur ses distributions prévisionnelles. • CE 30 sept. 2019, *Sté Hôtel Restaurant Luccotel*, n° 419855 : *RJF 2019.1123 ; Dr. fisc. 2019. 465, note Fernoux.* ♦ Le montant des distributions prévisionnelles pris en compte pour évaluer l'usufruit de titres non cotés selon la méthode « DCF » ne peut pas dépasser la trésorerie effectivement disponible. • CAA Nantes, 26 nov. 2020, n° 19NT03876 : *RJF 2021. 244 ; Dr. fisc. 2021. 196, concl. Chollet, note Benoudiz.*

6. Cession d'usufruit de nature viagère entre personnes morales. La liquidation des droits d'enregistrement afférents à une cession d'usufruit entre personnes morales est soumise aux dispositions de l'art. 669-I dès lors que cet usufruit, cédé pour la durée de la survivance de personnes physiques, est de nature viagère, peu important qu'il ne puisse excéder trente ans aux termes de l'art. 619 C. civ. • Com. 26 sept. 2018, n° 16-26.503 : *JCP N 2018. Actu. 796, note Simon-Michel.*

7. Logement occupé par l'usufruitier. L'occupation d'un appartement, fût-ce par l'usufruitier, est un élément affectant la valeur vénale réelle du bien, qui doit être pris en considération pour évaluer la nue-propriété. • Com. 12 mai 2004, 01-13.697 : *RJF 2004. 1050 ; Dr. fisc. 2004. 674 ; AJDI 2005. 498, obs. Maublanc.*

8. Vente d'un droit démembré d'immeuble. En cas de vente de l'usufruit ou de la nue-propriété d'un immeuble, l'art. 669 (barème en fonction de l'âge de l'usufruitier) prime, selon l'Administration, sur l'art. 683 (liquidation sur le prix exprimé). * BOI-ENR-DMTOI-10-10-10 n° 125 du 8 mars 2017. ♦ Dans le cas de la vente entre deux SCI de l'usufruit viager d'un immeuble d'une durée fonction de la date de décès des associés, la valeur à retenir pour le calcul du droit de vente est la valeur résultant du barème de l'art. 669-I et non le prix exprimé dans l'acte. • Paris, 13 sept. 2016, *Sté Placimmo*, n° 13/1384 : *RJF 2017. 87.* ♦ Confirmation : • Com. 26 sept. 2018, *Min. c/ Sté Placimmo*, n° 16-26.503 P : *RJF 2018. 98 ; Dr. fisc. 2018. 418, note Le Mentec.*

Art. 670 **Lorsqu'un acte renferme deux dispositions tarifées différemment, mais qui, à raison de leur corrélation, ne sont pas de nature à donner ouverture à la pluralité des droits ou taxe, la disposition qui sert de base à la perception est celle qui donne lieu au taux le plus élevé.**

Art. 671 **Lorsque, dans un acte quelconque, soit civil, soit judiciaire ou extrajudiciaire, il y a plusieurs dispositions indépendantes ou ne dérivant pas nécessairement *les unes des autres, il est* dû pour chacune d'elles, et selon son espèce, une taxe ou un droit particulier. La quotité en est déterminée par l'article du présent code dans lequel la disposition se trouve classée, ou auquel elle se rapporte.**

Art. 672 **Sont affranchies de la pluralité édictée par l'article 671, dans les actes civils, les dispositions indépendantes et non sujettes à une imposition proportionnelle ou progressive.**

Lorsqu'un acte contient plusieurs dispositions indépendantes donnant ouverture, les unes à une imposition proportionnelle ou progressive, les autres à une imposition fixe, il n'est rien perçu sur ces dernières dispositions, sauf application de l'imposition fixe la plus élevée comme minimum de perception, si le montant des impositions proportionnelles ou progressives exigibles est inférieur.

Art. 673 **Lorsque la taxe de publicité foncière ne tient pas lieu des droits d'enregistrement, il n'est dû, en toute hypothèse, qu'une seule taxe proportionnelle sur l'acte principal et sur l'acte portant complément, interprétation, rectification d'erreurs matérielles, acceptation ou renonciation pure et simple, confirmation, approbation, homologation, ratification ou réalisation de condition suspensive.**

Les actes dispensés de la taxe proportionnelle en vertu des dispositions du premier alinéa supportent la taxe fixe si la publicité n'en est pas requise en même temps que celle de l'acte passible de la taxe proportionnelle, à moins qu'ils ne contiennent augmentation des prix, valeurs, sommes ou créances exprimées, énoncées, évaluées ou garanties, auquel cas la taxe proportionnelle est perçue seulement sur le montant de cette augmentation.

Art. 674 **Il ne peut être perçu moins de 25 € dans les cas où les sommes et valeurs ne produiraient pas 25 € de droit ou taxe proportionnels ou de droit progressif.**

Art. 675 **Les impositions proportionnelles ou progressives sont arrondies à l'euro le plus proche. La fraction d'euro égale à 0,50 est comptée pour 1** *[Ann. III, art. 261]*.

C MUTATIONS ET CONVENTIONS AFFECTÉES D'UNE CONDITION SUSPENSIVE

Art. 676 **En ce qui concerne les mutations et conventions affectées d'une condition suspensive, le régime fiscal applicable et les valeurs imposables sont déterminés en se plaçant à la date de la réalisation de la condition.**

Toutefois, lorsqu'elle ne tient pas lieu des droits d'enregistrement, la taxe de publicité foncière est perçue sur l'acte conditionnel d'après le régime applicable à la date à laquelle la formalité de publicité foncière est requise. Les valeurs imposables sont déterminées en se plaçant à la date de l'acte.

1. Cession conclue sous condition suspensive : date de réalisation de la condition. Le régime fiscal applicable aux mutations et conventions affectées d'une condition suspensive est déterminé compte tenu de la législation en vigueur au jour de la réalisation de la condition. Faisant application de ce principe dans le cadre d'une mutation soumise à une condition suspensive du non-exercice de son droit de préemption par une SAFER, la date de la réalisation de la condition est constituée par la décision du titulaire du droit de ne pas préempter le bien et non par la connaissance par le contribuable de la réalisation de cette condition. • Com. 7 juin 2007, n° 743F-D : *RJF 2006. 1628.*

2. Clause de réversion d'usufruit. La clause qui stipule la réserve de l'usufruit au profit des donateurs et du survivant d'entre eux, avec donation éventuelle réciproque, s'analyse en une donation à terme de biens présents, le droit d'usufruit du bénéficiaire lui étant définitivement acquis dès le jour de l'acte. Dès lors, l'exercice de ce droit, différé au jour du décès du donateur, ne constitue pas la manifestation de la volonté de son bénéficiaire d'accepter la succession du défunt. • Cass. ch. mixte, 8 juin 2007, n° 05-10.727 : *RJF 2007. 1172 ; Dr. fisc. 2007. 761, rapp. Rivière.* ♦ Sur le régime nouveau des réversions d'usufruit, V. art. 796-0 *quater*.

3. Réversion d'usufruit au profit du conjoint survivant. Les réversions d'usufruit, quel qu'en soit le bénéficiaire, relèvent du régime des droits de succession. L'art. 796-0 *quater*, précisant que les réversions d'usufruit au profit du conjoint survivant relèvent du régime des droits de mutation par décès, conduit à l'exonération pure et simple de telles réversions, puisque les successions entre époux sont désormais exonérées. * BOI-ENR-DMTG-10-40-10-50 n° 60 du 27 mai 2013.

SECTION II LES TARIFS ET LEUR APPLICATION

I *DISPOSITIONS GÉNÉRALES*

Art. 677 **Sous réserve de dispositions particulières, sont passibles d'une imposition proportionnelle ou progressive :**

1° Les transmissions, soit entre vifs, soit par décès, de propriété ou d'usufruit de biens meubles ou immeubles, ainsi que les décisions judiciaires et les actes portant ou

constatant entre vifs constitution de droits réels immobiliers visés au *a* du 1° de l'article 28 modifié du décret n° 55-22 du 4 janvier 1955 ;

2° Les transmissions de jouissance de fonds de commerce ou de clientèles ou de biens immeubles ainsi que les quittances ou cessions d'une somme équivalente à trois années de loyers ou fermages non échus, à l'exception des quittances ou cessions liées aux actes prévus à l'article 1048 *ter* ;

3° Les actes constatant un apport en société, les actes de formation de groupements d'intérêt économique constitués conformément aux articles L. 251-1 à L. 251-23 du code de commerce, les apports immobiliers qui sont faits aux associations constituées conformément à la loi du 1er juillet 1901 et au livre Ier de la deuxième partie du code du travail (syndicats professionnels) ;

4° Les actes constatant un partage de biens meubles ou immeubles ainsi que, d'une manière générale, les décisions judiciaires et les actes déclaratifs lorsqu'ils portent sur des droits soumis à publicité foncière en application du 1° de l'article 28 du décret précité ;

5° Les inscriptions d'hypothèques judiciaires ou conventionnelles.

Accession à la propriété des constructions faites par un tiers. La conservation par le propriétaire des constructions et ouvrages faits par le locataire, prévue par l'art. 555 C. civ., ne constitue pas une transmission de propriété passible des droits de mutation. • Com. 22 mars 1988, *SCI Chingoudy : RJF 1988. 828.*

En cas de résiliation du bail, le preneur perd son droit de propriété temporaire sur les constructions qu'il a édifiées et permet au bailleur d'accéder à la propriété de ces constructions avant l'expiration du bail, de sorte qu'entraînant transfert de propriété des immeubles, la résiliation constitue une mutation soumise aux droits d'enregistrement des mutations d'immeubles. • Com. 24 juin 1997, n° 95-13.038 : *Dr. fisc. 1997. 1095 ; RJF 1997. 1064* • 23 févr. 1999, n° 96-18.328 : *Dr. fisc. 1999. 525 ; RJF 1999. 650.*

Art. 678 **Lorsqu'ils ne se trouvent ni exonérés, ni tarifés par aucun autre article du présent code les décisions judiciaires et les actes qui contiennent des dispositions sujettes à publicité foncière visées à l'article 677 sont soumis à une imposition proportionnelle au taux de 0,70 %.**

Art. 678 bis *Abrogé par L. n° 2009-1673 du 30 déc. 2009, art. 77-1.2.1.1, à compter du 1er janv. 2011.*

Art. 679 **Sont soumis à une imposition fixe :**

1° Les actes qui ne comportent aucune disposition entrant dans les prévisions des 1° à 4° de l'article 677 ;

2° Les inscriptions d'hypothèques judiciaires ou conventionnelles non soumises à la taxe proportionnelle ;

3° Les actes exempts de l'enregistrement qui sont présentés volontairement à cette formalité ;

4° Les actes visés à l'article 37 du décret n° 55-22 du 4 janvier 1955 modifié qui sont présentés volontairement à la formalité de la publicité foncière.

Selon l'Administration, le contrat par lequel le propriétaire d'un terrain concède un droit de fortage sur ce terrain en vue de l'extraction de matériaux contenus dans le sol porte sur un droit de nature mobilière. * BOI-ENR-JOMI n° 70 du 12 sept. 2012. ♦ Sur la base de l'art. L. 80 A du LPF, le concessionnaire peut se prévaloir de cette doctrine pour prétendre que l'opération n'est pas passible du droit d'enregistrement proportionnel. • Com. 8 juill. 1997, n° 95-17.681 : *Dr. fisc. 1997. 1126.*

Art. 680 **Tous les actes qui ne se trouvent ni exonérés, ni tarifés par aucun autre article du présent code et qui ne peuvent donner lieu à une imposition proportionnelle ou progressive sont soumis à une imposition fixe de 125 €.**

Les transactions mentionnées au 9° du 1 de l'article 635, qui ne sont tarifées par aucun autre article du présent code, sont exonérées de l'imposition fixe prévue au premier alinéa.

Ventes de gré à gré de meubles. Les ventes de gré à gré de meubles qui ne sont pas assujetties à un régime particulier sont dispensées de la formalité de l'enregistrement si elles sont constatées par un acte sous seing privé ou si elles sont verbales. Si ces ventes sont présentées volontairement à la formalité, ou si elles sont constatées par actes notariés, elles ne donnent ouverture qu'au droit fixe des actes innomés prévus par l'art. 680. * BOI-ENR-DMTOM-50-20 n°s 20 et 30 du 1er avr. 2015.

Art. 681 **Les taux de la taxe de publicité foncière sont applicables pour la liquidation des droits d'enregistrement dus à raison des dispositions sujettes à publicité foncière des décisions judiciaires et des actes exclus du champ d'application de la formalité fusionnée.**

Ce régime ne s'applique pas aux mutations à titre gratuit et aux baux de plus de douze ans.

II *MUTATIONS DE PROPRIÉTÉ À TITRE ONÉREUX D'IMMEUBLES*

Les droits d'enregistrement et la taxe de publicité foncière exigibles sur les mutations de propriété à titre onéreux d'immeubles ont été transférés aux départements dans les conditions fixées aux art. 1594 A à 1594 E (L. n° 83-1179 du 29 déc. 1983, art. 28).

0A DISPOSITION GÉNÉRALE

Art. 682 **A défaut d'acte, les mutations à titre onéreux d'immeubles ou de droits immobiliers sont soumises aux droits d'enregistrement selon le taux prévu pour les opérations de même nature donnant lieu au paiement de la taxe de publicité foncière.**

A RÉGIME NORMAL

Art. 683 **I. – Les actes civils et judiciaires translatifs de propriété ou d'usufruit de biens immeubles à titre onéreux sont assujettis à une taxe de publicité foncière ou à un droit d'enregistrement au taux prévu à l'article 1594 D.**

La taxe ou le droit sont liquidés sur le prix exprimé, en y ajoutant toutes les charges en capital ainsi que toutes les indemnités stipulées au profit du cédant, à quelque titre et pour quelque cause que ce soit, ou sur une estimation d'experts, dans les cas autorisés par le présent code.

Lorsque la mutation porte à la fois sur des immeubles par nature et sur des immeubles par destination, ces derniers doivent faire l'objet d'un prix particulier et d'une désignation détaillée.

II. – Les ventes d'immeubles domaniaux sont soumises aux impositions prévues au I.

1° *MUTATIONS IMPOSABLES*

1. *Dation en paiement. Paiement de dividendes par remise d'un immeuble.* La décision de distribution des dividendes constituant un acte juridique unilatéral et non un contrat de cession, la remise d'un immeuble en paiement du dividende dû à une société n'opère pas transmission de propriété du bien immobilier à titre onéreux. L'opération n'est donc pas soumise aux droits de mutation. • Com. 12 févr. 2008, n° 05-17.085 : *RJF 2008. 612 ; Dr. fisc. 2008. 416, note Deboissy et Wicker ; D. 2008. 1113, note R. Martin*. ♦ Il n'en demeure pas moins qu'une telle opération n'échappe pas à toute fiscalité. En effet, l'attribution aux associés de produits en nature, telle que par exemple la remise d'un immeuble gratuitement ou à prix réduit, constitue une distribution imposable à l'IR dans la catégorie des RCM sur le fondement de l'art. 109. * Rép. min. n° 3508 : *JOAN Q, 15 mai 2018, p. 4063.*

2. *Transfert de propriété différé.* Lorsqu'un contrat de location assorti d'une promesse synallagmatique de vente stipule que le transfert de propriété et de jouissance des biens est reporté à une date ultérieure, les droits de mutation ne sont exigibles qu'à cette date. • Com. 21 oct. 1997, n° 95-13.930 : *Dr. fisc. 1997. 1377.*

3. *Résiliation d'un bail à construction.* V. note ss. art. 1378 *ter.*

2° *ASSIETTE DES DROITS*

4. *Valeur vénale.* La valeur vénale réelle d'après laquelle les immeubles sont estimés pour la liquidation des droits de mutation est constituée par le prix qui pourrait en être obtenu par le jeu de l'offre et de la demande dans un marché réel compte tenu de l'état dans lequel se trouve l'immeuble avant la mutation et des clauses de l'acte de vente. • Com. 23 oct. 1984, *GFA de Plaimpied,* n° 82-17.054 P. ♦ La méthode d'évaluation à retenir est la méthode par comparaison seule en mesure d'établir la valeur de marché du bien. Il n'est admis d'exception à la méthode comparative que lorsque toute comparaison est impossible. • Com. 26 janv. 1999, n° 295 P : *RJF 1999. 497* • 12 févr. 2008, n° 07-10.242 : *RJF 2008. 613* • Com. 21 oct. 2008, n° 07-18.181 : *RJF 2009. 166.* ♦ Lorsque les biens sont acquis en vertu d'un plan de cession homologué par le tribunal, seuls peuvent être considérés comme des biens intrinsèquement similaires pour être utilisés comme termes de comparaison, les biens acquis dans les mêmes conditions, c'est-à-dire dans le cadre d'une procédure collective. La démarche consistant à évaluer le bien par référence à des ventes ordinaires puis à appliquer un abattement en vue de prendre en compte les caractères particuliers de la cession litigieuse ne peut être que subsidiaire après avoir démontré l'impossibilité absolue de se référer à des termes de comparaison intrinsèquement similaires. • Grenoble, 23 juin 2003, n° 01-2001 : *RJF 2004. 431.*

5. Réduction de prix ou de valeur. En cas de diminution du prix obtenue à la suite d'une action en réduction fondée sur la loi « Carrez », la fraction des droits afférente à la diminution de prix obtenue est restituée sur réclamation. * Rép. min. n° 85746 : *JOAN Q, 14 mars 2006, p. 2761.* ♦ Entraîne une réduction de la valeur des biens cédés la circonstance que la cession des biens immobiliers litigieux est intervenue dans le cadre de la reprise globale des actifs d'une société en redressement judiciaire et d'un engagement de maintenir un certain nombre d'emplois salariés, conformément à un plan de cession homologué par jugement du tribunal de commerce, opération dont le caractère forfaitaire implique l'existence d'un aléa. • Com. 16 juin 1998 : *Dr. fisc. 1998. 967.*

6. Immeuble acquis par le preneur d'un bail commercial en cours de bail. La confusion des droits locatifs et de propriété éteint le droit au bail sur le bien immobilier dont le preneur devient propriétaire. Les travaux et améliorations réalisés par le preneur, qui devaient appartenir au bailleur en fin de bail commercial, ne peuvent entrer dans l'assiette des droits d'enregistrement faute d'avoir transité par le patrimoine de celui-ci avant la vente et d'avoir ainsi constitué l'objet de la mutation. Ainsi, l'acquisition de l'immeuble par le preneur du bail n'a pas entraîné la résiliation anticipée du bail commercial mais son extinction par confusion des droits au sens de l'art. 1300 C. civ. et aucun transfert de la propriété des constructions réalisées par le preneur ne s'est produit entre son patrimoine et celui du bailleur avant cette acquisition. • Com. 4 déc. 2012 : *RJF 2013. 358.*

7. Vente à réméré. La nature juridique de la vente à réméré et les effets qu'elle emporte n'excluent pas l'utilisation par l'administration fiscale de la méthode de comparaison avec les ventes pures et simples. En pratiquant, au vu des circonstances de la cause, un abattement forfaitaire de 10 % sur le prix de cession du bien, permettant de calculer sa valeur vénale réelle et tenant compte ainsi de sa situation juridique spécifique, tenant à la clause de réméré, laquelle ne peut être comparée ni à une réserve d'acquisition pour cause d'utilité publique ni à un droit d'usufruit, une cour d'appel a fait l'exacte application des art. L. 57 LPF et 1659 C. civ. • Com. 20 nov. 2007, n° 06-13.055 : *Dr. fisc. 2007. 1091, note Maublanc.*

8. Charges augmentatives du prix. Les charges augmentatives du prix s'entendent de toutes les prestations supplémentaires que le contrat impose à l'acquéreur et de tous les avantages indirects que l'acheteur procure au vendeur notamment lorsqu'il prend à son compte les obligations qui incombent normalement à ce dernier. * BOI-ENR-DMTOI-10-10-20-20 n° 10 du 12 sept. 2012. ♦ Ainsi, l'engagement pris par l'acquéreur d'acquitter la taxe foncière afférente à l'immeuble vendu pour une période antérieure à l'entrée en jouissance constitue une charge augmentative du prix. * BOI-ENR-DMTOI-10-10-20-20 n° 70 du 12 sept. 2012. ♦ La commission payée à l'intermédiaire n'entre pas dans l'assiette des droits de mutation lorsque le mandat précise qu'elle sera mise à la charge de l'acquéreur, que le mandant soit le vendeur ou l'acquéreur. • Com. 12 déc. 1995, n° 94-10.791 : *Dr. fisc. 1996. 463 ; RJF 1996. 383* * Instr. 16 juin 1997 : *BOI 7 D-2-97.* ♦ En revanche, la commission de l'intermédiaire mise contractuellement à la charge du vendeur, mais versée au lieu et place par l'acquéreur, constitue une charge augmentative du prix à soumettre aux droits de mutation. * BOI-ENR-DMTOI-10-10-20-20 n° 40 du 12 sept. 2012.

9. Le coût des travaux effectués par l'acquéreur avant l'acte notarié d'acquisition ne constitue pas des charges en capital ou des indemnités stipulées au profit du cédant et ne peut donc pas être compris dans l'assiette des droits. • Com.19 déc. 2000, n° 98-11.453 : *RJF 2001. 557 ; Dr. fisc. 2001. 520 ; Defrénois 2002. 37485, note Chappert.* ♦ En revanche, les travaux effectués dans l'appartement de l'acquéreur et faisant partie d'une opération de rénovation organisée par le promoteur-vendeur dès avant la vente, travaux imposés par le vendeur à l'acquéreur, constituent une charge augmentative du prix. • Douai, 28 oct. 2002, n° 00-7329 : *Dr. fisc. 2003. 559.* ♦ De même, le montant des travaux exécutés après la vente de l'appartement mais prévus et imposés à l'acquéreur avant la vente constitue une charge augmentative du prix. • Douai, 17 mai 2004, n° 03-3203 : *Dr. fisc. 2004. 831.*

10. Vente d'un droit démembré d'immeuble. En cas de vente de l'usufruit ou de la nue-propriété d'un immeuble, l'art. 669 (barème en fonction de l'âge de l'usufruitier) prime, selon l'Administration, sur l'art. 683 (liquidation sur le prix exprimé). * BOI-ENR-DMTOI-10-10-10 n° 125 du 8 mars 2017.

11. Crédit-bail immobilier. Le droit de mutation dû en application des art. 683 et 1594 D à raison de la levée d'option d'achat dans le cadre d'un contrat de crédit-bail immobilier est liquidé sur le prix de vente, abstraction faite de la va-

leur vénale réelle du bien transmis, à condition, s'agissant des immeubles acquis dans le cadre d'un contrat de crédit-bail conclu à compter du 1er janv. 1996, que ce dernier ait été soumis à la formalité de publicité foncière dans les conditions prévues par l'art. 33 du décret n° 55-22 du 4 janv. 1955 modifié. En revanche, si le contrat de crédit-bail dont la publication était obligatoire n'a pas été publié ou a été publié tardivement, c'est-à-dire postérieurement au délai de trois mois prévu par l'art. 33 susvisé, l'assiette des droits de mutation à titre onéreux sera constituée par la valeur vénale du bien au jour de l'acquisition par le preneur si elle est supérieure au prix de cession. * BOI-ENR-DMTOI-10-60 n° 70 du 8 avr. 2013.

12. Renvois. Sur les questions d'évaluation, V. égal. notes ss. art. 761 (valeur vénale des immeubles), 669 (nue-propriété et usufruit), 759 et 764 (biens mobiliers divers, titres), 885 S (ISF : biens mobiliers et immobiliers, titres, non cotés, créances, rentes), 885 T *bis* (ISF : titres cotés) et l'abondante jurisprudence citée ss. art. L. 17 du LPF *in* **C. pr. fisc.** Dalloz, annoté par L. Ayrault et O. Négrin.

Art. 683 *bis* La fraction des apports d'immeubles ou de droits immobiliers réalisée à titre onéreux est assujettie à une taxe de publicité foncière ou à un droit d'enregistrement de 2,20 %.

Art. 684 Les échanges de biens immeubles sont assujettis à une taxe de publicité foncière ou à un droit d'enregistrement de 5 %.

La taxe ou le droit sont perçus sur la valeur d'une des parts lorsqu'il n'y a aucun retour. S'il y a retour, la taxe, ou le droit, est payée à raison de 5 % sur la moindre portion, et comme pour vente sur le retour ou la plus-value. Les retours sont assujettis à l'imposition prévue à l'article 683.

Les immeubles, quelle que soit leur nature, sont estimés d'après leur valeur vénale réelle à la date de la transmission, d'après la déclaration estimative des parties.

Néanmoins, si, dans les deux années qui ont précédé ou suivi l'acte d'échange, les immeubles transmis ont fait l'objet d'une adjudication, soit par autorité de justice, soit volontaire, avec admission des étrangers, les impositions exigibles ne peuvent être calculées sur une somme inférieure au prix de l'adjudication, en y ajoutant toutes les charges en capital, à moins qu'il ne soit justifié que la consistance des immeubles a subi, dans l'intervalle, des transformations susceptibles d'en modifier la valeur.

B RÉGIMES SPÉCIAUX ET EXONÉRATIONS

1 MUTATIONS D'UNE NATURE PARTICULIÈRE

Art. 685 Les adjudications sur réitération des enchères de biens immeubles ne sont assujetties à la taxe proportionnelle de publicité foncière ou au droit proportionnel d'enregistrement que sur ce qui excède le prix de la précédente adjudication, si l'impôt en a été acquitté.

Lorsque le prix n'est pas supérieur à celui de la précédente adjudication et si celle-ci a été enregistrée ou soumise à la formalité fusionnée, l'adjudication sur réitération des enchères est assujettie à une imposition fixe de 125 €.

Art. 686 Les déclarations ou élections de command ou d'ami, par suite d'adjudication ou contrat de vente de biens immeubles sont assujetties à une imposition fixe de 125 € lorsque la faculté d'élire command a été réservée dans l'acte d'adjudication ou le contrat de vente et que la déclaration est faite par acte public et notifiée dans les vingt-quatre heures de l'adjudication ou du contrat.

Si la déclaration est faite après les vingt-quatre heures de l'adjudication ou du contrat, ou lorsque la faculté d'élire un command n'y a pas été réservée, les déclarations ou élections de command ou d'ami prévues au premier alinéa, sont assujetties à l'impôt aux taux prévus par le présent code.

1. Déclaration de command. Ne sont assujetties au droit fixe que les déclarations de command qui sont notifiées à l'administration fiscale dans le délai de trois jours de la vente ou de l'adjudication, peu important que celle-ci soit affectée d'une condition suspensive. • Com. 8 avr. 2008, n° 07-12.229 : *RJF 2008. 898.*

2. Il résulte des dispositions combinées des art. 676 et 686 CGI que l'exigibilité des droits de mutation afférents à un acte passé sous condition suspensive est subordonnée à la réalisation de cette dernière et que, dès lors que la déclaration de command, prévue dans l'acte, a été faite dans le délai fixé par la loi, elle forme un tout

indivisible avec celui-ci, de sorte que l'obligation de la notifier à l'administration fiscale se trouve suspendue jusqu'à la réalisation de la condition suspensive. • Com. 11 mars 2014, n° 13-12.469 : *RJF 2014. 635 ; Dr. fisc. 2014. 293.*

Art. 687 Les déclarations d'adjudicataires faites au greffe conformément à l'article 707 du code de procédure civile sont assujetties à une taxe fixe de publicité foncière de 25 € lorsque la publicité n'en est pas requise en même temps que celle des actes passibles de l'imposition proportionnelle.

Art. 688 Les retraits exercés après l'expiration des délais convenus par les contrats de vente de biens immeubles sous faculté de rachat sont assujettis à l'impôt aux taux prévus par le présent code.

Art. 689 L'acte constitutif de l'emphytéose est assujetti à la taxe de publicité foncière au taux prévu à l'article 742.

BIBL. ▶ CRUVELIER, *Dr. fisc. 2012. 543* (l'emphytéose en droit fiscal).

Art. 690 *Abrogé par L. n° 98-1267 du 30 déc. 1998, art. 12-E-11°.*

2 MUTATIONS SOUMISES À UNE TAXATION RÉDUITE OU EXONÉRÉES

a *OPÉRATIONS CONCOURANT À LA PRODUCTION OU À LA LIVRAISON D'IMMEUBLES*

Art. 691 *Transféré ss. le A de l'art. 1594-0 G.*

Art. 691 *bis* Les actes d'acquisitions visées au A de l'article 1594-0 G donnent lieu à la perception d'une taxe de publicité foncière ou d'un droit d'enregistrement de 125 €.

Art. 692 *Transféré ss. le A de l'art. 1594 F quinquies.*

b

Art. 693 *Transféré ss. le B de l'art. 1594 F quinquies.*

Art. 694 *Abrogé par L. n° 98-1266 du 30 déc. 1998, art. 39-I. 4, à compter du 1er janv. 1999.*

Art. 695 *Transféré ss. le C de l'art. 1594 F quinquies.*

Art. 696 *Transféré ss. le B de l'art. 1594-0 G.*

c *RÉGIMES SPÉCIAUX INSTITUÉS EN FAVEUR DU COMMERCE ET DE L'INDUSTRIE*

Art. 697 *Abrogé par L. n° 98-1266 du 30 déc. 1998, art. 39-I. 4, à compter du 1er janv. 1999.*

Art. 698 *Transféré ss. le H de l'art. 1594 F quinquies.*

Art. 698 *bis* *Transféré ss. le I de l'art. 1594 F quinquies.*

Art. 699 Les échanges portant sur tout ou partie des mines concédées ou amodiées et effectués en vue de la rationalisation de leur exploitation et de l'accroissement de leur productivité bénéficient du régime fiscal édicté par l'article 708, à la condition que l'acte d'échange porte la mention expresse qu'il est fait sous le bénéfice des dispositions du décret n° 54-944 du 14 septembre 1954.

Conformément aux dispositions des articles L. 143-1, L. 143-3, L. 143-9, L. 143-13 du code minier, les échanges prévus au premier alinéa ne pourront être réalisés qu'après autorisation donnée par le ministre chargé des mines. Cette autorisation devra préciser que l'opération bénéficie du régime d'exonération fixé par le présent article.

Art. 700 Pendant la période où des exploitations restent provisoirement sous le régime légal des carrières, en application de l'article L. 312-4 ou du second alinéa de l'article L. 312-11 du code minier concernant le passage dans la classe des mines de substances antérieurement soumises au régime légal des carrières, les échanges de droits de propriété ou de droits d'exploitation portant sur des carrières de substances

nouvellement rendues concessibles par décret, bénéficient, sauf en ce qui concerne les soultes ou plus-values, d'une exonération de tous droits au profit de l'État, à condition, d'une part, que l'échange soit préalablement autorisé par un décret rendu sur avis conforme du Conseil d'État et contresigné par le ministre de l'économie et des finances et par le ministre chargé des mines et, d'autre part, que l'acte d'échange se réfère expressément au décret d'autorisation. Ce dernier devra constater que l'échange est effectué en vue de rationaliser l'exploitation des gisements et d'accroître leur productivité.

d *RÉGIMES SPÉCIAUX INSTITUÉS EN FAVEUR DE L'AGRICULTURE*

Art. 701 à 704 *Abrogés par L. n° 98-1266 du 30 déc. 1998, art. 39-I-4.*

Art. 705 à 707 *Transférés ss. les D, F et G de l'art. 1594 F quinquies.*

Art. 707 *bis* En cas d'éviction d'un acquéreur, l'exercice du droit de préemption institué par les articles L. 412-1 à L. 412-13 du code rural et de la pêche maritime, relatifs au statut du fermage et du métayage, ou par l'article L. 462-21 du même code, relatif au bail à ferme dans les départements de la Guadeloupe, de la Guyane, de la Martinique, de Mayotte, de La Réunion et à Saint-Pierre-et-Miquelon », ne donne pas ouverture à la perception d'un nouvel impôt proportionnel.

Art. 708 Les échanges d'immeubles ruraux effectués conformément aux articles L. 124-3 et L. 124-4 du code rural et de la pêche maritime sont exonérés de la taxe de publicité foncière ou, le cas échéant, du droit d'enregistrement.

Toutefois, les soultes et plus-values résultant de ces échanges sont passibles de la taxe de publicité foncière ou du droit d'enregistrement au taux prévu pour les ventes d'immeubles.

Art. 709 *Abrogé par L. n° 98-1266 du 30 déc. 1998, art. 39-I-4.*

e

Art. 710 *Abrogé par L. n° 98-1266 du 30 déc. 1998, art. 39-I-4.*

Art. 711 et 711 A *Abrogés par L. n° 98-1266 du 30 déc. 1998, art. 39-I-4.*

Art. 712 *Transféré ss. le J de l'art. 1594 F quinquies.*

f *ACQUISITIONS FAITES PAR LES MUTUELLES, ASSOCIATIONS CULTUELLES ET CERTAINES ASSOCIATIONS RECONNUES D'UTILITÉ PUBLIQUE*

Art. 713 *Abrogé par L. n° 98-1266 du 30 déc. 1998, art. 39-I-4.*

g *IMMEUBLES SITUÉS À L'ÉTRANGER*

Art. 714 Les actes translatifs de propriété ou d'usufruit de biens immeubles situés en pays étrangers ou à Saint-Pierre-et-Miquelon, en Nouvelle-Calédonie, en Polynésie française, dans les îles Wallis-et-Futuna et les Terres australes et antarctiques françaises dans lesquels le droit d'enregistrement n'est pas établi, sont assujettis à un droit de 5 %.

Ce droit est liquidé sur le prix exprimé, en y ajoutant toutes les charges en capital.

h *DISPOSITIONS DIVERSES*

Art. 715 *Transféré ss. le K de l'art. 1594 F quinquies.*

Art. 716 Pendant la durée du remboursement des emprunts contractés en vue de la construction d'un logement, les cessions amiables d'habitations individuelles à loyer modéré ayant pour but de substituer des personnes solvables, remplissant les conditions de la législation sur les habitations à loyer modéré, aux bénéficiaires de cette législation qui justifieraient être dans l'impossibilité de les habiter ou être privés de ressources nécessaires pour faire face à leurs obligations, sont soumises à une imposition de 125 €.

Le bénéfice de cette disposition est subordonné à l'autorisation de l'autorité compétente de l'État, après avis du comité régional de l'habitat et de l'hébergement.

Art. 717 Les résolutions volontaires ou judiciaires de contrats de vente de maisons individuelles répondant aux conditions fixées pour les habitations à loyer modéré par l'article L. 411-1 du code de la construction et de l'habitation et construites par les centres d'action sociale, hospices ou hôpitaux, les caisses d'épargne, les sociétés de construction ou par des particuliers, sont soumises à une imposition de 125 €.

Cette disposition est applicable aux locaux à usage artisanal entrant dans les prévisions de l'article 1er de la loi du 2 août 1932, facilitant la construction de ces locaux.

III *MUTATIONS DE PROPRIÉTÉ À TITRE ONÉREUX DE MEUBLES*

0A DISPOSITIONS GÉNÉRALES

MUTATIONS À TITRE ONÉREUX DE BIENS MOBILIERS ÉTRANGERS CONSTATÉES PAR DES ACTES PASSÉS EN FRANCE

Art. 718 Lorsqu'elles s'opèrent par acte passé en France, les transmissions à titre onéreux de biens mobiliers étrangers, corporels ou incorporels, sont soumises aux droits de mutation dans les mêmes conditions que si elles avaient pour objet des biens français de même nature.

Art. 718 *bis* Lorsqu'elles s'opèrent par acte passé à l'étranger, les cessions de participations dans des personnes morales à prépondérance immobilière définies au 2° du I de l'article 726 sont soumises au droit d'enregistrement dans les conditions prévues à cet article, sauf imputation, le cas échéant, d'un crédit d'impôt égal au montant des droits d'enregistrement effectivement acquittés dans l'État d'immatriculation de chacune des personnes morales concernées, conformément à la législation de cet État et dans le cadre d'une formalité obligatoire d'enregistrement de chacune de ces cessions. Ce crédit d'impôt est imputable sur l'impôt français afférent à chacune de ces cessions, dans la limite de cet impôt.

Cessions par acte passé à l'étranger de participations dans des personnes morales à prépondérance immobilière. Modalités d'imposition. Droit de vente de 5 %. Crédit d'impôt. * Instr. 20 mai 2010 : *BOI 7 D-2-10*.

A CESSIONS DE FONDS DE COMMERCE ET DE CLIENTÈLES ET CONVENTIONS ASSIMILÉES

1 RÉGIME NORMAL

Art. 719 Les mutations de propriété à titre onéreux de fonds de commerce ou de clientèles sont soumises à un droit d'enregistrement dont les taux sont fixés à :

FRACTION DE LA VALEUR TAXABLE	Tarif applicable (en pourcentage)
N'excédant pas 23 000 €	0
Supérieure à 23 000 € et n'excédant pas 107 000 €	2
Supérieure à 107 000 € et n'excédant pas 200 000 €	0,60
Supérieure à 200 000 €	2,60

Le droit est perçu sur le prix de la vente de l'achalandage, de la cession du droit au bail et des objets mobiliers ou autres servant à l'exploitation du fonds. Ces objets doivent donner lieu à un inventaire, détaillé et estimatif, dans un état distinct dont trois exemplaires, rédigés sur des formules spéciales fournies par l'administration, doivent rester déposés au service des impôts où la formalité est requise.

*— **Anciens taux :***

FRACTION DE LA VALEUR TAXABLE	TARIF applicable (en pourcentage)	
	à/c du 1/01/2002	à/c du 1/01/2006
N'excédant pas 23 000 €	0	0
Supérieure à 23 000 € et n'excédant pas 107 000 €	3,80	4
Supérieure à 107 000 €	2,40	2,60

1. Territorialité. La cession des droits sur une marque en tous pays sauf la France, par un acte conclu à l'étranger, n'est pas imposable en France. • Com. 6 avr. 1999, n° 796D : *RJF 1999. 932.* ♦ L'acquisition conclue à l'étranger par une société de la seule clientèle attachée à une marque dont elle est déjà propriétaire n'est pas taxable en France. • Com. 10 mai 2006, n° 585F-D, *Sté Argeville : RJF 2006. 1469 ; Dr. fisc. 2006. 591.*

2. Cession de marque. BIBL. Hôo, *Dr. fisc. 2011, étude 110* (cession de marque et droits d'enregistrement). ♦ L'opération n'est pas imposable lorsque au moment de la cession aucune clientèle appartenant au titulaire de la marque n'y est attachée. • Com. 30 oct. 1989, n° 88-13.824 P, *Lutrin Sofrol : RJF 1990. 217.* ♦ En revanche, si la cession de marque emporte cession de clientèle, l'opération est soumise au droit d'enregistrement. • Com. 24 mars 1992, n° 565P, *Sté Sichel : RJF 1992. 905.*

Dès lors que l'opération réalisée par les parties a revêtu un caractère global, permettant d'estimer que les différentes cessions de marques de parfums intervenues concomitamment, dont certaines étaient inexploitées, étaient indivisibles, et a caractérisé une mutation à titre onéreux de fonds de commerce avec transfert effectif de clientèle, il s'ensuit que ces conventions sont passibles, au même titre que la convention principale avec laquelle elles forment un tout, du droit de cession de fonds de commerce et de clientèle. • Paris, 3 oct. 2002, n° 00-8972 : *Dr. fisc. 2003. 170.*

3. Cession séparée d'une marque et de la clientèle. Lorsque la marque est cédée dans le même temps que le fonds qui l'exploite, elle constitue un élément du fonds de commerce et supporte, avec l'ensemble des autres éléments, le droit de mutation applicable aux cessions de fonds de commerce. Il en est de même pour la cession des droits de propriété industrielle, dès lors qu'ils sont cédés en même temps que tout ou partie d'un fonds de commerce dont ils dépendent. • Com. 23 oct. 2007, *Sté Bongrain*, n° 06-18.570 : *Dr. fisc. 2007. 1011, rapp. Salomon, note Debat ; RJF 2008. 233* ♦ Dès lors qu'à raison de son exploitation antérieure par la société A, la marque B bénéficiait d'une renommée et d'une notoriété certaines et, de ce fait, d'une clientèle propre qui lui était attachée, sa cession, ainsi que celle des droits de possession industrielle, par la société A au profit de la société C, devenue ainsi propriétaire de l'ensemble des éléments constitutifs du fonds de commerce afférents à la fabrication et à la vente du fromage B, devait être soumise au droit de mutation de l'art. 719, peu important que la mutation du fonds ait été opérée par deux cédants au bénéfice de deux acquéreurs. Ces constatations et appréciations établissent la mutation occulte de l'universalité du fonds de commerce au profit de la société C. • Même arrêt.

4. Cession séparée des éléments d'un fonds de commerce. Toutes les cessions de clientèle ou de fonds de commerce, qu'elles soient ou non constatées par un acte, sont assujetties aux droits de mutation à titre onéreux. Il n'est pas nécessaire que la cession des divers éléments du fonds soit réalisée par un seul et même acte. Il suffit que le fonds soit transféré d'une société à une autre, voire d'un groupe à un autre. Un fonds de commerce ne peut donc pas être morcelé artificiellement en réalisant des cessions concomitantes entre filiales d'un même groupe pour échapper à la taxation de l'ensemble. * BOI-ENR-DMTOM-10-10-10 n° 140 du 12 sept. 2012.

5. Cession d'AMM pharmaceutiques. La cession portant sur les dossiers, l'autorisation de mise sur le marché et les visas d'une spécialité pharmaceutique ne sont pas soumis au droit prévu à l'art. 719 dès lors qu'elle ne comporte aucune cession de clientèle. • Paris 25 mai 2007, n° 05-3183 : *RJF 2007. 1498.*

6. Cession d'éléments corporels et incorporels divers. Caractérisent la cession d'un fonds de commerce : la reprise partielle par une société A de la clientèle de la société B, l'acquisition par A de l'ensemble des moyens de B propres à retenir une clientèle que A a continué d'exploiter durant un certain temps et la cessation d'activité de B. • Com. 21 nov. 2000, n° 1952F-D : *RJF 2001. 390.* ♦ ... L'acquisition, auprès de l'exploitant d'une entreprise ayant cessé son activité, d'un lot de matériels et de marchandises et l'exercice de la même activité sur le même lieu en reprenant une partie de la clientèle du cédant, après avoir embauché l'exploitant et certains salariés et bénéficié ainsi de leur savoir-faire. • Com. 22 mai 2001, n° 98-11.444 : *Dr. fisc. 2001. 927 ; RJF 2001. 1328.* ♦ ... L'acquisition d'un ensemble kiosque, mobilier urbain, agencement et matériel, bien que ne comprenant pas la cession d'un droit au bail, dès lors que l'exploitation de ce kiosque de vente de boissons et de restauration froide confère à son tenancier une autonomie de gestion et une clientèle propre non exclusivement constituée de passants. • Lyon, 7 juin 2001, n° 98-6960 : *Dr. fisc. 2002. 550.*

7. L'organisation selon laquelle le client désireux d'une prestation de coiffure à domicile ne peut que s'adresser, par l'intermédiaire d'un numéro de téléphone Indigo, au Groupe B, coiffure à domicile, qui répartit seul ces demandes à ses filiales en fonction du domicile du client et des disponibilités de leurs salariés, implique que la filiale en cause, comme les autres filiales, n'a pas de clientèle propre et qu'il en résulte que le transfert de salariés et la facturation de produits de coiffure par la société mère à sa filiale n'ont pu réaliser, en l'absence de transfert d'une clientèle, la cession d'un fonds de commerce. • Poitiers, 11 avr. 2006, n° 04-3115 : *RJF 2007. 92.* ♦ Le juge ne peut déclarer parfaite la cession d'un fonds de commerce de vente, réparation et entretien de véhicules automobiles par l'ancien concessionnaire d'une marque sans caractériser la constitution par celui-ci d'une clientèle propre qu'il aurait cédée au nouveau concessionnaire. • Com. 12 juin 2007, n° 06-14.872 (n° 853-F-PB) : *RJF 2007. 1340.*

8. Clientèle d'expert-comptable. L'acquisition par une société d'une clientèle d'expert-comptable entre dans les prévisions de l'art. 719. • Com. 26 nov. 1996, n° 94-16.792 : *Dr. fisc. 1997. 166 ; RJF 1997. 273.*

9. Cession de clientèle civile. Cette cession n'est pas illicite à la condition que soit sauvegardée la liberté de choix des clients du professionnel. • Civ. 1re, 7 nov. 2000, n° 98-17.731 : *D. 2001. 2400, note Auguet, chron. Serra ; D. 2001. 2295.*

10. Cession occulte de clientèle. Dans le cas où une mutation de clientèle à titre onéreux n'a pas été portée à la connaissance de l'Administration fiscale, il revient à celle-ci d'en établir l'existence ainsi que l'imposition à partir de sa valeur apparente, sans être tenue, pour évaluer la mutation litigieuse, de procéder à une comparaison tirée de mutations intrinsèquement similaires à celle en cause à l'époque de sa réalisation, sauf à réviser son évaluation eu égard aux observations du contribuable. Si celui-ci conteste la valeur ainsi conférée à la mutation, il lui appartient d'établir que la valeur réelle est inférieure à la valeur apparente. • Com. 11 mars 2003, n° 00-19.154 : *Dr. fisc. 2003. 627 ; RJF 2003. 779.*

11. Cession déguisée de fonds de commerce. La procédure de répression des abus de droit (LPF, art. L. 64) s'applique dès lors que l'Administration invoque une cession de clientèle de fonds de commerce sous le couvert d'un contrat de concession de licences, de brevets et de marques. • Com. 9 juin 2004, n° 01-11.964 : *RJF 2004. 1202 ; Dr. fisc. 2004. 682, chron. Cozian ; Dr. fisc. 2004, p. 1594.*

12. L'apport d'un fonds de commerce par une société A à une société B, filiale de la société C, suivi quelques jours plus tard de la cession des titres de B à C pour leur prix de revient est requalifié, selon la procédure de l'abus de droit, en une cession du fonds de commerce à la société B. • Com. 20 mars 2007, *Sté Distribution Casino France* ; n° 05-20.599 (n° 516 F-D) : *RJF 2007. 993.*

13. Base d'imposition. Le prix de vente d'un fonds de commerce prévu à l'art. 719 comprend nécessairement les charges augmentatives de ce prix, c'est-à-dire, outre les sommes d'argent stipulées, toutes les autres prestations en nature ou en espèces que l'acheteur doit exécuter pour le compte du vendeur dont notamment le paiement des frais exposés antérieurement à la vente par le cédant en vue de la réalisation de celle-ci. • Com. 12 déc. 1995, n° 94-10.791 : *Dr. fisc. 1996. 463 ; RJF 1996. 383.* ♦ La commission payée par l'acquéreur à l'intermédiaire conformément au mandat confié à ce dernier par le vendeur ne constitue pas une charge augmentative du prix. • Même arrêt.

14. En cas d'acquisition, pour un franc symbolique et avec abandon de créances, d'une fraction majoritaire des parts d'une société filiale, le droit de mutation perçu au taux applicable sur les cessions de fonds de commerce est assis sur le montant de l'abandon de créances. • Com. 16 déc. 2008, n° 08-11.419 (n° 1329 F-D) : *RJF 2009. 408.*

15. La prise en charge par le repreneur d'une entreprise en liquidation judiciaire des congés payés dus aux salariés pour la période antérieure au rachat constitue une charge augmentative du prix de vente. Le montant correspondant doit, par suite, être ajouté au prix de rachat pour la perception du droit de vente. • Com. 27 mai 2015, n° 14-14.744 : *RJF 2015. 854.*

Art. 720 **Les dispositions du présent code applicables aux mutations de propriété à titre onéreux de fonds de commerce ou de clientèles sont étendues à toute convention à titre onéreux, ayant pour effet de permettre à une personne d'exercer une profession, une fonction ou un emploi occupé par un précédent titulaire, même lorsque ladite convention conclue avec ce titulaire ou ses ayants cause ne s'accompagne pas d'une cession de clientèle.**

Les droits sont exigibles sur toutes les sommes dont le paiement est imposé, du chef de la convention, sous quelque dénomination que ce soit, au successeur, ainsi que sur toutes les charges lui incombant au même titre.

BIBL. ► DAVID, *GAJ Fisc., p. 784* (conventions de successeur).

1. Critères d'application de l'art. 720. 1) Les opérations doivent procéder d'accords contractuels entre l'ancien et le nouveau titulaire de l'activité ; 2) La convention doit avoir été conclue à titre onéreux ; 3) L'activité exercée par le successeur doit être identique à celle exercée par le précédent titulaire. Jurisprudence constante. • Toulouse, 14 juin 2004, n° 03-3082 : *Dr. fisc. 2004. 830.* ♦ De plus, la convention ne doit pas entrer dans les prévisions d'une autre disposition spéciale de la loi fiscale : V. note 12.

1° NÉCESSITÉ D'UNE CONVENTION

2. Seule est visée par l'art. 720 la convention qui permet à l'une des parties de succéder dans l'activité du précédent titulaire. Le successeur ne peut être un tiers par rapport à la convention. • Com. 21 janv. 1997, *Sté Paracelsus Klinik France*, n° 95-11.649 P : *D. 1997. IR 45 ; RJF 1997. 493 ; BOI 7 D-3-98.* ♦ La présence d'un syndic qui se borne à assister, sans la représenter, la société cédante en redressement judiciaire ne fait pas perdre à l'opération son caractère de convention conclue entre l'ancien et le nouveau titulaire de l'activité cédée. • Com. 16 juin 1998, n° 95-17.140 : *Dr. fisc. 1998. 798.*

3. Objet de la convention. L'art. 720 n'est applicable qu'à des conventions ayant pour effet, par le seul accord des parties, de permettre l'exercice d'une activité identique à celle du précédent titulaire, fût-elle partielle, à proportion de la cessation d'activité volontaire de celui-ci. • Com. 13 févr. 2001, n° 98-13.322 : *RJF 2001. 884 ; D. 2001. IR 746 ; Dr. fisc. 2001. 454.* ♦ L'art. 720 n'est applicable qu'à des conventions ayant pour effet, par le seul accord des parties, de permettre l'exercice d'une activité identique à celle du précédent titulaire et n'opérant aucun transfert de clientèle ou d'éléments s'y rattachant. Tel n'est pas le cas d'un contrat de concession d'exploitation temporaire d'une enseigne qui s'est poursuivi après l'expiration du temps convenu. • Com. 7 oct. 2008, n° 07-20.371 (n° 972 F-D) : *RJF 2009. 78.*

4. Non-application à des conventions de cession de droits de possession industrielle – savoir-faire – assimilées par la doctrine administrative à des cessions de brevet taxées au droit fixe de l'art. 731, dès lors qu'il n'y a pas transfert d'éléments du fonds de commerce de nature à permettre à l'acquéreur d'exercer l'activité, fût-ce partiellement, du précédent titulaire. • Com. 13 févr. 2001, n° 98-13.322 : *préc.* ♦ Non-application à la cession de dossiers techniques de médicaments. • Versailles, 27 mars 2003, n° 02-1645 : *Dr. fisc. 2003. 775, note Schneider et Perrin ; JCP E 2004. 116, note Schneider et Perrin.* ♦ Non-application à la cession à une SCI de droits sur une licence de débit de boissons et du mobilier meublant les locaux dès lors que le cessionnaire ne peut, en sa qualité de SCI, exploiter à titre professionnel ce qu'il a acquis. • Com. 13 mai 1997, n° 95-16.113 P : *Dr. fisc. 1997. 934.* ♦ Non-application à une convention de cession d'un marché isolé n'entraînant pas un transfert définitif d'activité par le cédant. • Com. 19 sept. 2006, n° 1007F-D : *RJF 2007. 90 ; Dr. sociétés 2006.193, note Pierre.*

5. Application à la cession d'AMM de médicaments si cette cession s'accompagne de la cession des marques sous lesquelles les spécialités sont exploitées, dès lors que les droits transférés permettent à la société cessionnaire de succéder dans l'activité commerciale des sociétés cédantes en ce qui concerne ces produits. • Paris, 14 juin 2001, n° 98-23.242 : *Dr. fisc. 2001. 1210 ; JCP E 2002, p. 430.* ♦ Application à l'acquisition de manèges forains pour en continuer l'exploitation. • Com. 11 juill. 2000, n° 97-20.078 : *RJF 2000. 1363 ; Dr. fisc. 2001. 158 ; BOI 7 D-1-01* • 27 juin 2000, n° 1376 F-D, *Beau : BOI 7 D-1-01.*

6. La circonstance que l'activité cédée ne puisse être exercée sans l'agrément de l'Administration ne fait pas obstacle à la taxation de la cession du matériel et des objets mobiliers permettant l'exploitation d'un parc d'élevage de moules. • Com. 7 mars 1995, n° 93-10.931 : *BOI 7 D-3-98 ; Dr. fisc. 1998. Instr. 12114.*

7. Entrent dans le champ d'application de l'art. 720 : la résiliation de l'accord par lequel une société abandonne à une autre une de ses activités, dès lors que cette résiliation lui permet de reprendre, moyennant indemnité, l'activité précédemment transmise. • Com. 4 juin 1996, n° 94-20.359 : *Dr. fisc. 1996. 1076.* ♦ ... La convention par laquelle une société, à laquelle l'État a concédé l'exploitation d'un restaurant dans les locaux de la Bibliothèque nationale, facture à l'exploitant qui lui succède une somme totale de 8 776 399 F en contrepartie de la cession du matériel d'exploitation du restaurant et de diverses prestations effectuées au profit de celui-ci, dès lors que l'État, signataire de l'avenant substituant la seconde société à la première dans l'ensemble de ses droits et obligations, n'avait pas opéré à son initiative et à des fins qui lui étaient propres le remplacement d'un concessionnaire par un autre, mais avait entériné une succession de concessionnaires préalablement organisée à titre onéreux entre les sociétés. • Com. 28 févr. 2006, n° 279F-D : *RJF 2006. 787.*

2° CONVENTION CONCLUE À TITRE ONÉREUX

8. C'est à l'Administration d'apporter la preuve que la convention a été conclue à titre onéreux entre les intéressés. • Com. 22 juill. 1986, n° 85-11.604 : *Dr. fisc. 1986. 2045.* ♦ La convention par laquelle le fabricant de produits alimentaires pour chiens et chats concède à une société un droit d'accès dans certains départements pour la distribution de ses produits, distribution exercée précédemment par sa filiale, s'analyse en un paiement d'une somme au concédant en rétribution du droit qu'il concède, et non pas en une convention de successeur dès lors qu'aucun paiement n'est imposé au successeur au profit de la société filiale du chef de la convention. • Toulouse, 14 juin 2004, n° 03-3082 : *Dr. fisc. 2004. 830.*

9. La circonstance qu'une convention de successeur soit réalisée à l'occasion de la réorganisation interne d'un groupe n'est pas de nature à lui ôter son caractère onéreux. Les causes de cette restructuration, leur incidence sur le prix de cession et l'absence de reprise des engagements n'ont pas à être prises en considération. • Com. 3 avr. 2013, n° 12-10.042 : *RJF 2013. 775 ; Dr. fisc. 2013. 281, note Hôo.*

3° IDENTITÉ DES ACTIVITÉS DU CÉDANT ET DU SUCCESSEUR

10. Il appartient à l'Administration d'apporter la preuve de l'identité, au moins partielle, des activités du cédant et du cessionnaire. • Com. 30 juin 1998, n° 96-16.155 : *Dr. fisc. 1998. 854.* ♦ Mais la charge de la preuve est inversée si le redevable demande la restitution des droits de mutation qui ont été perçus. • Com. 8 oct. 2002, n° 99-13.995 : *Dr. fisc. 2002. 1020 ; RJF 2003. 111.* ♦ ... Peu importe que le cédant conserve une partie de son activité après la cession de matériel. • Com. 21 janv. 1997, n° 95-11.649 : *préc. note 2.* ♦ ... Ou qu'il ne s'engage pas à ne pas reprendre l'activité cédée. • Com. 14 nov. 1995, n° 93-17.989 : *Dr. fisc. 1996. 68.* ♦ L'identité des activités du cédant et du cessionnaire peut n'être que partielle : vente d'un avion, par une société qui l'utilisait directement et le louait à des tiers, à une société qui le donne exclusivement en location, dans les mêmes conditions que la précédente. • Com. 16 déc. 1997, n° 95-13.791 P : *Dr. fisc. 1998. 449.* ♦ Dans le même sens, pour des entreprises du BTP. • Com. 4 déc. 2001, n° 2040F-D : *RJF 2002. 342.*

11. S'il suffit pour l'application de l'art. 720 que la convention de successeur *permette* l'exercice d'une activité identique, fût-elle partielle, à celle du précédent titulaire, c'est à la condition, pour l'Administration, de démontrer la cessation d'activité volontaire de ce titulaire à proportion de celle transférée au nouveau titulaire. Par suite, si le cédant a continué à exercer exactement la même activité qu'auparavant sans la réduire et s'est seulement associé avec son confrère médecin pour faire face à une activité nouvelle, l'art. 720 n'est pas applicable. • Orléans, 7 nov. 2002, n° 01-2073 : *Dr. fisc. 2003. 580.*

4° CONVENTION N'ENTRANT PAS DANS LES PRÉVISIONS D'UNE AUTRE DISPOSITION FISCALE

12. L'art. 720 n'est pas applicable aux conventions entrant dans les prévisions d'une autre disposition spéciale de la loi fiscale. Tel est le cas des conventions portant mutation de jouissance temporaire. • Com. 5 mars 1991, n° 89-17.515 : *Dr. fisc. 1991. 1170.* ♦ Non-application à la convention par laquelle une société confie à une autre, pour une durée de trois ans renouvelable, la charge de son activité « projets spéciaux », en lui sous-louant les locaux nécessaires à cette activité, moyennant des sommes calculées annuellement en fonction du chiffre d'affaires et du résultat net, dès lors qu'étant dues chaque année pendant la durée du contrat, ces sommes sont bien la contrepartie du transfert à titre temporaire de l'activité « projets spéciaux ». • Paris 17 déc. 2004, n° 03-59.999 : *Dr. fisc. 2005. 325.*

5° SOLUTIONS DIVERSES

13. Cession de clientèle civile. V. note 8 ss. art. 719.

14. Exploitation agricole. Non-application de l'art. 720 à des exploitations de conchyliculture et d'ostréiculture. • Com. 18 févr. 2004, n° 01-17.357 : *Dr. fisc. 2004. 479.*

15. Agents d'assurance. Sont taxables les traités par lesquels un agent général d'assurances s'engage à présenter un successeur à l'agrément de la société dont il est le représentant, observation faite toutefois que l'art. 720 ne trouverait pas à s'appliquer si, à défaut de présentation d'un successeur par le titulaire dans un délai de deux mois, ce successeur était nommé directement par la société. * BOI-ENR-DMTOM-10-10-30 n° 290 du 12 sept. 2012. ♦ Ne sont pas taxables les indemnités compensatrices allouées aux agents généraux d'assurances en cas de cessation de fonction ou de réduction du taux des commissions, dès lors qu'elles résultent de conventions avec la compagnie et non avec des personnes appelées à reprendre l'activité professionnelle des bénéficiaires de ces indemnités. * BOI-ENR-DMTOM-10-10-30 n° 380 du 12 sept. 2012.

16. Réorganisation d'un groupe. V. note 9.

2 RÉGIMES SPÉCIAUX ET EXONÉRATIONS

1° AMÉLIORATION DES STRUCTURES DES ENTREPRISES ET DÉVELOPPEMENT DE LA RECHERCHE SCIENTIFIQUE ET TECHNIQUE

Art. 721 *Abrogé par L. n° 2008-776 du 4 août 2008, art. 64-V.*

2° DÉBITS DE BOISSONS

Art. 722 *Abrogé par L. n° 2008-776 du 4 août 2008, art. 64-V.*

3° AMÉNAGEMENT ET DÉVELOPPEMENT DU TERRITOIRE

Art. 722 *bis* **Le taux de 2 % du droit de mutation prévu à l'article 719 est réduit à 0 % pour les acquisitions de fonds de commerce et de clientèles réalisées dans les zones franches urbaines – territoires entrepreneurs définies au B du 3 de l'article 42 de la loi n° 95-115 du 4 février 1995 d'orientation pour l'aménagement et le développement du territoire, ainsi que dans les zones de revitalisation rurale mentionnées à l'article 1465 A.**

Pour bénéficier du taux réduit, l'acquéreur doit prendre, lors de la mutation, l'engagement de maintenir l'exploitation du bien acquis pendant une période minimale de cinq ans à compter de cette date.

Lorsque l'engagement prévu au deuxième alinéa n'est pas respecté, l'acquéreur est tenu d'acquitter, à première réquisition, le complément d'imposition dont il avait été dispensé.

Le bénéfice de la réduction est subordonné au respect du règlement (UE) n° 1407/2013 de la Commission, du 18 décembre 2013, relatif à l'application des articles 107 et 108 du traité sur le fonctionnement de l'Union européenne aux aides *de minimis*. *— Pour les aides antérieures au 1er janv. 2014, V. App., Règl. (UE) n° 1407/2013 préc., art. 7.*

Si l'acquéreur a omis de prendre, lors de la mutation, l'engagement prévu au 3e al., il peut réparer cette omission dans un acte complémentaire déposé dans le délai de réclamation prévu à l'art. R. 196-1 du LPF, courant à compter de la date de l'acte d'acquisition initial. * BOI-ENR-DMTOM-10-30-20 n° 110 du 12 sept. 2012.

4° MARCHANDISES NEUVES

Art. 723 **Les ventes de marchandises neuves corrélatives à la cession ou à l'apport en société d'un fonds de commerce sont exonérées de tout droit proportionnel d'enregistrement lorsqu'elles donnent lieu à la perception de la taxe sur la valeur ajoutée ou en sont dispensées en application de l'article 257 *bis*.**

Dans le cas contraire, les marchandises neuves garnissant le fonds ne sont assujetties qu'à un droit de 1,50 % à condition qu'il soit stipulé, en ce qui les concerne, un prix particulier, et qu'elles soient désignées et estimées article par article dans un état distinct, dont quatre exemplaires, rédigés sur des formules spéciales fournies par l'administration, doivent rester déposés au service des impôts auprès duquel la formalité est requise.

Fonds de concession automobile. Les véhicules de démonstration d'un concessionnaire automobile constituent des stocks au même titre que les véhicules neufs destinés directement à la vente. Ils ne doivent donc pas être compris dans l'assiette des droits de mutation du fonds de commerce. • Com. 12 juin 2007, n° 06-14.872 : *RJF 2007. 1340.*

B CESSIONS D'OFFICES PUBLICS ET MINISTÉRIELS

Art. 724 **I. — Les traités ou conventions ayant pour objet la transmission à titre onéreux d'un office sont soumis à un droit d'enregistrement déterminé selon le tarif prévu à l'article 719. Le droit d'enregistrement est perçu sur le prix exprimé dans l'acte de cession et le capital des charges qui peuvent ajouter au prix.**

II. — En cas de création de nouvelles charges ou de nomination de nouveaux titulaires sans présentation, par suite de destitution ou pour tout autre motif, s'il est

imposé aux nouveaux titulaires le paiement d'une somme déterminée pour la valeur de l'office, le droit est exigible sur cette indemnité au tarif visé au I.

Le droit doit être acquitté avant la prestation de serment du nouveau titulaire.

III. — En cas de suppression d'un titre d'office, lorsque, à défaut de traité, le décret qui prononce l'extinction fixe une indemnité à payer au titulaire de l'office supprimé ou à ses héritiers, l'expédition de ce décret doit être enregistrée dans le mois de la délivrance.

Le droit est perçu sur le montant de l'indemnité, au tarif visé au I.

B *BIS* DISPOSITIONS COMMUNES AUX CESSIONS DE FONDS DE COMMERCE OU DE CLIENTÈLE ET AUX CESSIONS D'OFFICES PUBLICS ET MINISTÉRIELS

Art. 724 bis *(Abrogé par Décr. n° 2017-698 du 2 mai 2017, art. 1er)* ***Pour les mutations mentionnées à l'article 238 quaterdecies, et réalisées entre le 16 juin 2004 et le 31 décembre 2005, le droit dû en application du tarif prévu à l'article 719 est réduit à 0 %, à condition que l'acquéreur s'engage lors de l'acquisition à maintenir la même activité pendant une durée minimale de cinq ans à compter de la date de cette acquisition.***

En cas de non-respect de l'engagement prévu au premier alinéa, l'acquéreur est tenu d'acquitter, à première réquisition, le complément d'imposition dont il a été dispensé.

C CESSIONS DE DROIT À UN BAIL D'IMMEUBLE ET CONVENTIONS ASSIMILÉES

Art. 725 Toute cession d'un droit à un bail ou du bénéfice d'une promesse de bail portant sur tout ou partie d'un immeuble, quelle que soit la forme qui lui est donnée par les parties, qu'elle soit qualifiée cession de pas de porte, indemnité de départ ou autrement, est soumise à un droit d'enregistrement déterminé selon le tarif prévu à l'article 719.

Le droit est perçu sur le montant de la somme ou indemnité stipulée par le cédant à son profit ou sur la valeur vénale réelle du droit cédé, déterminée par une déclaration estimative des parties, si la convention ne contient aucune stipulation expresse d'une somme ou indemnité au profit du cédant ou si la somme ou indemnité stipulée est inférieure à la valeur vénale réelle du droit cédé. Le droit ainsi perçu est indépendant de celui qui peut être dû pour la jouissance des biens loués.

Les dispositions du présent code concernant le régime fiscal des cessions de droit à un bail ou du bénéfice d'une promesse de bail portant sur tout ou partie d'un immeuble, sont applicables à tous actes ou conventions, quelles qu'en soient la nature, les modalités, la forme ou la qualification, qui ont pour effet, direct ou indirect, de transférer le droit à la jouissance d'immeubles ou de locaux entrant dans les prévisions des articles L. 145-1 à L. 145-3 du code de commerce.

Contrat de crédit-bail. Le champ d'application des dispositions du 1er alinéa n'est pas limité aux cessions de droit à un bail commercial. Ces dispositions sont applicables à la cession du bénéfice d'un contrat de crédit-bail immobilier. • Com. 7 avr. 1998, n° 95-13.783 : *Dr. fisc. 1998. 596 ; RJF 1998. 867.* ♦ Dès lors qu'un contrat de crédit-bail immobilier s'analyse comme une location suivie, le cas échéant, d'une cession, la cession d'un tel contrat est soumise à l'art. 725, al. 1er. • Com. 23 avr. 2003, n° 00-21.938, *SA Auchan France : Dr. fisc. 2003. 649 ; RJF 2003. 1053.*

D CESSIONS DE DROITS SOCIAUX

1 RÉGIME NORMAL

Art. 726 I. — Les cessions de droits sociaux sont soumises à un droit d'enregistrement dont le taux est fixé :

1° A 0,1 % :

— pour les actes portant cessions d'actions, de parts de fondateurs ou de parts bénéficiaires des sociétés par actions négociées sur un marché réglementé d'instruments financiers au sens de l'article L. 421-1 du code monétaire et financier ou sur un système multilatéral de négociation au sens de l'article L. 424-1 du même code ;

— pour les cessions, autres que celles soumises au taux visé au 2°, d'actions, de parts de fondateurs ou de parts bénéficiaires des sociétés par actions non négociées sur un

marché réglementé d'instruments financiers au sens de l'article L. 421-1 du code monétaire et financier ou sur un système multilatéral de négociation au sens de l'article L. 424-1 du même code, et de parts ou titres du capital, souscrits par les clients, des établissements de crédit mutualistes ou coopératifs.

Lorsque les cessions mentionnées aux deuxième et troisième alinéas du présent 1° s'opèrent par acte passé à l'étranger et qu'elles portent sur des actions ou parts de sociétés ayant leur siège en France, ces cessions sont soumises au droit d'enregistrement dans les conditions prévues au présent 1°, sauf imputation, le cas échéant, d'un crédit d'impôt égal au montant des droits d'enregistrement effectivement acquittés dans l'État d'immatriculation ou l'État de résidence de chacune des personnes concernées, conformément à la législation de cet État et dans le cadre d'une formalité obligatoire d'enregistrement de chacune de ces cessions. Ce crédit d'impôt est imputable sur l'impôt français afférent à chacune de ces cessions, dans la limite de cet impôt.

1° *bis* A 3 % :

— pour les cessions, autres que celles soumises au taux mentionné au 2°, de parts sociales dans les sociétés dont le capital n'est pas divisé en actions. Dans ce cas, il est appliqué sur la valeur de chaque part sociale un abattement égal au rapport entre la somme de 23 000 € et le nombre total de parts sociales de la société ;

2° A 5 % :

— pour les cessions de participations dans des personnes morales à prépondérance immobilière.

Est à prépondérance immobilière la personne morale, quelle que soit sa nationalité, dont les droits sociaux ne sont pas négociés sur un marché réglementé d'instruments financiers au sens de l'article L. 421-1 du code monétaire et financier ou sur un système multilatéral de négociation au sens de l'article L. 424-1 du même code et dont l'actif est, ou a été au cours de l'année précédant la cession des participations en cause, principalement constitué d'immeubles ou de droits immobiliers situés en France ou de participations dans des personnes morales, quelle que soit leur nationalité, dont les droits sociaux ne sont pas négociés sur un marché réglementé d'instruments financiers au sens de l'article L. 421-1 du code monétaire et financier ou sur un système multilatéral de négociation au sens de l'article L. 424-1 du même code et elles-mêmes à prépondérance immobilière. Toutefois, les organismes d'habitations à loyer modéré *(L. n° 2021-1900 du 30 déc. 2021, art. 22)* **« , les sociétés foncières qui remplissent les conditions prévues au 1°, au *a* du 2° et aux 3° et 4° du 1 du II de l'article 199 *terdecies*-0 AB du présent code » et les sociétés d'économie mixte exerçant une activité de construction ou de gestion de logements sociaux ne sont pas considérés comme des personnes morales à prépondérance immobilière.**

Lorsque les cessions de ces participations sont réalisées à l'étranger, elles doivent être constatées dans le délai d'un mois par un acte reçu en la forme authentique par un notaire exerçant en France.

I *bis*. — *Abrogé.*

II. — Le droit d'enregistrement prévu au I est assis sur le prix exprimé et le capital des charges qui peuvent ajouter au prix ou sur une estimation des parties si la valeur réelle est supérieure au prix augmenté des charges.

Toutefois, ce droit n'est pas applicable aux acquisitions de droits sociaux effectuées par une société créée en vue de racheter une autre société dans les conditions prévues aux articles 220 *quater* ou 220 *quater* A. Lorsque le rachat a été soumis à l'accord du ministre chargé des finances, prévu à l'article 220 *quater* B, le bénéfice des présentes dispositions est subordonné à cet accord. Cet avantage n'est plus applicable à compter de l'année au cours de laquelle l'une des conditions prévues à l'article 220 *quater* A cesse d'être satisfaite.

Les perceptions mentionnées au I ne sont pas applicables aux cessions de droits sociaux résultant d'opérations de pensions régies par les articles L. 211-27 à L. 211-34 du code monétaire et financier.

Les perceptions mentionnées aux 1° et 1° *bis* du I ne sont pas applicables :

***a)* aux acquisitions de droits sociaux réalisées dans le cadre du rachat de ses propres titres par une société destinés à être cédés aux adhérents d'un plan d'épargne d'entreprise dans le cadre du titre III du livre III de la troisième partie du code du travail ou**

d'une augmentation de capital, à l'exception des rachats d'actions effectués dans les conditions prévues à l'article L. 225-209-2 du code de commerce ;
b) aux acquisitions de droits sociaux de sociétés placées sous procédure de sauvegarde ou en redressement judiciaire ;
c) aux acquisitions de droits sociaux entre sociétés membres du même groupe, au sens de l'article L. 233-3 du code de commerce, au moment de l'acquisition de droits concernée, aux acquisitions de droits entre sociétés du même groupe, au sens de l'article 223 A ou de l'article 223 A *bis* du présent code, et aux acquisitions intervenant dans les conditions prévues aux articles 210 A, 210 B, 220 *quater*, 220 *quater* A et 220 *quater* B ;
d) aux opérations taxées au titre de l'article 235 *ter* ZD.
III. — *Abrogé.*

1. Décision judiciaire opérant transfert d'actions. V. note ss. art. 1089 A.

2. Cession à une société civile de la valeur des parts de l'un de ses associés décédé. Ne constitue pas une cession de parts sociales soumise au droit d'enregistrement prévu par l'art. 726-I-2° la cession à une SCI de l'intégralité de la créance représentant la valeur des parts ayant appartenu à l'un de ses associés décédé, en exécution d'une clause statutaire prévoyant qu'en cas de décès d'un associé, la société continue entre les associés survivants, les droits attachés aux parts de celui décédé étant transférés aux associés survivants ou à la société, si les associés décident du rachat des parts en vue de leur annulation en contrepartie du versement, au profit des ayants droit de l'associé décédé, du prix de rachat, par les associés survivants, des parts de l'associé décédé. • Com. 22 oct. 2013, *SCI Marot Montaigne*, n° 12-23.737 : *RJF 2014.191.*

3. Cession de parts de sociétés immobilières étrangères. Les cessions portant sur des parts sociales ayant le caractère de droits incorporels mobiliers répondent au principe de territorialité des lois fiscales. L'administration fiscale ne saurait étendre l'application de l'art. 726, fixant le taux du droit d'enregistrement applicable à la cession des droits sociaux, aux actes de transmissions à titre onéreux de biens mobiliers étrangers, comme c'est le cas en l'espèce, lorsque l'acte litigieux n'a pas été passé en France, car elle dérogerait alors au principe général de territorialité desdits actes, tel que prévu à l'art. 718. Il en est ainsi de la cession par acte authentique dressé et enregistré à Monaco de parts sociales d'une société civile immobilière de droit monégasque, propriétaire d'un bien immobilier sis en France. • TGI Nice, 27 sept. 2007, n° 05-1327 : *RJF 2008. 611 ; Dr. fisc. 2008. 397, note Pierre.* ♦ Dans le même sens • TGI Grasse, 4 sept. 2008, n° 07-3711 : *RJF 2009. 513.* ♦ Dans un arrêt ultérieur, confirmant le jugement du tribunal de Grasse, la cour d'appel d'Aix-en-Provence a jugé que la cession, par acte passé à l'étranger, de parts d'une société étrangère dont les actifs sont majoritairement et directement ou indirectement composés d'immeubles situés en France n'est pas soumise au droit de vente. • Aix-en-Provence, 19 nov. 2009, n° 08-16847, *Samuelson : RJF 2010. 172.* ♦ Sur le régime applicable depuis le 1er janv. 2010 aux cessions de participations dans des personnes morales à prépondérance immobilière lorsqu'elles s'opèrent par acte passé à l'étranger, V. art. 718 *bis.*

4. Prix de cession. Le juge ne peut pas décider que l'engagement de supporter les pertes d'une société en nom collectif pris par l'acquéreur des parts de celle-ci constitue une charge augmentative du prix de cession au seul motif qu'à la date de clôture de l'exercice le bilan de la société faisait apparaître une perte fiscale, qu'au regard du droit fiscal cette perte a, immédiatement et malgré l'absence d'assemblée générale, été appréhendée par les associés et que la clause litigieuse avait eu pour effet de transférer au cessionnaire les pertes non affectées au jour de la cession mais appréhendées par le cédant dès la clôture de l'exercice, sans préciser la raison qui imposait à la société cédante de contribuer dès la clôture de l'exercice à la perte figurant au bilan de la société, de sorte que la cession des parts aurait eu pour effet de transmettre cette obligation à la société acquéreuse. • Com. 13 nov. 2003, n° 1536 FS-P : *RJF 2004. 31 ; Dr. fisc. 2004. 268, chron. Ladreyt, p. 426 ; BJS 2004. 110, note Parot.*

5. La reprise par les cessionnaires de parts d'une SCI, des comptes courants débiteurs des sociétés cédantes, qui représentent exclusivement des déficits réalisés par la SCI correspondant à des provisions pour dépréciation de l'actif immobilier, ne confère aucune attribution de parts aux cessionnaires et ne crée aucune obligation immédiate particulière de l'associé à l'égard de la société. Dès lors que le remboursement du compte courant déficitaire en raison de déficits antérieurs et de la provision pour dépréciation de l'actif immobilier n'est pas exigible immédiatement, la reprise de ce compte ne peut être assimilée à une charge ajoutant au prix de cession. Son montant ne doit donc pas être soumis au droit de mutation. • TGI Paris, 30 avr. 2002, n° 01-8790, *SNC Partirel : Dr. fisc. 2002. 936, note Ladreyt ; JCP E 2003. 69.*

6. La reprise du solde débiteur d'une SNC dans une société en participation par la SA cessionnaire de la totalité des parts de la SNC constitue une charge augmentative du prix de cession.

• Versailles, 4 déc. 2003, n° 02-6728 : *Dr. fisc. 2004. 605.*

7. L'attribution au cédant de parts sociales d'une fraction des bénéfices de l'exercice de cession, avant la clôture de l'exercice et avant la décision des associés statuant sur les comptes, ne constitue pas une distribution de dividendes mais une charge augmentative du prix, soit un élément du prix de cession des parts qui doit, par suite, être soumis au droit de mutation. • Com. 28 nov. 2006, n° 1344FS-PBIR : *RJF 2007. 35 ; Dr. fisc. 2007. 189, rapp. Guéguen.*

8. En cas d'application d'une clause de révision de prix à la charge du cédant, les parties peuvent demander, dans le délai général de réclamation, la révision de la perception et la restitution des droits devenus excédentaires, lorsque la fixation initiale du prix de vente provisoire s'avère par la suite supérieure au prix définitif. * BOI-ENR-DMTOM-40-10-20 n° 55 du 28 avr. 2017.

9. Prépondérance immobilière. Pour déterminer le droit de vente applicable à une cession de titres, seuls les immeubles par nature doivent être pris en compte au numérateur du ratio de prépondérance immobilière de la société, à l'exclusion des immeubles par destination. • Com. 2 déc. 2020, n° 18-25.559 : *RJF 2021. 320.*

10. Constitution d'usufruit portant sur des parts sociales. En cas de constitution d'usufruit, l'usufruit, qui était englobé dans la pleine propriété, est détaché de la nue-propriété pour être cédé au bénéficiaire. La constitution d'usufruit réalise donc une cession, en ce que la valeur de l'usufruit est transférée du patrimoine du constituant à celui de l'usufruitier, et entre ainsi dans les prévisions de l'art. 726. • Colmar, 7 nov. 2019, n° 518/2019 : *RJF 2020. 283.*

2 RÉGIMES SPÉCIAUX

Art. 727 I. — 1° Lorsqu'elles interviennent dans les trois ans de la réalisation définitive de l'apport fait à la société, les cessions de parts sociales, dans les sociétés dont le capital n'est pas divisé en actions, sont considérées, au point de vue fiscal, comme ayant pour objet les biens en nature représentés par les titres cédés.

2° Pour la perception de l'impôt, chaque élément d'apport est évalué distinctement, avec indication des numéros des parts attribuées en rémunération à chacun d'eux. A défaut de ces évaluations et indications, les droits sont perçus au tarif immobilier.

3° Les dispositions qui précèdent sont applicables aux cessions d'actions d'apport et de parts de fondateur effectuées pendant la période de non-négociabilité.

4° Dans tous les cas où une cession de parts ou d'actions a donné lieu à la perception du droit de mutation en vertu du présent article, l'attribution pure et simple, à la dissolution de la société, des biens représentés par les titres cédés ne donne ouverture au droit de mutation que si elle est faite à un autre que le cessionnaire.

II. — Les dispositions du I ne sont pas applicables aux cessions d'actions ou de parts émises par des personnes morales passibles de l'impôt sur les sociétés.

Mutation conditionnelle des apports. En vertu des dispositions de l'art. 727-I-4°, connues sous le nom de théorie de la mutation conditionnelle des apports, l'apport pur et simple à une société civile non soumise à l'IS, telle qu'une société civile professionnelle, est exonéré du droit de mutation à titre onéreux, sous réserve qu'au moment de la dissolution, le bien apporté revienne à l'apporteur, ce droit devenant au contraire rétroactivement exigible, si le bien apporté est attribué à un associé autre que l'apporteur. Théorie non applicable en cas de cession d'un bien (office notarial) à un tiers au cours de la liquidation de la SCP titulaire de l'office. • Orléans, 23 sept. 2002, n° 01-1131 : *Dr. fisc. 2003. 650 ; RJF 2003. 924.*

Art. 728 Sans préjudice des dispositions de l'article 1655 *ter*, les cessions d'actions ou de parts conférant à leurs possesseurs le droit à la jouissance d'immeubles ou de fractions d'immeubles sont réputées avoir pour objet lesdits immeubles ou fractions d'immeubles pour la perception des droits d'enregistrement *[Ann. II, art. 292]*.

BIBL. ▶ MAUBLANC, *AJPI 1999, p. 785* (ports de plaisance).

1. Principe. L'application de l'art. 728 n'est pas subordonnée à la constatation que l'acte de cession des parts sociales est fictif au sens de l'art. L. 64 LPF (abus de droit). • Com. 10 déc. 2003, n° 1806F-D : *RJF 2004. 428 ; Dr. fisc. 2004. 503.*

2. Jouissance d'un terrain. Application à la cession de parts de SCI conférant à leurs propriétaires la jouissance de lots de terrains aux fins d'y implanter une caravane ou une maison mobile. • Com. 4 juin 1996, n° 1059D : *BOI 7 D-1-97.*

3. Jouissance d'un immeuble. Une cession de parts sociales est réputée avoir pour objet l'immeuble possédé par la SCI lorsque le but recherché par les acquéreurs des parts est d'être les seuls propriétaires d'un immeuble, actif unique de la société, affecté à leur habitation à titre de résidence secondaire, de sorte que la cession de la totalité des parts sociales aux quatre membres de la famille leur a conféré le droit à la jouissance de l'immeuble au sens des art. 728 du code et 292 de l'annexe II. • Com. 10 déc. 2003, ☎ nº 1806F-D : *cité note 1.*

4. Ports de plaisance. Application à la cession d'actions donnant à leurs acquéreurs un droit de jouissance sur l'appontement et les dispositifs d'amarrage d'un port de plaisance, bien que ce droit porte partiellement sur le domaine public. • Com. 30 mai 1995, ☎ nº 1107D : *ibid.* ♦ ... La jouissance d'anneaux d'amarrage. • Com. 17 oct. 1995, ☎ nº 1705D : *ibid.* ♦ ... Ou le droit à l'usage d'un poste de mouillage dans un port de plaisance. • Com. 27 févr. 1996, ☎ nº 399D : *ibid.* • 23 févr. 1999, nº 448D, *Blot : RJF 1999. 649.*

Les services accessoires rendus par le concessionnaire du port de plaisance ne peuvent venir en déduction de la base d'imposition aux droits de vente d'immeubles. • Com. 30 juin 1998, ☎ nº 1402 P : *RJF 1998. 1364.*

5. La convention de cession d'actions d'une société conférant le droit à la jouissance d'un emplacement de bateau ne constitue pas la première cession à titre onéreux de droits sociaux intervenue dans les cinq ans de l'achèvement du port au sens de l'art. 257-7º-2 et n'entre pas de ce fait dans le champ d'application de la TVA mais dans celui des droits d'enregistrement dès lors que l'acquisition initiale de ces actions par le vendeur a été rendue opposable aux tiers à la date de l'inscription en compte des titres nominatifs soit postérieurement à l'achèvement du port et non pas à la date antérieure de conclusion de la convention de cession. • Com. 23 janv. 2007, nº 71 F-D : *RJF 2007. 628 ; BOI 7 D-1-08.*

Art. 729 Les conventions qui portent sur des parts ou actions et qui sont considérées au regard des droits d'enregistrement comme translatives à titre onéreux de propriété immobilière en vertu des articles 727, 728 et 1655 *ter* sont soumises à ces droits selon le tarif prévu en ce qui concerne les mutations à titre onéreux d'immeubles ou de droits immobiliers qui donnent lieu au paiement de la taxe de publicité foncière.

Art. 730 Les cessions de droits sociaux visées au I de l'article 257 qui donnent lieu au paiement de la taxe sur la valeur ajoutée donnent lieu à la perception d'un droit d'enregistrement de 125 €. — *V. Ann. II, art. 290 et 291.*

Art. 730 *bis* *(L. nº 2019-1479 du 28 déc. 2019, art. 20)* Les cessions de gré à gré de parts de groupements agricoles d'exploitation en commun et d'exploitations agricoles à responsabilité limitée mentionnées au 5º de l'article 8 sont enregistrées au droit fixe de 125 €.

Les cessions de gré à gré de parts de sociétés civiles à objet principalement agricole, constituées depuis au moins trois ans avant la cession, sont enregistrées au droit fixe de 125 €.

Cession de parts de GAEC, d'EARL et de sociétés civiles agricoles. Application du droit fixe de 125 € aux GAEC, aux EARL non passibles de l'IS et aux sociétés civiles à objet principalement agricole (SCEA, GFA même non exploitants, GAF, groupements forestiers, groupements fonciers ruraux). * BOI-ENR-DMTOM-40-50-20 du 29 janv. 2020. ♦ Pour déterminer si une société civile a un objet principalement agricole, au sens de l'art. 730 *bis*, il convient de prendre en compte son objet au moment de la cession, tel qu'il est repris dans l'acte de cession. • Bordeaux, 2 juin 2021, ☎ nº 18/05225 : *RJF 2021. 982.*

Art. 730 *ter* Les cessions de parts de groupements fonciers agricoles, de groupements fonciers ruraux et de groupements forestiers représentatives d'apports de biens indivis sont soumises à un droit d'enregistrement de 2,50 %, lorsqu'elles interviennent entre les apporteurs desdits biens, leurs conjoints survivants ou leurs ayants droit à titre gratuit, dès lors que ces apporteurs étaient parents ou alliés jusqu'au quatrième degré inclus.

Art. 730 *quater* Les cessions de parts de fonds communs de placement à risques, de fonds professionnels spécialisés relevant de l'article L. 214-37 du code monétaire et financier dans sa rédaction antérieure à l'ordonnance nº 2013-676 du 25 juillet 2013 *modifiant le cadre juridique* de la gestion d'actifs, de fonds professionnels de capital investissement et de sociétés de libre partenariat n'entraînent l'exigibilité d'aucun droit d'enregistrement.

Art. 730 *quinquies* Les cessions de parts ou actions des organismes de placement collectif immobilier et des organismes professionnels de placement collectif immobilier sont exonérées de droit d'enregistrement sauf :

a) Lorsque l'acquéreur détient ou détiendra suite à son acquisition plus de 10 % des parts ou actions de l'organisme de placement collectif immobilier ou de l'organisme professionnel de placement collectif immobilier, directement ou par l'intermédiaire de son conjoint ou de leurs ascendants ou descendants ou de leurs frères ou sœurs, ou indirectement par l'intermédiaire d'une ou plusieurs sociétés dont lui-même ou les personnes précitées détiendraient plus de 50 % des droits financiers et des droits de vote ;

b) Ou lorsque l'acquéreur, personne morale ou fonds, détient ou détiendra suite à son acquisition plus de 20 % des parts ou actions de l'organisme de placement collectif immobilier ou de l'organisme professionnel de placement collectif immobilier au sens de l'article L. 214-45 du code monétaire et financier.

Dans les hypothèses mentionnées aux *a* et *b*, les cessions sont soumises à un droit d'enregistrement au taux fixé au 2° du I de l'article 726.

E CESSIONS DE BREVETS D'INVENTION

Art. 731 Les cessions de brevets sont enregistrées au droit fixe de 125 €.

F CESSIONS DE CHEPTEL ET AUTRES OBJETS MOBILIERS DÉPENDANT D'UNE EXPLOITATION AGRICOLE

Art. 732 Les actes constatant la cession à titre onéreux d'un fonds agricole, composé de tout ou partie des éléments énumérés au dernier alinéa de l'article L. 311-3 du code rural et de la pêche maritime, sont enregistrés *(L. n° 2020-1721 du 29 déc. 2020, art. 64-I-7°)* « gratuitement ».

Art. 732 A Les actes constatant la cession de gré à gré d'un navire de pêche artisanale et du matériel servant à son exploitation sont enregistrés *(L. n° 2020-1721 du 29 déc. 2020, art. 64-I-7°)* « gratuitement ».

Art. 732 *bis* Sont exonérées des droits d'enregistrement les acquisitions de droits sociaux effectuées par une société créée en vue de racheter une autre société dans les conditions prévues à l'article 220 *nonies* *(L. n° 2019-1479 du 28 déc. 2019, art. 29-III-14°)* « avant le 31 décembre 2022 ».

Art. 732 *ter* I. – Pour la liquidation des droits d'enregistrement en cas de cession en pleine propriété de fonds artisanaux, de fonds de commerce, de fonds agricoles ou de clientèles d'une entreprise individuelle ou de parts ou actions d'une société, il est appliqué un abattement de 300 000 € sur la valeur du fonds ou de la clientèle ou sur la fraction de la valeur des titres représentative du fonds ou de la clientèle, si les conditions suivantes sont réunies :

1° L'entreprise ou la société exerce une activité industrielle, commerciale, artisanale, agricole ou libérale, à l'exception de la gestion de son propre patrimoine mobilier ou immobilier ;

2° La vente est consentie :

a) Soit au titulaire d'un contrat de travail à durée indéterminée depuis au moins deux ans et qui exerce ses fonctions à temps plein ou d'un contrat d'apprentissage en cours au jour de la cession, conclu avec l'entreprise dont le fonds ou la clientèle est cédé ou avec la société dont les parts ou actions sont cédées ;

b) Soit au conjoint du cédant, à son partenaire lié par un pacte civil de solidarité défini à l'article 515-1 du code civil, à ses ascendants ou descendants en ligne directe ou à ses frères et sœurs ;

3° Lorsque la vente porte sur des fonds ou clientèles ou parts ou actions acquis à titre onéreux, ceux-ci ont été détenus depuis plus de deux ans par le vendeur ;

4° Les acquéreurs poursuivent, à titre d'activité professionnelle unique et de manière effective et continue, pendant les cinq années qui suivent la date de la vente, l'exploitation du fonds ou de la clientèle cédé ou l'activité de la société dont les parts ou actions sont cédées et l'un d'eux assure, pendant la même période, la direction effective de l'entreprise. Dans le cas où l'entreprise fait l'objet d'un jugement prononçant l'ouverture d'une procédure de liquidation judiciaire prévue au titre IV du livre VI du code de commerce dans les cinq années qui suivent la date de la cession, il n'est pas procédé à la déchéance du régime prévu au premier alinéa.

II. — Le I ne peut s'appliquer qu'une seule fois entre un même cédant et un même acquéreur.

1. Cessions de droits sociaux et cessions de fonds. Cession de fonds artisanaux, de fonds de commerce, de fonds agricoles et de clientèles. Reprise d'entreprises par les salariés et par les membres du cercle familial proche du cédant. Conditions d'application de l'abattement de 300 000 €. * BOI-ENR-DMTOM-10-20-20 n°s 60 s. du 12 sept. 2012.

2. Cession d'une entreprise à un salarié anciennement apprenti. La condition d'exercice d'une activité salariée pendant deux ans requise pour bénéficier de l'abattement est calculée en tenant compte des périodes cumulées du CDI et du contrat d'apprentissage. * BOI-ENR-DMTOM-10-20-20 n° 1770 du 12 sept. 2012.

G AUTRES BIENS MOBILIERS

Art. 733 **Sont assujetties à un droit d'enregistrement de 1,20 %** *(L. n° 2019-1479 du 28 déc. 2019, art. 21-I-11°-a et XI-D, en vigueur le 1er janv. 2020)* **« les procès-verbaux constatant une adjudication aux enchères publiques de biens meubles incorporels ou toute autre vente de mêmes biens faite avec publicité et concurrence, lorsque ces ventes ne sont pas soumises, en raison de leur objet, à un tarif différent. »**

(Abrogé par L. n° 2019-1479 du 28 déc. 2019, art. 21-I-11°-b et XI-D, à compter du 1er janv. 2020) ***« 1° Des biens meubles incorporels lorsque ces ventes ne sont pas soumises, en raison de leur objet, à un tarif différent ; »***

2° *Abrogé.*

Le droit est assis sur le montant des sommes que contient cumulativement le procès-verbal de la vente, augmenté des charges imposées aux acquéreurs.

Les adjudications sur réitération des enchères de biens mentionnés *(L. n° 2019-1479 du 28 déc. 2019, art. 21-I-11°-c et XI-D, en vigueur le 1er janv. 2020)* **« au premier alinéa » sont assujetties au même droit mais seulement sur ce qui excède le prix de la précédente adjudication, si le droit en a été acquitté.**

Art. 734 *Abrogé.*

H VENTES SIMULTANÉES DE MEUBLES ET D'IMMEUBLES

Art. 735 **Lorsqu'un acte translatif de propriété ou d'usufruit comprend des meubles et des immeubles, le droit d'enregistrement est perçu sur la totalité du prix au taux réglé pour les immeubles, à moins qu'il ne soit stipulé un prix particulier pour les objets mobiliers, et qu'ils ne soient désignés et estimés, article par article, dans le contrat.**

IV *MUTATIONS DE JOUISSANCE*

A BAUX À DURÉE LIMITÉE D'IMMEUBLES, DE FONDS DE COMMERCE ET DE CLIENTÈLES

1 DROITS D'ENREGISTREMENT

1°

Art. 736 *Abrogé en ce qui concerne les baux écrits d'immeubles ruraux en cours au 31 déc. 1998, pour les loyers courus à compter de la date d'ouverture d'une nouvelle période et, en ce qui concerne les autres mutations de jouissance, pour les loyers courus à compter du 1er oct. 1998. — V. L. n° 98-1267 du 30 déc. 1998, art. 12-E-11°.*

2° RÉGIMES SPÉCIAUX ET EXONÉRATIONS

Art. 737 *Abrogé par L. n° 98-1267 du 30 déc. 1998, art. 12-E-11°, à compter du 1er janv. 1999. — V. note à l'art. 736.*

Art. 738 **Sont enregistrées au droit fixe de 125 € :**

1° Les cessions, subrogations, rétrocessions et résiliations de baux à durée limitée de biens de toute nature *[pour les résiliations de contrats de location-attribution ou de location-vente, V. art. 1378 quinquies]* **;**

Al. 2 *abrogé. — V. note à l'art. 736.*

2° Les concessions de licences d'exploitation de brevets ;
3° *Abrogé.*

1. Bail à construction. La résiliation d'un bail à construction est soumise aux droits d'enregistrement des mutations d'immeubles, dès lors qu'elle entraîne transfert de propriété des immeubles au bailleur. • Com. 24 juin 1997, n° 95-13.038, *Sté Agnel-Teissonnière : RJF 1997. 1064 ; D. 1997. IR 188.*

2. Concessions de licences d'exploitation de brevets d'invention. Brevets exploités ou non. * BOI-ENR-JOMI-30 n°s 440 et 450 du 24 mars 2021.

Art. 739 **Les actes constatant des baux à durée limitée d'immeubles, de fonds de commerce ou de clientèles sont assujettis à un droit fixe de 25 € lorsque l'enregistrement en est requis par les parties.**

Baux ruraux. Les conventions de mise à disposition de biens à usage agricole sont dispensées de la formalité de l'enregistrement sauf présentation volontaire requise par les parties. * Rescrit 13 mai 2008, n° 2008/9 ENR * BOI-ENR-JOMI-10 n° 20 du 12 sept. 2012.

Art. 740 *Abrogé par L. n° 98-1267 du 30 déc. 1998, art. 12-E-11°.*

3°

Art. 741 *Abrogé en ce qui concerne les baux écrits d'immeubles ruraux en cours au 31 déc. 1998, pour les loyers courus à compter de la date d'ouverture d'une nouvelle période et, en ce qui concerne les autres mutations de jouissance, pour les loyers courus à compter du 1er oct. 1998. — V. L. n° 98-1267 du 30 déc. 1998, art. 12-E-11°.*

4°

Art. 741 *bis* *Abrogé par L. n° 98-1267 du 30 déc. 1998, art. 12-E-11°, pour les loyers courus à compter du 1er oct. 1998.*

2 TAXE DE PUBLICITÉ FONCIÈRE

1° RÉGIME NORMAL

Art. 742 **Les baux à durée limitée d'immeubles faits pour une durée supérieure à douze années, à l'exception de ceux mentionnés à l'article 1048 *ter*, sont soumis à la taxe de publicité foncière au taux de 0,70 %.**

Cette taxe est liquidée sur le prix exprimé, augmenté des charges imposées au preneur, ou sur la valeur locative réelle des biens loués si cette valeur est supérieure au prix augmenté des charges. Elle est due sur le montant cumulé de toutes les années à courir.

1. Crédit-bail immobilier. Un contrat de crédit-bail consenti sur un immeuble pour une durée de 15 ans est soumis à la TPF au taux de 0,60 % dès lors qu'il s'analyse comme une location suivie, le cas échéant, d'une cession. • Com. 23 avr. 2003, n° 00-11.396, *SCI Le Clos de Bener : Dr. fisc. 2003. 648 ; RJF 2003. 1054.*

2. Préloyers de crédit-bail. Lorsqu'un contrat de crédit-bail prévoit le paiement de préloyers correspondant au seul remboursement des frais financiers supportés par le crédit-bailleur entre la date de signature du contrat et la date d'entrée en jouissance, il est admis que la période pendant laquelle courent ces préloyers ne soit pas prise en compte pour le calcul du délai de douze ans, à condition que le contrat fasse apparaître distinctement la période correspondant aux préloyers et qu'aucune quote-part de ceux-ci ne soit prise en compte pour la détermination du prix de cession de l'immeuble prévu au contrat. * BOI-ENR-JOMI-10 n° 40 du 12 sept. 2012.

2° RÉGIMES SPÉCIAUX

Art. 743 **Sont exonérés de la taxe de publicité foncière :**

1° Les baux à construction ;

2° Les baux à long terme conclus en application des articles L. 416-1 à L. 416-6, L. 416-8 et L. 416-9 du code rural et de la pêche maritime ;

3° *Transféré ss. l'art. 1594 J.*

les apporteurs étaient parents ou alliés jusqu'au quatrième degré inclus. – *Départements d'outre-mer, V. art. 793-1-4° (al. 5).*

3 EXONÉRATIONS

Art. 749 **Sont exonérés du droit d'enregistrement ou de la taxe de publicité foncière prévus à l'article 746 les rachats de parts de fonds communs de placement et parts de fonds de placement immobilier, ainsi que la répartition des actifs de ces fonds entre les porteurs.**

Lorsque le porteur des parts d'un fonds de placement immobilier se trouve dans l'un des cas mentionnés aux *a* et *b* de l'article 730 *quinquies*, un droit d'enregistrement au taux fixé au 2° du I de l'article 726 est applicable. Toutefois, ce droit d'enregistrement ne s'applique pas lorsque le porteur qui demande le rachat de ses parts est lui-même un organisme de placement collectif immobilier.

Art. 749 A **Sont exonérés du droit d'enregistrement ou de la taxe de publicité foncière prévus à l'article 746 les partages d'immeubles bâtis, de groupe d'immeubles bâtis ou d'ensembles immobiliers soumis à la loi n° 65-557 modifiée du 10 juillet 1965 fixant le statut de la copropriété des immeubles bâtis, et la redistribution des parties communes qui leur est consécutive.**

BIBL. ▶ LAFOND, *JCP N 2001. 1718* (scission de copropriété : incidences fiscales).

Art. 749 B **Sont exonérées du droit d'enregistrement ou de la taxe de publicité foncière prévus à l'article 746 les opérations mentionnées au premier alinéa de l'article 151 *octies* C.**

B LICITATIONS ET CESSIONS DE DROITS SUCCESSIFS

Art. 750 **I. – Les parts et portions indivises de biens immeubles acquises par licitation sont assujetties à l'impôt aux taux prévus pour les ventes des mêmes biens.**

II. – Toutefois, les licitations de biens mobiliers ou immobiliers dépendant d'une succession ou d'une communauté conjugale ainsi que les cessions de droits successifs mobiliers ou immobiliers sont assujetties à un droit d'enregistrement ou à une taxe de publicité foncière de 2,50 %, lorsqu'elles interviennent au profit de membres originaires de l'indivision, de leur conjoint, de leurs ascendants ou descendants ou des ayants droit à titre universel de l'un ou de plusieurs d'entre eux. Il en est de même des licitations portant sur des biens indivis issus d'une donation-partage et des licitations portant sur des biens indivis acquis par des partenaires ayant conclu un pacte civil de solidarité ou par des époux, avant ou pendant le pacte ou le mariage. – *V. par ailleurs art. 750 bis A pour les immeubles situés en Corse, 750 bis B et 750 bis C.*

En ce qui concerne les licitations et cessions mettant fin à l'indivision, l'imposition est liquidée sur la valeur des biens, sans soustraction de la part de l'acquéreur.

1. Licitations de biens. Les règles prévues par le II pour les licitations de biens dépendant d'une communauté conjugale sont étendues aux licitations de biens dépendant d'une indivision ordinaire existant entre époux ou entre des partenaires ayant conclu un Pacs ou d'une indivision issue d'une donation-partage. * BOI-ENR-PTG-20-10 n° 1 du 12 sept. 2012.

2. Le régime prévu au II est applicable lorsque le bien licité a été acquis conjointement par des époux séparés de biens avant la dissolution du mariage. Les biens peuvent aussi provenir d'attributions indivises faites lors d'un partage d'ascendants. Par ailleurs, l'Administration admet l'application de ce régime aux licitations de biens dépendant de sociétés d'acquêts accessoires à un régime de séparation de biens ou à un régime dotal, ainsi qu'aux licitations de biens acquis en remploi de biens provenant d'une communauté conjugale ou d'une succession. * BOI-ENR-PTG-20-10 n° 50 du 12 sept. 2012.

3. Dès lors que la fraction indivise des droits immobiliers, primitivement recueillie par l'épouse par voie de succession et entrée dans la communauté universelle existant entre celle-ci et son époux, ne dépendait plus que partiellement d'une succession compte tenu des droits réels de l'époux sur cette fraction indivise, le taux réduit prévu par le II n'est applicable qu'à la fraction de droits appartenant à l'épouse. • Com. 21 nov. 2000, ☎ n° 97-22.572 : *Dr. fisc. 2001. 518 ; RJF 2001. 394 ; Defrénois 2001. 37340, note Chappert ; JCP N 2002, p. 36, note Douet.*

Art. 750 *bis* **La licitation des biens d'un groupement foncier agricole, qui se trouvaient dans l'indivision lors de leur apport, est assujettie au droit d'enregistrement ou**

à la taxe de publicité foncière prévu à l'article 746 lorsque les biens sont attribués à des apporteurs, à leurs conjoints survivants ou à leurs ayants droit à titre gratuit, dès lors que ces apporteurs étaient parents ou alliés jusqu'au quatrième degré inclus.

C CORSE – RÉGIME TEMPORAIRE

Art. 750 *bis* A Les actes de partage de succession et les licitations de biens héréditaires répondant aux conditions prévues au II de l'article 750, établis entre le 1er janvier 1986 et le 31 décembre 2014, sont exonérés du droit de 2,50 %, à hauteur de la valeur des immeubles situés en Corse. Ces exonérations s'appliquent à condition que l'acte soit authentique et précise qu'il est établi dans le cadre du IV de l'article 11 de la loi n° 85-1403 du 30 décembre 1985.

Licitations de biens dépendant d'une succession comprenant des immeubles situés en Corse. Afin de faciliter le règlement des indivisions successorales comportant des biens immobiliers situés en Corse, l'art. 750 *bis* A prévoit une exonération temporaire de l'impôt de licitation à hauteur de la valeur des immeubles situés en Corse, sur les actes établis entre le 1er janv. 1986 et le 31 déc. 2014 constatant une licitation de biens héréditaires, à condition que celle-ci intervienne uniquement entre les membres originaires de l'indivision, de leur conjoint, de leurs ascendants ou descendants ou des ayants droit à titre universel de l'un ou plusieurs d'entre eux. L'exonération est applicable quel que soit le lieu du décès et du domicile tant du défunt que des parties à l'acte. Elle est limitée à la valeur des biens immobiliers situés en Corse. L'exonération de cet impôt s'applique sous réserve que l'acte constatant la licitation soit authentique et précise les références du texte prévoyant l'exonération. * BOI-ENR-PTG-20-10 n° 90 du 29 janv. 2013. ♦ L'exonération est rétablie par l'art. 750 *bis* B pour les actes passés entre le 1er janv. 2017 et le 31 déc. 2017.

Art. 750 *bis* B *(L. n° 2017-285 du 6 mars 2017, art. 5)* **Entre le 1er janvier 2017 et le 31 décembre 2027, les actes de partage de succession et les licitations de biens héréditaires répondant aux conditions prévues au II de l'article 750 sont exonérés du droit de 2,5 % à hauteur de la valeur des immeubles situés en Corse.**

Licitations de biens dépendant d'une succession comprenant des immeubles situés en Corse. V. note ss. art. 750 *bis* A.

D COLLECTIVITÉS RÉGIES PAR L'ARTICLE 73 DE LA CONSTITUTION ET COLLECTIVITÉS DE SAINT-BARTHÉLEMY, DE SAINT-MARTIN ET DE SAINT-PIERRE-ET-MIQUELON – RÉGIME TEMPORAIRE *(L. n° 2018-1244 du 27 déc. 2018, art. 3)*.

(L. n° 2017-1775 du 28 déc. 2017, art. 64)

Art. 750 *bis* C Les actes de partage de succession et les licitations de biens héréditaires répondant aux conditions prévues au II de l'article 750, établis entre le 1er janvier 2018 et le 31 décembre *(L. n° 2018-1244 du 27 déc. 2018, art. 3)* **« 2028 », sont exonérés du droit de 2,50 % à hauteur de la valeur des immeubles situés** *(L. n° 2018-1244 du 27 déc. 2018, art. 3)* **« dans les collectivités régies par l'article 73 de la Constitution, dans les collectivités de Saint-Barthélemy, de Saint-Martin et de Saint-Pierre-et-Miquelon ».**

VI *MUTATIONS À TITRE GRATUIT*

BIBL. ▸ DAGOT, *JCP N 2000. 1392* (des donations non solennelles). – DAVID, *GAJ Fisc., p. 471* (donations déguisées). – DEBOISSY, *LGDJ 1997* (la simulation en droit fiscal). – FAUCHER, *JCP N 2006. 1276* (donations rémunératoires entre époux). – LE GALL, *Dr. fisc. 2000. 136* (donations indirectes et distributions irrégulières). – HATOUX, *RJF 2008. 221* (où la Cour de cassation invente une présomption de volonté individuelle ! ou transmettre à cause de mort sans tester). – NAVEZ, *Dr. fisc. 2012. 492* (l'encadrement de la fiscalité des successions par le droit de l'UE). – SIERACZEK-ABITAN, *Dr. fisc. 2007. 336* (une alternative aux droits de mutation à titre gratuit et à l'impôt sur la fortune : un impôt unique sur le capital ?).

A CHAMP D'APPLICATION DES DROITS DE MUTATION À TITRE GRATUIT

01 TERRITORIALITÉ

Art. 750 *ter* Sont soumis aux droits de mutation à titre gratuit :

1° Les biens meubles et immeubles situés en France ou hors de France, et notamment les fonds publics, parts d'intérêts, biens ou droits composant un trust défini à

l'article 792-0 *bis* et produits qui y sont capitalisés, créances et généralement toutes les valeurs mobilières françaises ou étrangères de quelque nature qu'elles soient, lorsque le donateur ou le défunt a son domicile fiscal en France au sens de l'article 4 B ;

2° Les biens meubles et immeubles, que ces derniers soient possédés directement ou indirectement, situés en France, et notamment les fonds publics français, parts d'intérêts, biens ou droits composant un trust défini à l'article 792-0 *bis* et produits qui y sont capitalisés, créances et valeurs mobilières françaises, lorsque le donateur ou le défunt n'a pas son domicile fiscal en France au sens de l'article précité.

Pour l'application du premier alinéa, tout immeuble ou droit immobilier est réputé possédé indirectement lorsqu'il appartient à des personnes morales ou des organismes dont le donateur ou le défunt, seul ou conjointement avec son conjoint, leurs ascendants ou descendants ou leurs frères et sœurs, détient plus de la moitié des actions, parts ou droits, directement ou par l'intermédiaire d'une chaîne de participations, au sens de l'article 990 D, quel que soit le nombre de personnes morales ou d'organismes interposés. La valeur des immeubles ou droits immobiliers possédés indirectement est déterminée par la proportion de la valeur de ces biens ou des actions, parts ou droits représentatifs de tels biens dans l'actif total des organismes ou personnes morales dont le donateur ou le défunt détient directement les actions, parts ou droits.

Sont considérées comme françaises les créances sur un débiteur qui est établi en France ou qui y a son domicile fiscal au sens du même article ainsi que les valeurs mobilières émises par l'État français, une personne morale de droit public française ou une société qui a en France son siège social statutaire ou le siège de sa direction effective, et ce quelle que soit la composition de son actif.

Sont également considérées comme françaises les actions et parts de sociétés ou personnes morales non cotées en bourse dont le siège est situé hors de France et dont l'actif est principalement constitué d'immeubles ou de droits immobiliers situés sur le territoire français, et ce à proportion de la valeur de ces biens par rapport à l'actif total de la société.

Pour l'application des deuxième et quatrième alinéas, les immeubles situés sur le territoire français, affectés par une personne morale, un organisme ou une société à sa propre exploitation industrielle, commerciale, agricole ou à l'exercice d'une profession non commerciale ne sont pas pris en considération.

3° Les biens meubles et immeubles situés en France ou hors de France, et notamment les fonds publics, parts d'intérêts, biens ou droits composant un trust défini à l'article 792-0 *bis* et produits qui y sont capitalisés, créances et généralement toutes les valeurs mobilières françaises ou étrangères de quelque nature qu'elles soient, reçus par l'héritier, le donataire, le légataire ou le bénéficiaire d'un trust défini au même article 792-0 *bis* qui a son domicile fiscal en France au sens de l'article 4 B. Toutefois, cette disposition ne s'applique que lorsque l'héritier, le donataire ou le bénéficiaire d'un trust a eu son domicile fiscal en France pendant au moins six années au cours des dix dernières années précédant celle au cours de laquelle il reçoit les biens. *— 1° et 3° : V. art. 784 A.*

BIBL. ► CASSAN, *Dr. fisc. 2017. 401* (le leurre et l'argent du beurre : vente, apport et donation déguisée). – DEDIEU, *BFL 2012, p. 261* (droits de succession transfrontaliers). – FERNOUX, *BFL 1999, p. 190* (une bombe à retardement : la taxation des donations indirectes). – GENTILHOMME, *Dr. et patr. 2000, n° 80, p. 26* (expatriation et transmissions entre vifs). – JUILLHARD, *BFL 2003, p. 261* (la non-discrimination dans les conventions internationales : sur la portée de l'arrêt « Biso » en matière successorale) ; *Dr. et patr., oct. 2003, p. 34* (droits de succession France-Monaco : une discrimination moribonde). – TARROUX, *Dr. fisc. 2008. 412* (la renonciation à usufruit : aspects fiscaux).

A. TERRITORIALITÉ

1. Domicile fiscal. Le foyer du contribuable, qui détermine son domicile fiscal, s'entend du lieu où l'intéressé habite normalement et a le centre de ses intérêts familiaux, sans qu'il soit tenu compte de séjours effectués temporairement ailleurs, en raison notamment de nécessités professionnelles. • Com. 15 oct. 1996, n° 94-19.120 P : *Dr. fisc. 1996. 1420 ; D. 1997. 75, note G. Tixier et C. Michel*.

2. Actions et parts de sociétés immobilières étrangères. Pour déterminer, au regard de l'art. 750 *ter*-2°, si une personne morale étrangère est à prépondérance immobilière, il convient de comparer à la valeur totale de l'actif social en France la valeur des immeubles et droits réels immobiliers appartenant à la société et situés en

France. En l'espèce, l'Administration a pu considérer qu'une société de droit britannique est à prépondérance immobilière dès lors qu'en France son actif est constitué à plus de 50 % d'immeubles ou droits immobiliers. • Paris, 17 mars 2006, n° 04-10.556 : *RJF 2006. 1120.* ♦ Pour déterminer la valeur imposable des parts de cette société, détenues par le contribuable, il convenait de rechercher la proportion existant entre la valeur des immeubles situés en France et celle de l'actif total de la société situé tant en France qu'à l'étranger. L'Administration ne peut donc pas simplement valoriser les parts qu'elle veut réintégrer dans la base imposable de l'impôt en se fondant seulement sur la valeur des immeubles situés en France, et imposer le contribuable au prorata des parts qu'il possède dans la société. • Paris, 17 mars 2006 : *préc.*

3. Les parts d'une société monégasque, propriétaire d'immeubles situés en France, ayant appartenu à un résident de Monaco décédé et revenant à ses héritiers domiciliés en France, constituent des biens incorporels de nature mobilière. Par suite, ces parts ne sont pas taxables aux droits de succession en France. • Cass., ass. plén., 2 oct. 2015, n° 14-14.256 : *RJF 2015. 1066 ; Dr. fisc. 2015. 679, note Laroche.*

4. Donataire ou héritier domicilié en France. Dans l'hypothèse où un enfant résidant en France, âgé de moins de six ans, est bénéficiaire d'une donation ou d'une mutation par décès d'une personne domiciliée hors du territoire français et n'incluant aucun bien situé en territoire français au regard de l'art. 750 *ter*-3°, le bénéficiaire de la mutation à titre gratuit n'a pas pu, du fait de son jeune âge, avoir son domicile fiscal en France pendant plus de six ans au cours des dix dernières années précédant celle au cours de laquelle il a reçu les biens. Cette transmission n'entre donc pas dans le champ d'application des droits de mutation à titre gratuit en application de l'art. 750 *ter*-3°. * Rép. min. n° 58326 : *JOAN Q, 12 juill. 2005, p. 6873.*

5. Règles de territorialité applicables aux trusts. * BOI-ENR-DTMG-30 n°s 30 et 40 du 16 oct. 2012.

B. MUTATIONS IMPOSABLES

6. Omission de deniers. Retraits d'espèces. BIBL. Chappert, *Defrénois 1996. 36662.* ♦ Il appartient à l'administration fiscale de démontrer que les sommes retirées des comptes du défunt ont été conservées dans son patrimoine jusqu'au jour de son décès. La cour d'appel, qui impose au redevable d'établir la destination de ces sommes, inverse la charge de la preuve. • Com. 26 juin 2012 : *RJF 2012. 959.* ♦ Pour soumettre aux droits de mutation des sommes que le défunt a retirées de ses comptes, l'Administration doit apporter par des présomptions de fait la preuve que celui-ci a conservé les fonds retirés jusqu'au jour de son décès. • Com. 7 mars 1995, n° 92-21.466 : *Dr. fisc. 1995. 1409* • Com. 1er avr. 1997, *Maurel*, n° 95-13.257 : *D. 1997. IR 108* • Com. 8 juill. 1997, n° 95-17.353 : *Dr. fisc. 1997. 1203.* ♦ La preuve que les fonds ont été conservés par le défunt jusqu'au jour du décès peut se faire par tous moyens, notamment par présomptions, les juges du fond appréciant souverainement, au terme d'un examen concret, la pertinence des éléments produits par les parties. • Com. 23 sept. 2008, n° 07-17.065 (n° 895 F-D) : *RJF 2009. 82.* ♦ La preuve résulte d'un faisceau d'indices concordants, notamment : le bref délai entre les retraits et le décès. • Com. 13 déc. 1994, n° 93-12.797 : *Dr. fisc. 1995. 585.* ♦ ... La disproportion des sommes retirées avec le train de vie habituel du défunt. • Com. 13 déc. 1994, n° 93-12.797 : *préc.* • 1er juin 1999, n° 1093D : *RJF 1999. 1100 ; Dr. fisc. 2000. 211.* ♦ ... Le financement du train de vie du défunt autrement que par les retraits opérés. • Com. 12 déc. 1995, n° 93-21.337 : *Dr. fisc. 1996. 289.* ♦ ... L'absence d'emploi connu des sommes retirées par le défunt. • Com. 4 juill. 1995, n° 1495 D : *BOI 7 G-7-96.* ♦ ... L'importance des sommes retirées et l'âge avancé du *de cujus.* • Com. 1er juin 1999, n° 1094D : *RJF 1999. 1098.* ♦ ... L'âge de la défunte, sa cohabitation avec son fils héritier unique, le délai de cinq mois écoulé entre le retrait de la somme litigieuse et le décès et le train de vie de la défunte. • Aix-en-Provence 26 févr. 2004, n° 04-149. ♦ V. pour un faisceau d'indices assez complet • Com. 30 nov. 1999, n° 97-16.775 : *Dr. fisc. 2000. 485.*

7. On ne saurait déduire une volonté de dissimulation de la part du défunt, ou de ses légataires, de la seule absence apparente d'emploi de fonds retirés de son compte par le *de cujus.* En effet, cela reviendrait à établir une présomption non prévue par les textes. • Com. 18 mai 1999, n° 97-13.355 : *Dr. fisc. 2000. 23.*

8. L'Administration apporte la preuve que le défunt était le propriétaire des fonds litigieux en se référant à des procès-verbaux dressés par le service des douanes françaises dont il résultait que l'héritière avait déclaré que les francs suisses trouvés sur son ami, qui l'accompagnait, avaient été retirés le même jour d'un coffre que détenait son père à la Banque Cantonale Vaudoise à Lausanne, et qu'elle avait résilié le contrat de location, ajoutant que de son vivant son père lui avait parlé de l'existence de ce coffre dont à sa mort elle ne s'était pas occupé, mais qu'ayant retrouvé la clé de celui-ci elle avait décidé d'aller procéder à sa clôture en ignorant ce qu'elle allait y trouver, et que l'ami avait, quant à lui, déclaré que l'argent appartenait au père de l'héritière d'après ce qu'elle lui avait dit, et qu'il était porteur de « l'acte de succession » nécessaire pour pouvoir justifier de la propriété du contenu du coffre, et en l'absence de tout élément permettant de mettre en doute la sincérité de ces déclarations circonstanciées. • Com. 17 janv. 2006, ⚖ n° 57F-D : *RJF 2006. 612.*

9. Créance du défunt. La créance constituée par le montant des droits de mutation afférents à une donation-partage faite par le défunt à ses héritiers constitue une créance à rapporter à l'actif successoral dès lors que ces droits ont été acquittés par le donateur en dépit des termes explicites de l'acte qui les mettaient à la charge des donataires. • Com. 3 juin 2003, ⚖ n° 01-12.711 : *RJF 2003. 1181 ; Dr. fisc. 2004. 425.*

10. Prise en charge des droits de donation par le donateur. Les droits de mutation à titre gratuit ont pour seule assiette la valeur du bien transmis, à l'exclusion des droits de mutation eux-mêmes. Dès lors, la prise en charge par le donateur des droits, même par acte séparé postérieur à l'acte de donation, ne constitue pas une libéralité additionnelle. • Com. 28 févr. 2006, ⚖ n° 295FS-P : *RJF 2006. 611 ; Dr. fisc. 2007. 440 ; Defrénois 2006, p. 1482, note Jadaud ; AJDI 2007. 220, note Maublanc* ✎.

11. Avantages matrimoniaux. L'art. 1527, al. 2, C. civ., qui permet aux enfants d'un précédent mariage de remettre en cause toute convention ayant pour effet de donner à l'un des époux au-delà de la quotité disponible, n'autorise pas le service des impôts à soumettre aux droits de succession la part attribuée au conjoint survivant au titre des conventions matrimoniales. • Civ. 1re, 6 mai 1997, ⚖ n° 95-13.804 : *Dr. fisc. 1997. 900, note Piedelièvre ; D. 1997. IR 131.* ♦ Mais la seule absence apparente d'emploi de sommes retirées de son compte par le *de cujus* n'établit pas une volonté de dissimulation de la part du défunt ou de ses légataires. • Com. 1er juin 1999, ⚖ n° 964D : *RJF 1999. 1101.*

12. Le juge doit apprécier la valeur probante des indices de la conservation des fonds retirés dans le patrimoine du défunt, même si le retrait est antérieur à l'année précédant le décès. • Com. 1er juin 1999, ⚖ n° 97-16.308 : *RJF 1999. 1099.*

13. La prescription décennale est applicable dès lors que les retraits en cause ne sont pas mentionnés dans la déclaration de succession. • Com. 1er juin 1999, ⚖ n° 1094D : *préc. note 10.*

14. L'Administration n'est pas tenue de respecter la procédure de demande d'éclaircissements et de justifications prévue à l'art. L. 19 du LPF, qui n'est applicable qu'aux redressements fondés sur l'art. 752. • Com. 23 févr. 1999, ⚖ n° 96-20.903 : *Dr. fisc. 1999. 573 ; RJF 1999. 653.*

15. Assurance vie. Il n'y a pas lieu au paiement des droits de succession sur la valeur de rachat du contrat au décès du souscripteur non assuré. • Com. 20 mai 2008, ⚖ n° 07-10.794 : *RJF 2008. 1022.*

16. Contrats d'assurance vie non dénoués au décès du souscripteur ou du bénéficiaire. Il est désormais admis, pour les successions ouvertes à compter du 1er janv. 2016, que la valeur de rachat d'un contrat d'assurance vie, souscrit avec les deniers communs et non dénoué lors de la liquidation d'une communauté conjugale à la suite du décès de l'un des époux, n'est pas, au plan fiscal, intégrée à l'actif de la communauté conjugale lors de sa liquidation, et ce quelle que soit la qualité des bénéficiaires désignés. Elle ne constitue donc pas un élément de l'actif successoral pour le calcul des droits de mutation dus par les héritiers de l'époux prédécédé. *Rép. min. n° 78192 : *JOAN Q, 23 févr. 2016, p. 1648.* ♦ Ainsi, en cas de décès n'entraînant pas le dénouement du contrat d'assurance vie, la valeur de rachat du contrat non dénoué souscrit avec des fonds communs n'est pas soumise aux droits de succession.* BOI-ENR-DMTG-10-10-20-20 n° 380 du 1er juill. 2016.

17. Montant et affectation de la donation. L'art. 894 C. civ. n'opérant pas de distinction selon la valeur de la chose aliénée, la modicité des sommes données ne suffit pas à exclure la qualification de libéralité qui pourrait leur être attribuée. Nul n'est donc besoin de caractériser l'importance de la somme remise au donataire au regard de la fortune et des revenus du donateur. • Com. 5 oct. 2004, ⚖ n° 03-15.709, *Assoc. Les témoins de Jéhovah : Dr. fisc. 2004. 883 ; RJF 2005. 190.* ♦ L'exercice d'un culte auquel des donateurs entendent contribuer ne suffit pas à exclure l'intention libérale qui les anime. • Même arrêt.

18. Renonciation à usufruit. Les renonciations à usufruit purement extinctives ou abdicatives sont assujetties au droit fixe prévu à l'art. 680. Toutefois, les droits de mutation à titre gratuit ou à titre onéreux deviennent exigibles, si le nu-propriétaire entre en jouissance du droit abandonné par l'usufruitier. En outre, la renonciation à un usufruit peut s'analyser en une donation, si elle révèle clairement l'intention du renonçant de consentir une libéralité au nu-propriétaire. A cet égard, il est précisé que l'acceptation peut être tacite. Ainsi, par exemple, il a été jugé que le nu-propriétaire, en percevant les loyers, avait manifesté son acceptation de l'usufruit. Les situations doivent donc être appréciées au cas par cas et l'Administration peut rétablir le véritable caractère des actes. * Rép. min. n° 356 : *JO Sénat Q, 20 mars 2008, p. 548* * BOI-ENR-DMTG-20-10-10 n° 100 du 2 mai 2019. ♦ Cas d'une renonciation à usufruit constitutive d'une donation au profit du nu-propriétaire. • Com. 20 nov. 2007, ⚖ nos 06-19.294 et 06-19.295 : *RJF 2008. 515.*

19. Transmission de bitcoins. Les *bitcoins* et autres monnaies virtuelles sont, en vertu de l'art. 750 *ter* et sous réserve des conventions internationales, soumis aux droits de succession. En intégrant les unités de compte virtuelles stockées sur un support électronique à la liste. En cas de transmission entre vifs, les droits de donation sont également susceptibles de s'appliquer dans les conditions de droit commun. * BOI-ENR-DMTG-10-10-20-10 n° 10 du 11 juill. 2014.

20. Créance détenue auprès d'une société d'investissement (Madoff). Fraude découverte après le décès. Imposition. • Com. 15 sept. 2015, n° 14-18.150 : *RJF 2015. 1067.*

21. Bien hors commerce : sépulture. Étant hors du commerce, la sépulture ne constitue ainsi pas un actif de la succession en ce sens qu'elle n'est pas incluse dans le partage successoral au décès du titulaire de la concession funéraire. * Rép. min. n° 7524 : *JO Sénat Q, 26 juin 2014, p. 1562.*

C. DONATIONS DIVERSES

22. Donations indirectes. L'existence d'une donation indirecte implique que les conditions définies à l'article 894 C. civ. soient réunies (*animus donandi*, dessaisissement irrévocable et acceptation). Il suffit que l'Administration n'apporte pas la preuve de l'une de ces conditions pour que la qualification de donation indirecte soit écartée. * Jurisprudence constante. ♦ Constituent des donations indirectes : le contrat d'assurance vie accepté par le bénéficiaire après le décès du souscripteur lorsque les circonstances dans lesquelles le bénéficiaire a été désigné révèlent la volonté du souscripteur de se dépouiller de manière irrévocable et que le souscripteur pouvait user de son droit au rachat du contrat ou au changement de la clause bénéficiaire. • Com. 21 déc. 2007, n° 06-12.769 (n° 261 FS-PBRI), *Giusti : RJF 2008. 370, obs. Hatoux ; Dr. fisc. 2008. 217, note Deboissy ; D. 2008. 218, obs. Bruguière-Fontenille ; D. 2008. 1314, note Douet ; JCP E 2008. 1265, note S. Hovasse.* ♦ ... La renonciation au paiement de la rente viagère annuelle promise par un héritier au *de cujus*, en contrepartie d'une donation de biens immobiliers. • Com. 20 oct. 1998, n° 96-20.960 P : *Dr. fisc. 1999. 46.* ♦ ... L'abandon du recouvrement de prêts consentis par des parents à leur fils. • Poitiers, 15 juin 2004, n° 03-1872 : *Dr. fisc. 2004. 836.* ♦ ... La souscription d'un contrat d'assurance vie par lequel le souscripteur se dépouille irrévocablement et sans contrepartie au profit des assurés. • Com. 1er déc. 1998, n° 96-16.010 : *Dr. fisc. 1999. 198.* ♦ ... Le versement d'une somme de 600 000 F sur un contrat d'assurance vie par une personne gravement malade (et décédée un mois plus tard), en l'absence de l'aléa inhérent à tout contrat d'assurance vie, peu important en l'espèce que la remise ait été effectuée entre les mains de l'assureur pour le compte des bénéficiaires ; en effet l'aléa, condition inhérente à tout contrat d'assurance, n'était pas la cause du versement, effectué dans l'unique but de permettre une transmission défiscalisée du patrimoine du défunt, qui se savait condamné. • Chambéry, 25 oct. 2005, n° 04-2127 : *RJF 2006. 790.* ♦ ... Le paiement par un époux des dettes de son épouse dont il est séparé de biens et l'acquisition de trois biens immobiliers pour cette dernière, dès lors que l'époux s'est non seulement appauvri mais s'est dessaisi de manière irrévocable, et que son épouse se comporte en propriétaire sur les biens ainsi reçus. • Paris, 29 juin 2007, n° 05-17.124 : *RJF 2008. 87.* ♦ ... L'acquisition indivise d'immeubles par des époux séparés de biens financée par le seul mari, laquelle constitue une donation indirecte au profit de l'épouse de la moitié des fonds versés dès lors qu'elle ne s'explique que par l'intention libérale de l'époux qui s'est dépossédé de manière irrévocable ; il en va de même des sommes versées à son épouse qu'elle a placées à son nom ou données en son nom propre. • Com. 15 mars 2011, n° 10-14.886 : *RJF 2011. 751 ; Dr. fisc. 2011. 547, note Maublanc.* ♦ En revanche, la souscription d'un contrat d'assurance vie conjointement par deux personnes ne constitue pas une donation indirecte au profit du bénéficiaire, dès lors que la faculté de rachat dont bénéficiait chaque souscripteur pendant la durée du contrat excluait qu'il se soit dépouillé irrévocablement au sens de l'art. 894 C. civ. • Com. 28 juin 2005, n° 03-18.397 : *RJF 2005. 1315 ; Dr. fisc. 2005. 702 ; Defrénois 2006. 244, note Douet.* ♦ En tout état de cause, dès lors qu'elle invoque le but exclusivement fiscal de la souscription du contrat d'assurance vie, l'Administration est tenue de mettre en œuvre la procédure d'abus de droit pour la qualifier de donation indirecte. • Paris, 6 févr. 2009, n° 07-14999 : *RJF 2009. 891 ; Defrénois 2009. 2170, note Douet.* ♦ V. égal. notes ss. art. 784.

23. L'usufruitier de parts sociales, qui n'a aucun droit sur les bénéfices avant leur distribution, ne consent pas une donation indirecte au nu-propriétaire en votant chaque année la mise en réserve des bénéfices de la société. • Lyon, 16 oct. 2007, n° 06-3323 : *RJF 2008. 1021 ; Dr. fisc. 2008. 319, note Gentilhomme* • Com. 10 févr. 2009, n° 07-21.806 (n° 128 FS-PB) : *RJF 2009. 514 ; Dr. fisc. 2009. 252, note Gentilhomme* • Com. 31 mars 2009, n° 08-14.053, (n° 304 F-D) : *RJF 2009. 698.* ♦ L'usufruitier de parts sociales, n'étant titulaire d'aucun droit, fût-il affecté d'un terme suspensif, sur les dividendes attribués à ses enfants nus-propriétaires, ne peut consentir aucune donation ayant ces dividendes pour objet. La modification temporaire de la répartition statutaire des droits à dividendes ne constitue donc pas une donation indirecte. • Com. 18 déc. 2012 : *RJF 2013. 436 ; ibid. 339, chron. Hatoux ; Dr. fisc. 2013. 261, note Le Tacon* * BOI-ENR-DMTG-20-10-10 n° 100 du 11 déc. 2013. ♦ Lorsque l'usufruitier édifie à ses frais des constructions sur un terrain démembré, le nu-propriétaire du sol n'entrera en possession des constructions qu'à l'extinction de l'usufruit. La réalisation de ces travaux de construction ne constitue donc pas une donation indirecte. • Civ. 3e, 19 sept. 2012, *Vincent,* n° 11-15.460 : *Dr. fisc. 2012. 568, note Travely et Collard ; RJF 2013. 102.* ♦ En revanche, l'acte par lequel un contribuable abandonne l'usufruit de titres sociaux au profit d'une société dont ses enfants sont les principaux associés constitue une donation indirecte dès lors que l'usufruitier entendait gratifier la société donataire en accroissant la valeur de ses actions et de ses biens, que l'abandon était dépourvu de contrepartie et qu'il avait privé l'intéressé de tout pouvoir de décision au sein de la société. • Com. 10 avr. 2019 : *Sté Techmeta Participations,* n° 17-19.733 : *RJF 2020. 566.* ♦ Pour un autre cas de donation indirecte par renonciation à l'usufruit de titres de société au profit des enfants, V. • Com. 21 juin 2011, n° 10-20.461 : *RJF 2011. 1240.*

24. Donation indirecte par une personne morale. La donation indirecte sous la forme d'une minoration du prix de vente consentie par une personne morale à son dirigeant est taxable aux droits de mutation à titre gratuit au taux applicable entre non-parents. • Com. 7 mai 2019, n° 17-15.621 : *RJF 2020. 403.*

25. Donations rémunératoires. La donation rémunératoire est celle qui est faite en récompense de services rendus au donateur par le donataire. Lorsque les services rendus par le donataire au donateur ne sont pas appréciables en argent, ni susceptibles d'engendrer une action en justice, le droit de mutation à titre gratuit est exigible. Dans le cas contraire, il y a dation en paiement taxable à l'impôt de mutation à titre onéreux selon le tarif prévu pour la vente des biens transmis. Toutefois, si la valeur de ces biens dépasse sensiblement celle des services rendus, il y a donation avec charges, soumise aux droits de mutation à titre gratuit. * BOI-ENR-DTMG-20-10-10 n° 70 du 11 déc. 2013. ♦ Le don manuel de tableaux par un peintre à un galeriste est une donation rémunératoire à hauteur des sommes qu'il a reçues de ce dernier pour l'aide à la vente de sa production et, dans cette mesure, échappe à l'imposition. Le droit de donation reste dû pour l'excédent. • Paris, 29 avr. 2004, n° 02-12.584 : *Dr. fisc. 2004. 696 ; RJF 2005. 402 ; JCP N 2005, nos 1-2, p. 36, note Douet.* ♦ Les œuvres d'art (dessins, tableaux et œuvres de Matisse et Maillol) remises au contribuable ont le caractère de dons manuels et ne peuvent être qualifiées de dons rémunératoires dès lors qu'il y avait disproportion manifeste entre la valeur des biens reçus et celle des services rendus. • Com. 4 mars 2020, n° 18-11.120 : *RJF 2020. 563.*

26. Donations déguisées. Un contrat qualifié « vente » peut être considéré comme une donation lorsqu'il existe un ensemble de présomptions graves, précises et concordantes, démontrant que l'acte dissimule la portée véritable de la convention. Ainsi, constitue une donation déguisée le contrat passé sous la forme d'une vente d'immeuble moyennant un prix converti en une rente viagère dont le montant n'excède pas le revenu des immeubles abandonnés. Ce type de donation relève de la procédure des abus de droit prévue à l'art. L. 64 LPF. * DB 13 L-1531, nos 26 s. ♦ La qualification de donation déguisée ne peut être retenue qu'en présence dans l'acte d'une affirmation mensongère quant à l'origine des fonds. C'est dans l'exercice de son pouvoir souverain d'appréciation qu'une cour d'appel estime que la preuve d'une telle affirmation n'est pas rapportée. • Civ. 1re, 5 avr. 2005, n° 02-21.011.

27. Pour de multiples exemples de donations déguisées et d'opérations d'apport-donation, V. les rapports du Comité consultatif des abus de droit. ♦ Cas d'une société civile constituée entre deux associés, l'un apportant la nue-propriété d'un immeuble, l'autre une somme de 1 524 €. Trois mois après, le premier donne au second la plus grande partie de ses parts sociales. Jugé que la fictivité de la société est établie par l'absence d'autonomie financière. Requalification du montage en donation de la nue-propriété de l'immeuble, opération fiscalement plus onéreuse. • Com. 13 janv. 2009, n° 07-20.097 (n° 17 F-D) : *RJF 2009. 518 ; Dr. fisc. 2009. 294, note Duchêne et Epstein.* ♦ Cas de l'apport à une SCI par deux époux de la moitié chacun de la nue-propriété d'un immeuble suivi de la donation de la quasi-totalité des parts sociales à leur enfant. • Com. 16 nov. 2004, n° 1637 F-D, *Tabourdeau : RJF 2005. 282* • 20 mai 2008, n° 07-18.397 : *RJF 2008. 1136 ; Dr. fisc. 2008. 527, note Ledan.* ♦ Cas où en raison du prix de cession des parts très inférieur à la valeur vénale et des liens unissant les parties, les actes translatifs de droits constituent une donation indirecte, réunissant à la fois l'intention libérale et le dessaisissement irrévocable du donateur. Requalification de cessions de parts en donation déguisée, même si les actes ont l'apparence d'une mutation à titre onéreux. • Com. 23 juin 2015, n° 14-11.185 : *RJF 2015. 855.* ♦ Dans le même sens • Com. 23 juin 2015, n° 13-19.486 : *Dr. fisc. 2015. 643, note Deboissy.* ♦ Prêts d'argent consentis par une femme âgée à son fils requalifiés en donations déguisées. • Com. 8 févr. 2017, n° 15-21.366 : *RJF 2017. 502.* ♦ Vente d'immeuble entre parents requalifiée en donation déguisée à défaut de paiement du prix. • Com. 8 févr. 2017, n° 15-23.043 : *RJF 2017. 503.* ♦ Souscription d'un contrat d'assurance vie non constitutive d'un abus de droit • Paris, 19 sept. 2008, n° 06-13320 : *RJF 2009. 296.* ♦ V. égal. notes ss. art. 752 et 784.

28. Transmission à titre gratuit réalisée via un trust. * BOI-ENR-DTMG-30 du 16 oct. 2012.

29. Trust américain. La remise aux bénéficiaires des biens transférés dans un trust américain caractérise une mutation à titre gratuit prenant effet au décès du constituant. • Com. 15 mai 2007, n° 05-18.268 (n° 739 FS-PBIR), *Cts Tardieu de Maleissye : RJF 2007. 1170, chron. Hatoux, p. 813 ; D. 2007. 1941, note Douet*. ♦ V. note ss. art. 784.

1 PRÉSOMPTIONS DE PROPRIÉTÉ

Art. 751 Est réputé, au point de vue fiscal, faire partie, jusqu'à preuve contraire, de la succession de l'usufruitier, toute valeur mobilière, tout bien meuble ou immeuble appartenant, pour l'usufruit, au défunt et, pour la nue-propriété, à l'un de ses présomptifs héritiers ou descendants d'eux, même exclu par testament ou à ses donataires ou légataires institués, même par testament postérieur, ou à des personnes interposées, à moins qu'il y ait eu donation régulière et que cette donation, si elle n'est pas constatée dans un contrat de mariage, ait été consentie plus de trois mois avant le décès ou qu'il y ait eu démembrement de propriété effectué à titre gratuit, réalisé plus de trois mois avant le décès, constaté par acte authentique et pour lequel la valeur de la nue-propriété a été déterminée selon le barème prévu à l'article 669.

La preuve contraire peut notamment résulter d'une donation des deniers constatée par un acte ayant date certaine, quel qu'en soit l'auteur, en vue de financer, plus de trois mois avant le décès, l'acquisition de tout ou partie de la nue-propriété d'un bien, sous réserve de justifier de l'origine des deniers dans l'acte en constatant l'emploi.

Sont réputées personnes interposées les personnes désignées dans l'article 911, deuxième alinéa, du code civil.

Toutefois, si la nue-propriété provient à l'héritier, au donataire, au légataire ou à la personne interposée d'une vente ou d'une donation à lui consentie par le défunt, les droits de mutation acquittés par le nu-propriétaire et dont il est justifié sont imputés sur l'impôt de transmission par décès exigible à raison de l'incorporation des biens dans la succession.

BIBL. ▸ DAVID, *GAJ Fisc., p. 444* (l'actif successoral). – DELORY, *JCP N 1999. 390* (acquisitions en démembrement de propriété). – L. MARTIN, *JCP N 1998. 1629* (présomption de propriété de l'art. 751) ; *Dr. fisc. 1999. 346* (donations et présomption).

1. La démonstration du caractère réel et sincère du démembrement de propriété ne peut résulter du fait que l'héritier s'est personnellement acquitté du prix de la nue-propriété d'un bien, dès lors que le *de cujus* détenteur de l'usufruit lui avait fait don d'une somme correspondant à ce prix, laquelle a été remise ensuite au notaire rédacteur de l'acte pour paiement du prix de la nue-propriété. • Com. 27 janv. 1998, n° 96-13.595 : *BOI 7 G-14-98 ; Dr. fisc. 1998. 451 ; RJF 1998. 624.*

2. La preuve contraire à la présomption légale est à la charge du redevable qui revendique la sincérité du démembrement. Dès lors que l'administration fiscale s'est placée dans le champ de l'art. 751, il n'y a pas lieu de rechercher si l'opération a ou non constitué une libéralité déguisée. • Com. 5 mai 1998, n° 96-20.780 : *D. 1998. IR 140 ; Dr. fisc. 1998. 772 ; RJF 1998. 869 ; Defrénois 1999. 36945, note Chappert.*

3. Constitue la preuve contraire le fait que : *a)* le prix de vente de la nue-propriété ait été compensé avec une créance antérieure de l'acquéreur, d'égal montant, résultant d'une soulte de partage ; *b)* le démembrement résulte d'un partage complet et sincère ; c) le décès soit survenu de manière soudaine et surprenante alors que l'usufruitier était en bonne santé au jour de la donation. • Com. 17 janv. 2012, n° 10-27.185 : *RJF 2012. 425* * BOI-ENR-DMTG-10-10-40-10 n° 290 du 29 sept. 2014. ♦ Dans le même sens, concernant une donation en nue-propriété moins de trois mois avant le décès, • Paris, 6 juin 2017, n° 14/25473 : *RJF 2017. 996.*

4. Est considéré comme une « donation régulière » au sens de l'art. 751 (al. 1er) le don manuel constaté dans un acte notarié dont la date est antérieure de plus de trois mois au décès ou dans un acte SSP enregistré plus de trois mois avant le décès de l'usufruitier. Il en est de même pour le don manuel déclaré à la recette des impôts compétente dans le même délai. * BOI-ENR-DMTG-10-10-40-10 n° 1 du 29 sept. 2014.

5. La donation régulière permettant d'écarter la présomption de fictivité du démembrement est celle de la nue-propriété ou de l'usufruit du bien, et non la donation d'une somme d'argent permettant d'acheter la nue-propriété ou l'usufruit de celui-ci, quand bien même cette donation serait elle-même réalisée régulièrement. • Com. 23 janv. 2007, n° 65F-PB : *RJF 2007. 630 ; Dr. fisc. 2007. 683, note Ginter.* ♦ Pour les successions ouvertes ou en cours au 1er janv. 2008, le nu-propriétaire peut écarter la présomption de fictivité du démembrement en établissant qu'il a bénéficié d'une donation régulière de somme d'argent et que cette donation lui a permis d'acquérir la nue-propriété du bien concerné. L'origine des deniers doit être justifiée dans l'acte d'acquisition du bien dont la propriété est démembrée. Par ailleurs, la donation de deniers ainsi que l'acquisition du bien doivent avoir été effectuées plus de trois mois avant le décès de l'usufruitier. Délai. * BOI-ENR-DMTG-10-10-40-10 n° 310 du 29 sept. 2014.

6. En cas de vente à un légataire universel d'un immeuble avec réserve du droit d'usage et d'habitation, l'Administration ne peut pas, à défaut d'avoir mis en œuvre la procédure de l'art. L. 64 du LPF, se fonder sur les dispositions de l'art. 751 pour considérer que l'immeuble dépend de l'actif successoral du cédant en raison d'un abus des titulaires du droit d'usage. Un tel abus est, en effet, sanctionné par la déchéance de ce droit et non par sa transformation en droit d'usufruit. • Com. 4 juin 2002, n° 99-10.331 : *Dr. fisc. 2002. 708 ; Defrénois 2002, p. 1304, note Chappert ; RJF 2002. 1418.*

7. La preuve contraire de la présomption de fictivité édictée par l'art. 751 ne peut résulter de l'acte établi moins de trois mois avant le décès. Dès lors, dans le cas d'une donation de titres avec réserve d'usufruit deux mois avant le décès du donateur, la preuve contraire à la présomption de propriété ne peut pas résulter d'un mandat de gestion rédigé en termes généraux confié par les donataires à une banque un mois avant l'acte notarié de donation. • Paris, 23 janv. 2009, n° 07-12250 : *RJF 2009. 888.*

8. En cas d'une vente à un héritier présomptif avec réserve d'usufruit d'un bien pour un prix converti en une obligation de soins et d'hébergement au profit du vendeur, la preuve contraire à la présomption édictée par l'art. 751 ne peut être considérée comme apportée que si l'héritier démontre qu'il avait satisfait à son obligation de soins et d'hébergement à compter de la date à laquelle cette obligation avait été mise à sa charge. ♦ • Com. 23 mars 2010, n° 09-65.820 : *RJF 2010. 749 ; Dr. fisc. 2010. 316, note Quilici.*

9. La présomption de propriété prévue par l'art. 751 n'est pas applicable à l'immeuble acquis en remploi de biens ayant fait l'objet d'une donation-partage avec réserve d'usufruit, dès lors qu'une telle donation est intervenue plus de trois mois avant le décès de l'ascendant donateur et que les droits de celui-ci sur l'immeuble acquis ne sont pas supérieurs à ceux qu'il détenait sur les biens vendus. • Com. 31 oct. 2006, n° 05-10.591 : *RJF 2007. 231.*

10. Les droits de donation réglés par le donateur à l'occasion de la donation de la nue-propriété de biens qui sont au décès du donateur réintégrés à sa succession en application de la présomption édictée par l'art. 751, sont considérés comme une créance de la succession soumis aux droits de succession. * Rép. min. n° 3406 : *JOAN Q, 27 sept. 1993, p. 3190.* ♦ Cette interprétation administrative trouve sa justification dans l'esprit du texte et dans la fiction qu'il opère, dès lors que la donation devient, du fait du décès prématuré du donateur, fiscalement inexistante et que la succession, dont l'actif a été amputé sans cause du montant des droits, est en conséquence créancière de ce montant. Réintégration des droits payés par le donateur dans l'actif successoral. • Com. 13 nov. 2003, n° 01-16.358 : *RJF 2004. 323 ; Dr. fisc. 2004. 192 ; D. 2004. 188 ; Defrénois 2004. 511, note Douet.*

11. Dès lors que la donation de la nue-propriété est réputée fiscalement inexistante en application de la présomption de propriété prévue par l'art. 751, l'Administration ne peut pas rectifier la valeur du bien donné. • Com. 1er mars 2017, n° 15-14.170 : *RJF 2017. 633.*

Art. 752 **Sont présumées, jusqu'à preuve contraire, faire partie de la succession, pour la liquidation et le paiement des droits de mutation par décès, les actions, obligations, parts de fondateur ou bénéficiaires, biens ou droits placés dans un trust défini à l'article 792-0 *bis*, parts sociales et toutes autres créances dont le défunt a eu la propriété ou a perçu les revenus ou à raison desquelles il a effectué une opération quelconque moins d'un an avant son décès.**

La preuve contraire ne peut résulter de la cession à titre onéreux consentie à l'un des héritiers présomptifs ou descendants d'eux, même exclu par testament, ou à des donataires ou légataires institués, même par testament postérieur, ou à des personnes interposées, telles qu'elles sont désignées par le deuxième alinéa de l'article 911 du code civil, à moins que cette cession ait acquis date certaine avant l'ouverture de la succession.

La présomption du premier alinéa n'est pas appliquée aux biens ayant fait l'objet d'une libéralité graduelle ou résiduelle, telle que visée aux articles 1048 à 1061 du code civil.

Les mesures destinées à l'application du présent article sont fixées par décret en Conseil d'État. — V. C. pr. fisc., art. L. 19 et R 19-1.*

1. Retraits de comptes bancaires. Les héritiers font échec à la présomption de propriété lorsqu'ils établissent que les sommes déposées par le défunt lui ont été remboursées avant son décès. • Com. 30 oct. 1989, n° 88-13.015 P : *Dr. fisc. 1989. 2283, note L. Martin.* ♦ Mais l'Administration peut alors apporter la preuve que le défunt a conservé les fonds provenant du retrait. Cette preuve peut résulter d'un faisceau d'indices concordants : bref délai entre le retrait et le décès, disproportion entre ces retraits et le train de vie de l'intéressé, absence d'emploi connu des fonds retirés. • Com. 12 déc. 1995, n° 93-21.337 : *Dr. fisc. 1996. 289* • Com. 6 mai 1996, n° 810D : *RJF 1996. 1087.* ♦ Autre faisceau d'indices concordants : l'âge du défunt, l'importance de la somme retirée par rapport à son train de vie habituel, le paiement de ses dépenses de vie courante autrement qu'au moyen du retrait opéré, l'absence d'emploi de la somme retirée et les circonstances particulières ayant entouré l'alimentation du compte bancaire avant que soit opéré le retrait. • Com. 2 mai 2007, n° 06-10.517 (n° 643 F-D) : *RJF 2007. 984.* ♦ Preuve également apportée dans le cas d'un retrait effectué par la mère des légataires et précédé de la vente de valeurs mobilières. • Com. 12 déc. 1995, n° 94-14.550 : *Dr. fisc. 1996. 289.*

2. Il suffit, pour que l'Administration réintègre dans l'actif successoral une somme provenant du retrait d'un compte du défunt, qu'elle rapporte, par des présomptions de fait, la preuve que les fonds ont été conservés par le défunt. Il ne lui appartient pas d'établir que les fonds retirés n'avaient pas pu être appréhendés par des tiers que le défunt avait entendu gratifier. • Com. 19 sept. 2006, n° 998F-D : *RJF 2007. 97.*

3. Bons au porteur. Les bons au porteur dont le défunt a eu la propriété moins d'un an avant son décès constituent des créances soumises à la présomption de l'art. 752. Constituent ainsi une créance sur l'établissement émetteur présumée faire partie de la succession du défunt les bons au porteur qui lui ont été remis trois mois avant son décès et qui n'ont pas été présentés au paiement. • Com. 17 mars 2009, n° 08-11.895 : *RJF 2009. 700 ; Defrénois 2009, p. 1926, note Douet.*

4. Biens ou droits placés dans un trust. * BOI-ENR-DTMG-30 n°s 50 et 60 du 16 oct. 2012.

Art. 753 **Tous les titres, sommes ou valeurs existant chez les dépositaires désignés au I de l'article 806, et faisant l'objet de comptes indivis ou collectifs avec solidarité sont considérés, pour la perception des droits de mutation par décès, comme appartenant conjointement aux déposants et dépendant de la succession de chacun d'eux, pour une part virile, sauf preuve contraire réservée tant à l'administration qu'aux redevables, et résultant pour ces derniers soit des énonciations du contrat de dépôt, soit des titres prévus par le 2° de l'article 773.**

1. Preuve contraire à la présomption de propriété. La mention « pour moitié des comptes indivis » portée dans la déclaration de succession par le conjoint survivant ne révèle pas suffisamment l'exigibilité des droits dus mais implique au contraire des recherches ultérieures, de sorte qu'est applicable la prescription décennale fixée par l'art. L. 186 du LPF. • Com. 23 févr. 1999, n° 446D, *Schebat : RJF 1999. 651.*

2. La cour d'appel qui a fait ressortir l'existence d'une volonté des coïndivisaires d'appliquer à l'ensemble des prélèvements effectués sur le compte indivis un traitement identique, a pu décider qu'il y avait lieu de retenir le montant du solde du compte au jour du décès, et de lui appliquer la répartition figurant dans le contrat de dépôt. • Com. 1er juill. 2008, n° 07-11.278 : *RJF 2008. 1399.*

3. L'Administration peut inclure dans l'actif successoral le montant total du solde des comptes joints dès lors qu'elle établit que le défunt qui exerçait seul une activité rémunérée au sein du foyer et disposait d'un patrimoine propre alimentait seul les comptes bancaires ouverts conjointement au nom des deux époux. • Com. 19 janv. 2010 : *RJF 2010. 541.* ♦ Il en est de même lorsque l'épouse du défunt ne justifie pas avoir déclaré de revenus en France et que le défunt alimentait seul le compte joint. • Com. 17 mars 2015, n° 14-10.526 : *RJF 2015. 541.*

Art. 754 **Les sommes, titres ou objets trouvés dans un coffre-fort loué conjointement à plusieurs personnes sont réputés, à défaut de preuve contraire et seulement pour la perception des droits, être la propriété conjointe de ces personnes et dépendre pour une part virile de la succession. Cette disposition est applicable aux plis cachetés et cassettes fermées, remis en dépôt aux banquiers, changeurs, escompteurs et à toute personne recevant habituellement des plis de même nature.**

Art. 754 A **Les biens recueillis en vertu d'une clause insérée dans un contrat d'acquisition en commun selon laquelle la part du ou des premiers décédés reviendra aux survivants de telle sorte que le dernier vivant sera considéré comme seul propriétaire de la totalité des biens sont, au point de vue fiscal, réputés transmis à titre gratuit à chacun des bénéficiaires de l'accroissement.**

Cette disposition ne s'applique pas à l'habitation principale commune à deux acquéreurs lorsque celle-ci a une valeur globale inférieure à 76 000 €, sauf si le bénéficiaire opte pour l'application des droits de mutation par décès.

BIBL. ▶ Camelo-Cassan, *Dr. fisc. 2016. 408* (tontine, société et abus de droit). – Chappert, *Defrénois 2002, p. 285* (traitement fiscal d'une clause de tontine et de renonciation à cette clause).

1. Tontine. Généralités sur les clauses de tontine. * BOI-ENR-DMTOI-10-10-30-10 n°s 180 et 190 du 12 sept. 2012 * BOI-ENR-DMTG-10-10-10-10 n°s 260 à 310 du 12 sept. 2012. ♦ Lorsque les statuts d'une société prévoient qu'au décès de l'un des associés, les survivants deviennent automatiquement propriétaires des parts du prédécédé, le décès s'analyse comme une condition résolutoire des droits de l'associé décédé, et comme une condition suspensive des droits des associés survivants. Tant qu'il reste au moins deux associés vivants, le décès de chaque associé entraîne transfert des parts sociales aux associés survivants, l'associé prédécédé étant considéré comme n'ayant jamais été propriétaire desdites parts par l'effet automatique de la condition résolutoire. L'opération qui en résulte ne peut s'analyser comme une vente dont la contre-valeur figurerait à l'actif de la succession du défunt, ce qui exclut l'exigibilité de tout droit de mutation à titre gratuit. • Chambéry, 18 nov. 2003, n° 02-926 : *RJF 2004. 802.*

2. Liquidation des droits. Les droits sont liquidés, en application des principes généraux, au tarif en vigueur au jour du décès et en fonction des liens de parenté existant entre le défunt et le ou les bénéficiaires de la clause de tontine. Par exception, cette disposition ne s'applique pas à l'habitation principale commune à deux acquéreurs, lorsque celle-ci a une valeur globale inférieure à 76 000 €. Dans ce dernier cas, les biens recueillis en vertu d'une telle clause sont assujettis aux droits de mutation à titre onéreux. En revanche, lorsque le bénéficiaire de la clause de tontine est le conjoint survivant ou le partenaire lié au défunt par un pacte civil de solidarité, celui-ci peut bénéficier de l'exonération prévue à l'art. 796-0 *bis*. * BOI-ENR-DMTG-10-10-10-10 n°s 290 et 300 du 12 sept. 2012.

3. Option pour les droits de mutation par décès. Sur cette option offerte aux acquéreurs d'une habitation principale commune, V. * BOI-ENR-DMTOI-10-10-30-10 n°s 200 à 230 du 12 sept. 2012.

Art. 754 B **I. – Conformément aux dispositions du IV de l'article L. 212-3 du code monétaire et financier, lorsqu'ils ne justifient pas avoir effectué toute diligence pour assurer l'application effective des dispositions de l'article précité, les gérants, le président du conseil d'administration ou du directoire de la société émettrice sont, pour l'application des droits de mutation par décès, présumés, sauf preuve contraire, être les propriétaires des actions qui ne revêtiraient pas la forme nominative ou qui n'auraient pas été vendues dans les conditions prévues au III du même article.**

II. – Lorsqu'ils ne justifient pas avoir effectué toute diligence pour assurer l'application effective des dispositions des articles L. 211-3 et L. 211-7 du code monétaire et financier, les gérants, le président du conseil d'administration ou du directoire des sociétés émettrices sont présumés, sauf preuve contraire, être les propriétaires des titres financiers non présentés pour inscription en compte ou qui n'auraient pas été vendus dans les conditions prévues au second alinéa de l'article L. 211-13 du code précité.

Art. 755 **Les avoirs figurant sur un compte ou un contrat d'assurance vie étranger et dont l'origine et les modalités d'acquisition n'ont pas été justifiées dans le cadre de la procédure prévue à l'article L. 23 C du livre des procédures fiscales sont réputés constituer, jusqu'à preuve contraire, un patrimoine acquis à titre gratuit assujetti, à la date d'expiration des délais prévus au même article L. 23 C, aux droits de mutation à titre gratuit au taux le plus élevé mentionné au tableau III de l'article 777.**

Ces droits sont calculés sur la valeur la plus élevée connue de l'administration des avoirs figurant sur le compte ou le contrat d'assurance vie au cours des dix années précédant l'envoi de la demande d'informations ou de justifications prévue à l'article L. 23 C du livre des procédures fiscales, diminuée de la valeur des avoirs dont l'origine et les modalités d'acquisition ont été justifiées.

Constitutionnalité. Conformité à la Constitution. • Cons. const., 5 oct. 2021, n° 2021-939 QPC : *RJF 2022. 70.*

2

Art. 756 *Abrogé par L. n° 76-1234 du 29 déc. 1976, art. 16 et 17. – V. art. 750 ter.*

[2 *BIS* RENONCIATION À L'ACTION EN RÉDUCTION]

Art. 756 *bis* **La renonciation à l'action en réduction prévue à l'article 929 du code civil n'est pas soumise aux droits de mutation à titre gratuit.**

3 DONS MANUELS

Art. 757 Les actes renfermant soit la déclaration par le donataire ou ses représentants, soit la reconnaissance judiciaire d'un don manuel, sont sujets aux droits de mutation à titre gratuit. Ces droits sont calculés sur la valeur du don manuel au jour de sa déclaration ou de son enregistrement, ou sur sa valeur au jour de la donation si celle-ci est supérieure. Le tarif et les abattements applicables sont ceux en vigueur au jour de la déclaration ou de l'enregistrement du don manuel.

La même règle s'applique lorsque le donataire révèle un don manuel à l'administration fiscale.

Ces dispositions ne s'appliquent pas aux dons manuels consentis aux organismes d'intérêt général mentionnés à l'article 200.

BIBL. ► CHAPPERT, *Defrénois 2005. 133* (l'administration fiscale, les témoins de Jéhovah et le juge de l'impôt). – DAVID, *GAJ Fisc., p. 471* (les donations déguisées) – FOURRIQUES, *Dr. et patr. 2008, n° 173, p. 38* (le présent d'usage est toujours d'actualité). – GARAY, *RFFP 2002, n° 78, p. 83* (le régime fiscal des dons manuels). – DE GUILLENCHMIDT, *RJF 2000. 905* (la révélation des dons manuels ou l'apocalypse fiscale). – HATOUX, *RJF 2011. 913* (liberté de pensée, de conscience et de religion et taxation ou ingérence légale et prévisibilité). – HUBLOT, *Dr. et patr., mars 2002. 32* (difficultés civiles et fiscales liées au don manuel). – L. MARTIN, *JCP N 2004. 652* (les associations cultuelles et l'art. 757 nouveau du CGI) ; *JCP N 2005. 611* (le régime fiscal des dons manuels faits à une association cultuelle). – PETERKA, *Defrénois 2002. 3* (l'imposition des dons manuels aux associations déclarées).

1° NOTION DE DON MANUEL

1. L'application du droit de donation aux actes renfermant la reconnaissance judiciaire d'un don manuel n'est pas subordonnée à la présence du bénéficiaire dans l'instance ayant abouti au jugement. Le fait que les versements aient pour contrepartie la poursuite de relations intimes n'exclut pas la qualification de don manuel. • Com. 8 juill. 1997, n° 95-14.904 : *Dr. fisc. 1997. 1089.*

2. Les sommes versées à une association cultuelle constituent des dons manuels procédant de la part de leurs auteurs d'une intention libérale que l'exercice du culte auquel ceux-ci entendent contribuer ne peut suffire à exclure, dès lors que ces sommes ont été enregistrées par l'association dans sa propre comptabilité sous la dénomination de « dons » et versées par les donateurs sans affectation précise ni condition expresse d'affectation tandis que la construction d'un temple pyramide n'apparaît que comme l'un des objets sociaux de l'association, que les versements ne procurent aux donateurs aucune contrepartie, avantage ou bénéfice, et que l'association conserve la libre disposition des fonds sur laquelle les donateurs n'exercent aucun contrôle. • Com. 15 mai 2007, n° 06-11.844 (n° 716 F-D), *Assoc. cultuelle du temple pyramide : RJF 2007. 1341.* ♦ Cas d'une association cultuelle comptabilisant les sommes versées par l'église mère dans un compte « soutien de l'église mère » et les sommes reçues des adeptes dans un compte « donations ». • TGI Nanterre, 14 févr. 2008, n° 07-6511, *Assoc. Centre de la mission Tenrikyo : RJF 2009. 81.*

3. Les titres au porteur peuvent faire l'objet d'un don manuel. Du fait que ces titres sont dématérialisés, il résulte qu'inscrits désormais en compte, ils se transmettent par virement de compte à compte. • Com. 19 mai 1998, n° 96-16.252 : *Dr. fisc. 1998. 910 ; RJF 1998. 1034.*

4. La date à laquelle le don manuel a été réalisé est sans incidence sur l'imposition au droit de donation dont le fait générateur est constitué soit par l'acte renfermant la déclaration de ce don par le donataire ou ses représentants, soit par la reconnaissance judiciaire du don, soit par sa révélation à l'Administration. Dès lors qu'un don manuel reçu par les donataires a été révélé à l'Administration postérieurement à l'entrée en vigueur de la loi de finances pour 1992, la date d'intervention du don est sans incidence sur l'imposition. • Com. 10 oct. 2000, n° 97-21.591 : *RJF 2001. 112 ; D. 2000. IR 280 ; JCP 2000. IV. 2753* * BOI-ENR-DMTG-20-10-20-10 n° 70 du 28 janv. 2014.

5. Des virements, constatés au profit d'un contribuable à la suite d'une vérification de comptabilité – et ainsi portés à la connaissance de l'Administration –, dont l'intention libérale résulte de l'absence de contrepartie constituent des dons manuels. • Com. 24 oct. 2000, n° 97-25.594 : *RJF 2001. 256 ; JCP N 2002, p. 449, note L. Martin.*

6. Un apport mobilier en numéraire fait à une association par un « membre bienfaiteur » sans aucune obligation spécifique peut constituer un don manuel. • Com. 7 juill. 2009, n° 07-21.957 (n° 666 F-D), *Assoc. Cté chrétienne des Béthélites : RJF 2009. 1172.*

7. Assiette des droits. Conformité à la Const. de l'art. 757, al. 2, disposant que, lorsqu'un don manuel est révélé à l'Administration par le donataire, l'assiette de taxation est égale à la valeur du bien au jour de la révélation ou à sa valeur au jour de la donation si elle est supérieure.

• Cons. const. 9 juill. 2021, n° 2021-923 QPC : *RJF 2021. 960.*

2° DONS RÉVÉLÉS ET DONS NON RÉVÉLÉS

8. Notion de révélation. Des dons manuels découverts lors de la vérification de comptabilité d'une association qui n'a rien révélé volontairement à l'Administration ne peuvent pas être soumis aux droits de mutation à titre gratuit. • Com. 15 janv. 2013, n° 12-11.642 : *RJF 2013. 438 ; BDCF 2013. 48, concl. Battut.* ♦ De même, la découverte d'un don manuel à l'occasion de la vérification de comptabilité d'un particulier ne saurait constituer la révélation volontaire de celui-ci à l'Administration. • Com. 16 avr. 2013, n° 12-17.414 : *RJF 2013. 878 ; Dr. fisc. 2013. 446, note Béguier.* ♦ De même encore, la découverte d'un don manuel résultant de la réponse apportée par le contribuable à une question du vérificateur n'est pas une révélation de ce don. • Com. 6 déc. 2016, n° 15-19.966 : *JCP 2017, éd. E. II. 1086, note Boismain ; RJF 2017. 278 ; Dr. fisc. 2017. 225, note Deboissy et Wicker.* ♦ Cette jurisprudence invalide la doctrine de l'Administration, selon laquelle, ce serait ajouter à l'art. 757 que d'exiger que la déclaration par le contribuable soit « spontanée », au sens d'être faite à la seule initiative de celui-ci. Ainsi, la réponse à une demande de l'Administration constitue une révélation au sens de l'art. 757, quel que soit le fondement de cette demande. * BOI-ENR-DMTG-20-10-20-10 n° 60 du 28 janv. 2014.

9. Taxation des dons manuels révélés d'un montant supérieur à 15 000 € révélés en réponse à une demande de l'Administration. La lettre des contribuables, qui révélait l'existence de dons manuels à l'Administration fiscale, était une réponse à une demande formulée par celle-ci à l'occasion de la vérification de la situation fiscale personnelle des intéressés, vaut révélation au sens des art. 635 A et 757. • Com. 4 mars 2020, n° 18-11.120 : *RJF 2020. 563.*

10. Reconnaissance judiciaire d'un don manuel. Pour être sujette au droit de donation, il suffit que la reconnaissance judiciaire d'un don manuel prévue par l'art. 757 figure ou dans les motifs ou dans le dispositif du jugement, qu'elle soit exempte de toute équivoque et qu'il y ait constatation certaine de la transmission de la propriété à titre de libéralité. • Com. 12 oct. 2010, n° 09-70.337 : *RJF 2011. 383.* ♦ Le champ d'application de l'art. 757 n'est nullement limité aux seuls jugements émanant des juridictions de l'ordre judiciaire. La reconnaissance du don manuel doit figurer dans les *motifs ou le dispositif d'un jugement*, rendu le cas échéant par une juridiction administrative, être exempte de toute équivoque et emporter constatation certaine de la transmission à titre de libéralité. • Paris, 25 oct. 2016, n° 13/19172 : *RJF 2017. 182.* ♦ Solution confirmée. • Com. 20 sept. 2018, n° 16-23.410 : *RJF 2019. 495.*

11. Loin de subordonner l'exigibilité du droit de donation à la condition que la reconnaissance judiciaire soit susceptible de créer un lien de droit entre le donateur et le donataire, l'art. 757 donne pour base à la perception du droit le fait seul que le don manuel a été déclaré ou reconnu par le juge dans une décision qui, sans produire les effets légaux d'un titre valable, suffit cependant pour établir, au point de vue de la loi fiscale et à l'égard du donataire, la transmission de la propriété mobilière. • Com. 21 févr. 2012, n° 10-27.914 : *RJF 2012. 531.*

12. Dès lors que la possibilité pour un avocat de représenter un contribuable au cours de la procédure d'imposition n'est pas subordonnée à la justification du mandat qu'il a reçu, le courrier de ce dernier adressé à l'Administration faisant état de dons manuels vaut révélation. • Com. 19 janv. 2010, n° 08-21.476 (n° 38 F-PB) : *RJF 2010. 540 ; Dr. fisc. 2010. 263.*

13. Dons non révélés. Lorsqu'ils n'ont pas été soumis aux droits de mutation au titre de l'art. 757, les dons manuels non déclarés consentis aux héritiers du donateur deviennent imposables en raison du décès de ce dernier, en vertu de l'obligation de rapport des donations antérieures entre les mêmes personnes prévue à l'art. 784. Les droits alors exigibles constituant des droits de mutation par décès, l'ensemble des textes relatifs aux droits de succession leur sont applicables, et notamment les règles de solidarité entre cohéritiers prévues par l'art. 1709. • Com. 31 mars 2004, n° 02-10.578 : *RJF 2004. 801* * BOI-ENR-DMTG-20-10-20-10 n° 180 du 28 janv. 2014.

3° DONS EXONÉRÉS

14. Dons aux organismes d'intérêt général. Les dons manuels consentis au profit des organismes d'intérêt général (et notamment au profit des associations de financement électoral et des associations de financement des partis politiques) mentionnés à l'art. 200 sont exclus du champ d'application de l'art. 757. * BOI-ENR-DMTG-20-10-20-10 n° 120 du 28 janv. 2014.

15. Présents d'usage. BIBL. Fourriques, *RF compt. 2006, n° 386, p. 37* (de l'utilité fiscale du présent d'usage).

Ces présents (C. civ., art. 852), c'est-à-dire les cadeaux faits à l'occasion de certains événements conformément à l'usage et n'excédant pas une certaine valeur, ne doivent pas être rapportés et ne sont pas soumis à taxation. La nature du présent d'usage doit être appréciée en fonction de l'usage et de l'importance du cadeau qui doit être en rapport avec la fortune du donateur * BOI-ENR-DMTG-20-10-20-10 n° 250 du 28 janv 2014 • TGI Paris, 6 juill. 2001, n° 99-20.096 : *RJF 2001. 257.* ♦ Le rapport entre l'importance du présent et la fortune du donateur doit être apprécié au cas par cas. • Paris, 11 avr. 2002 n° 01-3791 : *Dr. fisc. 2002. 619 ; Dr. fam. 2002. 123, note F. D. ; RFN oct. 2002, p. 7, note Douet.* – V. égal. note 6 ss. art. 784.

16. Deux chèques de 7 500 €, remis par le défunt à ses légataires universels le jour de Noël, ne constituent, compte tenu des circonstances de leur remise, un jour de fête, et de l'état de fortune du défunt, qui ne permet pas de qualifier les sommes versées d'excessives, que des présents d'usage non rapportables à la succession au titre des donations antérieures. • Orléans, 11 oct. 2007, n° 06-3246 : *RJF 2008. 899.*

4° ASSIETTE DES DROITS

17. La valeur imposable des biens transmis est constituée par leur valeur vénale au jour du fait générateur de l'impôt. S'agissant des dons manuels, le fait générateur des droits est constitué soit par l'acte renfermant la déclaration de ce don par le donataire ou ses représentants, soit par sa reconnaissance judiciaire, soit enfin par sa révélation à l'Administration par le donataire. Dans le cas de révélation volontaire à l'Administration d'un don manuel d'actions de SA datant d'une trentaine d'années, c'est la valeur des titres déterminée au jour de la révélation du don manuel qui constitue l'assiette des droits de mutation. * Rép. min. n° 12972 : *JOAN 3 nov. 2003, p. 8436* * BOI-ENR-DMTG-20-10-20-10 n° 200 du 28 janv. 2014.

18. Don manuel révélé après la vente du bien. Pour asseoir les droits dus lors de la révélation d'un don de titres cotés, l'Administration ne peut pas retenir la valeur des titres à la date de cette révélation s'ils ont été cédés dans l'intervalle. Elle ne peut retenir que leur prix de cession. • Aix-en-Provence, 25 nov. 2010, n° 10-7855 : *RJF 2011. 384.*

5° CAS PARTICULIERS

19. Imposition d'une association. V. *supra,* notes 2 et 8.

Sur le régime applicable aux associations d'intérêt général, V. le dernier alinéa de l'art. 757.

20. L'art. 9 (liberté de conscience) de la Conv. EDH n'est pas méconnu dès lors que les lois de 1905 et 1901 assurent à l'association le bénéfice de la liberté de conscience individuelle, de la liberté d'expression des convictions religieuses et de la liberté de réunion et d'association, et que l'association n'a pas fait l'objet d'une reconnaissance en tant qu'association cultuelle par l'autorité administrative compétente, ce qui lui aurait permis d'être exonérée des droits de mutation auxquels elle a été assujettie. • Com. 13 janv. 2009, n° 08-10.193 (n° 1 F-D), *Assoc. Sukyo Mahikari France : RJF 2009. 517.*

21. Taxation des dons manuels reçus par Les témoins de Jéhovah. Compte tenu de l'importance des sommes réclamées, la taxation des dons manuels reçus par les témoins de Jéhovah et révélés par le contrôle fiscal de l'association constitue une atteinte à la liberté de religion non justifiée car non prévue par la loi à l'époque des faits, loi qui était imprévisible et imprécise. • CEDH 30 juin 2011, *Assoc. Les témoins de Jéhovah c/ France,* n° 8916/05 : *RJF 2011. 1115.*

22. Répartition des gains d'un pari collectif. Lorsque plusieurs joueurs se groupent pour acheter en commun un billet de loterie, ils se donnent tacitement mandat réciproque de percevoir le gain éventuel, à charge pour celui qui le reçoit au nom des autres de le partager. La répartition des gains peut faire l'objet d'une convention entre les joueurs, prévoyant un partage qui ne soit pas exactement proportionnel au montant de la mise de chacun mais qui tienne compte, par exemple, d'un souci de simplification ou de la volonté de reconnaître le rôle prééminent de celui ou celle qui a forcé le hasard en choisissant les numéros gagnants. Les attributions ainsi faites ne sauraient être considérées comme constituant des dons manuels rapportables à la succession du mandataire, seul porteur du reçu gagnant, en application de l'art. 784. • Orléans, 14 oct. 2002, n° 00-3019 : *Dr. fisc. 2003. 647 ; RJF 2004. 190 ; JCP N 2004, p. 608, note Douet.*

23. Rapport des dons manuels. V. note ss. art. 784.

24. Option pour la taxation des dons manuels au décès du donateur (art. 635 A). Valeur imposable. Tarif et abattements. * BOI-ENR-DMTG-20-10-20-10 n° 80 du 28 janv. 2014.

4 DIVORCE – VERSEMENTS EN CAPITAL

Art. 757 A Les versements en capital prévus par l'article 373-2-3 du code civil ne sont soumis aux droits de mutation à titre gratuit que pour la fraction qui excède 2 700 € par année restant à courir jusqu'à la majorité du bénéficiaire.

BIBL. V. ss. art. 80 *quater.*

1. Prestation compensatoire en capital. * BOI-ENR-DMTG-20-10-20-20 n°s 10 à 40 du 2 sept. 2016.

2. Nouveau régime. V. art. 1133 *ter.*

5 SOMMES VERSÉES EN VERTU DE CONTRATS D'ASSURANCES EN CAS DE DÉCÈS

Art. 757 B I. — Les sommes, rentes ou valeurs quelconques dues directement ou indirectement par un assureur, à raison du décès de l'assuré, donnent ouverture aux

droits de mutation par décès suivant le degré de parenté existant entre le bénéficiaire à titre gratuit et l'assuré à concurrence de la fraction des primes versées après l'âge de soixante-dix ans *(Abrogé par Ord. n° 2019-766 du 24 juill. 2019, art. 3-I et 9-I ; Décr. n° 2019-807 du 30 juill. 2019, art. 9-II, à compter du 1er oct. 2019)* **« qui excède 30 500 € ».**

(Ord. n° 2019-766 du 24 juill. 2019, art. 3-I et 9-I ; Décr. n° 2019-807 du 30 juill. 2019, art. 9-II, en vigueur le 1er oct. 2019) **« Par exception, les sommes, rentes ou valeurs quelconques dues directement ou indirectement par un assureur, à raison du décès après l'âge de soixante-dix ans du titulaire d'un plan d'épargne retraite mentionné à l'article L. 224-1 du code monétaire et financier, donnent ouverture aux droits de mutation par décès suivant le degré de parenté existant entre le bénéficiaire à titre gratuit et l'assuré pour leur montant total. »**

[II en vigueur au plus tard le 1er janv. 2020]

(Ord. n° 2019-766 du 24 juill. 2019, art. 3-I et 9-I ; Décr. n° 2019-807 du 30 juill. 2019, art. 9-II, en vigueur le 1er oct. 2019) **« II. — L'ensemble des sommes, rentes ou valeurs visées au I dues à raison du ou des contrats conclus sur la tête d'un même assuré fait l'objet d'un abattement global de 30 500 €** *[ancienne rédaction : Lorsque plusieurs contrats sont conclus sur la tête d'un même assuré, il est tenu compte de l'ensemble des primes versées après le soixante-dixième anniversaire de l'assuré pour l'appréciation de la limite de 30 500 €]*. **»**

II bis. — Abrogé par L. n° 2014-1655 du 29 déc. 2014, art. 89-I-D et III, à compter du 1er janv. 2016.

III. — Les conditions d'application du présent article et notamment les obligations concernant les informations à fournir par les contribuables et les assureurs sont déterminées par décret en Conseil d'État. — *V. Ann. II, art. 292 A et 292 B.*

BIBL. ▶ COUDERC, *BFL 2016. 491* (la valeur de rachat d'un contrat d'assurance vie non dénoué, un acquêt de nouveau défiscalisé). – FRULEUX, *JCP N 2002. 910* (modifications substantielles des contrats conclus avant le 20 nov. 1991). – LEROND et DUMONT, *FR Lefebvre 25/15, inf. 9* (les conséquences de la co-souscription d'un contrat d'assurance sur la vie). – SAINT-AMAND et IWANESKO, *BFL 2003. 165* (assurance vie : variations juridiques et fiscales autour du démembrement de la clause bénéficiaire). – SAUVAGE et FAUCHER, *JCP N 2000. 1683* (l'assurance vie est-elle toujours hors succession ?).

1. Abattements et taux réduits. L'assujettissement aux droits de mutation par décès des sommes dues par un assureur, dans le cadre de contrats souscrits à compter du 20 nov. 1991 à un bénéficiaire déterminé, est indépendant du fait que ce dernier a ou non la qualité d'héritier, de légataire ou de donataire de l'assuré décédé. Ces sommes donnent donc, à concurrence de la fraction qui excède 30 500 € des primes versées après le soixante-dixième anniversaire de l'assuré, ouverture aux droits de mutation par décès dans les conditions de droit commun suivant le lien de parenté existant entre le bénéficiaire à titre gratuit et l'assuré. Par suite, il y a lieu d'appliquer les abattements prévus aux art. 779 et 788 qui constituent un élément du tarif des droits de mutation par décès. Dès lors, l'abattement prévu à l'art. 779-II est susceptible de s'appliquer aux sommes reçues par un bénéficiaire non héritier, légataire ou donataire de l'assuré décédé, dès lors qu'il est incapable de travailler dans des conditions normales de rentabilité, en raison d'une infirmité physique ou mentale, congénitale ou acquise. * Rép. min. n° 22518 : *JOAN Q, 12 avr. 1999, p. 2208* * BOI-ENR-DMTG-10-10-20-20 n° 230 du 1er juill. 2016.

2. Constitutionnalité. L'absence de prise en compte des rachats effectués par l'assuré avant son décès pour la détermination de l'assiette des droits de succession dus par le bénéficiaire d'un contrat d'assurance vie ne méconnaît pas le principe d'égalité devant les charges publiques. • Cons. const. 3 oct. 2017, n° 2017-658 QPC : *RJF 2017. 1217.*

3. Démembrement de la clause bénéficiaire d'un contrat d'assurance vie. En cas de démembrement de la clause bénéficiaire, le nu-propriétaire et l'usufruitier sont considérés comme bénéficiaires au prorata de la part leur revenant dans les sommes, rentes ou valeurs versées, déterminée selon le barème prévu à l'art. 669. L'abattement de 30 500 € (ou une portion de cet abattement, en présence d'autres bénéficiaires et/ou d'autres contrats) est réparti entre l'usufruitier et le nu-propriétaire selon le même barème de l'art. 669. * BOI-ENR-DMTG-10-10-20-20 n° 225 du 1er juill. 2016.

4. Répartition de l'abattement de 30 500 €. En cas de pluralité de bénéficiaires, l'abattement de 30 500 € est réparti entre les bénéficiaires concernés au prorata de la part leur revenant dans les primes taxables au terme du ou des contrats. Il n'est pas tenu compte de la part revenant au conjoint survivant, au partenaire lié au défunt par un Pacs et aux frères ou sœurs exonérés sous certaines conditions de droits de muta tion par décès, pour répartir l'abattement entre les différents bénéficiaires. Cette mesure de tempérament est étendue à toutes les situations dans lesquelles un des bénéficiaires est exonéré de droits de mutation par décès. Cette solution a vocation à s'appliquer dans toutes les situations où un bénéficiaire est exonéré ès qualités de droits de mutation par décès, quel que soit le fondement sur lequel il est exonéré, par exemple au titre de l'art. 795. * BOI-ENR-DMTG-10-10-20-20 n°s 200 à 220 du 1er juill. 2016.

5. Primes d'assurance vie versées après 70 ans : portée des certificats de non-exigibilité de l'impôt. Les certificats de non-exigibilité de l'impôt de mutation délivrés, qui ne s'attachaient qu'aux seuls éléments visés dans une déclaration partielle, ont une portée nécessairement relative et ont pour but de permettre un règlement rapide des primes par l'assureur sans que l'Administration n'entende déroger aux règles de l'art. 757 B. Dès lors, l'Administration était fondée à répartir l'abattement entre les bénéficiaires concernés au prorata de la part leur revenant dans les primes taxables aux termes des contrats et à réduire celui dont bénéficiait l'héritier dans les proportions qu'elle a retenues. • Colmar, 3 mai 2013, n° 11/04081 : *RJF 2013. 1089.*

6. Primes d'assurance vie versées après 70 ans. La taxation aux droits de succession porte sur le montant brut des primes et non après déduction des frais d'entrée ou de chargement prélevés par l'assureur. * BOI-ENR-DMTG-10-10-20-20 n° 140 du 1er juill. 2016.

7. Transformation des contrats d'assurance vie et des bons ou contrats de capitalisation en euros en bons ou contrats en unités de compte. Conséquences et modalités de la transformation. * BOI-ENR-DMTG-10-10-20-20 n° 130 du 1er juill. 2016.

8. Contrat d'assurance vie et contrat de capitalisation. Le contrat d'assurance dont les effets dépendent de la vie humaine comporte un aléa au sens des art. 1964 C. civ., L. 310-1-1 et R. 321-1-20 C. assur. et constitue un contrat d'assurance sur la vie. • Cass., ch. mixte, 23 nov. 2004, n° 02-17.507 : *BICC n° 613, p. 17, rapp. Crédeville et concl. de Gouttes ; RJF 2005. 279 ; concl. de Gouttes au BDCF 3/05.* ♦ Sur la distinction entre assurance vie et contrat de capitalisation : • Civ. 1re, 18 juill. 2000, n° 97-21.535, *Leroux : RJF 2001. 563 ; Dr. et patr. 2001, n° 89, p. 28, chron. Julien Saint-Amand ; JCP 2001. I. 1205, chron. Ghestin et Billiau.* ♦ Rappr. : • Paris, 2e ch. A, 2 oct. 2001 : *D. 2001. IR 3248* (refus de requalification d'un contrat d'assurance vie en contrat de capitalisation).

9. Assurance en cas de décès au profit d'un bénéficiaire indéterminé ou faisant l'objet d'une suspension ou au profit du souscripteur. Lorsque l'indemnité est stipulée au profit d'un bénéficiaire indéterminé ou du contractant, elle fait partie de la succession de ce dernier et se trouve taxée dans les conditions de droit commun. Il en est de même en cas de suspension de la désignation d'un bénéficiaire par suite du nantissement du contrat d'assurance sur la vie. * BOI-ENR-DTMG-10-10-20-20 n° 35 du 1er juill. 2016.

10. Contrat d'assurance vie et donation indirecte. V. notes ss. art. 750 *ter* et 784.

11. Contrats non dénoués au décès du souscripteur ou du bénéficiaire. Afin de garantir la neutralité fiscale pour l'ensemble des héritiers lors du décès du premier époux, il est admis, pour les successions ouvertes à compter du 1er janv. 2016, qu'au plan fiscal la valeur de rachat d'un contrat d'assurance vie souscrit avec des fonds communs et non dénoué à la date du décès de l'époux bénéficiaire de ce contrat, ne soit pas intégrée à l'actif de la communauté conjugale lors de sa liquidation, et ne constitue donc pas un élément de l'actif successoral pour le calcul des droits de mutation dus par les héritiers de l'époux prédécédé. Lors du dénouement du contrat suite au décès du second conjoint, les sommes versées aux bénéficiaires de l'assurance vie resteront soumises aux prélèvements prévus, suivant les cas, aux art. 757 B et 990 I dans les conditions de droit commun. *Rép. min. n° 78192 : *JOAN Q, 23 févr. 2016, p. 1648* * BOI-ENR-DMTG-10-10-20-20 n°s 380 et 390 du 1er juill. 2016. ♦ Cette doctrine ne saurait permettre de présumer qu'un contrat cosouscrit par des époux communs en biens dont le dénouement normal est le décès du second conjoint ne peut pas constituer une donation indirecte. * Rép. min. n° 256 : *JO Sénat Q, 10 janv. 2019, p. 131.*

12. Assurance vie au bénéfice d'un partenaire de Pacs. Les sommes attribuées à un partenaire de Pacs survivant en exécution de la clause bénéficiaire d'un contrat d'assurance vie, à l'occasion du décès de son compagnon ou de sa compagne, sont exonérées de droits de mutation à titre gratuit (prévus à l'art. 757 B) sur le fondement de l'art. 796-0 *bis*. Peu importe que le partenaire soit ou non légataire du défunt. * BOI-ENR-DMTG-10-20-10 n° 15 du 19 juin 2018.

13. Contrats souscrits avant le 20 nov. 1991. Les sommes versées à raison du décès d'un assuré, intervenu après l'entrée en vigueur du dispositif de l'art. 757 B, à un bénéficiaire déterminé, en vertu de contrats souscrits avant le 20 nov. 1991, ne donnent pas ouverture aux droits de mutation par décès, quel que soit l'âge de l'assuré à la date de conclusion du contrat ou du versement des primes, à la condition, toutefois, que ces contrats n'aient pas fait l'objet, depuis le 20 nov. 1991, de modifications essentielles résultant de clauses ayant une incidence sur l'économie du contrat. * BOI-ENR-DMTG-10-10-20-20 n° 90 du 1er juill. 2016.

14. Contrat d'assurance vie dont l'économie a été modifiée. La transformation d'un contrat d'assurance vie à souscripteur unique en contrat à adhésion conjointe n'ayant aucun effet extinctif du premier contrat, les sommes versées aux héritiers bénéficiaires de contrats souscrits avant le 20 nov. 1991 sont exonérées des droits de succession. • Civ. 1re, 19 mars 2015, n° 13-28.776 : *RJF 2015. 653 ; Dr. fisc. 2015. 481.*

6 DONS CONSENTIS EN APPLICATION DE L'ARTICLE 978

(L. n° 2007-1223 du 21 août 2007, art. 16-V)

Art. 757 C Les droits de mutation à titre gratuit ne s'appliquent pas aux dons pris en compte pour la détermination de l'avantage fiscal prévu à l'article *(L. n° 2017-1837 du 30 déc. 2017, art. 31)* **« 978** *[ancienne rédaction : 885-0 V bis A]* **».**

Les dispositions du présent art. issues du B du I de l'art. 31 de la L. n° 2017-1837 du 30 déc. 2017 s'appliquent au titre de l'impôt sur la fortune immobilière dû à compter du 1er janv. 2018. Toutefois, les dispositions modifiées par le même B du I continuent de s'appliquer, dans leur rédaction en vigueur au 31 déc. 2017, à l'impôt de solidarité sur la fortune dû jusqu'au titre de l'année 2017 incluse (L. préc., art. 31-IX-B).

Conditions et modalités d'exonération. V. notes ss art. 885-0 V *bis* A.

B ASSIETTE DES DROITS DE MUTATION À TITRE GRATUIT

1 DISPOSITIONS COMMUNES AUX SUCCESSIONS ET AUX DONATIONS

a *BIENS MOBILIERS*

Art. 758 Pour les transmissions à titre gratuit des biens meubles autres que les valeurs mobilières cotées et les créances à terme, la valeur servant de base à l'impôt est déterminée par la déclaration détaillée et estimative des parties, sans distraction des charges, sauf ce qui est dit aux articles 764, 767 à 770 et 773 à 776 ***bis.***

Donation d'entreprise. La procédure de rescrit-valeur, prévue à l'art. L. 18 LPF, permet à une personne qui détient une entreprise ou des titres de sociétés dans laquelle elle exerce une fonction de direction et qui entend procéder, par anticipation, à la transmission de tout ou partie de cette société ou de ces titres, de consulter l'administration fiscale, préalablement à l'opération, sur la valeur vénale de l'entreprise qui sert de base au calcul de l'impôt. * BOI-SJ-RES-10-20-20-90 du 12 sept. 2012.

Art. 759 Pour les valeurs mobilières françaises et étrangères de toute nature admises aux négociations sur un marché réglementé le capital servant de base à la liquidation et au paiement des droits de mutation à titre gratuit est déterminé par le cours moyen au jour de la transmission ou, pour les successions, par la moyenne des trente derniers cours qui précèdent la transmission.

1. Valeurs mobilières cotées. Le cours moyen de la Bourse est constitué par la moyenne du cours le plus haut et du cours le plus bas de la séance au jour de la transmission à titre gratuit ou, à défaut, par le seul cours mentionné s'il n'y a eu qu'un cours. Cela étant, à titre de règle pratique, il est admis que soit retenu pour la liquidation des droits de donation le dernier cours connu du titre en bourse, c'est-à-dire le cours de clôture de la veille du jour du fait générateur de l'impôt. * BOI-ENR-DMTG-20-30-10 n° 60 du 27 mai 2013. ♦ La règle fixée à l'art. 759 s'applique à des titres transmis en pleine propriété. Lorsque les titres sont transmis en nue-propriété, l'abattement correspondant au barème d'évaluation des usufruits fixé par l'art. 762 est applicable. • Com. 23 févr. 1999, n° 96-19.507 : *RJF 1999. 935 ; Dr. fam. 1999, comm. 61, note Grillet-Ponton.*

2. Titres non cotés. V. notes ss. art. 764.

Art. 760 Pour les créances à terme, le droit est perçu sur le capital exprimé dans l'acte et qui en fait l'objet.

Toutefois, les droits de mutation à titre gratuit sont liquidés d'après la déclaration estimative des parties en ce qui concerne les créances dont le débiteur se trouve en état de faillite, de procédure de sauvegarde, de redressement ou liquidation judiciaire ou de déconfiture au moment de l'acte de donation ou de l'ouverture de la succession.

3e al. abrogé par Cons. const. n° 2014-436 QPC du 15 janv. 2015 (JO 17 janv.).

1. Constitutionnalité. 1° Constitutionnalité des premier et deuxième alinéas de l'art. 760. 2° Inconstitutionnalité du troisième alinéa de l'art. 760 : est inconstitutionnelle l'imposition supplémentaire due lorsqu'une créance à terme est recouvrée pour un montant supérieur à sa valeur estimée lors du fait générateur de l'impôt. L'imposition supplémentaire systématique prévue en cas de recouvrement d'une créance à terme pour un montant supérieur à l'estimation faite pour l'assiette des droits de succession ou de l'ISF est donc invalidée. • Cons. const. 15 janv. 2015, n° 2014-436 QPC : *RJF 2015. 348 ; Dr. fisc. 2015. 209, note Pelletier.*

2. Solutions diverses. Une créance venue à échéance avant la date du fait générateur de l'impôt n'est plus à cette date une créance à terme au sens de l'art. 760 et doit être évaluée par la déclaration détaillée et estimative des parties, sans distraction des charges, conformément à l'art. 758. • Com. 9 oct. 2007, *Holder,* n° 09-16.528 (FP+B) : *RJF 2008. 89.*

3. Les bons de capitalisation, bons d'épargne et titres assimilés, lorsqu'ils ne sont pas anonymes, doivent être déclarés pour leur valeur nominale, à l'exclusion des intérêts courus ou non encaissés au 1er janv. de l'année d'imposition. * BOI-PAT-ISF-30-50-20 n° 50 du 21 janv. 2014.

b *IMMEUBLES*

Art. 761 **Pour la liquidation des droits de mutation à titre gratuit, les immeubles, quelle que soit leur nature, sont estimés d'après leur valeur vénale réelle à la date de la transmission, d'après la déclaration détaillée et estimative des parties, sans distraction des charges, sauf, en ce qui concerne celles-ci, ce qui est dit aux articles 767 et suivants.**

Pour les immeubles dont le propriétaire a l'usage à la date de la transmission, la valeur vénale réelle mentionnée au premier alinéa est réputée égale à la valeur libre de toute occupation.

Néanmoins, si, dans les deux années qui ont précédé ou suivi, soit l'acte de donation, soit le point de départ des délais pour souscrire la déclaration de succession, les immeubles transmis ont fait l'objet d'une adjudication, soit par autorité de justice, soit volontaire, avec admission des étrangers, les droits exigibles ne peuvent être calculés sur une somme inférieure au prix de l'adjudication, en y ajoutant toutes les charges en capital, à moins qu'il ne soit justifié que la consistance des immeubles a subi, dans l'intervalle, des transformations susceptibles d'en modifier la valeur.

BIBL. ▶ BACHELIER, *Dr. fisc. 2002. 1258* (l'évaluation fiscale des biens et services). – DANTCHEFF, *Dr. fisc. 2013. Étude 500* (les évaluations : principes généraux, évaluation des immeubles et des entreprises). – DGFiP, Guide de l'évaluation des entreprises et des titres de sociétés, *2006.* – LE DOLLEY, *Dr. fisc. 2002. 1470* (la valeur vénale des titres). – HATOUX, *RJF 2002. 117* (l'évaluation des biens en matière d'enregistrement). – X., Évaluation (terrains, immeubles bâtis, fonds de commerce, titres non cotés...), *Éd. Fr. Lefebvre, 10e éd., 2021.*

1. Valeur vénale réelle. La valeur vénale réelle d'un immeuble correspond au prix qui pourrait en être obtenu par le jeu de l'offre et de la demande sur un marché réel, compte tenu de la situation de fait et de droit dans laquelle l'immeuble se trouve avant la survenance du fait générateur de l'impôt. • Com. 23 oct. 1984, *GFA Plaimpied,* n° 82-17.054 P • 30 oct. 1989, n° 88-12.761 : *Dr. fisc. 1990. 331.* ♦ Dès lors que la valeur vénale réelle d'un immeuble correspond au prix qui pourrait en être obtenu par le jeu de l'offre et de la demande sur un marché réel, compte tenu de la situation de fait et de droit dans laquelle l'immeuble se trouve lors de la survenance du fait générateur de l'impôt, il appartient au contribuable de rapporter la preuve, en se référant à des ventes définitives portant sur des biens comparables à la même période, de ce que la valeur du bien immobilier litigieux indiquée dans la déclaration de succession était exagérée. • Com. 11 janv. 2017, n° 15-16.454 : *RJF 2017. 384.* ♦ L'hypothèque n'ayant pour objet que de garantir le remboursement de la dette contractée par le débiteur ne saurait avoir une incidence sur la valeur vénale de l'immeuble qu'elle grève. • Com. 3 juill. 2001, n° 98-19.034, *Genest : JCP 2001. IV. 2637.* ♦ *Contra :* les droits de mutation à titre gratuit portent sur les biens tels qu'ils sont reçus par le donataire, de sorte que l'évaluation de leur valeur doit tenir compte des sûretés réelles qui sont susceptibles de les grever dans la mesure où dans l'hypothèse d'une insolvabilité du donataire et d'une vente subséquente, volontaire ou judiciaire, du bien transmis, le désintéressement des créanciers aurait pour effet d'amputer la somme revenant au vendeur du montant restant dû sur la créance garantie. Il s'ensuit que l'existence d'un tel aléa entraîne nécessairement une dépréciation des droits transmis au jour de la mutation. • Reims, 7 janv. 2002, n° 00-1206 : *Dr. fisc. 2002. 796.* ♦ Donations : prise en compte éventuelle d'une clause de réserve du droit de retour avec interdiction d'aliéner et d'hypothéquer restreignant le droit du donataire d'aliéner du vivant du donateur. • Reims, 7 janv. 2002 : *préc.*

2. Indivisions. Lorsque la nue-propriété de biens dont le redevable est usufruitier est indivise, il est tenu compte de la perte devaleur vénale de ces biens du fait de l'indivision. • Com. 14 déc. 1999, nº 97-18.810 : *Dr. fisc. 2000. 739 ; RJF 2000. 572 ; Defrénois 2000. 1288, note Chappert.* ♦ Ainsi, un abattement de 10 % est applicable à la valeur d'une moitié indivise d'une maison, reçue en usufruit par la veuve et en nue-propriété par ses enfants, dès lors que leurs droits sont, dans ces conditions, plus difficilement réalisables que si leur auteur avait été seul propriétaire de l'immeuble. • Dijon, 21 janv. 2003, nº 02-386 : *Dr. fisc. 2003. 422.* ♦ Lors de la donation avec réserve d'usufruit au profit du donateur d'un appartement loué, ce dernier fait d'abord l'objet d'une évaluation qui tient compte de son état d'occupation. La valeur de la nue-propriété est ensuite déterminée en fonction de l'âge de l'usufruitier, conformément au barème figurant à l'art. 669 appliqué à la valeur en toute propriété du bien ainsi loué. Ces principes s'appliquent lorsque la nue-propriété est transmise au locataire occupant. * Rép. min. nº 45807 : *JOAN Q, 30 nov. 2004, p. 9425* * BOI-ENR-DMTG-20-30-10 nº 110 du 30 oct. 2014. ♦ Pas d'abattement de 20 % en présence d'indivision simple, entre une mère et son fils, laquelle ne présente aucune difficulté de gestion. • Com. 30 sept. 2020, nº 18-15.748 : *RJF 2021. 93.*

3. Date d'évaluation. Conformément à l'art. 761, l'évaluation d'un immeuble doit être faite en se plaçant à la date du décès et les circonstances ultérieures affectant la valeur de l'immeuble restent sans influence sur la perception. Circonstance particulière non retenue : terrain constructible le jour du décès mais déclaré inconstructible après le décès suite à une modification du plan local d'urbanisme (PLU) ou à une nouvelle prescription du schéma de cohérence territoriale (SCOT). * Rép. min. nº 19016 : *JO Sénat Q, 19 janv. 2012, p. 181.* ♦ Lorsque l'Administration entend substituer à la valeur déclarée dans un acte de mutation soumis aux droits d'enregistrement la valeur vénale réelle du bien en cause, il lui appartient, dès la notification du redressement, de justifier l'évaluation par elle retenue au moyen d'éléments de comparaison tirés de la cession, avant le décès, de biens similaires. Ne répondent pas à cette exigence des éléments de comparaison (promesse de vente et vente) postérieurs au décès. • Com. 18 déc. 2007, nº 06-18.879 : *RJF 2008. 518.*

4. Immeuble occupé par le défunt. Pour la liquidation des droits de mutation à titre gratuit, *les immeubles, quelle que soit leur nature,* sont estimés d'après leur valeur vénale réelle à la date de leur transmission. La valeur de l'immeuble s'appréciant au jour du décès, compte tenu de l'état d'occupation de l'immeuble, celui-ci ne peut être considéré comme occupé lorsque son propriétaire en était le seul occupant au moment de son décès, d'où il s'ensuit que l'immeuble doit être évalué comme libre de toute occupation. • Com. 11 févr. 2003, nº 01-12.301 : *RJF 2003. 648 ; JCP N. 2003. 1513, note Douet.*

5. Immeuble occupé à titre de résidence principale par son propriétaire et sa famille. V. l'art. 764 *bis* applicable à compter du 1er janv. 1999. ♦ **Jurisprudence antérieure** : pour la détermination de l'actif successoral, le logement occupé par la veuve et ses enfants ou par le défunt et son épouse doit être évalué en fonction de cette circonstance. • Com. 16 déc. 1997, nº 96-11.679, *Grunberg : Dr. fisc. 1998. 7 ; RJF 1998. 123* • Com. 5 déc. 2000, nº 98-11.440 : *Dr. fisc. 2001. 544 ; RJF 2001. 398* ♦ ... Même si le conjoint survivant est propriétaire indivis. • Com. 5 déc. 2000, nº 98-11.440 : *préc.* ♦ ... Ou simple usufruitier. • Com. 19 oct. 1999, nº 97-12.555 : *Dr. fisc. 2000. 606 ; RJF 2000. 427 ; Defrénois 2000, p. 37129, note Chappert.*

6. Villa luxueuse présentant des caractéristiques remarquables. L'administration justifie le choix d'éléments de comparaison pour déterminer la valeur vénale d'une villa luxueuse présentant des caractéristiques particulières et remarquables – grande surface habitable, situation au sommet d'une colline jouissant d'une vue panoramique sur la mer, jardin paysager, architecture d'inspiration égyptienne, prestations de qualité et piscine à débordement de 96 m² – en retenant des prix de cession de biens intrinsèquement similaires situés dans des communes avoisinantes. • Com. 8 juin 2017, nº 15-18.676 : *RJF 2017. 1130.*

7. Immeubles donnés en location. Lorsque les biens sont donnés en location, il est admis que la valeur vénale reflète cet état par l'application d'une décote, dont le montant varie notamment en fonction de la nature juridique et de la durée du bail restant à courir. Ainsi, s'agissant des biens loués dans le cadre d'un bail emphytéotique, il est admis que le redevable puisse procéder à une décote dont l'importance sera fonction des contraintes propres au bail, telles que la durée qui reste à courir (dégressivité de la décote), le montant des loyers ou l'existence de constructions mises à la charge du preneur et qui seront la propriété du bailleur à l'issue du bail. * Rép. min. nº 60573 : *JOAN Q, 31 août 2010, p. 9489.* ♦ Les effets juridiques d'un contrat de location sont pris en compte pour la liquidation des droits de succession dans le cadre de l'évaluation des immeubles. La contrainte liée au contrat de location conduit à l'application d'une décote dont le montant varie notamment en fonction de la durée du bail restant à courir au jour de la transmission. * Rép. min. nº 40964 : *JOAN Q, 10 août 2004, p. 6285.* ♦ En revanche, dans tous les cas des immeubles faisant l'objet d'un engagement de location dans le cadre des régimes Robien, Borloo ou des dispositifs spécifiques aux ZRR ou aux DOM-TOM, les engagements minimum de location constituent une contrainte sous laquelle le propriétaire s'est lui-même placé. * Rép. min. n° 25327 : *JOAN Q, 28 oct. 2008, p. 9282.* ♦ V. égal. note ss. art. 885 S.

8. Immeuble cédé dans le cadre d'une procédure collective. Cas d'évaluation d'un ensemble industriel. Existence d'un aléa, notamment en raison de l'engagement pris de maintenir 80 emplois. Abattement de 20 % jugé insuffisant pour tenir compte de cet aléa. • Com. 26 mai 2009, n° 08-14.486 (n° 465 F-D) : *RJF 2009. 886.*

9. Monuments historiques. Dès lors que la comparaison n'est pas possible parce qu'il n'existe pas un marché de biens similaires en fait et en droit, l'Administration peut utiliser d'autres méthodes comme celle de l'abattement. Pour rectifier l'évaluation retenue dans une déclaration de succession d'un château, l'Administration peut ainsi utiliser la méthode de comparaison du prix unitaire au mètre carré de la superficie développée pondérée hors œuvre de cinq châteaux de la région vendus sur une période de quatre ans précédant le décès et d'un château d'une région proche, en retenant les valeurs les plus basses et en tenant compte des facteurs d'isolement, de l'état d'entretien, des sujétions et des avantages résultant du statut de monument historique, et enfin du caractère indivis du château et de son statut de monument historique puis en décidant un abattement de 30 % de la valeur vénale. • Com. 12 févr. 2008, n° 07-10.242 : *RJF 2008. 613 ; JCP N 2008. 1201, note Maublanc.*

10. Terrain à bâtir. La qualité de terrain à bâtir ne dépend pas seulement du zonage mais également de conditions d'accès et d'alimentation en réseaux situés à proximité immédiate du terrain en cause. Un terrain situé en zone constructible mais dépourvu d'accès ou ne bénéficiant pas à proximité d'un réseau électrique, d'un réseau d'eau potable et d'un réseau d'assainissement d'une capacité en outre suffisante, a une valeur inférieure à celle d'un terrain situé également en zone constructible mais bénéficiant d'un accès et de ces équipements. Cette différence trouve au moins sa justification dans le coût de réalisation de ces équipements qui impacte nécessairement la valeur vénale du terrain. Ce terrain ne peut donc être évalué que comme simple terrain constructible. • Aix-en-Provence, 29 janv. 2015, n° 14/07997 : *RJF 2015. 539.* ♦ La qualification d'un terrain (constructibilité ou non) est attachée à sa nature et non à son usage effectif. • Com. 20 oct. 2015, n° 14-24.685 : *RJF 2016. 207.*

11. Fait générateur des droits. La valeur vénale des immeubles est appréciée à la date de la transmission. Lorsque la constructibilité d'un terrain est incertaine au jour du fait générateur, sa valeur vénale est estimée en tenant compte de cette situation. • Com. 15 déc. 1998, n° 96-21.294 : *Dr. fisc. 1999. 322 ; RJF 1999. 356.*

12. Contestation de l'évaluation. Il appartient au contribuable de rapporter la preuve du caractère exagéré de l'imposition contestée en établissant que, comme il le soutenait dans sa réclamation, la valeur vénale de l'immeuble au jour du décès était inférieure à celle mentionnée dans la déclaration de succession. Des éléments postérieurs au décès ne constituent pas des éléments de comparaison permettant d'établir la valeur vénale effective du bien à cette date. • Com. 22 oct. 2013 : *RJF 2014. 192.*

13. Renvois. Sur les questions d'évaluation, V. égal. notes ss. art. 683 (valeur vénale des immeubles), 669 (nue-propriété et usufruit), 759 et 764 (biens mobiliers divers, titres), 885 S (ISF : biens mobiliers et immobiliers, titres, non cotés, créances, rentes), 885 T *bis* (ISF : titres cotés) et l'abondante jurisprudence citée ss. art. L. 17 LPF *in* **C. pr. fisc.** Dalloz, annoté par L. Ayrault et O. Négrin.

C *RÈGLES COMMUNES AUX MEUBLES ET AUX IMMEUBLES*

Art. 762 *Abrogé par L. n° 2003-1311 du 30 déc. 2003, art. 19-3°.*

Art. 762 *bis* **Pour la liquidation des droits de mutation à titre gratuit, la valeur des droits d'habitation et d'usage est de 60 % de la valeur de l'usufruit déterminée conformément au I de l'article 669.**

Droits d'habitation et d'usage. L'art. 762 *bis* est formulé de façon à s'appliquer sans distinction à tous les droits d'usage et d'habitation, qu'ils soient institués par la loi ou par la volonté des parties. Ce texte s'applique à l'occasion de toutes les sortes de mutations à titre gratuit, par donation ou par décès. * BOI-ENR-DMTG-10-40-10-50 n° 90 du 27 mai 2013.

Art. 763 **Lorsque la mutation porte seulement sur une nue-propriété ou un usufruit, les actes et déclarations relatifs à des transmissions à titre gratuit doivent faire connaître la date et le lieu de la naissance de l'usufruitier ; et, si la naissance est arrivée hors de France, il est, en outre, justifié de cette date avant l'enregistrement.**

A défaut de quoi, il est perçu les droits les plus élevés qui pourraient être dus au Trésor, sauf, comme il est dit à l'article 1965 C, restitution du trop-perçu sur la représentation de l'acte de naissance, dans le cas où la naissance aurait eu lieu hors de France.

Art. 763 *bis* Le droit de retour prévu à l'article 738-2 du code civil ne donne pas lieu à perception de droits de mutation à titre gratuit.

Droit de retour légal des ascendants. Commentaire administratif. * BOI-ENR-DMTG-20-30-20-60 n° 20 du 12 sept. 2012.

2 DISPOSITIONS SPÉCIALES AUX SUCCESSIONS

a *RÈGLES D'ÉVALUATION*

1° BIENS MOBILIERS

Art. 764 I. – Pour la liquidation des droits de mutation par décès, la valeur de la propriété des biens meubles est déterminée, sauf preuve contraire :

1° Par le prix exprimé dans les actes de vente, lorsque cette vente a lieu publiquement dans les deux années du décès ;

2° A défaut d'actes de vente, par l'estimation contenue dans les inventaires, s'il en est dressé dans les formes prescrites par l'article 789 du code civil, et dans les cinq années du décès, pour les meubles meublants, et par l'estimation contenue dans les inventaires et autres actes, s'il en est passé, dans le même délai, pour les autres biens meubles, sauf les dispositions du II ;

3° A défaut des bases d'évaluation établies aux 1° et 2°, par la déclaration détaillée et estimative des parties ; toutefois, pour les meubles meublants, et sans que l'administration ait à en justifier l'existence, la valeur imposable ne peut être inférieure à 5 % de l'ensemble des autres valeurs mobilières et immobilières de la succession, la preuve contraire étant aussi réservée.

(L. n° 2022-267 du 28 févr. 2022, art. 3) « Pour l'application du présent I, les inventaires mentionnés au 2° peuvent être dressés par une personne mentionnée aux I ou II de l'article L. 321-4 du code de commerce. »

II. – En ce qui concerne les bijoux, pierreries, objets d'art ou de collection, la valeur imposable ne peut, sous réserve de ce qui est dit au I, être inférieure à l'évaluation faite dans les contrats ou conventions d'assurances contre le vol ou contre l'incendie en cours au jour du décès et conclus par le défunt, son conjoint ou ses auteurs, moins de dix ans avant l'ouverture de la succession, sauf preuve contraire.

S'il existe plusieurs polices susceptibles d'être retenues, la valeur imposable est égale à la moyenne des évaluations figurant dans ces polices.

III. – Les dispositions du présent article ne sont applicables ni aux créances, ni aux rentes, actions, obligations, effets publics et autres biens meubles dont la valeur et le mode d'évaluation sont déterminés par des dispositions spéciales.

Les mots meubles meublants ne comprennent que les meubles destinés à l'usage et à l'ornement des appartements, comme tapisseries, lits, sièges, glaces, pendules, tables, porcelaines et autres objets de cette nature. Les tableaux et les statues qui font partie du meuble d'un appartement y sont aussi compris, mais non les collections de tableaux qui peuvent être dans les galeries ou pièces particulières. Il en est de même des porcelaines : celles seulement qui font partie de la décoration d'un appartement sont comprises sous la dénomination de meubles meublants (C. civ., art. 534).

BIBL. Delory, *JCP N 2001, p. 549 ; JCP N 2003. 1276* (évaluation du mobilier meublant : une avancée dans l'inventaire simplifié ?).

1. Prix résultant d'une vente publique. Le prix résultant d'une vente aux enchères prévaut sur l'estimation portée à l'inventaire de la succession même si cet inventaire a été clôturé après la vente aux enchères. • Com. 8 juill. 1997, n° 95-20.272 : *Dr. fisc. 1997. 1148.*

2. Inventaire. Un inventaire dressé sur la base des seules déclarations et photographies produites par l'héritière sans aucun élément d'authentification, est insuffisant à établir la valeur réelle des biens meubles composant une succession. • Com. 27 mars 2019, n° 17-23.699 : *RJF 2020. 404.* ♦ Pour l'application de l'art. 764, la référence à l'art. 789 C. civ. n'implique aucunement que l'estimation des biens soit réalisée par un commissaire-priseur judiciaire. En revanche, son intervention est exigée en cas d'inventaire dressé dans le cadre d'une vente judiciaire. * Rép. min. n° 63055 : *JOAN Q, 9 août 2005, p. 7681.*

3. Déclaration estimative. A défaut des bases établies aux 1° et 2° du I, le tribunal ne peut écarter les estimations portées par les héritiers dans les déclarations de succession selon les prisées effectuées par les notaires ultérieurement chargés du règlement de la succession, au motif que cet inventaire n'était pas conforme à l'art. 943 C. pr. civ. • Com. 26 nov. 1996, n° 94-

19.658 P : *RJF 1997. 275 ; D. 1997. IR 12*.

4. Titres de sociétés non cotées. La valeur des titres non cotés en bourse doit être appréciée en tenant compte de tous les éléments dont l'ensemble permet d'établir une évaluation aussi proche que possible de celle qu'aurait entraînée le jeu de l'offre et de la demande dans un marché réel au jour du décès. • Com. 19 déc. 1989, n° 88-13.519 : *Dr. fisc. 1990. 577* • 16 déc. 1997, n° 95-20.712 : *D. 1998. 325, note Tixier et Talon* • 23 avr. 2003, n° 99-19.901 : *Dr. fisc. 2003. 581.* ♦ L'évaluation des titres non cotés en bourse doit être effectuée en tenant compte de tous les éléments disponibles, et notamment de la nature de l'actif social, de façon à faire apparaître une valeur aussi proche que possible de celle qu'aurait entraîné le jeu normal de l'offre et de la demande sur un marché réel à la date du fait générateur de l'impôt. • Com. 26 sept. 2018, n° 17-20.000 : *RJF 2019. 217.* ♦ Dès lors la valeur d'actions non cotées en bourse ne peut pas être fixée en se référant à la seule « valeur patrimoniale ou valeur mathématique » de la société sans tenir compte des conséquences de l'activité exercée par la société sur la valeur des actions. • Com. 23 avr. 2003, n° 99-19.901 : *préc.* ♦ De même, la valeur des actions ne peut être fixée sans tenir compte des conséquences sur leur valeur de l'activité exercée par la société et résultant des rétrocessions de chiffre d'affaires versées par cette dernière aux auteurs et artistes-interprètes lui ayant cédé leurs droits. • Com. 15 mai 2007, n° 06-11.701 : *RJF 2007. 1173.* ♦ Cas de l'évaluation des actions d'une société de négoce de vins de Champagne par référence à la seule valeur comptable des stocks de bouteilles et compte tenu de pertes antérieures : • Com. 7 oct. 2008, n° 07-18.113 : *RJF 2009. 80.* ♦ Cas de l'évaluation des actions d'une société anonyme non cotée en bourse, holding détenant une participation dans une société cotée en bourse : • Com. 3 févr. 2015, n° 13-25.306 : *RJF 2015. 444.*

5. Lorsqu'il existe une possibilité de comparaison, la méthode comparative peut être retenue si les éléments produits répondent aux critères d'objectivité et de pertinence exigés par la jurisprudence. Dans ce cas, cette méthode prime sur les autres méthodes, celles-ci étant alors subsidiaires. Ainsi, en présence d'éléments de comparaison pertinents avec une cession antérieure, il n'y a pas lieu de recourir à d'autres méthodes d'évaluation. • Com. 7 juill. 2009, n° 08-14.855 : *Dr. fisc. 2009. 463, note Poirier ; RJF 2009. 1173.* ♦ A défaut de termes de comparaison, la valeur vénale réelle des titres doit être appréciée en tenant compte de tous les éléments dont l'ensemble permet d'obtenir un chiffre aussi proche que possible de celui qu'aurait entraîné le jeu normal de l'offre et de la demande. Le juge vérifie que l'évaluation a été faite en fonction de la valeur des éléments pris en compte à la date de la mutation. • Com. 21 mai 1996, n° 94-20.517 : *Dr. fisc. 1996. 984.* ♦ Le juge ne peut déterminer la valeur de titres non cotés sans analyse, même sommaire, de l'argumentation par laquelle l'Administration conteste la méthode d'évaluation des actions retenue par l'expert et de celle qu'elle propose de lui substituer. • Com. 31 mai 2005, n° 01-17.593 : *RJF 2005. 1131.*

6. Dès lors que l'Administration a appliqué la méthode habituelle d'évaluation des titres non cotés, en prenant en compte non seulement la valeur mathématique de la société, obtenue par actualisation de la valeur de l'actif net comptable, mais également les valeurs de rendement, de productivité, ainsi que la marge brute d'autofinancement, au titre des trois exercices précédant le décès, il s'en déduit que l'Administration et les juges n'ont pas refusé de tenir compte du fait que la société n'était que le locataire gérant du fonds, puisque cet élément était déjà pris en considération grâce à l'intégration de la valeur mathématique, de laquelle étaient absents les actifs afférents au fonds de commerce. • Com. 19 avr. 2005, n° 03-19.890 : *RJF 2005. 970.* ♦ Application combinée de la valeur mathématique et de la valeur de productivité. • Com. 14 nov. 2018, n° 17-15.166 : *RJF 2019. 593.*

7. La limite apportée par le donateur à la liberté de disposer des titres donnés n'affecte pas leur valeur vénale réelle. • Com. 6 févr. 2007, n° 05-12.939 (n° 163 F-PB) : *RJF 2007. 759.*

8. Meubles meublants. Dès lors qu'il est établi que l'inventaire, dressé après décès, des meubles meublants dépendant d'une succession comporte des omissions et des sous-évaluations, c'est à bon droit que, pour leur évaluation en matière de droits de mutation par décès, l'Administration écarte cet inventaire pour faire application du forfait légal de 5 %. • Com. 8 févr. 2000, n° 97-19.000, *Quié : RJF 2000. 718.*

9. Le forfait mobilier de 5 % n'est pas applicable lorsque le défunt ne possédait pas de meubles meublants au jour de son décès. Tel est le cas lorsque les héritiers établissent qu'après son installation en maison de retraite et avant son décès le mobilier qu'avait possédé le défunt avait été donné ou cédé à des tiers. • Paris, 27 sept. 2011, n° 10/14851 : *RJF 2012. 177.*

10. Tableau de maître. Un tableau de maître est un meuble meublant dont la valeur est incluse dans le forfait de 5 %, dès lors qu'il est destiné à l'ornement d'un appartement et ne fait pas partie d'une collection de tableaux située dans une pièce particulière. • Com. 17 oct. 1995, n° 94-10.196 P : *Dr. fisc. 1996. 116 ; RJF 1996. 140 ; D. 1996. 33, note Robert ; Defrénois 1997. 527, note Chappert ; JCP N 1996. I. 451, étude Jadaud ; RTD civ. 1996. 650, obs. Zénati*.

11. Meubles imposés et situés hors de France. La valeur des meubles meublants situés en France ne peut être calculée que sur l'ensemble des autres valeurs mobilières et immobilières de la succession situées en France. En calculant le forfait de 5 % « sur l'ensemble des autres valeurs de la succession, y compris le patrimoine imposé en Suisse », l'Administration fiscale française soumet les valeurs immobilières situées en Suisse à une double imposition puisqu'elles se trouvent intégrées à hauteur de 5 % dans l'actif successoral imposable en France alors qu'elles sont déjà imposées en Suisse. • Paris, 23 mars 2007, n° 05-8731 : *RJF 2007. 1342.*

Art. 764 A En cas de décès :

a. — du gérant d'une société à responsabilité limitée ou d'une société en commandite par actions non cotée,

b. — de l'un des associés en nom d'une société de personnes,

c. — de l'une des personnes qui assument la direction générale d'une société par actions non cotée,

d. — de l'exploitant d'un fonds de commerce ou d'une clientèle,

e. — du titulaire d'un office public ou ministériel,

il est tenu compte, pour la liquidation des droits de mutation par décès dus par ses héritiers, légataires ou donataires, de la dépréciation éventuelle résultant dudit décès et affectant la valeur des titres non cotés ou des actifs incorporels ainsi transmis.

Évaluation des entreprises transmises par décès. Prise en compte de la dépréciation éventuelle des actifs incorporels ou des titres non cotés à la suite du décès du dirigeant. * BOI-ENR-DMTG-10-40-10-40 n°s 160 à 250 du 12 sept. 2012.

2° BIENS IMMOBILIERS (RÉSIDENCE PRINCIPALE)

Art. 764 *bis* Par dérogation aux dispositions du deuxième alinéa de l'article 761, il est effectué un abattement de 20 % sur la valeur vénale réelle de l'immeuble constituant au jour du décès la résidence principale du défunt lorsque, à la même date, cet immeuble est également occupé à titre de résidence principale par le conjoint survivant, par le partenaire lié au défunt par un pacte civil de solidarité ou par un ou plusieurs enfants mineurs ou majeurs protégés du défunt, de son conjoint ou de son partenaire.

Ces dispositions s'appliquent dans les mêmes conditions lorsque les enfants majeurs du défunt, de son conjoint ou de son partenaire sont incapables de travailler dans des conditions normales de rentabilité, en raison d'une infirmité physique ou mentale, congénitale ou acquise au sens du II de l'article 779.

1. Immeuble constituant au jour du décès la résidence principale du défunt. Commentaires administratifs. * BOI-ENR-DMTG-10-40-10-30 n°s 10 à 60 du 12 sept. 2012.

2. L'appréciation des conditions tenant à la qualification de résidence principale et à l'occupation effective sera effectuée avec bienveillance lorsque, au jour du décès, l'immeuble n'était pas occupé pour des raisons indépendantes de la volonté des personnes concernées (hospitalisation ou séjour temporaire dans une maison de repos). * BOI-ENR-DMTG-10-40-10-30 n° 70 du 12 sept. 2012.

3. Situation antérieure au 1er janv. 1999. V. note 5 ss. art. 761.

3° BIENS SINISTRÉS OU FRAPPÉS D'INDISPONIBILITÉ HORS DE FRANCE

Art. 765 *Périmé.*

Art. 766 Les modalités d'assiette des droits de mutation par décès afférents aux titres, sommes, valeurs ou avoirs quelconques frappés d'indisponibilité hors de France par suite de mesures prises par un gouvernement étranger, sont fixées par décret. — *V. Ann. III, art. 280.*

Les dispositions du présent article sont applicables aux successions ouvertes et non déclarées avant la publication de la loi n° 63-254 du 15 mars 1963.

Art. 766 *bis* Pour la liquidation des droits de mutation par décès, les biens ou droits transférés dans un patrimoine fiduciaire ou ceux éventuellement acquis en remploi, ainsi que les fruits tirés de l'exploitation de ces biens ou droits, qui font de plein droit retour à la succession du constituant, sont compris dans son patrimoine pour leur valeur vénale nette à la date du décès.

b *PASSIF DÉDUCTIBLE*

1° LEGS PARTICULIERS

Art. 767 Lorsque les héritiers ou légataires universels sont grevés de legs particuliers de sommes d'argent non existantes dans la succession et qu'ils ont acquitté le droit sur l'intégralité des biens de cette même succession, le même droit n'est pas dû pour ces legs ; conséquemment, les droits déjà payés par les légataires particuliers doivent s'imputer sur ceux dus par les héritiers ou légataires universels.

2° DETTES DU DÉFUNT

Art. 768 Pour la liquidation des droits de mutation par décès, les dettes à la charge du défunt sont déduites lorsque leur existence au jour de l'ouverture de la succession est dûment justifiée par tous modes de preuve compatibles avec la procédure écrite.

1° *PREUVE DES DETTES*

1. Les dettes d'origine non contractuelle du défunt envers ses héritiers peuvent être prouvées par tous moyens compatibles avec le caractère écrit de la procédure fiscale. • Com. 6 mai 1991, n° 89-18.815 P : *JCP N 1992. II. 72, note Pillebout ; Dr. fisc. 1991. 1581 ; RJF 1991. 1025 ; D. 1991. IR 156.*

2. En permettant la justification des dettes par tous les modes de preuve compatibles avec la procédure écrite, l'art. 768 ne déroge pas aux règles de preuve définies aux art. 1341 s. et 1907 al. 2 C. civ., lorsqu'elles sont applicables, et, dans ce cas, il appartient aux parties à un acte de rapporter la preuve des dettes qui en résultent contre l'Administration dans les termes de ces dispositions. • Com. 4 juill. 2006, n° 887FS-PB, *Morgaine : RJF 2006. 1476.*

2° *DETTES FISCALES*

3. Pour être déductible de l'assiette des droits de mutation par décès, une dette à la charge du défunt doit être certaine au jour de l'ouverture de la succession. Une dette, incertaine du fait d'une demande de transaction ou d'une contestation, est rétroactivement déductible pour le montant ultérieurement arrêté par la transaction ou la décision mettant fin à la contestation. • Com. 11 janv. 2021, n° 18-26.244 : *RJF 2021. 433.* ♦ Une dette fiscale établie à la suite d'une procédure de contrôle est incertaine lorsqu'elle est contestée par le redevable, de sorte qu'elle ne peut être déduite aussi longtemps qu'elle reste litigieuse. • Com. 13 janv. 1998, n° 96-10.352 : *Dr. fisc. 1998. 197* • Com. 16 nov. 1999, n° 97-16.072 : *Dr. fisc. 2000. 408 ; Defrénois 2000, 37217, note Chappert ; BOI 7 G-4-00.*

4. Il résulte de l'art. 151 *octies* qu'en cas de transmission à titre gratuit à une personne physique des droits sociaux rémunérant l'apport, le report d'imposition des plus-values afférentes aux immobilisations non amortissables est maintenu si le bénéficiaire de la transmission prend l'engagement d'acquitter l'impôt sur la plus-value à la date de la cession à titre onéreux ou du rachat des droits sociaux reçus en rémunération de l'apport de l'entreprise ou à la date de la cession de ces immobilisations par la société si elle est antérieure. Dès lors qu'en application du texte précité, les héritiers ont sollicité le maintien du report d'imposition, la dette fiscale ne constitue pas une dette certaine à la charge du défunt au jour de l'ouverture de la succession, de sorte qu'elle ne peut être déduite de l'actif successoral. • Com. 25 janv. 2005, n° 03-13.985 : *RJF 2005. 630 ; Dr. fisc. 2005. 326.*

5. L'imposition sur la plus-value du fonds de commerce est la conséquence tant de l'exploitation personnelle par les héritiers que de la cession par eux de l'officine de pharmacie à titre onéreux qui met fin au régime de faveur de l'art. 41. En outre, la plus-value existante dès le décès ne fait pas partie intégrante du passif de la succession. Dès lors, cette imposition ne constitue pas une dette du défunt déductible. • Nancy, 1er mars 2004, n° 00-2212 : *RJF 2005. 403.*

6. Le fait d'avoir été déclaré solidairement tenu au paiement d'un impôt fraudé avec le redevable légal de celui-ci ne transforme automatiquement la dette fiscale du redevable légal en dette personnelle et son co-obligé au paiement que lorsque est établie la défaillance totale et définitive du redevable légal. Dès lors la condamnation solidaire du défunt au paiement de l'impôt fraudé n'est pas une dette déductible de l'actif successoral. • Com. 8 oct. 2002, n° 99-11.530 : *RJF 2003. 113 ; Dr. fisc. 2002. 1021.*

7. Tirant leur origine de l'absence de déclaration d'ISF par les ayants droit du défunt, les intérêts de retard postérieurs au décès ne constituent pas des dettes existant au jour de l'ouverture de la succession. Par suite, ces intérêts ne sont pas déductibles de l'actif successoral. • Com. 23 avr. 2003, n° 99-20.569, *Louis : Dr. fisc. 2003. 474 ; RJF 2003. 1058.*

8. Dès lors que le décès du titulaire d'un PEA entraîne l'exigibilité des prélèvement sociaux, l'Administration admet que le montant de ces prélèvements soit déduit de l'actif successoral existant au jour du décès. * BOI-ENR-DMTG-10-40-20-10 n° 180 du 30 oct. 2014.

9. Déduction de l'IR. Incidences du passage au prélèvement à la source. * Rép. min. n° 5399 : *JO Sénat Q, 27 déc. 2018, p. 6755.*

3° AUTRES DETTES

10. Dette dont le montant est arrêté par transaction. Seules sont admises au titre du passif successoral les dettes certaines, à la charge personnelle du défunt à la date du décès et dont l'existence est prouvée. S'agissant de dettes successorales définitivement arrêtées par voie de transaction postérieurement au décès, seule doit être déduite de l'actif imposable la somme contradictoirement et définitivement arrêtée avec le créancier par voie transactionnelle. • Com. 20 févr. 2007, n° 05-20.584 (n° 320 F-D) : *RJF 2007. 760 ; Dr. fisc. 2007. 496.*

11. Travaux. Les frais des travaux effectués par un héritier sur un bien propre du défunt avec l'autorisation écrite de ce dernier et justifiés par des factures établies au nom de l'héritier sont déductibles. • TGI Pontoise, 12 juin 1995 : *Dr. fisc. 1996. 418, obs. Jadaud ; JCP N 1996. 9, obs. Jadaud.* ♦ Mais les frais de travaux exécutés par un tiers dans la maison du défunt et dont le montant est contesté par les héritiers ne constituent une dette certaine qu'à l'issue de la procédure civile et ne sont déductibles que pour la somme fixée par la décision judiciaire définitive. • Paris, 23 sept. 2004, n° 02-16.575 : *Dr. fisc. 2004. 871.*

12. Indemnités de licenciement. Des indemnités de préavis et de licenciement dues à la suite du décès de l'employeur sont admises au passif de la succession à la condition de ne pas être prises en compte comme charge déductible de l'exploitation du défunt. * BOI-ENR-DMTG-10-40-20-10 n° 20 du 30 oct. 2014. ♦ En revanche, dès lors que le licenciement et le paiement d'une indemnité consécutive relèvent exclusivement de la gestion de l'officine de pharmacie par les héritiers postérieurement au décès de leur auteur, l'indemnité est une charge d'exploitation incombant à ce titre à l'indivision successorale et non une dette à la charge du défunt au jour de l'ouverture de la succession. • Nancy, 1er mars 2004, n° 00-2212 : *RJF 2005. 403.*

13. Indemnités de résiliation de bail. L'existence de l'obligation au paiement de l'indemnité de résiliation du bail était subordonnée à la vente de la propriété, événement incertain non seulement dans sa date mais aussi quant à sa réalisation, de sorte que s'agissant d'une condition et non d'un terme, cette indemnité ne constituait pas, au jour de l'ouverture de la succession, une dette certaine à la charge du défunt, déductible de l'actif taxable aux droits de succession. • Com. 20 mars 2007, n° 06-14.259 (n° 523 FS-PBRI) : *RJF 2007. 859 ; Dr. fisc. 2007. 706.*

14. Frais d'entretien du défunt. Ne constitue pas l'exécution d'une obligation naturelle non sujette à répétition le versement de sommes par le frère du défunt, handicapé mental, à titre de frais d'entretien, dès lors que ce dernier ne se trouvait pas dans une situation de réel dénuement en ce sens qu'il aurait été dépourvu, non seulement de revenus, mais également de biens dont l'aliénation serait susceptible de lui procurer les aliments nécessaires à sa subsistance, dès lors que sa succession faisait apparaître un actif de 1 125 579 F avant déduction du passif essentiellement constitué de la créance litigieuse, que le patrimoine immobilier hérité de son père produisait des loyers et que son frère, qui gérait pour son compte ses biens immobiliers restés leur propriété indivise, lui avait avancé sur ses deniers personnels les sommes nécessaires à son entretien. Ces sommes peuvent donc figurer au passif de la succession. • Com. 11 janv. 2005, n° 02-13.569 : *RJF 2005. 507 ; Dr. fisc. 2005. 489.*

15. Liquidation de société. Lorsque l'héritier ne peut valablement invoquer la confusion de patrimoine personnel du défunt et de celui de la SARL dont il était le gérant et que les sommes restant à la charge de la société à la fin des opérations de sa liquidation sont postérieures à la date du décès, ces dettes ne sont pas déductibles de l'actif successoral. • Paris, 14 mars 2002, n° 00-892 : *Dr. fisc. 2002. 639.*

16. Conjoint survivant. Les loyers remboursés au conjoint survivant au titre du droit temporaire au logement sont en revanche déductibles. * BOI-ENR-DMTG-10-40-20-10 n° 140 du 30 oct. 2014.

17. Assurance vie. Dans le cas d'un contrat d'assurance vie souscrit à l'aide de deniers communs par un époux commun en biens en faveur de son épouse, aucune récompense n'est due à la communauté ni admise au passif de la succession au décès du souscripteur. • Civ. 1re, 8 mars 2005, n° 476FS-PB : *RJF 2005. 1318.*

18. Dettes du coacquéreur d'un bien par un pacte tontinier. La part d'un immeuble recueillie à la suite du décès de l'un des coacquéreurs par l'autre coacquéreur en application d'une clause d'accroissement stipulée dans l'acte d'acquisition en commun n'étant pas transmise par voie de succession, le survivant n'est pas tenu de la dette du défunt et ne peut donc pas se prévaloir de l'art. 768 pour déduire cette dette de la valeur de la part d'immeuble ainsi recueillie. • Com. 8 nov. 2005, n° 03-16.133 : *RJF 2006. 328 ; AJDI 2006. 759, note Maublanc.*

19. Frais de gestion du dossier de succession. Ces frais ne constituent pas une dette déductible de l'actif héréditaire dès lors qu'ils ne prennent naissance qu'après le décès. Tel est le cas des frais de gestion prélevés après le décès par les établissements bancaires. * Rép. min. n° 86937 : *JOAN Q, 9 nov. 2010, p. 12243.*

20. Récupération des aides sociales. Les sommes reversées au titre de la récupération des aides sociales sur la succession sont admises en déduction de la part successorale de l'héritier ou du légataire, sur justificatif d'une attestation comptable. * BOI-ENR-DMTG-10-40-20-20 n°s 160 à 190 du 14 déc. 2015.

21. Commissions d'agence immobilière. La commission versée par les héritiers à l'intermédiaire qui a permis la réalisation de la vente d'un bien immobilier du défunt n'est pas déductible de l'actif successoral. * Rép. min. n° 61727 : *JOAN Q, 3 mars 2015, p. 1529.*

Art. 769 Les dettes à la charge du défunt, qui ont été contractées pour l'achat de biens compris dans la succession et exonérés des droits de mutation par décès ou dans l'intérêt de tels biens, sont imputées par priorité sur la valeur desdits biens.

Il en est de même des dettes garanties par des biens exonérés des droits de mutation par décès, lorsqu'il est établi que le ou les emprunts ont été contractés par le *de cujus* ou son conjoint en vue de soustraire tout ou partie de son patrimoine à l'application de ces droits.

Art. 770 Les dettes dont la déduction est demandée sont détaillées, article par article, dans un inventaire certifié par le déposant et annexé à la déclaration de la succession. *– V. LPF, art. L. 20 et L. 21.*

A l'appui de leur demande, les héritiers ou leurs représentants doivent indiquer, soit la date de l'acte, le nom et la résidence de l'officier public qui l'a reçu, soit la date de la décision judiciaire et la juridiction dont elle émane.

Ils doivent représenter les autres titres, actes ou écrits que le créancier ne peut, sous peine de dommages-intérêts, se refuser à communiquer sous récépissé.

Art. 771 et 772 *Transférés ss. art. L. 20 et L. 21 LPF.*

Art. 773 Toutefois ne sont pas déductibles :

1° Les dettes échues depuis plus de trois mois avant l'ouverture de la succession, à moins qu'il ne soit produit une attestation du créancier en certifiant l'existence à cette époque, dans la forme et suivant les règles déterminées à l'article L. 20 du livre des procédures fiscales ;

2° Les dettes consenties par le défunt au profit de ses héritiers ou de personnes interposées. Sont réputées personnes interposées les personnes désignées dans l'article 911, dernier alinéa, du code civil.

Néanmoins, lorsque la dette a été consentie par un acte authentique ou par un acte sous seing privé ayant date certaine avant l'ouverture de la succession autrement que par le décès d'une des parties contractantes, les héritiers, donataires et légataires, et les personnes réputées interposées ont le droit de prouver la sincérité de cette dette et son existence au jour de l'ouverture de la succession ;

3° Les dettes reconnues par testament ;

4° Les dettes hypothécaires garanties par une inscription périmée depuis plus de trois mois, à moins qu'il ne s'agisse d'une dette non échue et que l'existence n'en soit attestée par le créancier dans les formes prévues à l'article L. 20 du livre des procédures fiscales ; si l'inscription n'est pas périmée, mais si le chiffre en a été réduit, l'excédent est seul déduit, s'il y a lieu ;

5° Les dettes en capital et intérêts pour lesquelles le délai de prescription est accompli, à moins qu'il ne soit justifié que la prescription a été interrompue.

1. Dettes du défunt. *Les dettes consenties par le redevable au profit de ses héritiers sont réputées fictives.* La présomption de fictivité de ces dettes est constitutionnelle. • Cons. const. 1er déc. 2017, n° 2017-676 QPC : *RJF 2018. 198.* ♦ Les héritiers ne sont pas admis à prouver la réalité d'une dette résultant d'un prêt qu'ils ont consenti au défunt lorsqu'elle n'a pas été constatée selon les formes prescrites à l'al. 2 du 2°. • Com. 10 juin 1997, n° 95-14.543 : *Dr. fisc. 1997. 936* • Com. 21 mars 2000, n° 97-17.288 : *Dr. fisc. 2000. 900.* * Note 19 oct. 2000 : *BOI 7 G-11-00.* ♦ La dette résultant d'une avance de fonds entre époux séparés de biens est une dette contractuelle, et non une dette légale. Faute d'avoir acquis date certaine avant le décès de l'épouse bénéficiaire de l'avance, cette dette n'est pas déductible de sa succession. • Montpellier, 22 mars 2012, n° 10/7530 : *RJF 2012. 960.*

2. Une dette reconnue par testament est déductible lorsque sa réalité est corroborée par des preuves écrites. • TGI Pontoise, 12 juin 1995 : *Dr. fisc. 1996. 418, obs. Jadaud ; JCP N 1996. 9, obs. Jadaud.*

3. La réalité et la sincérité de la dette invoquée par le légataire universel correspondant à des versements au profit du défunt pour pallier l'insuffisance de ses revenus sont établies à concurrence de la moitié du montant retenu, dès lors qu'il résulte des circonstances invoquées que le légataire universel, qui vivait avec le défunt, a assuré la totalité des dépenses de leur vie commune courante, étant observé, cependant, qu'il devait en tout état de cause en assurer la moitié. La dette correspondante est donc déductible de l'actif successoral. • Paris, 5 avr. 2007, n° 05-7021 : *RJF 2007. 1344.*

4. L'existence d'un acte sous seing privé ayant acquis date certaine par son enregistrement, par lequel le défunt s'est reconnu débiteur de son légataire au titre de l'assistance que celui-ci lui aurait portée de son vivant, autorise seulement le légataire qui entend déduire cette dette de l'actif successoral imposable à en prouver la sincérité et l'existence au jour du décès, sans l'établir par elle-même. • Orléans, ch. com., 11 oct. 2007, n° 06/03246.

5. La créance que détient sur la succession l'héritier qui a réglé une dette du défunt n'entre pas dans le champ d'application de l'art. 773-2° qui présume fictives les dettes contractées par le défunt envers ses héritiers. C'est ainsi que la créance détenue par l'héritière qui a payé de ses deniers personnels, avant le décès de sa mère, le montant du solde débiteur du compte de cette dernière dans une société est déductible de l'actif successoral. • Com. 18 déc. 1986, n° 85-12.535. ♦ De même, les frais de maison de retraite acquittés par l'héritier sont déductibles de l'actif successoral. • Paris, 22 nov. 2011, n° 2012/15219.

Art. 774 **Par dérogation aux dispositions du 2° de l'article 773, l'existence et la sincérité des dettes résultant de l'application des articles L. 321-13 et suivants du code rural et de la pêche maritime sont suffisamment prouvées à l'égard de l'administration par tous actes et écrits, même postérieurs au décès d'un exploitant agricole, susceptibles de faire preuve en justice entre les cohéritiers ou représentants de l'exploitant. L'héritier créancier de la succession est toutefois tenu de fournir, dans les formes et suivant les règles déterminées par l'article L. 20 du livre des procédures fiscales, une attestation, datée et signée par lui, mentionnant le montant de sa créance sur la succession de l'exploitant.**

Créance de salaire différé. Les art. L. 321-13 s. C. rur. prévoient au profit de certains descendants d'exploitants agricoles, qui sont restés à la terre et ont travaillé sur le domaine familial sans être rémunérés autrement qu'en nature, une présomption d'existence du contrat de travail à salaire différé qui leur permet de réclamer le montant de leurs salaires, lors de l'ouverture de la succession de leur auteur. Ce droit, qui peut être caractérisé comme un droit de créance contre la succession, constitue une charge de celle-ci sans que la prise en compte du salaire pour la détermination des parts successorales puisse donner lieu au paiement d'une soulte à la charge des cohéritiers. Les conditions de déduction de l'actif successoral des dettes résultant de l'application des dispositions susvisées sont fixées par l'art. 774, qui institue une exception au principe de la non-déduction des dettes consenties par le défunt au profit de ses héritiers ou de personnes interposées prévu à l'art. 773-2. * BOI-ENR-DMTG-10-40-20-20 n°s 140 et 150 du 12 sept. 2012.

3° FRAIS FUNÉRAIRES

Art. 775 **Les frais funéraires sont déduits de l'actif de la succession pour un montant de 1 500 €, et pour la totalité de l'actif si celui-ci est inférieur à ce montant.**

Frais funéraires. La déduction forfaitaire de 1 500 € est acquise au redevable sans justification. * BOI-ENR-DMTG-10-40-20-10 n° 220 du 12 sept. 2012.

4° RENTES ET INDEMNITÉS VERSÉES EN RÉPARATION DE DOMMAGES CORPORELS

Art. 775 *bis* **Sont déductibles, pour leur valeur nominale, de l'actif de succession les rentes et indemnités versées ou dues au défunt en réparation de dommages corporels liés à un accident ou à une maladie.**

Exonération des rentes et indemnités versées en réparation de dommages corporels. *Conditions d'application.* * BOI-ENR-DMTG-10-20-10 n°s 205 et 250 du 30 juin 2021. ♦ Sommes allouées aux victimes de persécutions antisémites. * BOI préc. n°s 70 à 140.

5° INDEMNITÉS VERSÉES AUX PERSONNES CONTAMINÉES PAR LE VIRUS D'IMMUNODÉFICIENCE HUMAINE (SIDA) ET PAR LA MALADIE DE CREUTZFELDT-JAKOB

Art. 775 ter *Abrogé par L. n° 2007-1223 du 21 août 2007, art. 8-I et XXII, applicabl aux successions ouvertes et aux donations consenties à compter du 22 août 2007.*

6° LOYERS ET INDEMNITÉS D'OCCUPATION

Art. 775 *quater* Le montant des loyers ou indemnités d'occupation effectivement remboursé par la succession au conjoint survivant ou au partenaire lié au défunt par un pacte civil de solidarité en application des articles 515-6 et 763 du code civil est déduit de l'actif de succession.

7° RÉMUNÉRATION DU MANDATAIRE À TITRE POSTHUME

Art. 775 *quinquies* La rémunération du mandataire à titre posthume, déterminée de manière définitive dans les six mois suivant le décès, est déductible de l'actif de la succession dans la limite de 0,5 % de l'actif successoral géré.

Cette déduction ne peut excéder 10 000 €.

Rémunération versée au mandataire à titre posthume. Conditions de déductibilité. * BOI-ENR-DMTG-10-40-20-10 n°s 260 à 310 du 12 sept. 2012.

8° FRAIS DE RECONSTITUTION DE TITRES DE PROPRIÉTÉ DES BIENS IMMEUBLES ET DES DROITS IMMOBILIERS

(L. n° 2013-1278 du 29 déc. 2013, art. 11-I-B)

Art. 775 *sexies* Les frais de reconstitution des titres de propriété d'immeubles ou de droits immobiliers pour lesquels le droit de propriété du défunt n'a pas été constaté avant son décès par un acte régulièrement transcrit ou publié, mis à la charge des héritiers par le notaire, sont admis, sur justificatifs, en déduction de l'actif successoral dans la limite de la valeur déclarée de ces biens, à la condition que les attestations notariées mentionnées au 3° de l'article 28 du décret n° 55-22 du 4 janvier 1955 portant réforme de la publicité foncière, relatives à ces biens, soient publiées dans un délai de vingt-quatre mois à compter du décès.

3 DISPOSITION SPÉCIALE AUX DONATIONS

Art. 776 I. — Les dispositions du I de l'article 764 sont applicables à la liquidation des droits de mutation entre vifs, à titre gratuit, toutes les fois que les meubles transmis sont vendus publiquement dans les deux ans de l'acte de donation.

II. — En ce qui concerne les bijoux, pierreries, objets d'art ou de collection, la valeur imposable ne peut, sous réserve de ce qui est dit au I, être inférieure à 60 % de l'évaluation faite dans les contrats ou conventions d'assurances contre le vol ou contre l'incendie en cours à la date de la donation et conclus par le donateur, son conjoint ou ses auteurs depuis moins de dix ans.

S'il existe plusieurs polices susceptibles d'être retenues pour l'application du forfait, celui-ci est calculé sur la moyenne des évaluations figurant dans ces polices.

Art. 776 A Conformément à l'article 1078-3 du code civil, les conventions prévues par les articles 1078-1 et 1078-2 du même code ne sont pas soumises aux droits de mutation à titre gratuit.

Le premier alinéa s'applique au bien réincorporé dans une donation-partage faite à des descendants de degrés différents conformément à une convention conclue en application de l'article 1078-7 du même code, y compris lorsque ce bien est réattribué à un descendant du premier donataire lors de la donation-partage. Cette opération est soumise au droit de partage. — *Al. applicable aux donations-partages consenties à compter du 1er janv. 2007 (L. n° 2010-1658 du 29 déc. 2010, art. 19-II, 1er al.).*

Par exception au deuxième alinéa, lorsque le bien réincorporé a été transmis par l'ascendant donateur à son enfant par une donation intervenue moins de quinze ans avant la donation-partage et qu'il est réattribué à un descendant du donataire initial, les droits de mutation à titre gratuit sont dus en fonction du lien de parenté entre l'ascendant donateur et son petit-enfant alloti. Dans ce cas, les droits acquittés lors de la première donation à raison du bien réincorporé sont imputés sur les droits dus à

raison du même bien lors de la donation-partage. – *Al. applicable aux donations-partages consenties à compter du 15 déc. 2010 (L. n° 2010-1658 du 29 déc. 2010, art. 19-II-2ᵉ al.).*

BIBL. ▶ FRULEUX, *Dr. fisc. 2011. Étude 252* (les « réincorporations transgénérationnelles », un mode de transmission à privilégier).

1. Incorporation dans une donation-partage de biens antérieurement donnés. Incidences fiscales. * BOI-ENR-DMTG-20-20-10 nᵒˢ 240 et 250 du 12 sept. 2012.

2. Donations-partages consenties à des descendants de degrés différents (donations-partages transgénérationnelles) avec réincorporation de biens antérieurement donnés aux descendants du donataire initial. Régime applicable à ces transmissions. * BOI-ENR-DMTG-20-20-10 nᵒˢ 160 à 230 du 12 sept. 2012.

Art. 776 *bis* **I. – Les dettes qui ont été contractées par le donateur pour l'acquisition ou dans l'intérêt des biens objets de la donation, qui sont mises à la charge du donataire dans l'acte de donation, et dont la prise en charge par le donataire est notifiée au créancier, sont déduites pour la liquidation des droits de mutation à titre gratuit, lorsque la donation porte sur :**

a. **La totalité ou une quote-part indivise des biens meubles et immeubles corporels et incorporels affectés à l'exploitation d'une entreprise individuelle ayant une activité industrielle, commerciale, artisanale, agricole ou libérale, sous réserve que la dette n'ait pas été contractée par le donateur auprès soit du donataire ou du conjoint de ce dernier, soit de son conjoint ou de ses ascendants, soit de ses frères, sœurs ou descendants, soit de ses ascendants ou de leurs frères et sœurs ;**

b. **Des biens autres que ceux mentionnés au *a*, sous réserve que la dette soit contractée auprès d'une personne mentionnée au titre Iᵉʳ du livre V du code monétaire et financier.**

II. – Le bénéfice de la déduction mentionnée au I est subordonné à la condition que le donataire démontre qu'il a supporté le paiement effectif des dettes mises à sa charge, sans que cette démonstration puisse être requise par l'administration au-delà de la troisième année suivant celle de leur échéance telle qu'elle est mentionnée dans l'acte de donation.

Passif déductible en cas de donation. Dettes pouvant être prises en compte : dettes contractées par le donateur pour l'acquisition ou dans l'intérêt des biens objets de la donation, qui sont mises à la charge du donataire dans l'acte de donation et dont la prise en charge par le donataire est notifiée au créancier. Contrôle de l'effectivité des dettes et de leur paiement par le donataire. Conséquences sur d'autres impôts et notamment sur la taxe de publicité foncière. * BOI-ENR-DMTG-20-30-10 nᵒˢ 130 à 300 du 27 mai 2013.

Art. 776 *ter* **Les donations de moins de quinze ans consenties aux petits-enfants en application de l'article 1078-4 du code civil ne sont pas rapportables dans la succession de leur père ou mère.**

Art. 776 *quater* **Les frais de reconstitution des titres de propriété d'immeubles ou de droits immobiliers engagés dans les vingt-quatre mois précédant une donation entre vifs pour permettre de constater le droit de propriété du donateur et mis à la charge de ce dernier par le notaire sont admis, sur justificatifs, en déduction de la valeur déclarée des biens transmis, dans la limite de cette valeur, à la condition que les attestations notariées, mentionnées au 3° de l'article 28 du décret n° 55-22 du 4 janvier 1955 portant réforme de la publicité foncière, relatives à ces biens aient été publiées dans les six mois précédant l'acte de donation.**

Frais de reconstitution des titres de propriété d'immeubles. Conditions de déductibilité de ces frais. * BOI-ENR-DMTG-20-30-10 nᵒˢ 320 à 360 du 30 oct. 2014.

C TARIF ET LIQUIDATION

1 TARIF

Art. 777 **Les droits de mutation à titre gratuit sont fixés aux taux indiqués dans les tableaux ci-après, pour la part nette revenant à chaque ayant droit :**

TABLEAU I. – *Tarif des droits applicables en ligne directe*

(Tableau mod. par L. n° 2011-900 du 29 juill. 2011, art. 6)

FRACTION DE PART NETTE TAXABLE	TARIF APPLICABLE en %
N'excédant pas 8 072 €	5
Comprise entre 8 072 € et 12 109 €	10
Comprise entre 12 109 € et 15 932 €	15
Comprise entre 15 932 € et 552 324 €	20
Comprise entre 552 324 € et 902 838 €	30
Comprise entre 902 838 € et 1 805 677 €	40 *[antérieurement : 35]*
Au-delà de 1 805 677 €	45 *[antérieurement : 40]*

TABLEAU II. – *Tarif des droits applicables entre époux et entre partenaires liés par un pacte civil de solidarité*

(Tableau mod. par L. n° 2011-900 du 29 juill. 2011, art. 6)

FRACTION DE PART NETTE TAXABLE	TARIF applicable en %
N'excédant pas 8 072 €	5
Comprise entre 8 072 € et 15 932 €	10
Comprise entre 15 932 € et 31 865 €	15
Comprise entre 31 865 € et 552 324 €	20
Comprise entre 552 324 € et 902 838 €	30
Comprise entre 902 838 € et 1 805 677 €	40 *[antérieurement : 35]*
Au-delà de 1 805 677 €	45 *[antérieurement : 40]*

TABLEAU III. – *Tarif des droits applicables en ligne collatérale et entre non-parents*

FRACTION DE PART NETTE TAXABLE	TARIF applicable en %
Entre frères et sœurs vivants ou représentés :	
N'excédant pas 24 430 €	35
Supérieure à 24 430 €	45
Entre parents jusqu'au 4e degré inclusivement	55
Entre parents au-delà du 4e degré et entre personnes non parentes	60

Sous réserve des exceptions prévues au I de l'article 794 et aux articles 795 et 795-0 A, les dons et legs faits aux établissements publics ou d'utilité publique sont soumis aux tarifs fixés pour les successions entre frères et sœurs.

1. Constitutionnalité de l'art. 777 (tableau III). Il n'y a pas lieu de saisir le Conseil constitutionnel sur la constitutionnalité de l'application aux neveux et nièces héritant de leur propre chef du tarif applicable aux successions entre parents jusqu'au quatrième degré inclusivement. • Com. 18 mars 2011 : *RJF 2011. 870.*

2. Donation au profit d'un époux sous le régime de la communauté universelle. Lorsqu'une mutation à titre gratuit est consentie au profit d'un seul des époux mariés sous le régime de la communauté universelle, les droits sont liquidés en tenant compte du lien de parenté existant entre le testateur et l'époux gratifié sur la totalité de la valeur du bien transmis. * Rép. min. n° 10286 : *JO Sénat Q, 31 août 1995, p. 1673.*

3. Conjoint survivant d'un mariage à titre posthume. L'art. 171 C. civ. permet la célébration d'un mariage posthume, sur autorisation du Président de la République pour des motifs graves. Ce texte prévoit que les effets du mariage posthume remontent à la date du jour précédant celui du décès de l'époux, et que ce mariage n'entraîne aucun droit successoral légal au profit de l'époux survivant. Toutefois, les legs ou donations à cause de mort que l'époux défunt aurait consentis à la personne qui est devenue son conjoint doivent être soumis au régime fiscal des transmissions entre époux. * Rép. min. n° 88311 : *JOAN Q, 16 mai 2006, p. 5187.* * BOI-ENR-DMTG-10-50-30 n° 40 du 29 sept. 2014.

4. Recel successoral. En cas de recel successoral, les biens recelés font partie de la succession mais sont attribués aux héritiers non receleurs. L'héritier receleur ne peut donc se voir taxer sur la valeur des biens qu'il ne reçoit pas. • Com. 9 mars 2010 : ⚖ *RJF 2010. 647 ; Dr. fisc. 2010. 317.*

5. PACS et partenariats civils conclus à l'étranger. Les partenariats civils conclus à l'étranger produisent les mêmes effets qu'un PACS dès lors qu'ils répondent aux mêmes conditions que celui-ci. * BOI-ENR-DMTG-20-30-20-20 n° 30 du 21 janv. 2013.

Art. 777 *bis* *Abrogé par L. n° 2007-1223 du 21 août 2007, art. 8-III et XXII, applicable aux successions ouvertes et aux donations consenties à compter du 22 août 2007.*

Art. 778 Bénéficient du tarif de la ligne directe les libéralités faites au profit d'enfants abandonnés par suite d'événements de guerre, lorsqu'ils ont reçu dans leur minorité des secours et des soins non interrompus pendant cinq ans au moins de la part du disposant et que celui-ci n'a pu légalement les adopter.

Art. 778 *bis* La donation-partage consentie en application de l'article 1076-1 du code civil est soumise au tarif en ligne directe sur l'intégralité de la valeur du bien donné.

Donations-partages conjonctives. Modalités de taxation. * BOI-ENR-DMTG-20-20-10 n°s 130 à 150 du 12 sept. 2012.

2 LIQUIDATION

a *DISPOSITIONS COMMUNES AUX SUCCESSIONS ET AUX DONATIONS*

Art. 779 I. — Pour la perception des droits de mutation à titre gratuit, il est effectué un abattement de 100 000 € sur la part de chacun des ascendants et sur la part de chacun des enfants vivants ou représentés par suite de prédécès ou de renonciation. »

Entre les représentants des enfants prédécédés ou renonçants, cet abattement se divise d'après les règles de la dévolution légale.

En cas de donation, les enfants décédés du donateur sont, pour l'application de l'abattement, représentés par leurs descendants donataires dans les conditions prévues par le code civil en matière de représentation successorale.

II. — Pour la perception des droits de mutation à titre gratuit, il est effectué un abattement de 159 325 € sur la part de tout héritier, légataire ou donataire, incapable de travailler dans des conditions normales de rentabilité, en raison d'une infirmité physique ou mentale, congénitale ou acquise.

Un décret en Conseil d'État détermine les modalités d'application du premier alinéa. *— V. Ann. II, art. 293 et 294.*

III. — Abrogé.

IV. — Pour la perception des droits de mutation à titre gratuit, il est effectué en cas de donation ou, lorsque les dispositions de l'article 796-0 *ter* ne sont pas applicables, en cas de succession, un abattement de 15 932 € sur la part de chacun des frères ou sœurs vivants ou représentés par suite de prédécès ou de renonciation.

Entre les représentants des frères et sœurs prédécédés ou renonçants, cet abattement se divise d'après les règles de dévolution légale.

V. — Pour la perception des droits de mutation à titre gratuit, il est effectué un abattement de 7 967 € sur la part de chacun des neveux et nièces.

VI. — Abrogé.

1. Petits-enfants venant à une succession par suite de la renonciation de leur auteur enfant unique. Les petits-enfants qui succèdent à un de leurs grands-parents après renonciation de leur père ou mère, enfant unique, ne peuvent plus bénéficier de l'abattement en ligne directe qui aurait été accordé à leur auteur s'il avait accepté la succession, mais seulement de celui applicable à défaut d'un autre abattement. * Rescrit 26 juill. 2011, *n° 2011/22 ENR.*

2. Personnes handicapées. L'abattement prévu par le II en faveur des personnes handicapées est accordé : à un légataire en retraite ayant subi une infirmité au cours de sa vie active lorsque cette infirmité l'a empêché de se livrer dans des conditions normales de rentabilité à une activité professionnelle et, par conséquent, lorsqu'elle a eu une incidence sur le montant de la retraite qu'il percevait au jour de l'ouverture de la succession. • Com. 17 juill. 2001, n° 98-13.651, *M. Gouyou : D. 2001. IR 2724 ; JCP 2001. IV. 2747 ; RJF 2001. 1456 ; JCP éd. N 2001, p. 1736, chron. Faucher.* ♦ ... A une personne reconnue invalide à 80 %, dont l'état a eu pour conséquence une mise à la retraite anticipée pour invalidité, et alors que, si elle avait pu poursuivre son activité jusqu'à l'âge légal de la retraite, elle aurait perçu une pension d'un montant plus élevé que celle qu'elle perçoit. • Com. 9 juin 2004, n° 01-16.807 : *Dr. fisc. 2004. 860* • Nîmes, 2 déc. 2003, n° 01-2475 : *RJF 2004. 1199.*

3. Il résulte des termes de l'art. 779-II et de l'art. 294 de l'annexe II qu'un héritier, légataire ou donataire, a droit au bénéfice de l'abattement sur les droits de mutation à titre gratuit à la seule condition qu'il établisse que son infirmité ne lui permet pas de travailler dans des conditions normales de rentabilité, sans qu'y fasse obstacle le fait qu'il parviendrait néanmoins à satisfaire les besoins de son existence. Dès lors, en indiquant que, pour ouvrir droit à l'abattement, « l'infirmité doit empêcher celui qui l'invoque de subvenir à ses besoins », la documentation de base 7 G-2423 (à jour au 20 déc. 1996) méconnaît le sens et restreint la portée des dispositions qu'elle entend expliciter. • CE 5 janv. 2005, n° 261049 : *RJF 2005. 280 ; concl. Glaser au BDCF 3/05, n° 36 ; Dr. fisc. 2005. 390, concl. Glaser ; Defrenois 2005, p. 878, note Douet.* ♦ En prévoyant que seules les personnes atteintes d'une infirmité les empêchant de travailler dans des conditions normales de rentabilité peuvent bénéficier de l'abattement sur les droits de mutation à titre gratuit, le législateur a implicitement mais nécessairement entendu exclure du bénéfice de cet avantage fiscal les personnes qui sont atteintes d'une infirmité après la période généralement considérée comme celle de la vie active. • Même arrêt.

4. L'application de l'abattement ne résulte pas de la seule prise en compte d'un handicap réel, mais est également justifiée par des considérations économiques liées à l'incapacité des intéressés *de travailler dans des conditions normales* de rentabilité. A cet égard, lorsque la qualité de travailleur handicapé est reconnue par la CDAPH, la circonstance pour une personne physique handicapée d'occuper un emploi aménagé, lui procurant de ce fait une rémunération modeste, n'est pas de nature à faire obstacle à l'application de l'abattement. * BOI-ENR-DMTG-10-50-20 n° 120 du 21 janv. 2013.

5. L'incapacité de travailler dans des conditions normales de rentabilité s'apprécie à la date de l'ouverture de la succession et le caractère probatoire des documents produits ne peut être contesté du fait qu'ils ont été établis postérieurement à l'ouverture de la succession. • Paris, 17 mai 2001, n° 00-181 : *Dr. fisc. 2001. 1191.*

6. Pour apprécier si l'infirmité invoquée justifie l'application de l'abattement, il convient de rechercher si le handicap physique congénital invoqué n'a pas empêché la personne concernée de faire des études, de valider des diplômes et d'élaborer un plan de carrière, de sorte qu'elle ne pouvait pas travailler dans les conditions normales de rentabilité qu'elle aurait connues sans son handicap. Le fait qu'elle ait occupé un emploi stable dans une banque avec une rémunération correspondante non négligeable ne suffit pas à écarter l'application de l'abattement. • Com. 19 déc. 2006, n° 05-14.187 : *Dr. fisc. 2007. 1028.*

7. Abattements entre frères et sœurs. Depuis le 1er janv. 2007, les représentants d'un renonçant ou d'un prédécédé se partagent l'abattement personnel dont aurait dû bénéficier ce dernier. Il en résulte que les neveux ou nièces, ou les petits-neveux ou petites-nièces, voire arrière-petits-neveux ou arrière-petites-nièces, venant à la succession de leur oncle ou de leur tante par représentation de leur auteur bénéficient désormais de l'abattement prévu à l'art. 779-IV, abattement qu'ils se partagent. * BOI-ENR-DMTG-10-50-80 n° 390 du 24 août 2017.

8. Abattement entre neveux et nièces. Il convient d'entendre par « neveu et nièce » les seuls enfants des frères et sœurs du donateur ou du défunt à l'exclusion de ceux du conjoint de ce dernier. * Rép. min. n° 63950 : *JOAN Q, 30 juin 2015, p. 5033.*

9. Neveux et nièces héritant par représentation ou de leur propre chef. L'abattement et le tarif applicables en matière de droits de succession aux neveux ou nièces venant à la succession de leur oncle ou de leur tante par représentation de leur auteur sont ceux prévus entre frères et sœurs. Les successions recueillies par les neveux et nièces bénéficient de l'abattement personnel prévu à l'art. 779-V CGI. Cet abattement est le seul à s'appliquer lorsque le neveu ou la nièce est appelé à la succession de son propre chef. * BOI-ENR-DMTG-10-50-80 n° 330 du 24 août 2017.

10. Lorsqu'un neveu venant à la succession de son oncle par représentation est également bénéficiaire d'un legs consenti par le défunt, il convient de procéder à une double liquidation : d'une part les biens recueillis en vertu de la dévolution légale (abattement et tarif applicables entre frères et sœurs), d'autre part les biens recueillis en vertu du legs (abattement et tarif applicables aux neveux et nièces). ♦ Le même principe s'applique lorsque le neveu est également bénéficiaire d'un contrat d'assurance vie souscrit par son oncle, les primes provenant du contrat bénéficiant alors de l'abattement spécifique pour les primes, puis de l'abattement et du tarif applicables aux neveux et nièces. * BOI-ENR-DMTG-10-50-80 n° 390 du 24 août 2017.

Art. 780 *(Abrogé par L. n° 2016-1917 du 29 déc. 2016, art. 32-I-7° et II-A, pour les successions ouvertes et les donations effectuées à compter du 1er janv. 2017)* ***Lorsqu'un héritier, donataire ou légataire a trois enfants ou plus, vivants ou représentés au jour de la donation ou au moment de l'ouverture de ses droits à la succession, il bénéficie, sur l'impôt à sa charge liquidé conformément aux dispositions des articles 777, 779, 788, 790 B, 790 D, 790 E et 790 F, d'une réduction de 100 % qui ne peut, toutefois, excéder 305 € par enfant en sus du deuxième. Ce maximum est porté à 610 € en ce qui concerne les donations et successions en ligne directe et les donations entre époux ou partenaires liés par un pacte civil de solidarité.***

Le bénéfice de cette disposition est subordonné à la production soit d'un certificat de vie dispensé d'enregistrement, pour chacun des enfants vivants des héritiers, donataires ou légataires et des représentants de ceux prédécédés, soit d'une expédition de l'acte de décès de tout enfant décédé depuis l'ouverture de la succession.

Art. 781 *(Abrogé par L. n° 2016-1917 du 29 déc. 2016, art. 32-I-7° et II-A, pour les successions ouvertes et les donations effectuées à compter du 1er janv. 2017)* ***Est compté comme enfant vivant ou représenté de l'héritier, donataire ou légataire pour l'application de l'article 780, l'enfant qui :***

1° Est décédé après avoir atteint l'âge de 16 ans révolus ;

2° Étant âgé de moins de 16 ans, a été tué par l'ennemi au cours des hostilités, ou est décédé des suites de faits de guerre, soit durant les hostilités, soit dans l'année à compter de leur cessation.

Le bénéfice de cette disposition est subordonné à la production dans le premier cas, d'une expédition de l'acte de décès de l'enfant et, dans le second cas, d'un acte de notoriété délivré sans frais par le juge du tribunal d'instance du domicile du défunt et établissant les circonstances de la blessure ou de la mort.

Art. 782 **Les droits de mutation à titre gratuit dus par les mutilés de guerre frappés d'une invalidité de 50 % au minimum sont réduits de moitié sans que la réduction puisse excéder 305 €.**

Art. 783 **Sous réserve de traités de réciprocité, les réductions d'impôts ou de taxes, les dégrèvements à la base, les déductions accordées par les lois en vigueur pour des raisons de charges de famille ne sont applicables qu'aux citoyens français et aux personnes originaires de Saint-Pierre-et-Miquelon, de Mayotte, de Nouvelle-Calédonie, de Polynésie française, des îles Wallis-et-Futuna et des Terres australes et antarctiques françaises.**

Art. 784 **Les parties sont tenues de faire connaître, dans tout acte constatant une transmission entre vifs à titre gratuit et dans toute déclaration de succession, s'il existe ou non des donations antérieures consenties à un titre et sous une forme quelconque par le donateur ou le défunt aux donataires, héritiers ou légataires et, dans l'affirmative, le montant de ces donations ainsi que, le cas échéant, les noms, qualités et résidences des officiers ministériels qui ont reçu les actes de donation, et la date de l'enregistrement de ces actes.**

La perception est effectuée en ajoutant à la valeur des biens compris dans la donation ou la déclaration de succession celle des biens qui ont fait l'objet de donations antérieures, à l'exception de celles passées depuis plus de quinze ans, et, lorsqu'il y a lieu à application d'un tarif progressif, en considérant ceux de ces biens dont la transmission n'a pas encore été assujettie au droit de mutation à titre gratuit comme inclus dans les tranches les plus élevées de l'actif imposable. — *V. Cons. const. n° 91-302 DC du 30 déc. 1991. — V. également note ss. l'art. et LPF, art. L. 181 B.*

Pour le calcul des abattements et réductions édictés par les articles 779, *(Abrogé par L. n° 2016-1917 du 29 déc. 2016, art. 32-I-1° et II-A, pour les successions ouvertes et les donations effectuées à compter du 1er janv. 2017)* **« 780, » 790 B, 790 D, 790 E et 790 F, il est tenu compte des abattements et des réductions effectués sur les donations antérieures visées au deuxième alinéa consenties par la même personne.**

Pour l'application du deuxième alinéa de l'art. 784 CGI aux donations passées dans les dix années précédant le 31 juill. 2011, il est appliqué un abattement sur la valeur des biens ayant fait l'objet de la donation, à hauteur de :

— 10 % si la donation est passée depuis plus de six ans et moins de sept ans ;

— 20 % si la donation est passée depuis sept ans et moins de huit ans ;

— 30 % si la donation est passée depuis huit ans et moins de neuf ans ;

— 40 % si la donation est passée depuis neuf ans et moins de dix ans ou depuis dix ans (L. n° 2011-900 du 29 juill. 2011, art. 7-III, abrogé par L. n° 2012-958 du 16 août 2012, art. 5-III et IV-1, applicable aux successions ouvertes et aux donations consenties à compter du 17 août 2012).

Pour l'application de l'art. 784, il n'est pas tenu compte des dons de sommes d'argent consentis entre le 1er juin 2004 et le 31 déc. 2005 à certains membres de la famille, dans les conditions et limites prévues à l'art. 1er de la L. n° 2004-804 du 9 août 2004.

BIBL. ▶ COUDERC, *BFL 2017. 417* (le délai de rappel fiscal des donations antérieures à l'épreuve des principes de sécurité juridique et de confiance légitime).

1. Constitutionnalité. Les modifications successives du délai de rappel fiscal ayant altéré avec effet rétroactif les droits acquis entre la date des donations (date à laquelle le délai de rappel fiscal était de dix ans) et le jour du décès (date à laquelle le délai avait été porté à quinze ans) n'ont pas porté atteinte aux principes de la garantie des droits et de la protection de la propriété privée, mais ces dispositions ne sauraient, sans porter atteinte aux situations légalement acquises, avoir pour objet ou pour effet de conduire à appliquer des règles d'assiette ou de liquidation autres que celles qui étaient applicables à la date de chaque fait générateur d'imposition. • Cons. const. 9 déc. 2016, *Clamagirand,* n° 2016-603 QPC : *JO 14 déc. ; RJF 2017. 161 ; Dr. fisc. 2017. 168, note Hannecart-Weyth.*

2. Donations rapportables. Régime applicable à compter du 17 août 2012. * BOI-ENR-DTMG-10-50-50 du 21 avr. 2016.

3. Donation indirecte. L'existence d'une donation indirecte implique que les conditions définies à l'article 894 C. civ. soient réunies (*animus donandi*, dessaisissement irrévocable et acceptation). Il suffit que la preuve de l'une de ces conditions ne soit pas rapportée pour que la qualification de donation indirecte soit écartée. • Paris, 18 sept. 2003, n° 02-8645 : *RJF 2004. 322.* ♦ Tel est le cas d'un contrat d'assurance vie souscrit conjointement par deux personnes, dès lors que la faculté de rachat dont bénéficiait chaque souscripteur pendant la durée du contrat excluait qu'*il se soit dépouillé irrévocablement* au sens de l'art. 894 C. civ. • Com. 28 juin 2005, n° 1001FS-D : *RJF 2005. 1315 ; Dr. fisc. 2005. 702.* ♦ V. égal. notes ss. art. 750 *ter*.

4. Donations indirectes rapportables. Cas d'absence de paiement de la rente viagère annuelle en contrepartie d'une donation de biens immobiliers. • Com. 20 oct. 1998, n° 96-20.960 P : *Dr. fisc. 1999. 46 ; Defrénois 1999, art. 37007, p. 734, note A. Chappert ; BOI 7 G-3-00.* ♦ Contrat d'assurance vie par lequel le souscripteur se dépouille irrévocablement et sans contrepartie au profit des assurés. • Com. 1er déc. 1998, n° 96-16.010 : *Dr. fisc. 1999. 198* * Note 9 févr. 2000 : *BOI 7 G-3-00.* ♦ Un contrat d'assurance vie peut être requalifié en donation si les circonstances dans lesquelles son bénéficiaire a été désigné révèlent la volonté du souscripteur de se dépouiller de manière irrévocable. Cas du souscripteur d'un contrat d'assurance vie, qui se sait atteint d'un cancer, qui a souscrit des contrats dont les primes correspondent à 82 % de son patrimoine et qui a désigné, trois jours avant son décès, comme seule bénéficiaire, la personne qui était depuis peu sa légataire universelle. Absence d'aléa ; caractère illusoire de la faculté de rachat ; existence d'une volonté actuelle et irrévocable de se dépouiller. Opération assujettie aux droits de mutation à titre gratuit prévus à l'art. 784. • Com. 21 déc. 2007, n° 06-12.769 (n° 261 FS-PBRI), *Giusti : RJF 2008. 370, obs. Hatoux ; Dr. fisc. 2008. 217, note Deboissy ; D. 2008. 218, obs. Bruguière-Fonteville.*

5. Trust américain. Dès lors que le constituant du trust s'est défait irrévocablement de la propriété des biens portés par le trustee pour le compte des bénéficiaires désignés, lesquels ont acquis cette propriété à la clôture du trust provoquée par son décès, le juge en déduit, à bon droit, qu'est ainsi caractérisée une mutation à titre gratuit ayant pris effet au jour du décès du constituant et non au jour de la constitution du trust. • Com. 15 mai 2007, n° 05-18.268 (n° 739 FS-PBIR), *Crts Tardieu de Maleissye : RJF 2007. 1170, chron. Hatoux, p. 813.*

6. Biens transmis via un trust. Rappel fiscal. * BOI-ENR-DTMG-30 nos 200 et 210 du 16 oct. 2012.

7. Don manuel non révélé. Les dons manuels consentis aux héritiers du donateur et non révélés à l'Administration avant le décès de celui-ci, et qui, par conséquent, n'ont pas encore été assujettis au droit de mutation à titre gratuit, sont inclus dans l'actif successoral imposable. Dès lors, les droits rappelés constituent des droits de mutation par décès et la solidarité prévue par l'art. 1709 est applicable aux cohéritiers. • Com. 31 mars 2004, n° 625FS-PB : *RJF 2004. 801.*

8. Présents d'usage. Ils ne sont pas soumis aux dispositions des art. 852 C. civ. et 784 CGI. Tel est le cas lorsque le montant des chèques (200 000 F au total) remis par la donatrice, à l'occasion des fêtes de Noël, à ses deux enfants pour leur famille, ne paraît pas excessif eu égard à la situation de fortune de celle-ci (8 200 000 F). • Paris, 11 avr. 2002, n° 01-3791 : *Dr. fisc. 2002. 619 ; Dr. fam. 2002. 123, note F. D. ; JCP N 2002. 1724, chron. Faucher.* ♦ Il en est de même de deux chèques de 7 500 €, remis par le défunt à ses légataires universels le jour de Noël, ne constituant, compte tenu des circonstances de leur remise, un jour de fête, et de l'état de fortune du défunt, qui ne permet pas de qualifier les sommes versées d'excessives, que des présents d'usage non rapportables à la succession au titre des donations antérieures. • Orléans 11 oct. 2007, n° 06-3246 : *RJF 2008. 899.* ♦ V. égal. note 15 ss. art. 757.

9. La distinction entre don manuel et présent d'usage est une question de fait. La qualification de présent d'usage pour un cadeau consenti résulte donc, au plan civil comme au plan fiscal, d'un examen des circonstances concrètes de chaque affaire, incompatible avec l'application de critères normatifs préétablis. Dès lors, l'administration fiscale ne fixe aucune règle de proportionnalité du présent par rapport à la fortune ou aux revenus du donateur et apprécie au cas par cas la nature du don, en fonction de l'ensemble des circonstances de fait ayant entouré la libéralité, et sous le contrôle souverain des juges du fond. * BOI-ENR-DMTG-20-10-20-10 n° 260 du 28 janv. 2014.

10. Gains d'un pari collectif. Lorsque plusieurs joueurs se groupent pour acheter en commun un billet de loterie, ils se donnent tacitement mandat réciproque de percevoir le gain éventuel, à charge pour celui qui le reçoit au nom des autres de le partager. La répartition des gains peut faire l'objet d'une convention entre les joueurs, prévoyant un partage qui ne soit pas exactement proportionnel au montant de la mise de chacun mais qui tienne compte, par exemple, d'un souci de simplification ou de la volonté de reconnaître le rôle prééminent de celui ou celle qui a forcé le hasard en choisissant les numéros gagnants. Les attributions ainsi faites ne sauraient être considérées comme constituant des donations rapportables à la succession du mandataire, seul porteur du reçu gagnant, en application de l'art. 784. • Orléans, 14 oct. 2002, n° 00-3019 : *Dr. fisc. 2003. 647 ; RJF 2004. 190 ; JCP N 2004, p. 608, note Douet.*

11. Actif à réintégrer. Il doit être obligatoirement évalué à la valeur des biens donnés à la date du décès du donateur (fait générateur des droits de succession) d'après leur état à l'époque de la donation. * Rép. min. n° 62054 : *JOAN Q, 14 déc. 1992, p. 5642.* ♦ Mais, d'une manière générale, les dons de sommes d'argent sont retenus pour leur montant nominal. * BOI-ENR-DMTG-10-50-50 n° 80 du 21 avr. 2016. ♦ Par suite, lorsque la libéralité a été accomplie au moyen de la remise d'un chèque, il ne peut être tenu compte de l'usage que le donataire a pu faire de la somme donnée (en l'espèce, valeur du bien acquis). • Com. 20 oct. 1998, n° 96-20.960 : *préc. note 4.*

12. Rapport fiscal des dons manuels. En matière de droits de mutation à titre gratuit, la valeur imposable des biens transmis est constituée par leur valeur vénale au jour du fait générateur de l'impôt. S'agissant des dons manuels, il résulte de l'art. 757 que le fait générateur des droits est constitué soit par l'acte renfermant la déclaration de ce don par le donataire ou ses représentants, soit par sa reconnaissance judiciaire, soit enfin par sa révélation à l'administration par le donataire. En application de l'art. 784, la réintégration à l'actif de succession des dons manuels de sommes d'argent se fait pour la valeur nominale de la somme donnée, sans réévaluation et sans tenir compte des éventuels emplois effectués avec cette somme. En effet, l'art. 784 précise que c'est la valeur des biens compris dans la donation antérieure qui est ajoutée à celle des biens objets de la nouvelle mutation à titre gratuit. Or, s'agissant d'un don manuel de sommes d'argent, celui-ci, conformément à la jurisprudence (• Com. 20 oct. 1998, n° 96-20.960 : *préc. note 4*), ne peut être rapporté que pour son montant nominal. * BOI-ENR-DMTG-10-50-50 n° 80 du 21 avr. 2016.

13. Obligations des redevables en cas de donations antérieures. Le légataire particulier est partie à la déclaration de succession au sens de l'art. 784 et a, en sa qualité de successible, l'obligation de déclarer les sommes dont il a antérieurement bénéficié, peu important que la déclaration de succession ne soit établie ou déposée que par l'exécuteur testamentaire. • Com. 1er juill. 2008, n° 07-14.332 : *RJF 2008. 1259 ; Dr. fisc. 2008. 496, note Maublanc.*

Art. 784 A **Dans les cas définis aux 1° et 3° de l'article 750 *ter*, le montant des droits de mutation à titre gratuit acquitté, le cas échéant, hors de France est imputable *sur l'impôt* exigible en France. Cette imputation est limitée à l'impôt acquitté sur les biens meubles et immeubles situés hors de France.**

Art. 784 B **En cas de donation-partage faite à des descendants de degrés différents, les droits sont liquidés en fonction du lien de parenté entre l'ascendant donateur et les descendants allotis.**

Donations transgénérationnelles. Mode de liquidation des droits. * BOI-ENR-DMTG-20-20-10 n°s 170 à 230 du 12 sept. 2012 * BOI-ENR-DMTG-20-30-20-30 du 12 sept. 2012.

Art. 784 C **Dans le cas de libéralités graduelles ou résiduelles telles que visées aux articles 1048 à 1061 du code civil, lors de la transmission, le légataire ou le donataire institué en premier est redevable des droits de mutation à titre gratuit sur l'actif transmis dans les conditions de droit commun. Le légataire ou donataire institué en second n'est redevable d'aucun droit.**

Au décès du premier légataire ou donataire, l'actif transmis est taxé d'après le degré de parenté existant entre le testateur ou le donateur et le second légataire ou donataire. Le régime fiscal applicable et la valeur imposable des biens transmis au second légataire ou donataire sont déterminés en se plaçant à la date du décès du premier gratifié.

Les droits acquittés par le premier légataire ou donataire sont imputés sur les droits dus sur les mêmes biens par le second légataire ou donataire.

Libéralités graduelles et libéralités résiduelles. Régime fiscal. * BOI-ENR-DMTG-10-20-50-10 n°s 70 à 140 du 12 sept. 2012.

Art. 785 *Abrogé par L. n° 2006-1771 du 30 déc. 2006, art. 52.*

Art. 786 **Pour la perception des droits de mutation à titre gratuit, il n'est pas tenu compte du lien de parenté résultant de l'adoption simple.**

Cette disposition n'est pas applicable aux transmissions entrant dans les prévisions de l'alinéa 1er de l'article 368-1 du code civil, ainsi qu'à celles faites en faveur :

1° D'enfants issus d'un premier mariage du conjoint de l'adoptant ;

(L. n° 2021-1520 du 25 nov. 2021, art. 30-V) **« 2° De pupilles de l'État, de la Nation ou de la République ainsi que d'orphelins d'un parent mort pour la France ; »**

3° D'adoptés mineurs au moment du décès de l'adoptant ou d'adoptés mineurs au moment de la donation consentie par l'adoptant qui, pendant cinq ans au moins, ont reçu de celui-ci des secours et des soins non interrompus au titre d'une prise en charge continue et principale ;

3° *bis* D'adoptés majeurs qui, soit dans leur minorité et pendant cinq ans au moins, soit dans leur minorité et leur majorité et pendant dix ans au moins, auront reçu de l'adoptant des secours et des soins non interrompus au titre d'une prise en charge continue et principale ; — *Pour les droits de succession dont le fait générateur est antérieur à la date d'entrée en vigueur de la L. n° 2016-297 du 14 mars 2016, par dérogation à l'art. L. 247 LPF, l'administration procède, à la demande du contribuable, à la remise des droits restés impayés, pour la partie qui excède les droits qui auraient été dus si le I de l'art. 36 de ladite loi avait été en vigueur à la date du fait générateur (L. préc., art. 36-II).*

4° D'adoptés dont le ou les adoptants ont perdu, morts pour la France, tous leurs descendants en ligne directe ;

5° D'adoptés dont les liens de parenté avec la famille naturelle ont été déclarés rompus par le tribunal saisi de la requête en adoption, sous le régime antérieur à l'entrée en vigueur de la loi n° 66-500 du 11 juillet 1966 ;

6° Des successibles en ligne directe descendante des personnes visées aux 1° à 5° ;

7° D'adoptés, anciens déportés politiques ou enfants de déportés n'ayant pas de famille naturelle en ligne directe.

1. L'art. 786, *al. 1er et 5, CGI* qui conduit à liquider les droits selon le taux applicable aux tiers si l'adopté simple ne peut pas faire la preuve de ses relations personnelles avec l'adoptant, est conforme à la Constitution. • Cons. const. 28 janv. 2014, n° 2013-361 QPC : *RJF 2014. 369.*

2. L'adopté simple bénéficie du tarif en ligne directe lorsqu'il a reçu de l'adoptant des secours et des soins ininterrompus. Cette notion n'impose pas une prise en charge exclusive mais seulement continue et principale. • Com. 6 mai 2014 : *RJF 2014. 851 ; BDCF 2014. 87, avis Batut* * BOI-ENR-DMTG-10-50-80 n° 80 du 24 août 2017.

3. Dès lors qu'il est de notoriété publique que le défunt a élevé et entretenu l'adopté pendant dix ans au moins, au cours de sa minorité et de sa majorité, et qu'il avait en réalité un lien de filiation naturelle avec l'adopté, ce dernier peut bénéficier des dispositions de l'art. 786-3° et être taxé au tarif applicable en ligne directe pour les biens qu'il recueille dans la succession de l'adoptant. • Dijon, 17 juin 2003, n° 02-399 : *Dr. fisc. 2004. 308.*

4. L'adoptant doit en principe avoir assuré la totalité des frais d'éducation et d'entretien de l'adopté pendant le délai prévu et l'adopté qui demande le bénéfice de ces dispositions doit apporter la preuve qu'il a reçu de l'adoptant des secours et des soins non interrompus pendant ce délai. La circonstance que l'adopté a bénéficié d'un dispositif d'action sociale n'est pas de nature à le priver, à elle seule, pour la liquidation de la succession de l'adoptant, de l'application du tarif des droits de mutation en ligne directe. * BOI-ENR-DMTG-10-50-80 n° 80 du 24 août 2017.

5. Dès lors que l'adopté simple ne démontre pas qu'il a reçu, pendant dix ans durant sa minorité et sa majorité, des soins ininterrompus de la part de l'adoptant, il ne peut pas bénéficier du tarif applicable aux successions en ligne directe. Est notamment retenue la circonstance que l'intéressé n'a jamais cessé d'habiter chez ses parents qui pourvoyaient à titre principal à son éducation, à son entretien et à ses soins. • Com. 7 avr. 2009, n° 08-14.407 (n° 369 F-PB) : *RJF 2009. 795 ; Dr. fisc. 2009. 334.*

Art. 787 *Devenu sans objet (L. n° 72-3 du 3 janv. 1972, art. 1er).*

Art. 787 A **Les dons et legs consentis aux pupilles de l'État** *(L. n° 2021-1520 du 25 nov. 2021, art. 30-V)* **« , de la Nation ou de la République » et aux enfants visés au 3° de l'article L. 222-5 du code de l'action sociale et des familles bénéficient du régime fiscal des mutations à titre gratuit en ligne directe lorsque le donateur ou le défunt a pourvu à leur entretien pendant cinq ans au moins au cours de leur minorité.**

Art. 787 B **Sont exonérées de droits de mutation à titre gratuit, à concurrence de 75 % de leur valeur, les parts ou les actions d'une société ayant une activité industrielle, commerciale, artisanale, agricole ou libérale transmises par décès** *(L. n° 2019-486 du 22 mai 2019, art. 177-XI)* **« , entre vifs ou, en pleine propriété, à un fonds de pérennité mentionné à l'article 177 de la loi n° 2019-486 du 22 mai 2019 relative à la croissance et la transformation des entreprises » si les conditions suivantes sont réunies :**

a) **Les parts ou les actions mentionnées ci-dessus doivent faire l'objet d'un engagement collectif de conservation d'une durée minimale de deux ans en cours au jour de la transmission, qui a été pris par le défunt ou le donateur, pour lui et ses ayants cause à titre gratuit, avec d'autres associés.** *(L. n° 2018-1317 du 28 déc. 2018, art. 40-I-1°, en vigueur le 1er janv. 2019)* **« Le présent engagement peut être pris par une personne seule, pour elle et ses ayants cause à titre gratuit, sous les mêmes conditions. »**

Lorsque les parts ou actions transmises par décès n'ont pas fait l'objet d'un engagement collectif de conservation, un ou des héritiers ou légataires peuvent entre eux ou avec d'autres associés conclure dans les six mois qui suivent la transmission l'engagement prévu au premier alinéa ;

b) *(L. n° 2018-1317 du 28 déc. 2018, art. 40-I-2°-a, en vigueur le 1er janv. 2019)* **« 1. » L'engagement collectif de conservation doit porter sur au moins** *(L. n° 2018-1317 du 28 déc. 2018, art. 40-I-2°-a, applicable aux engagements collectifs souscrits à compter du 1er janv. 2019)* **« 10 % des droits financiers et 20 % » des droits de vote attachés aux titres émis par la société s'ils sont admis à la négociation sur un marché réglementé ou, à défaut, sur au moins** *(L. n° 2018-1317 du 28 déc. 2018, art. 40-I-2°-a, applicable aux engagements collectifs souscrits à compter du 1er janv. 2019)* **« 17 % des droits financiers et 34 % des droits de vote », y compris les parts ou actions transmises.**

Ces pourcentages doivent être respectés tout au long de la durée de l'engagement collectif de conservation. Les associés de l'engagement collectif de conservation peuvent effectuer entre eux des cessions ou donations des titres soumis à l'engagement. Ils peuvent également admettre un nouvel associé dans l'engagement collectif à condition que cet engagement collectif soit reconduit pour une durée minimale de deux ans.

L'engagement collectif de conservation est opposable à l'administration à compter de la date de l'enregistrement de l'acte qui le constate. Dans le cas de titres admis à la négociation sur un marché réglementé, l'engagement collectif de conservation est soumis aux dispositions de l'article L. 233-11 du code de commerce.

(L. n° 2018-1317 du 28 déc. 2018, art. 40-I-2°-b, applicable aux engagements collectifs réputés acquis à compter du 1er janv. 2019) **« 2. L'engagement collectif de conservation est réputé acquis lorsque les parts ou actions détenues depuis deux ans au moins, directement ou indirectement dans les conditions prévues au 3 du présent *b*, par une personne physique seule ou avec son conjoint, le partenaire avec lequel elle est liée par un pacte civil de solidarité ou son concubin notoire atteignent les seuils prévus au premier alinéa du 1, sous réserve que cette personne ou son conjoint, le partenaire lié à elle par un pacte civil de solidarité ou son concubin notoire exerce depuis deux ans au**

moins dans la société concernée son activité professionnelle principale ou l'une des fonctions énumérées au 1° du 1 du III de l'article 975 lorsque la société est soumise à l'impôt sur les sociétés. En cas de détention indirecte, l'exonération partielle est accordée dans les proportions et sous les conditions prévues au 3 du présent *b*. »

(L. n° 2018-1317 du 28 déc. 2018, art. 40-I-2°-c, en vigueur le 1er janv. 2019) **« 3. » Pour le calcul des pourcentages prévus au premier alinéa** *(L. n° 2018-1317 du 28 déc. 2018, art. 40-I-2°-c, en vigueur le 1er janv. 2019)* **« du 1 », il est tenu compte des titres détenus par une société possédant directement une participation dans la société dont les parts ou actions font l'objet de l'engagement collectif de conservation visé au *a* et auquel elle a souscrit.**

La valeur des titres de cette société qui sont transmis bénéficie de l'exonération partielle à proportion de la valeur réelle de son actif brut qui correspond à la participation ayant fait l'objet de l'engagement collectif de conservation ;

L'exonération s'applique également lorsque la société détenue directement par le redevable possède une participation dans une société qui détient les titres de la société dont les parts ou actions font l'objet de l'engagement de conservation.

Dans cette hypothèse, l'exonération partielle est appliquée à la valeur des titres de la société détenus directement par le redevable, dans la limite de la fraction de la valeur réelle de l'actif brut de celle-ci représentative de la valeur de la participation indirecte ayant fait l'objet d'un engagement de conservation.

Le bénéfice de l'exonération partielle est subordonné à la condition que les participations soient conservées inchangées à chaque niveau d'interposition pendant toute la durée de l'engagement collectif. Toutefois, le bénéfice du régime de faveur n'est pas remis en cause en cas d'augmentation de la participation détenue par les sociétés interposées.

***c)* Chacun des héritiers, donataires ou légataires prend l'engagement dans la déclaration de succession ou l'acte de donation, pour lui et ses ayants cause à titre gratuit, de conserver les parts ou les actions transmises pendant une durée de quatre ans à compter de la date d'expiration du délai visé au *a*.**

(L. n° 2018-1317 du 28 déc. 2018, art. 40-I-3°, en vigueur le 1er janv. 2019) **« Le cas échéant, la société dont les titres sont transmis, qui possède directement ou indirectement dans les conditions prévues au 3 du *b* une participation dans la société dont les parts ou actions font l'objet de l'engagement collectif de conservation mentionné au *a*, doit conserver cette participation durant cette même période ; »**

***d)* L'un des associés mentionnés au *a* ou l'un des héritiers, donataires ou légataires mentionnés au *c* exerce effectivement dans la société dont les parts ou actions font l'objet de l'engagement collectif de conservation pendant la durée de l'engagement prévu au *a* et, pendant les trois années qui suivent la date de la transmission, son activité professionnelle principale si celle-ci est une société de personnes visée aux articles 8 et 8 *ter*, ou l'une des fonctions énumérées au 1°** *(L. n° 2017-1837 du 30 déc. 2017, art. 31)* **« du 1 du III de l'article 975** *[ancienne rédaction : de l'article 885 O bis]* **» lorsque celle-ci est soumise à l'impôt sur les sociétés, de plein droit ou sur option ;**

***d bis)* Les parts ou actions ne sont pas inscrites sur un compte PME innovation mentionné à l'article L. 221-32-4 du code monétaire et financier. Le non-respect de cette condition par l'un des signataires jusqu'au terme du délai mentionné au *c* entraîne la remise en cause de l'exonération partielle dont il a bénéficié ;**

***e)* La déclaration de succession ou l'acte de donation doit être appuyée d'une attestation de la société dont les parts ou actions font l'objet de l'engagement collectif de conservation certifiant que les conditions prévues aux *a* et *b* ont été remplies jusqu'au jour de la transmission.**

(L. n° 2018-1317 du 28 déc. 2018, art. 40-I-4°, en vigueur le 1er janv. 2019) **« L'héritier, le donataire ou le légataire adresse, sur demande de l'administration et dans un délai de trois mois à compter de cette demande, une attestation, que la société dont les parts ou actions font l'objet des engagements de conservation mentionnés aux *a* et *c* lui transmet, certifiant que les conditions prévues aux *a* à *d* ont été respectées de manière continue depuis la date de la transmission.**

« Dans un délai de trois mois à compter du terme de l'engagement de conservation mentionné au *c*, l'héritier, le donataire ou le légataire adresse à l'administration une

attestation, que la société lui transmet, certifiant que les conditions prévues aux *a* à *d* ont été respectées jusqu'à leur terme.

« En cas de détention indirecte des parts ou actions faisant l'objet des engagements de conservation mentionnés aux *a* et *c*, chacune des sociétés composant la chaîne de participation transmet aux personnes soumises à ces engagements, dans les cas prévus aux deuxième et troisième alinéas du présent *e*, une attestation certifiant du respect, à son niveau, des obligations de conservation prévues aux *a* et *c* ; »

e bis) En cas de non-respect de la condition prévue au *a* par l'un des signataires, l'exonération partielle n'est pas remise en cause à l'égard des signataires autres que le cédant si :

1° Soit les titres que ces autres signataires détiennent ensemble respectent la condition prévue au *b* et ceux-ci les conservent jusqu'au terme initialement prévu ;

2° Soit le cessionnaire s'associe à l'engagement collectif à raison des titres cédés afin que le pourcentage prévu au *b* demeure respecté. Dans ce cas, l'engagement collectif est reconduit pour une durée minimale de deux ans pour l'ensemble des signataires.

(L. nº 2018-1317 du 28 déc. 2018, art. 40-I-5º, en vigueur le 1er janv. 2019) « *e ter)* En cas de non-respect de la condition de conservation prévue au *a*, par l'un des héritiers, donataires ou légataires à la suite de la cession ou de la donation, à un autre associé de l'engagement mentionné au *a* d'une partie des parts ou actions qui lui ont été transmises à titre gratuit, l'exonération partielle n'est remise en cause pour le cédant ou le donateur qu'à hauteur des seules parts ou actions cédées ou données ; »

(L. nº 2018-1317 du 28 déc. 2018, art. 40-I-6º, en vigueur le 1er janv. 2019) « *f)* En cas de non-respect des conditions prévues aux *a* et *c* par suite d'un apport partiellement rémunéré par la prise en charge d'une soulte consécutive à un partage ou d'un apport pur et simple de titres d'une société ayant une activité industrielle, commerciale, artisanale, agricole ou libérale à une société dont la valeur réelle de l'actif brut est, à l'issue de l'apport et jusqu'au terme des engagements de conservation mentionnés aux *a* et *c*, composée à plus de 50 % de participations dans la société soumises à ces engagements, l'exonération partielle n'est pas remise en cause si les conditions suivantes sont réunies :

« 1° Les trois quarts au moins du capital et des droits de vote y afférents de la société bénéficiaire de l'apport sont, à l'issue de l'apport, détenus par les personnes soumises aux obligations de conservation prévues aux *a* et *c*. Cette société est dirigée directement par une ou plusieurs de ces personnes. Les conditions tenant à la composition de l'actif de la société, à la détention de son capital et à sa direction doivent être respectées à l'issue de l'opération d'apport et jusqu'au terme des engagements mentionnés aux *a* et *c* ;

« 2° La société bénéficiaire de l'apport prend l'engagement de conserver les titres apportés jusqu'au terme des engagements mentionnés aux *a* et *c* ;

« 3° Les personnes mentionnées au 1°, associées de la société bénéficiaire des apports, doivent conserver, pendant la durée mentionnée au 2°, les titres reçus en contrepartie de l'opération d'apport.

« Le présent *f* s'applique également, sous les mêmes conditions, à l'apport de titres d'une société possédant directement une participation dans la société dont les parts ou actions font l'objet de l'engagement de conservation mentionné aux *a* ou *c*. Dans ce cas, à l'issue de l'apport et jusqu'au terme des engagements de conservation mentionnés aux *a* et *c*, la valeur réelle de l'actif brut de la société bénéficiaire de l'apport est composée à plus de 50 % de participations indirectes dans la société soumises aux obligations de conservation prévues aux *a* et *c* ; »

g) En cas de non-respect des conditions prévues aux *a* ou *b*, par suite d'une fusion ou d'une scission au sens de l'article 817 A *(L. nº 2018-1317 du 28 déc. 2018, art. 40-I-7º, en vigueur le 1er janv. 2019)* « , d'une augmentation de capital ou d'une offre publique d'échange préalable à une fusion ou une scission dès lors que cette fusion ou cette scission est opérée dans l'année qui suit la clôture de l'offre publique d'échange, » l'exonération partielle accordée lors d'une mutation à titre gratuit avant l'une de ces

opérations n'est pas remise en cause si les signataires respectent l'engagement prévu au a jusqu'à son terme. Les titres reçus en contrepartie de ces opérations doivent être conservés jusqu'au même terme. De même, cette exonération n'est pas non plus remise en cause lorsque la condition prévue au *b* n'est pas respectée par suite d'une annulation des titres pour cause de pertes ou de liquidation judiciaire ;

h) En cas de non-respect de la condition prévue au *c* par suite d'une fusion ou d'une scission au sens de l'article 817 A *(L. n° 2018-1317 du 28 déc. 2018, art. 40-I-8°, en vigueur le 1er janv. 2019)* **« , d'une augmentation de capital, ou d'une offre publique d'échange préalable à une fusion ou une scission dès lors que cette fusion ou cette scission est opérée dans l'année qui suit la clôture de l'offre publique d'échange, » l'exonération partielle accordée** *(L. n° 2018-1317 du 28 déc. 2018, art. 40-I-8°, en vigueur le 1er janv. 2019)* **« lors » de la mutation à titre gratuit n'est pas remise en cause si les titres reçus en contrepartie de ces opérations sont conservés par le signataire de l'engagement jusqu'à son terme.**

De même, cette exonération n'est pas remise en cause lorsque la condition prévue aux *b* ou *c* n'est pas respectée par suite d'une annulation des titres pour cause de pertes ou de liquidation judiciaire.

i) En cas de non-respect de la condition prévue au *c* par suite d'une donation, l'exonération partielle accordée au titre de la mutation à titre gratuit n'est pas remise en cause, à condition que le ou les donataires soient le ou les descendants du donateur et que le ou les donataires poursuivent l'engagement prévu au *c* jusqu'à son terme.

Les dispositions du présent article s'appliquent en cas de donation avec réserve d'usufruit à la condition que les droits de vote de l'usufruitier soient statutairement limités aux décisions concernant l'affectation des bénéfices.

Un décret en Conseil d'État détermine les modalités d'application du présent article, notamment les obligations déclaratives incombant aux redevables et aux sociétés. — *V. Ann. II, art. 294 bis à 294 quater.*

Les dispositions du présent art. issues du B du I de l'art. 31 de la L. n° 2017-1837 du 30 déc. 2017 s'appliquent au titre de l'impôt sur la fortune immobilière dû à compter du 1er janv. 2018. Toutefois, les dispositions modifiées par le même B du I continuent de s'appliquer, dans leur rédaction en vigueur au 31 déc. 2017, à l'impôt de solidarité sur la fortune dû jusqu'au titre de l'année 2017 incluse (L. préc., art. 31-IX-B).

BIBL. ▶ ARNAUD-EMERY, *Dr. fisc. 2012. 371* (pacte Dutreil : les apports de l'instruction administrative du 22 mars 2012). – BAFFOY, *JCP N 2000. 389* (formules). – BONDUELLE et TERRIER, *JCP N 2003. 1206* (transmission d'entreprise : engagez-vous !). – DESLANDES, *JCP N 2002. 529* (allègement des droits de succession sur les transmissions d'entreprises sociétaires). – DAVID, *BJS 2000. 247* (transmission successoral de l'entreprise). – FRULEUX, *Dr. fisc. 2021. Étude 195* (exonération Dutreil, holdings animatrices et activités mixtes). – GIRAY, *JCP N 2007. 1160* (loi Dutreil : l'engagement de conservation « réputé acquis » ou les vertus fiscales d'un contrat tacite). – VIDALENC, *JCP N 2001. 108 et 710* (l'engagement de conservation dans les successions d'entreprises sociétaires).

1. Doctrine administrative. Les transmissions à titre gratuit d'entreprises, exploitées sous la forme sociale ou individuelle, bénéficient, en application des art. 787 B et 787 C, d'une exonération partielle de droits de mutation à titre gratuit à concurrence de 75 % de leur valeur. Cette exonération partielle est subordonnée au respect de conditions différentes selon la forme d'exploitation de l'entreprise, sociale ou individuelle, et selon la nature de la transmission à titre gratuit, en pleine propriété ou avec réserve d'usufruit. Commentaire d'ensemble. * BOI-ENR-DMTG-10-20-40 et 10-20-40-10 à 120-20-40-40 du 6 avr. 2021.

2. Les art. 787 B et 787 C, modifiés par la L. n° 2005-882 du 2 août 2005 en faveur des PME, prévoient une exonération partielle de droits de mutation à titre gratuit, à concurrence des trois quarts de leur valeur, sur les transmissions d'entreprises par décès ou entre vifs, que celles-ci soient exploitées sous la forme sociale ou sous la forme individuelle. Cette exonération partielle est subordonnée au respect de conditions différentes selon que l'entreprise est exploitée au travers d'une société ou sous la forme individuelle. Les modifications apportées par la loi précitée ont notamment eu pour objet d'étendre aux donations démembrées le bénéfice du régime d'exonération partielle. Ainsi, les dispositions précitées permettent dorénavant l'application de l'exonération partielle en cas de transmission de l'usufruit de parts ou actions de société ou de biens affectés à l'exploitation d'une entreprise individuelle. * BOI-ENR-DMTG-10-20-40-10 n° 300 du 6 avr. 2021.

3. Sociétés. Depuis l'entrée en vigueur de l'art. 40 de la L. n° 2018-1317 du 28 déc. 2018 de finances pour 2019, les titres d'EURL, d'EATL, de SASU peuvent bénéficier, dans les conditions de droit commun, de l'exonération partielle prévue à l'art. 787 B. Les dispositions de l'art. 787 C ne leur sont en revanche pas applicables. * BOI-ENR-DMTG-10-20-40-40 n° 10 du 6 avr. 2021.

4. Appréciation de la prépondérance de l'activité. Sont susceptibles de bénéficier de l'exonération partielle de droits de mutation à titre gratuit les parts ou actions d'une société qui, ayant également une activité civile autre qu'agricole ou libérale, exerce principalement une activité industrielle, commerciale, artisanale, agricole ou libérale, cette prépondérance s'appréciant en considération d'un faisceau d'indices déterminés d'après la nature de l'activité et les conditions de son exercice. • CE 23 janv. 2020, n° 435562 : *RJF 2020. 405, concl. Victor ; Dr. fisc. 2020. 155, note Lignereux.* ♦ Annulation du dernier al. du n° 20 du BOI-ENR-DMTG-10-20-40-10 précisant que « le caractère prépondérant de l'activité industrielle, commerciale, artisanale, agricole ou libérale s'apprécie au regard de deux critères cumulatifs que sont le chiffre d'affaires procuré par cette activité (au moins 50 % du montant du chiffre d'affaires total) et le montant de l'actif brut immobilisé (au moins 50 % du montant total de l'actif brut) ». • Même arrêt. ♦ Sont susceptibles de bénéficier de l'exonération partielle, les parts ou actions d'une société qui, ayant également une activité civile autre qu'agricole ou libérale, exerce principalement une activité industrielle, commerciale, artisanale, agricole ou libérale, cette prépondérance s'appréciant en considération d'un faisceau d'indices déterminés d'après la nature de l'activité et les conditions de son exercice. • CE 22 juill. 2020, n° 44008 : *RJF 2020. 961, concl. Victor.*

5. Bois et forêts. Groupements forestiers. L'exploitation forestière dont les revenus sont soumis au régime spécial prévu à l'art. 76 (forfait forestier) constitue pour l'application des art. 787 B et 787 C une activité agricole. Dès lors, la transmission à titre gratuit de bois et forêts ou de parts sociales de groupements forestiers est susceptible d'ouvrir droit au bénéfice de l'exonération de moitié sous réserve du respect des autres conditions prévues pour le bénéfice du régime. * BOI-ENR-DMTG-10-20-40-10 n° 40 du 6 avr. 2021.

6. Société étrangère. Les sociétés étrangères, *sous réserve que soient respectées* les conditions fixées par l'art. 787 B, peuvent bénéficier de l'exonération partielle prévue par ce texte. Dans ce cas, les conditions d'application de cette mesure sont identiques à celles exigées des sociétés françaises. * BOI-ENR-DMTG-10-20-40-10 n° 30 du 6 avr. 2021.

7. Engagements au nom d'un mineur. Lorsque les titres susceptibles de bénéficier du régime de faveur prévu à l'art. 787 B sont détenus par un mineur dont les biens font l'objet d'une administration légale pure et simple au sens de l'art. 389-1 C. civ., chacun des deux parents peut souscrire seul un engagement, qu'il soit collectif ou individuel, au nom de son enfant mineur. En cas d'administration légale sous contrôle judiciaire des biens d'un enfant mineur (C. civ., art. 389-2), le parent administrant le patrimoine du mineur a la capacité de signer, pour le compte du mineur, un engagement de conservation sans autorisation du juge des tutelles. * BOI-ENR-DMTG-10-20-40-10 n° 110 du 6 avr. 2021.

8. Engagement collectif de conservation des parts ou actions (pacte Dutreil). Cet engagement doit être pris par l'associé pour lui et ses ayants cause à titre gratuit. Une fois signé, l'engagement collectif de conservation des titres est figé et doit d'ailleurs comporter le nombre de titres que les signataires ont entendu soumettre à engagement. En effet, les seuils de 20 % ou 34 % (réduits à 10 % et 17 % depuis le 1er janv. 2019) prévus par l'art. 787 B constituent uniquement un minimum légal indispensable pour la conclusion d'un engagement collectif. Dès lors, si les signataires ont souscrit un engagement portant sur un nombre de titres supérieur aux seuils de 20 % ou 34 %, la cession à des non-signataires de titres compris dans cet engagement entraîne la remise en cause du régime de faveur. Cela étant, si cette cession intervient avant le fait générateur de l'impôt, soit avant la transmission à titre gratuit de l'entreprise, il appartiendra aux signataires de conclure, si cela n'a pas été d'ores et déjà effectué, un nouvel engagement collectif plus restreint pour bénéficier le moment venu du régime d'exonération partielle. Dans l'hypothèse où les titres soumis à engagement constituent des biens communs, c'est l'époux associé ou l'un des deux époux s'ils ont tous les deux la qualité d'associé qui a la capacité de signer l'engagement collectif de conservation. Dans cette hypothèse, l'époux non signataire, qu'il ait ou non la qualité d'associé, est réputé pour l'application du dispositif précité signataire de l'engagement. Dans ces conditions, lorsque le conjoint décède sans avoir pris la qualité d'associé et sans avoir pris part à la signature de l'engagement collectif qui se poursuit du chef du survivant, les titres ou la fraction des titres soumis à engagement inclus dans la succession d'un conjoint non associé sont susceptibles de bénéficier du régime de faveur. * BOI-ENR-DMTG-10-20-40-10 nos 70 à 260 du 6 avr. 2021.

9. En cas d'engagement collectif réputé acquis, la fonction de direction ne peut pas être exercée, après donation, par le donateur : en l'absence d'acte formel constatant l'engagement collectif de conservation des titres, la fonction de direction de la société doit, après la donation des titres, être exercée par l'un des donataires et non par le donateur sous peine de remise en cause de l'exonération. *Rép. min. n° 99759 : *JOAN Q, 7 mars 2017, p. 1983.*

10. La cession à un tiers de titres compris dans un engagement collectif empêche le cédant de se prévaloir du bénéfice de l'exonération partielle pour les titres non cédés alors même que le seuil minimal de 34 % continue d'être respecté avant l'expiration du délai de conservation. • Douai, 14 mai 2020, n° 18/05855 : *RJF 2020. 960.*

11. L'engagement collectif de conservation des titres prévu par l'art. 787 B est dispensé du droit fixe des actes innomés lorsqu'il est inséré dans l'acte de constitution d'une société. * Rescrit 20 mai 2008, n° 2008/11 ENR.

12. « Family Buy Out ». Sous réserve de remplir les conditions du régime « Dutreil », la transmission de l'entreprise est partiellement exonérée de droits de donation à hauteur de 75 % de sa valeur et cette exonération n'est pas remise en cause lorsque les repreneurs apportent, avant l'expiration de leurs engagements de conservation, les titres reçus à la *holding* de repise (art. 787 B-*f*). * Rép. min. n° 6410 : *JO Sénat 3 sept. 2020.*

13. Engagement individuel de conservation. En cas d'indivision, l'engagement individuel de conservation des parts ou actions est pris par chaque coïndivisaire. Le partage ultérieur des titres avec ou sans soulte n'emporte pas déchéance du régime de faveur, l'engagement individuel de conservation des titres étant seulement reporté sur leur attributaire. * BOI-ENR-DMTG-10-20-40-10 n° 340 du 6 avr. 2021.

14. Pour bénéficier de l'exonération, l'héritier doit prendre l'engagement, dans la déclaration de succession ou l'acte de donation, de conserver les parts ou actions transmises pendant une certaine durée. Cet engagement ne peut pas être pris dans un acte ultérieur (sol. impl.). • Com. 16 avr. 2013, n° 12-17.432 : *RJF 2013. 880.*

15. Actions de sociétés holding. Les actions d'une société holding ne peuvent pas bénéficier de l'exonération des droits de mutation à titre gratuit de 75 % de leur valeur prévue à l'art. 787 B dès lors que les contribuables ne démontrent pas qu'à la date de la donation-partage, la société exerçait effectivement, en plus de son activité financière, une activité d'animatrice de groupe. En l'espèce, les actes juridiques essentiels à la mise en œuvre par la société holding d'une activité d'animatrice de groupe étaient concomitants à une donation-partage et il n'existait pas le moindre indice matériel des prestations de management en matière de stratégie, d'animation et de contrôle des sociétés du groupe. • Com. 21 juin 2011, n° 10-19.770 : *RJF 2011. 1241 ; Dr. sociétés 2011. 581, note Don et Goulard ; Dr. fisc. 2012. 124, note Barsus et Béguier.*

16. Les titres d'une société holding animatrice exerçant par ailleurs une activité civile sont éligibles au régime « Dutreil-transmission » sous réserve que l'activité d'animation soit prépondérante. Le caractère principal de l'activité d'animation de groupe de la holding doit être retenu notamment lorsque la valeur vénale, au jour du fait générateur de l'imposition, des titres de ses filiales représente plus de la moitié de son actif total. • Com. 14 oct. 2020, n° 18-17.955 : *RJF 2021. 92 ; Dr. fisc. 2020. 472, note Desbuquois et Kozlowski.* ♦ La prépondérance s'apprécie en considération d'un faisceau d'indices déterminés d'après la nature de l'activité et les conditions de son exercice. Annulation de la doctrine administrative recourant à deux critères cumulatifs que sont le chiffre d'affaires procuré par cette activité et le montant de l'actif brut immobilisé. • CE 23 janv. 2020, n° 435562 : *préc. note 3.*

17. Don manuel d'actions avec réserve d'usufruit. Est éligible au « régime Dutreil » un don manuel de titres avec réserve d'usufruit qui a fait l'objet d'un pacte adjoint valablement enregistré ou qui, en l'absence de pacte adjoint, a été enregistré auprès de l'Administration fiscale. * Rép. min. n° 11747 : *JOAN Q, 29 oct. 2013, p. 11317.*

Ancien art. 787 B *Sont exonérées de droits de mutation à titre gratuit, à concurrence de 75 % de leur valeur, les parts ou les actions d'une société ayant une activité industrielle, commerciale, artisanale, agricole ou libérale transmises par décès ou entre vifs si les conditions suivantes sont réunies :*

a) Les parts ou les actions mentionnées ci-dessus doivent faire l'objet d'un engagement collectif de conservation d'une durée minimale de deux ans en cours au jour de la transmission, qui a été pris par le défunt ou le donateur, pour lui et ses ayants cause à titre gratuit, avec d'autres associés ;

Lorsque les parts ou actions transmises par décès n'ont pas fait l'objet d'un engagement collectif de conservation, un ou des héritiers ou légataires peuvent entre eux ou avec d'autres associés conclure dans les six mois qui suivent la transmission l'engagement prévu au premier alinéa ;

b) L'engagement collectif de conservation doit porter sur au moins 20 % des droits financiers et des droits de vote attachés aux titres émis par la société s'ils sont admis à la négociation sur un marché réglementé ou, à défaut, sur au moins 34 %, y compris les parts ou actions transmises.

Ces pourcentages doivent être respectés tout au long de la durée de l'engagement collectif de conservation. Les associés de l'engagement collectif de conservation peuvent effectuer entre eux des cessions ou donations des titres soumis à l'engagement. Ils peuvent également admettre un nouvel associé dans l'engagement collectif à condition que cet engagement collectif soit reconduit pour une durée minimale de deux ans.

L'engagement collectif de conservation est opposable à l'administration à compter de la date de l'enregistrement de l'acte qui le constate. Dans le cas de titres admis à la négociation sur un marché réglementé, l'engagement collectif de conservation est soumis aux dispositions de l'article L. 233-11 du code de commerce.

L'engagement collectif de conservation est réputé acquis lorsque les parts ou actions détenues depuis deux ans au moins par une personne physique seule ou avec son conjoint ou le partenaire avec lequel elle est liée par un pacte civil de solidarité atteignent les seuils prévus au premier alinéa, sous réserve que cette personne ou son conjoint ou son partenaire lié par un pacte civil de solidarité exerce depuis plus de deux ans au moins dans la société concernée son activité professionnelle principale ou l'une des fonctions énumérées au 1° (L. n° 2017-1837 du 30 déc. 2017, art. 31) *« du 1 du III de l'article 975* [ancienne rédaction : de l'article 885 O bis] *» lorsque la société est soumise à l'impôt sur les sociétés.*

Pour le calcul des pourcentages prévus au premier alinéa, il est tenu compte des titres détenus par une société possédant directement une participation dans la société dont les parts ou actions font l'objet de l'engagement collectif de conservation visé au a et auquel elle a souscrit.

La valeur des titres de cette société qui sont transmis bénéficie de l'exonération partielle à proportion de la valeur réelle de son actif brut qui correspond à la participation ayant fait l'objet de l'engagement collectif de conservation ;

L'exonération s'applique également lorsque la société détenue directement par le redevable possède une participation dans une société qui détient les titres de la société dont les parts ou actions font l'objet de l'engagement de conservation.

Dans cette hypothèse, l'exonération partielle est appliquée à la valeur des titres de la société détenus directement par le redevable, dans la limite de la fraction de la valeur réelle de l'actif brut de celle-ci représentative de la valeur de la participation indirecte ayant fait l'objet d'un engagement de conservation.

Le bénéfice de l'exonération partielle est subordonné à la condition que les participations soient conservées inchangées à chaque niveau d'interposition pendant toute la durée de l'engagement collectif. Toutefois, le bénéfice du régime de faveur n'est pas remis en cause en cas d'augmentation de la participation détenue par les sociétés interposées.

c) Chacun des héritiers, donataires ou légataires prend l'engagement dans la déclaration de succession ou l'acte de donation, pour lui et ses ayants cause à titre gratuit, de conserver les parts ou les actions transmises pendant une durée de quatre ans à compter de la date d'expiration du délai visé au a.

d) L'un des associés mentionnés au a ou l'un des héritiers, donataires ou légataires mentionnés au c exerce effectivement dans la société dont les parts ou actions font l'objet de l'engagement collectif de conservation pendant la durée de l'engagement prévu au a et, pendant les trois années qui suivent la date de la transmission, son activité professionnelle principale si celle-ci est une société de personnes visée aux articles 8 et 8 ter, ou l'une des fonctions énumérées au 1° (L. n° 2017-1837 du 30 déc. 2017, art. 31) *« du 1 du III de l'article 975* [ancienne rédaction : de l'article 885 O bis] *» lorsque celle-ci est soumise à l'impôt sur les sociétés, de plein droit ou sur option ;*

d bis) Les parts ou actions ne sont pas inscrites sur un compte PME innovation mentionné à l'article L. 221-32-4 du code monétaire et financier. Le non-respect de cette condition par l'un des signataires jusqu'au terme du délai mentionné au c entraîne la remise en cause de l'exonération partielle dont il a bénéficié ;

e) La déclaration de succession ou l'acte de donation doit être appuyée d'une attestation de la société dont les parts ou actions font l'objet de l'engagement collectif de conservation certifiant que les conditions prévues aux a et b ont été remplies jusqu'au jour de la transmission.

A compter de la transmission et jusqu'à l'expiration de l'engagement collectif de conservation visé au a, la société doit en outre adresser, dans les trois mois qui suivent le 31 décembre de chaque année, une attestation certifiant que les conditions prévues aux a et b sont remplies au 31 décembre de chaque année.

e bis) En cas de non-respect de la condition prévue au a par l'un des signataires, l'exonération partielle n'est pas remise en cause à l'égard des signataires autres que le cédant si :

1° Soit les titres que ces autres signataires détiennent ensemble respectent la condition prévue au b et ceux-ci les conservent jusqu'au terme initialement prévu ;

2° Soit le cessionnaire s'associe à l'engagement collectif à raison des titres cédés afin que le pourcentage prévu au b demeure respecté. Dans ce cas, l'engagement collectif est reconduit pour une durée minimale de deux ans pour l'ensemble des signataires.

f) En cas de non-respect de la condition prévue au c par suite d'un apport partiellement rémunéré par la prise en charge d'une soulte consécutive à un partage ou d'un apport pur et simple de titres d'une société ayant une activité industrielle, commerciale, artisanale, agricole ou libérale à une société dont l'objet unique est la gestion de son propre patrimoine constitué exclusivement de participations dans une ou plusieurs sociétés du même groupe que la société dont les parts ou actions ont été transmises et ayant une activité, soit similaire, soit connexe et complémentaire », l'exonération partielle n'est pas remise en cause si les conditions suivantes sont réunies :

1° La société bénéficiaire de l'apport est détenue en totalité par les personnes physiques bénéficiaires de l'exonération. Le donateur peut toutefois détenir une participation directe dans le capital social de cette société, sans que cette participation puisse être majoritaire. Elle est dirigée directement par une ou plusieurs des personnes physiques bénéficiaires de l'exonération. Les conditions tenant à la composition de l'actif de la société, à la détention de son capital et à sa direction doivent être respectées à l'issue de l'opération d'apport et jusqu'au terme de l'engagement mentionné au c ;

2° La société bénéficiaire de l'apport prend l'engagement de conserver les titres apportés jusqu'au terme de l'engagement prévu au c ;

3° Les héritiers, donataires ou légataires, associés de la société bénéficiaire des apports doivent conserver, pendant la durée mentionnée au 2°, les titres reçus en contrepartie de l'opération d'apport.

g) En cas de non-respect des conditions prévues aux a ou b, par suite d'une fusion ou d'une scission au sens de l'article 817 A ou d'une augmentation de capital, l'exonération partielle accordée lors d'une mutation à titre gratuit avant l'une de ces opérations n'est pas remise en cause si les signataires respectent l'engagement prévu au a jusqu'à son terme. Les titres reçus en contrepartie de ces opérations doivent être conservés jusqu'au même terme. De même, cette exonération n'est pas non plus remise en cause lorsque la condition prévue au b n'est pas respectée par suite d'une annulation des titres pour cause de pertes ou de liquidation judiciaire ;

h) En cas de non-respect de la condition prévue au c par suite d'une fusion ou d'une scission au sens de l'article 817 A ou d'une augmentation de capital, l'exonération partielle accordée au titre de la mutation à titre gratuit n'est pas remise en cause si les titres reçus en contrepartie de ces opérations sont conservés par le signataire de l'engagement jusqu'à son terme.

De même, cette exonération n'est pas remise en cause lorsque la condition prévue aux b ou c n'est pas respectée par suite d'une annulation des titres pour cause de pertes ou de liquidation judiciaire.

i) En cas de non-respect de la condition prévue au c par suite d'une donation, l'exonération partielle accordée au titre de la mutation à titre gratuit n'est pas remise en cause, à condition que le ou les donataires soient le ou les descendants du donateur et que le ou les donataires poursuivent l'engagement prévu au c jusqu'à son terme.

Les dispositions du présent article s'appliquent en cas de donation avec réserve d'usufruit à la condition que les droits de vote de l'usufruitier soient statutairement limités aux décisions concernant l'affectation des bénéfices.

Un décret en Conseil d'État détermine les modalités d'application du présent article, notamment les obligations déclaratives incombant aux redevables et aux sociétés. — V. Ann. II, art. 294 bis à 294 quater.

Art. 787 C Sont exonérés de droits de mutation à titre gratuit, à concurrence de 75 % de leur valeur, la totalité ou une quote-part indivise de l'ensemble des biens meubles et immeubles, corporels ou incorporels affectés à l'exploitation d'une entreprise individuelle ayant une activité industrielle, commerciale, artisanale, agricole ou libérale transmis par décès ou entre vifs si les conditions suivantes sont réunies :

a) L'entreprise individuelle mentionnée ci-dessus a été détenue depuis plus de deux ans par le défunt ou le donateur lorsqu'elle a été acquise à titre onéreux ;

b) Chacun des héritiers, donataires ou légataires prend l'engagement dans la déclaration de succession ou l'acte de donation, pour lui et ses ayants cause à titre gratuit, de conserver l'ensemble des biens affectés à l'exploitation de l'entreprise pendant une durée de quatre ans à compter de la date de la transmission.

c) L'un des héritiers, donataires ou légataires mentionnés au *b* poursuit effectivement pendant les trois années qui suivent la date de la transmission l'exploitation de l'entreprise.

d) En cas de non-respect de la condition prévue au *b* par suite d'une donation, l'exonération partielle accordée au titre de la mutation à titre gratuit n'est pas remise en cause, à condition que le ou les donataires soient le ou les descendants du donateur et que le ou les donataires poursuivent l'engagement prévu au *b* jusqu'à son terme. — *V. Ann. II, art. 294 quater.*

***Al.** abrogé par L. n° 2011-900 du 29 juill. 2011, art. 8-II.*

1. Doctrine administrative. V. note ss. art. 787 B.

2. Bois et forêts. Groupements forestiers. V. note 5 ss. art. 787 B.

3. Biens loués. Cas où les biens appartenant à des personnes souhaitant faire une donation sont loués (location-gérance pour le fonds de commerce) à une SARL qui en assure l'exploitation : les biens en cause, qui ne sont déjà plus affectés à l'exploitation d'une entreprise individuelle, n'entrent pas dans le champ d'application de l'art. 787 C. En conséquence, l'exonération partielle n'est pas applicable. * BOI-ENR-DMTG-10-20-40-40 n° 15 du 6 avr. 2021.

4. Poursuite de l'activité. L'exonération partielle de droits de mutation à titre gratuit en faveur des transmissions d'entreprises individuelles est notamment subordonnée à la condition que l'un des héritiers, donataires ou légataires poursuive effectivement l'exploitation de l'entreprise pendant les cinq années qui suivent la date de la transmission. Cette condition implique que cette personne exerce effectivement à titre habituel et principal son activité au sein de l'entreprise. Lorsqu'une personne exerce simultanément plusieurs professions, l'activité principale s'entend normalement de celle qui constitue pour le redevable l'essentiel de ses activités économiques, même si elle ne dégage pas la plus grande part de ses revenus. A titre de faisceaux d'indices, on s'attachera à des éléments comme le temps passé dans chaque activité, l'importance des responsabilités exercées et des difficultés rencontrées. Dans l'hypothèse où un tel critère ne peut être retenu (par exemple lorsque les diverses activités professionnelles sont d'égale importance), il convient de considérer que l'activité principale est celle qui procure à l'intéressé la plus grande part de ses revenus. * Rescrit 24 oct. 2006, n° 2006/49 ENR * BOI-ENR-DMTG-10-20-40-40 n° 90 du 6 avr. 2021. ♦ Sur la condition d'exercice de l'activité principale, V. toutefois la jurisprudence citée *note 5.*

5. La notion de poursuite de l'exploitation de l'entreprise n'implique pas que l'héritier y exerce physiquement son activité principale. La poursuite de l'exploitation peut parfaitement s'entendre en termes de gestion administrative et commerciale. • Pau, 10 janv. 2013, *DDFP Landes c/ Prat*, n° 11/03410 : *RJF 2013. 561.* ♦ L'exonération partielle de droit de mutation s'applique à la transmission d'une entreprise individuelle lorsque l'un des héritiers ou donataires poursuit pendant trois ans son exploitation, sans qu'il soit tenu d'y exercer son activité à titre principal. • Grenoble, 8 sept. 2015, n° 13/00609 : *RJF 2016. 384.* ♦ D'autre part, l'exonération partielle des droits de mutation n'est pas subordonnée à la condition que l'entreprise soit exploitée par le défunt au jour du décès. • Com. 10 sept. 2013, n° 12-21.140 : *RJF 2013. 1180 ; Dr. fisc. 2013. 474, note Desbuquois.*

6. Transmission d'une entreprise avec conservation du stock. La transmission d'une exploitation individuelle agricole par un père à sa fille avec conservation de tout ou partie du stock par le donateur est susceptible de bénéficier du régime de faveur prévu à l'art. 787 C, toutes conditions d'application dudit régime étant par ailleurs remplies. * BOI-ENR-DMTG-10-20-40-40 n° 10 du 6 avr. 2021. ♦ En revanche, dans l'hypothèse où l'exploitation est uniquement liquidatrice de stocks, les héritiers ou légataires ne peuvent pas bénéficier du régime de faveur. * Rép. min. n° 21240 : *JOAN 6 août 2013, p. 8414.*

7. Excédent de trésorerie. Les liquidités et les placements financiers inscrits à l'actif circulant du bilan postérieurement au décès et excédant les besoins de trésorerie, évalués par référence à la moyenne des charges d'exploitation durant les trois derniers exercices ayant précédé le décès, ne constituent pas des biens nécessaires à l'exploitation et ne peuvent donc pas bénéficier, pour leur fraction excédentaire, de l'exonération partielle prévue à l'art. 787 C. • Pau 19 nov. 2019, n° 19/04508 : RJF 2020. 564.

b *DISPOSITIONS SPÉCIALES AUX SUCCESSIONS*

Art. 788 *I. et II. — Abrogés.*

III. — Pour la perception des droits de mutation par décès, il est effectué un abattement sur la part nette de tout héritier, donataire ou légataire correspondant à la

valeur des biens reçus du défunt, évalués au jour du décès et remis par celui-ci à une fondation reconnue d'utilité publique répondant aux conditions fixées au *b* du 1 de l'article 200 *(L. n° 2020-935 du 30 juill. 2020, art. 13-1°)* **« , » à une association reconnue d'utilité publique répondant aux conditions fixées au *b* du 1 de l'article 200, à l'État, à ses établissements publics ou à un organisme mentionné à l'article 794** *(Abrogé par L. n° 2020-935 du 30 juill. 2020, art. 13-2°)* ***« en remploi des sommes, droits ou valeurs reçus du défunt »*. Cet abattement s'applique à la double condition :**

1° Que la libéralité soit effectuée, à titre définitif et en pleine propriété, dans les *(L. n° 2020-935 du 30 juill. 2020, art. 14)* **« douze** [*ancienne rédaction : six*] **» mois suivant le décès ;**

2° Que soient jointes à la déclaration de succession des pièces justificatives répondant à un modèle fixé par un arrêté du ministre chargé du budget attestant du montant et de la date de la libéralité ainsi que de l'identité des bénéficiaires. — *V. Arr. du 15 oct. 2004 (JO 24 nov).*

L'application de cet abattement n'est pas cumulable avec le bénéfice de la réduction d'impôt sur le revenu prévue à l'article 200.

IV. — A défaut d'autre abattement, à l'exception de celui mentionné au III, un abattement de 1 594 € est opéré sur chaque part successorale.

V. — Abrogé.

Art. 788 *bis* **Les biens recueillis par un héritier ou un légataire en application de l'article 1002-1 ou du deuxième alinéa de l'article 1094-1 du code civil sont réputés transmis à titre gratuit par le défunt.**

Cantonnement de l'émolument. Incidences fiscales. * BOI-ENR-DMTG-10-20-50-30 n°s 10 à 30 du 12 sept. 2012.

Art. 789 **Lorsqu'une succession comprend à la fois des biens imposables en France métropolitaine ou dans les départements d'outre-mer et des biens imposables en Polynésie française, à Saint-Pierre-et-Miquelon, aux îles Wallis-et-Futuna et dans les Terres australes et antarctiques françaises, le montant des droits est liquidé, compte tenu, le cas échéant, de tous abattements, charges ou déductions, sur la valeur de l'intégralité de la succession ; toutefois, les droits ainsi déterminés ne sont exigibles que dans la mesure du rapport existant entre, d'une part, la valeur des biens auxquels s'appliquent les dispositions du code général des impôts et, d'autre part, l'intégralité de l'actif net successoral.**

Des arrêtés du ministre de l'économie et des finances rendront applicable cette disposition.

Art. 789 *bis* *Abrogé par L. n° 2007-1223 du 21 août 2007, art. 8-VII et XXII.*

Art. 789 A *Transféré ss. art. 787 B à compter du 1er janv. 2004.*

Art. 789 B *Transféré ss. art. 787 C à compter du 1er janv. 2004.*

C *DISPOSITIONS SPÉCIALES AUX DONATIONS*

Art. 790 **I. — Les donations en pleine propriété des parts ou actions d'une société ayant une activité industrielle, commerciale, artisanale, agricole ou libérale qui réunissent les conditions énumérées à l'article 787 B bénéficient sur les droits liquidés en application des articles 777 et suivants d'une réduction de 50 % lorsque le donateur est âgé de moins de soixante-dix ans.**

II. — Les donations en pleine propriété de la totalité ou d'une quote-part indivise de l'ensemble des biens meubles et immeubles, corporels ou incorporels, affectés à l'exploitation d'une entreprise individuelle ayant une activité industrielle, commerciale, artisanale, agricole ou libérale qui réunissent les conditions énumérées à l'article 787 C bénéficient sur les droits liquidés en application des articles 777 et suivants d'une réduction de 50 % lorsque le donateur est âgé de moins de soixante-dix ans.

Réduction de droits spécifique aux donations d'entreprises. Champ d'application et modalités de la réduction. * BOI-ENR-DMTG-20-30-20-50 du 15 mai 2014.

Art. 790 A I. — Pour la liquidation des droits de mutation à titre gratuit, en cas de donation en pleine propriété de fonds artisanaux, de fonds de commerce, de fonds agricoles ou de clientèles d'une entreprise individuelle ou de parts ou actions d'une société, il est appliqué, sur option du donataire, un abattement de 300 000 € sur la valeur du fonds ou de la clientèle ou sur la fraction de la valeur des titres représentative du fonds ou de la clientèle, si les conditions suivantes sont réunies :

a) L'entreprise ou la société exerce une activité industrielle, commerciale, artisanale, agricole ou libérale ;

b) La donation est consentie aux personnes titulaires d'un contrat de travail à durée indéterminée depuis au moins deux ans et qui exercent leur fonction à temps plein ou d'un contrat d'apprentissage en cours au jour de la transmission, conclu avec l'entreprise dont le fonds de commerce ou la clientèle est transmis ou avec la société dont les parts ou actions sont transmises ;

c) Abrogé.

d) Lorsqu'ils ont été acquis à titre onéreux, le fonds ou la clientèle mentionnés ci-dessus doivent avoir été détenus depuis plus de deux ans par le donateur ou la société ;

e) Lorsque la transmission porte sur des parts ou actions acquises à titre onéreux, celles-ci ont été détenues depuis plus de deux ans par le donateur ;

f) Les donataires poursuivent à titre d'activité professionnelle unique et de manière effective et continue pendant les cinq années qui suivent la date de la transmission l'exploitation du fonds ou de la clientèle transmis ou l'activité de la société dont les parts ou actions sont transmises et dont l'un d'eux assure, pendant la même période, la direction effective de l'entreprise. Dans le cas où l'entreprise fait l'objet d'une procédure de liquidation judiciaire prévue au titre IV du livre VI du code de commerce dans les cinq années qui suivent la date de la transmission, il n'est pas procédé à la déchéance du régime de faveur prévu au premier alinéa.

II. — Lorsque les donataires ont exercé l'option prévue au I, le bénéfice de ses dispositions est exclusif de l'application de l'article 787 B sur la fraction de la valeur des parts représentative des biens autre que le fonds artisanal, le fonds de commerce, le fonds agricole ou la clientèle, et de l'article 787 C à raison de la donation à la même personne des biens autres que le fonds artisanal, le fonds de commerce, le fonds agricole ou la clientèle, affectés à l'exploitation de l'entreprise.

III. — Le I ne peut s'appliquer qu'une seule fois entre un même donateur et un même donataire.

1. *Donations en pleine propriété en faveur d'un salarié ou d'un apprenti.* Régimes antérieur et postérieur au 6 août 2008. Abattement de 300 000 € sur la valeur des fonds de commerce, des fonds artisanaux, de la clientèle, des fonds agricoles ou des parts ou actions d'une société qui sont transmis par donation. * BOI-ENR-DMTG-20-30-20-20 n°s 130 à 350 du 12 sept. 2012.

2. *Donation de titres.* L'application de l'art. 790 A, s'agissant des donations de parts ou actions d'une société, n'impose pas la transmission de la totalité des titres sociaux. Ainsi, dès lors que l'ensemble des conditions posées par la loi sont réunies, la donation de titres transmis en pleine propriété bénéficie de l'exonération de droits de mutation à titre gratuit. * BOI-ENR-DMTG-20-30-20-20 n° 190 du 12 sept. 2012.

Art. 790 A *bis* I. — Les dons de sommes d'argent consentis en pleine propriété à un enfant, un petit-enfant, un arrière-petit-enfant ou, à défaut d'une telle descendance, un neveu ou une nièce, sont exonérés de droits de mutation à titre gratuit dans la limite de *(L. n° 2020-935 du 30 juill. 2020, art. 19-I-1°)* « 100 000 € si elles sont affectées par le donataire, au plus tard le dernier jour du troisième mois suivant le transfert :

« *a)* A la souscription au capital initial ou aux augmentations de capital d'une petite entreprise au sens de l'annexe I du règlement (UE) n° 651/2014 de la Commission du 17 juin 2014 déclarant certaines catégories d'aides compatibles avec le marché intérieur en application des articles 107 et 108 du traité, sous réserve du respect des conditions suivantes :

« — l'entreprise exerce son activité depuis moins de cinq ans, n'a pas encore distribué de bénéfices, n'est pas issue d'une concentration et satisfait aux conditions prévues au *c* et aux *e* à *g* du 1 *bis* du I de l'article 885-0 V *bis* du présent code, dans sa rédaction en vigueur au 31 décembre 2017 ;

« – le donataire exerce dans l'entreprise, pendant une durée minimale de trois ans à compter de la souscription, son activité professionnelle principale ou l'une des fonctions énumérées au 1° du 1 du III de l'article 975, lorsque celle-ci est soumise à l'impôt sur les sociétés.

« Le bénéfice de l'exonération est subordonné au respect de l'article 22 du règlement (UE) n° 651/2014 de la Commission du 17 juin 2014 déclarant certaines catégories d'aides compatibles avec le marché intérieur en application des articles 107 et 108 du traité sur le fonctionnement de l'Union européenne ;

« *b)* A des travaux et dépenses éligibles à la prime prévue au II de l'article 15 de la loi n° 2019-1479 du 28 décembre 2019 de finances pour 2020 et réalisés en faveur de la rénovation énergétique du logement dont il est propriétaire et qu'il affecte à son habitation principale ;

« *c)* A la construction de sa résidence principale. »

Le donataire ne peut bénéficier du dispositif qu'une seule fois par donateur.

(L. n° 2020-935 du 30 juill. 2020, art. 19-I-1°-e) « Pour un même donateur, la somme des donations ayant bénéficié de l'exonération mentionnée au premier alinéa du présent I ne peut excéder un montant de 100 000 €.

« Cette exonération ne s'applique pas aux versements effectués par le donataire au titre de souscriptions ayant ouvert droit aux réductions d'impôt prévues aux articles 199 *undecies* A, 199 *undecies* B, 199 *undecies* C, 199 *terdecies*-0 A, 199 *terdecies*-0 AB ou *(Décr. n° 2021-744 du 9 juin 2021, art. 1er)* « 199 *terdecies*-0 B » du présent code. Elle ne s'applique pas non plus aux dépenses au titre desquelles le donataire a bénéficié des crédits d'impôt prévus à l'article 199 *sexdecies* ou 200 *quater*, d'une déduction de charges pour la détermination de ses revenus catégoriels ou de la prime prévue au II de l'article 15 de la loi n° 2019-1479 du 28 décembre 2019 de finances pour 2020.

« Le donataire conserve les pièces justificatives à la disposition de l'administration. »

II. — Les dispositions du I s'appliquent aux sommes versées entre le *(L. n° 2020-935 du 30 juill. 2020, art. 19-I-2°)* « 15 juillet 2020 et le 30 juin 2021 ».

Dons familiaux en espèces. Le dispositif ne s'applique pas aux acquisitions en Véfa. * Rép. min. n° 35345 : *JOAN 27 avr. 2021.* ♦ ... Ni aux acquisitions de terrains à bâtir. * Rép. min. n° 37231 : *JOAN 22 juin 2021.*

Art. 790 B Pour la perception des droits de mutation à titre gratuit entre vifs, il est effectué un abattement de 31 865 € sur la part de chacun des petits-enfants.

Les petits-enfants décédés du donateur sont, pour l'application de l'abattement, représentés par leurs descendants donataires dans les conditions prévues par le code civil en matière de représentation successorale.

1. Modalités d'application de l'abattement. * BOI-ENR-DMTG-20-30-20-20 nos 50 à 110 du 12 sept. 2012.

2. Donations successives à une même personne. L'Administration n'admet pas que le redevable renonce, lors de la première donation, au bénéfice des abattements prévus pour le calcul des droits de donation pour les reporter sur une donation ultérieure consentie avant l'expiration du délai de six ans (porté à dix puis à quinze ans) prévu à l'art. 784. * BOI-ENR-DMTG-20-30-20-20 n° 10 du 12 sept. 2012.

Art. 790 C *Abrogé par L. n° 2007-1223 du 21 août 2007, art. 8-VII et XXII, pour les successions ouvertes et les donations consenties à compter du 22 août 2007. — Disposition reprise à l'art. 779-V.*

Art. 790 D Pour la perception des droits de mutation à titre gratuit entre vifs, il est effectué un abattement de 5 310 € sur la part de chacun des arrière-petits-enfants du donateur.

Art. 790 E Pour la perception des droits de mutation à titre gratuit entre vifs, il est effectué un abattement de 80 724 € sur la part du conjoint du donateur.

Art. 790 F Pour la perception des droits de mutation à titre gratuit entre vifs, il est effectué un abattement de 80 724 € sur la part du partenaire lié au donateur par un pacte civil de solidarité.

Le bénéfice de cet abattement est remis en cause lorsque le pacte prend fin au cours de l'année civile de sa conclusion ou de l'année suivante pour un motif autre que le mariage entre les partenaires ou le décès de l'un d'entre eux.

PACS et partenariats civils conclus à l'étranger. Les partenariats civils conclus à l'étranger produisent les mêmes effets qu'un PACS dès lors qu'ils répondent aux mêmes conditions que celui-ci. Ainsi, pour la perception des droits de mutation à titre gratuit entre vifs, les partenaires ayant conclu un partenariat civil à l'étranger peuvent bénéficier de l'abattement prévu à l'art. 790 F. * BOI-ENR-DMTG-20-30-20-20 n° 30 du 21 janv. 2013. ♦ Le bénéfice de cet abattement est remis en cause lorsque le partenariat prend fin au cours de l'année civile de sa conclusion ou de l'année suivante pour un motif autre que le mariage entre les partenaires ou le décès de l'un d'entre eux. * BOI-ENR-DMTG-20-30-20-20 n° 40 du 21 janv. 2013.

Art. 790 G **I. — Les dons de sommes d'argent consentis en pleine propriété au profit d'un enfant, d'un petit-enfant, d'un arrière-petit-enfant ou, à défaut d'une telle descendance, d'un neveu ou d'une nièce ou par représentation, d'un petit-neveu ou d'une petite-nièce sont exonérés de droits de mutation à titre gratuit dans la limite de 31 865 € tous les quinze ans.**

Cette exonération est subordonnée au respect des conditions suivantes :

1° Le donateur est âgé de moins de quatre-vingts ans au jour de la transmission ;

2° Le donataire est âgé de dix-huit ans révolus ou a fait l'objet d'une mesure d'émancipation au jour de la transmission.

Le plafond de 31 865 € est applicable aux donations consenties par un même donateur à un même donataire.

II. — Cette exonération se cumule avec les abattements prévus aux I, II et V de l'article 779 et aux articles 790 B et 790 D.

III. — Il n'est pas tenu compte des dons de sommes d'argent mentionnés au I pour l'application de l'article 784.

IV. — Sous réserve de l'application du 1° du 1 de l'article 635 et du 1 de l'article 650, les dons de sommes d'argent mentionnés au I doivent être déclarés ou enregistrés par le donataire au service des impôts du lieu de son domicile dans le délai d'un mois qui suit la date du don. *(Abrogé par L. n° 2019-1479 du 28 déc. 2019, art. 150-I-1°)* ***« L'obligation déclarative est accomplie par la souscription, en double exemplaire, d'un formulaire conforme au modèle établi par l'administration. »***

V. — *Abrogé.*

1. Dons familiaux de sommes d'argent. Nature des biens pouvant être transmis. Personnes pouvant bénéficier de l'exonération. Conditions à remplir par le donateur. Montant de l'exonération. Cumul de l'exonération avec les abattements de droit commun. Donations successives. Forme de la libéralité et formalité d'enregistrement. Extension du bénéfice du dispositif aux petits-neveux ou petites-nièces venant par représentation de leur auteur. * BOI-ENR-DMTG-20-20-20 n°s 120 à 280 du 30 mai 2016.

2. En présence d'une donation-partage conjonctive, c'est-à-dire lorsque les deux parents confondent leurs biens respectifs pour les partager entre leurs enfants, il y a lieu d'appliquer le bénéfice de l'exonération de droits de mutation à titre gratuit à hauteur du montant visé à l'art. 790 G aux seuls bénéficiaires de sommes d'argent et de la refuser aux enfants qui ne sont effectivement pas attributaires de telles sommes. * BOI-ENR-DMTG-20-20-20 n° 215 du 30 mai 2016.

3. En l'absence d'acte, les dons familiaux de sommes d'argent exonérés doivent être déclarés sur l'imprimé n° 2735 servant à la déclaration des dons manuels, y compris lorsque le don n'excède pas le plafond exonéré. * BOI-ENR-DMTG-20-20-20 n° 250 du 30 mai 2016.

Art. 790 H **Les donations entre vifs, réalisées en pleine propriété et constatées par un acte authentique signé entre le 1er janvier et le 31 décembre 2015, de terrains à bâtir définis au 1° du 2 du I de l'article 257 sont exonérées de droits de mutation à titre gratuit, dans la limite de la valeur déclarée de ces biens, lorsque l'acte de donation** ***contient l'engagement par le*** **donataire, pris pour lui et ses ayants cause, de réaliser et d'achever des locaux neufs destinés à l'habitation dans un délai de quatre ans à compter de la date de l'acte, à concurrence de :**

1° 100 000 €, lorsqu'elles sont consenties au profit d'un descendant ou d'un ascendant en ligne directe, du conjoint ou du partenaire lié par un pacte civil de solidarité ;

2° 45 000 €, lorsqu'elles sont consenties au profit d'un frère ou d'une sœur ;

3° 35 000 €, lorsqu'elles sont consenties au profit d'une autre personne.

L'exonération est subordonnée à la condition que le donataire ou, le cas échéant, ses ayants cause justifient, à l'expiration du délai de quatre ans, de la réalisation et de l'achèvement des locaux destinés à l'habitation mentionnés au premier alinéa du présent article.

L'ensemble des donations consenties par un même donateur ne peuvent être exonérées qu'à hauteur de 100 000 €.

Donations de terrains à bâtir. Commentaire administratif. * BOI-ENR-DTMG-20-20-20 n°s 350 s. du 13 mai 2015.

Art. 790 I Les donations entre vifs, réalisées en pleine propriété, d'immeubles neufs à usage d'habitation pour lesquels un permis de construire a été obtenu entre le 1er septembre 2014 et le 31 décembre 2016, constatées par un acte authentique signé au plus tard dans les trois ans suivant l'obtention de ce permis, sont exonérées de droits de mutation à titre gratuit, dans la limite de la valeur déclarée de ces biens, à concurrence de :

1° 100 000 €, lorsqu'elles sont consenties au profit d'un descendant ou d'un ascendant en ligne directe, du conjoint ou du partenaire lié par un pacte civil de solidarité ;

2° 45 000 €, lorsqu'elles sont consenties au profit d'un frère ou d'une sœur ;

3° 35 000 €, lorsqu'elles sont consenties au profit d'une autre personne.

L'exonération est subordonnée à la double condition que l'acte constatant la donation soit appuyé de la déclaration attestant l'achèvement et la conformité des travaux prévue à l'article L. 462-1 du code de l'urbanisme et que l'immeuble neuf à usage d'habitation n'ait jamais été occupé ou utilisé sous quelque forme que ce soit au moment de la donation.

L'ensemble des donations consenties par un même donateur ne peuvent être exonérées qu'à hauteur de 100 000 €.

Donations de logements neufs n'ayant jamais servi. Commentaire administratif. * BOI-ENR-DTMG-20-20-20 n°s 570 s. du 13 mai 2015.

Art. 791 Le taux de la taxe de publicité foncière est réduit à 0,60 % pour les mutations entre vifs à titre gratuit.

La valeur à retenir pour l'assiette de la taxe ne peut être inférieure, le cas échéant, à celle qui sert de base à la liquidation des droits d'enregistrement suivant les dispositions du présent code.

Art. 791 *bis* *Transféré ss. l'art. 784 C (Décr. n° 2007-484 du 30 mars 2007).*

Art. 791 *ter* En cas de donation en ligne directe de biens antérieurement transmis à un premier donataire en ligne directe et ayant fait retour au donateur en application des articles 738-2, 951 et 952 du code civil, les droits acquittés lors de la première donation sont imputés sur les droits dus lors de la seconde donation. La nouvelle donation doit intervenir dans les cinq ans du retour des biens dans le patrimoine du donateur.

Nonobstant les dispositions prévues au premier alinéa, en cas de retour des biens au donateur en application des articles 738-2, 951 et 952 du code civil, ce retour ouvre droit, dans le délai légal de réclamation à compter du décès du donataire, à restitution des droits de mutation à titre gratuit acquittés lors de la donation résolue.

Droit de retour. Conditions et modalités d'imputation des droits payés lors d'une première donation de biens sur les droits dus lors d'une seconde donation des mêmes biens. Demande de restitution des droits de mutation acquittés à titre gratuit lors d'une donation résolue en application du droit de retour légal (C. civ., art. 738-2) ou conventionnel (C. civ., art. 951 et 952). * BOI-ENR-DMTG-20-30-20-60 n°s 30 à 70 du 22 juill. 2016.

D RÉGIMES SPÉCIAUX ET EXONÉRATIONS

Art. 792 *Abrogé par L. n° 2010-1658 du 29 déc. 2010, art. 70-V.*

Art. 792-0 *bis* I. — 1. Pour l'application du présent code, on entend par trust l'ensemble des relations juridiques créées dans le droit d'un État autre que la France par une personne qui a la qualité de constituant, par acte entre vifs ou à cause de

mort, en vue d'y placer des biens ou droits, sous le contrôle d'un administrateur, dans l'intérêt d'un ou de plusieurs bénéficiaires ou pour la réalisation d'un objectif déterminé.

2. Pour l'application du présent titre, on entend par constituant du trust soit la personne physique qui l'a constitué, soit, lorsqu'il a été constitué par une personne physique agissant à titre professionnel ou par une personne morale, la personne physique qui y a placé des biens et droits.

II. — 1. La transmission par donation ou succession de biens ou droits placés dans un trust ainsi que des produits qui y sont capitalisés est, pour la valeur vénale nette des biens, droits ou produits concernés à la date de la transmission, soumise aux droits de mutation à titre gratuit en fonction du lien de parenté existant entre le constituant et le bénéficiaire.

2. Dans les cas où la qualification de donation et celle de succession ne s'appliquent pas, les biens, droits ou produits capitalisés placés dans un trust qui sont transmis aux bénéficiaires au décès du constituant sans être intégrés à sa succession ou qui restent dans le trust après le décès du constituant sont soumis aux droits de mutation par décès dans les conditions suivantes :

***a)* Si, à la date du décès, la part des biens, droits ou produits capitalisés qui est due à un bénéficiaire est déterminée, cette part est soumise aux droits de mutation par décès selon le lien de parenté entre le constituant et le bénéficiaire ;**

***b)* Si, à la date du décès, une part déterminée des biens, droits ou produits capitalisés est due globalement à des descendants du constituant, cette part est soumise à des droits de mutation à titre gratuit par décès au taux applicable à la dernière tranche du tableau I de l'article 777 ;**

***c)* La valeur des biens, droits ou produits capitalisés placés dans le trust, nette des parts mentionnées aux *a* et *b* du présent 2, est soumise à des droits de mutation à titre gratuit par décès au taux applicable à la dernière tranche du tableau III du même article 777.**

Sans préjudice de l'application de l'article 784 à ces droits ainsi qu'aux droits de mutation à titre gratuit mentionnés au 1 du présent II en cas de transmission par donation, la perception des droits de mutation par décès mentionnés au même 1 et au *a* du présent 2 est effectuée en ajoutant la valeur des biens, droits et produits qu'ils imposent à celle des autres biens compris dans la déclaration de succession pour l'application d'un tarif progressif et pour le calcul des abattements édictés par l'article 779.

Les droits de mutation à titre gratuit mentionnés aux *b* et *c* du présent 2 sont acquittés et versés au comptable public compétent par l'administrateur du trust dans les délais prévus à l'article 641, à compter du décès du constituant. A défaut et dans le cas où l'administrateur du trust est soumis à la loi d'un État ou territoire non coopératif au sens de l'article 238-0 A ou n'ayant pas conclu avec la France une convention d'assistance mutuelle en matière de recouvrement, les bénéficiaires du trust sont solidairement responsables du paiement des droits.

Par exception, lorsque l'administrateur du trust est soumis à la loi d'un État ou territoire non coopératif au sens de l'article 238-0 A *(L. n° 2018-898 du 23 oct. 2018, art. 31-I-I et IV, en vigueur le 1er déc. 2018)* **« autre que ceux mentionnés au 2° du 2 *bis* du même article 238-0 A » ou lorsque le trust a été constitué après le 11 mai 2011 et que, au moment de la constitution du trust, le constituant était fiscalement domicilié en France au sens de l'article 4 B, les droits de donation et les droits de mutation par décès sont dus au taux applicable à la dernière tranche du tableau III de l'article 777.**

3. Le bénéficiaire est réputé être un constituant du trust pour l'application du présent II, à raison des biens, droits et produits capitalisés placés dans un trust dont le constituant est décédé à la date de l'entrée en vigueur de la loi n° 2011-900 du *29 juillet 2011 de finances* rectificative pour 2011 et à raison de ceux qui sont imposés dans les conditions prévues aux 1 et 2 du même II et de leurs produits capitalisés.

BIBL. ▶ GOUTHIÈRE, *BFL 2011, p. 751* (trusts étrangers : les nouvelles règles fiscales). – LE GALL, *Dr. fisc. 2011. 604* (le nouveau régime fiscal français des trusts : une copie à revoir) ; *Dr. fisc. 2011. 252* (de l'arrêt *Belvédère* à la LFR pour 2011 : des visions concurrentes des trusts étrangers).

Définition du trust et de son constituant. * BOI-DJC-TRUST du 16 oct. 2012.

Art. 792 *bis* Lorsqu'il est constaté une transmission dans une intention libérale de biens ou droits faisant l'objet d'un contrat de fiducie ou des fruits tirés de l'exploitation de ces biens ou droits, les droits de mutation à titre gratuit s'appliquent sur la valeur des biens, droits ou fruits ainsi transférés, appréciée à la date de ce transfert. Ils sont liquidés selon le tarif applicable entre personnes non parentes mentionné au tableau III de l'article 777.

Pour l'application des dispositions mentionnées au premier alinéa, l'intention libérale est notamment caractérisée lorsque la transmission est dénuée de contrepartie réelle ou lorsqu'un avantage en nature ou résultant d'une minoration du prix de cession est accordé à un tiers par le fiduciaire dans le cadre de la gestion du patrimoine fiduciaire. Dans ce dernier cas, les droits de mutation à titre gratuit s'appliquent sur la valeur de cet avantage.

Art. 792 *ter* *Abrogé par Ord. n° 2009-112 du 30 janv. 2009, art. 10-XXV et 12, à compter du 1er févr. 2009.*

Art. 793 Sont exonérés des droits de mutation à titre gratuit :

1. 1° *Périmé.*

2° *Abrogé.*

3° Les parts d'intérêts détenues dans un groupement forestier à concurrence des trois quarts de la fraction de la valeur nette correspondant aux biens visés au *a* ci-après et les sommes déposées sur un compte d'investissement forestier et d'assurance prévu au chapitre II du titre V du livre III du code forestier, à condition :

a) Que l'acte constatant la donation ou la déclaration de la succession soit appuyé d'un certificat délivré sans frais par le directeur départemental des territoires ou le directeur départemental des territoires et de la mer attestant que :

– les bois et forêts du groupement sont susceptibles de présenter une des garanties de gestion durable prévues aux articles L. 124-1 et L. 124-3 et à l'article L. 313-2 du code forestier ;

– les friches et landes appartenant au groupement sont susceptibles de reboisement et présentent une vocation forestière ;

– les terrains pastoraux appartenant au groupement sont susceptibles d'un régime d'exploitation normale ; *— V. Ann. III, art. 281 H, 281 H bis et 281 I.*

b) Que le groupement forestier prenne, selon le cas, l'un des engagements prévus au *b* du 2° du 2 et au *b* du 3.

Ce groupement doit s'engager en outre :

– à reboiser ses friches et landes dans un délai de cinq ans à compter de la délivrance du certificat et à les soumettre ensuite au régime défini au *b* du 2° du 2 ;

– à soumettre pendant trente ans ses terrains pastoraux à un régime d'exploitation normale ou, à défaut, à les reboiser ; *— V. Ann. III, art. 281 F, 281 H bis et 281 J.*

c) Que les parts aient été détenues depuis plus de deux ans par le donateur ou le défunt, lorsqu'elles ont été acquises à titre onéreux à compter du 5 septembre 1979 ;

4° Les parts des groupements fonciers agricoles et celles des groupements agricoles fonciers, créés conformément à la loi n° 62-933 du 8 août 1962 et répondant aux diverses caractéristiques des articles L. 322-1 à L. 322-21 *(L. n° 2017-348 du 20 mars 2017, art. 2-II et 12, en vigueur le 20 juin 2017)* « et L. 322-23 *[ancienne rédaction :, L. 322-23 et L. 322-24]* » du code rural et de la pêche maritime, à concurrence des trois quarts de la fraction de la valeur nette des biens donnés à bail à long terme ou à bail cessible, sous réserve des dispositions de l'article 793 *bis*, à condition :

a) que les statuts du groupement lui interdisent l'exploitation en faire-valoir direct ;

b) que les immeubles à destination agricole constituant le patrimoine du groupement aient été donnés à bail à long terme dans les conditions prévues par les articles L. 416-1 à L. 416-6, L. 416-8 et L. 416-9 du code rural et de la pêche maritime ou à bail cessible dans les conditions prévues par les articles L. 418-1 à L. 418-5 du code rural et de la pêche maritime ;

c) que les parts aient été détenues depuis deux ans au moins par le donateur ou le défunt.

Ce délai n'est pas exigé lorsque le donateur ou le défunt ont été parties au contrat de constitution du groupement foncier agricole et, à ce titre, ont effectué des apports constitués exclusivement par des immeubles ou des droits immobiliers à destination agricole.

L'exonération ne s'applique pas aux parts de groupements fonciers agricoles qui sont détenues par une société civile régie par la section III du chapitre IV du titre Ier du livre II du code monétaire et financier ou par une entreprise d'assurance ou de capitalisation.

Conformément aux dispositions de l'article L. 322-18 du code rural et de la pêche maritime, le remboursement des avantages fiscaux prévus aux articles L. 322-1 à *(L. nº 2017-348 du 20 mars 2017, art. 2-II et 12, en vigueur le 20 juin 2017)* « L. 322-23 *[ancienne rédaction : L. 322-24]* » du même code n'est pas dû lorsque la condition de parenté prévue à l'article L. 322-11 du code précité cesse d'être respectée à la suite de transmissions à titre gratuit.

Peuvent être étendues aux départements d'outre-mer dans des conditions fixées par décret en Conseil d'État, après avis des conseils départementaux desdits départements, les dispositions des articles L. 322-1 à L. 322-21 *(L. nº 2017-348 du 20 mars 2017, art. 2-II et 12, en vigueur le 20 juin 2017)* « et L. 322-23 *[ancienne rédaction :, L. 322-23 et L. 322-24]* » du code rural et de la pêche maritime ;

5° Les reversions de rentes viagères entre parents en ligne directe ;

6° La transmission par décès du bénéfice du contrat de travail à salaire différé dont la dévolution est régie par l'article L. 321-14 du code rural et de la pêche maritime.

2. 1° *Abrogé.*

2° Les successions et donations entre vifs, à concurrence des trois quarts de leur montant, intéressant les propriétés en nature de bois et forêts, à la condition :

a. Que l'acte constatant la donation ou la déclaration de succession soit appuyé d'un certificat délivré sans frais par le directeur départemental des territoires ou le directeur départemental des territoires et de la mer attestant que les bois et forêts sont susceptibles de présenter une des garanties de gestion durable prévues aux articles L. 124-1 à L. 124-4 et à l'article L. 313-2 du code forestier ; *— V. Ann. III, art. 281 F et 281 I.*

b. Qu'il contienne l'engagement par l'héritier, le légataire ou le donataire, pris pour lui et ses ayants cause :

— soit d'appliquer pendant trente ans aux bois et forêts, objets de la mutation l'une des garanties de gestion durable prévues aux articles L. 124-1 à L. 124-4 et à l'article L. 313-2 dudit code ;

— soit lorsque, au moment de la mutation, aucune garantie de gestion durable n'est appliquée aux bois et forêts en cause, de présenter dans le délai de trois ans à compter de la mutation et d'appliquer jusqu'à l'expiration du délai de trente ans précité une telle garantie. Dans cette situation, le bénéficiaire s'engage en outre à appliquer le régime d'exploitation normale prévu au décret du 28 juin 1930 aux bois et forêts pendant le délai nécessaire à la présentation de l'une des garanties de gestion durable. — *V. Ann. III, art. 281 F, 281 H bis et 281 J. — V. C. for., art. L. 312-7 ci-dessous.*

En cas de transmission de bois et forêts à l'État ou aux collectivités et organismes mentionnés aux I et II de l'article 1042, l'engagement est réputé définitivement satisfait à concurrence d'une fraction de la valeur des biens exonérée déterminée par le rapport entre la superficie des biens objets de la transmission et la superficie totale des biens sur lesquels l'engagement a été souscrit. La même règle s'applique aux mutations de jouissance ou de propriété au profit d'établissements ou de sociétés, en vue de la réalisation d'équipements, aménagements ou constructions d'intérêt public, qui pourraient donner lieu à l'établissement d'une servitude d'utilité publique au titre de ladite mutation, ainsi qu'aux bois et forêts faisant l'objet d'une interdiction de reconstituer *les boisements* après coupe rase en application des deuxième à neuvième alinéas de l'article L. 126-1 du code rural et de la pêche maritime ;

3° Les biens donnés à bail dans les conditions prévues aux articles L. 416-1 à L. 416-6, L. 416-8 et L. 416-9 ainsi qu'aux articles L. 418-1 à L. 418-5 du code rural et de la pêche maritime, à concurrence des trois quarts de leur valeur, sous réserve des dispositions de l'article 793 *bis* ;

4° Lors de leur première transmission à titre gratuit, les immeubles acquis neufs ou en état futur d'achèvement dont la déclaration de l'achèvement des travaux prévue par la réglementation de l'urbanisme est déposée avant le 1er juillet 1994 à la mairie de la commune sur le territoire de laquelle l'immeuble concerné a été édifié et dont l'acquisition par le donateur ou le défunt est constatée par un acte authentique signé entre le 1er juin 1993 et le 31 décembre 1994.

L'exonération est subordonnée à la condition que les immeubles aient été exclusivement affectés de manière continue à l'habitation principale pendant une durée minimale de cinq ans à compter de l'acquisition ou de l'achèvement s'il est postérieur. En cas de donation, le délai s'impose au donataire si la durée de cinq ans à compter de la date de l'acquisition ou de l'achèvement, s'il est postérieur, n'est pas expirée.

La condition de cinq ans n'est pas opposable en cas de décès de l'acquéreur durant ce délai.

Les dispositions qui précèdent ne s'appliquent pas aux immeubles dont l'acquéreur a bénéficié des réductions d'impôt prévues aux articles 199 *undecies* et 199 *undecies* A.

Un décret en Conseil d'État détermine les modalités d'application des dispositions du présent 4°, notamment les obligations déclaratives incombant aux redevables et les pièces justificatives à fournir lors de l'enregistrement de la transmission mentionnée au premier alinéa. — *V. Ann. II, art. 294 E.*

5° Lors de leur première transmission à titre gratuit, les immeubles acquis neufs dont la déclaration de l'achèvement des travaux prévue par la réglementation de l'urbanisme a été déposée avant le 31 décembre 1994 à la mairie de la commune sur le territoire de laquelle l'immeuble concerné a été édifié et dont l'acquisition par le donateur ou le défunt est constatée par un acte authentique signé entre le 1er août 1995 et le 31 décembre 1995.

L'exonération est subordonnée à la condition que les immeubles aient été exclusivement affectés de manière continue à l'habitation principale pendant une durée minimale de deux ans à compter de l'acquisition et que le donataire, l'héritier ou le légataire ou leurs ayants cause prennent l'engagement de ne pas affecter les immeubles à un autre usage que l'habitation pendant une durée minimale de trois ans à compter de la transmission à titre gratuit.

La condition de deux ans n'est pas opposable en cas de décès de l'acquéreur durant ce délai.

Les dispositions qui précèdent ne s'appliquent pas aux immeubles dont l'acquéreur a bénéficié des réductions d'impôt prévues aux articles 199 *undecies* et 199 *undecies* A.

Un décret en Conseil d'État détermine les modalités d'application des dispositions du présent 5°. — *V. Ann. II, art. 294 A.*

6° Lors de leur première transmission à titre gratuit, les immeubles ou fractions d'immeubles mentionnés aux articles 710 et 711 *[Art. 710 et 711 : abrogés par L. n° 98-1266 du 30 déc. 1998, art. 39-I-4]*, à concurrence des trois quarts de leur valeur, lorsque l'acquisition par le donateur ou le défunt est constatée par un acte authentique signé entre le 1er août 1995 et le 31 décembre 1996 et qu'elle n'a pas donné lieu au paiement de la taxe sur la valeur ajoutée.

L'exonération est subordonnée à la condition que les immeubles aient été donnés en location par le propriétaire dans les conditions prévues aux 3° et 4° de l'article 199 *decies* B *[dans sa rédaction au 3 mars 2001]*, pendant une durée minimale de neuf ans, à une personne qui les affecte de manière exclusive et continue à son habitation principale. — *V. Ann. II, art. 294 B.*

La location doit avoir pris effet dans les six mois de l'acquisition de l'immeuble.

Lorsqu'au jour de la transmission à titre gratuit, le délai de neuf ans n'est pas expiré, le bénéfice de l'exonération partielle est subordonné à l'engagement des donataires, héritiers ou légataires pour eux et leurs ayants cause de maintenir en location, dans les mêmes conditions, les biens transmis jusqu'à l'expiration de ce délai.

Un décret en Conseil d'État détermine les modalités d'application des dispositions du présent 6°, notamment les obligations déclaratives incombant aux redevables et pièces justificatives à fournir lors de l'enregistrement de la transmission mentionnée au premier alinéa. — *V. Ann. II, art. 294 B.*

7° Les successions et donations entre vifs, à concurrence des trois quarts de leur montant, intéressant les propriétés non bâties qui ne sont pas en nature de bois et

forêts et qui sont incluses dans les espaces naturels délimités en application des articles L. 331-2, L. 332-2 à L. 332-2-2, L. 341-2 et L. 414-1 du code de l'environnement et de leurs textes d'application, ou délimités en application des articles L. 121-23 et L. 121-50 du code de l'urbanisme, à la condition :

_a)_ Que l'acte constatant la donation ou la déclaration de succession soit appuyé d'un certificat délivré sans frais par le directeur départemental des territoires ou le directeur départemental des territoires et de la mer attestant que les propriétés concernées font l'objet d'un engagement de gestion conforme aux objectifs de conservation de ces espaces ;

_b)_ Qu'il contienne l'engagement par l'héritier, le légataire ou le donataire, pris pour lui et ses ayants cause, d'appliquer pendant dix-huit ans aux espaces naturels objets de la mutation des garanties de gestion conformes aux objectifs de conservation de ces espaces et dont le contenu est défini par décret.

Cette exonération n'est pas cumulable avec une autre exonération applicable en matière de droits de mutation à titre gratuit.

En cas de transmission de propriétés non bâties, qui sont incluses dans les espaces naturels délimités en application des articles L. 331-2, L. 332-2 à L. 332-2-2, L. 341-2 et L. 414-1 du code de l'environnement et de leurs textes d'application, ou délimités en application des articles L. 121-23 et L. 121-50 du code de l'urbanisme, à l'État ou aux collectivités et organismes mentionnés aux I et II de » l'article 1042 du présent code, l'engagement est réputé définitivement satisfait à concurrence d'une fraction de la valeur des biens exonérée, celle-ci étant déterminée par le rapport entre la superficie des biens objets de la transmission et la superficie totale des biens sur lesquels l'engagement a été souscrit. La même règle s'applique aux mutations de jouissance ou de propriété au profit d'établissements ou de sociétés, en vue de la réalisation d'équipements, aménagements ou constructions d'intérêt public, qui pourraient donner lieu à l'établissement d'une servitude d'utilité publique au titre de ladite mutation. — *V. Ann. III, art. 281 G à 281 J.*

8° Les immeubles et droits immobiliers, à concurrence de *(L. n° 2017-285 du 6 mars 2017, art. 3)* **« 50 %** *[ancienne rédaction : 30 %]* **» de leur valeur, lors de la première mutation postérieure à la reconstitution des titres de propriété y afférents, sous réserve que ces titres de propriété aient été constatés par un acte régulièrement transcrit ou publié entre le 1er octobre 2014 et le 31 décembre** *(L. n° 2017-285 du 6 mars 2017, art. 3)* **« 2027** *[ancienne rédaction : 2017]* **».**

Cette exonération est exclusive de l'application au même bien, au titre de la même mutation ou d'une mutation antérieure, de toute autre exonération de droits de mutation à titre gratuit.

3. Les sommes, à concurrence des trois quarts de leur montant, déposées sur le compte d'investissement forestier et d'assurance mentionné aux articles L. 352-1 à L. 352-5 du code forestier, à condition :

_a)_ Que l'acte constatant la donation ou la déclaration de succession soit appuyé d'un certificat délivré par le directeur départemental des territoires ou le directeur départemental des territoires et de la mer attestant que les bois et forêts du titulaire du compte sont susceptibles de présenter une des garanties de gestion durable prévues à l'article L. 124-1 du code forestier ;

_b)_ Qu'il contienne l'engagement par l'héritier, le légataire ou le donataire, pris pour lui et ses ayants cause, d'employer les sommes objets de la mutation conformément à l'article L. 352-3 du même code pendant trente ans. — *Pour la sanction au manquement à l'engagement, V. art. 1840 G-II bis.*

BIBL. ▶ CHAPPERT, *Defrénois 1999. 37016* (bois et forêts).

1. Biens ruraux donnés à bail à long terme. L'exonération prévue au 3° du 2 est applicable à la mutation à titre gratuit d'un bien appartenant à des époux qui ont consenti sur ce bien un *bail à long terme soumis au statut* du fermage à une société constituée entre eux et continuent de participer à l'exploitation au sein de celle-ci. • Civ. 3e, 8 oct. 1997, ☎ n° 95-19.267 P : *BOI 7 G-13-98 ; RJF 1998. 331.*

2. L'exonération est accordée aux transmissions intervenant pendant la durée prévue au contrat initial ou au cours de renouvellements successifs. Il en est ainsi lorsque la mutation intervient à l'expiration du bail à long terme initial mais que la location se poursuit par tacite reconduction conformément aux art. L. 416 et L. 416-2 C. rur. * BOI-ENR-DMTG-10-20-30-20 n° 80 du 2 juin 2016.

3. L'exonération partielle n'est pas remise en cause : 1) en cas d'échange, à condition que le respect de la conservation du bien cédé soit reporté sur les biens ruraux reçus en contre-échange et que les biens reçus soient d'une valeur au moins égale à celle des biens cédés. 2) lorsque le non-respect du délai de détention des biens reçus par les donataires, héritiers ou légataires pendant cinq ans est le fait de la puissance publique, dans un but d'utilité publique. Cette solution s'applique sans qu'il y ait à distinguer selon que le transfert de propriété des biens compris dans la déclaration d'utilité publique ou l'arrêté de cessibilité a fait l'objet d'un acte amiable ou d'une ordonnance du juge de l'expropriation. Cela étant, cette mesure de tempérament ne saurait être étendue à toutes les acquisitions immobilières effectuées à l'amiable et à titre onéreux par les collectivités territoriales et les organismes mentionnés à l'art. 1042-1, dès lors qu'il peut s'agir de cessions volontaires du cédant, qui ne sont pas nécessairement justifiées par un intérêt public ou un cas de force majeure. * BOI-ENR-DMTG-10-20-30-20 n° 320 du 2 juin 2016.

4. GFA. Lorsqu'en 1994, une réduction du capital social a été décidée par annulation de 113 parts, dont 94 appartenaient aux quatre héritiers et provenaient de la succession de leur mère décédée en 1993, et par retrait d'immeubles de l'actif du GFA attribués à chaque coïndivisaire au prorata de leurs droits dans le groupement, la condition fixée par l'art. 793 *bis* à laquelle était subordonnée l'exonération partielle prévue à l'art. 793-1-4° et qui impose que le bien reste la propriété du donataire, héritier et légataire pendant cinq ans à compter de la date de la transmission à titre gratuit, n'est pas satisfaite. • Com. 3 nov. 2004, n° 02-14.421 : *RJF 2005. 194 ; Dr. fisc. 2005. 91.* ♦ L'annulation d'une partie des parts des GFA désignés à l'art. 793-1-4° avant l'expiration du délai prévue par l'art. 793 *bis* et consécutive au retrait d'une partie des biens donnés à bail à long terme par le groupement entraîne la déchéance totale de l'exonération partielle prévue par le premier de ces textes. • Même arrêt.

5. La condition d'exonération partielle des droits de mutation à titre gratuit a été respectée dès lors que les parts du GFA, objets des donations, sont restées la propriété du donataire pendant cinq ans à compter de la transmission à titre gratuit. Dès lors la transformation d'un GFA en SCI n'entraîne pas la déchéance de l'exonération prévue par l'art. 793-1-4° lorsque celle-ci intervient après le délai de conservation des parts exigé par l'art. 793 *bis*, soit plus de cinq ans après la transmission à titre gratuit. • Com. 4 févr. 2004, n° 279 FS-PB : *RJF 2004. 662.*

6. En cas de non-respect de la condition de propriété pendant cinq ans, la déchéance encourue ne porte que sur les biens cédés et non sur la totalité des biens donnés à bail. Ainsi, si le bénéficiaire vend ou donne une partie des biens dans les cinq ans, le rappel de droits (majoré des intérêts de retard) sera limité aux parcelles cédées. • Com. 10 juill. 2018, n° 16-26.083.

7. Cessions d'exploitations agricoles et forestières : cumul des art. 787 B et 793-1-3°. Les art. précités peuvent se cumuler, dès lors que l'ensemble des conditions prévues par chacun des dispositifs est rempli. À ce titre, lorsque les bois et forêts sont détenus via un groupement forestier, il convient en toute hypothèse que l'un des bénéficiaires de la transmission exerce son activité principale au sein du groupement. Dès lors, il est nécessaire qu'il y ait une véritable entreprise transmise, au-delà de la simple transmission de bois et forêts soumis au régime fiscal de l'art. 76 en matière d'IR.* BOI-ENR-DMTG-10-20-30-10 n° 180 du 9 févr. 2017.

8. Première transmission à titre gratuit d'immeubles après reconstitution des titres de propriété. Exonération partielle des droits de mutation à titre gratuit. * BOI-ENR-DMTG-10-20-30-140 du 28 avr. 2017.

9. Bois et forêts frappés par les tempêtes de janvier 2009. Compte tenu de l'ampleur exceptionnelle des chablis et volis causés par les tempêtes du mois de janvier 2009 et afin d'encourager les propriétaires forestiers à dégager leurs parcelles boisées et à reconstituer les peuplements détruits, l'Administration a décidé d'assouplir provisoirement les conditions pour bénéficier de l'exonération partielle en matière de droits de mutation à titre gratuit et d'ISF. * BOI-ENR-DMTG-10-20-30-10 n° 70 du 9 févr. 2017.

10. Première transmission à titre gratuit de logements acquis neufs entre le 1er août et le 31 déc. 1995. Le régime de faveur s'applique aux successions ouvertes à compter du 1er août 1995 et aux actes de donation passés à compter du 1er août 1997. Pour les successions ouvertes entre le 1er août 1995 et la date d'entrée en vigueur du décret n° 96-280 du 27 mars 1996, publié au *JO* du 4 avr. 1996, les héritiers, donataires ou légataires ayant recueilli un bien susceptible de bénéficier de l'exonération peuvent la demander par voie de réclamation contentieuse. * BOI-ENR-DMTG-10-20-30-100 du 12 sept. 2012.

11. Première transmission à titre gratuit de logements anciens acquis entre le 1er août 1995 et le 31 déc. 1996 et donnés en location. Le régime de faveur est applicable aux successions ouvertes à compter du 1er août 1995 et aux donations consenties par actes passés à compter du 1er janv. 1996. Pour les successions ouvertes entre le 1er août 1995 et la date d'entrée en vigueur du décret n° 96-281 du 27 mars 1996, publié au *JO* du 4 avr. 1996, ainsi que pour les actes de donation passés du 1er janv. 1996 à la date d'entrée en vigueur du décret, les héritiers, donataires ou légataires qui ont recueilli un bien susceptible de bénéficier de l'exonération peuvent demander celle-ci par voie de réclamation contentieuse. * BOI-ENR-DMTG-10-20-30-110 du 12 sept. 2012.

Art. 793 *bis* L'exonération partielle prévue au 4° du 1 et au 3° du 2 de l'article 793 est subordonnée à la condition que le bien reste la propriété du donataire, héritier et légataire pendant cinq ans à compter de la date de la transmission à titre gratuit. Lorsque cette condition n'est pas respectée, les droits sont rappelés, majorés de l'intérêt de retard visé à l'article 1727.

Lorsque la valeur totale des biens susceptibles de bénéficier de l'exonération partielle visée au premier alinéa, transmis par le donateur ou le défunt à chaque donataire, héritier ou légataire, excède *(L. n° 2018-1317 du 28 déc. 2018, art. 46)* « 300 000 € *[ancienne rédaction : 101 897 €]* », l'exonération partielle de droits de mutation à titre gratuit est ramenée à 50 % au-delà de cette limite.

Pour l'appréciation de cette limite, il est tenu compte de l'ensemble des donations consenties par la même personne à un titre, à une date et sous une forme quelconques, à l'exception des donations passées depuis plus de quinze ans.

L'exonération partielle visée au premier alinéa ne s'applique pas lorsque le bail a été consenti depuis moins de deux ans au donataire de la transmission, à son conjoint, à un de leurs descendants ou à une société contrôlée par une ou plusieurs de ces personnes.

1. Constitutionnalité. La différence de traitement entre les contribuables, selon qu'ils conservent ou non pendant les cinq années suivant la transmission au titre de laquelle l'exonération est demandée les biens objet de cette transmission repose sur un critère objectif et rationnel, en rapport avec l'objectif de valeur constitutionnelle de lutte contre la fraude fiscale poursuivi par le législateur, de sorte que le texte critiqué ne méconnaît pas les exigences du principe d'égalité devant les charges publiques. • Com. 16 déc. 2020, n° 20-15.505 QPC : *RJF 2021. 300.*

2. Condition de propriété pendant cinq ans. En cas de non-respect de cette condition, la déchéance encourue ne porte que sur les biens cédés et non sur la totalité des biens donnés à bail. Ainsi, si le bénéficiaire vend ou donne une partie des biens dans les cinq ans, le rappel de droits (majoré des intérêts de retard) sera limité aux parcelles cédées. • Com. 10 juill. 2018, n° 16-26.083 : *RJF 2018. 1287.* ♦ S'alignant sur cet arrêt de principe, l'Administration estime dorénavant que lorsque l'obligation de conservation n'est pas respectée pour une fraction seulement du bien, la remise en cause de l'exonération partielle ne s'applique que sur les seules parcelles cédées. * BOI-ENR-DMTG-10-20-30-20 n° 310 du 1er mars 2019.

Art. 793 *ter* L'exonération prévue aux 4°, 5° et 6° du 2 de l'article 793 est plafonnée à 46 000 € par part reçue par chacun des donataires, héritiers ou légataires. Pour l'appréciation de cette limite de 46 000 €, il est tenu compte de l'ensemble des transmissions à titre gratuit consenties par la même personne.

Art. 793 *quater* Lorsque l'engagement prévu au quatrième alinéa du 6° du 2 de l'article 793 n'est pas respecté, les droits sont rappelés, majorés de l'intérêt de retard visé à l'article 1727.

Art. 793 A *Abrogé par L. n° 82-1126 du 29 déc. 1982, art. 2-XI.*

Art. 794 I. Les régions, les départements, les communes, leurs établissements publics et les établissements publics hospitaliers sont exonérés des droits de mutation à titre gratuit sur les biens *(L. n° 2019-1479 du 28 déc. 2019, art. 136-5°-a)* « affectés à des activités non lucratives qui leur adviennent par donation ou succession » *(Abrogé par L. n° 2021-1900 du 30 déc. 2021, art. 89)* ***« jusqu'au 31 décembre 2023 »***.

II. Les dispositions du I sont applicables aux libéralités faites *(Abrogé par L. n° 2021-1900 du 30 déc. 2021, art. 89)* ***« jusqu'au 31 décembre 2023 »*** aux organismes d'administration et de gestion de la sécurité sociale ainsi qu'à la caisse générale de prévoyance des marins et de leurs familles en cas d'accident, de maladie, d'invalidité et de maternité *[V. égal., art. 1075]*.

Exonération des dons et legs aux collectivités territoriales, établissements publics hospitaliers et CAS. Commentaire administratif. * BOI-ENR-DMTG-10-20-20 nos 390 à 430 du 30 juill. 2020.

Art. 795 Sont exonérés des droits de mutation à titre gratuit :

1° Les dons et legs d'œuvres d'art, de monuments ou d'objets ayant un caractère historique, de livres, d'imprimés ou de manuscrits, faits aux établissements pourvus de la personnalité civile, autres que ceux visés au I de l'article 794-I, si ces œuvres et objets sont destinés à figurer dans une collection publique ;

2° Les dons et legs consentis aux établissements publics ou d'utilité publique *(L. n° 2018-1317 du 28 déc. 2018, art. 47)* « répondant aux caractéristiques mentionnées aux *b* ou *f bis* du 1 de l'article 200 ; »

3° *Abrogé.*

4° Les dons et legs faits aux établissements publics charitables autres que ceux visés au I de l'article 794, aux mutuelles *(L. n° 2020-1721 du 29 déc. 2020, art. 158-1°)* « , à tous autres organismes reconnus d'utilité publique dont les ressources sont affectées à des œuvres d'assistance et de bienfaisance, à la défense de l'environnement naturel ou à la protection des animaux ainsi qu'aux associations simplement déclarées qui poursuivent un but exclusif d'assistance et de bienfaisance ; »

(Abrogé par L. n° 2020-1721 du 29 déc. 2020, art. 158-2°) « ***Il est statué sur le caractère de bienfaisance de la disposition par le décret rendu en Conseil d'État ou l'arrêté préfectoral qui en autorise, le cas échéant, l'acceptation ;*** »

5° Les dons et legs faits aux fondations universitaires, aux fondations partenariales et établissements d'enseignement supérieur reconnus d'utilité publique, aux sociétés d'éducation populaire gratuite reconnues d'utilité publique et subventionnées par l'État, aux associations d'enseignement supérieur reconnues d'utilité publique et aux établissements reconnus d'utilité publique ayant pour objet de soutenir des œuvres d'enseignement scolaire et universitaire régulièrement déclarées ;

6° Les dons et legs de sommes d'argent ou d'immeubles faits aux établissements pourvus de la personnalité civile autres que ceux visés au I de l'article 794 avec obligation, pour les bénéficiaires, de consacrer ces libéralités à l'achat d'œuvres d'art, de monuments ou d'objets ayant un caractère historique, de livres, d'imprimés ou de manuscrits, destinés à figurer dans une collection publique, ou à l'entretien d'une collection publique ;

7° Les dons et legs faits aux organismes d'habitations à loyer modéré ou à leurs unions ;

8° *Périmé.*

9° Les dons et legs faits à l'office national des anciens combattants et victimes de guerre ;

10° Les dons et legs faits aux associations cultuelles, aux unions d'associations cultuelles et aux congrégations autorisées ;

11° Les dons et legs faits aux établissements publics ou d'utilité publique autres que ceux visés au I de l'article 794, aux sociétés particulières ou autres groupements régulièrement constitués, en tant qu'ils sont affectés, par la volonté expresse du donateur ou du testateur, à l'érection de monuments aux morts de la guerre ou à la gloire de nos armes et des armées alliées ;

12° Conformément à l'article L. 322-8 du code de l'environnement, les dons et legs d'immeubles faits au profit du Conservatoire de l'espace littoral et des rivages lacustres ;

13° Les dons et legs d'immeubles situés dans les cœurs des parcs nationaux, faits au profit de l'établissement public du parc national concerné ;

14° Les dons et legs consentis aux fonds de dotation répondant aux conditions fixées au *g* du 1 de l'article 200.

1. Associations cultuelles. Une association ne peut pas bénéficier de l'exonération prévue *au 10° dès lors* qu'elle ne justifie pas d'une autorisation ministérielle ou préfectorale contemporaine du fait générateur de l'imposition. • Com. 5 oct. 2004, n° 03-15.709, *Assoc. Les témoins de Jéhovah : Dr. fisc. 2004. 883 ; RJF 2005. 190.* ♦ Confirmation de • Versailles, 28 févr. 2002, n° 00-5693 : *RJF 2002. 869 ; JCP N. 2002. 1424, chron. L. Martin.* ♦ Dans le même sens • Angers, 27 janv. 2004, n° 03-168 : *Dr. fisc. 2004. 884.* ♦ V. toutefois • CEDH 30 juin 2011, *Assoc. Les témoins de Jéhovah*, n° 8916/05 : *Dr. fisc. 2011. 577, note Dieu.*

2. Dons et legs faits aux établissements publics charitables. L'annexion à l'acte présenté à l'enregistrement du décret en Conseil d'État ou de l'arrêté préfectoral statuant sur le caractère de bienfaisance de la libéralité pour laquelle l'exonération est sollicitée n'est pas une condition d'octroi de l'exonération prévue par l'art. 795-4°. • Com. 18 mai 2010, n° 09-15.266 : *RJF 2010. 860.*

3. Suppression de l'autorisation des dons et legs. Les donations et legs faits aux associations, fondations et congrégations, qui étaient soumis à un régime d'autorisation administrative préalable, bénéficient désormais d'un régime de libre acceptation (Ord. n° 2005-856 du 28 juill. 2005). Les libéralités seront simplement déclarées à l'Administration par les notaires.

4. Dons et legs consentis aux établissements publics ou d'utilité publique (art. 795-2°). Extension de l'exonération à compter du 1er janv. 2019. * BOI-ENR-DMTG-10-20-20 nos 20 et 25 du 29 mars 2019.

5. Fondations universitaires et fondations partenariales. Établissements d'enseignement supérieur reconnus d'utilité publique. Extension de l'exonération prévue à l'art. 795-5°. * BOI-ENR-DMTG-10-20-20 nos 150 à 220 du 29 mars 2019.

6. Fonds de dotation. Exonération des dons et legs consentis aux fonds de dotation. Application aux dons et legs effectués au profit des fonds de dotation à compter du 7 août 2008. * BOI-ENR-DMTG-10-20-20 nos 230 à 370 du 29 mars 2019.

Art. 795-0 A I. — Les exonérations de droit de mutation à titre gratuit mentionnées aux articles 794 et 795 s'appliquent également aux dons et legs consentis aux personnes morales ou aux organismes de même nature que ceux mentionnés aux mêmes articles, constitués sur le fondement d'un droit étranger et dont le siège est situé dans un État membre de l'Union européenne ou dans un autre État partie à l'accord sur l'Espace économique européen ayant conclu avec la France une convention d'assistance administrative en vue de lutter contre la fraude et l'évasion fiscales, lorsqu'ils sont agréés dans les conditions prévues à l'article 1649 *nonies*. L'agrément est accordé à ces personnes morales ou à ces organismes, sous réserve qu'ils poursuivent des objectifs et présentent des caractéristiques similaires à ceux dont le siège est situé en France répondant aux conditions fixées aux articles 794 et 795. Les dons et legs ainsi reçus par ces personnes morales ou ces organismes doivent être affectés à des activités similaires à celles mentionnées aux mêmes articles.

II. — Lorsque les dons et legs ont été effectués au profit d'une personne morale ou d'un organisme non agréé dont le siège est situé dans un État membre de l'Union européenne ou dans un autre État partie à l'accord sur l'Espace économique européen ayant conclu avec la France une convention d'assistance administrative en vue de lutter contre la fraude et l'évasion fiscales, l'exonération de droit de mutation à titre gratuit n'est pas applicable, sauf lorsque le donataire ou le légataire a produit, dans le délai de dépôt de la déclaration de succession ou de donation, les pièces justificatives attestant, d'une part, qu'il poursuit des objectifs et présente des caractéristiques similaires aux personnes morales ou aux organismes de même nature dont le siège est situé en France répondant aux conditions fixées aux articles 794 et 795 et, d'autre part, que les biens qu'il a ainsi reçus sont affectés à des activités similaires à celles mentionnées à ces mêmes articles.

III. — Un décret fixe les conditions d'application du I, notamment la durée de validité ainsi que les modalités de délivrance, de publicité et de retrait de l'agrément. — *V. CGI, Ann. III, art. 281 K à 281 M et Ann. IV, art. 121 Z sexies.*

Dons et legs aux organismes d'intérêt général européens. Conditions d'application de l'exonération. Formes de l'agrément et pièces justificatives. Situation en l'absence d'agrément. * BOI-ENR-DMTG-10-20-20 du 24 juin 2015.

Art. 795 A Sont exonérés des droits de mutation à titre gratuit les biens immeubles par nature ou par destination qui sont, pour l'essentiel, classés ou inscrits *(L. n° 2018-1317 du 28 déc. 2018, art. 120-I-1°)* « au titre » des monuments historiques, ainsi que les biens meubles qui en constituent le complément historique ou artistique, dès lors que les héritiers, les donataires ou les légataires ont souscrit avec *(L. n° 2020-1525 du 7 déc. 2020, art. 26)* « l'autorité administrative compétente » *(L. n° 2018-1317 du 28 déc. 2018, art. 120-I-2°)* « , après avis conforme du ministre chargé du budget, » une convention à durée indéterminée prévoyant le maintien dans l'immeuble des meubles exonérés et leurs conditions de présentation, les modalités d'accès du public ainsi que les conditions d'entretien des biens exonérés, conformément à des dispositions types approuvées par décret. — *V. Ann. II, art. 294 C, Ann. III, art. 281 bis et Ann. IV, art. 170 ter.*

En cas de non-respect des règles fixées par cette convention, les biens exonérés sont soumis aux droits de mutation sur la base de leur valeur au jour où la convention n'est pas respectée ou de la valeur déclarée lors de la donation ou du décès si cette valeur est supérieure et aux taux auxquels ils auraient été soumis lors de leur transmission. — *La convention type figure en annexe du Décr. n° 2003-1238 du 17 déc. 2003 (JO 24 déc.).*

Les dispositions des premier et deuxième alinéas s'appliquent, dans les mêmes conditions, aux parts des sociétés civiles qui détiennent en pleine propriété et gèrent des biens mentionnés au premier alinéa et dont les revenus sont imposés dans la catégorie des revenus fonciers. Ces sociétés doivent être constituées uniquement entre personnes parentes en ligne directe ou entre frères et sœurs, leurs conjoints et, le cas échéant, les enfants de ces différentes personnes. Les parts de ces sociétés doivent rester la propriété de ces personnes ou de leurs descendants.

L'exonération de ces parts ne s'applique qu'à concurrence de la fraction de leur valeur nette qui correspond aux biens mentionnés au premier alinéa. Elle est, par ailleurs, subordonnée aux conditions suivantes :

a) les parts doivent être détenues depuis plus de deux ans par le donateur ou le défunt lorsque celui-ci les a souscrites ou acquises à titre onéreux ;

b) les parts doivent rester la propriété du donataire, héritier ou légataire pendant un délai de cinq ans à compter de la date de la transmission à titre gratuit. Lorsque cette condition n'est pas respectée, les droits sont rappelés, majorés de l'intérêt de retard visé à l'article 1727 ;

c) les bénéficiaires de la mutation à titre gratuit doivent prendre l'engagement d'adhérer à la convention mentionnée au premier alinéa qui aura été signée entre la société civile *(L. n° 2018-1317 du 28 déc. 2018, art. 120-I-3°)* « et *(L. n° 2020-1525 du 7 déc. 2020, art. 26)* « l'autorité administrative compétente ». » — *V. Ann. II, art. 294 C.*

(Abrogé par L. n° 2018-1317 du 28 déc. 2018, art. 120-I-4°) « d) cette mesure s'applique à compter du 1er janvier 1995. »

Les conditions d'application des troisième à *(L. n° 2018-1317 du 28 déc. 2018, art. 120-I-5°)* « septième » alinéas, *(Abrogé par L. n° 2018-1317 du 28 déc. 2018, art. 120-I-5°) « et »* notamment les obligations déclaratives, sont déterminées par décret. — *V. Ann. III, art. 281 ter.*

Les dispositions du présent art. telles qu'issues de l'art. 120 de la L. n° 2018-1317 du 28 déc. 2018 s'appliquent aux demandes de convention ou d'adhésion à des conventions existantes déposées à compter du 1er janv. 2019 ainsi qu'à celles déposées avant cette date qui n'ont pas fait l'objet d'une signature des ministres chargés de la culture et du budget ou d'un refus (L. préc., art. 120-II).

1. Exonération des monuments historiques ouverts au public. Commentaires administratifs. Condition d'ouverture au public. Procédure. Convention type. * BOI-ENR-DMTG-10-20-30-60 du 29 juin 2020. ♦ Procédure de conventionnement simplifiée. * BOI-ENR-DMTG-10-20-30-40 nos 120, 150 et 165 du 29 juin 2020. ♦ Monuments historiques détenus par le biais d'une société civile. * BOI-ENR-DMTG-10-20-30-70 du 29 juin 2020.

2. Convention. Le refus du ministre de conclure la convention prévue à l'art. 795 A, qui correspond à un refus d'agrément, doit être motivé. • CE 19 mars 2003, n° 233359 : *RJF 2003. 750 ; Dr. fisc. 2003. 832, concl. Bachelier.* ♦ Le ministre est tenu de refuser la demande de convention lorsqu'il constate que la partie susceptible d'être ouverte à la visite du public ne comprend pas la propriété privative à raison de laquelle l'exonération est demandée mais est limitée à des parties communes dont le contribuable n'avait pas la pleine disposition. • Même arrêt. ♦ La décision par laquelle le ministre des finances refuse de conclure avec les héritiers, donataires ou légataires d'immeubles classés ou inscrits à l'inventaire supplémentaire des monuments historiques la convention exigée par l'art. 795 A pour l'exonération des droits de mutation à titre gratuit constitue un acte détachable de la procédure d'imposition et peut donc faire l'objet d'un recours pour excès de pouvoir. • CAA Douai, 14 déc. 2010, n° 09DA01551 : *RJF 2011. 642.* ♦ Copie de la demande de convention non déposée au service des impôts, V. note ss art. 281 *bis* de l'ann. III.

3. L'absence de dépôt, dans les six mois du décès, de la déclaration de succession accompagnée d'une copie de la demande de convention certifiée par le service compétent de la direction régionale des affaires culturelles justifie le refus de l'exonération. • CAA Douai, 14 déc. 2010, n° 09DA01551 : *préc. note 2.*

4. Lorsque seules les façades et les toitures d'un château sont inscrites à l'inventaire supplémentaire des monuments historiques, la convention à laquelle est subordonnée l'exonération de droit de mutation à titre gratuit peut limiter l'accès du public au parc, l'ouverture de l'intérieur non classé n'étant pas indispensable. • CE 11 déc. 2009, n° 312515 : *RJF 2010. 279 ; Dr. fisc. 2010. 237, note Di Malta.* ♦ L'exonération peut être accordée si la convention conclue ne prévoit pas de modalités d'accès du public à l'intérieur de l'immeuble lorsque les parties extérieures protégées sont intégralement visibles depuis une voie publique ou un autre espace librement accessible au public tel qu'un parc. * Rép. min. n° 4532 : *JOAN 13 nov. 2018, p. 10283.*

5. Parcs et jardins. L'exonération s'applique à ceux constituant les dépendances immédiates et nécessaires des édifices protégés, en totalité ou partiellement, au titre des monuments historiques. L'exonération s'applique même lorsqu'ils ne sont pas eux-mêmes protégés au titre des monuments historiques à condition qu'ils soient organisés pour la visite. * BOI-ENR-DMTG-10-20-30-60 n° 40 du 29 juin 2020.

6. Exonération des biens meubles, protégés ou non, constituant le complément historique des immeubles. * BOI-ENR-DMTG-10-20-30-60 n°s 30, 50 et 65 du 29 juin 2020.

Art. 795 B **Sont exonérés de droit de mutation à titre gratuit les biens fonciers et immobiliers de l'État que celui-ci transfère, en pleine propriété, à un établissement public foncier dans le cadre des opérations de requalification des copropriétés dégradées d'intérêt national mentionnées au titre IV du livre VII du code de la construction et de l'habitation.**

Art. 796-0 **Sont exonérées de droits de mutation par décès les personnes dispensées de dépôt de déclaration de succession en application des dispositions de l'article 800.**

Art. 796-0 *bis* **Sont exonérés de droits de mutation par décès le conjoint survivant et le partenaire lié au défunt par un pacte civil de solidarité.**

1. Conjoint survivant et partenaire lié par un PACS. Exonération des droits de succession. * BOI-ENR-DMTG-10-20-10 n° 10 du 12 sept. 2012. ♦ Lorsque le bénéficiaire de la clause de tontine est le conjoint survivant ou le partenaire lié au défunt par un PACS, celui-ci peut bénéficier de l'exonération prévue à l'art. 796-0 *bis*. * BOI-ENR-DMTG-10-10-10-10 n° 300 du 12 sept. 2012.

2. PACS et partenariats civils conclus à l'étranger. Les partenariats civils conclus à l'étranger produisent les mêmes effets qu'un PACS dès lors qu'ils répondent aux mêmes conditions que celui-ci. Les personnes liées par un tel partenariat bénéficient désormais en matière de droits de succession du régime applicable aux personnes liées par un PACS. Elles sont donc exonérées de ces droits en application de l'art. 796-0 *bis*. Ainsi, deux ressortissants britanniques domiciliés en France et unis par un « civil partnership », enregistré au Royaume-Uni, bénéficient, en cas de décès de l'un d'eux, de l'exonération de droits de mutation par décès prévue à l'article 796-0 *bis* précité. * Instr. 30 déc. 2009 : *BOI 7 G-2-10*.

3. Par l'application combinée de l'art. 796-0 *bis* CGI et de l'art. 515-7-1 C. civ., le « *civil partnership* » de droit anglais conclu entre deux personnes produit pleinement ses effets juridiques et fiscaux en France. L'exonération prévue à l'art. 796-0 *bis* est applicable et l'administration fiscale est donc condamnée à rembourser au contribuable les sommes déjà perçues au titre des droits de mutation afférents à la succession de son partenaire, outre les intérêts au taux légal par application de l'art. 1153-1 C. civ. • TGI Bobigny, 8 juin 2010, n° 09-3968 : *RJF 2010. 1239.*

4. Donations à cause de mort consenties à l'ex-époux divorcé. Tout lien étant rompu entre conjoints divorcés, les libéralités accordées à un époux divorcé par son ex-conjoint supportent, quelle que soit la date du testament, le tarif entre personnes non parentes ou, le cas échéant, celui fixé pour le lien de parenté existant en dehors du mariage. Toutefois, il y a lieu d'appliquer le tarif entre époux aux donations à cause de mort consenties par contrat de mariage et aux donations éventuelles entre époux consenties pendant le mariage, quel que soit le type de divorce prononcé avant ou après le 1er janv. 2005, dès lors qu'elles ont été expressément maintenues au moment du divorce ou qu'elles sont réputées irrévocables. * BOI-ENR-DMTG-10-20-10 n° 15 du 25 mars 2013.

5. Assurance vie au bénéfice d'un partenaire de PACS. Les sommes attribuées à un partenaire de PACS survivant en exécution de la clause bénéficiaire d'un contrat d'assurance vie, à l'occasion du décès de son compagnon ou de sa compagne, sont exonérées de droits de mutation à titre gratuit (prévus à l'art. 757 B) sur le fondement de l'art. 796-0 *bis*. Peu importe que le partenaire soit ou non légataire du défunt. * BOI-ENR-DMTG-10-20-10 n° 15 du 24 juill. 2014.

Art. 796-0 *ter* **Est exonérée de droits de mutation par décès la part de chaque frère ou sœur, célibataire, veuf, divorcé ou séparé de corps, à la double condition :**

1° Qu'il soit, au moment de l'ouverture de la succession, âgé de plus de cinquante ans ou atteint d'une infirmité le mettant dans l'impossibilité de subvenir par son travail aux nécessités de l'existence ;

2° Qu'il ait été constamment domicilié avec le défunt pendant les cinq années ayant précédé le décès.

1. Frères et sœurs vivant ensemble. Exonération des droits de succession. * BOI-ENR-DMTG-10-20-10 n°s 20 à 60 du 30 mai 2016.

2. Notion de domicile commun. Le domicile commun s'entend, au sens de l'art. 102 C. civ., comme le lieu où l'intéressé avait son principal établissement. La notion de principal établissement est d'abord une question de fait. Plusieurs attestations de voisins peuvent prouver le domicile commun entre l'héritier et sa sœur. • Aix-en-Provence, 23 juin 2015, n° 14/11066 : *RJF 2015. 856.* ♦ Dans le même sens • Angers, 24 mai 2016, n° 13/02628 : *RJF 2016. 699.*

Art. 796-0 *quater* **Les réversions d'usufruit relèvent du régime des droits de mutation par décès.**

1. Harmonisation du régime fiscal applicable aux clauses de réversion d'usufruit. L'ensemble des clauses de réversion d'usufruit relève désormais du régime des droits de mutation par décès, quelle que soit la qualité de leur bénéficiaire. * BOI-ENR-DMTG-10-20-50-40 n° 1 du 12 sept. 2012.

2. Réversion d'usufruit au conjoint survivant ou à d'autres bénéficiaires. Les réversions d'usufruit au profit du conjoint survivant intervenues depuis le 22 août 2007 sont exonérées de droits de mutation par décès même si l'acte qui les prévoit est antérieur à cette date, puisque les successions entre époux sont exonérées de ces droits en application de l'art. 796-0 *bis*. Il en va de même des réversions d'usufruit au profit du partenaire lié par un pacte civil de solidarité et au profit des frères ou sœurs vivant ensemble puisque ces successions sont exonérées des droits de mutation au décès en application respectivement des art. 796-0 *bis* et 796-0 *ter*. Pour les autres bénéficiaires, la réversion d'usufruit est taxée aux droits de succession lors du décès du stipulant, en fonction de son lien de parenté avec le bénéficiaire de la clause de réversion. * BOI-ENR-DMTG-10-20-50-40 n° 1 du 12 sept. 2012.

Art. 796 **I. — Sont exonérées de l'impôt de mutation par décès les successions :**

1° Des militaires des armées françaises et alliées, morts sous les drapeaux pendant la durée de la guerre ;

2° Des militaires qui, soit sous les drapeaux, soit après renvoi dans leurs foyers, seront morts, dans les trois années à compter de la cessation des hostilités, de blessures reçues ou de maladies contractées pendant la guerre ;

2° *bis* Des militaires décédés lors de leur participation à une opération *(L. n° 2020-1721 du 29 déc. 2020, art. 43, applicable aux successions ouvertes à compter du 1er janv. 2021)* **« mentionnée aux 2° ou 3° » de l'article L. 4138-3-1 du code de la défense ou », dans les trois années suivant la fin de celles-ci, des blessures reçues ou des maladies contractées pendant ces opérations ;**

2° *ter* Des militaires décédés dans l'accomplissement de leur mission ou des blessures reçues dans les mêmes circonstances, attributaires de la mention "Mort pour la France" prévue à l'article L. 511-1 du code des pensions militaires d'invalidité et des victimes de guerre ou de la mention "Mort pour le service de la Nation" prévue à l'article L. 513-1 du même code ;

3° De toute personne ayant la nationalité française ou celle d'un pays allié dont le décès aura été provoqué, soit au cours des hostilités, soit dans les trois années à compter de la cessation des hostilités, par faits de guerre suivant la définition qui en est donnée pour les réparations à accorder aux victimes civiles de la guerre ;

4° Des personnes décédées en captivité ou des conséquences immédiates et directes de leur captivité dans le délai prévu au 2°, après avoir été internées pour faits de résistance ;

5° Des personnes décédées au cours de leur déportation ou des conséquences immédiates et directes de leur déportation, dans le délai prévu au 3° ;

6° Des militaires et civils décédés en Afrique du Nord, victimes d'opérations militaires ou d'attentats terroristes ;

7° Des personnes décédées du fait d'actes de terrorisme visés à l'article *(Décr. n° 2017-698 du 2 mai 2017, art. 1er)* **« L. 113-13 du code des pensions militaires d'invalidité et des victimes de guerre** *[ancienne rédaction : 26 de la loi n° 90-86 du 23 janvier 1990 portant diverses dispositions relatives à la sécurité sociale et à la santé]* **» ou des conséquences directes de ces actes dans un délai de trois ans à compter de leur réalisation ;**

8° Des sapeurs-pompiers professionnels ou volontaires décédés en opération de secours ou des blessures reçues dans cette opération, cités à l'ordre de la Nation.

9° Des policiers et des gendarmes décédés dans l'accomplissement de leur mission ou des blessures reçues dans les mêmes circonstances, cités à l'ordre de la Nation ;

10° Des agents des douanes décédés dans l'accomplissement de leur mission ou des blessures reçues dans les mêmes circonstances, cités à l'ordre de la Nation :

(L. n° 2021-1520 du 25 nov. 2021, art. 30-V) **« 11° Des personnes attributaires de la mention "Mort pour le service de la République" prévue à l'article 30 de la loi**

n° 2021-1520 du 25 novembre 2021 visant à consolider notre modèle de sécurité civile et valoriser le volontariat des sapeurs-pompiers et les sapeurs-pompiers professionnels. »

II. — Abrogé par L. n° 2015-1786 du 29 déc. 2015, art. 94-I-1°-d et II.

III. — L'exonération de l'impôt n'entraîne pas la dispense de la déclaration des successions. Elle est subordonnée à la condition que cette déclaration soit accompagnée :

1° Dans les cas visés aux 1°, 2° et 2° *bis* du I, d'un certificat de l'autorité militaire constatant que la mort a été causée par une blessure reçue ou une maladie contractée pendant, selon le cas, la guerre ou l'opération *(L. n° 2020-1721 du 29 déc. 2020, art. 43, applicable aux successions ouvertes à compter du 1er janv. 2021)* **« mentionnée aux 2° ou 3° » de l'article L. 4138-3-1 du code de la défense » ;**

2° Dans les cas visés aux 3°, 4°, 5° et 6° du I, d'un certificat de l'autorité militaire ou civile compétente, établissant les circonstances du décès.

1. Victimes de faits de guerre. L'exonération de l'impôt de mutation par décès s'applique aux militaires français qui ont trouvé la mort le 6 novembre 2004, lors des événements de Bouaké en Côte d'Ivoire. * BOI-ENR-DMTG-10-20-10 n° 100 du 24 févr. 2017.

2. Victimes d'actes de terrorisme. Les personnes concernées sont les victimes d'actes de terrorisme commis sur le territoire national et les personnes de nationalité française ayant leur résidence habituelle en France ou résidant habituellement hors de France, victimes à l'étranger d'un acte de terrorisme. Les non-résidents n'ont pas à justifier d'une immatriculation auprès des autorités consulaires. * BOI-ENR-DMTG-10-20-10 n° 110 du 24 févr. 2017.

3. Militaires. Bien que l'art. 796-I-9° ne vise qu'une catégorie de militaires, les gendarmes, il a vocation à s'appliquer à l'ensemble des militaires décédés lors d'une mission intérieure de sécurité telle que le plan « Vigipirate », sous réserve, notamment, de la citation à l'ordre de la Nation du défunt. * BOI-ENR-DMTG-10-20-10 n° 130 du 24 févr. 2017.

4. Militaires décédés en opération extérieure (« Opex »). Une opération extérieure est une intervention occasionnelle ou temporaire des forces armées hors du territoire national, résultant d'une décision politique déclinée au niveau militaire par un ordre du chef d'état-major des armées ou, le cas échéant, du directeur général de la gendarmerie nationale dans un cadre national, multinational ou sous mandat international. En revanche, lorsque l'envoi de forces sur un territoire étranger a pour unique objet la participation à un exercice, ce déploiement ne peut être qualifié d'opération extérieure. En tout état de cause, l'exonération est subordonnée à la condition que la déclaration de succession soit accompagnée d'un certificat de l'autorité militaire constatant que la mort a été causée par une blessure reçue ou une maladie contractée pendant l'opération extérieure. * BOI-ENR-DMTG-10-20-10 nos 70, 90 et 140 du 24 févr. 2017.

Art. 796 *bis* **I. — Les dons en numéraire reçus par une personne victime d'un acte de terrorisme, au sens du I de l'article 9 de la loi n° 86-1020 du 9 septembre 1986 relative à la lutte contre le terrorisme, sont exonérés de droits de mutation à titre gratuit.**

Si la victime est décédée du fait de l'acte de terrorisme, l'exonération de droits de mutation à titre gratuit s'applique, dans les mêmes conditions, aux dons en numéraire reçus par son conjoint, son partenaire lié par un pacte civil de solidarité, son concubin notoire, ses descendants, ses ascendants et les personnes considérées comme à sa charge, au sens des articles 196 et 196 A *bis*.

II. — L'exonération prévue au I du présent article s'applique, dans les mêmes conditions, aux dons en numéraire reçus par une personne blessée dans les circonstances prévues aux 1° à 2° *ter* ou aux 8° à 10° du I de l'article 796 par le conjoint, le partenaire lié par un pacte civil de solidarité, le concubin notoire, les descendants, les ascendants et les personnes considérées comme à la charge, au sens des articles 196 et 196 A *bis*, de toute personne mentionnée aux 1° à 2° *ter* ou aux 8° à 10° du I de l'article 796.

III. — L'exonération prévue aux I et II du présent article est applicable aux dons reçus dans les douze mois suivant l'acte de terrorisme ou, dans les autres situations, le décès. Toutefois, ce délai n'est pas applicable lorsque les dons sont versés par une fondation, une association reconnue d'utilité publique ou une œuvre ou un organisme d'intérêt général.

Art. 797 **I. — Les immeubles non bâtis et les droits portant sur ces immeubles sont exonérés de droits de mutation par décès aux conditions suivantes :**

1° Les immeubles considérés sont indivis au sein d'une parcelle cadastrale ;

2° La valeur totale des immeubles considérés est inférieure à 5 000 € lorsqu'ils sont constitués d'une seule parcelle et à 10 000 € lorsqu'ils sont constitués de deux parcelles contiguës ;

3° Le droit de propriété du défunt n'a pas été constaté avant son décès par un acte régulièrement transcrit ou publié ;

4° Les attestations notariées mentionnées au 3° de l'article 28 du décret n° 55-22 du 4 janvier 1955 portant réforme de la publicité foncière et relatives à ces biens sont publiées dans un délai de vingt-quatre mois à compter du décès.

II. — L'exonération prévue au I n'est applicable qu'à raison d'une seule parcelle ou de deux parcelles contiguës en indivision par succession.

Art. 797 A (*L. n° 2019-486 du 22 mai 2019, art. 162-X-4°*) Sont exonérés de droits de mutation à titre gratuit les versements réalisés par un cédant à une entreprise dans les conditions prévues aux articles L. 23-11-1 à L. 23-11-4 du code de commerce.

E OBLIGATIONS DIVERSES

1 DISPOSITIONS COMMUNES AUX SUCCESSIONS ET AUX DONATIONS

Art. 798 Les héritiers, donataires ou légataires, dans les déclarations de mutation par décès, les parties dans les actes constatant une transmission entre vifs à titre gratuit, doivent faire connaître si les bijoux, pierreries, objets d'art ou de collection compris dans la mutation étaient l'objet d'un contrat d'assurance contre le vol ou contre l'incendie en cours au jour du décès ou de l'acte et, au cas de l'affirmative, indiquer la date du contrat, le nom ou la raison sociale et le domicile de l'assureur, ainsi que le montant des risques.

Art. 799 En ce qui concerne les déclarations visées à l'article 851, les mutations à titre gratuit des parts du fonds commun de placement donnent lieu à une déclaration comportant la désignation du fonds, ainsi que l'indication du nombre de parts et de leur valeur de rachat à la date de la donation ou du décès, sans qu'il y ait lieu de fournir à l'administration l'énumération de toutes les valeurs comprises dans le fonds et leur cours de bourse. — *V. Ann. III, art. 280 A et 280 B.*

2 DISPOSITIONS SPÉCIALES AUX SUCCESSIONS

Art. 800 I. — Les héritiers, légataires ou donataires, leurs tuteurs ou curateurs, sont tenus de souscrire une déclaration détaillée (*Abrogé par L. n° 2019-1479 du 28 déc. 2019, art. 150-I-2°-a*) ***« et de la signer sur une formule imprimée fournie gratuitement par l'administration »***. — *V. Ann. III, art. 281 O.*

En sont dispensés :

1° Les ayants cause en ligne directe, le conjoint survivant et le partenaire lié par un pacte civil de solidarité lorsque l'actif brut successoral est inférieur à 50 000 € et à la condition que ces personnes n'aient pas bénéficié antérieurement, de la part du défunt, d'une donation ou d'un don manuel non enregistré ou non déclaré ;

2° Les personnes autres que celles visées au 1° lorsque l'actif brut successoral est inférieur à 3 000 €.

(*Abrogé par L. n° 2019-1479 du 28 déc. 2019, art. 150-I-2°-a et b*) ***« En ce qui concerne les immeubles situés dans la circonscription de services des impôts autres que celui où est souscrite la déclaration, le détail est présenté non dans cette déclaration, mais distinctement, pour chaque service de la situation des biens, sur une formule fournie par l'administration et signée par le déclarant.***

« II. — La déclaration prévue au I, premier alinéa, est établie en double exemplaire. »

1. Personne tenue à déclaration. En raison de sa qualité d'héritière légitime, une personne est saisie de plein droit de la succession de son père, dès lors, en dépit de l'action en retranchement par elle engagée à l'encontre de l'épouse survivante, cette personne ne peut valablement contester être tenue de déposer une déclaration de succession et, par suite, prétendre différer le paiement des droits de mutation par décès au motif que la succession n'était pas ouverte. • Com. 8 mars 2005, n° 02-12.721 : *RJF 2005. 790.* ♦ L'action en contestation de la dévolution successorale ne reporte pas le délai imparti à l'héritier, saisi de plein droit de la succession, pour déposer la déclaration de succession. • Com. 26 mars 2008, n° 07-11.703 (n° 435 FS-PB) : *RJF 2008. 901.*

2. Dispense de déclaration pour les successions de faible montant. Commentaire administratif. * BOI-ENR-DMTG-10-60-10 n° 10 du 12 sept. 2012.

3. Souscription en deux exemplaires. Les déclarations de succession n'ont à être souscrites en double exemplaire que lorsqu'elles comportent des actifs bruts, imposables ou non, d'une valeur totale supérieure à 15 000 €. * BOI-ENR-DMTG-10-60-30 n° 30 du 12 sept. 2012.

4. Déclaration de succession incomplète. Ne constitue pas une déclaration de succession un imprimé 2705 adressé par le notaire, sur lequel la rubrique « affirmation de sincérité » n'est ni renseignée ni signée, et ne comportant pas des informations détaillées. La taxation d'office peut s'appliquer à défaut de régularisation. • Com. 14 févr. 2012, n° 11-10.765 : *RJF 2012. 536.* ♦ Il en est de même du document préimprimé, renseigné *a minima* en ce qu'il mentionne le nom de la défunte et celui de la légataire universelle, et ne comporte aucun élément relatif à la dévolution successorale, ni aucune indication relative aux éléments connus de l'actif successoral. • Versailles, 29 sept. 2016, n° 14/06506 : *RJF 2017. 186.*

5. Contrôle de la déclaration sur demande d'un déclarant. L'un des signataires de la déclaration prévue à l'art. 800 ou l'un des donataires mentionnés dans un acte de mutation à titre gratuit entre vifs peut demander à l'Administration de contrôler la déclaration dont il est signataire ou l'acte auquel il est partie : V. art. L. 21 B LPF * BOI-CF-PGR-40-20 du 21 mai 2015.

Art. 801 **La déclaration prévue à l'article 800 doit mentionner les nom, prénoms, date et lieu de naissance de chacun des héritiers, légataires ou donataires.**

Si la naissance est arrivée hors de France, il est, en outre, justifié de cette date avant l'enregistrement de la déclaration, à défaut de quoi il est perçu les droits les plus élevés qui pourraient être dus au Trésor sauf restitution du trop-perçu comme il est dit à l'article 1965 C.

Art. 802 **Toute déclaration de mutation par décès, souscrite par les héritiers, donataires et légataires, leurs tuteurs, curateurs ou administrateurs légaux est terminée par une mention ainsi conçue : "... Le déclarant affirme sincère et véritable la présente déclaration ; il affirme, en outre, sous les peines édictées par l'article 1837 du code général des impôts, que cette déclaration comprend l'argent comptant, les créances et toutes autres valeurs mobilières françaises ou étrangères qui, à sa connaissance, appartenaient au défunt, soit en totalité, soit en partie".**

Lorsque le déclarant affirme ne savoir ou ne pouvoir signer, lecture de la mention prescrite au premier alinéa lui est donnée, ainsi que de l'article 1837 précité et des articles L. 230 et L. 231 du Livre des procédures fiscales relatifs à l'exercice des poursuites pénales en cas d'affirmation frauduleuse. Certification est faite, au pied de la déclaration, que cette formalité a été accomplie et que le déclarant a affirmé l'exactitude complète de sa déclaration.

Art. 802 *bis* *(L. n° 2021-1900 du 30 déc. 2021, art. 136)* **Lorsque le notaire, mandaté par les héritiers, légataires ou donataires, leurs tuteurs ou leurs curateurs, transmet une copie de la déclaration prévue au I de l'article 800 au moyen d'un service en ligne mis à disposition par l'administration depuis une plateforme spécifique, il appose sur cette copie les mentions de certification de l'identité des parties et de conformité à l'original.**

1° IMMEUBLES ET FONDS DE COMMERCE SITUÉS EN FRANCE ET DÉVOLUS À DES PERSONNES DOMICILIÉES À L'ÉTRANGER – OBLIGATIONS IMPOSÉES À L'ACQUÉREUR

Art. 803 **Tout acquéreur d'un immeuble ou d'un fonds de commerce situé en France et dépendant d'une succession dévolue à un ou plusieurs héritiers, légataires ou donataires ayant à l'étranger leur domicile de fait ou de droit, ne peut se libérer du prix *d'acquisition si ce n'est sur* la présentation d'un certificat délivré sans frais par le comptable public compétent et constatant soit l'acquittement, soit la non-exigibilité de l'impôt de mutation par décès, à moins qu'il ne préfère retenir, pour la garantie du Trésor, et conserver jusqu'à la présentation du certificat du comptable, une somme égale au montant de l'impôt calculé sur le prix.**

Art. 804 *Transféré ss. art. L. 102 A LPF.*

2° POLICES D'ASSURANCES CONTRE L'INCENDIE SOUSCRITES PAR LES PERSONNES DÉCÉDÉES – AVIS À DONNER PAR LES ASSUREURS

Art. 805 **Les sociétés, compagnies d'assurances et tous autres assureurs français et étrangers, qui auraient assuré contre le vol ou contre l'incendie, en vertu d'un contrat ou d'une convention en cours à l'époque du décès, des bijoux, pierreries, objets d'art ou de collection, situés en France et dépendant d'une succession qu'ils sauraient ouverte, ou appartenant au conjoint d'une personne qu'ils sauraient décédée, doivent, dans la quinzaine qui suit le jour où ils ont connaissance du décès, adresser à l'autorité compétente de l'État de leur département de résidence, une notice faisant connaître :**

1° Le nom ou la raison sociale et le domicile de l'assureur ;

2° Les nom, prénoms et domicile de l'assuré, ainsi que la date de son décès ou du décès de son conjoint ;

3° Le numéro, la date et la durée de la police et la valeur des objets assurés.

Ces notices sont établies sur des formulaires mis à disposition par le service des impôts.

3° TITRES, SOMMES OU VALEURS EN DÉPÔT – SOMMES DUES À RAISON DU DÉCÈS – OBLIGATIONS DES DÉPOSITAIRES OU DÉBITEURS

Art. 806 **I. – Les administrations publiques, les établissements ou organismes quelconques soumis au contrôle de l'autorité administrative, les sociétés ou compagnies, prestataires de services d'investissement** *(Ord. n° 2017-1107 du 22 juin 2017, art. 16-4° et 21, en vigueur le 3 janv. 2018)* **« autres que des sociétés de gestion de portefeuille », changeurs, banquiers, escompteurs, officiers publics ou ministériels ou agents d'affaires qui seraient dépositaires, détenteurs ou débiteurs de titres, sommes ou valeurs dépendant d'une succession qu'ils sauraient ouverte doivent adresser, soit avant le paiement, la remise ou le transfert, soit dans la quinzaine qui suit ces opérations, à l'autorité compétente de l'État de leur département de résidence, la liste de ces titres, sommes ou valeurs.**

II. – Ces listes sont établies sur des formulaires mis à disposition par le service des impôts.

III. – Les sociétés, compagnies, caisses ou organismes d'assurances et tous autres assureurs français, ainsi que les établissements, agences et succursales en France des sociétés, compagnies, caisses, organismes ou assureurs étrangers, ne peuvent se libérer des sommes, rentes ou émoluments quelconques dus par eux, à raison ou à l'occasion du décès de l'assuré à tout bénéficiaire domicilié en France ou à l'étranger, si ce n'est sur la présentation d'un certificat délivré sans frais par le comptable public compétent et constatant soit l'acquittement, soit la non-exigibilité de l'impôt de mutation par décès.

Ils peuvent, toutefois, sur la demande écrite des bénéficiaires, laisser verser tout ou partie des sommes dues par eux en l'acquit des droits de mutation par décès, au service des impôts où doit être déposée la déclaration de succession.

Les dispositions du présent III ne sont pas applicables lorsque l'ensemble des sommes, rentes ou émoluments quelconques dus par un ou plusieurs assureurs, à raison ou à l'occasion du décès de l'assuré, n'excèdent pas 7 600 € et reviennent *(Abrogé par L. n° 2017-1775 du 28 déc. 2017, art. 16, à compter du 1er janv. 2018)* ***« au conjoint survivant ou »*** **à des successibles en ligne directe n'ayant pas à l'étranger un domicile de fait ou de droit. Cette mesure est subordonnée à la condition que le bénéficiaire de l'assurance dépose une demande écrite renfermant la déclaration que l'ensemble desdites indemnités n'excède pas 7 600 €.**

(L. n° 2017-1775 du 28 déc. 2017, art. 16, en vigueur le 1er janv. 2018) **« Le présent III n'est pas applicable aux sommes, rentes ou émoluments quelconques dus au conjoint survivant ou au partenaire survivant dans le cadre d'un pacte civil de solidarité** *(L. n° 2020-935 du 30 juill. 2020, art. 15)* **« , ni à ceux dus à un organisme exonéré de droits de mutation à titre gratuit en application des dispositions de l'article 795 ». »**

IV. – Les organismes mentionnés au I de l'article 990 I ne peuvent se libérer des sommes, rentes ou valeurs quelconques dues par eux, à raison du décès de l'assuré, à tout bénéficiaire qu'après avoir déclaré à l'administration des impôts le dénouement mentionné au I de l'article 1649 *ter*. – *Les contrats souscrits avant le 1er janv. 2016 et non* *dénoués à cette même date doivent être déclarés conformément aux I et III de l'art. 1649 ter CGI au plus tard le 15 juin 2016 (L. n° 2013-1279 du 29 déc. 2013, art. 10-II). — V. Ann. II, art. 292 B, 306-0 F et 370 C.*

Art. 807 *(L. n° 2017-1775 du 28 déc. 2017, art. 16, en vigueur le 1er janv. 2018)* **« Le III de l'article 806, à l'exception de ses troisième et dernier alinéas, est applicable » aux administrations publiques, aux établissements, organismes, sociétés, compagnies ou personnes désignés au I de l'article 806 qui seraient dépositaires, détenteurs ou débiteurs de titres, sommes ou valeurs dépendant d'une succession qu'elles sauraient ouverte, et dévolus à un ou plusieurs héritiers, légataires ou donataires ayant à l'étranger leur domicile de fait ou de droit.**

Art. 808 **Les dépositaires désignés au I de l'article 806 doivent, dans la quinzaine de la notification, qui leur est faite par le service des impôts, du décès de l'un des déposants à un compte indivis ou collectif avec solidarité, adresser à l'autorité compétente de l'État de leur département de résidence la liste des titres, sommes ou valeurs existant, au jour du décès, au crédit des cotitulaires du compte.**

VII *ACTES ET CONVENTIONS CONCERNANT LES SOCIÉTÉS, PERSONNES MORALES ET GROUPEMENTS*

A DISPOSITIONS GÉNÉRALES

V. égal. art. 1717 bis.

1° RÈGLES DE TERRITORIALITÉ

Art. 808 A **I. — Les opérations soumises au droit d'apport ou à la taxe de publicité foncière et concernant les sociétés de capitaux sont taxables en France lorsque s'y trouve le siège de direction effective ou le siège statutaire, à condition que, dans ce dernier cas, le siège de direction effective soit situé en dehors des États de la Communauté européenne.**

II. — Sont soumis au droit d'apport ou à la taxe de publicité foncière sur la valeur de l'actif net social le transfert en France :

1° depuis un État n'appartenant pas à la Communauté européenne, du siège de direction effective d'une société de capitaux ou de son siège statutaire, à condition que, dans le premier cas, son siège statutaire ou, dans le second cas, son siège de direction effective ne se trouve pas dans un État membre de la Communauté ;

2° depuis un autre État de la Communauté européenne, soit du siège de direction effective d'une société, soit de son siège statutaire dans la mesure où elle n'était pas considérée comme une société de capitaux dans cet autre État et à condition que, dans le second cas, son siège de direction effective ne se trouve pas dans un État de cette Communauté.

BIBL. Donsimoni, *JCP E 2001. 936* (territorialité des droits d'enregistrement : cas des restructurations internationales).

♦ Ni les dispositions du I, ni celles de la directive n° 69/335/CEE du 17 juill. 1969 ne s'opposent à l'application des droits de mutation aux apports d'immeubles à des sociétés dont le siège statutaire se trouve dans un autre État membre de la CEE. • Com. 21 mai 1996, n° 94-14.785 P : *Dr. fisc. 1996. 942 ; D. 1996. IR 153 ; BOI 7 H-1-97 ; RJF 1996. 1113.*

2° APPORTS À UNE SOCIÉTÉ, PERSONNE MORALE OU GROUPEMENT

Art. 809 **I. — Sous réserve des dispositions du I de l'article 257 :**

1° Les actes de formation de sociétés ou de groupements d'intérêt économique qui ne contiennent pas transmission de biens meubles ou immeubles, entre les associés ou autres personnes, sont assujettis au droit d'enregistrement ou à la taxe de publicité foncière sur le montant des apports déduction faite du passif ;

2° Les apports immobiliers qui sont faits aux associations constituées conformément à la loi du 1er juillet 1901 et au livre Ier de la deuxième partie du code du travail (syndicats professionnels) sont soumis aux mêmes droits ou taxes que les apports aux sociétés civiles ou commerciales ;

3° Les apports faits à une personne morale passible de l'impôt sur les sociétés par une personne non soumise à cet impôt sont assimilés à des mutations à titre onéreux dans la mesure où ils ont pour objet un immeuble ou des droits immobiliers, un fonds de commerce, une clientèle, un droit à un bail ou à une promesse de bail.

I *bis*. — En cas d'apport réalisé, dans les conditions fixées au II de l'article 151 *octies*, par une personne physique à une société de l'ensemble des éléments d'actif immobilisé affectés à l'exercice d'une activité professionnelle, la prise en charge du passif, dont sont grevés les biens de la nature de ceux énumérés au 3° du I qui sont compris dans l'apport, *(L. n° 2018-1317 du 28 déc. 2018, art. 26-III-7°)* **« est assimilée à une mutation à titre onéreux ».**

(Abrogé par L. n° 2018-1317 du 28 déc. 2018, art. 26-III-7°) ***« Lorsque l'apporteur s'engage à conserver pendant trois ans les titres remis en contrepartie de l'apport, le droit de mutation est remplacé par un droit fixe de 375 € porté à 500 € lorsque la société a un capital social d'au moins 225 000 €.***

« En cas de non-respect de l'engagement de conservation des titres, les dispositions prévues au III de l'article 810 sont applicables.

« Si la société cesse de remplir les conditions qui lui ont permis de bénéficier de cet avantage, la différence entre, d'une part, le droit de mutation majoré des taxes additionnelles et, d'autre part, les droits et taxes initialement acquittés est exigible immédiatement. »

II. — Lorsqu'une personne morale dont les résultats ne sont pas soumis à l'impôt sur les sociétés devient passible de cet impôt, le changement de son régime fiscal rend les droits et taxes de mutation à titre onéreux exigibles sur les apports purs et simples qui lui ont été faits depuis le 1er août 1965 par des personnes non soumises audit impôt. Les droits sont perçus sur la valeur vénale des biens à la date du changement. — *V. Ann. II, art. 295 à 301.*

III. — Abrogé par L. n° 91-1322 du 30 déc. 1991, art. 13.

1. *Notion d'apport.* La notion d'apport de biens de toute nature au sens de l'art. 4-1-c de la directive CE n° 69-335 du 17 juill. 1969 vise : 1) les contributions financières qu'une société mère effectue au bénéfice d'une société de capitaux procédant à une augmentation de son capital social au moyen d'une émission de nouvelles actions pour permettre l'acquisition de celles-ci par une filiale de ladite société mère ; 2) des contributions financières supplémentaires qu'un nouvel associé verse non pas à la société de capitaux qui augmente son capital social mais à des filiales de celle-ci, lorsqu'il ressort clairement des circonstances que, d'un point de vue économique, la véritable bénéficiaire de ces contributions est ladite société. • CJCE 17 oct. 2002, n° C-33999 : *D. 2002. 2986*. ♦ Des apports effectués sous réserve de la réalisation, d'une condition suspensive ne constituent des apports qu'après que ladite condition s'est réalisée. • Même arrêt.

2. *Apport d'entreprise individuelle en société.* L'apport d'une entreprise individuelle à une société moyennant l'attribution de droits sociaux et le virement d'une somme à un compte courant ne peut pas bénéficier du régime prévu à l'art. 809-I *bis* dès lors qu'il n'est pas intégralement consenti à titre pur et simple, mais à titre onéreux en tant qu'il comporte une contrepartie financière. • Com. 3 mars 2004, n° 458 FS-PB : *RJF 2004. 659.*

3. Le régime de faveur prévu à l'art. 809-I *bis* n'est pas applicable : en cas de prise en charge, par la société, d'éléments de passif autres que ceux dont sont grevés les éléments d'actifs immobilisés apportés. • Com. 17 mars 2004, n° 544 FS-PB : *RJF 2004. 797 ; Dr. fisc. 2004. 604.* ♦ ... Lorsque le montant du compte courant de l'apporteur d'un fonds de commerce ne résultant pas uniquement de l'exploitation directe de l'activité de l'entreprise mais dépendant pour partie des prélèvements personnels effectués par ce dernier, ce compte ne peut être assimilé, pour l'opération d'apport, au passif à prendre en compte pour le calcul de l'actif net. • Com. 12 févr. 2008, n° 07-15.218 : *RJF 2008. 610 ; Dr. fisc. 2008. 279.* ♦ ... Lorsque l'apport est effectué pour partie à titre d'apport et pour le surplus à titre de vente. • Com. 9 juin 2004, n° 01-13.349 : *Dr. fisc. 2004. 861 ; BJS 2004. 1416, note Barbièri.*

4. *Conservation des titres.* Dès lors que les actes du contrat d'apport du fonds de commerce à la société et le procès-verbal de l'assemblée générale extraordinaire, présentés à la formalité de l'enregistrement, ne font pas mention de l'engagement de conservation des titres, la perception du seul droit fixe est exclue, même si le procès-verbal du conseil d'administration, antérieur à ces actes et non enregistré, annonce l'engagement dont il s'agit. • Rouen, 5 déc. 2001, n° 00-259 : *Dr. fisc. 2002. 797.*

5. *Société devenant passible de l'IS.* La Dir. n° 69-335/CEE du 17 juill. 1969 ne s'oppose pas à la perception d'un droit d'apport lors de la transformation d'une société de personnes en une société de capitaux au sens de la directive, lorsque, avant l'entrée en vigueur de la directive, tous les apports effectués en contrepartie des parts sociales de la société de personnes ont déjà donné lieu à la perception d'un droit. • CJCE 16 mai 2002, n° n° 508/99 : *RJF 2002. 1036.* ♦ Il ne résulte pas de l'art. 809-II, aux termes duquel lorsqu'une personne morale dont les résultats ne sont pas soumis à l'IS devient passible de cet impôt, le changement de son régime fiscal rend les droits et taxes de mutation à titre onéreux exigibles sur les apports purs et simples qui lui ont été faits, depuis le 1er août 1965, par des personnes non soumises audit impôt, que la situation fiscale de la société apporteuse doive s'apprécier à la date du changement de régime d'imposition de la société bénéficiaire de l'apport. • Com. 20 nov. 2007, n° 05-19.296 : *RJF 2008. 367 ; Dr. fisc. 2008. 199, note Pierre.*

6. Option pour le régime des sociétés de capitaux. En cas d'option des sociétés de fait ou en participation pour le régime des sociétés de capitaux, ce changement peut être enregistré moyennant le paiement du droit fixe (375 € ou 500 € selon que le capital social est inférieur ou non à 225 000 €) si les associés s'engagent à conserver pendant trois ans les titres détenus à la date du changement. * BOI-ENR-AVS-40-40 n° 130 du 6 déc. 2017.

Art. 810 *(L. n° 2018-1317 du 28 déc. 2018, art. 26-III-8°-a)* **« I. — Les apports sont enregistrés gratuitement. »**

II. — Abrogé.

(L. n° 2018-1317 du 28 déc. 2018, art. 26-III-8°-b) **« III. — Le tarif normal du droit d'enregistrement ou de la taxe de publicité foncière perçus sur les apports mentionnés au 3° du I, au I *bis* et au II de l'article 809 est fixé à 2,20 % pour les apports qui ont pour objet un immeuble ou des droits immobiliers et, selon le tarif prévu à l'article 719, pour ceux qui ont pour objet un fonds de commerce, une clientèle, un droit à un bail ou à une promesse de bail.**

« Toutefois, sauf pour les immeubles ou droits immobiliers n'étant pas compris dans l'apport de l'ensemble des éléments d'actif immobilisés affectés à l'exercice d'une activité professionnelle, ces apports sont enregistrés gratuitement si l'apporteur, ou les associés en cas de changement de régime fiscal, s'engagent à conserver pendant trois ans les titres remis en contrepartie de l'apport ou détenus à la date de changement de régime fiscal.

« En cas de non-respect de l'engagement de conservation des titres, ou, pour les apports mentionnés au I *bis* de l'article 809, si la société cesse de remplir les conditions qui lui ont permis de bénéficier de cet avantage, le droit prévu au premier alinéa du présent III majoré des taxes additionnelles est exigible immédiatement. »

Toutefois, la reprise n'est pas effectuée en cas de donation, si le donataire prend, dans l'acte, et respecte l'engagement de conserver les titres jusqu'au terme de la troisième année suivant l'apport ou le changement du régime fiscal.

(Abrogé par L. n° 2018-1317 du 28 déc. 2018, art. 26-III-8°-b) ***« La reprise n'est pas davantage effectuée en cas de cession, si le cessionnaire prend, dans l'acte, et respecte l'engagement de conserver les titres jusqu'au terme de la troisième année suivant le changement de régime fiscal lorsque ce dernier intervient entre le 1er janvier 1997 et le 31 décembre 2001. »***

Les biens qui *(L. n° 2018-1317 du 28 déc. 2018, art. 26-III-8°-b)* **« n'ont pas été soumis au droit proportionnel mentionné au premier alinéa du présent III » sont soumis au droit de mutation à titre onéreux s'ils sont attribués, lors du partage social, à un associé autre que l'apporteur et au régime prévu au 3° du I de l'article 809 s'ils sont rapportés à une autre société passible de l'impôt sur les sociétés.**

III *bis.* — *Disposition périmée.*

III *ter.* — *Sans objet.*

IV. — *(L. n° 2018-1317 du 28 déc. 2018, art. 26-III-8°-c)* **« L'enregistrement gratuit » mentionné au I se substitue aux droits proportionnels visés au III pour les apports d'immeubles entrant dans le champ d'application de la taxe sur la valeur ajoutée.** — *V. Ann. II, art. 251.*

V. — Abrogé.

VI. — Les opérations visées aux I et II de l'article 208 *septies* *(L. n° 2018-1317 du 28 déc. 2018, art. 26-III-8°-d)* **« sont enregistrées gratuitement ».**

(Abrogé par L. n° 2018-1317 du 28 déc. 2018, art. 26-III-8°-d) ***« Cette disposition s'applique aux transferts de biens réalisés à compter du 1er janvier 2007 pour les opérations mentionnées au I de l'article précité et aux transferts de biens réalisés à compter du 7 janvier 2006 pour les opérations mentionnées au II du même article. »***

1. Apport. La libération du capital par l'apport en nature d'un immeuble d'une valeur égale au montant dudit capital ne constitue pas un apport en capital, mais le règlement d'une dette par une dation en paiement soumise aux droits de mutation à titre onéreux. • Com. 3 oct. 1995, n° 94-10.734 : *Dr. fisc. 1996. 253.*

2. Engagement de conservation. L'engagement de conservation des titres prévu au III doit être pris dans l'acte d'apport ou dans un autre acte soumis à la formalité de l'enregistrement. • Rouen, 5 déc. 2001, n° 00-259 : *RJF 2002. 1326.*

Art. 810 *bis* *(Abrogé par L. n° 2018-1317 du 28 déc. 2018, art. 26-III-9°)* ***« Les apports réalisés lors de la constitution de sociétés sont exonérés des droits fixes de 375 € ou de 500 € prévus au I bis de l'article 809 et à l'article 810. »***

(L. n° 2018-1317 du 28 déc. 2018, art. 26-III-9°) **« Lorsque les apports réalisés à l'occasion de la constitution d'une société sont enregistrés gratuitement conformément à l'article 810, les dispositions figurant dans les actes et déclarations, ainsi que leurs annexes, établis à l'occasion de la constitution de sociétés sont également enregistrés gratuitement. »**

Art. 810 *ter* *(Abrogé par L. n° 2018-1317 du 28 déc. 2018, art. 26-III-10°)* ***Les apports à un groupement forestier constitué dans les conditions prévues par les articles L. 331-1 à L. 331-15 du code forestier, réalisés postérieurement à la constitution de la société et constitués de terrains en nature de bois et forêts ou de terrains nus à boiser, lorsqu'ils sont d'une surface inférieure à cinq hectares et d'un montant inférieur à 7 623 €, sont exonérés du droit fixe de 375 € ou de 500 € prévu à l'article 810.***

Art. 810 *quater* **Les actes constatant les apports mobiliers effectués dans les conditions prévues à l'article 220 *nonies* sont enregistrés gratuitement.**

Art. 811 **Sont enregistrés** *(L. n° 2018-1317 du 28 déc. 2018, art. 26-III-11°)* **« gratuitement : »**

1° Les actes constatant des prorogations pures et simples de sociétés ;

2° Les actes de dissolution de sociétés qui ne portent aucune transmission de biens meubles ou immeubles entre les associés ou autres personnes.

B DISPOSITIONS PARTICULIÈRES À CERTAINES CONVENTIONS

1 AUGMENTATIONS DE CAPITAL

Art. 812 **I. — L'augmentation, au moyen de l'incorporation de bénéfices, de réserves ou de provisions de toute nature, du capital des sociétés est enregistrée** *(L. n° 2018-1317 du 28 déc. 2018, art. 26-III-12°)* **« gratuitement. »**

II. — Abrogé.

Art. 812-0 A *Abrogé par L. n° 91-1322 du 30 déc. 1991, art. 12-III.*

Art. 812 A *I. — Abrogé.*

II. — Abrogé pour les opérations réalisées à compter du 15 oct. 1993.

Art. 813 à 814 A *Abrogés par L. n° 91-1322 du 30 déc. 1991, art. 12-III.*

Art. 814 B *Devenu sans objet.*

Art. 814 C **Sous réserve des dispositions du dernier alinéa du III de l'article 810, sont enregistrés** *(L. n° 2018-1317 du 28 déc. 2018, art. 26-III-13°)* **« gratuitement : »**

1° Les réductions de capital de sociétés contre annulation ou réduction du nominal ou du nombre de titres ;

2° Les réductions de capital consécutives au rachat par les sociétés de leurs propres titres, avec attribution de biens sociaux aux associés, y compris du numéraire, lorsqu'un seul acte est établi pour constater les deux opérations ;

3° Les actes de réductions de capital consécutives au rachat par les sociétés de leurs propres titres lorsque deux actes distincts sont dressés pour constater les deux opérations.

2 ACTES DE FUSION

Art. 815 *Abrogé par L. n° 87-1060 du 30 déc. 1987, art. 36-IV.*

Art. 816 *(L. nº 2018-1317 du 28 déc. 2018, art. 26-III-14º)* **Les actes qui constatent des opérations de fusion auxquelles participent exclusivement des personnes morales ou organismes passibles de l'impôt sur les sociétés, ainsi que la prise en charge du passif dont sont grevés les apports mentionnés dans ces actes, sont enregistrés gratuitement.**

Ancien art. 816 *I. — Les actes qui constatent des opérations de fusion auxquelles participent exclusivement des personnes morales ou organismes passibles de l'impôt sur les sociétés bénéficient du régime suivant :*

1º Il est perçu un droit fixe d'enregistrement ou une taxe fixe de publicité foncière de 375 € porté à 500 € pour les sociétés ayant un capital d'au moins 225 000 € ;

2º Abrogé.

3º La prise en charge du passif dont sont grevés les apports mentionnés dans ces actes est exonérée de tous droits et taxes de mutation ou de publicité foncière.

II. — Transféré à l'art. 816 A-I, al. 1er.

BIBL. ▶ CHALVET, *Dr. fisc. 1994. 1746.* – DEROUIN, *Dr. fisc. 1991. 646.* – DIBOUT, *Dr. fisc. 1996. 1236 ; ibid. 1998. 349.* – LIBAUD et RENAULT, *Dr. fisc. 1994. 1376.* – NGUYEN, *JCP E 1996. I. 555.*

1. Portée des directives européennes sur les fusions. Les mesures de coordination prescrites par la directive nº 78/855/CEE du 9 oct. 1978, concernant les fusions des sociétés anonymes, n'imposant aux États membres aucune obligation quant au montant des droits de mutation applicables aux opérations qu'elle décrit, le juge n'est pas tenu d'interpréter l'art. 816 d'une manière conforme à cette directive. • Com 26 mai 2004, nº 01-16.636 : *RJF 2004. 1049 ; Dr. fisc. 2004. 773 ; Dr. sociétés 2004, nº 8-9, p. 33, note Pierre.* ♦ La directive nº 90/434/CEE du 23 juill. 1990, concernant le régime fiscal commun applicable aux fusions, scissions, apports d'actifs et échanges d'actions intéressant des sociétés d'États membres différents, n'imposant aux États membres aucune obligation quant au montant des droits de mutation applicables aux opérations qu'elle décrit, le juge a décidé à bon droit que l'opération litigieuse (fusion sans liquidation visée à l'art. 1844-5 C. civ.) ne pouvait être qualifiée de fusion, au sens de cette directive, pour l'application du droit fixe d'enregistrement fixé par l'art. 816. • Même arrêt.

2. Notion de fusion. V. art. 301 B et 301 F de l'Ann. II.

3. Personnes morales concernées. Les associations soumises à l'IS en application de l'art. 206-5, c'est-à-dire en raison de leurs revenus patrimoniaux, bénéficient du régime prévu à l'art. 816. * Rescrit 26 avr. 2011, *nº 2011/8 ENR* * BOI-IS-FUS-10-20-20 nº 330 du 19 avr. 2013.

4. Projets de fusion de sociétés. Les projets de fusion de sociétés présentés à la formalité de l'enregistrement sont soumis au droit fixe des actes innomés prévu par l'art. 680, qu'ils soient obligatoirement présentés à la formalité lorsqu'ils sont rédigés en la forme notariée ou facultativement lorsqu'ils sont établis sous seing privé. Les droits dus à l'occasion de la fusion de sociétés sont perçus lors de l'accomplissement des formalités auxquelles sont soumis les actes qui constatent la réalisation définitive de la fusion. * BOI-ENR-AVS-20-60-40 nº 120 du 12 sept. 2012.

5. Fusion sans liquidation. V. note 1.

Art. 816 A *I. — Abrogé.*

II. — Le régime prévu *(L. nº 2018-1317 du 28 déc. 2018, art. 26-III-15º)* **« à » l'article 816 est applicable, même lorsque la société apporteuse n'est pas passible de l'impôt sur les sociétés, mais à concurrence seulement des apports autres que ceux assimilés à des mutations à titre onéreux en vertu du 3º du I de l'article 809.**

3 SCISSIONS ET APPORTS PARTIELS D'ACTIF

Art. 817 **I. — Les dispositions de l'article 816 et du II de l'article 816 A s'appliquent aux scissions et aux apports partiels d'actif.**

II. — Abrogé.

4 CONDITIONS D'APPLICATION DU RÉGIME SPÉCIAL DES FUSIONS, SCISSIONS ET APPORTS PARTIELS D'ACTIF

Art. 817 A Un décret en Conseil d'État fixe les conditions d'application de l'article 816, du II de l'article 816 A et de l'article 817, notamment la définition des apports partiels d'actif, fusions ou opérations assimilables, au sens de la directive du 9 avril 1973 du conseil des Communautés européennes, à des fusions ouvrant droit au régime spécial et, pour ces dernières opérations, les cas de déchéance de ce régime. — *V. Ann II, art. 301 A à 301 F.*

Art. 817 B Les dispositions de l'article 816 s'appliquent également aux opérations agréées dans les conditions prévues au 3 de l'article 210 B.

C RÉGIMES SPÉCIAUX ET EXONÉRATIONS

1 SOCIÉTÉS À OBJET AGRICOLE

Art. 818 et 819 *Abrogés par L. n° 72-516 du 27 juin 1972, art. 20 et 21, à compter du 29 sept. 1972.*

Art. 819 A *Disposition périmée.*

Art. 820 *I. — Abrogé pour les opérations réalisées à compter du 15 oct. 1993.*

II. — Abrogé par L. n° 72-516 du 27 juin 1972, art. 20 et 21, à compter du 29 sept. 1972.

Art. 820 A et 820 B *Abrogés par L. n° 91-1322 du 30 déc. 1991, art. 12-III.*

2

Art. 821 à 824 A *Abrogés par L. n° 91-1322 du 30 déc. 1991, art. 12-III.*

3 SOCIÉTÉS À CAPITAL VARIABLE

Art. 825 L'augmentation nette du capital d'une société à capital variable, constatée à la clôture d'un exercice, est *(L. n° 2018-1317 du 28 déc. 2018, art. 26-III-16°)* « enregistrée gratuitement ; la mention "gratuit" est portée » sur le procès-verbal de l'assemblée générale des associés qui statue sur les résultats de cet exercice.

Le rachat par une société de placement à prépondérance immobilière à capital variable de ses propres actions est soumis à un droit d'enregistrement au taux fixé au 2° du I de l'article 726 lorsque le porteur des actions se trouve dans l'un des cas mentionnés aux *a* et *b* de l'article 730 *quinquies*. Toutefois, ce droit d'enregistrement ne s'applique pas lorsque le porteur qui demande le rachat de ses parts est lui-même un organisme de placement collectif immobilier.

3 *BIS*

Art. 825 A *Abrogé par L. n° 91-1322 du 30 déc. 1991, art. 12-III.*

4

Art. 826 *Abrogé par L. n° 91-1322 du 30 déc. 1991, art. 12-III.*

5 SOCIÉTÉS IMMOBILIÈRES ET ASSIMILÉES

Art. 827 *(L. n° 2018-1317 du 28 déc. 2018, art. 26-III-17°)* « I. — Sont enregistrés gratuitement : »

1° Les actes constatant l'attribution d'actif net faite à un ou plusieurs organismes attributaires par une société d'habitations à loyer modéré, en vertu du premier alinéa de l'article L. 422-11 du code de la construction et de l'habitation, quelle que soit la nature des biens compris dans l'actif net attribué.

Cette disposition est applicable aux sociétés anonymes de crédit immobilier définies à l'article L. 422-4 du code précité, ainsi qu'aux sociétés coopératives artisanales et aux groupements de ces mêmes coopératives constitués en conformité de l'article 3 de la loi du 27 décembre 1923 et réalisant les opérations désignées à l'article 1er de la loi du 2 août 1932 facilitant la construction des locaux à usage artisanal ;

2° Les attributions de logements faites par les sociétés coopératives en application du deuxième alinéa de l'article 80 de la loi n° 53-80 du 7 février 1953.

II. — Abrogé par L. n° 91-1322 du 30 déc. 1991, art. 12-III.

Art. 828 *(L. n° 2018-1317 du 28 déc. 2018, art. 26-III-18°)* « I. — Sont enregistrés gratuitement : »

1° *Abrogé.*

2° Les actes par lesquels les sociétés ayant fonctionné conformément à l'objet défini à l'article 1655 *ter* augmentent leur capital, prorogent leur durée ou font à leurs membres, par voie de partage en nature à titre pur et simple, attribution exclusive en propriété des fractions, auxquelles ils ont vocation, d'immeubles ou groupes d'immeubles construits, acquis ou gérés par elles ; les sociétés susvisées qui ont bénéficié de prêts pour la réalisation de leur objet social peuvent se prévaloir de ces dispositions même si la répartition de ces prêts a pour effet d'enlever au partage son caractère pur et simple, pourvu que cette répartition ait été effectuée suivant les règles prévues par les organismes prêteurs.

Toutefois, pour les sociétés assujetties à la taxe sur la valeur ajoutée, en application du I de l'article 257, le bénéfice de cette disposition est subordonné à la condition qu'elles justifient du règlement de la taxe due sur les opérations de construction ;

3° *Devenu sans objet ;*

4° Les actes de dissolution et de partage des sociétés civiles immobilières régies par les articles L. 443-6-2 et suivants du code de la construction et de l'habitation.

II. — Abrogé.

Art. 828 *bis* 1. Sont exonérés des droits d'enregistrement, de la taxe de publicité foncière et de la contribution prévue à l'article 879 les transferts de biens, droits et obligations résultant de la transformation :

a) Des sociétés civiles de placement immobilier en organismes de placement collectif immobilier ;

b) Des sociétés civiles à objet strictement immobilier, dont les parts sont détenues par une entreprise d'assurance en représentation de provisions mathématiques relatives aux engagements exprimés en unités de compte de contrats d'assurance sur la vie ou de capitalisation, en sociétés de placement à prépondérance immobilière à capital variable.

Transformation de certaines sociétés en OPCI. Les transferts de biens résultant de la transformation d'une SCI en Sppicav sont exonérés de droits d'enregistrement quand bien même son capital est détenu par deux entreprises d'assurance et que ses parts ne représentent pas en totalité des unités de compte. * Rescrit 14 sept. 2010, n° 2010/54 ENR * BOI-ENR-AVS-20-30-10 n° 110 du 12 sept. 2012.

Art. 829 *Périmé.*

Art. 830 *Abrogé par L. n° 91-1322 du 30 déc. 1991, art. 12-III.*

6 FONDS COMMUNS DE PLACEMENT

Art. 831 *Abrogé par L. n° 91-1322 du 30 déc. 1991, art. 12-III.*

Art. 832 Les souscriptions de parts de fonds communs de placement ou de sociétés de libre partenariat sont dispensées de tout droit d'enregistrement.

Art. 832 A Les souscriptions de parts de fonds de placement immobilier sont dispensées de tout droit d'enregistrement.

7

Art. 833 *Périmé.*

Art. 834 *Abrogé par L. n° 91-1322 du 30 déc. 1991, art. 12-III.*

8 SOCIÉTÉS CRÉÉES PAR DES SALARIÉS EN VUE DE RACHETER LEUR ENTREPRISE

Art. 834 *bis* Les opérations d'augmentation ou de réduction de capital rendues nécessaires par la conversion en euros du capital des sociétés sont exonérées de droits d'enregistrement.

VIII

Art. 835 à 842 *Abrogés.*

IX

Art. 843 à 843 B *Abrogés par L. n° 93-1352 du 30 déc. 1993, art. 16-III et IV, pour les actes des huissiers de justice accomplis à compter du 1er janv. 1994.*

X *INSCRIPTIONS DE PRIVILÈGES ET D'HYPOTHÈQUES*

A RÉGIME NORMAL

Art. 844 La taxe proportionnelle de publicité foncière applicable aux inscriptions d'hypothèques judiciaires ou conventionnelles visées au 1° de l'article 663 est perçue au taux de 0,70 %.

Elle est liquidée sur les sommes garanties en capital, intérêts et accessoires, même indéterminées, éventuelles ou conditionnelles, exprimées ou évaluées dans le bordereau. Il n'est perçu qu'une seule taxe pour chaque créance quel que soit le nombre des créanciers requérants et celui des débiteurs grevés.

Les inscriptions qui échappent à la taxe proportionnelle sont soumises à une taxe fixe de 25 €.

L'avenant conclu et inscrit dans les conditions prévues par l'art. 59 de l'Ord. n° 2006-346 du 23 mars 2006 relative aux sûretés est exonéré du droit fixe d'enregistrement prévu à l'art. 680 du CGI et de la taxe de publicité foncière prévue à l'art. 844 du même code, sous réserve du respect des conditions suivantes : — 1° Il est conclu par une personne physique et concerne une hypothèque inscrite en garantie d'une obligation qu'elle a elle-même contractée ; — 2° Il fait l'objet d'une inscription prise avant le 1er janv. 2009 (L. n° 2006-1666 du 21 déc. 2006, art. 7-III et IV, applicable aux actes notariés dressés à compter du 27 sept. 2006).

Hypothèque conventionnelle rechargeable. Modalités d'application de la taxe de publicité foncière et du salaire du conservateur des hypothèques. * BOI-REC-GAR-10-20-10-50 n° 120 du 12 sept. 2012.

B EXONÉRATIONS

Art. 845 Sont exonérés de la taxe de publicité foncière :

1° Les inscriptions requises par l'État.

Toutefois, la taxe qui n'a pas été perçue sur une inscription d'hypothèque judiciaire ou conventionnelle doit être acquittée lors de la radiation de l'inscription. A cet effet, le service chargé de la publicité foncière est tenu d'énoncer, tant sur le bordereau destiné aux archives que sur le bordereau remis au requérant, le montant de la taxe non perçue ;

2° Les inscriptions :

a) des hypothèques conventionnelles pour sûreté des avances consenties par l'État aux organismes d'habitations à loyer modéré ;

b) des hypothèques prises par les organismes d'habitations à loyer modéré et de crédit immobilier pour la sûreté et le recouvrement des prêts individuels qu'ils sont appelés à consentir à des particuliers ;

c) des hypothèques prises en garantie des prêts d'épargne des travailleurs manuels prévus au deuxième alinéa du III de l'article 80, modifié, de la loi n° 76-1232 du 29 décembre 1976 ;

3° Les actes des prêts spéciaux à la construction désignés à l'article L. 312-1 du code de la construction et de l'habitation.

1. Les inscriptions hypothécaires prises en garantie du remboursement des avances remboursables ne portant pas intérêt sont exonérées à condition que le bordereau d'inscription mentionne qu'elles sont accordées en application du décret n° 95-1064 du 29 sept. 1995. * Instr. 28 nov. 1995 : *BOI 10 G-3-95.*

2. Les inscriptions d'hypothèques conventionnelles prises en garantie de prêts locatifs sociaux (PLS) institués par le décret n° 2001-207 du 6 mars 2001 et les actes de prêts PLS bénéficient de l'exonération de TPF prévue à l'art. 845-2° et 3°. * Rép. min. n° 9746 : *JOAN, 19 août 2008, p. 7106.*

3. La TPF est due sur la somme rechargeable affectée à la garantie des créances autres que le prêt d'accession sociale (PAS) pour lequel l'inscription hypothécaire est exonérée. * Rép. min. n° 18602 : *JOAN, 14 oct. 2008, p. 8828.*

XI *ACTES DIVERS*

Art. 846 Sont soumises à la taxe proportionnelle de publicité foncière au taux de 0,60 %, les quittances ou cessions d'une somme équivalente à trois années de loyers

ou fermages non échus, à l'exception des quittances ou cessions liées aux actes prévus à l'article 1048 *ter*.

Art. 846 *bis* **Les procurations, mainlevées d'hypothèques et actes de notoriété autres que ceux constatant l'usucapion sont soumis à une taxe fixe de publicité foncière ou, le cas échéant, à un droit fixe d'enregistrement de 25 €.**

Le tarif mentionné au premier alinéa s'applique également aux déclarations et états descriptifs de division établis en vue de l'application des articles L. 526-1 à L. 526-3 du code de commerce.

Art. 847 **Sont** *(L. n° 2019-1479 du 28 déc. 2019, art. 21-I-12° et XI-D, en vigueur le 1er janv. 2020)* **« enregistrés gratuitement » :**

1° Les contrats de mariage, lorsqu'ils ne peuvent donner lieu à la perception d'une imposition proportionnelle ou progressive d'un montant plus élevé ;

(Abrogé par L. n° 2019-1479 du 28 déc. 2019, art. 21-I-13° et XI-D, à compter du 1er janv. 2020) ***« 2° Les renonciations pures et simples à successions, legs ou communautés. »***

Art. 847 *bis* *(L. n° 2019-222 du 23 mars 2019, art. 6-IX)* **Sont exonérés des droits d'enregistrement les actes prévus à l'article** *(L. n° 2021-1017 du 2 août 2021, art. 6-II)* **« 342-10 » du code civil et à l'article L. 2141-6 du code de la santé publique.**

Art. 848 *(Abrogé par L. n° 2019-1479 du 28 déc. 2019, art. 21-I-14° et XI-D, à compter du 1er janv. 2020)* ***Sont soumis à un droit d'enregistrement de 125 € :***

1° Les certificats de propriété, autres que ceux établis par les secrétariats des juridictions judiciaires ;

2° Les inventaires de meubles, objets mobiliers, titres et papiers ;

Il est dû un droit pour chaque vacation.

3° Les clôtures d'inventaires ;

4° Les prisées de meubles ;

5° Les testaments et tous autres actes de libéralité qui ne contiennent que des dispositions soumises à l'événement du décès, et des dispositions de même nature qui sont faites par contrat de mariage entre les futurs ou par d'autres personnes ;

6° Les acceptations pures et simples de successions, legs ou communautés.

Art. 848 *bis* **La fraction des parts des groupements fonciers ruraux, prévus par l'article L. 322-22 du code rural et de la pêche maritime, représentative de biens de nature forestière et celle représentative de biens de nature agricole sont soumises, dans les mêmes conditions, aux dispositions qui régissent les droits de mutation à titre gratuit ou onéreux respectivement applicables aux parts de groupements forestiers et aux parts de groupements fonciers agricoles.**

SECTION III **OBLIGATIONS DIVERSES**

I *OBLIGATIONS DES REDEVABLES ET DES OFFICIERS PUBLICS ET MINISTÉRIELS*

A OBLIGATIONS DES REDEVABLES

1° ACTES SOUS SEING PRIVÉ – DÉPÔT D'UN DOUBLE AU BUREAU

Art. 849 **Les parties qui rédigent un acte sous seing privé soumis à l'enregistrement dans un délai déterminé doivent en établir un double revêtu des mêmes signatures que l'acte lui-même, et qui reste déposé au service des impôts lorsque la formalité est requise.** *(L. n° 2020-1721 du 29 déc. 2020, art. 157-2°)* **« Pour les actes mentionnés au 2° du I de l'article 658, la copie est déposée en deux exemplaires. »** *— V. aussi LPF, art L. 106.*

2° AFFIRMATION DE SINCÉRITÉ

Art. 850 **Dans tout acte ou déclaration ayant pour objet, soit une vente d'immeubles soit une cession de fonds de commerce ou du droit à un bail ou du bénéfice d'un promesse de bail portant sur tout ou partie d'un immeuble, soit un échange ou un partage comprenant des immeubles ou un fonds de commerce, les vendeurs, acqué**

reurs, échangistes, copartageants, leurs tuteurs ou administrateurs légaux sont tenus de terminer l'acte ou la déclaration par une mention ainsi conçue : "Les parties affirment, sous les peines édictées par l'article 1837 du code général des impôts que le présent acte (ou la présente déclaration) exprime l'intégralité du prix ou de la soulte convenue".

3° DÉCLARATION ESTIMATIVE

Art. 851 Dans tous les cas où les droits sont perçus d'après une déclaration estimative des parties, la déclaration et l'estimation doivent être détaillées.

Une déclaration de cette nature est, avant l'exécution de l'enregistrement, de la formalité fusionnée ou de la formalité de publicité foncière, souscrite, certifiée et signée au pied du document à formaliser, lorsque les sommes ou valeurs devant servir à l'assiette du droit proportionnel ou progressif n'y sont pas déterminées.

A défaut, la formalité est refusée.

4° LOTISSEURS, MARCHANDS DE BIENS ET ASSIMILÉS – OBLIGATIONS PARTICULIÈRES

Art. 852 *Abrogé par L. n° 2010-237 du 9 mars 2010, art. 16-XXV.*

B OBLIGATIONS DES OFFICIERS PUBLICS ET MINISTÉRIELS

1 OBLIGATIONS PARTICULIÈRES À LA FORMALITÉ DE L'ENREGISTREMENT

1° ACTES PUBLICS

Art. 853 Les notaires, huissiers, greffiers et autorités administratives sont tenus, chaque fois qu'ils présentent des actes, jugements ou arrêts à la formalité de l'enregistrement, de déposer au service des impôts un bordereau récapitulatif de ces actes, jugements ou arrêts établis par eux, en double exemplaire, sur des formules imprimées qui leur sont fournies gratuitement par l'administration.

A défaut, la formalité de l'enregistrement est refusée.

Art. 854 Il est défendu à tout notaire ou greffier de recevoir aucun acte en dépôt sans dresser acte du dépôt.

Sont exceptés les testaments déposés chez les notaires par les testateurs.

Art. 855 Il est fait mention dans toutes les expéditions des actes publics, civils ou judiciaires, qui doivent être enregistrés sur les minutes et expéditions visées au *(Abrogé par L. n° 2020-1721 du 29 déc. 2020, art. 157-3°)* ***« premier alinéa du »*** I de l'article 658, de la quittance des droits, par une transcription littérale et entière de cette quittance.

Pareille mention est faite dans les minutes des actes publics, civils, judiciaires ou extrajudiciaires, qui se font en vertu d'actes sous signatures privées ou passés en pays étrangers et qui sont soumis à l'enregistrement.

2° ÉNONCIATION DES FORMALITÉS ANTÉRIEURES

Art. 856 Tout acte portant sous-bail, subrogation, cession ou rétrocession de bail doit contenir la reproduction littérale de la mention d'enregistrement du bail cédé en totalité ou en partie, lorsque cette formalité est obligatoire.

Art. 857 Toutes les fois qu'une condamnation est rendue sur un acte enregistré, le jugement ou la sentence arbitrale en fait mention et énonce le montant du droit payé, la date du paiement et le nom du service public où il a été acquitté ; en cas d'omission et s'il s'agit d'un acte soumis à la formalité dans un délai déterminé, le comptable public compétent exige le droit si l'acte n'a pas été enregistré dans son service, sauf restitution, dans le délai prescrit, s'il est ensuite justifié de l'enregistrement de l'acte sur lequel le jugement a été prononcé.

Art. 858 *Abrogé par L. n° 72-11 du 3 janv. 1972, art. 33 ; Décr. n° 72-809 du 1er sept. 1972, art. 117.*

3° OFFICES (TRANSMISSIONS, CRÉATIONS ET SUPPRESSIONS)

Art. 859 **Tout traité ou convention ayant pour objet la transmission à titre onéreux ou gratuit d'un office, de la clientèle, des minutes, répertoires, recouvrements et autres objets en dépendant doit être constaté par écrit et enregistré, avant d'être produit à l'appui de la demande de nomination du successeur désigné.**

En cas de transmission de l'office par décès à un héritier ou légataire unique, ce dernier doit produire à l'appui de sa demande de nomination un certificat délivré sans frais par le comptable public compétent constatant l'acquittement du droit de mutation par décès.

2 AUTRES OBLIGATIONS

1° EXTRAITS D'ACTE

Art. 860 **Les notaires, huissiers, greffiers, avocats et autorités administratives doivent, pour les actes et décisions judiciaires qui contiennent des dispositions soumises à publicité foncière et pour les attestations après décès, établir en double exemplaire un extrait, dit extrait d'acte modèle n° 1 ou modèle n° 2, dans les conditions fixées par l'autorité compétente de l'État.** — *V. également Ann. III, art. 255.*

L'extrait peut être remplacé par une reproduction partielle des actes, décisions judiciaires ou attestations, faite dans les conditions prévues par l'autorité compétente de l'État.

Pour les actes visés au premier alinéa du I de l'article 647, les deux exemplaires de l'extrait sont remis, sous peine de refus du dépôt, au service chargé de la publicité foncière, au moment où la formalité fusionnée est requise. Le dépôt est également refusé s'il existe, entre cet extrait et le document à publier, une discordance faisant obstacle à la détermination de l'assiette ou au contrôle de l'impôt. — *V. Ann. III, le II de l'art. 253.*

Pour les actes visés au deuxième alinéa du I, du même article, l'un des exemplaires de l'extrait d'acte est déposé au service des impôts compétent pour opérer la formalité de l'enregistrement. — *V. Ann. III, art. 256.*

Art. 861 *Abrogé par Ord. n° 2004-281 du 25 mars 2004, art. 23.*

2° ACTES EN CONSÉQUENCE

Art. 862 **Les notaires, huissiers, greffiers et autres officiers publics, les avocats et les autorités administratives ne peuvent faire ou rédiger un acte en vertu ou en conséquence d'un acte soumis obligatoirement à l'enregistrement ou à la formalité fusionnée, l'annexer à leurs minutes, le recevoir en dépôt ni le délivrer en brevet, extrait, copie ou expédition, avant que l'une ou l'autre formalité ait été exécutée, alors même que le délai pour y procéder ne serait pas encore expiré.**

Sont exceptés les actes de cette nature qui se signifient à partie ou par affiches et proclamations ainsi que les copies exécutoires des jugements de divorce rendus en application de l'article 232 du code civil.

Les notaires peuvent, toutefois, faire des actes en vertu ou en conséquence d'actes dont le délai d'enregistrement ou d'exécution de la formalité fusionnée n'est pas encore expiré, mais sous la condition qu'ils soient personnellement responsables, non seulement des droits d'enregistrement et de la taxe de publicité foncière, mais encore des pénalités auxquelles cet acte peut se trouver assujetti.

Les dispositions du premier alinéa ne font pas obstacle à l'établissement des extraits, copies ou expéditions destinés à l'accomplissement de la formalité de publicité foncière ou de la formalité fusionnée. Toutefois, pour les actes exclus de cette dernière formalité, les officiers publics ou ministériels, les avocats et les autorités administratives ne peuvent remettre ces documents aux parties avant d'y avoir reproduit la quittance des droits d'enregistrement ou, éventuellement, la mention qui y supplée.

(L. n° 2020-1721 du 29 déc. 2020, art. 67-I-3° et II, en vigueur le 1er janv. 2021) **« Les greffiers des tribunaux de commerce et des tribunaux judiciaires statuant commercialement ainsi que l'Institut national de la propriété industrielle ne sont soumis aux dis**

positions des premier et avant-dernier alinéas du présent article qu'au titre des actes mentionnés aux 5°, 7° et 7° *bis* du 2 de l'article 635. »

3° INFORMATION DES PARTIES DE L'EXISTENCE DE SANCTIONS — AFFIRMATION DE SINCÉRITÉ

Art. 863 **Le notaire qui reçoit un acte de vente, d'échange ou de partage est tenu d'informer les parties de l'existence des sanctions édictées par les articles 850 et 1837.**

Mention expresse de cette information est faite dans l'acte.

Art. 864 **Le notaire qui reçoit un traité de cession d'un office ministériel ou un acte de vente, d'échange ou de partage ou un acte de cession de droit à un bail ou du bénéfice d'une promesse de bail portant sur tout ou partie d'un immeuble est tenu d'informer les parties de l'existence des sanctions édictées au 5 du V de l'article 1754, aux articles 1729 et 1840 B du présent code et à l'article 1202 du code civil, de faire mention de cette information dans l'acte et d'y affirmer qu'à sa connaissance cet acte n'est modifié ou contredit par aucune contre-lettre contenant une augmentation du prix ou de la soulte.**

Cette disposition ne s'applique pas aux adjudications publiques.

4° ÉTATS DE FRAIS — INDICATION DU MONTANT DES DROITS PAYÉS AU TRÉSOR

Art. 865 **Les états de frais dressés par les avocats, huissiers, greffiers, notaires commis doivent faire ressortir distinctement, dans une colonne spéciale et pour chaque débours, le montant des droits de toute nature payés au Trésor.**

5° HUISSIERS

Art. 866 **A l'exception des actes en matière pénale et des actes d'avocat à avocat, les huissiers sont tenus d'établir leurs actes et procès-verbaux en double original ; l'un, dispensé de toutes formalités fiscales, est remis à la partie ou à son représentant et l'autre est conservé par l'huissier, dans les conditions qui sont fixées par un décret en Conseil d'État.**

Par dérogation aux dispositions de l'article R.* 200-2 du livre des procédures fiscales, l'original dispensé de toutes formalités fiscales pourra être produit devant toutes juridictions judiciaires ou administratives même s'il vaut requête introductive d'instance.

6° RÉPERTOIRE DES NOTAIRES, HUISSIERS, GREFFIERS, SECRÉTAIRES, COMMISSAIRES-PRISEURS, COURTIERS DE COMMERCE, COURTIERS D'ASSURANCES ET AUTRES INTERMÉDIAIRES

Art. 867 **I. — Les notaires, huissiers, greffiers et secrétaires des administrations centrales tiennent des répertoires à colonnes, sur lesquels ils inscrivent, jour par jour, et par ordre de numéros, savoir :**

1° Les notaires, tous les actes qu'ils reçoivent ; — *V. Ann. III, art. 282.*

2° Les huissiers, tous les actes de leur ministère ; — *V. Ann. III, art. 283.*

3° Les greffiers, tous les actes et jugements qui, aux termes du présent code, doivent être enregistrés sur les minutes ainsi que les procès-verbaux mentionnés au 6° du 2 de l'article 635 *(L. nº 2019-1479 du 28 déc. 2019, art. 21-I-15º-a et XI-D, applicable aux actes établis à compter du 1er janv. 2020)* **« , dans sa rédaction applicable au 31 décembre 2019, » qui ne sont pas soumis à un droit proportionnel ou progressif ;**

4° Les secrétaires, les actes des administrations dénommés dans les 3° et 4° du 1 et les 5° et 6° du 2 de l'article 635 *(L. nº 2019-1479 du 28 déc. 2019, art. 21-I-15º-a et XI-D, applicable aux actes établis à compter du 1er janv. 2020)* **« , dans sa rédaction applicable au 31 décembre 2019, » y compris ceux qui ne sont pas soumis à un droit proportionnel ou progressif.**

Chaque article du répertoire contient :

1° Son numéro ;

2° La date de l'acte ;

3° Sa nature ;

4° Les noms et prénoms des parties et leur domicile ;

5° L'indication des biens, leur situation et le prix, lorsqu'il s'agit d'actes qui ont pour objet la propriété, l'usufruit ou la jouissance de biens fonds ;

6° La relation de l'enregistrement ou de la formalité fusionnée. *— V. Ann. III, art. 284.* *(Abrogé par L. n° 2019-1479 du 28 déc. 2019, art. 21-I-15°-a et XI-F, applicable aux actes établis à compter du 1er janv. 2021)* ***« 7° Les sommes perçues au titre de l'acte lorsqu'il est soumis à la taxe prévue à l'article 302 bis Y. »***

Les répertoires des notaires peuvent être établis sur feuillets mobiles ; les autres répertoires sont tenus sans blanc ni interligne.

II. — Abrogé.

III. — Les pages des répertoires des notaires sont numérotées. Elles sont visées et paraphées par le président de la chambre des notaires ou son délégué. La formalité du paraphe peut toutefois être remplacée par l'utilisation d'un procédé empêchant toute substitution ou addition de feuilles.

Les répertoires des greffiers des cours et tribunaux sont cotés et paraphés par le greffier en chef de la juridiction et ceux des huissiers, par le président de la chambre départementale des huissiers ou son délégué.

IV. — Les dispositions relatives à la tenue des répertoires sont applicables aux commissaires-priseurs judiciaires et aux courtiers de commerce, mais seulement pour les procès-verbaux de ventes de meubles et de marchandises, et pour les actes faits en conséquence de ces ventes.

V. — Les seuls actes dont il doit être tenu répertoire, dans les préfectures et sous-préfectures, sont ceux des autorités administratives et des établissements publics, dénommés dans les 3° et 4° du 1 et les 5° et 6° du 2 de l'article 635 *(L. n° 2019-1479 du 28 déc. 2019, art. 21-I-15°-b et XI-D, applicable aux actes établis à compter du 1er janv. 2020)* **« , dans sa rédaction applicable au 31 décembre 2019, » y compris ceux qui ne sont pas soumis à un droit proportionnel ou progressif.**

Art. 868 **Indépendamment des obligations qui leur incombent en vertu de l'article 867, les huissiers et les greffiers tiennent, sur un registre, coté et paraphé dans les conditions prévues au second alinéa du III de l'article 867, des répertoires à colonnes sur lesquels ils inscrivent, jour par jour, sans blanc ni interligne et par ordre de numéros, tous les actes, jugements et arrêts qui sont dispensés de la formalité de l'enregistrement.**

Chaque article du répertoire contient :

1° Son numéro ;

2° La date de l'acte ;

3° Sa nature ;

4° Les noms et prénoms des parties et leur domicile.

Chaque acte porté sur ce répertoire doit être annoté de son numéro d'ordre.

Les greffiers sont tenus d'inscrire à ce répertoire les bulletins n° 3 du casier judiciaire par eux délivrés.

Art. 869 *Abrogé par Ord. n° 2005-1512 du 7 déc. 2005, art. 9-I et 25, à compter du 1er janv. 2006.*

C OBLIGATIONS COMMUNES

1° DÉSIGNATION DES IMMEUBLES DANS LES ACTES ET JUGEMENTS, D'APRÈS LES DONNÉES DU CADASTRE

Art. 870 **La désignation des immeubles, d'après les données actuelles du cadastre, est obligatoire dans tous les actes authentiques et sous seings privés, ou jugements translatifs, déclaratifs, constitutifs ou extinctifs de propriété ou droits réels immobiliers.**

2° VENTES PUBLIQUES DE MEUBLES

Art. 871 **Les meubles, effets, marchandises, bois, fruits, récoltes et tous autres objets mobiliers ne peuvent être vendus publiquement et par enchères, qu'en présence et par le ministère d'officiers publics ayant qualité pour y procéder, ou par des courtiers de marchandises assermentés ou des opérateurs de ventes volontaires de meubles aux enchères publiques déclarés.**

Art. 872 *Abrogé par L. nº 71-1061 du 29 déc. 1971, art. 43-IV.*

Art. 873 **Chaque objet adjugé est porté de suite au procès-verbal, le prix y est écrit en toutes lettres et tiré hors ligne en chiffres.**

Chaque séance est close et signée par l'officier public, le courtier de marchandises assermenté ou la personne habilitée à diriger la vente.

Lorsqu'une vente a lieu par suite d'inventaire, il en est fait mention au procès-verbal, avec indication de la date de l'inventaire, du nom du notaire qui y a procédé et de la quittance de l'enregistrement, le cas échéant.

Art. 874 *Transféré ss. art. L. 22 et L. 212-d LPF.*

Art. 875 *Abrogé par L. nº 71-1061 du 29 déc. 1971, art. 43-IV.*

Art. 876 **Les courtiers de marchandises assermentés qui procèdent à des ventes publiques de marchandises en gros ou d'objets donnés en gage, dans les conditions prévues par les articles L. 322-8 à L. 322-16 et** *(Ord. nº 2021-1192 du 15 sept. 2021, art. 34 et 37, en vigueur le 1er janv. 2022)* **« par le deuxième alinéa de l'article 2346 du code civil », se conforment aux dispositions ci-dessus, concernant les ventes publiques de meubles.**

3º JUSTIFICATION DU DROIT À EXONÉRATION

Art. 877 **L'octroi d'une exonération de taxe de publicité foncière, lorsqu'elle est corrélative à une exonération des droits d'enregistrement, est subordonné soit à la production d'un certificat délivré par le comptable public attestant que les justifications régulières de cette exonération lui ont été fournies, soit, si la publicité foncière est requise avant enregistrement, à la remise d'une copie, certifiée par l'officier public ou ministériel ou par l'autorité administrative, desdites pièces justificatives.**

II ***SERVICE PUBLIC DE LA PUBLICITÉ FONCIÈRE*** *(Ord. nº 2010-638 du 10 juin 2010, art. 6, en vigueur le 1er janv. 2013).*

Les principes de fonctionnement du service des hypothèques qui ont prévalu jusqu'à aujourd'hui ont été progressivement mis en place au lendemain de la Révolution (lois des 9 messidor an III, 11 brumaire et 21 ventôse an VII). Ils ont placé au centre du dispositif le conservateur des hypothèques, personnellement responsable au plan civil des dommages commis aux tiers dans l'exercice de sa mission. Pour couvrir cette responsabilité, le conservateur devait fournir un cautionnement. En contrepartie, il percevait des « salaires » versés par les usagers à l'occasion de l'accomplissement des formalités, finançant directement sa rémunération et le fonctionnement du service de la publicité foncière. — Sur ce dispositif, V. ***CGI, éd. 2012****.*

L'« anachronisme » de ce système (Cour des comptes, rapport annuel 2008) a conduit le législateur à autoriser le Gouvernement à le réformer par voie d'ordonnance en instituant, à compter du 1er janv. 2013, une taxe au profit de l'État et en substituant, à cette même date, la responsabilité de l'État à celle des conservateurs des hypothèques (L. nº 2009-1674 du 30 déc. 2009, art. 30-I).

Tel a été l'objet de l'Ord. nº 2010-638 du 10 juin 2010, instituant les art. 879 à 881 N ci-dessous.

Un projet de loi de ratification a été déposé à l'Assemblée nationale le 15 sept. 2010. Retiré, il a fait l'objet d'un nouveau dépôt le 4 mai 2012 au Sénat (nº 516, Projet de loi relatif à la conservation des hypothèques et des registres du cinéma et de l'audiovisuel).

Art. 878 **Les services chargés de la publicité foncière sont chargés :**

1º De l'exécution des formalités civiles prescrites pour la publicité des privilèges et des hypothèques et des autres droits sur les immeubles ;

2º De l'exécution de la formalité fusionnée de publicité foncière et d'enregistrement visée à l'article 647 ;

3º De la perception des taxes et de la contribution prévue à l'article 879 exigibles à l'occasion des formalités prévues aux 1º et 2º.

Art. 879 **I. — Une contribution de sécurité immobilière est due à l'État par toute personne qui requiert l'accomplissement des formalités prévues aux 1º et 2º de l'article 878.**

II. — Seules en sont exonérées les formalités requises au profit de l'État, ainsi que celles pour lesquelles la loi prévoit expressément et formellement qu'elles sont exonérées de la contribution de sécurité immobilière. — *V. aussi CGI, art. 828 bis, 881 O, 1040 bis, 1042 A, 1043, 1043-0A, 1085 et 1125. — V., également, et notamment, L. n° 2014-173 du 21 févr. 2014, art. 14-I (dissolution de l'Agence nationale pour la cohésion sociale et l'égalité des chances) ; L. n° 2014-288 du 5 mars 2014, art. 21-VII (transfert à titre gratuit aux régions, par l'État, d'immeubles affectés aux missions de service public assurées par l'Association nationale pour la formation professionnelle des adultes) ; L. n° 2014-366 du 24 mars 2014, art. 102-VII à IX, en vigueur le 1er janv. 2015 (transferts au profit de l'Agence nationale de contrôle du logement social) ; L. n° 2014-872 du 4 août 2014, art. 29-III et 30-III (réforme ferroviaire, en vigueur le 1er janv. 2015) ; L. n° 2014-1170 du 13 oct. 2014, art. 64-VII et 95-II (transferts au profit de l'Institut agronomique, vétérinaire et forestier de France et du Haras national du Pin, lors de leur création) ; L. n° 2014-1545 du 20 déc. 2014, art. 43-III (transferts de certains droits et biens des chambres de commerce et d'industrie territoriales et des chambres de commerce et d'industrie de région au profit des établissements d'enseignement supérieur consulaire) ; Ord. n° 2014-1555 du 22 déc. 2014, art. 1er (fusion de l'Agence française pour les investissements internationaux et d'UBIFRANCE) ; L. n° 2014-1654 du 29 déc. 2014, art. 39 (immeubles domaniaux inutiles pour le ministre cédés à certaines collectivités locales) et art. 43 (dissolution de l'Établissement public de financement et de restructuration) ; L. n° 2015-991 du 7 août 2015 (transferts de biens dans le cadre de la nouvelle organisation territoriale de la République), art. 15-V, 17-I, 21-I et 22-II (infrastructures de transport) 59-XVII et 133-VIII (autres biens, droits et obligations) ; CGCT, art. L. 3651-2 (création de la métropole de Lyon, domaine routier), L. 7331-1 (création des collectivités territoriales de Guyane et de Martinique) et L. 4421-2 (transfert des biens, droits et obligations la "collectivité territoriale de Corse" à la "collectivité de Corse"). —* **CGCT** *; CGPPP, art. L. 3114-2 (transfert de propriété du domaine public ferroviaire, en vigueur le 1er janv. 2015). —* **CGPPP** *; CCH, art. L. 421-6-1 (création de la métropole de Lyon, Office public de l'habitat). —* **CCH** *; C. sport, art. L. 114-7-II et L. 115-1-II (transfert des biens de certains centres sportifs) —* **C. sport**. *— Pour des textes antérieurs à 2014, V.* ***CGI, éd. 2015***.

Art. 880 La contribution de sécurité immobilière est payée d'avance par les requérants au service chargé de la publicité foncière.

Le service chargé de la publicité foncière en donne quittance au pied des actes ou certificats qu'il remet ou qu'il délivre ; chaque somme y est mentionnée séparément et le total des sommes perçues est inscrit en toutes lettres.

Art. 881 I. — La contribution dont ont été exonérées les inscriptions de privilège ou d'hypothèque requises par l'État est due lors de leur radiation.

II. — En cas d'acquiescement des débiteurs, les états exécutoires prévus à l'article 85 du décret n° 62-1587 du 29 décembre 1962 portant règlement général sur la comptabilité publique emportent hypothèque.

Dans les mêmes conditions, les états exécutoires émis pour le recouvrement des créances des établissements publics nationaux sont considérés comme de véritables jugements emportant hypothèque.

L'inscription est prise, le cas échéant, au nom du Trésor public, poursuites et diligences de son agent judiciaire.

Art. 881 A L'assiette de la contribution de sécurité immobilière est arrondie à l'euro le plus proche. La fraction d'euro égale ou supérieure à 0,50 est comptée pour un.

Lorsque le service chargé de la publicité foncière, en application de l'article 880, prononce, à défaut de versement d'avance de la contribution, le refus du dépôt des expéditions, extraits, copies ou bordereaux à publier, ce refus est exécuté dans les conditions prévues par décret en Conseil d'État. A défaut du même versement, les états et certificats établis sont retenus jusqu'au complet paiement.

Art. 881 B Il est perçu une contribution fixe de 8 € pour tout bordereau rectificatif ou tout complément de bordereau déposé en application du 3 de l'article 34 du décret n° 55-1350 du 14 octobre 1955 pris pour l'application du décret n° 55-22 du 4 janvier 1955 portant réforme de la publicité foncière.

Art. 881 C Il est perçu une contribution fixe de 15 € pour chaque réquisition de publier, d'inscrire ou de mentionner ne donnant pas ouverture à contribution proportionnelle et notamment :

1° Pour chaque déclaration de changement de domicile par acte séparé, pour l'indication d'une créance hypothécaire ou privilégiée déjà inscrite et grevée de substitution et pour chaque mention de prorogation de délai ;

2° Pour la publication de chaque commandement valant saisie immobilière ;

3° Pour la mention de l'assignation et des dénonciations prévues à l'article R. 322-9 du code des procédures civiles d'exécution ;

4° Pour l'acte constatant le refus de publier un commandement valant saisie en cas de commandement publié ;

5° Pour la mention prévue à l'article R. 321-10 du code des procédures civiles d'exécution ;

6° Pour la radiation de la saisie ;

7° Pour la mention de tout jugement ou ordonnance en marge de la publication d'une saisie ;

8° Pour chaque duplicata de certificat de radiation, subrogation ou résolution ;

9° Pour la publication de chaque état descriptif de division et de chaque acte modificatif d'état descriptif de division ;

10° Pour la publication de chaque convention passée en application de l'article *(Ord. nº 2019-770 du 17 juill. 2019, art. 7 et 23-I, en vigueur le 1er sept. 2019)* « L. 831-1 » du code de la construction et de l'habitation ;

11° Pour la publication des actes constatant la modification de la forme juridique de personnes morales lorsque cette modification n'emporte pas création d'un être moral nouveau ;

12° Pour la publication des demandes en justice mentionnées au c du 4° de l'article 28 du décret nº 55-22 du 4 janvier 1955 modifié portant réforme de la publicité foncière ainsi que des demandes en justice, procès-verbaux et déclarations visés au 2 de l'article 37 du même décret ;

13° Pour la publication des décisions et des actes constatant les désistements mentionnés au d du 4° de l'article 28 du décret nº 55-22 du 4 janvier 1955 précité ;

14° Pour les actes et attestations rectificatives publiés en application du 3 de l'article 34 du décret nº 55-1350 du 14 octobre 1955 précité ;

15° Pour la publication des actes constatant les opérations mentionnées à l'article 1048 *ter* du code général des impôts ;

16° Pour la publication de chaque déclaration établie pour l'application des articles L. 526-1 à L. 526-3 du code de commerce ;

17° Pour l'inscription des avenants prévus par l'article 59 de l'ordonnance nº 2006-346 du 23 mars 2006 relative aux sûretés.

Art. 881 D I. — Le tarif de la contribution de sécurité immobilière exigible pour les *(L. nº 2018-1317 du 28 déc. 2018, art. 121)* « demandes de renseignements hypothécaires, quelles que soient leurs modalités de traitement, » est fixé comme suit :

1° Réquisitions ne comportant pas la désignation des immeubles ou demandes complémentaires afférentes à ce type de réquisitions : 12 € par personne individuellement désignée dans la demande ;

2° Réquisitions formulées sans indication de personne ou demandes complémentaires afférentes à ce type de réquisitions : 12 € par immeuble indiqué.

Est considéré comme immeuble chaque îlot de propriété ou parcelle cadastrale ou chaque lot de copropriété pour les biens faisant l'objet d'un état descriptif de division ou d'un document analogue ;

3° Réquisitions comportant à la fois la désignation individuelle des immeubles et des personnes ou demandes complémentaires afférentes à ce type de réquisitions : 12 € pour celles formulées du chef de trois personnes au maximum et portant sur cinq immeubles au maximum.

Il est perçu en sus de ce tarif :

a) 5 € par personne indiquée au-delà de la troisième ;

b) 2 € par immeuble au-delà du cinquième.

II. — Pour les réquisitions déposées en vue de la délivrance de renseignements sous forme de copies de fiches visées à l'article 43 du décret nº 55-1350 du 14 octobre 1955 modifié, il est fait application des tarifs définis aux 1° et 2° du I.

Art. 881 E Le tarif de la contribution de sécurité immobilière exigible lors de la demande de délivrance des copies des documents publiés est fixé à :

1° Copies de documents :

a) 6 € par bordereau d'inscription demandé ;

b) 30 € par états descriptifs de division ou de règlements de copropriété ;

c) 15 € pour la copie d'un document autre que ceux mentionnés aux *a* et *b* ;

2° Lorsque le requérant n'indique pas les références aux documents, il est perçu un acompte provisionnel de 15 € non remboursable. Si la contribution recalculée sur la base du tarif prévu au 1° est supérieure à 15 €, le complément est réclamé au requérant lors de la délivrance des copies.

Art. 881 F Le tarif de la contribution exigible pour la délivrance des relevés de formalités prévus à l'article 8 de l'arrêté du 9 avril 1956 portant création et fonctionnement des centres spéciaux d'archives hypothécaires est fixé à 5 € par personne du chef de laquelle les renseignements sont demandés.

Art. 881 G Les tarifs prévus par les articles 881 D et 881 E sont applicables à la délivrance des copies et renseignements prévus par les articles 2 et 3 de l'arrêté du 10 octobre 2008 pris pour l'application des articles 10 du décret n° 55-22 du 4 janvier 1955 et 9 du décret n° 79-1037 du 3 décembre 1979.

Ces dispositions ne sont pas applicables au tarif prévu par l'article 881 F.

Art. 881 H La contribution perçue pour l'inscription de chaque droit d'hypothèque ou privilège est liquidée au taux unique de 0,05 % sur les sommes ou valeurs de la créance garantie, énoncées au bordereau.

En ce qui concerne les inscriptions prises pour sûreté d'une créance indéterminée, la contribution est perçue sur le montant de l'évaluation du droit garanti, à fournir par les requérants.

Art. 881 I La contribution perçue pour chaque déclaration soit de cession d'antériorité, soit de subrogation, soit de subrogation et de changement de domicile par le même acte est liquidée au taux unique de 0,05 % sur les sommes faisant l'objet de la subrogation ou, dans le cas de cession d'antériorité, sur la valeur de la plus faible inscription.

Le même tarif est applicable à la publication de la convention de rechargement prévue à l'article *(Ord. n° 2021-1192 du 15 sept. 2021, art. 34 et 37, en vigueur le 1er janv. 2022)* « 2416 *[ancienne rédaction : 2422]* » du code civil.

Art. 881 J La contribution perçue pour chaque radiation d'inscription est liquidée au taux unique de 0,10 % sur les sommes faisant l'objet de la radiation.

En cas de réduction du gage, elle est liquidée sur le montant total des sommes garanties par l'inscription ou sur la valeur de l'immeuble affranchi si cette valeur est déclarée dans l'acte et est inférieure au montant des sommes garanties. En cas de mainlevée partielle ayant pour objet la division de l'hypothèque, de telle sorte que chaque immeuble ou fraction d'immeuble ne garantisse plus qu'une partie de la créance, la contribution afférente à chacun des dégrèvements partiels résultant de la division ne peut être liquidée sur une somme supérieure à la fraction de la créance originaire dont chaque immeuble ou fraction d'immeuble reste grevé.

Par dérogation aux dispositions qui précèdent, la contribution perçue pour la radiation requise conformément au troisième alinéa de l'article *(Ord. n° 2021-1192 du 15 sept. 2021, art. 15-VI-2°-a et 37, en vigueur le 1er janv. 2022)* « 2436 *[ancienne rédaction : 2441]* » du code civil est liquidée au taux unique de 0,05 % sur les sommes faisant l'objet de la radiation.

Art. 881 K La contribution perçue pour la publication de chaque acte est liquidée au taux unique de 0,10 % sur les sommes énoncées ou la valeur estimée par les requérants, *sous peine de refus du dépôt*, des immeubles ou des droits faisant l'objet de la publication.

La valeur des biens retenue pour la perception de la contribution ne peut être inférieure à celle servant de base définitive à la perception de la taxe de publicité foncière ou des droits d'enregistrement ou en ce qui concerne les actes non assujettis à une imposition proportionnelle à la valeur réelle des immeubles ou des droits faisant l'objet de la publication.

Art. 881 L *(L. n° 2018-1021 du 23 nov. 2018, art. 87-I-1°)* « I. – » **Les formalités hypothécaires pour lesquelles il est perçu une contribution de sécurité immobilière proportionnelle donnent lieu à la perception d'une contribution réduite de moitié, sous réserve des dispositions de l'article 881 M :**

1° Lorsqu'elles intéressent les organismes d'habitation à loyer modéré indiqués à l'article L. 411-2 du code de la construction et de l'habitation et les autres organismes et collectivités indiqués aux articles L. 432-1 à L. 432-4 et L. 472-1-1 du même code ;

2° Lorsqu'elles se rapportent à la construction, à la première mutation ou à l'attribution des logements économiques ou des logements à réaliser par des personnes groupées en sociétés ou en associations qui s'engagent dans les actes de prêts consentis dans les conditions prévues au décret n° 50-899 du 2 août 1950 relatif à l'attribution de prêts garantis par l'État pour la construction d'immeubles d'habitation à faire effectuer par leurs membres des apports en travail ;

3° Pour l'accomplissement des formalités se rapportant :

***a)* Au paiement fractionné ou différé, autorisé par l'article 1717, du droit d'apport en société, des droits de mutation par décès et des droits de mutation à titre onéreux dus sur les acquisitions effectuées par les Français rapatriés d'outre-mer à l'aide des prêts de reclassement et sur celles effectuées par des migrants agricoles à l'aide de prêts consentis dans le cadre des dispositions de l'article D. 341-5 du code rural et de la pêche maritime ;**

***b)* A la vente des biens mis sous séquestre ou en liquidation en conséquence d'une mesure de sûreté générale ;**

***c)* Aux opérations prévues par l'ordonnance n° 45-610 du 10 avril 1945 fixant les modalités d'application de la législation sur la reconstruction et par l'ordonnance n° 45-2064 du 8 septembre 1945 autorisant la construction directe par l'État ou par des associations syndicales de reconstruction d'immeubles d'habitation de caractère définitif ;**

***d)* Aux actes, pièces et écrits visés à l'article 1058 et à l'article L. 211-11 du code de l'action sociale et des familles concernant les associations familiales et les unions d'associations familiales.**

(L. n° 2018-1021 du 23 nov. 2018, art. 87-I-2°) « **II. – Par exception aux dispositions du I, lorsqu'elles se rapportent aux opérations de fusions et d'apports réalisées par les organismes d'habitations à loyer modéré mentionnés à l'article L. 411-2 du code de la construction et de l'habitation ainsi que par les sociétés d'économie mixte de construction et de gestion de logements sociaux mentionnées à l'article L. 481-1 du même code, les formalités hypothécaires pour lesquelles il est perçu une contribution de sécurité immobilière proportionnelle donnent lieu à la perception d'une contribution au taux de 0,01 % jusqu'au 31 décembre 2021, sous réserve de l'article 881 M du présent code.** »

Art. 881 M **Le montant de la contribution de sécurité immobilière ne peut être inférieur à :**

***a)* 8 € par inscription mentionnée à l'article 881 H ou par déclaration ou convention de rechargement mentionnée à l'article 881 I ;**

***b)* 15 € par radiation mentionnée à l'article 881 J ou par acte pour les publications visées à l'article 881 K.**

La contribution mentionnée au b est également exigible lorsque les publications ne donnent pas ouverture à la contribution proportionnelle.

Art. 881 N **Les dispositions des articles 879 à 881 M sont applicables aux formalités intéressant les immeubles situés à Saint-Barthélemy, à Saint-Martin et à Saint-Pierre-et-Miquelon.**

Art. 881 O **La contribution prévue à l'article 879 n'est pas perçue pour l'immatriculation des immeubles au livre foncier de Mayotte, pour l'inscription des droits sur ce même livre et pour l'exécution de la formalité fusionnée au service de la conservation de la propriété immobilière.**

Art. 882 à 885 *Abrogés par Ord. n° 2010-638 du 10 juin 2010, art. 15-2°.*

CHAPITRE PREMIER *BIS [ABROGÉ]* IMPÔT DE SOLIDARITÉ SUR LA FORTUNE

(Abrogé par L. n° 2017-1837 du 30 déc. 2017, art. 31)

Les dispositions du présent chapitre sont abrogées à compter du 1er janv. 2018. Par exception, les dons et versements ouvrant droit aux avantages fiscaux prévus aux art. 885-0 V bis, 885-0 V bis A et 885-0 V bis B CGI, dans leur rédaction en vigueur au 31 déc. 2017, effectués entre la date limite de dépôt des déclarations mentionnées à l'art. 885 W du même code, dans sa rédaction en vigueur au 31 déc. 2017, au titre de l'impôt de solidarité sur la fortune dû au titre de l'année 2017, et le 31 déc. 2017, sont imputables, dans les conditions prévues aux art. 885-0 V bis, 885-0 V bis A et 885-0 V bis B préc. dans leur rédaction en vigueur au 31 déc. 2017, sur l'impôt sur la fortune immobilière dû au titre de l'année 2018 (L. n° 2017-1837 du 30 déc. 2017, art. 31-IX-C).

SECTION PREMIÈRE *[ABROGÉE]* CHAMP D'APPLICATION

1° *[ABROGÉ]* PERSONNES IMPOSABLES

Art. 885 A ***Sont soumises à l'impôt annuel de solidarité sur la fortune, lorsque la valeur de leurs biens est supérieure à 1 300 000 € :***

1° Les personnes physiques ayant leur domicile fiscal en France, à raison de leurs biens situés en France ou hors de France ;

Toutefois, les personnes physiques mentionnées au premier alinéa qui n'ont pas été fiscalement domiciliées en France au cours des cinq années civiles précédant celle au cours de laquelle elles ont leur domicile fiscal en France ne sont imposables qu'à raison de leurs biens situés en France.

Cette disposition s'applique au titre de chaque année au cours de laquelle le redevable conserve son domicile fiscal en France, et ce jusqu'au 31 décembre de la cinquième année qui suit celle au cours de laquelle le domicile fiscal a été établi en France.

2° Les personnes physiques n'ayant pas leur domicile fiscal en France, à raison de leurs biens situés en France.

Sauf dans les cas prévus aux a et b du 4 de l'article 6, les couples mariés font l'objet d'une imposition commune.

Les partenaires liés par un pacte civil de solidarité défini par l'article 515-1 du code civil font l'objet d'une imposition commune.

Les conditions d'assujettissement sont appréciées au 1er janvier de chaque année.

Les biens professionnels définis aux articles 885 N à 885 R ne sont pas pris en compte pour l'assiette de l'impôt de solidarité sur la fortune. *– Pour les années antérieures à 2013, V.* ***CGI, éd. 2014.***

1. *Constitutionnalité de l'ISF.* Les art. 885 A, 885 E et 885 U CGI sont conformes à la Constitution. Sont notamment rejetés l'argument selon lequel l'absence d'application d'un quotient familial méconnaîtrait le principe d'égalité devant l'impôt et les griefs tenant aux modalités d'imposition des concubins et à la taxation des biens non productifs de revenus. • Cons. const. 29 sept. 2010, n° 2010-44 QPC : *JO 30 sept. 2010 ; RJF 2010. 1073.* ♦ Sur renvoi de • CE 9 juill. 2010, n° 339081 : *RJF 2010. 1079.*

2. *Domicile fiscal.* Le domicile fiscal du redevable de l'ISF s'apprécie au 1er janv. de l'année d'imposition. • Com. 20 sept. 2011 : *RJF 2011. 1386.* ♦ Le domicile fiscal s'apprécie au 1er janv. de chaque année d'imposition, date du fait générateur de l'impôt, et le changement de domicile en cours d'année ne peut avoir une influence qu'au titre de l'ISF dû au 1er janv. de l'année suivante. • Com. 21 juin 2011, n° 10-23.136 : *RJF 2012. 1386 ; BOI 7 S-6-11.* ♦ Pour déterminer, en matière d'ISF, le domicile fiscal d'un redevable, le juge ne doit recourir aux règles tirées d'une convention internationale destinée à éviter les doubles impositions qu'en présence d'un conflit d'imposition. • Com. 11 janv. 2000, n° 97-16.257 : *RJF 2000. 572 ; BOI 7 S-8-00.* ♦ Est fiscalement domicilié en France : le contribuable qui, à la date du fait générateur de l'impôt, a en France son seul domicile connu, y exerce son activité professionnelle essentielle et y possède la plus grande part de son patrimoine. • Com. 11 janv. 2000 : *préc.* ♦ ... Le redevable qui dispose en France d'un important patrimoine immobilier et d'un portefeuille de valeurs mobilières tout aussi important sur des comptes bancaires en France et dont les revenus bruts perçus en France sont nettement supérieurs à ses revenus d'activité professionnelle exercée hors de France (Polynésie française). • Com. 30 mai 2000, n° 98-10.963 : *Dr. fisc. 2000. 1069 ; RJF 2000. 1178 ; BOI 7 S-8-00.* ♦ ... Le contribuable vivant sur l'île de Grenade, dont les placements financiers en France lui assurent des revenus supérieurs à l valeur de ses biens immobiliers situés en France et hors de France. Ce contribuable est donc imposable en France au titre de l'ISF, sans qu'y fasse obstacle le fait que les placements concernés sont exonérés de l'ISF en vertu de l'art. 885 L, dans la mesure où l'art. 4 B ne les exclut pas de la notion de domicile fiscal définie à l'art. 4 A. • Com. 3 mars 2009, nº 08-12.600 : *RJF 2009. 602 ; Dr. fisc. 2009. 284, note Delaunay ; Dr. sociétés 2009. 105, note Pierre* * Instr. 23 déc. 2011 : *BOI 7 S-6-12.*

3. Monaco. Un avenant à la convention du 18 mai 1963 a été signé le 26 mai 2003 et a été publié par le décret nº 2005-1078 du 23 août 2005 *(JO 1er sept.)*. Son art. 2, qui s'applique rétroactivement au 1er janv. 2002, prévoit que les Français installés à Monaco depuis le 1er janv. 1989 seront soumis à l'impôt sur la fortune. La mesure a été publiquement annoncée le 24 oct. 2001 ainsi que son entrée en vigueur à compter du 1er janv. 2002. Les contribuables potentiels ont été ainsi été informés qu'il était préférable pour eux d'anticiper l'entrée en vigueur du texte et donc de déclarer et de payer leur impôt dès cette année malgré l'absence d'obligation juridique. Cependant aucune pénalité ne leur sera appliquée pour la période antérieure à la ratification du texte et des échéanciers adaptés à chaque cas particulier et pouvant atteindre cinq années seront accordés. * Rép. min. nº 13809 : *JO Sénat Q, 7 avr. 2005, p. 982.*

4. L'avenant du 26 mai 2003 qui assujettit à l'ISF, à compter du 1er janv. 2002, les Français installés à Monaco depuis le 1er janv. 1989, n'est pas discriminatoire et est fondé sur un motif d'intérêt général afin d'éviter l'évasion fiscale. • Com. 26 oct. 2010, nº 09-15.044 : *RJF 2011. 246 ; Dr. fisc. 2011. 117, note Maublanc.* ♦ Dans le même sens • Com. 21 oct. 2014 : *RJF 2015. 78.* ♦ L'avenant du 26 mai 2003 assujettissant à l'ISF, de manière rétroactive, les Français ayant transféré leur résidence à Monaco depuis le 1er janv. 1989 n'est pas contraire à la Conv. EDH. • CEDH 15 janv. 2015, nº 36918/11 : *RJF 2015.378.*

5. Maroc. La convention fiscale franco-marocaine du 29 mai 1970 ne visant pas l'impôt sur la fortune, les personnes fiscalement domiciliées au Maroc sont imposables en France à l'ISF à raison de leurs biens détenus en France. * BOI-INT-CVB-MAR nº 40 du 15 juill. 2013.

2º *[ABROGÉ]* PRÉSOMPTIONS DE PROPRIÉTÉ

Art. 885 B *Abrogé par L. nº 82-1126 du 29 déc. 1982, art. 4-I-1.*

Art. 885 C ***Les dispositions de l'article 754 B sont applicables à l'impôt de solidarité sur la fortune.***

SECTION II *[ABROGÉE]* ASSIETTE DE L'IMPÔT

Art. 885 D ***L'impôt de solidarité sur la fortune est assis et les bases d'imposition déclarées selon les mêmes règles et sous les mêmes sanctions que les droits de mutation par décès sous réserve des dispositions particulières du présent chapitre.***

1. Il résulte de la décision du Conseil constitutionnel nº 98-405 DC du 29 déc. 1998 que l'ISF « a pour objet de frapper la capacité contributive que confère la détention d'un ensemble de biens et qui résulte des revenus en espèces ou en nature procurés par ces biens », et « qu'en raison de son taux et de son caractère annuel, l'ISF est appelé normalement à être acquitté sur les revenus des biens imposables », mais il ne peut être utilement déduit de cette motivation que seuls les biens procurant effectivement un revenu en espèces doivent servir d'assiette au calcul de l'impôt, dès lors que, comme l'a expressément précisé le Conseil constitutionnel, les revenus considérés peuvent être en espèces ou en nature. Dès lors, la valeur en pleine propriété des biens dont le propriétaire se réserve la jouissance ne peut être écartée de l'assiette de l'ISF. • Caen, 12 nov. 2002, nº 01-2233 : *Dr. fisc. 2002. 1043, note crit. Pierre et Priol ; RJF 2003. 649* • Com. 25 janv. 2005, nº 199FS-PBI : *RJF 2005. 705 ; Dr. fisc. 2005. 327, note crit. Pierre ; AJDI 2005. 823 et 851, note crit. Maublanc.*

2. Le droit que les États possèdent de mettre en vigueur des lois qui réglementent l'usage des biens conformément à l'intérêt général ou pour assurer le paiement de l'impôt n'est pas contraire au principe selon lequel toute personne physique ou morale a droit au respect de ses biens. L'ISF s'inscrit dans ces dispositions dès lors que ses principes de fonctionnement et modalités de calcul sont précisés par une loi, non contraire aux principes constitutionnels, que sa finalité est celle, évidente, de l'intérêt général auquel contribue toute imposition, et que la proportionnalité entre les moyens employés et le but visé ne peut être sérieusement contestée, la loi, notamment avec le système de plafonnement, maintenant un juste équilibre entre les exigences de l'intérêt général et les impératifs de la sauvegarde des droits de l'Homme. Enfin, l'ISF, comportant plusieurs tranches, tient compte des facultés contributives de chacun des redevables à raison de l'importance et de la nature du patrimoine qui en constitue l'assiette. L'ISF ne peut donc être regardé comme un impôt confiscatoire. • Caen, 12 nov. 2002, nº 01-2233 : *préc. note 1* • Com. 25 janv. 2005, nº 199FS-PBI : *préc. note 1.*

3. Pour rechercher l'éventuel caractère confiscatoire de l'ISF supporté par le contribuable, il convient de prendre en considération l'ensemble des revenus, en ce compris les gains nets tirés des cessions de valeurs mobilières. • Com. 4 mai 2010, n° 09-70.723 : *RJF 2010. 861.*

Art. 885 E ***L'assiette de l'impôt de solidarité sur la fortune est constituée par la valeur nette, au 1er janvier de l'année, de l'ensemble des biens, droits et valeurs imposables appartenant aux personnes visées à l'article 885 A, ainsi qu'à leurs enfants mineurs lorsqu'elles ont l'administration légale des biens de ceux-ci.***

Dans le cas de concubinage notoire, l'assiette de l'impôt est constituée par la valeur nette, au 1er janvier de l'année, de l'ensemble des biens, droits et valeurs imposables appartenant à l'un et l'autre concubins et aux enfants mineurs mentionnés au premier alinéa.

A. BIENS IMPOSABLES

1° PRINCIPES

1. Imposition par foyer. Un contribuable qui a l'administration légale des biens de ses enfants doit inclure ces biens dans sa déclaration d'ISF, sans pouvoir se référer à l'art. 6-2 (cas d'imposition distincte des enfants) concernant l'IR, dont les règles sont différentes de celles de l'ISF. • Paris 9 déc. 2005, n° 03-20 : *RJF 2005. 1134.* ♦ V. égal. note 2.

2. Biens des enfants mineurs. Lorsque les parents exerçant conjointement l'autorité parentale ne font pas l'objet d'une imposition commune à l'ISF, chacun d'eux peut ne comprendre dans sa déclaration que la moitié des biens appartenant aux enfants mineurs. * BOI-PAT-ISF-30-10-10 n° 70 du 10 juin 2013.

3. Concubinage. Le concubinage est une union de fait caractérisée par une vie commune présentant un caractère de stabilité et de continuité, entre deux personnes, de sexe différent ou de même sexe, qui vivent en couple (C. civ., art. 515-8). Cette définition, qui englobe le concubinage homosexuel, est transposable en matière d'ISF depuis le 1er janv. 2000. * BOI-PAT-ISF-30-10-30 n° 10 du 14 juin 2013.

4. Fait générateur. Aux termes de l'art. 885 E, l'assiette de l'ISF correspond à la valeur nette au 1er janvier de l'année d'imposition et toute modification dans le patrimoine dans le courant de l'année est sans incidence sur l'assiette. Les biens donnés en usufruit au cours d'une année doivent donc être inclus pour leur valeur en toute propriété dans l'assiette de l'ISF pour cette année-là, peu important la clause de rétroactivité de l'abandon d'usufruit stipulée dans l'acte, qui ne peut pas être opposable aux tiers. • Reims, 11 juin 2007, n° 06/00251.

5. Biens procurant ou non des revenus. L'art. 885 E qui définit l'assiette de l'ISF n'établit aucune distinction selon que les biens, droits et *valeurs appartenant au* contribuable au 1er janvier de l'année considérée sont ou non productifs de revenus. • Com. 15 mai 2007, n° 06-11.701 : *RJF 2007. 1173* • Paris, 4 avr. 2008, n° 06-21688 : *RJF 2008. 1262.* ♦ Les gains nets tirés des cessions de valeurs mobilières constituent une des composantes du revenu soumis à imposition et doivent être pris en compte pour le calcul de l'ISF, notamment pour la détermination de son plafonnement. • Com. 7 juill. 2009, n° 08-16.762 (n° 694 F-FB) : *RJF 2009. 1023 ; Dr. fisc. 2009. 472, note Quilici.*

2° BIENS DIVERS IMPOSABLES

6. Sont notamment imposables : les immeubles non bâtis [terrains à bâtir, terres agricoles, bois et forêts (sous réserve de l'art. 885 H), landes, pâtures, etc.] ; les immeubles à usage d'habitation, que les immeubles soient loués ou que le propriétaire s'en réserve la jouissance et sans qu'il y ait à distinguer selon qu'il s'agit de sa résidence principale ou secondaire ; les droits réels immobiliers (usufruit, droit d'usage, droit du preneur d'un bail à construction, etc.) ; les immeubles en cours de construction ; les droits de propriété industrielle (brevets d'invention, marques de fabrique, dessins et modèles) ; les meubles meublants ; les bons du Trésor, bons de caisse, bons de capitalisation et tous titres de même nature lorsqu'ils n'entrent pas dans le champ d'application du prélèvement prévu aux art. 990-A, 990-B et 990-C ; les parts sociales, les parts de fonds communs de placement et les valeurs mobilières cotées ou non cotées, y compris celles figurant dans les comptes d'épargne à long terme ; les créances, dépôts de toute nature (y compris les livrets de caisse d'épargne) et avoirs en espèces ; les voitures automobiles, motocyclettes, yachts et bateaux de plaisance à moteur fixe, hors-bord ou à voile, avions de tourisme, chevaux de course, chevaux de selle ; les bijoux, l'or et les métaux précieux. * BOI-PAT-ISF-30-20-10 n° 80 du 11 juill. 2014. ♦ ... Les unités de compte virtuelles stockées sur un support électronique (notamment les bitcoins) * BOI-PAT-ISF-30-20-10 n° 80 du 11 juill. 2014. ♦ ... Les certificats d'indemnisation des rapatriés (sur leur valeur nominale). • Versailles, 18 janv. 2001, n° 99-1987 : *Dr. fisc. 2001. 981 ; RJF 2002. 346.*

7. Sont également imposables : les parts ou actions détenues par un salarié dans la société dan laquelle il exerce son activité dès lors qu'elle représentent pour ce dernier un simple place ment financier, peu important l'indisponibilit temporaire des titres détenus dans le cadre d'u plan d'épargne entreprise ; les actions issues d l'exercice de stocks-options placées dans un pla d'épargne d'entreprise, à déclarer pour leur valeur vénale au 1er janv. de l'année d'imposition, sauf exception, la valeur de capitalisation des rentes viagères constituées tant entre particuliers qu'auprès d'organismes institutionnels ; les dépôts de garantie qui constituent une créance du preneur (au contraire, le bailleur n'a pas à comprendre les dépôts reçus dans sa base imposable) ; les biens propres des dirigeants apportés en garantie de leurs investissements professionnels, dès lors que la constitution de garantie sur de tels biens n'a aucune incidence sur leur valeur. * BOI-PAT-ISF-30-20-10 n° 80 du 11 juill. 2014.

8. Sont également imposables, sous réserve qu'ils n'aient pas le caractère de biens professionnels exonérés : les immeubles bâtis, quelle que soit leur affectation (usage industriel, commercial, agricole ou profession libérale) ; les entreprises industrielles, commerciales, artisanales ; les exploitations agricoles ; les fonds de commerce et clientèles ; les charges et offices, et plus généralement les actifs nécessaires à l'exercice d'une profession libérale. * BOI-PAT-ISF-30-20-10 n° 80 du 11 juill. 2014.

9. Titres de sociétés. Doivent être pris en considération, pour le calcul de l'assiette de l'ISF, les titres appartenant à la personne physique soumise à cet impôt qu'elle détient dans une société, soit directement, soit par une personne interposée. • Com. 20 mai 2008, n° 07-14.426 : *RJF 2008. 1131 ; Dr. fisc. 2008. 497, note Pierre.* ♦ Jugé toutefois que sont seules prises en compte les parts de SCI propriété personnelle du redevable à l'exclusion des parts d'une SCI propriété d'une société anonyme dont il est l'un des actionnaires. • Paris, 30 juin 2000, n° 1999-02052 : *Dr. fisc. 2001. 131 ; RJF 2001. 1147.* ♦ L'art. 885 E qui définit l'assiette de l'ISF n'établit aucune distinction selon que les biens, droits et valeurs appartenant au contribuable au 1er janvier de l'année considérée sont ou non productifs de revenus. Dès lors, les titres d'une société sont assujettis à cet impôt, peu important que celle-ci n'ait jamais procédé depuis sa création à des distributions de dividendes. • Com. 15 mai 2007, n° 06-11.701 : *RJF 2007. 1173.*

10. Un complément de prix versé en application d'une clause d'ajustement du prix de cession d'actions inscrites au bilan d'une société est sans incidence sur la valeur des titres de cette société pour les années antérieures à son paiement. • Paris, 21 nov. 2008, n° 07-3508 : *RJF 2009. 410.*

11. S'agissant d'une cession d'actions assortie d'une clause d'indexation sur les résultats futurs de la société (clause *« d'earn out »*), le complément de prix ainsi prévu ne constitue pas une créance certaine au jour du fait générateur de l'ISF dès lors que son versement est soumis à la réalisation de plusieurs conditions suspensives telles que notamment la réalisation de bénéfices au titre des exercices considérés. * Lettre DGFiP 8 oct. 2008.

12. Indemnité d'assurance. La somme versée par une compagnie d'assurance pour compenser les dommages matériels causés par l'incendie d'une habitation doit être comprise dans l'assiette de l'ISF. * BOI-PAT-ISF-30-20-10 n° 290 du 11 juill. 2014.

13. Créances. Le prix de cession de parts sociales fixé dans une promesse de vente constitue une créance certaine à inclure dans les biens imposables du cédant. • Paris 1er avr. 2005, n° 03-9069 : *RJF 2005. 1135.* ♦ Une créance d'une valeur patrimoniale certaine, fixée par un protocole d'accord, constitue une créance en pleine propriété dont le redevable a l'entière jouissance. Elle ne saurait être exclue de l'assiette de l'ISF du redevable au motif qu'elle ne rapporterait ni rémunérations ni dividendes. • Paris, 4 avr. 2008, n° 06-21688 : *RJF 2008. 1262.* ♦ Une créance venue à échéance avant la date du fait générateur de l'impôt n'est plus à cette date une créance et doit être évaluée par la déclaration détaillée et estimative des parties, sans distraction des charges, conformément à l'art. 758. • Com. 9 oct. 2007, n° 06-16.528 : *RJF 2008. 89.*

14. Créance de revenus. Droits d'auteur. L'assiette de l'ISF est constituée par la valeur nette, au 1er janv. de l'année, de l'ensemble des biens, droits et valeurs imposables appartenant au redevable. Les revenus de ce dernier, imposables par ailleurs, n'entrent dans celle-ci que pour leur fraction non consommée. La créance de revenus devant être versés à un auteur par son éditeur n'entre pas dans l'assiette de l'impôt. • Com. 13 déc. 2005, *Kundera*, n° 03–18.756 : *RJF 2006. 473 ; Dr. fisc. 2006. 293, rapp. Guéguen, note Cornut.*

15. Jetons de présence. La créance certaine que constituent les jetons de présence afférents à l'année N doit être incluse dans l'assiette de l'ISF au titre de l'année N + 1. • Com. 21 févr. 2012 : *RJF 2012. 660.*

16. Parts de « trust ». La perception de revenus provenant de deux « trust » de droit américain ne suffit pas à faire peser sur le bénéficiaire des revenus une quelconque présomption de propriété sur les valeurs mobilières dès lors que l'Administration : 1) n'apporte aucun élément sur la consistance des actifs sous-jacents auxdits trusts ; 2) n'apporte pas la preuve que le bénéficiaire des trusts en cause a des droits réels présentant une valeur patrimoniale susceptible d'entrer dans l'assiette de l'ISF ; 3) qu'au surplus les actes instituant les trusts dénient au bénéficiaire un quelconque droit de propriété ou de créance sur le trust ou sur les biens objet du trust et même laissent au « trustee » un pouvoir d'appréciation sur les revenus à distribuer. Non-assujettissement du contribuable à l'ISF en raison de sa qualité de bénéficiaire des trusts en cause. • TGI Nanterre, 4 mai 2004, n° 03-9350 : *RJF 2004. 1201 ; Dr. et patr. 2004, n° 131, p. 22, obs. Jallais.* ♦ La valeur d'un portefeuille de titres détenu par un trust américain régi par la législation de l'État de New York doit être incluse dans l'assiette de l'ISF dû par la constituante, dès lors que l'acte de trust prévoit que du vivant du constituant les trustees devront détenir les biens dans le trust à son bénéfice et lui payer les revenus en provenant ainsi que tout montant du principal, le cas échéant, sans limitation de montant, qu'il pourra demander à tout moment par écrit, que la constituante pouvait révoquer la convention à tout moment et rentrer en possession des biens confiés, ou exiger que tout ou partie du portefeuille soit liquidé, pour en percevoir le prix, ou même que les titres lui soient remis ce dont il résulte qu'elle avait le droit de jouir et de disposer des titres confiés. • Com. 31 mars 2009, n° 07-20.219 (n° 325 FS-P + B) : *RJF 2009. 701 ; Dr. fisc. 2009. 365, note Blanluet et Le Gall ; Dr. sociétés 2009. 130, note Pierre ; D. 2009. 1868, note Douet*

17. Immeuble dont le propriétaire s'est réservé la jouissance. La jouissance d'un bien immobilier par son propriétaire constitue un revenu en nature. Dès lors, la valeur en pleine propriété des biens immobiliers dont le propriétaire se réserve la jouissance ne peut être écartée de l'assiette de l'ISF. • Com. 25 janv. 2005, n° 199FS-PBI : *RJF 2005. 405.*

18. Rentes viagères. BIBL. Gambini et Gasné, *Dr. fisc. 2007. 879* (prise en compte des rentes viagères dans l'assiette de l'ISF pour leur valeur de capitalisation). ♦ Sous réserve des dispositions des art. 885 J et 885 K, les rentes viagères doivent être incluses dans l'assiette de l'ISF pour leur valeur en capital et non pas à hauteur des seuls arrérages annuels. • Com. 26 avr. 1994, n° 92-17.136 : *Dr. fisc. 1994. 1274 ; RJF 1994. 855.* ♦ L'évaluation de la rente n'est pas remise en cause si elle est fixée en application des barèmes publiés par l'Administration. * BOI-PAT-ISF-30-20-10 n° 320 du 11 juill. 2014.

19. Prestation compensatoire versée en cas de divorce. La prestation compensatoire versée sous forme de rente viagère, malgré son caractère mixte, indemnitaire et alimentaire, est assimilée aux créances alimentaires et elle est insaisissable et incessible. Dès lors, elle est privée de valeur patrimoniale et sa valeur de capitalisation n'entre pas dans l'assiette de l'ISF. • Com. 19 avr. 2005, n° 03-11.750 : *RJF 2005. 973 ; Dr. fisc. 2005. 467* * Instr. 27 mai 2008 : *BOI 7 S-4-08.* ♦ Pour le débirentier, le capital représentatif de la *rente est un passif déductible.* L'évaluation de la rente n'est pas remise en cause si elle est fixée en application des barèmes publiés par l'Administration. * BOI-PAT-ISF-30-20-10 n° 310 du 11 juill. 2014.

20. Pensions alimentaires. Le débirentier est autorisé à déduire de son actif taxable à l'ISF la valeur des pensions alimentaires mentionnées à l'art. 373-2-2 C. civ. ordonnées ou homologuées par une décision judiciaire (pensions versées pour l'entretien des enfants en cas de divorce ou de séparation de corps). * BOI-PAT-ISF-30-20-10 n° 310 du 11 juill. 2014.

21. Pensions de retraite. Les pensions de retraite qui n'ont pas de valeur patrimoniale, dès lors qu'elles ne sont ni cessibles, ni transmissibles sauf par réversion, échappent à l'ISF. Il en est de même des rentes viagères mentionnées à l'art. 885 J qui sont assimilées à des retraites. * BOI-PAT-ISF-30-20-10 n° 330 du 11 juill. 2014. ♦ V. égal. notes ss. art. 885 J. ♦ Mais tel n'est pas le cas des contrats d'assurance de groupe souscrits par les groupements habilités par l'art. 41 modifié de la loi du 11 févr. 1994 (loi Madelin). Dès lors, ces derniers sont soumis à l'ISF dans les conditions de droit commun. Durant la phase d'épargne, les contrats n'étant pas en principe rachetables, ils bénéficient à ce titre de l'exonération prévue à l'art. 885 F. Au dénouement, la valeur de capitalisation de la rente viagère bénéficie d'une exonération d'ISF, dès lors que les conditions relatives au versement de primes régulièrement échelonnées dans leur montant et leur périodicité pendant une durée d'au moins quinze ans, énoncées à l'art. 885 J, sont remplies et sous réserve que l'entrée en jouissance de la rente viagère intervienne à compter de la date de liquidation de la pension du redevable dans un régime obligatoire d'assurance vieillesse ou à l'âge fixé en application de l'art. L. 351-1 CSS. Dans le cas contraire, elle est assujettie à l'ISF dans le patrimoine du souscripteur, alors même que ce dernier posséderait le nombre de trimestres requis par la loi Fillon. * BOI-PAT-ISF-30-20-10 n° 170 du 11 juill. 2014.

22. Retraite du combattant. Cette retraite est insaisissable et incessible. Elle n'a donc pas de valeur patrimoniale et sa valeur de capitalisation n'est pas imposable à l'ISF. Cela étant, la fraction des pensions qui a été épargnée et qui se retrouve, au 1er janv. de l'année, sous forme de liquidités sur les comptes du redevable ou sous forme de biens acquis en remploi, participe de l'assiette de l'impôt et doit donc bien être déclarée à ce titre. * Rép. min. n° 97682 : *JOAN Q, 19 sept. 2006, p. 9818.*

23. Assurance vie à garantie de fidélité. Les garanties de fidélité ne sont acquises au souscripteur qu'au terme de la période d'indisponibilité, en application de l'art. R. 331-5 C. assur. Par suite, pendant leur phase d'indisponibilité, les produits placés sur la garantie de fidélité ne sont pas imposables à l'ISF. * Rép. min. n° 7706 *JOAN Q, 22 janv. 2008, p. 545.*

24. Contrats d'assurance vie dits « fonds euros diversifiés » comportant une clause d'indisponibilité temporaire. V. note s art. 885 F.

25. Comptes indivis. L'éventuelle indisponibilité de sommes versées sur des comptes indivis n'est pas de nature à affecter la répartition par parts viriles entre chacun des coïndivisaires dont l'art. 753 établit la présomption. • Com. 3 juill. 2001, n° 98-19.034, *Genest : JCP 2001. IV. 2637 ; RJF 2001. 1459.* ♦ L'exigence incombant à l'Administration d'évaluer les droits indivis détenus par un contribuable à partir d'éléments de comparaison tirés de la cession de biens intrinsèquement similaires n'implique pas que soient uniquement retenus des éléments de comparaison tirés de la cession de droits indivis ne portant pas sur la totalité d'un immeuble. • Com. 16 févr. 2016, *Mulliez,* n° 14-23.301 : *RJF 2016. 575 ; Dr. fisc. 2016. 402, note Desbuquois et Mortier.*

26. Compte courant d'associé. Les sommes placées au crédit d'un compte courant d'associé, alors même que le compte courant serait bloqué pour une période plus ou moins longue, ne constituent pas pour une société une augmentation de ses fonds propres mais s'analysent en une simple opération de prêt. La créance des associés, titulaires de ces comptes, sur la société est soumise à l'ISF. * BOI-PAT-ISF-30-30-40-20 n° 150 du 12 sept. 2012. ♦ La valeur du compte est déterminée par la déclaration du contribuable (art. 758), laquelle peut être contestée par l'Administration. Le compte peut être évalué au solde créditeur comptable, en prenant en considération le passif provisionné de la société. • Com. 23 févr. 1999, n° 96-19.587 : *Dr. fisc. 1999. 460 ; RJF 1999. 657.* ♦ En l'absence de déclaration et donc d'estimation d'un compte courant d'associé, l'Administration est fondée à en fixer la valeur au regard des éléments comptables dont elle dispose, soit à sa valeur nominale, et il appartient au contribuable qui entend contester la valeur retenue d'en établir la valeur réelle. • Com. 19 janv. 2010, n° 09-10.994 : *RJF 2010. 543.* ♦ Le redevable n'a pas à porter dans sa déclaration d'ISF le montant de la créance constituée par son compte courant d'associé dès lors que, compte tenu des difficultés financières de la société, il est fondé à estimer que cette créance est irrécouvrable. • Rouen, 3 nov. 2010, n° 09/04743 : *RJF 2011. 1001.* ♦ C'est au contribuable de rapporter la preuve des difficultés financières alléguées à la date du fait générateur de l'impôt, de nature à justifier que les comptes courants soient évalués à leur valeur probable de recouvrement, inférieure à la valeur nominale figurant au bilan. • Com. 15 mai 2012, n° 11-17.848 : *RJF 2012. 878.* ♦ La valeur déclarée d'un compte courant doit résulter d'une estimation réaliste en fonction des possibilités pour l'associé de recouvrer sa créance au 1er janv. de chaque année, compte tenu de la situation économique et financière réelle de la société, et non des seuls éléments comptables inscrits dans des déclarations fiscales. La situation financière de la société inclut la valeur de ses actifs immobiliers. C'est au contribuable d'apporter la preuve que la valeur qu'il a déclarée correspond aux possibilités réelles de remboursement de la société. • Com. 9 juill. 2013 : *RJF 2013. 1090 ; Dr. fisc. 2013. 504, note Dorison et Delaby.*

27. En l'absence de transcription dans les comptes de la société, régulièrement approuvés par les associés à l'occasion de chaque examen annuel, la décision de l'assemblée générale d'affecter en réserve des résultats bénéficiaires, initialement distribués et placés en compte courant d'associé, est demeurée inappliquée et par conséquent sans effet. La somme ainsi placée en compte courant d'associé doit être incluse dans l'assiette taxable à l'ISF dès lors qu'elle appartient toujours à l'associé titulaire de ce compte. • Com. 5 avr. 2005, n° 03-18.006 : *RJF 2005. 792 ; Dr. fisc. 2005. 490.*

28. La valeur de recouvrement des soldes des comptes courants que le contribuable détient dans les sociétés peut être fixée à leur valeur nominale dès lors que le contribuable n'établit pas être dans l'impossibilité de recouvrer les montants nominaux figurant aux soldes desdits comptes et que la valeur d'un euro symbolique qu'il leur avait attribuée ne peut pas être retenue. • Com. 11 mars 2008, n° 07-10.643 : *RJF 2008. 753.*

29. Fonds consignés. L'indemnité d'expropriation fixée définitivement par une décision de justice est comprise dans l'assiette, même si les fonds sont consignés au 1er janv. de l'année d'imposition. • Com. 13 janv. 1998, n° 95-22.140 : *D. 1998. IR 58.*

30. Bien loué avec option d'achat. Un bien loué avec option d'achat (notamment les bateaux de plaisance pris à bail avec option d'achat) ne constitue pas un élément du patrimoine du locataire, dès lors que celui-ci n'en est pas, par hypothèse, propriétaire durant la période de location. Par suite, le bien concerné n'est pas imposable à l'ISF du chef du locataire pendant ladite période mais le devient, le cas échéant, à l'issue de celle-ci en cas de levée de l'option d'achat. * Rép. min. n° 89371 : *JOAN Q, 22 févr. 2011, p. 1756.*

B. DÉDUCTION DU PASSIF

31. Conditions générales de déduction des dettes. Les dettes déductibles de l'assiette de l'ISF doivent présenter les conditions suivantes : exister au 1er janv. de l'année d'imposition, être à la charge personnelle du redevable et être justifiées par tous modes de preuve compatibles avec la procédure écrite. Il n'est pas nécessaire que les dettes soient liquides mais il faut néanmoins que leur montant soit connu au moment de la déclaration. • Pau, 29 oct. 2001, n° 02-119.

32. Dette à la charge personnelle du redevable. Il résulte des art. 885 D et 768 que seules

les dettes à la charge personnelle du redevable sont admises en déduction de l'assiette de l'ISF. Dès lors, les dettes afférentes à la nue-propriété d'un bien ne peuvent figurer au passif de l'impôt de l'usufruitier et ce, quand bien même ce dernier serait tenu de déclarer ledit bien pour sa valeur en pleine propriété conformément à l'art. 885 G. Il en est ainsi notamment des impôts supportés par le nu-propriétaire. • Com. 18 mai 2005, n° 03-14.511 : *BOI 7 S-2-07.*

33. Dette litigieuse. Pour être déductible de l'assiette de l'ISF, une dette doit être certaine au jour du fait générateur de l'impôt, soit au 1er janvier de l'année d'imposition, ce qu'elle n'est pas en cas de litige ou de contestation et aussi longtemps que dure ce litige ou cette contestation. Dès lors que le contribuable s'était pourvu en cassation et qu'une transaction avait été conclue l'année suivante entre lui et ses créanciers, réduisant le montant de la dette, il en résultait que cette transaction avait seule mis fin à la contestation, rendant la dette rétroactivement certaine dans le montant qu'elle avait ainsi fixé. • Com. 14 nov. 2006, n° 1236F-PB : *RJF 2007. 362.* ♦ Une dette, incertaine du fait d'une contestation, reste cependant déductible pour le montant ultérieurement arrêté par la décision mettant fin à la contestation. • Com. 4 nov. 2008, n° 07-19.800 (n° 1120 F-D) : *RJF 2009. 168.*

34. Justification du passif déductible. En permettant la justification des dettes par tous les modes de preuve compatibles avec la procédure écrite, l'art. 768 ne déroge pas aux règles de preuve définies aux art. 1341 s. et 1907, al. 2, C. civ., lorsqu'elles sont applicables, et, dans ce cas, il appartient aux parties à un acte de rapporter la preuve des dettes qui en résultent contre l'Administration dans les termes de ces dispositions. • Com. 4 juill. 2006, n° 887FS-PB, *Morgaine : RJF 2006. 1476.*

1° DETTES FISCALES

35. Déduction de l'ISF. Le redevable peut déduire de son patrimoine la somme obtenue (ISF théorique) en appliquant le tarif de l'impôt au montant net de son patrimoine, compte non tenu de l'impôt dû au titre de l'ISF. Dans l'hypothèse d'une notification de nouvelles bases d'imposition à l'ISF, une nouvelle liquidation de l'ISF théorique peut être effectuée au titre de l'année sur laquelle portent les redressements. * BOI-PAT-ISF-30-60-10 nos 50 et 100 du 12 août 2015. ♦ L'ISF théorique déductible au titre du passif est déterminé en prenant en compte non seulement l'impôt *acquitté à l'étranger mais également* les réductions pour charges de famille et les effets du plafonnement. • TGI Paris, 15 févr. 2007, n° 06-4146, *Maillet : RJF 2007. 1499.*

36. Déduction de l'impôt sur le revenu. La dette potentielle d'IR sur les sommes que le contribuable a inscrites indûment à l'actif de sa déclaration d'ISF n'est pas déductible dès lors que ces sommes n'ont pas été perçues au 1er janv. de l'année d'imposition au titre de l'ISF, et que l'IR n'était donc pas encore dû à cette date. • Paris, 12 juin 2003, n° 02-5151, *Kundera : RJF 2004. 328.* ♦ Le redevable qui a fait l'objet d'un redressement de l'impôt sur les revenus d'une année donnée peut demander par voie de réclamation que la dette d'impôt correspondante soit déduite de son patrimoine taxable à l'ISF au titre des années suivantes. • Com. 6 oct. 1998, n° 96-20.849 : *Dr. fisc. 1998. 1155.*

37. Déduction des droits de mutation. Lorsque le redevable a obtenu le paiement fractionné des droits de succession, seuls sont déductibles le capital restant dû au 1er janv. de l'année d'imposition et les intérêts échus et non payés ainsi que les intérêts courus à cette même date. • CE 29 oct. 2001, nos 00-169 et 00-170 : *Dr. fisc. 2002. 969.*

38. Le passif grevant le patrimoine du redevable de l'ISF au titre du paiement fractionné de droits de mutation à titre gratuit est constitué, au premier janv. de chaque année du capital restant dû au 1er janv. de l'année d'imposition, des intérêts échus et non payés et des intérêts courus à la même date. • Pau 29 oct. 2001, nos 00-169 et 00-170. ♦ Les intérêts non échus et non courus au 1er janv. de l'année d'imposition, afférents au paiement fractionné de droits de mutation à titre gratuit, dont l'existence n'est pas certaine, ne peuvent être déduits de la base imposable à l'ISF, dès lors que l'échéancier établi par l'Administration fiscale à la demande du contribuable ne l'a pas empêché de se libérer partiellement de sa dette de façon anticipée, de sorte que le montant des intérêts initialement calculé s'en est trouvé modifié. • Com. 22 févr. 2005, n° 272 F-D : *RJF 2005. 632.*

39. Rappels d'impôts. Une dette fiscale établie à la suite d'une procédure de contrôle est incertaine lorsqu'elle est contestée par le redevable, de sorte qu'elle ne peut être déduite aussi longtemps qu'elle reste litigieuse. • Com. 13 janv. 1998, n° 96-10.352 : *RJF 1998. 489 ; Dr. fisc. 1998. 197 ; D. 1998. IR 43.* ♦ Par suite, la dette du garant (garantie d'un passif fiscal) l'est tout autant et ne peut être déduite aussi longtemps que la dette principale reste litigieuse. • Com. 3 juill. 2001, n° 98-15.971 : *RJF 2001. 1458 ; Dr. fisc. 2001. 950 ; D. 2001. IR 2724.*

40. Une dette fiscale établie à la suite d'une procédure de redressement est incertaine lorsqu'elle est contestée par le redevable et elle ne peut figurer au passif déductible de l'assiette de l'ISF aussi longtemps qu'elle reste litigieuse, mais elle ne devient incertaine qu'à compter de la date de sa contestation. Dès lors, en l'absence de contestation de celle-ci au 1er janv. de l'année, elle est déductible au titre de l'année considérée. • Com. 18 mai 2005, nos 03-14.669 et 03-14.511 : *RJF 2005. 1319.*

41. La dette d'un contribuable au titre des rappels d'IR n'était certaine au 1er janv. de l'année d'imposition qu'à concurrence des sommes restant dues au titre de la transaction qu'il a conclue avec l'Administration, dès lors que si le défaut de paiement d'une échéance à la date convenue était susceptible d'entraîner la résolution de la transaction, il est constant qu'aux dates considérées le contribuable avait respecté les échéances fixées par l'Administration et que celle-ci ne pouvait donc remettre en cause les termes de la transaction et exiger le paiement de l'impôt et des pénalités initialement réclamés. En conséquence, le contribuable ne peut déduire au titre de l'ISF l'intégralité de l'impôt et des pénalités initialement réclamés. • Com. 30 nov. 2004, n° 02-15.825 : *RJF 2005. 408 ; Dr. fisc. 2005. 413.*

42. Report d'imposition. Une dette d'impôt reportée ne peut être considérée comme étant à la charge du contribuable et, par voie de conséquence, déductible de l'actif taxable au titre de l'ISF tant qu'il n'a pas été mis fin au report. • Com. 6 mai 2014 : *RJF 2014. 853.*

2° AUTRES DETTES

43. Emprunts. Ne sont pas déductibles de l'actif taxable à l'ISF : les intérêts d'emprunt non courus au 1er janv. de l'année d'imposition à l'ISF, qui n'ont pas d'existence certaine compte tenu de la possibilité de remboursement anticipé de l'emprunt. • Com. 19 avr. 2005, n° 03-12.458 : *RJF 2005. 972 ; Dr. fisc. 2005. 466.* ♦ ... La somme qui serait due par le cédant de parts sociales au titre de la garantie de passif dès lors que cette dette est litigieuse et éventuelle. • Paris, 1er avr. 2005, n° 03-9069 : *RJF 2005. 1135.* ♦ ... Le montant d'un découvert bancaire consenti pour le financement de biens exonérés. • Com. 7 avr. 2009, n° 08-16.008 (n° 370 F-D) : *RJF 2009. 797.*

44. Prêt viager hypothécaire. Dans le cadre d'un tel prêt, la dette à la charge de l'emprunteur peut faire l'objet d'une déduction au passif de l'ISF. Lorsque le capital est versé en une seule fois, le montant de la dette déductible correspond au montant du capital emprunté ainsi qu'au montant des intérêts échus et non payés et de ceux courus au 1er janvier de l'année d'imposition. Lorsque le capital est versé périodiquement, le montant de la dette déductible correspond à la fraction du capital versée et au montant des intérêts échus et non payés et de ceux courus au 1er janvier de l'année d'imposition. * Rép. min. n° 2248 : *JOAN Q, 17 juin 2008, p. 5141.*

45. Passif grevant un bien démembré. Un bien grevé d'usufruit étant, pour l'ISF, compris dans le patrimoine de l'usufruitier pour sa valeur en pleine propriété, il ne constitue pas un bien exonéré. Dès lors il ne peut être refusé au nu-propriétaire la déduction du capital d'un emprunt contracté pour acquérir ses droits et financer des travaux au motif que la nue-propriété est exonérée d'ISF. • Com. 31 mars 2009, n° 08-14.645 (n° 305 F-D) : *RJF 2009. 703 ; Dr. fisc. 2009. 358, note Quilici.*

46. Pertes sociales. La situation nette négative d'une SNC ne constitue pas une dette certaine entrée dans le patrimoine des associés au 1er janv. de chacune des années d'imposition en cause. • Paris, 28 juin 2001 : *D. 2001. IR 2804 ; Dr. fisc. 2001. 1060 ; RJF 2002. 347 ; Dr. sociétés 2002. 31, note Pierre ; BJS 2002. 129, note Nouel.* ♦ Par application des art. 768 et 885 D, les dettes déductibles sont les dettes à la charge du redevable, c'est-à-dire les dettes l'obligeant personnellement. Tel n'est pas le cas du « résultat négatif net de la société » dont le contribuable est le dirigeant, qui correspond à l'excédent de dettes de la société sur son actif, dès lors que le contribuable n'établit pas qu'il était personnellement tenu d'y contribuer. • Com. 31 janv. 2006, n° 132F-D : *RJF 2006. 616.*

47. Engagement de caution. Un engagement de caution ne peut être déduit de la base de l'ISF dès lors qu'il n'a pas été mis en jeu au 1er janv. de l'année d'imposition. • Com. 23 févr. 1999, n° 96-19.587 : *Dr. fisc. 1999. 460 ; RJF 1999. 657.*

48. Indemnités de résiliation de bail. N'est pas déductible de la base de l'ISF une indemnité de résiliation de bail consentie par le redevable décédé dès lors que l'existence de l'obligation au paiement de cette indemnité était subordonnée à la vente de la propriété, événement incertain non seulement dans sa date mais aussi quant à sa réalisation, de sorte que s'agissant d'une condition et non d'un terme, cette indemnité ne constituait pas, au jour de l'ouverture de la succession, une dette certaine à la charge du défunt. • Com. 20 mars 2007, n° 05-21.526 (n° 522 FS-PBRI) : *RJF 2007. 859.*

49. Pension alimentaire. La pension qu'un contribuable non domicilié en France a été condamné à payer à son ex-épouse, c'est-à-dire au profit d'un créancier français par une décision française de justice, et de plus portable en France, constitue un « passif français » qui peut être déduit de la valeur de ses biens français imposables. • Paris, 17 mars 2006, n° 04-10.556 : *RJF 2006. 1120.*

50. Dons aux Restos du cœur. Les dons versés aux associations départementales des Restos du cœur en vue de leur affectation à des chantiers d'insertion qu'elles gèrent ouvrent droit à réduction en tant que dons à des ateliers et chantiers d'insertion. Le reçu fiscal délivré par l'association doit alors faire expressément référence à l'affectation à un ou plusieurs chantiers d'insertion. * Rép. min. n° 4718 : *JO Sénat Q, 26 févr. 2009, p. 496.*

51. Obligation de restitution d'un usufruit. En cas de versement d'un dividende prélevé sur les réserves à l'usufruitier de parts sociales, la dette de restitution du quasi-usufruit portant sur ce dividende est déductible de l'assiette de l'ISF de l'usufruitier. • Com. 24 mai 2016, n° 15-17.788 : *RJF 2016. 863.*

52. Justification des dettes. Sont déductibles de l'actif taxable à l'ISF : des dettes justifiées par des relevés de comptes bancaires largement débiteurs et une copie de plainte avec constitution de partie civile. • Com. 10 déc. 2003, n° 1805F-D : *RJF 2004. 434 ; Dr. fisc. 2004. 504.* ♦ La preuve de l'existence d'une dette résultant d'un découvert bancaire est apportée par les relevés de comptes bancaires dans les livres de la banque. • Rouen, 13 déc. 2005, n° 04-3194 : *RJF 2006. 474.*

Art. 885 F ***Les primes versées après l'âge de soixante-dix ans au titre des contrats d'assurance non rachetables souscrits à compter du 20 novembre 1991 et la valeur de rachat des contrats d'assurance rachetables sont ajoutées au patrimoine du souscripteur.***

Toutefois, la créance que le souscripteur détient sur l'assureur au titre de contrats, autres que ceux mentionnés à l'article L. 132-23 du code des assurances, qui ne comportent pas de possibilité de rachat pendant une période fixée par ces contrats doit être ajoutée au patrimoine du souscripteur.

BIBL. ▸ QUILICI, *Dr. fisc. 2012. 194* (ISF et assurance vie : le droit au rachat est un droit de créance comme un autre).

1. Contrats rachetables ou non rachetables. Le régime fiscal des contrats d'assurance vie au regard de l'ISF tient compte du caractère rachetable ou non de ces contrats. Durant la phase d'épargne, les contrats d'assurance rachetables sont soumis à l'ISF sur la base de leur valeur de rachat au 1er janvier de l'année d'imposition. Ce principe d'imposition est applicable quels que soient l'âge de l'assuré et la date de conclusion du contrat. Lorsque le contrat n'est pas rachetable, seules les primes versées après l'âge de soixante-dix ans au titre des contrats d'assurance souscrits depuis le 20 novembre 1991 sont ajoutées, pour leur valeur nominale, au patrimoine du souscripteur. * BOI-PAT-ISF-30-20-10 nos 110 à 150 du 11 juill. 2014.

2. Dès lors qu'un contrat d'assurance vie est rachetable, les restrictions apportées à la faculté de rachat dans le cadre d'une délégation effectuée au profit d'une banque à titre de garantie d'un contrat de prêt ne font pas obstacle à l'inclusion de la valeur de rachat dans l'assiette de l'ISF. • Com. 15 mars 2011, n° 10-11.575 (n° 268 F-PB) : *RJF 2011. 753.* * Instr. 5 juill. 2011 : *BOI 7 S-4-11.* ♦ Dans le même sens, s'agissant du nantissement de contrats d'assurance vie avec délégation de créance au profit de la banque. • Com. 26 avr. 2017, n° 15-27.967 : *RJF 2017. 878.*

3. Si, en application de l'art. 885 F, les cotisations versées au titre de contrats d'assurance sur la vie non rachetables, avant que le souscripteur atteigne l'âge de 70 ans, ne doivent pas être déclarées au titre de l'ISF, tel n'est pas le cas du droit à percevoir une rente à titre temporaire, que la souscription de ces contrats a fait naître au bénéfice de leur titulaire et qui est entrée dans son patrimoine, l'art. 885 F n'excluant pas de l'assiette de l'ISF la valeur de capitalisation des rentes. • Com. 7 mars 2018, n° 16-22.427.

4. Contrats d'assurance vie diversifiés. Ces contrats n'étaient peut-être pas imposables à l'ISF. Pour l'ISF dû jusqu'en 2013, le TGI d'Annecy juge que les contrats diversifiés comportant une clause de non-rachat temporaire n'étaient pas imposables pendant la période d'indisponibilité. • TGI Annecy, 26 févr. 2015, n° 13/01893 : *RJF 2015. 858.*

5. Plans d'épargne populaire. Ils sont soumis à l'ISF dans les conditions de droit commun. S'agissant plus particulièrement de la situation du PERP, contrat d'assurance en cas de vie souscrit en vue de se constituer des droits à un complément (L. n° 2003-775 du 21 août 2003, art. 108), il est précisé que ce produit suit le traitement fiscal suivant en matière d'ISF : durant la phase d'épargne, les contrats n'étant pas en principe rachetables, ils bénéficient, à ce titre, de l'exonération prévue par l'art. 885 F. Par ailleurs, lors de la phase de dénouement, la valeur de rachat du PERP bénéficie d'une exonération d'ISF, dès lors que les conditions énoncées à l'art. 885 J sont remplies. * BOI-PAT-ISF-30-40-30-20 nos 130 à 170 du 17 mars 2014.

6. Retraite PREFON. Les droits acquis pour le service de la pension prévue pour le régime de retraite complémentaire de la PREFON n'ont pas à être compris dans l'assiette de l'ISF avant l'entrée en jouissance de la rente. Ce produit de retraite est en effet assimilé à un contrat d'assurance non rachetable au sens de l'art. 885 F. A compter de l'entrée en jouissance de la rente, au regard de l'art. 885 J, la valeur de capitalisation des rentes servies par la PREFON n'est pas comprise dans l'assiette de l'ISF à la double condition que lesdites rentes résultent du versement de primes périodiques et régulièrement échelonnées pendant une durée d'au moins quinze ans et que l'entrée en jouissance soit subordonnée à la cessation de l'activité professionnelle. Les cotisations de rachat pour les années antérieures à l'affiliation versées par un adhérent, en application de l'art. 7 du règlement du régime de la PREFON, ne sont pas de nature à remettre en cause le bénéfice de l'exonération précitée pour non-respect de la condition relative au caractère périodique et régulièrement échelonné des primes. * Rép. min. n° 45153 : *JOAN 23 nov. 2004, p. 9197.*

7. Contrats d'assurance de groupe souscrits dans le cadre de la loi Madelin. Conditions d'exonération. * BOI-PAT-ISF-30-20-10 n°s 170 à 270 du 11 juill. 2014.

8. Contrats d'assurance vie dits « fonds euros diversifiés » comportant une clause d'indisponibilité temporaire. La clause d'indisponibilité temporaire n'a pour conséquence que de différer la possibilité d'exercice du droit de rachat et ne remet donc pas en cause l'existence d'une créance dans le patrimoine du souscripteur y compris durant la période d'indisponibilité. La valeur du contrat doit donc être déclarée au titre des bases imposables à l'ISF au 1er janvier de chaque année. * Instr. 4 janv. 2010 : *BOI 7 S-4-10.* ♦ Légalité de l'Instr. 7 S-4-10 préc. • CE 3 déc. 2012, n° 349202 : *RJF 2013. 230.* ♦ Doctrine administrative nouvelle. * BOI-PAT-ISF-30-20-10 n° 160 du 11 juill. 2014.

Art. 885 G *Les biens ou droits grevés d'un usufruit, d'un droit d'habitation ou d'un droit d'usage accordé à titre personnel sont compris dans le patrimoine de l'usufruitier ou du titulaire du droit pour leur valeur en pleine propriété. Toutefois, les biens grevés de l'usufruit ou du droit d'usage ou d'habitation sont compris respectivement dans les patrimoines de l'usufruitier et du nu-propriétaire suivant les proportions fixées par l'article 669 dans les cas énumérés ci-après, et à condition, pour l'usufruit, que le droit constitué ne soit ni vendu, ni cédé à titre gratuit par son titulaire :*

a) Lorsque la constitution de l'usufruit résulte de l'application des articles 767, 1094 ou 1098 du code civil. Les biens dont la propriété est démembrée en application d'autres dispositions, et notamment de l'article 1094-1 du code civil, ne peuvent faire l'objet de cette imposition répartie ;

b) Lorsque le démembrement de propriété résulte de la vente d'un bien dont le vendeur s'est réservé l'usufruit, le droit d'usage ou d'habitation et que l'acquéreur n'est pas l'une des personnes visées à l'article 751 ;

c) Lorsque l'usufruit ou le droit d'usage ou d'habitation a été réservé par le donateur d'un bien ayant fait l'objet d'un don ou legs à l'État, aux départements, aux communes ou syndicats de communes et leurs établissements publics, aux établissements publics nationaux à caractère administratif et aux associations reconnues d'utilité publique.

BIBL. ▶ AUMONT, *JCP N 2000. 1165* (convention de quasi-usufruit). – CHAPPERT, *Defrénois 2000. 37236* (répartition de l'usufruit entre nu-propriétaire et légataire). – LUCET, *Defrénois 1999. 36958* (répartition de l'ISF entre usufruitier et nu-propriétaire). – GENTILHOMME, *Actes pratiques 2000, n° 49, p. 7* (ISF et démembrement du capital social).

1. Titres grevés d'un usufruit. La valeur en pleine propriété est la valeur de la propriété non démembrée, qui n'est pas nécessairement égale à la somme des valeurs vénales de l'usufruit et de la nue-propriété. La valeur en pleine propriété des valeurs mobilières cotées est déterminée selon les règles fixées à l'art. 885 T *bis.* • Com. 20 oct. 1998, n° 96-20.128 : *Dr. fisc. 1998. 1178.*

2. Biens grevés d'un usufruit. L'art. 885 G, qui prévoit que les biens ou droits grevés d'un usufruit sont, sauf exceptions, compris dans le patrimoine de l'usufruitier pour leur valeur en pleine propriété, a pour but de faire obstacle à la prise en compte du démembrement pour la détermination de l'assiette de l'ISF et s'oppose à l'application de tout abattement dont l'objet serait de constater une diminution de valeur du bien au titre de ce démembrement. • Com. 20 mars 2007, n° 05-16.751 (n° 502 F-PB) : *RJF 2007. 858.*

3. L'usufruit est compté dans le patrimoine de l'usufruitier, pour sa valeur fixée selon les dispositions de l'art. 762 (V. actuellement, art. 669) quand il a été réservé par celui qui a légué un bien à certaines personnes publiques ou associations. Cette règle d'évaluation qui, dans le cas d'un don, bénéficie à son auteur, doit, quand il s'agit d'un legs, bénéficier à ses ayants droit à cause de mort. • Com. 29 juin 1999, n° 97-12.934 : *Dr. fisc. 2000. 134 ; Defrénois 2000, 37236, note Chappert ; AJPI 2000, p. 329, note Maublanc.*

4. En l'état des textes, la vente à une personne morale, distincte de ses associés, ne peut être assimilée à la vente à l'une des personnes physiques visées à l'art. 751, quand bien même ces personnes physiques seraient les dirigeants de la personne morale. Dès lors que la vente de la nue-propriété a eu lieu à titre onéreux à une personne morale qui n'est ni héritier présomptif de l'usufruitier, ni donataire ou légataire, ni personne interposée au sens des art. 911 et 1100 C. civ., les biens grevés de l'usufruit sont, par application des dispositions de l'art. 885 G *b* compris respectivement dans les patrimoines de l'usufruitier et du nu-propriétaire suivant les proportions fixées par l'ancien art. 762 (V. actuellement, art. 669). • Versailles, 6 juin 2002, n° 00-8166, *Guermont : RJF 2002. 1329.*

5. Pour l'application de l'art. 885 G dans sa rédaction issue de la loi n° 89-935 du 29 déc. 1989, le législateur a expressément dissocié le sort de l'usufruit résultant de l'art. 1094 C. civ. de celui résultant de l'art. 1094-1 du même code. • Com. 22 févr. 2005, n° 02-18.625 : *Dr. fisc. 2005. 465.*

6. Biens grevés d'un droit d'usage. La concession de logement pour nécessité absolue ou pour utilité de service confère au fonctionnaire un droit d'occupation temporaire, qui prend fin à la cessation de ses fonctions, et révocable à tout moment. Dans ces conditions, le logement occupé par un fonctionnaire en vertu d'une concession ou d'un acte de location n'est pas à prendre en compte dans son patrimoine imposable à l'ISF. * Rép. min. n° 76106 : *JOAN Q, 14 févr. 2006, p. 1556.* ♦ Il en est de même pour les locaux occupés par un élu local notamment responsable d'exécutif en vertu d'une concession ou d'un acte de location. * Rép. min. n° 73398 : *JOAN Q, 13 févr. 2007, p. 1578.*

7. La prise en compte indirecte par un dirigeant de sociétés des titres possédés par sa sœur n'implique pas que ces titres puissent bénéficier au profit de cette dernière de l'exonération prévue par l'art. 885 0 *bis*, dès lors qu'elle n'a pas perdu le droit d'user de ces titres. • Com. 16 nov. 1999, n° 96-21.587 : *RJF 2000. 303 ; Dr. fisc. 2000. 576.*

8. Nue-propriété en indivision. L'art. 885 G qui dispose que, pour l'établissement de l'ISF, les biens grevés d'un usufruit sont, en principe, comptés pour leur valeur en pleine propriété dans le patrimoine de l'usufruitier ne déroge que sur ce point à la règle selon laquelle la valeur vénale des biens sur laquelle est assis l'ISF est le prix qui pourrait en être obtenu sur un marché réel compte tenu de son état de fait et de droit. Dès lors, il y a lieu de tenir compte de la perte de valeur vénale d'un immeuble dont la propriété est démembrée du fait de l'existence d'une indivision portant sur la nue-propriété. • Com. 14 déc. 1999, n° 97-18.810 : *Dr. fisc. 2000. 739 ; RJF 2000. 572 ; Defrénois 2000. 37259, note Chappert.*

9. Donations et cessions temporaires d'usufruit. En application de l'art. 885 G, la valeur d'un bien dont l'usufruit fait l'objet d'une donation temporaire n'entre plus dans l'assiette de l'ISF du donateur pendant la période de dessaisissement. Cependant s'il s'avère que cette transmission est fictive ou qu'elle a pour but exclusif d'éluder l'ISF, notamment dans l'hypothèse d'une transmission au profit de descendants du donateur, l'Administration dispose de la procédure de répression des abus de droit, prévue par l'art. L. 64 LPF, pour restituer son véritable caractère à l'opération litigieuse. * BOI-PAT-ISF-30-20-20 n° 200 du 8 déc. 2014.

10. Passif grevant un bien démembré. Un bien grevé d'usufruit étant, pour l'ISF, compris dans le patrimoine de l'usufruitier pour sa valeur en pleine propriété, il ne constitue pas un bien exonéré. Dès lors il ne peut être refusé au nu-propriétaire la déduction du capital d'un emprunt contracté pour acquérir ses droits et financer des travaux au motif que la nue-propriété est exonérée d'ISF. • Com. 31 mars 2009, n° 08-14.645 (n° 305 F-D) : *RJF 2009. 703.*

Art. 885 G *bis* *Les biens ou droits transférés dans un patrimoine fiduciaire ou ceux éventuellement acquis en remploi, ainsi que les fruits tirés de l'exploitation de ces biens ou droits, sont compris dans le patrimoine du constituant pour leur valeur vénale nette.*

Art. 885 G *ter* *Les biens ou droits placés dans un trust défini à l'article 792-0 bis ainsi que les produits qui y sont capitalisés sont compris, pour leur valeur vénale nette au 1er janvier de l'année d'imposition, selon le cas, dans le patrimoine du constituant ou dans celui du bénéficiaire qui est réputé être un constituant en application du II du même article 792-0 bis.*

Le premier alinéa du présent article ne s'applique pas aux trusts irrévocables dont les bénéficiaires exclusifs relèvent de l'article 795 ou sont des organismes de même nature relevant de l'article 795-0 A et dont l'administrateur est soumis à la loi d'un État ou territoire ayant conclu avec la France une convention d'assistance administrative en vue de lutter contre la fraude et l'évasion fiscales.

BIBL. ▶ Gouthière, *BFL 2011, p. 751* (trusts étrangers : les nouvelles règles fiscales). – Turot, *Dr. fisc. 2018. 208* (trust et imposition de la fortune : la recherche de la capacité contributive).

1. Régime du trust au regard de l'ISF. Trusts exclus. Assiette et territorialité. Incidence des conventions internationales.* BOI-PAT-ISF-30-20-30 n° 130 du 8 mars 2017.

2. Rattachement des avoirs placés en trust. *La présomption de rattachement au patrimoine du constituant des avoirs en trust (art. 885 G ter, al. 1er) n'est pas irréfragable.* • Cons. const. 15 déc. 2017, *Courtois*, n° 2017-679 QPC : *RJF 2018. 293 ; Dr. fisc. 2018. 212, note Monès, Mandelbaum et Roch.* ♦ En conséquence, le Conseil d'État a annulé pour excès de pouvoir les § 60 et 70 du BOI-PAT-ISF-30-20-30 qui prévoient le rattachement systématique au patrimoine du constituant des avoirs en trust indépendamment du contenu de l'acte de trust ou de la nature de celui-ci. • CE 7 févr. 2018, nos 412027, 412031 et 412412 : *RJF 2018. 550.*

Art. 885 G *quater* *Les dettes contractées par le redevable pour l'acquisition ou dans l'intérêt de biens qui ne sont pas pris en compte pour l'assiette de l'impôt de solidarité sur la* *fortune dû par l'intéressé ou qui en sont exonérés ne sont pas imputables sur la valeur des biens taxables. Le cas échéant, elles sont imputables à concurrence de la fraction de la valeur de ces biens qui n'est pas exonérée.*

Passif soumis à imputation spéciale. Commentaire administratif. * BOI-PAT-ISF-30-60-30 n° 1 du 14 juin 2013.

SECTION III *[ABROGÉE]* BIENS EXONÉRÉS

Art. 885 H *Les exonérations prévues en matière de droits de mutation par décès par les articles 787 B et 787 C, les 4° à 6° du 1 et les 3° à 8° du 2 de l'article 793 et les articles 795 A et 1135 bis ne sont pas applicables à l'impôt de solidarité sur la fortune.*

Les parts de groupements forestiers sont exonérées à concurrence des trois quarts de la fraction de la valeur nette correspondant aux biens visés au 3° du 1 de l'article 793 et sous les mêmes conditions.

Les biens donnés à bail à long terme dans les conditions prévues aux articles L. 416-1 à L. 416-6, L. 416-8 et L. 416-9 du code rural et de la pêche maritime et ceux donnés à bail cessible dans les conditions prévues par les articles L. 418-1 à L. 418-5 du même code, qui ne sont pas en totalité qualifiés de biens professionnels en application de l'article 885 P, sont exonérés d'impôt de solidarité sur la fortune à concurrence des trois quarts lorsque la valeur totale des biens loués quel que soit le nombre de baux n'excède pas 101 897 € et pour moitié au-delà de cette limite, sous réserve que la durée du bail soit au minimum de dix-huit ans et que les descendants du preneur ne soient pas contractuellement privés de la faculté de bénéficier des dispositions de l'article L. 411-35 du code rural et de la pêche maritime.

Sous les conditions prévues au 4° du 1 de l'article 793, les parts de groupements fonciers agricoles et de groupements agricoles fonciers, soumis aux dispositions de la loi complémentaire à la loi d'orientation agricole n° 62-933 du 8 août 1962 et de la loi n° 70-1299 du 31 décembre 1970 relative aux groupements fonciers agricoles, qui ne sont pas en totalité qualifiés de biens professionnels en application de l'article 885 Q sont, sous réserve que les baux à long terme ou les baux cessibles consentis par le groupement répondent aux conditions prévues au troisième alinéa, exonérées à concurrence des trois quarts, si la valeur totale des parts détenues n'excède pas 101 897 € et pour moitié au-delà de cette limite.

Al. abrogé.

1. Biens ruraux cessibles loués à bail à long terme ou donnés à bail cessible et parts de GFA ou de GAF. 1) Régime d'exonération. 2) Seuils d'exonération. Extension aux parts représentatives d'apport en numéraire. * BOI-PAT-ISF-30-40-10 n°s 180 à 220 du 10 juin 2013.

2. Bois et forêts. Un redevable de l'ISF qui a pris sur un massif forestier un engagement de gestion durable est déchu du régime de faveur dont il a bénéficié au titre de l'ISF dès lors que l'acquéreur du bien (devenu ainsi son ayant cause) n'a pas respecté l'engagement qu'il avait repris. • Com. 11 juin 2013, n° 12-19.890 : *RJF 2013. 982 ; Dr. fisc. 2013. 523, note Maublanc.*

Art. 885 I *Les objets d'antiquité, d'art ou de collection ne sont pas compris dans les bases d'imposition à l'impôt de solidarité sur la fortune.*

Cette exonération s'applique également aux parts de sociétés civiles mentionnées au troisième alinéa de l'article 795 A à concurrence de la fraction de la valeur des parts représentatives des objets d'antiquité, d'art ou de collection.

Les droits de la propriété industrielle ne sont pas compris dans la base d'imposition à l'impôt de solidarité sur la fortune de leur inventeur.

Les droits de la propriété littéraire et artistique ne sont pas compris dans la base d'imposition à l'impôt de solidarité sur la fortune de leur auteur. Cette exonération s'applique également aux droits des artistes-interprètes, des producteurs de phonogrammes et des producteurs de vidéogrammes.

BIBL. Mirieu de Labarre, *Dr. fisc. 2006. 973* (le régime fiscal de l'objet d'art).

1. Droits d'auteur. L'assiette de l'ISF est constituée par la valeur nette, au 1er janvier de l'année, de l'ensemble des biens, droits et valeurs imposables appartenant au redevable. Les revenus de ce dernier, imposables par ailleurs, n'entrent dans celle-ci que pour leur fraction non consommée. La créance de revenus devant être versés à un auteur par son éditeur n'entre pas dans l'assiette de l'impôt. • Com. 13 déc. 2005, n° 1670FS-PBRI, *Kundera : RJF 2006. 473 ; Dr. fisc. 2006. 293, rapp. Guéguen, note Cornut.*

2. Objets de collection. La qualification d'objet de collection découle de l'application d'un ou plusieurs des critères suivants : ancienneté ;

rareté ; importance du prix, qui doit être sensiblement supérieur à la valeur d'un bien similaire destiné à un usage courant ; arrêt de la fabrication ; provenance ou destination ; intérêt historique ; appartenance passée à un personnage célèbre. Les objets de moins de 100 ans d'âge (qui, de ce fait, ne peuvent pas être qualifiés d'objets d'antiquité) mais qui présentent cependant un réel intérêt artistique ou culturel et sont valorisés comme tels sur le marché de l'art ont vocation à bénéficier de l'exonération d'ISF. Le point de savoir si un bien constitue un objet de collection est une question de fait qui s'apprécie au cas par cas. * BOI-PAT-ISF-30-40-20 n° 130 du 12 sept. 2012.

3. Véhicules de collection. Les véhicules de collection s'entendent de ceux définis par la Douane. *DA 8 sept. 2014 : *BO douanes n° 7032.* ♦ Nouveaux critères de détermination et précisions nouvelles. * BOI-PAT-ISF-30-40-20 n° 140 du 8 janv. 2015.

Art. 885 I *bis* *Les parts ou les actions d'une société ayant une activité industrielle, commerciale, artisanale, agricole ou libérale ne sont pas comprises dans les bases d'imposition à l'impôt de solidarité sur la fortune, à concurrence des trois quarts de leur valeur si les conditions suivantes sont réunies :*

a) Les parts ou les actions mentionnées ci-dessus doivent faire l'objet d'un engagement collectif de conservation pris par le propriétaire, pour lui et ses ayants cause à titre gratuit avec d'autres associés ;

b) L'engagement collectif de conservation doit porter sur au moins 20 % des droits financiers et des droits de vote attachés aux titres émis par la société s'ils sont admis à la négociation sur un marché réglementé ou, à défaut, sur au moins 34 % des parts ou actions de la société.

Ces pourcentages doivent être respectés tout au long de la durée de l'engagement collectif de conservation qui ne peut être inférieure à deux ans. Les associés de l'engagement collectif de conservation peuvent effectuer entre eux des cessions ou donations des titres soumis à l'engagement. Ils peuvent également admettre un nouvel associé dans l'engagement collectif à condition que cet engagement collectif soit reconduit pour une durée minimale de deux ans.

La durée initiale de l'engagement collectif de conservation peut être automatiquement prorogée par disposition expresse, ou modifiée par avenant. La dénonciation de la reconduction doit être notifiée à l'administration pour lui être opposable.

L'engagement collectif de conservation est opposable à l'administration à compter de la date de l'enregistrement de l'acte qui le constate. Dans le cas de titres admis à la négociation sur un marché réglementé, l'engagement collectif de conservation est soumis aux dispositions de l'article L. 233-11 du code de commerce.

Pour le calcul des pourcentages prévus au premier alinéa, il est tenu compte des titres détenus par une société possédant directement une participation dans la société dont les parts ou actions font l'objet de l'engagement collectif de conservation visé au a et auquel elle a souscrit. La valeur des titres de cette société bénéficie de l'exonération partielle prévue au premier alinéa à proportion de la valeur réelle de son actif brut qui correspond à la participation ayant fait l'objet de l'engagement collectif de conservation.

L'exonération s'applique également lorsque la société détenue directement par le redevable possède une participation dans une société qui détient les titres de la société dont les parts ou actions font l'objet de l'engagement de conservation.

Dans cette hypothèse, l'exonération partielle est appliquée à la valeur des titres de la société détenus directement par le redevable, dans la limite de la fraction de la valeur réelle de l'actif brut de celle-ci représentative de la valeur de la participation indirecte ayant fait l'objet d'un engagement de conservation.

Le bénéfice de l'exonération partielle est subordonné à la condition que les participations soient conservées inchangées à chaque niveau d'interposition pendant toute la durée de l'engagement collectif ;

En cas de non-respect des dispositions du huitième alinéa par suite d'une fusion entre sociétés interposées, l'exonération partielle accordée au titre de l'année en cours et de celles précédant cette opération n'est pas remise en cause si les signataires respectent l'engagement prévu au a jusqu'à son terme. Les titres reçus en contrepartie de la fusion doivent être conservés jusqu'au même terme.

En cas de non-respect des dispositions du huitième alinéa par suite d'une donation ou d'une cession de titres d'une société possédant une participation dans la société dont les parts ou actions font l'objet de l'engagement de conservation ou de titres d'une société possédant une participation dans une société qui détient les titres de la société dont les parts ou actions font l'objet de l'engagement de conservation, l'exonération partielle accordée au titre de l'année en cours et de celles précédant l'opération n'est pas remise en cause, sous réserve que l'opération intervienne entre associés bénéficiaires de cette exonération partielle et que les titres reçus soient au moins conservés jusqu'au terme du délai prévu au d. Dans cette hypothèse, le cessionnaire ou le donataire bénéficie de l'exonération partielle au titre des années suivant celle de la cession ou de la donation, sous réserve que les titres reçus soient conservés au moins jusqu'au même terme ;

c) A compter de la date d'expiration de l'engagement collectif, l'exonération partielle est subordonnée à la condition que les parts ou actions restent la propriété du redevable ;

d) L'exonération partielle est acquise au terme d'un délai global de conservation de six ans. Au-delà de ce délai, est seule remise en cause l'exonération partielle accordée au titre de l'année au cours de laquelle l'une des conditions prévues aux a et b ou au c n'est pas satisfaite ;

e) L'un des associés mentionnés au a exerce effectivement dans la société dont les parts ou actions font l'objet de l'engagement collectif de conservation, pendant les cinq années qui suivent la date de conclusion de cet engagement, son activité professionnelle principale si celle-ci est une société de personnes visée aux articles 8 et 8 ter, ou l'une des fonctions énumérées au 1° de l'article 885 O bis lorsque celle-ci est soumise à l'impôt sur les sociétés, de plein droit ou sur option ;

e bis) Les parts ou actions ne sont pas inscrites sur un compte PME innovation mentionné à l'article L. 221-32-4 du code monétaire et financier. Le non-respect de cette condition par l'un des signataires pendant le délai global de conservation de six ans mentionné au d entraîne la remise en cause de l'exonération partielle dont il a bénéficié au titre de l'année en cours et de celles précédant l'inscription des parts ou actions sur le compte PME innovation ;

f) La déclaration visée au 1 du I de l'article 885 W doit être appuyée d'une attestation de la société dont les parts ou actions font l'objet de l'engagement collectif de conservation certifiant que les conditions prévues aux a et b ont été remplies l'année précédant celle au titre de laquelle la déclaration est souscrite ;

A compter de l'expiration de l'engagement collectif de conservation, la déclaration visée au 1 du I de l'article 885 W est accompagnée d'une attestation du redevable certifiant que la condition prévue au c a été satisfaite l'année précédant celle au titre de laquelle la déclaration est souscrite ;

g) En cas de non-respect de la condition prévue au a par l'un des signataires, l'exonération partielle n'est pas remise en cause à l'égard des signataires autres que le cédant si :

1° Soit les titres que ces autres signataires détiennent ensemble respectent la condition prévue au b et ceux-ci les conservent jusqu'au terme initialement prévu ;

2° Soit le cessionnaire s'associe à l'engagement collectif à raison des titres cédés afin que le pourcentage prévu au b demeure respecté. Dans ce cas, l'engagement collectif est reconduit pour une durée minimale de deux ans pour l'ensemble des signataires. »

Au-delà du délai minimum prévu au b, en cas de non-respect des conditions prévues aux a et b, l'exonération partielle n'est pas remise en cause pour les signataires qui respectent la condition prévue au c ;

h) En cas de non-respect des conditions prévues au a ou au b par suite d'une fusion ou d'une scission au sens de l'article 817 A ou d'une augmentation de capital, l'exonération partielle accordée au titre de l'année en cours et de celles précédant ces opérations n'est pas remise en cause si les signataires respectent l'engagement prévu au a jusqu'à son terme. Les titres reçus en contrepartie d'une fusion ou d'une scission doivent être conservés jusqu'au même terme. Cette exonération n'est pas non plus remise en cause lorsque la condition prévue au b n'est pas respectée par suite d'une annulation des titres pour cause de pertes ou de liquidation judiciaire.

i) En cas de non-respect de la condition prévue au c par suite d'une fusion ou d'une scission au sens de l'article 817 A ou d'une augmentation de capital, l'exonération partielle accordée au titre de l'année en cours et de celles précédant ces opérations n'est pas remise en cause si les titres reçus en contrepartie de ces opérations sont conservés par le redevable. De même, cette exonération n'est pas remise en cause lorsque la condition prévue au c n'est pas respectée par suite d'une annulation des titres pour cause de pertes ou de liquidation judiciaire.

Un décret en Conseil d'État détermine les modalités d'application du présent article, notamment les obligations déclaratives incombant aux redevables et aux sociétés. — V. Ann. II, art. 301 G à 301 J.

1. Titres ayant fait l'objet d'un engagement collectif de conservation (Pacte « Dutreil »). Commentaires administratifs d'ensemble. 1) Sociétés concernées. Cas des sociétés holding. 2) Conditions d'application (engagement à souscrire) et portée de l'exonération. 3) Conséquences du non-respect des conditions de l'exonération. ♦ Obligations déclaratives. * BOI-PAT-ISF-30-40-60 du 22 avr. 2013.

2. Fonction de direction. La direction peut être exercée par une personne morale. En cas de changement de direction, l'Administration admet une vacance qui n'excède pas trois mois. En cas d'admission d'un nouvel associé, la reconduction de l'engagement collectif fait courir un nouveau délai de cinq ans pour l'obligation liée à l'exercice d'une fonction de direction par l'un des signataires. * BOI-PAT-ISF-30-40-60-10 n°s 350 et 390 du 12 sept. 2012.

3. Perte de l'exonération en cas de cession partielle des titres. La cession partielle des titres au-delà du délai global de six ans fait perdre le bénéfice de l'exonération sur l'ensemble des titres du cédant (y compris ceux conservés) pour l'année de la cession et les suivantes. * BOI-PAT-ISF-30-40-60-20 n° 150 du 22 mai 2013. ♦ L'associé signataire d'un pacte Dutreil qui cède une partie de ses titres à d'autres signataires durant la période de l'engagement collectif perd le bénéfice des exonérations obtenues précédemment, y compris pour les titres conservés. * Rép. min. n° 19550 : *JOAN Q, 13 août 2013, p. 8722 ; Fr Lefebvre 43/13, p. 33, étude Mercier.*

4. Holding animatrice détenant une participation minoritaire dans une société non animée. Une société qui a pour activité principale l'animation de ses filiales au sein desquelles elle détient une participation majoritaire ne perd pas son statut de holding animatrice dans le cas où elle détient également une participation minoritaire dans une autre société dont elle n'assure pas l'animation. Le contribuable est fondé à appliquer l'abattement des trois quarts de la valeur des titres. • Com. 19 juin 2019, n° 17-20.559 : *RJF 2019. 1093.*

Art. 885 I ter *I. — 1. Sont exonérés les titres reçus par le redevable en contrepartie de sa souscription au capital initial ou aux augmentations de capital, en numéraire ou en nature par apport de biens nécessaires à l'exercice de l'activité, à l'exception des actifs immobiliers et des valeurs mobilières, d'une petite et moyenne entreprise au sens de l'annexe I au règlement (UE) n° 651/2014 de la Commission du 17 juin 2014 déclarant certaines catégories d'aides compatibles avec le marché intérieur en application des articles 107 et 108 du traité, si les conditions suivantes sont réunies au 1er janvier de l'année d'imposition :*

a) La société exerce exclusivement une activité industrielle, commerciale, artisanale, agricole ou libérale, à l'exclusion des activités de gestion de patrimoine mobilier définie à l'article 885 O quater, et notamment celles des organismes de placement en valeurs mobilières, et des activités de gestion ou de location d'immeubles ;

b) La société a son siège de direction effective dans un État membre de l'Union européenne ou dans un autre État partie à l'accord sur l'Espace économique européen ayant conclu avec la France une convention d'assistance administrative en vue de lutter contre la fraude et l'évasion fiscales.

2. L'exonération s'applique également aux titres reçus par le redevable en contrepartie de sa souscription en numéraire au capital d'une société satisfaisant aux conditions suivantes :

a) La société vérifie l'ensemble des conditions prévues au 1, à l'exception de celle tenant à son activité ;

b) La société a pour objet exclusif de détenir des participations dans des sociétés exerçant une des activités mentionnées au a du 1.

L'exonération s'applique alors à la valeur des titres de la société détenus directement par le redevable, dans la limite de la fraction de la valeur réelle de l'actif brut de celle-ci représentative de la valeur des titres reçus en contrepartie de sa souscription au capital initial ou aux augmentations de capital de sociétés vérifiant l'ensemble des conditions prévues au 1.

3. L'exonération s'applique dans les mêmes conditions aux parts de fonds d'investissement de proximité définis par l'article L. 214-31 du code monétaire et financier dont la valeur des parts est constituée au moins à hauteur de 20 % de titres reçus en contrepartie de souscriptions au capital de sociétés exerçant leur activité ou juridiquement constituées depuis moins de cinq ans vérifiant les conditions prévues au 1 du I de l'article 885-0 V bis.

4. L'exonération s'applique dans les mêmes conditions aux parts de fonds communs de placement dans l'innovation définis par l'article L. 214-30 du code monétaire et financier et de fonds communs de placement à risques et de fonds professionnels de capital investissement définis respectivement aux articles L. 214-28 et L. 214-160 du même code dont l'actif est constitué au moins à hauteur de 40 % de titres reçus en contrepartie de souscriptions au capital de sociétés exerçant leur activité ou juridiquement constituées depuis moins de cinq ans, vérifiant les conditions prévues au 1 du I de l'article 885-0 V bis du présent code.

L'exonération est limitée à la fraction de la valeur des parts de ces fonds représentative de titres reçus en contrepartie de souscriptions au capital de sociétés vérifiant les conditions prévues au même 1.

II. — Un décret fixe les obligations déclaratives incombant aux redevables et aux sociétés ainsi qu'aux gérants de fonds visés au I. — V. Ann. III, art. 299 bis.

Pour l'application du présent art. dans sa rédaction en vigueur jusqu'au 31 déc. 2017, V. L. n° 2018-1317 du 28 déc. 2018, art. 49.

Exonération des titres reçus en contrepartie de souscriptions au capital de PME. Conditions d'application. Souscriptions visées. PME concernées. Portée de l'exonération. * BOI-PAT-ISF-30-40-70-10 du 12 sept. 2012. ♦ Extension du dispositif, sous certaines conditions, aux investissements indirects effectués via une société holding ainsi qu'aux souscriptions de parts de fonds d'investissement de proximité (FIP), en cohérence avec l'instauration de la réduction d'ISF codifiée sous l'art. 885-0 V *bis*. * BOI-PAT-ISF-30-40-70-10 n°s 370 à 450 du 12 sept. 2012.

Art. 885 I *quater* *I. — Les parts ou actions d'une société ayant une activité industrielle, commerciale, artisanale, agricole ou libérale ne sont pas comprises dans les bases d'imposition à l'impôt de solidarité sur la fortune, à concurrence des trois quarts de leur valeur, lorsque leur propriétaire exerce son activité principale dans cette société comme salarié ou mandataire social, ou y exerce son activité principale lorsque la société est une société de personnes soumise à l'impôt sur le revenu visée aux articles 8 à 8 ter.*

L'exonération est subordonnée à la condition que les parts ou actions restent la propriété du redevable pendant une durée minimale de six ans courant à compter du premier fait générateur au titre duquel l'exonération a été demandée.

L'activité mentionnée au premier alinéa du présent I doit correspondre à une fonction effectivement exercée par le redevable et donner lieu à une rémunération normale, dans les catégories imposables à l'impôt sur le revenu des traitements et salaires, bénéfices industriels et commerciaux, bénéfices agricoles, bénéfices non commerciaux, revenus des gérants et associés mentionnés à l'article 62 et des jetons de présence imposés dans la catégorie des revenus de capitaux mobiliers, au regard des rémunérations du même type versées au titre de fonctions analogues dans l'entreprise ou dans des entreprises similaires établies en France. Cette rémunération doit représenter plus de la moitié des revenus à raison desquels l'intéressé est soumis à l'impôt sur le revenu dans les mêmes catégories, à l'exclusion des revenus non professionnels.

Les parts ou actions détenues par une même personne dans plusieurs sociétés bénéficient du régime de faveur lorsque le redevable exerce une activité éligible dans chaque société et que les sociétés en cause ont effectivement des activités, soit similaires, soit connexes et complémentaires.

L'exonération s'applique dans les mêmes conditions aux titres détenus dans une société qui a des liens de dépendance avec la ou les sociétés dans laquelle ou lesquelles le redevable exerce ses fonctions ou activités au sens du a du 12 de l'article 39.

Lorsque l'exonération s'applique à des parts ou actions de plusieurs sociétés, la condition de rémunération normale mentionnée au troisième alinéa est appréciée dans chaque société prise isolément et la condition relative au seuil des revenus mentionnée au même troisième alinéa est respectée si la somme des rémunérations perçues au titre des fonctions exercées dans ces différentes sociétés représente plus de la moitié des revenus mentionnés audit troisième alinéa.

L'exonération s'applique dans les mêmes conditions aux parts de fonds communs de placement d'entreprise visés aux articles L. 214-164 et suivants du code monétaire et financier ou aux actions de sociétés d'investissement à capital variable d'actionnariat salarié visées à l'article L. 214-166 du même code. L'exonération est limitée à la fraction de la valeur des parts ou actions de ces organismes de placement collectif représentative des titres de la société dans laquelle le redevable exerce son activité principale ou de sociétés qui lui sont liées dans les conditions prévues à l'article L. 233-16 du code de commerce. Une attestation de l'organisme déterminant la valeur éligible à l'exonération partielle doit être jointe à la déclaration visée au 1 du I de l'article 885 W.

II. — Les parts ou actions mentionnées au I et détenues par le redevable depuis au moins trois ans au moment de la cessation de ses fonctions ou activités pour faire valoir ses droits à la retraite sont exonérées, à hauteur des trois quarts de leur valeur, d'impôt de solidarité sur la fortune, sous réserve du respect des conditions de conservation figurant au deuxième alinéa du I.

III. — En cas de non-respect de la condition de détention prévue au deuxième alinéa du I et au II par suite d'une fusion ou d'une scission au sens de l'article 817 A, l'exonération partielle accordée au titre de l'année en cours et de celles précédant ces opérations n'est pas remise en cause si les titres reçus en contrepartie sont conservés jusqu'au même terme. Cette exonération n'est pas non plus remise en cause lorsque la condition prévue au deuxième alinéa du I et au II n'est pas respectée par suite d'une annulation des titres pour cause de pertes ou de liquidation judiciaire.

IV. — L'exonération partielle prévue au présent article est exclusive de l'application de tout autre régime de faveur.

BIBL. de Fréminet, *Fr. Lefebvre 35/06, p. 37* (ISF, actions de l'entreprise et départ à la retraite).

1. Exonération partielle des titres détenus par les salariés ou mandataires sociaux. Nature des titres susceptibles de bénéficier du dispositif. Conditions tenant à la conservation des titres pendant une durée minimale de 6 ans et incidence d'un changement de situation du redevable pendant ce délai. Conséquences de la modification de la structure de la société (scission, fusion, annulation de titres, incorporation de réserves) dont les titres bénéficient de l'exonération partielle. Situation du conjoint en cas de décès du dirigeant bénéficiant de l'exonération au titre des biens professionnels. Parts ou actions reçues en contrepartie d'un apport de titres qui bénéficiaient de l'exonération partielle. Titres fongibles acquis à des dates différentes. Parts de FCPE et de SICAVAS. * BOI-PAT-ISF-30-40-80 du 12 sept. 2012.

2. Activité principale dans l'entreprise. L'activité principale n'implique pas nécessairement de percevoir une rémunération. • Com. 5 janv. 2016, ☎ n° 14-23.681 : *RJF 2016. 385 ; Dr. fisc. 2016. 146, note Kornprobst.* ♦ Suite à cette décision, l'art. 885 I *quater* définit désormais explicitement la notion d'activité principale.

Art. 885 J ***La valeur de capitalisation des rentes viagères constituées dans le cadre d'une activité professionnelle ou d'un plan d'épargne retraite populaire prévu à l'article L. 144-2 du code des assurances, moyennant le versement de primes régulièrement échelonnées dans leur montant et leur périodicité pendant une durée d'au moins quinze ans et dont l'entrée en jouissance intervient, au plus tôt, à compter de la date de la liquidation de la pension du redevable dans un régime obligatoire d'assurance vieillesse ou à l'âge fixé en application de l'article L. 351-1 du code de la sécurité sociale, n'entre pas dans le calcul de l'assiette de l'impôt. L'exonération bénéficie au souscripteur et à son conjoint.***

Jusqu'au 31 décembre 2010, la condition de durée d'au moins quinze ans n'est pas requise pour les contrats et plans prévus aux articles L. 3334-1 à L. 3334-16 du code du travail, L. 144-2 du code des assurances et au b du 1 du I de l'article 163 quatervicies du présent code, lorsque le souscripteur y adhère moins de quinze années avant l'âge donnant droit à la liquidation d'une retraite à taux plein.

1. Exonération de la valeur de capitalisation des rentes viagères. Conditions d'exonération des rentes constituées dans le cadre d'une activité professionnelle ou d'un plan d'épargne retraite populaire (PERP), plan d'épargne pour la retraite collectif (PERCO), plan d'épargne retraite d'entreprise (PERE), contrats d'assurance de groupe au titre de la retraite supplémentaire des professions non salariées (« contrats Madelin ou Madelin agricole »). * BOI-PAT-ISF-30-40-30 du 12 sept. 2012. ♦ La *condition légale de régularité* du versement des primes s'oppose à l'exonération d'ISF de la rente constituée après le versement de quelques annuités d'un faible montant, suivies d'un ou plusieurs versements de sommes très importantes. * BOI-PAT-ISF-30-40-30-20 n° 250 du 12 sept. 2012.

2. Fonds de pension. L'exonération concerne notamment les rentes viagères constituées auprès d'organismes étrangers non soumis à la réglementation du code des assurances ou de la mutualité tels que les fonds de pension, toutes les autres conditions prévues pour l'application du dispositif devant, par ailleurs, être réunies. * BOI-PAT-ISF-30-20-10 n° 350 du 12 sept. 2012.

3. Plans d'épargne populaire. V. note 5 ss. art. 885 F.

4. Retraite PREFON. V. note 6 ss. art. 885 F.

5. Rente viagère versée par une caisse d'assurance vieillesse. La valeur en capital de la rente viagère versée à un contribuable par la caisse d'assurance vieillesse des pharmaciens n'entre pas dans l'assiette de l'ISF, dès lors que cette rente est une pension de retraite relevant d'un régime obligatoire et, qu'insaisissable et incessible, elle est dépourvue de valeur patrimoniale. • Paris, 30 mars 2007, n° 05-23990 : *RJF 2007. 1347.*

6. Pensions de retraite : durée de constitution de la rente. Le rachat d'années de cotisation antérieures à l'affiliation au régime d'épargne retraite n'a aucune incidence sur l'exigence d'une période minimale de constitution de la rente. * Rép. min. n° 1524 : *JO Sénat 10 juill. 2008, p. 1406.*

Art. 885 K ***La valeur de capitalisation des rentes ou indemnités perçues en réparation de dommages corporels liés à un accident ou à une maladie est exclue du patrimoine des personnes bénéficiaires ou, en cas de transmission à titre gratuit par décès, du patrimoine du conjoint survivant.***

1. Sommes ou rentes allouées à titre de réparation de dommages corporels liés à un accident ou à une maladie. Extension de l'exonération à la valeur de capitalisation des rentes ou indemnités transmises au conjoint survivant. Le partenaire lié au défunt par un pacte civil de solidarité (PACS) bénéficie également de l'exonération. En revanche, les rentes ou indemnités transmises aux concubins notoires, aux descendants ou ascendants du défunt font partie de leur patrimoine imposable au titre de l'ISF. * BOI-PAT-ISF-30-40-40 n° 50 du 12 sept. 2012.

2. Sont seules exclues de l'assiette de l'ISF les indemnités perçues en réparation de dommages corporels. Tel n'est pas le cas de sommes versées à un tiers en exécution d'un contrat d'assurance de personnes en cas d'accident ou de maladie de l'assuré, qui revêtent un caractère forfaitaire, et non pas indemnitaire, dès lors qu'elles sont calculées en fonction d'éléments prédéterminés par les parties indépendamment du préjudice subi. • Com. 16 nov. 1999, n° 96-20.814 : *Dr. fisc. 2000. 607 ; RTD com. 2001. 812, note Deboissy* • Com. 6 nov. 2007, n° 06-16.370 : *RJF 2008. 235 ; Dr. fisc. 2007. 1066.* ♦ Le montant du capital-décès versé à l'épouse survivante à la suite du décès accidentel de son mari, n'est pas exonéré de l'ISF. • Com. 16 nov. 1999, n° 96-20.814 : *préc.* • Com. 6 nov. 2007, n° 06-16.370 : *préc.* * BOI-PAT-ISF-30-40-40 n° 40 du 12 sept. 2012.

3. Mais la loi n'exige pas que les personnes bénéficiaires des rentes ou indemnités perçues en réparation de dommages corporels soient celles-là mêmes qui ont subi directement l'atteinte à leur intégrité physique (exonération des indemnités perçues par la veuve de la victime d'un accident). • Com. 27 juin 2000, n° 97-21.638 : *RJF 2000, n° 1177 ; D. 2000. IR 224 ; Dr. fam. 2000. 136, note Douet ; Dr. fisc. 2001. 100 ; Defrénois 2003, p. 693, note Chappert.* * Note 18 oct. 2001 : *BOI 7 S-4-01.* ♦ Le bénéfice de l'exonération est donc étendu : aux indemnités que les ayants droit de la victime d'un accident corporel ont perçues en réparation du préjudice moral et économique subi par eux du fait du dommage corporel causé à la victime elle-même. * Note 18 oct. 2001 : *préc.* ♦ ... Aux sommes versées aux ayants droit de la victime en exécution d'un contrat d'assurance de personnes, même comportant une clause de subrogation, lorsque, fixées en fonction du préjudice réel subi, elles ont un caractère indemnitaire. * Rép. min. n° 70147 : *JOAN Q, 13 juill. 2010, p. 7867.* ♦ ... Ainsi qu'aux sommes allouées aux orphelins des victimes des persécutions antisémites ayant trouvé la mort en déportation. * Instr. 19 févr. 2002 : *BOI 7 S-3-02.* ♦ ... Aux rentes versées au titre des pensions militaires d'invalidité, qu'elles soient perçues par les victimes elles-mêmes ou à titre de réversion. * Rép. min. n° 112250 : *JOAN Q, 13 févr. 2007, p. 1586.* ♦ ... Aux rentes ou indemnités versées au titre non seulement d'un dommage corporel lié à un accident ou une maladie, mais également au titre du préjudice moral ou économique du fait d'un dommage corporel causé à un proche. * BOI-PAT-ISF-30-40-40 n° 10 du 12 sept. 2012. ♦ ... À la valeur de capitalisation des rentes ou indemnités versées en réparation du dommage causé par la contraction du virus du SIDA, suite à une transfusion sanguine ou dans l'exercice d'une profession, ainsi que par la maladie de Creutzfeld-Jacob. * BOI-PAT-ISF-30-40-40 n° 20 du 12 sept. 2012.

4. En revanche, les sommes versées en exécution de décisions des tribunaux américains par les banques suisses aux ayants droit de leurs clients, victimes de persécutions antisémites pendant la Seconde Guerre mondiale, ont pour objet de restituer aux intéressés des avoirs bancaires en déshérence réévalués à la date des décisions précitées. Dès lors, ces sommes, qui représentent la restitution d'un bien, ne constituent pas la réparation d'un préjudice au sens de l'art. 885-K. Elles sont donc soumises dans les conditions de droit commun à l'ISF à compter du 1er janvier suivant leur perception. * Rép. min. n° 34546 : *JOAN Q, 13 juin 2006, p. 6201.*

5. En cas de décès du conjoint bénéficiaire de la rente ou de l'indemnité, il convient d'admettre au passif de la déclaration d'ISF du conjoint survivant le montant actualisé des arrérages perçus au titre de la réversion ainsi qu'une fraction de la valeur capitalisée des rentes ou indemnités perçues par le défunt correspondant aux droits légaux du conjoint survivant dans la succession de l'époux prédécédé. * BOI-PAT-ISF-30-60-10 n° 200 du 14 juin 2013.

Art. 885 L ***Les personnes physiques qui n'ont pas en France leur domicile fiscal ne sont pas imposables sur leurs placements financiers.***

Ne sont pas considérées comme placements financiers les actions ou parts détenues par ces personnes dans une société ou personne morale dont l'actif est principalement constitué d'immeubles ou de droits immobiliers situés sur le territoire français, et ce à proportion de la valeur de ces biens par rapport à l'actif total de la société. Il en est de même pour les actions, parts ou droits détenus par ces personnes dans les personnes morales ou organismes mentionnés au deuxième alinéa du 2° de l'article 750 ter.

1. Domicile fiscal. Le domicile fiscal du redevable de l'ISF s'apprécie au 1er janv. de l'année d'imposition. Au regard de l'application de l'art. 885 L, le transfert du domicile fiscal à l'étranger au cours d'une année n'a pas d'incidence sur l'ISF au titre de cette année, mais seulement au 1er janv. de l'année suivante, dès lors qu'à la date du 1er janv. de l'année en cause, le domicile fiscal est incontestablement fixé en France au regard de tous les critères visés par l'art. 4 B-1 et qu'inversement, en l'espèce, à partir du 1er juin de cette année, il ne remplit plus aucun des critères de l'art. 4 B précité. • Com. 20 sept. 2011, n° 10-23.136 : *RJF 2011. 1386.*

2. Notion de placements financiers. Les titres de participation ne constituent pas, selon l'administration, des placements financiers et sont donc passibles de l'ISF. Doivent être considérés comme des titres de participation ceux qui permettent d'exercer une certaine influence dans la société émettrice. En pratique, au titre de l'ISF, sont présumés titres de participation les titres représentant au moins 10 % du capital d'une entreprise. Toutefois, la qualité de titres de participation n'est présumée que si les titres ont été soit souscrits à l'émission, soit conservés pendant un délai de deux ans au moins. Au surplus, la preuve que les titres détenus dans ces conditions ne sont pas des titres de participation peut, en toute hypothèse, être rapportée par le redevable. * BOI-PAT-ISF-30-40-50 nos 60 à 90 du 10 juin 2013.

SECTION IV *[ABROGÉE]* BIENS PROFESSIONNELS

Art. 885 M *Abrogé par L. n° 83-1179 du 29 déc. 1983, art. 19-VI-1.*

Art. 885 N *Les biens nécessaires à l'exercice, à titre principal, tant par leur propriétaire que par le conjoint de celui-ci, d'une profession industrielle, commerciale, artisanale, agricole ou libérale sont considérés comme des biens professionnels.*

Sont présumées constituer une seule profession les différentes activités professionnelles exercées par une même personne et qui sont soit similaires, soit connexes et complémentaires.

Sont considérées comme des biens professionnels les parts ou actions détenues par une personne mentionnée au premier alinéa dans une ou plusieurs sociétés soumises à l'impôt sur les sociétés lorsque chaque participation, prise isolément, satisfait aux conditions prévues à l'article 885 O bis pour avoir la qualité de biens professionnels.

1. Liquidités. Les liquidités provenant de l'exploitation d'un commerce à titre personnel ne perdent pas leur caractère de biens professionnels par le simple fait qu'elles sont placées en cours d'exercice, dès lors qu'elles restent utilisées pour les besoins de l'exploitation. Il n'en est pas ainsi lorsque les fonds ont été appréhendés par le contribuable en vue de placements à caractère privé, et notamment lorsqu'il les a placés sur son compte bancaire personnel. • Com. 3 juin 1998, ♔ n° 96-16.470 : *Dr. fisc. 1998. 1122 ; RJF 1998. 1038 ; Defrénois 2000, 37144, note Chappert.*

2. Comptes bancaires. Lorsqu'un bien, même inscrit à l'actif du bilan d'une entreprise, est affecté en partie à l'exploitation et se trouve, pour le surplus, mis à la disposition privative de l'exploitant, seule la fraction de ce bien nécessaire à *l'exploitation peut être considérée* comme un bien professionnel. Il en est ainsi de comptes bancaires inscrits à l'actif du bilan de l'entreprise individuelle du contribuable qui ne sont pas seulement alimentés par les loyers des fonds en location-gérance et ne sont pas entièrement employés pour payer les charges de l'entreprise. • Com. 6 mai 2008, ♔ n° 07-13.762 : *RJF 2008. 1024 ; Dr. fisc. 2008. 498, note Deboissy.*

3. Comptes courants d'associés. L'inscription à l'actif du bilan d'une entreprise individuelle de comptes courants d'associés fait présumer leur caractère professionnel. • Com. 6 mai 2008 : *préc. note 2.*

4. Parts d'une SARL ou d'une SCI gérant son patrimoine immobilier. Les parts d'une SARL exerçant une activité de location d'immeubles nus ne peuvent être qualifiées de biens professionnels dès lors que les locations ne sont pas accompagnées de la fourniture d'équipements ou de prestations de services nécessaires à l'exploitation des locaux et que les seuls travaux d'entretien sont relatifs aux toitures et incombent à la société propriétaire. Cette activité n'excède donc pas celle de la gestion de son patrimoine et ne se rattache à aucune activité commerciale principale. • Com. 19 mars 2013, ♔ n° 12-12.678 : *RJF 2013. 777.* ♦ Dans le même sens, s'agissant d'une SCI. • Com. 3 févr. 2015, ♔ n° 13-25.263 : *RJF 2015. 445.*

5. Domaine rural ou agricole. L'imposition des revenus du domaine rural au titre des bénéfices agricoles n'établit le caractère professionnel de ce domaine que dans la mesure où son exploitation constitue l'essentiel de l'activité économique du contribuable ou de son conjoint ou bien lui procure la majeure partie de ses ressources. Ainsi un domaine viticole donné en métayage dont les revenus sont imposés au titre des bénéfices agricoles et qui procure au propriétaire la majeure partie de ses ressources constitue un bien professionnel. • Com. 26 juin 2007, n° 06-15.133 (n° 909 F-D) : *RJF 2007. 1346.* ♦ Sur les critères d'appréciation de la profession agricole, V. • Com. 8 mars 2005, n° 405FS-PBIR : *RJF 2005. 791 ; Dr. fisc. 2005. 392.*

6. En revanche, un vignoble donné en métayage ne constitue pas un bien de nature professionnelle dès lors que son propriétaire ne participe pas à son exploitation et qu'il exerce à titre principal une activité autre. • Com. 6 oct. 1998, n° 96-20.845 : *Dr. fisc. 1998. 1056 ; AJPI 1999, p. 690, note Maublanc.* ♦ Il en est de même : du massif forestier dont le propriétaire n'établit pas exercer l'activité d'exploitant forestier. • Com. 12 janv. 1999, n° 97-12.650 : *Dr. fisc. 1999. 199 ; AJPI 1999. 690, note Maublanc ; Defrénois 1999, 37044, note Chappert.* ♦ ... En l'absence de toute exploitation effective des différents groupements forestiers dont le contribuable, propriétaire viticole, est détenteur de parts déduite de l'absence de relation entre l'activité viticole et l'activité forestière, et alors que le contribuable n'a produit aucune pièce pour établir qu'il dirigeait effectivement les groupements forestiers, peu important la catégorie dans laquelle des revenus correspondant aux biens étaient imposés. • Com. 3 avr. 2007, n° 06-10.458 (n° 573 F-D) : *RJF 2007. 985.* ♦ ... Du domaine viniviticole exploité par un chirurgien-dentiste dès lors que l'activité de chirurgien-dentiste constitue l'essentiel de son activité économique. • Com. 14 nov. 2006, n° 04-19.258 : *RJF 2007. 361.* ♦ ... Du domaine agricole exploité par un médecin psychiatre dès lors que ni lui ni son conjoint n'exerce à titre principal la profession d'exploitant agricole. • Com. 16 déc. 2008, n° 07-19.869 : *RJF 2009. 409.*

7. Stocks. Les stocks conservés après la cessation de l'activité professionnelle perdent le caractère de biens professionnels, *même si* le redevable procède à leur écoulement. * BOI-PAT-ISF-30-30-10-40 n° 350 du 5 août 2013.

8. Parkings. Des emplacements de parkings donnés en location sans prestations de services de nature commerciale telles que lavage, distribution d'essence, réparations, ne constituent pas des biens professionnels exonérés d'ISF dès lors que l'activité de location de parkings est une activité civile de gestion de patrimoine privé, à moins qu'elle ne s'accompagne de prestations de nature commerciale. Refus de l'exonération à un contribuable retraité donnant des emplacements en location sans aucune prestation de service et dont les revenus sont déclarés au titre des revenus fonciers. • Com. 18 févr. 2004, n° 368F-P : *RJF 2004. 577 ; Dr. fisc. 2004. 437.* ♦ Confirmant • Paris, 31 janv. 2002, n° 00-15.951, *Deboise : Dr. fisc. 2002. 599.*

9. Monuments historiques. Les biens affectés à l'exercice d'activités civiles autres qu'agricoles ou libérales ou assimilées fiscalement à des activités commerciales ne peuvent, en toute hypothèse, constituer des biens professionnels, tel le cas d'un monument historique ouvert au public moyennant le paiement d'un droit d'entrée. * BOI-PAT-ISF-30-20-10 n° 380 du 12 sept. 2012.

10. Professions salariées. Constituent des biens professionnels les droits ou valeurs nécessaires à l'exercice d'une profession salariée, lorsque ce lien de nécessité soit résulte d'une obligation légale ou réglementaire faite au salarié, soit découle intrinsèquement et directement des conditions de fait d'exercice de la profession sans résulter d'un choix individuel ou d'une simple commodité (véhicules, locaux, matériels nécessaires à l'exercice de l'activité et non fournis par l'employeur, droit de présentation pratiqué dans certaines professions...). * BOI-PAT-ISF-30-30-10-10 n° 80 du 5 août 2013. ♦ S'agissant des locaux utilisés à titre de permanence par un élu, il a été précisé que la valeur du local servant de permanence à un parlementaire dans sa circonscription n'a pas à être prise en compte dans l'assiette de l'ISF, sous réserve que celui-ci soit exclusivement utilisé pour l'exercice de son mandat et que l'élu n'ait pas déjà à sa disposition de locaux à cet effet. * BOI-PAT-ISF-30-30-10-10 n° 85 du 5 août 2013.

11. Activités exercées sous forme sociale. L'art. 885 N exclut de l'assiette de l'ISF les biens nécessaires à une activité professionnelle exercée à titre individuel, et non sous forme sociale. Dès lors, l'exonération prévue par ce texte ne saurait s'appliquer aux actions détenues par le contribuable dans la société anonyme sous couvert de laquelle il exploite un magasin. • Com. 17 mars 2009, n° 08-11.030 (n° 248 F-D) : *RJF 2009. 702.* ♦ Seules les personnes physiques sont soumises à l'ISF et le régime d'exonération des biens professionnels n'est applicable aux titres de société que si leur propriétaire remplit personnellement les fonctions prévues par l'art. 885 O *bis*. • Com. 20 sept. 2011, n° 10-19.775 : *RJF 2011. 1385.*

Art. 885 O ***Sont également considérées comme des biens professionnels les parts de sociétés de personnes soumises à l'impôt sur le revenu visées aux articles 8 et 8 ter lorsque le redevable exerce dans la société son activité professionnelle principale.***

Les parts détenues par le redevable dans plusieurs sociétés de personnes constituent un seul bien professionnel lorsque les sociétés ont des activités soit similaires, soit connexes et complémentaires.

Sont également considérées comme des biens professionnels les parts ou actions détenues par une personne mentionnée au premier alinéa dans une société soumise à l'impôt sur les sociétés si chaque participation, prise isolément, satisfait aux conditions prévues à l'article 885 O bis pour avoir la qualité de biens professionnels.

BIBL. ► HOVASSE, *JCP E 2000. 1270* (ISF et forme sociale).

NOTE : La jurisprudence rapportée ci-dessous concerne le régime en vigueur avant le 1er janv. 2012.

1. La qualité de commerçant attribuée par l'art. 10 de la loi du 24 juill. 1966 (L. 221-1 C. com.) aux associés de sociétés en nom collectif ne suffit pas, en soi, à en déduire que l'associé exerce son activité professionnelle principale dans la société. • Com. 6 avr. 1999, n° 800D : *RJF 1999. 936 ; Dr. fisc. 1999. 751 ; BJS 1999. 807, note Renard.*

2. Un contribuable ne bénéficie pas de l'exonération à raison de parts d'un groupement forestier qu'il détient dès lors, d'une part, qu'il n'établit pas qu'il exerçait à titre principal l'activité d'exploitant forestier en invoquant uniquement l'activité civile de gestion qu'il déploie au sein du groupement et consistant à faire établir les comptes de la société, à assurer la convocation des associés en AG et à dresser les procès-verbaux, d'autre part, qu'il ne soutient pas et n'offre pas d'établir qu'il exploite lui-même les bois et forêts du groupement en effectuant notamment les démarches nécessaires à une telle exploitation (gestion des coupes, organisation des ventes, etc.). • Paris, 10 mai 2001, n° 00-8491 : *Dr. fisc. 2001. 1168.*

Art. 885 O *bis* ***Les parts et actions de sociétés soumises à l'impôt sur les sociétés, de plein droit ou sur option, sont également considérées comme des biens professionnels si leur propriétaire remplit les conditions suivantes :***

1° Être, soit gérant nommé conformément aux statuts d'une société à responsabilité limitée ou en commandite par actions, soit associé en nom d'une société de personnes, soit président, directeur général, président du conseil de surveillance ou membre du directoire d'une société par actions.

Les fonctions mentionnées au premier alinéa du présent 1° doivent être effectivement exercées et donner lieu à une rémunération normale, dans les catégories imposables à l'impôt sur le revenu des traitements et salaires, bénéfices industriels et commerciaux, bénéfices agricoles, bénéfices non commerciaux et revenus des gérants et associés mentionnés à l'article 62, au regard des rémunérations du même type versées au titre de fonctions analogues dans l'entreprise ou dans des entreprises similaires établies en France. Cette rémunération doit représenter plus de la moitié des revenus à raison desquels l'intéressé est soumis à l'impôt sur le revenu dans les mêmes catégories, à l'exclusion des revenus non professionnels ;

2° Posséder 25 % au moins des droits de vote attachés aux titres émis par la société, directement ou par l'intermédiaire de son conjoint ou de leurs ascendants ou descendants ou de leurs frères et sœurs. Les titres détenus dans les mêmes conditions dans une société possédant une participation dans la société dans laquelle le redevable exerce ses fonctions sont pris en compte dans la proportion de cette participation ; la valeur de ces titres qui sont la propriété personnelle du redevable est exonérée à concurrence de la valeur réelle de l'actif brut de la société qui correspond à la participation dans la société dans laquelle le redevable exerce ses fonctions.

Sont considérées comme des biens professionnels les parts ou actions détenues par une même personne dans plusieurs sociétés lorsque chaque participation, prise isolément, satisfait aux conditions prévues par le présent article pour avoir la qualité de biens professionnels. Toutefois, la condition de rémunération prévue à la seconde phrase du second alinéa du 1° est respectée si la somme des rémunérations perçues au titre des fonctions énumérées au premier alinéa du même 1° dans les sociétés dont le redevable possède des parts ou actions représente plus de la moitié des revenus mentionnés à la même phrase.

Lorsque les sociétés mentionnées au deuxième alinéa ont des activités soit similaires, soit connexes et complémentaires, la condition de rémunération normale s'apprécie au regard des fonctions exercées dans l'ensemble des sociétés dont les parts ou actions constituent un bien professionnel.

Le respect de la condition de possession de 25 % au moins des droits de vote attachés aux titres émis par la société prévue au premier alinéa n'est pas exigé après une augmentation de

capital si, à compter de la date de cette dernière, le redevable remplit les trois conditions suivantes :

a) Il a respecté cette condition au cours des cinq années ayant précédé l'augmentation de capital ;

b) Il possède 12,5 % au moins des droits de vote attachés aux titres émis par la société, directement ou par l'intermédiaire de son conjoint, de leurs ascendants ou descendants ou de leurs frères et sœurs ;

c) Il est partie à un pacte conclu avec d'autres associés ou actionnaires représentant au total 25 % au moins des droits de vote et exerçant un pouvoir d'orientation dans la société.

Par dérogation aux dispositions du premier alinéa, la condition de possession de 25 % au moins des droits de vote attachés aux titres émis par la société n'est pas exigée des gérants et associés visés à l'article 62.

Sont également considérées comme des biens professionnels les parts ou actions détenues directement par le gérant nommé conformément aux statuts d'une société à responsabilité limitée ou en commandite par actions, le président, le directeur général, le président du conseil de surveillance ou le membre du directoire d'une société par actions, qui remplit les conditions prévues au 1° ci-dessus, lorsque leur valeur excède 50 % de la valeur brute des biens imposables, y compris les parts et actions précitées.

Sont également considérées comme des biens professionnels, dans la limite de 150 000 €, les parts ou actions acquises par un salarié lors de la constitution d'une société créée pour le rachat de tout ou partie du capital d'une entreprise dans les conditions mentionnées aux articles 220 quater ou 220 quater A tant que le salarié exerce son activité professionnelle principale dans la société rachetée et que la société créée bénéficie du crédit d'impôt prévu à ces articles.

BIBL. ▶ Deboissy, *RTD com. 2004. 174* (l'exonération d'ISF des droits sociaux détenus par leurs dirigeants). – Duhem, *JCP N 2000. 1817* (dirigeants de SAS) ; *JCP E 2002. 885* (quelles fonctions de dirigeant pour échapper à l'ISF ?). – Hatoux, *Fr. Lefebvre 34-04, p. 32* (titres de sociétés soumises à l'IS : contentieux liés à la condition de rémunération normale du dirigeant) ; *RJF 2011. 361* (ISF : exonération des biens professionnels. Les titres sociaux figurant à l'actif d'un fonds commun de placement sont-ils détenus par les porteurs de parts ?). – Hovasse, *JCP E 2000. 1270* (ISF et forme sociale). – Nouel, *BJS 2001. 117* (exonération des titres de sociétés). – Paillusseau, *JCP E 2000. 1925* (dirigeants de SAS).

1. Rémunération à prendre en considération. Pour apprécier le caractère normal de la rémunération, il y a lieu de considérer la seule activité de direction exercée par l'intéressé (président du conseil de surveillance) à l'exclusion du concours apporté par ce dernier, sur le plan de la stratégie commerciale, tant à la société holding qu'à sa filiale. • Com. 23 avr. 2003, n° 99-19.352, *Lejosne : Dr. fisc. 2003. 651 ; RJF 2003. 1059.* ♦ Dans le même sens • Com. 21 janv. 2004, n° 166F-D, *Perolo : RJF 2004. 555 ; Dr. sociétés 2004, n° 4, p. 43, note Pierre ; BJS 2004. 542, note Nouel.* – V. égal. note 7.

2. Dans le cas où le président du conseil d'administration d'une société holding et de quatre filiales est rémunéré en la seule qualité de président de la holding, en l'absence de rémunération dans les autres sociétés concernées, les participations qui y sont détenues par le contribuable ne satisfont pas à l'ensemble des conditions requises pour permettre la qualification de biens professionnels. • Com. 14 févr. 2006, n° 204F-D : *RJF 2006. 792 ; Dr. fisc. 2007. 658.*

3. Les jetons de présence prévus par l'art. 140 de la L. 24 juill. 1966 et alloués par l'assemblée générale aux membres du conseil de surveillance ne peuvent être pris en compte pour l'application de l'art. 885 O *bis*, ne constituant pas une rémunération au sens de ce texte. • Com. 29 juin 1999, n° 97-12.468 : *Dr. fisc. 2000. 191 ; BJS 1999. 1190.* ♦ Il en est de même de la seule rémunération que perçoit un président de conseil de surveillance retraité au titre d'une mission à l'importation. • Com. 14 nov. 2006, n° 1222F-D : *RJF 2007. 360 ; BJS 2007. 388, note Le Cannu.* ♦ Les indemnités perçues au titre d'un mandat électif, quel que soit leur montant, ne sont pas prises en compte pour l'appréciation du seuil de 50 % prévu au 1° de l'art. 885 O *bis.* * Rép. min. : *JOAN Q, 31 juill. 2000, p. 4522.*

4. Conditions relatives à la participation détenue. Antérieurement à l'entrée en vigueur au 1er janv. 2012 de l'art. 39 de la L. n° 2011-900 du 29 juill. 2011, les parts ou actions de sociétés ne constituaient des biens professionnels que pour le redevable qui possédait au moins 25 % des droits financiers et des droits de vote attachés aux titres émis par la société. Dorénavant, conformément à l'art. 885 O *bis* modifié, le seuil de 25 % sera apprécié en tenant compte des seuls droits de vote. Toutefois, il peut être dérogé à cette exigence pour les personnes désignées à l'art. 62 CGI : 1) à la suite d'une augmentation de capital sous réserve que le redevable respecte certaines conditions ; 2) ainsi que lorsque la valeur des parts ou actions détenues directement par le redevable excède 50 % de la valeur brute des biens imposables, y compris les parts ou actions en cause. * BOI-PAT-ISF-30-30-20 n° 1 du 9 sept. 2013. ♦ Pour la détermination du seuil de 50 %, c'est la rémunération des seules fonctions exercées au 1er janv. de chaque année par leur propriétaire qui doit être prise en compte pour apprécier le caractère professionnel des actions détenues par le dirigeant d'une société. • Com. 23 avr. 2003, n° 99-19.352, *Lejosne : Dr. fisc. 2003. 651 ; RJF 2003. 1059* • 13 nov. 2003, n° 1536 FS-PB : *Dr. fisc. 2004. 194 ; RJF 2004. 191 ; D. 2003. IR 2932 ; BJS 2004. 253, note Dom.* ♦ Ne constituent donc pas des biens professionnels exclus de l'assiette de l'ISF pour l'année 1995, les actions d'une société anonyme dont le propriétaire exerçait les fonctions de président du conseil d'administration jusqu'au 9 mars 1994, alors que, au 1er janv. 1995, ces fonctions avaient pris fin et celles de directeur général qu'il exerçait ne donnaient lieu à aucune rémunération. • Com. 13 nov. 2003, n°1536 FS-PB : *préc.*

5. Dans le cas d'une entreprise nouvellement créée, l'exonération des biens professionnels n'est pas remise en cause à raison du niveau de rémunération du dirigeant pendant deux ans. Il en est de même s'agissant d'une entreprise rencontrant des difficultés économiques, commerciales ou financières (diminution du chiffre d'affaires, réduction des marges, charges financières excessives...), lorsque le contribuable en fait état dans sa déclaration. * BOI-PAT-ISF-30-30-30-10 n° 300 du 8 juill. 2013.

6. Les conditions relatives à l'exercice des fonctions de direction et à leur rémunération doivent être remplies par le même conjoint ou concubin notoire et non au niveau du foyer fiscal. Dès lors, un contribuable exerçant des fonctions de direction dans une société holding sans être rémunéré ne peut prétendre au bénéfice de l'exonération même si son conjoint exerce des fonctions rémunérées au sein des filiales. • Com. 26 févr. 2008, n° 07-10.515 (n° 310 F-D) * BOI-PAT-ISF-30-30-30-10 n° 180 du 8 juill. 2013.

7. Lorsqu'un redevable exerce des fonctions dans plusieurs sociétés ayant des activités soit similaires, soit connexes et complémentaires, l'ensemble des rémunérations perçues doit être pris en compte pour apprécier si leur montant représente plus de la moitié des revenus professionnels. • Com. 17 mars 2009, n° 08-11.030 : *RJF 2009. 702 ; Dr. fisc. 2009. 359, note Fumenier.*

8. Le fait qu'un redevable soit rémunéré pour l'ensemble de son activité au sein d'une société anonyme, y compris les fonctions de président, sous la seule forme d'un pourcentage des royalties, des droits d'exploitation et de l'ensemble des recettes nettes de la société, ne saurait faire échec à la qualification de biens professionnels des titres de la société qu'il détient. • Com. 17 mars 2015, n° 13-14.654 : *RJF 2015. 540.*

9. Titres de plusieurs sociétés constituant un seul bien professionnel. L'absence de rémunération dans une société où le redevable exerce effectivement une fonction visée au 1° ne suffit pas à écarter la qualification de bien professionnel unique, dès lors qu'elle se justifie par la situation économique ou financière de la société. Dans ce cas, les rémunérations perçues des autres sociétés dont les titres forment le bien professionnel unique doivent représenter plus de la moitié des revenus professionnels du redevable. * BOI-PAT-ISF-30-30-30-10 n° 280 du 8 juill. 2013.

10. Fonctions exercées. L'art. 885 O *bis* énumère limitativement les fonctions dont l'exercice, au sein d'une société par actions, ouvre droit pour leur titulaire au bénéfice du régime des biens professionnels. La fonction de directeur général adjoint n'y étant pas mentionnée n'ouvre pas droit à l'exonération. • Com. 9 mars 1999, n° 97-13.065 : *BJS 1999. 684, note Nouel ; RJF 2000. 796.*

11. Le régime d'exonération des personnes physiques n'est applicable aux titres de sociétés que si leur propriétaire remplit personnellement les fonctions prévues par la loi. En conséquence, ne peuvent être considérées comme biens professionnels les parts ou actions d'une société qu'une autre société dirige en y exerçant des fonctions visées par l'art. 885 O *bis* et au sein de laquelle la personne physique propriétaire de ces titres exerce les fonctions visées à cet article. • Com. 22 févr. 2000, n° 477D, *Dufort : RJF 2000. 720 ; Dr. sociétés 2000. 165, note Pierre ; BJS 2000. 635, note Nouel.* ♦ La personne physique nommée gérante d'une société en commandite par actions conformément aux statuts de cette société, au sens de l'art. 885 O *bis*, et celle qui exerce des fonctions visées par ce texte au sein d'une SA nommée gérante d'une société en commandite par actions dans les mêmes conditions ne se trouvent pas dans une situation analogue. Dès lors, l'art. 885 O *bis*, en ce qu'il applique aux actions la qualification de biens professionnels dans le premier cas et l'exclut dans le second, ne méconnaît pas les stipulations combinées de l'art. 1er du 1er protocole additionnel à la Conv. EDH et de l'art. 14 de cette convention. • Com. 23 janv. 2007, n° 69F-D, *Bourgine : RJF 2007. 633 ; BJS 2007. 601, note Serlooten.*

12. Le contribuable qui n'a pas été désigné directeur général dans les conditions de l'art. 115 de la loi du 24 juill. 1966 (C. com., art. 225-51-1) ne peut pas bénéficier de l'exonération à raison des titres qu'il détient dans la société. • Com. 26 nov. 2003, n° 1666FS-P : *RJF 2004. 326 ; Dr. fisc. 2004. 193 ; Dr. sociétés 2004, n° 2, p. 37, note Pierre ; BJS 2004. 253, note Dom.* ♦ La régularité de la nomination à l'une des fonctions visées à l'art. 885 O *bis* s'apprécie au regard non seulement de la loi du 24 juill. 1966 mais encore du décret n° 67-236 du 23 mars 1967 pris pour son application. • Paris, 12 févr. 2004, n° 02-14.737 : *RJF 2004. 804.*

13. Le président du conseil de surveillance qui se contente de mener les débats de ce conseil sans intervenir de façon active dans les questions relatives à la gestion de la société n'exerce pas une activité effective. Les titres de la société ne peuvent donc être qualifiés de biens professionnels exonérés d'ISF. • Com. 29 mars 2011, n° 10-15.571.

14. Société en commandite. L'expression « sociétés par actions » utilisée par l'art. 885 O *bis* vise toutes les sociétés par actions sans exclure la société en commandite par actions. • Paris, 12 févr. 2004 : *préc. note 12.* ♦ Par suite, les fonctions de président du conseil de surveillance d'une société en commandite par actions entrent dans les prévisions de l'art. 885 O *bis* et les actions détenues par l'intéressé sont susceptibles de constituer des biens professionnels exonérés de l'ISF. • Même arrêt. ♦ Confirmation • Com. 11 oct. 2005, n° 04-13.063 : *RJF 2006. 99.*

15. Parts de fonds communs de placement. Un fonds commun de placement n'ayant pas la personnalité morale ne peut pas être considéré comme une société interposée au sens de l'art. 885 O *bis*. Les porteurs de parts ne peuvent pas non plus être considérés comme détenant directement les titres figurant à l'actif du fonds. Les parts ne peuvent donc pas bénéficier de l'exonération d'ISF au titre des biens professionnels. • Com. 18 janv. 2011, n° 10-11.941 (n° 46 FS-PB), *Derville : RJF 2011. 521, étude Hatoux, p. 361 ; Dr. fisc. 2011. 330, note Pierre* * BOI-PAT-ISF-30-30-30-20 n° 70 du 9 sept. 2013.

16. Incidences de la loi NRE. Sociétés anonymes. Conséquences de la loi NRE du 15 mai 2001 : 1) Dans l'hypothèse d'une dissociation des fonctions de président du conseil d'administration et de directeur général, ces deux personnes remplissent conformément à l'art. 885 O *bis*-1° la condition relative à la nature des fonctions exercées. 2) En l'absence de toute dissociation, le président du conseil d'administration continue, comme par le passé, d'exercer une fonction ouvrant droit à la qualification de biens professionnels. 3) La fonction de directeur général délégué est éligible pour le bénéfice de l'exonération des biens professionnels, à condition que ce dirigeant exerce effectivement les pouvoirs qui lui sont conférés par l'art. 107 de la loi NRE. * BOI-PAT-ISF-30-30-30-10 n°s 130 à 150 du 8 juill. 2013.

17. Parts ou actions détenues par certains dirigeants. La prise en compte, pour la définition des biens professionnels, de titres détenus dans plusieurs sociétés pour établir la possession d'une quotité de droits définie par la loi n'est prévue que pour le calcul du minimum de 25 % des droits énoncés au 2°. Elle ne saurait concerner la proportion de 50 % visée à l'avant-dernier alinéa du texte. • Com. 18 avr. 2000, n° 97-20.528 : *Dr. fisc. 2000. 837 ; RJF 2000. 1018 ; BJS 2000. 726, note Nouel.* ♦ Mais, selon l'Administration, pour l'appréciation de ce même seuil de 50 %, il convient de faire masse de la valeur des participations dans les sociétés qui ont des activités similaires ou connexes et complémentaires détenues par le redevable, directement ou par l'intermédiaire d'une société interposée. * BOI-PAT-ISF-30-30-40-10 n° 70 du 18 févr. 2013. ♦ L'absence de connexité et de complémentarité des activités exercées par deux sociétés ne peut être déduite du seul défaut de participation entre elles. • Com. 2 mai 2007, n° 06-13.087 (n° 671 FS-PB) : *RJF 2007. 986.* ♦ Les parts ou actions détenues par un associé dirigeant de plusieurs sociétés peuvent être qualifiées de bien professionnel unique lorsque les différentes sociétés ont des activités soit similaires, soit connexes et complémentaires. La connexité et la complémentarité sont essentiellement des questions de fait. Ainsi, la connexité et la complémentarité des activités exercées par deux sociétés non liées par des relations capitalistiques sont établies par les circonstances suivantes : rapports économiques étroits, situation de dépendance économique, nature des prestations rendues. • Com. 28 sept. 2010, n° 09-68.574 : *RJF 2011. 114 ; Dr. fisc. 2011. 271, note Quilici.*

18. Associés des SAS. Compte tenu de la liberté d'organisation des pouvoirs conférés aux associés d'une SAS, il est admis que les dispositions relatives à l'exonération d'ISF des titres détenus par les associés des SA sont applicables dans les mêmes conditions aux titres détenus par les associés des SAS, sous réserve que ces derniers associés soient titulaires de fonctions dont l'étendue, conformément aux statuts de cette société, est au moins équivalente à celles qui sont exercées dans les SA par les personnes mentionnées au 1° de l'art. 885 O *bis*. Pour le bénéfice de l'exonération d'ISF au titre des biens professionnels, le nombre d'associés dirigeants d'une SAS ne peut, bien entendu, excéder celui des associés d'une SA qui exercent les fonctions de direction énumérées à l'art. 885 O *bis*. Pour l'application de cette doctrine, il est néanmoins précisé qu'en présence de directeurs généraux ou de directeurs généraux délégués dans une SAS, l'appréciation de la nature équivalente des fonctions précitées implique notamment que ces personnes soient investies d'un pouvoir de représentation de la société opposable aux tiers. * BOI-PAT-ISF-30-30-30-10 n° 155 du 8 juill. 2013. ♦ Dans les SAS, aucune disposition n'interdit que le président du conseil de surveillance soit désigné comme le président de la société, titulaire à ce titre du droit de représentation. En toute hypothèse, pour l'application du régime des biens professionnels, dès lors que le président du conseil de surveillance dans une SA ne peut pas être investi du pouvoir de représentation, le bénéfice du régime des biens professionnels, dans une SAS, ne peut pas être subordonné à la condition que le président du conseil de surveillance en soit investi. * BOI-PAT-ISF-30-30-30-10 n° 158 du 8 juill. 2013.

19. PACS. Pour l'appréciation des seuils de 25 % et de 50 %, l'Administration admet qu'il soit notamment tenu compte des titres qui appartiennent au redevable et à son partenaire. * BOI-PAT-ISF-30-30-30-20 n° 150 du 9 sept. 2013.

20. Droits sociaux des sociétés étrangères. En présence de l'exercice d'une activité libérale à travers une SA ou une SARL dont le redevable est associé, la doctrine administrative prévoit une dérogation aux conditions de détention minimale de 25 % du capital social et de la nature des fonctions exercées. Il est ainsi admis que les parts ou actions de ces sociétés constituent des biens professionnels, si leur détenteur y exerce sa profession principale, même s'il ne remplit pas les conditions relatives au seuil minimum de participation de 25 % et à la nature des fonctions normalement exigées. Cette dérogation a vocation à s'appliquer aux titres détenus dans une société de droit étranger. * Rép. min. n° 74036 : *JOAN Q, 15 juin 2010, p. 6657.*

21. Droit communautaire. L'art. 52 du Traité CE (devenu art. 43 CE), relatif à la liberté d'établissement, s'oppose à une législation fiscale d'un État membre (Hollande) qui, dans l'hypothèse où une participation dans le capital d'une société confère au détenteur d'actions une influence certaine sur les décisions de la société et lui permet d'en déterminer les activités, accorde aux ressortissants des États membres qui résident sur son territoire une exonération totale ou partielle de l'impôt sur la fortune au titre du patrimoine investi en actions, mais soumet cette exonération à la condition que la participation soit détenue dans une société établie dans l'État membre concerné, la refusant ainsi aux détenteurs d'actions de sociétés établies dans d'autres États membres. • CJCE 13 avr. 2000, ♖ n° C-251/98, *Baars : Dr. fisc. 2000. 840 ; JCP E 2000, p. 1963.*

Art. 885 O *ter* ***Seule la fraction de la valeur des parts ou actions correspondant aux éléments du patrimoine social nécessaires à l'activité industrielle, commerciale, artisanale, agricole ou libérale de la société est considérée comme un bien professionnel.***

N'est pas considérée comme un bien professionnel la fraction de la valeur des parts ou actions de la société mentionnée au premier alinéa représentative de la fraction du patrimoine social d'une société dans laquelle elle détient directement ou indirectement des parts ou actions non nécessaire à l'activité de celle-ci ou à l'activité industrielle, commerciale, artisanale, agricole ou libérale de la société mentionnée au premier alinéa.

Aucun rehaussement n'est effectué sur le fondement du deuxième alinéa à raison des éléments pour lesquels le redevable, de bonne foi, n'est pas en mesure de disposer des informations nécessaires.

1. Liquidités et placements financiers des sociétés. Les liquidités et titres de placement sont en principe présumés constituer des biens professionnels, dès lors que leur acquisition découle de l'activité sociale. • Com. 13 janv. 1998, n°s 127 D et 128 D : *RJF 1998. 487.* ♦ La présomption du caractère professionnel des titres de placement et liquidités peut être écartée par la preuve contraire établie par référence à l'art. 885-O *ter*, qui réserve la qualification de biens professionnels aux seuls éléments du patrimoine social nécessaires à l'activité industrielle, commerciale, artisanale, agricole ou libérale de la société. • Com. 26 mars 2008, ♖ n° 07-10.496 : *RJF 2008. 902.* ♦ Ainsi, des placements financiers effectués par une société ne constituent pas des biens professionnels exonérés lorsqu'ils sont hors de proportion avec l'activité sociale et que, compte tenu de l'objet social, de conseil en industrie, de la faiblesse de l'actif immobilisé correspondant à cet objet et de l'absence d'utilisation des placements litigieux pour financer la trésorerie de l'entreprise, ces placements n'étaient pas nécessaires à l'accomplissement de l'objet social. • Com. 8 févr. 2005, n° 189 F-D : *RJF 2005. 631 ; Dr. fisc. 2005. 394.*

2. La présomption selon laquelle les valeurs de placement litigieuses sont nécessaires aux investissements envisagés par une société dans le cadre de l'exercice de son activité commerciale ne peut être renversée, s'agissant de valeurs de placement inscrites au bilan d'une SNC, au motif qu'il ne s'agit pas de biens professionnels même si les fonds correspondants pouvaient être considérés comme provenant de l'activité de la société. • Com. 18 mai 2005, ♖ n°s 03-14.469 et 03-14.511 : *RJF 2005. 1319.* ♦ Sur renvoi, jugé que la SNC avait bien poursuivi son activité sociale consistant, notamment, en la création, l'acquisition et l'exploitation directe ou indirecte de tous hôtels pour laquelle les « valeurs de placements » étaient nécessaires aux investissements envisagés et, finalement, réalisés. Les parts détenues dans la SNC par la contribuable avaient donc le caractère de biens professionnels. • Paris, 25 janv. 2008, n° 06-2129 : *RJF 2008. 1130.*

3. Limitation de l'exonération pour les droits sociaux. La limitation de l'exonération d'ISF prévue par l'art. 885 O *ter*, qui exclut de la qualification de biens professionnels les éléments de l'actif social qui ne sont pas nécessaires à l'activité, ne s'applique qu'aux actifs détenus par la société dans laquelle le contribuable détient des parts sociales. Elle ne s'étend pas aux ac tifs des filiales et sous-filiales. • Com. 20 oct. 2015, n° 14-19.598 : *RJF 2016. 95 ; Dr. fisc. 2016. 162, note Maublanc.* ♦ Faisant échec à cette jurisprudence, l'art. 885 O *ter*-1° exclut désormais de la qualification de biens professionnels la fraction de la valeur des titres représentative des actifs des filiales et sous-filiales non nécessaires à l'activité.

Art. 885 O *quater* ***Ne sont pas considérées comme des biens professionnels les parts ou actions de sociétés ayant pour activité principale la gestion de leur propre patrimoine mobilier ou immobilier.***

BIBL. ▶ DESLANDES, *Actes pratiques 2000, n° 49, p. 10* (ISF et société holding). – FAULCON et LOISEAU, *BFL 2015, p. 197* (holdings animatrices : en attendant le verdict...). – FERNOUX, *Dr. fisc. 2015. Étude 48* (holding animatrice et notion de contôle). – FOURRIQUES, *RF compt. 2005, n° 327, p. 32* (les parts et actions de sociétés holdings sont-elle des biens professionnels au sens de l'ISF ?). – JAILLET et GODSSET, *FR Lefebvre 5/17, n° 1* (*holding* animatrice de groupe : entre bonnes pratiques et mises en garde). – PICHET, *Dr. fisc. 2014. Étude 237* (holdings animatrices de groupe : théorie et pratique).

1. Sociétés de gestion immobilière. Les parts ou actions de sociétés ayant pour objet la gestion de leurs immeubles nus ne peuvent pas être considérées comme des biens professionnels. * BOI-PAT-ISF-30-30-40-10 n° 20 du 18 févr. 2013. ♦ Dans le même sens, s'agissant d'une SCI gérant son propre patrimoine immobilier. • Com. 3 févr. 2015, n° 13-25.263 : *RJF 2015. 445.*

2. Sociétés holdings. Les parts ou actions des sociétés holdings qui sont les animatrices effectives de leur groupe, participent activement à la conduite de sa politique et rendent, le cas échéant à titre purement interne au groupe, des services spécifiques administratifs, juridiques, comptables, financiers ou immobiliers peuvent être exonérées si le redevable y exerce l'une des fonctions de direction énumérées à l'art. 885 O *bis* et détient 25 % au moins du capital ou si sa participation représente plus de 50 % du patrimoine taxable. * BOI-PAT-ISF-30-30-40-10 n° 220 du 18 févr. 2013.

3. ISF et sociétés holdings. L'interprétation administrative favorable au contribuable, résultant de l'instruction du 28 avr. 1989 (* BOI-PAT-ISF-30-40-10 n° 140), constitue une exception au principe d'exclusion des parts ou actions des sociétés holdings ayant pour activité principale la gestion de leur propre patrimoine mobilier ou immobilier posé par l'art. 885 O *quater*. Dès lors, il incombe au contribuable qui invoque le bénéfice de cette exception de justifier que la holding, en l'espèce une EURL dont il est l'associé unique, exerce un rôle d'animation effective du groupe qu'elle forme avec ses filiales et qu'elle participe activement à la conduite de la politique de celui-ci et au contrôle de celles-ci. Preuve non rapportée en l'espèce : holding se bornant à assurer la gestion des valeurs apportées par l'associé unique et de son patrimoine. • Com. 8 oct. 2013, *Epton*, n° 12-20.432 : *RJF 2014. 98 ; Dr. fisc. 2014. 244, note Deboissy.* ♦ Dans le même sens • Com. 10 déc. 2013, *Milliez*, n° 12-23.720 : *RJF 2014. 404.*

4. Le rôle d'animateur d'une société holding est, le cas échéant, caractérisé, dans les circonstances de l'espèce, lorsque les conventions conclues entre une société holding et ses filiales prévoient que les organes dirigeants des sociétés filiales devront respecter la politique générale du groupe définie seule et exclusivement par la société holding. • Com. 8 févr. 2005, n° 191 F-PB : *RJF 2005. 508 ; Dr. fisc. 2005. 393 et 540, note Sieraczek-Abitan ; Dr. sociétés 2005, n° 5, p. 34, note Pierre ; BJS 2005. 722, note Nouel* • Paris, 7 juill. 2006, n° 05-12.395 : *RJF 2007. 98 ; Dr. fisc. 2007. 833.* ♦ ... Ou par la constatation de l'intervention essentielle de son dirigeant dans la détermination de la politique du groupe et de son contrôle et n'est pas subordonné à la mise en œuvre de moyens spécifiques distincts de l'intervention de son dirigeant. • Com. 27 sept. 2005, n° 1324FS-PB : *RJF 2006. 101 ; BJS 2006. 69, note Medus ; Dr. sociétés 2005. 231, note Pierre.*

5. Une société holding qui anime effectivement les filiales dont elle a le contrôle effectif peut détenir une participation minoritaire dans une société non animée sans perdre sa qualification de holding animatrice. Ses titres peuvent donc être exonérés d'ISF. • TGI Paris, 11 déc. 2014, n° 13/06937 : *RJF 2015. 369* • Paris, 27 mars 2017, n° 15/02542 : *RJF 2017. 752.* ♦ Est animatrice une holding qui exerce conjointement le contrôle du groupe avec une autre holding, l'animation d'un groupe pouvant être réalisée conjointement et organisée via un pacte d'actionnaires. • Rennes, 8 mars 2016, n° 15/00775 : *RJF 2017. 877.*

6. L'identité de dirigeant entre la société holding et ses filiales ne suffit pas à caractériser la fonction d'animation du groupe. • Com. 19 nov. 1991, n° 89-19.474 P : *Dr. fisc. 1992. 694* • 17 oct. 1995, n° 93-21.251 : *D. 1996. 9, note Tixier ; Dr. fisc. 1996. 71.* ♦ Il en est de même du soutien financier d'un actionnaire (caution de financements, convention de trésorerie) lequel ne constitue pas une intervention effective dans l'animation de la filiale. Les titres de la société holding ne peuvent pas en conséquence bénéficier de l'exonération au titre des biens professionnels. • Com. 6 mai 2014 : *RJF 2014. 853 ; Dr. fisc. 2014. 523, note Pierre.*

Art. 885 O *quinquies* *Le redevable qui transmet les parts ou actions d'une société avec constitution d'un usufruit sur ces parts et actions à son profit peut retenir, pour l'application de l'article 885 G, la qualification professionnelle pour ces titres, à hauteur de la quotité de la valeur en pleine propriété des titres ainsi démembrés correspondant à la nue-propriété lorsque les conditions suivantes sont remplies :*

a) Le redevable remplissait, depuis trois ans au moins, avant le démembrement, les conditions requises pour que les parts et actions aient le caractère de biens professionnels ;

b) La nue-propriété est transmise à un ascendant, un descendant, un frère ou une sœur du redevable ou de son conjoint ;

c) Le nu-propriétaire exerce les fonctions et satisfait les conditions définies au 1° de l'article 885 O bis ;

d) Dans le cas de transmission de parts sociales ou d'actions d'une société à responsabilité limitée, ou d'une société par actions, le redevable doit, soit détenir directement ou par l'intermédiaire de son conjoint ou de leurs ascendants ou descendants ou de leurs frère ou sœur, en usufruit ou en pleine propriété, 25 % au moins du capital de la société transmise, soit détenir directement des actions ou parts sociales qui représentent au moins 50 % de la valeur brute de ses biens imposables, y compris les parts et actions précitées.

1. Le redevable qui n'est plus dirigeant mais qui reste titulaire en usufruit de parts ou actions détenues dans une société bénéficie d'une exonération partielle au titre des biens professionnels, si les conditions édictées à l'art. 885 O *quinquies* sont satisfaites. Il est admis que le dirigeant qui transmet les titres d'une société interposée pour lesquels il bénéficiait de l'exonération au titre des biens professionnels puisse, postérieurement au démembrement de ces derniers, se prévaloir de l'art. 885 O *quinquies*, sous réserve du respect des autres conditions édictées par cet article. A cet effet, il est précisé que le nu-propriétaire doit exercer ses fonctions de direction au sein de l'outil professionnel et non dans la société interposée. * Rép. min. n° 30351 : *JO Sénat Q, 2 août 2001, p. 2531 ; Dr. sociétés 2002. 18, note Pierre* * BOI-PAT-ISF-30-30-40-30 n° 80 du 12 sept. 2012.

2. Pour bénéficier de l'art. 885 O *quinquies*, le redevable doit notamment remplir, depuis trois ans au moins avant le 1er janvier de l'année du démembrement, les conditions requises pour que les titres concernés aient le caractère de biens professionnels. Il en résulte en particulier que le démembrement doit intervenir alors que le dirigeant exerce encore l'une des fonctions de direction énumérées par la loi, soit au plus tard à la date de la cessation desdites fonctions. Cela étant, l'application du régime d'exonération partielle est admise pour le démembrement intervenant l'année d'imposition au titre de laquelle le redevable bénéficie encore du régime des biens professionnels. * BOI-PAT-ISF-30-30-40-30 nos 110 à 190 du 12 sept. 2012.

3. La qualification de biens professionnels est exclue pour les titres détenus en usufruit, dès lors qu'il résulte de l'art. 885 O *quinquies* que la qualification de bien professionnel pour ces titres ne peut être retenue que si le nu-propriétaire exerce les fonctions et satisfait aux conditions définies à l'art. 885 O *bis*-1° et que les titres litigieux ont fait l'objet de donations au profit des petits-enfants du contribuable, lesquels n'exercent aucune fonction dans l'entreprise. • Com. 14 nov. 2006, n° 1222F-D : *RJF 2007. 360.*

Art. 885 P *Les biens donnés à bail à long terme dans les conditions prévues aux articles L. 416-1 à L. 416-6, L. 416-8 et L. 416-9 du code rural et de la pêche maritime et ceux donnés à bail cessible dans les conditions prévues par les articles L. 418-1 à L. 418-5 du même code sont considérés comme des biens professionnels à condition, d'une part, que la durée du bail soit au minimum de dix-huit ans et, d'autre part, que le preneur utilise le bien dans l'exercice de sa profession principale et qu'il soit le conjoint du bailleur, l'un de leurs frères et sœurs, l'un de leurs ascendants ou descendants ou le conjoint de l'un de leurs ascendants ou descendants.*

Les biens ruraux donnés à bail, dans les conditions prévues aux articles du code rural et de la pêche maritime précités, à une société à objet principalement agricole contrôlée à plus de 50 % par les personnes visées au premier alinéa, sont considérés comme des biens professionnels à concurrence de la participation détenue dans la société locataire par celles des personnes précitées qui y exercent leur activité professionnelle principale.

Les biens ruraux, donnés à bail dans les conditions prévues au premier alinéa, lorsqu'ils sont mis à la disposition d'une société mentionnée au deuxième alinéa ou lorsque le droit au bail y afférent est apporté à une société de même nature, dans les conditions prévues respectivement aux articles L. 411-37 et L. 411-38 du code rural et de la pêche maritime, sont considérés comme des biens professionnels dans les mêmes proportions et sous les mêmes conditions que celles définies par ce dernier alinéa.

Biens ruraux donnés à bail à long terme ou à bail cessible. Mise à la disposition d'une société des biens ruraux et apport à une société du droit au bail afférent à des biens ruraux. * BOI-PAT-ISF-30-30-50 n°s 10 à 110 du 12 sept. 2012.

Art. 885 Q *Sous les conditions prévues au 4° du 1 de l'article 793, les parts de groupements fonciers agricoles et de groupements agricoles fonciers soumis aux dispositions de la loi complémentaire à la loi d'orientation agricole n° 62-933 du 8 août 1962 et de la loi n° 70-1299 du 31 décembre 1970 relative aux groupements fonciers agricoles sont considérées comme des biens professionnels, sous réserve que ces parts soient représentatives d'apports constitués par des immeubles ou des droits immobiliers à destination agricole et que les baux consentis par le groupement ainsi que leurs preneurs répondent aux conditions prévues à l'article 885 P.*

Lorsque les baux répondant aux conditions prévues à l'article 885 P ont été consentis à une société à objet principalement agricole contrôlée à plus de 50 % par les personnes visées au premier alinéa, les parts du groupement sont considérées comme des biens professionnels à concurrence de la participation détenue dans la société locataire par celles des personnes précitées qui y exercent leur activité professionnelle principale.

Lorsque les biens ruraux donnés à bail dans les conditions prévues au premier alinéa sont mis à la disposition d'une société mentionnée au deuxième alinéa ou lorsque le droit au bail y afférent est apporté à une société de même nature, dans les conditions prévues respectivement par les articles L. 411-37 et L. 411-38 du code rural et de la pêche maritime, les parts du groupement sont considérées comme des biens professionnels dans les mêmes proportions et sous les mêmes conditions que celles définies par ce dernier alinéa.

1. Exercice de la profession à titre principal. L'Administration admet que l'exercice de la profession principale est rempli lorsque les biens ruraux sont mis à la disposition d'une société à condition que : 1) cette disposition soit effectuée conformément aux dispositions de l'art. L. 411-37 C. rur. (notamment le preneur doit être associé de la société bénéficiaire laquelle doit être constituée uniquement entre personnes physiques) ; 2) la société bénéficiaire doit être une société à objet principalement agricole dont au moins 50 % des titre détenus collectivement en pleine propriété par le bailleur ou le détenteur de parts de GFA ou de GAF, son conjoint, leurs ascendants ou descendants, leurs frères ou sœurs. * BOI-PAT-ISF-30-30-50 n° 250 du 12 sept. 2012.

2. Parts de GFA. Les parts de GFA ne sont pas des biens professionnels exonérés lorsque le bail est consenti à une société à objet agricole qui n'est qu'indirectement contrôlée par le détenteur des parts du GFA au travers d'une autre société. • Com. 12 juill. 2011, n° 10-23.305 : *RJF 2011. 1243.*

Art. 885 R *Sont considérés comme des biens professionnels au titre de l'impôt de solidarité sur la fortune les locaux d'habitation loués meublés ou destinés à être loués meublés par des personnes louant directement ou indirectement ces locaux, qui, inscrites au registre du commerce et des sociétés en qualité de loueurs professionnels, réalisent plus de 23 000 € de recettes annuelles et retirent de cette activité plus de 50 % des revenus à raison desquels le foyer fiscal auquel elles appartiennent est soumis à l'impôt sur le revenu dans les catégories des traitements et salaires, bénéfices industriels et commerciaux, bénéfices agricoles, bénéfices non commerciaux, revenus des gérants et associés mentionnés à l'article 62.*

1. Locaux concernés. Ce dispositif s'applique aux seuls locaux d'habitation loués meublés détenus directement par le redevable. Par suite, en cas de détention et d'exploitation des locaux loués meublés par une SARL de famille, la participation des associés dans cette société est imposable à l'ISF dans les conditions de droit commun à l'exception des parts détenues par le gérant dès lors que les conditions prévues aux art. 885 O ou 885 O *bis* sont remplies. * Rép. min. n° 991 : *JO Sénat Q, 24 oct. 2002, p. 2467.*

2. Seuil de 50 %. Pour apprécier la condition de seuil de 50 % des revenus, il convient de retenir le bénéfice industriel et commercial net annuel dégagé par l'activité de location meublée, afin de permettre la comparaison avec l'ensemble des revenus professionnels du foyer fiscal, y compris le bénéfice tiré de la location. Le bénéfice imposable au titre des BIC à retenir pour l'établissement de l'IR est le bénéfice net déterminé dans les conditions prévues à l'art. 38-2. Par conséquent, ce bénéfice, conformément aux règles comptables et fiscales de droit commun, s'entend de l'excédent des valeurs d'actif sur le total formé au passif par les créances des tiers, les amortissements et les provisions justifiés. * Rép. min. n° 114639 : *JOAN Q, 6 mars 2007, p. 2426* * BOI-PAT-ISF-30-30-10-10 du 5 août 2013.

SECTION V *[ABROGÉE]* ÉVALUATION DES BIENS

Art. 885 S ***La valeur des biens est déterminée suivant les règles en vigueur en matière de droits de mutation par décès.***

Par dérogation aux dispositions du deuxième alinéa de l'article 761, un abattement de 30 % est effectué sur la valeur vénale réelle de l'immeuble lorsque celui-ci est occupé à titre de résidence principale par son propriétaire. En cas d'imposition commune, un seul immeuble est susceptible de bénéficier de l'abattement précité.

BIBL. ▶ Bachelier, *Dr. fisc. 2002. 1258* (l'évaluation fiscale des biens et services). – Dantcheff, *Dr. fisc. 2013. Étude 500* (les évaluations : principes généraux, évaluation des immeubles et des entreprises). – DGFiP, Guide de l'évaluation des entreprises et des titres de sociétés, *2006*. – Le Dolley, *Dr. fisc. 2002. 1470* (la valeur vénale des titres). – Hatoux, *RJF 2002. 117* (l'évaluation des biens en matière d'enregistrement). – X., Évaluations (terrains, immeubles bâtis, fonds de commerce, titres non cotés...), *Éd. Fr. Lefebvre, 7ᵉ éd., 2012.*

1. Résidence principale. Non-application de l'abattement de 30 % à la résidence principale détenue en SCI : la différence de traitement entre le redevable de l'ISF qui est propriétaire de sa résidence principale et celui qui la détient au travers d'une SCI n'est pas contraire aux principes d'égalité devant la loi et devant les charges publiques. • Cons. const. 17 janv. 2020, n° 2019-820 QPC : *RJF 2020. 374.* ♦ Abattement applicable sur la valeur vénale réelle de l'immeuble occupé à titre de résidence principale par son propriétaire. Relèvement à 30 % à compter de 2008. * BOI-PAT-ISF-30-50-10 nos 70 à 110 du 21 janv. 2014.

2. Immeuble hypothéqué. L'hypothèque n'ayant pour objet que de garantir le remboursement de la dette contractée par le débiteur ne saurait avoir une incidence sur la valeur vénale de l'immeuble qu'elle grève, la dette qu'elle garantit, dès lors qu'elle devient certaine, étant déduite de l'assiette de l'ISF. • Com. 3 juill. 2001, n° 98-15.971 : *RJF 2001. 1458 ; Dr. fisc. 2001. 950.*

3. Immeubles donnés en location. Lorsque les biens sont donnés en location, il est admis que la valeur vénale reflète cet état par l'application d'une décote, dont le montant varie notamment en fonction de la nature juridique et de la durée du bail restant à courir. Ainsi, s'agissant des biens loués dans le cadre d'un bail emphytéotique, il est admis que le redevable puisse procéder à une décote dont l'importance sera fonction des contraintes propres au bail, telles que la durée qui reste à courir (dégressivité de la décote), le montant des loyers ou l'existence de constructions mises à la charge du preneur et qui seront la propriété du bailleur à l'issue du bail. * Rép. min. n° 60573 : *JOAN Q, 31 août 2010, p. 9489.* ♦ V. égal. notes ss. art. 761.

4. Immeubles dont la propriété est démembrée. Pour la détermination de l'actif taxable à l'ISF, un immeuble dont la propriété est démembrée ne peut faire l'objet d'aucun abattement : 1) au titre du démembrement, les biens devant être compris dans le patrimoine de l'usufruitier pour leur valeur en pleine propriété ; 2) au titre de la restriction à la liberté d'aliéner (en l'espèce interdiction faite aux nus-propriétaires d'aliéner et d'hypothéquer le bien pendant la vie de l'usufruitier) ; 3) au titre de l'occupation à titre de résidence secondaire. • Com. 27 oct. 2009, n° 08-11.362 : *RJF 2010. 175 ; Dr. fisc. 2010. 417, note Quilici.* ♦ La valeur vénale d'un bien doit être déterminée de manière concrète et objective, à partir des seuls termes de comparaison tirés de la cession de biens similaires, à la date de la mutation litigieuse ou du fait taxable. Le juge ne peut donc fixer cette valeur en pratiquant un abattement forfaitaire pour « démembrement » de la propriété (caractère indivis des droits détenus sur l'immeuble). • Com. 6 mars 2007, nos 05-21.216, 431 F-D : *RJF 2007. 863.*

5. Monuments historiques. Ils font l'objet d'évaluations tenant compte de leur nature spécifique, des charges souvent importantes qui les grèvent, du nombre parfois limité d'acquéreurs potentiels et des difficultés corrélatives qui en résultent pour les vendre. En particulier, sont prises en considération les contraintes liées à leur ouverture plus ou moins fréquente au public ou à leur utilisation à des fins d'animation collective dans un but essentiellement culturel. * BOI-PAT-ISF-30-50-10 n° 160 du 21 janv. 2014.

6. Immeuble affecté d'un préjudice esthétique. Dans le cadre du contentieux d'assiette de l'ISF, le constat d'un préjudice ne peut à lui seul justifier l'application d'un abattement sur l'évaluation d'un bien immobilier. Le contribuable ne justifie pas d'une dépréciation de la valeur de sa résidence principale en raison de la présence à proximité d'une antenne-relais de téléphone, dès lors qu'il ressort de photographies que le pylône supportant cette antenne téléphonique est visible mais ne nuit pas à la vision panoramique sur la mer, puisqu'il se trouve à l'arrière de la propriété, et que le préjudice esthétique en résultant est réduit. • Com. 15 mai 2012, n° 11-18.397 : *RJF 2012. 879.*

7. Meubles meublants. Dans l'hypothèse de

réévaluation de certains actifs par l'Administration, le contribuable peut opposer la valeur réelle des meubles meublants qui serait, selon lui, devenue inférieure au montant corrigé du forfait de 5 %. Dans cette situation, il appartient au contribuable d'apporter la preuve de ses allégations et les modes de preuve doivent être compatibles avec la procédure écrite. * BOI-PAT-ISF-30-50-20 n°s 180 à 210 du 21 janv. 2014.

8. Créances. Une créance à terme relève pour son évaluation de l'art. 760. Elle doit donc être déclarée pour le montant de son nominal dès lors que le contribuable n'apporte pas la preuve de la déconfiture de son débiteur. • Paris, 5 juin 2003, n° 02-4552 : *Dr. fisc. 2004. 527.*

9. Bons du Trésor et bons de capitalisation. Les bons de capitalisation, bons d'épargne et titres assimilés, lorsqu'ils ne sont pas anonymes, doivent être déclarés pour leur valeur nominale, à l'exclusion des intérêts courus ou non encaissés au 1er janv. de l'année d'imposition. * BOI-PAT-ISF-30-50-20 n° 50 du 21 janv. 2014.

10. Rentes viagères. A titre de règle pratique, l'Administration admet que l'évaluation de la valeur de capitalisation d'une rente instituée entre particuliers n'est pas remise en cause si cette valeur est fixée en application des barèmes publiés par l'Administration dans la notice jointe à la déclaration annuelle d'ISF. Il en est de même pour les rentes constituées auprès d'organismes institutionnels, lorsque la valeur de la rente n'est pas inférieure au montant de la provision mathématique que ces organismes sont tenus de calculer au 31 déc. de chaque année. * BOI-PAT-ISF-30-60-10 n° 170 du 12 août 2015.

11. Titres non cotés. L'évaluation des titres d'une société non cotée doit tenir compte des perspectives d'avenir et, à ce titre, peut prendre en considération des redressements antérieurs au 1er janvier de l'année d'imposition, même s'ils sont contestés. • Paris, 19 déc. 2002, n° 01-11.273 : *Dr. fisc. 2003. 654.* ♦ La compétence territoriale de la direction départementale des finances publiques chargée de procéder à l'évaluation de la valeur vénale de titres non cotés devant être déclarée au titre de l'ISF est déterminée au regard de la domiciliation du contribuable au 1er janv. de la période de référence, et non en fonction de la localisation des fonds de commerce et d'immeubles auxquels ils se rattachent. • Com. 10 déc. 2013, n° 12-23.720 : *RJF 2014. 404.*

12. Méthodes d'évaluation des biens. La notice de la déclaration d'ISF en propose trois : par comparaison, par le revenu ou par réajustement d'une valeur antérieure. La méthode d'évaluation par réajustement d'une valeur antérieure permet d'obtenir la valeur vénale actuelle d'un immeuble en partant de la valeur donnée au même immeuble à l'occasion d'une mutation ou d'une déclaration antérieure, valeur qui est affectée d'un coefficient de réajustement fixé compte tenu de l'évolution constatée sur le marché local pour les immeubles de même nature. L'Administration estime que cette dernière méthode n'est à utiliser qu'à défaut de termes de comparaison suffisamment nombreux et probants. * BOI-PAT-ISF-30-50-10 n° 30 du 21 janv. 2014. ♦ En réservant le bénéfice de l'abattement de 30 % sur la valeur vénale réelle de l'immeuble aux redevables de l'ISF qui occupent à titre de résidence principale un bien dont ils sont propriétaires, le législateur a institué une différence de traitement, fondée sur une différence de situation, en rapport direct avec l'objet de la loi. Les griefs tirés de la méconnaissance des principes d'égalité devant la loi et devant les charges publiques doivent donc être écartés. Les mots « par son propriétaire » figurant à la première phrase du 2d al. de l'art. 885 S, qui ne méconnaissent aucun autre droit ou liberté que la Constitution garantit, doivent être déclarés conformes à la Constitution. • Cons. const. 17 janv. 2020, n° 2019-820 QPC : *préc. note 1.*

Art. 885 T ***Les stocks de vins et d'alcools d'une entreprise industrielle, commerciale ou agricole sont retenus pour leur valeur comptable.***

Art. 885 T *bis* ***Les valeurs mobilières cotées sur un marché sont évaluées selon le dernier cours connu ou selon la moyenne des trente derniers cours qui précèdent la date d'imposition.***

1. Les dispositions de l'art. 885 T *bis* ne souffrent aucune dérogation. En particulier, le redevable n'est pas autorisé à pratiquer un abattement fondé sur l'existence d'un pacte d'actionnaires prévoyant un droit de préemption affectant les possibilités de vente des titres, donc en réduisant la valeur. • Com. 8 juill. 1997, n° 95-16.803 : *RJF 1997. 1197 ; Dr. fisc. 1997. 1125.* ♦ ... Ou à ne pas déclarer des actions cotées au motif qu'elles n'ont pas de valeur vénale en raison de la limite apportée à la liberté de les aliéner, limite résultant d'une clause de l'acte de donation des titres stipulant la nécessité du consentement des donateurs. • Com. 7 janv. 2004, n° 42FS-P : *RJF 2004. 433 ; Dr. fisc. 2004. 332 ; Dr. sociétés 2004, n° 4, p. 44, note Pierre ; BJS 2004. 535, note Donzel-Taboucou.*

2. L'usufruitier de valeurs mobilières cotées doit évaluer ces titres selon les règles prévues à l'art. 885 T *bis.* • Com. 20 oct. 1998, n° 96-20.128 : *Dr. fisc. 1998. 1178.*

3. Pour l'évaluation de leurs actions de Sicav et parts de FCP, les redevables de l'ISF sont autorisés à retenir une valeur nulle pour la part de l'actif de l'organisme investie dans des fonds affectés par l'affaire « Madoff ». * Rescrit 2 juin 2009, n° 2009/37 E * BOI-PAT-ISF-30-50-20 n° 310 du 5 août 2013.

Art. 885 T *ter* ***Les créances détenues, directement ou par l'intermédiaire d'une ou plusieurs sociétés interposées, par des personnes n'ayant pas leur domicile fiscal en France, sur une société à prépondérance immobilière mentionnée au 2° du I de l'article 726, ne sont pas déduites pour la détermination de la valeur des parts que ces personnes détiennent dans la société.***

SECTION VI *[ABROGÉE]* CALCUL DE L'IMPÔT

Art. 885 U ***1. Le tarif de l'impôt est fixé à :***

(En pourcentage)

FRACTION DE LA VALEUR NETTE TAXABLE du patrimoine	TARIF applicable
N'excédant pas 800 000 €	0
Supérieure à 800 000 € et inférieure ou égale à 1 300 000 €	0,50
Supérieure à 1 300 000 € et inférieure ou égale à 2 570 000 €	0,70
Supérieure à 2 570 000 € et inférieure ou égale à 5 000 000 €	1
Supérieure à 5 000 000 € et inférieure ou égale à 10 000 000 €	1,25
Supérieure à 10 000 000 €	1,50

2. Pour les redevables dont le patrimoine a une valeur nette taxable égale ou supérieure à 1 300 000 € et inférieure à 1 400 000 €, le montant de l'impôt calculé selon le tarif prévu au tableau du 1 est réduit d'une somme égale à 17 500 € – 1,25 % P, où P est la valeur nette taxable du patrimoine.

Lorsqu'un redressement de la base d'imposition à l'ISF entraîne l'application d'un taux marginal supérieur à celui primitivement retenu, cette modification du taux applicable est une conséquence du redressement. Pour être motivée en droit, la notification de redressement doit donc viser en ce cas, à peine d'irrégularité, l'art. 885 U fixant le tarif de l'ISF. • Com. 30 mai 2000, ☎ n° 1167F-D, *Ternon : RJF 2000. 1179.* ♦ Dans le même sens. • Paris, 21 mars 2002, n° 00-8735 : *Dr. fisc. 2002. 644.*

Art. 885 V ***Le montant de l'impôt de solidarité sur la fortune calculé dans les conditions prévues à l'article 885 U est réduit d'un montant de 300 € par personne à charge au sens de l'article 193 ter. La somme de 300 € est divisée par deux lorsqu'il s'agit d'un enfant réputé à charge égale de l'un et de l'autre de ses parents.***

Art. 885-0 V *bis* ***I. — 1. Le redevable peut imputer sur l'impôt de solidarité sur la fortune 50 % des versements effectués au titre :***

1° Des souscriptions en numéraire :

a) Au capital initial de sociétés ;

b) Aux augmentations de capital de sociétés dont il n'est ni associé ni actionnaire ;

c) Aux augmentations de capital d'une société dont il est associé ou actionnaire lorsque ces souscriptions constituent un investissement de suivi, y compris après la période de sept ans mentionnée au troisième alinéa du d du 1 bis du présent I, réalisé dans les conditions cumulatives suivantes :

— le redevable a bénéficié, au titre de son premier investissement au capital de la société bénéficiaire des versements, de l'avantage fiscal prévu au premier alinéa du présent 1 ;

— de possibles investissements de suivi étaient prévus dans le plan d'entreprise de la société bénéficiaire des versements ;

— la société bénéficiaire de l'investissement de suivi n'est pas devenue liée à une autre entreprise dans les conditions prévues au c du 6 de l'article 21 du règlement (UE) n° 651/2014 de la Commission du 17 juin 2014 déclarant certaines catégories d'aides compatibles avec le marché intérieur en application des articles 107 et 108 du traité ;

2° Des souscriptions de titres participatifs, dans les conditions prévues au 1°, dans des sociétés coopératives de production définies par la loi n° 78-763 du 19 juillet 1978 portant statut des sociétés coopératives de production ou dans d'autres sociétés coopératives régies par la loi n° 47-1775 du 10 septembre 1947 portant statut de la coopération.

Les souscriptions mentionnées aux 1° et 2° confèrent aux souscripteurs les seuls droits résultant de la qualité d'actionnaire ou d'associé, à l'exclusion de toute autre contrepartie notamment sous la forme de garantie en capital, de tarifs préférentiels ou d'accès prioritaire aux biens produits ou aux services rendus par la société.

Cet avantage fiscal ne peut être supérieur à 45 000 € par an.

1 bis. La société bénéficiaire des versements mentionnée au 1 doit satisfaire aux conditions suivantes :

a) Elle est une petite et moyenne entreprise au sens de l'annexe I du règlement (UE) n° 651/2014 de la Commission du 17 juin 2014 précité ;

b) Elle n'est pas qualifiable d'entreprise en difficulté au sens du 18 de l'article 2 du même règlement ;

c) Elle exerce une activité industrielle, commerciale, artisanale, agricole ou libérale, à l'exclusion des activités procurant des revenus garantis en raison de l'existence d'un tarif réglementé de rachat de la production ou bénéficiant d'un contrat offrant un complément de rémunération défini à l'article L. 314-18 du code de l'énergie, des activités financières, des activités de gestion de patrimoine mobilier définie à l'article 885 O quater du présent code et des activités de construction d'immeubles en vue de leur vente ou de leur location et des activités immobilières ;

d) Elle remplit au moins l'une des conditions suivantes au moment de l'investissement initial :

— elle n'exerce son activité sur aucun marché ;

— elle exerce son activité sur un marché, quel qu'il soit, depuis moins de sept ans après sa première vente commerciale. Le seuil de chiffre d'affaires qui caractérise la première vente commerciale au sens du présent alinéa ainsi que ses modalités de détermination sont fixés par décret ; — V. Ann. III, art. 299-0 septies.

— elle a besoin d'un investissement en faveur du financement des risques qui, sur la base d'un plan d'entreprise établi en vue d'intégrer un nouveau marché géographique ou de produits, est supérieur à 50 % de son chiffre d'affaires annuel moyen des cinq années précédentes ;

e) Ses actifs ne sont pas constitués de façon prépondérante de métaux précieux, d'œuvres d'art, d'objets de collection, d'antiquités, de chevaux de course ou de concours ou, sauf si l'objet même de son activité consiste en leur consommation ou en leur vente au détail, de vins ou d'alcools ;

f) Elle a son siège de direction effective dans un État membre de l'Union européenne ou dans un autre État partie à l'accord sur l'Espace économique européen ayant conclu avec la France une convention d'assistance administrative en vue de lutter contre la fraude et l'évasion fiscales ;

g) Ses titres ne sont pas admis aux négociations sur un marché réglementé ou un système multilatéral de négociation français ou étranger au sens des articles L. 421-1 ou L. 424-1 du code monétaire et financier, sauf si ce marché est un système multilatéral de négociation où la majorité des instruments admis à la négociation sont émis par des petites et moyennes entreprises au sens de l'annexe I du règlement (UE) n° 651/2014 de la Commission du 17 juin 2014 précité ;

h) Elle est soumise à l'impôt sur les bénéfices dans les conditions de droit commun ou y serait soumise dans les mêmes conditions si son activité était exercée en France ;

i) Elle compte au moins deux salariés à la clôture de l'exercice qui suit la souscription ayant ouvert droit à la présente réduction, ou un salarié si elle est soumise à l'obligation de s'inscrire à la chambre de métiers et de l'artisanat ;

j) Le montant total des versements qu'elle a reçus au titre des souscriptions mentionnées au présent I et au III et des aides dont elle a bénéficié au titre du financement des risques sous la forme d'investissement en fonds propres ou quasi-fonds propres, de prêts, de garanties ou d'une combinaison de ces instruments n'excède pas 15 millions d'euros.

2. L'avantage fiscal prévu au 1 s'applique, dans les mêmes conditions, aux souscriptions effectuées par des personnes physiques en indivision. Chaque membre de l'indivision peut bénéficier de l'avantage fiscal à concurrence de la fraction de la part de sa souscription représentative de titres reçus en contrepartie de souscriptions au capital de sociétés vérifiant les conditions prévues au 1 bis.

3. L'avantage fiscal prévu au 1 s'applique également aux souscriptions en numéraire au capital d'une société satisfaisant aux conditions suivantes :

a) La société vérifie l'ensemble des conditions prévues au 1 bis, à l'exception de celles prévues aux c, d, i et j ;

b) La société a pour objet exclusif de détenir des participations dans des sociétés exerçant une des activités mentionnées au c du 1 bis.

c) Abrogé.

d) La société a exclusivement pour mandataires sociaux des personnes physiques ;

e) La société n'est pas associée ou actionnaire de la société au capital de laquelle elle réinvestit, excepté lorsque le réinvestissement constitue un investissement de suivi remplissant les conditions cumulatives prévues au c du 1° du 1 ;

f) La société communique à chaque investisseur, avant la souscription de ses titres, un document d'information précisant notamment la période de conservation des titres pour bénéficier de l'avantage fiscal visé au 1, les modalités prévues pour assurer la liquidité de l'investissement au terme de la durée de blocage, les risques générés par l'investissement et la politique de diversification des risques, les règles d'organisation et de prévention des conflits d'intérêts, les modalités de calcul et la décomposition de tous les frais et commissions, directs et indirects, et le nom du ou des prestataires de services d'investissement (Ord. n° 2017-1107 du 22 juin 2017, art. 16-5° et 21, en vigueur le 3 janv. 2018) *« autre [autres] que des sociétés de gestion de portefeuille » chargés du placement des titres.*

Le montant des versements effectués au titre de la souscription par le redevable est pris en compte pour l'assiette de l'avantage fiscal dans la limite de la fraction déterminée en retenant :

— au numérateur, le montant des versements effectués, par la société mentionnée au premier alinéa au titre de la souscription au capital dans des sociétés vérifiant l'ensemble des conditions prévues au 1 bis, entre la date limite de dépôt de la déclaration devant être souscrite par le redevable l'année précédant celle de l'imposition et la date limite de dépôt de la déclaration devant être souscrite par le redevable l'année d'imposition. Ces versements sont ceux effectués avec les capitaux reçus au cours de cette période ou de la période d'imposition antérieure lors de la constitution du capital initial ou au titre de l'augmentation de capital auquel le redevable a souscrit ;

— au dénominateur, le montant des capitaux reçus par la société mentionnée au premier alinéa au titre de la constitution du capital initial ou de l'augmentation de capital auquel le redevable a souscrit au cours de l'une des périodes mentionnées au numérateur.

Un décret fixe les conditions dans lesquelles les investisseurs sont informés annuellement du montant détaillé des frais et commissions, directs et indirects, qu'ils supportent et celles dans lesquelles ces frais sont encadrés. Pour l'application de la phrase précédente, sont assimilées aux sociétés mentionnées au premier alinéa du présent 3 les sociétés dont la rémunération provient principalement de mandats de conseil ou de gestion obtenus auprès de redevables effectuant les versements mentionnés au 1 ou au présent 3, lorsque ces mandats sont relatifs à ces mêmes versements. — V. Ann. III, art. 299 octies A, C. mon. fin., art. D. 214-80 s. — **C. mon. fin.** — V. Arr. du 7 févr. 2012 (JO 15 févr.), mod. par Arr. du 24 janv. 2013 (JO 2 févr.), Arr. du 10 avr. 2012 (JO 12 avr.).

La société adresse à l'administration fiscale, à des fins statistiques, au titre de chaque année, avant le 30 avril de l'année suivante et dans des conditions définies par arrêté conjoint des ministres chargés de l'économie et du budget, un état récapitulatif des sociétés financées, des titres détenus ainsi que des montants investis durant l'année. Les informations qui figurent sur cet état sont celles arrêtées au 31 décembre de l'année. — V. Ann. III, art. 299 octies A, et Arr. du 2 nov. 2010 (JO 6 nov.).

II. — 1. Le bénéfice de l'avantage fiscal prévu au I est subordonné à la conservation par le redevable des titres reçus en contrepartie de sa souscription au capital de la société jusqu'au 31 décembre de la cinquième année suivant celle de la souscription.

La condition relative à la conservation des titres reçus en contrepartie de la souscription au capital s'applique également à la société mentionnée au premier alinéa du 3 du I et à l'indivision mentionnée au 2 du I.

En cas de remboursement des apports aux souscripteurs avant le 31 décembre de la septième année suivant celle de la souscription, le bénéfice de l'avantage fiscal prévu au I est remis en cause, sauf si le remboursement fait suite à la liquidation judiciaire de la société.

2. En cas de non-respect de la condition de conservation prévue au premier alinéa du 1 par suite d'une fusion ou d'une scission au sens de l'article 817 A, l'avantage fiscal mentionné au I accordé au titre de l'année en cours et de celles précédant ces opérations n'est pas remis en cause si les titres reçus en contrepartie sont conservés jusqu'au même terme. Cet avantage fiscal n'est pas non plus remis en cause lorsque la condition de conservation prévue au premier alinéa du 1 n'est pas respectée par suite d'une annulation des titres pour cause de pertes ou de liquidation judiciaire ou d'une cession réalisée dans le cadre d'une procédure de redressement judiciaire ou de liquidation judiciaire.

En cas de non-respect de la condition de conservation prévue au premier alinéa du 1 du II en cas de cession stipulée obligatoire par un pacte d'associés ou d'actionnaires ou en cas de procédure de retrait obligatoire à l'issue d'une offre publique de retrait ou de toute offre publique au sens de l'article L. 433-4 du code monétaire et financier, l'avantage fiscal mentionné au I accordé au titre de l'année en cours et de celles précédant ces opérations n'est pas non plus remis en cause si le prix de vente des titres cédés, diminué des impôts et taxes générés par cette cession, est intégralement réinvesti par le cédant, dans un délai maximum de douze mois à compter de la cession, en souscription de titres de sociétés satisfaisant aux conditions mentionnées au 1 bis du I, sous réserve que les titres ainsi souscrits soient conservés jusqu'au même terme. Cette souscription ne peut donner lieu au bénéfice de l'avantage fiscal prévu au 1 du I, ni à celui prévu à l'article 199 terdecies-0 A.

En cas de non-respect de la condition de conservation prévue au premier alinéa du 1 du II en cas d'offre publique d'échange de titres, l'avantage fiscal mentionné au I accordé au titre de l'année en cours et de celles précédant cette opération n'est pas non plus remis en cause si les titres obtenus lors de l'échange sont des titres de sociétés satisfaisant aux conditions mentionnées au 1 du même I et si l'éventuelle soulte d'échange, diminuée le cas échéant des impôts et taxes générés par son versement, est intégralement réinvestie, dans un délai maximal de douze mois à compter de l'échange, en souscription de titres de sociétés satisfaisant aux conditions mentionnées au au 1 bis du I, sous réserve que les titres obtenus lors de l'échange et, le cas échéant, souscrits en remploi de la soulte soient conservés jusqu'au terme du délai applicable aux titres échangés. La souscription de titres au moyen de la soulte d'échange ne peut donner lieu au bénéfice de l'avantage fiscal prévu au 1 du I, ni à celui prévu à l'article 199 terdecies-0 A.

En cas de non-respect de la condition de conservation des titres prévue au premier alinéa du 1 du fait de leur cession plus de trois ans après leur souscription, l'avantage fiscal mentionné au I accordé au titre de la souscription des titres cédés n'est pas remis en cause, quelle que soit la cause de cette cession, si le prix de vente des titres cédés, diminué des impôts et taxes générés par cette cession, est intégralement réinvesti par le cédant, dans un délai maximum de douze mois à compter de la cession, en souscription de titres de sociétés satisfaisant aux conditions mentionnées au 1 bis du I. Les titres ainsi souscrits doivent être conservés jusqu'au terme du délai mentionné au premier alinéa du 1. Cette souscription ne peut donner lieu au bénéfice de l'avantage fiscal prévu au 1 du I, ni à celui prévu à l'article 199 terdecies-0 A.

Le 1 du présent II ne s'applique pas en cas de licenciement, d'invalidité correspondant au classement dans la deuxième ou la troisième des catégories prévues à l'article L. 341-4 du code de la sécurité sociale, du décès du souscripteur ou de son conjoint ou partenaire lié par un pacte civil de solidarité soumis à une imposition commune. Il en est de même en cas de donation à une personne physique des titres reçus en contrepartie de la souscription au capital de la société si le donataire reprend l'obligation de conservation des titres transmis prévue au 1 du présent II et s'il ne bénéficie pas du remboursement des apports avant le terme mentionné au dernier alinéa du même 1. A défaut, la reprise de la réduction d'impôt obtenue est effectuée au nom du donateur.

Les conditions mentionnées à l'avant-dernier alinéa du 1 du I et aux c, e et f du 1 bis du même I doivent être satisfaites à la date de la souscription et de manière continue jusqu'au 31 décembre de la cinquième année suivant celle de cette souscription. A défaut, l'avantage fiscal prévu audit I est remis en cause.

3. L'avantage fiscal prévu au I accordé au titre de l'année en cours et des précédentes fait l'objet d'une reprise au titre de l'année au cours de laquelle la société ou le redevable cesse de respecter l'une des conditions mentionnées aux deux premiers alinéas du 1 ou au dernier alinéa du 2.

III. — 1. Le redevable peut imputer sur l'impôt de solidarité sur la fortune 50 % du montant des versements effectués au titre de souscriptions en numéraire aux parts de fonds communs de placement dans l'innovation mentionnés à l'article L. 214-30 du code monétaire et financier et aux parts de fonds d'investissement de proximité mentionnés à l'article L. 214-31 du même code ou d'un organisme similaire d'un autre État membre de l'Union européenne ou d'un État partie à l'accord sur l'Espace économique européen ayant conclu avec la France une convention d'assistance administrative en vue de lutter contre la fraude et l'évasion fiscales. — Toutefois, V. art. 199 undecies C, IV, 5e al.

L'avantage prévu au premier alinéa ne s'applique que lorsque les conditions suivantes sont satisfaites :

a) Les personnes physiques prennent l'engagement de conserver les parts de fonds jusqu'au 31 décembre de la cinquième année suivant celle de la souscription ;

b) Le porteur de parts, son conjoint, son partenaire lié par un pacte civil de solidarité ou son concubin notoire soumis à imposition commune et leurs ascendants et descendants ne doivent pas détenir ensemble plus de 10 % des parts du fonds et, directement ou indirectement, plus de 25 % des droits dans les bénéfices des sociétés dont les titres figurent à l'actif du fonds ou avoir détenu ce montant à un moment quelconque au cours des cinq années précédant la souscription des parts du fonds ;

c) Le fonds doit respecter au minimum le quota d'investissement de 70 % prévu au I de l'article L. 214-30 du code monétaire et financier et au I de l'article L. 214-31 du même code. Ce quota doit être atteint à hauteur de 50 % au moins au plus tard quinze mois à compter de la date de clôture de la période de souscription fixée dans le prospectus complet du fonds, laquelle ne peut excéder quatorze mois à compter de la date de constitution du fonds, et à hauteur de 100 % au plus tard le dernier jour du quinzième mois suivant.

Les versements servant de base au calcul de l'avantage fiscal sont retenus après imputation des droits ou frais d'entrée et à proportion du quota d'investissement mentionné au premier alinéa du présent c que le fonds s'engage à atteindre. Un décret fixe les conditions dans lesquelles les porteurs de parts sont informés annuellement du montant détaillé des frais et commissions, directs et indirects, qu'ils supportent et dans lesquelles ces frais sont encadrés.

2. L'avantage fiscal prévu au 1 ne peut être supérieur à 18 000 € par an. Le redevable peut bénéficier de l'avantage fiscal prévu audit 1 et de ceux prévus aux 1, 2 et 3 du I au titre de la même année, sous réserve que le montant imputé sur l'impôt de solidarité sur la fortune résultant de ces avantages n'excède pas 45 000 €.

3. L'avantage fiscal obtenu fait l'objet d'une reprise au titre de l'année au cours de laquelle le fonds ou le redevable cesse de respecter les conditions prévues au 1.

Le premier alinéa du présent 3 ne s'applique pas lorsque la condition prévue au a du 1 du présent III n'est pas respectée en cas de licenciement, d'invalidité correspondant au classement dans les catégories prévues aux 2° et 3° de l'article L. 341-4 du code de la sécurité sociale, de décès du souscripteur ou de son conjoint ou partenaire lié par un pacte civil de solidarité soumis à une imposition commune.

4. Sont exclues du bénéfice de l'avantage fiscal prévu au 1 les parts de fonds donnant lieu à des droits différents sur l'actif net ou sur les produits du fonds ou de la société, attribuées en fonction de la qualité de la personne.

IV. — Les versements ouvrant droit à l'avantage fiscal mentionné au I ou au III sont ceux effectués entre la date limite de dépôt de la déclaration de l'année précédant celle de l'imposition et la date limite de dépôt de la déclaration de l'année d'imposition.

V. — L'avantage fiscal prévu au présent article ne s'applique ni aux titres figurant dans un plan d'épargne en actions mentionné à l'article 163 quinquies D ou dans un plan d'épargne salariale mentionné au titre III du livre III de la troisième partie du code du travail, ni à la fraction des versements effectués au titre de souscriptions ayant ouvert droit aux réductions d'impôt prévues aux f ou g du 2 de l'article 199 undecies A, aux articles 199 undecies B, *199 terdecies-0 A, 199 terdecies-0 B, 199 unvicies ou 199 quatervicies du présent code.*

Les souscriptions réalisées par un contribuable au capital d'une société dans les douze mois suivant le remboursement, total ou partiel, par cette société de ses apports précédents n'ouvrent pas droit à l'avantage fiscal mentionné au I.

Les souscriptions réalisées au capital d'une société holding animatrice ouvrent droit à l'avantage fiscal mentionné au I lorsque la société est constituée et contrôle au moins une

filiale depuis au moins douze mois. Pour l'application du présent alinéa, une société holding animatrice s'entend d'une société qui, outre la gestion d'un portefeuille de participations, participe activement à la conduite de la politique de leur groupe et au contrôle de leurs filiales et rend, le cas échéant et à titre purement interne, des services spécifiques, administratifs, juridiques, comptables, financiers et immobiliers.

Le redevable peut bénéficier de l'avantage fiscal prévu au présent article et de celui prévu à l'article 885-0 V bis A au titre de la même année, sous réserve que le montant imputé sur l'impôt de solidarité sur la fortune résultant des deux avantages n'excède pas 45 000 €.

Par dérogation à l'alinéa précédent, la fraction des versements pour laquelle le redevable demande le bénéfice de l'avantage fiscal prévu au présent article ne peut donner lieu à l'application de l'article 885-0 V bis A.

VI. — Abrogé par L. n° 2015-1786 du 29 déc. 2015, art. 24-II-4°. — Pour les aides antérieures au 1er janv. 2014, V. égal. App., Règl. (UE) n° 1407/2013 préc., art. 7.

VII. — Un décret fixe les obligations déclaratives incombant aux redevables et aux sociétés visés au I, ainsi qu'aux gérants et dépositaires de fonds visés au III. *— V. Ann. III, art. 299 septies et 299 octies. — V. égal. art. 1731 bis.*

Le montant des frais et commissions directs et indirects imputés au titre d'un même versement mentionné aux 1 à 3 du I ou au 1 du III du présent article par les sociétés mentionnées au premier alinéa du 3, par les gérants et dépositaires de fonds mentionnés au III, par les sociétés et les personnes physiques exerçant une activité de conseil ou de gestion au titre du versement ou par des personnes physiques ou morales qui leur sont liées, au sens des articles L. 233-3, L. 233-4 et L. 233-10 du code de commerce, ne peut excéder un plafond exprimé en pourcentage du versement et fixé par décret.

Sans préjudice des sanctions que l'Autorité des marchés financiers peut prononcer, tout manquement à ces interdictions est passible d'une amende dont le montant ne peut excéder dix fois les frais indûment perçus.

Pour les dispositions de l'art. 885-0 V bis applicables antérieurement au 1er janv. 2014, V. ***CGI, éd. 2014.***

1. Réduction d'ISF en faveur de l'investissement dans les PME. Commentaire d'ensemble du dispositif de réduction. Conditions générales d'application. Conditions relatives aux souscriptions et aux sociétés. Conditions spécifiques liées à la réglementation communautaire. Souscriptions éligibles. Montant de la réduction d'impôt. Obligation de conservation des titres. Plafonnement global de la réduction et articulation avec d'autres régimes de faveur. Obligations déclaratives. * BOI-PAT-ISF-40-30-10 n° 1 du 6 juill. 2016.

2. Souscription au capital de PME et de titres participatifs de sociétés coopératives. * BOI-PAT-ISF-40-30-10 n° 1 du 6 juill. 2016.

3. Souscription de parts de fonds d'investissement au capital de PME. * BOI-PAT-ISF-40-30-20 n° 1 du 6 juill. 2016.

4. Versements au profit d'organismes forestiers. Les versements au profit des groupements forestiers peuvent, sous réserve du respect de l'ensemble des conditions requises, bénéficier de la réduction d'ISF. En revanche, les versements à des sociétés d'épargne forestière qui poursuivent une activité de gestion mobilière et immobilière sont exclus du bénéfice du dispositif. * Lettre min. Budget 22 mai 2009.

5. Qualité de PME communautaire. La circonstance qu'une société établisse des comptes consolidés ou soit reprise dans les comptes consolidés d'une autre entreprise n'est pas exclusive de sa qualification d'entreprise autonome au regard de la définition communautaire des PME, dès lors qu'elle ne peut être qualifiée par ailleurs d'entreprise partenaire ou liée au sens de l'annexe I au règlement communautaire du 6 août 2008. * Rescrit 22 juin 2010, n° 2010/37 ENR * BOI-PAT-ISF-40-30-10-20 nos 30 et 40 du 6 juill. 2016.

6. Condition tenant à la nature de l'activité exercée. La société au capital de laquelle le redevable souscrit doit exercer une activité industrielle, commerciale, artisanale, agricole ou libérale, à l'exclusion des activités de gestion de patrimoine mobilier ou immobilier. Par conséquent, des redevables de l'ISF, qui bénéficient de réductions d'impôt au titre de versements directs ou indirects effectués au bénéfice de sociétés sans activité opérationnelle réelle, s'exposent à une remise en cause par les services fiscaux de la réduction d'impôt indûment obtenue. Outre les intérêts de retard, ces investisseurs encourent, le cas échéant, les pénalités pour insuffisance de déclaration, prévues à l'art. 1729. * BOI-PAT-ISF-40-30-10-20 n° 90 du 6 juill. 2016.

7. Souscriptions indirectes réalisées via une société holding. Certains montages mis en place à la seule fin de permettre aux souscripteurs de bénéficier de la réduction d'ISF sont susceptibles d'être critiqués sur le terrain de l'abus de droit. * BOI-PAT-ISF-40-30-10-10 n° 40 du 6 juill. 2016.

8. Obligation de conservation des titres. En cas de cession forcée par un associé minoritaire, l'impôt sur le revenu déduit du prix de cession à réinvestir est déterminé en appliquant à la plus-value réalisée le taux moyen d'imposition d'IR de l'année de cession des titres. Si le redevable ne connaît pas encore ce taux au moment du réinvestissement, il l'estime sous sa responsabilité. * BOI-PAT-ISF-40-30-30-10 n° 263 du 20 mars 2015. ♦ L'apport à une offre publique d'achat (OPA), avant l'expiration du délai de conservation, des titres ayant ouvert droit aux réductions d'ISF et/ou d'IR entraîne la remise en cause des avantages fiscaux obtenus. * Rescrit 15 nov. 2011, n° 2011/31 FP et ENR * BOI-PAT-ISF-40-30-10-20 n° 310 du 20 mars 2015. ♦ La condition tenant à l'exercice d'une activité éligible doit s'entendre d'une activité qui, si elle est exercée, doit par nature être éligible sans que son exercice continu pendant cinq ans soit imposé. La réduction d'impôt n'est donc pas subordonnée au maintien de l'activité de la société pendant cinq ans. • Com. 2 févr. 2016, n° 14-24.441 : *RJF 2016. 488 ; Dr. fisc. 2016. 221, note Kornprobst.*

Art. 885-0 V *bis* A *I. — Le redevable peut imputer sur l'impôt de solidarité sur la fortune, dans la limite de 50 000 €, 75 % du montant des dons en numéraire et dons en pleine propriété de titres de sociétés admis aux négociations sur un marché réglementé français ou étranger effectués au profit :*

1° Des établissements de recherche ou d'enseignement supérieur ou d'enseignement artistique publics ou privés, d'intérêt général, à but non lucratif et des établissements d'enseignement supérieur consulaire mentionnés à l'article L. 711-17 du code de commerce ;

2° Des fondations reconnues d'utilité publique répondant aux conditions fixées au a du 1 de l'article 200 ;

3° Des entreprises d'insertion et des entreprises de travail temporaire d'insertion mentionnées aux articles L. 5132-5 et L. 5132-6 du code du travail ;

4° Des associations intermédiaires mentionnées à l'article L. 5132-7 du même code ;

5° Des ateliers et chantiers d'insertion mentionnés à l'article L. 5132-15 du même code ;

6° Des entreprises adaptées mentionnées à l'article L. 5213-13 du même code ;

6° bis Des groupements d'employeurs régis par les articles L. 1253-1 et suivants du code du travail qui bénéficient du label GEIQ délivré par le Comité national de coordination et d'évaluation des groupements d'employeurs pour l'insertion et la qualification, et qui organisent des parcours d'insertion et de qualification dans les conditions mentionnées à l'article L. 6325-17 du même code ;

7° De l'Agence nationale de la recherche.

8° Des fondations universitaires et des fondations partenariales mentionnées respectivement aux articles L. 719-12 et L. 719-13 du code de l'éducation lorsqu'elles répondent aux conditions fixées au b du 1 de l'article 200 du présent code.

9° Des associations reconnues d'utilité publique de financement et d'accompagnement de la création et de la reprise d'entreprises dont la liste est fixée par décret. — V. Décr. n° 2011-380 du 7 avr. 2011 (JO 9 avr.), mod. par Décr. n° 2013-173 du 26 févr. 2013 (JO 28 févr.).

Ouvrent également droit à la réduction d'impôt les dons et versements effectués au profit d'organismes agréés dans les conditions prévues à l'article 1649 nonies dont le siège est situé dans un État membre de l'Union européenne ou dans un autre État partie à l'accord sur l'Espace économique européen ayant conclu avec la France une convention d'assistance administrative en vue de lutter contre la fraude et l'évasion fiscales. L'agrément est accordé aux organismes poursuivant des objectifs et présentant des caractéristiques similaires aux organismes dont le siège est situé en France entrant dans le champ d'application du présent I.

Lorsque les dons et versements ont été effectués au profit d'un organisme non agréé dont le siège est situé dans un État membre de la Communauté européenne ou dans un État partie à l'Espace économique européen ayant conclu avec la France une convention fiscale contenant une clause d'assistance administrative en vue de lutter contre la fraude ou l'évasion fiscale, la réduction d'impôt obtenue fait l'objet d'une reprise, sauf lorsque le contribuable a produit dans le délai de dépôt de déclaration les pièces justificatives attestant que cet organisme poursuit des objectifs et présente des caractéristiques similaires aux organismes dont le siège est situé en France répondant aux conditions fixées par le présent article.

Un décret fixe les conditions d'application des douzième et treizième alinéas et notamment la durée de validité ainsi que les modalités de délivrance, de publicité et de retrait de l'agrément. — V. Ann. III, art. 299 decies à 299 duodecies et Ann. IV, art. 121 Z sexies.

II. — Les dons ouvrant droit à l'avantage fiscal mentionné au I sont ceux effectués entre la date limite de dépôt de la déclaration de l'année précédant celle de l'imposition et la date limite de dépôt de la déclaration de l'année d'imposition.

III. — La fraction du versement ayant donné lieu à l'avantage fiscal mentionné au I ne peut donner lieu à un autre avantage fiscal au titre d'un autre impôt.

Le redevable peut bénéficier de l'avantage fiscal prévu au présent article et de celui prévu à l'article 885-0 V bis au titre de la même année, sous réserve que le montant imputé sur l'impôt de solidarité sur la fortune résultant des deux avantages n'excède pas 45 000 €.

Par dérogation à l'alinéa précédent, la fraction des versements pour laquelle le redevable demande le bénéfice de l'avantage fiscal prévu au présent article ne peut donner lieu à l'application de l'article 885-0 V bis.

IV. — Le bénéfice de l'avantage fiscal prévu au I est subordonné au respect du règlement (UE) n° 1407/2013 de la Commission, du 18 décembre 2013, relatif à l'application des articles 107 et 108 du traité sur le fonctionnement de l'Union européenne aux aides de minimis et à la condition que soient jointes à la déclaration d'impôt de solidarité sur la fortune prévue au 1 du I de l'article 885 W, ou fournies dans les trois mois suivant la date limite de dépôt de ladite déclaration, des pièces justificatives attestant le total du montant et la date des versements ainsi que l'identité des bénéficiaires. — Pour les aides antérieures au 1er janv. 2014, V. App., Règl. (UE) n° 1407/2013 préc., art. 7.

V. — Un décret fixe les obligations déclaratives incombant aux redevables et aux personnes mentionnées au I. — V. Ann. III, art. 299 nonies ; V. également art. 1731 bis.

1. Réduction d'ISF au titre des dons effectués au profit de certains organismes d'intérêt général. Contribuables concernés. Dons éligibles. Conditions relatives aux organismes bénéficiaires des dons Application de la réglementation communautaire relative aux aides *de minimis*. Montant de la réduction d'impôt. Obligations déclaratives. Modèle de reçu. * BOI-PAT-ISF-40-40-10 du 6 juill. 2016 * BOI-PAT-ISF-40-40-20 du 6 juill. 2016.

2. Champ d'application territorial du régime du mécénat. Sur les lieux et pays où doit se situer le siège de l'organisme et d'exercice de son activité et sur les conditions dans lesquelles les actions menées hors d'Europe ouvrent droit à la réduction d'impôt : * BOI-BIC-RICI-20-30-10-10 nos 220 à 460 du 10 mai 2017.

3. Associations d'utilité publique. Les dispositions de l'art. 885-0 V *bis* A ne concernent pas les dons effectués au profit des associations reconnues d'utilité publique, telles que l'association Les Restos du Cœur. * Rép. min. n° 9235 : *JOAN Q, 18 mars 2008, p. 2313.* ♦ Toutefois, les dons effectués au profit des associations départementales des Restos du Cœur en vue de leur affectation à des chantiers d'insertion qu'elles gèrent sont susceptibles d'ouvrir droit à réduction d'ISF. * Rép. min. n° 4718 : *JO Sénat Q, 20 févr. 2009, p. 496.*

4. Dons à des organismes collecteurs. Les dons effectués au profit d'organismes d'intérêt général agissant en tant qu'« organismes collecteurs » sont susceptibles d'ouvrir droit à réduction d'ISF sous réserve de reverser l'intégralité des fonds recueillis à des organismes entrant dans le champ d'application de la réduction. * Rescrit 19 mai 2009, n° 2009/35 FE * BOI-PAT-ISF-40-40-10 n° 40 du 6 juill. 2016.

5. Dons consentis aux groupements d'employeurs pour l'insertion et la qualification (GEIQ). Organismes bénéficiaires. Conditions d'éligibilité des GEIQ au dispositif « ISF dons ». Réglementation communautaire relative aux aides *de minimis*. Exonération de droits de mutation à titre gratuit et imposition à l'IR du gain net réalisé à raison des dons de titres pris en compte pour la réduction d'ISF. * BOI-PAT-ISF-40-40-10-40 nos 180 à 360 du 6 juill. 2016.

6. Dons aux CHU. Les dons consentis aux CHU ouvrent droit à une réduction d'ISF, sous réserve que ces dons soient affectés directement et exclusivement à leurs activités de recherche ou d'enseignement. Les CHU bénéficiaires doivent donc, dès lors qu'ils auront délivré les reçus au titre des dons collectés, être en mesure d'apporter la preuve que les dons pour lesquels des reçus ont été émis ont bien été affectés à des activités de recherche ou d'enseignement. * Rescrit 13 mars 2012 : n° 2012/15 ENR * BOI-PAT-ISF-40-40-10-20 n° 470 du 6 juill. 2016.

7. Dons aux établissements d'enseignement supérieur consulaires (EESC). Commentaire administratif. * BOI-PAT-ISF-40-40-10-20 n° 580 du 6 juill. 2016.

Art. 885-0 V *bis* B *L'article 885-0 V bis s'applique, dans les mêmes conditions et sous les mêmes sanctions, aux souscriptions en numéraire au capital des entreprises solidaires d'utilité sociale mentionnées à l'article L. 3332-17-1 du code du travail, sous les réserves suivantes :*

1° Les exclusions prévues au c du 1 bis du I du même article 885-0 V bis relatives à l'exercice d'une activité financière, de construction d'immeubles ou immobilière ne sont pas applicables aux entreprises solidaires ;

2° Les conditions fixées au d du même 1 bis ne s'appliquent pas aux entreprises solidaires mentionnées aux 3° et 4° du présent article ;

3° La condition prévue au j du 1 bis du I de l'article 885-0 V bis ne s'applique pas aux versements au titre de souscriptions effectuées au capital des entreprises solidaires mentionnées à l'article L. 3332-17-1 du code du travail qui ont exclusivement pour objet :

a) Soit l'étude, la réalisation ou la gestion de construction de logements à destination de personnes défavorisées ou en situation de rupture d'autonomie et sélectionnées par une commission de personnes qualifiées, la société bénéficiant d'un agrément de maîtrise d'ouvrage en application des articles L. 365-1 et suivants du code de la construction et de l'habitation ;

b) Soit l'acquisition, la construction, la réhabilitation, la gestion et l'exploitation par bail de tous biens et droits immobiliers en vue de favoriser l'amélioration des conditions de logement ou d'accueil et la réinsertion de personnes défavorisées ou en situation de rupture d'autonomie ;

c) Soit l'acquisition, la gestion et l'exploitation par bail rural de tous biens ruraux bâtis et non bâtis en vue de favoriser l'installation ou l'agrandissement d'exploitations agricoles.

Le bénéfice de la dérogation mentionnée au présent 3° est subordonné au respect des conditions suivantes :

— la société ne procède pas à la distribution de dividendes ;

— la société réalise son objet social sur le territoire national ;

4° Par dérogation au j du 1 bis du I de l'article 885-0 V bis, la limite des versements est fixée à 2,5 millions d'euros par an pour les entreprises solidaires d'utilité sociale qui ont exclusivement pour objet l'exercice d'une activité financière.

Art. 885 V *bis* *I. — L'impôt de solidarité sur la fortune du redevable ayant son domicile fiscal en France est réduit de la différence entre, d'une part, le total de cet impôt et des impôts dus en France et à l'étranger au titre des revenus et produits de l'année précédente, calculés avant imputation des seuls crédits d'impôt représentatifs d'une imposition acquittée à l'étranger et des retenues non libératoires et, d'autre part, 75 % du total des revenus mondiaux nets de frais professionnels de l'année précédente, après déduction des seuls déficits catégoriels dont l'imputation est autorisée par l'article 156, ainsi que des revenus exonérés d'impôt sur le revenu et des produits soumis à un prélèvement libératoire réalisés au cours de la même année en France ou hors de France.*

Les revenus distribués à une société passible de l'impôt sur les sociétés contrôlée par le redevable sont réintégrés dans le calcul prévu au premier alinéa du présent I, si l'existence de cette société et le choix d'y recourir ont pour objet principal d'éluder tout ou partie de l'impôt de solidarité sur la fortune, en bénéficiant d'un avantage fiscal allant à l'encontre de l'objet ou de la finalité du même premier alinéa. Seule est réintégrée la part des revenus distribués correspondant à une diminution artificielle des revenus pris en compte pour le calcul prévu audit premier alinéa.

En cas de désaccord sur les rectifications notifiées sur le fondement du deuxième alinéa du présent I, le litige est soumis aux dispositions des trois derniers alinéas de l'article L. 64 du livre des procédures fiscales.

II. — Les plus-values ainsi que tous les revenus sont déterminés sans considération des exonérations, seuils, réductions et abattements prévus au présent code, à l'exception de ceux représentatifs de frais professionnels.

Lorsque l'impôt sur le revenu a frappé des revenus de personnes dont les biens n'entrent pas dans l'assiette de l'impôt de solidarité sur la fortune, il est réduit suivant le pourcentage du revenu de ces personnes par rapport au revenu total.

La clause anti-abus a été introduite par l'art. 7-I de L. n° 2016-1917 du 29 déc. 2016.

1. Conformité du plafonnement à la Constitution. Conformité à la Constitution de l'art. 885 V *bis* qui limite l'avantage tiré par les détenteurs des patrimoines les plus importants du plafonnement de l'ISF par rapport aux revenus. Cette limitation, qui a pour but d'éviter que ces contribuables n'aménagent leur situation en privilégiant la détention de biens ne procurant aucun revenu imposable, ne méconnaît ni le principe d'égalité devant les charges publiques ni le droit de propriété. • Cons. const. 11 févr. 2011, n° 2010-99 QPC : *JO 12 févr. 2011 ; RJF 2011. 485.* ♦ Sur renvoi de • Com. 14 déc. 2010, n° 10-18.601 : *RJF 2011. 364.* ♦ La clause anti-abus prévue par l'art. 7 de la loi de fiances pour 2017 ne saurait, sans que soit méconnu le respect des capacités contributives des contribuables, avoir pour effet d'intégrer dans le revenu du contribuable pour le calcul du plafonnement de l'ISF des sommes qui ne correspondent pas à des bénéfices ou revenus que le contribuable a réalisés ou dont il a disposé au cours de la même année d'imposition. En conséquence, la réintégration dans le calcul du plafonnement des revenus distribués à la société contrôlée par le contribuable implique que l'administration démontre que les dépenses ou les revenus de ce dernier sont, au cours de l'année de référence du plafonnement et à hauteur de cette réintégration, assurés, directement ou indirectement, par cette société de manière artificielle. Sous cette réserve, la clause anti-abus est conforme au principe d'égalité devant les charges publiques. • Cons. const. 29 déc. 2016, n° 2016-744 DC : *RJF 2017. 251.*

2. *Dispositif de plafonnement applicable à compter de 2013.* Commentaire administratif. Redevables concernés. Impôts et revenus à prendre en compte. * BOI-PAT-ISF-40-60 du 7 juill. 2016.

3. *Non-résidents tirant l'essentiel de leurs revenus de France.* L'Administration accorde le bénéfice du plafonnement de l'IS aux non-résidents considérés comme fiscalement domiciliés en France en application de l'art. 4 B-*b* ou *c* dès lors qu'ils perçoivent en France la totalité ou la quasi-totalité de leurs revenus et doivent, en conséquence de la décision Schumacker (• CJCE 14 févr. 1995, n° 279/93), être traités comme les résidents. * BOI-PAT-ISF-40-60 n° 20 du 14 juin 2013.

4. *Légalité.* Aucune illégalité n'affecte l'art. 885 V *bis*. • Paris, 17 mai 2001 : *D. 2001. 2876*. ♦ ... Qui n'est contraire ni à la Déclaration des droits de l'Homme et du citoyen ni à la Convention européenne des droits de l'Homme. • Caen, 12 nov. 2002, n° 779 : *RJF 2002. 649 ; Dr. sociétés 2003. 41, note Pierre.*

5. Le juge apprécie souverainement le caractère confiscatoire des impositions mises à la charge des contribuables. • Com. 13 nov. 2003, n° 01-15.611 : *RJF 2004. 325 ; Dr. sociétés 2004, n° 2, p. 37.* ♦ Dès lors que le redevable ne justifie pas avoir été dans l'obligation de céder une partie de son patrimoine pour s'acquitter de ses charges fiscales, le caractère confiscatoire des impositions mises à sa charge n'est pas établi. • Paris, 17 mai 2001 : *préc. note 4* • Com. 13 nov. 2003, n° 01-15.611 : *préc.* ♦ Une obligation financière née de la levée de l'impôt ne peut nuire à la protection des biens que si elle constitue un fardeau excessif pour l'intéressé ou compromet radicalement sa situation financière. Tel n'est pas le cas lorsque les prélèvements fiscaux sont inférieurs à la moitié des revenus disponibles perçus par le redevable. • Mêmes arrêts. ♦ Le principe d'égalité ne s'oppose pas à ce que le législateur règle de façon différente des situations différentes ni à ce qu'il déroge au principe d'égalité pour des raisons d'intérêt général pourvu que, dans l'un et l'autre cas, la différence qui en résulte soit en rapport avec l'objet de la loi qui l'établit. • Paris, 17 mai 2001 : *préc. note 4.*

6. *Impôts dus au titre des revenus et produits.* Tant la CSG que le prélèvement social exceptionnel de 1 % sur les revenus du capital instauré par l'art. 1 de la loi n° 87-1516 du 10 juill. 1987 doivent être pris en compte pour l'établissement du premier terme de la soustraction prescrite au premier alinéa. • TGI Paris, 15 nov. 1996, n° 95-22.638 : *Dr. fisc. 1997. 1124, note Tixier et Hamonic-Gaux, p. 1260 ; RJF 1998. 493.* ♦ En revanche, la taxe additionnelle au droit de bail n'avait pas lieu d'être prise en compte dans le calcul du plafonnement. • Com. 8 févr. 2005, n° 188 F-PB : *RJF 2005. 509 ; Dr. fisc. 2005. 402.*

7. Pour le calcul du plafonnement de l'ISF, le fait de ne retenir, conformément à la loi, que les impôts réglés « au titre des revenus et produits », sans y intégrer les autres impositions telles les taxes foncières et d'habitation, n'est pas contraire aux motifs de la décision du Conseil constitutionnel n° 98-405 DC du 29 déc. 1998. • Com. 25 janv. 2005, n° 199FS-PBI : *RJF 2005. 405 ; Dr. fisc. 2005. 327, note crit. Pierre.*

8. Le montant de l'IR dû, à prendre en compte pour la détermination du plafonnement, est celui qui résulte de l'application de l'ensemble des règles servant au calcul de l'IR, à l'exception des règles relatives à l'imputation de l'avoir fiscal, quand il était applicable, des crédits d'impôt et des retenues non libératoires. Dès lors le montant des cotisations d'IR est celui obtenu après application, s'il y a lieu, du plafonnement des effets du quotient familial, de la décote, des réductions d'impôt ou des minorations, mais avant imputation des crédits d'impôt et des retenues non libératoires. • CE 28 févr. 2007, n° 292912 : *RJF 2007. 604 ; Dr. fisc. 2007. 936, concl. Collin.*

9. *Revenus soumis à l'impôt sur le revenu.* Ces revenus comprennent les gains tirés des cessions de valeurs mobilières, même s'ils sont soumis à un régime spécifique d'imposition. • Com. 12 déc. 1995, n° 94-10.198 P, *Moret : BOI 7 S-2-96 ; Dr. fisc. 1996. 465 ; RJF 1996. 837* • 10 juin 1997, n° 95-14.296 : *Dr. fisc. 1997. 937.* ♦ Ils comprennent également : les revenus assujettis à l'IR qui proviennent de biens exonérés au titre de l'ISF. • Com. 12 déc. 1995, *Salats*, n° 94-11.912 P : *BOI 7 S-2-96 ; RJF 1996. 387.* ♦ ... Les bénéfices réalisés par une SCI et non répartis. • Com. 23 mars 2019, n° 17-23.671 : *RJF 2019. 953 ; D. 2019. Somm. 704*. ♦ Il y a lieu de prendre en compte « les revenus nets de frais professionnels » et non les revenus tels qu'ils sont retenus pour la fixation du montant de l'IR. Dès lors les revenus à prendre en compte ne doivent pas être réduits de charges non visées par l'art. 885 V *bis* (charges d'entretien d'un immeuble classé monument historique). • Com. 14 déc. 1999, n° 97-16.744 : *RJF 2000. 573 ; Dr. fisc. 2000. 381 ; D. 2000. IR 23.*

10. En revanche, les rémunérations et pensions perçues par les fonctionnaires et anciens fonctionnaires des Communautés européennes sont exclues des revenus à prendre en compte pour le calcul du plafonnement de l'ISF. • Com. 19 janv. 2010, *Bourges-Maunoury,* n° 09-11.174 : *RJF 2010. 545* • CJUE 5 juill. 2012, *Michel Bourges-Maunoury,* n° 558/10 : *RJF 22012. 1175.*

11. Revenus des bons ou contrats de capitalisation des contrats d'assurance vie. En prévoyant, pour le plafonnement de l'ISF, aux n°s 180 et 200 du BOI-PAT-ISF-40-60 du 14 juin 2013, la prise en compte pour leur montant soumis aux prélèvements sociaux, chaque année, des revenus des bons ou contrats de capitalisation et des placements de même nature, notamment des contrats d'assurance vie, l'Administration ne s'est pas bornée à interpréter l'art. 885 V *bis* mais a pris des dispositions qu'il n'appartenait qu'au législateur de prévoir. Ces paragraphes sont, par suite, entachés d'incompétence et doivent être annulés. • CE 20 déc. 2013, *SA Axa France Vie,* n°s 371157, 372625 et 372675 : *RJF 2014. 284.* ♦ Modifiant sa doctrine, l'Administration estime désormais que les produits des bons ou contrats de capitalisation sont retenus pour le calcul du plafonnement lors du dénouement ou du rachat (total ou partiel) du contrat. * BOI-PAT-ISF-40-60 n° 180 du 8 janv. 2014 et du 7 juill. 2016.

12. Déficits. Sont seuls pris en compte, pour le calcul du plafonnement de l'ISF au titre d'une année, les déficits catégoriels retenus pour la détermination de l'IR dû au titre de l'année précédente. À cet égard, il est rappelé qu'en application de l'art. 156 le déficit constaté pour une année dans une catégorie de revenus est, sauf dispositions contraires, imputé sur le revenu global de la même année. Si cette imputation ne peut être intégralement opérée, l'excédent du déficit est, en principe, reporté successivement sur le revenu global des années suivantes jusqu'à la sixième année inclusivement. Les déficits dont l'imputation au titre de l'année de leur réalisation n'est pas autorisée par l'art. 156 sont retenus pour le calcul du plafonnement au titre de l'année de leur imputation pour le calcul de l'IR du redevable. * BOI-PAT-ISF-40-60 n°s 210 et 220 du 7 juill. 2016.

13. Lorsque la masse des revenus classés dans une catégorie déterminée est déficitaire, l'excédent de déficit non imputé et reporté sur le revenu global de l'année suivante en application de l'art. 156 cesse d'être un revenu catégoriel pour devenir un déficit du revenu global. • Com. 9 oct. 2007 : *RJF 2008. 90.*

14. Cas de rectification. Lorsque l'Administration entend rectifier l'ISF dû par le contribuable, elle doit rechercher spontanément si le plafonnement est applicable au cas d'espèce, et en tirer toutes les conséquences pour le calcul de l'impôt. • Com. 27 mai 2015, *Patenotre,* n° 14-14.257 : *RJF 2015. 738 ; Dr. fisc. 2015. 546, note Pierre.*

Art. 885 V *ter* *Abrogé par L. n° 98-1266 du 30 déc. 1998, art. 13-I, à compter du 1er janv. 1999.*

SECTION VII *[ABROGÉE]* OBLIGATIONS DES REDEVABLES

Art. 885 W *I. — 1. Les redevables doivent souscrire au plus tard le 15 juin de chaque année une déclaration de leur fortune déposée au service des impôts de leur domicile au 1er janvier et accompagnée du paiement de l'impôt. — V. aussi Ann. IV, art. 121 Z quinquies.*

2. Par exception au 1, les redevables dont le patrimoine a une valeur nette taxable inférieure à 2 570 000 € et qui sont tenus à l'obligation de déposer la déclaration annuelle prévue à l'article 170 mentionnent la valeur brute et la valeur nette taxable de leur patrimoine seulement sur cette déclaration.

La valeur brute et la valeur nette taxable du patrimoine des concubins notoires et de celui des enfants mineurs lorsque les concubins ont l'administration légale de leurs biens sont portées sur la déclaration de l'un ou l'autre des concubins.

II. — Les époux et les partenaires liés par un pacte civil de solidarité défini par l'article 515-1 du code civil doivent conjointement signer la déclaration prévue au 1 du I.

III. — En cas de décès du redevable, les dispositions du 2 de l'article 204 sont applicables. La déclaration mentionnée au 1 du I est produite par les ayants droit du défunt dans les six mois de la date du décès. Le cas échéant, le notaire chargé de la succession peut produire cette déclaration à la demande des ayants droit si la succession n'est pas liquidée à la date de production de la déclaration.

1. Redevables non domiciliés en France. Selon les années, la date de dépôt est fixée au 15 ou 16 juill. pour les redevables domiciliés dans la Principauté de Monaco et dans les autres pays d'Europe et au 31 août ou 1er septembre pour les redevables domiciliés dans le reste du monde. Les personnes dont le domicile fiscal est situé hors de France doivent adresser leur déclaration à la recette des impôts des non-résidents (10 rue du centre, TSA 10010, 93465, Noisy-le-Grand Cedex) et les résidents de la Principauté de Monaco, à la recette des impôts de Menton (7, rue Victor-Hugo, 06507 Menton Cedex). * BOI-PAT-ISF-50-10-20-20 n° 80 du 12 sept. 2012.

2. PACS. V. note ss. art. 885 A.

3. Décès du redevable. Maintien de l'obligation de production dans les six mois de la date du décès de la déclaration d'ISF du défunt, sauf lorsque, à compter de l'ISF dû au titre de 2012, cette déclaration se confond avec la déclaration d'ensemble des revenus (redevables dont la valeur nette taxable du patrimoine est inférieure à trois millions d'euros). Le cas échéant, sur demande des ayants droit, le notaire chargé de la succession peut produire, selon les cas, la déclaration de revenus et la déclaration d'ISF du défunt, si la succession n'est pas liquidée à la date de production de chacune de ces déclarations. * BOI-PAT-ISF-50-10-10 n° 70 du 14 juin 2013. ♦ En cas de décès du redevable de l'ISF, l'obligation de déclaration incombe aux ayants droit. • Com. 23 avr. 2003, n° 99-20.569 : *Dr. fisc. 2003. 474 ; RJF 2003. 1058.*

4. Couples mariés. Les couples mariés soumis à l'ISF font l'objet d'une imposition commune, sauf ceux séparés de biens et ne vivant pas sous le même toit ainsi que ceux en instance de séparation de corps ou de divorce autorisés à avoir des résidences séparées qui font l'objet d'impositions distinctes. Le caractère commun de l'imposition justifie l'exigence d'une déclaration de fortune unique alors que le dépôt de déclarations distinctes interdit cette imposition commune. Le législateur peut, en se référant à la notion de foyer fiscal, appliquer des règles d'imposition distinctes à des situations familiales qui sont elles-mêmes objectivement distinctes. • Com. 2 févr. 2010, n° 09-11.295 : *RJF 2010. 544.*

Art. 885 X ***Les personnes possédant des biens en France sans y avoir leur domicile fiscal ainsi que les personnes mentionnées au 2 de l'article 4 B peuvent être invitées par le service des impôts à désigner un représentant en France dans les conditions prévues à l'article 164 D.*** *— V. aussi LPF, art. L. 72 A.*

Toutefois, l'obligation de désigner un représentant fiscal ne s'applique ni aux personnes qui ont leur domicile fiscal dans un autre État membre de l'Union européenne ou dans un autre État partie à l'accord sur l'Espace économique européen ayant conclu avec la France une convention d'assistance administrative en vue de lutter contre la fraude et l'évasion fiscales ainsi qu'une convention d'assistance mutuelle en matière de recouvrement de l'impôt, ni aux personnes mentionnées au 2 du même article 4 B qui exercent leurs fonctions ou sont chargées de mission dans l'un de ces États.

Art. 885 Y *Transféré ss. l'art. 885 V bis [abrogé].*

Art. 885 Z ***Lors du dépôt de la déclaration d'impôt de solidarité sur la fortune mentionnée au 1 du I de l'article 885 W, les redevables doivent joindre à leur déclaration les éléments justifiant de l'existence, de l'objet et du montant des dettes dont la déduction est opérée.***

CHAPITRE II **DROITS DE TIMBRE**

SECTION PREMIÈRE **DROITS DE TIMBRE PROPREMENT DITS**

I *DISPOSITIONS GÉNÉRALES*

1° GÉNÉRALITÉS

Art. 886 **Il ne peut être perçu moins de 0,08 € dans le cas où l'application des tarifs de l'impôt du timbre ne produirait pas cette somme.**

Art. 887 **La contribution du timbre est acquittée, selon les modalités et conditions fixées par décrets, soit par l'emploi de machines à timbrer, soit par l'apposition de timbres mobiles, soit au moyen du visa pour timbre, soit sur déclaration ou sur la production d'états ou d'extraits, soit ar la voie électronique au moyen d'un timbre dématérialisé.** *— Sur la gestion des timbres dématérialisés, V. Arr. du 22 déc. 2014 (JO 24 déc.).*

Art. 888 **Chaque timbre mobile porte distinctement son prix et a pour légende les mots : "République française".**

Art. 889 **La formalité du visa pour timbre en débet est remplacée par un visa daté et signé du comptable public compétent.**

Ce visa contient le détail des droits postérieurement exigibles, libellé en chiffres, et le total de ces droits en toutes lettres.

Le paiement au comptant des droits de timbre peut être substitué par décret au visa pour timbre.

Art. 890 Dans tous les cas où la loi fiscale prévoit une exemption des droits de timbre, cette exemption emporte également dispense de la formalité.

Art. 891 Le ministre de l'économie et des finances est autorisé à consentir aux contribuables une remise de 0,50 % sur le montant des droits perçus par l'apposition d'empreintes au moyen de machines *[Ann. IV, art. 71 à 74]*.

2° DÉBITEURS DES DROITS

Art. 892 *Abrogé par L. nº 2004-1485 du 30 déc. 2004, art. 95-I-D et IV.*

3° PRESCRIPTIONS ET PROHIBITIONS DIVERSES

Art. 893 Aucune personne ne peut vendre ou distribuer des timbres qu'en vertu d'une commission délivrée par l'autorité compétente de l'État.

Art. 894 L'empreinte du timbre ne peut être couverte d'écriture ni altérée.

Art. 895 à 897 *Abrogés par L. nº 2004-1485 du 30 déc. 2004, art. 95-I-D et IV.*

Art. 898 *Abrogé.*

II TIMBRE DÉMATÉRIALISÉ

(L. nº 2014-1655 du 29 déc. 2014, art. 99-2º)

Art. 899 Le timbre fiscal dématérialisé mentionné à l'article 887 est délivré pour un usage déterminé.

Il est doté d'un identifiant unique.

Timbre dématérialisé. Modalités de délivrance et de remboursement. * BOI-ENR-TIM-30 nos 390 à 393 du 25 juin 2015.

Art. 900 Le timbre dématérialisé est valide pendant un délai de *(Décr. nº 2020-1392 du 16 nov. 2020, art. 1er)* « douze *[ancienne rédaction : six]* » mois à compter de sa date d'acquisition, quelle que soit l'évolution du tarif applicable. — *Les dispositions du présent al. s'appliquent aux timbres dématérialisés acquis à compter du 12 sept. 2019 et non consommés à la date de publication du Décr. nº 2020-1392 du 16 nov. 2020 (Décr. préc., art. 1er).*

Ce délai est suspendu, le cas échéant, entre la date du dépôt auprès de l'autorité compétente de la demande pour laquelle le timbre dématérialisé est exigé et la date de fin de l'instruction de cette demande par cette autorité.

Art. 900 A La demande de remboursement relative à un timbre dématérialisé non consommé doit être présentée au plus tard six mois après l'expiration du délai de validité prévu à l'article 900.

Art. 900 B Sans préjudice de l'article 893, les modalités de délivrance du timbre dématérialisé et de sa rétribution sont précisées par arrêté du ministre chargé du budget. — *V. Ann. IV, art. 121 KM.*

Art. 901 *Transféré ss. l'art. 867-V.*

Art. 901 A à 908 *Abrogés par L. nº 2004-1485 du 30 déc. 2004, art. 95-I-D et IV.*

Art. 909 *Abrogé par L. nº 71-1061 du 29 déc. 1971, art. 43-IV.*

III

Art. 910 à 913 *Abrogés par L. nº 96-1181 du 30 déc. 1996, art. 38, à compter du 1er janv. 1997.*

Art. 914 *Disjoint.*

Art. 915 et 916 *Abrogés par L. nº 96-1181 du 30 déc. 1996, art. 38-I.*

III *BIS* *TIMBRE DES FORMULES DE CHÈQUES*

Art. 916 A **Les formules de chèques ne répondant pas aux caractéristiques de barrement d'avance et de non-transmissibilité par voie d'endossement mentionnées à l'article 85 de la loi n° 78-1239 du 29 décembre 1978 sont soumises à un droit de timbre de 1,5 € par formule.** – *V. Ann. III, art. 313 BG bis et 313 BG ter ; Ann. IV, art. 121 KL bis et 121 KL ter.*

IV *TIMBRE DES QUITTANCES*

Art. 917 et 918 *Droits supprimés.*

Art. 919 *Abrogé par L. n° 2006-1771 du 30 déc. 2006, art. 139-IV-1°.*

Art. 919-0 A *Abrogé par L. n° 92-1376 du 30 déc. 1992, art. 35-I-2°, à compter du 15 janv. 1993.*

Art. 919 A à 919 C *Abrogés par L. n° 2010-476 du 12 mai 2010, art. 54-I.*

Art. 920 à 924 *Abrogés.*

V

Art. 925 à 943 *Abrogés par L. n° 98-546 du 2 juill. 1998, art. 87-VI, à compter du 1er déc. 1999.*

VI

Art. 944 *Abrogé par L. n° 82-1126 du 29 déc. 1982, art. 8.*

SECTION II DROITS DE DÉLIVRANCE DE DOCUMENTS ET PERCEPTIONS DIVERSES

I *CARTES D'ENTRÉE DANS LES CASINOS*

Art. 945 et 946 *Abrogés par L. n° 2005-1720 du 30 déc. 2005, art. 112-I et III, à compter du 1er mai 2006.*

II

A

Art. 947 *Abrogé par L. n° 99-1172 du 30 déc. 1999, art. 31-I, à compter du 1er janv. 2000.*

Art. 948 *Abrogé par L. n° 98-1266 du 30 déc. 1998, art. 25-I, à compter du 1er sept. 1998.*

Art. 949 *Abrogé par L. n° 99-1172 du 30 déc. 1999, art. 31-III, à compter du 1er janv. 2000.*

Art. 949 *bis* *Abrogé par L. n° 99-1172 du 30 déc. 1999, art. 31-I.*

Art. 950 *Abrogé par L. n° 99-1172 du 30 déc. 1999, art. 31-I.*

B

Art. 951 *Périmé.*

Art. 951 *bis* *Abrogé par L. n° 98-1266 du 30 déc. 1998, art. 25-I, à compter du 1er sept. 1998.*

Art. 952 *Sans objet.*

III *PASSEPORTS ET TITRES DE VOYAGE*

V. Ann. III, art. 313 BA.

Art. 953 I. – Le passeport délivré en France est soumis à un droit de timbre dont le tarif est fixé à 89 €.

Si le demandeur fournit deux photographies d'identité, tel que prévu à l'article 6-1 du décret n° 2005-1726 du 30 décembre 2005 relatif aux passeports, le montant du titre est de 86 € ;

Par dérogation au premier alinéa, le tarif du droit de timbre du passeport délivré à un mineur de quinze ans et plus est fixé à 45 €. Pour le mineur de moins de quinze ans, ce tarif est fixé à 20 €.

Si le demandeur fournit deux photographies d'identité, tel que prévu à l'article 6-1 du décret n° 2005-1726 du 30 décembre 2005 précité, le montant du titre pour un mineur de quinze ans et plus est fixé à 42 €, et à 17 € pour un enfant de moins de quinze ans.

Par dérogation au premier alinéa, le tarif applicable au passeport délivré à titre exceptionnel et pour un motif d'urgence dûment justifié ou délivré par une autorité qui n'est pas celle du lieu de résidence ou du domicile du demandeur est de 30 €.

Le renouvellement des passeports mentionnés aux premier et troisième alinéas est effectué à titre gratuit, jusqu'à concurrence de leur durée de validité et dans les cas suivants :

a) Modification d'état civil ;

b) Changement d'adresse ;

c) Erreur imputable à l'administration ;

d) Pages du passeport réservées au visa entièrement utilisées. – *Sur les modalités pratiques, V. Ann. III, art. 313 BA.*

II. – La délivrance des passeports de service et de mission pour les agents civils et militaires de l'État se rendant à l'étranger est effectuée gratuitement.

III. – Abrogé.

[IV. en vigueur jusqu'au 29 févr. 2020]

IV. – Les titres de voyage biométriques délivrés aux réfugiés et ceux délivrés aux apatrides titulaires d'une carte de résident sont valables cinq ans et sont soumis à une taxe de 45 €.

Les titres de voyage délivrés aux apatrides titulaires d'une carte de séjour temporaire et les titres d'identité et de voyage sont valables un an et sont soumis à une taxe de 15 €.

Les sauf-conduits délivrés pour une durée de validité maximale de trois mois aux étrangers titulaires d'un titre de séjour sont assujettis à une taxe de 15 €.

[IV. en vigueur le 1er mars 2020]

(L. n° 2019-1479 du 28 déc. 2019, art. 26-II-1° et III) « IV. – Les titres de voyage biométriques délivrés aux réfugiés, apatrides ou bénéficiaires de la protection subsidiaire titulaires d'une carte de résident sont valables cinq ans et sont soumis à une taxe de 45 €.

« Les titres de voyage biométriques délivrés aux apatrides ou bénéficiaires de la protection subsidiaire titulaires d'une carte de séjour pluriannuelle de quatre ans sont valables quatre ans et sont soumis à une taxe de 40 €.

« Les titres d'identité et de voyage délivrés aux étrangers non bénéficiaires de la protection internationale sont valables un an et sont soumis à une taxe de 15 €. »

Les sauf-conduits délivrés pour une durée de validité maximale de trois mois aux étrangers titulaires d'un titre de séjour sont assujettis à une taxe de 15 €.

(Abrogé par L. n° 2019-1479 du 28 déc. 2019, art. 26-II-2°) ***« V. – Par exception au IV et jusqu'à une date fixée par décret*** *[1er oct. 2011]* ***et au plus tard le 30 juin 2012, les titres de voyage délivrés aux réfugiés et ceux délivrés aux apatrides titulaires d'une carte de résident restent valables pour une durée de deux ans et sont soumis à une taxe de 20 €. »*** – *Les dispositions des présents IV et V s'appliquent à Saint-Barthélemy, Saint-Martin et Saint-Pierre-et-Miquelon (L. n° 2010-1657 du 29 déc. 2010, art. 77-IV). – V. Ann. III, art. 313 BA.*

1. Droits de délivrance des passeports. Passeports de mission, de service, d'urgence. Droits applicables. * BOI-ENR-TIM-20-20 nos 1 à 90 du *18 juin 2015.*

2. Exonération des victimes d'intempéries. Divers documents administratifs détruits ou perdus à la suite d'intempéries ou de catastrophes (inondations, coulées de boues, incendies, etc.) peuvent être remplacés en franchise de droits de timbre. Il peut s'agir de passeports, de titres d'identité, de titres de voyage, de *primata* de certificats d'immatriculation de véhicules, etc. * BOI-ENR-TIM-20-20 n° 110 du 18 juin 2015.

3. Mesure en faveur des détenteurs de passeport Delphine délivrés à compter du 25 oct. 2005. Dispense du timbre pour les passeports électroniques. * BOI-ENR-TIM-20-20 n° 100 du 18 juin 2015.

Art. 954 **Chaque visa de passeport étranger, dont la durée de validité ne peut être supérieure à un an, donne lieu à la perception d'un droit de 12 €, si le visa est valable pour l'aller et retour, et de 6 €, s'il n'est valable que pour la sortie. Toutefois, le visa est délivré gratuitement, par mesure de réciprocité, aux ressortissants des puissances étrangères dont la liste est établie par arrêté du ministre des affaires étrangères, du ministre de l'intérieur et du ministre de l'économie et des finances.**

Les dispositions du présent article sont applicables aux visas des titres de voyage délivrés aux réfugiés et aux apatrides. — *Sur les modalités pratiques, V. Ann. III, art. 313 BA.*

Art. 955 **Les passeports, les cartes nationales d'identité, ainsi que les visas de passeports à délivrer aux personnes véritablement indigentes et reconnues hors d'état d'en acquitter le montant, sont délivrés gratuitement.**

Art. 956 et 957 *Abrogés.*

IV ***DEMANDES DE NATURALISATION ET DE RÉINTÉGRATION ET DÉCLARATIONS D'ACQUISITION DE LA NATIONALITÉ À RAISON DU MARIAGE*** *(L. n° 2010-1657 du 29 déc. 2010, art. 161-IV).*

Art. 958 **Les demandes de naturalisation, les demandes de réintégration dans la nationalité française et les déclarations d'acquisition de la nationalité présentées au titre des articles 21-2, 21-13-1 et 21-13-2 du code civil sont soumises à un droit de timbre de 55 € perçu dans les formes prévues à l'article** *(Ord. n° 2020-1733 du 16 déc. 2020, art. 8-2° et 20, en vigueur le 1er mai 2021)* **« R. 436-3** *[ancienne rédaction : L. 311-13]* **» du code de l'entrée et du séjour des étrangers et du droit d'asile.**

Les dispositions des art. 958 et 959 s'appliquent à Saint-Barthélemy et à Saint-Martin (L. n° 2010-1657 du 29 déc. 2010, art. 161-V ; Décr. n° 2011-645 du 9 juin 2011).

Art. 959 **Les personnes véritablement indigentes et reconnues hors d'état d'en acquitter le montant sont exonérées du droit de timbre prévu à l'article 958.**

V. note ss. art. 958.

Art. 960 et 961 *Transférés ss. les art. 958 et 959 (Décr. n° 2011-645 du 9 juin 2011).*

V ***CERTIFICAT D'IMMATRICULATION DES VÉHICULES***

Art. 962 et 962 *bis* *Abrogés, respectivement, par L. n° 85-1403 du 30 déc. 1985, art. 12-I, et L. n° 2001-1275 du 28 déc. 2001, art. 10.*

VI ***NAVIGATION INTÉRIEURE ET NAVIGATION MARITIME DE PLAISANCE***

V. Ann. III, art. 313 AZ.

Art. 963 I à III. — *Abrogés.*

(Abrogé par Ord. n° 2021-1843 du 22 déc. 2021, art. 10-47°-aj et 38) ***« IV. — La délivrance du permis de conduire les bateaux de plaisance à moteur est subordonnée au paiement par le titulaire d'un droit fixe de*** *(L. n° 2020-1721 du 29 déc. 2020, art. 65, en vigueur à une date fixée par décret, et au plus tard le 1er nov. 2021)* ***« 78 €*** *[ancienne rédaction : 70 €]* ***».***

« V. — Le droit d'examen pour l'obtention *(Abrogé par L. n° 2020-1721 du 29 déc. 2020, art. 65, à compter d'une date fixée par décret, et au plus tard le 1er nov. 2021)* ***« de l'option côtière, de l'option eaux intérieures, » de l'extension hauturière et de l'extension grande plaisance eaux intérieures est fixé à 38 €. »*** — *Le présent V est abrogé à compter de l'entrée en vigueur des dispositions prises en application ou pour l'application des dispositions législatives du CIBS (Ord. n° 2021-1843 du 22 déc. 2021, art. 38).*

SECTION III **TAXE ADDITIONNELLE À LA TAXE SUR LES CERTIFICATS D'IMMATRICULATION DES VÉHICULES DE TOURISME**

(L. n° 2017-1837 du 30 déc. 2017, art. 34)

Les dispositions de la présente section s'appliquent aux véhicules acquis à compter du 1er janv. 2018 (L. n° 2017-1837 du 30 déc. 2017, art. 34-II).

Art. 963 A *Transféré ss. l'art. 1010 ter (Décr. n° 2018-500 du 20 juin 2018, art. 1er).*

CHAPITRE II *BIS* IMPÔT SUR LA FORTUNE IMMOBILIÈRE

(L. n° 2017-1837 du 30 déc. 2017, art. 31)

Les dispositions du présent chapitre sont applicables à compter du 1er janv. 2018 (L. n° 2017-1837 du 30 déc. 2017, art. 31-IX-A).

BIBL. : ▶ FRULEUX et DESBUQUOIS, *Dr. fisc. 2018. 338* (IFI et immobilier sociétaire : quel régime d'exclusion ou d'exonération ?). – MERCIER, L'impôt sur la fortune immobilière, *Éd. F. Lefebvre, 2019, 2e éd.*

SECTION PREMIÈRE CHAMP D'APPLICATION

Art. 964 Il est institué un impôt annuel sur les actifs immobiliers désigné sous le nom d'impôt sur la fortune immobilière.

Sont soumises à cet impôt, lorsque la valeur de leurs actifs mentionnés à l'article 965 est supérieure à 1 300 000 € :

1° Les personnes physiques ayant leur domicile fiscal en France, à raison de leurs actifs mentionnés au même article 965 situés en France ou hors de France.

Toutefois, les personnes physiques mentionnées au premier alinéa du présent 1° qui n'ont pas été fiscalement domiciliées en France au cours des cinq années civiles précédant celle au cours de laquelle elles ont leur domicile fiscal en France ne sont imposables qu'à raison des actifs mentionnés au 2°.

Cette disposition s'applique au titre de chaque année au cours de laquelle le redevable conserve son domicile fiscal en France, jusqu'au 31 décembre de la cinquième année qui suit celle au cours de laquelle le domicile fiscal a été établi en France ;

2° Les personnes physiques n'ayant pas leur domicile fiscal en France, à raison des biens et droits immobiliers mentionnés au 1° de l'article 965 situés en France et des parts ou actions de sociétés ou organismes mentionnés au 2° du même article 965, à hauteur de la fraction de leur valeur représentative de ces mêmes biens et droits immobiliers.

Sauf dans les cas prévus aux *a* et *b* du 4 de l'article 6, les couples mariés font l'objet d'une imposition commune.

Les partenaires liés par un pacte civil de solidarité défini à l'article 515-1 du code civil et les personnes vivant en concubinage notoire font l'objet d'une imposition commune.

Les conditions d'assujettissement sont appréciées au 1er janvier de chaque année.

1. Annualité de l'imposition. * BOI-PAT-IFI-10-10 nos 30 à 90 du 18 juin 2018.

2. Personnes imposables. * BOI-PAT-IFI-10-20 du 8 juin 2018.

3. Domicile fiscal. Le domicile fiscal s'apprécie au 1er janv. de chaque année d'imposition, date du fait générateur de l'impôt, et le changement de domicile en cours d'année ne peut avoir une influence qu'au titre de l'ISF dû au 1er janv. de l'année suivante. • Com. 21 juin 2011, n° 10-23.136 : *RJF 2012.1386.* ♦ Est fiscalement domicilié en France : le contribuable qui, à la date du fait générateur de l'impôt, a en France son seul domicile connu, y exerce son activité professionnelle essentielle et y possède la plus grande part de son patrimoine. • Com. 11 janv. 2000, n° 97-16.257 : *RJF 2000. 572.* ♦ ... Le contribuable qui possède en France un important patrimoine immobilier, un portefeuille de valeurs mobilières et dont les revenus bruts perçus en France sont très supérieurs à ceux perçus à l'étranger. • Com. 30 mai 2000, n° 98-10.983 : *RJF 2000. 1178 ; Dr. fisc. 2000. 1069.*

SECTION II ASSIETTE DE L'IMPÔT

Art. 965 L'assiette de l'impôt sur la fortune immobilière est constituée par la valeur nette au 1er janvier de l'année :

1° De l'ensemble des biens et droits immobiliers appartenant aux personnes mentionnées à l'article 964 ainsi qu'à leurs enfants mineurs, lorsqu'elles ont l'administration légale des biens de ceux-ci ;

2° Des parts ou actions des sociétés et organismes établis en France ou hors de France appartenant aux personnes mentionnées au 1° du présent article, à hauteur de la fraction de leur valeur représentative de biens ou droits immobiliers détenus directement ou indirectement par la société ou l'organisme.

Pour déterminer la fraction mentionnée au premier alinéa du présent 2°, il est appliqué à la valeur des parts ou actions déterminée conformément aux dispositions de l'article 973 un coefficient correspondant au rapport entre, d'une part, la valeur vénale réelle des biens ou droits immobiliers imposables et, le cas échéant, la valeur des parts ou actions représentatives de ces mêmes biens et, d'autre part, la valeur vénale réelle de l'ensemble des actifs de la société ou de l'organisme mentionné au premier alinéa du présent 2°.

Ne sont pas prises en compte les parts ou actions de sociétés ou d'organismes mentionnés au même premier alinéa qui ont pour activité une activité industrielle, commerciale, artisanale, agricole ou libérale dont le redevable détient directement et, le cas échéant, indirectement, seul ou conjointement avec les personnes mentionnées au 1°, moins de 10 % du capital et des droits de vote.

Ne sont pas prises en compte, pour la détermination de la fraction mentionnée au premier alinéa du présent 2°, les parts ou actions de sociétés ou d'organismes qui ont pour activité une activité industrielle, commerciale, artisanale, agricole ou libérale détenues, directement ou indirectement, par la société ou l'organisme mentionné au même premier alinéa, lorsque le redevable détient indirectement et, le cas échéant, directement, seul ou conjointement avec les personnes mentionnées au 1°, moins de 10 % du capital et des droits de vote de ces sociétés ou organismes.

Par exception aux troisième et quatrième alinéas du présent 2°, sont pris en compte pour la détermination de la fraction mentionnée au premier alinéa du présent 2°, sous réserve des exclusions prévues aux *a* et *b* du présent 2°, les biens et droits immobiliers détenus directement par les sociétés ou organismes que le redevable, seul ou conjointement avec les personnes mentionnées au 1° du présent article, contrôle au sens du 2° du III de l'article 150-0 B *ter*, ou dont le redevable ou l'une des personnes mentionnées au 1° du présent article se réserve la jouissance en fait ou en droit.

Ne sont pas retenus pour le calcul de la fraction mentionnée au premier alinéa du présent 2° :

a) Les biens ou droits immobiliers détenus directement par la société ou l'organisme mentionné au même premier alinéa ou par une société ou un organisme dont la société ou l'organisme mentionné audit premier alinéa détient directement ou indirectement des parts ou actions, lorsque ces biens ou droits immobiliers sont affectés à l'activité industrielle, commerciale, artisanale, agricole ou libérale de la société ou de l'organisme qui les détient ;

b) Lorsque le redevable détient directement ou indirectement des parts ou actions d'une société ou d'un organisme ayant pour activité une activité industrielle, commerciale, artisanale, agricole ou libérale, les biens ou droits immobiliers détenus directement ou indirectement par cette société ou cet organisme affectés à son activité industrielle, commerciale, artisanale, agricole ou libérale ; à celle de la société ou de l'organisme qui les détient directement ; ou à celle d'une société ou d'un organisme dans lesquels la société ou l'organisme détient directement ou par personne interposée la majorité des droits de vote ou exerce en fait le pouvoir de décision.

3° Aucun rehaussement n'est effectué si le redevable, de bonne foi, démontre qu'il n'était pas en mesure de disposer des informations nécessaires à l'estimation de la fraction de la valeur des parts ou actions mentionnées au premier alinéa du 2° du présent article représentative des biens ou droits immobiliers qu'il détient indirectement.

Le premier alinéa du présent 3° ne s'applique pas si le redevable contrôle, au sens du 2° du III de l'article 150-0 B *ter*, la société ou l'organisme qui détient directement les biens ou droits immobiliers imposables ou si l'une des personnes mentionnée au 1° du présent article se réserve, en fait ou en droit, la jouissance des biens ou droits immobiliers que le redevable détient indirectement ou si le redevable détient directement ou indirectement, seul ou conjointement avec les personnes mentionnées au même 1°, plus de 10 % du capital ou des droits de vote de la société ou de l'organisme qui détient directement les biens ou droits immobiliers imposables.

BIBL. ► HOVASSE, *Dr. fisc. 2020. 132* (l'IFI à l'épreuve des sociétés patrimoniales).

1. Fait générateur de l'imposition. * BOI-PAT-IFI-10-10-10 n°s 10 et 20 du 8 juin 2018.

2. Assiette de l'imposition. * BOI-PAT-IFI-20 du 8 juin 2018.

3. Détermination du patrimoine du foyer fiscal. * BOI-PAT-IFI-20-10 du 8 juin 2018.

4. Biens soumis à l'impôt. * BOI-PAT-IFI-20-20 du 8 juin 2018. ♦ 1° Biens et droits immobiliers imposables appartenant au redevable et aux membres du foyer fiscal. * BOI-PAT-IFI-20-20-10 ; 2° Valeurs des parts ou actions de sociétés ou d'organismes représentative de biens ou droits immobiliers. * BOI-PAT-IFI-20-20-20 ; 3° Régimes particuliers d'imposition (situations de démembrement de propriété, biens immobiliers faisant l'objet d'un crédit-bail, biens et droits immobiliers composant les unités de compte d'un contrat d'assurance-vie ou de capitalisation rachetable, biens et droits immobiliers faisant l'objet d'une tontine ou placés dans une fiducie ou un trust). * BOI-PAT-IFI-20-20-30.30.

Art. 966 I. — Pour l'application de l'article 965, n'est pas considérée comme une activité industrielle, commerciale, artisanale, agricole ou libérale l'exercice par une société ou un organisme d'une activité de gestion de son propre patrimoine immobilier.

II. — Pour l'application de l'article 965, sont considérées comme des activités commerciales les activités mentionnées aux articles 34 et 35, à l'exception de celles mentionnées au I du présent article.

Sont également considérées comme des activités commerciales les activités de sociétés qui, outre la gestion d'un portefeuille de participations, participent activement à la conduite de la politique de leur groupe et au contrôle de leurs filiales et rendent, le cas échéant et à titre purement interne, des services spécifiques, administratifs, juridiques, comptables, financiers et immobiliers.

Définition des activités industrielles, commerciales, artisanales, agricoles et libérales. * BOI-PAT-IFI-20-20-20-30 du 8 juin 2018.

Art. 967 L'article 754 B est applicable à l'impôt sur la fortune immobilière.

Art. 968 Les actifs mentionnés à l'article 965 grevés d'un usufruit, d'un droit d'habitation ou d'un droit d'usage accordé à titre personnel sont compris dans le patrimoine de l'usufruitier ou du titulaire du droit pour leur valeur en pleine propriété.

Toutefois, à condition, pour l'usufruit, que le droit constitué ne soit ni vendu ni cédé à titre gratuit par son titulaire, ces actifs grevés de l'usufruit ou du droit d'usage ou d'habitation sont compris, respectivement, dans les patrimoines de l'usufruitier ou du nu-propriétaire suivant les proportions fixées par l'article 669 lorsque :

1° La constitution de l'usufruit résulte de l'application de l'article 757 du code civil, de l'article 767 du même code dans sa rédaction antérieure à la loi n° 2001-1135 du 3 décembre 2001 relative aux droits du conjoint survivant et des enfants adultérins et modernisant diverses dispositions de droit successoral, de l'article 1094 dudit code dans sa rédaction antérieure à la loi n° 2006-728 du 23 juin 2006 portant réforme des successions et des libéralités ou de l'article 1098 du même code. Les biens dont la propriété est démembrée en application d'autres dispositions, notamment de l'article 1094-1 du même code, ne peuvent faire l'objet de cette imposition répartie ;

2° Le démembrement de propriété résulte de la vente d'un bien dont le vendeur s'est réservé l'usufruit, le droit d'usage ou d'habitation et que l'acquéreur n'est pas l'une des personnes mentionnées à l'article 751 du présent code ;

3° L'usufruit ou le droit d'usage ou d'habitation a été réservé par le donateur d'un bien ayant fait l'objet d'un don ou d'un legs à l'État, à un département, à une commune ou à un syndicat de communes ou à leurs établissements publics, à un établissement public national à caractère administratif ou à une association reconnue d'utilité publique.

Biens ou droits démembrés, grevés d'un usufruit, d'un droit d'habitation ou d'un droit d'usage. * BOI-PAT-IFI-20-20-30-10 du 8 juin 2018.

Art. 968 *bis* Les actifs mentionnés à l'article 965 acquis en commun dans les conditions prévues à l'article 754 A sont inclus dans le patrimoine de chacun des contractants au prorata des sommes investies par chacun des survivants dans le contrat.

Actifs imposables faisant l'objet d'une clause d'accroissement ou de tontine. * BOI-PAT-IFI-20-20-30-30 n°s 240 à 290 du 8 juin 2018.

Art. 969 Les actifs mentionnés à l'article 965 transférés dans un patrimoine fiduciaire ou ceux éventuellement acquis en remploi sont compris dans le patrimoine du constituant pour leur valeur vénale nette.

Actifs imposables transférés dans un patrimoine fiduciaire. * BOI-PAT-IFI-20-20-30-30 n°s 220 et 230 du 8 juin 2018.

Art. 970 Les actifs mentionnés à l'article 965 placés dans un trust défini à l'article 792-0 *bis* sont compris, pour leur valeur vénale nette au 1er janvier de l'année d'imposition, selon le cas, dans le patrimoine du constituant ou dans celui du bénéficiaire qui est réputé être un constituant en application du II du même article 792-0 *bis*.

Le premier alinéa du présent article ne s'applique pas aux trusts irrévocables dont les bénéficiaires exclusifs relèvent de l'article 795 ou sont des organismes de même nature relevant de l'article 795-0 A et dont l'administrateur est soumis à la loi d'un État ou territoire ayant conclu avec la France une convention d'assistance administrative en vue de lutter contre la fraude et l'évasion fiscales.

1. Rattachement des avoirs placés en trust. La présomption de rattachement au patrimoine du constituant des avoirs en trust (art. 970, al. 1er) n'est pas irréfragable. • Cons. const. 15 déc. 2017, ☏ n° 2017-679 QPC : *RJF 2018. 293.* ♦ En conséquence, le Conseil d'État a annulé pour excès de pouvoir les § 60 et 70 du BOI-PAT-ISF-30-20-30 qui prévoient le rattachement systématique au patrimoine du constituant des avoirs en trust indépendamment du contenu de l'acte de trust ou de la nature de celui-ci. • CE 7 févr. 2018, ☏ n°s 412027, 412031 et 412412 : *RJF 2018. 550.*

2. Biens ou droits mis en trust. 1° Taxation du patrimoine composant le trust au titre de l'IFI. 2° Taxation du patrimoine composant le trust au titre du prélèvement *sui generis* de l'art. 990 J. * BOI-PATt-IFI-I-20-20-30-20 du 8 juin 2018.

Art. 971 I. — Les droits afférents à un contrat de crédit-bail conclu dans les conditions prévues au 2 de l'article L. 313-7 du code monétaire et financier sont compris, pour la valeur des actifs mentionnés à l'article 965 qui font l'objet du contrat appréciée au 1er janvier de l'année d'imposition, sous déduction du montant des loyers et du montant de l'option d'achat restant à courir jusqu'à l'expiration du bail, dans le patrimoine du preneur, qu'il soit le redevable mentionné au 1° du même article 965 ou une société ou un organisme mentionné au 2° dudit article 965.

II. — Les droits afférents à un contrat de location-accession régi par la loi n° 84-595 du 12 juillet 1984 définissant la location-accession à la propriété immobilière pour la valeur des actifs mentionnés à l'article 965 qui font l'objet du contrat appréciée au 1er janvier de l'année d'imposition, sous déduction des redevances et du montant de l'option d'achat restant à courir jusqu'au terme du délai prévu pour la levée d'option, sont également compris dans le patrimoine de l'accédant.

Droits afférents à un contrat de crédit-bail ou à un contrat de location-accession. * BOI-PAT-IFI-20-20-30-30 n°s 10 à 50 du 8 juin 2018.

Art. 972 La valeur de rachat des contrats d'assurance rachetables et des bons ou contrats de capitalisation exprimés en unités de compte mentionnées au deuxième alinéa de l'article L. 131-1 du code des assurances est incluse dans le patrimoine du souscripteur à hauteur de la fraction de leur valeur représentative des unités de compte constituées des actifs mentionnés à l'article 965 appréciée dans les conditions prévues au même article 965 et à l'article 972 *bis*.

Actifs immobiliers constituant les unités de compte de contrats d'assurance-vie et de bons ou contrats de capitalisation rachetables. * BOI-PAT-IFI-20-20-30-30 n°s 60 à 210 du 8 juin 2018.

Art. 972 *bis* Pour l'application de l'article 965 et sous les mêmes conditions, ne sont pas retenues pour la détermination de l'assiette de l'impôt, lorsque le redevable détient moins de 10 % des droits de l'organisme de placement collectif, seul et le cas échéant conjointement avec les personnes mentionnées au 1° du même article 965, et que l'actif de l'organisme de placement collectif est composé directement ou indirectement, à hauteur de moins de 20 %, de biens ou droits immobiliers imposables dans les conditions prévues au 2° dudit article 965, les parts ou actions :

1° D'organismes de placement collectif en valeurs mobilières mentionnés à l'article L. 214-2 du code monétaire et financier ;

2° De fonds d'investissement à vocation générale mentionnés à l'article L. 214-24-24 du même code, de fonds de capital investissement mentionnés à l'article L. 214-27 dudit code, de fonds de fonds alternatifs mentionnés à l'article L. 214-139 du même code, de fonds professionnels à vocation générale mentionnés à l'article L. 214-143 du même code, de fonds déclarés mentionnés à l'article L. 214-152 du même code et de fonds d'épargne salariale mentionnés à l'article L. 214-163 du même code, à l'exception des fonds relevant de l'une de ces catégories qui réservent la souscription ou l'acquisition de leurs parts ou actions en application de l'article L. 214-26-1 du même code ;

3° De sociétés d'investissement à capital fixe mentionnées à l'article L. 214-127 du même code et d'organismes de financement mentionnés à l'article L. 214-166-1 du même code.

Régime d'imposition des droits détenus dans certains organismes de placement collectif. * BOI-PAT-IFI-20-20-20-20 n°s 110 s. du 8 juin 2018.

Art. 972 *ter* Pour l'application de l'article 965 et sous les mêmes conditions, ne sont pas retenues pour la détermination de l'assiette de l'impôt les actions de sociétés d'investissements immobiliers mentionnées au I de l'article 208 C lorsque le redevable détient, directement et, le cas échéant, indirectement, seul ou conjointement avec les personnes mentionnées au 1° de l'article 965, moins de 5 % du capital et des droits de vote de la société.

Exclusion des actions de sociétés d'investissement immobilière cotées (SIIC) détenues à moins de 5 %. * BOI-PAT-IFI-20-20-20-20 n°s 190 s. du 8 juin 2018.

SECTION III RÈGLES DE L'ÉVALUATION DES BIENS

Art. 973 I. — La valeur des actifs mentionnés à l'article 965 est déterminée suivant les règles en vigueur en matière de droits de mutation par décès.

Par dérogation au deuxième alinéa de l'article 761, un abattement de 30 % est effectué sur la valeur vénale réelle de l'immeuble lorsque celui-ci est occupé à titre de résidence principale par son propriétaire. En cas d'imposition commune, un seul immeuble est susceptible de bénéficier de l'abattement précité.

Les valeurs mobilières cotées sur un marché sont évaluées selon le dernier cours connu ou selon la moyenne des trente derniers cours qui précèdent la date d'imposition.

II. — Pour la valorisation des parts ou actions mentionnées au 2° de l'article 965, ne sont pas prises en compte les dettes contractées directement ou indirectement, par une société ou un organisme :

1° Pour l'acquisition d'un *(L. n° 2018-1317 du 28 déc. 2018, art. 48-I-1°-a)* « actif » imposable à une personne mentionnée au 1° de l'article 965 qui contrôle, au sens du 2° du III de l'article 150-0 B *ter*, seule ou conjointement avec les autres personnes mentionnées au 1° de l'article 965, la société ou l'organisme mentionné au premier alinéa du présent II ;

2° Auprès d'une personne mentionnée au 1° de l'article 965, pour l'acquisition d'un *(L. n° 2018-1317 du 28 déc. 2018, art. 48-I-1°-a)* « actif » imposable ou pour des dépenses mentionnées aux 2° et 3° du I de l'article 974 afférentes à *(L. n° 2018-1317 du 28 déc. 2018, art. 48-I-1°-a)* « un tel actif », à proportion de la participation que détient cette personne dans la société ou l'organisme, seule ou conjointement avec les autres personnes mentionnées au 1° de l'article 965 ;

3° Auprès d'une personne mentionnée au 2° du III de l'article 974, pour l'acquisition d'un *(L. n° 2018-1317 du 28 déc. 2018, art. 48-I-1°-a)* « actif » imposable ou pour des dépenses mentionnées aux 2° et 3° du I du même article 974 afférentes à *(L. n° 2018-1317 du 28 déc. 2018, art. 48-I-1°-a)* « un tel actif », à proportion de la participation que détient cette personne dans la société ou l'organisme, seule ou conjointement avec les autres personnes mentionnées au 1° de l'article 965 ;

4° Auprès d'une société ou d'un organisme contrôlé, au sens du 2° du III de l'article 150-0 B *ter*, directement ou par l'intermédiaire d'une ou de plusieurs sociétés ou organismes interposés, par l'une des personnes mentionnées au 1° de l'article 965, seule ou conjointement avec les autres personnes mentionnées au même 1°, leurs ascendants ou descendants ou leurs frères et sœurs, pour l'acquisition d'un *(L. n° 2018-1317 du 28 déc. 2018, art. 48-I-1°-a)* « actif » imposable ou pour des dépenses mentionnées aux 2° et 3° du I de l'article 974 afférentes à *(L. n° 2018-1317 du 28 déc. 2018, art. 48-I-1°-a)* « un tel actif », à proportion de la participation que détient cette personne dans la société ou l'organisme, seule ou conjointement avec les autres personnes mentionnées au 1° de l'article 965.

Les 1°, 2° et 4° du présent II ne s'appliquent pas si le redevable justifie que le prêt n'a pas été contracté dans un objectif principalement fiscal.

Le 3° du présent II ne s'applique pas si le redevable justifie du caractère normal des conditions du prêt, notamment du respect du terme des échéances, du montant et du caractère effectif des remboursements.

(L. n° 2018-1317 du 28 déc. 2018, art. 48-I-1°-a) « III. — Pour la valorisation des parts ou actions mentionnées au 2° de l'article 965, les dettes correspondant aux prêts mentionnés au II de l'article 974 contractées, directement ou indirectement, par une société ou un organisme pour l'achat d'un actif imposable sont prises en compte chaque année à hauteur du montant déductible défini à ce même II. »

1. Évaluation des actifs imposables. 1° Notion de valeur vénale réelle des immeubles et des parts ou actions de sociétés. 2° Dispositions légales d'évaluation spécifiques à certains biens. 3° Dettes exclues pour l'évaluation des parts ou actions de sociétés ou d'organismes. * BOI-PAT-IFI-20-30 du 2 mai 2019.

2. Résidence principale en SCI. La non-application de l'abattement de 30 % est constitutionnelle : la différence de traitement entre le redevable de l'impôt sur la fortune qui est propriétaire de sa résidence principale et celui qui la détient au travers d'une SCI n'est pas contraire aux principes d'égalité devant la loi et devant les charges publiques. • Cons. const. 17 janv. 2020, n° 2019-820 QPC : *RJF 2020. 374.* ♦ Les porteurs de la totalité des parts d'une SCI, propriétaire de l'immeuble, ne peuvent, pour déterminer la valeur de ces parts, évaluer l'actif de cette société en appliquant, sur la valeur de ce bien, un abattement de 30 %. Seule est applicable, en l'espèce, une décote de 10 % sur la valeur des parts de la SCI pour contraintes juridiques et contractuelles. • Com. 13 janv. 2021, n° 19-14.256 : *RJF 2021. 134.*

SECTION IV **PASSIF DÉDUCTIBLE**

Art. 974 I. — Sont déductibles de la valeur des biens ou droits immobiliers et des parts ou actions taxables les dettes, existantes au 1er janvier de l'année d'imposition, contractées par l'une des personnes mentionnées au 1° de l'article 965 et effectivement supportées par celle-ci, afférentes à des actifs imposables et, le cas échéant, à proportion de la fraction de leur valeur imposable :

1° Afférentes à des dépenses d'acquisition de biens ou droits immobiliers ;

2° Afférentes à des dépenses de réparation et d'entretien effectivement supportées par le propriétaire ou supportées pour le compte du locataire par le propriétaire dont celui-ci n'a pu obtenir le remboursement, au 31 décembre de l'année du départ du locataire ;

3° Afférentes à des dépenses d'amélioration, de construction, de reconstruction ou d'agrandissement ;

4° Afférentes aux impositions, autres que celles incombant normalement à l'occupant, dues à raison desdites propriétés. Ne relèvent pas de cette catégorie les impositions dues à raison des revenus générés par lesdites propriétés ;

5° Afférentes aux dépenses d'acquisition des parts ou actions mentionnées au 2° de l'article 965 au prorata de la valeur des actifs mentionnés au 1° du même article 965.

II. — Les dettes mentionnées au I correspondant à des prêts prévoyant le remboursement du capital au terme du contrat contractés pour l'achat d'un *(L. n° 2018-1317 du 28 déc. 2018, art. 48-I-1°-b)* « actif » imposable sont déductibles chaque année à hauteur du montant total de l'emprunt diminué d'une somme égale à ce même montant multiplié par le nombre d'années écoulées depuis le versement du prêt et divisé par le nombre d'années total de l'emprunt.

Les dettes mentionnées au même I correspondant à des prêts ne prévoyant pas de terme pour le remboursement du capital, contractées pour l'achat d'un *(L. n° 2018-1317 du 28 déc. 2018, art. 48-I-1°-b)* « actif » imposable, sont déductibles chaque année à hauteur du montant total de l'emprunt diminué d'une somme égale à un vingtième de ce montant par année écoulée depuis le versement du prêt.

III. – Ne sont pas déductibles les dettes mentionnées aux I et II correspondant à des prêts :

1° Contractés directement, ou indirectement par l'intermédiaire d'une ou plusieurs sociétés ou organismes interposés, auprès du redevable, de son conjoint, du partenaire lié par un pacte civil de solidarité ou du concubin notoire mentionnés à l'article 964, des enfants mineurs de ces personnes lorsqu'elles ont l'administration légale des biens de ceux-ci ;

2° Contractés directement, ou indirectement par l'intermédiaire d'une ou de plusieurs sociétés ou organismes interposés, auprès d'un ascendant, descendant autre que celui mentionné au 1°, frère ou sœur de l'une des personnes physiques mentionnées au même 1°, sauf si le redevable justifie du caractère normal des conditions du prêt, notamment du respect du terme des échéances, du montant et du caractère effectif des remboursements ;

3° Contractés par l'une des personnes mentionnées au 1° auprès d'une société ou *[d'un]* organisme que, seule ou conjointement avec son conjoint, son partenaire lié par un pacte civil de solidarité ou son concubin notoire mentionnés à l'article 964, leurs ascendants ou descendants ou leurs frères et sœurs, elle contrôle au sens du 2° du III de l'article 150-0 B *ter*, directement ou par l'intermédiaire d'une ou de plusieurs sociétés ou organismes interposés, sauf si le redevable justifie du caractère normal des conditions du prêt, notamment du respect du terme des échéances, du montant et du caractère effectif des remboursements.

IV. – Lorsque la valeur vénale des biens ou droits immobiliers et des parts ou actions taxables excède 5 millions d'euros et que le montant total des dettes admises en déduction en application des I, II et III au titre d'une même année d'imposition excède 60 % de cette valeur, le montant des dettes excédant ce seuil n'est admis en déduction qu'à hauteur de 50 % de cet excédent.

Ne sont pas retenues pour l'application du premier alinéa du présent IV les dettes dont le redevable justifie qu'elles n'ont pas été contractées dans un objectif principalement fiscal.

1. Déduction du passif. 1° Conditions de déductibilité des dettes. * BOI-PAT-IFI-20-40-10 du 8 juin 2018. 2° Passif soumis à imputation spéciale. Comptes de prêt. * BOI-PAT-IFI-20-40-20 du 2 mai 2019. 3° Passif non déductible. * BOI-PAT-IFI-20-40-30 du 8 juin 2018.

2. Indemnité « handicap » investie dans l'immobilier. Un immeuble acquis avant 2018 avec le capital reçu en réparation d'un dommage corporel à la suite d'un accident ou d'une maladie doit être déclaré et taxé à l'IFI. Mais, comme pour l'ancien ISF, le montant actualisé de l'indemnité perçue est déduit de l'actif imposable. * Rép. min. n° 8489 : *JOAN Q, 18 sept. 2018, p. 8263.*

SECTION V ACTIFS EXONÉRÉS

Art. 975 I. – Sont exonérés les biens ou droits immobiliers mentionnés au 1° de l'article 965 et les parts ou actions mentionnées au 2° du même article 965 représentatives de ces mêmes biens ou droits, lorsque ces biens ou droits immobiliers sont affectés à l'activité principale industrielle, commerciale, artisanale, agricole ou libérale des personnes mentionnées au 1° dudit article 965.

Les biens ou droits mentionnés au premier alinéa du présent I affectés à différentes activités pour lesquelles le redevable remplit les conditions prévues au même premier alinéa sont également exonérés lorsque les différentes activités professionnelles exercées sont soit similaires, soit connexes et complémentaires. Toutefois, pour l'application du présent alinéa, la condition d'activité principale s'apprécie au regard de *l'ensemble* des activités précitées.

II. – Sont également exonérés les biens ou droits immobiliers mentionnés au 1° de l'article 965 et les parts ou actions mentionnées au 2° du même article 965 représentatives de ces mêmes biens ou droits, lorsque ces biens et droits immobiliers sont affectés à l'activité industrielle, commerciale, artisanale, agricole ou libérale d'une société de personnes soumise à l'impôt sur le revenu mentionnée aux articles 8 et 8 *ter* dans laquelle les personnes mentionnées au premier alinéa du I du présent article exercent leur activité principale.

Les biens ou droits mentionnés au premier alinéa du présent II affectés à l'activité industrielle, commerciale, artisanale, agricole ou libérale de plusieurs sociétés de personnes dans lesquelles le redevable remplit les conditions prévues au même premier alinéa sont également exonérés lorsque les sociétés ont des activités soit similaires, soit connexes et complémentaires. Toutefois, pour l'application du présent alinéa, la condition d'activité principale s'apprécie au regard de l'ensemble des sociétés précitées.

III. – 1. Sont également exonérés les biens ou droits immobiliers mentionnés au 1° de l'article 965 et les parts ou actions mentionnées au 2° du même article 965 représentatives de ces mêmes biens ou droits, lorsque ces biens et droits immobiliers sont affectés à l'activité industrielle, commerciale, artisanale, agricole ou libérale d'une société soumise, de droit ou sur option, à l'impôt sur les sociétés, sous réserve que le redevable :

1° Exerce dans la société la fonction de gérant, nommé conformément aux statuts d'une société à responsabilité limitée ou en commandite par actions, d'associé en nom d'une société de personnes ou de président, directeur général, président du conseil de surveillance ou membre du directoire d'une société par actions.

Les fonctions mentionnées au premier alinéa du présent 1° doivent être effectivement exercées et donner lieu à une rémunération normale, dans les catégories imposables à l'impôt sur le revenu des traitements et salaires, bénéfices industriels et commerciaux, bénéfices agricoles, bénéfices non commerciaux et revenus des gérants et associés mentionnés à l'article 62, au regard des rémunérations du même type versées au titre de fonctions analogues dans l'entreprise ou dans des entreprises similaires établies en France. Cette rémunération doit représenter plus de la moitié des revenus à raison desquels l'intéressé est soumis à l'impôt sur le revenu dans les mêmes catégories, à l'exclusion des revenus non professionnels ;

2° Détienne 25 % au moins des droits de vote attachés aux titres émis par la société, directement ou par l'intermédiaire de son conjoint, de leurs ascendants ou descendants ou de leurs frères et sœurs.

Les titres détenus dans les mêmes conditions dans une société possédant une participation dans la société dans laquelle le redevable exerce ses fonctions sont pris en compte à proportion de cette participation.

Le respect de la condition de détention de 25 % au moins des droits de vote attachés aux titres émis par la société prévue au premier alinéa du 2° n'est pas exigé après une augmentation de capital si, à compter de la date de cette dernière, le redevable remplit les trois conditions suivantes :

a) Il a respecté cette condition au cours des cinq années ayant précédé l'augmentation de capital ;

b) Il détient 12,5 % au moins des droits de vote attachés aux titres émis par la société, directement ou par l'intermédiaire de son conjoint, de leurs ascendants ou descendants ou de leurs frères et sœurs ;

c) Il est partie à un pacte conclu avec d'autres associés ou actionnaires représentant au total 25 % au moins des droits de vote et exerçant un pouvoir d'orientation dans la société.

Par dérogation au premier alinéa du 2°, la condition de détention de 25 % au moins des droits de vote attachés aux titres émis par la société n'est pas exigée des gérants et associés mentionnés à l'article 62.

2. Sont également exonérés les biens ou droits immobiliers mentionnés au 1 affectés à l'activité industrielle, commerciale, artisanale, agricole ou libérale d'une société soumise, de droit ou sur option, à l'impôt sur les sociétés dont les parts ou actions sont détenues directement par le gérant, nommé conformément aux statuts d'une société à responsabilité limitée ou en commandite par actions, le président, le directeur général, le président du conseil de surveillance ou le membre du directoire d'une société par actions, qui remplit les conditions prévues au 1° du même 1, lorsque la valeur des titres qu'il détient dans cette société excède 50 % de la valeur brute du patrimoine total du redevable, y compris les biens ou droits immobiliers précités.

IV. – 1. Sont également exonérés les biens ou droits immobiliers mentionnés au 1° de l'article 965 et les parts ou actions mentionnées au 2° du même article 965 représentatives de ces mêmes biens ou droits, lorsque ces biens et droits immobiliers sont affectés à l'activité industrielle, commerciale, artisanale, agricole ou libérale de plusieurs sociétés soumises, de droit ou sur option, à l'impôt sur les sociétés lorsque chaque participation, prise isolément, satisfait aux conditions prévues au III. Toutefois, la condition de rémunération prévue à la seconde phrase du second alinéa du 1° du 1 du même III est respectée si la somme des rémunérations perçues au titre des fonctions énumérées au premier alinéa du même 1° dans les sociétés dont le redevable possède des parts ou actions représente plus de la moitié des revenus mentionnés à la même phrase.

Lorsque les sociétés mentionnées au premier alinéa du présent 1 ont des activités soit similaires, soit connexes et complémentaires, la condition de rémunération normale s'apprécie au regard des fonctions exercées dans l'ensemble des sociétés dont les parts ou actions répondent aux conditions du III.

2. Sont également exonérés les biens ou droits immobiliers mentionnés au 1 du présent IV affectés par le redevable mentionné aux I ou II dans une ou plusieurs sociétés soumises à l'impôt sur les sociétés lorsque chaque participation, prise isolément, satisfait aux conditions prévues au III.

V. — Pour l'application du présent article, les activités commerciales s'entendent de celles définies à l'article 966.

Par exception au premier alinéa du présent V, est considérée *[considéré]* comme une activité commerciale pour l'application des I à IV :

1° L'exercice d'une activité de location de locaux d'habitation loués meublés ou destinés à être loués meublés, par une personne mentionnée au 1° de l'article 965 ou par une société ou organisme, sous réserve, s'agissant des personnes mentionnées au même 1°, qu'elles réalisent plus de 23 000 € de recettes annuelles et retirent de cette activité plus de 50 % des revenus à raison desquels le foyer fiscal auquel elles appartiennent est soumis à l'impôt sur le revenu dans les catégories des traitements et salaires, bénéfices industriels et commerciaux, bénéfices agricoles, bénéfices non commerciaux, revenus des gérants et associés mentionnés à l'article 62 ;

2° L'exercice, par une personne mentionnée au 1° de l'article 965 ou par une société ou un organisme, d'une activité de location d'établissements commerciaux ou industriels munis du mobilier ou du matériel nécessaire à leur exploitation.

VI. — Les biens ou droits immobiliers affectés à des sociétés mentionnées aux II à IV qui n'en ont pas la propriété sont exonérés à hauteur de la participation du redevable dans les sociétés auxquelles ils sont affectés.

1. Exonération des actifs professionnels. * BOI-PAT-IFI-30-10 du 8 juin 2018.

2. Actifs affectés à la profession exercée dans le cadre d'une société de personnes soumise à l'IR. * BOI-PAT-IFI-30-10-20 du 8 juin 2018.

3. Actifs affectés à la profession exercée dans le cadre de sociétés soumises à l'IS. * BOI-PAT-IFI-30-10-30 du 8 juin 2018.

Art. 976 I. — Les propriétés en nature de bois et forêts sont exonérées à concurrence des trois quarts de leur valeur imposable si les conditions prévues au 2° du 2 de l'article 793 sont satisfaites.

II. — Les parts de groupements forestiers sont exonérées à concurrence des trois quarts de la fraction de la valeur nette correspondant aux biens mentionnés au 3° du 1 de l'article 793 et sous les mêmes conditions.

III. — Les biens donnés à bail à long terme dans les conditions prévues aux articles L. 416-1 à L. 416-6, L. 416-8 et L. 416-9 du code rural et de la pêche maritime et ceux donnés à bail cessible dans les conditions prévues aux articles L. 418-1 à L. 418-5 du même code sont exonérés à condition, d'une part, que la durée du bail soit au minimum de dix-huit ans et, d'autre part, que le preneur utilise le bien dans l'exercice de sa profession principale et qu'il soit le conjoint, le partenaire lié par un pacte civil de solidarité ou le concubin notoire du bailleur, l'un de leurs frères et sœurs, l'un de leurs ascendants ou descendants ou le conjoint, le partenaire lié par un pacte civil de solidarité ou le concubin notoire de l'un de leurs ascendants ou descendants.

A défaut de remplir les deux dernières conditions du premier alinéa du présent III, ces mêmes biens sont exonérés à concurrence des trois quarts de leur valeur lorsque la valeur totale des biens loués, quel que soit le nombre de baux, n'excède pas 101 897 €

et pour moitié au-delà de cette limite, sous réserve que la durée du bail soit au minimum de dix-huit ans et que les descendants du preneur ne soient pas contractuellement privés de la faculté de bénéficier de l'article L. 411-35 du code rural et de la pêche maritime.

IV. – Sous les conditions prévues au 4° du 1 de l'article 793, les parts de groupements fonciers agricoles et de groupements agricoles fonciers soumis à la loi n° 62-933 du 8 août 1962 complémentaire à la loi d'orientation agricole et à l'article 11 de la loi n° 70-1299 du 31 décembre 1970 relative aux groupements fonciers agricoles sont exonérées, sous réserve que ces parts soient représentatives d'apports constitués par des immeubles ou des droits immobiliers à destination agricole et que les baux consentis par le groupement ainsi que leurs preneurs répondent aux conditions prévues au premier alinéa du III du présent article.

A défaut de remplir les deux dernières conditions du premier alinéa du présent IV, ces mêmes biens sont, sous réserve que les baux à long terme ou les baux cessibles consentis par le groupement répondent aux conditions prévues au second alinéa du III, exonérés à concurrence des trois quarts de leur valeur si la valeur totale des parts détenues n'excède pas 101 897 € et pour moitié au-delà de cette limite.

V. – Les biens ruraux et les parts de groupements fonciers agricoles et de groupements agricoles fonciers représentatives de ces mêmes biens, donnés à bail dans les conditions prévues au premier alinéa du III à une société à objet principalement agricole contrôlée à plus de 50 % par les personnes mentionnées au même premier alinéa, sont exonérés à concurrence de la participation détenue dans la société locataire par celles des personnes précitées qui y exercent leur activité professionnelle principale.

Les biens ruraux et les parts de groupements fonciers agricoles et de groupements agricoles fonciers représentatives de ces mêmes biens, donnés à bail dans les conditions prévues au premier alinéa du III, lorsqu'ils sont mis à la disposition d'une société mentionnée au premier alinéa du présent V ou lorsque le droit au bail y afférent est apporté à une société de même nature, dans les conditions prévues, respectivement, aux articles L. 411-37 et L. 411-38 du code rural et de la pêche maritime, sont exonérés dans les mêmes proportions et sous les mêmes conditions que celles définies au premier alinéa du présent V.

V. Ann. III, art. 313 BK à 313 BN.

1. Biens ruraux donnés à bail à long terme ou à bail cessible. * BOI-PAT-IFI-30-10-50 du 8 juin 2018.

2. Parts de GFA et de GAF non exploitants. * BOI-PAT-IFI-30-10-50 du 8 juin 2018.

3. Biens situés hors de France. * BOI-PAT-IFI-30-10-50 du 8 juin 2018.

4. Bois et forêts, parts de groupements forestiers, biens ruraux loués à long terme et parts de GFA non exploitants qui ne peuvent être qualifiés d'actifs professionnels. * BOI-PAT-IFI-30-20 du 8 juin 2018.

SECTION VI CALCUL DE L'IMPÔT

Art. 977 1. Le tarif de l'impôt est fixé à :

Fraction de la valeur nette taxable du patrimoine	Tarif applicable *(en pourcentage)*
N'excédant pas 800 000 €	0
Supérieure à 800 000 € et inférieure ou égale à 1 300 000 €	0,50
Supérieure à 1 300 000 € et inférieure ou égale à 2 570 000 €	0,70
Supérieure à 2 570 000 € et inférieure ou égale à 5 000 000 €	1
Supérieure à 5 000 000 € et inférieure ou égale à 10 000 000 €	1,25
Supérieure à 10 000 000 €	1,50

2. Pour les redevables dont le patrimoine imposable a une valeur nette taxable égale ou supérieure à 1 300 000 € et inférieure à 1 400 000 €, le montant de l'impôt calculé

selon le tarif prévu au tableau du 1 est réduit d'une somme égale à 17 500 €-1,25 % P, où P est la valeur nette taxable du patrimoine.

Seuil d'imposition. Tarif. Décote. * BOI-PAT- IFI-40-10 du 8 juin 2018.

Art. 978 I. — Le redevable peut imputer sur l'impôt sur la fortune immobilière, dans la limite de 50 000 €, 75 % du montant des dons en numéraire et dons en pleine propriété de titres de sociétés admis aux négociations sur un marché réglementé français ou étranger effectués au profit :

1° Des établissements de recherche, d'enseignement supérieur ou d'enseignement artistique publics ou privés, d'intérêt général, à but non lucratif et des établissements d'enseignement supérieur consulaire mentionnés à l'article L. 711-17 du code de commerce ;

2° Des fondations reconnues d'utilité publique répondant aux conditions fixées au *a* du 1 de l'article 200 ;

3° Des entreprises d'insertion et des entreprises de travail temporaire d'insertion mentionnées, respectivement, aux articles L. 5132-5 et L. 5132-6 du code du travail ;

4° Des associations intermédiaires mentionnées à l'article L. 5132-7 du même code ;

5° Des ateliers et chantiers d'insertion mentionnés à l'article L. 5132-15 dudit code ;

6° Des entreprises adaptées mentionnées à l'article L. 5213-13 du même code ;

7° Des groupements d'employeurs régis par les articles L. 1253-1 à L. 1253-24 du code du travail qui bénéficient *(L. n° 2018-1317 du 28 déc. 2018, art. 48-I-1°-c)* « de la reconnaissance de la qualité de groupement d'employeurs pour l'insertion et la qualification mentionnée à l'article L. 1253-1 du même code » et qui organisent des parcours d'insertion et de qualification dans les conditions mentionnées à l'article L. 6325-17 du même code ; — *L'art. L. 6325-17 a été abrogé par la L. n° 2018-1203 du 22 déc. 2018, art. 8-VI-8°.*

8° De l'Agence nationale de la recherche ;

9° Des fondations universitaires et des fondations partenariales mentionnées, respectivement, aux articles L. 719-12 et L. 719-13 du code de l'éducation, lorsqu'elles répondent aux conditions fixées au *b* du 1 de l'article 200 du présent code ;

10° Des associations reconnues d'utilité publique de financement et d'accompagnement de la création et de la reprise d'entreprises dont la liste est fixée par arrêté conjoint des ministres chargés de l'économie et du budget. — *V. Arr. du 24 avr. 2018 (JO 29 avr.).*

Ouvrent également droit à la réduction d'impôt les dons et versements effectués au profit d'organismes agréés dans les conditions prévues à l'article 1649 *nonies* dont le siège est situé dans un État membre de l'Union européenne ou dans un autre État partie à l'accord sur l'Espace économique européen ayant conclu avec la France une convention d'assistance administrative en vue de lutter contre la fraude et l'évasion fiscales. L'agrément est accordé aux organismes poursuivant des objectifs et présentant des caractéristiques similaires à ceux des organismes dont le siège est situé en France entrant dans le champ d'application du présent I.

Lorsque les dons et versements ont été effectués au profit d'un organisme non agréé dont le siège est situé dans un État membre de l'Union européenne ou dans un autre État partie à l'accord sur l'Espace économique européen ayant conclu avec la France une convention d'assistance administrative en vue de lutter contre la fraude et l'évasion fiscales, la réduction d'impôt obtenue fait l'objet d'une reprise, sauf lorsque le contribuable a produit dans le délai de dépôt de déclaration les pièces justificatives attestant que cet organisme poursuit des objectifs et présente des caractéristiques similaires à ceux des organismes dont le siège est situé en France répondant aux conditions fixées par le présent article.

Un décret fixe les conditions d'application des douzième et treizième alinéas du présent I, notamment la durée de validité ainsi que les modalités de délivrance, de publicité et de retrait de l'agrément. — *V. Ann. III, art. 313 BP à 313 BQ bis.*

II. — Les dons ouvrant droit à l'avantage fiscal mentionné au I sont ceux effectués à compter du jour suivant la date limite de dépôt de la déclaration mentionnée à l'article 982 au titre de l'année précédant celle de l'imposition et jusqu'à la date limite de dépôt de cette même déclaration au titre de l'année d'imposition.

III. — La fraction du versement ayant donné lieu à l'avantage fiscal mentionné au I ne peut donner lieu à un autre avantage fiscal au titre d'un autre impôt.

IV. — Le bénéfice de l'avantage fiscal prévu au I est subordonné au respect du règlement (UE) n° 1407/2013 de la Commission du 18 décembre 2013 relatif à l'application des articles 107 et 108 du traité sur le fonctionnement de l'Union européenne aux aides *de minimis* et à la condition que le redevable présente, à la demande de l'administration fiscale, des pièces justificatives attestant le total du montant et la date des versements ainsi que l'identité des bénéficiaires.

V. — Un décret fixe les obligations déclaratives incombant aux redevables et aux personnes mentionnées au I. — *V. Ann. III, art. 313 BO.*

V. art. 1731 bis (sanctions en cas de manquements graves).

1. Réduction d'impôt au titre des dons à certains organismes d'intérêt général. * BOI-PAT-IFI-40-20 du 8 juin 2018.

2. Modalités d'application de la réduction d'impôt et obligations déclaratives. * BOI-PAT-IFI-40-20-20 du 8 juin 2018.

Art. 979 I. — L'impôt sur la fortune immobilière du redevable ayant son domicile fiscal en France est réduit de la différence entre, d'une part, le total de cet impôt et des impôts dus en France et à l'étranger au titre des revenus et produits de l'année précédente, calculés avant imputation des seuls crédits d'impôt représentatifs d'une imposition acquittée à l'étranger et des retenues non libératoires et, d'autre part, 75 % du total des revenus mondiaux nets de frais professionnels de l'année précédente, après déduction des seuls déficits catégoriels dont l'imputation est autorisée par l'article 156, ainsi que des revenus exonérés d'impôt sur le revenu et des produits soumis à un prélèvement libératoire réalisés au cours de la même année en France ou hors de France.

Les revenus distribués à une société passible de l'impôt sur les sociétés contrôlée par le redevable sont réintégrés dans le calcul prévu au premier alinéa du présent I si l'existence de cette société et le choix d'y recourir ont pour objet principal d'éluder tout ou partie de l'impôt sur la fortune immobilière en bénéficiant d'un avantage fiscal allant à l'encontre de l'objet ou de la finalité du même premier alinéa. Seule est réintégrée la part des revenus distribués correspondant à une diminution artificielle des revenus pris en compte pour le calcul prévu audit premier alinéa.

En cas de désaccord sur les rectifications notifiées sur le fondement du deuxième alinéa du présent I, le litige est soumis aux dispositions des *(L. n° 2018-1317 du 28 déc. 2018, art. 202-I)* « deux » derniers alinéas de l'article L. 64 du livre des procédures fiscales.

II. — Les plus-values ainsi que tous les revenus sont déterminés sans considération des exonérations, seuils, réductions et abattements prévus au présent code, à l'exception de ceux représentatifs de frais professionnels.

Lorsque l'impôt sur le revenu a frappé des revenus de personnes dont les biens n'entrent pas dans l'assiette de l'impôt sur la fortune immobilière, il est réduit suivant le pourcentage du revenu de ces personnes par rapport au revenu total.

1. Plafonnement de l'impôt. * BOI-PAT-IFI-40-30-10 du 22 nov. 2018.

2. Sur la détermination des revenus à prendre en considération par les propriétaires d'immeubles classés monuments historiques ou inscrits à l'inventaire supplémentaire pour le plafonnement de l'IFI. * BOI-PAT-IFI-40-30-10 du 22 nov. 2018 et * BOI-RES-000020.

3. Les modalités de calcul du plafonnement de l'IFI, en ce qu'elles prennent en compte les plus-values pour leur montant brut, n'entraînent pas une rupture du principe d'égalité. • Cons. const. 15 janv. 2019, n° 2018-755 QPC : *RJF 2019. 372.* ♦ Sur renvoi de • CE, QPC, 12 oct. 2018, n° 422618 : *Dr. fisc. 2018. 470.*

4. Incidences de l'entrée en vigueur du prélèvement à la source de l'IR sur le plafonnement. Incidences du crédit d'impôt pour la modernisation du recouvrement (CIMR) institué par l'art. 60 de la L. du 29 déc. 2016 de finances pour 2017. • CE 31 mars 2021, n° 440543 : *RJF 2021. 659, concl. Ciavaldini.*

5. Clause anti-abus. * BOI-PAT-IFI-40-30-20 du 2 août 2019.

Art. 980 Le montant des impôts dont les caractéristiques sont similaires à celles de l'impôt sur la fortune immobilière acquitté, le cas échéant, hors de France est imputable sur l'impôt exigible en France. Cette imputation est limitée à l'impôt sur la fortune immobilière acquitté au titre des biens et droits immobiliers situés hors de France ou sur la valeur des parts et actions définies au 2° de l'article 965 représentative de ces mêmes biens.

SECTION VII CONTRÔLE ET CONTENTIEUX *(L. n° 2018-1317 du 28 déc. 2018, art. 48-I-1°-d).*

Art. 981 *(L. n° 2018-1317 du 28 déc. 2018, art. 48-I-1°-d)* **Sauf dispositions contraires, les règles relatives au contrôle et au contentieux des droits d'enregistrement s'appliquent à l'impôt sur la fortune immobilière.**

Ancien art. 981 ***L'impôt sur la fortune immobilière est contrôlé, sauf dispositions contraires, comme en matière de droits d'enregistrement.***

Contrôle, pénalités et contentieux. * BOI-PAT-IFI-60 du 8 juin 2018.

SECTION VIII OBLIGATIONS DÉCLARATIVES

Art. 982 **I. — 1. Les redevables mentionnent la valeur brute et la valeur nette taxable des actifs mentionnés à l'article 965 sur la déclaration annuelle prévue à l'article 170. Ils joignent à cette déclaration des annexes conformes à un modèle établi par l'administration, sur lesquelles ils mentionnent et évaluent les éléments de ces mêmes actifs.**

La valeur brute et la valeur nette taxable des actifs mentionnés à l'article 965 des concubins notoires et de ceux des enfants mineurs, lorsque les concubins ont l'administration légale de leurs biens, sont portées sur la déclaration de l'un ou l'autre des concubins, à laquelle sont jointes les annexes mentionnées au premier alinéa du présent 1.

2. Les conjoints, sauf dans les cas prévus aux *a* et *b* du 4 de l'article 6 et les partenaires liés par un pacte civil de solidarité défini à l'article 515-1 du code civil doivent conjointement signer la déclaration prévue au 1 du présent I.

3. En cas de décès du redevable, le 2 de l'article 204 est applicable.

II. — Un décret détermine les modalités d'application du I, notamment les obligations déclaratives incombant aux redevables et aux sociétés ou organismes mentionnés à l'article 965. — *V. Ann. III, art. 313 BQ à 313 BQ quater.*

Souscription d'une déclaration. * BOI-PAT-IFI-50-10-10 du 8 juin 2018.

Art. 983 **Les personnes possédant des actifs mentionnés à l'article 965 situés en France sans y avoir leur domicile fiscal ainsi que les personnes mentionnées au 2 de l'article 4 B peuvent être invitées par le service des impôts à désigner un représentant en France dans les conditions prévues à l'article 164 D.**

Toutefois, l'obligation de désigner un représentant fiscal ne s'applique ni aux personnes qui ont leur domicile fiscal dans un autre État membre de l'Union européenne ou dans un autre État partie à l'accord sur l'Espace économique européen ayant conclu avec la France une convention d'assistance administrative en vue de lutter contre la fraude et l'évasion fiscales ainsi qu'une convention d'assistance mutuelle en matière de recouvrement de l'impôt, ni aux personnes mentionnées au 2 du même article 4 B qui exercent leurs fonctions ou sont chargées de mission dans l'un de ces États.

CHAPITRE III AUTRES DROITS ET TAXES

SECTION 0I *[ABROGÉE]* PRÉLÈVEMENT D'OFFICE SUR LES BONS ET TITRES ANONYMES

(Abrogée par L. n° 2017-1837 du 30 déc. 2017, art. 28)

Les dispositions de la présente section issues de la L. n° 2017-1837 du 30 déc. 2017 s'appliquent aux impositions dont le fait générateur intervient à compter du 1er janv. 2018 (L. préc., art. 28-VI-A).

Art. 990 A ***Les bons mentionnés au 2° du III bis de l'article 125 A et les titres de même nature, quelle que soit leur date d'émission, sont, lorsque le détenteur n'autorise pas l'établissement qui assure le paiement des intérêts à communiquer son identité et son domicile fiscal à l'administration fiscale, soumis d'office à un prélèvement. Ce prélèvement est assis sur leur montant nominal.***

Les bons et titres mentionnés au 2° du III bis de l'article 125 A ainsi que les bons et contrats de capitalisation mentionnés à l'article 125-0 A et les placements de même nature émis ou souscrits à compter du 1er janvier 1998 sont soumis d'office à un prélèvement assis sur leur montant nominal, lorsque le souscripteur et le bénéficiaire, s'il est différent, n'ont pas autorisé, lors de la souscription, l'établissement auprès duquel les bons, titres ou contrats ont été souscrits à communiquer leur identité et leur domicile fiscal à l'administration fiscale ou lorsque le bon, titre ou contrat a été cédé.

Les dispositions du deuxième alinéa ne sont applicables que si la cession des bons ou contrats de capitalisation souscrits à titre nominatif par une personne physique ne résulte pas d'une transmission entre vifs ou à cause de mort ayant fait l'objet d'une déclaration à l'administration fiscale.

Un décret fixe les modalités d'application des deuxième et troisième alinéas.

Art. 990 B *Le prélèvement prévu par l'article 990 A est dû, au taux de 1,5 %, autant de fois que le 1er janvier d'une année se trouve compris dans la période allant de l'émission du bon ou, si l'émission est antérieure au 1er janvier 1982, de cette dernière date inclusivement, au remboursement du bon.*

Si la période allant de l'émission au remboursement du bon est inférieure à un an et si elle ne comprend pas un 1er janvier, ce prélèvement est calculé en proportion de la durée du bon par rapport à une année entière.

A compter du 1er janvier 1984, le taux est de 2 %.

Art. 990 C *Le prélèvement est opéré par l'établissement payeur au moment du paiement des intérêts.*

Le prélèvement est établi, liquidé et recouvré sous les mêmes garanties et sanctions que celui mentionné à l'article 125 A. Les dispositions de l'article 242 ter et des 1 et 2 du I de l'article 1736 lui sont applicables. – V. Ann. III, art. 49 D à 49 I.

SECTION 0I *BIS* TAXE SUR LA VALEUR VÉNALE DES IMMEUBLES POSSÉDÉS EN FRANCE PAR DES PERSONNES MORALES

BIBL. ▶ MAUBLANC, *AJPI 1999. 1017.*

Art. 990 D Les entités juridiques : personnes morales, organismes, fiducies ou institutions comparables qui, directement ou par entité interposée, possèdent un ou plusieurs immeubles situés en France ou sont titulaires de droits réels portant sur ces biens sont redevables d'une taxe annuelle égale à 3 % de la valeur vénale de ces immeubles ou droits.

Aux fins d'application du présent article, est réputée posséder des biens ou droits immobiliers en France par entité interposée toute entité juridique qui détient une participation, quelles qu'en soient la forme et la quotité, dans une personne morale, un organisme, une fiducie ou une institution comparable, autre qu'une entité juridique visée aux 1°, *a* et *b* du 2° et *a*, *b* et *c* du 3° de l'article 990 E, qui est propriétaire de ces biens ou droits ou détenteur d'une participation dans une troisième personne morale, organisme, fiducie ou institution comparable lui-même propriétaire des biens ou droits ou interposé dans la chaîne des participations. Cette disposition s'applique quel que soit le nombre de ces entités juridiques interposées.

BIBL. ▶ GERBINO, *Dr. fisc. 2000. 290* (notion de prépondérance immobilière). - GICQUEL, *Dr. fisc. 2005. 1960* (les prépondérances immobilières).

NOTE. La jurisprudence dont il est rendu compte ci-dessous a été rendue sous l'empire de l'art. 990 D dans sa rédaction applicable avant le 1er janv. 2008.

1. Incompatibilité avec le droit communautaire. Le dispositif prévu par les art. 990 D s. (dans la version antérieure à la loi du 25 déc. 2007) porte une atteinte justifiée à la liberté de circulation des capitaux prévue par l'art. 56 du Traité CE en raison de l'objectif de lutte contre la fraude fiscale poursuivi par le dispositif en cause. Néanmoins, cette atteinte à la libre circulation des capitaux est disproportionnée lorsque le dispositif national aboutit à priver, en toutes circonstances, les personnes morales qui n'entrent pas dans le champ d'application d'une convention d'assistance administrative ou ne relèvent pas d'un traité prévoyant une clause de non-discrimination en matière fiscale, de la faculté de démontrer qu'elles ne poursuivent pas un objectif frauduleux. • CJCE 11 oct. 2007, n° C-451/05, *Elisa : RJF 2008. 97 ; Dr. fisc. 2007. 1047, note Pierre.* ♦ La portée de cette jurisprudence est limitée aux seuls États membres de l'UE à l'exclusion des sociétés ayant leur siège hors UE.

2. Le dispositif prévu par les art. 990 D s. (dans la version antérieure à la loi du 25 déc. 2007) porte atteinte à la liberté de circulation des capitaux prévue par l'art. 56 du Traité CE lorsque le dispositif national prive, en toutes circonstances, les personnes morales du bénéfice de l'exonération. Tel est le cas des sociétés holding luxembourgeoises régies par la loi du 31 juillet 1929, qui, faute d'une convention ou d'un traité visé par les anciens art. 990 E-2° et 990 E-3°, ne peuvent jamais s'exonérer de la taxe quand bien même elles apporteraient des informations sincères sur leurs associés et leurs immeubles et ne poursuivraient pas un objectif frauduleux. • Com. 8 avr. 2008, ⚖ n° 02-10.359 (FS-PB-R-I), *Sté Elisa : RJF 2008. 913 ; Dr. fisc. 2008. 291, note Maitrot de la Motte.* ♦ En revanche, pour les sociétés ayant leur siège dans un État lié à la France par une convention d'assistance administrative ou relevant d'un traité comportant une clause de non-discrimination fiscale, le dispositif est conforme au principe communautaire de liberté de circulation des capitaux. Ces sociétés ne rencontrent, en effet, aucun obstacle extérieur ou indépendant de leur volonté de nature à les exclure du bénéfice de l'exonération et sont à même de l'obtenir en toutes circonstances en s'acquittant de leurs obligations déclaratives. Tel est le cas, notamment, de l'ensemble des sociétés ayant leur siège dans un pays de l'UE à l'exception des sociétés luxembourgeoises précitées relevant du régime des holdings 1929. • Com. 29 sept. 2009, ⚖ n° 08-14.538 (810 F-PB), *Sté Temis : RJF 2010. 187 ; Dr. fisc. 2010. 180, note Maublanc ; BOI 7 Q-2-09.*

3. Compatibilité avec l'Accord EEE. La Cour de cassation a posé à la CJCE une question préjudicielle portant sur la compatibilité avec l'art. 40 de l'accord EEE (libre circulation des capitaux) de notre législation qui exonère de la taxe de 3 % les sociétés qui ont leur siège en France mais qui, pour les sociétés ayant leur siège dans un pays de l'Espace économique européen non membre de l'Union (Liechtenstein au cas d'espèce), subordonne cette exonération à l'existence d'une convention d'assistance administrative. • Com. 10 févr. 2009, ⚖ n° 07-13.448 (n° 127 FS-PB), *Sté Éts Rimbaud : Dr. fisc. 2009. 292, note Maitrot de la Motte ; RJF 2009. 524.* ♦ Par décision du 28 oct. 2010, la CJUE a dit pour droit que l'art. 40 de l'Accord sur l'EEE du 2 mai 1992 ne s'oppose pas à une législation nationale qui exonère de la taxe sur la valeur vénale des immeubles situés sur le territoire d'un État membre de l'UE les sociétés qui ont leur siège social sur le territoire de cet État et qui subordonne cette exonération, pour une société dont le siège social se trouve sur le territoire d'un État tiers membre de l'EEE, à l'existence d'une convention d'assistance administrative conclue entre ledit État membre et cet État tiers en vue de lutter contre la fraude et l'évasion fiscales ou à la circonstance que, par application d'un traité comportant une clause de non-discrimination selon la nationalité, ces personnes morales ne doivent pas être soumises à une imposition plus lourde que celle à laquelle sont assujetties les sociétés établies sur le territoire d'un État membre. Par suite, la Cour a validé la législation française qui refuse le bénéfice de la taxe de 3 % aux sociétés ayant leur siège au Liechtenstein. • CJUE 28 oct. 2010, ⚖ n° C-72/09 : *RJF 2011. 128.*

4. La CJUE a validé l'application de la taxe de 3 % à des sociétés domiciliées dans un pays ou territoire d'outre-mer (en l'espèce les Iles vierges britanniques) dès lors que la restriction à la liberté de circulation des capitaux – qui leur est applicable en leur qualité d'États tiers à l'UE – existait avant le 31 déc. 1993. • CJUE 5 mai 2011, ⚖ n° C-384/09 : *RJF 2011. 910 ; Dr. fisc. 2011. 393, note Maitrot de la Motte.*

5. Conformité de la taxe aux principes d'égalité. Il n'y a pas lieu de renvoyer devant le Cons. const. la QPC relative à la conformité des art. 990 D et 990 E aux principes d'égalité devant les charges publiques et de proportionnalité et d'individualisation des peines consacrés aux art. 6, 8 et 13 DDH ainsi qu'au principe d'égalité devant la loi fiscale issu de l'art. 6 de cette déclaration. • Com. 1er avr. 2018, *Fondation Nafond Privatstiftung,* n° 17-21.938 : *RJF 2018. 788.*

6. Réforme des art. 990 D à 990 G. Commentaire administratif du dispositif en vigueur à compter du 1er janv. 2008. * BOI-PAT-TPC n° 1 du 5 mai 2014.

7. Trusts. Les immeubles situés en France ou les droit réels portant sur ces immeubles donnent lieu, lorsqu'ils sont placés dans un trust, y compris lorsque ce dernier n'est pas doté de la personnalité morale, à assujettissement à la taxe annuelle égale à 3 % de leur valeur vénale. • CE 9 mai 2019, ⚖ *Sté Amicorp Limited,* n° 426431 : *RJF 2019. 661.*

8. Société en liquidation. Une société en liquidation judiciaire reste redevable de plein droit de la taxe. • Com. 8 avr. 2008, ⚖ n° 06-16.343 (n° 493 FS-PB) : *RJF 2008. 908.* ♦ Ce principe s'applique *mutatis mutandis* aux dispositions des art. 990 D s. en vigueur à compter du 1er janv. 2008. * BOI-PAT-TPC-10-10 n° 20 du 12 sept. 2012.

9. Fait générateur. Le fait générateur de la taxe ne se réfère aucunement à la détention anonyme des biens assujettis à cette taxe. Dès lors, la connaissance par l'Administration de l'identité de la ou des personnes physiques constituant les actionnaires, associés ou membres de la société en cause ne constitue pas, en tout état de cause, un obstacle à l'assujettissement de la société à la taxe. • Com. 5 oct. 1999, *Sté Berenix,* n° 97-14.410.

Art. 990 E La taxe prévue à l'article 990 D n'est pas applicable :

1° Aux organisations internationales, aux États souverains, à leurs subdivisions politiques et territoriales, ainsi qu'aux personnes morales, organismes, fiducies ou institutions comparables qu'ils contrôlent majoritairement ;

2° Aux entités juridiques : personnes morales, organismes, fiducies ou institutions comparables,

a) Dont les actifs immobiliers, au sens de l'article 990 D, situés en France, représentent moins de 50 % des actifs français détenus directement ou par l'intermédiaire d'une ou plusieurs entités juridiques. Pour l'application de cette disposition, ne sont pas inclus dans les actifs immobiliers les actifs détenus directement ou indirectement que les entités juridiques définies à l'article 990 D ou les entités juridiques interposées affectent directement ou indirectement à leur activité professionnelle autre qu'immobilière ou à celle d'une entité juridique avec laquelle elles ont un lien de dépendance au sens du 12 de l'article 39 ;

b) Ou dont les actions, parts et autres droits font l'objet de négociations significatives et régulières sur un marché réglementé, ainsi qu'aux personnes morales dont ces entités détiennent directement ou indirectement la totalité du capital social ;

3° Aux entités juridiques : personnes morales, organismes, fiducies ou institutions comparables qui ont leur siège en France, dans un État membre de l'Union européenne ou dans un pays ou territoire ayant conclu avec la France une convention d'assistance administrative en vue de lutter contre la fraude et l'évasion fiscales ou dans un État ayant conclu avec la France un traité leur permettant de bénéficier du même traitement que les entités qui ont leur siège en France : *— Pour la liste des conventions et traités mentionnés ci-dessus, V. Instr. du 30 mai 2011 (BOI 7 Q-1-11).*

a) Dont la quote-part du ou des immeubles situés en France ou des droits réels détenus directement ou indirectement portant sur ces biens est inférieure à 100 000 € ou à 5 % de la valeur vénale desdits biens ou autres droits ;

b) Ou instituées en vue de gérer des régimes de retraite, à leurs groupements, ainsi que ceux, reconnus d'utilité publique ou dont la gestion est désintéressée, et dont l'activité ou le financement justifie la propriété des immeubles ou droits immobiliers ;

c) Ou qui prennent la forme de sociétés de placement à prépondérance immobilière à capital variable ou de fonds de placement immobilier régis par les articles L. 214-33 et suivants du code monétaire et financier qui ne sont pas constitués sous la forme mentionnée à l'article L. 214-148 du même code ou ceux qui sont soumis à une réglementation équivalente dans l'État ou le territoire où ils sont établis ;

d) Ou qui communiquent chaque année ou prennent et respectent l'engagement de communiquer à l'administration fiscale, sur sa demande, la situation, la consistance et la valeur des immeubles possédés au 1er janvier, l'identité et l'adresse de l'ensemble des actionnaires, associés ou autres membres qui détiennent, à quelque titre que ce soit, plus de 1 % des actions, parts ou autres droits, ainsi que le nombre des actions, parts ou autres droits détenus par chacun d'eux. L'engagement est pris à la date de l'acquisition par l'entité du bien ou droit immobilier ou de la participation mentionnés à l'article 990 D ou, pour les biens, droits ou participations déjà possédés au 1er janvier 2008, au plus tard le 15 mai 2008 ;

e) Ou qui déclarent chaque année au plus tard le 15 mai, au lieu fixé par l'arrêté prévu à l'article 990 F, la situation, la consistance et la valeur des immeubles possédés au 1er janvier, l'identité et l'adresse des actionnaires, associés ou autres membres qui détiennent plus de 1 % des actions, parts ou autres droits dont ils ont connaissance à la même date, ainsi que le nombre des actions, parts ou autres droits détenus par chacun d'eux, au prorata du nombre d'actions, parts ou autres droits détenus au 1er janvier par des actionnaires, associés ou autres membres dont l'identité et l'adresse ont été déclarées.

V. Ann. III, art. 313-0 BR et 313-0 BR bis et LPF, art. R. 23 B-1.

NOTE : Sauf exception, la jurisprudence dont il est rendu compte ci-dessous a été rendue sous l'empire de l'art. 990 E dans sa rédaction applicable avant le 1er janv. 2008.

1. Réforme des art. 990 D à 990 G. Commentaire administratif du dispositif en vigueur à compter du 1er janv. 2008. * BOI-PAT-TPC du 5 mai 2014.

2. Sociétés panaméennes. La clause d'égalité de traitement figurant dans la convention d'établissement entre la France et le Panama du 10 juill. 1953 s'opposait à ce que les sociétés panaméennes soient assujetties en France à une imposition non perçue sur les sociétés françaises. • CE 16 déc. 1991, n° 54611 : *Lebon T. 804* • Com. 15 nov. 1994, n° 93-12.026 : *Dr. fisc. 1994. 2302 ; RJF 1995. 277* • 17 oct. 1995, n° 93-17.716 : *Dr. fisc. 1996. 157.* ♦ En application de l'art. L. 190, 3e al., du LPF, la restitution de la taxe perçue à tort peut porter sur les quatre années précédant l'arrêt rendu par le Conseil d'État le 16 déc. 1991. • Com. 5 oct. 1999, n° 97-13.122, *Sté Sounoune : Dr. fisc. 2000. 289.* ♦ Cette jurisprudence est inopérante depuis l'entrée en vigueur de l'accord des 6 avr. et 17 juill. 1995, dont l'art. 5 a supprimé les effets fiscaux de la clause d'égalité de traitement. Refus d'exonération en application de l'accord de 1995. • Com. 28 nov. 2006, n° 1310F-D, *Sté Beauvalais : RJF 2007. 638 ; Dr. fisc. 2007. 969.*

3. Personnes morales non considérées comme à prépondérance immobilière (Sol. ant. à 2008). La prépondérance immobilière doit être appréciée au niveau tant de la personne morale étrangère que de la personne interposée. • Com. 3 juin 1998, n° 1159D : *RJF 1998. 1039.* ♦ Le juge ne fait qu'user de son pouvoir souverain en décidant, sans dénaturation, que le contrat litigieux ne peut pas être qualifié de location-gérance, dès lors qu'il a relevé que la société avait loué non pas un fonds de commerce préexistant ni même un fonds à créer mais un immeuble équipé et aménagé à usage de résidence de tourisme et que, faute d'exploitation antérieure, aucune clientèle n'avait pu être constituée. Par suite, l'immeuble donné en location par la société par un simple bail commercial ne peut pas être considéré comme affecté à une activité autre qu'immobilière au sens de l'art. 990 E-1°. La condition de l'exonération prévue par ce texte n'est donc pas remplie. • Com. 13 févr. 2007, n° 04-11.726 (n° 201 F-D) : *RJF 2007. 870.* ♦ Une société doit être soumise à la taxe dès lors que l'immeuble détenu en France par elle constitue son seul actif français, affecté à sa propre activité professionnelle de loueur en meublé, laquelle est à prépondérance immobilière. • Com. 21 févr. 2012, n° 11-12.456 : *RJF 2012. 662.*

4. Suisse. Le dispositif prévu par l'art. 990 E-3°, qui exonère de la taxe de 3 % les personnes morales qui ont leur siège de direction effective en France et celles qui, en vertu d'un traité, ne doivent pas être soumises à une imposition plus lourde si elles communiquent directement chaque année à l'administration fiscale un *certain nombre de renseignements ou prennent* l'engagement d'y procéder, n'est ni contraire à l'art. 26 de la Convention franco-suisse du 9 sept. 1996 ni, s'agissant de personnes morales ressortissantes d'un pays signataire d'un traité, discriminatoire au sens du droit communautaire. • Com. 8 avr. 2008, n° 07-13.210 : *RJF 2008. 906* • Com. 24 mai 2011, n° 10-15.149 : *RJF 2011. 1102.* ♦ Si les tiers peuvent se prévaloir du siège statutaire de la société, celui-ci ne leur est pas opposable par la société si son siège réel est situé en un autre lieu. Dès lors, une société ayant son siège statutaire en Grande-Bretagne n'a pas droit à l'exonération prévue à l'article 990 E-2°, dès lors que l'Administration rapporte la preuve que le siège de direction effective de la société était situé en Suisse, pays, qui, à l'époque concernée, n'avait pas conclu avec la France une convention d'assistance administrative en vue de lutter contre la fraude et l'évasion fiscales. • Com. 12 déc. 2006, n° 04-18.616 (n° 1398 F-PB) : *RJF 2007. 770 ; Dr. fisc. 2007. 762.* ♦ La société n'a pas droit à l'exonération prévue à l'art. 990 E-3°, dès lors qu'elle est une société anglaise se présentant « comme immatriculée en Angleterre et ayant son siège social à Londres », tandis qu'elle a son siège de la direction effective en Suisse, ce dont il se déduit que cette société n'est pas résidente du pays dont elle a la nationalité, alors que les conventions invoquées nécessitaient pour être applicables que la société ait la nationalité du pays dont elle est résidente. • Même arrêt.

5. Liechtenstein. La CJUE a validé la législation française qui refuse le bénéfice de l'exonération de la taxe aux sociétés établies au Liechtenstein. Cette restriction au principe de la libre circulation des capitaux (en principe interdite par l'art. 40 de l'accord EEE) est en effet justifiée par des raisons impérieuses d'intérêt général tenant à la lutte contre la fraude fiscale et à la nécessité de préserver les contrôles fiscaux : en effet, en l'absence de convention d'assistance administrative avec cet État ou d'un traité comportant une clause de non-discrimination selon la nationalité, il est impossible d'obtenir les renseignements nécessaires à l'exercice d'un contrôle effectif des éléments fournis par les sociétés assujetties. • CJUE 28 oct. 2010, n° C-72/09 : *Dr. fisc. 2010. 588, note Maitrot de la Motte et Dubout ; RJF 2011. 128.* ♦ L'exonération de taxe de 3 % ne pouvait profiter à une société dont le siège social est situé au Liechtenstein dès lors que cet État n'est pas lié à la France par une convention de non-discrimination selon la nationalité. • Com. 10 mai 2011, n° 07-12.448 : *RJF 2011. 1114.* ♦ Cependant, l'accord d'échange de renseignements signé avec le Liechtenstein le 22 sept. 2009, entré en vigueur le 19 août 2010, permet aux sociétés établies dans cet État de bénéficier de l'exonération de la taxe de 3 %.

6. Se trouve en situation de taxation d'office, justifiant l'émission d'une notification d'imposition d'office sans l'envoi d'une nouvelle mise en demeure, la société immobilière qui, n'ayant souscrit ni l'engagement ni les déclarations prescrits par l'art. 990 E-3°, a reçu une mise en demeure, intitulée comme telle, l'invitant à procéder à l'une de ces démarches dans les trente jour et précisant les sanctions auxquelles la société s'exposait à défaut de régularisation dans ce délai. • Com. 8 avr. 2008, n° 05-19.159 : *RJF 2008. 907.*

7. Obligation de déclaration. Les art. 990 D et 990 E-2° imposent à toute personnes morale, maillon d'une chaîne de participations, de souscrire une déclaration pour bénéficier de l'exonération de taxe sur la valeur vénale des immeubles possédés en France par des personnes morales, prévue par ce dernier texte. Cette obligation déclarative s'impose quel que soit le nombre de personnes interposées. Dès lors chacune des personnes concernées doit souscrire la déclaration de l'art. 990 E-2°, pour bénéficier de l'exonération et la société qui a souscrit des déclarations contenant des omissions et des erreurs au soutien de sa demande d'exonération ne peut prétendre voir la taxe liquidée sur la base des valeurs figurant sur les déclarations souscrites par une autre société. • Com. 31 janv. 2006, n° 154FS-PB : *RJF 2006. 617.*

Art. 990 F **La taxe est due à raison des immeubles ou droits immobiliers possédés au 1er janvier de l'année d'imposition, à l'exception des biens régulièrement inscrits dans les stocks des personnes morales qui exercent la profession de marchand de biens ou de promoteur constructeur. Lorsqu'il existe une chaîne de participations, la taxe est due par la ou les personnes morales qui, dans cette chaîne, sont les plus proches des immeubles ou droits immobiliers et qui ne sont pas exonérées en application du *d* ou *e* du 3° de l'article 990 E. Toute personne morale, organisme, fiducie ou institution comparable, interposé entre le ou les débiteurs de la taxe et les immeubles ou droits immobiliers est solidairement responsable du paiement de cette taxe.**

La personne morale, l'organisme, la fiducie ou l'institution comparable qui, faute d'avoir respecté l'engagement prévu au *d* du 3° de l'article 990 E, est entré dans le champ d'application de la taxe prévue à l'article 990 D, peut s'en exonérer à compter de l'année où il communique à l'administration fiscale les informations mentionnées audit *d* du 3° et prend un nouvel engagement de les lui communiquer ultérieurement sur sa demande.

Les redevables doivent déclarer au plus tard le 15 mai de chaque année, la situation, la consistance et la valeur des immeubles et droits immobiliers en cause. Cette déclaration, accompagnée du paiement de la taxe, est déposée au lieu fixé par arrêté du ministre chargé du budget. — *V. Ann. IV, art. 121 K ter.*

La taxe est recouvrée selon les règles et sous les sanctions et garanties applicables aux droits d'enregistrement. Sont également applicables à la taxe les dispositions de l'article 223 *quinquies* A.

En cas de cession de l'immeuble par une personne morale, un organisme, une fiducie ou une institution comparable non établi dans un autre État membre de l'Union européenne ou dans un autre État partie à l'accord sur l'Espace économique européen ayant conclu avec la France une convention d'assistance administrative en vue de lutter contre la fraude et l'évasion fiscales ainsi qu'une convention d'assistance mutuelle en matière de recouvrement de l'impôt, le représentant visé au IV de l'article 244 *bis* A est responsable du paiement de la taxe restant due à cette date.

1. Réforme des art. 990 D à 990 G. Commentaire administratif du dispositif en vigueur à compter du 1er janv. 2008. * BOI-PAT-TPC n°s 1 et 10 du 5 mai 2014.

2. Cas d'une chaîne de participations. Lorsqu'il existe une chaîne de participations, la taxe est due par la ou les personnes morales qui, dans cette chaîne, sont les plus proches des immeubles ou droits immobiliers et qui ne sont pas exonérées en application de l'art. 990 E-2° ou 3°. Dès lors, une société luxembourgeoise qui possède des immeubles en France, fût-elle interposée entre ces biens et une autre personne morale (holding ayant également son siège au Luxembourg), est redevable de la taxe. • Com. 31 janv. 2006, n° 154FS-PB : *RJF 2006. 617.*

3. Défaut de déclaration des avoirs en trust. En l'absence de déclaration régulière des avoirs placés en trust au titre de l'ISF, le prélèvement ne se cumule pas avec l'ISF mais s'y substitue. • CE, QPC, 25 sept. 2017, n° 412024 : *RJF 2017. 1225.*

4. Télédéclaration de la taxe de 3 %. La téléprocédure a été mise en service le 1er avr. 2021. * Site impots.gouv.fr.

Art. 990 G **La taxe prévue à l'article 990 D n'est pas déductible pour l'assiette de l'impôt sur le revenu ou de l'impôt sur les sociétés.**

Art. 990 H *Abrogé par L. n° 2007-1824 du 25 déc. 2007, art. 20-IV et V, à compter du 1er janv. 2008.*

SECTION 0I *TER* PRÉLÈVEMENT SUR LES SOMMES VERSÉES PAR LES ORGANISMES D'ASSURANCES ET ASSIMILÉS À RAISON DES CONTRATS D'ASSURANCES EN CAS DE DÉCÈS

Art. 990 I I. – Lorsqu'elles n'entrent pas dans le champ d'application de l'article 757 B, les sommes, rentes ou valeurs quelconques dues directement ou indirectement par un ou plusieurs organismes d'assurance et assimilés, à raison du décès de l'assuré, sont assujetties à un prélèvement à concurrence de la part revenant à chaque bénéficiaire de ces sommes, rentes ou valeurs correspondant à la fraction rachetable des contrats et des primes versées au titre de la fraction non rachetable des contrats autres que ceux mentionnés au 1° du I de l'article 199 *septies* *(Ord. n° 2019-766 du 24 juill. 2019, art. 3-I et 9-I ; Décr. n° 2019-807 du 30 juill. 2019, art. 9-II, en vigueur le 1er oct. 2019)* « , que ceux mentionnés à l'article 154 *bis* et au 1° de l'article 998, à l'exception des contrats relevant des articles L. 224-1 et suivants du code monétaire et financier *[ancienne rédaction : et que ceux mentionnés à l'article 154 bis et au 1° de l'article 998]* » *(L. n° 2017-1837 du 30 déc. 2017, art. 35)* « , ainsi que ceux mentionnés à l'article L. 7342-2 du code du travail » et souscrits dans le cadre d'une activité professionnelle, diminuée d'un abattement proportionnel de 20 % pour les seules sommes, valeurs ou rentes issues des contrats mentionnés au 1 du I *bis* et répondant aux conditions prévues au 2 du même I *bis*, puis d'un abattement fixe de 152 500 €. Le prélèvement s'élève à 20 % pour la fraction de la part taxable de chaque bénéficiaire inférieure ou égale à 700 000 €, et à 31,25 % pour la fraction de la part taxable de chaque bénéficiaire excédant cette limite.

(L. n° 2017-1837 du 30 déc. 2017, art. 31) « Pour l'application du prélèvement prévu au premier alinéa du présent I, ne sont pas assujetties les sommes, rentes ou valeurs quelconques dues à raison des rentes viagères constituées dans le cadre d'une activité professionnelle *(Ord. n° 2019-766 du 24 juill. 2019, art. 3-I et 9-I ; Décr. n° 2019-807 du 30 juill. 2019, art. 9-II, en vigueur le 1er oct. 2019)* « , d'un plan d'épargne retraite populaire prévu à l'article L. 144-2 du code des assurances ou d'un plan d'épargne retraite prévu à l'article L. 224-28 du code monétaire et financier *[ancienne rédaction : ou d'un plan d'épargne retraite populaire prévu à l'article L. 144-2 du code des assurances]* », moyennant le versement de primes régulièrement échelonnées dans leur montant et leur périodicité pendant une durée d'au moins quinze ans et dont l'entrée en jouissance intervient, au plus tôt, à compter de la date de la liquidation de la pension du redevable dans un régime obligatoire d'assurance vieillesse ou à l'âge fixé en application de l'article L. 351-1 du code de la sécurité sociale. »

Le bénéficiaire doit produire auprès des organismes d'assurance et assimilés une attestation sur l'honneur indiquant le montant des abattements déjà appliqués aux sommes, rentes ou valeurs quelconques reçues d'un ou plusieurs organismes d'assurance et assimilés à raison du décès du même assuré.

Le bénéficiaire n'est pas assujetti au prélèvement visé au premier alinéa lorsqu'il est exonéré de droits de mutation à titre gratuit en application des dispositions des articles 795, 795-0 A, 796-0 *bis* et 796-0 *ter*.

Le bénéficiaire est assujetti au prélèvement prévu au premier alinéa dès lors qu'il a, au moment du décès, son domicile fiscal en France au sens de l'article 4 B et qu'il l'a eu pendant au moins six années au cours des dix années précédant le décès ou dès lors que l'assuré a, au moment du décès, son domicile fiscal en France au sens du même article 4 B.

En cas de démembrement de la clause bénéficiaire, le nu-propriétaire et l'usufruitier sont considérés, pour l'application du présent article, comme bénéficiaires au prorata de la part leur revenant dans les sommes, rentes ou valeurs versées par l'organisme d'assurance, déterminée selon le barème prévu à l'article 669. Les abattements prévus au premier alinéa du présent I sont répartis entre les personnes concernées dans les mêmes proportions. – *V. note ss. l'art.*

I *bis*. – 1. Les sommes, valeurs ou rentes qui bénéficient de l'abattement proportionnel de 20 % sont celles qui sont issues des contrats et placements de même nature souscrits à compter du 1er janvier 2014 ou des contrats souscrits avant cette date et ayant subi, entre le 1er janvier 2014 et le 1er janvier 2016, une transformation partielle ou totale entrant dans le champ du I de l'article 1er de la loi n° 2005-842 du

26 juillet 2005 pour la confiance et la modernisation de l'économie ou du 2° du I de l'article 125-0 A du présent code *(Abrogé par L. n° 2021-1900 du 30 déc. 2021, art. 35-I-25°)* **« *, sans qu'il soit fait application du dernier alinéa du même 2°,* » et dans lesquels les primes versées sont représentées par une ou plusieurs unités de compte constituées :**

a) De parts ou d'actions d'organismes de placement collectif en valeurs mobilières ;

b) De placements collectifs relevant des articles L. 214-24-24 à L. 214-32-1 ou L. 214-139 à L. 214-147 du code monétaire et financier ;

c) D'organismes de même nature que les organismes mentionnés aux *a* et *b* établis soit dans un autre État membre de l'Union européenne, soit dans un autre État partie à l'accord sur l'Espace économique européen ayant conclu avec la France une convention d'assistance administrative en vue de lutter contre la fraude et l'évasion fiscales et qui bénéficient de la procédure de reconnaissance mutuelle des agréments prévue par la directive 2009/65/CE du Parlement européen et du Conseil du 13 juillet 2009 portant coordination des dispositions législatives réglementaires et administratives concernant certains organismes de placement collectif en valeurs mobilières (OPCVM) (refonte) ;

d) De parts ou d'actions de sociétés mentionnées au I de l'article 150 UB du présent code ayant leur siège social sur le territoire de l'un des États membres de l'Union européenne ou dans un autre État partie à l'accord sur l'Espace économique européen ayant conclu avec la France une convention d'assistance administrative en vue de lutter contre la fraude et l'évasion fiscales ;

e) De parts ou d'actions d'organismes de placement collectif immobilier ou de sociétés civiles de placement immobilier.

2. Bénéficient de l'abattement proportionnel de 20 % mentionné au premier alinéa du I, les sommes, valeurs ou rentes issues des contrats définis au 1 du présent I *bis* et qui sont investies notamment :

1° En titres et droits mentionnés aux *d* et *e* du même 1 et contribuant au financement du logement social ou intermédiaire selon des modalités définies par décret en Conseil d'État ;

2° Ou en titres d'organismes de placement collectif mentionnés aux *a* à *c* dudit 1 dont l'actif est constitué notamment par :

a) Des parts de fonds communs de placement à risques ou de fonds professionnels de capital investissement ou de sociétés de libre partenariat qui remplissent les conditions prévues au II de l'article 163 *quinquies* B du présent code, de fonds communs de placement dans l'innovation mentionnés à l'article L. 214-30 du code monétaire et financier, de fonds d'investissement de proximité mentionnés à l'article L. 214-31 du même code et d'actions de sociétés de capital-risque, qui remplissent les conditions prévues à l'article 1er-1 de la loi n° 85-695 du 11 juillet 1985 portant diverses dispositions d'ordre économique et financier, ou d'un organisme similaire d'un État membre de l'Union européenne ou d'un État partie à l'accord sur l'Espace économique européen ayant conclu avec la France une convention d'assistance administrative en vue de lutter contre la fraude et l'évasion fiscales ;

b) Des actions ou parts émises par des sociétés exerçant une activité mentionnée à l'article 34 du présent code qui, d'une part, occupent moins de 5 000 personnes et qui, d'autre part, ont un chiffre d'affaires annuel n'excédant pas 1 500 millions d'euros ou un total de bilan n'excédant pas 2 000 millions d'euros, sous réserve que le souscripteur du contrat, son conjoint et leurs ascendants et descendants ne détiennent pas ensemble, pendant la durée du contrat, directement ou indirectement, plus de 25 % des droits dans les bénéfices de la société ou n'ont pas détenu une telle participation à un moment quelconque au cours des cinq années précédant la souscription du contrat ;

c) Des actifs relevant de l'économie sociale et solidaire respectant des conditions définies par décret en Conseil d'État.

Les titres et droits mentionnés au *b* du présent 2° et les titres et droits constituant l'actif des organismes mentionnés aux *a* et *c* sont émis par des sociétés qui ont leur siège dans un État membre de l'Union européenne ou dans un autre État partie à l'accord sur l'Espace économique européen ayant conclu avec la France une convention d'assistance administrative en vue de lutter contre la fraude et l'évasion fiscales, et qui

sont soumises à l'impôt sur les sociétés dans les conditions de droit commun au taux normal ou le seraient dans les mêmes conditions si elles exerçaient leur activité en France.

Un décret en Conseil d'État détermine les modalités d'appréciation des seuils d'effectif salarié, de chiffre d'affaires et de total de bilan mentionnés au même *b*.

Les titres mentionnés au 1° et aux *a* à *c* du 2° du présent 2 représentent au moins 33 % des actifs dont sont constituées les unités de compte mentionnées au 1.

3. Les règlements ou les statuts des organismes de placement collectif en valeurs mobilières et des placements collectifs mentionnés au 1 prévoient le respect des catégories d'investissement prévues au 2. Un décret en Conseil d'État précise les modalités de calcul et d'appréciation du respect des proportions d'investissement ainsi que les justificatifs à produire par les organismes ou sociétés concernés.

4. Lorsque les organismes de placement collectif en valeurs mobilières, les placements collectifs et les sociétés mentionnés au 1 recourent à des instruments financiers à terme, à des opérations de pension ainsi qu'à toute autre opération temporaire de cession ou d'acquisition de titres, ces organismes ou sociétés doivent respecter les règles d'investissement de l'actif prévues au 2, calculées en retenant au numérateur la valeur des titres éligibles à ces règles dont ils perçoivent effectivement les produits. Un décret en Conseil d'État précise les modalités de calcul et les justificatifs à produire par les organismes ou sociétés concernés.

5. Les contrats mentionnés au présent I *bis* peuvent également prévoir qu'une partie des primes versées est affectée à l'acquisition de droits qui sont exprimés en unités de compte autres que celles mentionnées au 1. Pour ces contrats, la proportion d'investissement que doivent respecter les unités de compte mentionnées au même 1 est au moins égale à la proportion prévue au 2 multipliée par le rapport qui existe entre la prime versée et la part de cette prime représentée par la ou les unités de compte précitées. — *V. note ss. l'art. ; V. également Ann. II, art. 306-0 F bis.*

I *ter*. — Le prélèvement prévu au I est applicable aux sommes versées au bénéficiaire par la Caisse des dépôts et consignations en application des articles L. 132-27-2 du code des assurances et L. 223-25-4 du code de la mutualité, lorsqu'elles entrent dans le champ d'application du I au jour de leur dépôt à la Caisse des dépôts et consignations. — *Les dispositions du I ter ci-dessus s'appliquent aux sommes versées par la Caisse des dépôts et consignations à compter du 1er janv. 2016 (L. nº 2014-617 du 13 juin 2014, art. 16, et L. nº 2014-1655 du 29 déc. 2014, art. 89-III). — V. Ann. III, art. 344 G nonies.*

II. — Le prélèvement prévu au I est dû par le bénéficiaire et versé au comptable public compétent par les organismes d'assurance et assimilés ou, dans le cas prévu au I *ter*, par la Caisse des dépôts et consignations, dans les quinze jours qui suivent la fin du mois au cours duquel les sommes, rentes ou valeurs quelconques dues par eux ont été versées aux bénéficiaires à titre gratuit.

Il est recouvré suivant les mêmes règles, sous les mêmes garanties et les mêmes sanctions que la taxe sur les conventions d'assurances prévue aux articles 991 et suivants.

III. — *Abrogé.*

Les dispositions du présent art. telles que modifiées par le B du I de l'art. 31 de la L. nº 2017-1837 du 30 déc. 2017 s'appliquent au titre de l'impôt sur la fortune immobilière dû à compter du 1er janv. 2018. Toutefois, les dispositions modifiées par le même B du I continuent de s'appliquer, dans leur rédaction en vigueur au 31 déc. 2017, à l'impôt de solidarité sur la fortune dû jusqu'au titre de l'année 2017 incluse (L. préc., art. 31-IX-B).

BIBL. ▶ LEROND et DUMONT, *FR Lefebvre 25/15, inf. 9* (les conséquences de la cosouscription d'un contrat d'assurance sur la vie). – PAYS, *BFL 2015, p. 445* (démembrement des capitaux décès : encore quelques incertitudes fiscales).

1. Démembrement de la clause bénéficiaire. 1) L'art. 11 de la *L. nº 2011-900 du 29 juill. 2011* a institué comme bénéficiaires, pour l'application du prélèvement de 20 ou 25 %, le nu-propriétaire et l'usufruitier des capitaux versés au décès de l'assuré d'un contrat d'assurance vie dont la clause bénéficiaire est démembrée. Réputés bénéficiaires au prorata de la part leur revenant dans les capitaux versés par l'organisme d'assurance selon le barème de l'art. 669, l'abattement de 152 500 € à déduire du montant soumis au prélèvement est réparti entre eux selon la même proportion. 2) Il y a lieu d'appliquer autant d'abattements qu'il y a de couples « usufruitier/nu-propriétaire » : ainsi, en présence de plusieurs nus-propriétaires, chaque nu-propriétaire partage l'abattement avec l'usufruitier en fonction des droits revenant à chacun, l'usufruitier ne pouvant toutefois bénéficier au total que d'un abattement maximum de 152 500 € sur l'ensemble des capitaux reçus au décès d'un même assuré. 3) Si l'usufruitier ou le nu-propriétaire sont également bénéficiaires d'autres contrats souscrits par le même assuré, ils pourraient chacun bénéficier d'un complément d'abattement jusqu'à 152 500 €. * BOI-TCAS-AUT-60 n° 310 du 16 mai 2018.

2. Plan d'épargne retraite populaire (PERP). Régime au regard du prélèvement spécial prévu à l'art. 990 I. * BOI-TCAS-AUT-60 n° 170 du 16 mai 2018.

3. Contrats d'assurance vie non dénoués au décès du souscripteur ou du bénéficiaire. Afin de garantir la neutralité fiscale pour l'ensemble des héritiers lors du décès du premier époux, il est admis, pour les successions ouvertes à compter du 1er janv. 2016, qu'au plan fiscal ? la valeur de rachat d'un contrat d'assurance vie souscrit avec des fonds communs et non dénoué à la date du décès de l'époux bénéficiaire de ce contrat, ne soit pas intégrée à l'actif de la communauté conjugale lors de sa liquidation, et ne constitue donc pas un élément de l'actif successoral pour le calcul des droits de mutation dus par les héritiers de l'époux prédécédé. Lors du dénouement du contrat suite au décès du second conjoint, les sommes versées aux bénéficiaires de l'assurance vie resteront soumises aux prélèvements prévus, suivant les cas, aux art. 757 B et 990 I dans les conditions de droit commun. * Rép. min. n° 78192 : *JOAN Q, 23 févr. 2016, p. 1648* * BOI-ENR-DMTG-10-10-20-20 nos 380 et 390 du 1er juill. 2016.

Art. 990 I *bis* I. — 1. Lorsqu'elles n'entrent pas dans le champ d'application du II *ter* de l'article 125-0 A ou du I *ter* de l'article 990 I, les sommes qui, au jour de leur dépôt à la Caisse des dépôts et consignations, étaient dues, directement ou indirectement, par un ou plusieurs organismes d'assurance et assimilés à raison du décès de l'assuré ou à raison de l'échéance d'un contrat d'assurance sur la vie ou d'un bon ou contrat de capitalisation, et qui sont versées par la Caisse des dépôts et consignations en application des articles L. 132-27-2 du code des assurances et L. 223-25-4 du code de la mutualité, sont soumises à un prélèvement à concurrence de la part revenant à chaque bénéficiaire de ces sommes, diminuée d'un abattement de 15 000 €. Le prélèvement s'élève à 20 % pour la fraction de la part taxable de chaque bénéficiaire inférieure ou égale à 700 000 € et à 31,25 % pour la fraction de la part taxable de chaque bénéficiaire excédant cette limite.

Le bénéficiaire n'est pas assujetti au prélèvement mentionné au premier alinéa du présent 1 lorsqu'il a été exonéré de droits de mutation à titre gratuit à raison du décès de l'assuré mentionné au même alinéa en application des articles 795, 796-0 *bis* ou 796-0 *ter* du présent code.

Le bénéficiaire est assujetti au prélèvement prévu au premier alinéa du présent 1 dès lors qu'il a, au moment du décès de l'assuré mentionné à ce même alinéa, son domicile fiscal en France, au sens de l'article 4 B, et qu'il l'a eu pendant au moins six années au cours des dix années précédant le décès ou que le même assuré a, au moment de son décès, son domicile fiscal en France, au sens du même article 4 B.

2. En cas de démembrement de la clause bénéficiaire au jour du dépôt des sommes à la Caisse des dépôts et consignations en application des articles L. 132-27-2 du code des assurances et L. 223-25-4 du code de la mutualité, le nu-propriétaire et l'usufruitier sont considérés, pour l'application du présent article, comme bénéficiaires au prorata de la part leur revenant dans les sommes versées par la Caisse des dépôts et consignations, déterminée selon le barème prévu à l'article 669 du présent code. *L'abattement* prévu au premier alinéa du 1 du présent I est réparti entre les personnes concernées, dans les mêmes proportions.

II. — Le 1 du I est également applicable aux sommes versées, à raison du décès du titulaire du compte, par la Caisse des dépôts et consignations en application de l'article L. 312-20 du code monétaire et financier.

III. — Le prélèvement prévu au I est dû par le bénéficiaire et versé au comptable public compétent par la Caisse des dépôts et consignations dans les quinze jours qui suivent la fin du mois au cours duquel les sommes ont été versées au bénéficiaire.

Il est recouvré et contrôlé suivant les mêmes procédures et sous les mêmes sanctions, garanties et privilèges que la taxe sur les conventions d'assurances prévue aux articles 991 et suivants. Les réclamations sont présentées, instruites et jugées selon les règles applicables à cette même taxe. — *V. Ann. III, art. 344 G nonies.*

SECTION 0I *QUATER* PRÉLÈVEMENT SUR LES BIENS, DROITS ET PRODUITS PLACÉS DANS UN TRUST

Art. 990 J I. — Les personnes physiques constituants *[constituantes]* ou bénéficiaires d'un trust défini à l'article 792-0 *bis* sont soumises à un prélèvement fixé au tarif le plus élevé mentionné au 1 de l'article *(L. n° 2017-1837 du 30 déc. 2017, art. 31)* « 977 ».

II. — Lorsque leur administrateur est soumis à la loi d'un État ou territoire ayant conclu avec la France une convention d'assistance administrative en vue de lutter contre la fraude et l'évasion fiscales, le prélèvement ne s'applique pas aux trusts irrévocables dont les bénéficiaires exclusifs relèvent de l'article 795 ou sont des organismes de même nature relevant de l'article 795-0 A ni à ceux constitués en vue de gérer les droits à pension acquis, au titre de leur activité professionnelle, par les bénéficiaires dans le cadre d'un régime de retraite mis en place par une entreprise ou un groupe d'entreprises.

III. — Le prélèvement est dû :

1° Pour les personnes qui ont en France leur domicile fiscal au sens de l'article 4 B, à raison des *(L. n° 2017-1837 du 30 déc. 2017, art. 31)* « actifs mentionnés à l'article 965 » situés en France ou hors de France *(Abrogé par L. n° 2017-1837 du 30 déc. 2017, art. 31)* « *et des produits capitalisés* » placés dans le trust ;

2° Pour les autres personnes, à raison des seuls *(L. n° 2017-1837 du 30 déc. 2017, art. 31)* « actifs mentionnés au 2° de l'article 964 » placés dans le trust.

Toutefois, le prélèvement n'est pas dû à raison des *(L. n° 2017-1837 du 30 déc. 2017, art. 31)* « actifs mentionnés aux 1° et 2° du présent III » lorsqu'ils ont été :

a) Inclus dans le patrimoine *(L. n° 2017-1837 du 30 déc. 2017, art. 31)* « soumis à l'impôt sur la fortune immobilière », selon le cas, du constituant ou d'un bénéficiaire pour l'application de l'article *(L. n° 2017-1837 du 30 déc. 2017, art. 31)* « 970 » et régulièrement déclarés à ce titre par ce contribuable ;

b) Déclarés, en application de l'article 1649 AB, dans le patrimoine d'un constituant ou d'un bénéficiaire réputé être un constituant en application du 3 du II de l'article 792-0 *bis*, dans les cas où le constituant ou le bénéficiaire n'est pas redevable de l'impôt *(L. n° 2017-1837 du 30 déc. 2017, art. 31)* « sur la fortune immobilière » compte tenu de la valeur nette taxable de son patrimoine, celui-ci incluant les *(L. n° 2017-1837 du 30 déc. 2017, art. 31)* « actifs mentionnés à l'article 965 » placés dans le trust.

Le prélèvement est assis sur la valeur vénale nette au 1er janvier de l'année d'imposition des *(L. n° 2017-1837 du 30 déc. 2017, art. 31)* « actifs mentionnés à l'article 965 » composant le trust.

La consistance et la valeur des *(L. n° 2017-1837 du 30 déc. 2017, art. 31)* « actifs mentionnés à l'article 965 » placés dans le trust sont déclarées et le prélèvement est acquitté et versé au comptable public compétent par l'administrateur du trust au plus tard le 15 juin de chaque année. A défaut, le constituant et les bénéficiaires, autres que ceux mentionnés aux *a* et *b* du présent III, ou leurs héritiers sont solidairement responsables du paiement du prélèvement. — *V. Ann. II, art. 369 A.*

Le prélèvement est assis *(L. n° 2017-1837 du 30 déc. 2017, art. 31)* « selon les règles applicables en matière d'impôt sur la fortune immobilière » et recouvré selon les règles et sous les sanctions et garanties applicables aux droits de mutation par décès.

Les dispositions du présent art. telles que modifiées par le B du I de l'art. 31 de la L. n° 2017-1837 du 30 déc. 2017 s'appliquent au titre de l'impôt sur la fortune immobilière dû à compter du 1er janv. 2018. Toutefois, les dispositions modifiées par le même B du I continuent de s'appliquer, dans leur rédaction en vigueur au 31 déc. 2017, à l'impôt de solidarité sur la fortune dû jusqu'au titre de l'année 2017 incluse (L. préc., art. 31-IX-B).

BIBL. ▸ GOUTHIÈRE, *BFL 2011, p. 751* (trusts étrangers : les nouvelles règles fiscales).

1. Prélèvement sui generis sur les trusts. *Exclusions. Redevables. Assiette. Exonérations. Taux et recouvrement.* * BOI-PAT-ISF-30-20-30 nos 150 à 260 du 8 mars 2017.

2. Défaut de déclaration des avoirs en trust. En l'absence de déclaration régulière des avoirs placés en trust au titre de l'ISF, le prélèvement ne se cumule pas avec l'ISF mais s'y substitue. • CE, QPC, 25 sept. 2017, n° 412024 : *RJF 2017. 1223.*

3. Redevables du prélèvement. Le bénéficiaire d'un trust ne doit le prélèvement spécifique que s'il est réputé constituant. Ainsi, le prélèvement *sui generis* sur les trusts est dû le cas échéant par les constituants ou par les seuls bénéficiaires réputés constituants, et non par l'ensemble des bénéficiaires. • CE 11 déc. 2020, n° 442320 : *RJF 2021. 324.*

4. Solidarité de paiement. La solidarité de paiement instituée par l'art. 990 J a pour seul objet de garantir le recouvrement de la créance du Trésor public et ne constitue pas une sanction ayant le caractère d'une punition. Le grief tiré de la méconnaissance de l'art. 8 DDH est, par suite, inopérant. • CE, QPC, 25 sept. 2017, n° 412024 : *préc. note 2.*

SECTION PREMIÈRE TAXE SUR LES CONVENTIONS D'ASSURANCES

I CHAMP D'APPLICATION

A CONVENTIONS IMPOSABLES

Art. 991 Toute convention d'assurance conclue avec une société ou compagnie d'assurances ou avec tout autre assureur français ou étranger est soumise, quels que soient le lieu et la date auxquels elle est ou a été conclue, à une taxe annuelle et obligatoire moyennant le paiement de laquelle tout écrit qui constate sa formation, sa modification ou sa résiliation amiable, ainsi que les expéditions, extraits ou copies qui en sont délivrés, sont, quel que soit le lieu où ils sont ou ont été rédigés, enregistrés gratis lorsque la formalité est requise.

La taxe est perçue sur le montant des sommes stipulées au profit de l'assureur et de tous accessoires dont celui-ci bénéficie directement ou indirectement du fait de l'assuré. *(L. n° 2019-1479 du 28 déc. 2019, art. 166-II-1° et V, mod. par L. n° 2020-1721 du 29 déc. 2020, art. 194, applicable à compter d'une date fixée par décret, et au plus tard aux impositions dont le fait générateur intervient à compter du 1er janv. 2023)* **« La taxe est recouvrée et contrôlée selon les procédures et sous les mêmes sanctions, garanties et privilèges que les droits d'enregistrement. Les réclamations sont présentées, instruites et jugées selon les règles applicables à ces mêmes droits. »**

Pour les primes émises jusqu'au 31 déc. 2018 et afférentes à des risques situés dans le Département de Mayotte, le tarif de la taxe mentionnée à l'art. 991 CGI est réduit de moitié (L. n° 2013-1279 du 29 déc. 2013, art. 57).

1. Majorations d'intérêt. Les majorations des intérêts pour paiement fractionné des cotisations d'assurances annuelles constituent l'accessoire des sommes stipulées au profit de l'assureur et sont par conséquent soumises à la taxe. • Com. 8 juill. 2003, n° 1275P : *RJF 2003. 1454.*

2. Droit d'adhésion à une mutuelle. Le droit d'adhésion à une mutuelle est d'une autre nature que la cotisation ou prime d'assurance et de leurs accessoires, qui constituent la contrepartie d'une opération d'assurance donnant droit à une prestation en cas de réalisation du risque stipulé dans la convention à laquelle ils se rattachent. Il en résulte que ce droit d'adhésion à une société d'assurance mutuelle ne constitue pas une somme stipulée au profit de l'assureur au sens de l'art. 991. Dès lors, il ne doit pas être soumis à la taxe sur les conventions d'assurance. • CE 22 nov. 2017, *Sté Macif,* n° 406943 : *RJF 2018. 231.*

3. Compatibilité avec le droit communautaire. La taxe sur les conventions d'assurances n'est pas contraire à l'art. 33 de la 6e Dir. TVA dès lors qu'elle ne couvre pas l'ensemble des opérations économiques sur le territoire national, qu'elle ne s'applique pas à l'ensemble des transactions ayant pour objet des biens ou services, et qu'elle n'est ni perçue à chaque stade du processus de production et de distribution ni appliquée à la seule valeur ajoutée au service produit par l'assureur. • Com. 11 mars 2003, n° 483F-SP, *Mutuelle du Mans : RJF 2003. 783.* ♦ Une taxe sur les primes d'assurance est compatible avec l'art. 33 de la 6e Dir. TVA. Par ailleurs, l'art. 13-B-a de la même directive, aux termes duquel les opérations d'assurance sont exonérées de la TVA, ne s'oppose pas, en ce qui concerne une taxe sur les primes d'assurance, à l'introduction d'un taux spécial identique au taux normal de la TVA, dès lors que ladite taxe est compatible avec l'art. 33 de la 6e Directive, de sorte que la procédure prévue à l'art. 27 de la même directive, qui oblige tout État membre désirant introduire des mesures particulières dérogatoires à ladite directive à demander une autorisation préalable au Conseil de l'UE, n'a pas à être respectée avant l'instauration dudit taux. • CJCE 29 avr. 2004, n° C-308/01 : *RJF 2004. 826.*

4. Calcul de la taxe. La taxe n'est pas un élément de la prime et doit se calculer sur l'ensemble de celle-ci. • Com. 26 sept. 2018, n° 17-17.764 : *RJF 2019. 102.*

5. Avantages tarifaires. Les avantages tarifaires consentis verbalement aux assurés, au moment de la souscription ou du renouvellement d'un contrat d'assurance, font partie intégrante des contrats d'assurance conclus avec les clients. • Com. 4 mars 2020 : *Sté Pacifica,* n° 17-31.398 : *RJF 2020. 650.*

Art. 992 à 994 *Devenus sans objet (L. n° 89-935 du 29 déc. 1989, art. 17).*

B RÉGIMES SPÉCIAUX ET EXONÉRATIONS

Art. 995 Sont exonérés de la taxe spéciale sur les conventions d'assurances :

1° Les réassurances, sous réserve de ce qui est dit à l'article 1000 ;

2° Les assurances bénéficiant, en vertu de dispositions exceptionnelles *(Abrogé par L. n° 2019-1479 du 28 déc. 2019, art. 29-III-15°)* « *, autres que celles de l'article 1087* », de l'exonération de droits d'enregistrement ;

3° Les contrats d'assurances sur corps, marchandises transportées et responsabilité civile du transporteur, des navires de commerce et des navires de pêche souscrits contre les risques de toute nature de navigation maritime ou fluviale ;

4° Les contrats d'assurances sur corps, marchandises transportées et responsabilité civile du transporteur, des aéronefs souscrits contre les risques de toute nature de navigation aérienne ;

5° Les contrats d'assurances sur la vie et assimilés y compris les contrats de rente viagère *(L. n° 2018-1317 du 28 déc. 2018, art. 123-II-1° et III, applicable aux contrats conclus à compter du 1er janv. 2019)* « , à l'exception des contrats d'assurance en cas de décès souscrits en garantie du remboursement d'un prêt » ;

5° *bis Abrogé ;*

6° Les contrats d'assurances sur les risques de gel et de tempêtes sur récoltes ou sur bois sur pied ;

7° Les contrats d'assurances sur marchandises transportées et responsabilité civile du transporteur des transports terrestres ;

8° Les assurances des crédits à l'exportation ;

9° Les contrats de garantie souscrits auprès des entreprises d'assurances en application de l'article L. 214-174 du code monétaire et financier et de l'article 9 modifié du décret n° 89-158 du 9 mars 1989 portant application des articles 26 et 34 à 42 de la loi n° 88-1201 du 23 décembre 1988 modifiée et relatif aux fonds communs de créances ;

10° Les contrats souscrits par le Centre national de transfusion sanguine pour le compte des centres de transfusion sanguine auprès du groupement d'assureurs des risques de transfusion sanguine pour satisfaire aux conditions de l'assurance obligatoire des dommages causés aux donneurs et aux receveurs de sang humain et de produits sanguins d'origine humaine ;

11° Les assurances contre les risques de toute nature relatifs aux véhicules terrestres à moteur utilitaires d'un poids total autorisé en charge supérieur à 3,5 tonnes, à l'exception de la part se rapportant à l'obligation d'assurance en matière de circulation de véhicules terrestres à moteur prévue à l'article L. 211-1 du code des assurances ;

(L. n° 2020-1721 du 29 déc. 2020, art. 153-I-1° et II, applicable aux primes, cotisations et accessoires dont l'échéance intervient à compter du 1er janv. 2021 et jusqu'au 31 déc. 2023) « 11° *bis* Les assurances contre les risques de toute nature relatifs aux véhicules terrestres à moteur dont la source d'énergie exclusive est l'électricité et dont le certificat d'immatriculation a été émis à compter du 1er janvier 2021, y compris la part se rapportant à l'obligation d'assurance en matière de circulation de véhicules terrestres à moteur prévue au même article L. 211-1 ; »

12° Les contrats d'assurance couvrant les risques de toute nature afférents aux récoltes, cultures, cheptel vif, cheptel mort, bâtiments affectés aux exploitations agricoles et exclusivement nécessaires au fonctionnement de celles-ci.

Cette exonération s'applique, dans les mêmes conditions, aux camions, camionnettes, fourgonnettes à utilisations exclusivement utilitaires, à l'exception de la part se rapportant à l'obligation d'assurance en matière de circulation de véhicules terrestres à moteur prévue au même article L. 211-1 ;

13° Abrogé.

14° Les contrats d'assurance dépendance ;

15° *et* 16° *Abrogés.*

17° Les cotisations versées par les exploitants de remontées mécaniques dans le cadre du système mutualiste d'assurance contre les aléas climatique ;

18° Les contrats d'assurance maladie assujettis à la taxe mentionnée à l'article L. 862-4 du code de la sécurité sociale ; — *Les dispositions ci-dessus du présent al. s'appliquent aux primes, cotisations ou fractions de primes ou de cotisations pour lesquelles un fait générateur d'imposition intervient à compter du 1er janv. 2016. Toutefois, les primes ou cotisations d'assurance relatives aux véhicules terrestres à moteur dont le fait générateur d'imposition est intervenu antérieurement au 1er janv. 2016, en application de l'art. L. 137-6 CSS, dans sa rédaction en vigueur avant la publication de la présente loi, ne sont taxées à la taxe sur les conventions d'assurance qu'au taux prévu au 5° bis de l'art. 1001 CGI [dans sa rédaction résultant de l'art. 35 de la loi n° 2014-1654 du 29 déc. 2014] et à hauteur de 18/33 du taux prévu au second al. du 5° quater du même art., dans sa rédaction résultant de la L. n° 2014-1654 du 29 déc. 2014. Les primes ou cotisations d'assurance maladie complémentaire dont le fait générateur d'imposition est intervenu antérieurement au 1er janv. 2016, en application de l'art. L. 862-4 CSS, dans sa rédaction en vigueur avant la publication de ladite loi, sont taxées aux taux prévus par la même loi lorsqu'elles n'ont pas été soumises à la taxe sur les conventions d'assurance applicable antérieurement au 1er janv. 2016 (L. préc., art. 22-IV).*

(*L. n° 2017-1837 du 30 déc. 2017, art. 80*) « **19° Les contrats d'assurances sur les installations d'énergies marines renouvelables, au sens de l'article L. 111-6 du code des assurances.** »

1. Contrats d'assurance dépendance. L'exonération des contrats d'assurance-dépendance est applicable quel que soit l'âge de l'assuré lors de la souscription du contrat ou de la survenance du risque. * BOI-TCAS-ASSUR-10-40-20-20 n° 260 du 12 sept. 2012.

2. Contrats d'assurance des installations d'énergie marine. Installations concernées. * BOI-TCAS-ASSUR-10-40-30-30 n° 190 du 4 avr. 2018.

3. Contrats d'assurance en cas de décès souscrits en garantie du remboursement d'un prêt. Modalités de taxation. * BOI-TCAS-ASSUR-10-40-30-10 n° 195 du 19 juin 2019.

4. Contrats d'assurance des crédits à l'exportation. * BOI-TCAS-ASSUR-10-40-30-60 du 19 juin 2019.

5. Contrats relatifs aux véhicules électriques. * BOI-TCAS-ASSUR-10-40 du 7 avr. 2021.

Art. 996 et 997 *Dispositions devenues sans objet.*

Art. 998 **Par dérogation à l'article 991, sont exonérées de la taxe spéciale :**

1° Les assurances de groupe et opérations collectives souscrites par une entreprise ou un groupe d'entreprises au profit de leurs salariés ou par un groupement professionnel représentatif d'entreprises au profit des salariés de celles-ci ou par une organisation représentative d'une profession non salariée ou d'agents des collectivités publiques au profit de ses membres ou dans le cadre de régimes collectifs de retraite organisés conformément aux dispositions des articles L. 141-1 et L. 441-1 du code des assurances et gérés paritairement par les assurés et les assureurs ou des articles L. 932-1, L. 932-14 et L. 932-24 du code de la sécurité sociale ou L. 221-2 et L. 222-1 du code de la mutualité, et dont 80 % au moins de la prime ou de la cotisation globale sont affectés à des garanties liées à la durée de la vie humaine, à l'invalidité, à l'incapacité de travail ou au décès par accident, à l'exclusion des remboursements des frais médicaux, chirurgicaux, pharmaceutiques ou dentaires. Dans le cas des assurances souscrites par une entreprise ou pour son compte, l'exonération n'est applicable qu'aux assurances constituant un moyen de satisfaire à une disposition prévue par une convention collective ou un accord d'entreprise ou résultant du contrat de travail de l'ensemble ou d'un nombre significatif de salariés de l'entreprise ;

2° *Devenu sans objet.*

3° La convention d'assurances souscrite par une entreprise afin de garantir aux membres de son personnel salarié une indemnité de fin de carrière lors de leur départ à la retraite ou une indemnité de cessation d'activité versée dans le cadre de l'article 2 de la loi n° 96-126 du 21 février 1996 portant création d'un fonds paritaire d'intervention en faveur de l'emploi, à condition :

***a)* que l'entreprise ne puisse disposer, pour toute autre utilisation, de la valeur acquise du contrat ;**

***b)* que la société ou compagnie d'assurances s'engage à verser à l'entreprise employeur les seules prestations dues aux salariés au titre de l'indemnité de fin de carrière. Lorsque l'entreprise a fait l'objet d'une procédure de sauvegarde ou de redressement judiciaire, la société ou compagnie d'assurances peut, en cas de cession ou de liquidation judiciaire, être autorisée par le tribunal qui a ouvert la procédure à verser les prestations aux salariés de l'entreprise et à apurer ainsi leurs créances.**

Art. 999 Sont exonérés de la taxe spéciale sur les conventions d'assurances les versements faits auprès d'organismes d'assurances par les institutions de retraite complémentaire, de prévoyance ou de retraite supplémentaire visées aux articles L. 922-1, L. 931-1 et L. 941-1 du code de la sécurité sociale et à l'article L. 727-2 du code rural et de la pêche maritime qui, tout en assurant elles-mêmes le service de leurs prestations, confient à des entreprises d'assurances régies par le livre III du code des assurances le soin de procéder au placement de leurs fonds et à la capitalisation de leurs réserves. Cette exonération est subordonnée à la condition que les contrats conclus à cet effet soient conformes à un contrat type approuvé par arrêté conjoint signé par le ministre de l'économie et des finances et par le ministre du travail ou le ministre de l'agriculture *[Arr. du 15 janv. 1962, JO 18 févr.]*.

Art. 1000 Sont exonérés de la taxe spéciale les contrats d'assurances dont le risque se trouve situé hors de France ou ne se rapporte pas à un établissement industriel, commercial ou agricole sis en France ; à défaut de situation matérielle certaine ou de rapport certain avec un établissement industriel, commercial ou agricole, les risques sont réputés situés au lieu du domicile ou du principal établissement du souscripteur.

Mais il ne peut être fait usage en France de ces contrats, par acte public, ou devant toute autre autorité constituée, s'ils n'ont été préalablement soumis à la formalité du visa pour timbre.

Cette formalité est donnée moyennant le paiement de la taxe sur l'ensemble des sommes stipulées au profit de l'assureur, afférentes aux années restant à courir.

Toutefois, pour les contrats afférents à ces risques situés ou réputés situés à Saint-Pierre-et-Miquelon, en Nouvelle-Calédonie, en Polynésie française, dans les îles Wallis-et-Futuna et les Terres australes et antarctiques françaises, la formalité est donnée gratis, si l'assureur est français, ou au tarif réduit de moitié, dans le cas contraire.

Les réassurances de risques visés ci-dessus sont soumises aux dispositions du présent article.

Pour bénéficier de l'exonération de la taxe, il appartient à la société d'isoler à l'intérieur de la prime la part qui se rapportait aux risques situés à l'étranger à la date de la naissance de la créance fiscale et de démontrer que les contrats litigieux couvrent la responsabilité du chef d'entreprise ou les dommages et responsabilité attachés aux produits ou aux travaux livrés mentionnés par la doctrine administrative, condition nécessaire pour prétendre à une évaluation de la part de la prime se rapportant aux risques situés à l'étranger fondés sur le chiffre d'affaires. • Com. 29 sept. 2009, n° 08-18.449 : *RJF 2010. 83.*

Art. 1000 A *Devenu sans objet.*

II *TARIF*

Art. 1001 Le tarif de la taxe spéciale sur les contrats d'assurances est fixé :

1° Pour les assurances contre l'incendie :

— à 7 % pour les assurances contre l'incendie relatives à des risques agricoles non exonérés ; sont, d'une manière générale, considérées comme présentant le caractère d'assurance de risques agricoles, les assurances de tous les risques des personnes physiques ou morales exerçant exclusivement ou principalement une profession agricole ou connexe à l'agriculture telles que ces professions sont définies par les articles L. 722-9 et L. 722-28 du code rural et de la pêche maritime, ainsi que les assurances des risques des membres de leurs familles vivant avec eux sur l'exploitation et de leur personnel et les assurances des risques, par leur nature, spécifiquement agricoles ou connexes ;

— à 24 % pour les assurances contre l'incendie souscrites auprès des caisses départementales ;

— à 30 % pour toutes les autres assurances contre l'incendie ;

Toutefois les taux de la taxe sont réduits à 7 % pour les assurances contre l'incendie des biens affectés de façon permanente et exclusive à une activité industrielle, commerciale, artisanale ou agricole, ainsi que des bâtiments administratifs des collectivités locales ;

2° Pour les assurances garantissant les pertes d'exploitation consécutives à l'incendie dans le cadre d'une activité industrielle, commerciale, artisanale ou agricole :

— à 7 % ;

2° *bis* et 2° *ter* *Abrogés.*

3° à 19 % pour les assurances contre les risques de toute nature de navigation maritime ou fluviale des bateaux de sport ou de plaisance ;

4° *Abrogé.*

5°*Abrogé.*

5° *bis* à 18 % pour les assurances contre les risques de toute nature relatifs aux véhicules terrestres à moteur autres que les assurances relatives à l'obligation d'assurance en matière de véhicules terrestres à moteur prévue à l'article L. 211-1 du code des assurances ;

5° *ter* A 12,5 % pour les primes ou cotisations échues à compter du 1er janvier 2016 et à 13,4 % pour les primes ou cotisations échues à compter du 1er janvier 2017, pour les assurances de protection juridique définies aux articles L. 127-1 du code des assurances et L. 224-1 du code de la mutualité, autres que celles ayant pour objet exclusif ou principal de prendre en charge la défense pénale et le recours de droit commun en vue d'obtenir la réparation d'un préjudice personnel de l'assuré, suite à un accident ;

5° *quater* A 15 % pour les assurances relatives à l'obligation d'assurance en matière de véhicules terrestres à moteur prévue à l'article L. 211-1 du code des assurances et concernant les véhicules terrestres à moteur utilitaires d'un poids total autorisé en charge supérieur à 3,5 tonnes ainsi que les camions, camionnettes et fourgonnettes à utilisations exclusivement utilitaires des exploitations agricoles et exclusivement nécessaires au fonctionnement de celles-ci ;

A 33 % pour les assurances relatives à l'obligation d'assurance en matière de véhicules terrestres à moteur instituée au même article L. 211-1 pour les véhicules autres que ceux mentionnés au premier alinéa du présent 5° *quater* *(L. n° 2020-1721 du 29 déc. 2020, art. 153-I-2° et II, applicable aux primes, cotisations et accessoires dont l'échéance intervient à compter du 1er janv. 2021 et jusqu'au 31 déc. 2023)* **« et au 11° *bis* de l'article 995 du présent code » ;**

6° Pour toutes autres assurances :

— à 9 %.

Les risques d'incendie couverts par des assurances ayant pour objet des risques de transport sont compris dans les risques désignés sous le 3° ou sous le 5° *bis*.

Le produit de la taxe est affecté aux départements et, dans les conditions prévues au 2° de l'article L. 3662-1 du code général des collectivités territoriales, à la métropole de Lyon, à l'exception :

***a)* D'une fraction du produit de la taxe afférente aux contrats mentionnés au 5° *ter*, qui est affectée, à hauteur de 35 millions d'euros en 2016 et de 45 millions d'euros à compter de 2017,** *(L. n° 2019-1479 du 28 déc. 2019, art. 81-II-1° et XX, en vigueur le 1er janv. 2020)* **« au budget général de l'État » ;**

***b)* D'une fraction correspondant à un taux de 13,3 % du produit de la taxe au taux de 33 % et du produit de la taxe au taux de 15 % mentionnés au 5° *quater*, qui sont affectés dans les conditions prévues à l'article L. 131-8 du code de la sécurité sociale.**

(L. n° 2018-1317 du 28 déc. 2018, art. 123-II-2°) **« *c)* Du produit de la taxe afférente aux contrats d'assurance en cas de décès souscrits en garantie du remboursement d'un prêt mentionnés au 5° de l'article 995, qui est affecté »** *(L. n° 2020-1721 du 29 déc. 2020, art. 82-IV-1° et XV, en vigueur le 1er janv. 2021)* **« au budget général de l'État. »** *(Abrogé par L. n° 2020-1721 du 29 déc. 2020, art. 82-IV-2° et XV, à compter du 1er janv. 2021)* ***« Le produit annuel excédant ce plafond est reversé au budget de l'État. »***

(L. n° 2018-1317 du 28 déc. 2018, art. 125-I) **« Les tarifs mentionnés aux 1° à 6° du présent article sont réduits de moitié pour les primes afférentes à des risques situés dans le Département de Mayotte. »**

Les dispositions de la L. n° 2014-1554 du 22 déc. 2014 s'appliquent aux primes, cotisations ou fractions de primes ou de cotisations pour lesquelles un fait générateur d'imposition intervient à compter du 1er janv. 2016. Toutefois, les primes ou cotisations d'assurance relatives aux véhicules terrestres à moteur dont le fait générateur d'imposition est intervenu antérieurement au 1er janv. 2016, en application de l'art. L. 137-6 CSS, dans sa rédaction en vigueur avant la publication de ladite loi, ne sont taxées à la taxe sur les conventions d'assurance qu'au taux prévu au 5° bis *de l'art. 1001 CGI et à hauteur de 18/33 du taux prévu au second al. du 5°* quater *du même art., dans sa rédaction résultant de la même loi. Les primes ou cotisations d'assurance maladie complé-*

mentaire dont le fait générateur d'imposition est intervenu antérieurement au 1er janv. 2016, en application de l'art. L. 862-4 CSS, dans sa rédaction en vigueur avant la publication de la loi préc., sont taxées aux taux prévus par cette loi lorsqu'elles n'ont pas été soumises à la taxe sur les conventions d'assurance applicable antérieurement au 1er janv. 2016 (L. préc., art. 22-IV).

1. Assurance incendie des professionnels. Constitutionnalité du taux réduit de la taxe. • Cons. const. 14 nov. 2014, n° 2014-425 QPC : *JO 16 nov. 2014.*

2. Contrats d'assurance maladie. Modification des tarifs de taxation des contrats d'assurance maladie dits « solidaires et responsables » et des autres contrats d'assurance maladie. Application aux primes ou cotisations échues à compter du 1er oct. 2011. * Instr. 10 nov. 2011 : *BOI 7 I-3-11.* ♦ L'instruction précitée du 10 nov. 2011, commentant la taxation des contrats « solidaires et responsables » et notamment l'entrée en vigueur des différents tarifs, est conforme à la loi et à la Conv. EDH. • CE 22 janv. 2013, *Féd. nat. indépendante des mutuelles,* n° 355844 : *RJF 2013. 423.* ♦ Taux réduit : critères à respecter en fonction des garanties couvertes par les contrats d'assurance maladie. * BOI-TCAS-ASSUR-30-10-20 n° 65 du 3 févr. 2016.

3. Risques de navigation. Le tarif de 19 % s'applique aux risques de navigation et non aux risques encourus par un bateau à terre qui relèvent du taux de droit commun de 9 %. * BOI-TCAS-ASSUR-30-10-40 n° 20 du 12 sept. 2012 • Com. 4 mars 1997, n° 95-12.455 P : *Dr. fisc. 1997. 543 ; RJF 1997. 1084.*

4. Par navigation au sens du 3°, il convient d'entendre toute action sur le navire de plaisance ou de sport, en relation directe et immédiate avec celle se rapportant à sa destination, à savoir se déplacer d'un point à un autre dans le milieu naturel pour lequel il a été conçu. L'amarrage dans un port sous abri ou non, ou à un point d'ancrage quelconque constituent des actes directs et immédiats de navigation. Le taux spécifique de 19 % est donc applicable dans les cas où le bateau assuré est à flot, qu'il soit ou non amarré. • Com. 7 juin 2006, n° 04-10.921 : *RJF 2006. 1293.*

5. Véhicules terrestres à moteur. Définition et règles de fonctionnement d'un contrat d'assurance des véhicules terrestres à moteur. Taux applicables. Définition des « risques de toute nature relatifs aux véhicules terrestres à moteur ». Application du taux de 18 % prévu à l'art. 1001-5° *bis* à l'ensemble des garanties contenues dans un contrat d'assurance automobile qui portent sur des risques indissociables par nature de ceux couverts par les garanties principales du contrat, à savoir dommage matériel et responsabilité civile. * *BOI-TCAS-ASSUR-30-10-30* n° 50 du 6 avr. 2016.

6. Les risques relatifs aux remorques tractées par des véhicules à moteur entrent dans le champ d'application du 5° *bis.* • Com. 4 mars 1997, n° 95-12.455 : *préc. note 3* • 11 mars 2003, n° 483FS-P : *RJF 2003. 785 ; Dr. fisc. 2004. 228.*

7. La garantie « assistance au véhicule » constitue une assurance contre les risques de toute nature relatifs aux véhicules terrestres à moteur au sens du 5° *bis.* En effet, cette garantie, qui couvre diverses pertes pécuniaires subies du fait de l'indisponibilité du véhicule assuré ou certains frais liés à ce véhicule ou à un accident de la circulation, s'avère ne pouvoir jouer qu'à l'occasion d'un sinistre mettant en cause un véhicule terrestre à moteur. Elle est donc liée de manière indissociable au sort de l'assurance automobile taxée à 18 %. • Paris, 25 janv. 2008, n° 05-23646 : *RJF 2008. 1143.* ♦ Dans le même sens, • Com. 7 avr. 2009, n° 08-16.258 (n° 371 F-PB) : *RJF 2009. 801 ; Dr. fisc. 2009. 335* • 8 déc. 2009, n° 08-21.341 : *RJF 2010. 436.*

8. Des garanties « réparation mécanique » et « assistance aux véhicules » souscrites par un vendeur de véhicules au bénéfice de ses clients auprès desquels il s'est lui-même engagé à garantir le dépannage et le remorquage des véhicules vendus sont taxées au taux de 9 % prévu à l'art. 1001-6°. • Com. 7 janv. 2014 : *RJF 2014. 407.* ♦ Un contrat entre l'acquéreur d'un véhicule d'occasion et une société visant à garantir les pannes mécaniques susceptibles d'affecter certaines pièces du véhicule relève du taux de 18 % prévu à l'art. 1001-5°. • Com. 24 nov. 2015, n° 12-15.419 : *RJF 2016. 298.*

9. La garantie complémentaire « accessoires plus, effets et objets personnels », rattachée par le contrat à la garantie « dommages accidents » et la garantie « véhicule de remplacement » constituent des assurances contre les risques de toute nature relatifs aux véhicules terrestres à moteur au sens du 5° *bis.* Ces garanties sont liées de manière indissociable au sort de l'assurance automobile taxée à 18 % (au lieu du taux de droit commun de 9 %). • Com. 4 nov. 2008, n° 07-20.124 (n° 1135 F-D) : *RJF 2009. 300.*

10. La garantie « dommages corporels » subis par les passagers constitue une assurance contre les risques de toute nature relatifs aux véhicules terrestres à moteur au sens du 5° *bis.* Cette garantie, est liée de manière indissociable au sort de l'assurance automobile taxée à 18 % (au lieu du taux de droit commun de 9 %). • Paris, 10 oct. 2008, n° 07-982 : *RJF 2009. 299* • Com. 8 déc. 2009, n° 08-21.736 : *RJF 2010. 437.*

11. Garantie défense. Ne constitue pas une assurance contre les risques de toute nature relatifs aux véhicules terrestres à moteur, au sens du 5° *bis* la garantie (garantie défense) qui prévoit la prise en charge des frais de défense pénale ou civile auxquels l'assuré peut se trouver exposé lors d'un procès engagé à son encontre ou à son initiative. En effet, cette garantie couvre des risques autres que ceux qui sont couverts par les assurances de responsabilité civile ou de dommages garantissant les risques nés de l'usage d'un véhicule terrestre à moteur, même si elle intervient à la suite d'un accident automobile ; et le fait que cette garantie puisse jouer à l'occasion d'un litige mettant en cause un véhicule terrestre à moteur ne suffit pas à lier de manière indissociable son sort à celui de ces assurances. • Com. 31 janv. 2006, n° 150FS-PB : *RJF 2006. 619 ; Dr. fisc. 2006. 712.*

12. Assurance de protection juridique. Champ d'application du taux spécifique de 11,6 % ; porté à 12,5 % en 2016 et à 13,4 % à compter du 1er janv. 2017 (art. 1001-5° *ter*). * BOI-TCAS-ASSUR-30-10-45 nos 1 et 10 du 6 avr. 2018.

13. Droit d'adhésion à une mutuelle. En l'absence de disposition particulière applicable aux droits d'adhésion à une mutuelle, un taux de 9 % (art. 1001-6°) doit leur être appliqué. • Com. 22 nov. 2017, *Sté MAIF*, n° 16-18.878 : *RJF 2018. 327.*

III OBLIGATIONS DIVERSES

Art. 1002 *Abrogé par L. n° 2012-1510 du 29 déc. 2012, art. 64-I-F-2.*

Art. 1003 **Les sociétés et compagnies d'assurances et tous autres assureurs établis en France, dans un État membre de l'Union européenne ou un autre État partie à l'accord sur l'Espace économique européen agissant en France en libre prestation de services sont tenus, avant de commencer leurs opérations, de faire, auprès du service de l'administration dont dépend leur siège social ou établissement, une déclaration énonçant la nature de ces opérations, ainsi que le nom du directeur de la société ou du chef de l'établissement.**

Les sociétés et compagnies d'assurances maritimes sont tenues de faire une déclaration distincte au service de l'administration dont dépend chaque agence, en précisant le nom de l'agent.

Art. 1004 **Les assureurs étrangers établis en dehors de l'Espace économique européen sont tenus de faire agréer par le service des impôts un représentant français personnellement responsable de la taxe et des pénalités.**

Les agréments et les retraits des représentants responsables sont publiés au *Journal officiel*, à la diligence du service des impôts. L'administration publie, chaque année, au *Journal officiel*, dans le courant du mois de janvier, une liste des assureurs étrangers ayant un représentant responsable à la date du 31 décembre précédent. — *V. Ann. II, art. 306 F.*

Art. 1004 *bis* *Abrogé par L. n° 2009-1674 du 30 déc. 2009, art. 72-IV.*

SECTION II TAXE D'ACCROISSEMENT

Art. 1005 **Le droit d'accroissement est payé par toutes les sociétés ou associations civiles dont les statuts admettent l'adjonction de nouveaux membres et contiennent une clause de réversion au profit des membres restants, de la part de ceux qui cessent de faire partie de la société ou association.**

Ce droit consiste en une taxe annuelle et obligatoire sur la valeur brute des biens meubles et immeubles possédés par les sociétés et associations désignées dans le premier alinéa.

Art. 1006 **La taxe est fixée à 0,40 % pour les meubles et à 0,70 % pour les immeubles, de la valeur spécifiée à l'article 1005. Le paiement en est effectué, pour l'année *écoulée, dans* les trois premiers mois de l'année suivante, au service des impôts du siège social sur la remise d'une déclaration détaillée faisant connaître la consistance et la valeur des biens.**

SECTION III *[ABROGÉE]* TAXES SUR LES VÉHICULES À MOTEUR

(Abrogée par Ord. n° 2021-1843 du 22 déc. 2021, art. 10-47°-ak, à compter du 1er janv. 2022)

I *[ABROGÉ]* DISPOSITIONS COMMUNES

(L. n° 2019-1479 du 28 déc. 2019, art. 69-I-H et VI-B ; Décr. n° 2020-169 du 27 févr. 2020, art. 1er, en vigueur le 1er mars 2020)

Art. 1007 ***Pour l'application de la présente section :***

1° Les véhicules ayant fait l'objet d'une réception européenne s'entendent des véhicules** (L. n° 2020-1721 du 29 déc. 2020, art. 55-I-3°-a)* ***« complets ou complétés » ayant fait l'objet d'une réception UE ou CE, par type ou individuelle,** (L. n° 2020-1721 du 29 déc. 2020, art. 55-I-3°-a)* ***« ou de tels véhicules complétés à l'issue d'une réception nationale, » au sens de l'un des textes suivants :

a) Le règlement (UE) 2018/858 du Parlement européen et du Conseil du 30 mai 2018 relatif à la réception et à la surveillance du marché des véhicules à moteur et de leurs remorques, ainsi que des systèmes, composants et entités techniques distinctes destinés à ces véhicules, modifiant les règlements (CE) n° 715/2007 et (CE) n° 595/2009 et abrogeant la directive 2007/46/ CE ;

b) Le règlement (UE) n° 168/2013 du Parlement européen et du Conseil du 15 janvier 2013 relatif à la réception et à la surveillance du marché des véhicules à deux ou trois roues et des quadricycles ;

c) Le règlement (UE) n° 167/2013 du Parlement européen et du Conseil du 5 février 2013 relatif à la réception et à la surveillance du marché des véhicules agricoles et forestiers, ou d'une réception CE, par type ou individuelle ;

d) Tout autre règlement ou directive régissant la réception des véhicules antérieurement aux textes mentionnés aux a à c du présent 1° ;

2° Sauf mention contraire, les dénominations utilisées** (Abrogé par L. n° 2020-1721 du 29 déc. 2020, art. 55-I-3°-b)* ***« dans la présente section » pour les catégories, sous-catégories, dénominations et carrosseries de véhicules sont celles résultant des dispositions suivantes :

a) L'article 4 et les annexes I et XI du règlement (UE) 2018/858 mentionné au a du 1° ;

b) L'article 4 et les annexes I et IX du règlement (UE) n° 168/2013 mentionné au b du 1° ;

c) L'article 4 et l'annexe III du règlement (UE) n° 167/2013 mentionné au c du 1° ;

(L. n° 2020-1721 du 29 déc. 2020, art. 55-I-3°-c) ***« 3° La première immatriculation d'un véhicule s'entend de la première autorisation pour la mise en circulation routière de ce véhicule. Elle est réputée intervenir en France lorsqu'elle est délivrée par les autorités françaises, à titre permanent ou dans le cadre d'un transit temporaire ; »***

4° Les véhicules relevant du nouveau dispositif d'immatriculation s'entendent des véhicules des catégories M1, M2, N1 et N2** (L. n° 2020-1721 du 29 déc. 2020, art. 55-I-3°-d, applicable pour les taxes dont le fait générateur intervient à compter du 1er mars 2020)* ***« répondant aux deux conditions cumulatives suivantes : »

a) (L. n° 2020-1721 du 29 déc. 2020, art. 55-I-3°-d, applicable pour les taxes dont le fait générateur intervient à compter du 1er mars 2020) ***« Les émissions de dioxyde de carbone ont » été déterminées conformément à l'annexe XXI du règlement (UE) 2017/1151 de la Commission du 1er juin 2017 complétant le règlement (CE) n° 715/2007 du Parlement européen et du Conseil relatif à la réception des véhicules à moteur au regard des émissions des véhicules particuliers et utilitaires légers (Euro 5 et Euro 6) et aux informations sur la réparation et l'entretien des véhicules, modifiant la directive 2007/46/CE du Parlement européen et du Conseil, le règlement (CE) n° 692/2008 de la Commission et le règlement (UE) n° 1230/2012 de la Commission et abrogeant le règlement (CE) n° 692/2008** (L. n° 2020-1721 du 29 déc. 2020, art. 55-I-3°-d, applicable pour les taxes dont le fait générateur intervient à compter du 1er mars 2020)* ***« , ou conformément à une méthode équivalente définie par arrêté du ministre chargé des transports » ;***

(L. n° 2020-1721 du 29 déc. 2020, art. 55-I-3°-d, applicable pour les taxes dont le fait générateur intervient à compter du 1er mars 2020) ***« b) La date de première immatriculation en France est déterminée en fonction des caractéristiques du véhicule à cette date conformément au tableau ci-dessous :***

Caractéristiques du véhicule	***Date de première immatriculation en France***
1. Véhicules des catégories M1 et N1 complets dont la première immatriculation intervient en France, autres que les véhicules à usage spécial	*à partir du 1er mars 2020*

Caractéristiques du véhicule	Date de première immatriculation en France
2. Véhicules des catégories M1 et N1 complets à usage spécial dont la première immatriculation intervient en France, autres que les véhicules accessibles en fauteuil roulant	*à partir du 1er juillet 2020*
3. Véhicules des catégories M1 et N1 complets ayant préalablement fait l'objet d'une immatriculation hors de France, autres que les véhicules accessibles en fauteuil roulant	*à partir du 1er janvier 2021*
4. Véhicules complétés, véhicules accessibles en fauteuil roulant et véhicules des catégories M2 et N2	*à partir de dates fixées par décret, au plus tard le 1er janvier 2024*

5° Les véhicules de tourisme s'entendent :

a) Des véhicules de la catégorie M1, à l'exception des véhicules à usage spécial qui ne sont pas accessibles en fauteuil roulant ;

b) Des véhicules des catégories N1 de la carrosserie "Camion pick-up" comprenant au moins cinq places, à l'exception de ceux qui sont exclusivement utilisés pour l'exploitation des remontées mécaniques et des domaines skiables, dans des conditions définies par voie réglementaire ; *— V. Ann. III, art. 313-0 BR ter-0.*

c) Des véhicules à usages multiples de la catégorie N1 qui sont destinés au transport de voyageurs et de leurs bagages ou de leurs biens ;

(L. n° 2020-1721 du 29 déc. 2020, art. 55-I-3°-e) ***« 5° bis Les véhicules de collection s'entendent des véhicules présentant, en France, un intérêt historique au sens du 7 de l'article 3 de la directive 2014/45/UE du Parlement européen et du Conseil du 3 avril 2014 relative au contrôle technique périodique des véhicules à moteur et de leurs remorques, et abrogeant la directive 2009/40/CE ; »***

6° La puissance administrative d'un véhicule à moteur s'entend de la grandeur définie à l'article 1008 ;

7° Les formules locatives de longue durée s'entendent des contrats par lesquels le propriétaire d'un véhicule met ce dernier à la disposition d'un preneur, soit pendant une durée de deux ans ou plus, soit dans le cadre d'une opération de crédit ;

(L. n° 2020-1721 du 29 déc. 2020, art. 55-I-3°-f) ***« 8° Les entreprises et les activités économiques s'entendent respectivement des assujettis et des activités définis à l'article 256 A. »***

Les dispositions du présent art. sont entrées en vigueur le 1er mars 2020 (Décr. n° 2020-169 du 27 févr. 2020, art. 1er).

Art. 1007 *bis* ***I. — Les émissions de dioxyde de carbone d'un véhicule à moteur ayant fait l'objet d'une réception européenne utilisées pour l'assujettissement ou la liquidation des taxes instituées par la présente section correspondent à la quantité de dioxyde de carbone rapportée à la distance parcourue déterminée dans les conditions prévues par les textes européens dont relève la réception de ce véhicule.*** *(L. n° 2020-1721 du 29 déc. 2020, art. 55-I-4°-a)* ***« Pour les véhicules complétés à l'issue d'une réception nationale, les émissions sont celles déterminées pour les besoins de cette réception. »***

Pour les véhicules n'ayant pas fait l'objet d'une réception européenne, il est recouru, lorsque cela est possible, à *(L. n° 2020-1721 du 29 déc. 2020, art. 55-I-4°-b)* ***« la méthode équivalente mentionnée au a du 4° de l'article 1007. »***

II. — Il est dérogé au I pour les véhicules qui répondent aux deux conditions suivantes :

1° Ils ne relèvent pas du nouveau dispositif d'immatriculation ;

2° Lors de leur réception, leurs émissions de dioxyde de carbone ont été déterminées conformément à l'annexe XXI du règlement (UE) 2017/1151 de la Commission du 1er juin 2017 précité.

Pour ces véhicules, les émissions de dioxyde de carbone prises en compte pour déterminer l'assujettissement ou effectuer la liquidation des taxes instituées par la présente section sont celles déterminées pour le véhicule L ou, lorsque ces émissions n'existent pas, celles déterminées pour le véhicule H, au moyen de la méthode de corrélation des émissions prévue par le

règlement d'exécution (UE) 2017/1153 de la Commission du 2 juin 2017 établissant une méthode de détermination des paramètres de corrélation nécessaires pour tenir compte de la modification de la procédure d'essai réglementaire et modifiant le règlement (UE) nº 1014/2010.

III. — Les émissions de dioxyde de carbone d'un véhicule ou, le cas échéant, l'impossibilité de déterminer ces dernières, sont constatées par l'autorité administrative.

La valeur figurant sur le certificat d'immatriculation est réputée répondre aux conditions du présent article.

Les dispositions du II sont applicables pour la détermination des émissions de dioxyde de carbone et de la puissance administrative des véhicules utilisées pour liquider des impositions de toute nature dont le fait générateur est intervenu à compter du 27 juill. 2017 (L. nº 2019-1479 du 28 déc. 2019, art. 69-VI-A). — Les dispositions des I et III du présent art. s'appliquent à compter du 1er mars 2020, à l'exception, s'agissant des dispositions du I, des précisions sur les véhicules complétés et sur la méthode équivalente, issues de la L. nº 2020-1721 du 29 déc. 2020, qui s'appliquent à compter du 1er janv. 2021 (L. préc., art. 55-I-4º).

Art. 1008 ***I. — La puissance administrative d'un véhicule à moteur, exprimée en chevaux administratifs (CV), est déterminée à partir des caractéristiques techniques constatées lors de la réception du véhicule.***

Pour les véhicules à moteur n'ayant pas fait l'objet d'une réception européenne ou pour lesquels ces données ne sont pas connues, la puissance administrative est déterminée à partir des données disponibles selon une méthode équivalente à celle prévue au présent article et qui est définie par arrêté du ministre chargé des transports.

II. — Pour les véhicules de la catégorie M1 autres que les véhicules à usage spécial qui ne sont pas accessibles en fauteuil roulant, la puissance administrative (PA) est déterminée à partir de la puissance nette maximale du moteur (PM), exprimée en kilowatts, au moyen de la formule suivante :

$$PA = 1{,}80 \times (PM/100)^2 + 3{,}87 \times (PM/100) + 1{,}34.$$

Le montant ainsi obtenu est arrondi à l'unité la plus proche, la fraction égale à 0,5 étant comptée pour 1.

III. — Par dérogation au II, pour les voitures particulières immatriculées pour la première fois en France entre le 1er juillet 1998 et le 1er janvier 2021 et relevant d'un type réceptionné avant le 1er novembre 2019 pour lequel aucune modification n'a été soumise, depuis cette date, à l'autorité compétente, la puissance administrative (PA) est déterminée à partir de la puissance nette maximale du moteur (PM), exprimée en kilowatts, et des émissions de dioxyde de carbone (CO_2) selon la formule suivante :

$$PA = CO_2/45 + (P/40)^{1,6}$$

Le montant ainsi obtenu est arrondi à l'unité la plus proche, la fraction égale à 0,5 étant comptée pour 1.

Par dérogation au I de l'article 1007 bis, pour les véhicules relevant du nouveau dispositif d'immatriculation, les émissions de dioxyde de carbone sont celles déterminées conformément au dernier alinéa du II et au III du même article 1007 bis.

IV. — Pour les véhicules à moteur autres que ceux mentionnés au II du présent article et, par dérogation au même II, pour les voitures particulières immatriculées avant le 1er juillet 1998, la puissance administrative est déterminée conformément aux règles définies par les circulaires annexées à la loi de finances rectificative pour 1993 (nº 93-859 du 22 juin 1993). *— Le présent IV est abrogé à compter de l'entrée en vigueur des dispositions prises en application ou pour l'application des dispositions législatives du CIBS susvisées (Ord. nº 2021-1843 du 22 déc. 2021, art. 38, 11º).*

V. — La puissance administrative d'un véhicule est constatée par les autorités compétentes en matière de réception.

La valeur figurant sur le certificat d'immatriculation est réputée répondre aux conditions du présent article.

Les dispositions du présent art. sont entrées en vigueur le 1er mars 2020 (Décr. nº 2020-169 du 27 févr. 2020, art. 1er).

Elles sont applicables pour la détermination des émissions de dioxyde de carbone et de la puissance administrative des véhicules utilisées pour liquider des impositions de toute nature dont le fait générateur est intervenu à compter du 27 juill. 2017 (L. nº 2019-1479 du 28 déc. 2019, art. 69-VI-A).

I *[ANCIEN]* ***TAXE DIFFÉRENTIELLE SUR LES VÉHICULES À MOTEUR***

La taxe différentielle sur les véhicules à moteur a été transférée : — aux départements autres que les départements corses par l'art. 24 de la L. n° 83-1179 du 29 déc. 1983 (V. art. 1599 C à 1599 H) ; — à la région Corse par l'art. 26 de la même loi (V. art. 1599 nonies à 1599 duodecies).

Art. 1009 à 1009 B *Devenus sans objet.*

II *[ABROGÉ]* ***TAXES À L'UTILISATION***

(L. n° 2020-1721 du 29 déc. 2020, art. 55-I-6° et V, en vigueur le 1er janv. 2022)

A compter du 1er janv. 2022, les taxes à l'utilisation sont transférées aux art. L. 421-93 s. CIBS sous la dénomination de taxes sur l'affectation des véhicules à des fins économiques (Ord. n° 2021-1843 du 22 déc. 2021, art. 4).

Art. 1010 ***Les véhicules utilisés en France pour les besoins de la réalisation d'activités économiques font l'objet :***

1° Pour les véhicules de tourisme :

a) D'une taxe annuelle sur les émissions de dioxyde de carbone, dont le tarif est fixé à l'article 1010 septies ;

b) D'une taxe annuelle relative aux émissions de polluants atmosphériques, dont le tarif est fixé à l'article 1010 octies ;

2° Pour les véhicules lourds de transport de marchandises, d'une taxe annuelle à l'essieu, dont le tarif est fixé à l'article 1010 nonies.

Les taxes mentionnées au 1° du présent article ne sont pas déductibles de l'impôt sur les sociétés.

1° [ABROGÉ] RÈGLES COMMUNES DE FONCTIONNEMENT

Art. 1010 *bis* ***I. — Le fait générateur des taxes mentionnées à l'article 1010 est constitué par l'utilisation du véhicule en France pour les besoins de la réalisation d'activités économiques.***

II. — Les véhicules sont utilisés en France pour les besoins de la réalisation d'activités économiques lorsque l'une des conditions suivantes est remplie :

1° Ils sont immatriculés en France, ou temporairement autorisés à la circulation en France, et ils sont détenus par une entreprise ou font l'objet d'une formule locative de longue durée au bénéfice d'une entreprise ;

2° Ils circulent sur les voies ouvertes à la circulation publique du territoire national et une entreprise prend à sa charge, totalement ou partiellement, les frais engagés par une personne physique pour son acquisition ou son utilisation, quelle que soit la forme de cette prise en charge ;

3° Dans les cas autres que ceux mentionnés aux 1° et 2° du présent II, ils circulent sur les voies ouvertes à la circulation publique du territoire national pour les besoins de la réalisation d'une activité économique.

III. — Par dérogation aux I et II, sont réputés ne pas être utilisés :

1° Les véhicules qui ne sont pas autorisés à la circulation ainsi que ceux qui, à la demande des pouvoirs publics, sont immobilisés ou mis en fourrière ;

2° Les véhicules qui répondent aux deux conditions cumulatives suivantes :

a) Ils sont autorisés à circuler sur la base d'un certificat d'immatriculation délivré spécifiquement pour les besoins de la construction, de la commercialisation, de la réparation ou du contrôle technique automobiles ;

b) Ils ne réalisent effectivement aucune opération de transport autre que celle strictement nécessaire pour les besoins mentionnés au a du présent 2°.

Art. 1010 *ter* ***I. — Le redevable des taxes mentionnées à l'article 1010 est l'utilisateur du véhicule.***

II. — L'utilisateur du véhicule s'entend :

1° Du propriétaire, sauf dans les cas mentionnés aux 2° à 4° ;

2° Du preneur, lorsque le véhicule fait l'objet d'une formule locative de longue durée, sauf dans les cas mentionnés aux 3° et 4° ;

3° Pour les véhicules de tourisme, de la personne qui dispose du véhicule autrement que dans le cadre d'une formule locative de longue durée, sauf dans le cas mentionné au 4° ;

4° Pour les véhicules mentionnés au 2° du II de l'article 1010 bis, de l'entreprise mentionnée au même 2°.

Art. 1010 *quater* *Les taxes deviennent exigibles lors de l'intervention du fait générateur.*

Art. 1010 *quinquies* *I. — Le montant des taxes mentionnées à l'article 1010 est égal, pour chaque véhicule, au produit entre, d'une part, la proportion annuelle d'utilisation définie au II du présent article et, d'autre part, un tarif fixé dans les conditions prévues au III.*

Le montant cumulé des deux taxes annuelles prévues au 1° de l'article 1010 devenues exigibles au titre des véhicules mentionnés au 2° du II de l'article 1010 bis fait l'objet d'un abattement de 15 000 €.

II. — A. — La proportion annuelle d'utilisation du véhicule est égale au quotient entre, d'une part, le nombre de jours où le redevable est utilisateur du véhicule, au sens du II de l'article 1010 ter et, d'autre part, le nombre de jours de l'année.

Le changement d'utilisateur est pris en compte à compter du jour où il intervient.

B. — 1. Par dérogation au A du présent II, pour les taxes mentionnées au 1° de l'article 1010, le redevable peut opter, au plus tard au moment de leur déclaration, pour un calcul forfaitaire de la proportion annuelle d'utilisation sur une base trimestrielle.

L'option est exercée conjointement pour les deux taxes mentionnées au premier alinéa du présent B et s'applique à l'ensemble des véhicules de tourisme utilisés par le redevable.

2. En cas de recours à l'option mentionnée au 1 du présent B, la proportion annuelle d'utilisation d'un véhicule est égale au produit entre, d'une part, 25 % et, d'autre part, le nombre :

1° De trimestres civils au premier jour desquels le redevable utilise le véhicule, au sens des 1° et 2° du II de l'article 1010 ter ;

2° Et de trimestres civils, ou périodes de quatre-vingt-dix jours consécutifs, au premier jour desquels le redevable utilise le véhicule, au sens des 3° et 4° du II du même article 1010 ter. Si une telle période s'achève l'année suivante, les utilisations réalisées au cours de cette période sont réputées être intervenues lors de l'année où débute cette période.

3. Par dérogation au 2 du présent B, ne sont pas pris en compte les trimestres civils, ou périodes de quatre-vingt-dix jours consécutifs, au cours de l'intégralité desquels les conditions d'une exonération sont remplies.

4. Lorsqu'au cours d'un trimestre civil ou d'une période de quatre-vingt-dix jours consécutifs, un véhicule vient en remplacement d'un véhicule dont le redevable peut démontrer qu'il est utilisé pour le même usage, ces deux utilisations sont, sur l'ensemble des deux périodes d'utilisation successives, assimilées à l'utilisation d'un véhicule unique.

C. — Pour les véhicules mentionnés au 2° du II de l'article 1010 bis, lorsque les frais que l'entreprise prend à sa charge sont déterminés en fonction de la distance parcourue par le véhicule pour les déplacements professionnels, la proportion résultant du A du présent II est multipliée par un pourcentage déterminé en fonction de cette distance, exprimée en kilomètres sur une année, à partir du barème suivant :

Distance annuelle parcourue (en kilomètres)	*Pourcentage*
De 0 à 15 000	*0 %*
De 15 001 à 25 000	*25 %*
De 25 001 à 35 000	*50 %*
De 35 001 à 45 000	*75 %*
Supérieur à 45 000	*100 %*

Lorsqu'une même personne physique recourt successivement à plusieurs véhicules au cours d'une même année civile, le pourcentage est déterminé, pour chacun de ces véhicules, à partir de la somme des distances relatives à tous ces véhicules.

En cas de recours à l'option mentionnée au B du présent II, lorsqu'une même personne physique recourt successivement à plusieurs véhicules au cours d'un même trimestre civil ou d'une même période de quatre-vingt-dix jours consécutifs, l'entreprise est réputée n'avoir utilisé que celui pour lequel la distance prise en charge au titre de ce trimestre ou de cette période est la plus élevée.

III. — Les tarifs de chaque taxe sont fixés, pour chaque véhicule, en fonction de ses caractéristiques techniques à la date d'utilisation, dans les conditions prévues aux articles 1010 septies à 1010 nonies.

En cas de recours à l'option mentionnée au B du II du présent article, lorsque, pour un même véhicule et une même taxe, plusieurs tarifs sont susceptibles de s'appliquer au cours d'un même trimestre ou d'une même période de quatre-vingt-dix jours consécutifs, le tarif le plus élevé est retenu.

Le présent art. est ainsi modifié à compter du 1er janv. 2025 : le B du II est abrogé ; le dernier al. du C du II est supprimé ; le second al. du III est supprimé (L. n° 2020-1721 du 29 déc. 2020, art. 55-I-7° et V-A).

Art. 1010 *sexies* *I. — Les taxes mentionnées à l'article 1010 sont déclarées et liquidées par le redevable dans les conditions suivantes :*

1° Pour les redevables de la taxe sur la valeur ajoutée soumis au régime normal d'imposition mentionné au 2 de l'article 287, sur l'annexe à la déclaration mentionnée au 1 du même article 287 déposée au titre du mois de décembre ou du quatrième trimestre de l'année au cours de laquelle la taxe est devenue exigible ;

2° Pour les redevables de la taxe sur la valeur ajoutée soumis au régime réel simplifié d'imposition prévu à l'article 302 septies A, sur la déclaration annuelle mentionnée au 3 de l'article 287 déposée au titre de l'exercice au cours duquel la taxe est devenue exigible ;

3° Dans tous les autres cas, sur l'annexe à la déclaration prévue au 1 du même article 287, déposée auprès du service de recouvrement dont relève le siège ou le principal établissement du redevable, au plus tard le 25 janvier de l'année qui suit celle au cours de laquelle la taxe est devenue exigible.

Toutefois, aucune déclaration n'est requise lorsque le montant de taxe dû est nul.

II. — Les taxes sont recouvrées et contrôlées selon les mêmes procédures et sous les mêmes sanctions, garanties, sûretés et privilèges que les taxes sur le chiffre d'affaires. Les réclamations sont présentées, instruites et jugées selon les règles applicables à ces mêmes taxes.

III. — En cas de cessation d'activité du redevable, le montant des taxes devenues exigibles lors de l'année de cessation est établi immédiatement. Les taxes sont déclarées, acquittées et, le cas échéant, régularisées selon les modalités prévues pour la taxe sur la valeur ajoutée dont il est redevable ou, à défaut, dans les soixante jours suivant la cessation d'activité.

IV. — Toute entreprise tient, pour chacune des taxes prévues à l'article 1010 dont elle est redevable, un état récapitulatif annuel des véhicules qu'elle utilise et qui sont dans le champ de la taxe.

Cet état récapitulatif fait apparaître, pour chaque véhicule, les paramètres techniques intervenant dans la fixation du tarif, la date de première immatriculation et la date de première immatriculation en France, le mode d'utilisation, au sens du II de l'article 1010 bis, ainsi que la période d'utilisation. Les véhicules exonérés sont présentés distinctement par motif d'exonération.

L'état récapitulatif est à jour au plus tard à la date de la déclaration. Il est tenu à la disposition de l'administration et lui est communiqué à première demande.

V. — Lorsque le redevable n'est pas établi dans un État membre de l'Union européenne ni dans tout autre État partie à l'accord sur l'Espace économique européen ayant conclu avec la France une convention d'assistance administrative en vue de lutter contre la fraude et l'évasion fiscales ainsi qu'une convention d'assistance mutuelle en matière de recouvrement de l'impôt, il fait accréditer auprès du service des impôts compétent un représentant assujetti à la taxe sur la valeur ajoutée établi en France, qui s'engage, le cas échéant, à remplir les formalités au nom et pour le compte du représenté et à acquitter la taxe à sa place.

2° [ABROGÉ] TARIFS ET RÈGLES PARTICULIÈRES

Art. 1010 *septies* *I. — Le tarif de la taxe annuelle sur les émissions de dioxyde de carbone prévue au a du 1° de l'article 1010 est égal :*

1° Pour les véhicules relevant du nouveau dispositif d'immatriculation, au montant déterminé en fonction des émissions de dioxyde de carbone, exprimées en grammes par kilomètre, dans les conditions suivantes :

***a)** Lorsque les émissions sont inférieures à 21 grammes par kilomètre, le tarif est nul ;*

***b)** Lorsque les émissions sont supérieures ou égales à 21 grammes par kilomètre et inférieures ou égales à 269 grammes par kilomètre, le tarif est déterminé par le barème suivant :*

Émissions de dioxyde de carbone (en grammes par kilomètre)	*Tarif par véhicule (en euros)*
21	*17*
22	*18*
23	*18*
24	*19*
25	*20*
26	*21*
27	*22*
28	*22*
29	*23*
30	*24*
31	*25*
32	*26*
33	*26*
34	*27*
35	*28*
36	*29*
37	*30*
38	*30*
39	*31*
40	*32*
41	*33*
42	*34*
43	*34*
44	*35*
45	*36*
46	*37*
47	*38*
48	*38*
49	*39*
50	*40*
51	*41*
52	*42*
53	*42*

Émissions de dioxyde de carbone (en grammes par kilomètre)	*Tarif par véhicule (en euros)*
54	43
55	44
56	45
57	46
58	46
59	47
60	48
61	49
62	50
63	50
64	51
65	52
66	53
67	54
68	54
69	55
70	56
71	57
72	58
73	58
74	59
75	60
76	61
77	62
78	117
79	119
80	120
81	122
82	123
83	125
84	126
85	128
86	129
87	131
88	132

Émissions de dioxyde de carbone (en grammes par kilomètre)	*Tarif par véhicule (en euros)*
89	*134*
90	*135*
91	*137*
92	*138*
93	*140*
94	*141*
95	*143*
96	*144*
97	*146*
98	*147*
99	*149*
100	*150*
101	*162*
102	*163*
103	*165*
104	*166*
105	*168*
106	*170*
107	*171*
108	*173*
109	*174*
110	*176*
111	*178*
112	*179*
113	*181*
114	*182*
115	*184*
116	*186*
117	*187*
118	*189*
119	*190*
120	*192*
121	*194*
122	*195*
123	*197*

Émissions de dioxyde de carbone (en grammes par kilomètre)	*Tarif par véhicule (en euros)*
124	*198*
125	*200*
126	*202*
127	*203*
128	*218*
129	*232*
130	*247*
131	*249*
132	*264*
133	*266*
134	*295*
135	*311*
136	*326*
137	*343*
138	*359*
139	*375*
140	*392*
141	*409*
142	*426*
143	*443*
144	*461*
145	*479*
146	*482*
147	*500*
148	*518*
149	*551*
150	*600*
151	*664*
152	*730*
153	*796*
154	*847*
155	*899*
156	*952*
157	*1 005*
158	*1 059*

Émissions de dioxyde de carbone (en grammes par kilomètre)	*Tarif par véhicule (en euros)*
159	*1 113*
160	*1 168*
161	*1 224*
162	*1 280*
163	*1 337*
164	*1 394*
165	*1 452*
166	*1 511*
167	*1 570*
168	*1 630*
169	*1 690*
170	*1 751*
171	*1 813*
172	*1 875*
173	*1 938*
174	*2 001*
175	*2 065*
176	*2 130*
177	*2 195*
178	*2 261*
179	*2 327*
180	*2 394*
181	*2 480*
182	*2 548*
183	*2 617*
184	*2 686*
185	*2 757*
186	*2 827*
187	*2 899*
188	*2 970*
189	*3 043*
190	*3 116*
191	*3 190*
192	*3 264*
193	*3 300*

Émissions de dioxyde de carbone (en grammes par kilomètre)	*Tarif par véhicule (en euros)*
194	*3 337*
195	*3 374*
196	*3 410*
197	*3 448*
198	*3 485*
199	*3 522*
200	*3 580*
201	*3 618*
202	*3 676*
203	*3 735*
204	*3 774*
205	*3 813*
206	*3 852*
207	*3 892*
208	*3 952*
209	*3 992*
210	*4 032*
211	*4 072*
212	*4 113*
213	*4 175*
214	*4 216*
215	*4 257*
216	*4 298*
217	*4 340*
218	*4 404*
219	*4 446*
220	*4 488*
221	*4 531*
222	*4 573*
223	*4 638*
224	*4 682*
225	*4 725*
226	*4 769*
227	*4 812*
228	*4 880*

Émissions de dioxyde de carbone (en grammes par kilomètre)	*Tarif par véhicule (en euros)*
229	*4 924*
230	*4 968*
231	*5 036*
232	*5 081*
233	*5 150*
234	*5 218*
235	*5 288*
236	*5 334*
237	*5 404*
238	*5 474*
239	*5 521*
240	*5 592*
241	*5 664*
242	*5 735*
243	*5 783*
244	*5 856*
245	*5 929*
246	*6 002*
247	*6 052*
248	*6 126*
249	*6 200*
250	*6 250*
251	*6 325*
252	*6 401*
253	*6 477*
254	*6 528*
255	*6 605*
256	*6 682*
257	*6 733*
258	*6 811*
259	*6 889*
260	*6 968*
261	*7 047*
262	*7 126*
263	*7 206*

Émissions de dioxyde de carbone (en grammes par kilomètre)	*Tarif par véhicule (en euros)*
264	*7 286*
265	*7 367*
266	*7 448*
267	*7 529*
268	*7 638*
269	*7 747*

c) Lorsque les émissions sont supérieures à 269 grammes par kilomètre, le tarif est égal au produit entre les émissions et 29 € par gramme par kilomètre ;

2° Pour les véhicules ne relevant pas du nouveau dispositif d'immatriculation, ayant fait l'objet d'une réception européenne, immatriculés pour la première fois à compter du 1er juin 2004 et qui n'étaient pas utilisés par le redevable avant le 1er janvier 2006, au produit entre les émissions de dioxyde de carbone, exprimées en grammes par kilomètre, et un tarif unitaire, exprimé en euros par gramme par kilomètre, déterminé en fonction de ces mêmes émissions à partir du barème suivant :

Émissions de dioxyde de carbone (en grammes par kilomètre)	*Tarif unitaire (en euros par gramme par kilomètre)*
inférieures ou égales à 20	*0*
de 21 à 60	*1*
de 61 à 100	*2*
de 101 à 120	*4,5*
de 121 à 140	*6,5*
de 141 à 160	*13*
de 161 à 200	*19,5*
de 201 à 250	*23,5*
supérieures ou égales à 251	*29*

3° Pour les véhicules autres que ceux mentionnés aux 1° ou 2° du présent I, au montant déterminé en fonction de la puissance administrative, exprimée en chevaux administratifs, à partir du barème suivant :

Puissance administrative (en CV)	*Tarif par véhicule (en euros)*
inférieure ou égale à 3	*750*
de 4 à 6	*1 400*
de 7 à 10	*3 000*
de 11 à 15	*3 600*
supérieure ou égale à 16	*4 500*

II. — Sont exonérés de la taxe annuelle sur les émissions de dioxyde de carbone :

1° Les véhicules accessibles en fauteuil roulant ;

2° Les véhicules exclusivement affectés par le redevable à la location ;

3° Les véhicules pris en location par le redevable sur une période d'au plus un mois civil ou trente jours consécutifs ;

4° Les véhicules exclusivement affectés par le redevable à la mise à disposition temporaire de ses clients en remplacement de leur véhicule immobilisé ;

5° Les véhicules utilisés pour le transport public de personnes ;

6° Les véhicules utilisés pour les besoins des activités agricoles ou forestières ;

7° Les véhicules utilisés pour l'enseignement de la conduite ;

8° Les véhicules utilisés pour l'enseignement du pilotage ou les compétitions sportives ;

9° Les véhicules utilisés pour les besoins des opérations mentionnées au 9° du 4 et au 7 de l'article 261 ;

10° Les véhicules utilisés par les personnes exerçant leur activité dans les conditions mentionnées à l'article L. 526-5-1 du code de commerce ;

11° Les véhicules dont la source d'énergie est exclusivement l'électricité, l'hydrogène ou une combinaison des deux ;

12° Les véhicules qui répondent aux conditions cumulatives suivantes :

a) La source d'énergie combine :

— soit, d'une part, l'électricité ou l'hydrogène et, d'autre part, le gaz naturel, le gaz de pétrole liquéfié, l'essence ou le superéthanol E85 ;

— soit, d'une part, le gaz naturel ou le gaz de pétrole liquéfié et, d'autre part, l'essence ou le superéthanol E85 ;

b) L'une des deux conditions suivantes est remplie :

— pour les véhicules mentionnés au 1° du I du présent article, les émissions de dioxyde de carbone n'excèdent pas 60 grammes par kilomètre ; pour les véhicules mentionnés au 2° du même I, elles n'excèdent pas 50 grammes par kilomètre ; pour ceux mentionnés au 3° dudit I, la puissance administrative n'excède pas 3 chevaux administratifs ;

— les émissions de dioxyde de carbone ou la puissance administrative n'excèdent pas le double des seuils mentionnés au deuxième alinéa du présent b et l'ancienneté du véhicule, déterminée à partir de sa date de première immatriculation, n'excède pas trois années.

Art. 1010 octies *I. — A. — Le tarif de la taxe annuelle relative aux émissions de polluants atmosphériques prévue au b du 1° de l'article 1010 est déterminé, en fonction de l'année de la première immatriculation du véhicule et de sa source d'énergie, à partir du barème suivant :*

Année de première immatriculation du véhicule	*Tarif lorsque la source d'énergie est exclusivement le gazole (en euros)*	*Tarif pour les autres sources d'énergie (en euros)*
à partir de 2015	*40*	*20*
de 2011 à 2014	*100*	*45*
de 2006 à 2010	*300*	*45*
de 2001 à 2005	*400*	*45*
jusqu'à 2000	*600*	*70*

B. — Relèvent du tarif prévu pour les véhicules dont la source d'énergie est exclusivement le gazole les véhicules dont la source d'énergie combine le gazole et un autre produit lorsque :

1° Pour les véhicules mentionnés au 1° du I de l'article 1010 septies, les émissions de dioxyde de carbone excèdent 120 grammes par kilomètre ;

2° Pour les véhicules mentionnés au 2° du même I, les émissions de dioxyde de carbone excèdent 100 grammes par kilomètre ;

3° Pour les véhicules mentionnés au 3° dudit I, lorsque la puissance administrative excède 6 chevaux administratifs.

II. — Sont exonérés de la taxe annuelle relative aux émissions de polluants atmosphériques les véhicules mentionnés aux 1° à 11° du II de l'article 1010 septies.

Art. 1010 *nonies* *I. — A. — La taxe annuelle à l'essieu prévue au 2° de l'article 1010 s'applique aux véhicules suivants, lorsque le poids total autorisé en charge est au moins égal à 12 tonnes :*

1° Véhicules des catégories N2 et N3 dont la conception permet le transport de marchandises sans remorque ou semi-remorque ;

2° Remorques de la catégorie O4 d'un poids total autorisé en charge au moins égal à 16 tonnes, lorsqu'elles sont tractées par un véhicule relevant du 1° du présent A ou un ensemble de véhicules relevant du 3° ;

3° Ensembles constitués d'un véhicule de catégorie N2 ou N3 couplé à une semi-remorque de la catégorie O ;

4° Tout autre véhicule ou ensemble de véhicules utilisé pour réaliser des opérations de transport de marchandises analogues à celles pour lesquelles les véhicules mentionnés aux 1° à 3° sont conçus.

B. — La taxe annuelle à l'essieu n'est pas applicable :

1° Aux véhicules immatriculés dans un autre État membre de l'Union européenne ;

2° Aux ensembles de véhicules dont l'un des éléments est immatriculé dans un autre État membre de l'Union européenne, lorsque cet ensemble a été soumis, dans cet État membre, à la taxe prévue par cet État membre et mentionnée à l'article 3 de la directive 1999/62/CE du Parlement européen et du Conseil du 17 juin 1999 relative à la taxation des poids lourds pour l'utilisation de certaines infrastructures ;

3° Aux véhicules immatriculés dans un État tiers avec lequel la France a conclu un accord d'exonération réciproque, ou aux ensembles de véhicules dont l'un des éléments est immatriculé dans un tel État ;

4° Aux véhicules situés dans les territoires des collectivités relevant de l'article 73 de la Constitution.

II. — Pour l'application du présent article et des articles 1010 bis et 1010 ter aux ensembles de véhicules :

1° Les remorques de la catégorie O4 qui les composent sont considérées comme des véhicules indépendants ;

2° Les tracteurs et semi-remorques composant l'ensemble sont considérés comme un véhicule unique dont l'utilisateur est celui du véhicule tracteur, dont le poids total autorisé en charge est égal au poids total roulant autorisé et dont le nombre d'essieux est celui de la seule semi-remorque.

Par dérogation au 2° du présent II, les différents utilisateurs des véhicules composant l'ensemble peuvent conjointement désigner parmi eux, pour tout ou partie de la période d'utilisation de cet ensemble, un redevable autre que l'utilisateur du véhicule tracteur. A cette fin, ils établissent une attestation datée au plus tard à la fin du trimestre civil qui suit l'échéance de cette période, et au plus tard le 15 janvier de l'année qui suit celle au cours de laquelle la taxe est devenue exigible. L'attestation reprend l'identification et les caractéristiques des véhicules composant l'ensemble, la dénomination des utilisateurs et du redevable désigné ainsi que la période concernée. L'ensemble des utilisateurs sont alors solidaires du paiement de la taxe.

III. — A. — Le tarif de la taxe annuelle à l'essieu est déterminé en fonction du nombre d'essieux, du poids total autorisé en charge, exprimé en tonnes, et de la présence ou non d'un système de suspension pneumatique :

Type de véhicule	*Nombre d'essieux*	*Poids total autorisé en charge du véhicule ou de l'ensemble (en tonnes)*	*Tarif en présence d'un système de suspension pneumatique (en euros)*	*Tarif en l'absence d'un système de suspension pneumatique (en euros)*
Véhicule à moteur isolé	*2*	*supérieur ou égal à 12*	*124*	*276*
	3	*supérieur ou égal à 12*	*224*	*348*
	4 et plus	*supérieur ou égal à 12 et inférieur à 27*	*148*	*228*
		supérieur ou égal à 27	*364*	*540*
Remorque de la catégorie 04	*–*	*supérieur ou égal à 16*	*120*	*120*
Ensemble articulé constitué d'un tracteur et d'une ou de plusieurs semi-remorques	*1*	*supérieur ou égal à 12 et inférieur à 20*	*16*	*32*
		supérieur ou égal à 20	*176*	*308*
	2	*supérieur ou égal à 12 et inférieur à 27*	*116*	*172*
		supérieur ou égal à 27 et inférieur à 33	*336*	*468*
		supérieur ou égal à 33 et inférieur à 39	*468*	*708*
		supérieur ou égal à 39	*628*	*932*
	3 et plus	*supérieur ou égal à 12 et inférieur à 38*	*372*	*516*
		supérieur ou égal à 38	*516*	*700*

B. — Relèvent du tarif prévu en cas de présence d'un système de suspension pneumatique les véhicules pour lesquels l'essieu moteur dispose d'une suspension reconnue comme équivalente dans les conditions définies à l'annexe III au règlement (UE) n° 1230/2012 de la Commission du 12 décembre 2012 portant application du règlement (CE) n° 661/2009 du Parlement européen et du Conseil en ce qui concerne les prescriptions pour la réception par type relatives aux masses et dimensions des véhicules à moteur et de leurs remorques et modifiant la directive 2007/46/CE du Parlement européen et du Conseil.

C. — Pour les véhicules acheminés en transport combiné, au sens de l'article 1er de la directive 92/106/CEE du Conseil du 7 décembre 1992 relative à l'établissement de règles

communes pour certains transports combinés de marchandises entre États membres, le tarif applicable est égal à 25 % de celui mentionné au A du présent III.

IV. — Sont exonérés de la taxe annuelle à l'essieu :

1° Les véhicules utilisés pour les besoins de la défense nationale, de la protection civile, des services de lutte contre les incendies, des services publics de secours et des forces responsables du maintien de l'ordre ;

2° Les véhicules utilisés pour l'entretien des voies de circulation ;

3° Les véhicules affectés aux transports intérieurs aux enceintes des chantiers ou des entreprises, même si ces transports impliquent de traverser les voies ouvertes à la circulation publique ;

4° Les véhicules constitués d'un châssis routier sur lesquels sont installés à demeure, dans le cadre de travaux publics et industriels en France, les équipements suivants et qui sont exclusivement utilisés pour le transport de ces équipements :

a) Engins de levage et de manutention ;

b) Pompes et stations de pompage ;

c) Groupes moto-compresseurs mobiles ;

d) Bétonnières et pompes à béton, à l'exception des bétonnières à tambour utilisées pour le transport de béton ;

e) Groupes générateurs mobiles ;

f) Engins de forage mobiles ;

5° Les véhicules de collection ;

6° Les véhicules utilisés pour le transport des marchandises des cirques ainsi que pour la restauration et le logement des personnels des cirques ;

7° Les véhicules utilisés pour le transport des jeux, manèges forains et autres marchandises utilisées au sein des fêtes foraines ;

8° Les véhicules utilisés par les centres équestres ;

9° Les véhicules utilisés par les exploitants agricoles pour le transport de leurs récoltes.

II *[ANCIEN]* TAXE SUR LES VÉHICULES DES SOCIÉTÉS

Ancien art. 1010 ***[Applicable à la période d'imposition ouverte à compter du 1er janv. 2018] I. — Les sociétés sont soumises à une taxe annuelle à raison des véhicules de tourisme qu'elles utilisent en France, quel que soit l'État dans lequel ils sont immatriculés, ou qu'elles possèdent et qui sont immatriculés en France.*** *(Abrogé par L. n° 2019-1479 du 28 déc. 2019, art. 69-I-1°-a et VI-B, à compter d'une date fixée par décret, et au plus tard le 1er juill. 2020)* ***« Sont considérés comme véhicules de tourisme les voitures particulières au sens du 1 du C de l'annexe II à la directive 2007/46/CE du Parlement européen et du Conseil, du 5 septembre 2007, établissant un cadre pour la réception des véhicules à moteur, de leurs remorques et des systèmes, des composants et des entités techniques destinés à ces véhicules, ainsi que les véhicules à usages multiples qui, tout en étant classés en catégorie N1 au sens de cette même annexe, sont destinés au transport de voyageurs et de leurs bagages ou de leurs biens*** *(L. n° 2018-1317 du 28 déc. 2018, art. 92-I-1° et II-B)* ***« et les véhicules comprenant au moins cinq places assises et dont le code de carrosserie européen est camions pick-up, sauf ceux mentionnés au e du 6° du IV de l'article 206 de l'annexe II au présent code, lorsqu'ils répondent à un impératif de sécurité pour les salariés ». »*** — *L'extension à certains véhicules de type pick-up s'applique à compter du 1er janv. 2019.*

Lorsqu'elle s'applique à des véhicules pris en location ou mis à disposition, la taxe est uniquement à la charge de la société locataire ou de la société bénéficiant de la mise à disposition.

Sont exonérées de cette taxe les sociétés mentionnées au premier alinéa du I à raison des véhicules accessibles en fauteuil roulant *(Abrogé par L. n° 2019-1479 du 28 déc. 2019, art. 69-I-I-1°-b et VI-B, à compter d'une date fixée par décret, et au plus tard le 1er juill. 2020)* ***« qui relèvent de la catégorie "M1" et du 5.5 du A de l'annexe II de la directive précitée, à compter du 1er janvier 2017 ».***

La taxe n'est pas applicable aux véhicules destinés exclusivement soit à la vente, soit à la location de courte durée, soit à l'exécution d'un service de transport à la disposition du public, lorsque ces opérations correspondent à l'activité normale de la société propriétaire, soit à un usage agricole.

I bis. — Le montant de la taxe est égal à la somme des deux composantes, dont le tarif est déterminé en application, respectivement, du a *(L. n° 2019-1479 du 28 déc. 2019, art. 69-I-I-2°-a et VI-B, en vigueur à une date fixée par décret, et au plus tard le 1er juill. 2020)* ***« , du b ou du c, d'une part, et du d », d'autre part.*** — *V. note ss. l'art.*

[a. en vigueur jusqu'au 29 févr. 2020]

a) Pour les véhicules ayant fait l'objet d'une réception communautaire au sens de la même directive et dont la première mise en circulation intervient à compter du 1er juin 2004, et qui n'étaient pas possédés ou utilisés par la société avant le 1er janvier 2006, le tarif applicable est le suivant :

TAUX D'ÉMISSION DE DIOXYDE DE CARBONE (en grammes par kilomètre)	TARIF APPLICABLE PAR GRAMME de dioxyde de carbone (en euros)
Inférieur ou égal à 20	0
Supérieur à 20 et inférieur ou égal à 60	1
Supérieur à 60 et inférieur ou égal à 100	2
Supérieur à 100 et inférieur ou égal à 120	4,5
Supérieur à 120 et inférieur ou égal à 140	6,5
Supérieur à 140 et inférieur ou égal à 160	13
Supérieur à 160 et inférieur ou égal à 200	19,5
Supérieur à 200 et inférieur ou égal à 250	23,5
Supérieur à 250	29

Tableau issu de la L. nº 2017-1836 du 30 déc. 2017, art. 18, à compter de la période d'imposition s'ouvrant le 1er janv. 2018.

[a. en vigueur du 1er mars au 31 déc. 2020]

(L. nº 2019-1479 du 28 déc. 2019, art. 69-I-I-2º-b et VI-B) ***« a) Pour les véhicules relevant du nouveau dispositif d'immatriculation, le tarif applicable est le suivant : »***

Émissions de dioxyde de carbone (en grammes par kilomètre)	Tarif unitaire (en euros par gramme de dioxyde de carbone)
Inférieur*[es]* ou égal*[es]* à 20	0
Supérieur*[es]* à 20 et inférieur*[es]* ou égal*[es]* à 50	1
Supérieur*[es]* à 50 et inférieur*[es]* ou égal*[es]* à 120	2
Supérieur*[es]* à 120 et inférieur*[es]* ou égal*[es]* à 150	4,5
Supérieur*[es]* à 150 et inférieur*[es]* ou égal*[es]* à 170	6,5
Supérieur*[es]* à 170 et inférieur*[es]* ou égal*[es]* à 190	13
Supérieur*[es]* à 190 et inférieur*[es]* ou égal*[es]* à 230	19,5
Supérieur*[es]* à 230 et inférieur*[es]* ou égal*[es]* à 270	23,5
Supérieur*[es]* à 270	29

[a. en vigueur le 1er janv. 2021]

(L. nº 2020-1721 du 29 déc. 2020, art. 55-I-5º-a) ***« a) Pour les véhicules relevant du nouveau dispositif d'immatriculation, le tarif applicable est déterminé dans les conditions suivantes :***

« – lorsque les émissions sont inférieures à 21 grammes par kilomètre, le tarif est nul ;

« – lorsque les émissions sont supérieures ou égales à 21 grammes par kilomètre et inférieures ou égales à 269 grammes par kilomètre, le tarif est déterminé par le barème suivant :

Émissions de dioxyde de carbone (en grammes par kilomètre)	**Tarif par véhicule (en euros)**
21	17
22	18
23	18
24	19
25	20
26	21
27	22
28	22
29	23
30	24
31	25
32	26
33	26
34	27
35	28
36	29
37	30
38	30
39	31
40	32
41	33
42	34
43	34
44	35
45	36
46	37
47	38
48	38
49	39
50	40
51	41
52	42

Émissions de dioxyde de carbone (en grammes par kilomètre)	Tarif par véhicule (en euros)
53	42
54	43
55	44
56	45
57	46
58	46
59	47
60	48
61	49
62	50
63	50
64	51
65	52
66	53
67	54
68	54
69	55
70	56
71	57
72	58
73	58
74	59
75	60
76	61
77	62
78	117
79	119
80	120
81	122
82	123
83	125
84	126

Émissions de dioxyde de carbone (en grammes par kilomètre)	**Tarif par véhicule (en euros)**
85	128
86	129
87	131
88	132
89	134
90	135
91	137
92	138
93	140
94	141
95	143
96	144
97	146
98	147
99	149
100	150
101	162
102	163
103	165
104	166
105	168
106	170
107	171
108	173
109	174
110	176
111	178
112	179
113	181
114	182
115	184
116	186

Émissions de dioxyde de carbone (en grammes par kilomètre)	Tarif par véhicule (en euros)
117	187
118	189
119	190
120	192
121	194
122	195
123	197
124	198
125	200
126	202
127	203
128	218
129	232
130	247
131	249
132	264
133	266
134	295
135	311
136	326
137	343
138	359
139	375
140	392
141	409
142	426
143	443
144	461
145	479
146	482
147	500
148	518

Émissions de dioxyde de carbone (en grammes par kilomètre)	**Tarif par véhicule (en euros)**
149	551
150	600
151	664
152	730
153	796
154	847
155	899
156	952
157	1 005
158	1 059
159	1 113
160	1 168
161	1 224
162	1 280
163	1 337
164	1 394
165	1 452
166	1 511
167	1 570
168	1 630
169	1 690
170	1 751
171	1 813
172	1 875
173	1 938
174	2 001
175	2 065
176	2 130
177	2 195
178	2 261
179	2 327
180	2 394

Émissions de dioxyde de carbone (en grammes par kilomètre)	**Tarif par véhicule (en euros)**
181	2 480
182	2 548
183	2 617
184	2 686
185	2 757
186	2 827
187	2 899
188	2 970
189	3 043
190	3 116
191	3 190
192	3 264
193	3 300
194	3 337
195	3 374
196	3 410
197	3 448
198	3 485
199	3 522
200	3 580
201	3 618
202	3 676
203	3 735
204	3 774
205	3 813
206	3 852
207	3 892
208	3 952
209	3 992
210	4 032
211	4 072
212	4 113

Émissions de dioxyde de carbone (en grammes par kilomètre)	**Tarif par véhicule (en euros)**
213	4 175
214	4 216
215	4 257
216	4 298
217	4 340
218	4 404
219	4 446
220	4 488
221	4 531
222	4 573
223	4 638
224	4 682
225	4 725
226	4 769
227	4 812
228	4 880
229	4 924
230	4 968
231	5 036
232	5 081
233	5 150
234	5 218
235	5 288
236	5 334
237	5 404
238	5 474
239	5 521
240	5 592
241	5 664
242	5 735
243	5 783
244	5 856

Émissions de dioxyde de carbone (en grammes par kilomètre)	Tarif par véhicule (en euros)
245	5 929
246	6 002
247	6 052
248	6 126
249	6 200
250	6 250
251	6 325
252	6 401
253	6 477
254	6 528
255	6 605
256	6 682
257	6 733
258	6 811
259	6 889
260	6 968
261	7 047
262	7 126
263	7 206
264	7 286
265	7 367
266	7 448
267	7 529
268	7 638
269	7 747

Tableau issu de la L. nº 2020-1721 du 29 déc. 2020, art. 55-I-5º-a.

« – lorsque les émissions sont supérieures à 269 grammes par kilomètre, le tarif est égal au produit entre les émissions et 29 € par gramme par kilomètre. »

[b. en vigueur jusqu'au 29 févr. 2020]

b) Pour les véhicules autres que ceux mentionnés au a, le tarif applicable est le suivant :

PUISSANCE FISCALE (en chevaux-vapeur)	***TARIF APPLICABLE (en euros)***
Inférieure ou égale à 3	*750*
De 4 à 6	*1 400*
De 7 à 10	*3 000*
De 11 à 15	*3 600*
Supérieure à 15	*4 500*

Tableau issu de la L. n° 2011-1906 du 21 déc. 2011, art. 21-I-2° et IV, à compter de la période d'imposition s'ouvrant le 1er oct. 2011.

Les véhicules combinant l'énergie électrique et une motorisation à l'essence *(L. n° 2017-1836 du 30 déc. 2017, art. 18)* ***« ou au superéthanol E85 » et les véhicules combinant l'essence à du gaz naturel carburant ou du gaz de pétrole liquéfié dont les émissions sont inférieures ou égales à*** *(L. n° 2017-1836 du 30 déc. 2017, art. 18)* ***« 100*** *[ancienne rédaction : 110]* ***» grammes de dioxyde de carbone par kilomètre parcouru sont exonérés de la composante de la taxe prévue aux a et b pendant une période de*** *(L. n° 2017-1836 du 30 déc. 2017, art. 18)* ***« douze*** *[ancienne rédaction : huit]* ***» trimestres, décomptée à partir du premier jour du premier trimestre en cours à la date de première mise en circulation du véhicule.*** *(L. n° 2017-1836 du 30 déc. 2017, art. 18)* ***« Cette exonération est définitive pour les véhicules dont les émissions sont inférieures ou égales à 60 grammes de dioxyde de carbone par kilomètre parcouru. »*** *— L'exonération s'applique à compter de la période d'imposition s'ouvrant le 1er janv. 2018 (L. n° 2017-1836 du 30 déc. 2017, art. 18).*

[b. en vigueur le 1er mars 2020]

(L. n° 2019-1479 du 28 déc. 2019, art. 69-I-I-2°-c et VI-B) ***« b) » Pour les véhicules ayant fait l'objet d'une réception*** *(L. n° 2019-1479 du 28 déc. 2019, art. 69-I-I-2°-c et VI-B)* ***« européenne » au sens de la même directive et dont la première mise en circulation intervient à compter du 1er juin 2004,*** *(L. n° 2019-1479 du 28 déc. 2019, art. 69-I-I-2°-c et VI-B)* ***« qui ne relèvent pas du nouveau dispositif d'immatriculation » et qui n'étaient pas possédés ou utilisés par la société avant le 1er janvier 2006, le tarif applicable est le suivant :***

Émissions de dioxyde de carbone (en grammes par kilomètre)	**Tarif unitaire (en euros par gramme de dioxyde de carbone)**
Inférieur*[es]* ou égal*[es]* à 20	0
Supérieur*[es]* à 20 et inférieur*[es]* ou égal*[es]* à 60	1
Supérieur*[es]* à 60 et inférieur*[es]* ou égal*[es]* à 100	2
Supérieur*[es]* à 100 et inférieur*[es]* ou égal*[es]* à 120	4,5
Supérieur*[es]* à 120 et inférieur*[es]* ou égal*[es]* à 140	6,5
Supérieur*[es]* à 140 et inférieur*[es]* ou égal*[es]* à 160	13
Supérieur*[es]* à 160 et inférieur*[es]* ou égal*[es]* à 200	19,5
Supérieur*[es]* à 200 et inférieur*[es]* ou égal*[es]* à 250	23,5
Supérieur*[es]* à 250	29

Tableau issu de la L. n° 2017-1836 du 30 déc. 2017, art. 18, mod. par L. n° 2019-1479 du 28 déc. 2019, art. 69-I-I-2°-c et VI-B.

[c. en vigueur le 1er mars 2020]

(L. n° 2019-1479 du 28 déc. 2019, art. 69-I-I-2°-d et VI-B) ***« c) » Pour les véhicules autres que ceux mentionnés au a*** *(L. n° 2019-1479 du 28 déc. 2019, art. 69-I-I-2°-d et VI-B)* ***« ou au b », le tarif applicable est le suivant :***

Puissance administrative (en CV)	**Tarif (en euros)**
Inférieure ou égale à 3	**750**
De 4 à 6	**1 400**
De 7 à 10	**3 000**
De 11 à 15	**3 600**
Supérieure à 15	**4 500**

Tableau issu de la L. n° 2011-1906 du 21 déc. 2011, art. 21, mod. par L. n° 2019-1479 du 28 déc. 2019, art. 69-I-I-2°-d et VI-B.

(L. n° 2019-1479 du 28 déc. 2019, art. 69-I-I-2°-d et VI-B) ***« Sont exonérés de la composante de la taxe prévue au a, au b ou au présent c pendant une période de douze trimestres, décomptée à partir du premier jour du premier trimestre en cours à la date de première mise en circulation du véhicule, les véhicules dont les émissions de dioxyde de carbone sont inférieures ou égales, pour les véhicules mentionnés au a, à 120 grammes de dioxyde de carbone par kilomètre et, pour les véhicules mentionnés au b ou au présent c, à 100 grammes de dioxyde de carbone par kilomètre. Cette exonération s'applique lorsque ces véhicules combinent : »***

(L. n° 2020-1721 du 29 déc. 2020, art. 55-I-5°-b) ***« — soit, d'une part, l'électricité ou l'hydrogène et, d'autre part, le gaz naturel, le gaz de pétrole liquéfié, l'essence ou le superéthanol E85 ;***

« — soit, d'une part, le gaz naturel ou le gaz de pétrole liquéfié et, d'autre part, l'essence ou le superéthanol E85. »

(L. n° 2019-1479 du 28 déc. 2019, art. 69-I-I-2°-d et VI-B) ***« Cette exonération est permanente pour les véhicules mentionnés au a dont les émissions sont inférieures ou égales à 50 grammes de dioxyde de carbone par kilomètre parcouru et pour les véhicules mentionnés au b ou au présent c dont les émissions sont inférieures ou égales à 60 grammes de dioxyde de carbone par kilomètre parcouru. »*** *— L'extension de l'exonération de la première composante aux véhicules mentionnés au a du présent I bis et aux véhicules qui combinent l'énergie électrique au gaz s'applique à compter du 1er mars 2020 (Décr. n° 2020-169 du 27 févr. 2020, art. 1er).*

[d. en vigueur le 1er mars 2020]

(L. n° 2019-1479 du 28 déc. 2019, art. 69-I-I-2°-e et VI-B) ***« d)*** *[ancienne rédaction : c)]* ***» Le tarif applicable à la composante relative aux émissions de polluants atmosphériques, déterminé en fonction du type de carburant, est le suivant :***

(En euros)

ANNÉE DE PREMIÈRE mise en circulation du véhicule	*ESSENCE ET ASSIMILÉ*	*DIESEL ET ASSIMILÉ*
Jusqu'au 31 décembre 2000	***70***	***600***
De 2001 à 2005	***45***	***400***
De 2006 à 2010	***45***	***300***
De 2011 à 2014	***45***	***100***
A compter de 2015	***20***	***40***

Tableau issu de la L. n° 2017-1836 du 30 déc. 2017, art. 18, applicable à compter de la période d'imposition s'ouvrant le 1er janv. 2018.

***« Les mots : "Diesel et assimilé" désignent les véhicules ayant une motorisation au gazole ainsi que les véhicules combinant une motorisation électrique et une motorisation au gazole émettant** (L. n° 2019-1479 du 28 déc. 2019, art. 69-I-I-2°-e et VI-B)* ***« plus de 120 grammes de dioxyde de carbone par kilomètre parcouru, s'il s'agit de véhicules mentionnés au a, ou » plus de** (L. n° 2017-1836 du 30 déc. 2017, art. 18, applicable à compter de la période d'imposition s'ouvrant le 1er janv. 2018)* ***« 100** [ancienne rédaction : 110]* ***» grammes de dioxyde de carbone par kilomètre parcouru** (L. n° 2019-1479 du 28 déc. 2019, art. 69-I-I-2°-e et VI-B)* ***« , pour les véhicules mentionnés au b ou au c ».** — La définition des "Diesel et assimilé" propre aux véhicules mentionnés au a s'applique à compter du 1er mars 2020 (Décr. n° 2020-169 du 27 févr. 2020, art. 1er).*

« Les mots : "Essence et assimilé" désignent des véhicules autres que ceux mentionnés au deuxième alinéa.

(L. n° 2020-1721 du 29 déc. 2020, art. 55-I-5°-c) ***« Ce tarif ne s'applique pas aux véhicules dont la source d'énergie est exclusivement l'électricité, l'hydrogène ou une combinaison des deux. »***

II. — La période d'imposition de la taxe s'étend du 1er janvier au 31 décembre.

Cette taxe est liquidée par trimestre, par application du tarif fixé au I bis aux véhicules possédés par la société au premier jour du trimestre ou utilisés par celle-ci au cours de ce trimestre, qu'il s'agisse de véhicules pris en location ou mis à sa disposition ou de ceux mentionnés à l'article 1010-0 A.

Toutefois, pour les véhicules loués par la société, la taxe n'est due que si la durée de la location excède un mois civil ou une période de trente jours consécutifs. Elle est due au titre d'un seul trimestre si la durée de la location n'excède pas trois mois civils consécutifs ou quatre-vingt-dix jours consécutifs.

Le montant de la taxe due pour un trimestre et au titre d'un véhicule est égal au quart du tarif annuel fixé au I bis.

III. — La taxe annuelle est déclarée et liquidée selon les modalités suivantes :

1° Pour les redevables de la taxe sur la valeur ajoutée soumis au régime réel normal d'imposition prévu au 2 de l'article 287, sur l'annexe à la déclaration mentionnée au 1 du même article 287 déposée au titre du mois de décembre ou du quatrième trimestre civil de la période au titre de laquelle la taxe est due ;

2° Pour les personnes non redevables de la taxe sur la valeur ajoutée, sur l'annexe à la déclaration prévue au 1 dudit article 287 transmise au service chargé du recouvrement dont relève le principal établissement au cours du mois de janvier suivant la période au titre de laquelle la taxe est due. L'annexe est déposée dans les délais fixés en matière de taxes sur le chiffre d'affaires ;

3° Pour les redevables de la taxe sur la valeur ajoutée soumis au régime simplifié d'imposition prévu à l'article 302 septies A ou au régime simplifié prévu à l'article 298 bis, sur un imprimé conforme au modèle établi par l'administration déposé au plus tard le 15 janvier qui suit l'expiration de la période au titre de laquelle la taxe est due.

IV. — La taxe n'est pas déductible pour l'établissement de l'impôt sur les sociétés.

L'art. 19 de la L. n° 2016-1827 du 23 déc. 2016 : — modifie les dispositions de l'art. 1010 pour les périodes d'impositions ouvertes à compter du 1er janv. 2018 ; — crée une taxe exceptionnelle due au titre du dernier trimestre 2017 ; — prévoit des modalités particulières de déclaration et de paiement de la taxe pour la période d'imposition du 1er oct. 2016 au 30 sept. 2017. — V. pour les détails L. préc., art. 19-II-B.

Pour l'application des art. 1010 bis, 1011 bis et 1011 ter aux certificats d'immatriculation délivrés du 1er janv. au 30 juin 2019, le premier al. du I du présent art. s'applique dans sa rédaction antérieure à la L. n° 2018-1317 du 28 déc. 2018 (L. préc., art. 92-II-B).

1. Constitutionnalité de la taxe. La taxe sur les véhicules des sociétés ne méconnaît pas le principe d'égalité devant la loi. • CE QPC, 23 sept. 2013, *Sté Visiocom*, n° 369684 : *RJF 2013. 11645* • CE 27 oct. 2015, *Sté Visiocom*, n° 392152 : *RJF 2016. 70.*

2. Régime de la taxe. Commentaires administratifs. * BOI-TFP-TVS du 29 mai 2019.

3. Personnes imposables. La taxe est applicable aux établissements publics à caractère industriel ou commercial qui sont soumis au même régime fiscal que les entreprises privées et qui effectuent des opérations qui pourraient être effectuées par des sociétés passibles de la taxe. • CE, avis, 8 janv. 1957 : * BOI-TFP-TVS-10-10 n° 80 du 4 oct. 2017. ♦ La taxe est ainsi applicable aux offices publics d'aménagement et de construction, dès lors que ceux-ci sont des établissements publics à caractère industriel et commercial qui se livrent à des opérations susceptibles d'être effectuées par des entreprises privées. • Com. 10 oct. 2000, n° 97-20.287 : *Dr. fisc. 2001. 226* • 31 mai 2005, n° 03-18921 : *Dr. fisc. 2005. 621* * BOI-TFP-TVS-10-10 n° 100 du 4 oct. 2017. ♦ Elle s'applique également à un établissement public industriel et commercial (Epic) qui effectue les mêmes opérations qu'une entreprise privée, alors même que la part de ses activités industrielles et commerciales n'est pas prépondérante. • CAA Paris, 12 mai 2016, *CIRAD*, n° 13PA04678 : *RJF 2016. 706 ; Dr. fisc. 2016. 366, note Oriol.* ♦ De même, la taxe est applicable à une régie créée par un conseil général pour prendre en charge un service public administratif de gestion et animation d'équipements et installations en vue d'actions éducatives et de formation en matière sportive, culturelle et environnementale dès lors que cette régie propose un ensemble d'activités sportives et de découverte de l'environnement et met à la disposition des usagers des équipements et des infrastructures avec possibilité d'hébergement et de restauration moyennant un prix de journée par personne et que de telles prestations peuvent être offertes par des entreprises privées. • Com. 13 déc. 2011, n° 10-27.686 : *RJF 2012. 427.* ♦ En revanche, la taxe n'est pas applicable à un syndicat mixte financé par la taxe d'enlèvement des ordures ménagères et assurant le traitement des ordures ménagères pour ses membres. * Rescrit 10 févr. 2009, n° 2009/07 FE * BOI-TFP-TVS-10-10 n° 110 du 4 oct. 2017.

4. Associations. Les associations régies par la loi du 1er juill. 1901 relative au contrat d'association ne sont pas assujetties à la taxe sur les véhicules des sociétés, y compris lorsqu'elles ont une activité lucrative. * BOI-TFP-TVS-10-10 n° 50 du 4 oct. 2017.

5. Utilisation des véhicules (législation antérieure à 2006). Les circonstances suivantes établissent l'utilisation de la voiture par la société : la société prend directement à sa charge la presque totalité des frais afférents au véhicule (frais d'autoroute, d'essence, d'entretien et de franchise en cas d'accident). • Com. 13 déc. 1994, n° 2290D : *RJF 1995. 419.* ♦ Elle rembourse aux salariés qui utilisent leur voiture dans l'exercice de leurs fonctions les primes d'assurance et la taxe différentielle et à l'un d'eux des factures de réparations. • Com. 13 juin 1995, n° 93-15.821 P : *RJF 1995. 1210.* ♦ ... Elle supporte directement le coût de la mise à disposition des véhicules, pris en location par une association de salariés, en versant au loueur une redevance kilométrique qui couvre l'entretien, l'amortissement et l'assurance des véhicules. • Com. 13 juin 1995, n° 1194D : *RJF 1995. 1441.*

6. Véhicules donnés en location par les sociétés qui en sont propriétaires. Seules les sociétés propriétaires de véhicules destinés exclusivement à la location de courte durée (c'est-à-dire d'une durée inférieure ou égale à un mois civil ou trente jours consécutifs) sont exonérées de la taxe. Dans l'hypothèse d'une location de longue durée, la société propriétaire des véhicules n'est exonérée que si le locataire est une société elle-même assujettie à la taxe. • CE 20 nov. 2017, *Sté Éditions municipales de France*, n° 392804 : *RJF 2018. 166.*

7. Véhicules à usage agricole. Ces véhicules sont exonérés s'ils sont des véhicules destinés exclusivement à un usage agricole. L'exonération est écartée lorsque le véhicule est également utilisé à d'autres fins (exemple : activité commerciale accessoire réalisée par un exploitant agricole). * BOI-TFP-TVS-10-30 n° 125 du 29 mai 2019.

8. Précisions diverses. Une société est passible de la taxe pour les véhicules qu'elle possède même si elle ne les utilise pas. Ainsi, lorsqu'une société remplace son parc automobile par des véhicules de location, elle reste redevable de la taxe à raison des véhicules immatriculés à son nom tant qu'elle ne les a pas vendus, alors même qu'elle ne les utilise pas. • Com. 24 oct. 2000, n° 98-10.942 : *Dr. fisc. 2001. 206.*

9. Une entreprise ayant pour activité la gestion de supports publicitaires est redevable de la taxe à raison des véhicules dont elle est propriétaire et qu'elle utilise comme supports mobiles de publicité, alors même qu'elle les prête à des collectivités territoriales qui en assument les frais d'entretien. • Com. 5 mai 2009, n° 08-15.981 : *RJF 2009. 740 ; Dr. fisc. 2009. 423, note Zapf et Le Tacon.*

10. Cas où la somme versée par une société à son dirigeant à titre de remboursement de frais pour l'utilisation de son véhicule personnel représente un montant de frais, calculés d'après le barème kilométrique publié par l'Administration, qui correspond à une utilisation de ce véhicule à plus de 85 % à l'usage exclusif de cette société : le véhicule, n'étant utilisé à titre personnel que de façon résiduelle et peu significative, est assujetti à la taxe. • Com. 12 janv. 1999, n° 96-22.448 : *RJF 1999. 503.*

11. Les véhicules affectés exclusivement à des prêts à des journalistes ne sont pas exonérés même si cette affectation est destinée à la promotion de ces véhicules. • Com. 6 sept. 2016, *Sté Kia Motors France*, n° 15-15.305 : *RJF 2016. 1081.* ♦ Il en est de même des véhicules destinés à la vente lorsqu'ils sont prêtés à des journalistes, des personnalités ou des commerciaux ainsi que des véhicules donnés en location aux cadres à un tarif avantageux. • CE 8 févr. 2019, *Sté Volkswagen Group France*, n° 409619 : *Dr. fisc. 2019. 416, concl. Cytermann.*

12. Les véhicules de démonstration destinés à la vente ne sont pas exonérés au cours de la période durant laquelle ils sont mis à la disposition des vendeurs pour leur congé annuel, ou du dirigeant pour son usage professionnel ou personnel. * BOI-TFP-TVS-10-30 n° 80 du 29 mai 2019.

13. Les véhicules exclusivement affectés aux essais des équipements et accessoires pour automobiles fabriqués par l'entreprise sont exonérés de la taxe au même titre que les véhicules de démonstration ou d'essais possédés par les constructeurs automobiles, leurs concessionnaires ou leurs agents. * Rescrit 6 juill. 2010, n° 2010/40 ENR * BOI-TFP-TVS-10-30 n° 70 du 29 mai 2019.

14. Les véhicules utilisés par une société pour l'accompagnement technique d'une équipe cycliste professionnelle lors de compétitions ne bénéficient pas de l'exonération prévue à l'égard des véhicules affectés exclusivement aux compétitions sportives. • CAA Douai, 30 juin 2010, n° 08DA01483 : *RJF 2010. 999.* ♦ Il en est de même des véhicules utilisés pour des stages de pilotage sur circuit qu'une société propose à ses clients. • CAA Douai, 28 mars 2017, *SARL PPK*, n° 16DA00962 : *RJF 2017. 797.* ♦ L'Administration admet toutefois que les véhicules affectés exclusivement à l'enseignement du pilotage automobile soient exonérés. * BOI-TFP-TVS-10-30 n° 130 du 29 mai 2019.

15. Dès lors que les véhicules accessibles en fauteuil roulant relèvent de la catégorie « M1 », ou « VP » en France, et sont techniquement conçus pour le transport de personnes, ils doivent être soumis à la taxe sur les véhicules des sociétés, à l'instar de tout autre véhicule non aménagé relevant de la catégorie « VP » et conçu pour un usage similaire. * Rép. min. n° 85914 : *JOAN Q, 6 oct. 2015, p. 7621.* ♦ Ces véhicules sont exonérés à compter du 1er janv. 2017 par l'art. 1010-I, al. 3. * BOI-TFP-TVS-10-30 n° 200 du 29 mai 2019.

16. Est taxable le véhicule conçu pour le transport de personnes transformé en véhicule utilitaire avant son acquisition, y compris si cette transformation n'est pas irréversible. La circonstance qu'un véhicule a subi des transformations afin d'être utilisé pour le transport de marchandises ne fait pas obstacle à l'application de la taxe sur les véhicules de sociétés. • CAA Lyon, 27 juill. 2017, *SA Pépinières Naudet*, n° 16LY02248 : *RJF 2018. 160.*

17. Assujettissement à la taxe des véhicules break conçus pour le transport de marchandises équipés de points d'ancrage de fixation d'une banquette. * BOI-RES-000024 du 2 juin 2019.

Ancien art. 1010 ***[Applicable aux périodes d'imposition ouvertes avant le 1er janv. 2018] I. — Les sociétés sont soumises à une taxe annuelle à raison des véhicules de tourisme qu'elles utilisent en France, quel que soit l'État dans lequel ils sont immatriculés, ou qu'elles possèdent et qui sont immatriculés en France. Sont considérés comme véhicules de tourisme les voitures particulières au sens du 1 du C de l'annexe II à la directive 2007/46/CE du Parlement européen et du Conseil, du 5 septembre 2007, établissant un cadre pour la réception des véhicules à moteur, de leurs remorques et des systèmes, des composants et des entités techniques destinés à ces véhicules, ainsi que les véhicules à usages multiples qui, tout en étant classés en catégorie N1 au sens de cette même annexe, sont destinés au transport de voyageurs et de leurs bagages ou de leurs biens.***

Sont exonérées de cette taxe les sociétés mentionnées au premier alinéa du I à raison des véhicules accessibles en fauteuil roulant qui relèvent de la catégorie "M1" et du 5.5 du A de l'annexe II de la directive précitée, à compter du 1er janvier 2017.

Un décret précise les conditions d'application du deuxième alinéa du présent I.

Le montant de la taxe est égal à la somme des deux composantes, dont le tarif est déterminé en application, respectivement, du a ou du b, d'une part, et du c, d'autre part. *— V. note ss. l'art.*

a) Pour les véhicules ayant fait l'objet d'une réception communautaire au sens de la même directive et dont la première mise en circulation intervient à compter du 1er juin 2004, et qui n'étaient pas possédés ou utilisés par la société avant le 1er janvier 2006, le tarif applicable est le suivant :

TAUX D'ÉMISSION de dioxyde de carbone (en grammes par kilomètre)	***TARIF applicable par gramme de dioxyde de carbone (en euros)***
Inférieur ou égal à 50	*0*
Supérieur à 50 et inférieur ou égal à 100	*2*
Supérieur à 100 et inférieur ou égal à 120	*4*
Supérieur à 120 et inférieur ou égal à 140	*5,5*
Supérieur à 140 et inférieur ou égal à 160	*11,5*
Supérieur à 160 et inférieur ou égal à 200	*18*
Supérieur à 200 et inférieur ou égal à 250	*21,5*
Supérieur à 250	*27*

Tableau issu de la L. n° 2011-1906 du 21 déc. 2011, art. 21-I-1° et IV, à compter de la période d'imposition s'ouvrant le 1er oct. 2011.

b) Pour les véhicules autres que ceux mentionnés au a, le tarif applicable est le suivant :

PUISSANCE FISCALE (en chevaux-vapeur)	***TARIF APPLICABLE (en euros)***
Inférieure ou égale à 3	*750*
De 4 à 6	*1 400*
De 7 à 10	*3 000*
De 11 à 15	*3 600*
Supérieure à 15	*4 500*

Tableau issu de la L. n° 2011-1906 du 21 déc. 2011, art. 21-I-2° et IV, à compter de la période d'imposition s'ouvrant le 1er oct. 2011.

Les véhicules combinant l'énergie électrique et une motorisation à l'essence ou au gazole dont les émissions sont inférieures ou égales à 110 grammes de dioxyde de carbone par kilomètre parcouru sont exonérés de la composante de la taxe prévue aux a et b pendant une période de huit trimestres, décomptée à partir du premier jour du premier trimestre en cours à la date de première mise en circulation du véhicule.

c) Le tarif applicable à la composante relative aux émissions de polluants atmosphériques, déterminé en fonction du type de carburant, est le suivant :

(En euros)

ANNÉE DE PREMIÈRE mise en circulation du véhicule	*ESSENCE ET ASSIMILÉ*	*DIESEL ET ASSIMILÉ*
Jusqu'au 31 décembre 2000	***70***	***600***
De 2001 à 2005	***45***	***400***
De 2006 à 2010	***45***	***300***
De 2011 à 2014	***45***	***100***
A compter de 2015	***20***	***40***

Les mots : "Diesel et assimilé" désignent les véhicules ayant une motorisation au gazole ainsi que les véhicules combinant une motorisation électrique et une motorisation au gazole émettant plus de 110 grammes de dioxyde de carbone par kilomètre parcouru.

Les mots : "Essence et assimilé" désignent des véhicules autres que ceux mentionnés au deuxième alinéa.

Ce tarif ne s'applique pas aux véhicules fonctionnant exclusivement au moyen de l'énergie électrique. — *V. note ss. l'art.*

La taxe n'est toutefois pas applicable aux véhicules destinés exclusivement soit à la vente, soit à la location de courte durée, soit à l'exécution d'un service de transport à la disposition du public, lorsque ces opérations correspondent à l'activité normale de la société propriétaire, soit à un usage agricole. — *Cette dernière exonération s'applique à compter de la période d'imposition allant du 1er oct. 2016 au 30 sept. 2017.*

Le décret institutif fixe les modalités d'assiette de la taxe. — *V. Ann. II, art. 310 C à 310 E.* — *Les circulaires ministérielles figurant en annexe à la loi de finances rectificative pour 1993 (n° 93-859 du 22 juin 1993) déterminant la puissance administrative des véhicules ont valeur législative pour l'établissement des règles servant à fixer le tarif de l'impôt.* — *Pour les voitures particulières mises en circulation pour la première fois à compter du 1er juill. 1998 sur le territoire métropolitain et dans les départements d'outre-mer, ainsi que pour celles qui y sont immatriculées après avoir fait l'objet d'une mise en circulation pour la première fois à compter de la même date dans un État membre de la Communauté européenne ou* *dans un pays tiers appartenant à l'Espace économique européen, la puissance fiscale est déterminée par les I et II de l'art. 62 de la L. n° 98-546 du 2 juill. 1998 portant diverses dispositions d'ordre économique et financier.*

II. — La taxe est acquittée sur déclaration dans des conditions fixées par décret. *— V. Ann. III, art. 406 bis.*

Elle n'est pas déductible pour l'établissement de l'impôt sur les sociétés.

Lorsqu'elle est exigible en raison des véhicules pris en location, la taxe est à la charge de la société locataire. Les conditions d'application du présent alinéa sont fixées par décret. *— V. Ann. III, art. 406 bis.*

Pour les dispositions du présent art. applicables aux périodes d'imposition ouvertes à compter du 1er janv. 2018, V. l'art. 19 de la L. n° 2016-1827 du 23 déc. 2016 de financement de la sécurité sociale pour 2017 qui :

— modifie les dispositions de l'art. 1010 pour les périodes d'impositions ouvertes à compter du 1er janv. 2018 ;

— créé une taxe exceptionnelle due au titre du dernier trimestre 2017 ;

— prévoit des modalités particulières de déclaration et de paiement de la taxe pour la période d'imposition du 1er oct. 2016 au 30 sept. 2017.

Ancien art. 1010-0 A *(Abrogé par L. n° 2020-1721 du 29 déc. 2020, art. 55-I-8° et V-A, à compter du 1er janv. 2022)* ***I. — Sont considérés comme véhicules utilisés par les sociétés au sens de l'article 1010 les véhicules possédés ou pris en location par les salariés d'une société ou ses dirigeants et pour lesquels la société procède au remboursement des frais kilométriques.***

II. — Le montant de la taxe sur les véhicules de sociétés afférent aux véhicules mentionnés au I est déterminé par application d'un coefficient, fondé sur le nombre de kilomètres pris en compte pour le remboursement au propriétaire ou à l'utilisateur desdits véhicules durant la période d'imposition, au tarif liquidé en application de l'article 1010 *[dispositions applicables à compter du 1er janv. 2006] :*

NOMBRE DE KILOMÈTRES remboursés par la société	COEFFICIENT APPLICABLE au tarif liquidé (en %)
De 0 à 15 000	0
De 15 001 à 25 000	25
De 25 001 à 35 000	50
De 35 001 à 45 000..................................	75
Supérieure à 45 000	100

Kilométrage modifié par L. n° 2006-1771 du 30 déc. 2006, art. 1er-I-1° et II, applicable à compter du 1er janv. 2006.

Il est effectué un abattement de 15 000 € sur le montant total de la taxe due par la société au titre des véhicules mentionnés au I.

Le montant de la taxe sur les véhicules de sociétés due par les sociétés en application de l'art. 1010-0 A du CGI est réduit des deux tiers pour la période d'imposition du 1er oct. 2005 au 30 sept. 2006 et d'un tiers pour la période d'imposition du 1er oct. 2006 au 30 sept. 2007 (L. n° 2006-1771 du 30 déc. 2006, art. 1er-III).

Ancien art. 1010 A *Abrogé par L. n° 2011-1906 du 21 déc. 2011, art. 21-III et IV, à compter de la période d'imposition s'ouvrant le 1er oct. 2011.*

Ancien art. 1010 B *(Abrogé par L. n° 2020-1721 du 29 déc. 2020, art. 55-I-8° et V-A, à compter du 1er janv. 2022)* ***Le recouvrement et le contrôle de la taxe prévue à l'article 1010 sont assurés selon les procédures, sûretés, garanties et sanctions applicables en matière de taxes sur le chiffre d'affaires.***

Les réclamations sont instruites et jugées comme en matière de taxes sur le chiffre d'affaires.

III *[ABROGÉ]* TAXES À L'IMMATRICULATION

(L. n° 2019-1479 du 28 déc. 2019, art. 69-I-K et VI-C, en vigueur le 1er janv. 2021)

Art. 1011 *I. — Les véhicules font l'objet :*

1° D'une taxe fixe au titre de toute délivrance d'un certificat d'immatriculation, y compris pour intégrer les modifications d'un certificat existant, prévue à l'article 1012 ;

2° D'une taxe régionale au titre de toute délivrance d'un certificat d'immatriculation consécutive à un changement de propriétaire d'un véhicule à moteur, prévue à l'article 1012 bis ;

3° Pour les véhicules de tourisme, d'un malus sur les émissions de dioxyde de carbone au titre de la première immatriculation en France, prévue à l'article 1012 ter ;

[3° en vigueur le 1er janv. 2022]

3° Pour les véhicules de tourisme, d'un malus sur les émissions de dioxyde de carbone (L. n° 2020-1721 du 29 déc. 2020, art. 171-I-1° et II, en vigueur le 1er janv. 2022) « et d'une taxe sur la masse en ordre de marche au titre de la première immatriculation en France, respectivement prévus aux articles 1012 ter et 1012 ter A ; »

4° Pour les véhicules de transport routier, d'une majoration au titre de toute délivrance d'un certificat d'immatriculation consécutive à un changement de propriétaire, prévue à l'article 1012 quater.

II. — Le fait générateur des taxes mentionnées au I du présent article est constitué par la délivrance du certificat et la taxe devient exigible lors de cette délivrance.

Le redevable est le propriétaire du véhicule, y compris dans les situations prévues au deuxième alinéa de l'article L. 322-1-1 du code de la route.

III. — A. — Pour l'application des taxes mentionnées au I, sont assimilées à un changement de propriétaire du véhicule :

1° La première immatriculation en France du véhicule ;

2° En cas de copropriété, toute modification du régime de celle-ci ;

3° La mise à disposition du véhicule au bénéfice d'un preneur dans le cadre d'une formule locative de longue durée.

B. — Pour les véhicules utilisés pour l'exercice d'une compétence de l'État, des collectivités territoriales, de leurs groupements ou des établissements publics de coopération intercommunale, les délivrances de certificat à la suite d'un transfert ou d'un retrait de cette compétence ne sont pas considérées comme étant consécutives à un changement de propriétaire.

IV. — Les taxes mentionnées au I sont acquittées dans les conditions prévues à l'article 1723 ter-0 B et recouvrées selon les mêmes procédures et sous les mêmes sanctions, garanties et privilèges que les créances étrangères à l'impôt et au domaine. Elles sont contrôlées et les réclamations sont présentées, instruites et jugées selon les règles applicables en matière de droits d'enregistrement.

Art. 1012 *I. — Le montant de la taxe fixe prévue au 1° du I de l'article 1011 est égal à 11 €.*

II. — Sont exonérées de la taxe fixe les délivrances de certificats d'immatriculation suivantes, sous réserve qu'elles ne soient pas consécutives à d'autres événements et n'aient pas d'autre objet :

1° Celles consécutives à un changement d'adresse ;

2° Celles consécutives à une erreur de saisie lors d'une opération d'immatriculation ou une usurpation du numéro d'immatriculation du véhicule ;

3° Celles portant sur les primata de certificats d'immatriculation des véhicules automobiles acquis en remplacement de ceux détruits lors des intempéries et sur les duplicata des certificats d'immatriculation détruits lors des intempéries ;

4° Celles ayant pour objet la conversion du numéro d'immatriculation du véhicule au système d'immatriculation mis en œuvre à compter du 1er janvier 2009.

Art. 1012 *bis* *I. — Le montant de la taxe régionale prévue au 2° du I de l'article 1011 est égal au produit du tarif régional défini au II du présent article par la puissance administrative du véhicule à moteur.*

II. — A. — Le tarif régional est, sous réserve des dispositions du B, identique pour tous les véhicules pour lesquels la délivrance du certificat d'immatriculation est réputée intervenir, au sens du C, sur le territoire d'une région donnée.

Il est fixé par délibération du conseil régional, de la collectivité de Corse, du département de Mayotte, de la collectivité territoriale de Guyane et de la collectivité territoriale de Martinique.

La délibération fixant le tarif entre en vigueur le premier jour du deuxième mois à compter de la date à laquelle elle devient exécutoire ou le premier jour d'un mois ultérieur qu'elle fixe.

B. — Le tarif régional est réduit de moitié :

1° Pour les tracteurs routiers de la catégorie N1 ;

2° Pour les véhicules des catégories M2, M3, N2 et N3 ;

3° Pour les véhicules des catégories L3ᵉ et L4ᵉ ;

4° Pour les véhicules pour lesquels la première immatriculation est antérieure de dix années ou plus ;

5° Sur délibération dans les conditions prévues au dernier alinéa du A du présent II, lorsque l'exonération prévue au 8° du III n'est pas appliquée, pour les véhicules mentionnés au même 8°.

C. — La délivrance d'un certificat d'immatriculation est réputée intervenir :

1° Lorsque le propriétaire du véhicule est une personne physique qui n'affecte pas ce véhicule à son entreprise individuelle, dans la région où cette personne a son domicile habituel ;

2° Sous réserve des 3° et 4° du présent C, lorsque le propriétaire du véhicule est une personne morale ou une personne physique qui affecte ce véhicule à son entreprise individuelle, dans la région où se situe l'établissement auquel le véhicule est affecté à titre principal ;

3° Pour les véhicules affectés à la location pour des durées de moins de deux ans, dans la région où se situe l'établissement où, au titre du premier contrat de location, le véhicule est mis à la disposition du locataire ;

4° Pour les véhicules faisant l'objet d'une formule locative de longue durée, lorsque le locataire est une personne physique, sur le territoire de la région où il a son domicile habituel et, lorsque le locataire est une personne morale ou une entreprise individuelle, dans la région où se situe l'établissement auquel le véhicule est affecté à titre principal.

Toutefois, la délivrance des certificats d'immatriculation à caractère temporaire est réputée être réalisée sur le territoire de la région où est adressée la demande.

III. — Sont exonérées de la taxe régionale les délivrances de certificats suivantes :

1° Celles portant sur les véhicules des catégories L1ᵉ et L2ᵉ ;

2° Celles portant sur les véhicules des C, T, R et S ainsi que sur les machines agricoles automotrices ne faisant pas l'objet d'une réception européenne ;

3° Celles relatives aux primata exonérées de la taxe fixe conformément au 3° du II de l'article 1012 ;

4° Celles ayant pour objet, consécutivement à un mariage, à un divorce, au décès de l'un des époux, à la conclusion d'un pacte civil de solidarité, à la dissolution d'un tel pacte ou au décès de l'un des partenaires d'un tel pacte, d'ajouter ou de supprimer le nom de l'un des époux ou partenaires ;

5° Celles portant sur des véhicules détenus par l'État ;

6° Celles relatives à la première immatriculation des véhicules dont le poids total en charge n'excède pas 3,5 tonnes et qui sont exclusivement affectés, pendant une période comprise entre trois mois et un an, à la démonstration par une personne morale en vue de leur vente, ou de la vente de véhicule[s] analogue[s] ;

7° Celles portant sur des véhicules dont la source d'énergie est exclusivement l'électricité, l'hydrogène ou une combinaison des deux ;

8° Sur délibération adoptée dans les conditions prévues au dernier alinéa du A du II, celles réputées intervenir dans cette collectivité, au sens du C du même II et qui portent sur des véhicules, autres que ceux mentionnés au 7° du présent III, dont la source d'énergie comprend l'électricité, l'hydrogène, le gaz naturel, le gaz de pétrole liquéfié ou le superéthanol E85. Cette exonération s'applique dans la limite de 750 € lorsque la source d'énergie a été modifiée depuis la dernière délivrance de certificat soumise à la taxe régionale pour inclure le superéthanol E85.

Art. 1012 *ter* *I. — Le malus sur les émissions de dioxyde de carbone des véhicules de tourisme prévu au 3° du I de l'article 1011 s'applique lors de la première immatriculation en France d'un véhicule de tourisme.*

Lorsque, au moment de sa première immatriculation en France, un véhicule n'est pas un véhicule de tourisme ou est un véhicule de tourisme exonéré en application du 1° du V du

présent article, le malus s'applique lors de l'immatriculation consécutive à la première modification de ses caractéristiques techniques le faisant répondre à la définition d'un véhicule de tourisme ou lui faisant perdre le bénéfice de cette exonération.

(L. nº 2020-1721 du 29 déc. 2020, art. 55-IV) ***« II. — A. — Le tarif du malus, en euros, est déterminé à partir des émissions de dioxyde de carbone, en gramme[s] par kilomètre, ou à partir de la puissance administrative, en chevaux administratifs, au moyen des barèmes suivants :***

Type de véhicule (nature du barème)	*Date de première immatriculation du véhicule*	*Dispositions relatives au barème applicable*
Véhicules relevant du nouveau dispositif d'immatriculation (barème CO_2-WLTP)	*à compter du 1er janvier 2021*	*A du III du présent article, dans sa rédaction en vigueur à la date de première immatriculation du véhicule*
	jusqu'au 31 décembre 2020	*Deuxième alinéa du a du III de l'article 1011 bis, dans sa rédaction en vigueur au 1er mars 2020*
Véhicules réceptionnés UE et ne relevant pas du nouveau dispositif d'immatriculation (barème CO_2-NEDC)	*à compter du 1er janvier 2020*	*Deuxième alinéa du a du III de l'article 1011 bis, dans sa rédaction en vigueur au 1er janvier 2020*
	jusqu'au 31 décembre 2019	*Deuxième alinéa du a du III de l'article 1011 bis, dans sa rédaction en vigueur à la date de première immatriculation du véhicule*
Véhicules non réceptionnés UE et ne relevant pas du nouveau dispositif d'immatriculation (barème en puissance administrative)	*à compter du 1er janvier 2021*	*B du III du présent article, dans sa rédaction en vigueur à la date de première immatriculation du véhicule*
	jusqu'au 31 décembre 2020	*deuxième alinéa du b du III de l'article 1011 bis, dans sa rédaction en vigueur à la date de première immatriculation du véhicule*

Tableau issu de la L. nº 2020-1721 du 29 déc. 2020, art. 55-IV.

« B. — Pour les véhicules ayant fait l'objet d'une immatriculation au moins six mois avant celle donnant lieu au malus, le montant résultant du barème déterminé conformément au A du présent II fait l'objet d'une réfaction de 10 % pour chaque période de douze mois entamée depuis la date de première immatriculation. »

(L. nº 2020-1721 du 29 déc. 2020, art. 55-I-9º-a, en vigueur le 1er janv. 2022) ***« C. — Pour les véhicules dont la première immatriculation est intervenue à compter du 1er janvier 2022, le tarif résultant des A et B est limité à 50 % du prix d'acquisition du véhicule. »***

[III. en vigueur du 1er janv. au 31 déc. 2022]

(L. nº 2020-1721 du 29 déc. 2020, art. 55-I-9º-b, en vigueur le 1er janv. 2022) ***« III. — A. — Le barème en émissions de dioxyde de carbone du malus à compter du 1er janvier 2022 est fixé comme suit :***

« 1º Lorsque les émissions sont inférieures à 128 grammes par kilomètre, le tarif est nul ;

« 2º Lorsque les émissions sont supérieures ou égales à 128 grammes par kilomètre et inférieures ou égales à 223 grammes par kilomètre, le barème est le suivant :

Émissions de dioxyde de carbone (en grammes par kilomètre)	*Tarif par véhicule (en euros)*
128	*50*
129	*75*
130	*100*
131	*125*
132	*150*
133	*170*
134	*190*
135	*210*
136	*230*
137	*240*
138	*260*
139	*280*
140	*310*
141	*330*
142	*360*
143	*400*
144	*450*
145	*540*
146	*650*
147	*740*
148	*818*
149	*898*
150	*983*
151	*1 074*
152	*1 172*
153	*1 276*
154	*1 386*
155	*1 504*
156	*1 629*
157	*1 761*
158	*1 901*
159	*2 049*

Émissions de dioxyde de carbone (en grammes par kilomètre)	***Tarif par véhicule (en euros)***
160	*2 205*
161	*2 370*
162	*2 544*
163	*2 726*
164	*2 918*
165	*3 119*
166	*3 331*
167	*3 552*
168	*3 784*
169	*4 026*
170	*4 279*
171	*4 543*
172	*4 818*
173	*5 105*
174	*5 404*
175	*5 715*
176	*6 039*
177	*6 375*
178	*6 724*
179	*7 086*
180	*7 462*
181	*7 851*
182	*8 254*
183	*8 671*
184	*9 103*
185	*9 550*
186	*10 011*
187	*10 488*
188	*10 980*
189	*11 488*
190	*12 012*
191	*12 552*

Émissions de dioxyde de carbone (en grammes par kilomètre)	***Tarif par véhicule (en euros)***
192	*13 109*
193	*13 682*
194	*14 273*
195	*14 881*
196	*15 506*
197	*16 149*
198	*16 810*
199	*17 490*
200	*18 188*
201	*18 905*
202	*19 641*
203	*20 396*
204	*21 171*
205	*21 966*
206	*22 781*
207	*23 616*
208	*24 472*
209	*25 349*
210	*26 247*
211	*27 166*
212	*28 107*
213	*29 070*
214	*30 056*
215	*31 063*
216	*32 094*
217	*33 147*
218	*34 224*
219	*35 324*
220	*36 447*
221	*37 595*
222	*38 767*
223	*39 964*

Tableau issu de la L. n° 2020-1721 du 29 déc. 2020, art. 55-I-9°-b, en vigueur le 1er janv. 2022.

« 3° Lorsque les émissions excèdent 223 grammes par kilomètre, le tarif est fixé à 40 000 €.

« B. — Le barème en puissance administrative du malus à compter du 1er janvier 2022 est fixé comme suit : »

[III. en vigueur le 1er janv. 2023]

(L. n° 2020-1721 du 29 déc. 2020, art. 55-I-9°-c, en vigueur le 1er janv. 2023) ***« III. — A. — Le barème en émissions de dioxyde de carbone du malus à compter du 1er janvier 2023 est fixé comme suit :***

« 1° Lorsque les émissions sont inférieures à 123 grammes par kilomètre, le tarif est nul ;

« 2° Lorsque les émissions sont supérieures ou égales à 123 grammes par kilomètre et inférieures ou égales à 225 grammes par kilomètre, le barème est le suivant :

Émissions de dioxyde de carbone (en grammes par kilomètre)	*Tarif par véhicule (en euros)*
123	*50*
124	*75*
125	*100*
126	*125*
127	*150*
128	*170*
129	*190*
130	*210*
131	*230*
132	*240*
133	*260*
134	*280*
135	*310*
136	*330*
137	*360*
138	*400*
139	*450*
140	*540*
141	*650*
142	*740*
143	*818*
144	*898*
145	*983*
146	*1 074*

Émissions de dioxyde de carbone (en grammes par kilomètre)	*Tarif par véhicule (en euros)*
147	*1 172*
148	*1 276*
149	*1 386*
150	*1 504*
151	*1 629*
152	*1 761*
153	*1 901*
154	*2 049*
155	*2 205*
156	*2 370*
157	*2 544*
158	*2 726*
159	*2 918*
160	*3 119*
161	*3 331*
162	*3 552*
163	*3 784*
164	*4 026*
165	*4 279*
166	*4 543*
167	*4 818*
168	*5 105*
169	*5 404*
170	*5 715*
171	*6 039*
172	*6 375*
173	*6 724*
174	*7 086*
175	*7 462*
176	*7 851*
177	*8 254*

Émissions de dioxyde de carbone (en grammes par kilomètre)	*Tarif par véhicule (en euros)*
178	*8 671*
179	*9 103*
180	*9 550*
181	*10 011*
182	*10 488*
183	*10 980*
184	*11 488*
185	*12 012*
186	*12 552*
187	*13 109*
188	*13 682*
189	*14 273*
190	*14 881*
191	*15 506*
192	*16 149*
193	*16 810*
194	*17 490*
195	*18 188*
196	*18 905*
197	*19 641*
198	*20 396*
199	*21 171*
200	*21 966*
201	*22 781*
202	*23 616*
203	*24 472*
204	*25 349*
205	*26 247*
206	*27 166*
207	*28 107*
208	*29 070*

Émissions de dioxyde de carbone (en grammes par kilomètre)	*Tarif par véhicule (en euros)*
209	*30 056*
210	*31 063*
211	*32 094*
212	*33 147*
213	*34 224*
214	*35 324*
215	*36 447*
216	*37 595*
217	*38 767*
218	*39 964*
219	*41 185*
220	*42 431*
221	*43 703*
222	*45 000*
223	*46 323*
224	*47 672*
225	*49 047*

Tableau issu de la L. n° 2020-1721 du 29 déc. 2020, art. 55-I-9°-c, en vigueur le 1er janv. 2023.

« 3° Lorsque les émissions excèdent 225 grammes par kilomètre, le tarif est fixé à 50 000 €.

« B. — Le barème en puissance administrative du malus à compter du 1er janvier 2023 est fixé comme suit : »

[III. en vigueur du 31 déc. 2020 au 31 déc. 2021]

(L. n° 2020-1721 du 29 déc. 2020, art. 55-IV) ***« III. — A. — Le barème en émissions de dioxyde de carbone du malus à compter du 1er janvier 2021 est fixé comme suit :***

« 1° Lorsque les émissions sont inférieures à 133 grammes par kilomètre, le tarif est nul ;

« 2° Lorsque les émissions sont supérieures ou égales à 133 grammes par kilomètre et inférieures ou égales à 225 *[218]* ***grammes par kilomètre, le barème est le suivant :***

Émissions de dioxyde de carbone (en grammes par kilomètre)	*Tarif par véhicule (en euros)*
133	*50*
134	*75*
135	*100*
136	*125*
137	*150*

Émissions de dioxyde de carbone (en grammes par kilomètre)	*Tarif par véhicule (en euros)*
138	*170*
139	*190*
140	*210*
141	*230*
142	*240*
143	*260*
144	*280*
145	*310*
146	*330*
147	*360*
148	*400*
149	*450*
150	*540*
151	*650*
152	*740*
153	*818*
154	*898*
155	*983*
156	*1 074*
157	*1 172*
158	*1 276*
159	*1 386*
160	*1 504*
161	*1 629*
162	*1 761*
163	*1 901*
164	*2 049*
165	*2 205*
166	*2 370*
167	*2 544*
168	*2 726*

Émissions de dioxyde de carbone (en grammes par kilomètre)	*Tarif par véhicule (en euros)*
169	*2 918*
170	*3 119*
171	*3 331*
172	*3 552*
173	*3 784*
174	*4 026*
175	*4 279*
176	*4 543*
177	*4 818*
178	*5 105*
179	*5 404*
180	*5 715*
181	*6 039*
182	*6 375*
183	*6 724*
184	*7 086*
185	*7 462*
186	*7 851*
187	*8 254*
188	*8 671*
189	*9 103*
190	*9 550*
191	*10 011*
192	*10 488*
193	*10 980*
194	*11 488*
195	*12 012*
196	*12 552*
197	*13 109*
198	*13 682*
199	*14 273*

Émissions de dioxyde de carbone (en grammes par kilomètre)	*Tarif par véhicule (en euros)*
200	*14 881*
201	*15 506*
202	*16 149*
203	*16 810*
204	*17 490*
205	*18 188*
206	*18 905*
207	*19 641*
208	*20 396*
209	*21 171*
210	*21 966*
211	*22 781*
212	*23 616*
213	*24 472*
214	*25 349*
215	*26 247*
216	*27 166*
217	*28 107*
218	*29 070*

Tableau issu de la L. n° 2020-1721 du 29 déc. 2020, art. 55-IV.

« 3° Lorsque les émissions sont supérieures à 218 grammes, le tarif est fixé à 30 000 €.

« B. – Le barème en puissance administrative du malus à compter du 1er janvier 2021 est fixé comme suit : »

Puissance administrative (en CV)	*Montant de la taxe (en euros)*
jusqu'à 4	*0*
5	*250*
6	*2 825*
7	*3 425*
8	*5 950*
9	*6 550*
10	*9 075*

Puissance administrative (en CV)	*Montant de la taxe (en euros)*
11	*9 675*
12	*12 200*
13	*12 800*
14	*15 325*
15	*15 925*
16	*18 450*
17	*19 150*
18	*22 500*
19	*25 000*
20	*27 500*
à partir de 21	*30 000*

Tableau issu de la L. n° 2020-1721 du 29 déc. 2020, art. 55-IV.

Puissance administrative (en CV)	*Montant de la taxe (en euros)*
jusqu'à 4	*0*
5	*1 000*
6	*3 000*
7	*4 000*
8	*6 000*
9	*7 000*
10	*9 250*
11	*10 500*
12	*12 500*
13	*13 500*
14	*15 625*
15	*16 500*
16	*19 250*
17	*21 000*
18	*23 500*
19	*26 000*
20	*28 500*

Puissance administrative (en CV)	*Montant de la taxe (en euros)*
21	*31 000*
22	*33 500*
23	*36 000*
24	*38 500*
à partir de 25	*40 000*

Tableau issu de la L. n° 2020-1721 du 29 déc. 2020, art. 55-I-9°-b, en vigueur le 1er janv. 2022.

Puissance administrative (en CV)	*Montant de la taxe (en euros)*
jusqu'à 3	*0*
4	*500*
5	*2 250*
6	*3 500*
7	*4 750*
8	*6 500*
9	*8 000*
10	*9 500*
11	*11 500*
12	*12 750*
13	*14 500*
14	*16 000*
15	*18 750*
16	*20 500*
17	*23 000*
18	*25 500*
19	*28 000*
20	*30 500*
21	*33 000*
22	*35 500*
23	*38 000*
24	*40 000*
25	*42 500*

Puissance administrative (en CV)	*Montant de la taxe (en euros)*
26	*45 000*
27	*47 500*
28 et au[-]delà	*50 000*

Tableau issu de la L. n° 2020-1721 du 29 déc. 2020, art. 55-I-9°-c, en vigueur le 1er janv. 2023.

IV. — Pour l'application des barèmes prévus au III du présent article, les émissions de dioxyde de carbone ou la puissance fiscale font l'objet des réfactions suivantes :

(L. n° 2020-1721 du 29 déc. 2020, art. 55-IV) ***« 1° Lorsque le propriétaire assume, au sein de son foyer fiscal ou faisant l'objet d'un placement au sein de son foyer dans le cadre de l'article L. 421-2 du code de l'action sociale et des familles, la charge effective et permanente d'au moins trois enfants répondant à l'une des conditions prévues aux 1° ou 2° de l'article L. 512-3 du code de la sécurité sociale et relevant du même foyer fiscal ou faisant l'objet d'un placement au sein de son foyer dans le cadre de l'article L. 421-2 du code de l'action sociale et des familles, 20 grammes par kilomètre ou un cheval administratif par enfant, dans la limite d'un seul véhicule d'au moins cinq places ; »***

2° Lorsque la source d'énergie du véhicule comprend le superéthanol E85, s'agissant du barème prévu au A du III du présent article, 40 %, sauf lorsque les émissions de dioxyde de carbone excèdent 250 grammes par kilomètre, ou, s'agissant du barème figurant au B du même III, 2 *(L. n° 2020-1721 du 29 déc. 2020, art. 55-IV)* ***« chevaux administratifs » sauf lorsque la puissance administrative excède 12*** *(L. n° 2020-1721 du 29 déc. 2020, art. 55-IV)* ***« chevaux administratifs.***

« 3° Lorsque le propriétaire, ou le preneur si le véhicule fait l'objet d'une formule locative de longue durée, est une personne morale et que le véhicule comporte au moins huit places assises, 80 grammes par kilomètre ou, s'agissant du barème prévu au B du III, 4 chevaux administratifs. »

Par dérogation au IV de l'article 1011, la réfaction prévue au 1° du présent IV est mise en œuvre, dans des conditions précisées par décret, au moyen d'une demande de remboursement effectuée, postérieurement à la délivrance du certificat, auprès du service des impôts dont relève le redevable pour l'impôt sur le revenu. Cette réfaction s'applique également en cas de formule locative de longue durée lorsque le preneur remplit les conditions à la date de la mise à disposition du véhicule.

V. — Sont exonérées du malus les délivrances des certificats portant sur les véhicules suivants :

1° Les véhicules accessibles en fauteuil roulant ;

2° Dans la limite d'un véhicule par bénéficiaire, lorsque le propriétaire soit est titulaire de la carte "mobilité inclusion" portant la mention "invalidité" mentionnée à l'article L. 241-3 du code de l'action sociale et des familles ou d'une carte d'invalidité militaire, soit assume la charge effective et permanente d'un enfant titulaire de *(L. n° 2020-1721 du 29 déc. 2020, art. 55-IV)* ***« l'une de ces cartes » et relevant du même foyer fiscal. Cette exonération s'applique également en cas de formule locative de longue durée lorsque le preneur en remplit les conditions à la date de la mise à disposition du véhicule ;***

(L. n° 2020-1721 du 29 déc. 2020, art. 55-IV) ***« 3° Les véhicules dont la source d'énergie est exclusivement l'électricité, l'hydrogène ou une combinaison des deux. »***

Art. 1012 ter A *(L. n° 2020-1721 du 29 déc. 2020, art. 171-I-2° et II, en vigueur le 1er janv. 2022)* ***I. — La taxe sur la masse en ordre de marche des véhicules de tourisme s'applique dans les situations mentionnées au I de l'article 1012 ter.***

La masse en ordre de marche s'entend de la grandeur définie au 4 de l'article 2 du règlement (UE) n° 1230/2012 de la Commission du 12 décembre 2012 portant application du règlement (CE) n° 661/2009 du Parlement européen et du Conseil en ce qui concerne les prescriptions pour la réception par type relatives aux masses et dimensions des véhicules à moteur et de leurs remorques et modifiant la directive 2007/46/CE du Parlement européen et du Conseil.

II. — A. — Le montant de la taxe est égal au produit entre un tarif unitaire, en euros par kilogramme, et la fraction de la masse en ordre de marche excédant un seuil minimal, en kilogramme. Il est nul en deçà de ce seuil.

Ce tarif unitaire et ce seuil minimal sont fixés au III du présent article, dans sa rédaction en vigueur à la date de première immatriculation du véhicule. Lorsque cette date est antérieure à l'entrée en vigueur du présent article, le montant de la taxe est nul.

B. — Pour les véhicules ayant fait l'objet d'une immatriculation au moins six mois avant celle donnant lieu au malus, le montant déterminé conformément au A du présent II fait l'objet d'une réfaction de 10 % pour chaque période de douze mois entamée depuis la date de première immatriculation.

III. — A. — Le tarif unitaire de la taxe à compter du 1er janvier 2022 est égal à 10 € par kilogramme.

B. — Le seuil minimal de la taxe à compter du 1er janvier 2022 est égal à 1 800 kilogrammes.

IV. — Pour la détermination du montant prévu au II du présent article, la masse en ordre de marche fait l'objet des réfactions suivantes :

1° Lorsque le propriétaire assume, au sein de son foyer fiscal ou faisant l'objet d'un placement au sein de son foyer dans le cadre de l'article L. 421-2 du code de l'action sociale et des familles, la charge effective et permanente d'au moins trois enfants répondant à l'une des conditions prévues aux 1° ou 2° de l'article L. 512-3 du code de la sécurité sociale et relevant du même foyer fiscal ou faisant l'objet d'un placement au sein de son foyer dans le cadre de l'article L. 421-2 du code de l'action sociale et des familles, 200 kilogrammes par enfant, dans la limite d'un seul véhicule d'au moins cinq places ;

2° Lorsque le propriétaire ou le preneur, si le véhicule fait l'objet d'une formule locative de longue durée, est une personne morale et que le véhicule comporte au moins huit places assises, 400 kilogrammes.

Par dérogation au IV de l'article 1011 du présent code, la réfaction prévue au 1° du présent IV est mise en œuvre, dans des conditions précisées par décret, au moyen d'une demande de remboursement effectuée, postérieurement à la délivrance du certificat, auprès du service des impôts dont relève le redevable pour l'impôt sur le revenu. Cette réfaction s'applique également en cas de formule locative de longue durée lorsque le preneur remplit les conditions à la date de la mise à disposition du véhicule.

V. — Est exonérée de la taxe la délivrance des certificats portant sur les véhicules suivants :

1° Les véhicules mentionnés au V de l'article 1012 ter ;

2° Lorsque l'autonomie équivalente en mode tout électrique en ville déterminée lors de la réception est supérieure à 50 kilomètres, les hybrides électriques rechargeables de l'extérieur. Pour l'application du présent 2°, sont retenues les définitions et méthodes de détermination du règlement (UE) 2017/1151 de la Commission du 1er juin 2017 complétant le règlement (CE) n° 715/2007 du Parlement européen et du Conseil relatif à la réception des véhicules à moteur au regard des émissions des véhicules particuliers et utilitaires légers (Euro 5 et Euro 6) et aux informations sur la réparation et l'entretien des véhicules, modifiant la directive 2007/46/CE du Parlement européen et du Conseil, le règlement (CE) n° 692/2008 de la Commission et le règlement (UE) n° 1230/2012 de la Commission et abrogeant le règlement (CE) n° 692/2008 ainsi que, pour les autres véhicules, des définitions équivalentes prévues par arrêté du ministre chargé des transports.

VI. — Le montant de la taxe résultant des II à V du présent article est minoré de manière à ne pas excéder un seuil égal à la différence entre les sommes suivantes :

1° Le tarif maximal figurant dans le barème du malus sur les émissions de dioxyde de carbone dont relève le véhicule concerné conformément au A du II de l'article 1012 ter, auquel est appliqué, le cas échéant, la réfaction mentionnée au B du même II ;

2° Le montant du malus sur les émissions de dioxyde de carbone applicable à ce véhicule conformément aux II à V du même article 1012 ter.

Art. 1012 *quater* *I. — La majoration sur les véhicules de transports [transport] prévue au 4° du I de l'article 1011 s'applique aux véhicules des catégories N, M2 et M3.*

II. — Le montant de la majoration est fixé, pour chacune des catégories listées dans le tableau suivant, par arrêté du ministre chargé du budget dans les limites prévues par ce même tableau.

Catégorie de véhicules selon le poids total autorisé en charge	*Minimum (en euros)*	*Maximum (en euros)*
Inférieur ou égal à 3,5 tonnes	*30*	*38*
Supérieur à 3,5 tonnes et inférieur ou égal à 6 tonnes	*125*	*135*
Supérieur à 6 tonnes et inférieur ou égal à 11 tonnes	*180*	*200*
Supérieur à 11 tonnes	*280*	*305*

III. — Sont exonérées de la majoration les délivrances de certificats portant sur des véhicules (L. nº 2020-1721 du 29 déc. 2020, art. 55-IV-2º) « de collection ».

III *[ANCIEN]* *TAXES ADDITIONNELLES À LA TAXE SUR LES CERTIFICATS D'IMMATRICULATION (Décr. nº 2018-500 du 20 juin 2018, art. 1er).*

Ancien art. 1010 *bis* *(Abrogé par L. nº 2019-1479 du 28 déc. 2019, art. 21-I-16º et XI-E, à compter du 1er janv. 2021) I. — Il est institué une taxe additionnelle à la taxe sur les certificats d'immatriculation des véhicules prévue à l'article 1599 quindecies.*

La taxe est due sur les certificats d'immatriculation, autres que ceux donnant lieu au paiement de la taxe prévue à l'article 1011 bis, des véhicules de tourisme (Abrogé par L. nº 2019-1479 du 28 déc. 2019, art. 69-I-J-1º-a et VI-B) « au sens de l'article 1010 ». — Les dispositions du présent al. telles que mod. par l'art. 69-I-J-1º-a de la L. nº 2019-1479 du 28 déc. 2019 sont entrées en vigueur le 1er mars 2020 (Décr. nº 2020-169 du 27 févr. 2020, art. 1er).

La délivrance des certificats prévus aux articles 1599 septdecies et 1599 octodecies ne donne pas lieu au paiement de cette taxe.

(L. nº 2017-1837 du 30 déc. 2017, art. 36) « La taxe n'est pas due :

« 1º Sur les certificats d'immatriculation des véhicules immatriculés dans le genre "Véhicule automoteur spécialisé " ou voiture particulière carrosserie "Handicap" ;

« 2º Sur les certificats d'immatriculation des véhicules acquis par une personne titulaire de la carte "mobilité inclusion" portant la mention "invalidité" mentionnée à l'article L. 241-3 du code de l'action sociale et des familles ou par une personne dont au moins un enfant mineur ou à charge, et du même foyer fiscal, est titulaire de cette carte. »

(L. nº 2019-1479 du 28 déc. 2019, art. 69-I-J-1º-b) « Le présent 2º » (L. nº 2017-1837 du 30 déc. 2017, art. 36) « ne s'applique qu'à un seul véhicule par bénéficiaire ; »

(L. nº 2019-1479 du 28 déc. 2019, art. 69-I-J-1º-c) « 3º Sur les certificats d'immatriculations mentionnés au I bis de l'article 1599 sexdecies. »

(L. nº 2017-1837 du 30 déc. 2017, art. 36) « II. — La taxe est assise sur la puissance administrative.

« III. — Le tarif de la taxe est le suivant :

Puissance fiscale (en chevaux-vapeur)	*Tarif (en euros)*
puissance fiscale ≤ 9	*0*
10 ≤ puissance fiscale ≤ 11	*100*
12 ≤ puissance fiscale ≤ 14	*300*
15 ≤ puissance fiscale	*1 000*

« La taxe est réduite d'un dixième par année entamée depuis la date de première immatriculation. »

IV. — La taxe est recouvrée selon les mêmes règles et dans les mêmes conditions que la taxe prévue à l'article 1599 quindecies.

Ancien art. 1010 ter *(Abrogé par L. nº 2019-1479 du 28 déc. 2019, art. 21-I-17º et XI-E, à compter du 1er janv. 2021) (L. nº 2017-1837 du 30 déc. 2017, art. 34, applicable aux véhicules acquis* *à compter du 1er janv. 2018)* ***1. Les certificats d'immatriculation des véhicules de tourisme*** *(Abrogé par L. nº 2019-1479 du 28 déc. 2019, art. 69-I-J-2º-a)* ***« , au sens de l'article 1010 », autres que les véhicules de collection, soumis au paiement d'une taxe proportionnelle conformément à l'article 1599 sexdecies donnent lieu au paiement d'un prélèvement supplémentaire.*** *— Les dispositions du présent al. telles que mod. par l'art. 69-I-J-2º-a de la L. nº 2019-1479 du 28 déc. 2019 sont entrées en vigueur le 1er mars 2020 (Décr. nº 2020-169 du 27 févr. 2020, art. 1er).*

(Abrogé par L. nº 2018-1317 du 28 déc. 2018, art. 92-I-2º et II-A, à compter du 1er juill. 2019) ***« Sont considérés comme véhicules de tourisme les voitures particulières au sens du 1 du C de l'annexe II à la directive 2007/46/CE du Parlement européen et du Conseil du 5 septembre 2007 établissant un cadre pour la réception des véhicules à moteur, de leurs remorques et des systèmes, des composants et des entités techniques destinés à ces véhicules, ainsi que les véhicules à usages multiples qui, tout en étant classés en catégorie N1 au sens de la même annexe II, sont destinés au transport de voyageurs et de leurs bagages ou de leurs biens. »***

2. Le montant du prélèvement est égal à 500 € par cheval-vapeur à partir du trente-sixième, sans que le montant total de ce prélèvement puisse excéder 8 000 €.

3. Le prélèvement prévu au 1 est recouvré selon les mêmes procédures et sous les mêmes sanctions, garanties et privilèges que la taxe prévue à l'article 1599 quindecies. Les réclamations sont présentées, instruites et jugées selon les règles applicables à cette même taxe.

(L. nº 2019-1479 du 28 déc. 2019, art. 69-I-J-2º-b) ***« 4. Le prélèvement n'est pas dû sur les certificats d'immatriculations mentionnés au I bis de l'article 1599 sexdecies. »***

Les taxes à l'immatriculation des véhicules font l'objet d'une réforme d'ensemble à compter de 2021 (L. nº 2019-1479 du 28 déc. 2019, art. 69-I-K).

Anc. art. 963 A (Décr. nº 2018-500 du 20 juin 2018, art. 1er).

SECTION IV

Art. 1011 *Dispositions devenues sans objet à compter du 1er janv. 2001 (L. nº 99-1172 du 30 déc. 1999, art. 57-I).*

SECTION IV *BIS* MALUS APPLICABLE AUX VOITURES PARTICULIÈRES LES PLUS POLLUANTES

(L. nº 2007-1824 du 25 déc. 2007, art. 63-I)

Art. 1011 *bis* *(Abrogé par L. nº 2019-1479 du 28 déc. 2019, art. 69-I-S et VI-C, à compter du 1er janv. 2021)* ***I. — Il est institué une taxe additionnelle à la taxe sur les certificats d'immatriculation des véhicules prévue à l'article 1599 quindecies.***

La taxe est due sur le premier certificat d'immatriculation délivré en France pour un véhicule de tourisme au sens *(L. nº 2019-1479 du 28 déc. 2019, art. 69-I-L-1º et VI-B)* ***« du 5º de l'article 1007*** *[ancienne rédaction : de l'article 1010]* ***».***

(L. nº 2019-1479 du 28 déc. 2019, art. 69-I-L-2º et VI-B, en vigueur le 1er juill. 2020) ***« Lorsque, au moment de sa première immatriculation en France, un véhicule n'est pas un véhicule de tourisme ou est un véhicule de tourisme exonéré en application du a du présent I, le malus s'applique lors de l'immatriculation consécutive à la première modification de ses caractéristiques techniques le faisant répondre à la définition d'un véhicule de tourisme ou lui faisant perdre le bénéfice de cette exonération. »***

La taxe n'est pas due :

a) Sur les certificats d'immatriculation des véhicules immatriculés dans le genre "Véhicule automoteur spécialisé" ou voiture particulière carrosserie "Handicap" ;

b) Sur les certificats d'immatriculation des véhicules acquis par une personne titulaire de la carte "mobilité inclusion" portant la mention "invalidité" mentionnée à l'article L. 241-3 du code de l'action sociale et des familles ou par une personne dont au moins un enfant mineur ou à charge, et du même foyer fiscal, est titulaire de cette carte.

Le b ne s'applique qu'à un seul véhicule par bénéficiaire.

II. — La taxe est assise :

[a et b en vigueur jusqu'au 29 févr. 2020]

a) Pour les véhicules de tourisme au sens de l'article 1010 qui ont fait l'objet d'une réception communautaire au sens de la directive 2007/46/CE du Parlement européen et du Conseil, du 5 septembre 2007, précitée, sur le nombre de grammes de dioxyde de carbone émis par kilomètre ; *— V. art. 1010.*

b) Pour les véhicules de tourisme au sens de l'article 1010 autres que ceux mentionnés au a, sur la puissance administrative.

[a et b en vigueur le 1er mars 2020]

(L. nº 2019-1479 du 28 déc. 2019, art. 69-I-L-3º et VI-B ; Décr. nº 2020-169 du 27 févr. 2020) ***« a) Pour les véhicules relevant du nouveau dispositif d'immatriculation, au sens du 4º de l'article 1007, sur les émissions de dioxyde de carbone ;***

« b) Pour les autres véhicules, sur la puissance administrative. »

III. — Le tarif de la taxe est le suivant :

[a en vigueur jusqu'au 29 févr. 2020]

a) Pour les véhicules de tourisme au sens de l'article 1010 mentionnés au a du II :

Émissions de dioxyde de carbone (en grammes par kilomètre)	**Tarif 2020 (en euros)**
Inférieur*[es]* à 110	0
110	50
111	75
112	100
113	125
114	150
115	170
116	190
117	210
118	230
119	240
120	260
121	280
122	310
123	330
124	360
125	400
126	450
127	540
128	650
129	740
130	818
131	898
132	983
133	1 074
134	1 172

Émissions de dioxyde de carbone (en grammes par kilomètre)	**Tarif 2020 (en euros)**
135	1 276
136	1 386
137	1 504
138	1 629
139	1 761
140	1 901
141	2 049
142	2 205
143	2 370
144	2 544
145	2 726
146	2 918
147	3 119
148	3 331
149	3 552
150	3 784
151	4 026
152	4 279
153	4 543
154	4 818
155	5 105
156	5 404
157	5 715
158	6 039
159	6 375
160	6 724
161	7 086
162	7 462
163	7 851
164	8 254
165	8 671

Émissions de dioxyde de carbone (en grammes par kilomètre)	Tarif 2020 (en euros)
166	9 103
167	9 550
168	10 011
169	10 488
170	10 980
171	11 488
172	12 012
173	12 552
174	13 109
175	13 682
176	14 273
177	14 881
178	15 506
179	16 149
180	16 810
181	17 490
182	18 188
183	18 905
184	19 641
Supérieur*[es]* à 184	20 000

Tableau issu de la L. nº 2019-1479 du 28 déc. 2019, art. 69-I-L-4º-a et VI-B.

[a en vigueur le 1er mars 2020]

(L. nº 2019-1479 du 28 déc. 2019, art. 69-I-L-4º-b et VI-B ; Décr. nº 2020-169 du 27 févr. 2020) ***a) Pour les véhicules mentionnés au a du II :***

Émissions de dioxyde de carbone *(en grammes* par kilomètre)	Tarif 2020 (en euros)
Inférieur*[es]* à 138	0
138	50
139	75
140	100
141	125
142	150

Émissions de dioxyde de carbone (en grammes par kilomètre)	Tarif 2020 (en euros)
143	170
144	190
145	210
146	230
147	240
148	260
149	280
150	310
151	330
152	360
153	400
154	450
155	540
156	650
157	740
158	818
159	898
160	983
161	1 074
162	1 172
163	1 276
164	1 386
165	1 504
166	1 629
167	1 761
168	1 901
169	2 049
170	2 205
171	2 370
172	2 544
173	2 726
174	2 918

Émissions de dioxyde de carbone (en grammes par kilomètre)	**Tarif 2020 (en euros)**
175	3 119
176	3 331
177	3 552
178	3 784
179	4 026
180	4 279
181	4 543
182	4 818
183	5 105
184	5 404
185	5 715
186	6 039
187	6 375
188	6 724
189	7 086
190	7 462
191	7 851
192	8 254
193	8 671
194	9 103
195	9 550
196	10 011
197	10 488
198	10 980
199	11 488
200	12 012
201	12 552
202	13 109
203	13 682
204	14 273
205	14 881
206	15 506

Émissions de dioxyde de carbone (en grammes par kilomètre)	Tarif 2020 (en euros)
207	16 149
208	16 810
209	17 490
210	18 188
211	18 905
212	19 641
Supérieur*[es]* à 212	20 000

»

Pour la détermination des tarifs mentionnés au tableau ci-dessus, le taux d'émission de dioxyde de carbone des véhicules est diminué de 20 grammes par kilomètre par enfant à charge au sens de l'article L. 521-1 du code de la sécurité sociale, à compter du troisième enfant et pour un seul véhicule de cinq places assises et plus par foyer.

Cette réduction fait l'objet d'une demande de remboursement auprès du service mentionné sur l'avis d'impôt sur le revenu du redevable de la taxe mentionnée au I. Le remboursement est égal à la différence entre le montant de la taxe acquitté au moment de l'immatriculation du véhicule et le montant de la taxe effectivement dû après application de la réduction du taux d'émission de dioxyde de carbone prévue par enfant à charge. Un décret fixe les conditions dans lesquelles sont adressées les demandes de remboursement, et notamment les pièces justificatives à produire. — V. Ann. III, art. 313-0 BR ter.

(L. nº 2019-1479 du 28 déc. 2019, art. 69-I-L-4º-c et VI-B) « *b) Pour les véhicules mentionnés au b du II :*

Puissance administrative (en CV)	**Tarif 2020 (en euros)**
Inférieure ou égale à 5	0
Supérieure ou égale à 6 et inférieure ou égale à 7	3 125
Supérieure ou égale à 8 et inférieure ou égale à 9	6 250
Supérieure ou égale à 10 et inférieure ou égale à 11	9 375
Supérieur*[e]* ou égal*[e]* à 12 et inférieur*[e]* ou égal*[e]* à 13	12 500
Supérieur*[e]* ou égal*[e]* à 14 et inférieur*[e]* ou égal*[e]* à 15	15 625
Supérieur*[e]* ou égal*[e]* à 16 et inférieur*[e]* ou égal*[e]* à 17	18 750
Supérieur*[e]* ou égal*[e]* à 18	20 000

»

Pour les véhicules introduits en France après avoir été immatriculés dans un autre pays, la taxe est réduite d'un dixième par année entamée depuis cette immatriculation.

Les véhicules spécialement équipés pour fonctionner au moyen du superéthanol E85 mentionné au tableau B du 1 de l'article 265 du code des douanes bénéficient d'un abattement de 40 % sur les taux d'émissions de dioxyde de carbone, au sens de la directive 2007/46/CE, du 5 septembre 2007, précitée, figurant dans le tableau mentionné au a. Cet abattement ne s'applique pas aux véhicules dont les émissions de dioxyde de carbone sont supérieures à 250 grammes par kilomètre. — V. art. 1010.

IV. — La taxe est recouvrée selon les mêmes règles et dans les mêmes conditions que la taxe prévue à l'article 1599 quindecies.

Les taxes à l'immatriculation des véhicules font l'objet d'une réforme d'ensemble à compter de 2021 (L. nº 2019-1479 du 28 déc. 2019, art. 69-I-K).

Malus applicable aux voitures particulières les plus polluantes. * BOI-ENR-TIM-20-60-30 nos 240 à 470 du 4 nov. 2020.

Art. 1011 ter *(Abrogé par L. nº 2019-1479 du 28 déc. 2019, art. 21-I-18º et XI-E, à compter du 1er janv. 2021) I. — Il est institué une taxe annuelle sur la détention de véhicules répondant aux conditions suivantes :*

1º Le véhicule est un véhicule de tourisme au sens de l'article 1010 ;

2º a) S'il a fait l'objet d'une réception communautaire au sens de la directive 2007/46/CE du Parlement européen et du Conseil, du 5 septembre 2007, précitée [V. art. 1010]*, son taux d'émission de dioxyde de carbone, tel qu'indiqué sur le certificat d'immatriculation, excède la limite suivante :*

***ANNÉE DE LA PREMIÈRE** immatriculation*	***TAUX D'ÉMISSION** de dioxyde de carbone (en grammes par kilomètre)*
2009	*250*
2010	*245*
2011	*245*
2012 et au-delà	*(L. nº 2011-1977 du 28 déc. 2011, art. 55-II et III) « 190 »*

b) S'il n'a pas fait l'objet de la réception prévue au a, sa puissance administrative excède 16 chevaux-vapeur.

Sont exonérés de cette taxe :

a) Les véhicules immatriculés dans le genre "Véhicules automoteurs spécialisé[s]" ou voiture particulière carrosserie "Handicap" ;

b) Les véhicules immatriculés par les personnes titulaires de la carte "mobilité inclusion" portant la mention "invalidité" mentionnée à l'article L. 241-3 du code de l'action sociale et des familles ou une personne dont au moins un enfant mineur ou à charge, et du même foyer fiscal, est titulaire de cette carte.

Sont également exonérés les véhicules soumis à la taxe prévue à l'article 1010.

II. — La taxe est due par toutes les personnes propriétaires ou locataires, dans le cadre d'un contrat de location avec option d'achat ou d'un contrat souscrit pour une durée d'au moins deux ans, au 1er janvier de l'année d'imposition, de véhicules répondant aux conditions fixées au I.

III. — Le montant de la taxe est de 160 € par véhicule.

IV. — La taxe est due à partir de l'année qui suit la délivrance du certificat d'immatriculation du véhicule.

V. — Elle est liquidée par les services de la direction générale des finances publiques. A cet effet, les services du ministère de l'intérieur communiquent les données relatives à l'immatriculation des véhicules soumis à taxe annuelle dont le certificat a été délivré dans l'année et aux titulaires de ces certificats.

VI. — La taxe est recouvrée comme en matière de créances étrangères à l'impôt et au domaine. — V. Ann. III, art. 313-0 BR quater, Décr. nº 2010-1043 du 1er sept. 2010 et Décr. nº 2013-1091 du 2 déc. 2013.

SECTION V DROIT FIXE DÛ PAR LES OPÉRATEURS DE JEUX OU DE PARIS EN LIGNE

Art. 1012 (Abrogé par L. nº 2018-1317 du 28 déc. 2018, art. 26-III-19º) *I. — Il est institué un droit fixe dû par les opérateurs de jeux ou de paris en ligne dans les cas suivants :*

1º Lors du dépôt d'une demande d'agrément, le droit dû, fixé par décret, est supérieur à 2 000 € et inférieur ou égal à 15 000 €. Ce droit est exigible le jour du dépôt de la demande, auprès de l'Autorité de régulation des jeux en ligne, de tout opérateur de jeux ou de paris en ligne ;

2º Au titre de chaque agrément délivré ou renouvelé, au 1er janvier de chaque année suivant celle au cours de laquelle l'agrément a été délivré ou renouvelé, le droit dû, fixé par décret, est supérieur à 10 000 € et inférieur ou égal à 40 000 € ;

3º Lors d'une demande de renouvellement de l'agrément, le droit dû, fixé par décret, est supérieur à 1 000 € et inférieur ou égal à 10 000 €. Il est exigible de l'opérateur le jour du dépôt de la demande auprès de l'Autorité de régulation des jeux en ligne.

II. — Le droit mentionné au I est recouvré et contrôlé selon les mêmes règles et sous les mêmes garanties et sanctions qu'en matière de droit d'enregistrement. Il est acquitté selon des modalités fixées par décret.

Le délai de paiement de ce droit est de trente jours à compter de la date de réception de l'avis de paiement. Le montant est majoré du taux d'intérêt légal mensualisé par mois de retard à compter du trente et unième jour suivant la date de réception de l'avis de paiement, tout mois entamé étant compté en entier. — V. Ann. III, art. 313 BR à 313 BRB.

SECTION V 0-*BIS* TAXE ANNUELLE DUE SUR LES RÉSIDENCES MOBILES TERRESTRES

(L. nº 2018-1317 du 28 déc. 2018, art. 26)

Art. 1013 (Abrogé par L. nº 2018-1317 du 28 déc. 2018, art. 26-III-20º et XV-A, à compter du 1er oct. 2019) *I. — Une taxe annuelle est due sur les résidences mobiles terrestres occupées à titre d'habitat principal sur le territoire national.*

II. — La taxe est due au titre de la période d'imposition s'étendant du 1er octobre d'une année au 30 septembre de l'année suivante.

La taxe est exigible à l'ouverture de la période d'imposition mentionnée au premier alinéa ou dans le mois suivant la date d'acquisition de la résidence mobile terrestre. Toutefois, elle n'est pas due, au titre de la période concernée, lorsque la résidence est acquise du 1er août au 30 septembre de la période d'imposition.

Le paiement de la taxe incombe au propriétaire de la résidence.

III. — Sont exonérés de la taxe :

1º Les propriétaires de résidences mobiles terrestres dont la date de première mise en circulation est antérieure de plus de quinze ans au premier jour de la période d'imposition ;

2º Les titulaires de l'allocation de solidarité aux personnes âgées mentionnée à l'article L. 815-1 du code de la sécurité sociale ou de l'allocation supplémentaire d'invalidité mentionnée à l'article L. 815-24 du même code ;

3º Les titulaires de l'allocation aux adultes handicapés mentionnée aux articles L. 821-1 et suivants dudit code, lorsque le montant de leurs revenus de l'année précédente n'excède pas la limite prévue au I de l'article 1417 ;

4º Les personnes atteintes d'une infirmité ou d'une invalidité les empêchant de subvenir par leur travail aux nécessités de l'existence lorsque le montant de leurs revenus de l'année précédente n'excède pas la limite prévue au même I.

Pour l'application des 2º, 3º et 4º, les personnes concernées s'entendent du propriétaire de la résidence, de son conjoint ou de son partenaire lié par un pacte civil de solidarité.

IV. — Le montant de la taxe est fixé à 150 € par résidence mobile terrestre. Toutefois, ce tarif est réduit à 100 € pour les résidences mobiles terrestres dont la date de première mise en circulation est antérieure de plus de dix ans au premier jour de la période d'imposition.

V. — La procédure de paiement sur déclaration prévue à l'article 887 est applicable au paiement de la taxe. La déclaration, souscrite sur un imprimé répondant au modèle établi par l'administration, est déposée, sur présentation du certificat d'immatriculation de la résidence mobile concernée, au plus tard le 30 septembre au service des impôts.

La taxe exigible est acquittée lors du dépôt de la déclaration mentionnée à l'alinéa précédent par les moyens de paiement ordinaires. Il en est délivré un récépissé qui, s'il est délivré au titre d'une résidence mobile exonérée en application du III, est revêtu de la mention "gratis".

VI. — Le récépissé mentionné au V est conservé par la personne qui, selon le cas, conduit ou tracte la résidence mobile en vue d'être présenté à toute réquisition des agents habilités.

VII. — Un duplicata du récépissé peut être délivré en cas de perte, de vol ou de destruction, sur demande écrite du redevable adressée au service des impôts auprès duquel la taxe a été acquittée.

VIII. — Le défaut de présentation du récépissé dans les conditions prévues au VI, constaté par procès-verbal établi au nom de la personne tractant ou conduisant la résidence mobile terrestre, est sanctionné par une amende égale au tarif plein de la taxe prévu au IV, majoré de 40 %.

IX. — Le contrôle et le contentieux de la taxe sont assurés selon les règles et garanties applicables en matière de droits d'enregistrement.

X. — Le produit annuel de la taxe est réparti entre les collectivités territoriales et établissements publics de coopération intercommunale au prorata de leurs dépenses engagées en application de la loi n° 2000-614 du 5 juillet 2000 relative à l'accueil et à l'habitat des gens du voyage.

Art. 1014 à 1018 *Abrogés.*

SECTION V *BIS* DROIT FIXE DE PROCÉDURE

Art. 1018 A **Les décisions des juridictions répressives, à l'exception de celles qui ne statuent que sur les intérêts civils, sont soumises à un droit fixe de procédure dû par chaque condamné.**

Ce droit est de :

1° 31 € pour les ordonnances pénales en matière contraventionnelle ou correctionnelle ;

2° 31 € pour les autres décisions des tribunaux de police et celles des juridictions qui ne statuent pas sur le fond ; — *L'art. 2 de la L. n° 2011-1862 du 13 déc. 2011 entre en vigueur le 1er juill. 2017 (L. n° 2016-1547 du 18 nov. 2016, art. 15-IV-3° et V).*

3° 127 € pour les décisions des tribunaux correctionnels ; toutefois, ce droit est porté à 254 € si le condamné n'a pas comparu personnellement, dès lors que la citation a été délivrée à personne ou qu'il est établi que le prévenu a eu connaissance de la citation, sauf s'il est jugé en son absence dans les conditions prévues par les premier et deuxième alinéas de l'article 411 du code de procédure pénale. Cette majoration ne s'applique pas si le condamné s'acquitte volontairement du montant du droit fixe de procédure dans un délai d'un mois à compter de la date où il a eu connaissance de la décision. — *V., ss. l'art., C. pr. pén., art. 707-2 ; V. égal. C. pr. pén., art. 390 et 390-1, sur l'information préalable à la majoration du droit fixe.*

4° 169 € pour les décisions des cours d'appel statuant en matière correctionnelle et de police ;

5° 527 € pour les décisions des cours d'assises.

Il est de 211 € pour les décisions de la Cour de cassation statuant en matière criminelle, correctionnelle ou de police.

Lorsque la personne a été condamnée pour conduite sous l'influence de substances ou plantes classées comme stupéfiants en application de l'article L. 235-1 du code de la route ou du 3° des articles 221-6-1, 222-19-1 ou 222-20-1 du code pénal, les droits fixes de procédure prévus au présent article sont augmentés d'une somme, fixée par arrêté du ministre de la justice, égale au montant, arrondi à la dizaine inférieure, des indemnités maximales prévues pour les différentes analyses toxicologiques permettant d'établir la présence de stupéfiants. — *V. C. pr. pén., art. A. 38-6 [augmentation d'une somme de 210 €, applicable aux condamnations prononcées pour des faits commis après le 8 mars 2012 (Arr. du 29 févr. 2012, art. 3 ; JO 8 mars)].* — ***C. pr. pén.***

Les décisions rendues sur le fond s'entendent des jugements et arrêts des cours et tribunaux qui statuent sur l'action publique et qui ont pour effet, si aucune voie de recours n'est ouverte ou n'est exercée, de mettre fin à la procédure.

Ce droit n'est pas dû lorsque le condamné est mineur.

Ce droit est recouvré sur chaque condamné comme en matière d'amendes et de condamnations pécuniaires par les comptables publics compétents. Les personnes condamnées pour un même crime ou pour un même délit sont tenues solidairement au paiement des droits fixes de procédure.

Ce droit est aussi recouvré, comme en matière criminelle ou correctionnelle, en cas de décision de non-lieu ou de relaxe sur la partie civile qui a mis en mouvement l'action publique.

(Abrogé par L. n° 2021-1900 du 30 déc. 2021, art. 130-I-A-2° et V-A, à compter du 1er janv. 2022) ***« Le recouvrement du droit fixe de procédure et des amendes pénales est garanti, d'une part, par le privilège général sur les meubles prévu à l'article 1920, d'autre part, par l'hypothèque légale prévue à l'article 1929 ter. »*** *— Les dispositions issues de l'art. 130 de la L. n° 2021-1900 du 30 déc. 2021 s'appliquent aux créances mises en recouvrement à compter du 1er janv. 2022 ainsi qu'aux créances mises en recouvrement antérieurement et restant dues à cette date. Ces dispositions ne sont pas applicables aux procédures de sauvegarde, de redressement judiciaire ou de liquidation judiciaire en cours au 1er janv. 2022 (L. préc., art. 130-V-A).*

Le présent article est applicable sur l'ensemble du territoire national.

1. Amnistie. Aux termes de l'art. 15 de la loi n° 2002-1062 du 6 août 2002, l'amnistie « fait obstacle au recouvrement du droit fixe de procédure visé à l'art. 1018 A ».

2. Contentieux. Le juge administratif est incompétent pour connaître des contestations relatives à l'assiette du droit fixe de procédure institué par l'art. 1018 A, dû au titre d'une procédure engagée devant une juridiction judiciaire. Par suite, il est incompétent pour connaître des litiges relatifs au recouvrement d'un tel droit, alors même que celui-ci est recouvré par les comptables du Trésor et garanti par le privilège général sur les meubles et par l'hypothèque légale prévus respectivement aux art. 1920 et 1929 *ter.* • CE 5 juin 2002, n° 235357, *Le Meur : Dr. fisc. 2002. 722.*

3. Droit fixe et frais de justice. Le droit fixe de procédure prévu par l'art. 1018 A ne figure pas parmi les frais de justice énumérés par l'art. R. 92 C. pr. pén. • Crim. 19 nov. 2008, n° 08-80.558 P (P=B). ♦ Le prévenu déclaré coupable et dispensé de peine est, en application de l'art. 132-59, dernier al., C. pén., tenu au paiement du droit fixe de procédure défini à l'art. 1018 A. • Crim. 24 juin 2014, n° 13-84.955.

Art. 1018 A *bis* Conformément à l'article L. 269-1 du code de justice miliaire, le droit fixe de procédure s'applique aux décisions des juridictions des forces armées.

SECTION V *TER* TAXE SUR LA CESSION DE TITRES D'UN ÉDITEUR DE SERVICE DE COMMUNICATION AUDIOVISUELLE

(L. n° 2013-1279 du 29 déc. 2013, art. 44-I, en vigueur le 1er janv. 2014)

Art. 1019 Tout apport, cession ou échange de titres ayant fait l'objet d'un agrément dans les conditions prévues au cinquième alinéa de l'article 42-3 de la loi n° 86-1067 du 30 septembre 1986 relative à la liberté de communication est soumis à une taxe assise sur la valeur des titres apportés, cédés ou échangés. Cette taxe est due par la personne ayant, au terme des apports, cessions ou échanges réalisés sur ses titres, transféré le contrôle de la société titulaire de l'autorisation d'usage de la ressource radioélectrique.

La taxe s'applique à l'ensemble des apports, cessions ou échanges dont le cumul au cours de six mois a atteint un montant au moins égal à dix millions d'euros et a abouti au transfert de contrôle de la société titulaire de l'autorisation.

Le taux de la taxe est fixé à :

1° 20 %, si l'agrément mentionné au premier alinéa du présent article intervient dans les cinq premières années suivant la délivrance de l'autorisation ;

2° 10 %, si l'agrément intervient entre la sixième et la dixième année suivant la délivrance de l'autorisation ;

3° 5 %, si l'agrément intervient après la dixième année suivant la délivrance de l'autorisation.

Le montant de la taxe acquitté ne peut excéder 26 % de la plus-value brute de cession des titres.

Tout apport, cession ou échange de titres réalisé entre sociétés du même groupe, au sens de l'article 223 A ou de l'article 223 A *bis*, est exonéré de la taxe.

Le fait générateur et l'exigibilité de la taxe interviennent au moment de la délivrance, par *(L. n° 2021-1382 du 25 oct. 2021, art. 33)* « l'Autorité de régulation de la communication audiovisuelle et numérique », de l'agrément prévu au cinquième alinéa de l'article 42-3 de la loi n° 86-1067 du 30 septembre 1986 précitée.

Cette taxe est due et acquittée auprès du comptable public au plus tard le deuxième jour ouvré qui suit le 1er mai de l'année qui suit celle de l'apport, de la cession ou de l'échange. Le paiement est accompagné d'un état, conforme au modèle fourni par l'administration, faisant apparaître les renseignements nécessaires à l'identification de la personne assujettie et à la détermination du montant dû.

Cette taxe est recouvrée selon les règles et sous les sanctions et garanties applicables aux droits d'enregistrement.

Taxe sur la cession de titres d'un éditeur de services de communication audiovisuelle. Commentaire administratif. Champ d'application. Base d'imposition. Taux. * BOI-ENR-DMTOM-40-50-10 du 6 avr. 2016.

CHAPITRE IV RÉGIMES SPÉCIAUX ET EXONÉRATIONS DE PORTÉE GÉNÉRALE

DISPOSITION GÉNÉRALE

Art. 1020 Les dispositions sujettes à publicité foncière des actes visés aux articles 1025, 1030, 1031, 1053, 1054, 1055, 1066, 1067 *(Abrogé par L. n° 2019-1479 du 28 déc. 2019, art. 29-III-16°)* « *, 1087* » et 1088 ainsi que de ceux relatifs aux opérations visées aux articles 1028, 1029, 1037 et 1065, au II de l'article 1069 et aux articles 1070, 1071, 1115, 1131, 1133, 1133 *ter* et 1133 *quater* sont assujetties à une taxe de publicité foncière ou à un droit d'enregistrement de 0,70 % lorsqu'elles entrent dans les prévisions des 1° à 4° de l'article 677. Dans le cas contraire, et sauf exonération, ces dispositions sont soumises à une imposition fixe de 25 €. Celle-ci s'applique, dans tous les cas, aux dispositions sujettes à publicité foncière des actes relatifs aux transmissions de biens visés à l'article 1039.

SECTION PREMIÈRE AGRICULTURE

I AMÉNAGEMENT RURAL

1° IRRIGATION

Art. 1021 Les décisions, rapports, extraits, copies, grosses ou expéditions relatifs aux actes de procédure auxquels donne lieu l'application des articles L. 152-7 à L. 152-10 et L. 152-13 du code rural et de la pêche maritime ainsi que les significations qui sont faites de ces actes, sont exonérés des droits d'enregistrement et de la taxe de publicité foncière.

Ils doivent porter mention expresse du présent article.

Art. 1022 Les dispositions du I de l'article 1045 sont applicables aux contestations relatives à l'indemnité mentionnée à l'article L. 152-4 du code rural et de la pêche maritime à laquelle ouvre droit l'institution de la servitude établie par l'article L. 152-3 du même code.

2° REMEMBREMENT

Art. 1023 Les plans, procès-verbaux, certificats, significations, délibérations, décisions, jugements, contrats, quittances, et généralement tous les actes ou formalités exclusivement relatifs à l'application des chapitres Ier, III, IV, VII et VIII du titre II et des chapitres III et IV du titre III du livre Ier du code rural et de la pêche maritime, ayant pour objet de faciliter l'aménagement foncier de la propriété rurale, sont exonérés des droits d'enregistrement ainsi que de la taxe de publicité foncière. Il en est de même des extraits, copies ou expéditions qui en sont délivrés pour l'exécution de ces dispositions. Pour bénéficier de cette exonération, les actes ou réquisitions de formalités doivent porter la mention expresse qu'ils sont faits par application des dispositions susmentionnées.

Au cas où les parties produisent devant les commissions instituées par ces dispositions des actes qui n'ont pas été soumis à l'enregistrement ou à la formalité fusionnée visée à l'article 647 alors qu'ils seraient du nombre de ceux dont les lois ordonnent l'assujettissement à l'une de ces formalités dans un délai déterminé, les commissions doivent ordonner d'office le dépôt de ces actes pour être immédiatement soumis à l'une des formalités susvisées.

Art. 1024 *Devenu sans objet (L. nº 85-1496 du 31 déc. 1985, art. 20).*

3º TERRES INCULTES – MISE EN VALEUR

Art. 1025 Les contrats de concession, certificats, procès-verbaux et, d'une façon générale, tous actes se rapportant au classement ou à la concession des terres incultes ou manifestement sous-exploitées visés aux articles L. 125-1 à L. 125-13 du code rural et de la pêche maritime sont exonérés, sous réserve des dispositions de l'article 1020, des droits d'enregistrement.

Ces dispositions seront étendues par décret en Guadeloupe, en Guyane, en Martinique, à La Réunion et à Mayotte.

Art. 1026 *Abrogé par L. nº 78-10 du 4 janv. 1978, art. 10.*

II ORGANISMES AGRICOLES

1º CAISSES DE MUTUALITÉ SOCIALE AGRICOLE

Art. 1027 I. – Les avantages fiscaux prévus par les articles 1083 et 1084 sont applicables aux caisses de mutualité sociale agricole.

II. – 1. Ainsi qu'il est dit à l'article L. 723-4 du code rural et de la pêche maritime, en cas de fusion de plusieurs caisses de mutualité sociale agricole, la circonscription de la nouvelle caisse ainsi créée est constituée par l'ensemble des circonscriptions des caisses fusionnées. Les modalités selon lesquelles sont attribués les biens, droits et obligations des caisses intéressées par la fusion sont fixées par décret. Les opérations entraînées par ce transfert, qui n'apporte aucune modification à l'affectation définitive des ressources attribuées à chacun des régimes précédemment gérés par lesdites caisses, bénéficient de l'exonération prévue par l'article 1085 du code général des impôts.

2. *Disposition devenue sans objet.*

2º SOCIÉTÉS D'AMÉNAGEMENT FONCIER ET D'ÉTABLISSEMENT RURAL

Art. 1028 I. – Les opérations immobilières résultant de l'application des dispositions de l'article 15, modifié, de la loi nº 60-808 du 5 août 1960 d'orientation agricole, réalisées par les sociétés d'aménagement foncier et d'établissement rural constituées en application de ce même article et agréées par le ministre de l'agriculture et le ministre du budget, sont exonérées, sous réserve des dispositions de l'article 1020, des droits d'enregistrement. – *Les dispositions de l'art. 15 de la L. nº 60-808 du 5 août 1960 ont été abrogées par la L. nº 92-1283 du 30 déc. 1992, relative à la partie législative du livre Ier (nouveau) du code rural, art. 5.*

Ces dispositions sont applicables dans les départements d'outre-mer *[Décr. nº 64-865 du 20 août 1964, JO 26 août]*.

II. – Les dispositions du I ne s'appliquent pas aux cessions des immeubles acquis postérieurement à la date de publication de la loi nº 90-85 du 23 janvier 1990.

Art. 1028 *bis* Toutes les acquisitions effectuées par les sociétés d'aménagement foncier et d'établissement rural ne donnent lieu à aucune perception au profit du Trésor.

Doctrine administrative. Exonération de *toute perception* au profit du Trésor pour les acquisitions effectuées par les SAFER.* BOI-ENR-DMTOI-10-70-40 nº 40 du 12 sept. 2012.

Art. 1028 *ter* I. – Toutes les cessions effectuées par les sociétés d'aménagement foncier et d'établissement rural au titre de l'article L. 141-1 du code rural et de la pêche maritime, dont la destination répond aux dispositions dudit article et qui sont assorties d'un engagement de l'acquéreur pris pour lui et ses ayants cause de conserver cette

destination pendant un délai de dix ans à compter du transfert de propriété, ne donnent lieu à aucune perception au profit du Trésor.

Le présent article ne s'applique qu'aux cessions de biens acquis postérieurement à la date de publication de la loi n° 90-85 du 23 janvier 1990 complémentaire à la loi n° 88-1202 du 30 décembre 1988 relative à l'adaptation de l'exploitation agricole à son environnement économique et social.

II. — Les dispositions du I s'appliquent aux acquisitions réalisées par une personne substituée dans les droits à l'achat conférés à une société d'aménagement foncier et d'établissement rural par une promesse de vente ayant acquis date certaine, dans les six mois de la conclusion de ladite promesse.

1. Doctrine administrative. Exonération de toute perception au profit du Trésor pour les cessions effectuées par les SAFER.* BOI-ENR-DMTOI-10-70-40 n° 190 du 12 sept. 2012.

2. Exploitation de chambres d'hôte. Dès lors que l'activité d'exploitation de chambres d'hôte n'a pas enlevé au manoir sa fonction initiale de centre de l'exploitation agricole, l'exercice de cette activité n'a pas d'incidence sur l'application du régime de faveur prévu par l'art. 1028 *ter*. • Com. 3 avr. 2007, n° 06-10.562 : *Dr. fisc. 2007. 578, rapp. Salomon.*

Art. 1028 *quater* **Les conventions conclues en application du premier alinéa de l'article L. 142-6 et de l'article L. 181-38 du code rural et de la pêche maritime sont exonérées des droits d'enregistrement.**

3° SOCIÉTÉS COOPÉRATIVES AGRICOLES

Art. 1029 **Sous réserve des dispositions de l'article 1020, la dévolution, faite obligatoirement à des œuvres d'intérêt général agricole, de l'excédent de l'actif net sur le capital social des sociétés coopératives agricoles dissoutes, ne donne lieu, au profit du Trésor, à aucune perception.**

Art. 1030 **Les actes, pièces et écrits de toute nature, concernant les sociétés coopératives agricoles de céréales et leurs unions, sont exonérés, sous réserve de l'article 1020, de tous droits d'enregistrement.**

Les moulins coopératifs, les coopératives agricoles de meunerie et de meunerie-boulangerie créés et fonctionnant sous le régime prévu par le titre II du livre V du code rural et de la pêche maritime, relatif aux sociétés coopératives agricoles sont considérés comme coopératives de blé.

L'art. 1030 n'est pas applicable aux ventes des sociétés coopératives de céréales dont l'activité n'est pas exclusivement céréalière. • Com. 20 mai 2003, n° 01-10.114 : *Dr. fisc. 2003. 697 ; RJF 2003. 1179.* ♦ Refus de l'exonération à une société coopérative mixte, pratiquant des opérations sur des céréales, des graines oléagineuses et d'autres produits agricoles. • Paris 25 mars 2005, n° 03-8517 : *RJF 2005. 1130.*

Art. 1031 **Sous réserve des dispositions de l'article 1020, les actes, pièces et écrits de toute nature, concernant les sociétés coopératives d'insémination artificielle et d'utilisation de matériel agricole et leurs unions, sont exonérés de tous droits d'enregistrement.**

4°

Art. 1032 *Abrogé par L. n° 93-1352 du 30 déc. 1993, art. 33-III, à compter du 1er janv. 1994.*

III DIVERS

1° ACCIDENTS DU TRAVAIL AGRICOLE

Art. 1033 **Les actes faits en vertu et pour l'exécution des dispositions du titre V du livre VII du code rural et de la pêche maritime reproduisant celles de la loi du 9 avril 1898 sur les accidents du travail, sont dispensés de l'enregistrement.**

2°

Art. 1034 et 1035 *Devenus sans objet.*

3° PRÊTS D'INSTALLATION AUX JEUNES AGRICULTEURS

Art. 1036 *Devenu sans objet (Décr. n° 2017-698 du 2 mai 2017, art. 1er).*

4° CONTRAT DE TRAVAIL À SALAIRE DIFFÉRÉ

Art. 1037 Sous réserve des dispositions de l'article 1020, le paiement du salaire différé ou l'attribution faite au créancier pour le remplir de ses droits de créance ne donne lieu à la perception d'aucun droit d'enregistrement.

Ces dispositions seront étendues par décret *[non encore émis]* **aux départements d'outre-mer.**

SECTION II COLLECTIVITÉS PUBLIQUES, ÉTABLISSEMENTS PUBLICS OU D'UTILITÉ PUBLIQUE

1° TRANSPORTS DE VOYAGEURS EN ÎLE-DE-FRANCE

Art. 1038 Les conventions passées pour l'exécution de l'ordonnance n° 59-151 modifiée du 7 janvier 1959, relative à l'organisation des transports de voyageurs en Île-de-France, sont enregistrées au droit fixe de 125 €.

2° ÉTABLISSEMENTS D'UTILITÉ PUBLIQUE

Art. 1039 Sous réserve des dispositions de l'article 1020, la transmission effectuée, sous quelque forme que ce soit et dans un intérêt général ou de bonne administration, au profit d'un établissement reconnu d'utilité publique, de tout ou partie des biens appartenant à un organisme poursuivant une œuvre d'intérêt public ne donne lieu à aucune perception au profit du Trésor.

Le bénéfice de cette disposition est subordonné à la double condition que les biens dont il s'agit restent affectés au même objet et que leur transmission intervienne dans un intérêt général ou de bonne administration. La réalisation de cette condition est constatée par le décret en Conseil d'État ou l'arrêté préfectoral qui autorise le transfert des biens.

3° COMITÉS PROFESSIONNELS DE DÉVELOPPEMENT ÉCONOMIQUE

Art. 1039 A Sous réserve des dispositions de l'article 1020, les transferts, effectués au profit d'un comité professionnel de développement économique régi par la loi n° 78-654 du 22 juin 1978, de biens de toute nature appartenant à un organisme ayant un but similaire, sont exonérés de tous droits de mutation ou d'apport.

4° ÉTAT

Art. 1040 I. — Les acquisitions et échanges faits par l'État, les partages de biens entre lui et les particuliers, et tous autres actes faits à ce sujet sont exonérés des droits d'enregistrement *(L. n° 2019-1479 du 28 déc. 2019, art. 17-I-1°-a)* **« , de la taxe de publicité foncière et de la contribution prévue à l'article 879. »**

(L. n° 2017-1775 du 28 déc. 2017, art. 22) **« Cette disposition n'est pas applicable aux établissements publics de l'État.**

« Toutefois, elle est applicable aux établissements publics *(L. n° 2019-1479 du 28 déc. 2019, art. 17-I-1°-b)* **« de recherche », d'enseignement, d'assistance et de bienfaisance, et aux établissements publics fonciers créés en application des articles L. 321-1 à L. 321-13 du code de l'urbanisme. »** — *V. Ann. IV, art. 169 et 170.*

II. — Sauf lorsque la taxe de publicité foncière tient lieu des droits d'enregistrement en application de l'article 664, les formalités afférentes aux actes autres que ceux visés au I et dont les frais incomberaient légalement à l'État, sont exonérées de ladite taxe.

1. Commentaires administratifs. * BOI-ENR- DMTOI-10-80 du 26 août 2020.

Art. 1040 *bis* *(Abrogé par L. n° 2019-1479 du 28 déc. 2019, art. 17-I-2°) (L. n° 2017-1775 du 28 déc. 2017, art. 22)* ***Sans préjudice du dernier alinéa du I de l'article 1040, les transferts à titre gratuit de biens mobiliers et immobiliers effectués dans les conditions pré-***

vues à l'article L. 719-14 du code de l'éducation sont exonérés du paiement des droits d'enregistrement, de la taxe de publicité foncière et de la contribution prévue à l'article 879 du présent code.

Ancien art. 1040 *bis* *Conformément à l'article L. 719-14 du code de l'éducation, les transferts à titre gratuit de biens mobiliers et immobiliers effectués dans les conditions prévues à cet article par l'État au profit d'établissements publics à caractère scientifique, culturel et professionnel ne donnent lieu ni au versement de la contribution prévue à l'article 879 ou d'honoraires au profit de l'État ni à aucune indemnité ou perception de droits ou de taxes au profit de l'État.*

5°

Art. 1040 A *Disposition devenue sans objet : Ord. n° 2000-549 du 15 juin 2000, art. 7-69°.*

6° CONSERVATOIRE DE L'ESPACE LITTORAL ET DES RIVAGES LACUSTRES

Art. 1041 Conformément à l'article L. 322-7 du code de l'environnement, les acquisitions et échanges d'immeubles situés dans les zones définies à l'article L. 322-1 du code précité et faits par le Conservatoire de l'espace littoral et des rivages lacustres sont exonérés des droits d'enregistrement et de la taxe de publicité foncière.

7° COLLECTIVITÉS LOCALES ET ÉTABLISSEMENTS PUBLICS LOCAUX

Art. 1042 I. — Sous réserve des dispositions du I de l'article 257, les acquisitions immobilières faites à l'amiable et à titre onéreux par les communes ou syndicats de communes, les établissements publics fonciers créés en application des articles L. 324-1 et suivants du code de l'urbanisme *(Abrogé par L. n° 2018-1021 du 23 nov. 2018, art. 24-I-2°)* *(L. n° 2017-257 du 28 févr. 2017, art. 50-I-2°)* « *, la société mentionnée au deuxième alinéa du I de l'article 141 de la loi n° 2006-1771 du 30 décembre 2006 de finances rectificative pour 2006* », les départements, les régions et par les établissements publics communaux, départementaux ou régionaux ne donnent lieu à aucune perception au profit du Trésor.

Il en est de même des acquisitions de fonds de commerce réalisées par les collectivités ou établissements publics mentionnés au premier alinéa dans le cadre des articles L. 2251-1 à L. 2251-4, L. 2253-1, L. 3231-1, L. 3231-6, L. 3232-4, et des 5°, 6°, 7° et 8° de l'article L. 4211-1 du code général des collectivités territoriales, sous réserve que la délibération de l'autorité compétente pour décider l'opération fasse référence aux dispositions législatives en cause et soit annexée à l'acte.

II. — Les acquisitions d'actions réalisées par les communes, les départements, les régions et leurs groupements dans le cadre de l'article L. 1522-1 du code général des collectivités territoriales ne donnent lieu à aucune perception au profit du Trésor, sous réserve que la décision de l'assemblée délibérante compétente pour décider de l'opération fasse référence à la disposition législative en cause et soit annexée à l'acte.

(L. n° 2017-257 du 28 févr. 2017, art. 47-III) « III. — Sous réserve du I de l'article 257, les acquisitions faites à l'amiable et à titre onéreux des immeubles domaniaux reconnus inutiles par le ministre de la défense et ayant bénéficié du dispositif prévu à l'article 67 de la loi n° 2008-1425 du 27 décembre 2008 de finances pour 2009, d'une part, par des sociétés publiques locales créées en application de l'article L. 1531-1 du code général des collectivités territoriales et, d'autre part, par des sociétés publiques locales d'aménagement créées en application de l'article L. 327-2 du code de l'urbanisme ou par des sociétés publiques locales d'aménagement d'intérêt national créées en application de l'article L. 327-3 du même code, dès lors que ces sociétés agissent en tant que concessionnaire de l'opération d'aménagement, ne donnent lieu à aucune perception au profit du Trésor public. »

1. Collectivités territoriales. L'exemption n'est pas applicable lorsque l'acte d'acquisition mentionne comme acquéreur une association, même si cet organisme émane de la commune et n'a pas d'existence juridique. • Com. 15 oct. 1996, n° 94-21.187 P : *Dr. fisc. 1996. 1419.*

2. HLM. Les offices publics d'HLM et les OPAC bénéficient de l'exonération prévue au II. De même, les sociétés d'économie mixte à participation publique majoritaire, qui agissent en tant que concessionnaires d'opérations d'aménagement ou de service public, peuvent bénéficier de l'exonération, même si l'autorité concédante ne détient pas directement de participation dans la société concessionnaire. * BOI-ENR-DMTOI-10-80 n°s 130 et 140 du 4 juill. 2018.

3. Sociétés publiques locales. Sociétés bénéficiaires de l'exonération des acquisitions d'immeubles domaniaux. * BOI-ENR-DMTOI-10-80-10 n°s 156 à 158 du 4 juill. 2018.

Art. 1042 A **Les transferts de biens, droits et obligations résultant de fusions ou de créations de communes nouvelles sont exonérés du droit d'enregistrement, de la taxe de publicité foncière ainsi que de la contribution prévue à l'article 879. Il en est de même des transferts de biens, droits et obligations effectués entre établissements publics de coopération intercommunale.**

Art. 1042 B **Les règles fiscales concernant les transferts à titre gratuit aux collectivités territoriales ou aux établissements publics de coopération intercommunale à fiscalité propre de biens affectés au logement des étudiants sont définies au neuvième alinéa de l'article L. 822-1 du code de l'éducation.**

8° ÉTABLISSEMENTS PUBLICS DE COOPÉRATION INTERCOMMUNALE

Art. 1043 **Conformément aux dispositions des articles L. 2113-5, L. 5212-27, L. 5215-28, L. 5217-2, et L. 5217-6 du code général des collectivités territoriales, les transferts de biens, droits ou obligations qui y sont prévus ne donnent lieu à aucune indemnité, droit, taxe, contribution prévue à l'article 879 ou honoraires.**

Les transferts de biens, droits et obligations prévus à l'article L. 5211-41 du code général des collectivités territoriales ne donnent lieu à aucune indemnité, droit, taxe, contribution prévue à l'article 879 ou honoraires.

8° *BIS* ÉTABLISSEMENTS DE SANTÉ VISÉS À L'ARTICLE L. 6112-2 DU CODE DE LA SANTÉ PUBLIQUE

Art. 1043-0 A **Les transferts de biens, droits et obligations entre établissements de santé visés à l'article** *(Ord. n° 2017-31 du 12 janv. 2017, art. 4-2° et 8, en vigueur le 1er janv. 2018)* **« L. 6112-3** *[ancienne rédaction : L. 6112-2]* **» du code de la santé publique sont exonérés du paiement de la contribution prévue à l'article 879 pour l'accomplissement des formalités visées aux 1° et 2° de l'article 878.**

9° DÉPARTEMENTS D'OUTRE-MER

Art. 1043 A **Dans le département de la Guyane, les tarifs des droits de timbre prévus par le présent code sont réduits de moitié.**

La même réduction est applicable aux tarifs des droits d'enregistrement et de la taxe de publicité foncière, sauf lorsque ces droits et taxe sont perçus au taux prévu à l'article 1594 D.

Art. 1043 B *(L. n° 2017-1775 du 28 déc. 2017, art. 64)* **Dans le Département de Mayotte, à compter du 1er janvier 2018 et jusqu'au 31 décembre 2025, sont exonérés de droit d'enregistrement ou de taxe de publicité foncière lorsqu'ils sont réalisés au profit de propriétaires irréguliers de biens immeubles :**

1° Les cessions effectuées par une personne publique ;

2° Les actes de notoriété et les décisions judiciaires constatant l'usucapion.

10° PORTS AUTONOMES

Art. 1044 *Devenu sans objet (Décr. n° 2011-645 du 9 juin 2011).*

Art. 1044 A **Les remises de biens aux ports maritimes autonomes, définis à l'article L. 5313-1 du code des transports, ne donnent lieu à aucune imposition.**

11° EXPROPRIATION ET SERVITUDES POUR CAUSE D'UTILITÉ PUBLIQUE

Art. 1045 **I. — *Les plans*, procès-verbaux, certificats, significations, contrats et autres actes faits en vertu des articles L. 141-1, L. 251-1, L. 331-5, L. 441-1 et L. 531-1 du code de l'expropriation pour cause d'utilité publique sont dispensés de la formalité de l'enregistrement, à l'exception des décisions judiciaires, des contrats de vente, des actes fixant l'indemnité et des quittances qui, lorsqu'il y a lieu, sont soumis gratuitement à l'enregistrement ou à la formalité fusionnée visée à l'article 647.**

Il n'est perçu aucun droit pour l'exécution de la formalité de publicité foncière.

II. — Les dispositions du I sont applicables :

1° A tous les actes ou contrats relatifs à l'acquisition de terrains, même clos ou bâtis, poursuivie en exécution d'un plan d'alignement régulièrement approuvé pour l'ouverture, le redressement, l'élargissement des rues ou places publiques, des voies communales et des chemins ruraux ;

2° A tous les actes et contrats relatifs aux terrains acquis pour la voie publique par simple mesure de voirie, dans les conditions prévues par le décret du 26 mars 1852 relatif aux rues de Paris ;

3° Aux plans, procès-verbaux, certificats, jugements, contrats, quittances et autres actes relatifs à l'établissement de servitudes prévues par la législation en vigueur sur l'électricité et le gaz.

12° PARCS NATIONAUX

Art. 1045 *bis* *Al. 1er disjoint (Décr. n° 2007-484 du 30 mars 2007).*

Les acquisitions et échanges d'immeubles situés dans les cœurs d'un parc national faits par l'établissement public de ce parc sont exonérés des droits d'enregistrement et de la taxe de publicité foncière.

13° TERRAINS COMMUNAUX

Art. 1046 Tous les actes établis en vertu des dispositions du chapitre unique du titre II du livre IV de la deuxième partie du code général des collectivités territoriales relatif au régime de certains biens immobiliers soumis à un droit de jouissance exclusif, qu'ils soient notariés ou passés en la forme administrative, sont exonérés des droits d'enregistrement ainsi que de taxe de publicité foncière.

14° MATELOTS ET PÊCHEURS DE LA COMMUNE DE FORT-MARDYCK

Art. 1047 Tous les actes établis en vertu de la loi n° 62-883 du 31 juillet 1962, supprimant le privilège des matelots et pêcheurs de la commune de Fort-Mardyck, sont exonérés des droits d'enregistrement ainsi que de la taxe de publicité foncière.

15° RÉQUISITIONS

Art. 1048 I. — Conformément au premier alinéa de l'article L. 2234-24 du code de la défense, les actes relatifs aux règlements des indemnités consécutives à des réquisitions sont exonérés de droits d'enregistrement.

II. — *Devenu sans objet.*

Art. 1048 *bis* *Abrogé par Ord. n° 2004-281 du 25 mars 2004, art. 15.*

Art. 1048 *ter* Sont soumis à la perception de l'imposition mentionnée à l'article 680 :

1° Les actes portant autorisation d'occupation temporaire du domaine public constitutifs d'un droit réel immobilier délivrés soit par l'État ou l'un de ses établissements publics en application des articles L. 2122-5 à L. 2122-14 et L. 2122-17 à L. 2122-19 du code général de la propriété des personnes publiques ou de l'article 13 de l'ordonnance n° 2004-559 du 17 juin 2004 sur les contrats de partenariat, soit par les collectivités territoriales, leurs groupements ou leurs établissements publics, en application des I à III de l'article L. 1311-5 et de l'article L. 1414-16 du code général des collectivités territoriales, ainsi que les baux emphytéotiques administratifs conclus en application de l'article L. 2341-1 du code général de la propriété des personnes publiques ;

2° Les actes portant bail consentis en application de l'article L. 2122-15 du code général de la propriété des personnes publiques au profit de l'État ;

3° Les actes portant crédit-bail consentis en application *(Abrogé par L. n° 2020-1721 du 29 déc. 2020, art. 259-III) « de l'article L. 1311-4-1 ou »* du IV de l'article L. 1311-5 du code général des collectivités territoriales au profit des collectivités territoriales, de leurs groupements ou de leurs établissements publics ;

4° Les baux emphytéotiques conclus soit par les collectivités territoriales, leurs groupements ou leurs établissements publics en application des articles L. 1311-2 et L. 1311-4 du code général des collectivités territoriales, soit en application de l'article L. 6148-2 du code de la santé publique ;

5° Les conventions non détachables des autorisations et des baux mentionnés aux 1° et 4° du présent article ;

6° Les actes portant retrait des autorisations mentionnées au 1°.

Contrat de partenariat. L'art. 1048 *ter* est applicable à la publication d'un contrat de partenariat conclu entre un établissement public de santé et une personne de droit public ou privé ayant pour objet de construire et entretenir un bâtiment affecté à l'exercice de ses missions. * Rescrit 30 nov. 2011, n° 2010/64 ENR * BOI-ENR-DG-20-30-30-20 n° 30 du 12 sept. 2012.

SECTION III **CONSTRUCTION — LOGEMENT**

Art. 1049 Sauf lorsqu'elle tient lieu des droits d'enregistrement en vertu de l'article 664, la taxe de publicité foncière n'est pas perçue sur les actes publiés en vue de l'application de la législation sur les habitations à loyer modéré.

1. L'exonération prévue par l'art. 1049 dépend de la finalité de l'acte et non de la qualité de son auteur. En l'espèce, les opérations immobilières, objet des redressements, n'étant pas destinées à la construction d'HLM, la TPF est due. • Com. 13 déc. 2005, n° 1666F-PB : *RJF 2006. 610 ; AJDI 2006. 844, note Maublanc*.

2. Sauf lorsqu'elle tient lieu des droits d'enregistrement, la TPF n'est pas perçue sur les actes publiés en vue de l'application de la législation sur les HLM. Cette exonération s'applique aux acquisitions d'immeubles neufs en état futur d'achèvement réalisées par les sociétés d'économie mixte (SEM), dès lors que les immeubles concernés sont à usage de logement social au sens de l'art. L. 411-1 CCH. * BOI-ENR-DMTOI-10-90-20 n° 30 du 12 sept. 2012.

Art. 1050 Les dispositions sujettes à publicité foncière des actes portant transferts de propriété à titre gratuit effectués par les départements ou les communes au nom des organismes d'habitations à loyer modéré ou au nom des sociétés d'économie mixte de construction dont les statuts sont conformes aux clauses types annexées au décret n° 69-295 du 24 mars 1969 et dont la majeure partie du capital est détenue par des collectivités publiques sont soumises à une taxe de publicité foncière ou à un droit d'enregistrement de 0,60 %.

Toutefois ces actes sont soumis à une imposition fixe de 125 € :

1° Lorsqu'ils ne contiennent pas de dispositions sujettes à publicité foncière ;

2° Lorsqu'ils contiennent des dispositions sujettes à publicité foncière et d'autres qui ne le sont pas et que le produit de l'imposition est inférieur à 125 €.

Art. 1051 Sont soumis à une imposition fixe de 125 € :

1° Les transferts de biens de toute nature opérés entre organismes d'habitations à loyer modéré, sociétés anonymes de crédit immobilier ou leurs unions et organismes bénéficiant de l'agrément mentionné à l'article L. 365-2 du code de la construction et de l'habitation ;

1° *bis* Les acquisitions, réalisées avant le 31 décembre 2013, par les organismes d'habitations à loyer modéré, les sociétés anonymes de crédit immobilier ou leurs unions et les organismes bénéficiant de l'agrément mentionné à l'article L. 365-2 du même code, de logements faisant l'objet d'un conventionnement mentionné aux articles *(Ord. n° 2019-770 du 17 juill. 2019, art. 7 et 23-I, en vigueur le 1er sept. 2019)* « L. 831-1 » et L. 321-8 du même code, appartenant à des organismes dont l'un des objets est de contribuer au logement des personnes défavorisées et qui ont bénéficié d'un agrément pour construire, acquérir ou réhabiliter lesdits logements ;

2° Les attributions de maisons ou de logements, faites aux membres des sociétés anonymes d'habitations à loyer modéré ; — *Les dispositions du présent al. s'appliquent aux sociétés d'économie mixte exerçant une activité de construction ou de gestion de logements sociaux (L. n° 2014-366 du 24 mars 2014, art. 114-XIV).*

3° Les transferts d'immeubles par un organisme d'habitations à loyer modéré à sa filiale de logements locatifs intermédiaires mentionnée aux articles L. 421-1, L. 422-2 et L. 422-3 du code de la construction et de l'habitation ou à une société sur laquelle il exerce un contrôle conjoint mentionnée aux mêmes articles L. 421-1, L. 422-2 et L. 422-3 ;

(Abrogé par L. nº 2018-1317 du 28 déc. 2018, art. 30-I-14º) (L. nº 2017-256 du 28 févr. 2017, art. 130) ***« 4º Les acquisitions de biens immobiliers bâtis opérées entre organismes d'habitations à loyer modéré, sociétés anonymes de crédit immobilier ou leurs unions et organismes bénéficiant de l'agrément mentionné à l'article L. 365-2 du même code, les sociétés d'économie mixte exerçant une activité de construction ou de gestion de logements sociaux et les sociétés créées pour la mise en œuvre des articles 199 undecies C et 217 undecies du présent code, lorsque les biens immobiliers ont été partiellement financés à l'aide de prêts conventionnés définis aux articles R. 372-20 et suivants du code de la construction et de l'habitation, de subventions publiques et qu'ils sont à usage de logement social au sens de l'article L. 411-1 du même code. »*** *— Le présent 4º, dans sa rédaction antérieure à l'art. 30 de la L. nº 2018-1317 du 28 déc. 2018, demeure applicable aux livraisons à soi-même, ventes, apports, acquisitions et cessions de logements qui relèvent des art. 199 undecies C et 217 undecies, dans leur rédaction antérieure à l'art. 30 de ladite loi (L. préc., art. 30-V-E).*

Art. 1052 I. — *(Devenu sans objet, Décr. nº 2019-559 du 6 juin 2019, art. 1er)* *« Sous réserve des dispositions du I de l'article 827, »* Les actes nécessaires à la constitution et à la dissolution des organismes d'habitations à loyer modéré définis dans le livre IV du code de la construction et de l'habitation sont soumis gratuitement à la publicité foncière ou à l'enregistrement, s'ils remplissent les conditions visées au 1º du I de l'article 809, c'est-à-dire s'ils ne portent pas transmission de biens meubles ou immeubles entre les associés ou autres personnes.

Les sociétés anonymes d'habitations à loyer modéré ne sont admises au bénéfice des exonérations qui précèdent, qu'autant qu'elles remplissent les conditions énumérées aux articles L. 422-2, L. 422-5 et suivants du code de la construction et de l'habitation.

(Abrogé par L. nº 2019-1479 du 28 déc. 2019, art. 29-III-17º) « II. — Ces dispositions sont applicables :

« 1º Aux sociétés de bains-douches et aux organismes de jardins familiaux visés aux articles L. 561-1 et L. 561-2 du code rural et de la pêche maritime ;

« 2º Aux sociétés coopératives artisanales ainsi qu'aux groupements de ces mêmes coopératives visés au titre Ier de la loi nº 83-657 du 20 juillet 1983 relative au développement de certaines activités d'économie sociale. »

III. — *Devenu sans objet.*

Art. 1053 A condition de se référer expressément au code de l'urbanisme, les actes, pièces, écrits et formalités qui concernent l'établissement et la réalisation d'un plan local d'urbanisme pour les communes qui ont subi des destructions importantes par suite de cataclysmes ou d'événements graves sont exonérés, sous réserve des dispositions de l'article 1020, des droits d'enregistrement.

Art. 1054 Tous les actes, contrats et marchés passés en application du chapitre VII du titre Ier du livre III du code de l'urbanisme relatif à l'amélioration de certains lotissements sont exonérés, sous réserve des dispositions de l'article 1020, des droits d'enregistrement.

Art. 1055 Les actes, pièces et écrits relatifs à la réalisation de remembrements fonciers opérés à l'amiable et portant sur des terrains destinés à la construction d'immeubles à usage d'habitation sont exonérés, sous réserve des dispositions de l'article 1020, des droits d'enregistrement à condition que ces remembrements aient fait l'objet d'une autorisation donnée dans les formes prévues par la réglementation applicable en matière de lotissements. *— V. C. urb., anc. art. L. 315-1-1 et R.* 315-1 à R.* 315-31-4.* **— C. urb.**

La même exonération est applicable aux actes, pièces et écrits relatifs à la réalisation de remembrements opérés par les associations foncières urbaines en vertu du 1º de l'article L. 322-2 du code de l'urbanisme ou par les associations syndicales constituées en application de l'ordonnance nº 58-1145 du 31 décembre 1958, à condition de se référer expressément à ces textes.

Les procès-verbaux de réorganisation foncière ou de remembrement et les arrêtés en vue du remembrement préalable à la reconstruction ne donnent pas lieu à la perception de la taxe de publicité foncière.

Actes réalisant des transferts de propriété (échanges). La publication d'un acte intitulé « dépôt de pièces du lotissement et procès-verbal de remembrement » est, en vertu des dispositions combinées des art. 1020 et 1055 CGI, assujettie à la TPF prévue à l'art. 677 dès lors qu'après délaissement de leurs droits de propriété au profit d'une association foncière, les membres de cette dernière les avaient repris ou avaient récupéré des droits équivalents, ce qui impliquait l'existence d'un échange de parcelles. • Com. 3 avr. 2012 : *RJF 2012. 768.*

Art. 1055 *bis* La première cession à titre onéreux d'immeubles mentionnés au 4° du 2 de l'article 793 bénéficie d'un abattement de 91 000 € sur l'assiette des droits d'enregistrement et de la taxe de publicité foncière.

L'application de cet abattement est subordonnée aux conditions suivantes :

1° L'immeuble ne doit pas avoir fait l'objet d'une transmission à titre gratuit depuis son acquisition ;

2° L'immeuble doit avoir été utilisé de manière continue à titre d'habitation principale pendant une durée minimale de cinq ans depuis son acquisition ou son achèvement s'il est postérieur ;

3° L'acquéreur doit prendre l'engagement de ne pas affecter l'immeuble à un autre usage que l'habitation pendant une durée minimale de trois ans à compter de la date de l'acte d'acquisition.

Les dispositions qui précèdent ne s'appliquent pas aux immeubles dont l'acquéreur a bénéficié des réductions d'impôt prévues aux articles 199 *undecies* et 199 *undecies* A.

Un décret en Conseil d'État détermine les modalités d'application du présent article, notamment les obligations déclaratives incombant aux redevables et les pièces justificatives à fournir lors de l'enregistrement de la transmission mentionnée au premier alinéa. — *V. Ann. II, art. 294 E.*

SECTION IV BIENS SINISTRÉS

1° RÉPARATION, RECONSTRUCTION ET RECONSTITUTION DES BIENS ET DES EXPLOITATIONS SINISTRÉS DU FAIT DES HOSTILITÉS

Art. 1056 I. — 1° Les actes, jugements, pièces et écrits qui concernent l'application de la loi du 28 octobre 1946 sur les dommages de guerre sont, à la condition de s'y référer expressément, exonérés des droits d'enregistrement ainsi que de la taxe de publicité foncière.

Les dispositions du premier alinéa ne s'appliquent pas aux mutations de biens sinistrés et des droits à indemnité y afférents sauf si ces mutations résultent d'acquisitions faites :

a) Par les communes, les départements, les offices publics de l'habitat et les sociétés d'habitations à loyer modéré, en vue de la construction d'habitations à loyer modéré ou de l'aménagement de services publics, dans les conditions de remploi prévues par la loi ;

b) Par des associations syndicales et des coopératives de reconstruction agissant dans le cadre de l'article 16 de la loi n° 50-531 du 2 juin 1950 et par les associations syndicales de remembrement, auprès de certains de leurs associés, en vue de la rétrocession à d'autres membres de l'association dans l'intérêt des opérations de remembrement.

2° Les requêtes formulées en exécution des articles 54 et 55 de la loi n° 46-2389 du 28 octobre 1946, modifiés par les articles 10 et 11 de la loi n° 56-589 du 18 juin 1956 et l'article 1er du décret n° 73-974 du 12 octobre 1973, sont établies en double exemplaire sur papier libre.

II. — Les dispositions du premier alinéa du 1° du I, sont applicables aux sociétés coopératives de reconstruction, aux associations syndicales de reconstruction et à leurs unions, visées par la loi du 16 juin 1948.

III. — Les biens enlevés, ainsi que les biens partiellement ou totalement détruits du fait direct de l'occupation ennemie, sont assimilés aux biens partiellement ou totalement détruits par suite d'actes de guerre.

Art. 1057 Le I de l'article 1056 peut être invoqué à l'occasion des mutations de propriété prévues par l'ordonnance du 8 septembre 1945, autorisant la construction directe par l'État ou par des associations syndicales de reconstruction d'immeubles d'habitation de caractère définitif, ainsi que des apports de propriétaires sinistrés aux sociétés immobilières visées à l'article 9 de ladite ordonnance. Toutefois, en ce qui concerne la revente des terrains et immeubles bâtis, ainsi que l'attribution des terrains et immeubles bâtis appartenant aux sociétés immobilières, le bénéfice des dispositions du I de l'article 1056 ne peut être invoqué qu'à concurrence d'un prix ou d'un apport au plus égal au montant de la dépense de réparation ou de reconstruction ayant servi de base à la fixation de la participation financière de l'État.

Art. 1058 Les actes, pièces, écrits qui concernent l'exécution du remembrement prévu par la loi du 14 avril 1947, sont, à la condition de s'y référer expressément, exonérés des droits d'enregistrement ainsi que de la taxe de publicité foncière.

2° DOMMAGES CAUSÉS À LA PROPRIÉTÉ PRIVÉE PAR L'EXÉCUTION DE TRAVAUX PUBLICS

Art. 1059 Sous réserve des dispositions du 3° de l'article 679, les plans, procès-verbaux, certificats, significations, jugements, contrats, quittances et autres actes faits en vertu de la loi du 29 décembre 1892 sur les dommages causés à la propriété privée par l'exécution des travaux publics sont exonérés des droits d'enregistrement et, le cas échéant, dispensés de la formalité.

SECTION V ÉTABLISSEMENTS FINANCIERS

1° BANQUE DES RÈGLEMENTS INTERNATIONAUX

Art. 1060 Les fonds et placements de la banque des règlements internationaux provenant des paiements de l'Allemagne sont libérés de toute charge fiscale.

Art. 1061 *Abrogé à compter du 9 déc. 1992, date de réalisation des apports à la CNP Assurances SA.*

2° CAISSES D'ÉPARGNE

Art. 1062 *Al. 1 à 3 abrogés.*

Sous réserve des dispositions du 3° de l'article 679, les imprimés, écrits et actes de toute espèce nécessaires pour le service des caisses d'épargne et de la caisse nationale d'épargne sont exonérés des droits d'enregistrement et, le cas échéant, dispensés de la formalité.

Art. 1063 Sous réserve des dispositions du 3° de l'article 679, les certificats de propriété et actes de notoriété exigés par les caisses d'épargne et par la caisse nationale d'épargne pour effectuer le remboursement, le transfert ou le renouvellement des livrets appartenant aux titulaires décédés ou déclarés absents sont exonérés des droits d'enregistrement et, le cas échéant, dispensés de la formalité.

Art. 1063 A *Devenu sans objet (L. n° 99-532 du 25 juin 1999, art. 33-II).*

3° ENTREPRISES DE CRÉDIT DIFFÉRÉ

Art. 1064 Les transferts de leurs engagements et des actifs correspondants effectués par les entreprises de crédit différé à une autre société fonctionnant conformément aux dispositions de la loi n° 52-332 du 24 mars 1952 modifiée sont exonérés de tous droits d'enregistrement et de taxe de publicité foncière.

Les actes et documents, les formalités et, d'une manière générale, toutes les opérations nécessaires à l'exécution des conventions passées en application du I de l'article 1er de la loi n° 54-417 du 15 avril 1954, relative aux sociétés de crédit différé en liquidation ou en faillite sont exonérés de taxe de publicité foncière lorsqu'ils se réfèrent à ce texte.

4° ENTREPRISES D'ASSURANCES ET DE CAPITALISATION

Art. 1065 Sous réserve des dispositions de l'article 1020, les transferts de portefeuilles de contrats et des réserves mobilières ou immobilières afférentes à ces contrats sont exonérés de tous droits d'enregistrement lorsqu'ils sont faits en vertu des dispositions des articles L. 324-1 *(Ord. nº 2017-484 du 6 avr. 2017, art. 17-III-10º)* « , L. 326-13 et L. 384-1 à L. 384-3 » du code des assurances.

Lorsqu'ils sont faits en vertu *(Ord. nº 2017-484 du 6 avr. 2017, art. 17-III-10º)* « du 8º ou du 14º *[ancienne rédaction : des dispositions du 8º]* » du I de l'article L. 612-33 du code monétaire et financier, les transferts de portefeuilles de contrats et des réserves mobilières ou immobilières afférentes à ces contrats sont exonérés de tous droits d'enregistrement et de la taxe de publicité foncière.

SECTION VI INSTITUTIONS À CARACTÈRE SOCIAL

1º AIDE SOCIALE

Art. 1066 I. — Sous réserve des dispositions de l'article 1020 et conformément au deuxième alinéa de l'article L. 132-11 du code de l'action sociale et des familles, les actes faits et les décisions rendues dans le cadre de l'attribution des prestations d'aide sociale mentionnées à l'article L. 111-1 du même code sont enregistrés gratis lorsqu'il y a lieu à la formalité de l'enregistrement.

II. — Les dispositions du I sont applicables aux acquisitions immobilières réalisées par les établissements ou organismes figurant sur une liste dressée par arrêté du ministre chargé du budget, lorsque ces acquisitions sont faites pour le compte d'associations qui seraient susceptibles d'être admises au bénéfice des mêmes dispositions si elles procédaient directement aux acquisitions considérées. *— V. Ann. IV, art. 121 VA.*

L'application du premier alinéa est subordonnée à la condition que l'établissement ou l'organisme acquéreur prenne, dans l'acte d'acquisition, l'engagement de transférer la propriété des immeubles acquis à l'association bénéficiaire dans un délai de cinq ans à compter de la date de cet acte et, à défaut, de verser au Trésor, à première réquisition, les droits dont l'acquisition aura été dispensée. Une prolongation annuelle renouvelable du délai de cinq ans peut être accordée par l'autorité compétente de l'État du lieu de la situation des immeubles.

Le régime de faveur est applicable aux acquisitions immobilières effectuées par des établissements habilités à l'aide sociale (et non plus aux établissements agréés pour recevoir des bénéficiaires de cette aide), aux acquisitions immobilières faites, sous certaines conditions, par des organismes figurant sur une liste dressée par arrêté du ministre de l'économie et des finances. * BOI-ENR-DMTOI-10-90-10 nº 10 du 2 mars 2016.

2º ASSISTANCE ET PROTECTION DE L'ENFANCE

Art. 1067 Sans préjudice du bénéfice de la loi du 10 juillet 1991 relative à l'aide juridique, les certificats, significations, contrats et autres actes, faits en vertu des articles L. 121-2, L. 221-1 à L. 221-4, L. 221-6 à L. 222-6, L. 223-1 à L. 224-9, L. 224-11 et L. 224-12, L. 225-1 à L. 225-9, L. 225-20, L. 226-1 à L. 226-11, L. 228-1 à L. 228-5 et L. 523-1 du code de l'action sociale et des familles relatifs à l'aide sociale à l'enfance, ainsi qu'en vertu de la loi du 19 avril 1898 sur la répression des violences, voies de fait, actes de cruauté et attentats commis envers les enfants, concernant exclusivement le service de l'aide sociale à l'enfance, sont exonérés, sous réserve des dispositions du 3º de l'article 679 et de l'article 1020, des droits d'enregistrement.

Les comptes de tutelle sont approuvés par le conseil de famille et rendus sans frais.

Art. 1068 *Abrogé.*

3º ASSURANCES MALADIE ET MATERNITÉ DES TRAVAILLEURS INDÉPENDANTS NON AGRICOLES

Art. 1069 I. — Les pièces relatives à l'application de la loi nº 66-509 du 12 juillet 1966 relative à l'assurance maladie et à l'assurance maternité des travailleurs non salariés des professions non agricoles, sont exonérées des droits d'enregistrement à la condition de s'y référer expressément. Cette exonération s'étend à la taxe spéciale sur les conventions d'assurance.

II. — Lorsque des caisses mutuelles régionales créées en application de la loi précitée sont appelées à fusionner, partiellement ou totalement, par le fait d'un regroupement

de leurs circonscriptions, un décret fixe les modalités selon lesquelles sont attribués les biens, droits et obligations des caisses intéressées par cette fusion. Les opérations entraînées par ce transfert bénéficient, sous réserve des dispositions de l'article 1020, de l'exonération prévue au I.

4° CAISSE DE RETRAITE ET DE PRÉVOYANCE DES CLERCS DE NOTAIRE

Art. 1070 **Sous réserve des dispositions de l'article 1020, les pièces exclusivement relatives à l'exécution de la loi du 12 juillet 1937 instituant une caisse de retraite et de prévoyance des clercs de notaire sont exonérées des droits d'enregistrement.**

5° CROIX-ROUGE FRANÇAISE

Art. 1071 **Jusqu'à une date qui sera fixée ultérieurement par décret, les dons et legs de toute nature consentis au bénéfice de l'association « La Croix-Rouge française », reconnue d'utilité publique par la loi du 7 août 1940, sont exonérés de tous droits d'enregistrement, sous réserve de leur acceptation régulière par le comité de direction.**

Jusqu'à la même date l'acquisition et la location par la Croix-Rouge française des immeubles nécessaires à son fonctionnement sont également exonérées, sous réserve des dispositions de l'article 1020, de tous droits d'enregistrement.

Dons et legs et immeubles nécessaires au fonctionnement de la Croix-Rouge française. Conditions d'application des exonérations. * BOI-ENR-DMTOM-30 n° 130 du 12 sept. 2012 * BOI-ENR-DMTG-10-20-20 n° 510 du 12 sept. 2012.

6° INDIGENTS

Art. 1072 **Les extraits des registres de l'état civil, les actes de notoriété, de consentement, de publications, les délibérations de conseil de famille, la notification, s'il y a lieu, les dispenses pour cause de parenté, d'alliance ou d'âge, les actes de reconnaissance d'un enfant, sont dispensés d'enregistrement.**

Les actes de notification, comme les actes de consentement, sont exonérés de tous droits, frais et honoraires à l'égard des officiers ministériels qui les dressent ; il en est de même pour les actes de consentement reçus à l'étranger par les agents diplomatiques ou consulaires français.

Sont admises au bénéfice des dispositions du présent article les personnes qui justifient d'un certificat d'indigence à elles délivré par le commissaire de police, ou par le maire dans les communes où il n'existe pas de commissaire de police, sur le vu d'un certificat du comptable public chargé du recouvrement des impôts directs de leur commune portant qu'elles ne sont pas imposées.

Les actes, extraits, copies ou expéditions délivrés mentionnent expressément qu'ils sont destinés à servir à la célébration d'un mariage entre indigents.

Ils ne peuvent servir à d'autres fins.

Le certificat prévu par le troisième alinéa est délivré en plusieurs originaux, lorsqu'il doit être produit à divers officiers de l'état civil.

Néanmoins, les réquisitions des procureurs de la République tiennent lieu des originaux ci-dessus prescrits, pourvu qu'elles mentionnent le dépôt du certificat d'indigence à leur parquet.

***L'extrait du rôle ou le certificat* négatif du comptable public est annexé aux pièces déposées pour la célébration du mariage.**

Les dispositions qui précèdent sont applicables au mariage entre Français et étrangers.

Art. 1073 *Devenu sans objet (L. n° 77-1468 du 30 déc. 1977, art. 6 et 10).*

7° MARINE

Art. 1074 **1. Les actes de l'état civil, les actes de notoriété et toutes autres pièces relatives à l'exécution de la loi du 12 avril 1941 concernant le service des pensions de retraite dans la marine sont exonérés des droits d'enregistrement.**

2. *Abrogé.*

Art. 1075 Les dispositions de l'article 1083 sont applicables à la caisse générale de prévoyance des marins et de leurs familles en cas d'accident, de maladie, d'invalidité et de maternité. — *V. égal. le II de l'art. 794.*

Art. 1076 *Abrogé.*

8° OUVRIERS MINEURS

Art. 1077 Tous actes, documents et pièces quelconques, à fournir pour l'exécution de la loi du 25 février 1914, modifiant la loi du 29 juin 1894 et créant une caisse autonome de retraites des ouvriers mineurs, sont exonérés des droits d'enregistrement.

Art. 1078 Sous réserve des dispositions du 3° de l'article 679, les certificats, actes de notoriété et autres pièces exclusivement relatifs à l'exécution des dispositions des articles 84 à 96 de la loi du 31 mars 1903 sur la retraite des ouvriers et employés des mines sont exonérés des droits d'enregistrement et dispensés, le cas échéant, de la formalité.

Art. 1079 *Abrogé.*

Art. 1080 *(Abrogé par L. n° 2019-1479 du 28 déc. 2019, art. 29-III-18°) Les dispositions de l'article 1087 relatives aux mutuelles s'appliquent aux sociétés de secours des ouvriers et employés des mines.*

9° RAPATRIÉS ET PERSONNES DÉPOSSÉDÉES DE LEURS BIENS OUTRE-MER

Art. 1081 *Devenu sans objet (L. n° 73-42 du 9 janv. 1973, art. 28-5°).*

Art. 1082 *Abrogé par Ord. n° 2004-281 du 25 mars 2004, art. 15.*

10° SÉCURITÉ SOCIALE

Art. 1083 Les pièces relatives à l'application de la législation de sécurité sociale sont exonérées des droits d'enregistrement à la condition de s'y référer expressément.

Art. 1084 Tous les actes relatifs aux acquisitions d'immeubles et aux prêts que les organismes de sécurité sociale sont autorisés à effectuer sont exonérés des droits d'enregistrement ainsi que de la taxe de publicité foncière.

Art. 1085 Les transferts de biens entre organismes de sécurité sociale mentionnés dans le code de la sécurité sociale sont exonérés de toute perception de droits fiscaux et ne donnent pas lieu à application de l'article 879. Il en est de même pour les transferts de biens de leurs comités *(Décr. n° 2020-897 du 22 juill. 2020, art. 1er)* « sociaux et économiques » consécutifs à la fusion d'organismes.

11° MUTUELLES

Art. 1086 *Abrogé par L. n° 77-1468 du 30 déc. 1977, art. 9.*

Art. 1087 *(Abrogé par L. n° 2019-1479 du 28 déc. 2019, art. 29-III-19°) Tous les actes intéressant les mutuelles définies par l'article L. 111-1 du code de la mutualité sont exonérés sous réserve de l'article 1020, des droits d'enregistrement.*

Cette disposition n'est pas applicable aux transmissions de propriété, d'usufruit ou de jouissance de biens meubles et immeubles, soit entre vifs, soit par décès.

Al. 3 abrogé.

Art. 1088 Les certificats, actes de notoriété et autres pièces exclusivement relatifs à l'exécution des dispositions du code de la mutualité sont exonérés, sous réserve de l'article 1020, des droits d'enregistrement.

Art. 1089 Les dispositions prévues en ce qui concerne les mutuelles définies par l'article L. 111-1 du code de la mutualité sont applicables aux associations d'étudiants reconnues d'utilité publique.

SECTION VII **JURIDICTIONS — PROCÉDURES DIVERSES**

1° ACTES DE JUSTICE DEVANT LES JURIDICTIONS CIVILES ET ADMINISTRATIVES

Art. 1089 A Sauf lorsqu'elles donnent ouverture à un droit proportionnel ou progressif, les décisions des juridictions de l'ordre judiciaire ne sont pas soumises au droit d'enregistrement. — *V. toutefois, art. 1635 bis Q.*

A contrario, ces décisions doivent être enregistrées lorsqu'elles donnent ouverture à un droit proportionnel ou progressif. Ainsi le droit de cession d'actions prévu à l'art. 726 est dû sur les jugements qui opèrent par leurs seules dispositions un transfert de propriété d'actions ou de parts sociales. Tel est notamment le cas de l'arrêt ayant attribué, pour paiement d'un certain prix, les actions qui avaient été données en gage au créancier impayé. • Com. 25 janv. 2000, n° 97-18.341 : *RJF 2000. 711 ; BJS 2000. 530, note David ; D. 2000. IR 59.*

Art. 1089 B Les actes des secrétariats des juridictions judiciaires et administratives ne sont pas soumis au droit d'enregistrement, ni à toute autre taxe prévue par le présent code. — *V. toutefois, art. 1635 bis Q.*

Al. 2 et 3 abrogés par Ord. n° 2003-1235 du 22 déc. 2003, art. 2-I.

Art. 1089 C *Devenu sans objet (L. n° 99-1172 du 30 déc. 1999, art. 31-I).*

2° AGENCE JUDICIAIRE DU TRÉSOR

Art. 1090 Les droits exigibles sur les décisions judiciaires auxquelles est partie l' agent judiciaire de l'État sont liquidés en débet.

Ils sont assimilés pour le recouvrement, les poursuites, la procédure et la prescription, au principal de la condamnation. Toutefois, si le Trésor est condamné, il est dispensé du paiement des droits.

3° AIDE JURIDICTIONNELLE

Art. 1090 A I. — Sauf lorsqu'elles portent mutation de propriété, d'usufruit ou de jouissance, les décisions rendues dans les instances où l'une au moins des parties bénéficie de l'aide juridictionnelle sont exonérées des droits d'enregistrement.

II. — Sont liquidés en débet les droits et pénalités d'enregistrement exigibles sur :

a) Les décisions mentionnées au I et qui portent mutation de propriété, d'usufruit ou de jouissance ;

b) Les actes et titres produits par le bénéficiaire de l'aide juridictionnelle pour justifier de ses droits et qualités, lorsqu'ils sont du nombre de ceux soumis par leur nature à l'enregistrement dans un délai déterminé ;

c) *Abrogé.*

Les sommes ainsi liquidées deviennent exigibles immédiatement après le jugement. — *En ce qui concerne les mentions à porter sur les actes et décisions, V. art. 310 F bis de l'annexe II.*

III. — *Abrogé.*

1. Divorces. Tous les partages consécutifs à un jugement de divorce et les actes prévoyant le versement d'une prestation compensatoire sont exonérés de droits lorsque l'une des parties bénéficie de l'aide juridictionnelle. * BOI-ENR-DG-20-30-30-40 n° 20 du 11 mars 2013.

2. Le divorce par consentement mutuel par acte sous signature privée contresigné avocats bénéficie de l'exonération de droits d'enregistrement lorsque l'une des parties au moins bénéficie de l'aide juridictionnelle. * Rép. min. Justice. n° 9026 : *JO Sénat, 27 juin 2019, p. 3401.*

Art. 1090 B Lorsqu'elle tient lieu des droits d'enregistrement en vertu de l'article 664, la taxe de publicité foncière éventuellement exigible est liquidée en débet dans les conditions indiquées, pour les droits d'enregistrement, au II de l'article 1090 A.

Lorsqu'elle ne tient pas lieu des droits d'enregistrement, la taxe de publicité foncière n'est pas exigible sur les formalités requises par les bénéficiaires de l'aide juridictionnelle. Toutefois, la taxe non perçue sur une inscription d'hypothèque judiciaire ou conventionnelle doit être acquittée lors de la radiation de l'inscription. A cet effet, le

service chargé de la publicité foncière est tenu d'énoncer, tant sur le bordereau destiné aux archives que sur le bordereau remis au requérant, le montant de la taxe non perçue.

Par dérogation au deuxième alinéa, la taxe tombe en non-valeur lorsque la radiation est requise par le bénéficiaire de l'aide juridictionnelle, condamné.

Art. 1090 C *Dispositions disjointes (Décr. n° 2013-463 du 3 juin 2013).*

Art. 1090 D Le retrait de l'aide juridictionnelle *(L. n° 2020-1721 du 29 déc. 2020, art. 234-I)* **« et de l'aide à l'intervention de l'avocat dans les procédures non juridictionnelles » rend immédiatement exigibles, dans les limites fixées par la décision de retrait, les droits, redevances, honoraires, émoluments, consignations et avances de toute nature dont le bénéficiaire avait été dispensé.**

Art. 1090 E et 1090 F *Dispositions disjointes (Décr. n° 2013-463 du 3 juin 2013).*

Art. 1091 et 1092 *Abrogés.*

Art. 1093 I. — *Transféré ss. art. 1090 A-I ancien, depuis abrogé.*

II. — Abrogé.

III. — *a) Transféré ss. art. 1090 A-II-a ; **b), c) et dernier al.** abrogés.*

IV et V. — Abrogés.

Art. 1094 *Transféré ss. art. 1090 B.*

Art. 1095 à 1099 *Abrogés par L. n° 72-11 du 3 janv. 1972, art. 33.*

4° CASIER JUDICIAIRE. RECTIFICATION DE MENTIONS

Art. 1100 Le droit fixe de procédure mentionné au 2° de l'article 1018 A, exigible pour les décisions rendues en application de l'article 778 du code de procédure pénale, pour la rectification des mentions portées aux casiers judiciaires est liquidé en débet.

Art. 1101 à 1108 *bis* *Abrogés.*

5° RÉVISION DES PROCÈS

Art. 1109 Les frais des instances en révision des procès criminels et correctionnels, faits postérieurement à l'arrêt de recevabilité, sont avancés par le Trésor.

Si l'arrêt ou le jugement définitif de révision prononce une condamnation il met à la charge du condamné le remboursement des frais envers l'État et envers les demandeurs en révision, s'il y a lieu. Le demandeur en révision qui succombe dans son instance est condamné à tous les frais.

6° SUCCESSIONS VACANTES OU EN DÉSHÉRENCE

(L. n° 2006-728 du 23 juin 2006, art. 30)

Art. 1109 *bis* *Transféré ss. l'art. 1112 ter (Décr. n° 2007-484 du 30 mars 2007).*

Art. 1110 à 1112 *bis* *Abrogés.*

Art. 1112 *ter* A défaut de ressources disponibles, sont liquidés en débet les droits d'enregistrement exigibles sur les actes et procédures nécessaires à l'obtention de la décision déclarant la vacance ainsi qu'à la gestion des successions mentionnées au chapitre V du titre Ier du livre III du code civil.

SECTION VIII

Art. 1113 et 1114 *Périmés.*

SECTION IX DISPOSITIONS DIVERSES

1° ACHATS EN VUE DE LA REVENTE

Art. 1115 Sous réserve des dispositions de l'article 1020, les acquisitions d'immeubles, de fonds de commerce ainsi que d'actions ou parts de sociétés immobilières réa-

lisées par des personnes assujetties au sens de l'article 256 A sont exonérées des droits et taxes de mutation quand l'acquéreur prend l'engagement de revendre dans un délai de cinq ans.

En cas d'acquisitions successives par des personnes mentionnées au premier alinéa, le délai imparti au premier acquéreur s'impose à chacune de ces personnes.

Al. périmé (Décr. n° 2011-645 du 9 juin 2011).

Pour l'application de l'engagement de revendre, les transferts de droits ou de biens dans un patrimoine fiduciaire et les apports purs et simples effectués à compter du 1er janvier 1996 ne sont pas considérés comme des ventes.

Pour les reventes consistant en des ventes par lots déclenchant le droit de préemption prévu à l'article 10 de la loi n° 75-1351 du 31 décembre 1975 relative à la protection des occupants de locaux à usage d'habitation ou celui prévu à l'article 15 de la loi n° 89-462 du 6 juillet 1989 tendant à améliorer les rapports locatifs et portant modification de la loi n° 86-1290 du 23 décembre 1986, le délai prévu pour l'application de l'engagement de revendre visé au premier alinéa est ramené à deux ans.

BIBL. ► Colin et Stemmer, *Dr. fisc. 2012. 187* (dispense de TVA et engagement de revendre : perspectives d'évolution pour les transactions immobilières). – Desmorieux, *BFL 2018, p. 501* (la force majeure empêchant de revendre un bien dans le délai de 5 ans prévu par l'art. 1115 CGI).

1. Règles applicables en matière de droits d'enregistrement à compter du 11 mars 2010. Depuis le 11 mars 2010 (date d'entrée en vigueur de l'art. 16 de la L. n° 2010-237 du 9 mars 2010), le bénéfice du régime spécial de l'art. 1115 n'est plus réservé aux seuls marchands de biens et autres professionnels de l'immobilier et n'est plus subordonné au caractère habituel des opérations d'achat-revente. ♦ Conditions et modalités d'exonération sous condition d'engagement de revendre. * BOI-ENR-DMTOI-10-50 du 29 avr. 2014.

2. Retrait d'un associé. Le remboursement de la valeur de ses droits sociaux à l'associé qui se retire d'une société ne constitue pas une revente de ses titres au sens de l'art. 1115. • Com. 2 févr. 2010, n° 09-10.384 (n° 154 FS-PB) : *RJF 2010. 536.*

3. Défaut de revente. La délivrance d'un certificat d'urbanisme erroné ne constitue pas un cas de force majeure dispensant de régularisation à défaut de revente dans le délai imparti. • Com. 14 sept. 2010, n° 09-15.495 : *RJF 2011. 113.*

4. Engagement de revente de parts d'une SCI liquidée non reporté sur l'immeuble. La dissolution sans liquidation d'une SCI entraîne la déchéance immédiate du régime de faveur sous lequel s'était placé l'acquéreur de ses parts sociales, lesquelles, distinctes de l'immeuble qu'elles représentent, n'existent plus. • Com. 14 mai 2013, n° 12-17.596 : *RJF 2013. 876.*

5. Fusion-absorption. Dès lors que, par fusion-absorption, la société absorbante recueille l'intégralité du patrimoine de la société absorbée et se substitue à celle-ci dans tous ses droits et obligations, la transmission ainsi opérée ne peut pas être assimilée à une opération de revente au sens de l'art. 1115. Quelles que soient les stipulations du traité de fusion, la société absorbante est donc tenue de respecter l'engagement de revente pris par l'absorbée. • Com. 7 avr. 2010, n° 09-65.899 (n° 433 FS-PB) : *RJF 2010. 747 ; Dr. fisc. 2010. 331.*

6. Revente à la découpe. Revente par lots. Sur le délai spécial de deux ans de l'art. 1115, al. 4. • CAA Paris, 28 mai 2013, n° 2012/02161 : *Dr. fisc. 2015. Actu. 168, note Mallaret.* ♦ Confirmation : • Com. 7 juill. 2015, n° 13-23.366 : *RJF 2015. 965.*

7. Déchéance du régime de faveur. Les droits de mutation mis à la charge d'un marchand de biens à la suite de la perte du régime de faveur de l'art. 1115 CGI ne constituent pas des amendes fiscales ou majorations d'impôts, au sens et pour l'application de l'art. L. 247-2° LPF. Ils ne sauraient, dès lors, faire l'objet d'aucune remise en application du même article qui interdit toute remise des droits d'enregistrement. • CE 24 juin 2015, n° 368593 : *RJF 2015. 833.*

2° ACTES DE DÉPÔT

Art. 1116 **Les actes de dépôt, au rang des minutes d'un notaire, des actes sous seings privés de vente, d'échange et de partage d'immeubles ou de droits immobiliers, lorsque les sommes et valeurs de toute nature énoncées dans les actes déposés et passibles du droit proportionnel ne dépassent pas 75 €, sont enregistrés gratis.**

3° ACTES DE L'ÉTAT CIVIL

Art. 1117 et 1118 *Abrogés.*

Art. 1119 Jusqu'à ce que la reconstitution ou la restitution des registres ait été effectuée, les actes de notoriété qui, aux termes de *(L. n° 2019-222 du 23 mars 2019, art. 6)* « l'article 46 du code civil », peuvent suppléer tous les actes de l'état civil dont les originaux ont été détruits ou sont disparus par suite d'un sinistre ou de faits de guerre, sont, sous réserve des dispositions du 3° de l'article 679 *(L. n° 2019-222 du 23 mars 2019, art. 6)* « du présent code », exonérés des droits d'enregistrement et dispensés, le cas échéant, de la formalité.

Ces dispositions sont applicables aux actes de notoriété visés à l'article 1er de l'ordonnance n° 62-800 du 16 juillet 1962 facilitant la preuve des actes de l'état civil dressés en Algérie *(L. n° 2019-222 du 23 mars 2019, art. 6)* « ainsi qu'à l'article 4 de la loi n° 68-671 du 25 juillet 1968 relative à l'état civil des Français ayant vécu en Algérie ou dans les anciens territoires français d'outre-mer ou sous tutelle devenus indépendants ».

Art. 1120 *Abrogé.*

4° ACTES, ARCHIVES, REGISTRES ET DOCUMENTS DÉTRUITS PAR SUITE D'ÉVÉNEMENTS DE GUERRE, DE SINISTRE OU DE TOUT AUTRE FAIT

Art. 1121 *Périmé.*

Art. 1122 Tous les actes qu'il y a lieu de reconstituer par suite de sinistre ou de faits de guerre, ainsi que toutes les formalités de procédure ayant cette reconstitution pour objet, sont, sous réserve des dispositions du 3° de l'article 679, exonérés des droits d'enregistrement et, dispensés, le cas échéant, de la formalité à moins, en ce qui concerne les actes reconstitués, que les droits applicables à l'acte original n'aient pas été acquittés.

Aucune pénalité d'enregistrement ne peut être réclamée sur les pièces produites à l'occasion de l'application de la loi précitée du 15 décembre 1923, modifiée par la loi du 6 février 1941.

Les dispositions qui précèdent ne s'appliquent pas aux actes détruits par suite d'un sinistre chez un officier public ou ministériel.

Art. 1123 et 1124 *Abrogés par Ord. n° 2004-281 du 25 mars 2004, art. 15.*

Art. 1125 Le dépôt d'actes et pièces nécessité par la reconstitution de la documentation hypothécaire détruite par un cas de force majeure est dispensé de tous droits et taxes, ainsi que de la contribution prévue à l'article 879.

Art. 1125 *bis* Les actes et pièces de toute nature, exclusivement relatifs à la reconstitution prévue par la loi n° 71-1029 du 24 décembre 1971 de registres ou documents conservés dans les greffes de tribunaux de commerce ou d'autres juridictions en cas de destruction ou de disparition totale ou partielle des archives de ces greffes, sont dispensés de tout droit d'enregistrement ainsi que de la mention au répertoire des officiers publics et ministériels.

Il ne peut non plus être réclamé ni droits, ni pénalités d'enregistrement sur les pièces produites par les intéressés dans les opérations de reconstitution.

5° ATTRIBUTION GRATUITE D'ACTIONS OU DE PARTS SOCIALES AU PERSONNEL DES ENTREPRISES

Art. 1126 L'attribution gratuite par une société à l'ensemble de son personnel d'actions ou parts sociales de son capital ne donne lieu à la perception d'aucun impôt.

L'application de cette disposition est limitée aux opérations réalisées dans des conditions fixées par décret en Conseil d'État.

Art. 1127 Ne donnent lieu à la perception d'aucun impôt, les attributions gratuites d'actions faites en application :

1° *Abrogé ;*

2° *Abrogé ;*

3° Des articles L. 322-13 et L. 322-22 du code des assurances relatifs aux entreprises nationales d'assurances ;

4° De la loi n° 73-9 du 4 janvier 1973 relative à la mise en œuvre de l'actionnariat du personnel à la Société nationale industrielle aérospatiale et à la Société nationale d'étude et de construction de moteurs d'aviation.

6° CERTIFICATS DE VIE

Art. 1128 Les certificats de vie sont dispensés de l'enregistrement.

7° CONTRAT D'APPRENTISSAGE

Art. 1128 *bis* et 1128 *ter* *Devenus sans objet (Décr. n° 2009-389 du 7 avr. 2009).*

8° CONTRAT ET CERTIFICAT DE TRAVAIL

9° MARIAGES — DISSENTIMENT DES PARENTS

Art. 1129 Sous réserve des dispositions du 3° de l'article 679, les actes énumérés aux articles 154 et 155 du code civil, modifiés par la loi du 2 février 1933, et relatifs au dissentiment des parents en matière de mariage, sont exonérés des droits d'enregistrement et dispensés, le cas échéant, de la formalité.

Art. 1130 *Abrogé.*

10° PATRIMOINE ARTISTIQUE NATIONAL

Art. 1131 I. — Sous réserve des dispositions de l'article 1020, l'acquéreur, le donataire, l'héritier ou le légataire d'une œuvre d'art, de livres, d'objets de collections ou de documents de haute valeur artistique ou historique, est exonéré des droits de mutation et des taxes annexes afférents à la transmission de ces biens, lorsqu'il en fait don à l'État dans le délai prévu pour l'enregistrement de l'acte constatant la mutation ou de la déclaration de la succession.

Le donateur peut stipuler qu'il conservera, sa vie durant, la jouissance du bien donné. Il peut également stipuler que la réserve de jouissance bénéficiera après sa mort à son conjoint. Lorsqu'il s'agit d'une personne morale, la réserve de jouissance prend fin à sa dissolution ; elle ne peut, en tout état de cause, excéder vingt-cinq ans à moins que le bien donné ne soit accessible au public dans des conditions fixées par la décision d'agrément prévue au II.

Lorsque la décision d'agrément prévue au II constate que les biens donnés sont attachés à un immeuble, en raison des motifs historiques ou artistiques et lorsque le donateur prend l'engagement de les conserver dans cet immeuble et d'autoriser le public à les visiter, le donateur peut stipuler que la réserve de jouissance bénéficiera successivement aux personnes auxquelles l'immeuble sera transmis tant qu'elles respecteront elles-mêmes cet engagement.

II. — La donation est soumise à un agrément donné dans des conditions fixées par décret en Conseil d'État *[Ann. II, art. 310 G]***. Dans les cas prévus aux deuxième et troisième alinéas du I, la décision d'agrément arrête notamment les mesures propres à assurer la conservation et la surveillance des biens donnés à l'État.**

La donation n'est considérée comme réalisée qu'après acceptation, par le donateur, des conditions prévues par la décision d'agrément.

En cas de refus d'agrément ou de non-acceptation par le donateur dans le délai imparti par la décision d'agrément, les droits et taxes prévus au I, à l'exclusion de toute pénalité de retard, deviennent exigibles dans le délai d'un mois.

III. — Le donateur et ses ayants cause peuvent, à tout moment, renoncer à la réserve de jouissance et remettre les biens à l'État.

11° PUBLICITÉ FONCIÈRE — RÉFORME — DISPOSITIONS TRANSITOIRES

Art. 1132 Pendant une période dont l'expiration sera fixée par décret en Conseil d'État et dont la durée ne pourra être inférieure à cinq ans, la publicité au fichier immobilier pourra être volontairement requise, sans aucune perception au profit du Trésor, pour ceux des actes authentiques intervenus, des actes sous seings privés ayant

acquis date certaine, des décisions judiciaires devenues définitives, des transmissions par décès opérées, avant le 1er janvier 1956 :

1° qui n'étaient pas soumis à la publicité sous le régime antérieur, mais y auraient été soumis ou admis en vertu du décret n° 55-22 du 4 janvier 1955 modifié, portant réforme de la publicité foncière ;

2° qui, soumis à publicité en vertu de ce décret, y étaient déjà soumis sous le régime antérieur et ont été publiés sous ce régime.

12° RÉUNION DE L'USUFRUIT À LA NUE-PROPRIÉTÉ

Art. 1133 Sous réserve des dispositions de l'article 1020, la réunion de l'usufruit à la nue-propriété ne donne ouverture à aucun impôt ou taxe lorsque cette réunion a lieu par l'expiration du temps fixé pour l'usufruit ou par le décès de l'usufruitier.

BIBL. ▶ TARROUX, *Dr. fisc. 2008. 412* (la renonciation à usufruit : aspects fiscaux).

Extinction d'un usufruit viager. Cas de l'extinction, par le décès de l'usufruitier, d'un usufruit viager sur une somme d'argent, V. • Paris 2 déc. 2004, n° 03-1650 : *RJF 2005. 1485.*

Art. 1133 *bis* *(Abrogé par L. n° 2018-1317 du 28 déc. 2018, art. 122, à compter du 1er janv. 2020)* ***Les actes portant changement de régime matrimonial, en vue de l'adoption d'un régime communautaire, ne donnent lieu à aucune perception au profit du Trésor.***

1. L'art. 1133 *bis* s'applique aux actes qui emportent substitution à un régime séparatiste d'un régime communautaire. Il s'applique également aux actes portant modification ou changement de régime matrimonial devant être homologués par le juge dans les conditions prévues par l'art. 1397 C. civ. et qui confèrent aux biens propres ou personnels de l'un des époux le statut de biens communs, accroissant ainsi l'actif de la communauté pendant la durée du mariage. Tel est notamment le cas de la substitution au régime de la communauté légale de l'un des autres régimes communautaires, ou de la substitution au régime de la communauté de meubles et acquêts de la communauté universelle, ou de l'adjonction d'une société d'acquêts à un régime de séparation de biens. Restent notamment exclus du bénéfice de la mesure les actes entrant dans le champ de l'art. 1397 C. civ. qui substituent au régime de la séparation de biens un régime de participation aux acquêts ou qui se limitent à modifier les règles d'administration des biens ou les avantages matrimoniaux des époux ou de l'un d'entre eux au moment de la dissolution de la communauté. De même, la clause d'ameublissement prévue lors de la conclusion du contrat de mariage ne permet pas de bénéficier des avantages prévus par l'art. 1133 *bis*. * Rép. min. n° 40216 : *JOAN Q, 12 avr. 2005, p. 3785.*

2. L'art. 1133 *bis* s'applique aux actes notariés portant changement de régime matrimonial qui sont dressés à compter du 1er janv. 2004 et le 31 déc. 2005 ainsi qu'à ceux pour lesquels le jugement portant homologation du changement est intervenu à compter du 1er janv. 2004. Est en revanche sans incidence la date des actes notariés qui sont rédigés en vue de l'accomplissement des formalités que l'acte portant changement de régime matrimonial dûment homologué a rendu nécessaires. En effet, de tels actes subséquents ne portent pas par eux-mêmes un changement de régime matrimonial. * Rép. min. n° 42590 : *JOAN Q, 29 mars 2005, p. 3261.*

Art. 1133 *ter* Sous réserve de l'application de l'imposition prévue à l'article 1020 du présent code, les versements en capital effectués en application *(L. n° 2020-1721 du 29 déc. 2020, art. 3)* **« de l'article 274, du second alinéa de l'article 276 et des articles » 278 et 279-1 du code civil et qui ne sont pas soumis aux dispositions de l'article 80 *quater* du présent code sont assujettis, lorsqu'ils proviennent de biens autres que ceux visés à l'article 748, à la perception d'une imposition fixe de 125 €.**

Ces dispositions sont applicables aux conversions en capital effectuées en application des articles 276-4 et 280 du code civil.

Art. 1133 *quater* Sous réserve des dispositions de l'article 1020, les actes constatant la formation, la modification ou l'extinction d'un contrat de fiducie ou constatant le transfert de biens ou droits supplémentaires au fiduciaire sont soumis à un droit fixe de 125 €.

Toutefois, l'article 1020 ne s'applique pas aux actes constatant le retour de tout ou partie du patrimoine fiduciaire au constituant.

13° WARRANTS

Art. 1134 *Abrogé par L. n° 2004-1485 du 30 déc. 2004, art. 95-I-D et IV.*

14° INDIVISIONS SUCCESSORALES EN CORSE – RÉGIME TEMPORAIRE

Art. 1135 **Sous réserve qu'elles soient dressées entre le 1er janvier 1986 et le 31 décembre 2014, les procurations et les attestations notariées après décès sont exonérées de toute perception au profit du Trésor lorsqu'elles sont établies en vue du règlement d'une indivision successorale comportant des biens immobiliers situés en Corse. La même exonération s'applique aux actes de notoriété établis entre le 1er janvier 2014 et le 31 décembre 2014 en vue du règlement d'une indivision successorale comportant des biens et droits immobiliers situés en Corse.**

Ces exonérations s'appliquent à condition que l'acte soit authentique et précise qu'il est établi dans le cadre du IV de l'article 11 de la loi n° 85-1403 du 30 décembre 1985.

14° BIS DROITS DE SUCCESSION. EXONÉRATION DES IMMEUBLES ET DROITS IMMOBILIERS SITUÉS EN CORSE

Art. 1135 *bis* **I. – Sous réserve des dispositions du II, pour les successions ouvertes entre la date de publication de la loi n° 2002-92 du 22 janvier 2002 relative à la Corse et le 31 décembre 2012, les immeubles et droits immobiliers situés en Corse sont exonérés de droits de mutation par décès.**

Pour les successions ouvertes entre le 1er janvier 2013 et le 31 décembre *(L. n° 2017-285 du 6 mars 2017, art. 4-1°)* **« 2027 », l'exonération mentionnée au premier alinéa est applicable à concurrence de la moitié de la valeur des immeubles et droits immobiliers situés en Corse.**

Pour les successions ouvertes à compter du 1er janvier *(L. n° 2017-285 du 6 mars 2017, art. 4-2°)* **« 2028 », les immeubles et droits immobiliers situés en Corse sont soumis aux droits de mutation par décès dans les conditions de droit commun.**

II. – Ces exonérations ne sont applicables aux immeubles et droits immobiliers pour lesquels le droit de propriété du défunt n'a pas été constaté antérieurement à son décès par un acte régulièrement transcrit ou publié qu'à la condition que les attestations notariées mentionnées au 3° de l'article 28 du décret n° 55-22 du 4 janvier 1955 portant réforme de la publicité foncière relatives à ces biens soient publiées dans les vingt-quatre mois du décès. – *Les dispositions de l'art. 1135 bis ne sont pas applicables aux biens et droits immobiliers situés en Corse acquis à titre onéreux à compter du 23 janv. 2002. – Sur les sanctions du non-respect des engagements, V. art. 1840 G ter-II.*

1. Prolongation du délai de déclaration. Depuis le 1er janv. 2013, les déclarations de succession comportant des immeubles situés en Corse sont à déposer dans les conditions de droit commun (dans les six mois du décès) et sont imposables à concurrence de la moitié de la valeur de ces immeubles. En raison des difficultés rencontrées pour la mise en œuvre de cette imposition partielle, le Gouvernement a annoncé qu'il dispense de pénalités, intérêts de retard et majoration, les déclarations de succession comportant des immeubles situés en Corse enregistrées dans les vingt-quatre mois du décès, à la condition que la propriété de ces biens soit régulièrement enregistrée dans le même délai. * Communiqué min. Budget du 31 janv. 2013.

2. Application en Corse du régime fiscal des successions en vigueur sur le continent. 1) L'art. 21 de la loi de finances pour 1999 ayant supprimé la disposition de l'arrêté de l'administrateur général Miot du 21 prairial an IX dont il résultait qu'aucun délai n'existait pour souscrire la déclaration des biens situés en Corse, les règles de droit commun prévues en matière de déclaration de succession s'appliquent à toutes les mutations par décès dont le défunt était domicilié en Corse, ainsi qu'aux immeubles et meubles situés en Corse compris dans les mutations par décès dont le défunt n'était pas domicilié en Corse. 2) Le même article dispose que les règles d'évaluation des biens immobiliers situés en Corse sont celles du droit commun. Ces biens cessent donc de faire l'objet des règles particulières qu'instituait l'article 3 de l'arrêté du 21 prairial an IX précité. Les immeubles et droits immobiliers sis en Corse doivent donc être mentionnés dans la déclaration de succession prévue à l'art. 800 pour leur valeur vénale au jour du décès. 3) Ces dispositions portant retour au droit commun devaient s'appliquer à compter de la publication des dispositions concernant la déclaration et la liquidation des droits d'enregistrement dus à raison des mutations par décès comprises dans la loi n° 2002-92 du 22 janv. 2002 relative à la Corse, soit aux successions ouvertes à compter du 23 janv. 2002. Un retour progressif au droit commun a toutefois été aménagé par la loi préc., ce texte ayant prévu un délai spécial de deux ans (ultérieurement prorogé) pour souscrire les déclarations de succession comportant des immeubles ou droits immobiliers en Corse et une exonération temporaire, totale puis partielle, de ces mêmes biens.

14° TER DROITS DE MUTATION À TITRE GRATUIT. EXONÉRATION DES IMMEUBLES ET DROITS IMMOBILIERS SITUÉS À MAYOTTE

(L. n° 2017-1775 du 28 déc. 2017, art. 64)

Art. 1135 *ter* Sont exonérés de droits de mutation à titre gratuit les immeubles et droits immobiliers situés à Mayotte, lors de la première transmission postérieure à la reconstitution des titres de propriété y afférents, sous réserve que ces titres de propriété aient été constatés par un acte régulièrement transcrit ou publié entre le 1er janvier 2018 et le 31 décembre 2025.

15° PRIVATISATIONS

Art. 1136 Les opérations réalisées par l'État et régies par le titre III de l'ordonnance n° 2014-948 du 20 août 2014 relative à la gouvernance et aux opérations sur le capital des sociétés à participation publique ne donnent lieu à la perception d'aucun droit de timbre ou d'enregistrement.

(Périmé, Décr. n° 2021-744 du 9 juin 2021, art. 1er) ***« Cette exonération s'applique également aux opérations mentionnées au troisième alinéa de l'article 58 de la loi n° 86-1067 du 30 septembre 1986 modifiée relative à la liberté de communication. »***

Départements d'outre-mer (aménagement, protection et mise en valeur de la zone dite des cinquante pas géométriques). — V. L. n° 96-1241 du 30 déc. 1996, art. 3 (JO 1er janv. 1997), mod. par L. n° 2010-788 du 12 juill. 2010, art. 32 (JO 13 juill.).

16° ACQUISITIONS DE BOIS ET FORÊTS ET DE TERRAINS DESTINÉS AU REBOISEMENT

Art. 1137 Les acquisitions de propriétés en nature de bois et forêts et de terrains nus non frappés d'interdiction de boisement, constatées par un acte authentique signé avant le 1er janvier 2005, sont exonérées de toute perception au profit du Trésor si l'acquéreur prend l'engagement dans l'acte d'acquisition de reboiser les terrains nus dans un délai de cinq ans et de présenter dans le même délai une des garanties de gestion durable prévues à l'article L. 8 du code forestier. *— A compter du 1er juill. 2012, V. C. for., art. L. 313-2 (Ord. n° 2012-92 du 26 janv. 2012, art. 8-I, et Décr. n° 2012-836 du 29 juin 2012, art. 7-I).*

A compter du 1er janvier 2005, les conseils départementaux et les conseils municipaux peuvent exonérer chacun pour leur part les acquisitions mentionnées au premier alinéa et constatées par un acte authentique signé avant le 1er janvier 2011. La délibération prend effet dans les délais et conditions prévus à l'article 1594 E.

Lorsque, postérieurement à la signature de l'acte, une disposition législative ou réglementaire ou une décision administrative édicte une interdiction de boisement, l'acquéreur est délié de son engagement. *— V. aussi art. 1840 G ter-II.*

1. Acquisitions de bois et forêts et de terrains nus à reboiser. Commentaires administratifs. Champ d'application. Conditions et portée de l'exonération. Causes de déchéance. * BOI-ENR-DMTOI-10-70-50 nos 1 à 250 du 12 sept. 2012.

2. Engagement de l'acquéreur. L'application littérale de l'art. 1137 conduit à refuser le bénéfice de la taxation réduite dans le cas où l'engagement n'est pas inclus dans l'acte d'acquisition. Cela étant, par mesure de tempérament, il est désormais admis que l'acquéreur puisse réparer cette omission dans un acte complémentaire soumis au droit fixe prévu par l'art. 680. La restitution de l'excédent de droits perçu lors de l'acquisition peut alors être accordée dans le délai de réclamation prévu à l'art. R. 196-1 LPF. C'est la date de l'acte d'acquisition, et non celle de l'acte complémentaire, qui sert de point de départ au délai de cinq ans imparti par l'art. 1137. * BOI-ENR-DMTOI-10-70-50 n° 60 du 12 sept. 2012.

Art. 1138 *à* 1378 *Abrogés.*

TITRE CINQUIÈME DISPOSITIONS COMMUNES AUX TITRES I, II ET IV

Art. 1378 *bis* **Les mutations de toute nature ayant pour objet, en matière de bail emphytéotique, soit le droit du bailleur, soit le droit du preneur, sont soumises aux dispositions du présent code concernant les transmissions de propriétés d'immeubles.**

Art. 1378 *ter* **Les mutations de toute nature qui ont pour objet, en matière de bail à construction, de bail réel immobilier ou de bail réel solidaire, les droits du bailleur ou du preneur sont assujetties aux dispositions fiscales applicables aux mutations d'immeubles.**

1. Résiliation d'un bail à construction. Le bail à construction confère au preneur un droit réel immobilier sur le terrain et un droit de propriété temporaire sur les constructions. Pour sa part, le bailleur, propriétaire du sol, devient, sauf convention contraire, propriétaire des constructions en fin de bail. Il en résulte que, par l'effet de la résiliation, le preneur perd ce droit de propriété temporaire et permet au bailleur d'accéder à la propriété des immeubles construits avant l'expiration du bail. De sorte que la résiliation entraîne le transfert de propriété des immeubles et constitue une mutation soumise aux droits d'enregistrement sur les mutations d'immeubles. • Com. 24 juin 1997, n° 95-13.038 : *Dr. fisc. 1997. 1095 ; RJF 1997. 1064 ; BOI 7 E-1-98* • 19 juin 2001 : *Dr. fisc. 2001. 893 ; D. 2001. IR 2241 ; JCP N 2002. 1136, chron. Pornin ; AJDI 2002. 240, note Maublanc*.

2. Constructions revenant sans indemnité au bailleur à l'expiration du bail. Il résulte de l'art. 33 *ter* que, lorsque le prix d'un bail à construction consiste, en tout ou partie, dans la remise au bailleur des constructions érigées sur son terrain par le preneur, le revenu foncier ou le bénéfice qui en résulte pour le bailleur doit être calculé d'après le prix de revient des biens qui lui ont été remis à l'expiration du bail. Ce revenu ou ce bénéfice, que le bailleur peut répartir sur l'année au cours de laquelle les constructions ont été remises ainsi que sur les quatorze années suivantes, est par ailleurs réduit par application d'une décote de 8 % du prix de revient par année de bail au-delà de la dix-huitième année, lorsque la durée du bail à construction est comprise entre dix-huit ans et trente ans. Enfin, la remise au bailleur des constructions à l'expiration du bail n'entraîne aucune imposition pour le bailleur lorsque la durée du bail à construction a été au moins égale à trente ans. • CE 26 mars 2012, *Sté Casino Guichard-Perrachon*, n° 340883 : *RJF 2012. 563.*

3. Terrain acquis par le preneur d'un bail à construction en cours de bail. Aucun droit de vente n'est dû sur les bâtiments : la valeur des constructions effectuées par le locataire ne peut entrer dans l'assiette des droits d'enregistrement, dès lors que la confusion des droits locatifs et de propriété éteint le droit au bail sur les parcelles dont le preneur devient propriétaire et que la confusion des qualités de preneur et de bailleur qui en résulte n'a pas entraîné la résiliation anticipée du bail mais son extinction par confusion des droits au sens de l'art. 1300 C. civ., de sorte qu'aucun transfert de la propriété des constructions ne s'est produit entre le patrimoine du preneur et celui du bailleur. • Com. 12 juin 2012 : *RJF 2012. 958.*

Art. 1378 *quater* *Périmé.*

Art. 1378 *quater* A **La transformation, autorisée par décret en Conseil d'État, d'un organisme constitué, sous quelque forme que ce soit, en vue de l'un des objets énoncés à l'article 2 de la loi n° 78-654 du 22 juin 1978, en un comité professionnel de développement économique régi par la même loi, est exonérée de tous droits, impôts ou taxes.**

Art. 1378 *quinquies* *Abrogé par L. n° 2010-1658 du 29 déc. 2010, art. 70-V.*

Art. 1378 *sexies* **Les sociétés coopératives de construction désignées à l'article L. 432-2 du code de la construction et de l'habitation, dont les membres sont soumis aux dis positions des articles L. 443-1 à L. 443-6 du même code relatifs à l'accession à la propriété et qui font appel, à titre de prestataires de services, à un organisme d'habitation à loyer modéré, sont soumises au même régime fiscal que les organismes de cette nature.**

Art. 1378 *septies* *Transféré ss. l'art. 668 ter (Décr. n° 2008-294 du 1er avr. 2008).*

CHAPITRE PREMIER **MISE SOUS CONDITION DES AVANTAGES FISCAUX ATTACHÉS AUX DONS**

(L. nº 2009-1674 du 30 déc. 2009, art. 20-II)

Art. 1378 *octies* I. — Lorsque le ministre chargé du budget reçoit de la Cour des comptes la déclaration mentionnée au troisième alinéa de l'article L. 143-2 du code des juridictions financières, il peut, par arrêté pris dans les conditions fixées par un décret en Conseil d'État, suspendre de tout avantage fiscal les dons, legs et versements effectués au profit de l'organisme visé dans la déclaration. Cet arrêté est publié au *Journal officiel*.

Dans le cas contraire, il adresse un rapport motivé au premier président de la Cour des comptes et aux présidents des commissions des finances de l'Assemblée nationale et du Sénat.

II. — Lorsqu'un organisme, qui peut être contrôlé en application *(L. nº 2021-1109 du 24 août 2021, art. 20-I-1º)* « des articles L. 111-9 ou L. 111-10 » *(Décr. nº 2018-500 du 20 juin 2018, art. 1er)* « du code précité », est définitivement condamné en application des articles *(L. nº 2021-1109 du 24 août 2021, art. 20-I-2º)* « 223-1-1, 313-2, 314-1, 321-1, 324-1, 421-1 à 421-2-6 ou 433-3-1 » du code pénal, les dons, legs et versements effectués à son profit ne peuvent plus, à compter du quinzième jour qui suit la condamnation, ouvrir droit à l'avenir au bénéfice d'un avantage fiscal. — *Les dispositions issues du I de l'art. 20 de la L. nº 2021-1109 du 24 août 2021 sont applicables aux actes commis à compter du lendemain de la publication de ladite loi (L. préc., art. 20-III [JO 25 août]).*

III. — 1. A compter du quinzième jour qui suit la notification de l'arrêté du ministre chargé du budget prévu au I, les dons, legs et versements effectués au profit de l'organisme visé par l'arrêté sont exclus du bénéfice de tout avantage fiscal.

2. A compter du quinzième jour qui suit la notification de l'arrêté, l'organisme visé par celui-ci indique expressément dans tous les documents, y compris électroniques, destinés à solliciter du public des dons, legs, versements et cotisations, que ceux-ci ne peuvent plus ouvrir droit à aucun avantage fiscal.

3. A compter du quinzième jour qui suit sa condamnation définitive, l'organisme mentionné au II indique expressément dans tous les documents, y compris électroniques, destinés à solliciter du public des dons, legs, versements et cotisations, que ceux-ci ne peuvent plus ouvrir droit à aucun avantage fiscal.

4. Le non-respect des 2 et 3 est puni de l'amende prévue à l'article 1762 *decies*.

IV. — 1. *a.* A l'expiration d'un délai d'un an suivant la notification de l'arrêté mentionné au I, l'organisme visé par l'arrêté peut saisir le ministre chargé du budget d'une demande tendant au rétablissement du bénéfice des avantages fiscaux pour les dons, legs et versements susceptibles d'être effectués à son profit.

b. La saisine est accompagnée de tous les éléments propres à établir les moyens effectivement mis en œuvre pour rendre conformes aux objectifs poursuivis par cet organisme les dépenses financées par des dons, legs et versements susceptibles d'ouvrir droit au bénéfice d'un avantage fiscal.

c. Le ministre chargé du budget peut abroger l'arrêté mentionné au I après avis de la Cour des comptes. A défaut d'avis de la Cour des comptes dans un délai de six mois à compter de sa saisine, celui-ci est réputé émis.

2. *a.* A l'expiration d'un délai de trois ans suivant sa condamnation définitive, l'organisme mentionné au II peut saisir le ministre chargé du budget d'une demande tendant au rétablissement du bénéfice des avantages fiscaux pour les dons, legs et versements susceptibles d'être effectués à son profit.

b. La saisine est accompagnée de tous les éléments propres à établir les moyens effectivement mis en œuvre pour rendre conformes aux objectifs poursuivis par cet organisme les dépenses financées par des dons, legs et versements susceptibles d'ouvrir droit au bénéfice d'un avantage fiscal.

c. Le ministre chargé du budget peut rétablir le bénéfice des avantages fiscaux pour les dons, legs et versements susceptibles d'être effectués au profit de cet organisme après avis conforme de la Cour des comptes. A défaut d'avis de la Cour des comptes dans un délai de six mois à compter de sa saisine, celui-ci est réputé favorable.

V. — Lorsqu'un commissaire aux comptes d'un organisme *(L. nº 2021-1109 du 24 août 2021, art. 20-II)* « mentionné aux articles L. 111-9 ou L. 111-10 » du code des juri-

dictions financières refuse de certifier les comptes de cet organisme, il transmet son rapport au ministre chargé du budget qui procède dans les conditions prévues au I.

VI. – Un décret en Conseil d'État fixe les conditions d'application du présent article. – *V. Ann. II, art. 310 G bis à 310 G quinquies.*

VII. – Les I à VI s'appliquent à compter du 1er janvier 2010.

Art. 1378 *nonies* *(Décr. n° 2018-500 du 20 juin 2018, art. 1er)* **Si la Commission nationale des comptes de campagne et des financements politiques instituée à l'article L. 52-14 du code électoral constate qu'un parti ou groupement politique manque aux obligations prévues à l'article 11-7 de la loi n° 88-227 du 11 mars 1988 relative à la transparence financière de la vie politique, elle peut le priver, pour une durée maximale de trois ans, du bénéfice de la réduction d'impôt prévue au 3 de l'article 200 du présent code pour les dons et cotisations consentis à son profit, à compter de l'année suivante.**

Ancien art. 1378 *nonies* *(Décr. n° 2014-549 du 26 mai 2014)* ***Si la commission nationale des comptes de campagne et des financements politiques constate qu'un parti ou groupement politique manque aux obligations prévues à l'article 11-7 de la loi n° 88-227 du 11 mars 1988 relative à la transparence financière de la vie politique, les dons et cotisations à son profit ne peuvent, à compter de l'année suivante, ouvrir droit à la réduction d'impôt prévue au 3 de l'article 200 du présent code.***

DEUXIÈME PARTIE IMPOSITIONS PERÇUES AU PROFIT DES COLLECTIVITÉS LOCALES ET DE DIVERS ORGANISMES

TITRE PREMIER IMPOSITIONS COMMUNALES

CHAPITRE PREMIER IMPÔTS DIRECTS ET TAXES ASSIMILÉES

SECTION PREMIÈRE GÉNÉRALITÉS

Art. 1379 I. – Les communes perçoivent, dans les conditions déterminées par le présent chapitre :

1° La taxe foncière sur les propriétés bâties, prévue aux articles 1380 et 1381 ;

2° La taxe foncière sur les propriétés non bâties, prévue à l'article 1393 ;

3° La taxe d'habitation *(L. nº 2019-1479 du 28 déc. 2019, art. 16-I-E-24º et VII-E, applicable à compter des impositions établies au titre de 2023)* « sur les résidences secondaires et autres locaux meublés non affectés à l'habitation principale », prévue à l'article 1407 ;

4° La cotisation foncière des entreprises, prévue à l'article 1447 ;

5° Une fraction égale à *(L. nº 2020-1721 du 29 déc. 2020, art. 8-I-1º et VI-A)* « 53 % *[ancienne rédaction : 26,5 %]* » du produit de la cotisation sur la valeur ajoutée des entreprises afférent à son territoire prévu à l'article 1586 *octies* ; – *Les dispositions issues de l'art. 8 de la L. nº 2020-1721 du 29 déc. 2020 sont applicables à la cotisation sur la valeur ajoutée des entreprises due par les redevables au titre de 2021 et des années suivantes et versée par l'État aux communes, le cas échéant aux établissements publics de coopération intercommunale, ainsi qu'aux départements à compter de 2022 (L. préc., art. 8-VI-A).*

6° La redevance des mines, prévue à l'article 1519 ;

7° L'imposition forfaitaire sur les pylônes, prévue à l'article 1519 A ;

8° La taxe annuelle sur les installations de production d'électricité utilisant l'énergie mécanique du vent situées dans les eaux intérieures *(L. nº 2021-1900 du 30 déc. 2021, art. 101-I-1º)* « , la mer territoriale ou la zone économique exclusive, prévue à l'article 1519 B, dans les conditions prévues à l'article 1519 C ; »

9° Une fraction de la composante de l'imposition forfaitaire sur les entreprises de réseaux relative aux installations de production d'électricité utilisant l'énergie mécanique du vent et aux installations de production d'électricité utilisant l'énergie mécanique hydraulique des courants situées dans les eaux intérieures ou dans la mer territoriale, prévue à l'article 1519 D. Pour ces dernières, le produit est rattaché au territoire où est installé le point de raccordement au réseau public de distribution ou de transport d'électricité.

Pour l'imposition forfaitaire sur les entreprises de réseaux relative aux installations de production d'électricité utilisant l'énergie mécanique du vent, cette fraction est égale à 20 %. Pour l'imposition forfaitaire sur les entreprises de réseaux relative aux installations de production d'électricité utilisant l'énergie mécanique hydraulique des courants, cette fraction est fixée à 50 % ;

10° La moitié de la composante de l'imposition forfaitaire sur les entreprises de réseaux relative aux installations de production d'électricité d'origine nucléaire ou thermique à flamme, prévue à l'article 1519 E ;

11° La moitié de la composante de l'imposition forfaitaire sur les entreprises de réseaux relative aux centrales de production d'énergie électrique d'origine photovoltaïque ou hydraulique, prévue à l'article 1519 F. Le produit de cette composante de l'imposition forfaitaire sur les entreprises de réseaux afférent aux ouvrages hydroélectriques mentionnés au premier alinéa de l'article 1475 est réparti comme les valeurs locatives de ces ouvrages selon les règles fixées par ce même article ;

12° La composante de l'imposition forfaitaire sur les entreprises de réseaux relative *aux transformateurs électriques*, prévue à l'article 1519 G ;

13° Deux tiers de la composante de l'imposition forfaitaire sur les entreprises de réseaux relative aux stations radioélectriques, dans les conditions prévues à l'article 1519 H ;

13° *bis* La composante de l'imposition forfaitaire sur les entreprises de réseaux relative aux installations de gaz naturel liquéfié et aux stations de compression du réseau de transport de gaz naturel, la moitié de la composante de cette imposition relative aux stockages souterrains de gaz naturel et la moitié de la composante relative aux canalisations de transport de gaz naturel et d'autres hydrocarbures, prévues à l'article 1519 HA ;

14° La taxe additionnelle à la taxe foncière sur les propriétés non bâties, prévue à l'article 1519 I ;

(L. n° 2019-1479 du 28 déc. 2019, art. 143-1°) « 15° Une fraction égale à 60 % de la composante de l'imposition forfaitaire sur les entreprises de réseaux relative aux installations de production d'électricité d'origine géothermique, prévue à l'article 1519 HB. Pour ces dernières, le produit est rattaché au territoire où est installé le point de raccordement au réseau public de distribution ou de transport d'électricité. »

II. — Elles peuvent instituer les taxes suivantes :

1° La taxe d'enlèvement des ordures ménagères, dans les conditions prévues à l'article 1520 ;

(Abrogé par L. n° 2018-1317 du 28 déc. 2018, art. 191-I-C et III, à compter du 1er janv. 2019) « 2° La taxe de balayage prévue à l'article 1528 lorsqu'elles assurent le balayage de la superficie des voies livrées à la circulation publique qui incombe aux propriétaires riverains ; »

3° La taxe sur la cession à titre onéreux de terrains devenus constructibles, prévue à l'article 1529, et la taxe sur les friches commerciales, prévue à l'article 1530 ;

4° La taxe pour la gestion des milieux aquatiques et la prévention des inondations prévue à l'article 1530 *bis*.

Art. 1379-0 *bis* I. — Perçoivent la cotisation foncière des entreprises, la cotisation sur la valeur ajoutée des entreprises, les composantes de l'imposition forfaitaire sur les entreprises de réseaux, prévues aux articles 1519 D, 1519 E, 1519 F, 1519 G, 1519 H et 1519 HA, la taxe foncière sur les propriétés bâties, la taxe foncière sur les propriétés non bâties, la taxe additionnelle à la taxe foncière sur les propriétés non bâties prévue à l'article 1519 I, ainsi que la taxe d'habitation *(L. n° 2019-1479 du 28 déc. 2019, art. 16-I-E-24° et VII-E, applicable à compter des impositions établies au titre de 2023)* « sur les résidences secondaires et autres locaux meublés non affectés à l'habitation principale » selon le régime fiscal prévu à l'article 1609 *nonies* C :

1° Les communautés urbaines, à l'exception de celles mentionnées au 1° du II ;

1° *bis* Les métropoles ;

2° Les communautés d'agglomération ;

3° Les communautés de communes issues de communautés de villes dans les conditions prévues par l'article 56 de la loi n° 99-586 du 12 juillet 1999 relative au renforcement et à la simplification de la coopération intercommunale ainsi que les communautés de communes issues, dans les conditions prévues au II de l'article 51 de la même loi, de districts substitués aux communes membres pour l'application des dispositions relatives à la taxe professionnelle ;

4° Les communautés de communes dont le nombre d'habitants est supérieur à 500 000 ;

5° Abrogé par L. n° 2015-991 du 7 août 2015, art. 44-I et V-2°, à compter du 1er janv. 2017.

*I bis. — Abrogé par Ord. n° 2015-1630 du 10 déc. 2015, art. 1er-A-1° et 11, à compter du 1er janv. 2016. — Pour les **années 2016 à 2020**, V. App., L. n° 2015-991 du 7 août 2015, art. 59-XV.*

II. — Perçoivent la taxe foncière sur les propriétés bâties, la taxe foncière sur les propriétés non bâties, la cotisation foncière des entreprises et la taxe d'habitation *(L. n° 2019-1479 du 28 déc. 2019, art. 16-I-E-24° et VII-E, applicable à compter des impositions établies au titre de 2023)* « sur les résidences secondaires et autres locaux meublés non affectés à l'habitation principale » dans les conditions prévues à l'article 1636 B *sexies*, et la cotisation sur la valeur ajoutée des entreprises dans les conditions prévues à l'article 1609 *quinquies* BA :

1° Les communautés urbaines existant à la date de publication de la loi n° 99-586 du 12 juillet 1999 précitée qui ont rejeté avant le 31 décembre 2001 l'application, à compter du 1er janvier 2002, de l'article 1609 *nonies* C ;

2° Les communautés de communes dont le nombre d'habitants est inférieur ou égal à 500 000, à l'exception de celles mentionnées au 3° du I.

III. — 1. Peuvent percevoir la cotisation foncière des entreprises et la cotisation sur la valeur ajoutée des entreprises selon le régime fiscal prévu au I de l'article 1609 *quinquies* C :

1° Les communautés urbaines mentionnées au 1° du II qui ont opté pour ce régime avant la date de publication de la loi n° 99-586 du 12 juillet 1999 précitée ;

2° Les communautés de communes mentionnées au 2° du II ayant créé, créant ou gérant une zone d'activités économiques qui se situe sur le territoire d'une ou de plusieurs communes membres, sur délibération prise à la majorité simple des membres de leur conseil.

Pour les communautés de communes créées, ou issues de la transformation d'un établissement public de coopération intercommunale préexistant, à compter de la date de publication de la loi n° 99-586 du 12 juillet 1999 précitée, seul le conseil d'une communauté de communes de moins de 50 000 habitants ou le conseil d'une communauté de communes de plus de 50 000 habitants et dont la ou les communes centre ont une population inférieure à 15 000 habitants peut décider de faire application du régime prévu au présent 1.

Le régime prévu au présent 1 est applicable aux communautés de communes issues, dans les conditions prévues au II de l'article 51 de la loi n° 99-586 du 12 juillet 1999 précitée, de districts ayant opté pour ces mêmes dispositions.

2. Les communautés de communes mentionnées au 2° du II peuvent, sur délibération prise à la majorité simple des membres de leur conseil, faire application du II de l'article 1609 *quinquies* C.

IV. — Les établissements publics de coopération intercommunale mentionnés aux II et III peuvent opter pour le régime fiscal prévu au I.

Cette décision doit être prise par l'organe délibérant de l'établissement public de coopération intercommunale à la majorité simple de ses membres avant le 31 décembre de l'année en cours pour être applicable au 1er janvier de l'année suivante. Par exception, pour les établissements publics nouvellement créés, cette décision peut être prise jusqu'au 15 janvier de l'année au cours de laquelle leur création prend fiscalement effet. Elle ne peut être rapportée pendant la période d'unification des taux prévue au III de l'article 1609 *nonies* C.

V. — Les établissements publics de coopération intercommunale à fiscalité propre peuvent se substituer à leurs communes membres pour les dispositions relatives à l'imposition forfaitaire sur les pylônes prévue à l'article 1519 A, et la perception du produit de cette taxe, sur délibérations concordantes de l'établissement public et des communes concernées prises dans les conditions prévues au I de l'article 1639 A *bis*.

Les établissements publics de coopération intercommunale mentionnés aux II et III peuvent, selon les modalités prévues au premier alinéa, se substituer à leurs communes membres pour les dispositions relatives aux composantes de l'imposition forfaitaire sur les entreprises de réseaux prévues aux articles 1519 E, 1519 F, 1519 G, 1519 H et 1519 HA.

Les établissements publics de coopération intercommunale mentionnés au deuxième alinéa peuvent se substituer à leurs communes membres pour les dispositions relatives à la taxe additionnelle à la taxe foncière sur les propriétés non bâties prévue à l'article 1519 I et la perception de son produit, sur délibérations concordantes de l'établissement public et des communes concernées prises dans les conditions prévues au I de l'article 1639 A *bis*.

V *bis*. — Sans préjudice des dispositions du 2 du II de l'article 1609 *quinquies* C et du I *bis* de l'article 1609 *nonies* C, les établissements publics de coopération intercommunale à fiscalité propre perçoivent :

1° 50 % de l'imposition forfaitaire sur les entreprises de réseaux relative aux installations de production d'électricité utilisant l'énergie mécanique du vent ;

2° 50 % de la composante de l'imposition forfaitaire sur les entreprises de réseaux relative aux stockages souterrains de gaz naturel.

VI. — 1. Sont substitués aux communes pour l'application des dispositions relatives à la taxe d'enlèvement des ordures ménagères :

1° Les communautés urbaines ;

1° *bis* Les métropoles ;

1° *ter* Les établissements publics territoriaux prévus à l'article L. 5219-2 du code général des collectivités territoriales, dès lors qu'ils en exercent la compétence ;

2° Les communautés de communes, les communautés d'agglomération bénéficiant du transfert de la compétence prévue à l'article L. 2224-13 du code général des collectivités territoriales et assurant au moins la collecte des déchets des ménages.

Les communautés de communes peuvent instituer la taxe d'enlèvement des ordures ménagères, dès la première année d'application du 2° du II, jusqu'au 31 mars, dès lors que les communes qui ont décidé de la création de la communauté de communes, à l'exclusion de toute autre, étaient antérieurement associées dans un même syndicat de communes percevant une taxe d'enlèvement des ordures ménagères.

2. Par dérogation au 1, les établissements publics de coopération intercommunale à fiscalité propre qui exercent la totalité de la compétence prévue à l'article L. 2224-13 du code général des collectivités territoriales et qui adhèrent, pour l'ensemble de cette compétence, à un syndicat mixte, peuvent décider :

a) Soit d'instituer, avant le 15 octobre d'une année conformément à l'article 1639 A *bis*, et de percevoir la taxe d'enlèvement des ordures ménagères pour leur propre compte, en déterminant, le cas échéant, les différentes zones de perception, dans le cas où le syndicat mixte ne l'aurait pas instituée avant le 1er juillet de la même année par dérogation au même article 1639 A *bis* ; lorsque le syndicat mixte décide postérieurement d'instituer la taxe ou la redevance prévue à l'article L. 2333-76 du code général des collectivités territoriales, la délibération prise par le syndicat ne s'applique pas sur le territoire de l'établissement public de coopération intercommunale sauf si ce dernier rapporte sa délibération ;

b) Soit de percevoir cette taxe en lieu et place du syndicat mixte qui l'aurait instituée sur l'ensemble du périmètre syndical.

VII. — Les établissements publics de coopération intercommunale à fiscalité propre peuvent se substituer à leurs communes membres *(L. nº 2020-1721 du 29 déc. 2020, art. 54-III-C et D, applicable aux taxes pour lesquelles le fait générateur et l'exigibilité interviennent à compter du 1er janv. 2023)* « pour la perception de la part communale de *[la]* *[ancienne rédaction : pour l'application des dispositions relatives à la]* » taxe sur la consommation finale d'électricité, dans les conditions prévues au 1° des articles L. 5214-23, L. 5215-32 ou L. 5216-8 du code général des collectivités territoriales, lorsque ces établissements publics exercent la compétence d'autorité organisatrice de la distribution publique d'électricité mentionnée à l'article L. 2224-31 du même code. Le présent VII est applicable aux établissements publics territoriaux prévus à l'article L. 5219-2 du code général des collectivités territoriales.

VIII. — Les établissements publics de coopération intercommunale à fiscalité propre peuvent percevoir la taxe de séjour ou la taxe de séjour forfaitaire, dans les conditions prévues à l'article L. 5211-21 du code général des collectivités territoriales. Le présent VIII est applicable aux établissements publics territoriaux prévus à l'article L. 5219-2 du code général des collectivités territoriales.

(Abrogé par L. nº 2018-1317 du 28 déc. 2018, art. 191-I-C et III, à compter du 1er janv. 2019) « IX. — Les métropoles, les communautés urbaines, les communautés d'agglomération et les communautés de communes sont substituées à leurs communes membres pour l'application des dispositions relatives à la taxe de balayage prévue à l'article 1528 lorsqu'elles assurent le balayage de la superficie des voies livrées à la circulation publique. »

X. — Les métropoles, la métropole de Lyon, les communautés urbaines, les communautés d'agglomération et les communautés de communes peuvent se substituer à leurs communes membres pour l'application des dispositions relatives à la taxe pour la gestion des milieux aquatiques et la prévention des inondations prévue à l'article 1530 *bis*.

Art. 1379 *bis* Les règles d'imposition et d'assiette ainsi que celles concernant la souscription des déclarations, prévues par le présent code en matière d'impôts directs locaux pour les contribuables mentionnés au deuxième alinéa du 1 de l'article 6 s'appliquent aux partenaires liés par un pacte civil de solidarité qui font l'objet d'une imposition commune à l'impôt sur le revenu.

SECTION II TAXES FONCIÈRES

I TAXE FONCIÈRE SUR LES PROPRIÉTÉS BÂTIES

A PROPRIÉTÉS IMPOSABLES

Art. 1380 La taxe foncière est établie annuellement sur les propriétés bâties sises en France à l'exception de celles qui en sont expressément exonérées par les dispositions du présent code.

BIBL. ▶ LABRUNE, *RJF 2015. 371* (qu'est-ce qu'une propriété bâtie ?). – VIÉ, *Dr. fisc. 2015. 277* (toutes les propriétés bâties, mais seules les propriétés bâties, sont assujetties à la TFPB).

1. Propriétés bâties. Un chalet sur pilotis installé sur une plage et raccordé aux réseaux publics d'eau et d'électricité est une propriété bâtie dès lors qu'il ne peut être regardé comme destiné normalement à être déplacé. • CAA Bordeaux, 3 déc. 1996, nº 95BX101 : *Dr. fisc. 1997. 605.* ♦ Une casemate anciennement à usage militaire, édifiée en pierre de taille, constitue une propriété bâtie nonobstant la circonstance qu'elle soit à demi enterrée. • CAA Nancy, 16 déc. 1999, nº 95NA328 : *Dr. fisc. 2000. 710.* ♦ Il en est de même : des habitations légères de loisirs qui reposent sur les fondations ou une assise en maçonnerie telles qu'il soit impossible de les déplacer sans les démolir. * Rép. min. nº 402 : *JO Sénat Q, 5 sept. 2002, p. 1951.* ♦ ... Des habitations légères de loisirs posées au sol sur un socle de béton et n'étant pas normalement destinées à être déplacées. • CE 28 déc. 2005, 🏛 nº 266558 : *RJF 2006. 266 ; concl. Collin au BDCF 3/06, nº 32.* ♦ ... D'une station de lavage automobile n'ayant pas vocation à être déplacée. • CE (na) 1er juill. 2021, 🏛 nºs 444628 et 444630 : *RJF 2021. 938.* ♦ ... Des cabanes dans les arbres fixées au sol. * Rép. min. nº 65742 : *JOAN Q, 7 juill. 2015, p. 5209.* ♦ ... Des habitations construites sur des terrains sous lesquels se trouvent des marnières. * Rép. min. nº 47230 : *JOAN Q, 29 mars 2005, p. 3265.* ♦ ... D'une piscine dont la construction a nécessité le creusement de fondations, la pose de remblais, de renfort et d'une ceinture de béton et qui n'est pas susceptible d'être déplacée. • CAA Paris, 14 nov. 2002, nº 01PA2998 : *RJF 2003. 726.* ♦ ... D'une piscine privée, acquise en kit de panneaux de bois, bien qu'elle ne comporte pas d'éléments de maçonnerie, dès lors qu'elle est semi-enterrée, que son installation a exigé des travaux de terrassement, qu'elle n'a pas vocation à être déplacée et que, d'ailleurs, elle ne peut être aisément déplacée sans être démolie ou détériorée. • CE 13 avr. 2016, 🏛 *Sweet Home*, nº 376959 : *RJF 2016. 627, concl. Escaut.* ♦ ... D'un bassin naturel de baignade, imposable dans les mêmes conditions qu'une piscine traditionnelle. * Rép. min. nº 15874 : *JOAN Q, 1er sept. 2020.* ♦ ... Des serres arrimées au sol et non destinées à être déplacées, lesquelles entrent dans le champ d'application de la taxe foncière même si elles sont exonérées de cette taxe en raison de leur utilisation exclusive à un usage agricole par l'art. 1382-6º. • CE 17 oct. 2007, 🏛 nº 291888 : *RJF 2008. 54.*

2. Immeubles en ruine ou en reconstruction. Un immeuble impropre à toute utilisation dans son ensemble au 1er janv. de l'année d'imposition ne constitue pas une propriété bâtie soumise à la taxe foncière sur les propriétés bâties, mais doit être assujetti à la taxe foncière sur les propriétés non bâties. Cas d'un immeuble à usage de bureaux et de stockage délabré et en ruine ou d'un immeuble en reconstruction. • CE 16 févr. 2015, 🏛 nºs 369862 et 364676 : *RJF 2015. 410.* ♦ Un immeuble déjà imposé à la taxe foncière sur les propriétés bâties le demeure pendant des travaux, même s'il est inutilisable de leur fait, sauf démolition complète ou s'ils affectent son gros œuvre le rendant dans son ensemble impropre à toute utilisation. • CE 3 févr. 2021, 🏛 nº 434120 : *RJF 2021. 381.* ♦ Un immeuble de stockage devenu inutilisable à l'issue d'une déconstruction partielle reste imposable. • CE (na) 16 juill. 2021, 🏛 nº 449661 : *RJF 2021. 1028.*

3. Immeuble délabré. En l'absence d'atteinte au gros œuvre, un ensemble immobilier à usage industriel et commercial ne peut être regardé comme étant dans un état de délabrement le rendant impropre à toute utilisation industrielle ou commerciale dans son ensemble. • CE 12 juin 2020 : 🏛 *SAS Jet Foncière*, nº 424626 : *RJF 2020. 698.*

4. Immeuble en cours d'aménagement. Un local commercial ayant vocation à être loué « brut de béton » et aménagé par le locataire peut être considéré comme achevé à partir du moment où il est clos, couvert et raccordé aux réseaux et, partant, disponible à la location. • TA Melun, 2 mars 2017, *SCI Les Violettes*, nº 1501514 : *RJF 2017. 1203.*

Art. 1381 Sont également soumis à la taxe foncière sur les propriétés bâties :

1º Les installations destinées à abriter des personnes ou des biens ou à stocker de produits ainsi que les ouvrages en maçonnerie présentant le caractère de véritable constructions tels que, notamment, les cheminées d'usine, les réfrigérants atmosphé

riques, les formes de radoub, les ouvrages servant de support aux moyens matériels d'exploitation ;

2° Les ouvrages d'art et les voies de communication ;

3° Les bateaux utilisés en un point fixe et aménagés pour l'habitation, le commerce ou l'industrie, même s'ils sont seulement retenus par des amarres ;

4° Les sols des bâtiments de toute nature et les terrains formant une dépendance indispensable et immédiate de ces constructions à l'exception des terrains occupés par les serres affectées à une exploitation agricole ;

5° A l'exception de ceux mentionnés au dernier alinéa de l'article 1393, les terrains non cultivés employés à un usage commercial ou industriel, tels que chantiers, lieux de dépôt de marchandises et autres emplacements de même nature, soit que le propriétaire les occupe, soit qu'il les fasse occuper par d'autres à titre gratuit ou onéreux ;

6° Les terrains sur lesquels sont édifiées des installations exonérées en application du 11° de l'article 1382 ;

7° Les terrains, cultivés ou non, utilisés pour la publicité commerciale ou industrielle, par panneaux-réclames, affiches-écrans ou affiches sur portatif spécial, établis au-delà d'une distance de 100 mètres autour de toute agglomération de maisons ou de bâtiments.

1. Installations destinées à abriter des personnes et constructions. Les installations destinées à abriter des personne s'entendent des immeubles habitables. • CE 8 oct. 1993, n° 81804, *Le Coat de Kervegen : Dr. fisc. 1993. 2258 ; RJF 1993. 1458.* ♦ Tel n'est pas le cas des abribus, constructions légères et de faible dimension, dont l'implantation peut être modifiée à l'initiative de la commune et qui ne peuvent être regardées comme de véritables constructions installées à perpétuelle demeure, même si les abribus sont fixés au sol par des supports implantés dans le trottoir. • CE 8 mars 2002, n° 225434 : *Dr. fisc. 2002. 595, concl. Goulard ; RJF 2002. 656.* ♦ Tel est, en revanche, le cas d'un ensemble de bureaux, constitué d'un assemblage d'éléments modulaires reliés en réseau et qui, même s'ils sont démontables et réutilisables n'ont pas vocation, ainsi réunis, à être déplacés. • TA Dijon, 14 janv. 2003, n° 02-270 : *Dr. fisc. 2003. 313.*

2. Doivent être regardées comme une véritable construction, passible de la taxe foncière, les installations d'un club de tennis, composées de quatre courts d'une surface de 1 043 m² et d'un vestiaire de 60 m², recouverts d'une bâche plastique supportée par une armature métallique ancrée dans des supports en béton plantés dans le sol, qui permet d'abriter les utilisateurs contre les intempéries dès lors que ces installations sont fixées au sol à perpétuelle demeure *sans pouvoir être déplacées* et qu'elles ont fait l'objet d'un permis de construire. • CE 9 nov. 2005, n° 265517, *Assoc. New Lawn Tennis Club : RJF 2006. 159 ; concl. Olléon au BDCF 2/06, n° 18 ; Dr. fisc. 2006. 303.* ♦ La circonstance que de telles installations ne fassent pas l'objet d'une exploitation commerciale au sens de l'art. 1381-5° est inopérante s'agissant de leur soumission à la taxe foncière sur le fondement de l'art. 1381-1°. • Même arrêt.

3. Habitations légères de loisirs (HLL). Les HLL qui reposent sur des fondations ou une assise en maçonnerie telles qu'il soit impossible de les déplacer sans les démolir sont imposables à la taxe foncière sur les propriétés bâties. * BOI-IF-TFB-10-10-10 n° 100 du 12 sept. 2012.

4. Yourtes. Les yourtes affectées à l'habitation construites sur des plots en béton et qui comportent des aménagements (raccordement aux réseaux publics de distribution d'eau, d'électricité, d'assainissement) sont soumises à la taxe foncière sur les propriétés bâties. * Rép. min. n° 14336 : *JO Sénat Q, 30 mars 2017, p. 1273.*

5. Mobil-home. Un mobil-home installé sur un terrain privé et qui n'est pas destiné à être déplacé est imposable. * Rép. min. n° 37711 : *JOAN 7 sept. 2021.*

6. Installation de stockage. Les citernes qu'une entreprise de commercialisation de gaz met à la disposition de ses clients, installations légères, d'une capacité inférieure à 100 m³ et dont le déplacement peut être réalisé facilement, ne peuvent être regardées comme présentant le caractère de véritables constructions installées à perpétuelle demeure soumises à la taxe foncière, nonobstant la circonstance que certaines de ces citernes soient enterrées. • CAA Nantes, 10 déc. 2003, n° 01NT864 : *RJF 2004. 728* • CE 24 mars 2006, n°s 267393 à 26739 : *RJF 2006. 723 ; concl. Vallée au BDCF 6/06, n° 75 ; Dr. fisc. 2006. 616, concl. Vallée.*

7. Voies de communication. Si les voies ferrées qui servent à la circulation des tramways sont normalement assujetties à la taxe foncière sur les propriétés non bâties en application de l'art. 1393, al. 2, il n'en va pas de même lorsque ces voies ferrées sont situées dans l'enceinte d'un site industriel ayant pour objet d'assurer l'entretien et la réparation des rames de tramway. Elles constituent, dans ce cas, des voies de communication assujetties à la taxe foncière sur les propriétés bâties au sens de l'art. 1381-2°. • CE 21 mai 2014, *Sté Cie des Transports Strasbourgeois,* n° 365751 : *RJF 2014. 816 ; BDCF 2014. 84, concl. Escaut ; Dr. fisc. 2014. 430, note Ralkos.*

8. Bateaux utilisés en un point fixe. Il résulte de l'art. 1381-3° que sont soumis à la taxe, alors même qu'ils sont en état de naviguer, les bateaux aménagés notamment pour l'habitation lorsqu'ils son utilisés en un point fixe. Par suite, une péniche à usage d'habitation est imposable à la taxe, alors même qu'elle a été déplacée à la demande du service de la navigation pour permettre la réalisation de travaux, dès lors qu'il est pas établi qu'elle a effectué d'autres déplacements. • CAA Nancy, 18 déc. 2003, n° 01NA1047 : *RJF 2004. 612.*

9. Dépendances indispensables et immédiates des constructions. Dans le cas d'une construction accueillant une activité professionnelle, une dépendance de cette construction ne peut être regardée comme lui étant indispensable que si elle est directement nécessaire à l'exercice de l'activité professionnelle. • CE 6 juin 2008, n° 287941 : *RJF 2008. 1088 ; concl. Vallée au BDCF 10/08, n° 124.* ♦ Les espaces verts constituant les surfaces non bâties entourant un local abritant un restaurant, s'ils présentent un agrément pour les clients du restaurant, ne sont pas directement nécessaires à l'activité de restauration accueillie par cette construction. • Même arrêt. ♦ Un terrain de stockage non contigu à une usine n'en constitue pas une dépendance. • CE 1er févr. 2018, *SCI des Cabœufs,* n° 402283 : *RJF 2018. 633.*

10. Terrains à usage commercial. Relèvent de cette catégorie : un terrain qui est loué à un entraîneur public de chevaux de course imposé dans la catégorie des BIC et sur lequel sont aménagées des pistes d'entraînement. • CAA Nantes, 27 juin 1996, n° 94NA69 : *Dr. fisc. 1996. 1346.* ♦ ... Une carrière de saut d'obstacles donnée en location à l'exploitant d'un centre équestre imposé dans la catégorie des BIC. • CAA Paris, 10 oct. 1996, n° 95PA568 : *Dr. fisc. 1997. 353.* ♦ ... Des terrains de tennis non couverts donnés en location à titre onéreux par une société. • CE 25 juin 2003, n° 230818 : *RJF 2003. 1115 ; concl. Collin au BDCF 10/03, n° 121 ; Dr. fisc. 2003. 672.* ♦ ... Un terrain donné à bail à un commerçant pour l'organisation de marchés aux puces, brocantes et « vide-greniers ». • CE (na), 29 mai 2019, *SCI Coussoul de la Fossette,* n° 425950 : *RJF 2019. 932.*

11. Le fait pour un propriétaire de donner en location un terrain comportant des aménagements dans des conditions caractérisant une activité commerciale constitue un emploi à usage commercial de ce terrain au sens de l'art. 1381-5°, indépendamment de la nature de l'activité exercée sur ce terrain par le preneur. • CE 25 juin 2003, n° 230818 : *préc. note 10.*

12. Terrains à usage industriel (stockage de déchets). Sont employés à un usage industriel des terrains non cultivés sur lesquels est réalisée une activité (décharge contrôlée de déchets ménagers et industriels) nécessitant d'importants moyens techniques, dès lors que leur rôle est prépondérant. • CE 6 mars 2006, n° 259156, *Sté Géode Foncière : RJF 2006. 726 ; concl. Olléon au BDCF 6/06, n° 76 ; Dr. fisc. 2007. 606, concl. Olléon.* ♦ Une décharge de déchets recouverte, après usage, d'une couche de terre plantée d'arbres ne constitue pas un terrain de culture mais un terrain non cultivé employé à un usage industriel. • Même arrêt. ♦ Des alvéoles d'enfouissement recouverts d'une couche de terre étanche puis plantés de végétaux, qui servent à la transformation par décomposition et méthanisation des déchets qui y sont enfouis, sont imposables à la taxe foncière sur les propriétés bâties sur le fondement de l'art. 1381-5° CGI dans la mesure où ils constituent un terrain non cultivé employé à un usage industriel. • CE 28 mai 2014, *Sté Etares,* n° 361146 : *RJF 2014. 615.* ♦ Dans le même sens, étant précisé que la base d'imposition des terrains est constituée de leur valeur locative et de celle des équipements qui en sont indissociables. • CE 26 févr. 2016, *Sté CET Bouyer-Leroux,* n° 387797 : *RJF 2016. 443.* ♦ Constitutionnalité de l'imposition d'une décharge après la fin de son exploitation. • CE, QPC, 22 nov. 2017, *SAS Séché Eco Industries,* n° 413660 : *RJF 2018. 200.*

13. Carrières. Si l'art. 1393 dispose que la taxe foncière sur les propriétés non bâties est établie annuellement sur les propriétés non bâties de toute nature et est notamment due pour les terrains occupés par les carrières, l'art. 1381-5°, en prévoyant sans édicter aucune exception que les terrains non cultivés employés à un usage commercial ou industriel, tels les chantiers, lieux de dépôt des marchandises et autres emplacements de même nature, sont imposés à la taxe foncière sur les propriétés bâties, a édicté des règles fiscales de caractère général, applicables notamment aux carrières faisant l'objet d'une exploitation à caractère industriel. • CE 15 déc. 2010, n° 309678, *SAS Carrières du Boulonnais : RJF 2011. 319 ; concl. Escaut au BDCF 3/11, n° 34 ; Dr. fisc. 2011. 256.* ♦ Les terrains occupés par des carrières dont l'exploitation nécessite la mise en œuvre d'importants matériels mobiles d'extraction et de transformation ainsi que de transport et de stockage doivent, eu égard au rôle prépondérant des matériels ainsi mis en œuvre ainsi que des bâtiments d'exploitation, être regardés comme des terrains employés à un usage industriel au sens de l'art. 1381-5°. • Même arrêt.

14. Terrains de golf (avant 2015). Les terrains de golf à usage commercial sont soumis à la taxe en application de l'art. 1381-5°. Les terrains limitrophes, qui ne sont pas inclus dans le parcours de golf mais ne sont pas séparés dudit parcours, et qui sont librement accessibles aux joueurs et concourent à l'harmonie du site dans lequel s'effectue ce parcours, doivent être regardés comme partie intégrante du golf et taxés dans la même catégorie. • CE 8 juill. 2006 n° 278953 : *RJF 2006. 1374.* ♦ Les terrains affectés à la pratique du golf sont passibles de la taxe foncière sur les propriétés non bâties quelles que soient leurs conditions d'exploitation à compter des impositions dues au titre de 2015. – V. art. 1393.

15. Pistes de ski. Les terrains d'assise des pistes de ski ne sont pas, en tant que tels, passibles de taxe foncière sur les propriétés bâties. Toutefois, lorsque les aménagements de ces pistes ou les retenues collinaires nécessitent la construction d'ouvrages en maçonnerie présentant le caractère de véritable construction, ceux-ci sont imposables en application de l'art. 1381-1°. Par ailleurs, les terrains constituant des dépendances indispensables et immédiates des gares de départ et d'arrivée des remontées mécaniques présentant le caractère de véritables constructions sont passibles de la taxe en application de l'art. 1381-4°. * Rescrit 21 févr. 2002 : *n° 2012/09 IDL* * BOI-IF-TFB-10-10-40 n° 135 du 4 févr. 2015. ♦ Des socles en béton sur lesquels sont fixés des pylônes de télésièges constituent des ouvrages en maçonnerie présentant le caractère de véritables constructions imposables et leur valeur locative doit être incluse dans les bases d'imposition à la CFE de la société concessionnaire du domaine skiable auquel ils sont rattachés. • CAA Bordeaux, 10 avr. 2018, *SEM de Peyragudes*, n°s 16BX00182, 16BX03976 et 17BX00788 : *RJF 2018. 868.*

16. Funiculaire de station de ski. Un funiculaire de station de ski présente le caractère d'une remontée mécanique. Il est imposable à la taxe foncière sur les propriétés bâties, et non, comme les chemins de fer, à la taxe foncière sur les propriétés non bâties. • CE 29 oct. 2012, *Sté des Téléphériques de La Grande Motte*, n° 336354 : *RJF 2013. 58.*

17. Éoliennes terrestres. Les éoliennes terrestres utilisées pour la production d'électricité dans le cadre d'une centrale électrique sont imposées à la taxe foncière sur les propriétés bâties. a) Le socle en béton constitue un ouvrage de maçonnerie imposable en application de l'art. 1381-1°. b) Les modalités d'imposition des mâts de soutien de ces installations dépendent de leurs caractéristiques propres. Ainsi, les mâts boulonnés au socle en béton ne constituent pas un élément de l'éolienne imposable. En revanche, dès lors que ces mâts sont fixés à perpétuelle demeure aux socles en béton, ils constituent un élément de l'ouvrage et sont situés dans le champ d'application de la taxe. Cependant ils sont exonérés de cette taxe sur le fondement de l'art. 1382-11°, dès lors que l'éolienne constitue un moyen d'exploitation d'un établissement industriel. c) Les parties mécaniques (pales) et électriques des éoliennes sont, en raison de leurs caractéristiques physiques, situées hors du champ d'application de la taxe. * Rép. min. n° 94818 : *JOAN Q, 1er août 2006, p. 8095* * BOI-IF-TFB-10-10-20 n° 100 du 22 mai 2019. ♦ Les socles en béton supportant les mâts des éoliennes constituent, compte tenu de la nature des ouvrages, de leur importance et de leur fixation au sol à perpétuelle demeure, des ouvrages de maçonnerie présentant le caractère de véritables constructions. • CE 31 déc. 2008, n° 307966 : *RJF 2009. 357.*

18. Station de lavage. Une station de lavage automatique pour automobile, composée d'une aire bétonnée, d'un auvent et d'un local technique abritant la machinerie nécessaire à son fonctionnement, constitue, dans son ensemble, une construction immobilière soumise à la taxe foncière. • CAA Nancy, 8 nov. 2001, n° 97NA534 : *RJF 2002. 405 ; Dr. fisc. 2002. 350.*

19. Passe à poissons. Une passe à poissons, installée par une centrale hydroélectrique, qui a nécessité d'importants travaux de maçonnerie et fait corps avec le barrage, doit être regardée comme une véritable construction au sens de l'art. 1381-1°. • CAA Bordeaux, 20 mai 2003, n° 99BX99 : *Dr. fisc. 2003. 867.* ♦ Il en est de même d'une passe à poissons qui ne faisait pas corps avec un barrage hydroélectrique mais avec une simple retenue d'eau, compte tenu de sa nature, de son importance et de sa fixité au sol. • CE 26 juill. 2018, *SNC Jacques Cros et Cie*, n° 409385 : *RJF 2018. 1120.*

A *BIS* CORRECTION APPLIQUÉE AUX EXONÉRATIONS LORS DU TRANSFERT DE LA TAXE FONCIÈRE SUR LES PROPRIÉTÉS BÂTIES

(L. n° 2019-1479 du 28 déc. 2019, art. 16-II-D-5° et VII-B, applicable à compter des impositions établies au titre de 2021)

Art. 1382-0 I. — Pour chaque commune, le taux de chacune des exonérations de taxe foncière sur les propriétés bâties prévues aux articles 1382 B, 1382 C, 1382 C *bis*, 1382 D, 1382 E, *(Abrogé par Décr. n° 2021-744 du 9 juin 2021, art. 1er)* « *1382 F,* » 1382 G, 1382 H, 1382 I, 1383-0 B, 1383-0 B *bis*, *(Abrogé par Décr. n° 2021-744 du 9 juin 2021, art. 1er)* « *1383 B,* » 1383 C *ter*, 1383 D, 1383 E, 1383 E *bis*, 1383 F, 1383 G, 1383 G *bis*, 1383 G *ter*, 1383 H, 1383 I et 1383 J, au IV de l'article 1384 A, aux premier et quatrième alinéas de l'article 1384 B, au III de l'article 1384 C ainsi qu'aux articles 1384 E, 1384 F, 1586 A et 1586 B dans leur version en vigueur au 31 décembre 2020, est égal au rapport entre :

1° D'une part, la somme des produits, calculés respectivement pour la commune et le département, du taux d'exonération par le taux d'imposition appliqués en 2020 sur le territoire de la commune ;

2° D'autre part, la somme des taux d'imposition de la taxe foncière sur les propriétés bâties de la commune et du département appliqués en 2020 sur le territoire de la commune.

II. — Pour les locaux professionnels existant au 1er janvier 2020 et évalués en application de l'article 1498, pour l'application du I du présent article, le taux d'exonération est égal, pour chaque local, au rapport entre :

1° D'une part, la somme des produits, calculés respectivement pour la commune et le département, de la base d'imposition à la taxe foncière sur les propriétés bâties déterminée au titre de 2020, après application de l'article 1388, par le produit des taux d'exonération et d'imposition appliqués en 2020 sur le territoire de la commune ;

2° D'autre part, le produit de la somme des taux d'imposition de la taxe foncière sur les propriétés bâties de la commune et du département appliqués en 2020 sur le territoire de la commune et de la base communale d'imposition à la taxe foncière sur les propriétés bâties déterminée au titre de 2020 après application de l'article 1388 et, le cas échéant, du 3 des I et III de l'article 1518 A *quinquies*.

III. — Les I et II cessent de s'appliquer, pour une exonération, dès que la commune délibère pour la modifier en application des articles 1639 A *bis* ou 1640.

Toutefois, en cas d'application du premier alinéa du présent III, les exonérations applicables en exécution des délibérations prises par les communes et départements, ainsi que les exonérations applicables en l'absence de délibérations contraires adoptées par ces collectivités, en application des articles 1382 C *bis*, 1382 D, 1383-0 B, 1383-0 B *bis*, *(Abrogé par Décr. n° 2021-744 du 9 juin 2021, art. 1er) « 1383 B, »* 1383 C *ter*, 1383 D, 1383 E, 1383 F, 1383 G, 1383 G *bis*, 1383 G *ter*, 1383 H, 1383 I et 1383 J, au IV de l'article 1384 A, aux premier et quatrième alinéas de l'article 1384 B, au III de l'article 1384 C ainsi qu'aux articles 1384 E, 1384 F, 1586 A et 1586 B dans leur version applicable au 31 décembre 2020, sont maintenues pour leur durée et quotité initialement prévues.

(L. n° 2020-1721 du 29 déc. 2020, art. 9-1°) « IV. — Les I et II ne s'appliquent pas pour l'établissement des bases d'imposition aux taxes prévues aux articles 1520 et 1530. »

B EXONÉRATIONS PERMANENTES

Art. 1382 Sont exonérés de la taxe foncière sur les propriétés bâties :

1° Les immeubles *(L. n° 2019-1479 du 28 déc. 2019, art. 16-II-C-1° et VII-B, applicable à compter des impositions établies au titre de 2021)* « de l'État et des collectivités territoriales *[ancienne rédaction : nationaux, les immeubles régionaux, les immeubles départementaux pour les taxes perçues par les communes et par le département auquel ils appartiennent et les immeubles communaux pour les taxes perçues par les départements et par la commune à laquelle ils appartiennent]* », lorsqu'ils sont affectés à un service public ou d'utilité générale et non productifs de revenus, notamment :

Les palais, châteaux et bâtiments nationaux, le Palais-Bourbon et le Palais du Luxembourg ;

Le Panthéon, l'Hôtel des Invalides, l'École militaire, l'École polytechnique, la Bibliothèque nationale ;

Les bâtiments affectés au logement des ministres, des administrations et de leurs bureaux ;

Les bâtiments occupés par les cours de justice et les tribunaux ;

Les lycées, prytanées, écoles et maisons d'éducation nationale, les bibliothèques publiques et musées ;

Les hôtels des préfectures et sous-préfectures, les maisons communales, les maisons d'école appartenant aux communes ;

Les hospices, dépôts de mendicité, prisons, maisons de détention ;

Les magasins, casernes et autres établissements militaires, à l'exception des arsenaux ;

Les bâtiments formant dépendance nécessaire des cimetières, y compris les cimetières constitués en vertu de l'article *(Décr. n° 2017-698 du 2 mai 2017, art. 1er)* « L. 522-12 du code des pensions militaires d'invalidité et des victimes de guerre »

pour la sépulture des militaires alliés et dont l'État a concédé la libre disposition aux gouvernements intéressés ;

Les haras.

(L. n° 2019-1479 du 28 déc. 2019, art. 16-II-C-1° et VII-B, applicable à compter des impositions établies au titre de 2021) **« Par exception, les immeubles départementaux situés sur le territoire d'un autre département sont exonérés de la taxe foncière sur les propriétés bâties à hauteur du taux communal appliqué en 2020 et les immeubles communaux situés sur le territoire d'une autre commune sont exonérés de la taxe foncière sur les propriétés bâties à hauteur du taux départemental appliqué en 2020. »**

Sous réserve des dispositions du 9°, cette exonération n'est pas applicable aux immeubles qui appartiennent à des établissements publics autres que les établissements publics de coopération intercommunale, les syndicats mixtes, les pôles métropolitains, les ententes interdépartementales, les établissements publics scientifiques, d'enseignement et d'assistance, ainsi que les établissements visés aux articles *(Ord. n° 2021-1574 du 24 nov. 2021, art. 3-II-11° et 4, en vigueur le 1er mars 2022)* **« L. 451-1 et L. 452-1 du code général de la fonction publique** *[ancienne rédaction : 12 et 13 de la loi n° 84-53 du 26 janvier 1984 portant dispositions statutaires relatives à la fonction publique territoriale]* **», ni aux organismes de l'État, des départements ou des communes ayant un caractère industriel ou commercial.** *(L. n° 2018-1317 du 28 déc. 2018, art. 169)* **« L'exonération est également applicable aux immeubles des groupements de coopération sanitaire dotés de la personnalité morale de droit public mentionnés au I de l'article L. 6133-3 du code de la santé publique, lorsqu'ils sont occupés par les établissements publics de santé mentionnés à l'article L. 6141-1 du même code, affectés à un service public ou d'utilité générale et non productifs de revenus au regard de ces groupements. »** *— V. Ann. IV, art. 165 et 167. — La référence aux art. 12 et 13 de la L. n° 84-53 du 26 janv. 1984, abrogés à compter du 1er mars 2022 à l'exception du 8e al. du I de l'art. 12 pour lequel l'abrogation prend effet à compter de l'entrée en vigueur des dispositions réglementaires correspondantes du CGFP, est remplacée par la référence aux dispositions correspondantes du CGFP (Ord. n° 2021-1574 du 24 nov. 2021, art. 3-II-11°, 4, 8-4°-b et 11).*

Les immeubles qui sont incorporés gratuitement au domaine de l'État, des collectivités locales ou des établissements publics, en vertu d'une convention, sont imposables jusqu'à l'expiration de celle-ci ;

1° *bis* Pendant toute la durée du contrat et dans les mêmes conditions que celles prévues au 1°, les immeubles construits dans le cadre de contrats de partenariat, de contrats conclus en application de l'article L. 2122-15 du code général de la propriété des personnes publiques ou de contrats visés au premier alinéa de l'article L. 6148-5 du code de la santé publique et qui, à l'expiration du contrat, sont incorporés au domaine de la personne publique conformément aux clauses de ce contrat.

Pour l'application des conditions prévues au 1°, la condition relative à l'absence de production de revenus doit être appréciée au regard de la personne publique au domaine de laquelle l'immeuble doit être incorporé.

Pour bénéficier de cette exonération, le titulaire du contrat doit joindre à la déclaration prévue à l'article 1406 une copie du contrat et tout document justifiant de l'affectation de l'immeuble. *— Ces dispositions sont applicables aux groupements d'intérêt public.*

2° Dans les mêmes conditions que celles prévues au premier alinéa du 1°, les propriétés *(L. n° 2018-1317 du 28 déc. 2018, art. 170-I-1°)* **« appartenant » aux grands ports maritimes** *(Abrogé par L. n° 2018-1317 du 28 déc. 2018, art. 170-I-1°)* ***« en application de l'article L. 5312-16 du code des transports »*** *(Ord. n° 2021-614 du 19 mai 2021, art. 37-I-1° et 57, en vigueur le 1er juin 2021)* **« et fluvio-maritimes » ;**

3° Les ouvrages établis pour la distribution d'eau potable et qui appartiennent à des communes rurales ou syndicats de communes ;

4° Les édifices affectés à l'exercice du culte appartenant à l'État, aux départements ou aux communes, ou attribués, en vertu des dispositions de l'article 4 de la loi du 9 décembre 1905, aux associations ou unions prévues par le titre IV de la même loi ainsi que ceux attribués en vertu des dispositions de l'article 112 de la loi du 29 avril 1926 aux associations visées par cet article et ceux acquis ou édifiés par lesdites associations ou unions ; les édifices affectés à l'exercice du culte qui, dans les départements du Bas-Rhin, du Haut-Rhin et de la Moselle, appartiennent à des associations ayant pour objet exclusif l'exercice d'un culte non reconnu ;

5° Les bâtiments qui appartiennent aux associations des mutilés de guerre ou du travail reconnues d'utilité publique et sont affectés à l'hospitalisation des membres de ces associations ;

6° *a*) Les bâtiments qui servent aux exploitations rurales tels que granges, écuries, greniers, caves, celliers, pressoirs et autres, destinés, soit à loger les bestiaux des fermes et métairies ainsi que le gardien de ces bestiaux, soit à serrer les récoltes ;

L'exonération est toutefois maintenue lorsque ces bâtiments ne servent plus à une exploitation rurale et ne sont pas affectés à un autre usage ;

(L. n° 2018-1317 du 28 déc. 2018, art. 129) « L'exercice d'une activité accessoire mentionnée à l'article 75 n'est pas de nature à remettre en cause l'exonération lorsque la moyenne des recettes tirées de l'exercice de cette activité dans un bâtiment mentionné au premier alinéa du présent *a* au cours des trois années précédant celle de l'imposition n'excède pas 10 % de la moyenne des recettes tirées de l'activité totale réalisée dans ce bâtiment au cours des mêmes années.

« Lorsque les conditions de maintien de l'exonération prévues *(Décr. n° 2020-897 du 22 juill. 2020, art. 1er)* « à l'alinéa précédent » cessent d'être remplies, l'exploitant en informe le propriétaire au plus tard le 1er février de l'année d'imposition et le propriétaire souscrit une déclaration, d'après les faits existants au 1er janvier de l'année d'imposition, sur un imprimé établi par l'administration, au plus tard le 1er mars de l'année d'imposition ; »

b) Dans les mêmes conditions qu'au premier alinéa du *a*, les bâtiments affectés à un usage agricole par les sociétés coopératives agricoles, par les associations syndicales ayant un objet exclusivement agricole, leurs unions, les associations foncières, les sociétés d'intérêt collectif agricole, les syndicats professionnels agricoles, les sociétés d'élevage, les associations agricoles reconnues par la loi et dépendant du ministère de l'agriculture ayant pour objet de favoriser la production agricole, leurs unions et fédérations ainsi que les unions de sociétés coopératives agricoles ou unions de coopératives agricoles et de coopératives de consommation constituées et fonctionnant conformément aux dispositions légales qui les régissent et par les groupements d'intérêt économique constitués entre exploitations agricoles.

Les coopératives de blé peuvent, sans perdre le bénéfice de l'exonération, louer tout ou partie de leurs magasins à l'Établissement national des produits de l'agriculture et de la mer (FranceAgriMer) en vue du logement des blés excédentaires.

(L. n° 2021-1900 du 30 déc. 2021, art. 115) « Une société coopérative agricole peut, sans perdre le bénéfice de l'exonération, mettre à la disposition d'un tiers tout ou partie de ses locaux équipés des moyens de production nécessaires en vue de la transformation exclusive des produits des adhérents de la coopérative, dans le respect d'un ou de plusieurs modes de valorisation des produits agricoles prévus aux articles L. 641-5 à L. 641-12 du code rural et de la pêche maritime. »

Le bénéfice de l'exonération est également maintenu aux coopératives de céréales et à leurs unions pour les opérations qu'elles effectuent avec l'Établissement national des produits de l'agriculture et de la mer (FranceAgriMer) relativement à l'achat, la vente, la transformation ou le transport de céréales ; il en est de même pour les opérations effectuées par des coopératives de céréales avec d'autres coopératives de céréales dans le cadre de programmes élaborés par l'établissement ou avec son autorisation ;

7° Les abris contre les bombardements aériens établis en exécution des lois et règlements relatifs à la défense passive et qui remplissent les conditions fixées par un décret contresigné du ministre de l'économie et des finances et du ministre chargé de la défense passive ;

8° Les hangars qui appartiennent à des associations de sauveteurs reconnues d'utilité publique et servent à abriter leurs canots de sauvetage ;

9° Les immeubles qui appartiennent aux associations syndicales de propriétaires prévues par l'article 23 de la loi du 11 octobre 1940 modifiée par la loi du 12 juillet 1941 relative à la reconstruction des immeubles d'habitation partiellement ou totalement détruits par suite d'actes de guerre ;

10° Les bâtiments provisoires édifiés en application de l'ordonnance n° 45-609 du 10 avril 1945, relative aux travaux préliminaires à la reconstruction, et qui demeurent la propriété de l'État ;

11° Les outillages et autres installations et moyens matériels d'exploitation des établissements industriels à l'exclusion de ceux visés aux 1° et 2° de l'article 1381 ;

12° Les immobilisations destinées à la production d'électricité d'origine photovoltaïque ;

13° Les ouvrages *(Abrogé par L. n° 2020-1721 du 29 déc. 2020, art. 127-I-1° et IV, à compter des impositions établies au titre de 2021)* **« souterrains » d'un centre de stockage réversible en couche géologique profonde de déchets radioactifs mentionné à l'article L. 542-10-1 du code de l'environnement.** *(L. n° 2020-1721 du 29 déc. 2020, art. 127-I-1° et IV, applicable à compter des impositions établies au titre de 2021)* **« Les ouvrages de surface sont exonérés à hauteur de 90 % ; »**

14° Les installations et bâtiments de toute nature affectés à la production de biogaz, d'électricité et de chaleur par la méthanisation, réalisée dans les conditions fixées à l'article L. 311-1 du code rural et de la pêche maritime.

(L. n° 2018-1317 du 28 déc. 2018, art. 171-2°) **« L'exercice d'une activité de production d'électricité d'origine photovoltaïque, qu'elle soit productive de revenus ou non, ayant pour support un immeuble ou** *[un]* **bâtiment mentionné aux 1°, 1°** ***bis*****, 2°, 3°, 4° et 6° n'est pas de nature à remettre en cause l'exonération de la taxe foncière sur les propriétés bâties. »**

BIBL. ▶ TOULEMONT et NIKOLIC, *FR Lefebvre 6/21, inf. 1* (base d'imposition à la taxe foncière : un revirement jurisprudentiel salvateur).

A. PROPRIÉTÉS PUBLIQUES

1. Principes. Les propriétés publiques mentionnées à l'art. 1382-1° sont exonérées de la taxe foncière sur les propriétés bâties à la double condition que, d'une part, elles soient affectées à un service public ou d'utilité générale et, d'autre part, qu'elles ne soient pas productives de revenus. • CE 10 janv. 2005, n° 263506 : *RJF 2005. 342 ; concl. Olléon au BDCF 4/05, n° 48 ; Dr. fisc. 2005. 445, concl. Olléon* • 19 juin 2006, n° 270323 : *Dr. fisc. 2007. 345.*

2. Affectation à un service public. Lorsqu'une collectivité publique confie la gestion de son domaine à une autre personne afin d'assurer une mission de service public, les immeubles en cause remplissent, pour l'exonération de la taxe, la condition d'affectation à un tel service, sauf si l'exploitation de tout ou partie de ces immeubles est d'une nature telle qu'elle n'est plus susceptible de se rattacher à la mission de service public. Ainsi, les terrains et constructions de la base de plein air et de loisirs qui sont mis gracieusement par son propriétaire, la région Île-de-France, à la disposition d'un syndicat mixte qui exploite la base sont affectés à un service public ou d'intérêt général offrant au public la possibilité d'un libre accès à des activités de plein air et de loisirs. Ces immeubles, appartenant à une région (art. 1599 *ter* A), remplissent la première condition pour être exonérés de la taxe, y compris le bâtiment utilisé pour la restauration des usagers de la base • CE 10 janv. 2005, n° 263506 : *préc. note 1.* ♦ Quand l'affectataire des immeubles est un établissement public administratif exerçant, outre ses missions de service public administratif, des activités de nature commerciale, la condition d'affectation au service public ne peut être regardée comme remplie que si les activités de nature commerciale présentent un caractère accessoire et constituent le prolongement de la mission de service public confiée à l'établissement public. • CE 27 mars 2019, *Min. c/ Cerema*, n° 421459 : *RJF 2019. 551.* ♦ En revanche, l'ensemble immobilier qu'un syndicat mixte de collectivités territoriales met à la disposition d'une association qui agit dans l'intérêt d'un secteur économique déterminé (la plasturgie en l'espèce) ne peut pas être regardé comme affecté à un service public ou d'utilité générale, quelle que soit l'importance de ce secteur économique pour les collectivités membres du syndicat et alors même que le contrat de mise à disposition est dénommé délégation de service public. • CE 4 mars 2009, n° 298981 : *RJF 2009. 454 ; concl. Olléon au BDCF 5/09, n° 57 ; Dr. fisc. 2009. 385, note Chocque.* ♦ De même, les locaux qu'une commune a mis à la disposition de syndicats professionnels en vue de l'accomplissement des missions découlant de leur objet statutaire ne peuvent pas bénéficier de l'exonération, alors qu'il n'est pas soutenu que les syndicats participent à des actions d'intérêt public local. • CE 8 déc. 2017, *Cne de Châteauroux*, n° 405545 : *RJF 2018. 278.*

3. Non-production de revenus. Des immeubles mis gracieusement par une région à la disposition d'un syndicat mixte ne sont pas productifs de revenus pour leur propriétaire et remplissent ainsi la seconde condition pour être exonérés de la taxe foncière, et ce alors même que le syndicat exploite la restauration dans les conditions du marché. • CE 10 janv. 2005, n° 263506 : *préc. note 1.* ♦ Dès lors que la propriété publique affectée à un service public procure à la personne qui en est propriétaire une recette, même symbolique, et sans qu'il soit besoin de rechercher, si ce revenu permet ou non de couvrir les coûts du service, l'exonération de taxe foncière sur les propriétés bâties ne peut qu'être refusée. • CE 13 avr. 2005, n° 263668 : *RJF 2005. 707.* ♦ La condition de non-production de revenus posée par l'art. 1382-1° est appréciée strictement. Il en résulte que la simple perception de loyers constitue un revenu, quand bien même les recettes ainsi perçues seraient insuffisantes pour couvrir l'ensemble des dépenses engagées par le propriétaire pour acquérir et conserver l'immeuble. La condition de retour gratuit et automatique de l'immeuble au preneur, à l'issue de la période de location, prévue par certains baux, est à cet égard dépourvue d'incidence. Cette circonstance constitue en effet un acte de disposition de son patrimoine par la collectivité propriétaire qui est juridiquement indépendant de la location de ces biens. * BOI-IF-TFB-10-50-10-30 n° 70 du 12 sept. 2012. ♦ La location d'un immeuble communal affecté à un service public peut être regardée comme non productive de revenus, dès lors qu'elle donne lieu au versement d'un loyer, si faible soit le montant de celui-ci (100 F par an, en l'espèce). • CAA Nantes, 16 oct. 2002, n°s 98NA119 et 99NA1666 : *Dr. fisc. 2003. 182.* ♦ La circonstance que les recettes tirées de la participation financière, demandée par un centre communal d'action sociale aux pensionnaires de la résidence pour personnes âgées, ne couvriraient pas les frais de fonctionnement de l'institution et rendraient ainsi nécessaire le versement d'une subvention d'équilibre, n'est pas susceptible de faire perdre à ces recettes la qualification de revenu, au sens et pour l'application de l'art. 1382-1°. • CE 13 avr. 2005, n° 263668 : *préc.* ♦ Le caractère non productif de revenus auquel est subordonnée l'exonération de taxes foncières des propriétés publiques affectées à un service public ou d'utilité générale (art. 1382-1° et 1394-2°) s'apprécie au niveau de la personne publique même si les taxes sont dues par un tiers disposant sur la propriété d'un droit réel immobilier (emphytéote, par exemple). • CE 24 nov. 2010, 🏛 n°s 323982 et 323983 : *RJF 2011. 177 ; Dr. fisc. 2011. 130, concl. Olléon.*

B. SOLUTIONS DIVERSES

4. Arsenaux. Les bâtiments compris dans l'enceinte des arsenaux de l'État sont soumis à la taxe foncière dans la mesure où ils ne sont pas affectés à des utilisations exclusivement militaires. Tel est le cas des immeubles utilisés par la direction des travaux maritimes. • CE 24 nov. 1997, 🏛 n° 165027 : *Dr. fisc. 1998. 190, concl. Bachelier ; RJF 1998. 57.*

5. Ports autonomes. Bien que passibles, en principe, de la taxe foncière, les ports autonomes bénéficient d'une exonération de fait en vertu de la doctrine administrative (décision ministérielle du 11 août 1942). • CAA Douai, 20 déc. 2001, n° 01DA107 : *Dr. fisc. 2002. 754.* ♦ Le bénéfice de l'exonération ainsi prévue s'applique aux immeubles des ports autonomes sans distinction quant à leur destination. Il n'y a pas lieu de faire de distinction entre les immeubles ayant vocation à être utilisés dans le port autonome, qui seraient seuls exonérés, et ceux ayant vocation à être utilisés ailleurs, qui ne seraient pas exonérés. • CE 28 déc. 2012, 🏛 *Min. du Budget c/ Grand port maritime du Havre,* n° 340253 : *RJF 2013. 326.*

6. Grands ports maritimes. Dispositif d'exonération. * BOI-IF-TFNB-10-15-10 du 22 mai 2019. ♦ Un grand port maritime ne peut se prévaloir, sur le fondement de l'art. L. 80 A LPF, de l'exonération accordée aux ports autonomes par la décision ministérielle du 11 août 1942, dès lors que, eu égard aux différences substantielles entre les grands ports maritimes créés par la L. du 4 juill. 2008 et les ports autonomes, cette exonération ne saurait être regardée comme applicable aux grands ports maritimes. • CE 2 juill. 2014, 🏛 *Min. du Budget c/ Grand port maritime de La Rochelle,* n° 374807 : *RJF 2014. 902.*

7. Ports de plaisance. Un port de plaisance remis gratuitement par l'État à une commune en fin de concession est exonéré de taxe foncière. • CE 26 sept. 2012, 🏛 *Cne du Grau du Roi,* n° 346145 : *RJF 2012. 1133.*

8. Autoroutes. Les autoroutes, qui constituent par nature des propriétés bâties, sont exonérées de la taxe en application de l'art. 103 de la loi du 3 Frimaire an VII. Mais cette exonération concerne la voirie et non les immeubles bâtis dépendant de l'autoroute et notamment les plates-formes de péage et les immeubles administratifs utilisés pour la gestion de l'ouvrage. • CE 29 juin 2005, 🏛 n° 262697 : *RJF 2005. 1046 ; concl. Olléon au BDCF 10/05, n° 117 ; Dr. fisc. 2005. 732, concl. Olléon.* ♦ Les ouvrages autoroutiers, et notamment les plates-formes de péage et les immeubles administratifs utilisés pour la gestion de l'ouvrage, sont productifs de revenus en raison de la perception de péages sur les usagers. Par suite, ils sont soumis à la taxe foncière nonobstant leur affectation à un service public. • CE 29 juin 2005, 🏛 n° 262697 : *préc.*

9. Établissements publics : cas général. En dehors des exceptions prévues aux 1° et 9°, les établissements publics ne sont pas exonérés de la taxe sur les propriétés bâties. * BOI-IF-TFB-10-50-10-10 n° 50 du 12 sept. 2012.

10. EHPAD. Les établissements publics d'hébergement pour personnes âgées dépendantes (EHPAD) constituent des établissements publics d'assistance au sens du douzième al. de l'art. 1382, 1°. • CE 24 avr. 2019, 🏛 *EHPAD Résidence du Colombier,* n° 410859 : *RJF 2019. 614 ; Dr. fisc. 2019. 354, note Toulemont et Nikolic.* ♦ Sur le terrain de la doctrine, l'activité d'hébergement et de soins aux personnes âgées dépendantes ayant un caractère sanitaire et social, la condition d'improductivité de revenus est présumée remplie et l'immeuble dont l'EHPAD est propriétaire peut bénéficier de l'exonération de la taxe foncière. • Même arrêt.

11. Cercles militaires. Ces cercles sont exonérés de taxe foncière pour les bâtiments de l'État qui, affectés à leur mission, ne sont pas productifs de revenus. • CAA Nancy, 9 juill. 1991, n° 90NA639 : *Dr. fisc. 1992. 835.*

12. Casernes de gendarmerie. Les personnels de tous grades de la gendarmerie nationale en activité de service et logés dans des casernements ou des locaux en casernements, tant en métropole que dans les territoires et départements situés en dehors de la métropole, bénéficient d'une concession de logement pour nécessité absolue de service. Par suite, les casernes qui appartiennent à l'État sont exonérées de taxe foncière. En revanche, lorsque les casernes sont prises à bail par la gendarmerie nationale auprès d'une collectivité locale moyennant versement d'un loyer, la taxe foncière est normalement due par la collectivité propriétaire. * BOI-IF-TFB-10-50-10-30 n° 290 du 10 janv. 2019.

13. Établissements publics de coopération intercommunale. Avant le 1er janv. 1999, l'Administration admettait que les immeubles appartenant à un groupement de communes et situés dans les limites administratives de ce groupement soient exonérés de la taxe foncière dans des conditions analogues à celles applicables aux immeubles communaux. Par suite, l'exonération ne s'appliquait pas aux immeubles productifs de revenus. Tel est le cas de l'immeuble abritant le siège d'un syndicat intercommunal dont les ressources comprennent, outre le produit d'une taxe, des subventions des collectivités locales et des participations versées par ces dernières en contrepartie de prestations. • CE 20 janv. 1999, n° 174260 : *Dr. fisc. 1999. 319 ; RJF 1999. 324.*

14. Syndicat mixte de distribution d'eau potable et d'assainissement. Les immeubles et installations immobilières d'un syndicat mixte de distribution d'eau potable et d'assainissement, et qui concourent à des activités génératrices de recettes, (cotisations et contributions des communes, subventions, dons, loyers) doivent être regardés comme productifs de revenus au sens de l'art. 1382-1° et ne peuvent donc bénéficier de l'exonération de la taxe foncière prévue par cette disposition. • CAA Bordeaux 28 oct. 2004, n° 02BX1450 : *RJF 2005. 239.* ♦ Dès lors qu'il ne fait pas partie des collectivités publiques limitativement énumérées par l'art. 1382-3°, le syndicat mixte ne peut davantage bénéficier de l'exonération prévue par ce texte en faveur des communes rurales ou syndicats de communes pour les ouvrages établis pour la distribution d'eau potable leur appartenant. • Même arrêt.

15. Services départementaux d'incendie. Les services départementaux d'incendie et de secours (SDIS) sont considérés comme des établissements publics d'assistance. Ils peuvent donc bénéficier de l'exonération de taxe foncière sur les propriétés bâties prévue par l'art. 1382-1° pour les immeubles qui leur sont transférés en pleine propriété sous réserve, bien entendu, que toutes les conditions soient satisfaites. * BOI-IF-TFB-10-50-10-10 n° 420 du 12 sept. 2012.

16. CNFPT. Dès lors que ses missions de gestion et d'emploi des agents de la fonction publique territoriale ne présentent pas un caractère accessoire et ne constituent pas le prolongement nécessaire de l'activité d'enseignement confiée au Centre national de la fonction publique territoriale, cet organisme ne constitue pas un établissement public d'enseignement au sens de l'art. 1382-1°. Il est par suite passible de la taxe foncière à raison de l'ensemble des propriétés bâties qu'il détient. • CE 30 avr. 2004, n° 247312 : *Dr. fisc. 2004. 692, concl. Collin ; RJF 2004. 735 ; concl. Collin au BDCF 7/04, n° 92.* ♦ Confirmation de • CAA Paris, 12 mars 2002, n° 00PA706 : *Dr. fisc. 2002. 906, concl. Kimmerlin.*

17. Crédit municipal. Les immeubles appartenant à une caisse de crédit municipal ne sont pas exonérés de taxe, dès lors qu'ils peuvent être regardés comme productifs de revenus, alors même qu'une caisse de crédit municipal est un établissement public à caractère administratif et un établissement d'assistance au sens de l'art. 1382-1°. • CE (na) 13 avr. 2005, n° 263668 : *RJF 2005. 708.* ♦ La circonstance que l'activité productrice de revenus est conforme à la mission statutaire des caisses et que les sommes ainsi dégagées soient intégralement affectées soit au développement des activités de la caisse, soit à d'autres organismes d'aide sociale, n'est pas de nature à ôter à ces immeubles leur qualification d'immeubles productifs de revenus au sens du même art. • Même arrêt. ♦ Comp. une caisse de crédit municipal, dont les missions ne se limitent pas au domaine de l'aide sociale, ne constitue pas un établissement public d'assistance au sens de l'art. 1382-1° et ne peut, dès lors, bénéficier de l'exonération de taxes au regard de la loi fiscale. • CAA Nantes, 26 juin 2003, n° 99NA2585 : *RJF 2003. 1391 ; Dr. fisc. 2004. 242.*

18. Édifices du culte. BIBL. Cruvelier, *Dr. fisc. 2019. 173* (impôts locaux et organisations cultuelles). ♦ Les associations qui peuvent prétendre au bénéfice de l'exemption sont celles qui ont pour objet exclusif l'exercice d'un culte et dont les activités ne portent pas atteinte à l'ordre public. • CE, avis, 24 oct. 1997, n° 187122 : *Dr. fisc. 1997. 1365, concl. Arrighi de Casanova ; RJF 1997. 1038 ; D. 1997. IR 256.* ♦ Une association qui n'a pas fait l'objet de poursuites ou d'une dissolution de la part des autorités administratives et judiciaires et qui n'a pas incité ses membres à commettre des délits, en particulier celui de non-assistance à personne en danger, ne menace pas l'ordre public. • CE 23 juin 2000, n° 215152 : *Dr. fisc. 2000. 615, concl. Bachelier ; RJF 2000. 1099 ; D. 2000. IR 204.* ♦ Une association affiliée à la Rose-Croix d'Or, mouvement philosophique et initiatique, ne peut bénéficier de l'exonération prévue en faveur des édifices affectés à l'exercice d'un culte. • TA Poitiers, 23 août 2007, n° 06-604 : *RJF 2008. 162.* ♦ L'exonération n'est pas applicable à un immeuble qui sert de lieu de culte au Conseil islamique de France dès lors que cet immeuble est la propriété, non de l'association cultuelle, mais d'un particulier. • TA Cergy-Pontoise, 7 avr. 2011, n° 0707742 : *RJF 2012. 40.*

19. L'exonération des édifices du culte s'applique aux seuls locaux qui sont affectés à l'exercice d'un culte, c'est-à-dire aux locaux utilisés pour la célébration de cérémonies organisées en vue de l'accomplissement par des personnes réunies par une même croyance religieuse de certains rites ou de certaines pratiques ainsi qu'aux dépendances immédiates de ces locaux nécessaires à cet exercice. • CE 4 févr. 2008, n° 293016 : *RJF 2008. 463 ; Dr. fisc. 2008. 209.* ♦ L'exonération des édifices du culte s'étend aux locaux attenants utilisés pour l'accueil des enfants et aux dépendances immédiates et nécessaires (entrée, sanitaires,...) du lieu du culte. • CAA Lyon, 12 juin 2003, n° 98LY1345 : *Dr. fisc. 2004. 211, concl. Bonnet.* ♦ En revanche, ne peuvent être regardés comme étant affectés à l'exercice du culte, ni comme des dépendances immédiates et nécessaires de l'immeuble où est célébré le culte : des locaux mitoyens et voisins acquis ultérieurement par une association cultuelle pour servir à l'accueil, la surveillance et la formation religieuse des enfants pendant les célébrations, ainsi que de secrétariat, de bibliothèque, de salle de réunions et de bureaux. • CAA Bordeaux 14 oct. 2004, n° 01BX317 : *RJF 2005. 145 ; concl. Chemin au BDCF 2/05, n° 21 ; Dr. fisc. 2005. 461, concl. Chemin.* ♦ ... Les locaux situés dans le même immeuble utilisés non pour la célébration de cérémonies mais pour le catéchisme, l'instruction de « l'école du dimanche » et les répétitions des chorales en vue des offices. • CE 4 févr. 2008, n° 293016 : *préc.* ♦ ... Le parking d'une mosquée servant à l'exercice du culte faute de place à l'intérieur. • TA Rouen, 23 janv. 2018, *Assoc. Comité de la mosquée de Rouen,* n° 1601474 : *RJF 2018. 7767.*

20. Logements de fonction. Les logements qui sont concédés à titre gratuit à des agents publics par nécessité absolue de service, dans les cas prévus par la loi et par les textes pris pour son application, sont réputés satisfaire à la condition tenant à l'affectation au service public ou à la mission d'intérêt général. En l'absence de réglementation prévoyant une telle procédure d'affectation par nécessité absolue de service, la condition d'affectation au service public est satisfaite lorsque les logements sont octroyés à des agents en raison de la nécessité impérieuse, eu égard au service qu'ils accomplissent, de les loger soit sur place, soit à une distance des locaux de service qui permette le plein exercice des fonctions à raison desquelles, dans l'intérêt du service public, un tel logement leur a été concédé. Exonération des logements de fonction qu'un hôpital attribue à titre gratuit à ses directeurs, logements situés à une distance de 3,5 à 4,8 km du site hospitalier le plus proche. • CE 7 mai 2012, *AP des hôpitaux de Marseille,* n° 342240 : *RJF 2012. 708 ; Dr. fisc. 2012. 382.* ♦ Un logement de fonction situé dans un collège et appartenant à un département n'est pas exonéré de taxe dès lors qu'il est attribué à une personne dont les fonctions n'exigent pas une présence permanente dans l'établissement. • CE (na) 18 janv. 2006, n° 271966 : *RJF 2006. 1056.*

21. Exploitations rurales. L'exonération prévue au 6° est applicable dès lors que les opérations du contribuable sont des actes de production agricole. • CE 6 mai 1996, n° 135728 : *Dr. fisc. 1996. 1345.* ♦ Exonération des serres louées par un GIE à des sociétés si elles sont affectées à un usage agricole par leurs occupants et ce, quels que soient l'activité et l'objet social du GIE. • CE 23 oct. 2013, *GIE Euralis Immos,* n° 355891 : *RJF 2014. 46.* ♦ Exonération d'une entreprise ayant pour activité la fabrication de compost destiné à être vendu à des champignonistes et dont la production comporte une phase d'ensemencement avec du mycélium dont le développement végétatif aboutit, à terme, à l'apparition de champignons, dès lors qu'en dépit de la brièveté de la période d'incubation et de l'importance du matériel utilisé, ces opérations s'insèrent dans le cycle biologique du champignon et comportent de ce fait des actes de production agricole. • CE 6 mai 1996, n° 135728 : *préc.* ♦ Exonération des bâtiments utilisés par une société pour l'exercice de son activité d'élevage de lapins pour leur sang, lequel est vendu à des laboratoires pharmaceutiques pour la production de sérum antithymocytaire. • CE 17 juin 2015, *Sté Batiroc Bretagne-Pays-de-Loire,* n° 379276 : *RJF 2015. 799.* ♦ De même, une société exploitant une ferme marine qui réalise des opérations de filetage, salage et fumage des truites qu'elle élève, dans la continuité de son activité de production piscicole, peut bénéficier de l'exonération pour les bâtiments affectés à cette activité de transformation, en l'absence d'adjonction substantielle de produits non issus de l'activité de production piscicole. • CE 30 mai 2018, n° 402919 : *RJF 2018. 689.* ♦ Non-application de l'exonération : à une SCEA qui importe des bonsaïs transportés par bateaux en conteneurs frigorifiques et qui conserve ces arbres dans des serres chauffées afin de leur faire retrouver l'état qu'ils avaient avant leur voyage et de les entretenir en vue de leur commercialisation dès lors que ces opérations ne s'insèrent pas dans le cycle biologique de production et ne présentent donc pas un caractère agricole. • CE 21 nov. 2007, n° 306364 : *RJF 2008. 153.* ♦ ... A une société qui se livre à des opérations ayant pour objet de transformer le raisin, acheté auprès de tiers viticulteurs, en vue de sa vinification et de l'élevage du vin, lesquelles ne sauraient être regardées comme s'insérant dans le cycle biologique du raisin et ne présentent donc pas un caractère agricole. Il en est de même des opérations d'élevage du vin acheté à des tiers producteurs. • CE 20 nov. 2013, *Sté Perrin et Fils,* n° 360562 : *RJF 2014. 153.* ♦ ... A un bâtiment agricole servant à transformer en vin du raisin lorsqu'une part substantielle de ce raisin n'est pas produite dans l'exploitation mais achetée à des tiers. • CE 14 oct. 2015, *Sté Champagne Pierre Gerbais,* n° 378329 : *RJF 2016. 38.* ♦ V. aussi notes ss. art. 1450. ♦ ... A un bâtiment servant au pressurage de raisins pour le compte de tiers, qui représente une part conséquente de l'activité totale de pressurage du viticulteur. ♦ • CE 23 nov. 2015, *EARL Champagne Jacques Defrance,* n° 378031 : *RJF 2016. 164.*

22. Bâtiments affectés aux activités équestres. Bâtiments exonérés. * BOI-IF-TFB-10-50-20-10 n° 460 du 12 sept. 2012.

23. Bâtiments des coopératives agricoles. Une activité conduite par une SICA, soit pour le compte des sociétaires n'ayant pas qualité pour être associés coopérateurs d'une société coopérative agricole, soit pour le compte de tiers à la société dans un cadre commercial, ne peut être regardée comme une opération habituellement réalisée par les agriculteurs eux-mêmes, sauf si l'activité conduite dans l'un ou l'autre cas a pour seul objet de compenser, à activité globale inchangée et dans des conditions normales de fonctionnement des équipements, une réduction temporaire des besoins des sociétaires ayant qualité pour être associés coopérateurs d'une société coopérative agricole. • CE 3 févr. 2021, n° 43101 : *RJF 2021. 383, concl. Bokdam-Tognetti.* ♦ Les bâtiments des coopératives agricoles exonérés de taxe sont ceux servant à un usage agricole, c'est-à-dire à des opérations réalisées habituellement par les agriculteurs eux-mêmes et qui ne présentent pas un caractère industriel. • CE 2 déc. 1988, n° 86112 : *Dr. fisc. 1989. 480, concl. de Saint-Pulgent.* ♦ ... Et qui sont réalisées avec des moyens techniques qui n'excèdent pas les besoins collectifs des adhérents de la coopérative, quelle que soit l'importance de ces moyens. • CE 31 déc. 2008, n° 308998 : *RJF 2009. 360.* ♦ Application de l'exonération : à une coopérative agricole produisant du fromage de Cantal, de la crème et du sérum à partir du lait de vache collecté auprès de ses adhérents. • CE 31 déc. 2008, n° 308998 : *préc.* ♦ ... A une coopérative agricole exerçant une activité de teillage de pailles de lin apportées exclusivement par ses associés coopérateurs, producteurs de lin. • CE 31 déc. 2008, n° 292723 : *RJF 2009. 360.* ♦ Refus de l'exonération : aux bâtiments d'une SICA exploitant des silos à grains utilisés par des agriculteurs mais servant également au stockage de grains appartenant à des négociants. • Même arrêt. ♦ ... Aux locaux d'une SICA groupant des éleveurs de brebis qui procède à l'achat d'agneaux à ses adhérents avant de les revendre immédiatement ou après engraissement, activité qui comporte, au moins pour partie, des actes de commerce. • CAA Bordeaux, 1er déc. 1998, n° 96BX8 : *Dr. fisc. 1999. 919.* ♦ ... Aux locaux d'une coopérative agricole utilisés pour la transformation de canards en foie gras, magrets et confits. • CAA Bordeaux, 9 oct. 2001, n° 99BX1881 : *RJF 2002. 175 ; Dr. fisc. 2002. 193.*

24. Des opérations de rationalisation qui conduisent une société coopérative agricole à acheter leur production à des non-adhérents, tandis que ceux-ci achètent celle des adhérents, ne font pas perdre à la coopérative son droit à bénéficier de l'exonération de taxe foncière dès lors que ces achats ne requièrent pas d'investissements supérieurs à ceux qu'exige la satisfaction collective des besoins des adhérents. • CE 20 mars 2013, *Min. du Budget c/ SCA Coopérative Isigny Sainte-Mère,* n° 352914 : *RJF 2013. 623.* ♦ La vente à des tiers ne fait perdre son caractère agricole à une coopérative que si elle a pour conséquence un surdimensionnement des moyens techniques de la coopérative par rapport aux besoins des adhérents. • CE 30 déc. 2011, *Coopérative fruitière du Roussillon,* n° 341747 : *RJF 2012. 258.* ♦ S'agissant d'une coopérative achetant des matières premières à des tiers pour fournir aux adhérents des produits intermédiaires, V. • CE 8 févr. 2017, *Union de coopératives agricoles Altitude,* n° 392271 : *RJF 2017. 441.*

25. Les bâtiments détenus par une coopérative agricole doivent être affectés exclusivement à l'exploitation agricole. • CE 14 nov. 2015, n° 378329 : *préc. note 21* • 23 nov. 2015, n° 378031 : *préc. note 21.* ♦ Des bâtiments exploités conjointement par une SCA et une SEP ou une SAS n'étant pas exploités de façon exclusive par la SCA ne peuvent pas bénéficier de l'exonération. • CE 27 mars 2021, n° 436742 : *RJF 2021. 820.*

26. Salines et marais salants. Les bâtiments dépendants de salines et de marais salants sont passibles de la taxe foncière sur les propriétés bâties. Ils ne peuvent bénéficier de l'exonération permanente prévue par l'art. 1382-6-*a* en faveur des bâtiments servant aux exploitations rurales. • CE 11 mai 1990, *Cie des Salins du Midi et des Salines de l'Est,* n° 69505 : *RJF 1990. 844* • 24 oct. 2019, *SCA Les Salines de Guérande,* n° 424077 : *RJF 2020. 39.*

27. Outillages et installations des établissements industriels. Sont exonérés de la taxe foncière sur les propriétés bâties, en application du 11° de l'art. 1382-11°, les outillages, autres installations et moyens matériels d'exploitation d'un établissement industriel, c'est-à-dire ceux de ces biens qui relèvent d'un établissement qualifié d'industriel au sens de l'art. 1499 et qui sont spécifiquement adaptés aux activités susceptibles d'être exercées dans un tel établissement, mais qui ne sont pas au nombre des éléments mentionnés aux 1° et 2° de l'art. 1381. • CE, plén., 11 déc. 2020, *Sté GKN Driveline SA*, n° 422418 : *RJF 2021. 159, concl. Merloz ; Dr. fisc. 2021. 151, note Bussac et Barreau.* ♦ Sont au nombre des outillages et autres moyens matériels d'exploitation exonérés au titre de l'art. 1382-11° : les tours de distillation, les fours, les échangeurs et les installations de vapocraqueurs d'une raffinerie. • CE 25 juin 1986, n° 55568 : *Dr. fisc. 1986. 2260, concl. Ph. Martin.* ♦ ... Les installations à perpétuelle demeure de séchage de malt, comprenant, outre des appareils diffusant la chaleur, des éléments de gros œuvre. • CAA Nancy 7 oct. 1999, n° 95NA101 : *RJF 2000. 1464.* ♦ ... Les cuves utilisées en vue d'assurer une activité industrielle de vinification. • CAA Bordeaux 7 sept. 2004, n° 00BX2785 : *Dr. fisc. 2005. 698.* ♦ ... Les bacs métalliques et les cuves utilisés dans le cadre d'une activité de recyclage des huiles usagées. • CE 17 déc. 2014, *Min. c/ Cie française Eco Huile*, n° 372416 : *RJF 2015. 327.* ♦ ... Le bassin de trempe, les étuves, la chaufferie, les réseaux d'eau et d'électricité d'une usine de traitement de peaux de moutons. • CAA Bordeaux, 8 déc. 2005, n° 03BX2399 : *RJF 2006. 398 ; Dr. fisc. 2006. 432, concl. Doré.*

28. *Outillages et matériels d'exploitation intégrés à des installations de stockage.* Il résulte de la combinaison des art. 1382-11° et 1381-1° que les outillages et matériels techniques intégrés à des installations de stockage, présentant le caractère de véritables constructions, d'un établissement industriel sont, par voie d'exonération, exclus des bases de la taxe foncière sur les propriétés bâties à laquelle ces installations sont elles-mêmes soumises. Ainsi, un contribuable est fondé à soutenir que doit être exclue des bases de cette taxe la valeur locative des outillages et matériels techniques destinés au pesage, au séchage et à la manutention des céréales et oléagineux, ainsi qu'à la régulation de leurs conditions de conservation thermiques et hygrométriques et qui sont intégrés aux installations d'un établissement industriel comportant quatre silos et un séchoir à riz, eux-mêmes imposables. • CE 13 juill. 2006, n° 252416, *SA Comptoir agricole du Languedoc : RJF 2006. 1382 ; concl. Verclytte au BDCF 11/06, n° 137.*

29. *Éoliennes terrestres.* V. note ss. art. 1381.

30. *Passe à poissons.* Non-exonération au titre du 11°. V. note ss. art. 1381.

31. *Exonération des installations de méthanisation agricole.* Commentaire administratif. * BOI-IF-TFB-10-50-25 du 1er févr. 2017.

32. *Installations destinées à la production d'électricité d'origine photovoltaïque.* Critères d'imposition ou d'exonération. * Rép. min. n° 57044 : *JOAN Q, 7 mars 2017, p. 2009* * BOI-IF-CFE-10-30-10-20 nos 182 à 188 du 3 oct. 2018.

Art. 1382 A *Transféré ss. l'art. 1599 ter A.*

Art. 1382 B Les *(L. n° 2019-1479 du 28 déc. 2019, art. 16-II-C-3° et VII-B, applicable à compter des impositions établies au titre de 2021)* « communes *[ancienne rédaction : collectivités territoriales]* » et les établissements publics de coopération intercommunale à fiscalité propre peuvent, par délibération prise dans les conditions prévues à l'article 1639 A *bis*, exonérer, pour la part de taxe foncière sur les propriétés bâties qui leur revient, les bâtiments affectés à l'activité de déshydratation de fourrages, à l'exclusion de ceux abritant les presses et les séchoirs.

Art. 1382 C Les *(L. n° 2019-1479 du 28 déc. 2019, art. 16-II-C-3° et VII-B, applicable à compter des impositions établies au titre de 2021)* « communes *[ancienne rédaction : collectivités territoriales]* » et les établissements publics de coopération intercommunale à fiscalité propre peuvent, par délibération prise dans les conditions prévues à l'article 1639 A *bis*, exonérer de taxe foncière sur les propriétés bâties, pour la part qui leur revient, les immeubles ou parties d'immeubles qui appartiennent à des établissements *(Ord. n° 2017-31 du 12 janv. 2017, art. 4-3°)* « assurant le » service public hospitalier et qui sont affectés aux activités médicales des groupements de coopération sanitaire mentionnés à l'article L. 6133-1 du code de la santé publique qui comptent parmi leurs membres au moins un établissement ou organisme public.

Pour bénéficier de cette exonération, le propriétaire doit adresser, avant le 1er janvier de la première année au titre de laquelle l'exonération est applicable, une déclaration au service des impôts du lieu de situation des biens comportant tous les éléments permettant leur identification.

Art. 1382 C *bis* I. — Les *(L. n° 2019-1479 du 28 déc. 2019, art. 16-II-C-3° et VII-B, applicable à compter des impositions établies au titre de 2021)* « communes *[ancienne rédaction : collectivités territoriales]* » et les établissements publics de coopération intercommunale à fiscalité propre peuvent, par une délibération prise dans les conditions prévues à l'article 1639 A *bis*, exonérer de taxe foncière sur les propriétés bâties les locaux qui appartiennent à une *(L. n° 2019-1479 du 28 déc. 2019, art. 16-II-C-5° et VII-B, applicable* *à compter des impositions établies au titre de 2021)* « **commune** *[ancienne rédaction : collectivité territoriale]* » **ou à un établissement public de coopération intercommunale et qui sont occupés à titre onéreux par une maison de santé mentionnée à l'article L. 6323-3 du code de la santé publique.**

Le montant des sommes perçues par le propriétaire, l'année précédant celle de l'imposition, à raison de la mise à disposition des locaux ne doit pas dépasser la somme, pour la même année, d'une part, des dépenses payées par le propriétaire à raison du fonctionnement des locaux et, d'autre part, de l'annuité d'amortissement de ces derniers.

La délibération porte sur la part revenant à chaque *(L. n° 2019-1479 du 28 déc. 2019, art. 16-II-C-5° et VII-B, applicable à compter des impositions établies au titre de 2021)* « **commune** *[ancienne rédaction : collectivité territoriale]* » **ou à chaque établissement public de coopération intercommunale à fiscalité propre. Elle détermine la durée d'application de l'exonération à compter de l'année qui suit celle de l'occupation prévue au premier alinéa et fixe un taux unique d'exonération à concurrence de 25 %, 50 %, 75 % ou 100 %.**

II. — Pour bénéficier de l'exonération, le propriétaire adresse au service des impôts du lieu de situation du bien, avant le 1er janvier de la première année au titre de laquelle l'exonération est applicable, une déclaration comprenant tous les éléments d'identification des locaux et l'ensemble des éléments justifiant que les conditions prévues au I sont remplies. Lorsque la déclaration est souscrite hors délai, l'exonération s'applique à compter du 1er janvier de l'année suivant celle au cours de laquelle la déclaration est déposée.

Exonération des locaux occupés par une maison de santé. Commentaire administratif. Locaux concernés. Durée de l'exonération. * BOI-IF-TFB-10-210 du 1er juin 2016.

Art. 1382 D **Les** *(L. n° 2019-1479 du 28 déc. 2019, art. 16-II-C-3° et VII-B, applicable à compter des impositions établies au titre de 2021)* « **communes** *[ancienne rédaction : collectivités territoriales]* » **et les établissements publics de coopération intercommunale à fiscalité propre peuvent, par délibération prise dans les conditions prévues à l'article 1639 A *bis*, exonérer de taxe foncière sur les propriétés bâties, pendant toute la durée du** *(L. n° 2020-1721 du 29 déc. 2020, art. 126-I-1° et II)* « **titre** *[ancienne rédaction : contrat]* » **et dans les mêmes conditions que celles prévues au 1° *bis* de l'article 1382, les immeubles** *(L. n° 2020-1721 du 29 déc. 2020, art. 126-I-1° et II)* « **de l'État sur lesquels des titres constitutifs de droits réels mentionnés au deuxième alinéa de l'article L. 2341-2 du code général de la propriété des personnes publiques sont délivrés à** *[ancienne rédaction : faisant l'objet de contrats mentionnés à l'avant-dernier alinéa de l'article L. 762-2 du code de l'éducation conclus avec]* » **des sociétés dont le capital est entièrement détenu par des personnes publiques.** — *L'avant-dernier al. de l'art. L. 762-2 C. éduc. a été supprimé par la L. n° 2017-1837 du 30 déc. 2017, art. 154-II-2°.*

Pour bénéficier de cette exonération, le titulaire du *(L. n° 2020-1721 du 29 déc. 2020, art. 126-I-2° et II)* « **titre** *[ancienne rédaction : contrat]* » **doit joindre à la déclaration prévue à l'article 1406** *(L. n° 2020-1721 du 29 déc. 2020, art. 126-I-2° et II)* « **du présent code** » **une copie du** *(L. n° 2020-1721 du 29 déc. 2020, art. 126-I-2° et II)* « **titre** *[ancienne rédaction : contrat]* » **et tout document justifiant de l'affectation de l'immeuble.**

Les délibérations prises en application du présent art. dans sa rédaction antérieure à la L. n° 2020-1721 du 29 déc. 2020 restent applicables aux contrats en cours conclus en application de l'art. L. 762-2 C. éduc. dans sa rédaction antérieure à la L. n° 2017-1837 du 30 déc. 2017 de finances pour 2018 et s'appliquent également aux nouveaux titres constitués depuis le 1er janv. 2018 (L. n° 2020-1721 du 29 déc. 2020, art. 126-II).

Art. 1382 E **I. — Sont exonérés de taxe foncière sur les propriétés bâties les grands ports maritimes** *(Ord. n° 2021-614 du 19 mai 2021, art. 37-I-2° et 57, en vigueur le 1er juin 2021)* « **et fluvio-maritimes** », **pour les propriétés situées dans l'emprise des ports concernés et qui ne sont pas exonérées en application du 2° de l'article 1382.**

II. — Les *(L. n° 2019-1479 du 28 déc. 2019, art. 16-II-C-3° et VII-B, applicable à compter des impositions établies au titre de 2021)* « **communes** *[ancienne rédaction : collectivités territoriales]* » **et les établissements publics de coopération intercommunale à fiscalité propre peuvent, par une délibération prise dans les conditions prévues à l'article 1639 A**

bis et pour la part de taxe foncière sur les propriétés bâties qui leur revient, supprimer l'exonération prévue au I ou la limiter à 10, 20, 30, 40, 50, 60, 70, 80 ou 90 % de la base imposable.

Cette délibération ne peut être rapportée ou modifiée pendant trois ans.

III. — Pour bénéficier de cette exonération, le propriétaire adresse, avant le 1er janvier de la première année au titre de laquelle l'exonération est applicable, une déclaration au service des impôts du lieu de situation des biens comportant tous les éléments nécessaires à l'identification des parcelles et immeubles concernés.

Grands ports maritimes. L'exonération s'applique à tous les locaux situés dans l'emprise portuaire et appartenant aux grands ports maritimes quelle que soit leur destination, c'est-à-dire qu'ils soient affectés ou non au service public portuaire. * BOI-IF-TFB-10-50-15 n° 50 du 3 juin 2015.

Art. 1382 F *(Abrogé par L. n° 2019-1479 du 28 déc. 2019, art. 121-I-2° et II, à compter du 1er janv. 2020) I. — Les (L. n° 2019-1479 du 28 déc. 2019, art. 16-II-C-3° et VII-B) « communes [ancienne rédaction : collectivités territoriales] » et les établissements publics de coopération intercommunale à fiscalité propre peuvent, par délibération prise dans les conditions prévues au I de l'article 1639 A bis, exonérer totalement, pour la part de taxe foncière sur les propriétés bâties qui leur revient, les équipements souterrains indissociables des casiers des installations de stockage de déchets non dangereux autorisées conformément au titre I du livre V du code de l'environnement, à compter de l'année suivant celle au cours de laquelle le représentant de l'État dans le département a notifié à l'exploitant son accord pour l'exécution des travaux de couverture finale.*

II. — Pour bénéficier de cette exonération, le redevable de la taxe doit adresser au service des impôts du lieu de situation des biens, au plus tard le 31 décembre de l'année au cours de laquelle l'accord mentionné au I a été notifié à l'exploitant, une déclaration conforme au modèle établi par l'administration comportant tous les éléments d'identification des équipements. Cette déclaration doit être accompagnée de l'accord du représentant de l'État dans le département.

A défaut de confirmation de l'exécution des travaux de couverture finale par l'exploitant, l'exonération cesse d'être accordée.

Exonération des installations de stockage des déchets non dangereux. Installations concernées et équipements exonérés. Portée de l'exonération. Obligations déclaratives. * BOI-IF-TFB-10-50-50-25 du 5 juill. 2017.

Art. 1382 G *(L. n° 2018-1317 du 28 déc. 2018, art. 172)* Les *(L. n° 2019-1479 du 28 déc. 2019, art. 16-II-C-3° et VII-B, applicable à compter des impositions établies au titre de 2021)* « communes *[ancienne rédaction : collectivités territoriales]* » et les établissements publics de coopération intercommunale à fiscalité propre peuvent, par délibération prise dans les conditions prévues à l'article 1639 A *bis*, exonérer, pour la part de taxe foncière sur les propriétés bâties qui leur revient, les parties d'une installation hydroélectrique destinées à la préservation de la biodiversité et de la continuité écologique.

Art. 1382 H *(L. n° 2019-1479 du 28 déc. 2019, art. 111-I-1°, II, III et V, applicable aux impositions établies au titre des années 2020 à 2023)* I. — Les *(L. n° 2019-1479 du 28 déc. 2019, art. 16-II-C-4° et VII-B, applicable à compter des impositions établies au titre de 2021)* « communes *[ancienne rédaction : collectivités territoriales]* » et les établissements publics de coopération intercommunale à fiscalité propre peuvent, par une délibération prise dans les conditions prévues à l'article 1639 A *bis*, exonérer partiellement ou totalement de la part de taxe foncière sur les propriétés bâties qui leur revient les immeubles situés dans les zones de revitalisation des centres-villes définies au II de l'article 1464 F.

L'exonération s'applique aux immeubles rattachés au 1er janvier de l'année d'imposition à un établissement remplissant les conditions pour bénéficier de l'exonération de cotisation foncière des entreprises prévue au même article 1464 F.

Les délibérations produisent leurs effets tant qu'elles ne sont pas rapportées ou modifiées.

II. — L'exonération prévue au I du présent article cesse de s'appliquer :

1° A compter du 1er janvier de la deuxième année qui suit la période de référence mentionnée à l'article 1467 A au cours de laquelle le redevable de la cotisation foncière des entreprises afférente à l'établissement auquel est rattaché l'immeuble ne remplit plus la condition mentionnée au deuxième alinéa du I de l'article 1464 F ;

2° A compter du 1er janvier de l'année suivant celle au cours de laquelle les immeubles ne sont plus affectés à une activité commerciale ou artisanale.

III. — Pour bénéficier de l'exonération, le redevable déclare au service des impôts du lieu de situation des biens, avant le 1er janvier de l'année au titre de laquelle l'exonération est applicable et suivant un modèle établi par l'administration, les éléments d'identification du ou des immeubles concernés. A défaut du dépôt de cette demande dans ce délai, l'exonération n'est pas accordée au titre de l'année concernée.

L'exonération porte sur les éléments déclarés dans le délai prévu au premier alinéa du présent III.

IV. — Lorsque les conditions requises pour bénéficier de l'une des exonérations prévues aux articles 1383 A, 1383 C *ter*, 1383 D, 1383 F, 1383 H, 1383 I, 1383 J ou 1388 *quinquies* et de celle prévue au présent article sont remplies, la demande du bénéfice de cette dernière exonération dans les conditions prévues au III vaut option pour celle-ci. L'option est irrévocable et vaut pour l'ensemble des *(L. n° 2019-1479 du 28 déc. 2019, art. 16-II-C-4° et VII-B, applicable à compter des impositions établies au titre de 2021)* « communes *[ancienne rédaction : collectivités territoriales]* » et établissements publics de coopération intercommunale.

A défaut d'option, le redevable continue de bénéficier de l'application du régime dont il bénéficiait avant l'institution de l'exonération prévue au présent article.

V. — Le bénéfice de l'exonération est subordonné au respect du règlement (UE) n° 1407/2013 de la Commission du 18 décembre 2013 relatif à l'application des articles 107 et 108 du traité sur le fonctionnement de l'Union européenne aux aides *de minimis*.

VI. — Dans le cas où l'exonération s'applique à un immeuble ou une fraction d'immeuble loué, le bailleur déduit le montant de l'avantage fiscal ainsi obtenu du montant des loyers, si ce montant de loyers n'intègre pas déjà une réduction correspondante.

Par dérogation au I de l'art. 1639 A bis CGI, les collectivités territoriales et les établissements publics de coopération intercommunale à fiscalité propre peuvent délibérer jusqu'au 21 janv. 2020 afin d'instituer les exonérations prévues aux art. 1382 H et 1464 F du même code à compter des impositions établies au titre de 2020.

Pour l'application du III de l'art. 1382 H CGI, les propriétaires des locaux souhaitant bénéficier de l'exonération au titre de l'année 2020 en font la demande accompagnée des éléments entrant dans le champ d'application de l'exonération au service des impôts du lieu de situation des biens au plus tard le 29 févr. 2020.

Pour l'application du III de l'art. 1464 F du même code et par dérogation à l'art. 1477 dudit code, les entreprises souhaitant bénéficier de l'exonération au titre de l'année 2020 en font la demande accompagnée des éléments entrant dans le champ d'application de l'exonération au service des impôts dont relève chacun de leurs établissements concernés au plus tard le 29 févr. 2020.

A défaut de demande dans le délai prévu aux deux al. précédents, l'exonération n'est pas accordée pour la cotisation foncière des entreprises et la taxe foncière sur les propriétés bâties établies au titre de 2020 (L. n° 2019-1479 du 28 déc. 2019, art. 111-III et V).

Exonération des établissements situés en zone de revitalisation des centres-villes.

Commentaire administratif. * BOI-IF-TFB-10-160-90 du 12 mai 2021.

Art. 1382 I *(L. n° 2019-1479 du 28 déc. 2019, art. 110-I-1°, II, III et IV, applicable aux impositions établies au titre des années 2020 à 2023)* I. — Les *(L. n° 2019-1479 du 28 déc. 2019, art. 16-II-C-4° et VII-B, applicable à compter des impositions établies au titre de 2021)* « communes *[ancienne rédaction : collectivités territoriales]* » et les établissements publics de coopération intercommunale à fiscalité propre peuvent, par une délibération prise dans les conditions prévues à l'article 1639 A *bis*, exonérer partiellement ou totalement de la part de taxe foncière sur les propriétés bâties qui leur revient les immeubles situés dans les zones de revitalisation des commerces en milieu rural définies au III de l'article 1464 G.

L'exonération s'applique aux immeubles rattachés au 1er janvier de l'année d'imposition à un établissement remplissant les conditions pour bénéficier de l'exonération de cotisation foncière des entreprises prévue au même article 1464 G.

Les délibérations produisent leurs effets tant qu'elles ne sont pas rapportées ou modifiées.

II. – L'exonération prévue au I du présent article cesse de s'appliquer :

1° A compter du 1er janvier de la deuxième année qui suit la période de référence mentionnée à l'article 1467 A au cours de laquelle le redevable de la cotisation foncière des entreprises afférente à l'établissement auquel est rattaché l'immeuble ne remplit plus les conditions mentionnées au II de l'article 1464 G ;

2° Ou à compter du 1er janvier de l'année suivant celle au cours de laquelle les immeubles ne sont plus affectés à une activité commerciale.

III. – Pour bénéficier de l'exonération, le redevable déclare au service des impôts du lieu de situation des biens, avant le 1er janvier de l'année au titre de laquelle l'exonération est applicable et suivant un modèle établi par l'administration, les éléments d'identification du ou des immeubles concernés. A défaut du dépôt de cette demande dans ce délai, l'exonération n'est pas accordée au titre de l'année concernée.

L'exonération porte sur les éléments déclarés dans le délai prévu au premier alinéa du présent III.

IV. – Lorsque les conditions requises pour bénéficier de l'une des exonérations prévues aux articles 1383 A, 1383 C *ter*, 1383 D, 1383 F, 1383 H, 1383 I, 1383 J ou 1388 *quinquies* et de celle prévue au présent article sont remplies, la demande du bénéfice de cette dernière exonération dans les conditions prévues au III vaut option pour celle-ci. L'option est irrévocable et vaut pour l'ensemble des *(L. n° 2019-1479 du 28 déc. 2019, art. 16-II-C-4° et VII-B, applicable à compter des impositions établies au titre de 2021)* « communes *[ancienne rédaction : collectivités territoriales]* » et établissements publics de coopération intercommunale.

A défaut d'option, le redevable continue de bénéficier de l'application du régime dont il bénéficiait avant l'institution de l'exonération prévue au présent article.

V. – Le bénéfice de l'exonération est subordonné au respect du règlement (UE) n° 1407/2013 de la Commission du 18 décembre 2013 relatif à l'application des articles 107 et 108 du traité sur le fonctionnement de l'Union européenne aux aides *de minimis*.

VI. – Dans le cas où l'exonération s'applique à un immeuble ou une fraction d'immeuble loué, le bailleur déduit le montant de l'avantage fiscal ainsi obtenu du montant des loyers, si ce montant de loyers n'intègre pas déjà une réduction correspondante.

Par dérogation au I de l'art. 1639 A bis CGI, les collectivités territoriales et les établissements publics de coopération intercommunale à fiscalité propre peuvent délibérer jusqu'au 21 janv. 2020 afin d'instituer les exonérations prévues aux art. 1382 I et 1464 G du même code à compter des impositions établies au titre de 2020.

Pour l'application du III de l'art. 1382 I CGI, les propriétaires des locaux souhaitant bénéficier de l'exonération au titre de l'année 2020 en font la demande accompagnée des éléments entrant dans le champ d'application de l'exonération au service des impôts du lieu de situation des biens au plus tard le 29 févr. 2020.

[...]

A défaut de demande dans le délai prévu aux deux al. précédents, l'exonération n'est pas accordée pour la cotisation foncière des entreprises et la taxe foncière sur les propriétés bâties établies au titre de 2020 (L. n° 2019-1479 du 28 déc. 2019, art. 110-III et IV).

C EXONÉRATIONS TEMPORAIRES

1 EXONÉRATION DE DEUX ANS

Art. 1383 *(L. n° 2019-1479 du 28 déc. 2019, art. 16-II-C-2° et VII-B, applicable à compter des impositions établies au titre de 2021)* I. – Les constructions nouvelles, reconstructions et additions de construction à usage d'habitation sont exonérées de la taxe foncière sur les propriétés bâties durant les deux années qui suivent celle de leur achèvement.

La commune peut, par une délibération prise dans les conditions prévues à l'article 1639 A *bis* et pour la part qui lui revient, limiter l'exonération prévue au premier alinéa du présent I à 40 %, 50 %, 60 %, 70 %, 80 % ou 90 % de la base imposable. La

délibération peut toutefois limiter cette exonération uniquement pour ceux de ces immeubles qui ne sont pas financés au moyen de prêts aidés de l'État prévus aux articles L. 301-1 à L. 301-6 du code de la construction et de l'habitation ou de prêts conventionnés.

L'établissement public de coopération intercommunale peut, par une délibération prise dans les conditions prévues à l'article 1639 A *bis* du présent code et pour la part qui lui revient, supprimer l'exonération prévue au premier alinéa du présent I. La délibération peut toutefois limiter cette exonération uniquement pour ceux de ces immeubles qui ne sont pas financés au moyen de prêts aidés de l'État prévus aux articles L. 301-1 à L. 301-6 du code de la construction et de l'habitation ou de prêts conventionnés.

II. — Les constructions nouvelles, reconstructions et additions de construction autres que celles à usage d'habitation sont exonérées de la taxe foncière sur les propriétés bâties à hauteur de 40 % de la base imposable durant les deux années qui suivent celle de leur achèvement.

L'exonération temporaire prévue au premier alinéa du présent II ne s'applique pas pour la part de taxe foncière sur les propriétés bâties perçue au profit des établissements publics de coopération intercommunale.

L'exonération temporaire prévue au même premier alinéa ne s'applique pas aux terrains utilisés pour la publicité commerciale ou industrielle par panneaux-réclames, affiches-écrans ou affiches sur portatif spécial, établis au*[-]*delà d'une distance de 100 mètres autour de toute agglomération de maisons ou de bâtiments.

III. — Les I et II s'appliquent également en cas de conversion d'un bâtiment à usage agricole en maison ou en usine et en cas d'affectation de terrains à des usages commerciaux ou industriels tels que chantiers, lieux de dépôts de marchandises et autres emplacements de même nature.

Les locaux qui auraient bénéficié, au titre de 2021, de l'exonération prévue par le présent art. dans sa rédaction applicable au 31 déc. 2020 sont exonérés de taxe foncière sur les propriétés bâties, pour la durée restant à courir, selon les modalités fixées par l'art. 1382-0 CGI (L. n° 2019-1479 du 28 déc. 2019, art. 16-II-G-2).

1. Formalités. Un contribuable ne peut bénéficier de l'exonération temporaire dès lors qu'il n'établit pas avoir adressé à l'Administration, dans le délai légal de 90 jours prévu à l'art. 1406, l'original de la déclaration réglementaire dont il ne produit qu'une copie. Par ailleurs, le requérant ne saurait se prévaloir de ce qu'il n'a pas reçu les demandes de déclaration que lui aurait adressées l'Administration, dès lors qu'aucune disposition législative ou réglementaire n'obligeait cette dernière à le faire. • CAA Bordeaux, 23 janv. 2001, n° 97BX893 : *Dr. fisc. 2001. 974.* ♦ La déclaration obligatoire des constructions nouvelles (art. 1406) ne vaut pas demande d'exonération desdites constructions. • CE 25 nov. 2009, n° 301031, *Caillon* : *RJF 2010. 128.* ♦ Dès lors que le contribuable remplit les conditions de fond prévues à l'art. 1383 et que la construction nouvelle a été portée à la connaissance de l'Administration dans le délai légal, cette dernière ne peut lui refuser le bénéfice de l'exonération temporaire, au seul motif qu'il s'était trompé d'imprimé (« modèle H » et non « modèle U »). • CE 5 juin 2019, *Sté ESBTP Granulats*, n° 412473 : *RJF 2019. 804.* ♦ En revanche, un simple courrier ne peut tenir lieu de demande d'exonération des constructions nouvelles, celle-ci devant être formulée sur l'imprimé modèle de l'Administration prévu à l'art. 321 E de l'annexe III au code. • CE (na) 23 mars 2020 : *SARL Marti La Madeleine*, n° 434885 : *RJF 2020. 611.*

2. Notion d'achèvement. Une habitation ne peut être regardée comme achevée qu'à compter de la date où elle est alimentée en eau. • CE 30 mai 1979, n° 11301 : *RJF 1979. 460.* ♦ Un local industriel ou commercial est achevé lorsque l'état d'avancement des travaux, notamment en ce qui concerne le gros œuvre et les raccordements aux réseaux, le rend utilisable pour une activité industrielle ou commerciale quelconque, même s'il ne s'agit pas de celle à laquelle son propriétaire le destinait initialement. • CE 16 févr. 2015, n° 371476 : *RJF 2015. 411.*

3. Nature des travaux exonérés. Les travaux comportant la création de nouveaux locaux d'habitation, notamment dans des locaux auparavant affectés à un autre usage, constituent des travaux de construction ou de reconstruction au sens de l'art. 1383-I. Mais ne revêtent pas ce caractère les travaux de reprise des toitures et des charpentes, de nettoyage des façades et de remplacement des menuiseries d'un château du XVIe siècle, ainsi que les travaux de cloisonnement ayant conduit à la division du bâtiment existant en vingt-deux logements. • CE 24 oct. 2014, *SCI du Château de Festieux*, n° 366857 : *RJF 2015. 32.*

Ancien art. 1383 *I. — Les constructions nouvelles, reconstructions et additions de construction sont exonérées de la taxe foncière sur les propriétés bâties durant les deux années qui suivent celle de leur achèvement.*

II. — Il en est de même de la conversion d'un bâtiment rural en maison ou en usine, ainsi que de l'affectation de terrains à des usages commerciaux ou industriels tels que chantiers, lieux de dépôt de marchandises et autres emplacements de même nature.

III. — L'exonération temporaire prévue au I ne s'applique pas aux terrains utilisés pour la publicité commerciale ou industrielle par panneaux-réclames, affiches-écrans ou affiches sur portatif spécial, établis au-delà d'une distance de 100 mètres autour de toute agglomération de maisons ou de bâtiments.

IV. — Les exonérations prévues aux I et II sont supprimées, à compter de 1992, pour la part de taxe foncière sur les propriétés bâties perçues au profit des communes et de leurs groupements, en ce qu'elles concernent les immeubles autres que ceux à usage d'habitation.

V. — Les communes et groupements de communes à fiscalité propre peuvent, par délibération prise dans les conditions prévues à l'article 1639 A bis, supprimer, pour la part de taxe foncière sur les propriétés bâties qui leur revient, les exonérations prévues aux I et II, en ce qui concerne les immeubles à usage d'habitation achevés à compter du 1er janvier 1992.

La délibération peut toutefois supprimer ces exonérations uniquement pour ceux de ces immeubles qui ne sont pas financés au moyen de prêts aidés de l'État prévus aux articles L. 301-1 et suivants du code de la construction et de l'habitation ou de prêts visés à l'article (Décr. no 2020-897 du 22 juill. 2020, art. 1er) « D. 331-63 » du code précité.

(Ord. no 2018-75 du 8 févr. 2018, art. 1er et 18, applicable à compter des impositions établies au titre de 2019) « VI. — La Ville de Paris peut, par une délibération prise dans les conditions prévues à l'article 1639 A bis, exonérer de taxe foncière sur les propriétés bâties à concurrence du taux appliqué au titre de 2018 au profit du département de Paris, les immeubles mentionnés au IV, pour la durée prévue au I et dans les conditions prévues au III. »

[1 BIS EXONÉRATION COMPRISE ENTRE DEUX ET CINQ ANS]

Art. 1383 A I. — Les entreprises, *(Abrogé par L. no 2021-1900 du 30 déc. 2021, art. 35-I-26o-a) « visées au I de l'article 1464 B et »* qui bénéficient des exonérations prévues aux articles 44 *sexies (Abrogé par L. no 2021-1900 du 30 déc. 2021, art. 35-I-26o-a) « , 44 septies »* et 44 *quindecies*, peuvent être temporairement exonérées dans les conditions prévues à l'article 1464 C, de la taxe foncière sur les propriétés bâties dont elles sont redevables, pour les établissements qu'elles ont créés ou repris *(Abrogé par L. no 2021-1900 du 30 déc. 2021, art. 35-I-26o-a) « à une entreprise en difficulté »* à compter de l'année suivant celle de leur création.

II. — Les entreprises ne peuvent bénéficier de cette exonération qu'à la condition de déclarer leurs acquisitions au service des impôts de la situation des biens dans les quinze jours de la signature de l'acte.

(Périmé, Décr. no 2020-897 du 22 juill. 2020, art. 1er) « III. — Lorsque les conditions requises pour bénéficier de l'exonération prévue à l'article 1383 B et celles prévues au présent article sont remplies, le contribuable doit opter pour l'un ou l'autre de ces deux régimes avant le 1er janvier de l'année au titre de laquelle l'exonération prend effet. L'option est irrévocable. »

IV. — Le bénéfice de l'exonération est subordonné au respect des dispositions du même règlement communautaire que celui appliqué pour l'exonération dont l'entreprise bénéficie sur le fondement, selon le cas, de l'article 44 *sexies (Abrogé par L. no 2021-1900 du 30 déc. 2021, art. 35-I-26o-b) « , de l'article 44 septies »* ou de l'article 44 *quindecies*. — *Pour le règlement mentionné ci-dessus, V. Régl. (UE) no 1407/2013 du 18 déc. 2013 (JOUE 24 déc.). — Pour les immeubles situés dans les DOM, V. également art. 1388 quinquies-VII.*

S'agissant des entreprises qui bénéficiaient de l'exonération prévue à l'art. 44 septies CGI dans sa rédaction antérieure au 1er janv. 2022, les délibérations prises en application de l'art. 1464 C CGI cessent de produire leurs effets. Toutefois, les entreprises bénéficiant au 1er janv. 2022, sur le fondement de ces délibérations, de l'exonération temporaire de taxe foncière alors prévue par le présent art. continuent à bénéficier, jusqu'à son terme, des effets de cette même exonération (L. no 2021-1900 du 30 déc. 2021, art. 35-XIX).

Champ d'application des art. 44 sexies et 44 septies. V. notes ss. ces art.

[01° ÉCONOMIES D'ÉNERGIE]

Art. 1383-0 B **1. Les** *(L. n° 2019-1479 du 28 déc. 2019, art. 16-II-C-3° et VII-B, applicable à compter des impositions établies au titre de 2021)* **« communes** *[ancienne rédaction : collectivités territoriales]* **» et les établissements publics de coopération intercommunale dotés d'une fiscalité propre peuvent, par une délibération prise dans les conditions prévues au I de l'article 1639 A *bis*, exonérer de la taxe foncière sur les propriétés bâties à concurrence** *(L. n° 2019-1479 du 28 déc. 2019, art. 118-I-1°)* **« d'un taux compris entre 50 % et 100 %** *[ancienne rédaction : de 50 % ou de 100 %]* **» les logements achevés avant le 1er janvier 1989 qui ont fait l'objet, par le propriétaire, de dépenses d'équipement mentionnées à l'article 200 *quater* et réalisées selon les modalités prévues au 6 du même article lorsque le montant total des dépenses payées au cours de l'année qui précède la première année d'application de l'exonération est supérieur à 10 000 € par logement ou lorsque le montant total des dépenses payées au cours des trois années qui précèdent l'année d'application de l'exonération est supérieur à 15 000 € par logement.**

Cette exonération s'applique pendant une durée de *(L. n° 2019-1479 du 28 déc. 2019, art. 118-I-2°)* **« trois** *[ancienne rédaction : cinq]* **» ans à compter de l'année qui suit celle du paiement du montant total des dépenses prévu au premier alinéa. Elle ne peut pas être renouvelée au cours des dix années suivant celle de l'expiration d'une période d'exonération.**

La délibération porte sur la part revenant à chaque *(L. n° 2019-1479 du 28 déc. 2019, art. 16-II-C-5° et VII-B, applicable à compter des impositions établies au titre de 2021)* **« commune** *[ancienne rédaction : collectivité territoriale]* **» ou établissement public de coopération intercommunale à fiscalité propre.**

2. Pour bénéficier de l'exonération prévue au 1, le propriétaire adresse au service des impôts du lieu de situation du bien, avant le 1er janvier de la première année au titre de laquelle l'exonération est applicable, une déclaration comportant tous les éléments d'identification des biens, dont la date d'achèvement des logements. Cette déclaration doit être accompagnée de tous les éléments justifiant de la nature des dépenses et de leur montant.

Lorsque les conditions requises pour bénéficier de l'exonération prévue à l'article 1383 E et celles prévues au 1 sont remplies, l'exonération prévue à l'article 1383 E est applicable. Toutefois, le bénéfice des dispositions du 1 du présent article est accordé à l'expiration de la période d'application de l'exonération prévue à l'article 1383 E pour la période restant à courir.

Les logements qui auraient bénéficié, au titre de 2020, de l'exonération prévue à l'art. 1383-0 B CGI dans sa version en vigueur au 31 déc. 2019 sont exonérés de taxe foncière sur les propriétés bâties dans les conditions prévues au même art. 1383-0 B pour la durée restant à courir.

Les délibérations votées en application dudit art. 1383-0 B dans sa version en vigueur au 31 déc. 2019 restent applicables tant qu'elles n'ont pas été rapportées ou modifiées (L. n° 2019-1479 du 28 déc. 2019, art. 118-II).

1. Exonération partielle ou totale de taxe foncière des logements économes en énergie. Logements, dépenses et équipements concernés. Modalités d'application et durée de l'exonération.* BOI-IF-TFB-10-180-10 du 16 juin 2020.

2. En cas de déclaration tardive du propriétaire, l'exonération de cinq ans (actuellement trois ans) prévue en faveur des logements économes en énergie n'est accordée que pour la période restant à courir au 1er janv. suivant. * Rép. min. n° 71481: *JOAN Q, 8 juin 2010, p. 6317.*

Art. 1383-0 B *bis* **1. Les** *(L. n° 2019-1479 du 28 déc. 2019, art. 16-II-C-3° et VII-B, applicable à compter des impositions établies au titre de 2021)* **« communes** *[ancienne rédaction : collectivités territoriales]* **» et les établissements publics de coopération intercommunale dotés d'une fiscalité propre peuvent, par une délibération prise dans les conditions prévues au I de l'article 1639 A *bis*, exonérer de la taxe foncière sur les propriétés bâties à concurrence de 50 % ou de 100 % les constructions de logements neufs achevées à compter du 1er janvier 2009 dont le niveau élevé de performance énergétique globale, déterminé dans des conditions fixées par décret, est supérieur à celui qu'impose la législation en vigueur.** – *Sur le niveau de performance énergétique, V. Ann III, art. 315 terdecies.*

La délibération porte sur la part revenant à chaque *(L. n° 2019-1479 du 28 déc. 2019, art. 16-II-C-5° et VII-B, applicable à compter des impositions établies au titre de 2021)*

« commune *[ancienne rédaction : collectivité territoriale]* **» ou établissement public de coopération intercommunale à fiscalité propre.**

Cette exonération s'applique à compter de l'année qui suit celle de l'achèvement de la construction, pendant une durée que chaque *(L. n° 2019-1479 du 28 déc. 2019, art. 16-II-C-5° et VII-B, applicable à compter des impositions établies au titre de 2021)* **« commune** *[ancienne rédaction : collectivité territoriale]* **» ou établissement public de coopération intercommunale à fiscalité propre détermine et qui ne peut être inférieure à cinq ans.**

2. Lorsque les conditions requises pour bénéficier de l'exonération prévue à l'article 1383 sont remplies et en l'absence de délibération contraire prise conformément au *(L. n° 2019-1479 du 28 déc. 2019, art. 16-II-C-6° et VII-B, applicable à compter des impositions établies au titre de 2021)* **« I** *[ancienne rédaction : V]* **» du même article, l'exonération au titre du présent article s'applique à compter de la troisième année qui suit celle de l'achèvement de la construction.**

3. Pour bénéficier de l'exonération, le propriétaire adresse au service des impôts du lieu de situation de la construction, avant le 1er janvier de la première année au titre de laquelle l'exonération est applicable, une déclaration comportant tous les éléments d'identification des biens. Cette déclaration doit être accompagnée de tous les éléments justifiant que la construction remplit les critères de performance énergétique mentionnés au 1.

Exonération partielle ou totale de taxe foncière des logements économes en énergie. Conditions tenant à la performance énergétique globale des logements. Modalités d'application et durée de l'exonération. * BOI-IF-TFB-10-180-10 du 12 sept. 2012.

1° ZONES FRANCHES URBAINES – TERRITOIRES ENTREPRENEURS

Art. 1383 B *(Périmé, Décr. n° 2020-897 du 22 juill. 2020, art. 1er)* ***Sauf délibération contraire de la*** *(L. n° 2019-1479 du 28 déc. 2019, art. 16-II-C-5° et VII-B, applicable à compter des impositions établies au titre de 2021)* ***« commune*** *[ancienne rédaction : collectivité territoriale]* ***» ou du groupement de collectivités territoriales, à compter du 1er janvier 1997, les immeubles situés dans les zones franches urbaines – territoires entrepreneurs définies au B du 3 de l'article 42 modifié de la loi n° 95-115 du 4 février 1995 d'orientation pour l'aménagement et le développement du territoire et dont la liste figure au I de l'annexe à la loi n° 96-987 du 14 novembre 1996 relative à la mise en œuvre du pacte de relance pour la ville, et affectés, au 1er janvier 1997, à une activité entrant dans le champ d'application de la cotisation foncière des entreprises sont exonérés de taxe foncière sur les propriétés bâties pour une durée de cinq ans, sous réserve que les conditions d'exercice de l'activité prévues aux premier et quatrième à septième alinéas du I quater de l'article 1466 A dans sa rédaction en vigueur au 31 décembre 2009 soient remplies.***

Pour les immeubles affectés, après le 1er janvier 1997 et avant le 31 décembre 2001, à une activité entrant dans le champ d'application de la cotisation foncière des entreprises, l'exonération prévue au premier alinéa s'applique à compter du 1er janvier de l'année qui suit celle où est intervenue cette affectation, sous réserve que la condition d'effectif prévue au premier alinéa du I quater de l'article 1466 A dans sa rédaction en vigueur au 31 décembre 2009 soit remplie.

L'exonération prévue aux premier et deuxième alinéas cesse de s'appliquer à compter du 1er janvier de l'année suivant celle où les immeubles ne sont plus affectés à une activité entrant dans le champ d'application de la cotisation foncière des entreprises.

L'exonération s'applique dans les conditions prévues aux trois alinéas précédents aux immeubles affectés à une activité entrant dans le champ d'application de la cotisation foncière des entreprises et exercée pour la première fois entre le 1er janvier 2002 et la date de publication *[2 avr. 2006]* ***de la loi n° 2006-396 du 31 mars 2006 pour l'égalité des chances.***

En cas de changement d'exploitant avant le 31 décembre 2001, l'exonération s'applique pour une durée de cinq ans à compter du 1er janvier de l'année suivant celle où est intervenu le changement. En cas de changement d'exploitant avant la date de publication *[2 avr. 2006]* ***de la loi n° 2006-396 du 31 mars 2006 pour l'égalité des chances au cours d'une période d'exonération ouverte après le 1er janvier 2002, l'exonération s'applique pour la période restant à courir et dans les conditions prévues pour le prédécesseur.***

L'exonération porte sur la totalité de la part revenant à chaque *(L. n° 2019-1479 du 28 déc. 2019, art. 16-II-C-7° et VII-B, applicable à compter des impositions établies au titre de 2021)* ***« commune*** *[ancienne rédaction : collectivité]* ***» ou groupement de*** *(L. n° 2019-1479 du*

28 déc. 2019, art. 16-II-C-3° et VII-B, applicable à compter des impositions établies au titre de 2021) ***« communes** [ancienne rédaction : collectivités territoriales]* ***» et ne peut avoir pour effet de reporter de plus de cinq ans l'application du régime d'imposition de droit commun.***

Lorsque les conditions requises pour bénéficier de l'exonération prévue à l'article 1383 A et celles prévues au présent article sont remplies, le contribuable doit opter pour l'un ou l'autre de ces deux régimes avant le 1er janvier de l'année au titre de laquelle l'exonération prend effet. L'option est irrévocable.

Les obligations déclaratives des personnes et organismes concernés par les exonérations prévues au présent article sont fixées par décret. *— V. Ann. III, art. 315 quater à 315 sexies. — Pour les immeubles situés dans les DOM, V. également art. 1388 quinquies-VII.*

Zones franches urbaines. Institution, à compter du 1er janv. 2006, d'un nouveau régime d'exonération codifié à l'art. 1383 C *bis.*

Art. 1383 C *(Périmé, Décr. n° 2020-897 du 22 juill. 2020, art. 1er)* ***Sauf délibération contraire de la*** *(L. n° 2019-1479 du 28 déc. 2019, art. 16-II-C-5° et VII-B, applicable à compter des impositions établies au titre de 2021)* ***« commune** [ancienne rédaction : collectivité territoriale]* ***» ou de l'établissement public de coopération intercommunale doté d'une fiscalité propre, prise dans les conditions prévues au I de l'article 1639 A bis, les immeubles situés dans les zones franches urbaines – territoires entrepreneurs définies au B du 3 de l'article 42 de la loi n° 95-115 du 4 février 1995 d'orientation pour l'aménagement et le développement du territoire et dont la liste figure au I bis de l'annexe à la loi n° 96-987 du 14 novembre 1996 relative à la mise en œuvre du pacte de relance pour la ville qui sont affectés, entre le 1er janvier 2004 et la date de publication de la loi n° 2006-396 du 31 mars 2006 pour l'égalité des chances incluse, à une activité entrant dans le champ d'application de la cotisation foncière des entreprises sont exonérés de taxe foncière sur les propriétés bâties pour une durée de cinq ans, sous réserve que les conditions d'exercice de l'activité prévues aux premier à troisième alinéas du I quinquies de l'article 1466 A dans sa rédaction en vigueur au 31 décembre 2009 soient satisfaites. L'exonération s'applique à compter du 1er janvier 2004 ou à compter du 1er janvier de l'année qui suit celle où est intervenue cette affectation si elle est postérieure au 1er janvier 2004. Le bénéfice des exonérations prenant effet en 2004 est subordonné au respect du règlement (UE) n° 1407/2013 de la Commission, du 18 décembre 2013, relatif à l'application des articles 107 et 108 du traité sur le fonctionnement de l'Union européenne aux aides de minimis.*** *— Pour les aides antérieures au 1er janv. 2014, V. App., Règl. (UE) n° 1407/2013 préc., art. 7.*

Cette exonération cesse de s'appliquer à compter du 1er janvier de l'année suivant celle où les immeubles ne sont plus affectés à une activité entrant dans le champ d'application de la cotisation foncière des entreprises.

En cas de changement d'exploitant au cours d'une période d'exonération, celle-ci est maintenue pour la période restant à courir et dans les conditions prévues pour le prédécesseur.

L'exonération porte sur la totalité de la part revenant à chaque *(L. n° 2019-1479 du 28 déc. 2019, art. 16-II-C-5° et VII-B, applicable à compter des impositions établies au titre de 2021)* ***« commune** [ancienne rédaction : collectivité territoriale]* ***» ou établissement public de coopération intercommunale doté d'une fiscalité propre.***

Lorsque les conditions requises pour bénéficier de l'exonération prévue à l'article 1383 A et de celle prévue au présent article sont remplies, le contribuable doit opter pour l'un ou l'autre de ces régimes avant le 1er janvier de l'année au titre de laquelle l'exonération prend effet. L'option est irrévocable et vaut pour l'ensemble des collectivités.

Les obligations déclaratives des personnes et organismes concernés par les exonérations prévues au présent article sont fixées par décret. *— V. Ann. III, art. 315 septies. — Pour les établissements situés dans les DOM, V. également art. 1388 quinquies-VII.*

1. *Zones franches urbaines.* Institution, à compter du 1er janv. 2006, d'un nouveau régime d'exonération codifié à l'art. 1383 C *bis.*

2. *Quartiers prioritaires de la politique de la ville.* Institution, à compter du 1er janv. 2015, d'un nouveau régime d'exonération codifié à l'art. 1383 C *ter.*

Art. 1383 C *bis* *(Abrogé par L. n° 2021-1900 du 30 déc. 2021, art. 35-I-27°)* ***Sauf délibération contraire de la*** *(L. n° 2019-1479 du 28 déc. 2019, art. 16-II-C-5° et VII-B, applicable à compter des impositions établies au titre de 2021)* ***« commune** [ancienne rédaction :*

collectivité territoriale] » *ou de l'établissement public de coopération intercommunale doté d'une fiscalité propre, prise dans les conditions prévues au I de l'article 1639 A bis, les immeubles situés dans les zones franches urbaines – territoires entrepreneurs définies au B du 3 de l'article 42 de la loi n° 95-115 du 4 février 1995 d'orientation pour l'aménagement et le développement du territoire sont exonérés de taxe foncière sur les propriétés bâties pour une durée de cinq ans. Le bénéfice des exonérations prenant effet en 2006 dans les zones mentionnées au deuxième alinéa du B du 3 de l'article 42 de la même loi, et de celles prenant effet à compter de 2013 dans les zones franches urbaines – territoires entrepreneurs définies au même B, est subordonné au respect du règlement (UE) n° 1407/2013 de la Commission, du 18 décembre 2013, relatif à l'application des articles 107 et 108 du traité sur le fonctionnement de l'Union européenne aux aides de minimis.* — Pour les aides antérieures au 1er janv. 2014, V. App., Règl. (UE) n° 1407/2013 préc., art. 7.

L'exonération s'applique aux immeubles rattachés, entre le 1er janvier 2006 et le 31 décembre 2014 inclus, à un établissement remplissant les conditions pour bénéficier de l'exonération de cotisation foncière des entreprises prévue au I sexies de l'article 1466 A.

Elle s'applique à compter du 1er janvier 2006 ou à compter du 1er janvier de l'année qui suit celle où est intervenu le rattachement à un établissement remplissant les conditions requises, si elle est postérieure.

L'exonération cesse définitivement de s'appliquer à compter du 1er janvier de la deuxième année qui suit la période de référence, mentionnée à l'article 1467 A, pendant laquelle le redevable ne remplit plus les conditions requises.

Les deuxième à quatrième alinéas de l'article 1383 C s'appliquent au présent article.

Lorsque les conditions requises pour bénéficier des exonérations prévues aux articles 1383 A à 1383 D sont remplies, le contribuable doit opter pour l'un ou l'autre de ces régimes avant le 1er janvier de la première année au titre de laquelle l'exonération prend effet. L'option est irrévocable et vaut pour l'ensemble des collectivités.

Les obligations déclaratives des personnes et organismes concernés par les exonérations prévues au présent article sont fixées par décret. — V. Ann. III, art. 315 septies A. — Pour les immeubles situés dans les DOM, V. également art. 1388 quinquies-VII.

Zones franches urbaines. * BOI-IF-TFB-10- 160-10 du 12 sept. 2012.

[1°-0 BIS QUARTIERS PRIORITAIRES DE LA POLITIQUE DE LA VILLE]

Art. 1383 C ter Sauf délibération contraire de la *(L. n° 2019-1479 du 28 déc. 2019, art. 16-II-C-5° et VII-B, applicable à compter des impositions établies au titre de 2021)* « commune *[ancienne rédaction : collectivité territoriale]* » ou de l'établissement public de coopération intercommunale doté d'une fiscalité propre, prise dans les conditions prévues au I de l'article 1639 A *bis*, les immeubles situés dans les quartiers prioritaires de la politique de la ville définis à l'article 5 de la loi n° 2014-173 du 21 février 2014 de programmation pour la ville et la cohésion urbaine sont exonérés de taxe foncière sur les propriétés bâties pour une durée de cinq ans.

Pour l'application exclusive de la présente exonération, lorsque la limite d'un quartier correspond à une voie publique, les immeubles situés sur chacune des bordures de cette voie sont réputés situés dans le quartier prioritaire.

L'exonération s'applique aux immeubles existant au 1er janvier 2017 et rattachés à cette même date à un établissement remplissant les conditions pour bénéficier de l'exonération de cotisation foncière des entreprises prévue au I *septies* de l'article 1466 A ainsi qu'aux immeubles rattachés, entre le 1er janvier 2017 et le 31 décembre *(L. n° 2021-1900 du 30 déc. 2021, art. 68-I-1°)* « 2023 *[ancienne rédaction : 2022]* », à un établissement remplissant les mêmes conditions.

Pour les immeubles rattachés à un établissement remplissant les conditions pour bénéficier de l'exonération de cotisation foncière des entreprises prévue au I *septies* de l'article 1466 A, le bénéfice de l'exonération est subordonné à l'existence, au 1er janvier de l'année de rattachement, du contrat de ville prévu à l'article 6 de la loi n° 2014-173 du 21 février 2014 précitée.

L'exonération s'applique à compter du 1er janvier 2017 ou à compter du 1er janvier de l'année qui suit celle du rattachement à un établissement remplissant les conditions requises, si elle est postérieure.

Elle cesse définitivement de s'appliquer à compter du 1er janvier de la deuxième année qui suit la période de référence, mentionnée à l'article 1467 A, pendant laquelle le redevable ne remplit plus les conditions requises.

Cette exonération cesse de s'appliquer à compter du 1er janvier de l'année suivant celle où les immeubles ne sont plus affectés à une activité commerciale.

En cas de changement d'exploitant au cours d'une période d'exonération, celle-ci est maintenue pour la période restant à courir et dans les conditions prévues pour le prédécesseur.

L'exonération porte sur la totalité de la part revenant à chaque *(L. n° 2019-1479 du 28 déc. 2019, art. 16-II-C-5° et VII-B, applicable à compter des impositions établies au titre de 2021)* « commune *[ancienne rédaction : collectivité territoriale]* » ou établissement public de coopération intercommunale doté d'une fiscalité propre.

Lorsque les conditions requises pour bénéficier des exonérations prévues aux articles 1383 A à 1383 I sont remplies, le contribuable doit opter pour l'un ou l'autre de ces régimes avant le 1er janvier de l'année au titre de laquelle l'exonération prend effet. L'option est irrévocable et vaut pour l'ensemble des collectivités.

Les obligations déclaratives des personnes et organismes concernés par les exonérations prévues au présent article sont fixées par décret. — *V. CGI, Ann. III, art. 315 quindecies A.*

Le bénéfice des exonérations est subordonné au respect du règlement (UE) n° 1407/2013 de la Commission, du 18 décembre 2013, relatif à l'application des articles 107 et 108 du traité sur le fonctionnement de l'Union européenne aux aides *de minimis*. — *Les dispositions du présent art. telles qu'elles ont été modifiées par l'art. 50 de L. n° 2016-1918 du 29 déc. 2016, s'appliquent à compter des impositions dues au titre de 2017. Les contribuables souhaitant bénéficier de ces dispositions au titre des années 2017 et 2018 doivent en faire la demande au service des impôts dont relève chacun de leurs établissements au plus tard le 31 déc. 2017. A défaut de demande dans ce délai, l'exonération n'est pas accordée au titre des années concernées. Pour l'application en 2017 du présent art., les délibérations contraires des collectivités territoriales et de leurs établissements publics de coopération intercommunale doivent être prises dans un délai de soixante jours à compter du 30 déc. 2016 date de la publication de la L. n° 2016-1928 du 29 déc. 2016.*

Quartiers prioritaires de la politique de la ville. Exonérations en faveur des TPE situées dans les QPPV. Commentaires administratifs. * BOI-IF-TFB-10-160-60 du 5 avr. 2017.

JEUNES ENTREPRISES INNOVANTES

[1° BIS JEUNES ENTREPRISES INNOVANTES*]*

Art. 1383 D I. — Les *(L. n° 2019-1479 du 28 déc. 2019, art. 16-II-C-3° et VII-B, applicable à compter des impositions établies au titre de 2021)* « communes *[ancienne rédaction : collectivités territoriales]* » et leurs établissements publics de coopération intercommunale dotés d'une fiscalité propre peuvent, par une délibération de portée générale prise dans les conditions prévues au I de l'article 1639 A *bis*, exonérer de taxe foncière sur les propriétés bâties pour une durée de sept ans les immeubles appartenant à une entreprise créée jusqu'au 31 décembre *(L. n° 2019-1479 du 28 déc. 2019, art. 46-II-1°)* « 2022 *[ancienne rédaction : 2019]* » et répondant, au cours de la période de référence mentionnée à l'article 1467 A, aux conditions fixées par les 1°, 3°, 4° et 5° de l'article 44 *sexies*-0 A et dans lesquels elle exerce son activité au 1er janvier de l'année d'imposition. Lorsque l'immeuble appartient à une entreprise existant au 1er janvier 2004, celle-ci doit avoir été créée depuis moins de huit ans au 1er janvier de l'année d'imposition.

L'exonération porte sur la totalité de la part revenant à chaque *(L. n° 2019-1479 du 28 déc. 2019, art. 16-II-C-7° et VII-B, applicable à compter des impositions établies au titre de 2021)* « commune *[ancienne rédaction : collectivité]* » ou établissement public de coopération intercommunale doté d'une fiscalité propre. Elle cesse définitivement de s'appliquer à compter de l'année qui suit le septième anniversaire de la création de l'entreprise ou, si elle est antérieure, de la deuxième année qui suit la période mentionnée au premier alinéa pendant laquelle l'entreprise ne remplit plus l'une des conditions fixées par les 1°, 3°, 4° et 5° de l'article 44 *sexies*-0 A.

Le bénéfice de l'exonération est subordonné au respect du règlement (UE) n° 1407/2013 de la Commission, du 18 décembre 2013, relatif à l'application des articles 107 et 108 du traité sur le fonctionnement de l'Union européenne aux aides *de minimis*. — *Pour les aides antérieures au 1er janv. 2014, V. App., Règl. (UE) n° 1407/2013 préc., art. 7.*

Lorsque les conditions requises pour bénéficier de *(Décr. n° 2020-897 du 22 juill. 2020, art. 1er)* « l'exonération prévue à l'article 1383 A » ou celles prévues au présent article sont remplies, le contribuable doit opter pour l'un ou l'autre de ces régimes avant le 1er janvier de l'année au titre de laquelle l'exonération prend effet. L'option est irrévocable et vaut pour l'ensemble des collectivités.

II. — Pour les immeubles susceptibles d'être exonérés en application du I, une déclaration doit être souscrite avant le 1er janvier de la première année à compter de laquelle le redevable peut, au titre d'un immeuble concerné, bénéficier de l'exonération. Cette déclaration comporte tous les éléments d'identification du ou des immeubles exonérés.

Immeubles appartenant aux jeunes entreprises innovantes. * BOI-IF-TFB-10-70-20 du 1er juin 2016.

[1° TER ZONES DE REVITALISATION RURALE. LOGEMENTS LOCATIFS ACQUIS ET AMÉLIORÉS AVEC L'AIDE FINANCIÈRE DE L'AGENCE NATIONALE DE L'HABITAT]

Art. 1383 E I. — Dans les zones de revitalisation rurale mentionnées à l'article 1465 A, les *(L. n° 2019-1479 du 28 déc. 2019, art. 16-II-C-3° et VII-B, applicable à compter des impositions établies au titre de 2021)* « communes *[ancienne rédaction : collectivités territoriales]* » et les établissements publics de coopération intercommunale dotés d'une fiscalité propre peuvent, par une délibération de portée générale prise dans les conditions prévues au I de l'article 1639 A *bis*, exonérer de taxe foncière sur les propriétés bâties, pendant une durée de quinze ans, les logements visés au 4° de l'article *(Ord. n° 2019-770 du 17 juill. 2019, art. 7 et 23-I, en vigueur le 1er sept. 2019)* « L. 831-1 » du code de la construction et de l'habitation qui sont, en vue de leur location, acquis puis améliorés au moyen d'une aide financière de l'Agence nationale de l'habitat par des personnes physiques.

L'exonération est applicable à compter de l'année qui suit celle de l'achèvement des travaux d'amélioration. Elle cesse définitivement de s'appliquer à compter du 1er janvier de l'année qui suit une période continue d'au moins douze mois au cours de laquelle les logements n'ont plus fait l'objet d'une location.

La délibération porte sur la totalité de la part revenant à chaque *(L. n° 2019-1479 du 28 déc. 2019, art. 16-II-C-5° et VII-B, applicable à compter des impositions établies au titre de 2021)* « commune *[ancienne rédaction : collectivité territoriale]* » ou établissement public de coopération intercommunale à fiscalité propre.

II. — Pour bénéficier de l'exonération prévue au I :

1° La décision de subvention doit intervenir dans un délai de deux ans au plus à compter de l'année suivant celle de l'acquisition des logements ;

2° Les redevables de la taxe foncière sur les propriétés bâties doivent satisfaire aux obligations déclaratives mentionnées au dernier alinéa du I de l'article 1384 C. — *Ces dispositions s'appliquent aux logements acquis à compter du 1er janv. 2004.*

Exonération des logements locatifs en ZRR acquis puis améliorés avec l'aide de l'ANAH. Zones d'application. Logements concernés. Modalités d'application. Obligations déclaratives. * BOI-IF-TFB-10-160-50 du 12 sept. 2012.

Art. 1383 E *bis* Dans les zones de revitalisation rurale mentionnées à l'article 1465 A, les *(L. n° 2019-1479 du 28 déc. 2019, art. 16-II-C-3° et VII-B, applicable à compter des impositions établies au titre de 2021)* « communes *[ancienne rédaction : collectivités territoriales]* » et les établissements publics de coopération intercommunale dotés d'une fiscalité propre peuvent, par une délibération de portée générale prise dans les conditions prévues au I de l'article 1639 A *bis*, exonérer de taxe foncière sur les propriétés bâties :

a) Les hôtels pour les locaux affectés exclusivement à une activité d'hébergement ;

b) Abrogé par L. n° 2015-1785 du 29 déc. 2015, art. 91-I-2° et II, applicable à compter des impositions établies au titre de 2016 ;

c) Les locaux classés meublés de tourisme dans les conditions prévues à l'article L. 324-1 du code du tourisme ;

d) Les chambres d'hôtes au sens de l'article L. 324-3 du code du tourisme.

Lorsque les conditions requises pour bénéficier de l'exonération prévue à l'article 1383 A et celles prévues au présent article sont remplies, l'exonération prévue au présent article est applicable.

Pour bénéficier de l'exonération prévue au présent article, le propriétaire adresse au service des impôts du lieu de situation du bien, avant le 1er janvier de chaque année au titre de laquelle l'exonération est applicable, une déclaration accompagnée de tous les éléments justifiant de l'affectation des locaux.

Le bénéfice de l'exonération est subordonné au respect du règlement (UE) n° 1407/2013 de la Commission, du 18 décembre 2013, relatif à l'application des articles 107 et 108 du traité sur le fonctionnement de l'Union européenne aux aides *de minimis*. — *Pour les aides antérieures au 1er janv. 2014, V. App., Règl. (UE) n° 1407/2013 préc., art. 7.*

Exonération des hôtels et autres locaux meublés de tourisme situés en ZRR. Champ et modalités d'application de l'exonération. Délibération des collectivités locales. Obligations déclaratives. * BOI-IF-TFB-10-50-50-60 du 12 sept. 2012.

1° QUATER BASSINS URBAINS À DYNAMISER

(L. n° 2017-1775 du 28 déc. 2017, art. 17)

Art. 1383 F I. — Sont exonérés de taxe foncière sur les propriétés bâties les immeubles situés dans un bassin urbain à dynamiser défini au II de l'article 44 *sexdecies*.

L'exonération s'applique aux immeubles rattachés à un établissement remplissant les conditions requises pour bénéficier de l'exonération prévue à l'article 1463 A, dans les mêmes proportions et pendant la même durée que celle-ci. L'abattement ultérieur prévu au dernier alinéa du I du même article 1463 A est applicable.

II. — Les *(L. n° 2019-1479 du 28 déc. 2019, art. 16-II-C-3° et VII-B, applicable à compter des impositions établies au titre de 2021)* **« communes** *[ancienne rédaction : collectivités territoriales]* **» et les établissements publics de coopération intercommunale à fiscalité propre peuvent, par une délibération prise dans les conditions prévues au I de l'article 1639 A *bis*, exonérer de taxe foncière sur les propriétés bâties, pour la part non exonérée au titre du I du présent article, les immeubles situés dans un bassin urbain à dynamiser défini au II de l'article 44 *sexdecies*.**

L'exonération s'applique aux immeubles rattachés à un établissement remplissant les conditions requises pour bénéficier de l'exonération prévue à l'article 1466 B, dans les mêmes proportions et pendant la même durée que celle-ci. L'abattement ultérieur prévu au dernier alinéa du I du même article 1466 B est applicable.

III. — Les exonérations prévues aux I et II s'appliquent à compter du 1er janvier de l'année qui suit celle au cours de laquelle est intervenu le rattachement à un établissement remplissant les conditions requises.

Elles cessent de s'appliquer à compter du 1er janvier de l'année suivant celle au cours de laquelle les immeubles ne sont plus affectés à une activité entrant dans le champ d'application de la cotisation foncière des entreprises.

IV. — Pour bénéficier de l'exonération, le redevable de la taxe foncière sur les propriétés bâties déclare au service des impôts du lieu de situation des biens, avant le 1er janvier de l'année au titre de laquelle l'exonération est applicable et sur un modèle établi par l'administration, les éléments d'identification des immeubles. A défaut du dépôt de cette demande dans ce délai, l'exonération n'est pas accordée au titre de l'année concernée.

L'exonération porte sur les éléments déclarés dans le délai prévu au premier alinéa du présent IV.

V. — Lorsque les conditions requises pour bénéficier de l'une des exonérations prévues aux articles 1383 A, 1383 C *ter*, 1383 D, 1383 H ou 1383 I et de celles prévues au présent article sont remplies, le contribuable doit opter pour l'un ou l'autre de ces régimes avant le 1er janvier de l'année au titre de laquelle l'exonération prend effet.

L'option est irrévocable et vaut pour l'ensemble des *(L. n° 2019-1479 du 28 déc. 2019, art. 16-II-C-3° et VII-B, applicable à compter des impositions établies au titre de 2021)* **« communes** *[ancienne rédaction : collectivités territoriales]* **» et établissements publics de coopération intercommunale.**

VI. – Dans les zones d'aide à finalité régionale, le bénéfice de l'exonération est subordonné au respect des articles 13 et 14 du règlement (UE) n° 651/2014 de la Commission du 17 juin 2014 déclarant certaines catégories d'aides compatibles avec le marché intérieur en application des articles 107 et 108 du traité.

En dehors des zones d'aide à finalité régionale, le bénéfice de l'exonération est subordonné au respect de l'article 17 du règlement (UE) n° 651/2014 de la Commission du 17 juin 2014 précité.

Les exonérations prévues au présent art. s'appliquent à compter des impositions établies au titre de 2019 (L. n° 2017-1775 du 28 déc. 2017, art. 17).

1. Zones de recherche et de développement des pôles de compétitivité. * BOI-IF-TFB-10-160-40 du 4 févr. 2013.

2. Bassins urbains à dynamiser. * BOI-IF-TFB-10-160-70 du 7 juill. 2021.

[1° QUINQUIES CONSTRUCTIONS INCLUSES OU ÉDIFIÉES À PROXIMITÉ DES SITES EXPOSÉS À DES RISQUES PARTICULIERS]

Art. 1383 G **Les** *(L. n° 2019-1479 du 28 déc. 2019, art. 16-II-C-3° et VII-B, applicable à compter des impositions établies au titre de 2021)* **« communes** *[ancienne rédaction : collectivités territoriales]* **» et les établissements publics de coopération intercommunale dotés d'une fiscalité propre peuvent, par une délibération prise dans les conditions prévues au I de l'article 1639 A *bis*, exonérer de taxe foncière sur les propriétés bâties, à concurrence de 15 % ou de 30 %, les constructions affectées à l'habitation achevées antérieurement à la mise en place d'un plan de prévention des risques technologiques mentionné à l'article L. 515-15 du code de l'environnement et situées dans le périmètre d'exposition aux risques prévu par le plan. L'exonération est majorée, le cas échéant, de 15 % pour les constructions affectées à l'habitation situées à l'intérieur des secteurs mentionnés au *a* du 2° de l'article L. 515-16 du code de l'environnement, lorsque de tels secteurs sont délimités par le plan. Elle est majorée de 30 %, le cas échéant, pour les constructions affectées à l'habitation situées à l'intérieur des secteurs mentionnés au *b* du 2° de l'article L. 515-16 du même code, lorsque de tels secteurs sont délimités par le plan.**

La délibération porte sur la part revenant à chaque *(L. n° 2019-1479 du 28 déc. 2019, art. 16-II-C-5° et VII-B, applicable à compter des impositions établies au titre de 2021)* **« commune** *[ancienne rédaction : collectivité territoriale]* **» ou établissement public de coopération intercommunale à fiscalité propre et fixe un taux unique d'exonération pour les constructions situées dans le périmètre visé au premier alinéa.**

Pour bénéficier de cette exonération, le propriétaire doit adresser, avant le 1er janvier de la première année à compter de laquelle l'exonération est applicable, une déclaration au service des impôts du lieu de situation des biens comportant tous les éléments d'identification du ou des immeubles visés au premier alinéa. Lorsque la déclaration est souscrite hors délai, l'exonération s'applique à compter du 1er janvier de l'année suivant celle au cours de laquelle la déclaration est déposée.

Lorsque les conditions requises pour bénéficier de l'exonération prévue à l'article 1383 E et celles prévues au premier alinéa du présent article sont remplies, l'exonération prévue à l'article 1383 E est applicable.

Exonération partielle des locaux d'habitation situés dans les périmètres délimités par un PPRT. Application aux constructions affectées à l'habitation achevées antérieurement à la mise en place d'un plan de prévention des risques technologiques et situées dans le périmètre d'exposition aux risques prévu par ce plan. Nécessité d'une délibération des collectivités territoriales et des EPCI dotés d'une fiscalité propre. * BOI-IF-TFB-10-50-50-30 du 12 sept. 2012.

Art. 1383 G *bis* **Les** *(L. n° 2019-1479 du 28 déc. 2019, art. 16-II-C-3° et VII-B, applicable à compter des impositions établies au titre de 2021)* **« communes** *[ancienne rédaction : collectivités territoriales]* **» et les établissements publics de coopération intercommunale dotés d'une fiscalité propre peuvent, par une délibération prise dans les conditions**

prévues au I de l'article 1639 A *bis*, exonérer de taxe foncière sur les propriétés bâties, à concurrence de 25 % ou de 50 %, les constructions affectées à l'habitation qui :

— sont édifiées à moins de trois kilomètres de la limite de propriété d'un établissement comportant au moins une installation figurant sur la liste prévue à l'article L. 515-36 du code de l'environnement ;

— ont été achevées antérieurement à la construction de l'installation mentionnée à l'alinéa précédent ;

— et ne sont pas situées dans un périmètre d'exposition prévu par un plan de prévention des risques technologiques mentionné à l'article L. 515-15 du code de l'environnement.

La délibération porte sur la part revenant à chaque *(L. n° 2019-1479 du 28 déc. 2019, art. 16-II-C-5° et VII-B, applicable à compter des impositions établies au titre de 2021)* « commune *[ancienne rédaction : collectivité territoriale]* » ou établissement public de coopération intercommunale à fiscalité propre.

Pour bénéficier de cette exonération, le propriétaire doit adresser, avant le 1er janvier de la première année à compter de laquelle l'exonération est applicable, une déclaration au service des impôts du lieu de situation des biens comportant tous les éléments d'identification du ou des immeubles visés au premier alinéa. Lorsque la déclaration est souscrite hors délai, l'exonération s'applique à compter du 1er janvier de l'année suivant celle au cours de laquelle la déclaration est déposée.

Lorsque les conditions requises pour bénéficier de l'exonération prévue à l'article 1383 E et celles prévues au premier alinéa du présent article sont remplies, l'exonération prévue au même article 1383 E est applicable.

Exonération partielle des locaux d'habitation situés à proximité d'une installation classée « SEVESO AS ». Zones d'application de l'exonération et constructions concernées. Nécessité d'une délibération des collectivités territoriales ou des EPCI à fiscalité propre. Articulation de l'exonération prévue par l'art. 1383 G *bis* avec les autres exonérations et dispositifs d'allégement de la taxe foncière sur les propriétés bâties.* BOI-IF-TFB-10-50-50-40 du 12 sept. 2012.

Art. 1383 G *ter* Les *(L. n° 2019-1479 du 28 déc. 2019, art. 16-II-C-3° et VII-B, applicable à compter des impositions établies au titre de 2021)* « communes *[ancienne rédaction : collectivités territoriales]* » et les établissements publics de coopération intercommunale dotés d'une fiscalité propre peuvent, par une délibération prise dans les conditions prévues au I de l'article 1639 A *bis*, exonérer de taxe foncière sur les propriétés bâties, à concurrence de 25 % ou de 50 %, les constructions affectées à l'habitation achevées antérieurement à la mise en place d'un plan de prévention des risques miniers mentionné à l'article L. 174-5 du code minier et situées dans les zones exposées aux risques, définies au 1° du II de l'article L. 562-1 du code de l'environnement, et délimitées par le plan.

La délibération porte sur la part revenant à chaque *(L. n° 2019-1479 du 28 déc. 2019, art. 16-II-C-5° et VII-B, applicable à compter des impositions établies au titre de 2021)* « commune *[ancienne rédaction : collectivité territoriale]* » ou établissement public de coopération intercommunale à fiscalité propre et fixe un taux unique d'exonération pour les constructions situées dans le périmètre visé au premier alinéa.

Pour bénéficier de cette exonération, le propriétaire doit adresser, avant le 1er janvier de la première année à compter de laquelle l'exonération est applicable, une déclaration au service des impôts du lieu de situation des biens comportant tous les éléments d'identification du ou des immeubles visés au premier alinéa. Lorsque la déclaration est souscrite hors délai, l'exonération s'applique à compter du 1er janvier de l'année suivant celle au cours de laquelle la déclaration est déposée.

Lorsque les conditions requises pour bénéficier de l'exonération prévue à l'article 1383 E et celles prévues au premier alinéa du présent article sont remplies, l'exonération prévue à l'article 1383 E est applicable.

Exonération partielle des locaux d'habitation situés dans les zones d'exposition aux risques couvertes par un plan de prévention des risques miniers. Zones d'application de l'exonération et constructions concernées. Nécessité d'une délibération des collectivités territoriales ou des EPCI à fiscalité propre. Articulation de l'exonération prévue par l'art. 1383 G *ter* avec les autres exonérations et dispositifs d'allégement de la taxe foncière sur les propriétés bâties. * BOI-IF-TFB-10-50-50-50 du 12 sept. 2012.

[1° SEXIES BASSINS D'EMPLOI À REDYNAMISER]

Art. 1383 H **Sauf délibération contraire de la** *(L. n° 2019-1479 du 28 déc. 2019, art. 16-II-C-5° et VII-B, applicable à compter des impositions établies au titre de 2021)* **« commune** *[ancienne rédaction : collectivité territoriale]* **» ou de l'établissement public de coopération intercommunale doté d'une fiscalité propre prise dans les conditions prévues au I de l'article 1639 A *bis*, les immeubles situés dans les bassins d'emploi défini au 3 *bis* de l'article 42 de la loi n° 95-115 du 4 février 1995 d'orientation pour l'aménagement et le développement du territoire sont exonérés de taxe foncière sur les propriétés bâties pour une durée de cinq ans.**

L'exonération s'applique aux immeubles rattachés, entre le 1er janvier 2007 et le 31 décembre *(L. n° 2021-1900 du 30 déc. 2021, art. 68-I-1°)* **« 2023** *[ancienne rédaction : 2022]* **» inclus, à un établissement remplissant les conditions requises pour bénéficier de l'exonération prévue au I *quinquies* A de l'article 1466 A. Elle s'applique à compter du 1er janvier de l'année qui suit celle où est intervenu le rattachement à un établissement remplissant les conditions requises, si elle est postérieure.** — *V. note ss. l'art.*

Cette exonération cesse de s'appliquer à compter du 1er janvier de l'année suivant celle où les immeubles ne sont plus affectés à une activité entrant dans le champ d'application de la cotisation foncière des entreprises.

En cas de changement d'exploitant au cours d'une période d'exonération, celle-ci est maintenue pour la période restant à courir et dans les conditions prévues pour le prédécesseur.

L'exonération porte sur la totalité de la part revenant à chaque *(L. n° 2019-1479 du 28 déc. 2019, art. 16-II-C-5° et VII-B, applicable à compter des impositions établies au titre de 2021)* **« commune** *[ancienne rédaction : collectivité territoriale]* **» ou établissement public de coopération intercommunale doté d'une fiscalité propre.**

Lorsque les conditions requises pour bénéficier de l'exonération prévue à l'article 1383 A et de celle prévue au présent article sont remplies, le contribuable doit opter pour l'un ou l'autre de ces régimes avant le 1er janvier de l'année au titre de laquelle l'exonération prend effet. L'option est irrévocable et vaut pour l'ensemble des collectivités. — *Sur les effets de l'option, V. ss. art. 44 duodecies, art. 45-XLIX de la L. n° 2007-1824 du 25 déc. 2007.*

Le bénéfice de l'exonération est subordonné au respect du règlement (UE) n° 1407/2013 de la Commission, du 18 décembre 2013, relatif à l'application des articles 107 et 108 du traité sur le fonctionnement de l'Union européenne aux aides *de minimis*. Toutefois, sur option des entreprises propriétaires d'un immeuble dans une zone d'aide à finalité régionale, le bénéfice de l'exonération est subordonné au respect de l'article 14 du règlement (UE) n° 651/2014 de la Commission, du 17 juin 2014, déclarant certaines catégories d'aides compatibles avec le marché intérieur en application des articles 107 et 108 du traité. — *Pour les aides antérieures, V. App., Règl. (UE) n° 1407/2013 préc., art. 7. — Sur la carte des aides à finalité régionale, V. Décr. n° 2014-758 du 2 juill. 2014 (JO 3 juill.).*

L'option mentionnée au septième alinéa est irrévocable pour la durée de l'exonération. Elle doit être exercée avant le 1er janvier de la première année au titre de laquelle l'exonération prend effet.

Les obligations déclaratives des personnes et organismes concernés par les exonérations prévues au présent article sont fixées par décret. — *V. Ann. III, art. 315 nonies.*

[1° SEPTIES ZONES DE RESTRUCTURATION DE LA DÉFENSE]

Art. 1383 I **Les** *(L. n° 2019-1479 du 28 déc. 2019, art. 16-II-C-3° et VII-B, applicable à compter des impositions établies au titre de 2021)* **« communes** *[ancienne rédaction : collectivités territoriales]* **» et les établissements publics de coopération intercommunale dotés d'une fiscalité propre peuvent, par une délibération prise dans les conditions prévues au I de l'article 1639 A *bis*, exonérer de taxe foncière sur les propriétés bâties les immeubles situés dans les zones de restructuration de la défense définies aux 1° et 2° du 3 *ter* de l'article 42 de la loi n° 95-115 du 4 février 1995 d'orientation pour l'aménagement et le développement du territoire.**

L'exonération s'applique aux immeubles rattachés à un établissement remplissant les conditions requises pour bénéficier de l'exonération prévue au I *quinquies* B de l'article 1466 A et pendant la même durée que celle-ci.

Elle s'applique à compter du 1er janvier de l'année qui suit celle où est intervenu le rattachement à un établissement remplissant les conditions requises.

Cette exonération cesse de s'appliquer à compter du 1er janvier de l'année suivant celle où les immeubles ne sont plus affectés à une activité entrant dans le champ d'application de la cotisation foncière des entreprises.

En cas de changement d'exploitant au cours d'une période d'exonération, celle-ci est maintenue pour la période restant à courir et dans les conditions prévues pour le prédécesseur.

L'exonération porte sur la totalité de la part revenant à chaque *(L. n° 2019-1479 du 28 déc. 2019, art. 16-II-C-5° et VII-B, applicable à compter des impositions établies au titre de 2021)* « commune *[ancienne rédaction : collectivité territoriale]* » ou établissement public de coopération intercommunale doté d'une fiscalité propre.

Lorsque les conditions requises pour bénéficier de l'une des exonérations prévues aux articles 1383 A *(Abrogé par L. n° 2021-1900 du 30 déc. 2021, art. 35-I-28°)* « *, 1383 C bis* », 1383 D ou 1383 H et de celle prévue au présent article sont satisfaites, le contribuable doit opter pour l'un ou l'autre de ces régimes avant le 1er janvier de l'année au titre de laquelle l'exonération prend effet. L'option est irrévocable et vaut pour l'ensemble des *(L. n° 2019-1479 du 28 déc. 2019, art. 16-II-C-3° et VII-B, applicable à compter des impositions établies au titre de 2021)* « communes *[ancienne rédaction : collectivités territoriales]* » et établissements publics de coopération intercommunale.

Le bénéfice de l'exonération est subordonné au respect du règlement (UE) n° 1407/2013 de la Commission, du 18 décembre 2013, relatif à l'application des articles 107 et 108 du traité sur le fonctionnement de l'Union européenne aux aides *de minimis*. Toutefois, sur option des entreprises propriétaires d'un immeuble dans une zone d'aide à finalité régionale, le bénéfice de l'exonération est subordonné au respect de l'article 14 du règlement (UE) n° 651/2014 de la Commission du 17 juin 2014 déclarant certaines catégories d'aides compatibles avec le marché intérieur en application des articles 107 et 108 du traité. *— Pour les aides antérieures au 1er janv. 2014, V. App., Règl. (UE) n° 1407/2013 préc., art. 7. — Sur la carte des aides à finalité régionale, V. Décr. n° 2014-758 du 2 juill. 2014 (JO 3 juill.).*

L'option mentionnée au huitième alinéa est irrévocable pour la durée de l'exonération. Elle doit être exercée avant le 1er janvier de la première année au titre de laquelle l'exonération prend effet.

Les obligations déclaratives des personnes et organismes concernés par l'exonération prévue au présent article sont fixées par décret. *— V. Ann. III, art. 315 terdecies. — Pour les immeubles situés dans les DOM, V. également art. 1388 quinquies-VII.*

L. n° 2008-1443 du 30 déc. 2008, art. 34-VII : « Lorsque l'entreprise exerce l'option pour l'application de l'article 13 du règlement (CE) n° 800/2008 de la Commission du 6 août 2008 précité au titre de l'un des dispositifs prévus aux articles 44 terdecies et 1383 I, au I quinquies B de l'article 1466 A du code général des impôts ou au VII [VI : exonération de cotisations sociales] du présent article, cette option vaut pour l'ensemble des dispositifs précités.

« Lorsque aucune option pour l'application de l'article 13 du règlement (CE) n° 800/2008 de la Commission du 6 août 2008 précité n'a été formulée dans les délais requis au titre d'un des dispositifs d'exonération mentionnés à l'alinéa précédent, l'exercice ultérieur d'options portant sur un de ces dispositifs n'est pas recevable. »

1° OCTIES ZONES DE DÉVELOPPEMENT PRIORITAIRE

(L. n° 2018-1317 du 28 déc. 2018, art. 135-I-12° et VI-B, applicable à compter des impositions établies au titre de 2020)

Art. 1383 J I. — Sont exonérés de taxe foncière sur les propriétés bâties les immeubles situés dans les zones de développement prioritaire définies au II de l'article 44 *septdecies*.

L'exonération s'applique aux immeubles rattachés à un établissement remplissant les conditions requises pour bénéficier de l'exonération prévue à l'article 1463 B, dans les mêmes proportions et pendant la même durée que celle-ci.

II. – Les *(L. nº 2019-1479 du 28 déc. 2019, art. 16-II-C-3º et VII-B, applicable à compter des impositions établies au titre de 2021)* « communes *[ancienne rédaction : collectivités territoriales]* » et les établissements publics de coopération intercommunale à fiscalité propre peuvent, par une délibération prise dans les conditions prévues au I de l'article 1639 A *bis*, exonérer de taxe foncière sur les propriétés bâties, pour la part non exonérée au titre du I, les immeubles situés dans les zones de développement prioritaire définies au II de l'article 44 *septdecies*.

L'exonération s'applique aux immeubles rattachés à un établissement remplissant les conditions requises pour bénéficier de l'exonération prévue à l'article 1466 B *bis*, dans les mêmes proportions et pendant la même durée que celle-ci.

III. – Les exonérations prévues aux I et II s'appliquent à compter du 1er janvier de l'année qui suit celle où est intervenu le rattachement à un établissement remplissant les conditions requises.

Elles cessent de s'appliquer à compter du 1er janvier de l'année suivant celle où les immeubles ne sont plus affectés à une activité entrant dans le champ d'application de la cotisation foncière des entreprises.

IV. – Pour bénéficier de l'exonération, le redevable de la taxe foncière sur les propriétés bâties déclare au service des impôts du lieu de situation des biens, avant le 1er janvier de l'année au titre de laquelle l'exonération est applicable et sur un modèle établi par l'administration, les éléments d'identification des immeubles. A défaut du dépôt de cette demande dans ce délai, l'exonération n'est pas accordée au titre de l'année concernée.

L'exonération porte sur les éléments déclarés dans le délai prévu au premier alinéa du présent IV.

V. – Lorsque les conditions requises pour bénéficier de l'une des exonérations prévues aux articles 1383 A, 1383 C *ter*, 1383 D, 1383 H, 1383 I ou 1383 F et de celles prévues au présent article sont satisfaites, le contribuable doit opter pour l'un ou l'autre de ces régimes avant le 1er janvier de l'année au titre de laquelle l'exonération prend effet. L'option est irrévocable et vaut pour l'ensemble des *(L. nº 2019-1479 du 28 déc. 2019, art. 16-II-C-3º et VII-B, applicable à compter des impositions établies au titre de 2021)* « communes *[ancienne rédaction : collectivités territoriales]* » et établissements publics de coopération intercommunale.

VI. – Dans les zones d'aide à finalité régionale, le bénéfice de l'exonération est subordonné au respect de l'article 14 du règlement (UE) nº 651/2014 de la Commission du 17 juin 2014 déclarant certaines catégories d'aides compatibles avec le marché intérieur en application des articles 107 et 108 du traité.

En dehors des zones d'aide à finalité régionale, le bénéfice de l'exonération est subordonné au respect de l'article 17 du même règlement.

Exonérations des immeubles rattachés à des entreprises nouvelles créées dans les zones de développement prioritaire (ZDP). Champ d'application. Conditions d'application de l'exonération. Zones d'application. Conditions relatives aux immeubles exonérés. Portée des exonérations. Obligations déclaratives. * BOI-IF-TFB-10-160-80 du 22 avr. 2020.

2º HABITATIONS À LOYER MODÉRÉ

Art. 1384 I. – Les constructions neuves affectées à l'habitation principale sont exonérées de la taxe foncière sur les propriétés bâties pendant une durée de quinze ans à compter de l'année qui suit celle de leur achèvement lorsqu'elles ont fait l'objet d'un prêt selon le régime propre aux habitations à loyer modéré.

Cette exonération ne s'applique qu'aux parties de l'immeuble réellement occupées par les logements à loyer modéré.

II. – Pour bénéficier de l'exonération, le propriétaire doit produire une demande dans les quatre mois de l'ouverture des travaux, selon les modalités fixées par décret. *– Ann. III, art. 314.*

III. – L'exonération cesse de plein droit si par suite de transformations ou d'agrandissements, l'immeuble perd le caractère d'une habitation à loyer modéré.

2° *BIS* LOGEMENTS INTERMÉDIAIRES

(L. n° 2013-1278 du 29 déc. 2013, art. 73-I-5°)

Art. 1384-0 A **Les logements neufs affectés à l'habitation principale** *(L. n° 2021-1900 du 30 déc. 2021, art. 81-I-2°)* **« et achevés avant le 1er janvier 2023 » sont exonérés de taxe foncière sur les propriétés bâties pendant une durée de vingt ans à compter de l'année qui suit celle de leur achèvement lorsqu'ils ont bénéficié de l'article 279-0 *bis* A.**

Cette exonération ne s'applique qu'aux logements loués dans les conditions prévues au *(L. n° 2020-1721 du 29 déc. 2020, art. 50-I-4° et III, applicable aux livraisons de logements réalisées à compter du 1er janv. 2021 intervenant dans le cadre d'opérations de construction ou de transformation n'ayant pas fait l'objet d'un agrément conformément à l'art. 279-0 bis A CGI, dans sa rédaction antérieure au 1er janv. 2021)* **« 1° du I » du même article 279-0 *bis* A.**

L'exonération cesse de s'appliquer à tous les logements des opérations de construction concernées à compter de l'année suivant celle au cours de laquelle le bénéfice dudit article 279-0 *bis* A est remis en cause dans les conditions prévues au II *bis* de l'article 284.

Exonération des logements intermédiaires. Conditions et modalités d'application. * BOI-IF-TFB-10-75 du 3 juin 2015.

3° CONSTRUCTIONS FINANCÉES AU MOYEN DES PRÊTS AIDÉS PAR L'ÉTAT

Art. 1384 A **I. — Les constructions neuves affectées à l'habitation principale et financées à concurrence de plus de 50 % au moyen des prêts aidés par l'État, prévus aux articles L. 301-1 et suivants du code de la construction et de l'habitation, sont exonérées de la taxe foncière sur les propriétés bâties pendant une durée de quinze ans à compter de l'année qui suit celle de leur achèvement.**

(L. n° 2019-1479 du 28 déc. 2019, art. 30-I-8°-a et III, applicable à compter des impositions établies au titre de 2020) **« L'exonération s'applique aux constructions de logements locatifs sociaux, au sens du 1° du I de l'article 278 *sexies*, neufs et affectés à l'habitation principale, lorsqu'ils sont financés à concurrence de plus de 50 % au moyen d'un prêt réglementé, au sens du 2° du même I. Ce seuil est abaissé à 30 % lorsque ces logements ont fait l'objet d'une cession de droits immobiliers dans les conditions mentionnées au 1° du B du II du même article 278 *sexies*** *[ancienne rédaction : L'exonération s'applique aux constructions de logements neufs à usage locatif et affectés à l'habitation principale, mentionnés aux 3° et 5° de l'article L. 831-1 du code de la construction et de l'habitation lorsqu'ils sont financés à concurrence de plus de 50 % au moyen d'un prêt prévu à l'article R. 331-1 du même code, et qu'ils bénéficient des dispositions des 2 ou 10 du I de l'article 278 sexies ou des dispositions du II du même article pour les logements mentionnés aux 3° et 5° de l'article L. 831-1 du code de la construction et de l'habitation. Pour les constructions mentionnées au 10 du I de l'article 278 sexies, le taux de 50 % est ramené à 30 %].* **» En Guadeloupe, en Guyane, à la Martinique, à Mayotte et à La Réunion, l'exonération s'applique aux constructions de logements neufs à usage locatif et affectés à l'habitation principale lorsqu'elles sont financées à concurrence de plus de 50 % au moyen d'un prêt prévu à l'article R. 372-1 du code de la construction et de l'habitation. Pour les constructions financées dans les conditions prévues aux articles** *(Décr. n° 2020-897 du 22 juill. 2020, art. 1er)* **« D. 331-14 » à R. 331-16** *[D. 331-16]* **ou aux articles** *(Décr. n° 2020-897 du 22 juill. 2020, art. 1er)* **« D. 372-9 à D. 372-12 » du code de la construction et de l'habitation, la condition de financement s'apprécie en tenant compte des subventions versées par l'État, l'Agence nationale pour la rénovation urbaine, les collectivités territoriales et les établissements publics de coopération intercommunale ainsi que des subventions ou prêts consentis au titre de la participation des employeurs à l'effort de construction.** — *L'art. R. 331-16, devenu l'art. D. 331-16 CCH, a été entièrement réécrit par le Décr. n° 2017-760 du 3 mai 2017, art. 3-8°. — Les dispositions du 2e al. du I de l'art. 1384 A CGI dans sa version antérieure à la L. n° 2019-1479 du 28 déc. 2019 restent applicables aux logements achevés avant le 1er janv. 2019 (L. préc., art. 30-III).*

Toutefois, la durée de l'exonération est ramenée à dix ans pour les logements en accession à la propriété pour la réalisation desquels aucune demande de prêt n'a été déposée avant le 31 décembre 1983.

Cette exonération ne s'applique pas aux logements financés au moyen de l'avance remboursable ne portant pas intérêt prévue par l'article *(Décr. n° 2020-897 du 22 juill. 2020, art. 1er)* « D. 317-1 » du code de la construction et de l'habitation.

I *bis.* — Pour les constructions de logements visées au deuxième alinéa du I et pour lesquelles l'ouverture de chantier est intervenue à compter du 1er janvier 2002, la durée de l'exonération est portée à vingt ans lorsque ces constructions satisfont à au moins quatre des cinq critères de qualité environnementale suivants :

a) modalités de conception, notamment assistance technique du maître d'ouvrage par un professionnel ayant des compétences en matière d'environnement ;

b) modalités de réalisation, notamment gestion des déchets du chantier ;

c) performance énergétique et acoustique ;

d) utilisation d'énergie et de matériaux renouvelables ;

e) maîtrise des fluides.

Pour bénéficier de cette durée d'exonération, le redevable de la taxe doit joindre à la déclaration prévue par l'article 1406 un certificat établi au niveau départemental par l'administration chargée de l'équipement constatant le respect des critères de qualité environnementale de la construction.

La définition technique de ces critères, le contenu ainsi que les modalités de délivrance du certificat sont fixés par décret en Conseil d'État. — *V. Ann. II, art. 310-0 H, et Ann. IV, art. 121-0 AA.*

I *ter.* — Pour les constructions de logements mentionnées au deuxième alinéa du I, la durée de l'exonération est portée à vingt-cinq ans, lorsqu'elles bénéficient d'une décision d'octroi de subvention ou de prêt aidé prise entre le 1er juillet 2004 et le 31 décembre *(L. n° 2017-1837 du 30 déc. 2017, art. 101)* « 2022 ».

La durée d'exonération mentionnée au I *bis* est portée à trente ans pour les constructions qui bénéficient d'une décision d'octroi de subvention ou de prêt aidé prise entre le 1er juillet 2004 et le 31 décembre *(L. n° 2017-1837 du 30 déc. 2017, art. 101)* « 2022 ».

I *quater.* — Sont exonérées de taxe foncière sur les propriétés bâties pendant une durée de quinze ans à compter de l'année qui suit celle de leur achèvement les constructions de logements neufs à usage locatif et affectés à l'habitation principale appartenant à l'association mentionnée à l'article L. 313-34 du code de la construction et de l'habitation ou aux sociétés civiles immobilières dont cette association détient la majorité des parts lorsqu'elles sont financées à concurrence de plus de 50 % par des subventions versées au titre de la participation des employeurs à l'effort de construction et qu'elles bénéficient des dispositions *(L. n° 2019-1479 du 28 déc. 2019, art. 30-I-8° et III, applicable à compter des impositions établies au titre de 2020)* « de la seconde phrase du dernier alinéa du A du II de l'article 278 *sexies* *[ancienne rédaction : du 6 du I de l'article 278 sexies ou des dispositions du II du même article pour les logements mentionnés au 4° de l'article L. 831-1 du code de la construction et de l'habitation]* ». La durée d'exonération est portée à vingt-cinq ans pour les constructions qui bénéficient d'une décision d'octroi de subvention prise entre le 1er mars 2007 et le 31 décembre 2018.

II. — Pour les logements en accession à la propriété situés dans un groupe d'immeubles ou un ensemble immobilier faisant l'objet des mesures de sauvegarde prévues aux articles L. 615-1 à L. 615-5 du code de la construction et de l'habitation, la durée d'exonération mentionnée au I est prolongée de cinq ans.

Avant le 31 décembre de chaque année, la commission mentionnée à l'article L. 615-1 du code de la construction et de l'habitation adresse à l'autorité compétente de l'État du lieu de situation de ces logements la liste des logements et de leurs propriétaires répondant aux conditions mentionnées au premier alinéa.

III. — Les constructions de logements neufs affectés à l'habitation principale faisant l'objet d'un contrat de location-accession en application de la loi n° 84-595 du 12 juillet 1984 définissant la location-accession à la propriété immobilière sont exonérées de taxe foncière sur les propriétés bâties pendant une durée de quinze ans à compter de l'année suivant celle de leur achèvement lorsqu'elles font l'objet, dans des conditions fixées par décret, d'une convention et d'une décision d'agrément prise par le représentant de l'État dans le département. L'exonération est maintenue pour la période restant à courir lorsque le locataire-accédant lève l'option, le cas échéant jusqu'à la date de cession du logement, ou lorsque le logement fait l'objet d'un nou-

veau contrat de location-accession respectant les mêmes conditions que le précédent contrat ou qu'il est remis en location en faisant l'objet d'une convention prévue par l'article L. 353-2 du code de la construction et de l'habitation.

[IV. en vigueur jusqu'au 31 déc. 2019]

(L. n° 2018-1317 du 28 déc. 2018, art. 158) **« IV. — L'exonération prévue au III du présent article peut également s'appliquer, sur délibération des collectivités territoriales et des établissements publics de coopération intercommunale à fiscalité propre, prise dans les conditions prévues à l'article 1639 A *bis*, aux logements anciens réhabilités faisant l'objet d'un contrat de location-accession en application de la loi n° 84-595 du 12 juillet 1984 définissant la location-accession à la propriété immobilière et destinés à être occupés, à titre de résidence principale, par des personnes physiques dont les revenus à la date de signature du contrat préliminaire ou, à défaut, du contrat de location-accession ne dépassent pas les plafonds prévus à la première phrase du dixième alinéa de l'article L. 411-2 du code de la construction et de l'habitation. »**

[IV. en vigueur le 1er janv. 2020]

(L. n° 2019-1479 du 28 déc. 2019, art. 25-I et III) **« IV. — Sur délibération des** *(L. n° 2019-1479 du 28 déc. 2019, art. 16-II-C-3° et VII-B, applicable à compter des impositions établies au titre de 2021)* **« communes** *[ancienne rédaction : collectivités territoriales]* **» et des établissements publics de coopération intercommunale à fiscalité propre, prise dans les conditions prévues à l'article 1639 A *bis*, les logements anciens réhabilités affectés à l'habitation principale et faisant l'objet d'un contrat de location-accession en application de la loi n° 84-595 du 12 juillet 1984 définissant la location-accession à la propriété immobilière sont exonérés de taxe foncière sur les propriétés bâties pendant une durée de quinze ans à compter de l'année suivant celle de l'achèvement des travaux de réhabilitation lorsqu'ils font l'objet, dans des conditions fixées par décret, d'une convention et d'une décision d'agrément prise par le représentant de l'État dans le département. L'exonération est maintenue pour la période restant à courir lorsque le locataire-accédant lève l'option, le cas échéant jusqu'à la date de cession du logement, ou lorsque le logement fait l'objet d'un nouveau contrat de location-accession respectant les mêmes conditions que le précédent contrat ou qu'il est remis en location en faisant l'objet d'une convention prévue à l'article L. 353-2 du code de la construction et de l'habitation. »**

La perte de recettes résultant pour les collectivités territoriales des dispositions issues de l'art. 158 de la L. n° 2018-1317 du 28 déc. 2018 est compensée, à due concurrence, par une majoration de la dotation globale de fonctionnement. La perte de recettes en résultant pour l'État est compensée, à due concurrence, par la création d'une taxe additionnelle aux droits prévus aux art. 575 et 575 A (L. préc., art. 158-II et III).

1. PSI. Les prêts spéciaux immédiats du Crédit foncier prévus par le décret n° 72-66 du 24 janv. 1972 ne peuvent être regardés comme des prêts aidés par l'État. • CE 29 juill. 1998, n° 138735 : *Dr. fisc. 1998. 961 ; RJF 1998. 1136.*

2. Point de départ de l'exonération et date d'affectation des logements. La date d'achèvement des constructions détermine le point de départ de l'exonération temporaire prévue à *l'art. 1384-I. Mais c'est au 1er janv.* de chaque année qu'il convient de se placer pour apprécier si des constructions entrant dans le champ d'application de cet art. ont le caractère de logements en accession à la propriété pour lesquels ce même texte ramène la durée d'exonération de 15 à 10 ans. • CE 9 nov. 2005, n° 263707, *Sté d'HLM immobilière Nord-Artois : RJF 2006. 165 ; Dr. fisc. 2006. 380, concl. Olléon.*

3. Exonération des constructions de logements neufs à usage locatif satisfaisant à des critères de qualité environnementale. Constructions concernées. Durée d'exonération. Obligations déclaratives et contrôle. * BOI-IF-TFB-10-180-20 du 1er juill 2015.

4. Exonération de logements sociaux. Un bâtiment destiné à loger des travailleurs saisonniers doit être regardé, pour l'application de l'art. 1384 A, I-al. 2, comme destiné à l'habitation principale. • CE 19 sept. 2014, *Sté coopérative d'HLM Savoisienne Habitat,* n° 365057 : *RJF 2014. 1116 ; Dr. fisc. 2014. 655, note Ralkos.* ♦ Le propriétaire de constructions neuves remplissant les conditions définies par l'art. 1384 A, peut bénéficier de l'exonération que ces dispositions prévoient même s'il donne l'immeuble à gérer à un tiers, dès lors que ce dernier le donne en location à usage d'habitation principale. • Même arrêt.

5. Exonération facultative pour les logements sociaux anciens réhabilités donnés en location-accession. * BOI-IF-TFB-10-100 du 17 déc. 2020.

Art. 1384 B Les communes et groupements de communes à fiscalité propre peuvent, par délibération prise dans les conditions prévues à l'article 1639 A *bis*, exonérer totalement ou partiellement, pour la part de taxe foncière sur les propriétés bâties qui leur revient, pendant une durée qu'ils déterminent, les logements faisant l'objet d'un bail à réhabilitation en application de l'article L. 252-1 du code de la construction et de l'habitation. — *Pour les logements acquis en vue de leur location avec le concours financier de l'État en application du 3° de l'art. L. 351-2 du code de la construction et de l'habitation, V. art. 1384 C.*

Les obligations déclaratives des personnes et organismes entrant dans le champ d'application du premier alinéa sont fixées par décret. — *V. Ann. III, art. 315 à 315 ter, et Nota ss. art. 1384 C.*

Les logements pris à bail, à compter du 1er janvier 2005, dans les conditions fixées par les articles L. 252-1 à L. 252-4 du code de la construction et de l'habitation, sont exonérés de taxe foncière sur les propriétés bâties pendant la durée de ce bail. Les pertes de recettes résultant de cette exonération sont compensées intégralement.

Pour les logements pris à bail dans les conditions fixées aux articles L. 252-1 à L. 252-4 du code de la construction et de l'habitation, les communes et les établissements publics de coopération intercommunale à fiscalité propre sur le territoire desquels les logements locatifs sociaux, au sens de l'article L. 302-5 du même code, représentent au moins 50 % des résidences principales peuvent, par une délibération prise dans les conditions prévues au I de l'article 1639 A *bis* et pour la part de taxe foncière sur les propriétés bâties qui leur revient, supprimer l'exonération prévue au troisième alinéa du présent article.

Lorsqu'elle est supprimée dans ces conditions, l'exonération continue de s'appliquer pour les logements pris à bail avant la date à laquelle la délibération a été prise.

Au titre de 2009, la compensation des pertes de recettes visées au troisième alinéa est minorée par application d'un taux correspondant à l'écart entre le montant total versé en 2008 au titre de l'ensemble des compensations mentionnées aux I à X de l'article 48 de la loi n° 2008-1425 du 27 décembre 2008 de finances pour 2009 et le montant total de ces mêmes compensations prévu à cette fin pour 2009 par le XI de ce même article.

Au titre de 2010, la compensation calculée selon les dispositions qui précèdent et à laquelle est appliqué le taux d'évolution fixé au titre de 2009 est minorée par application d'un taux correspondant à l'écart entre le montant total à verser en 2009 au titre de l'ensemble des compensations mentionnées aux I à VIII de l'article 47 de la loi n° 2009-1673 du 30 décembre 2009 de finances pour 2010 et le montant total de ces mêmes compensations prévu à cette fin pour 2010 par le IX de ce même article.

Au titre de l'année 2011, les taux à prendre en compte pour les départements pour le calcul de la compensation visée aux alinéas précédents sont les taux de référence relatifs à l'année 2010 définis au B du V de l'article 1640 C.

Au titre de 2011, la compensation calculée selon les dispositions qui précèdent et à laquelle sont appliqués le taux d'évolution fixé au titre de 2009 et le taux d'évolution fixé au titre de 2010 est minorée par application du taux défini au IV de l'article 51 de la loi n° 2010-1657 du 29 décembre 2010 de finances pour 2011.

Au titre de 2012, la même compensation, à laquelle sont appliqués les taux d'évolution fixés au titre de 2009, 2010 et 2011, est minorée par application du taux prévu pour 2012 au III de l'article 33 de la loi n° 2011-1977 du 28 décembre 2011 de finances pour 2012.

Au titre de 2013, la même compensation, à laquelle sont appliqués les taux d'évolution fixés au titre de 2009, 2010, 2011 et 2012, est minorée par application du taux prévu pour 2013 au IV de l'article 31 de la loi n° 2012-1509 du 29 décembre 2012 de finances pour 2013.

Au titre de 2014, la même compensation, à laquelle sont appliqués les taux d'évolu*tion fixés au titre de 2009*, 2010, 2011, 2012 et 2013, est minorée par application du taux prévu pour 2014 au IV de l'article 37 de la loi n° 2013-1278 du 29 décembre 2013 de finances pour 2014.

Au titre de 2015, la même compensation, à laquelle sont appliqués les taux d'évolution fixés depuis 2009, est minorée par application du taux prévu pour 2015 au III de l'article 23 de la loi n° 2014-1654 du 29 décembre 2014 de finances pour 2015.

Au titre de 2016, la même compensation, à laquelle sont appliqués les taux d'évolution fixés depuis 2009, est minorée par application du taux prévu pour 2016 au III de l'article 33 de la loi n° 2015-1785 du 29 décembre 2015 de finances pour 2016.

Au titre de 2017, la même compensation, à laquelle sont appliqués les taux d'évolution fixés depuis 2009, est minorée par application du taux prévu pour 2017 au X de l'article 33 de la loi n° 2016-1917 du 29 décembre 2016 de finances pour 2017.

(L. n° 2017-1837 du 30 déc. 2017, art. 41) « A compter de 2018, les taux d'évolution fixés depuis 2009 et jusqu'à 2017 sont appliqués à la même compensation. »

(Ord. n° 2018-75 du 8 févr. 2018, art. 7) « Pour l'application des dispositions qui précèdent, la Ville de Paris est substituée de plein droit, à compter du 1er janvier 2019, à la commune de Paris. »

Art. 1384 C I. — Les logements acquis en vue de leur location, avec le concours financier de l'État ou avec une subvention de l'Agence nationale pour la rénovation urbaine, en application des 3° et 5° de l'article *(Ord. n° 2019-770 du 17 juill. 2019, art. 7 et 23-I, en vigueur le 1er sept. 2019)* « L. 831-1 » du code de la construction et de l'habitation ou au moyen d'un financement prévu à l'article R. 372-1 du même code, sont exonérés de la taxe foncière sur les propriétés bâties pendant une durée de quinze ans à compter de l'année qui suit celle de leur acquisition. La durée de l'exonération est portée à vingt-cinq ans lorsque la décision de subvention ou de prêt intervient entre le 1er juillet 2004 et le 31 décembre *(L. n° 2017-1837 du 30 déc. 2017, art. 101)* « 2022. L'exonération prévue au présent alinéa ne s'applique pas aux logements acquis ou améliorés et qui ont bénéficié d'une exonération en application des articles 1384, 1384 A et 1384 B du présent code, du présent article et de l'article 1384 F. ».

Sont également exonérés de taxe foncière sur les propriétés bâties pendant une durée de quinze ans les logements visés au 4° de l'article *(Ord. n° 2019-770 du 17 juill. 2019, art. 7 et 23-I, en vigueur le 1er sept. 2019)* « L. 831-1 » du code de la construction et de l'habitation qui, en vue de leur location ou attribution à titre temporaire aux personnes défavorisées mentionnées à l'article 1er de la loi n° 90-449 du 31 mai 1990 modifiée visant la mise en œuvre du droit au logement, sont améliorés au moyen d'une aide financière de l'Agence nationale de l'habitat par des organismes ne se livrant pas à une exploitation ou à des opérations de caractère lucratif et bénéficiant de l'agrément relatif à l'intermédiation locative et à la gestion locative sociale prévu à l'article L. 365-4 du code de la construction et de l'habitation. Le bénéfice de l'exonération est subordonné à la condition que la décision de subvention intervienne dans un délai de deux ans au plus à compter de l'année suivant celle de l'acquisition des logements par ces organismes. L'exonération de quinze ans est applicable à compter de l'année qui suit celle de l'achèvement des travaux d'amélioration. La durée de l'exonération est portée à vingt-cinq ans lorsque la décision de subvention de l'Agence nationale de l'habitat intervient entre le 1er juillet 2004 et le 31 décembre *(L. n° 2017-1837 du 30 déc. 2017, art. 101)* « 2022 ».

La durée de l'exonération est ramenée à quinze ans pour les logements acquis auprès des organismes mentionnés à l'article L. 411-5 du code de la construction et de l'habitation et au moyen de prêts mentionnés à la sous-section 3 de la section I du chapitre unique du titre III du livre III de la partie réglementaire du même code.

Les obligations déclaratives à la charge des personnes et organismes entrant dans le champ d'application du présent article sont fixées par décret. — *V. Ann. III, art. 315-0 bis à 315 ter.*

II. — Sont exonérés de taxe foncière sur les propriétés bâties pendant une durée de quinze ans les logements détenus, directement ou indirectement par le biais d'une filiale à participation majoritaire, par l'Établissement public de gestion immobilière du Nord-Pas-de-Calais créé par l'article 191 de la loi n° 2000-1208 du 13 décembre 2000 relative à la solidarité et au renouvellement urbains lorsque ces logements sont améliorés au moyen d'une aide financière de l'Agence nationale de l'habitat et qu'ils font l'objet d'une convention avec cette agence ou avec l'État fixant les conditions de leur occupation et le niveau de ressources auquel est soumise leur attribution dans des conditions définies par décret. L'exonération de quinze ans est applicable à compter de l'année qui suit celle de l'achèvement des travaux d'amélioration pour les logements dont lesdits travaux sont achevés depuis le 1er juillet 2004. La durée de l'exonération

est portée à vingt-cinq ans lorsque la décision de subvention intervient entre le 1er juillet 2004 et le 31 décembre 2018.

Pour bénéficier de l'exonération, le propriétaire doit satisfaire aux obligations déclaratives prévues au I pour les immeubles mentionnés au 4° de l'article *(Décr. n° 2020-897 du 22 juill. 2020, art. 1er)* **« L. 831-1** *[ancienne rédaction : L. 351-2]* **» du code de la construction et de l'habitation. La déclaration doit préciser la date de décision et de versement de subvention par l'Agence nationale de l'habitat ainsi que la date d'achèvement des travaux d'amélioration. »**

Les logements qui font l'objet d'une convention avec l'Agence nationale de l'habitat et qui seront conventionnés à l'aide personnalisée au logement après la transformation en société anonyme d'habitations à loyer modéré de la société de gestion du patrimoine immobilier des houillères du bassin du Nord et du Pas-de-Calais conservent le bénéfice de l'exonération de taxe foncière sur les propriétés bâties dans les conditions prévues aux deux premiers alinéas.

III. — Les communes et les établissements publics de coopération intercommunale à fiscalité propre sur le territoire desquels les logements locatifs sociaux, au sens de l'article L. 302-5 du code de la construction et de l'habitation, représentent au moins 50 % des résidences principales peuvent, par une délibération prise dans les conditions prévues au I de l'article 1639 A *bis* et pour la part de taxe foncière sur les propriétés bâties qui leur revient, supprimer l'exonération prévue au I ou au II du présent article.

Lorsqu'elle est supprimée dans ces conditions, l'exonération continue de s'appliquer pour les logements acquis avant la date à laquelle la délibération a été prise. — *Le III du présent art. s'applique aux logements acquis ou améliorés et qui ont bénéficié d'une exonération en application des art. 1384, 1384 A, 1384 B, 1384 C et 1384 F CGI sans préjudice de la durée d'exonération acquise à ce titre (L. n° 2016-1917 du 29 déc. 2016, art. 94-III).*

L'exonération de taxe foncière sur les propriétés bâties est applicable aux logements mentionnés au II du présent art. lorsque ces logements sont améliorés à l'aide d'une subvention de l'Agence nationale pour l'amélioration de l'habitat et qu'ils font l'objet d'une convention prévue au 4° de l'art. L. 351-2 CCH fixant leurs conditions d'occupation et le niveau des ressources auquel est soumise leur attribution (Décr. n° 2006-674 du 8 juin 2006, art. 1er).

3° BIS LOCAUX ACQUIS OU AMÉNAGÉS AVEC L'AIDE DE L'ÉTAT

Art. 1384 D A compter du 1er janvier 2000, les locaux acquis, aménagés ou construits en vue de la création de structures d'hébergement temporaire ou d'urgence faisant l'objet d'une convention entre le propriétaire ou le gestionnaire des locaux et le représentant de l'État dans le département et destinées aux personnes visées au II de l'article L. 301-1 du code de la construction et de l'habitation sont exonérés de taxe foncière sur les propriétés bâties pendant une durée de quinze ans. La durée de l'exonération est portée à vingt-cinq ans lorsque la décision d'octroi d'aide de l'État intervient entre le 1er juillet 2005 et le 31 décembre *(L. n° 2017-1837 du 30 déc. 2017, art. 101)* **« 2022 ».**

L'exonération est applicable à compter de l'année qui suit celle de l'achèvement des travaux d'aménagement ou, à défaut de travaux d'aménagement, celle de l'acquisition ou de la construction des locaux ; elle est remise en cause lorsque les locaux ne sont plus affectés à l'hébergement d'urgence.

La définition des locaux entrant dans le champ d'application du présent article ainsi que les obligations déclaratives à la charge des personnes et organismes concernés sont fixées par décret. — *V. Ann. III, art. 315-0 bis A à 315 ter.*

Art. 1384 E A compter du 1er janvier 2015, sauf délibération contraire de la *(L. n° 2019-1479 du 28 déc. 2019, art. 16-II-C-5° et VII-B, applicable à compter des impositions établies au titre de 2021)* **« commune** *[ancienne rédaction : collectivité territoriale]* **» ou de l'établissement public de coopération intercommunale doté d'une fiscalité propre, prise dans les conditions prévues au I de l'article 1639 A *bis* pour la part de taxe foncière qui lui revient, les logements acquis par un établissement public foncier dans le cadre des opérations de requalification des copropriétés dégradées d'intérêt national mentionnées au titre IV du livre VII du code de la construction et de l'habitation sont exonérés de taxe foncière sur les propriétés bâties pendant une durée de quinze ans à compter de l'année qui suit celle de leur acquisition.**

Cette exonération cesse de s'appliquer à compter du 1er janvier de l'année suivant celle au cours de laquelle les logements cessent d'appartenir à l'établissement public foncier.

Exonération des copropriétés dégradées. nº 190 du 21 mai 2015. Commentaire administratif. * BOI-IF-TFB-10-145

Art. 1384 F **I. — Les** *(L. nº 2019-1479 du 28 déc. 2019, art. 16-II-C-3º et VII-B, applicable à compter des impositions établies au titre de 2021)* **« communes** *[ancienne rédaction : collectivités territoriales]* **» et les établissements publics de coopération intercommunale à fiscalité propre peuvent, par une délibération prise dans les conditions prévues à l'article 1639 A *bis*, exonérer, pour la part de taxe foncière sur les propriétés bâties qui leur revient, pendant une durée de cinq ans, les locaux à usage d'habitation affectés à l'habitation principale et issus de la transformation de locaux mentionnés au 1º du III de l'article 231 *ter*.**

Cette exonération s'applique à compter de l'année qui suit celle de l'achèvement des travaux de transformation.

II. — Pour bénéficier de l'exonération prévue au I du présent article, le propriétaire adresse au service des impôts du lieu de situation du bien, avant le 1er janvier de la première année au titre de laquelle l'exonération est applicable, une déclaration comprenant tous les éléments d'identification des locaux, une copie de la déclaration prévue à l'article 1406 et l'ensemble des éléments justifiant que les conditions prévues au I du présent article sont remplies.

Exonération des logements issus de la transformation de bureaux en locaux d'habitation. Commentaire administratif. * BOI-IF-TFB-10-200 du 27 juin 2016.

3º TER DISPOSITIONS PARTICULIÈRES AUX OPÉRATIONS DE RENOUVELLEMENT URBAIN FAISANT L'OBJET D'UNE CONVENTION AVEC L'AGENCE NATIONALE POUR LA RÉNOVATION URBAINE

(L. nº 2016-1917 du 29 déc. 2016, art. 95)

Art. 1384 G **Les constructions neuves affectées à l'habitation principale issues des opérations de démolition et de reconstitution de l'offre de logements locatifs sociaux démolis dans les conditions prévues aux articles 6 et 9-1 de la loi nº 2003-710 du 1er août 2003 d'orientation et de programmation pour la ville et la rénovation urbaine et prévues dans le cadre des conventions mentionnées à l'article 10-3 de la même loi ne peuvent bénéficier des exonérations prévues aux articles 1384 à 1384 F du présent code lorsque les immeubles auxquels elles se substituent, au sein du périmètre du même quartier prioritaire défini dans la convention susmentionnée, ont bénéficié d'une de ces exonérations et si le nombre total de logements locatifs sociaux, au sens de l'article L. 302-5 du code de la construction et de l'habitation, représente sur le territoire de la commune du lieu de situation de ces constructions au moins 50 % des résidences principales.**

Les dispositions du premier alinéa s'appliquent aux opérations de reconstitution de l'offre démolie agréées à compter du 1er janvier 2017.

4º AUTRES LOCAUX

Art. 1385 *(Abrogé par L. nº 2019-1479 du 28 déc. 2019, art. 16-II-A et VII-B, à compter des impositions établies au titre de 2021)* ***I. — L'exonération prévue à l'article 1383 est portée à vingt-cinq ans ou à quinze ans pour les constructions nouvelles, reconstructions et additions de construction à usage d'habitation achevées avant le 1er janvier 1973, suivant que les trois quarts au moins de leur superficie totale sont ou non affectés à l'habitation.***

II. — L'exonération de vingt-cinq ou de quinze ans s'applique, quelle que soit la date de leur achèvement, aux immeubles vendus dans les conditions prévues par le titre VI du livre II de la première partie du code de la construction et de l'habitation, relatif aux ventes d'immeubles à construire, par acte authentique passé avant le 15 juin 1971, ou attribués à un associé en exécution d'une souscription ou acquisition de parts ou d'actions ayant acquis date certaine avant le 15 juin 1971, à condition que les fondations des immeubles aient été achevées avant cette dernière date, les constatations de l'homme de l'art en faisant foi.

II bis. — A compter de 1984, la durée de l'exonération de vingt-cinq ans mentionnée aux I et II est ramenée à quinze ans, sauf en ce qui concerne les logements à usage locatif appartenant aux organismes visés à l'article L. 411-2 du code de la construction et de l'habitation et ceux qui, au 15 décembre 1983, appartiennent à des sociétés d'économie mixte dans lesquelles, à cette même date, les collectivités locales ont une participation majoritaire, lorsqu'ils ont été financés à l'aide de primes ou prêts bonifiés du crédit foncier de France ou de la caisse centrale de coopération économique.

III. — Pour l'application des dispositions du présent article, les habitations d'agrément, de plaisance ou servant à la villégiature ne sont pas considérées comme affectées à l'habitation.

Art. 1386 (*Abrogé par L. n° 2019-1479 du 28 déc. 2019, art. 16-II-A et VII-B, à compter des impositions établies au titre de 2021*) *Les immeubles ou portions d'immeubles affectés à l'habitation exonérés en application de l'article 1385 cessent de bénéficier de cet avantage lorsqu'ils sont ultérieurement affectés à la location en meublé ou à un autre usage que l'habitation, à compter de l'année immédiatement postérieure à celle de leur changement d'affectation, sans toutefois pouvoir être soumis à la taxe foncière avant l'expiration du délai fixé au I de l'article 1383.*

Art. 1387 (*Abrogé par L. n° 2019-1479 du 28 déc. 2019, art. 16-II-A et VII-B, à compter des impositions établies au titre de 2021*) *Les immeubles édifiés sur des lotissements irréguliers ne bénéficient de l'exonération prévue à l'article 1385 que pour la période qui reste à courir à compter de l'année au cours de laquelle ces lotissements sont régulièrement autorisés.*

Art. 1387 A (*Abrogé par L. n° 2015-1785 du 29 déc. 2015, art. 24-III*) *Sans préjudice de l'application du 11° de l'article 1382, les collectivités territoriales et les établissements publics de coopération intercommunale à fiscalité propre peuvent, par délibération prise dans les conditions prévues au I de l'article 1639 A bis et au plus tard le 31 décembre 2014, exonérer, pour la part de taxe foncière sur les propriétés bâties qui leur revient et pour une durée de cinq ans, les installations et bâtiments de toute nature achevés avant le 1er janvier 2015 affectés à la production de biogaz, d'électricité et de chaleur par la méthanisation, dans les conditions prévues à l'article L. 311-1 du code rural et de la pêche maritime.*

Cette exonération s'applique à compter du 1er janvier de l'année qui suit celle de l'achèvement des installations et bâtiments. Elle cesse définitivement de s'appliquer à compter de l'année qui suit celle où les conditions prévues au premier alinéa ne sont plus remplies ou à compter de la sixième année qui suit celle de l'achèvement des biens.

Pour les installations et les bâtiments achevés avant le 1er janvier de l'année au cours de laquelle la délibération prévue au premier alinéa est prise, l'exonération s'applique, pour la durée restant à courir, à compter de l'année qui suit.

Pour bénéficier de cette exonération, le propriétaire doit adresser, avant le 1er janvier de la première année à compter de laquelle l'exonération est applicable, une déclaration, dont le modèle est fixé par l'administration, au service des impôts du lieu de situation des biens. Cette déclaration comporte les éléments permettant d'identifier les installations et bâtiments concernés et de vérifier le respect des conditions mentionnées au premier alinéa. Lorsque cette déclaration est souscrite hors délai, l'exonération s'applique pour la période restant à courir après le 31 décembre de l'année de souscription.

Le bénéfice de l'exonération est subordonné au respect du règlement (UE) n° 1407/2013 de la Commission, du 18 décembre 2013, relatif à l'application des articles 107 et 108 du traité sur le fonctionnement de l'Union européenne aux aides de minimis.

Art. 1387 A *bis* (*Abrogé par L. n° 2016-1917 du 29 déc. 2016, art. 32-I-8°*) *Les installations et bâtiments de toute nature affectés à la production de biogaz, d'électricité et de chaleur par la méthanisation, réalisée dans les conditions prévues à l'article L. 311-1 du code rural et de la pêche maritime, sont exonérés de taxe foncière sur les propriétés bâties pour une durée de sept ans à compter du 1er janvier de l'année qui suit celle de leur achèvement.*

Cette exonération cesse définitivement de s'appliquer à compter de l'année qui suit celle où les conditions prévues au premier alinéa du présent article ne sont plus remplies.

Pour bénéficier de cette exonération, le propriétaire doit adresser, avant le 1er janvier de la première année à compter de laquelle l'exonération est applicable, une déclaration, dont le modèle est fixé par l'administration, au service des impôts du lieu de situation des biens. Cette déclaration comporte les éléments permettant d'identifier les installations et bâtiments concernés et de vérifier le respect des conditions mentionnées au premier alinéa. Lorsque cette

déclaration est souscrite hors délai, l'exonération s'applique pour la période restant à courir après le 31 décembre de l'année de souscription.

Le bénéfice de l'exonération est subordonné au respect du règlement (UE) n° 1407/2013 de la Commission, du 18 décembre 2013, relatif à l'application des articles 107 et 108 du traité sur le fonctionnement de l'Union européenne aux aides de minimis.

C *BIS* CORRECTION APPLIQUÉE AUX ABATTEMENTS LORS DU TRANSFERT DE LA TAXE FONCIÈRE SUR LES PROPRIÉTÉS BÂTIES

(L. n° 2019-1479 du 28 déc. 2019, art. 16-II-D-6° et VII-B, applicable à compter des impositions établies au titre de 2021)

Art. 1388-0 I. — Pour chaque commune, le taux de chacun des abattements de taxe foncière sur les propriétés bâties prévus aux articles 1388 *ter*, 1388 *quinquies*, 1388 *quinquies* A, 1388 *quinquies* B, 1388 *quinquies* C, 1388 *sexies* et 1388 *octies* est égal au rapport entre :

1° D'une part, la somme des produits, calculés respectivement pour la commune et le département, du taux d'abattement par le taux d'imposition appliqués en 2020 sur le territoire de la commune ;

2° D'autre part, la somme des taux d'imposition de la taxe foncière sur les propriétés bâties de la commune et du département appliqués en 2020 sur le territoire de la commune.

II. — Pour les locaux professionnels existants au 1er janvier 2020 et évalués en application de l'article 1498, pour l'application du I du présent article, le taux d'abattement est égal, pour chaque local, au rapport entre :

1° D'une part, la somme des produits, calculés respectivement pour la commune et le département, de la base d'imposition à la taxe foncière sur les propriétés bâties déterminée au titre de 2020 sur le territoire de la commune, après application de l'article 1388, par le produit des taux d'abattement et d'imposition appliqués en 2020 ;

2° D'autre part, le produit de la somme des taux d'imposition de la taxe foncière sur les propriétés bâties de la commune et du département appliqués en 2020 par la base communale d'imposition à la taxe foncière sur les propriétés bâties déterminée au titre de 2020 après application de l'article 1388 et, le cas échéant, du 3 des I et III de l'article 1518 A *quinquies*.

III. — Les I et II cessent de s'appliquer, pour un abattement, dès que la commune délibère pour le modifier en application des articles 1639 A *bis* ou 1640.

Toutefois, en cas d'application du premier alinéa du présent III, les abattements applicables en exécution des délibérations prises par les communes et départements ainsi que ceux applicables en l'absence de délibérations contraires adoptées par ces collectivités, en application des articles 1388 *ter*, 1388 *quinquies*, 1388 *quinquies* A, 1388 *sexies* et 1388 *octies*, sont maintenus pour leur durée et quotité initialement prévues.

D BASE D'IMPOSITION

Art. 1388 La taxe foncière sur les propriétés bâties est établie d'après la valeur locative cadastrale de ces propriétés déterminée conformément aux principes définis par les articles 1494 à 1508 et 1516 à 1518 B et sous déduction de 50 % de son montant *en considération* des frais de gestion, d'assurances, d'amortissement, d'entretien et de réparation.

Art. 1388 *bis* I. — La base d'imposition à la taxe foncière sur les propriétés bâties des logements à usage locatif mentionnés à l'article L. 441-1 du code de la construction et de l'habitation, appartenant à l'un des organismes cités à l'article L. 411-2 du même code ou à une société d'économie mixte et ayant bénéficié d'une exonération prévue aux articles 1384, 1384 A, au II *bis* de l'article 1385 ou acquis avant le 1er janvier 1998 en vue de leur location avec le concours financier de l'État en application du 3° de l'article *(Ord. n° 2019-770 du 17 juill. 2019, art. 7 et 23-I, en vigueur le 1er sept. 2019)* « L. 831-1 » du code de la construction et de l'habitation, fait l'objet d'un abattement de 30 % lorsque ces logements sont situés dans un quartier prioritaire de la politique de la ville. — *Pour la liste des quartiers prioritaires de la politique de la ville, V.*

Décr. n° 2014-1750 (métropole) et n° 2014-1751 (outre-mer) du 30 déc. 2014 (JO 31 déc.), et Arr. du 29 avr. 2015 (JO 7 mai).

Cet abattement s'applique aux logements dont le propriétaire, mentionné au premier alinéa du présent I, est signataire, dans les quartiers concernés, d'un contrat de ville prévu à l'article 6 de la loi n° 2014-173 du 21 février 2014 de programmation pour la ville et la cohésion urbaine *(L. n° 2016-1918 du 29 déc. 2016, art. 47, applicable à compter des impositions établies au titre de 2017)* **« et d'une convention, annexée au contrat de ville, conclue avec la commune, l'établissement public de coopération intercommunale et le représentant de l'État dans le département, relative à l'entretien et à la gestion du parc et ayant pour but d'améliorer la qualité du service rendu aux locataires.**

« La convention mentionnée au deuxième alinéa du présent I doit être signée » *(L. n° 2017-1775 du 28 déc. 2017, art. 31)* **« avant le 1er octobre de l'année qui précède celle de la première application de l'abattement. »**

L'abattement s'applique aux impositions établies au titre des années 2016 à *(L. n° 2021-1900 du 30 déc. 2021, art. 68-I-1°)* **« 2023** *[ancienne rédaction : 2022]* **», à compter de l'année qui suit celle de la signature du contrat de ville** *(L. n° 2017-1775 du 28 déc. 2017, art. 31)* **« ou, si elle est postérieure, celle de la convention mentionnée au deuxième alinéa du présent I ».** — *Les dispositions issues de la L. n° 2017-1775 du 28 déc. 2017 s'appliquent à compter des impositions établies au titre de 2018. — Par dérogation aux deux derniers al. du présent I, la convention mentionnée au 2e al. du présent I est signée au plus tard le 28 févr. 2018 pour l'application de l'abattement aux impositions établies au titre de 2018 (L. préc., art. 31). — Par dérogation aux 3e et dern. al. du I du présent art., la convention mentionnée au 2e al. du même I est signée au plus tard le 28 févr. 2021 pour l'application de l'abattement aux impositions établies au titre de 2021 (L. n° 2020-1721 du 29 déc. 2020, art. 131).*

II. — Pour bénéficier de l'abattement prévu au I, les organismes concernés adressent au service des impôts du lieu de situation des biens, avant le 1er janvier de l'année suivant celle de la signature du contrat de ville, une déclaration conforme au modèle établi par l'administration comportant tous les éléments d'identification des biens. Elle doit être accompagnée d'une copie du contrat de ville. Lorsque la déclaration est souscrite après cette date, l'abattement s'applique pour la période restant à courir après le 31 décembre de l'année de la souscription. Les organismes concernés transmettent annuellement aux signataires du contrat de ville *(L. n° 2017-86 du 27 janv. 2017, art. 156)* **« et au conseil citoyen » les documents justifiant du montant et du suivi des actions entreprises par ces organismes pour l'amélioration des conditions de vie des habitants en contrepartie de l'abattement prévu au même I.**

II bis. à IV. Abrogés.

(L. n° 2017-86 du 27 janv. 2017, art. 86) **« V. — Les I et II s'appliquent aux logements détenus, directement ou indirectement par le biais d'une filiale à participation majoritaire, par l'Établissement public de gestion immobilière du Nord-Pas-de-Calais créé par l'article 191 de la loi n° 2000-1208 du 13 décembre 2000 relative à la solidarité et au renouvellement urbains. »**

Immeubles à usage locatif situés en zones urbaines sensibles (ZUS). Conditions et modalités d'application. Abattement de 30 %. Périodes d'application. * BOI-IF-TFB-20-30-30 du 5 juill. 2017.

Art. 1388 *ter* **I. — Dans les départements de la Guadeloupe, de la Guyane, de la Martinique, de Mayotte et de La Réunion et sauf délibération contraire des** *(L. n° 2019-1479 du 28 déc. 2019, art. 16-II-C-3° et VII-B, applicable à compter des impositions établies au titre de 2021)* **« communes** *[ancienne rédaction : collectivités territoriales]* **» ou des groupements dotés d'une fiscalité propre, prise dans les conditions fixées à l'article 1639 A *bis*, la base d'imposition à la taxe foncière sur les propriétés bâties des logements à usage locatif mentionnés à l'article L. 441-1 du code de la construction et de l'habitation, *appartenant à des* organismes ou à des sociétés d'économie mixte cités aux articles L. 411-2, L. 472-1-1 et L. 481-1 du même code, fait l'objet d'un abattement de 30 % lorsque ces logements font l'objet de travaux d'amélioration, avec le concours financier de l'État en application du 3° de l'article L. 301-2 du même code, ayant pour objet de les conforter vis-à-vis des risques naturels prévisibles énumérés au I de l'article L. 562-1 du code de l'environnement.**

L'abattement est applicable pour les impositions établies au titre des cinq années suivant celle de l'achèvement des travaux qui doit intervenir au plus tard le 31 décembre *(L. n° 2016-1918 du 29 déc. 2016, art. 107)* « 2021 *[ancienne rédaction : 2016]* ».

La nature des travaux ouvrant droit à l'abattement ainsi que leur conformité au regard des dispositions du premier alinéa sont fixées par arrêté conjoint du ministre chargé de l'outre-mer, du ministre chargé du logement et du ministre chargé du budget. — *V. Arr. du 9 juin 2004, JO 17 juin.*

II. — Pour bénéficier de l'abattement prévu au I, les organismes ou sociétés concernés doivent adresser au service des impôts du lieu de situation des biens, avant le 1er janvier de l'année suivant celle de l'achèvement des travaux, une déclaration conforme au modèle établi par l'administration comportant tous les éléments d'identification des biens. Cette déclaration doit être accompagnée des documents justifiant de l'octroi et du versement de la subvention par l'État ainsi que de la réalisation des travaux. Lorsque la déclaration est souscrite hors délai, l'abattement s'applique pour la période restant à courir après le 31 décembre de l'année de la souscription.

Le bénéfice de l'abattement prévu par l'article 1388 *bis* ne peut être cumulé pour une même période avec l'abattement prévu au présent article.

Lorsque les conditions requises pour bénéficier de l'abattement prévu à l'article 1388 *bis* et celles prévues par le présent article sont réunies, l'organisme ou la société doit opter pour l'un ou l'autre de ces régimes avant le 1er janvier de la première année au titre de laquelle l'abattement retenu prend effet.

Toutefois, le bénéfice des dispositions du présent article est accordé à l'expiration de la période d'application de l'abattement prévu par l'article 1388 *bis* sous déduction du nombre d'années au titre desquelles cet abattement a été pratiqué.

Art. 1388 *quater* La base d'imposition à la taxe foncière sur les propriétés bâties des locaux d'habitation affectés exclusivement à l'hébergement de salariés agricoles saisonniers dans les conditions prévues par l'article L. 716-1 du code rural et de la pêche maritime, ainsi qu'à l'hébergement des apprentis, dont le statut est régi par les dispositions du livre II de la sixième partie du code du travail, dans les conditions prévues à l'article 6 de la loi n° 89-462 du 6 juillet 1989 tendant à améliorer les rapports locatifs et portant modification de la loi n° 86-1290 du 23 décembre 1986, est calculée au prorata de la durée d'utilisation de ces locaux pour l'hébergement de salariés et d'apprentis l'année précédant celle au titre de laquelle l'imposition est établie ; les salariés s'entendent des personnes autres que le propriétaire du logement, son conjoint, les membres du foyer fiscal, les ascendants et descendants de l'exploitant agricole.

Pour bénéficier des dispositions du premier alinéa, le propriétaire doit adresser aux services des impôts du lieu de situation des biens, avant le 1er janvier de chaque année, une déclaration conforme au modèle établi par l'administration, comportant tous les éléments d'identification des biens. Cette déclaration doit être accompagnée de tous les éléments justifiant de l'affectation des locaux à l'hébergement de travailleurs saisonniers et d'apprentis et de la durée de leur utilisation à ce titre. Lorsque les locaux sont pris à bail par l'exploitant agricole, cette déclaration doit être cosignée par le preneur.

Logement des saisonniers agricoles et des apprentis. 1) Conditions tenant à l'affectation et aux caractéristiques des logements. 2) Application du prorata de durée d'utilisation. Exemple. 3) Obligations déclaratives. * BOI-IF-TFB-20-30-20 du 12 sept. 2012 * BOI-IF-TH-20-10 du 12 sept. 2012.

Art. 1388 *quinquies* *(L. n° 2009-594 du 27 mai 2009, art. 6-I et 10-I, applicable aux impositions de taxe foncière sur les propriétés bâties établies au titre des années 2009 à 2018)* I. — Sauf délibération contraire de la *(L. n° 2019-1479 du 28 déc. 2019, art. 16-II-C-5° et VII-B, applicable à compter des impositions établies au titre de 2021)* « commune *[ancienne rédaction : collectivité territoriale]* » ou de l'établissement public de coopération intercommunale doté d'une fiscalité propre prise dans les conditions prévues au I de l'article 1639 A *bis*, la base d'imposition à la taxe foncière sur les propriétés bâties des immeubles ou parties d'immeubles rattachés *(L. n° 2018-1317 du 28 déc. 2018, art. 19-I-5°-a et II-C, applicable aux impositions de taxe foncière sur les propriétés bâties dues à compter de 2019)* « à compter du 1er janvier 2009 *[ancienne rédaction : entre le 1er janvier 2009* *et le 31 décembre 2018]* » à un établissement réunissant les conditions requises pour bénéficier de l'abattement prévu à l'article 1466 F fait l'objet d'un abattement *(Abrogé par L. n° 2018-1317 du 28 déc. 2018, art. 19-I-5°-a et II-C, pour les impositions de taxe foncière sur les propriétés bâties dues à compter de 2019)* « ***dégressif*** » lorsqu'ils sont situés en Guadeloupe, en Guyane, en Martinique, à Mayotte ou à La Réunion.

La délibération porte sur la totalité de la part revenant à chaque *(L. n° 2019-1479 du 28 déc. 2019, art. 16-II-C-5° et VII-B, applicable à compter des impositions établies au titre de 2021)* « commune *[ancienne rédaction : collectivité territoriale]* » ou établissement public de coopération intercommunale.

Cet abattement s'applique aux impositions établies à compter du 1er janvier 2009 ou à compter du 1er janvier de l'année qui suit celle où est intervenu le rattachement à un établissement satisfaisant aux conditions requises, si elle est postérieure.

Cet abattement cesse de s'appliquer à compter du 1er janvier de l'année suivant celle où les immeubles ou parties d'immeubles ne sont plus rattachés à un établissement réunissant les conditions requises pour bénéficier de l'abattement prévu à l'article 1466 F *(Abrogé par L. n° 2018-1317 du 28 déc. 2018, art. 19-I-5°-a et II-C, pour les impositions de taxe foncière sur les propriétés bâties dues à compter de 2019)* « ***et au plus tard à compter des impositions établies au titre de 2019*** ».

II. — Le taux de l'abattement est fixé à 50 % de la base d'imposition à la taxe foncière sur les propriétés bâties *(Abrogé par L. n° 2018-1317 du 28 déc. 2018, art. 19-I-5°-b et II-C, pour les impositions de taxe foncière sur les propriétés bâties dues à compter de 2019)* « ***due au titre de chacune des années 2009 à 2015*** *(L. n° 2017-256 du 28 févr. 2017, art. 124-I-2°-a)* « ***et à 40 % de la base d'imposition à la taxe foncière sur les propriétés bâties pour les impositions établies au titre des années 2016 à 2020*** *[ancienne rédaction :, à 40 % de la base d'imposition à la taxe foncière sur les propriétés bâties pour les impositions établies au titre des années 2016 et 2017, et à 30 % de la base d'imposition à la taxe foncière sur les propriétés bâties pour les impositions établies au titre de l'année 2018]* ». »

III. — Le montant de l'abattement mentionné au II est majoré :

(L. n° 2018-1317 du 28 déc. 2018, art. 19-I-5°-c et II-C, applicable aux impositions de taxe foncière sur les propriétés bâties dues à compter de 2019) « 1° Pour les immeubles ou parties d'immeubles situés en Guyane ou à Mayotte qui sont rattachés à un établissement satisfaisant aux conditions requises pour bénéficier de l'abattement prévu à l'article 1466 F *[ancienne rédaction : 1° Pour les immeubles ou parties d'immeubles qui remplissent cumulativement les deux conditions suivantes : être rattachés à un établissement satisfaisant aux conditions requises pour bénéficier de l'abattement prévu à l'article 1466 F ; être situés en Guyane, à Mayotte, dans les îles des Saintes, à Marie-Galante, à La Désirade et dans les communes de La Réunion définies par l'article 2 du décret n° 78-690 du 23 juin 1978 portant création d'une zone spéciale d'action rurale dans le département de La Réunion]* » ;

(Abrogé par L. n° 2018-1317 du 28 déc. 2018, art. 19-I-5°-c et II-C, pour les impositions de taxe foncière sur les propriétés bâties dues à compter de 2019) « ***2° Pour les immeubles ou parties d'immeubles situés dans des communes de Guadeloupe ou de Martinique, dont la liste est fixée par décret et qui satisfont cumulativement aux trois critères suivants :***

« ***a) Elles sont classées en zone de montagne au sens de la loi n° 85-30 du 9 janvier 1985 relative au développement et à la protection de la montagne ;***

« ***b) Elles sont situées dans un arrondissement dont la densité de population, déterminée sur la base des populations légales en vigueur au 1er janvier 2009, est inférieure à 270 habitants par kilomètre carré ;***

« ***c) Leur population, au sens de l'article L. 2334-2 du code général des collectivités territoriales, était inférieure à 10 000 habitants en 2008 ;*** » — *Liste des communes : V. Ann. III, art. 49 ZA et 315 quindecies.*

3° Pour ceux situés en Martinique, en Guadeloupe ou à La Réunion et rattachés à un établissement d'une entreprise qui exerce, à titre principal, une activité relevant d'un des secteurs mentionnés au 3° du III de l'article 44 *quaterdecies* ; — *Liste des activités : V. Ann. III, art. 49 ZC et 315 sexdecies.*

4° Pour les immeubles situés en Guadeloupe, en Martinique ou à La Réunion et rattachés à un établissement d'une entreprise mentionnée au *(L. n° 2018-1317 du 28 déc. 2018, art. 19-I-5°-c et II-C, applicable aux impositions de taxe foncière sur les propriétés bâties dues à compter de 2019)* « *b* du 4° *[ancienne rédaction : 4°]* » du III de l'article 44 *quaterdecies*.

Le taux de cet abattement est fixé à 80 % de la base d'imposition à la taxe foncière sur les propriétés bâties *(Abrogé par L. nº 2018-1317 du 28 déc. 2018, art. 19-I-5º-c et d et II-C, pour les impositions de taxe foncière sur les propriétés bâties dues à compter de 2019)* ***« pour les impositions dues au titre de chacune des années 2009 à 2015*** *(L. nº 2017-256 du 28 févr. 2017, art. 124-I-2º-b)* ***« et à 70 % de la base d'imposition à la taxe foncière sur les propriétés bâties pour les impositions dues au titre des années 2016 à 2020*** *[ancienne rédaction :, à 70 % de la base d'imposition à la taxe foncière sur les propriétés bâties pour les impositions dues au titre des années 2016 et 2017, et à 50 % de la base d'imposition à la taxe foncière sur les propriétés bâties pour les impositions dues au titre de l'année 2018].*

« IV. — Par dérogation au III, pour les immeubles situés dans les îles des Saintes, à Marie-Galante et à La Désirade, le taux de l'abattement mentionné au dernier alinéa du III est porté à 100 % pour les années 2009 à 2011. »

V. — En cas de changement d'exploitant au cours de la période durant laquelle l'abattement s'applique, le bénéfice de celui-ci est maintenu si le nouvel exploitant réunit les conditions mentionnées au premier alinéa du I.

VI. — Pour bénéficier de cet abattement, le redevable de la taxe adresse avant le 1er janvier de chaque année au titre de laquelle l'abattement est applicable une déclaration au service des impôts du lieu de situation des biens comportant tous les éléments d'identification. Cette déclaration est accompagnée de tous les éléments justifiant de l'affectation de l'immeuble ou de la partie d'immeuble à un établissement réunissant les conditions requises pour bénéficier de l'abattement prévu à l'article 1466 F.

VII. — Lorsque les conditions requises pour bénéficier de l'une des exonérations prévues aux articles 1383 A, *(Abrogé par L. nº 2018-1317 du 28 déc. 2018, art. 19-I-5º-e et II-C, pour les impositions de taxe foncière sur les propriétés bâties dues à compter de 2019)* ***« 1383 B, 1383 C, 1383 C bis, »*** **1383 C *ter*, 1383 D, 1383 E *bis* ou 1383 I et de l'abattement prévu au présent article sont réunies, le contribuable peut opter pour l'un ou l'autre de ces régimes. Cette option est irrévocable et vaut pour l'ensemble des** *(L. nº 2019-1479 du 28 déc. 2019, art. 16-II-C-3º et VII-B, applicable à compter des impositions établies au titre de 2021)* **« communes** *[ancienne rédaction : collectivités territoriales]* **» et des établissements publics de coopération intercommunale.**

L'option pour le présent régime doit être exercée avant le 1er janvier de l'année au titre de laquelle le présent régime prend effet.

Lorsqu'un contribuable bénéficie au 1er janvier 2009 de l'une des exonérations prévues aux articles 1383 A, *(Abrogé par Décr. nº 2020-897 du 22 juill. 2020, art. 1er)* ***« 1383 B, 1383 C »*** *(Abrogé par L. nº 2021-1900 du 30 déc. 2021, art. 35-I-29º)* ***«, 1383 C bis »*, 1383 D, 1383 E *bis* ou 1383 I et réunit à cette date les conditions pour bénéficier de l'abattement prévu au présent article, le contribuable peut opter pour ce dernier régime au plus tard dans le délai de deux mois à compter de la promulgation de la loi nº 2009-594 du 27 mai 2009 pour le développement économique des outre-mer. A défaut d'option, le contribuable bénéficie, au terme de l'application de celui de ces régimes dont il bénéficie au 1er janvier 2009, de l'abattement prévu par le présent article, pour la période restant à courir et dans les conditions prévues au II ou au III pour les années concernées.** — *Sur l'obligation de répercuter l'avantage fiscal sur le loyer éventuel, V. L. nº 2009-594 du 27 mai 2009, art. 6-V et 10-II (JO 28 mai).*

VIII. — Le bénéfice de l'abattement mentionné au I est subordonné au respect du règlement (UE) nº 651/2014 de la Commission, du 17 juin 2014, déclarant certaines catégories d'aides compatibles avec le marché intérieur en application des articles 107 et 108 du traité.

L. nº 2018-1317 du 28 déc. 2018, art. 19-II-C : toutefois, l'art. 1388 quinquies reste applicable dans les conditions prévues par les dispositions antérieures à la présente loi :

— 1º Aux impositions de taxe foncière sur les propriétés bâties dues au titre de 2019 et de 2020 pour les immeubles et parties d'immeubles déjà éligibles à l'abattement et rattachés à une entreprise ayant pour activité principale la comptabilité, le conseil aux entreprises, l'ingénierie ou les études techniques à destination des entreprises ;

— 2º Aux impositions de taxe foncière sur les propriétés bâties dues au titre de 2019 et de 2020 pour les immeubles et parties d'immeubles déjà éligibles à l'abattement et rattachés à des exploitations situées dans les îles des Saintes, à Marie-Galante, à La Désirade et dans les communes de La Réunion

définies par l'art. 2 du Décr. n° 78-690 du 23 juin 1978 portant création d'une zone spéciale d'action rurale dans le département de La Réunion ;

— 3° Aux impositions de taxe foncière sur les propriétés bâties dues au titre de 2019 et de 2020 pour les immeubles et parties d'immeubles déjà éligibles à l'abattement et rattachés à des exploitations mentionnées aux 2° et 4° du III de l'art. 1388 quinquies dans sa rédaction antérieure à la présente loi.

Abattement. Immeubles rattachés à un établissement situé dans une zone franche d'activité (ZFA) située outre-mer. * BOI-IF-TFB-20-30-40 du 7 juin 2017. ♦ Application dans les ZFANG (zones franches d'activité nouvelle génération). * BOI-IF-TFB-20-30-45 du 25 juin 2019.

Art. 1388 *quinquies* A **Sur délibération de la collectivité territoriale ou de l'établissement public de coopération intercommunale doté d'une fiscalité propre, prise dans les conditions prévues au I de l'article 1639 A *bis*, la base d'imposition à la taxe foncière sur les propriétés bâties des locaux faisant l'objet d'une convention ou d'un contrat de résidence temporaire passé en application de l'article 101 de la loi n° 2009-323 du 25 mars 2009 de mobilisation pour le logement et la lutte contre l'exclusion peut faire l'objet d'un abattement de 25 %.**

Pour bénéficier de cet abattement, le redevable de la taxe adresse au service des impôts du lieu de situation des biens, avant le 1er janvier de l'année suivant celle de la signature de la convention ou du contrat, une déclaration conforme au modèle établi par l'administration comportant tous les éléments d'identification. Elle doit être accompagnée d'une copie de la convention ou du contrat de résidence temporaire.

Lorsque la déclaration est souscrite hors délai, l'abattement s'applique pour la durée restant à courir après le 31 décembre de l'année de la souscription.

Cet abattement s'applique aux impositions établies au titre des années 2014 à 2018.

Pour l'application des dispositions ci-dessus au titre des impositions établies au titre de ***2014*** *:*

1° Les collectivités territoriales et les établissements publics de coopération intercommunale à fiscalité propre peuvent délibérer jusqu'au 21 janv. 2014 ;

2° Le redevable de la taxe doit adresser au service des impôts du lieu de situation des biens, avant le 31 mars 2014, une déclaration conforme au modèle établi par l'administration, ainsi que les pièces justificatives (L. n° 2013-1279 du 29 déc. 2013, art. 52-III).

Art. 1388 *quinquies* B *(L. n° 2016-1918 du 29 déc. 2016, art. 48)* **Sur délibération de la** *(L. n° 2019-1479 du 28 déc. 2019, art. 16-II-C-5° et VII-B, applicable à compter des impositions établies au titre de 2021)* **« commune** *[ancienne rédaction : collectivité territoriale]* **» ou de l'établissement public de coopération intercommunale à fiscalité propre, prise dans les conditions prévues au I de l'article 1639 A *bis*, la base d'imposition à la taxe foncière sur les propriétés bâties situées dans le périmètre d'un projet d'intérêt général, au sens de l'article L. 102-1 du code de l'urbanisme, justifié par la pollution de l'environnement, peut faire l'objet d'un abattement de 50 %.**

Pour bénéficier de l'abattement prévu au premier alinéa du présent article, le propriétaire doit adresser aux services des impôts du lieu de situation des biens, avant le 1er janvier *(L. n° 2020-1721 du 29 déc. 2020, art. 192-1°)* **« de la première année au titre de laquelle l'abattement est applicable », une déclaration conforme au modèle établi par l'administration et comportant tous les éléments d'identification des biens.** *(L. n° 2020-1721 du 29 déc. 2020, art. 192-2°)* **« Lorsque la déclaration est souscrite hors délai, l'abattement s'applique à compter du 1er janvier de l'année suivant celle au cours de laquelle la déclaration est déposée. »**

Art. 1388 *quinquies* C *(L. n° 2017-1837 du 30 déc. 2017, art. 102)* **Sur délibération de la** *(L. n° 2019-1479 du 28 déc. 2019, art. 16-II-C-5° et VII-B, applicable à compter des impositions établies au titre de 2021)* **« commune** *[ancienne rédaction : collectivité territoriale]* **» ou de l'établissement public de coopération intercommunale à fiscalité propre, prise dans les conditions prévues au I de l'article 1639 A *bis*, la base d'imposition à la *taxe foncière sur les* propriétés bâties des magasins et boutiques au sens de l'article 1498 dont la surface principale est inférieure à 400 mètres carrés et qui ne sont pas intégrés à un ensemble commercial peut faire l'objet d'un abattement pouvant varier de 1 % à 15 %.**

Le bénéfice de l'abattement mentionné au premier alinéa est subordonné au respect du règlement (UE) n° 1407/2013 de la Commission du 18 décembre 2013 relatif à

l'application des articles 107 et 108 du traité sur le fonctionnement de l'Union européenne aux aides *de minimis.*

Abattement facultatif sur les commerces de proximité. Commentaire administratif. * BOI-IF-TFB-20-30-70 du 19 sept. 2018.

Art. 1388 *sexies* I. — A Mayotte, *(L. n° 2017-1775 du 28 déc. 2017, art. 64)* « la base d'imposition à » la taxe foncière sur les propriétés bâties *(Abrogé par L. n° 2017-1775 du 28 déc. 2017, art. 64) « , les valeurs locatives »* des propriétés cédées à compter du 18 septembre 2013 et jusqu'au 31 décembre 2016 par une personne publique aux occupants irréguliers des constructions affectées à leur habitation principale sises sur ces propriétés *(L. n° 2017-1775 du 28 déc. 2017, art. 64)* « fait » l'objet d'un abattement les cinq années suivant celle au cours de laquelle la cession est intervenue.

(L. n° 2017-1775 du 28 déc. 2017, art. 64) « Lorsque les propriétés mentionnées au premier alinéa du présent I sont cédées entre le 1er janvier 2017 et le 31 décembre 2025, la durée de l'abattement est de trois ans. »

En cas de changement de redevable de la taxe au cours de cette période, l'abattement cesse de s'appliquer.

(L. n° 2017-1775 du 28 déc. 2017, art. 64) « II. — Le taux de l'abattement est fixé à :

« 1° 100 % la première année, 80 % la deuxième année, 60 % la troisième année, 40 % la quatrième année et 20 % la dernière année pour les propriétés mentionnées au premier alinéa du I ;

« 2° 100 % la première année, 70 % la deuxième année et 30 % la dernière année pour les propriétés mentionnées au deuxième alinéa du I. »

III. — L'abattement s'applique le cas échéant après celui prévu à l'article 1388 *quinquies.*

IV. — L'abattement s'applique sauf délibération contraire *(Abrogé par L. n° 2019-1479 du 28 déc. 2019, art. 16-II-C-8° et VII-B, à compter des impositions établies au titre de 2021) « du département, »* de la commune ou de l'établissement public de coopération intercommunale à fiscalité propre.

Les délibérations sont prises dans les conditions prévues à l'article 1639 A *bis* et portent sur la totalité de la part revenant à chaque *(L. n° 2019-1479 du 28 déc. 2019, art. 16-II-C-5° et VII-B, applicable à compter des impositions établies au titre de 2021)* « commune *[ancienne rédaction : collectivité territoriale]* » ou établissement public de coopération intercommunale. *— Sur l'art. 1639 A bis, pour 2014, V. App., Ord. n° 2013-837 du 19 sept. 2013, art. 22.*

Art. 1388 *septies* La base d'imposition à la taxe foncière sur les propriétés bâties des biens qui font l'objet d'un transfert de propriété de l'État aux grands ports maritimes *(Ord. n° 2021-614 du 19 mai 2021, art. 37-I-3° et 57, en vigueur le 1er juin 2021)* « et fluvio-maritimes »en application de l'article L. 5312-16 du code des transports fait l'objet d'un abattement dégressif.

Cet abattement s'applique au titre des cinq années qui suivent celle au cours de laquelle le transfert de propriété a été publié au fichier immobilier. Son taux est fixé à 100 % au titre des deux premières années, à 75 % la troisième année, à 50 % la quatrième année et à 25 % la cinquième année.

Il cesse de s'appliquer en cas de changement de redevable au cours de cette période.

Grands ports maritimes. Dispositif d'abattement dégressif. * BOI-IF-TFB-20-30-55 du 22 mai 2019.

Art. 1388 *octies* *(L. n° 2016-1918 du 29 déc. 2016, art. 63-1°)* Les *(L. n° 2019-1479 du 28 déc. 2019, art. 16-II-C-3° et VII-B, applicable à compter des impositions établies au titre de 2021)* « communes *[ancienne rédaction : collectivités territoriales]* » et les établissements publics de coopération intercommunale à fiscalité propre peuvent, par délibération prise dans les conditions prévues au I de l'article 1639 A *bis*, prévoir que la base d'imposition à la taxe foncière sur les propriétés bâties des logements faisant l'objet d'un bail réel solidaire conclu dans les conditions prévues aux articles L. 255-2 à L. 255-19 du code de la construction et de l'habitation fait l'objet d'un abattement *(L. n° 2020-1721 du 29 déc. 2020, art. 128-I)* « à concurrence de 30 %, 40 %, 50 %, 60 %, 70 %, 80 %, 90 % ou 100 % pendant la durée du bail. »

Pour bénéficier de cet abattement, le redevable de la taxe adresse au service des impôts du lieu de situation des biens, avant le 1er janvier de l'année suivant celle de la signature du bail réel solidaire, une déclaration conforme au modèle établi par l'administration comportant tous les éléments d'identification. Elle doit être accompagnée d'une copie du bail réel solidaire.

Lorsque la déclaration est souscrite hors délai, l'abattement s'applique pour la durée restant à courir après le 31 décembre de l'année de la souscription.

Les logements qui auraient bénéficié, au titre de 2021, de l'abattement prévu au présent art. dans sa rédaction antérieure à la L. n° 2020-1721 du 29 déc. 2020 en bénéficient dans les conditions prévues au même art. pour la durée restant à courir.

Les délibérations prises en application du présent art. dans sa rédaction antérieure à ladite loi restent applicables tant qu'elles n'ont pas été rapportées ou modifiées (L. préc., art. 128-II et III).

Abattement de 30 % pour les logements faisant l'objet d'un bail réel solidaire. Champ et modalités d'application de l'abattement. Durée et articulation de l'abattement avec les autres dispositifs d'exonération. Remise en cause. Obligations déclaratives. * BOI-IF-TFB-20-30-60 du 30 mars 2021.

Art. 1388 *nonies* *(L. n° 2020-1721 du 29 déc. 2020, art. 129-I)* **I. — La base d'imposition à la taxe foncière sur les propriétés bâties des immeubles qui appartiennent aux sociétés civiles immobilières dont la société Poste Immo détient, directement ou indirectement, l'intégralité du capital fait l'objet d'un abattement dont le taux est fixé chaque année par décret, dans la limite de 10 %, lorsque ces immeubles sont loués ou mis à la disposition de la société anonyme La Poste par leurs propriétaires et sont exclusivement affectés à une ou plusieurs activités mentionnées au I et aux deux premiers alinéas du II de l'article 2 de la loi n° 90-568 du 2 juillet 1990 relative à l'organisation du service public de la poste et à France Télécom.**

II. — Pour bénéficier de l'abattement prévu au I du présent article, le redevable de la taxe foncière sur les propriétés bâties déclare au service des impôts du lieu de situation des biens, avant le 1er janvier de la première année au titre de laquelle l'abattement est applicable et sur un modèle établi par l'administration, tous les éléments d'identification des immeubles. Lorsque la déclaration est souscrite hors délai, l'abattement s'applique à compter du 1er janvier de l'année suivant celle au cours de laquelle la déclaration est déposée.

E EXONÉRATIONS, DÉGRÈVEMENTS SPÉCIAUX ET RÉDUCTIONS D'IMPÔT

Art. 1389 **I. — Les contribuables peuvent obtenir le dégrèvement de la taxe foncière en cas de vacance d'une maison normalement destinée à la location ou d'inexploitation d'un immeuble utilisé par le contribuable lui-même à usage commercial ou industriel, à partir du premier jour du mois suivant celui du début de la vacance ou de l'inexploitation jusqu'au dernier jour du mois au cours duquel la vacance ou l'inexploitation a pris fin.**

Le dégrèvement est subordonné à la triple condition que la vacance ou l'inexploitation soit indépendante de la volonté du contribuable, qu'elle ait une durée de trois mois au moins et qu'elle affecte soit la totalité de l'immeuble, soit une partie susceptible de location ou d'exploitation séparée.

II. — Les réclamations présentées en application du I sont introduites dans le délai indiqué à l'article R* 196-5 du Livre des procédures fiscales et dans les formes prévues par ce même livre.

III. — Le dégrèvement prévu au premier alinéa du I s'applique également aux logements à usage locatif, attribués sous conditions de ressources conformément à l'article L. 441-1 du code de la construction et de l'habitation, vacants depuis plus de trois mois et appartenant à l'un des organismes visés à l'article L. 411-2 du même code ou à une société d'économie mixte. Ces logements doivent être situés dans un immeuble destiné soit à être démoli, soit à faire l'objet de travaux définis au 1° de l'article *(Décr. n° 2020-897 du 22 juill. 2020, art. 1er)* **« D. 323-3 » du même code et financés par la subvention prévue aux articles** *(Décr. n° 2020-897 du 22 juill. 2020, art. 1er)* **« D. 323-1 à D. 323-12 » de ce même code.**

Le dégrèvement est subordonné à la présentation par le propriétaire, selon le cas, soit de l'autorisation de démolir prévue à l'article L. 443-15-1 du code de la construction et de l'habitation, soit de la décision de subvention des travaux prévue à l'article *(Décr. n° 2020-897 du 22 juill. 2020, art. 1er)* **« D. 323-5 » du même code.** – *Application à compter des impositions établies au titre de 2001.*

1. Conformité à la Constitution. Constitutionnalité de l'art. 1389-I, lequel ne méconnaît pas le principe d'égalité devant la loi et devant les charges publiques. • CE 10 sept. 2010, n° 341063 : *RJF 2010. 1216* • 8 juin 2011, *SCI Labadie Orthez,* n° 345476 : *RJF 2011. 1353.* ♦ Dès lors que ces différences de traitement, fondées sur des critères objectifs et rationnels, sont en rapport direct avec l'objet de la loi, l'art. 1389-I ne méconnait ni le droit de propriété ni aucun autre droit ou liberté que la Constitution garantit. • Cons. const. 24 févr. 2017, *Sté Hyéroise,* n° 2016-612 QPC : *RJF 2017. 471.*

2. Maison destinée à la location. Le dégrèvement n'est accordé que si la maison vacante est exclusivement affectée à la location. Tel n'est pas le cas lorsque le contrat passé avec l'agence chargée de la location permet au propriétaire d'effectuer des réservations personnelles. • CAA Lyon, 29 mars 1995 : *RJF 1996. 205.* ♦ Les immeubles affectés à la location saisonnière n'ouvrent pas droit au dégrèvement. • CAA Lyon, 31 déc. 1996, n° 95LY205 : *Dr. fisc. 1997. 128 ; RJF 1997. 228.* ♦ Toutefois la seule circonstance que la propriétaire d'un château, offert tout au long de l'année à la location, le loue pour de courtes durées (en l'espèce, location par quinzaines) ne fait pas obstacle à ce que les locaux soient regardés comme normalement destinés à la location. • CE 14 avr. 2008, n° 289978 : *RJF 2008. 832 ; Dr. fisc. 2008. 352, concl. Escaut.* ♦ En tout état de cause, l'art. 1389 n'institue aucune condition tenant à ce que, pour être regardé comme normalement destiné à la location, un local d'habitation doive avoir été loué antérieurement à la période de vacance pour laquelle ses propriétaires sollicitent l'exonération. • CE 16 mars 2016, n° 385771 : *RJF 2016. 534, concl. Bohmert.*

3. Ne sont pas « normalement destinés à la location » et n'ouvrent pas droit au dégrèvement : un immeuble destiné à la démolition. • CE 17 avr. 1989, n° 62300 : *Dr. fisc. 1989. 1530 ; RJF 1989. 703.* ♦ ... Un immeuble partiellement muré et faisant l'objet d'un permis de démolir. • CAA Paris, 9 mars 2000, n° 97PA925 : *RJF 2000. 797 ; Dr. fisc. 2001. 20.* ♦ ... Un immeuble proposé à la vente. • CE 1er juin 1988, n° 50117 : *RJF 1988. 1000.*

4. Maison mise en vente. La vacance d'un bien locatif mis en vente faute de locataire, mais demeurant offert à la location, peut ouvrir droit au dégrèvement. • CE 5 juin 2020, n° 423066 : *RJF 2020. 699.*

5. Parkings. Des emplacements de stationnement de véhicules, même lorsqu'ils sont situés sur un terrain aménagé au pied d'un immeuble d'habitation, n'ont pas, à raison de leur usage, le caractère de « maison normalement destinée à la location » au sens de l'art. 1389-I. Ils n'ont pas davantage le caractère de logements à usage locatif au sens de l'art. 1389-III concernant les organismes HLM. Par suite, ils ne peuvent bénéficier d'un dégrèvement de taxe foncière. • CE 30 mars 2007, n° 278540 : *RJF 2007. 715.* ♦ Toutefois, les emplacements de stationnement inclus dans le bail des locaux d'habitation suivent le sort de ceux-ci et ouvrent donc droit au dégrèvement en cas de vacance.

6. Vacance indépendante de la volonté du contribuable. Le dégrèvement de taxe foncière sur les propriétés bâties résultant de l'art. 1389, bien que prévu dans les mêmes termes que l'art. 232 pour la taxe annuelle sur les logements vacants, obéit à des critères objectifs différents, résultant de la nature de l'impôt, frappant les propriétés bâties en raison de leur existence même, sans considération du comportement du propriétaire ni de l'état du marché du logement. • CE 13 avr. 2005, n° 265562 : *RJF 2005. 709 ; concl. Collin au BDCF 7/05, n° 90.*

7. Le propriétaire de logements destinés à la location ne peut obtenir le dégrèvement : s'il ne justifie pas des mesures prises pour combler la vacance des logements. • CAA Nancy, 20 févr. 1992, n° 90NA658 : *Dr. fisc. 1992. 2340.* ♦ ... S'il n'établit pas avoir pris toutes initiatives utiles pour adapter ses biens aux demandes. • CAA Nancy, 6 févr. 1997, n° 93NA1190 : *Dr. fisc. 1997. 830.* ♦ ... Ou s'il a fixé lui-même des critères de condition de ressources minimales. • CE 1er déc. 1999, n° 189656 : *Dr. fisc. 2000. 458, concl. Bachelier.* ♦ ... Ou s'il impose aux candidats à la location des ressources minimales et une ancienneté d'emploi d'au moins six mois sous contrat de travail à durée indéterminée. • CAA Paris, 4 déc. 2003, n° 01PA2061 : *RJF 2005. 467* • CE (na) 21 févr. 2005, n° 264688 : *RJF 2005. 467.* ♦ ... Ou s'il a décidé de ne plus louer les logements. • CAA Nancy, 18 mars 1993, n° 92NA368 : *Dr. fisc. 1993. 2342.* ♦ ... Ou s'il a décidé de ne pas louer l'immeuble eu égard à la modestie du loyer qu'il en aurait retiré au regard du coût d'acquisition et du montant élevé des travaux qu'il était dans l'impossibilité d'entreprendre. • CE 13 avr. 2005, n° 265562 : *préc. note 6.* ♦ ... Ou si, après l'acquisition, en connaissance de cause, d'un immeuble ancien en mauvais état et vacant depuis plusieurs années, la vacance s'est prolongée pendant quatre nouvelles années. • CE 26 juill. 2006, n°s 275155 à 275157 : *RJF 2006. 1383.* ♦ ... Ou si le propriétaire ne reloue pas l'habitation dans l'attente de l'issue du procès qui l'oppose à son précédent locataire sur les travaux de réfection à exécuter après son départ, sans que ce propriétaire puisse invoquer la faiblesse de ses revenus alors qu'il dispose d'un important patrimoine immobilier. • CE 29 janv. 2007, n° 284113 : *RJF 2007. 502.*

8. Dans le cas d'un appartement faisant partie d'une copropriété pour apprécier si la vacance de cet appartement destiné à la location est indépendante de la volonté de son propriétaire, il convient de se référer non à l'attitude de la copropriété mais à la seule volonté du copropriétaire. • CE 29 août 2008, n° 300444 : *RJF 2008. 1340 ; Dr. fisc. 2008. 586, concl. Olléon, note Dieu.* ♦ Si la dégradation de la copropriété a pu faire obstacle à la location de son appartement par le copropriétaire, il résulte néanmoins de l'instruction qu'en l'absence de démarches par le copropriétaire auprès des organes de la copropriété tendant à ce qu'ils accomplissent les diligences pour faire exécuter les travaux propres à remédier à ces désordres et à assurer la sécurité de l'immeuble, la vacance de l'appartement ne peut être regardée comme indépendante de la volonté du copropriétaire. • Même arrêt. ♦ Le dégrèvement est refusé au propriétaire de 51 appartements et 34 parkings mis en location et restés vacants du fait du climat d'insécurité affectant le quartier. • CE 11 mai 2021, n° 440045 : *RJF 2021. 824.*

9. Vacance de logements HLM. Un office public d'HLM n'apporte pas la preuve que la vacance d'une partie de son parc immobilier est indépendante de sa volonté dès lors que, s'il invoque l'existence d'un déséquilibre du marché locatif dans les zones géographiques où sont situés les immeubles vacants, il n'établit pas avoir pris les mesures destinées à réduire le taux de vacance de son parc ou s'être trouvé, du fait de circonstances particulières, dans l'impossibilité de les mettre en œuvre. • CE 9 avr. 2004, n° 240857 : *RJF 2004. 736 ; concl. Bachelier au BDCF 7/04, n° 93 ; Dr. fisc. 2005. 180, concl. Bachelier ; AJDI 2005. 495, note Maublanc.*

10. En revanche, un office d'HLM qui justifie avoir fait le nécessaire pour réduire le taux de vacance des appartements est susceptible de bénéficier du dégrèvement. • TA Lyon, 2 nov. 1995, n° 91-2167 : *Dr. fisc. 1996. 667.* ♦ De même : un office d'HLM est fondé à soutenir qu'eu égard à sa vocation sociale, la vacance d'appartements rénovés offerts à la location dans des immeubles réhabilités dans leur ensemble est indépendante de sa volonté. • CAA Lyon, 21 juin 2000, n° 96LY68 : *Dr. fisc. 2001. 756, concl. Millet.* ♦ ... Un office d'HLM qui établit que les logements dont il a la charge ont été réhabilités et que des démarches ont été entreprises pour rechercher des locataires peut bénéficier du dégrèvement pour vacance de maison. • CAA Lyon, 5 oct. 2006, n° 02LY1025 : *RJF 2007. 171.* ♦ ... La vacance due aux travaux de restructuration d'un ensemble immobilier entrepris par un organisme d'HLM afin de mieux répondre aux demandes des candidats au logement social ouvre droit au dégrèvement de la taxe. • CAA Nancy, 9 juin 2005, n° 01NA1009 : *Dr. fisc. 2005. 751.* ♦ ... La vacance prolongée de 98 logements du parc immobilier d'un OPAC, due au climat d'insécurité du quartier de ville concerné et aux perturbations occasionnées par certains locataires, ouvre droit au dégrèvement de la taxe grevant lesdits logements dès lors que ces derniers sont situés dans des immeubles qui ont régulièrement fait l'objet de travaux de réhabilitation et que l'Office a recruté du personnel qualifié pour essayer d'améliorer les relations de voisinage entre locataires. • TA Nantes, 17 juill. 2002, n°s 99-3484 et 99-3485 : *Dr. fisc. 2003. 147, concl. Hervouet ; RJF 2003. 59 ; concl. Hervouet au BDCF 1/03, n° 10 ; AJDI 2003. 604, note Maublanc.*

11. Inexploitation d'un immeuble à usage industriel ou commercial. Quelles qu'en soient les causes économiques ou techniques, d'ordre général ou régional, ou propres à l'entreprise, les difficultés qui empêchent l'exploitation rentable d'un établissement industriel passible de la taxe foncière et qui conduisent à la cessation définitive ou prolongée de cette exploitation ne permettent pas de regarder l'inexploitation comme indépendante de la volonté du contribuable. • CE 20 juill. 1988, n° 57892 : *Dr. fisc. 1988. 2085, concl. de Saint Pulgent.* ♦ Tel est le cas des difficultés économiques conduisant à la cessation définitive ou prolongée d'une exploitation, propriété d'une société à l'égard de laquelle a été engagée une procédure de redressement judiciaire à l'issue de laquelle un plan de cession, approuvé par l'autorité judiciaire, a interdit la poursuite de l'exploitation. • CE (na) 15 oct. 2004, n° 262978, 262979 et 264586 : *RJF 2005. 44.* ♦ De même, la faiblesse du débit d'eau due à une sécheresse exceptionnelle affectant le fonctionnement d'une centrale hydroélectrique n'est pas de nature à faire regarder son inexploitation comme intervenue indépendamment de la volonté de l'entreprise, dès lors que cet aléa est inhérent à la nature de son exploitation et que le cahier des charges qu'elle a accepté en prévoit les conséquences. • CAA Bordeaux, 11 mai 1999, n° 96BX224 : *Dr. fisc. 2000. 378.* ♦ De même, l'inexploitation saisonnière d'une microcentrale hydroélectrique due à l'application d'un arrêté préfectoral permanent portant règlement de l'eau pour les entreprises autorisées n'est pas indépendante de la volonté du contribuable. • CE 18 mai 2005, n° 270405 : *RJF 2005. 880.* ♦ A l'inverse, l'arrêt d'un réacteur nucléaire, et par suite de la production d'électricité, doit être regardé comme ayant entraîné l'inexploitation intégrale de l'immeuble au sens de l'art. 1389 et ouvre droit à dégrèvement de la taxe. • CE 29 déc. 2000, n° 210957 : *RJF 2001. 327 ; Dr.*

fisc. 2002. 105, concl. Mignon. ♦ De même, lorsque, à la suite d'une crue majeure de la rivière, la totalité des installations d'une centrale hydroélectrique a été rendue inexploitable durant le reste de l'année, le propriétaire est fondé à demander la décharge de la taxe foncière à proportion de la partie de l'année concernée. • CE 26 juill. 2018, ⚖ *SNC Jacques Cros et Cie*, n° 409385 : *RJF 2018. 1120.*

12. Lorsque l'inexploitation est consécutive à des décisions administratives faisant obstacle à l'exploitation, ces interdictions administratives d'exploiter ne suffisent pas à caractériser le caractère contraint de l'inexploitation. Cas d'une décision administrative interdisant l'exploitation d'un réacteur nucléaire résultant d'un défaut d'étanchéité dans l'enceinte de confinement du circuit primaire, défaut imputable au contribuable lui-même. • CE 29 juin 2020 : ⚖ *Sté EDF*, n° 434521 : *RJF 2020. 0800, concl. Victor.* ♦ N'est pas indépendante de la volonté du contribuable la cessation d'exploitation d'une discothèque, suite à un arrêté de fermeture administrative pris par le maire de la commune au motif que l'établissement ne respectait pas les prescriptions formulées par la commission de sécurité. • CAA Lyon, 12 déc. 2002, n° 97LY2001 : *Dr. fisc. 2003. 770.*

13. Le dégrèvement pour inexploitation est applicable même si le bien est en location-gérance. Le propriétaire de l'immeuble peut bénéficier d'un dégrèvement de la taxe foncière comme s'il avait utilisé lui-même l'immeuble. • CE 26 juill. 2018, ⚖ *SNC Jacques Cros et Cie*, n° 409385 : *préc. note 11.* ♦ Lorsqu'un contribuable achète un immeuble dont l'exploitation est interrompue du fait de circonstances indépendantes de sa volonté, il peut prétendre au bénéfice du dégrèvement s'il résulte de l'instruction qu'il a acquis cet immeuble en vue de l'exploiter lui-même à des fins industrielles et commerciales. • CE 19 sept. 2014, ⚖ *Sté les Entrepôts du Centre*, n° 361566 : *RJF 2014. 1117 ; Dr. fisc. 2014. 639, note Toulemont et Rouleau.*

14. Inexploitation de locaux commerciaux fermés durant la crise sanitaire du covid-19. Les propriétaires exploitants de locaux commerciaux ou industriels fermés administrativement en raison de la crise sanitaire peuvent bénéficier, sous certaines conditions, du dégrèvement partiel de taxe foncière prévu par l'art. 1389-I. * Rép. min. n°s 35916, 32561 et 32840 : *JOAN 27 avr. 2021.*

Art. 1390 I. — Les titulaires de l'allocation de solidarité aux personnes âgées mentionnée à l'article L. 815-1 du code de la sécurité sociale ou de l'allocation supplémentaire d'invalidité mentionnée à l'article L. 815-24 du même code sont exonérés de la taxe foncière sur les propriétés bâties dont ils sont passibles à raison de leur habitation principale.

Le bénéfice de cette disposition est subordonné à la condition qu'ils occupent cette habitation :

— soit seuls ou avec leur conjoint ;

— soit avec des personnes qui sont à leur charge au sens des dispositions applicables en matière d'impôt sur le revenu ;

— soit avec d'autres personnes titulaires de la même allocation.

II. — Les contribuables qui ne bénéficient plus de l'exonération prévue au I :

1° Sont exonérés de la taxe foncière sur les propriétés bâties afférente à leur habitation principale la première et la deuxième années suivant celle au titre de laquelle ils ont bénéficié de l'exonération prévue au I pour la dernière fois ;

2° Bénéficient, pour le calcul de la taxe foncière sur les propriétés bâties afférente à leur habitation principale, d'un abattement sur la valeur locative de deux tiers la troisième année et d'un tiers la quatrième année suivant celle au titre de laquelle ils ont bénéficié de l'exonération prévue au I pour la dernière fois.

1. Condition d'habitation. Lorsque le titulaire de l'allocation occupe l'habitation avec son conjoint, le dégrèvement ne peut être obtenu que si le logement est un bien de communauté ou un bien propre du conjoint handicapé. * BOI-IF-TFB-10-50-40 n° 175 du 22 déc. 2020.

2. Lorsque le bénéficiaire du RMI cohabite avec une personne n'entrant pas dans l'une des catégories visées à l'art. 1390, il ne peut prétendre à l'exonération. • CAA Paris, 11 avr. 2000, n° 98PA1016 : *Dr. fisc. 2001. 323 ; RJF 2000. 1287.*

3. Dispositif de maintien des exonérations en faveur des personnes âgées de condition modeste. * BOI-IF-TFB-10-55-30 du 22 déc. 2020.

Art. 1391 I. — Les redevables âgés de plus de soixante-quinze ans au 1er janvier de l'année de l'imposition sont exonérés de la taxe foncière sur les propriétés bâties pour l'immeuble habité exclusivement par eux, lorsque le montant des revenus de l'année précédente n'excède pas la limite prévue à l'article 1417.

II. — Les contribuables qui ne bénéficient plus de l'exonération prévue au I :

1° Sont exonérés de la taxe foncière sur les propriétés bâties afférente à l'immeuble habité exclusivement par eux la première et la deuxième années suivant celle au titre de laquelle ils ont bénéficié de l'exonération prévue au même I pour la dernière fois ;

2° Bénéficient, pour le calcul de la taxe foncière sur les propriétés bâties afférente à l'immeuble habité exclusivement par eux, d'un abattement sur la valeur locative de deux tiers la troisième année et d'un tiers la quatrième année suivant celle au titre de laquelle ils ont bénéficié de l'exonération prévue audit I pour la dernière fois.

1. Condition d'habitation. La condition d'habitation exclusive demeure remplie lorsque le redevable cohabite avec des tiers non imposables à l'impôt sur le revenu. * BOI-IF-TFB-10-50-40 n° 80 du 22 déc. 2020. ♦ ... Même s'il s'agit d'une résidence secondaire et que le contribuable bénéficie déjà du dégrèvement au titre de sa résidence principale. • CE 20 oct. 2000, n° 205635, *Friteau : Dr. fisc. 2001. 407, concl. Mignon ; D. 2000. IR 292*. ♦ Par suite, les personnes âgées de plus de 75 ans résidant dans une maison de retraite et qui conservent la jouissance de leur ancien domicile peuvent bénéficier de l'exonération pour leur ancien domicile dès lors que les conditions posées par l'art. 1391 sont satisfaites, en particulier que l'habitation ne constitue pas par ailleurs l'habitation secondaire pour les membres de la famille et notamment ses enfants. * BOI-IF-TFB-10-50-40 n° 120 du 1er juill. 2013.

2. Circonstance indifférente. L'exonération s'applique même si le redevable n'a pas souscrit sa déclaration annuelle des revenus. • TA Besançon, 5 juill. 1996, n° 93-280 : *Dr. fisc. 1996. 1286.*

3. Dispositif de maintien des exonérations en faveur des personnes âgées de condition modeste. * BOI-IF-TFB-10-55-30 du 22 déc. 2020.

Art. 1391 A *(Abrogé par L. n° 2019-1479 du 28 déc. 2019, art. 16-II-A et VII-B, à compter des impositions établies au titre de 2021)* ***Les exonérations résultant des articles 1390 et 1391 sont applicables aux personnes qui bénéficient du maintien des dégrèvements prévu au III de l'article 17 de la loi de finances pour 1968 (n° 67-1114 du 21 décembre 1967).***

Art. 1391 B Les redevables âgés de plus de soixante-cinq ans au 1er janvier de l'année d'imposition autres que ceux visés à l'article 1391 et qui occupent leur habitation principale dans les conditions prévues au I de l'article 1390 bénéficient d'un dégrèvement d'office de 100 € de la taxe foncière sur les propriétés bâties afférente à cette habitation lorsque le montant des revenus de l'année précédente n'excède pas la limite prévues à l'article 1417.

Art. 1391 B *bis* Les personnes qui conservent la jouissance exclusive de l'habitation qui constituait leur résidence principale avant d'être hébergées durablement dans un établissement ou un service mentionné au 6° du I de l'article L. 312-1 du code de l'action sociale et des familles ou dans un établissement délivrant des soins de longue durée, mentionné *(L. n° 2022-217 du 21 févr. 2022, art. 124)* « à l'avant-dernier alinéa » de l'article L. 6143-5 du code de la santé publique, et comportant un hébergement, à des personnes n'ayant pas leur autonomie de vie dont l'état nécessite une surveillance médicale constante et des traitements d'entretien bénéficient d'une exonération ou d'un abattement de la taxe foncière sur les propriétés bâties afférente à cette habitation, lorsqu'elles remplissent les conditions prévues aux articles 1390 et 1391, ou d'un dégrèvement de 100 €, lorsqu'elles remplissent les conditions prévues à l'article 1391 B.

Les dispositions du premier alinéa ne bénéficient qu'aux logements libres de toute occupation.

L'exonération, l'abattement ou le dégrèvement sont accordés à compter de l'année qui suit celle de leur hébergement dans les établissements ou services mentionnés au premier alinéa.

Personnes qui résident en maison de retraite et qui conservent la jouissance exclusive de leur ancien domicile. Conditions tenant au logement quitté par le contribuable et au nouvel hébergement du contribuable. Conditions tenant au dispositif d'allégement susceptible d'être appliqué. * BOI-IF-TFB-50-20-10 n° 50 du 22 déc. 2020.

Art. 1391 B *ter* I. — Il est accordé, sur la cotisation de taxe foncière sur les propriétés bâties afférente à l'habitation principale des contribuables dont les revenus

n'excèdent pas le montant prévu au II de l'article 1417, un dégrèvement égal à la fraction de la cotisation supérieure à 50 % du montant total de leurs revenus définis aux II et IV du présent article.

Le premier alinéa n'est pas applicable aux contribuables passibles de l'impôt *(L. n° 2017-1837 du 30 déc. 2017, art. 31)* **« sur la fortune immobilière » au titre de l'année précédant celle de l'imposition à la taxe foncière sur les propriétés bâties.** – *Les dispositions du présent I telles que modifiées par le B du I de l'art. 31 de la L. n° 2017-1837 du 30 déc. 2017 s'appliquent au titre de l'impôt sur la fortune immobilière dû à compter du 1er janv. 2018. Toutefois, les dispositions modifiées ou abrogées par le même B du I continuent de s'appliquer, dans leur rédaction en vigueur au 31 déc. 2017, à l'impôt de solidarité sur la fortune dû jusqu'au titre de l'année 2017 incluse (L. préc., art. 31-IX-B).*

II. – Pour l'application du I, les revenus pris en compte s'entendent des revenus définis au IV de l'article 1417, sans qu'il soit fait application des règles de quotient définies à l'article 163-0 A, diminués du montant des cotisations ou des primes *(L. n° 2017-1837 du 30 déc. 2017, art. 28, applicable aux revenus perçus et gains réalisés à compter du 1er janv. 2018)* **« mentionnées au *a* du 1° du même IV » et majorés du montant :**

***a)* Des sommes mentionnées au *a* du 18° et au 18° *bis* de l'article 81 et des sommes revenant aux salariés mentionnées à l'article 163 *bis* AA, sous réserve de la disponibilité de ces sommes ;**

***b)* Des gains nets réalisés depuis l'ouverture d'un plan d'épargne en actions mentionné à l'article 163 *quinquies* D en cas de retrait ou de rachat après l'expiration de la cinquième année ;**

***c)* Des moins-values imputées l'année précédant celle au titre de laquelle la taxe foncière est établie en application du 11 de l'article 150-0 D ;**

(L. n° 2017-1837 du 30 déc. 2017, art. 28, applicable aux revenus perçus et gains réalisés à compter du 1er janv. 2018) **« *d)* De l'abattement mentionné au I de l'article 125 A ; »**

***e)* Des déficits imputés, en application du I de l'article 156, l'année précédant celle au titre de laquelle la taxe foncière est établie ;**

***f)* Des rentes, rémunérations, intérêts et produits divers mentionnés aux 5° *ter* à** *(L. n° 2021-1900 du 30 déc. 2021, art. 35-I-30°)* **« 22° » de l'article 157, sous réserve de la disponibilité de ces sommes ;**

***g)* Des abattements sur le revenu global prévus aux articles 157 *bis* et 196 B.**

III. – A compter de 2012, le montant du dégrèvement prévu au I est réduit d'un montant égal au produit de la base nette imposable au profit des *(L. n° 2019-1479 du 28 déc. 2019, art. 16-II-C-3° et VII-B, applicable à compter des impositions établies au titre de 2021)* **« communes** *[ancienne rédaction : collectivités territoriales]* **» ou des établissements publics de coopération intercommunale à fiscalité propre par la différence entre le taux global de la taxe foncière sur les propriétés bâties constaté dans ces** *(L. n° 2019-1479 du 28 déc. 2019, art. 16-II-C-10° et VII-B, applicable à compter des impositions établies au titre de 2021)* **« communes** *[ancienne rédaction : collectivités]* **» ou établissements au titre de l'année d'imposition et ce même taux global constaté en 2011.**

Pour l'application du premier alinéa :

***a)* Lorsque les bases nettes imposables au profit de la commune** *(L. n° 2019-1479 du 28 déc. 2019, art. 16-II-C-9° et VII-B, applicable à compter des impositions établies au titre de 2021)* **« et de l'établissement public de coopération intercommunale à fiscalité propre** *[ancienne rédaction :, de l'établissement public de coopération intercommunale à fiscalité propre et du département]* **» sont différentes, la base la moins élevée est retenue ;**

***b)* Le taux global de taxe foncière sur les propriétés bâties comprend le taux des taxes spéciales d'équipement additionnelles à la taxe foncière sur les propriétés bâties ;**

***c)* La réduction n'est pas applicable si elle est inférieure à 15 €.**

IV. – Pour l'application des I et II, les revenus s'entendent :

***a)* Des revenus du foyer fiscal du contribuable au nom duquel la taxe est établie ;**

***b)* Lorsque la taxe foncière est établie au nom de plusieurs personnes appartenant à des foyers fiscaux distincts, de la somme des revenus de chacun des foyers fiscaux de ces personnes ;**

***c)* Lorsque les personnes mentionnées aux *a* et *b* du présent IV cohabitent avec des personnes qui ne font pas partie de leur foyer fiscal et pour lesquelles la propriété bâtie constitue leur habitation principale, de la somme des revenus de chacun des**

foyers fiscaux des personnes au nom desquelles l'imposition est établie ainsi que des revenus de chacun des foyers fiscaux des cohabitants.

V. – Pour l'application du I, la cotisation de taxe foncière sur les propriétés bâties s'entend des montants perçus au profit des *(L. n° 2019-1479 du 28 déc. 2019, art. 16-II-C-3° et VII-B, applicable à compter des impositions établies au titre de 2021)* « communes *[ancienne rédaction : collectivités territoriales]* » et des établissements publics de coopération intercommunale à fiscalité propre ainsi que des taxes additionnelles à ces taxes perçues au profit des établissements et organismes habilités à percevoir ces taxes additionnelles, à l'exception de la taxe d'enlèvement des ordures ménagères.

VI. – Le dégrèvement est accordé sur réclamation présentée dans le délai indiqué à l'article R.* 196-2 du livre des procédures fiscales et dans les formes prévues par ce même livre.

Plafonnement de taxe foncière sur les propriétés bâties en fonction du revenu. Dégrèvement de la fraction de leur cotisation de taxe foncière afférente à l'habitation principale supérieure à 50 % des revenus. Revenus pris en compte. Modalités de calcul et de mise en œuvre du dégrèvement. Nécessité d'une réclamation préalable du contribuable. * BOI-IF-TFB-50-40 du 12 sept. 2012.

Art. 1391 C Les dépenses engagées par les organismes d'habitations à loyer modéré ou par les sociétés d'économie mixte ayant pour objet statutaire la réalisation ou la gestion de logements ou par les organismes mentionnés à l'article L. 365-1 du code de la construction et de l'habitation, pour l'accessibilité et l'adaptation des logements aux personnes en situation de handicap sont déductibles de la taxe foncière sur les propriétés bâties versée aux *(L. n° 2019-1479 du 28 déc. 2019, art. 16-II-C-3° et VII-B, applicable à compter des impositions établies au titre de 2021)* « communes *[ancienne rédaction : collectivités territoriales]* ».

Art. 1391 D Il est accordé sur la cotisation de taxe foncière sur les propriétés bâties afférente à des immeubles affectés à l'habitation appartenant aux organismes d'habitations à loyer modéré visés à l'article L. 411-2 du code de la construction et de l'habitation ou à des sociétés d'économie mixte ayant pour objet statutaire la réalisation de logements ou aux organismes mentionnés à l'article L. 365-1 du même code, ainsi qu'aux immeubles, logements-foyers et centres d'hébergement et de réinsertion sociale visés aux 3° et 4° *(L. n° 2017-86 du 27 janv. 2017, art. 97-V)* « du IV » de l'article L. 302-5 du même code un dégrèvement égal aux dépenses payées, à raison des travaux prescrits en application de l'article L. 515-16-2 du code de l'environnement, au cours de l'année précédant celle au titre de laquelle l'imposition est due.

Lorsque l'imputation des dépenses ne peut être effectuée dans sa totalité sur les cotisations des immeubles en cause, le solde des dépenses déductibles est imputé sur les cotisations afférentes à des immeubles imposés dans la même commune ou dans d'autres communes relevant du même service des impôts au nom du même bailleur et au titre de la même année.

Le dégrèvement est accordé sur réclamation présentée dans le délai indiqué par l'article R. 196-2 du livre des procédures fiscales et dans les formes prévues par ce même livre.

Art. 1391 E Il est accordé un dégrèvement sur la cotisation de taxe foncière sur les propriétés bâties afférente à des immeubles affectés à l'habitation, appartenant aux organismes d'habitations à loyer modéré visés à l'article L. 411-2 du code de la construction et de l'habitation ou aux sociétés d'économie mixte ayant pour objet statutaire la réalisation ou la gestion de logements, ainsi qu'aux organismes mentionnés à l'article L. 365-1 du même code.

[Applicable jusqu'au 31 déc. 2018]

Ce dégrèvement est égal au quart des dépenses de rénovation, déduction faites *[faite]* des subventions perçues afférentes à ces dépenses, éligibles au taux réduit de taxe sur la valeur ajoutée en application du 1° du IV de l'article 278 *sexies* et payées au cours de l'année précédant celle au titre de laquelle l'imposition est due.

[Applicable à compter des impositions établies au titre de 2019]
(L. nº 2017-1837 du 30 déc. 2017, art. 12) **« Ce dégrèvement est égal au quart du montant hors taxe des dépenses de travaux de rénovation, déduction faite des subventions perçues afférentes à ces dépenses, payées au cours de l'année précédant celle au titre de laquelle l'imposition est due, lorsque ces travaux portent sur les locaux mentionnés aux** *(L. nº 2019-1479 du 28 déc. 2019, art. 30-I-9º et III, applicable à compter des impositions établies au titre de 2020)* **« II, 1º du III et IV** *[ancienne rédaction : 2 à 8 du I]* **» de l'article 278 *sexies*, ont pour objet de concourir directement à la réalisation d'économies d'énergie et de fluides et concernent :** *— Les dispositions du 2e al. du I de l'art. 1384 A CGI dans sa version antérieure à la L. nº 2019-1479 du 28 déc. 2019 restent applicables aux logements achevés avant le 1er janv. 2019 (L. préc., art. 30-III).*

« 1º Les éléments constitutifs de l'enveloppe du bâtiment ;
« 2º Les systèmes de chauffage ;
« 3º Les systèmes de production d'eau chaude sanitaire ;
« 4º Les systèmes de refroidissement dans les départements d'outre-mer ;
« 5º Les équipements de production d'énergie utilisant une source d'énergie renouvelable ;
« 6º Les systèmes de ventilation ;
« 7º Les systèmes d'éclairage des locaux ;
« 8º Les systèmes de répartition des frais d'eau et de chauffage. »

Lorsque l'imputation des dépenses ne peut être effectuée dans sa totalité sur les cotisations des immeubles en cause, le solde des dépenses déductibles est imputé sur les cotisations afférentes à des immeubles imposés dans la même commune ou dans d'autres communes relevant du même service des impôts au nom du même bailleur et au titre de la même année.

1. Dégrèvement pour travaux d'économie d'énergie. Immeubles et dépenses éligibles au dégrèvement. Modalités d'application. * BOI-IF-TFB-50-20-20-30 nos 420 à 550 du 6 juill. 2016.

2. Lorsque l'Administration est saisie d'une réclamation par un bailleur social tendant à ce que lui soit accordé un dégrèvement de taxe foncière sur les propriétés bâties, sur le fondement de l'art. 1391 E, et qu'elle est dans l'impossibilité d'imputer la totalité des sommes éligibles sur l'imposition due au titre d'un immeuble situé dans une commune, elle doit imputer le surplus des dépenses éligibles sur les impositions demeurant à la charge du contribuable, qu'elles aient été établies au titre des autres immeubles situés dans la commune ou d'immeubles situés dans d'autres communes relevant du même service, dès lors que ces communes ont été mentionnées dans la réclamation. • CE 22 nov. 2017, *SA d'HLM Espace Domicile*, nº 392531 : *RJF 2018. 178.*

3. Les travaux préparatoires aux travaux effectivement réalisés ouvrent droit au dégrèvement. Tel n'est pas le cas de travaux de lambris et de dalles au plafond qui ne constituent pas des travaux préparatoires à prendre en compte. • CE 22 nov. 2017, *SA d'HLM Espace Domicile*, nº 392531 : *préc. note 2.*

Art. 1392 *Dispositions périmées.*

II TAXE FONCIÈRE SUR LES PROPRIÉTÉS NON BÂTIES

A PROPRIÉTÉS IMPOSABLES

Art. 1393 **La taxe foncière est établie annuellement sur les propriétés non bâties de *toute nature* sises en France, à l'exception de celles qui en sont expressément exonérées par les dispositions du présent code.**

Elle est notamment due pour les terrains occupés par les chemins de fer, les carrières, mines et tourbières, les étangs, les salines et marais salants ainsi que pour ceux occupés par les serres affectées à une exploitation agricole.

Elle est également due pour les terrains non cultivés affectés à la pratique du golf lorsque l'aménagement de ces terrains ne nécessite pas la construction d'ouvrages en maçonnerie présentant le caractère de véritables constructions.

1. Carrières. Si l'art. 1393 dispose que la taxe foncière sur les propriétés non bâties est établie annuellement sur les propriétés non bâties de toute nature et est notamment due pour les terrains occupés par les carrières, l'art. 1381-5º, en prévoyant sans édicter aucune exception que les terrains non cultivés employés à un usage commercial ou industriel, tels les chantiers, lieux de dépôt des marchandises et autres emplacements de même nature, sont imposés à la taxe foncière sur les propriétés bâties, a édicté des règles fiscales de caractère général, applicables notamment aux carrières faisant l'objet d'une exploitation à caractère industriel. • CE 15 déc. 2010, n° 309678, *SAS Carrières du Boulonnais : RJF 2011. 319 ; BDCF 2011. 34, concl. Escaut.*

2. Ostréiculture. La taxe ne s'applique pas aux parcelles du domaine public maritime, correspondant au sol de la mer territoriale, qui sont concédées à des ostréiculteurs. • CE, sect., 3 nov. 1995, n° 155944 : *Dr. fisc. 1996. 146, concl. Arrighi de Casanova.*

3. Funiculaire de station de ski. Un funiculaire de station de ski présente le caractère d'une remontée mécanique. Il est imposable à la taxe foncière sur les propriétés bâties, et non, comme les chemins de fer, à la taxe foncière sur les propriétés non bâties. • CE 29 oct. 2012, *Sté des Téléphériques de La Grande Motte,* n° 334354 : *RJF 2013. 58.*

4. Voies ferrées. Tramways. V. • CE 21 mai 2014, *Sté Cie des Transports Strasbourgeois,* n° 365751 : *RJF 2014. 816 ; BDCF 2014. 84, concl. Escaut.*

5. Terrains de golf. Conditions d'imposition de ces terrains à la taxe foncière sur les propriétés non bâties. * BOI-IF-TFNB-10-30 n°s 1 et 350 à 380 du 4 févr. 2015

B EXONÉRATIONS PERMANENTES

Art. 1394 Sont exonérés de la taxe foncière sur les propriétés non bâties :

1° Les routes nationales, les chemins départementaux, les voies communales, y compris les places publiques servant aux foires et marchés, ainsi que les chemins des associations foncières d'aménagement foncier agricole et forestier, les rivières ;

2° Les propriétés de l'État, les propriétés des régions, les propriétés des départements pour les taxes perçues par les communes et les propriétés des communes pour les taxes perçues par la commune à laquelle elles appartiennent, lorsqu'elles sont affectées à un service public ou d'utilité générale et non productives de revenus.

Tels sont notamment :

Les jardins attenant aux bâtiments publics et hospices visés au 1° de l'article 1382 ;

Le Jardin des Plantes de Paris, les jardins botaniques des départements, leurs pépinières et celles faites au compte du Gouvernement par l'Office national des forêts ;

Les cimetières, y compris ceux constitués en vertu de l'article *(Décr. n° 2017-698 du 2 mai 2017, art. 1er)* « L. 522-12 du code des pensions militaires d'invalidité et des victimes de guerre » pour la sépulture des militaires alliés et dont l'État a concédé la libre disposition aux gouvernements intéressés, ainsi que les voies d'accès à ces cimetières ;

Les fortifications et glacis qui en dépendent.

Cette exonération n'est pas applicable aux propriétés des établissements publics autres que les établissements scientifiques, d'enseignement et d'assistance, ni à celles des organismes de l'État, des départements ou des communes, ayant un caractère industriel ou commercial, ni aux *(L. n° 2017-256 du 28 févr. 2017, art. 121-II)* « bois et forêts » visés à l'article L. 221-2 du code forestier ; *— V. Ann. IV, art. 165 et 167. — Les dispositions ci-dessus du C. for. concernent les forêts et terrains à boiser ou à restaurer appartenant à l'État et gérés par l'Office national des forêts.*

Les immeubles qui sont incorporés gratuitement au domaine de l'État, des collectivités locales ou des établissements publics, en vertu d'une convention, sont imposables jusqu'à l'expiration de celle-ci ;

3° Dans les mêmes conditions que celles prévues au premier alinéa du 2°, les propriétés *(L. n° 2018-1317 du 28 déc. 2018, art. 170-I-1°)* « appartenant » aux grands ports maritimes *(Abrogé par L. n° 2018-1317 du 28 déc. 2018, art. 170-I-1°) « en application de l'article L. 5312-16 du code des transports »* *(Ord. n° 2021-614 du 19 mai 2021, art. 37-I-4° et 57, en vigueur le 1er juin 2021)* « et fluvio-maritimes » ;

4° Les jardins attenant aux bâtiments pour lesquels les associations de mutilés de guerre ou du travail sont exonérées de la taxe foncière sur les propriétés bâties en vertu du 5° de l'article 1382 ;

5° *Les terrains qui appartiennent* aux associations syndicales de propriétaires prévues par l'article 23 de la loi du 11 octobre 1940 modifiée par la loi du 12 juillet 1941 relative à la reconstruction des immeubles d'habitation partiellement ou totalement détruits par suite d'actes de guerre ;

6° Les terrains sis dans les communes de plus de 5 000 habitants, qui appartiennent aux organismes de jardins familiaux, ou dont ils ont la jouissance, et qu'ils utilisent pour la réalisation de leur objet social, tel qu'il est défini à l'article L. 561-1 du code rural et de la pêche maritime ;

7° Les sols et terrains passibles de la taxe foncière sur les propriétés bâties.

1. Propriétés publiques productives ou non de revenus. Le caractère non productif de revenus auquel est subordonnée l'exonération de taxes foncières des propriétés publiques affectées à un service public ou d'utilité générale (art. 1382-1° et 1394-2°) s'apprécie au niveau de la personne publique même si les taxes sont dues par un tiers disposant sur la propriété d'un droit réel immobilier (emphytéote, par exemple). • CE 24 nov. 2010, n°s 323982 et 323983 : *RJF 2011. 177 ; Dr. fisc. 2011. 130, concl. Olléon.* ♦ Une propriété est productive de revenus lorsqu'elle procure des recettes à la collectivité propriétaire, même si ces recettes se limitent à une redevance annuelle de 100 F. • CE 16 nov. 1988, n° 47685 : *Dr. fisc. 1989. 202, concl. de Saint-Pulgent.* ♦ ... Ou au remboursement des dépenses supportées. • CE 12 oct. 1992, n° 96396 : *Dr. fisc. 1993. 362 ; RJF 1992. 1663.* ♦ Des terrains appartenant à un syndicat mixte de distribution d'eau potable et d'assainissement, et qui concourent à des activités génératrices de recettes (cotisations et contributions des communes, subventions, dons, loyers) doivent être regardés comme productifs de revenus. • CAA Bordeaux, 28 oct. 2004, n° 01BX2718 : *RJF 2005. 240.* ♦ En revanche, l'exonération est applicable lorsque le domaine n'est productif de revenus que pour une personne autre que le propriétaire (terrain militaire de l'État exploité par l'Office national des forêts). • CE 12 mai 1997, n° 172318 : *Dr. fisc. 1997. 927, concl. Arrighi de Casanova ; RJF 1997. 689.* ♦ Sur le régime des forêts domaniales, V. désormais art. 1394-I, al. 2 et 1400-V.

2. Propriétés publiques affectées à un service public. Un golf et un terrain de camping, appartenant à la région Île-de-France, situés dans le périmètre d'une base de loisirs gérée par un syndicat mixte, sont affectés à un service public consistant à permettre au plus grand nombre de pratiquer diverses activités de plein air dans des zones densément peuplées. Ils remplissent, par suite, la condition d'affectation à laquelle est subordonne le bénéfice, de l'exonération de la taxe foncière, nonobstant la circonstance que le syndicat mixte avait concédé l'exploitation du golf et du terrain de camping à des sociétés commerciales. • CE (na) 25 janv. 2006, n°s 270956, 278272 et 278273 : *RJF 2006. 1057.*

3. Grands ports maritimes. Dispositif d'exonération. * BOI-IF-TFNB-10-40-10-100 du 22 mai 2019.

Art. 1394 A *Transféré ss. l'art. 1599 ter B.*

Art. 1394 B Les propriétés non bâties classées dans les première, deuxième, troisième, quatrième, cinquième, sixième, huitième et neuvième catégories définies à l'article 18 de l'instruction ministérielle du 31 décembre 1908, non exonérées en application des articles 1395 à 1395 B et qui sont situées en Corse sont, au titre de 1995 et des années suivantes, exonérées en totalité de la taxe foncière sur les propriétés non bâties perçue au profit des communes et de leurs groupements.

Art. 1394 B *bis* I. — Les propriétés non bâties classées dans les première, deuxième, troisième, quatrième, cinquième, sixième, huitième et neuvième catégories définies à l'article 18 de l'instruction ministérielle du 31 décembre 1908 sont exonérées de la taxe foncière sur les propriétés non bâties perçue au profit des communes et de leurs établissements publics de coopération intercommunale à concurrence de 20 %. — *Pour les propriétés situées dans les DOM, V. toutefois art. 1395 H-II, 2ᵉ al.*

II. — Les dispositions du I ne s'appliquent pas aux propriétés non bâties qui bénéficient des exonérations totales prévues aux articles 1394 B et 1394 C ainsi qu'aux articles 1395 à 1395 E et 1649.

Les exonérations partielles prévues au 1° *ter* de l'article 1395 s'appliquent après l'exonération prévue au I.

Exonération de 20 % des parts communale et intercommunale de la taxe afférente aux terrains à usage agricole. Champ d'application et portée de l'exonération. Modalités d'application et de compensation. * BOI-IF-TFNB-10-40-50 n°s 70 à 270 du 12 sept. 2012.

Art. 1394 C Les conseils municipaux et les organes délibérants des établissements publics de coopération intercommunale à fiscalité propre peuvent, par une délibération prise dans les conditions prévues au I de l'article 1639 A *bis*, exonérer de taxe foncière sur les propriétés non bâties les terrains, agricoles ou non, plantés en oliviers.

Pour bénéficier de cette exonération, le propriétaire doit faire, avant le 1er janvier de la première année au titre de laquelle l'exonération est applicable, une déclaration au

service des impôts assortie des justifications nécessaires en indiquant notamment la liste des parcelles concernées.

Ces dispositions sont applicables pour les impositions établies au titre de 2005 et des années suivantes. Toutefois, en l'absence de toute nouvelle délibération prise en application de l'art. 1394 C du code général des impôts, les exonérations des parts communale et intercommunale en cours au 1er janv. 2005 sur le fondement de l'art. 1395 B du même code sont maintenues pour la période restant à courir (L. no 2003-1311 du 30 déc. 2003, art. 106-IV).

Terrains plantés en oliviers. Champ d'application, portée et modalités d'application de l'exonération. Obligations déclaratives.* BOI-IF-TFNB-10-40-60 du 12 sept. 2012.

Art. 1394 D *(L. no 2020-1721 du 29 déc. 2020, art. 130-I-1o)* **Les conseils municipaux et les organes délibérants des établissements publics de coopération intercommunale à fiscalité propre peuvent, par délibération prise dans les conditions prévues au I de l'article 1639 A *bis* du présent code, exonérer de la taxe foncière sur les propriétés non bâties, pour la part qui leur revient, pendant toute la durée du contrat, les propriétés non bâties dont le propriétaire a conclu un contrat mentionné à l'article L. 132-3 du code de l'environnement.**

Pour bénéficier de cette exonération, le propriétaire adresse au service des impôts du lieu de situation des propriétés, avant le 1er janvier de l'année suivant celle de la signature du contrat, une déclaration comportant tous les éléments nécessaires à l'identification des parcelles concernées. Cette déclaration s'accompagne d'une copie du contrat.

Lorsque la déclaration est souscrite hors délai, l'exonération s'applique pour la période restant à courir après le 31 décembre de l'année de la souscription.

Les délibérations prises en application du présent art. dans sa rédaction en vigueur à la date de publication de la L. no 2020-1721 du 29 déc. 2020 continuent à produire leurs effets tant qu'elles ne sont pas modifiées ou rapportées (L. préc., art. 130-II).

Ancien art. 1394 D *(Décr. no 2017-698 du 2 mai 2017, art. 1er)* ***Les communes peuvent, sur délibération du conseil municipal, exonérer de la taxe foncière sur les propriétés non bâties, les propriétaires ayant conclu une obligation réelle environnementale.***

C EXONÉRATIONS TEMPORAIRES

Art. 1395 **Sont exonérés de la taxe foncière sur les propriétés non bâties :**

1o Les terrains ensemencés, plantés ou replantés en bois, pendant les trente premières années du semis, de la plantation ou de la replantation. A compter du 1er janvier de l'année suivant la promulgation de la loi no 2001-602 du 9 juillet 2001 d'orientation sur la forêt, cette période d'exonération est ramenée à dix ans pour les peupleraies et portée à cinquante ans pour les feuillus et les bois autres que les bois résineux. Toutefois, dans les zones dans lesquelles des plantations et semis d'essences forestières sont interdits ou réglementés dans des conditions déterminées par décret en Conseil d'État en vertu des dispositions de l'article L. 126-1 du code rural et de la pêche maritime, les plantations ou semis exécutés en violation de ces conditions ne peuvent bénéficier de l'exonération ; *— V. C. rur., art. R. 126-1 à R. 126-10.*

1o *bis* A compter du 1er janvier de l'année suivant la promulgation de la loi no 2001-602 du 9 juillet 2001 précitée, les terrains boisés en nature de futaies ou de taillis sous futaie, autres que des peupleraies, qui ont fait l'objet d'une régénération naturelle.

Cette exonération est applicable pendant trente ans pour les bois résineux et pendant cinquante ans pour les bois feuillus et autres bois, à partir du 1er janvier de l'année qui suit celle de la déclaration de réussite de la régénération.

Le propriétaire ou l'Office national des forêts pour les forêts domaniales adresse à l'administration des impôts, avant le 1er janvier de la première année au titre de laquelle l'application de l'exonération est demandée, une déclaration indiquant la liste des parcelles concernées et attestant de la réussite de la régénération naturelle ; cette déclaration ne peut intervenir avant le début de la troisième année ni après la fin de la dixième année suivant celle de l'achèvement de la coupe définitive.

Les essences forestières pouvant ouvrir droit à cette exonération, les critères de réussite de l'opération de régénération naturelle et les modalités de déclaration sont définis

par un décret qui comporte des dispositions particulières en cas de dégradations naturelles exceptionnelles ;

1° *ter* A compter du 1er janvier de l'année suivant la promulgation de la loi n° 2001-602 du 9 juillet 2001 précitée, à concurrence de 25 % du montant de la taxe, les terrains boisés présentant un état de futaie irrégulière en équilibre de régénération pendant quinze ans à partir du 1er janvier de l'année qui suit celle de la déclaration de cet état. Cette exonération est renouvelable. — *Pour les propriétés situées dans les DOM, V. toutefois art. 1395 H-II, 2e al.*

Le propriétaire ou l'Office national des forêts pour les forêts domaniales adresse, avant le 1er janvier de la première année au titre de laquelle l'application ou le renouvellement de celle-ci est demandé, une déclaration à l'administration des impôts indiquant la liste des parcelles concernées et attestant de l'état de futaie irrégulière en équilibre de régénération au regard des critères définis par décret.

Les essences forestières pouvant ouvrir droit à cette exonération, les critères de l'état d'équilibre de régénération et les modalités de déclaration sont définis par un décret qui comporte des dispositions particulières en cas de dégradations naturelles exceptionnelles ;

2° *Abrogé ;*

3° *Périmé (Décr. n° 2006-356 du 24 mars 2006).*

V. C. rur., art. L. 126-3 et R. 126-38 ; C. pr. fisc., art. L. 45 G et R. 45 G-1.

Art. 1395 A Les conseils municipaux et les organes délibérants des établissements publics de coopération intercommunale à fiscalité propre peuvent exonérer, chacun pour sa part, de taxe foncière sur les propriétés non bâties les terrains nouvellement plantés en noyers.

Cette exonération ne saurait dépasser huit ans et la délibération devra intervenir au plus tard le 1er octobre de l'année précédente.

Terrains plantés en noyers. Champ d'application, portée et modalités d'application de l'exonération. Délibérations autorisant l'exonération. * BOI-IF-TFNB-10-50-20 nos 1 à 50 du 19 juill. 2017.

Art. 1395 A *bis* A compter du 1er janvier 2012, les conseils municipaux et les organes délibérants des groupements de communes à fiscalité propre peuvent exonérer, chacun pour sa part, de taxe foncière sur les propriétés non bâties, les vergers, cultures fruitières d'arbres et arbustes et les vignes.

Cette exonération ne saurait dépasser huit ans et s'applique après les autres exonérations de taxe foncière sur les propriétés non bâties en application du présent code. La délibération qui l'institue intervient au plus tard le 1er octobre de l'année précédente.

Exonération temporaire des vergers, des cultures fruitières d'arbres et arbustes et des vignes. Conditions et portée de l'exonération. * BOI-IF-TFNB-10-50-20 nos 210 à 340 du 12 sept. 2012.

Art. 1395 A *ter* *(L. n° 2017-256 du 28 févr. 2017, art. 122-I)* En Guyane, les conseils municipaux et les organes délibérants des établissements publics de coopération intercommunale à fiscalité propre peuvent, par une délibération prise dans les conditions prévues au I de l'article 1639 A *bis*, exonérer de taxe foncière sur les propriétés non bâties les bois et forêts mentionnés au 1° du I de l'article L. 211-1 du code forestier.

Pour bénéficier de cette exonération, l'Office national des forêts doit faire, avant le 1er janvier de la première année au titre de laquelle l'exonération est applicable, une déclaration au service des impôts assortie des justifications nécessaires en indiquant notamment la liste des parcelles concernées, leurs conditions d'exploitation et les revenus qui en sont tirés.

Cette exonération ne peut dépasser huit ans et la délibération qui l'institue intervient, au plus tard, le 1er octobre de l'année précédente.

La perte de recettes résultant pour les collectivités territoriales des dispositions du présent art. est compensée, à due concurrence, par une majoration de la dotation globale de fonctionnement.

La perte de recettes résultant pour l'État est compensée, à due concurrence, par la création d'une taxe additionnelle aux droits prévus aux articles 575 et 575 A du CGI (L. n° 2017-256 du 28 févr. 2017, art. 122-II et III).

Art. 1395 B I. – Les terrains plantés en arbres truffiers sont, à compter du 1er janvier 1991, exonérés de taxe foncière sur les propriétés non bâties pendant les quinze années suivant celle de leur plantation, sur délibération prise, pour la part qui revient respectivement à chacune des collectivités intéressées, par les conseils départementaux et régionaux.

Pour bénéficier de cette exonération, le propriétaire doit faire, avant le 1er janvier de l'année au titre de laquelle l'exonération devient applicable, une déclaration au service des impôts, assortie des justifications nécessaires, en indiquant notamment la liste des parcelles concernées et l'année de leur plantation. Cette déclaration doit être souscrite avant le 1er septembre 1991 pour les exonérations applicables à compter du 1er janvier 1991.

Les délibérations des collectivités locales et de leurs groupements dotés d'une fiscalité propre prise en vertu de l'article 81 de la loi de finances pour 1990 (n° 89-935 du 29 décembre 1989) sont applicables dans les conditions prévues au premier alinéa.

II. – A compter du 1er janvier 2005, les terrains nouvellement plantés en arbres truffiers sont exonérés de taxe foncière sur les propriétés non bâties pendant les cinquante premières années du semis, de la plantation ou de la replantation.

Terrains plantés en arbres truffiers. Champ de l'exonération. * BOI-IF-TFNB-10-50-10-10 d'application, portée et modalités d'application nos 570 à 720 du 12 sept. 2012.

Art. 1395 B *bis* *(L. n° 2016-1087 du 8 août 2016, art. 114)* I. – Les propriétés non bâties classées dans les deuxième et sixième catégories définies à l'article 18 de l'instruction ministérielle du 31 décembre 1908 et situées dans les zones humides définies au 1° du I de l'article L. 211-1 du code de l'environnement sont exonérées de la taxe foncière sur les propriétés non bâties perçue au profit des communes et de leurs établissements publics de coopération intercommunale à concurrence de 50 % lorsqu'elles figurent sur une liste dressée par le maire sur proposition de la commission communale des impôts directs et qu'elles font l'objet d'un engagement de gestion pendant cinq ans portant notamment sur le non-retournement des parcelles et la préservation de l'avifaune, sans exclure la pratique de la chasse, sous réserve que celle-ci soit associée à la préservation et à l'entretien des habitats.

L'exonération est applicable pendant cinq ans à compter de l'année qui suit celle de la signature de l'engagement et est renouvelable. Elle ne concerne pas les propriétés non bâties exonérées en application des articles 1394 B et 1649 du présent code.

La liste des parcelles bénéficiant de l'exonération ainsi que les modifications qui sont apportées à cette liste sont communiquées par le maire à l'administration des impôts avant le 1er septembre de l'année qui précède l'année d'imposition. Cette liste ainsi que les modifications qui y sont apportées sont affichées en mairie.

Pour bénéficier de l'exonération, le propriétaire doit fournir au service des impôts, avant le 1er janvier de la première année au titre de laquelle l'exonération est applicable ou renouvelable, l'engagement souscrit pour les parcelles lui appartenant inscrites sur la liste dressée par le maire. Pour les parcelles données à bail en application des articles L. 411-1 et suivants du code rural et de la pêche maritime, l'engagement doit être cosigné par le preneur. Les modalités de cet engagement sont définies par décret en Conseil d'État. — *V. Ann. II, art. 310-00 H à 310-00 H ter.*

En cas d'inscription erronée sur la liste ou lorsque les conditions pour bénéficier de l'exonération ne sont pas respectées, les impositions en résultant sont établies au profit de l'État, dans les conditions prévues à l'article L. 173 du livre des procédures *fiscales.*

II. – L'exonération des propriétés non bâties prévue au I du présent article est portée à 100 % pour les propriétés non bâties situées dans les zones naturelles relevant des articles L. 211-3, L. 322-1 à L. 322-14, L. 331-1 à L. 333-4, L. 341-1 à L. 341-15-1, L. 411-1, L. 411-2 et L. 414-1 à L. 414-7 du code de l'environnement. L'engagement de gestion pendant cinq ans porte sur le non-retournement des parcelles en

cause et sur le respect des chartes et documents de gestion ou d'objectifs approuvés au titre des réglementations visées précédemment.

En cas de coexistence sur une même commune de parcelles pouvant bénéficier de l'exonération de 50 % et de l'exonération de 100 %, deux listes correspondant à chacune des exonérations applicables doivent être dressées par le maire sur proposition de la commission communale des impôts directs.

1. Exonération en faveur des terrains situés en zone humide. Engagement de gestion. Modalités d'application. * BOI-IF-TFNB-10-50-10-20 du19 juill. 2017.

2. Conditions. Parcelle figurant sur une liste dressée par le maire sur proposition de la commission communale des impôts directs et engagement de gestion pendant 5 ans. • CE (na), 10 mars 2021, n° 440226 : *RJF 2021. 515.*

Art. 1395 C *Cet article est abrogé pour les impositions établies au titre de 2005 et des années suivantes. Toutefois, en l'absence de toute nouvelle délibération prise en application de l'art. 1394 C CGI, les exonérations des parts communale et intercommunale en cours au 1er janv. 2005 sur le fondement de l'art. 1395 B du même code sont maintenues pour la période restant à courir (L. n° 2003-1311 du 30 déc. 2003, art. 105-IV).*

Art. 1395 D *(Abrogé par L. n° 2013-1278 du 29 déc. 2013, art. 26-I-z decies)* ***I. — Les propriétés non bâties classées dans les deuxième et sixième catégories définies à l'article 18 de l'instruction ministérielle du 31 décembre 1908 et situées dans les zones humides définies au 1° du I de l'article L. 211-1 du code de l'environnement sont exonérées de la taxe foncière sur les propriétés non bâties perçue au profit des communes et de leurs établissements publics de coopération intercommunale à concurrence de 50 % lorsqu'elles figurent sur une liste dressée par le maire sur proposition de la commission communale des impôts directs et qu'elles font l'objet d'un engagement de gestion pendant cinq ans portant notamment sur le non-retournement des parcelles et la préservation de l'avifaune, sans exclure la pratique de la chasse sous réserve que celle-ci soit associée à la préservation et à l'entretien des habitats.***

L'exonération est applicable pendant cinq ans à compter de l'année qui suit celle de la signature de l'engagement et est renouvelable. Elle ne concerne pas les propriétés non bâties exonérées en application des articles 1394 B et 1649.

La liste des parcelles bénéficiant de l'exonération ainsi que les modifications qui sont apportées à cette liste sont communiquées par le maire à l'administration des impôts avant le 1er septembre de l'année qui précède l'année d'imposition. Cette liste ainsi que les modifications qui y sont apportées sont affichées en mairie.

Pour bénéficier de l'exonération, le propriétaire doit fournir au service des impôts avant le 1er janvier de la première année au titre de laquelle l'exonération est applicable ou renouvelable, l'engagement souscrit pour les parcelles lui appartenant inscrites sur la liste dressée par le maire. Pour les parcelles données à bail en application des articles L. 411-1 et suivants du code rural et de la pêche maritime, l'engagement doit être cosigné par le preneur. Les modalités de cet engagement sont définies par décret en Conseil d'État. *— Pour les propriétés situées dans les DOM, V. toutefois art. 1395 H-II, 2e al.*

En cas d'inscription erronée sur la liste ou lorsque les conditions pour bénéficier de l'exonération ne sont pas respectées, les impositions en résultant sont établies au profit de l'État dans les conditions prévues à l'article L. 173 du livre des procédures fiscales.

II. — L'exonération des propriétés non bâties prévue au I est portée à 100 % pour les propriétés non bâties situées dans les zones naturelles relevant des articles L. 211-3, L. 322-1 à L. 322-14, L. 331-1 à L. 333-3, L. 341-1 à L. 342-l, L. 411-1 à L. 411-7 et L. 414-1 à L. 414-7 du code de l'environnement. L'engagement de gestion pendant cinq ans porte sur le non-retournement des parcelles en cause et sur le respect des chartes et documents de gestion ou d'objectifs approuvés au titre des réglementations visées précédemment. *— V. Ann. II, art. 310-00 H à 310-00 H ter.*

En cas de coexistence sur une même commune de parcelles pouvant bénéficier de l'exonération de 50 % et de l'exonération de 100 %, deux listes correspondant à chacune des exonérations applicables doivent être dressées par le maire sur proposition de la commission communale des impôts directs.

Art. 1395 E **I. — Les propriétés non bâties classées dans les première, deuxième, troisième, cinquième, sixième et huitième catégories définies à l'article 18 de l'instruction ministérielle du 31 décembre 1908 sont exonérées de la taxe foncière sur les proprié-**

tés non bâties perçue au profit des communes et de leurs établissements publics de coopération intercommunale lorsqu'elles figurent sur une liste arrêtée par *(L. n° 2022-217 du 21 févr. 2022, art. 61-II et III, en vigueur le 1er janv. 2023)* **« l'autorité compétente** *[ancienne rédaction : le préfet]* **» à l'issue de l'approbation du document d'objectifs d'un site Natura 2000 et qu'elles font l'objet d'un engagement de gestion défini à l'article L. 414-3 du code de l'environnement pour cinq ans, conformément au document d'objectifs en vigueur.**

L'exonération est applicable pendant cinq ans à compter de l'année qui suit celle de la signature du contrat ou de l'adhésion à la charte et est renouvelable.

La liste des parcelles concernées ainsi que les modifications qui sont apportées à cette liste sont communiquées par le préfet à l'administration des impôts avant le 1er septembre de l'année qui précède l'année d'imposition.

(L. n° 2022-217 du 21 févr. 2022, art. 61-II et III, en vigueur le 1er janv. 2023) **« L'autorité compétente mentionnée au premier alinéa du présent I et au 1 du II est le représentant de l'État dans le département ou, pour les sites Natura 2000 exclusivement terrestres, le président du conseil régional ou, en Corse, le président de la collectivité de Corse. »**

II. — 1. Pour bénéficier de l'exonération, le propriétaire doit fournir au service des impôts avant le 1er janvier de la première année au titre de laquelle l'exonération est applicable ou renouvelable l'engagement souscrit concernant les parcelles lui appartenant inscrites sur la liste dressée par *(L. n° 2022-217 du 21 févr. 2022, art. 61-II et III, en vigueur le 1er janv. 2023)* **« l'autorité compétente** *[ancienne rédaction : le préfet]* **». Pour les parcelles données à bail en application des articles L. 411-1 et suivants du code rural et de la pêche maritime, l'adhésion à la charte ou le contrat doit être cosigné par le preneur.**

2. L'exonération ne concerne pas les propriétés non bâties exonérées en application de l'article 1394 B.

3. Lorsque le contribuable remplit à la fois les conditions requises pour bénéficier de l'une des exonérations mentionnées au 1° et au 1° ***bis*** **de l'article 1395 et de l'exonération prévue au I, l'exonération prévue au 1° et au 1°** ***bis*** **de l'article 1395 est applicable.**

Lorsque le contribuable remplit à la fois les conditions requises pour bénéficier de l'une des exonérations mentionnées au 1° ***ter*** **de l'article 1395 et aux articles 1395 A, 1395 B et 1395 C et de l'exonération prévue au I, l'exonération prévue au I est applicable.**

Les dispositions du présent 3 sont également applicables aux exonérations en cours au 1er janvier de la première année au titre de laquelle le redevable peut bénéficier de l'exonération prévue au I.

III. — En cas d'inscription erronée sur la liste ou lorsque les conditions pour bénéficier de l'exonération ne sont pas respectées, les impositions en résultant sont établies au profit de l'État dans les conditions prévues à l'article L. 173 du livre des procédures fiscales.

Terrains situés dans un site Natura 2000. Engagement de gestion. * BOI-IF-TFNB-10-50-10-20 n°s 10 à 350 du 12 sept. 2012.
Point de départ de l'exonération temporaire.

Art. 1395 F *(Abrogé par L. n° 2013-1278 du 29 déc. 2013, art. 26-I-z duodecies et XI-6, à compter du 1er janv. 2017) I. — Dans les départements d'outre-mer, les propriétés non bâties classées dans les première, deuxième, troisième, cinquième, sixième et huitième catégories définies à l'article 18 de l'instruction ministérielle du 31 décembre 1908 sont exonérées de la taxe foncière sur les propriétés non bâties perçue au profit des communes et de leurs établissements publics de coopération intercommunale lorsqu'elles sont situées dans le cœur d'un parc national défini par l'article L. 331-2 du code de l'environnement, qu'elles font l'objet d'un engagement de gestion pour cinq ans conforme à la réglementation et à la charte du parc national prévues par l'article L. 331-2 du même code et qu'elles sont portées sur la liste établie par l'établissement public du parc national.*

L'exonération est applicable pendant cinq ans à compter de l'année qui suit celle de la signature de l'engagement de gestion entre d'une part le propriétaire et, le cas échéant, le preneur pour les parcelles données à bail, et d'autre part l'établissement public du parc national, et est renouvelable. La signature de l'engagement doit intervenir avant le 1er septembre d'une

année pour permettre l'octroi d'une exonération à compter de l'année suivante. Les modalités de l'engagement sont fixées par décret. *— V. Ann. III, art. 315* decies *et 315* undecies.

II. — 1. L'exonération ne concerne pas les propriétés non bâties exonérées en application de l'article 1649.

2. Lorsque le contribuable remplit à la fois les conditions requises pour bénéficier de l'une des exonérations mentionnées aux 1° et 1° bis de l'article 1395 et de l'exonération prévue au I du présent article, l'exonération prévue aux 1° et 1° bis de l'article 1395 est applicable.

Lorsque le contribuable remplit à la fois les conditions requises pour bénéficier de l'une des exonérations mentionnées à l'article 1394 B bis, au 1° ter de l'article 1395 et aux articles 1395 A, 1395 B et 1395 D et de l'exonération prévue au I du présent article, l'exonération prévue audit I est applicable.

Les dispositions du présent 2 sont également applicables aux exonérations en cours au 1er janvier de la première année au titre de laquelle le redevable peut bénéficier de l'exonération prévue au I.

III. — La liste des parcelles bénéficiant de l'exonération ainsi que les modifications qui sont apportées à cette liste sont communiquées par l'établissement public du parc national à l'administration des impôts avant le 1er septembre de l'année qui précède l'année d'imposition.

IV. — Lorsque les conditions pour bénéficier de l'exonération ne sont pas respectées, les impositions en résultant sont établies au profit de l'État dans les conditions prévues à l'article L. 173 du livre des procédures fiscales. *— V. Ann. III, art. 315* duodecies.

Art. 1395 G **I. — Les conseils municipaux et les organes délibérants des établissements publics de coopération intercommunale à fiscalité propre peuvent, par une délibération prise dans les conditions prévues au I de l'article 1639 A *bis*, exonérer de la taxe foncière sur les propriétés non bâties, pendant une durée de cinq ans, les propriétés non bâties classées dans les première, deuxième, troisième, quatrième, cinquième, sixième, huitième et neuvième catégories définies à l'article 18 de l'instruction ministérielle du 31 décembre 1908 lorsqu'elles sont exploitées selon le mode de production biologique prévu au règlement (CE) n° 834/2007 du Conseil, du 28 juin 2007, relatif à la production biologique et à l'étiquetage des produits biologiques et abrogeant le règlement (CEE) n° 2092/91.**

L'exonération est applicable à compter de l'année qui suit celle au titre de laquelle une attestation d'engagement d'exploitation suivant le mode de production biologique a été délivrée pour la première fois par un organisme certificateur agréé. Elle cesse définitivement de s'appliquer à compter du 1er janvier de l'année qui suit celle au cours de laquelle les parcelles ne sont plus exploitées selon le mode de production biologique.

La délibération porte sur la totalité de la part revenant à chaque commune ou établissement public de coopération intercommunale à fiscalité propre.

II. — Le I ne s'applique pas aux propriétés non bâties qui bénéficient des exonérations totales prévues aux articles 1394 B, aux 1° et 1° *bis* de l'article 1395, au II de l'article 1395 B, *(L. n° 2013-1278 du 29 déc. 2013, art. 26-I-z terdecies et XI-6, en vigueur le 1er janv. 2017)* **« ainsi qu'aux articles 1395 E et 1649** *[ancienne rédaction : aux articles 1395 E et 1395 F ainsi qu'à l'article 1649]* **».**

L'exonération prévue au I s'applique après les exonérations partielles prévues à l'article 1394 B *bis* et au 1° *ter* de l'article 1395.

Lorsque les conditions requises pour bénéficier de l'exonération prévue à l'article 1394 C et celles prévues au I sont remplies, l'exonération prévue à l'article 1394 C est applicable. Toutefois, lorsque la délibération prise sur le fondement de ce dernier article est rapportée, le bénéfice des dispositions du I est accordé pour la période restant à courir à compter de l'année au titre de laquelle l'exonération prévue à l'article 1394 C cesse de s'appliquer.

Lorsque les conditions requises pour bénéficier de l'exonération prévue à l'article 1395 A et celles prévues au I sont remplies et que la durée d'exonération applicable conformément à l'article 1395 A est inférieure ou égale à cinq ans, l'exonération prévue au I est applicable. Toutefois, le bénéfice des dispositions de l'article 1395 A est accordé à l'expiration de la période d'application de l'exonération prévue au même I pour la période restant à courir.

Lorsque les conditions requises pour bénéficier de l'exonération prévue à l'article 1395 A et celles prévues au I sont remplies et que la durée d'exonération applicable conformément à l'article 1395 A est supérieure à cinq ans, l'exonération prévue à l'article 1395 A est applicable. Toutefois, le bénéfice des dispositions du I du présent article est accordé à l'expiration de la période d'application de l'exonération prévue à l'article 1395 A pour la période restant à courir.

III. — Pour bénéficier de l'exonération, le propriétaire ou, si les propriétés concernées sont données à bail, le preneur adresse au service des impôts, avant le 1er janvier de chaque année, la liste des parcelles concernées accompagnée du document justificatif annuel délivré par l'organisme certificateur agréé mentionné au deuxième alinéa du I, conformément à l'article 29 du règlement (CE) n° 834/2007 du Conseil du 28 juin 2007, précité.

IV. — Le bénéfice de l'exonération prévue au I est subordonné au respect du règlement (UE) n° 1408/2013 de la Commission, du 18 décembre 2013, relatif à l'application des articles 107 et 108 du traité sur le fonctionnement de l'Union européenne aux aides *de minimis* dans le secteur de l'agriculture.

Art. 1395 H *(L. n° 2009-594 du 27 mai 2009, art. 7-I et 10-I, applicable aux impositions de taxe foncière sur les propriétés non bâties établies au titre des années 2009 à 2018)* I. — Lorsqu'elles sont situées en Guadeloupe, en Guyane, en Martinique, à Mayotte ou à La Réunion, les propriétés non bâties classées dans les première, deuxième, troisième, quatrième, cinquième, sixième, huitième et neuvième catégories définies à l'article 18 de l'instruction ministérielle du 31 décembre 1908 sont exonérées de la taxe foncière sur les propriétés non bâties perçue au profit des communes et de leurs établissements publics de coopération intercommunale à concurrence de 80 % *(Abrogé par L. n° 2018-1317 du 28 déc. 2018, art. 19-I-6°)* **« *pour les années 2009 à 2015* »** *(L. n° 2017-256 du 28 févr. 2017, art. 124-I-3°)* **« *et de 70 % pour les impositions établies au titre de 2016, 2017, 2018, 2019 et 2020* »** *[ancienne rédaction :, de 70 % pour les impositions établies au titre des années 2016 et 2017 et de 50 % pour les impositions établies au titre de l'année 2018]* ». »

II. — Le I ne s'applique pas aux propriétés non bâties qui bénéficient des exonérations totales prévues aux articles 1394 C, 1395 à *(L. n° 2013-1278 du 29 déc. 2013, art. 26-I-z quaterdecies et XI-6, en vigueur le 1er janv. 2017)* « 1395 E *[ancienne rédaction : 1395 F]* » et 1649.

Le I de l'article 1394 B *bis* et les exonérations partielles prévues au 1° *ter* de l'article 1395 ne s'appliquent pas aux propriétés qui bénéficient de la présente exonération.

Le I du présent article ne s'applique pas aux parcelles visées *(Ord. n° 2016-391 du 31 mars 2016, art. 14-1° et 20, en vigueur le 1er juill. 2016)* « à l'article L. 181-18 *[ancienne rédaction : au deuxième alinéa de l'article L. 181-5]* » du code rural et de la pêche maritime à compter de l'année suivant celle au cours de laquelle soit elles ont fait l'objet d'une des procédures mentionnées aux articles *(Ord. n° 2016-391 du 31 mars 2016, art. 14-1° et 20, en vigueur le 1er juill. 2016)* « L. 181-18 à L. 181-24 *[ancienne rédaction : L. 181-5 à L. 181-8]* » du même code, soit elles ont été recensées en application de l'article *(Ord. n° 2016-391 du 31 mars 2016, art. 14-1° et 20, en vigueur le 1er juill. 2016)* « L. 181-15 *[ancienne rédaction : L. 181-14]* » du même code.

III. — Le bénéfice de l'exonération mentionnée au I est subordonné au respect du règlement (UE) n° 651/2014 de la Commission, du 17 juin 2014, déclarant certaines catégories d'aides compatibles avec le marché intérieur en application des articles 107 et 108 du traité.

(L. n° 2017-256 du 28 févr. 2017, art. 123) « IV. — En Guyane, les bois et forêts mentionnés au 1° du I de l'article L. 211-1 du code forestier ne peuvent bénéficier de l'exonération mentionnée au I du présent article au-delà des impositions établies au titre de 2018, tant que les travaux d'évaluation des propriétés domaniales concédées ou exploitées ne sont pas achevés en application des articles 333 I et 333 J de l'annexe II du présent code. »

L. n° 2017-256 du 28 févr. 2017, art. 124-II, III et IV : La perte de recettes pour l'État résultant du I est compensée à due concurrence par la création d'une taxe additionnelle aux droits mentionnés aux art. 575 et 575 A CGI.

La perte de recettes pour les collectivités territoriales résultant du I est compensée à due concurrence par la majoration de la dotation globale de fonctionnement et, corrélativement pour l'État, par la création d'une taxe additionnelle aux droits mentionnés aux art. 575 et 575 A CGI.

Exonération des terres agricoles situées en Guadeloupe, en Guyane, en Martinique ou à La Réunion. Champ d'application et portée de l'exonération. Modalités d'application et de compensation. * BOI-IF-TFNB-10-40-40 du 26 juin 2019.

D BASE D'IMPOSITION

Art. 1396 **I. — La taxe foncière sur les propriétés non bâties est établie d'après la valeur locative cadastrale de ces propriétés déterminée conformément aux règles définies aux articles 1509 à 1518 A et sous déduction de 20 % de son montant.**

II. — *(Abrogé par L. nº 2017-1775 du 28 déc. 2017, art. 46)* ***« A. — Dans les communes mentionnées au I de l'article 232 et classées dans les zones géographiques mentionnées au premier alinéa du I de l'article 234, la valeur locative cadastrale des terrains constructibles après la déduction mentionnée au I du présent article est majorée*** *(L. nº 2015-1786 du 29 déc. 2015, art. 62-I-2º et II, à compter des impositions établies au titre de 2017)* ***« d'une valeur forfaitaire fixée à 3 € par mètre carré*** *[ancienne rédaction : de 25 % son montant]* **»** *(Abrogé par L. nº 2015-1786 du 29 déc. 2015, art. 62-I-1º et II, à compter des impositions établies au titre de 2016)* ***« et d'une valeur forfaitaire fixée à 5 € par mètre carré pour les impositions dues au titre des années 2015 et 2016, puis à 10 € par mètre carré pour les impositions dues au titre de l'année 2017 et des années suivantes ».***

(Abrogé par L. nº 2015-1786 du 29 déc. 2015, art. 62-I-2º et II, à compter des impositions établies au titre de 2017) ***« Toutefois, la commune ou l'établissement public de coopération intercommunale à fiscalité propre compétent en matière de plan local d'urbanisme peut, par une délibération prise dans les conditions prévues au I de l'article 1639 A bis, moduler cette valeur forfaitaire dans la limite de 1 à 5 € par mètre carré, en retenant un nombre entier ». »***

B. — *(Abrogé par L. nº 2017-1775 du 28 déc. 2017, art. 46)* ***« Dans les communes autres que celles mentionnées au A, »*** **La valeur locative cadastrale des terrains constructibles situés dans les zones urbaines ou à urbaniser, lorsque les voies publiques et les réseaux d'eau, d'électricité et, le cas échéant, d'assainissement existant à la périphérie de la zone à urbaniser ont une capacité suffisante pour desservir les constructions à implanter dans l'ensemble de cette zone, délimitées par une carte communale, un plan local d'urbanisme, un document d'urbanisme en tenant lieu ou un plan de sauvegarde et de mise en valeur approuvé conformément au code de l'urbanisme, peut, sur délibération du conseil municipal prise dans les conditions prévues au premier alinéa du I de l'article 1639 A *bis*, être majorée d'une valeur forfaitaire comprise entre 0 et 3 € par mètre carré pour le calcul de la part revenant aux communes et aux établissements publics de coopération intercommunale sans fiscalité propre.**

La majoration ne peut excéder 3 % d'une valeur forfaitaire moyenne au mètre carré définie par décret et représentative de la valeur moyenne du terrain selon sa situation géographique.

B *bis*. — *(L. nº 2017-1775 du 28 déc. 2017, art. 46)* **« Sauf délibération contraire de la commune prise dans les conditions prévues au I de l'article 1639 A *bis* », la superficie retenue pour le calcul de la majoration est réduite de 200 mètres carrés. Cette réduction s'applique à l'ensemble des parcelles contiguës constructibles détenues par un même propriétaire.**

(Abrogé par L. nº 2017-1775 du 28 déc. 2017, art. 46) ***« La commune ou, le cas échéant, pour la majoration prévue au A, l'établissement public de coopération intercommunale à fiscalité propre compétent en matière de plan local d'urbanisme peut, par une délibération prise dans les conditions prévues au I de l'article 1639 A bis, supprimer cette réduction. »***

C. — La liste des terrains constructibles est dressée *(Abrogé par L. nº 2017-1775 du 28 déc. 2017, art. 46)* ***« , pour la majoration mentionnée au A, par l'autorité compétente en matière de plan local d'urbanisme et, pour la majoration mentionnée au B, »*** **par le maire. Cette liste ou, le cas échéant, toute modification qui y est apportée est communiquée à l'administration des impôts avant le 1er octobre de l'année qui précède l'année d'imposition. En cas d'inscription erronée, les dégrèvements en résultant sont à la charge du bénéficiaire de la majoration ; ils s'imputent sur les attributions mentionnées à l'article L. 2332-2 du code général des collectivités territoriales.**

D. — *(L. nº 2017-1775 du 28 déc. 2017, art. 46)* **« 1. La majoration n'est pas applicable : »**

1° Aux terrains appartenant aux établissements publics fonciers mentionnés aux articles L. 321-1 et L. 324-1 du code de l'urbanisme, aux agences mentionnées aux articles 1609 C et 1609 D du présent code *(L. n° 2017-257 du 28 févr. 2017, art. 50-I-3°-a)* **« , » à l'établissement public Société du Grand Paris mentionné à l'article 1609 G** *(Abrogé par L. n° 2018-1021 du 23 nov. 2018, art. 24-I-3°) (L. n° 2017-257 du 28 févr. 2017, art. 50-I-3°-b)* ***« ou à la société mentionnée au deuxième alinéa du I de l'article 141 de la loi n° 2006-1771 du 30 décembre 2006 de finances rectificative pour 2006 »*** *(L. n° 2021-1900 du 30 déc. 2021, art. 103-I-1°-a et II)* **« [et], à l'organisme mentionné à l'article 1609 H » ;**

2° Aux parcelles supportant une construction passible de la taxe *(L. n° 2019-1479 du 28 déc. 2019, art. 16-I-E-1° et VII-E, applicable à compter des impositions établies au titre de 2023)* **« foncière sur les propriétés bâties et dont la valeur locative est déterminée en application de l'article 1496** *[ancienne rédaction : d'habitation]* **; »**

3° Aux terrains classés depuis moins d'un an dans une zone urbaine ou à urbaniser.

4° Aux terrains appartenant ou donnés à bail à une personne relevant d'un régime de protection sociale agricole, au sens de l'article L. 722-1 du code rural et de la pêche maritime, ou mentionnée à l'article L. 731-23 du même code et utilisés pour les besoins d'une exploitation agricole, au sens de l'article 63 du présent code.

2. Bénéficient, sur réclamation présentée dans le délai indiqué à l'article R.* 196-2 du livre des procédures fiscales et dans les formes prévues par ce même livre, d'un dégrèvement de la fraction de leur cotisation résultant *(L. n° 2017-1775 du 28 déc. 2017, art. 46)* **« de la majoration », qui s'impute sur les attributions correspondantes mentionnées à l'article L. 2332-2 du code général des collectivités territoriales :**

1° Les contribuables qui justifient avoir obtenu au 31 décembre de l'année d'imposition, pour le terrain faisant l'objet de la majoration, un permis de construire, un permis d'aménager ou une autorisation de lotir. Toutefois, la majoration est rétablie rétroactivement en cas de péremption du permis de construire, du permis d'aménager ou de l'autorisation de lotir ;

2° Les contribuables qui justifient avoir cédé au 31 décembre de l'année d'imposition le terrain faisant l'objet de la majoration.

3. *(L. n° 2017-1775 du 28 déc. 2017, art. 46)* **« La majoration n'est pas prise » en compte pour l'établissement des taxes spéciales d'équipement prévues aux articles 1607 *bis* à** *(L. n° 2021-1900 du 30 déc. 2021, art. 103-I-1°-b et II)* **« 1609 H** *[ancienne rédaction : 1609 G]* **».**

Les dispositions du présent II telles qu'elles ont été modifiées par l'art. 46 de la L. n° 2017-1775 du 28 déc. 2017 s'appliquent à compter des impositions établies au titre de 2018 (L. préc., art. 46).

Pour les dérogations, V. L. préc., art. 46-II.

Les dispositions issues de la L. n° 2021-1900 du 30 déc. 2021 s'appliquent à compter de l'année suivant celle de la création de l'établissement public qui a pour mission de contribuer au financement de l'infrastructure ferroviaire dénommée "grand projet ferroviaire du Sud-Ouest" (L. préc., art. 103-II).

Art. 1396 *bis* *(L. n° 2017-1775 du 28 déc. 2017, art. 64)* **I. — A Mayotte, la base d'imposition à la taxe foncière sur les propriétés non bâties cédées à compter du 1er janvier 2018 et jusqu'au 31 décembre 2025 par une personne publique aux occupants irréguliers de terrains fait l'objet d'un abattement les trois années suivant celle au cours de laquelle la cession est intervenue.**

En cas de changement de redevable de la taxe au cours de cette période, l'abattement cesse de s'appliquer.

II. — Le taux de l'abattement est fixé à 100 % la première année, 70 % la deuxième année et 30 % la dernière année.

III. — L'abattement s'applique sauf délibération contraire de la commune ou de l'établissement public de coopération intercommunale à fiscalité propre prise dans les conditions prévues à l'article 1639 A *bis* et portant sur la totalité de la part lui revenant.

E DÉGRÈVEMENTS SPÉCIAUX

Art. 1397 En cas de disparition d'un immeuble non bâti par suite d'un événement extraordinaire, le dégrèvement de la taxe foncière est accordé au contribuable à partir

du premier jour du mois suivant la disparition sur réclamation présentée dans le délai indiqué à l'article R* 196-2 du livre des procédures fiscales et dans les formes prévues par ce même livre.

Événement extraordinaire. L'occupation de parcelles par des squatters ne constitue pas un tel évènement au sens de l'art. 1397 et ne rentre pas non plus dans les prévisions de l'art. 1398. • TA Basse-terre, 25 sept. 2003, n° 97-4110 : *Dr. fisc. 2004. 406.*

Art. 1398 En cas de pertes de récoltes sur pied par suite de grêle, gelée, inondation, incendie ou autres événements extraordinaires, un dégrèvement proportionnel de la taxe foncière afférente pour l'année en cours aux parcelles atteintes est accordé au contribuable, sur réclamation présentée dans les formes et délais prévus par le livre des procédures fiscales.

Lorsque les pertes de récoltes affectent une partie notable de la commune, le maire peut formuler, au nom de l'ensemble des contribuables intéressés, une réclamation collective qui est présentée et instruite dans les conditions prévues par le même livre.

Il n'est accordé aucun dégrèvement de taxe foncière pour pertes de récoltes subies du fait de la grêle par les agriculteurs non assurés. Toutefois, jusqu'à la promulgation de la loi visée à l'article 1er de la loi n° 50-960 du 8 août 1950, les agriculteurs sinistrés non assurés contre la grêle bénéficient des dégrèvements prévus au présent article au même titre que les agriculteurs assurés.

En cas de pertes de bétail par suite d'épizootie, l'exploitant peut demander un dégrèvement de la taxe foncière correspondant au montant des pertes subies sur son cheptel, à condition de présenter une attestation du maire de sa commune, accompagnée d'un certificat dûment établi par le vétérinaire traitant.

Le tribunal peut prononcer la déchéance du bénéfice des mesures prévues au présent article à l'encontre des contrevenants aux dispositions des articles L. 223-3, L. 223-18 et L. 223-19 du code rural et de la pêche maritime, relatifs à la vaccination antiaphteuse obligatoire.

Demandes de dégrèvement en cas de perte de récolte sur pied. * BOI-IF-TFNB-50-10-20 n° 70 du 24 mars 2021.

Art. 1398 A Il est accordé un dégrèvement de la cotisation de taxe foncière sur les propriétés non bâties perçue au profit des communes et groupements de communes à fiscalité propre sur les propriétés non bâties classées dans les 2e et 6e catégories définies à l'article 18 de l'instruction ministérielle du 31 décembre 1908 et comprises dans le périmètre d'une association foncière pastorale relevant des articles L. 135-1 à L. 135-12 du code rural et de la pêche maritime à laquelle adhère leur propriétaire.

Ce dégrèvement, accordé pour les impositions établies au titre de 1995 et des *(L. n° 2020-1721 du 29 déc. 2020, art. 104, applicable à compter des impositions dues au titre de 2021)* **« vingt-huit** *[ancienne rédaction : vingt-cinq]* **» années suivantes, est subordonné à la condition que les recettes de l'association foncière pastorale provenant d'activités autres qu'agricoles ou forestières n'excèdent ni** *(L. n° 2017-1775 du 28 déc. 2017, art. 47)* **« 50 % » du chiffre d'affaires tiré de l'activité agricole et forestière ni** *(L. n° 2017-1775 du 28 déc. 2017, art. 47)* **« 100 000 € ». Ces montants s'apprécient remboursements de frais inclus et taxes comprises.** — *Les dispositions issues de la L. n° 2017-1775 du 28 déc. 2017 s'appliquent à compter des impositions dues au titre de 2018 (L. préc., art. 47).*

Le bénéfice du dégrèvement est subordonné à la condition que l'association foncière pastorale souscrive, pour le compte des propriétaires concernés, avant le 31 janvier de chaque année, une déclaration au service des impôts assortie des justifications nécessaires, en indiquant par commune et par propriétaire la liste des parcelles concernées au 1er janvier.

III *DISPOSITIONS COMMUNES AUX TAXES FONCIÈRES SUR LES PROPRIÉTÉS BÂTIES ET NON BÂTIES*

A LIEU D'IMPOSITION

Art. 1399 I. — Toute propriété foncière, bâtie ou non bâtie, doit être imposée dans la commune où elle est située.

II. – Toutefois, pour l'assiette de la taxe foncière sur les propriétés bâties, la valeur locative de la force motrice des chutes d'eau et de leurs aménagements utilisés par les entreprises hydrauliques concédées, ou d'une puissance supérieure à 500 kW est répartie entre les communes sur le territoire desquelles coulent les cours d'eau utilisés ou existent des ouvrages de génie civil, compte tenu de l'importance de ces derniers, de l'existence éventuelle de retenues d'eau et de la puissance hydraulique moyenne devenue indisponible dans la limite de chaque commune, du fait de l'usine. Les pourcentages fixant cette répartition sont déterminés par l'acte d'autorisation ou de concession.

Le mode de détermination des pourcentages prévus au premier alinéa, ainsi que les conditions d'application de cet alinéa sont fixés par décret rendu sur la proposition du ministre de l'économie et des finances, du ministre de l'intérieur et du ministre de l'industrie. – *V. Ann. III, art. 316 à 321 B.*

B DÉBITEUR DE L'IMPÔT

Art. 1400 I. – Sous réserve des dispositions des articles 1403 et 1404, toute propriété, bâtie ou non bâtie, doit être imposée au nom du propriétaire actuel.

II. – Lorsqu'un immeuble est grevé d'usufruit ou loué soit par bail emphytéotique, soit par bail à construction *(L. n° 2016-1918 du 29 déc. 2016, art. 63-2°-a)* « , soit par bail réel solidaire », soit par bail à réhabilitation ou fait l'objet d'une autorisation d'occupation temporaire du domaine public constitutive d'un droit réel, la taxe foncière est établie au nom de l'usufruitier, de l'emphytéote, du preneur à bail à construction ou à réhabilitation *(L. n° 2016-1918 du 29 déc. 2016, art. 63-2°-b)* « , du preneur du bail réel solidaire » ou du titulaire de l'autorisation.

III. – Dans les sociétés immobilières de copropriété visées à l'article 1655 *ter*, la taxe foncière est établie au nom de chacun des membres de la société pour la part lui revenant dans les immeubles sociaux.

IV. – Lorsqu'un immeuble a été transféré en application d'un contrat de fiducie, la taxe foncière est établie au nom du fiduciaire.

V. – L'Office national des forêts est le redevable de la taxe foncière afférente aux *(L. n° 2017-256 du 28 févr. 2017, art. 121-II)* « bois et forêts » visés à l'article L. 221-2 du code forestier. – *V. note ss. art. 1394, al. 9.*

1. Copropriété. Le droit de jouissance « exclusive et privative » dont dispose l'acquéreur d'un lot de copropriété horizontale sur le terrain où a été construite sa maison ne lui confère pas la qualité de propriétaire dudit terrain et ne saurait, dès lors, le rendre redevable légal de la taxe foncière sur les propriétés non bâties y afférente. • CAA Paris, 14 nov. 2000, n° 93PA3119 : *Dr. fisc. 2001. 1081, concl. Kimmerlin.*

2. Droit d'usage et d'habitation. Le titulaire d'un droit d'habitation à vie sans en être ni usufruitier, ni emphytéote doit seul être inscrit aux rôles de la taxe foncière. • CE 25 juill. 1986, n° 41921 : *RJF 1986. 990.* ♦ Lorsqu'un immeuble est grevé d'un simple droit d'usage et d'habitation, la taxe foncière est établie au nom du propriétaire, seul débiteur légal de l'impôt. • CAA Lyon, 28 nov. 2002, n° 98LY1793 : *Dr. fisc. 2003. 771, concl. Bonnet.* ♦ Le propriétaire d'un immeuble dont l'occupant est titulaire d'un droit d'habitation à vie sans toutefois en être ni usufruitier, ni emphytéote, est régulièrement assujetti à la taxe foncière. • CAA Marseille, 21 déc. 2004, n° 02MA254 : *RJF 2005. 573.*

3. Indivision. Le propriétaire indivis d'un immeuble reçu par donation-partage et sur lequel les donateurs disposent à vie d'un droit d'occupation gratuite, mais non de l'usufruit, est régulièrement assujetti à la taxe foncière à raison dudit immeuble nonobstant la clause figurant dans l'acte notarié selon laquelle les impositions attachées à ce bien ne seraient acquittées par les donataires qu'à compter du décès des donateurs, cette clause n'étant pas opposable à l'Administration. • CAA Bordeaux, 20 mars 2003, n° 99BX2158 : *RJF 2003. 1388.* ♦ La taxe foncière d'un immeuble dont deux ex-époux sont copropriétaires indivis est régulièrement établie au nom de l'indivision nonobstant la circonstance qu'il soit convenu par acte notarié que l'ex-mari acquitte les impôts liés à la propriété ou à l'occupation du bien indivis. • TA Cergy-Pontoise, 14 déc. 2009, n° 06-5714 : *RJF 2010. 1184.*

4. L'obligation de payer la taxe foncière incombant à un propriétaire indivis ne peut excéder ses droits dans l'indivision, dès lors que la solidarité ne s'attache pas de plein droit à la qualité d'indivisaire. A défaut d'un document stipulant une clause de solidarité entre les coïndivisaires d'une succession, le paiement de la taxe foncière ne peut donc être mis à la charge exclusive d'un seul des cohéritiers. • CAA Douai, 17 nov. 2005, n° 03DA736 : *RJF 2006. 544 ; Dr. fisc. 2006. 675, concl. Michel.*

5. Bail emphytéotique. Dès lors qu'un bail contient une clause limitant l'usage que le preneur peut faire d'un l'immeuble, il ne peut être qualifié de bail emphytéotique, et le preneur à bail n'est pas redevable de la taxe foncière afférente à l'immeuble. • CE 19 sept. 2018, ⚖ *Sté de propreté et d'environnement de Normandie*, n° 413499 : *RJF 2018. 1246, concl. Victor.*

6. Vente à terme. Dans le cas d'une vente à terme d'immeuble régie par les dispositions des art. 1601-2 C. civ. et L. 261-10 CCH, le vendeur est, jusqu'au transfert de propriété, le redevable de la taxe. • CE 2 juill. 1990, ⚖ n° 51672 : *Dr. fisc. 1990. 1770, concl. Chahid-Nouraï ; RJF 1990. 1216.* ♦ Dès lors que la législation fiscale assujettit le vendeur à la taxe foncière jusqu'au transfert de propriété intervenant à l'issue du paiement intégral du prix, la clause contractuelle prévoyant que l'acquéreur acquittera à compter de l'entrée en jouissance, toutes taxes et impôts dont il pourrait être tenu personnellement ne saurait avoir pour conséquence de mettre à la charge des acquéreurs une taxe qui n'est pas personnelle mais attachée à la qualité de propriétaire du bien grevé. • Civ. 3e, 21 mai 2003, ⚖ *SA HLM Le toit familial des Hautes-Pyrénées : Juris-Data n° 2003. 019049.*

7. Constructions édifiées sur le domaine public. Une société qui a édifié pour ses besoins un hangar sur une parcelle du domaine public ferroviaire que la SNCF lui a permis d'occuper est redevable de la taxe foncière à raison de cette construction, dans la mesure où elle en demeure propriétaire pendant la validité de la concession. • CE 21 avr. 1997, ⚖ n° 147602 : *Dr. fisc. 1997. 928, concl. Arrighi de Casanova ; RJF 1997. 576.* ♦ Le titulaire d'un contrat d'amodiation qui a édifié sur le domaine public un chalet sur lequel il dispose d'un droit réel de propriété est imposable à la taxe foncière à raison de cet immeuble. • CAA Bordeaux, 3 déc. 1996, n° 95BX101 : *Dr. fisc. 1997. 605.* ♦ Le titulaire d'une convention temporaire d'occupation du domaine public est redevable de la taxe foncière sur les constructions qu'il édifie ou acquiert dans le cadre de cette convention pour les seuls besoins de son activité. • CE 23 juill. 2010, ⚖ n° 320188 : *RJF 2010. 1032.* ♦ L'occupant sans titre du domaine public qui se maintient après résiliation de son autorisation d'occupation et qui continue d'exploiter les immeubles construits sur le domaine, est le redevable de la taxe foncière à raison de ces bâtiments. • CE (na), 29 juill. 2020, ⚖ *Sté Elidis Boissons Services*, n° 437151 : *RJF 2020. 910.* ♦ Lorsque des biens ont été construits par un établissement public pour l'exécution de la mission de service public (construction et gestion d'un aéroport) dont il a la charge sur des terrains mis à sa disposition par une autre personne publique, cet établissement public doit, sauf dispositions législatives contraires ou stipulations contraires de l'acte mettant à disposition les terrains, en être regardé comme le propriétaire au sens de l'art. 1400-I. • CE 17 déc. 2014, *Synd. mixte de l'aéroport de Saint-Brieuc Armor*, nos 371496 et 371501 : *RJF 2015. 326.*

8. Construction sur sol d'autrui. En application de l'art. 555 C. civ., l'accession à la propriété des biens construits par un tiers sur le terrain que lui loue son propriétaire ne peut avoir lieu qu'à l'expiration du bail conclu avec ce tiers, sauf stipulations contraires. En l'absence de clause du contrat de bail portant sur la propriété des biens, le propriétaire du terrain ne peut donc être regardé comme devenu immédiatement propriétaire des constructions et aménagements réalisés par le preneur. Il n'est par suite pas redevable de la taxe foncière sur les propriétés bâties avant l'expiration du bail. • CE 24 févr. 2017, ⚖ *Sté H2I*, n° 387972 : *RJF 2017. 439.* ♦ Le titulaire au 1er janv. d'une promesse de bail sur un terrain, qui a construit des bâtiments sur celui-ci avant la conclusion du bail définitif, ne peut être regardé comme étant au 1er janv. le propriétaire des constructions dès lors que le contrat de promesse de bail ne comportait pas de stipulations particulières relatives à la propriété des bâtiments pendant la période antérieure à la conclusion du bail définitif. La taxe foncière sur les propriétés bâties due au titre de ces constructions doit en conséquence être établie au nom du propriétaire du terrain. • CAA Lyon, 13 avr. 2006, n° 02LY616 : *RJF 2006. 1373.*

9. Bâtiments pris en crédit-bail. Un crédit-preneur est réputé propriétaire des aménagements qu'il a réalisés sur des bâtiments pris en crédit-bail pendant la durée de celui-ci, dès lors que le contrat le prévoit et que l'intéressé les a comptabilisés dans ses immobilisations. • CE 30 déc. 2011, ⚖ *SAS Amis*, n° 326026 : *RJF 2012. 374 ; Dr. fisc. 2012. 327, note Zapf et Nikolic.*

10. Transfert de propriété. Il résulte des art. 1400, 1402, 1403 et 1404-I que le redevable légal de la taxe foncière sur les propriétés bâties est la personne propriétaire de l'immeuble au 1er janv. de l'année d'imposition, mais qu'en cas de transfert de la propriété de l'immeuble, l'imposition du nouveau propriétaire ne peut être établie au titre des années postérieures au transfert tant que, d'une part, la mutation cadastrale n'a pas été faite, et que, d'autre part, l'ancien propriétaire, s'il a continué d'être imposé avant cette mutation cadastrale en application de l'art. 1403, n'a pas fait l'objet d'un dégrèvement, en application de l'art. 1404, de la taxe établie à son nom. • CE 13 juill. 2006, ⚖ n° 272459, *Plancke : RJF 2006. 1372 ; Dr. fisc. 2007. 865.*

11. Remboursement des taxes par les concessionnaires. Une disposition contractuelle qui se borne à prévoir le transfert, au concessionnaire d'un port, de la charge financière des taxes foncières afférentes à la concession ne modifie pas l'identité du redevable de la taxe et n'a pas, en tout état de cause, le caractère d'une exonération fiscale au sens de l'art. 1649 *octies.* Elle n'est, par ailleurs, contraire à aucune disposition fiscale ou principe de droit public. • CAA Marseille, 28 juin 1999, n° 96MA1111 : *RJF 2000. 505 ; Dr. fisc. 2000. 353.*

12. Propriétaire en liquidation judiciaire. Les dispositions relatives au règlement judiciaire et à la liquidation de biens, qui ont pour effet de dessaisir le débiteur de l'administration et de la disposition de ses biens, ne lui font pas perdre la qualité de redevable légal de la taxe foncière sur les propriétés bâties à raison des immeubles dont il est propriétaire. • CE 10 mars 2017, n° 386251 : *RJF 2017. 697.*

Art. 1401 Les contribuables ne peuvent s'affranchir de l'imposition à laquelle les terres vaines et vagues, les landes et bruyères et les terrains habituellement inondés ou dévastés par les eaux doivent être soumis, que s'il est renoncé à ces propriétés au profit de la commune dans laquelle elles sont situées.

La déclaration détaillée de cet abandon perpétuel est faite par écrit, à la mairie de la commune, par le propriétaire ou par un fondé de pouvoir spécial.

Les cotisations des terrains ainsi abandonnés comprises dans les rôles établis antérieurement à l'abandon restent à la charge du contribuable imposé.

Pour les rôles postérieurs, la taxe foncière est supportée par la commune.

Le paiement de la taxe foncière afférente aux marais et terres vaines et vagues qui n'ont aucun propriétaire particulier ainsi qu'aux terrains connus sous le nom de biens communaux, incombe à la commune tant qu'ils ne sont point partagés.

La taxe due pour des terrains qui ne sont communs qu'à certaines portions des habitants d'une commune est acquittée par la section de commune.

1. Abandon de propriétés à la commune. Formalités à accomplir.* BOI-IF-TFNB-10-20 n°s 490 du 6 nov. 2015.

2. Biens sans maître. Définition et régime. * BOI-IF-TFNB-10-20 n° 540 du 6 nov. 2015.

C MUTATIONS CADASTRALES ET CHANGEMENTS AFFECTANT LE DÉBITEUR DE L'IMPÔT

Art. 1402 Les mutations cadastrales consécutives aux mutations de propriété sont faites à la diligence des propriétaires intéressés. Aucune modification à la situation juridique d'un immeuble ne peut faire l'objet d'une mutation si l'acte ou la décision judiciaire constatant cette modification n'a pas été préalablement publié au fichier immobilier. — *Les obligations des notaires, avocats et avoués sont précisées aux art. 860 et 861. L'obligation de désignation des immeubles dans les actes et jugements d'après les données du cadastre est définie à l'art. 870.*

1. Lorsque, au titre d'une année, une cotisation de taxe foncière a été établie au nom d'une personne autre que le redevable légal, le dégrèvement de cette cotisation, subordonné à la publication au fichier immobilier de l'acte ou de la décision constatant le transfert de propriété, est prononcé par le juge de l'impôt si, à la date où il statue, il constate que cette formalité a été accomplie, alors même qu'elle ne l'aurait été qu'après l'établissement de l'impôt. • CE 22 mai 2002, n°s 219371 et 219373, *SA Sollac : Dr. fisc. 2002. 634 ; RJF 2002. 948.* ♦ Il résulte des art. 1402 et 1404 que, lorsque, à la suite d'une mutation de propriété, une cotisation de taxe foncière a été établie au nom d'une autre personne que le redevable légal, le dégrèvement ne peut être prononcé qu'après que les propriétaires intéressés ont fait procéder à la mutation cadastrale, après publication de l'acte au fichier immobilier. Lorsqu'une décision de justice passée en force de chose jugée a prononcé, avec effet rétroactif, l'annulation ou la résolution d'un acte portant transfert de propriété qui a lui-même fait l'objet d'une publication et d'une mutation cadastrale, l'acquéreur demeure redevable de la taxe foncière en l'absence de publication de cette décision et de mutation cadastrale. • CE 28 mai 2014, *Min. c/ SARL SLC,* n° 367471 : *RJF 2014. 810 ; BDCF 2014. 83, concl. Bohnert.*

2. Il résulte de l'art. 1402 que, lorsqu'à la suite d'opérations de révision du cadastre, l'Administration est saisie d'une demande tendant à la modification des énonciations portées sur les documents cadastraux relatives à la situation juridique d'une parcelle et qu'un litige s'élève sur le droit de propriété, elle est tenue de se conformer à la situation de propriété telle qu'elle a été constatée pour l'élaboration des documents cadastraux et ne peut que refuser la modification réclamée tant qu'une décision judiciaire ou un accord entre les intéressés n'est pas intervenu. • CE 29 janv. 1993, n° 126134 : *Dr. fisc. 1993. 1403 ; LPA, 28 avr. 1993, concl. Fouquet ; Lebon T 684* • 15 nov. 1996, n° 168802 : *Dr. fisc. 1997. 193* • CE 10 janv. 2001, n° 210141 : *Collectivités territ.-Intercommunalités 2001. 113.*

3. Lorsqu'une mutation cadastrale n'est pas consécutive à une mutation de propriété, mais a pour objet de rectifier une erreur d'attribution qui aurait été commise dans la documentation cadastrale, l'Administration n'est tenue d'y procéder, le cas échéant d'office, que lorsque cette erreur est manifestement établie. • CAA Nancy, 5 déc. 1996, n° 94NA906 : *Dr. fisc. 1997. 288.*

Art. 1403 **Tant que la mutation cadastrale n'a pas été faite, l'ancien propriétaire continue à être imposé au rôle, et lui ou ses héritiers naturels peuvent être contraints au paiement de la taxe foncière, sauf leur recours contre le nouveau propriétaire.**

Art. 1404 **I. — Lorsque au titre d'une année une cotisation de taxe foncière a été établie au nom d'une personne autre que le redevable légal, le dégrèvement de cette cotisation est prononcé à condition que les obligations prévues à l'article 1402 aient été respectées. L'imposition du redevable légal au titre de la même année est établie au profit de l'État dans la limite de ce dégrèvement.** — *Disposition en vigueur le 1er août 1994.*

II. — Les réclamations sont présentées, instruites et jugées comme les demandes en décharge ou réduction de la taxe foncière.

S'il y a contestation sur le droit à la propriété, l'application du I peut intervenir jusqu'au 31 décembre de l'année qui suit le jugement définitif portant sur ce droit. — *Disposition en vigueur le 1er août 1994.*

1. Ni l'art. 1404 ni aucun autre texte ne prévoient que celui qui se prétend propriétaire de la parcelle cotisée sous le nom d'un autre puisse demander à être assujetti à la taxe foncière à raison de ladite parcelle. • CAA Marseille, 19 oct. 1999, n° 97MA307 : *Dr. fisc. 1999. 458, concl. Duchon-Doris ; RJF 2000. 506.* ♦ Sur l'imposition du véritable propriétaire, V. * Instr. CP n° 94-088-A 1, 21 juill. 1994.

V. égal. notes ss. art. 1402.

2. Il résulte des art. 1400, 1402, 1403 et 1404-I que le redevable légal de la taxe foncière sur les propriétés bâties est la personne propriétaire de l'immeuble au 1er janv. de l'année d'imposition, mais qu'en cas de transfert de la propriété de l'immeuble, l'imposition du nouveau propriétaire ne peut être établie au titre des années postérieures au transfert tant que, d'une part, la mutation cadastrale n'a pas été faite, et que, d'autre part, l'ancien propriétaire, s'il a continué d'être imposé avant cette mutation cadastrale en application de l'art. 1403, n'a pas fait l'objet d'un dégrèvement, en application de l'art. 1404, de la taxe établie à son nom. • CE 13 juill. 2006, ♔ n° 272459, *Plancke : RJF 2006. 1372.*

3. Pour l'application de l'art. 1404, après avoir prononcé le dégrèvement de la taxe foncière sur les propriétés bâties de la personne qui n'était pas le redevable légal, le juge a l'obligation, même en l'absence de demande expresse formulée par les parties, de mettre cette imposition à la charge du redevable légal. • *CE 16 nov. 2006,* ♔ n° 283241 : *SCI C. Investissement.* ♦ Dans le cas d'un dégrèvement des cotisations établies au nom d'une personne autre que le redevable légal, le juge de l'impôt est tenu de désigner le redevable légal de la taxe foncière au vu des éléments portés à sa connaissance, sans qu'ait d'incidence la circonstance qu'aucune demande n'ait été présentée en ce sens devant lui. • CE 4 mai 2018, ♔ *Métropole Aix-Marseille-Provence,* n° 404410 : *RJF 2018. 766.*

4. Alors même que l'art. 1404 mentionne l'art. 1402, la procédure de transfert de la cotisation de taxe foncière au redevable légal n'est pas limitée au cas où une mutation cadastrale a été effectuée à la suite d'une mutation de propriété. • CAA Lyon, 10 mai 2007, n° 02LY1533 : *RJF 2007. 1265.* ♦ Par suite, même en l'absence de mutation cadastrale, l'Administration peut transférer la taxe au nom du redevable légal dès lors que le contribuable imposé à tort a présenté une réclamation régulière. • CE 25 sept. 2009, ♔ n° 307368 : *RJF 2009. 1110.*

5. Lorsque l'Administration prononce le dégrèvement d'une cotisation de taxe foncière en application de l'art. 1404-I à la suite d'une réclamation régulièrement formée par une personne qui n'est pas le redevable légal, elle peut établir l'imposition à l'égard du redevable légal au-delà du délai de reprise prévu par l'art. L. 173 LPF, nonobstant l'art. 1404-II qui se borne à prévoir un délai spécial applicable aux seuls cas de contestation des droits de propriété. • CE 30 nov. 2007, ♔ nos 289441 et 304825 : *RJF 2008. 159 ; concl. Olléon au BDCF 2/08, n° 22.* ♦ Toutefois, elle ne peut, sans méconnaître l'art. L. 173 LPF, établir une telle imposition après la fin de l'année suivant celle durant laquelle le dégrèvement de la personne imposée à tort a été prononcé. Par ailleurs, pour contester son imposition le redevable légal dispose de voies de recours sur le fondement de l'art. R. 196-2 LPF. • CE 2 déc. 2016, ♔ *Sté Messer Eutectic Castolin,* n° 399678 : *RJF 2017. 242.*

Art. 1405 **Les décisions de l'administration des impôts et les jugements des tribunaux administratifs prononçant les dégrèvements ou impositions prévus par l'article 1404 ont effet, tant pour l'année qu'elles concernent que pour les années suivantes, jusqu'à ce que les rectifications nécessaires aient été effectuées dans les rôles.**

D DÉCLARATION DES CONSTRUCTIONS NOUVELLES AINSI QUE DES CHANGEMENTS DE CONSISTANCE OU D'AFFECTATION

Art. 1406 I. — Les constructions nouvelles, ainsi que les changements de consistance ou d'affectation des propriétés bâties et non bâties, sont portés par les propriétaires à la connaissance de l'administration, dans les quatre-vingt-dix jours de leur réalisation définitive et selon les modalités fixées par décret. Il en est de même pour les changements d'utilisation des *(L. n° 2017-1775 du 28 déc. 2017, art. 30, en vigueur le 1er janv. 2018)* « propriétés bâties mentionnées au I de l'article 1498 » *(L. n° 2019-1479 du 28 déc. 2019, art. 146-IX-A)* « , pour les changements de catégorie des propriétés bâties mentionnées au I de l'article 146 de la loi n° 2019-1479 du 28 décembre 2019 de finances pour 2020 » *(L. n° 2018-1317 du 28 déc. 2018, art. 156-I-1°)* « et pour les changements de méthode de détermination de la valeur locative en application des articles 1499-00 A ou 1500 » *(L. n° 2019-1479 du 28 déc. 2019, art. 146-IX-A)* « du présent code ». — *V. Ann. III, art. 321 E à 321 G bis.*

I *bis*. — Pour procéder à la mise à jour de la valeur locative des propriétés bâties, les propriétaires sont tenus de souscrire une déclaration sur demande de l'administration fiscale selon des modalités fixées par décret. — *V. Ann. III, art. 321 E à 321 G bis.*

II. — Le bénéfice des exonérations temporaires de taxe foncière sur les propriétés bâties et non bâties est subordonné à la déclaration du changement qui les motive. Lorsque la déclaration est souscrite hors délais, l'exonération s'applique pour la période restant à courir après le 31 décembre de l'année suivante. — *Les conditions dans lesquelles sont réparées les omissions ou insuffisances consécutives au défaut ou à l'inexactitude des déclarations sont précisées aux art. 1508, 1729 C et à l'art. L. 175 LPF.*

1. Notion de changement d'affectation. Les installations d'un bassin d'essai des carènes relevant du ministère de la défense ne changent pas d'affectation au sens de l'art. 1406 du seul fait qu'elles sont utilisées au cours des années en litige non seulement pour des activités militaires mais également pour des activités civiles productives de revenus, alors qu'elles n'ont jamais cessé d'être affectées à la réalisation d'études et d'essais. • CE 26 mars 2008, n° 294354 : *RJF 2008. 687.*

2. Notion de changement de consistance. Le changement de consistance s'entend de la transformation apportée à la composition d'un local préexistant afin d'en modifier le volume ou la surface de manière substantielle, notamment par l'addition de constructions, la démolition totale ou partielle de la construction ou sa restructuration par division ou réunion de locaux préexistants. • CE 2 juill. 2014, *Sté immobilière du 57 rue Pierre Charron*, n° 358932 : *RJF 2014. 904 ; BDCF 2014. 96, concl. Escaut.* ♦ Seules les immobilisations industrielles impliquant une modification du volume ou de la surface apportée de manière substantielle au local préexistant sont concernées par l'obligation déclarative. • CE 28 mai 2021, n° 443642 : *RJF 2021. 821.*

SECTION III TAXE D'HABITATION

I LOCAUX IMPOSABLES

Art. 1407 I. — La taxe d'habitation *(L. n° 2019-1479 du 28 déc. 2019, art. 16-I-E-24° et VII-E, applicable à compter des impositions établies au titre de 2023)* « sur les résidences secondaires et autres locaux meublés non affectés à l'habitation principale » est due :

1° Pour tous les locaux meublés affectés à l'habitation *(L. n° 2019-1479 du 28 déc. 2019, art. 16-I-E-2° et VII-E, applicable à compter des impositions établies au titre de 2023)* « autres que ceux affectés à l'habitation principale » ;

2° Pour les locaux meublés conformément à leur destination et occupés à titre privatif par les sociétés, associations et organismes privés et qui ne sont pas retenus pour l'établissement de la cotisation foncière des entreprises ;

3° Pour les locaux meublés sans caractère industriel ou commercial occupés par les organismes de l'État, des départements et des communes, ainsi que par les établissements publics autres que ceux visés au 1° du II de l'article 1408.

II. — Ne sont pas imposables à la taxe :

1° Les locaux passibles de la cotisation foncière des entreprises lorsqu'ils ne font pas partie de l'habitation personnelle des contribuables ;

2° Les bâtiments servant aux exploitations rurales ;

3° Les locaux destinés au logement des élèves dans les écoles et pensionnats ;

4° Les bureaux des fonctionnaires publics ;

5° Les locaux affectés au logement des étudiants dans les résidences universitaires lorsque la gestion de ces locaux est assurée par un centre régional des œuvres universitaires et scolaires ou par un organisme en subordonnant la disposition à des conditions financières et d'occupation analogues. Un décret fixe les justifications à produire par ces organismes. — *V. Ann. III, art. 322 ter et 322 quater.*

III. — Dans les zones de revitalisation rurale mentionnées à l'article 1465 A, les communes peuvent, par une délibération de portée générale prise dans les conditions prévues au I de l'article 1639 A *bis*, exonérer :

1° Abrogé par L. n° 2015-1785 du 29 déc. 2015, art. 91-I-3°.

2° Les locaux classés meublés de tourisme dans les conditions prévues à l'article L. 324-1 du code du tourisme ;

3° Les chambres d'hôtes au sens de l'article L. 324-3 du code du tourisme.

La délibération prise par la commune produit ses effets pour la détermination de la part de la taxe d'habitation *(L. n° 2019-1479 du 28 déc. 2019, art. 16-I-E-24° et VII-E, applicable à compter des impositions établies au titre de 2023)* **« sur les résidences secondaires et autres locaux meublés non affectés à l'habitation principale » afférente à ces locaux revenant à la commune et, le cas échéant, à l'établissement public de coopération intercommunale doté d'une fiscalité propre dont elle est membre. Elle peut concerner une ou plusieurs catégories de locaux.**

Pour bénéficier de cette exonération, le redevable de la taxe d'habitation *(L. n° 2019-1479 du 28 déc. 2019, art. 16-I-E-24° et VII-E, applicable à compter des impositions établies au titre de 2023)* **« sur les résidences secondaires et autres locaux meublés non affectés à l'habitation principale » adresse au service des impôts du lieu de situation du bien, avant le 1er janvier de chaque année au titre de laquelle l'exonération est applicable, une déclaration accompagnée de tous les éléments justifiant de l'affectation des locaux.**

1. Garages et parkings. V. note 1 ss. l'art. 1409.

2. Combles. Des pièces situées sous les combles doivent être regardées comme faisant partie intégrante de l'habitation occupée par le contribuable au deuxième étage du même immeuble, nonobstant qu'elles n'aient pas été achetées à la même date. La circonstance que ces pièces soient utilisées pour entreposer des meubles et des cartons n'est pas de nature à enlever à ces biens leur caractère de local meublé affecté à l'habitation au sens de l'art. 1407. Le contribuable ne peut pas se soustraire à la taxe en invoquant le § 6 de la documentation administrative 6 D-1111 selon lequel les locaux à usage de dépôt de meubles, non utilisables pour l'habitation, ne sont pas soumis à la taxe dès lors que ce paragraphe doit être regardé, compte tenu des termes de celui qui le précède, comme se rapportant à des locaux inhabitables ne constituant pas des dépendances du logement principal. • CAA Versailles, 8 nov. 2005, n° 03VE1496 : *RJF 2006. 273.*

3. Locaux imposables ou non. Un immeuble doit être assujetti à la taxe d'habitation, si, d'une part, il contient des meubles affectés à l'habitation au 1er janv. de l'année d'imposition et si, d'autre part, cet ameublement permet un tel usage. Pour apprécier le niveau d'ameublement, qui peut être sommaire, les locaux doivent être considérés dans leur ensemble sans faire abstraction des pièces dégarnies de meubles et inhabitées dès lors qu'elles font partie intégrante de l'habitation et qu'elles restent à la disposition du contribuable. • CE 10 mai 2019, ⌂ n° 411898 : *RJF 2019. 811.* ♦ Une maison vide de meubles au 1er janvier de l'année d'imposition suite au déménagement du propriétaire n'est pas imposable même si la vacance n'a pas été déclarée à la mairie mais seulement au service des impôts et même si la maison, mise en vente, a continué à être chauffée pour éviter sa dégradation. • CAA Bordeaux, 11 mai 1999, n° 98BX319 : *Dr. fisc. 2000. 156.* ♦ Un local loué par un candidat aux élections municipales pour y installer sa permanence électorale n'est pas imposé à la taxe d'habitation. *Rép. min. n° 13674 : *JO Sénat 27 août 2020.* ♦ Un immeuble est assujetti à la taxe d'habitation si, d'une part, il contient des meubles affectés à l'habitation au 1er janv. de l'année d'imposition et si, d'autre part, cet ameublement permet un tel usage. • CE 28 déc. 2012, ⌂ *Racine*, n° 347252 : *RJF 2013. 306.*

4. Locaux couverts où s'exercent des activités sportives. Il résulte de l'art. 1407-I que les locaux couverts où s'exercent des activités sportives ont le caractère de locaux meublés conformément à leur destination, dès lors que des équipements mobiliers y sont installés pour les rendre aptes à leur objet. De tels locaux doivent être regardés comme étant occupés à titre privatif s'ils ne sont pas librement accessibles au public. Application à une association exerçant une activité sportive. • CE 5 oct. 2020, *Assoc. Ill Tennis Club de Strasbourg*, n° 426383 : *RJF 2021. 49.*

5. Habitations légères de loisirs (HLL). Sont imposables les HLL qui sont simplement posées sur le sol ou sur des supports de toute nature et qui ne disposent pas en permanence de moyens de mobilité. Il convient cependant de distinguer deux situations. Si l'HLL est à la disposition d'une personne, cette dernière est imposable à la taxe d'habitation dans les conditions de droit commun. En revanche, dans l'hypothèse où l'HLL fait l'objet d'occupations précaires et successives s'apparentant à un régime hôtelier, il y a lieu de distinguer selon que le gestionnaire des HLL est ou non imposable à la cotisation foncière des entreprises (CFE) sur son activité de loueur. S'il est soumis à la CFE, les HLL ne sont pas passibles de la taxe d'habitation. Dans le cas contraire, le loueur supporte la taxe d'habitation. * BOI-IF-TH-10-10-10 n°s 50 et 60 du 12 sept. 2012. ♦ Les cabanes dans les arbres fixées au sol sont imposables comme les HLL. * Rép. min. n° 65742 : *JOAN Q, 7 juill. 2015, p. 5209.*

6. Locaux d'une agence de presse. Une agence de presse est imposable à la taxe d'habitation au titre des locaux professionnels qu'elle occupe, dès lors que : 1) elle est, en tant qu'agence de presse, exonérée de taxe professionnelle ; 2) ces locaux sont meublés. 3) ces locaux sont occupés à titre privatif, même si c'est à usage professionnel, dans la mesure où ils ne sont pas accessibles au public. • CE 7 juill. 2006, n° 280270 : *RJF 2006. 1210 ; Dr. fisc. 2006. 722.*

7. Locaux des associations. Les locaux meublés utilisés par une association pour l'accueil de ses membres sont imposables dès lors que le public ne peut y circuler librement. • CAA Nancy, 14 oct. 1993, n° 93NA388 : *Dr. fisc. 1994. 1261* • 14 déc. 1994, n° 93NA385 : *Dr. fisc. 1996. 61.* ♦ Une association qui gère un établissement de rééducation et de réadaptation fonctionnelle doit être regardé comme occupant à titre privatif à raison de l'ensemble des locaux occupés par ce centre, dès lors que l'accès à ces locaux n'est pas public, les visites rendues aux patients hébergés dans ces locaux étant réglementées et peu important que ces locaux sont mis à la disposition du personnel médical de l'établissement et des patients eux-mêmes ou ouverts à la circulation des intéressés, et que leur disposition par les membres de l'association est soumise à la réglementation sanitaire. • CE 26 juin 2002, n° 223362 : *RJF 2002. 1124.* ♦ Les locaux affectés exclusivement à l'exercice public du culte ne sont pas imposables. • CE, sect., 13 janv. 1993, n°s 112392 et 115474 : *Dr. fisc. 1993. 1073, concl. Arrighi de Casanova.* ♦ Il résulte de l'art. 1407 combiné avec l'art. 4 de la L. du 21 juill. 1907 que des locaux affectés exclusivement à l'exercice d'un culte ne peuvent bénéficier d'une exonération de la taxe d'habitation que si cet exercice du culte est public et qu'ainsi, les locaux ne sont pas occupés à titre privatif. • CE 26 juill. 2018, *Assoc. Sukyo Mahikari*, n° 403389 : *RJF 2018. 1173.*

8. Cercles militaires. Les cercles militaires, qui sont des établissements publics, sont, en vertu des dispositions de l'art. 1407-1-3°, redevables de la taxe d'habitation pour leurs locaux meublés sans caractère industriel ou commercial et qui sont affectés à la restauration • CE 6 avr. 2001, n° 211414 : *RJF 2001. 952.* ♦ Dès lors que les locaux dont dispose un cercle de garnison, qui doit être regardé comme un organisme de l'État, sont meublés et ne présentent aucun caractère industriel et commercial, ils sont assujettis à la taxe. • CAA Nancy, 9 nov. 2000, n° 96NA2422 : *Dr. fisc. 2001. 179.*

9. Locaux des organismes publics et collectivités diverses. Le fait que les locaux fassent partie du domaine public ne fait pas obstacle à l'imposition à la taxe de la personne qui en dispose. Imposabilité en conséquence de l'ordre des avocats au barreau de Lille pour les locaux dont il dispose dans le palais de justice de la ville. • CE, sect., 7 févr. 1975, n° 88611 : *RJF 1975. 205.* ♦ Les locaux d'un conseil régional de l'ordre des architectes, dont une partie est ouverte au public pour les consultations, sont occupés à titre privatif par l'ordre au sens de l'art. 1407-I-2°, dès lors que la réception du public n'est admise qu'aux jours et heures que l'ordre détermine et qu'en règle générale, le public n'est pas admis à circuler librement dans les locaux. • CAA Nantes, 30 avr. 2004, n° 01NT2159 : *RJF 2005. 45.* ♦ Les locaux meublés sans caractère industriel ou commercial qui sont occupés par un établissement public non visé par l'art. 1408-II-1° et ne sont pas librement accessibles au public sont soumis à la taxe d'habitation. • CE 21 juin 1996, n° 157433, *CCI de Gray-Vesoul : Dr. fisc. 1996. 1377 ; RJF 1996. 1023.* ♦ La Commission des opérations de bourse (COB) autorité administrative indépendante non dotée de la personnalité morale n'est pas au nombre des organismes de l'État dont les locaux sont assujettis en application du 3° du I. Les locaux meublés qu'elle occupe bénéficient de l'exemption de taxe prévue au 4° du II pour les bureaux des fonctionnaires publics que ses agents aient ou non la qualité de fonctionnaires titulaires. • CE 23 févr. 2001, n° 204425 : *RJF 2001. 637 ; Dr. fisc. 2001. 478, concl. Bachelier ; Rev. adm. 2001, p. 147, obs. Durand.*

10. Locations saisonnières. Les personnes qui donnent des logements meublés en location saisonnière entrent à la fois dans le champ d'application de la taxe d'habitation et dans celui de la taxe professionnelle dès lors qu'elles en conservent la jouissance en dehors des périodes de location. • CAA Lyon, 6 avr. 1995, n° 94LY954 : *Dr. fisc. 1995. 1756.* ♦ Le propriétaire d'un local meublé est redevable de la taxe d'habitation dès lors qu'il peut être regardé, au 1er janv. de l'année d'imposition, comme entendant s'en réserver la disposition ou la jouissance une partie de l'année. Tel est le cas s'il l'occupe ou le fait occuper gracieusement une partie de l'année, sans qu'y fassent obstacle les circonstances que ce local meublé serait mis en location pendant l'autre partie de l'année et serait ainsi passible de la CFE, que ce propriétaire disposerait d'une autre habitation dans la même commune ou qu'il donnerait directement le bien en location sans passer par un intermédiaire. • CE 2 juill. 2014, *Min. de l'économie et des finances*, n° 369073 : *RJF 2014. 905 ; BDCF 2014. 97, concl. Bonhert.*

11. Village de vacances. Les locaux d'un village de vacances, dont la gestion est assurée par une association en vertu d'un contrat passé avec une commune et qui sont utilisés durant la période estivale par des familles et des retraités, sont imposables, alors même qu'ils sont occupés, durant le reste de l'année, par des enfants en colonies de vacances et en classe verte, ces locaux n'étant pas, par ailleurs, retenus pour l'établissement de la taxe professionnelle. • CAA Bordeaux, 13 avr. 1999, n° 96BX764 : *Dr. fisc. 2000. 130.*

12. Établissements d'enseignement. Une institution d'éducation bénéficie de l'exonération pour les appartements qu'elle a pris en location auprès de particuliers pour y loger des élèves, faute de disposer à cette fin de locaux suffisants à son siège. • CE 29 oct. 1997, n° 129846 : *Dr. fisc. 1998. 167.* ♦ Le bénéfice de l'exonération prévue au II-3° a été étendu par l'Administration aux locaux affectés à l'instruction des élèves. * BOI-IF-TH-10-40-10 n° 10 du 20 déc. 2020. ♦ Un centre régional de formation professionnelle des avocats est fondé à se prévaloir de cette doctrine. • CAA Marseille, 10 févr. 1998, n° 96MA788 : *Dr. fisc. 1998. 710 ; RJF 1999. 584.* ♦ Une association qui héberge des jeunes en difficulté qui lui sont confiés par la DASS et dont elle assure le suivi éducatif et le soutien scolaire bénéficie de l'exonération. • CE 8 sept. 1999, n° 190039 : *Dr. fisc. 2000. 129, concl. Arrighi de Casanova.*

13. Résidences universitaires. Champ d'application et modalités de mise en œuvre de l'exonération. * BOI-IF-TH-10-40-10 n°s 200 à 330 du 22 déc. 2020.

14. Bureau de représentation d'une entreprise étrangère. Le bureau de représentation en France d'une compagnie d'assurance étrangère est imposable à la taxe d'habitation dès lors que, ne réalisant pas lui-même d'opérations commerciales et ne disposant d'aucune autonomie par rapport à son siège, il ne peut être considéré comme exerçant une activité professionnelle ni, par suite, comme étant passible de la taxe professionnelle. • CAA Paris, 20 déc. 2002, n° 98PA1627 : *Dr. fisc. 2003. 472 ; RJF 2003. 867.*

15. Locaux passibles de la taxe professionnelle. Les immobilisations dont la valeur locative est intégrée dans l'assiette de la taxe professionnelle sont les biens placés sous le contrôle du redevable et que celui-ci utilise matériellement pour la réalisation des opérations qu'il effectue. Tel est le cas des logements meublés qu'un exploitant de remontées mécaniques met à la disposition de ses employés saisonniers à proximité du lieu de leur activité et moyennant une contribution modique. Cet exploitant devant être regardé comme ayant disposé desdits logements pour son activité professionnelle, ceux-ci ne peuvent être imposés à la taxe d'habitation. • CAA Lyon, 15 juin 2001, n° 98LY1249 : *Dr. fisc. 2002. 273.*

16. Gîtes ruraux, locaux classés meublés de tourisme et chambres d'hôtes situés en ZRR. Champ et modalités d'application de l'exonération. Délibération des communes. Obligations déclaratives. * BOI-IF-TH-10-40-20 du 6 juill. 2016.

17. Logements des élèves et des étudiants. L'exonération de taxe d'habitation, prévue par l'art. 1407-II-3°, en faveur des locaux destinés aux élèves dans les écoles et pensionnats s'applique aux dortoirs, réfectoires et installations sanitaires ainsi qu'aux locaux affectés à l'instruction des élèves (salles de classe, études) et, le cas échéant, aux locaux situés en dehors des établissements scolaires. * BOI-IF-TH-10-40-10 n°s 100 et 110 du 22 déc. 2020. ♦ En revanche, l'exonération ne l'étend pas aux locaux affectés à l'administration de l'école, à ses locaux techniques et à ceux affectés au service des professeurs et des personnels d'éducation. • CE 30 déc. 2020, n° 440238 : *RJF 2021. 386.*

Art. 1407 *bis* Les communes autres que celles visées à l'article 232 peuvent, par une délibération prise dans les conditions prévues à l'article 1639 A *bis*, assujettir à la taxe d'habitation *(L. n° 2019-1479 du 28 déc. 2019, art. 16-I-E-24° et VII-E, applicable à compter des impositions établies au titre de 2023)* « sur les résidences secondaires et autres locaux meublés non affectés à l'habitation principale », pour la part communale et celle revenant aux établissements publics de coopération intercommunale sans fiscalité propre, les logements vacants depuis plus de deux années au 1er janvier de l'année d'imposition. La vacance s'apprécie au sens des V et VI de l'article 232.

Le premier alinéa est applicable aux établissements publics de coopération intercommunale à fiscalité propre, mentionnés aux I ou II de l'article 1379-0 *bis*, lorsqu'ils ont adopté un programme local de l'habitat défini à l'article L. 302-1 du code de la construction et de l'habitation. La délibération prise par l'établissement public de coopération intercommunale n'est pas applicable sur le territoire de ses communes membres ayant délibéré pour instaurer cette taxe conformément au premier alinéa ainsi que sur celui des communes mentionnées à l'article 232.

(Abrogé par L. nº 2017-1837 du 30 déc. 2017, art. 5, applicable à compter des impositions établies au titre de 2018) ***« Les abattements, exonérations et dégrèvements prévus aux articles 1411 et 1413 bis à 1414 A ne sont pas applicables. »*** *(L. nº 2016-1917 du 29 déc. 2016, art. 96)* **« Toutefois, sont exonérés les logements détenus par les organismes d'habitations à loyer modéré et les sociétés d'économie mixte, destinés à être attribués sous conditions de ressources. »**

En cas d'imposition erronée liée à l'appréciation de la vacance, les dégrèvements en résultant sont à la charge de la commune ou de l'établissement public de coopération intercommunale à fiscalité propre. Ils s'imputent sur les attributions mentionnées aux articles L. 2332-2 et L. 3332-1-1 du code général des collectivités territoriales.

Les délibérations prises en application du présent art. pour appliquer la taxe d'habitation sur les logements vacants à compter des impositions dues au titre des années 2020, 2021 ou 2022 s'appliquent à compter des impositions dues au titre de l'année 2023 (L. nº 2019-1479 du 28 déc. 2019, art. 16).

1. Logements vacants depuis plus de 5 ans. Logements imposables. Appréciation de la vacance. Base et taux d'imposition. Redevable de la taxe. * BOI-IF-TH-10-10-40 du 11 mars 2014 * BOI-IF-TH-60 du 6 oct. 2015.

2. Recouvrement. La taxe d'habitation sur les logements vacants fait l'objet d'un avis d'imposition distinct de l'avis de taxe d'habitation. Elle ne peut être ni mensualisée, ni prélevée à l'échéance. Les modes de paiement offerts aux contribuables pour s'acquitter de la taxe sont exclusivement le TIP, le chèque, le numéraire, le virement et le paiement direct en ligne. Les procédures de recouvrement (délais de paiement, poursuites, etc.) sont identiques à celles de la taxe d'habitation. * Instr. CP 31 oct. 2007, nº 07-043-A1.

Art. 1407 *ter* **I. — Dans les communes classées dans les zones géographiques mentionnées au premier alinéa du I de l'article 232, le conseil municipal peut, par une délibération prise dans les conditions prévues à l'article 1639 A *bis*, majorer** *(L. nº 2016-1917 du 29 déc. 2016, art. 97-I-1º)* **« d'un pourcentage compris entre 5 % et 60 % » la part lui revenant de la cotisation de taxe d'habitation** *(L. nº 2019-1479 du 28 déc. 2019, art. 16-I-E-24º et VII-E, applicable à compter des impositions établies au titre de 2023)* **« sur les résidences secondaires et autres locaux meublés non affectés à l'habitation principale » due au titre des logements meublés** *(Abrogé par L. nº 2019-1479 du 28 déc. 2019, art. 16-I-E-3º et VII-E, applicable à compter des impositions établies au titre de 2023)* ***« non affectés à l'habitation principale ».***

Le produit de la majoration mentionnée au premier alinéa du présent I est versé à la commune l'ayant instituée.

Cette majoration n'est pas prise en compte pour l'application des articles 1636 B *sexies* et 1636 B *decies*. *(L. nº 2016-1917 du 29 déc. 2016, art. 97-I-2º)* **« Toutefois, la somme du taux de taxe d'habitation** *(L. nº 2019-1479 du 28 déc. 2019, art. 16-I-E-24º et VII-E, applicable à compter des impositions établies au titre de 2023)* **« sur les résidences secondaires et autres locaux meublés non affectés à l'habitation principale » de la commune et du taux de taxe d'habitation** *(L. nº 2019-1479 du 28 déc. 2019, art. 16-I-E-24º et VII-E, applicable à compter des impositions établies au titre de 2023)* **« sur les résidences secondaires et autres locaux meublés non affectés à l'habitation principale » de la commune multiplié par le taux de la majoration ne peut excéder le taux plafond de taxe d'habitation** *(L. nº 2019-1479 du 28 déc. 2019, art. 16-I-E-24º et VII-E, applicable à compter des impositions établies au titre de 2023)* **« sur les résidences secondaires et autres locaux meublés non affectés à l'habitation principale » prévu à l'article 1636 B *septies*. »**

II. — Sur réclamation présentée dans le délai prévu à l'article R.* 196-2 du livre des procédures fiscales et dans les formes prévues par ce même livre, bénéficient d'un dégrèvement de la majoration :

1º Pour le logement situé à proximité du lieu où elles exercent leur activité professionnelle, les personnes contraintes de résider dans un lieu distinct de celui de leur habitation principale ;

2º Pour le logement qui constituait leur résidence principale avant qu'elles soient hébergées durablement dans un établissement ou service mentionné au premier alinéa de l'article 1414 B du présent code, les personnes qui bénéficient des dispositions du même article ;

3° Les personnes autres que celles mentionnées aux 1° et 2° qui, pour une cause étrangère à leur volonté, ne peuvent affecter le logement à un usage d'habitation principale.

Les dégrèvements résultant de l'application des 1° à 3° sont à la charge de la commune ; ils s'imputent sur les attributions mentionnées à l'article L. 2332-2 du code général des collectivités territoriales.

1. Majoration de la part de taxe d'habitation sur les résidences secondaires. Une résidence secondaire qui ne trouve pas preneur peut échapper à la majoration de la taxe.* BOI-IF-TH-70 n°s 250 et 260 du 20 juill. 2017. ♦ Les logements meublés à usage d'habitation et détenus par les personnes morales sont susceptibles d'être soumis à la majoration de la cotisation de taxe d'habitation lorsqu'ils ne sont pas affectés à l'habitation principale, à condition de ne pas être occupés par une personne morale. * Rép. min. n° 94515 : *JOAN Q, 24 janv. 2017, p. 598.*

2. Règles de modulation et de plafonnement de la majoration de taxe. * BOI-IF-TH-70 n°s 130 et 135 du 20 juill. 2017.

II *PERSONNES IMPOSABLES*

Art. 1408 I. — La taxe est établie au nom des personnes qui ont, à quelque titre que ce soit, la disposition ou la jouissance des locaux imposables. Toutefois, pour l'imposition mentionnée à l'article 1407 *bis*, la taxe est établie au nom du propriétaire, de l'usufruitier, du preneur du bail à construction ou à réhabilitation ou de l'emphytéote qui dispose du local depuis le début de la période de vacance.

Les fonctionnaires et les employés civils et militaires logés gratuitement dans les bâtiments appartenant à l'État, aux départements, aux communes ou aux hospices sont imposables pour les locaux affectés à leur habitation personnelle.

Les sociétés d'attribution d'immeubles en jouissance à temps partagé sont redevables de la taxe d'habitation *(L. n° 2019-1479 du 28 déc. 2019, art. 16-I-E-24° et VII-E, applicable à compter des impositions établies au titre de 2023)* « sur les résidences secondaires et autres locaux meublés non affectés à l'habitation principale » afférente aux locaux attribués en jouissance à leurs membres.

II. — Sont exonérés :

1° Les établissements publics scientifiques, d'enseignement et d'assistance, *(L. n° 2019-1479 du 28 déc. 2019, art. 16-I-B-1° et VII-B, applicable à compter des impositions établies au titre de 2021)* « les établissements mentionnés aux I et II de l'article L. 313-12 du code de l'action sociale et des familles, ou leurs groupements, ne se livrant pas à une exploitation ou à des opérations à caractère lucratif, » ainsi que les établissements visés aux articles *(Ord. n° 2021-1574 du 24 nov. 2021, art. 3-II-11° et 4, en vigueur le 1er mars 2022)* « L. 451-1 et L. 451-2 du code général de la fonction publique *[ancienne rédaction : 12 et 13 de la loi n° 84-53 du 26 janvier 1984 portant dispositions statutaires relatives à la fonction publique territoriale]* » *[ces dispositions sont applicables à compter des impositions établies au titre de 2006] ; — Sur les obligations déclaratives incombant à ces établissements, V. Ann. III, art. 322 quinquies (Décr. n° 2020-1767 du 30 déc. 2020, art. 1er). — La référence aux art. 12 et 13 de la L. n° 84-53 du 26 janv. 1984, abrogés à compter du 1er mars 2022 à l'exception du 8e al. du I de l'art. 12 pour lequel l'abrogation prend effet à compter de l'entrée en vigueur des dispositions réglementaires correspondantes du CGFP, est remplacée par la référence aux dispositions correspondantes du CGFP (Ord. n° 2021-1574 du 24 nov. 2021, art. 3-II-11°, 4, 8-4°-b et 11).*

(L. n° 2019-1479 du 28 déc. 2019, art. 16-I-E-26° et VII-E, applicable à compter des impositions établies au titre de 2023) « 1° *bis* L'établissement public d'insertion de la défense mentionné à l'article L. 3414-1 du code de la défense ; »

2° Les habitants reconnus indigents par la commission communale des impôts directs, d'accord avec l'agent de l'administration fiscale ;

3° Les ambassadeurs et autres agents diplomatiques de nationalité étrangère dans la commune de leur résidence officielle et pour cette résidence seulement, dans la mesure où les pays qu'ils représentent concèdent des avantages analogues aux ambassadeurs et agents diplomatiques français.

La situation des consuls et agents consulaires est réglée conformément aux conventions intervenues avec le pays représenté, l'exonération de la taxe d'habitation *(L. n° 2019-1479 du 28 déc. 2019, art. 16-I-E-24° et VII-E, applicable à compter des impositions*

***établies au titre de 2023)* « sur les résidences secondaires et autres locaux meublés non affectés à l'habitation principale » ne pouvant, en tout état de cause, être accordée que dans la commune de la résidence officielle et pour cette résidence seulement.**

1. Locations saisonnières. Le propriétaire d'un local imposable qui peut être regardé, au 1er janv. de l'année d'imposition, comme entendant s'en réserver la disposition ou la jouissance une partie de l'année est redevable de la taxe d'habitation, même si, à cette date, le logement est loué de façon saisonnière. Ainsi, un propriétaire qui a loué un logement meublé plusieurs mois pendant l'année d'imposition par un bail excluant la tacite reconduction et prenant fin en juin de cette année est redevable de la taxe, dès lors qu'au 1er janv. il n'avait donné aucun mandat à une agence pour mettre l'appartement en location à l'issue du bail et pouvait donc être regardé comme entendant s'en réserver la disposition en dehors des périodes de location saisonnière. • CE 30 nov. 2007, *Largitte*, n° 291252 : *RJF 2008. 164 ; concl. Olléon au BDCF 2/08, n° 24 ; Dr. fisc. 2008. 266.* ♦ Le propriétaire d'un local meublé est redevable de la taxe d'habitation dès lors qu'il peut être regardé, au 1er janv. de l'année d'imposition, comme entendant s'en réserver la disposition ou la jouissance une partie de l'année. Tel est le cas s'il l'occupe ou le fait occuper gracieusement une partie de l'année, sans qu'y fassent obstacle les circonstances que ce local meublé serait mis en location pendant l'autre partie de l'année et serait ainsi passible de la CFE, que ce propriétaire disposerait d'une autre habitation dans la même commune ou qu'il donnerait directement le bien en location sans passer par un intermédiaire. • CE 2 juill. 2014, n° 369073 : *RJF 2014. 905 ; BDCF 2014. 97, concl. Bohnert.* ♦ Ne constitue pas une location saisonnière la location d'un logement meublé à un étudiant par bail conclu dans les conditions prévues à l'art. L. 632-1 (al. 2) CCH, au regard des caractéristiques de cette location, consentie pour au moins neuf mois continus et à titre de résidence principale. Dans le cadre d'un tel bail, le locataire étudiant qui occupe le logement au 1er janv. en a la disposition, au sens de l'art. 1408 CGI, et est à ce titre redevable de la taxe. • CE 26 févr. 2016, n° 389438 : *RJF 2016. 449.*

2. Redevables de la taxe. Une locataire toujours titulaire au 1er janv. de l'année d'imposition du bail d'habitation d'un logement dont elle a donné congé le mois précédent est redevable de la taxe même si elle a résilié au 1er janv. son contrat EDF/GDF et s'est déjà acquittée d'un loyer pour un autre logement. • TA Cergy-Pontoise, 18 févr. 2010, n° 06-7460 : *RJF 2010. 1187.* ♦ *Lorsqu'un logement est occupé en commun* par deux personnes dont l'une est titulaire du bail, la taxe est établie sous une cote unique au nom de cette dernière, locataire en titre. • CAA Paris, 11 avr. 2000, n° 98PA1016 : *Dr. fisc. 2001. 323 ; RJF 2000. 1287.* ♦ Lorsque deux personnes occupent conjointement une maison dont elles ont la propriété indivise et qui constitue une seule unité d'habitation ayant fait l'objet d'une seule évaluation, la taxe d'habitation est établie sous une cote unique, et non sous deux cotes établies chacune au nom de l'un des deux occupants pour moitié. • CAA Paris, plén., 24 oct. 2001, n° 97PA3027 : *Dr. fisc. 2002. 103, concl. Kimmerlin.* ♦ Dans cette situation, l'art. 1408-I permet à l'Administration, mais ne lui impose pas, de mettre la taxe à la charge de tous les occupants au 1er janv. Dès lors, est régulièrement établie la taxe mise au nom de l'un quelconque des occupants désignés par l'Administration, lorsque celui-ci dispose ou jouit au 1er janv. du local imposable, quand bien même la taxe aurait pu être mise à la charge de l'autre ou d'un autre occupant. • Même arrêt.

3. Une femme séparée de fait de son mari, occupant seule l'appartement dont le mari est le propriétaire et où les deux époux étaient domiciliés avant leur séparation, doit être imposée personnellement à la taxe d'habitation à raison de ce logement, alors même que le mari pourrait, à tout moment, disposer à nouveau avec elle du logement dont il est propriétaire. • CE 30 juin 1982, n° 24984 : *Dr. fisc. 1983. 560, concl. Verny ; RJF 1982. 827.* ♦ Application : à une habitation principale. • CE 30 juin 1982, n° 24984 : *préc.* ♦ ... A une résidence secondaire. • TA Nantes, 17 juill. 2002, n° 98-1365 : *Dr. fisc. 2003. 148.*

4. Un militaire logé individuellement par son employeur dans un logement domanial, extérieur à la caserne, logement soumis à un règlement intérieur établi par l'autorité militaire, imposant des règles strictes d'occupation des locaux (interdiction de recevoir des non militaires ; soumission aux horaires du régiment ; contrôle sur la tenue des locaux ; revues de casernement), ne peut être regardé comme ayant la libre disposition ou jouissance de ce logement et ne saurait être assujetti à la taxe d'habitation. • CAA Bordeaux, 19 févr. 2004, n° 02BX2676 : *RJF 2004. 737 ; Dr. fisc. 2004. 767, concl. Chemin.*

5. Indivision. Lorsque la taxe d'habitation d'un bien inoccupé a été établie au nom d'une indivision successorale, l'obligation de payer incombant à chaque indivisaire ne peut excéder ses droits dans l'indivision, sauf si une solidarité expresse a été instituée entre les intéressés. • CE 3 sept. 2019, n° 419384 : *RJF 2019. 1158.*

6. Logements vacants depuis plus de 2 ans. Redevables de la taxe. * BOI-IF-TH-60 du 5 juill. 2017.

7. Établissements d'assistance. En instituant une exonération de taxe d'habitation au bénéfice des seuls établissements publics d'assistance, sans l'étendre aux établissements privés d'assistance, le législateur a traité différemment des personnes placées dans des situations différentes. Cette différence de traitement ne méconnaît pas les principes d'égalité devant la loi et devant les charges publiques. • Cons. const. 7 déc. 2018, *Fondation Ildys,* n° 2018-752 QPC : *RJF 2019. 288.*

8. *Étudiants.* Les étudiants qui ont la disposition privative d'un logement indépendant du domicile de leurs parents et non situé dans une résidence universitaire gérée par le CROUS ou, dans des conditions analogues, par un autre organisme, sont donc imposables à la taxe d'habitation dans les conditions de droit commun. Ce qui est le cas, notamment, des étudiants vivant en colocation. Toutefois, les étudiants de condition modeste qui occupent des logements indépendants peuvent bénéficier du plafonnement de la taxe en fonction du revenu, qui permet d'adapter le poids de la cotisation au niveau du revenu de l'étudiant lui-même ou de sa famille dans le cas où l'étudiant est rattaché au foyer fiscal de ses parents. Dans ce dernier cas, le dégrèvement est accordé par voie contentieuse sur présentation de l'avis d'imposition sur le revenu établi au nom des parents. En tout état de cause, les étudiants qui resteraient soumis à la taxe peuvent présenter, auprès des services des impôts, des demandes de modération ou de remise gracieuse. * Rép. min. n° 65121 : *JOAN Q, 23 août 2005.*

9. *Maison de retraite.* L'exploitant d'une maison de retraite est seul redevable de la taxe d'habitation dès lors qu'il impose des restrictions à la libre occupation des chambres par les pensionnaires (obligation de prendre les repas en commun, horaires de visite, accès du directeur aux chambres). • CAA Bordeaux, 3 déc. 1996, n° 93BX287 : *Dr. fisc. 1997. 796.* ♦ Une maison de retraite dont les agents disposent d'un libre accès aux chambres, même en dehors de toute situation d'urgence, et dans laquelle les pensionnaires peuvent être amenés à changer de chambre selon les besoins de l'établissement sans que ces chambres leur soient spécifiquement affectées, doit être regardée comme ayant conservé la disposition des chambres et par suite comme étant seule redevable de la taxe d'habitation, dès lors que les restrictions ainsi mises à la libre occupation des chambres par les résidents ne sont pas seulement destinées à préserver l'ordre, la sécurité ou la tranquillité des intéressés. • CAA Lyon, 16 nov. 2006, n° 02LY1109 : *RJF 2007. 295.*

10. *Maisons de retraite gérées par des établissements publics d'assistance. Conditions d'imposition.* * BOI-IF-TH-10-20-20 n°s 290 à 310 du 22 déc. 2020.

11. *EHPAD.* Les restrictions prévues par le règlement intérieur de l'établissement sont destinées à préserver la tranquillité et la sécurité des résidents mais ne sont pas de nature à leur retirer la jouissance effective de leur chambre. En conséquence, les occupants sont redevables de la taxe d'habitation. • CE 13 oct. 2016, n° 388616 : *RJF 2017. 43.*

12. *Logement temporaire de personnes défavorisées.* Des personnes défavorisées ne peuvent être regardées comme ayant la libre disposition ou jouissance au sens de l'art. 1408 des logements qui leur sont attribués à titre temporaire par une association dans le cadre de « contrats d'hébergement » dès lors qu'il ressort de ces contrats qu'elles ne tiennent des stipulations contractuelles aucun droit au maintien dans les locaux, que lesdits contrats sont résiliables sans délai ni préavis pour les personnes qui ne se seraient pas présentées à trois rendez-vous successifs d'accompagnement social, que le préavis n'est que d'un mois pour toute autre violation des clauses du contrat, que les nuisances au voisinage, les actes de vandalisme, de dégradation, les manquements constatés à l'hygiène, à la propreté ou à l'entretien du local ou des biens sont sanctionnés par l'expulsion immédiate des occupants des logements et qu'enfin, il est interdit aux personnes hébergées de domicilier un tiers dans le logement qui leur a été attribué. Ainsi, eu égard aux modalités d'occupation des logements en cause, l'association a la qualité de redevable de la taxe d'habitation. • CE 21 mars 2008, n° 291223, *Assoc. Essor 93 : RJF 2008. 691 ; concl. Escaut au BDCF 6/08, n° 76.*

13. *Congrégation religieuse.* Une congrégation religieuse doit être regardée comme ayant la disposition, au sens de l'art. 1408-I, des chambres individuelles et des chambres médicalisées dans lesquelles sont logées les sœurs, membres de la communauté dès lors qu'en dépit de l'absence d'extrême frugalité de leur aménagement, ces locaux sont soumis à des conditions d'occupation restrictives tenant aux particularités et à l'objet de la vie dans la communauté. Cette congrégation est dès lors redevable de la taxe d'habitation. • TA Caen, 14 juin 2005, n° 04-1015, *Monastère des Bénédictines : RJF 2006. 168.* ♦ Dans le même sens • TA Montreuil, 12 oct. 2017, *Congrégation de la vice-province des missionnaires oblats de Marie Immaculée,* n° 1632464 : *RJF 2018. 639.*

14. *Cercle militaire.* Un cercle militaire, personne morale de droit public dont l'objet est de créer et d'organiser des activités sociales et culturelles au profit des militaires et de leurs familles et dont les missions, si elles peuvent ponctuellement se traduire par l'offre de prestations à caractère d'aide sociale, excèdent cependant un tel domaine, ne peut être regardé comme un établissement public d'assistance au sens de l'art. 1408-II-1°. • CAA Bordeaux, 19 févr. 2004, n° 02BX1896 : *RJF 2004. 738.*

15. *ONAC.* L'Office national des anciens combattants n'est pas un établissement public d'assistance et n'est donc pas exonéré de la taxe due à raison d'une maison de retraite qu'il gère.

• CE 9 févr. 2000, n° 188160 : *RJF 2000. 368 ; BDCF 3/00, concl. Arrighi de Casanova ; Dr. fisc. 2000. 505.*

16. Consuls et agents consulaires. Refus de l'exonération : à un enseignant yougoslave assurant, pour le compte du consulat yougoslave à Lyon, des activités d'enseignement auprès de ressortissants yougoslaves en France. • CE 9 nov. 1987, n° 76987 : *RJF 1988. 76.* ♦ ... A un enseignant italien assurant, pour le compte du consulat d'Italie à Grenoble, des activités d'enseignement auprès d'enfants italiens en France. • CE 3 déc. 1990, n° 71855 : *Dr. fisc. 1991. 92.* ♦ ... A un fonctionnaire consulaire marocain occupant un emploi d'enseignant au Consulat général du Maroc à Lyon. • CAA Lyon, 7 févr. 2002, n° 01LY201 : *Dr. fisc. 2002. 635.* ♦ ... A un employé consulaire exerçant les fonctions de comptable au Consulat d'Algérie à Paris. • CAA Paris, 14 févr. 2002, n° 99PA3594 : *Dr. fisc. 2002. 637.*

17. Membres de l'OTAN. Un membre des forces de l'OTAN en mission en France disposant d'un logement à Paris est imposable à la taxe d'habitation conformément à l'accord de Londres du 19 juin 1951. • CAA Paris, 21 mai 2003, n° 99PA3165 : *Dr. fisc. 3004. 95.*

18. Agent diplomatique. Le représentant permanent adjoint de la Commission européenne auprès de l'OCDE n'entre pas dans le champ de l'art. 1408-II-3° dès lors que l'intéressé, appartenant à la représentation permanente de la commission qui n'est pas membre de l'OCDE, n'a pas été accrédité par le gouvernement français, et nonobstant la circonstance qu'il est titulaire d'une carte de diplomate délivrée par le ministère des affaires étrangères. • TA Paris, 28 juin 2004 • CE (na) 25 janv. 2006, n° 271365 : *RJF 2006. 1058.*

III *ASSIETTE DE LA TAXE*

Art. 1409 **La taxe d'habitation** *(L. n° 2019-1479 du 28 déc. 2019, art. 16-I-E-24° et VII-E, applicable à compter des impositions établies au titre de 2023)* **« sur les résidences secondaires et autres locaux meublés non affectés à l'habitation principale » est calculée d'après la valeur locative des habitations et de leurs dépendances, telles que garages, jardins d'agrément, parcs et terrains de jeux.**

Cette valeur locative est déterminée selon les règles définies aux articles 1494 à 1508 *(L. n° 2017-1775 du 28 déc. 2017, art. 30, en vigueur le 1er janv. 2018)* **« , » 1516 à 1518 A *ter*** *(L. n° 2017-1775 du 28 déc. 2017, art. 30, en vigueur le 1er janv. 2018)* **« et 1518 A *quinquies* ».**

1. Garages et parkings. Les garages et emplacements de stationnement sont des dépendances de l'habitation lorsqu'ils sont situés à proximité de celle-ci. • CE, plén., 10 juin 1977, n° 99455 : *Dr. fisc. 1978. 615, concl. Fabre* • 22 avr. 1988, n° 52825 : *Dr. fisc. 1988. 1406.* ♦ Un garage situé à plus d'un kilomètre du logement n'est pas imposable. * Rép. min. n° 27533 : *JOAN 30 juin 1976, p. 4918.* ♦ Un garage situé à un kilomètre en voiture, mais à 300 mètres à pied est une dépendance du logement. • CAA Paris, 17 avr. 1990, n° 89PA1184 : *Dr. fisc. 1990. 1997.*

2. Piscines. Une piscine en acier d'une profondeur de 1,20 mètre reposant sur une surface de 68 m² et enterrée au moyen de triangles de renforcement doit être prise en compte pour le calcul de la taxe d'habitation. • CAA Bordeaux, 15 oct. 1996, n° 95BX1498 : *Dr. fisc. 1997. 194.*

Art. 1410 *Dispositions périmées.*

Art. 1411 *(Abrogé par L. n° 2019-1479 du 28 déc. 2019, art. 16-I-E-4° et VII-E, à compter des impositions établies au titre de 2023)* ***I. — La valeur locative afférente à l'habitation principale de chaque contribuable est diminuée d'un abattement obligatoire pour charges de famille.***

Elle peut également être diminuée d'abattements facultatifs à la base.

II. — 1. L'abattement obligatoire pour charges de famille est fixé, pour les personnes à charge à titre exclusif ou principal, à 10 % de la valeur locative moyenne des habitations de la commune pour chacune des deux premières personnes à charge et à 15 % pour chacune des suivantes.

Ces taux peuvent être majorés d'un ou plusieurs points sans excéder 10 points par le conseil municipal. *— V. note ss. l'art.*

2. L'abattement facultatif à la base, que le conseil municipal peut instituer, est égal à un certain pourcentage, ce pourcentage pouvant varier de un pour cent à plusieurs pour cent sans excéder 15 % de la valeur locative moyenne des habitations de la commune. *— V. note ss. l'art.*

3. Sans préjudice de l'application de l'abattement prévu au 2, le conseil municipal peut accorder un abattement à la base égal à un pourcentage de la valeur locative moyenne des

habitations de la commune, exprimé en nombre entier, ne pouvant excéder 15 %, aux contribuables dont le montant des revenus de l'année précédente n'excède pas la limite prévue à l'article 1417 et dont l'habitation principale a une valeur locative inférieure à 130 % de la moyenne communale. Ce dernier pourcentage est augmenté de 10 points par personne à charge à titre exclusif ou principal.

3 bis. Sans préjudice de l'abattement prévu aux 2 et 3, les conseils municipaux peuvent, par une délibération prise dans les conditions prévues à l'article 1639 A bis, instituer un abattement en pourcentage de la valeur locative moyenne des habitations de la commune, exprimé en nombre entier entre 10 et 20 points, aux contribuables qui sont :

1° Titulaires de l'allocation supplémentaire d'invalidité mentionnée à l'article L. 815-24 du code de la sécurité sociale ;

2° Titulaires de l'allocation aux adultes handicapés mentionnée aux articles L. 821-1 et suivants du code de la sécurité sociale ;

3° Atteints d'une infirmité ou d'une invalidité les empêchant de subvenir par leur travail aux nécessités de l'existence ;

4° Titulaires de la** (L. n° 2016-1321 du 7 oct. 2016, art. 107-IV-1° et X) **« carte "mobilité inclusion" portant la mention "invalidité" » mentionnée à l'article L. 241-3 du code de l'action sociale et des familles ;

5° Ou qui occupent leur habitation avec des personnes visées aux 1° à 4°.

Pour l'application du présent article, le contribuable adresse au service des impôts de sa résidence principale, avant le 1er janvier de la première année au titre de laquelle il peut bénéficier de l'abattement, une déclaration comportant tous les éléments justifiant de sa situation ou de l'hébergement de personnes mentionnées au 5°. Lorsque la déclaration est souscrite hors délai, l'abattement s'applique à compter du 1er janvier de l'année suivant celle au cours de laquelle la déclaration est déposée.

Au titre des années suivantes, les justificatifs sont adressés à la demande de l'administration. En l'absence de réponse ou en cas de réponse insuffisante, l'abattement est supprimé à compter de l'année au cours de laquelle les justificatifs ont été demandés.

Lorsque le contribuable ne remplit plus les conditions requises pour bénéficier de l'abattement, il doit en informer l'administration au plus tard le 31 décembre de l'année au cours de laquelle il ne satisfait plus à ces conditions. L'abattement est supprimé à compter de l'année suivante.

4. La valeur locative moyenne est déterminée en divisant le total des valeurs locatives d'habitation de la commune, abstraction faite des locaux exceptionnels, par le nombre des locaux correspondants.

5. A compter de 1981, sauf décision contraire des conseils municipaux, les abattements supérieurs au niveau maximum de droit commun sont ramenés à ce niveau par parts égales sur cinq ans.

Pour les impositions établies au titre de 1995 et des années suivantes, les conseils municipaux peuvent, par délibération prise dans les conditions prévues à l'article 1639 A bis, décider de ramener, immédiatement ou progressivement, les abattements supérieurs au niveau maximum de droit commun au niveau des abattements de droit commun. — *Les dispositions des 1, 2, 3 et 5 du II ne s'appliquent pas pour le calcul de la taxe d'habitation dans les départements d'outre-mer. Pour les abattements applicables dans ces départements, V. Ann. II, art. 1649 et 331.*

II bis. — Pour le calcul de la taxe d'habitation que perçoivent les établissements publics de coopération intercommunale à fiscalité propre, les organes délibérants de ces établissements publics peuvent, dans les conditions prévues au présent article et à l'article 1639 A bis, décider de fixer eux-mêmes le montant des abattements applicables aux valeurs locatives brutes.

Dans ce cas, la valeur locative moyenne servant de référence pour le calcul des abattements est la valeur locative moyenne des habitations de l'établissement public de coopération intercommunale à fiscalité propre.

En l'absence de délibération, les abattements applicables sont ceux résultant des votes des conseils municipaux, calculés sur la valeur locative moyenne de la commune.

II ter. — 1. Les taux visés au 1 du II et leurs majorations votées par les conseils municipaux et les organes délibérants des établissements publics de coopération intercommunale à fiscalité propre, la majoration visée au 3 du II ainsi que le montant de l'abattement obligatoire pour charges de famille fixé en valeur absolue conformément au 5 du II sont divisés par deux pour les enfants réputés à charge égale de l'un et l'autre de leurs parents. — *V. note ss. l'art.*

2. Lorsque le nombre total de personnes à charge est supérieur à deux, les enfants réputés à charge égale de l'un et l'autre de leurs parents sont décomptés en premier pour le calcul de l'abattement obligatoire pour charges de famille.

II quater. — Pour les communes et établissements publics de coopération intercommunale à fiscalité propre bénéficiaires en 2011 du transfert de la taxe d'habitation départementale, le montant de chacun des abattements mentionnés au II est, à compter de 2011, corrigé d'un montant égal à la différence entre :

1° D'une part, la somme de l'abattement en 2010 de la commune ou de l'établissement public de coopération intercommunale à fiscalité propre bénéficiaire du transfert et de l'abattement départemental en 2010, chacun de ces abattements étant affecté du rapport entre le taux de la collectivité territoriale ou de l'établissement public de coopération intercommunale concerné et la somme des taux de la commune ou de l'établissement public de coopération intercommunale et du département en 2010 ;

2° Et, d'autre part, le montant en 2010 de l'abattement de la commune ou de l'établissement public de coopération intercommunale à fiscalité propre bénéficiaire du transfert.

Le montant de l'abattement ainsi corrigé ne peut être inférieur à zéro.

Lorsque le territoire d'un établissement public de coopération intercommunale se situe sur plusieurs départements, la correction de l'abattement intercommunal est effectuée pour chaque partie de son territoire appartenant à chacun des départements.

En cas de fusion d'établissements publics de coopération intercommunale réalisée dans les conditions prévues à l'article L. 5211-41-3 du code général des collectivités territoriales, la correction des abattements intercommunaux prévue au présent II quater continue à s'appliquer sur le territoire des établissements publics de coopération intercommunale préexistant à la fusion.

Par dérogation aux dispositions du présent II quater, lorsqu'une commune qui n'était pas membre en 2011 d'un établissement public de coopération intercommunale qui faisait application en 2011 de l'article 1609 nonies C rejoint, à la suite soit d'un rattachement volontaire, soit d'une transformation dans les conditions prévues à l'article L. 5211-41-1 du code général des collectivités territoriales, soit d'une fusion visée à la seconde phrase du premier alinéa du III de l'article 1638-0 bis du présent code, un établissement public de coopération intercommunale faisant application de l'article 1609 nonies C, les abattements communaux mentionnés au II du présent article cessent d'être corrigés à compter de l'année suivant celle du rattachement ou de la fusion.

En cas de création de commune, les corrections prévues au présent II quater sont supprimées à compter de l'année au cours de laquelle les abattements appliqués sur son territoire sont harmonisés.

II quinquies.— Sans préjudice des dispositions du II quater, pour les communes membres de la métropole du Grand Paris qui étaient membres au 1er janvier 2015 d'un établissement public de coopération intercommunale à fiscalité propre, le montant de chacun des abattements de taxe d'habitation est corrigé d'un montant égal à la différence entre :

1° D'une part, la somme de l'abattement communal applicable en 2015 et de l'abattement intercommunal appliqué en 2015, chacun de ces abattements étant affecté du rapport entre le taux de la commune ou de l'établissement public de coopération intercommunal concerné et la somme des taux communal et intercommunal appliqués en 2015 ;

2° Et, d'autre part, le montant de l'abattement communal appliqué en 2015.

Le montant de l'abattement ainsi corrigé ne peut être inférieur à 0.

II sexies. — Les conseils municipaux et les organes délibérants des établissements publics de coopération intercommunale à fiscalité propre qui délibèrent pour fixer le montant des abattements applicables sur leur territoire conformément aux II et II bis du présent article peuvent délibérer, dans les conditions prévues au I de l'article 1639 A bis, afin de supprimer les corrections des abattements prévues aux II quater et II quinquies du présent article.

Pour les communes situées sur le territoire de la métropole du Grand Paris, la suppression de la correction prévue au II quater entraîne la suppression de celle prévue au II quinquies et réciproquement.

III. — Sont considérés comme personnes à la charge du contribuable :

Ses enfants ou les enfants qu'il a recueillis lorsqu'ils répondent à la définition donnée pour le calcul de l'impôt sur le revenu ;

Ses ascendants ou ceux de son conjoint âgés de plus de soixante-dix ans ou infirmes lorsqu'ils résident avec lui et que les revenus de l'année précédente n'excèdent pas la limite prévue à l'article 1417.

IV. — La valeur locative moyenne servant de base au calcul de l'abattement obligatoire pour charges de famille et des abattements facultatifs à la base est majorée chaque année proportionnellement à la variation des valeurs locatives des logements résultant de l'application des articles 1518 et 1518 bis.

Les abattements fixés en valeur absolue conformément au 5 du II sont majorés proportionnellement à la variation des valeurs locatives des logements résultant de l'application des articles 1518 et 1518 bis.

V. — La valeur locative moyenne ainsi que les abattements, le cas échéant après application du II quater, sont arrondis à l'euro le plus proche. La fraction d'euro égale à 0,50 est comptée pour 1. — V. Ann. II, art. 310 H, et pour l'application de l'art. 1411, V. art. 1639 A bis.

Pour les règles dérogatoires applicables aux impositions établies au titre de 2020, 2021 et 2022, V. L. n° 2019-1479 du 28 déc. 2019, art. 16-I-H-1 et I-J-3.

1. Contribuables handicapés. Abattement spécial. * BOI-IF-TH-20-20-10-20 n° 210 du 20 déc. 2020.

2. Logement de fonction. Un contribuable qui dispose d'un logement de fonction peut bénéficier des mesures d'allégement de taxe pour l'autre logement où réside sa famille. * BOI-IF-TH-20-20-20 n° 40 du 20 déc. 2020.

Art. 1411 *bis* **La valeur locative des locaux affectés exclusivement à l'hébergement de salariés agricoles saisonniers dans les conditions prévues par l'article L. 716-1 du code rural et de la pêche maritime, ainsi qu'à l'hébergement des apprentis, dont le statut est régi par les dispositions du livre II de la sixième partie du code du travail, dans les conditions prévues à l'article 6 de la loi n° 89-462 du 6 juillet 1989 tendant à améliorer les rapports locatifs et portant modification de la loi n° 86-1290 du 23 décembre 1986, est calculée au prorata de la durée d'utilisation de ces locaux pour l'hébergement de salariés et d'apprentis l'année précédant celle au titre de laquelle l'imposition est établie ; les salariés s'entendent des personnes autres que le propriétaire du logement, son conjoint, les membres du foyer fiscal, les ascendants et descendants de l'exploitant agricole.**

Le bénéfice des dispositions du premier alinéa est subordonné au respect des obligations déclaratives prévues par l'article 1388 *quater*.

Logement des saisonniers agricoles et des apprentis. 1) Conditions tenant à l'affectation et aux caractéristiques des logements. 2) Application du prorata de durée d'utilisation. Exemple. 3) Obligations déclaratives. * BOI-IF-TFB-20-30-20 du 12 sept. 2012.

Art. 1412 *Abrogé par Ord. n° 2005-1512 du 7 déc. 2005, art. 3 et 25, à compter du 1er janv. 2006.*

Art. 1413 **I. — Les contribuables peuvent réclamer contre leur omission au rôle dans le délai prévu à l'article R* 196-2 du Livre des procédures fiscales.**

II. — Lorsque, au titre d'une année, une cotisation de taxe d'habitation *(L. n° 2019-1479 du 28 déc. 2019, art. 16-I-E-24° et VII-E, applicable à compter des impositions établies au titre de 2023)* **« sur les résidences secondaires et autres locaux meublés non affectés à l'habitation principale » a été établie au nom d'une personne autre que le redevable légal de l'impôt, l'imposition de ce dernier, au titre de la même année, est établie au profit de l'État dans la limite du dégrèvement accordé au contribuable imposé à tort.**

Toutefois, cette cotisation est mise à la charge du propriétaire si celui-ci est une personne morale et n'a pas souscrit, dans le délai prescrit, la déclaration de mutation de jouissance à laquelle il est tenu. Le montant de cette imposition est égal à celui de la cotisation établie à tort et est perçu au profit de l'État. Le propriétaire est fondé à en demander le remboursement au nouvel occupant, à concurrence des droits dont ce dernier serait normalement passible, compte tenu de sa situation propre.

Taxe émise au nom d'une personne autre que le redevable légal. Il appartient au juge de l'impôt qui constate qu'une cotisation de taxe d'habitation a été établie au nom d'une personne autre que le redevable légal d'en prononcer la décharge et de désigner, même en l'absence de toute demande des parties, le redevable légal de cette imposition au vu des éléments portés à sa connaissance et après l'avoir mis en cause. • CE 5 juin 2019, ♔ *GIE Humanis Fonctions Groupe*, n° 413088 : *RJF 2019. 812.*

IV *EXONÉRATIONS ET DÉGRÈVEMENTS D'OFFICE*

Art. 1413 *bis* *(Abrogé par L. nº 2019-1479 du 28 déc. 2019, art. 16-I-E-4º et VII-E, applicable à compter des impositions établies au titre de 2023)* ***Les dispositions du*** *(L. nº 2019-1479 du 28 déc. 2019, art. 16-I-B-2º, applicable à compter des impositions établies au titre de 2021)* ***« I*** *[ancienne rédaction : 2º du I et du I bis de l'article 1414,]* ***»*** *(L. nº 2017-1837 du 30 déc. 2017, art. 5, applicable à compter des impositions établies au titre de 2018)* ***« , de l'article 1414 A et de l'article 1414 C » ne sont pas applicables aux contribuables passibles de l'impôt*** *(L. nº 2017-1837 du 30 déc. 2017, art. 31)* ***« sur la fortune immobilière » au titre de l'année précédant celle de l'imposition à la taxe d'habitation.***

La référence « , de l'article 1414 A » est supprimée à compter des impositions établies au titre de 2020 (L. nº 2017-1837 du 30 déc. 2017, art. 5).

Les dispositions du présent art. issues du B du I de l'art. 31 de la L. nº 2017-1837 du 30 déc. 2017 s'appliquent au titre de l'impôt sur la fortune immobilière dû à compter du 1er janv. 2018. Toutefois, les dispositions modifiées par le même B du I continuent de s'appliquer, dans leur rédaction en vigueur au 31 déc. 2017, à l'impôt de solidarité sur la fortune dû jusqu'au titre de l'année 2017 incluse (L. préc., art. 31-IX-B).

Art. 1414 *(Abrogé par L. nº 2019-1479 du 28 déc. 2019, art. 16-I-B-3º et VII-B, à compter des impositions établies au titre de 2021)* ***« I. — Sont exonérés de la taxe d'habitation afférente à leur habitation principale lorsqu'ils occupent cette habitation dans les conditions prévues à l'article 1390 :***

1º les titulaires de l'allocation de solidarité aux personnes âgées mentionnée à l'article L. 815-1 du code de la sécurité sociale ou de l'allocation supplémentaire d'invalidité mentionnée à l'article L. 815-24 du même code ; *— V. LPF, art. L. 98.*

« 1º bis les titulaires de l'allocation aux adultes handicapés mentionnée aux articles L. 821-1 et suivants du code de la sécurité sociale, lorsque le montant de leurs revenus de l'année précédente n'excède pas la limite prévue au I de l'article 1417 ;

« 2º les contribuables âgés de plus de 60 ans ainsi que les veuves et veufs dont le montant des revenus de l'année précédente n'excède pas la limite prévue à l'article 1417 ; *— Pour 2014, V. L. nº 2014-891 du 8 août 2014, art. 28-I (JO 9 août).*

« 3º les contribuables atteints d'une infirmité ou d'une invalidité les empêchant de subvenir par leur travail aux nécessités de l'existence lorsque le montant de leurs revenus de l'année précédente n'excède pas la limite prévue à l'article 1417 ;

« 4º *Abrogé par L. nº 91-1322 du 30 déc. 1991, art. 21-I-b.*

« L'exonération résultant du présent I est applicable aux personnes qui bénéficient du maintien des dégrèvements prévu au III de l'article 17 de la loi de finances pour 1968 (nº 67-1114 du 21 décembre 1967).

« I bis. — Les contribuables qui ne bénéficient plus de l'une des exonérations prévues au I du présent article et qui occupent leur habitation principale dans les conditions prévues au I de l'article 1390 :

« 1º Sont exonérés de la taxe d'habitation afférente à leur habitation principale la première et la deuxième années suivant celle au titre de laquelle ils ont bénéficié de l'une des exonérations prévues au I du présent article pour la dernière fois ;

« 2º Bénéficient, pour le calcul de la taxe d'habitation afférente à leur habitation principale et avant application des abattements prévus à l'article 1411, d'un abattement sur la valeur locative de deux tiers la troisième année et d'un tiers la quatrième année suivant celle au titre de laquelle ils ont bénéficié de l'une des exonérations prévues au I du présent article pour la dernière fois. »

II. — Sont dégrevés d'office *(L. nº 2019-1479 du 28 déc. 2019, art. 16-I-B-3º et VII-B, applicable à compter des impositions établies au titre de 2021)* **« de la taxe d'habitation »** *(L. nº 2019-1479 du 28 déc. 2019, art. 16-I-E-24º et VII-E, applicable à compter des impositions établies au titre de 2023)* **« sur les résidences secondaires et autres locaux meublés non affectés à l'habitation principale » :**

1º Les gestionnaires de foyers de jeunes travailleurs, de foyers de travailleurs migrants et des logements-foyers dénommés résidences sociales, à raison des logements situés dans ces foyers ;

2º Les organismes ne se livrant pas à une exploitation ou à des opérations de caractère lucratif, *(Abrogé par L. nº 2019-1479 du 28 déc. 2019, art. 16-I-B-3º et VII-B, à* *compter des impositions établies au titre de 2021)* ***« lorsqu'ils sont agréés dans les conditions prévues à l'article 92 L par le représentant de l'État dans le département ou »*** **lorsqu'ils ont conclu une convention avec l'État conformément à l'article L. 851-1 du code de la sécurité sociale, à raison des logements qu'ils louent en vue de leur sous-location ou de leur attribution à titre temporaire aux personnes défavorisées mentionnées à l'article 1er de la loi n° 90-449 du 31 mai 1990 modifiée visant à la mise en œuvre du droit au logement.**

Les obligations déclaratives à la charge des personnes ou organismes entrant dans le champ d'application des premier à troisième alinéas sont fixées par décret. *— V. Ann. III, art. 322 et 322 bis. — Pour les dispositions du présent II qui s'appliquent à compter des impositions établies au titre de 2023, V. L. n° 2019-1479 du 28 déc. 2019, art. 16-I-E-24° et VII-E.*

III. *— Abrogé par L. n° 2008-1249 du 1er déc. 2008, art. 12-4°-a et 28-II-B.*

(Abrogé par L. n° 2019-1479 du 28 déc. 2019, art. 16-I-E-5° et VII-E, à compter des impositions établies au titre de 2023) ***« IV. —*** *(L. n° 2019-1479 du 28 déc. 2019, art. 16-I-B-3°-c et VII-B, applicable à compter des impositions établies au titre de 2021)* ***« Lorsqu'ils ne bénéficient pas de l'exonération prévue à l'article 1414 C, les contribuables mentionnés au d du 2° de l'article 1605 bis sont*** *[ancienne rédaction : les contribuables visés au 2° du I sont également]* ***» dégrevés de la taxe d'habitation afférente à leur habitation principale lorsqu'ils occupent cette habitation avec leurs enfants majeurs lorsque ceux-ci sont inscrits comme demandeurs d'emploi et ne disposent pas de ressources supérieures*** *(L. n° 2017-1837 du 30 déc. 2017, art. 5 ; L. n° 2019-1479 du 28 déc. 2019, art. 16-I-A-1° et VII-A, applicable à compter des impositions établies au titre de 2020)* ***« à :*** *[ancienne rédaction : au montant de l'abattement fixé au I de l'article 1414 A.]*

« 1° *(L. n° 2021-1900 du 30 déc. 2021, art. 2)* ***« 5 750 €*** *[ancienne rédaction : 5 671 €]* ***» pour la première part de quotient familial, majoré de*** *(L. n° 2021-1900 du 30 déc. 2021, art. 2)* ***« 1 664 €*** *[ancienne rédaction : 1 641 €]* ***» pour chacune des quatre premières demi-parts et de*** *(L. n° 2021-1900 du 30 déc. 2021, art. 2)* ***« 2 942 €*** *[ancienne rédaction : 2 901 €]* ***» pour chaque demi-part supplémentaire à compter de la cinquième, en France métropolitaine ;***

« 2° *(L. n° 2021-1900 du 30 déc. 2021, art. 2)* ***« 6 905 €*** *[ancienne rédaction : 6 810 €]* ***» pour la première part de quotient familial, majoré de*** *(L. n° 2021-1900 du 30 déc. 2021, art. 2)* ***« 1 664 €*** *[ancienne rédaction : 1 641 €]* ***» pour chacune des deux premières demi-parts et de*** *(L. n° 2021-1900 du 30 déc. 2021, art. 2)* ***« 2 942 €*** *[ancienne rédaction : 2 901 €]* ***» pour chaque demi-part supplémentaire à compter de la troisième, en Martinique, en Guadeloupe et à La Réunion ;***

« 3° *(L. n° 2021-1900 du 30 déc. 2021, art. 2)* ***« 7 668 €*** *[ancienne rédaction : 7 562 €]* ***» pour la première part de quotient familial, majoré de*** *(L. n° 2021-1900 du 30 déc. 2021, art. 2)* ***« 1 278 €*** *[ancienne rédaction : 1 260 €]* ***» pour chacune des deux premières demi-parts et de*** *(L. n° 2021-1900 du 30 déc. 2021, art. 2)* ***« 3 063 €*** *[ancienne rédaction : 3 021 €]* ***» pour chaque demi-part supplémentaire à compter de la troisième, en Guyane ;***

« 4° *(L. n° 2021-1900 du 30 déc. 2021, art. 2)* ***« 8 426 €*** *[ancienne rédaction : 8 310 €]* ***» pour la première part de quotient familial, majoré de*** *(L. n° 2021-1900 du 30 déc. 2021, art. 2)* ***« 1 404 €*** *[ancienne rédaction : 1 385 €]* ***» pour chacune des deux premières demi-parts et de*** *(L. n° 2021-1900 du 30 déc. 2021, art. 2)* ***« 3 367 €*** *[ancienne rédaction : 3 321 €]* ***» pour chaque demi-part supplémentaire à compter de la troisième, à Mayotte. »***

(L. n° 2017-1837 du 30 déc. 2017, art. 5-I-3 et III-3, applicable à compter des impositions établies au titre de 2020) **« Ces montants sont indexés, chaque année, comme la limite supérieure de la première tranche du barème de l'impôt sur le revenu.**

« Les montants mentionnés aux 1° à 4° sont divisés par deux pour les quarts de part. »

(L. n° 2019-1479 du 28 déc. 2019, art. 16-I-A-1°-e et VII-A, applicable à compter des impositions établies au titre de 2020) **« Les montants mentionnés aux sixième et avant-dernier alinéas du présent IV sont arrondis à l'euro le plus proche ; la fraction d'euro égale à 0,50 est comptée pour 1. »**

(Abrogé par L. n° 2019-1479 du 28 déc. 2019, art. 16-I-B-3°-d et VII-B, à compter des impositions établies au titre de 2021) ***« V. — Les contribuables relogés en raison de la démolition de leur logement dans le cadre d'un projet conventionné au titre du programme national de rénovation urbaine prévu par la loi n° 2003-710 du 1er août 2003 d'orientation et de programmation pour la ville et la rénovation urbaine bénéficient pendant trois ans d'un dégrèvement égal à la différence entre leur imposition à la taxe d'habitation postérieure à***

leur relogement, et leur imposition à la taxe d'habitation acquittée au titre de l'année de leur relogement. »

Les dispositions du présent art. issues de la L. n° 2021-1900 du 30 déc. 2021, s'appliquent à compter des impositions établies au titre de 2022 (L. préc., art. 2).

1. Contribuables infirmes ou invalides. Une personne handicapée ayant son propre logement peut bénéficier de l'exonération de taxe d'habitation prévue en faveur des titulaires de l'allocation aux adultes handicapés, même si elle est rattachée au foyer fiscal de ses parents. • TA Amiens, 22 nov. 2007, n° 05-1169 : *RJF 2008. 975.*

2. Personnes âgées en maison de retraite. Les personnes âgées qui transfèrent leur domicile habituel en maison de retraite médicalisée tout en conservant la jouissance de leur ancien logement ne peuvent, en principe, bénéficier pour ce logement des mesures d'exonération ou de plafonnement de la taxe prévues sous conditions de ressources et de cohabitation aux art. 1414-1 et 1414 A. En effet, celui-ci ne constitue plus leur habitation principale. Toutefois, et par mesure de tempérament, les personnes qui résident en maison de retraite et conservent néanmoins la jouissance de leur ancien domicile peuvent, sur réclamation adressée au directeur des services fiscaux, obtenir une remise gracieuse de leur imposition de taxe d'habitation d'un montant égal à celui qui leur aurait été accordé si elles avaient continué à occuper leur ancien logement comme résidence principale, sous réserve que le domicile concerné ne constitue pas en réalité une résidence secondaire, notamment pour les membres de la famille. * BOI-IF-TH-10-50-30-10 n° 100 du 22 déc. 2020.

3. Dégrèvements des gestionnaires de logements sociaux. Le dégrèvement de taxe d'habitation en faveur des organismes contribuant au logement de personnes défavorisées est réservé aux personnes répondant aux critères tirés de la non-lucrativité, du conventionnement ou de l'agrément et du mode d'occupation des logements qu'elles doivent louer et mettre à disposition des personnes défavorisées par une sous-location ou attribution temporaire. Pour l'application de ce dégrèvement, l'Administration ne peut refuser le dégrèvement en se fondant sur la seule durée effective d'occupation des logements par les personnes visées, laquelle peut être variable selon les modalités d'intervention des organismes concernés et les finalités qu'ils poursuivent. Par suite, une association a droit au bénéfice du dégrèvement dès lors que les logements qu'elle met à disposition pour une durée d'un mois renouvelable avec une durée maximale de deux ans sont attribués à titre temporaire à des personnes en difficulté afin de leur permettre de retrouver des conditions d'emploi et de ressources leur permettant d'accéder ultérieurement au marché locatif dans les conditions du droit commun. • CE 21 mars 2008, n° 291223, *Assoc. Essor 93 : RJF 2008. 691 ; concl. Escaut au BDCF 6/08, n° 76 ; Dr. fisc. 2008. 290, concl. Escaut.* ♦ Application du dégrèvement aux gestionnaires de centres d'accueil de demandeurs d'asile. * BOI-IF-TH-10-50-20 n° 570 du 22 déc. 2020.

4. Condition d'occupation. Un contribuable âgé qui occupe avec une autre personne non visée à l'art. 1390 une maison normalement destinée par sa conception et son agencement à être utilisée par un même occupant, ne peut prétendre à l'exonération de taxe d'habitation. • CAA Lyon, 28 juin 2001, n° 98LY1524 : *Dr. fisc. 2002. 383.*

5. Veuve. Une contribuable dont le divorce a été prononcé par un jugement ayant pris force de chose jugée avant le décès de son conjoint ne peut être considérée comme veuve et bénéficier à ce titre de l'exonération de taxe d'habitation. • CAA Lyon, 28 juin 2001, n° 98LY2114 : *Dr. fisc. 2002. 384.*

6. Contribuables relogés en raison de la démolition de leur logement. Dégrèvement partiel de taxe d'habitation en faveur des contribuables relogés en raison de la démolition de leur logement dans le cadre d'un projet conventionné. Application à compter des impositions établies au titre de 2010. * BOI-IF-TH-10-50-40 du 22 déc. 2020.

7. Maintien des exonérations pour certains contribuables modestes et atténuation des effets de seuil. Mécanisme de lissage prévu à l'art. 1414-I *bis.* * BOI-IF-TH-10-50-30-40 du 22 déc. 2020.

Art. 1414 *bis* *Abrogé par L. n° 2000-656 du 13 juill. 2000, art. 11-V-1 et VI, à compter des impositions établies au titre de 2000.*

Art. 1414 A *(Abrogé par L. n° 2017-1837 du 30 déc. 2017, art. 5 I-4° et III-3, à compter des impositions établies au titre de 2020)* ***I. — Les contribuables autres que ceux mentionnés à l'article 1414, dont le montant des revenus de l'année précédente n'excède pas la limite prévue au II de l'article 1417, sont dégrevés d'office de la taxe d'habitation afférente à leur habitation principale pour la fraction de leur cotisation qui excède 3,44 % de leur revenu au sens du IV de l'article 1417 diminué d'un abattement fixé à :***

a. (Décr. n° 2019-559 du 6 juin 2019, art. 1er) ***« 5 604 €*** *[ancienne rédaction : 5 516 €]* ***» pour la première part de quotient familial, majoré de*** *(Décr. n° 2019-559 du 6 juin 2019,* *art. 1er) « **1 622** € [ancienne rédaction : 1 596 €] » **pour les quatre premières demi-parts et de** (Décr. n° 2019-559 du 6 juin 2019, art. 1er) « **2 866** € [ancienne rédaction : 2 821 €] » **pour chaque demi-part supplémentaire à compter de la cinquième, en France métropolitaine ;** — Les deux derniers montants s'élèvent respectivement à 811 € et 1 433 € en cas de quart de part supplémentaire.*

***b.** (Décr. n° 2019-559 du 6 juin 2019, art. 1er) « **6 729** € [ancienne rédaction : 6 623 €] » **pour la première part de quotient familial, majoré de** (Décr. n° 2019-559 du 6 juin 2019, art. 1er) « **1 622** € [ancienne rédaction : 1 596 €] » **pour les deux premières demi-parts et de** (Décr. n° 2019-559 du 6 juin 2019, art. 1er) « **2 866** € [ancienne rédaction : 2 821 €] » **pour chaque demi-part supplémentaire à compter de la troisième, dans les départements de la Martinique, de la Guadeloupe et de la Réunion ;** — Les deux derniers montants s'élèvent respectivement à 811 € et 1 433 € en cas de quart de part supplémentaire.*

***c.** (Décr. n° 2019-559 du 6 juin 2019, art. 1er) « **7 472** € [ancienne rédaction : 7 354 €] » **pour la première part de quotient familial, majoré de** (Décr. n° 2019-559 du 6 juin 2019, art. 1er) « **1 245** € [ancienne rédaction : 1 225 €] » **pour les deux premières demi-parts et de** (Décr. n° 2019-559 du 6 juin 2019, art. 1er) « **2 985** € [ancienne rédaction : 2 938 €] » **pour chaque demi-part supplémentaire à compter de la troisième, dans** (L. n° 2016-1918 du 29 déc. 2016, art. 49-I-1°-a) « **le département de la Guyane.** » — Les deux derniers montants s'élèvent respectivement à 623 € et 1 493 € en cas de quart de part supplémentaire.*

*(L. n° 2016-1918 du 29 déc. 2016, art. 49-I-1°-b et II) « **d)** » (Décr. n° 2019-559 du 6 juin 2019, art. 1er) « **8 211** € [ancienne rédaction : 8 082 €] » **pour la première part de quotient familial, majoré de** (Décr. n° 2019-559 du 6 juin 2019, art. 1er) « **1 368** € [ancienne rédaction : 1 346 €] » **pour les deux premières demi-parts et de** (Décr. n° 2019-559 du 6 juin 2019, art. 1er) « **3 281** € [ancienne rédaction : 3 229 €] » **pour chaque demi-part supplémentaire à compter de la troisième, dans le département de Mayotte.** » — Les deux derniers montants s'élèvent respectivement à 684 € et 1 641 € en cas de quart de part supplémentaire. — Les montants d'abattements mentionnés aux a, b, c et d s'appliquent aux impositions établies au titre de 2019 (L. n° 2018-1317 du 28 déc. 2018, art. 2-I-2°-a).*

Ces montants d'abattements sont, chaque année, indexés comme la limite supérieure de la première tranche du barème de l'impôt sur le revenu.

***Les majorations d'abattements mentionnées aux a, b** (L. n° 2016-1917 du 29 déc. 2016, art. 2-I-2°-a) « **, c et d** » **sont divisées par deux pour les quarts de part.** — Ces majorations sont, après division par deux, arrondies le cas échéant à l'euro supérieur.*

II. — 1. Pour l'application du I :

a) Le revenu s'entend du revenu du foyer fiscal du contribuable au nom duquel la taxe est établie ;

b) Lorsque la taxe d'habitation est établie au nom de plusieurs personnes appartenant à des foyers fiscaux distincts, le revenu s'entend de la somme des revenus de chacun des foyers fiscaux de ces personnes ;

c) Lorsque les personnes mentionnées aux a et b cohabitent avec des personnes qui ne font pas partie de leur foyer fiscal et pour lesquelles la résidence constitue leur habitation principale, le revenu s'entend de la somme des revenus de chacun des foyers fiscaux des personnes au nom desquelles l'imposition est établie ainsi que des revenus de chacun des foyers fiscaux des cohabitants dont les revenus, au sens du IV de l'article 1417, excèdent la limite prévue au I du même article ;

d) L'abattement est déterminé en tenant compte de la somme des parts retenues pour l'établissement de l'impôt sur le revenu de chacun des foyers fiscaux dont le revenu est retenu pour le calcul du dégrèvement.

2. Périmé (Décr. n° 2007-484 du 30 mars 2007).

III. — 1. A compter de 2011, le montant du dégrèvement prévu au I est réduit d'un montant égal au produit de la base nette imposable au profit des communes et de leurs établissements publics de coopération intercommunale par la différence entre le taux global de taxe d'habitation constaté dans la commune au titre de l'année d'imposition et ce même taux global constaté en 2000, multiplié par un coefficient de 1,034.

A Mayotte, à compter de 2014, le montant du dégrèvement prévu au I est réduit d'un montant égal au produit de la base nette imposable au profit des communes mahoraises et de leurs établissements publics de coopération intercommunale par la différence entre le taux global de taxe d'habitation constaté dans la commune au titre de l'année d'imposition et ce même taux global constaté en 2014.

Pour l'application des deux précédents alinéas :

a) Lorsque les bases nettes imposables au profit de la commune et de l'établissement public de coopération intercommunale à fiscalité propre sont différentes, la base la moins élevée est retenue. Toutefois, lorsque les abattements départementaux en vigueur en 2010 étaient plus favorables que les abattements de la commune ou de l'établissement public de coopération intercommunale bénéficiaire du transfert de la part départementale de la taxe d'habitation, la base retenue est celle déterminée en fonction des abattements du département en 2010 ;

b) Le taux global de taxe d'habitation comprend le taux des taxes spéciales d'équipement additionnelles à la taxe d'habitation ;

b bis) Lorsque la procédure d'intégration fiscale progressive prévue à l'article 1638 est appliquée, le taux global de taxe d'habitation constaté en 2000 sur le territoire des communes préexistantes est majoré, chaque année, de la différence positive entre le taux communal de taxe d'habitation issu de l'intégration fiscale progressive et le taux communal de taxe d'habitation de l'année précédant celle où la création prend fiscalement effet. Le taux issu de l'intégration fiscale progressive s'entend de celui défini la première année d'intégration, réduit chaque année d'un treizième de la différence mentionnée au deuxième alinéa du I de l'article 1638.

La majoration prévue au premier alinéa s'applique lorsque :

1° La différence positive définie au même premier alinéa résulte de l'homogénéisation des abattements appliqués pour le calcul de la taxe d'habitation ;

2° Le taux communal de taxe d'habitation issu de l'intégration fiscale progressive pour l'année où la création prend fiscalement effet est supérieur au taux moyen pondéré harmonisé de l'ensemble des communes participant à l'opération. Ce taux moyen pondéré harmonisé est égal au rapport entre, d'une part, la somme des produits de taxe d'habitation perçus par les communes participant à l'opération au titre de l'année précédente et, d'autre part, la somme des bases correspondantes après application des abattements harmonisés.

Pour l'application du présent b bis, le taux issu de l'intégration fiscale progressive s'entend du taux déterminé avant prise en compte, le cas échéant, des variations de taux décidées par la commune nouvelle.

c) La réduction n'est pas applicable si elle est inférieure à 15 €.

2. Lorsqu'une commune ou un établissement public de coopération intercommunale au profit desquels l'imposition est établie ont supprimé un ou plusieurs des abattements prévus au II de l'article 1411 et en vigueur en 2003 ou en ont réduit un ou plusieurs taux par rapport à ceux en vigueur en 2003, le montant du dégrèvement calculé dans les conditions prévues au II et au 1 du présent III est réduit d'un montant égal à la différence positive entre, d'une part, le montant du dégrèvement ainsi déterminé et, d'autre part, le montant de celui calculé dans les mêmes conditions en tenant compte de la cotisation déterminée en faisant application des taux d'abattement prévus aux 1, 2 et 3 du II de l'article 1411 et en vigueur en 2003 pour le calcul de la part revenant à la commune ou à l'établissement public de coopération intercommunale.

A Mayotte, lorsqu'une commune ou un établissement public de coopération intercommunale mahorais au profit desquels l'imposition est établie ont supprimé un ou plusieurs des abattements prévus au II de l'article 1411 et en vigueur en 2014 ou en ont réduit un ou plusieurs taux par rapport à ceux en vigueur en 2014, le montant du dégrèvement calculé dans les conditions prévues au II et au 1 du présent III est réduit d'un montant égal à la différence positive entre, d'une part, le montant du dégrèvement ainsi déterminé et, d'autre part, le montant de celui calculé dans les mêmes conditions en tenant compte de la cotisation déterminée en faisant application des taux d'abattement prévus aux 1, 2 et 3 du II de l'article 1411 et en vigueur en 2014 pour le calcul de la part revenant à la commune ou à l'établissement public de coopération intercommunale.

Cette disposition est également applicable lorsque les abattements sont fixés en valeur absolue conformément au 5 du II de l'article 1411. Dans ce cas, les abattements afférents à l'année 2003 ou, à Mayotte, à l'année 2014 sont majorés dans les conditions prévues au deuxième alinéa du IV dudit article.

Pour le calcul de la réduction prévue aux premier et troisième alinéas, le montant de l'abattement de 2003 tient compte de la correction opérée en 2011 en application du II quater de l'article 1411.

3. Lorsque la cotisation de taxe d'habitation du contribuable résulte exclusivement de l'application des dispositions prévues aux 1 et 2, le dégrèvement prévu au I est, après appli-

cation de ces dispositions, majoré d'un montant égal à la fraction de cette cotisation excédant le rapport entre le montant des revenus déterminé conformément au II et celui de l'abattement mentionné au I.

1. Habitation principale. La réduction de taxe d'habitation prévue par l'art. 1414 A est réservée à l'habitation principale du redevable, qui ne peut être constituée que par un unique logement. • CAA Nancy, 7 oct. 1999, n° 95NA1940 : *Dr. fisc. 2000. 602.*

2. Plafonnement des cotisations en fonction du revenu. Les revenus des fonctionnaires européens peuvent être pris en compte pour le calcul du plafonnement. • CJUE 21 mai 2015, n° C-349/14 : *RJF 2015. 747.* ♦ Les art. 1414 A et 1417 peuvent prévoir que les rémunérations perçues par un fonctionnaire ou un agent de l'Union européenne membre d'un foyer fiscal soient prises en compte pour déterminer si ce foyer peut bénéficier du système du plafonnement de la taxe d'habitation. • CE 22 juill. 2015, n° 370065 : *RJF 2015. 1024.*

Art. 1414 B ***[Al. applicable aux impositions établies au titre de 2018 et 2019]*** **Les personnes qui conservent la jouissance exclusive de l'habitation qui constituait leur résidence principale avant d'être hébergées durablement dans un établissement ou un service mentionné au 6° du I de l'article L. 312-1 du code de l'action sociale et des familles ou dans un établissement délivrant des soins de longue durée, mentionné** *(L. n° 2022-217 du 21 févr. 2022, art. 124)* **« à l'avant-dernier alinéa » de l'article L. 6143-5 du code de la santé publique, et comportant un hébergement, à des personnes n'ayant pas leur autonomie de vie dont l'état nécessite une surveillance médicale constante et des traitements d'entretien bénéficient d'une exonération ou d'un abattement de la taxe d'habitation afférente à cette habitation, lorsqu'elles relèvent de l'une des catégories mentionnées au I ou au I *bis* de l'article 1414, ou d'un dégrèvement égal à celui accordé en application** *(L. n° 2017-1837 du 30 déc. 2017, art. 5)* **« des articles 1414 A et 1414 C », lorsqu'elles remplissent les conditions prévues** *(L. n° 2017-1837 du 30 déc. 2017, art. 5)* **« à ces articles ».**

[Al. applicable à compter des impositions établies au titre de 2020] **Les personnes qui conservent la jouissance exclusive de l'habitation qui constituait leur résidence principale avant d'être hébergées durablement dans un établissement ou un service mentionné au 6° du I de l'article L. 312-1 du code de l'action sociale et des familles ou dans un établissement délivrant des soins de longue durée, mentionné** *(L. n° 2022-217 du 21 févr. 2022, art. 124)* **« à l'avant-dernier alinéa » de l'article L. 6143-5 du code de la santé publique, et comportant un hébergement, à des personnes n'ayant pas leur autonomie de vie dont l'état nécessite une surveillance médicale constante et des traitements d'entretien bénéficient d'une exonération ou d'un abattement de la taxe d'habitation afférente à cette habitation, lorsqu'elles relèvent de l'une des catégories mentionnées au I ou au I *bis* de l'article 1414, ou d'un dégrèvement égal à celui accordé en application** *(L. n° 2017-1837 du 30 déc. 2017, art. 5)* **« de l'article 1414 C », lorsqu'elles remplissent les conditions prévues** *(L. n° 2017-1837 du 30 déc. 2017, art. 5)* **« à cet article ».**

[Al. applicable à compter des impositions établies au titre de 2021] **Les personnes qui conservent la jouissance exclusive de l'habitation qui constituait leur résidence principale avant d'être hébergées durablement dans un établissement ou un service mentionné au 6° du I de l'article L. 312-1 du code de l'action sociale et des familles ou dans un établissement délivrant des soins de longue durée, mentionné** *(L. n° 2022-217 du 21 févr. 2022, art. 124)* **« à l'avant-dernier alinéa » de l'article L. 6143-5 du code de la santé publique, et comportant un hébergement, à des personnes n'ayant pas leur autonomie de vie dont l'état nécessite une surveillance médicale constante et des traitements d'entretien bénéficient d'une exonération** *(Abrogé par L. n° 2019-1479 du 28 déc. 2019, art. 16-I-B-4°-a et VII-B)* ***« ou d'un abattement »*** **de la taxe d'habitation** *[nouvelle rédaction issue de la L. n° 2019-1479 du 28 déc. 2019, art. 16-I-E-6°-a et VII-E, applicable à compter des impositions établies au titre de 2023 : « sur les résidences secondaires et autres locaux meublés non affectés à l'habitation principale afférente à cette habitation »]* **afférente à cette habitation** *(L. n° 2019-1479 du 28 déc. 2019, art. 16-I-B-4°-a et VII-B)* **« accordée** *[ancienne rédaction :, lorsqu'elles relèvent de l'une des catégories mentionnées au I ou au I bis de l'article 1414, ou d'un dégrèvement égal à celui accordé]* **en application** *(L. n° 2017-1837 du 30 déc. 2017, art. 5)* **« de l'article 1414 C », lorsqu'elles remplissent les conditions prévues** *(L. n° 2017-1837 du 30 déc. 2017, art. 5)* **« à cet article ».**

Les dispositions du premier alinéa ne bénéficient qu'aux logements libres de toute occupation.

L'exonération *(L. n° 2019-1479 du 28 déc. 2019, art. 16-I-B-4°-b et VII-B, applicable à compter des impositions établies au titre de 2021)* **« est accordée** *[ancienne rédaction :, l'abattement ou le dégrèvement sont accordés]* **» à compter de l'année qui suit celle de leur hébergement dans les établissements ou services mentionnés au premier alinéa.**

1. Personnes qui résident en maison de retraite et qui conservent la jouissance exclusive de leur ancien domicile. Conditions tenant au logement quitté par le contribuable et au nouvel hébergement du contribuable. Conditions tenant au dispositif d'allègement susceptible d'être appliqué (art. 1414 et 1414 A). * BOI-IF-TH-10-50-30-50 n°s 20 à 170 du 12 sept. 2012.

2. Personnes âgées ou invalides hébergées en famille d'accueil. Les personnes âgées ou invalides de condition modeste hébergées durablement chez des parents ou des tiers peuvent solliciter la remise gracieuse, totale ou partielle, de la taxe d'habitation pour leur ancien logement dont elles conservent la jouissance exclusive. * BOI-IF-TH-10-50-30-10 n° 100 du 12 sept. 2012.

Art. 1414 C *(Abrogé par L. n° 2019-1479 du 28 déc. 2019, art. 16-I-E-7° et VII-E, à compter des impositions établies au titre de 2023) (L. n° 2017-1837 du 30 déc. 2017, art. 5, applicable à compter des impositions établies au titre de 2018)* ***I. — 1. Les contribuables*** *(Abrogé par L. n° 2019-1479 du 28 déc. 2019, art. 16-I-B-5°-a et VII-B, à compter des impositions établies au titre de 2021)* ***« autres que ceux mentionnés au I, au 1° du I bis et au IV de l'article 1414, » dont le montant des revenus, au sens du IV de l'article 1417, n'excède pas la limite prévue au 2 du II bis du même article 1417, bénéficient*** *(L. n° 2019-1479 du 28 déc. 2019, art. 16-I-B-5°-a et VII-B, applicable à compter des impositions établies au titre de 2021)* ***« d'une exonération » de la taxe d'habitation afférente à leur habitation principale.***

2. Pour les contribuables dont le montant des revenus, au sens du IV de l'article 1417, n'excède pas la limite prévue au 1 du II bis du même article 1417, *(L. n° 2019-1479 du 28 déc. 2019, art. 16-I-B-5°-b et VII-B, applicable à compter des impositions établies au titre de 2021)* ***« l'exonération est totale. »***

Al. abrogé par L. n° 2019-1479 du 28 déc. 2019, art. 16-I-A et VII-A, applicable à compter des impositions établies au titre de 2020.

3. Pour les contribuables mentionnés au 1 dont le montant des revenus, au sens du IV de l'article 1417, excède la limite prévue au 1 du II bis du même article 1417, *(L. n° 2019-1479 du 28 déc. 2019, art. 16-I-B-5°-c et VII-B, applicable à compter des impositions établies au titre de 2021)* ***« l'exonération est partielle à concurrence d'un pourcentage correspondant au*** *[ancienne rédaction : le montant de dégrèvement prévu au 1 du présent I est multiplié par le]* ***» rapport entre :***

a) Au numérateur, la différence entre la limite prévue au 2 du II bis de l'article 1417 et le montant des revenus ;

b) Au dénominateur, la différence entre la limite prévue au 2 du même II bis et celle prévue au 1 du même II bis.

(L. n° 2019-1479 du 28 déc. 2019, art. 16-I-A-2°-b et VII-A, applicable à compter des impositions établies au titre de 2020) ***« II. — Pour l'application du I, les revenus s'apprécient dans les conditions prévues au IV de l'article 1391 B ter*** *[ancienne rédaction : pour l'application du I]*. ***»***

(L. n° 2019-1479 du 28 déc. 2019, art. 16-I-C-2° et VII-D, applicable à compter des impositions établies au titre de 2022) ***« III. — Les contribuables autres que ceux qui bénéficient de l'exonération prévue au 2 du I bénéficient d'une exonération de 65 %*** *[ancienne rédaction : 30 %]* ***» de la taxe d'habitation afférente à l'habitation principale, après application, le cas échéant, du 3 du même I. »***

Pour les modifications du présent art. applicables à compter des impositions établies au titre de 2020, V. L. n° 2017-1837 du 30 déc. 2017, art. 5-I-7°.

Dégrèvement progressif de la taxe d'habitation sur la résidence principale. Précisions administratives nouvelles. * BOI-IF-TH-10-50-60 * BOI-IF-TH-10-50-60-10 et * BOI-IF-TH-10-50-60-20 du 22 déc. 2020. ♦ Le dégrèvement progressif qui ne vise que les cotisations de taxe d'habitation afférentes à la résidence principale ne peut trouver à s'appliquer aux locaux d'habitation qu'occupent les Français établis hors de France. * Rép. min. n° 10167 : *JOAN Q, 18 sept. 2018, p. 8266.*

Art. 1414 D *(Abrogé par L. nº 2019-1479 du 28 déc. 2019, art. 16-I-B-6º et VII-B, à compter des impositions établies au titre de 2021)* ***Les établissements mentionnés aux I et II de l'article L. 313-12 du code de l'action sociale et des familles ne se livrant pas à une exploitation ou à des opérations à caractère lucratif peuvent bénéficier d'un dégrèvement de taxe d'habitation égal à la somme des montants d'exonération et de dégrèvement dont auraient bénéficié leurs résidents en application du I, du 1º du I bis et du IV de l'article 1414*** *(L. nº 2019-1479 du 28 déc. 2019, art. 16-I-A-3º et VII-A, applicable à compter des impositions établies au titre de 2020)* ***« ou de l'article 1414 C du présent code », s'ils avaient été redevables de cette taxe au titre du logement qu'ils occupent dans l'établissement au 1er janvier de l'année d'imposition.***

Ce dégrèvement ne s'applique pas aux locaux communs et administratifs.

Le dégrèvement est accordé à l'établissement sur réclamation présentée dans le délai et dans les formes prévus au livre des procédures fiscales s'agissant des impôts directs locaux. La réclamation doit être accompagnée d'une copie de l'avis d'imposition à la taxe d'habitation de l'établissement établi à son nom et de la liste des résidents présents au 1er janvier de l'année d'imposition qui ne sont pas personnellement imposés à la taxe d'habitation.

Pour les modalités d'application du présent art., V. L. nº 2017-1837 du 30 déc. 2017, art. 6-II.

SECTION IV DISPOSITIONS COMMUNES AUX TAXES FONCIÈRES ET À LA TAXE D'HABITATION

Art. 1415 **La taxe foncière sur les propriétés bâties, la taxe foncière sur les propriétés non bâties et la taxe d'habitation** *(L. nº 2019-1479 du 28 déc. 2019, art. 16-I-E-24º et VII-E, applicable à compter des impositions établies au titre de 2023)* **« sur les résidences secondaires et autres locaux meublés non affectés à l'habitation principale » sont établies pour l'année entière d'après les faits existants au 1er janvier de l'année de l'imposition.**

Art. 1416 **Lorsqu'il n'y a pas lieu à l'établissement de rôles particuliers** *[V. art. 1508]*, **les contribuables omis ou insuffisamment imposés au rôle primitif sont inscrits dans un rôle supplémentaire qui peut être mis en recouvrement au plus tard le 31 décembre de l'année suivant celle de l'imposition.**

Art. 1417 **I. — Les dispositions des articles 1391 et 1391 B** *(Abrogé par L. nº 2019-1479 du 28 déc. 2019, art. 16-I-E-8º et VII-E, à compter des impositions établies au titre de 2023)* ***«, du 3 du II et du III de l'article 1411 »*** *(L. nº 2019-1479 du 28 déc. 2019, art. 16-I-E-7º et VII-B, applicable à compter des impositions établies au titre de 2021)* **« ainsi que des *c* à *e* du 2º de l'article 1605 *bis*** *[ancienne rédaction :, des 1º bis, 2º et 3º du I de l'article 1414]* **» sont applicables aux contribuables dont le montant des revenus de l'année précédant celle au titre de laquelle l'imposition est établie n'excède pas la somme de** *(L. nº 2021-1900 du 30 déc. 2021, art. 2)* **« 11 276 €** *[ancienne rédaction : 11 120 €]* **», pour la première part de quotient familial, majorée de** *(L. nº 2021-1900 du 30 déc. 2021, art. 2)* **« 3 011 €** *[ancienne rédaction : 2 969 €]* **» pour chaque demi-part supplémentaire** *[1 506 € en cas de quart de part supplémentaire]*, **retenues pour le calcul de l'impôt sur le revenu afférent auxdits revenus. Pour la Martinique, la Guadeloupe et La Réunion, les montants des revenus sont fixés à** *(L. nº 2021-1900 du 30 déc. 2021, art. 2)* **« 13 343 €** *[ancienne rédaction : 13 159 €]* **» pour la première part, majorés de** *(L. nº 2021-1900 du 30 déc. 2021, art. 2)* **« 3 187 €** *[ancienne rédaction : 3 143 €]* **» pour la première demi-part et** *(L. nº 2021-1900 du 30 déc. 2021, art. 2)* **« 3 011 €** *[ancienne rédaction : 2 969 €]* **» pour chaque demi-part supplémentaire** *[les deux derniers montants s'élèvent respectivement à 1 594 € et 1 506 € en cas de quart de part supplémentaire]* **à compter de la deuxième. Pour la Guyane** *(Abrogé par L. nº 2016-1918 du 29 déc. 2016, art. 49-I-2º-a)* ***« et Mayotte »*****, ces montants sont fixés respectivement à** *(L. nº 2021-1900 du 30 déc. 2021, art. 2)* **« 13 950 €, 3 840 € et 3 011 €** *[ancienne rédaction : 13 757 €, 3 787 € et 2 969 €]* **»** *[les deux derniers montants s'élèvent respectivement à 1 920 € et 1 506 € en cas de quart de part supplémentaire]*. *(L. nº 2016-1918 du 29 déc. 2016, art. 49-I-2º-a)* **« Pour Mayotte, ces montants sont fixés, respectivement, à** *(L. nº 2021-1900 du 30 déc. 2021, art. 2)* **« 20 907 €, 5 752 € et 4 510 €** *[ancienne rédaction : 20 618 €, 5 673 € et 4 448 €]* **». »** *— Les deux derniers montants s'élèvent respectivement à 2 876 € et 2 255 € en cas de quart de part supplémentaire.*

(L. n° 2015-1785 du 29 déc. 2015, art. 75-I-8° et IV-C, applicable aux impositions établies à compter de 2017) **« I *bis*. — Par dérogation au I du présent article, l'article 1391 et** *(L. n° 2019-1479 du 28 déc. 2019, art. 16-I-E-7° et VII-B, applicable à compter des impositions établies au titre de 2021)* **« le g du 2° de l'article 1605 *bis*** *[ancienne rédaction : le 2° du I de l'article 1414]* **» sont applicables aux contribuables qui remplissent les conditions prévues aux mêmes articles et qui ont bénéficié de l'exonération prévue au I de l'article 28 de la loi n° 2014-891 du 8 août 2014 de finances rectificative pour 2014 lorsque le montant des revenus de l'année précédant celle au titre de laquelle l'imposition est établie n'excède pas la somme de** *(L. n° 2021-1900 du 30 déc. 2021, art. 2)* **« 14 286 €** *[ancienne rédaction : 14 089 €]* **», pour la première part de quotient familial, majorée de** *(L. n° 2021-1900 du 30 déc. 2021, art. 2)* **« 3 011 €** *[ancienne rédaction : 2 969 €]* **» pour chaque demi-part supplémentaire à compter de la deuxième, retenues pour le calcul de l'impôt sur le revenu afférent auxdits revenus. Pour la Martinique, la Guadeloupe et La Réunion, les montants de revenus sont fixés à** *(L. n° 2021-1900 du 30 déc. 2021, art. 2)* **« 16 531 €** *[ancienne rédaction : 16 303 €]* **» pour la première part, majorés de** *(L. n° 2021-1900 du 30 déc. 2021, art. 2)* **« 3 011 €** *[ancienne rédaction : 2 969 €]* **» pour chaque demi-part supplémentaire à compter de la deuxième. Pour la Guyane et Mayotte, ces montants sont fixés, respectivement, à** *(L. n° 2021-1900 du 30 déc. 2021, art. 2)* **« 17 791 € et 3 011 €** *[ancienne rédaction : 17 545 € et 2 969 €]*. **»**

II. — Les dispositions de l'article *(L. n° 2017-1837 du 30 déc. 2017, art. 5, applicable à compter des impositions établies au titre de 2020)* **« 1391 B *ter*** *[ancienne rédaction : 1414 A]* **» sont applicables aux contribuables dont le montant des revenus de l'année précédant celle au titre de laquelle l'imposition est établie n'excède pas la somme de** *(L. n° 2021-1900 du 30 déc. 2021, art. 2)* **« 26 515 €** *[ancienne rédaction : 26 149 €]* **», pour la première part de quotient familial, majorée de** *(L. n° 2021-1900 du 30 déc. 2021, art. 2)* **« 6 195 €** *[ancienne rédaction : 6 109 €]* **» pour la première demi-part et** *(L. n° 2021-1900 du 30 déc. 2021, art. 2)* **« 4 877 €** *[ancienne rédaction : 4 810 €]* **»** *[Les deux derniers montants s'élèvent respectivement à 3 098 € et 2 439 € en cas de quart de part supplémentaire]* **à compter de la deuxième demi-part supplémentaire, retenues pour le calcul de l'impôt sur le revenu afférent auxdits revenus. Pour la Martinique, la Guadeloupe et La Réunion, les montants des revenus sont fixés à** *(L. n° 2021-1900 du 30 déc. 2021, art. 2)* **« 32 044 €** *[ancienne rédaction : 30 044 €]* **» pour la première part, majorés de** *(L. n° 2021-1900 du 30 déc. 2021, art. 2)* **« 6 797 €** *[ancienne rédaction : 6 703 €]* **» pour la première demi-part,** *(L. n° 2021-1900 du 30 déc. 2021, art. 2)* **« 6 481 €** *[ancienne rédaction : 6 392 €]* **» pour la deuxième demi-part et** *(L. n° 2021-1900 du 30 déc. 2021, art. 2)* **« 4 877 €** *[ancienne rédaction : 4 810 €]* **»** *[Les trois derniers montants s'élèvent respectivement à 3 399 €, 3 241 € et 2 439 € en cas de quart de part supplémentaire]* **pour chaque demi-part supplémentaire à compter de la troisième. Pour la Guyane** *(Abrogé par L. n° 2016-1918 du 29 déc. 2016, art. 49-I-2°-b) « et Mayotte »*, **ces montants sont fixés à** *(L. n° 2021-1900 du 30 déc. 2021, art. 2)* **« 35 117 €** *[ancienne rédaction : 34 632 €]* **» pour la première part, majorés de** *(L. n° 2021-1900 du 30 déc. 2021, art. 2)* **« 6 797 €** *[ancienne rédaction : 6 703 €]* **» pour chacune des deux premières demi-parts,** *(L. n° 2021-1900 du 30 déc. 2021, art. 2)* **« 5 787 €** *[ancienne rédaction : 5 707 €]* **» pour la troisième demi-part et** *(L. n° 2021-1900 du 30 déc. 2021, art. 2)* **« 4 877 €** *[ancienne rédaction : 4 810 €]* **» pour chaque demi-part supplémentaire à compter de la quatrième** *[Les trois derniers montants s'élèvent respectivement à 3 399 €, 2 894 € et 2 439 € en cas de quart de part supplémentaire]*. *(L. n° 2016-1918 du 29 déc. 2016, art. 49-I-2°-b)* **« Pour Mayotte, ces montants sont fixés à** *(L. n° 2021-1900 du 30 déc. 2021, art. 2)* **« 38 591 €** *[ancienne rédaction : 38 058 €]* **» pour la première part, majorés de** *(L. n° 2021-1900 du 30 déc. 2021, art. 2)* **« 7 471 €** *[ancienne rédaction : 7 368 €]* **» pour chacune des deux premières demi-parts,** *(L. n° 2021-1900 du 30 déc. 2021, art. 2)* **« 6 361 €** *[ancienne rédaction : 6 273 €]* **» pour la troisième demi-part et** *(L. n° 2021-1900 du 30 déc. 2021, art. 2)* **« 5 358 €** *[ancienne rédaction : 5 284 €]* **» pour chaque demi-part supplémentaire à compter de la quatrième. »** *— Les trois derniers montants s'élèvent respectivement à 3 736 €, 3 181 € et 2 679 € en cas de quart de part supplémentaire.*

(Abrogé par L. n° 2019-1479 du 28 déc. 2019, art. 16-I-E-8° et VII-E, applicable à compter des impositions établies au titre de 2023) ***« II bis — 1. Le 2 du I de l'article 1414 C s'applique aux contribuables dont le montant des revenus de l'année précédant celle au titre de laquelle l'imposition est établie n'excède pas la somme de*** *(L. n° 2021-1900 du 30 déc.*

2021, art. 2) **« 28 150 €** *[ancienne rédaction : 27 761 €]* **» pour la première part de quotient familial, majorée de** *(L. n° 2021-1900 du 30 déc. 2021, art. 2)* **« 8 340 €** *[ancienne rédaction : 8 225 €]* **» pour chacune des deux demi-parts suivantes et de** *(L. n° 2021-1900 du 30 déc. 2021, art. 2)* **« 6 255 €** *[ancienne rédaction : 6 169 €]* **» pour chaque demi-part supplémentaire à compter de la troisième, retenues pour le calcul de l'impôt sur le revenu afférent auxdits revenus.**

« 2. Le 3 du I de l'article 1414 C s'applique aux contribuables dont le montant des revenus de l'année précédant celle au titre de laquelle l'imposition est établie n'excède pas la somme de *(L. n° 2021-1900 du 30 déc. 2021, art. 2)* **« 29 192 €** *[ancienne rédaction : 28 789 €]* **» pour la première part de quotient familial, majorée de** *(L. n° 2021-1900 du 30 déc. 2021, art. 2)* **« 8 861 €** *[ancienne rédaction : 8 739 €]* **» pour chacune des deux demi-parts suivantes et de** *(L. n° 2021-1900 du 30 déc. 2021, art. 2)* **« 6 255 €** *[ancienne rédaction : 6 169 €]* **» pour chaque demi-part supplémentaire à compter de la troisième, retenues pour le calcul de l'impôt sur le revenu afférent auxdits revenus. »**

III. — Les montants de revenus prévus aux I, I *bis* *(L. n° 2019-1479 du 28 déc. 2019, art. 16-I-E-8° et VII-E, applicable à compter des impositions établies au titre de 2023)* **« et II** *[ancienne rédaction :, II et II bis]* **» sont indexés, chaque année, comme la limite supérieure de la première tranche du barème de l'impôt sur le revenu.**

Les majorations mentionnées aux I *(L. n° 2019-1479 du 28 déc. 2019, art. 16-I-E-8° et VII-E, applicable à compter des impositions établies au titre de 2023)* **« et II** *[ancienne rédaction :, II et II bis]* **» sont divisées par deux pour les quarts de part.**

(L. n° 2019-1479 du 28 déc. 2019, art. 16-I-A-4° et VII-A, applicable à compter des impositions établies au titre de 2020) **« Les montants mentionnés aux deux premiers alinéas du présent III sont arrondis à l'euro le plus proche ; la fraction d'euro égale à 0,50 est comptée pour 1. »**

IV. — 1° Pour l'application du présent article, le montant des revenus s'entend du montant net après application éventuelle des règles de quotient définies à l'article 163-0 A des revenus et plus-values retenus pour l'établissement de l'impôt sur le revenu au titre de l'année précédente.

Ce montant est majoré :

***a)* du montant des charges déduites en application** *(Décr. n° 2017-698 du 2 mai 2017, art. 1er)* **« de l'article » 163 *duovicies* ainsi que du montant des cotisations ou des primes déduites en application de l'article 163 *quatervicies* ;**

(L. n° 2017-1837 du 30 déc. 2017, art. 28) **« *a bis)* du montant des abattements mentionnés aux 1 *ter* ou 1 *quater* de l'article 150-0 D, à l'article 150-0 D *ter*, au 2° du 3 de l'article 158 et au 3 de l'article 200 A, du montant des plus-values en report d'imposition en application de l'article 150-0 B *quater*, du montant des plus-values soumises au prélèvement prévu à l'article 244 *bis* A et du montant des plus-values et distributions soumises au prélèvement prévu à l'article 244 *bis* B ; »**

***b)* du montant des bénéfices exonérés en application des articles 44 *sexies*, 44 *sexies* A** *(Abrogé par L. n° 2021-1900 du 30 déc. 2021, art. 35-I-31°)* ***« , 44 octies »*, 44 *octies* A, 44 *terdecies* à** *(L. n° 2018-1317 du 28 déc. 2018, art. 135-I-8°)* ***« 44 septdecies »*, ainsi que** *(Abrogé par L. n° 2017-1837 du 30 déc. 2017, art. 94, applicable aux périodes d'imposition et exercices ouverts à compter du 1er janv. 2018)* ***« de l'article 93-0 A et »* du 9 de l'article 93 ;**

***c)* du montant des revenus soumis aux prélèvements libératoires prévus** *(L. n° 2017-1837 du 30 déc. 2017, art. 28)* **« au 1 du II et au II *bis* de l'article 125-0 A, aux II et III » de l'article 125 A et au II de l'article 163 *bis*, »** *(L. n° 2017-1837 du 30 déc. 2017, art. 28)* **« du montant des produits et revenus soumis aux retenues à la source prévues à l'article 119 *bis*, aux articles** *(Abrogé par L. n° 2018-1317 du 28 déc. 2018, art. 13-I-5° et II-B, à compter du 1er janv. 2020)* ***« 182 A, »* 182 A *bis* et 182 A *ter*, à hauteur de la fraction donnant lieu à une retenue libératoire de l'impôt sur le revenu, » de ceux soumis aux versements libératoires prévus par l'article 151-0 retenus pour leur montant diminué, selon le cas, de l'abattement prévu au 1 de l'article 50-0 ou** *(Abrogé par L. n° 2017-1837 du 30 déc. 2017, art. 22, à compter de l'imposition établie au titre de 2017)* ***« de la réfaction forfaitaire prévue »* au 1 de l'article 102 *ter*, de ceux visés aux articles** *(L. n° 2018-1213 du 24 déc. 2018, art. 2-I-2°)* **« 81 *quater*, » 81 A, 81 D et 155 B, de ceux perçus par les fonctionnaires des organisations internationales, de ceux exonérés par application d'une convention internationale relative aux doubles imposi-**

tions *(L. n° 2019-486 du 22 mai 2019, art. 162-X-5°-a)* **« , de ceux exonérés en application de l'article 80 *sexdecies* » ainsi que de ceux exonérés en application des articles 163 *quinquies* B à 163 *quinquies* C *bis* ;** *– Les dispositions issues de l'art. 28 de la L. n° 2017-1837 du 30 déc. 2017 s'appliquent aux revenus perçus et gains réalisés à compter du 1er janv. 2018. – Celles issues du I de l'art. 2 de la L. n° 2018-1213 du 24 déc. 2018 s'appliquent aux rémunérations versées à raison des heures supplémentaires et complémentaires réalisées à compter du 1er janvier 2019 (L. préc., art. 2-II).*

d) **du montant des plus-values exonérées en application des 1** *(L. n° 2019-486 du 22 mai 2019, art. 162-X-5°-b)* **« , 1 *bis* et 7 » du III de l'article 150-0 A ;**

e) **des sommes correspondant aux droits visés à l'article L. 3152-4** *(Ord. n° 2019-766 du 24 juill. 2019, art. 3-I et 9-I ; Décr. n° 2019-807 du 30 juill. 2019, art. 9-II, en vigueur le 1er oct. 2019)* **« ou à l'article L. 3334-8 » du code du travail** *(Ord. n° 2019-766 du 24 juill. 2019, art. 3-I et 9-I ; Décr. n° 2019-807 du 30 juill. 2019, art. 9-II, en vigueur le 1er oct. 2019)* **« ainsi que** *(Décr. n° 2020-897 du 22 juill. 2020, art. 1er)* **« des » sommes issues des droits inscrits au compte épargne** *[temps]* **ou correspondant à des jours de repos non pris exonérés en application du 18° de l'article 81 ».**

2° Abrogé par L. n° 2000-656 du 13 juill. 2000, art. 11.

Le montant du revenu de référence défini au IV-1° ci-dessus est majoré des pourboires exonérés d'impôt sur le revenu versés en 2022 et 2023 (L. n° 2021-1900 du 30 déc. 2021, art. 5).

Les montants issus de l'art. 2 de la L. n° 2021-1900 du 30 déc. 2021 s'appliquent pour les impositions établies au titre de 2022 (L. préc., art. 2).

Un contribuable imposé à l'IR au titre de l'année précédant celle pour laquelle il sollicite le bénéfice de l'exonération soit de la taxe foncière des propriétés bâties, soit de la taxe d'habitation, peut contester à cet effet son assujettissement à l'IR et, par conséquent, bénéficier des exonérations prévues par la loi s'il est en mesure de démontrer qu'il ne pouvait légalement être assujetti à l'IR au titre de l'année précédente et qu'il remplit les autres conditions auxquelles est légalement subordonné le bénéfice de ces exonérations. • CE 9 mars 1990, n° 86704 : *RJF 1990. 559 ; Dr. fisc. 1990. 1386, concl. Racine.* ♦ Mais l'Administration ne peut refuser ces exonérations à un contribuable en invoquant une erreur qu'elle a commise dans la détermination du revenu imposable de l'intéressé, alors qu'elle n'a pas remis en cause ce revenu au titre de l'IR. • TA Nantes, 11 mars 2003, nos 00-4703 et 00-1666 : *RJF 2003. 1392.*

SECTION IV *BIS* DISPOSITIONS COMMUNES À LA TAXE D'HABITATION SUR LES RÉSIDENCES SECONDAIRES ET AUTRES LOCAUX MEUBLÉS NON AFFECTÉS À L'HABITATION PRINCIPALE ET À LA TAXE ANNUELLE SUR LES LOCAUX VACANTS

(L. n° 2019-1479 du 28 déc. 2019, art. 16-I-F-1-a et VII-E, applicable à compter des impositions établies au titre de 2023)

Art. 1418 I. – Les propriétaires de locaux affectés à l'habitation sont tenus de déclarer à l'administration fiscale, avant le 1er juillet de chaque année, les informations relatives, s'ils s'en réservent la jouissance, à la nature de l'occupation de ces locaux ou, s'ils sont occupés par des tiers, à l'identité du ou des occupants desdits locaux, selon des modalités fixées par décret.

Sont dispensés de cette déclaration les propriétaires des locaux pour lesquels aucun changement dans les informations transmises n'est intervenu depuis la dernière déclaration.

II. – Cette déclaration est souscrite par voie électronique par les propriétaires dont la résidence principale est équipée d'un accès à internet.

Ceux de ces propriétaires qui indiquent à l'administration ne pas être en mesure de souscrire cette déclaration par voie électronique ainsi que les propriétaires dont la résidence principale n'est pas équipée d'un accès à internet utilisent les autres moyens mis à leur disposition par l'administration.

Art. 1419 à 1446 *Abrogés.*

SECTION 0V CONTRIBUTION ÉCONOMIQUE TERRITORIALE

BIBL. ▸ Colombié, *BFL 2010, p. 868* (la contribution économique territoriale : mode d'emploi, fiches et tableaux pour les PME). – Werbrouck, Contribution économique territoriale, *Éd. F. Lefebvre, 2011.*

Art. 1447-0 Il est institué une contribution économique territoriale composée d'une cotisation foncière des entreprises et d'une cotisation sur la valeur ajoutée des entreprises.

SECTION V COTISATION FONCIÈRE DES ENTREPRISES

I *PERSONNES ET ACTIVITÉS IMPOSABLES*

Art. 1447 I. – La cotisation foncière des entreprises est due chaque année par les personnes physiques ou morales, les sociétés non dotées de la personnalité morale ou les fiduciaires pour leur activité exercée en vertu d'un contrat de fiducie qui exercent à titre habituel une activité professionnelle non salariée.

Pour l'établissement de la cotisation foncière des entreprises, les activités de location ou de sous-location d'immeubles, autres que les activités de location ou sous-location d'immeubles nus à usage d'habitation, sont réputées exercées à titre professionnel ; toutefois, la cotisation foncière des entreprises n'est pas due lorsque l'activité de location ou de sous-location d'immeubles nus est exercée par des personnes qui, au cours de la période de référence définie à l'article 1467 A, en retirent des recettes brutes hors taxes, au sens de l'article 29, inférieures à 100 000 € ou un chiffre d'affaires, au sens du 1 du I de l'article 1586 *sexies*, inférieur à 100 000 €.

Lorsque la période de référence ne correspond pas à une période de douze mois, le montant des recettes ou du chiffre d'affaires est ramené ou porté, selon le cas, à douze mois.

II. – La cotisation foncière des entreprises n'est pas due par les organismes mentionnés au premier alinéa du 1 *bis* de l'article 206 qui remplissent les trois conditions fixées par ce même alinéa.

III. – Les personnes et sociétés mentionnées au I ne sont pas soumises à la cotisation foncière des entreprises à raison de leurs activités qui ne sont assujetties ni à l'impôt sur les sociétés ni à l'impôt sur le revenu en raison des règles de territorialité propres à ces impôts.

Pour les exonérations, V. art. 1449 s., et également, App., L. n° 2013-1279 du 29 déc. 2013, art. 55.

BIBL. ▸ Burguburu, *RJF 2007, p. 1103* (taxation de la location immobilière : le trousseau de clefs.). – Cozian, *Dr. fisc. 2005, p. 1109 et JCP E 2005, p. 966* (celui qui perçoit des BIC ou des BNC est-il passible de la taxe professionnelle ?). – Labrune, *RJF 2016, p. 413* (de la permanence en matière d'activité : champ d'application de la taxe professionnelle et location-gérance). – Plagnet, *GAJ Fisc., p. 767* (notion d'activité professionnelle).

NOTE : Sauf exception, la jurisprudence rapportée ci-dessous concerne la taxe professionnelle en vigueur avant le 1er janv. 2010. Le champ d'application de la CFE correspond, pour l'essentiel, à celui de la TP.

1. Caractère professionnel de l'activité. L'exercice d'une activité professionnelle non salariée, au sens de l'art. 1447, n'est caractérisé que si l'activité est régulière et repose sur la mise en œuvre de moyens matériels et humains. • CE 25 oct. 2010, 🏛 n° 309473 : *RJF 2011. 48 ; concl. Legras au BDCF 1/11, n° 8.* ♦ Lorsque l'exploitation d'une activité est concédée à un tiers, les revenus que la société concédante en tire sont le fruit d'une activité professionnelle, dès lors que cette activité se rattache à son objet statutaire, pour lequel elle met en œuvre de manière régulière des moyens matériels et humains ou, si tel n'est pas le cas, si elle partage avec le concessionnaire les risques de l'exploitation. Ainsi, les redevances que perçoit une société dont l'objet statutaire est l'activité d'exploitation de brevets et pour lequel elle mobilise de manière régulière des moyens matériels et humains sont le fruit d'une activité professionnelle au sens de l'art. 1447. • Même arrêt. ♦ Pour d'autres applications de la notion d'activité professionnelle, V. notes 2 à 10 et 30 à 35.

A. ACTIVITÉS DE LOCATION

2. Activité de location ou de sous-location d'immeubles nus à usage autre que d'habitation. Le champ de la CFE diffère de celui de la TP s'agissant des locations d'immeubles nus. En effet : 1) sont réputées exercées à titre professionnel les activités de location ou de sous-location d'immeubles, autres que les activités de location ou de sous-location d'immeubles nus à usage d'habitation ; 2) la CFE n'est toutefois pas due lorsque l'activité de location ou de sous-location d'immeubles nus est exercée par des personnes qui, au cours de la période de référence définie à l'art. 1467 A, en retirent des recettes brutes hors taxes ou un chiffre d'affaires pour un montant inférieur à 100 000 €. * BOI-IF-CFE-10-20-30 du 30 juin 2014. ♦ Sur les critères qualifiant une location ou sous-location d'immeubles nus d'activité professionnelle, V. • CE 29 déc. 2020, n° 428973 : *RJF 2021. 282 ; Dr. fisc. 2021. 189, note Pierre.*

3. Location de locaux nus en échange d'un loyer indexé sur le CA du preneur. La location de locaux nus destinés à l'exploitation d'un restaurant en échange d'un loyer composé d'un pourcentage du chiffre d'affaires réalisé par le preneur doit être regardée comme partageant avec ce dernier les risques de l'exploitation de ce restaurant. Dès lors, son activité ne peut être regardée comme une gestion civile et passive d'un patrimoine immobilier mais présente un caractère professionnel et entre dans le champ d'application de la TP. • CAA Versailles, 22 mars 2011, n°s 11VE00297 et 11VE01342 : *RJF 2012. 825.*

4. Location à usage d'habitation. Les activités de location ou sous-location d'immeubles nus à usage d'habitation s'entendent de celles consistant, pour le propriétaire ou le locataire d'un bien immobilier, à le louer ou le sous-louer nu à, respectivement, un preneur ou un sous-locataire dans le cadre d'un bail d'habitation. • CE 4 mai 2018, *Min. c/ SAS Foncière GSP,* n° 403027 : *RJF 2018. 762.*

5. Location d'immeubles d'habitation nus à des maisons de retraite. Une société propriétaire des murs d'un établissement d'hébergement pour personnes âgées, qu'elle donne en location à l'exploitant de l'établissement en vertu d'un bail commercial ou d'un contrat de crédit-bail, exerce une activité imposable à la CFE, alors même que l'exploitant exerce une activité d'hébergement dans les locaux en cause. • CE 4 mai 2018, n° 403027 : *préc. note 4.*

6. Loueurs de fonds de commerce. Le propriétaire d'un fonds de commerce qui, après l'avoir exploité personnellement, le donne en location-gérance, doit être regardé, compte tenu de la nature de ce contrat, comme poursuivant, selon des modalités différentes, son activité professionnelle antérieure. • CE, plén., 9 mars 2016, *Sté Hachette Filipacchi presse,* n° 374893 : *RJF 2016. 438 ; Dr. fisc. 2016. 586, note Fouquet.* ♦ En raison de l'existence de moyens matériels spécifiques mis en œuvre par le loueur d'un fonds de commerce et de l'objet commercial de cette location, le loueur doit être regardé comme exerçant une activité professionnelle. • CAA Bordeaux, 4 févr. 1997, n° 95BX1767 : *Dr. fisc. 1997. 1057 ; RJF 1997. 1134 ; BDCF 1997. 112, concl. Péano.* ♦ Dans le même sens : • CAA Nantes, 25 mai 1999, n° 96NT1485 : *RJF 1999. 1192 ; Dr. fisc. 2000. 234.*

7. Loueurs de locaux meublés. Comme en matière de TP, la location ou la sous-location de locaux meublés constitue par nature une activité professionnelle passible de la CFE. Toutefois, ne constitue pas l'exercice d'une activité professionnelle impliquant la mise en œuvre de moyens matériels ou intellectuels le fait de donner à bail commercial de longue durée un logement garni de meubles à un preneur afin que celui-ci exerce lui-même, en le sous-louant à des tiers et pour son propre compte, une activité d'hébergement, à raison de laquelle il est redevable de la CFE. • CE 24 mars 2006, n° 269716, *Denis : Dr. fisc. 2006. 537, concl. Vallée.* ♦ L'art. 1459 prévoit des cas d'exonération en faveur de certaines locations ou sous-locations meublées à usage d'habitation, rendues applicables à la CFE, sans modification de fond.

8. Location d'une entreprise libérale. La location de l'ensemble des éléments corporels et incorporels d'exploitation d'un cabinet de dessinateur représente l'exercice habituel d'une activité professionnelle. • CAA Nantes, 25 mai 1999, n° 97NT1001 : *RJF 1999. 1193.*

9. Location avec prestations. Une SA d'économie mixte locale, qui assure la gestion locative d'immeubles nus lui appartenant, est passible de la taxe professionnelle dès lors que : 1) les locations consenties s'accompagnent d'un nombre important de prestations, portant notamment sur l'organisation du service de sécurité incendie et de secours des immeubles loués, l'accueil du public, l'exploitation, l'entretien et le nettoyage des parties communes, la maintenance du système de chauffage et de climatisation des locaux, le gardiennage et la surveillance de leur accès ; 2) les moyens en personnel et matériel mis en œuvre pour assurer ces prestations excèdent largement ceux habituellement employés dans le cadre de la simple gestion d'un patrimoine privé. • CAA Lyon, 13 juill. 2005, n° 99LY609 : *RJF 2006. 46.*

10. Location de matériel. Un GIE qui met à la disposition de ses membres, sociétés mutuelles ou associations, son parc informatique pour les besoins de leur activité leur fournit ainsi des prestations qui leur donnent la possibilité de réduire les charges inhérentes à leur exploitation. Il exerce donc une activité professionnelle non salariée imposable. • CE 17 avr. 2008, n° 294359 : *RJF 2008. 823 ; concl. Vallée au BDCF 7-08, n° 93.*

11. Location d'un bateau de plaisance. Le propriétaire d'un yacht qui, par une unique convention, confie à une société professionnelle de location de bateaux la gestion de son bateau pendant 5 ans, ne met pas en œuvre des moyens matériels ou intellectuels caractérisant l'exercice habituel d'une activité professionnelle. Cette activité n'est pas assujettie à la taxe professionnelle, nonobstant la taxation des revenus de location dans la catégorie des BIC. • CE 21 déc. 2001, n° 210585, *Roullet : RJF 2002. 292 ; Dr. fisc. 2002. 385, concl. Courtial.*

B. ASSOCIATIONS

12. Principes. Règles générales d'assujettissement ou d'exonération : V. note 1 ss. art. 206. ♦ Sont seules placées hors du champ d'application de la taxe professionnelle les personnes qui, d'une part, exercent leur activité dans des conditions différentes de celles des entreprises commerciales, notamment quant à la couverture de besoins qui ne sont pas normalement ou suffisamment pris en compte par ces dernières, quant aux prix pratiqués et aux usagers servis, et d'autre part, ont une gestion désintéressée. • CE, ass., 30 nov. 1973, n° 85598 : *Dr. fisc. 1974. 531, concl. Delmas-Marsalet* • 17 oct. 1984, n° 39066 : *Dr. fisc. 1985. 212* • 3 juin 1998, n° 157667 : *Dr. fisc. 1998. 851 ; RJF 1998. 811.* ♦ Application de ces principes à un établissement public d'État : les activités de gestion des forêts et de la chasse exercées par l'ONF ne sont pas imposables. • CE 19 janv. 2015, *Cne d'Auberive*, n° 360009 : *RJF 2015. 322.*

13. Une activité, même effectuée à titre habituel, ne revêt un caractère professionnel que si elle est lucrative ou si elle ne se limite pas à la gestion d'un patrimoine privé. Sauf exceptions, l'analyse de la lucrativité en matière de cotisation foncière des entreprises (CFE), appréciée au regard des critères posés au * BOI-IS-CHAMP-10-50 du 12 sept. 2012, est identique à celle développée en matière d'IS. En conséquence, les activités dont le caractère non lucratif a été retenu en matière d'IS sont placées hors du champ de la CFE. * BOI-IF-CFE-10-20-20-20 du 4 avr. 2018.

14. Les associations sont exonérées de taxe professionnelle dès lors, d'une part, que leur gestion présente un caractère désintéressé et, d'autre part, que les services qu'elles rendent ne sont pas offerts en concurrence dans la même zone géographique d'attraction avec ceux proposés au même public par des entreprises commerciales exerçant une activité identique. Toutefois, même dans le cas où l'association intervient dans un domaine d'activité et dans un secteur géographique où existent des entreprises commerciales, l'exonération lui reste acquise si elle exerce son activité dans des conditions différentes de celles des entreprises commerciales. • CE, sect., 1er oct. 1999, n° 170289, *Assoc. Jeune France : Dr. fisc. 2000. 106, concl. Courtial ; RJF 1999. 1354, chron. Mignon, p. 823* • 1er mars 2000, n° 197584 : *Dr. Fisc. 2000. 732, concl. Arrighi de Casanova ; JCP E 2000, p. 1870, note DF ; D. 2000. 447, chron. Lenclos* .

15. Un organisme sans but lucratif qui exerce par ailleurs une activité lucrative est imposable à la CFE sur cette seule activité, que celle-ci fasse ou non l'objet d'une sectorisation. Ainsi, les activités non lucratives sont désormais toujours exonérées, que l'organisme ait ou non sectorisé ses activités lucratives. * BOI-IF-CFE-10-20-20-20 n° 130 du 4 avr. 2018.

16. L'association gérant un centre hospitalier spécialisé dans la rééducation fonctionnelle est exclue du champ d'application de la taxe dès lors que ce centre contribue à couvrir des besoins insuffisamment couverts par les établissements de soins de la région, que ses prix de journée sont fixés par l'autorité préfectorale, qu'elle accueille des malades bénéficiant de l'aide médicale gratuite et participe aux secours médicaux d'urgence. • CE 3 sept. 1997, n° 67486 : *RJF 1997. 1029.*

17. Le fait, pour une association ou un autre organisme, de bénéficier de l'agrément prévu par l'art. 5 de la loi du 11 juill. 1975, qui l'autorise à se livrer ou à contribuer à l'organisation de voyages ou de séjours ou à la vente des produits de cette activité, n'est pas, par lui-même, un indice suffisant du caractère non lucratif de son activité au regard de la loi fiscale. • CE 14 juin 1995, n° 126197 : *Dr. fisc. 1995. 2325 ; RJF 1995. 978.*

18. Une APAVE qui effectue des contrôles réglementaires selon des modalités qui ne sont pas plus favorables, pour les usagers, que celles des contrôles effectués par les établissements privés à caractère lucratif est assujettie à la taxe professionnelle. • CE 3 juin 1998, n° 157667 : *préc. note 12.*

19. Dès lors qu'une association dont l'activité est constituée essentiellement par des études, recherches, expériences et travaux scientifiques et dont le financement est assuré par les versements des bénéficiaires de ces activités, en exécution de contrats de recherche ou sur facturation des prestations effectuées, effectuait d'importants travaux en qualité de sous-traitante pour le compte d'une société anonyme dont le P-DG et associé est également le président de cette association, la communauté d'intérêts engendrée par cette situation entre le principal responsable de l'association et la société commerciale qu'il dirige, et dont il perçoit une rémunération, interdit de regarder la gestion de ladite association, qui procure ainsi à ce responsable un avantage indirect, comme présentant un caractère désintéressé. Par suite, l'association est assujettie à la taxe professionnelle. • CAA Douai, 5 mai 2004, n° 01DA775 : *Dr. fisc. 2004. 829, concl. Michel.* ♦ Est de même imposable l'association ayant pour seule activité de sous-louer à ses membres des véhicules pris en leasing, alors même qu'elle ne pratique ni marge ni publicité. • CAA Nancy, 5 mars 2009, n° 08NA34 : *RJF 2009. 1100.*

20. PMU organisé par une société de courses hippiques. Une société de courses constituée sous forme d'association dont la gestion est désintéressée et qui a pour activité l'organisation de paris mutuels sur l'hippodrome où elle organise des réunions de courses ainsi que hors hippodromes dans le cadre du PMU n'est pas passible de la taxe professionnelle (et de la CFE) dès lors que les services qu'elle rend ne sont pas offerts en concurrence dans la même zone géographique. • CE 30 mai 2018, *Sté hippique de Marseille*, n° 397192 : *RJF 2018. 862.*

21. Cercle de jeux. Un cercle de jeux constitué sous forme associative dont le siège est à Paris ne se livre pas à une exploitation lucrative dès lors que sa gestion est désintéressée et que les services qu'il rend ne sont pas offerts en concurrence, dans la même zone géographique d'attraction, avec ceux proposés au même public par des entreprises commerciales exerçant une activité identique, les cercles de jeux à Paris exerçant tous sous forme associative et le casino le plus proche, à supposer qu'il puisse être assimilé à un cercle de jeux, étant situé dans le Val-d'Oise. Ce cercle de jeux échappe par la suite à l'IS, à l'IFA et à la taxe professionnelle. • TA Paris, 14 mars 2006, n° 00-9204, *Assoc. Le Club anglais : RJF 2006. 1157.*

22. Institut de recherche. Les personnes qui ne poursuivent pas leur activité dans les conditions habituelles d'exercice de la profession assujettie à la taxe professionnelle, mais se bornent à des opérations à caractère non lucratif, n'entrent pas dans le champ d'application de ladite taxe. Tel est le cas de l'Institut national de recherche sur les transports et leur sécurité (INRETS), dont l'activité a pour finalité principale d'apporter aux collectivités publiques (État, établissements publics, collectivités locales) ainsi qu'à des organismes étrangers, une assistance scientifique et technique, notamment dans le domaine de la recherche fondamentale. Par ailleurs, il n'est pas établi que cet Institut soit en concurrence avec des entreprises privées et ses prestations sont financées très majoritairement par des subventions publiques, même s'il accomplit auprès des entreprises privées certaines missions qui, au demeurant, représentent une partie infime de son activité et sont rémunérées au prix coûtant. • CAA Paris, 7 mars 2002, n° 97PA2228 : *Dr. fisc. 2003. 165.*

C. GROUPEMENTS ET ORGANISMES DIVERS

23. Services et établissements publics. Il résulte des art. 1447 et 1654 qu'une activité exercée par un établissement public local n'est pas passible de la taxe professionnelle si cette activité ne relève pas, eu égard à son objet ou aux conditions particulières dans lesquelles elle est exercée, d'une exploitation à caractère lucratif. Au regard de ces critères, une activité de production d'électricité doit être regardée, compte tenu de l'objet qui est le sien, comme lucrative, sans qu'y fasse obstacle la circonstance que l'électricité produite puisse, le cas échéant, faire l'objet d'une obligation légale d'achat par EDF. • CE 22 sept. 2014, *Min. c/ Synd. intercantonal de répurgation du centre ouest Bretagne (Sircob)*, n° 360742 : *RJF 2014. 1112.* ♦ Abandon de la jurisprudence antérieure. • CE 16 mai 2007, n° 272727 : *RJF 2007. 929 ; BDCF 2007. 100, concl. Vallée.*

24. Chambre de commerce. Cas d'une CCI exploitant un aéroport sur le domaine public concédé et qui exerce, outre son activité principale de mise à disposition de terrains, bâtiments et installations liés à l'usage aéronautique, une activité annexe de gestion des dépendances du domaine public : ces deux activités qui procèdent de la même convention de concession passée avec l'État et mobilisent des moyens matériels et intellectuels communs, ne sont pas dissociables et caractérisent ensemble l'exercice d'une activité professionnelle à raison de laquelle la CCI est passible de la taxe professionnelle. • CE 28 déc. 2007, n° 291197 : *RJF 2008. 318 ; Dr. fisc. 2008. 261.* ♦ En revanche, l'activité de sécurité aviaire exercée par une CCI exploitant un aéroport revêt, eu égard à sa nature et à ses conditions d'exercice, un caractère non professionnel, non pas passible de la taxe professionnelle. • CE 30 déc. 2010, n° 319617 : *RJF 2011. 444 ; concl. Collin au BDCF 4/11, n° 46.*

25. Maison des examens. La « Maison des examens » d'Arcueil, gérée par un service commun aux académies de la région parisienne, exerce, en plus de sa mission spécifique exercée pour le ministère de l'éducation nationale, une activité rémunérée de location de salles à des tiers, à des tarifs comparables à ceux que pratiquent les établissements privés à but lucratif, qui porte sur un tiers environ du temps d'occupation des locaux et lui procure d'importantes recettes. La « Maison des examens » doit être assujettie à la taxe, dans la mesure où elle se livre à cette activité. • CE 18 avr. 1994, n° 138474 : *RJF 1994. 554.*

26. Organismes professionnels. Les organismes qui rassemblent des professionnels doivent être regardés comme exerçant une activité professionnelle non salariée au sens de l'art. 1447 lorsque leur but est de permettre à leurs membres de réduire leurs dépenses, d'augmenter leurs recettes ou de faciliter l'exercice de leur profession, quand bien même cette activité ne traduirait pas la recherche directe de profits par l'organisme lui-même. Ainsi, un syndicat professionnel regroupant différentes entreprises d'un réseau de grande distribution qui réalise des actions de formation professionnelle destinées au personnel de ses membres et répondant aux besoins commerciaux de ceux-ci exerce une activité à but lucratif imposable à la taxe. • TA Versailles

2 juill. 2004, n° 02-4337 et 02-4338, *Syndic. professionnel Fordis : RJF 2005. 139* • CE (na) 9 mai 2007, n° 287829, *Synd. professionnel Fordis : RJF 2007. 930.*

27. Groupement d'intérêt économique. Un GIE qui agit de façon à procurer des avantages à ses membres et à diminuer certaines dépenses afférentes à leurs activités exerce une activité professionnelle. Tel est le cas du Centre national des caisses d'épargne et de prévoyance, qui assure la formation professionnelle du personnel de ses membres et fait fonctionner une cellule d'exploitation de la carte bancaire et une centrale de gestion des comptes-titres. Peu important à cet égard le statut de GIE, l'absence de recherche d'excédents, la qualification légale des caisses d'épargne comme des établissements de crédit à but non lucratif et le caractère accessoire des activités taxables. • CE 1er juin 2001, ☎ n° 205838 : *RJF 2001. 1077 ; concl. Courtial au BDCF 8-9/01, n° 109 ; Dr. fisc. 2001. 1186, concl. Courtial* • 29 avr. 2002, ☎ n° 223095 : *RJF 2002. 799.* ♦ Un GIE constitué entre des caisses de retraite complémentaire et des institutions de prévoyance se livre à une activité professionnelle non salariée en fournissant aux caisses, à partir d'une infrastructure commune en personnel et en équipements informatiques, des prestations informatiques ayant pour objectif de réduire leurs charges d'exploitation. Est sans incidence sur l'assujettissement du GIE à la taxe la circonstance que son activité ne dégage pas de profits et que les caisses n'ont pas de caractère lucratif. • CE (na) 16 nov. 2005, n° 281118 : *RJF 2006. 154.* ♦ Un GIE constitué entre trois sociétés civiles d'exploitation agricole, dont il a repris les salariés et le matériel et qui assure au profit de ses membres les achats nécessaires à la culture des terres leur appartenant, ainsi que la programmation et l'exécution des mises en culture et des façons culturales correspondantes, leur permet de réduire leurs coûts d'exploitation. Ces prestations caractérisent l'exercice d'une activité professionnelle non salariée, passible de la taxe professionnelle, alors même qu'elles sont facturées au prix coûtant et que les GIE n'ont pas pour vocation de réaliser des bénéfices. • CE 2 juill. 2003, ☎ n° 244999 : *Dr. fisc. 2003. 753 ; RJF 2003. 1111 ; concl. Goulard au BDCF 10/03, n° 120.* ♦ De même, un GIE qui a pour objet la commercialisation de produits courants fabriqués par des personnes handicapées travaillant dans des centres d'aide par le travail, emploie un personnel commercial important, pratique des taux de marge analogues à ceux constatés sur le marché et recherche la réalisation de bénéfices doit être regardé comme exerçant une activité professionnelle lucrative le rendant passible de la taxe professionnelle nonobstant la circonstance que son exploitation fait apparaître des déficits certaines années et l'utilité sociale des établissements producteurs qui fixent les prix de vente. • CAA Nantes, 10 avr. 2002, n° 98NT310 : *RJF 2002. 1115.*

28. En revanche, quel que soit le domaine d'activité dans lequel il intervient et les conditions dans lesquelles il fournit des prestations, un GIE dont la gestion est désintéressée et dont les membres, quel que soit leur statut, n'exercent pas une activité à but lucratif ne saurait être regardé comme exerçant lui-même une telle activité. • CE 8 avr. 2013, ☎ *GEIE Européenne de Médias,* n° 350709 : *RJF 2013. 732 ; BDCF 2013. 80.* ♦ De même, un GIE constitué entre deux sociétés civiles agricoles et un agriculteur pour mettre en commun le matériel agricole et les services de trois salariés – auxquels chacun des membres du groupement fait appel pour les besoins de son exploitation – ne peut être regardé comme exerçant une activité qui lui soit propre ni, partant, comme étant passible de la taxe professionnelle, dès lors qu'aucune mission spécifique ne lui ayant été confiée, il n'effectue aucune prestation de services déterminée au profit de ses membres. • CAA Paris, 7 déc. 2000, n° 96PA4618 : *Dr. fisc. 2001. 919 ; RJF 2001. 626.* ♦ De même encore, un GIE constitué entre membres de professions libérales en vue de mettre en commun des moyens utiles à l'exercice de leur profession et qui n'exerce aucune activité propre au profit de personnes autres que ses membres n'est pas personnellement imposable à la taxe professionnelle. • CAA Nancy, 9 nov. 2000, n° 96NA2794 : *RJF 2001. 1393.*

29. Mutuelle. Une union de mutuelles qui exploite des centres d'optique ouverts à des clients non mutualistes, qui propose des prestations de prévoyance, d'assistance et d'assurance, qui a créé une société ayant pour objet la commercialisation de produits d'assurance vie, qui promeut ses activités par la publicité et qui intéresse ses salariés aux résultats obtenus par une part variable de salaire, doit être regardée comme exerçant également des activités de caractère lucratif relevant du champ d'application de la taxe professionnelle. En l'absence de toute séparation stricte, notamment comptable, entre les deux secteurs distincts que constituent, d'une part, ses activités exclusivement mutualistes et, d'autre part, les activités susvisées, elle ne peut prétendre ni au bénéfice de l'exonération de taxe professionnelle prévue à l'art. 1461-1°, ni à son non-assujettissement à la taxe en tant qu'organisme à but non lucratif. • CAA Bordeaux, 29 sept. 2005, n° 02BX2595 : *RJF 2006. 153.*

D. ACTIVITÉS NON SALARIÉES

30. Le seul fait, pour une personne physique de percevoir des rémunérations ne se rattachant à aucune catégorie de bénéfices ou de revenus, et que l'art. 92 assimile à des BNC, ne suffit pas à caractériser l'exercice d'une profession non salariée, lequel est notamment fonction de la régularité de l'activité en cause et des moyens matériels et intellectuels mis en œuvre. • CE 29 déc. 2000, n° 204136 : *RJF 2001. 321 ; concl. Goulard au BDCF 3/01, 39 ; Dr. fisc. 2001. 658, concl. Goulard ; D. 2001. IR 430 ; JCP E 2001, p. 810, note Bichon ; LPA 2001, n° 47, p. 11, note Maublanc.* ♦ Des droits versés à un mannequin pour la reproduction de son image imposés à l'IR dans la catégorie des bénéfices non commerciaux, et qui sont perçus passivement en conséquence des missions confiées par l'agence à laquelle il est subordonné, constituent un accessoire indissociable de sa rémunération salariée. Par suite, ce mannequin ne peut être regardé, en raison des bénéfices non commerciaux qu'il a perçus, comme ayant exercé une activité professionnelle non salariée au sens de l'art. 1447. • CE 29 déc. 2000, n° 204136 : *préc.* ♦ Imposition d'un médecin-expert de compagnies d'assurances, dès lors qu'il ne reçoit aucune directive des compagnies et détermine lui-même ses rémunérations. • CE 5 mars 1997, n° 129343 : *Dr. fisc. 1997. 601, concl. Goulard ; RJF 1997. 329.* ♦ Le fait, pour un créateur de logiciels informatiques, de concéder le droit de les exploiter à titre onéreux doit être regardé comme une activité professionnelle alors même que l'intéressé n'intervient pas dans l'exploitation des logiciels. • CE 3 juill. 2002, n° 219730 : *RJF 2002. 1113 ; concl. Bachelier au BDCF 10/02, n° 124 ; Dr. fisc. 2002. 842.* ♦ Lorsqu'un contrat de régie intéressée confie au régisseur la gestion d'un service public de transport urbain de voyageurs dont le régisseur assure seul l'exploitation ainsi que l'entretien des matériels et installations mis à sa disposition, moyennant une rémunération qui lui est versée par la ville, le régisseur exerce l'activité de transporteur et il est à ce titre passible de la taxe. • CE 5 juin 2002, n° 212809 : *RJF 2002. 936 ; Dr. fisc. 2002. 823, concl. Courtial.*

31. Concession de marque. L'exercice d'une activité professionnelle non salariée, au sens de l'art. 1447, n'est caractérisé que si l'activité est régulière et repose sur la mise en œuvre de moyens matériels et humains. Les revenus tirés de la concession d'une marque sont le fruit d'une activité professionnelle si le concédant met en œuvre de manière régulière et effective, pour cette activité de concession, des moyens matériels et humains ou s'il est en droit de participer à l'exploitation du concessionnaire et est rémunéré, en tout ou partie, en fonction de cette dernière. • CE 17 juin 2015 : *Vivarte*, n° 369840 : *RJF 2015. 786 ; BDCF 2015. 120, concl. Aladjidi ; Dr. fisc. 2015. 675, note Pierre.* ♦ Rappr. • CE 25 oct. 2010, n° 309473 : *préc. note 1.* ♦ Imposition d'une concession de marques à une filiale à 100 % contre des redevances proportionnelles. • CE 11 janv. 2019, *SA Casino Guichard-Perrachon*, n° 405031 : *RJF 2019. 354, concl. Merloz.*

32. Concession de brevet. Les revenus tirés de la concession d'un brevet sont le fruit d'une activité professionnelle au sens de l'art. 1447 si le concédant met en œuvre de manière régulière et effective, pour cette activité de concession, des moyens matériels et humains ou s'il est en droit de participer à l'exploitation du concessionnaire et est rémunéré, en tout ou partie, en fonction de cette dernière. • CE 16 juill. 2020, *Sté Bio-Rad Innovations*, n° 430152 : *RJF 2020. 901, concl. Ciavaldini.*

33. Expert judiciaire. S'agissant des experts judiciaires, il y a lieu de considérer que l'activité présente un caractère non salarié dès lors que l'expert désigné agit à titre personnel et non pas au nom d'un service, dispose de la plus large autonomie pour réaliser ses expertises et n'est soumis à aucune directive ou contrôle particulier. Les praticiens hospitaliers réalisant, même à titre secondaire, des expertises judiciaires rémunérées par des honoraires continuent donc à relever, pour leur imposition, de la catégorie des BNC et restent passibles de la CFE. Cela étant, ces personnes ne sont redevables de la CFE que dans la mesure où les actes qui caractérisent l'activité sont effectués de manière répétitive. A cet égard, il convient de tenir compte du nombre d'expertises réalisées et du montant des honoraires perçus. * BOI-IF-CFE-10-20-20-40 n° 80 du 12 sept. 2012.

34. Commissaire-enquêteur. Les personnes qui effectuent des missions de commissaire-enquêteur et qui sont rémunérées à ce titre sous forme d'indemnités imposables dans la catégorie des BNC sont passibles de la CFE dès lors que le nombre de leurs missions et l'importance de leurs honoraires témoignent du caractère habituel de leur activité, caractère dont l'appréciation constitue, en tout état de cause, une question de fait qui relève, sous le contrôle du juge de l'impôt, de l'examen des services fiscaux locaux. * BOI-IF-CFE-10-20-20-10 n° 20 du 2 sept. 2015.

35. Vendeur à domicile. Une personne qui, outre une profession salariée, exerce à titre indépendant, en qualité de mandataire d'une centrale d'achat, l'activité de vendeur à domicile et qui a perçu à ce titre des commissions d'environ 10 000 F par an de 1993 à 1995 est passible de la taxe à raison de cette activité, alors même que celle-ci revêt un caractère accessoire. Assujettissement à la cotisation minimum même si elle est disproportionnée par rapport au revenu de l'activité. • CAA Lyon, 19 mai 2005, n° 99LY1082 : *RJF 2005. 1409 ; Dr. fisc. 2005. 676, concl. Gimenez.*

E. ACTIVITÉS DIVERSES

36. Arbitre de football. Une personne, par ailleurs salariée, qui exerce de manière habituelle l'activité d'arbitre de football, laquelle suppose la mise en œuvre de moyens intellectuels et physiques, activité au titre de laquelle elle perçoit un revenu annuel important, entre dans le champ d'application de la taxe à raison de cette activité, alors même que celle-ci revêt un caractère accessoire ou secondaire. • TA Amiens, 25 sept. 2003, n°s 00-709, 01-766, 01-2429 et 01-2430 : *RJF 2004. 608* • CAA Bordeaux, 14 oct. 2004, n° 01BX1190 : *RJF 2005. 138.* ♦ Si un arbitre est soumis par la Fédération française de football à un certain nombre d'exigences destinées à apprécier son aptitude à exercer cette fonction, tant sur le plan physique que sur le plan technique, il demeure indépendant de la fédération et n'est pas dans une situation de subordination caractérisant une activité salariée non passible de la taxe. • CAA Marseille, 6 sept. 2005, n° 03MA328 : *RJF 2006. 717.* ♦ Dans le même sens : • CAA Paris, 9 mars 2007, n° 05PA3643 : *RJF 2007. 928.* ♦ Un arbitre de football, eu égard à la nature et aux modalités de l'activité qu'il exerce, ne se trouve pas à l'égard de la Fédération française de football dans une situation de subordination caractérisant une activité salariée. Par suite, il est passible de la taxe professionnelle dès lors qu'il exerce son activité à titre habituel et professionnel. • CE 18 janv. 2008, n° 303816 : *RJF 2008. 455 ; concl. Collin au BDCF 4/08, n° 52 ; Dr. fisc. 2008. 328, concl. Collin, note De La Mardière.* ♦ Solutions non remises en cause par l'art. 2 de la loi n° 2006-1294 du 23 oct. 2006.

37. Médecin remplaçant. Non-assujettissement à la TP eu égard à la durée limitée des remplacements et à la faible importance des honoraires perçus. • CAA Bordeaux, 19 févr. 2004, n° 00BX1331 : *RJF 2004. 726 ; Dr. fisc. 2004. 788, concl. Chemin.* ♦ Au contraire, l'Administration considère que les médecins généralistes remplaçants sont assujettis à la CFE dès lors qu'ils exercent à titre habituel une activité professionnelle non salariée. * Rép. min. n° 94524 : *JOAN Q, 17 mai 2011 p. 5127.*

38. Notaire suspendu. Un notaire suspendu provisoirement de ses fonctions par application des dispositions relatives à la discipline des notaires reste redevable de la taxe professionnelle dès lors que son activité a continué à être exercée pour son compte par un administrateur provisoire. Sa base d'imposition n'est pas susceptible d'être réduite du fait que l'administrateur provisoire perçoit *une partie des recettes de l'étude.* • TA Rouen, 25 sept. 2009, n° 06-478 : *RJF 2010. 600.* ♦ Confirmation • CAA Douai, 2 déc. 2010, n° 09DA01621 : *RJF 2011. 593.*

39. Gestion de valeurs mobilières. Une SICAV qui a pour objet statutaire la gestion d'un portefeuille de valeurs mobilières exerce une activité professionnelle soumise à la taxe, même si elle n'assure pas elle-même la gestion de ce portefeuille, confiée à un mandataire, et ne dispose d'aucun moyen propre en personnel et en matériel. • CAA Paris, 10 juin 1999, n° 96PA4497 : *Dr. fisc. 2000. 354, concl. Haïm ; Banque et Dr. 2000, n° 72, p. 79, note Acard.* ♦ En revanche, une EURL, une SARL ou une SA holding qui ont pour seule activité la gestion de leurs participations dans le capital d'une société ne sont pas passibles de la taxe professionnelle. • TA Dijon, 21 nov. 2000, n° 00-116 : *RJF 2001. 1389* • TA Lille, 18 mai 2000, n° 97-812 : *RJF 2001. 36* • TA Amiens, 4 mai 2006, n° 03-1006 : *RJF 2007. 27.* ♦ En revanche, une société civile familiale qui, ayant pour objet statutaire l'activité civile de prise de participation dans des sociétés et de gestion de ces participations, gère des portefeuilles de valeurs mobilières en effectuant des cessions partielles ou totales, n'est pas assujettie à la taxe dès lors qu'elle ne se livre pas à une activité de gestion des valeurs mobilières pour le compte de tiers et qu'elle n'a pas accompli sur les titres détenus des actes outrepassant le simple cadre de la gestion de son patrimoine privé et caractérisant ainsi l'exercice d'une activité professionnelle au sens de l'art. 1447. • CAA Bordeaux, 26 mars 2002, n° 99BX2069, *Sté civ. des Côteaux : Dr. fisc. 2002. 873, concl. Heinis ; BJS 2002. 841, note Nouel.* ♦ En revanche, compte tenu de leur objet qui consiste à gérer des valeurs mobilières et de l'obligation d'investir dans des sociétés non cotées pour bénéficier d'un régime fiscal de faveur, les sociétés de capital-risque sont passibles de la taxe professionnelle (et donc de la CFE). • CE 10 juin 2013, *SA Institut de participation de l'Ouest*, n° 341889 : *RJF 2013. 831.* ♦ De même, eu égard aux modalités et aux conditions d'exercice de son activité de gestion et de prise de participations, et notamment des moyens engagés à cette fin, une société holding regroupant les activités d'assurance et de réassurance d'un groupe ne peut être regardée comme se bornant à gérer un patrimoine privé mais doit être regardée comme exerçant une activité professionnelle. • CE 4 déc. 2017, *Sté Crédit Agricole Assurances*, n° 392132 : *RJF 2018. 273.* ♦ De même encore, une société financière qui a pour objet statutaire la réalisation d'investissements en titres de créances, dont le portefeuille a évolué en fonction d'une gestion active et dont l'activité a nécessité la présence de quatre salariés détachés doit être regardée comme exerçant une activité professionnelle, compte tenu de la régularité et des moyens humains dont cette activité a nécessité la mise en œuvre. • CE 24 juin 2015, *Sté AIG-FP Capital Préservation Corp.*, n° 368443 : *RJF 2015. 795.*

40. Mise en location-gérance d'un fonds de commerce. Le propriétaire qui donne en location-gérance le fonds de commerce qu'il exploitait précédemment doit être regardé, eu égard à la nature de ce contrat, comme ayant poursuivi sous une autre forme son activité professionnelle antérieure et exercé ainsi à titre habituel une activité professionnelle non salariée passible de la taxe professionnelle. • CAA Bordeaux, 29 sept. 2005, n° 02BX388 : *RJF 2006. 47.*

41. Marchand de biens exploitant son stock en attendant sa revente. Une société, qui exerce à titre principal l'activité de marchand de biens, est assujettie à bon droit à la taxe professionnelle à raison de l'activité d'exploitation d'un hôtel exercée à titre accessoire depuis son achat jusqu'à sa revente plusieurs années plus tard. En effet, elle se livre à une activité professionnelle qui, eu égard à sa durée, doit être regardée comme ayant revêtu un caractère habituel au sens de l'art. 1447, nonobstant la circonstance que la société concernée n'a décidé d'exploiter cet hôtel que pour préserver sa valeur pendant la période qui lui a été nécessaire pour opérer sa cession et qu'elle a eu recours à un mandataire pour l'assister dans la gestion dudit hôtel. Par suite, cet hôtel a constitué une immobilisation corporelle au sens de l'art. 1467-1°, alors même que la société l'avait comptabilisé dans ses stocks. • CE 20 juin 2006, n°s 280077 et 26880, 2 arrêts : *RJF 2006. 1200.*

42. Construction-vente. Une SCI qui réalise une unique opération de construction-vente d'un immeuble au profit d'un seul acquéreur n'est pas imposable à la taxe professionnelle dès lors que la condition d'habitude prévue à l'art. 1447-I ne peut être tenue pour satisfaite. Il en va toutefois différemment si les associés qui jouent un rôle prépondérant ou bénéficient principalement des activités de la société sont des personnes se livrant elles-mêmes de façon habituelle à des opérations de construction-vente d'immeubles. • CE 26 déc. 2008, n° 308039 : *RJF 2009. 224 ; concl. Collin au BDCF 3/09, n° 35 ; Dr. fisc. 2009. 184, concl. Collin.*

43. Société anonyme de gestion de stocks de sécurité de produits pétroliers. Une société. anonyme de gestion de stocks de sécurité de produits pétroliers, en fonction des besoins exprimés par le comité professionnel des stocks stratégiques pétroliers, doit être regardée comme exerçant une activité professionnelle dès lors d'une part qu'elle réalise et distribue des bénéfices et qu'elle est également susceptible de dégager une marge en cas de revente de ce stock, et d'autre part que le caractère d'intérêt général et non lucratif de la mission confiée au comité professionnel des stocks stratégiques pétroliers ne s'étend pas à l'activité de prestataire de services exercée, pour son compte, par cette société. • CE 21 nov. 2011, *Sté Sagess,* n° 318982 : *RJF 2012. 137.*

44. Production et vente d'électricité par les particuliers. Sont non imposables à la CFE, quelle que soit la nature de l'habitation concernée (principale ou secondaire), les particuliers dont la quantité d'électricité revendue n'excède pas de manière significative leur consommation personnelle. A titre de règle pratique, l'activité est présumée hors du champ de la CFE lorsque la puissance des installations n'excède pas 9 kWc (puissance-crête). * BOI-IF-CFE-10-20-20-10 n° 20 du 2 sept. 2015.

F. TERRITORIALITÉ

45. Territorialité. Une personne n'entre pas dans le champ de la CFE dès lors qu'elle n'est assujettie ni à l'IR, ni à l'IS en raison des règles de territorialité applicables à ces impôts, nonobstant la circonstance qu'elle exercerait une activité dans le champ de la CFE en application de l'art. 1447-I. Une personne exerçant une activité imposable en France à l'IR ou à l'IS en raison des règles de territorialité n'est imposable à la CFE que si cette activité entre dans le champ de la CFE en application de l'art. 1447-I, indépendamment des biens susceptibles d'être compris dans sa base d'imposition à la CFE. * BOI-IF-CFE-10-20-10 du 12 sept. 2012.

46. Bureau de représentation d'une entreprise étrangère. Le bureau de représentation en France d'une compagnie d'assurance étrangère qui ne réalise pas lui-même d'opérations commerciales et ne dispose d'aucune autonomie par rapport à son siège ne peut être considéré comme exerçant une activité professionnelle ni, par suite, comme étant passible de la taxe professionnelle. • CAA Paris, 20 déc. 2002, n° 98PA1627 : *Dr. fisc. 2003. 472 ; RJF 2003. 867.*

47. Société étrangère réalisant des opérations en France. Une société britannique dont les produits sont commercialisés en France par l'intermédiaire d'un commissionnaire ne peut être assujettie à la taxe professionnelle sur le fondement des dispositions combinées des art. 1447, 1467 et 1473 dès lors qu'il ne résulte pas de l'instruction que celle-ci aurait disposé en France d'immobilisations, tout au moins de locaux, autres que ceux dont disposait pour les besoins de sa propre activité la société résidente en France chargée, en qualité de commissionnaire, de commercialiser ses produits sur le territoire français. • CE 31 mars 2010, n° 304715, *Sté Zimmer Ltd : RJF 2010. 568 ; BDCF 6/10, n° 64, concl. Burguburu.* ♦ Prestations de publicité fournies par une société de droit irlandais à des assujettis en France avec un service de conseil et d'assistance commerciale assuré par les salariés de sa société sœur, établie en France. Absence d'établissement stable en France de la société irlandaise. Absence d'activité professionnelle non salariée en France. • TA Paris, 12 juill. 2017, *Sté Google Ireland Limited,* n° 1505126 : *RJF 2017. 1054.* ♦ Confirmation : • CAA Paris, 25 avr. 2019, *Sté Google Ireland Limited,* n° 17PA03068 : RJF 2019. 835 ; *Dr. fisc. 2019. 305, note Deboissy et Wicker.*

48. Sociétés domiciliées en France et donnant en location des biens à l'étranger (Nouvelle-Calédonie et Polynésie). Une société, dont le siège est situé en France, qui donne en location à des entreprises exerçant leur activité en Nouvelle-Calédonie des biens à destination professionnelle est redevable de la CFE, alors même qu'elle serait exonérée de l'IR en vertu de la convention fiscale entre la France et la Nouvelle-Calédonie. • CE 21 avr. 2017, *SNC Ultramarine*, n° 400297 : *RJF 2017. 694, concl. Crépey.* ♦ Dans le même sens, s'agissant d'une société dont le siège social est fixé en Guadeloupe et dont l'activité consiste à acquérir des biens neufs pour les donner en location à des entreprises implantées en Polynésie française. • CE (na), 10 mars 2017, *SNC vigies 1*, n° 401382 : *RJF 2017. 695.*

Art. 1447 *bis* **Les activités de construction, de fabrication ou de refonte de matériels militaires exercées par l'État dans ses établissements industriels sont imposables à la cotisation foncière des entreprises. Il en va de même pour l'entretien et les grosses réparations, les activités d'étude et de recherche appliquées qui sont effectuées dans ces mêmes établissements et qui ne relèvent pas de la mise en œuvre opérationnelle des forces armées.**

Art. 1448 *Abrogé par L. n° 2009-1673 du 30 déc. 2009, art. 2-6.1.34.*

II EXONÉRATIONS

En vertu de l'art. 2-II de la L. n° 75-678 du 29 juill. 1975, les exonérations qui étaient prévues en matière de contribution des patentes sont applicables à la taxe professionnelle.

Art. 1449 **Sont exonérés de la cotisation foncière des entreprises :**

1° Les collectivités territoriales, les établissements publics et les organismes de l'État, pour leurs activités de caractère essentiellement culturel, éducatif, sanitaire, social, sportif ou touristique, quelle que soit leur situation à l'égard de la taxe sur la valeur ajoutée ;

2° Les grands ports maritimes *(Ord. n° 2021-614 du 19 mai 2021, art. 37-I-5° et 57, en vigueur le 1er juin 2021)* **« et fluvio-maritimes », les ports autonomes, ainsi que les ports** *(Abrogé par L. n° 2018-1317 du 28 déc. 2018, art. 170-I-2°, à compter du 1er janv. 2019)* ***« gérés par des collectivités territoriales, des établissements publics ou des sociétés d'économie mixte, »*** **à l'exception des ports de plaisance.**

NOTE : Sauf exception, la jurisprudence rapportée ci-dessous concerne la taxe professionnelle en vigueur avant le 1er janv. 2010.

1. INA. L'Institut national de l'audiovisuel (INA) est exonéré de taxe professionnelle au titre des activités : 1) de conservation des archives audiovisuelles ainsi que de recherche et d'innovation dans le domaine de la production et de la communication audiovisuelle, qui font partie de ses missions fixées par la loi du 30 sept. 1986 et constituent des activités de caractère essentiellement culturel ; 2) d'exploitation des extraits d'archives ainsi que de production et de distribution des œuvres et des documents audiovisuels résultant de ses recherches, qui constituent le prolongement nécessaire desdites activités de conservation et de recherche. En revanche, l'INA est assujetti à la taxe à *raison de la formation initiale et* continue aux métiers de l'audiovisuel, qui s'exerce dans des conditions identiques aux activités de formation des entreprises de droit privé et s'adresse à un public qui n'est pas exclusivement composé de personnels des administrations publiques, qui ne constitue pas une activité à caractère essentiellement culturel ou éducatif. • CAA Paris, 29 juin 2004, n° 01PA3112 : *Dr. fisc. 2004. 789.*

2. Pompes funèbres. En raison de leur caractère sanitaire, les régies municipales sont exonérées de CFE pour leurs activités relevant du service extérieur des pompes funèbres, à l'exclusion des activités annexes. * BOI-IF-CFE-10-30-10-10 n° 290 du 12 sept. 2012.

3. Théâtre. Un théâtre constitué par une commune sous la forme d'une régie à caractère industriel et commercial dotée de la personnalité morale et de l'autonomie financière et qui a pour objet l'exploitation des salles de cinéma et du théâtre de la commune, toute opération liée à la création, la production et la diffusion de spectacles vivants ainsi que toute opération favorisant le développement des activités culturelles et socio-culturelles constitue un établissement public communal ayant une activité de caractère essentiellement culturel au sens de l'art. 1449-1°. Par suite, il bénéficie de l'exonération de taxe professionnelle. • CAA Versailles, 9 nov. 2004, n° 02VE72 : *RJF 2005. 334.*

4. Ports de plaisance. Sont exclus de l'exonération non seulement les ports entièrement affectés à l'accueil de bateaux de plaisance et gérés sous le régime de la concession de port de plaisance, mais aussi les ensembles d'installations portuaires qui, dans un port de commerce ou de pêche géré selon le régime de la concession d'outillage public, sont affectés à l'accueil de ces bateaux. • CE 23 avr. 1997, n° 157850 : *Dr. fisc. 1997. 1025, concl. Goulard ; RJF 1997. 571 ; D. 1997. IR 133.* ♦ Les ports de plaisance sont imposables quel que soit leur mode de gestion.

Il en est ainsi notamment des ports de plaisance gérés par des collectivités territoriales ou des établissements publics. * BOI-IF-CFE-10-30-10-10 n° 700 du 27 mars 2019.

5. Grands ports maritimes. Nouvelle catégorie de ports créée par la L. n° 2008-660 du 4 juill. 2008, ces ports sont des établissements publics résultant de la transformation de ports autonomes maritimes. D'une manière générale, les textes applicables aux ports autonomes maritimes s'appliquent aux grands ports maritimes. * BOI-IF-CFE-10-30-10-10 n° 620 du 27 mars 2019.

6. Ports gérés par les collectivités territoriales (sol. ant. à 2019). L'exclusion des sociétés privées du bénéfice de l'exonération de CFE prévue en faveur des collectivités publiques gérant des installations portuaires est conforme à la Constitution. L'exclusion des sociétés publiques locales ne l'est pas. • Cons. const. 21 sept. 2018, *Sté d'exploitation de moyens de carénage,* n° 2018-733 QPC : *RJF 2018. 1263 ; Dr. fisc. 2018. 492, note Pezet.* ♦ La mention des sociétés d'économie mixte dans l'art. 1449-2° est abrogée à la date du 1er janv. 2019.

7. Organisme mutualiste. Un tel organisme n'entre pas dans le champ de l'exonération prévue par l'art. 1449 au bénéfice de certaines personnes publiques à raison de leurs activités à caractère notamment sanitaire ou social. • CE 5 avr. 2006, n° 256507, *Sté de secours minière du Pas-de-Calais : RJF 2008. 832.*

8. Établissements de santé. Les établissements publics de santé sont exonérés de CFE pour leurs activités à caractère essentiellement sanitaire. Cette exonération ne s'applique donc qu'aux activités de prestations de soins aux patients ainsi qu'à celles qui en constituent l'accessoire ou le prolongement indispensable. * BOI-IF-CFE-10-30-10-10 n° 300 du 4 août 2021.

Art. 1450 **Les exploitants agricoles, y compris les propriétaires ou fermiers de marais salants, sont exonérés de la cotisation foncière des entreprises.**

En sont également exonérés les groupements d'employeurs constitués exclusivement d'exploitants individuels agricoles ou de sociétés civiles agricoles bénéficiant de l'exonération, et fonctionnant dans les conditions fixées au chapitre III du titre V du livre II de la première partie du code du travail ainsi que les groupements d'intérêt économique constitués entre exploitations agricoles.

Toutefois, ces dispositions ne s'appliquent pas à la production de graines, semences et plants effectuée par l'intermédiaire de tiers lorsque l'entreprise réalise, au cours de la période de référence définie à l'article 1467 A, un chiffre d'affaires supérieur à 4 573 000 € hors taxes.

NOTE : Sauf exception, la jurisprudence rapportée ci-dessous concerne la taxe professionnelle en vigueur avant le 1er janv. 2010.

1. Exonération applicable. Le critère de l'activité agricole est la participation déterminante au cycle biologique de développement d'un végétal ou de croissance d'un animal. Une société qui fabrique du compost auquel elle incorpore du mycélium afin de permettre le développement des germes de champignons au terme d'une période d'incubation exerce une activité agricole. • CE 2 févr. 1996, n° 122348 : *Dr. fisc. 1996. 626 ; RJF 1996. 308.* ♦ .Mais la simple production de compost n'est pas une opération agricole. • CE 25 févr. 1987, n° 46256 : *Dr. fisc. 1987. 1066* • CE, CAPC, 1er déc. 1995, n° 161485 : *RJF 1996. 591.* ♦ ... Non plus que la culture et la commercialisation de micro-organismes estimés à ensemencer du lait ou des fromages fraîchement démoulés, produits et commercialisés par des tiers. • CE 17 juin 2015, *SAS Laboratoire interprofessionnel de production,* n° 362743 : *RJF 2015. 788 ; Dr. fisc. 2015. 632, note Ralkos.*

2. Exerce une activité agricole (sol. antérieures à L. 30 déc. 1995, art. 86) : un producteur-grainier qui confie des semences de base à des agriculteurs qui en assurent la multiplication, sous sa direction et sa surveillance, et lui livrent les semences commerciales qu'ils ont récoltées. • CE 2 mars 1994, n° 123355 : *Dr. fisc. 1994. 1019, concl. Loloum ; RJF 1994. 155* • 26 mars 2003, n° 238146 : *Dr. fisc. 2003. 455 ; RJF 2003. 719.* ♦ ... Une société qui, d'une part, obtient des bulbes à fleurs auprès d'agriculteurs-multiplicateurs qui, en vertu de contrats de culture conclus avec elle, lui remettent les récoltes issues des produits de base qu'elle leur fournit et, d'autre part, applique aux bulbes un traitement consistant à planifier leur évolution pour obtenir une floraison groupée des plantes qu'elle commercialise. • CE 15 oct. 1997, n° 154519 : *Dr. fisc. 1998. 79, concl. Loloum ; RJF 1997. 1137.* ♦ ... Une société qui exerce l'activité de producteur-grainier. • CE 3 oct. 2003, n° 220280, *Sté Tézier : RJF 2003. 1383.* ♦ ... Une Sica qui embouteille le vin fourni exclusivement par ses associés viticulteurs, doit être regardée comme un exploitant agricole dans la mesure où son activité prolonge celle de ses membres. • CE 10 juill. 2017, *Sica Domaine de Lorgeri,* n° 392752 : *Dr. fisc. 2017. 582, concl. Crépey.*

3. L'exploitant d'une ferme expérimentale (recherche en nutrition animale) peut bénéficier de l'exonération de taxe prévue en faveur des exploitants agricoles, nonobstant l'importance des moyens d'exploitation mis en œuvre et des recettes provenant de son activité de recherche. • CAA Nantes, 25 mai 2009, n° 08NT1572 : *RJF 2010. 129.*

4. Exonération non applicable. Les opérations de sélection, de contrôle et de conservation effectuées sur des semences achetées en vue de la revente ne peuvent être regardées comme revêtant un caractère agricole, même si l'entreprise exerce à titre principal une activité de producteur grainier. • CE 27 oct. 1999, n° 163404 : *RJF 1999. 1557.* ♦ Il en est de même des opérations qu'un producteur-grainier effectue dans le cadre de son activité accessoire d'achat-revente de semences florales et potagères et qui n'ont pour objet que le tri et le stockage des semences dans de bonnes conditions. • CE 3 oct. 2003, n° 220280, *Sté Tézier : préc. note 2.* ♦ ... Des opérations accessoires de transformation de cailles ne provenant pas de son élevage auxquelles se livre un éleveur. • CE 27 juill. 2009, n° 294589 : *RJF 2009. 1101.* ♦ La vinification de raisins achetés à des tiers et l'élevage de vins jeunes achetés auprès de tiers ne sauraient bénéficier de l'exonération. • CAA Lyon, 20 janv. 1999, n° 94LY20671 : *RJF 1999. 572 ; BDCF 5/99, concl. Millet ; Dr. fisc. 2000. 17.* ♦ Il en est de même d'opérations de séchage, égrenage, prénettoyage et traitement insecticide, effectuées à titre accessoire par un producteur grainier pour le compte d'un tiers, sur des semences provenant d'agriculteurs-multiplicateurs, qui ont pour objet le stockage de ces semences dans de bonnes conditions, qui n'entrent pas dans le cycle biologique de leur production et ne constituent donc pas une activité agricole ouvrant droit à l'exonération de taxe professionnelle. • CAA Bordeaux, 18 avr. 2000, n° 98BX330 : *Dr. fisc. 2000. 686, concl. Heinis.*

5. Ne peuvent bénéficier de l'exonération : une coopérative agricole n'exploitant pas de domaine agricole, qui achète – principalement à ses adhérents – des volailles grasses pour les vendre, après abattage et transformation, en foies gras, magrets et confits, cette coopérative ne pouvant être regardée, du fait de son activité, comme un exploitant agricole. • CAA Bordeaux, 9 oct. 2001, n° 99BX2611 : *Dr. fisc. 2002. 195 ; RJF 2002. 168.* ♦ ... Un GIE constitué entre des sociétés civiles agricoles qui ne commercialise pas lui-même la production de ses membres et qui n'assume pas personnellement les risques de l'exploitation. • CAA Paris, 7 févr. 2002, n°s 98PA738 et 98PA1946 : *Dr. fisc. 2003. 19.* ♦ ... Une SCEA qui importe des bonsaïs transportés par bateaux en conteneurs frigorifiques et qui conserve ces arbres dans des serres chauffées afin de leur faire retrouver l'état qu'ils avaient avant leur voyage et de les entretenir en vue de leur commercialisation dès lors que ces opérations ne s'insèrent pas dans le cycle biologique de production et ne présentent donc pas un caractère agricole. • CE 21 nov. 2007, n° 306364 : *RJF 2008. 153.*

6. *Activités équestres.* Activités de préparation et d'entraînement des équidés domestiques, en vue de leur exploitation dans les activités autres que celles du spectacle. Activités exonérées. Obligations déclaratives. * BOI-IF-CFE-10-30-10-20 n°s 460 s. du 3 oct. 2018. ♦ Constitue une activité agricole l'activité consistant à acheter des chevaux puis à leur apporter des soins particuliers leur permettant d'être revendus comme chevaux de selle. • CAA Bordeaux, 28 nov. 2006, n° 03BX2470 : *RJF 2007. 432.* ♦ En effet, le cycle biologique de développement du cheval ne se limite pas à la phase de croissance de l'animal mais peut se prolonger à l'âge adulte, par des opérations visant à améliorer sa condition physique et à renforcer ses aptitudes naturelles pour le rendre conforme à sa destination, c'est-à-dire apte au dressage qui sera choisi. Par suite, l'activité d'un éleveur de chevaux qui se consacre à la dernière phase du cycle biologique du développement du cheval est de nature agricole. • CE 30 déc. 2009, n° 312226 : *RJF 2010. 368 ; concl. Legras au BDCF 4/10, n° 46.*

7. *GIE entre exploitants agricoles.* Activités et établissements exonérés. * BOI-IF-CFE-10-30-10-20 n°s 250 à 340 du 3 oct. 2018.

8. *Activités de vente de la biomasse et de production d'énergie provenant de la biomasse.* Conditions d'exonération. * BOI-IF-CFE-10-30-10-20 n°s 50 à 100 du 3 oct. 2018.

Art. 1451 **I. — Sous réserve des dispositions du II, sont exonérés de la cotisation foncière des entreprises :**

1° Les sociétés coopératives agricoles et leurs unions ainsi que les sociétés d'intérêt collectif agricole qui emploient au plus trois salariés ou qui se consacrent :

A l'électrification ;

A l'habitat ou à l'aménagement rural ;

A l'utilisation de matériel agricole ;

A l'insémination artificielle ;

A la lutte contre les maladies des animaux et des végétaux ;

A la vinification ;

Au conditionnement des fruits et légumes ;

Et à l'organisation des ventes aux enchères ;

2° Les coopératives agricoles et vinicoles, pour leurs activités autres que la vinification et quel que soit le mode de commercialisation employé, lorsque l'effectif salarié correspondant n'excède pas trois personnes ;

3° Les organismes suivants, susceptibles d'adhérer aux caisses de crédit agricole mutuel en vertu des dispositions législatives et réglementaires qui régissent le crédit mutuel et la coopération agricole :

Associations syndicales qui ont un objet exclusivement agricole ;

Syndicats professionnels agricoles, à condition que leurs opérations portent exclusivement sur des produits ou instruments nécessaires aux exploitations agricoles elles-mêmes ;

Sociétés d'élevage, associations agricoles reconnues par la loi et dépendant du ministère de l'agriculture, qui ont pour objet de favoriser la production agricole, ainsi que leurs unions et fédérations ;

Chambres d'agriculture ;

4° Les caisses locales d'assurances mutuelles agricoles régies par l'article L. 771-1 du code rural et de la pêche maritime qui ont au plus deux salariés ou mandataires rémunérés ;

5° Les sociétés produisant du biogaz, de l'électricité ou de la chaleur par la méthanisation et répondant aux conditions prévues à l'article L. 311-1 du code rural et de la pêche maritime.

(L. n° 2019-486 du 22 mai 2019, art. 12-I-6° et III-C, applicable à compter des impositions établies au titre de 2019) **« L'effectif salarié est apprécié selon les modalités prévues au I de l'article L. 130-1 du code de la sécurité sociale. Par dérogation au même I, la période à retenir pour apprécier le nombre de salariés est l'avant-dernière année précédant celle de l'imposition. Lorsqu'une entreprise bénéficiant déjà de l'exonération prévue au présent article constate un franchissement de seuil d'effectif mentionné aux 1°, 2° ou 4° du présent I déterminé selon les modalités prévues au II de l'article L. 130-1 du code de la sécurité sociale, cette circonstance lui fait perdre le bénéfice de cette exonération. »**

II. — L'exonération prévue aux 1° et 2° du I est supprimée pour :

a) Les sociétés coopératives agricoles, leurs unions et les sociétés d'intérêt collectif agricole dont les parts sont admises aux négociations sur un marché réglementé ou offertes au public sur un système multilatéral de négociation *(L. n° 2016-1691 du 9 déc. 2016, art. 42-III-2°)* **« soumis aux dispositions du II de l'article L. 433-3 du code monétaire et financier » ou dont le capital est détenu à concurrence de 20 % au moins par des associés non coopérateurs au sens du 1 *quinquies* de l'article 207** *(L. n° 2016-1691 du 9 déc. 2016, art. 42-III-2°)* **« du présent code » et des titulaires de certificats coopératifs d'investissement lorsque les statuts prévoient qu'ils peuvent être rémunérés ;**

b) Les sociétés d'intérêt collectif agricole dont plus de 50 % du capital ou des voix sont détenus directement ou par l'intermédiaire de filiales par des associés autres que ceux visés aux 1°, 2° et 3° de l'article L. 522-1 du code rural et de la pêche maritime.

NOTE : La jurisprudence rapportée ci-dessous concerne la taxe professionnelle en vigueur avant le 1er janv. 2010.

1. Les coopératives et les SICA qui emploient plus de trois salariés ont droit à l'exonération lorsqu'elles se consacrent à l'un des objets visés au 1° du I, même si les opérations effectuées avec des agriculteurs représentent moins de la moitié de leur chiffre d'affaires contrairement aux règles du code rural. • CE 17 mai 1995, n° 128518 : *Dr. fisc. 1995. 2065 ; RJF 1995. 844.* ♦ Le bénéfice de cette exonération de taxe professionnelle n'est pas assorti d'une condition tenant à la nature ou à la qualité des personnes physiques ou morales au profit desquelles ces sociétés interviennent. Dès lors, une SICA dont l'activité peut être regardée comme consacrée à l'habitat et à l'aménagement rural est exonérée de taxe, quelle que soit la qualité de ses sociétaires. • CE 16 nov. 2009, n° 299039 : *RJF 2010. 130.*

2. Est également exonérée, comme étant parmi les associations agricoles qui ont pour objet de favoriser la production agricole, une union de coopératives agricoles, reconnue par le ministre de l'agriculture comme groupement de producteurs régi par les art. L. 551-1 s. du code rural. Peu importe à cet égard, qu'elle exerce son activité sous forme d'achat-revente de vins des coopératives adhérentes et qu'elle commercialise des vins d'une société anonyme non adhérente, étant donné le caractère très limité de ses relations commerciales avec cette société. • CAA Bordeaux, 27 juin 2000, n° 98BX1699 : *Dr. fisc. 2001. 408 ; RJF 2000. 1280.*

3. Les syndicats professionnels agricoles sont statutairement autorisés à faire certains actes de commerce. Toutefois, ils ne sont exonérés de la taxe professionnelle qu'à la condition que leurs opérations portent exclusivement sur des produits ou des instruments nécessaires aux exploitations agricoles elles-mêmes. Dès lors un syndicat professionnel agricole qui réalise des opérations de promotion publicitaire en aval de l'activité de production de ses membres est imposable à la taxe professionnelle. • CE 5 mars 2009, n° 295736 : *RJF 2009. 566.*

4. Exonération permanente des activités de méthanisation agricole. Commentaire administratif. * BOI-IF-CFE-10-30-30-50 du 6 juill. 2016.

Art. 1452 **Sont exonérés de la cotisation foncière des entreprises :**

1° Les ouvriers qui travaillent soit à façon pour les particuliers, soit pour leur compte et avec des matières leur appartenant, qu'ils aient ou non une enseigne ou une boutique, lorsqu'ils n'utilisent que le concours d'un ou plusieurs apprentis âgés de vingt ans au plus au début de l'apprentissage et munis d'un contrat d'apprentissage passé dans les conditions prévues par les articles L. 6221-1 à L. 6225-8 du code du travail.

2° La veuve qui continue, avec l'aide d'un seul ouvrier et d'un ou plusieurs apprentis satisfaisant aux mêmes conditions qu'au 1°, la profession précédemment exercée par son mari.

Les personnes mentionnées aux 1° et 2° peuvent, sans perdre le bénéfice de l'exonération prévue au présent article, se faire aider de leur conjoint, du partenaire auquel elles sont liées par un pacte civil de solidarité et de leurs enfants.

Ces dispositions sont applicables, sous les mêmes conditions, aux sociétés imposées dans les conditions prévues au 4° de l'article 8.

Pour l'appréciation du nombre de salariés, la période de référence à retenir est l'année mentionnée à l'article 1467 A.

NOTE : Sauf exception, la jurisprudence rapportée ci-dessous concerne la taxe professionnelle en vigueur avant le 1er janv. 2010.

1. Depuis le 1er janv. 2010, les concours autorisés pour bénéficier de l'exonération« artisan » sont actualisés : 1) sont supprimées les possibilités de recourir aux services d'un compagnon pendant la durée du service militaire du fils avec lequel l'« artisan » travaillait antérieurement (devenue sans objet), ou d'un simple manœuvre dont le concours est indispensable à l'exercice de la profession ; 2) en revanche, l'« artisan » a désormais la possibilité de se faire aider, sans perdre le droit à l'exonération, non plus seulement de ses enfants et de son conjoint mais aussi de son partenaire auquel il est lié par un PACS. * BOI-IF-CFE-10-30-10-90 nos 10 à 110 du 30 janv. 2019.

2. L'exonération est maintenue lorsque l'artisan emploie une femme de ménage. • TA Nantes, 29 févr. 1996, n° 93-1448 : *Dr. fisc. 1996. 1256, concl. Millet.* ♦ V. toutefois en sens contraire. • TA Montpellier, 18 nov. 2009, n° 08-72 : *RJF 2010. 798.* ♦ En revanche, est imposable l'artisan qui verse à des sociétés de travail intérimaire une somme correspondant au salaire annuel de *plusieurs ouvriers.* • *CAA Nancy, 29 mai 1997,* n° 94NA1077 : *Dr. fisc. 1997. 1026.*

3. Pour bénéficier de l'exonération, les travailleurs indépendants doivent exercer une activité dans laquelle le travail manuel est prépondérant, ne pas spéculer sur la matière première et ne pas utiliser des installations d'une importance telle qu'il soit possible de considérer qu'une partie importante de la rémunération de l'exploitant provient du capital engagé. * BOI-IF-CFE-10-30-10-90 nos 20 à 50 du 30 janv. 2019. ♦ En conséquence, refus de l'exonération : à un « marchandiser », rémunéré par des commissions d'après le chiffre d'affaires réalisé, dont l'activité consiste à livrer des produits dans les magasins de vente, à y assurer leur mise en place et à organiser des campagnes de promotion de ces produits. • CE 28 mai 1997, n° 141227 : *Dr. fisc. 1997. 968, concl. Goulard.* ♦ ... A un exploitant de panneaux publicitaires qu'il loue à des annonceurs, dès lors que ses activités ne comportent pas une part prépondérante de travail manuel, alors même que la qualité d'artisan lui est reconnue par la chambre des métiers. • CE 10 août 2005, n° 247995 : *RJF 2005. 1197 ; Dr. fisc. 2005. 789.*

4. L'exonération est applicable : à un mécanicien réparateur automobile qui exerce seul son activité, dans laquelle le travail manuel est prépondérant, peu important le caractère de l'installation et l'importance des appareils qu'il utilise et la circonstance qu'il perçoit en fin d'année des commissions de ses fournisseurs et qu'une partie importante de son chiffre d'affaires et, dans une moindre mesure, de son bénéfice, résulte de la facturation des pièces détachées. • CE 5 juin 1981, n° 22978 : *Dr. fisc. 1981. 1673.* ♦ ... A un artisan qui, pour la réalisation de petits travaux d'imprimerie, utilise un outillage nécessitant pour l'essentiel des manipulations et des réglages manuels et qui ne spécule pas sur la matière première, alors même que la part de sa rémunération par rapport au chiffre d'affaires est légèrement inférieure à 50 %. • CAA Nantes, 17 oct. 2000, n° 96NT1136 : *Dr. fisc. 2001. 794.* ♦ ... A un artisan qui exerce seul et pour le compte de particuliers une activité de pose et de réparation de fenêtres, volets, portails et serrures achetés auprès de manufacturiers industriels dès lors que : 1) l'activité de réparation et les opérations d'ajustement nécessairement effectuées en vue de la pose de fenêtres, de volets, de portails et de serrures présentent un caractère manuel ; 2) les équipements achetés par l'intéressé ne sont, pour l'essentiel, vendus à ses clients qu'à la condition d'en assurer également la pose. La circonstance qu'une part importante du chiffre d'affaires de l'intéressé, et dans une moindre mesure, de son bénéfice, résulte de la facturation des équipements est sans incidence sur la qualification de l'activité. • CE 16 janv. 2006, n° 282053 : *RJF 2006. 394 ; concl. Vallée au BDCF 4/06, n° 51 ; Dr. fisc. 2006. 445.* ♦ Confirmant • CAA Nantes, 29 mars 2005, n° 03NT372 : *Dr. fisc. 2005. 715, concl. Hervouet.*

5. Même si la conduite d'un bateau nécessite un savoir-faire certain, d'ailleurs sanctionné par la délivrance d'un certificat de capacité, un artisan batelier ne peut bénéficier de l'exonération de taxe dès lors que l'activité de transporteur fluvial ne comporte aucune intervention sur les matériaux ou objets transportés qui puisse permettre de la regarder comme un travail à façon au sens de l'art. 1452. • CAA Lyon, 23 juin 2011, n° 10LY01689 : *RJF 2011. 1310 ; Dr. fisc. 2011. 554, note Monnier.*

6. Les conditions d'exonération doivent être remplies au 1er janv. de l'année d'imposition. • CE 2 juin 1982, n° 22304 : *Dr. fisc. 1983. 263* • CE, CAPC, 23 juill. 1993, n° 128295 : *RJF 1993. 1456.*

Art. 1453 **Sont exonérés de la taxe professionnelle, les chauffeurs et cochers propriétaires d'une ou de deux voitures qu'ils conduisent et gèrent eux-mêmes, à la condition que les deux voitures ne soient pas mises simultanément en service, qu'elles ne comportent pas plus de sept places et que les conditions de transport soient conformes à un tarif réglementaire.**

Art. 1454 **Sont exonérées de la cotisation foncière des entreprises, les sociétés coopératives et unions de sociétés coopératives d'artisans de même que les sociétés coopératives et unions de sociétés coopératives de patrons bateliers, lorsque ces différents organismes sont constitués et fonctionnent conformément aux dispositions législatives et réglementaires qui les régissent.**

L'exonération prévue au premier alinéa n'est pas applicable aux sociétés coopératives et unions de sociétés coopératives dont les parts sont admises aux négociations sur un marché réglementé ou offertes au public sur un système multilatéral de négociation *(L. n° 2016-1691 du 9 déc. 2016, art. 42-III-3°)* **« soumis aux dispositions du II de l'article L. 433-3 du code monétaire et financier » ou dont le capital est détenu à concurrence de 20 % au moins par des associés non coopérateurs au sens du 1 *quinquies* de l'article 207** *(L. n° 2016-1691 du 9 déc. 2016, art. 42-III-3°)* **« du présent code » et des titulaires de certificats coopératifs d'investissement lorsque les statuts prévoient qu'ils peuvent être rémunérés.**

Les sociétés coopératives artisanales ont pour objet la réalisation de toutes opérations et la prestation de tous services susceptibles de contribuer, directement ou indirectement, au développement des activités artisanales de leurs associés ainsi que l'exercice en commun de ces activités (L. n° 83-657 du 20 juill. 1983, art. 1er, 1er al.).

NOTE : La jurisprudence rapportée ci-dessous concerne la taxe professionnelle en vigueur avant le 1er janv. 2010.

1. Doctrine administrative. Notion d'associé des sociétés coopératives artisanales. Activités exercées par ces coopératives. Notion de revente en l'état. Nouvelle doctrine administrative. * BOI-IF-CFE-10-30-10-90 nos 180 à 320 du 12 sept. 2012.

2. Jurisprudence. Une société coopérative de transports n'est pas exonérée dès lors que ses membres ne peuvent se prévaloir de la qualité d'artisan, leur activité ne donnant pas lieu à immatriculation au répertoire des métiers. • CAA Nancy, 8 nov. 2001, n° 98NA1255 : *Dr. fisc. 2002. 655, concl. Lion ; RJF 2002. 402.*

3. Une coopérative d'artisans peut procurer à ses associés des produits destinés à être revendus en l'état, à condition que ces opérations aient un caractère accessoire. • CE 2 nov. 1994, nos 126331 et n° 135219 : *Dr. fisc. 1995. 780, concl. Loloum ; RJF 1994. 1330, concl. Loloum.* ♦ En revanche, une coopérative qui a pour principale fonction d'approvisionner ses adhérents de marchandises destinées à être revendues par eux en l'état ne peut bénéficier de l'exonération. • CE 27 févr. 1995, n° 142268 : *Dr. fisc. 1995. 781, concl. Bachelier* • CAA Nantes, 29 juin 1995 : *RJF 1996. 50.* ♦ Il en est de même d'une coopérative d'achats en commun de détaillants en radio, télévision, matériel ménager et électrique dont l'activité de fourniture aux adhérents de matériels destinés à être revendus en l'état n'a pas un caractère accessoire. • CE 19 avr. 2000, n° 172363 : *Dr. fisc. 2000. 685, concl. Courtial ; RJF 2000. 629 ; concl. Courtial au BDCF 5/00.* ♦ D'autre part, si l'utilisation de pièces détachées par des réparateurs ne peut, eu égard à l'objet même de leur activité, être regardée comme constituant de leur part une opération commerciale de revente en l'état, en revanche la fourniture par ces mêmes artisans à leurs clients de matériels agricoles revêt le caractère d'une telle opération. La circonstance que lors de la livraison de ces matériels, lesdits artisans sont conduits à réaliser des travaux de montage n'est pas de nature à faire perdre à ces opérations leur caractère principalement commercial. • CE 19 avr. 2000, nos 187079 et 174018 : *Dr. fisc. 2000. 685, concl. Courtial ; RJF 2000. 630.*

4. L'exonération n'est pas accordée à une coopérative qui fait bénéficier de ses services des associés non coopérateurs, qui n'exercent pas d'activité identique ou complémentaire à celle des artisans figurant au répertoire des métiers. • CE 4 juill. 1997, n° 155382 : *Dr. fisc. 1997. 1238, concl. Goulard ; RJF 1997. 798.*

5. L'exonération est accordée à une coopérative artisanale de bouchers et de charcutiers approvisionnant ses associés, bouchers détaillants inscrits au répertoire des métiers, qui en procédant à la découpe et à la préparation des viandes achetées à la coopérative, exercent une activité artisanale de transformation. • CE 28 juill. 1999, n° 171561 : *Dr. fisc. 2000. 209 ; RJF 1999. 1195.*

6. Les bouchers et charcutiers détaillants sont au nombre des personnes qui peuvent être les associées d'une société coopérative artisanale. Il en est de même d'un marchand de viandes en gros dès lors qu'il exerce une activité complémentaire de celle des bouchers et charcutiers à l'approvisionnement desquels il concourt. La société coopérative d'abattage formée entre ces personnes est exonérée de taxe professionnelle même si elle emploie du personnel salarié. • CE 2 févr. 1996, n° 152451 : *Dr. fisc. 1996. 327 ; RJF 1996. 309.*

7. Les coopératives artisanales peuvent utiliser le concours d'un personnel salarié pour autant que cela soit nécessaire, sans que soit remise en cause l'exonération de taxe dont elles bénéficient. L'emploi de personnel salarié justifié par les conditions de fonctionnement de la coopérative n'est donc pas de nature, à lui seul, à permettre de remettre en cause l'exonération de taxe. • CE 16 déc. 1998, nos 155384 et 158826 : *Dr. fisc. 1999. 457, concl. Goulard.*

Art. 1455 **Sont exonérés de la cotisation foncière des entreprises :**

1° Les pêcheurs utilisant pour leur activité professionnelle un ou deux bateaux, même s'ils en sont propriétaires ;

1° *bis* Les sociétés de pêche artisanale visées à l'article L. 931-2 du code rural et de la pêche maritime lorsqu'un ou plusieurs associés sont embarqués ;

2° Les inscrits maritimes qui se livrent personnellement à la pêche des poissons, crustacés, mollusques et autres produits de la pêche et effectuent eux-mêmes la vente de ces produits ;

3° Les sociétés coopératives maritimes constituées et fonctionnant conformément aux articles L. 931-5 à L. 931-27 du code rural et de la pêche maritime.

L'exonération prévue ci-dessus n'est pas applicable aux sociétés coopératives maritimes dont les parts sont admises aux négociations sur un marché réglementé ou offertes au public sur un système multilatéral de négociation *(L. n° 2016-1691 du 9 déc. 2016, art. 42-III-4°)* **« soumis aux dispositions du II de l'article L. 433-3 du code monétaire et financier » ou dont le capital est détenu à concurrence de 20 % au moins par des associés non coopérateurs au sens du 1 *quinquies* de l'article 207** *(L. n° 2016-1691 du 9 déc. 2016, art. 42-III-4°)* **« du présent code » et des titulaires de certificats coopératifs d'investissement lorsque les statuts prévoient qu'ils peuvent être rémunérés.**

Art. 1456 **Sont exonérées de la cotisation foncière des entreprises les sociétés coopératives de production dont les statuts et le fonctionnement sont reconnus conformes aux dispositions de la loi n° 78-763 du 19 juillet 1978 portant statut des sociétés coopératives de production.**

Sont exclues du bénéfice de cette exonération les sociétés coopératives de production dont les parts sont admises aux négociations sur un marché réglementé ou offertes au public sur un système multilatéral de négociation *(L. n° 2016-1691 du 9 déc. 2016, art. 42-III-5°)* **« soumis aux dispositions du II de l'article L. 433-3 du code monétaire et financier » ou dont le capital est détenu pour plus de 50 % par des personnes définies au 1 *quinquies* de l'article 207** *(L. n° 2016-1691 du 9 déc. 2016, art. 42-III-5°)* **« du présent code » et des titulaires de certificats coopératifs d'investissement, à l'exception de celles dont la majorité du capital est détenue par une autre société coopérative de production dans les conditions prévues à l'article 25 modifié de la loi n° 78-763 du 19 juillet 1978 portant statut des sociétés coopératives de production.**

L'exonération est toutefois applicable aux sociétés coopératives de production issues de la transformation d'autres sociétés dans les conditions prévues aux articles 48 à 52 de la même loi et pour lesquelles les associés non coopérateurs s'engagent, au moment de la transformation et dans des conditions fixées par décret *[V. Décr. n° 2014-1758 du 31 déc. 2014]* **, à céder un nombre de parts sociales suffisant pour permettre aux asso-**

ciés coopérateurs de détenir au moins 50 % du capital de la société au plus tard le 31 décembre de la septième année qui suit celle de la transformation en société coopérative de production. — *En cas de transformation d'une société en société coopérative de production dans les conditions prévues à l'art. 49 ter de la L. n° 78-763 du 19 juill. 1978, une copie des statuts est transmise à l'administration fiscale dans le mois qui suit leur adoption.*

L'exonération est également applicable aux sociétés coopératives de production qui ont constitué entre elles un groupement relevant des articles 47 *bis* à 47 *septies* de la loi n° 78-763 du 19 juillet 1978 précitée et dont la majorité du capital est détenue par une ou plusieurs sociétés coopératives membres de ce groupement ou par des salariés employés par les autres sociétés coopératives membres de ce groupement.

En cas de non-respect de l'engagement mentionné au troisième alinéa, la société verse les sommes qu'elle n'a pas acquittées au titre de la cotisation foncière des entreprises en application du même alinéa. Les droits correspondants sont majorés de l'intérêt de retard prévu à l'article 1727, décompté à partir de la date à laquelle ces impositions auraient dû être acquittées.

Art. 1457 **L'activité des personnes mentionnées à l'article L. 135-1 du code de commerce dont la rémunération brute totale, perçue au titre de cette activité au cours de la période de référence définie à l'article 1467 A, est inférieure à la limite de 16,5 % du montant annuel du plafond mentionné à l'article L. 241-3 du code de la sécurité sociale est exonérée de la cotisation foncière des entreprises.**

Le bénéfice de l'exonération est subordonné au respect du règlement (UE) n° 1407/2013 de la Commission, du 18 décembre 2013, relatif à l'application des articles 107 et 108 du traité sur le fonctionnement de l'Union européenne aux aides *de minimis*. — *Pour les aides antérieures au 1er janv. 2014, V. App., Règl. (UE) n° 1407/2013 préc., art. 7.*

1. Vendeurs à domicile indépendants. Statut du vendeur à domicile. Modalités d'exercice de l'activité. Seuil d'exonération. Réglementation relative aux aides d'État. Exonération applicable à compter des impositions établies au titre de 2007. * BOI-IF-CFE-10-30-10-40 nos 330 à 530 du 12 sept. 2012.

2. Petits métiers. Ces métiers (vendeurs ambulants dans les rues, les lieux de passage, les marchés, des fleurs, de l'amadou, des balais, des statues et figures en plâtre, des fruits, des légumes, des poissons, du beurre, des œufs, du fromage et autres menus comestibles ; chiffonniers au crochet, rémouleurs ambulants) qui étaient exonérés de TP ne le sont pas de la CFE. Toutefois, dans l'hypothèse où des personnes exerceraient encore de « petits métiers », elles continuent à bénéficier de l'exonération de CFE dans les mêmes conditions qu'en matière de TP, selon les dispositions en vigueur au 31 déc. 2009. * BOI-IF-CFE-10-30-10-40 n° 540 du 12 sept. 2012.

Art. 1458 **Sont exonérés de la cotisation foncière des entreprises :**

1° Les éditeurs de feuilles périodiques et les sociétés dont ils détiennent majoritairement le capital et auxquelles ils confient l'exécution d'opérations de groupage et de distribution ;

1° *bis* Les sociétés coopératives de *(L. n° 2019-1479 du 28 déc. 2019, art. 119-I-1° et II, applicable à la cotisation foncière des entreprises due à compter de 2020)* **« groupage** *[ancienne rédaction : messageries]* **» de presse et les sociétés** *(L. n° 2019-1479 du 28 déc. 2019, art. 119-I-2° et II, applicable à la cotisation foncière des entreprises due à compter de 2020)* **« agréées de distribution de la presse, en raison de l'activité de distribution groupée des journaux et publications périodiques qu'elles se voient confier et exercent en application de l'article 3** *[ancienne rédaction : dont le capital est détenu majoritairement par des sociétés coopératives de messageries de presse qui leur confient l'exécution d'opérations de groupage et de distribution en application de l'article 4]* **» de la loi n° 47-585 du 2 avril 1947 relative au statut des entreprises de groupage et de distribution des journaux et publications périodiques ;**

1° *ter* Les services de presse en ligne reconnus au 1er janvier de l'année d'imposition dans les conditions précisées par le décret prévu au troisième alinéa de l'article 1er de la loi n° 86-897 du 1er août 1986 portant réforme du régime juridique de la presse ;

2° Les agences de presse qui figurent sur la liste établie en application de l'article 1er de l'ordonnance n° 45-2646 du 2 novembre 1945, modifiée, en raison de l'activité

qu'elles exercent dans le cadre de ce même article 1er tant qu'elles n'ont pas cessé de remplir les conditions déterminées par cette ordonnance ;

3° Les correspondants locaux de la presse régionale ou départementale en raison de l'activité qu'ils exercent conformément aux dispositions de l'article 10 de la loi n° 87-39 du 27 janvier 1987 portant diverses mesures d'ordre social.

4° Les vendeurs-colporteurs de presse en raison de l'activité qu'ils exercent conformément au I de l'article 22 de la loi n° 91-1 du 3 janvier 1991 tendant au développement de l'emploi par la formation dans les entreprises, l'aide à l'insertion sociale et professionnelle et l'aménagement du temps de travail, pour l'application du troisième plan pour l'emploi.

L'exonération prévue par le présent art., dans sa rédaction antérieure à la L. n° 2019-1479 du 28 déc. 2019, reste applicable dans les mêmes conditions aux personnes morales mentionnées au I de l'art. 13 de la L. n° 2019-1063 du 18 oct. 2019 relative à la modernisation de la distribution de la presse jusqu'à l'année au cours de laquelle prend effet l'agrément mentionné au I du même art. 13 (L. n° 2019-1479 du 28 déc. 2019, art. 119-II).

NOTE : Sauf exception, la jurisprudence rapportée ci-dessous concerne la taxe professionnelle en vigueur avant le 1er janv. 2010.

1. Éditeurs de feuilles périodiques. L'exonération n'est pas subordonnée au respect des conditions fixées aux art. 72 et 73 de l'Ann. III, qui ne concernent que la TVA, et notamment à l'obtention d'un numéro de commission paritaire. L'éditeur d'une revue mensuelle comportant des informations sur la législation applicable aux commerçants et des annonces sur les fonds de commerce est exonéré de la taxe. • TA Melun, 8 oct. 1996, n° 95-9987 : *RJF 1997. 40.* ♦ Une entreprise de presse ne peut pas bénéficier de l'exonération prévue à l'art. 1458-1° pour la partie de son activité constituée par l'édition de journaux gratuits dès lors que ces journaux, qui sont exclusivement ou essentiellement consacrés à la publicité ou aux annonces et ne proposent aucun contenu éditorial ou un contenu éditorial de minime importance, ne constituent pas des feuilles périodiques au sens de ce texte. • CAA Bordeaux, 27 mars 2008, n° 06BX1403 : *RJF 2008. 824.*

2. L'identification d'une œuvre écrite par un numéro ISSN (International Standard Serial Number) constitue un indice permettant de caractériser le caractère périodique d'une publication. A l'inverse, la mention sur une œuvre écrite d'un numéro ISBN (International Standard Book Number) conduit généralement à exclure l'entreprise éditrice de l'œuvre du champ d'application de l'exonération. * Rescrit 28 déc. 2010, *n° 2010/72 IDL* * BOI-IF-CFE-10-30-10-40 n° 40 du 4 juin 2016.

3. Sociétés de groupage et de distribution de la presse. Extension de l'exonération de taxe en faveur des sociétés commerciales de groupage et de distribution des journaux et publications périodiques dont le capital est détenu majoritairement par des coopératives de messageries de presse. Exonération également applicable lorsque ces sociétés ne sont pas détenues majoritairement par les coopératives mais sont contrôlées par elles. Application à compter de 2007. * BOI-IF-CFE-10-30-10-40 n° 50 du 7 juin 2016. ♦ Une société commerciale de groupage et de distribution de journaux et publications périodiques dont le capital est détenu majoritairement par une société coopérative de messageries de presse peut bénéficier à ce titre de l'exonération de CFE à raison de l'activité de groupage et de distribution qui lui est confiée, sans qu'y fasse obstacle la circonstance qu'elle a d'autres activités par ailleurs. L'exonération est applicable à raison des seules immobilisations affectées aux opérations de groupage et de distribution. • CAA Versailles, 14 mars 2017, *SAS Forum Longjumeau,* n° 16VE00596 : *RJF 2017. 561.*

4. Activités de diffusion (sol. ant. à 2007). L'exonération ne s'applique pas à une société contrôlée par des sociétés d'édition de presse, qui assure la diffusion de journaux et de publications périodiques dont elle n'assure ni l'édition ni l'impression, même si elle exerce ainsi une activité dans le prolongement de l'activité d'édition. • CAA Nantes, 18 avr. 2005, n° 03NT1364 : *RJF 2005. 1198.* ♦ ... A la filiale d'une société d'édition d'un quotidien, filiale spécialisée dans le portage au domicile des lecteurs, dès lors que cette filiale, personne morale distincte de la société d'édition, n'est pas elle-même un éditeur de feuilles périodiques, même si elle exerce ainsi une activité dans le prolongement de l'activité d'édition exercée par sa société mère. • CAA Nancy, 5 août 2004, nos 00NA364 et 00NA1118 : *Dr. fisc. 2005. 256.* ♦ En sens contraire : • TA Melun, 27 mars 2003, nos 01-1587, 01-1590 et 01-6702 : *RJF 2004. 383.*

5. Agences de presse. Une société qui, à la date du 1er janv. de l'année N, n'était pas encore inscrite sur la liste des agences de presse ne peut demander l'exonération de la taxe professionnelle mise à sa charge pour ladite année au titre de son activité d'agence de presse, alors même qu'elle a été inscrite sur cette liste par un arrêté postérieur au 1er janv. de l'année N avec effet rétroactif au 1er nov. de l'année N – 1. • CE 26 déc. 2008, n° 288106 : *RJF 2009. 222.*

Art. 1458 *bis* I. — *(Abrogé par L. nº 2016-1917 du 29 déc. 2016, art. 67-I-A-1º-a et II, pour les impositions établies aux titre de 2017)* ***« Les communes et leurs établissements publics de coopération intercommunale à fiscalité propre peuvent, par une délibération de portée générale prise dans les conditions définies à l'article 1639 A bis, exonérer de cotisation foncière des entreprises »*** **Les établissements qui vendent au public des écrits périodiques en qualité de mandataires inscrits** *(L. nº 2019-1063 du 18 oct. 2019, art. 6-2º)* **« à la commission mentionnée à l'article 26 de la loi nº 47-585 du 2 avril 1947 relative au statut des entreprises de groupage et de distribution des journaux et publications périodiques » et qui revêtent la qualité de diffuseur de presse spécialiste au sens de l'article 2 du décret nº 2011-1086 du 8 septembre 2011 instituant une aide exceptionnelle au bénéfice des diffuseurs de presse spécialistes et indépendants, dans sa rédaction en vigueur** *(L. nº 2016-1917 du 29 déc. 2016, art. 67-I-A-1º-b et II, applicable à compter des impositions établies au titre de 2017)* **« le 29 décembre 2013, sont exonérés de cotisation foncière des entreprises ».**

II. — Pour bénéficier de l'exonération prévue au I, un établissement doit, au cours de la période de référence mentionnée à l'article 1467 A, relever d'une entreprise qui satisfait aux conditions suivantes :

1º L'entreprise est une petite ou moyenne entreprise, au sens de l'annexe I au règlement (UE) nº 651/2014 de la Commission du 17 juin 2014 déclarant certaines catégories d'aides compatibles avec le marché intérieur en application des articles 107 et 108 du traité ;

2º Le capital de l'entreprise est détenu, de manière continue, à hauteur de 50 % au moins :

***a)* Par des personnes physiques ;**

***b)* Ou par une société répondant** *(L. nº 2021-1900 du 30 déc. 2021, art. 104-1º)* **« à la condition prévue au 1º du présent II » et dont le capital est détenu à hauteur de 50 % au moins par des personnes physiques.**

(Abrogé par L. nº 2021-1900 du 30 déc. 2021, art. 104-2º) ***« 3º L'entreprise n'est pas liée à une autre entreprise par un contrat prévu à l'article L. 330-3 du code de commerce. »***

(L. nº 2016-1917 du 29 déc. 2016, art. 67-I-A et II, applicable à compter des impositions établies au titre de 2017) **« III. — Pour bénéficier de l'exonération, les entreprises en adressent la demande, dans les délais prévus à l'article 1477, au service des impôts dont relève chacun des établissements concernés. A défaut du dépôt de cette demande dans les délais prévus au même article 1477, l'exonération n'est pas accordée au titre de l'année concernée.**

« L'exonération porte sur les éléments entrant dans son champ d'application et déclarés dans les délais prévus audit article 1477. » — *V. App., L. nº 2016-1917 du 29 déc. 2016, art. 67-III. — Par dérogation au présent III, dans sa rédaction résultant de la L. nº 2016-1917 du 29 déc. 2016, pour bénéficier de l'exonération de cotisation foncière des entreprises au titre de 2017 et 2018, les entreprises en font la demande au service des impôts dont relève chacun de leurs établissements au plus tard le 31 déc. 2017. A défaut du dépôt de cette demande dans ce délai, l'exonération n'est pas accordée au titre des années concernées (L. préc., art. 67-III).*

IV. — L'exonération prévue au I est subordonnée au respect du règlement (UE) nº 1407/2013 de la Commission, du 18 décembre 2013, relatif à l'application des articles 107 et 108 du traité sur le fonctionnement de l'Union européenne aux aides *de minimis*.

V. App., L. nº 2016-1917 du 29 déc. 2016, art. 67-IV. — Les dispositions du présent art. reprennent avec modifications celles de l'art. 1464 L, et s'appliquent à compter des impositions établies au titre de 2017.

Diffuseurs de presse spécialistes. Champ d'application et conditions de l'exonération. Modalités de la demande d'exonération. * BOI-IF-CFE-10-30-10-45 du 1er mars 2017.

Art. 1459 **Sont exonérés de la cotisation foncière des entreprises :**

1º Les propriétaires ou locataires qui louent accidentellement une partie de leur habitation personnelle, lorsque d'ailleurs cette location ne présente aucun caractère périodique ;

2º Les personnes qui louent ou sous-louent en meublé une ou plusieurs pièces de leur habitation principale, sous réserve que les pièces louées constituent pour le loca-

taire ou le sous-locataire en meublé sa résidence principale, et que le prix de location demeure fixé dans des limites raisonnables ;

3° Sauf délibération contraire de la commune ou de l'établissement public de coopération intercommunale doté d'une fiscalité propre :

a) Abrogé par L. n° 2015-1785 du 29 déc. 2015, art. 91-I-4° ;

b) Les personnes qui louent en meublé des locaux classés dans les conditions prévues à l'article L. 324-1 du code de tourisme, lorsque ces locaux sont compris dans leur habitation personnelle ; *— V. Arr. du 8 janv. 1993 (JO 29 janv.).*

c) Les personnes autres que celles visées aux 1° et 2° du présent article ainsi qu'au *b* qui louent ou sous-louent en meublé tout ou partie de leur habitation personnelle.

Les délibérations sont prises dans les conditions prévues à l'article 1639 A *bis* et portent sur la totalité de la part revenant à chaque collectivité ou groupement ; elles peuvent concerner une ou plusieurs des catégories de personnes énumérées ci-dessus.

1. Exonération des locations et sous-locations meublées. Commentaires administratifs. BOI-IF-CFE-10-30-30-50 du 6 juill. 2016.

2. Locations saisonnières. Les locaux compris dans l'habitation personnelle du contribuable ou qui constituent tout ou partie de celle-ci, en principe exonérés de CFE en application du *c* de l'art. 1459-3, s'entendent des locaux dont il se réserve la jouissance ou la disposition en dehors des périodes de location saisonnière. • CE 9 oct. 2019, n° 417676 : *RJF 2020. 35.*

3. Chambres d'hôtes. Les personnes qui louent ou sous-louent des chambres d'hôtes peuvent bénéficier de l'exonération prévue par l'art. 1459-3°, à condition qu'il s'agisse de locaux loués dépendant de leur résidence personnelle (principale ou secondaire), c'est-à-dire dont elles se réservent éventuellement la disposition en dehors des périodes de location. * Rép. min. n° 8234 : *JOAN Q, 16 avr. 2013, p. 4141.*

4. Loueurs de gîtes ruraux. A compter des impositions établies au titre de 2016, est abrogé l'art. 459-3-*a*, qui exonérait de CFE les personnes louant tout ou partie de leur habitation personnelle à titre de gîte rural, sauf délibération contraire de la commune ou de l'établissement public de coopération intercommunale (EPCI) doté d'une fiscalité propre. Les délibérations des communes et des EPCI à fiscalité propre s'opposant à cette exonération continuent à produire leurs effets en 2016. * BOI-IF-CFE-10-30-30-50 du 6 juill. 2016.

Art. 1460 Sont exonérés de la cotisation foncière des entreprises :

1° Les établissements d'enseignement du second degré qui ont passé avec l'État un contrat en application de l'article L. 442-1 du code de l'éducation et les établissements d'enseignement supérieur qui ont passé une convention en application de l'article L. 718-16 du même code ou qui ont fait l'objet d'une reconnaissance d'utilité publique ;

1° *bis* Les établissements d'enseignement supérieur consulaire mentionnés à l'article L. 711-17 du code de commerce pour leurs activités de formation professionnelle initiale et continue ainsi que de recherche ainsi que les organismes mentionnés au premier alinéa du 1 *bis* de l'article 206 du présent code, au titre de leur participation dans ces établissements ou au titre du financement de leurs activités ;

2° Les peintres, sculpteurs, graveurs et dessinateurs considérés comme artistes et ne vendant que le produit de leur art ;

2° *bis* Les photographes auteurs, pour leur activité relative à la réalisation de prises de vues et à la cession de leurs œuvres d'art au sens de l'article 278 *septies* et du I de l'article 278-0 *bis* ou de droits mentionnés au *g* de l'article 279 et portant sur leurs œuvres photographiques ;

3° Les auteurs et compositeurs, les professeurs de lettres, sciences et arts d'agrément, les instituteurs primaires ;

4° Les artistes lyriques et dramatiques ;

5° Les sages-femmes et les garde-malades ;

6° Abrogé par Ord. n° 2010-1307 du 28 oct. 2010, art. 7-5° et 17, à compter du 1er déc. 2010.

7° Les sportifs pour la seule pratique d'un sport ;

8° Les avocats ayant suivi la formation prévue au chapitre II du titre Ier de la loi n° 71-1130 du 31 décembre 1971 portant réforme de certaines professions judiciaires et juridiques, pour une période de deux ans à compter de l'année qui suit le début de l'exercice de la profession d'avocat ;

9° Les membres du corps de réserve sanitaire constitué dans les conditions prévues au titre III du livre Ier de la troisième partie du code de la santé publique pour leurs activités exercées à ce titre.

1. Dessinateurs et graphistes. La qualité d'artiste dessinateur au sens du 2° est reconnue au graphiste dont l'activité consiste à créer et à réaliser de sa propre main des illustrations, sigles, logotypes et dessins originaux sans travailler sur modèle. • CAA Nancy, 4 avr. 1996, n° 94NA1563 : *Dr. fisc. 1996. 1114.* ♦ Elle est refusée à : un graphiste publicitaire chargé de la conception esthétique d'emballages, un concepteur de mobilier et d'articles utilitaires, un illustrateur qui ne joue pas un rôle prépondérant dans la conception et la réalisation de ses travaux. • CAA Nancy, 4 avr. 1996, nos 94NA864, 94NA907 et 94NA945 : *Dr. fisc. 1996. 1114.* ♦ ... A un tatoueur sur peau humaine même s'il réalise des œuvres originales impliquant une activité artistique. • CE 27 juill. 2009, n° 312165 : *RJF 2009. 1120 ; Dr. fisc. 2009. 547.*

2. Un graphiste illustrateur qui recourt à plusieurs collaborateurs qualifiés ne peut être regardé comme ne vendant que le produit de son art. • CAA Paris, 27 févr. 1996, n° 94PA1268 : *Dr. fisc. 1996. 820* • CAA Nancy, 4 avr. 1996, n° 94NA1537 : *Dr. fisc. 1996. 1114.*

3. Sont exonérés les dessinateurs qui exécutent des œuvres dues à leur conception personnelle, soit seuls, soit avec des concours limités indispensables à l'exercice de leur art et ne vendant que le produit de leur art. Les graphistes tout comme les designers peuvent bénéficier de cette exonération sous réserve du respect des conditions suivantes : ne pas travailler sur modèle, et si l'œuvre est commandée par un donneur d'ouvrage, le graphiste ou le designer doit conserver un rôle prépondérant dans la conception ou la réalisation de celle-ci. Par ailleurs, le dessin doit constituer l'objet même de l'œuvre, ce qui exclut en général les designers industriels du champ d'application de cette exonération. * Rép. min. n° 29975 : *JO Sénat 24 août 2006, p. 2186.*

4. Photographes-auteurs. Commentaire administratif du 2° *bis*. Qualité de photographe-auteur. Activités susceptibles d'être exonérées. * BOI-IF-CFE-10-30-10-60 nos 220 à 400 du 6 juill. 2016.

5. Auteurs. Les auteurs visés au 3° s'entendent des seuls auteurs d'œuvres écrites, et non des auteurs de l'ensemble des œuvres de l'esprit définies par l'art. L. 112-2 CPI • CE 14 févr. 1996, n° 140299 : *Dr. fisc. 1996. 369 ; RJF 1996. 456* • 28 juill. 2011, *Synd. national des auteurs et compositeurs, n° 315028 : RJF 2011. 1159 ; concl. Collin au BDCF 11/11, n° 126.* ♦ En conséquence, l'exonération n'est pas applicable à un photographe publicitaire. • CE 14 févr. 1996, n° 140299 : *préc.* ♦ ... Ni aux auteurs de logiciels. • CAA Bordeaux, 30 mai 2000, n° 97BX1475 : *RJF 2000. 1091* • CAA Paris, 8 juin 2000, n° 98PA582 : *RJF 2000. 1461* • CAA Nantes, 28 déc. 2000, n° 97NT2516 : *Dr. fisc. 2001. 1161* • CE (na) 8 oct. 2004, n° 262622 : *RJF 2005. 32.* ♦ ... Ni à un cinéaste-conférencier, alors même qu'il utilise ses propres livres comme support de ses conférences. • CAA Paris, 25 mars 2004, n° 01PA3041 : *RJF 2004. 999.* ♦ ... Ni à un traducteur en vue du doublage et du sous-titrage d'œuvres audiovisuelles étrangères. • CE 28 juill. 2011, *Synd. national des auteurs et compositeurs,* n° 315028 : *préc.*

6. Auteur-éditeur. L'exonération des auteurs ne s'étend pas aux activités d'édition et de vente exercées par ces personnes pour leurs propres œuvres, qui demeurent, à ce titre, redevables pour ces activités de la CFE et plus généralement de la cotisation minimum en raison de la faiblesse de leur base d'imposition. * Rép. min. n° 9232 : *JOAN 4 sept. 2018, p. 7793.*

7. Professeurs. Une personne qui donne avec le concours d'un autre professeur des leçons de danse à plusieurs centaines d'élèves dans des locaux spécialement aménagés ne bénéficie pas de l'exonération prévue pour les professeurs d'art d'agrément. • CE 17 juin 1996, n° 87662 : *RJF 1996. 1016 ; Dr. fisc. 1996. 1258.* ♦ Un professeur de golf qui dispense personnellement son enseignement sans avoir recours à des salariés, ne dispose d'aucune enseigne et n'a recours à aucun moyen publicitaire bénéficie de l'exonération de taxe professionnelle prévue en faveur des professeurs d'arts d'agrément. • TA Nantes, 30 sept. 2003, n° 00-1713 : *RJF 2004. 893* • TA Amiens, 7 févr. 2008, n° 06-754 : *RJF 2008. 1085.*

8. Avocats débutant leur activité. Dispositif applicable à compter des impositions établies au titre de 2008. Les avocats ayant suivi le nouveau cursus de formation mis en place par la loi du 11 févr. 2004 sont exonérés de CFE pour les deux années suivant celle du début de l'exercice de la profession. Avocats éligibles à l'exonération. Détermination du delai délai de deux ans. Obligations déclaratives. * BOI-IF-CFE-10-30-20-10 du 12 sept. 2012.

9. Arbitre de football. Un arbitre de football professionnel ne peut être exonéré : ni au titre de l'art. 1460-7° dès lors que l'activité d'arbitre de football ne peut être regardée comme la pratique d'un sport au sens de ce texte, même si elle implique un entraînement sportif intensif et des tests physiques de contrôle. • CAA Bordeaux, 14 oct. 2004, n° 01BX1190 : *RJF 2005. 138 ; Dr. fisc. 2005. 271* • CE 18 janv. 2008, n° 303816 : *RJF 2008. 455 ; concl. Collin au BDCF 4/08, n° 52* ♦ En matière de CFE • CAA Nantes, 11 juin 2015, n° 14NT01716 : *RJF 2015. 798.* ♦ ... Ni au titre de l'art. 1460-3° exonérant les professeurs d'arts d'agrément, même si son activité revêt pour partie un caractère pédagogique. • CAA Nancy, 13 févr. 1990, n° 576 : *RJF 1990. 549.*

10. Guide de montagne. Un guide de haute montagne ou un accompagnateur en montagne ne peuvent être exonérés ni au titre de l'art. 1460-7° dès lors que leur activité ne peut être regardée comme la pratique d'un sport au sens de ce texte. • TA Pau, 15 déc. 2005, n° 03-14.525 : *RJF 2006. 1037.* ♦ ... Ni au titre de l'art. 1460-3° exonérant les professeurs d'arts d'agrément. • TA Poitiers, 2 mars 2006, n° 05-311 : *RJF 2006. 867.* ♦ Toutefois, l'Administration admet que les titulaires du brevet d'État d'alpinisme, de ski, de parapente et de canyonisme bénéficient de l'exonération des professeurs d'arts d'agrément. dans l'exercice des activités liées à ces brevets, y compris lorsque celles-ci se traduisent par des prestations d'encadrement et d'accompagnement de personnes en milieu montagnard. * Rescrit 8 janv. 200, *n° 2007/57 IDL* * BOI-IF-CFE-10-30-10-60 n° 160 du 6 juill. 2016.

11. Gardes-malades. Aides familiaux. Les aidants familiaux, tels que définis par l'art. R. 245-7 CASF, sont assimilés aux gardes-malades. Ils bénéficient donc, comme ces derniers, de l'exonération de CFE prévue par l'art. 1460-5° CGI. * BOI-IF-CFE-10-30-10-60 n° 450 du 6 juill. 2016.

Art. 1461 Sont exonérés de la cotisation foncière des entreprises :

1° *Abrogé par L. n° 2011-1978 du 28 déc. 2011, art. 65-II-4° et IV, à compter des impositions dues au titre de 2013.*

2° Les organismes d'habitations à loyer modéré mentionnés à l'article L. 411-2 du code de la construction et de l'habitation, les sociétés anonymes de coordination entre les organismes d'habitations à loyer modéré mentionnées à l'article L. 423-1-1 du même code, ainsi que les sociétés ou organismes visés aux articles 239 *ter* et 239 *quater* du présent code dès lors qu'ils sont constitués exclusivement par des organismes précités et si leurs activités sont identiques à celles de leurs membres ;

3° *Abrogé par L. n° 2009-1674 du 30 déc. 2009, art. 15-2°.*

4° Les sociétés de bains-douches et les sociétés de jardins ouvriers ;

5° Les organismes de jardins familiaux définis à l'article L. 561-2 du code rural et de la pêche maritime, lorsque leur activité, considérée dans son ensemble, s'exerce dans des conditions telles qu'elle peut être tenue pour désintéressée ;

(Ord. n° 2016-1408 du 20 oct. 2016, art. 5-I-3°) **« 6° L'association mentionnée à l'article L. 313-18 du code de la construction et de l'habitation et les sociétés mentionnées aux articles L. 313-19 et L. 313-20 du même code au titre des activités relevant des opérations énumérées au 14° du 1 de l'article 207** *[ancienne rédaction : L'Union des entreprises et des salariés pour le logement prévue à l'article L. 313-17 du code de la construction et de l'habitation, sauf pour les activités effectuées en application du 9° de l'article L. 313-19 du même code]* **; »**

(L. n° 2018-1317 du 28 déc. 2018, art. 141, mod. par L. n° 2019-1479 du 28 déc. 2019, art. 65) **« 7° Les syndicats professionnels, quelle que soit leur forme juridique, et leurs unions pour leurs activités portant sur l'étude et la défense des droits et des intérêts collectifs matériels ou moraux de leurs membres ou des personnes qu'ils représentent et à condition qu'ils fonctionnent conformément aux dispositions qui les régissent ; »**

8° Les associations régies par la loi du 1er juillet 1901 relative au contrat d'association, constituées conformément à l'accord du 25 avril 1996 portant dispositions communes à l'AGIRC et à l'ARRCO, et les associations et groupements d'intérêt économique contrôlés par ces associations et comptant parmi leurs membres soit au moins une fédération ou institution de retraite complémentaire régie par le titre II du livre IX du code de la sécurité sociale, soit au moins une association ou un groupement d'intérêt économique comptant parmi ses membres au moins une telle fédération ou institution, pour leurs seules opérations de gestion et d'administration réalisées pour le compte de leurs membres qui ne sont pas dans le champ d'application de la cotisation foncière des entreprises en application du I de l'article 1447.

Le 6° ci-dessus entre en vigueur à la date d'approbation des statuts de l'association et des sociétés mentionnées aux art. L. 313-18, L. 313-19 et L. 313-20 CCH. Ces statuts sont approuvés par décret après avoir été arrêtés par l'assemblée générale de ses membres ou leur actionnaire unique dans un délai de neuf mois après la publication de l'Ord. n° 2016-1408 du 20 oct. 2016. Toutefois, le présent art., dans sa rédaction antérieure à l'Ord. préc., s'applique à l'Union des entreprises et des salariés pour le logement mentionnée à l'art. L. 313-17 CCH dans sa rédaction antérieure à l'Ord. préc. jusqu'à la date de sa dissolution intervenue conformément au IV de l'art. 6 de l'Ord. préc. (Ord. n° 2016-1408 du 20 oct. 2016, art. 5-II, 6-I et IV).

1. Syndicats professionnels et ordres. Sont exonérés de la CFE, au titre du 7°, les syndicats professionnels, quelle que soit leur forme juridique (loi de 1884, association régie par la loi de 1901, syndicats locaux), et leurs unions (fédérations, syndicats interprofessionnels, confédérations) pour leurs activités portant sur l'étude et la défense des droits et des intérêts collectifs matériels ou moraux de leurs membres ou des personnes qu'ils représentent et à condition qu'ils fonctionnent conformément aux dispositions qui les régissent. Sont également concernés les ordres professionnels. * BOI-IF-CFE-10-30-10-80 n° 50 du 12 sept. 2012.

2. Organismes d'HLM. L'exonération prévue au profit des sociétés d'HLM est subordonné à la condition que la société consacre effectivement l'essentiel de son activité aux opérations prévues à l'art. L. 411-1 CCH. Une SA d'HLM qui réalise de manière prépondérante des opérations de promotion immobilière non destinées à des personnes aux ressources modestes ne remplit pas l'une des conditions nécessaires à l'exonération de taxe professionnelle, même si une part plus réduite de son activité inclut des opérations conformes aux prévisions de l'art. L. 411-1 CCH. Elle est par suite passible de la taxe professionnelle. • CAA Nantes, 28 déc. 2005, n° 03NT1578 : *RJF 2006. 508* • CE 21 déc. 2007, n°s 291674 et 296648 : *RJF 2008. 285 ; Dr. fisc. 2008. 224, note Quillévéré.*

Art. 1461 A *(Ord. n° 2021-584 du 12 mai 2021, art. 4-2°)* **Sont exonérées** *[exonérés]* **de la cotisation foncière des entreprises les biens affectés à des missions de service public des communautés professionnelles territoriales de santé, lorsque leur projet de santé est validé dans les conditions prévues à l'article L. 1434-12 du code de la santé publique et qu'elles ont conclu la convention prévue à l'article L. 1434-12-2 du même code.**

Art. 1462 **Sont exonérés de la cotisation foncière des entreprises :**

1° Les groupements d'emprunts de sinistrés constitués en application des dispositions des articles 44 à 49 de la loi n° 47-580 du 30 mars 1947 ;

2° Les associations de mutilés de guerre et d'anciens combattants reconnues d'utilité publique, qui émettent des participations à la loterie nationale avec l'autorisation du ministre des anciens combattants et sous le contrôle organisé par les textes réglementaires, sous réserve qu'elles assurent elles-mêmes le service d'émission, sans prélèvement forfaitaire d'une partie des bénéfices au profit de tiers.

Art. 1463 **Sont exonérés de la cotisation foncière des entreprises, les concessionnaires de mines, les amodiataires et sous-amodiataires de concessions minières, les titulaires de permis d'exploitation de mines et les explorateurs de mines de pétrole et de gaz combustibles, seulement pour l'extraction, la manipulation et la vente des matières par eux extraites.**

Toutefois les entreprises minières qui procèdent à l'agglomération du minerai de fer ne sont pas exonérées pour cette activité.

Art. 1463 A *(L. n° 2017-1775 du 28 déc. 2017, art. 17, applicable à compter des impositions établies au titre de 2019)* **I. — Les entreprises qui bénéficient de l'exonération prévue à l'article 44 *sexdecies* sont exonérées de cotisation foncière des entreprises pour les établissements situés dans un bassin urbain à dynamiser défini au II du même article 44 *sexdecies* qu'elles ont créés entre le 1er janvier 2018 et le 31 décembre** *(L. n° 2021-1900 du 30 déc. 2021, art. 68-I-1°)* **« 2023** *[ancienne rédaction : 2022]* **», à compter de l'année suivant celle de leur création.**

L'exonération porte, pendant sept années à compter de l'année qui suit la création, sur la moitié de la base nette imposée au profit de chaque collectivité territoriale ou établissement public de coopération intercommunale doté d'une fiscalité propre.

Au titre des trois années suivant la période d'exonération, la moitié de la base nette imposable des établissements mentionnés au premier alinéa du présent I fait l'objet d'un abattement. Le montant de cet abattement est égal, la première année, à 75 % de la base exonérée de la dernière année d'application de l'exonération prévue au deuxième alinéa, à 50 % la deuxième année et à 25 % la troisième année. Cet abattement ne peut réduire la moitié de la base d'imposition de l'année considérée de plus de 75 % de son montant la première année, 50 % la deuxième année et 25 % la troisième année.

II. — Pour bénéficier de l'exonération, les entreprises en adressent la demande, dans les délais prévus à l'article 1477, au service des impôts dont relève chacun des établis-

sements concernés. A défaut du dépôt de cette demande dans les délais prévus à cet article, l'exonération n'est pas accordée au titre de l'année concernée.

L'exonération porte sur les éléments déclarés dans les délais prévus à l'article 1477.

Lorsqu'un établissement remplit les conditions requises pour bénéficier de l'une des exonérations prévues aux articles 1464 A, 1464 B, 1464 D, *(L. n° 2019-1479 du 28 déc. 2019, art. 110-I-3°, applicable aux impositions établies au titre des années 2020 à 2023)* « 1464 F, 1464 G, » 1464 I, 1464 M, 1465,1465 A, 1465 B, 1466 D ou 1466 F et celles prévues au I du présent article, le contribuable doit opter pour l'un ou l'autre de ces régimes. L'option, qui est irrévocable, est exercée dans le délai prévu pour le dépôt de la déclaration afférente à la première année au titre de laquelle l'exonération prend effet.

III. — Dans les zones d'aide à finalité régionale, le bénéfice de l'exonération est subordonné au respect des articles 13 et 14 du règlement (UE) n° 651/2014 de la Commission du 17 juin 2014 déclarant certaines catégories d'aides compatibles avec le marché intérieur en application des articles 107 et 108 du traité.

En dehors des zones d'aide à finalité régionale, le bénéfice de l'exonération est subordonné au respect de l'article 17 du règlement (UE) n° 651/2014 de la Commission du 17 juin 2014 précité.

Exonération en faveur des établissements créés dans les bassins urbains à dynamiser. Commentaires administratifs. * BOI-IF-CFE-10-30-45 du 4 juill. 2018.

Ancien art. 1463 A *(Abrogé par L. n° 2016-1917 du 29 déc. 2016, art. 32-I-8°) (L. n° 2014-1654 du 29 déc. 2014, art. 60-I-C)* ***Sont exonérées de cotisation foncière des entreprises, pour une durée de sept ans à compter de l'année qui suit le début de l'activité, les entreprises pour leur activité de production de biogaz, d'électricité et de chaleur par la méthanisation, réalisée dans les conditions prévues à l'article L. 311-1 du code rural et de la pêche maritime.***

Pour bénéficier de l'exonération, les contribuables déclarent, avant le 1er janvier de la première année à compter de laquelle l'exonération est applicable, puis, le cas échéant, chaque année dans les conditions prévues à l'article 1477 du présent code, les éléments entrant dans le champ d'application de l'exonération. Ils fournissent également, à l'appui de la même déclaration, les éléments permettant de vérifier le respect des conditions mentionnées au premier alinéa du présent article.

Le bénéfice de l'exonération est subordonné au respect du règlement (UE) n° 1407/2013 de la Commission, du 18 décembre 2013, relatif à l'application des articles 107 et 108 du traité sur le fonctionnement de l'Union européenne aux aides de minimis. — *Les dispositions ci-dessus s'appliquent aux exploitants et sociétés dont le début de l'activité de production intervient à compter du 1er janv. 2015 (L. n° 2014-1654 du 29 déc. 2014, art. 60-II-B).*

Art. 1463 B *(L. n° 2018-1317 du 28 déc. 2018, art. 135-I-13°)* I. — Les entreprises qui bénéficient de l'exonération prévue à l'article 44 *septdecies* sont exonérées de cotisation foncière des entreprises pour les établissements situés dans les zones de développement prioritaire définies au II du même article 44 *septdecies* qu'elles ont créés entre le 1er janvier 2019 et le 31 décembre *(L. n° 2021-1900 du 30 déc. 2021, art. 68-I-1°)* « 2023 *[ancienne rédaction : 2022]* », à compter de l'année suivant celle de leur création.

L'exonération porte, pendant sept ans à compter de l'année qui suit la création, sur la moitié de la base nette imposée au profit de chaque collectivité territoriale ou établissement public de coopération intercommunale à fiscalité propre.

A l'issue de la période d'exonération et au titre des trois années suivant l'expiration de celle-ci, la moitié de la base nette imposable des établissements mentionnés au premier alinéa du présent I fait l'objet d'un abattement. Le montant de cet abattement est égal, la première année, à 75 % de la base exonérée de la dernière année d'application de l'exonération prévue au deuxième alinéa, à 50 % la deuxième année et à 25 % la troisième année. Cet abattement ne peut réduire la moitié de la base d'imposition de l'année considérée de plus de 75 % de son montant la première année, 50 % la deuxième année et 25 % la troisième année.

II. — Pour bénéficier de l'exonération, les entreprises en adressent la demande, dans les délais prévus à l'article 1477, au service des impôts dont relève chacun des établissements concernés. A défaut du dépôt de cette demande dans les délais prévus au même article 1477, l'exonération n'est pas accordée au titre de l'année concernée.

L'exonération porte sur les éléments déclarés dans les délais prévus audit article 1477.

Lorsqu'un établissement remplit les conditions requises pour bénéficier de l'une des exonérations prévues aux articles 1463 A, 1464 A, 1464 B, 1464 D, *(L. n° 2019-1479 du 28 déc. 2019, art. 110-I-3°, applicable aux impositions établies au titre des années 2020 à 2023)* « 1464 F, 1464 G, » 1464 I, 1464 M, 1465,1465 A, 1465 B ou 1466 D et de celles prévues au I du présent article, le contribuable doit opter pour l'un ou l'autre de ces régimes. L'option, qui est irrévocable, est exercée dans le délai prévu pour le dépôt de la déclaration afférente à la première année au titre de laquelle l'exonération prend effet.

III. — Dans les zones d'aide à finalité régionale, le bénéfice de l'exonération est subordonné au respect de l'article 14 du règlement (UE) n° 651/2014 de la Commission du 17 juin 2014 déclarant certaines catégories d'aides compatibles avec le marché intérieur en application des articles 107 et 108 du traité.

En dehors des zones d'aide à finalité régionale, le bénéfice de l'exonération est subordonné au respect de l'article 17 du même règlement.

Les exonérations de cotisation foncière des entreprises prévues aux art. 1463 B et 1466 B bis s'appliquent avant l'abattement prévu à l'art. 1472 A ter.

Les exonérations prévues aux art. 1383 J, 1463 B et 1466 B bis ainsi que celles résultant des art. 1586 ter et 1586 nonies s'appliquent à compter des impositions établies au titre de 2020 (L. n° 2018-1317 du 28 déc. 2018, art. 135-V et VI-B).

Exonérations des immeubles rattachés à des entreprises nouvelles créées dans les zones de développement prioritaire (ZDP). Champ d'application. Conditions d'application de l'exonération. Zones d'application. Conditions relatives aux immeubles exonérés. Portée des exonérations. Obligations déclaratives. * BOI-IF-CFE-10-30-47 du 22 avr. 2020.

Art. 1464 Les communes ou les établissements publics de coopération intercommunale dotés d'une fiscalité propre peuvent décider d'exonérer de la cotisation foncière des entreprises, en totalité ou en partie, les caisses de crédit municipal.

Art. 1464 A Les communes et leurs établissements publics de coopération intercommunale dotés d'une fiscalité propre peuvent, par une délibération de portée générale prise dans les conditions définies à l'article 1639 A *bis*, exonérer de cotisation foncière des entreprises :

1° Dans la limite de 100 %, les entreprises de spectacles vivants relevant des catégories ci-après :

a. les théâtres nationaux ;

b. les autres théâtres fixes ;

(L. n° 2016-1917 du 29 déc. 2016, art. 98, en vigueur le 1er janv. 2017) « *b bis.* Les lieux de diffusion de spectacles vivants, lorsque l'entreprise exerce l'activité d'exploitant de lieux de spectacles aménagés pour les représentations publiques au sens de l'article L. 7122-1 du code du travail. Pour bénéficier de l'exonération, l'établissement doit avoir une capacité moyenne d'accueil du public inférieure à 1 500 places ; »

c. les tournées théâtrales et les théâtres démontables exclusivement consacrés à des spectacles d'art dramatique, lyrique ou chorégraphique ;

d. les concerts symphoniques et autres, les orchestres divers et les chorales ;

e. les théâtres de marionnettes, les cabarets artistiques, les cafés-concerts, les music-halls et cirques à l'exclusion des établissements où il est d'usage de consommer pendant les séances.

f) Les spectacles musicaux et de variétés.

L'exonération ne bénéficie pas aux entreprises donnant des représentations mentionnées au 2° de l'article 279 *bis*.

La délibération peut porter sur une ou plusieurs catégories. Les délibérations prises par les communes et leurs établissements publics de coopération intercommunale dotés d'une fiscalité propre avant l'entrée en vigueur de la loi n° 99-198 du 18 mars 1999 portant modification de l'ordonnance n° 45-2339 du 13 octobre 1945 relative aux spectacles demeurent valables tant qu'elles ne sont pas rapportées ou modifiées ;

2° *Disposition abrogée par L. n° 87-1060 du 30 déc. 1987, art. 82-IV (JO 31 déc.) ;*

3° Dans la limite de 100 %, les établissements de spectacles cinématographiques qui ont réalisé un nombre d'entrées inférieur à 450 000 au cours de l'année précédant celle de l'imposition ;

3° *bis* Dans la limite de 100 %, les établissements de spectacles cinématographiques qui ont réalisé un nombre d'entrées inférieur à 450 000 au cours de l'année précédant celle de l'imposition et qui bénéficient d'un classement "art et essai" au titre de l'année de référence ;

4° Dans la limite de 33 %, les autres établissements de spectacles cinématographiques.

Les exonérations prévues aux 2°, 3° et 4° ne s'appliquent pas aux établissements spécialisés dans la projection de films visés au 3° de l'article 279 *bis*. — *V. également le deuxième alinéa du II de l'art. 1466 A et, pour les établissements situés dans les DOM, le VI de l'art. 1466 F.*

Exonération facultative en faveur des établissements de spectacles cinématographiques. Cas et modalités d'application. * BOI-IF-CFE-10-30-30-20 du 8 mai 2017.

Art. 1464 B I. — Les entreprises créées à compter du 1er janvier 1989 qui bénéficient des exonérations prévues aux articles 44 *sexies (Abrogé par L. n° 2021-1900 du 30 déc. 2021, art. 35-I-32°-a)* « *, 44 septies* » et 44 *quindecies* peuvent être temporairement exonérées, dans les conditions prévues à l'article 1464 C, de la cotisation foncière des entreprises dont elles sont redevables, pour les établissements qu'elles ont créés ou repris, à compter de l'année suivant celle de leur création.

II. — Les entreprises ne peuvent bénéficier de cette exonération qu'à la condition d'en avoir adressé la demande au service des impôts de chacun des établissements concernés, avant le 1er janvier de l'année suivant celle de la création ou de la reprise de l'établissement, en attestant qu'elles remplissent les conditions exigées au I ; elles déclarent chaque année les éléments entrant dans le champ d'application de l'exonération.

III. — Lorsqu'un établissement remplit les conditions requises pour bénéficier de l'exonération temporaire de cotisation foncière des entreprises prévue à l'article 1465 et de l'exonération de cotisation foncière des entreprises prévue au I, l'entreprise doit opter pour l'un ou l'autre de ces régimes. Cette option est irrévocable. — *V. aussi al. 2 du II de l'art. 1466 A et, pour les établissements situés dans les DOM, le VI de l'art. 1466 F.*

III *bis*. — Le bénéfice de l'exonération est subordonné au respect du même règlement communautaire que celui appliqué pour l'exonération dont l'entreprise bénéficie sur le fondement, selon le cas, de l'article 44 *sexies (Abrogé par L. n° 2021-1900 du 30 déc. 2021, art. 35-I-32°-b)* « *, de l'article 44 septies* » ou de l'article 44 *quindecies*. — *Pour le règlement mentionné ci-dessus, V. Règl. (UE) n° 1407/2013 du 18 déc. 2013 (JOUE 24 déc.).*

IV. — Les dispositions du neuvième alinéa de l'article 1465 s'appliquent au présent article.

S'agissant des entreprises qui bénéficiaient de l'exonération prévue à l'art. 44 septies CGI dans sa rédaction antérieure au 1er janv. 2022, les délibérations prises en application de l'art. 1464 C CGI cessent de produire leurs effets. Toutefois, les entreprises bénéficiant au 1er janv. 2022, sur le fondement de ces délibérations, de l'exonération temporaire de CFE alors prévue par le présent art. continuent à bénéficier, jusqu'à son terme, des effets de cette même exonération (L. n° 2021-1900 du 30 déc. 2021, art. 35-XIX).

NOTE : La jurisprudence rapportée ci-dessous concerne la taxe professionnelle en vigueur avant le 1er janv. 2010.

1. Délibération municipale. Aucune disposition législative n'autorise un conseil municipal à exonérer de la part communale de la taxe professionnelle toutes les entreprises du seul fait de leur installation sur la commune. • CAA Lyon, 10 déc. 1997, n° 95LY2407 : *Dr. fisc. 1998. 711 ; RJF 1998. 410.*

2. Champ d'application des art. 44 sexies et septies. V. notes ss. ces art.

3. Zones éligibles à la PAT. Les zones éligibles à la prime d'aménagement du territoire visées par l'art. 1465 s'entendent nécessairement des seules zones éligibles à la prime d'aménagement du territoire pour les projets industriels, faute pour l'art. 1465 B, dans l'hypothèse où l'art. 1465 serait interprété comme visant également les zones éligibles à la prime d'aménagement du territoire pour les projets tertiaires et de recherche, d'avoir une portée utile. Il suit de là que les entreprises qui ne sont pas implantées dans une zone éligible à la prime d'aménagement du territoire pour les activités industrielles ne peuvent bénéficier de l'exonération prévue à l'art. 1464 B. • CE 8 juin 2005, n° 264317 : *RJF 2005. 873 ; concl. Vallée au BDCF 8/9-05, n° 105.*

4. Reprise d'établissement à une entreprise en difficulté. L'état de difficulté s'apprécie au niveau de l'entreprise auquel l'établissement est repris et non à celui de cet établissement. • CE 12 avr. 1996, n° 139756 : *Dr. fisc. 1996. 708.* ♦ Le fait qu'une société ayant un dirigeant commun avec le repreneur vienne installer une partie de ses activités dans le même immeuble ne remet pas en cause l'exonération dès lors qu'elle exerce une activité distincte dans des locaux distincts. • CAA Nancy, 28 déc. 1995, n° 94NA684 : *Dr. fisc. 1996. 821.*

5. Décision du service. La décision par laquelle le service des impôts écarte la demande et établit la taxe dont l'exonération était demandée n'a pas à être motivée avant la mise en recouvrement de cette taxe. • CE 28 juill. 1999, n° 187800 : *Dr. fisc. 2000. 131 ; RJF 1999. 1214.*

6. Déclaration. Une entreprise nouvelle perd tout droit à l'exonération si elle n'a pas déposé une déclaration provisoire des éléments exonérés avant le 1er janv. de l'année suivant celle de sa création. • CAA Paris, 16 oct. 2001, n° 98PA2419 : *Dr. fisc. 2002. 216.*

Art. 1464 C I. — L'exonération de la taxe foncière sur les propriétés bâties et de la cotisation foncière des entreprises prévue aux articles 1383 A et 1464 B est subordonnée à une décision de l'organe délibérant des collectivités territoriales ou des établissements publics de coopération intercommunale dotés d'une fiscalité propre dans le ressort desquels sont situés les établissements des entreprises en cause.

La délibération porte sur la totalité de la part revenant à chaque commune ou établissement public de coopération intercommunale.

Lorsque tout ou partie de la part communale de la taxe foncière sur les propriétés bâties ou de la cotisation foncière des entreprises acquittée par les entreprises implantées sur une zone d'activités économiques créée ou gérée par un groupement de communes est affecté à ce groupement en vertu des articles 29 ou 11 modifiés de la loi n° 80-10 du 10 janvier 1980 portant aménagement de la fiscalité directe locale, celui-ci est substitué à la commune pour l'application du présent article.

II. — Les délibérations mentionnées au I sont de portée générale. Elles peuvent concerner :

1° La taxe foncière sur les propriétés bâties et la cotisation foncière des entreprises ou l'une de ces deux taxes seulement ;

2° Les établissements créés et les établissements repris par les entreprises visées au I de l'article 1464 B ou l'une seulement de ces deux catégories d'établissements.

Les délibérations fixent la durée des exonérations, qui ne peut être ni inférieure à deux ans ni supérieure à cinq ans.

Art. 1464 D *(L. n° 2018-1317 du 28 déc. 2018, art. 173-1°)* « I. — Les communes ou leurs établissements publics de coopération intercommunale à fiscalité propre peuvent, par une délibération de portée générale prise dans les conditions définies à l'article 1639 A *bis*, exonérer de la cotisation foncière des entreprises :

« 1° A compter de l'année qui suit celle de leur établissement, les médecins ainsi que les auxiliaires médicaux mentionnés au livre Ier et au livre III de la quatrième partie du code de la santé publique et soumis à l'impôt sur le revenu dans la catégorie des bénéfices non commerciaux qui, exerçant leur activité à titre libéral, s'établissent ou se regroupent dans une commune de moins de 2 000 habitants ou une commune située dans l'une des zones de revitalisation rurale définies à l'article 1465 A ;

« 2° A compter de l'année qui suit celle de leur établissement, les médecins ainsi que les auxiliaires médicaux mentionnés au 1° qui, exerçant leur activité à titre libéral, s'établissent ou se regroupent sur un site distinct de leur résidence professionnelle habituelle et situé dans une commune répondant aux conditions du même 1° ou dans une zone caractérisée par une offre de soins insuffisante ou par des difficultés dans l'accès aux soins au sens de l'article L. 1434-4 du code de la santé publique ;

« 3° Les vétérinaires habilités par l'autorité administrative comme vétérinaires sanitaires au sens de l'article L. 203-1 du code rural et de la pêche maritime, dès lors que cette habilitation concerne au moins cinq cents bovins de plus de deux ans en prophylaxie obligatoire ou équivalents ovins ou caprins.

« La délibération peut porter sur une ou plusieurs des catégories mentionnées aux 1° à 3°. »

La délibération porte sur la totalité de la part revenant à chaque commune ou établissement public de coopération intercommunale doté d'une fiscalité propre et fixe la durée des exonérations, qui ne peut être ni inférieure à deux ans, ni supérieure à cinq ans.

L'exonération ne s'applique pas aux créations d'établissement résultant d'un transfert, lorsque le redevable a, au titre d'une ou plusieurs des cinq années précédant celle du transfert, bénéficié de l'exonération au titre de l'installation dans une zone de revitalisation rurale.

Pour bénéficier de l'exonération, les médecins, les auxiliaires médicaux et les vétérinaires visés *(L. n° 2018-1317 du 28 déc. 2018, art. 173-2°)* **« aux 1° à 3° » doivent apporter les justifications nécessaires au service des impôts compétent avant le 1er janvier de l'année qui suit celle de leur établissement.** — *Pour les établissements situés dans les DOM, V. égal. art. 1466 F-VI.*

(L. n° 2018-1317 du 28 déc. 2018, art. 173-3°) **« II. — Le bénéfice des exonérations est subordonné au respect du règlement (UE) n° 1407/2013 de la Commission du 18 décembre 2013 relatif à l'application des articles 107 et 108 du traité sur le fonctionnement de l'Union européenne aux aides *de minimis*. »**

Médecins et auxiliaires médicaux. Aménagements du régime. 1° Extension : aux ZRR, aux regroupements de professionnels et aux vétérinaires investis d'un mandat sanitaire. 2°... Aux communes où l'offre de soins est insuffisante. Conditions et portée de l'exonération. Délibérations des collectivités locales. Obligations déclaratives. * BOI-IF-CFE-10-30-60-10 du 7 août 2019.

Art. 1464 E *(L. n° 2019-486 du 22 mai 2019, art. 12-I-7° et III-C, applicable à compter des impositions établies au titre de 2019)* **I. — Sous réserve du II du présent article, les communes et leurs établissements publics de coopération intercommunale à fiscalité propre peuvent, par une délibération de portée générale prise dans les conditions définies à l'article 1639 A *bis*, exonérer de la cotisation foncière des entreprises :**

1° Les sociétés coopératives agricoles et leurs unions ainsi que les sociétés d'intérêt collectif agricole qui emploient entre plus de trois et moins de onze salariés ;

2° Les coopératives agricoles et vinicoles, pour leurs activités autres que la vinification et quel que soit le mode de commercialisation employé, lorsque l'effectif salarié correspondant est compris entre plus de trois et moins de onze personnes.

L'effectif salarié est apprécié selon les modalités prévues au I de l'article L. 130-1 du code de la sécurité sociale. Par dérogation au même I, la période à retenir pour apprécier le nombre de salariés est l'avant-dernière année précédant celle de l'imposition. Toutefois, lorsqu'une entreprise bénéficiant déjà de l'exonération prévue au présent article constate un franchissement de seuil d'effectif mentionné aux 1° ou 2° du présent I déterminé selon les modalités prévues au II de l'article L. 130-1 du code de la sécurité sociale, cette circonstance lui fait perdre le bénéfice de cette exonération.

II. — L'exonération prévue aux 1° et 2° du I du présent article n'est pas applicable pour :

1° Les sociétés coopératives agricoles, leurs unions et les sociétés d'intérêt collectif agricole dont les parts sont admises aux négociations sur un marché réglementé ou offertes au public sur un système multilatéral de négociation soumis au II de l'article L. 433-3 du code monétaire et financier ou dont le capital est détenu à concurrence de 20 % au moins par des associés non coopérateurs, au sens du 1 *quinquies* de l'article 207 du *présent code*, et des titulaires de certificats coopératifs d'investissement lorsque les statuts prévoient qu'ils peuvent être rémunérés ;

2° Les sociétés d'intérêt collectif agricole dont plus de 50 % du capital ou des voix sont détenus directement ou par l'intermédiaire de filiales par des associés autres que ceux mentionnés aux 1° à 3° de l'article L. 522-1 du code rural et de la pêche maritime.

III. — Pour bénéficier de l'exonération prévue au I du présent article, les entreprises en adressent la demande, dans les délais prévus à l'article 1477, au service des impôts dont relève chacun des établissements concernés. A défaut du dépôt de cette demande dans ces délais, l'exonération n'est pas accordée au titre de l'année concernée.

L'exonération porte sur les éléments entrant dans son champ d'application et déclarés dans les délais prévus au même article 1477.

IV. — L'exonération prévue au I du présent article est subordonnée au respect du règlement (UE) n° 1407/2013 de la Commission du 18 décembre 2013 relatif à l'application des articles 107 et 108 du traité sur le fonctionnement de l'Union européenne aux aides *de minimis*.

Art. 1464 F *(L. n° 2019-1479 du 28 déc. 2019, art. 111-I-2°, II, III, IV et V, applicable aux impositions établies au titre des années 2020 à 2023)* I. — Les communes et les établissements publics de coopération intercommunale à fiscalité propre peuvent, par une délibération prise dans les conditions définies à l'article 1639 A *bis*, exonérer partiellement ou totalement de cotisation foncière des entreprises les établissements exerçant une activité commerciale ou artisanale dans une zone de revitalisation des centres-villes définie au II du présent article.

Pour bénéficier de cette exonération, l'établissement doit, au cours de la période de référence mentionnée à l'article 1467 A, être exploité par une entreprise appartenant à la catégorie des micro, petites et moyennes entreprises au sens de l'annexe I au règlement (UE) n° 651/2014 de la Commission du 17 juin 2014 déclarant certaines catégories d'aides compatibles avec le marché intérieur en application des articles 107 et 108 du traité.

L'exonération cesse de s'appliquer à compter du 1er janvier de l'année suivant celle au cours de laquelle il n'est plus exercé d'activité commerciale ou artisanale au sein de l'établissement.

Les délibérations produisent leurs effets tant qu'elles ne sont pas rapportées ou modifiées.

II. — A. — Sont classés en zone de revitalisation des centres-villes les secteurs d'intervention mentionnés au II de l'article L. 303-2 du code de la construction et de l'habitation situés dans des communes qui satisfont aux conditions suivantes :

1° Elles ont conclu une convention d'opération de revitalisation de territoire prévue au même article L. 303-2, prévoyant notamment des actions mentionnées aux 6°, 8° ou 9° du III dudit article L. 303-2. Cette convention doit être signée avant le 1er octobre de l'année qui précède la première année d'application de l'exonération et ne doit pas avoir été résiliée ;

2° Le revenu fiscal médian par unité de consommation de la commune est inférieur à la médiane nationale des revenus fiscaux médians par unité de consommation.

Toutefois, pour les communes de Guadeloupe, de Guyane, de Martinique, de La Réunion et de Mayotte, la condition mentionnée au 2° du présent A n'est pas applicable.

Les données utilisées sont établies par l'Institut national de la statistique et des études économiques à partir de celles disponibles au 1er janvier de l'année de classement.

B. — Le classement des communes en zone de revitalisation des centres-villes au 1er janvier de chaque année d'imposition est établi par arrêté des ministres chargés du budget et de l'aménagement du territoire. — *V. Arr. du 31 déc. 2020 (JO 6 janv. 2021).*

III. — Pour bénéficier de l'exonération, les entreprises en adressent la demande, dans les délais prévus à l'article 1477, au service des impôts dont relève chacun des établissements concernés. À défaut du dépôt de cette demande dans les délais prévus au même article 1477, l'exonération n'est pas accordée au titre de l'année concernée.

L'exonération porte sur les éléments déclarés dans les délais prévus audit article 1477.

IV. — Lorsqu'un établissement remplit les conditions requises pour bénéficier de l'une des exonérations prévues aux articles 1463 A, 1463 B, 1464 A, 1464 B, 1464 E, 1464 I, 1464 I *bis*, 1464 M, 1465, 1465 A, 1465 B, 1466 A, 1466 D ou 1466 F et de celle prévue au I du présent article, la demande du bénéfice de cette dernière exonération dans les conditions prévues au III vaut option pour celle-ci. L'option est irrévocable et vaut pour l'ensemble des communes et établissements publics de coopération intercommunale.

A défaut d'option, le contribuable continue de bénéficier de l'application du régime dont il bénéficiait avant l'institution de l'exonération prévue au présent article.

V. — Le bénéfice de l'exonération est subordonné au respect du règlement (UE) n° 1407/2013 de la Commission du 18 décembre 2013 relatif à l'application des articles 107 et 108 du traité sur le fonctionnement de l'Union européenne aux aides *de minimis*.

L'art. 1464 F s'applique aux impositions établies au titre des années 2020 à 2023.

Par dérogation au I de l'art. 1639 A bis CGI, les collectivités territoriales et les établissements publics de coopération intercommunale à fiscalité propre peuvent délibérer jusqu'au 21 janv. 2020 afin d'instituer les exonérations prévues aux art. 1382 H et 1464 F du même code à compter des impositions établies au titre de 2020.

Par dérogation au 1° du A du II de l'art. 1464 F CGI, la convention d'opération de revitalisation de territoire est signée au plus tard le 21 janv. 2020 pour l'application de l'exonération aux impositions établies au titre de 2020.

Pour l'application du III de l'art. 1382 H du code général des impôts, les propriétaires des locaux souhaitant bénéficier de l'exonération au titre de l'année 2020 en font la demande accompagnée des éléments entrant dans le champ d'application de l'exonération au service des impôts du lieu de situation des biens au plus tard le 29 février 2020. Pour l'application du III de l'art. 1464 F du même code et par dérogation à l'art. 1477 dudit code, les entreprises souhaitant bénéficier de l'exonération au titre de l'année 2020 en font la demande accompagnée des éléments entrant dans le champ d'application de l'exonération au service des impôts dont relève chacun de leurs établissements concernés au plus tard le 29 févr. 2020.

A défaut de demande dans le délai prévu aux deux précédents al., l'exonération n'est pas accordée pour la cotisation foncière des entreprises et la taxe foncière sur les propriétés bâties établies au titre de 2020 (L. n° 2019-1479 du 28 déc. 2019, art. 111-II, III, IV et V).

Par dérogation au III du présent art., les entreprises souhaitant bénéficier de l'exonération de cotisation foncière des entreprises au titre de l'année 2021 en font la demande, accompagnée des éléments entrant dans le champ d'application de l'exonération, au service des impôts dont relève chacun de leurs établissements concernés au plus tard le 31 déc. 2020. A défaut de demande dans le délai prévu, l'exonération n'est pas accordée pour la cotisation foncière des entreprises établie au titre de 2021 (L. n° 2020-1721 du 29 déc. 2020, art. 139-II).

Exonérations facultatives temporaires accordées dans le cadre de la politique de la ville. Zones de revitalisation des centres-villes. * BOI-IF-CFE-10-30-50-70 du 12 mai 2021.

Art. 1464 G *(L. n° 2019-1479 du 28 déc. 2019, art. 110-I-2°, II, III et IV, applicable aux impositions établies au titre des années 2020 à 2023)* **I. — Les communes et les établissements publics de coopération intercommunale à fiscalité propre peuvent, par une délibération prise dans les conditions prévues à l'article 1639 A *bis*, exonérer partiellement ou totalement de cotisation foncière des entreprises les établissements exerçant une activité commerciale dans une zone de revitalisation des commerces en milieu rural définie au III du présent article.**

L'exonération cesse de s'appliquer à compter du 1er janvier de l'année suivant celle au cours de laquelle il n'est plus exercé d'activité commerciale au sein de l'établissement.

Les délibérations produisent leurs effets tant qu'elles ne sont pas rapportées ou modifiées.

II. — Pour bénéficier de l'exonération prévue au I, un établissement doit relever d'une entreprise qui satisfait aux conditions suivantes :

1° L'entreprise emploie moins de onze salariés.

L'effectif salarié de l'entreprise est apprécié selon les modalités prévues au I de l'article L. 130-1 du code de la sécurité sociale. Par dérogation au même I, la période à retenir pour apprécier le nombre de salariés est l'avant-dernière année précédant celle de l'imposition.

Lorsqu'une entreprise bénéficiant déjà de l'exonération prévue au présent article constate un franchissement de seuil d'effectif déterminé selon les modalités prévues au II de l'article L. 130-1 du code de la sécurité sociale, cette circonstance lui fait perdre le bénéfice de cette exonération ;

2° L'entreprise a réalisé un chiffre d'affaires annuel hors taxes inférieur à 2 millions d'euros au cours de la période de référence prévue à l'article 1467 A, éventuellement corrigé pour correspondre à une année pleine, ou présente un total de bilan inférieur à 2 millions d'euros.

III. — Sont classées en zone de revitalisation des commerces en milieu rural les communes qui, au 1er janvier 2020, satisfont aux conditions suivantes :

1° La population municipale est inférieure à 3 500 habitants ;

2° La commune n'appartient pas à une aire urbaine de plus de 10 000 emplois ;

3° La commune comprend un nombre d'établissements exerçant une activité commerciale inférieur ou égal à dix.

Les données utilisées sont celles disponibles au 1er janvier de l'année de classement et établies par l'Institut national de la statistique et des études économiques, pour l'appréciation des critères définis aux 1° et 2°, et par l'administration fiscale, pour l'appréciation du critère défini au 3°.

Le classement des communes en zone de revitalisation des commerces en milieu rural au 1er janvier 2020 est établi par arrêté conjoint des ministres chargés du budget et de l'aménagement du territoire. — *V. Arr. du 16 oct. 2020 (JO 27 nov.).*

IV. — Pour bénéficier de l'exonération, les entreprises en font la demande, dans les délais prévus à l'article 1477, au service des impôts dont relève chacun des établissements concernés. A défaut du dépôt de cette demande dans les délais prévus au même article 1477, l'exonération n'est pas accordée au titre de l'année concernée.

L'exonération porte sur les éléments déclarés dans les délais prévus audit article 1477.

V. — Lorsqu'un établissement remplit les conditions requises pour bénéficier de l'une des exonérations prévues aux articles 1463 A, 1463 B, 1464 A, 1464 B, 1464 E, 1464 I, 1464 I *bis*, 1464 M, 1465, 1465 A, 1465 B, 1466 A, 1466 D ou 1466 F et de celle prévue au I du présent article, la demande du bénéfice de cette dernière exonération dans les conditions prévues au IV vaut option pour celle-ci. L'option est irrévocable et vaut pour l'ensemble des communes et établissements publics de coopération intercommunale.

A défaut d'option, le contribuable continue de bénéficier de l'application du régime dont il bénéficiait avant l'institution de l'exonération prévue au présent article.

VI. — Le bénéfice de l'exonération est subordonné au respect du règlement (UE) n° 1407/2013 de la Commission du 18 décembre 2013 relatif à l'application des articles 107 et 108 du traité sur le fonctionnement de l'Union européenne aux aides *de minimis*.

L'art. 1464 G s'applique aux impositions établies au titre des années 2020 à 2023.

Par dérogation au I de l'art. 1639 A bis CGI, les collectivités territoriales et les établissements publics de coopération intercommunale à fiscalité propre peuvent délibérer jusqu'au 21 janv. 2020 afin d'instituer les exonérations prévues aux art. 1382 I et 1464 G du même code à compter des impositions établies au titre de 2020.

Pour l'application du III de l'art. 1382 I CGI, les propriétaires des locaux souhaitant bénéficier de l'exonération au titre de l'année 2020 en font la demande accompagnée des éléments entrant dans le champ d'application de l'exonération au service des impôts du lieu de situation des biens au plus tard le 29 févr. 2020. Pour l'application du IV de l'art. 1464 G du même code et par dérogation à l'art. 1477 dudit code, les entreprises souhaitant bénéficier de l'exonération au titre de 2020 en font la demande accompagnée des éléments entrant dans le champ d'application de l'exonération au service des impôts dont relève chacun de leurs établissements concernés au plus tard le 29 févr. 2020.

A défaut de demande dans le délai prévu aux deux précédents al. du présent IV, l'exonération n'est pas accordée pour la cotisation foncière des entreprises et la taxe foncière sur les propriétés bâties établies au titre de 2020 (L. n° 2019-1479 du 28 déc. 2019, art. 110-II, III et IV).

Par dérogation au IV du présent art., les entreprises souhaitant bénéficier de l'exonération de cotisation foncière des entreprises au titre de l'année 2021 en font la demande, accompagnée des éléments entrant dans le champ d'application de l'exonération, au service des impôts dont relève chacun de leurs établissements concernés au plus tard le 31 déc. 2020. A défaut de demande dans le délai prévu, l'exonération n'est pas accordée pour la cotisation foncière des entreprises établie au titre de 2021 (L. n° 2020-1721 du 29 déc. 2020, art. 139-II).

Exonérations facultatives temporaires accordées dans le cadre de l'aménagement du territoire. Zones de revitalisation des commerces en milieu rural. * BOI-IF-CFE-10-30-40-50 du 7 juill. 2021.

Art. 1464 H **Les communes et leurs établissements publics de coopération intercommunale dotés d'une fiscalité propre peuvent, par une délibération de portée générale prise dans les conditions définies au I de l'article 1639 A *bis*, exonérer de la cotisation foncière des entreprises les activités des établissements publics administratifs d'enseignement supérieur ou de recherche gérées par des services d'activités industrielles et**

commerciales mentionnés à l'article L. 533-2 du code de la recherche et à l'article L. 711-1 du code de l'éducation.

Les établissements concernés doivent déclarer chaque année, au service des impôts, les éléments entrant dans le champ de l'exonération.

EPCI. Établissements bénéficiaires. Modalités d'application de l'exonération. Délibération des collectivités locales. Portée de l'exonération. Articulation avec d'autres dispositifs d'exonération, de dégrèvement, etc. Obligations déclaratives. * BOI-IF-CFE-10-30-30-30 du 6 mai 2013.

Art. 1464 I I. — Les communes et leurs établissements publics de coopération intercommunale dotés d'une fiscalité propre peuvent, par une délibération de portée générale prise dans les conditions définies à l'article 1639 A *bis*, exonérer de cotisation foncière des entreprises les établissements réalisant une activité de vente de livres neufs au détail qui disposent au 1er janvier de l'année d'imposition du label de librairie indépendante de référence.

II. — Pour bénéficier de l'exonération prévue au I, un établissement doit, au cours de la période de référence mentionnée à l'article 1467 A, relever d'une entreprise qui satisfait aux conditions suivantes :

1° L'entreprise doit être une petite et moyenne entreprise au sens de l'annexe I au règlement (UE) n° 651/2014 de la Commission du 17 juin 2014 déclarant certaines catégories d'aides compatibles avec le marché intérieur en application des articles 107 et 108 du traité ;

2° Le capital de l'entreprise est détenu de manière continue à hauteur de 50 % au moins :

a) Par des personnes physiques ;

b) Ou par une société répondant aux conditions du 1° et du 3° et dont le capital est détenu à hauteur de 50 % au moins par des personnes physiques ;

3° L'entreprise n'est pas liée à une autre entreprise par un contrat prévu par l'article L. 330-3 du code de commerce. — *V. Décr. n° 2011-993 du 23 août 2011 (JO 25 août).*

III. — Pour bénéficier de l'exonération, les contribuables déclarent, chaque année, dans les conditions prévues à l'article 1477, les éléments entrant dans le champ d'application de l'exonération. Cette demande doit être adressée, pour chaque établissement exonéré, au service des impôts dont relève l'établissement.

IV. — Le label de librairie indépendante de référence est délivré par l'autorité administrative aux établissements qui réalisent une activité principale de vente de livres neufs au détail, disposent de locaux ouverts à tout public, et proposent un service de qualité reposant notamment sur une offre diversifiée de titres, la présence d'un personnel affecté à la vente de livres en nombre suffisant et des actions régulières d'animation culturelle, dans les conditions précisées par décret en Conseil d'État.

(L. n° 2018-1317 du 28 déc. 2018, art. 174-I-1° et II, applicable à compter des impositions établies au titre de 2019) « V. — Le bénéfice de l'exonération prévue au I est subordonné au respect de l'article 53 du règlement (UE) n° 651/2014 de la Commission du 17 juin 2014 précité. »

1. Exonération des librairies indépendantes de référence. Établissements concernés. Exonération de l'ensemble des activités de l'établissement. Demande d'exonération. * BOI-IF-CFE-10-30-30-40 du 6 mai 2013.

2. Label de librairie indépendante de référence. Un Décr. n° 2011-993 du 23 août 2011 *(JO 25 août)* a précisé les critères et les modalités d'attribution du label de « librairie indépendante de référence », identiques à ceux posés par le Décr. n° 2009-395 du 8 avr. 2009 relatif au label de librairie indépendante de référence, abrogé à compter de l'entrée en vigueur du présent décret. Ce label est distinct du label « librairie de référence », lequel n'ouvre pas droit à la possibilité d'exonération de CET.

Art. 1464 I *bis* *(L. n° 2018-1317 du 28 déc. 2018, art. 174-I-2° et II, applicable à compter des impositions établies au titre de 2019)* I. — Dans le cas où elles ont fait application des dispositions du I de l'article 1464 I, les communes et leurs établissements publics de coopération intercommunale à fiscalité propre peuvent, par une délibération de portée générale prise dans les conditions définies à l'article 1639 A *bis*, exonérer de cotisation foncière des entreprises les établissements réalisant, dans un local librement accessible au public, une activité de vente de livres neufs au détail représentant au minimum 50 % du chiffre d'affaires au cours de la période de référence mentionnée à

l'article 1467 A et qui ne disposent pas du label de librairie indépendante de référence mentionné à l'article 1464 I.

II. — Pour bénéficier de l'exonération prévue au I, un établissement doit, au cours de la période de référence mentionnée à l'article 1467 A, disposer du label de librairie de référence au 1er janvier de l'année d'imposition ou relever d'une entreprise qui satisfait aux conditions suivantes :

1° L'entreprise doit être une petite ou moyenne entreprise, au sens de l'annexe I du règlement (UE) n° 651/2014 de la Commission du 17 juin 2014 déclarant certaines catégories d'aides compatibles avec le marché intérieur en application des articles 107 et 108 du traité, ou une entreprise de taille intermédiaire, au sens de l'article 3 du décret n° 2008-1354 du 18 décembre 2008 relatif aux critères permettant de déterminer la catégorie d'appartenance d'une entreprise pour les besoins de l'analyse statistique et économique dans sa rédaction en vigueur au 1er janvier 2019 ;

2° L'entreprise n'est pas liée à une autre entreprise par un contrat prévu à l'article L. 330-3 du code de commerce.

III. — Pour bénéficier de l'exonération, les contribuables déclarent, chaque année, dans les conditions prévues à l'article 1477, les éléments entrant dans le champ d'application de l'exonération. Cette demande doit être adressée, pour chaque établissement exonéré, au service des impôts dont relève l'établissement.

IV. — Le bénéfice de l'exonération prévue au I est subordonné au respect de l'article 53 du règlement (UE) n° 651/2014 de la Commission du 17 juin 2014 précité.

Par dérogation au I de l'art. 1639 A bis CGI, les collectivités territoriales et les établissements publics de coopération intercommunale à fiscalité propre peuvent délibérer jusqu'au 21 janv. 2019 afin d'instituer l'exonération prévue à l'art. 1464 I bis pour les impositions dues à compter de 2019.

Pour l'application du III du présent art. et par dérogation à l'art. 1477 CGI, les entreprises souhaitant bénéficier de l'exonération dès l'année 2019 en adressent la demande accompagnée des éléments entrant dans le champ d'application de l'exonération au service des impôts dont relève chacun de leurs établissements concernés au plus tard le 28 févr. 2019.

A défaut de demande dans ce délai, l'exonération n'est pas accordée pour la cotisation foncière des entreprises due au titre de 2019.

Les contribuables concernés peuvent cependant bénéficier de l'exonération à compter de 2020 s'ils en font la demande dans les délais prévus à l'art. 1477, soit avant le 3 mai 2019 (L. n° 2018-1317 du 28 déc. 2018, art. 174-III et IV).

Exonération des librairies indépendantes autres que les librairies de référence labellisées. Établissements concernés. Exonération de l'ensemble des activités de l'établissement. Demande d'exonération. * BOI-IF-CFE-10-30-30-45 du 3 juill. 2019.

Art. 1464 J *Abrogé par L. n° 2009-1673 du 30 déc. 2009, art. 2-6.1.34.*

Art. 1464 K *(Abrogé par L. n° 2013-1278 du 29 déc. 2013, art. 76-I-A)* ***Les contribuables ayant opté pour le régime prévu à l'article L. 133-6-8 du code de la sécurité sociale sont exonérés de la cotisation foncière des entreprises pour une période de deux ans à compter de l'année qui suit celle de la création de leur entreprise.***

L'exploitant, son conjoint, le partenaire auquel il est lié par un pacte civil de solidarité, ses ascendants et descendants ne doivent pas avoir exercé, au cours des trois années qui précèdent la création, une activité similaire à celle de l'entreprise nouvellement créée.

Pour bénéficier de l'exonération, l'option pour le régime prévu à l'article L. 133-6-8 du code de la sécurité sociale doit être exercée au plus tard le 31 décembre de l'année de création de l'entreprise ou, en cas de création après le 1er octobre, dans un délai de trois mois à compter de la date de création de l'entreprise.

Exonération de plein droit temporaire des auto-entrepreneurs. * BOI-IF-CFE-10-30-20-20 du 12 sept. 2012.

Art. 1464 M *(L. n° 2016-1918 du 29 déc. 2016, art. 43-I-1° et II, applicable à compter des impositions établies au titre de 2017)* **I. — Les communes et leurs établissements publics de coopération intercommunale à fiscalité propre peuvent, par une délibération de portée générale prise dans les conditions définies à l'article 1639 A *bis*, exonérer de**

cotisation foncière des entreprises les établissements ayant pour activité principale la vente au détail de phonogrammes.

II. — Pour bénéficier de l'exonération prévue au I, un établissement doit, au cours de la période de référence mentionnée à l'article 1467 A, relever d'une entreprise qui satisfait aux conditions suivantes :

1° L'entreprise est une petite ou moyenne entreprise au sens de l'annexe I au règlement (UE) n° 651/2014 de la Commission du 17 juin 2014 déclarant certaines catégories d'aides compatibles avec le marché intérieur en application des articles 107 et 108 du traité ;

2° Le capital de l'entreprise est détenu, de manière continue, à hauteur de 50 % au moins :

a) Par des personnes physiques ;

b) Ou par une société répondant aux conditions prévues aux 1° et 3° et dont le capital est détenu à hauteur de 50 % au moins par des personnes physiques ;

3° L'entreprise n'est pas liée à une autre entreprise par un contrat prévu à l'article L. 330-3 du code de commerce.

III. — Pour bénéficier de l'exonération prévue au I, les entreprises en adressent la demande, dans les délais prévus à l'article 1477, au service des impôts dont relève chacun des établissements concernés. A défaut du dépôt de cette demande dans ces délais, l'exonération n'est pas accordée au titre de l'année concernée.

L'exonération porte sur les éléments entrant dans son champ d'application et déclarés dans les délais prévus à l'article 1477.

IV. — L'exonération prévue au I est subordonnée au respect du règlement (UE) n° 1407/2013 de la Commission du 18 décembre 2013 relatif à l'application des articles 107 et 108 du traité sur le fonctionnement de l'Union européenne aux aides *de minimis.*

Pour les modalités d'application du présent art., V. L. n° 2016-1918 du 29 déc. 2016, art. 43-III et IV.

Exonération de CFE en faveur des disquaires indépendants. Commentaires administratifs. * BOI-IF-CFE-10-30-30-60 du 5 avr. 2017.

Art. 1465 Dans les zones d'aide à finalité régionale et pour les opérations réalisées à compter du 1er janvier 2007 et jusqu'au 31 décembre *(L. n° 2021-1900 du 30 déc. 2021, art. 68-I-1°)* « 2023 *[ancienne rédaction : 2022]* », les communes et leurs établissements publics de coopération intercommunale dotés d'une fiscalité propre peuvent, par une délibération de portée générale prise dans les conditions prévues au I de l'article 1639 A *bis*, exonérer de la cotisation foncière des entreprises en totalité ou en partie les entreprises qui procèdent sur leur territoire, soit à des extensions ou créations d'activités industrielles ou de recherche scientifique et technique, ou de services de direction, d'études, d'ingénierie et d'informatique, soit à une reconversion dans le même type d'activités, soit à la reprise d'établissements industriels en difficulté exerçant le même type d'activités. Pour les entreprises satisfaisant à la définition des petites et moyennes entreprises, au sens de l'annexe I au règlement (UE) n° 651/2014 de la Commission, du 17 juin 2014, déclarant certaines catégories d'aides compatibles avec le marché intérieur en application des articles 107 et 108 du traité, l'exonération s'applique en cas d'investissement initial. Pour les entreprises ne satisfaisant pas à cette définition, l'exonération s'applique uniquement en cas d'investissement initial en faveur d'une nouvelle activité économique dans la zone concernée. La délibération instaurant l'exonération ne peut avoir pour effet de reporter de plus de cinq ans l'application du régime d'imposition de droit commun. — *V. Ann. IV, art. 121 quinquies DB bis.*

Lorsqu'il s'agit d'extensions ou de créations d'établissements industriels ou de recherche scientifique et technique répondant à des conditions fixées par décret en tenant compte notamment soit du volume des investissements et du nombre des emplois créés, soit du seul volume des investissements, l'exonération est acquise sans autre formalité. Dans les autres cas, elle est soumise à agrément dans les conditions prévues à l'article 1649 *nonies.*

Quand l'agrément est nécessaire pour des entreprises petites ou moyennes, il est accordé par une procédure décentralisée. — *V. Ann. III, art. 322 G à 322 P, et Ann. IV, art. 121 quinquies DB quater à 121 quinquies DB septies.*

Quand l'agrément n'est pas nécessaire, l'exonération porte sur l'augmentation nette des bases d'imposition résultant des immobilisations nouvelles appréciée par rapport à la dernière année précédant l'opération ou par rapport à la moyenne des trois dernières années si celle-ci est supérieure.

L'entreprise ne peut bénéficier d'une exonération non soumise à agrément qu'à condition de l'avoir indiqué au service des impôts au plus tard lors du dépôt de la première déclaration dans laquelle doivent figurer les éléments nouveaux concernés.

L'entreprise déclare chaque année les éléments entrant dans le champ d'application de l'exonération. Deux périodes d'exonération ne peuvent courir simultanément.

L'exonération cesse pour la période restant à courir lorsque au cours de cette période l'entreprise ne remplit plus les conditions exigées pour l'obtention de cette exonération.

Lorsque tout ou partie de la part communale de la cotisation foncière des entreprises acquittée par les entreprises implantées sur une zone d'activités économiques créée ou gérée par un groupement de communes est affecté à ce groupement en vertu de l'article 11 modifié de la loi n° 80-10 du 10 janvier 1980 portant aménagement de la fiscalité directe locale, celui-ci est substitué à la commune pour l'application du présent article.

Nonobstant les dispositions de l'article L. 174 du livre des procédures fiscales, toute entreprise qui cesse volontairement son activité pendant une période d'exonération prévue au présent article, ou dans les cinq années suivant la fin de celle-ci, est tenue de verser les sommes qu'elle n'a pas acquittées au titre de la cotisation foncière des entreprises.

Le bénéfice de l'exonération est subordonné au respect de l'article 14 du règlement (UE) n° 651/2014 de la Commission, du 17 juin 2014, précité.

1. Date d'effet de l'agrément. L'art. 1465 confère au ministre un pouvoir d'appréciation en vue de l'octroi des agréments, de sorte que les décisions qu'il prend en ce sens sont attributives et non récognitives d'un droit et ne peuvent dès lors, en l'absence de dispositions législatives le prévoyant, avoir un effet rétroactif. • CE 8 déc. 2003, n° 237731 : *RJF 2004. 259 ; concl. Goulard au BDCF 3/04, n° 39 ; Dr. fisc. 2004. 523, concl. Goulard.*

2. Point de départ de l'exonération. Le point de départ de l'exonération prévue à l'art. 1465 est apprécié en fonction de la date à laquelle l'opération ouvrant droit à cette exonération est intervenue. Il s'agit de la date : 1) à laquelle le contribuable dispose des nouvelles installations pour l'exercice de son activité professionnelle ; 2) ou, si elle est antérieure, et uniquement en cas d'extension d'établissement, la date à laquelle les nouveaux emplois sont créés dans cet établissement. * BOI-IF-CFE-10-30-40-20 n° 370 du 3 juin 2015.

3. Établissement en difficulté. Pour apprécier si une entreprise procède à la reprise d'un établissement en difficulté, au sens de l'art. 1465, le ministre doit examiner la situation de l'établis*sement à la date de la reprise* et indépendamment de la situation de l'entreprise dont il fait partie. Doit être annulé comme entaché d'une erreur de droit le refus d'agrément motivé par la circonstance que la société dont dépend l'établissement n'est pas en difficulté. • CE 11 janv. 1993, n° 112805 : *RJF 1993. 371 ; concl. Gaeremynck au BDCF 3/93, p. 65.*

4. Portée de l'exonération. L'exonération ne porte que sur l'augmentation nette des bases d'imposition résultant des emplois créés et des immobilisations nouvelles, appréciée à la fin de l'année ou de l'exercice retenu comme période de référence, au cours desquels l'entreprise a procédé à l'une des opérations mentionnées à l'art. 1465. Une entreprise ayant déjà bénéficié de l'exonération de taxe et qui réalise une nouvelle opération de cette nature ne peut bénéficier de l'exonération que si elle répond aux conditions requises pour ladite exonération et si la période d'exonération précédente est achevée. • CE 1er mars 2000, n° 140666 : *RJF 2000. 500 ; BDCF 4/00, concl. Goulard ; Dr. fisc. 2001. 123, concl. Goulard.*

En cas de décentralisation ouvrant droit à l'exonération sans être soumise à agrément, l'exonération ne porte que sur les immobilisations nouvelles, c'est-à-dire celles qui proviennent de la création (ou de l'accroissement) d'éléments d'actif immobilisés par suite de la réalisation par l'entreprise bénéficiaire d'un investissement (ou d'un supplément d'investissement). Sont dès lors exclus de l'exonération les biens meubles et immeubles pris en location par l'entreprise. • CE 21 avr. 2000, n° 169541 : *Dr. fisc. 2001. 124, concl. Goulard ; RJF 2000. 793.*

5. Durée de l'exonération. La durée d'exonération afférente à une opération de reprise d'établissement ouvrant droit au bénéfice des dispositions de l'art. 1465 est celle que fixent la loi et la délibération applicables à la date de cette opération. • CE 20 oct. 2004, n° 254833 : *SA Les Tanneries du Puy : RJF 2005. 33 ; Dr. fisc. 2004. 918, concl. Vallée.*

6. Décentralisation. Transfert d'établissement. Une entreprise ne peut bénéficier pour un établissement de l'exonération temporaire que lorsque l'implantation dudit établissement sur le territoire de cette collectivité a procédé d'une décentralisation, extension ou création d'activité. Elle ne saurait en revanche y prétendre du seul fait que l'établissement provient, par voie de transfert, du territoire d'une autre collectivité où, son installation ayant présenté le caractère d'une telle opération, l'exonération instituée par cette autre collectivité lui avait été accordée pour une période qui n'avait pas encore atteint son terme lors du transfert. • CE 31 mai 2000, n° 189109 : *RJF 2000. 1090 ; Dr. fisc. 2000. 892, concl. Courtial ; D. 2000. IR 268.*

Une opération de décentralisation est regardée comme réalisée l'année au cours de laquelle l'entreprise a disposé d'immobilisations dans son nouvel établissement et versé des salaires au titre du personnel employé dans ce même établissement. • CE 10 oct. 2001, n° 215080, *SA Texon France : RJF 2002. 45 ; Dr. fisc. 2002. 196, concl. Courtial.*

7. Notion d'activité industrielle. Pour l'application de l'art. 1465, le caractère industriel de l'activité d'une entreprise s'apprécie au regard de la nature des opérations qu'elle effectue et de l'importance des moyens techniques qu'elle met en œuvre pour les réaliser. • CE 10 oct. 2001, n° 208245, *Sté nouv. EGEV : RJF 2002. 46 ; Dr. fisc. 2002. 274, concl. Courtial.* ♦ N'exerce pas une telle activité la société installant des lignes et des matériels électriques et ne mettant en œuvre que des matériels de transport et des engins de chantier ne concourant pas à la réalisation de produits manufacturés. • Même arrêt.

8. Emplois créés. Ces emplois s'entendent de ceux créés par l'entreprise elle-même et affectés, même de manière indirecte, aux opérations industrielles ou de recherche scientifique et technique qu'elle réalise. • CAA Lyon, 23 oct. 2003, n° 98LY372 : *RJF 2004. 1000.*

9. Déclaration spéciale. Le bénéfice de l'exonération non soumise à agrément n'est pas subordonné à la souscription de l'imprimé de déclaration spéciale n° 1466. La déclaration d'exonération peut être formulée sur papier libre. • TA Lyon, 19 mars 1998, n° 93-4207 : *RJF 1998. 812.*

10. Refus d'exonération. Lorsqu'un contribuable a déclaré bénéficier de l'exonération de taxe professionnelle et que cette exonération lui a été refusée, l'Administration ne peut établir l'imposition qu'après avoir mis ce contribuable à même de formuler ses observations. Cette obligation découle du principe général des droits de la défense, alors même que la procédure de redressement contradictoire n'est pas applicable à ladite taxe. • CAA Marseille, 12 déc. 2002, n° 98MA2117 : *RJF 2003. 855 ; concl. Trottier au BDCF 7/03, n° 97 ; Dr. fisc. 2003. 451.*

Ancien art. 1465 *Dans les zones définies par l'autorité compétente où l'aménagement du territoire le rend utile, les communes et leurs établissements publics de coopération intercommunale dotés d'une fiscalité propre peuvent, par une délibération de portée générale prise dans les conditions prévues au I de l'article 1639 A bis, exonérer de la cotisation foncière des entreprises en totalité ou en partie les entreprises qui procèdent sur leur territoire, soit à des extensions ou créations d'activités industrielles ou de recherche scientifique et technique, ou de services de direction, d'études, d'ingénierie et d'informatique, soit à une reconversion dans le même type d'activités, soit à la reprise d'établissements industriels en difficulté exerçant le même type d'activités. Cette délibération ne peut avoir pour effet de reporter de plus de cinq ans l'application du régime d'imposition de droit commun. Pour les opérations réalisées à compter du 1er janvier 2007 et jusqu'au 31 décembre 2014, les exonérations s'appliquent dans les zones d'aide à finalité régionale.* — V. Ann. IV, art. 121 quinquies DB bis.

Lorsqu'il s'agit d'extensions ou de créations d'établissements industriels ou de recherche scientifique et technique répondant à des conditions fixées par décret en tenant compte notamment soit du volume des investissements et du nombre des emplois créés, soit du seul volume des investissements, l'exonération est acquise sans autre formalité. Dans les autres cas, elle est soumise à agrément dans les conditions prévues à l'article 1649 nonies.

Quand l'agrément est nécessaire pour des entreprises petites ou moyennes, il est accordé par une procédure décentralisée. — V. Ann. III, art. 322 G à 322 P, et Ann. IV, art. 121 quinquies DB quater à 121 quinquies DB septies.

Quand l'agrément n'est pas nécessaire, l'exonération porte sur l'augmentation nette des bases d'imposition résultant des immobilisations nouvelles appréciée par rapport à la dernière année précédant l'opération ou par rapport à la moyenne des trois dernières années si celle-ci est supérieure.

L'entreprise ne peut bénéficier d'une exonération non soumise à agrément qu'à condition de l'avoir indiqué au service des impôts au plus tard lors du dépôt de la première déclaration dans laquelle doivent figurer les éléments nouveaux concernés.

L'entreprise déclare chaque année les éléments entrant dans le champ d'application de l'exonération. Deux périodes d'exonération ne peuvent courir simultanément.

L'exonération cesse pour la période restant à courir lorsque au cours de cette période l'entreprise ne remplit plus les conditions exigées pour l'obtention de cette exonération.

Lorsque tout ou partie de la part communale de la cotisation foncière des entreprises acquittée par les entreprises implantées sur une zone d'activités économiques créée ou gérée par un groupement de communes est affecté à ce groupement en vertu de l'article 11 modifié de la loi n° 80-10 du 10 janvier 1980 portant aménagement de la fiscalité directe locale, celui-ci est substitué à la commune pour l'application du présent article.

Nonobstant les dispositions de l'article L. 174 du livre des procédures fiscales, toute entreprise qui cesse volontairement son activité pendant une période d'exonération prévue au présent article, ou dans les cinq années suivant la fin de celle-ci, est tenue de verser les sommes qu'elle n'a pas acquittées au titre de la cotisation foncière des entreprises.

Le bénéfice de l'exonération est subordonné au respect de l'article 13 du règlement (CE) n° 800/2008 de la Commission du 6 août 2008 déclarant certaines catégories d'aides compatibles avec le marché commun en application des articles 87 et 88 du traité (Règlement général d'exemption par catégorie).

Lorsque l'entreprise ne satisfait pas aux conditions mentionnées au deuxième alinéa de l'article 1465 B et que l'opération est réalisée à compter du 1er janvier 2007 dans une zone d'aide à finalité régionale limitée aux petites et moyennes entreprises, le bénéfice de l'exonération est subordonné au respect du règlement (CE) n° 1998/2006 de la Commission du 15 décembre 2006 concernant l'application des articles 87 et 88 du traité aux aides de minimis. — *A compter du 1er janv. 2014, le Règl. (CE) n° 1998/2006 cité ci-dessus est remplacé par le Règl. (UE) n° 1407/2013 du 18 déc. 2013 (JOUE 24 déc.) ; pour les aides antérieures, V. App., Règl. (UE) n° 1407/2013 préc., art. 7 ; sur la carte des aides à finalité régionale, V. Décr. n° 2014-758 du 2 juill. 2014 (JO 3 juill.).*

Un décret en Conseil d'État fixe les conditions d'application du présent article. — *V. Ann. II, art. 310 HB bis à 310 HB septies. — V. égal. art. 1466 A, al. 2 du II, et pour les établissements situés dans les DOM, le VI de l'art. 1466 F.*

Art. 1465 A I. — Sauf délibération contraire de la commune ou de l'établissement public de coopération intercommunale doté d'une fiscalité propre, dans les zones de revitalisation rurale *(L. n° 2018-1317 du 28 déc. 2018, art. 19-I-7°)* « , à l'exception de celles mentionnées au B du II du présent article », les entreprises qui procèdent aux opérations mentionnées au premier alinéa de l'article 1465 dans les conditions et sous réserve, le cas échéant, de l'agrément prévu à cet article, sont exonérées de cotisation foncière des entreprises. Cette exonération ne peut avoir pour effet de reporter de plus de cinq ans l'application du régime d'imposition de droit commun.

Cette exonération s'applique également aux créations d'activités dans les zones de revitalisation rurale réalisées par des artisans qui effectuent principalement des travaux de fabrication, de transformation, de réparation ou des prestations de services et pour lesquels la rémunération du travail représente plus de 50 % du chiffre d'affaires global, tous droits et taxes compris, ou par des entreprises qui exercent une activité professionnelle au sens du premier alinéa de l'article 92. Dans les communes de moins de deux mille habitants, l'exonération s'applique également aux créations d'activités commerciales et aux reprises d'activités commerciales, artisanales ou professionnelles au sens du 1 de l'article 92, réalisées par des entreprises exerçant le même type d'activité, dès lors qu'au cours de la période de référence prise en compte pour la première année d'imposition, l'activité est exercée dans l'établissement avec moins de cinq salariés. — *Sur le contrat d'engagement de service public des jeunes médecins, V. Décr. n° 2010-735 du 29 juin 2010.*

II. — A. — Sont classées en zone de revitalisation rurale les communes membres d'un établissement public de coopération intercommunale à fiscalité propre qui satisfait aux conditions suivantes :

1° Sa densité de population est inférieure ou égale à la densité médiane nationale des établissements publics de coopération intercommunale à fiscalité propre métropolitains *(L. n° 2017-1837 du 30 déc. 2017, art. 27)* « ou sa population connaît depuis les quatre dernières décennies un déclin de 30 % ou plus à condition qu'il se trouve dans un arrondissement composé majoritairement de communes classées en zone de revitalisation rurale et dont la population est supérieure à 70 % de l'arrondissement » ;

2° Son revenu fiscal par unité de consommation médian est inférieur ou égal à la médiane des revenus médians par établissement public de coopération intercommunale à fiscalité propre métropolitain.

Les données utilisées sont établies par l'Institut national de la statistique et des études économiques à partir de celles disponibles au 1er janvier de l'année de classement. La population prise en compte pour le calcul de la densité de population est la population municipale définie à l'article R. 2151-1 du code général des collectivités territoriales.

Le classement des communes en zone de revitalisation rurale est établi par arrêté des ministres chargés du budget et de l'aménagement du territoire. Il est révisé au 1er janvier de *(L. n° 2020-1721 du 29 déc. 2020, art. 223-I-4°-a)* **« la** *(L. n° 2021-1900 du 30 déc. 2021, art. 68-I-4°)* **« quatrième » année » qui suit le renouvellement général des conseils communautaires.**

La modification du périmètre d'un établissement public de coopération intercommunale à fiscalité propre n'emporte d'effet sur le classement qu'à compter de la révision mentionnée au cinquième alinéa du présent A.

Pour les communes mentionnées au V de l'article L. 5210-1-1 du code général des collectivités territoriales, les critères de classement sont évalués au niveau communal. *— V. Arr. du 16 mars 2017 (JO 29 mars).*

B. — Sont classées en zone de revitalisation rurale les communes de Guyane, ainsi que celles de La Réunion comprises dans la zone spéciale d'action rurale délimitée par décret. *— Les communes sortant de la liste du classement en zone de revitalisation rurale le 1er juill. 2017 continuent de bénéficier du dispositif jusqu'au 31 déc. 2020 (L. n° 2019-1479 du 28 déc. 2019, art. 127-I).*

III. — Les cinquième, sixième, septième et neuvième alinéas de l'article 1465 sont applicables à l'exonération prévue au I du présent article. Toutefois, pour l'application du neuvième alinéa de l'article 1465, l'imposition est établie au profit de l'État.

L'exonération reste applicable pour sa durée restant à courir lorsque la commune d'implantation de l'entreprise cesse d'être classée en zone de revitalisation rurale après la date de la création ou de la reprise de l'activité.

IV. — Le bénéfice des exonérations accordées à compter du 1er janvier 2014 est subordonné au respect du règlement (UE) n° 1407/2013 de la Commission, du 18 décembre 2013, relatif à l'application des articles 107 et 108 du traité sur le fonctionnement de l'Union européenne » aux aides *de minimis*. Toutefois, sur option des entreprises qui procèdent *(L. n° 2020-1721 du 29 déc. 2020, art. 223-I-4°-b)* **« à compter du 1er juillet 2014 » aux opérations mentionnées au I dans les zones d'aide à finalité régionale, le bénéfice des exonérations est subordonné au respect de l'article 14 du règlement (UE) n° 651/2014 de la Commission, du 17 juin 2014, déclarant certaines catégories d'aides compatibles avec le marché intérieur en application des articles 107 et 108 du traité.** *— Sur la carte des aides à finalité régionale, V. Décr. n° 2014-758 du 2 juill. 2014 (JO 3 juill.).*

Cette option, exercée distinctement pour chacun des établissements concernés, est irrévocable pour la durée de l'exonération. Elle doit être exercée, selon le cas, dans le délai prévu pour le dépôt de la déclaration annuelle afférente à la première année au titre de laquelle l'exonération prend effet ou de la déclaration provisoire de cotisation foncière des entreprises visée à l'article 1477. *— V. art. 1466 A-II, 2e al. — V. égal., pour les établissements situés dans les DOM, le VI de l'art. 1466 F.*

Le classement des communes en zone de revitalisation rurale en vigueur à la date de publication de la L. n° 2015-1786 du 29 déc. 2015 demeure applicable jusqu'au 30 juin 2017. Le classement en zone de revitalisation rurale d'anciennes communes devenues communes déléguées d'une commune nouvelle au 1er janv. 2016 ou au 1er janv. 2017 demeure également applicable jusqu'au 30 juin 2017 (L. préc., art. 45-II-B). — Pour l'application au 1er juill. 2017 du présent art., dans sa rédaction résultant de la L. n° 2015-1786 du 29 déc. 2015, les délibérations mentionnées au I du présent art. des collectivités territoriales et de leurs établissements publics de coopération intercommunale à fiscalité propre sont prises dans les soixante jours suivant la publication de l'arrêté fixant la liste des communes classées en zone de revitalisation rurale (L. préc., art. 45-II-C).

Les dispositions issues de l'art. 19 de la L. n° 2018-1317 du 28 déc. 2018 s'appliquent aux impositions de cotisation foncière des entreprises dues à compter de 2019.

Toutefois, l'exonération prévue par le présent art. dans sa rédaction antérieure à la présente loi reste applicable dans les mêmes conditions, pour la durée restant à courir, aux entreprises et activités mentionnées au I du présent art. situées dans les communes mentionnées au B du II du même art. (L. préc., art. 19-II-D).

Zones de revitalisation rurale. Exonération temporaire dans les zones de revitalisation rurale. * BOI-IF-CFE-10-30-40-40 du 6 juin 2018.

Art. 1465 B **L'article 1465 s'applique également pour les opérations réalisées à compter du 1er janvier 2009 et jusqu'au 31 décembre** *(L. n° 2021-1900 du 30 déc. 2021, art. 68-I-1°)* **« 2023** *[ancienne rédaction : 2022]* **» dans les zones d'aide à l'investissement des petites et moyennes entreprises et dans les limites prévues par l'article 17 du règlement (UE) n° 651/2014 de la Commission, du 17 juin 2014, déclarant certaines catégories d'aides compatibles avec le marché intérieur en application des articles 107 et 108 du traité.** — *Les zones d'aide à l'investissement des petites et moyennes entreprises sont définies par décret en Conseil d'État (L. n° 2006-1771 du 30 déc. 2006, art. 87-XIII). — Pour la période 2014-2020, V. Décr. n° 2014-758 du 2 juill. 2014 (JO 3 juill.).*

Le premier alinéa s'applique aux entreprises qui, au cours de la période de référence retenue pour le calcul de la base d'imposition, satisfont à la définition des petites et moyennes entreprises, au sens de l'annexe I au règlement (UE) n° 651/2014 de la Commission, du 17 juin 2014, précité. L'effectif moyen de l'entreprise est apprécié par référence au nombre moyen de salariés au cours de cet exercice ou de cette période d'imposition. Le chiffre d'affaires à prendre en compte s'entend de celui réalisé au cours de la même période, éventuellement corrigé pour correspondre à une année pleine et, pour une société mère d'un groupe mentionné à l'article 223 A ou à l'article 223 A *bis*, de la somme des chiffres d'affaires de chacune des sociétés membres de ce groupe. Le capital des sociétés, entièrement libéré, doit être détenu de manière continue, pour 75 % au moins, par des personnes physiques ou par une société répondant aux mêmes conditions dont le capital est détenu, pour 75 % au moins, par des personnes physiques. Pour la détermination de ce pourcentage, les participations des sociétés de capital-risque, des fonds communs de placement à risques, des fonds professionnels spécialisés relevant de l'article L. 214-37 du code monétaire et financier dans sa rédaction antérieure à l'ordonnance n° 2013-676 du 25 juillet 2013 modifiant le cadre juridique de la gestion d'actifs, des fonds professionnels de capital investissement, des sociétés de libre partenariat, des sociétés de développement régional et des sociétés financières d'innovation ne sont pas prises en compte à la condition qu'il n'existe pas de lien de dépendance au sens du 12 de l'article 39 entre la société en cause et ces dernières sociétés ou ces fonds. — *V. le II, al. 2, de l'art. 1466 A et, pour les établissements situés dans les DOM, le VI de l'art. 1466 F.*

La condition d'investissement initial prévue à la deuxième phrase du premier alinéa de l'article 1465 ne s'applique pas au présent article.

Ancien art. 1465 B ***L'article 1465 s'applique également pour les opérations réalisées à compter du 1er janvier 2009 et jusqu'au 31 décembre 2014 dans les zones d'aide à l'investissement des petites et moyennes entreprises et dans les limites prévues par l'article 15 du règlement (CE) n° 800/2008 de la Commission du 6 août 2008 déclarant certaines catégories d'aides compatibles avec le marché commun en application des articles 87 et 88 du traité (Règlement général d'exemption par catégorie).*** — *Les zones d'aide à l'investissement des petites et moyennes entreprises sont définies par décret en Conseil d'État (L. n° 2006-1771 du 30 déc. 2006, art. 87-XIII). — Pour la période 2014-2020, V. Décr. n° 2014-758 du 2 juill. 2014 (JO 3 juill.).*

Les dispositions du premier alinéa s'appliquent aux entreprises qui ont employé moins de 250 salariés au cours de la période de référence retenue pour le calcul de la base d'imposition et dont soit le chiffre d'affaires annuel n'excède pas 40 millions d'euros, soit le total de bilan n'excède pas 27 millions d'euros. L'effectif moyen de l'entreprise est apprécié par référence au nombre moyen de salariés au cours de cet exercice ou de cette période d'imposition. Le chiffre d'affaires à prendre en compte s'entend de celui réalisé au cours de la même période, éventuellement corrigé pour correspondre à une année pleine et, pour une société mère d'un groupe mentionné à l'article 223 A *(L. n° 2014-891 du 8 août 2014, art. 20-I-3°)* ***« ou à l'article 223 A bis », de la somme des chiffres d'affaires de chacune des sociétés membres de ce groupe. Le capital des sociétés, entièrement libéré, doit être détenu de manière continue, pour 75 % au moins, par des personnes physiques ou par une société répondant aux mêmes conditions dont le capital est détenu,***

pour 75 % au moins, par des personnes physiques. Pour la détermination de ce pourcentage, les participations des sociétés de capital-risque, des fonds communs de placement à risques, des fonds professionnels spécialisés relevant de l'article L. 214-37 du code monétaire et financier dans sa rédaction antérieure à l'ordonnance n° 2013-676 du 25 juillet 2013 modifiant le cadre juridique de la gestion d'actifs, des fonds professionnels de capital investissement, des sociétés de développement régional et des sociétés financières d'innovation ne sont pas prises en compte à la condition qu'il n'existe pas de lien de dépendance au sens du 12 de l'article 39 entre la société en cause et ces dernières sociétés ou ces fonds. — V. le II, al. 2, de l'art. 1466 A et, pour les établissements situés dans les DOM, le VI de l'art. 1466 F.

Art. 1466 *(Abrogé par L. n° 2015-991 du 7 août 2015, art. 44-V-3°, à compter du 1er janv. 2017)* ***Les délibérations des communes et de leurs établissements publics de coopération intercommunale à fiscalité propre accordant l'exonération de cotisation foncière des entreprises prévue à l'article 1465 sont applicables à compter du 1er janvier de l'année suivant celle au cours de laquelle elles sont intervenues.***

Les exonérations appliquées antérieurement à la création d'une agglomération nouvelle, en exécution des délibérations des conseils des communes, sont maintenues pour la quotité et la durée initialement prévues.

Art. 1466 A I. — Les communes sur le territoire desquelles sont situés un ou plusieurs quartiers prioritaires de la politique de la ville ou leurs établissements publics de coopération intercommunale dotés d'une fiscalité propre peuvent exonérer de la cotisation foncière des entreprises par délibération prise dans les conditions de l'article 1639 A *bis* les créations ou extensions d'établissement réalisées dans un ou plusieurs de ces quartiers prioritaires, dans la limite d'un montant de base nette imposable fixé pour *(Décr. n° 2020-897 du 22 juill. 2020, art. 1er)* « 2021 à 29 796 € *[ancienne rédaction : 2020 à 29 532 €]* » et actualisé chaque année en fonction de la variation des prix. Seuls les établissements employant moins de 150 salariés peuvent bénéficier de cette mesure. — *Plafond applicable pour l'imposition établie au titre de 2022.*

L'exonération s'applique aux entreprises qui ont employé moins de 250 salariés au cours de la période de référence retenue pour le calcul de la base d'imposition et dont soit le chiffre d'affaires annuel réalisé au cours de la même période n'excède pas 50 millions d'euros, soit le total de bilan, au terme de la même période, n'excède pas 43 millions d'euros. L'effectif à retenir est apprécié par référence au nombre moyen de salariés au cours de la période. Le chiffre d'affaires à prendre en compte est éventuellement corrigé pour correspondre à une année pleine et, pour une société mère d'un groupe mentionné à l'article 223 A ou à l'article 223 A *bis*, s'entend de la somme des chiffres d'affaires de chacune des sociétés membres de ce groupe.

L'exonération prévue n'est pas applicable aux entreprises dont 25 % ou plus du capital ou des droits de vote sont contrôlés, directement ou indirectement, par une ou plusieurs entreprises ne répondant pas aux conditions fixées par le précédent alinéa. Pour la détermination de ce pourcentage, les participations des sociétés de capital-risque, des fonds communs de placement à risques, des fonds professionnels spécialisés relevant de l'article L. 214-37 du code monétaire et financier dans sa rédaction antérieure à l'ordonnance n° 2013-676 du 25 juillet 2013 modifiant le cadre juridique de la gestion d'actifs, des fonds professionnels de capital investissement, des sociétés de libre partenariat, des sociétés de développement régional, des sociétés financières d'innovation et des sociétés unipersonnelles d'investissement à risque ne sont pas prises en compte à la condition qu'il n'existe pas de lien de dépendance au sens du 12 de l'article 39 entre la société en cause et ces dernières sociétés ou ces fonds.

La délibération fixe le taux d'exonération, sa durée ainsi que les quartiers prioritaires concernés.

La délibération porte sur la totalité de la part revenant à chaque commune ou établissement public de coopération intercommunale doté d'une fiscalité propre. Elle ne peut avoir pour effet de reporter de plus de cinq ans l'application du régime d'imposition de droit commun.

I bis à I quinquies. — Abrogés.

I *quinquies* A. — Sauf délibération contraire de la commune ou de l'établissement public de coopération intercommunale doté d'une fiscalité propre prise dans les conditions prévues au I de l'article 1639 A *bis*, les entreprises sont exonérées de cotisation foncière des entreprises pour les créations et extensions d'établissements qu'elles réalisent entre le 1er janvier 2007 et le 31 décembre *(L. n° 2021-1900 du 30 déc. 2021, art. 68-I-1°)* « 2023 *[ancienne rédaction : 2022]* » dans les bassins d'emploi à redynamiser définis au 3 *bis* de l'article 42 de la loi n° 95-115 du 4 février 1995 d'orientation pour l'aménagement et le développement du territoire.

Les exonérations prévues au premier alinéa portent pendant cinq ans à compter de l'année qui suit la création ou, en cas d'extension d'établissement, à compter de la deuxième année qui suit celle-ci, sur la totalité de la part revenant à chaque commune ou établissement public de coopération intercommunale doté d'une fiscalité propre.

En cas de changement d'exploitant au cours de la période d'exonération, celle-ci est maintenue pour la période restant à courir et dans les conditions prévues pour le prédécesseur.

Pour l'application des dispositions ci-dessus, les délibérations des communes et de leurs établissements publics de coopération intercommunale dotés d'une fiscalité propre ne peuvent porter que sur l'ensemble des établissements créés ou étendus.

Le bénéfice des exonérations est subordonné au respect du règlement (UE) n° 1407/2013 de la Commission, du 18 décembre 2013, relatif à l'application des articles 107 et 108 du traité sur le fonctionnement de l'Union européenne des aides *de minimis*. Toutefois, sur option des entreprises qui procèdent aux opérations mentionnées au premier alinéa dans les zones d'aide à finalité régionale, le bénéfice des exonérations est subordonné au respect de l'article 14 du règlement (UE) n° 651/2014 de la Commission, du 17 juin 2014, déclarant certaines catégories d'aides compatibles avec le marché intérieur en application des articles 107 et 108 du traité.

L'option mentionnée au cinquième alinéa est irrévocable pour la durée de l'exonération. Elle doit être exercée, selon le cas, dans le délai prévu pour le dépôt de la déclaration annuelle afférente à la première année au titre de laquelle l'exonération prend effet ou de la déclaration provisoire de cotisation foncière des entreprises visée à l'article 1477.

I *quinquies* B. — Les communes et les établissements publics de coopération intercommunale dotés d'une fiscalité propre peuvent, par une délibération prise dans les conditions prévues au I de l'article 1639 A *bis*, exonérer de cotisation foncière des entreprises les entreprises pour les créations et extensions d'établissements situés dans le périmètre des zones de restructuration de la défense mentionnées aux 1° et 2° du 3 *ter* de l'article 42 de la loi n° 95-115 du 4 février 1995 d'orientation pour l'aménagement et le développement du territoire qui sont réalisées pendant une période de *(L. n° 2016-1917 du 29 déc. 2016, art. 76-I et III, applicable à compter de l'imposition des revenus perçus au titre de l'année 2017)* « six ans *[ancienne rédaction : trois ans]* » débutant à la date de publication de l'arrêté prévu au dernier alinéa du même 3 *ter* ou, si cette seconde date est postérieure, au 1er janvier de l'année précédant celle au titre de laquelle le territoire est reconnu comme zone de restructuration de la défense par cet arrêté.

L'exonération prévue au premier alinéa porte, pendant cinq ans à compter de l'année qui suit la création ou, en cas d'extension d'établissement, à compter de la deuxième année qui suit celle-ci, sur la totalité de la part revenant à chaque commune ou établissement public de coopération intercommunale doté d'une fiscalité propre.

En cas de changement d'exploitant au cours de la période d'exonération, celle-ci est maintenue pour la période restant à courir et dans les conditions prévues pour le prédécesseur.

Pour l'application du présent I *quinquies* B, les délibérations des communes et de leurs établissements publics de coopération intercommunale dotés d'une fiscalité propre ne peuvent porter que sur l'ensemble des établissements créés ou étendus.

Le bénéfice de l'exonération prévue au premier alinéa est subordonné au respect du règlement (UE) n° 1407/2013 de la Commission, du 18 décembre 2013, relatif à l'application des articles 107 et 108 du traité sur le fonctionnement de l'Union européenne des aides *de minimis*. Toutefois, sur option des entreprises qui procèdent aux opérations mentionnées au premier alinéa dans les zones d'aide à finalité régionale, le bénéfice de l'exonération prévue au premier alinéa est subordonné au respect de l'article 14 du règlement (UE) n° 651/2014 de la Commission du 17 juin 2014 déclarant certaines catégories d'aides compatibles avec le marché intérieur en application des articles 107 et 108 du traité.

L'option mentionnée au cinquième alinéa est irrévocable pour la durée de l'exonération. Elle doit être exercée, selon le cas, dans le délai prévu pour le dépôt de la déclaration annuelle afférente à la première année au titre de laquelle l'exonération prend effet ou de la déclaration provisoire de cotisation foncière des entreprises visée à l'article 1477.

I *sexies.* — Sauf délibération contraire de la commune ou de l'établissement public de coopération intercommunale doté d'une fiscalité propre, les établissements qui font l'objet d'une création ou d'une extension entre le 1er janvier 2006 et le 31 décembre 2014 dans les zones franches urbaines – territoires entrepreneurs mentionnées *(L. n° 2021-1900 du 30 déc. 2021, art. 35-I-33°)* « au B du 3 de l'article 42 de la loi n° 95-115 du 4 février 1995 d'orientation pour l'aménagement et le développement du territoire » ainsi que les établissements existant au 1er janvier 2006 dans les zones franches urbaines – territoires entrepreneurs mentionnés *[mentionnées]* au deuxième alinéa du *(L. n° 2021-1900 du 30 déc. 2021, art. 35-I-33°)* « même B » sont exonérés de cotisation foncière des entreprises dans la limite du montant de base nette imposable fixé, pour *(Décr. n° 2020-897 du 22 juill. 2020, art. 1er)* « 2022, à 80 375 € *[ancienne rédaction : 2021, à 80 617 €]* » et actualisé chaque année en fonction de la variation de l'indice des prix. Les exonérations s'appliquent lorsque les conditions suivantes sont remplies : — *Plafond applicable pour l'imposition établie au titre de 2022.*

1° L'entreprise doit employer au plus cinquante salariés au 1er janvier 2006 ou à la date de sa création ou de son implantation si elle est postérieure et, soit avoir réalisé un chiffre d'affaires inférieur à 10 millions d'euros au cours de la période de référence, soit avoir un total de bilan inférieur à 10 millions d'euros ;

2° Son capital ou ses droits de vote ne doivent pas être détenus, directement ou indirectement, à concurrence de 25 % ou plus par une entreprise ou conjointement par plusieurs entreprises dont l'effectif dépasse deux cent cinquante salariés et dont le chiffre d'affaires annuel hors taxes excède 50 millions d'euros ou le total du bilan annuel excède 43 millions d'euros. Pour la détermination de ce pourcentage, les participations des sociétés de capital-risque, des fonds communs de placement à risques, des fonds professionnels spécialisés relevant de l'article L. 214-37 du code monétaire et financier dans sa rédaction antérieure à l'ordonnance n° 2013-676 du 25 juillet 2013 modifiant le cadre juridique de la gestion d'actifs, des fonds professionnels de capital investissement, des sociétés de libre partenariat, des sociétés de développement régional, des sociétés financières d'innovation et des sociétés unipersonnelles d'investissement à risque ne sont pas prises en compte à la condition qu'il n'existe pas de lien de dépendance au sens du 12 de l'article 39 entre la société en cause et ces dernières sociétés ou ces fonds.

Pour l'application du 1° et du 2°, le chiffre d'affaires doit être ramené ou porté le cas échéant à douze mois. Les seuils s'appliquent, pour les établissements existants, à la date de délimitation de la zone et, pour les créations et extensions postérieures, à la date de l'implantation dans la zone. L'effectif de l'entreprise est apprécié par référence au nombre moyen de salariés employés au cours de cet exercice. Pour la société mère d'un groupe mentionné à l'article 223 A ou à l'article 223 A *bis*, le chiffre d'affaires est apprécié en faisant la somme des chiffres d'affaires de chacune des sociétés membres de ce groupe.

Pour les établissements existant au 1er janvier 2006 mentionnés au premier alinéa, la base exonérée comprend, le cas échéant, dans la limite prévue à cet alinéa, les éléments d'imposition correspondant aux extensions d'établissement intervenues pendant l'année 2005.

L'exonération porte pendant cinq ans à compter de 2006 pour les établissements existant à cette date mentionnés au premier alinéa ou, en cas de création d'établissement, à compter de l'année qui suit la création ou, en cas d'extension d'établissement, à compter de la deuxième année qui suit celle-ci, sur la totalité de la part revenant à chaque commune ou établissement public de coopération intercommunale doté d'une fiscalité propre et s'applique dans les conditions prévues, dans la rédaction du présent code en vigueur au 31 décembre 2009, au septième alinéa du I *ter*, aux trois dernières phrases du premier alinéa et aux neuvième, dixième et onzième alinéas du I *quater*, à la dernière phrase du troisième alinéa et au sixième alinéa du I *quinquies*. Le bénéfice des exonérations prenant effet en 2006 dans les zones mentionnées au deuxième alinéa du B du 3 de l'article 42 de la loi n° 95-115 du 4 février 1995 précitée et de celles prenant effet à compter de 2013 dans les zones franches urbaines – territoires entrepreneurs définis *[définies]* au même B est subordonné au respect du règlement (UE) n° 1407/2013 de la Commission, du 18 décembre 2013, relatif à l'application des articles 107 et 108 du traité sur le fonctionnement de l'Union européenne des aides *de minimis*.

I *septies*. – Sauf délibération contraire de la collectivité territoriale ou de l'établissement public de coopération intercommunale doté d'une fiscalité propre, prise dans les conditions prévues au I de l'article 1639 A *bis*, les établissements qui font l'objet d'une création ou d'une extension entre le 1er janvier *(L. n° 2016-1918 du 29 déc. 2016, art. 50-I-2°-a et IV, applicable à compter des impositions dues au titre de 2017)* « 2017 » et le 31 décembre *(L. n° 2021-1900 du 30 déc. 2021, art. 68-I-1°)* « 2023 *[ancienne rédaction : 2022]* » dans les quartiers prioritaires de la politique de la ville définis à l'article 5 de la loi n° 2014-173 du 21 février 2014 de programmation pour la ville et la cohésion urbaine, ainsi que les établissements existant au 1er janvier *(L. n° 2016-1918 du 29 déc. 2016, art. 50-I-2°-a et IV, applicable à compter des impositions dues au titre de 2017)* « 2017 autres que ceux appartenant à une entreprise qui remplit les conditions prévues aux 1° à 3° du présent I *septies*, dans sa rédaction antérieure à la loi n° 2016-1918 du 29 décembre 2016 de finances rectificative pour 2016, » situés dans ces mêmes quartiers sont exonérés de cotisation foncière des entreprises dans la limite du montant de base nette imposable fixé, pour *(Décr. n° 2020-897 du 22 juill. 2020, art. 1er)* « 2022, à 80 375 € *[ancienne rédaction : 2021, à 80 617 €]* » et actualisé chaque année en fonction de la variation de l'indice des prix. *– Plafond applicable pour l'imposition établie au titre de 2022. – Le I septies de l'art. 1466 A, dans sa rédaction antérieure à la L. n° 2019-486 du 22 mai 2019, s'applique aux créations ou extensions d'établissements entre le 1er janv. et le 31 déc. 2019 (L. n° 2019-1479 du 28 déc. 2019, art. 41-5°).*

Pour l'application exclusive de la présente exonération, lorsque la limite d'un quartier correspond à une voie publique, les établissements situés sur chacune des bordures de cette voie sont réputés situés dans le quartier prioritaire.

L'exonération porte, pendant cinq ans à compter de *(L. n° 2016-1918 du 29 déc. 2016, art. 50-I-2°-a et IV, applicable à compter des impositions dues au titre de 2017)* « 2017 *[ancienne rédaction : 2015]* » pour les établissements existant à cette date ou, en cas de création d'établissement, à compter de l'année qui suit la création ou, en cas d'extension d'établissement, à compter de la deuxième année qui suit celle-ci, sur la totalité de la part revenant à chaque collectivité territoriale ou établissement public de coopération intercommunale doté d'une fiscalité propre.

A l'issue de la période d'exonération et au titre des trois années suivant l'expiration de celle-ci, la base nette imposable des établissements mentionnés au premier alinéa du présent I *septies* fait l'objet d'un abattement. Le montant de cet abattement est égal, la première année, à 60 % de la base exonérée de la dernière année d'application de l'exonération prévue au deuxième alinéa, à 40 % la deuxième année et à 20 % la troisième année. Cet abattement ne peut réduire la base d'imposition de l'année considérée de plus de 60 % de son montant la première année, 40 % la deuxième année et 20 % la troisième.

Pour les établissements qui font l'objet d'une création *(Abrogé par L. n° 2016-1918 du 29 déc. 2016, art. 50-I-2°-c et IV, pour les impositions dues au titre de 2017) « à compter du 1er janvier 2016 »*, le bénéfice de l'exonération est subordonné à l'existence, au 1er janvier de l'année d'implantation, du contrat de ville prévu à l'article 6 de la loi n° 2014-173 du 21 février 2014 précitée.

En cas de changement d'exploitant au cours de la période d'exonération, celle-ci est maintenue pour la période restant à courir et dans les conditions prévues pour le prédécesseur.

L'exonération s'applique lorsque les conditions suivantes sont remplies :

1° L'entreprise exerce une activité commerciale ;

2° Elle emploie moins de *(L. n° 2016-1918 du 29 déc. 2016, art. 50-I-2°-d et IV, applicable à compter des impositions dues au titre de 2017)* « cinquante *[ancienne rédaction : onze]* » salariés *(Abrogé par L. n° 2019-486 du 22 mai 2019, art. 12-I-8°-a et III-D, pour les établissements créés à compter du 1er janv. 2019)* « **au 1er janvier** *(L. no 2016-1918 du 29 déc. 2016, art. 50-I-2o-d et IV, applicable à compter des impositions dues au titre de 2017)* « **2017** *[ancienne rédaction : 2015]* » **ou à la date de création** » **et soit a réalisé un chiffre d'affaires annuel hors taxes inférieur à** *(L. no 2016-1918 du 29 déc. 2016, art. 50-I-2o-d et IV, applicable à compter des impositions dues au titre de 2017)* « **10 millions** *[ancienne rédaction : 2 millions]* » **d'euros au cours de la période de référence, soit a un total de bilan inférieur à** *(L. no 2016-1918 du 29 déc. 2016, art. 50-I-2o-d et IV, applicable à compter des impositions dues au titre de 2017)* « **10 millions** *[ancienne rédaction : 2 millions]* » **d'euros ;**

3o Son capital ou ses droits de vote ne sont pas détenus, directement ou indirectement, à concurrence de 25 % ou plus par une entreprise ou conjointement par plusieurs entreprises dont l'effectif dépasse deux cent cinquante salariés et dont le chiffre d'affaires annuel hors taxes excède 50 millions d'euros ou le total du bilan annuel excède 43 millions d'euros. Pour la détermination de ce taux, les participations des sociétés de capital-risque, des fonds communs de placement à risques, des fonds professionnels spécialisés relevant de l'article L. 214-37 du code monétaire et financier, dans sa rédaction antérieure à l'ordonnance no 2013-676 du 25 juillet 2013 modifiant le cadre juridique de la gestion d'actifs, des fonds professionnels de capital investissement, des sociétés de libre partenariat, des sociétés de développement régional, des sociétés financières d'innovation et des sociétés unipersonnelles d'investissement à risque ne sont pas prises en compte à la condition qu'il n'existe pas de lien de dépendance, au sens du 12 de l'article 39 du présent code, entre la société en cause et ces dernières sociétés ou ces fonds.

Pour l'application des 2o et 3o du présent I *septies*, le chiffre d'affaires est ramené ou porté, le cas échéant, à douze mois. *(L. no 2019-486 du 22 mai 2019, art. 12-I-8o-b et III-D, applicable aux établissements créés à compter du 1er janv. 2019)* « **L'effectif salarié de l'entreprise est apprécié, au titre de chaque exercice, selon les modalités prévues au I de l'article L. 130-1 du code de la sécurité sociale. Lorsqu'une entreprise bénéficiant déjà de l'exonération prévue au présent article constate un franchissement de seuil d'effectif déterminé selon les modalités prévues au II de l'article L. 130-1 du code de la sécurité sociale, cette circonstance lui fait perdre le bénéfice de cette exonération** *[ancienne rédaction : Les seuils s'appliquent, pour les établissements existants, au 1er janvier 2017 et, pour les créations et extensions postérieures, à la date de l'implantation dans la zone. L'effectif de l'entreprise est apprécié par référence au nombre moyen de salariés employés au cours de cet exercice]*. » **Pour la société mère d'un groupe mentionné à l'article 223 A** *(L. no 2019-486 du 22 mai 2019, art. 12-I-8o-b et III-D, applicable aux établissements créés à compter du 1er janv. 2019)* « **du présent code** », **le chiffre d'affaires est apprécié en faisant la somme des chiffres d'affaires de chacune des sociétés membres de ce groupe.**

Le bénéfice des exonérations est subordonné au respect du règlement (UE) no 1407/2013 de la Commission, du 18 décembre 2013, relatif à l'application des articles 107 et 108 du traité sur le fonctionnement de l'Union européenne aux aides *de minimis*. — *Pour les modalités d'application du présent I septies, V. L. no 2016-1918 du 29 déc. 2016, art. 50-II et III.*

II. — Pour bénéficier des exonérations prévues aux I, I *quinquies* A, I *quinquies* B, I *sexies* et I *septies*, les contribuables déclarent, chaque année, dans les conditions prévues à l'article 1477, les éléments entrant dans le champ d'application de l'exonération.

Lorsqu'un établissement remplit les conditions requises pour bénéficier de l'une des exonérations prévues aux articles 1464 A, 1464 B, 1464 D, *(L. no 2019-1479 du 28 déc. 2019, art. 110-I-3o, applicable aux impositions établies au titre des années 2020 à 2023)* « **1464 F, 1464 G,** » **1464 I,** *(Abrogé par L. no 2016-1917 du 29 déc. 2016, art. 67-I-B et II, pour les impositions établies au titre de 2017)* « **1464 L,** » *(L. no 2018-1317 du 28 déc. 2018, art. 174-I-3o)* « **1464 I *bis*,** » *(L. no 2016-1918 du 29 déc. 2016, art. 43-I-2o)* « **1464 M,** » **1465, 1465 A, 1465 B,** *(L. no 2017-1775 du 28 déc. 2017, art. 17)* « **1466 B,** » *(L. no 2018-1317 du 28 déc. 2018, art. 135-I-14o)* « **1466 B *bis*** » *(Abrogé par Décr. no 2021-744 du 9 juin 2021, art. 1er)* « **, 1466 C** » **ou 1466 D et de celles prévues aux I, I *quinquies* A, I *quinquies* B, I *sexies* ou I *septies*, le contribuable doit opter pour l'un ou l'autre de ces régimes. L'option qui est irrévocable doit être exercée dans le délai prévu pour le dépôt de la déclaration afférente à la première**

année au titre de laquelle l'exonération prend effet. — *Sur les effets de l'option, V. ss. art. 44 duodecies, art. 45-XLIX de la L. n° 2007-1824 du 25 déc. 2007.*

Pour l'application des I, I *quinquies* A, I *quinquies* B, I *sexies* et I *septies* :

***a*) Deux périodes d'exonération ne peuvent courir simultanément ;**

(Abrogé par L. n° 2020-1721 du 29 déc. 2020, art. 120-I-1° et II, applicable aux créations et extensions d'établissements intervenues à compter du 1er janv. 2021) ***« b) L'extension d'établissement s'entend de l'augmentation nette des bases par rapport à celles de l'année précédente multipliées par la variation des prix à la consommation hors tabac constatée par l'Institut national de la statistique et des études économiques pour l'année de référence définie à l'article 1467 A ; »***

***c*) Le montant des bases exonérées ne peut excéder chaque année, pour un même établissement, le montant prévu aux I, I *quinquies* A ou I *quinquies* B ;**

***d*) Pour l'appréciation de la condition d'exonération fixée au I concernant le nombre de salariés, la période de référence à retenir est l'année mentionnée à l'article 1467 A.**

III. — *Abrogé.*

IV. — Les obligations déclaratives des personnes et organismes concernés par les exonérations prévues au présent article sont fixées par décret. — *V. Ann. III, art. 322 M à 322 P. — Pour les établissements situés dans les DOM, V. également art. 1466 F-VI.*

BIBL. Mignon, *RJF 1999. 511* (contrôle de légalité des décrets délimitant les zones).

1. Régimes d'exonération temporaire des ZRU, des ZFU et des ZUS. * BOI-IF-CFE-10-30-50 du 3 févr. 2021.

2. Zones urbaines sensibles. Le fait qu'un quartier ne fasse pas l'objet d'un contrat de ville ou d'un programme concerté d'aménagement du territoire (PACT) urbain ne fait pas obstacle à son inscription sur la liste des ZUS. • CE 19 mai 1999, n° 185766 : *RJF 1999. 873 ; BDCF 6-7/99, concl. Courtial.* ♦ Le transfert d'un établissement, y compris à l'intérieur du territoire d'une même commune ou d'un même EPCI à fiscalité professionnelle unique, d'un lieu non situé dans une ZUS vers un lieu situé dans une telle zone doit être regardé comme une création d'établissement et ouvre droit à exonération. • CE 25 oct. 2017, *Min. c/ Sté Oodrive*, n° 404989 : *RJF 2018. 46.*

3. Zones de redynamisation urbaine. Un quartier peut être inscrit sur la liste des ZRU s'il présente les caractéristiques définies par l'art. 42-3 de la L. du 4 févr. 1995, sans avoir été nécessairement inscrit au préalable sur la liste des zones urbaines sensibles, fixée en dernier lieu par le Décr. n° 96-1156 du 26 déc. 1996. • CE 19 mai 1999, n° 185766 : *préc. note 2.*

4. Zones franches urbaines. Le décret délimitant les ZFU peut ne pas faire coïncider exactement leurs limites avec celles des quartiers dont la liste est annexée à la loi, s'il apparaît que la fixation d'un périmètre restant, à la marge, en deçà de ces limites suffit à permettre la réalisation des objectifs énoncés par la loi. • CE 19 mai 1999, n° 185842 : *RJF 1999. 905 ; BDCF 6-7/99, concl. Courtial.* ♦ ... Ou s'il apparaît que la fixation d'un périmètre s'écartant, à la marge, de ces limites est de nature à permettre la réalisation, dans de meilleures conditions, des objectifs énoncés par la loi. En particulier, des parcelles situées à proximité du quartier mentionné en annexe à la loi peuvent être incluses dans la ZFU lorsque cette extension tend à faciliter l'implantation d'entreprises ou le développement d'activités économiques. • CE 19 mai 1999, nos 185479, 185755 et 185765 : *RJF 2999. 905.* ♦ Dans le même sens : • CE 16 nov. 2005, n° 267543, *Grange.*

5. Bassins d'emploi à redynamiser. Opérations ouvrant droit à l'exonération. Bases exonérées. Obligations déclaratives. * BOI-IF-CFE-10-30-60-50 du 22 avr. 2020.

6. Quartiers prioritaires de la politique de la ville. Exonérations en faveur des TPE situées dans les QPPV. Commentaires administratifs. * BOI-IF-CFE-10-30-50-60 n° 50 du 22 avr. 2020.

7. Zones de restructuration de la défense. Exonération temporaire en faveur des créations et extensions d'établissement. * BOI-IF-CFE-10-30-60-60 du 1er févr. 2017.

Art. 1466 B *(L. n° 2017-1775 du 28 déc. 2017, art. 17, applicable à compter des impositions établies au titre de 2019)* **I. — Les communes et les établissements publics de coopération intercommunale à fiscalité propre peuvent, par une délibération prise dans les conditions prévues au I de l'article 1639 A *bis*, exonérer de cotisation foncière des entreprises les établissements qui bénéficient de l'exonération prévue à l'article 1463 A.**

L'exonération porte, pendant sept années à compter de l'année qui suit la création, sur la moitié non exonérée au titre de l'article 1463 A de la base nette imposée au profit de chaque collectivité territoriale ou établissement public de coopération intercommunale à fiscalité propre.

Au titre des trois années suivant la période d'exonération, la moitié de la base nette imposable des établissements mentionnés au premier alinéa du présent I fait l'objet d'un abattement. Le montant de cet abattement est égal, la première année, à 75 % de la base exonérée de la dernière année d'application de l'exonération prévue au deuxième alinéa, à 50 % la deuxième année et à 25 % la troisième année. Cet abattement ne peut réduire la moitié de la base d'imposition de l'année considérée de plus de 75 % de son montant la première année, 50 % la deuxième année et 25 % la troisième année.

II. – Pour bénéficier de l'exonération, les entreprises en adressent la demande, dans les délais prévus à l'article 1477, au service des impôts dont relève chacun des établissements concernés. A défaut du dépôt de cette demande dans les délais prévus à cet article, l'exonération n'est pas accordée au titre de l'année concernée.

L'exonération porte sur les éléments déclarés dans les délais prévus à l'article 1477.

III. – Dans les zones d'aide à finalité régionale, le bénéfice de l'exonération est subordonné au respect des articles 13 et 14 du règlement (UE) n° 651/2014 de la Commission du 17 juin 2014 déclarant certaines catégories d'aides compatibles avec le marché intérieur en application des articles 107 et 108 du traité.

En dehors des zones d'aide à finalité régionale, le bénéfice de l'exonération est subordonné au respect de l'article 17 du règlement (UE) n° 651/2014 de la Commission du 17 juin 2014 précité.

Exonération en faveur des établissements créés dans les bassins urbains à dynamiser. Commentaires administratifs. * BOI-IF-CFE-10-30-45 du 4 juill. 2018.

Art. 1466 B *bis* *(L. n° 2018-1317 du 28 déc. 2018, art. 135-I-15°)* I. – Les communes et les établissements publics de coopération intercommunale à fiscalité propre peuvent, par une délibération prise dans les conditions prévues au I de l'article 1639 A *bis*, exonérer de cotisation foncière des entreprises les établissements qui bénéficient de l'exonération prévue à l'article 1463 B.

L'exonération porte, pendant sept ans à compter de l'année qui suit la création, sur la moitié non exonérée au titre de l'article 1463 B de la base nette imposée au profit de chaque collectivité territoriale ou établissement public de coopération intercommunale à fiscalité propre.

A l'issue de la période d'exonération et au titre des trois années suivant l'expiration de celle-ci, la moitié de la base nette imposable des établissements mentionnés au premier alinéa du présent I fait l'objet d'un abattement. Le montant de cet abattement est égal, la première année, à 75 % de la base exonérée de la dernière année d'application de l'exonération prévue au deuxième alinéa, à 50 % la deuxième année et à 25 % la troisième année. Cet abattement ne peut réduire la moitié de la base d'imposition de l'année considérée de plus de 75 % de son montant la première année, 50 % la deuxième année et 25 % la troisième année.

II. – Pour bénéficier de l'exonération, les entreprises en adressent la demande, dans les délais prévus à l'article 1477, au service des impôts dont relève chacun des établissements concernés. A défaut du dépôt de cette demande dans les délais prévus au même article 1477, l'exonération n'est pas accordée au titre de l'année concernée.

L'exonération porte sur les éléments déclarés dans les délais prévus audit article 1477.

III. – Dans les zones d'aide à finalité régionale, le bénéfice de l'exonération est subordonné au respect de l'article 14 du règlement (UE) n° 651/2014 de la Commission du 17 juin 2014 déclarant certaines catégories d'aides compatibles avec le marché intérieur en application des articles 107 et 108 du traité.

En dehors des zones d'aide à finalité régionale, le bénéfice de l'exonération est subordonné au respect de l'article 17 du même règlement.

L'exonération de cotisation foncière des entreprises prévues au présent art. s'applique avant l'abattement prévu à l'art. 1472 A ter.

Elle s'applique à compter des impositions établies au titre 2020 (L. n° 2018-1317 du 28 déc. 2018, art. 135-V et VI-B).

Exonérations des immeubles rattachés à des entreprises nouvelles créées dans les zones de développement prioritaire (ZDP). Champ d'application. Conditions d'application de l'exonération. Zones d'application. Conditions relatives aux immeubles exonérés. Portée des exonérations. Obligations déclaratives. * BOI-IF-CFE-10-30-47 du 22 avr. 2020.

Art. 1466 C *(Périmé, Décr. n° 2021-744 du 9 juin 2021, art. 1er) I. — Sauf délibération contraire des communes ou des établissements publics de coopération intercommunale dotés d'une fiscalité propre prise dans les conditions prévues au I de l'article 1639 A bis, les entreprises mentionnées au deuxième alinéa de l'article 1465 B, exerçant une activité industrielle, commerciale ou artisanale au sens de l'article 34, quel que soit leur régime d'imposition, sont exonérées de cotisation foncière des entreprises sur la valeur locative des immobilisations corporelles afférentes aux créations d'établissement et aux augmentations de bases relatives à ces immobilisations financées sans aide publique pour 25 % au moins de leur montant, intervenues en Corse à compter du 1er janvier 2002.*

Toutefois n'ouvrent pas droit au bénéfice de l'exonération les activités exercées dans l'un des secteurs suivants : production et transformation de houille, lignite et produits dérivés de houille et lignite, sidérurgie, industrie des fibres synthétiques, pêche, construction et réparation de navires d'au moins 100 tonnes de jauge brute, construction automobile.

Sont seuls exonérés dans le secteur de la transformation et de la commercialisation de produits agricoles ou de la pêche les contribuables qui peuvent bénéficier des aides à l'investissement au titre du règlement (CE) n° 1257/1999 du Conseil du 17 mai 1999 concernant le soutien au développement rural par le Fonds européen d'orientation et de garantie agricole.

L'exonération porte sur la totalité de la part revenant à chaque commune ou établissement public de coopération intercommunale. Elle ne peut avoir pour effet de reporter de plus de cinq ans l'application du régime de droit commun aux bases exonérées et ne peut s'appliquer au-delà du 31 décembre 2012. Deux périodes d'exonération ne peuvent courir simultanément.

Pour les créations d'établissement et les augmentations de bases intervenues à compter du 1er janvier 2007, le bénéfice de l'exonération est subordonné au respect de l'article 13 du règlement (CE) n° 800/2008 de la Commission du 6 août 2008 déclarant certaines catégories d'aides compatibles avec le marché commun en application des articles 87 et 88 du traité (Règlement général d'exemption par catégorie).

En cas de changement d'exploitant, l'exonération est maintenue pour la période restant à courir.

Le dispositif s'applique sur agrément, délivré dans les conditions prévues à l'article 1649 nonies, aux entreprises visées au premier alinéa et en difficulté. Une entreprise est considérée comme étant en difficulté lorsqu'elle fait l'objet d'une procédure de conciliation, de sauvegarde ou de redressement judiciaire ou lorsque sa situation financière rend imminente sa cessation d'activité.

L'agrément mentionné au septième alinéa est accordé si l'octroi de l'exonération dont bénéficierait l'entreprise n'altère pas les échanges dans une mesure contraire à l'intérêt commun.

II. — Abrogé.

III. — La diminution des bases de cotisation foncière des entreprises résultant du I n'est pas prise en compte pour l'application des dispositions de l'article 1647 bis. Les dispositions du I s'appliquent après celles prévues à l'article 1464 A.

IV. — Pour bénéficier des dispositions du présent article, les entreprises déclarent chaque année, dans les conditions prévues par l'article 1477, les bases entrant dans le champ d'application de l'exonération.

V. — La délibération prévue au I doit viser l'ensemble des établissements créés ou étendus.

VI. — Lorsqu'un établissement remplit à la fois les conditions requises pour bénéficier de l'une des exonérations mentionnées aux articles 1464 B, 1465, 1465 A, 1465 B et 1466 A et celles du présent article, le contribuable doit préciser le régime sous lequel il entend se placer. Ce choix, qui est irrévocable, doit être exercé, selon le cas, dans le délai prévu pour le dépôt de la déclaration annuelle ou de la déclaration provisoire de cotisation foncière des entreprises visée à l'article 1477.

Art. 1466 D Les communes et leurs établissements publics de coopération intercommunale dotés d'une fiscalité propre peuvent, par une délibération prise dans les conditions prévues au I de l'article 1639 A *bis*, exonérer de cotisation foncière des entreprises pour une durée de sept ans les entreprises existant au 1er janvier 2004 ou créées entre cette date et le 31 décembre *(L. n° 2019-1479 du 28 déc. 2019, art. 46-II-2°)* « 2022 *[ancienne rédaction : 2019]* », et répondant, au cours de la période de référence mentionnée à l'article 1467 A, aux conditions fixées par les 1°, 3°, 4° et 5° de l'article 44 *sexies*-0 A.

L'exonération porte sur la totalité de la part revenant à chaque commune ou établissement public de coopération intercommunale doté d'une fiscalité propre. Elle cesse définitivement de s'appliquer à compter de l'année qui suit le septième anniversaire de la création de l'entreprise ou, si elle est antérieure, de la deuxième année qui suit la période mentionnée au premier alinéa pendant laquelle l'entreprise ne remplit plus l'une des conditions fixées par les 1°, 3°, 4° et 5° de l'article 44 *sexies*-0 A.

Le bénéfice de l'exonération est subordonné au respect du règlement (UE) n° 1407/2013 de la Commission, du 18 décembre 2013, relatif à l'application des articles 107 et 108 du traité sur le fonctionnement de l'Union européenne aux aides *de minimis*. — *Pour les aides antérieures au 1er janv. 2014, V. App., Règl. (UE) n° 1407/2013 préc., art. 7.*

Pour bénéficier de l'exonération, les contribuables doivent en faire la demande dans les délais prévus à l'article 1477. Cette demande doit être adressée, pour chaque établissement exonéré, au service des impôts dont relève l'établissement. Les contribuables déclarent, chaque année, dans les conditions prévues à l'article 1477, les éléments entrant dans le champ d'application de l'exonération.

Lorsqu'un établissement remplit les conditions requises pour bénéficier de l'une des exonérations prévues aux articles 1464 B, 1464 D, *(L. n° 2019-1479 du 28 déc. 2019, art. 110-I-3°, applicable aux impositions établies au titre des années 2020 à 2023)* « 1464 F, 1464 G, » 1465, 1465 A, 1465 B, 1466 A *(Décr. n° 2021-744 du 9 juin 2021, art. 1er)* « et 1466 B » et celles du présent article, le contribuable doit préciser le régime sous lequel il entend se placer. Ce choix, qui est irrévocable, doit être exercé dans le délai prévu pour le dépôt, selon le cas, de la déclaration annuelle ou de la déclaration provisoire de la cotisation foncière des entreprises visées à l'article 1477. — *Pour les établissements situés dans les DOM, V. également art. 1466 F-VI.*

Exonération temporaire des jeunes entreprises innovantes. * BOI-IF-CFE-10-30-60-20 du 1er juin 2016.

Art. 1466 E *(Abrogé par L. n° 2013-1279 du 29 déc. 2013, art. 29-I-13°) Les communes et les établissements publics de coopération intercommunale dotés d'une fiscalité propre peuvent, par une délibération prise dans les conditions prévues au I de l'article 1639 A bis, exonérer de cotisation foncière des entreprises pendant une durée de cinq ans les activités implantées, au 1er janvier de l'année d'imposition, dans une zone de recherche et de développement telle que mentionnée au I de l'article 24 de la loi de finances pour 2005 (n° 2004-1484 du 30 décembre 2004), et qui, au cours de la période de référence mentionnée à l'article 1467 A, participent à un projet de recherche et de développement validé à compter du 1er janvier 2005.*

L'exonération porte sur la totalité de la part revenant à chaque commune ou établissement public de coopération intercommunale doté d'une fiscalité propre à raison de l'activité bénéficiant de l'exonération. L'exonération cesse définitivement de s'appliquer à compter de la deuxième année qui suit la période de référence mentionnée au premier alinéa pendant laquelle le redevable ne remplit plus les conditions requises.

Le bénéfice de l'exonération est subordonné au respect du règlement (CE) n° 1998/2006 de la Commission du 15 décembre 2006 concernant l'application des articles 87 et 88 du traité aux aides de minimis. — V. L. n° 2009-122 du 4 févr. 2009, art. 14-I, **CGI, éd. 2014.**

En cas de changement d'exploitant au cours d'une période d'exonération, celle-ci est maintenue pour la période restant à courir dès lors que le nouvel exploitant remplit les conditions requises au premier alinéa.

L'exonération ne s'applique pas en cas de transfert lorsque le redevable a, au titre d'une ou plusieurs des cinq années précédant celle du transfert, bénéficié de l'exonération prévue, selon le cas, à l'article 1466 D ou au présent article.

Pour bénéficier de l'exonération, les contribuables doivent en faire la demande dans les délais prévus à l'article 1477. Cette demande doit être adressée, pour chaque établissement exonéré, au service des impôts dont relève l'établissement. Les contribuables déclarent, chaque année, dans les conditions prévues à l'article 1477, les éléments entrant dans le champ d'application de l'exonération.

Lorsqu'un établissement remplit les conditions requises pour bénéficier de l'une des exonérations prévues aux articles 1464 B, 1464 D, 1465, 1465 A, 1465 B, 1466 A, 1466 C, 1466 D et de celle du présent article, le contribuable doit préciser le régime sous lequel il entend se placer. Ce choix, qui est irrévocable, doit être exercé dans le délai prévu pour le dépôt, selon le cas, de la déclaration annuelle ou de la déclaration provisoire de la cotisation foncière des entreprises visées à l'article 1477. *— Pour les établissements situés dans les DOM, V. également art. 1466 F-VI.*

Maintien de l'exonération : *les établissements ayant bénéficié d'une exonération de cotisation foncière des entreprises en application de l'art. 1466 E CGI, antérieurement à l'entrée en vigueur de l'abrogation mentionnée ci-dessus, et dont le terme n'est pas atteint à cette date, continuent à en bénéficier pour la durée de la période d'exonération restant à courir et sous réserve que les conditions fixées à ce même art. 1466 E demeurent satisfaites (L. nº 2013-1279 du 29 déc. 2013, art. 29-V-A).*

Pôles de compétitivité. Exonération temporaire des entreprises implantées dans des pôles de compétitivité. * BOI-IF-CFE-10-30-60-30 du 6 mai 2013.

Art. 1466 F I. — Sauf délibération contraire de la commune ou de l'établissement public de coopération intercommunale doté d'une fiscalité propre prise dans les conditions prévues au I de l'article 1639 A *bis*, la base nette imposable à la cotisation foncière des entreprises des établissements existant au 1er janvier 2009 en Guadeloupe, en Guyane, en Martinique, à La Réunion ou à Mayotte ou faisant l'objet d'une création ou d'une extension à compter du 1er janvier 2009 dans ces départements et exploités par des entreprises répondant, au cours de la période de référence mentionnée à l'article 1467 A, aux conditions fixées au I de l'article 44 *quaterdecies* fait l'objet d'un abattement dans la limite d'un montant de 150 000 € par année d'imposition.

II. — Le taux de l'abattement mentionné au I est égal à 80 % de la base nette imposable pour la cotisation foncière des entreprises *(Abrogé par L. nº 2018-1317 du 28 déc. 2018, art. 19-I-8º-a)* ***« due au titre de chacune des années 2010 à 2015*** *(L. nº 2017-256 du 28 févr. 2017, art. 124-I-4º-a)* ***« et à 70 % de la base nette imposable pour les années d'imposition 2016 à 2020*** *[ancienne rédaction :, à 70 % de la base nette imposable pour les années d'imposition 2016 et 2017 et à 60 % de la base nette imposable pour l'année d'imposition 2018]* ***». »***

III. — Le taux de l'abattement mentionné au II est majoré dans les cas suivants :

(L. nº 2018-1317 du 28 déc. 2018, art. 19-I-8º-b) **« 1º Pour les établissements situés en Guyane et à Mayotte ; »**

(Abrogé par L. nº 2018-1317 du 28 déc. 2018, art. 19-I-8º-b) ***« 2º Pour les établissements situés dans des communes de Guadeloupe ou de Martinique, dont la liste est fixée par décret et qui satisfont cumulativement aux trois critères suivants :***

« a) Elles sont classées en zone de montagne au sens de la loi nº 85-30 du 9 janvier 1985 relative au développement et à la protection de la montagne ;

« b) Elles sont situées dans un arrondissement dont la densité de population, déterminée sur la base des populations légales en vigueur au 1er janvier 2009, est inférieure à 270 habitants par kilomètre carré ;

« c) Leur population, au sens de l'article L. 2334-2 du code général des collectivités territoriales, était inférieure à 10 000 habitants en 2008 ; » *— Liste des communes : V. Ann. III, art. 49 ZA et 322 Q.*

3º Pour les établissements d'entreprises qui exercent leur activité principale dans l'un des secteurs mentionnés au 3º du III de l'article 44 *quaterdecies* ; *— Liste des activités : V. Ann. III, art. 49 ZC et 322 R.*

4º Pour les établissements relevant d'entreprises mentionnées au *(L. nº 2018-1317 du 28 déc. 2018, art. 19-I-8º-b)* **« b du 4º » du III de l'article 44 *quaterdecies*.**

(L. nº 2018-1317 du 28 déc. 2018, art. 19-I-8º-b) **« Le taux de cet abattement est égal à 100 % de la base nette imposable à la cotisation foncière des entreprises. »**

IV. — La délibération mentionnée au I porte sur la totalité de la part revenant à chaque commune ou établissement public de coopération intercommunale.

V. — Pour bénéficier de l'abattement, les contribuables déclarent, chaque année, dans les conditions prévues à l'article 1477, les éléments entrant dans le champ d'application de l'abattement. Cette demande doit être adressée, pour chaque établissement exonéré, au service des impôts dont relève l'établissement.

VI. — Lorsqu'un établissement réunit les conditions requises pour bénéficier de l'une des exonérations prévues aux articles 1464 A, 1464 B, 1464 D, *(L. n° 2019-1479 du 28 déc. 2019, art. 110-I-3°, applicable aux impositions établies au titre des années 2020 à 2023)* **« 1464 F, 1464 G, » 1464 I,** *(Abrogé par L. n° 2016-1917 du 29 déc. 2016, art. 67-I-B)* ***« 1464 L, »*** *(L. n° 2018-1317 du 28 déc. 2018, art. 174-I-3°)* **« 1464 I *bis*, »** *(L. n° 2016-1918 du 29 déc. 2016, art. 43-I-2° et II, applicable à compter des impositions établies au titre de 2017)* **« 1464 M, » 1465,** *(Abrogé par L. n° 2018-1317 du 28 déc. 2018, art. 19-I-8°-c)* ***« 1465 A, »*** **1465 B, 1466 A ou 1466 D et de l'abattement prévu au présent article, le contribuable peut opter pour ce dernier régime. L'option, qui est irrévocable, vaut pour l'ensemble des communes et de leurs établissements publics de coopération intercommunale et doit être exercée dans le délai prévu pour le dépôt, selon le cas, de la déclaration annuelle ou de la déclaration provisoire de cotisation foncière des entreprises mentionnées à l'article 1477.**

VII. — *Abrogé.*

VIII. — Le bénéfice de l'abattement mentionné au I est subordonné au respect du règlement (UE) n° 651/2014 de la Commission, du 17 juin 2014, déclarant certaines catégories d'aides compatibles avec le marché intérieur en application des articles 107 et 108 du traité.

Les dispositions issues de l'art. 19 de la L. n° 2018-1317 du 28 déc. 2018 s'appliquent aux impositions de cotisations foncières des entreprises dues à compter de 2019. Pour les exceptions, V. L. préc., art. 19-II-E.

ZFA. Exonérations temporaires. Zones franches d'activité (ZFA) situées outre-mer. * BOI-IF-CFE-10-30-60-70 du 7 juin 2017. ♦ Application aux ZFANG. * BOI-IF-CFE-10-30-30-70 du 26 juin 2019.

III BASE D'IMPOSITION

Art. 1467 La cotisation foncière des entreprises a pour base *[Dispositions déclarées non conformes à la Constitution par la décision du Conseil constitutionnel n° 2009-599 DC du 29 déc. 2009]* **la valeur locative des biens passibles d'une taxe foncière situés en France, à l'exclusion des biens exonérés de taxe foncière sur les propriétés bâties en vertu des 11°, 12° et 13° de l'article 1382, dont le redevable a disposé pour les besoins de son activité professionnelle pendant la période de référence définie aux articles 1467 A et 1478, à l'exception de ceux qui ont été détruits ou cédés au cours de la même période. Toutefois, ne sont pas compris dans la base d'imposition à la cotisation foncière des entreprises :**

1° Les biens destinés à la fourniture et à la distribution de l'eau lorsqu'ils sont utilisés pour l'irrigation pour les neuf dixièmes au moins de leur capacité ;

2° Les parties communes des immeubles dont dispose l'entreprise qui exerce une activité de location ou de sous-location d'immeubles.

La valeur locative des biens passibles d'une taxe foncière est calculée suivant les règles fixées pour l'établissement de cette taxe.

Pour le calcul de l'impôt, la valeur locative des immobilisations industrielles définie à l'article 1499 est diminuée de 30 %.

[Dispositions déclarées non conformes à la Constitution par la décision du Conseil constitutionnel n° 2009-599 DC du 29 déc. 2009.]

Les éléments servant à la détermination des bases de la cotisation foncière des entreprises et des taxes additionnelles sont arrondis à l'euro le plus proche. La fraction d'euro égale à 0,50 est comptée pour 1.

NOTE. Sauf exception, la jurisprudence et les solutions administratives rapportées ci-dessous concernent la taxe professionnelle en vigueur avant le 1er janv. 2010.

A. SECTORISATION DES ACTIVITÉS

1. La personne qui exerce simultanément une activité taxable et une activité non taxable n'est imposable que sur les immobilisations utilisées pour les besoins de l'activité professionnelle taxable. • CE 1er juin 2001, n° 205838 : *RJF 2001. 1077 ; concl. Courtial au BDCF 8-9/01, n° 109.*

2. Dans l'hypothèse où une entreprise exerce à la fois des activités taxables et non taxables à la taxe professionnelle, elle n'est redevable de cette taxe qu'à raison des bases d'imposition relatives à ses activités professionnelles taxables. Si ces différentes activités sont effectuées par le même personnel et utilisent les mêmes immobilisations, il y a lieu de prendre en compte, pour le calcul de la taxe, la valeur locative des immobilisations au prorata de leur temps d'utilisation pour ces mêmes activités. • CE 3 oct. 2003, ♔ n° 220280, *Sté Tézier : RJF 2003. 1383 ; concl. Vallée au BDCF 12/03, n° 155 ; Dr. fisc. 2004. 388, concl. Vallée.*

B. DISPOSITION DES IMMOBILISATIONS

BIBL. Parot, *Dr. fisc. 2004, p. 307* (évolution de la jurisprudence dans l'appréhension de la notion de disposition). – Percevaux, *RJF 1998, p. 946* (biens corporels : qui est le redevable de la taxe ?).

3. Principes. Il résulte de l'art. 1467 que les biens dont la valeur locative est intégrée dans l'assiette de la CFE sont ceux placés sous le contrôle du redevable et que celui-ci utilise matériellement pour la réalisation des opérations qu'il effectue pendant la période de référence. • CE 14 févr. 2018, ♔ *Min. c/ SAS Park and Suites Études*, n° 409099 : *RJF 2018. 493.* ♦ Les seuls biens susceptibles d'être pris en compte dans la base d'imposition à la CFE sont les biens dont dispose le redevable pour les besoins de son activité professionnelle, c'est-à-dire les biens placés sous le contrôle de l'intéressé (critère du contrôle du bien) et utilisés par lui matériellement (critère de l'utilisation matérielle) pour la réalisation des opérations qu'il effectue (critère de la finalité de l'utilisation). Dans la généralité des cas, les biens donnés en location, en crédit-bail ou mis à disposition d'une autre personne à titre gratuit sont imposables respectivement chez le locataire, le crédit-preneur ou l'utilisateur à titre gratuit. Toutefois, le critère de l'utilisation matérielle peut être écarté dans le cas des locaux donnés en location ou sous-location pour une courte durée, qui sont de ce fait considérés comme demeurant sous le contrôle du fournisseur de l'hébergement au sens de l'art. 1467. * BOI-IF-CFE-20-20-10-10 n° 30 du 12 sept. 2012. ♦ La circonstance que le bien ne soit pas effectivement utilisé ou qu'il ne soit pas indispensable pour les besoins spécifiques de l'activité du contribuable ne s'oppose pas, dès lors qu'il est néanmoins matériellement utilisable dans le cadre de cette activité, à ce que le contribuable soit regardé comme ayant disposé de ce bien pour les besoins de son activité. • CE 25 sept. 2013, ♔ *Sté Banque Française*, n°s 336711 et 352133 : *RJF 2013. 1148 ; BDCF 2013. 130, concl. Legras.*

4. Les critères de détermination du redevable sont notamment l'utilisation matérielle des biens et la finalité de cette utilisation qui doit être spécifiquement la réalisation des opérations effectuées par l'utilisateurConcl. Courtial ss. • CE 10 oct. 2001, ♔ n° 219495, *Sté des mobiliers urbains pour la publicité et l'information : Dr. fisc. 2002. 217.* ♦ Le redevable qui a disposé d'un bien s'entend de celui qui exerce son contrôle sur ce bien. • CE 19 avr. 2000, ♔ n° 172003, *SA Fabricauto-Essarauto : Dr. fisc. 2000. 660, concl. Courtial ; RJF 2000. 631, chron. Mignon ; BDCF 5/00, concl. Courtial* • 27 juill. 2001, n° 219821 : *RJF 2001. 1391 ; concl. Goulard au BDCF 11/01.* ♦ Entre dans les bases de la taxe le bien utilisable matériellement pour la réalisation des opérations que le redevable effectue et dont il dispose au terme de la période de référence, qu'il en fasse ou non, alors, effectivement usage. • CE 18 févr. 2002, ♔ n° 220796, *Sté Bic : Dr. fisc. 2002. 706, concl. Goulard.* ♦ Dès lors, un bâtiment industriel qui, bien qu'achevé en 1979, est demeuré inutilisé jusqu'en 1990, entre dans les bases de la taxe dès lors qu'il était à la libre disposition de l'entreprise et matériellement utilisable pour l'usage auquel elle le destinait. • CE 18 févr. 2002, ♔ n° 220796, *Sté Bic : préc.*

5. L'exploitant de résidences de vacances qui sous-loue à la semaine des appartements meublés et en garde le contrôle pendant les longues périodes de l'année où ils sont vacants est imposable à la taxe professionnelle (et donc à la CET) sur la valeur locative de ces logements. • CE 4 oct. 2013, *Sté Belambra Clubs*, n° 360179 : *RJF 2013. 1154.*

6. L'exploitant d'une régie de transports publics urbains est imposable sur la valeur locative des matériels, bâtiments et installations mis à sa disposition par la collectivité publique dès lors qu'il est pleinement responsable de leur utilisation pour les besoins de sa mission. • CE 5 juin 2002, ♔ n° 212809, *La Cie générale française de transports et d'entreprises : Dr. fisc. 2002. 823, concl. Courtial.* ♦ De même, des locaux placés sous le contrôle du redevable et utilisés matériellement pour la réalisation de ses opérations entrent dans sa base d'imposition. Cas d'une société mettant des locaux à la disposition d'autres sociétés dans le cadre de son activité de centre d'affaires. • CE (na), 7 déc. 2017, *Sté Eylau Gestion*, n° 410726 : *RJF 2017. 386.* ♦ De même, un grand magasin peut être imposé sur les espaces de vente (« corners ») des produits de marques installés dans ses locaux. • CE 12 avr. 2019, ♔ *SAS Printemps*, n° 417145 : *RJF 2019. 671.*

7. La valeur locative des biens, qui, pendant la durée d'exécution d'un contrat de crédit bail, entre dans les bases de la TP due par le preneur, sous le contrôle duquel ils sont placés et qui les utilise matériellement, ne saurait, si, par l'effet d'une résiliation du contrat ou d'un défaut de levée de l'option d'achat, le contrôle desdits biens vient à échoir au crédit-bailleur, être, de ce seul fait, intégrée dans les bases de la TP dont celui-ci est redevable. • CE 27 juill. 2001, n° 219821, *SA UFB Locabail : RJF 2001. 1391 ; concl. Goulard au BDCF 11/01* * Rescrit 6 sept. 2005 : *n° 2005/02 IDL.* ♦ Il résulte de cet arrêt que les biens remis par le preneur au crédit-bailleur, à la suite de la rupture du contrat et conservés sans être utilisés par ce dernier jusqu'au 31 déc. de la période de référence, sont considérés comme n'étant pas à la disposition de celui-ci au sens de l'art. 1467-1° *a)* et sont dès lors exclus de la base d'imposition à la TP due par le crédit-bailleur. Ces biens échappent donc à toute taxation. L'Administration s'est ralliée à cette jurisprudence qui est transposable à la CFE. * BOI-IF-CFE-20-20-10-10 n° 40 du 12 sept. 2012.

8. Les camping-cars qu'une société acquiert neufs à compter du mois de janvier de chaque année et qu'elle met en location pendant de courtes périodes du 15 mars au 15 sept. avant de les revendre d'occasion au plus tard à cette dernière date ne peuvent être regardés comme des éléments durables d'exploitation et entrant dans l'assiette de la taxe professionnelle de la société. • CAA Paris, 22 janv. 2014, *SARL Trois Soleils*, n° 13PA00494 : *RJF 2014. 807.* ♦ Confirmation • CE 13 juin 2016, *Min. c/ SARL Trois Soleils*, n° 376448 : *RJF 2016. 841.*

9. Société civile de moyens. Les bases taxables d'une SCM comprennent la valeur locative des locaux à usage non privatif des membres de la SCM (comme par exemple, le local du secrétariat et de la salle d'attente servant à l'ensemble des membres de la SCM), pour lesquels le critère de l'utilisation matérielle n'apparaît pas pertinent, dont elle a conservé le contrôle dès lors qu'elle en assure la gestion et l'entretien. La base d'imposition à la CFE de chaque membre de la SCM est en conséquence égale à la valeur locative des seuls locaux dont il a la jouissance exclusive. * BOI-IF-CFE-20-20-10-10 n° 50 du 12 sept. 2012.

10. Gestion immobilière. Une SCI chargée de gérer une résidence composée de studios dont la jouissance est attribuée aux actionnaires de la société propriétaire n'est pas imposable sur la valeur locative de ces studios. • CAA Bordeaux, 21 sept. 1995, n° 93BX00246, *Sté Canet côte vermeille : Dr. fisc. 1996. 185.*

11. Cliniques. Une clinique qui met des locaux et des matériels à la disposition de ses praticiens qui, en contrepartie, lui reversent une fraction de leurs honoraires, est regardée comme ayant eu la disposition des biens utilisés par les médecins exerçant à titre indépendant, dès lors qu'elle conserve le contrôle des locaux et des équipements dont l'exploitation, grâce à un personnel médical qu'elle choisit, constitue l'objet même de son activité. • CE 29 nov. 2000, n° 186054, *Sté d'exploitation de la clinique Vignoli : RJF 2001. 182 ; concl. Mignon au BDCF 2/01, n° 2 ; Dr. fisc. 2002. 72.* ♦ Corrélativement, les locaux qu'une clinique met à la disposition d'un médecin gynécologue pour l'accueil et le traitement de sa clientèle ne sont pas imposables dans les bases du médecin dès lors : 1) qu'ils demeurent sous le contrôle de la clinique, qui assume la responsabilité des choix, de l'entretien et des travaux et supporte les frais correspondants ; 2) que l'exploitation de ces locaux grâce à un personnel médical choisi par la clinique constitue l'objet même de l'activité de celle-ci. • CE 29 nov. 2000, n° 159109, *Campillo : RJF 2001. 182 ; Dr. fisc. 2002. 73.*

12. Parcs de stationnement. La société propriétaire d'un parc de stationnement attenant à l'hypermarché qu'elle exploite est réputée avoir la disposition de la totalité de ce parc, bien qu'elle autorise sa filiale de restauration à l'utiliser pour son personnel et sa clientèle, dès lors qu'elle conserve toute liberté quant à l'organisation et la réglementation de la circulation et du stationnement et à la surveillance du parc, se réservant le droit de fixer ses heures d'ouverture et de l'utiliser pour y implanter des bâtiments et pour y organiser des activités. • CE 29 juill. 1998, n° 171199, *SCA Casino : Dr. fisc. 1998. 1051, concl. Loloum ; RJF 1998. 1131.* ♦ De même, pour les parcs de stationnement dont la société est propriétaire et qui sont attenants aux hypermarchés, dès lors que ces parcs sont placés sous son contrôle et qu'elle les utilise matériellement à l'occasion de ses activités professionnelles, même si d'autres que ses clients peuvent y accéder. • CE 27 avr. 2001, n° 176798, *SCA Casino : RJF 2001. 948 ; Dr. fisc. 2001. 921.* ♦ De même, pour les parcs de stationnement et les voies d'accès à un centre commercial dont l'entreprise est le locataire unique et qu'elle utilise effectivement pour les besoins de sa clientèle, tout en laissant le public y accéder librement, dès lors que la circulation et le stationnement dans ces espaces sont soumis à ses pouvoirs d'organisation et de surveillance sans aucune restriction. • CE 16 févr. 2001, n° 182215, *Sté Casino : Dr. fisc. 2002. 324* • 20 nov. 2003, *SNC Casino France*, n° 241027. ♦ De même, pour les parcs de stationnement communs à un centre commercial dont l'entreprise est copropriétaire et qu'elle utilise pour les besoins de son personnel et de sa clientèle, la décision de laisser le public y accéder n'ayant pas pour effet de la priver de la disposition de cet élément immobilier. Toutefois, dans ce cas, la valeur locative à retenir est calculée à proportion des droits de l'entreprise dans la copropriété. • CE 18 févr. 2002, n° 215378, *SCA Casino : RJF 2002. 521 ; Dr. fisc. 2002. 686, concl. Goulard.*

13. Une société exploitant un grand magasin dans des locaux qu'elle loue dans un centre commercial et dont le bail est assorti d'un droit de jouissance des parties communes (allées des galeries marchandes, annexes, locaux techniques et aires de stationnement) rattachées à ces locaux doit être réputée avoir la disposition de ces parties communes à proportion de la surface des locaux commerciaux qu'elle loue. Cette société qui utilise ces parties communes pour les besoins de sa clientèle et de son personnel doit, par suite, inclure dans ses bases de taxe professionnelle la quote-part de leur valeur locative, même si elles sont affectées pour partie à la circulation et utilisées également par des tiers ne fréquentant pas le centre commercial. • CE 3 mai 2011, *SA Bazar de l'Hôtel de ville*, n° 312762 : *RJF 2011. 820 ; concl. Collin au BDCF 7/411, n° 87.*

14. Domiciliation d'entreprise. Une entreprise commercialement et fiscalement domiciliée dans les locaux d'une entreprise de domiciliation ne peut être regardée comme ayant la disposition d'une salle de réunion située dans ces locaux et qu'elle utilise en échange du paiement d'une redevance dès lors que cette salle demeure sous le contrôle de l'entreprise domiciliataire, qui assume la responsabilité des choix, de l'entretien et des travaux et supporte les frais correspondants, que son exploitation constitue l'objet même de l'activité de cette entreprise et que la répartition de l'usage de la salle par les différentes entreprises domiciliées à cette adresse est assurée par ladite entreprise. Par suite, la valeur locative de la salle ne peut pas être incluse dans l'assiette de la taxe professionnelle dont elle est redevable. • CAA Paris, 19 déc. 2008, *Min. du Budget*, n° 07PA04087 : *RJF 2009. 64 ; Dr. fisc. 2009. 330.*

15. Locaux du comité d'entreprise. Les locaux affectés à l'exploitation d'un restaurant qu'une entreprise met gratuitement à la disposition de son comité d'entreprise sont retenus dans les bases d'imposition de l'entreprise. • CAA Nancy, 28 oct. 1999, n° 95NC00765, *EDF : Dr. fisc. 2000. 711 ; RJF 2000. 794.* ♦ En sens contraire : • CAA Nantes, 28 déc. 2000, n° 98NT01439 : *Dr. fisc. 2001. 1132.*

16. Locaux du personnel. Les logements meublés qu'un exploitant de remontées mécaniques met à la disposition de son personnel saisonnier, à proximité du lieu de leur activité et moyennant un loyer modique, entrent dans les bases d'imposition de cet exploitant. • CAA Lyon, 15 juin 2001, n° 98LY01249, *Sté des Téléphériques de Val-d'Isère : Dr. fisc. 2002. 273.*

C. TITULAIRES DE BNC. AGENTS D'AFFAIRES. INTERMÉDIAIRES DE COMMERCE

17. Compte tenu de la décision du Conseil constitutionnel 2009-599 DC du 29 déc. 2009, les titulaires de BNC, les agents d'affaires, les fiduciaires pour l'accomplissement de leur mission et les intermédiaires de commerce employant moins de cinq salariés et n'étant pas soumis de plein droit ou sur option à l'IS ne sont pas imposés à la CFE sur une fraction de leurs recettes. Comme l'ensemble des redevables de la CFE, la base d'imposition de ces contribuables ne comprend que la valeur locative des biens passibles d'une taxe foncière. * Instr. 8 juill. 2011, n° 93 : *BOI 6 E-7-11.*

Art. 1467 *bis* *Périmé.*

Art. 1467 A **Sous réserve des II, III, IV et VI de l'article 1478, la période de référence retenue pour déterminer les bases de cotisation foncière des entreprises est l'avant-dernière année précédant celle de l'imposition ou le dernier exercice de douze mois clos au cours de cette même année lorsque cet exercice ne coïncide pas avec l'année civile.**

Art. 1468 **I. — La base de la cotisation foncière des entreprises est réduite :** — *V. Ann. II, art. 310 HA.*

1° Pour les coopératives et unions de coopératives agricoles et les sociétés d'intérêt collectif agricole, de moitié.

Cette réduction ne s'applique pas aux :

a. **sociétés coopératives agricoles, leurs unions et les sociétés d'intérêt collectif agricole dont les parts sont admises aux négociations sur un marché réglementé ou offertes au public sur un système multilatéral de négociation** *(L. n° 2016-1691 du 9 déc. 2016, art. 42-III-6°)* **« soumis aux dispositions du II de l'article L. 433-3 du code monétaire et financier » ou dont le capital est détenu à concurrence de 20 % au moins par des associés non coopérateurs au sens du 1 *quinquies* de l'article 207** *(L. n° 2016-1691 du 9 déc. 2016, art. 42-III-6°)* **« du présent code » et des titulaires de certificats coopératifs d'investissement lorsque les statuts prévoient qu'ils peuvent être rémunérés ;**

b. **sociétés d'intérêt collectif agricole dont plus de 50 % du capital ou des voix sont détenus directement ou par l'intermédiaire de filiales par des associés autres que ceux visés aux 1°, 2° et 3° de l'article L. 522-1 du code rural et de la pêche maritime.**

2° Pour les chefs d'entreprise immatriculés au *(Ord. n° 2021-1189 du 15 sept. 2021, art. 27 et 47, en vigueur le 1er janv. 2023)* **« registre national des entreprises en tant qu'entreprise du secteur des métiers et de l'artisanat** *[ancienne rédaction : répertoire des métiers]* **», qui effectuent principalement des travaux de fabrication, de transformation, de réparation ou des prestations de services et pour lesquels la rémunération du travail représente plus de 50 % du chiffre d'affaires global, tous droits et taxes compris** *(Abrogé par L. n° 2018-1317 du 28 déc. 2018, art. 26-III-21° et XV-G, à compter du 1er juill. 2019)* ***« ainsi que pour les entreprises inscrites au registre de la chambre nationale de la batellerie artisanale »*** *(L. n° 2019-1479 du 28 déc. 2019, art. 120-I et II, applicable à* *la cotisation financière des entreprises due à compter de 2020)* « , ainsi que pour les entreprises de la batellerie artisanale mentionnées à l'article L. 4430-1 du code des transports et immatriculées conformément aux dispositions de l'article L. 4431-1 du même code » : *— La taxe prévue aux art. L. 4432-3 à L. 4432-5 C. transp., dans leur rédaction antérieure à l'art. 26 de la L. n° 2018-1317 du 28 déc. 2018 de finances pour 2019, n'est pas due au titre des opérations de transport de marchandises générales et de marchandises spécialisées par les voies navigables situées en territoire français intervenues entre le 1er janv. 2019 et le 30 juin 2019 (L. n° 2019-1479 du 28 déc. 2019, art. 120-II).*

a. des trois quarts, lorsqu'ils emploient un salarié ;

b. de la moitié, lorsqu'ils emploient deux salariés ;

c. d'un quart, lorsqu'ils emploient trois salariés.

Les apprentis sous contrat ne sont pas comptés au nombre des salariés.

La rémunération du travail s'entend de la somme du bénéfice, des salaires versés et des cotisations sociales y afférentes. *— V. aussi art. 1649 quater BA.*

Pour l'appréciation des conditions relatives au nombre de salariés et au chiffre d'affaires, la période de référence à retenir est celle mentionnée à l'article 1467 A ;

3° Pour les sociétés coopératives et unions de sociétés coopératives d'artisans, les sociétés coopératives et unions de sociétés coopératives de patrons-bateliers et les sociétés coopératives maritimes, de moitié, lorsque leur capital est détenu à concurrence de 20 % au moins et de 50 % au plus par des associés non coopérateurs au sens du 1 *quinquies* de l'article 207 et des titulaires de certificats coopératifs d'investissement lorsque les statuts prévoient qu'ils peuvent être rémunérés.

4° Pour les mutuelles et unions régies par le code de la mutualité et les institutions de prévoyance régies par le titre III du livre IX du code de la sécurité sociale :

– de 60 % pour l'imposition établie au titre de 2013 ;

– de 40 % pour l'imposition établie au titre de 2014.

II. *Dispositions périmées.*

SICA. La base imposable d'une Sica est réduite de moitié si elle réalise 50 % au moins de ses opérations avec ses associés. • CE 7 mars 2019, Sté Eurea Coop, n° 421037 : *RJF 2019. 950, concl. Victor.*

Art. 1468 *bis* *(L. n° 2020-1721 du 29 déc. 2020, art. 120-I-2° et II, applicable aux créations et extensions d'établissements intervenues à compter du 1er janv. 2021)* I. — Pour l'application des dispositions relatives à la cotisation foncière des entreprises, à l'exception de celles prévues aux articles 1465 à 1465 B, l'extension d'établissement s'entend de l'augmentation nette de la base d'imposition par rapport à celle de l'année précédente multipliée, selon les cas, par le coefficient de majoration forfaitaire annuel défini à l'article 1518 *bis* ou par le coefficient de mise à jour annuelle des valeurs locatives résultant de l'application des dispositions des I et IV de l'article 1518 *ter*.

Les coefficients mentionnés au premier alinéa du présent I sont ceux applicables pour l'année de référence définie à l'article 1467 A.

La base d'imposition mentionnée au premier alinéa du présent I s'entend, le cas échéant, de celle résultant de l'application de l'article 1647 D.

II. — Pour le calcul de l'augmentation nette de la base d'imposition de l'établissement définie au I, il n'est pas tenu compte de l'évolution de la base d'imposition résultant :

1° Des changements de méthode de détermination de la valeur locative en application des articles 1499-00 A ou 1500 ;

2° Des changements d'utilisation des propriétés bâties mentionnées au I de l'article 1498 ;

3° De la perte du bénéfice des dispositions du III de l'article 1518 A *quinquies* ;

4° De l'application des articles 1518 A, 1518 A *bis*, 1518 A *quater* ;

5° De l'application des II et III de l'article 1518 *ter* ;

6° De l'application du V de l'article 1478 ;

7° Pour les établissements au sein desquels sont exercées conjointement une activité imposable et une activité exonérée, de l'évolution de la fraction de la valeur locative imposable ;

8° De l'application de l'article 1647 D.

Art. 1469 *Abrogé par L. n° 2009-1673 du 30 déc. 2009, art. 2-6.1.34.*

Art. 1469 A *Abrogé par L. n° 86-1317 du 30 déc. 1986, art. 6-II-c, à compter de 1988.*

Art. 1469 A *bis* et 1469 A *ter* *Périmés.*

Art. 1469 A *quater* *(Abrogé par L. n° 2013-1279 du 29 déc. 2013, art. 25-I-I et III, à compter des impositions établies au titre de 2015)* ***Les communes et leurs établissements publics de coopération intercommunale dotés d'une fiscalité propre peuvent, par une délibération de portée générale prise dans les conditions prévues à l'article 1639 A bis, réduire d'un montant égal, au choix de la commune ou de l'établissement, à 1 600 €, 2 400 € ou 3 200 € la base de cotisation foncière des entreprises de leur établissement principal à laquelle sont assujetties les personnes physiques ou morales qui vendent au public des écrits périodiques en qualité de mandataires inscrits au Conseil supérieur des messageries de presse.***

Cette réduction vient en diminution de la base d'imposition calculée après application, le cas échéant, de l'article 2 de la loi n° 94-1131 du 27 décembre 1994 portant statut fiscal de la Corse. Cette diminution de base n'est pas prise en compte pour l'application de l'article 1647 bis.

Pour bénéficier de la réduction, les contribuables doivent justifier, auprès du service des impôts compétent, de l'exercice de l'activité de diffuseur de presse avant le 1er janvier de l'année au titre de laquelle la réduction devient applicable ; les contribuables doivent également déclarer au service des impôts la cessation de leur activité de diffuseur de presse avant le 1er janvier de l'année qui suit celle de la cessation.

Lorsque la base d'imposition est réduite conformément au premier alinéa, les dispositions de l'article 1647 D ne sont pas applicables. *— Les délibérations prises en application de l'art. 1469 A quater CGI, dans sa rédaction antérieure à la L. n° 2013-1279 préc. [V. ci-dessous], continuent à s'appliquer ; elles peuvent toutefois être rapportées, dans les conditions prévues au I de l'art. 1639 A bis du même code, à compter des impositions établies au titre de 2015 (L. préc., art. 25-II).*

La justification de la qualité de mandataire de presse peut être apportée soit par une attestation du Conseil supérieur des messageries de presse certifiant que les conditions habituelles du mandat sont remplies, soit par le contrat de commission liant les agents de la vente aux sociétés de messagerie ou aux éditeurs. * Instr. 30 sept. 1996 : *BOI 6 E-5-96.*

1° à 3°

Art. 1469 B à 1472 A *bis* *Abrogés par L. n° 2009-1673 du 30 déc. 2009, art. 2-6.1.34.*

4° RÉDUCTION DES BASES EN CORSE À COMPTER DE 1995

Art. 1472 A *ter* **Les bases de la cotisation foncière des entreprises imposées en Corse au profit des communes et de leurs groupements sont multipliées par un coefficient égal à 0,75.**

IV ***RÉPARTITION DES BASES***

Art. 1473 **La cotisation foncière des entreprises est établie dans chaque commune où le redevable dispose de locaux ou de terrains, en raison de la valeur locative des biens qui y sont situés.** *— V. Ann. II, art. 310 HK.*

La cotisation foncière des entreprises due à raison des activités de remplacement est établie au lieu du principal établissement mentionné par les intéressés sur leur déclaration de résultats lorsqu'ils ne disposent pas de locaux ou de terrains.

1. Un contribuable qui prend en location des emplacements dans un terrain de camping, sur lesquels il a implanté des mobile homes qu'il exploite directement avec l'aide d'un salarié qui le représente sur place, est, en vertu de l'art. 1473, imposable dans la commune où ces emplacements sont situés. • CAA Bordeaux, 7 mai 2008, n° 06BX1796 : *RJF 2008. 1087.*

2. Les médecins et infirmières libéraux remplaçants sont imposés au lieu de leur domicile. La base d'imposition est notamment constituée par une fraction de la valeur locative estimée de manière forfaitaire, du domicile, qui représente le local professionnel. Il en est de même pour les médecins remplaçants imposables à la CFE au lieu du principal établissement qu'ils mentionnent sur leur déclaration de résultats, c'est-à-dire au lieu de leur domicile. Leur base d'imposition est alors constituée d'une fraction de la valeur locative de leur domicile, estimée de manière forfaitaire, qui représente le local professionnel. Ils sont, en pratique, dans la plupart des cas, imposée sur la base d'imposition minimum prévue à l'art. 1647 D. * BOI-IF-CFE-20-40-20 nos 1 et 20 du 12 sept. 2012.

3. Un médecin remplaçant exerçant son activité dans un cabinet implanté dans une zone franche urbaine bénéficie de l'exonération de taxe prévue dans cette zone, même si son domicile est situé en dehors d'une telle zone. • CAA Nantes, 27 juill. 2009, ⚖ *Min. du Budget,* n° 08NT03282 : *RJF 2010. 131.*

4. Lorsqu'un médecin a effectué au cours de la même année plusieurs remplacements, il est imposable à la CFE, à l'adresse du cabinet où son activité a été prépondérante. • CE 15 févr. 2012, ⚖ *Min. du Budget,* n° 333677 : *RJF 2012. 478.*

5. S'agissant des redevables relevant du régime des BNC dont le lieu d'activité change fréquemment (situation des médecins remplaçants qui n'ont pas de locaux professionnels propres) la déclaration (n° 2035 ou 2037) doit être adressée au service destinataire de la déclaration d'ensemble des revenus. La CFE est donc établie au lieu de la résidence principale. * BOI-IF-CFE-20-40-20 n° 20 du 12 sept. 2012.

Art. 1474 et 1474 A *Abrogés par L. n° 2009-1673 du 30 déc. 2009, art. 2-6.1.34.*

Art. 1475 Les valeurs locatives des ouvrages hydro-électriques concédés, ou d'une puissance supérieure à 500 kW, sont réparties entre les communes sur le territoire desquelles coulent les cours d'eau utilisés ou existent des ouvrages de génie civil, compte tenu de l'importance de ces derniers, de l'existence éventuelle de retenues d'eau et de la puissance hydraulique moyenne devenue indisponible dans la limite de chaque commune, du fait de l'usine ; les pourcentages fixant cette répartition sont déterminés par l'acte d'autorisation ou de concession.

Un décret rendu sur la proposition du ministre de l'économie et des finances, du ministre de l'intérieur et du ministre de l'industrie précise le mode de détermination des pourcentages prévus au premier alinéa ainsi que les conditions d'application de cet alinéa. — *V. Ann. III, art. 323.*

V *ÉTABLISSEMENT DE LA TAXE*

Art. 1476 I. — La cotisation foncière des entreprises est établie au nom des personnes qui exercent l'activité imposable, dans les conditions prévues en matière de contributions directes, sous les mêmes sanctions ou recours.

II. — Par exception aux dispositions du I, la cotisation foncière des entreprises est établie :

a) **Lorsque l'activité est exercée par des sociétés non dotées de la personnalité morale, au nom du ou des gérants ;**

b) **Lorsque l'activité est exercée en vertu d'un contrat de fiducie, au nom du fiduciaire.**

Les communes et les établissements publics de coopération intercommunale à fiscalité propre peuvent, par une délibération prise avant le 21 janv. 2013 et pour la part qui leur revient, prendre en charge, en lieu et place des redevables, tout ou partie de la fraction de la cotisation minimum de cotisation foncière des entreprises due au titre de 2012 correspondant à une augmentation de la base minimum applicable sur leur territoire résultant d'une délibération prise en 2011 en application de l'art. 1647 D CGI.

La délibération mentionne, pour chacune des deux catégories de redevables définies au 1 du I de l'art. 1647 D, dans sa rédaction antérieure au 1er janv. 2013, le montant de la prise en charge par redevable. Les établissements publics de coopération intercommunale à fiscalité additionnelle peuvent prévoir des montants de prise en charge différents pour chaque portion de leur territoire sur laquelle une base minimum différente s'applique en 2012.

Le montant de la prise en charge s'impute sur la cotisation foncière des entreprises due au titre de 2012. La réduction accordée, le cas échéant, en application de la troisième phrase du premier alinéa du 1 du I de l'art. 1647 D est appliquée au montant de la prise en charge (L. n° 2012-1510 du 29 déc. 2012, art. 46).

1. Modalités d'imposition des groupements réunissant des membres de professions libérales. Régime applicable à compter de 2011. 1) Pour les sociétés civiles professionnelles (SCP), sociétés civiles de moyens (SCM) et groupements réunissant des membres de professions libérales dotés ou non de la personnalité morale, jusqu'aux impositions dues au titre de 2010, l'imposition à la CFE était établie au nom de chacun des membres comme c'était le cas en matière de taxe professionnelle. A compter des impositions dues au titre de 2011, ces structures sont imposables en leur nom propre dans les conditions de droit commun. 2) Les SCM sont imposées à la CFE en leur nom propre à compter des impositions établies au titre de

2011 pour leur activité de groupement de moyens. Les associés des SCM sont imposables à la CFE en leur nom propre dès lors qu'ils exercent une activité imposable. * BOI-IF-CFE-10-10-10 n°s 40 et 50 du 12 sept. 2012.

2. Jurisprudence rendue sous le régime de la taxe professionnelle. Modalités d'imposition des groupements réunissant des membres de professions libérales. Les membres de professions libérales réunis en groupements sont imposés individuellement, sur la base de la fraction des éléments d'imposition qui correspond à leurs droits dans le groupement. • CE 26 juin 1985, n° 43551 : *RJF 1985. 1192* • 26 juin 1989, n° 83980 : *Dr. fisc. 1990. 655, concl. Ph. Martin ; RJF 1989. 1116.* ♦ Ce régime s'applique : aux sociétés créées de fait. • CE 19 avr. 1989, n° 66237 : *RJF 1989. 701.* ♦ ... A une société en nom collectif réunissant des inventeurs. • CAA Nancy, 15 déc. 2005, n° 01NA312 : *RJF 2006. 543 ; Dr. fisc. 2006. 674, note T. Schmitt.* ♦ ... Et aux sociétés en participation. • CAA Lyon, 6 avr. 1995, n° 93LY1361 : *BGFE 1995, p. 13 ; Dr. fisc. 1995. 1709 ; JCP E 1995. II. 737, note D. F. ; RJF 1996. 204.* ♦ En sens contraire, en ce qui concerne les entités dotées de la personnalité morale : application aux sociétés civiles de droit commun, comme d'ailleurs à l'ensemble des sociétés de personnes. • CAA Paris, 10 sept. 1999, n° 98PA295 : *Dr. fisc. 1999. 1447* • 8 juin 2000, n° 97PA915 : *Dr. fisc. 2001. 566.*

3. Une SA d'expertise comptable inscrite au tableau de l'ordre des experts-comptables et des comptables agréés, doit, nonobstant sa forme juridique commerciale, être regardée comme « membre » de la profession libérale d'expert-comptable, au sens et pour l'application de l'art. 1476. • CE 19 juin 2002, n° 229146, *GIE Jurex : RJF 2002. 1121 ; concl. Goulard au BDCF 10/02, n° 125 ; Dr. fisc. 2002. 822, concl. Goulard.* ♦ Ainsi, dans le cas d'un GIE constitué entre un expert-comptable, un conseil juridique et une SA d'expertise comptable, l'imposition est établie au nom de chacune de ces personnes et non à celui du GIE. • Même arrêt.

Art. 1477 I. — Les contribuables doivent déclarer les éléments servant à l'établissement de la cotisation foncière des entreprises l'année précédant celle de l'imposition au plus tard le deuxième jour ouvré suivant le 1er mai ou, en cas de création d'établissement ou de changement d'exploitant ou d'activité en cours d'année, l'année suivant celle de la création ou du changement au plus tard le deuxième jour ouvré suivant le 1er mai.

II. — *a*) En cas de création d'établissement ou de changement d'exploitant ou d'activité en cours d'année, une déclaration provisoire doit être fournie avant le 1er janvier de l'année suivant celle de la création ou du changement. — *V. Ann. II, art. 310 HQ.*

b) En cas de changement d'exploitant, l'ancien exploitant est tenu d'en faire la déclaration au service des impôts avant le 1er janvier de l'année suivant celle du changement lorsque le changement intervient en cours d'année, ou avant le 1er janvier de l'année du changement lorsque celui-ci prend effet au 1er janvier ; lorsque le changement ne porte que sur une partie de l'établissement, il est tenu de souscrire dans les mêmes délais une déclaration rectificative de ses bases de cotisation foncière des entreprises.

III. — Abrogé par L. n° 2002-1575 du 30 déc. 2002, art. 83-1°.

IV. — Les contribuables qui n'emploient aucun salarié en France et qui n'y disposent d'aucun établissement mais qui y exercent une activité de location d'immeubles ou de vente d'immeubles doivent déposer leurs déclarations au lieu de situation de l'immeuble dont la valeur locative foncière est la plus élevée au 1er janvier de l'année d'imposition.

NOTE : Sauf exception, les solutions rapportées ci-dessous concernent la taxe professionnelle en vigueur avant le 1er janv. 2010.

1. Obligations déclaratives en matière de CFE. Déclarations 1447 C et 1447 M. * BOI-IF-CFE-30 du 12 sept. 2012.

2. Obligations déclaratives en matière de TP. Lorsque le redevable n'a pas souscrit de déclaration annuelle, l'Administration ne peut pas l'assujettir à la taxe professionnelle sans l'avoir, conformément au principe général des droits de la défense, mis à même de présenter ses observations. • CE 2 juill. 2003, n° 233944 : *RJF 2003. 1110 ; Dr. fisc. 2004. 243, concl. Goulard.*

ANNUALITÉ DE LA TAXE

Art. 1478 I. — La cotisation foncière des entreprises est due pour l'année entière par le redevable qui exerce l'activité le 1er janvier. — *V. Ann. II, art. 310 HS et 310 HT.*

Toutefois, le contribuable qui cesse toute activité dans un établissement n'est pas redevable de la cotisation foncière des entreprises pour les mois restant à courir, sauf en cas de cession de l'activité exercée dans l'établissement ou en cas de transfert d'activité.

Lorsqu'au titre d'une année une cotisation foncière des entreprises a été émise au nom d'une personne autre que le redevable légal de l'impôt, l'imposition de ce dernier, au titre de la même année, est établie au profit de l'État dans la limite du dégrèvement accordé au contribuable imposé à tort.

II. – En cas de création d'un établissement autre que ceux mentionnés au III, la cotisation foncière des entreprises n'est pas due pour l'année de la création.

Pour les deux années suivant celle de la création, la base d'imposition est calculée d'après les biens passibles de taxe foncière dont le redevable a disposé au 31 décembre de la première année d'activité.

En cas de création d'établissement, la base du nouvel exploitant est réduite de moitié pour la première année d'imposition.

III. – Pour les établissements produisant de l'énergie électrique, la cotisation foncière des entreprises est due à compter du raccordement au réseau. Ces établissements sont imposés, au titre de l'année du raccordement au réseau, d'après la valeur locative de cette année corrigée en fonction de la période d'activité. Pour les deux années suivant celle du raccordement, leurs bases d'imposition sont calculées dans les conditions définies au deuxième alinéa du II.

IV. – En cas de changement d'exploitant, la base d'imposition est calculée pour les deux années suivant celle du changement, dans les conditions définies au deuxième alinéa du II.

Si le changement d'exploitant prend effet le 1er janvier, le nouvel exploitant est imposé pour l'année du changement sur les bases relatives à l'activité de son prédécesseur.

V. – La valeur locative est corrigée en fonction de la période d'activité pour les exploitants d'hôtels de tourisme saisonniers classés dans les conditions fixées par le ministre chargé du tourisme, les restaurants, les cafés, les discothèques, les établissements de spectacles ou de jeux ainsi que les établissements thermaux, exerçant une activité à caractère saisonnier, telle que définie par décret.

Sur décision de l'organe délibérant de la commune et de l'établissement public de coopération intercommunale, les dispositions du premier alinéa s'appliquent également aux parcs d'attractions et de loisirs exerçant une activité saisonnière.

VI. – Les organismes mentionnés au II de l'article 1447 deviennent imposables dans les conditions prévues au II, à compter de l'année au cours de laquelle l'une des trois conditions prévues au premier alinéa du 1 *bis* de l'article 206 n'est plus remplie. Lorsque l'organisme se livrait à une activité lucrative l'année précédant celle au cours de laquelle il devient imposable, la réduction de base prévue au troisième alinéa du II n'est pas applicable.

Sous réserve des dispositions du deuxième alinéa du I, l'organisme reste redevable de la cotisation foncière des entreprises au titre de l'année au cours de laquelle il remplit les conditions prévues au premier alinéa du 1 *bis* de l'article 206, lorsqu'il ne les remplissait pas l'année précédente.

BIBL. ▶ AUSTRY, *RJF 1996. 722* (création et cessation d'activité, transfert d'établissement, changement d'exploitant). – BERGER et DU PASQUIER, *BFL 2015. 4* (CET et opérations de restructuration : que reste-t-il des optimisations ?).

NOTE : Sauf exception, la jurisprudence rapportée ci-dessous concerne la taxe professionnelle en vigueur avant le 1er janv. 2010.

1. Période de référence. La période de référence à retenir pour déterminer les bases de la CFE est la même que celle qui était retenue en matière de TP et est toujours définie aux art. 1467 A et 1478. De même, toutes les règles prévues en matière de création, de changement d'exploitant et de transfert d'activité sont identiques à celles qui étaient applicables en matière de TP. * BOI-IF-CFE-20-10 du 12 sept. 2012.

2. Notion d'établissement. Un local d'archivage de 10 m² pourvu uniquement de rayonnages ne peut être regardé comme un établissement au sens des dispositions de l'art. 1478. • TA Melun, 29 oct. 1998, n° 97-3770 : *RJF 1999. 580.*

3. Mise en location-gérance. Le contribuable qui donne son fonds de commerce en location-gérance ne peut être regardé comme cessant toute activité, même si le locataire transfère simultanément l'exploitation à une autre adresse de la même commune. • CAA Nantes, 24 juin 1997, n° 94NT1241 : *Dr. fisc. 1997. 1372.*

4. Cessation d'activité. Le contribuable qui a

exercé l'activité au 1er janvier est redevable de la taxe professionnelle pour l'année entière alors même qu'au cours de ladite année il a cessé toute activité dans son établissement, dès lors que l'activité qu'il y exerçait est, en droit ou en fait, poursuivie par un nouvel exploitant dans le même établissement ou en un lieu quelconque de la même commune, et doit, par suite, être regardée comme ayant été cédée au sens de l'art. 1478-I. • CE 6 juin 2007, ☎ n° 270411 : *RJF 2007. 1062 ; concl. Vallée au BDCF 10/07, n° 108 ; Dr. fisc. 2007. 935, concl. Vallée.* ♦ La « cession de l'activité exercée dans l'établissement » qui, en vertu de l'art. 1478-I, fait obstacle à ce que le contribuable qui cesse en cours d'année son activité bénéficie d'une réduction de la taxe, s'entend de la cession d'une activité que le repreneur poursuivra en un lieu quelconque du territoire de la même commune. • CE 27 avr. 2001, ☎ n° 204542 : *Dr. fisc. 2001. 857, concl. Courtial ; RJF 2001. 946.* ♦ L'apport, par un avocat qui exerçait sa profession dans le cadre d'une SCP, de sa clientèle à une société d'exercice libéral à responsabilité limitée dont il devient associé revêt le caractère d'une cession à celle-ci de l'activité qu'il exerçait dans le cadre de la SCP. Par suite, il n'a pas droit à la réduction de la taxe à laquelle il a été assujetti pour l'année au cours de laquelle l'apport a été réalisé. • Même arrêt. ♦ De même : un agent général d'assurances qui a cessé d'exercer en cours d'année sa profession moyennant une indemnité compensatrice, et dont l'activité a été reprise par deux agents qui l'ont poursuivie dans d'autres locaux de la même commune, doit être considéré comme ayant cédé son activité et ne peut, dès lors, bénéficier de la réduction de taxe. • CAA Douai, 27 nov. 2001, n° 97DA586 : *Dr. fisc. 2002. 386.* ♦ ... Un agent général d'assurances qui cesse ses fonctions en cours d'année et dont l'activité a été poursuivie par un gestionnaire de la société d'assurances puis par un nouvel agent général ne peut pas bénéficier du dégrèvement *prorata temporis* prévu par ce texte, alors même que l'opération n'a entraîné aucune mutation du portefeuille de contrats gérés par l'agence générale, lequel demeure la propriété de la société d'assurances. • CE 6 juin 2007, ☎ n° 270411 : *préc.* ♦ Il en est de même lorsque à la suite de la cessation de l'activité exercée dans un établissement, un nouvel exploitant a poursuivi dans le même établissement une activité identique, même si l'activité exercée par l'ancien exploitant n'a fait l'objet d'aucune cession au nouvel exploitant. • CAA Nancy, 4 juill. 2002, n° 98NA878, *Sté Seebi Lorraine : RJF 2003. 184.*

5. La suspension provisoire d'exercice de ses fonctions dont fait l'objet un notaire en application de l'*ordonnance du 28 juin 1945* relative à la discipline des notaires ne peut être assimilée à une cessation d'activité au sens de l'art. 1478-I. • CAA Douai, 2 déc. 2010, n° 09DA00621 : *RJF 2011. 593.*

6. La réduction est applicable : au contribuable qui cesse son activité, alors même que, six mois plus tard, une entreprise exerçant la même activité s'installe dans les mêmes locaux dès lors qu'il n'y a pas eu reprise de clientèle ni reprise du personnel. • CAA Nantes, 20 févr. 2002, n° 98NT167 : *Dr. fisc. 2002. 440.* ♦ ... En l'absence de reprise des engagements commerciaux ou de tout ou partie de la clientèle, à une entreprise de transport de marchandises qui sous-loue l'entrepôt qu'elle utilisait à une entreprise négociant de fruits et légumes, nonobstant l'usage identique de l'entrepôt. • CAA Marseille, 14 mars 2002, n° 98MA2001 : *RJF 2003. 578 ; Dr. fisc. 2003. 254.*

7. Transfert d'activité. Lorsque la fermeture d'un établissement s'accompagne de l'ouverture par le même contribuable d'un nouvel établissement dans une commune différente, il y a lieu de distinguer selon qu'il s'agit, soit de la poursuite de la même activité professionnelle dans des locaux différents, le cas échéant avec des moyens différents, soit d'une fermeture définitive d'établissement dans le cadre d'une cessation d'activité sans cession qui ne peut être regardée, alors même que le contribuable poursuit une activité professionnelle de même nature, comme un transfert d'activité lorsque des modifications substantielles interviennent dans l'organisation et les moyens de l'exploitation ou lorsque la clientèle à laquelle elle s'adresse est entièrement nouvelle. Dans ce second cas, le contribuable a droit à une réduction de sa taxe professionnelle au prorata des mois restant à courir à compter de sa cessation d'activité. Application de ces principes au cas d'un médecin généraliste. • CE 31 déc. 2008, ☎ n° 290095 : *RJF 2009. 228 ; concl. Legras au BDCF 3/09, n° 36 ; Dr. fisc. 2009. 331, concl. Legras, note Buchet.*

8. Société en liquidation. En cas de liquidation judiciaire d'une société cessant son activité de restauration et d'hôtellerie reprise par une autre société, la cession à cette dernière de divers matériels, ordonnée par le juge-commissaire à la liquidation sur le fondement de l'art. 156 de la loi n° 85-96 du 25 janv. 1985, constitue non pas une cession de fonds de commerce mais une simple cession d'actif. Il n'y a donc pas cession d'activité et la société ne perd pas le bénéfice de la réduction de taxe professionnelle. • TA Nantes, 3 août 2000, n° 97-629 : *Dr. fisc. 2001. 694.*

9. Cessation partielle d'activité. Il n'y a pas suppression d'activité lorsqu'un contribuable arrête l'une de ses deux activités pour poursuivre l'autre dans les mêmes locaux et avec les mêmes moyens. • CE 25 oct. 1989, ☎ n° 65895 : *Dr. fisc. 1990. 97 ; RJF 1989. 1370.* ♦ Même solution pour le cas d'un expert-comptable et commissaire aux comptes qui réduit son activité à celle de commissaire aux comptes. • CAA Lyon, 24 nov. 1999, n° 96LY21588 : *Dr. fisc. 2000. 262, concl. Millet ; RJF 2000. 502.*

10. Création d'établissement. L'avocat qui

cesse son activité professionnelle au sein d'une SCP et qui ouvre dans la même commune un cabinet individuel pour y exercer la même activité n'a pas créé un établissement au sens de l'art. 1478-II. • CAA Nancy, 21 avr. 2000, n° 95NA1995 : *RJF 2001. 499.* ♦ De même, ne constitue pas la création d'un établissement au sens de l'art. 1478-II, mais une extension d'établissement existant, le transfert d'un atelier de fabrication de munitions vers une commune où est déjà implanté un autre atelier, placé sous la responsabilité d'un même chef de production, concourant à la même fabrication et indissociable du premier atelier. • CAA Nantes, 20 nov. 2002, n° 99NT817 : *Dr. fisc. 2003. 295 ; RJF 2003. 441.* ♦ Il en est de même encore d'une société d'expertise comptable et de commissariat aux comptes qui a acquis la clientèle et le matériel d'un comptable agréé en cessation d'activité et s'est installée dans les locaux où celui-ci exerçait précédemment son activité, même si elle a accru les investissements et l'effectif du cabinet de son prédécesseur, étendu son activité au commissariat aux comptes, développé une activité plus importante de conseil à la clientèle et que ses bénéfices n'ont pas été soumis au même régime d'imposition. • CAA Lyon, 1er déc. 2005, n° 00LY172 : *RJF 2006. 395.*

11. La réduction de base d'imposition prévue au II concerne l'année suivant celle de la création de l'établissement. Elle n'est pas applicable à la première année d'imposition qui suit une exonération temporaire. • TA Dijon, 16 juin 1998, n° 97-35 : *Dr. fisc. 1999. 320.*

12. Transfert d'établissement. Le simple transfert du lieu d'exercice de l'activité sur le territoire communal ne saurait être regardé comme une création d'établissement au sens des dispositions du II. • CAA Nancy, 11 mars 1999, n° 94NA1808 : *RJF 1999. 874 ; BDCF 6-7/99, concl. Stamm.* ♦ Le simple transfert, par un contribuable, de son établissement d'un lieu à un autre du territoire d'une même commune ne comporte pas, de sa part, une cessation d'activité dans un établissement, au sens du I de l'art. 1478, et demeure sans incidence sur son imposabilité pour l'année entière à la taxe professionnelle. • CE 16 mars 2001, n° 202548, *SA Groupe Thésis : RJF 2001. 804 ; Dr. fisc. 2001. 659, concl. Goulard ; D. 2001. IR 1216 ; LPA 2001, n° 121, p. 4, note Meier.* ♦ De même, le transfert d'un établissement d'une commune à une autre, à l'intérieur d'un même syndicat d'agglomération nouvelle substitué à ces communes pour la perception de la taxe professionnelle n'entraîne pas cessation d'activité. • CE 28 juill. 2000, n° 184856, *Sté Soupletube : RJF 2000. 1281 ; Dr. fisc. 2001. 260.* ♦ Sur le transfert d'activité, V. note 7.

13. Changement d'exploitant. La nomination d'un administrateur consécutivement à la suspension provisoire de ses fonctions dont a fait l'objet un notaire par application de l'ordonnance du 28 juin 1945 relative à la discipline des notaires ne constitue pas un changement d'exploitant au sens de l'art. 1478-IV. • CAA Douai, 2 déc. 2010, n° 09DA00621 : *préc. note 5.* ♦ Le fait, pour un membre de profession libérale, de poursuivre dans le cadre d'une SCP l'activité qu'il exerçait précédemment à titre individuel ne constitue pas un changement d'exploitant. • CAA Bordeaux, 2 avr. 1996, n° 94BX1662 : *Dr. fisc. 1997. 355 ; RJF 1996. 890.*

14. Il résulte de l'art. 1478-I et IV que dans le cas de changement d'exploitant, la taxe professionnelle afférente à l'année du changement est due, pour cette année entière, soit par le redevable qui exerçait l'activité au 1er janv., si le changement a eu lieu après cette date, soit par le nouvel exploitant, si le changement s'est effectivement produit le 1er janv. Dans le cas où le patrimoine afférent à l'exercice de l'activité passible de la taxe professionnelle fait l'objet d'une cession ou d'une mise en location-gérance, le changement d'exploitant, pour la détermination du redevable de la taxe professionnelle, s'opère à la date de la conclusion de la convention procédant à cette cession ou cette location, à moins que celle-ci n'ait prévu que l'opération prendrait effet à une date postérieure. • CE 27 juill. 2005, n° 268449 : *RJF 2005. 1200 ; Dr. fisc. 2006. 250, concl. Vallée.*

15. En cas de changement d'exploitant au 1er janv. pour une partie seulement de l'activité exercée, doivent seuls être pris en compte, pour l'assiette de la taxe mise à la charge du nouvel exploitant, les éléments de la base taxable, déterminés pour la période de référence visée à l'art. 1467 A, que ce nouvel exploitant a rattachés à l'activité désormais exercée par lui-même au 1er janv., tandis que les éléments rattachables à l'activité continuée par le premier exploitant doivent être imposés au nom de celui-ci. • CE 30 mars 1990, n° 50883 : *RJF 1990. 553.*

16. Dans le cas d'apport partiel d'actif, de fusion ou de scission, le changement d'exploitant au sens de l'art. 1478-IV s'opère à la date de réalisation définitive de cette transmission qui est celle de la date de la dernière assemblée générale approuvant l'opération, sauf si le contrat prévoit une autre date. • CE 17 mai 1995, n° 138648 : *RJF 1995. 845* (apport partiel d'actif soumis au régime des scissions) • 6 juin 2007, n° 284826 : *RJF 2007. 1063 ; concl. Verclytte au BDCF 10/07, n° 109* (apport partiel d'actif soumis au régime de droit commun des apports en nature) • CAA Paris, 4 févr. 1999, n° 96PA2778 : *RJF 1999. 574* (fusion-absorption) • CAA Bordeaux, 6 mars 2003, n° 99BX482 : *Dr. fisc. 2003. 694 ; RJF 2003. 859* (fusion-absorption). ♦ Le changement d'exploitant résultant d'une fusion se situe à la date de la réalisation effective de cette fusion. Si la nouvelle société n'a versé aucun salaire au cours de l'année de la fusion, le changement d'exploitant doit être regardé comme n'ayant pris effet que le 1er janvier de l'année suivante. • CAA Bordeaux, 27 avr. 1999, n° 96BX1385 : *Dr. fisc. 2000. 82, concl. Péano.*

17. Fusion rétroactive. Il résulte du IV (2°) que le redevable qui succède à un précédent exploitant ne doit être imposé sur les bases relatives à l'activité de ce dernier que s'il y a eu changement effectif d'exploitant au 1er janv. de l'année d'imposition. • CE 24 mai 1989, n°s 66816 et 68484, *Ford France : RJF 1989. 845 ; Dr. fisc. 1989. 2257, concl. contraires Ph. Martin.* ♦ Par suite, une stipulation de rétroactivité contenue dans une convention de fusion conclue en cours d'année est sans incidence pour l'établissement de la taxe professionnelle. • CE 24 mai 1989 : *préc.* • CE 16 mars 2001, n° 202548, *SA Groupe Thésis : RJF 2001. 804 ; Dr. fisc. 2001. 659, concl. Goulard ; D. 2001. IR 1216 ; LPA 2001, n° 121, p. 4, note Meier.*

18. Activités saisonnières. Commentaire administratif de l'art. 1478-V. Réduction de la valeur locative. Activités concernées. Définition du caractère saisonnier. Détermination des bases d'imposition. Cas d'exercice d'activités multiples dans les mêmes locaux. * BOI-IF-CFE-20-30-60 du 12 sept. 2012. ♦ La réduction de la valeur locative doit être corrigée en fonction de la période d'activité de l'entreprise au cours de l'année d'imposition et non en fonction de sa période d'activité au cours de la période de référence. Infirmation de la doctrine administrative. • CAA Marseille 3 mai 2005, n° 02MA1031 : *RJF 2005. 1416.*

19. Établissements de jeux. Ils s'entendent des établissements proposant à leur clientèle des jeux de hasard comportant des mises et des gains en argent. • CAA Nantes, 27 oct. 1998, n° 95NT1108 : *Dr. fisc. 1999. 524 ; RJF 1999. 170* • CE 10 nov. 2004, n° 258844, *SA Parc Agen Walibi Aquitaine : RJF 2005. 142 ; concl. Verclytte au BDCF 2/05, n° 19 ; Dr. fisc. 2005. 90.*

20. Entreprise sans salarié ni chiffre d'affaires. Les entreprises sans salarié et qui ne réalisent pas de chiffre d'affaires ou de recettes, ce qui peut notamment être le cas des auto-entrepreneurs et des micro-entreprises, doivent être considérées comme n'ayant pas encore commencé leur activité. Elles ne sont donc pas imposables à la CFE. Si elles reçoivent néanmoins un avis d'imposition, elles peuvent demander le dégrèvement de la cotisation. * BOI-IF-CFE-20-50-10 n° 20 du 16 déc. 2014.

Art. 1478 *bis* *(L. n° 2020-1721 du 29 déc. 2020, art. 120-I-3° et II, applicable aux créations et extensions d'établissements intervenues à compter du 1er janv. 2021)* **I. — Les création ou extension d'établissement sont exonérées de cotisation foncière des entreprises pendant une durée de trois ans à compter, selon les cas, de l'année qui suit celle de la création ou de la deuxième année qui suit celle au cours de laquelle l'extension d'établissement est intervenue. En cas de création d'établissement, l'exonération s'applique après la réduction de base prévue au dernier alinéa du II de l'article 1478.**

L'exonération est subordonnée à une délibération des communes ou des établissements publics de coopération intercommunale à fiscalité propre prise dans les conditions définies au I de l'article 1639 A *bis*. Elle porte sur la totalité de la part revenant à chaque commune ou établissement public de coopération intercommunale à fiscalité propre.

II. — Pour bénéficier de l'exonération prévue au I, les entreprises en adressent la demande, dans les délais prévus à l'article 1477, au service des impôts dont relève chacun des établissements concernés. A défaut du dépôt de cette demande dans les délais prévus au même article 1477, l'exonération n'est pas accordée au titre de l'année concernée.

L'exonération porte sur les éléments déclarés dans les délais prévus audit article 1477.

Art. 1479 *Abrogé par L. n° 2009-1673 du 30 déc. 2009, art. 2-6.1.34.*

SECTION V *BIS*

Art. 1480 *Périmé.*

Art. 1481 à 1493 *bis* *Abrogés.*

SECTION VI RÈGLES D'ÉVALUATION DE LA VALEUR LOCATIVE DES BIENS IMPOSABLES

BIBL. ► MANGIAVILLANO, *BFL 2011, p. 7* (en Allemagne et en France, la valeur locative foncière en question – de constitutionnalité). – VERBROUCK, *BFL 2013, p. 509.*

I ÉVALUATION DES PROPRIÉTÉS BÂTIES

A GÉNÉRALITÉS

Art. 1494 **La valeur locative des biens passibles de la taxe foncière sur les propriétés bâties, de la taxe d'habitation** *(L. n° 2019-1479 du 28 déc. 2019, art. 16-I-E-24° et VII-E, applicable à compter des impositions établies au titre de 2023)* **« sur les résidences secondaires et autres locaux meublés non affectés à l'habitation principale » ou d'une taxe annexe établie sur les mêmes bases est déterminée, conformément aux règles définies par les articles 1495 à 1508, pour chaque propriété ou fraction de propriété normalement destinée à une utilisation distincte** *[Ann. III, art. 324 A]*.

1. Fractions de propriété destinées à une utilisation distincte. Un centre commercial comprenant des boutiques, des magasins et des emplacements de vente affectés à des commerces variés, ainsi que des bureaux, des réserves et des aires de stationnement pour la clientèle, est composé de fractions de propriété destinées à des utilisations distinctes et, par suite, la valeur locative de chaque fraction doit faire l'objet d'une évaluation distincte. • CE 30 avr. 1997, ⚖ n° 131903 : *Dr. fisc. 1997. 868, concl. Bachelier ; RJF 1997. 577.* ♦ Les parties d'un ensemble immobilier constituent des fractions de propriété normalement destinées à une utilisation distincte lorsqu'elles sont susceptibles de faire l'objet chacune d'une utilisation distincte par un même occupant. Il en va toutefois différemment pour les immeubles de grande hauteur (IGH) qui, eu égard à leurs spécificités, ne peuvent être évalués que dans leur totalité par comparaison avec d'autres IGF ou, à défaut, par voie d'appréciation directe en application de l'art. 1498-3. • CE 18 sept. 2015, ⚖ *SARL Pamier*, n° 374782 : *RJF 2015. 1021.* ♦ Les IGH s'entendent des immeubles dont la hauteur est proche de 100 mètres ou supérieure à 100 mètres. • CE 21 janv. 2016, ⚖ *SCI CEPI*, n° 371972 : *RJF 2016. 347 ; Dr. fisc. 2016. 254, note Toulemont et Roulleau.* ♦ Le caractère d'immeuble exceptionnel justifiant le choix de termes de comparaison hors de la commune doit être apprécié pour chacune des composantes du centre commercial évaluée séparément. • CE 10 févr. 2006, ⚖ n° 267170 : *RJF 2006. 545.*

2. La valeur locative des aires de stationnement situées dans le sous-sol d'un immeuble de bureaux, lesquelles sont destinées à une utilisation autonome, doit être déterminée distinctement de celle des locaux à usage de bureaux. • CAA Paris, 4 déc. 2003, n° 00PA880 et 01PA1574 : *RJF 2004. 613.* ♦ Dans le même sens, • CE 15 févr. 2016, ⚖ *SNC CUM Paritalie*, n° 381911 : *RJF 2016. 444 ; Dr. fisc. 2016. 338, note Kalkos.*

3. Un hôtel situé à côté du parc d'attractions Eurodisney doit faire l'objet d'une évaluation séparée de celle du parc. Dès lors, l'Administration ne peut soutenir que l'hôtel et le parc d'attractions présentent un caractère indissociable pour justifier de l'application à l'hôtel de la méthode d'évaluation par voie d'appréciation directe retenue pour le parc d'attractions. • TA Melun, 8 févr. 2007, n° 05-622 : *RJF 2007. 1074.*

4. Si, dans le cas d'une propriété s'étendant sur le territoire de plusieurs communes, la valeur locative de cette dernière doit, une fois évaluée, être répartie entre elles, la définition des propriétés et fractions de propriétés à prendre en compte pour la détermination de la méthode d'évaluation applicable doit intervenir en fonction du seul critère de leur utilisation distincte, conformément aux règles posées par l'art. 324 A de l'annexe III : sans que la circonstance que ces propriétés ou fractions de propriétés soient situées sur plusieurs territoires communaux, ait une incidence. • CE 7 juill. 2006, ⚖ n° 286307, *CCI de Clermont-Ferrand-Issoire : RJF 2007. 452 ; concl. Vallée au BDCF 4/07, n° 48.* ♦ ... Sans que la circonstance que ces propriétés appartiennent à des propriétaires différents ait une incidence. • CE 21 nov. 2007, ⚖ n° 293538, *Sté Norbail Immobilier : RJF 2008. 161.* ♦ Toutefois, si, en application de l'art. 1500, les terrains d'un établissement industriel appartenant à une entreprise qui n'est pas astreinte aux obligations de tenir une comptabilité, conformément à l'art. 53 A, sont évalués dans les conditions prévues à l'art. 1498, les autres bâtiments et installations de l'établissement, s'ils appartiennent à une entreprise astreinte aux obligations définies à l'art. 53 A, doivent être évalués selon la méthode comptable prévue à l'art. 1499, alors même qu'ils forment avec les terrains une propriété destinée à une même utilisation. • CE 1er juin 2016, *Min. c/ Sté Laffort Œnologie*, n° 82330 : *RJF 2016. 722.*

5. Les locaux aménagés au rez-de-chaussée de la maison des contribuables destinés à héberger leur fille et leur gendre et comprenant une chambre, une pièce principale, une salle de bains et une cuisine, même sommairement aménagée, peuvent faire l'objet d'une utilisation privative, bien qu'il existe un escalier les reliant au premier étage et que l'alimentation en eau et en électricité soit commune aux deux logements. En outre, la présence de deux sonnettes à l'extérieur confirme l'existence de deux appartements distincts. Par suite, chacun de ces logements doit faire l'objet d'une évaluation distincte. • CAA Marseille, 14 mars 2006, n° 03MA1337 : *RJF 2006. 1375.*

6. Lorsqu'un contribuable occupe une habitation composée de deux studios correspondant à deux lots d'une résidence pour personnes âgées reliés entre eux par une porte intérieure, il convient de procéder à l'évaluation de la valeur locative de chacun des studios et, par suite, de déterminer deux taxes d'habitation distinctes, dès lors que l'agencement des locaux n'a pas fait l'objet de modifications rendant impossible leur utilisation distincte par deux occupants différents. • CAA Lyon, 8 juin 2006, n° 02LY480 : *RJF 2007. 45.* ♦ En revanche, la valeur locative de studios situés dans une résidence hôtelière et destinés à la location saisonnière doit être évaluée à partir de l'ensemble des locaux composant cette résidence. • CE 26 sept. 2011, *Sté Grand Camp investissement*, n° 327721 : *RJF 2011. 1315.* ♦ De même, les chambres individuelles des frères membres d'une congrégation religieuse ne sauraient être regardées comme des logements distincts du reste de la maison et ne sauraient dès lors faire l'objet d'une évaluation séparée de l'ensemble immobilier. • TA Montreuil, 12 oct. 2017, *Congrégation de la vice-province des missionnaires oblats de Marie Immaculée*, n° 1632464 : *RJF 2018. 639.*

7. Changement dans la surface d'une fraction de propriété. Si l'Administration constate un changement dans la surface d'une fraction de propriété dans un immeuble collectif, qui, en application de l'art. 1494 CGI et de l'art. 324 A de l'annexe III, doit faire l'objet d'une évaluation distincte, elle peut modifier la valeur locative du bien, soit en appliquant un coefficient d'ajustement conformément à l'art. 324 AA de l'annexe III, soit en retenant un nouveau local type. • CE 2 juill. 2014, *Sté immobilière du 57 rue Pierre Charron*, n° 358932 : *RJF 2014. 904 ; BDCF 2014. 96, concl. Escaut ; Dr. fisc. 2014. 557, note Ralkos.*

8. Applications diverses. Silos. Aéroports. V. notes ss. art. 324 A de l'Annexe III.

Art. 1495 **Chaque propriété ou fraction de propriété est appréciée d'après sa consistance, son affectation, sa situation et son état, à la date de l'évaluation** *[V. Ann. III, art. 324 B].*

(L. n° 2017-1775 du 28 déc. 2017, art. 30, en vigueur le 1er janv. 2018) **« Le premier alinéa n'est pas applicable aux propriétés mentionnées au I de l'article 1498. »**

B LOCAUX D'HABITATION ET À USAGE PROFESSIONNEL

Art. 1496 **I. — La valeur locative des locaux affectés à l'habitation ou servant à l'exercice d'une activité salariée à domicile est déterminée par comparaison avec celle de locaux de référence choisis, dans la commune, pour chaque nature et catégorie de locaux.**

II. — La valeur locative des locaux de référence est déterminée d'après un tarif fixé, par commune ou secteur de commune, pour chaque nature et catégorie de locaux, en fonction du loyer des locaux loués librement à des conditions de prix normales et de manière à assurer l'homogénéité des évaluations dans la commune et de commune à commune.

Le tarif est appliqué à la surface pondérée du local de référence, déterminée en affectant la surface réelle de correctifs fixés par décret et destinés à tenir compte de la nature des différentes parties du local, ainsi que de sa situation, de son importance, de son état et de son équipement.

(L. n° 2017-256 du 28 févr. 2017, art. 137-I) **« II bis. — A Mayotte, la valeur locative déterminée en application du II est minorée de 60 %. »** — *La perte de recettes résultant pour les collectivités territoriales du I de l'art. 137 de la L. n° 2017-256 du 28 févr. 2017 est compensée, à due concurrence, par une majoration de la dotation globale de fonctionnement. — La perte de recettes résultant pour l'État du II [du I] du même art. est compensée, à due concurrence, par la création d'une taxe additionnelle aux droits prévus aux art. 575 et 575 A CGI.*

III. — 1. Pour l'établissement de la taxe foncière sur les propriétés bâties, la valeur locative des locaux loués au 1er janvier 1974 sous le régime de la réglementation des loyers établie par la loi n° 48-1360 du 1er septembre 1948 modifiée, est constituée par le plus faible des deux chiffres suivants :

— soit la valeur locative déterminée dans les conditions prévues au I ;

— *soit le loyer réel* à la date du 1er janvier 1970 affecté de coefficients triennaux correspondant aux augmentations de loyers intervenues depuis cette date, sans qu'il soit tenu compte des majorations pour insuffisance d'occupation ou pour usage professionnel. Les périodes retenues pour le calcul et l'application de ces coefficients sont celles prévues pour les actualisations. Ces coefficients sont fixés par décret en Conseil d'État. — *V. Ann. II, art. 310 I.*

Les coefficients fixés pour les années 1979 à 1981 demeurent applicables jusqu'à la prochaine actualisation des valeurs locatives foncières des propriétés bâties.

Toutefois, si ce loyer est notablement inférieur aux prix de location généralement constatés pour les locaux de l'espèce, la base de la taxe foncière est évaluée par comparaison avec celle afférente à ces locaux.

2. Lorsqu'un local cesse d'être soumis à la réglementation des loyers établie par la loi précitée, la valeur locative est déterminée dans les conditions prévues au I, à compter du 1er janvier de l'année suivante.

L. n° 2014-1655 du 29 déc. 2014, art. 32-III : « III. — Sous réserve des décisions de justice passées en force de chose jugée, pour la détermination de la valeur locative des locaux mentionnés à l'article 1496 du code général des impôts et de ceux évalués en application du 2° de l'article 1498 du même code, sont validées les évaluations réalisées avant le 1er janvier 2015 en tant que leur légalité serait contestée au motif que, selon le cas, le local de référence ou le local type ayant servi de terme de comparaison, soit directement, soit indirectement, a été détruit ou a changé de consistance, d'affectation ou de caractéristiques physiques. »

Pour les obligations déclaratives, V. App., L. n° 2010-1658 du 29 déc. 2010, art. 34-XVII.

Sur la révision des valeurs locatives des locaux d'habitation en 2026, V. l'art. 146 de la L. n° 2019-1479 du 28 déc. 2019.

1. Le mode de détermination de la valeur locative prévu au III ne s'applique qu'aux locaux relevant de la loi de 1948 et ne concerne pas les locaux des habitations à loyer modéré. La valeur locative de ces locaux doit être évaluée selon le droit commun et prendre en compte les coefficients d'actualisation arrêtés sur les trois ans et, dans l'intervalle, les coefficients forfaitaires de majoration arrêtés annuellement. • CE 17 nov. 2000, n° 193289 : *Dr. fisc. 2001. 657, concl. Bachelier ; RJF 2001. 186 ; concl. Bachelier au BDCF 2/01.*

2. La valeur locative d'un local n'est pas fixée légalement lorsque le procès-verbal des opérations de révision des évaluations des propriétés bâties n'indique pas le local de référence dont la valeur locative a servi de terme de comparaison. • CE 8 avr. 1998, n° 140458 : *Dr. fisc. 1998. 1026 ; RJF 1998. 687.*

3. Sur la contestation de la valeur locative du local de référence, V. note 3 ss. art. 1503.

Art. 1496 *bis* Le conseil municipal d'une commune dont le territoire était, avant l'entrée en vigueur de la loi n° 83-636 du 13 juillet 1983 modifiée portant modification du statut des agglomérations nouvelles, partiellement inclus dans la zone de compétence d'un syndicat communautaire d'aménagement créé en application de la loi n° 70-610 du 10 juillet 1970, peut décider, par une délibération prise avant le 1er juillet 1986, que l'ensemble des locaux d'habitation et des locaux à usage professionnel de la commune sera évalué, à compter du 1er janvier 1987, par application des tarifs en vigueur dans la partie du territoire communal située hors de la zone de compétence du syndicat.

Les L. n° 70-610 du 10 juill. 1970 et n° 83-636 du 13 juill. 1983 sont abrogées à compter du 1er janv. 2017 (L. n° 2015-991 du 7 août 2015, art. 44-I).

Art. 1496 *ter* *(L. n° 2019-1479 du 28 déc. 2019, art. 146-IX-B et X-A, en vigueur le 1er janv. 2024)* Les propriétaires des biens mentionnés à l'article 1496 faisant l'objet d'une location sont tenus de déclarer à l'administration, avant le 1er juillet de chaque année, les informations relatives à ces biens et au montant du loyer au 1er janvier de l'année de déclaration, selon des modalités fixées par arrêté du ministre chargé du budget.

Cette déclaration est souscrite par voie électronique par ces propriétaires, à l'exception des propriétaires personnes physiques dont la résidence principale n'est pas équipée d'un accès internet ou qui indiquent à l'administration ne pas être en mesure de souscrire cette déclaration par voie électronique.

Art. 1497 Par dérogation au I de l'article 1496, les locaux d'habitation qui présentent un caractère exceptionnel *(L. n° 2017-1775 du 28 déc. 2017, art. 30, en vigueur le 1er janv. 2018)* « sont évalués dans les conditions prévues à l'article 1498, dans sa rédaction en vigueur le 31 décembre 2016 ».

Sur la révision des valeurs locatives des locaux d'habitation en 2026, V. l'art. 146 de la L. n° 2019-1479 du 28 déc. 2019.

Sur l'obligation déclarative à la charge des propriétaires de biens mentionnés au présent art. pour la mise en œuvre de la révision des valeurs locatives susvisée, V. L. n° 2021-1900 du 30 déc. 2021, art. 114.

Locaux et maisons exceptionnels. Un local d'habitation qui, eu égard à ses caractéristiques générales et notamment à sa surface habitable, ne peut être comparé ni au local de référence de sa catégorie, ni à aucun autre local de référence choisi dans la commune présente un caractère exceptionnel au sens de l'art. 1497 CGI. • CE 26 juin 1992, *De La Lande de Colon*, n° 79616 : *RJF 1992. 1368.* ♦ Un château du XVIe siècle divisé en vingt-deux appartements distincts ne s'apparente plus à une habitation affectée au logement d'une famille, caractérisée par la vaste dimension de ses pièces et le nombre élevé de celles-ci. Par suite, ce bien ne présente plus un caractère exceptionnel justifiant de déroger aux modalités d'évaluation des locaux individuels d'habitation prévues à l'art. 1496. • CE 24 oct. 2014, *SCI du Château de Festieux*, n° 366857 : *RJF 2015. 32.*

C LOCAUX PROFESSIONNELS *(L. n° 2017-1775 du 28 déc. 2017, art. 30, en vigueur le 1er janv. 2018).*

Art. 1498 *(L. n° 2017-1775 du 28 déc. 2017, art. 30-I et V-C, en vigueur le 1er janv. 2019)* **I. — La valeur locative de chaque propriété bâtie ou fraction de propriété bâtie, autres que les locaux mentionnés au I de l'article 1496, que les établissements industriels mentionnés à l'article 1499 et que les locaux dont la valeur locative est déterminée dans les conditions particulières prévues à l'article 1501, est déterminée selon les modalités prévues aux II ou III du présent article.**

Les propriétés mentionnées au premier alinéa sont classées dans des sous-groupes, définis en fonction de leur nature et de leur destination. A l'intérieur d'un sous-groupe, elles sont classées par catégories, en fonction de leur utilisation, de leurs caractéristiques physiques, de leur situation et de leur consistance. Les sous-groupes et catégories de locaux sont déterminés par décret en Conseil d'État. — *V. Ann. II, art. 310 Q.*

II. — A. — La valeur locative de chaque propriété bâtie ou fraction de propriété bâtie mentionnée au I est déterminée en fonction de l'état du marché locatif à la date de référence du 1er janvier 2013, sous réserve de la mise à jour prévue au III de l'article 1518 *ter*.

Elle est obtenue par application d'un tarif par mètre carré déterminé conformément au 2 du B du présent II à la surface pondérée du local définie au C du présent II.

B. — 1. Il est constitué, dans chaque département, un ou plusieurs secteurs d'évaluation qui regroupent les communes ou sections cadastrales de communes qui, dans le département, présentent un marché locatif homogène.

[Al. en vigueur jusqu'au 31 déc. 2018] **Pour l'application du présent 1, le territoire de la métropole de Lyon est, avec le territoire du département du Rhône, assimilé au territoire d'un département.**

[3e al. en vigueur le 1er janv. 2019] **Pour l'application du présent 1 :**

1° Le territoire de la métropole de Lyon est, avec le territoire du département du Rhône, assimilé au territoire d'un département ;

2° Le territoire de la Ville de Paris est assimilé au territoire d'un département.

2. Les tarifs par mètre carré sont déterminés sur la base des loyers moyens constatés dans chaque secteur d'évaluation par catégorie de propriétés.

A défaut, lorsque les loyers sont en nombre insuffisant ou ne peuvent être retenus, ces tarifs sont déterminés par comparaison avec les tarifs fixés pour les autres catégories de locaux du même sous-groupe du même secteur d'évaluation.

A défaut d'éléments suffisants ou pouvant être retenus au sein du même secteur d'évaluation, ces tarifs sont déterminés par comparaison avec ceux qui sont appliqués pour des propriétés de la même catégorie ou, à défaut, du même sous-groupe dans des secteurs d'évaluation présentant des niveaux de loyers similaires, dans le département ou dans un autre département.

Les tarifs par mètre carré peuvent être majorés de 1,1,1,15,1,2 ou 1,3 ou minorés de 0,7,0,8,0,85 ou 0,9, par application d'un coefficient de localisation destiné à tenir compte de la situation particulière de la parcelle d'assise de la propriété au sein du secteur d'évaluation.

C. – La surface pondérée d'un local est obtenue à partir de la superficie de ses différentes parties, réduite, le cas échéant, au moyen de coefficients fixés par décret, pour tenir compte de leur utilisation et de leurs caractéristiques physiques respectives. – *V. Ann. III, art. 324 Z.*

III. – A. – La valeur locative des propriétés ou des fractions de propriété qui présentent des caractéristiques exceptionnelles est déterminée en appliquant un taux de 8 % à la valeur vénale de la propriété ou fraction de propriété, telle qu'elle serait constatée si elle était libre de toute location ou occupation à la date de référence définie au B du présent III.

A défaut, la valeur vénale de la propriété ou fraction de propriété est déterminée en ajoutant à la valeur vénale du terrain, estimée à la date de référence par comparaison avec celle qui ressort de transactions relatives à des terrains à bâtir situés dans une zone comparable, la valeur de reconstruction de la propriété à la date de référence.

La valeur locative mentionnée au premier alinéa du présent A est réduite de moitié pour tenir compte de l'impact de l'affectation de la propriété ou fraction de propriété, partielle ou totale, à un service public ou d'utilité générale.

B. – La valeur locative des propriétés et fractions de propriétés mentionnées au A du présent III est *(L. n° 2017-1775 du 28 déc. 2017, art. 30-I et V-C, en vigueur le 1er janv. 2019)* **« , sous réserve de la mise à jour prévue au deuxième alinéa du IV de l'article 1518 *ter* » déterminée au 1er janvier 2013 ou, pour celles créées après le 1er janvier 2017, au 1er janvier de l'année de leur création.**

1. Évaluation des locaux professionnels. Alors même que les recours contre les paramètres initiaux d'évaluation des locaux professionnels sont limités, les contribuables peuvent exercer un recours contre les mises à jour de ces paramètres, ainsi qu'en cas de changement de circonstances. • CE, QPC, 27 mars 2019, *SARL Gestion Épinal Mont-Saint-Aignan*, n° 427758 : *RJF 2019. 568.* ♦ Les administrés peuvent introduire devant le juge administratif, dans le délai de recours contentieux, un recours pour excès de pouvoir contre les décisions portant délimitation des secteurs d'évaluation et celles arrêtant, dans chacun de ces secteurs, les tarifs par mètre carré par catégorie de propriétés. • Même arrêt.

2. Ehpad. Les EHPAD doivent être évalués selon les règles des locaux professionnels. • CE 25 juin 2021, *OPH Aube Immobilier*, n° 441377 : *RJF 2021. 943.*

Ancien art. 1498 ***La valeur locative de tous les biens autres que les locaux visés au I de l'article 1496 et que les établissements industriels visés à l'article 1499 est déterminée au moyen de l'une des méthodes indiquées ci-après :***

1° Pour les biens donnés en location à des conditions de prix normales, la valeur locative est celle qui ressort de cette location ;

2° a) Pour les biens loués à des conditions de prix anormales ou occupés par leur propriétaire, occupés par un tiers à un autre titre que la location, vacants ou concédés à titre gratuit, la valeur locative est déterminée par comparaison.

Les termes de comparaison sont choisis dans la commune. Ils peuvent être choisis hors de la commune pour procéder à l'évaluation des immeubles d'un caractère particulier ou exceptionnel ;

b) La valeur locative des termes de comparaison est arrêtée :

— soit en partant du bail en cours à la date de référence de la révision lorsque l'immeuble type était loué normalement à cette date ;

— soit, dans le cas contraire, par comparaison avec des immeubles similaires situés dans la commune ou dans une localité présentant, du point de vue économique, une situation analogue à celle de la commune en cause et qui faisaient l'objet à cette date de locations consenties à des conditions de prix normales ;

3° A défaut de ces bases, la valeur locative est déterminée par voie d'appréciation directe.

V. notes ss. art. 1496.

V. égal. art. 1406, 1498 bis et 1729 C, et C. pr. fisc., art. L. 96-I. – **C. pr. fisc.**

BIBL. ▶ Bénard, *RJF 2006. 99* (valeur locative des locaux commerciaux : les limites du système) ; *Fr. Lefebvre 3-07, p. 32* (valeurs locatives foncières : l'état des lieux) ; *RJF 2007. 95* (valeurs locatives foncières : panorama de jurisprudence 2006). – Boutemy et Meier, *BFL 2008. 5* (valeurs locatives foncières : évaluation par comparaison et harmonisation régionale). – Daumas, *RJF 2009. 634* (valeurs locatives foncières : le mécano jurisprudentiel) ; *RJF 2010. 813* (taxe foncière sur les propriétés bâties : mamie fait de la résistance). – Fouquet, *Rev. adm. 2007, n° 355, p. 41* (taxes foncières : terra incognita ?). – Thiry, *Dr. fisc. 2012. 528* (taxe foncière : les contentieux concernant les locaux types utilisés pour l'évaluation par comparaison).

1. En prévoyant différentes méthodes d'évaluation selon le régime applicable aux biens à évaluer, l'art. 1498 prend en compte, au regard de l'objet de la loi, la différence de situation de ces biens, de sorte que le moyen tiré de ce que ces dispositions porteraient atteinte au principe d'égalité devant les charges publiques ne présente pas un caractère sérieux justifiant le renvoi au Conseil constitutionnel d'une question prioritaire de constitutionnalité. • CE 9 juill. 2010, n° 339854 : *RJF 2010. 1077 ; Dr. fisc. 2010. 537.*

2. Il résulte des dispositions combinées des art. 1 à 4 de la loi du 2 févr. 1968 que la valeur locative des locaux commerciaux achevés après le 1er janv. 1970, date de référence de la dernière révision générale, doit être déterminée par comparaison dans les conditions prévues à l'art. 1498-2° ou, à défaut de termes de comparaison, par voie d'appréciation directe, mais non par référence au bail (évaluation en fonction du loyer en cours), même si les biens sont donnés en location. • CE sect., 6 mars 1992, n° 75009 : *Dr. fisc. 1992. 836 ; RJF 1992. 486, concl. Chahid-Nouraï, p. 271.*

3. Il résulte de l'art. 1498 que la valeur locative des immeubles commerciaux faisant l'objet d'une location consentie à des conditions de prix normales au 1er janv. 1970 (ann. III, art. 324 AK) doit être fixée d'après le bail, tandis que, pour les immeubles existant à cette date et non donnés à bail à des conditions de prix normales, de même que pour les constructions nouvelles ou les biens ayant fait l'objet, depuis cette date, d'un changement de consistance ou d'affectation, la valeur locative est fixée par voie de comparaison ou, à défaut, par voie d'appréciation directe. • CE 28 mai 2004, n° 247487 : *RJF 2004. 898.*

4. Lorsque, pour la détermination de la valeur locative de locaux commerciaux, l'Administration constate l'absence de termes de comparaison pertinents dans la commune, elle est tenue de rechercher s'il existe, en dehors de la commune où se situent les biens, des locaux types comparables (art. 1498-2°) et, à défaut, de recourir à la méthode de l'appréciation directe (art. 1498-3°). La mise en œuvre de la procédure de révision de la liste des locaux types prévue à l'art. 1504 ne dispense pas l'Administration de satisfaire à cette double obligation. • CE 13 janv. 2010, n° 319713 : *RJF 2010. 372 ; Dr. fisc. 2010. 260.*

5. Il résulte de l'art. 1498 que la valeur locative des immeubles commerciaux achevés postérieurement à la date de référence de la dernière révision générale des évaluations foncières, fixée au 1er janv. 1970, doit être déterminée, à cette date, au moyen des méthodes et dans les conditions indiquées par les seules dispositions des 2° et 3° de l'art. 1498 pour être ensuite actualisée selon les modalités prévues par les art. 1516 s. • CE 30 juill. 2003, n° 236456 : *RJF 2003. 1251 ; Dr. fisc. 2004. 244, concl. Collin.*

6. Les règles d'évaluation de la valeur locative des locaux autres que les locaux d'habitation ou à usage professionnel fixées par l'art. 1498 ont pour objet de permettre à l'Administration de déterminer, comme elle y est tenue, sous le contrôle du juge de l'impôt, la valeur locative des biens. Lorsqu'aucune valeur locative ne peut être déterminée par application des règles prévues au 1° puis au 2° de cet article, par référence au loyer du bien ou à défaut par comparaison, l'Administration est fondée, en vertu du 3°, à déterminer cette valeur par voie d'appréciation directe, à partir de la valeur vénale du bien à la date de référence du 1er janv. 1970. • CE, avis, 24 nov. 2006, n° 297098, *SCI Paris-Montreuil : RJF 2007. 170 ; concl. Olléon au BDCF 2/07, n° 21 ; Dr. fisc. 2006. 823, concl. Olléon.* ♦ Pour reconstituer cette valeur vénale, l'Administration doit procéder selon l'une des méthodes prévue à l'art. 324 AC de l'annexe III. Ces dispositions n'excluent toutefois pas qu'en l'absence d'acte ou de toute autre donnée récente faisant apparaître une estimation de l'immeuble à évaluer susceptible d'être retenue, l'Administration se réfère à des transactions portant sur des immeubles de nature comparable et dont la date est la plus proche possible du 1er janv. 1970 ; pour reconstituer la valeur vénale de l'immeuble ainsi retenu à la date du 1er janv. 1970, il lui appartient, sous le contrôle du juge, d'appliquer à la base ainsi déterminée, tout indice ou combinaison d'indices propres à retracer au mieux la variation de la valeur vénale entre la date de cette transaction et le 1er janv. 1970. • Même avis. ♦ Il résulte des art. 324 AB et 324 AC de l'annexe III que la valeur vénale des immeubles évalués par voie d'appréciation directe doit d'abord être déterminée en utilisant les données figurant dans les différents actes constituant l'origine de la propriété de l'immeuble si ces données, qui peuvent résulter notamment d'actes de cession, de déclarations de succession, d'apport en société ou, s'agissant d'immeubles qui n'étaient pas construits en 1970, de leur valeur lors de leur première inscription au bilan, ont une date la plus proche possible de la date de référence du 1er janv. 1970. Si ces données ne peuvent être regardées comme pertinentes du fait qu'elles présenteraient une trop grande antériorité ou postériorité par rapport à cette date, il incombe à l'administration fiscale de proposer des évaluations fondées sur les deux autres méthodes prévues à l'art. 324 AC de l'annexe III, en retenant des transactions qui peuvent être postérieures ou antérieures aux actes ou aux bilans mentionnés ci-dessus dès lors qu'elles ont été conclues à une date plus proche du 1er janv. 1970. • CE 24 nov. 2010, nos 308705 et 309619, *SCI Paris-Montreuil : RJF 2011. 178 ; concl. Olléon au BDCF 2/11, n° 22.*

7. Il résulte de la combinaison des art. 1415, 1498 et 1504 CGI et 324 Z de l'annexe III que ne peuvent être utilisés comme termes de comparaison, pour l'évaluation de la valeur locative des locaux commerciaux que des locaux-types régulièrement inscrits aux procès-verbaux des opérations de révision des évaluations foncières des propriétés bâties communales au 1er janv. de l'année au titre de laquelle l'imposition est établie. Ainsi un local-type inscrit au procès-verbal postérieurement au 1er janv. de l'année d'imposition ne peut être utilisé comme terme de comparaison, même s'il remplace un précédent local-type détruit inscrit avant le 1er janv., sans modification des caractéristiques de commercialité ni de la valeur commerciale unitaire. • CE 7 juill. 2006, n° 268649, *Sté Ets Darty et fils : RJF 2006. 1205 ; concl. Olléon au BDCF 10/06, n° 122 ; Dr. fisc. 2006. 770.*

8. En cas de différences entre le local de référence et le local commercial à évaluer, l'administration ne peut utiliser les « valeurs locatives encadrantes » attribuées par la commune à la valeur locative du local-type, pour ajuster l'évaluation du local commercial. • CE 28 déc. 2012, *Sté TST George V,* n° 346811 : *RJF 2013. 308.* ♦ Le local type doit présenter des similitudes suffisantes avec le local commercial à évaluer. Ainsi, des hôtels de type ancien, même s'ils ont fait l'objet d'aménagements pour améliorer le niveau de leurs équipements, ne peuvent servir de termes de comparaison pour l'évaluation d'un hôtel faisant partie d'une chaîne d'hôtels de conception moderne. • CE 9 avr. 2014, *SNC Lisieux Invest Hôtel,* n° 357267 : *RJF 2014. 693.*

9. Il résulte des termes mêmes de l'art. 1498-3° que ce n'est qu'à défaut soit de pouvoir retenir la valeur locative sur le fondement du 1° de ce texte, soit de trouver des termes de comparaison pertinents que l'Administration peut légalement procéder à une évaluation directe. Le juge du fond ne peut pas valider l'évaluation opérée par l'Administration par voie d'appréciation directe sans avoir préalablement recherché qu'aucun autre local ne pouvait être utilement retenu comme élément de comparaison conformément aux art. 1498-2° et 1504. • CE 25 nov. 2005, n° 264323, *Sté Natiocrédibail : RJF 2006. 162, chron. Bénard, p. 99 ; concl. Olléon au BDCF 2/06, n° 19 ; Dr. fisc. 2006. 554, concl. Olléon.*

10. Il résulte de l'art. 1498 que, dans l'hypothèse où la valeur locative d'un local est déterminée par comparaison, les termes de comparaison retenus doivent être constitués par des immeubles précisément identifiés, situés par priorité sur le territoire de la commune et dont la valeur locative a été déterminée au moyen de l'une des méthodes prévues au 2°-*b* de l'art. 1498. • CE 25 nov. 2005, n° 264266, *Sté Natiocrédibail : RJF 2006. 164.*

11. Un tribunal administratif, saisi d'une contestation de la méthode retenue par l'Administration, ne commet pas d'erreur de droit en jugeant que la méthode d'appréciation directe avait été irrégulièrement mise en œuvre par le service dès lors qu'il était possible de recourir à la méthode par comparaison. • CE 19 nov. 2008, n° 305322, *Sté Hôtel Santa Fé Associés : RJF 2009. 134 ; concl. Escaut au BDCF 2/09, n° 20 ; Dr. fisc. 2009. 239 ; concl. Escaut, note Meier et Torlet.* ♦ Le juge de l'impôt, saisi d'une contestation portant sur la méthode d'évaluation, a l'obligation, lorsqu'il estime irrégulière la méthode d'évaluation initialement retenue par l'Administration, de lui substituer la méthode d'évaluation qu'il juge régulière. • Même arrêt. ♦ Dans le cas où le juge de l'impôt retient une évaluation par comparaison, il doit, en outre, pour l'application de l'art. 1498-2°, statuer d'office sur le terme de comparaison qu'il estime, par une appréciation souveraine, pertinent et dont il a vérifié la régularité, au vu des éléments dont il dispose ou qu'il a sollicités par un supplément d'instruction. • Même arrêt. ♦ Dans le cas où le juge de l'impôt retient une évaluation par comparaison en application de l'art. 1498-2°, il ne peut prononcer une décharge des cotisations primitives de la part foncière de la taxe professionnelle lorsqu'il écarte un terme de comparaison proposé par les parties mais il doit, au vu des éléments dont il dispose ou qu'il sollicite par un supplément d'instruction, rechercher un terme de comparaison qu'il estime, par une appréciation souveraine, pertinent et dont il vérifie la régularité, et à défaut de terme de comparaison pertinent, déterminer la valeur locative par voie d'appréciation directe. • CE 30 juill. 2010, n° 307961 : *RJF 2010. 1038 ; Dr. fisc. 2010. 557, note Guigue.* ♦ En l'absence de contestation sur le terme de comparaison envisagé, le juge de l'impôt n'est pas tenu de vérifier d'office si ce local remplit l'ensemble des conditions de régularité posées par l'art. 1498-2°. • CE 15 oct. 2014, *Min. Budget c/ SARL rue de la Faisanderie Poissy,* n° 364695 : *RJF 2015. 34 ; Dr. fisc. 2015. 155, note Ralkos.*

12. Il résulte des art. 1498 et 324 AA de l'annexe III qu'un local de référence ne peut être choisi à l'extérieur de la commune que si la commune d'implantation du terme de référence choisi est analogue d'un point de vue économique, avec la commune d'implantation du local à évaluer. Ni l'art. 324 AA de l'annexe III, ni aucun autre texte non plus qu'aucun principe ne permettent de pratiquer une majoration ou un abattement sur la valeur locative du terme de référence retenu, afin de compenser les différences de nature économique qui séparent la commune d'implantation du terme de référence de celle du local à évaluer. • CE 16 nov. 2006, n° 277532 : *Sté L. R. Monoprix Distribution.*

13. L'Administration doit justifier que le terme de comparaison qu'elle propose peut, à la date des impositions litigieuses, être comparé à l'immeuble à évaluer conformément à l'art. 324 Z de l'annexe III. Ainsi, en cas de changement d'affectation, le local type ne peut plus servir de terme de comparaison, sauf pour l'Administration à établir qu'il demeure malgré ce changement comparable à l'immeuble en litige. • CE 5 mai 2006, n° 268395, *Sté Monoprix : RJF 2006. 1048 ; Dr. fisc. 2007. 377.* ♦ De même, un local type qui, depuis son inscription au procès-verbal des opérations de révision, a été entièrement restructuré, ne peut plus servir de terme de comparaison au 1er janv. d'une année postérieure à sa restructuration. • CE 27 avr. 2011, n° 325651, *Sté Eurofactor : RJF 2011. 817 ; concl. Olléon au BDCF 7/11, n° 80.* ♦ Un local type qui, depuis son inscription régulière au procès-verbal des opérations de révision foncière d'une commune, a été entièrement restructuré ou a été détruit ne peut plus servir de terme de comparaison, pour évaluer directement ou indirectement la valeur locative d'un bien soumis à la taxe foncière au 1er janv. d'une année postérieure à sa restructuration ou à sa disparition. • CE 5 févr. 2014, *Min. c/ Sté Ishtar,* n° 367995 : *RJF 2014. 464.* ♦ L'art. 32-III de la loi n° 2014-1655 du 29 déc. 2014 qui exclut la possibilité pour les contribuables de se prévaloir de l'irrégularité d'une évaluation réalisée avant le 1er janv. 2015, y compris pour les impositions postérieures à cette date, n'est pas justifié par un motif impérieux d'intérêt général. Il est donc inconstitutionnel. • Cons. const. 2 mars 2016, n° 2015-525 QPC : *RJF 2016. 467 ; Dr. fisc. 2016. 1384, note Maitrot de la Motte.*

14. Pour déterminer la valeur locative d'un centre commercial édifié en vertu d'un bail à construction en vue de son exploitation dans une commune, l'Administration peut retenir comme termes de comparaison des locaux commerciaux situés dans la même commune alors même que ces immeubles de référence ont été construits après le 1er janv. 1970, date de la révision générale, dès lors qu'il n'est pas contesté que la valeur locative de ces locaux types a été arrêtée selon la méthode prévue à l'art. 1498-2° *b.* • CE 28 févr. 2007, n° 278121 : *RJF 2007. 574 ; concl. Collin au BDCF 5/07, n° 59 ; Dr. fisc. 2007. 964.*

15. En l'absence de terme de comparaison, la valeur locative d'un immeuble commercial (qui n'existait pas au 1er janvier 1970 ou qui à cette date n'était pas loué à des conditions de prix normales) ne peut être déterminée que par voie d'appréciation directe. • CE 24 nov. 1997, n° 161222 : *RJF 1998. 54 ; Dr. fisc. 1998. 225.*

16. Un immeuble commercial dont la valeur locative a été fixée par voie d'appréciation directe ne peut pas être retenu comme terme de comparaison pour déterminer, selon la méthode indiquée à l'art. 1498-2°, la valeur locative d'un autre immeuble commercial. • CE 24 nov. 1997, *n° 161222 : RJF 1998. 54 ; Dr. fisc. 1998. 225.*

17. La valeur locative des immeubles de grande hauteur ne peut être déterminée que par comparaison avec des immeubles de grande hauteur ou, à défaut, par voie d'appréciation directe. • CE 23 juill. 2010, n° 318860 : *RJF 2010. 1041 ; Dr. fisc. 2010. 292, note Zapf et Le Tacon.*

18. En l'absence d'un terme de comparaison approprié dans la commune, le local à évaluer peut être regardé comme présentant un caractère particulier au sens de l'art. 1498-2° *a,* de nature à autoriser l'Administration à recourir à un terme de comparaison pris hors de la commune. • CE, sect., 18 juill. 2006, nos 267894 et 267895, *Sté Darty Alsace-Lorraine : RJF 2006. 1378 ; concl. Collin au BDCF 11/06, n° 136 ; Dr. fisc. 2007. 376, concl. Collin* • CE 25 mai 2007, n° 279712, *Sté Campanile 1 : RJF 2007. 1076 ; Dr. fisc. 2007. 985.* ♦ Le terme de comparaison doit être recherché dans une commune, dont la situation économique doit être analogue à celle de la commune où est situé l'immeuble à évaluer. Cette analogie de situation doit s'apprécier non pas dans l'absolu, mais au regard de la nature particulière des locaux à comparer. • CE 25 mai 2007, n° 279712 : *préc.* ♦ L'Administration est ainsi fondée, pour déterminer par comparaison la valeur locative des locaux commerciaux du contribuable situés dans la commune de Montbéliard, à retenir un terme de comparaison situé dans la commune de Sochaux compte tenu des similitudes entre le terme de comparaison et l'immeuble à évaluer, en particulier leur situation dans deux communes proches l'une de l'autre et appartenant toutes les deux au district de Montbéliard et à la même zone économique et d'attraction commerciale. • CE, sect., 18 juill. 2006, nos 267894 et 267895 : *préc.* ♦ Jugé de même s'agissant de l'évaluation d'un hôtel situé dans la commune de Geispolsheim, où n'existe pas de terme de comparaison approprié. La commune de Geispolsheim et celle de Strasbourg faisant partie de la même agglomération et offrant ainsi à l'hôtel à évaluer et à celui qui a été retenu comme terme de comparaison la même desserte autoroutière et la proximité du même aéroport, ces deux communes peuvent donc être regardées, pour la comparaison des valeurs locatives des deux hôtels, comme présentant une situation analogue du point de vue économique. • CE 25 mai 2007, n° 279712, *Sté Campanile 1 : RJF 2007. 1076 ; Dr. fisc. 2007. 985.* ♦ De même, lorsque l'immeuble (hôtel et résidence hôtelière) dont la valeur locative est à évaluer est situé dans une aire urbaine, le terme de comparaison peut être choisi dans une autre aire urbaine présentant une situation économique analogue à celle de la première. • CE 30 déc. 2011, *SA Foncier Bail,* n° 327425 : *RJF 2012. 373 ; Dr. fisc. 2012. 267, concl. Olléon.*

19. S'agissant d'un immeuble à caractère particulier ou exceptionnel, le terme de comparaison peut être choisi en dehors de la commune à la condition, d'une part, que la valeur locative au m² pondéré de ce dernier ait été arrêtée conformément aux règles du 2°-*b* de l'art. 1498 et, d'autre part, que la commune de l'immeuble et celle du terme de comparaison soient dans des situations économiques analogues. Supplément d'instruction ordonné par le juge. • CE 3 nov. 2003, ♜ n° 250135, *SA Automar : RJF 2004. 60 ; concl. Vallée au BDCF 1/0 4, n° 14 ; Dr. fisc. 2004. 459, concl. Vallée.* ♦ L'Administration, ne produisant pas les éléments en justifiant, ne peut pas utilement se prévaloir de la valeur locative du terme de comparaison. De plus, ne produisant aucun élément permettant une appréciation directe de la valeur locative de l'immeuble en cause, elle ne peut pas se prévaloir de cette méthode d'évaluation. A défaut de local type de comparaison et à défaut d'évaluation par la méthode de l'appréciation directe, le juge accorde au contribuable la réduction d'impôt qu'il demande. • CE 12 janv. 2005, ♜ n° 250135, *SA Automar : RJF 2005. 340 ; Dr. fisc. 2005. 446.*

20. Il résulte de l'art. 1498 que la valeur locative d'un immeuble qui, comme en l'espèce, est utilisé par son propriétaire ne peut légalement être déterminée par voie d'appréciation directe que s'il est impossible de la fixer par voie de comparaison. Il résulte des mêmes dispositions que peuvent, notamment, être retenus comme termes de comparaison des immeubles situés hors de la commune et qui ont, eux-mêmes, fait l'objet d'une évaluation par voie de comparaison avec des immeubles similaires, loués à des conditions de prix normales à la date de la révision, quelle que soit leur commune d'implantation, pourvu que, du point de vue économique, toutes les localités en cause présentent une analogie suffisante. • CE 6 nov. 2006, ♜ n°s 266429 et 266430, *GIE Good Year Mireval : RJF 2007. 43 ; concl. Vallée au BDCF 1/07, n° 7.*

21. Aucune disposition législative ou réglementaire ni aucun principe ne font obstacle à ce que, en l'absence d'immeubles comparables situés dans la commune d'implantation du bien à évaluer, le caractère normal du loyer soit apprécié au regard des loyers pratiqués, pour des immeubles comparables, dans d'autres communes, dès lors que ces immeubles sont implantés dans des zones géographiques présentant, du point de vue du marché locatif pertinent pour le type de bien à évaluer, une situation analogue. • CE 9 avr. 2014, ♜ *SARL Gestion Trois Hôtels,* n° 352282 : *RJF 2014. 692.*

22. L'Administration qui justifie le choix en dehors de la commune de situation de l'immeuble à évaluer, du terme de comparaison qu'elle propose, par le caractère particulier ou exceptionnel, non contesté, de l'immeuble en cause, doit en outre justifier que la commune de situation de l'immeuble et la commune de situation du terme de comparaison présentaient à la date d'établissement des impositions en litige, une situation analogue du point de vue économique. Supplément d'instruction ordonné aux fins d'inviter l'Administration, contradictoirement avec le contribuable, d'une part, à produire les éléments de nature, à la date des impositions litigieuses, premièrement, à établir une analogie de situations entre ces deux communes, deuxièmement, à établir que l'immeuble en litige est comparable au local type proposé, d'autre part, à défaut des précédents, à rechercher si un autre local peut être utilement retenu comme élément de comparaison conformément aux art. 1498, 2° et 1504. • CE 5 mai 2006, ♜ n° 268395 : *préc. note 13.*

23. Un hôtel implanté dans la petite couronne de Paris et appartenant à une chaîne bon marché (Première classe) ne présente pas un caractère particulier ou exceptionnel au sens de l'art. 1498-2°-*a* justifiant que l'Administration retienne pour son évaluation un terme de comparaison hors de la commune. Alors que cet hôtel a été construit en 1996, qu'il est situé à proximité des grandes voies d'accès et des transports publics, qu'il représente une surface réelle de 1 137 m^2 et une surface pondérée de 913 m^2 et dispose dans chaque chambre d'équipements modernes, le contribuable ne peut pas proposer comme terme de comparaison un hôtel, situé dans la même commune, mais qui a été construit en 1880 en centre-ville, qui a une surface tant réelle que pondérée de 126 m^2 et qui fournit des prestations de qualité médiocre. • CE 25 nov. 2005, ♜ n° 263670, *Sté Groupe Envergure : RJF 2006. 267, chron. Benard, p. 99 ; Dr. fisc. 2006. 447.* ♦ Un hôtel de chaîne (Campanile) situé dans une commune dans laquelle il n'existe aucun hôtel comparable présente un caractère particulier ou exceptionnel justifiant, en application de l'art. 1498-2°, que les termes de comparaison permettant d'arrêter sa valeur locative soient recherchés en dehors de ladite commune. • CE 19 juin 2006, ♜ n° 262650, *Sté Groupe Envergure : RJF 2006. 1206.*

24. Évaluation de parcs de stationnement de centres commerciaux : V. • CE 8 août 1990, ♜ n° 49291, *Parinor : RJF 1990. 1219 ; Dr. fisc. 1990. 1913, concl. Racine* • 20 juill. 2007, n° 286995, *SCI JBT : RJF 2007. 1267.* ♦ La valeur locative de parkings ouverts et gratuits d'un centre commercial peut être évaluée par comparaison avec celle de parkings payants du même centre compte tenu des caractéristiques physiques communes de tous ces parkings. • CE 2 juin 2010, ♜ n° 318153 : *RJF 2010. 801 ; Dr. fisc. 2010. 517, note Guigue.* ♦ Les aires de stationnement et les parkings d'un immeuble de bureaux doivent être regardés comme des fractions de propriété destinées à une utilisation distincte des bureaux et doivent donc être évalués séparément, qu'ils fassent ou non l'objet d'une exploitation commerciale autonome. • CE 15 févr. 2016, ♜ *SNC CUM Paritalie,* n° 381911 : *RJF 2016. 444.*

25. Eu égard à la situation d'une boucherie et d'une boulangerie, à proximité immédiate d'un supermarché, et à l'accroissement de commercialité en résultant, l'Administration est fondée à déterminer la valeur locative de ces boutiques par comparaison avec la valeur locative de boutiques appartenant à un centre commercial, même plus important, et non par comparaison avec celle de commerces traditionnels isolés. • CE 20 juill. 2007, n° 286995 : *préc. note 24.*

26. L'Administration a la faculté, à tout moment au cours de la procédure contentieuse, de justifier de l'évaluation de la valeur locative d'un bien passible de la taxe foncière par référence à un terme de comparaison autre que celui inapproprié auquel le service s'est initialement référé pour arrêter la valeur locative. • CE 3 nov. 2003, n° 250135 : *préc. note 19.* ♦ ... Pour autant que son évaluation soit établie dans le respect de l'ordre des critères défini à l'art. 1498. • CE 25 nov. 2005, n° 264323, *Sté Natiocrédibail : préc. note 9.*

27. La valeur vénale retenue par l'Administration pour l'évaluation d'un golf peut être corrigée, pour tenir compte du caractère accidenté du site et de son état d'entretien, d'un abattement de 50 %, dès lors que les installations sont de construction récente, que le golf est situé dans l'environnement de stations balnéaires touristiques et que son fonctionnement est lié à un hôtel de luxe même si la clientèle n'en procède pas essentiellement et s'il est ouvert au public. Le taux d'intérêt de 4 % appliqué à la valeur vénale ainsi retenue n'est pas excessif, dès lors qu'à la date de l'évaluation le taux d'intérêt moyen pour les locaux commerciaux de la commune était de 7 % et que les taux pour les installations sportives oscillaient entre 3 % et 5 % avec une prédominance du taux de 4 %. • CAA Marseille, 4 oct. 2005, n° 02MA2125 : *RJF 2006. 727.*

28. La documentation administrative de base 6 C-2332 (15 déc. 1988) qui donne à titre indicatif le barème des coefficients de pondération ordinairement employés dans le cadre de la méthode d'évaluation par comparaison des locaux commerciaux ne contient aucune interprétation formelle de la loi fiscale dont peuvent se prévaloir les contribuables sur le fondement de l'art. L. 80 A LPF. • CE 25 nov. 2005, n° 260266, *Sté Natiocrédibail : RJF 2006. 164.*

29. Pour l'application de l'art. 1498-2° CGI et des art. 324 Z et 324 AA de l'annexe III, l'appréciation de la consistance d'un bien, par le recours à sa superficie, peut faire l'objet d'une pondération de la surface de ses différents éléments afin de tenir compte des différences de commercialité de ceux-ci en fonction de leur affectation et de leur emplacement au sein du local. Si, le cas échéant, cette pondération peut permettre de tenir compte des différentes conditions d'aménagement pour l'exercice d'une des activités pratiquées dans le local par rapport aux autres, elle ne peut en revanche permettre de tenir compte d'une différence globale de saisonnalité entre l'activité pratiquée dans le local à évaluer du fait de son aménagement et celle pratiquée dans le local-type. Il y a lieu dans ce cas de recourir à un coefficient d'ajustement. • CE 21 mai 2014, *Sté Piscine olympique des Arènes,* n° 366184 : *RJF 2014. 812 ; Dr. fisc. 2014. 431, note Ralkos.*

Art. 1498 *bis* **Les contribuables soumis aux obligations déclaratives mentionnées aux articles 53 A, 96, 96 A, 223 et 302 *septies* A *bis* sont tenus de faire figurer sur les déclarations mentionnées aux mêmes articles les informations relatives à chacun des locaux mentionnés à l'article 1498 dont ils sont locataires au 1er janvier de l'année de dépôt de la déclaration. La liste des informations demandées est fixée par arrêté des ministres chargés de l'économie et du budget.** — *V. Ann. IV, art. 121 quinquies-0 DC.*

D ÉTABLISSEMENTS INDUSTRIELS

V. Ann. III, art. 324 AE à 324 AG.

Art. 1499 **La valeur locative des immobilisations industrielles passibles de la taxe foncière sur les propriétés bâties est déterminée en appliquant au prix de revient de leurs différents éléments, revalorisé à l'aide des coefficients qui avaient été prévus pour la révision des bilans, des taux d'intérêt** *(Abrogé par L. n° 2020-1721 du 29 déc. 2020, art. 29-I-1°-a et VI-A, applicable aux impositions établies à compter de 2021)* ***« fixés par décret en Conseil d'État ».*** — *V. Ann. II, art. 310 L et 310 M et Ann. III, art. 21.*

Avant application éventuelle de ces coefficients, le prix de revient des sols et terrains est majoré de 3 % pour chaque année écoulée depuis l'entrée du bien dans le patrimoine du propriétaire.

(L. n° 2020-1721 du 29 déc. 2020, art. 29-I-1°-b et VI-A, applicable aux impositions établies à compter de 2021) **« Les taux d'intérêt mentionnés au premier alinéa sont égaux à :**

« 1° 4 % pour les sols et terrains ;

« 2° 6 % pour les constructions et installations.

« Sont appliqués au taux d'intérêt mentionné au 2°, les taux d'abattement suivants :

« *a)* 25 % en ce qui concerne les biens acquis ou créés avant le 1er janvier 1976 ;

« *b)* 33,33 % en ce qui concerne les biens acquis ou créés à partir de cette date. »

Une déduction complémentaire est, en outre, accordée à certaines catégories d'établissements en raison de leur caractère exceptionnel, apprécié d'après la nature des opérations qui y sont faites ; ces catégories d'établissements sont déterminées par un décret en Conseil d'État qui fixe également les limites et conditions d'application de la déduction. — *V. Ann. II, art. 310 K.*

L'évaluation cadastrale des propriétés bâties mentionnées à l'art. 1499 est égale à la valeur locative retenue au titre de l'année précédant celle de l'incorporation dans les rôles des résultats de la révision prévue par la L. nº 90-669 du 30 juill. 1990, multipliée par un coefficient fixé dans les conditions prévues à l'art. 1518 bis (L. préc., art. 52).

BIBL. ▶ FOUQUET, *Dr. fisc. 2005. 1832* (taxe foncière et établissement industriel : chronique d'une réforme reportée...). – Y. B., *RJF 2005. 811* (qu'est-ce qu'un établissement industriel ?). – BÉNARD, *FR Lefebvre 3-07, p. 32* (valeurs locatives foncières : l'état des lieux) ; *RJF 2007. 95* (valeurs locatives foncières : panorama de jurisprudence 2006). – DAUMAS, *RJF 2009. 634* (valeurs locatives foncières : le mécano jurisprudentiel).

1. Principes. Revêtent un caractère industriel, au sens de l'art. 1499, les établissements dont l'activité nécessite d'importants moyens techniques, non seulement lorsque cette activité consiste dans la fabrication ou la transformation de biens corporels mobiliers, mais aussi lorsque le rôle des installations techniques, matériels et outillages mis en œuvre, fût-ce pour les besoins d'une autre activité, est prépondérant. • CE 27 juill. 2005, nos 261899 et 273663, *Sté des Pétroles Miroline : RJF 2005. 1201, chron., p. 811 ; concl. contraires Olléon au BDCF 11/05, nº 134 ; Dr. fisc. 2005. 754, concl. contraires Olléon, note Fouquet* • 25 nov. 2005, nº 265489, *Sté Comptoir agricole du Languedoc : Dr. fisc. 2006. 448, concl. Olléon* • 5 mai 2006, nº 262481 : *RJF 2006. 1054 ; Dr. fisc. 2007. 655, concl. Collin.* ♦ La documentation administrative de base 6 C-251 (15 déc. 1988) – aux termes de laquelle les établissements où sont réalisées des manipulations ou des prestations de services doivent être regardés comme des établissements industriels au sens de l'art. 1499 lorsque le rôle de l'outillage et de la force motrice y est prépondérant, alors même qu'ils ne constituent pas des usines ou ateliers se livrant à la transformation de matières premières ou à la fabrication et à la réparation d'objets – ne comporte aucune interprétation formelle de l'art. 1499 différente de celle énoncée précédemment. • Même arrêt. ♦ La circonstance que le redevable soit ou non propriétaire des installations techniques, matériels et outillages est sans incidence sur l'appréciation de leur importance et de leur rôle. • CE 14 avr. 2008, *nº 307466 : RJF 2008. 831 ; Dr. fisc. 2008. 335, concl. Escaut, note Zapf et Toulemont.* ♦ Lorsque l'activité exercée au sein de l'établissement est mixte, le juge doit apprécier le caractère prépondérant du rôle des installations techniques, matériels et outillages au regard de l'ensemble des activités ainsi exercées. • CE 25 juin 2018, *SAS Loison*, nº 413466 : *RJF 2018. 978, concl. Bonhert.*

2. La qualification d'un établissement pour l'imposition à la taxe foncière sur les propriétés bâties doit être appréciée non au regard de la nature du service public rendu, mais au regard de l'activité réelle exercée sur les installations en cause. Par suite, le moyen tiré de ce que les installations d'un aéroport sont exploitées pour mettre en œuvre un service public administratif est inopérant pour contester leur caractère d'immobilisations industrielles. • CE 5 mai 2006, nº 262481 : *préc. note 1.*

3. Si, dans le cas d'une propriété s'étendant sur le territoire de plusieurs communes, la valeur locative de cette dernière doit, une fois évaluée, être répartie entre elles, la définition des propriétés et fractions de propriétés à prendre en compte pour la détermination de la méthode d'évaluation applicable doit intervenir en fonction du seul critère de leur utilisation distincte, conformément aux règles posées par l'art. 324 A de l'annexe III, sans que la circonstance que ces propriétés ou fractions de propriétés soient situées sur plusieurs territoires communaux ait une incidence. Il suit de là que l'Administration n'a pas à apprécier séparément, pour chacune des communes d'implantation d'un aéroport, les installations techniques, matériels et outillages à prendre en considération pour retenir la qualification d'établissement industriel. • CE 7 juill. 2006, nº 286307, *CCI de Clermont-Ferrand-Issoire : RJF 2007. 452 ; concl. Vallée au BDCF 4/07, nº 48 ; Dr. fisc. 2007. 789, concl. Vallée.* ♦ Peu importe également la circonstance que les propriétés appartiennent à des propriétaires différents. • CE 21 nov. 2007, nº 293538, *Sté Norbail Immobilier : RJF 2008. 161.* ♦ Ainsi, des locaux situés dans un immeuble loué en crédit-bail qui font l'objet par le locataire de la même utilisation industrielle distincte que ceux situés dans un autre immeuble également loué situé sur une parcelle contiguë et appartenant à un propriétaire différent doivent, comme ces derniers, être évalués selon la méthode prévue pour les établissements industriels. • Même arrêt.

4. Pour apprécier le rôle prépondérant ou non joué par les installations techniques, matériels et outillages dans l'activité d'une société, il y a lieu de rechercher le rôle de ces moyens de production dans les opérations pour lesquelles l'immeuble à évaluer est principalement utilisé. Ainsi, la qualification d'établissement industriel ne peut pas être refusée à une société en se fondant uniquement sur le fait que plus de la moitié de son chiffre d'affaires est généré par des opérations d'achat et revente de produits en l'état sans intervention de machines. • CE 28 juin 2013, *Min. Budget c/ SAS Micel*, n° 358715 : *RJF 2013. 1034.* ♦ Un établissement industriel se caractérise non par l'exercice d'une activité de fabrication, de transformation ou de conditionnement mais par l'importance du matériel et de l'outillage utilisés pour cette activité. • CE 15 oct. 1997, n° 154534 : *Dr. fisc. 1998. 100, concl. Loloum ; RJF 1997. 1138* • CAA Lyon, 13 déc. 2001, n° 97LY1981 : *Dr. fisc. 2002. 349, concl. Bonnet* • CAA Marseille, 12 déc. 2002, n° 01MA1170 : *Dr. fisc. 2003. 332.*

5. Applications. Présentent un caractère industriel au sens de l'art. 1499 : un établissement qui exploite des installations de stockage de produits liquides (fuel, pétrole lampant, colle, engrais,...) dont la capacité totale atteint 270 000 m^3 et qui nécessitent la mise en œuvre d'importants matériels de pompage et de transbordement, de générateurs et de divers autres matériels de manutention, qui jouent un rôle prépondérant dans l'exploitation du site. • CE 27 juill. 2005, n°s 261899 et 273663 : *préc. note 1.* ♦ ... Des installations de stockage et de redistribution en gros de produits pétroliers comportant dix-neuf réservoirs aériens d'une capacité totale de 24 560 m^3, cinq réservoirs enterrés et un magasin de stockage d'huiles minérales dont l'exploitation nécessite la mise en œuvre d'importants moyens techniques tels des matériels de pompage et de transbordement (embranchement de voie ferrée, rampe de dépotage de wagons-citernes reliée à un pipeline, poste de chargement de camions citernes...) et diverses autres installations de sécurité et de manutention. • CAA Bordeaux, 8 déc. 2005, n° 03BX1496 : *RJF 2006. 397.* ♦ ... Une entreprise de stockage et d'entreposage qui justifie de la mise en œuvre de moyens techniques très importants (entrepôts, outillages, matériels de levage et de manutention, etc.) pour le traitement des marchandises, à la fois pour leur réception, leur organisation et leur déplacement, justifie d'une imposition à la taxe en tant qu'établissement industriel. • CAA Lyon, 13 déc. 2001, n° 97LY1981 : *Dr. fisc. 2002. 349, concl. Bonnet ; RJF 2002. 662.* ♦ ... Un établissement exploitant quatre silos et un séchoir à riz qui nécessitent la mise en œuvre d'importants moyens techniques destinés au pesage, au séchage et à la manutention des céréales et oléagineux, *ainsi* qu'à la régulation de leurs conditions de conservation thermiques et hygrométriques, dès lors que ces matériels et installations techniques jouent un rôle prépondérant dans l'activité exercée dans cet établissement. • CE 25 nov. 2005, n° 265489 : *préc. note 1.* ♦ ... Les installations d'un aéroport équipé d'une piste d'une longueur de 1 820 mètres, d'un système d'aide à l'atterrissage et d'un balisage lumineux, de voies de raccordement, d'aires de stationnement, de réseaux d'approvisionnement en eau et en kérosène et d'installations de contrôle aérien. • CE 5 mai 2006, n° 262481 : *RJF 2006. 1054.* ♦ ... Un établissement utilisé pour stocker, empaqueter et redistribuer des produits alimentaires destinés aux magasins d'une enseigne de grande distribution situés dans le sud de la France et dont les installations se composent de bâtiments d'une superficie de 37 000 m^2, de matériels, fixes et mobiles, de stockage, de levage et ainsi que des ouvrages fixes de desserte, de stationnement et des quais de déchargement. • CE 10 févr. 2006, n° 270766, *SNC Distribution Leader Price : RJF 2006. 549 ; concl. Collin au BDCF 5/06, n° 65 ; Dr. fisc. 2007. 382, concl. Collin.* ♦ ... Les installations de production et de distribution d'eau potable exploitées par une société qui dispose de moyens techniques importants pour ses activités de transformation en vue de traiter les eaux usées. • CE 28 févr. 2007, n° 279624 : *RJF 2007. 571 ; concl. Vallée au BDCF 5/07, n° 57.* ♦ ... Un entrepôt logistique dont la haute cadence du tri est assurée par des moyens techniques importants, notamment automatisés, sans lesquels la cadence ralentie du tri n'aurait pu assurer la compétitivité de l'exploitation de l'entrepôt. • CE (na), 4 nov. 2020, n° 440690 : *RJF 2021. 161.* ♦ ... Un circuit automobile d'essais utilisant d'importants moyens techniques. • CAA Marseille, 9 mai 2019, *SA BMW France*, n° 17MA01005 : *RJF 2020. 797.* ♦ Pour d'autres applications, V. • CE 14 déc. 2005, n° 275472, *Sté Dépôts de pétroles côtiers : RJF 2006. 270* • CE 14 déc. 2005, n° 267227, *Sica du Silo portuaire de Caen : RJF 2006. 274* • CE 25 nov. 2005, n° 265489, *Sté Comptoir agricole du Languedoc : RJF 2006. 157.*

6. En revanche, ne peuvent pas être regardés comme un établissement industriel : un centre de distribution de matériaux de construction n'a pas de caractère industriel en l'absence de moyens techniques importants. • CE 27 févr. 2006, n° 267181, *SA Larivière : Dr. fisc. 2006. 747, concl. Olléon, note Masquart ; RJF 2006. 548.* ♦ ... Des bâtiments à usage d'entrepôts et à usage de stockage dès lors que les installations frigorifiques qu'ils comportent ne jouent pas un rôle prépondérant dans l'activité exercée. • CE 16 févr. 2007, n° 279236 : *RJF 2007. 810.* ♦ ... Un magasin portuaire de stockage en matières premières agricoles dans lequel sont exercées des activités de manutention et de stockage. • CE 16 janv. 2008, n° 296840 : RJF 2008. 568 ; concl. Olléon *au BDCF 5/08, n° 66.* ♦ ... Une station de lavage automobile comportant six pistes de lavage et divers équipements spécialisés. • CAA Lyon, 2 févr. 2017, *SARL Lavage du Campus*, n° 15LY01646 : *RJF 2017. 442.* ♦ ... Une activité *de fabrication de produits de boucherie-charcuterie* à destination notamment de restaurateurs exercée par des moyens techniques qui ne peuvent être regardés comme importants compte tenu des procédés de fabrication artisanale mis en œuvre. • CE 27 nov. 2019, *Sté Chedeville Charcuterie de Paris*, n° 427213 : *RJF 2020. 140.*

7. Présentent un caractère industriel eu égard à la nature des opérations effectuées et à l'importance des moyens techniques mis en œuvre : une entreprise spécialisée dans la fabrication et la vente aux professionnels de santé d'appareils d'audioprothèse et qui emploie à ce titre, dans un local de 800 m², 80 techniciens utilisant un outillage spécifique représentant une part importante de ses immobilisations. • CAA Paris, 10 juin 2004, n° 01PA558 : *RJF 2004. 1105.* ♦ ... Une entreprise qui exerce une activité de fabrication et de vente en gros et au détail de produits de boulangerie et qui s'est dotée pour ce faire d'un outillage important (pétrin avec élévateur de cuve, peseuse volumétrique, bouleuse rectiligne, machine à croissants) et de divers matériels automatisant les processus de fabrication. • CAA Lyon 18 mai 2004, n° 99LY2308 : *RJF 2005. 43.* ♦ ... Un centre de données informatiques (*data center*) qui assure l'hébergement de serveurs, en garantissant leur sécurité physique et informatique, ainsi que fonctionnement et leur climatisation, grâce à un approvisionnement électrique permanent. • TA Melun, 4 juill. 2019, *SA CMCIC Lease*, n° 1708009 : *RJF 2019. 1156.*

8. Présentent un caractère industriel eu égard à leur nature et à l'importance des moyens techniques mis en œuvre : les opérations de vinification effectuées dans des locaux comprenant des installations de stockage destinées au vieillissement des vins. • CAA Lyon, 20 janv. 1999, n° 94LY20671 : *RJF 1999. 572 ; concl. Millet au BDCF 5/99 ; Dr. fisc. 2000. 17.* ♦ ... Les opérations de réception, stockage, manutention, séchage et chargement de céréales sur des navires. • CE 14 déc. 2005, n° 267227, *SICA du Silo portuaire de Caen : RJF 2006. 271.* ♦ ... Les opérations d'abattage et de transformation de cailles achetées auprès de tiers. • CE 27 juill. 2009, n° 294589 : *RJF 2009. 1101.*

9. Les opérations de collecte et d'enfouissement à long terme de déchets réalisées dans une décharge de déchets ménagers et industriels, opérations qui nécessitent l'utilisation de moyens techniques tels que camions-bennes et compacteurs et l'installation d'une station d'épuration, présentent un caractère industriel eu égard à leur nature et à l'importance des moyens techniques mis en œuvre. • CAA Douai, 4 juin 2003, n°s 01DA726 et 02DA232 : *RJF 2004. 388.* ♦ De même pour une station d'épuration. • CAA Bordeaux, 9 déc. 2004, n° 99BX1494 : *RJF 2005. 341.*

10. Évaluation des établissements industriels. V. notes ss. art. 324 AE de l'annexe III.

11. Évaluation des stations d'épuration. Règles d'évaluation. * Rép. min. n° 38458 : *JOAN Q, 15 nov. 2005, p. 10574* * n° 83622 : *JOAN Q, 21 janv. 2006.* ♦ V. égal. note ss. art. 1500 et • CAA Bordeaux, 9 déc. 2004, n° 99BX1494 : *préc. note 9.*

12. Locaux industriels vacants. La vacance de locaux utilisés auparavant pour une exploitation industrielle ne suffit pas à conférer à ces locaux une affectation commerciale justifiant leur évaluation selon la méthode comparative prévue à l'art. 1498-2° *a*, alors qu'ils n'ont pas été rendus disponibles pour une utilisation autre qu'industrielle. • CE (na) 21 oct. 2005, n° 274392, *Sté Natiocrédibail : RJF 2006. 56.*

13. Logement de gardien. Le logement affecté au gardien situé dans l'enceinte d'un établissement industriel, qui concourt nécessairement à l'exploitation de cet établissement et ne peut être regardé comme une fraction de propriété normalement destinée à une utilisation distincte, doit voir sa valeur locative évaluée en application de l'art. 1499. • CE 21 mai 2014, *Sté Cie des Transports Strasbourgeois*, n° 365751 : *RJF 2014. 816 ; BDCF 2014. 84, concl. Escaut ; Dr. fisc. 2014. 430, note Ralkos.*

Art. 1499-00 A *(L. n° 2017-1837 du 30 déc. 2017, art. 103, en vigueur le 1er janv. 2019)* **L'article 1499 ne s'applique pas à la détermination de la valeur locative des biens dont disposent les entreprises qui remplissent les conditions prévues à l'article 19 de la loi n° 96-603 du 5 juillet 1996 relative au développement et à la promotion du commerce et de l'artisanat.**

(L. n° 2020-1721 du 29 déc. 2020, art. 132-I) **« L'article 1499 ne s'applique pas à la détermination de la valeur locative des propriétés ou fractions de propriété comprenant des équipements souterrains indissociables des casiers des installations de stockage de déchets non dangereux soumises à autorisation conformément au titre Ier du livre V du code de l'environnement à compter de l'année suivant celle au cours de laquelle l'achèvement de la couverture finale du dernier casier de l'installation de stockage a été notifié par l'exploitant à l'inspection des installations classées. »**

La valeur locative des biens mentionnés *(L. n° 2019-1479 du 28 déc. 2019, art. 121-I-1°-b et II, en vigueur le 1er janv. 2020)* **« aux premier et deuxième alinéas » est déterminée en application de l'article 1498.**

(L. n° 2018-1317 du 28 déc. 2018, art. 156-I-2°) « Les dispositions du présent article sont applicables, en cas de cessation d'activité, aux entreprises qui bénéficiaient du premier alinéa, tant que le bien ne fait pas l'objet d'une nouvelle affectation ou d'une nouvelle utilisation.

« Une entreprise qui exploite un bien dont elle n'est pas propriétaire et qui remplit pour la première fois les conditions mentionnées au premier alinéa en informe, au plus tard le 31 décembre de l'année au cours de laquelle elle respecte ces conditions, le propriétaire. Il en est de même lorsque l'entreprise ne respecte plus ces conditions. »

L. n° 2018-1317 du 28 déc. 2018, art. 156-IV : A. — Pour la première année d'application de l'art. 1499-00 A CGI dans sa rédaction résultant de la présente loi :

1° Les exploitants informent les propriétaires, avant le 1er févr. 2019, du respect des conditions posées par le premier al. du même art. 1499-00 A ;

2° Les propriétaires des locaux qui remplissent les conditions prévues audit art. 1499-00 A souscrivent une déclaration, sur un imprimé établi par l'administration, avant le 1er mars 2019. [...]

Les propriétaires des locaux qui remplissent, au 1er janv. 2020, les conditions prévues pour l'application du présent art. dans sa rédaction résultant de la L. n° 2020-1721 du 29 déc. 2020 souscrivent avant le 1er févr. 2021 une déclaration sur un imprimé établi par l'administration (L. préc., art. 132-II).

Art. 1499-0 A Lorsque les biens immobiliers mentionnés à l'article 1499 pris en crédit-bail sont acquis par le crédit-preneur, la valeur locative de ces biens ne peut, pour les impositions établies au titre des années suivantes, être inférieure à celle retenue au titre de l'année d'acquisition.

Lorsque les biens immobiliers mentionnés à l'article 1499 font l'objet d'un contrat de crédit-bail ou de location au profit de la personne qui les a cédés, la valeur locative de ces biens immobiliers ne peut, pour les impositions établies au titre des années suivantes, être inférieure à celle retenue au titre de l'année de cession.

Lorsque l'acquisition de biens immobiliers mentionnée au premier al. de l'art. 1499-0 A ou la cession de biens immobiliers mentionnée au second al. a eu lieu entre le 1er janv. 2007 et le 31 déc. 2008, le propriétaire de ces biens est tenu de souscrire, avant le 1er mai 2009, une déclaration rectificative précisant le prix de revient d'origine de chaque bien (L. n° 2008-1443 du 30 déc. 2008, art. 100-II).

1. Constitutionnalité. Refus de transmettre au Conseil constitutionnel une question prioritaire de constitutionnalité portant sur les dispositions prévoyant, à compter de 2009, une valeur locative plancher pour les biens acquis ou cédés dans le cadre d'un crédit-bail. • CE 13 juill. 2011, *SAS Labeyrie*, n° 349259 : *RJF 2011. 1199.* ♦ Refus de transmettre une QPC pour atteinte aux principes d'égalité devant la loi et les charges publiques. • CE, QPC, 2 déc. 2018, *SCI Halls Faction*, n° 422835 : *RJF 2019. 375.*

2. Bien acquis par le crédit-preneur. La valeur locative minimale applicable à compter de 2009 à l'acquéreur de biens immobiliers industriels auprès d'un crédit-bailleur est la valeur locative qui devait être effectivement retenue l'année de l'acquisition pour l'imposition du crédit-bailleur, y compris dans le cas où ce précédent propriétaire relevait, lors de l'acquisition, de l'art. 1498, sous réserve des omissions d'imposition éventuellement constatées chez ce dernier. • CE 18 sept. 2015, *Sté Sical*, nos 378676 et 378677 : *RJF 2015. 1023, concl. Escaut ; Dr. fisc. 2015. 659, note Ralkos.* ♦ Toutefois, les dispositions dérogatoires de l'art. 1499-0-A ne trouvent à s'appliquer que dans l'hypothèse où la valeur locative plancher qu'elles instituent est supérieure à la valeur locative des immobilisations industrielles en cause déterminée, à partir du prix de revient de ces immobilisations pour le crédit preneur, qui correspond au montant acquitté lors de la levée d'option, majoré de la fraction hors intérêt des loyers prévus par le contrat et versés antérieurement à la levée d'option qui excède le coût de la mise à disposition du bien ou qui, à défaut de ces éléments, s'entend de la différence entre, d'une part, la valeur du bien au moment de la signature du contrat de crédit-bail, et, d'autre part, le total des dotations aux amortissements qui auraient été enregistrées si le bien avait été acquis dès ce moment, au regard notamment des engagements hors bilan. Si la valeur locative déterminée en application de l'art. 1499 est supérieure à la valeur minimale définie par l'art. 1499-0 A, elle doit être retenue pour l'établissement des bases d'imposition. • CE 18 juill. 2018, SAS Beaudonnet Serge, n° 414120 : *RJF 2018. 1122, concl. Bohnert ; Dr. fisc. 2018. 510, note Toulemont et Nikolic.* ♦ L'Administration peut rectifier la valeur locative plancher d'un bien industriel acquis en fin de crédit-bail, mais uniquement à l'encontre du crédit-bailleur, quitte ensuite à en tirer les conséquences au titre de l'imposition entre les mains du crédit-preneur, et en respectant en tout état de cause les délais de reprise afférents à la rectification du crédit-bailleur. • CE 2 déc. 2019, *Sté Les Floralies*, n° 421454 : *RJF 2020. 244, concl. Merloz ; Dr. fisc. 2020. 125, note Fouquet.*

Art. 1499 A **La valeur locative des immobilisations acquises à la suite d'apports, de scissions ou de fusions de sociétés réalisés avant 1976 ne peut être inférieure aux deux tiers de celle qui a été retenue pour l'établissement de la contribution foncière de l'année 1973, majorée dans la proportion de l'augmentation moyenne des bases d'imposition des immobilisations industrielles constatée dans le département à la suite de la révision.** — *V. Ann. II, art. 310 K bis.*

Pour l'application de ces dispositions, le prix de revient utile à la détermination de la valeur locative des immobilisations est multiplié par les taux d'intérêt fixés à l'art. 1499 dans sa rédaction en vigueur à compter des impositions établies au titre de 2021 (L. n° 2020-1721 du 29 déc. 2020, art. 29-IV-A).

Art. 1500 *(L. n° 2018-1317 du 28 déc. 2018, art. 156-I-3°-a et b)* **« I. — A. — Revêtent un caractère industriel les bâtiments et terrains servant à l'exercice d'une activité de fabrication ou de transformation de biens corporels mobiliers qui nécessite d'importants moyens techniques.**

« Revêtent également un caractère industriel les bâtiments et terrains servant à l'exercice d'activités autres que celles mentionnées au premier alinéa du présent A qui nécessitent d'importants moyens techniques lorsque le rôle des installations techniques, matériels et outillages mis en œuvre est prépondérant.

« B. — 1. Toutefois, dans les deux cas mentionnés au A, lorsque la valeur des installations techniques, matériels et outillages présents dans les bâtiments ou sur les terrains et destinés à l'activité ne dépasse pas un montant de 500 000 €, ces bâtiments et terrains ne revêtent pas un caractère industriel.

« Le franchissement à la hausse du seuil est pris en compte lorsque ce montant est dépassé pendant les trois années précédant celle au titre de laquelle l'imposition est établie.

« Le franchissement à la baisse du seuil est pris en compte lorsque ce montant n'est pas dépassé pendant les trois années précédant celle au titre de laquelle l'imposition est établie.

« Par exception, en cas de construction nouvelle ou de début d'activité, le franchissement à la hausse du seuil l'année suivant celle de la construction nouvelle ou du début d'activité est pris en compte dès l'année suivant celle du franchissement.

« 2. Pour l'appréciation du seuil prévu au 1, est prise en compte la valeur d'origine des installations techniques, matériels et outillages, détenus par l'exploitant ou le propriétaire ou mis à sa disposition, à titre onéreux ou gratuit, pendant une durée totale d'au moins six mois au cours de l'année civile précédant celle au titre de laquelle l'imposition est établie ou, en cas de clôture d'un exercice égal à douze mois au cours de cette même année, au cours de cet exercice.

« C. — Le B s'applique aux bâtiments et terrains qui sont affectés à une activité entrant dans le champ de la cotisation foncière des entreprises défini à l'article 1447.

« D. — En cas de franchissement du seuil défini au B, l'exploitant en informe le propriétaire, s'il est différent, au plus tard le 1er février de l'année au cours de laquelle le seuil est franchi. — *Les B à D du présent I entrent en vigueur le 1er janv. 2020. Pour les autres conditions d'application du présent I, V. L. n° 2018-1317 du 28 déc. 2018, art. 156-IV-B et V.*

« II. — » Les bâtiments et terrains industriels sont évalués :

1° selon les règles fixées à l'article 1499 lorsqu'ils figurent à l'actif du bilan de leur propriétaire ou de leur exploitant, et que celui-ci est soumis aux obligations définies à l'article 53 A ;

2° Selon les règles prévues à l'article 1499, lorsqu'ils figurent à l'actif du bilan d'une entreprise qui a pour principale activité la location de ces biens industriels ;

3° Selon les règles fixées à l'article 1498, lorsque les conditions prévues aux 1° et 2° du présent article ne sont pas satisfaites *(L. n° 2018-1317 du 28 déc. 2018, art. 156-I-3°-c)* « ou lorsque les dispositions de l'article 1499-00 A sont applicables ».

1. Conditions dans lesquelles les méthodes d'évaluation comptable et particulière sont applicables aux établissements industriels. Les bâtiments et terrains industriels sont évalués conformément à la méthode comptable lorsqu'ils figurent à l'actif du bilan de leur propriétaire ou de leur exploitant et que celui-ci est tenu d'établir une comptabilité commerciale complète. Dans le cas où une au moins de ces deux conditions n'est pas satisfaite, il est fait application, pour l'évaluation de ces biens, de la méthode particulière. Ces règles s'appliquent pour la détermination des bases retenues pour les impositions de taxe foncière sur les propriétés bâties, de taxe professionnelle, de cotisation foncière des entreprises et de taxes annexes établies sur les mêmes bases au titre des années 2009 et suivantes. * BOI-IF-TFB-20-10-50-20 du 6 sept. 2017. ♦ Dans l'hypothèse où l'absence d'inscription des immobilisations industrielles à l'actif du bilan du propriétaire ou de l'exploitant procède d'une méconnaissance, par celui-ci, de ses obligations comptables, l'Administration est fondée, après avoir mis le redevable de la taxe foncière à même de présenter ses observations, à corriger de cette omission les éléments déclarés en application de l'art. 53 A, puis à établir la taxe foncière selon les règles fixées à l'art. 1499. • CE 24 févr. 2017, *Min. c/ Sté Aéroport du Grand Ouest*, n° 394158 : *RJF 2017. 443.*

2. Entreprises de locations. A compter des impositions établies au titre de 2017, la méthode comptable d'évaluation de la valeur locative foncière prévue à l'art. 1499 est également à employer pour les bâtiments et terrains industriels qui sont inscrits à l'actif du bilan d'une entreprise ayant pour principale activité la location de tels biens. Cette règle s'applique donc pour la détermination des bases retenues pour les impositions de taxe foncière sur les propriétés bâties, de cotisation foncière des entreprises et de taxes annexes assises sur les mêmes bases au titre des années 2017 et suivantes. Tous les bâtiments et terrains industriels répondant à cette nouvelle condition doivent désormais être évalués selon la méthode comptable, qu'ils aient été acquis (ou créés) avant ou après le 1er janv. 2017. * BOI-IF-TFB-20-10-50-20 n° 83 du 6 sept. 2017. ♦ La doctrine administrative excluant les locaux industriels des SCI de la méthode *d'évaluation comptable* est inopposable depuis 2017. • CE 16 juill. 2021, n° 443984 : *RJF 2021. 1040.*

3. L'art. 1500 qui prend en compte la différence de situation existant entre les biens des propriétaires (ou exploitants) d'établissements industriels, selon qu'ils font ou non l'objet d'une valorisation comptable, ne porte pas atteinte aux principes d'égalité devant la loi et devant les charges publiques garantis par la Constitution et les art. 6 et 13 DDH. Rejet d'une QPC. • TA Melun, 2 mars 2017, n° 1406708 : *RJF 2017. 728.*

4. Bâtiments et terrains industriels (impositions antérieures à 2009). L'art. 1500 n'a pour objet que d'exclure du champ d'application de l'art. 1499 les entreprises qui ne sont pas soumises au régime réel d'imposition des BIC. Par suite, l'Administration peut écarter l'application de la dérogation prévue à l'art. 1500 du seul fait que le propriétaire des locaux est une société commerciale assujettie aux obligations définies par l'art. 53 A, quelle que soit la nature de l'activité exercée par la société. • CE 12 mars 2007, *Sté SIRD*, n° 287910 : *RJF 2007. 713.* ♦ Il résulte de l'art. 1500, éclairé par les travaux préparatoires de la loi du 2 févr. 1968 dont il est issu, que, dans le cas où le propriétaire des bâtiments et terrains industriels est une personne physique ou morale n'ayant pas la qualité de commerçant ou d'industriel, ou qui n'est pas astreinte aux obligations définies à l'art. 53 A ou enfin qui n'a pas inscrit ces biens à l'actif de son bilan, leur valeur locative doit être évaluée dans les conditions prévues à l'art. 1498 pour les locaux commerciaux. Tel est le cas : s'agissant d'un aéroport concédé à une CCI, dès lors qu'il est constant que l'État est le propriétaire des bâtiments et terrains industriels en cause. • CE 7 juill. 2006, n° 286307, *CCI de Clermont-Ferrand-Issoire : RJF 2007. 452 ; concl. Vallée au BDCF 4/07, n° 48 ; Dr. fisc. 2007. 789, concl. Vallée* • 16 nov. 2006, n° 279311 : *CCI de Lyon.* ♦ ... Du propriétaire d'un immeuble loué nu, en l'absence de tout aménagement réalisé par ses soins, lequel ne se livre pas à une activité industrielle ou commerciale, même si son locataire se livre dans les locaux loués à une activité industrielle au sens de l'art. 1499. • CE 30 mars 2007, n° 281015 : *RJF 2007. 712 ; concl. Olléon au BDCF 6/07, n° 71 ; Dr. fisc. 2007. 867.*

5. Station d'épuration (impositions antérieures à 2009). En vertu de l'art. 1500, les bâtiments et terrains industriels composant une station d'épuration, qui sont la propriété d'une collectivité publique et ont été affermés, doivent être évalués selon les règles applicables aux immeubles commerciaux dès lors qu'ils ne figurent à l'actif d'aucune entreprise industrielle ou commerciale. En l'absence d'immeubles similaires ou de même nature donnés en location à des conditions de prix normales à la date de référence, l'ensemble immobilier ne peut être évalué par comparaison. Il y a lieu en conséquence de procéder à l'évaluation par voie d'appréciation directe. • CAA Bordeaux, 9 déc. 2004, n° 99BX1494 : *RJF 2005. 344.* ♦ V. égal. note 11 ss. art. 1499.

E DISPOSITIONS COMMUNES AUX ÉTABLISSEMENTS INDUSTRIELS ET AUX LOCAUX COMMERCIAUX

Art. 1501 **I. — Des modalités particulières d'évaluation peuvent être fixées par décret en Conseil d'État pour des catégories de locaux, établissements ou installations de caractère industriel ou commercial, lorsqu'il existe dans différentes communes des biens de cette nature présentant des caractéristiques analogues.** — *V. Ann. II, art. 310 M.*

Ces modalités d'évaluation ne sont pas applicables aux immobilisations visées au premier alinéa qui sont acquises ou créées à compter du 1er janvier 1974. Ces dernières sont évaluées conformément au *(L. n° 2017-1775 du 28 déc. 2017, art. 30, en vigueur le 1er janv. 2018)* **« dernier » alinéa du 1 du II de l'article 1517.**

II. — La valeur locative des autoroutes et de leurs dépendances à la date de référence de la révision est fixée selon le tarif suivant :

4,85 € par mètre linéaire pour les voies de circulation, les échangeurs et les bretelles de raccordement ;

0,61 € par mètre carré de superficie comportant un revêtement pour les aires de repos, de services, de stationnement et leurs voies d'accès ainsi que pour les zones d'élargissement des gares de péage ;

2 725,79 € pour chaque plate-forme de péage, y compris les auvents et les locaux de contrôle situés à proximité ; cette somme est augmentée de 1 166,54 € par voie de gare de péage.

III. — La valeur locative des postes d'amarrage dans les ports de plaisance à la date de la révision est fixée selon le tarif suivant :

— 110 € pour les ports maritimes de la Méditerranée ;
— 80 € pour les autres ports maritimes ;
— 55 € pour les ports non maritimes.

Pour chaque port, ce tarif peut être, après avis des commissions communales et intercommunales des impôts directs prévues aux articles 1650 et 1650 A, minoré ou majoré de 20 % ou 40 % en fonction du nombre de services et d'équipements offerts, pondéré par la capacité moyenne d'accueil d'un poste d'amarrage.

Les modalités d'application de cette modulation sont fixées par décret en Conseil d'État. — *V. Ann. II, art. 310 N à 310 P.*

1. Il résulte des art. 1501 et 1517-II-1 que la valeur locative des immobilisations acquises ou créées à compter du 1er janv. 1974 ne peut en aucun cas être calculée par application des règles particulières prévues par l'art. 1501 (évaluation à partir de barèmes) et doit être évaluée, comme l'art. 1517-II-1, al. 2, conformément aux règles instituées par l'art. 1499 (méthode « comptable »). Dès lors que des installations de production et de distribution d'eau potable ont été acquises ou créées après le 1er janv. 1974, leur valeur locative, exception faite des outillages et matériels, devait être évaluée par application de *l'art. 1499.* • *CE 28 févr. 2007,* ☎ *nos 279624 et 279093 : RJF 2007. 570 ; concl. Vallée au BDCF 5/07, n° 57 ; Dr. fisc. 2007. 963, concl. Vallée.*

2. Pour calculer la valeur locative d'une usine de production d'eau potable construite antérieurement au 1er janv. 1974 et agrandie après cette date, l'Administration a appliqué l'art. 1501 (évaluation à partir de barèmes) au bâtiment édifié avant le 1er janv. 1974 et l'art. 1498 (évaluation au moyen des baux ou, à défaut, par comparaison ou par voie d'appréciation directe) aux ouvrages construits sur le même tènement postérieurement à cette date. Jugé qu'il ne résulte de ce mode de calcul aucune double imposition. • CE 23 janv. 2009, ☎ n° 279093 : *RJF 2009. 459.*

3. A compter des impositions dues au titre de 2015, la valeur locative des postes d'amarrage dans les ports de plaisance est déterminée selon le tarif fixé par l'art. 1501-III. * BOI-IF-TFB-20-10-60-20 nos 20 s. du 1er avr. 2015.

Art. 1501 *bis* *(L. n° 2020-1721 du 29 déc. 2020, art. 133-I et IV-B, applicable à compter des impositions dues au titre de 2024)* **I. — Pour l'application des articles 1498 et 1499 dans les ports, à l'exception des ports de plaisance, la valeur locative des quais et des terre-pleins qui se rapportent à ces quais, affectés aux opérations de chargement, déchargement, transbordement et manutention des marchandises ou d'embarquement et débarquement des passagers, ainsi que des formes de radoub est déterminée, sans préjudice des dispositions de l'article 1494, selon les tarifs suivants :**

a) 56 € par mètre linéaire de quai pour les quais et terre-pleins affectés au fret de marchandises en conteneurs ou en vrac, hors activité de fret roulier, lorsque la cote d'exploitation du quai est strictement inférieure à 7,50 mètres et, quelle que soit la cote d'exploitation, pour les quais et terre-pleins affectés au trafic de passagers ou à la pêche ainsi que pour les formes de radoub ;

b) 142 € par mètre linéaire de quai pour les quais et terre-pleins affectés au fret de marchandises en conteneurs, lorsque la cote d'exploitation du quai est supérieure ou égale à 7,50 mètres et strictement inférieure à 15 mètres, ainsi que pour les quais et terre-pleins affectés au fret de marchandises en vrac, lorsque la cote d'exploitation du quai est supérieure ou égale à 7,50 mètres, et, quelle que soit la cote d'exploitation, pour les quais et terre-pleins affectés au fret roulier ;

c) 575 € par mètre linéaire de quai pour les quais et terre-pleins affectés au fret de marchandises en conteneurs, lorsque la cote d'exploitation du quai est supérieure ou égale à 15 mètres.

Pour l'application du présent I, la date de référence de l'évaluation est le 1er janvier 2021 ou, pour les biens créés après cette date, le 1er janvier de l'année de leur création.

II. — Lorsque des quais et terre-pleins dont la valeur locative est déterminée en application du I sont imposés au nom de plusieurs redevables, la valeur locative est répartie, pour l'établissement des impositions de chacun des redevables, au prorata des surfaces concernées.

III. — Les dispositions du présent article ne s'appliquent pas aux bâtiments et installations érigés sur les quais et terre-pleins mentionnés au présent article.

IV. — Les valeurs locatives déterminées en application du présent article sont majorées dans les conditions prévues à l'article 1518 *bis*.

L. n° 2020-1721 du 29 déc. 2020, art. 133, mod. par Ord. n° 2021-614 du 19 mai 2021, art. 37-II et 57, mod. par Arr. du 23 août 2021, art. 1er et 2 : […] III. — A. Dans chaque port, l'autorité portuaire souscrit, au plus tard le 1er janv. 2022, une déclaration précisant, à la date du 1er janv. 2021, les informations relatives à chacun des biens mentionnés au I de l'art. 1501 bis CGI ainsi que celles relatives aux bâtiments et installations de toute nature érigés sur les quais et terre-pleins mentionnés au III du même art. 1501 bis.

Dans les grands ports maritimes et fluvio-maritimes, l'autorité portuaire souscrit également, au plus tard le 1er janv. 2023, une déclaration précisant, à la date du 1er janv. 2022, les informations relatives à l'ensemble des autres biens passibles d'une taxe foncière situés dans leur emprise.

Les modalités d'application du présent A sont fixées par arrêté du ministre chargé du budget. — V. Arr. du 23 août 2021, JO 26 août.

B. Le défaut de production dans le délai prescrit des déclarations susmentionnées entraîne l'application d'une amende de 1 500 €. Les omissions ou inexactitudes constatées dans la même déclaration entraînent l'application d'une amende de 150 € par information omise ou erronée, sans que le total des amendes applicables puisse être supérieur à 10 000 € par déclarant.

F PROCÉDURE D'ÉVALUATION

Art. 1502 I. — Pour chaque révision des évaluations, les redevables de la taxe foncière ou, à défaut, de la taxe d'habitation *(L. n° 2019-1479 du 28 déc. 2019, art. 16-I-E-24° et VII-E, applicable à compter des impositions établies au titre de 2023)* « sur les résidences secondaires et autres locaux meublés non affectés à l'habitation principale » ou d'une taxe annexe établie sur la même base, sont tenus de souscrire des déclarations dans des conditions fixées par décret. — *V. Ann. III, art. 324 AH à 324 AJ.*

(L. n° 2017-1775 du 28 déc. 2017, art. 30, en vigueur le 1er janv. 2018) « Le premier alinéa n'est pas applicable aux personnes redevables de ces impositions à raison d'un bien mentionné au I de l'article 1498. »

II. — Les propriétaires qui exploitent un établissement industriel sont tenus de communiquer au siège de l'exploitation, à la demande de l'administration, tous inventaires, documents comptables et pièces de dépenses de nature à justifier de l'exactitude des déclarations prévues au I et à l'article 1406.

Art. 1503 I. — Le représentant de l'administration et la commission communale des impôts directs dressent la liste des locaux de référence visés à l'article 1496, déterminent leur surface pondérée et établissent les tarifs d'évaluation correspondants.

Le service des impôts procède à l'harmonisation des éléments d'évaluation de commune à commune et les arrête définitivement sauf appel prévu dans les conditions définies au II. Il les notifie au maire qui doit, dans un délai de cinq jours, les afficher à la mairie.

En cas de désaccord entre le représentant de l'administration et la commission, ou lorsque celle-ci refuse de prêter son concours, les éléments d'évaluation sont déterminés par le service des impôts dans les conditions prévues au deuxième alinéa.

II. – Dans les trois mois qui suivent l'affichage, ces éléments peuvent être contestés tant par le maire, dûment autorisé par le conseil municipal, que par les propriétaires et les locataires à la condition que les réclamants possèdent ou tiennent en location plus du dixième du nombre total des locaux de la commune ou du secteur de commune intéressé, chaque local n'étant compté qu'une seule fois.

La contestation est soumise à la commission *(Abrogé par L. n° 2016-1918 du 29 déc. 2016, art. 90-I-1° et V-B, à compter du 1er sept. 2017)* **« *départementale* » prévue à l'article 1651 qui statue définitivement.**

Sous réserve des décisions de justice passées en force de chose jugée, les impositions en matière d'impôts directs locaux et de taxes perçues sur les mêmes bases, calculées à partir de tarifs ou d'éléments d'évaluation arrêtés avant le 1er janv. 2004, sont réputées régulières en tant qu'elles seraient contestées par le moyen tiré de l'incompétence du signataire, du défaut de signature ou de date des procès-verbaux établis en application des art. 1503 et 1504 du code général des impôts (L. n° 2003-1312 du 30 déc. 2003, art. 44).

1. Le moyen tiré de ce que l'art. 1503 fixant les modalités de contestation des locaux de référence méconnaîtrait le principe d'égalité devant la loi posé à l'art. 1er de la Constitution et le principe d'égalité des citoyens devant l'impôt, garanti par la Déclaration de 1789, ne soulève pas de contestation sérieuse justifiant de renvoyer au Conseil constitutionnel une question prioritaire de constitutionnalité. • CE 9 juill. 2010, n° 338913 : *RJF 2010. 1087 ; Dr. fisc. 2010. 538, concl. Olléon.*

2. Les dispositions de l'art. 1503, qui renvoient à l'art. 1496, ne sont pas applicables aux immeubles à usage commercial visés par les seules dispositions de l'art. 1498. • CE 24 nov. 1997, n° 170952 : *Dr. fisc. 1998. 164.* ♦ Elles ne sont applicables qu'aux locaux d'habitation ou à usage professionnel, mais non aux locaux commerciaux. • CE 28 mai 2004, n° 247487 : *RJF 2004. 898 ; concl. Bachelier au BDCF 8-9/04, n° 109 ; Dr. fisc. 2005. 283, concl. Bachelier.*

3. L'art. 1503 est contraire à l'art. 14 Conv. EDH en tant qu'il interdit à un contribuable communal de contester les éléments qui serviront de base à son imposition par le motif que ce contribuable n'est pas propriétaire ou locataire de plus du dixième du nombre total des locaux de la commune ou du secteur de commune intéressé, *créant ainsi une distinction* inconventionnelle entre les différents contribuables communaux, fondée sur la localisation du patrimoine ou, pire encore, sur la situation patrimoniale elle-même, alors que ces contribuables sont placés dans une situation fiscale identique. • TA Pau, 6 mai 2003, n° 01-1063 : *Dr. fisc. 2003. 645, concl. contraires Godbillon ; Procédures 2003, n° 10, p. 36, note Pierre.*

4. Il ressort des dispositions des art. 1496, 1503 et 1507 que si les opérations de détermination et d'évaluation des locaux de référence retenues pour l'établissement des impositions locales ne peuvent être contestées que dans les trois mois suivant l'affichage prévu à l'art. 1503-II, le propriétaire d'un immeuble choisi comme local de référence ne peut se voir refuser le droit ouvert à tout contribuable de contester, à l'occasion d'une demande en réduction de la taxe d'habitation à laquelle il est assujetti, le bien-fondé du classement de son immeuble dans une des catégories du tarif institué pour l'évaluation des propriétés bâties de la commune. Toutefois, ledit propriétaire ne peut présenter, à l'appui de sa contestation, des moyens tirés de la procédure suivie lors des opérations d'évaluation. • CE 2 juill. 1990, n° 48892 : *Dr. fisc. 1990. 1783, concl. Chahid-Nouraï.*

5. Les dispositions de l'art. 1503-II ne sont pas applicables à la contestation de la valeur locative d'un immeuble d'habitation, retenue pour l'établissement de la taxe foncière sur les propriétés bâties. Cette contestation n'est donc pas subordonnée à la saisine préalable de la commission départementale des impôts. • CE 8 mars 2006, n° 264944 : *RJF 2006. 875.*

Art. 1504 *(L. n° 2017-1775 du 28 déc. 2017, art. 30, en vigueur le 1er janv. 2018)* **I. – 1. Pour la détermination des valeurs locatives des propriétés et fractions de propriétés mentionnées au I de l'article 1498, la commission départementale des valeurs locatives** *(Abrogé par L. n° 2019-1479 du 28 déc. 2019, art. 146-IX-C-1°)* **« *des locaux professionnels* » prévue à l'article 1650 B dispose d'un délai de** *(L. n° 2019-1479 du 28 déc. 2019, art. 146-IX-C-2°-a)* **« trois » mois à compter de la date à laquelle lui sont remis les avant-projets élaborés par l'administration fiscale pour établir des projets de :**

a) Délimitation des secteurs d'évaluation prévus au 1 du B du II de l'article 1498 ;

b) Tarifs déterminés en application du 2 du même B ;

c) Définition des parcelles auxquelles s'applique le coefficient de localisation mentionné au même 2.

2. A l'expiration du délai de *(L. n° 2019-1479 du 28 déc. 2019, art. 146-IX-C-2°-a)* « trois » mois mentionné au 1 du présent I, l'administration fiscale transmet les projets établis par la commission départementale des valeurs locatives *(Abrogé par L. n° 2019-1479 du 28 déc. 2019, art. 146-IX-C-1°) « des locaux professionnels »* ou, à défaut, les avant-projets mentionnés au même 1 :

a) Aux commissions intercommunales des impôts directs prévues à l'article 1650 A, pour les établissements publics de coopération intercommunale soumis au régime fiscal prévu à l'article 1609 *nonies* C ;

b) Aux commissions communales des impôts directs prévues à l'article 1650, pour les communes isolées et les communes appartenant à un établissement public de coopération intercommunale mentionné au II de l'article 1379-0 *bis* n'ayant pas opté pour le régime fiscal prévu à l'article 1609 *nonies* C.

La situation des communes et des établissements publics de coopération intercommunale est appréciée au 1er janvier de l'année au cours de laquelle les commissions intercommunales et communales sont saisies.

3. A compter de la réception de ces projets ou de ces avant-projets, les commissions communales et intercommunales disposent d'un délai de *(L. n° 2019-1479 du 28 déc. 2019, art. 146-IX-C-2°-b)* « deux mois » pour transmettre leur avis à la commission départementale des valeurs locatives *(Abrogé par L. n° 2019-1479 du 28 déc. 2019, art. 146-IX-C-1°) « des locaux professionnels »*. Cet avis est réputé favorable si la commission ne s'est pas prononcée dans ce délai.

S'il y a accord entre les commissions communales et intercommunales consultées et la commission départementale des valeurs locatives *(Abrogé par L. n° 2019-1479 du 28 déc. 2019, art. 146-IX-C-1°) « des locaux professionnels »*, cette dernière arrête les secteurs d'évaluation, les tarifs applicables et les coefficients de localisation. Ces décisions sont publiées et notifiées dans des conditions fixées par décret en Conseil d'État.

4. En cas de désaccord persistant pendant plus *(L. n° 2019-1479 du 28 déc. 2019, art. 146-IX-C-2°-c)* « de deux » mois après réception des avis mentionnés au premier alinéa du 3 entre la commission départementale des valeurs locatives *(Abrogé par L. n° 2019-1479 du 28 déc. 2019, art. 146-IX-C-1°) « des locaux professionnels »* et l'une des commissions communales et intercommunales consultées, *(L. n° 2019-1479 du 28 déc. 2019, art. 146-IX-C-2°-c)* « les secteurs d'évaluation, les tarifs et les coefficients de localisation sont arrêtés par le représentant de l'État dans le département. Si la décision du représentant de l'État dans le département s'écarte de celle de la commission départementale des valeurs locatives, elle est assortie d'une motivation. Ces décisions sont publiées et notifiées dans des conditions fixées par décret en Conseil d'État. »

5. Les projets de délimitation des secteurs d'évaluation et des tarifs élaborés par la commission des valeurs locatives des locaux professionnels du département du Rhône ou, le cas échéant, les avant-projets définis par l'administration fiscale conservent leurs effets sur le territoire de la métropole de Lyon.

(Abrogé par L. n° 2019-1479 du 28 déc. 2019, art. 146-IX-C-3°) « II. — Lorsqu'elle est saisie en application du 4 du I, la commission départementale des impôts directs locaux statue dans un délai de trente jours. A défaut de décision dans ce délai, les secteurs d'évaluation, les tarifs et les coefficients de localisation sont arrêtés par le représentant de l'État dans le département.

« Ces décisions sont publiées et notifiées dans des conditions fixées par décret en Conseil d'État. »

III. — Lorsque les décisions relatives aux tarifs prises par la commission départementale des valeurs locatives *(Abrogé par L. n° 2019-1479 du 28 déc. 2019, art. 146-IX-C-1° et C-4°-a) « des locaux professionnels ou la commission départementale des impôts directs locaux »* ne sont manifestement pas conformes au 2 du B du II de l'article 1498, l'administration fiscale saisit, avant leur notification ou publication, la commission départementale des *(L. n° 2019-1479 du 28 déc. 2019, art. 146-IX-C-4°-a)* « valeurs locatives » afin qu'elle élabore de nouveaux tarifs.

A défaut de nouveaux tarifs conformes dans un délai de *(L. n° 2019-1479 du 28 déc. 2019, art. 146-IX-C-4°-b)* **« deux mois », le représentant de l'État dans le département arrête les tarifs. Si la décision du représentant de l'État dans le département s'écarte de celle de la commission départementale des** *(L. n° 2019-1479 du 28 déc. 2019, art. 146-IX-C-4°-b)* **« valeurs locatives », elle est assortie d'une motivation.**

Ces décisions sont publiées et notifiées dans des conditions fixées par décret en Conseil d'État.

IV. – Lorsque l'annulation par la juridiction administrative d'une décision prise par la commission départementale des valeurs locatives *(Abrogé par L. n° 2019-1479 du 28 déc. 2019, art. 146-IX-C-1°)* ***« des locaux professionnels »*** **ou** *(Abrogé par L. n° 2019-1479 du 28 déc. 2019, art. 146-IX-C-5°)* ***« la commission départementale des impôts directs locaux ou »*** **d'un arrêté préfectoral conduit à l'absence de secteurs d'évaluation, de tarifs ou de coefficients de localisation applicables au 1er janvier de l'année d'imposition,** *(L. n° 2019-1479 du 28 déc. 2019, art. 146-IX-C-5°)* **« cette commission prend » de nouvelles décisions conformément aux I** *(L. n° 2019-1479 du 28 déc. 2019, art. 146-IX-C-5°)* **« et » III.**

Les nouveaux secteurs d'évaluation, tarifs ou coefficients de localisation se substituent alors à ceux primitivement fixés.

Ancien art. 1504 ***Les locaux types à retenir pour l'évaluation par comparaison des biens visés à l'article 1498 sont choisis par le représentant de l'administration et par la commission communale des impôts directs.***

Après harmonisation avec les autres communes du département, la liste en est arrêtée par le service des impôts. Il en est de même en cas de désaccord entre le représentant de l'administration et la commission ou lorsque celle-ci refuse de prêter son concours.

Lorsqu'une commission intercommunale des impôts directs est constituée, elle participe, en lieu et place des commissions communales, à la désignation des locaux types à retenir pour l'évaluation par comparaison des biens visés à l'article 1498. En cas de désaccord ou si la commission intercommunale des impôts directs refuse de prêter son concours, la liste des locaux types est arrêtée par l'administration fiscale.

BIBL. ▸ BOUTEMY et MEIER, *BFL 2008, p. 5* (valeurs locatives foncières : évaluation par comparaison et harmonisation régionale).

Art. 1505 **Le représentant de l'administration et la commission communale des impôts directs procèdent à l'évaluation des propriétés bâties** *(L. n° 2017-1775 du 28 déc. 2017, art. 30, en vigueur le 1er janv. 2018)* **« mentionnées au I de l'article 1496 et aux articles 1497 et 1501 ».**

Après harmonisation avec les autres communes du département, les évaluations sont arrêtées par le service des impôts. Il en est de même en cas de désaccord entre le représentant de l'administration et la commission ou lorsque celle-ci refuse de prêter son concours.

(Abrogé par L. n° 2017-1775 du 28 déc. 2017, art. 30, à compter du 1er janv. 2018) ***« Lorsqu'une commission intercommunale des impôts directs est constituée, elle donne, en lieu et place des commissions communales, un avis sur les évaluations foncières des locaux visés à l'article 1498 proposées par l'administration fiscale. En cas de désaccord ou si la commission intercommunale des impôts directs refuse de prêter son concours, les évaluations sont arrêtées par l'administration fiscale. »***

1. Il résulte de l'art. 1505 que la commission communale des impôts directs doit être saisie lors de chaque modification par l'Administration de l'évaluation des propriétés bâties relevant de l'art. 1498, en dehors du cas où cette modification résulte exclusivement de l'actualisation de la valeur locative par application des coefficients annuels de majoration prévus à l'art. 1518 *bis.* L'omission par l'Administration de cette obligation, qui a pour effet de priver les contribuables d'une garantie, constitue une irrégularité devant conduire le juge de l'impôt à écarter définitivement la valeur locative retenue par l'Administration. Lorsque le juge de l'impôt constate que la commission n'a pas été consultée, il doit fixer une nouvelle valeur locative en retenant, si elle n'est pas contestée, celle ayant été utilisée pour l'imposition de l'année précédente ou, dans le cas contraire, en déterminant cette valeur au vu de l'instruction. • CE 26 sept. 2012, *Sté Sogébail,* n° 340432 : *RJF 2012. 1129 ; Dr. fisc. 2012. 545, concl. Escaut, note Toulemont et Castebert.*

2. Il n'y a pas lieu de saisir la commission communale des impôts avant de procéder à l'évaluation de la valeur locative selon la méthode comptable prévue à l'art. 1499 (établissements industriels). • CAA Marseille, 9 mai 2019, *SA BMW France,* n° 17MA01005 : *RJF 2020. 797.*

Art. 1506 *(Abrogé par L. n° 2017-1775 du 28 déc. 2017, art. 30, à compter du 1er janv. 2018)* ***Dans le délai d'un mois à compter de la date de mise en recouvrement du premier rôle établi d'après les résultats de chaque révision, il est délivré gratuitement, sur leur demande, aux contribuables non domiciliés dans la commune que ce rôle concerne, copie du détail des évaluations attribuées à leurs immeubles.***

Les avis d'imposition afférents audit rôle reproduisent le premier alinéa.

Art. 1507 *(L. n° 2017-1775 du 28 déc. 2017, art. 30, en vigueur le 1er janv. 2018)* **« I. — Sous réserve de l'article 1518 F, les redevables peuvent déposer une réclamation contre l'évaluation attribuée aux propriétés bâties dont ils sont propriétaires ou dont ils ont la disposition, dans le délai et dans les formes prévus par le livre des procédures fiscales en matière d'impôts directs locaux. »**

II. — Lorsque la valeur locative fait l'objet de contestations au titre de la taxe foncière sur les propriétés bâties ou de la taxe d'habitation *(L. n° 2019-1479 du 28 déc. 2019, art. 16-I-E-24° et VII-E, applicable à compter des impositions établies au titre de 2023)* **« sur les résidences secondaires et autres locaux meublés non affectés à l'habitation principale », les décisions et jugements pris à l'égard de l'une de ces taxes produisent leurs effets à l'égard de l'autre.**

Sur la contestation de la valeur locative du local de référence, V. note 3 ss. art. 1503.

Art. 1508 **Les rectifications pour insuffisances d'évaluation résultant du défaut ou de l'inexactitude des déclarations des propriétés bâties prévues aux articles 1406 et 1502** *(L. n° 2017-1775 du 28 déc. 2017, art. 30, en vigueur le 1er janv. 2018)* **« et de celles prévues au XVII de l'article 34 de la loi n° 2010-1658 du 29 décembre 2010 de finances rectificative pour 2010 » font l'objet de rôles particuliers jusqu'à ce que les bases rectifiées soient prises en compte dans les rôles généraux.** *— V. égal. LPF, art. L. 175.*

Les cotisations afférentes à ces rehaussements sont calculées d'après les taux en vigueur pour l'année en cours. Sans pouvoir être plus que quadruplées, elles sont multipliées :

— soit par le nombre d'années écoulées depuis la première application des résultats de la révision ;

— soit par le nombre d'années écoulées depuis le 1er janvier de l'année suivant celle de l'acquisition ou du changement, s'il s'agit d'un immeuble acquis ou ayant fait l'objet de l'un des changements visés à l'article 1517 depuis la première application des résultats de la révision.

(L. n° 2017-1775 du 28 déc. 2017, art. 30) **« Pour les locaux évalués selon les règles prévues à l'article 1498, la première année d'application des résultats de la révision s'entend de 2017. »**

Délai de réclamation. La rectification par l'Administration des erreurs commises par le contribuable dans ses déclarations de bases imposables à la taxe foncière sur les propriétés bâties ne constitue pas une procédure de reprise de nature à lui ouvrir un délai supplémentaire de réclamation. • CE 21 janv. 2016, *Sté Batipro*, n° 385395 : *RJF 2016. 351.*

II *ÉVALUATION DES PROPRIÉTÉS NON BÂTIES*

A DISPOSITIONS GÉNÉRALES

Art. 1509 **I. — La valeur locative des propriétés non bâties établie en raison du revenu de ces propriétés résulte des tarifs fixés par nature de culture et de propriété, conformément aux règles tracées par l'instruction ministérielle du 31 décembre 1908.** *— Sur l'opposabilité aux tiers de cette instruction, V. App., L. n° 98-1267 du 30 déc. 1998, art. 18-II.*

II. — Pour le calcul de la valeur locative, les pépinières exploitées sur terrains non aménagés ***doivent être comprises*** **dans la catégorie des « terres » à la classe correspondant aux caractéristiques du terrain.**

III. — La valeur locative prise en compte pour le calcul de la taxe foncière afférente aux bois, aux landes et aux étangs ainsi qu'aux terres utilisées principalement pour la chasse et n'appartenant pas à une commune ou un groupement de communes, inclut celle du droit de chasse effectivement perçu sur ces propriétés à moins :

— que ce droit n'ait été apporté à une association communale ou intercommunale de chasse agréée ;

— ou que la propriété n'ait été classée en réserve naturelle ou en réserve de chasse agréée.

IV. — Les terres incultes ou manifestement sous-exploitées figurant à l'état prévu à l'article L. 125-5 du code rural et de la pêche maritime sont inscrites dans la catégorie des meilleures terres labourables jusqu'à leur mise en exploitation. Cette disposition prend effet à la date à laquelle le préfet informe le propriétaire, en application du septième alinéa du même article L. 125-5 de ce code, des demandes d'attribution formulées conformément à cet article. Toutefois, la mise en recouvrement des sommes complémentaires résultant de cette inscription n'intervient que si, dans le délai de trois ans à compter de cette information, et à défaut d'accord amiable entre les intéressés, le préfet a attribué à l'un des demandeurs l'autorisation d'exploiter.

En outre, il est procédé au remboursement des sommes ainsi perçues si l'arrêté du préfet est annulé par le tribunal administratif, ou si l'attributaire n'a pas procédé à la mise en exploitation dans le délai d'un an à compter de l'attribution.

Ces dispositions ne sont pas applicables aux fonds en nature de bois à la date de la mise en demeure prévue par les articles L. 133-9 et L. 133-10 du code forestier.

V. — Les terrains autres que ceux classés dans la catégorie fiscale des terrains à bâtir et dont la cession entre dans le champ d'application du I de l'article 257 sont imposés à la taxe foncière sur les propriétés non bâties en tant que terrains à bâtir, au titre de l'année de la cession et des deux années précédentes, à l'exception des années antérieures à 1980. Leur valeur locative est déterminée en appliquant à la moitié du prix de cession le taux d'intérêt retenu pour l'évaluation des terrains à bâtir. Les taux applicables au profit de chaque collectivité bénéficiaire sont ceux constatés dans la commune au titre de l'année ayant précédé la cession.

La taxe foncière sur les propriétés non bâties acquittée au titre des années mentionnées au premier alinéa s'impute sur cette imposition. L'imposition définie au premier alinéa est due par le cédant.

1. Avis de la commission communale. Le directeur des services fiscaux arrête la décision de classement des propriétés après avis de la commission communale des impôts directs. Cet avis, qui a un caractère préparatoire, ne constitue pas une décision faisant grief et ne peut donc être déféré à la juridiction administrative par la voie du recours pour excès de pouvoir. • CE 11 juin 1980, n° 11673 : *Dr. fisc. 1981. 1434, concl. Fabre ; RJF 1980. 692* • CAA Nantes, 6 mai 1997, n° 94NT940 : *Dr. fisc. 1997. 1367 ; RJF 1997. 802.*

2. Parcelles agricoles. Selon l'instr. ministérielle du 31 déc. 1908, la classification des parcelles est effectuée par catégories ou groupes de natures de cultures, à l'intérieur desquelles sont déterminés un certain nombre de classes pour tenir compte des divers degrés de fertilité du sol, de la valeur des produits et de la situation géographique des propriétés. Dès lors, sont sans incidence la forme des parcelles et l'implantation des bâtiments d'exploitation. • CAA Marseille, 15 mai 2003, n° 99MA754 : *RJF 2004. 616.*

3. Chasse. Un terrain de chasse doit être classé dans le groupe des « terrains d'agrément » prévu par l'instr. du 31 déc. 1908 dès lors qu'il n'est pas affecté à une exploitation agricole ou forestière au 1er janvier de l'année d'imposition. • CAA Bordeaux, 8 avr. 1998, n° 96BX602 : *Dr. fisc. 1999. 19 ; RJF 1998. 1313.*

4. Terrain à bâtir. Un terrain qui est destiné, par la volonté de son propriétaire, à supporter des constructions doit être classé dans la catégorie des terrains à bâtir, sauf si le propriétaire se trouve, pour des raisons tirées des règles relatives au droit de construire, dans l'impossibilité d'y édifier des constructions ou de le vendre à cette fin. La situation des propriétés doit être appréciée au 1er janv. de l'année d'imposition, sans qu'il y ait lieu de distinguer si leurs propriétaires ont souscrit la déclaration de changement d'affectation desdits immeubles dans les conditions prévues aux art. 1406 et 321 F de l'ann. III. • CE 30 sept. 2002, n° 225560, *SARL Lotigest : RJF 2002. 1391 ; BDCF 12/02, n° 190, concl. contraires Bachelier.* ♦ Dans le même sens : • CE 21 oct. 2019, *Sté La Plaine de Montaigu*, n° 423310 : *RJF 2020. 42.* ♦ Un terrain destiné à supporter des constructions doit être classé dans la catégorie des terrains à bâtir sauf si le propriétaire se trouve, pour des raisons tirées des règles relatives au droit de construire, dans l'impossibilité objective d'y édifier des constructions ou de le vendre à cette fin au 1er janv. de l'année d'imposition. Pour apprécier la constructibilité d'un terrain, le juge se fonde sur les résultats de l'instruction. • CE 18 févr. 2008, n° 289704 : *RJF 2008. 569.* ♦ Les terrains d'une ZAC sont des terrains à bâtir, sauf pour leur propriétaire à établir qu'une partie d'entre elles a vocation à recevoir une autre affectation. • CE 1er juill. 2019, *Sté publique locale d'aménagement de l'agglomération dijonnaise*, n° 423609 : *RJF 2019. 934.*

5. Application de l'instruction du 31 déc. 1908 en Guyane. Il résulte de la combinaison de l'art. 37 de l'ordonnance du 7 janv. 1959 (art. 1649 CGI), des art. 1er et 8 du décret n° 75-1105 du 28 nov. 1975 (ann. II, art. 333 et 333-I) et de l'art. 1er du décret n° 79-254 du 29 mars 1979 (ann. II, art. 329) que l'instruction ministérielle du 31 déc. 1908, relative à la fixation des tarifs d'évaluation des propriétés non bâties, s'applique en Guyane. • CE 4 mars 2009, n° 293461 : *RJF 2009. 464.* ♦ Des terrains constitués d'une forêt tropicale impénétrable et qui sont inondables sont à bon droit classés dans la sixième catégorie définie à l'art. 18 de cette instruction, qui correspond aux landes, marais, terres vaines et vagues. • Même arrêt.

B PROCÉDURE D'ÉVALUATION

1 RÈGLES PERMANENTES

Art. 1510 **Les tarifs d'évaluation arrêtés soit par le service des impôts d'accord avec la commission communale ou, à défaut de cet accord, par la commission** *(L. n° 2020-1525 du 7 déc. 2020, art. 9-1°)* **« départementale prévue à l'article 1651 », sont notifiés au maire par les soins de l'administration des impôts. Le maire doit, dans un délai de cinq jours à compter de la notification, les faire afficher à la porte de la mairie et adresser à l'administration des impôts un certificat attestant que cette formalité a été remplie.**

Art. 1511 *(L. n° 2020-1525 du 7 déc. 2020, art. 9-2°)* **I. — Lorsque les tarifs d'évaluation mentionnés à l'article 1510 n'ont pas été arrêtés par la commission départementale prévue à l'article 1651, le maire, dûment autorisé par le conseil municipal, est admis à les contester devant elle dans les deux mois qui suivent leur affichage.**

Les contribuables sont également admis à contester devant la même commission, dans un délai de deux mois à compter de leur affichage, les tarifs d'évaluation mentionnés à l'article 1510 afférents à une nature de culture ou de propriété arrêtés par le service des impôts d'accord avec la commission communale. Toutefois, la réclamation produite à cet effet n'est recevable que si le ou les signataires possèdent plus de la moitié de la superficie des terrains auxquels s'appliquent les tarifs contestés.

Lorsque la demande concerne des propriétés boisées appartenant à des personnes physiques ou morales de droit privé, il est fait abstraction de la superficie des bois et forêts appartenant à l'État, aux départements, aux communes, aux sections de commune et aux établissements publics pour apprécier si la condition mentionnée au deuxième alinéa du présent I se trouve remplie.

Lorsque les contestations contre les tarifs ont été portées devant la commission départementale par les maires ou par les contribuables, les revenus imposables sont néanmoins déterminés conformément à ces tarifs et compris dans les rôles.

Si ces contestations viennent à faire l'objet de décisions favorables aux contribuables, des dégrèvements sont rétroactivement accordés aux intéressés ; dans le cas contraire, il n'est procédé à aucune imposition supplémentaire.

II. — Les tarifs fixés en application de l'article 1510 ne peuvent pas être contestés à l'occasion d'un litige relatif à la valeur locative d'une propriété non bâtie.

Ancien art. 1511 ***Dans les deux mois qui suivent l'affichage des tarifs, le maire, dûment autorisé par le conseil municipal, et l'administration des impôts peuvent respectivement faire appel des décisions de la commission départementale devant la commission centrale prévue à l'article 1652 bis, qui statue définitivement.***

Le recours formé devant la commission centrale des évaluations foncières a le caractère d'un préalable obligatoire à la saisine du juge administratif et la décision prise par cette commission est seule susceptible de faire l'objet d'un recours contentieux. • CE 6 mai 1996, n° 117970 : *Dr. fisc. 1996. 1449.*

Art. 1512 *(Abrogé par L. n° 2020-1525 du 7 déc. 2020, art. 9-3°)* ***Les contribuables sont admis à contester devant la commission centrale les tarifs afférents à une nature de culture ou de propriété dans les deux mois qui suivent leur affichage. Toutefois, la réclamation produite à cet effet n'est recevable que si le ou les signataires possèdent plus de la moitié de la superficie des terrains auxquels s'appliquent les tarifs contestés.***

Lorsque la demande concerne des propriétés boisées appartenant à des personnes physiques ou morales de droit privé, il est fait abstraction de la superficie des bois et forêts apparte-

nant à l'État, aux départements, aux communes, aux sections de communes et aux établissements publics pour apprécier si la condition ci-dessus se trouve remplie.

Art. 1513 *(Abrogé par L. n° 2020-1525 du 7 déc. 2020, art. 9-3°)* ***Lorsque les contestations contre les tarifs ont été portées devant la commission centrale par les maires, l'administration des impôts ou les contribuables, les revenus imposables sont néanmoins déterminés conformément à ces tarifs et compris dans les rôles.***

Si ces contestations viennent à faire l'objet de décisions favorables aux contribuables, des dégrèvements sont rétroactivement accordés aux intéressés ; au cas contraire, il n'est procédé à aucune imposition supplémentaire.

Art. 1514 *(Abrogé par L. n° 2017-1775 du 28 déc. 2017, art. 30, à compter du 1er janv. 2018)* ***Les dispositions de l'article 1506, relatives à la communication aux contribuables non domiciliés dans la commune du détail des évaluations attribuées à leurs immeubles, sont applicables à la taxe foncière sur les propriétés non bâties.***

2 RÈGLES PARTICULIÈRES À LA RÉVISION QUINQUENNALE 1970-1974

Art. 1515 **I. — Pour la deuxième révision quinquennale des propriétés non bâties les valeurs locatives sont obtenues par application de coefficients d'adaptation à la valeur locative des propriétés, telle qu'elle résulte de la révision précédente.**

II. — 1. Les coefficients sont fixés, après avis d'une commission consultative départementale des évaluations foncières des propriétés non bâties, par la commission *(Abrogé par L. n° 2016-1918 du 29 déc. 2016, art. 90-I-2° et V-B, à compter du 1er sept. 2017)* ***« départementale »*** **des impôts directs et des taxes sur le chiffre d'affaires compétente pour fixer les tarifs d'évaluation des propriétés non bâties, par région agricole ou forestière et par groupe ou sous-groupe de natures de culture ou de propriété.** — *La commission consultative départementale avait été instituée en vue de l'élaboration des tarifs d'évaluation de la révision quinquennale 1970-1974.*

2. Les décisions prises par la commission *(Abrogé par L. n° 2016-1918 du 29 déc. 2016, art. 90-I-1° et V-B, à compter du 1er sept. 2017)* ***« départementale »*** **sont notifiées à l'administration des impôts et aux maires des communes du département. Le maire fait afficher lesdites décisions selon la procédure prévue à l'article 1510.** *(Abrogé par L. n° 2020-1525 du 7 déc. 2020, art. 9-4°-a et b)* ***« Elles peuvent être contestées dans les conditions fixées aux articles 1511 et 1512.***

« La commission centrale des impôts directs statue définitivement. »

III. — Les modalités d'application des I et II sont fixées par décret en Conseil d'État, ainsi que la date de référence à retenir pour la détermination des coefficients. — *V. Ann. II, art. 310 ter à 310 vicies.*

IV. — La date d'incorporation dans les rôles des nouvelles évaluations est fixée au 1er janvier 1974.

V. — 1. Dans les communes classées en zone de montagne et visées à l'article 1110 *[art. L. 732-19 à L. 732-22]* **du code rural et de la pêche maritime, les coefficients d'adaptation à retenir pour actualiser les valeurs locatives cadastrales des prés, pâturages et herbages, lors de la révision en cause sont égaux aux coefficients arrêtés par les commissions compétentes pour les régions agricoles auxquelles ces communes sont rattachées sous déduction d'une quotité indiciaire égale à 0,30.**

2. Les dispositions du 1 ne doivent avoir, en aucun cas, pour effet de ramener la valeur des coefficients concernés au-dessous de 1.

3. Les dispositions des 1 et 2 sont applicables de droit dans les départements dont un quart des communes est classé en zone de montagne et, sur option du conseil général exercée avant le 31 janvier 1974, dans les autres départements.

III *DISPOSITIONS COMMUNES AUX BIENS PASSIBLES DES IMPÔTS DIRECTS LOCAUX*

A MISE À JOUR PÉRIODIQUE DE LA VALEUR LOCATIVE DES PROPRIÉTÉS BÂTIES ET NON BÂTIES

Art. 1516 *(L. n° 2017-1775 du 28 déc. 2017, art. 30, en vigueur le 1er janv. 2018)* **I. — Les valeurs locatives des propriétés bâties mentionnées au I de l'article 1496, des éta-**

blissements industriels mentionnés à l'article 1499 et des locaux dont la valeur locative est déterminée dans les conditions particulières prévues à l'article 1501 ainsi que celle des propriétés non bâties sont mises à jour suivant une procédure comportant :

1° La constatation annuelle des changements affectant ces propriétés ;

2° L'actualisation, tous les trois ans, des évaluations résultant de la précédente révision générale ;

3° L'exécution de révisions dans les conditions fixées par la loi.

II. — Les valeurs locatives des propriétés bâties mentionnées à l'article 1498 sont mises à jour selon une procédure comportant :

1° La constatation annuelle des changements affectant ces propriétés ;

2° La modification annuelle des coefficients de localisation dans les conditions prévues au II de l'article 1518 *ter* ;

3° L'actualisation prévue au III du même article 1518 *ter* ;

***[Al. en vigueur le 1er janv. 2019]* 4° La modification annuelle des tarifs dans les conditions prévues au I dudit article 1518 *ter*.**

Ancien art. 1516 *Les valeurs locatives des propriétés bâties et non bâties sont mises à jour suivant une procédure comportant :*

— la constatation annuelle des changements affectant ces propriétés ;

— l'actualisation, tous les trois ans, des évaluations résultant de la précédente révision générale ;

— l'exécution de révisions générales tous les six ans. Les conditions d'exécution de ces révisions seront fixées par la loi.

Il résulte des art. 1516 s. qu'en l'absence d'actualisation des évaluations résultant de la dernière révision générale, les valeurs locatives foncières doivent être multipliées par le produit des coefficients forfaitaires successifs mentionnés à l'art. 1518 *bis* et relatifs aux années postérieures à la dernière actualisation. • CE 2 oct. 2006, n° 270954 : *RJF 2006. 1555.*

Art. 1517 **I. — 1. Il est procédé, annuellement, à la constatation des constructions nouvelles et des changements de consistance ou d'affectation des propriétés bâties et non bâties** *(L. n° 2017-1775 du 28 déc. 2017, art. 30, en vigueur le 1er janv. 2018)* **« ainsi qu'à la constatation des changements d'utilisation des locaux mentionnés au I de l'article 1498 »** *(L. n° 2018-1317 du 28 déc. 2018, art. 156-I-4°)* **« et des éléments de nature à modifier la méthode de détermination de la valeur locative en application des articles 1499-00 A ou 1500 ». Il en va de même pour les changements de caractéristiques physiques ou d'environnement.**

Les *(L. n° 2019-1479 du 28 déc. 2019, art. 16-II-C-3° et VII-B, applicable à compter des impositions établies au titre de 2021)* **« communes** *[ancienne rédaction : collectivités territoriales]* **» et les établissements publics de coopération intercommunale dotés d'une fiscalité propre peuvent, par une délibération concordante prise dans les conditions prévues au I de l'article 1639 A *bis*, limiter l'augmentation de la valeur locative des locaux affectés à l'habitation déterminée conformément à l'article 1496 lorsque cette augmentation résulte exclusivement de la constatation de changements de caractéristiques physiques ou d'environnement et est supérieure à 30 % de la valeur locative de l'année précédant celle de la prise en compte de ces changements.**

L'augmentation de la valeur locative visée au deuxième alinéa est retenue à hauteur d'un tiers la première année, des deux tiers la deuxième année et en totalité à compter de la troisième année suivant celle de la constatation des changements.

La délibération doit être prise par l'ensemble des *(L. n° 2019-1479 du 28 déc. 2019, art. 16-II-C-11° et VII-B, applicable à compter des impositions établies au titre de 2021)* **« communes** *[ancienne rédaction : collectivités]* **» et des établissements publics de coopération intercommunale dotés d'une fiscalité propre qui perçoivent une imposition assise sur la valeur locative foncière du local pour lequel les changements visés au deuxième alinéa ont été constatés.**

***2. Lorsqu'une propriété* non bâtie devient passible de la taxe foncière pour la première fois ou après avoir cessé temporairement d'y être assujettie, il lui est attribué une évaluation.**

II. — 1. *(L. n° 2017-1775 du 28 déc. 2017, art. 30, en vigueur le 1er janv. 2018)* **« Les valeurs locatives résultant des changements mentionnés au I du présent article sont appréciées :**

« *a)* Pour les locaux affectés à l'habitation ou servant à l'exercice d'une activité salariée à domicile, suivant les règles prévues aux articles 1496 et 1497, à la date de référence de la précédente révision générale ;

« *b)* Pour les biens évalués selon les règles prévues au II de l'article 1498, à la date mentionnée au A du même II ;

« *c)* Pour les biens évalués selon les règles prévues au III de l'article 1498, à la date mentionnée au B du même III. »

Toutefois, les immobilisations industrielles passibles de la taxe foncière sur les propriétés bâties sont, quelle que soit la date de leur acquisition, évaluées par l'administration d'après leur prix de revient conformément aux dispositions de l'article 1499, lorsqu'elles figurent à l'actif du bilan de leur propriétaire ou de leur exploitant et que celui-ci est soumis aux obligations définies à l'article 53 A. La commission communale des impôts directs est tenue informée de ces évaluations. Lorsqu'une commission intercommunale des impôts directs est constituée, elle est tenue informée de ces évaluations en lieu et place des commissions communales.

2. En ce qui concerne les propriétés non bâties, ces valeurs sont déterminées d'après les tarifs arrêtés pour les propriétés de même nature existant dans la commune ou, s'il n'en existe pas, d'après un tarif établi à cet effet.

1. Constatation annuelle des changements. Le moyen tiré de ce que l'art. 1517-I-1 méconnaîtrait le principe constitutionnel du respect des droits de la défense procédant de l'art. 16 de la Déclaration de 1789 ne soulève pas de contestation sérieuse justifiant le renvoi au Conseil constitutionnel d'une question prioritaire de constitutionnalité. • CE 9 juill. 2010, n° 339914 : *RJF 2010. 1078 ; Dr. fisc. 2010. 538, concl. Olléon.*

2. La mise à jour annuelle liée aux changements affectant les biens s'applique à l'ensemble des immobilisations, y compris les immobilisations industrielles évaluées selon la méthode comptable fondée sur le prix de revient. • CE 19 déc. 2019, *Sté Menuiseries Elva,* n°s 408833 et 410375 : *RJF 2020. 234, concl. Merloz.*

3. Les dispositions des art. 1517 et 1508 n'excluent pas pour l'Administration le droit de modifier chaque année, si elle s'y croit fondée, les éléments concourant à la détermination de la valeur locative d'un logement devant servir de base à son imposition à la taxe d'habitation. Cette possibilité est ouverte dès l'établissement du rôle primitif et sans attendre l'établissement du rôle supplémentaire prévu à l'art. 1416. • CE 6 juin 1984, n° 51600 : *Dr. fisc. 1985. 154* • 27 avr. 1994, n° 95562 : *RJF 1994. 715* • 8 juill. 1998, n° 172657 : *Dr. fisc. 1998. 932 ; RJF 1998. 980.*

4. Changement de caractéristiques physiques ou d'environnement des locaux d'habitation. Pour l'appréciation de la condition de variation de la valeur locative de plus d'1/10e (seuil supprimé à compter de 2014) en cas de changement des caractéristiques physiques ou de l'environnement de locaux d'habitation, il y a lieu de se référer à la variation soit du coefficient de situation soit du coefficient d'entretien et non au cumul de la variation de ces deux coefficients. En conséquence un maintien à 0 du coefficient de situation générale et une réduction à – 0,10 du coefficient de situation particulière conduisent à une diminution de – 0,05 du coefficient de situation, insuffisante pour justifier une modification de la valeur locative. • CE 14 nov. 2001, n° 215284 : *Dr. fisc. 2002. 521, concl. Bachelier.* ♦ La variation de la valeur locative de plus d'1/10e (seuil supprimé à compter de 2014) doit résulter soit de la variation du coefficient d'entretien, soit de celle du coefficient de situation, sans addition des incidences des variations des deux coefficients. • CE 25 nov. 2005, n° 269884, *SA Languedocienne d'HLM : Dr. fisc. 2006. 449, concl. Olléon.*

5. Les changements de caractéristiques physiques ou les changements d'environnement des propriétés bâties doivent être pris en compte, pour la mise à jour de la valeur locative, dans le cas où ils entraînent, les uns ou les autres, à eux seuls, une modification de plus d'un dixième de cette valeur. Cette variation de plus d'1/10e (seuil supprimé à compter de 2014) de la valeur locative des locaux commerciaux, exigée par l'art. 1517-I-1 pour constater un changement des caractéristiques physiques ou d'environnement, doit résulter soit de la variation du coefficient d'entretien, soit de celle du coefficient de situation, sans addition des incidences des variations des deux coefficients. • CE 28 déc. 2007, n° 278533, *Sté Bazar de l'Hôtel de Ville : RJF 2008. 567* • 25 févr. 2011, n° 334034, *Sté Bazar de l'Hôtel de Ville : RJF 2011. 597 ; Dr. fisc. 2011. 327, note Toulemont et du Pasquier.*

6. Lissage des augmentations de valeur locative des locaux affectés à l'habitation (L. n° 2006-1771 du 30 déc. 2006, art. 124). Locaux et changements concernés. Mise en œuvre du dispositif de lissage triennal. * BOI-IF-TFB-20-20-10-30 du 22 juill. 2014.

7. Changement d'environnement. Des troubles caractérisés et répétés résultant notamment d'actes de vandalisme liés au développement de l'insécurité et à une détérioration du climat social à proximité d'un immeuble (commercial, en l'espèce) peuvent constituer un changement d'environnement permettant une mise à jour des bases d'imposition en application de l'art. 1517-I-1, sous réserve qu'ils entraînent une modification de plus d'1/10e de la valeur locative (seuil supprimé à compter de 2014). • CAA Versailles, 15 févr. 2005, n° 02VE2550 : *RJF 2005. 704.* ♦ Il en est de même d'occupations illégales, récentes et répétées, assorties de dégradations significatives, lesquelles peuvent être au nombre des changements de caractéristiques physiques ou d'environnement à prendre en compte. • CE 4 juill. 2018, *SCI ADM*, n° 407320 : *RJF 2018. 979 ; Dr. fisc. 2019. 168, note Ralkos.* ♦ Une SCI ne peut pas demander la révision à la baisse de la valeur locative de locaux à usage de bureaux qu'elle a fait construire dans une zone initialement destinée à des activités tertiaires mais qui a été ultérieurement transformée en quartier de ville avec l'installation de commerces et de logements dés lors que la valeur locative de ces locaux a été évaluée par comparaison avec un local-type situé dans un quartier comportant des bureaux, des commerces et des habitations sans que l'Administration ait alors pratiqué un ajustement à la hausse au titre d'une éventuelle différence de situation des locaux et que la similitude existant entre leurs environnements respectifs n'a pas été affectée par l'installation de commerces et de logements à proximité des bureaux de la société. • CE 25 nov. 2005, n° 265942 : *RJF 2006. 268 ; Dr. fisc. 2006. 304.* ♦ Le classement, par le plan local d'urbanisme, de la zone où se situe l'immeuble en zone inondable ne caractérise pas, en lui-même, un changement d'environnement. Il est sans incidence sur la détermination de la valeur locative cadastrale. Il appartient au contribuable, s'il s'y croit fondé, de demander, par la voie d'une réclamation formée en application de l'art. 1507-I, la modification du coefficient de situation retenu lors de l'évaluation de son immeuble si ce coefficient a été fixé sans que soit pris en considération le classement de la zone où se situe l'immeuble en zone inondable. • CE 10 déc. 2012, *Goffredi*, n° 342421 : *RJF 2013. 172.* ♦ La publication d'un projet de tracé d'une ligne ferroviaire ne peut constituer un changement d'environnement. Ainsi, la circonstance que Réseau ferré de France ait rendu public, avant le 1er de l'année d'imposition, le tracé du projet de contournement de l'agglomération lyonnaise, impliquant, en cas de réalisation, une démolition partielle des locaux de la société, ne caractérise pas, par elle-même, un tel changement. • CE 17 déc. 2014, *SCI EP 90*, n° 370235 : *RJF 2015. 329.*

8. Changement de consistance. Le changement de consistance s'entend de la transformation apportée à la composition d'un local préexistant afin d'en modifier le volume ou la surface de manière substantielle, notamment par l'addition de constructions, la démolition totale ou partielle de la construction ou sa restructuration par division ou réunion de locaux préexistants. • CE 2 juill. 2014, *Sté immobilière du 57 rue Pierre Charron*, n° 358932 : *RJF 2014. 904 ; BDCF 2014. 96, concl. Escaut.*

9. Changement d'affectation. L'affectation à usage professionnel d'un immeuble initialement affecté à l'habitation autorise l'Administration à procéder à une nouvelle évaluation de sa valeur locative. • CAA Bordeaux, 17 oct. 2000, n° 97BX197 : *Dr. fisc. 2001. 825, concl. Heinis ; RJF 2001. 47.*

10. Cession d'un bien. La cession d'un bien ne figurant pas à l'actif d'une entreprise industrielle ou commerciale astreinte aux obligations définies à l'art. 53 A doit être regardée, lorsque le cessionnaire est astreint à ces obligations, comme un changement d'affectation de ce bien au sens de l'art. 1517, autorisant l'Administration à procéder à une nouvelle évaluation de la valeur locative de ce bien en fonction de son prix de revient, selon la méthode dite « comptable ». Il en va ainsi même lorsque le cessionnaire était titulaire sur ce bien d'un usufruit ou d'un bail emphytéotique ou à construction, dès lors que le bien dont s'agit, qui ne figurait pas à l'actif d'une entreprise industrielle ou commerciale astreinte aux obligations définies à l'art. 53 A, n'était pas antérieurement évalué selon la méthode comptable. • CAA Lyon, 30 juin 2005, n° 99LY1944 : *RJF 2006. 160.*

11. Commission communale. Il résulte des dispositions combinées des art. 1505 et 1517 que la commission communale des impôts directs doit donner un avis sur l'évaluation des constructions nouvelles. Si l'Administration n'a pas sollicité l'avis de la commission, l'évaluation des constructions nouvelles est établie irrégulièrement et les contribuables concernés sont fondés à demander la décharge de la taxe foncière et de la taxe d'habitation assises sur cette évaluation. • TA Lyon, 30 juin 1997, n° 9203941, *Chéry : Dr. fisc. 1998. 244* • TA Versailles, 3 juill. 2007, n° 05-4361 : *RJF 2008. 321* ♦ La commission communale des impôts directs n'a pas à être consultée sur le classement d'un immeuble d'habitation ou d'un immeuble à usage professionnel dans l'une des catégories de la classification communale des locaux. • CAA Bordeaux, 17 oct. 2000 : *préc. note 9.*

12. Locaux commerciaux. V. notes ss. art. 1498.

Art. 1518 **I. — Dans l'intervalle de deux révisions générales, les valeurs locatives définies aux articles 1496-I et II,** *(L. n° 2017-1775 du 28 déc. 2017, art. 30, en vigueur le 1er janv. 2018)* **« à l'article 1497 », ainsi que** *(L. n° 2018-1317 du 28 déc. 2018, art. 156-I-5°)* **« celles des locaux commerciaux mentionnés à l'article 1501 et » celles**

des propriétés non bâties et des terrains et sols à usage industriel ou commercial, sont actualisées tous les trois ans au moyen de coefficients correspondant à l'évolution de ces valeurs, entre la date de référence de la dernière révision générale *[actuellement, 1er janv. 1970]* **et celle retenue pour l'actualisation. Toutefois, en ce qui concerne les propriétés non bâties, il sera, jusqu'à la première révision sexennale, tenu compte de l'évolution des valeurs locatives depuis le 1er janvier 1961.**

II. — Les coefficients visés au I sont fixés, pour les propriétés non bâties, par région agricole ou forestière départementale et par groupe ou sous-groupe de natures de culture ou de propriété et, pour les propriétés bâties, par secteur géographique et par nature ou catégorie de biens.

Ils sont arrêtés par l'autorité compétente de l'État, après avis d'une commission consultative départementale des évaluations foncières dont la composition, dans laquelle entrent notamment des représentants des collectivités locales et des établissements publics de coopération intercommunale à fiscalité propre ainsi que des contribuables, est déterminée par un arrêté du ministre chargé du budget. Les coefficients sont notifiés aux maires des communes intéressées et aux présidents des établissements publics de coopération intercommunale à fiscalité propre. Après application de la procédure d'affichage dans les conditions prévues à l'article 1510 ils peuvent, dans les trente jours, faire l'objet d'un recours administratif de la part du maire ou des représentants des contribuables siégeant à la commission consultative. Ce recours est porté devant la commission instituée par l'article 1651, laquelle prend une décision définitive. — *V. Ann. IV, art. 121 quinquies DC à 121 quinquies DF.*

II *bis*. — Pour l'application du présent article, la valeur locative de l'ensemble des locaux à usage d'habitation ou *(L. n° 2017-1775 du 28 déc. 2017, art. 30, en vigueur le 1er janv. 2018)* **« servant à l'exercice d'une activité salariée à domicile » peut être actualisée au moyen d'un coefficient unique par département.**

(Abrogé par L. n° 2017-1775 du 28 déc. 2017, art. 30, à compter du 1er janv. 2018) ***« II ter. — Pour l'application du présent article, la valeur locative des locaux occupés par les organismes privés à but non lucratif est actualisée au moyen du coefficient applicable aux locaux mentionnés à l'article 1496. »***

III. — L'incorporation dans les rôles d'impôts directs locaux, autres que la taxe professionnelle, des résultats de la première actualisation des valeurs locatives foncières est fixée au 1er janvier 1980. La date de référence est fixée au 1er janvier 1978.

Pour cette première actualisation :

— les valeurs locatives des sols, terrains et bâtiments industriels évaluées à partir du prix de revient conformément aux articles 1499, 1499 A et 1501, sont majorées d'un tiers ;

— la valeur locative de l'ensemble des locaux à usage d'habitation *(Abrogé par L. n° 2017-1775 du 28 déc. 2017, art. 30, à compter du 1er janv. 2018)* ***« ou professionnel »*** **peut être actualisée au moyen d'un coefficient unique par département.**

Les dispositions relatives à la taxe professionnelle prévues au premier alinéa sont applicables pour l'établissement, à compter de 2010, des impositions de la cotisation foncière des entreprises.

IV. — Les actualisations des valeurs locatives foncières prévues pour 1983 et 1986 sont remplacées par une revalorisation forfaitaire dans les conditions prévues à l'article 1518 *bis*.

V. — L'actualisation des valeurs locatives foncières prévue pour 1988 par le III de l'article 29 de la loi n° 86-824 du 11 juillet 1986 est remplacée par une revalorisation forfaitaire effectuée dans les conditions fixées par l'article 1518 *bis*.

1. Le montant des coefficients issus des opérations d'actualisation ne peut être contesté que dans les conditions et formes prévues par le II, c'est-à-dire, notamment, dans un délai de trente jours à l'issue de l'affichage de la décision du directeur des services fiscaux fixant le coefficient. • CE 2 oct. 2006, n° 270954 : *RJF 2006. 1555.*

2. Il résulte des dispositions du III, éclairées par les travaux préparatoires de la loi n° 79-15 du 3 janv. 1979, rapprochées de celles des art. 1381 et 1499, que le législateur a entendu appliquer la majoration d'un tiers de la valeur locative qu'elles prévoient aux valeurs locatives de l'ensemble des biens considérés comme immeubles qui sont assujettis à la taxe foncière et utilisés pour l'exploitation industrielle. Les réservoirs d'hydrocarbures et les voies ferrées appartenant à une société pétrolière sont des immobilisations industrielles soumises à la taxe foncière sur les propriétés bâties et, par suite, doivent être soumis à la majoration d'un tiers de leur valeur locative. • CE 28 mai 2001, n° 202976 : *Dr. fisc.* *2001. 1051, concl. Bachelier ; RJF 2001. 1079.*

Art. 1518 *bis* **Dans l'intervalle de deux actualisations prévues par l'article 1518, les valeurs locatives foncières** (*L. n° 2017-1775 du 28 déc. 2017, art. 30, en vigueur le 1er janv. 2018*) **« , à l'exception de celles des propriétés évaluées dans les conditions prévues à l'article 1498, » sont majorées par application de coefficients forfaitaires fixés par la loi de finances en tenant compte des variations des loyers.**

Les coefficients prévus au premier alinéa sont fixés :

a) Au titre de 1981, à 1,10 pour les propriétés bâties de toute nature et à 1,09 pour les propriétés non bâties ;

b) Au titre de 1982, à 1,11 pour les propriétés bâties de toute nature et à 1,09 pour les propriétés non bâties ;

c) Au titre de 1983, à 1,08 pour les immeubles industriels autres que ceux visés à l'article 1500, à 1,13 pour les propriétés bâties autres que les immeubles industriels susvisés, et à 1,10 pour les propriétés non bâties ;

d) Au titre de 1984, à 1,10 pour les immeubles industriels autres que ceux visés à l'article 1500, à 1,12 pour les propriétés bâties autres que les immeubles industriels susvisés, et à 1,08 pour les propriétés non bâties ;

e) Au titre de 1985, à 1,06 pour les immeubles industriels autres que ceux visés à l'article 1500, et à 1,08 pour les propriétés bâties autres que les immeubles industriels susvisés ainsi que pour les propriétés non bâties ;

f) Au titre de 1986, à 1,06 pour les immeubles industriels autres que ceux visés à l'article 1500, et à 1,08 pour les propriétés bâties autres que les immeubles industriels susvisés ainsi que pour les propriétés non bâties ;

g) Au titre de 1987, à 1,01 pour les propriétés non bâties, à 1,03 pour les immeubles industriels ne relevant pas de l'article 1500 et à 1,05 pour les autres propriétés bâties ;

h) Au titre de 1988, à 1 pour les propriétés non bâties, à 1,01 pour les immeubles industriels ne relevant pas de l'article 1500 et à 1,03 pour l'ensemble des autres propriétés bâties ;

i) Au titre de 1989, à 1,01 pour les propriétés non bâties, à 1,02 pour les immeubles industriels ne relevant pas de l'article 1500 et à 1,04 pour les autres propriétés bâties ;

j) Au titre de 1990, à 1 pour les propriétés non bâties et pour les immeubles industriels ne relevant pas de l'article 1500 et à 1,01 pour l'ensemble des autres propriétés bâties ;

k) Au titre de 1991, à 1 pour les propriétés non bâties, à 1,01 pour les immeubles industriels ne relevant pas de l'article 1500 et à 1,03 pour l'ensemble des autres propriétés bâties ;

l) Au titre de 1992, à 1 pour les propriétés non bâties et pour les immeubles industriels ne relevant pas de l'article 1500 et à 1,01 pour l'ensemble des autres propriétés bâties ;

m) Au titre de 1993, à 1 pour les propriétés non bâties, à 1,01 pour les immeubles industriels ne relevant pas de l'article 1500 et à 1,03 pour l'ensemble des autres propriétés bâties ;

n) Au titre de 1994, à 1 pour les propriétés non bâties, à 1,01 pour les immeubles industriels ne relevant pas de l'article 1500 et à 1,03 pour l'ensemble des autres propriétés bâties ;

o) Au titre de 1995, à 1 pour les propriétés non bâties et pour les immeubles industriels ne relevant pas de l'article 1500 et à 1,02 pour l'ensemble des autres propriétés bâties ;

p) Au titre de 1996, à 1 pour les propriétés non bâties et pour les immeubles industriels ne relevant pas de l'article 1500 et à 1,01 pour l'ensemble des autres propriétés bâties ;

q) Au titre de 1997, à 1 pour les propriétés non bâties, pour les immeubles industriels ne relevant pas de l'article 1500 et à 1,01 pour l'ensemble des autres propriétés bâties ;

r) Au titre de 1998, à 1 pour les propriétés non bâties et pour les immeubles industriels ne relevant pas de l'article 1500 et 1,011 pour l'ensemble des autres propriétés bâties ;

s) Au titre de 1999, à 1,01 pour les propriétés non bâties, pour les immeubles industriels ne relevant pas de l'article 1500 et pour l'ensemble des autres propriétés bâties ;

t) Au titre de 2000, à 1,01 pour les propriétés non bâties, pour les immeubles industriels ne relevant pas de l'article 1500 et pour l'ensemble des autres propriétés bâties ;

u) Au titre de 2001, à 1,01 pour les propriétés non bâties, pour les immeubles industriels ne relevant pas de l'article 1500 et pour l'ensemble des autres propriétés bâties ;

v) Au titre de 2002, à 1,01 pour les propriétés non bâties, à 1,01 pour les immeubles industriels ne relevant pas de l'article 1500 et pour l'ensemble des autres propriétés bâties ;

w) Au titre de 2003, à 1,015 pour les propriétés non bâties, à 1,015 pour les immeubles industriels ne relevant pas de l'article 1500 et pour l'ensemble des autres propriétés bâties ;

x) Au titre de 2004, à 1, 015 pour les propriétés non bâties, à 1, 015 pour les immeubles industriels ne relevant pas de l'article 1500 et pour l'ensemble des autres propriétés bâties ;

y) Au titre de 2005, à 1,018 pour les propriétés non bâties, à 1,018 pour les immeubles industriels ne relevant pas de l'article 1500 et pour l'ensemble des autres propriétés bâties ;

z) Au titre de 2006, à 1,018 pour les propriétés non bâties, à 1,018 pour les immeubles industriels ne relevant pas de l'article 1500 et pour l'ensemble des autres propriétés bâties ;

za) Au titre de 2007, à 1,018 pour les propriétés non bâties, à 1,018 pour les immeubles industriels ne relevant pas de l'article 1500 et pour l'ensemble des autres propriétés bâties ;

zb) Au titre de 2008, à 1,016 pour les propriétés non bâties, à 1,016 pour les immeubles industriels ne relevant pas de l'article 1500 et pour l'ensemble des autres propriétés bâties ;

zc) Au titre de 2009, à 1,015 pour les propriétés non bâties, à 1,025 pour les immeubles industriels ne relevant pas de l'article 1500 et pour l'ensemble des autres propriétés bâties ;

zd) Au titre de 2010, à 1,012 pour les propriétés non bâties, à 1,012 pour les immeubles industriels relevant *(Décr. nº 2019-559 du 6 juin 2019, art. 1er)* « du 1° du II de l'article 1500 » et à 1,012 pour l'ensemble des autres propriétés bâties ;

ze) Au titre de 2011, à 1,02 pour les propriétés non bâties, à 1,02 pour les immeubles industriels relevant *(Décr. nº 2019-559 du 6 juin 2019, art. 1er)* « du 1° du II de l'article 1500 » et à 1,02 pour l'ensemble des autres propriétés bâties ;

zf) Au titre de 2012, à 1,018 pour les propriétés non bâties, à 1,018 pour les immeubles industriels relevant *(Décr. nº 2019-559 du 6 juin 2019, art. 1er)* « du 1° du II de l'article 1500 » et à 1,018 pour l'ensemble des autres propriétés bâties ;

zg) Au titre de 2013, à 1,018 pour les propriétés non bâties, à 1,018 pour les immeubles industriels relevant *(Décr. nº 2019-559 du 6 juin 2019, art. 1er)* « du 1° du II de l'article 1500 » et à 1,018 pour l'ensemble des autres propriétés bâties ;

zh) Au titre de 2014, à 1,009 pour les propriétés non bâties, à 1,009 pour les immeubles industriels relevant *(Décr. nº 2019-559 du 6 juin 2019, art. 1er)* « du 1° du II de l'article 1500 » et à 1,009 pour l'ensemble des autres propriétés bâties ;

zi) Au titre de 2015, à 1,009 pour les propriétés non bâties, à 1,009 pour les immeubles industriels relevant *(Décr. nº 2019-559 du 6 juin 2019, art. 1er)* « du 1° du II de l'article 1500 » et à 1,009 pour l'ensemble des autres propriétés bâties ;

zj) Au titre de 2016, à 1,01 pour les propriétés non bâties, à 1,01 pour les immeubles industriels relevant *(Décr. nº 2019-559 du 6 juin 2019, art. 1er)* « du 1° du II de l'article 1500 » et à 1,01 pour l'ensemble des autres propriétés bâties ;

(L. nº 2016-1917 du 29 déc. 2016, art. 99) « *zk)* Au titre de 2017, à 1,004 pour les propriétés non bâties, à 1,004 pour les immeubles industriels relevant *(Décr. nº 2019-*

559 du 6 juin 2019, art. 1er) « du 1° du II de l'article 1500 » et à 1,004 pour l'ensemble des autres propriétés bâties.

« A compter de 2018, dans l'intervalle de deux actualisations prévues à l'article 1518, les valeurs locatives foncières *(Abrogé par L. nº 2017-1775 du 28 déc. 2017, art. 30, à compter du 1er janv. 2018)* « *, à l'exception des valeurs locatives mentionnées au premier alinéa du I de l'article 34 de la loi nº 2010-1658 du 29 décembre 2010 de finances rectificative pour 2010,* » sont majorées par application d'un coefficient égal à 1 majoré du quotient, lorsque celui-ci est positif, entre, d'une part, la différence de la valeur de l'indice des prix à la consommation harmonisé du mois de novembre de l'année précédente et la valeur du même indice au titre du mois de novembre de l'antépénultième année et, d'autre part, la valeur du même indice au titre du mois de novembre de l'antépénultième année. »

Le coefficient est égal à 1,012 au titre de 2018, à 1,022 au titre de 2019, à 1,012 au titre de 2021 et à 1,034 au titre de 2022. Toutefois, pour le calcul de la taxe d'habitation afférente à l'habitation principale, il est fixé à 1,009 pour 2020 et ne sera pas applicable en 2021 et 2022 (L. nº 2019-1479 du 28 déc. 2019, art. 16-I-H-1 et I-J-3).

Il résulte des art. 1516 s. qu'en l'absence d'actualisation des évaluations résultant de la dernière révision générale, les valeurs locatives foncières doivent être multipliées par le produit des coefficients forfaitaires successifs mentionnés à l'art. 1518 *bis* et relatifs aux années postérieures à la dernière actualisation. • CE 2 oct. 2006, nº 270954 : *RJF 2006. 1555.*

Art. 1518 ter *(L. nº 2020-1721 du 29 déc. 2020, art. 134-I-1°)* « I. — Dans l'intervalle entre deux actualisations prévues au III, les tarifs *[ancienne rédaction : I. — Les tarifs]* » définis au 2 du B du II de l'article 1498 sont mis à jour par l'administration fiscale à partir de l'évolution des loyers constatés dans les déclarations prévues à l'article 1498 *bis*. Ces tarifs sont mis à jour chaque année dans des conditions fixées par décret en Conseil d'État.

Lorsque ces loyers sont en nombre insuffisant ou ne peuvent, compte tenu de leur montant par rapport au montant du loyer moyen du secteur d'évaluation, être retenus, ces tarifs sont mis à jour dans les conditions prévues au deuxième alinéa du IV ou, pour les propriétés situées sur le territoire de la métropole de Lyon, au dernier alinéa du même IV. Ces tarifs sont publiés et notifiés dans des conditions fixées par décret en Conseil d'État. — *Le présent I entre en vigueur le 1er janv. 2019 (L. nº 2017-1775 du 28 déc. 2017, art. 30-V-C).*

II. — *(L. nº 2019-1479 du 28 déc. 2019, art. 146-IX-D)* « Au cours des troisième et cinquième années qui suivent celle du renouvellement général des conseils municipaux, la commission départementale des valeurs locatives mentionnée à l'article 1650 B peut se réunir afin de modifier l'application des coefficients de localisation mentionnés au 2 du B du II de l'article 1498 après avis des commissions communales ou intercommunales des impôts directs respectivement mentionnées aux articles 1650 et 1650 A. » Les décisions de la commission sont publiées et notifiées dans des conditions fixées par décret en Conseil d'État et sont transmises à l'administration fiscale avant le 31 décembre de l'année précédant celle de leur prise en compte pour l'établissement des bases.

[III. opérations réalisées jusqu'au 31 déc. 2020]

III. — L'année qui suit le renouvellement général des conseils municipaux, il est procédé :

1° Dans les conditions mentionnées à l'article 1504, à la délimitation des secteurs d'évaluation mentionnés au 1 du B du II de l'article 1498, à la fixation des tarifs déterminés conformément au 2 du même B et à la définition des parcelles auxquelles s'applique un coefficient de localisation mentionné au même 2 ;

2° Le cas échéant, à la création de nouveaux sous-groupes et catégories de locaux prévus au second alinéa du I de l'article 1498. — *Les présents II et III entrent en vigueur le 1er janv. 2018 (L. nº 2017-1775 du 28 déc. 2017, art. 30-V-A).*

[III. opérations réalisées à compter du 1er janv. 2021]

(L. nº 2020-1721 du 29 déc. 2020, art. 134-I-1°-b et III) « III. — A. — L'année qui suit le renouvellement général des conseils municipaux, il est procédé à une actualisation consistant, dans les conditions prévues à l'article 1504, en la délimitation des secteurs d'évaluation mentionnés au 1 du B du II de l'article 1498, en la fixation des tarifs

déterminés conformément au 2 du même B et en la définition des parcelles auxquelles s'applique un coefficient de localisation mentionné au même 2.

« Les résultats de cette actualisation sont pris en compte pour l'établissement des bases d'imposition de l'année suivante.

« Cette actualisation est réalisée :

« 1° Tous les douze ans, à partir des données de loyer portées à la connaissance de l'administration fiscale en application de l'article 1498 *bis*. Elle est réalisée sur la base des données correspondant à la situation au 1er janvier de l'année précédant celle de l'actualisation ;

« 2° Tous les douze ans, six ans après l'actualisation mentionnée au 1° du présent A, à partir des données issues d'une campagne déclarative. Cette actualisation consiste également, le cas échéant, en la création, la suppression, la scission ou le regroupement de sous-groupes et catégories de locaux prévus au second alinéa du I de l'article 1498.

« Pour la réalisation de l'actualisation prévue au 2° du présent A, les propriétaires des biens évalués conformément au II et, le cas échéant, au III de l'article 1498 souscrivent, avant le 1er juillet de l'année précédant celle de l'actualisation, une déclaration précisant les informations relatives à chacune de ces propriétés au 1er janvier de cette même année. La liste des informations demandées est fixée par arrêté des ministres chargés de l'économie et du budget.

« B. — Pour l'application du A du présent III, la délimitation des secteurs d'évaluation présentant un marché locatif homogène et l'élaboration des tarifs sur la base des loyers moyens constatés dans chaque secteur d'évaluation par catégorie de propriétés, conformément aux principes fixés par les articles 1498 et 1504 et à partir des données mentionnées au A du présent III, sont réalisées dans des conditions déterminées par décret en Conseil d'État. » — *Par dérogation au présent III, les opérations mentionnées au 1° du A du même III et prévues l'année suivant celle du renouvellement général des conseils municipaux en 2020 sont réalisées au cours de l'année 2022 (L. n° 2020-1721 du 29 déc. 2020, art. 134-III).*

IV. — La valeur locative des propriétés bâties évaluée dans les conditions prévues au II de l'article 1498 est mise à jour, chaque année, par application du tarif par mètre carré, déterminé conformément au I du présent article, à la surface pondérée du local définie au C du II de l'article 1498.

La valeur locative des propriétés bâties évaluée dans les conditions prévues au III de l'article 1498 est mise à jour, chaque année, par application d'un coefficient égal à celui de l'évolution, au niveau départemental, des loyers constatés dans les déclarations prévues à l'article 1498 *bis* pour les locaux professionnels relevant des catégories qui regroupent le plus grand nombre de locaux et qui, ensemble, représentent au total plus de la moitié des locaux du département.

La valeur locative des propriétés bâties mentionnées au deuxième alinéa du présent IV situées sur le territoire de la métropole de Lyon est mise à jour par application d'un coefficient égal à celui de l'évolution des loyers constatés dans les déclarations prévues à l'article 1498 *bis* pour les locaux professionnels relevant des catégories qui regroupent le plus grand nombre de locaux et qui, ensemble, représentent au total plus de la moitié des locaux du département du Rhône et de la métropole de Lyon.

Les dispositions du I et du IV s'appliquent à compter du 1er janv. 2019. Pour 2018, la valeur locative des propriétés visées est mise à jour par application du coefficient forfaitaire prévu à l'art. 1518 bis.

A *BIS* CORRECTION APPLIQUÉE AUX ABATTEMENTS LORS DU TRANSFERT DE LA PART DÉPARTEMENTALE DE LA TAXE FONCIÈRE SUR LES PROPRIÉTÉS BÂTIES AUX COMMUNES

(L. n° 2019-1479 du 28 déc. 2019, art. 16-II-D-4° et VII-B, applicable à compter des impositions établies au titre de 2021)

Art. 1518 *quater* I. — Pour chaque commune, pour l'établissement de la base d'imposition à la taxe foncière sur les propriétés bâties, le taux des abattements de valeur locative mentionnés aux articles 1518 A et 1518 A *quater* est égal au rapport entre :

1° D'une part, la somme des produits, calculés respectivement pour la commune et le département, du taux d'abattement par le taux d'imposition appliqués en 2020 sur le territoire de la commune ;

2° D'autre part, la somme des taux d'imposition de la taxe foncière sur les propriétés bâties de la commune et du département appliqués en 2020 sur le territoire de la commune.

II. – Pour les locaux professionnels existant au 1er janvier 2020 et évalués en application de l'article 1498, pour l'application du I du présent article, le taux d'abattement est égal, pour chaque local, au rapport entre :

1° D'une part, la somme des produits, calculés respectivement pour la commune et le département, de la valeur locative servant à l'établissement de la taxe foncière sur les propriétés bâties déterminée au titre de 2020 sur le territoire de la commune, après application de l'article 1518 A *quinquies* dans sa rédaction applicable au 1er janvier 2020, par le produit des taux d'abattement et d'imposition appliqués en 2020 sur le territoire de la commune ;

2° D'autre part, le produit de la somme des taux d'imposition de la taxe foncière sur les propriétés bâties de la commune et du département appliqués en 2020 sur le territoire de la commune par la valeur locative servant à l'établissement de la taxe foncière sur les propriétés bâties communale déterminée au titre de 2020 en application de l'article 1518 A *quinquies* dans sa rédaction applicable au 1er janvier 2021.

III. – Les I et II cessent de s'appliquer, pour un abattement, dès que la commune délibère pour le modifier en application des articles 1639 A *bis* ou 1640.

(L. n° 2020-1721 du 29 déc. 2020, art. 9-2°) **« IV. – Les I et II ne s'appliquent pas pour l'établissement des bases d'imposition aux taxes prévues aux articles 1520 et 1530. »**

B RÉDUCTION DE LA VALEUR LOCATIVE DE CERTAINS BIENS

Art. 1518 A **Les valeurs locatives qui servent à l'établissement des impôts locaux sont prises en compte à raison des deux tiers de leur montant pour les aéroports ainsi que pour les installations destinées à la lutte contre la pollution des eaux et de l'atmosphère faisant l'objet d'un amortissement exceptionnel au titre des articles 39 *quinquies* E et 39 *quinquies* F.**

A compter du 1er janvier 1991, les valeurs locatives des installations destinées à la lutte contre la pollution des eaux et de l'atmosphère visées au premier alinéa sont prises en compte à raison de la moitié de leur montant.

Les valeurs locatives des matériels faisant l'objet de l'amortissement exceptionnel prévu à l'article 39 AB ou à l'article 39 *quinquies* DA sont prises en compte à raison de la moitié de leur montant lorsque ces matériels ont été acquis ou créés à compter du 1er janvier 1992.

Pour les installations visées au premier alinéa et les matériels visés au troisième alinéa, acquis ou créés à compter du 1er janvier 2002, et qui sont éligibles à l'un des modes d'amortissement exceptionnel mentionnés aux alinéas précités, la condition relative à la comptabilisation de cet amortissement exceptionnel est supprimée pour l'application du présent article.

Les *(L. n° 2019-1479 du 28 déc. 2019, art. 16-II-C-3° et VII-B, applicable à compter des impositions établies au titre de 2021)* **« communes** *[ancienne rédaction : collectivités territoriales]* **» et leurs groupements dotés d'une fiscalité propre peuvent, par une délibération de portée générale prise dans les conditions prévues à l'article 1639 A *bis*, porter à 100 % la réduction de la valeur locative des installations destinées à la lutte contre la pollution des eaux et de l'atmosphère définies au premier alinéa qui ont été achevées à compter du 1er janvier 1992 ainsi que celle des matériels visés au troisième alinéa. Les entreprises ne peuvent bénéficier de cette disposition qu'à la condition de déclarer chaque année, au service des impôts, les éléments d'imposition entrant dans le champ d'application de la réduction de 100 %.**

NOTE : Sauf exception, la jurisprudence rapportée ci-dessous concerne la taxe professionnelle en vigueur avant le 1er janv. 2010.

1. Non-cumul de réductions. La réduction prévue à l'art. 1518 A n'est pas cumulable avec les réductions de valeur locative prévues aux art. 39 *quinquies* E et F pour les installations destinées à la lutte contre la pollution des eaux et de l'atmosphère. • CAA Nantes, 26 déc. 2003, n° 02NT1771 : *RJF 2004. 729.*

2. Aéroports. L'expression « les aéroports » doit s'entendre comme désignant l'ensemble des immobilisations qui, sur le site de l'aérodrome, sont affectées à l'accomplissement des missions dévolues au service public aéroportuaire. • CE 8 déc. 2003, n° 227588, *Sté France Handling : RJF 2004. 261 ; Dr. fisc. 2004. 562, concl. Goulard, note Naud.* ♦ La valeur locative de ces immobilisations doit être retenue pour les deux tiers seulement de son montant, quel que soit le redevable des cotisations de taxe professionnelle et à quelque titre que celui-ci ait la disposition des immobilisations. • Même arrêt. ♦ Une société qui exploite des installations techniques pour le traitement du fret sur des aéroports en vertu d'une convention portant « autorisation d'occupation temporaire du domaine public » conclue avec l'établissement public « Aéroports de Paris » peut bénéficier de l'abattement d'un tiers prévu par l'art. 1518 A. • Même arrêt.

3. L'abattement est également accordé : à une société qui effectue la préparation, le conditionnement et l'embarquement de boissons et de repas à bord des avions basés sur un aéroport, dès lors qu'elle effectue des services d'assistance en escale qui se rattachent à une nécessité du service public aéroportuaire, et ce, alors même que les activités en cause s'exercent dans un cadre concurrentiel. • CE 28 déc. 2007, n° 294592 : *RJF 2008. 317* ♦ ... A une société ayant pour activité la livraison de plateaux-repas pour l'avitaillement des aéronefs basés sur un aéroport et diverses activités entrant dans le champ des services en escale et se rattachant à une nécessité du service public aéroportuaire. • CE 28 déc. 2007, n° 299253 : *RJF 2008. 317 ; concl. Collin au BDCF 3/08, n° 39.*

4. En revanche, l'abattement est refusé : à une société gérant des établissements hôteliers et des restaurants implantés dans une zone aéroportuaire dès lors qu'elle n'exerce pas une mission dévolue au service public aéroportuaire. • CAA Paris, 10 juin 2004, n° 01PA1854 : *RJF 2004. 1107.* ♦ ... À une société ayant pour activité la gestion de restaurants situés dans la zone aéroportuaire de l'aéroport Roissy-Charles-de-Gaulle dès lors qu'elle n'exerce pas une mission dévolue au service public aéroportuaire, mais rend un service annexe aux passagers et au public. • CE 18 mars 2015, *Sté Elior Roissy,* n° 367377 : *RJF 2015. 496 ; BDCF 2015. 80, concl. Aladjidi ; Dr. fisc. 2015. 462.* ♦ ... À une société exerçant l'activité de transport de passagers aériens à destination de Paris et une activité de transport de fret et de pièces détachées à destination de l'aéroport d'Orly, accomplies en dehors du site de l'aéroport de Roissy pour le compte des compagnies aériennes, alors même que le transporteur dispose, pour les immobilisations qu'il utilise sur l'aéroport, d'une autorisation d'occupation du domaine public. • CE 8 juin 2005, n° 255992 : *RJF 2005. 876 ; concl. Vallée au BDCF 8-9/05, n° 106 ; Dr. fisc. 2005. 808, concl. Vallée.* ♦ ... À une société exerçant l'activité de transport du personnel navigant entre les bâtiments administratifs de la société Air France sur le site de l'aéroport de Roissy et les parkings de cet aéroport, activité qui relève de l'organisation interne de cette société. • CE 8 juin 2005, n° 255992 : *préc.* ♦ ... À une société qui fournit des prestations de gestion administrative, financière et comptable à des filiales participant à des missions de service public aéroportuaire. • CE 19 déc. 2008, n° 299860 : *RJF 2009. 230.*

Art. 1518 A *bis* **Pour l'établissement des impôts locaux, les valeurs locatives des outillages, équipements et installations spécifiques de manutention portuaire cédés ou ayant fait l'objet d'une cession de droits réels dans les conditions prévues aux articles 7, 8 et 9 de la loi n° 2008-660 du 4 juillet 2008 portant réforme portuaire à un opérateur exploitant un terminal font l'objet d'une réduction égale à 100 % pour les deux premières années au titre desquelles les biens cédés entrent dans la base d'imposition de cet opérateur ; cette réduction est ramenée à 75 %, 50 % et 25 % respectivement pour chacune des trois années suivantes.**

Les entreprises qui entendent bénéficier de ces dispositions déclarent chaque année au service des impôts les éléments entrant dans le champ d'application de l'abattement.

Le bénéfice de la réduction est subordonné au respect du règlement (UE) n° 1407/2013 de la Commission, du 18 décembre 2013, relatif à l'application des *articles 107* et *108* du traité sur le fonctionnement de l'Union européenne aux aides *de minimis.* — *Pour les aides antérieures au 1er janv. 2014, V. App., Règl. (UE) n° 1407/2013 préc., art. 7.*

Art. 1518 A *ter* **I. — Les** *(L. n° 2019-1479 du 28 déc. 2019, art. 16-II-C-3° et VII-B, applicable à compter des impositions établies au titre de 2021)* **« communes** *[ancienne rédaction : collectivités territoriales]* **» et les établissements publics de coopération intercommunale dotés d'une fiscalité propre peuvent, par une délibération concordante prise dans les conditions prévues au I de l'article 1639 A *bis*, instituer un abattement de 30 % appliqué à la valeur locative des locaux affectés à l'habitation situés dans des immeubles collectifs et issus de la transformation de locaux industriels ou** *(L. n° 2017-1775 du 28 déc. 2017, art. 30, en vigueur le 1er janv. 2018)* **« professionnels » évalués confor-**

mément aux articles 1498 à 1500 et dans des communes sur le territoire desquelles sont situés un ou plusieurs quartiers prioritaires de la politique de la ville au sens de l'article 5 de la loi n° 2014-173 du 21 février 2014 de programmation pour la ville et la cohésion urbaine.

II. – Le conseil municipal de la commune sur le territoire de laquelle ces biens sont situés communique à l'administration des impôts avant le 15 février 2016 la liste des adresses des biens susceptibles d'être concernés pour l'établissement des impositions au titre de l'année 2016. Pour les années suivantes, il communique avant le 1er octobre de l'année qui précède l'année d'imposition les modifications apportées à cette liste.

Pour bénéficier de l'abattement prévu au I du présent article, le contribuable porte à la connaissance de l'administration, dans les conditions prévues à l'article 1406, les éléments justifiant que les conditions prévues au I du présent article sont remplies. Les propriétaires des biens qui bénéficiaient déjà de l'abattement prévu au même I avant le 1er janvier 2015 sont dispensés de la fourniture de ces éléments justificatifs.

Abattement de 30 % sur les locaux commerciaux ou industriels transformés en lofts. Commentaire administratif. * BOI-IF-TFB-20-10-20-80 du 4 mars 2016.

Art. 1518 A *quater* I. – Les *(L. n° 2019-1479 du 28 déc. 2019, art. 16-II-C-3° et VII-B, applicable à compter des impositions établies au titre de 2021)* « communes *[ancienne rédaction : collectivités territoriales]* » et leurs établissements publics de coopération intercommunale à fiscalité propre peuvent, par une délibération prise dans les conditions prévues au I de l'article 1639 A *bis*, instituer un abattement de 50 % appliqué à la valeur locative des bâtiments qui font l'objet d'une première imposition à compter du 1er janvier 2016, affectés directement aux opérations mentionnées au *a* du II de l'article 244 *quater* B et évalués en application de l'article 1499.

Le bénéfice de l'abattement est subordonné au respect de l'article 25 du règlement (UE) n° 651/2014 de la Commission du 17 juin 2014 déclarant certaines catégories d'aides compatibles avec le marché intérieur en application des articles 107 et 108 du traité.

II. – A. – Pour bénéficier de l'abattement, le redevable de la cotisation foncière des entreprises déclare au service des impôts dont relève l'établissement bénéficiaire, dans les délais prévus à l'article 1477 et sur un modèle établi par l'administration, les éléments d'identification des biens concernés par l'abattement et les documents justifiant de leur affectation.

B. – Pour bénéficier de l'abattement, le redevable de la taxe foncière sur les propriétés bâties déclare au service des impôts du lieu de situation des biens, avant le 1er janvier de l'année au titre de laquelle l'abattement est applicable et sur un modèle établi par l'administration, les éléments d'identification des immeubles et les documents justifiant de leur affectation.

Abattement de 50 % en faveur des bâtiments affectés à la recherche. Commentaire administratif. * BOI-IF-CFE-20-20-30 nos 230 s. du 6 juill. 2016.

Art. 1518 A *quinquies* *(L. n° 2017-1775 du 28 déc. 2017, art. 30, en vigueur le 1er janv. 2018)* I. – 1. En vue de l'établissement de la taxe foncière sur les propriétés bâties, de la cotisation foncière des entreprises, de la taxe d'habitation *(L. n° 2019-1479 du 28 déc. 2019, art. 16-I-E-24° et VII-E, applicable à compter des impositions établies au titre de 2023)* « sur les résidences secondaires et autres locaux meublés non affectés à l'habitation principale » et de la taxe d'enlèvement des ordures ménagères, la valeur locative des propriétés bâties mentionnées au I de l'article 1498 est corrigée par un coefficient de neutralisation.

Ce coefficient est égal, pour chaque taxe et chaque collectivité territoriale, au rapport entre, d'une part, la somme des valeurs locatives non révisées au 1er janvier 2017 des *propriétés bâties mentionnées* au même I de l'article 1498 imposables au titre de cette année dans son ressort territorial, à l'exception de celles mentionnées au 2 du présent I, et, d'autre part, la somme des valeurs locatives révisées de ces mêmes propriétés à la date de référence du 1er janvier 2013.

Le coefficient de neutralisation déterminé pour chacune de ces taxes s'applique également pour l'établissement de leurs taxes annexes.

Les coefficients déterminés pour une commune s'appliquent aux bases imposées au profit des établissements publics de coopération intercommunale dont elle est membre.

(L. n° 2017-1775 du 28 déc. 2017, art. 30-I-24° et V-C, en vigueur le 1er janv. 2019) « Pour la Ville de Paris, le coefficient de neutralisation applicable pour l'établissement de la taxe foncière sur les propriétés bâties est égal au coefficient de neutralisation appliqué en 2018 pour la commune de Paris. »

2. Par dérogation au 1 du présent I, le coefficient de neutralisation appliqué, pour chaque taxe, à la valeur locative des propriétés bâties mentionnées au I de l'article 1498 et prises en compte dans les bases d'imposition de La Poste, dans les conditions prévues à l'article 1635 *sexies*, est égal au rapport entre, d'une part, la somme des valeurs locatives non révisées de ces propriétés au 1er janvier 2017 imposables au titre de cette année et, d'autre part, la somme des valeurs locatives révisées de ces propriétés à la date de référence du 1er janvier 2013.

(L. n° 2019-1479 du 28 déc. 2019, art. 16-II-D-2° et VII-B, applicable à compter des impositions établies au titre de 2021) « 3. Pour les communes, chaque coefficient mentionné aux 1 et 2 appliqué aux valeurs locatives communales servant à l'établissement de la base d'imposition de la taxe foncière sur les propriétés bâties est égal au rapport entre :

« 1° D'une part, la somme du produit du taux d'imposition de la taxe foncière sur les propriétés bâties de la commune, appliqué en 2020, par le coefficient mentionné aux 1 ou 2 déterminé pour la commune et du produit du taux d'imposition de la taxe foncière sur les propriétés bâties du département, appliqué en 2020, par le coefficient mentionné aux 1 ou 2 déterminé pour le département ;

« 2° D'autre part, la somme des taux d'imposition de la taxe foncière sur les propriétés bâties de la commune et du département appliqués en 2020. »

II. — Le I du présent article cesse de s'appliquer l'année de la prise en compte, pour l'établissement des bases, de la révision des valeurs locatives des locaux d'habitation et des locaux servant à l'exercice d'une activité salariée à domicile prévue au B du II de l'article 74 de la loi n° 2013-1279 du 29 décembre 2013 de finances rectificative pour 2013.

III. — Pour les impositions dues au titre des années 2017 à 2025 :

(L. n° 2019-1479 du 28 déc. 2019, art. 16-II-D-2° et VII-B, applicable à compter des impositions établies au titre de 2021) « 1. » Lorsque la différence entre la valeur locative non révisée au 1er janvier 2017 et la valeur locative résultant du I est positive, celle-ci est majorée d'un montant égal à la moitié de cette différence ;

(L. n° 2019-1479 du 28 déc. 2019, art. 16-II-D-2° et VII-B, applicable à compter des impositions établies au titre de 2021) « 2. » Lorsque la différence entre la valeur locative non révisée au 1er janvier 2017 et la valeur locative résultant du même I est négative, celle-ci est minorée d'un montant égal à la moitié de cette différence ;

(L. n° 2019-1479 du 28 déc. 2019, art. 16-II-D-2° et VII-B, applicable à compter des impositions établies au titre de 2021) « 3. Pour les communes, chaque majoration ou minoration mentionnée aux 1 et 2 appliquée aux valeurs locatives communales servant à l'établissement de la base d'imposition de la taxe foncière sur les propriétés bâties est égale au rapport entre :

« 1° D'une part, la somme du produit de taux d'imposition de la taxe foncière sur les propriétés bâties de la commune, appliqué en 2020, par la majoration ou minoration mentionnée aux 1 ou 2 appliqué à la valeur locative servant à l'établissement de la base d'imposition à la taxe foncière sur les propriétés bâties communale et du produit du taux d'imposition de la taxe foncière sur les propriétés bâties du département, appliqué en 2020, par la majoration ou minoration mentionnée aux 1 et 2 appliquée à la valeur locative servant à l'établissement de la base d'imposition à la taxe foncière sur les propriétés bâties départementale ;

« 2° D'autre part, la somme des taux d'imposition de la taxe foncière sur les propriétés bâties de la commune et du département appliqués en 2020. »

Le présent III n'est applicable ni aux locaux mentionnés au 2 du I du présent article, ni aux locaux concernés par l'application du I de l'article 1406 après le 1er janvier 2017, sauf si le changement de consistance concerne moins de 10 % de la surface de ces locaux.

IV. – Pour la détermination des valeurs locatives non révisées au 1er janvier 2017 mentionnées aux I et III, il est fait application des dispositions prévues par le présent code, dans sa rédaction en vigueur le 31 décembre 2016.

(L. n° 2020-1721 du 29 déc. 2020, art. 9-3°) « V. – Le 3 des I et III ne s'applique pas pour l'établissement de la base d'imposition à la taxe prévue à l'article 1530. »

Art. 1518 A *sexies* *(L. n° 2018-1317 du 28 déc. 2018, art. 156-I-6° et III-B, applicable pour les changements constatés à compter du 1er janv. 2019)* I. – En cas de changement de méthode de détermination de la valeur locative d'un bâtiment ou terrain industriel en application des articles 1499-00 A ou 1500, la variation de la valeur locative qui en résulte fait l'objet d'une réduction dans les conditions prévues au II du présent article.

Cette réduction s'applique également à la variation de la valeur locative résultant d'un changement d'affectation au sens de l'article 1406 pour les locaux mentionnés au premier alinéa du présent I nouvellement affectés à un usage professionnel ou réciproquement.

II. – A. – La réduction prévue au I s'applique lorsque la variation de valeur locative excède 30 % de la valeur locative calculée avant la prise en compte du changement prévu au même I et, le cas échéant, après l'application de l'avant-dernier alinéa de l'article 1467 et de l'article 1518 A *quinquies*.

La réduction est égale à 85 % du montant de la variation de valeur locative la première année où le changement est pris en compte, à 70 % la deuxième année, à 55 % la troisième année, à 40 % la quatrième année, à 25 % la cinquième année et à 10 % la sixième année.

Lorsque l'exploitant change pendant l'application de la réduction prévue au premier alinéa du présent A, ou lorsque le bâtiment ou terrain est concerné par l'application du I de l'article 1406, la réduction de valeur locative cesse de s'appliquer pour les impositions établies au titre de l'année qui suit la réalisation de l'un de ces changements.

B. – Lorsqu'un rôle particulier est établi en application de l'article 1508, la réduction de la variation de valeur locative prévue au A du présent II s'applique à compter de la première année au titre de laquelle les bases rectifiées sont prises en compte dans les rôles généraux.

(L. n° 2019-1479 du 28 déc. 2019, art. 16-II-D-3° et VII-B, applicable à compter des impositions établies au titre de 2021) « III. – Pour les locaux qui bénéficient au 31 décembre 2020 du II du présent article, la réduction est recalculée, pour les années restant à courir, après application du 3 des I et III de l'article 1518 A *quinquies* *(L. n° 2020-1721 du 29 déc. 2020, art. 29-I-2° et VI-A, applicable aux impositions établies à compter de 2021)* « et de l'article 1499 dans sa rédaction applicable aux impositions dues au titre de 2021 ». »

C VALEUR LOCATIVE MINIMUM

Art. 1518 B A compter du 1er janvier 1980, la valeur locative des immobilisations corporelles acquises à la suite d'apports, de scissions, de fusions de sociétés ou de cessions d'établissements réalisés à partir du 1er janvier 1976 ne peut être inférieure aux deux tiers de la valeur locative retenue l'année précédant l'apport, la scission, la fusion ou la cession. – *V. également art. 1499 A.*

Les dispositions du premier alinéa s'appliquent aux seules immobilisations corporelles directement concernées par l'opération d'apport, de scission, de fusion ou de cession, dont la valeur locative a été retenue au titre de l'année précédant l'opération.

Les valeurs locatives des biens passibles d'une taxe foncière déterminées conformément au présent article sont majorées dans les conditions prévues à l'article 1518 *bis*.

A compter du 1er janvier 1992, la valeur locative des immobilisations corporelles acquises à la suite d'opérations mentionnées au premier alinéa réalisées à compter du 1er janvier 1989 et jusqu'au 31 décembre 1991 ne peut être inférieure à 85 % de la valeur locative retenue l'année précédant l'opération lorsque les bases des établissements concernés par une opération représentaient la même année plus de 20 % des bases de taxe professionnelle imposées au profit de la commune d'implantation.

Pour les opérations mentionnées au premier alinéa réalisées à compter du 1er janvier 1992, la valeur locative des immobilisations corporelles ne peut être inférieure aux quatre cinquièmes de son montant avant l'opération.

Il en est de même pour les transmissions universelles du patrimoine mentionnées à l'article 1844-5 du code civil et réalisées à compter du 1er janvier 2010, pour la valeur locative des seules immobilisations corporelles directement concernées par ces opérations.

Par exception aux dispositions du cinquième alinéa, pour les opérations mentionnées au premier alinéa réalisées à compter du 1er janvier 2005 de reprise d'immobilisations d'une entreprise faisant l'objet d'une procédure de redressement judiciaire, la valeur locative des immobilisations corporelles ne peut, pendant la procédure et dans les deux années suivant la clôture de celle-ci, être inférieure à 50 % de son montant avant l'opération.

Par exception aux cinquième et sixième alinéas, pour les opérations mentionnées au premier alinéa réalisées à compter du 1er janvier 2006 et pour les opérations mentionnées au sixième alinéa, la valeur locative des immobilisations corporelles ne peut être inférieure à :

_a._ 90 % de son montant avant l'opération pour les opérations entre sociétés membres d'un groupe au sens de l'article 223 A ou de l'article 223 A _bis_ ;

_b._ Sous réserve des dispositions du _a_, 50 % de son montant avant l'opération pour les opérations de reprise d'immobilisations prévue par un plan de cession ou comprises dans une cession d'actifs en sauvegarde, en redressement ou en liquidation judiciaire, jusqu'à la deuxième année suivant celle du jugement ordonnant la cession ou autorisant la cession d'actifs en cours de période d'observation.

Par exception aux cinquième et sixième alinéas, pour les opérations réalisées à compter du 1er janvier 2011 et mentionnées au premier alinéa ou au sixième alinéa, la valeur locative des immobilisations corporelles ne peut être inférieure à :

1° 100 % de son montant avant l'opération lorsque, directement ou indirectement, l'entreprise cessionnaire ou bénéficiaire de l'apport contrôle l'entreprise cédante, apportée ou scindée ou est contrôlée par elle, ou ces deux entreprises sont contrôlées par la même entreprise ;

2° 90 % de son montant avant l'opération pour les opérations autres que celles mentionnées au 1° entre sociétés membres d'un groupe au sens de l'article 223 A ou de l'article 223 A _bis_ ;

3° Sous réserve des dispositions des 1° et 2°, 50 % de son montant avant l'opération pour les opérations de reprise d'immobilisations prévue par un plan de cession ou comprises dans une cession d'actifs en sauvegarde, en redressement ou en liquidation judiciaire, jusqu'à la deuxième année suivant celle du jugement ordonnant la cession ou autorisant la cession d'actifs en cours de période d'observation.

Par exception aux cinquième et sixième alinéas, la valeur locative d'une immobilisation corporelle cédée à compter du 1er janvier 2011 et rattachée au même établissement avant et après la cession ne peut être inférieure à 100 % de son montant avant l'opération lorsque, directement ou indirectement, l'entreprise cessionnaire contrôle l'entreprise cédante ou est contrôlée par elle ou lorsque ces deux entreprises sont contrôlées par la même entreprise. — *V. note ss. l'art.*

Le présent article s'applique distinctement aux deux catégories d'immobilisations suivantes : terrains et constructions.

Pour l'application de ces dispositions, le prix de revient utile à la détermination de la valeur locative des immobilisations est multiplié par les taux d'intérêt fixés à l'art. 1499 dans sa rédaction en vigueur à compter des impositions établies au titre de 2021 (L. n° 2020-1721 du 29 déc. 2020, art. 29-IV-A).

BIBL. Raquin, *RJF 2011, p. 1019* (le statut de la transmission universelle de patrimoine au regard des textes fiscaux). – Toulemont et Le Tacon, *Dr. fisc. 2006, p. 655* (opérations de restructuration : quel rôle pour l'art. 1518 B ?). – Toulemont et Nikolic, *Dr. fisc. 2013. Étude 364* (l'art. 1518 B à l'heure de la CET).

1. Doctrine administrative. Détermination de la valeur locative des immobilisations imposables. Valeur locative plancher. * BOI-IF-CFE-20-20-20-20 du 6 sept. 2017.

2. Cessions d'établissements. Pour l'application de l'art. 1518 B, un établissement doit être regardé comme ayant fait l'objet d'une cession lorsque le même redevable a acquis l'ensemble des éléments mobiliers et immobiliers qui étaient nécessaires à l'exercice autonome de l'activité par le cédant, en vue d'y exercer, avec ces moyens, sa propre activité. • CE 3 févr. 2011, ☖ n° 327724 : *RJF 2011. 447 ; concl. Olléon au BDCF 4/11, n° 47* • 18 juill. 2018, ☖ *Sté Supergel 28,* n° 402451 : *RJF 2018. 1116, concl. Bénard.* ♦ Constitue ainsi une cession d'établissement, au sens de ce texte : la cession par une entreprise à un même redevable de l'ensemble de ses bâtiments et matériels industriels d'exploitation (bacs de stockage d'alcool, avec cuvettes de rétention, pomperie et poste de chargement et de déchargement de camions citerne), nonobstant la double circonstance que : 1) ce dépôt soit cédé aux fins d'exploitation d'un site de stockage industriel d'alcool éthylique alors que la société cédante y exerçait une activité de stockage de lanthane ; 2) la société acquéreuse n'a pas acquis la clientèle de la société cédante. • Même arrêt. ♦ ... La cession à un seul redevable des éléments corporels et incorporels d'un fonds de commerce et du droit de bail commercial cessible attaché au fonds, alors même qu'elle ne comporte aucun bien immobilier. • CAA Bordeaux, 4 juill. 2013, *SAS Cool Jet,* n° 13BX00125 : *RJF 2013. 1499.* ♦ ... La reprise de l'une des branches d'activité d'une société en liquidation judiciaire si elle porte sur tous les éléments nécessaires à l'exercice autonome de l'activité. • CE 7 nov. 2013, ☖ n° 341856 : *RJF 2014. 152 ; BDCF 2014. 22, concl. Legras.*

3. La donation entre vifs d'une entreprise constitue une cession d'établissement. Les bases imposables à la taxe professionnelle (et donc à la CFE) des immobilisations corporelles transmises doivent être évaluées selon la règle de la valeur locative plancher. • CE 13 févr. 2013, ☖ *Clerget,* n° 348681 : *RJF 2013. 502.*

4. Ne peuvent être regardées comme des cessions d'établissement : la cession de locaux nus. • CE 5 nov. 1993, ☖ n° 65512 : *RJF 1993. 1563, concl. Fouquet, p. 895 ; Dr. fisc. 1994. 401, concl. Fouquet.* ♦ ... La cession de locaux nus, à l'exclusion des autres immobilisations corporelles, même si la même activité y est poursuivie par le cédant ou par un tiers, avec ces immobilisations corporelles. • CE 28 mai 2004, ☖ n° 232285 : *RJF 2004. 899, concl. Bachelier, p. 639 ; Dr. fisc. 2005. 284, concl. Bachelier.* ♦ ... La cession de camions de transport de béton et d'une cuve de malaxage, à l'exclusion de toute autre immobilisation corporelle, accompagnée du transfert des chauffeurs, dès lors qu'elle ne permet pas au cessionnaire de reprendre l'activité du cédant. • *CAA Lyon, 1er juin 2006, n° 02LY382 : RJF 2006. 1552 ; Dr. fisc. 2007. 208, concl. Pourny.* ♦ ... La cession de la totalité du matériel, mais d'une partie seulement des locaux, à l'exclusion des autres immobilisations corporelles nécessaires à l'activité industrielle exercée, alors même qu'une activité identique y serait effectivement poursuivie par le cessionnaire au moyen de ces immobilisations corporelles, louées par lui dans le cadre d'un contrat de crédit-bail à une société tierce, elle-même devenue propriétaire de ces immobilisations. • CE 3 sept. 2008, ☖ n° 295010 : *RJF 2008. 1334 ; concl. Collin au BDCF 12/08, n° 149 ; Dr. fisc. 2008. 570, note Buchet.* ♦ ... La cession des matériels, équipements et installations nécessaires au fonctionnement d'un restaurant, à l'exclusion des locaux simplement repris en location-gérance par le cessionnaire. • CE 29 oct. 2008, ☖ nos 300351, 300555 à 300559, *SARL Mac Donald's France Restaurants : RJF 2009. 39 ; concl. Collin au BDCF 1/09, n° 8.* ♦ ... La cession d'installations dont l'état interdit leur utilisation immédiate sans la réalisation d'importants travaux de remise en état au regard de la valeur des biens acquis. • CE 22 févr. 2017, ☖ *SCI du Chant du Chêne,* n° 392337 : *RJF 2017. 446 ; Dr. fisc. 2017. 285, note Toulemont et Nikolic.*

5. Fusions de sociétés. Les « fusions de sociétés » visées par l'art. 1518 B dont les termes renvoient à des catégories d'opérations définies et régies par le droit des sociétés, ne sauraient s'entendre comme incluant toutes autres opérations, non mentionnées par ce texte, qui, sans constituer des « fusions » proprement dites, ont pour conséquence la mutation patrimoniale d'un établissement industriel ou commercial. Les transmissions universelles de patrimoine entraînées, en vertu de l'art. 1844-5 C. civ., par la dissolution sans liquidation d'une société dont toutes les parts ont été réunies en une seule main, ne constituent pas une « fusion » entre la société dissoute et son unique associé qui subsiste, au sens que revêt ce terme en droit civil comme en droit des sociétés. Dès lors, la règle de la valeur locative plancher ne s'applique pas au transfert des biens d'une société dissoute à une nouvelle société exploitante devenue son unique associé. • CE 1er juill. 2009, ☖ n° 285718, *SA Supra : RJF 2009. 846 ; concl. Collin au BDCF 10/09, n° 118 ; Dr. fisc. 2009. 487.*

6. Transfert. L'art. 1518 B ne trouve à s'appliquer que pour la détermination de l'assiette de la taxe professionnelle due sur le territoire d'une même commune. Par suite, lorsqu'un établissement ayant fait l'objet d'une cession est transféré au cours de la même année dans une autre commune, il n'y a pas lieu de faire application du plancher prévu par l'art. 1518 B pour fixer la valeur locative des immobilisations corporelles imposables dans cette commune à compter de l'année suivant celle du transfert. • CAA Lyon, 29 avr. 2004, n° 98LY2031 : *RJF 2005. 337.*

7. Cession d'immobilisations entre entreprise liées. L'art. 1518 B prévoit que la valeur locative, servant de base aux impôts directs locaux, des immobilisations corporelles acquises à la suite notamment d'opérations d'apports, de scissions, de fusions ou de cessions d'établissement ne peut être inférieure à 80 % de celle retenue l'année précédant l'opération réalisée. L'art. 87 de la loi de finances pour 2006 a porté, pour les opérations réalisées à compter de 2006, le seuil de la valeur locative plancher à 90 % lorsque l'opération est réalisée entre sociétés membres d'un groupe au sens de l'art. 223 A. * BOI-IF-CFE-20-20-20 n° 60 du 6 sept. 2017.

8. Transmissions universelles du patrimoine. Le champ d'application de l'art. 1518 B est étendu aux opérations de transmissions universelles du patrimoine mentionnées à l'art. 1844-5 C. civ. et réalisées à compter du 1er janv. 2010, pour la valeur locative des seules immobilisations corporelles directement concernées par ces opérations. * BOI-IF-CFE-20-20-20 n° 230 du 6 sept. 2017.

9. Année de référence à retenir. Il résulte de l'art. 1518 B, éclairé par les travaux parlementaires, qu'en matière de taxe professionnelle, le minimum de valeur locative qu'il institue s'entend, pour les opérations réalisées à compter du 1er janv. 1992, des 4/5e de la valeur des immobilisations devant être imposées au titre de l'année de la cession. De même, en matière de taxe foncière sur les propriétés bâties, cette valeur locative s'entend des 4/5e de la valeur des immeubles devant être imposés au 1er janv. de l'année de la cession. En cas de cession d'immobilisations au cours de l'année N, il convient de retenir, pour le calcul de la taxe professionnelle de l'année N+1 et de la taxe foncière de l'année N+1, le montant des 4/5e de la valeur locative des biens acquis en N et devant être imposés au titre de l'année N. • CE 31 déc. 2008, n° 284688, *SA Ronic Industries : RJF 2009. 355 ; concl. Legras au BDCF 4/09, n° 51.*

Art. 1518 C Les transferts et transmissions résultant de l'exécution d'un contrat de fiducie sont sans incidence sur la valeur locative des biens concernés.

Art. 1518 D Pour la détermination de la valeur locative des immobilisations industrielles dont la propriété est, en application de la loi n° 2014-872 du 4 août 2014 portant réforme ferroviaire, transférée à la SNCF ou à SNCF Réseau, le prix de revient mentionné à l'article 1499 s'entend de la valeur brute pour laquelle ces immobilisations sont inscrites au bilan de *(Ord. n° 2019-552 du 3 juin 2019, art. 25, en vigueur le 1er janv. 2020)* « SNCF Voyageurs *[ancienne rédaction : SNCF Mobilités]* » au 31 décembre 2014.

SECTION VI *BIS* RÈGLES PARTICULIÈRES D'ÉTABLISSEMENT DES IMPÔTS DIRECTS LOCAUX

(L. n° 2017-1775 du 28 déc. 2017, art. 30, en vigueur le 1er janv. 2018)

Art. 1518 E I. — Pour les biens mentionnés au I de l'article 1498 :

1° Des exonérations partielles d'impôts directs locaux sont accordées au titre des années 2017 à 2025 lorsque la différence entre la cotisation établie au titre de l'année 2017 en application du présent code et la cotisation qui aurait été établie au titre de cette même année sans application du A du XVI de l'article 34 de la loi n° 2010-1658 du 29 décembre 2010 de finances rectificative pour 2010, dans sa rédaction en vigueur le 31 décembre 2016, est positive.

Pour chaque impôt, l'exonération est égale aux neuf dixièmes de la différence définie au premier alinéa du présent 1° pour les impositions établies au titre de l'année 2017, puis réduite chaque année d'un dixième de cette différence.

L'exonération cesse d'être accordée à compter de l'année qui suit celle au cours de laquelle la propriété ou fraction de propriété est concernée par l'application du I de l'article 1406, sauf si le changement de consistance concerne moins de 10 % de la surface de la propriété ou fraction de propriété ;

2° Les impôts directs locaux établis au titre des années 2017 à 2025 sont majorés lorsque la différence entre la cotisation qui aurait été établie au titre de l'année 2017 sans application du A du XVI de l'article 34 de la loi n° 2010-1658 du 29 décembre 2010 précitée, dans sa rédaction en vigueur le 31 décembre 2016, et la cotisation établie au titre de cette même année est positive.

Pour chaque impôt, la majoration est égale aux neuf dixièmes de la différence définie au premier alinéa du présent 2° pour les impositions établies au titre de l'année 2017, puis réduite chaque année d'un dixième de cette différence.

Cette majoration est supprimée à compter de l'année qui suit celle au cours de laquelle la propriété ou fraction de propriété est concernée par l'application du I de l'article 1406, sauf si le changement de consistance concerne moins de 10 % de la surface de la propriété ou fraction de propriété.

II. — Pour l'application du I :

1° Les impôts directs locaux s'entendent de la taxe foncière sur les propriétés bâties, de la cotisation foncière des entreprises, de la taxe d'habitation *(L. n° 2019-1479 du 28 déc. 2019, art. 16-I-E-24° et VII-E, applicable à compter des impositions établies au titre de 2023)* « sur les résidences secondaires et autres locaux meublés non affectés à l'habitation principale » et de leurs taxes annexes ;

2° La différence définie au premier alinéa des 1° et 2° du même I s'apprécie pour chaque impôt en tenant compte de ses taxes annexes et des prélèvements prévus à l'article 1641.

Elle s'apprécie par propriété ou fraction de propriété bâtie pour la taxe foncière sur les propriétés bâties ;

3° Selon le cas, le coût de l'exonération ou *[de]* la majoration est réparti entre les collectivités territoriales et, le cas échéant, les établissements publics de coopération intercommunale, les établissements publics fonciers, les chambres de commerce et d'industrie et les chambres de métiers et de l'artisanat au prorata de leur part dans la somme des variations positives de chaque fraction de cotisation leur revenant.

SECTION VI *TER* VOIES DE RECOURS SPÉCIFIQUES EN MATIÈRE D'IMPÔTS DIRECTS LOCAUX

(L. n° 2017-1775 du 28 déc. 2017, art. 30, en vigueur le 1er janv. 2018)

Art. 1518 F Les décisions prises en application des articles 1504 et 1518 *ter* ne peuvent pas être contestées à l'occasion d'un litige relatif à la valeur locative d'une propriété bâtie.

SECTION VII AUTRES TAXES COMMUNALES

I *TAXES OBLIGATOIRES*

A REDEVANCE COMMUNALE DES MINES

Art. 1519 I. — Il est perçu, au profit des communes, une redevance sur chaque tonne nette du produit concédé extrait par les concessionnaires de mines, les amodiataires et sous-amodiataires des concessions minières, par les titulaires de permis d'exploitation de mines et par les explorateurs de mines de pétrole et de gaz combustibles. Cette redevance est applicable aux charbons extraits sous territoire étranger et amenés au jour par des puits et installations sis en France.

Cette redevance ne s'applique pas aux hydrocarbures extraits de gisements situés au-delà de 1 mille marin des lignes de base définies à *(Ord. n° 2016-1687 du 8 déc. 2016, art. 61, ratifié par L. n° 2019-1428 du 24 déc. 2019, art. 135-II)* « l'article 2 de l'ordonnance n° 2016-1687 du 8 décembre 2016 relative aux espaces maritimes relevant de la souveraineté ou de la juridiction de la République française ».

Lorsqu'il existe plusieurs lignes de base, celle qui est la plus proche de la côte est utilisée.

II. — 1° A compter du 1er janvier *(Décr. n° 2021-744 du 9 juin 2021, art. 1er)* « 2021 *[ancienne rédaction : 2020]* », les tarifs de la redevance communale des mines sont fixés à :

— *(Décr. n° 2021-744 du 9 juin 2021, art. 1er)* « 166,30 € *[ancienne rédaction : 153,60 €]* » par kilogramme d'or contenu pour les minerais aurifères ;

— *(Décr. n° 2021-744 du 9 juin 2021, art. 1er)* « 323,70 € *[ancienne rédaction : 298,90 €]* » par quintal d'uranium contenu pour les minerais d'uranium ;

— *(Décr. n° 2021-744 du 9 juin 2021, art. 1er)* « 148,70 € *[ancienne rédaction : 137,30 €]* » par tonne d'oxyde de tungstène (WO_3) contenu pour les minerais de tungstène ;

— *(Décr. n° 2021-744 du 9 juin 2021, art. 1er)* « 270,20 € *[ancienne rédaction : 249,50 €]* » par quintal d'argent contenu pour les minerais argentifères ;

— *(Décr. n° 2021-744 du 9 juin 2021, art. 1er)* « 636,40 € *[ancienne rédaction : 587,60 €]* » par millier de tonnes nettes livrées pour la bauxite ;

— *(Décr. n° 2021-744 du 9 juin 2021, art. 1er)* « 827,30 € *[ancienne rédaction : 763,90 €]* » par millier de tonnes nettes livrées pour la fluorine ;

– **pour le chlorure de sodium :**

– *(Décr. n° 2021-744 du 9 juin 2021, art. 1er)* « **786,70 €** *[ancienne rédaction : 726,40 €]* » **par millier de tonnes nettes livrées pour le sel extrait par abattage ;**

– *(Décr. n° 2021-744 du 9 juin 2021, art. 1er)* « **478,90 €** *[ancienne rédaction : 442,20 €]* » **par millier de tonnes nettes livrées pour le sel extrait en dissolution par sondage et livré raffiné ;**

– *(Décr. n° 2021-744 du 9 juin 2021, art. 1er)* « **159,90 €** *[ancienne rédaction : 147,60 €]* » **par millier de tonnes de chlorure de sodium contenu pour le sel extrait en dissolution par sondage et livré en dissolution ;**

– *(Décr. n° 2021-744 du 9 juin 2021, art. 1er)* « **254,10 €** *[ancienne rédaction : 234,60 €]* » **par centaine de tonnes nettes extraites pour le charbon ;**

– *(Décr. n° 2021-744 du 9 juin 2021, art. 1er)* « **1 221,20 €** *[ancienne rédaction : 1 127,60 €]* » **par centaine de tonnes nettes extraites, pour les gisements de pétrole brut** *(Abrogé par L. n° 2017-1775 du 28 déc. 2017, art. 43, à compter du 1er janv. 2018)* ***« mis en exploitation avant le 1er janvier 1992 »*** ; *– Montant applicable à compter du 1er janv. 2018, que le gisement ait été mis en exploitation avant ou après le 1er janv. 1992.*

– *(Décr. n° 2021-744 du 9 juin 2021, art. 1er)* « **9,30 €** *[ancienne rédaction : 8,60 €]* » **par tonne nette livrée pour le propane et le butane ;**

– *(Décr. n° 2021-744 du 9 juin 2021, art. 1er)* « **8,60 €** *[ancienne rédaction : 7,90 €]* » **par tonne nette livrée pour l'essence de dégazolinage ;**

– *(Décr. n° 2021-744 du 9 juin 2021, art. 1er)* « **3,10 €** *[ancienne rédaction : 2,90 €]* » **par tonne de soufre contenu pour les minerais de soufre autres que les pyrites de fer ;**

– *(Décr. n° 2021-744 du 9 juin 2021, art. 1er)* « **972,90 €** *[ancienne rédaction : 898,30 €]* » **par millier de tonnes nettes livrées pour les lignites d'un pouvoir calorifique égal ou supérieur à 13 MJ/kg ;**

– *(Décr. n° 2021-744 du 9 juin 2021, art. 1er)* « **236,30 €** *[ancienne rédaction : 218,20 €]* » **par millier de tonnes nettes livrées pour les lignites d'un pouvoir calorifique inférieur à 13 MJ/kg ;**

– *(Décr. n° 2021-744 du 9 juin 2021, art. 1er)* « **356,20 €** *[ancienne rédaction : 328,90 €]* » **par 100 000 mètres cubes extraits à 1 bar et 15°C pour le gaz carbonique ;**

– *(Décr. n° 2021-744 du 9 juin 2021, art. 1er)* « **1 635,10 €** *[ancienne rédaction : 1 509,80 €]* » **par millier de tonnes nettes livrées pour les calcaires et grès bitumineux ou asphaltiques (non destinés à la distillation pour production d'huiles ou d'essences) ;**

– *(Décr. n° 2021-744 du 9 juin 2021, art. 1er)* « **54,50 €** *[ancienne rédaction : 50,30 €]* » **par millier de tonnes nettes livrées pour les schistes carbobitumineux et schistes bitumineux (à traiter par distillation pour en extraire des huiles et des essences) ;**

– *(Décr. n° 2021-744 du 9 juin 2021, art. 1er)* « **545,30 €** *[ancienne rédaction : 503,50 €]* » **par millier de tonnes nettes livrées pour la pyrite de fer ;**

– *(Décr. n° 2021-744 du 9 juin 2021, art. 1er)* « **375,70 €** *[ancienne rédaction : 346,90 €]* » **par millier de tonnes nettes livrées de minerais de fer ;**

– *(Décr. n° 2021-744 du 9 juin 2021, art. 1er)* « **13,10 €** *[ancienne rédaction : 12,10 €]* » **par tonne d'antimoine contenu dans les minerais d'antimoine ;**

– *(Décr. n° 2021-744 du 9 juin 2021, art. 1er)* « **686,40 €** *[ancienne rédaction : 633,80 €]* » **par centaine de tonnes de plomb contenu dans les minerais de plomb ;**

– *(Décr. n° 2021-744 du 9 juin 2021, art. 1er)* « **545,30 €** *[ancienne rédaction : 503,50 €]* » **par centaine de tonnes de zinc contenu dans les minerais de zinc ;**

– *(Décr. n° 2021-744 du 9 juin 2021, art. 1er)* « **132,50 €** *[ancienne rédaction : 122,30 €]* » **par tonne d'étain contenu dans les minerais d'étain ;**

– *(Décr. n° 2021-744 du 9 juin 2021, art. 1er)* « **21,30 €** *[ancienne rédaction : 19,70 €]* » **par tonne de cuivre contenu dans les minerais de cuivre ;**

– *(Décr. n° 2021-744 du 9 juin 2021, art. 1er)* « **731,70 €** *[ancienne rédaction : 675,60 €]* » **par millier de tonnes d'arsenic contenu dans les minerais d'arsenic ;**

– *(Décr. n° 2021-744 du 9 juin 2021, art. 1er)* « **64,10 €** *[ancienne rédaction : 59,20 €]* » **par tonne de bismuth contenu dans les minerais de bismuth ;**

– *(Décr. n° 2021-744 du 9 juin 2021, art. 1er)* « **406,30 €** *[ancienne rédaction : 375,20 €]* » **par centaine de tonnes de manganèse contenu dans les minerais de manganèse;**

– *(Décr. n° 2021-744 du 9 juin 2021, art. 1er)* « **270,20 €** *[ancienne rédaction : 249,50 €]* » **par tonne de molybdène contenu dans les minerais de molybdène ;**

– *(Décr. nº 2021-744 du 9 juin 2021, art. 1er)* « **54,50 €** *[ancienne rédaction : 50,30 €]* » **par tonne de Li_2O contenu dans les minerais de lithium ;**

– *(Décr. nº 2021-744 du 9 juin 2021, art. 1er)* « **286,60 €** *[ancienne rédaction : 264,60 €]* » **par centaine de tonnes de K_2O contenu dans les sels de potassium ;**

– *(Décr. nº 2021-744 du 9 juin 2021, art. 1er)* « **351,40 €** *[ancienne rédaction : 324,50 €]* » **par 100 000 mètres cubes extraits, pour les gisements de gaz naturel** *(Abrogé par L. nº 2017-1775 du 28 déc. 2017, art. 43, à compter du 1er janv. 2018)* ***« mis en exploitation avant le 1er janvier 1992 » ;*** – *Ces tarifs doivent être majorés des perceptions prévues aux 1 et 2 du I et au II de l'art. 1641 et à l'art. 1644.*

1° *bis* Pour les gisements en mer situés jusqu'à une limite de 1 mille marin au-delà des lignes de base définies à *(Ord. nº 2016-1687 du 8 déc. 2016, art. 61, ratifié par L. nº 2019-1428 du 24 déc. 2019, art. 135-II)* **« l'article 2 de l'ordonnance nº 2016-1687 du 8 décembre 2016 relative aux espaces maritimes relevant de la souveraineté ou de la juridiction de la République française », les tarifs de la redevance communale des mines sont fixés à :**

– 25,3 € par 100 000 mètres cubes extraits pour le gaz naturel ;

– 86,1 € par centaine de tonnes nettes extraites pour le pétrole brut.

Lorsqu'il existe plusieurs lignes de base, celle qui est la plus proche de la côte est utilisée ; – *Ces tarifs doivent être majorés des perceptions prévues aux 1 et 2 du I et au II de l'art. 1641 et à l'art. 1644.*

(Abrogé par L. nº 2017-1775 du 28 déc. 2017, art. 43, à compter du 1er janv. 2018) ***« 1° ter Pour les gisements mis en exploitation à compter du 1er janvier 1992, les tarifs de la redevance communale des mines sont fixés à :***

« – *(Décr. nº 2017-698 du 2 mai 2017, art. 1er)* ***« 74,60 €*** *[ancienne rédaction : 74 €]* ***» par 100 000 mètres cubes extraits pour les gisements de gaz naturel ;***

« *(Décr. nº 2017-698 du 2 mai 2017, art. 1er)* ***« 258 €*** *[ancienne rédaction : 256 €]* ***» par centaine de tonnes nettes extraites pour les gisements de pétrole brut ; »*** – *Ces tarifs sont majorés des perceptions prévues aux 1 et 2 du I et au II de l'art. 1641 et à l'art. 1644.*

2° Les tarifs de la redevance applicables à partir du 1er janvier 1954 aux substances minérales concédées autres que celles mentionnées au 1° sont fixés, compte tenu de la valeur de la substance minérale concédée, par décret pris sur proposition du ministre de l'intérieur, du ministre chargé des mines et du ministre chargé du budget, après avis conforme du conseil général de l'économie, de l'industrie, de l'énergie et des technologies et du Conseil d'État. Ce décret peut être complété par l'addition des substances minérales concédées qui n'auraient pas été exploitées en France au 1er janvier 1954 ou qui viendraient à être ultérieurement placées dans la classe des mines par application des articles L. 111-2 et L. 312-1 du code minier.

III. – Les modalités d'application des I et II sont fixées par décret en Conseil d'État rendu après avis du conseil général de l'économie, de l'industrie, de l'énergie et des technologies. – *V. Ann. II, art. 311 A à 311 D.*

IV. – Les tarifs prévus aux 1° et 2° du II évoluent chaque année comme l'indice de valeur du produit intérieur brut total, tel qu'il est estimé dans la projection économique présentée en annexe au projet de loi de finances de l'année.

(Abrogé par L. nº 2017-1775 du 28 déc. 2017, art. 43, à compter du 1er janv. 2018) ***« Les tarifs visés au 1° ter du II évoluent chaque année comme l'indice des prix tel qu'il est estimé dans la projection économique présentée en annexe au projet de loi de finances de l'année. »***

Les tarifs sont arrondis au dizième d'euro le plus proche.

V. – Les modalités d'attribution et de répartition de la redevance communale sont fixées par décrets en Conseil d'État. – *V. Ann. II, art. 312, 313 et 315.*

VI. – Lorsqu'une commune appartient à un groupement de communes doté d'une fiscalité propre, le produit communal de la redevance des mines sur les hydrocarbures liquides et gazeux qu'elle doit recevoir en application du V lui est versé, à l'exception des ressources provenant d'une répartition nationale ou départementale, à concurrence de 60 %. Le solde de ce produit est directement versé au groupement de communes.

Toutefois, le conseil délibérant du groupement de communes peut, par délibération prise à la majorité des deux tiers de ses membres, réduire la part de la redevance qui lui est directement affectée en application du premier alinéa.

B IMPOSITION FORFAITAIRE SUR LES PYLÔNES

Art. 1519 A Il est institué une imposition forfaitaire annuelle sur les pylônes supportant des lignes électriques dont la tension est au moins égale à 200 kilovolts. En *(Décr. n° 2020-897 du 22 juill. 2020, art. 1er)* « 2022 *[ancienne rédaction : 2021]* », le montant de cette imposition forfaitaire est fixé à *(Décr. n° 2020-897 du 22 juill. 2020, art. 1er)* « 2 669 € *[ancienne rédaction : 2 601 €]* » pour les pylônes supportant des lignes électriques dont la tension est comprise entre 200 et 350 kilovolts et à *(Décr. n° 2020-897 du 22 juill. 2020, art. 1er)* « 5 331 € *[ancienne rédaction : 5 196 €]* » pour les pylônes supportant des lignes électriques dont la tension est supérieure à 350 kilovolts. Ces montants sont révisés chaque année proportionnellement à la variation du produit de la taxe foncière sur les propriétés bâties constatée au niveau national. — *Tarifs applicables aux impositions établies au titre de l'année 2022.*

Sous réserve des dispositions du premier alinéa du V de l'article 1379-0 *bis*, l'imposition prévue au premier alinéa est perçue au profit des communes.

L'imposition est déclarée par voie électronique et liquidée :

1° Pour les redevables de la taxe sur la valeur ajoutée, sur l'annexe à la déclaration mentionnée au 1 de l'article 287 déposée au titre du mois de mars ou du premier trimestre de l'année au titre de laquelle l'imposition est due ;

2° Pour les personnes non redevables de la taxe sur la valeur ajoutée, sur l'annexe à la déclaration prévue au 1 du même article 287 déposée auprès du service chargé du recouvrement dont relève leur siège ou principal établissement au plus tard le 25 avril de l'année au cours de laquelle l'imposition est due.

La déclaration comporte notamment la liste par département des communes d'implantation des pylônes avec en regard de chacune d'elles :

a) L'indication du nombre de pylônes taxés, en distinguant selon qu'ils supportent des lignes d'une tension comprise entre 200 et 350 kilovolts ou d'une tension supérieure à 350 kilovolts ;

b) Le produit total revenant à chaque commune et à chaque département ainsi que le produit net total de l'imposition.

L'imposition est acquittée lors du dépôt de la déclaration. Elle est recouvrée et contrôlée selon les procédures et sous les mêmes sanctions, garanties et privilèges que les taxes sur le chiffre d'affaires. Les réclamations sont présentées, instruites et jugées selon les règles applicables à ces taxes.

Le reversement du produit de l'imposition aux bénéficiaires mentionnés au deuxième alinéa intervient avant le 31 décembre de l'année en cours. Les erreurs ou omissions qui feraient l'objet d'une régularisation après le reversement aux bénéficiaires sont soustraites ou ajoutées aux montants reversés au titre de la période suivante.

1. Perception au profit des communes et des établissements publics de coopération intercommunale. Collectivités bénéficiaires et délibérations concordantes de ces collectivités. Commentaire administratif. * BOI-TFP-PYL du 3 févr. 2021.

2. Montants de l'imposition. Ces montants sont publiés chaque année au * BOI-TFP-PYL n° 140.

C TAXE SUR LES ÉOLIENNES MARITIMES

Art. 1519 B Il est institué *(Abrogé par L. n° 2021-1900 du 30 déc. 2021, art. 101-I-2°-a et III) « au profit des communes et des usagers de la mer »* une taxe annuelle sur les installations de production d'électricité utilisant l'énergie mécanique du vent situées dans les eaux intérieures *(L. n° 2021-1900 du 30 déc. 2021, art. 101-I-2°-a et III)* « , la mer territoriale ou la zone économique exclusive ». — *Les dispositions de l'al. ci-dessus telles qu'issues du a du 2° du I de l'art. 101 de la L. n° 2021-1900 du 30 déc. 2021 s'appliquent aux installations de production d'électricité utilisant l'énergie mécanique du vent en mer situées dans la zone économique exclusive dont les exploitants ont été retenus, à compter du 1er janv. 2022, à l'issue d'une procédure de mise en concurrence, en application de l'art. L. 311-11 C. énergie (L. préc., art. 101-III-A).*

La taxe est acquittée par l'exploitant de l'unité de production d'électricité utilisant l'énergie mécanique du vent.

La taxe est assise sur le nombre de mégawatts installés dans chaque unité de production d'électricité utilisant l'énergie mécanique du vent au 1er janvier de l'année d'imposition. Elle n'est pas due l'année de la mise en service de l'unité.

Le tarif annuel de la taxe est fixé à *(Décr. n° 2021-744 du 9 juin 2021, art. 1er)* « 18 605 € *[ancienne rédaction : 17 227 €]* » par mégawatt installé. *(L. n° 2021-1900 du 30 déc. 2021, art. 101-I-2°-b)* « Ce montant est revalorisé chaque année comme le taux prévisionnel, associé au projet de loi de finances de l'année, d'évolution des prix à la consommation des ménages, hors tabac, pour la même année. » *— Tarif applicable aux impositions établies au titre de l'année 2021. — La revalorisation ne s'applique pas pour l'année 2022 (L. n° 2021-1900 du 30 déc. 2021, art. 101-III-B).*

(L. n° 2021-1900 du 30 déc. 2021, art. 101-I-2°-c) « La valeur résultant de cette revalorisation est arrondie, s'il y a lieu, à l'euro le plus proche ; la fraction d'euro égale à 0,50 est comptée pour 1. »

La taxe est déclarée et liquidée :

1° Pour les redevables de la taxe sur la valeur ajoutée, sur l'annexe à la déclaration mentionnée au 1 de l'article 287 déposée au titre du mois de mars ou du premier trimestre de l'année au titre de laquelle la taxe prévue au présent article est due ;

2° Pour les personnes non redevables de la taxe sur la valeur ajoutée, sur l'annexe à la déclaration prévue au 1 du même article 287 déposée auprès du service chargé du recouvrement dont relève leur siège ou principal établissement au plus tard le 25 avril de l'année au cours de laquelle la taxe prévue au présent article est due.

La taxe est acquittée lors du dépôt de la déclaration. Elle est recouvrée et contrôlée selon les procédures et sous les mêmes sanctions, garanties et privilèges que les taxes sur le chiffre d'affaires. Les réclamations sont présentées, instruites et jugées selon les règles applicables à ces taxes.

V. Ann. III, art. 325.

Taxe sur les éoliennes maritimes. Commentaire administratif. * BOI-TFP-TEM du 4 févr. 2015.

Art. 1519 C *[Al. 1 et 2 en vigueur jusqu'au 31 déc. 2020]*

Le produit de la taxe sur les installations de production d'électricité utilisant l'énergie mécanique du vent en mer mentionnée à l'article 1519 B est affecté au fonds national de compensation de l'énergie éolienne en mer, à l'exception des prélèvements mentionnés à l'article 1641 effectués au profit de l'État.

Les ressources de ce fonds sont réparties dans les conditions suivantes :

[Al. en vigueur le 1er janv. 2021]

(L. n° 2019-1479 du 28 déc. 2019, art. 122) « A l'exception *(L. n° 2021-1900 du 30 déc. 2021, art. 101-I-3°-a)* « du prélèvement mentionné au XIX de l'article 1647 effectué » au profit de l'État, le produit de la taxe sur les installations de production d'électricité utilisant l'énergie mécanique du vent en mer mentionnée à l'article 1519 B *(L. n° 2021-1900 du 30 déc. 2021, art. 101-I-3°-b)* « , pour la part afférente aux installations situées dans les eaux intérieures ou la mer territoriale, » est affecté aux organismes et selon les pourcentages suivants : »

1° 50 % sont affectés aux communes littorales d'où des installations sont visibles. Il est tenu compte, dans la répartition de ce produit entre les communes, de la distance qui sépare les installations de l'un des points du territoire des communes concernées et de la population de ces dernières. Par exception, lorsque les installations sont visibles de plusieurs départements, la répartition est réalisée conjointement dans les départements concernés ;

2° 35 % sont affectés aux comités mentionnés à l'article L. 912-1 du code rural et *de la pêche maritime pour* le financement de projets concourant à l'exploitation durable des ressources halieutiques. Ce pourcentage est réparti à raison de 15 % au profit du Comité national des pêches maritimes et des élevages marins, 10 % pour les comités régionaux des pêches maritimes et des élevages marins dans le ressort desquels les installations ont été implantées et 10 % pour les comités départementaux et interdépartementaux des pêches maritimes et des élevages marins dans le ressort desquels les installations ont été implantées. En cas d'inexistence de comité départemental, le pourcentage bénéficie au comité régional correspondant ;

(Abrogé par L. n° 2019-1479 du 28 déc. 2019, art. 122, à compter du 1er janv. 2021) (L. n° 2016-1917 du 29 déc. 2016, art. 124) « ***3° 5 % sont affectés au financement de projets concourant au développement durable des autres activités maritimes ;*** »

[3° bis en vigueur jusqu'au 31 déc. 2020]

3° *bis* 5 % sont affectés, à l'échelle de la façade maritime, à l'*(L. n° 2019-773 du 24 juill. 2019, art. 21-III et 24, en vigueur le 1er janv. 2020)* « **Office français de la biodiversité** *[ancienne rédaction : Agence française pour la biodiversité]* » ; »

[3° bis en vigueur le 1er janv. 2021]

(L. n° 2019-1479 du 28 déc. 2019, art. 122) « **3° *bis* 10 % sont affectés, à l'échelle de la façade maritime, à l'Office français de la biodiversité ;** »

4° 5 % sont affectés aux organismes mentionnés à l'article L. 742-9 du code de la sécurité intérieure.

Les modalités de répartition, d'affectation et d'utilisation du produit de la taxe, la définition des catégories d'opérations éligibles et l'organisation du contrôle par l'État sont précisées par décret. — *V. Décr. n° 2012-103 du 27 janv. 2012 (JO 28 janv.). — V. Ann. II, art. 315 B à 315 E.*

D IMPOSITION FORFAITAIRE SUR LES ENTREPRISES DE RÉSEAUX

Art. 1519 D **I. — L'imposition forfaitaire mentionnée à l'article 1635-0 *quinquies* s'applique aux installations terrestres de production d'électricité utilisant l'énergie mécanique du vent et aux installations de production d'électricité utilisant l'énergie mécanique hydraulique des courants situées dans les eaux intérieures ou dans la mer territoriale, dont la puissance électrique installée au sens des articles L. 311-1 et suivants du code de l'énergie est supérieure ou égale à 100 kilowatts.**

II. — L'imposition forfaitaire est due chaque année par l'exploitant de l'installation de production d'électricité au 1er janvier de l'année d'imposition.

III. — Le tarif annuel de l'imposition forfaitaire est fixé à *(Décr. n° 2020-897 du 22 juill. 2020, art. 1er)* « **7,82 €** *[ancienne rédaction : 7,70 €]* » **par kilowatt de puissance installée au 1er janvier de l'année d'imposition.** — *Tarif applicable aux impositions établies au titre de 2022.*

IV. — Le redevable de la taxe déclare, au plus tard le deuxième jour ouvré suivant le 1er mai de l'année d'imposition :

a) **Le nombre d'installations de production d'électricité utilisant l'énergie mécanique du vent par commune et, pour chacune d'elles, la puissance installée ;**

b) **Pour chaque commune où est installé un point de raccordement d'une installation de production d'électricité utilisant l'énergie mécanique hydraulique au réseau public de distribution ou de transport d'électricité, le nombre de ces installations et, pour chacune d'elles, la puissance installée.** — *V. Ann. III, art. 328 K.*

En cas de création d'installation de production d'électricité mentionnée au I ou de changement d'exploitant, la déclaration mentionnée au premier alinéa doit être souscrite avant le 1er janvier de l'année suivant celle de la création ou du changement.

En cas de cessation définitive d'exploitation d'une installation de production d'électricité mentionnée au I, l'exploitant est tenu d'en faire la déclaration au service des impôts dont dépend l'unité de production avant le 1er janvier de l'année suivant celle de la cessation lorsque la cessation intervient en cours d'année, ou avant le 1er janvier de l'année de la cessation lorsque celle-ci prend effet au 1er janvier.

Le contrôle, le recouvrement, le contentieux, les garanties, sûretés et privilèges sont régis comme en matière de cotisation foncière des entreprises.

1. IFER sur les éoliennes et hydroliennes. Installations imposées. Fait générateur et arrêt de l'imposition. Redevable. Calcul de l'imposition. * BOI-TFP-IFER-10 du 22 févr. 2020.

2. Le tarif 2011 sur les éoliennes, hydroliennes et installations photovoltaïques est conforme à la Constitution et à la Conv. EDH. • CE 16 nov. 2011, *SNC Parc éolien de Saint-Léger,* nos 349751 et 349810 : *RJF 2012. 155.*

Art. 1519 E **I. — L'imposition forfaitaire mentionnée à l'article 1635-0 *quinquies* s'applique aux installations de production d'électricité d'origine nucléaire ou thermique**

à flamme dont la puissance électrique installée au sens des articles L. 311-1 et suivants du code de l'énergie est supérieure ou égale à 50 mégawatts.

L'imposition mentionnée au premier alinéa n'est pas due au titre des installations exploitées pour son propre usage par un consommateur final d'électricité ou exploitées sur le site de consommation par un tiers auquel le consommateur final rachète l'électricité produite pour son propre usage.

II. — L'imposition forfaitaire est due chaque année par l'exploitant de l'installation de production d'électricité au 1er janvier de l'année d'imposition.

III. — Le montant de l'imposition forfaitaire est établi en fonction de la puissance installée dans chaque installation. Il est égal à *(Décr. n° 2020-897 du 22 juill. 2020, art. 1er)* « 3 254 € *[ancienne rédaction : 3 206 €]* » par mégawatt de puissance installée au 1er janvier de l'année d'imposition. — *Tarif applicable aux impositions établies au titre de 2022.*

IV. — Le redevable de la taxe déclare, au plus tard le deuxième jour ouvré suivant le 1er mai de l'année d'imposition, le nombre d'installations de production d'électricité d'origine nucléaire ou thermique à flamme et dont la puissance électrique installée est supérieure ou égale à 50 mégawatts par commune et, pour chacune d'elles, la puissance électrique installée.

Le contrôle, le recouvrement, le contentieux, les garanties, sûretés et privilèges sont régis comme en matière de cotisation foncière des entreprises.

IFER sur les installations de production d'électricité d'origine nucléaire ou thermique à flamme. Installations imposées. Fait générateur et arrêt de l'imposition. Redevable. Calcul de l'imposition. * BOI-TFP-IFER-20 du 19 févr. 2020.

Art. 1519 F I. — L'imposition forfaitaire mentionnée à l'article 1635-0 *quinquies* s'applique aux centrales de production d'énergie électrique d'origine photovoltaïque ou hydraulique, à l'exception de celles mentionnées à l'article 1519 D, dont la puissance électrique installée au sens des articles L. 311-1 et suivants du code de l'énergie est supérieure ou égale à 100 kilowatts.

L'imposition mentionnée au présent I n'est pas due au titre des centrales exploitées pour son propre usage par un consommateur final d'électricité ou exploitées sur le site de consommation par un tiers auquel le consommateur final rachète l'électricité produite pour son propre usage.

II. — L'imposition forfaitaire est due chaque année par l'exploitant de la centrale de production d'énergie électrique d'origine photovoltaïque ou hydraulique au 1er janvier de l'année d'imposition.

Le montant de l'imposition forfaitaire est fixé à *(Décr. n° 2020-897 du 22 juill. 2020, art. 1er)* « 3,254 € *[ancienne rédaction : 3,206 €]* » par kilowatt de puissance électrique installée au 1er janvier de l'année d'imposition pour les centrales de production d'énergie électrique d'origine hydraulique et à *(Décr. n° 2020-897 du 22 juill. 2020, art. 1er)* « 7,82 € *[ancienne rédaction : 7,70 €]* » par kilowatt de puissance électrique installée au 1er janvier de l'année d'imposition pour les centrales de production d'énergie électrique d'origine photovoltaïque. *(L. n° 2019-1479 du 28 déc. 2019, art. 123, applicable aux impositions établies à compter du 1er janv. 2022)* « Par exception, ce dernier tarif est ramené, pendant les vingt premières années d'imposition, au niveau de celui applicable aux centrales de production d'énergie électrique d'origine hydraulique, pour les centrales mises en service après le 1er janvier 2021. La date de mise en service s'entend de celle du premier raccordement au réseau électrique. »

III. — Le redevable de la taxe déclare, au plus tard le deuxième jour ouvré suivant le 1er mai de l'année d'imposition, le nombre de centrales de production d'énergie électrique d'origine photovoltaïque ou hydraulique par commune et, pour chacune d'elles, la puissance électrique installée. — *V. Ann. III, art. 328 K.*

En cas de création de centrale de production d'énergie électrique d'origine photovoltaïque ou hydraulique ou de changement d'exploitant, la déclaration mentionnée à l'alinéa précédent doit être souscrite avant le 1er janvier de l'année suivant celle de la création ou du changement.

En cas de cessation définitive d'exploitation d'une centrale de production d'énergie électrique d'origine photovoltaïque ou hydraulique, l'exploitant est tenu d'en faire la déclaration au service des impôts dont dépend la centrale de production avant le

1er janvier de l'année suivant celle de la cessation lorsque la cessation intervient en cours d'année, ou avant le 1er janvier de l'année de la cessation lorsque celle-ci prend effet au 1er janvier.

Le contrôle, le recouvrement, le contentieux, les garanties, sûretés et privilèges sont régis comme en matière de cotisation foncière des entreprises.

IFER sur les centrales de production d'électricité d'origine photovoltaïque ou hydraulique. Définition des centrales électriques photovoltaïques ou hydrauliques imposables. Fait générateur et arrêt de l'imposition. Redevable. Calcul de l'imposition. * BOI-TFP-IFER-30 du 30 juin 2021.

Art. 1519 G I. — L'imposition forfaitaire mentionnée à l'article 1635-0 *quinquies* s'applique aux transformateurs électriques relevant des réseaux publics de transport et de distribution d'électricité au sens du code de l'énergie.

II. — L'imposition forfaitaire est due par le propriétaire des transformateurs au 1er janvier de l'année d'imposition. Toutefois, pour les transformateurs qui font l'objet d'un contrat de concession, l'imposition est due par le concessionnaire.

Les sociétés coopératives agricoles et leurs unions qui se consacrent à l'électrification mentionnées à l'article 1451 sont exonérées de l'imposition mentionnée au I au titre de l'année 2010.

III. — Le montant de l'imposition est fixé en fonction de la tension en amont des transformateurs au 1er janvier de l'année d'imposition selon le barème suivant :

TENSION EN AMONT (en kilovolts)	TARIF PAR TRANSFORMATEUR (en euros)
Supérieure à 350	154 732
Supérieure à 130 et inférieure ou égale à 350	52 510
Supérieure à 50 et inférieure ou égale à 130	15 082

Barème issu du Décr. n° 2019-559 du 6 juin 2019, art. 1er.
Tarifs applicables aux impositions établies au titre de 2022.
Pour 2021, les tarifs ci-dessus étaient fixés, respectivement, à 152 445 €, 51 734 € et 14 859 € (Décr. n° 2021-744 du 9 juin 2021, art. 1er).

La tension en amont s'entend de la tension électrique en entrée du transformateur.

IV. — Le redevable de la taxe déclare, au plus tard le deuxième jour ouvré suivant le 1er mai de l'année d'imposition, le nombre de transformateurs électriques par commune et, pour chacun d'eux, la tension en amont. — *V. Ann. III, art. 328 P.*

Le contrôle, le recouvrement, le contentieux, les garanties, sûretés et privilèges sont régis comme en matière de cotisation foncière des entreprises.

IFER sur les transformateurs électriques. Installations imposées. Redevable. Calcul de l'imposition. * BOI-TFP-IFER-40 du 19 févr. 2020.

Art. 1519 H I. — L'imposition forfaitaire mentionnée à l'article 1635-0 *quinquies* s'applique aux stations radioélectriques dont la puissance impose un avis, un accord ou une déclaration à l'Agence nationale des fréquences en application de l'article L. 43 du code des postes et des communications électroniques, à l'exception des stations appartenant aux réseaux mentionnés au 1° de l'article L. 33 et à l'article L. 33-2 du même code, ainsi que des installations visées à l'article L. 33-3 du même code.

II. — L'imposition forfaitaire est due chaque année par la personne qui dispose pour les besoins de son activité professionnelle des stations radioélectriques au 1er janvier de l'année d'imposition.

III. — Le montant de l'imposition forfaitaire est fixé à *(Décr. n° 2020-897 du 22 juill. 2020, art. 1er)* « 1 709 € *[ancienne rédaction : 1 684 €]* » par station radioélectrique dont

présent IV doit être souscrite avant le 1er janvier de l'année suivant celle de la création ou du changement.

En cas de cessation définitive d'exploitation d'une centrale de production d'énergie électrique d'origine géothermique, l'exploitant est tenu d'en faire la déclaration au service des impôts dont dépend la centrale de production avant le 1er janvier de l'année suivant celle de la cessation lorsque la cessation intervient en cours d'année, ou avant le 1er janvier de l'année de la cessation lorsque celle-ci prend effet au 1er janvier.

Le contrôle, le recouvrement, le contentieux, les garanties, sûretés et privilèges sont régis comme en matière de cotisation foncière des entreprises.

IFER sur les installations de production d'électricité d'origine géothermique. Champ d'application. Installations imposées. Territorialité. Fait générateur de l'imposition. Redevables. Calcul de l'imposition. * BOI-TFP-IFER-100 du 24 juin 2020.

E TAXE ADDITIONNELLE À LA TAXE FONCIÈRE SUR LES PROPRIÉTÉS NON BÂTIES

Art. 1519 I I. – Il est institué, au profit des communes et des établissements publics de coopération intercommunale à fiscalité propre dans les conditions prévues aux articles 1379 et 1379-0 *bis*, une taxe additionnelle à la taxe foncière sur les propriétés non bâties pour les propriétés suivantes :

1° carrières, ardoisières, sablières *(Abrogé par L. n° 2019-1479 du 28 déc. 2019, art. 125)* « , *tourbières* » ;

2° terrains à bâtir, rues privées ;

3° terrains d'agrément, parcs et jardins et pièces d'eau ;

4° chemins de fer, canaux de navigation et dépendances ;

5° sols des propriétés bâties et des bâtiments ruraux, cours et dépendances.

II. – Cette taxe est acquittée par le redevable de la taxe foncière sur les propriétés non bâties au sens de l'article 1400.

III. – L'assiette de cette taxe est établie d'après la valeur locative cadastrale déterminée conformément au I de l'article 1396.

IV. – Le produit de cette taxe est obtenu en appliquant, chaque année, aux bases imposables la somme des taux départemental et régional de la taxe foncière sur les propriétés non bâties appliqués en 2010 sur le territoire de l'établissement public de coopération intercommunale ou de la commune, multipliée par un coefficient de 1,0485.

Pour l'application du premier alinéa aux établissements publics de coopération intercommunale dont le territoire est situé sur plusieurs départements, le taux départemental de taxe foncière sur les propriétés non bâties à prendre en compte s'entend de la moyenne des taux départementaux de taxe foncière sur les propriétés non bâties appliqués en 2010 sur le territoire de cet établissement, pondérés par l'importance relative des bases départementales de la taxe situées sur le territoire de cet établissement, telles qu'issues des rôles généraux établis au titre de cette même année.

Pour l'application du premier alinéa aux établissements publics de coopération intercommunale à fiscalité propre dont le territoire est situé sur plusieurs régions, le taux régional de taxe foncière sur les propriétés non bâties à prendre en compte s'entend de la moyenne des taux régionaux de taxe foncière sur les propriétés non bâties appliqués en 2010 sur le territoire de cet établissement, pondérés par l'importance relative des bases régionales de la taxe situées sur le territoire de cet établissement, telles qu'issues des rôles généraux établis au titre de cette même année.

Pour l'application du premier alinéa aux communes et établissements publics de coopération intercommunale dont le territoire se situe au moins en partie dans la région Île-de-France, le taux régional s'entend pour cette région du taux de l'année 2010 de la taxe additionnelle à la taxe foncière sur les propriétés non bâties prévue à l'article 1599 *quinquies* dans sa rédaction en vigueur au 1er janvier 2010.

Les deuxième à avant-dernier alinéas du présent IV s'appliquent aux communes nouvelles regroupant des communes qui étaient situées sur le territoire de plusieurs départements ou régions ou sur celui de la région d'Île-de-France.

IV *bis*. – Pour la métropole du Grand Paris, le produit de cette taxe est obtenu en appliquant, chaque année, aux bases imposables les taux appliqués en 2015 sur le territoire de chacune de ses communes membres.

V. — Le contrôle, le recouvrement, le contentieux, les garanties et sanctions sont régis comme en matière de taxe foncière sur les propriétés non bâties.

VI. — Cette taxe n'est pas applicable à Mayotte.

Pour les dispositions de l'art. 1519 I applicables avant le 1er janv. 2013, V. ***CGI, éd. 2015.***

Taxe additionnelle à la taxe foncière sur les propriétés non bâties. Commentaire administratif. * BOI-IF-AUT-80 du 6 févr. 2019.

F *[ABROGÉ]* REDEVANCE COMMUNALE GÉOTHERMIQUE

(Abrogé par L. nº 2019-1479 du 28 déc. 2019, art. 21-I-19º et XI-B, pour les impositions dont le fait générateur intervient à compter du 1er janv. 2020) (L. nº 2017-256 du 28 févr. 2017, art. 138-I)

Art. 1519 J *I. — Les centrales géothermiques d'une puissance supérieure a 3 mégawatts acquittent, au profit des communes sur les territoires desquelles elles sont situées, une redevance sur l'électricité produite par l'utilisation des ressources calorifiques du sous-sol. Le montant de cette redevance est fixé à 2 € par mégawattheure de production.*

II. — Les modalités d'application du présent article sont fixées par décret en Conseil d'État, pris après avis du conseil général de l'économie, de l'industrie, de l'énergie et des technologies.

II TAXES FACULTATIVES

A TAXE D'ENLÈVEMENT DES ORDURES MÉNAGÈRES

Art. 1520 I. — Les communes qui assurent au moins la collecte des déchets des ménages peuvent instituer une taxe destinée à pourvoir aux dépenses du service de collecte et de traitement des déchets ménagers et des déchets mentionnés à l'article L. 2224-14 du code général des collectivités territoriales *(L. nº 2018-1317 du 28 déc. 2018, art. 23-I-1º-a)* « ainsi qu'aux dépenses directement liées à la définition et aux évaluations du programme local de prévention des déchets ménagers et assimilés mentionné à l'article L. 541-15-1 du code de l'environnement », dans la mesure où celles-ci ne sont pas couvertes par des recettes ordinaires n'ayant pas le caractère fiscal.

(L. nº 2018-1317 du 28 déc. 2018, art. 23-I-1º-b) « Les dépenses du service de collecte et de traitement des déchets mentionnées au premier alinéa du présent I comprennent :

« 1º Les dépenses réelles de fonctionnement ;

« 2º Les dépenses d'ordre de fonctionnement au titre des dotations aux amortissements des immobilisations lorsque, pour un investissement, la taxe n'a pas pourvu aux dépenses réelles d'investissement correspondantes, au titre de la même année ou d'une année antérieure ;

« 3º Les dépenses réelles d'investissement lorsque, pour un investissement, la taxe n'a pas pourvu aux dépenses d'ordre de fonctionnement constituées des dotations aux amortissements des immobilisations correspondantes, au titre de la même année ou d'une année antérieure. »

Lorsqu'une commune assure au moins la collecte et a transféré le reste de la compétence d'élimination à un établissement public de coopération intercommunale à fiscalité propre, elle peut, par délibérations concordantes avec ce dernier, établir un reversement partiel du produit de la taxe d'enlèvement des ordures ménagères au profit de ce dernier.

II. — Par dérogation au I, les dispositions du *a* du 2 du VI de l'article 1379-0 *bis* sont applicables aux communes qui adhèrent, pour l'ensemble de cette compétence, à un syndicat mixte.

III. — En cas d'institution par les communes de la redevance mentionnée à l'article L. 2333-77 du code général des collectivités territoriales, la taxe d'enlèvement des ordures ménagères n'est applicable ni aux terrains de camping ou aménagés pour le stationnement des caravanes ni aux installations à usage collectif implantées sur ces terrains.

L'institution de la redevance mentionnée à l'article L. 2333-76 du code précité entraîne la suppression de la taxe d'enlèvement des ordures ménagères et de la redevance prévue à l'article L. 2333-77. — *V. pour dérogation, art. 1639 A bis-III.*

Cette suppression prend effet :

— à compter du 1er janvier de l'année où est intervenue la décision si cette décision est antérieure au 1er mars ;

— à compter du 1er janvier de l'année suivante, dans les autres cas.

(L. n° 2018-1317 du 28 déc. 2018, art. 23-I-1°-c et II-A, applicable aux délibérations relatives au vote du taux et, le cas échéant, des tarifs de la taxe d'enlèvement des ordures ménagères prises en application de l'art. 1639 A à compter du 1er janv. 2019) **« IV. — Le dégrèvement de la taxe consécutif à la constatation, par une décision de justice passée en force de chose jugée, de l'illégalité des délibérations prises par la commune ou l'établissement public de coopération intercommunale, fondée sur la circonstance que le produit de la taxe et, par voie de conséquence, son taux sont disproportionnés par rapport au montant des dépenses mentionnées au premier alinéa du I du présent article et non couvertes par des recettes ordinaires non fiscales, tel qu'il peut être estimé à la date du vote de la délibération fixant ce taux, est à la charge de cette commune ou de cet établissement public de coopération intercommunale. Il s'impute sur les attributions mentionnées aux articles L. 2332-2, L. 3662-2 et L. 5219-8-1 du code général des collectivités territoriales.**

« L'administration fiscale communique aux communes ou aux établissements publics de coopération intercommunale concernés, dans un délai de deux mois à compter de la date de notification du dégrèvement prononcé en application du présent IV, le montant de la taxe dégrevée, le montant initial de l'imposition contestée ainsi que la référence du jugement à l'origine de la décision de dégrèvement. »

BIBL. ▶ VILLETTE, *RJF 2019. 7* (contentieux de la taxe d'enlèvement des ordures ménagères : le juge choisit la décharge).

1. Ces dispositions ouvrent aux communes la possibilité d'instaurer une taxe d'ordures ménagères (TEOM), mais ne leur en créent pas l'obligation, même dans le cas où elles décident de supprimer la redevance d'enlèvement des ordures. • CE 8 janv. 1997, n° 151795 : *Dr. fisc. 1997. 267, concl. Goulard ; RJF 1997. 284.*

2. La TEOM a, contrairement à la redevance du même nom, le caractère d'une imposition de toute nature et non celui d'une redevance pour services rendus. • CE 12 mars 2021, n° 442583 : *RJF 2021. 662.*

3. Une délibération du conseil municipal divisant le territoire communal en deux zones, l'une où s'applique la TEOM, l'autre où s'applique la redevance est illégale au regard de l'art. L. 2333-76 CGCT, de l'art. 1520, 3e al. CGI, et du principe d'égalité des usagers devant le service public. • TA Grenoble, 24 sept. 1996, n° 93-866 : *JCP 1997. IV. 2184.*

4. Principe de proportionnalité. Le produit de la TEOM et, par voie de conséquence, son taux, ne doivent pas être manifestement disproportionnés par rapport au montant des dépenses couvertes par cette taxe, tel qu'il peut être estimé à la date du vote de la délibération fixant ce taux. Par suite, un contribuable peut obtenir la décharge de la taxe si le taux de celle-ci est manifestement disproportionné par rapport au montant des dépenses exposées par la commune pour l'enlèvement et le traitement des ordures ménagères et non couvertes par des recettes non fiscales. • CE 31 mars 2014, *Min. c/ Sté Auchan France*, n° 368111 : *RJF 2014. 639 ; BDCF 2014. 62, concl. Escaut ; Dr. fisc. 2014. 434, note Meier et Torlet.* ♦ Sur l'appréciation de la disproportion manifeste. • CE 1er juill. 2020, *Sté immobilière du Groupe Casino et Sté Mercialys*, n° 424291 : *RJF 2020. 838, concl. Bokdam-Tognetti.*

5. Pour apprécier la légalité d'une délibération fixant le taux de la TEOM, il appartient au juge de l'impôt de rechercher si le produit de la taxe n'est pas manifestement disproportionné par rapport au coût de collecte et de traitement des seuls déchets ménagers non couvert par les recettes non fiscale affectées à ces opérations. La somme des excédents de fonctionnement résultant de l'exécution des budgets des années précédentes et reportée en section de fonctionnement ne constitue pas une telle recette non fiscale. • CE 25 juin 2018, *SA Auchan France*, n° 414056 : *RJF 2018. 1030.*

6. Pour fixer le taux de la TEOM, peuvent être prises en compte les dépenses correspondant à une quote-part du coût des services transversaux centraux de la collectivité, calculée au moyen d'une comptabilité analytique permettant d'identifier avec suffisamment de précision les dépenses qui peuvent être regardées comme ayant été directement exposées pour le service public de collecte et de traitement des déchets ménagers et des déchets mentionnés à l'art. L. 2224-14 CGCT. • CE 22 oct. 2021, n° 434900 : *RJF 2022. 96.*

7. Lorsque le juge constate l'illégalité du taux

de la taxe d'enlèvement des ordures ménagères pour disproportion manifeste, il ne peut pas réduire l'imposition à concurrence de la disproportion mais doit prononcer la décharge totale des impositions, sauf à substituer, sur demande de l'administration, le taux retenu lors du vote de l'année précédente. • CE 24 oct. 2018, 🏛 *Sté Mercialys,* n° 413896 : *RJF 2019. 107 ; Dr. fisc. 2019. 179, note Thiry* • 24 oct. 2018, 🏛 *Sté L'immobilière Groupe Casino,* n° 413895 : *RJF 2019. 107, concl. Victor.*

8. Dépenses prises en compte. Les dépenses susceptibles d'être couvertes par la TEOM sont constituées de la somme de toutes les dépenses de fonctionnement réelles exposées pour le service public de collecte et de traitement des déchets ménagers et des dotations aux amortissements des immobilisations qui lui sont affectées. • CE 19 mars 2018, 🏛 *SAS Cora,* n° 402946 : *RJF 2018. 698.* ♦ La TEOM a exclusivement pour objet de couvrir les dépenses exposées par la commune pour assurer l'enlèvement et le traitement des ordures ménagères et non couvertes par des recettes non fiscales, parmi lesquelles peuvent figurer les recettes d'ordre de la section de fonctionnement. • CE 20 sept. 2019, 🏛 *Sté Sogefimur,* n° 419661 : *RJF 2019. 1202.*

Art. 1521 I. — La taxe porte sur toutes les propriétés soumises à la taxe foncière sur les propriétés bâties ou qui en sont temporairement exonérées ainsi que sur les logements des fonctionnaires ou employés civils et militaires visés à l'article 1523.

Sont également assujetties les propriétés exonérées de taxe foncière sur les propriétés bâties en application du I de l'article 1382 E.

II. — Sont exonérés :

— les usines,

— les locaux sans caractère industriel ou commercial loués par l'État, les départements, les communes et les établissements publics, scientifiques, d'enseignement et d'assistance et affectés à un service public.

III. — 1. Les conseils municipaux déterminent annuellement les cas où les locaux à usage industriel ou commercial peuvent être exonérés de la taxe. La liste des établissements exonérés est affichée à la porte de la mairie.

2. Les conseils municipaux ont également la faculté d'accorder l'exonération de la taxe ou de décider que son montant est réduit d'une fraction n'excédant pas les trois quarts en ce qui concerne les immeubles munis d'un appareil d'incinération d'ordures ménagères répondant aux conditions de fonctionnement fixées par un arrêté du maire ou par le règlement d'hygiène de la commune.

Les immeubles qui bénéficient de cette exonération ou de cette réduction sont désignés par le service des impôts sur la demande du propriétaire adressée au maire. La liste de ces immeubles est affichée à la porte de la mairie. L'exonération ou la réduction est applicable à partir du 1er janvier de l'année suivant celle de la demande.

2 *bis.* Les conseils municipaux peuvent exonérer de la taxe les locaux dont disposent les personnes assujetties à la redevance spéciale prévue à l'article L. 2333-78 du code général des collectivités territoriales. Le maire communique à l'administration fiscale, avant le 1er janvier de l'année d'imposition, la liste des locaux concernés.

3. Les exonérations visées aux 1 à 2 *bis* sont décidées par les organes délibérants des groupements de communes lorsque ces derniers sont substitués aux communes pour l'institution de la taxe d'enlèvement des ordures ménagères.

4. Sauf délibération contraire des communes ou des organes délibérants de leurs groupements, les locaux situés dans la partie de la commune où ne fonctionne pas le service d'enlèvement des ordures sont exonérés de la taxe.

1. Locaux desservis ou non par le service d'enlèvement des ordures. Pour apprécier si une copropriété doit ou non être regardée comme desservie par le service d'enlèvement des ordures, la distance à retenir est celle qui sépare l'entrée de la copropriété du plus proche point de passage du service ou, le cas échéant, du centre de réception désigné par l'autorité compétente. • CE 25 mars 1988, n° 65892 : *Dr. fisc. 1988.1095* • 30 mars 2007, 🏛 n° 276701 : *RJF 2007. 771 ; Dr. fisc. 2007. 494.*

2. La circonstance que le propriétaire d'un immeuble passible de la taxe foncière dans une zone desservie par le service éliminerait lui-même les déchets ménagers produits par cet immeuble, sans recourir à l'utilisation du service, n'est pas, par elle-même, de nature à justifier une absence d'assujettissement. • CE 12 mars 2021, 🏛 n° 442583 : *RJF 2021. 662.*

3. Une propriété dont l'entrée donne sur une voie aisément praticable où circule le véhicule du service d'enlèvement des ordures est passible de la taxe alors même que ce véhicule s'arrête à 215 m de l'entrée de la propriété. • CAA Lyon, 27 déc. 2002, n° 99LY1781 : *RJF 2003. 930.* ♦ Sont également imposables : une propriété dont l'entrée est située à 200 m du point de ramassage le plus proche est imposable. • CE 24 juill. 1981, n° 20697 : *Dr. fisc. 1981. 2004 ; RJF 1981. 991.* ♦ ... Une propriété qui fait partie d'un lotissement en copropriété lui-même desservi sous la forme de trois points de ramassage ne peut bénéficier de l'exonération de taxe d'enlèvement des ordures ménagères, alors même que cette propriété est éloignée de ces trois points. • CE 30 mars 2007, n° 276701 : *préc.* ♦ ... Un hypermarché dont l'exploitant n'utilise pas le service de collecte des ordures, dès lors que ce service est assuré dans la partie de commune où se trouve l'immeuble. • CE 12 mai 1997, n°s 115677, 134271 : *Dr. fisc. 1997. 998, concl. Arrighi de Casanova ; RJF 1997. 755.* ♦ ... Un complexe de loisirs (Disneyland) dès lors que ses locaux sont situés dans le périmètre géographique desservi par le service d'enlèvement des ordures et que les points de ramassage sont situés à moins de 200 m de ses entrées, soit une distance telle que les installations dont s'agit ne peuvent être regardées comme non desservies par la société de ramassage. Peu importe le caractère insuffisant des moyens techniques mis en œuvre par le service de ramassage quant à la capacité des bennes et au volume des ordures, circonstances étrangères aux conditions d'exonération prévues par la loi. • TA Melun, 30 déc. 2004, n° 03-3237, *SNC Newport Bay Club Associés : Dr. fisc. 2005. 426* • CE (na), 21 oct. 2005, n° 279879, *SCA Euro Disney : RJF 2006. 105.*

4. La taxe est due à raison des garages, des emplacements de parkings et des piscines soumis à la taxe foncière sur les propriétés bâties, alors même que leur utilisation n'entraîne généralement pas d'ordures ménagères. * Rép. min. n° 25466 : *JOAN 8 sept. 2020.*

5. En revanche, une maison située à environ 1 km des conteneurs de regroupement n'est pas passible de la taxe, nonobstant la double circonstance que l'accessibilité à ces conteneurs puisse se faire par des voies publiques aisément praticables et que la tarification arrêtée par la communauté de communes prenne compte du fait que le secteur est en dehors des parties agglomérées des communes dans lesquelles deux collectes hebdomadaires sont assurées. • TA Caen, 28 déc. 2004, n° 04-362 : *RJF 2005. 798.* ♦ Une maison qui fait partie d'un lotissement desservi par des rues incorporées au domaine public communal doit être regardée comme située dans une partie de la commune où ne fonctionne pas le service d'enlèvement des ordures ménagères dès lors qu'elle est distante d'environ 1 700 mètres du point de passage du service, situé à l'entrée du lotissement. Elle n'est donc pas passible de la taxe. • TA Montpellier, 25 sept. 2008, n° 05-3723 : *RJF 2009. 604.*

6. Usines. Doivent être regardés comme des usines, au sens de l'art. 1521-II, tous les établissements dont l'activité nécessite d'importants moyens techniques, non seulement lorsque cette activité consiste dans la fabrication ou la transformation de biens corporels mobiliers, mais aussi lorsque le rôle des installations techniques, matériels et outillages mis en œuvre, fût-ce pour les besoins d'une autre activité, est prépondérant. • CE 25 févr. 2011, n° 306172 : *RJF 2011. 661.* ♦ Un atelier de réparation d'automobiles ne constitue ni une usine, au sens de l'art. 1521-II, ni un établissement industriel, au sens des instructions administratives, et ne peut, par suite, bénéficier d'une exonération de la taxe. • CAA Nancy, 13 juin 2002, n°s 01NA331 et 01NA472 : *Dr. fisc. 2003. 556.*

7. Locaux à usage industriel ou commercial. Une délibération du conseil municipal exonérant un établissement de la taxe, en application de l'art. 1521-III-1 n'a effet que pour une année. • CAA Nancy, 13 juin 2002, n°s 01NA331 et 01NA472 : *préc. note 6.*

8. Locaux affectés à un service public. L'hébergement de personnes âgées par un centre communal d'action sociale, établissement public d'assistance, dans un foyer-logement constitue un service public. Dès lors, les locaux pris en location par le centre et affectés à ce service bénéficient de l'exonération de la taxe d'enlèvement des ordures ménagères. • CAA Douai, 8 juill. 2003, n° 99DA1336 : *RJF 2004. 199 ; Dr. fisc. 2004. 262.* ♦ En sens contraire, les locaux loués par un centre communal d'action sociale et affectés, dans le cadre d'un foyer, à l'hébergement individuel de personnes âgées qui en ont un usage privé et paient un loyer ne peuvent être regardés comme affectés à un service public. Ces locaux ne sont donc pas exonérés de la taxe. • CAA Paris, 1er oct. 2003, n° 00PA765 : *RJF 2004. 198.*

Art. 1522 I. — La taxe est établie d'après le revenu net servant de base à la taxe foncière, défini par l'article 1388.

La base d'imposition des logements occupés par les fonctionnaires et les employés civils ou militaires visés à l'article 1523 est égale à leur valeur locative déterminée dans les conditions prévues à l'article 1494 et diminuée de 50 %.

II. — Les communes et leurs établissements publics de coopération intercommunale ainsi que les syndicats mixtes peuvent décider, par une délibération prise dans les conditions prévues au 1 du II de l'article 1639 A *bis*, de plafonner les valeurs locatives de chaque local à usage d'habitation et de chacune de leurs dépendances dans la limite d'un montant qui ne peut être inférieur à deux fois le montant de la valeur locative

moyenne communale des locaux d'habitation. *(Abrogé par L. n° 2019-1479 du 28 déc. 2019, art. 16-I-E-9° et VII-E, à compter des impositions établies au titre de 2023)* ***« La valeur locative moyenne est déterminée dans les conditions prévues au 4 du II et au IV de l'article 1411. »***

(L. n° 2019-1479 du 28 déc. 2019, art. 16-I-E-9° et VII-E, applicable à compter des impositions établies au titre de 2023) **« La valeur locative moyenne est déterminée chaque année en divisant le total des valeurs locatives des locaux d'habitation de la commune, abstraction faite des locaux exceptionnels, par le nombre des locaux correspondants ; elle est majorée chaque année proportionnellement à la variation des valeurs locatives des logements résultant de l'application des articles 1518 et 1518 *bis*. »**

Ce plafond, réduit de 50 %, s'applique sur le revenu net défini à l'article 1388.

(L. n° 2017-1775 du 28 déc. 2017, art. 33) **« III. — Par dérogation au II du présent article, lorsqu'un établissement public de coopération intercommunale à fiscalité propre fait usage du plafonnement, la valeur locative moyenne des locaux d'habitation peut être calculée à l'échelle de l'établissement public de coopération intercommunale ou du syndicat. Elle est déterminée en divisant le total des valeurs locatives d'habitation des communes membres de l'établissement public de coopération intercommunale à fiscalité propre ou du syndicat, abstraction faite des locaux exceptionnels, par le nombre des locaux correspondants. »**

Base de la TEOM. L'abattement dégressif prévu à l'art. 1388 *quinquies* ne s'applique pas à l'assiette de la TEOM. • CE 24 oct. 2019, *Sté La Suite Villa*, n° 420647 : *RJF 2020. 72.*

Art. 1522 *bis* **I. — Les communes et leurs établissements publics de coopération intercommunale peuvent instituer, dans les conditions prévues au 1 du II de l'article 1639 A *bis*, une part incitative de la taxe, assise sur la quantité et éventuellement la nature des déchets produits, exprimée en volume, en poids et en nombre d'enlèvements. La part incitative s'ajoute à une part fixe déterminée selon les modalités prévues aux articles 1521, 1522 et 1636 B *undecies*.**

La part incitative est déterminée en multipliant la quantité de déchets produits pour chaque local imposable l'année précédant celle de l'imposition par un ou des tarifs par unité de quantité de déchets produits.

Les tarifs de la part incitative sont fixés chaque année par délibération prise dans les conditions prévues à l'article 1639 A, de manière à ce que son produit soit compris entre 10 % et 45 % du produit total de la taxe. Les montants de ces tarifs peuvent être différents selon la nature de déchet ou le mode de collecte. La commune ou l'établissement public de coopération intercommunale peut, par délibération prise dans les conditions prévues au 1 du II de l'article 1639 A *bis*, exonérer les constructions nouvelles et les reconstructions de la part incitative correspondant à la première année suivant la date d'achèvement.

Lorsque la quantité de déchets produits est connue globalement pour un ensemble de locaux mais n'est pas connue individuellement pour les locaux de cet ensemble, elle est répartie entre eux par la collectivité au prorata de leur valeur locative foncière retenue pour l'établissement de la taxe d'enlèvement des ordures ménagères.

La part incitative s'ajoute à une part fixe déterminée selon les modalités prévues aux articles 1521, 1522 et 1636 B *undecies*.

I *bis*. — Par dérogation au I du présent article, les communes et leurs établissements publics de coopération intercommunale peuvent instituer la part incitative de la taxe *dans une ou plusieurs parties de leur territoire*, dans les conditions prévues au 1 du II de l'article 1639 A *bis* et pour une période maximale de *(L. n° 2020-1721 du 29 déc. 2020, art. 135, applicable aux délibérations postérieures au 1er janv. 2021)* **« sept** *[ancienne rédaction : cinq]* **» ans. A l'issue de cette période, la part incitative est étendue à l'ensemble du territoire, sauf si la commune ou l'établissement public de coopération intercommunale la supprime par une délibération prise dans les mêmes conditions.**

II. — Les communes et les établissements publics de coopération intercommunale au profit desquels est perçue une part incitative de la taxe font connaître aux services fiscaux, avant le 15 avril de l'année d'imposition, le montant en valeur absolue de cette part incitative par local au cours de l'année précédente. — *V. Ann. III, art. 325 bis.*

En l'absence de transmission des éléments mentionnés au premier alinéa du présent II avant le 15 avril les éléments ayant servi à l'établissement de la taxe au titre de

l'année précédente sont reconduits. — *Pour l'application, en 2020, du présent II, la date du 15 avr. est remplacée par celle du 3 juill. (Ord. nº 2020-330 du 25 mars 2020, art. 13).*

III. — Lorsqu'il est fait application du présent article, l'article 1524 n'est applicable qu'à la part fixe de la taxe.

L'article 1525 n'est pas applicable dans les communes et établissements publics de coopération intercommunale faisant application du présent article.

IV. — Le contentieux relatif à l'assiette de la part incitative est instruit par le bénéficiaire de la taxe. En cas d'imposition erronée, les dégrèvements en résultant sont à la charge de la commune ou de l'établissement public de coopération intercommunale. Ils s'imputent sur les attributions mentionnées aux articles L. 2332-2 et L. 3332-1-1 du code général des collectivités territoriales.

Art. 1523 La taxe est imposée au nom des propriétaires ou usufruitiers et exigible contre eux et leurs principaux locataires *[V. Ann. II, art. 316 A]*.

Les fonctionnaires et les employés civils ou militaires logés dans des bâtiments qui appartiennent à l'État, aux départements, à la commune ou à un établissement public, scientifique, d'enseignement ou d'assistance, et exonérés de la taxe foncière sur les propriétés bâties, sont imposables nominativement.

Il en est de même des occupants des bâtiments provisoires édifiés en application de l'ordonnance nº 45-609 du 10 avril 1945 relative aux travaux préliminaires à la reconstruction.

Les dispositions des articles 1502 et 1508 et de l'article L. 175 du Livre des procédures fiscales leur sont applicables.

Art. 1524 En cas de vacance d'une durée supérieure à trois mois, il peut être accordé décharge ou réduction de la taxe sur réclamation présentée dans les conditions prévues en pareil cas, en matière de taxe foncière.

Art. 1525 Dans les communes dont la population totale ne dépasse pas 5 000 habitants, les délibérations des conseils municipaux relatives à la taxe d'enlèvement des ordures ménagères peuvent prévoir que le produit total de cette taxe sera réparti entre les propriétaires des immeubles imposables d'après un barème indiciaire tenant compte de la valeur locative réelle de ces immeubles et des conditions de leur occupation.

Un arrêté des ministres de l'intérieur et de l'économie et des finances détermine les modalités d'établissement de ce barème ainsi que les rapports à fixer entre le montant des cotisations afférentes aux diverses catégories d'immeubles.

Art. 1526 Des rôles supplémentaires peuvent être établis à raison des faits existants au 1er janvier de l'année de l'imposition.

B

Art. 1527 *Abrogé.*

C TAXE DE BALAYAGE

Art. 1528 *(Abrogé par L. nº 2018-1317 du 28 déc. 2018, art. 191-I-C et III, à compter du 1er janv. 2019) **I. — Les communes peuvent, sur délibération du conseil municipal, instituer une taxe de balayage, dont le produit ne peut excéder les dépenses occasionnées par le balayage de la superficie des voies livrées à la circulation publique, telles que constatées dans le dernier compte administratif de la commune.***

La taxe est due par les propriétaires riverains, au 1er janvier de l'année d'imposition, des voies livrées à la circulation publique ; lorsque l'immeuble riverain est régi par la loi nº 65-557 du 10 juillet 1965 fixant le statut de la copropriété des immeubles bâtis, la taxe est due par le syndicat des copropriétaires au 1er janvier de l'année d'imposition. Elle est assise sur la surface desdites voies, au droit de la façade de chaque propriété, sur une largeur égale à celle de la moitié desdites voies dans la limite de six mètres.

Le tarif de la taxe est fixé par le conseil municipal. Des tarifs différents peuvent être fixés selon la largeur de la voie.

La taxe est établie par l'administration municipale. Elle est recouvrée comme en matière de contributions directes. Les réclamations et les recours contentieux sont instruits par l'administration municipale.

II. — Afin de fixer le tarif de la taxe, l'autorité compétente de l'État communique, avant le 1er février de l'année précédant celle de l'imposition, aux communes qui en font la demande, les informations cadastrales nécessaires au calcul des impositions.

II bis. — La délibération instituant la taxe de balayage et celle fixant le tarif sont prises par le conseil municipal dans les conditions prévues au I de l'article 1639 A bis.

Cette délibération mentionne la superficie imposable au tarif fixé.

Le tarif est arrêté par le représentant de l'État dans le département après vérification du respect du plafond mentionné au I.

III. — Les conditions d'application et de recouvrement de cette taxe sont fixées par décret. — V. Ann. III, art. 326.

D TAXE FORFAITAIRE SUR LA CESSION À TITRE ONÉREUX DE TERRAINS NUS RENDUS CONSTRUCTIBLES

Art. 1529 I. — Les communes peuvent, sur délibération du conseil municipal, instituer une taxe forfaitaire sur la cession à titre onéreux de terrains nus qui ont été rendus constructibles du fait de leur classement par un plan local d'urbanisme ou par un document d'urbanisme en tenant lieu dans une zone urbaine ou dans une zone à urbaniser ouverte à l'urbanisation ou par une carte communale dans une zone constructible.

Lorsqu'un établissement public de coopération intercommunale est compétent pour l'élaboration des documents locaux d'urbanisme mentionnés au premier alinéa, il peut instituer et percevoir cette taxe forfaitaire, en lieu et place et avec l'accord de l'ensemble des communes qu'il regroupe. L'établissement public de coopération intercommunale peut décider de reverser aux communes membres une partie du montant de la taxe.

II. — La taxe s'applique aux cessions réalisées par les personnes physiques et les sociétés et groupements, soumis à l'impôt sur le revenu afférent à la plus-value dans les conditions prévues à l'article 150 U, et par les contribuables qui ne sont pas fiscalement domiciliés en France assujettis à l'impôt sur le revenu, soumis au prélèvement, dans les conditions prévues à l'article 244 *bis* A.

Elle ne s'applique pas :

a) aux cessions mentionnées aux 3° à 8° du II de l'article 150 U ;

b) aux cessions portant sur des terrains qui sont classés en terrains constructibles depuis plus de dix-huit ans ;

c) lorsque le prix de cession du terrain, défini à l'article 150 VA, est inférieur au prix d'acquisition, effectivement acquitté par le cédant et tel qu'il a été stipulé dans l'acte de cession, majoré d'un montant égal à 200 % de ce prix.

III. — La taxe est assise sur un montant égal au prix de cession du terrain défini à l'article 150 VA diminué du prix d'acquisition stipulé dans les actes, actualisé en fonction du dernier indice des prix à la consommation hors tabac publié par l'Institut national de la statistique et des études économiques. En l'absence d'éléments de référence, la taxe est assise sur les deux tiers du prix de cession défini au même article.

La taxe est égale à 10 % de ce montant. Elle est exigible lors de la première cession à titre onéreux du terrain intervenue après son classement en terrain constructible. Elle est due par le cédant.

IV. — Une déclaration, conforme à un modèle établi par l'administration, retrace les éléments servant à la liquidation de la taxe. Elle est déposée dans les conditions pré*vues aux 1° et 4° du I et au II de l'article 150 VG. — V. Ann. II, art. 317 A.*

Lorsque la cession est exonérée en application du *a* ou du *b* du II, aucune déclaration ne doit être déposée. L'acte de cession soumis à la formalité fusionnée ou présenté à l'enregistrement précise, sous peine de refus de dépôt ou de la formalité d'enregistrement, la nature et le fondement de cette exonération ou de cette absence de taxation. Les dispositions des deuxième et troisième alinéas du III de l'article 150 VG sont applicables. *— V. Ann. II, art. 317 B et Ann. III, art. 255.*

V. — La taxe est versée lors du dépôt de la déclaration prévue au IV. Les dispositions des I et II de l'article 150 VF, du second alinéa du I et des II et III de l'article 150 VH et du IV de l'article 244 *bis* A sont applicables.

VI. — La délibération prévue au I s'applique aux cessions réalisées à compter du premier jour du troisième mois qui suit la date à laquelle cette délibération est interve-

nue. Elle est notifiée aux services fiscaux au plus tard le premier jour du deuxième mois qui suit la date à laquelle elle est intervenue. A défaut, la taxe n'est pas due. – *V. Ann. II, art. 317 C.*

1. Taxe forfaitaire sur la cession de terrains nus rendus constructibles. Personnes, sociétés, groupements et biens concernés. Exonérations. Modalités de détermination de la taxe. Entrée en vigueur. Exemples d'application. * BOI-RFPI-TDC-10-10 du 7 juin 2018.

2. Opérations imposables. La taxe s'applique aux cessions de terrains nus ou de terrains supportant une construction dont l'état la rend impropre à un quelconque usage (ruine résultant d'une démolition plus ou moins avancée, bâtiment rendu inutilisable par suite de son état durable d'abandon, immeuble frappé d'un arrêté de péril, chantier inabouti, etc.). Les terrains comportant des bâtiments qui ne sont pas destinés à être démolis n'entrent pas dans le champ d'application de la taxe. Ainsi, constitue un terrain nu dont la cession à titre onéreux est soumise à la taxe un terrain qui ne comporte pas d'ores et déjà une construction existante, au sens d'une construction qui se trouve en état d'être utilisée en tant que telle pour un usage quelconque sans qu'il soit nécessaire à cette fin d'y réaliser un immeuble neuf. Cette condition doit être appréciée au niveau de chaque parcelle faisant l'objet de références cadastrales distinctes, y compris lorsque plusieurs parcelles sont cédées à un même acquéreur. La notion de construction existante implique la réunion de deux conditions : une existence physique, laquelle impose que l'ouvrage ne soit, notamment, pas en état de ruine et une existence légale, laquelle implique que la construction ait été réalisée soit avant la loi du 15 juill. 1943 relative au permis de construire, soit conformément à une législation applicable à l'époque de la construction, soit enfin conformément au permis de construire accordé. * Rép. min. n° 101544 : *JOAN Q, 5 juill. 2011, p. 7311.*

3. Personnes et cessions concernées. S'agissant des personnes concernées, il est précisé que sont soumises à la taxe forfaitaire les cessions réalisées par les particuliers dans la gestion de leur patrimoine privé. Il s'agit des personnes physiques, soumises à l'IR afférent aux plus-values immobilières des particuliers dans les conditions prévues à l'art. 150 U CGI. La taxe ne s'applique pas aux profits tirés d'une activité professionnelle imposables à l'IR au titre des BIC, BA et BNC. Dès lors, les profits réalisés par les marchands de biens et lotisseurs ayant cette qualité ainsi que les profits de construction réalisés à titre habituel ne sont pas concernés par la taxe forfaitaire sur la cession à titre onéreux de terrains devenus constructibles. * BOI-RFPI-TDC-10-10 n° 10 du 7 juin 2018. ♦ De même, sont soumises à la taxe forfaitaire les cessions réalisées par des sociétés ou groupements soumis à l'IR afférent aux plus-values immobilières des particuliers dans les conditions prévues à l'art. 150 U précité, c'est-à-dire des sociétés non soumises à l'IS. S'agissant des cessions exonérées, en application de l'art. 1529-II du CGI, il est rappelé que la taxe forfaitaire ne s'applique pas aux cessions portant sur des terrains qui sont classés en zone constructible depuis plus de dix-huit ans. * BOI-RFPI-TDC-10-10 n° 30 du 7 juin 2018. ♦ Un terrain classé en zone NA d'un POS plus de 18 ans avant sa cession peut être exonéré de la taxe s'il se trouvait dans un secteur où le règlement applicable à cette zone prévoyait une urbanisation sans modification de ce document. • CE 27 mai 2015, *Cne de Saint-Lieu*, n° 371675 : *RJF 2015. 698 ; Dr. fisc. 2015. 545, concl. Bonhert.*

4. Si l'échange dans le cadre de l'opération de remembrement qui constitue une cession à titre onéreux est intervenu après que le terrain a été rendu constructible, la cession ultérieure de la parcelle concernée n'entre pas dans le champ de la taxe. Il en est de même lorsque l'initiative du remembrement appartient aux propriétaires fonciers regroupés en association foncière urbaine libre (AFU). * BOI-RFPI-TDC-10-10 n° 340 du 7 juin 2018.

5. Nécessité d'une délibération du conseil municipal ou de l'organe délibérant de l'établissement public. La taxe forfaitaire est instituée par une délibération du conseil municipal ou de l'organe délibérant. Cette délibération s'applique aux cessions réalisées à compter du premier jour du troisième mois qui suit la date à laquelle elle est intervenue. Toutefois, le conseil municipal ou l'organe délibérant peut choisir une date d'application différente, sous réserve qu'elle soit postérieure à celle prévue par la loi. * BOI-RFPI-TDC-10-10 n° 1 du 7 juin 2018. ♦ La taxe n'est due que si la délibération de la commune qui l'institue est notifiée au préfet et aux services fiscaux. Une simple transmission administrative de la délibération par le préfet aux services fiscaux ne pallie pas l'absence de notification. • Orléans, 14 nov. 2011, n° 10/02690.

6. Assiette de la taxe. Pour les cessions intervenues depuis le 28 sept. 2009, la taxe est par principe désormais assise sur la plus-value réalisée, calculée par différence entre le prix de cession du terrain défini à l'art. 150 VA diminué du prix d'acquisition stipulé dans les actes, actualisé en fonction du dernier indice des prix à la consommation hors tabac publié par l'INSEE. Elle reste par exception calculée selon les règles antérieures, soit sur une assiette égale aux deux tiers du prix de vente, en l'absence d'éléments de référence permettant de calculer la plus-value réalisée. * BOI-RFPI-TDC-10-20 nos 20 à 90 du 7 juin 2018.

7. Lorsqu'un terrain constituant une seule parcelle cadastrale est situé partiellement en zone constructible, la taxe est due au titre de la cession de la partie du terrain situé en zone constructible. Pour la détermination du prix de cession à retenir pour le calcul de la taxe, il convient de distinguer la part du prix de cession afférente à chacune des fractions concernées.* Rescrit 3 févr. 2009, n° 2009/06 FI * BOI-RFPI-TDC-10-10 n° 180 du 7 juin 2018.

8. Communes ayant institué la taxe. Une liste des communes ayant institué la taxe, régulièrement mise à jour, peut être consultée sur le portail fiscal (www.colloc.bercy.gouv.fr).

9. Cumul de taxes. Aucune clause de non-cumul n'étant prévue entre la taxe « communale » (art. 1529) et la taxe « nationale » (art. 1605 *nonies*), celles-ci s'appliquent cumulativement au titre d'une même cession. * Rép. min. n° 17460 : *JO Sénat Q, 7 juill. 2011, p. 1802* * BOI-RFPI-TDC-20 n° 70 du 10 févr. 2015.

10. Contentieux. Un litige relatif à la taxe communale sur les premières cessions de terrains devenus constructibles relève de la compétence du juge administratif. • T. confl. 18 nov. 2013, n° 3917 : *RJF 2014. 286.* ♦ Sur renvoi de • Com. 3 avr. 2013, n° 12-13.427 : *RJF 2013. 782.* ♦ En application des art. L. 199 LPF et 1529 CGI, la juridiction administrative est seule compétente pour connaître du bien-fondé de la taxe forfaitaire sur les cessions à titre onéreux de terrains nus devenus constructibles. • Com. 21 janv. 2014 : *RJF 2014. 3514.*

E TAXE ANNUELLE SUR LES FRICHES COMMERCIALES

Art. 1530 I. — Les communes peuvent, par une délibération prise dans les conditions prévues au I de l'article 1639 A *bis*, instituer une taxe annuelle sur les friches commerciales situées sur leur territoire.

Toutefois, les établissements publics de coopération intercommunale à fiscalité propre ayant une compétence d'aménagement des zones d'activités commerciales peuvent, par une délibération prise dans les conditions prévues au I de l'article 1639 A *bis*, instituer cette taxe en lieu et place de la commune.

II. — La taxe est due pour les biens évalués en application de l'article 1498, à l'exception de ceux visés à l'article 1500, qui ne sont plus affectés à une activité entrant dans le champ de la cotisation foncière des entreprises défini à l'article 1447 depuis au moins deux ans au 1er janvier de l'année d'imposition et qui sont restés inoccupés au cours de la même période.

Pour l'établissement des impositions, le conseil municipal ou l'organe délibérant de l'établissement public de coopération intercommunale communique chaque année à l'administration des impôts, avant le 1er octobre de l'année qui précède l'année d'imposition, la liste des adresses des biens susceptibles d'être concernés par la taxe.

III. — La taxe est acquittée par le redevable de la taxe foncière au sens de l'article 1400.

IV. — L'assiette de la taxe est constituée par le revenu net servant de base à la taxe foncière sur les propriétés bâties défini par l'article 1388.

V. — Le taux de la taxe est fixé à 10 % la première année d'imposition, 15 % la deuxième et 20 % à compter de la troisième année. Par une délibération prise dans les conditions prévues au I de l'article 1639 A *bis*, ces taux peuvent être majorés dans la limite du double par le conseil municipal ou le conseil de l'établissement public de coopération intercommunale.

VI. — La taxe n'est pas due lorsque l'absence d'exploitation des biens est indépendante de la volonté du contribuable.

VII. — Le contrôle, le recouvrement, le contentieux, les garanties et les sanctions de la taxe sont régis comme en matière de taxe foncière sur les propriétés bâties.

VIII. — Les dégrèvements accordés en application du VI ou par suite d'une imposition établie à tort en application du II sont à la charge de la commune ou de l'établissement public de coopération intercommunale. Ils s'imputent sur les attributions mensuelles de taxes et les impositions perçues par voie de rôle.

Taxe sur les friches commerciales. Commentaires administratifs. * BOI-IF-AUT-110 du 25 juin 2014.

F TAXE POUR LA GESTION DES MILIEUX AQUATIQUES ET LA PRÉVENTION DES INONDATIONS

(L. n° 2014-58 du 27 janv. 2014, art. 56-III-3° et VI, en vigueur le 1er janv. 2014)

Art. 1530 *bis* I. — Les communes qui exercent, en application du I *bis* de l'article L. 211-7 du code de l'environnement, la compétence de gestion des milieux aquatiques et de prévention des inondations peuvent, par une délibération prise dans les conditions prévues au I de l'article **1639 A *bis*** du présent code, instituer et percevoir une taxe en vue de financer la gestion des milieux aquatiques et la prévention des inondations *(L. n° 2016-1087 du 8 août 2016, art. 65)* « , y compris lorsqu'elles ont transféré tout ou partie de cette compétence à un ou plusieurs syndicats mixtes dans les conditions prévues aux articles L. 5711-1 à L. 5721-9 du code général des collectivités territoriales ».

Toutefois, les établissements publics de coopération intercommunale à fiscalité propre qui se substituent à leurs communes membres pour l'exercice de la compétence de gestion des milieux aquatiques et de prévention des inondations définie au I *bis* de l'article L. 211-7 du code de l'environnement peuvent, par une délibération prise dans les conditions prévues au I de l'article **1639 A *bis*** du présent code, instituer et percevoir cette taxe en lieu et place de leurs communes membres.

II. – *(L. n° 2018-1317 du 28 déc. 2018, art. 164-1°)* « Le produit de cette taxe est arrêté chaque année dans les conditions prévues à l'article **1639 A** par l'organe » délibérant de la commune ou, le cas échéant, de l'établissement public de coopération intercommunale, dans la limite d'un plafond fixé à 40 € par habitant, au sens de l'article L. 2334-2 du code général des collectivités territoriales, résidant sur le territoire relevant de sa compétence.

Sous réserve du respect du plafond fixé au premier alinéa du présent II, le produit voté de la taxe est au plus égal au montant annuel prévisionnel des charges de fonctionnement et d'investissement résultant de l'exercice de la compétence de gestion des milieux aquatiques et de prévention des inondations, telle qu'elle est définie au I *bis* de l'article L. 211-7 du code de l'environnement *(Abrogé par L. n° 2016-1087 du 8 août 2016, art. 65)* *« , dont la commune ou l'établissement public de coopération intercommunale assure le suivi au sein d'un budget annexe spécial »*.

Le produit de cette imposition est exclusivement affecté au financement des charges de fonctionnement et d'investissement, y compris celles constituées par le coût de renouvellement des installations ainsi que par le remboursement des annuités des emprunts, résultant de l'exercice de la compétence de gestion des milieux aquatiques et de prévention des inondations, telle qu'elle est définie au même I *bis*.

III. – Le produit de la taxe prévue au I est réparti entre toutes les personnes physiques ou morales assujetties aux taxes foncières sur les propriétés bâties et non bâties, à la taxe d'habitation *(L. n° 2019-1479 du 28 déc. 2019, art. 16-I-E-24° et VII-E, applicable à compter des impositions établies au titre de 2023)* « sur les résidences secondaires et autres locaux meublés non affectés à l'habitation principale » et à la cotisation foncière des entreprises, proportionnellement aux recettes que chacune de ces taxes a procurées l'année *(L. n° 2016-1087 du 8 août 2016, art. 65)* « précédente :

« 1° Sur le territoire de la commune qui l'instaure, à ladite commune et aux établissements publics de coopération intercommunale dont elle est membre ;

« 2° Sur le territoire de l'établissement public de coopération intercommunale à fiscalité propre qui l'instaure, aux communes membres de ce dernier et aux établissements publics de coopération intercommunale dont elles sont membres. »

(L. n° 2019-1479 du 28 déc. 2019, art. 16-II-D-7° et VII-D, applicable à compter des impositions établies au titre de 2022) « A compter des impositions établies au titre de 2022, les recettes de taxe foncière sur les propriétés bâties des communes à prendre en compte pour réaliser cette répartition sont minorées du produit que cette taxe *(L. n° 2021-1900 du 30 déc. 2021, art. 105-I-1°-a et II, applicable aux impositions établies à compter du 1er janv. 2022)* « aurait procuré si le taux départemental d'imposition de l'année 2020 avait été appliqué ». »

(L. n° 2020-1721 du 29 déc. 2020, art. 29-I-3° et VI-A, applicable aux impositions établies à compter de 2021) « A compter des impositions établies au titre de l'année 2021, le produit réparti, en 2020, entre les personnes assujetties à la taxe foncière sur les propriétés bâties et celles assujetties à la cotisation foncière des entreprises, pour les locaux évalués selon les dispositions de l'article 1499, est pris en charge, pour moitié, par l'État.

« Pour l'application du premier alinéa du présent III, le produit de la taxe est minoré du montant mentionné au quatrième alinéa du présent III. »

(Ord. n° 2018-75 du 8 févr. 2018, art. 1er et 18, applicable à compter des impositions établies au titre de 2019) **« Sur le territoire de la Ville de Paris, les recettes de taxe foncière sur les propriétés bâties à prendre en compte pour opérer cette répartition sont minorées de la part que cette taxe »** *(L. n° 2021-1900 du 30 déc. 2021, art. 105-I-1°-b et II, applicable aux impositions établies à compter du 1er janv. 2022)* **« aurait procurée si le taux départemental d'imposition de l'année 2018 avait été appliqué. »**

(L. n° 2016-1918 du 29 déc. 2016, art. 75-I-1° et V, en vigueur le 1er janv. 2017) **« III *bis*. — 1. Lorsqu'un arrêté de création de commune nouvelle a été pris avant le 1er octobre d'une année, la commune peut prendre les délibérations prévues** *(L. n° 2018-1317 du 28 déc. 2018, art. 164-2°)* **« au I » jusqu'au 15 janvier de l'année suivante.**

« 2. La première année où la création de la commune nouvelle produit des effets au plan fiscal :

« *a)* Pour l'application du deuxième alinéa du II, à défaut d'adoption de son budget par la commune nouvelle, le montant annuel prévisionnel des charges de fonctionnement et d'investissement est égal à la somme des charges prévisionnelles de fonctionnement et d'investissement des communes et, le cas échéant, de l'établissement public de coopération intercommunale préexistants ;

« *b)* Pour l'application du III, les recettes prises en compte sont celles procurées l'année précédente aux communes et aux établissements publics de coopération intercommunale préexistants.

« III *ter*. — Les établissements publics de coopération intercommunale issus d'une fusion opérée dans les conditions prévues à l'article L. 5211-41-3 du code général des collectivités territoriales peuvent prendre les délibérations prévues *(L. n° 2018-1317 du 28 déc. 2018, art. 164-2°)* **« au I » du présent article jusqu'au 15 janvier de l'année qui suit celle de la fusion.**

« Pour l'année qui suit celle de la fusion :

« *a)* Pour l'application du deuxième alinéa du II, le montant annuel prévisionnel des charges de fonctionnement et d'investissement est égal à la somme des charges prévisionnelles de fonctionnement et d'investissement des établissements publics de coopération intercommunale préexistants et, le cas échéant, des communes qui en étaient membres ;

« *b)* Pour l'application du III, les recettes prises en compte sont celles procurées l'année précédente aux établissements publics de coopération intercommunale participant à la fusion et à leurs communes membres. »

IV. — La base de la taxe est déterminée dans les mêmes conditions que pour la part communale ou, à défaut de part communale, dans les mêmes conditions que pour la part intercommunale de la taxe principale à laquelle la taxe s'ajoute.

Les organismes d'habitations à loyer modéré et les sociétés d'économie mixte sont exonérés de la taxe prévue au I au titre des locaux d'habitation et des dépendances dont ils sont propriétaires et qui sont attribués sous conditions de ressources. Les redevables au nom desquels une cotisation de taxe d'habitation *(L. n° 2019-1479 du 28 déc. 2019, art. 16-I-E-24° et VII-E, applicable à compter des impositions établies au titre de 2023)* « sur les résidences secondaires et autres locaux meublés non affectés à l'habitation principale » est établie au titre de ces locaux sont exonérés de la taxe.

V. — Le produit de la taxe, après déduction du prélèvement prévu au A du I et au II *de l'article 1641* du présent code, est reversé au bénéficiaire dans les conditions prévues à l'article L. 2332-2 du code général des collectivités territoriales.

VI. — Les cotisations sont établies, contrôlées, garanties et recouvrées comme en matière de contributions directes.

Les réclamations et les contentieux sont présentés et jugés comme en matière de contributions directes.

VII. — Les dégrèvements accordés *(Abrogé par L. n° 2016-1087 du 8 août 2016, art. 65) « en application du IV ou »* par suite d'une imposition établie à tort sont à la charge de la commune ou de l'établissement public de coopération intercommunale à fiscalité propre. Ils s'imputent sur les attributions mensuelles de taxes et impositions perçues par voie de rôle prévues à l'article L. 2332-2 du code général des collectivités territoriales.

(Abrogé par L. nº 2016-1087 du 8 août 2016, art. 65) **« VIII. — Les conditions d'application du présent article sont fixées par décret en Conseil d'État. »**

La compétence de gestion des milieux aquatiques et de prévention des inondations a été transférée des communes aux établissements de coopération intercommunale le 1er janv. 2018. L'art. 53 de la L. nº 2017-1775 du 28 déc. 2017 a validé les délibérations anticipées prises par les EPCI avant le 1er oct. 2017 en vue d'instituer la taxe à compter de 2018. Les EPCI n'ayant pas anticipé ce transfert avaient jusqu'au 15 févr. 2018 pour instituer la taxe.

Art. 1531 *Transféré ss. l'art. 1609 nonies F (Décr. nº 2011-645 du 9 juin 2011).*

Art. 1532 à 1557 *[...]*

CHAPITRE II CONTRIBUTIONS INDIRECTES

SECTION PREMIÈRE TAXES OBLIGATOIRES

I

Art. 1558 *Abrogé par L. nº 51-426 du 16 avr. 1951, art. 10.*

II *IMPÔT SUR LES MAISONS DE JEUX* *(L. nº 2017-1775 du 28 déc. 2017, art. 34-I-5º et IV, en vigueur le 1er janv. 2019).*

1º CHAMP D'APPLICATION

Art. 1559 **Les** *(Abrogé par L. nº 2017-1775 du 28 déc. 2017, art. 34, à compter du 1er janv. 2019)* **« *cercles et* » maisons de jeux sont** *(L. nº 2017-1775 du 28 déc. 2017, art. 34-I-2º et IV, en vigueur le 1er janv. 2019)* **« soumises » à un impôt dans les formes et selon les modalités déterminées aux articles 1560 à 1566.**

2º TARIF

Art. 1560 *(L. nº 2017-1775 du 28 déc. 2017, art. 34, en vigueur le 1er janv. 2018)* **Le tarif d'imposition des** *(Abrogé par L. nº 2017-1775 du 28 déc. 2017, art. 34-I-4º et IV, à compter du 1er janv. 2019)* **« *cercles et* » maisons de jeux est calculé en appliquant à la fraction de recettes annuelles le taux de :**

10 % pour la fraction comprise entre 0 et 100 000 € ;

30 % pour la fraction supérieure à 100 000 € et inférieure ou égale à 1 500 000 € ;

40 % pour la fraction supérieure à 1 500 000 € et inférieure ou égale à 2 600 000 € ;

55 % pour la fraction supérieure à 2 600 000 € et inférieure ou égale à 5 500 000 € ;

70 % pour la fraction supérieure à 5 500 000 €.

Il est institué, du 1er janv. 2018 au 31 déc. 2020, un prélèvement progressif dû par les clubs de jeux autorisés à exploiter à Paris certains jeux de cercle ou de contrepartie régis par le V de l'art. 34 de la L. nº 2017-257 du 28 févr. 2017 relative au statut de Paris et à l'aménagement métropolitain (L. nº 2017-1775 du 28 déc. 2017, art. 34-II-2). — Pour les modalités d'application et de calcul, V. L. préc., art. 34-II-3 à 9.

Les personnes qui exercent une activité de jeux qui n'est pas autorisée par le code de la sécurité intérieure ou par l'art. 34 de la L. nº 2017-257 du 28 févr. 2017 relative au statut de Paris et à l'aménagement métropolitain sont assujetties à l'impôt prévu aux art. 1559 à 1566 CGI (L. préc., art. 34-III).

Ancien art. 1560 *(L. nº 2014-1654 du 29 déc. 2014, art. 21-I-3º et III) Le tarif d'imposition des cercles et maisons de jeux est fixé dans le tableau ci-après :*

Montant des recettes annuelles	Tarif
De 0 à 30 490 €	10 %
De 30 491 € à 228 701 €	40 %
Supérieur à 228 701 €	70 %

Les dispositions ci-dessus s'appliquent aux recettes encaissées à compter du 1er janv. 2015 (L. no 2014-1654 du 29 déc. 2014, art. 21-III).

3o

Art. 1560 *bis* *Transféré ss. art. 1564 bis.*

Art. 1560 *ter* *Transféré ss. art. 1565 quinquies.*

Art. 1560 *quater* *Abrogé par L. no 97-1239 du 29 déc. 1997, art. 27-IV, à compter du 1er janv. 1998.*

4o EXONÉRATIONS

Art. 1561 *Abrogé par L. no 2014-1654 du 29 déc. 2014, art. 21-I-11o, pour les recettes encaissées à compter du 1er janv. 2015 (L. préc., art. 21-III).*

5o DEMI-TARIF

Art. 1562 *Abrogé par L. no 2014-1654 du 29 déc. 2014, art. 21-I-11o, pour les recettes encaissées à compter du 1er janv. 2015 (L. préc., art. 21-III).*

Art. 1562 A *Disposition périmée.*

Art. 1562 *bis* *Transféré ss. l'art. 1822 bis.*

6o ASSIETTE ET LIQUIDATION

Art. 1563 **L'impôt sur les** *(Abrogé par L. no 2017-1775 du 28 déc. 2017, art. 34-I-5o et IV, à compter du 1er janv. 2019) « cercles et »* **maisons de jeux est calculé sur les recettes brutes, tous droits et taxes compris, comme en matière de taxes sur le chiffre d'affaires. Ces recettes sont arrondies à l'euro le plus proche. La fraction d'euro égale à 0,50 est comptée pour 1. L'impôt n'est pas perçu lorsque son montant n'excède pas 12 €.**

Lorsqu'il n'est pas exigé de prix d'entrée dans les établissements où il est d'usage de consommer pendant les séances, ou quand le prix d'entrée est inférieur au montant de la première consommation, l'impôt porte sur le montant de cette consommation elle-même.

Si à la perception de la place est jointe ou substituée obligatoirement celle d'un droit de location, de vestiaire ou celle du prix d'un objet ou d'une redevance quelconque, l'impôt s'applique également au prix perçu à ces divers titres.

Art. 1563 *bis* *Abrogé par L. no 2006-1666 du 21 déc. 2006, art. 25-V.*

Art. 1564 *Abrogé par L. no 2014-1654 du 29 déc. 2014, art. 21-I-11o, pour les recettes encaissées à compter du 1er janv. 2015 (L. préc., art. 21-III).*

Art. 1564 *bis* *Abrogé par L. no 2006-1666 du 21 déc. 2006, art. 25-V.*

7o OBLIGATIONS DES EXPLOITANTS

Art. 1565 **Les exploitants de** *(Abrogé par L. no 2017-1775 du 28 déc. 2017, art. 34-I-5o et IV, à compter du 1er janv. 2019) « cercles et »* **maisons de jeux doivent, vingt-quatre heures avant l'ouverture des établissements, en faire la déclaration auprès de l'administration des douanes et droits indirects.**

Art. 1565 *bis* *Abrogé par L. no 2014-1654 du 29 déc. 2014, art. 21-I-11o, pour les recettes encaissées à compter du 1er janv. 2015 (L. préc., art. 21-III).*

Art. 1565 *ter* à 1565 *sexies* *Abrogés par L. no 2006-1666 du 21 déc. 2006, art. 25-V.*

Art. 1565 *septies* **L'impôt sur les** *(Abrogé par L. no 2017-1775 du 28 déc. 2017, art. 34-I-5o et IV, à compter du 1er janv. 2019) « cercles et »* **maisons de jeux est constaté, recouvré et contrôlé suivant les règles, garanties et sanctions propres aux contributions indirectes.**

Art. 1565 *octies* **Les conditions d'application des articles 1559 à 1565 *septies* ainsi que les règles relatives à la communication de la comptabilité des établissements assu-**

jettis à l'impôt sont déterminées par arrêtés du ministre chargé du budget. — *V. Ann. IV, art. 124 à 126 E, 137 et 138, 145 à 154, et LPF, art. A. 26-1 et A. 26-2.*

8° RÉPARTITION DE L'IMPÔT

Art. 1566 Le produit de l'impôt visé aux articles 1559 et 1560 est attribué aux communes sur le territoire desquelles les *(Abrogé par L. n° 2017-1775 du 28 déc. 2017, art. 34-I-5° et IV, à compter du 1er janv. 2019) « cercles et »* maisons de jeux ont leur établissement. Il est versé mensuellement, sous déduction d'une retenue de 5 % pour frais d'assiette et de perception. Si la retenue de 5 % s'avérait insuffisante, elle pourrait être augmentée par arrêté ministériel.

La perception de l'impôt est obligatoire dans toutes les communes.

Les communes sont tenues de verser aux centres d'action sociale une fraction du produit de l'impôt au moins égale au tiers des sommes perçues.

Toutefois, le conseil municipal peut, après avis de la commission administrative, réduire le montant de l'attribution minimale précitée au cas où les versements effectués au cours d'une année se révéleraient supérieurs aux besoins réels de l'établissement.

Lorsqu'un établissement est installé sur le territoire de plusieurs communes, l'impôt est perçu d'après le tarif applicable dans la commune la plus imposée et son produit réparti entre les communes intéressées soit au prorata de leurs populations respectives d'après le dernier recensement, soit en fonction des superficies occupées par l'établissement en cause dans les communes limitrophes. — *V. Ann. IV, art. 124 bis.*

Des délibérations des conseils municipaux intéressés déterminent le critère de répartition à adopter. En cas de désaccord, le produit de la taxe est réparti au prorata des populations des communes susvisées.

Art. 1567 *Transféré ss. les art. L. 102 et L. 163 LPF.*

III

Art. 1568 à 1572 *Abrogés par L. n° 2002-1575 du 30 déc. 2002, art. 27, à compter du 1er janv. 2003.*

IV

Art. 1573 à 1580 *Abrogés par L. n° 66-10 du 6 janv. 1966 ; Décr. n° 67-1164 du 15 déc. 1967.*

SECTION II **TAXES FACULTATIVES**

I

Art. 1581 *Abrogé par L. n° 66-10 du 6 janv. 1966 ; Décr. n° 67-1164 du 15 déc. 1967.*

II ***CONTRIBUTION SUR LES EAUX MINÉRALES***

Art. 1582 *(L. n° 2018-1317 du 28 déc. 2018, art. 199-I-3° et V-C, applicable aux impositions dont le fait générateur intervient à compter du 1er janv. 2019)* I. — Les communes sur le territoire desquelles sont situées des sources d'eaux minérales peuvent instituer, à leur profit, une contribution sur ces eaux.

La délibération instituant la contribution ou modifiant son tarif intervient au plus tard le 30 septembre de l'année pour être applicable à compter de l'année suivante. Elle s'applique tant qu'elle n'est pas rapportée.

La contribution ne s'applique pas aux eaux minérales non conditionnées et livrées aux curistes, *sur le territoire de* la commune où la source de ces eaux est située, par l'exploitant d'une station thermale.

II. — La contribution est due par l'exploitant de la source à raison des livraisons des eaux mentionnées au I qu'il réalise, à titre gratuit ou onéreux.

Elle est exigible lors de cette livraison.

III.— La contribution est assise sur le volume des eaux mentionnées au I.

La commune fixe le tarif ou les tarifs marginaux, dans la limite de 0,58 € par hectolitre.

Cette limite est portée à 0,70 € par hectolitre pour les communes qui ont perçu, au titre des volumes mis à la consommation en 2002, une recette inférieure à celle qu'elles auraient perçue, pour ces mêmes volumes, en application du mode de calcul de la surtaxe sur les eaux minérales en vigueur avant le 1er janvier 2002.

Le produit de la contribution est reversé aux communes dans les conditions prévues à l'article L. 2332-2 du code général des collectivités territoriales.

Lorsque le produit de la contribution excède le montant des recettes réelles de fonctionnement de la commune pour l'exercice précédent, le surplus est attribué au département.

IV. — Sont exonérées les livraisons de produits expédiés ou transportés par le redevable, ou pour son compte, en dehors du territoire national ou à destination des collectivités régies par l'article 74 de la Constitution, de la Nouvelle-Calédonie, des Terres australes et antarctiques françaises et de l'île de Clipperton.

V. — A. — La contribution est déclarée et liquidée par le redevable selon les modalités suivantes :

1° Pour les redevables de la taxe sur la valeur ajoutée soumis au régime réel normal d'imposition mentionné au 2 de l'article 287, sur l'annexe à la déclaration mentionnée au 1 du même article 287 déposée au titre du mois ou du trimestre au cours duquel la contribution est devenue exigible ;

2° Pour les redevables de la taxe sur la valeur ajoutée soumis au régime simplifié d'imposition prévu à l'article 302 *septies* A, sur la déclaration annuelle mentionnée au 3 de l'article 287 déposée au titre de l'exercice au cours duquel la contribution est devenue exigible ;

3° Dans tous les autres cas, sur l'annexe à la déclaration prévue au 1 de l'article 287, déposée auprès du service de recouvrement dont relève le siège ou le principal établissement du redevable, au plus tard le 25 avril de l'année qui suit celle au cours de laquelle la contribution est devenue exigible.

B. — La contribution est acquittée lors du dépôt de la déclaration mentionnée au A. Elle est recouvrée et contrôlée selon les mêmes procédures et sous les mêmes sanctions, garanties, sûretés et privilèges que les taxes sur le chiffre d'affaires. Les réclamations sont présentées, instruites et jugées selon les règles applicables à ces mêmes taxes.

C. — Les redevables conservent, à l'appui de leur comptabilité, l'information des volumes mensuels afférents à chacun des tarifs de la contribution, à l'exemption mentionnée au dernier alinéa du I, à l'exonération mentionnée au IV et aux produits non livrés dont ils ne disposent plus.

Ces informations sont tenues à la disposition de l'administration et lui sont communiquées à première demande.

(Abrogé par Ord. n° 2021-1843 du 22 déc. 2021, art. 10-47°-al, à compter du 1er janv. 2022) ***« D. — Lorsque le redevable n'est pas établi dans un État membre de l'Union européenne ou dans tout autre État partie à l'accord sur l'Espace économique européen ayant conclu avec la France une convention fiscale qui contient une clause d'assistance administrative en vue de lutter contre la fraude et l'évasion fiscales ainsi qu'une convention d'assistance mutuelle en matière de recouvrement de l'impôt, il fait accréditer auprès du service des impôts compétent un représentant assujetti à la taxe sur la valeur ajoutée établi en France qui s'engage à remplir les formalités au nom et pour le compte du représenté et, le cas échéant, à acquitter la contribution à sa place. »***

Les délibérations prises en application de l'art. 1582, dans sa rédaction antérieure à la L. n° 2018-1317 du 28 déc. 2018, s'appliquent pour les besoins de la contribution prévue au même art. 1582, dans sa rédaction résultant de la présente loi. Le cas échéant, elles sont rapportées dans les conditions prévues au 2e al. du I dudit art. 1582, dans sa rédaction résultant de la loi (L. préc., art. 199-V-A).

Ancien art. 1582 *Les communes sur le territoire desquelles sont situées des sources d'eaux minérales peuvent percevoir une surtaxe dans la limite de 0,58 € par hectolitre, portée à 0,70 € par hectolitre pour celles qui ont perçu, au titre des volumes mis à la consommation en 2002, une recette inférieure à celle qu'elles auraient perçue pour ces mêmes volumes en application du mode de calcul de la surtaxe en vigueur avant le 1er janvier 2002.*

Lorsque le produit de cette surtaxe excède le montant des ressources ordinaires de la commune pour l'exercice précédent, le surplus est attribué au département.

Toutefois, lorsque les communes qui perçoivent cette surtaxe exécutent, après avis favorable du préfet, des travaux d'assainissement entrant dans la catégorie de ceux prévus à l'article L. 133-14 du code du tourisme, elles conservent, à concurrence de la moitié au maximum du surplus ci-dessus visé, les sommes nécessaires pour porter les ressources qu'elles retirent de la surtaxe au montant, soit des travaux approuvés, s'ils sont payés directement par les communes, soit des charges des emprunts contractés par elles pour leur exécution.

La surtaxe est déclarée et liquidée dans les mêmes conditions que le droit spécifique sur les eaux minérales mentionné à l'article 520 A.

III

Art. 1582 *bis* *Abrogé par L. n° 99-1172 du 30 déc. 1999, art. 30-A-4°.*

SECTION III

Art. 1583 *Transféré à l'art. 1582, al. 4.*

CHAPITRE III ENREGISTREMENT

SECTION PREMIÈRE TAXE OBLIGATOIRE

TAXE ADDITIONNELLE À CERTAINS DROITS D'ENREGISTREMENT

Art. 1584 **1. Est perçue, au profit des communes de plus de 5 000 habitants, ainsi que de celles d'une population inférieure classées comme stations de tourisme au sens de la sous-section 2 de la section II du chapitre III du titre III du livre Ier du code du tourisme, une taxe additionnelle aux droits d'enregistrement ou à la taxe de publicité foncière exigibles sur les mutations à titre onéreux :**

1° D'immeubles et de droits immobiliers situés sur leur territoire. La taxe additionnelle n'est pas perçue lorsque la mutation est soumise au droit proportionnel de 0,70 % ;

2° Dispositions devenues sans objet par Décr. n° 2015-608 du 3 juin 2015 ;

3° D'offices ministériels ayant leur siège dans la commune ;

4° De fonds de commerce ou de clientèle établis sur leur territoire et des marchandises neuves dépendant de ces fonds ;

5° De droit au bail ou de bénéfice d'une promesse de bail portant sur tout ou partie d'un immeuble, quelle que soit la forme donnée par les parties, qu'elle soit qualifiée cession de pas-de-porte, indemnité de départ ou autrement.

Cette taxe, dont la perception est confiée au service des impôts, est fixée à 1,20 %. Le taux est fixé à 0,40 % pour les mutations à titre onéreux visées au 2°. Pour les mutations visées aux 3°, 4° et 5° ci-dessus constatées par un acte passé ou une convention conclue à compter du 1er janvier 2002, les taux de la taxe sont fixés à :

FRACTION DE LA VALEUR TAXABLE	TARIF applicable (en pourcentage)
N'excédant pas 23 000 €	0
Comprise entre 23 000 € et 107 000 €	0,40
Supérieure à 107 000 €	1

La taxe est soumise aux règles qui gouvernent l'exigibilité, la restitution et le recou*vrement des droits ou de la* taxe auxquels elle s'ajoute. — *Taxe étendue aux communes du département de la Guyane par l'art. 10-I de la L. n° 71-1025 du 24 déc. 1971.*

2. La taxe additionnelle prévue au 1 ne s'applique pas aux ventes publiques de meubles énumérées ci-après :

1° ventes d'instruments et autres objets mobiliers dépendant d'une exploitation agricole ;

2° *Abrogé par L. n° 67-563 du 13 juill. 1967, art. 159 ;*

3° ventes d'objets donnés en gage prévues par *(Ord. n° 2021-1192 du 15 sept. 2021, art. 34 et 37, en vigueur le 1er janv. 2022)* **« le deuxième alinéa de l'article 2346 du code civil » ;**

4° ventes opérées en vertu de l'article L. 342-11 du code rural et de la pêche maritime ;

5° ventes opérées en vertu du chapitre III du titre II du livre V du code de commerce en cas de non-paiement du warrant;

6° ventes de marchandises avariées par suite d'événements de mer et de débris de navires naufragés ;

7° ventes de véhicules automobiles, de tracteurs agricoles, de cycles à moteur et remorques tractées ou semi-portées assujettis à la déclaration de mise en circulation et à l'immatriculation ;

8° *Abrogé ;*

9° ventes d'aéronefs ainsi que de navires ou de bateaux servant soit à la navigation maritime, soit à la navigation intérieure, autres que les yachts ou bateaux de plaisance ;

10° *Abrogé.*

Art. 1584 *bis* **Le conseil municipal peut, sur délibération, réduire le taux de la taxe additionnelle aux droits d'enregistrement ou à la taxe de publicité foncière jusqu'à 0,5 % pour les mutations visées au 1° du 1 de l'article 1584, lorsque les conditions suivantes sont réunies :**

1° La mutation s'inscrit dans le cadre d'une opération consistant :

a) **Soit en des ventes par lots déclenchant le droit de préemption prévu à l'article 10 de la loi n° 75-1351 du 31 décembre 1975 relative à la protection des occupants de locaux à usage d'habitation ou le droit de préemption prévu à l'article 15 de la loi n° 89-462 du 6 juillet 1989 tendant à améliorer les rapports locatifs et portant modification de la loi n° 86-1290 du 23 décembre 1986 ;**

b) **Soit en la vente d'un ou plusieurs lots, consécutive à la mise en copropriété d'un immeuble en raison de l'exercice, par l'un des locataires ou occupants de bonne foi, du droit de préemption prévu à l'article 10-1 de la loi n° 75-1351 du 31 décembre 1975 précitée ;**

2° La mutation porte sur un logement occupé ;

3° L'acquéreur s'engage dans l'acte d'acquisition à affecter le logement à la location pendant une période minimale de six ans à compter de la date d'acquisition.

Les dispositions de l'article 1594 E sont applicables.

Art. 1584 *ter* **Les communes peuvent, par une délibération prise dans les conditions prévues à l'article 1639 A *bis*, exonérer de la taxe additionnelle aux droits d'enregistrement ou à la taxe de publicité foncière les cessions, autres que la première, de chacune des parts de sociétés civiles immobilières de capitalisation mentionnées à l'article L. 443-6-2 du code de la construction et de l'habitation représentatives de fractions d'immeubles.**

Les dispositions de l'article 1594 E sont applicables.

SECTION II

Art. 1585 *Abrogé par Ord. n° 59-108 du 7 janv. 1959, art. 1er.*

SECTION III **TAXE LOCALE D'ÉQUIPEMENT**

Art. 1585 A *Abrogé par L. n° 2010-1658 du 29 déc. 2010, art. 28-III-A-1° et H-2, applicable aux demandes d'autorisations et aux déclarations préalables déposées à compter du 1er mars 2012, y compris aux modifications ultérieures au 1er mars 2012 relatives à une demande ou déclaration préalable déposée avant cette date.*

Art. 1585 B *Abrogé par L. n° 71-581 du 16 juill. 1971, art. 14-III.*

Art. 1585 C à 1585 H *Abrogés par L. n° 2010-1658 du 29 déc. 2010, art. 28-III-A-1° et H-2, applicable aux demandes d'autorisations et aux déclarations préalables déposées à compter du 1er mars 2012, y compris aux modifications ultérieures au 1er mars 2012 relatives à une demande ou déclaration préalable déposée avant cette date.*

CHAPITRE IV *[ABROGÉ]* AUTRES DROITS ET TAXES

(Abrogé par L. n° 2019-1479 du 28 déc. 2019, art. 21-I-20° et XI-B, applicable aux impositions dont le fait générateur intervient à compter du 1er janv. 2020)

TAXE PERÇUE AU PROFIT DES COMMUNES DE SAINT-MARTIN ET DE SAINT-BARTHÉLEMY *[ABROGÉ]*

Art. 1585 I ***Il est institué au profit des communes de Saint-Martin et de Saint-Barthélemy (Guadeloupe) une taxe additionnelle à la taxe sur les certificats d'immatriculation des véhicules visée à l'article 1599 quindecies, pour financer l'amélioration de leur réseau routier.***

La taxe additionnelle est due sur les certificats d'immatriculation délivrés aux résidents des communes de Saint-Martin et de Saint-Barthélemy. Son taux est fixé chaque année par délibérations du conseil municipal de Saint-Martin et du conseil municipal de Saint-Barthélemy dans les conditions prévues aux articles 1599 sexdecies à 1599 novodecies. Le taux de la taxe additionnelle ne peut pas excéder celui de la taxe principale.

La taxe additionnelle est assise et recouvrée comme un droit de timbre.

TITRE DEUXIÈME IMPOSITIONS DÉPARTEMENTALES

CHAPITRE PREMIER IMPÔTS DIRECTS ET TAXES ASSIMILÉES

I GÉNÉRALITÉS

Art. 1586 **I. — Les départements perçoivent :**

(Abrogé par L. n° 2019-1479 du 28 déc. 2019, art. 16-II-A et VII-B, à compter des impositions établies au titre de 2021) ***« 1° La taxe foncière sur les propriétés bâties, prévue aux articles 1380 et 1381 ; »***

2° La redevance des mines, prévue à l'article 1587 ;

3° La part de la fraction de la composante de l'imposition forfaitaire sur les entreprises de réseaux prévue à l'article 1519 D qui n'est pas affectée à une commune ou à un établissement public de coopération intercommunale à fiscalité propre ;

4° La moitié des composantes de l'imposition forfaitaire sur les entreprises de réseaux sur les installations de production d'électricité d'origine nucléaire ou thermique à flamme et les centrales de production d'énergie électrique d'origine photovoltaïque ou hydraulique prévues aux articles 1519 E et 1519 F ;

5° Le tiers de la composante de l'imposition forfaitaire sur les entreprises de réseaux relative aux stations radioélectriques dans les conditions prévues à l'article 1519 H ;

5° *bis* La fraction de la composante de l'imposition forfaitaire sur les entreprises de réseaux relative aux installations de gaz naturel liquéfié, aux stockages souterrains de gaz naturel et aux stations de compression du réseau de transport de gaz naturel et la moitié de la composante de l'imposition forfaitaire sur les réseaux relative aux canalisations de transport de gaz naturel, d'autres hydrocarbures et de produits chimiques prévue à l'article 1519 HA ;

6° Une fraction égale à *(L. n° 2020-1721 du 29 déc. 2020, art. 8-I-2°-a et VI-A)* **« 47 %** *[ancienne rédaction : 23,5 %]* **» de la cotisation sur la valeur ajoutée des entreprises, prévue à l'article 1586 *ter*, due au titre de la valeur ajoutée imposée dans chaque commune de son territoire, en application de l'article 1586 *octies*.** — *Cette disposition, dans sa rédaction issue de la L. n° 2020-171 du 29 déc. 2020, s'applique à la cotisation sur la valeur ajoutée des entreprises due par les redevables au titre de 2021 et des années suivantes et versée par l'État aux communes, le cas échéant aux établissements publics de coopération intercommunale, ainsi qu'aux départements à compter de 2022 (L. préc., art. 8-VI-A).*

(Abrogé par L. n° 2020-1721 du 29 déc. 2020, art. 8-I-2°-b et VI-B, applicable à la cotisation sur la valeur ajoutée des entreprises versée aux régions et, pour sa part régionale, au Département de Mayotte à compter du 1er janv. 2021) ***« II. — Par dérogation au 6° du I du présent article et au 3° de l'article 1599 bis, le Département de Mayotte perçoit une fraction égale à 73,5 % de la cotisation sur la valeur ajoutée des entreprises, prévue à l'article 1586 ter, due au titre de la valeur ajoutée imposée dans chaque commune de son territoire en application de l'article 1586 octies. »***

Art. 1586 *bis* *Abrogé par L. n° 2009-1673 du 30 déc. 2009, art. 2-6.1.34.*

I *BIS* COTISATION SUR LA VALEUR AJOUTÉE DES ENTREPRISES

(L. n° 2009-1673 du 30 déc. 2009, art. 2-2.1.1)

Art. 1586 *ter* **I. — Les personnes physiques ou morales ainsi que les sociétés non dotées de la personnalité morale et les fiduciaires pour leur activité exercée en vertu d'un contrat de fiducie qui exercent une activité dans les conditions fixées aux articles 1447 et 1447 *bis* et dont le chiffre d'affaires est supérieur à 152 500 € sont soumises à la cotisation sur la valeur ajoutée des entreprises.**

[Dispositions déclarées non conformes à la Constitution par la décision du Conseil constitutionnel n° 2009-599 DC du 29 déc. 2009.]

II. — 1. La cotisation sur la valeur ajoutée des entreprises est égale à une fraction de la valeur ajoutée produite par l'entreprise, telle que définie à l'article 1586 *sexies*.

Pour la détermination de la cotisation sur la valeur ajoutée des entreprises, on retient la valeur ajoutée produite et le chiffre d'affaires réalisé au cours de la période mentionnée à l'article 1586 *quinquies*, à l'exception, d'une part, de la valeur ajoutée afférente aux activités exonérées de cotisation foncière des entreprises en application des articles 1449 à *(L. n° 2018-1317 du 28 déc. 2018, art. 135-I-16°)* **« 1463 B », à l'exception du 3° de l'article 1459, et, d'autre part, de la valeur ajoutée afférente aux activités exonérées de cotisation sur la valeur ajoutée des entreprises en application des I à III de l'article 1586 *nonies*. Cette valeur ajoutée fait, le cas échéant, l'objet de l'abattement prévu au IV de l'article 1586 *nonies*.**

Pour les entreprises de navigation maritime ou aérienne qui exercent des activités conjointement en France et à l'étranger, il n'est pas tenu compte de la valeur ajoutée provenant des opérations directement liées à l'exploitation de navires ou d'aéronefs ne correspondant pas à l'activité exercée en France.

Un décret en Conseil d'État précise les modalités d'application du troisième alinéa. — *V. Ann. II, art. 317 septies E.*

2. La fraction de la valeur ajoutée mentionnée au 1 est obtenue en multipliant cette valeur ajoutée par un taux égal à *(L. n° 2020-1721 du 29 déc. 2020, art. 8-I-3° et VI-A)* **« 0,75 %** *[ancienne rédaction : 1,5 %]* **».** — *Les dispositions du présent 2, dans leur rédaction issue de la L. n° 2020-171 du 29 déc. 2020, s'appliquent à la cotisation sur la valeur ajoutée des entreprises due par les redevables au titre de 2021 et des années suivantes et versée par l'État aux communes, le cas échéant aux établissements publics de coopération intercommunale, ainsi qu'aux départements à compter de 2022 (L. préc., art. 8-VI-A).*

3. La cotisation sur la valeur ajoutée des entreprises est recouvrée et contrôlée selon les mêmes procédures et sous les mêmes sanctions, garanties, sûretés et privilèges que la taxe sur la valeur ajoutée. Les réclamations sont présentées, instruites et jugées selon les règles applicables à la cotisation foncière des entreprises.

1. CVAE. Commentaire administratif d'ensemble. Personnes et activités imposables. Montant de la CVAE. Recouvrement et contrôle. * BOI-CVAE du 7 juill. 2021.

2. Subventions. Les subventions destinées à compenser l'insuffisance de recettes d'exploitation sont des subventions d'exploitation entrant dans le calcul de la valeur ajoutée. • CE 10 juill. 2017, *Min. c/ Sté concessionnaire du transport sur voie réservée de l'agglomération caennaise (STVR)*, n° 399557 : *RJF 2017. 1058* * BOI-CVAE-BASE-20 n° 180 du 7 juill. 2021.

3. Concession de brevets à une société du même groupe. Peut constituer une activité professionnelle soumise à CVAE l'activité de concession de brevets à des sociétés sœurs, la concédante devant être regardée comme en droit de participer à l'exploitation de ses sœurs concessionnaires. • CE 26 janv. 2021, n° 439856 : *RJF 2021. 380.*

Art. 1586 *quater* **I. — Les entreprises bénéficient d'un dégrèvement de cotisation sur la valeur ajoutée des entreprises. Il est égal à la différence entre le montant de cette cotisation et l'application à la valeur ajoutée mentionnée au 1 du II de l'article 1586 *ter* d'un taux calculé de la manière suivante :**

***a)* Pour les entreprises dont le chiffre d'affaires est inférieur à 500 000 €, le taux est nul ;**

***b)* Pour les entreprises dont le chiffre d'affaires est compris entre 500 000 € et 3 000 000 €, le taux est égal à :**

(L. n° 2020-1721 du 29 déc. 2020, art. 8-I-4°-a et VI-A) **« 0,25 %** *[ancienne rédaction : 0,5 %]* **» × (montant du chiffre d'affaires – 500 000 €)/2 500 000 € ;**

c) Pour les entreprises dont le chiffre d'affaires est compris entre 3 000 000 € et 10 000 000 €, le taux est égal à :

(L. n° 2020-1721 du 29 déc. 2020, art. 8-I-4°-a et VI-A) « 0,25 % *[ancienne rédaction : 0,5 %]* » + *(L. n° 2020-1721 du 29 déc. 2020, art. 8-I-4°-a et VI-A)* « 0,45 % *[ancienne rédaction : 0,9 %]* » × (montant du chiffre d'affaires – 3 000 000 €)/7 000 000 € ;

d) Pour les entreprises dont le chiffre d'affaires est compris entre 10 000 000 € et 50 000 000 €, le taux est égal à :

(L. n° 2020-1721 du 29 déc. 2020, art. 8-I-4°-a et VI-A) « 0,7 % *[ancienne rédaction : 1,4 %]* » + *(L. n° 2020-1721 du 29 déc. 2020, art. 8-I-4°-a et VI-A)* « 0,05 % *[ancienne rédaction : 0,1 %]* » × (montant du chiffre d'affaires – 10 000 000 €)/40 000 000 € ;

e) Pour les entreprises dont le chiffre d'affaires est supérieur à 50 000 000 €, à *(L. n° 2020-1721 du 29 déc. 2020, art. 8-I-4°-a et VI-A)* « 0,75 % *[ancienne rédaction : 1,5 %]* ».

Les taux mentionnés aux *b*, *c* et *d* sont exprimés en pourcentages et arrondis au centième le plus proche.

Pour l'application du présent article, le chiffre d'affaires s'entend de celui mentionné au 1 du II de l'article 1586 *ter*.

(L. n° 2017-1837 du 30 déc. 2017, art. 15) « I *bis*. – Lorsqu'une entreprise, quels que soient son régime d'imposition des bénéfices, le lieu d'établissement, la composition du capital et le régime d'imposition des bénéfices des entreprises qui la détiennent, remplit les conditions de détention fixées au I de l'article 223 A pour être membre d'un groupe, le chiffre d'affaires à retenir pour l'application du I du présent article s'entend de la somme de son chiffre d'affaires et des chiffres d'affaires des entreprises qui remplissent les mêmes conditions pour être membres du même groupe.

« Le premier alinéa du présent I *bis* s'applique, y compris lorsque les entreprises mentionnées à ce même premier alinéa ne sont pas membres d'un groupe mentionné aux articles 223 A ou 223 A *bis*.

« Ledit premier alinéa n'est pas applicable lorsque la somme des chiffres d'affaires mentionnée au même premier alinéa est inférieure à 7 630 000 €. »

II. – Le montant du dégrèvement est majoré de *(L. n° 2020-1721 du 29 déc. 2020, art. 8-I-4°-b et VI-A)* « 500 € *[ancienne rédaction : 1 000 €]* » pour les entreprises dont le chiffre d'affaires est inférieur à 2 000 000 €.

III. – En cas d'apport, de cession d'activité ou de scission d'entreprise réalisés à compter du 22 octobre 2009 ou de transmission universelle du patrimoine mentionnée à l'article 1844-5 du code civil réalisée à compter du 1er janvier 2010, le chiffre d'affaires à retenir pour l'application du I du présent article est égal à la somme des chiffres d'affaires des entreprises parties à l'opération lorsque l'entité à laquelle l'activité est transmise est détenue, directement ou indirectement, à plus de 50 % soit par l'entreprise cédante ou apporteuse ou les associés de l'entreprise scindée réunis, soit par une entreprise qui détient, directement ou indirectement, à plus de 50 % l'entreprise cédante ou apporteuse ou les entreprises issues de la scission réunies, soit par une entreprise détenue, directement ou indirectement, à plus de 50 % par l'entreprise cédante ou apporteuse ou par les associés de l'entreprise scindée réunis, tant que les conditions suivantes sont simultanément remplies :

– la somme des cotisations dues minorées des dégrèvements prévus au présent article, d'une part, par l'entreprise cédante, apporteuse ou scindée et, d'autre part, par le nouvel exploitant est inférieure, sans application du premier alinéa, d'au moins 10 % aux impositions au titre de la cotisation sur la valeur ajoutée des entreprises qui auraient été dues par ces mêmes entreprises en l'absence de réalisation de l'opération, minorées des dégrèvements prévus au présent article ;

– l'activité continue d'être exercée par ces dernières ou par une ou plusieurs de leurs filiales ;

– les entreprises en cause ont des activités similaires ou complémentaires.

Les conditions d'exercice de la détention de capital prévues au premier alinéa doivent être remplies à un moment quelconque au cours des six mois qui précèdent la date de réalisation de l'opération mentionnée au premier alinéa.

Le présent III ne s'applique plus à compter de la huitième année suivant l'opération d'apport, de cession d'activité, de scission d'entreprise ou de transmission universelle du patrimoine mentionnée à l'article 1844-5 du code civil en cause.

Les dispositions issues de l'art. 8 de la L. n° 2020-1721 du 29 déc. 2020 s'appliquent à la cotisation sur la valeur ajoutée des entreprises :

1° Due par les redevables au titre de 2021 et des années suivantes ;

2° Versée par l'État aux communes, le cas échéant aux établissements publics de coopération intercommunale, ainsi qu'aux départements à compter de 2022 (L. préc., art. 8-VI-A).

1. CVAE. Commentaire administratif d'ensemble. Dégrèvement. Calcul du CA. Sociétés membres d'un groupe fiscal. Entreprises parties à une opération de restructuration. * BOI-CVAE-LIQ-du 7 juill. 2021.

2. Inconstitutionnalité de la détermination du taux effectif d'imposition des groupes de sociétés. En distinguant entre les groupes de sociétés selon qu'ils relèvent ou non du régime de l'intégration fiscale, le législateur a méconnu le principe d'égalité devant la loi. • Cons. const. 19 mai 2017, *Sté FB Finance*, n° 2017-629 QPC : *RJF 2017. 845 ; Dr. fisc. 2017. 375, note Zaghdoun et Philippe.* ♦ En conséquence, les sociétés membres d'un groupe au sens des art. 223 A ou 223 A *bis* peuvent être imposées à la CVAE selon un taux d'imposition calculé en fonction de leur chiffre d'affaires propre. ♦ Institution d'un nouveau dispositif applicable à compter des impositions dues au titre de 2018. * BOI-CVAE-LIQ-10 n°s 75 à 78 du 7 juill. 2021.

Art. 1586 *quinquies* **I. — 1. Sous réserve des 2, 3 et 4, la cotisation sur la valeur ajoutée des entreprises est déterminée en fonction du chiffre d'affaires réalisé et de la valeur ajoutée produite au cours de l'année au titre de laquelle l'imposition est établie ou au cours du dernier exercice de douze mois clos au cours de cette même année lorsque cet exercice ne coïncide pas avec l'année civile.**

2. Si l'exercice clos au cours de l'année au titre de laquelle l'imposition est établie est d'une durée de plus ou de moins de douze mois, la cotisation sur la valeur ajoutée des entreprises est établie à partir du chiffre d'affaires réalisé et de la valeur ajoutée produite au cours de cet exercice.

3. Si aucun exercice n'est clôturé au cours de l'année au titre de laquelle l'imposition est établie, la cotisation sur la valeur ajoutée des entreprises est établie à partir du chiffre d'affaires réalisé et de la valeur ajoutée produite entre le premier jour suivant la fin de la période retenue pour le calcul de la cotisation sur la valeur ajoutée des entreprises de l'année précédente et le 31 décembre de l'année d'imposition. En cas de création d'entreprise au cours de l'année d'imposition, la période retenue correspond à la période comprise entre la date de création et le 31 décembre de l'année d'imposition.

4. Lorsque plusieurs exercices sont clôturés au cours d'une même année, la cotisation sur la valeur ajoutée des entreprises est établie à partir du chiffre d'affaires réalisé et de la valeur ajoutée produite au cours des exercices clos, quelles que soient leurs durées respectives.

5. Dans les situations mentionnées aux 1 à 4, il n'est pas tenu compte de la fraction d'exercice clos qui se rapporte à une période retenue pour l'établissement de l'impôt dû au titre d'une ou de plusieurs années précédant celle de l'imposition.

II. — Le montant du chiffre d'affaires déterminé conformément aux 2, 3 et 4 du I est, pour l'application du premier alinéa du I de l'article 1586 *ter* et pour l'application de l'article 1586 *quater*, corrigé pour correspondre à une année pleine.

1. CVAE. Constitutionnalité de la période de référence à retenir pour apprécier le montant du chiffre d'affaires. • CE, QPC, 9 juill. 2012, *SAS Bineau Agri Service*, n° 359478 : *RJF 2012. 1052.* ♦ Légalité de la période de référence en cas de clôture de plusieurs exercices au cours de l'année. • CE (na), 23 juill. 2014, *Sté Cdiscount*, n° 378359 : *RJF 2014. 1013.*

2. Période de référence. Calcul du CA et de la valeur ajoutée. * BOI-CVAE-CHAMP-10-20 n° 60 du 15 juill. 2013.

Art. 1586 *sexies* **I. — Pour la généralité des entreprises, à l'exception des entreprises visées aux** *(L. n° 2020-1721 du 29 déc. 2020, art. 8-I-5°-a et VI-A)* **« II *bis*** *[ancienne rédaction : II]* **» à VI :**

1. Le chiffre d'affaires est égal à la somme :

— des ventes de produits fabriqués, prestations de services et marchandises ;

— des redevances pour concessions, brevets, licences, marques, procédés, logiciels, droits et valeurs similaires ;

– des plus-values de cession d'immobilisations corporelles et incorporelles, lorsqu'elles se rapportent à une activité normale et courante ;

– des refacturations de frais inscrites au compte de transfert de charges.

2. Le chiffre d'affaires des titulaires de bénéfices non commerciaux qui n'exercent pas l'option mentionnée à l'article 93 A s'entend du montant hors taxes des honoraires ou recettes encaissés en leur nom, diminué des rétrocessions, ainsi que des gains divers.

3. Le chiffre d'affaires des personnes dont les revenus imposables à l'impôt sur le revenu relèvent de la catégorie des revenus fonciers définie à l'article 14 comprend les recettes brutes hors taxes au sens de l'article 29.

4. La valeur ajoutée est égale à la différence entre :

a) D'une part, le chiffre d'affaires tel qu'il est défini au 1, majoré :

– des autres produits de gestion courante à l'exception, d'une part, de ceux pris en compte dans le chiffre d'affaires et, d'autre part, des quotes-parts de résultat sur opérations faites en commun ;

– de la production immobilisée, à hauteur des seules charges qui ont concouru à sa formation et qui figurent parmi les charges déductibles de la valeur ajoutée ; il n'est pas tenu compte de la production immobilisée, hors part des coproducteurs, afférente à des œuvres audiovisuelles ou cinématographiques inscrites à l'actif du bilan d'une entreprise de production audiovisuelle ou cinématographique, ou d'une entreprise de distribution cinématographique pour le montant correspondant au versement du minimum garanti au profit d'un producteur, à condition que ces œuvres soient susceptibles de bénéficier de l'amortissement fiscal pratiqué sur une durée de douze mois ;

– des subventions d'exploitation ;

– de la variation positive des stocks ;

– des transferts de charges déductibles de la valeur ajoutée, autres que ceux pris en compte dans le chiffre d'affaires ;

– des rentrées sur créances amorties lorsqu'elles se rapportent au résultat d'exploitation ;

b) Et, d'autre part :

– les achats stockés de matières premières et autres approvisionnements, les achats d'études et prestations de services, les achats de matériel, équipements et travaux, les achats non stockés de matières et fournitures, les achats de marchandises et les frais accessoires d'achat ;

– diminués des rabais, remises et ristournes obtenus sur achats ;

– la variation négative des stocks ;

– les services extérieurs diminués des rabais, remises et ristournes obtenus, à l'exception des loyers ou redevances afférents aux biens corporels pris en location ou en sous-location pour une durée de plus de six mois ou en crédit-bail ainsi que les redevances afférentes à ces biens lorsqu'elles résultent d'une convention de location-gérance ; toutefois, lorsque les biens pris en location par le redevable sont donnés en sous-location pour une durée de plus de six mois, les loyers sont retenus à concurrence du produit de cette sous-location ;

– les taxes sur le chiffre d'affaires et assimilées, les contributions indirectes, la taxe intérieure de consommation sur les produits énergétiques ; – *La dernière taxe correspond désormais à la fraction perçue en métropole sur les produits énergétiques autres que les gaz naturels et les charbons de l'accise sur les énergies mentionnée à l'art. L. 312-1 CIBS.*

– les autres charges de gestion courante, autres que les quotes-parts de résultat sur opérations faites en commun ;

– les dotations aux amortissements pour dépréciation afférentes aux biens corporels donnés en location ou sous-location pour une durée de plus de six mois, donnés en crédit-bail ou faisant l'objet d'un contrat de location-gérance, en proportion de la seule période de location, de sous-location, de crédit-bail ou de location-gérance ;

– les *moins-values* de cession d'éléments d'immobilisations corporelles et incorporelles, lorsqu'elles se rapportent à une activité normale et courante.

5. La valeur ajoutée des contribuables mentionnés au 2 est constituée par l'excédent du chiffre d'affaires défini au 2 sur les dépenses de même nature que les charges admises en déduction de la valeur ajoutée en application du 4, à l'exception de la taxe sur la valeur ajoutée déductible ou décaissée.

6. La valeur ajoutée des contribuables mentionnés au 3 est égale à l'excédent du chiffre d'affaires défini au 3 diminué des charges de la propriété énumérées à l'article 31, à l'exception des charges énumérées aux *c* et *d* du 1° du I du même article 31.

7. La valeur ajoutée définie aux 4, 5 et 6 ne peut excéder un pourcentage du chiffre d'affaires mentionné respectivement aux 1, 2 et 3 égal à :

80 % pour les contribuables dont le chiffre d'affaires est inférieur ou égal à 7,6 millions d'euros ;

85 % pour les contribuables dont le chiffre d'affaires est supérieur à 7,6 millions d'euros.

Pour l'application du présent 7, la période retenue pour le chiffre d'affaires est la même que celle retenue pour la valeur ajoutée.

(Abrogé par L. n° 2020-1721 du 29 déc. 2020, art. 8-I-5°-b et VI-A) ***« I bis. — Pour les mutuelles et unions régies par le livre III du code de la mutualité, les produits et les charges ne sont pris en compte, pour le calcul de la valeur ajoutée, qu'à raison de 40 % de leur montant en 2013 et de 60 % en 2014. Ils sont pris en compte en totalité à partir de 2015.***

« II. — Par exception au I, les produits et les charges mentionnés au même I et se rapportant à une activité de location ou de sous-location d'immeubles nus réputée exercée à titre professionnel au sens de l'article 1447 ne sont pris en compte, pour le calcul de la valeur ajoutée, qu'à raison de 10 % de leur montant en 2010, 20 % en 2011, 30 % en 2012, 40 % en 2013, 50 % en 2014, 60 % en 2015, 70 % en 2016, 80 % en 2017 et 90 % en 2018. »

(L. n° 2017-1837 du 30 déc. 2017, art. 22) « II *bis*. — Pour les entreprises soumises au régime d'imposition défini au 1 de l'article 50-0, la valeur ajoutée est calculée selon les modalités prévues au *a* du I de l'article 1647 B *sexies*. » — *Applicable à compter de la cotisation sur la valeur ajoutée de l'entreprise due au titre de 2017 (L. n° 2017-1837 du 30 déc. 2017, art. 22-III-C).*

III. — Pour les établissements de crédit et les sociétés de financement et, lorsqu'elles sont agréées par l'Autorité de contrôle prudentiel et de résolution, les entreprises mentionnées à l'article L. 531-4 du code monétaire et financier :

1. Le chiffre d'affaires comprend l'ensemble des produits d'exploitation bancaires et des produits divers d'exploitation autres que les produits suivants :

a) 95 % des dividendes sur titres de participation et parts dans les entreprises liées ;

b) Plus-values de cession sur immobilisations figurant dans les produits divers d'exploitation autres que celles portant sur les autres titres détenus à long terme ;

c) Reprises de provisions spéciales et de provisions sur immobilisations ;

d) Quotes-parts de subventions d'investissement ;

e) Quotes-parts de résultat sur opérations faites en commun.

2. La valeur ajoutée est égale à la différence entre :

a) D'une part, le chiffre d'affaires tel qu'il est défini au 1, majoré des reprises de provisions spéciales et des récupérations sur créances amorties lorsqu'elles se rapportent aux produits d'exploitation bancaire ;

b) Et, d'autre part :

— les charges d'exploitation bancaires autres que les dotations aux provisions sur immobilisations données en crédit-bail ou en location simple ;

— les services extérieurs, à l'exception des loyers ou redevances afférents aux biens corporels pris en location ou en sous-location pour une durée de plus de six mois ou en crédit-bail ainsi que les redevances afférentes à ces biens lorsqu'elles résultent d'une convention de location-gérance ; toutefois, lorsque les biens pris en location par le redevable sont donnés en sous-location pour une durée de plus de six mois, les loyers sont retenus à concurrence du produit de cette sous-location ;

— les charges diverses d'exploitation, à l'exception des moins-values de cession sur immobilisations autres que celles portant sur les autres titres détenus à long terme et des quotes-parts de résultat sur opérations faites en commun.

— les pertes sur créances irrécouvrables lorsqu'elles se rapportent aux produits d'exploitation bancaire.

IV. — Pour les entreprises, autres que celles mentionnées aux III et VI, qui ont pour activité principale la gestion d'instruments financiers au sens de l'article L. 211-1 du code monétaire et financier :

1. Le chiffre d'affaires comprend :

— le chiffre d'affaires tel qu'il est déterminé pour la généralité des entreprises au 1 du I ;

– les produits financiers, à l'exception des reprises sur provisions et de 95 % des dividendes sur titres de participation ;

– et les plus-values sur cession des titres, à l'exception des plus-values de cession de titres de participation.

2. La valeur ajoutée est égale à la différence entre :

– d'une part, le chiffre d'affaires tel qu'il est défini au 1, majoré des rentrées sur créances amorties lorsqu'elles se rapportent au chiffre d'affaires défini au 1 ;

– et, d'autre part, les services extérieurs mentionnés au 4 du I ; les charges financières, à l'exception des dotations aux amortissements et aux provisions ; les moins-values de cession de titres autres que les titres de participation ; les pertes sur créances irrécouvrables lorsqu'elles se rapportent au chiffre d'affaires défini au 1.

Les entreprises ayant pour activité principale la gestion d'instruments financiers sont celles qui remplissent au moins une des deux conditions suivantes :

– les immobilisations financières ainsi que les valeurs mobilières de placement détenues par l'entreprise ont représenté en moyenne au moins 75 % de l'actif au cours de la période mentionnée à l'article 1586 *quinquies* ;

– le chiffre d'affaires de l'activité de gestion d'instruments financiers correspondant aux produits financiers et aux produits sur cession de titres réalisé au cours de la période mentionnée à l'article 1586 *quinquies* est supérieur au total des chiffres d'affaires des autres activités.

Sauf pour les entreprises dont au moins 50 % des droits de vote sont détenus, directement ou indirectement, par une entreprise mentionnée aux III ou VI ou conjointement par des entreprises mentionnées aux mêmes III ou VI, les conditions mentionnées aux cinquième et sixième alinéas s'apprécient, le cas échéant, au regard de l'actif et du chiffre d'affaires du groupe auquel appartient la société au sens de l'article L. 233-16 du code de commerce sur la base des comptes consolidés prévus au I du même article.

V. – Pour les sociétés et groupements créés pour la réalisation d'une opération unique de financement d'immobilisations corporelles :

a) Qui sont détenus à 95 % au moins par un établissement de crédit ou une société de financement et qui réalisent l'opération pour le compte de l'établissement de crédit ou de la société de financement ou d'une société elle-même détenue à 95 % au moins par l'établissement de crédit ou la société de financement ;

b) Ou qui sont soumis au 1 du II de l'article 39 C ou aux articles 217 *undecies (L. n° 2020-1721 du 29 déc. 2020, art. 108-I-J et IV, applicable aux investissements réalisés à compter du 1er janv. 2022)* « , 217 *duodecies* ou 244 *quater* Y : »

1. Le chiffre d'affaires comprend :

– le chiffre d'affaires tel qu'il est déterminé pour la généralité des entreprises au 1 du I ;

– les produits financiers et les plus-values résultant de la cession au crédit-preneur des immobilisations financées dans le cadre de l'opération visée au premier alinéa du présent V.

2. La valeur ajoutée est égale à la différence entre :

– d'une part, le chiffre d'affaires tel qu'il est défini au 1, majoré des rentrées sur créances amorties lorsqu'elles se rapportent au chiffre d'affaires défini au 1 ;

– et, d'autre part, les services extérieurs et les dotations aux amortissements mentionnés au 4 du I, les charges financières et les moins-values résultant de la cession au crédit-preneur des immobilisations financées dans le cadre de l'opération visée au premier alinéa du présent V et les pertes sur créances irrécouvrables lorsqu'elles se rapportent au chiffre d'affaires défini au 1.

VI. *(Ord. n° 2017-484 du 6 avr. 2017, art. 17-III-11°)* « Pour les mutuelles et unions régies par le livre II du code de la mutualité, les mutuelles et unions de retraite professionnelle *supplémentaire* mentionnées à l'article L. 214-1 du même code, les institutions de prévoyance régies par le titre III du livre IX du code de la sécurité sociale, les institutions de retraite professionnelle supplémentaire mentionnées à l'article L. 942-1 du même code, les entreprises d'assurance et de réassurance régies par le code des assurances et les fonds de retraite professionnelle supplémentaire mentionnés à l'article L. 381-1 du même code : »

1. Le chiffre d'affaires comprend :
— les primes ou cotisations ;
— les autres produits techniques ;
— les commissions reçues des réassureurs ;
— les produits non techniques, à l'exception de l'utilisation ou de reprises des provisions ;
— et les produits des placements, à l'exception des reprises de provisions pour dépréciation, des plus-values de cession et de 95 % des dividendes afférents aux placements dans des entreprises liées ou avec lien de participation, des plus-values de cession d'immeubles d'exploitation et des quotes-parts de résultat sur opérations faites en commun.

2. La valeur ajoutée est égale à la différence entre :
a) D'une part, le chiffre d'affaires tel qu'il est défini au 1, majoré :
— des subventions d'exploitation ;
— de la production immobilisée, à hauteur des seules charges qui ont concouru à sa formation et qui sont déductibles de la valeur ajoutée ;
— des transferts ;

b) Et, d'autre part, sous réserve des précisions mentionnées aux alinéas suivants, les prestations et frais payés, les achats, le montant des secours exceptionnels accordés par décision du conseil d'administration ou de la commission des secours lorsque celle-ci existe, les autres charges externes, les autres charges de gestion courante, les variations des provisions pour sinistres ou prestations à payer et des autres provisions techniques, y compris les provisions pour risque d'exigibilité pour la seule partie qui n'est pas admise en déduction du résultat imposable en application du 5° du 1 de l'article 39, la participation aux résultats, les charges des placements à l'exception des moins-values de cession des placements dans des entreprises liées ou avec lien de participation et des moins-values de cession d'immeubles d'exploitation.

Ne sont toutefois pas déductibles de la valeur ajoutée :
— les loyers ou redevances afférents aux biens corporels pris en location ou en sous-location pour une durée de plus de six mois ou en crédit-bail ainsi que les redevances afférentes à ces immobilisations lorsqu'elles résultent d'une convention de location-gérance ; toutefois, lorsque les biens pris en location par le redevable sont donnés en sous-location pour une durée de plus de six mois, les loyers sont retenus à concurrence du produit de cette sous-location ;
— les charges de personnel ;
— les impôts, taxes et versements assimilés, à l'exception des taxes sur le chiffre d'affaires et assimilées, des contributions indirectes, de la taxe intérieure de consommation sur les produits énergétiques ; — *La dernière taxe correspond désormais à la fraction perçue en métropole sur les produits énergétiques autres que les gaz naturels et les charbons de l'accise sur les énergies mentionnée à l'art. L. 312-1 CIBS.*
— les quotes-parts de résultat sur opérations faites en commun ;
— les charges financières afférentes aux immeubles d'exploitation ;
— les dotations aux amortissements d'exploitation ;
— les dotations aux provisions autres que les provisions techniques.

(Abrogé par L. n° 2020-1721 du 29 déc. 2020, art. 8-I-5°-b et VI-A) ***« c) Pour les mutuelles et les institutions de prévoyance visées au premier alinéa du présent VI, les produits et les charges ne sont pris en compte, pour le calcul de la valeur ajoutée, qu'à raison de 40 % de leur montant en 2013 et de 60 % en 2014. Ils sont pris en compte en totalité à partir de 2015. »***

VII. — Lorsque les plus-values de cession d'immobilisations ou de titres de nature à être comprises dans le chiffre d'affaires et la valeur ajoutée en application des I et III à VI sont réalisées l'année de création de l'entreprise, elles sont comprises dans le chiffre d'affaires et la valeur ajoutée retenus au titre de l'année suivante.

Pour les dispositions issues de l'art. 8 de la L. n° 2020-1721 du 29 déc. 2020, V. ndlr ss. art. 1586 quater.

1. CVAE. Commentaire administratif d'ensemble. Calcul du CA et de la valeur ajoutée. Généralité des entreprises. Titulaires de BNC et de revenus fonciers. * BOI-CVAE-BASE-20 du 7 juill. 2021.

2. Régimes particuliers. Établissements de crédit et entreprises assimilées. Entreprises de gestion d'instruments financiers. Sociétés créées pour la réalisation d'une opération unique de financement. Entreprises d'assurance et assimilées. * BOI-CVAE-BASE-30 du 18 nov. 2013 * BOI-CVAE-BASE-40 du 12 sept. 2012 * BOI-CVAE-BASE-50 du 12 sept. 2012 * BOI-CVAE-BASE-60 du 7 juill. 2021.

3. Rectifications opérées sur le résultat déclaré. Des rectifications opérées en matière de prix de transfert peuvent entraîner des rectifications en matière de cotisation minimale de taxe professionnelle et aujourd'hui de CVAE. • CE 5 juin 2018, *SCS General Electric Medical Systems,* n° 409647 : *RJF 2018. 833.*

4. Plus-values de cessions. Les plus-values et moins-values de cessions normales et courantes à retenir correspondent à la différence entre le prix de cession de l'immobilisation cédée et sa valeur nette comptable, laquelle tient compte des amortissements comptabilisés au titre de ce bien, alors même que les amortissements ne sont, en règle générale, pas pris en compte dans le calcul de la valeur ajoutée produite. • CE, avis, 26 sept. 2018, *Sté Stade Rennais Football Club,* n° 421182 : *RJF 2018. 1244, concl. Daumas ; Dr. fisc. 2019. 178, note Toulemont et Percheron.* ♦ Sur les cessions des contrats de footballeurs, V. aussi note 11.

5. Charges. Les charges nées au cours d'un exercice doivent entrer en compte pour la détermination de la valeur ajoutée servant de base à la CVAE due au titre de cet exercice, alors même qu'elles n'auraient pas encore été payées au moment de la clôture de cet exercice, sauf à démontrer qu'à cette date ces charges demeuraient incertaines dans leur principe ou dans leur montant. Prise en compte des charges certaines même non facturées résultant d'une pratique concertée entre une société mère et ses filiales. • CE 19 déc. 2019, *Sté Véolia Eau – Cie Générale des Eaux,* n° 419968 : *RJF 2020. 232, concl. Nocolazo de Barmon.*

6. Redevances et loyers. Ne sont pas déductibles du chiffre d'affaires, pour le calcul de la valeur ajoutée servant de base à la CVAE et, partant, pour le calcul de la taxe additionnelle et des frais de gestion, les charges qui ont pour contrepartie la mise à disposition de biens corporels pris, soit en location ou en sous-location pour une durée de plus de six mois, soit en crédit-bail, soit en location-gérance. Il en va ainsi quand bien même ces charges auraient été exposées par le contribuable en exécution d'un contrat de délégation de service public. • CE 24 févr. 2020 : *Min. c/ SOFEREST,* n° 433882 : *RJF 2020. 448.*

7. Vente à crédit. La prise en charge par le vendeur des intérêts de crédits souscrits par ses clients pour acheter ses produits est un avantage tarifaire déductible de la valeur ajoutée du vendeur, même si elle est comptabilisée comme charge financière. • CE 2 avr. 2021, n° 430364 : *RJF 2021. 608, concl. Guibé.*

8. Perte exceptionnelle. La perte due à la cession à un tiers d'une créance commerciale à un prix très inférieur à sa valeur nominale constitue une charge exceptionnelle exclue de la valeur ajoutée, sauf lorsque la cession revêt un caractère habituel. • CE 30 mai 2018, *SAS Rhodia Opérations,* n° 405248 : *RJF 2018. 864, concl. Bokdam-Tognetti.*

9. Pénalités de retard sur marchés. Les pénalités de retard supportées par une entreprise de travaux publics dans l'exécution de marchés de travaux ne peuvent pas être déduites pour le calcul de la valeur ajoutée dès lors que ces pénalités sur marchés, selon le PCG en vigueur en 2010, doivent être inscrites en compte 6711, qui constitue un compte de charges exceptionnelles non prises en compte dans le calcul de la valeur ajoutée. • CE (na) 23 mars 2020 : *SAS Vinci Environnement,* n° 434002 : *RJF 2020. 609, concl. Ciavaldini.*

10. Bien faisant l'objet de sous-locations successives. Lorsqu'un même bien fait l'objet de plusieurs sous-locations au cours de l'année ou de l'exercice de référence, il y a lieu de retenir la durée globale de sous-location de ce bien et non la durée propre à chaque sous-location. • CE 23 nov. 2015, *SAS Sara résidences de tourisme,* n° 377390 : *RJF 2016. 149, concl. Aladjidi ; Dr. fisc. 2016. 144, note Quéré et Da Costa.*

11. Clubs de football. Les indemnités perçues lors des cessions de contrats de joueurs doivent être prises en compte dans le calcul de la valeur ajoutée pour la détermination de la cotisation minimale de CVAE. • CE 6 déc. 2017, *Min. c/ Sté Paris Saint-Germain Football Club,* n° 401533 : *RJF 2018. 276, concl. Bretonneau* • 4 mars 2021, n° 441523 : *RJF 2021. 456.* ♦ Modalités de détermination de la plus-value dégagée par les cessions. • CE 29 juill. 2020, *Sté Paris Saint-Germain Football Club,* n° 432685 : *RJF 2020. 905.* ♦ V. aussi note 4.

12. Indemnités de départ en retraite. Les indemnités versées aux salariés d'une entreprise à l'occasion de leur départ à la retraite ont toujours, quelles qu'en soient les modalités de gestion, le caractère de dépenses de personnel. Dès lors, de telles indemnités ne figurent pas parmi les dépenses qui doivent être déduites de la valeur ajoutée pour le calcul de la CVAE. • CE 28 nov. 2018, *SNC Lancôme Parfums et Beauté & Cie,* n° 413121 : *RJF 2019. 164, concl. Ciavaldini.*

13. Subventions. Les subventions destinées à compenser l'insuffisance de recettes d'exploitation sont des subventions d'exploitation entrant dans le calcul de la valeur ajoutée. • CE 10 juill. 2017, *Min. c/ Sté concessionnaire du transport sur voie réservée de l'agglomération caennaise (STVR),* n° 399557 : *RJF 2017. 1058* * BOI-CVAE-BASE-20 n° 180 du 7 juill. 2021. ♦ Un abandon de créance qualifié de subvention d'investissement n'entre pas dans le calcul de la valeur ajoutée. • CE 20 oct. 2021, n° 450268 : *RJF 2022. 39.*

14. Laboratoires pharmaceutiques. Les remises des laboratoires pharmaceutiques à la caisse maladie sont incluses dans la valeur ajoutée. • CE (na), 6 oct. 2017, *SAS Astrazeneca*, n° 408115 : *RJF 2017. 1228.*

15. Dépenses de mécénat. Les dépenses de mécénat réalisées par une entreprise doivent, ainsi, être comptabilisées en charges exceptionnelles lorsqu'elles ne peuvent pas être regardées, compte tenu des circonstances de fait, notamment de leur absence de caractère récurrent, comme relevant de l'activité habituelle et ordinaire de l'entreprise et en charges d'exploitation dans le cas contraire. Des dépenses courantes de mécénat comptabilisées en charges d'exploitation peuvent être déduites de la valeur ajoutée, retenue en matière de taxe professionnelle. • CE, plén., 9 mai 2018, *Caisse régionale du crédit agricole mutuel de Pyrénées Gascogne*, n° 388209 : *RJF 2018. 764, concl. Bénard ; RJF 2018, p. 1069, chron. Iljic.* ♦ Dans le même sens, concernant la CVAE. • CE 28 nov. 2018, *SNC Lancôme Parfums et Beauté et Cie*, n° 413121 : *préc. note 12.*

16. Taxes déductibles de la valeur ajoutée. Liste des taxes grevant directement le prix des biens et des services vendus par le redevable, et qui sont donc déductibles de la valeur ajoutée lorsqu'elles sont comptabilisées dans un compte 63 du PCG. * BOI-CVAE-BASE-20 n° 290 du 7 juill. 2021. ♦ Les termes de « taxes sur le chiffre d'affaires et assimilées » désignent la TVA et les taxes qui, en application des normes comptables, grèvent le prix des biens et des services vendus par l'entreprise. • CE 29 juin 2018, *Cie exploitation et répartition pharmaceutique de Rouen*, n° 416346 : *RJF 2018. 973.* ♦ Sur les taxes incluses dans la valeur ajoutée des laboratoires pharmaceutiques, V. • CE (na), 6 oct. 2017, *SAS Astrazeneca*, n° 408115 : *préc. note 14.*

Art. 1586 *septies* **Le montant de la cotisation sur la valeur ajoutée des entreprises, après application de l'article 1586 *quater*, ne peut, pour les entreprises dont le chiffre d'affaires, au sens des articles 1586 *quinquies* et 1586 *sexies*, excède 500 000 €, être inférieur à** *(L. n° 2020-1721 du 29 déc. 2020, art. 8-I-6° et VI-A)* **« 125 €** *[ancienne rédaction : 250 €]* **».**

Pour les dispositions issues de l'art. 8 de la L. n° 2020-1721 du 29 déc. 2020, V. ndlr ss. art. 1586 quater.

1. CVAE. Montant de la CVAE. Cotisation minimum. * BOI-CVAE-LIQ-10 n° 180 du 7 juill. 2021.

2. La CVAE due par les entreprises dont le chiffre d'affaires excède 500 000 € ne peut être inférieure à 250 € (avant application des frais de gestion), ce montant constituant la cotisation minimum sur la valeur ajoutée de l'entreprise. Les entreprises dont la valeur ajoutée est intégralement exonérée, de plein droit ou de manière facultative, ne sont pas redevables de cette cotisation minimum. * BOI-CVAE-LIQ-10 n° 180 du 7 juill. 2021.

Art. 1586 *octies* **I. — 1. La cotisation sur la valeur ajoutée des entreprises est due par le redevable qui exerce l'activité au 1er janvier de l'année d'imposition.**

2. Toutefois, en cas d'apport, de cession d'activité, de scission d'entreprise ou de transmission universelle du patrimoine mentionnée à l'article 1844-5 du code civil, la cotisation sur la valeur ajoutée des entreprises est due également par le redevable qui n'exerce aucune activité imposable au 1er janvier de l'année et auquel l'activité est transmise lorsque l'opération intervient au cours de l'année d'imposition.

II. — 1. Le montant de la valeur ajoutée fait l'objet, au plus tard le deuxième jour ouvré suivant le 1er mai de l'année suivant celle au titre de laquelle la cotisation sur la valeur ajoutée des entreprises est due, d'une déclaration par les entreprises mentionnées au I de l'article 1586 *ter* auprès du service des impôts dont relève leur principal établissement.

Cette **déclaration mentionne, par établissement ou par lieu d'emploi, le nombre de salariés employés au cours de la période pour laquelle la déclaration est établie. Les salariés exerçant leur activité dans plusieurs établissements ou lieux d'emploi sont déclarés dans celui où la durée d'activité est la plus élevée, y compris si l'entreprise ne dispose pas de locaux dans ce lieu d'emploi dès lors que le salarié y exerce son activité plus de trois mois.**

Les effectifs affectés aux véhicules sont déclarés par les entreprises de transport au local ou au terrain qui constitue le lieu de stationnement habituel des véhicules ou, s'il n'en existe pas, au local où ils sont entretenus ou réparés par le redevable ; à défaut, les effectifs sont déclarés au principal établissement de l'entreprise.

Par exception aux deuxième et troisième alinéas, la déclaration des entreprises de transport national ferroviaire mentionne leurs effectifs par établissement, au prorata

de la valeur locative foncière imposée à la cotisation foncière des entreprises de ces établissements.

Un décret précise les conditions d'application du présent 1. — *V. Ann. III, art. 328 G bis à 328 G quinquies et 344-0 B-6°. — Pour* **2014** *et les entreprises établies à* ***Mayotte****, V. App., Ord. n° 2013-837 du 19 sept. 2013, art. 21-I.*

2. En cas de transmission universelle du patrimoine mentionnée à l'article 1844-5 du code civil, de cession ou de cessation d'entreprise ou de l'exercice d'une profession commerciale, d'ouverture d'une procédure de sauvegarde, de redressement ou de liquidation judiciaires ou de décès du contribuable, les déclarations mentionnées au 1 du présent II et au dernier alinéa de l'article 1679 *septies* doivent être souscrites dans un délai de soixante jours décompté soit dans les conditions prévues, selon le cas, aux 1 ou 4 de l'article 201 ou au 1 de l'article 202 soit au jour du jugement d'ouverture de la procédure collective.

Par exception, en cas d'ouverture d'une procédure de sauvegarde, de redressement judiciaire ou de liquidation judiciaire lorsqu'il n'est pas mis fin à la poursuite de l'activité, à défaut de pouvoir procéder à la liquidation définitive de la cotisation sur la valeur ajoutée des entreprises due au titre de l'année du jugement d'ouverture de la procédure collective, seule la déclaration mentionnée au dernier alinéa de l'article 1679 *septies* doit être souscrite dans un délai de soixante jours décompté au jour de ce jugement. Cette déclaration doit mentionner une estimation du montant de la cotisation sur la valeur ajoutée des entreprises due au titre de l'année au cours de laquelle la procédure collective a été ouverte, déterminée en fonction du chiffre d'affaires et de la valeur ajoutée mentionnés dans la dernière déclaration de résultat exigée. Cette obligation déclarative anticipée ne se substitue pas aux obligations déclaratives mentionnées au 1 du II du présent article et au dernier alinéa de l'article 1679 *septies*.

III. — La valeur ajoutée est imposée dans la commune où le contribuable la produisant dispose de locaux ou emploie des salariés exerçant leur activité plus de trois mois.

Lorsqu'un contribuable dispose de locaux ou emploie des salariés exerçant leur activité plus de trois mois dans plusieurs communes, la valeur ajoutée qu'il produit est imposée dans chacune de ces communes et répartie entre elles au prorata, pour le tiers, des valeurs locatives des immobilisations imposées à la cotisation foncière des entreprises et, pour les deux tiers, de l'effectif qui y est employé, réparti selon les modalités définies au II.

Pour l'application du deuxième alinéa, l'effectif employé dans un établissement pour lequel les valeurs locatives des immobilisations industrielles évaluées dans les conditions prévues aux articles 1499 et 1501 représentent plus de 20 % de la valeur locative des immobilisations imposables à la cotisation foncière des entreprises *(L. n° 2017-1837 du 30 déc. 2017, art. 15)* « est pondéré par un coefficient de 5 » et la valeur locative des immobilisations industrielles *(L. n° 2020-1721 du 29 déc. 2020, art. 29-I-4°-a et VI-B)* « est pondérée par un coefficient de 42 pour celles évaluées dans les conditions prévues à l'article 1499 et par un coefficient de 21 pour celles évaluées dans les conditions prévues à l'article 1501 *[ancienne rédaction : évaluées dans les conditions prévues aux mêmes articles 1499 et 1501 est pondérée par un coefficient de 21]*. » — *Les dispositions du présent al. issues de la L. n° 2017-1837 du 30 déc. 2017 s'appliquent à la cotisation sur la valeur ajoutée des entreprises due par les contribuables au titre de 2018 et des années suivantes et à celle versée par l'État aux collectivités territoriales et aux établissements publics de coopération intercommunale à fiscalité propre à compter du 1er janv. 2018 (L. préc., art. 15-III). — Les dispositions du présent al. issues de la L. n° 2020-1721 du 29 déc. 2020 s'appliquent à la cotisation sur la valeur ajoutée des entreprises due par les contribuables au titre de 2021 et des années suivantes et à celle versée par l'État aux collectivités territoriales et établissements publics de coopération intercommunale à fiscalité propre à compter du 1er janv. 2022 (L. préc., art. 29-VI-B).*

Toutefois, lorsqu'un contribuable dispose, dans plus de dix communes, d'établissements comprenant des installations de production d'électricité mentionnées à l'article 1519 E ou *des installations* de production d'électricité d'origine hydraulique mentionnées à l'article 1519 F, sa valeur ajoutée est répartie entre les communes où sont situés ces établissements et les autres communes où ce contribuable dispose de locaux ou emploie des salariés pendant plus de trois mois en fonction de la part de sa valeur ajoutée provenant directement de l'exploitation de ces installations, telle qu'elle ressort des documents comptables. La valeur ajoutée afférente à ces établissements est répartie entre eux en fonction de la puissance électrique installée. Lorsqu'un établissement est établi sur plusieurs communes, sa valeur ajoutée est répartie entre les communes d'implantation en fonction des bases de cotisation foncière des entreprises, à l'exception de celle afférente aux ouvrages hydroélectriques mentionnés au premier alinéa de l'article 1475, qui est répartie comme la valeur locative de ces ouvrages selon la règle fixée par ce même article. La valeur ajoutée afférente aux autres établissements du contribuable est répartie selon les règles définies aux deuxième et troisième alinéas. Les modalités d'application de ces dispositions sont définies par décret. — *V. Ann. III, art. 328 G sexies à 328 G octies.*

Le quatrième alinéa, à l'exception de sa troisième phrase, est également applicable aux contribuables disposant, dans plus de dix communes, d'établissements comprenant des installations de production d'électricité utilisant l'énergie mécanique du vent mentionnées à l'article 1519 D ou des installations de production d'électricité d'origine photovoltaïque mentionnées à l'article 1519 F. Lorsqu'un établissement de production d'électricité d'origine photovoltaïque mentionné à l'article 1519 F est établi sur plusieurs communes, sa valeur ajoutée est répartie entre les communes en fonction de la puissance électrique installée sur chaque commune. Les modalités d'application de ces dispositions sont définies par décret. — *V. Ann. III, art. 328 G nonies à 328 G nonies D.*

Lorsque la déclaration par établissement mentionnée au II fait défaut, la valeur ajoutée du contribuable est répartie entre les communes à partir des éléments mentionnés dans la déclaration de l'année précédente. A défaut, la valeur ajoutée du contribuable est répartie entre les communes où le contribuable dispose d'immobilisations imposables à la cotisation foncière des entreprises au prorata de leur valeur locative. Dans ce second cas, la valeur locative des immobilisations industrielles *(L. n° 2020-1721 du 29 déc. 2020, art. 29-I-4°-b et VI-B)* « est pondérée par un coefficient de 42 pour celles évaluées dans les conditions prévues à l'article 1499 et par un coefficient de 21 pour celles évaluées dans les conditions prévues à l'article 1501 *[ancienne rédaction : évaluée dans les conditions prévues aux articles 1499 et 1501 est pondérée par un coefficient de 21].* » — *Les dispositions du présent al. issues de la L. n° 2017-1837 du 30 déc. 2017 s'appliquent à la cotisation sur la valeur ajoutée des entreprises due par les contribuables au titre de 2018 et des années suivantes et à celle versée par l'État aux collectivités territoriales et aux établissements publics de coopération intercommunale à fiscalité propre à compter du 1er janv. 2018 (L. préc., art. 15-III). — Les dispositions du présent al. issues de la L. n° 2020-1721 du 29 déc. 2020 s'appliquent à la cotisation sur la valeur ajoutée des entreprises due par les contribuables au titre de 2021 et des années suivantes et à celle versée par l'État aux collectivités territoriales et établissements publics de coopération intercommunale à fiscalité propre à compter du 1er janv. 2022 (L. préc., art. 29-VI-B).*

Pour les contribuables qui n'emploient aucun salarié en France et ne disposent d'aucun établissement en France mais qui y exercent une activité de location d'immeubles ou de vente d'immeubles :

1° Leur valeur ajoutée est répartie entre les lieux de situation de chaque immeuble donné en location ou vendu au prorata de la valeur locative foncière de chacun de ces immeubles ;

2° L'entreprise doit mentionner l'adresse des immeubles loués ou vendus dans la déclaration mentionnée au 1 du II ;

3° Les déclarations mentionnées au 1 du II du présent article et au dernier alinéa de l'article 1679 *septies* doivent être déposées au lieu de dépôt de la déclaration de résultat.

Pour l'application du présent III, la valeur locative des immobilisations imposables à la cotisation foncière des entreprises s'entend avant application éventuelle de l'abattement prévu à l'avant-dernier alinéa de l'article 1467.

(Abrogé par L. n° 2017-1837 du 30 déc. 2017, art. 15) (L. n° 2016-1918 du 29 déc. 2016, art. 51) ***« Pour le versement par l'État du produit de la cotisation sur la valeur ajoutée des entreprises aux collectivités territoriales et aux établissements publics de coopération intercommunale, la valeur ajoutée produite par les entreprises membres d'un groupe au sens de l'article 223 A est répartie entre chacune des communes où les entreprises membres du groupe disposent de locaux ou emploient des salariés exerçant leur activité plus de trois mois, dans les conditions prévues au présent III. »***

CVAE. Annualité de la cotisation. Montant, établissement et paiement de la CVAE. Déclarations. * BOI-CVAE du 7 juill. 2021.

Art. 1586 *nonies* I. – La valeur ajoutée des établissements exonérés de cotisation foncière des entreprises en application de la délibération d'une commune ou d'un établissement public de coopération intercommunale est, à la demande de l'entreprise, exonérée de cotisation sur la valeur ajoutée des entreprises pour sa fraction taxée au profit de la commune ou de l'établissement public de coopération intercommunale. Lorsque l'exonération de cotisation foncière des entreprises est partielle, l'exonération de cotisation sur la valeur ajoutée des entreprises s'applique dans la même proportion pour la fraction de la valeur ajoutée taxée au profit des collectivités concernées par l'exonération de cotisation foncière des entreprises.

II. – Lorsque des établissements peuvent être exonérés de cotisation foncière des entreprises par délibération d'une commune ou d'un établissement public de coopération intercommunale, les départements *(Abrogé par L. nº 2020-1721 du 29 déc. 2020, art. 8-I-7º et VI-A)* *« et les régions »* peuvent, par une délibération prise dans les conditions prévues au I de l'article **1639 A *bis*** ou à l'article **1464 C**, exonérer leur valeur ajoutée de cotisation sur la valeur ajoutée des entreprises pour sa fraction taxée à leur profit. L'exonération est applicable à la demande de l'entreprise. Pour les établissements pouvant être exonérés de cotisation foncière des entreprises en application des articles **1464 A** *(L. nº 2019-1479 du 28 déc. 2019, art. 110-I-4º, applicable aux impositions établies au titre des années 2020 à 2023)* « , **1464 F**, **1464 G** » et **1465** et du I de l'article **1466 A**, la délibération détermine la proportion exonérée de la valeur ajoutée taxée au profit de la collectivité délibérante.

III. – Les établissements pouvant être exonérés de cotisation foncière des entreprises en l'absence de délibération contraire d'une commune ou d'un établissement public de coopération intercommunale à fiscalité propre sont, à la demande de l'entreprise et sauf délibération contraire, prise dans les conditions prévues au I de l'article **1639 A *bis***, de la collectivité territoriale ou de l'établissement public de coopération intercommunale à fiscalité propre applicable à la fraction de la valeur ajoutée taxée à son profit, exonérés de cotisation sur la valeur ajoutée des entreprises.

IV. – Pour la détermination de la cotisation sur la valeur ajoutée des entreprises, la valeur ajoutée des établissements bénéficiant d'un abattement de leur base nette d'imposition à la cotisation foncière des entreprises en application de l'article **1466 F** fait l'objet, à la demande de l'entreprise, d'un abattement de même taux, pour la fraction de la valeur ajoutée taxée au profit des collectivités concernées par l'abattement de cotisation foncière des entreprises, dans la limite de 2 millions d'euros de valeur ajoutée.

V. – Pour la détermination de la cotisation sur la valeur ajoutée des entreprises, la valeur ajoutée des établissements bénéficiant d'une exonération ou d'un abattement de la base nette d'imposition à la cotisation foncière des entreprises en application des I, I *sexies* ou I *septies* de l'article **1466 A** fait l'objet, à la demande de l'entreprise, d'une exonération ou d'un abattement de même taux, dans la limite respectivement pour *(Décr. nº 2020-897 du 22 juill. 2020, art. 1er)* « **2021 de 145 974 € et de 396 703 €** *[ancienne rédaction : 2020 de 141 998 € et de 385 898 €]* » de valeur ajoutée par établissement et actualisé chaque année en fonction de la variation de l'indice des prix. – *Plafond applicable pour l'imposition établie au titre de 2021.*

VI. – Le bénéfice des exonérations de cotisation sur la valeur ajoutée des entreprises prévues aux I à III et de l'abattement prévu au IV est perdu lorsque les conditions de l'exonération ou de l'abattement correspondant de cotisation foncière des entreprises ne sont plus réunies.

Le bénéfice de l'exonération ou de l'abattement de cotisation sur la valeur ajoutée des entreprises est, le cas échéant, subordonné au respect du même règlement communautaire que celui appliqué pour l'exonération ou l'abattement de cotisation foncière des entreprises dont l'établissement bénéficie.

VII. – Lorsqu'une entreprise dispose de plusieurs établissements dans une même commune, sa valeur ajoutée imposée dans la commune est, pour l'application du présent article, répartie entre ces établissements selon les modalités prévues au III de l'article **1586 *octies***.

Délocalisation hors d'une zone de revitalisation rurale d'une activité ayant bénéficié dans cette zone d'une exonération en application de l'art. 1586 nonies, V. L. nº 2005-157 du 23 févr. 2005, art. 6 et Décr. nº 2007-94 du 24 janv. 2007, art. 1er et 2.

Pour les dispositions du présent art. applicables à compter du 1er janv. 2018, V. Ord. nº 2016-1561 du 21 nov. 2016, art. 1er-II-7º et 20.

Pour les dispositions issues de l'art. 8 de la L. nº 2020-1721 du 29 déc. 2020, V. ndlr ss. art. 1586 quater.

II EXONÉRATIONS ET DÉGRÈVEMENTS

Art. 1586 A (*Abrogé par L. nº 2019-1479 du 28 déc. 2019, art. 16-II-A et VII-B, à compter des impositions établies au titre de 2021*) ***Pour les logements à usage locatif appartenant aux organismes d'habitations à loyer modéré et aux sociétés d'économie mixte, le département peut, par une délibération prise dans les conditions prévues à l'article 1639 A bis, prolonger, pendant une durée qu'il détermine, la durée des exonérations mentionnées aux articles 1384 et 1384 A et au II bis de l'article 1385 pour la taxe foncière sur les propriétés bâties perçue à son profit.***

Les obligations déclaratives des personnes et organismes entrant dans le champ d'application du premier alinéa sont fixées par décret. — *V. Ann. III, art. 328 E à 328 G.*

Les délibérations prises en application du premier alinéa, avant le 1er juillet 1993, peuvent concerner les logements à usage locatif appartenant aux organismes d'habitation à loyer modéré et aux sociétés d'économie mixte pour lesquels les exonérations mentionnées aux articles 1384, 1384 A et au II bis de l'article 1385 ont pris fin au 31 décembre 1990. La déclaration prévue à l'article 328 E de l'annexe III du présent code doit être souscrite avant le 1er novembre 1993.

Art. 1586 B (*Abrogé par L. nº 2019-1479 du 28 déc. 2019, art. 16-II-A et VII-B, à compter des impositions établies au titre de 2021*) ***Le conseil départemental ou le conseil de la métropole de Lyon peut, par délibération prise dans les conditions prévues à l'article 1639 A bis, exonérer totalement ou partiellement de la taxe foncière sur les propriétés bâties perçue à son profit, pendant une durée qu'il détermine, les logements faisant l'objet d'un bail à réhabilitation en application de l'article L. 252-1 du code de la construction et de l'habitation.*** — *Pour les logements acquis à compter du 1er janv. 1998, en vue de leur location avec le concours financier de l'État en application du 3º de l'art. L. 831-1 CCH (Ord. nº 2019-770 du 17 juill. 2019, art. 2-II et 23-I-2º, en vigueur le 1er sept. 2019). — V. art. 1384 C-I.*

Les obligations déclaratives des personnes et organismes entrant dans le champ d'application du premier alinéa sont fixées par décret. — *V. Ann. III, art. 328 E à 328 G.*

Les logements pris à bail, à compter du 1er janvier 2005, dans les conditions fixées par les articles L. 252-1 à L. 252-4 du code de la construction et de l'habitation, sont exonérés de taxe foncière sur les propriétés bâties pendant la durée de ce bail. Les pertes de recettes résultant de cette exonération sont compensées intégralement.

Au titre de 2009, la compensation des pertes de recettes visées au troisième alinéa est minorée par application d'un taux correspondant à l'écart entre le montant total versé en 2008 au titre de l'ensemble des compensations mentionnées aux I à X de l'article 48 de la loi nº 2008-1425 du 27 décembre 2008 de finances pour 2009 et le montant total de ces mêmes compensations prévu à cette fin pour 2009 par le XI de ce même article.

Au titre de 2010, la compensation calculée selon les dispositions qui précèdent et à laquelle est appliqué le taux d'évolution fixé au titre de 2009 est minorée par application d'un taux correspondant à l'écart entre le montant total à verser en 2009 au titre de l'ensemble des compensations mentionnées aux I à VIII de l'article 47 de la loi nº 2009-1673 du 30 décembre 2009 de finances pour 2010 et le montant total de ces mêmes compensations prévu à cette fin pour 2010 par le IX de ce même article.

A compter de l'année 2011, les taux à prendre en compte pour les départements ou la métropole de Lyon pour le calcul de la compensation mentionnée au troisième alinéa sont majorés en fonction des taux retenus pour déterminer les allocations compensatrices versées en 2010 au profit des régions.

Au titre de 2011, la compensation calculée selon les dispositions du sixième alinéa et à laquelle sont appliqués le taux d'évolution fixé au titre de 2009 et le taux d'évolution fixé au titre de 2010 est minorée par application du taux défini au IV de l'article 51 de la loi nº 2010-1657 du 29 décembre 2010 de finances pour 2011.

Au titre de 2012, la même compensation, à laquelle sont appliqués les taux d'évolution fixés au titre de 2009, 2010 et 2011, est minorée par application du taux prévu pour 2012 au III de l'article 33 de la loi nº 2011-1977 du 28 décembre 2011 de finances pour 2012.

Au titre de 2013, la même compensation, à laquelle sont appliqués les taux d'évolution fixés au titre de 2009, 2010, 2011 et 2012, est minorée par application du taux prévu pour 2013 au IV de l'article 31 de la loi n° 2012-1509 du 29 décembre 2012 de finances pour 2013.

Au titre de 2014, la même compensation, à laquelle sont appliqués les taux d'évolution fixés au titre de 2009, 2010, 2011, 2012 et 2013, est minorée par application du taux prévu pour 2014 au IV de l'article 37 de la loi n° 2013-1278 du 29 décembre 2013 de finances pour 2014.

Au titre de 2015, la même compensation, à laquelle sont appliqués les taux d'évolution fixés depuis 2009, est minorée par application du taux prévu pour 2015 au III de l'article 23 de la loi n° 2014-1654 du 29 décembre 2014 de finances pour 2015.

Au titre de 2016, la même compensation, à laquelle sont appliqués les taux d'évolution fixés depuis 2009, est minorée par application du taux prévu pour 2016 au III de l'article 33 de la loi n° 2015-1785 du 29 décembre 2015 de finances pour 2016.

La métropole de Lyon est substituée de plein droit au département du Rhône pour l'application du présent article dans son périmètre.

(L. n° 2016-1917 du 29 déc. 2016, art. 33-II-B-2°) « Au titre de 2017, la même compensation, à laquelle sont appliqués les taux d'évolution fixés depuis 2009, est minorée par application du taux prévu pour 2017 au X de l'article 33 de la loi n° 2016-1917 du 29 décembre 2016 de finances pour 2017. »

(L. n° 2017-1837 du 30 déc. 2017, art. 41) « A compter de 2018, les taux d'évolution fixés depuis 2009 et jusqu'à 2017 sont appliqués à la même compensation. »

(Ord. n° 2016-1561 du 21 nov. 2016, art. 10-I) « Pour l'application des dispositions qui précèdent, la collectivité de Corse est substituée de plein droit, à compter du 1er janvier 2018, aux départements de Haute-Corse et de Corse-du-Sud. »

(Ord. n° 2018-75 du 8 févr. 2018, art. 7) « Pour l'application des dispositions qui précèdent, la Ville de Paris est substituée de plein droit, à compter du 1er janvier 2019, au département de Paris. »

Art. 1586 C à 1586 E *Abrogés par L. n° 2010-1657 du 29 déc. 2010, art. 108-XIX-C-1, à compter des impositions établies au titre de 2011.*

III REDEVANCE DÉPARTEMENTALE DES MINES

Art. 1587 I. – Il est perçu au profit des départements une redevance sur chaque tonne nette du produit concédé, extrait par les concessionnaires de mines, les amodiataires et sous-amodiataires des concessions minières, par les titulaires du permis d'exploitation de mines et par les explorateurs de mines de pétrole et de gaz combustibles. Cette redevance est applicable aux charbons extraits sous territoire étranger et amenés au jour par des puits et installations sis en France.

Cette redevance ne s'applique pas aux hydrocarbures extraits de gisements situés au-delà de 1 mille marin des lignes de base définies à *(Ord. n° 2016-1687 du 8 déc. 2016, art. 61, ratifié par L. n° 2019-1428 du 24 déc. 2019, art. 135-II)* « l'article 2 de l'ordonnance n° 2016-1687 du 8 décembre 2016 relative aux espaces maritimes relevant de la souveraineté ou de la juridiction de la République française ».

Lorsqu'il existe plusieurs lignes de base, celle qui est la plus proche de la côte est utilisée.

II. – 1° A compter du 1er janvier *(Décr. n° 2021-744 du 9 juin 2021, art. 1er)* « 2021 *[ancienne rédaction : 2020]* », les tarifs de la redevance départementale des mines sont fixés à :

– *(Décr. n° 2021-744 du 9 juin 2021, art. 1er)* « 33,20 € *[ancienne rédaction : 30,70 €]* » par kilogramme d'or contenu pour les minerais aurifères ;

– *(Décr. n° 2021-744 du 9 juin 2021, art. 1er)* « 64,30 € *[ancienne rédaction : 59,40 €]* » par quintal d'uranium contenu pour les minerais d'uranium ;

– *(Décr. n° 2021-744 du 9 juin 2021, art. 1er)* « 29,10 € *[ancienne rédaction : 26,90 €]* » par tonne d'oxyde de tungstène (WO_3) contenu pour les minerais de tungstène ;

– *(Décr. n° 2021-744 du 9 juin 2021, art. 1er)* « 53,80 € *[ancienne rédaction : 49,70 €]* » par quintal d'argent contenu pour les minerais argentifères ;

– *(Décr. n° 2021-744 du 9 juin 2021, art. 1er)* « 127,10 € *[ancienne rédaction : 117,40 €]* » par millier de tonnes nettes livrées pour la bauxite ;

— *(Décr. n° 2021-744 du 9 juin 2021, art. 1er)* « **168,10 €** *[ancienne rédaction : 155,20 €]* » **par millier de tonnes nettes livrées pour la fluorine ;**

— **pour le chlorure de sodium :**

— *(Décr. n° 2021-744 du 9 juin 2021, art. 1er)* « **159,90 €** *[ancienne rédaction : 147,60 €]* » **par millier de tonnes nettes livrées pour le sel extrait par abattage ;**

— *(Décr. n° 2021-744 du 9 juin 2021, art. 1er)* « **94,40 €** *[ancienne rédaction : 87,20 €]* » **par millier de tonnes nettes livrées pour le sel extrait en dissolution par sondage et livré raffiné ;**

— *(Décr. n° 2021-744 du 9 juin 2021, art. 1er)* « **31 €** *[ancienne rédaction : 28,60 €]* » **par millier de tonnes de chlorure de sodium contenu pour le sel extrait en dissolution par sondage et livré en dissolution ;**

— *(Décr. n° 2021-744 du 9 juin 2021, art. 1er)* « **123,40 €** *[ancienne rédaction : 113,90 €]* » **par centaine de tonnes nettes extraites pour le charbon ;**

— *(Décr. n° 2021-744 du 9 juin 2021, art. 1er)* « **1 569,10 €** *[ancienne rédaction : 1 448,80 €]* » **par centaine de tonnes nettes extraites, pour les gisements de pétrole brut** *(Abrogé par L. n° 2017-1775 du 28 déc. 2017, art. 43, à compter du 1er janv. 2018)* ***« mis en exploitation avant le 1er janvier 1992 » ;***

— *(Décr. n° 2021-744 du 9 juin 2021, art. 1er)* « **7,30 €** *[ancienne rédaction : 6,70 €]* » **par tonne nette livrée pour le propane et le butane ;**

— *(Décr. n° 2021-744 du 9 juin 2021, art. 1er)* « **6,50 €** *[ancienne rédaction : 6,00 €]* » **par tonne nette livrée pour l'essence de dégazolinage ;**

— *(Décr. n° 2021-744 du 9 juin 2021, art. 1er)* « **1,70 €** *[ancienne rédaction : 1,60 €]* **par tonne de soufre contenu pour les minerais de soufre autres que les pyrites de fer ;**

— *(Décr. n° 2021-744 du 9 juin 2021, art. 1er)* « **192,60 €** *[ancienne rédaction : 177,80 €]* » **par millier de tonnes nettes livrées pour les lignites d'un pouvoir calorifique égal ou supérieur à 13 MJ/kg ;**

— *(Décr. n° 2021-744 du 9 juin 2021, art. 1er)* « **52,40 €** *[ancienne rédaction : 48,40 €]* » **par millier de tonnes nettes livrées pour les lignites d'un pouvoir calorifique inférieur à 13 MJ/kg ;**

— *(Décr. n° 2021-744 du 9 juin 2021, art. 1er)* « **72,80 €** *[ancienne rédaction : 67,20 €]* » **par 100 000 mètres cubes extraits à 1 bar et 15° C pour le gaz carbonique ;**

— *(Décr. n° 2021-744 du 9 juin 2021, art. 1er)* « **325,40 €** *[ancienne rédaction : 300,50 €]* » **par millier de tonnes nettes livrées pour les calcaires et grès bitumineux ou asphaltiques (non destinés à la distillation pour production d'huiles ou d'essences) ;**

— *(Décr. n° 2021-744 du 9 juin 2021, art. 1er)* « **11,30 €** *[ancienne rédaction : 10,40 €]* » **par millier de tonnes nettes livrées pour les schistes carbobitumineux et schistes bitumineux (à traiter par distillation pour en extraire des huiles et des essences) ;**

— *(Décr. n° 2021-744 du 9 juin 2021, art. 1er)* « **111,40 €** *[ancienne rédaction : 102,90 €]* » **par millier de tonnes nettes livrées pour la pyrite de fer ;**

— *(Décr. n° 2021-744 du 9 juin 2021, art. 1er)* « **78,10 €** *[ancienne rédaction : 72,10 €]* » **par millier de tonnes nettes livrées de minerais de fer ;**

— *(Décr. n° 2021-744 du 9 juin 2021, art. 1er)* « **3 €** *[ancienne rédaction : 2,80 €]* » **par tonne d'antimoine contenu dans les minerais d'antimoine ;**

— *(Décr. n° 2021-744 du 9 juin 2021, art. 1er)* « **132,50 €** *[ancienne rédaction : 122,30 €]* » **par centaine de tonnes de plomb contenu dans les minerais de plomb ;**

— *(Décr. n° 2021-744 du 9 juin 2021, art. 1er)* « **111,40 €** *[ancienne rédaction : 102,90 €]* » **par centaine de tonnes de zinc contenu dans les minerais de zinc ;**

— *(Décr. n° 2021-744 du 9 juin 2021, art. 1er)* « **26,20 €** *[ancienne rédaction : 24,20 €]* » **par tonne d'étain contenu dans les minerais d'étain ;**

— *(Décr. n° 2021-744 du 9 juin 2021, art. 1er)* « **4,30 €** *[ancienne rédaction : 4 €]* » **par tonne de cuivre contenu dans les minerais de cuivre ;**

— *(Décr. n° 2021-744 du 9 juin 2021, art. 1er)* « **148,70 €** *[ancienne rédaction : 137,30 €]* » **par millier de tonnes d'arsenic contenu dans les minerais d'arsenic ;**

— *(Décr. n° 2021-744 du 9 juin 2021, art. 1er)* « **13 €** *[ancienne rédaction : 12 €]* » **par tonne de bismuth contenu dans les minerais de bismuth ;**

— *(Décr. n° 2021-744 du 9 juin 2021, art. 1er)* « **82,20 €** *[ancienne rédaction : 75,90 €]* » **par centaine de tonnes de manganèse contenu dans les minerais de manganèse ;**

— *(Décr. n° 2021-744 du 9 juin 2021, art. 1er)* « **54,50 €** *[ancienne rédaction : 50,30 €]* » **par tonne de molybdène contenu dans les minerais de molybdène ;**

– *(Décr. n° 2021-744 du 9 juin 2021, art. 1er)* « **11,20 €** *[ancienne rédaction : 10,30 €]* » **par tonne de Li_2O contenu dans les minerais de lithium ;**

– *(Décr. n° 2021-744 du 9 juin 2021, art. 1er)* « **57,10 €** *[ancienne rédaction : 52,70 €]* » **par centaine de tonnes de K_2O contenu dans les sels de potassium ;**

– *(Décr. n° 2021-744 du 9 juin 2021, art. 1er)* « **513 €** *[ancienne rédaction : 473,70 €]* » **par 100 000 mètres cubes extraits pour les gisements de gaz naturel** *(Abrogé par L. n° 2017-1775 du 28 déc. 2017, art. 43, à compter du 1er janv. 2018)* « ***mis en exploitation avant le 1er janvier 1992*** » ; – *Ces tarifs doivent être majorés des perceptions prévues aux 1 et 2 du I et au II de l'art. 1641 et à l'art. 1644.*

1° *bis* Pour les gisements en mer situés jusqu'à une limite de 1 mille marin au-delà des lignes de base définies à *(Ord. n° 2016-1687 du 8 déc. 2016, art. 61, ratifié par L. n° 2019-1428 du 24 déc. 2019, art. 135-II)* « **l'article 2 de l'ordonnance n° 2016-1687 du 8 décembre 2016 relative aux espaces maritimes relevant de la souveraineté ou de la juridiction de la République française », les tarifs de la redevance départementale des mines sont fixés à :**

– 31,9 € par 100 000 mètres cubes extraits pour le gaz naturel ;

– 111 € par centaine de tonnes nettes extraites pour le pétrole brut.

Lorsqu'il existe plusieurs lignes de base, celle qui est la plus proche de la côte est utilisée ; – *Ces tarifs doivent être majorés des perceptions prévues aux 1 et 2 du I et au II de l'art. 1641 et à l'art. 1644.*

(Abrogé par L. n° 2017-1775 du 28 déc. 2017, art. 43, à compter du 1er janv. 2018) « ***1° ter Pour les gisements mis en exploitation à compter du 1er janvier 1992, les tarifs de la redevance départementale des mines sont fixés à :***

« – *(Décr. n° 2017-698 du 2 mai 2017, art. 1er)* « ***94,30 €*** *[ancienne rédaction : 93,60 €]* » ***par 100 000 mètres cubes extraits pour les gisements de gaz naturel ;***

« – *(Décr. n° 2017-698 du 2 mai 2017, art. 1er)* « ***328,20 €*** *[ancienne rédaction : 325,60 €]* » ***par centaine de tonnes nettes extraites pour les gisements de pétrole brut.*** » – *Ces tarifs doivent être majorés des perceptions prévues aux 1 et 2 du I et au II de l'art. 1641 et à l'art. 1644.*

2° Les tarifs de la redevance départementale des mines applicables, à partir du 1er janvier 1954, aux substances minérales concédées autres que celles mentionnées au 1° sont fixés dans les conditions prévues au II de l'article 1519 pour la redevance communale. – *En ce qui concerne le gaz carbonique, V. la note ss. le 2° du II de l'art. 1519.*

III. – Les tarifs visés aux 1° et 2° du II varient dans les conditions prévues au premier alinéa du IV de l'article 1519.

(Abrogé par L. n° 2017-1775 du 28 déc. 2017, art. 43, à compter du 1er janv. 2018) « ***Les tarifs visés au 1° ter du II varient dans les conditions prévues au deuxième alinéa du IV de l'article 1519.*** »

Les tarifs sont exprimés ainsi qu'il est prévu au *(L. n° 2017-1775 du 28 déc. 2017, art. 43, en vigueur le 1er janv. 2018)* « **second** » **alinéa du IV de l'article 1519.**

Art. 1588 **I. – La redevance portant sur des substances autres que le pétrole brut est attribuée au département sur le territoire duquel se trouve la concession. Si la concession s'étend sur plusieurs départements, la redevance est répartie entre ces départements au prorata du tonnage extrait, au cours de l'année écoulée, sous chacun de leurs territoires respectifs.**

La redevance sur les charbons extraits sous territoire étranger est attribuée au département dans lequel se trouvent les puits et installations d'extraction.

II. – Les modalités de répartition des sommes provenant de la redevance départementale des mines sur le pétrole brut sont fixées par décret en Conseil d'État *[V. Décr. n° 56-297 du 27 mars 1956, JO 28 mars].*

Art. 1589 **Un décret en Conseil d'État rendu après avis du conseil général de l'économie, de l'industrie, de l'énergie et des technologies détermine les modalités d'application des articles 1587 et 1588.** – *V. Ann. II, art. 317 octies.*

IV *TAXE SUR L'EXPLORATION D'HYDROCARBURES*

(L. n° 2017-1775 du 28 déc. 2017, art. 40, en vigueur le 1er janv. 2018)

Art. 1590 **I. – Il est institué une taxe annuelle, proportionnelle à la surface de chaque permis exclusif de recherches d'hydrocarbures liquides ou gazeux.**

La taxe est acquittée par le titulaire du permis exclusif de recherches d'hydrocarbures liquides ou gazeux.

Le barème de la taxe est fixé selon la période de validité du permis exclusif de recherches prévue à l'article L. 142-1 ou à l'article L. 142-2 du code minier et selon les tarifs au kilomètre carré suivants :

1° 5 € par kilomètre carré et par an, pour la première période de validité ;

2° 10 € par kilomètre carré et par an, à compter de sa première prolongation ;

3° 30 € par kilomètre carré et par an, à compter de sa seconde prolongation.

II. — Le produit de la taxe est perçu au profit des départements, de la collectivité territoriale de Guyane ou de la collectivité territoriale de Martinique, lorsque le périmètre du permis exclusif de recherches d'hydrocarbures est compris sur leur territoire. Si ce périmètre s'étend sur le territoire de plusieurs de ces collectivités, la part revenant à chacune est fixée au prorata de la surface du permis comprise sur le territoire de chacun des bénéficiaires.

III. — La taxe est déclarée et liquidée :

1° Pour les redevables de la taxe sur la valeur ajoutée, sur l'annexe à la déclaration mentionnée au 1 de l'article 287 déposée au titre du mois de mars ou du premier trimestre de l'année au titre de laquelle la taxe prévue au présent article est due ;

2° Pour les redevables de la taxe sur la valeur ajoutée soumis au régime simplifié d'imposition prévu à l'article 302 *septies* A, sur la déclaration annuelle mentionnée au 3 de l'article 287 déposée au titre de l'exercice au cours duquel la taxe prévue au présent article est due ;

3° Pour les personnes non redevables de la taxe sur la valeur ajoutée, sur l'annexe à la déclaration prévue au 1 du même article 287 déposée auprès du service dont relève leur siège ou principal établissement au plus tard le 25 avril de l'année au cours de laquelle la taxe prévue au présent article est due.

La déclaration comporte, le cas échéant, la ventilation de la surface du permis par département ou collectivité mentionnée au II.

IV. — La taxe est acquittée lors du dépôt de la déclaration mentionnée au III. Elle est recouvrée et contrôlée selon les procédures et sous les mêmes sanctions, garanties et privilèges que les taxes sur le chiffre d'affaires. Les réclamations sont présentées, instruites et jugées selon les règles applicables à ces mêmes taxes.

V. — La taxe est due pour l'année entière à raison des permis existant au 1er janvier.

Taxe sur l'exploration d'hydrocarbures. * BOI-TFP-TEG du 4 avr. 2018. Champ d'application et établissement de la taxe.

V TAXE SUR L'EXPLORATION DE GÎTES GÉOTHERMIQUES À HAUTE TEMPÉRATURE

(L. n° 2017-1775 du 28 déc. 2017, art. 42, en vigueur le 1er janv. 2018)

Art. 1591 *(Abrogé par L. n° 2018-1317 du 28 déc. 2018, art. 26-III-22°) I. — Il est institué une taxe annuelle, proportionnelle à la surface de chaque permis exclusif de recherches de gîtes géothermiques à haute température.*

La taxe est acquittée par le titulaire du permis exclusif de recherches de gîtes géothermiques à haute température.

Le barème de la taxe est fixé selon la période de validité du permis exclusif de recherches prévue à l'article L. 142-1 ou à l'article L. 142-2 du code minier et selon les tarifs au kilomètre carré suivants :

1° 2 € par kilomètre carré et par an, pour la première période de validité ;

2° 4 € par kilomètre carré et par an, lors de sa première prolongation ;

3° 12 € par kilomètre carré et par an, à compter de sa seconde prolongation.

II. — Le produit de la taxe est perçu au profit des départements, de la collectivité territoriale de Guyane ou de la collectivité territoriale de Martinique, lorsque le périmètre du permis exclusif de recherches de gîtes géothermiques à haute température est compris sur leur territoire. Si ce périmètre s'étend sur le territoire de plusieurs de ces collectivités, la part revenant à chacune est fixée au prorata de la surface du permis comprise sur le territoire de chacun des bénéficiaires.

III. — La taxe est déclarée et liquidée :

1° Pour les redevables de la taxe sur la valeur ajoutée, sur l'annexe à la déclaration mentionnée au 1 de l'article 287 déposée au titre du mois de mars ou du premier trimestre de l'année au titre de laquelle la taxe prévue au présent article est due ;

2° Pour les redevables de la taxe sur la valeur ajoutée soumis au régime simplifié d'imposition prévu à l'article 302 septies A, sur la déclaration annuelle mentionnée au 3 de l'article 287 déposée au titre de l'exercice au cours duquel la taxe prévue au présent article est due ;

3° Pour les personnes non redevables de la taxe sur la valeur ajoutée, sur l'annexe à la déclaration prévue au 1 du même article 287 déposée auprès du service dont relève leur siège ou principal établissement au plus tard le 25 avril de l'année au cours de laquelle la taxe prévue au présent article est due.

La déclaration comporte, le cas échéant, la ventilation de la surface du permis par département ou collectivité mentionnée au II.

IV. — La taxe est acquittée lors du dépôt de la déclaration mentionné au III. Elle est recouvrée et contrôlée selon les procédures et sous les mêmes sanctions, garanties et privilèges que les taxes sur le chiffre d'affaires. Les réclamations sont présentées, instruites et jugées selon les règles applicables à ces mêmes taxes.

V. — La taxe est due pour l'année entière à raison des permis existant au 1er janvier.

Art. 1592 *Abrogé.*

CHAPITRE II CONTRIBUTIONS INDIRECTES

Art. 1593 et 1594 *Abrogés par L. n° 66-10 du 6 janv. 1966 ; Décr. n° 67-1164 du 15 déc. 1967.*

CHAPITRE III ENREGISTREMENT

SECTION PREMIÈRE DROIT D'ENREGISTREMENT ET TAXE DE PUBLICITÉ FONCIÈRE

I *DISPOSITIONS GÉNÉRALES*

Art. 1594 A Sont perçus au profit des départements :

1° Les droits d'enregistrement ou la taxe de publicité foncière exigibles sur les mutations à titre onéreux d'immeubles ou de droits immobiliers situés sur leur territoire ;

2° La taxe de publicité foncière perçue en application de l'article 663 lorsque les inscriptions, décisions, actes, attestations ou documents mentionnés à cet article concernent des immeubles ou des droits immobiliers situés sur leur territoire.

Art. 1594 B Les dispositions de l'article 1594 A ne sont pas applicables aux droits dus sur les actes de société, au droit d'échange ainsi qu'aux droits ou taxes fixes.

Art. 1594 C *Abrogé par L. n° 98-1266 du 30 déc. 1998, art. 39-I-4, à compter du 1er janv. 1999.*

Art. 1594 D Sauf dispositions particulières, le taux de la taxe de publicité foncière ou du droit d'enregistrement prévu à l'article 683 est fixé à 3,80 %.

Il peut être modifié par les conseils départementaux sans que ces modifications puissent avoir pour effet de le réduire à moins de 1,20 % ou de le relever au-delà de 4,50 %.

Art. 1594 DA *Abrogé par L. n° 99-1172 du 30 déc. 1999, art. 9-I-A-6° (en tant qu'il concerne des immeubles situés dans le département de la Marne, et à compter du 15 sept. 1999 dans les autres cas).*

Art. 1594 E *Les délibérations sont notifiées aux services fiscaux dans les conditions* prévues à l'article 1639 A.

Les décisions prennent effet le 1er juin. A défaut de vote ou en cas de non-respect des règles énumérées à l'article 1594 D, le taux en vigueur est reconduit.

Pour l'application, en 2020, du présent art., la date du 1er juin est remplacée par celle du 1er sept. (Ord. n° 2020-330 du 25 mars 2020, art. 12).

II RÉGIMES SPÉCIAUX

Art. 1594 F *Transféré ss. le E de l'art. 1594 F quinquies.*

Art. 1594 F *bis* *Abrogé par L. n° 98-1266 du 30 déc. 1998, art. 39-I-4, à compter du 1er janv. 1999.*

Art. 1594 F *ter* Les conseils départementaux peuvent instituer un abattement sur l'assiette de la taxe de publicité foncière ou du droit d'enregistrement pour les acquisitions :

a. D'immeubles ou de fractions d'immeubles destinés à être affectés à l'habitation à la condition que l'acquéreur prenne l'engagement de ne pas les affecter à un autre usage pendant une durée minimale de trois ans à compter de la date de l'acte d'acquisition ;

b. De terrains ou locaux à usage de garages à la condition que l'acquéreur prenne l'engagement de ne pas affecter les terrains ou locaux à une exploitation à caractère commercial ou professionnel pendant une durée minimale de trois ans à compter de la date de l'acte d'acquisition.

Le montant de cet abattement qui ne peut être ni inférieur à 7 600 € ni supérieur à 46 000 € est fixé, dans ces limites, par fraction de 7 600 €.

Les décisions prises en application des premier à quatrième alinéas peuvent être limitées aux acquisitions portant sur des biens situés dans les zones de revitalisation rurale définies à l'article 1465 A.

Les dispositions de l'article 1594 E sont applicables.

Art. 1594 F *quater* *Abrogé par L. n° 99-1172 du 30 déc. 1999, art. 9-I-A-6°, à compter du 15 sept. 1999.*

Art. 1594 F *quinquies* Sont soumises à la taxe de publicité foncière ou au droit d'enregistrement au taux de 0,70 % :

A. — A l'exception de celles qui sont visées au I du A de l'article 1594-0 G, les mutations à titre onéreux de terrains à bâtir et d'immeubles neufs mentionnés au 2° du 2 du I de l'article 257 lorsqu'elles sont soumises à la taxe sur la valeur ajoutée, sauf application des modalités prévues à l'article 268 ; — *V. Ann. II, art. 251.*

B. — Les mutations de propriété faites entre les propriétaires participant aux opérations de rénovation urbaine et l'organisme de rénovation. Toutefois, en ce qui concerne la taxe ou le droit afférents aux biens remis aux anciens propriétaires en contrepartie de leur créance sur un organisme de rénovation, le bénéfice de la réduction de taux ne peut être invoqué qu'à concurrence du montant de la créance sur l'organisme de rénovation ;

C. — Les cessions gratuites aux collectivités publiques de terrains classés, visées à l'article L. 113-3 du code de l'urbanisme ;

D. — I. — Les acquisitions d'immeubles ruraux à condition :

1° Qu'au jour de l'acquisition les immeubles soient exploités depuis au moins deux ans :

— soit en vertu d'un bail consenti à l'acquéreur personne physique, à son conjoint, à ses ascendants ou aux ascendants de son conjoint ou à la personne morale acquéreur ;

— soit en vertu d'une mise à disposition par le preneur au profit de la personne morale acquéreur.

2° Que l'acquéreur prenne l'engagement, pour lui et ses ayants cause à titre gratuit, de mettre personnellement en valeur lesdits biens pendant un délai minimal de cinq ans à compter de la date du transfert de la propriété. A défaut d'exécution de cet engagement ou si les biens sont aliénés à titre onéreux en totalité ou en partie dans ce délai de cinq ans, l'acquéreur ou ses ayants cause à titre gratuit sont, sous réserve du cas de force majeure, déchus de plein droit du bénéfice du taux réduit pour les immeubles dont ils cessent l'exploitation ou qui sont aliénés à titre onéreux. Toutefois, l'aliénation du bien acquis consentie à titre onéreux par l'acquéreur à un descendant ou au conjoint de celui-ci n'entraîne pas la déchéance du bénéfice du taux réduit, si le sous-acquéreur s'engage à poursuivre personnellement l'exploitation jusqu'à l'expiration du délai de cinq ans à compter de la date du transfert de propriété initial.

Lorsque l'aliénation du bien acquis avec le bénéfice du taux réduit procède d'un échange, l'engagement pris par l'acquéreur est reporté sur les biens ruraux acquis en contre-échange à la condition que ces biens aient une valeur au moins égale à celle des biens cédés.

L'apport du bien acquis dans les conditions prévues au premier et au deuxième alinéas à un groupement foncier agricole, à un groupement d'exploitation en commun, à une exploitation agricole à responsabilité limitée ou à une société civile d'exploitation agricole ne peut avoir pour effet de remettre en cause la perception de la taxe de publicité foncière au taux réduit, sous réserve que l'apporteur prenne dans l'acte d'apport l'engagement pour lui, son conjoint et ses ayants cause à titre gratuit de conserver les parts jusqu'à l'expiration du délai de cinq ans à compter de la date du transfert de propriété initial.

Lorsque la jouissance de biens acquis dans les conditions prévues aux deux premiers alinéas est concédée à titre onéreux à l'une des sociétés visées au troisième alinéa, le bénéfice du taux réduit est maintenu si l'acquéreur ou ses ayants cause à titre gratuit continuent de mettre personnellement en valeur lesdits biens dans le cadre de la société, jusqu'à l'expiration du délai de cinq ans à compter de leur date d'acquisition.

II. — Les acquisitions d'immeubles visées au I faites sous les mêmes conditions en vue de l'installation d'un descendant majeur de l'acquéreur. En pareil cas, l'engagement d'exploiter est pris par le descendant. L'aliénation ou la location du bien acquis consentie à titre onéreux par l'acquéreur au descendant installé n'entraîne pas la déchéance du bénéfice du taux réduit.

E. — I. — Les acquisitions d'immeubles ruraux situés dans les zones de revitalisation rurale définies au II de l'article **1465 A**, qui sont effectuées par les agriculteurs bénéficiaires des aides à l'installation aux jeunes agriculteurs prévues aux articles D. 343-9 et D. 343-13 du code rural et de la pêche maritime, que les intéressés soient exploitants individuels ou associés d'une société civile à objet agricole, pour la fraction du prix ou de la valeur n'excédant pas 99 000 €, quel que soit le nombre des acquisitions, sous réserve qu'elles interviennent au cours des quatre années suivant l'octroi des aides, que l'acte précise la valeur des terres acquises depuis cette date par l'acquéreur ayant bénéficié du tarif réduit et soit appuyé d'un certificat délivré sans frais par le directeur départemental de l'agriculture et de la forêt précisant la date de l'octroi des aides.

II. — Les acquisitions d'immeubles ruraux situés dans les zones prévues au I, sous réserve que l'acquéreur prenne, dans l'acte d'acquisition, l'engagement, pour lui et ses ayants cause à titre gratuit, de justifier, au plus tard au terme d'un délai d'un an à compter de la date du transfert de propriété, que le bien acquis a été donné à bail à long terme ou à bail cessible à un jeune agriculteur bénéficiaire des aides à l'installation.

Ce taux s'applique aux acquisitions effectuées par l'acquéreur à hauteur d'une valeur globale n'excédant pas 99 000 €.

F. — Les ventes résultant de l'application des articles *(Ord. n° 2016-391 du 31 mars 2016, art. 14-1° et 20, en vigueur le 1er juill. 2016)* « L. 181-18 à L. 181-24 *[ancienne rédaction : L. 181-5 à L. 181-8]* » du code rural et de la pêche maritime relatifs à la mise en valeur agricole des terres incultes, des terres laissées à l'abandon et des terres insuffisamment exploitées de la Guadeloupe, de la Martinique, de la Réunion et de la Guyane. — *Les conditions d'application dans les départements de la Guadeloupe, de la Martinique, de la Réunion et de la Guyane sont déterminées par les art. R. 181-15 à R. 181-23 C. rur.* — ***C. rur.***

G. — *Abrogé.*

H. — Les acquisitions, par une société de crédit-bail, d'immeubles dont elle concède immédiatement la jouissance au vendeur par un contrat de crédit-bail, à la condition que ce dernier fasse l'objet d'une publication si cette formalité est obligatoire en application des dispositions de l'article 28 du décret n° 55-22 du 4 janvier 1955 modifié.

I. — Abrogé.

J. — *Devenu sans objet (Décr. n° 2007-484 du 30 mars 2007).*

K. — Dans les départements d'outre-mer, les acquisitions de terrains compris dans le périmètre de lotissements qui sont agréés dans des conditions fixées par décret.

L. – Les acquisitions en vue de leur revente de lots de copropriétés faisant l'objet d'un plan de sauvegarde, en application de l'article L. 615-1 du code de la construction et de l'habitation, par des sociétés anonymes et des sociétés anonymes coopératives de production d'habitations à loyers modérés, ainsi que par des sociétés d'économie mixte.

*— **G** : Dispositions applicables aux opérations réalisées par les sociétés, institutions et organismes agréés avant la publication de la L. n° 69-1168 du 26 déc. 1969 :*

« Dans les départements de la Guadeloupe, de la Martinique, de La Réunion et de la Guyane, les opérations immobilières effectuées, en vue de l'accession à la propriété rurale, par les sociétés d'aménagement foncier et d'établissement rural mentionnées au troisième alinéa de l'article L. 128-7 du code rural et de la pêche maritime, ainsi que par les sociétés d'intérêt collectif agricole, ayant fait l'objet d'un agrément avant la publication de la loi n° 69-1168 du 26 décembre 1969.

« Pour les acquisitions, le bénéfice du régime de faveur est subordonné à l'engagement dans l'acte, ou au pied de l'acte, par ces sociétés de procéder dans un délai de cinq ans au morcellement des terres en vue de leur cession à de petits exploitants agricoles. En cas d'inobservation de cet engagement, les droits non perçus lors de l'acquisition sont exigibles à première réquisition.

« Les modalités d'application du présent G sont fixées par décret. »

1. Acquisition démembrée d'un immeuble rural. En cas d'acquisition démembrée d'un immeuble rural, à savoir la nue-propriété par une personne physique et l'usufruit par une personne morale dont la personne physique est associée, seule l'acquisition de l'usufruit de l'immeuble rural par la personne morale peut bénéficier du tarif réduit si elle prend l'engagement de mettre personnellement en valeur le bien pendant cinq ans. L'acquisition de la nue-propriété de l'immeuble rural par la personne physique est soumise aux droits d'enregistrement au taux de droit commun. * Rescrit 14 sept. 2010, n° 2010/51 ENR * BOI-ENR-DMTOI-10-70-30 n° 40 du 6 avr. 2016.

2. Acquisitions d'immeubles ruraux par les fermiers. Lorsque la location dont le preneur se prévaut ne présente pas une antériorité de deux ans au moins au jour de l'acquisition, il peut être tenu compte de la location immédiatement antérieure consentie audit preneur ou à son ascendant, à son conjoint ou à un ascendant de son conjoint. * BOI-ENR-DMTOI-10-70-30 n° 225 du 6 avr. 2016. ♦ Le taux réduit de droit de vente applicable à ces acquisitions n'est pas remis en cause en cas d'échange de ces biens au cours des cinq années suivantes si l'engagement d'exploiter personnellement les immeubles acquis est reporté sur les biens ruraux reçus en échange. Aucune mention dans l'acte d'échange n'est exigée à cet égard. • Com. 17 janv. 2012, n° 11-12.198 : *RJF 2012. 424 ; Dr. fisc. 2012. 353.*

Art. 1594-0 F *sexies* **Les ventes résultant de l'application des articles** *(L. n° 2021-1900 du 30 déc. 2021, art. 106)* **« L. 181-14 à L. 181-28** *[ancienne rédaction : L. 181-15 à L. 181-29]* **» du code rural et de la pêche maritime relatifs à la mise en valeur agricole des terres incultes, des terres laissées à l'abandon et des terres insuffisamment exploitées de Mayotte sont soumises à la taxe de publicité foncière ou au droit d'enregistrement au taux de 0,70 %.**

Art. 1594 F *sexies* **Le conseil départemental peut, sur délibération, réduire le taux de la taxe de publicité foncière ou des droits d'enregistrement jusqu'à 0,70 %, lorsque les conditions suivantes sont réunies :**

1° La mutation s'inscrit dans le cadre d'une opération consistant :

a) **Soit en des ventes par lots déclenchant le droit de préemption prévu à l'article 10** *de la loi* **n° 75-1351 du 31 décembre 1975 relative à la protection des occupants de locaux à usage d'habitation ou le droit de préemption prévu à l'article 15 de la loi n° 89-462 du 6 juillet 1989 tendant à améliorer les rapports locatifs et portant modification de la loi n° 86-1290 du 23 décembre 1986 ;**

b) **Soit en la vente d'un ou plusieurs lots, consécutive à la mise en copropriété d'un immeuble en raison de l'exercice, par l'un des locataires ou occupants de bonne foi, du droit de préemption prévu à l'article 10-1 de la loi n° 75-1351 du 31 décembre 1975 précitée ;**

2° La vente porte sur un logement occupé ;

3° L'acquéreur s'engage dans l'acte d'acquisition à affecter le logement à la location pendant une période minimale de six ans à compter de la date d'acquisition.

Les dispositions de l'article 1594 E sont applicables.

III EXONÉRATION

Art. 1594-0 G Sous réserve de l'article 691 *bis*, sont exonérés de taxe de publicité foncière ou de droits d'enregistrement :

A. — I. — Les acquisitions d'immeubles réalisées par une personne assujettie au sens de l'article 256 A, lorsque l'acte d'acquisition contient l'engagement, pris par l'acquéreur, d'effectuer dans un délai de quatre ans les travaux conduisant à la production d'un immeuble neuf au sens du 2° du 2 du I de l'article 257, ou nécessaires pour terminer un immeuble inachevé.

II. — Cette exonération est subordonnée à la condition que l'acquéreur justifie à l'expiration du délai de quatre ans, sauf application du IV, de l'exécution des travaux prévus au I.

En cas d'acquisitions successives par des personnes mentionnées au I, l'engagement pris par le cédant peut être repris par l'acquéreur auquel s'impose alors le délai imparti au cédant. La personne à laquelle s'impose l'engagement mentionné au I peut, dans la limite de cinq années à compter de la date à laquelle il a été souscrit par le premier acquéreur, y substituer l'engagement de revendre prévu à l'article 1115 qui est réputé avoir pris effet à compter de cette même date.

L'acquéreur d'un bien qui a pris l'engagement de revendre prévu à l'article 1115 peut y substituer, avant son échéance, un engagement de construire tel que prévu au I. Cet engagement prend effet à compter de la date à laquelle il est souscrit auprès de l'administration et vaut accomplissement de l'engagement de revendre.

III. — Cette exonération n'est applicable aux terrains destinés à la construction de maisons individuelles qu'à concurrence d'une superficie de 2 500 mètres carrés par maison, ou de la superficie minimale exigée par la réglementation sur le permis de construire si elle est supérieure.

Elle profite sans limitation de superficie aux terrains destinés à la construction d'immeubles collectifs, à condition que les constructions à édifier couvrent, avec leurs cours et jardins, la totalité des terrains acquis.

Pour les terrains destinés à la construction d'immeubles non affectés à l'habitation pour les trois quarts au moins de leur superficie totale, elle est applicable dans la limite des surfaces occupées par les constructions à édifier et par les dépendances nécessaires à l'exploitation de ces constructions.

IV. — Sur demande de l'acquéreur, une prolongation annuelle renouvelable du délai de quatre ans fixé au I peut être accordée par l'autorité compétente de l'État du lieu de la situation des immeubles dans des conditions fixées par décret. L'absence de notification d'un refus motivé de l'administration dans les deux mois de la réception de la demande vaut acceptation. — *V. Ann. II, art. 244, et Ann. III, art. 266 bis.*

IV *bis*. — Une prolongation annuelle renouvelable du délai mentionné au premier alinéa de l'article 1115 peut être accordée, dans des conditions fixées par décret, par l'autorité compétente de l'État du lieu de la situation des immeubles situés dans le périmètre d'une zone d'aménagement concerté définie à l'article L. 311-1 du code de l'urbanisme et acquis par la personne chargée de l'aménagement ou de l'équipement de cette zone.

V. — En cas d'acquisition d'un terrain compris dans le périmètre d'une association syndicale de remembrement, le délai de quatre ans ne commence à courir qu'à compter de la décision de clôture des opérations de remembrement.

VI. — Pour l'application des dispositions du présent A les immeubles ou fractions d'immeubles destinés à une exploitation à caractère commercial ou professionnel ne sont pas considérés comme affectés à l'habitation.

VII. — Les modalités d'application des I à V sont fixées par décret. — *V. Ann. III, art. 266 bis.*

B. — Les opérations suivantes :

a) Les acquisitions d'immeubles effectuées en vue de l'aménagement de zones à urbaniser par priorité, par les collectivités et par les organismes concessionnaires de cet aménagement ;

b) Les acquisitions d'immeubles situés dans les zones d'aménagement différé, effectuées dans les conditions prévues aux articles L. 212-2 et L. 212-3 du code de l'urbanisme, dans leur rédaction antérieure à la loi n° 85-729 du 18 juillet 1985, par les collectivités et les organismes bénéficiaires du droit de préemption ;

c) Les rétrocessions et restitutions consenties en application des articles L. 212-7 et L. 213-1 du code de l'urbanisme, dans leur rédaction antérieure à la loi n° 85-729 du 18 juillet 1985 ;

d) Les acquisitions d'immeubles ou de droits immobiliers portant sur des biens situés dans des zones d'intervention foncière, effectuées dans les conditions prévues aux articles L. 211-2, L. 211-3 et L. 211-7 du code de l'urbanisme, dans leur rédaction antérieure à la loi n° 85-729 du 18 juillet 1985 ;

e) Les rétrocessions consenties en application de l'article L. 211 du code de l'urbanisme, dans sa rédaction antérieure à la loi n° 85-729 du 18 juillet 1985 ;

f) Les acquisitions de biens soumis au droit de préemption urbain ou au droit de préemption institué dans les zones d'aménagement différé, effectuées dans les conditions prévues aux articles L. 211-4 et L. 211-5, L. 212-2, L. 212-3 et L. 213-1 à L. 213-3 du code de l'urbanisme ;

g) Les rétrocessions consenties en application de l'article L. 213-11 du code de l'urbanisme ;

h) Les acquisitions de biens soumis au droit de préemption institué dans les zones de préemption créées en application de l'article L. 215-1 du code de l'urbanisme, effectuées dans les conditions prévues au chapitre V du titre Ier du livre II dudit code par les collectivités ou établissements publics bénéficiant du droit de préemption, directement, par substitution ou par délégation ;

i) Les rétrocessions consenties en application de l'article L. 215-22 du code de l'urbanisme ;

j) Les cessions d'actifs opérées par l'association mentionnée à l'article L. 313-34 du code de la construction et de l'habitation ou par les sociétés civiles immobilières dont elle détient la majorité des parts, en faveur des régimes de retraites complémentaires obligatoires des salariés du secteur privé par répartition institués par voie d'accords collectifs interprofessionnels ;

k) Les acquisitions d'immeubles effectuées par un établissement public foncier dans le cadre des opérations de requalification des copropriétés dégradées d'intérêt national mentionnées au titre IV du livre VII du code de la construction et de l'habitation.

1. Conditions et modalités d'exonération sous condition d'engagement de construire. * BOI-ENR-DMTOI-10-40 du 1er juin 2016.

2. Engagement de construire. L'Administration admet que l'engagement puisse être pris dans un acte complémentaire présenté au service des impôts du lieu de situation de l'immeuble en charge de l'enregistrement. En pareil cas, la restitution des droits de mutation perçus initialement peut être effectuée sur demande formulée dans les limites du délai de réclamation. * BOI-ENR-DMTOI-10-40 n° 270 du 1er juin 2016.

♦ En déduisant de la déclaration faite par la société dans l'acte d'acquisition, dont elle rappelle les termes, la volonté non équivoque de celle-ci *de se soumettre* aux exigences de l'art. 691 (actuellement, art. 1594-0 G), la cour d'appel s'est fondée sur le seul acte de vente, sans se référer à des faits extérieurs, ni à des dispositions étrangères au contrat ni aux intentions cachées des parties. • Com. 22 févr. 2005, n° 01-17.870 : *RJF 2005. 628.*

3. Limite de 2 500 m². Lorsque la réglementation relative au permis de construire exige une superficie minimale excédant 2 500 m², l'acquéreur a la faculté, et non l'obligation de soumettre à la TVA la fraction du prix égale au rapport existant entre la superficie minimale et la superficie totale et de soumettre la fraction complémentaire aux droits d'enregistrement. * Rép. min. n° 52644 : *JOAN Q, 23 avr. 2001, p. 2418.*

Art. 1594 G Le conseil départemental peut exonérer de taxe de publicité foncière ou de droits d'enregistrement, les cessions de logements réalisées par les organismes d'habitation à loyer modéré ou par les sociétés d'économie mixte à condition que la mutation entre dans le champ d'application de l'article 61 de la loi n° 86-1290 du 23 décembre 1986 modifiée tendant à favoriser l'investissement locatif, l'accession à la propriété de logements sociaux et le développement de l'offre foncière. L'exonération doit être mentionnée dans l'acte de vente.

Les dispositions de l'article 1594 E sont applicables.

Art. 1594 H Le conseil départemental peut, sur délibération, exonérer de taxe de publicité foncière ou de droits d'enregistrement, les acquisitions par les organismes d'HLM ou par les sociétés d'économie mixte d'immeubles d'habitation construits ou acquis par des accédants à la propriété qui ont contracté des prêts aidés par l'État (PAP) entre le 1er juillet 1981 et le 31 décembre 1984 et qui ne peuvent honorer leurs échéances, lorsque les accédants à la propriété qui cèdent ces logements sont maintenus dans les lieux par l'organisme acheteur aux termes d'une clause insérée dans l'acte de vente.

La délibération prend effet dans les délais prévus à l'article 1594 E. Toutefois les délibérations antérieures au 30 avril 1989 peuvent s'appliquer aux actes passés à compter du 1er mars 1988.

Art. 1594 H-0 *bis* Le conseil départemental peut, sur délibération, exonérer de taxe de publicité foncière ou de droits d'enregistrement les acquisitions de logements précédemment acquis auprès d'organismes d'habitations à loyer modéré dans les conditions prévues au *(L. n° 2018-1021 du 23 nov. 2018, art. 88-XI-4°)* « dixième » alinéa de l'article L. 411-2 du code de la construction et de l'habitation lorsqu'elles résultent de la mise en œuvre d'une garantie de rachat prévue au titre des garanties visées à ce même article.

La délibération prend effet dans les délais prévus à l'article 1594 E.

Art. 1594 H *bis* Les départements peuvent, par une délibération prise dans les conditions prévues à l'article 1639 A *bis*, exonérer de taxe de publicité foncière ou de droits d'enregistrement les cessions, autres que la première, de chacune des parts de sociétés civiles immobilières de capitalisation mentionnées à l'article L. 443-6-2 du code de la construction et de l'habitation représentatives de fractions d'immeubles.

Les dispositions de l'article 1594 E sont applicables.

Art. 1594 I Le conseil départemental peut, sur délibération, exonérer de taxe de publicité foncière ou de droits d'enregistrement les acquisitions par les mutuelles de retraite des anciens combattants et victimes de guerre qui bénéficient de la majoration de l'État prévue à l'article L. 222-2 du code de la mutualité.

La délibération prend effet dans les délais prévus à l'article 1594 E.

Art. 1594 I *bis* Les conseils départementaux des départements d'outre-mer peuvent, sur délibération, exonérer de la taxe de publicité foncière ou du droit d'enregistrement les acquisitions d'immeubles que l'acquéreur s'engage à affecter, dans un délai de quatre ans suivant la date de l'acte d'acquisition, à l'exploitation d'un hôtel, d'une résidence de tourisme ou d'un village de vacances classés pour une durée minimale de huit ans.

La délibération prend effet dans les délais prévus à l'article 1594 E.

Art. 1594 I *ter* Les conseils départementaux des départements d'outre-mer peuvent, sur délibération, exonérer de taxe de publicité foncière ou de droits d'enregistrement les cessions de parts de copropriété portant sur des hôtels, des résidences de tourisme ou des villages de vacances classés, acquis sous le régime de défiscalisation prévu par les articles 238 *bis* HA et 238 *bis* HD dans leur rédaction issue de l'article 22 de la loi de finances rectificative pour 1986 (n° 86-824 du 11 juillet 1986).

Le bénéfice de l'exonération est subordonné aux conditions que l'acquéreur s'engage, dans l'acte d'acquisition, à affecter l'immeuble à l'exploitation hôtelière pendant au moins cinq ans et à y réaliser des travaux de rénovation, et que le prix de cession au mètre carré soit inférieur à un prix fixé par décret. En cas d'inobservation de l'engagement d'affectation, les droits non perçus lors de l'acquisition sont exigibles à première réquisition. — *Prix de cession : V. Ann. III, art. 328 G decies.*

Le bénéfice de l'exonération est également subordonné au respect du règlement (UE) n° 1407/2013 de la Commission, du 18 décembre 2013, relatif à l'application des articles 107 et 108 du traité sur le fonctionnement de l'Union européenne aux aides *de minimis*. — *Pour les aides antérieures au 1er janv. 2014, V. App., Règl. (UE) n° 1407/2013 préc., art. 7.*

La délibération prend effet dans les délais prévus à l'article 1594 E.

Exonération des cessions de parts de copropriété portant sur des hôtels, des résidences de tourisme ou des villages de vacances classés, acquis sous le régime de défiscalisation dit « Pons ». Conditions dans lesquelles l'exonération est susceptible d'être accordée. Conséquences de leur non-respect par les cessionnaires. * BOI-ENR-DMTOI-10-100 nos 120 à 300 du 12 sept. 2012.

Art. 1594 I *quater* *(Abrogé par L. n° 2018-1317 du 28 déc. 2018, art. 30-I-15° et V-E)* ***Les conseils départementaux des départements d'outre-mer peuvent, sur délibération, exonérer de taxe de publicité foncière ou de droits d'enregistrement les cessions de logements visés au 1° du I de l'article 199 undecies C.***

Les dispositions du présent art. sont abrogées. Toutefois elles demeurent applicables dans leur rédaction antérieure à la L. n° 2018-1317 du 28 déc. 2018, aux livraisons à soi-même, ventes, apports, acquisitions et cessions de logements qui relèvent des art. 199 undecies C et 217 undecies, dans leur rédaction antérieure à ladite loi (L. préc., art. 30-V-E).

Art. 1594 J **Sur délibération du conseil départemental, les baux à réhabilitation sont exonérés de taxe de publicité foncière. La délibération prend effet dans les délais prévus à l'article 1594 E.**

Art. 1594 J *bis* **Le conseil départemental peut, sur délibération, exonérer de taxe de publicité foncière les baux à durée limitée d'immeubles, faits pour une durée supérieure à douze années, relatifs à des résidences de tourisme soumises au classement prévu à l'article L. 321-1 du code du tourisme.**

La délibération prend effet dans les délais prévus à l'article 1594 E.

IV

Art. 1594 K *Périmé.*

SECTION II AUTRES TAXES

I *TAXES OBLIGATOIRES – TAXES ADDITIONNELLES À CERTAINS DROITS D'ENREGISTREMENT*

Art. 1595 **Est perçue au profit des départements une taxe additionnelle aux droits d'enregistrement ou à la taxe de publicité foncière exigibles sur les mutations à titre onéreux :**

1° D'immeubles et de droits immobiliers situés sur leur territoire passibles de la taxe de publicité foncière ou de droits d'enregistrement aux taux prévus aux articles 683 *bis* et 810 ;

2° De meubles corporels vendus publiquement dans le département *[sous réserve des dispositions de l'art. 1595 ter]* **;**

3° D'offices ministériels ayant leur siège dans le département ;

4° De fonds de commerce ou de clientèle établis sur leur territoire et de marchandises neuves dépendant de ces fonds ;

5° De droit au bail ou de bénéfice d'une promesse de bail portant sur tout ou partie d'un immeuble quelle que soit la forme donnée par les parties, qu'elle soit qualifiée cession de pas-de-porte, indemnité de départ ou autrement.

Cette taxe, dont la perception est confiée au service des impôts, est fixée à 1,60 %. Le taux est fixé à 0,50 % pour les mutations à titre onéreux visées au 2°. Pour les *mutations visées aux* 3°, 4° et 5° ci-dessus constatées par un acte passé ou une convention conclue à compter du 1er janvier 2002, les taux de la taxe sont fixés à :

FRACTION DE LA VALEUR TAXABLE	TARIF applicable (en pourcentage)
N'excédant pas 23 000 €	0
Comprise entre 23 000 € et 107 000 €	0,60
Supérieure à 107 000 €	1,40

Elle est soumise aux règles qui gouvernent l'exigibilité, la restitution et le recouvrement des droits ou de la taxe auxquels elle s'ajoute *[pour l'extension de cette taxe à la Guyane, V. L. nº 71-1025 du 24 déc. 1971, art. 10-I]*.

Art. 1595 *bis* **Il est perçu au profit d'un fonds de péréquation départemental, dans toutes les communes** *(L. nº 2017-1775 du 28 déc. 2017, art. 48)* **« dont la population n'excède pas » 5 000 habitants autres que les communes classées comme stations de tourisme au sens de la sous-section 2 de la section II du chapitre III du titre III du livre Ier du code du tourisme, une taxe additionnelle aux droits d'enregistrement ou à la taxe de publicité foncière exigible sur les mutations à titre onéreux :**

1° D'immeubles et de droits immobiliers situés sur leur territoire. La taxe additionnelle n'est pas perçue lorsque la mutation est soumise au droit proportionnel de 0,70 % ;

2° De meubles corporels vendus publiquement dans le département *[sous réserve des dispositions de l'art. 1595 ter]* **;**

3° D'offices ministériels ayant leur siège dans le département ;

4° De fonds de commerce ou de clientèle établis sur leur territoire et de marchandises neuves dépendant de ces fonds ;

5° De droit au bail ou de bénéfice d'une promesse de bail, portant sur tout ou partie d'un immeuble quelle que soit la forme donnée par les parties, qu'elle soit qualifiée cession de pas-de-porte, indemnité de départ ou autrement.

Cette taxe, dont la perception est confiée au service des impôts, est fixée à 1,20 %. *(Décr. nº 2018-500 du 20 juin 2018, art. 1er)* **« Pour les mutations mentionnées aux 3°, 4° et 5°, les taux de la taxe sont fixés à : »**

FRACTION DE LA VALEUR TAXABLE	TARIF applicable (en pourcentage)
N'excédant pas 23 000 €	0
Comprise entre 23 000 € et 107 000 €	0,40
Supérieure à 107 000 €	1

La taxe est soumise aux règles qui gouvernent l'exigibilité, la restitution et le recouvrement des droits ou de la taxe auxquels elle s'ajoute *[pour l'extension de cette taxe à la Guyane, V. L. nº 71-1025 du 24 déc. 1971, art. 10-I]*.

Les ressources provenant de ce fonds de péréquation seront réparties entre les communes *(L. nº 2017-1775 du 28 déc. 2017, art. 48)* **« dont la population n'excède pas » 5 000 habitants suivant un barème établi par le conseil départemental. Le système de répartition adopté devra tenir compte notamment de l'importance de la population, du montant des dépenses d'équipement brut et de l'effort fiscal fourni par la collectivité bénéficiaire.**

Art. 1595 *bis* A *(Abrogé par Décr. nº 2017-698 du 2 mai 2017, art. 1er)* ***Les mutations mentionnées à l'article 724 bis sont exonérées de la taxe prévue aux 3° et 4° de l'article 1595 bis.***

Art. 1595 *ter* **Les taxes additionnelles prévues aux articles 1595 et 1595 *bis* ne s'appliquent pas aux ventes de meubles visées à l'article 1584-2.**

TAXE ANNUELLE D'HABITATION DES RÉSIDENCES MOBILES TERRESTRES

Art. 1595 *quater* *Abrogé par L. nº 2010-1658 du 29 déc. 2010, art. 35-II et IV, à compter du 1er janv. 2011.*

II TAXES FACULTATIVES

Art. 1596 *à* 1599 *Abrogés par Décr. nº 59-1297 du 6 nov. 1959 et L. nº 54-404 du 10 avr. 1954, art. 35.*

Art. 1599 A *Abrogé par L. nº 81-1179 du 31 déc. 1981, art. 14-1.*

A TAXE SPÉCIALE D'ÉQUIPEMENT PERÇUE DANS LE DÉPARTEMENT DE LA SAVOIE

Art. 1599-0 B *Abrogé par L. n° 2010-1658 du 29 déc. 2010, art. 28-III-A-1° et H-2, applicable aux demandes d'autorisations et aux déclarations préalables déposées à compter du 1er mars 2012, y compris aux modifications ultérieures au 1er mars 2012 relatives à une demande ou déclaration préalable déposée avant cette date.*

B TAXE POUR LE FINANCEMENT DES DÉPENSES DES CONSEILS D'ARCHITECTURE, D'URBANISME ET DE L'ENVIRONNEMENT

Art. 1599 B *Abrogé par L. n° 2010-1658 du 29 déc. 2010, art. 28-III-A-1° et H-2, applicable aux demandes d'autorisations et aux déclarations préalables déposées à compter du 1er mars 2012, y compris aux modifications ultérieures au 1er mars 2012 relatives à une demande ou déclaration préalable déposée avant cette date.*

CHAPITRE IV AUTRES DROITS ET TAXES

Art. 1599 C à 1599 K *Abrogés par L. n° 2005-1719 du 30 déc. 2005, art. 14-II et VI, à compter de la période d'imposition s'ouvrant le 1er déc. 2006.*

TITRE 0-DEUXIÈME *BIS* IMPOSITIONS PERÇUES AU PROFIT DE LA MÉTROPOLE DE LYON

(L. n° 2014-58 du 27 janv. 2014, art. 28-I-3° et II, en vigueur le 1er janv. 2015)

CHAPITRE PREMIER IMPÔTS DIRECTS ET TAXES ASSIMILÉES

Art. 1599 L à 1599 P *Abrogés par Ord. n° 2014-1335 du 6 nov. 2014, art. 17-4° et 43-II, à compter du 1er janv. 2015.*

TITRE DEUXIÈME *BIS* IMPOSITIONS PERÇUES AU PROFIT DES RÉGIONS ET DE LA COLLECTIVITÉ TERRITORIALE DE CORSE

CHAPITRE PREMIER IMPÔTS DIRECTS ET TAXES ASSIMILÉES

I *GÉNÉRALITÉS*

Art. 1599 *bis* Les régions *(Abrogé par Ord. n° 2016-1561 du 21 nov. 2016, art. 1er-II-8° et 20, à compter du 1er janv. 2018)* **« *et la collectivité territoriale de Corse* »** perçoivent :

1° La composante de l'imposition forfaitaire sur les entreprises de réseaux relative au matériel roulant utilisé sur le réseau ferré national pour des opérations de transport de voyageurs, prévue à l'article 1599 *quater* A.

L'imposition mentionnée à l'article 1599 *quater* A est répartie entre les régions en fonction du nombre de sillons-kilomètres, au sens de l'article 1649 A *ter*, réservés l'année qui précède l'année d'imposition par les entreprises de transport ferroviaire auprès de *(Décr. n° 2020-897 du 22 juill. 2020, art. 1er)* « la société » SNCF Réseau.

Cette répartition s'effectue selon le rapport suivant :

— au numérateur : le nombre de sillons-kilomètres réservés dans chaque région pour des opérations de transport de voyageurs sur le réseau ferré national ;

— au dénominateur : le nombre total de sillons-kilomètres réservés pour des opérations de transport de voyageurs sur le réseau ferré national ;

2° La composante de l'imposition forfaitaire sur les entreprises de réseaux relative aux répartiteurs principaux de la boucle locale cuivre *(L. n° 2017-1775 du 28 déc. 2017, art. 49-I-1° et III, applicable à compter des impositions dues au titre de 2019)* « , aux points de mutualisation des réseaux de communications électroniques en fibre optique jusqu'à l'utilisateur final et aux nœuds de raccordement optique des réseaux de communications électroniques en fibre optique avec terminaison en câble coaxial *[ancienne rédaction : et aux équipements de commutation]* » prévue à l'article 1599 *quater* B ;

(Abrogé par L. n° 2020-1721 du 29 déc. 2020, art. 8-I-8° et VI-A) ***« 3° Une fraction égale à 50 % de la cotisation sur la valeur ajoutée des entreprises, prévue à l'article 1586 ter, due au titre de la valeur ajoutée imposée dans chaque commune de son territoire, en application de l'article 1586 octies ; »*** *— V. toutefois art. 1586-II (dérogation au profit du Département de Mayotte).*

(L. n° 2019-1479 du 28 déc. 2019, art. 143-3°) **« 4° Une fraction égale à 40 % de la composante de l'imposition forfaitaire sur les entreprises de réseaux relative aux installations de production d'électricité d'origine géothermique, prévue à l'article 1519 HB. Pour ces dernières, le produit est rattaché au territoire où est installé le point de raccordement au réseau public de distribution ou de transport d'électricité. »**

Pour les dispositions issues de l'art. 8 de la L. n° 2020-1721 du 29 déc. 2020, V. ndlr ss. art. 1586 quater.

Art. 1599 ter *Transféré ss. le 1 du I de l'art. 1636 B sexies (pour la fixation du taux d'imposition, V. art. 1636 B sexies).*

II TAXE D'APPRENTISSAGE

(L. n° 2013-1279 du 29 déc. 2013, art. 60-I-A et VII)

Les dispositions de la L. n° 2013-1279 du 29 déc. 2013 s'appliquent à la taxe due au titre des rémunérations versées à compter du 1er janv. 2014 (L. préc., art. 60-VII).

Art. 1599 ter A *(Abrogé par Ord. n° 2021-797 du 23 juin 2021, art. 6 et 8-I, à compter du 1er janv. 2022) (L. n° 2020-1721 du 29 déc. 2020, art. 159-I-1° et VII) « I. — [ancienne rédaction : 1.] »* ***Il est établi une taxe, dite taxe d'apprentissage, dont le produit*** *(Abrogé par L. n° 2018-1317 du 28 déc. 2018, art. 136-I-1° et V, à compter du 1er janv. 2019)* ***« , net des dépenses admises en exonération en application des articles 1599 ter E, 1599 ter F et 1599 ter G, » favorise l'égal accès à l'apprentissage*** *(Abrogé par L. n° 2020-1721 du 29 déc. 2020, art. 159-I-1° et VII)* ***« sur le territoire national » et contribue au financement d'actions visant au développement de l'apprentissage dans les conditions prévues à l'article L. 6241-2 du code du travail.***

(L. n° 2020-1721 du 29 déc. 2020, art. 159-I-1° et VII) ***« La taxe d'apprentissage est due par les employeurs mentionnés aux articles L. 6331-1 et L. 6331-3 du code du travail et passibles de l'impôt sur les sociétés ainsi que par les personnes physiques et les sociétés ayant opté pour le régime fiscal des sociétés de personnes, lorsque ces personnes et ces sociétés exercent une activité mentionnée aux articles 34 et 35 du présent code. »***

[2. et 3. en vigueur au plus tard jusqu'au 31 déc. 2021]

2. Cette taxe est due :

1° Par les personnes physiques ainsi que par les sociétés soumises au régime fiscal des sociétés de personnes, lorsque ces personnes et sociétés exercent une activité mentionnée aux articles 34 et 35 ;

2° Par les sociétés, associations et organismes passibles de l'impôt sur les sociétés, en vertu de l'article 206, à l'exception de ceux désignés au 5 de l'article précité, quel que soit leur objet ;

3° Par les sociétés coopératives de production, transformation, conservation et vente de produits agricoles, ainsi que par leurs unions fonctionnant conformément aux dispositions légales qui les régissent, quelles que soient les opérations poursuivies par ces sociétés ou unions ;

4° Par les groupements d'intérêt économique fonctionnant conformément aux articles L. 251-1 à L. 251-23 du code de commerce et exerçant une activité visée aux articles 34 et 35.

3. Sont affranchis de la taxe :

1° Les entreprises occupant un ou plusieurs apprentis avec lesquels un contrat régulier d'apprentissage a été passé dans les conditions prévues aux articles L. 6221-1 à L. 6225-8 du code du travail, lorsque la base annuelle d'imposition déterminée conformément aux dispositions *(L. n° 2019-1479 du 28 déc. 2019, art. 190-I-2°)* ***« des articles 1599 ter B et 1599 ter C » n'excède pas six fois le salaire minimum de croissance annuel ;***

2° Les sociétés et personnes morales ayant pour objet exclusif les divers ordres d'enseignement ;

3° Les groupements d'employeurs composés d'agriculteurs ou de sociétés civiles agricoles bénéficiant de l'exonération, constitués selon les modalités prévues au chapitre III du titre V du livre II de la première partie du code du travail et, à proportion des rémunérations versées dans le cadre de la mise à disposition de personnel aux adhérents non assujettis ou bénéficiant d'une exonération, les autres groupements d'employeurs constitués selon les modalités prévues au chapitre III du titre V du livre II de la première partie du code du travail. — Anc. art. 224. — V. également Ann. II, art. 140 K quinquies.

[II. à IV. — en vigueur au plus tard le 1er janv. 2022]

(L. n° 2020-1721 du 29 déc. 2020, art. 159-I-1° et VII) ***« II. — Pour l'application des dispositions du I du présent article et conformément à l'article L. 152 du livre des procédures fiscales, les agents des administrations fiscales communiquent, dans des conditions fixées par décret, aux organismes mentionnés aux articles L. 213-1 et L. 752-4 du code de la sécurité sociale la liste des employeurs passibles de l'impôt sur les sociétés mentionnés au I du présent article.***

« III. — Par dérogation au I, ne sont pas redevables de cette taxe :

« 1° Les sociétés et personnes morales ayant pour objet exclusif les enseignements maternel, primaire, secondaire, supérieur, technique agricole, industriel et commercial, technologique ainsi que l'ensemble des disciplines médicales et paramédicales placé sous l'autorité du ministère chargé de la santé ;

« 2° Les groupements d'employeurs agricoles mentionnés à l'article L. 1253-1 du code du travail ;

« 3° Les mutuelles ainsi que les organismes mutualistes mentionnés aux 6,7,9 et 10 de l'article 206 du présent code ;

« 4° Les associations, organismes, fondations, fonds de dotation, congrégations, syndicats à activités non lucratives mentionnés au 1 bis du même article 206 et aux 5°, 5° bis et 11° du 1 de l'article 207 ;

« 5° Les sociétés coopératives agricoles d'approvisionnement et d'achat ainsi que les unions de sociétés coopératives agricoles d'approvisionnement et d'achat ;

« 6° Les sociétés coopératives de production, de transformation, conservation et vente de produits agricoles ainsi que les unions de sociétés coopératives de production, transformation, conservation et vente de produits agricoles mentionnées au 3° du 1 de l'article 207 ;

« 7° Les coopératives et unions artisanales, maritimes, de transport fluvial et d'entreprises de transports mentionnées au 3° bis du même 1 ;

« 8° Les organismes d'habitations à loyer modéré mentionnés à l'article L. 411-2 du code de la construction et de l'habitation, les sociétés anonymes de crédit immobilier qui exercent uniquement les activités prévues aux I et II de l'article L. 422-4 du même code ainsi que les unions d'économie sociale ;

« 9° Les sociétés coopératives de construction désignées à l'article L. 432-2 du code de la construction et de l'habitation.

« La réalisation d'activités commerciales accessoires par les employeurs non redevables de cette taxe en application du présent III ne remet pas en cause le bénéfice de l'exonération.

« IV. — Sont exonérés mensuellement de la taxe d'apprentissage les employeurs mentionnés au I occupant un ou plusieurs apprentis avec lesquels ils ont conclu un contrat d'apprentissage dans les conditions prévues aux articles L. 6221-1 à L. 6225-8 du code du travail, lorsque les rémunérations mensuellement dues par ces employeurs, telles qu'elles sont prises en compte pour la détermination de l'assiette des cotisations définie à l'article L. 242-1 du code de la sécurité sociale, n'excèdent pas six fois le montant du salaire minimum de croissance mensuel en vigueur au cours de la période d'emploi au titre de laquelle les rémunérations sont dues. Les modalités de mise en œuvre de cette exonération sont définies par décret. »

Sur l'exonération des embauches réalisées en contrat à durée déterminée en application de l'art. L. 5132-15-1 du code du travail et ouvrant droit au versement de l'aide mentionnée à l'art. L. 5132-2 du même code, V. App., L. n° 2013-1203 du 23 déc. 2013, art. 20-IV.

Les dispositions du présent art. issues de l'art. 159 de la L. n° 2020-1721 du 29 déc. 2020 entrent en vigueur à la date d'entrée en vigueur de l'Ord. relative à la collecte des contributions des employeurs au titre du financement de la formation professionnelle et de l'apprentissage prévue au I de l'art. 41 de la L. n° 2018-771 du 5 sept. 2018 pour la liberté de choisir son avenir professionnel, et au plus tard le 1er janv. 2022 (L. n° 2020-1721 du 29 déc. 2020, art. 159-VII).

1. Un contribuable qui achète des arbres sur pied pour revendre le bois coupé exerce une activité industrielle et commerciale qui le rend passible de la taxe d'apprentissage. • CE 25 sept. 1996, n° 127405 : *Dr. fisc. 1996. 1446.*

2. Les agriculteurs et les sociétés civiles agricoles qui exercent à titre accessoire une activité commerciale ou artisanale dans les conditions prévues à l'art. 75 sont exonérés de la taxe pour la totalité de leur activité principale et accessoire.* BOI-TPS-TA-10 n° 340 du 4 févr. 2015.

3. L'activité exercée par un parc zoologique, qui implique la réalisation d'opérations s'insérant dans le cycle biologique de développement des animaux, constitue une activité agricole exonérée de taxe d'apprentissage, malgré sa finalité commerciale. • CE 26 juin 2017, *SA Réserve africaine de Sigean,* n° 391388 : *RJF 2017. 932.*

4. N'entrent dans l'assiette de la taxe d'apprentissage que les rémunérations versées aux seuls salariés qui assistent leur employeur dans des activités de nature industrielle et commerciale, à l'exclusion de celles versées aux salariés affectés exclusivement à l'activité agricole ou forestière. Dès lors, sont comprises dans l'assiette de la taxe les rémunérations des salariés effectuant des travaux de sciage brut, dans une entreprise dont l'activité principale n'est pas l'exploitation forestière ou la production de bois brut de sciage mais la fabrication de poteaux et de panneaux en lamellés-collés. • CAA Bordeaux, 17 oct. 2002, n° 98BX1683 : *Dr. fisc. 2003. 16, concl. Chemin ; RJF 2003. 173.*

5. La taxe d'apprentissage s'applique aux rémunérations versées par une entreprise assujettie à cette taxe : à ses personnels expatriés. • CE 8 avr. 2013, *Min. du Budget c/ SARL Pétroservice,* n° 346808 : *RJF 2013. 721.* ♦ ... Aux rémunérations versées aux personnels résidents fiscaux à l'étranger, alors même que ces salariés ne relèvent pas du régime de sécurité sociale français. • CE 15 févr. 2016, *Sté GTM France,* n° 381580 : *RJF 2016. 425.*

6. Une activité de formation professionnelle continue en anglais n'entre pas dans le champ de l'art. 1599 ter A-3-2° affranchissant de la taxe d'apprentissage « les sociétés et personnes morales ayant pour objet exclusif les divers ordres d'enseignement ». • CE (na), 23 mars 2018, *SARL VH Blue,* n° 410778 : *RJF 2018. 951.*

Art. 1599 ter B *(Abrogé par Ord. n° 2021-797 du 23 juin 2021, art. 6 et 8-I, à compter du 1er janv. 2022)* ***La taxe est assise sur les rémunérations, selon les bases et les modalités prévues aux chapitres Ier et II du titre IV du livre II du code de la sécurité sociale ou au titre IV du livre VII du code rural et de la pêche maritime pour les employeurs de salariés visés à l'article L. 722-20 dudit code.***

Son taux est fixé à 0,68 %.

Pour le calcul de la taxe, les rémunérations imposables sont arrondies à l'euro le plus proche ; la fraction d'euro égale à 0,50 est comptée pour 1. *— Anc. art. 225.*

1. Indemnités versées par les caisses de congés payés. La circonstance que le service des indemnités de congés payés soit assuré pour le compte de l'employeur par une caisse de congés payés à laquelle il est affilié à titre obligatoire est sans incidence sur l'assiette de cette taxe et sur l'assujettissement de l'employeur. • CE, avis, 30 oct. 2009, *Sté Vignola,* n° 328015 : *Dr. fisc. 2009. 289, concl. Collin ; RJF 2010. 27 ; JO 29 déc. 2009.*

2. A défaut de pouvoir établir exactement les sommes que l'employeur aurait versées à ses salariés au titre des indemnités de congés payés, en l'absence d'affiliation obligatoire à une caisse, il y a lieu de retenir, compte tenu à la fois du taux prévu par l'art. L. 3141-22 C. trav. de l'indemnité de congés payés qui aurait, le cas échéant, été versée par l'employeur au titre de l'année précédente et des indemnités prévues par les conventions collectives, un montant évalué à 11, 5 % des rémunérations brutes versées au cours de l'année d'imposition. • CE 20 nov. 2013, *SAS Olivo,* n° 350093 : *RJF 2014. 142.*

3. Non-renvoi au Conseil constitutionnel d'une QPC portant sur l'art. 225 (devenu 1599 *ter* B). • CE, QPC, 9 avr. 2014, *SNC Eiffage Travaux publics Rhône-Alpes Auvergne,* n° 362263 : *RJF 2014. 713.*

Art. 1599 ter C *(Abrogé par Ord. n° 2021-797 du 23 juin 2021, art. 6 et 8-I, à compter du 1er janv. 2022) (L. n° 2019-1479 du 28 déc. 2019, art. 190-I-1° et V-A)* ***I. — Les rémunérations versées aux apprentis par les employeurs de moins de onze salariés sont exonérées de la taxe d'apprentissage.***

II. — Il en va de même des rémunérations exonérées de la taxe sur les salaires en application de l'article 231 bis L.

Dans sa rédaction résultant du 1° du I de l'art. 190 de la L. n° 2019-1479 du 28 déc. 2019, le II du présent art. s'applique jusqu'à la date d'entrée en vigueur de l'Ord. relative à la collecte des contributions des employeurs au titre du financement de la formation professionnelle et de l'apprentissage prévue à l'art. 41 de la L. n° 2018-771 du 5 sept. 2018 pour la liberté de choisir son avenir professionnel et au plus tard jusqu'au 31 déc. 2021 (L. n° 2019-1479 du 28 déc. 2019, art. 190-V-A).

Ancien art. 1599 ter C *(Abrogé par L. nº 2018-1203 du 22 déc. 2018, art. 8-VII et IX, à compter du 1er janv. 2019)* ***Pour l'assiette de la taxe d'apprentissage, le salaire versé aux apprentis est retenu après l'abattement prévu en application du premier alinéa de l'article L. 6243-2 du code du travail.***

(L. nº 2018-771 du 5 sept. 2018, art. 37-VI et 46, en vigueur le 1er janv. 2019) ***« Toutefois, les rémunérations versées aux apprentis par les employeurs de moins de onze salariés sont exonérées de la taxe d'apprentissage. Il en va de même des rémunérations exonérées de la taxe sur les salaires en application de l'article 231 bis L du présent code. »***

Art. 1599 ter D *(Abrogé par L. nº 2018-1317 du 28 déc. 2018, art. 136-I-6º et V, à compter du 1er janv. 2019)* ***Une fraction de la taxe d'apprentissage est versée au Trésor public dans les conditions fixées au I de l'article L. 6241-2 du code du travail.*** *— Anc. art. 226 B. — V. Ann. II, art. 318 et 318 A ; Ann. III, art. 328 J bis et 328 J ter.*

Art. 1599 ter E *(Abrogé par L. nº 2018-1317 du 28 déc. 2018, art. 136-I-6º et V, à compter du 1er janv. 2019)* ***Les exonérations de taxe d'apprentissage auxquelles donnent lieu, dans les conditions et limites définies aux articles L. 6241-4 à L. 6241-6 du code du travail, les concours qui y sont mentionnés sont définies par les deux premiers alinéas du II de l'article L. 6241-2 du même code.***

Art. 1599 ter F *(Abrogé par L. nº 2018-1317 du 28 déc. 2018, art. 136-I-6º et V, à compter du 1er janv. 2019)* ***Les exonérations dont bénéficient les redevables de la taxe d'apprentissage s'ajoutant à celles prévues aux articles L. 6241-4 et L. 6241-5 du code du travail sont définies à l'article L. 6241-7 du même code.***

Art. 1599 ter G *(Abrogé par L. nº 2018-1317 du 28 déc. 2018, art. 136-I-6º et V, à compter du 1er janv. 2019)* ***Les conditions d'exonération d'une fraction de la taxe d'apprentissage dont bénéficient les employeurs relevant du secteur des banques et des assurances où existaient, avant le 1er janvier 1977 des centres de formation qui leur étaient propres sont fixées à l'article L. 6241-6 du code du travail.*** *— Anc. art. 227 bis.*

Art. 1599 ter H *(Abrogé par L. nº 2018-1317 du 28 déc. 2018, art. 136-I-6º et V, à compter du 1er janv. 2019)* ***Les exonérations ne sont applicables qu'à concurrence des dépenses réellement exposées en vue de favoriser les premières formations technologiques et professionnelles définies au deuxième alinéa de l'article L. 6241-8 du code du travail et les parcours de formation personnalisés mis en œuvre par les écoles de la deuxième chance mentionnées à l'article L. 214-14 du code de l'éducation mentionnés au premier alinéa de l'article L. 6241-9 du code du travail, dans les limites de la répartition fixée par voie réglementaire, des dépenses en faveur des premières formations technologiques et professionnelles selon le niveau de formation et des parcours de formation personnalisés mis en œuvre par les écoles de la deuxième chance mentionnées à l'article L. 214-14 du code de l'éducation.*** *— Anc. art. 228. — V. Arr. du 12 avr. 1972 (JO 13 avr.), mod. par Arr. du 15 janv. 1974 (JO 18 janv.), Arr. du 12 févr. 1976 (JO 26 févr. et 25 mars) et Arr. du 30 oct. 1997 (JO 1er nov.) ; Arr. du 20 janv. 1976 (JO 29 janv.), mod. par Arr. du 8 mars 2002 (JO 13 mars) ; Arr. du 20 déc. 2005 (JO 24 déc.) ; Décr. nº 2010-1463 du 1er déc. 2010.*

Art. 1599 ter I *(Abrogé par L. nº 2018-1317 du 28 déc. 2018, art. 136-I-6º et V, à compter du 1er janv. 2019)* ***A défaut de versement ou en cas de versement insuffisant de la taxe d'apprentissage aux organismes collecteurs habilités en application des articles L. 6242-1 et L. 6242-2 du code du travail avant le 1er mars de l'année suivant celle du versement des salaires, le montant de la taxe, acquitté selon les modalités définies au III de l'article 1678 quinquies, est majoré de l'insuffisance constatée.*** *— Anc. art. 228 bis.*

Art. 1599 ter J *(Abrogé par Ord. nº 2021-797 du 23 juin 2021, art. 6 et 8-I, à compter du 1er janv. 2022)* ***La taxe d'apprentissage est due pour les établissements situés dans les départements du Bas-Rhin, du Haut-Rhin et de la Moselle, quel que soit le siège du principal établissement de l'entreprise.*** *— V. Ann. II, art. 140 N.*

Toutefois, son taux est fixé à 0,44 % et la taxe est versée dans les conditions fixées à l'article L. 6261-2 du code du travail. *(Abrogé par L. nº 2018-1317 du 28 déc. 2018, art. 136-I-2º et V, à compter du 1er janv. 2019)* ***« Le redevable ne peut être exonéré qu'à concurrence des versements prévus à l'article 1599 ter E. »*** *— Anc. art. 230 B. — V. Ann. II, art. 140 M.*

Art. 1599 *ter* K *(Abrogé par Ord. n° 2021-797 du 23 juin 2021, art. 6 et 8-I, à compter du 1er janv. 2022)* ***Les conditions dans lesquelles les dispositions des articles 1599 ter A** (L. n° 2019-1479 du 28 déc. 2019, art. 190-I-3°)* **« à 1599 ter C » sont applicables dans les départements d'outre-mer sont déterminées par décret en Conseil d'État.*** *– Anc. art. 230 C.*

Art. 1599 *ter* L *(Abrogé par L. n° 2018-1317 du 28 déc. 2018, art. 136-I-6° et V, à compter du 1er janv. 2019)* ***Des décrets déterminent, en tant que de besoin, les mesures d'application des articles 1599 ter E, 1599 ter F et 1599 ter H à 1599 ter J.*** *– Anc. art. 230 D. – V. Ann. II, art. 140 A à 140 I, 140 M et 140 N.*

Art. 1599 *ter* M *(Abrogé par L. n° 2018-1317 du 28 déc. 2018, art. 136-I-6° et V, à compter du 1er janv. 2019)* ***Les réclamations concernant la taxe d'apprentissage sont présentées, instruites et jugées comme en matière de taxes sur le chiffre d'affaires.*** *– Anc. art. 230 G.*

III *IMPOSITION FORFAITAIRE SUR LES ENTREPRISES DE RÉSEAUX*

Art. 1599 *quater* *Abrogé par L. n° 2000-656 du 13 juill. 2000, art. 11-I et VI, à compter des impositions établies au titre de 2001. – V.* ***CGI, éd. 2001***.

Art. 1599 *quater* A **I. – L'imposition forfaitaire mentionnée à l'article 1635-0 *quinquies* s'applique au matériel roulant utilisé sur le réseau ferré national pour des opérations de transport de voyageurs.**

II. – L'imposition forfaitaire est due chaque année par l'entreprise de transport ferroviaire qui dispose, pour les besoins de son activité professionnelle au 1er janvier de l'année d'imposition, de matériel roulant ayant été utilisé l'année précédente sur le réseau ferré national pour des opérations de transport de voyageurs.

III. – Le montant de l'imposition forfaitaire est établi pour chaque matériel roulant en fonction de sa nature et de son utilisation selon le barème suivant :

CATÉGORIE DE MATÉRIELS ROULANTS	TARIFS (en euros)
Engins à moteur thermique	
Automoteur	33 516
Locomotive Diesel	33 516
Engins à moteur électrique	
Automotrice	25 696
Locomotive électrique	22 345
Motrice de matériel à grande vitesse	39 104
Automotrice tram-train	12 850
Engins remorqués	
Remorque pour le transport de passagers	5 363
Remorque pour le transport de passagers à grande vitesse	11 172
Remorque tram-train	2 681

Tableau mod. par Décr. n° 2019-559 du 6 juin 2019, art. 1er, et Décr. n° 2020-897 du 22 juill. 2020, art. 1er, mod. par Décr. n° 2021-744 du 9 juin 2021, art. 1er.

Tarifs applicables aux impositions établies au titre de 2022.

En 2021, les tarifs ci-dessus étaient fixés, respectivement, à 33 021 € et et 33 021 € (engins à moteur thermique) ; 25 316 €, 22 015 €, 38 526 € et 12 660 € (engins à moteur électrique) ; 5 284 €, 11 007 € et 2 641 € (engins remorqués).

Les catégories de matériels roulants sont précisées par arrêté conjoint des ministres chargés du transport et du budget en fonction de leur capacité de traction, de captation de l'électricité, d'accueil de voyageurs et de leur performance. — *V. Ann. IV, art. 155-0 bis.*

Les matériels roulants retenus pour le calcul de l'imposition sont ceux dont les entreprises ferroviaires ont la disposition au 1er janvier de l'année d'imposition et qui sont destinés à être utilisés sur le réseau ferré national pour des opérations de transport de voyageurs. Par exception, les matériels roulants destinés à être utilisés sur le réseau ferré national pour des opérations de transport international de voyageurs dans le cadre de regroupements internationaux d'entreprises ferroviaires sont retenus pour le calcul de l'imposition des entreprises ferroviaires qui fournissent ces matériels dans le cadre de ces regroupements.

Ne sont pas retenus pour le calcul de l'imposition les matériels roulants destinés à circuler en France exclusivement sur les sections du réseau ferré national reliant, d'une part, une intersection entre le réseau ferré national et une frontière entre le territoire français et le territoire d'un État limitrophe et, d'autre part, la gare française de voyageurs de la section concernée la plus proche de cette frontière.

Lorsque du matériel roulant est destiné à être utilisé à la fois sur le réseau ferré national et sur les lignes de transport en commun de voyageurs mentionnées aux articles L. 2142-1 et L. 2142-2 du code des transports, ce matériel est retenu pour le calcul de l'imposition s'il est destiné à être utilisé principalement sur le réseau ferré national.

III *bis*. — Sans préjudice des dispositions du III :

1° L'imposition forfaitaire n'est pas due par les entreprises de transport ferroviaire qui ont parcouru l'année précédant celle de l'imposition moins de 300 000 kilomètres sur le réseau ferré national pour des opérations de transport de voyageurs ;

2° Pour les entreprises de transport ferroviaire qui ont parcouru l'année précédant celle de l'imposition entre 300 000 et 1 700 000 kilomètres sur le réseau ferré national pour des opérations de transport de voyageurs, le montant de l'imposition forfaitaire est égal au montant mentionné au III multiplié par un coefficient égal à : (nombre de kilomètres parcourus sur le réseau ferré national — 300 000)/1 400 000.

IV. — Le redevable de la taxe déclare, au plus tard le deuxième jour ouvré suivant le 1er mai de l'année d'imposition, le nombre de matériels roulants par catégorie et le nombre de kilomètres parcourus l'année précédant celle de l'imposition sur le réseau ferré national pour des opérations de transport de voyageurs. — *V. Ann. III, art. 328 M.*

La déclaration précise les matériels roulants, par catégorie, utilisés dans le cadre de services de voyageurs commandés par les autorités régionales.

Le contrôle, le recouvrement, le contentieux, les garanties, sûretés et privilèges sont régis comme en matière de cotisation foncière des entreprises.

1. IFER sur le matériel ferroviaire roulant utilisé sur le réseau ferré national pour les opérations de transport de voyageurs. Matériels imposés. Redevable. Calcul de l'imposition. * BOI-TFP-IFER-70 du 19 févr. 2020.

2. Conformité au droit européen de l'IFER sur le matériel ferroviaire due par les opérateurs étrangers. Validation de la nouvelle rédaction de l'art. 1599 *quater* A. • CE 26 févr. 2016, *Sté Deutsche Bahn AG*, nos 388221 et 390367 : *RJF 2016. 437.*

3. Matériel ferroviaire roulant utilisé sur le réseau ferré national pour le transport de voyageurs. L'Instr. BOI-TFP-IFER-70 du 19 mars 2013, qui réitère des dispositions législatives méconnaissant les stipulations de l'art. 56 du TFUE, s'agissant des conditions d'assujettissement à l'IFER des entreprises de transport ferroviaire qui n'ont pas leur siège en France, est annulée. • CE 26 déc. 2013, *Sté Deutsche Bahn AG*, n° 368540 : *RJF 2014. 329 ; BDCF 2014. 46, concl. Bohnert.*

4. IFER et conventions internationales. L'Ifer est une imposition sectorielle qui n'est pas analogue à la patente. Elle n'entre donc pas dans le champ d'application de la convention franco-allemande du 21 juill. 1959. • CE, ass. plén., 13 juin 2018, *Min. c/ Sté Deutsche Bahn AG*, n° 415769 : *RJF 2018. 974, concl. Victor.*

Art. 1599 *quater* A *bis* I. — L'imposition forfaitaire mentionnée à l'article 1635-0 *quinquies* s'applique au matériel roulant utilisé sur les lignes de transport en commun de voyageurs mentionnées aux articles L. 2142-1 et L. 2142-2 du code des transports, pour des opérations de transport de voyageurs.

II. — L'imposition forfaitaire est due chaque année par les personnes ou organismes qui sont propriétaires au 1er janvier de l'année d'imposition de matériel roulant ayant été utilisé l'année précédente pour des opérations de transport de voyageurs sur les lignes de transport en commun de voyageurs mentionnées au I.

III. — Le montant de l'imposition forfaitaire est établi pour chaque matériel roulant en fonction de sa nature et de son utilisation selon le barème suivant :

CATÉGORIE de matériels roulants	TARIFS (en euros)
Métro/Motrice et remorque................	13 697
Autre matériel	
Automotrice et motrice......................	25 696
Remorque..	5 363

Tarifs applicables aux impositions établies au titre de 2022

En 2021, les tarifs ci-dessus étaient fixés, respectivement, à 13 495 €, 25 316 € et 5 284 € (Décr. nº 2021-744 du 9 juin 2021, art. 1er).

Les catégories de matériels roulants sont précisées par arrêté conjoint des ministres chargés du transport et du budget en fonction de leur capacité de traction, de captation de l'électricité, d'accueil de voyageurs et de leur performance. — *V. Ann. IV, art. 155-00 ter et 155-0 ter.*

Les matériels roulants retenus pour le calcul de l'imposition sont ceux dont les personnes ou organismes sont propriétaires au 1er janvier de l'année d'imposition et qui sont destinés à être utilisés pour des opérations de transport de voyageurs sur les lignes de transport en commun de voyageurs mentionnées au I.

Lorsque du matériel roulant est destiné à être utilisé à la fois sur le réseau ferré national et sur les lignes de transport en commun de voyageurs mentionnées au I, ce matériel est retenu pour le calcul de l'imposition s'il est destiné à être utilisé principalement sur ces lignes.

IV. — Le redevable de l'imposition déclare, au plus tard le deuxième jour ouvré suivant le 1er mai de l'année d'imposition, le nombre de matériels roulants par catégorie.

Le contrôle, le recouvrement, le contentieux, les garanties, sûretés et privilèges sont régis comme en matière de cotisation foncière des entreprises.

V. — La composante de l'imposition forfaitaire sur les entreprises de réseaux prévue au présent article est affectée, dans la limite du plafond prévu au I de l'article 46 de la loi nº 2011-1977 du 28 décembre 2011 de finances pour 2012, au budget de l'établissement public "Société du Grand Paris" créé par la loi nº 2010-597 du 3 juin 2010 relative au Grand Paris. — *V. Ann. III, art. 328 O.*

IFER sur certains matériels roulants utilisés sur les lignes de transport en commun de voyageurs en Île-de-France. Matériels imposés. Redevable. Calcul de l'imposition. * BOI-TFP-IFER-80 du 19 févr. 2020.

Art. 1599 *quater* B ***[Applicable jusqu'aux impositions dues au titre de 2018]*** **I. — L'imposition forfaitaire mentionnée à l'article 1635-0 *quinquies* s'applique :**

***a)* Aux répartiteurs principaux de la boucle locale cuivre au sens du 3° *ter* de l'article L. 32 du code des postes et des communications électroniques ;**

***b)* Aux unités de raccordement d'abonnés et aux cartes d'abonnés du réseau téléphonique commuté. Ces équipements sont définis par décret.**

II. — L'imposition forfaitaire est due chaque année par le propriétaire du répartiteur principal, de l'unité de raccordement d'abonnés ou de la carte d'abonné au 1er janvier de l'année d'imposition.

III. — Le montant de l'imposition est établi de la manière suivante : — *V. note ss. l'art.*

***a)* Pour les répartiteurs principaux de la boucle locale cuivre, le montant de l'imposition de chaque répartiteur principal est fonction du nombre de lignes en service qu'il**

comporte au 1er janvier de l'année d'imposition. Le tarif de l'imposition par ligne en service est établi selon le barème suivant :

Barème issu du Décr. n° 2018-500 du 20 juin 2018, art. 1er.

NATURE DE L'ÉQUIPEMENT	TARIF (en euros) 2016	TARIF (en euros) à compter de 2017	TARIF (en euros) à compter de 2018
Ligne en service d'un répartiteur principal	10,13	12,73	12,87

En 2015, le tarif ci-dessus était fixé à 10,62 €.

b) Abrogé par L. n° 2013-1279 du 29 déc. 2013, art. 71-III, à compter du 1er janv. 2017.

Barème issu du Décr. n° 2015-608 du 3 juin 2015.

NATURE DE L'ÉQUIPEMENT	TARIF (en euros) 2015	TARIF (en euros) 2016
Unité de raccordement d'abonnés	3 361	1 673
Carte d'abonné	36,66	18,25

En 2014, les tarifs ci-dessus étaient fixés, respectivement, à 5 026 € et 54,83 €.

IV. — Le redevable de la taxe déclare, au plus tard le deuxième jour ouvré suivant le 1er mai de l'année d'imposition, par région, département et commune :

***a)* Le nombre de répartiteurs principaux et de lignes en service que chacun comportait au 1er janvier ;**

***b)* Le nombre d'unités de raccordement d'abonnés et de cartes d'abonnés au 1er janvier.** — *V. Ann. III, art. 328 P.*

Le contrôle, le recouvrement, le contentieux, les garanties, sûretés et privilèges sont régis comme en matière de cotisation foncière des entreprises.

Lorsque le montant du produit total de l'imposition forfaitaire sur les entreprises de réseaux relative aux répartiteurs principaux de la boucle locale cuivre et aux équipements de commutation prévue à l'art. 1599 quater B perçu au titre d'une année est inférieur à 400 millions d'euros, les montants de l'imposition mentionnés au III du même art. 1599 quater B applicables au titre de l'année suivante sont majorés par un coefficient égal au quotient d'un montant de 400 millions d'euros par le montant du produit perçu (L. n° 2010-1657 du 29 déc. 2010, art. 112-III). — Les montants indiqués dans les tableaux ci-dessus au titre de 2017 tiennent compte de cette majoration.

Art. 1599 *quater* B ***[Applicable à compter des impositions dues au titre de 2019]*** **I. — L'imposition forfaitaire mentionnée à l'article 1635-0 *quinquies* s'applique :**

***a)* Aux répartiteurs principaux de la boucle locale cuivre au sens du 3° *ter* de l'article L. 32 du code des postes et des communications électroniques ;**

(L. n° 2017-1775 du 28 déc. 2017, art. 49-I-2° et III) **« *b)* Aux points de mutualisation des réseaux de communications électroniques en fibre optique jusqu'à l'utilisateur final au sens de l'article L. 34-8-3 du code des postes et des communications électroniques ;**

« *c)* *Aux nœuds de raccordement* optique des réseaux de communications électroniques en fibre optique avec terminaison en câble coaxial. »

II. — L'imposition forfaitaire est due chaque année par le propriétaire *(L. n° 2017-1775 du 28 déc. 2017, art. 49-I-2° et III)* **« de l'équipement mentionné aux *a*, *b* ou *c* du I » au 1er janvier de l'année d'imposition.**

(L. n° 2017-1775 du 28 déc. 2017, art. 49-I-2° et III) **« III. — Le montant de l'imposition est établi de la manière suivante :**

« Pour chacun des équipements mentionnés aux *a*, *b* et *c* du I, le montant de l'imposition est fonction du nombre de lignes de la partie terminale du réseau qu'il raccorde et qui sont en service au 1er janvier de l'année d'imposition. Le tarif de l'imposition est fixé à *(Décr. n° 2020-897 du 22 juill. 2020, art. 1er)* **« 16,32 €** *[ancienne rédaction : 14,83 €]* **» par ligne en service.** — *Tarif applicable aux impositions établies au titre de 2022.*

« III *bis*. – 1. Une ligne raccordée par un équipement mentionné aux *a*, *b* ou *c* du I n'est pas prise en compte dans le calcul du montant de l'imposition de l'équipement pendant les cinq années suivant celle de la première installation jusqu'à l'utilisateur final.

« 2. Les lignes d'un réseau interne de distribution de télévision exclusivement utilisées pour distribuer des services de télévision non subordonnés à la souscription d'un des abonnements mentionnés à l'article 34-1 de la loi n° 86-1067 du 30 septembre 1986 relative à la liberté de communication raccordées à un équipement mentionné au *c* du I ne sont pas imposées. »

IV. – Le redevable de la taxe déclare, au plus tard le deuxième jour ouvré suivant le 1er mai de l'année d'imposition, par région, département et commune :

a) Le nombre de répartiteurs principaux et de lignes en service *(L. n° 2017-1775 du 28 déc. 2017, art. 49-I-2° et III)* « prises en compte dans le calcul de l'imposition » que chacun comportait au 1er janvier ;

(L. n° 2017-1775 du 28 déc. 2017, art. 49-I-2° et III) « *b)* Le nombre de points de mutualisation des réseaux de communications électroniques en fibre optique jusqu'à l'utilisateur final et de lignes en service prises en compte dans le calcul de l'imposition de la partie terminale du réseau que chacun permettait de raccorder au 1er janvier ;

« *c)* Le nombre de nœuds de raccordement optique des réseaux de communications électroniques avec terminaison en câble coaxial et de lignes en service prises en compte dans le calcul de l'imposition de la partie terminale du réseau que chacun permettait de raccorder au 1er janvier. »

Le contrôle, le recouvrement, le contentieux, les garanties, sûretés et privilèges sont régis comme en matière de cotisation foncière des entreprises.

IFER sur les répartiteurs principaux de la boucle locale cuivre et certains équipements de commutation téléphonique. Matériels imposés. Redevable. Tarif. Calcul de l'imposition. * BOI-TFP-IFER-90 du 19 févr. 2020.

IV *TAXES PERÇUES AU PROFIT DE LA RÉGION D'ÎLE-DE-FRANCE*

(L. n° 2014-1654 du 29 déc. 2014, art. 77-I)

Art. 1599 *quater* C *(L. n° 2018-1317 du 28 déc. 2018, art. 166-I-1°)* « I. – Il est institué une taxe annuelle sur les surfaces de stationnement perçue dans les limites territoriales de la région d'Île-de-France. »

II. – Sont soumises à la taxe les personnes privées et publiques propriétaires de surfaces de stationnement ou titulaires d'un droit réel portant sur celles-ci.

La taxe est acquittée par le propriétaire, l'usufruitier, le preneur à bail à construction, l'emphytéote ou le titulaire d'une autorisation d'occupation temporaire du domaine public constitutive d'un droit réel qui dispose, au 1er janvier de l'année d'imposition, d'une surface taxable.

(L. n° 2018-1317 du 28 déc. 2018, art. 165-I-B-1° et II, en vigueur le 1er janv. 2019) « III. – Les surfaces de stationnement mentionnées au I s'entendent des locaux ou aires, couvertes ou non couvertes, destinés au stationnement des véhicules et qui font l'objet d'une exploitation commerciale ou sont annexés aux locaux mentionnés aux 1° à 3° du III de l'article 231 *ter* sans être intégrés topographiquement à un établissement de production. »

IV. – Sont exclues du champ de la taxe :

1° Les surfaces de stationnement exonérées en application des 1° à 2° *bis* *(L. n° 2018-1317 du 28 déc. 2018, art. 165-I-B-2° et II, en vigueur le 1er janv. 2019)* « et 5° » du V de l'article 231 *ter* ;

2° Les surfaces de stationnement mentionnées au III du présent article d'une superficie inférieure à cinq cents mètres carrés.

V. – 1. – Un tarif au mètre carré est appliqué par circonscription, définie ci-après :

1° Première circonscription : Paris et le département des Hauts-de-Seine ;

2° Deuxième circonscription : les communes de l'unité urbaine de Paris, telle que délimitée par l'arrêté pris pour l'application du 2° du *a* du 1 du VI de l'article 231 *ter*, autres que Paris et les communes du département des Hauts-de-Seine ;

3° Troisième circonscription : les autres communes de la région d'Île-de-France.

2. — Les tarifs au mètre carré sont fixés, pour l'année *(Décr. n° 2020-897 du 22 juill. 2020, art. 1er)* **« 2022** *[ancienne rédaction : 2021]* **», en application du tableau ci-dessous :**

1re circonscription	2e circonscription	3e circonscription
4,57 €	2,64 €	1,34 €

Tableau mod. par Décr. n° 2020-897 du 22 juill. 2020, art. 1er, mod. par Décr. n° 2022-744 du 9 juin 2021, art. 1er.

En 2021, les tarifs ci-dessus étaient fixés, respectivement, à 4,50 €, 2,60 € et 1,32 €.

(L. n° 2018-1317 du 28 déc. 2018, art. 165-I-B-3°-a et II, en vigueur le 1er janv. 2019) **« Par dérogation, pour les surfaces de stationnement faisant l'objet d'une exploitation commerciale, les tarifs sont réduits de 75 % pour l'année 2019, de 50 % pour l'année 2020 et de 25 % pour l'année 2021. »**

3. — Ces tarifs sont actualisés au 1er janvier de chaque année *(L. n° 2018-1317 du 28 déc. 2018, art. 165-I-B-3°-b et II, en vigueur le 1er janv. 2019)* **« en fonction de la prévision de l'indice des prix à la consommation, hors tabac, retenue dans le projet de loi de finances de l'année ». Les valeurs sont arrondies, s'il y a lieu, au centime d'euro supérieur.**

VI. — Pour le calcul des surfaces mentionnées au 2° du IV et au V, il est tenu compte de tous les locaux de même nature, hors parties communes, qu'une personne privée ou publique possède à une même adresse ou, en cas de pluralité d'adresses, dans un même groupement topographique.

(L. n° 2018-1317 du 28 déc. 2018, art. 165-I-B-4° et II, en vigueur le 1er janv. 2019) **« Pour l'appréciation du caractère annexé des surfaces de stationnement mentionnées au III, il est également tenu compte des surfaces qui, bien que non intégrées à un groupement topographique comprenant des locaux taxables, sont mises à la disposition, gratuitement ou non, des utilisateurs de locaux taxables situés à proximité immédiate. »**

VII. — Les redevables déposent une déclaration selon les modalités prévues au VII de l'article 231 *ter*.

VIII. — Le contrôle, le recouvrement, le contentieux, les garanties et les sanctions relatifs à la taxe sont régis par les règles applicables en matière de taxe sur les salaires jusqu'au 31 décembre 2003.

Le privilège prévu au 1° du 2 de l'article 1920 peut être exercé pour le recouvrement de la taxe.

(L. n° 2018-1317 du 28 déc. 2018, art. 166-I-2°) **« IX. — Le produit annuel de la taxe est affectée à la région d'Île-de-France, retracée dans la section d'investissement de son budget, en vue de financer les dépenses d'investissement en faveur des transports en commun, dans la limite du montant prévu à l'article L. 4414-5 du code général des collectivités territoriales. Le solde de ce produit est affecté à l'établissement public Société du Grand Paris mentionné à l'article 7 de la loi n° 2010-597 du 3 juin 2010 relative au Grand Paris, dans la limite du plafond prévu au I de l'article 46 de la loi n° 2011-1977 du 28 décembre 2011 de finances pour 2012. »**

Taxe annuelle sur les surfaces de stationnement en Île-de-France. Commentaires administratifs. * BOI-IF-AUT-140 du 20 févr. 2019.

Art. 1599 *quater* D **Une taxe additionnelle spéciale annuelle est instituée au profit de la région d'Île-de-France.**

Le produit de cette taxe est arrêté, avant le 31 décembre de chaque année, pour l'année suivante, dans la limite d'un plafond de 80 millions d'euros, par le conseil régional d'Île-de-France et notifié aux services fiscaux. Le produit de la taxe est affecté en section d'investissement du budget de la région d'Île-de-France, en vue de financer les dépenses d'investissement en faveur des transports en commun.

Ce produit est réparti entre toutes les personnes assujetties à la taxe foncière sur les propriétés bâties et à la cotisation foncière des entreprises dans les communes de la région d'Île-de-France, proportionnellement aux recettes que chacune de ces taxes a

procurées l'année précédente à l'ensemble de ces communes et de leurs établissements publics de coopération intercommunale situés dans le ressort de la région d'Île-de-France. Les recettes à prendre en compte pour opérer cette répartition s'entendent de celles figurant dans les rôles généraux.

(Ord. n° 2018-75 du 8 févr. 2018, art. 1er et 18) **« A compter des impositions établies au titre de 2019, les recettes que la taxe foncière sur les propriétés bâties a procurées sur le territoire de la Ville de Paris sont, pour l'application du troisième alinéa, minorées de la part que cette taxe »** *(L. n° 2021-1900 du 30 déc. 2021, art. 105-I-2°-a et II, applicable aux impositions établies à compter du 1er janv. 2022)* **« aurait procurée si le taux départemental d'imposition de l'année 2018 avait été appliqué. »**

(L. n° 2020-1721 du 29 déc. 2020, art. 29-I-5° et VI-A, applicable aux impositions établies à compter de 2021) **« A compter des impositions établies au titre de l'année 2021, le produit réparti, en 2020, entre les personnes assujetties à la taxe foncière sur les propriétés bâties et celles assujetties à la cotisation foncière des entreprises, pour les locaux évalués selon les dispositions de l'article 1499, est pris en charge, pour moitié, par l'État.**

« Pour l'application du troisième alinéa du présent article, le produit de la taxe est minoré du montant mentionné au cinquième alinéa. »

(L. n° 2019-1479 du 28 déc. 2019, art. 16-II-D-8° et VII-D, applicable à compter des impositions établies au titre de 2022) **« A compter des impositions établies au titre de 2022, les recettes de taxe foncière sur les propriétés bâties des communes à prendre en compte pour réaliser cette répartition sont minorées du produit que cette taxe »** *(L. n° 2021-1900 du 30 déc. 2021, art. 105-I-2°-b et II, applicable aux impositions établies à compter du 1er janv. 2022)* **« aurait procuré si le taux départemental d'imposition de l'année 2020 avait été appliqué. »**

La base de la taxe est déterminée dans les mêmes conditions que pour la part communale ou, à défaut de part communale, dans les mêmes conditions que la part intercommunale de la taxe principale à laquelle la taxe additionnelle s'ajoute.

Les cotisations sont établies et recouvrées et les réclamations sont présentées et jugées comme en matière de contributions directes.

Taxe spéciale au profit de la région Île-de-France. Personnes imposables. Exonérations. Établissement de la taxe. Détermination des taux d'imposition. Liquidation, recouvrement et contentieux. * BOI-IF-AUT-130 du 1er juill. 2015.

Art. 1599 *quinquies* *Abrogé par L. n° 2010-1657 du 29 déc. 2010, art. 108-XIX-C-1, à compter des impositions établies au titre de 2011.*

V CONTRIBUTION ADDITIONNELLE À LA TAXE D'APPRENTISSAGE

Art. 1599 *quinquies* A *(Abrogé par L. n° 2013-1279 du 29 déc. 2013, art. 60-I-E)* ***I. — Il est institué une contribution au développement de l'apprentissage dont le produit est reversé aux fonds régionaux de l'apprentissage et de la formation professionnelle continue mentionnés à l'article L. 4332-1 du code général des collectivités territoriales.***

Cette contribution est due par les personnes ou entreprises redevables de la taxe d'apprentissage en application de l'article 224.

Elle est assise sur les rémunérations retenues pour l'assiette de la taxe d'apprentissage en application des articles 225 et 225 A. Elle est calculée au taux de 0,18 %.

Le montant de la contribution est versé aux organismes collecteurs agréés mentionnés aux articles L. 6242-1 et L. 6242-2 du code du travail avant le 1er mars de l'année suivant celle du versement des salaires. A défaut de versement ou en cas de versement insuffisant au plus tard à la date précitée, le montant de la contribution est versé au comptable public compétent, selon les modalités définies au III de l'article 1678 quinquies majoré de l'insuffisance constatée.

Les organismes mentionnés au quatrième alinéa précédent reversent au comptable public compétent les sommes perçues en application du même alinéa au plus tard le 30 avril de la même année.

II. — Les dépenses visées aux articles 226 bis, 227 et 227 bis ne sont pas admises en exonération de la contribution mentionnée au I.

Les dispositions du premier alinéa de l'article 230 B, des articles 230 C, 230 D, 230 G et des I et III de l'article 1678 quinquies sont applicables à cette contribution.

Les dispositions ci-dessus de la L. n° 2013-1279 du 29 déc. 2013 s'appliquent à la taxe due au titre des rémunérations versées à compter du 1er janv. 2014 (L. préc., art. 60-VII).

VI *TAXE PERÇUE POUR LA RÉGION DE GUYANE*

Art. 1599 *quinquies* B **I. – Il est perçu chaque année au profit de la région et de l'organisme mentionnés au V une taxe due par les concessionnaires de mines d'or, les amodiataires des concessions de mines d'or et les titulaires de permis et d'autorisations d'exploitation de mines d'or exploitées en Guyane.**

II. – La taxe est assise sur la masse nette de l'or extrait par les personnes mentionnées au I l'année précédant celle au titre de laquelle la taxe est due. Le tarif par kilogramme d'or extrait est fixé chaque année par arrêté des ministres chargés des mines, de l'intérieur et de l'économie dans les limites suivantes :

1° Pour la taxe due par les entreprises entrant dans la catégorie des petites et moyennes entreprises telles que définies par l'annexe 1 au règlement (UE) n° 651/2014 de la Commission du 17 juin 2014 déclarant certaines catégories d'aides compatibles avec le marché intérieur en application des articles 107 et 108 du traité, le tarif ne peut être supérieur à 1 % du cours moyen annuel de l'or constaté sur le marché de l'or de Londres (London Bullion Market) l'année précédant celle au titre de laquelle la taxe est due sans toutefois être inférieur à 40 € ;

2° Pour la taxe due par les autres entreprises, le tarif ne peut être supérieur à 2 % du cours moyen annuel de l'or constaté sur le marché de l'or de Londres (London Bullion Market) l'année précédant celle au titre de laquelle la taxe est due sans toutefois être inférieur à 80 €. – *Pour les tarifs, V. Ann. IV, art. 155 bis A.*

III. – Les redevables mentionnés au I peuvent déduire de la taxe le montant des investissements réalisés l'année précédant celle de l'imposition pour la réduction des impacts de l'exploitation de l'or sur l'environnement, dans la double limite de 45 % du montant de la taxe et de 5 000 €.

IV. – Les redevables mentionnés au I adressent chaque année avant le 1er mars aux services de l'État chargés des mines une déclaration indiquant les concessions, amodiations de concession et permis et autorisations d'exploitation dont ils ont disposé au cours de l'année précédente, ainsi que les noms des communes sous le territoire desquelles ont fonctionné lesdites exploitations. La taxe est établie pour chaque titre minier délivré dans la commune du lieu principal d'exploitation.

Cette déclaration fait ressortir, pour chaque exploitation et pour l'ensemble de l'année, la masse nette de l'or extrait. Les services de l'État chargés des mines, après avoir vérifié la déclaration, transmettent à la direction des services fiscaux, pour chaque exploitation, les éléments nécessaires au calcul de la taxe.

La taxe est établie par voie de rôle et recouvrée comme en matière de contributions directes. Il en va de même pour la présentation, l'instruction et le jugement des réclamations.

V. – La taxe due par les petites et moyennes entreprises définies au 1° du II est affectée à la région de Guyane et, à compter de la création de l'organisme chargé de l'inventaire, de la valorisation et de la conservation de la biodiversité en Guyane, pour moitié à la région et pour moitié à cet organisme. La taxe versée par les autres entreprises est affectée à la région de Guyane et, à compter de la création dudit organisme, à hauteur des trois quarts du montant à la région de Guyane et à hauteur du quart du montant à cet organisme.

VI. – Les modalités de détermination de la masse nette de l'or extrait et la nature des investissements réalisés en faveur de la réduction des impacts de l'exploitation de l'or sur l'environnement qui peuvent être déduits de la taxe sont définies par décret en Conseil d'État. – *V. Ann. II, art. 318 B à 318 D.*

VII *[ABROGÉ]* REDEVANCE RÉGIONALE GÉOTHERMIQUE

(Abrogé par L. nº 2019-1479 du 28 déc. 2019, art. 21-I-21º et XI-B, applicable aux impositions dont le fait générateur intervient à compter du 1er janv. 2020) (L. nº 2017-256 du 28 févr. 2017, art. 138-II)

Art. 1599 *quinquies* C *I. — Les centrales géothermiques d'une puissance supérieure à 3 mégawatts acquittent, au profit des régions sur les territoires desquelles elles sont situées, une redevance sur l'électricité produite par l'utilisation des ressources calorifiques du sous-sol. Le montant de cette redevance est fixé à 3,5 € par mégawattheure de production.*

II. — Les modalités d'application du présent article sont fixées par décret en Conseil d'État, pris après avis du conseil général de l'économie, de l'industrie, de l'énergie et des technologies.

CHAPITRE II ENREGISTREMENT, PUBLICITÉ FONCIÈRE ET TIMBRE

SECTION PREMIÈRE DROITS D'ENREGISTREMENT — TAXE DE PUBLICITÉ FONCIÈRE

I

Art. 1599 *sexies* Il est perçu au profit de la région d'Île-de-France une taxe additionnelle aux droits d'enregistrement ou à la taxe de publicité foncière exigibles sur les mutations à titre onéreux, autres que celles mentionnées au A de l'article 1594 F *quinquies*, de locaux à usage de bureaux, de locaux commerciaux et de locaux de stockage mentionnés à l'article L. 520-1 du code de l'urbanisme.

Le taux de la taxe est fixé à 0,6 %.

Cette taxe est assise, recouvrée et contrôlée selon les mêmes procédures et sous les mêmes sanctions, garanties, sûretés et privilèges que les droits et taxes auxquels elle s'ajoute.

Taxe additionnelle sur les ventes de bureaux en Île-de-France. Commentaire administratif. * BOI-ENR-DG-60-10 du 6 avr. 2016.

Art. 1599 *septies* et 1599 *septies* A *Abrogés par L. nº 98-1266 du 30 déc. 1998, art. 39-I-4.*

II *TAXE COMPLÉMENTAIRE À LA TAXE LOCALE D'ÉQUIPEMENT AU PROFIT DE LA RÉGION D'ÎLE-DE-FRANCE*

Art. 1599 *octies* *Abrogé par L. nº 2010-1658 du 29 déc. 2010, art. 28-III-A-1º et H-2, applicable aux demandes d'autorisations et aux déclarations préalables déposées à compter du 1er mars 2012, y compris aux modifications ultérieures au 1er mars 2012 relatives à une demande ou déclaration préalable déposée avant cette date.*

SECTION II DROITS PERÇUS À L'OCCASION DE LA DÉLIVRANCE DE DOCUMENTS *(L. nº 2017-1775 du 28 déc. 2017, art. 65).*

Art. 1599 *nonies* à 1599 *duodecies* *Abrogés par L. nº 2005-1719 du 30 déc. 2005, art. 14-II et VI.*

I *[ABROGÉ]* *TAXE SUR LES PERMIS DE CONDUIRE*

(Abrogé par L. nº 2019-1479 du 28 déc. 2019, art. 21-I-22º et XI-B, applicable aux impositions dont le fait générateur intervient à compter du 1er janv. 2020)

Art. 1599 *terdecies* *Les permis de conduire les véhicules automobiles, les motocyclettes d'une cylindrée supérieure à 125 cm³ et tous autres véhicules à moteur donnent lieu au paiement d'une taxe qui, pour les véhicules automobiles, couvre toutes les extensions de validité de conduite.*

Cette taxe est perçue au profit de la région. Elle est exigible sur les permis et les duplicata délivrés dans la circonscription régionale. — V. Ann. III, le II de l'art. 313 BE.

La taxe n'est pas due lorsque la délivrance du permis de conduire est consécutive à un changement d'état matrimonial.

1. Intégration progressive des taux des nouvelles régions. * BOI-ENR-TIM-20-60-10 n° 60 du 24 mai 2016.

2. Exonération des victimes d'intempéries. V. note ss. art. 953.

Art. 1599 *quaterdecies* ***Le taux de la taxe mentionnée à l'article 1599 terdecies est fixé par le conseil régional. Il ne peut être institué qu'un seul taux.***

Les décisions du conseil régional prennent effet le premier jour du deuxième mois à compter de la date à laquelle les décisions concernées sont devenues exécutoires.

II TAXE SUR LES CERTIFICATS D'IMMATRICULATION DES VÉHICULES

Art. 1599 *quindecies* *(Abrogé par Ord. n° 2021-1843 du 22 déc. 2021, art. 10-47°-am, à compter du 1er janv. 2022) (L. n° 2019-1479 du 28 déc. 2019, art. 69-I-M et VI-C, en vigueur le 1er janv. 2021)* ***I. — Sont affectées à la région ou à la collectivité à statut particulier sur le territoire de laquelle la délivrance du certificat d'immatriculation est réputée intervenir, conformément au II de l'article 1012 bis, les produits des impositions suivantes :***

1° La taxe fixe prévue au 1° du I de l'article 1011, à hauteur de 7 € par certificat délivré ;

2° La taxe régionale prévue au 2° du même I.

II. — L'Agence nationale des titres sécurisés transmet chaque semestre, à titre gratuit, aux personnes mentionnées au I du présent article qui en font la demande les données et informations non nominatives relatives aux certificats d'immatriculation délivrés au cours de cette période.

Les délibérations prises en application du présent art., dans sa rédaction antérieure à la L. n° 2019-1479 du 28 déc. 2019, s'appliquent pour les besoins de la détermination du tarif régional en application du II-A et B et III-8° de l'art. 1012 bis, dans sa rédaction résultant de la L. préc. (V. L. préc., art. 69-V).

Pour l'application à compter du 1er janv. 2020 de la taxe mentionnée au présent art. à La Réunion, en Corse, en Guyane, à La Martinique et à Mayotte, V. L. n° 2019-1479 du 28 déc. 2019, art. 21-X.

Prise en compte de la mise en place du nouveau système d'immatriculation des véhicules (SIV). Modification des règles d'affectation de la taxe. Nouveaux cas d'exonération de la taxe. Mesures relatives à la liquidation de la taxe. Extension de l'exonération de la taxe décidée par les conseils régionaux ou l'Assemblée de Corse. * BOI-ENR-TIM-20-60-20 du 12 sept. 2012.

Ancien art. 1599 *quindecies* *Il est institué au profit des régions (Abrogé par Ord. n° 2016-1561 du 21 nov. 2016, art. 1er-II-9° et 20, à compter du 1er janv. 2018) « et de la collectivité territoriale de Corse » une taxe sur les certificats d'immatriculation des véhicules.*

Cette taxe est proportionnelle ou fixe, selon les distinctions établies par les articles 1599 sexdecies à 1599 novodecies.

Elle est affectée à la région dans laquelle se situe le domicile du propriétaire du véhicule.

Toutefois, lorsque le propriétaire est une personne morale ou une entreprise individuelle, la taxe est affectée à la région où se situe l'établissement auquel le véhicule est affecté à titre principal.

Pour un véhicule de location, la taxe est affectée à la région où se situe l'établissement où, au titre du premier contrat de location, le véhicule est mis à la disposition du locataire.

Pour un véhicule faisant l'objet soit d'un contrat de crédit-bail, soit d'un contrat de location de deux ans ou plus, la taxe est affectée à la région où se situe le domicile du locataire ou, si le locataire est une personne morale ou une entreprise individuelle, l'établissement auquel le véhicule est affecté à titre principal.

La taxe due lors de la délivrance d'un certificat d'immatriculation des séries TT et WW est affectée à la région dans laquelle est effectuée la demande d'immatriculation.

(L. n° 2017-1775 du 28 déc. 2017, art. 65) « La taxe est contrôlée et les réclamations sont instruites et jugées comme en matière de droits d'enregistrement. Elle est recouvrée comme en matière de créances étrangères à l'impôt et au domaine. » — V. Ann. III, art. 313 BF.

Art. 1599 *sexdecies* *(Abrogé par L. n° 2019-1479 du 28 déc. 2019, art. 69-I-T et VI-C, à compter du 1er janv. 2021)* ***I. — 1. Les certificats d'immatriculation des véhicules automobiles et de tous autres véhicules à moteur donnent lieu au paiement d'une taxe proportionnelle dont le taux unitaire par cheval-vapeur, arrêté par la région*** *(Abrogé par Ord. n° 2016-1561 du 21 nov. 2016, art. 1er-II-10° et 20, à compter du 1er janv. 2018)* ***« ou la collectivité territoriale de Corse », est déterminé par délibération du conseil régional*** *(Abrogé* *par Ord. n° 2016-1561 du 21 nov. 2016, art. 1er-II-10° et 20, à compter du 1er janv. 2018)* ***« ou de l'assemblée de Corse ». La délibération fixant les tarifs reste valable tant qu'elle n'est pas modifiée ou rapportée. Tout nouveau tarif prend effet le premier jour du deuxième mois à compter de la date à laquelle la délibération concernée est devenue exécutoire ou à une date ultérieure mentionnée expressément par la délibération, le cas échéant.*** *— Les circulaires ministérielles figurant en annexe à la loi de finances rectificative pour 1993 (n° 93-859 du 22 juin 1993, art. 35) qui déterminent la puissance administrative des véhicules ont valeur législative pour l'établissement des règles servant à fixer le tarif de l'impôt. — Pour les voitures particulières mises en circulation pour la première fois à compter du 1er juill. 1998 sur le territoire métropolitain et dans les départements d'outre-mer, ainsi que pour celles qui y sont immatriculées après avoir fait l'objet d'une mise en circulation pour la première fois à compter de la même date dans un État membre de la Communauté européenne ou dans un pays tiers appartenant à l'Espace économique européen, la puissance fiscale est déterminée par les I et II de l'art. 62 de la L. n° 98-546 du 2 juill. 1998 portant diverses dispositions d'ordre économique et financier.*

2. Le taux unitaire prévu au 1 est réduit de moitié en ce qui concerne :

1° Les véhicules utilitaires d'un poids total autorisé en charge supérieur à 3,5 tonnes ;

2° Les tracteurs non agricoles ;

3° Les motocyclettes.

3. Les taux unitaires prévus aux 1 et 2 sont réduits de moitié pour les véhicules ayant plus de dix ans d'âge. *— V. Ann. IV, art. 155 quater.*

4. Pour les remorques, les véhicules agricoles et les véhicules immatriculés dans la série spéciale dite TT, il est perçu une taxe fixe dont le montant est égal à une fois et demie le taux unitaire visé au 1.

Pour les vélomoteurs, il est perçu une taxe fixe dont le montant est égal à la moitié dudit taux unitaire.

(L. n° 2019-1479 du 28 déc. 2019, art. 69-I-N) ***« I bis. — La taxe proportionnelle n'est pas due pour les certificats qui sont relatifs aux véhicules utilisés pour l'exercice d'une compétence de l'État, des collectivités territoriales, de leurs groupements ou des établissements publics de coopération intercommunale et qui sont délivrés à la suite d'un transfert ou du retrait de cette compétence. »***

II. — Les concessionnaires et les agents de marques de véhicules automobiles sont exonérés des taxes édictées au I pour les véhicules neufs affectés à la démonstration et dont le poids total en charge n'excède pas 3,5 tonnes.

III. — Lorsque l'application du tarif prévu au I fait apparaître des décimes, le montant de la taxe exigible est arrondi à l'euro le plus proche. La fraction d'euro égale à 0,50 est comptée pour 1.

IV. — L'Agence nationale des titres sécurisés transmet chaque semestre, à titre gratuit, aux régions et aux collectivités *(Abrogé par Ord. n° 2016-1561 du 21 nov. 2016, art. 1er-II-10° et 20, à compter du 1er janv. 2018)* ***« de Corse et » d'outre-mer qui en font la demande les données et informations non nominatives relatives aux certificats d'immatriculation délivrés au cours de cette période.***

Les taxes à l'immatriculation des véhicules font l'objet d'une réforme d'ensemble à compter de 2021, V. L. n° 2019-1479 du 28 déc. 2019, art. 69-I-K.

Les délibérations prises en application du présent art., dans sa rédaction antérieure à la L. n° 2019-1479 du 28 déc. 2019, s'appliquent pour les besoins de la détermination du tarif régional en application du II-A et B et III-8° de l'art. 1012 bis, dans sa rédaction résultant de la L. préc. (L. préc., art. 69-V et I-K).

1. Intégration progressive des taux des nouvelles régions. * BOI-ENR-TIM-20-60-20 n° 180 du 24 mai 2016.

2. Exonération des victimes d'intempéries. V. note ss. art. 953.

Art. 1599 *septdecies* *(Abrogé par L. n° 2019-1479 du 28 déc. 2019, art. 21-I-23° et XI-E, à compter du 1er janv. 2021)* ***1. Les certificats d'immatriculation de la série W donnent lieu au paiement d'une taxe fixe dont le montant est égal au double du taux unitaire fixé au 1 du I de l'article 1599 sexdecies.***

2. Les certificats d'immatriculation de la série WW donnent lieu au paiement d'une taxe fixe dont le montant est égal audit taux unitaire.

Les taxes à l'immatriculation des véhicules font l'objet d'une réforme d'ensemble à compter de 2021, V. L. n° 2019-1479 du 28 déc. 2019, art. 69-I-K.

Les délibérations prises en application du présent art., dans sa rédaction antérieure à la L. n° 2019-1479 du 28 déc. 2019, s'appliquent pour les besoins de la détermination du tarif régional en application du II-A et B et III-8° de l'art. 1012 bis, dans sa rédaction résultant de la L. préc. (L. préc., art. 69-V).

Art. 1599 octodecies *(Abrogé par L. n° 2019-1479 du 28 déc. 2019, art. 21-I-24° et XI-E, à compter du 1er janv. 2021)* ***1. Est subordonnée au paiement d'une taxe fixe, la délivrance :***

1° De tous les duplicata de certificats ;

2° Des certificats délivrés en cas de modification d'état civil d'une personne physique, ou en cas de simple changement de dénomination sociale d'une personne morale ;

3° Des certificats délivrés en cas de modification des caractéristiques techniques du véhicule ;

4° Des certificats délivrés en cas de modification de l'usage du véhicule.

2. Le montant de la taxe fixe prévu au 1 égale :

a) Le quart du taux unitaire visé au 1 du I de l'article 1599 sexdecies pour les vélomoteurs et les motocyclettes dont la cylindrée n'excède pas 125 cm³ ;

b) Ledit taux unitaire pour tous les autres véhicules.

3. Aucune taxe n'est due lorsque :

a) La délivrance du certificat d'immatriculation est consécutive à un changement de situation matrimoniale ou à un changement de domicile ;

b) La délivrance du certificat d'immatriculation est consécutive à une erreur de saisie lors d'une opération d'immatriculation ou lorsque la délivrance du certificat est la conséquence de l'usurpation du numéro d'immatriculation du véhicule ;

c) L'opération d'immatriculation a pour seul objet la conversion du numéro d'immatriculation du véhicule au système d'immatriculation mis en œuvre à compter du 1er janvier 2009.

4. Aucune taxe n'est due au titre de la délivrance des certificats d'immatriculation des cyclomoteurs à deux roues et des cyclomoteurs à trois roues non carrossés.

5. Lorsque la délivrance du certificat d'immatriculation est consécutive à différents événements, seul l'événement qui a pour conséquence la taxe la plus élevée est pris en compte.

Les taxes à l'immatriculation des véhicules font l'objet d'une réforme d'ensemble à compter de 2021, V. L. n° 2019-1479 du 28 déc. 2019, art. 69-I-K.

Les délibérations prises en application du présent art., dans sa rédaction antérieure à la L. n° 2019-1479 du 28 déc. 2019, s'appliquent pour les besoins de la détermination du tarif régional en application du II-A et B et III-8° de l'art. 1012 bis, dans sa rédaction résultant de la L. préc. (L. préc., art. 69-V).

Exonération des victimes d'intempéries. V. note ss. art. 953.

Art. 1599 *novodecies* *(Abrogé par L. n° 2019-1479 du 28 déc. 2019, art. 69-I-U et VI-C, à compter du 1er janv. 2021)* ***Les proportions établies par le I de l'article 1599 sexdecies et les articles 1599 septdecies et 1599 octodecies entre le taux unitaire et ceux des taxes proportionnelles ou fixes qu'ils instituent ne peuvent être modifiées par le conseil régional*** *(Abrogé par Ord. n° 2016-1561 du 21 nov. 2016, art. 1er-II-11° et 20, à compter du 1er janv. 2018)* ***« ou l'Assemblée de Corse », non plus que les catégories auxquelles ces taux sont applicables.***

Les taxes à l'immatriculation des véhicules font l'objet d'une réforme d'ensemble à compter de 2021, V. L. n° 2019-1479 du 28 déc. 2019, art. 69-I-K.

Les délibérations prises en application du présent art., dans sa rédaction antérieure à la L. n° 2019-1479 du 28 déc. 2019, s'appliquent pour les besoins de la détermination du tarif régional en application du II-A et B et III-8° de l'art. 1012 bis (L. préc., art. 69-V et I-K).

Art. 1599 *novodecies* A *(Abrogé par L. n° 2019-1479 du 28 déc. 2019, art. 69-I-V et VI-C, à compter du 1er janv. 2021) (L. n° 2019-1479 du 28 déc. 2019, art. 69-I-O-1° et 2°)* ***« I. — Sont exonérés de la taxe proportionnelle sur les certificats d'immatriculation prévue au I de l'article 1599 sexdecies les véhicules dont la source d'énergie est exclusivement l'électricité, l'hydrogène ou une combinaison des deux.***

« II. — » Le conseil régional *(Ord. n° 2016-1561 du 21 nov. 2016, art. 1er-II-12° et 20, en vigueur le 1er janv. 2018)* ***« peut*** *[ancienne rédaction : ou l'Assemblée de Corse peuvent]* ***», sur délibération dans les conditions prévues au 1 du I de l'article 1599 sexdecies, exonérer en totalité ou à concurrence de la moitié de la taxe*** *(L. n° 2019-1479 du 28 déc. 2019, art. 69-I-O-2°)* ***« mentionnée au I les véhicules, autres que ceux mentionnés au même I, » ou du gaz***

de pétrole liquéfié ou du superéthanol E85 mentionné au 1 du tableau B du 1 de l'article 265 du code des douanes.

L'exonération décidée par le conseil régional *(Abrogé par Ord. n° 2016-1561 du 21 nov. 2016, art. 1er-II-12° et 20, à compter du 1er janv. 2018)* ***« et, pour la Corse, l'Assemblée de Corse » s'applique également à la taxe fixe prévue au 3° du 1 de l'article 1599 octodecies lorsque la délivrance du certificat d'immatriculation est consécutive à une modification des caractéristiques techniques du véhicule afin de l'équiper pour fonctionner, exclusivement ou non, au moyen d'une énergie mentionnée au premier alinéa.***

Les taxes à l'immatriculation des véhicules font l'objet d'une réforme d'ensemble à compter de 2021, V. L. n° 2019-1479 du 28 déc. 2019, art. 69-I-K.

Les délibérations prises en application du présent art., dans sa rédaction antérieure à la L. n° 2019-1479 du 28 déc. 2019, s'appliquent pour les besoins de la détermination du tarif régional en application du II-A et B et III-8° de l'art. 1012 bis (L. préc., art. 69-V et I-K).

Véhicules exonérés. Véhicules hybrides et véhicules spécialement équipés pour fonctionner au superéthanol E 85. * BOI-ENR-TIM-20-60-20 n° 340 du 12 sept. 2012.

CHAPITRE III AUTRES DROITS ET TAXES

Art. 1599 *vicies* *(Abrogé par Ord. n° 2021-1843 du 22 déc. 2021, art. 10-47°-an, à compter du 1er janv. 2022)* ***Il est institué au profit de la Corse une taxe due par les entreprises de transport public aérien et maritime. Elle est ajoutée au prix demandé aux passagers. Elle est assise sur le nombre de passagers embarquant ou débarquant en Corse.***

Les tarifs de cette taxe peuvent être modulés selon le mode de transport utilisé et la distance parcourue. Ils sont fixés par l'Assemblée de Corse dans la limite de 4,57 € par passager. — *Par délibération n° 92/106 AC du 1er oct. 1992, l'Assemblée de Corse a fixé le taux à 30 F par passager ; par délibération n° 94/160 AC du 20 déc. 1994, le taux est fixé à 10 F pour les transports dont les distances sont inférieures à vingt kilomètres.*

La taxe est constatée et recouvrée comme en matière de taxe sur la valeur ajoutée avec les sûretés, garanties, privilèges et sanctions applicables à celle-ci. Les réclamations sont présentées, instruites et jugées comme pour cet impôt. — *Cette disposition entre en vigueur à la date de la première réunion de l'Assemblée de Corse suivant son prochain renouvellement (L. n° 91-428 du 13 mai 1991, JO 13 mai) : date fixée au 1er juill. 1993 (délib. n° 92-139 AC du 18 nov. 1992).*

Dispositions transférées aux art. L. 422-29 et L. 423-57 s. CIBS.

TITRE TROISIÈME IMPOSITIONS PERÇUES AU PROFIT DE CERTAINS ÉTABLISSEMENTS PUBLICS ET D'ORGANISMES DIVERS

CHAPITRE PREMIER IMPÔTS DIRECTS ET TAXES ASSIMILÉES

SECTION 0I CONTRIBUTIONS ET PRÉLÈVEMENTS PERÇUS AU PROFIT D'ORGANISMES DIVERS CONCOURANT AU FINANCEMENT DE LA PROTECTION SOCIALE ET AU REMBOURSEMENT DE LA DETTE SOCIALE

I

Art. 1600-0 A *Devenu sans objet (L. n° 97-1164 du 30 déc. 1997, art. 9).*

Art. 1600-0 B *Abrogé (L. n° 93-936 du 22 juill. 1993).*

II *CONTRIBUTION SOCIALE GÉNÉRALISÉE PERÇUE AU PROFIT DE LA CAISSE NATIONALE DES ALLOCATIONS FAMILIALES, DU FONDS DE SOLIDARITÉ VIEILLESSE ET DES RÉGIMES OBLIGATOIRES D'ASSURANCE MALADIE*

Art. 1600-00 C *(Décr. n° 2019-559 du 6 juin 2019, art. 1er)* **Conformément au II *bis* de l'article L. 136-5 du code de la sécurité sociale, la contribution sociale généralisée sur les revenus d'activité et de remplacement due sur les revenus de source étrangère, sous réserve**

s'agissant des revenus d'activité qu'elle n'ait pas fait l'objet d'un précompte par l'employeur, et la contribution sociale généralisée due sur l'avantage mentionné au I de l'article 80 *bis*, ainsi que sur l'avantage mentionné au I de l'article 80 *quaterdecies* lorsque ce dernier est imposé à l'impôt sur le revenu suivant les règles de droit commun des traitements et salaires, *(Abrogé par Décr. nº 2020-897 du 22 juill. 2020, art. 1er)* ***« ainsi que sur le dédommagement mentionné à l'article L. 245-12 du code de l'action sociale et des familles, »*** **sont établies, recouvrées et contrôlées dans les conditions et selon les modalités prévues au III de l'article L. 136-6 du code de la sécurité sociale.**

Ancien art. 1600-00 C *Conformément au II bis de l'article L. 136-5 du code de la sécurité sociale, la contribution sociale généralisée sur les revenus d'activité et de remplacement due sur les revenus de source étrangère, sous réserve s'agissant des revenus d'activité qu'elle n'ait pas fait l'objet d'un précompte par l'employeur, est établie, recouvrée et contrôlée dans les conditions et selon les modalités prévues au III de l'articleL. 136-6 du code précité.*

Art. 1600-0 C **La contribution sociale généralisée sur les revenus du patrimoine est établie, contrôlée et recouvrée conformément aux dispositions de l'article L. 136-6 du code de la sécurité sociale.**

1. Nature fiscale. En l'absence de lien entre l'obligation faite par la loi d'acquitter la CSG et la CRDS et l'ouverture d'un droit à une prestation ou un avantage servis par un régime de sécurité sociale, ces prélèvements ont le caractère d'impositions de toute nature et non celui de cotisations de sécurité sociale, au sens des dispositions constitutionnelles et législatives nationales. La circonstance que la CJCE a jugé que ces prélèvements, en tant qu'ils frappaient les salaires et avaient pour objet de financer des régimes de sécurité sociale, entraient dans le champ d'application des règlements communautaires régissant le droit d'assujettir des travailleurs frontaliers à des cotisations sociales, est inopérante quant à la détermination de la nature de ces contributions au regard des dispositions constitutionnelles et législatives nationales. • CJCE 7 janv. 2004, nº 237395 : *RJF 2004. 375 ; concl. Glaser au BDCF 4/04, nº 50.* ♦ Les personnes affiliées à un régime de sécurité sociale dans un autre État membre de l'UE, de l'EEE ou en Suisse n'ont pas à payer la CSG et les autres prélèvements sociaux sur les revenus du patrimoine. • CJUE 26 févr. 2015, *Min. Écon. et Fin. c/ de Ruyter,* nº C-623/13 : *RJF 2015. 453.* ♦ Un contribuable résident de France, affilié exclusivement à un régime de sécurité sociale étranger relevant du règlement européen sur la sécurité sociale, ne peut pas être soumis en France aux contributions sociales sur les revenus du patrimoine. • CE 27 juill. 2015, nº 334551 : *RJF 2015. 966, concl. Crépey.*

2. Saisi d'une question sur la conformité de la différence de traitement entre affiliés européens et affiliés dans un État tiers aux principes d'égalité devant la loi et devant les charges publiques, le Conseil constitutionnel juge les dispositions de l'art. L. 136-6, I-e CSS conformes à la Constitution. • Cons. const., QPC, 9 mars 2017, nº 2016-615 : *RJF 2017. 600.*

3. Français résidant à Monaco. Si l'art. 7-1 de la Conv. franco-monégasque du 18 mai 1963 implique que les personnes de nationalité française qui ont transporté leur domicile ou leur résidence à Monaco sont réputées avoir leur domicile fiscal en France pour l'assujettissement à l'IR, il ne saurait suffire à justifier leur assujettissement aux contributions sociales, qui sont distinctes de l'IR. En revanche, de telles stipulations n'ont ni pour objet ni pour effet de faire obstacle à ce que ces personnes soient regardées comme fiscalement domiciliées en France au sens de l'art. 4 B CGI et, par conséquent, assujetties à ces contributions sociales en application des art. 1600-0 C, 1600-0 G et 1600-0 F *bis.* • CE 11 juin 2014, *Delambre,* nº 358301 : *RJF 2014. 866 ; BDCF 2014. 89, concl. Nicolazo de Barmon ; Dr. fisc. 2014. 594, note Laroche* • 19 sept. 2016, nº 388899 : *RJF 2016. 1106, concl. Victor.*

4. Personnes résidant à Saint-Barthélemy. Les personnes physiques et morales résidant dans la collectivité de Saint-Barthélemy sont redevables des prélèvements sociaux. • CE, avis, 20 nov. 2013, nº 369796 : *RJF 2014. 197.*

5. Contentieux. Les juridictions administratives sont compétentes pour connaître d'un litige concernant la CSG sur les revenus du patrimoine. • T. confl. 3 juill. 2000, nº 3192 : *Dr. fisc. 2001. 52.*

Art. 1600-0 D **La contribution sociale généralisée sur les produits de placements est établie, contrôlée et recouvrée conformément aux dispositions de l'article L. 136-7 du code de la sécurité sociale.**

1. Prélèvements sociaux sur les revenus du patrimoine. BIBL. Villette, *RJF 2019, p. 549* (principe d'unicité de la législation sociale et prélèvements sociaux sur les revenus du capital : un tremblement de Ruyter ?). ♦ Les personnes affiliées à un régime de sécurité sociale dans un autre État membre de l'UE, de l'EEE ou en Suisse n'ont pas à payer la CSG et les autres prélèvements sociaux sur les revenus du patrimoine. • CJUE 26 févr. 2015, *Min. Écon. et Fin. c/ de Ruyter*, n° C-623/13 : *RJF 2015. 453.* ♦ L'application de la CSG-CRDS sur les revenus du capital des personnes affiliées à un régime étranger de sécurité sociale dans un État autre qu'un État membre de l'EEE ou que la Suisse est conforme au droit de l'UE. • CJUE 18 janv. 2018, *Frédéric Jahin*, n° C-45/17 : *RJF 2018. 456.* ♦ Un contribuable résident de France, affilié exclusivement à un régime de sécurité sociale étranger relevant du règlement européen sur la sécurité sociale, ne peut pas être soumis en France aux contributions sociales sur les revenus du patrimoine. • 27 juill. 2015, n° 334551 : *RJF 2015. 966, concl. Crepey.* ♦ Les prélèvements sociaux sur les revenus du capital, auxquels sont soumises les plus-values immobilières, entrent dans le champ de la directive européenne « sécurité sociale » et ne peuvent donc être perçus lorsque le contribuable n'est pas affilié au régime français de sécurité sociale. • CE 17 avr. 2015, *Leduc*, n° 365511 : *RJF 2015. 668 ; Dr. fisc. 2015. 508.* ♦ Un résident suisse affilé dans ce pays à un régime de sécurité sociale ne peut pas être assujetti en France aux prélèvements sociaux à raison d'une plus-value immobilière qu'il y a réalisée. • TA Paris, 20 mai 2015, n° 1400144 : *RJF 2015. 1071.*

2. Les prélèvements sociaux appliqués « au fil de l'eau » aux produits des fonds en euros des contrats d'assurance vie multisupports sont conformes à la Constitution à une réserve d'interprétation près. Lorsque l'imposition acquittée au fur et à mesure de la réalisation des produits est corrigée au dénouement du contrat, la restitution du trop-perçu doit être assortie d'intérêts moratoires. • Cons. const. 17 sept. 2015, n° 2015-483 QPC : *RJF 2015. 1042.*

3. Modalités de restitution des prélèvements sociaux. Champ et modalités de restitution des prélèvements sociaux sur revenus du capital jugés non conformes au droit communautaire par la CJUE suivie par le Conseil d'État (V. *supra* note 1). * Communiqués DGFiP 20 oct. et 19 nov. 2015 * Rép. min. n° 15398 : *JO Sénat Q, 26 mai 2016, p. 2224.*

Art. 1600-0 E Le taux des contributions sociales sur les revenus du patrimoine et sur les produits de placements est fixé conformément aux dispositions du I de l'article L. 136-8 du code de la sécurité sociale.

III *PRÉLÈVEMENTS SOCIAUX PERÇUS AU PROFIT DE LA CAISSE NATIONALE D'ALLOCATIONS FAMILIALES ET DE LA CAISSE NATIONALE D'ALLOCATION VIEILLESSE DES TRAVAILLEURS SALARIÉS*

Art. 1600-0 F *Devenu sans objet (L. n° 97-1164 du 19 déc. 1997, art. 9).*

Art. 1600-0 F *bis* *(Abrogé par L. n° 2018-1203 du 22 déc. 2018, art. 26-III-4° et XIV-A, à compter du 1er janv. 2019 et, pour les transferts de domicile fiscal hors de France intervenus à compter du 1er janv. 2018)* ***I. — Le prélèvement social sur les revenus du patrimoine est établi conformément aux dispositions de l'article L. 245-14 du code de la sécurité sociale.***

II. — Le prélèvement social sur les produits de placements est établi conformément aux dispositions de l'article L. 245-15 du code de la sécurité sociale.

III. — Le taux des prélèvements mentionnés aux I et II est fixé par l'article L. 245-16 du code de la sécurité sociale.

IV *CONTRIBUTIONS POUR LE REMBOURSEMENT DE LA DETTE SOCIALE PERÇUES AU PROFIT DE LA CAISSE D'AMORTISSEMENT DE LA DETTE SOCIALE*

(Ord. n° 96-50 du 24 janv. 1996)

Art. 1600-0 G La contribution pour le remboursement de la dette sociale assise sur les revenus du patrimoine est établie, contrôlée et recouvrée conformément à l'article 15 de l'ordonnance n° 96-50 du 24 janvier 1996 relative au remboursement de la dette sociale.

V. Ord. n° 96-50 du 24 janv. 1996, art. 15.

1. PDG de SAS. Le président-directeur général et associé d'une société anonyme simplifiée ne percevant pas de salaire et n'étant affilié à aucun régime obligatoire d'assurance maladie ne remplit pas les conditions pour être assujetti à la CRDS sur les dividendes perçus de la société. Ces dividendes sont en revanche soumis à la CSG et au prélèvement social, seule la condition de domiciliation en France étant prévue par les textes. • CE 4 mai 2011 n°s 330551 et 330654, *Min. du Budget, des comptes publics, de la fonction publique et de la réforme de l'État : RJF 2011. 907.*

2. Taxation des Français résidant à Monaco. V. note ss. art. 1600-0 C.

Art. 1600-0 H La contribution pour le remboursement de la dette sociale prélevée sur les produits de placement est établie, contrôlée et recouvrée conformément à l'article 16 de l'ordonnance n° 96-50 du 24 janvier 1996 relative au remboursement de la dette sociale.

V. Ord. n° 96-50 du 24 janv. 1996, art. 15.

Art. 1600-0 I La contribution pour le remboursement de la dette sociale à laquelle sont assujetties les ventes de métaux précieux, bijoux, objets d'art, de collection et d'antiquité est établie, contrôlée et recouvrée conformément à l'article 17 de l'ordonnance n° 96-50 du 24 janvier 1996 relative au remboursement de la dette sociale.

V. Ord. n° 96-50 du 24 janv. 1996, art. 17.

Prélèvements sociaux sur les revenus du capital. V. note 1 ss. art. 1600-0 D.

Art. 1600-0 J Le taux des contributions pour le remboursement de la dette sociale mentionnées aux articles 1600-0 G à 1600-0 I est fixé par l'article 19 de l'ordonnance n° 96-50 du 24 janvier 1996 relative au remboursement de la dette sociale.

V. Ord. n° 96-50 du 24 janv. 1996, art. 19.

Art. 1600-0 K à 1600-0 M *Abrogés par L. n° 2009-1646 du 24 déc. 2009, art. 17-IV-3°.*

V *[ABROGÉ]* *PRÉLÈVEMENTS SOCIAUX PERÇUS AU PROFIT DE LA CAISSE NATIONALE DE L'ASSURANCE MALADIE DES TRAVAILLEURS SALARIÉS*

(L. n° 2011-1906 du 21 déc. 2011, art. 26-III-1° et V, en vigueur le 1er janv. 2012 ; abrogé par L. n° 2016-1917 du 29 déc. 2016, art. 85, à compter du 1er janv. 2017)

Art. 1600-0 N *Abrogé (L. n° 2013-1203 du 23 déc. 2013, art. 12-I-2°).*

Art. 1600-0 O *(Abrogé par L. n° 2014-1554 du 22 déc. 2014, art. 15-I-A) I. — Les personnes assujetties à la taxe sur la valeur ajoutée en application de l'article 256 A qui effectuent la première vente en France des dispositifs définis au II du présent article sont soumises à une taxe annuelle perçue au profit de la Caisse nationale de l'assurance maladie des travailleurs salariés.*

II. — Les dispositifs mentionnés au I sont les dispositifs médicaux définis à l'article L. 5211-1 du code de la santé publique et les dispositifs médicaux de diagnostic in vitro définis à l'article L. 5221-1 du même code.

III. — L'assiette de la taxe est constituée du montant total des ventes de dispositifs mentionnés au II, hors taxe sur la valeur ajoutée, réalisées au cours de l'année civile précédente, à l'exclusion des ventes portant sur les dispositifs mentionnés au même II lorsqu'ils sont exportés hors de l'Union européenne ou lorsqu'ils sont expédiés vers un autre État membre de l'Union européenne.

IV. — Le taux de cette taxe est fixé à 0,29 %.

V. — La première vente en France au sens du I s'entend de la première vente intervenant après fabrication en France ou après introduction en France en provenance de l'étranger de dispositifs mentionnés au II.

Le fait générateur de la taxe intervient lors de la première vente des dispositifs mentionnés au même II. La taxe est exigible lors de la réalisation de ce fait générateur.

Art. 1600-0 P *(Abrogé par L. n° 2015-1785 du 29 déc. 2015, art. 27-I-1°) I. — Les personnes assujetties à la taxe sur la valeur ajoutée en application de l'article 256 A qui effectuent la première vente en France des produits définis au II du présent article sont soumises à une taxe annuelle perçue au profit de la Caisse nationale de l'assurance maladie des travailleurs salariés.*

II. — Les produits mentionnés au I sont les produits cosmétiques définis à l'article L. 5131-1 du code de la santé publique.

III. — L'assiette de la taxe est constituée du montant total des ventes de produits mentionnés au II, hors taxe sur la valeur ajoutée, réalisées au cours de l'année civile précédente, à l'exclusion des ventes portant sur les produits mentionnés au même II lorsqu'ils sont exportés hors de l'Union européenne ou lorsqu'ils sont expédiés vers un autre État membre de l'Union européenne.

IV. — Le taux de cette taxe est fixé à 0,1 %.

V. — La première vente en France au sens du I s'entend de la première vente intervenant après fabrication en France ou après introduction en France en provenance de l'étranger de produits mentionnés au II.

Le fait générateur de la taxe intervient lors de la première vente des produits mentionnés au même II. La taxe est exigible lors de la réalisation de ce fait générateur. *— Sur les obligations déclaratives, V. art. 1600-0 Q.*

Art. 1600-0 Q *(Abrogé par L. n° 2015-1785 du 29 déc. 2015, art. 27-I-1°)* ***I. — Les redevables de la taxe mentionnée au I de l'article 1600-0 P déclarent cette taxe sur l'annexe à la déclaration mentionnée à l'article 287 et déposée au titre des opérations du mois de mars ou du premier trimestre de l'année civile. Le montant de la taxe concernée est acquitté lors du dépôt de la déclaration.***

Les redevables placés sous le régime simplifié d'imposition prévu à l'article 302 septies A déclarent et acquittent la taxe mentionnée au I de l'article 1600-0 P lors du dépôt de la déclaration mentionnée au 3 de l'article 287.

II. — La taxe mentionnée au I de l'article 1600-0 P est constatée, recouvrée et contrôlée selon les mêmes procédures et sous les mêmes sanctions, garanties et privilèges que la taxe sur la valeur ajoutée. Les réclamations sont présentées, instruites et jugées et le droit de reprise de l'administration s'exerce selon les règles applicables à cette même taxe.

III. — Lorsque les redevables de la taxe mentionnée au même I ne sont pas établis dans un État membre de l'Union européenne ou dans tout autre État partie à l'accord sur l'Espace économique européen et ayant conclu une convention fiscale qui contient une clause d'assistance administrative en vue de lutter contre la fraude et l'évasion fiscales, ils sont tenus de faire accréditer auprès du service des impôts compétent un représentant assujetti à la taxe sur la valeur ajoutée établi en France qui s'engage à remplir les formalités incombant à ces redevables et, en cas d'opération imposable, à acquitter la taxe à leur place.

Ce représentant tient à la disposition de l'administration fiscale la comptabilité afférente aux ventes des produits mentionnés au II de l'article 1600-0 P.

IV. — Lorsque le montant de la taxe mentionnée à l'article 1600-0 P est inférieur ou égal à 300 €, les redevables sont dispensés du paiement de la taxe ainsi que du dépôt de la déclaration mentionnée au I.

V. L. n° 2014-1554 du 22 déc. 2014, art. 15-V-B, ss. art. 1600-0 O.

Art. 1600-0 R *(Abrogé par L. n° 2016-1917 du 29 déc. 2016, art. 83-II-1° et IV-C, à compter du 1er janv. 2017)* ***I. — Il est institué une taxe annuelle perçue au profit de la Caisse nationale de l'assurance maladie des travailleurs salariés due par les laboratoires de biologie médicale définis à l'article L. 6212-1 du code de la santé publique dont tout ou partie des examens sont soumis, pour l'année en cause, au contrôle national de qualité mentionné à l'article L. 6221-10 du même code.***

II. — Le montant de la taxe mentionnée au I est fixé forfaitairement par décret dans la limite maximale de 600 €. *— V. Ann. III, art. 329-0.*

III. — Les redevables déclarent la taxe sur l'annexe à la déclaration mentionnée à l'article 287 et déposée au titre des opérations du mois de mars ou du premier trimestre de l'année civile. La taxe est acquittée lors du dépôt de la déclaration.

Pour les redevables placés sous le régime simplifié d'imposition prévu à l'article 302 septies A, la taxe est déclarée et acquittée lors du dépôt de la déclaration mentionnée au 3 de l'article 287.

IV. — La taxe est constatée, recouvrée et contrôlée selon les mêmes procédures et sous les mêmes sanctions, garanties et privilèges que la taxe sur la valeur ajoutée. Les réclamations sont présentées, instruites et jugées et le droit de reprise de l'administration s'exerce selon les règles applicables à cette même taxe.

[V ***CONTRIBUTION SOCIALE À LA CHARGE DES FOURNISSEURS AGRÉÉS DE PRODUITS DU TABAC]***

Art. 1600-0 R *bis* *(Abrogé par L. n° 2019-1479 du 28 déc. 2019, art. 195-IV-B et V-A, applicable à la contribution sociale à la charge des fournisseurs agréés de produits du tabac devenue exigible à compter du 1er janv. 2019) (Décr. n° 2017-698 du 2 mai 2017, art. 1er)* ***La contribution sociale à la charge des fournisseurs agréés de produits du tabac est établie,***

contrôlée et recouvrée conformément aux dispositions des articles L. 137-27 à L. 137-29 du code de la sécurité sociale.

VI *PRÉLÈVEMENTS DE SOLIDARITÉ SUR LES REVENUS DU PATRIMOINE ET LES PRODUITS DE PLACEMENT*

(L. n° 2012-1404 du 17 déc. 2012, art. 3-III)

Art. 1600-0 S *(Abrogé par L. n° 2018-1203 du 22 déc. 2018, art. 26-III-4° et XIV-A, à compter du 1er janv. 2019 et, pour les transferts de domicile fiscal hors de France intervenus à compter du 1er janv. 2018)* ***I. — Il est institué :***

1° Un prélèvement de solidarité sur les revenus du patrimoine mentionnés à l'article L. 136-6 du code de la sécurité sociale ;

2° Un prélèvement de solidarité sur les produits de placement mentionnés à l'article L. 136-7 du même code.

II. — Le prélèvement de solidarité mentionné au 1° du I est assis, contrôlé et recouvré selon les mêmes règles et sous les mêmes sûretés, privilèges et sanctions que la contribution mentionnée à l'article L. 136-6 du code de la sécurité sociale.

Le prélèvement de solidarité mentionné au 2° du même I est assis, contrôlé et recouvré selon les mêmes règles et sous les mêmes sûretés, privilèges et sanctions que la contribution mentionnée à l'article L. 136-7 du code de la sécurité sociale.

III. — Le taux des prélèvements de solidarité mentionnés au I est fixé à 2 %.

IV. — Le produit des prélèvements de solidarité mentionnés au I est affecté *(L. n° 2017-1836 du 30 déc. 2017, art. 28)* ***« à l'État ».*** *— Le présent IV s'applique aux faits générateurs intervenant à compter du 1er janv. 2018 (L. n° 2017-1836 du 30 déc. 2017, art. 28-X).*

Les dispositions ci-dessus s'appliquent :

1° Aux revenus du patrimoine mentionnés à l'art. L. 136-6 CSS perçus à compter du 1er janv. 2012 ;

2° Aux produits de placement mentionnés au I de l'art. L. 136-7 du même code payés ou réalisés, selon le cas, à compter du 1er janv. 2013 et à ceux mentionnés au II du même art. pour la part de ces produits acquise et, le cas échéant, constatée à compter du 1er janv. 2013 (L. n° 2012-1404 du 17 déc. 2012, art. 3-VII).

L'assiette du prélèvement défini au 2° du I de l'art. 1600-0 S est celle définie au II de l'art. L. 136-7 du code de la sécurité sociale (L. n° 2013-1203 du 23 déc. 2013, art. 8-IV-1°, mod. par L. n° 2014-1655 du 29 déc. 2014, art. 105-III).

Pour les plus-values réalisées à compter du 1er sept. 2013, V. App., L. n° 2013-1278 du 29 déc. 2013, art. 27-III et IV.

V. également App., L. n° 2013-1279 du 29 déc. 2013, art. 9-III.

Pour les plus-values résultant de la cession de terrains à bâtir ou de droits s'y rapportant, précédée d'une promesse de vente ayant acquis date certaine à compter du 1er sept. 2014 et au plus tard le 31 déc. 2015, et réalisées au plus tard le 31 décembre de la deuxième année suivant ladite date certaine, V. L. n° 2014-1654 du 29 déc. 2014, art. 4-II à IV, ss. art. 150 V.

Français affilié au régime de sécurité sociale britannique. Un contribuable résidant au Royaume-Uni et affilié au régime général de sécurité sociale britannique est fondé à se prévaloir du principe d'unicité de la législation sociale pour demander la décharge des prélèvements sociaux auxquels il a été assujetti à raison d'une plus-value immobilière réalisée en France. • TA Rouen, 18 oct. 2018, ☎ n° 16-2593 : *RJF 2019. 397.*

SECTION PREMIÈRE TAXE POUR FRAIS DE CHAMBRES DE COMMERCE ET D'INDUSTRIE

Art. 1600 *(L. n° 2019-1479 du 28 déc. 2019, art. 59-I-A-1°)* **« I. — La taxe pour frais de chambres est constituée de deux contributions : une taxe additionnelle à la cotisation foncière des entreprises et une taxe additionnelle à la cotisation sur la valeur ajoutée des entreprises. Elle est perçue au profit de CCI France et répartie entre les chambres de commerce et d'industrie de région, dans les conditions prévues au 10° de l'article L. 711-16 du code de commerce. »**

Sont exonérés de cette taxe :

1° Les redevables qui exercent exclusivement une activité non commerciale au sens du 1 de l'article 92 ;

2° Les loueurs de chambres ou *[d']*appartements meublés mentionnés au 3° de l'article 1459 ;

3° Les chefs d'institution et maîtres de pension ;

4° Les sociétés d'assurance mutuelles ;

5° Les artisans établis dans la circonscription d'une chambre de métiers et de l'artisanat, régulièrement *(Ord. n° 2021-1189 du 15 sept. 2021, art. 27 et 47, en vigueur le 1er janv. 2023)* « immatriculés au registre national des entreprises en tant qu'entreprise du secteur des métiers et de l'artisanat *[ancienne rédaction : inscrits au répertoire des métiers]* » et qui ne sont pas portés sur la liste électorale de la chambre de commerce et d'industrie de leur circonscription ;

6° Les caisses de crédit agricole mutuel ;

7° Les caisses de crédit mutuel adhérentes à la Confédération nationale du crédit mutuel ;

8° L'organe central du crédit agricole ;

9° Les caisses d'épargne et de prévoyance ;

10° Les sociétés coopératives agricoles, unions de coopératives agricoles et les sociétés d'intérêt collectif agricole ;

11° Les artisans pêcheurs et les sociétés de pêche artisanale visés aux 1° et 1° *bis* de l'article 1455 ;

(L. n° 2017-1837 du 30 déc. 2017, art. 97, applicable à compter des impositions établies au titre de 2019) « 12° Les redevables de la cotisation foncière des entreprises qui bénéficient de l'exonération de cotisation minimum en application du troisième alinéa du 1 du I de l'article 1647 D. Le bénéfice de l'exonération est subordonné au respect du règlement (UE) n° 1407/2013 de la Commission du 18 décembre 2013 relatif à l'application des articles 107 et 108 du traité sur le fonctionnement de l'Union européenne aux aides *de minimis*. »

II. — 1. La taxe additionnelle à la cotisation foncière des entreprises mentionnée au I est due par les redevables de cette cotisation proportionnellement à leur base d'imposition.

Cette base d'imposition est réduite de moitié pour les artisans régulièrement *(Ord. n° 2021-1189 du 15 sept. 2021, art. 27 et 47, en vigueur le 1er janv. 2023)* « immatriculés au registre national des entreprises en tant qu'entreprise du secteur des métiers et de l'artisanat *[ancienne rédaction : inscrits au répertoire des métiers]* » et qui restent portés sur la liste électorale de la chambre de commerce et d'industrie de leur circonscription.

(L. n° 2019-1479 du 28 déc. 2019, art. 59-I-A-2°-a et IV, applicable à compter des impositions établies au titre de 2023) « Le taux de cette taxe est égal à 0,89 %. »

(L. n° 2019-1479 du 28 déc. 2019, art. 59-I-A-2°-b) « 2. Le produit de la taxe additionnelle à la cotisation foncière des entreprises est affecté à CCI France, dans la limite du plafond prévu au I de l'article 46 de la loi n° 2011-1977 du 28 décembre 2011 de finances pour 2012. »

(Abrogé par L. n° 2019-1479 du 28 déc. 2019, art. 59-I-A-2°-c) (L. n° 2018-1317 du 28 déc. 2018, art. 83-VIII) ***« 3. A compter de 2020, les taux de taxe additionnelle à la cotisation foncière des entreprises sont égaux aux taux de l'année précédente pondérés par le rapport entre le montant du plafond prévu, pour l'année de référence, au I de l'article 46 de la loi n° 2011-1977 du 28 décembre 2011 de finances pour 2012 et le montant du plafond prévu l'année précédente en application du 2 du présent II. »***

III. — 1. La taxe additionnelle à la cotisation sur la valeur ajoutée des entreprises mentionnée au I est égale à une fraction de la cotisation visée à l'article 1586 *ter* due par les entreprises redevables après application de l'article 1586 *quater*.

(L. n° 2020-1721 du 29 déc. 2020, art. 8-I-9° et VI-C, applicable aux impositions établies au titre de 2021 et des années suivantes) « Son taux est égal à 3,46 % *[ancienne rédaction : A compter de 2020, le taux de cette taxe est égal à 1,73 %]*. »

(Abrogé par L. nº 2019-1479 du 28 déc. 2019, art. 59-I-A-3º-a) ***« A compter de 2015, le taux national est égal au minimum entre le taux de l'année précédente et le taux de l'année précédente pondéré par le rapport entre le montant du plafond prévu, pour l'année de référence, au I de l'article 46 de la loi nº 2011-1977 du 28 décembre 2011 de finances pour 2012 et la somme des montants perçus l'année précédente par le fonds mentionné au premier alinéa du I et par les chambres en application du 2 du présent III. Pour le taux de 2015, la somme des montants perçus en 2014 par les chambres est majoré du montant du prélèvement exceptionnel prévu au 1 du I de l'article 51 de la loi nº 2013-1278 du 29 décembre 2013 de finances pour 2014. »***

***Al. 5 à 8** abrogés.*

1 *bis*. La taxe additionnelle à la cotisation sur la valeur ajoutée des entreprises est recouvrée et contrôlée selon les mêmes procédures et sous les mêmes sanctions, garanties, sûretés et privilèges que la cotisation sur la valeur ajoutée des entreprises. Les réclamations sont présentées, instruites et jugées selon les règles applicables à cette dernière.

(L. nº 2019-1479 du 28 déc. 2019, art. 59-I-A-3º-b) **« 2. Le produit de la taxe additionnelle à la cotisation sur la valeur ajoutée des entreprises est affecté à CCI France, dans la limite du plafond prévu au I de l'article 46 de la loi nº 2011-1977 du 28 décembre 2011 précitée. »**

(Abrogé par L. nº 2019-1479 du 28 déc. 2019, art. 59-I-A-4º) ***« IV. — Pour l'application des II et III, les produits de la taxe additionnelle à la cotisation foncière des entreprises perçus en 2010 s'entendent de l'ensemble des sommes mises en recouvrement en 2010 au titre de la taxe additionnelle à la cotisation foncière des entreprises au titre de 2010. »***

V. Ann. III, art. 330 et 331.

L. nº 2013-1278 du 29 déc. 2013, art. 51-III : III. — A. — En 2014, pour la chambre de commerce et d'industrie de Mayotte, le taux mentionné au dernier alinéa du 1 du II de l'article 1600 du code général des impôts est égal au rapport, exprimé en pourcentage, entre la moyenne par article des montants du rôle général de taxe additionnelle à la cotisation foncière des entreprises émis au titre de 2013 perçus par les chambres de commerce et d'industrie de région de Guadeloupe, de Guyane, de Martinique et de La Réunion et la moyenne par article des bases nettes de taxe additionnelle à la cotisation foncière des entreprises notifiées à la chambre de commerce et d'industrie de Mayotte.

L. nº 2016-1918 du 29 déc. 2016, art. 72 : I. — Par dérogation au dernier alinéa du 1 du II de l'article 1600 du code général des impôts, le taux de la taxe additionnelle à la cotisation foncière des entreprises prévue au même article 1600 voté en 2017 par les chambres de commerce et d'industrie de région entrées en fonction le 1er janvier de la même année 2017 ne peut excéder la moyenne des taux votés en 2016 dans leur ressort territorial, pondérés en fonction de l'importance relative des bases de ladite taxe.

II. — Pour les impositions établies au titre de 2017, le taux applicable à chaque établissement est égal à la somme de deux tiers du taux voté en 2016 par la chambre de commerce et d'industrie de région préexistante et d'un tiers du taux voté en 2017.

III. — Pour les impositions établies au titre de 2018, le taux applicable à chaque établissement est égal à la somme d'un tiers du taux voté en 2016 par la chambre de commerce et d'industrie de région préexistante et de deux tiers du taux voté en 2018.

L. nº 2018-1317 du 28 déc. 2018, art. 83-VI : pour 2019, il est dérogé au 2 du III de l'art. 1600 dans les conditions suivantes :

Le produit de la taxe additionnelle à la cotisation sur la valeur ajoutée des entreprises est affecté au fonds de financement des chambres de commerce et d'industrie, dans la limite du plafond prévu au I de l'article 46 de la loi nº 2011-1977 du 28 décembre 2011. Le produit du prélèvement exceptionnel prévu au III de l'article 33 de la loi nº 2014-1654 du 29 décembre 2014 de finances pour 2015 est également affecté à ce fonds de financement. Les produits affectés à ce fonds sont attribués à CCI France.

Le montant minimal de la quote-part nécessaire au financement du fonctionnement de CCI France, de ses missions et des projets de portée nationale est fixé à 19 millions d'euros.

Le solde est réparti par CCI France entre les chambres de commerce et d'industrie de région sur le fondement des études économiques de pondération réalisées lors du dernier renouvellement général.

La répartition permet d'allouer, à chaque chambre de commerce et d'industrie territoriale dont le périmètre comprend au moins 70 % de communes classées en zone de revitalisation rurale au titre du II de l'art. 1465 A, de l'art. 7 de la L. n° 2016-1888 du 28 déc. 2016 de modernisation, de développement et de protection des territoires de montagne et de l'art. 27 de la L. n° 2017-1837 du 30 déc. 2017 de finances pour 2018 ainsi qu'aux chambres de commerce et d'industrie des départements et régions d'outre-mer, une dotation globale pour financer un seuil minimal d'activité consulaire, selon un barème fixé par arrêté du ministre de tutelle des chambres de commerce et d'industrie. Les chambres de commerce et d'industrie territoriales éligibles à la dotation globale prévue au présent al. doivent être engagées dans un processus de réunion au titre de l'avant-dernier al. de l'art. L. 711-1 C. com. avant le 1er août de chaque année, dans le cas où elles se situent dans le même département.

Le taux de taxe additionnelle à la cotisation foncière des entreprises mentionné au dernier al. du 1 du II de l'art. 1600 CGI s'applique à compter des impositions établies au titre de 2023.

Pour les impositions établies au titre de 2020, le taux applicable à chaque établissement est égal à la somme de quatre 19es du taux mentionné au dernier al. du 1 du II de l'art. 1600 CGI et de quinze 19es du taux voté en 2019 par la chambre de commerce et d'industrie de région dans le ressort de laquelle il se trouve ;

Pour les impositions établies au titre de 2021, le taux applicable à chaque établissement est égal à la somme de neuf 19es du taux mentionné au dernier al. du 1 du II de l'art. 1600 CGI et de dix 19es du taux voté en 2019 par la chambre de commerce et d'industrie de région dans le ressort de laquelle il se trouve ;

Pour les impositions établies au titre de 2022, le taux applicable à chaque établissement est égal à la somme de quatorze dix-neuvièmes du taux mentionné au dernier al. du 1 du II de l'art. 1600 CGI et de cinq 19e du taux voté en 2019 par la chambre de commerce et d'industrie de région dans le ressort de laquelle il se trouve (L. n° 2019-1479 du 28 déc. 2019, art. 59-IV).

BIBL. ▸ PELLETIER, *Dr. fisc. 2002. 1344* (la taxe pour frais de CCI : une complexité insoupçonnée).

1. Constitutionnalité de la taxe pour frais CCI additionnelle à la CVAE. La taxe applicable depuis 2011, mais dont les modalités de recouvrement n'ont été définies qu'en 2012, est inconstitutionnelle pour les impositions contestées avant le 11 juill. 2012. • Cons. const. 28 mars 2013, *SARL Majestic Champagne, n° 2012-298 QPC : RJF 2013.640 ; Dr. fisc. 2013.302, note de la Mardière.* ♦ S'agissant des impositions dues à compter du 1er janv. 2011, et non contestées avant le 11 juill. 2012, l'art. 39-II de la L. du 16 août 2012 qui fixe rétroactivement les modalités de recouvrement de la taxe additionnelle à la CVAE est validé, sous réserve de l'interdiction du prononcé de sanctions fiscales ayant le caractère d'une punition. • Cons. const. 21 juin 2013, *SA Assistance Sécurité et Gardiennage,* n° 2013-327 QPC : *RJF 2013. 961.*

2. Commentaire administratif. Champ d'application de la taxe. Exonérations. Établissement, recouvrement et contrôle de la taxe. * BOI-IF-AUT-10 du 6 juill. 2016.

3. APAS. Le service médical du travail interentreprises assuré par l'Association paritaire d'action sociale, constituée dans le secteur du bâtiment et des travaux publics, donne aux employeurs de ce secteur, qui ne disposent pas en propre d'un service médical du travail, les moyens de faire bénéficier leur personnel des prestations accomplies par des médecins salariés. L'association exerçant ainsi son activité dans l'intérêt d'entreprises à caractère commercial, les excédents de recettes éventuels dégagés par cette activité doivent être considérés comme des bénéfices provenant de l'exercice d'une profession commerciale et se rattachant de ce fait à la catégorie des BIC et non comme des BNC au sens de l'art. 92-1. L'association en cause ne peut, dès lors, être exonérée de la taxe. • CE 18 févr. 2002, n° 220264 : *Dr. fisc. 2002. 707, concl. Goulard ; RJF 2002. 590 ; concl. Goulard au BDCF 5/02, n° 70.*

4. Clinique. Une société exploitant une clinique est assujettie à la taxe car elle n'exerce pas exclusivement une profession non commerciale. • CE 31 mars 1999, n° 199073 : *RJF 1999. 805* • CAA Lyon, 31 mai 2001, n° 97LY2118 : *Dr. fisc. 2002. 252, concl. Millet.*

5. Compatibilité avec le droit communautaire. La taxe pour frais de CCI ne constitue pas une aide d'État au sens du droit communautaire. • CAA Lyon, 28 juin 2007, n° 05LY1994 : *RJF 2008. 244.*

6. Taxe additionnelle à la cotisation sur la valeur ajoutée des entreprises. Son taux est fixé à 3,93 % au titre de l'imposition 2015 et à 3,22 % au titre de l'imposition 2016. * BOI-IF-AUT-10 n° 380 du 6 juill. 2016.

Art. 1600 A **Par dérogation au II de l'article 1600, la taxe due par les chefs d'entreprise bénéficiant du régime prévu à l'article** *(Ord. n° 2018-470 du 12 juin 2018,* *art. 1er)* « L. 613-7 » du code de la sécurité sociale est calculée en appliquant un taux au montant de leur chiffre d'affaires. Ce taux est égal à 0,044 % du chiffre d'affaires pour les redevables exerçant une activité de prestation de services et à 0,015 % pour ceux qui réalisent des opérations de vente de marchandises, d'objets, d'aliments à emporter ou à consommer sur place ou de fourniture de logement. Ce taux est de 0,007 % pour les artisans régulièrement *(Ord. n° 2021-1189 du 15 sept. 2021, art. 27 et 47, en vigueur le 1er janv. 2023)* « immatriculés au registre national des entreprises en tant qu'entreprise du secteur des métiers et de l'artisanat *[ancienne rédaction : inscrits au répertoire des métiers]* » et qui restent portés sur la liste électorale de la chambre de commerce et d'industrie territoriale de leur circonscription.

Cette taxe est recouvrée et contrôlée par les organismes mentionnés aux articles L. 213-1 et L. 752-4 du code de la sécurité sociale suivant la périodicité, selon les règles et sous les garanties et les sanctions applicables au recouvrement des cotisations et des contributions de sécurité sociale mentionnées à l'article *(Ord. n° 2018-470 du 12 juin 2018, art. 1er)* « L. 613-7 » du même code. Les règles applicables en cas de contentieux sont celles prévues au chapitre II du titre IV du livre Ier dudit code. Le montant des droits recouvrés est reversé aux bénéficiaires, dans des conditions fixées par décret.

Un arrêté conjoint des ministres chargés de la sécurité sociale, du commerce et de l'artisanat prévoit les modalités de la rémunération du service rendu par les organismes chargés du recouvrement de la taxe.

(Dispositions disjointes par Décr. n° 2015-608 du 3 juin 2015) ***« Le présent article s'applique au chiffre d'affaires réalisé à compter du 1er janvier 2015. »***

SECTION II TAXE POUR FRAIS DE CHAMBRES DE MÉTIERS

Art. 1601 *(L. n° 2019-1479 du 28 déc. 2019, art. 194-I-1° et II, en vigueur le 1er janv. 2021)* « Une taxe additionnelle à la cotisation foncière des entreprises est perçue au bénéfice de CMA France et des chambres de métiers mentionnées à l'article 1er de la loi n° 48-977 du 16 juin 1948 relative à la taxe pour frais de chambre de métiers applicable dans les départements du Bas-Rhin, du Haut-Rhin et de la Moselle. Elle est affectée à ces bénéficiaires dans la limite d'un plafond individuel fixé de façon à respecter le plafond général prévu au I de l'article 46 de la loi n° 2011-1977 du 28 décembre 2011 de finances pour 2012 pour les chambres de métiers et de l'artisanat. »

(L. n° 2016-1088 du 8 août 2016, art. 41-III-1°, mod. par L. n° 2016-1917 du 29 déc. 2016, art. 103-II) « Ce plafond individuel est obtenu, pour chacun de ces bénéficiaires, en répartissant le montant prévu au même I au prorata des émissions, au profit de ce bénéficiaire, de taxe additionnelle à la cotisation foncière des entreprises figurant dans les rôles généraux de l'année précédente. »

Par dérogation au II de l'article 46 de la loi n° 2011-1977 du 28 décembre 2011 précitée, les plafonds individuels portent sur les émissions rattachées aux rôles de l'année de perception sans prise en compte des remboursements et dégrèvements relatifs à cette taxe.

(Abrogé par L. n° 2019-1479 du 28 déc. 2019, art. 194-I-1°, à compter du 1er janv. 2021) ***« Cette taxe pourvoit à une partie des dépenses des établissements publics constituant le réseau des chambres de métiers et de l'artisanat. Elle est employée, dans le respect des règles de concurrence nationales et communautaires, pour remplir les missions qui leur sont confiées par les lois et les règlements, à l'exclusion des activités marchandes. »***

La taxe est acquittée par les chefs d'entreprises individuelles ou les sociétés soumis à l'obligation de *(Ord. n° 2021-1189 du 15 sept. 2021, art. 27 et 47, en vigueur le 1er janv. 2023)* « s'immatriculer au registre national des entreprises en tant qu'entreprise du secteur des métiers et de l'artisanat *[ancienne rédaction : s'inscrire au répertoire des métiers]* » ou qui y demeurent immatriculés *(Ord. n° 2021-1189 du 15 sept. 2021, art. 27 et 47, en vigueur le 1er janv. 2023)* « en tant que tel ». Les personnes physiques titulaires de l'allocation de solidarité aux personnes âgées mentionnée à l'article L. 815-1 du code de la sécurité sociale ou de l'allocation supplémentaire d'invalidité mentionnée à l'article L. 815-24 du même code sont dégrevées d'office de la taxe. *(L. n° 2017-1837 du*

30 déc. 2017, art. 97, applicable à compter des impositions établies au titre de 2019) **« Les redevables de la cotisation foncière des entreprises qui bénéficient de l'exonération de cotisation minimum en application du troisième alinéa du 1 du I de l'article 1647 D du présent code sont exonérés de cette taxe. Le bénéfice de cette exonération est subordonné au respect du règlement (UE) n° 1407/2013 de la Commission du 18 décembre 2013 relatif à l'application des articles 107 et 108 du traité sur le fonctionnement de l'Union européenne aux aides *de minimis*. »**

Cette taxe est composée :

(L. n° 2019-1479 du 28 déc. 2019, art. 194-I-1° et II, en vigueur le 1er janv. 2021) **« *a)* D'un droit fixe par ressortissant arrêté par CMA France dans la limite d'un montant maximal fixé à 0,3275 % du montant annuel du plafond de la sécurité sociale en vigueur au 1er janvier de l'année d'imposition. Ce montant maximal est fixé à 0,065 % du même montant annuel du plafond de la sécurité sociale pour les ressortissants des départements du Bas-Rhin, du Haut-Rhin et de la Moselle ;**

« *b)* D'un droit additionnel à la cotisation foncière des entreprises, dont le produit est arrêté par CMA France entre 60 % et 90 % du produit du droit fixe.

« La taxe mentionnée au premier alinéa finance notamment les missions prioritaires des établissements mentionnés à l'article 5-1 du code de l'artisanat telles que définies, d'une part, par le contrat d'objectifs et de performance signé entre l'État, représenté par le ministre de tutelle, et CMA France et, d'autre part, par les conventions d'objectifs et de moyens signées entre l'État, représenté par le préfet de région, les chambres de métiers et de l'artisanat de région et CMA France. Les conventions d'objectifs et de moyens sont établies en conformité avec les objectifs retenus dans le contrat d'objectif et de performance. CMA France réalise un bilan annuel consolidé de l'exécution des conventions d'objectifs et de moyens.

« Les objectifs des chambres de métiers mentionnées à l'article 1er de la loi n° 48-977 du 16 juin 1948 précitée relèvent de la convention d'objectifs et de moyens de la chambre de métiers et de l'artisanat de la région Grand-Est.

« CMA France répartit chaque année le produit de la taxe qui lui est affectée entre les chambres de métiers et de l'artisanat de région, après avoir déduit la quote-part nécessaire au financement de son fonctionnement, de ses missions et au financement des projets nationaux validés par l'assemblée générale de CMA France. Le montant minimal de cette quote-part est fixé par arrêté du ministre chargé de l'artisanat.

« La répartition entre les chambres de métiers et de l'artisanat de région de la taxe mentionnée au premier alinéa tient compte notamment des objectifs fixés dans le contrat d'objectifs et de performance et les conventions d'objectifs et de moyens, des résultats obtenus, des décisions prises par l'assemblée générale de CMA France et des besoins spécifiques des chambres. Elle assure la péréquation nécessaire entre les chambres. Le non-respect des mesures contenues dans le contrat d'objectifs et de performance et dans les conventions d'objectifs et de moyens peut justifier une modulation à la baisse du montant de taxe reversé à une chambre de métiers et de l'artisanat de région.

« Un décret en Conseil d'État précise les conditions d'application de la répartition du produit de la taxe, du contrat d'objectif et de performance et des conventions d'objectifs et de moyens. »

(Abrogé par L. n° 2016-1088 du 8 août 2016, art. 41-III-1°) ***« c) D'un droit additionnel par ressortissant, affecté par les chambres mentionnées au a au financement d'actions de formation, au sens des articles L. 6313-1 à L. 6313-11 et L. 6353-1 du code du travail, des chefs d'entreprises artisanales dans la gestion et le développement de celles-ci. Ces actions de formation font l'objet d'une comptabilité analytique et sont gérées sur un compte annexe. Ce droit est fixé à 0,12 % du montant annuel du plafond de la sécurité sociale en vigueur au 1er janvier de l'année d'imposition. »***

(L. n° 2016-1917 du 29 déc. 2016, art. 103-I-1°-b) **« Le présent article n'est applicable dans les départements du Bas-Rhin, du Haut-Rhin et de la Moselle qu'en ce qui concerne le droit fixe arrêté par** *(Décr. n° 2019-56 du 30 janv. 2019, art. 3)* **« CMA France »** *(Abrogé par L. n° 2019-1479 du 28 déc. 2019, art. 194-I-1° et II, à compter du 1er janv. 2021)* ***« , la chambre régionale de métiers et de l'artisanat ou la chambre de métiers et de l'artisanat de la région Grand Est »*** *(Abrogé par L. n° 2016-1088 du 8 août*

2016, art. 41-III-1°, mod. par L. n° 2016-1917 du 29 déc. 2016, art. 103-II-1°-b) ***« et le droit additionnel figurant au c ». »***

Ancien art. 1601 ***Une taxe additionnelle à la cotisation foncière des entreprises est perçue au profit des chambres régionales de métiers et de l'artisanat ou des chambres de métiers et de l'artisanat de région et de*** *(Décr. n° 2019-56 du 30 janv. 2019, art. 3)* ***« CMA France ».***

(L. n° 2016-1088 du 8 août 2016, art. 41-III-1°, mod. par L. n° 2016-1917 du 29 déc. 2016, art. 103-II) ***« Le produit de cette taxe est affecté à chacun des bénéficiaires mentionnés au premier alinéa, ainsi qu'aux bénéficiaires mentionnés à l'article 1er de la loi n° 48-977 du 16 juin 1948 relative à la taxe pour frais de chambre de métiers applicable dans les départements du Bas-Rhin, du Haut-Rhin et de la Moselle, dans la limite d'un plafond individuel fixé de façon à respecter le plafond général prévu au I de l'article 46 de la loi n° 2011-1977 du 28 décembre 2011 de finances pour 2012 pour les chambres de métiers et de l'artisanat.***

« Ce plafond individuel est obtenu, pour chacun de ces bénéficiaires, en répartissant le montant prévu au même I au prorata des émissions, au profit de ce bénéficiaire, de taxe additionnelle à la cotisation foncière des entreprises figurant dans les rôles généraux de l'année précédente. »

Par dérogation au II de l'article 46 de la loi n° 2011-1977 du 28 décembre 2011 précitée, les plafonds individuels portent sur les émissions rattachées aux rôles de l'année de perception sans prise en compte des remboursements et dégrèvements relatifs à cette taxe.

Cette taxe pourvoit à une partie des dépenses des établissements publics constituant le réseau des chambres de métiers et de l'artisanat. Elle est employée, dans le respect des règles de concurrence nationales et communautaires, pour remplir les missions qui leur sont confiées par les lois et les règlements, à l'exclusion des activités marchandes.

La taxe est acquittée par les chefs d'entreprises individuelles ou les sociétés soumis à l'obligation de s'inscrire au répertoire des métiers ou qui y demeurent immatriculés. Les personnes physiques titulaires de l'allocation de solidarité aux personnes âgées mentionnée à l'article L. 815-1 du code de la sécurité sociale ou de l'allocation supplémentaire d'invalidité mentionnée à l'article L. 815-24 du même code sont dégrevées d'office de la taxe. *(L. n° 2017-1837 du 30 déc. 2017, art. 97, applicable à compter des impositions établies au titre de 2019)* ***« Les redevables de la cotisation foncière des entreprises qui bénéficient de l'exonération de cotisation minimum en application du troisième alinéa du 1 du I de l'article 1647 D du présent code sont exonérés de cette taxe. Le bénéfice de cette exonération est subordonné au respect du règlement (UE) n° 1407/2013 de la Commission du 18 décembre 2013 relatif à l'application des articles 107 et 108 du traité sur le fonctionnement de l'Union européenne aux aides de minimis. »***

Cette taxe est composée :

a) D'un droit fixe par ressortissant égal à la somme des droits arrêtés par *(Décr. n° 2019-56 du 30 janv. 2019, art. 3)* ***« CMA France » ainsi que par la chambre régionale de métiers et de l'artisanat ou par la chambre de métiers et de l'artisanat de région, dans la limite d'un montant maximal fixé dans le tableau suivant en proportion du montant annuel du plafond de la sécurité sociale en vigueur au 1er janvier de l'année d'imposition :***

(En %)

	2011	**2012**	**2013**	**2014 et années suivantes**
(Décr. n° 2019-56 du 30 janv. 2019, art. 3) **« CMA France »**	**0,043 6**	**0,042 5**	**0,041 4**	**0,040 3**
Chambres régionales de métiers et de l'artisanat ou chambres de métiers et de l'artisanat de région	**0,311 2**	**0,303 2**	**0,295 2**	**0,287 2**
Chambre régionale de métiers et de l'artisanat ou chambre de métiers et de l'artisanat de région *(L. n° 2016-1917 du 29 déc. 2016, art. 103, I-1°-a)* **« Grand Est : droit fixe applicable aux ressortissants des départements du Bas-Rhin, du Haut-Rhin et de la Moselle »**	**0,027 4**	**0,026 7**	**0,025 4**	**0,024 7**

b) D'un droit additionnel à la cotisation foncière des entreprises, dont le produit est arrêté par les chambres mentionnées au a ; celui-ci ne peut excéder 60 % du produit du droit fixe revenant aux chambres mentionnées au a.

Toutefois, les chambres mentionnées au a sont autorisées à porter le produit du droit additionnel jusqu'à 90 % du produit du droit fixe, afin de mettre en œuvre des actions ou de réaliser des investissements (Abrogé par L. n° 2016-1917 du 29 déc. 2016, art. 107) « ayant pour objet la mutualisation des fonctions administratives et la restructuration du réseau, » dans des conditions définies par décret en Conseil d'État.

A compter du 1er janvier 2013, la part du produit du droit additionnel dépassant 60 % du produit du droit fixe fait l'objet d'une convention d'objectifs et de moyens conclue avec l'État dans des conditions fixées par décret en Conseil d'État.

(Abrogé par L. n° 2016-1088 du 8 août 2016, art. 41-III-1°) « c) D'un droit additionnel par ressortissant, affecté par les chambres mentionnées au a au financement d'actions de formation, au sens des articles L. 6313-1 à L. 6313-11 et L. 6353-1 du code du travail, des chefs d'entreprises artisanales dans la gestion et le développement de celles-ci. Ces actions de formation font l'objet d'une comptabilité analytique et sont gérées sur un compte annexe. Ce droit est fixé à 0,12 % du montant annuel du plafond de la sécurité sociale en vigueur au 1er janvier de l'année d'imposition. »

(L. n° 2016-1917 du 29 déc. 2016, art. 103-I-1°-b) « Le présent article n'est applicable dans les départements du Bas-Rhin, du Haut-Rhin et de la Moselle qu'en ce qui concerne le droit fixe arrêté par (Décr. n° 2019-56 du 30 janv. 2019, art. 3) « CMA France », la chambre régionale de métiers et de l'artisanat ou la chambre de métiers et de l'artisanat de la région Grand Est (Abrogé par L. n° 2016-1088 du 8 août 2016, art. 41-III-1°, mod. par L. n° 2016-1917 du 29 déc. 2016, art. 103-II-1°-b) « et le droit additionnel figurant au c ». »

Les dispositions du présent art. issues du 1° du III de l'art. 41 de la L. n° 2016-1088 du 8 août 2016, mod. par le II de l'art. 103 de la L. n° 2016-1917 du 29 déc. 2016, s'appliquent à la contribution à la formation professionnelle due par les travailleurs indépendants pour les périodes courant à compter du 1er janv. 2018 (L. n° 2016-1088 du 8 août 2016, art. 41-VII).

Les dispositions du présent art. applicables aux chambres de métiers et de l'artisanat de région s'appliquent à la chambre de métiers et de l'artisanat de Mayotte (L. n° 2013-1278 du 29 déc. 2013, art. 45-V-B).

Art. 1601-0 A **Par dérogation aux *a* et *b* de l'article 1601 *(Abrogé par L. n° 2017-1837 du 30 déc. 2017, art. 44)* « *et à l'article 1601 A* », les droits correspondants dus par les chefs d'entreprise bénéficiant du régime prévu à l'article *(Ord. n° 2018-470 du 12 juin 2018, art. 1er)* « L. 613-7 » du code de la sécurité sociale sont calculés en appliquant au montant de leur chiffre d'affaires le taux applicable prévu par le tableau suivant :**

	Hors départements du Bas-Rhin, du Haut-Rhin et de la Moselle	**Départements du Bas-Rhin et du Haut-Rhin**	**Département de la Moselle**
Prestation de services	0,48	0,65	0,83
(Abrogé par L. n° 2019-1479 du 28 déc. 2019, art. 194-I-2° et II, à compter du 1er janv. 2021) « – dont à destination de (Décr. n° 2019-56 du 30 janv. 2019, art. 3) « CMA France »	*0,06*	*0,08*	*0,10*
« – dont à destination de la chambre régionale de métiers et de l'artisanat ou de la chambre de métiers et de l'artisanat de région	*0,42*	*0,57*	*0,73 »*

	Hors départements du Bas-Rhin, du Haut-Rhin et de la Moselle	**Départements du Bas-Rhin et du Haut-Rhin**	**Département de la Moselle**
Achat-vente	0,22	0,29	0,37
(Abrogé par L. nº 2019-1479 du 28 déc. 2019, art. 194-I-2º et II, à compter du 1er janv. 2021) « – dont à destination de (Décr. nº 2019-56 du 30 janv. 2019, art. 3) « CMA France »	*0,03*	*0,04*	*0,05*
« – dont à destination de la chambre régionale de métiers et de l'artisanat ou de la chambre de métiers et de l'artisanat de région	*0,19*	*0,25*	*0,32 »*

Tableau mod. par L. nº 2018-1317 du 28 déc. 2018, art. 208 et L. nº 2019-1479 du 28 déc. 2019, art. 194.

(L. nº 2017-1837 du 30 déc. 2017, art. 97, applicable à compter des impositions établies au titre de 2019) **« Toutefois, ces droits ne sont pas dus par les redevables de la cotisation foncière des entreprises qui bénéficient de l'exonération de cotisation minimum prévue au troisième alinéa du 1 du I de l'article 1647 D. Le bénéfice de cette exonération est subordonné au respect du règlement (UE) nº 1407/2013 de la Commission du 18 décembre 2013 relatif à l'application des articles 107 et 108 du traité sur le fonctionnement de l'Union européenne aux aides *de minimis*. »**

Ces droits sont recouvrés et contrôlés par les organismes mentionnés aux articles L. 213-1 et L. 752-4 du code de la sécurité sociale suivant la périodicité, selon les règles et sous les garanties et les sanctions applicables au recouvrement des cotisations et des contributions de sécurité sociale mentionnées à l'article *(Ord. nº 2018-470 du 12 juin 2018, art. 1er)* **« L. 613-7 » du même code. Les règles applicables en cas de contentieux sont celles prévues au chapitre II du titre IV du livre Ier dudit code.**

Un arrêté conjoint des ministres chargés de la sécurité sociale et de l'artisanat prévoit les modalités de la rémunération du service rendu par les organismes chargés du recouvrement de ces droits.

(Dispositions disjointes par Décr. nº 2015-608 du 3 juin 2015) ***« Le présent article s'applique au chiffre d'affaires réalisé à compter du 1er janvier 2015. »***

Art. 1601 A *(Abrogé par L. nº 2017-1837 du 30 déc. 2017, art. 44)* ***Un droit égal à 10 % du montant maximal du droit fixe revenant aux chambres régionales de métiers et de l'artisanat ou aux chambres de métiers et de l'artisanat de région, tel qu'il est fixé au tableau du a de l'article 1601, est perçu et affecté, dans la limite du plafond fixé au I de l'article 46 de la loi nº 2011-1977 du 28 décembre 2011 de finances pour 2012, à un fonds destiné à financer des actions de promotion et de communication au profit de l'artisanat. Il est recouvré dans les mêmes conditions que la taxe pour frais de chambres de métiers et de l'artisanat. Les ressources de ce fonds sont gérées par un établissement public à caractère administratif créé à cet effet par décret en Conseil d'État.***

Le Fonds national de promotion et de communication de l'artisanat remet avant le 1er mars de chaque année un rapport au Parlement précisant le montant des sommes perçues ainsi que leur affectation au titre du droit visé au premier alinéa.

Art. 1601 B *(Abrogé par L. nº 2016-1088 du 8 août 2016, art. 41-III-2º et VII, à compter du 1er janv. 2018)* ***La contribution visée aux deuxième et troisième alinéas du 1º du II de l'article 8 de l'ordonnance nº 2003-1213 du 18 décembre 2003 relative aux mesures de simplification des formalités concernant les entreprises, les travailleurs indépendants, les***

associations et les particuliers employeurs est affectée au fonds d'assurance formation des chefs d'entreprise inscrits au répertoire des métiers visé au III de l'article précité, dans la limite du plafond prévu au I de l'article 46 de la loi n° 2011-1977 du 28 décembre 2011 de finances pour 2012.

Elle est égale à 0,17 % du montant annuel du plafond de la sécurité sociale en vigueur au 1er janvier de l'année d'imposition et est recouvrée dans les mêmes conditions que la taxe pour frais de chambres de métiers et de l'artisanat.

Art. 1602 *Abrogé.*

SECTION II *BIS* DISPOSITIONS COMMUNES À LA TAXE POUR FRAIS DE CHAMBRES DE COMMERCE ET D'INDUSTRIE ET À LA TAXE POUR FRAIS DE CHAMBRES DE MÉTIERS ET DE L'ARTISANAT

Art. 1602 A *(Abrogé par L. n° 2019-1479 du 28 déc. 2019, art. 194-I-3° et II, à compter du 1er janv. 2021)* ***Les entreprises, visées au I de l'article 1464 B et qui bénéficient des exonérations prévues aux articles 44 sexies, 44 septies et 44 quindecies, peuvent être temporairement exonérées*** *(L. n° 2019-1479 du 28 déc. 2019, art. 59-I-B)* ***« de la taxe » pour frais de chambres de métiers et de l'artisanat dont elles sont redevables, pour les établissements qu'elles ont créés ou repris à une entreprise en difficulté, à compter de l'année suivant celle de leur création.***

Cette exonération est subordonnée à une délibération des organismes consulaires dans le ressort desquels sont situés les établissements de ces entreprises. Toutefois, les délibérations prises par les chambres de métiers et de l'artisanat s'appliquent à la part de la taxe additionnelle à la cotisation foncière des entreprises pour frais de chambres de métiers et de l'artisanat revenant aux chambres régionales de métiers et de l'artisanat et à *(Décr. n° 2019-56 du 30 janv. 2019, art. 3)* ***« CMA France ».***

Ces délibérations sont prises dans les conditions prévues au II de l'article 1464 C.

Le bénéfice des exonérations mentionnées au premier alinéa est subordonné au respect du règlement (UE) n° 1407/2013 de la Commission, du 18 décembre 2013, relatif à l'application des articles 107 et 108 du traité sur le fonctionnement de l'Union européenne aux aides de minimis. *— Pour les aides antérieures au 1er janv. 2014, V. App., Règl. (UE) n° 1407/2013 préc., art. 7. — Délocalisation hors d'une zone de revitalisation rurale d'une activité ayant bénéficié de l'exonération, V. L. n° 2005-157 du 23 févr. 2005, art. 6 et Décr. n° 2007-94 du 24 janv. 2007 art. 1er et 2.*

SECTION III

Art. 1603 *Abrogé par L. n° 98-1266 du 30 déc. 1998, art. 48, à compter du 1er janv. 1999.*

SECTION IV TAXE POUR FRAIS DE CHAMBRES D'AGRICULTURE

Art. 1604 **I. — Une taxe calculée sur la même base que la taxe foncière sur les propriétés non bâties est perçue au profit des établissements du réseau défini à l'article L. 510-1 du code rural et de la pêche maritime, dans la limite du plafond prévu au I de l'article 46 de la loi n° 2011-1977 du 28 décembre 2011 de finances pour 2012.**

Par dérogation au II du même article 46, ce plafond porte sur les émissions rattachées aux rôles de l'année de référence.

La taxe est établie dans la circonscription territoriale de chaque chambre *(L. n° 2020-1721 du 29 déc. 2020, art. 83-I-1° et III, applicable aux impositions dues au titre de l'année 2020)* **« départementale d'agriculture ou, le cas échéant, de chaque chambre interdépartementale d'agriculture ou de chaque chambre d'agriculture de région ».**

Le montant des taxes que les chambres d'agriculture sont autorisées à percevoir est, nonobstant toute clause ou disposition contraire, remboursé pour moitié au propriétaire par le locataire fermier ou métayer.

II. — Les chambres d'agriculture *(L. n° 2020-1721 du 29 déc. 2020, art. 83-I-2°-a et III, applicable aux impositions dues au titre de l'année 2020)* **« mentionnées au troisième alinéa du I » arrêtent, chaque année, le produit de la taxe mentionnée au** *(L. n° 2020-1721 du 29 déc. 2020, art. 83-I-2°-a et III, applicable aux impositions dues au titre de l'année 2020)* **« même I ». Le ministre chargé de l'agriculture notifie préalablement à**

chaque chambre d'agriculture, sur la base d'un tableau de répartition établi après avis de l'Assemblée permanente des chambres d'agriculture, le montant maximal de la taxe qu'elle peut inscrire à son budget, compte tenu du plafond mentionné au même I *(L. n° 2020-1721 du 29 déc. 2020, art. 83-I-2°-b et III, applicable aux impositions dues au titre de l'année 2020)* **« , de sa situation financière et, le cas échéant, de l'harmonisation progressive du taux de la taxe prévue au dernier alinéa du présent II. » Pour chaque chambre d'agriculture, l'augmentation de la taxe additionnelle autorisée au titre d'une année ramenée au montant de la taxe additionnelle perçue l'année précédente ne peut être supérieure à un taux de 3 %. Le produit à recouvrer au profit de chaque chambre d'agriculture départementale** *(L. n° 2020-1721 du 29 déc. 2020, art. 83-I-2°-c et III, applicable aux impositions dues au titre de l'année 2020)* **« , interdépartementale » ou de région est transmis aux services fiscaux par l'autorité de l'État chargée de la tutelle de la chambre, dans les conditions prévues au premier alinéa du I de l'article 1639 A. A défaut, les impositions peuvent être recouvrées dans les conditions prévues au III du même article 1639 A.**

(L. n° 2020-1721 du 29 déc. 2020, art. 83-I-2°-d et III, applicable aux impositions dues au titre de l'année 2020) **« Le taux de la taxe est calculé en divisant le produit arrêté par la chambre par le total des bases d'imposition de taxe foncière sur les propriétés non bâties de la circonscription de la chambre.**

« Pour les impositions établies au titre des six années suivant celle de sa création, une chambre interdépartementale d'agriculture ou une chambre d'agriculture de région peut arrêter des produits différents pour chaque département de sa circonscription afin de permettre une harmonisation progressive du taux de la taxe dans la circonscription de la chambre. La somme de ces produits ne peut dépasser le montant maximal défini au premier alinéa du présent II. Des taux différents de la taxe sont alors calculés dans chaque département en divisant le produit arrêté par la chambre pour chaque département par le total des bases d'imposition de taxe foncière sur les propriétés non bâties du département. » *— Par dérogation au présent al., les chambres interdépartementales d'agriculture et les chambres d'agriculture de région qui ont été créées avant le 1er janv. 2020 peuvent arrêter des produits différents pour chaque département de leur circonscription au titre des années 2020 à 2025, dans les conditions prévues à ce même al. (L. n° 2020-1721 du 29 déc. 2020, art. 83-II).*

III. — Une part du produit de la taxe est reversée par les chambres départementales *(L. n° 2020-1721 du 29 déc. 2020, art. 83-I-3° et III, applicable aux impositions dues au titre de l'année 2020)* **« ou interdépartementales » d'agriculture aux chambres régionales d'agriculture à hauteur de 10 % minimum de la recette fiscale totale régionale, déduction faite des versements mentionnés aux articles L. 251-1 et L. 321-13 du code forestier.**

Une part du produit de la taxe, selon un taux fixé par décret dans la limite de 5 %, est reversée par chaque établissement du réseau à un fonds national de solidarité et de péréquation constitué au sein du budget de l'Assemblée permanente des chambres d'agriculture et géré dans des conditions définies par décret. Ce fonds est destiné à fournir aux chambres d'agriculture une ressource collective pour la mise en œuvre de la péréquation et de la modernisation du réseau. *— Sur le fonds mentionné ci-dessus, V. C. rur., art. D. 514-5 s. — **C. rur.** — Pour 2015, 2016 et 2017, V. dérogations aux II et III par la L. n° 2014-1654 du 29 déc. 2014, art. 34-IV et V. — Pour 2020, le taux mentionné au présent III est fixé à 1,5 % (Décr. n° 2020-445 du 16 avr. 2020, art. 1er). — Pour l'année 2022, le taux mentionné au présent III est fixé à 5 % (Décr. n° 2022-249 du 25 févr. 2022, art. 1er).*

(L. n° 2017-1837 du 30 déc. 2017, art. 121) **« IV. — Le produit de la taxe perçue sur tous les immeubles classés au cadastre en nature de bois et forêts, déduction faite des cotisations prévues aux articles L. 251-1 et L. 321-13 du code forestier et de la contribution prévue au V de l'article 47 de la loi n° 2013-1278 du 29 décembre 2013 de finances pour 2014, est versé par les chambres** *(Abrogé par L. n° 2020-1721 du 29 déc. 2020, art. 83-I-4° et III, à compter des impositions dues au titre de l'année 2020) **« départementales »*** **d'agriculture** *(L. n° 2020-1721 du 29 déc. 2020, art. 83-I-4° et III, applicable aux impositions dues au titre de l'année 2020)* **« mentionnées au troisième alinéa du I » au fonds national de solidarité et de péréquation. Les sommes ainsi versées sont affectées aux actions des programmes régionaux "Valorisation du bois et territoire" des services communs "Valorisation du bois et territoire" des chambres régionales d'agriculture. »**

Les dispositions du présent article s'appliquent à compter des impositions dues au titre de l'année 2020 (L. n° 2020-1721 du 29 déc. 2020, art. 83-III, mod. par L. n° 2021-1900 du 30 déc. 2021, art. 149).

SECTION V CONTRIBUTION À L'AUDIOVISUEL PUBLIC *(L. n° 2009-1673 du 30 déc. 2009, art. 32-I).*

(L. n° 2004-1484 du 30 déc. 2004, art. 41-I et III)

BIBL. ▶ MAITROT DE LA MOTTE, *Dr. fisc. 2004. 940* (la réforme de la redevance audiovisuelle).

Art. 1605 I. — Il est institué au profit des sociétés et de l'établissement public visés par les articles 44, 45 et 49 de la loi n° 86-1067 du 30 septembre 1986 relative à la liberté de communication ainsi que de la société TV5 Monde une taxe dénommée contribution à l'audiovisuel public.

II. — La contribution à l'audiovisuel public est due :

1° Par toutes les personnes physiques imposables à la taxe d'habitation au titre d'un local meublé affecté à l'habitation, à la condition de détenir au 1er janvier de l'année au cours de laquelle la contribution à l'audiovisuel public est due un appareil récepteur de télévision ou un dispositif assimilé permettant la réception de la télévision pour l'usage privatif du foyer. Cette condition est regardée comme remplie dès lors que le redevable n'a pas déclaré, dans les conditions prévues au 4° de l'article 1605 *bis*, qu'il ne détenait pas un tel appareil ou dispositif ; — *V. Ann. II, art. 321 ter.*

2° Par toutes les personnes physiques autres que celles mentionnées au 1° et les personnes morales, à la condition de détenir au 1er janvier de l'année au cours de laquelle la contribution à l'audiovisuel public est due un appareil récepteur de télévision ou un dispositif assimilé dans un local situé en France.

III. — Le montant de la contribution à l'audiovisuel public est de *(L. n° 2019-1479 du 28 déc. 2019, art. 88-I)* **« 138 €** *[ancienne rédaction : 139 €]* **» pour la France métropolitaine et de** *(L. n° 2019-1479 du 28 déc. 2019, art. 88-I)* **« 88 €** *[ancienne rédaction : 89 €]* **» pour les départements d'outre-mer.**

Ce montant est indexé chaque année sur l'indice des prix à la consommation hors tabac, tel qu'il est prévu dans le rapport économique, social et financier annexé au projet de loi de finances pour l'année considérée. Il est arrondi à l'euro le plus proche ; la fraction d'euro égale à 0,50 est comptée pour 1. — *Par dérogation au présent al., en 2021, le montant de la contribution à l'audiovisuel public n'est pas indexé sur l'indice des prix à la consommation hors tabac (L. n° 2020-1721 du 29 déc. 2020, art. 87-II).*

En application de la L. n° 2018-1317 du 28 déc. 2018, le montant de la contribution à l'audiovisuel public n'est pas indexé sur l'indice des prix à la consommation hors tabac en 2019 : les montants de la contribution restent fixés à 139 € en France métropolitaine et à 89 € dans les départements d'outre-mer (L. préc., art. 95-I).

En application de la L. n° 2021-1900 du 30 déc. 2021, le montant de la contribution à l'audiovisuel public n'est pas indexé en 2022 : comme en 2021, le montant reste ainsi fixé pour 2022 à 138 € en France métropolitaine et à 88 € dans les départements d'outre-mer (L. préc., art. 50-II).

1. Modalités d'imposition des particuliers. Personnes imposables. Lien avec la taxe d'habitation. Détention d'un téléviseur. Personnes dégrevées. Établissement de la redevance. Période d'imposition. * BOI-PAT-CAP du 6 mai 2015.

2. Logements meublés. Lorsque la location d'un logement meublé comporte la fourniture d'un téléviseur, aucune redevance n'est due par le locataire. Dans ce cas, la redevance audiovisuelle est due par le loueur selon les modalités prévues pour les redevables professionnels lorsque les locaux loués meublés sont spécialement aménagés pour la location saisonnière et selon les modalités prévues pour les particuliers lorsque la location porte sur des locaux qui constituent l'habitation personnelle du loueur. * BOI-PAT-CAP-10 n° 100 du 20 mars 2019. ♦ Sur la situation des exploitants de résidences de tourisme prenant en location des appartements meublés équipés de téléviseurs, dont les propriétaires sont des personnes physiques ayant bénéficié du dispositif « Censi-Bouvard » et les louant ensuite à des particuliers pour de courts séjours, V. * BOI-RES-000036 du 20 mars 2019. ♦ La société qui prend à bail des locaux munis de téléviseurs et les sous-loue à des vacanciers est le redevable de la redevance. • CE 6 juin 2018, n° 411510 : *RJF 2018. 997.*

3. Établissements pénitentiaires. Une association qui prend en location des téléviseurs et les donne en location à des détenus est assujettie à la redevance audiovisuelle. • TA Nancy, 12 févr. 2008, n° 07-180 : *RJF 2009. 96.* ♦ V. toutefois note 4 ss. art. 1605 *ter*.

Art. 1605 *bis* Pour l'application du 1° du II de l'article 1605 :

1° Une seule contribution à l'audiovisuel public est due, quel que soit le nombre d'appareils récepteurs de télévision ou dispositifs assimilés dont sont équipés le ou les locaux meublés affectés à l'habitation pour lesquels le redevable et ses enfants rattachés à son foyer fiscal en application du 3 de l'article 6 sont imposés à la taxe d'habitation ;

[2° applicable jusqu'aux impositions établies au titre de 2020]

2° Bénéficient d'un dégrèvement de la contribution à l'audiovisuel public, les personnes exonérées ou dégrevées de la taxe d'habitation en application des 2° et 3° du II de l'article 1408, des I, I *bis* et IV de l'article 1414, de l'article 1414 B lorsqu'elles remplissent les conditions prévues au I ou au I *bis* de l'article 1414 et de l'article 1649, ainsi que les personnes dont le montant des revenus mentionnés au *(L. n° 2017-1837 du 30 déc. 2017, art. 5, applicable à compter des impositions établies au titre de 2020)* « I de l'article 1414 C *[ancienne rédaction : II de l'article 1414 A]* » est nul ; *– Pour 2014, V. L. n° 2014-891 du 8 août 2014, art. 28-II (JO 9 août). – V. aussi L. n° 2015-1785 du 29 déc. 2015, art. 75-IV-A.*

[2° applicable à compter des impositions établies au titre de 2021]

(L. n° 2019-1479 du 28 déc. 2019, art. 16-I-B-8° et VII-B) « 2° Bénéficient d'un dégrèvement de la contribution à l'audiovisuel public :

« *a)* Les personnes exonérées de la taxe d'habitation en application des 2° et 3° du II de l'article 1408 ;

« *b)* Les titulaires de l'allocation de solidarité aux personnes âgées mentionnée à l'article L. 815-1 du code de la sécurité sociale ou de l'allocation supplémentaire d'invalidité mentionnée à l'article L. 815-24 du même code ;

« *c)* Les titulaires de l'allocation aux adultes handicapés mentionnée à l'article L. 821-1 du code de la sécurité sociale, lorsque le montant de leurs revenus de l'année précédente n'excède pas la limite prévue au I de l'article 1417 du présent code ;

« *d)* Les contribuables âgés de plus de 60 ans ainsi que les veuves et veufs dont le montant des revenus de l'année précédente n'excède pas la limite prévue au I de l'article 1417, lorsqu'ils ne sont pas passibles de l'impôt sur la fortune immobilière au titre de l'année précédant celle de l'imposition ;

« *e)* Les contribuables atteints d'une infirmité ou d'une invalidité les empêchant de subvenir par leur travail aux nécessités de l'existence, lorsque le montant de leurs revenus de l'année précédente n'excède pas la limite prévue au I de l'article 1417 ;

« *f)* Les contribuables mentionnés au *d* du présent 2° lorsqu'ils occupent leur habitation principale avec leurs enfants majeurs et que ceux-ci sont inscrits comme demandeurs d'emploi et ne disposent pas de ressources supérieures à :

« – *(L. n° 2020-1721 du 29 déc. 2020, art. 9-4°-a)* « 5 671 € *[ancienne rédaction : 5 660 €]* » pour la première part de quotient familial, majoré de *(L. n° 2020-1721 du 29 déc. 2020, art. 9-4°-a)* « 1 641 € *[ancienne rédaction : 1 638 €]* » pour chacune des quatre premières demi-parts et de *(L. n° 2020-1721 du 29 déc. 2020, art. 9-4°-a)* « 2 901 € *[ancienne rédaction : 2 895 €]* » pour chaque demi-part supplémentaire à compter de la cinquième, en France métropolitaine ;

« – *(L. n° 2020-1721 du 29 déc. 2020, art. 9-4°-b)* « 6 810 € *[ancienne rédaction : 6 796 €]* » pour la première part de quotient familial, majoré de *(L. n° 2020-1721 du 29 déc. 2020, art. 9-4°-b)* « 1 641 € *[ancienne rédaction : 1 638 €]* » pour chacune des deux premières demi-parts et de *(L. n° 2020-1721 du 29 déc. 2020, art. 9-4°-b)* « 2 901 € *[ancienne rédaction : 2 895 €]* » pour chaque demi-part supplémentaire à compter de la troisième, en Martinique, en Guadeloupe et à La Réunion ;

« – *(L. n° 2020-1721 du 29 déc. 2020, art. 9-4°-c)* « 7 562 € *[ancienne rédaction : 7 547 €]* » pour la première part de quotient familial, majoré de *(L. n° 2020-1721 du 29 déc. 2020, art. 9-4°-c)* « 1 260 € *[ancienne rédaction : 1 257 €]* » pour chacune des deux premières demi-parts et de *(L. n° 2020-1721 du 29 déc. 2020, art. 9-4°-c)* « 3 021 € *[ancienne rédaction : 3 015 €]* » pour chaque demi-part supplémentaire à compter de la troisième, en Guyane ;

« – *(L. n° 2020-1721 du 29 déc. 2020, art. 9-4°-d)* « 8 310 € *[ancienne rédaction : 8 293 €]* » pour la première part de quotient familial, majoré de *(L. n° 2020-1721 du 29 déc. 2020, art. 9-4°-d)* « 1 385 € *[ancienne rédaction : 1 382 €]* » pour chacune des deux premières demi-parts et de *(L. n° 2020-1721 du 29 déc. 2020, art. 9-4°-d)*

« 3 321 € *[ancienne rédaction : 3 314 €]* » pour chaque demi-part supplémentaire à compter de la troisième, à Mayotte.

« Ces montants sont indexés, chaque année, comme la limite supérieure de la première tranche du barème de l'impôt sur le revenu.

« Ces montants sont divisés par deux pour les quarts de part.

« Les montants mentionnés aux sixième et avant-dernier alinéas du présent *f* sont arrondis à l'euro le plus proche ; la fraction d'euro égale à 0,50 est comptée pour 1 ;

« *g)* Les contribuables âgés de plus de 60 ans, les veuves et veufs qui ont bénéficié de l'exonération de taxe d'habitation prévue au I de l'article 28 de la loi n° 2014-891 du 8 août 2014 de finances rectificative pour 2014 dont le montant des revenus de l'année précédente n'excède pas la limite prévue au I *bis* de l'article 1417, lorsqu'ils ne sont pas passibles de l'impôt sur la fortune immobilière au titre de l'année précédant celle de l'imposition ;

« *h)* Les personnes qui conservent la jouissance exclusive de l'habitation qui constituait leur résidence principale avant qu'elles soient hébergées durablement dans un établissement ou un service mentionné au 6° du I de l'article L. 312-1 du code de l'action sociale et des familles ou dans un établissement mentionné à l'avant-dernier alinéa de l'article L. 6143-5 du code de la santé publique, comportant un hébergement et délivrant des soins de longue durée à des personnes n'ayant pas leur autonomie de vie dont l'état nécessite une surveillance médicale constante et des traitements d'entretien, lorsqu'elles remplissent les conditions prévues aux *b* à *e* du présent 2° ;

« *i)* Les personnes exonérées de taxe foncière sur les propriétés bâties en application de l'article 1649 ;

« *j)* Les personnes dont le montant des revenus, appréciés dans les conditions prévues à l'article 1391 B *ter*, est nul.

« Pour les personnes mentionnées aux *b, c, d, e* et *g* du présent 2°, le dégrèvement s'applique lorsqu'ils occupent leur habitation dans les conditions prévues à l'article 1390 ; »

3° Les personnes exonérées de la redevance audiovisuelle au 31 décembre 2004 en application des A et B du IV de l'article 37 de la loi de finances pour 2004 (n° 2003-1311 du 30 décembre 2003), autres que celles visées au 2° du présent article, bénéficient d'un dégrèvement de la redevance audiovisuelle au titre de l'année 2005.

Le bénéfice de ce dégrèvement est maintenu à partir de 2006 s'agissant des redevables visés au B du IV de l'article 37 de la loi de finances pour 2004 (n° 2003-1311 du 30 décembre 2003) et pour les seules années 2006 et 2007 s'agissant des redevables visés au A du même IV, lorsque :

a. La condition de non-imposition à l'impôt sur le revenu est satisfaite pour les revenus perçus au titre de l'année précédant celle au cours de laquelle la redevance ou la contribution est due ;

b. La condition d'occupation de l'habitation prévue par l'article 1390 est remplie ;

c. Le redevable n'est pas passible de l'impôt *(L. n° 2017-1837 du 30 déc. 2017, art. 31)* « sur la fortune immobilière *[ancienne rédaction : de solidarité sur la fortune]* » au titre de l'année précédant celle au cours de laquelle la redevance ou la contribution est due. — *Les dispositions du présent c issues du B du I de l'art. 31 de la L. n° 2017-1837 du 30 déc. 2017, s'appliquent au titre de l'impôt sur la fortune immobilière dû à compter du 1er janv. 2018. Toutefois, les dispositions modifiées ou abrogées par le même B du I continuent de s'appliquer, dans leur rédaction en vigueur au 31 déc. 2017, à l'impôt de solidarité sur la fortune dû jusqu'au titre de l'année 2017 incluse (L. préc., art. 31-IX-B).*

Les redevables âgés de plus de soixante-cinq ans au 1er janvier 2004 visés aux premier et deuxième alinéas bénéficient d'un dégrèvement de la redevance audiovisuelle lorsqu'ils remplissent les conditions prévues aux *a, b* et *c* ;

(Abrogé par L. n° 2017-1837 du 30 déc. 2017, art. 5) ***« 3° bis Les contribuables bénéficiaires en 2009 du revenu minimum d'insertion, lorsqu'ils occupent leur habitation principale dans les conditions prévues à l'article 1390, bénéficient d'un dégrèvement de la redevance audiovisuelle au titre de l'année 2009.***

« Le bénéfice de ce dégrèvement est maintenu à partir de 2010 et jusqu'en 2011 lorsque :

« a) D'une part, le montant des revenus mentionnés au II de l'article 1414 A, perçus au titre de l'année précédant celle au cours de laquelle la contribution à l'audiovisuel public est due, n'excède pas celui de l'abattement mentionné au I du même article ;

« b) D'autre part, le redevable est bénéficiaire de la prestation mentionnée à l'article L. 262-1 du code de l'action sociale et des familles.

« Le bénéfice de ce dégrèvement est définitivement perdu à compter de l'année au cours de laquelle l'une au moins des conditions prévues aux a et b n'est plus remplie ; » — 2° à 3° bis : V. LPF, art. 166 B (dérogation au secret professionnel). — ***C. pr. fisc.***

4° *a.* Les personnes qui ne détiennent aucun appareil récepteur de télévision ou dispositif assimilé permettant la réception de la télévision doivent le mentionner sur la déclaration des revenus souscrite l'année au cours de laquelle la contribution à l'audiovisuel public est due ;

***b.* Lorsque les personnes physiques imposables à la taxe d'habitation au titre d'un local meublé affecté à l'habitation ne souscrivent pas en leur nom une déclaration des revenus, elles sont redevables de la contribution à l'audiovisuel public sauf si elles indiquent à l'administration fiscale que ce local n'est pas équipé d'un appareil récepteur de télévision ou d'un dispositif assimilé ;**

5° La contribution à l'audiovisuel public est due par la ou les personnes au nom desquelles la taxe d'habitation est établie.

L'avis d'imposition de la contribution à l'audiovisuel public est émis avec celui de la taxe d'habitation afférent à l'habitation principale du redevable ou, à défaut d'avis d'imposition pour une habitation principale, avec celui afférent à l'habitation autre que principale. Toutefois :

***a.* Lorsque la ou les personnes au nom desquelles la taxe d'habitation est établie cohabitent avec des personnes qui ne font pas partie de leur foyer fiscal, la contribution à l'audiovisuel public est due, pour le ou les appareils récepteurs de télévision ou dispositifs assimilés détenus dans l'habitation, par les personnes redevables de la taxe d'habitation ;**

***b.* Lorsque la taxe d'habitation est établie au nom de plusieurs personnes appartenant à des foyers fiscaux différents, la contribution à l'audiovisuel public est due, pour le ou les appareils récepteurs de télévision ou dispositifs assimilés détenus, par l'une ou l'autre de ces personnes ;**

***c.* Lorsque l'appareil récepteur de télévision ou dispositif assimilé est détenu dans un local meublé affecté à l'habitation, occupé à titre d'habitation autre que principale et imposé à la taxe d'habitation au nom de plusieurs personnes qui appartiennent à des foyers fiscaux différents et qui ne détiennent pas d'appareil dans leur habitation principale, ces personnes doivent désigner celle d'entre elles qui sera redevable de la contribution à l'audiovisuel public. A défaut, la contribution à l'audiovisuel public est due par les personnes dont le nom est porté sur l'avis d'imposition de taxe d'habitation afférent à ce local ;**

6° *a.* Lorsqu'une redevance audiovisuelle était due en 2004, elle est acquittée, sous réserve de l'article *(L. n° 2016-1917 du 29 déc. 2016, art. 60-I-B-11° et I-G-1, applicable aux revenus perçus ou réalisés à compter du 1er janv. 2019)* **« 1681 *ter*** *[ancienne rédaction : 1681 ter B]* **», annuellement et d'avance, en une seule fois et pour une période de douze mois. Cette période est décomptée à partir de la date anniversaire du premier jour de la période au titre de laquelle elle était due en 2004 ;**

***b.* La contribution à l'audiovisuel public n'est pas due lorsque, à la date du début de la période de douze mois mentionnée au *a*, le redevable est décédé, n'est plus imposable à la taxe d'habitation pour un local meublé affecté à l'habitation par suite d'un déménagement à l'étranger ou ne détient plus un appareil récepteur de télévision ou un dispositif assimilé.**

Une seule contribution à l'audiovisuel public est due lorsque des redevables personnellement imposés à la taxe d'habitation pour leur habitation principale occupent, à la date du début de la période de douze mois mentionnée au *a*, la même résidence principale ;

7° Le contrôle, le recouvrement, le contentieux, les garanties, sûretés et privilèges sont régis comme en matière de taxe d'habitation.

Les dispositions du présent art. s'appliquent aux revenus perçus ou réalisés à compter du 1er janv. 2019 (L. n° 2016-1917 du 29 déc. 2016, art. 60-I-B-11° et I-G-1, mod. par Ord. n° 2017-1390 du 22 sept. 2017, art. 1er-1°).

1. Principes. A compter du 1er janv. 2005, le redevable n'acquitte qu'une seule redevance audiovisuelle quel que soit le nombre d'appareils récepteurs de télévision ou dispositifs assimilés détenus dans une habitation pour laquelle il est imposé à la taxe d'habitation et quel que soit le nombre de ses habitations (principale ou secondaires) équipées d'un appareil. De même, une seule redevance audiovisuelle est due par le redevable pour les appareils qu'il détient ainsi que pour ceux détenus par ses enfants rattachés à son foyer fiscal pour l'IR qui sont personnellement imposés à la taxe d'habitation. Cette dernière disposition concerne notamment les enfants âgés de moins de 25 ans qui poursuivent leurs études. * BOI-PAT-CAP-20 nos 10 et 20 du 12 sept. 2012. ♦ Est redevable de la redevance audiovisuelle la personne redevable de la taxe d'habitation à raison du logement qu'elle occupe et qui est équipé d'un téléviseur, propriété de sa sœur, qui cohabite avec elle. • CE 8 nov. 2010, n° 327370 : *RJF 2011. 253.*

2. Dispositifs de maintien des droits acquis. Dispositif applicable à compter de 2008 en faveur des personnes de condition modeste invalides ou infirmes. * BOI-PAT-CAP-10 nos 360 à 400 du 24 déc. 2012.

3. Étudiants. Ne sont pas imposables à la redevance audiovisuelle les étudiants qui ne sont pas personnellement imposés à la taxe d'habitation (étudiants qui occupent une chambre meublée chez une personne qui loue ou sous-loue une partie de son habitation, étudiants logés dans une résidence universitaire gérée par le CROUS ou par d'autres organismes qui louent dans des conditions financières et d'occupation analogues à celles du CROUS ainsi que les étudiants personnellement imposés à la taxe d'habitation mais qui sont rattachés au foyer fiscal de leurs parents pour l'IR.* BOI-PAT-CAP-20 n° 30 du 12 sept. 2012.

4. Personnes à faibles revenus. Les personnes dont le montant des revenus mentionnés au II de l'art. 1414 A (revenu fiscal de référence) est nul sont dégrevées d'office de la contribution à l'audiovisuel public. D'autre part, le dégrèvement d'office de la contribution est accordée aux foyers, bénéficiaires ou non du RSA, dont le revenu fiscal de référence est nul. Dès lors, une personne titulaire du RSA, qui ne perçoit pas d'autres revenus et qui, de ce fait, dispose d'un revenu fiscal de référence égal à zéro bénéficie toujours d'un dégrèvement total de sa taxe d'habitation et d'un dégrèvement de la contribution. * BOI-PAT-CAP-10 n° 350 du 24 déc. 2012.

5. Résidences secondaires. Le redevable n'acquitte, désormais, qu'une seule redevance audiovisuelle quel que soit le nombre d'appareils récepteurs de télévision ou dispositifs assimilés détenus dans une habitation pour laquelle il est imposé à la taxe d'habitation et quel que soit le nombre de ses habitations (principale ou secondaires) équipées d'un appareil. Ne sont donc pas taxés les appareils équipant les résidences secondaires des personnes qui ont une résidence principale déjà équipée. En revanche, la redevance audiovisuelle reste due pour une résidence secondaire équipée d'un appareil si la résidence principale n'est pas équipée. * BOI-PAT-CAP-10 n° 160 du 24 déc. 2012.

6. Paiement. Le recouvrement de la redevance due par les particuliers est régi par les mêmes règles que celles applicables en matière de taxe d'habitation. Il en résulte qu'en cas de non-paiement dans les délais impartis, la majoration qui s'applique est identique à celle de la taxe d'habitation, soit 10 %. * BOI-REC-PART-10-40 n° 30 du 12 sept. 2012.

Art. 1605 *ter* **Pour l'application du 2° du II de l'article 1605 :**

1° La contribution à l'audiovisuel public est due pour chaque appareil récepteur de télévision ou dispositif assimilé permettant la réception de la télévision détenu au 1er janvier de l'année au cours de laquelle la contribution à l'audiovisuel public est due. Toutefois :

a. **Un abattement est appliqué au taux de 30 % sur la contribution à l'audiovisuel public due pour chacun des points de vision à partir du troisième et jusqu'au trentième, puis de 35 % sur la contribution à l'audiovisuel public due pour chacun des points de vision à partir du trente et unième. Ce décompte est opéré par établissement ;**

b. **Les hôtels de tourisme dont la période d'activité annuelle n'excède pas neuf mois bénéficient d'une minoration de 25 % sur la contribution à l'audiovisuel public déterminée conformément au *a* ;**

c. **Le montant de la contribution à l'audiovisuel public applicable aux appareils installés dans les débits de boissons à consommer sur place de** *(Abrogé par Décr. n° 2016-775 du 10 juin 2016, art. 1er)* **« 2e, » 3e et 4e catégories visés à l'article L. 3331-1 du code de la santé publique est égal à quatre fois le montant fixé au III de l'article 1605 ;**

2° N'entrent pas dans le champ d'application de la contribution à l'audiovisuel public :

a. **Les matériels utilisés pour les besoins de services et organismes de télévision prévus aux titres Ier, II et III de la loi n° 86-1067 du 30 septembre 1986 relative à la**

liberté de communication et installés dans les véhicules ou les locaux des services ou organismes concernés ;

b. Les matériels détenus en vue de la recherche, de la production et de la commercialisation de ces appareils ;

c. Les matériels utilisés en application des dispositions de l'article 706-52 du code de procédure pénale ;

d. Les matériels détenus par les établissements d'enseignement publics ou privés sous contrat d'association avec l'État ainsi que par les centres de formation des apprentis, à condition qu'ils soient utilisés à des fins strictement scolaires dans les locaux où sont dispensés habituellement les enseignements ;

e. Les matériels détenus dans les locaux officiels des missions diplomatiques et consulaires et des organisations internationales situées en France ;

f. Les matériels détenus à bord de navires et avions assurant les longs courriers ;

g. Les matériels fonctionnant en circuit fermé pour la réception de signaux autres que ceux émis par les sociétés visées par les titres II et III de la loi n° 86-1067 du 30 septembre 1986 précitée ;

h. Les matériels détenus dans les locaux administratifs de l'Assemblée nationale et du Sénat ;

3° Sont exonérés de la contribution à l'audiovisuel public les organismes suivants :

a. Les personnes morales de droit public pour leurs activités non assujetties à la taxe sur la valeur ajoutée en application des dispositions du premier alinéa de l'article 256 B ;

b. Les associations caritatives hébergeant des personnes en situation d'exclusion ;

c. Les établissements et services sociaux et médico-sociaux visés par l'article L. 312-1 du code de l'action sociale et des familles gérés par une personne publique et habilités à recevoir des bénéficiaires de l'aide sociale en application des articles L. 313-6 et L. 313-8-1 du même code ;

d. Les établissements et services sociaux et médico-sociaux visés par l'article L. 312-1 précité gérés par une personne privée lorsqu'ils ont été habilités à recevoir des bénéficiaires de l'aide sociale en application des articles L. 313-6 et L. 313-8-1 précités ;

e. Les établissements de santé visés par les titres IV et VI du livre Ier de la sixième partie du code de la santé publique ;

4° Lorsque l'appareil ou le dispositif de réception est loué auprès d'une entreprise, le locataire doit la contribution à l'audiovisuel public à raison d'un vingt-sixième du tarif fixé au III de l'article 1605, par semaine ou fraction de semaine de location.

Le locataire paie la contribution à l'audiovisuel public entre les mains de l'entreprise de location en sus du loyer.

L'entreprise de location reverse le montant des contributions perçues au service de l'administration chargée de recouvrer la contribution à l'audiovisuel public dans les conditions prévues aux 5° et 6° ;

5° Les personnes physiques ou morales mentionnées au 2° du II de l'article 1605 et redevables de la taxe sur la valeur ajoutée déclarent la contribution à l'audiovisuel public auprès du service des impôts chargé du recouvrement dont elles dépendent :

a. Sur l'annexe à la déclaration mentionnée au 1 de l'article 287 déposée au titre du mois de mars ou du premier trimestre de l'année au cours de laquelle la contribution à l'audiovisuel public est due ;

b. Sur la déclaration annuelle mentionnée au 3 de l'article 287 déposée dans le cou-*rant de l'année au cours de laquelle* la contribution à l'audiovisuel public est due, pour les redevables imposés à la taxe sur la valeur ajoutée selon les modalités simplifiées d'imposition ;

c. Sur la déclaration annuelle mentionnée au 1° du I de l'article 298 *bis* et déposée dans le courant de l'année au cours de laquelle la contribution à l'audiovisuel public est due, pour les exploitants agricoles imposés à la taxe sur la valeur ajoutée selon le régime simplifié mentionné à cet article. Pour ceux de ces redevables qui ont exercé l'option prévue au quatrième alinéa du I de l'article 1693 *bis*, la contribution à l'audiovisuel public est déclarée sur la déclaration déposée au titre du premier trimestre de l'année au cours de laquelle elle est due.

Le paiement de la contribution à l'audiovisuel public est effectué au plus tard à la date limite de dépôt des déclarations mentionnées aux *a* à *c* ;

6° Les personnes physiques ou morales mentionnées au 2° du II de l'article 1605 et non redevables de la taxe sur la valeur ajoutée déclarent et acquittent la contribution à l'audiovisuel public auprès du service chargé du recouvrement dont relève leur siège ou principal établissement en utilisant l'annexe à la déclaration prévue au 1 de l'article 287, au plus tard le 25 avril de l'année au cours de laquelle la contribution à l'audiovisuel public est due ;

7° *a.* Lorsqu'une redevance audiovisuelle était due en 2004, elle est acquittée annuellement et d'avance, en une seule fois et par période de douze mois. Cette période est décomptée à partir de la date anniversaire du premier jour de la période au titre de laquelle elle était due en 2004.

b. La contribution à l'audiovisuel public n'est pas due pour les périodes de douze mois s'ouvrant postérieurement à la cessation définitive de l'activité. Cette disposition n'est pas applicable aux opérations de fusion définies au 1° du I de l'article 210-0 A ;

8° Le contrôle, le recouvrement, le contentieux, les garanties, sûretés et privilèges sont régis comme en matière de taxe sur la valeur ajoutée.

1. Matériels concernés. Les appareils clairement identifiables comme des téléviseurs et les matériels ou dispositifs assimilés, associant plusieurs matériels connectés entre eux, ou sans fil, et permettant les réceptions de signaux, d'images ou de sons, par voie électromagnétique relèvent du champ de la redevance (désormais dénommée « contribution à l'audiovisuel public »). Sont notamment considérés comme des dispositifs assimilés, lorsqu'ils sont associés à un écran ou à tout autre support de vision (écran souple accroché au mur, par exemple), les lecteurs ou lecteurs-enregistreur de DVD, vidéoprojecteurs équipés d'un tuner. * Instr. 5 juill. 2005 : *BOI 3 P-3-05.* ♦ La redevance est due indépendamment de toute connexion au réseau hertzien (un appareil non relié à une antenne est taxable) et quel que soit l'usage ou la destination des appareils. Compte tenu du caractère réversible de la détunérisation, cette dernière ne peut être invoquée pour la mise hors champ d'application de la redevance. D'anciens téléviseurs détunérisés ou de simples écrans (notamment les écrans plats) sont imposables lorsqu'ils sont associés à d'autres équipés d'un tuner. * BOI-TFP-CAP-10 n°s 1 à 10 du 2 mai 2018.

2. Matériels non concernés. Les micro-ordinateurs munis d'une carte télévision permettant la réception de la télévision ne sont pas taxables. Il en est de même des téléphones mobiles et des baladeurs numériques. De même, les matériels détenus en vue de la recherche, la production et la commercialisation des appareils récepteurs de télévision n'entrent pas dans le champ d'application de la redevance audiovisuelle. Les appareils tests permettant aux professionnels d'effectuer des essais de réception dans leurs ateliers sont compris dans cette catégorie et ne sont, par conséquent, pas assujettis à la redevance audiovisuelle. * BOI-TFP-CAP-10 n°s 10 et 20 du *2 mai 2018.*

3. Hôtels de tourisme. Les hôtels de tourisme dont la période d'activité annuelle n'excède pas neuf mois (quelle que soit la raison de la période d'activité limitée) bénéficient d'une minoration de 25 % sur la contribution à l'audiovisuel public, la minoration s'appliquant sur le montant total de la contribution due après prise en compte des abattements applicables en cas de points de vision multiples. Sur demande de l'Administration, le redevable doit être en mesure de justifier du bénéfice de la minoration. Notamment, peuvent être fournis l'arrêté préfectoral portant les mentions de saisonnalité, la déclaration de CET, un extrait du RCS précisant l'activité saisonnière. Les appareils présents dans les chambres d'hôtels équipées de bars ou de mini-bars ne sont pas soumis au montant spécifique applicable aux débits de boissons mais au montant de droit commun. * BOI-TFP-CAP-20 n° 40 du 17 févr. 2021. ♦ La minoration visée ci-dessus est applicable aux exploitants de chambres d'hôtes, aux auberges collectives, aux résidences de tourisme, aux villages résidentiels de tourisme, aux meublés de tourisme et chambres d'hôtes, aux villages de vacances, aux refuges de montagne, aux habitations légères et résidences mobiles de loisir et aux terrains aménagés sous réserve qu'ils soient en mesure de justifier d'une période d'activité n'excédant pas la même période de neuf mois. * Rép. min. n° 26730 : *JOAN Q, 25 août 2020* * BOI-TFP-CAP-20 n° 40 du 17 févr. 2021 : *préc.*

4. Établissements pénitentiaires. Les associations socioculturelles et sportives qui mettent à la disposition des détenus les téléviseurs qu'elles détiennent sont exonérées de la redevance à raison de ces appareils. * BOI-TFP-CAP-10 n° 50 du 2 mai 2018.

5. Établissements hospitaliers. La location de téléviseurs dans les établissements de santé n'est désormais plus soumise à la contribution à l'audiovisuel public, qu'elle soit effectuée au profit de ces établissements ou directement au profit des patients de ces établissements. De même, les locations de téléviseurs par des détenus dans les prisons sont exonérées de la contribution. * BOI-TFP-CAP10 n°s 50 et 175 du 2 mai 2018.

6. Gîtes ruraux. Le propriétaire d'un gîte rural équipé d'un téléviseur doit déclarer spontanément cet équipement chaque année au titre de la contribution à l'audiovisuel public. * Rép. min. n° 68551 : *JOAN Q, 2 mars 2010, p. 2366.*

Art. 1605 *quater* Les commerçants, les constructeurs et les importateurs en récepteurs imposables sont tenus de faire souscrire par leurs clients une déclaration à l'occasion de toute vente de ce matériel.

Cette obligation s'impose également aux officiers publics et ministériels à l'occasion des ventes publiques de ces matériels et aux entreprises dont l'activité consiste en la revente ou le dépôt-vente de récepteurs imposables d'occasion.

Une déclaration collective est souscrite par les personnes désignées aux premier et deuxième alinéas. Cette déclaration collective regroupe les déclarations individuelles de chaque acquéreur et doit être adressée à l'administration chargée du contrôle de la contribution à l'audiovisuel public dans les trente jours suivant la vente. Cette déclaration précise la date d'achat, l'identité de l'acquéreur, sa date et son lieu de naissance. Un double de cette déclaration doit être conservé pendant trois ans par les professionnels désignés ci-dessus et présenté à toute réquisition des agents de la direction générale des finances publiques.

Les opérations de vente entre professionnels sont dispensées de déclaration.

Art. 1605 *quinquies* *Transféré sous art. 1840 W.*

SECTION V *BIS* PRÉLÈVEMENT SPÉCIAL SUR LES BÉNÉFICES RÉSULTANT DE LA VENTE, LA LOCATION OU L'EXPLOITATION D'ŒUVRES PORNOGRAPHIQUES OU D'INCITATION À LA VIOLENCE

Les art. 1605 sexies à 1605 octies ci-dessous résultent du transfert des anciens art. 235 ter L, 235 ter MA et 235 ter MC (Décr. n° 2009-389 du 7 avr. 2009).

Art. 1605 *sexies* *(Abrogé par L. n° 2020-1721 du 29 déc. 2020, art. 64-I-8°) Un prélèvement spécial de 33 % est perçu sur la fraction des bénéfices industriels et commerciaux imposables à l'impôt sur les sociétés ou à l'impôt sur le revenu qui résulte de la production, de la distribution ou de la représentation de films pornographiques ou d'incitation à la violence.*

Cette fraction est déterminée en multipliant le bénéfice fiscal, hors report déficitaire, par le rapport existant pour la période d'imposition en cause entre le chiffre d'affaires non soumis au taux réduit de la taxe sur la valeur ajoutée en application du 3° de l'article 279 bis et le chiffre d'affaires total.

Le montant du prélèvement versé en application du présent article n'est pas admis en déduction pour l'établissement de l'impôt sur les sociétés ou de l'impôt sur le revenu.

Les spectacles cinématographiques auxquels s'appliquent les dispositions du présent article sont désignés par le ministre chargé du cinéma après avis de la commission de contrôle des films cinématographiques. Les réclamations et les recours contentieux relatifs à ces décisions sont instruits par le département de la culture.

Le prélèvement est dû par les entreprises qui réalisent les bénéfices industriels et commerciaux mentionnés au premier alinéa. La période d'imposition est, pour chaque redevable, celle qui est retenue pour l'établissement soit de l'impôt sur le revenu dû à raison de ses bénéfices industriels et commerciaux, soit de l'impôt sur les sociétés.

Le prélèvement est déclaré et liquidé :

1° Pour les redevables de la taxe sur la valeur ajoutée, sur l'annexe à la déclaration mentionnée au 1 de l'article 287 déposée au titre du mois d'avril ou du deuxième trimestre de l'année au cours de laquelle le prélèvement est dû ou, pour les redevables dont l'exercice comptable ne coïncide pas avec l'année civile, au titre du troisième mois ou du premier trimestre qui suit la clôture de l'exercice ;

2° Pour les redevables de la taxe sur la valeur ajoutée soumis au régime simplifié d'imposition prévu à l'article 302 septies A, sur la déclaration annuelle mentionnée au 3 de l'article 287 déposée dans le courant de l'année au cours de laquelle le prélèvement est dû ;

3° Pour les personnes non redevables de la taxe sur la valeur ajoutée, sur l'annexe à la déclaration prévue au 1 du même article 287 déposée auprès du service chargé du recouvrement dont relève leur siège ou [leur] principal établissement au plus tard le 25 mai de l'année au cours de laquelle le prélèvement est dû ou, pour les personnes non redevables de la taxe sur la valeur ajoutée dont l'exercice comptable ne coïncide pas avec l'année civile, le 25 du quatrième mois qui suit la clôture de l'exercice.

Le prélèvement est acquitté lors du dépôt de la déclaration. Il est recouvré et contrôlé selon les procédures et sous les mêmes sanctions, garanties et privilèges que les taxes sur le chiffre

d'affaires. Les réclamations sont présentées, instruites et jugées selon les règles applicables à ces taxes. *— Anc. art. 235 ter L. — V., en ce qui concerne les règles de prescription, LPF, art. L. 172 B.* **— C. pr. fisc.**

Art. 1605 *septies* *(Abrogé par L. nº 2020-1721 du 29 déc. 2020, art. 64-I-9º)* ***Le prélèvement spécial prévu à l'article 1605 sexies s'applique également à la fraction des bénéfices industriels et commerciaux qui résulte de la production, de la distribution ou de la représentation publique d'œuvres pornographiques ou d'incitation à la violence diffusées sur support vidéographique.***

Un décret en Conseil d'État détermine les conditions de classement des œuvres qui sont diffusées sur support vidéographique et qui ne sont pas également soumises à la procédure de désignation des films cinématographiques visée au quatrième alinéa de l'article précité. *— Anc. art. 235 ter MA.*

Art. 1605 *octies* *(Abrogé par L. nº 2020-1721 du 29 déc. 2020, art. 64-I-10º)* ***Le prélèvement spécial prévu à l'article 1605 sexies s'applique à la fraction des bénéfices industriels et commerciaux imposables à l'impôt sur le revenu ou à l'impôt sur les sociétés qui résulte des opérations de vente et de location portant sur des publications mentionnées au 1º de l'article 279 bis ou des œuvres pornographiques ou d'incitation à la violence diffusées sur support vidéographique.***

Un décret en Conseil d'État détermine les conditions de classement des œuvres qui sont diffusées sur support vidéographique et qui ne sont pas également soumises à la procédure de désignation des films cinématographiques visée au quatrième alinéa de l'article 1605 sexies. *— Anc. art. 235 ter MC.*

SECTION V *TER* TAXE SUR LA CESSION À TITRE ONÉREUX DE TERRAINS NUS RENDUS CONSTRUCTIBLES

(L. nº 2010-874 du 27 juill. 2010, art. 55)

Art. 1605 *nonies* I. — Il est perçu une taxe sur la cession à titre onéreux des terrains nus ou des droits relatifs à des terrains nus rendus constructibles du fait de leur classement, postérieurement au 13 janvier 2010, par un plan local d'urbanisme ou par un autre document d'urbanisme en tenant lieu, en zone urbaine ou à urbaniser ouverte à l'urbanisation ou par une carte communale dans une zone où les constructions sont autorisées ou par application de l'article L. 111-3 du code de l'urbanisme.

Le produit de cette taxe est affecté, dans la limite du plafond prévu au I de l'article 46 de la loi nº 2011-1977 du 28 décembre 2011 de finances pour 2012, à un fonds inscrit au budget de l'Agence de services et de paiement. Ce fonds finance des mesures en faveur de l'installation et de la transmission en agriculture. Il permet de soutenir notamment des actions facilitant la transmission et l'accès au foncier, des actions d'animation, de communication et d'accompagnement, des projets innovants et des investissements collectifs ou individuels.

Celles de ces mesures qui sont dans le champ de compétences de l'Établissement national des produits de l'agriculture et de la mer mentionné à l'article L. 621-1 du code rural et de la pêche maritime sont mises en œuvre par cet établissement dans le cadre d'une convention avec l'Agence de services et de paiement.

II. — La taxe est assise sur un montant égal au prix de cession défini à l'article 150 VA, diminué du prix d'acquisition stipulé dans les actes ou, à défaut, de la valeur vénale réelle à la date d'entrée dans le patrimoine du cédant d'après une déclaration détaillée et estimative des parties, actualisé en fonction du dernier indice des prix à la consommation hors tabac publié par l'Institut national de la statistique et des études économiques.

L'assiette de la taxe est réduite d'un dixième par année écoulée à compter de la date à laquelle le terrain a été rendu constructible au-delà de la huitième année.

III. — La taxe ne s'applique pas :

1º Aux cessions de terrains pour lesquels une déclaration d'utilité publique a été prononcée en vue d'une expropriation, ni aux terrains dont le prix de cession défini à l'article 150 VA est inférieur à 15 000 € ;

2º Lorsque le rapport entre le prix de cession et le prix d'acquisition ou la valeur vénale, définis au II, est inférieur à 10.

IV. — Le taux de la taxe est de 5 % lorsque le rapport entre le prix de cession du terrain et le prix d'acquisition ou la valeur vénale définis au II est supérieur à 10 et inférieur à 30. Au-delà de cette limite, la part de la plus-value restant à taxer est soumise à un taux de 10 %.

La taxe est exigible lors de la première cession à titre onéreux intervenue après que le terrain a été rendu constructible. Elle est due par le cédant.

V. — Une déclaration, conforme à un modèle établi par l'administration, retrace les éléments servant à la liquidation de la taxe. Elle est déposée dans les conditions prévues aux 1° et 4° du I et au II de l'article 150 VG. — *V. Ann. III, art. 331 K bis.*

Lorsque la cession est exonérée en application du III ou par l'effet de l'abattement prévu au second alinéa du II du présent article, aucune déclaration n'est déposée. L'acte de cession soumis à la formalité fusionnée ou présenté à l'enregistrement précise, sous peine de refus de dépôt ou de la formalité d'enregistrement, la nature et le fondement de cette exonération ou de cette absence de taxation. Les deux derniers alinéas du III de l'article 150 VG sont applicables. — *V. Ann. III, art. 255 et 331 K ter.*

VI. — La taxe est versée lors du dépôt de la déclaration prévue au V. Les I et II de l'article 150 VF, le second alinéa du I et les II et III de l'article 150 VH et le IV de l'article 244 *bis* A sont applicables.

1. Taxe sur les cessions à titre onéreux de terrains nus rendus constructibles. Personnes redevables et biens concernés. Opérations imposables et exonérées. Fait générateur, assiette et taux de la taxe. Obligations déclaratives, paiement et contrôle. * BOI-RFPI-TDC-20 du 10 févr. 2015.

2. Cumul de taxes. Aucune clause de non-cumul n'étant prévue entre la taxe « communale » (art. 1529) et la taxe « nationale » (art. 1605 *nonies*), celles-ci s'appliquent cumulativement au titre d'une même cession. * Rép. min. n° 17460 : *JO Sénat Q, 7 juill. 2011, p. 1802* * BOI-RFPI-TDC-20 n° 70 du 10 févr. 2015.

3. Collectivités territoriales. La taxe « nationale » sur les cessions de terrains devenus constructibles s'applique aux cessions réalisées notamment par les collectivités territoriales et leurs groupements (communautés de communes...), toutes conditions étant par ailleurs remplies. * Rép. min. n° 24169 : *JO AN Q 10 févr. 2015, p. 927.*

4. Contentieux. Le juge administratif est compétent pour connaître des litiges relatifs à la taxe « nationale » prévue à l'art. 1605 *nonies.* • CE 11 oct. 2017, ☖ n° 400766 : *RJF 2018. 40.*

SECTION VI TAXE SUR LES BOIS ET PLANTS DE VIGNE PERÇUE AU PROFIT DE L'ÉTABLISSEMENT NATIONAL DES PRODUITS DE L'AGRICULTURE ET DE LA MER (FRANCEAGRIMER)

(L. n° 2016-1918 du 29 déc. 2016, art. 68-I)

Art. 1606 *(Abrogé par L. n° 2018-1317 du 28 déc. 2018, art. 26-III-23°)* ***I. — Est instituée une taxe affectée, dans la limite du plafond fixé au I de l'article 46 de la loi n° 2011-1977 du 28 décembre 2011 de finances pour 2012, à l'Établissement national des produits de l'agriculture et de la mer (FranceAgriMer) mentionné à l'article L. 621-1 du code rural et de la pêche maritime.***

II. — La taxe est due annuellement par les producteurs et négociants de matériels de multiplication végétative de la vigne, y compris ceux réservant leur production à leur propre exploitation viticole.

III. — Le montant de la taxe est fixé par décret, dans la limite de 105 € par an. Ce droit peut être réduit pour les producteurs qui réservent l'intégralité de leur production à leur exploitation viticole.

IV. — Le droit annuel mentionné au III peut être majoré par décret, dans la limite :

1° De 42 € par hectare ou fraction d'hectare de vignes mères destiné à la production de boutures greffables de porte-greffe et de boutures pépinières de porte-greffe ;

2° De 30,80 € par hectare ou fraction d'hectare de vignes mères destiné à la production de boutures-greffons et de boutures-pépinières de greffon.

Les majorations mentionnées aux 1° et 2° du présent IV ne sont pas appliquées aux producteurs cultivant une superficie inférieure à 50 ares de la culture de vigne concernée.

Les surfaces retenues sont celles cultivées le 1er octobre de l'année considérée, figurant au compte du redevable sur les registres de l'établissement mentionné au I.

V. — Le droit annuel mentionné au III peut être majoré par décret, dans la limite :

1° De 0,84 € par millier ou fraction de millier de boutures-pépinières ;

2° De 1,12 € par millier ou fraction de millier de plants greffés-soudés issus de l'assemblage de boutures-greffons et de boutures greffables de porte-greffe.

Le redevable déclare le nombre de parties de plants de vigne cultivées au 30 juin de l'année considérée à l'établissement mentionné au I au plus tard à cette date.

VI. — Les majorations mentionnées au V peuvent être augmentées de 10 % lorsque la déclaration n'a pas été produite dans le délai imparti.

Elles peuvent être augmentées de 50 % en cas d'insuffisance partielle ou totale de déclaration. L'augmentation ne s'applique qu'aux quantités non déclarées.

VII. — La taxe est exigible le 1er octobre de l'année considérée.

Elle est recouvrée par l'agent comptable de l'Établissement national des produits de l'agriculture et de la mer (FranceAgriMer) selon les modalités prévues pour le recouvrement des créances des établissements publics administratifs de l'État.

SECTION VII

Art. 1607 *Dispositions transférées ss. l'art. 1599 quinquies (L. n° 87-1060 du 30 déc. 1987, art. 81-II).*

SECTION 0VII *BIS* TAXES SPÉCIALES D'ÉQUIPEMENT PERÇUES AU PROFIT D'ÉTABLISSEMENTS PUBLICS — EXONÉRATION DE CERTAINES TERRES AGRICOLES

Art. 1607 A I. — Les propriétés non bâties classées dans les première, deuxième, troisième, quatrième, cinquième, sixième, huitième et neuvième catégories définies à l'article 18 de l'instruction ministérielle du 31 décembre 1908 et non exonérées en application des articles 1395 à 1395 B sont exonérées de la taxe spéciale d'équipement, additionnelle à la taxe foncière sur les propriétés non bâties, perçues au profit d'établissements publics.

II. — Pour le calcul de la répartition prévue au I de l'article 1636 B *octies*, il n'est pas tenu compte de la taxe foncière sur les propriétés non bâties afférente aux propriétés visées au I.

III. — *Périmé (Décr. n° 2010-421 du 27 avr. 2010).*

SECTION VII *BIS* TAXE SPÉCIALE D'ÉQUIPEMENT PERÇUE AU PROFIT DES ÉTABLISSEMENTS PUBLICS FONCIERS

Art. 1607 *bis* Il est institué, au profit des établissements publics fonciers mentionnés à l'article L. 324-1 du code de l'urbanisme ou de l'office foncier de Corse, établissement public de la collectivité *(Abrogé par Ord. n° 2016-1561 du 21 nov. 2016, art. 1er-II-13° et 20, à compter du 1er janv. 2018)* « *territoriale* » de Corse créé par la loi n° 2014-366 du 24 mars 2014 pour l'accès au logement et un urbanisme rénové, une taxe spéciale d'équipement destinée à permettre à ces établissements de financer les acquisitions foncières et immobilières correspondant à leur vocation.

Le produit de cette taxe est arrêté chaque année par l'établissement public foncier local ou l'office foncier de Corse *(Abrogé par L. n° 2020-1721 du 29 déc. 2020, art. 29-I-6°-a et VI-A, pour les impositions établies à compter de 2021)* « *dans la limite d'un plafond fixé à 20 € par habitant situé dans son périmètre* ». Lorsqu'un établissement mentionné au premier alinéa est compétent sur le même territoire qu'un établissement mentionné à l'article L. 321-1 du code de l'urbanisme, la taxe spéciale d'équipement est perçue sur ce territoire exclusivement par l'établissement qui y a exercé en premier ses compétences et selon les modalités prévues pour cet établissement. *(Abrogé par L. n° 2016-1918 du 29 déc. 2016, art. 73-I-1°-a et II, à compter des impositions dues au titre de 2018)* « *L'établissement bénéficiaire du produit de la taxe reverse à l'établissement compétent sur le même territoire 50 % du produit perçu sur le territoire commun.* » Les établissements concernés peuvent toutefois, par convention, déroger à ces dispositions en désignant *l'établissement (L. n° 2016-1918 du 29 déc. 2016, art. 73-I-1°-a et II, applicable à compter des impositions dues au titre de 2018)* « qui arrête le produit de la taxe sur le territoire commun ou en fixant des modalités de reversement entre les deux établissements *[ancienne rédaction : bénéficiaire de la taxe ou en fixant des modalités de reversement différentes]* ».

(L. n° 2016-1918 du 29 déc. 2016, art. 73-I-1° et II, applicable à compter des impositions dues au titre de 2018) « Pour les trois années suivant celle au cours de laquelle le péri-

mètre de compétence d'un établissement public foncier a été étendu, l'assemblée générale de l'établissement public peut, dans les conditions prévues aux premier et deuxième alinéas du présent article, arrêter un produit différent pour le territoire sur lequel il était compétent avant l'extension de son périmètre et le territoire auquel sa compétence a été étendue.

« Pour l'année suivant celle au cours de laquelle le périmètre de compétence d'un établissement public foncier a été étendu, les produits de la taxe sont arrêtés et notifiés avant le 31 mars de la même année. »

(L. n° 2020-1721 du 29 déc. 2020, art. 29-I-6°-b et VI-A, applicable aux impositions établies à compter de 2021) **« Pour chaque établissement, la somme du produit de la taxe, du montant mentionné au H du V de l'article 16 de la loi n° 2019-1479 du 28 décembre 2019 de finances pour 2020 et du montant mentionné au 1 du B du III de l'article 29 de la loi n° 2020-1721 du 29 décembre 2020 de finances pour 2021 ne peut dépasser un plafond fixé à 20 € par habitant situé dans son périmètre. »**

[Al. applicable à compter des impositions établies au titre de 2021] **Le produit de la taxe spéciale d'équipement** *(L. n° 2019-1479 du 28 déc. 2019, art. 16-I-D-1° et VII-B)* **« mentionné au deuxième alinéa »** *(Abrogé par L. n° 2020-1721 du 29 déc. 2020, art. 29-I-6°-c et VI-A, pour les impositions établies à compter de 2021)* ***« , diminué du montant mentionné au cinquième alinéa, »*** **est réparti, dans les conditions définies au I de l'article 1636 B *octies*, entre toutes les personnes physiques ou morales assujetties aux taxes foncières sur les propriétés bâties et non bâties, à la taxe d'habitation** *(L. n° 2019-1479 du 28 déc. 2019, art. 16-I-D-1° et VII-B)* **« afférente aux locaux autres que ceux affectés à l'habitation principale » et à la cotisation foncière des entreprises dans les communes comprises dans la zone de compétence de l'établissement public.**

[Al. applicable à compter des impositions établies au titre de 2023] **Le produit de la taxe spéciale d'équipement** *(L. n° 2019-1479 du 28 déc. 2019, art. 16-I-D-1° et VII-B, applicable à compter des impositions établies au titre de 2021)* **« mentionné au deuxième alinéa** *(Abrogé par L. n° 2020-1721 du 29 déc. 2020, art. 29-I-6°-c et VI-A, pour les impositions établies à compter de 2021)* ***« , diminué du montant mentionné au cinquième alinéa, »*** **» est réparti, dans les conditions définies au I de l'article 1636 B *octies*, entre toutes les personnes physiques ou morales assujetties aux taxes foncières sur les propriétés bâties et non bâties, à la taxe d'habitation** *(L. n° 2019-1479 du 28 déc. 2019, art. 16-I-E-22° et VII-E)* **« sur les résidences secondaires et autres locaux meublés non affectés à l'habitation principale » et à la cotisation foncière des entreprises dans les communes comprises dans la zone de compétence de l'établissement public.**

La base de la taxe est déterminée dans les mêmes conditions que pour la part communale ou, à défaut de part communale, dans les mêmes conditions que la part intercommunale de la taxe principale à laquelle la taxe additionnelle s'ajoute.

Les organismes d'habitations à loyer modéré et les sociétés d'économie mixte sont exonérés de la taxe spéciale d'équipement au titre des locaux d'habitation et dépendances dont ils sont propriétaires et qui sont attribués sous conditions de ressources. Les redevables au nom desquels une cotisation de taxe d'habitation *(L. n° 2019-1479 du 28 déc. 2019, art. 16-I-E-24° et VII-E, applicable à compter des impositions établies au titre de 2023)* **« sur les résidences secondaires et autres locaux meublés non affectés à l'habitation principale » est établie au titre de ces locaux sont exonérés de la taxe additionnelle.**

Les cotisations sont **établies et recouvrées, les réclamations sont présentées et jugées comme en matière de contributions directes.**

Les conditions d'application du présent article sont fixées par décret en Conseil d'État. — *Sur les conditions du budget des établissements publics fonciers, V. C. urb., art. R. 324-5 s.* — ***C. urb.***

Pour les dispositions du présent art. applicables à compter de 2018, V. Ord. n° 2016-1561 du 21 nov. 2016, art. 1er-II-13° et 20 et L. n° 2016-1918 du 29 déc. 2016, art. 73-I-1° et II.

A compter de 2021, une dotation de l'État est versée aux établissements publics fonciers mentionnés à cet art. Le montant de cette dotation est égal au produit versé à ces établissements publics fonciers en 2020 au titre du produit des taxes spéciales d'équipement réparti, en 2020, entre les personnes assujetties à la taxe d'habitation sur les résidences principales (L. n° 2019-1479 du 28 déc. 2019, art. 16-V).

Art. 1607 *ter* Il est institué, au profit des établissements publics fonciers mentionnés à l'article L. 321-1 du code de l'urbanisme, dans la limite du plafond prévu au I de l'article 46 de la loi n° 2011-1977 du 28 décembre 2011 de finances pour 2012, une taxe spéciale d'équipement destinée au financement de leurs interventions foncières et immobilières ainsi qu'au financement de leurs interventions dans le cadre des opérations de requalification de copropriétés dégradées d'intérêt national qui leur sont confiées, par décret en Conseil d'État, selon les modalités prévues par l'article L. 321-1-1 du code de l'urbanisme.

Le produit de cette taxe est arrêté avant le 31 décembre de chaque année, pour l'année suivante, par le conseil d'administration de l'établissement public *(Abrogé par L. n° 2020-1721 du 29 déc. 2020, art. 29-I-7°-a et VI-A, pour les impositions établies à compter de 2021)* « *dans la limite d'un plafond fixé* », sous réserve de l'application des dispositions prévues au deuxième alinéa de l'article 1607 *bis*, dans les mêmes conditions que celles prévues au même article *(Abrogé par L. n° 2020-1721 du 29 déc. 2020, art. 29-I-7°-a et VI-A, pour les impositions établies à compter de 2021)* « *, à 20 € par habitant résidant sur le territoire relevant de sa compétence* ». Une partie de ce produit peut être consacrée au financement des opérations d'intérêt national de requalification de copropriétés dégradées qui leur sont confiées par décret en Conseil d'État selon les modalités prévues au même article L. 321-1-1, dans la limite de 5 € par habitant. Le nombre des habitants à prendre en compte est celui qui résulte du dernier recensement publié. La décision du conseil d'administration est notifiée au ministre chargé de l'économie et des finances. Pour la première année au titre de laquelle l'établissement public foncier perçoit la taxe, le montant de celle-ci est arrêté et notifié avant le 31 mars de la même année.

(L. n° 2016-1918 du 29 déc. 2016, art. 73-I-2° et II, applicable à compter des impositions dues au titre de 2018) « Pour les trois années suivant celle au cours de laquelle le périmètre de compétence d'un établissement public foncier a été étendu, le conseil d'administration de l'établissement public peut, dans les conditions prévues aux premier et deuxième alinéas du présent article, arrêter des produits différents pour le territoire sur lequel il était compétent avant l'extension de son périmètre et pour le territoire auquel sa compétence a été étendue.

« Par dérogation au troisième alinéa, pour l'année suivant celle au cours de laquelle le périmètre de compétence d'un établissement public foncier a été étendu, les produits de la taxe sont arrêtés et notifiés avant le 31 mars de la même année. »

(L. n° 2020-1721 du 29 déc. 2020, art. 29-I-7°-b et VI-A, applicable aux impositions établies à compter de 2021) « Pour chaque établissement, la somme du produit de la taxe, du montant mentionné au H du V de l'article 16 de la loi n° 2019-1479 du 28 décembre 2019 de finances pour 2020 et du montant mentionné au 1 du B du III de l'article 29 de la loi n° 2020-1721 du 29 décembre 2020 de finances pour 2021 ne peut dépasser un plafond fixé à 20 € par habitant résidant sur le territoire relevant de sa compétence. »

(L. n° 2019-1479 du 28 déc. 2019, art. 16-I-D-2° et VII-B, applicable à compter des impositions établies au titre de 2021) « Le produit est déterminé et la taxe *[ancienne rédaction : La taxe]* » est répartie et recouvrée dans la zone de compétence de l'établissement selon les règles définies aux *(L. n° 2019-1479 du 28 déc. 2019, art. 16-I-D-3° et VII-B, applicable à compter des impositions établies au titre de 2021)* « sixième *[ancienne rédaction : cinquième]* » à avant-dernier alinéas de l'article 1607 *bis*.

A compter de 2021, une dotation de l'État est versée aux établissements publics fonciers mentionnés à cet art. Le montant de cette dotation est égal au produit versé à ces établissements publics fonciers en 2020 au titre du produit des taxes spéciales d'équipement réparti, en 2020, entre les personnes assujetties à la taxe d'habitation sur les résidences principales (L. n° 2019-1479 du 28 déc. 2019, art. 16-V).

SECTION VIII TAXE SPÉCIALE D'ÉQUIPEMENT PERÇUE AU PROFIT DE L'ÉTABLISSEMENT PUBLIC FONCIER DE NORMANDIE

Art. 1608 *(Abrogé par L. n° 2014-366 du 24 mars 2014, art. 145-I)* ***Il est institué une taxe spéciale d'équipement destinée à permettre à l'établissement public foncier de Normandie***

de financer les acquisitions foncières auxquelles il procède et de contribuer au financement des travaux d'équipement d'intérêt régional.

Le montant de cette taxe est arrêté chaque année pour l'année suivante dans la limite de 13 000 000 €, par le conseil d'administration de l'établissement public et notifié au ministre de l'économie et des finances.

La taxe est répartie et recouvrée dans la zone de compétence de l'établissement suivant les règles définies aux deuxième à sixième alinéas de l'article 1607 bis.

Les conditions d'application du présent article sont fixées par décret en Conseil d'État. *— V. Décr. n° 68-376 du 26 avr. 1968 (JO 28 avr.), mod. par Décr. n° 77-8 du 3 janv. 1977 (JO 5 janv.), n° 2000-1073 du 31 oct. 2000 (JO 4 nov.), n° 2004-1149 du 28 oct. 2004 (JO 29 oct.), n° 2005-436 du 9 mai 2005 (JO 10 mai), n° 2009-235 du 27 févr. 2009 (JO 28 févr.), n° 2009-1542 du 11 déc. 2009 (JO 13 déc.), n° 2010-429 du 29 avr. 2010 (JO 30 avr.), n° 2010-1463 du 1er déc. 2010 (JO 2 déc.) et n° 2012-1247 du 7 nov. 2012 (JO 10 nov.).*

SECTION IX TAXE SPÉCIALE D'ÉQUIPEMENT PERÇUE AU PROFIT DE L'ÉTABLISSEMENT PUBLIC FONCIER DE LORRAINE

Art. 1609 *(Abrogé par L. n° 2014-366 du 24 mars 2014, art. 145-I)* ***Il est institué une taxe spéciale d'équipement au profit de l'établissement public foncier de Lorraine.***

Le montant de cette taxe est arrêté chaque année dans la limite de 25 millions d'euros par le conseil d'administration de l'établissement public et notifié au ministre de l'économie et des finances. Le montant maximum ne peut être modifié que par une loi de finances.

La taxe est répartie et recouvrée dans la zone de compétence de l'établissement suivant les règles définies aux troisième à sixième alinéas de l'article 1607 bis.

SECTION IX *BIS*

Art. 1609 A *Abrogé par L. n° 2006-1771 du 30 déc. 2006, art. 128-III et XVII-1, à compter des impositions établies au titre de 2007.*

SECTION IX *TER* TAXE SPÉCIALE D'ÉQUIPEMENT PERÇUE AU PROFIT DES ÉTABLISSEMENTS PUBLICS FONCIERS ET D'AMÉNAGEMENT DE GUYANE ET DE MAYOTTE *(L. n° 2016-1917 du 29 déc. 2016, art. 36-II-3°-a).*

Art. 1609 B *(L. n° 2016-1917 du 29 déc. 2016, art. 36-II-3°-b)* **« En Guyane et dans le Département de Mayotte, il est institué une taxe spéciale d'équipement au profit des établissements publics créés en application de l'article L. 321-36-1 du code de l'urbanisme.**

« Cette taxe est destinée au financement des missions de ces établissements définies aux articles L. 321-36-1 et L. 321-36-2 du même code.

« Le montant de cette taxe est arrêté, dans chaque département, avant le 31 décembre de chaque année, pour l'année suivante, par le conseil d'administration de l'établissement public dans la limite du plafond prévu au I de l'article 46 de la loi n° 2011-1977 du 28 décembre 2011 de finances pour 2012. Pour la première année au titre de laquelle l'établissement public perçoit la taxe, le montant de celle-ci est arrêté avant le 31 mars de la même année. »

(Abrogé par L. n° 2020-1721 du 29 déc. 2020, art. 29-I-8°-a et VI-A, pour les impositions établies à compter de 2021) (L. n° 2019-1479 du 28 déc. 2019, art. 16-I-D-4° et VII-B, applicable à compter des impositions au titre de 2021) ***« A compter des impositions établies au titre de 2021, le montant réparti, en 2020, entre les personnes assujetties à la taxe d'habitation afférente à l'habitation principale est pris en charge par l'État. »***

[Al. applicable à compter des impositions établies au titre de 2021]

(L. n° 2019-1479 du 28 déc. 2019, art. 16-I-D-5° et VII-B, applicable à compter des impositions établies au titre de 2021) **Le montant mentionné au troisième alinéa du présent article** *(Abrogé par L. n° 2020-1721 du 29 déc. 2020, art. 29-I-8°-b et VI-A, applicable aux impositions établies à compter de 2021)* ***« , diminué de celui mentionné au quatrième alinéa, »*** **est réparti, dans les conditions définies au I de l'article 1636 B *octies*, entre toutes les personnes physiques ou morales assujetties aux taxes foncières sur les propriétés bâties et non bâties, à la taxe d'habitation** *(L. n° 2019-1479 du 28 déc. 2019, art. 16-I-D-4° et VII-B)* **« afférente aux locaux autres que ceux affectés à l'habitation princi-**

pale » et à la cotisation foncière des entreprises dans les communes comprises dans la zone de compétence de l'établissement public.

[Al. applicable à compter des impositions établies au titre de 2023]

Le montant mentionné au troisième alinéa du présent article *(Abrogé par L. n° 2020-1721 du 29 déc. 2020, art. 29-I-8°-b et VI-A, pour les impositions établies à compter de 2021)* **« ,** ***diminué de celui mentionné au quatrième alinéa,*** **» est réparti, dans les conditions définies au I de l'article 1636 B *octies*, entre toutes les personnes physiques ou morales assujetties aux taxes foncières sur les propriétés bâties et non bâties, à la taxe d'habitation** *(L. n° 2019-1479 du 28 déc. 2019, art. 16-I-E-22° et VII-E)* **« sur les résidences secondaires et autres locaux meublés non affectés à l'habitation principale » et à la cotisation foncière des entreprises dans les communes comprises dans la zone de compétence de l'établissement public.**

La base de la taxe est déterminée dans les mêmes conditions que pour la part communale ou, à défaut de part communale, dans les mêmes conditions que la part intercommunale de la taxe principale à laquelle la taxe additionnelle s'ajoute.

Les organismes d'habitations à loyer modéré, les sociétés immobilières d'économie mixte créées en application de la loi n° 46-860 du 30 avril 1946 tendant à l'établissement, au financement et à l'exécution de plans d'équipement et de développement des territoires relevant du ministère de la France d'outre-mer et les sociétés d'économie mixte locales sont exonérés de la taxe spéciale d'équipement au titre des locaux d'habitation et dépendances dont ils sont propriétaires et qui sont attribués sous conditions de ressources. Les redevables au nom desquels une cotisation de taxe d'habitation *(L. n° 2019-1479 du 28 déc. 2019, art. 16-I-E-24° et VII-E, applicable à compter des impositions établies au titre de 2023)* **« sur les résidences secondaires et autres locaux meublés non affectés à l'habitation principale » est établie au titre de ces locaux sont exonérés de la taxe additionnelle.**

Les cotisations sont établies et recouvrées, les réclamations sont présentées et jugées comme en matière de contributions directes.

Les conditions d'application du présent article sont fixées par décret en Conseil d'État. — *V. Décr. n° 2016-1865 du 23 déc. 2016.*

A compter de 2021, une dotation de l'État est versée aux établissements publics fonciers mentionnés à cet art. Le montant de cette dotation est égal au produit versé à ces établissements publics fonciers en 2020 au titre du produit des taxes spéciales d'équipement réparti, en 2020, entre les personnes assujetties à la taxe d'habitation sur les résidences principales (L. n° 2019-1479 du 28 déc. 2019, art. 16-V). .

SECTION IX *QUATER* TAXE SPÉCIALE D'ÉQUIPEMENT PERÇUE AU PROFIT DE L'AGENCE POUR LA MISE EN VALEUR DES ESPACES URBAINS DE LA ZONE DITE DES CINQUANTE PAS GÉOMÉTRIQUES EN GUADELOUPE

Art. 1609 C **Il est institué, au profit de l'agence pour la mise en valeur des espaces urbains de la zone dite des cinquante pas géométriques en Guadeloupe créée en application de la loi n° 96-1241 du 30 décembre 1996 relative à l'aménagement, la protection et la mise en valeur de la zone dite des cinquante pas géométriques dans les départements d'outre-mer** *(Abrogé par L. n° 2020-1721 du 29 déc. 2020, art. 29-I-9°-a et VI-A, pour les impositions établies à compter de 2021)* **« ,** ***dans la limite du plafond prévu au I de l'article 46 de la loi n° 2011-1977 du 28 décembre 2011 de finances pour 2012*** **», une taxe spéciale d'équipement destinée à financer l'exercice en Guadeloupe, par cet organisme, des missions définies à l'article 5** *(Décr. n° 2016-775 du 10 juin 2016, art. 1er)* **« de la loi n° 96-1241 du 30 décembre 1996 précitée ».**

Le montant de cette taxe est arrêté avant le 31 décembre de chaque année, pour l'année suivante, dans la limite du plafond prévu au I de l'article 46 de la loi n° 2011-1977 du 28 décembre 2011 *(L. n° 2020-1721 du 29 déc. 2020, art. 29-I-9°-b et VI-A, applicable aux impositions établies à compter de 2021)* **« de finances pour 2012** *[ancienne rédaction : précitée]* **», par le conseil d'administration de l'établissement public et notifié aux services fiscaux.**

Les communes concernées sont préalablement consultées par le conseil d'administration.

(L. nº 2019-1479 du 28 déc. 2019, art. 16-I-D-2º et VII-B, applicable à compter des impositions établies au titre de 2021) **« Le produit est déterminé et la taxe** *[ancienne rédaction : La taxe]* **» est répartie et recouvrée dans la zone de compétence de l'établissement suivant les règles définies aux quatrième à dernier alinéas de l'article 1609 B.**

A compter de 2021, une dotation de l'État est versée aux établissements publics fonciers mentionnés à cet art. Le montant de cette dotation est égal au produit versé à ces établissements publics fonciers en 2020 au titre du produit des taxes spéciales d'équipement réparti, en 2020, entre les personnes assujetties à la taxe d'habitation sur les résidences principales (L. nº 2019-1479 du 28 déc. 2019, art. 16-V).

SECTION IX *QUINQUIES* TAXE SPÉCIALE D'ÉQUIPEMENT PERÇUE AU PROFIT DE L'AGENCE POUR LA MISE EN VALEUR DES ESPACES URBAINS DE LA ZONE DITE DES CINQUANTE PAS GÉOMÉTRIQUES EN MARTINIQUE

Art. 1609 D Il est institué, au profit de l'agence pour la mise en valeur des espaces urbains de la zone dite des cinquante pas géométriques en Martinique créée en application de la loi nº 96-1241 du 30 décembre 1996 relative à l'aménagement, la protection et la mise en valeur de la zone dite des cinquante pas géométriques dans les départements d'outre-mer *(Abrogé par L. nº 2020-1721 du 29 déc. 2020, art. 29-I-10º-a et VI-A, pour les impositions établies à compter de 2021)* ***« , dans la limite du plafond prévu au I de l'article 46 de la loi nº 2011-1977 du 28 décembre 2011 de finances pour 2012 »,*** **une taxe spéciale d'équipement destinée à financer l'exercice en Martinique, par cet organisme, des missions définies à l'article 5** *(Décr. nº 2016-775 du 10 juin 2016, art. 1er)* **« de la loi nº 96-1241 du 30 décembre 1996 précitée ».**

Le montant de cette taxe est arrêté avant le 31 décembre de chaque année, pour l'année suivante, dans la limite du plafond prévu au I de l'article 46 de la loi nº 2011-1977 du 28 décembre 2011 *(L. nº 2020-1721 du 29 déc. 2020, art. 29-I-10º-b et VI-A, applicable aux impositions établies à compter de 2021)* **« de finances pour 2012** *[ancienne rédaction : précitée]* **», par le conseil d'administration de l'établissement public et notifié aux services fiscaux.**

Les communes concernées sont préalablement consultées par le conseil d'administration.

(L. nº 2019-1479 du 28 déc. 2019, art. 16-I-D-2º et VII-B, applicable à compter des impositions établies au titre de 2021) **« Le produit est déterminé et la taxe** *[ancienne rédaction : La taxe]* **» est répartie et recouvrée dans la zone de compétence de l'établissement suivant les règles définies aux quatrième à dernier alinéas de l'article 1609 B.**

A compter de 2021, une dotation de l'État est versée aux établissements publics fonciers mentionnés à cet art. Le montant de cette dotation est égal au produit versé à ces établissements publics fonciers en 2020 au titre du produit des taxes spéciales d'équipement réparti, en 2020, entre les personnes assujetties à la taxe d'habitation sur les résidences principales (L. nº 2019-1479 du 28 déc. 2019, art. 16-V).

SECTION IX *SEXIES*

Art. 1609 E *Abrogé par L. nº 2007-1824 du 25 déc. 2007, art. 36, à compter des impositions établies au titre de l'année 2008.*

SECTION IX *SEPTIES* TAXE SPÉCIALE D'ÉQUIPEMENT AU PROFIT DE L'ÉTABLISSEMENT PUBLIC FONCIER DE PROVENCE-ALPES-CÔTE D'AZUR

Art. 1609 F *(Abrogé par L. nº 2014-366 du 24 mars 2014, art. 145-I)* ***Il est institué une taxe spéciale d'équipement au profit de l'établissement public foncier de Provence-Alpes-Côte d'Azur créé en application de l'article L. 321-1 du code de l'urbanisme.***

Le montant de cette taxe est arrêté avant le 31 décembre de chaque année pour l'année suivante, dans la limite de 50 millions d'euros, par le conseil d'administration de l'établissement public et notifié au ministre de l'économie et des finances.

La taxe est répartie et recouvrée dans la zone de compétence de l'établissement suivant les règles définies aux troisième à sixième alinéas de l'article 1607 bis.

SECTION IX *OCTIES* TAXE SPÉCIALE D'ÉQUIPEMENT AU PROFIT DE L'ÉTABLISSEMENT PUBLIC SOCIÉTÉ DU GRAND PARIS

(L. n° 2010-1658 du 29 déc. 2010, art. 31-III)

Art. 1609 G **Il est institué, au profit de l'établissement public Société du Grand Paris créé par l'article 7 de la loi n° 2010-597 du 3 juin 2010 relative au Grand Paris, une taxe spéciale d'équipement destinée à financer l'exercice, par cet organisme, des missions définies au même article.**

Le produit de cette taxe est fixé annuellement au montant prévu au I de l'article 46 de la loi n° 2011-1977 du 28 décembre 2011 de finances pour 2012.

(Abrogé par L. n° 2020-1721 du 29 déc. 2020, art. 29-I-11°-a et VI-A, applicable aux impositions établies à compter de 2021) (L. n° 2019-1479 du 28 déc. 2019, art. 16-I-D-5° et VII-B, pour les impositions établies au titre de 2021) ***« A compter des impositions établies au titre de 2021, le produit réparti, en 2020, entre les personnes assujetties à la taxe d'habitation afférente à l'habitation principale est pris en charge par l'État. »[Al. applicable à compter des impositions établies au titre de 2021]*** *(L. n° 2019-1479 du 28 déc. 2019, art. 16-I-D-5° et VII-B, pour les impositions établies au titre de 2021)* **« Le produit mentionné au deuxième alinéa du présent article** *(Abrogé par L. n° 2020-1721 du 29 déc. 2020, art. 29-I-11°-b et VI-A, pour les impositions établies à compter de 2021)* ***« , diminué du montant mentionné au troisième alinéa, » »*** **est réparti entre toutes les personnes physiques ou morales assujetties aux taxes foncières sur les propriétés bâties et non bâties, à la taxe d'habitation** *(L. n° 2019-1479 du 28 déc. 2019, art. 16-I-D-5° et VII-B,* **« sur les locaux autres que ceux affectés à l'habitation principale » et à la cotisation foncière des entreprises dans les communes de la région d'Île-de-France proportionnellement aux recettes que chacune de ces taxes a procurées l'année précédente à l'ensemble des communes et de leurs établissements publics de coopération intercommunale situés dans le ressort de la région d'Île-de-France. Les recettes à prendre en compte pour opérer cette répartition s'entendent de celles figurant dans les rôles généraux.**

[Al. applicable à compter des impositions établies au titre de 2023] *(L. n° 2019-1479 du 28 déc. 2019, art. 16-I-D-5°)* **« Le produit mentionné au deuxième alinéa du présent article » est réparti entre toutes les personnes physiques ou morales assujetties aux taxes foncières sur les propriétés bâties et non bâties, à la taxe d'habitation** *(L. n° 2019-1479 du 28 déc. 2019, art. 16-I-E-23° et VII-E)* **« sur les résidences secondaires et autres locaux meublés non affectés à l'habitation principale » et à la cotisation foncière des entreprises dans les communes de la région d'Île-de-France proportionnellement aux recettes que chacune de ces taxes a procurées l'année précédente à l'ensemble des communes et de leurs établissements publics de coopération intercommunale situés dans le ressort de la région d'Île-de-France. Les recettes à prendre en compte pour opérer cette répartition s'entendent de celles figurant dans les rôles généraux.**

A compter des impositions établies au titre de l'année 2016, les recettes de taxe d'habitation *(L. n° 2019-1479 du 28 déc. 2019, art. 16-I-E-24° et VII-E, applicable à compter des impositions établies au titre de 2023)* **« sur les résidences secondaires et autres locaux meublés non affectés à l'habitation principale » à prendre en compte pour opérer cette répartition sont minorées du produit que la majoration mentionnée à l'article 1407 *ter* a procuré au titre de l'année précédente à l'ensemble des communes situées dans le ressort de la région d'Île-de-France.**

(Ord. n° 2018-75 du 8 févr. 2018, art. 1er et 18) **« A compter des impositions établies au titre de l'année 2019, les recettes que la taxe foncière sur les propriétés bâties a procurées sur le territoire de la Ville de Paris, sont minorées de la part que cette taxe »** *(L. n° 2021-1900 du 30 déc. 2021, art. 105-I-3°-a et II, applicable aux impositions établies à compter du 1er janv. 2022)* **« aurait procurée si le taux départemental d'imposition de l'année 2018 avait été appliqué. »**

(L. n° 2019-1479 du 28 déc. 2019, art. 16-II-D-9° et VII-D, applicable à compter des impositions établies au titre de l'année 2022) **« A compter des impositions établies au titre de 2022, les recettes de taxe foncière sur les propriétés bâties des communes à prendre en compte pour réaliser cette répartition sont minorées du produit que cette taxe »** *(L. n° 2021-1900 du 30 déc. 2021, art. 105-I-3°-b, applicable aux impositions établies*

à compter du 1er janv. 2022) « aurait procuré si le taux départemental d'imposition de l'année 2020 avait été appliqué. »

La taxe est établie et recouvrée suivant les règles définies aux *(L. n° 2019-1479 du 28 déc. 2019, art. 16-I-D-5° et VII-B, applicable à compter des impositions établies au titre de 2021)* « septième à avant-dernier *[ancienne rédaction : sixième à huitième]* » alinéas de l'article 1607 *bis*.

A compter de 2021, une dotation de l'État est versée aux établissements publics fonciers mentionnés à cet art. Le montant de cette dotation est égal au produit versé à ces établissements publics fonciers en 2020 au titre du produit des taxes spéciales d'équipement réparti, en 2020, entre les personnes assujetties à la taxe d'habitation sur les résidences principales (L. n° 2019-1479 du 28 déc. 2019, art. 16-V).

SECTION IX *NONIES* *[TAXE SPÉCIALE D'ÉQUIPEMENT AU PROFIT DE L'ÉTABLISSEMENT PUBLIC LOCAL SOCIÉTÉ DU GRAND PROJET SUD-OUEST]*

(L. n° 2021-1900 du 30 déc. 2021, art. 103-I-2° et II)

Art. 1609 H Il est institué, au profit de l'établissement public local Société du grand projet sud-ouest, qui a pour mission de contribuer au financement de l'infrastructure ferroviaire dénommée "grand projet ferroviaire du Sud-Ouest", une taxe spéciale d'équipement destinée à financer l'exercice de cette mission.

Le produit de cette taxe est fixé à 24 millions d'euros par an.

Le produit mentionné au deuxième alinéa est réparti entre toutes les personnes, physiques ou morales assujetties aux taxes foncières sur les propriétés bâties et non bâties, à la taxe d'habitation sur les résidences secondaires et autres locaux meublés non affectés à l'habitation principale et à la cotisation foncière des entreprises dans les communes situées à moins de soixante minutes par véhicule automobile d'une gare desservie par la future ligne à grande vitesse, proportionnellement aux recettes que chacune de ces taxes a procurées l'année précédente à ces communes et à leurs établissements publics de coopération intercommunale.

Pour l'application du troisième alinéa, le point de départ à retenir est la mairie de la commune.

Les données utilisées sont celles qui sont disponibles la première année au titre de laquelle la taxe est instituée, établies par l'Institut national de l'information géographique et forestière et mises à la disposition du public *via* le site internet Géoportail.

La liste des communes concernées est établie par arrêté conjoint des ministres chargés du budget et des transports.

Les recettes de taxe d'habitation sur les résidences secondaires et autres locaux meublés non affectés à l'habitation principale à prendre en compte pour opérer cette répartition sont minorées du produit que la majoration mentionnée à l'article 1407 *ter* a procuré au titre de l'année précédente à l'ensemble des communes listées dans l'arrêté prévu au sixième alinéa du présent article.

La taxe est établie et recouvrée selon les règles définies aux septième à avant-dernier alinéas de l'article 1607 *bis*.

Le présent art. s'applique à compter de l'année suivant celle de la création de l'établissement public qui a pour mission de contribuer au financement de l'infrastructure ferroviaire dénommée "grand projet ferroviaire du Sud-Ouest" (L. n° 2021-1900 du 30 déc. 2021, art. 103-II).

SECTION X IMPOSITIONS PERÇUES AU PROFIT DES COMMUNAUTÉS URBAINES

Art. 1609 *bis* *Abrogé par L. n° 2010-1563 du 16 déc. 2010, art. 15-I, à compter du 1er janv. 2011.*

Art. 1609 *ter* *Abrogé par L. n° 75-678 du 29 juill. 1975, art. 1er.*

Art. 1609 *ter* A *Abrogé par L. n° 2010-1657 du 29 déc. 2010, art. 108-XIX-C-1, à compter des impositions établies au titre de 2011.*

Art. 1609 *ter* B *Abrogé par L. n° 99-586 du 12 juill. 1999, art. 81-II.*

SECTION XI IMPOSITIONS PERÇUES AU PROFIT DES SYNDICATS DE COMMUNES ET DES SYNDICATS MIXTES

Art. 1609 *quater* **Le comité d'un syndicat de communes peut décider, dans les conditions prévues à l'article L. 5212-20 du code général des collectivités territoriales, de lever les impositions mentionnées aux 1° à 4° du I de l'article 1379 du présent code en remplacement de tout ou partie de la contribution des communes associées. La répartition de ces impositions s'effectue suivant les modalités définies au III de l'article 1636 B *octies*.**

Ces dispositions sont applicables aux syndicats mixtes constitués exclusivement de communes et d'établissements publics de coopération intercommunale ainsi qu'aux syndicats mixtes au sein desquels la métropole de Lyon est substituée à des communes ou à des établissements publics de coopération intercommunale.

Les syndicats de communes et les syndicats mixtes sont substitués aux communes pour l'institution de la taxe d'enlèvement des ordures ménagères ou des redevances prévues à l'article 1520, lorsqu'ils bénéficient du transfert de la compétence prévue à l'article L. 2224-13 du code général des collectivités territoriales et assurent au moins la collecte des déchets des ménages. Ils votent le taux de cette taxe dans les conditions fixées par l'article 1636 B *undecies* du présent code.

Sous réserve du 2 du VI de l'article 1379-0 *bis*, les syndicats mixtes sont, dans les mêmes conditions, substitués aux établissements publics de coopération intercommunale à fiscalité propre qui y adhèrent pour l'ensemble de cette compétence.

Lorsqu'ils assurent au moins la collecte des déchets des ménages, les syndicats mixtes sont substitués, dans les conditions du troisième alinéa, aux établissements publics territoriaux prévus à l'article L. 5219-2 du code général des collectivités territoriales. Ils votent le taux de la taxe d'enlèvement des ordures ménagères dans les conditions fixées par l'article 1636 B *undecies* du présent code.

Nonobstant les dispositions de l'article L. 5731-3 du code général des collectivités territoriales, le présent article n'est pas applicable aux pôles métropolitains constitués en application de l'article L. 5731-1 du même code.

Sur les règles dérogatoires applicables pour les impositions établies au titre de 2020, 2021 et 2022, V. L. n° 2019-1479 du 28 déc. 2019, art. 16-I-H-2 et I-J-4.

Les syndicats de communes et les syndicats mixtes désignés au présent art. qui ont décidé, pour l'exercice 2019, de lever les impositions mentionnées aux 1° à 4° du I de l'art. 1379 CGI en remplacement de tout ou partie de la contribution des communes associées reçoivent jusqu'à l'adoption de leur budget pour l'exercice 2020 des avances mensuelles correspondant à un douzième du montant total de ces impositions tel que voté dans leur budget pour l'exercice 2019.

Les avances versées en application du précédent alinéa sont calculées en tenant compte de la période comprise entre le 1er janv. 2020 et l'entrée en vigueur de l'Ord. n° 2020-460 du 22 avr. 2020. Le cas échéant, une régularisation des avances est effectuée à la suite du vote du budget des syndicats pour l'exercice 2020 dans les conditions suivantes :

1° Si le comité syndical décide, lors du vote du budget pour l'exercice 2020, de ne plus lever des impositions dans les conditions prévues au présent article ou si les communes associées, en application de l'art. L. 5212-20 CGCT, s'opposent à la mise en recouvrement de ces impôts, le syndicat doit alors reverser les sommes qui lui ont été versées en 2020 au titre des avances mensuelles ;

2° Si les avances d'imposition mensuelles versées en 2020 excèdent le montant total des impositions prévu dans le budget voté pour l'exercice 2020, le syndicat doit alors reverser cet excédent (Ord. n° 2020-460 du 22 avr. 2020, art. 22).

Fixation des taux (sol. ant. à 2011). Au sein de chacune des zones de perception de la taxe, les taux d'imposition peuvent, à titre transitoire (période de 10 ans), être fixés différemment par chaque commune afin de limiter les hausses de cotisations liées à l'harmonisation du mode de financement du service. • CE 7 sept. 2009, n° 325918 : *RJF 2009. 1176 ; Dr. fisc. 2009. 562, note Lamulle.*

SECTION XI *[BIS]* EXPÉRIMENTATION DES PÉAGES URBAINS

(L. n° 2010-788 du 12 juill. 2010, art. 65)

Art. 1609 *quater* A *(Abrogé par L. n° 2021-1900 du 30 déc. 2021, art. 98-I)* ***I. — Dans les agglomérations de plus de 300 000 habitants dotées d'un plan de déplacements urbains approuvé prévoyant la réalisation d'un transport collectif en site propre, une tarifi-***

cation des déplacements effectués au moyen de véhicules terrestres à moteur, dénommée "péage urbain", peut être instituée, à titre expérimental et à la demande de l'autorité organisatrice de la mobilité au sens du titre III du livre II de la première partie du code des transports, pour limiter la circulation automobile et lutter contre la pollution et les nuisances environnementales.

Le péage urbain peut être institué pour une durée de trois ans.

Il est applicable aux véhicules terrestres à moteur qui franchissent les limites d'un périmètre géographique ou circulent sur des voies routières déterminées relevant de la compétence de la collectivité ou du groupement de collectivités concerné ou, le cas échéant, des autres autorités compétentes en matière de voirie et avec leur accord.

Son montant est fixé par l'autorité organisatrice de la mobilité au sens du titre III du livre II de la première partie du code des transports dans la limite d'un seuil défini par décret en Conseil d'État.

Son produit est affecté à cette même autorité organisatrice des transports et sert à financer les actions mentionnées au plan de déplacements urbains.

II. — Les collectivités ou groupements de collectivités intéressés établissent une étude d'impact préalable à charge et à décharge du projet de péage urbain et conduisent une concertation avec l'ensemble des parties concernées. Cette étude est rendue publique.

Le péage urbain ne peut être instauré qu'après la mise en place d'infrastructures et de services de transport collectif susceptibles d'accueillir le report de trafic lié à l'instauration du péage.

Les expérimentations visées au I sont autorisées par décret en Conseil d'État.

III. — Les collectivités ou groupements de collectivités qui mettent en œuvre une expérimentation sur le fondement du présent article élaborent, après chaque période de douze mois d'expérimentation, un rapport contenant les informations nécessaires à son évaluation et le transmettent au ministre chargé des collectivités territoriales et au ministre chargé des transports.

SECTION XII

Art. 1609 *quinquies* à 1609 *quinquies* B *Abrogés par Ord. n° 2004-281 du 25 mars 2004, art. 7.*

SECTION XII *BIS* IMPOSITIONS PERÇUES AU PROFIT DES COMMUNAUTÉS DE COMMUNES

Art. 1609 *quinquies* BA 1. A compter du 1er janvier 2011, la cotisation sur la valeur ajoutée des entreprises perçue par les établissements publics de coopération intercommunale mentionnés au II de l'article 1379-0 *bis* est égale à la part mentionnée au 5° du I de l'article 1379, par la fraction définie à l'avant-dernier alinéa du 1° du 3 du I de l'article 1640 C. Les communes membres de ces établissements perçoivent la fraction complémentaire, prévue au dernier alinéa du 1° du 3 du I du même article, de la part mentionnée au 5° du I de l'article 1379.

Ces établissements publics et leurs communes membres peuvent modifier les fractions mentionnées au premier alinéa du présent 1, sur délibérations concordantes prises à la majorité qualifiée prévue au premier alinéa du II de l'article L. 5211-5 du code général des collectivités territoriales, dans le délai prévu au I de l'article 1639 A *bis* du présent code. Cette majorité doit comprendre, le cas échéant, les conseils municipaux des communes dont le produit total de la cotisation sur la valeur ajoutée des entreprises représente au moins un cinquième du produit des impositions mentionnées au I de l'article 1379, majorées de la taxe sur les surfaces commerciales prévue à l'article 3 de la loi n° 72-657 du 13 juillet 1972 instituant des mesures en faveur de certaines catégories de commerçants et artisans âgés, perçues par l'établissement public de coopération intercommunale l'année précédente.

2. En cas de fusion d'établissements publics de coopération intercommunale à fiscalité propre mentionnés au II de l'article 1379-0 *bis*, l'établissement public de coopération intercommunale issu de la fusion perçoit la somme des produits de cotisation sur la valeur ajoutée des entreprises qui auraient été attribués à chacun des établissements publics de coopération intercommunale préexistants en l'absence de fusion et les communes qui en sont membres perçoivent le produit de cotisation sur la valeur ajoutée des entreprises qui leur aurait été attribué en l'absence de fusion.

Pour les années suivantes :

a) La fraction destinée à l'établissement public de coopération intercommunale issu de la fusion est égale à la moyenne des fractions applicables aux établissements publics de coopération intercommunale l'année précédant la fusion, pondérée par l'importance relative de leur produit de cotisation sur la valeur ajoutée des entreprises ;

b) Les communes membres de l'établissement public issu de la fusion perçoivent la fraction complémentaire à 100 % de la fraction définie au *a*.

En cas de rattachement d'une commune à un établissement public de coopération intercommunale mentionné au II de l'article 1379-0 *bis*, la fraction de cotisation sur la valeur ajoutée des entreprises revenant à l'établissement public de coopération intercommunale est applicable à la cotisation sur la valeur ajoutée des entreprises situées sur le territoire de cette commune à compter de l'année suivant celle du rattachement.

3. Lorsque, du fait de l'application du 2 du présent article, le produit des impositions mentionnées au I de l'article 1379 et de la taxe sur les surfaces commerciales prévue à l'article 3 de la loi n° 72-657 du 13 juillet 1972 précitée perçu par une commune diminue de plus de 5 %, l'établissement public de coopération intercommunale dont elle est membre lui verse une compensation égale à :

– la première année, 90 % de la fraction de sa perte de produit supérieure à 5 % ;

– la deuxième année, 75 % de l'attribution reçue l'année précédente ;

– la troisième année, 50 % de l'attribution reçue la première année.

Cette durée de trois ans peut être réduite par délibérations concordantes de l'organe délibérant de l'établissement et du conseil municipal de la commune bénéficiaire.

Cette compensation constitue une dépense obligatoire de l'établissement public de coopération intercommunale.

4. Les établissements publics de coopération intercommunale mentionnés au II de l'article 1379-0 *bis* peuvent, sur délibérations concordantes de l'établissement public et des communes membres, se substituer à ces dernières pour la perception du reversement du Fonds national de garantie individuelle des ressources communales et intercommunales prévu au 2.1 de l'article 78 de la loi n° 2009-1673 du 30 décembre 2009 de finances pour 2010, à l'exclusion de la fraction calculée selon les modalités prévues aux 1° et 2° du *a* du D du IV du même 2.1.

Ces établissements publics peuvent, sur délibérations concordantes de l'établissement public et des communes membres, se substituer à ces dernières pour la perception de la dotation de compensation de la réforme de la taxe professionnelle calculée selon les modalités prévues aux II et III du 1.1 du même article 78, à l'exclusion de la part calculée selon les modalités prévues aux *a* et *b* du D du IV du même 1.1.

Le cas échéant, sur délibérations concordantes de l'établissement public de coopération intercommunale et des communes membres, le prélèvement sur les ressources calculé selon les modalités prévues aux II et III du 2.1 dudit article 78 peut être mis à la charge de cet établissement public, à l'exclusion de la fraction calculée selon les modalités prévues aux 1° et 2° du *a* du D du IV du même 2.1.

(L. n° 2016-1918 du 29 déc. 2016, art. 80-1°) « Par exception au I de l'article 1639 A *bis*, l'établissement public de coopération intercommunale soumis au présent article et issu d'une fusion ou ayant connu une modification de périmètre et ses communes membres ont jusqu'au 15 janvier pour prendre les délibérations prévues au présent 4. »

Art. 1609 *quinquies* C I. – Les établissements publics de coopération intercommunale mentionnés au 1 du III de l'article 1379-0 *bis* sont substitués aux communes membres pour les dispositions relatives à la cotisation foncière des entreprises et à la cotisation sur la valeur ajoutée des entreprises acquittées par les entreprises implantées dans une zone d'activités économiques qui se situe sur le territoire d'une ou plusieurs communes membres, et la perception du produit de ces taxes.

I bis. – Le I est applicable aux communautés de communes ayant, avant le 31 décembre 2010, opté, en application de la première phrase du premier alinéa du II dans sa rédaction en vigueur jusqu'à cette date, pour l'application des dispositions de cette phrase.

II. – 1. Les établissements publics de coopération intercommunale mentionnés au 2 du III de l'article 1379-0 *bis* sont substitués aux communes membres pour les dispositions relatives à la cotisation foncière des entreprises afférente aux installations de production d'électricité utilisant l'énergie mécanique du vent implantées sur le territoire de ces communes à compter de la publication de la loi n° 2005-781 du 13 juillet 2005 de programme fixant les orientations de la politique énergétique, et perçoivent le produit de cette taxe.

(L. n° 2018-1317 du 28 déc. 2018, art. 178-1°) « 2. Les établissements publics de coopération intercommunale mentionnés au 1 se substituent également aux communes membres pour la perception :

« *a)* Du produit de l'imposition forfaitaire sur les entreprises de réseaux relatives aux installations de production d'électricité utilisant l'énergie mécanique hydraulique situées dans les eaux intérieures ou dans la mer territoriale et aux installations de production d'électricité utilisant l'énergie mécanique du vent installées avant le 1er janvier 2019, prévue à l'article 1519 D ;

« *b)* Sur délibération de la commune d'implantation des installations prise dans les conditions prévues au I de l'article 1639 A *bis*, d'une fraction du produit perçu par la commune des composantes de l'imposition forfaitaire sur les entreprises de réseaux relatives aux installations de production d'électricité utilisant l'énergie mécanique du vent installées à compter du 1er janvier 2019, prévue au même article 1519 D. »

II *bis*. — Le II est applicable aux communautés de communes ayant, avant le 31 décembre 2010, opté, en application de la deuxième phrase du premier alinéa du même II dans sa rédaction en vigueur jusqu'à cette date, pour l'application des dispositions de cette phrase.

III. — 1. *a)* Le conseil des établissements publics de coopération intercommunale faisant application des I ou II vote les taux de la cotisation foncière des entreprises applicables à ces régimes dans les conditions déterminées à l'article 1636 B *decies*.

Lorsque l'établissement public de coopération intercommunale décide de faire application du I et du 1 du II, il peut fixer deux taux différents pour chacun de ces régimes. Dans ce cas, et lorsqu'une installation visée au 1 du II est implantée dans une zone mentionnée au I, le 1 du II est applicable.

b) Des taux d'imposition différents du taux communautaire fixé en application du *a* peuvent être appliqués pour l'établissement des douze premiers budgets de la communauté. Les écarts entre les taux applicables dans chaque commune membre et le taux communautaire sont réduits dans les conditions prévues *(L. n° 2016-1918 du 29 déc. 2016, art. 75-I-2° et V, en vigueur le 1er janv. 2017)* « aux *b* et *c* » du 1° du III de l'article 1609 *nonies* C.

2. Le III de l'article 1638 *quater* est applicable en cas d'incorporation d'une commune ou partie de commune dans une zone d'activités économiques ou en cas de rattachement d'une commune sur le territoire de laquelle sont implantées des installations de production d'électricité utilisant l'énergie mécanique du vent à un établissement public de coopération intercommunale faisant application du II.

2 *bis*. Les établissements publics de coopération intercommunale mentionnés au III de l'article 1379-0 *bis* bénéficient de la compensation prévue au IV *bis* de l'article 6 de la loi de finances pour 1987 (n° 86-1317 du 30 décembre 1986), au lieu et place de leurs communes membres, pour les pertes de bases de la cotisation foncière des entreprises résultant, dans la zone d'activités économiques ou pour les installations de production d'électricité utilisant l'énergie mécanique du vent, de l'application du dernier alinéa du II de l'article 1478.

Pour les établissements publics de coopération intercommunale soumis en 2011 aux dispositions du présent article, le taux de taxe professionnelle à retenir est le taux moyen pondéré de taxe professionnelle constaté en 1986 dans l'ensemble des communes membres de l'établissement public de coopération intercommunale ; ce taux est, le cas échéant, majoré du taux de taxe professionnelle voté en 1986 par l'établissement public de coopération intercommunale qui a opté pour le régime fiscal prévu au 2° du 1 ou au 2 du III de l'article 1379-0 *bis* ou dont la communauté de communes est issue ; ces taux sont multipliés par 0,960.

Pour les établissements publics de coopération intercommunale soumis pour la première fois à compter de 2012 aux dispositions du présent article, la compensation est calculée en retenant le taux moyen pondéré des communes membres de l'établissement public de coopération intercommunale.

Pour l'application de l'avant-dernier alinéa du présent 2 *bis*, le taux moyen pondéré est déterminé par le rapport de la somme des compensations au titre de la réduction pour création d'établissement versées aux communes membres au titre de l'année précédant la première année d'application du présent article et de la somme des bases exonérées ou des abattements appliqués au titre de l'année précédant cette même première année d'application.

3. L'établissement public de coopération intercommunale peut verser à la ou les communes dont la ou les zones d'activités économiques lui sont transférées une attribution de compensation égale au plus au produit de la cotisation foncière des entreprises perçu par elles l'année précédant l'institution du taux communautaire.

Le conseil de l'établissement public de coopération intercommunale fixe le montant de cette attribution après consultation de la ou des communes concernées.

4. L'établissement public de coopération intercommunale verse à la ou aux communes dont tout ou partie du territoire est situé à l'intérieur d'une zone de développement de l'éolien ou, en l'absence de zone de développement de l'éolien, aux communes d'implantation des installations mentionnées au II et aux communes limitrophes membres de l'établissement public de coopération intercommunale une attribution visant à compenser les nuisances environnementales liées aux installations utilisant l'énergie mécanique du vent. Cette attribution ne peut être supérieure au produit de la cotisation foncière des entreprises et de la taxe prévue à l'article 1519 D perçues sur ces installations.

Le potentiel fiscal de chaque commune et établissement public de coopération intercommunale à fiscalité propre est corrigé symétriquement pour tenir compte de l'application du présent 4. Cette correction est toutefois supprimée pour l'établissement public de coopération intercommunale à fiscalité propre dans le calcul du potentiel fiscal pris en compte pour déterminer la dotation d'intercommunalité reçue lors de la première année d'adoption du régime prévu à l'article 1609 *nonies* C.

5. Les établissements publics de coopération intercommunale mentionnés au III de l'article 1379-0 *bis* peuvent, sur délibérations concordantes de l'établissement public et des communes membres, se substituer à ces dernières pour la perception du reversement du Fonds national de garantie individuelle des ressources communales et intercommunales prévu au 2.1 de l'article 78 de la loi n° 2009-1673 du 30 décembre 2009 de finances pour 2010, à l'exclusion de la fraction calculée selon les modalités prévues aux 1° et 2° du *a* du D du IV du même 2.1.

Ces établissements publics peuvent, sur délibérations concordantes de l'établissement public et des communes membres, se substituer à ces dernières pour la perception de la dotation de compensation de la réforme de la taxe professionnelle calculée selon les modalités prévues aux II et III du 1.1 du même article 78, à l'exclusion de la part calculée selon les modalités prévues aux *a* et *b* du D du IV du même 1.1.

Le cas échéant, sur délibérations concordantes de l'établissement public de coopération intercommunale et des communes membres, le prélèvement sur les ressources calculé selon les modalités prévues aux II et III du 2.1 dudit article 78 peut être mis à la charge de cet établissement public, à l'exclusion de la part calculée selon les modalités prévues aux 1° et 2° du *a* du D du IV du même 2.1.

(L. n° 2016-1918 du 29 déc. 2016, art. 80-2°) **« Par exception au I de l'article 1639 A *bis*, l'établissement public de coopération intercommunale soumis au présent article et issu d'une fusion ou ayant connu une modification de périmètre et ses communes membres ont jusqu'au 15 janvier pour prendre les délibérations prévues au présent 5. »**

SECTION XIII

I à IV

Art. 1609 *sexies* à 1609 *nonies* *Abrogés à compter de la date d'entrée en vigueur de la L. n° 96-142 du 21 févr. 1996 (JO 24 févr.).*

SECTION XIII *BIS* DISPOSITIONS APPLICABLES À L'ENSEMBLE DES GROUPEMENTS DE COMMUNES

Art. 1609 *nonies* A *Abrogé par L. n° 99-586 du 12 juill. 1999, art. 84-VII.*

Art. 1609 *nonies* A *bis* *Abrogé par Ord. n° 2004-281 du 25 mars 2004, art. 7.*

Art. 1609 *nonies* A *ter* *Abrogé par L. nº 2010-1563 du 16 déc. 2010, art. 15-V.*

SECTION XIII *TER [ABROGÉE]* IMPOSITIONS PERÇUES PAR LES COMMUNAUTÉS OU SYNDICATS D'AGGLOMÉRATIONS NOUVELLES

(Abrogée par L. nº 2015-991 du 7 août 2015, art. 44-V-5º, à compter du 1er janv. 2017)

Art. 1609 *nonies* B *Abrogé par L. nº 2010-1563 du 16 déc. 2010, art. 15-V.*

Art. 1609 *nonies* BA *(Abrogé par L. nº 2015-991 du 7 août 2015, art. 44-V-5º, à compter du 1er janv. 2017) I. — Lorsqu'une zone d'activités économiques se situe à la fois sur le territoire d'une agglomération nouvelle et sur celui d'une commune limitrophe de cette agglomération nouvelle et comprise dans le périmètre d'intervention d'un établissement public d'aménagement de villes nouvelles, l'organe délibérant de l'agglomération nouvelle et le conseil municipal de la commune concernée peuvent, par délibérations concordantes, décider que le taux de la cotisation foncière des entreprises acquittée dans cette zone sera celui s'appliquant chaque année sur le territoire de l'agglomération nouvelle, convenir de la répartition du produit de cette cotisation afférent à ladite zone et fixer, en tant que de besoin, leurs obligations réciproques. Ces délibérations déterminent également le périmètre de la zone d'activités concernée.*

II. — 1. L'agglomération nouvelle se substitue à la commune pour l'application de l'ensemble des dispositions relatives à la cotisation foncière des entreprises et perçoit le produit de la cotisation acquittée dans la zone.

2. Lorsque les modalités de répartition du produit de la cotisation foncière des entreprises entre l'agglomération nouvelle et la commune sont fixées par convention, et pour la durée de cette convention :

a) les délibérations applicables sont celles prises par l'agglomération nouvelle. Toutefois, les dispositions du premier alinéa du III de l'article 1639 A ter sont applicables ;

b) les allocations compensatrices, prévues aux III et IV de l'article 52 de la loi nº 95-115 du 4 février 1995 d'orientation pour l'aménagement et le développement du territoire, au B de l'article 4 de la loi nº 96-987 du 14 novembre 1996 modifiée relative à la mise en œuvre du pacte de relance pour la ville, au III de l'article 95 de la loi de finances pour 1998 (nº 97-1269 du 30 décembre 1997), sont versées à l'agglomération nouvelle. Toutefois, le taux retenu pour le calcul de celles perçues dans la partie de la zone d'activités située hors de l'agglomération nouvelle est le taux de référence de la commune ;

3. Lorsqu'une commune fait application des dispositions du présent article, l'établissement public de coopération intercommunale soumis au régime de l'article 1609 nonies C auquel elle adhère lui est substitué dans les délibérations qu'elle a prises en application du I. L'agglomération nouvelle se substitue à cet établissement public de coopération intercommunale pour l'application de l'ensemble des dispositions relatives à la cotisation foncière des entreprises et perçoit le produit de la cotisation acquittée dans la zone pour la période de la convention restant à courir. Les dispositions du 2 sont applicables.

III. — Toutefois, l'organisme délibérant de l'agglomération nouvelle et le conseil municipal de la commune peuvent décider, par délibérations concordantes, de réduire progressivement dans la partie de la zone d'activités située hors de l'agglomération nouvelle, l'écart entre le taux de la cotisation foncière des entreprises de la commune limitrophe et celui de l'agglomération nouvelle. Cette réduction de l'écart de taux s'effectue à raison du cinquième par année pendant cinq ans.

SECTION XIII *QUATER* IMPOSITIONS PERÇUES PAR LES GROUPEMENTS SUBSTITUÉS AUX COMMUNES POUR L'APPLICATION DES DISPOSITIONS RELATIVES À LA COTISATION FONCIÈRE DES ENTREPRISES, À LA COTISATION SUR LA VALEUR AJOUTÉE DES ENTREPRISES, À L'IMPOSITION FORFAITAIRE SUR LES ENTREPRISES DE RÉSEAUX ET À LA TAXE ADDITIONNELLE À LA TAXE FONCIÈRE SUR LES PROPRIÉTÉS NON BÂTIES

Art. 1609 *nonies* C I. — Les établissements publics de coopération intercommunale mentionnés au I de l'article 1379-0 *bis* sont substitués aux communes membres pour l'application des dispositions relatives à la cotisation foncière des entreprises et la cotisation sur la valeur ajoutée des entreprises et pour la perception du produit de ces taxes.

I *bis*. — Ils sont également substitués aux communes membres pour la perception :

1. Du produit des composantes de l'imposition forfaitaire sur les entreprises de réseaux relatives :

a) Aux installations de production d'électricité utilisant l'énergie mécanique du vent et aux installations de production d'électricité utilisant l'énergie mécanique *(L. n° 2018-1317 du 28 déc. 2018, art. 178-2°-a)* « hydraulique situées dans les eaux intérieures ou dans la mer territoriale et aux installations de production d'électricité utilisant l'énergie mécanique du vent installées avant le 1er janvier 2019, prévue à l'article 1519 D ; »

b) Aux installations de production d'électricité d'origine nucléaire ou thermique à flamme, prévue à l'article 1519 E ;

c) Aux centrales de production d'énergie électrique d'origine photovoltaïque ou hydraulique, prévue à l'article 1519 F ;

d) Aux transformateurs électriques, prévue à l'article 1519 G ;

e) Aux stations radioélectriques, prévue à l'article 1519 H ;

f) Aux installations de gaz naturel liquéfié, aux stockages souterrains de gaz naturel, aux canalisations de transport de gaz naturel, aux stations de compression du réseau de transport de gaz naturel, aux canalisations de transport d'autres hydrocarbures et aux canalisations de transport de produits chimiques prévue à l'article 1519 HA. »

(L. n° 2018-1317 du 28 déc. 2018, art. 178-2°-b) « 1 *bis*. Sur délibération de la commune d'implantation des installations prise dans les conditions prévues au I de l'article 1639 A *bis*, d'une fraction du produit perçu par la commune des composantes de l'imposition forfaitaire sur les entreprises de réseaux relatives aux installations de production d'électricité utilisant l'énergie mécanique du vent, installées à compter du 1er janvier 2019, prévue à l'article 1519 D ; »

2. Du produit de la taxe additionnelle à la taxe foncière sur les propriétés non bâties, prévue à l'article 1519 I.

3. Le cas échéant, sur délibérations concordantes des communes membres et de l'établissement public de coopération intercommunale, du reversement du Fonds national de garantie individuelle des ressources communales et intercommunales prévu au 2.1 de l'article 78 de la loi n° 2009-1673 du 30 décembre 2009 de finances pour 2010, à l'exclusion de la fraction calculée selon les conditions prévues aux 1° et 2° du *a* du D du IV du même 2.1.

4. Le cas échéant, sur délibérations concordantes des communes membres et de l'établissement public de coopération intercommunale, de la dotation de compensation de la réforme de la taxe professionnelle calculée conformément aux II et III du 1.1 de l'article 78 de la loi n° 2009-1673 du 30 décembre 2009 précitée, à l'exclusion de la part calculée dans les conditions prévues aux *a* et *b* du D du IV du même 1.1.

I *ter*. — Le cas échéant, sur délibérations concordantes des communes membres et de l'établissement public de coopération intercommunale, le prélèvement sur les ressources calculé selon les conditions prévues aux II et III du 2.1 de l'article 78 de la loi n° 2009-1673 du 30 décembre 2009 précitée peut être mis à la charge de cet établissement public, à l'exclusion de la part calculée selon les conditions prévues aux 1° et 2° du *a* du D du IV du même 2.1.

(L. n° 2016-1918 du 29 déc. 2016, art. 80-3°) « I *quater*. — Par exception au I de l'article 1639 A *bis*, l'établissement public de coopération intercommunale soumis au présent article et issu d'une fusion ou ayant connu une modification de périmètre et ses communes membres ont jusqu'au 15 janvier pour prendre les délibérations prévues aux 3 et 4 du I *bis* et au I *ter* du présent article. »

II. — Le conseil des établissements publics de coopération intercommunale mentionnés au I vote les taux *(Abrogé par L. n° 2019-1479 du 28 déc. 2019, art. 16-III-A-1°-a et VII-A, à compter des impositions établies au titre de 2020) « de la taxe d'habitation, » (L. n° 2019-1479 du 28 déc. 2019, art. 16-III-A-2° et VII-E, applicable à compter des impositions établies au titre de 2023)* « de la taxe d'habitation sur les résidences secondaires et autres locaux meublés non affectés à l'habitation principale, » de la taxe foncière sur les propriétés bâties et de la taxe foncière sur les propriétés non bâties.

[Al. applicable à compter des impositions établies au titre de 2020]

La première année d'application du présent article, ainsi que l'année qui suit celle au titre de laquelle l'établissement public de coopération intercommunale a voté un taux égal à zéro pour ces *(L. nº 2019-1479 du 28 déc. 2019, art. 16-III-A-1º-b et VII-A)* **« deux** *[ancienne rédaction : trois]* **» taxes, les rapports entre les taux** *(Abrogé par L. nº 2019-1479 du 28 déc. 2019, art. 16-III-A-1º-b et VII-A)* ***« de taxe d'habitation et »*** **des taxes foncières votés par le conseil de l'établissement public de coopération intercommunale sont égaux aux rapports constatés l'année précédente entre les taux moyens pondérés de chaque taxe dans l'ensemble des communes membres.**

[Al. applicable à compter des impositions établies au titre de 2023]

La première année d'application du présent article, ainsi que l'année qui suit celle au titre de laquelle l'établissement public de coopération intercommunale a voté un taux égal à zéro pour ces *(L. nº 2019-1479 du 28 déc. 2019, art. 16-III-A-2º et VII-E)* **« trois** *[ancienne rédaction : deux]* **» taxes, les rapports entre les taux** *(Abrogé par L. nº 2019-1479 du 28 déc. 2019, art. 16-III-A-1º-b et VII-A, à compter des impositions établies au titre de 2020)* ***« de taxe d'habitation et »*** *(L. nº 2019-1479 du 28 déc. 2019, art. 16-III-A-2º et VII-E)* **« de taxe d'habitation sur les résidences secondaires et autres locaux meublés non affectés à l'habitation principale et » des taxes foncières votés par le conseil de l'établissement public de coopération intercommunale sont égaux aux rapports constatés l'année précédente entre les taux moyens pondérés de chaque taxe dans l'ensemble des communes membres.**

Par dérogation, lorsque l'établissement public de coopération intercommunale percevait une fiscalité additionnelle l'année précédant celle de l'application de ces dispositions, les rapports entre les taux *(Abrogé par L. nº 2019-1479 du 28 déc. 2019, art. 16-III-A-1º-c et VII-A, à compter des impositions établies au titre de 2020)* ***« de taxe d'habitation et »*** *(L. nº 2019-1479 du 28 déc. 2019, art. 16-III-A-2º et VII-E, applicable à compter des impositions établies au titre de 2023)* **« de taxe d'habitation sur les résidences secondaires et autres locaux meublés non affectés à l'habitation principale et » des taxes foncières établis par l'établissement public de coopération intercommunale peuvent être égaux aux rapports entre les taux** *(Abrogé par L. nº 2019-1479 du 28 déc. 2019, art. 16-III-A-1º-c et VII-A, à compter des impositions établies au titre de 2020)* ***« de taxe d'habitation et »*** *(L. nº 2019-1479 du 28 déc. 2019, art. 16-III-A-2º et VII-E, applicable à compter des impositions établies au titre de 2023)* **« de taxe d'habitation sur les résidences secondaires et autres locaux meublés non affectés à l'habitation principale et » de taxes foncières votés par lui l'année précédente.**

(Abrogé par L. nº 2019-1479 du 28 déc. 2019, art. 16-III-A-1º-d et VII-A, à compter des impositions établies au titre de 2020) ***« Les années suivantes, le taux de la taxe foncière sur les propriétés non bâties ne peut augmenter plus ou diminuer moins que le taux de la taxe d'habitation jusqu'à la date de la prochaine révision. »***

III. — 1º *a)* Le taux de la cotisation foncière des entreprises est voté par le conseil mentionné au II dans les limites fixées à l'article 1636 B *decies*.

La première année d'application du présent article, le taux de cotisation foncière des entreprises voté par le conseil de l'établissement public de coopération intercommunale ne peut excéder le taux moyen de la cotisation foncière des entreprises des communes membres constaté l'année précédente, pondéré par l'importance relative des bases de ces communes.

Par dérogation, lorsque l'établissement public de coopération intercommunale percevait une fiscalité additionnelle l'année précédant celle de l'application de ces dispositions, le taux moyen pondéré mentionné au premier alinéa est majoré du taux de la cotisation foncière des entreprises perçue l'année précédente par cet établissement public de coopération intercommunale.

Les deuxième et troisième alinéas s'appliquent également la première année de perception de la cotisation foncière des entreprises par un établissement public de coopération intercommunale faisant application des régimes déterminés à l'article 1609 *quinquies* C.

***b)* Le taux de cotisation foncière des entreprises applicable dans chaque commune membre est rapproché du taux de l'établissement public de coopération intercommunale, jusqu'à application d'un taux unique, l'écart étant réduit chaque année par parts égales, dans des proportions dépendant du rapport observé, l'année précédant la pre-**

mière année d'application du I, entre le taux de la commune la moins taxée et celui de la commune la plus taxée.

Lorsque ce rapport est supérieur à 90 % et inférieur à 100 %, le taux de l'établissement public de coopération intercommunale s'applique dès la première année. Lorsque ce rapport est supérieur à 80 % et inférieur à 90 %, l'écart est réduit de moitié la première année et supprimé la seconde. La réduction s'opère par tiers lorsque le rapport est supérieur à 70 % et inférieur à 80 %, par quart lorsqu'il est supérieur à 60 % et inférieur à 70 %, par cinquième lorsqu'il est supérieur à 50 % et inférieur à 60 %, par sixième lorsqu'il est supérieur à 40 % et inférieur à 50 %, par septième lorsqu'il est supérieur à 30 % et inférieur à 40 %, par huitième lorsqu'il est supérieur à 20 % et inférieur à 30 %, par neuvième lorsqu'il est supérieur à 10 % et inférieur à 20 %, et par dixième lorsqu'il est inférieur à 10 %.

c) Le conseil mentionné au II peut, par une délibération adoptée à la majorité simple de ses membres, modifier la durée de la période de réduction des écarts de taux résultant du *b,* sans que cette durée puisse excéder douze ans.

La délibération doit intervenir dans les conditions prévues à l'article 1639 A, au cours de la première année d'application du I.

Cette délibération ne peut être modifiée ultérieurement, sauf en cas de retrait d'une ou plusieurs communes en application des articles L. 5211-41-1, L. 5215-40-1 et L. 5216-10 du code général des collectivités territoriales, du neuvième alinéa du III, du dernier alinéa du IV et du dixième alinéa du V de l'article 11 de la loi n° 2014-58 du 27 janvier 2014 de modernisation de l'action publique territoriale et d'affirmation des métropoles et du huitième alinéa du I et de l'avant-dernier alinéa des II et III de l'article 35 de la loi n° 2015-991 du 7 août 2015 portant nouvelle organisation territoriale de la République.

Pour l'application du présent *c,* la réduction des écarts de taux s'opère, chaque année, par parts égales ; dans le cas où le dispositif de réduction des écarts de taux est déjà en cours, l'écart est réduit chaque année, par parts égales en proportion du nombre d'années restant à courir conformément à la durée fixée par la délibération.

d) Lorsqu'un établissement public de coopération intercommunale faisant application du I de l'article 1609 *quinquies* C opte pour le régime prévu au présent article ou devient soumis à ce régime, le taux constaté dans une commune l'année précédente est le taux appliqué en dehors des zones d'activités économiques existant sur son territoire antérieurement au changement de régime ; le taux constaté l'année précédente dans chaque zone ou fraction de zone si celle-ci est implantée sur le territoire de plusieurs communes est alors assimilé à celui d'une commune membre supplémentaire pour l'application du présent III. Ce dispositif est applicable dans les mêmes conditions lorsque l'établissement public de coopération intercommunale fait application du II de l'article 1609 *quinquies* C ;

2° En cas de rattachement d'une commune à un établissement public de coopération intercommunale faisant application du présent article, les I, II, II *bis* et VI de l'article 1638 *quater* sont applicables ;

3° *Abrogé par Ord. n° 2015-1630 du 10 déc. 2015, art. 1er-E et 11, à compter du 1er janv. 2016.*

IV. — Il est créé entre l'établissement public de coopération intercommunale soumis aux dispositions fiscales du présent article *(Devenu sans objet, Décr. n° 2017-698 du 2 mai 2017, art. 1er) « , à l'exclusion de ceux mentionnés au 5° du I de l'article 1379-0 bis, »* et les communes membres une commission locale chargée d'évaluer les transferts de charges. Cette commission est créée par l'organe délibérant de l'établissement public qui en détermine la composition à la majorité des deux tiers. Elle est composée de membres des conseils municipaux des communes concernées ; chaque conseil municipal dispose d'au moins un représentant. — *Le 5° du I de l'art. 1379-0 bis est abrogé (L. n° 2015-991 du 7 août 2015, art. 44-I et V-2°-a).*

La commission élit son président et un vice-président parmi ses membres. Le président convoque la commission et détermine son ordre du jour ; il en préside les séances. En cas d'absence ou d'empêchement, il est remplacé par le vice-président.

La commission peut faire appel, pour l'exercice de sa mission, à des experts. Elle rend ses conclusions l'année de l'adoption de la cotisation foncière des entreprises unique par l'établissement public de coopération intercommunale et lors de chaque transfert de charges ultérieur.

Les dépenses de fonctionnement, non liées à un équipement, sont évaluées d'après leur coût réel dans les budgets communaux lors de l'exercice précédant le transfert de compétences ou d'après leur coût réel dans les comptes administratifs des exercices précédant ce transfert. Dans ce dernier cas, la période de référence est déterminée par la commission.

Le coût des dépenses liées à des équipements concernant les compétences transférées est calculé sur la base d'un coût moyen annualisé. Ce coût intègre le coût de réalisation ou d'acquisition de l'équipement ou, en tant que de besoin, son coût de renouvellement. Il intègre également les charges financières et les dépenses d'entretien. L'ensemble de ces dépenses est pris en compte pour une durée normale d'utilisation et ramené à une seule année.

Le coût des dépenses transférées est réduit, le cas échéant, des ressources afférentes à ces charges.

(L. n° 2016-1917 du 29 déc. 2016, art. 148-I-1°-a) « La commission locale chargée d'évaluer les charges transférées remet dans un délai de neuf mois à compter de la date du transfert un rapport évaluant le coût net des charges transférées. Ce rapport est approuvé » par délibérations concordantes de la majorité qualifiée des conseils municipaux prévue au premier alinéa du II de l'article L. 5211-5 du code général des collectivités territoriales, *(L. n° 2016-1917 du 29 déc. 2016, art. 148-I-1°-a et b)* « prises dans un délai de trois mois à compter de la transmission du rapport au conseil municipal par le président de la commission. Le rapport est également transmis à l'organe délibérant de l'établissement public de coopération intercommunale.

« Lorsque le président de la commission n'a pas transmis le rapport précité aux conseils municipaux des communes membres ou à défaut d'approbation de celui-ci dans les conditions susmentionnées, le coût net des charges transférées est constaté par arrêté du représentant de l'État dans le département. Il est égal à la moyenne des dépenses figurant sur les comptes administratifs de la collectivité à l'origine du transfert, actualisées en fonction de l'indice des prix hors tabac tel que constaté à la date des transferts sur une période de trois ans précédant le transfert pour les dépenses de fonctionnement et actualisées en fonction de l'indice des prix de la formation brute de capital fixe des administrations publiques, tel que constaté à la date des transferts, sur une période de sept ans précédant le transfert pour les dépenses d'investissement. Il est réduit le cas échéant des ressources afférentes à ces charges. »

Lorsqu'il est fait application à un établissement public de coopération intercommunale des dispositions du présent article, la commission d'évaluation des transferts de charges doit rendre ses conclusions sur le montant des charges qui étaient déjà transférées à l'établissement public de coopération intercommunale et celui de la fiscalité ou des contributions des communes qui étaient perçues pour les financer.

(L. n° 2019-1461 du 27 déc. 2019, art. 32) « A la demande de l'organe délibérant de l'établissement public de coopération intercommunale à fiscalité propre ou du tiers des conseils municipaux des communes membres, la commission fournit une estimation prospective des charges susceptibles d'être transférées par les communes à l'établissement ou par ce dernier aux communes. Cette estimation prospective ne dispense pas la commission d'établir le rapport mentionné au septième alinéa du IV du présent article. »

V. — 1° L'établissement public de coopération intercommunale verse à chaque commune membre une attribution de compensation. Elle ne peut être indexée.

Lorsque l'attribution de compensation est négative, l'établissement public de coopération intercommunale peut demander à la commune d'effectuer, à due concurrence, un versement à son profit.

Les attributions de compensation fixées conformément aux 2°, 4°, 5° ou, le cas échéant, au 1° *bis* constituent une dépense obligatoire pour l'établissement public de coopération intercommunale ou, le cas échéant, les communes membres. Le conseil de l'établissement public de coopération intercommunale communique aux communes membres, avant le 15 février de chaque année, le montant prévisionnel des attributions au titre de ces reversements.

Le conseil de l'établissement public de coopération intercommunale ne peut procéder à une réduction des attributions de compensation qu'après accord des conseils municipaux des communes intéressées.

Toutefois, dans le cas où une diminution des bases imposables réduit le produit global disponible des impositions mentionnées au premier alinéa du 2°, l'organe délibérant de l'établissement public de coopération intercommunale peut décider de réduire les attributions de compensation.

(L. n° 2021-1900 du 30 déc. 2021, art. 197-II) « Cette réduction des attributions de compensation ne peut pas être supérieure à la perte de produit global disponible mentionnée au cinquième alinéa du présent 1°. L'établissement public de coopération intercommunale peut décider de l'appliquer soit à l'ensemble des communes membres, soit à la seule commune membre sur le territoire de laquelle la perte de produit global disponible a été constatée. La réduction ne peut avoir pour effet de baisser l'attribution de compensation de la commune intéressée d'un montant supérieur au montant le plus élevé entre, d'une part, 5 % de ses recettes réelles de fonctionnement et, d'autre part, le montant qu'elle a perçu, le cas échéant, au titre du prélèvement sur recettes prévu au VIII du 2.1 de l'article 78 de la loi n° 2009-1673 du 30 décembre 2009 de finances pour 2010.

« Sous réserve de l'avant-dernier alinéa du présent 1°, un établissement public de coopération intercommunale à fiscalité propre bénéficiant d'un des mécanismes de compensation prévus aux I, II et II *bis* du 3 de l'article 78 de la loi n° 2009-1673 du 30 décembre 2009 précitée ainsi qu'au III de l'article 79 de la loi n° 2018-1317 du 28 décembre 2018 de finances pour 2019 peut décider de procéder à cette réduction des attributions de compensation sur plusieurs années. Dans ce cas, cette diminution ne peut pas être supérieure, au titre d'une année, à la différence entre, d'une part, la réduction du produit global mentionnée au cinquième alinéa du présent 1° et, d'autre part, le montant de la compensation versée au titre de ces mécanismes de compensation ; »

1° *bis* Le montant de l'attribution de compensation et les conditions de sa révision peuvent être fixés librement par délibérations concordantes du conseil communautaire, statuant à la majorité des deux tiers, et des conseils municipaux des communes membres intéressées, en tenant compte du rapport de la commission locale d'évaluation des transferts de charges.

(L. n° 2016-1918 du 29 déc. 2016, art. 81) « Ces délibérations peuvent prévoir d'imputer une partie du montant de l'attribution de compensation en section d'investissement en tenant compte du coût des dépenses d'investissement liées au renouvellement des équipements transférés, calculé par la commission locale d'évaluation des transferts de charges conformément au cinquième alinéa du IV. »

A défaut d'accord, le montant de l'attribution est fixé dans les conditions figurant aux 2°, 4° et 5° ;

2° L'attribution de compensation est égale à la somme des produits mentionnés au I et aux 1 et 2 du I *bis* et du produit de la taxe sur les surfaces commerciales prévue à l'article 3 de la loi n° 72-657 du 13 juillet 1972 instituant des mesures en faveur de certaines catégories de commerçants et artisans âgés, perçus par la commune l'année précédant celle de la première application du présent article, diminuée du coût net des charges transférées calculé dans les conditions définies au IV.

L'attribution de compensation est majorée du montant perçu par la commune la même année, d'une part, au titre de la part de la dotation forfaitaire prévue à l'article L. 2334-7 du code général des collectivités territoriales correspondant au montant antérieurement versé en application du I du D de l'article 44 de la loi de finances pour 1999 (n° 98-1266 du 30 décembre 1998) *(L. n° 2016-1917 du 29 déc. 2016, art. 148-I-2°-a)* « diminué du pourcentage prévu au deuxième alinéa de l'article L. 5211-28-1 du code général des collectivités territoriales, » et, d'autre part, au titre du montant des compensations, hors celui de la compensation prévue au IV *bis* de l'article 6 de la loi de finances pour 1987 (n° 86-1317 du 30 décembre 1986), allouées :

— en application du B de l'article 26 de la loi de finances pour 2003 (n° 2002-1575 du 30 décembre 2002) ;

— en application de l'article 53 de la loi de finances pour 2004 (n° 2003-1311 du 30 décembre 2003), sous réserve d'une délibération du conseil de l'établissement public de coopération intercommunale statuant à l'unanimité ;

— et, le cas échéant, en application du B de l'article 4 de la loi n° 96-987 du 14 novembre 1996 relative à la mise en œuvre du pacte de relance pour la ville ou du B de l'article 3 de la loi n° 96-1143 du 26 décembre 1996 relative à la zone franche de Corse.

L'attribution de compensation est minorée, le cas échéant, du montant des reversements, autorisés par l'article 11 de la loi n° 80-10 du 10 janvier 1980 portant aménagement de la fiscalité directe locale, perçus au profit de l'établissement public de coopération intercommunale l'année précédant celle de la première application de ces dispositions.

L'attribution de compensation est majorée du produit de la réduction de taux de taxe d'habitation prévue, selon le cas, au VII de l'article 1638 *quater* ou au IV de l'article 1638-0 *bis* par les bases de taxe d'habitation de la commune l'année de son rattachement à l'établissement public de coopération intercommunale.

Toutefois, lorsqu'une commune cesse d'appartenir à un établissement public de coopération intercommunale faisant application du régime fiscal du présent article pour adhérer à un autre établissement public de coopération intercommunale faisant application du même régime fiscal, le produit de cotisation foncière des entreprises est majoré du montant perçu, l'année de cette modification, par l'établissement public de coopération intercommunale auquel elle a cessé d'appartenir, au titre de la part de la dotation de compensation prévue à l'article L. 5211-28-1 du code général des collectivités territoriales correspondant au montant antérieurement versé en application du I du D de l'article 44 de la loi de finances pour 1999 précitée.

L'attribution de compensation est recalculée, dans les conditions prévues au IV, lors de chaque transfert de charge.

(L. n° 2016-1917 du 29 déc. 2016, art. 148-I-2°-b, en vigueur le 30 déc. 2016) « Tous les cinq ans, le président de l'établissement public de coopération intercommunale présente un rapport sur l'évolution du montant des attributions de compensation au regard des dépenses liées à l'exercice des compétences par l'établissement public de coopération intercommunale. Ce rapport donne lieu à un débat au sein de l'organe délibérant de l'établissement public de coopération intercommunale. Il est pris acte de ce débat par une délibération spécifique. Ce rapport est obligatoirement transmis aux communes membres de l'établissement public de coopération intercommunale. »

2° *bis Abrogé.*

3° *Abrogé.*

(Abrogé par L. n° 2016-1917 du 29 déc. 2016, art. 148-I-2°-c) ***« 4° Lorsqu'il est fait application des dispositions du présent article à une communauté d'agglomération issue de la transformation d'un syndicat d'agglomération nouvelle, l'attribution de compensation versée chaque année aux communes membres est égale à la dotation de coopération définie à l'article L. 5334-8 du code général des collectivités territoriales perçue l'année précédant celle de la première application de ces dispositions.***

« Cette attribution est recalculée dans les conditions prévues au IV lors de chaque nouveau transfert de charges. Elle ne peut être indexée. »

5° 1. — Lorsqu'à la suite d'une fusion réalisée dans les conditions prévues à l'article L. 5211-41-3 du code général des collectivités territoriales, un établissement public de coopération intercommunale fait application du régime prévu au présent article et des dispositions de l'article 1638-0 *bis*, l'attribution de compensation versée ou perçue à compter de l'année où l'opération de fusion produit pour la première fois ses effets au plan fiscal est égale :

a) Pour les communes qui étaient antérieurement membres d'un établissement public de coopération intercommunale soumis au présent article : à l'attribution de compensation que versait ou percevait cet établissement public de coopération intercommunale l'année précédant celle où cette opération a produit pour la première fois ses effets au plan fiscal, sous réserve des dispositions de l'avant-dernier alinéa du 2° du présent V. Il peut être dérogé au présent *a* *(L. n° 2016-1917 du 29 déc. 2016, art. 148-I-2°-d)* « soit par délibérations concordantes de l'établissement public de coopération intercommunale et des communes intéressées dans les conditions du 1° *bis*, soit », uniquement *(L. n° 2016-1917 du 29 déc. 2016, art. 148-I-2°-d)* « les *(L. n° 2017-1837 du 30 déc. 2017, art. 169)* « trois » premières années » d'existence du nouvel établissement public de coopération intercommunale *(L. n° 2016-1917 du 29 déc. 2016, art. 148-I-2°-d)* « par délibération de l'organe délibérant de l'établissement public de coopération intercommunale statuant à la majorité des deux tiers ». *(L. n° 2016-1917 du 29 déc. 2016, art. 148-I-2°-e)* « Dans ce dernier cas, la » révision ne peut pas avoir pour effet de minorer ou de majorer l'attribution de compensation de plus de *(L. n° 2016-1917 du 29 déc. 2016, art. 148-I-2°-e)* « 30 % *[ancienne rédaction : 15 %]* » de son montant *(L. n° 2016-1917 du 29 déc. 2016, art. 148-I-2°-e)* « , représentant au plus 5 % des recettes réelles de fonctionnement de la commune intéressée l'année précédant la révision » ;

b) Pour les communes qui étaient antérieurement membres d'un établissement public de coopération intercommunale ne faisant pas application du présent article : au montant calculé conformément au 2° du présent V.

Lorsque la fusion s'accompagne d'un transfert ou d'une restitution de compétences, cette attribution de compensation est respectivement diminuée ou majorée du montant net des charges transférées, calculé dans les conditions définies au IV.

Un protocole financier général définit les modalités de détermination des attributions de compensation *(Abrogé par L. n° 2016-1917 du 29 déc. 2016, art. 148-I-2°-f) « et les relations financières »* entre l'établissement public de coopération intercommunale fusionné et les communes *(Abrogé par L. n° 2016-1917 du 29 déc. 2016, art. 148-I-2°-f) « , les conditions de reprise des dettes des établissements publics à fiscalité propre préexistants, les formules d'amortissement des investissements et les procédures comptables ».*

A titre dérogatoire, les établissements publics de coopération intercommunale issus d'une fusion ou d'une modification de périmètre au 1er janvier 2010 et les conseils municipaux de leurs communes membres peuvent, par délibérations concordantes prises à la majorité qualifiée prévue au premier alinéa du II de l'article L. 5211-5 du code général des collectivités territoriales, procéder, avant le 31 décembre 2014, à la révision du montant de l'attribution de compensation.

2. — Lorsque, dans le cadre d'une modification de périmètre, de l'adhésion individuelle d'une commune ou d'une transformation dans les conditions prévues aux articles L. 5211-41-1 et L. 5214-26 du même code, un établissement public de coopération intercommunale est soumis au régime prévu au présent article et qu'il est fait application des dispositions de l'article 1638 *quater*, l'attribution de compensation versée ou perçue à compter de l'année où les opérations précitées ont produit pour la première fois leurs effets au plan fiscal est égale à :

a) Pour les communes qui étaient antérieurement membres d'un établissement public de coopération intercommunale soumis au présent article : à l'attribution de compensation que versait ou percevait cet établissement public de coopération intercommunale l'année précédant celle où les opérations précitées ont produit pour la première fois leurs effets au plan fiscal, sous réserve des dispositions de l'avant-dernier alinéa du 2° du présent V. Il peut être dérogé au présent *a* *(L. n° 2016-1917 du 29 déc. 2016, art. 148-I-2°-d)* « soit par délibérations concordantes de l'établissement public de coopération intercommunale et des communes intéressées dans les conditions du 1° *bis*, soit, » uniquement *(L. n° 2016-1917 du 29 déc. 2016, art. 148-I-2°-d)* « les *(L. n° 2017-1837 du 30 déc. 2017, art. 169)* « trois » premières années » d'existence du nouvel établissement public de coopération intercommunale *(L. n° 2016-1917 du 29 déc. 2016, art. 148-I-2°-d)* « par délibération de l'organe délibérant de l'établissement public de coopération intercommunale statuant à la majorité des deux tiers ». *(L. n° 2016-1917 du 29 déc. 2016, art. 148-I-2°-e)* « Dans ce dernier cas, la » révision ne peut pas avoir pour effet de minorer ou de majorer l'attribution de compensation de plus de *(L. n° 2016-1917 du 29 déc. 2016, art. 148-I-2°-e)* « 30 % *[ancienne rédaction : 15 %]* » de son montant *(L. n° 2016-1917 du 29 déc. 2016, art. 148-I-2°-e)* « , représentant au plus 5 % des recettes réelles de fonctionnement de la commune intéressée l'année précédant la révision » ;

b) Pour les communes qui étaient antérieurement membres d'un établissement public de coopération intercommunale ne faisant pas application du présent article : au montant calculé conformément au 2° du présent V.

Lorsque l'adhésion d'une commune s'accompagne d'un transfert ou d'une restitution de compétences, cette attribution de compensation est respectivement diminuée ou majorée du montant net des charges transférées calculé dans les conditions définies au IV.

(Abrogé par L. n° 2016-1917 du 29 déc. 2016, art. 148-I-2°-c) ***« 3. — L'attribution de compensation versée chaque année aux communes membres qui étaient antérieurement membres d'un syndicat d'agglomération nouvelle est égale à la dotation de coopération définie à l'article L. 5334-8 du code général des collectivités territoriales perçue l'année de la fusion.***

« Lorsque l'adhésion à un établissement public de coopération intercommunale s'accompagne d'un transfert ou d'une restitution de compétences, l'attribution de compensation est respectivement diminuée ou majorée du montant net des charges transférées calculé dans les conditions définies au IV du présent article. »

4. — L'attribution de compensation versée chaque année aux communes membres qui étaient antérieurement membres d'un établissement public de coopération intercommunale sans fiscalité propre est calculée dans les conditions prévues au 2°.

5. — *(Abrogé par L. n° 2016-1917 du 29 déc. 2016, art. 148-I-2°-c)* ***« Les métropoles et la métropole de Lyon peuvent faire application de la révision dérogatoire prévue au a du 1 du présent 5°, uniquement la première année où leur création produit ses effets au plan fiscal, pour modifier l'attribution de compensation que versait ou percevait l'établissement public de coopération intercommunale préexistant l'année précédente. Cette révision ne peut pas avoir pour effet de minorer ou de majorer l'attribution de compensation de plus de 15 % de son montant.***

« A défaut de révision dérogatoire, l'attribution de compensation versée ou perçue à compter de l'année où leur création a produit pour la première fois ses effets au plan fiscal est égale à celle que versait ou percevait l'établissement public de coopération intercommunale préexistant l'année précédente. »

Un protocole financier général établi au plus tard au 31 décembre 2016 définit les modalités de détermination des attributions de compensation entre la métropole de Lyon et les communes situées sur son territoire.

6° Les attributions de compensation fixées conformément aux 2°, 4°, 5° ou, le cas échéant, au 1° *bis* du présent V sont recalculées dans les conditions prévues au IV lors de chaque nouveau transfert de charges. Elles ne peuvent être indexées ;

7° Sous réserve de l'application du 5° du présent V », les établissements publics de coopération intercommunale soumis au présent article et les conseils municipaux de leurs communes membres peuvent procéder, par délibérations concordantes prises à la majorité qualifiée prévue au premier alinéa du II de l'article L. 5211-5 du code général des collectivités territoriales, à la diminution des attributions de compensation d'une partie des communes membres lorsque les communes concernées disposent d'un potentiel financier par habitant supérieur de plus de 20 % au potentiel financier par habitant moyen de l'ensemble des communes membres. Cette réduction de leurs attributions de compensation ne peut excéder 5 % du montant de celles-ci. »

V *bis*. — 1. Pour les établissements publics de coopération intercommunale qui faisaient application au 31 décembre 2010 du présent article dans sa rédaction en vigueur à cette date, l'attribution de compensation versée chaque année aux communes qui en étaient membres à cette même date est égale à celle qui leur était versée en 2010, sans préjudice des dispositions prévues au V relatives à l'évolution de leur montant.

2. Pour les établissements publics de coopération intercommunale *(Devenu sans objet, Décr. n° 2017-698 du 2 mai 2017, art. 1er)* ***« , à l'exception de ceux mentionnés au 5° du I de l'article 1379-0 bis, »*** **qui font application pour la première fois en 2011 du présent article, le montant de la compensation relais perçue en 2010 par la commune, conformément au II de l'article 1640 B, est substitué aux produits mentionnés au premier alinéa du 2° du V pour le calcul de l'attribution de compensation.** *— Le 5° du I de l'art. 1379-0 bis est abrogé (L. n° 2015-991 du 7 août 2015, art. 44-I et V-2°-a).*

(Abrogé par L. n° 2019-1479 du 28 déc. 2019, art. 256-I) ***« VI. — L'établissement public de coopération intercommunale, autre qu'une communauté urbaine », qu'une métropole*** *(Décr. n° 2017-698 du 2 mai 2017, art. 1er)* ***« ou que la métropole de Lyon,*** [*ancienne rédaction :, que la métropole de Lyon ou qu'un établissement public de coopération intercommunale mentionné au 5° du I de l'article 1379-0 bis*] ***» soumis aux dispositions du I peut instituer au bénéfice de ses communes membres et, le cas échéant, d'établissements publics de coopération***

intercommunale à fiscalité propre limitrophes une dotation de solidarité communautaire, dont le principe et les critères de répartition sont fixés par le conseil communautaire statuant à la majorité des deux tiers des suffrages exprimés. Le montant de cette dotation est fixé librement par le conseil de l'établissement public de coopération intercommunale. Elle est répartie en tenant compte prioritairement de l'importance de la population et du potentiel fiscal ou financier par habitant, les autres critères étant fixés librement par le conseil. Lorsqu'une zone d'activités économiques d'intérêt départemental est située en tout ou partie sur le territoire de l'établissement public de coopération intercommunale, celui-ci peut étendre le versement de la dotation de solidarité communautaire aux établissements publics de coopération intercommunale à fiscalité propre constituant un ensemble sans discontinuité territoriale et limitrophe de son territoire.

« Lorsqu'il s'agit d'une communauté urbaine, d'une métropole ou de la métropole de Lyon ou lorsque l'établissement public de coopération intercommunale est signataire d'un contrat de ville tel que défini à l'article 6 de la loi n° 2014-173 du 21 février 2014 de programmation pour la ville et la cohésion urbaine, il définit les objectifs de péréquation et de renforcement des solidarités financière et fiscale entre ses communes membres sur la durée du contrat de ville. L'établissement public de coopération intercommunale à fiscalité propre s'engage, lors de la signature du contrat de ville, à élaborer, en concertation avec ses communes membres, un pacte financier et fiscal de solidarité visant à réduire les disparités de charges et de recettes entre ces dernières. Ce pacte tient compte des efforts de mutualisation des recettes et des charges déjà engagés ou envisagés à l'occasion des transferts de compétences, des règles d'évolution des attributions de compensation, des politiques communautaires poursuivies au moyen des fonds de concours ou de la dotation de solidarité communautaire ainsi que des critères retenus par l'organe délibérant de l'établissement public de coopération intercommunale à fiscalité propre pour répartir, le cas échéant, les prélèvements ou reversements au titre du Fonds national de péréquation des ressources intercommunales et communales. » Lorsque ce pacte financier et fiscal de solidarité est élaboré dans les établissements publics de coopération intercommunale à fiscalité propre issus d'une fusion d'établissements publics de coopération intercommunale dont les potentiels financiers agrégés par habitant présentent un écart d'au moins 40 % entre le potentiel financier agrégé le plus élevé et celui le moins élevé à la date de la fusion, l'établissement public de coopération intercommunale issu de cette fusion est tenu d'instituer une dotation de solidarité communautaire selon les critères de péréquation définis aux alinéas suivants. A défaut d'avoir élaboré un tel pacte au plus tard un an après l'entrée en vigueur du contrat de ville, l'établissement public de coopération intercommunale à fiscalité propre ou la collectivité territoriale concernée est tenu d'instituer, au profit des communes concernées par les dispositifs prévus dans ce contrat de ville, une dotation de solidarité communautaire, dont le montant est au moins égal à 50 % de la différence entre les produits des impositions mentionnées au I et aux 1 et 2 du I bis du présent article au titre de l'année du versement de la dotation et le produit de ces mêmes impositions constaté l'année précédente. Cette dotation est répartie selon les critères de péréquation définis aux alinéas suivants, afin de réduire les disparités de ressources et de charges entre les communes.

« Ces critères sont déterminés notamment en fonction :

« a) de l'écart du revenu par habitant de la commune au revenu moyen par habitant de l'établissement public de coopération intercommunale ;

« b) de l'insuffisance de potentiel fiscal ou financier par habitant de la commune au regard du potentiel fiscal communal moyen par habitant sur le territoire de l'établissement public de coopération intercommunale.

« Des critères complémentaires peuvent être choisis par le conseil.

« La métropole du Grand Paris a la faculté d'instituer une dotation de solidarité communautaire au profit de ses communes membres, dans les conditions prévues à l'article L. 5219-11 du code général des collectivités territoriales. »

VII. — Pour les communes membres d'un établissement public de coopération intercommunale soumis aux dispositions du présent article *(Devenu sans objet, Décr. n° 2017-698 du 2 mai 2017, art. 1er) « , à l'exclusion de ceux mentionnés au 5° du I de l'article 1379-0 bis »*, le taux à prendre en compte pour le calcul de la compensation visée au II de l'article 21 de la loi de finances pour 1992 (n° 91-1322 du 30 décembre 1991) est majoré, le cas échéant, du taux voté en 1991 par l'établissement public de coopération intercommunale précité. Lorsque les communes sont membres d'un

établissement public de coopération intercommunale faisant application du présent article et ayant connu une modification de périmètre, quelle qu'en soit la nature, le taux à prendre en compte pour ce même calcul est majoré, le cas échéant, du taux voté en 1991 par l'établissement public de coopération intercommunale dont elles étaient membres préalablement à la fusion. *— Le 5° du I de l'art. 1379-0 bis est abrogé (L. n° 2015-991 du 7 août 2015, art. 44-I et V-2°-a).*

VIII. — 1° Les sommes versées aux communes en application du IV de l'article 6 de la loi de finances pour 1987 (n° 86-1317 du 30 décembre 1986) leur restent acquises lorsqu'elles deviennent membres d'un établissement public de coopération intercommunale soumis aux dispositions du présent article.

2° Les établissements publics de coopération intercommunale soumis aux dispositions du présent article bénéficient de la compensation prévue au IV *bis* de l'article 6 de la loi de finances pour 1987 précitée au lieu et place de leurs communes membres.

Pour les établissements publics de coopération intercommunale soumis en 2011 aux dispositions du présent article, le taux de taxe professionnelle à retenir est le taux moyen pondéré de taxe professionnelle constaté en 1986 dans l'ensemble des communes membres de l'établissement public de coopération intercommunale ; ce taux est, le cas échéant, majoré du taux de taxe professionnelle voté en 1986 par l'établissement public de coopération intercommunale qui a opté pour le régime fiscal prévu au présent article ou dont la communauté de communes est issue ; ces taux sont multipliés par 0,960.

Pour les établissements publics de coopération intercommunale soumis pour la première fois à compter de 2012 aux dispositions du présent article, la compensation est calculée en retenant le taux moyen pondéré des communes membres de l'établissement public de coopération intercommunale.

Pour l'application de l'avant-dernier alinéa du présent 2°, le taux moyen pondéré est déterminé par le rapport de la somme des compensations au titre de la réduction pour création d'établissement versées aux communes membres au titre de l'année précédant la première année d'application du présent article et de la somme des bases exonérées ou des abattements appliqués au titre de l'année précédant cette même première année d'application.

IX. — Les dispositions des I à VIII sont applicables aux communautés de communes ayant, avant le 31 décembre 2010, opté, en application du III de l'article 1609 *quinquies* C dans sa rédaction en vigueur jusqu'à cette date, pour l'application du présent article.

Pour les dispositions de l'art. 1609 nonies C applicables avant le 1er janv. 2013, V. ***CGI, éd. 2015.***

Art. 1609 *nonies* D *Abrogé par L. n° 2010-1563 du 16 déc. 2010, art. 15-V.*

SECTION XIII *QUINQUIES* TAXES SUR LE PRODUIT DE LA VALORISATION DES TERRAINS NUS ET DES IMMEUBLES BÂTIS

Art. 1609 *nonies* F *Abrogé par L. n° 2014-1654 du 29 déc. 2014, art. 20-II-1°.*

SECTION XIII *SEXIES* TAXE SUR LES PLUS-VALUES DE CESSION D'IMMEUBLES AUTRES QUE DES TERRAINS À BÂTIR

(L. n° 2012-1510 du 29 déc. 2012, art. 70-I-A)

Art. 1609 *nonies* G I. — Il est institué une taxe sur les plus-values réalisées dans les conditions prévues aux articles 150 U et 150 UB à 150 UD par les personnes physiques ou les sociétés ou groupements qui relèvent des articles 8 à 8 *ter* et dans celles prévues à l'article 244 *bis* A par les contribuables non domiciliés fiscalement en France assujettis à l'impôt sur le revenu.

La taxe ne s'applique pas aux plus-values réalisées lors de la cession de terrains à bâtir ou de droits s'y rapportant.

(Abrogé par L. n° 2021-1900 du 30 déc. 2021, art. 45-III-2°) ***« Le produit de la taxe est affecté au fonds mentionné à l'article*** *(Ord. n° 2019-770 du 17 juill. 2019, art. 7-3° et 23-I, en vigueur le 1er sept. 2019)* ***« L. 811-1 » du code de la construction et de l'habita-***

tion, dans la limite du plafond prévu au I de l'article 46 de la loi nº 2011-1977 du 28 décembre 2011 de finances pour 2012. »

II. — La taxe est assise sur le montant imposable des plus-values déterminé dans les conditions prévues, selon le cas, aux articles 150 V à 150 VD ou au II de l'article 244 *bis* A.

Elle est due par le cédant et exigible lors de la cession.

III. — La taxe est due à raison des plus-values imposables d'un montant supérieur à 50 000 €, selon le barème suivant appliqué au montant total de la plus-value imposable :

(En euros)

MONTANT DE LA PLUS-VALUE imposable	MONTANT DE LA TAXE
De 50 001 à 60 000	2 % PV − (60 000 − PV) × 1/20
De 60 001 à 100 000	2 % PV
De 100 001 à 110 000	3 % PV − (110 000 − PV) × 1/10
De 110 001 à 150 000	3 % PV
De 150 001 à 160 000	4 % PV − (160 000 − PV) × 15/100
De 160 001 à 200 000	4 % PV
De 200 001 à 210 000	5 % PV − (210 000 − PV) × 20/100
De 210 001 à 250 000	5 % PV
De 250 001 à 260 000	6 % PV − (260 000 − PV) × 25/100
Supérieur à 260 000	6 % PV
(PV = montant de la plus-value imposable)	

IV. — Une déclaration, conforme à un modèle établi par l'administration, retrace les éléments servant à la liquidation de la taxe. Elle est déposée dans les conditions prévues aux 1°, 2° et 4° du I et au II de l'article 150 VG.

V. — La taxe est versée lors du dépôt de la déclaration prévue au IV. Les I à II *bis* de l'article 150 VF, le second alinéa du I et les II et III de l'article 150 VH et le IV de l'article 244 *bis* A sont applicables.

VI. — La taxe est contrôlée sous les mêmes garanties et sanctions qu'en matière d'impôt sur le revenu.

Les dispositions de l'art. 1609 nonies G s'appliquent aux plus-values réalisées au titre des cessions intervenues à compter du 1er janv. 2013, à l'exception de celles pour lesquelles une promesse de vente a acquis date certaine avant le 7 déc. 2012 (L. nº 2012-1510 du 29 déc. 2012, art. 70-I-C).

Pour les plus-values réalisées à compter du 1er sept. 2013, V. App., L. nº 2013-1278 du 29 déc. 2013, art. 27-III et IV.

Pour les plus-values résultant de la cession de terrains à bâtir ou de droits s'y rapportant, précédée d'une promesse de vente ayant acquis date certaine à compter du 1er sept. 2014 et au plus tard le 31 déc. 2015, et réalisées au plus tard le 31 déc. de la deuxième année suivant ladite date certaine, V. L. nº 2014-1654 du 29 déc. 2014, art. 4-II à IV, ss. art. 150 V.

Taxe sur les plus-values immobilières supérieures à 50 000 €. Champ d'application de la taxe. Exonération des terrains à bâtir. Seuil d'application de la taxe. Pluralité de cédants. Cession par des personnes morales soumises à l'IR.* BOI-RFPI-TPVIE à BOI-RFPI-TPVIE-20 du 6 août 2013.

SECTION XIV CONTRIBUTION ADDITIONNELLE À L'IMPOSITION FORFAITAIRE SUR LES ENTREPRISES DE RÉSEAUX APPLICABLE AUX STATIONS RADIOÉLECTRIQUES

Art. 1609 *decies* *(Abrogé par L. nº 2018-1317 du 28 déc. 2018, art. 26-III-24º) **Il est institué une contribution additionnelle à l'imposition forfaitaire sur les entreprises de réseaux applicable aux stations radioélectriques mentionnées à l'article 1519 H autres que celles mentionnées au deuxième alinéa du III du même article.***

Cette contribution est due chaque année par la personne redevable de l'imposition forfaitaire mentionnée au premier alinéa.

***Elle est égale à un pourcentage du montant de cette imposition fixé par décret dans la limite de 5 %.** — V. Ann. III, art. 331 A.*

Cette contribution fait l'objet d'une déclaration dans les mêmes conditions que l'imposition mentionnée à l'article 1519 H.

***Le contrôle, le recouvrement, le contentieux, les garanties, sûretés et privilèges sont régis comme en matière de cotisation foncière des entreprises.** — Art. issu du transfert de l'ancien art. 235 ter Z.*

CHAPITRE PREMIER *BIS* TAXES SUR LE CHIFFRE D'AFFAIRES ET TAXES DIVERSES ASSIMILÉES

SECTION PREMIÈRE CENTRE NATIONAL DU LIVRE

Art. 1609 *decies* A à 1609 *decies* E *Transférés ss. art. 1609 undecies à 1609 quindecies.*

Art. 1609 *undecies* *(Abrogé par L. nº 2018-1317 du 28 déc. 2018, art. 26-III-25º) **Il est perçu :***

a) Une taxe sur l'édition des ouvrages de librairie ;

b) Une taxe sur les appareils de reproduction ou d'impression.

Le produit de chacune de ces taxes est affecté au Centre national du livre dans la limite du plafond fixé au I de l'article 46 de la loi nº 2011-1977 du 28 décembre 2011 de finances pour 2012.

Art. 1609 *duodecies* *(Abrogé par L. nº 2018-1317 du 28 déc. 2018, art. 26-III-25º) **La taxe sur l'édition des ouvrages de librairie est due par les éditeurs en raison des ventes autres que les exportations et les livraisons, exonérées en vertu du I de l'article 262 ter ou les livraisons dans un lieu situé dans un autre État membre de l'Union européenne, en application de l'article 258 A, des ouvrages de librairie de toute nature, y compris des livres numériques au sens de l'article 1er de la loi nº 2011-590 du 26 mai 2011 relative au prix** (Décr. nº 2016-775 du 10 juin 2016, art. 1er) **« du livre numérique », qu'ils éditent.***

En sont exonérés les éditeurs dont le chiffre d'affaires de l'année précédente pour cette branche d'activité n'a pas excédé, tous droits et taxes compris, 76 300 €.

Est assimilée à un éditeur toute personne physique ou morale commercialisant des ouvrages de librairie et soumise à l'obligation prévue à l'article 66 bis du code des douanes. Est également assimilée à un éditeur toute personne physique ou morale d'un autre État membre de la Communauté européenne qui réalise des livraisons d'ouvrages de librairie dans les conditions fixées à l'article 258 B.

La taxe est perçue au taux de 0,20 %.

Art. 1609 *terdecies* *(Abrogé par L. nº 2018-1317 du 28 déc. 2018, art. 26-III-25º) **La taxe sur les appareils de reproduction ou d'impression » est due pour les opérations suivantes :***

— sous réserve de présenter toutes justifications nécessaires, ventes et livraisons à soi-même, à l'exception des exportations et des livraisons exonérées en vertu du I de l'article 262 ter ou les livraisons dans un lieu situé dans un autre État membre de la Communauté européenne en application de l'article 258 A, d'appareils de reproduction ou d'impression réalisées par les entreprises qui les ont fabriqués ou fait fabriquer en France ;

— importations et acquisitions intracommunautaires des mêmes appareils.

***Un arrêté conjoint du ministre de l'économie et des finances et du ministre de l'industrie et de la recherche fixe la liste de ces appareils.** — V. Ann. IV, art. 159 AD.*

La taxe est perçue au taux de 3,25 %.

Art. 1609 quaterdecies *(Abrogé par L. n° 2018-1317 du 28 déc. 2018, art. 26-III-25°)* ***Les taxes prévues à l'article 1609 undecies sont assises, liquidées et recouvrées comme en matière de taxe sur la valeur ajoutée, avec les sûretés, garanties, privilèges et sanctions applicables à cette taxe. Les réclamations sont présentées, instruites et jugées comme pour cet impôt.***

Art. 1609 quindecies *(Abrogé par L. n° 2018-1317 du 28 déc. 2018, art. 26-III-25°)* ***Un décret fixe les conditions d'application des articles 1609 undecies à 1609 quaterdecies.*** *— V. Ann. III, art. 331 L et 331 M.*

SECTION II

Les art. 1609 sexdecies et 1609 sexdecies A ci-dessous résultent du transfert des anciens art. 302 bis KB et 302 bis KC (Décr. n° 2009-389 du 7 avr. 2009).

Art. 1609 sexdecies et 1609 sexdecies A *Abrogés par Ord. n° 2009-901 du 24 juill. 2009, art. 9-2° et 11-4°, à compter du 1er janv. 2010. — V. CCIA, art. L. 115-6 s.*

SECTION II *BIS* TAXE SUR LA DIFFUSION EN VIDÉO PHYSIQUE ET EN LIGNE DE CONTENUS AUDIOVISUELS

(L. n° 2016-1918 du 29 déc. 2016, art. 56-II-2° et IV, en vigueur le 22 sept. 2017)

Art. 1609 sexdecies B **I. — Une taxe sur la diffusion en vidéo physique et en ligne de contenus audiovisuels est due à raison des opérations :**

1° De vente et location en France de vidéogrammes destinés à l'usage privé du public ;

2° De mise à disposition du public en France de services donnant accès à titre onéreux à des œuvres cinématographiques ou audiovisuelles, sur demande individuelle formulée par un procédé de communication électronique ;

3° De mise à disposition du public en France de services donnant ou permettant l'accès à titre gratuit à des contenus audiovisuels, sur demande individuelle formulée par un procédé de communication électronique. Sont exonérés les services dont les contenus audiovisuels sont secondaires, les services dont l'objet principal est consacré à l'information, ainsi que les services dont l'objet principal est de fournir des informations relatives aux œuvres cinématographiques et audiovisuelles et à leur diffusion auprès du public et d'en assurer la promotion, au moyen notamment d'extraits ou de bandes-annonces.

(L. n° 2019-1479 du 28 déc. 2019, art. 193-II-1°-a) **« Les opérations mentionnées au 1° sont réputées être réalisées en France lorsqu'elles le sont pour les besoins de la taxe sur la valeur ajoutée en application du I *bis* de la section I du chapitre Ier du titre II de la première partie du livre Ier du code général des impôts. »**

Les services *(L. n° 2019-1479 du 28 déc. 2019, art. 193-II-1°-b)* **« mentionnés aux 2° et 3° » sont réputés mis à disposition du public en France lorsqu'ils sont effectués en faveur des personnes non assujetties à la taxe sur la valeur ajoutée qui sont établies, ont leur domicile ou leur résidence habituelle en France.**

II. — Sont redevables de la taxe, les personnes, qu'elles soient établies en France ou hors de France *[,]* **qui :**

1° Vendent ou louent en France des vidéogrammes à toute personne qui elle-même n'a pas pour activité la vente ou la location de vidéogrammes ;

2° Mettent à disposition du public en France des services mentionnés au 2° du I ;

3° Mettent à disposition du public en France des services mentionnés au 3° du même I, notamment celles dont l'activité est d'éditer des services de communication au public en ligne ou d'assurer pour la mise à disposition du public par des services de communication au public en ligne le stockage de contenus audiovisuels ;

(L. n° 2017-1775 du 28 déc. 2017, art. 36) **« 4° Encaissent des sommes mentionnées au 3° du III. »**

III. — La taxe est assise sur le montant hors taxe sur la valeur ajoutée :

1° Du prix acquitté en contrepartie des opérations de vente et location mentionnées au 1° du I ;

2° Du prix acquitté en contrepartie de l'accès à des œuvres cinématographiques et audiovisuelles mentionné au 2° du même I ;

3° Des sommes versées par les annonceurs et les parrains, pour la diffusion de leurs messages publicitaires et de parrainage sur les services mentionnés aux 2° et 3° dudit I, aux redevables concernés *(Abrogé par L. n° 2017-1775 du 28 déc. 2017, art. 36)* *« ou aux régisseurs de messages publicitaires et de parrainage »*. *(L. n° 2017-1775 du 28 déc. 2017, art. 36)* « Les sommes reversées par une personne mentionnée au 4° du II à une personne mentionnée au 3° du même II sont incluses dans l'assiette de la taxe due par cette dernière et exclues de l'assiette de la taxe due par la personne mentionnée au 4° dudit II. Ces sommes font l'objet d'un abattement de » 66 % pour les services donnant ou permettant l'accès à des contenus audiovisuels créés par des utilisateurs privés à des fins de partage et d'échanges au sein de communautés d'intérêt.

IV. — Ne sont pas compris dans l'assiette de la taxe :

1° Les sommes versées par les annonceurs et les parrains, pour la diffusion de leurs messages publicitaires et de parrainage sur les services de télévision de rattrapage, qui sont déjà soumises à la taxe prévue aux articles L. 115-6 à L. 115-13 du code du cinéma et de l'image animée ;

2° Pour les redevables établis en France, le montant acquitté au titre d'une taxe due à raison des opérations mentionnées au I du présent article dans un autre État membre de l'Union européenne, autre que la taxe sur la valeur ajoutée.

V. — Le taux de la taxe est fixé à *(L. n° 2019-1479 du 28 déc. 2019, art. 193-II-2°-a)* « 5,15 % *[ancienne rédaction : 2 %]* ». Il est porté à *(L. n° 2019-1479 du 28 déc. 2019, art. 193-II-2°-a)* « 15 % *[ancienne rédaction : 10 %]* » lorsque les opérations concernent des œuvres ou documents cinématographiques ou audiovisuels à caractère pornographique ou d'incitation à la violence. Les conditions dans lesquelles les redevables procèdent à l'identification de ces œuvres et documents sont fixées par décret. — *V. Ann. III, art. 331 M bis et 331 M ter.*

(L. n° 2019-1479 du 28 déc. 2019, art. 193-II-2°-b) « Pour les redevables mentionnés au 1° du II, la taxe est calculée après application d'un abattement de 65 % sur la base d'imposition. Cet abattement ne s'applique pas lorsque les opérations mentionnées au 1° du III concernent des œuvres ou documents cinématographiques ou audiovisuels à caractère pornographique ou d'incitation à la violence. »

Pour les redevables mentionnés *(L. n° 2017-1775 du 28 déc. 2017, art. 36)* « aux 3° et 4° » du II, la taxe est calculée après application d'un abattement de 100 000 € sur la base d'imposition. *(L. n° 2017-1775 du 28 déc. 2017, art. 36)* « Cet abattement est réparti entre les personnes mentionnées aux 3° et 4° du I au prorata de l'assiette respective établie pour chacune d'entre elles. »

La taxe est exigible dans les mêmes conditions que celles applicables en matière de taxe sur la valeur ajoutée.

Elle est constatée, liquidée, recouvrée et contrôlée selon les mêmes procédures et sous les mêmes sanctions, garanties, sûretés et privilèges que la taxe sur la valeur ajoutée. Les réclamations sont présentées, instruites et jugées selon les règles applicables à cette même taxe.

VI. — Le produit de la taxe est affecté au Centre national du cinéma et de l'image animée. — *V. LPF, art. L. 163.*

Les dispositions issues du II de l'art. 56 de la L. n° 2016-1918 du 29 déc 2016 entrent en vigueur à une date fixée par décret, qui ne peut être postérieure de plus de six mois à la date de réception par le Gouvernement de la réponse de la Commission européenne permettant de regarder le dispositif législatif lui ayant été notifié comme conforme au droit de l'Union européenne en matière d'aides d'État (L. préc., art. 56-IV).

Cette date est fixée au 22 sept. 2017 par le Décr. n° 2017-1364 du 20 sept. 2017.

Taxe sur la diffusion en vidéo physique et en ligne. Opérations et personnes imposables. Base d'imposition. Exigibilité et taux. Obligations des redevables. * BOI-TCA-VLV du 15 juill. 2014.

SECTION II *BIS [ANCIENNE]* TAXE SUR LES VENTES ET LES LOCATIONS DE VIDÉOGRAMMES DESTINÉS À L'USAGE PRIVÉ DU PUBLIC

(Décr. n° 2009-389 du 7 avr. 2009, art. 1er)

L'art. 1609 sexdecies B ci-dessous résulte du transfert de l'ancien art. 302 bis KE (Décr. n° 2009-389 du 7 avr. 2009).

Ancien art. 1609 sexdecies B ***Il est institué, à compter du 1er juillet 2003, une taxe sur les ventes et locations en France, y compris dans les départements d'outre-mer, de vidéogrammes destinés à l'usage privé du public.***

Pour l'application du présent article, est assimilée à une activité de vente ou de location de vidéogrammes la mise à disposition du public d'un service offrant l'accès à titre onéreux à des œuvres cinématographiques ou audiovisuelles, sur demande individuelle formulée par un procédé de communication électronique.

Cette taxe est due par les personnes, qu'elles soient établies en France ou hors de France, qui vendent ou louent des vidéogrammes à toute personne qui elle-même n'a pas pour activité la vente ou la location de vidéogrammes. — *Les dispositions ci-dessus de la L. n° 2013-1279 du 29 déc. 2013 entrent en vigueur à une date fixée par un décret, qui ne peut être postérieure de plus de six mois à la date de réception par le Gouvernement de la réponse de la Commission européenne permettant de regarder le dispositif législatif lui ayant été notifié comme conforme au droit de l'Union européenne en matière d'aides d'État (L. préc. art. 30-IV-B).*

La taxe est assise sur le montant hors taxe sur la valeur ajoutée du prix acquitté au titre des opérations visées ci-dessus.

Le taux est fixé à 2 %. Le taux de la taxe est porté à 10 % lorsque les opérations visées au présent article concernent des œuvres et documents cinématographiques ou audiovisuels à caractère pornographique ou d'incitation à la violence. Les conditions dans lesquelles les redevables procèdent à l'identification de ces œuvres et documents sont fixées par décret. — *V. Ann. III, art. 331 M bis et 331 M ter.*

La taxe est exigible dans les mêmes conditions que celles applicables en matière de taxe sur la valeur ajoutée.

Elle est constatée, liquidée, recouvrée et contrôlée selon les mêmes procédures et sous les mêmes sanctions, garanties, sûretés et privilèges que la taxe sur la valeur ajoutée. Les réclamations sont présentées, instruites et jugées selon les règles applicables à cette même taxe.

1. Doctrine administrative. Champ d'application de la taxe. Base d'imposition. Taux. Exigibilité. Obligations déclaratives. * BOI-TCA-VLV du 16 juill. 2014.

2. Redevable de la taxe. Ne sont redevables de la taxe sur les ventes de vidéogrammes que les seules personnes exerçant une telle activité de vente et ayant la propriété des vidéogrammes au moment de leur vente au public. Par suite, les entreprises de messagerie, qui sont uniquement chargées, par l'éditeur, de la diffusion des vidéogrammes sans que la propriété de ces derniers ne leur soit à aucun moment transférée, ne peuvent y être assujetties, la circonstance que la vente des vidéogrammes soit liée à celle d'une publication périodique étant à cet égard indifférente. • CE 17 mai 2017, *Sté Colmax*, n° 389597 : *RJF 2017. 889.*

3. Non-conformité au droit communautaire (2004-2005). La taxe sur les ventes et les locations de vidéogrammes, dans sa rédaction issue de l'art. 7 de la loi n° 2003-517 du 18 juin 2003, était constitutive d'une aide d'État « nouvelle » qui aurait dû être notifiée à la Commission européenne. En l'absence d'une telle notification, la taxe doit être restituée. • TA Dijon, 30 déc. 2008, n° 07295 : *Dr. fisc. 2009. 241, note Maitrot de la Motte ; RJF 2010. 86.*

SECTION III *[ABROGÉE]* TAXE DESTINÉE AU FONDS DE FINANCEMENT DES PRESTATIONS SOCIALES DES NON-SALARIÉS AGRICOLES

(Abrogée par L. n° 2018-1317 du 28 déc. 2018, art. 26-III-26° et XV-C, à compter du 1er janv. 2020)

I

Art. 1609 *septdecies* *Abrogé par L. n° 2003-1311 du 30 déc. 2003, art. 42-III.*

II

Art. 1609 *octodecies* *Abrogé par L. n° 95-1346 du 30 déc. 1995, art. 41-I, à compter du 1er janv. 1996.*

III

Art. 1609 *novodecies* *Abrogé par L. n° 93-1352 du 30 déc. 1993, art. 50-I, à compter du 1er janv. 1994.*

IV HUILES

Art. 1609 vicies ***I. — Il est institué*** *(Abrogé par L. n° 2016-1827 du 23 déc. 2016, art. 34-IV-1°)* ***« au profit de l'organisme mentionné à l'article L. 731-1 du code rural et de la pêche maritime », en France*** *(Ord. n° 2016-1561 du 21 nov. 2016, art. 1er-II-14° et 20, en vigueur le 1er janv. 2018)* ***« métropolitaine*** *[ancienne rédaction : continentale et en Corse]* ***», une taxe spéciale sur les huiles végétales, fluides ou concrètes, effectivement destinées, en l'état ou après incorporation dans tous produits alimentaires, à l'alimentation humaine.***

Cette taxe est due :

a) Pour les huiles fabriquées en France *(Ord. n° 2016-1561 du 21 nov. 2016, art. 1er-II-14° et 20, en vigueur le 1er janv. 2018)* ***« métropolitaine*** *[ancienne rédaction : continentale et en Corse]* ***», sur toutes les ventes ou livraisons à soi-même de ces huiles par les producteurs ;***

b) Pour les huiles importées en France *(Ord. n° 2016-1561 du 21 nov. 2016, art. 1er-II-14° et 20, en vigueur le 1er janv. 2018)* ***« métropolitaine*** *[ancienne rédaction : continentale et en Corse]* ***» (y compris les huiles d'animaux marins qui, pour l'assujettissement à la taxe spéciale, sont assimilées aux huiles végétales alimentaires), lors de l'importation ;***

c) Pour les huiles qui font l'objet d'une acquisition intracommunautaire lors de l'acquisition.

II. — Les taux de la taxe sont révisés chaque année au mois de décembre, par arrêté du ministre chargé du budget publié au Journal officiel, en fonction de l'évolution prévisionnelle en moyenne annuelle pour l'année suivante des prix à la consommation de tous les ménages hors les prix du tabac. Les évolutions prévisionnelles prises en compte sont celles qui figurent au rapport économique, social et financier annexé au dernier projet de loi de finances. *— V. Ann. IV, art. 159 ter A.*

Pour les produits alimentaires importés ou qui font l'objet d'une acquisition intracommunautaire incorporant des huiles imposables, la taxation est effectuée selon les quantités et les natures d'huile entrant dans la composition.

Toutefois, pour les produits autres que la margarine, le redevable peut demander l'application d'un tarif forfaitaire, fixé par arrêté du ministre du budget sur des bases équivalentes à celles qui sont retenues pour les produits similaires d'origine nationale. *— Pour les taux mentionnés au 1er al. du II, V. Arr. du 31 déc. 2013 (JO 4 janv. 2014) à compter du 1er janv. 2014, et Arr. du 4 déc. 2014 (JO 12 déc.) à compter du 1er janv. 2015. — V. également Arr. du 25 avr. 2012 (JO 8 mai) pour le tarif forfaitaire mentionné ci-contre.*

III. — Les huiles, y compris celles qui sont contenues dans les produits alimentaires visés ci-dessus, exportées de France *(Ord. n° 2016-1561 du 21 nov. 2016, art. 1er-II-14° et 20, en vigueur le 1er janv. 2018)* ***« métropolitaine*** *[ancienne rédaction : continentale et en Corse]* ***», qui font l'objet d'une livraison exonérée en vertu du I de l'article 262 ter ou d'une livraison dans un lieu situé dans un autre État membre de la Communauté européenne en application de l'article 258 A, ne sont pas soumises à la taxe spéciale.***

IV. — La taxe spéciale est établie et recouvrée selon les modalités, ainsi que sous les sûretés, garanties et sanctions applicables aux taxes sur le chiffre d'affaires.

Sont toutefois fixées par décret les mesures particulières et prescriptions d'ordre comptable notamment, nécessaires pour que la taxe spéciale ne frappe que les huiles effectivement destinées à l'alimentation humaine, pour qu'elle ne soit perçue qu'une seule fois, et pour qu'elle ne soit pas supportée en cas d'exportation de livraison exonérée en vertu du I de l'article 262 ter ou de livraison dans un lieu situé dans un autre État membre de la Communauté européenne en application de l'article 258 A. *— V. Ann. III, art. 331 N à 331 V.*

Les dispositions du présent art. sont abrogées à compter du 1er janv. 2020 (L. n° 2018-1317 du 28 déc. 2018, art. 26-III-26° et XV-C).

V

Art. 1609 unvicies *Abrogé par L. n° 2003-1311 du 30 déc. 2003, art. 42-II-3, à compter du 5 janv. 2004.*

SECTION IV TAXE SPÉCIALE SUR LE PRIX DES PLACES DE SPECTACLES CINÉMATOGRAPHIQUES

Art. 1609 duovicies *Abrogé par L. n° 2006-1771 du 30 déc. 2006, art. 104 et V, pour les entrées délivrées à compter du 1er janv. 2007. — V. CCIA, chapitre Ier du titre IV.*

SECTION V **CONTRIBUTION SPÉCIALE CDG-EXPRESS**

(L. n° 2016-1918 du 29 déc. 2016, art. 117-I-2° et II, en vigueur le 31 mai 2018)

Art. 1609 tervicies *(Abrogé par Ord. n° 2021-1843 du 22 déc. 2021, art. 10-47°-ao, à compter du 1er janv. 2022) **I. — A compter du 1er avril** (L. n° 2019-1479 du 28 déc. 2019, art. 230) **« 2026 », est perçue une taxe dénommée "Contribution spéciale CDG-Express", dont le produit est affecté à la société mentionnée à l'article L. 2111-3 du code des transports.***

II. — Cette taxe est due par les entreprises de transport aérien à raison des services de transport aérien de passagers qu'elles effectuent à titre onéreux au départ ou à l'arrivée de l'aéroport Paris-Charles de Gaulle, à l'exclusion des vols mentionnés aux a et b du 2 du I de l'article 302 bis K du présent code.

La taxe est due pour chaque vol commercial mentionné au premier alinéa du présent II.

III. — La taxe est assise sur le nombre de passagers embarqués ou débarqués sur les vols mentionnés au II du présent article, à l'exception des personnes mentionnées aux a à d du 1 et au 3 du I de l'article 302 bis K.

IV. — Le tarif de la taxe est fixé, dans la limite supérieure de 1,4 € par passager embarqué ou débarqué, par arrêté conjoint des ministres chargés de l'aviation civile et du budget.

Ce tarif entre en vigueur pour les vols effectués à compter du 1er avril de l'année 2024.

V. — La taxe est déclarée par voie électronique selon des modalités prévues par décret.

VI. — La taxe est recouvrée et contrôlée selon les mêmes procédures et sous les mêmes sanctions, garanties, sûretés et privilèges que la taxe de l'aviation civile définie à l'article 302 bis K. Les réclamations sont présentées, instruites et jugées et le droit de reprise de l'administration s'exerce selon les règles applicables à cette même taxe.

VII. — Le produit de la taxe est affecté à la société mentionnée au I.

SECTION VI **TAXE D'AÉROPORT**

Art. 1609 quatervicies *(Abrogé par Ord. n° 2021-1843 du 22 déc. 2021, art. 10-47°-ao, à compter du 1er janv. 2022) **I. — A compter du 1er juillet 1999, une taxe dénommée "taxe d'aéroport" est perçue au profit des personnes publiques ou privées exploitant des aérodromes ou groupements d'aérodromes dont le trafic embarqué ou débarqué s'élève, en moyenne, sur les trois dernières années civiles connues, à plus de 5 000 unités de trafic (UDT). Une unité de trafic est égale à un passager ou 100 kilogrammes de fret ou de courrier. Un groupement d'aérodromes se définit comme un ensemble d'aérodromes relevant d'une même concession ou délégation de service public ou de l'article L. 6323-2 du code des transports. Tous les aérodromes placés dans cette situation relèvent d'un même groupement d'aérodromes.***

II. — La taxe est due par toute entreprise de transport aérien public et s'ajoute au prix acquitté par le client.

III. — La taxe est assise sur le nombre de passagers et la masse de fret et de courrier embarqués par l'entreprise sur chaque aérodrome, quelles que soient les conditions tarifaires accordées par le transporteur, aux mêmes exceptions et conditions que celles énoncées aux 1 et 2 du I de l'article 302 bis-K.

IV. — Le tarif de la taxe par passager applicable sur chaque aérodrome ou groupement d'aérodromes est compris entre les valeurs correspondant à la classe dont il relève.

Les aérodromes ou groupements d'aérodromes sont répartis en trois classes en fonction du nombre d'unités de trafic embarquées ou débarquées en moyenne sur les trois dernières années civiles connues sur l'aérodrome ou le groupement d'aérodromes concerné.

Les classes d'aérodromes ou de groupements d'aérodromes sont fixées comme suit :

(Tableau issu de la L. n° 2013-1279 du 29 déc. 2013, art. 65-B-3°-d)

CLASSE	***Nombre d'unités de trafic de l'aérodrome ou du système aéroportuaire***
1	*A partir de 20 000 001 [ancienne rédaction : 10 000 001]*

CLASSE	Nombre d'unités de trafic de l'aérodrome ou du système aéroportuaire
2	De 5 000 001 à 20 000 000 [ancienne rédaction : 2 200 001 à 10 000 000]
3	De 5 001 à 5 000 000 [ancienne rédaction : 5 001 à 2 200 000]

Les limites supérieures et inférieures des tarifs correspondant aux classes d'aérodromes ou de groupements d'aérodromes sont fixées comme suit :

CLASSE	1	2	3
Tarifs par passager	De 4,3 à (L. n° 2018-1317 du 28 déc. 2018, art. 179-I-1° et II, en vigueur le 1er avr. 2019) « 10,8 € [ancienne rédaction : 11,5 €] »	De 3,5 à 9,5 €	De 2,6 à (L. n° 2021-1900 du 30 déc. 2021, art. 117-I-1°, en vigueur le 1er avr. 2022) « 15 € [ancienne rédaction : 14 €] »

Tableau mod. par la L. n° 2021-1900 du 30 déc. 2021, art. 117-I-1°, en vigueur le 1er avr. 2022.

Le tarif de la taxe est égal à 1 € par tonne de fret et de courrier pour tous les aérodromes ou groupements d'aérodromes visés au I.

Un arrêté, pris par les ministres chargés du budget et de l'aviation civile, fixe la liste des aérodromes ou groupements d'aérodromes concernés par classe et, au sein de chaque classe, le tarif de la taxe applicable pour chaque aérodrome. Tous les aérodromes relevant d'un même groupement se voient appliquer le même tarif. Un abattement, dont le taux est fixé forfaitairement par l'arrêté précité *(L. n° 2018-1317 du 28 déc. 2018, art. 180)* ***« et compris entre 40 % et 65 % », est toutefois appliqué aux passagers en correspondance.*** *— V. Arr. du 12 mars 2014, art. 1er à 4 (JO 23 mars). — V. Arr. du 11 févr. 2015 (JO 15 févr.). — V. Arr. du 10 mars 2016, art. 1er à 4 (JO 13 mars). — V. Arr. du 23 mars 2017, art. 1er à 4 (JO 25 mars). — V. Arr. du 25 mars 2019, art. 1er à 4 (JO 27 mars). — V. Arr. du 25 mars 2021, art. 1er à 5 (JO 30 mars). — V. Arr. du 25 mars 2021, art. 1er à 4 et 7 (JO 27 mars).*

Le produit de la taxe est affecté sur chaque aérodrome ou groupement d'aérodromes au financement des services de sécurité-incendie-sauvetage, de lutte contre le péril animalier, de sûreté et des mesures effectuées dans le cadre des contrôles environnementaux. *(Abrogé par L. n° 2019-1479 du 28 déc. 2019, art. 191)* ***« Il contribue, dans une proportion fixée annuellement par arrêté, au financement des matériels de contrôle automatisé aux frontières par identification biométrique installés dans les aéroports. » Le tarif de la taxe est fonction du besoin de financement sur chaque aérodrome ou groupement d'aérodromes, tel qu'il résulte notamment des prestations assurées en application de la réglementation en vigueur et de l'évolution prévisionnelle des données relatives au trafic, aux coûts et aux autres produits de l'exploitant.*** *(L. n° 2018-1317 du 28 déc. 2018, art. 179-I-2°, 3° et II, en vigueur le 1er avr. 2019)* ***« Pour chaque aérodrome et groupement d'aérodromes des classes 1 et 2 dont les coûts annuels par passager embarqué éligibles au financement par la taxe sont supérieurs ou égaux à 9 €*** *(L. n° 2021-1900 du 30 déc. 2021, art. 117-I-2°, en vigueur le 1er avr. 2022)* ***« au titre de chacune des quatre*** *[ancienne rédaction : en moyenne sur les trois]* ***» dernières années civiles connues, le tarif est fixé de manière à couvrir 94 % des coûts éligibles supportés par son exploitant, sous réserve des limites fixées au tableau du sixième alinéa du présent IV. Les coûts éligibles complémentaires sont à la charge exclusive de cet exploitant. Pour les autres aérodromes et groupements d'aérodromes, le tarif est fixé de manière à couvrir l'intégralité des coûts éligibles supportés par leur exploitant, sous réserve des limites fixées au même tableau.***

« Les données relatives au trafic, aux coûts et aux autres produits de l'exploitant » font l'objet d'une déclaration par les exploitants d'aérodromes ou groupements d'aérodromes selon

des modalités fixées par un arrêté conjoint du ministre chargé du budget et du ministre chargé de l'aviation civile, qui précise la proportion de prise en charge des coûts qui ne sont pas directement ou totalement imputables aux missions définies au présent IV. *— V. Arr. du 30 déc. 2009 (JO 31 déc.), mod. par Arr. du 27 avr. 2012 (JO 5 mai).*

Ces données peuvent faire l'objet de contrôles sur l'année en cours et les deux années antérieures, diligentés par les services de la direction générale de l'aviation civile. Ces contrôles peuvent également porter sur l'adéquation des moyens mis en œuvre par l'exploitant de l'aérodrome ou du groupement d'aérodromes concerné avec la réglementation en matière de sécurité et de sûreté aéroportuaires ainsi qu'au regard des bonnes pratiques et des usages communément admis par la profession. Les exploitants d'aérodromes ou de groupements d'aérodromes sont tenus de présenter les pièces justificatives et toutes les informations relatives aux données mentionnées au huitième alinéa. En cas de contrôle sur place, la direction générale de l'aviation civile en informe préalablement l'exploitant par l'envoi d'un avis qui précise l'identité des personnes qui en sont chargées et la période visée par le contrôle. L'exploitant peut se faire assister par un conseil de son choix. A l'issue du contrôle, un rapport est adressé à l'exploitant concerné qui dispose d'un délai de deux mois pour faire part de ses observations. Lorsque le contrôle met en évidence, dans le rapport précité, des économies de gestion de nature à diminuer le coût des missions de sécurité et de sûreté, l'exploitant d'aérodrome est tenu de soumettre au ministre chargé de l'aviation civile un plan d'actions correctrices dans un délai de trois mois. En l'absence de mesures ou en cas d'insuffisance avérée de celles-ci, la déclaration des coûts éligibles, pour l'année en cours, est retenue à hauteur des montants correspondant aux bonnes pratiques précitées. Pour les années antérieures soumises au contrôle, les déclarations de coûts éligibles sont rectifiées à hauteur des montants correspondant aux bonnes pratiques précitées. Elles donnent lieu à l'émission d'un titre exécutoire, à concurrence du surcoût, dans les conditions prévues par l'arrêté conjoint pris par les ministres chargés du budget et de l'aviation civile sur les tarifs pour chaque aérodrome, prévu au huitième alinéa du présent IV.

Le tarif défini pour le fret et le courrier s'applique au tonnage total déclaré par chaque entreprise le mois considéré, arrondi à la tonne inférieure.

Les entreprises de transport aérien déclarent chaque mois, *(L. nº 2019-1479 du 28 déc. 2019, art. 171-I-C-1º et II-A, applicable aux impositions dont le fait générateur intervient à compter du 1er avr. 2020)* ***« conformément au modèle prescrit*** *[ancienne rédaction : sur un imprimé fourni]* ***» par l'administration de l'aviation civile, le nombre de passagers et la masse de fret et de courrier embarqués le mois précédent pour les vols effectués au départ de chaque aérodrome.***

Toutefois, les entreprises de transport aérien qui ont déclaré au cours de l'année précédente un montant de taxe égal ou inférieur à 12 000 € sont admises à souscrire, à compter du premier trimestre civil de l'année qui suit, des déclarations trimestrielles indiquant le nombre de passagers et la masse de fret et de courrier embarqués au cours du trimestre précédent pour les vols effectués au départ de chaque aérodrome. Ces déclarations trimestrielles sont souscrites au plus tard le dernier jour du mois qui suit le trimestre au titre duquel elle est établie. Lorsque le montant de la taxe déclarée au terme des quatre trimestres civils consécutifs de l'année dépasse le montant de 12 000 €, l'entreprise souscrit mensuellement ses déclarations dans les conditions fixées au onzième alinéa ; dans ce cas, l'obligation court à compter du premier mois qui suit l'année de dépassement.

Ces déclarations, mensuelles ou trimestrielles, sont adressées *(L. nº 2019-1479 du 28 déc. 2019, art. 171-I-C-2º-a et II-A, applicable aux impositions dont le fait générateur intervient à compter du 1er avr. 2020)* ***« par voie électronique » aux comptables du budget annexe "Contrôle et exploitation aériens". Concomitamment, les redevables acquittent la taxe et sa majoration prévue au IV bis, par*** *(L. nº 2019-1479 du 28 déc. 2019, art. 171-I-C-2º-b et II-B, applicable aux impositions dont le fait générateur intervient à compter du 1er avr. 2021)* ***« télépaiement*** *[ancienne rédaction : virement bancaire]* ***».***

IV bis. — A compter du 1er janvier 2010, le tarif par passager de la taxe d'aéroport fait l'objet d'une majoration fixée, dans la limite d'un montant de 1,25 €, par arrêté conjoint du ministre chargé du budget et du ministre chargé de l'aviation civile. Les limites supérieures des tarifs mentionnés au IV ne prennent pas en compte cette majoration. *— Pour le tarif par passager à compter du 1er avr. 2014, V. Arr. du 12 mars 2014, art. 5 (JO 23 mars) ; à compter du 1er avr. 2015, V. Arr. du 11 févr. 2015 (JO 15 févr.) ; à compter du 1er avr. 2016, V. Arr. du 10 mars 2016, art. 5 (JO 13 mars) ; à compter du 1er avr. 2017, V. Arr. du 23 mars 2017 (JO*

25 mars), à compter du 1er avr. 2018, V. Arr. du 23 mars 2018 (JO 29 mars) ; à compter du 1er avr. 2019, V. Arr. du 25 mars 2019, art. 5 (JO 27 mars) ; à compter du 1er avr. 2021, V. Arr. du 25 mars 2021, art. 1er à 4 et 7 (JO 27 mars).

Le produit de cette majoration est affecté aux exploitants des aérodromes ou des groupements d'aérodromes de classe 3 ainsi qu'aux exploitants ne relevant pas des classes mentionnées au IV, pour le financement des missions mentionnées au même IV.

***Ce produit est réparti entre ces bénéficiaires par l'agent comptable du budget annexe "Contrôle et exploitation aériens", après arrêté du ministre chargé de l'aviation civile.** — Les dispositions du IV bis sont transférées aux art. L. 422-13 s. CIBS.*

(L. n° 2021-1900 du 30 déc. 2021, art. 211-I-1°) ***« IV ter. — Au terme de l'exploitation d'un aérodrome ou d'un groupement d'aérodromes, le règlement du solde de la taxe mentionnée au I se fait directement entre l'exploitant sortant et le nouvel exploitant ou, le cas échéant, par l'État à l'exploitant sortant au moyen du produit de la majoration mentionnée au IV bis. Les modalités d'application du présent alinéa sont fixées par l'arrêté conjoint des ministres chargés du budget et de l'aviation civile prévu au dixième alinéa du IV.***

« L'exploitant appelé à verser ce solde peut en contester tout ou partie du montant dans les conditions prévues à l'article L. 6325-8 du code des transports. »

V. — La taxe et la majoration de celle-ci prévue au IV bis sont recouvrées et contrôlées selon les mêmes règles, conditions, garanties et sanctions que celles prévues pour la taxe de l'article 302 bis K.

Le contentieux est suivi par la direction générale de l'aviation civile. Les réclamations sont présentées, instruites et jugées selon les règles applicables à la taxe de l'aviation civile.

VI. —** (L. n° 2021-1900 du 30 déc. 2021, art. 211-I-1°)* ***« Les I à IV, le IV ter et le V sont applicables en Polynésie française et en Nouvelle-Calédonie. » Pour les vols intérieurs à ces collectivités, la taxe n'est pas due pour les passagers, le fret ou le courrier en correspondance.

VII. — Le IV bis est applicable en Polynésie française, en Nouvelle-Calédonie, à Saint-Barthélemy** (L. n° 2021-1900 du 30 déc. 2021, art. 211-I-1°)* ***« et à Saint-Martin ». Le produit de la majoration perçu dans chacune de ces collectivités est reversé directement aux exploitants des aérodromes ou groupements d'aérodromes de la collectivité intéressée. Pour les vols intérieurs à la Polynésie française, à la Nouvelle-Calédonie et à Mayotte, la majoration n'est pas due pour les passagers, le fret ou le courrier en correspondance.

VIII. — Pour l'application du présent article, la notion de correspondance est celle définie au VI de l'article 302 bis K.

Les dispositions issues de l'art. 211 de la L. n° 2021-1900 du 30 déc. 2021 sont applicables aux contrats en vigueur à la date de promulgation de ladite loi par lesquels l'État a confié l'exploitation d'un aérodrome à un tiers (L. préc., art. 211-III).

Les dispositions des 3 dern. al. du IV et du IV ter ci-dessus sont abrogées à compter de l'entrée en vigueur des dispositions prises en application ou pour l'application des dispositions législatives du CIBS susvisées (Ord. n° 2021-1843 du 22 déc. 2021, art. 10-47°-ao et 38).

SECTION VI *BIS* TAXE SUR LES NUISANCES SONORES AÉRIENNES

(L. n° 2003-1312 du 30 déc. 2003, art. 19)

Art. 1609 *quatervicies* A *(Abrogé par Ord. n° 2021-1843 du 22 déc. 2021, art. 10-47°-ao, à compter du 1er janv. 2022)* ***I. — Une taxe dénommée taxe sur les nuisances sonores aériennes est perçue, dans la limite du plafond prévu au I de l'article 46 de la loi n° 2011-1977 du 28 décembre 2011 de finances pour 2012, par les personnes publiques ou privées exploitant des aérodromes pour lesquels le nombre annuel des mouvements d'aéronefs de masse maximale au décollage supérieure ou égale à 20 tonnes a dépassé vingt mille lors de l'une des cinq années civiles précédentes.***

Cette taxe est également perçue, dans la limite du plafond prévu au I de l'article 46 de la loi n° 2011-1977 du 28 décembre 2011 de finances pour 2012, par les personnes publiques ou privées exploitant un aérodrome pour lequel le nombre annuel des mouvements d'aéronefs de masse maximale au décollage supérieure ou égale à deux tonnes a dépassé cinquante mille lors de l'une des cinq années civiles précédentes, si les plans d'exposition au bruit ou de gêne sonore de cet aérodrome possèdent un domaine d'intersection avec les plans d'exposition au bruit ou de gêne sonore d'un aérodrome présentant les caractéristiques définies au premier alinéa.

Chaque exploitant mentionné aux deux premiers alinéas du présent I perçoit le produit de la taxe sur les nuisances sonores aériennes collectée au titre de chacun des aérodromes qu'il exploite, dans la limite d'un plafond individuel fixé par référence au plafond prévu au I du même article 46.

Ce plafond individuel est obtenu pour chaque bénéficiaire en répartissant le montant prévu au même I au prorata des recettes réelles, avant plafonnement, encaissées pour le bénéficiaire l'année de référence.

II. — La taxe est due par tout exploitant d'aéronefs ou, à défaut, leur propriétaire. Elle ne s'applique pas :

a) Aux aéronefs de masse maximale au décollage inférieure à 2 tonnes ;

b) Aux aéronefs d'État ou participant à des missions de protection civile ou de lutte contre l'incendie.

Le fait générateur de la taxe sur les nuisances sonores aériennes est constitué par le décollage d'aéronefs sur les aérodromes concernés. La taxe est exigible à la date du fait générateur.

III. — La taxe est assise sur le logarithme décimal de la masse maximale au décollage des aéronefs, exprimée en tonnes. Des coefficients de modulation prennent en compte, dans un rapport de (L. nº 2021-1900 du 30 déc. 2021, art. 48-I-1º, en vigueur le 1er avr. 2022) *« 0,25* [ancienne rédaction : 0, 5] *» à* (L. nº 2021-1900 du 30 déc. 2021, art. 48-I-1º, en vigueur le 1er avr. 2022) *« 60* [ancienne rédaction : 120] *», l'heure de décollage et les caractéristiques acoustiques de l'appareil.*

Un décret précise les conditions d'application du présent III.

IV. — Le produit de la taxe est affecté, pour l'aérodrome où se situe le fait générateur, au financement des aides versées à des riverains en application des articles L. 571-14 à L. 571-16 du code de l'environnement et, le cas échéant, dans la limite des deux tiers du produit annuel de la taxe, au remboursement à des personnes publiques des annuités des emprunts qu'elles ont contractés ou des avances qu'elles ont consenties pour financer des travaux de réduction des nuisances sonores prévus par des conventions passées avec l'exploitant de l'aérodrome sur avis conformes de la commission prévue par l'article L. 571-16 du code de l'environnement et du ministre chargé de l'aviation civile. Dans le cas prévu au deuxième alinéa du I et lorsque l'exploitant est identique pour les deux aérodromes, une partie du produit de la taxe perçue au titre de l'un des deux aérodromes concernés peut chaque année être affectée par l'exploitant au financement des aides aux riverains de l'autre aérodrome.

(L. nº 2019-1479 du 28 déc. 2019, art. 81-II-2º et XX, en vigueur le 1er janv. 2020) *« Le tarif de la taxe applicable sur chaque aérodrome est fixé par arrêté conjoint des ministres chargés du budget, de l'aviation civile et de l'environnement. Ce tarif est compris entre la valeur inférieure et la valeur supérieure du groupe auquel il appartient. Il est fonction du besoin de financement sur chaque aérodrome, tel qu'il résulte notamment des aides à accorder en application de la règlementation en vigueur, de l'évolution prévisible des plans de gêne sonore et de celle des coûts d'insonorisation.*

« 1er groupe : aérodromes de Nantes Atlantique, Paris-Charles-de-Gaulle, Paris-Le Bourget, Paris-Orly : de 20 à (L. nº 2021-1900 du 30 déc. 2021, art. 48-I-2º, en vigueur le 1er avr. 2022) *« 75 €* [ancienne rédaction : 40 €] *» ;*

« 2e groupe : aérodrome de Toulouse-Blagnac : de 10 à 20 € ;

« 3e groupe : tous autres aérodromes qui dépassent le seuil fixé au I : de 0 à 10 €.

« L'arrêté mentionné au deuxième alinéa du présent IV fixe la liste des aérodromes relevant du 3e groupe. » — V. Ann. IV, art. 158 à 159 bis (Arr. du 15 mai 2020, art. 1er et 2).

(L. nº 2021-1900 du 30 déc. 2021, art. 211-I-2º) *« IV bis. — Au terme de l'exploitation d'un aérodrome, le solde de la taxe mentionnée au I est transféré directement entre l'exploitant sortant et le nouvel exploitant de l'aérodrome. Lorsque le solde est positif, les sommes sont reversées par l'exploitant sortant au nouvel exploitant. Lorsque le solde est négatif, les sommes sont reversées par le nouvel exploitant à l'exploitant sortant. L'exploitant appelé à verser ce solde peut en contester tout ou partie du montant dans les conditions prévues à l'article L. 6325-8 du code des transports. Les modalités d'application du présent IV bis sont définies par un arrêté conjoint des ministres chargés du budget et de l'aviation civile.*

« IV ter. — Lorsqu'un aérodrome ne relève plus du champ d'application du I, si le solde de la taxe mentionnée au même I est positif, il est affecté aux exploitants des aérodromes mentionnés audit I pour le financement des aides aux riverains versées en application des articles L. 571-14 à L. 571-16 du code de l'environnement. Ce solde est réparti par l'agent comp-

table du budget annexe "Contrôle et exploitation aériens", dans les conditions prévues par un arrêté des ministres chargés du budget et de l'aviation civile.»

V. — Les redevables déclarent par mois, ou par trimestre civil si le montant des sommes dues pour le premier mois du trimestre est inférieur à 1 000 €, les éléments nécessaires à l'établissement de la taxe, *(L. n° 2019-1479 du 28 déc. 2019, art. 171-I-D-1° et II-A, applicable aux impositions dont le fait générateur intervient à compter du 1er avr. 2020)* ***« conformément au modèle prescrit*** *[ancienne rédaction : sur un imprimé fourni]* ***» par l'administration de l'aviation civile.***

Ces déclarations, mensuelles ou trimestrielles, sont adressées *(L. n° 2019-1479 du 28 déc. 2019, art. 171-I-D-2°-a et II-A, applicable aux impositions dont le fait générateur intervient à compter du 1er avr. 2020)* ***« par voie électronique » aux comptables du budget annexe "Contrôle et exploitation aériens". Concomitamment, les redevables acquittent la taxe, par*** *(L. n° 2019-1479 du 28 déc. 2019, art. 171-I-D-2°-b et II-B, applicable aux impositions dont le fait générateur intervient à compter du 1er avr. 2021)* ***« télépaiement*** *[ancienne rédaction : virement bancaire]* ***».***

La date limite de dépôt de la déclaration et de paiement de la taxe est fixée au dernier jour du deuxième mois suivant la période mensuelle ou trimestrielle visée par la déclaration.

VI. — 1. La déclaration visée au V est contrôlée dans les mêmes conditions que celles mentionnées au 1 du IV de l'article 302 bis K. La taxe est recouvrée par les services de la direction générale de l'aviation civile, selon les mêmes règles, conditions, garanties et sanctions que celles prévues pour la taxe de l'article 302 bis K.

2. A défaut de déclaration dans les délais, il est procédé à une taxation d'office. Le montant de la taxe établie d'office résulte du produit de la taxe relative au décollage de l'aéronef le plus fortement taxable du redevable par le nombre de décollages relevés sur le mois ou le trimestre. Les droits sont assortis de l'intérêt de retard prévu à l'article 1727 et de la majoration prévue au 1 de l'article 1728.

Les éléments nécessaires à l'établissement de cette taxation sont communiqués par l'autorité responsable de la circulation aérienne. Les bases servant au calcul de la taxation d'office ainsi que les pénalités sont portées à la connaissance du redevable trente jours au moins avant la mise en recouvrement, au moyen d'une notification qui précise les modalités de leur détermination.

L'entreprise peut toutefois, dans les trente jours de la notification du titre exécutoire, déposer une déclaration. Dans ce cas, pour le calcul des droits et pénalités, la base ainsi déclarée est substituée à celle arrêtée d'office, sous réserve du contrôle mentionné au 1.

3. En cas de non-paiement ou de paiement insuffisant de la taxe, les services de la direction générale de l'aviation civile peuvent, après avoir mis en demeure le redevable de régulariser sous trente jours et à l'expiration de ce délai, requérir la saisie conservatoire d'un aéronef exploité par le redevable ou lui appartenant auprès du juge du lieu d'exécution de la mesure.

L'ordonnance du juge de l'exécution est transmise aux autorités responsables de la circulation aérienne de l'aérodrome aux fins d'immobilisation de l'aéronef. L'ordonnance est notifiée au redevable et au propriétaire de l'aéronef lorsque le redevable est l'exploitant.

Ces derniers disposent d'un délai d'un mois pour interjeter appel auprès de la cour du lieu d'exécution de la mesure.

Les frais entraînés par la saisie conservatoire sont à la charge du redevable.

Le paiement des sommes dues entraîne la mainlevée de la saisie conservatoire.

4. Le droit de reprise de la taxe par les services de la direction générale de l'aviation civile, tant en ce qui concerne le contrôle des redevables défaillants déclaratifs que le contrôle des insuffisances déclaratives ou de paiement, s'exerce dans les mêmes conditions que celles prévues à l'article L. 176 du livre des procédures fiscales. La prescription est suspendue et interrompue dans les conditions de droit commun et notamment par le dépôt d'une déclaration dans les conditions mentionnées au 2 du présent VI.

VII. — Le contentieux est suivi par la direction générale de l'aviation civile. Les réclamations sont présentées, instruites et jugées comme en matière de taxes sur le chiffre d'affaires.

Les dispositions issues de l'art. 211 de la L. n° 2021-1900 du 30 déc. 2021 sont applicables aux contrats en vigueur à la date de promulgation de ladite loi par lesquels l'État a confié l'exploitation d'un aérodrome à un tiers (L. préc., art. 211-III).

SECTION VII CONTRIBUTION À LA FORMATION PROFESSIONNELLE DES CHEFS D'ENTREPRISE INDIVIDUELLE EXERÇANT UNE ACTIVITÉ ARTISANALE ET BÉNÉFICIANT DU RÉGIME PRÉVU À L'ARTICLE L. 133-6-8 DU CODE DE LA SÉCURITÉ SOCIALE

(L. nº 2010-1657 du 29 déc. 2010, art. 137)

Art. 1609 *quatervicies* B *(Abrogé par L. nº 2016-1088 du 8 août 2016, art. 41-III-2º et VII, à compter du 1er janv. 2018)* ***Les chefs d'entreprise exerçant une activité artisanale bénéficiant du régime prévu à l'article*** *(Ord. nº 2018-470 du 12 juin 2018, art. 1er)* ***« L. 613-7 » du code de la sécurité sociale consacrent chaque année au financement de leurs actions de formation, au sens des articles L. 6313-1 à L. 6313-11 et L. 6353-1 du code du travail, une contribution fixée à 0,3 % du montant annuel de leur chiffre d'affaires.***

Une partie de cette contribution, fixée à un taux de 0,124 % du chiffre d'affaires annuel, est affectée par les chambres régionales de métiers et de l'artisanat, les chambres de métiers et de l'artisanat de région et la chambre de métiers et de l'artisanat de Mayotte, au financement d'actions de formation, au sens des mêmes articles L. 6313-1 à L. 6313-11 et L. 6353-1, des chefs d'entreprises artisanales dans la gestion et le développement de celles-ci et gérée sur un compte annexe. *(Abrogé par L. nº 2016-1917 du 29 déc. 2016, art. 103-I-2º)* ***« Cette partie de la contribution n'est pas appelée pour les ressortissants du Bas-Rhin et du Haut-Rhin. »***

L'autre partie de cette contribution, fixée à un taux de 0,176 % du chiffre d'affaires annuel, correspond à la contribution visée au quatrième alinéa du 1º du II de l'article 8 de l'ordonnance nº 2003-1213 du 18 décembre 2003 relative aux mesures de simplification des formalités concernant les entreprises, les travailleurs indépendants, les associations et les particuliers employeurs qui est affectée au fonds d'assurance formation des chefs d'entreprise exerçant une activité artisanale visé au III du même article.

Cette contribution est recouvrée par les organismes mentionnés aux articles L. 213-1 et L. 752-4 du code de la sécurité sociale selon les règles et sous les garanties et sanctions applicables au recouvrement des cotisations et contributions de sécurité sociale visées à l'article *(Ord. nº 2018-470 du 12 juin 2018, art. 1er)* ***« L. 613-7 » du même code. Un arrêté conjoint du ministre chargé de la sécurité sociale et du ministre chargé de la formation professionnelle prévoit les modalités de la rémunération du service rendu par les organismes chargés du recouvrement de la contribution.***

SECTION VII *BIS* CONTRIBUTION SUPPLÉMENTAIRE À L'APPRENTISSAGE

(Décr. nº 2014-549 du 26 mai 2014)

Art. 1609 *quinvicies* *(Abrogé par Ord. nº 2021-797 du 23 juin 2021, art. 6 et 8-I, à compter du 1er janv. 2022)* ***I. — Il est institué une contribution supplémentaire à l'apprentissage.***

Cette contribution est due par les entreprises *(L. nº 2019-486 du 22 mai 2019, art. 12-I-9º-a et III-C, applicable à compter des impositions établies au titre de 2019)* ***« d'au moins deux cent cinquante salariés » qui sont redevables de la taxe d'apprentissage en application de l'article 1599 ter A et dont l'effectif*** *(L. nº 2019-486 du 22 mai 2019, art. 12-I-9º-a et III-C, applicable à compter des impositions établies au titre de 2019)* ***« salarié annuel », pour l'ensemble des catégories suivantes, est inférieur à un seuil :***

1º Les salariés sous contrat de professionnalisation ou d'apprentissage *(L. nº 2018-771 du 5 sept. 2018, art. 37-VI et 46, en vigueur le 1er janv. 2019)* ***« et, pendant l'année suivant la date de fin du contrat de professionnalisation ou d'apprentissage, les salariés embauchés en contrat à durée indéterminée par l'entreprise à l'issue dudit contrat » ;***

2º Les *(L. nº 2019-1479 du 28 déc. 2019, art. 190-I-4º-a et V-B, en vigueur au plus tard le 1er janv. 2022)* ***« personnes*** *[ancienne rédaction : jeunes accomplissant un volontariat international en entreprise régi par la section Ire du chapitre II du titre II du livre Ier du code du service national ou]* ***» bénéficiant d'une convention industrielle de formation par la recherche.***

Ce seuil est égal à 4 % de l'effectif *(L. nº 2019-486 du 22 mai 2019, art. 12-I-9º-a et III-C, applicable à compter des impositions établies au titre de 2019)* ***« salarié » au cours de l'année de référence. Le respect du seuil est apprécié en calculant un pourcentage exprimant le rapport entre les effectifs des 1º et 2º du présent I et l'effectif*** *(L. nº 2019-486 du 22 mai*

2019, art. 12-I-9°-a et III-C, applicable à compter des impositions établies au titre de 2019) ***« salarié annuel ». Ce seuil est porté à 5 % à compter des rémunérations versées en 2015.***

[3 dern. al. applicables jusqu'au 31 déc. 2021]

Les entreprises dont l'effectif *(L. n° 2019-486 du 22 mai 2019, art. 12-I-9°-a et III-C, applicable à compter des impositions établies au titre de 2019)* ***« salarié annuel » relevant des catégories définies au 1° est supérieur ou égal à 3 % de l'effectif*** *(L. n° 2019-486 du 22 mai 2019, art. 12-I-9°-a et III-C, applicable à compter des impositions établies au titre de 2019)* ***« salarié annuel » peuvent, à compter de l'année 2012, être exonérées de la contribution supplémentaire à l'apprentissage au titre de l'année considérée si elles remplissent l'une des conditions suivantes :***

a) L'entreprise justifie d'une progression de l'effectif *(L. n° 2019-486 du 22 mai 2019, art. 12-I-9-a et III-c, applicable à compter des impositions établies au titre de 2019)* ***« salarié annuel » relevant des catégories définies au 1° d'au moins 10 % par rapport à l'année précédente ;***

b) L'entreprise a connu une progression de l'effectif *(L. n° 2019-486 du 22 mai 2019, art. 12-I-9-a et III-c, applicable à compter des impositions établies au titre de 2019)* ***« salarié annuel » relevant des catégories définies au même 1° et relève d'une branche couverte par un accord prévoyant au titre de l'année une progression d'au moins 10 % du nombre de salariés relevant des catégories définies audit 1° dans les entreprises*** *(L. n° 2019-486 du 22 mai 2019, art. 12-I-9°-a et III-C, applicable à compter des impositions établies au titre de 2019)* ***« d'au moins deux cent cinquante salariés » et justifiant, par rapport à l'année précédente, que la progression est atteinte dans les proportions prévues par l'accord au titre de l'année considérée.***

(L. n° 2019-1479 du 28 déc. 2019, art. 190-I-4°-a) ***« Toutefois, l'entreprise*** *(L. n° 2020-1721 du 29 déc. 2020, art. 159-I-2°)* ***« dont l'effectif salarié annuel relevant des catégories définies aux mêmes 1° et 2° est supérieur ou égal à 3 % de l'effectif salarié annuel et a progressé*** *[ancienne rédaction : qui justifie d'une progression de l'effectif salarié annuel relevant des catégories définies aux 1° et 2°]* ***» d'au moins 10 % par rapport à l'année précédente est exonérée de la contribution supplémentaire à l'apprentissage due au titre des rémunérations versées l'année au cours de laquelle cette progression intervient. »*** — *Les dispositions du présent al. s'appliquent à compter de la date d'entrée en vigueur de l'Ord. relative à la collecte des contributions des employeurs au titre du financement de la formation professionnelle et de l'apprentissage prévue à l'art. 41 de la L. n° 2018-771 du 5 sept. 2018 pour la liberté de choisir son avenir professionnel, et, au plus tard, à compter du 1er janv. 2022 (L. n° 2019-1479 du 28 déc. 2019, art. 190-V-B et L. n° 2020-1721 du 29 déc. 2020, art. 159-VII).*

II. — Cette contribution est assise sur les rémunérations retenues pour l'assiette de la taxe d'apprentissage en application *(L. n° 2019-1479 du 28 déc. 2019, art. 190-I-4°-b)* ***« des articles 1599 ter B et 1599 ter C ».***

Elle est calculée aux taux suivants :

1° 0,25 % lorsque le pourcentage mentionné à la seconde phrase du cinquième alinéa du I est inférieur à 1 % ; ce taux est porté à 0,3 % à compter de la contribution due au titre des rémunérations versées en 2013 et à 0,4 % à compter de celle due au titre des rémunérations versées en 2014. Lorsque l'effectif *(L. n° 2019-486 du 22 mai 2019, art. 12-I-9°-b et III-C, applicable à compter des impositions établies au titre de 2019)* ***« salarié annuel » excède deux mille salariés, le taux de la contribution est égal à 0,4 % ; ce taux est porté à 0,5 % à compter de la contribution due au titre des rémunérations versées en 2013 et à 0,6 % à compter de celle due au titre des rémunérations versées en 2014 ;***

2° 0,1 % lorsque ce pourcentage est au moins égal à 1 % et inférieur à 3 %. A compter de la contribution due au titre des rémunérations versées en 2015, ce taux est porté à 0,2 % lorsque le pourcentage est au moins égal à 1 % et inférieur à 2 % ;

3° 0,05 % lorsque ce pourcentage est au moins égal à 3 % et inférieur à 4 % et, à compter de la contribution due au titre des rémunérations versées en 2015, au moins égal à 3 % et inférieur à 5 %.

III. — *(L. n° 2019-486 du 22 mai 2019, art. 12-I-9°-c et III-C, applicable à compter des impositions établies au titre de 2019)* ***« A. Pour l'application du présent article, l'effectif salarié est apprécié selon les modalités prévues au I de l'article L. 130-1 du code de la sécurité sociale.***

« Toutefois, par dérogation au même I, la période à retenir pour apprécier le nombre de salariés est l'année au titre de laquelle la contribution est due. En cas de franchissement du

***seuil de deux cent cinquante salariés** (L. nº 2019-1479 du 28 déc. 2019, art. 190-I-4º-c et V-B, applicable au plus tard à compter du 1er janv. 2022) **« ou du seuil de deux mille salariés », les dispositions du II du même article L. 130-1 sont applicables. »** — Les dispositions du II de l'art. L. 130-1 CSS sont également applicables en cas de dépassement du seuil de deux milles salariés visé au II-1º ci-dessus à compter de la date d'entrée en vigueur de l'Ord. relative à la collecte des contributions des employeurs au titre du financement de la formation professionnelle et de l'apprentissage prévue à l'art. 41 de la L. nº 2018-771 du 5 sept. 2018, et au plus tard à compter du 1er janv. 2022 (L. nº 2019-1479 du 28 déc. 2019, art. 190-V-B).*

*(L. nº 2019-486 du 22 mai 2019, art. 12-I-9º-d et III-C, applicable à compter des impositions établies au titre de 2019) **« B. » Pour les entreprises visées à l'article L. 1251-2 du code du travail, les seuils définis au I s'apprécient sans prendre en compte les salariés titulaires d'un contrat de travail mentionné au 2º de l'article L. 1251-1 du même code et la contribution n'est pas due sur les rémunérations versées à ces salariés.***

*IV. — (Abrogé par L. nº 2018-1317 du 28 déc. 2018, art. 136-I-4º-a et V, à compter du 1er janv. 2019) **« Les dépenses visées aux articles 1599 ter E, 1599 ter F et 1599 ter G ne sont pas admises en exonération de la contribution mentionnée au I. »***

*(L. nº 2018-1317 du 28 déc. 2018, art. 136-I-4º-a et V, en vigueur le 1er janv. 2019) **« L'article 1599 ter K est applicable à cette contribution. » Pour les établissements mentionnés à l'article 1599 ter J, les taux prévus au II sont réduits à 52 % de leur montant.***

*(L. nº 2018-1317 du 28 déc. 2018, art. 136-I-4º-b et V, en vigueur le 1er janv. 2019) **« V. — Cette contribution est recouvrée dans les conditions prévues au III de l'article L. 6131-1 du code du travail. »** — Pour les modalités de recouvrement de la contribution, V. ndlr ss. art. L. 6131-1 C. trav. — **C. trav.** — Par dérogation, jusqu'à l'entrée en vigueur de l'Ord. relative à la collecte des contributions des employeurs au titre du financement de la formation professionnelle et de l'apprentissage prévue à l'art. 41 de la L. nº 2018-771 du 5 sept. 2018 et, au plus tard, à compter du 1er janv. 2022, le recouvrement de cette contribution est opéré par les opérateurs de compétences (L. nº 2018-771 du 5 sept. 2018, art. 37-III-B, Décr. nº 2018-1331 du 28 déc. 2018, art. 4, et Décr. nº 2020-1739 du 29 déc. 2020, art. 3).*

Le présent art., dans sa rédaction antérieure à la L. nº 2019-486 du 22 mai 2019, s'applique aux impositions établies au titre de 2019 (L. nº 2019-1479 du 28 déc. 2019, art. 41-4º).

V. ndlr ss. art. 1599 ter A.

Contribution supplémentaire à l'apprentissage. Champ d'application de la contribution. Conditions : assujettissement à la taxe d'apprentissage ; effectif annuel moyen de l'entreprise ; nombre de salariés sous contrat favorisant l'insertion professionnelle. Calcul, déclaration, recouvrement et paiement. * BOI-TPS-TA-50 du 4 févr. 2015.

SECTION VIII TAXE POUR LE DÉVELOPPEMENT DE LA FORMATION PROFESSIONNELLE DANS LES MÉTIERS DE LA RÉPARATION DE L'AUTOMOBILE, DU CYCLE ET DU MOTOCYCLE

Art. 1609 *sexvicies* **I. — Il est institué, à compter du 1er janvier 2004, une taxe au profit de l'Association nationale pour la formation automobile. Elle concourt au financement de la formation professionnelle initiale, notamment de l'apprentissage, et de la formation professionnelle continue dans les métiers de la réparation de l'automobile, du cycle et du motocycle.**

La taxe est due par les entreprises ayant une activité principale ou secondaire de réparation, d'entretien, de pose d'accessoires, de contrôle technique, d'échanges de pièces, et autres opérations assimilables, sur les véhicules automobiles, les cycles ou les motocycles, donnant lieu à facturation à des tiers.

Les entreprises qui bénéficient de la franchise prévue à l'article 293 B sont exonérées de la taxe.

Le produit de cette taxe contribue au développement de la formation professionnelle *dans la branche considérée*, particulièrement par le financement des investissements et du fonctionnement des centres de formation d'apprentis et des sections d'apprentissage, par la formation de personnels enseignants et de maîtres d'apprentissage ainsi que par l'acquisition de matériel technique et pédagogique.

II. — La taxe est assise sur le montant non plafonné des rémunérations retenues pour le calcul des cotisations de sécurité sociale, versées aux salariés concourant direc-

tement au fonctionnement des ateliers et services affectés aux activités visées au deuxième alinéa du I.

III. – Le taux de la taxe est fixé à 0,75 %.

IV. – Pour les redevables qui acquittent la taxe sur la valeur ajoutée selon les modalités prévues au premier alinéa du 2 de l'article 287, la taxe est calculée sur les salaires tels qu'ils sont définis au II, versés au cours du dernier mois échu et acquittée sur l'annexe à chaque déclaration mensuelle de taxe sur la valeur ajoutée déposée au cours du mois suivant. Pour ceux des redevables mentionnés au *(L. nº 2021-1900 du 30 déc. 2021, art. 30-I-22º)* **« dernier » alinéa du 2 de l'article 287, la taxe est calculée sur les salaires versés au cours du dernier trimestre échu et acquittée sur l'annexe à la déclaration de taxe sur la valeur ajoutée déposée au cours du mois suivant la fin de chaque trimestre civil.**

Pour les redevables qui acquittent la taxe sur la valeur ajoutée selon les modalités prévues au 3 de l'article 287, le montant de la taxe due est porté sur la déclaration mentionnée au premier alinéa de ce 3. Le montant de la taxe est calculé sur les salaires, tels qu'ils sont définis au II, versés au titre de l'année civile précédant celle du dépôt de cette déclaration.

La taxe est recouvrée et contrôlée selon les mêmes procédures et sous les mêmes sanctions, garanties, sûretés et privilèges que les taxes sur le chiffre d'affaires.

Les réclamations sont présentées, instruites et jugées selon les règles applicables à ces mêmes taxes.

V. – L'Association nationale pour la formation automobile est placée sous le contrôle économique et financier de l'État ; un membre du corps du contrôle général économique et financier est désigné par le ministre chargé du budget.

Un commissaire du Gouvernement auprès de l'association est désigné par le ministre chargé de l'éducation nationale en accord avec le ministre chargé de la formation professionnelle.

Les modalités d'exercice des attributions du membre du corps du contrôle général économique et financier et du commissaire du Gouvernement sont fixées par décret. – *V. Décr. nº 2002-1533 du 24 déc. 2002 et Arr. du 24 déc. 2002 (JO 28 déc.).*

Commentaire administratif. Entreprises redevables. Base et taux d'imposition. Fait générateur et exigibilité. Obligations déclaratives. * BOI-TCA-AUTO du 19 avr. 2013.

SECTION IX **TAXE D'ABATTAGE**

(L. nº 2003-1311 du 30 déc. 2003, art. 28)

Art. 1609 *septvicies* *(Abrogé par L. nº 2013-1278 du 29 déc. 2013, art. 47-II-4º)* ***I. – Il est institué une taxe due par toute personne ayant reçu l'agrément sanitaire prévu à l'article L. 233-2 du code rural et de la pêche maritime qui exploite un établissement d'abattage d'animaux des espèces bovine, ovine, caprine, porcine, ainsi que des espèces chevaline et asine et de leurs croisements, et de volailles, ratites, lapins et gibier d'élevage.***

II. – La taxe est assise sur le poids de viande avec os des animaux abattus.

III. – Le fait générateur de la taxe est constitué par l'opération d'abattage.

IV. – Un arrêté conjoint du ministre chargé du budget et du ministre chargé de l'agriculture fixe les taux d'imposition par tonne de viande avec os et par espèce animale dans la limite de 150 €. Ce montant peut être modulé selon que l'abattoir est situé en métropole ou outre-mer. *– V. Ann. IV, art. 159 A.*

V. – La taxe est déclarée et liquidée, selon le cas, sur les déclarations mentionnées aux articles 287, 298 bis ou 1693 bis, ou sur une déclaration dont le modèle est fixé par l'administration et qui est déposée l'année suivant le fait générateur de la taxe et jusqu'à une date fixée par décret et au plus tard le deuxième jour ouvré suivant le 1er mai. Elle est acquittée lors du dépôt de ces déclarations.

La taxe est constatée, recouvrée et contrôlée selon les mêmes procédures et sous les mêmes sanctions, garanties et privilèges que la taxe sur la valeur ajoutée. Les réclamations sont présentées, instruites et jugées selon les règles applicables à cette même taxe.

VI. – Le produit de la taxe mentionnée au I est affecté à l'établissement mentionné à l'article L. 621-1 du code rural et de la pêche maritime, dans la limite du plafond prévu au I de l'article 46 de la loi nº 2011-1977 du 28 décembre 2011 de finances pour 2012. Cet établissement crée un fonds à comptabilité distincte auquel est rattaché ce produit, à l'excep-

tion d'une part fixée par décret dans la limite de 3 % de ce produit, qui est destinée à financer la gestion des opérations imputées sur le fonds.

Ce fonds a pour objet de contribuer au financement des dépenses du service public de l'équarrissage et d'aides à la collecte et au traitement des sous-produits animaux des exploitations agricoles ainsi qu'au financement des mesures concourant au stockage, au transport et à l'élimination des farines d'origine animale.

VII. — Un décret en Conseil d'État précise les conditions d'application du présent article et notamment les obligations déclaratives des redevables. *— V. Ann. II, art. 321 A.*

V. Arr. du 23 avr. 2004 fixant le mode de calcul et les taux de la taxe d'abattage affectée au financement de l'élimination des déchets et sous-produits animaux (JO 24 avr.), mod. par Arr. du 28 sept. 2005 (JO 29 sept.).

SECTION X *[ABROGÉE]* CONTRIBUTION PERÇUE AU PROFIT DE L'INSTITUT NATIONAL DE PRÉVENTION ET D'ÉDUCATION POUR LA SANTÉ

(Abrogée par L. nº 2019-1479 du 28 déc. 2019, art. 21-I-25º et XI-C, applicable aux impositions devenues exigibles à compter du 1er janv. 2020) (Décr. nº 2006-356 du 24 mars 2006)

Art. 1609 *octovicies* ***La contribution versée par les annonceurs et les promoteurs qui dérogent à l'obligation de faire figurer une information à caractère sanitaire dans les messages publicitaires est établie conformément à l'article L. 2133-1 du code de la santé publique.***

SECTION XI PRÉLÈVEMENTS SUR LES JEUX DE LOTERIE ET LES PARIS SPORTIFS PERÇUS AU PROFIT DE L'AGENCE NATIONALE DU SPORT CHARGÉE DE LA HAUTE PERFORMANCE SPORTIVE ET DU DÉVELOPPEMENT DE L'ACCÈS À LA PRATIQUE SPORTIVE *(L. nº 2018-1317 du 28 déc. 2018, art. 83-X-B-1º et XV, en vigueur le 24 avr. 2019).*

Art. 1609 *novovicies* *(L. nº 2019-486 du 22 mai 2019, art. 138-III-D et VIII, en vigueur le 1er janv. 2020)* **« Un prélèvement de 5,1 % est effectué sur le produit brut des jeux de loterie commercialisés en réseau physique de distribution et en ligne mentionnés au I de l'article 137 de la loi nº 2019-486 du 22 mai 2019 relative à la croissance et la transformation des entreprises. Le produit brut des jeux est constitué par la différence entre les sommes misées par les joueurs et les sommes versées ou à reverser aux gagnants. Les sommes engagées par les joueurs à compter du 1er janvier 2020 sont définies comme des sommes misées à compter de la date de réalisation du ou des événements sur lesquels repose le jeu, y compris celles apportées par l'opérateur à titre gracieux. Les sommes versées ou à reverser aux gagnants sont constituées de l'ensemble des gains en numéraire ou en nature versés ou à reverser aux joueurs à compter de la date de réalisation du ou des événements sur lesquels repose le jeu, à l'exclusion des sommes en numéraire ou en nature attribuées à titre gracieux à certains joueurs dans le cadre d'actions commerciales. »**

(L. nº 2019-1479 du 28 déc. 2019, art. 28-I-E et VI-A, en vigueur le 1er janv. 2020) **« Pour le calcul du prélèvement, le montant du produit brut des jeux est multiplié par le rapport entre, d'une part, le montant des mises effectuées sur le jeu en France métropolitaine et dans les départements d'outre-mer et, d'autre part, le montant total des mises effectuées sur le jeu. »**

Le produit de ce prélèvement est affecté *(L. nº 2018-1317 du 28 déc. 2018, art. 83-X-B-2º et XV, en vigueur le 24 avr. 2019)* **« à l'Agence nationale du sport chargée de la haute performance sportive et du développement de l'accès à la pratique sportive** *[ancienne rédaction : au Centre national pour le développement du sport]* **», dans la limite du plafond fixé au I de l'article 46 de la loi nº 2011-1977 du 28 décembre 2011 de finances pour** ***2012.*** *— Plafond fixé à 71 844 000 €.*

(L. nº 2019-486 du 22 mai 2019, art. 138-III-D et VIII, en vigueur le 1er janv. 2020) **« L'exigibilité du prélèvement est constituée par la réalisation du ou des événements sur lesquels repose le jeu. Pour les jeux de loterie pour lesquels l'intervention du hasard est antérieure à la mise à disposition du support de jeu, l'exigibilité du prélèvement est constituée par l'affectation au jeu des mises engagées par les joueurs. »**

***Ancien art. 1609 novovicies** Un prélèvement de 1,80 % est effectué (Abrogé par Ord. n° 2015-459 du 23 avr. 2015, art. 1er-2°) « chaque année » sur les sommes misées sur les jeux exploités en France métropolitaine et dans les départements d'outre-mer par la personne morale chargée de l'exploitation des jeux de loterie dans les conditions fixées par l'article 136 de la loi du 31 mai 1933 portant fixation du budget général de l'exercice 1933, à l'exception des paris sportifs.*

Le produit de ce prélèvement est affecté (L. n° 2018-1317 du 28 déc. 2018, art. 83-X-B-2° et XV, en vigueur le 24 avr. 2019) « à l'Agence nationale du sport chargée de la haute performance sportive et du développement de l'accès à la pratique sportive [ancienne rédaction : au Centre national pour le développement du sport] », dans la limite du plafond fixé au I de l'article 46 de la loi n° 2011-1977 du 28 décembre 2011 de finances pour 2012.

(L. n° 2010-1657 du 29 déc. 2010, art. 79 ; L. n° 2014-1654 du 29 déc. 2014, art. 121) « Un prélèvement complémentaire de 0,3 % est effectué de 2011 à (L. n° 2016-1917 du 29 déc. 2016, art. 158-1°) « 2024 [ancienne rédaction : 2017] » sur les sommes mentionnées au premier alinéa. (Abrogé par L. n° 2017-1837 du 30 déc. 2017, art. 44) « Ce prélèvement complémentaire est plafonné à 24 millions d'euros par an pour les années 2011 à 2015, à (L. n° 2015-1785 du 29 déc. 2015, art. 41-II-3°) « 27,6 millions d'euros [ancienne rédaction : 16,5 millions d'euros] » en 2016, à (L. n° 2016-1917 du 29 déc. 2017, art. 36-II-5°) « 25,5 millions d'euros [ancienne rédaction : 15,5 millions d'euros] » en 2017 (L. n° 2016-1917 du 29 déc. 2016, art. 158-2°) « et à 25 millions d'euros par an pour les années 2018 à 2024 [ancienne rédaction : et à 15,5 millions d'euros en 2017] ». Son produit est affecté, dans la limite du plafond prévu au I de l'article 46 de la loi n° 2011-1977 du 28 décembre 2011 de finances pour 2012, au Centre national pour le développement du sport en vue du financement des projets de construction ou de rénovation des enceintes sportives destinées à accueillir la compétition sportive dénommée "UEFA Euro 2016" ainsi que des équipements connexes permettant le fonctionnement de celles-ci » (L. n° 2015-1785 du 29 déc. 2015, art. 41-II-3°) « et de la candidature de la ville de Paris aux Jeux olympiques et paralympiques de 2024 ». »

(Ord. n° 2015-459 du 23 avr. 2015, art. 1er-2°) « L'exigibilité des prélèvements mentionnés aux premier et troisième alinéas est constituée par l'encaissement des sommes misées. »

Art. 1609 *tricies* *(L. n° 2019-486 du 22 mai 2019, art. 138-III-E et VIII, en vigueur le 1er janv. 2020)* **Il est institué, pour les paris sportifs, un prélèvement assis sur le produit brut des jeux, constitué par la différence entre les sommes misées par les joueurs et les sommes versées ou à reverser aux gagnants. Les sommes engagées par les joueurs à compter du 1er janvier 2020 sont définies comme des sommes misées à compter de la date de réalisation du ou des événements sur lesquels repose le jeu. Les sommes versées ou à reverser aux gagnants sont constituées de l'ensemble des gains en numéraire ou en nature versés ou à reverser aux joueurs à compter de la date de réalisation du ou des événements sur lesquels repose le jeu, y compris les gains résultant de sommes apportées par l'opérateur, à condition que le joueur puisse en demander le versement en numéraire ou sur son compte de paiement.**

(L. n° 2019-1479 du 28 déc. 2019, art. 28-I-E et VI-A, en vigueur le 1er janv. 2020) **« Pour le calcul du prélèvement, le montant du produit brut des jeux est multiplié par le rapport entre, d'une part, le montant des mises effectuées sur le jeu en France métropolitaine et dans les départements d'outre-mer et, d'autre part, le montant total des mises effectuées sur le jeu. »**

Ce prélèvement est dû par la personne morale chargée de l'exploitation des jeux de paris sportifs commercialisés en réseau physique de distribution mentionnée au I de l'*article* 137 de la loi n° 2019-486 du 22 mai 2019 relative à la croissance et la transformation des entreprises et par les personnes devant être soumises, en tant qu'opérateur de paris sportifs en ligne, à l'agrément mentionné à l'article 21 de la loi n° 2010-476 du 12 mai 2010 relative à l'ouverture à la concurrence et à la régulation du secteur des jeux d'argent et de hasard.

Le taux de ce prélèvement est fixé à 6,6 % du produit des jeux pour les paris sportifs commercialisés en réseau physique de distribution et à 10,6 % pour les paris sportifs en ligne.

Le produit de ce prélèvement est affecté à l'Agence nationale du sport chargée de la haute performance sportive et du développement de l'accès à la pratique sportive dans la limite du plafond fixé au I de l'article 46 de la loi n° 2011-1977 du 28 décembre 2011 de finances pour 2012.

L'exigibilité du prélèvement est constituée par la réalisation du ou des événements sur lesquels repose le jeu.

Ancien art. 1609 *tricies* ***Un prélèvement de*** *(Décr. n° 2015-608 du 3 juin 2015)* ***« 1,8 %*** *[ancienne rédaction : 1,3 %]* ***» est effectué*** *(Abrogé par Ord. n° 2015-459 du 23 avr. 2015, art. 1er-3°-a)* ***« chaque année » sur les sommes misées sur les paris sportifs organisés et exploités par la personne morale chargée de l'exploitation des paris sportifs dans les conditions fixées par l'article 42 de la loi de finances pour 1985 (n° 84-1208 du 29 décembre 1984) ainsi que sur les paris sportifs en ligne visés au chapitre II de la loi n° 2010-476 du 12 mai 2010 relative à l'ouverture à la concurrence et à la régulation du secteur des jeux d'argent et de hasard en ligne.*** *(Abrogé par Décr. n° 2015-608 du 3 juin 2015)* ***« Le taux est porté à 1,5 % en 2011, puis à 1,8 % à compter de 2012. »*** *— Le taux du prélèvement a été porté de 1,3 % à 1,8 % à compter du 6 juin 2015. — L'art. 42 de la L. n° 84-1208 du 29 déc. 1984 est abrogé par l'Ord. n° 2019-1015 du 2 oct. 2019, art. 24-2° et 47, à compter du 3 oct. 2019.*

Le produit de ce prélèvement est affecté *(L. n° 2018-1317 du 28 déc. 2018, art. 83-X-B-2° et XV, en vigueur le 24 avr. 2019)* ***« à l'Agence nationale du sport chargée de la haute performance sportive et du développement de l'accès à la pratique sportive*** *[ancienne rédaction : au Centre national pour le développement du sport]* ***dans la limite du plafond fixé au I de l'article 46 de la loi n° 2011-1977 du 28 décembre 2011 de finances pour 2012.***

Ce prélèvement est assis sur le montant brut des sommes engagées par les parieurs. Les gains réinvestis par ces derniers sous forme de nouvelles mises sont également assujettis à ce prélèvement. Dans le cas d'un jeu ou d'un pari en ligne, le prélèvement est dû au titre des sommes engagées dans le cadre d'une session de jeu ou de pari réalisée au moyen d'un compte joueur ouvert sur un site dédié tel que défini à l'article 24 de la loi n° 2010-476 du 12 mai 2010 précitée.

(Ord. n° 2015-459 du 23 avr. 2015, art. 1er-3°-b) ***« L'exigibilité de ce prélèvement est constituée par l'encaissement des sommes mentionnées au troisième alinéa. »***

Art. 1609 *untricies* Les prélèvements mentionnés aux articles 1609 *novovicies* et 1609 *tricies* sont déclarés et liquidés par les opérateurs de jeux ou de paris en ligne mentionnés à ces articles selon les modalités suivantes :

1° Pour les redevables de la taxe sur la valeur ajoutée soumis au régime réel normal d'imposition prévu au 2 de l'article 287, sur l'annexe à la déclaration mentionnée au 1 du même article 287 déposée au titre du mois ou du trimestre au cours duquel l'exigibilité est intervenue ;

2° Pour les redevables de la taxe sur la valeur ajoutée soumis au régime simplifié d'imposition prévu à l'article 302 *septies* A, sur la déclaration annuelle mentionnée au 3 de l'article 287 déposée au titre de l'exercice au cours duquel l'exigibilité est intervenue ;

3° Pour les personnes non redevables de la taxe sur la valeur ajoutée et les assujettis non établis en France se prévalant d'un des régimes particuliers mentionnés aux articles 359 et 369 *ter* de la directive 2006/112/CE du Conseil du 28 novembre 2006 relative au système commun de la taxe sur la valeur ajoutée, sur l'annexe à la déclaration prévue au 1 de l'article 287 du présent code déposée auprès du service chargé du recouvrement dont relève le siège ou le principal établissement au plus tard le 25 du mois qui suit celui au cours duquel l'exigibilité est intervenue.

V. Ann. III, art. 344 GD.

Art. 1609 *duotricies* Les prélèvements mentionnés aux articles 1609 *novovicies* et 1609 *tricies* sont recouvrés et contrôlés selon les mêmes procédures et sous les mêmes sanctions, garanties, sûretés et privilèges que les taxes sur le chiffre d'affaires. Les réclamations sont présentées, instruites et jugées selon les règles applicables à ces mêmes taxes. *— V. Ann. III, art. 344 GD.*

SECTION XII **REDEVANCE SUR LES PARIS HIPPIQUES EN LIGNE PERÇUE AU PROFIT DES SOCIÉTÉS DE COURSES**

Art. 1609 *tertricies* Il est institué une redevance perçue au profit des sociétés de courses, destinée à financer les missions de service public définies à l'article 2 de la loi du 2 juin 1891 ayant pour objet de réglementer l'autorisation et le fonctionnement des courses de chevaux. Cette redevance est assise sur *(L. n° 2019-1479 du 28 déc. 2019, art. 28-I-F et VI-C)* « le produit brut des jeux, tel que défini au premier alinéa de l'article 302 *bis* ZJ, issu des *[ancienne rédaction : les sommes engagées par les parieurs sur les]* » paris hippiques en ligne mentionnés à l'article 11 de la loi n° 2010-476 du 12 mai 2010 relative à l'ouverture à la concurrence et à la régulation du secteur des jeux d'argent et de hasard en ligne *(L. n° 2016-1918 du 29 déc. 2016, art. 96-1°-a)* « , au titre des courses organisées par des sociétés de courses françaises ». *(Abrogé par L. n° 2019-1479 du 28 déc. 2019, art. 28-I-F et VI-C)* ***« Les gains réinvestis par** (L. n° 2016-1918 du 29 déc. 2016, art. 96-1°-b)* ***« les parieurs mentionnés à la deuxième phrase du présent alinéa » sous forme de nouvelles mises sont également assujettis à cette redevance. »*** Cette redevance est due par les sociétés devant être soumises, en tant qu'opérateurs de paris hippiques en ligne, à l'agrément mentionné à l'article 21 de la loi n° 2010-476 du 12 mai 2010 précitée.

Le taux de la redevance est fixé par décret. Il ne peut être inférieur à *(L. n° 2019-1479 du 28 déc. 2019, art. 28-I-F et VI-C)* « 22 % *[ancienne rédaction : 5 %]* » ni supérieur à *(L. n° 2019-1479 du 28 déc. 2019, art. 28-I-F et VI-C)* « 31 % *[ancienne rédaction : 7 %]* ». — *V. Ann. III, art. 331 W.*

L'exigibilité de cette redevance est constituée par *(L. n° 2019-1479 du 28 déc. 2019, art. 28-I-F et VI-C)* « la réalisation du ou des événements sur lesquels repose le jeu *[ancienne rédaction : l'encaissement des sommes engagées par les parieurs]* ». Cette redevance est déclarée et liquidée selon les modalités suivantes :

1° Pour les redevables de la taxe sur la valeur ajoutée soumis au régime réel normal d'imposition prévu au 2 de l'article 287, sur l'annexe à la déclaration mentionnée au 1 du même article 287 déposée au titre du mois ou du trimestre au cours duquel l'exigibilité est intervenue ;

2° Pour les redevables de la taxe sur la valeur ajoutée soumis au régime simplifié d'imposition prévu à l'article 302 *septies* A, sur la déclaration annuelle mentionnée au 3 de l'article 287 déposée au titre de l'exercice au cours duquel l'exigibilité est intervenue ;

3° Pour les personnes non redevables de la taxe sur la valeur ajoutée et les assujettis non établis en France se prévalant d'un des régimes particuliers mentionnés aux articles 359 et 369 *ter* de la directive 2006/112/CE du Conseil du 28 novembre 2006 relative au système commun de la taxe sur la valeur ajoutée, sur l'annexe à la déclaration prévue au 1 de l'article 287 du présent code déposée auprès du service chargé du recouvrement dont relève le siège ou le principal établissement au plus tard le 25 du mois qui suit celui au cours duquel l'exigibilité est intervenue. — *V. Ann. III, art. 344 GD.*

Elle est recouvrée et contrôlée selon les mêmes procédures et sous les mêmes sanctions, garanties, sûretés et privilèges que la taxe sur la valeur ajoutée. Les réclamations sont présentées, instruites et jugées selon les règles applicables à cette même taxe.

Elle est affectée au prorata des enjeux misés sur chaque spécialité, trot et galop, aux sociétés-mères de courses de chevaux. Ces dernières tiennent une comptabilité distincte à laquelle est rattaché le produit de la redevance.

Les dispositions issues de la L. n° 2019-1479 du 28 déc. 2019 entrent en vigueur à une date fixée par décret qui ne peut être postérieure de plus de six mois à la date de réception par le Gouvernement de la réponse de la Commission européenne permettant de considérer ces dispositions lui ayant été notifiées comme conformes au droit de l'Union européenne en matière d'aides d'État (L. préc., art. 28-VI-C).

SECTION XIII PRÉLÈVEMENTS SOCIAUX SUR LES JEUX ET PARIS PERÇUS AU PROFIT D'ORGANISMES DIVERS CONCOURANT AU FINANCEMENT DE LA PROTECTION SOCIALE

(Décr. n° 2011-645 du 9 juin 2011)

Art. 1609 *quatertricies* Les prélèvements sociaux sur les jeux et paris sont assis, déclarés, liquidés, recouvrés et contrôlés conformément aux dispositions des articles L. 137-20, L. 137-21, L. 137-22, L. 137-23, L. 137-25 et L. 137-26 du code de la sécurité sociale.

SECTION XIV CONTRIBUTION SUR LES ACTIVITÉS PRIVÉES DE SÉCURITÉ

(L. n° 2011-900 du 29 juill. 2011, art. 52-I)

Art. 1609 *quintricies* *(Abrogé par L. n° 2018-1317 du 28 déc. 2018, art. 26-III-27° et XV-D, à compter du 1er janv. 2020)* ***I. — Il est institué une contribution sur les activités privées de sécurité mentionnées au titre III du livre VI du code de la sécurité intérieure.***

II. — Sont redevables de la contribution mentionnée au I :

1° Les personnes morales et physiques qui effectuent en France à titre onéreux des activités privées de sécurité mentionnées aux titres Ier et II du livre VI du code de la sécurité intérieure ;

2° Les personnes morales mentionnées à l'article L. 612-25 du même code qui, agissant pour leur propre compte, font exécuter en France par certains de leurs salariés une ou plusieurs de ces activités ;

3° Les personnes morales, quelle que soit leur nationalité, à qui a été délivrée l'autorisation d'exercice prévue à l'article L. 612-9 dudit code, pour effectuer l'activité mentionnée au 4° de l'article L. 611-1 de ce même code.

Les activités mentionnées aux articles L. 621-1 et L. 622-1 du même code sont réputées se situer en France lorsqu'elles sont effectuées pour les besoins d'une personne établie ou domiciliée en France.

III. — Pour les personnes morales et physiques mentionnées aux 1° et 3° du II, la contribution est calculée au taux de 0,4 % sur le montant hors taxe des ventes de prestations de services d'activités privées de sécurité assurées en France par ces personnes.

Le fait générateur et l'exigibilité de la contribution interviennent dans les mêmes conditions que celles applicables en matière de taxe sur la valeur ajoutée.

IV. — Pour les personnes mentionnées au 2° du II, la contribution est assise sur les sommes payées à leurs salariés qui exécutent une ou plusieurs activités privées de sécurité à titre de rémunération. Le taux de la contribution est dans ce cas fixé à 0,6 % du montant de ces rémunérations, évalué selon les règles prévues aux chapitres Ier et II du titre IV du livre II du code de la sécurité sociale.

Le fait générateur et l'exigibilité de la contribution interviennent au moment des versements des sommes mentionnées au premier alinéa du présent IV.

V. — 1. Sous réserve du 2, la contribution est déclarée et liquidée comme en matière de taxe sur la valeur ajoutée.

2. Les personnes mentionnées au II du présent article, assujetties et non redevables de la taxe sur la valeur ajoutée, sont tenues de déposer auprès du service chargé du recouvrement dont relève leur siège ou principal établissement l'annexe à la déclaration prévue au 1 de l'article 287, au plus tard le 25 avril de l'année qui suit celle au cours de laquelle la contribution est due, sur laquelle elles déclarent la contribution mentionnée au I du présent article. La déclaration est accompagnée du paiement de la contribution.

3. La contribution est recouvrée et contrôlée selon les mêmes procédures et sous les mêmes sanctions, garanties, sûretés et privilèges que la taxe sur la valeur ajoutée. Les réclamations sont présentées, instruites et jugées selon les règles applicables à cette même taxe.

VI. — Lorsqu'une personne non établie dans un État membre de l'Union européenne ou dans un autre État partie à l'accord sur l'Espace économique européen et ayant conclu une convention fiscale qui contient une clause d'assistance administrative en vue de lutter contre la fraude ou l'évasion fiscale est redevable de la contribution mentionnée au I, elle est tenue de faire accréditer auprès de l'administration fiscale un représentant établi en France, qui s'engage à remplir les formalités lui incombant et à acquitter la contribution à sa place. Ce représentant tient à la disposition de l'administration fiscale la comptabilité afférente aux prestations de services rendues et les données relatives aux rémunérations mentionnées au IV. A défaut de désignation de représentant, la contribution et, le cas échéant, les pénalités qui s'y rapportent sont dues par le destinataire de la prestation imposable.

VII. — Le montant de la contribution s'ajoute au prix acquitté par le client. Il est signalé par une mention particulière figurant au bas de la facture relative à la prestation servie.

SECTION XV *[ABROGÉE]* TAXES POUR FRAIS DE CONTRÔLE PERÇUES AU PROFIT DE L'AUTORITÉ DE RÉGULATION DES ACTIVITÉS FERROVIAIRES ET ROUTIÈRES

(Abrogée par L. n° 2019-1479 du 28 déc. 2019, art. 21-I-26° et XI-B, applicable aux impositions dont le fait générateur intervient à compter du 1er janv. 2020)

Art. 1609 *sextricies* *(Abrogé par L. n° 2018-1317 du 28 déc. 2018, art. 83-III-A)* ***I. — Une taxe pour frais de contrôle sur les activités de transport public routier de personnes est perçue au profit de l'Autorité de régulation des activités ferroviaires et routières, dans la limite du plafond prévu au I de l'article 46 de la loi n° 2011-1977 du 28 décembre 2011 de finances pour 2012.***

II. — La taxe est due par les entreprises de transport public routier de personnes qui sont assujetties à la taxe sur la valeur ajoutée et qui assurent des services réguliers interurbains mentionnés à l'article L. 3111-17 du code des transports.

III. — La taxe est assise sur le montant, hors taxe sur la valeur ajoutée, des sommes versées par les passagers en rémunération des titres de transport émis pour des trajets qu'ils effectuent entre des arrêts situés en France dans le cadre des services mentionnés au même article L. 3111-17.

IV. — Le taux de la taxe, compris entre 1,5 ‰ et 2,5 ‰, est fixé par arrêté conjoint des ministres chargés des transports et du budget.

V. — Le fait générateur de la taxe est constitué par l'encaissement des sommes mentionnées au III.

VI. — Les redevables procèdent à la liquidation de la taxe lors du dépôt de la déclaration mentionnée au 1 de l'article 287, au titre de chaque trimestre ou du dernier mois de chaque trimestre pour lequel la taxe est due.

Ils portent sur la déclaration le montant total des ventes de titres de transport soumises à la taxation réalisées au cours de la période, ainsi que le montant de la taxe due au cours de ce trimestre.

VII. — La taxe est recouvrée et contrôlée selon les mêmes procédures et sous les mêmes sanctions, garanties, sûretés et privilèges que la taxe sur la valeur ajoutée. Les réclamations sont présentées, instruites et jugées selon les règles applicables à cette même taxe.

Art. 1609 *septtricies* ***I. — Une taxe annuelle pour frais de contrôle est due par les concessionnaires d'autoroutes et perçue au profit de l'Autorité de régulation des activités ferroviaires et routières, dans la limite du plafond prévu au I de l'article 46 de la loi n° 2011-1977 du 28 décembre 2011 de finances pour 2012.***

II. — La taxe est assise sur la part du chiffre d'affaires afférent à l'activité concédée réalisé au cours de l'exercice, après abattement de 200 millions d'euros.

III. — Le taux de la taxe, compris entre 0,15 ‰ et 0,4 ‰, est fixé par arrêté conjoint des ministres chargés des transports et du budget.

IV. — Le fait générateur de la taxe est constitué par la clôture de l'exercice mentionné au II.

V. — Les redevables procèdent à la liquidation de la taxe lors du dépôt de la déclaration mentionnée au 1 de l'article 287, au titre du deuxième trimestre ou du sixième mois de l'exercice suivant celui pour lequel la taxe est due.

Ils portent sur la déclaration le montant du chiffre d'affaires soumis à taxation ainsi que le montant de la taxe due au titre de l'exercice.

VI. — La taxe est recouvrée et contrôlée selon les mêmes procédures et sous les mêmes sanctions, garanties, sûretés et privilèges que la taxe sur la valeur ajoutée. Les réclamations sont présentées, instruites et jugées selon les règles applicables à cette même taxe.

CHAPITRE II CONTRIBUTIONS INDIRECTES

SECTION PREMIÈRE

Art. 1610 à 1612 *Abrogés.*

SECTION II

Art. 1613 *Transféré ss. l'art. 1609 sexdecies.*

SECTION III **CONTRIBUTIONS PERÇUES AU PROFIT DE LA CAISSE NATIONALE DE L'ASSURANCE MALADIE** *(Ord. nº 2018-470 du 12 juin 2018, art. 9).*

Art. 1613 *bis* I. – Les boissons constituées par :

a) Un mélange préalable de boissons ayant un titre alcoométrique acquis n'excédant pas 1,2 % vol. et de boissons alcooliques *(Ord. nº 2021-1843 du 22 déc. 2021, art. 10-32º-a-i, en vigueur le 1er janv. 2022)* « au sens du 2º de l'article L. 111-4 du code des impositions sur les biens et services »,

ou

b) Un ou plusieurs *(Ord. nº 2021-1843 du 22 déc. 2021, art. 10-32º-a-ii, en vigueur le 1er janv. 2022)* « produits soumis à l'accise sur les alcools mentionnés à l'article L. 313-2 du code des impositions sur les biens et services » qui ne répondent pas aux définitions prévues aux règlements *(L. nº 2019-1446 du 24 déc. 2019, art. 15-1º)* « (UE) nº 2019/787 du Parlement européen et du Conseil du 17 avril 2019 et (UE) nº 1308/2013 du Parlement européen et du Conseil du 17 décembre 2013, à l'exclusion des produits mentionnés par le règlement (UE) nº 251/2014 du Parlement européen et du Conseil du 26 février 2014, ainsi *(Ord. nº 2021-1843 du 22 déc. 2021, art. 10-32º-a-ii, en vigueur le 1er janv. 2022)* « que les cidres et poirés répondant à la définition légale de ces boissons et commercialisés dans les conditions fixées par arrêté du ministre chargé du budget pris après avis du ministre chargé de l'agriculture », qui ne bénéficient pas d'indications géographiques protégées ou d'attestations de spécificité au sens de la réglementation communautaire, et qui contiennent plus de 35 grammes de sucre ou une édulcoration équivalente par litre exprimée en sucre inverti, font l'objet d'une taxe perçue au profit de la Caisse nationale de l'assurance maladie *(Abrogé par Ord. nº 2018-470 du 12 juin 2018, art. 9) « des travailleurs salariés »* dès lors que la boisson obtenue présente un titre alcoométrique acquis de plus de 1,2 % vol. et inférieur à 12 % vol.

(L. nº 2019-1446 du 24 déc. 2019, art. 15-2º) « II. – Le tarif de la taxe mentionnée au I est fixé à :

« 1º 3 € par décilitre d'alcool pur pour les boissons *(Ord. nº 2021-1843 du 22 déc. 2021, art. 10-32º-b, en vigueur le 1er janv. 2022)* « relevant des catégories fiscales des vins ou des autres boissons fermentées au sens de l'article L. 313-15 du code des impositions sur les biens et services » ;

« 2º 11 € par décilitre d'alcool pur pour les autres boissons. »

III. – La taxe est due lors de la mise à la consommation en France des boissons mentionnées au I. Elle est acquittée, selon le cas, par les fabricants, les entrepositaires agréés, les importateurs, les personnes qui réalisent l'acquisition intracommunautaire de ces boissons, les représentants fiscaux des opérateurs établis dans un autre État membre de l'Union européenne mentionnés à l'article 302 V *bis* ou par les personnes mentionnées au 4º du 2 du I de l'article 302 D.

[IV. en vigueur jusqu'au 31 déc. 2023]

IV. – Cette taxe est recouvrée et contrôlée sous les mêmes règles, conditions, garanties et sanctions qu'en matière de contributions indirectes.

[IV. en vigueur le 1er janv. 2024]

(Ord. nº 2021-1843 du 22 déc. 2021, art. 10-32º-c) « IV. – A. – La taxe est contrôlée selon les mêmes procédures et sous les mêmes sanctions que les contributions indirectes. Les réclamations relatives à l'assiette sont présentées, instruites et jugées selon les règles applicables à ces mêmes taxes.

« B. – La taxe est recouvrée selon les mêmes procédures et sous les mêmes sanctions, garanties, sûretés et privilèges que les taxes sur le chiffre d'affaires. Les réclamations relatives au recouvrement sont présentées, instruites et jugées selon les règles applicables à ces mêmes taxes. »

V. – Le produit de cette taxe est versé à l'Agence centrale des organismes de sécurité sociale.

Art. 1613 *bis* A *(Abrogé par L. nº 2016-1917 du 29 déc. 2016, art. 83-II-2º) I. – Il est institué une contribution perçue sur les boissons contenant un seuil minimal de 220 milligrammes de caféine pour 1 000 millilitres, destinées à la consommation humaine : – A comp-*

ter du ***1er janv. 2015****, abrogation des mots « dites énergisantes » (les boissons) figurant antérieurement au 1er al. ci-dessus (Cons. const. 19 sept. 2014, n° 2014-417 QPC, JO 21 sept.).*

1° Relevant des codes NC 2009 et NC 2202 du tarif des douanes ;

2° Conditionnées dans des récipients destinés à la vente au détail, soit directement, soit par l'intermédiaire d'un professionnel.

II. — Le taux de la contribution est fixé à *(Arr. du 18 déc. 2015, art. 2 et 5, en vigueur le 1er janv. 2016)* ***« 103,02 €*** *[ancienne rédaction : 102,61 €]* ***» par hectolitre.*** *— Tarif applicable à compter du 1er janv. 2016.*

Ce tarif est relevé au 1er janvier de chaque année à compter du 1er janvier 2014, dans une proportion égale au taux de croissance de l'indice des prix à la consommation hors tabac de l'avant-dernière année. Il est exprimé avec deux chiffres significatifs après la virgule, le deuxième chiffre étant augmenté d'une unité si le chiffre suivant est égal ou supérieur à cinq. Il est constaté par arrêté du ministre chargé du budget, publié au Journal officiel.

III. — 1. La contribution est due à raison des boissons mentionnées au I par leurs fabricants établis en France, leurs importateurs et les personnes qui réalisent en France des acquisitions intracommunautaires, sur toutes les quantités livrées à titre onéreux ou gratuit.

2. Sont également redevables de la contribution les personnes qui, dans le cadre de leur activité commerciale, fournissent à titre onéreux ou gratuit à leurs clients des boissons consommables en l'état mentionnées au I dont elles ont préalablement assemblé les différents composants présentés dans des récipients non destinés à la vente au détail.

IV. — Les expéditions vers un autre État membre de l'Union européenne ou un autre État partie à l'accord sur l'Espace économique européen ainsi que les exportations vers un pays tiers sont exonérées de la contribution lorsqu'elles sont réalisées directement par les personnes mentionnées au 1 du III.

Les personnes qui acquièrent auprès d'un redevable de la contribution, qui reçoivent en provenance d'un autre État membre de l'Union européenne ou d'un autre État partie à l'accord sur l'Espace économique européen, ou qui importent en provenance de pays tiers des boissons mentionnées au I qu'elles destinent à une livraison vers un autre État membre de l'Union européenne ou un autre État partie à l'accord sur l'Espace économique européen, ou à une exportation vers un pays tiers acquièrent, reçoivent ou importent ces boissons en franchise de la contribution.

Pour bénéficier des dispositions du deuxième alinéa du présent IV, les intéressés doivent adresser au fournisseur, lorsqu'il est situé en France, et dans tous les cas au service des douanes dont ils dépendent, une attestation certifiant que les boissons sont destinées à faire l'objet d'une livraison ou d'une exportation mentionnée au même alinéa. Cette attestation comporte l'engagement d'acquitter la contribution au cas où la boisson ne recevrait pas la destination qui a motivé la franchise. Une copie de l'attestation est conservée à l'appui de la comptabilité des intéressés.

V. — La contribution mentionnée au I est acquittée auprès de l'administration des douanes. Elle est recouvrée et contrôlée selon les règles, sanctions, garanties et privilèges applicables au droit spécifique mentionné à l'article 520 A. Le droit de reprise de l'administration s'exerce dans les mêmes délais.

VI. — Le produit de la contribution mentionnée au I est affecté à la Caisse nationale de l'assurance maladie des travailleurs salariés.

SECTION IV **PRÉLÈVEMENTS ET PERCEPTIONS DESTINÉS AU BUDGET ANNEXE DES PRESTATIONS SOCIALES AGRICOLES**

0A BOISSONS NON ALCOOLISÉES

Art. 1613 *ter* I. — Il est institué une contribution perçue sur les boissons et préparations liquides pour boissons destinées à la consommation humaine :

1° Relevant des codes NC 2009 et NC 2202 du tarif des douanes ;

2° Contenant des sucres ajoutés ;

3° Conditionnées dans des récipients destinés à la vente au détail soit directement, soit par l'intermédiaire d'un professionnel *(L. n° 2018-1317 du 28 déc. 2018, art. 199-I-4°-a et V-C, en vigueur le 1er janv. 2019)* « *[,]* ou préalablement assemblées et présentées dans des récipients non destinés à la vente au détail afin d'être consommables en l'état » ;

(Ord. n° 2021-1843 du 22 déc. 2021, art. 10-33°-a, en vigueur le 1er janv. 2022) **« 4° Qui ne sont pas des boissons alcooliques au sens du 2° de l'article L. 111-4 du code des impositions sur les biens et services ; »**

Sont exclus du périmètre de cette contribution les laits infantiles premier et deuxième âges, les laits de croissance, les produits de nutrition entérale pour les personnes malades et les boissons à base de soja avec au minimum 2,9 % de protéines issues de la graine de soja.

(L. n° 2018-1317 du 28 déc. 2018, art. 199-I-4°-b et V-C, en vigueur le 1er janv. 2019) **« I *bis*. — La contribution est due par la personne qui réalise la première livraison des produits mentionnés au I, à titre gratuit ou onéreux, en France, en dehors des collectivités régies par l'article 74 de la Constitution, de la Nouvelle-Calédonie, des Terres australes et antarctiques françaises et de l'île de Clipperton, à raison de cette première livraison.**

« Est assimilée à une livraison la consommation de ces produits dans le cadre d'une activité économique.

« La contribution est exigible lors de cette livraison. »

(L. n° 2017-1836 du 30 déc. 2017, art. 19, en vigueur le 1er juill. 2018) **« II. — Le tarif de la contribution mentionnée au I est le suivant :**

QUANTITÉ DE SUCRE (en kg de sucres ajoutés par hl de boisson)	TARIF APPLICABLE (en euros par hl de boisson)
Inférieure ou égale à 1	3,12
2	3,64
3	4,15
4	4,67
5	5,71
6	6,75
7	7,79
8	9,86
9	11,94
10	14,01
11	16,08
12	18,16
13	20,24
14	22,31
15	24,39

*Tableau mod. par Arr. du 10 déc. 2018, art. 2, Décr. n° 2019-559 du 6 juin 2019, art. 1er, Décr. n° 2020-897 du 22 juill. 2020, art. 1er, applicable à compter du 1er janv. 2022. — V. *BOI-BAREME-000038.*

(Décr. n° 2019-559 du 6 juin 2019, art. 1er) **« Au-delà de quinze kilogrammes de sucres ajoutés par hectolitre de boisson, le tarif applicable par kilogramme supplémentaire est fixé à** *(Décr. n° 2020-897 du 22 juill. 2020, art. 1er)* **« 2,07 € » par hectolitre de boisson. »** — *V. *BOI-BAREME-000038.*

« Pour le calcul de la quantité en kilogrammes de sucres ajoutés, celle-ci est arrondie à l'entier le plus proche. La fraction de sucre ajouté égale à 0,5 est comptée pour 1.

« Les tarifs mentionnés dans le tableau du deuxième alinéa et au troisième alinéa du présent II sont relevés au 1er janvier de chaque année, à compter du 1er janvier 2019, dans une proportion égale au taux de croissance de l'indice des prix à la consommation hors tabac de l'avant-dernière année. Ces montants sont exprimés avec deux chiffres après la virgule, le deuxième chiffre étant augmenté d'une unité si le chiffre suivant est égal ou supérieur à cinq. » *(Abrogé par L. n° 2018-1317 du 28 déc. 2018, art. 199-I-4°-c et d, et V-C, à compter du 1er janv. 2019)* ***« Ils sont constatés par arrêté du ministre chargé du budget, publié au Journal officiel.***

« III. — 1. La contribution est due à raison des boissons mentionnées au I par leurs fabricants établis en France, leurs importateurs et les personnes qui réalisent en France des acquisitions intracommunautaires, sur toutes les quantités livrées à titre onéreux ou gratuit.

« 2. Sont également redevables de la contribution les personnes qui, dans le cadre de leur activité commerciale, fournissent à titre onéreux ou gratuit à leurs clients des boissons consommables en l'état mentionnées au I dont elles ont préalablement assemblé les différents composants présentés dans des récipients non destinés à la vente au détail. »

(L. n° 2018-1317 du 28 déc. 2018, art. 199-I-4°-e et V-C, en vigueur le 1er janv. 2019)

« IV. — 1. Les livraisons de produits expédiés ou transportés hors de France par le redevable, ou pour son compte, sont exonérées.

« 2. Les livraisons de produits en France par le redevable à une personne qui les destine, dans le cadre de son activité commerciale, à une expédition ou un transport hors de France peuvent être effectuées en suspension de contribution.

« A cette fin, l'acquéreur établit, au plus tard à la date de facturation, une attestation en double exemplaire certifiant que le produit est destiné à être expédié ou transporté hors de France et comportant la mention du recours au régime de suspension. Un exemplaire est remis au fournisseur.

« En cas de recours au régime de suspension, si les produits ne sont pas expédiés ou transportés hors de France, la contribution est exigible auprès de l'acquéreur dès que les produits sont affectés à une autre destination, au plus tard lors de leur livraison en France ou de tout événement rendant l'expédition ou le transport hors de France impossible.

« 3. Pour l'application du présent IV, une expédition ou un transport hors de France s'entend de l'expédition ou du transport des produits en dehors du territoire national ou à destination des collectivités régies par l'article 74 de la Constitution, de la Nouvelle-Calédonie, des Terres australes et antarctiques françaises et de l'île de Clipperton.

« V. — A. — La contribution est déclarée et liquidée par le redevable selon les modalités suivantes :

« 1° Pour les redevables de la taxe sur la valeur ajoutée soumis au régime réel normal d'imposition mentionné au 2 de l'article 287, sur l'annexe à la déclaration mentionnée au 1 du même article 287 déposée au titre du mois ou du trimestre au cours duquel la contribution est devenue exigible ;

« 2° Pour les redevables de la taxe sur la valeur ajoutée soumis au régime simplifié d'imposition prévu *(Ord. n° 2021-1843 du 22 déc. 2021, art. 10-33°-b-i, en vigueur le 1er janv. 2022)* « aux articles 302 *septies* A et 298 *bis* », sur la déclaration annuelle mentionnée au 3 de l'article 287 *(Ord. n° 2021-1843 du 22 déc. 2021, art. 10-33°-b-i, en vigueur le 1er janv. 2022)* « ou au I de l'article 298 *bis* » déposée au titre de l'exercice au cours duquel la contribution est devenue exigible ;

« 3° Dans tous les autres cas, sur l'annexe à la déclaration prévue au 1 de l'article 287, déposée auprès du service de recouvrement dont relève le siège ou le principal établissement du redevable, au plus tard le 25 avril de l'année qui suit celle au cours de laquelle la contribution est devenue exigible.

« B. — La contribution est acquittée lors du dépôt de la déclaration mentionnée au A. Elle est recouvrée et contrôlée selon les mêmes procédures et sous les mêmes sanctions, garanties, sûretés et privilèges que les taxes sur le chiffre d'affaires. Les réclamations sont présentées, instruites et jugées selon les règles applicables à ces mêmes taxes.

« C. — Les redevables conservent, à l'appui de leur comptabilité, l'information des volumes mensuels afférents à chacun des tarifs de la contribution, à chacune des exemptions mentionnées au dernier alinéa du I, à chacune des exonérations et livraisons en suspension mentionnées au IV ainsi qu'aux produits non livrés dont ils ne disposent plus.

« Ces informations et les attestations mentionnées au 2 du même IV sont tenues à la disposition de l'administration et lui sont communiquées à première demande.

« D. — Il appartient au redevable de démontrer que les quantités de sucres comprises dans les produits taxés et non prises en compte dans le calcul de l'impôt ne sont pas des sucres ajoutés. A défaut, le redevable est tenu au paiement du complément d'impôt, y compris dans les situations mentionnées au dernier alinéa du 2 du IV.

« E. — Les A à C du présent V s'appliquent également à toute personne acquérant les produits en suspension de contribution en application du 2 du IV, pour les quantités concernées.

« F. — Lorsque le redevable, ou la personne mentionnée au E, n'est pas établi dans un État membre de l'Union européenne ou dans *(Ord. nº 2021-1843 du 22 déc. 2021, art. 10-33º-b-ii, en vigueur le 1er janv. 2022)* « l'un des États mentionnés au 1º du I de l'article 289 A du code général des impôts », il fait accréditer auprès du service des impôts compétent *(Ord. nº 2021-1843 du 22 déc. 2021, art. 10-33º-b-ii, en vigueur le 1er janv. 2022)* « , dans les conditions prévues au IV du même article, » un représentant assujetti à la taxe sur la valeur ajoutée établi en France qui s'engage à remplir les formalités au nom et pour le compte du représenté et, le cas échéant, à acquitter la contribution à sa place. »

VI. — Le produit de la contribution régie par le présent article est affecté à la branche mentionnée au 2º de l'article L. 722-8 du code rural et de la pêche maritime. — *Anc. art. 520 B.*

(Abrogé par L. nº 2018-1317 du 28 déc. 2018, art. 199-I-4º-f et V-C, à compter du 1er janv. 2019) (L. nº 2017-1836 du 30 déc. 2017, art. 19, en vigueur le 1er juill. 2018) *« VII. — Un décret fixe, en tant que de besoin, les modalités d'application du présent article. »*

Art. 1613 *quater* *(Ord. nº 2021-1843 du 22 déc. 2021, art. 10-34º-a, en vigueur le 1er janv. 2022)* « I. — Il est institué une contribution sur les boissons autres que les boissons alcooliques au sens du 2º de l'article L. 111-4 du code des impositions sur les biens et services mentionnées au II. »

(L. nº 2018-1317 du 28 déc. 2018, art. 199-I-5º et V-B et C, en vigueur le 1er janv. 2019) « I *bis*. — La contribution est due par la personne qui réalise la première livraison des produits mentionnés au I, à titre gratuit ou onéreux, en France, en dehors des collectivités régies par l'article 74 de la Constitution, de la Nouvelle-Calédonie, des Terres australes et antarctiques françaises et de l'île de Clipperton, à raison de cette première livraison.

« Est assimilée à une livraison la consommation de ces produits dans le cadre d'une activité économique.

« La contribution est exigible lors de cette livraison.

« II. — Le montant de la contribution est fixé à :

« 1º 0,54 € par hectolitre pour les eaux minérales naturelles ou artificielles, eaux de source et autres eaux potables, eaux de laboratoire filtrées, stérilisées ou pasteurisées, ainsi que pour les boissons autres que les sirops, les jus de fruits ou de légumes et les nectars de fruits, lorsque ces produits sont livrés en fûts, bouteilles ou boîtes ;

« 2º *(Arr. du 10 déc. 2018, art. 2-II ; Décr. nº 2020-897 du 22 juill. 2020, art. 1er, applicable à compter du 1er janv. 2023)* « 3,11 € *[ancienne rédaction : 3,08 €]* » par hectolitre pour les produits contenant des édulcorants de synthèse, relevant des codes 2009 et 2202 de la nomenclature combinée du tarif des douanes, sans être des denrées destinées à des fins médicales spéciales ou des aliments hyperprotéinés destinés aux personnes dénutries, lorsque ces produits sont conditionnés dans des récipients destinés à la vente au détail soit directement, soit par l'intermédiaire d'un professionnel, ou sont préalablement assemblés et présentés dans des récipients non destinés à la vente au détail afin d'être consommables en l'état. Ce montant est relevé au 1er janvier de chaque année, dans une proportion égale au taux de croissance de l'indice des prix à la consommation hors tabac de l'avant-dernière année. Il est exprimé avec deux chiffres après la virgule, le second chiffre étant augmenté d'une unité si le chiffre suivant est égal ou supérieur à cinq ; — *Tarif applicable à compter du 1er janv. 2022 : 3,12 €. — Tarif applicable à compter du 1er janv. 2023 (BOI-BAREME-000038 du 15 déc. 2021).*

« Pour les produits relevant à la fois du 1° et du 2°, chacun des deux montants est dû. »

(Abrogé par L. nº 2018-1317 du 28 déc. 2018, art. 199-I-5°-d et V-B et C, à compter du 1er janv. 2019) ***« III. — 1. La contribution est due à raison des boissons mentionnées au I par leurs fabricants établis en France, leurs importateurs et les personnes qui réalisent en France des acquisitions intracommunautaires, sur toutes les quantités livrées à titre onéreux ou gratuit.***

« 2. Sont également redevables de la contribution les personnes qui, dans le cadre de leur activité commerciale, fournissent à titre onéreux ou gratuit à leurs clients des boissons consommables en l'état mentionnées au I dont elles ont préalablement assemblé les différents composants présentés dans des récipients non destinés à la vente au détail. »

(L. nº 2018-1317 du 28 déc. 2018, art. 199-I-5°-e et V-B et C, en vigueur le 1er janv. 2019) « IV. — 1. Les livraisons de produits expédiés ou transportés hors de France par le redevable, ou pour son compte, sont exonérées.

« 2. Les livraisons de produits en France par le redevable à une personne qui les destine, dans le cadre de son activité commerciale, à une expédition ou *[à]* un transport hors de France peuvent être effectuées en suspension de contribution.

« A cette fin, l'acquéreur établit, au plus tard à la date de facturation, une attestation en double exemplaire certifiant que le produit est destiné à être expédié ou transporté hors de France et comportant la mention du recours au régime de suspension. Un exemplaire est remis au fournisseur.

« En cas de recours au régime de suspension, si les produits ne sont pas expédiés ou transportés hors de France, la contribution est exigible auprès de l'acquéreur dès que les produits sont affectés à une autre destination, au plus tard lors de leur livraison en France ou *[lors]* de tout événement rendant leur expédition ou leur transport hors de France impossible.

« 3. Pour l'application du présent IV, une expédition ou un transport hors de France s'entend de l'expédition ou du transport des produits en dehors du territoire national ou à destination des collectivités régies par l'article 74 de la Constitution, de la Nouvelle-Calédonie, des Terres australes et antarctiques françaises et de l'île de Clipperton.

« V. — A. — La contribution est déclarée et liquidée par le redevable, séparément pour chacun des deux montants prévus au II, selon les modalités suivantes :

« 1° Pour les redevables de la taxe sur la valeur ajoutée soumis au régime réel normal d'imposition mentionné au 2 de l'article 287, sur l'annexe à la déclaration mentionnée au 1 du même article 287 déposée au titre du mois ou du trimestre au cours duquel la contribution est devenue exigible ;

« 2° Pour les redevables de la taxe sur la valeur ajoutée soumis au régime simplifié d'imposition prévu *(Ord. nº 2021-1843 du 22 déc. 2021, art. 10-34°-b-i, en vigueur le 1er janv. 2022)* « aux articles 302 *septies* A et 298 *bis* », sur la déclaration annuelle mentionnée au 3 de l'article 287 *(Ord. nº 2021-1843 du 22 déc. 2021, art. 10-34°-b-i, en vigueur le 1er janv. 2022)* « ou au I de l'article 298 *bis* » déposée au titre de l'exercice au cours duquel la contribution est devenue exigible ;

« 3° Dans tous les autres cas, sur l'annexe à la déclaration prévue au 1 de l'article 287, déposée auprès du service de recouvrement dont relève le siège ou le principal établissement du redevable, au plus tard le 25 avril de l'année qui suit celle au cours de laquelle la contribution est devenue exigible.

« B. — La contribution est acquittée lors du dépôt de cette déclaration. Elle est recouvrée et contrôlée selon les mêmes procédures et sous les mêmes sanctions, garanties, sûretés et privilèges que les taxes sur le chiffre d'affaires. Les réclamations sont présentées, instruites et jugées selon les règles applicables à ces mêmes taxes.

« C. — Les redevables conservent, à l'appui de leur comptabilité, l'information des volumes mensuels afférents à chaque tarif de la contribution et à chacune des exonérations et livraisons en suspension mentionnées au IV ainsi qu'aux produits non livrés dont ils ne disposent plus.

« Ces informations et les attestations mentionnées au 2 du même IV sont tenues à la disposition de l'administration et lui sont communiquées à première demande.

« D. – Les A à C du présent V s'appliquent également à toute personne acquérant les produits en suspension de contribution en application du 2 du IV, pour les quantités concernées.

« E. – Lorsque le redevable, ou la personne mentionnée au D, n'est pas établi dans un État membre de l'Union européenne ou dans *(Ord. nº 2021-1843 du 22 déc. 2021, art. 10-34º-b-ii, en vigueur le 1er janv. 2022)* **« l'un des États mentionnés au 1º du I de l'article 289 A du code général des impôts », il fait accréditer auprès du service des impôts compétent** *(Ord. nº 2021-1843 du 22 déc. 2021, art. 10-34º-b-ii, en vigueur le 1er janv. 2022)* **« , dans les conditions prévues au IV du même article, » un représentant assujetti à la taxe sur la valeur ajoutée établi en France qui s'engage à remplir les formalités au nom et pour le compte du représenté et, le cas échéant, à acquitter la contribution à sa place. »**

VI. – Le produit de la contribution mentionnée au I est affecté à la branche mentionnée au 2º de l'article L. 722-8 du code rural et de la pêche maritime *(L. nº 2018-1317 du 28 déc. 2018, art. 199-I-5º-f et V-B et C, en vigueur le 1er janv. 2019)* **« , à l'exception de la part affectée en application du 4º *bis* de l'article L. 731-3 du même code ».** – *Anc. art. 520 C.*

A

Art. 1614 *Transféré ss. l'art. 1609 septdecies.*

Art. 1615 *Abrogé.*

A *BIS*

Art. 1615 *bis* *Abrogé par L. nº 2003-1311 du 30 déc. 2003, art. 42-III.*

B, C *et* D

Art. 1616 *Abrogé.*

Art. 1617 *Transféré ss. l'art. 1609 octodecies.*

Art. 1618 *Abrogé.*

E, F, G, H *et* I

Art. 1618 *bis* *Transféré ss. l'art. 1609 novodecies.*

Art. 1618 *ter* *Abrogé. – V. art. 1609 septdecies.*

Art. 1618 *quater* *Abrogé.*

Art. 1618 *quinquies* *Transféré ss. l'art. 1609 vicies.*

Art. 1618 *sexies* *Transféré ss. l'art. 1609 unvicies.*

J FARINES

Art. 1618 *septies* *(Abrogé par L. nº 2018-1317 du 28 déc. 2018, art. 26-III-28º)* ***Il est institué*** *(Abrogé par L. nº 2016-1827 du 23 déc. 2016, art. 34-IV-2º)* ***« au profit de l'organisme mentionné à l'article L. 731-1 du code rural et de la pêche maritime » une taxe portant sur les quantités de farines, semoules et gruaux de blé tendre livrées ou mises en œuvre en vue de la consommation humaine, ainsi que sur les mêmes produits introduits en provenance d'autres États membres de la Communauté européenne ou importés de pays tiers.***

Les farines, semoules et gruaux de blé tendre expédiés vers d'autres États membres de la Communauté européenne ou vers *(Ord. nº 2016-1561 du 21 nov. 2016, art. 1er-II-4º et 20, en vigueur le 1er janv. 2018)* ***« la** [ancienne rédaction : les départements de] **» Corse, exportés ou destinés à être exportés vers des pays tiers ou vers les départements d'outre-mer, par l'acquéreur, ainsi que les farines utilisées pour la fabrication d'amidon, sont exonérés de la taxe.***

La taxe est perçue en France continentale auprès des meuniers, des opérateurs qui procèdent à l'introduction des produits sur ce territoire et des importateurs de produits en provenance de pays tiers.

Le montant de la taxe est fixé à 15,24 € par tonne de farine, semoule ou gruaux.

Des modalités particulières de liquidation peuvent être déterminées par un décret qui précise également les obligations déclaratives des assujettis. — V. Ann. III, art. 333 H bis à 333 H quinquies.

La taxe est recouvrée et les infractions sont recherchées, constatées, poursuivies et sanctionnées selon les règles et sous les garanties prévues en matière de contributions indirectes.

Toutefois, à l'importation en provenance de pays non membres de la Communauté européenne, la taxe est recouvrée et les infractions sont recherchées, constatées, poursuivies et sanctionnées selon les règles, privilèges et garanties prévus en matière de douane.

K

Art. 1618 *octies* *Abrogé à compter de la campagne 1996-1997 (L. n° 95-1346 du 30 déc. 1995, art. 41-II).*

L

Art. 1618 *nonies* *Abrogé à compter de la campagne 1996-1997 (L. n° 95-1346 du 30 déc. 1995, art. 41-II).*

SECTION V **TAXE AFFECTÉE À *[L'ÉTABLISSEMENT NATIONAL DES PRODUITS DE L'AGRICULTURE ET DE LA MER (FRANCEAGRIMER)]***

(L. n° 2003-1312 du 30 déc. 2003, art. 74)

Art. 1619 *(Abrogé par L. n° 2018-1317 du 28 déc. 2018, art. 26-III-29°)* ***I. — Il est institué une taxe qui est affectée, dans la limite du plafond fixé au I de l'article 46 de la loi n° 2011-1977 du 28 décembre 2011 de finances pour 2012, à l'Établissement national des produits de l'agriculture et de la mer (FranceAgriMer) mentionné à l'article L. 621-1 du code rural et de la pêche maritime.***

II. — La taxe est due par les exploitants agricoles producteurs de céréales.

III. — La taxe est assise sur les quantités de céréales livrées par les exploitants agricoles aux collecteurs de céréales agréés mentionnés à l'article L. 621-16 du code rural et de la pêche maritime et aux producteurs grainiers définis à l'article 1er du décret n° 67-89 du 20 janvier 1967 portant réglementation du commerce des céréales de semence.

Pour la détermination de l'assiette de la taxe, les tonnages de céréales livrés font l'objet d'une réfaction correspondant :

1° Au taux d'humidité, égal à la différence entre le taux d'humidité constaté et un taux de référence compris entre 14 % et 15 % des tonnages fixé par arrêté du ministre chargé de l'agriculture ;

2° Au taux d'impuretés diverses, égal à la différence entre le taux d'impuretés constaté et le taux de référence compris entre 0,5 % et 2,5 % des tonnages, fixé par arrêté du ministre chargé de l'agriculture pour chaque céréale, dans la limite d'un taux maximal de réfaction compris entre 1 % et 3 %. — *Pour l'application du 1° et du 2°, V. Arr. du 16 sept. 2004 (JO 2 oct.).*

III bis. — Les quantités de céréales destinées à être récupérées, sous forme d'aliments pour la nourriture animale, par l'exploitant agricole qui les a initialement livrées, sont exonérées de la taxe.

IV. — Le fait générateur de la taxe est la livraison des céréales par les exploitants agricoles aux collecteurs agréés et aux producteurs grainiers mentionnés au III.

La taxe est exigible à la livraison.

V. — Le taux de la taxe est fixé à 0,28 € par tonne.

VI. — La taxe est liquidée par les collecteurs agréés et les producteurs grainiers sur une déclaration agréée par l'administration des douanes et droits indirects. Cette déclaration est adressée au service des douanes et droits indirects territorialement compétent dans les dix premiers jours du mois suivant celui de son exigibilité.

La taxe est recouvrée par l'administration des douanes et droits indirects à laquelle les collecteurs agréés et les producteurs grainiers mentionnés au III versent, au plus tard le 25 du

mois de la déclaration, le produit de la taxe qu'ils ont perçu auprès des exploitants agricoles mentionnés au II.

VII. — L'administration des douanes et droits indirects en assure également le contrôle et le contentieux selon les règles et sous les garanties, privilèges et sanctions prévus en matière de contributions indirectes. Les infractions sont poursuivies selon ces mêmes règles.

SECTIONS VI *à* IX

Art. 1620 *Abrogé par L. nº 86-1317 du 30 déc. 1986, art. 51.*

Art. 1620 *bis* *Abrogé par L. nº 66-10 du 6 janv. 1966 ; Décr. nº 67-1164 du 15 déc. 1967.*

Art. 1621 *Transféré ss. l'art. 1609 duovicies.*

Art. 1621 *bis* *Disposition périmée.*

Art. 1621 *bis* A et 1621 *bis* B *Abrogés par Décr. nº 77-701 du 30 juin 1977, art. 1er.*

Art. 1621 *bis* C *Abrogé par L. nº 85-1403 du 30 déc. 1985, art. 30-III.*

Art. 1621 *ter* *Abrogé par L. nº 65-997 du 29 nov. 1965, art. 77.*

Art. 1621 *quater* *Abrogé par L. nº 60-706 du 21 juill. 1960, art. 1er.*

SECTION X

Art. 1621 *quinquies* *Devenu sans objet.*

SECTIONS XI *à* XIII

Art. 1621 *sexies* *Abrogé par L. nº 59-1454 du 26 déc. 1959, art. 58.*

Art. 1621 *septies* *Disposition périmée [V. Ann. II, art. 335 à 338].*

Art. 1621 *octies* *Abrogé par L. nº 75-1278 du 30 déc. 1975, art. 22-III.*

CHAPITRE III ENREGISTREMENT, PUBLICITÉ FONCIÈRE ET TIMBRE

SECTION PREMIÈRE TAXES À PERCEVOIR POUR L'ALIMENTATION DU FONDS COMMUN DES ACCIDENTS DU TRAVAIL AGRICOLE

Art. 1622 *(L. nº 2016-1827 du 23 déc. 2016, art. 34-IV-3º et XI)* **« Les organismes assureurs contribuent au financement des dépenses mentionnées à l'article L. 753-1 du code rural et de la pêche maritime. Cette contribution est calculée au prorata du nombre de personnes assurées auprès de chacun d'eux à la date du 31 mars 2002, en application de l'article L. 752-1 du code rural, dans sa rédaction antérieure au 1er avril 2002, et au prorata du nombre de personnes assurées auprès de chacun d'eux à la date du 31 mars 2002 en application de l'article L. 752-22 du code rural dans sa rédaction antérieure au 1er avril 2002.**

« Le montant total de ces contributions est égal à la moitié de la prévision de dépenses mentionnées au même article L. 753-1 au titre de l'année, corrigée de la moitié des insuffisances ou excédents constatés au titre de l'année précédente. Il est fixé chaque année par arrêté conjoint des ministres chargés du budget et de l'agriculture, dans la limite d'un plafond annuel de 24 millions d'euros. » *— Pour l'année 2019, V. Arr. du 16 sept. 2019 (JO 20 sept.). — Pour l'année 2020, V. Arr. du 18 août 2020, art. 1er (JO 23 août).*

Le recouvrement de ces contributions forfaitaires est effectué auprès des organismes assureurs par l'État. Les organismes concernés effectuent avant le 30 juin de chaque *année la déclaration* **du nombre de personnes assurées. Ces organismes acquittent et liquident les contributions selon les modalités suivantes :**

1º Les redevables de la taxe sur la valeur ajoutée acquittent deux acomptes correspondant chacun à 40 % de la contribution de l'année précédente. Ces acomptes sont déclarés sur l'annexe à la déclaration mentionnée au 1 de l'article 287 déposée au titre du mois de mars ou du premier trimestre et du mois de juin ou du second tri-

mestre. Le solde résultant de la différence entre le montant total de la contribution due au titre de l'année en cours et les deux acomptes précédemment versés est déclaré et acquitté sur l'annexe à la déclaration mentionnée au 1 de l'article 287 déposée au titre du mois de septembre ou du troisième trimestre ;

2° Les non-redevables de la taxe sur la valeur ajoutée acquittent deux acomptes correspondant chacun à 40 % de la contribution de l'année précédente. Ces acomptes sont déclarés sur l'annexe à la déclaration mentionnée au 1 de l'article 287 déposée auprès du service chargé du recouvrement dont relève le siège social ou le principal établissement au plus tard le 25 avril et le 25 juillet. Le solde résultant de la différence entre le montant de la contribution due au titre de l'année en cours et les deux acomptes précédemment versés est déclaré et acquitté sur l'annexe à la déclaration mentionnée au 1 de l'article 287 déposée au plus tard le 25 octobre.

Les contributions sont recouvrées et contrôlées selon les procédures et sous les mêmes sanctions, garanties et privilèges que les taxes sur le chiffre d'affaires. Les réclamations sont présentées, instruites et jugées selon les règles applicables à ces taxes.

Les modalités de déclaration auxquelles sont astreints les organismes assureurs et les mesures nécessaires à l'application du présent article sont fixées par décret.

Les modalités de déclaration et de paiement sont applicables aux déclarations souscrites à compter du 1er févr. 2016.

Fonds commun des accidents du travail agricole. Commentaire administratif. * BOI-TCAS-AUT-10 du 3 août 2016.

Art. 1623 **Les ordonnances, jugements et arrêts allouant des rentes, en exécution du chapitre Ier du titre V du livre VII du code rural et de la pêche maritime, doivent indiquer si le chef d'entreprise est ou non assuré.**

Art. 1624 et 1624 *bis* *Abrogés par L. n° 2001-1276 du 28 déc. 2001, art. 68-II, à compter du 1er avr. 2002.*

Art. 1625 à 1628 *Abrogés par Décr. n° 57-1360 du 30 déc. 1957, art. 3.*

SECTION PREMIÈRE *BIS* DROIT DE TIMBRE ET TAXES ASSIMILÉS PERÇUS AU PROFIT DE L'AGENCE NATIONALE DES TITRES SÉCURISÉS *(L. n° 2017-1775 du 28 déc. 2017, art. 65).*

Les art. 1628-0 bis et 1628 bis ci-dessous résultent du transfert des anciens art. 960 et 961 (Décr. n° 2009-389 du 7 avr. 2009).

Art. 1628-0 *bis* *(Abrogé par Ord. n° 2021-1843 du 22 déc. 2021, art. 10-47°-ap, à compter du 1er janv. 2022) (L. n° 2019-1479 du 28 déc. 2019, art. 69-I-P et VI-C, en vigueur le 1er janv. 2021)* ***Est affectée à l'Agence nationale des titres sécurisés la taxe fixe prévue au 1° du I de l'article 1011, à hauteur de 4 € par certificat délivré.***

Victimes d'intempéries. Certains documents administratifs délivrés en remplacement de ceux de même nature détruits ou perdus lors des intempéries et des primata des certificats d'immatriculation des véhicules acquis en remplacement de ceux détruits aux cours des mêmes sinistres ne donnent lieu à la perception d'aucun droit ou taxe. * BOI-ENR-TIM-20-60-20 n° 328 du 12 sept. 2012.

Ancien art. 1628-0 *bis* ***I. — La délivrance du certificat d'immatriculation d'un véhicule neuf ou d'occasion est soumise à*** *(L. n° 2017-1775 du 28 déc. 2017, art. 65)* ***« une taxe dénommée » "taxe pour la gestion des certificats d'immatriculation des véhicules" dont le montant est fixé à 4 €.***

II. — Les 3 et 4 de l'article 1599 octodecies et l'article 1599 novodecies A s'appliquent à la taxe pour la gestion des certificats d'immatriculation des véhicules.

III. — *(L. n° 2017-1775 du 28 déc. 2017, art. 65)* ***« La taxe mentionnée au I est perçue » selon les modalités applicables à la taxe sur les certificats d'immatriculation des véhicules mentionnée à l'article 1599 quindecies.***

L'art. 1628-0 bis ci-dessus est applicable à Mayotte (L. n° 2008-1425 du 27 déc. 2008, art. 135-VII).

Art. 1628 *bis* En cas de non-présentation de la carte nationale d'identité en vue de son renouvellement, celui-ci est soumis à un droit de timbre dont le tarif est fixé à 25 €.

Victimes d'intempéries. V. note ss. art. 1628-0 *bis*.

Art. 1628 *ter* *(Abrogé par Ord. nº 2021-1843 du 22 déc. 2021, art. 10-47º-aq, à compter du 1er janv. 2022)* ***En cas de non-présentation du permis de conduire en vue de son renouvellement, celui-ci est soumis à un droit de timbre dont le tarif est fixé à 25 €.***

(L. nº 2016-1918 du 29 déc. 2016, art. 118) ***« Le droit de timbre fixé au premier alinéa est applicable en cas de détérioration du permis de conduire. »*** *— Le présent al. entre en vigueur à une date fixée par arrêté conjoint du ministre de l'intérieur et du ministre chargé du budget, et au plus tard le 31 déc. 2017.*

Dispositions transférées aux art. L. 421-168 s. CIBS.

SECTION II FONDS DE GARANTIE DES ASSURANCES OBLIGATOIRES DE DOMMAGES

(Décr. nº 2015-608 du 3 juin 2015)

Art. 1629 Les règles d'assiette, les taux, la liquidation et le recouvrement de la contribution pour l'alimentation du fonds de garantie des assurances obligatoires de dommages des responsables d'accidents non assurés sont définis aux articles L. 421-4, L. 421-4-1 et L. 421-4-2 du code des assurances.

Pour les dispositions fiscales antérieures à 2014, relatives au fonds de garantie visé ci-dessus, V. **CGI, éd. 2015**, *art. 1628 quater.*

SECTION IV

Art. 1635-0 *bis* à 1635 *bis* *Abrogés par L. nº 2008-1425 du 27 déc. 2008, art. 155-V.*

Pour les taxes perçues au profit de l'Agence nationale de l'accueil des étrangers et des migrations (taxes sur les titres de séjour), V. CESEDA, art. L. 311-13 s. et D. 311-18-1.

SECTION V FONDS NATIONAL DE GARANTIE DES CALAMITÉS AGRICOLES

Art. 1635 *bis* A Les contributions additionnelles aux primes ou cotisations afférentes à certaines conventions d'assurance alimentant le Fonds national de gestion des risques en agriculture, dans la limite du plafond prévu au I de l'article 46 de la loi nº 2011-1977 du 28 décembre 2011 de finances pour 2012, sont établies, liquidées et recouvrées conformément à l'article L. 361-2 du code rural et de la pêche maritime.

SECTION V *BIS* FONDS DE GARANTIE DES CALAMITÉS AGRICOLES DANS LES DÉPARTEMENTS D'OUTRE-MER

Art. 1635 *bis* AA Il est perçu au profit du fonds de garantie des calamités agricoles dans les départements d'outre-mer institué par l'article L. 371-6 du code rural et de la pêche maritime, une contribution additionnelle aux primes ou cotisations d'assurance afférentes aux conventions d'assurance couvrant à titre exclusif ou principal les dommages aux sols, récoltes, cultures, bâtiments, et au cheptel mort ou vif affectés aux exploitations agricoles.

La contribution additionnelle est assise sur la totalité des primes ou cotisations. Elle est liquidée et recouvrée selon les mêmes règles, sous les mêmes garanties et les mêmes sanctions que la taxe annuelle sur les conventions d'assurance prévue à l'article 991. Son taux est fixé par la loi de finances et ne peut être supérieur à 10 %.

SECTION V *TER*

Art. 1635 *bis* AB *Abrogé pour les primes ou cotisations et, en cas de paiement fractionné, les fractions de primes ou cotisations échues à compter du 1er janv. 2005 (L. nº 2003-1312 du 30 déc. 2003, art. 84-I et 84-II).*

Art. 1635 *bis* AC *Périmé.*

SECTION V *QUATER* FONDS DE PRÉVENTION DES RISQUES NATURELS MAJEURS

Art. 1635 *bis* AD *(Abrogé par L. n° 2020-1721 du 29 déc. 2020, art. 85-III-2° et IV, à compter du 1er janv. 2021) Conformément au premier et au deuxième alinéas du II de l'article L. 561-3 du code de l'environnement, le fonds de prévention des risques naturels majeurs est alimenté par un prélèvement recouvré suivant les mêmes règles, sous les mêmes garanties et les mêmes sanctions que la taxe sur les conventions d'assurances prévue aux articles 991 et suivants.*

SECTION V *QUINQUIES* DROITS PERÇUS AU PROFIT DE LA CAISSE NATIONALE DE L'ASSURANCE MALADIE *(Ord. n° 2018-470 du 12 juin 2018, art. 9).*

(L. n° 2011-1906 du 21 déc. 2011, art. 26-III-2° et V, en vigueur le 1er janv. 2012)

Art. 1635 *bis* AE I. — Est subordonné au paiement d'un droit perçu au profit de la Caisse nationale de l'assurance maladie *(Abrogé par Ord. n° 2018-470 du 12 juin 2018, art. 9) « des travailleurs salariés »* le dépôt auprès de l'agence mentionnée à l'article L. 5311-1 du code de la santé publique de chaque :

1° Demande d'enregistrement mentionnée aux articles L. 5121-13 et L. 5121-14 du même code, de chaque demande de renouvellement ou *(L. n° 2016-1917 du 29 déc. 2016, art. 83-II-3°-a et IV-B, applicable aux demandes déposées à compter du 1er janv. 2017)* « de chaque demande ou notification » de modification de cet enregistrement ;

2° Demande d'enregistrement mentionnée à l'article L. 5121-14-1 du même code, de chaque demande de renouvellement ou *(L. n° 2016-1917 du 29 déc. 2016, art. 83-II-3°-a et IV-B, applicable aux demandes déposées à compter du 1er janv. 2017)* « de chaque demande ou notification » de modification de cet enregistrement ;

3° Demande d'autorisation de mise sur le marché mentionnée à l'article L. 5121-8 du même code ou de chaque demande de renouvellement ou de chaque demande ou notification de modification de cette autorisation ;

(L. n° 2018-1203 du 22 déc. 2018, art. 20, en vigueur le 1er janv. 2019 et applicable aux demandes déposées à compter de cette même date) « Ne sont pas subordonnées au paiement du droit certaines modifications mineures de type I A mentionnées au 2 de l'article 2 du règlement (CE) n° 1234/2008 de la Commission du 24 novembre 2008 concernant l'examen des modifications des termes d'une autorisation de mise sur le marché de médicaments à usage humain et de médicaments vétérinaires portant sur des informations de nature administrative et technique et ne nécessitant pas une expertise scientifique. Un décret en Conseil d'État en fixe la liste ; » — *V. Décr. n° 2019-388 du 30 avr. 2019.*

4° Demande de reconnaissance par au moins un autre État membre de l'Union européenne ou partie à l'accord sur l'Espace économique européen d'une autorisation de mise sur le marché, délivrée par le directeur général de l'agence mentionnée à l'article L. 5311-1, mentionnée à l'article L. 5121-8 du même code ou de chaque demande *(L. n° 2016-1917 du 29 déc. 2016, art. 83-II-3°-b et IV-B, applicable aux demandes déposées à compter du 1er janv. 2017)* « ou notification » de modification de cette autorisation.

(L. n° 2018-1203 du 22 déc. 2018, art. 20, en vigueur le 1er janv. 2019 et applicable aux demandes déposées à compter de cette même date) « Ne sont pas subordonnées au paiement du droit certaines modifications mineures de type I A mentionnées au 2 de l'article 2 du règlement (CE) n° 1234/2008 de la Commission du 24 novembre 2008 concernant l'examen des modifications des termes d'une autorisation de mise sur le marché de médicaments à usage humain et de médicaments vétérinaires portant sur des informations de nature administrative et technique et ne nécessitant pas une expertise scientifique. Un décret en Conseil d'État en fixe la liste ; » — *V. Décr. n° 2019-388 du 30 avr. 2019.*

5° Demande d'autorisation d'importation parallèle conformément à l'article L. 5124-13 du même code et de chaque demande de modification ou de renouvellement de cette autorisation ;

6° Demande de visa ou de renouvellement de visa de publicité, mentionné aux articles L. 5122-8, et L. 5122-9 du même code ;

7° Demande d'autorisation ou de renouvellement d'autorisation de publicité, mentionnée aux articles L. 5213-4 et L. 5223-3 du même code.

II. – Le montant du droit dû à raison des dépôts mentionnés au I est fixé par décret dans la limite maximale de :

a) 7 600 € pour les demandes mentionnées au 1° du I ;

b) 21 000 € pour les demandes mentionnées au 2° du I ;

(L. n° 2018-1203 du 22 déc. 2018, art. 20, en vigueur le 1er janv. 2019 et applicable aux demandes déposées à compter de cette même date) « *c)* 60 000 € pour les demandes mentionnées au premier alinéa du 3°, au 4° et au 5° du I ; »

d) 1 200 € pour les demandes mentionnées aux 6° et 7° du I. – *V. Ann. III, art. 344 undecies A.*

III. – Le versement du droit s'effectue par virement. Il est accompagné d'une déclaration dont le modèle est fixé par l'administration. Le droit est recouvré et contrôlé selon les mêmes garanties et sanctions qu'en matière de droits d'enregistrement. L'administration atteste du versement. A défaut de production de l'attestation de versement à l'appui de son dépôt à l'agence ou en cas de versement d'un montant insuffisant, le dossier de la demande est réputé incomplet.

Lorsque le dossier d'une demande mentionnée au I est complet, le droit versé n'est restituable qu'à concurrence de la fraction de son montant dont l'agence a antérieurement constaté l'insuffisance de versement.

Art. 1635 *bis* AF I. – Est subordonné au paiement d'un droit perçu au profit de la Caisse nationale de l'assurance maladie *(Abrogé par Ord. n° 2018-470 du 12 juin 2018, art. 9) « des travailleurs salariés »* le dépôt de toute demande d'inscription, de renouvellement d'inscription ou de modification d'inscription d'un médicament mentionné à l'article L. 5121-8 du code de la santé publique sur la liste des spécialités pharmaceutiques remboursables mentionnée au premier alinéa de l'article L. 162-17 du code de la sécurité sociale ou sur la liste des médicaments pris en charge et utilisés par les collectivités publiques, dans les conditions mentionnées aux articles L. 5123-2 à L. 5123-4 du code de la santé publique.

II. – Le montant de ce droit est fixé, dans la limite de 5 600 €, par arrêté des ministres chargés du budget, de la santé et de la sécurité sociale. Le montant du droit perçu à l'occasion d'une demande de renouvellement d'inscription ou de modification d'inscription est fixé, dans les mêmes conditions, dans les limites respectives de 60 % et de 20 % du droit perçu pour une demande d'inscription.

III. – Le versement du droit est accompagné d'une déclaration conforme au modèle prescrit par l'administration. Ce droit est recouvré et contrôlé selon les mêmes garanties et sanctions qu'en matière de droits d'enregistrement.

Art. 1635 *bis* AG I. – Est subordonné au paiement d'un droit perçu au profit de la Caisse nationale de l'assurance maladie *(Abrogé par Ord. n° 2018-470 du 12 juin 2018, art. 9) « des travailleurs salariés »* le dépôt de toute demande d'inscription, de renouvellement d'inscription ou de modification d'inscription d'un produit de santé sur la liste prévue au I de l'article L. 165-11 du code de la sécurité sociale.

II. – Le montant de ce droit est fixé, dans la limite de 5 600 €, par arrêté des ministres chargés du budget, de la santé et de la sécurité sociale. – *Le montant du droit est fixé, à compter du 1er janv. 2014, à : - 3 220 € pour les demandes initiales d'inscription ; - 644 € pour les demandes de modification des conditions d'inscription ou de renouvellement d'inscription (Arr. AFSS1331706A du 20 déc. 2013, art. 2 (JO 29 déc.).*

III. – Le versement du droit est accompagné d'une déclaration conforme au modèle prescrit par l'administration. Ce droit est recouvré et contrôlé selon les mêmes garanties et sanctions qu'en matière de droits d'enregistrement.

Art. 1635 *bis* AH I. – Est subordonné au paiement d'un droit perçu au profit de la Caisse nationale de l'assurance maladie *(Abrogé par Ord. n° 2018-470 du 12 juin 2018, art. 9) « des travailleurs salariés »* le dépôt de toute demande d'inscription d'un dispositif médical à usage individuel sur la liste prévue à l'article L. 165-1 du code de la sécurité sociale.

II. – Le montant de ce droit est fixé, dans la limite de 5 600 €, par arrêté des ministres chargés du budget, de la santé et de la sécurité sociale. – *Le montant du droit est fixé, à compter du 1er janv. 2014, à : - 3 220 € pour les demandes initiales d'inscription ; - 644 € pour les demandes de modification des conditions d'inscription ou de renouvellement d'inscription (Arr. AFSS1331706A du 20 déc. 2013, art. 3 (JO 29 déc.).*

III. — Le versement du droit est accompagné d'une déclaration conforme au modèle prescrit par l'administration. Ce droit est recouvré et contrôlé selon les mêmes garanties et sanctions qu'en matière de droits d'enregistrement.

SECTION VI GROUPEMENTS DE COMMUNES — TAXE LOCALE D'ÉQUIPEMENT

Art. 1635 *bis* B *Abrogé par L. nº 2010-1658 du 29 déc. 2010, art. 28-III-A-1º et H-2, applicable aux demandes d'autorisations et aux déclarations préalables déposées à compter du 1er mars 2012, y compris aux modifications ultérieures au 1er mars 2012 relatives à une demande ou déclaration préalable déposée avant cette date.*

SECTION VII

Art. 1635 *bis* C *Dispositions transférées ss. l'art. 1599 octies.*

SECTION VIII

Art. 1635 *bis* D *Dispositions transférées ss. l'art. 1599 terdecies.*

Art. 1635 *bis* DA *Dispositions transférées ss. l'art. 1599 quaterdecies (L. nº 87-1060 du 30 déc. 1987, art. 81-IV).*

Art. 1635 *bis* E *Dispositions transférées ss. l'art. 1599 sexies, abrogé depuis.*

Art. 1635 *bis* F *Dispositions transférées ss. l'art. 1599 septies, abrogé depuis.*

Art. 1635 *bis* G *Dispositions transférées ss. l'art. 1599 quindecies.*

Art. 1635 *bis* H *Dispositions transférées ss. l'art. 1599 sexdecies.*

Art. 1635 *bis* I *Dispositions transférées ss. l'art. 1599 septdecies.*

Art. 1635 *bis* J *Dispositions transférées ss. l'art. 1599 octodecies.*

Art. 1635 *bis* K *Dispositions transférées ss. l'art. 1599 novodecies.*

Art. 1635 *bis* L *Dispositions transférées ss. l'art. 1585 I.*

SECTION IX ASSOCIATION POUR LE DÉVELOPPEMENT DE LA FORMATION PROFESSIONNELLE DANS LES TRANSPORTS

Art. 1635 *bis* M *(Abrogé par Ord. nº 2021-1843 du 22 déc. 2021, art. 10, 47º-ar, à compter du 1er janv. 2022) (Abrogé par L. nº 2019-1479 du 28 déc. 2019, art. 69-I-Q et VI-C, à compter du 1er janv. 2021)* ***« I. — Il est institué, à compter du 1er janvier 2004, une taxe destinée à financer le développement des actions de formation professionnelle dans les transports routiers. »***

La taxe *(L. nº 2019-1479 du 28 déc. 2019, art. 69-I-Q et VI-C, en vigueur le 1er janv. 2021)* ***« prévue au 4º du I de l'article 1011 » concourt en priorité au financement, d'une part, des formations qualifiantes et, d'autre part, des formations professionnelles obligatoires des conducteurs routiers telles qu'instituées par la réglementation et les conventions collectives en vigueur.***

Le produit de la taxe est affecté à l'Association pour le développement de la formation professionnelle dans les transports.

(Abrogé par L. nº 2019-1479 du 28 déc. 2019, art. 69-I-Q et VI-C, à compter du 1er janv. 2021) ***« La taxe est perçue en addition de celle prévue à l'article 1599 quindecies lors de la délivrance des certificats d'immatriculation des véhicules automobiles de transport de marchandises, des tracteurs routiers et des véhicules de transport en commun de personnes, à l'exception des véhicules de collection au sens du 6.3 de l'article R. 311-1 du code de la route.***

« La délivrance des certificats mentionnés *(L. nº 2019-1479 du 28 déc. 2019, art. 69-I-Q-1º-c)* ***« au I bis de l'article 1599 sexdecies ainsi qu' » aux articles 1599 septdecies et 1599 octodecies ne donne pas lieu au paiement de la présente taxe.***

« II. — Le montant de la taxe est fixé annuellement par arrêté dans les limites suivantes : — V. Arr. du 30 janv. 2008 (JO 2 févr.).

« 1° 38 € pour les véhicules automobiles de transport de marchandises dont le poids total autorisé en charge est inférieur ou égal à 3,5 tonnes ;

« 2° 135 € pour les véhicules automobiles de transport de marchandises dont le poids total autorisé en charge est supérieur à 3,5 tonnes et inférieur à 6 tonnes ;

« 3° 200 € pour les véhicules automobiles de transport de marchandises dont le poids total autorisé en charge est supérieur ou égal à 6 tonnes et inférieur à 11 tonnes ;

« 4° 305 € pour les véhicules automobiles de transport de marchandises dont le poids total autorisé en charge est supérieur ou égal à 11 tonnes, tracteurs routiers et véhicules de transport en commun de personnes.

« (Abrogé par L. n° 2016-1917 du 29 déc. 2016, art. 36-II-4°) *« Les limites mentionnées aux 1° à 4° sont applicables jusqu'au 31 décembre 2016. »*

« III. — La taxe est recouvrée, contrôlée et sanctionnée selon les règles et sous les mêmes conditions que la taxe prévue à l'article 1599 quindecies. »

IV. — L'Association pour le développement de la formation professionnelle dans les transports est placée, au titre de la taxe, sous le contrôle économique et financier de l'État ; un membre du corps du contrôle général économique et financier est désigné par le ministre chargé du budget.

Le ministre chargé des transports désigne un commissaire du Gouvernement en accord avec le ministre chargé de la formation professionnelle.

Les modalités d'exercice des attributions du membre du corps du contrôle général économique et financier et du commissaire du Gouvernement sont fixées par décret.

SECTION X DROIT DE TIMBRE PERÇU AU PROFIT DE L'OFFICE NATIONAL DE LA CHASSE ET DE LA FAUNE SAUVAGE

Art. 1635 *bis* N Pour la validation du permis de chasser, il est perçu un droit de timbre annuel de 9 € au profit *(L. n° 2019-1479 du 28 déc. 2019, art. 172-1°)* « des agences de l'eau ». Ce droit de timbre est toutefois affecté à hauteur de 4 € aux fédérations départementales des chasseurs, lorsque les redevances cynégétiques sont encaissées par un régisseur de recettes de l'État placé auprès d'elles.

(L. n° 2020-473 du 25 avr. 2020, art. 19-II) « Le droit de timbre est recouvré par un comptable public de l'État ou un régisseur de recettes de l'État placé auprès d'une fédération départementale ou interdépartementale de chasseurs et habilité, selon les modalités et sous les sûretés, garanties et sanctions applicables en matière de droits de timbre. »

(L. n° 2019-1479 du 28 déc. 2019, art. 172-2°) « Un décret détermine les modalités *(L. n° 2020-473 du 25 avr. 2020, art. 19-II)* « du versement du produit de ce droit de timbre à l'une » des agences de l'eau créées en application de l'article L. 213-8-1 du code de l'environnement. »

SECTION XI TAXE SUR LES VOITURES PARTICULIÈRES LES PLUS POLLUANTES

Art. 1635 *bis* O *Transféré ss. l'art. 1010 bis (Décr. n° 2008-294 du 1er avr. 2008).*

SECTION XII DROIT AFFECTÉ AU FONDS D'INDEMNISATION DE LA PROFESSION D'AVOUÉS PRÈS LES COURS D'APPEL

(L. n° 2009-1674 du 30 déc. 2009, art. 54-I)

Art. 1635 *bis* P Il est institué un droit d'un montant de 225 € dû par les parties à l'instance d'appel lorsque la constitution d'avocat est obligatoire devant la cour d'appel. Le droit est acquitté par l'avocat postulant pour le compte de son client *(Abrogé par L. n° 2016-1918 du 29 déc. 2016, art. 15-I-4° et III-C, à compter du 1er janv. 2018) « soit par voie de timbres mobiles, soit »* par voie électronique. Il n'est pas dû par la partie bénéficiaire de l'aide juridictionnelle.

Le produit de ce droit est affecté au fonds d'indemnisation de la profession d'avoués près les cours d'appel.

Ce droit est perçu jusqu'au 31 décembre 2026.

Les modalités de perception et les justifications de l'acquittement de ce droit sont fixées par décret en Conseil d'État. — *V. Ann. II, art. 326 quater et 326 quinquies.*

1. Entrée en vigueur. L'art. 34 de la L. n° 2011-94 du 25 janv. ayant reporté au 1er janv. 2012 la fusion des professions d'avocat et d'avoué initialement prévue au 1er janv. 2011, l'entrée en vigueur du droit fixe prévu à l'art. 1635 *bis* P est également reportée au 1er janv. 2012.

2. Constitutionnalité. Le droit fixe d'appel (art. 1635 *bis* P) est conforme à la Constitution dès lors qu'il ne porte pas une atteinte disproportionnée au droit d'exercer un recours effectif devant une juridiction ou aux droits de la défense et n'entraîne pas de rupture caractérisée de l'égalité devant les charges publiques. • Cons. const. 13 avr. 2012, n° 2012-231/234 QPC : *JO 14 avr. 2012.*

3. Champ d'application. L'intimé qui forme opposition à l'arrêt rendu par défaut dans une procédure avec représentation obligatoire doit, à peine de l'irrecevabilité de sa défense, acquitter le droit d'appel. • Civ. 2e, 20 mai 2021, n° 19-25.949 : *RJF 2021. 876.*

SECTION XIII CONTRIBUTION POUR L'AIDE JURIDIQUE

(L. n° 2011-900 du 29 juill. 2011, art. 54-I)

Art. 1635 *bis* Q *Abrogé par L. n° 2013-1278 du 29 déc. 2013, art. 128-I, à compter du 1er janv. 2014.*

CHAPITRE IV DISPOSITIONS COMMUNES

TAXES PARAFISCALES. — *La loi organique n° 2001-692 du 1er août 2001, relative aux lois de finances, a prévu la suppression des taxes parafiscales à compter du 1er janv. 2004. La loi de finances rectificative n° 2003-1312 du 31 déc. 2003 (mod. par L. n° 2004-1484 du 30 déc. 2004, art. 44) a institué des* **taxes fiscales** *pour le développement de* **certaines industries** *ou au profit de* **certains organismes.**

Conditions de recouvrement de diverses taxes parafiscales perçues au profit d'organismes du secteur industrie (Arr. du 22 janv. 2004, JO 3 févr.)

En application de l'art. 13 du Décr. n° 80-854 du 30 oct. 1980, les taxes parafiscales dues aux organismes bénéficiaires et dont le fait générateur est antérieur au 1er janv. 2004 continuent d'être recouvrées dans les conditions prévues aux décrets ci-dessous énumérés :

Décr. n° 98-1205 du 28 déc. 1998 instituant une taxe parafiscale au profit des membres du groupement d'intérêt économique dit « comité de coordination des centres de recherche en mécanique » *; Décr. n° 2000-1278 du 26 déc. 2000 portant création d'une taxe parafiscale sur les* produits en béton et en terre cuite *; Décr. n° 2000-1309 du 26 déc. 2000 créant une taxe parafiscale au profit du* comité de développement des industries françaises de l'ameublement *; Décr. n° 2000-1310 du 26 déc. 2000 créant une taxe parafiscale des* industries de l'habillement *; Décr. n° 2000-1311 du 26 déc. 2000 créant une taxe parafiscale au profit des* industries du cuir, de la maroquinerie, de la ganterie et de la chaussure *; Décr. n° 2000-1312 du 26 déc. 2000 créant une taxe parafiscale au profit du* comité professionnel de développement de l'horlogerie, de la bijouterie, de la joaillerie et de l'orfèvrerie.

Art. 1635 *ter* I. — *Devenu sans objet (L. n° 2001-692 du 1er août 2001, art. 63).*

II. — Sauf dispositions contraires, les droits, taxes, redevances et autres impositions perçus, à quelque titre que ce soit, au profit de comptes, fonds ou organismes divers et dont le recouvrement est confié à une administration d'État sont perçus suivant les règles, sous les garanties et sous les sanctions prévues pour le recouvrement des taxes ou impôts auxquels ces droits, taxes, redevances ou impositions sont rattachés par arrêtés du ministre de l'économie et des finances.

CHAPITRE V [ABROGÉ] TAXE FORFAITAIRE SUR LE PRODUIT DE CERTAINES VALORISATIONS IMMOBILIÈRES DE LA RÉGION D'ÎLE-DE-FRANCE

(Abrogé par L. n° 2010-1658 du 29 déc. 2010, art. 31-IV et V)

Art. 1635 *ter* A *Abrogé par L. n° 2010-1658 du 29 déc. 2010, art. 31-IV et V, applicable à compter des impositions établies au titre de l'année 2011.*

TITRE TROISIÈME *BIS*

Art. 1635 *quater* *Dispositions devenues caduques (L. n° 2000-1208 du 13 déc. 2000, art. 202-XXXIX).*

TITRE QUATRIÈME

Art. 1635 *quater* A *Abrogé.*

TITRE CINQUIÈME DISPOSITIONS COMMUNES AUX TITRES Ier À III *BIS*

CHAPITRE 00I IMPOSITION FORFAITAIRE SUR LES ENTREPRISES DE RÉSEAUX

Art. 1635-0 *quinquies* **I. – Il est institué au profit des collectivités territoriales ou de leurs établissements publics de coopération intercommunale une imposition forfaitaire sur les entreprises de réseaux. Cette imposition est déterminée dans les conditions prévues aux articles 1519 D, 1519 E, 1519 F, 1519 G, 1519 H, 1519 HA,** *(L. n° 2019-1479 du 28 déc. 2019, art. 143-4°)* **« 1519 HB, » 1599 *quater* A, 1599 *quater* A *bis* et 1599 *quater* B.**

II. – Les montants et tarifs de l'imposition forfaitaire sur les entreprises de réseaux *(Abrogé par L. n° 2017-1775 du 28 déc. 2017, art. 49, à compter des impositions dues au titre de 2019)* ***« , à l'exception de ceux prévus à l'article 1599 quater B, »*** **sont revalorisés chaque année comme le taux prévisionnel, associé au projet de loi de finances de l'année, d'évolution des prix à la consommation des ménages, hors tabac, pour la même année.** – *Au titre de l'année 2013, le taux mentionné ci-dessus s'élève à + 1,75 %.*

Pour les dispositions de l'art. 1635-0 quinquies applicables avant le 1er janv. 2013, V. **CGI, éd. 2015.**

1. Imposition forfaitaire sur les entreprises de réseau (IFER). Commentaire administratif général. Composantes de l'IFER. Affectation du produit de l'IFER. ♦ Tarifs des différentes composantes de l'IFER.* BOI-TFP-IFER n° 1 du 10 févr. 2021.

2. Constitutionnalité. Les dispositions régissant l'IFER sur les installations de gaz naturel liquéfié ne méconnaissent pas les principes d'égalité devant la loi et devant les charges publiques. • Cons. const. 1er juin 2018, *Sté Elengy,* n° 2018-708 QPC : *RJF 2018. 883.*

CHAPITRE 0I CHAMP D'APPLICATION

Art. 1635 *quinquies* *(Décr. n° 2017-698 du 2 mai 2017, art. 1er)* **« Les impositions mentionnées à la présente partie et perçues au profit des collectivités territoriales et de divers organismes, ne sont pas applicables sur le plateau continental ni dans la zone économique exclusive, à l'exception des contributions indirectes prévues au chapitre II du titre III. »**

A l'exception de la taxe prévue par l'article 1519 B, ces impositions ne sont pas applicables aux installations de production d'électricité utilisant l'énergie mécanique du vent situées dans les eaux intérieures et la mer territoriale. – *Ces dispositions s'appliquent à compter des impositions établies au titre de 2007.*

(Décr. n° 2017-698 du 2 mai 2017, art. 1er) **« Les produits extraits du plateau continental ou de la zone économique exclusive sont considérés, pour l'application de la législation fiscale, comme extraits du territoire français métropolitain. »**

Art. 1635 *sexies* **I. – La Poste est assujettie** *(Abrogé par L. n° 2019-1479 du 28 déc. 2019, art. 47-I-A-1° et III-B, à compter des impositions établies au titre de 2020)* ***« , à partir du 1er janvier 1994 et »*** **au lieu de son principal établissement, aux impositions directes locales perçues au profit des collectivités territoriales et des établissements et organismes divers** *(L. n° 2019-1479 du 28 déc. 2019, art. 47-I-A-2° et III-B, applicable à compter des impositions établies au titre de 2020)* **« suivant les règles fixées pour la détermination des bases de ces impositions ».**

II. – Les impositions visées au I sont établies et perçues dans les conditions suivantes :

(Abrogé par L. n° 2019-1479 du 28 déc. 2019, art. 47-I-B-1° et III-B, à compter des impositions établies au titre de 2020) ***« 1° En ce qui concerne les taxes foncières sur les propriétés bâties et non bâties et les taxes additionnelles à ces impôts, les bases d'imposition sont établies conformément aux dispositions des articles 1380 à 1383, 1388, 1393, 1396, 1402 à***

1406, 1415 et 1520 à *(L. n° 2018-1317 du 28 déc. 2018, art. 191-I-A-1° et III, en vigueur le 1er janv. 2019)* ***« 1526 » ;***

« 2° En ce qui concerne la cotisation foncière des entreprises, l'imposition est établie conformément au I de l'article 1447, aux articles 1467 et 1467 A, au I de l'article 1478 et à l'article 1647 B sexies ; »

3° Les bases d'imposition de La Poste font l'objet d'un abattement *(Abrogé par L. n° 2019-1479 du 28 déc. 2019, art. 47-I-B-2° et III-B, à compter des impositions établies au titre de 2020)* ***« égal à 85 % de leur montant, »*** **en raison des contraintes de desserte de l'ensemble du territoire national et de participation à l'aménagement du territoire qui s'imposent à cet exploitant. L'abattement ne donne pas lieu à compensation par l'État.** *(Abrogé par L. n° 2019-1479 du 28 déc. 2019, art. 47-I-B-2° et III-B, à compter des impositions établies au titre de 2020)* ***« En ce qui concerne la cotisation sur la valeur ajoutée des entreprises, la valeur ajoutée retenue pour l'application de l'article 1586 ter fait l'objet d'un abattement de 70 % de son montant ; »***

Chaque année *(Abrogé par L. n° 2019-1479 du 28 déc. 2019, art. 47-I-B-2° et III-B, à compter des impositions établies au titre de 2020)* ***« , à partir de l'exercice 2011, »*** **le taux des abattements** *(L. n° 2019-1479 du 28 déc. 2019, art. 47-I-B-2° et III-B, applicable à compter des impositions établies au titre de 2020)* **« prévus** *[ancienne rédaction : mentionnés]* **» au premier alinéa du présent 3° est fixé par décret, dans la limite de** *(L. n° 2019-1479 du 28 déc. 2019, art. 47-I-B-2° et III-B, applicable à compter des impositions établies au titre de 2020)* **« 99 %** *[ancienne rédaction : 95 %]* **», de manière à ce que le produit de ces abattements contribue au financement du coût du maillage territorial complémentaire de La Poste tel qu'il est évalué par l'Autorité de régulation des communications électroniques** *(L. n° 2019-1063 du 18 oct. 2019, art. 6-3°)* **« , des postes et de la distribution de la presse », conformément au IV de l'article 6 de la loi n° 90-568 du 2 juillet 1990 relative à l'organisation du service public de la poste et à France Télécom ;** *— V. Ann. III, art. 344 quindecies.*

4° Le taux applicable aux bases des taxes foncières et de la cotisation foncière des entreprises est le taux moyen pondéré national qui résulte des taux appliqués l'année précédente par l'ensemble des collectivités territoriales, des groupements et des établissements et organismes divers habilités à percevoir le produit des impositions directes locales et de leurs taxes additionnelles ;

5° Les règles relatives au contrôle, au recouvrement et au contentieux des impositions directes locales ainsi que les dispositions de l'article 1641 sont applicables. Toutefois, pour les impositions acquittées par La Poste, le taux mentionné au I de cet article est fixé à 1,4 % et les taux mentionnés au II du même article sont fixés à 0,5 % ;

6° Le produit des cotisations afférentes aux impositions visées au I, diminué de la fraction des cotisations afférentes *(L. n° 2018-1317 du 28 déc. 2018, art. 191-I-A-2°-a et III, en vigueur le 1er janv. 2019)* **« à la taxe mentionnée à l'article 1520 », est** *(L. n° 2019-1479 du 28 déc. 2019, art. 47-I-B-3° et III-B, applicable à compter des impositions établies au titre de 2020)* **« affecté au budget général de l'État. »**

(Abrogé par L. n° 2019-1479 du 28 déc. 2019, art. 47-I-B-3° et III-B, à compter des impositions établies au titre de 2020) ***« A compter de 2004, ce produit est affecté au budget général de l'État. »***

La fraction du produit des impositions visées au I afférente *(L. n° 2018-1317 du 28 déc. 2018, art. 191-I-A-2°-b et III, en vigueur le 1er janv. 2019)* **« à la taxe mentionnée à l'article 1520 » est répartie, selon des critères fixés par le comité des finances locales, entre les communes ou leurs établissements publics de coopération intercommunale qui ont institué** *(L. n° 2018-1317 du 28 déc. 2018, art. 191-I-A-2°-b et III, en vigueur le 1er janv. 2019)* **« cette taxe » et sur le territoire desquels sont implantés des établissements de La Poste.**

Un décret en Conseil d'État fixe, en tant que de besoin, les conditions d'application du présent article, après consultation du comité des finances locales.

Art. 1635 *septies* Périmé *(Décr. n° 2010-421 du 27 avr. 2010).*

CHAPITRE PREMIER **FIXATION DES TAUX À RETENIR POUR LE CALCUL DES IMPOSITIONS DIRECTES LOCALES**

SECTION PREMIÈRE **DISPOSITIONS GÉNÉRALES**

Art. 1636 à 1636 B *quinquies* *Périmés.*

Art. 1636 B *sexies* I. — 1. Sous réserve des dispositions des articles **1636** B *septies* et **1636** B *decies*, les conseils municipaux et les instances délibérantes des organismes de coopération intercommunale dotés d'une fiscalité propre votent chaque année les taux des taxes foncières *(Abrogé par L. nº 2019-1479 du 28 déc. 2019, art. 16-III-A-3º-a et VII-A, à compter des impositions établies au titre de 2020)* « *, de la taxe d'habitation* » et de la cotisation foncière des entreprises. Ils peuvent :

a) Soit faire varier dans une même proportion les taux des *(L. nº 2019-1479 du 28 déc. 2019, art. 16-III-A-3º-b et VII-A, applicable à compter des impositions établies au titre de 2020)* « trois » taxes appliqués l'année précédente ;

b) Soit faire varier librement entre eux les taux des *(L. nº 2019-1479 du 28 déc. 2019, art. 16-III-A-3º-b et VII-A, applicable à compter des impositions établies au titre de 2020)* « trois » taxes. Dans ce cas, le taux de cotisation foncière des entreprises :

— ne peut, par rapport à l'année précédente, être augmenté dans une proportion supérieure à l'augmentation du *(L. nº 2019-1479 du 28 déc. 2019, art. 16-III-A-3º-c et VII-A, applicable à compter des impositions établies au titre de 2020)* « taux de la taxe foncière sur les propriétés bâties » ou, si elle est moins élevée, à celle du taux moyen *(Abrogé par L. nº 2019-1479 du 28 déc. 2019, art. 16-III-A-3º-c et VII-A, à compter des impositions établies au titre de 2020)* « *de la taxe d'habitation et* » des taxes foncières, pondéré par l'importance relative des bases de ces *(L. nº 2019-1479 du 28 déc. 2019, art. 16-III-A-3º-c et VII-A, applicable à compter des impositions établies au titre de 2020)* « deux » taxes pour l'année d'imposition ;

— ou doit être diminué, par rapport à l'année précédente, dans une proportion au moins égale, soit à la diminution du *(L. nº 2019-1479 du 28 déc. 2019, art. 16-III-A-3º-d et VII-A, applicable à compter des impositions établies au titre de 2020)* « taux de la taxe foncière sur les propriétés bâties » ou à celle du taux moyen pondéré *(Abrogé par L. nº 2019-1479 du 28 déc. 2019, art. 16-III-A-3º-d et VII-A, à compter des impositions établies au titre de 2020)* « *de la taxe d'habitation et* » des taxes foncières, soit à la plus importante de ces diminutions lorsque ces deux taux sont en baisse.

(Abrogé par L. nº 2019-1479 du 28 déc. 2019, art. 16-III-A-3º-e et VII-A, à compter des impositions établies au titre de 2020) « *Jusqu'à la date de la prochaine révision,* » Le taux de la taxe foncière sur les propriétés non bâties ne peut augmenter plus ou diminuer moins que le taux de la *(L. nº 2019-1479 du 28 déc. 2019, art. 16-III-A-3º-e et VII-A, applicable à compter des impositions établies au titre de 2020)* « taxe foncière sur les propriétés bâties ».

2. Toutefois, *(Abrogé par L. nº 2019-1479 du 28 déc. 2019, art. 16-III-A-3º-f et VII-A, à compter des impositions établies au titre de 2020)* « *le taux de la taxe d'habitation,* » le taux de la taxe foncière sur les propriétés bâties ou le taux de la taxe foncière sur les propriétés non bâties peut *(Abrogé par L. nº 2019-1479 du 28 déc. 2019, art. 16-III-A-3º-f et VII-A, à compter des impositions établies au titre de 2020)* « *, à compter de 1989,* » être diminué jusqu'au niveau du taux moyen national de la taxe constaté l'année précédente pour, selon le cas, les communes et leurs établissements publics de coopération intercommunale ou, s'il est plus élevé, jusqu'au niveau du taux de la cotisation foncière des entreprises de la collectivité ou de l'établissement public de coopération intercommunale concerné sans que ces diminutions soient prises en compte pour l'application, à la baisse, des dispositions du *b* du 1.

(Abrogé par L. nº 2019-1479 du 28 déc. 2019, art. 16-III-A-3º-g et VII-A, à compter des impositions établies au titre de 2020) « *Lorsque les dispositions du premier alinéa ne sont pas applicables, le taux de la taxe d'habitation peut cependant être diminué, à compter de 1997, jusqu'au niveau du taux moyen national constaté l'année précédente pour cette taxe dans l'ensemble des collectivités de même nature, si le taux de cotisation foncière des entreprises de l'année précédente est inférieur au taux moyen national constaté la même année pour cette taxe dans l'ensemble des collectivités de même nature, sans que cette diminution soit prise en compte pour l'application, à la baisse, des dispositions du b du 1.* »

Pour l'application des dispositions *(L. n° 2019-1479 du 28 déc. 2019, art. 16-III-A-3°-h et VII-A, applicable à compter des impositions établies au titre de 2020)* **« du premier alinéa » aux communes membres d'établissements publics de coopération intercommunale dotés ou non d'une fiscalité propre, les taux communaux** *(Abrogé par L. n° 2019-1479 du 28 déc. 2019, art. 16-III-A-3°-h et VII-A, à compter des impositions établies au titre de 2020)* ***« de la taxe d'habitation, »*** **des taxes foncières et de la cotisation foncière des entreprises sont majorés des taux de ces établissements publics de coopération intercommunale pour l'année précédant celle de l'imposition.**

Lorsque au titre d'une année il est fait application des dispositions du premier *(Abrogé par L. n° 2019-1479 du 28 déc. 2019, art. 16-III-A-3°-i et VII-A, à compter des impositions établies au titre de 2020)* ***« ou du deuxième »*** **alinéa, la variation en hausse du taux de la** *(L. n° 2019-1479 du 28 déc. 2019, art. 16-III-A-3°-i et VII-A, applicable à compter des impositions établies au titre de 2020)* **« taxe foncière sur les propriétés bâties » ou du taux moyen** *(Abrogé par L. n° 2019-1479 du 28 déc. 2019, art. 16-III-A-3°-i et VII-A, à compter des impositions établies au titre de 2020)* ***« de la taxe d'habitation et »*** **des taxes foncières à prendre en compte, pour l'application du 1, pour la détermination du taux de la cotisation foncière des entreprises ou du taux de la taxe foncière sur les propriétés non bâties, est réduite de moitié pendant les trois années suivantes.**

Lorsque au titre d'une année, le taux de la cotisation foncière des entreprises ou le taux de la taxe foncière sur les propriétés non bâties a été augmenté dans ces conditions, il ne peut pas être fait application du premier *(Abrogé par L. n° 2019-1479 du 28 déc. 2019, art. 16-III-A-3°-j et VII-A, à compter des impositions établies au titre de 2020)* ***« ou du deuxième »*** **alinéa pendant les trois années suivantes.**

3. Pour les communes, lorsque le taux de la cotisation foncière des entreprises ainsi déterminé est inférieur à la moyenne constatée pour cette taxe l'année précédente dans l'ensemble des collectivités de même nature, il peut faire l'objet d'une majoration au plus égale à 5 % de cette moyenne sans pouvoir la dépasser. Cette majoration ne s'applique pas lorsque le taux moyen pondéré *(L. n° 2019-1479 du 28 déc. 2019, art. 16-III-A-3°-k et VII-A, applicable à compter des impositions établies au titre de 2020)* **« des taxes foncières » perçues au profit de la collectivité considérée est inférieur au taux moyen pondéré constaté l'année précédente pour ces** *(L. n° 2019-1479 du 28 déc. 2019, art. 16-III-A-3°-k et VII-A, applicable à compter des impositions établies au titre de 2020)* **« deux taxes » dans l'ensemble des collectivités de même nature.** *(Abrogé par L. n° 2019-1479 du 28 déc. 2019, art. 16-III-A-3°-k, l et VII-A, à compter des impositions établies au titre de 2020)* ***« Lorsque le produit de la taxe d'habitation perçu l'année précédente par une communauté urbaine provient, pour plus des trois quarts de son montant total, des impositions à cette taxe établies sur le territoire d'une seule commune membre, le conseil municipal de cette dernière peut, pour l'application de la majoration, additionner les taux des taxes foncières, de la taxe d'habitation et de la cotisation foncière des entreprises perçues au profit de la commune et les taux respectifs des mêmes taxes, votés l'année précédente par la communauté urbaine.***

« Dans les communes, membres d'un établissement public de coopération intercommunale, qui, l'année de l'adhésion à l'établissement public de coopération intercommunale et l'année suivante, ont rempli les conditions pour bénéficier des dispositions du premier alinéa, le conseil municipal peut, à compter de la deuxième année suivant celle de l'adhésion, majorer le taux de cotisation foncière des entreprises selon les modalités prévues ci-dessus lorsque, à compter de cette même année, le taux de la cotisation foncière des entreprises déterminé en application du 1 est inférieur à la moyenne constatée pour cette taxe l'année précédente dans l'ensemble des communes et que le taux moyen pondéré des trois autres taxes perçues au profit de la collectivité concernée est au plus inférieur de 20 % au taux moyen pondéré constaté l'année précédente pour ces trois taxes dans l'ensemble des communes. Ces règles sont applicables pour les communes qui ont adhéré à un établissement public de coopération intercommunale à compter de 1995. »

4. *Abrogé par L. n° 2009-1673 du 30 déc. 2009, art. 77-3.3-I-1°-d.*

5. L'instance délibérante d'un établissement public de coopération intercommunale faisant application de l'article 1609 *nonies* C et dont le taux de cotisation foncière des entreprises est inférieur à 75 % de la moyenne *(L. n° 2019-1479 du 28 déc. 2019, art. 16-III-A-3°-m et VII-A, applicable à compter des impositions établies au titre de 2020)* **« des établissements publics de coopération intercommunale de sa catégorie faisant**

application du même article 1609 *nonies* C, telle que » constatée l'année précédente au niveau national peut fixer le taux de cotisation foncière des entreprises dans cette limite, sans que l'augmentation du taux soit supérieure à 5 %.

(Abrogé par L. n° 2019-1479 du 28 déc. 2019, art. 16-III-A-3°-m et VII-A, à compter des impositions établies au titre de 2020) ***« Les catégories mentionnées au premier alinéa s'entendent des communautés d'agglomération, des communautés de communes faisant application de l'article 1609 nonies C et des communautés urbaines faisant application de ce même article. »***

I *bis*. — 1. Dans les communes où le taux ou les bases de la cotisation foncière des entreprises étaient nuls l'année précédente, le conseil municipal peut fixer le taux de cette taxe. Toutefois, le rapport entre le taux ainsi voté et le taux moyen constaté pour la cotisation foncière des entreprises l'année précédente dans l'ensemble des communes ne doit pas excéder le rapport entre d'une part, le taux moyen *(Abrogé par L. n° 2019-1479 du 28 déc. 2019, art. 16-III-A-3°-n et VII-A, à compter des impositions établies au titre de 2020)* ***« de la taxe d'habitation et »*** des taxes foncières, pondéré par l'importance relative des bases de ces *(L. n° 2019-1479 du 28 déc. 2019, art. 16-III-A-3°-n et VII-A, applicable à compter des impositions établies au titre de 2020)* « deux » taxes dans la commune pour l'année d'imposition, et, d'autre part, le taux moyen pondéré de ces *(L. n° 2019-1479 du 28 déc. 2019, art. 16-III-A-3°-n et VII-A, applicable à compter des impositions établies au titre de 2020)* « deux » taxes constaté l'année précédente dans l'ensemble des communes.

2. Dans les établissements publics de coopération intercommunale à fiscalité propre additionnelle où le taux de la cotisation foncière des entreprises était nul l'année précédente, l'organe délibérant de l'établissement public de coopération intercommunale peut fixer le taux de cette taxe. Toutefois, le rapport entre le taux ainsi voté et le taux moyen constaté pour la cotisation foncière des entreprises l'année précédente dans l'ensemble des communes membres de l'établissement public de coopération intercommunale ne doit pas excéder le rapport entre, d'une part, le taux moyen *(Abrogé par L. n° 2019-1479 du 28 déc. 2019, art. 16-III-A-3°-o et VII-A, à compter des impositions établies au titre de 2020)* ***« de la taxe d'habitation et »*** des taxes foncières, pondéré par l'importance relative des bases de ces *(L. n° 2019-1479 du 28 déc. 2019, art. 16-III-A-3°-o et VII-A, applicable à compter des impositions établies au titre de 2020)* « deux » taxes dans l'établissement public de coopération intercommunale pour l'année d'imposition, et, d'autre part, le taux moyen pondéré de ces *(L. n° 2019-1479 du 28 déc. 2019, art. 16-III-A-3°-o et VII-A, applicable à compter des impositions établies au titre de 2020)* « deux » taxes constaté l'année précédente dans l'ensemble des communes membres de l'établissement public.

I *ter*. — 1. Dans les communes où le taux ou les bases de la taxe foncière sur les propriétés non bâties étaient nuls l'année précédente, le conseil municipal peut fixer le taux de cette taxe. Toutefois, le rapport entre le taux ainsi voté et le taux moyen constaté pour la taxe foncière sur les propriétés non bâties l'année précédente dans l'ensemble des communes ne doit pas excéder le rapport entre le taux de *(L. n° 2019-1479 du 28 déc. 2019, art. 16-III-A-3°-p et VII-A, applicable à compter des impositions établies au titre de 2020)* « taxe foncière sur les propriétés bâties » de la commune pour l'année d'imposition et le taux moyen constaté pour la *(L. n° 2019-1479 du 28 déc. 2019, art. 16-III-A-3°-p et VII-A, applicable à compter des impositions établies au titre de 2020)* « taxe foncière sur les propriétés bâties » l'année précédente dans l'ensemble des communes.

2. Dans les établissements publics de coopération intercommunale à fiscalité propre *(Abrogé par L. n° 2019-1479 du 28 déc. 2019, art. 16-III-A-3°-q et VII-A, à compter des impositions établies au titre de 2020)* ***« additionnelle »*** où le taux de la taxe foncière sur les propriétés non bâties était nul l'année précédente, l'organe délibérant de l'établissement public de coopération intercommunale peut fixer le taux de cette taxe. Toutefois, le rapport entre le taux ainsi voté et le taux moyen constaté pour la taxe foncière sur les propriétés non bâties l'année précédente dans l'ensemble des communes membres de l'établissement public de coopération intercommunale ne doit pas excéder le rapport entre le taux de *(L. n° 2019-1479 du 28 déc. 2019, art. 16-III-A-3°-q et VII-A, applicable à compter des impositions établies au titre de 2020)* « taxe foncière sur les propriétés bâties » de l'établissement public de coopération intercommunale pour l'année

d'imposition et le taux moyen constaté pour la *(L. n° 2019-1479 du 28 déc. 2019, art. 16-III-A-3°-q et VII-A, applicable à compter des impositions établies au titre de 2020)* **« taxe foncière sur les propriétés bâties » l'année précédente dans l'ensemble des communes membres de l'établissement public.**

(Abrogé par L. n° 2019-1479 du 28 déc. 2019, art. 16-III-A-3°-r et VII-A, à compter des impositions établies au titre de 2020) ***« L'alinéa précédent est applicable aux établissements publics de coopération intercommunale soumis à l'article 1609 nonies C. »***

II. — En cas de création d'un établissement public de coopération intercommunale doté d'une fiscalité propre, les rapports entre les taux des *(L. n° 2019-1479 du 28 déc. 2019, art. 16-III-A-3°-s et VII-A, applicable à compter des impositions établies au titre de 2020)* **« trois » taxes établies par l'établissement public de coopération intercommunale doivent être égaux, la première année, aux rapports constatés l'année précédente entre les taux moyens pondérés de chaque taxe dans l'ensemble des communes membres.**

Les dispositions du premier alinéa sont applicables l'année qui suit celle au titre de laquelle l'établissement public de coopération intercommunale a voté un taux égal à zéro pour les *(L. n° 2019-1479 du 28 déc. 2019, art. 16-III-A-3°-s et VII-A, applicable à compter des impositions établies au titre de 2020)* **« trois » taxes.** — *V. égal. art. 1640 D.*

III. — Abrogé par Ord. n° 2015-1630 du 10 déc. 2015, art. 1er-F et 11, à compter du 1er janv. 2016.

Pour l'application des dispositions ci-dessus à Mayotte, au titre de l'année 2014, V. App., Ord. n° 2013-837 du 19 sept. 2013, art. 23.

Nouvel art. 1636 B *sexies* *I. — 1.* ***Sous réserve des dispositions des articles 1636 B septies et 1636 B decies, les conseils municipaux et les instances délibérantes des organismes de coopération intercommunale dotés d'une fiscalité propre votent chaque année les taux des taxes foncières*** *(L. n° 2019-1479 du 28 déc. 2019, art. 16-III-A-4°-a et VII-E, applicable à compter des impositions établies au titre de 2023)* ***«, de la taxe d'habitation sur les résidences secondaires et autres locaux meublés non affectés à l'habitation principale » et de la cotisation foncière des entreprises. Ils peuvent :***

a) Soit faire varier dans une même proportion les taux des *(L. n° 2019-1479 du 28 déc. 2019, art. 16-III-A-4°-b et VII-E, applicable à compter des impositions établies au titre de 2023)* ***« quatre » taxes appliqués l'année précédente ;***

b) Soit faire varier librement entre eux les taux des *(L. n° 2019-1479 du 28 déc. 2019, art. 16-III-A-4°-b et VII-E, applicable à compter des impositions établies au titre de 2023)* ***« quatre » taxes. Dans ce cas*** *(Abrogé par L. n° 2019-1479 du 28 déc. 2019, art. 16-III-A-4°-c et VII-E, à compter des impositions établies au titre de 2023)* ***«, le taux de cotisation foncière des entreprises » :***

(L. n° 2019-1479 du 28 déc. 2019, art. 16-III-A-4°-d et VII-E, applicable à compter des impositions établies au titre de 2023) ***« 1° Le taux de cotisation foncière des entreprises et le taux de taxe d'habitation sur les résidences secondaires et autres locaux meublés non affectés à l'habitation principale :***

« — ne peuvent, par rapport à l'année précédente, être augmentés dans une proportion supérieure à l'augmentation du taux de la taxe foncière sur les propriétés bâties ou, si elle est moins élevée, à celle du taux moyen des taxes foncières, pondéré par l'importance relative des bases de ces deux taxes pour l'année d'imposition ;

« — ou doivent être diminués, par rapport à l'année précédente, dans une proportion au moins égale, soit à la diminution du taux de la taxe foncière sur les propriétés bâties ou à celle du taux moyen pondéré des taxes foncières, soit à la plus importante de ces diminutions lorsque ces deux taux sont en baisse ;

« 2° Le taux de la taxe foncière sur les propriétés non bâties ne peut augmenter plus ou diminuer moins que le taux de la taxe foncière sur les propriétés bâties. »

2. Toutefois, *(Abrogé par L. n° 2019-1479 du 28 déc. 2019, art. 16-III-A-3°-f et VII-A, à compter des impositions établies au titre de 2020)* ***« le taux de la taxe d'habitation, » le taux de la taxe foncière sur les propriétés bâties ou le taux de la taxe foncière sur les propriétés non bâties peut*** *(Abrogé par L. n° 2019-1479 du 28 déc. 2019, art. 16-III-A-3°-f et VII-A, à compter des impositions établies au titre de 2020)* ***«, à compter de 1989, » être diminué jusqu'au niveau du taux moyen national de la taxe constaté l'année précédente pour, selon le cas, les communes et leurs établissements publics de coopération intercommunale ou, s'il est plus élevé, jusqu'au niveau du taux de la cotisation foncière des entreprises de la collectivité ou de l'établissement public de***

coopération intercommunale concerné sans que ces diminutions soient prises en compte pour l'application, à la baisse, des dispositions du b du 1.

(Abrogé par L. n° 2019-1479 du 28 déc. 2019, art. 16-III-A-3°-g et VII-A, à compter des impositions établies au titre de 2020) ***« Lorsque les dispositions du premier alinéa ne sont pas applicables, le taux de la taxe d'habitation peut cependant être diminué, à compter de 1997, jusqu'au niveau du taux moyen national constaté l'année précédente pour cette taxe dans l'ensemble des collectivités de même nature, si le taux de cotisation foncière des entreprises de l'année précédente est inférieur au taux moyen national constaté la même année pour cette taxe dans l'ensemble des collectivités de même nature, sans que cette diminution soit prise en compte pour l'application, à la baisse, des dispositions du b du 1. »***

Pour l'application des dispositions *(L. n° 2019-1479 du 28 déc. 2019, art. 16-III-A-3°-h et VII-A, applicable à compter des impositions établies au titre de 2020)* ***« du premier alinéa » aux communes membres d'établissements publics de coopération intercommunale dotés ou non d'une fiscalité propre, les taux communaux*** *(Abrogé par L. n° 2019-1479 du 28 déc. 2019, art. 16-III-A-3°-h et VII-A, à compter des impositions établies au titre de 2020)* ***« de la taxe d'habitation, » des taxes foncières et de la cotisation foncière des entreprises sont majorés des taux de ces établissements publics de coopération intercommunale pour l'année précédant celle de l'imposition.***

Lorsque au titre d'une année il est fait application des dispositions du premier *(Abrogé par L. n° 2019-1479 du 28 déc. 2019, art. 16-III-A-3°-i et VII-A, à compter des impositions établies au titre de 2020)* ***« ou du deuxième » alinéa, la variation en hausse du taux de la*** *(L. n° 2019-1479 du 28 déc. 2019, art. 16-III-A-3°-i et VII-A, applicable à compter des impositions établies au titre de 2020)* ***« taxe foncière sur les propriétés bâties » ou du taux moyen*** *(Abrogé par L. n° 2019-1479 du 28 déc. 2019, art. 16-III-A-3°-i et VII-A, à compter des impositions établies au titre de 2020)* ***« de la taxe d'habitation et » des taxes foncières à prendre en compte, pour l'application du 1, pour la détermination du taux de la cotisation foncière des entreprises ou du taux de la taxe foncière sur les propriétés non bâties, est réduite de moitié pendant les trois années suivantes.***

Lorsque au titre d'une année, le taux de la cotisation foncière des entreprises ou le taux de la taxe foncière sur les propriétés non bâties a été augmenté dans ces conditions, il ne peut pas être fait application du premier *(Abrogé par L. n° 2019-1479 du 28 déc. 2019, art. 16-III-A-3°-j et VII-A, à compter des impositions établies au titre de 2020)* ***« ou du deuxième » alinéa pendant les trois années suivantes.***

3. Pour les communes, lorsque le taux de la cotisation foncière des entreprises ainsi déterminé est inférieur à la moyenne constatée pour cette taxe l'année précédente dans l'ensemble des collectivités de même nature, il peut faire l'objet d'une majoration au plus égale à 5 % de cette moyenne sans pouvoir la dépasser. Cette majoration ne s'applique pas lorsque le taux moyen pondéré *(L. n° 2019-1479 du 28 déc. 2019, art. 16-III-A-3°-k et VII-A, applicable à compter des impositions établies au titre de 2020)* ***« des taxes foncières » perçues au profit de la collectivité considérée est inférieur au taux moyen pondéré constaté l'année précédente pour ces*** *(L. n° 2019-1479 du 28 déc. 2019, art. 16-III-A-3°-k et VII-A, applicable à compter des impositions établies au titre de 2020)* ***« deux taxes » dans l'ensemble des collectivités de même nature.*** *(Abrogé par L. n° 2019-1479 du 28 déc. 2019, art. 16-III-A-3°-k, l et VII-A, à compter des impositions établies au titre de 2020)* ***« Lorsque le produit de la taxe d'habitation perçu l'année précédente par une communauté urbaine provient, pour plus des trois quarts de son montant total, des impositions à cette taxe établies sur le territoire d'une seule commune membre, le conseil municipal de cette dernière peut, pour l'application de la majoration, additionner les taux des taxes foncières, de la taxe d'habitation et de la cotisation foncière des entreprises perçues au profit de la commune et les taux respectifs des mêmes taxes, votés l'année précédente par la communauté urbaine.***

« Dans les communes, membres d'un établissement public de coopération intercommunale, qui, l'année de l'adhésion à l'établissement public de coopération intercommunale et l'année suivante, ont rempli les conditions pour bénéficier des dispositions du premier alinéa, le conseil municipal peut, à compter de la deuxième année suivant celle de l'adhésion, majorer le taux de cotisation foncière des entreprises selon les modalités prévues ci-dessus lorsque, à compter de cette même année, le taux de la cotisation foncière des entreprises déterminé en application du 1 est inférieur à la moyenne constatée pour cette taxe l'année précédente dans l'ensemble des communes et que le taux moyen pondéré des trois autres taxes perçues au profit de la collectivité concernée est au plus inférieur de 20 % au taux moyen pondéré constaté l'année précédente pour ces trois taxes dans l'ensemble des communes. Ces règles sont applicables pour les communes qui ont adhéré à un établissement public de coopération intercommunale à compter de 1995. »

4. *Abrogé par L. n° 2009-1673 du 30 déc. 2009, art. 77-3.3-I-1°-d.*

5. L'instance délibérante d'un établissement public de coopération intercommunale faisant application de l'article 1609 nonies C et dont le taux de cotisation foncière des entreprises est infé-

rieur à 75 % de la moyenne *(L. n° 2019-1479 du 28 déc. 2019, art. 16-III-A-3°-m et VII-A, applicable à compter des impositions établies au titre de 2020)* ***« des établissements publics de coopération intercommunale de sa catégorie faisant application du même article 1609 nonies C, telle que » constatée l'année précédente au niveau national peut fixer le taux de cotisation foncière des entreprises dans cette limite, sans que l'augmentation du taux soit supérieure à 5 %.***

(Abrogé par L. n° 2019-1479 du 28 déc. 2019, art. 16-III-A-3°-m et VII-A, à compter des impositions établies au titre de 2020) ***« Les catégories mentionnées au premier alinéa s'entendent des communautés d'agglomération, des communautés de communes faisant application de l'article 1609 nonies C et des communautés urbaines faisant application de ce même article. »***

I bis. — ***1. Dans les communes où le taux ou les bases de la cotisation foncière des entreprises étaient nuls l'année précédente, le conseil municipal peut fixer le taux de cette taxe. Toutefois, le rapport entre le taux ainsi voté et le taux moyen constaté pour la cotisation foncière des entreprises l'année précédente dans l'ensemble des communes ne doit pas excéder le rapport entre d'une part, le taux moyen*** *(Abrogé par L. n° 2019-1479 du 28 déc. 2019, art. 16-III-A-3°-n et VII-A, à compter des impositions établies au titre de 2020)* ***« de la taxe d'habitation et » des taxes foncières, pondéré par l'importance relative des bases de ces*** *(L. n° 2019-1479 du 28 déc. 2019, art. 16-III-A-3°-n et VII-A, applicable à compter des impositions établies au titre de 2020)* ***« deux » taxes dans la commune pour l'année d'imposition, et, d'autre part, le taux moyen pondéré de ces*** *(L. n° 2019-1479 du 28 déc. 2019, art. 16-III-A-3°-n et VII-A, applicable à compter des impositions établies au titre de 2020)* ***« deux » taxes constaté l'année précédente dans l'ensemble des communes.***

(L. n° 2019-1479 du 28 déc. 2019, art. 16-III-A-4°-e et VII-E, applicable à compter des impositions établies au titre de 2023) ***« Dans les communes où le taux ou les bases de la taxe d'habitation sur les résidences secondaires et autres locaux meublés non affectés à l'habitation principale étaient nuls l'année précédente, le conseil municipal peut fixer le taux de cette taxe, dans les conditions prévues au premier alinéa du présent 1. »***

2. Dans les établissements publics de coopération intercommunale à fiscalité propre additionnelle où le taux de la cotisation foncière des entreprises était nul l'année précédente, l'organe délibérant de l'établissement public de coopération intercommunale peut fixer le taux de cette taxe. Toutefois, le rapport entre le taux ainsi voté et le taux moyen constaté pour la cotisation foncière des entreprises l'année précédente dans l'ensemble des communes membres de l'établissement public de coopération intercommunale ne doit pas excéder le rapport entre, d'une part, le taux moyen *(Abrogé par L. n° 2019-1479 du 28 déc. 2019, art. 16-III-A-3°-o et VII-A, à compter des impositions établies au titre de 2020)* ***« de la taxe d'habitation et » des taxes foncières, pondéré par l'importance relative des bases de ces*** *(L. n° 2019-1479 du 28 déc. 2019, art. 16-III-A-3°-o et VII-A, applicable à compter des impositions établies au titre de 2020)* ***« deux » taxes dans l'établissement public de coopération intercommunale pour l'année d'imposition, et, d'autre part, le taux moyen pondéré de ces*** *(L. n° 2019-1479 du 28 déc. 2019, art. 16-III-A-3°-o et VII-A, applicable à compter des impositions établies au titre de 2020)* ***« deux » taxes constaté l'année précédente dans l'ensemble des communes membres de l'établissement public.***

(L. n° 2019-1479 du 28 déc. 2019, art. 16-III-A-4°-f et VII-E, applicable à compter des impositions établies au titre de 2023) ***« Dans les établissements publics de coopération intercommunale à fiscalité propre additionnelle où le taux de la taxe d'habitation sur les résidences secondaires et autres locaux meublés non affectés à l'habitation principale était nul l'année précédente, l'organe délibérant de l'établissement public de coopération intercommunale peut fixer le taux de cette taxe dans les conditions prévues au premier alinéa du présent 2. »***

I ter. — ***1. Dans les communes où le taux ou les bases de la taxe foncière sur les propriétés non bâties étaient nuls l'année précédente, le conseil municipal peut fixer le taux de cette taxe. Toutefois, le rapport entre le taux ainsi voté et le taux moyen constaté pour la taxe foncière sur les propriétés non bâties l'année précédente dans l'ensemble des communes ne doit pas excéder le rapport entre le taux de*** *(L. n° 2019-1479 du 28 déc. 2019, art. 16-III-A-3°-p et VII-A, applicable à compter des impositions établies au titre de 2020)* ***« taxe foncière sur les propriétés bâties » de la commune pour l'année d'imposition et le taux moyen constaté pour la*** *(L. n° 2019-1479 du 28 déc. 2019, art. 16-III-A-3°-p et VII-A, applicable à compter des impositions établies au titre de 2020)* ***« taxe foncière sur les propriétés bâties » l'année précédente dans l'ensemble des communes.***

2. Dans les établissements publics de coopération intercommunale à fiscalité propre *(Abrogé par L. n° 2019-1479 du 28 déc. 2019, art. 16-III-A-3°-q et VII-A, à compter des impositions établies au titre de 2020)* ***« additionnelle » où le taux de la taxe foncière sur les propriétés non bâties était nul l'année précédente, l'organe délibérant de l'établissement public de coopération intercommunale peut fixer le taux de cette taxe. Toutefois, le rapport entre le taux ainsi voté et le taux moyen constaté pour la taxe foncière sur les propriétés non bâties l'année précédente dans l'ensem-***

ble des communes membres de l'établissement public de coopération intercommunale ne doit pas excéder le rapport entre le taux de** (L. nº 2019-1479 du 28 déc. 2019, art. 16-III-A-3º-q et VII-A, applicable à compter des impositions établies au titre de 2020)* ***« taxe foncière sur les propriétés bâties » de l'établissement public de coopération intercommunale pour l'année d'imposition et le taux moyen constaté pour la** (L. nº 2019-1479 du 28 déc. 2019, art. 16-III-A-3º-q et VII-A, applicable à compter des impositions établies au titre de 2020) **« taxe foncière sur les propriétés bâties » l'année précédente dans l'ensemble des communes membres de l'établissement public.

(Abrogé par L. nº 2019-1479 du 28 déc. 2019, art. 16-III-A-3º-o et VII-A, à compter des impositions établies au titre de 2020) ***« L'alinéa précédent est applicable aux établissements publics de coopération intercommunale soumis à l'article 1609 nonies C. »***

II. — En cas de création d'un établissement public de coopération intercommunale doté d'une fiscalité propre, les rapports entre les taux des** (L. nº 2019-1479 du 28 déc. 2019, art. 16-III-A-4º-g et VII-E, applicable à compter des impositions établies au titre de 2023)* ***« quatre » taxes établies par l'établissement public de coopération intercommunale doivent être égaux, la première année, aux rapports constatés l'année précédente entre les taux moyens pondérés de chaque taxe dans l'ensemble des communes membres.

***Les dispositions du premier alinéa sont applicables l'année qui suit celle au titre de laquelle l'établissement public de coopération intercommunale a voté un taux égal à zéro pour les** (L. nº 2019-1479 du 28 déc. 2019, art. 16-III-A-4º-s et VII-E, applicable à compter des impositions établies au titre de 2023)* ***« quatre » taxes.** — V. égal. art. 1640 D.*

III. — Abrogé par Ord. nº 2015-1630 du 10 déc. 2015, art. 1er-F et 11, à compter du 1er janv. 2016.

Pour l'application des dispositions ci-dessus à Mayotte, au titre de l'année 2014, V. App., Ord. nº 2013-837 du 19 sept. 2013, art. 23.

***1.** Sur les règles dérogatoires applicables pour les impositions établies au titre de 2022, V. L. nº 2019-1479 du 28 déc. 2019, art. 16-I-J-4.*

***2.** Pour les dispositions du présent art. qui s'appliquent à compter des impositions établies au titre de 2023, V. L. nº 2019-1479 du 28 déc. 2019, art. 16-III-A-4º et VII-E.*

1. Délibération. L'art. 1636 B *sexies* réserve au conseil municipal le soin de délibérer annuellement sur les taux des impositions directes à percevoir, par une délibération distincte de celle, le maire ne peut pas, de sa propre autorité, considérer que les taux de l'année précédente ont été reconduits et indiquer à l'administration fiscale qu'une décision a été prise par le conseil municipal. • CE 3 déc. 1999, nº 168408, *Phelouzat : RJF 2000. 57 ; Dr. fisc. 2000. 630, concl. Goulard.*

2. Recours du contribuable. Les contribuables assujettis aux impositions directes locales peuvent en demander la décharge ou la réduction en se prévalant des vices de la procédure d'adoption des délibérations qui en ont fixé le taux pour l'année concernée ou de l'illégalité de celles-ci au regard des dispositions des art. 1636 B *sexies*, 1636 B *septies* et 1639 A. • CE 18 mai 1998, nº 148710 : *Dr. fisc. 1998. 1143, concl. Loloum ; RJF 1998. 809.*

Art. 1636 B *sexies* A *(Abrogé par L. nº 2019-1479 du 28 déc. 2019, art. 16-II-A et VII-B, à compter des impositions établies au titre de 2021)* ***Les conseils départementaux votent chaque année le taux de la taxe foncière sur les propriétés bâties dans la limite prévue par le VI de l'article 1636 B septies.***

Art. 1636 B *septies* **I. — Les taux des taxes foncières et de la taxe d'habitation** *(L. nº 2019-1479 du 28 déc. 2019, art. 16-I-E-24º et VII-E, applicable à compter des impositions établies au titre de 2023)* **« sur les résidences secondaires et autres locaux meublés non affectés à l'habitation principale » votés par une commune ne peuvent excéder deux fois et demie le taux moyen constaté l'année précédente pour la même taxe dans l'ensemble des communes du département ou deux fois et demie le taux moyen constaté au niveau national s'il est plus élevé.**

Pour l'application du premier alinéa aux communes situées sur le territoire de la métropole de Lyon, le taux moyen d'une taxe constaté l'année précédente dans l'ensemble des communes du département s'entend du taux moyen constaté l'année précédente *(L. nº 2019-1479 du 28 déc. 2019, art. 16-III-B et VII-B, applicable à compter des impositions établies au titre de 2021)* **« dans l'ensemble des communes situées sur le territoire de la métropole de Lyon** *[ancienne rédaction : sur le territoire de chaque commune]*. **»**

II. et III. — *Disjoints.*

IV. — Le taux de la cotisation foncière des entreprises voté par une commune ne peut excéder deux fois le taux moyen de cette taxe constaté l'année précédente au niveau national pour l'ensemble des communes.

V. — Pour les communes membres d'un groupement doté d'une fiscalité propre, les taux plafonds prévus aux I et IV sont réduits du taux appliqué l'année précédente au profit du groupement.

(Abrogé par L. nº 2019-1479 du 28 déc. 2019, art. 16-III-B et VII-B, à compter des impositions établies au titre de 2021) ***« Les dispositions du premier alinéa ne sont pas applicables aux communes situées sur le territoire mentionné au deuxième alinéa du I. »***

(Abrogé par L. nº 2019-1479 du 28 déc. 2019, art. 16-III-B et VII-B, à compter des impositions établies au titre de 2021) ***« VI. — Le taux de la taxe foncière sur les propriétés bâties voté par un département ne peut excéder deux fois et demie le taux moyen constaté l'année précédente au niveau national pour l'ensemble des départements.***

« VII. — Le taux de la taxe foncière sur les propriétés bâties voté par la métropole de Lyon ne peut excéder deux fois et demie la somme des taux moyens constatés l'année précédente au niveau national respectivement pour l'ensemble des établissements publics de coopération intercommunale soumis à l'article 1609 nonies C et pour l'ensemble des départements.

« Les taux de la taxe foncière sur les propriétés non bâties et de la taxe d'habitation votés par la métropole de Lyon ne peuvent excéder deux fois et demie le taux moyen constaté l'année précédente au niveau national pour l'ensemble des établissements publics de coopération intercommunale soumis à l'article 1609 nonies C.

« Le taux de la cotisation foncière des entreprises voté par la métropole de Lyon ne peut excéder deux fois le taux moyen constaté l'année précédente au niveau national pour l'ensemble des établissements publics de coopération intercommunale soumis à l'article 1609 nonies C. »

VIII. — Le taux de la cotisation foncière des entreprises voté par la métropole du Grand Paris ne peut excéder deux fois le taux moyen constaté l'année précédente au niveau national pour l'ensemble des établissements publics de coopération intercommunale soumis à l'article 1609 *nonies* C.

(Ord. nº 2018-75 du 8 févr. 2018, art. 1er et 18, applicable à compter des impositions établies au titre de 2019) **« IX. — Les taux** *(L. nº 2019-1479 du 28 déc. 2019, art. 16-III-B et VII-B, applicable à compter des impositions établies au titre de 2021)* **« de la taxe foncière sur les propriétés bâties, » de la taxe foncière sur les propriétés non bâties et de la taxe d'habitation** *(L. nº 2019-1479 du 28 déc. 2019, art. 16-I-E-24º et VII-E, applicable à compter des impositions établies au titre de 2023)* **« sur les résidences secondaires et autres locaux meublés non affectés à l'habitation principale » votés par la Ville de Paris ne peuvent excéder deux fois et demie le taux moyen communal constaté l'année précédente au niveau national.**

(Abrogé par L. nº 2019-1479 du 28 déc. 2019, art. 16-III-B et VII-B, à compter des impositions établies au titre de 2021) ***« Le taux de la taxe foncière sur les propriétés bâties voté par la Ville de Paris ne peut excéder deux fois et demie la somme des taux moyens constatés l'année précédente au niveau national respectivement pour l'ensemble des communes et des départements. »***

1. *Sur les règles dérogatoires applicables pour les impositions établies au titre de 2022, V. L. nº 2019-1479 du 28 déc. 2019, art. 16-I-J-4 et III-C.*

2. *Pour les dispositions du présent art. qui s'appliquent à compter des impositions établies au titre de 2023, V. L. nº 2019-1479 du 28 déc. 2019, art. 16-I-E-24º et VII-E.*

Les moyens tirés de ce que, en adoptant des taux d'imposition élevés et en forte augmentation par rapport aux années précédentes, le conseil municipal aurait méconnu le principe d'égalité devant l'impôt et mal apprécié les capacités contributives des contribuables de la commune sont inopérants dès lors que ces taux n'excèdent pas les limites fixées au I et au IV. • CE 9 avr. 1999, nº 124604 : *Dr. fisc. 1999. 862 ; concl. Arrighi de Casanova au BDCF 6-7/99.*

Art. 1636 B *octies* **I. — Les produits des taxes spéciales d'équipement perçues au profit des établissements publics fonciers visés aux articles L. 321-1 et L. 324-1 du code de l'urbanisme, de l'***(Décr. nº 2017-698 du 2 mai 2017, art. 1er)* **« Établissement public foncier et d'aménagement de la Guyane » et des agences pour la mise en valeur des espaces urbains de la zone dite "des cinquante pas géométriques" en Guadeloupe et en Martinique sont répartis entre les taxes foncières, la taxe d'habitation et la cotisation foncière des entreprises proportionnellement aux recettes que chacune de ces taxes a procurées l'année précédente à l'ensemble des communes et de leurs établissements publics de coopération intercommunale situés dans le ressort de ces établissements.**

(L. nº 2016-1918 du 29 déc. 2016, art. 73-I-5º et II, applicable à compter des impositions dues au titre de 2018) **« Lorsqu'il est fait application des troisième et quatrième alinéas de l'article 1607 *bis* et des troisième et** *(L. nº 2020-1721 du 29 déc. 2020, art. 29-I-12º-a et VI-A, applicable aux impositions établies à compter de 2021)* **« quatrième » alinéas de l'article 1607 *ter*, les produits de la taxe spéciale d'équipement perçue au profit de l'établissement public foncier sont répartis entre les taxes foncières, la taxe d'habitation et la cotisation foncière des entreprises proportionnellement aux recettes que chacune de ces taxes a procurées l'année précédente, dans chaque partie de son territoire, à l'ensemble des communes et de leurs établissements publics de coopération intercommunale. »**

II. – Pour l'application du I, les recettes s'entendent de celles figurant dans des rôles généraux. Elles sont majorées du montant perçu l'année précédente au titre de la part de la dotation forfaitaire prévue à l'article L. 2334-7 du code général des collectivités territoriales ou, le cas échéant, au titre de la part de la dotation de compensation prévue à l'article L. 5211-28-1 du même code, correspondant au montant antérieurement versé en application du I du D de l'article 44 de la loi de finances pour 1999 (nº 98-1266 du 30 décembre 1998), de la compensation prévue au B de l'article 26 de la loi de finances pour 2003 (nº 2002-1575 du 30 décembre 2002) versée au titre de l'année précédente en contrepartie de la réduction de la fraction imposable des recettes visée au 2º de l'article 1467, ainsi qu'à compter des impositions établies au titre de l'année 2011, de la différence entre, d'une part, la somme des compensations relais communale et intercommunale, versées en application du II de l'article 1640 B, afférentes aux établissements situés dans le territoire de chaque établissement public foncier et, d'autre part, le produit de la cotisation foncière des entreprises au titre de l'année 2010 afférent à ces mêmes établissements.

A compter des impositions établies au titre de l'année 2012, les recettes de la taxe foncière sur les propriétés bâties sont, pour l'application du I, minorées de la différence entre, d'une part, le produit que la taxe aurait procuré au titre de l'année 2011 à l'ensemble des communes et de leurs établissements publics de coopération intercommunale situés dans le ressort de l'établissement public foncier si les taux de référence définis au B du V de l'article 1640 C avaient été appliqués et, d'autre part, le produit que cette taxe a procuré au titre de l'année 2010 à ces mêmes communes et établissements publics.

A compter des impositions établies au titre de l'année *(L. nº 2019-1479 du 28 déc. 2019, art. 16-I-D-6º et VII-B, applicable à compter des impositions établies au titre de 2021)* **« 2021 », les recettes de taxe d'habitation sont, pour l'application du I, minorées** *(L. nº 2019-1479 du 28 déc. 2019, art. 16-I-D-6º et VII-B, applicable à compter des impositions établies au titre de 2021)* **« du produit » de la différence entre, d'une part, le produit que la taxe a procuré au titre de l'année 2011 à l'ensemble des communes et de leurs établissements publics de coopération intercommunale situés dans le ressort de l'établissement public foncier et, d'autre part, le produit que cette taxe aurait procuré au titre de l'année 2011 à ces mêmes communes et établissements publics si les taux de l'année 2010 avaient été appliqués** *(L. nº 2019-1479 du 28 déc. 2019, art. 16-I-D-6º et VII-B, applicable à compter des impositions établies au titre de 2021)* **« , par le rapport entre, d'une part, le produit que la taxe d'habitation afférente aux locaux meublés non affectés à l'habitation principale a procuré à ces mêmes communes et établissements au titre de l'année 2020 et, d'autre part, le produit que la taxe d'habitation a procuré à ces mêmes communes et établissements au titre de l'année 2020 ».**

(Abrogé par L. nº 2020-1721 du 29 déc. 2020, art. 29-I-12º-b et VI-C, pour les impositions établies à compter de 2022) ***« A compter des impositions établies au titre de l'année 2016, les recettes que la taxe foncière sur les propriétés bâties a procurées sur le territoire de la métropole de Lyon sont, pour l'application du I, minorées de la part que cette taxe a procurée au titre de l'année 2014 au département du Rhône. »***

A compter des impositions établies au titre de l'année 2016, les recettes de taxe d'habitation sont, pour l'application du I du présent article, minorées du produit que la majoration mentionnée à l'article 1407 *ter* a procuré au titre de l'année précédente à l'ensemble des communes situées dans le ressort de l'établissement public foncier.

(Ord. nº 2018-75 du 8 févr. 2018, art. 1er et 18) **« A compter des impositions établies au titre de l'année 2019, les recettes que la taxe foncière sur les propriétés bâties a**

procurées sur le territoire de la Ville de Paris sont, pour l'application du I, minorées de la part que cette taxe a procurée au titre de l'année 2018 au département de Paris. »

(L. n° 2019-1479 du 28 déc. 2019, art. 16-II-D-10°-a et VII-D, applicable à compter des impositions au titre de 2022) **« A compter des impositions établies au titre de 2022, les recettes de taxe foncière sur les propriétés bâties des communes à prendre en compte pour l'application du I sont minorées du produit que cette taxe a procuré au département, sur le territoire de chaque commune, au titre de l'année 2020. »**

III. – Le produit fiscal à recouvrer dans chacune des communes membres au profit d'un syndicat de communes est réparti entre les taxes foncières, la taxe d'habitation et la cotisation foncière des entreprises proportionnellement aux recettes que chacune de ces taxes procurerait à la commune si l'on appliquait les taux de l'année précédente aux bases de l'année d'imposition.

IV. – Pour l'application du III, les recettes afférentes à la cotisation foncière des entreprises sont majorées de la part, calculée à partir du seul taux communal, du montant perçu en 2003, en application du D de l'article 44 de la loi de finances pour 1999 (n° 98-1266 du 30 décembre 1998) et du 1 du III de l'article 29 de la loi de finances pour 2003 (n° 2002-1575 du 30 décembre 2002), indexé chaque année comme la dotation forfaitaire prévue par l'article L. 2334-7 du code général des collectivités territoriales, du montant de la compensation prévue pour l'année d'imposition au B de l'article 26 de la loi de finances pour 2003 précitée en contrepartie de la réduction de la fraction imposable des recettes visée au 2° de l'article 1467, ainsi qu'à compter des impositions établies au titre de l'année 2011, de la différence entre, d'une part, la compensation relais communale, versée au titre de l'année 2010 en contrepartie de la suppression de la taxe professionnelle en application du II de l'article 1640 B, afférente aux établissements situés sur le territoire de la commune et, d'autre part, le produit de la cotisation foncière des entreprises au titre de l'année 2010 afférent à ces mêmes établissements.

A compter des impositions établies au titre de l'année 2011, les recettes de la taxe foncière sur les propriétés bâties sont majorées de la différence entre, d'une part, le produit qu'a procuré au titre de l'année 2010 à la commune la taxation de l'ensemble des locaux situés sur son territoire et, d'autre part, le produit qu'aurait procuré au titre de l'année 2011 à cette même commune la taxation de ces mêmes locaux, si les taux de l'année 2010 avaient été appliqués.

A compter des impositions établies au titre de l'année *(L. n° 2019-1479 du 28 déc. 2019, art. 16-I-D-6° et VII-B, applicable à compter des impositions établies au titre de 2021)* **« 2021 », les recettes de taxe d'habitation sont, pour l'application du III, minorées** *(L. n° 2019-1479 du 28 déc. 2019, art. 16-I-D-6° et VII-B, applicable à compter des impositions établies au titre de 2021)* **« du produit » de la différence entre, d'une part, le produit qu'a procuré au titre de l'année 2011 à la commune la taxation de l'ensemble des locaux situés dans son ressort et, d'autre part, le produit qu'aurait procuré au titre de l'année 2011 à cette même commune la taxation de ces mêmes locaux si le taux de l'année 2010 avait été appliqué** *(L. n° 2019-1479 du 28 déc. 2019, art. 16-I-D-6° et VII-B, applicable à compter des impositions établies au titre de 2021)* **« , par le rapport entre, d'une part, le produit que la taxe d'habitation afférente aux locaux meublés non affectés à l'habitation principale a procuré à ces mêmes communes au titre de l'année 2020 et, d'autre part, le produit que la taxe d'habitation a procuré à ces mêmes communes au titre de l'année 2020 ».**

A compter des impositions établies au titre de l'année 2016, les recettes de taxe d'habitation sont, pour l'application du III du présent article, minorées du produit que la majoration mentionnée à l'article 1407 *ter* a procuré au titre de l'année précédente à chaque commune.

(L. n° 2020-1721 du 29 déc. 2020, art. 29-I-12°-c et VI-A, applicable aux impositions établies à compter de 2021) **« A compter des impositions établies au titre de l'année 2021, le produit réparti, en 2020, entre les personnes assujetties à la taxe foncière sur les propriétés bâties et celles assujetties à la cotisation foncière des entreprises, pour les locaux évalués selon les dispositions de l'article 1499, est pris en charge, pour moitié, par l'État.**

« Pour l'application du III, le produit fiscal à recouvrer est minoré du montant mentionné au cinquième alinéa du présent IV. »

(L. n° 2019-1479 du 28 déc. 2019, art. 16-II-D-10° et VII-D, applicable à compter des impositions établies au titre de l'année 2022) **« A compter des impositions établies au titre de 2022, les recettes de taxe foncière sur les propriétés bâties des communes à prendre en compte pour l'application du III sont minorées du produit que cette taxe a procuré au département, sur le territoire de chaque commune, au titre de l'année 2020. »**

Pour l'application du III, le produit fiscal à recouvrer est minoré de la part, reversée par la commune au syndicat, du montant perçu en 2003, en application du D de l'article 44 de la loi de finances pour 1999 précitée et du 1 du III de l'article 29 de la loi de finances pour 2003 précitée, indexé chaque année comme la dotation forfaitaire prévue par l'article L. 2334-7 du code général des collectivités territoriales ainsi que du montant de la compensation mentionnée au premier alinéa.

Nouvel art. 1636 B octies ***I. — Les produits des taxes spéciales d'équipement perçues au profit des établissements publics fonciers visés aux articles L. 321-1 et L. 324-1 du code de l'urbanisme, de l'*** *(Décr. n° 2017-698 du 2 mai 2017, art. 1er)* ***« Établissement public foncier et d'aménagement de la Guyane » et des agences pour la mise en valeur des espaces urbains de la zone dite "des cinquante pas géométriques" en Guadeloupe et en Martinique sont répartis entre les taxes foncières, la taxe d'habitation*** *(L. n° 2019-1479 du 28 déc. 2019, art. 16-I-E-10°-a et VII-E, applicable à compter des impositions établies au titre de l'année 2023)* ***« sur les résidences secondaires et autres locaux meublés non affectés à l'habitation principale » et la cotisation foncière des entreprises proportionnellement aux recettes que chacune de ces taxes a procurées l'année précédente à l'ensemble des communes et de leurs établissements publics de coopération intercommunale situés dans le ressort de ces établissements.***

(L. n° 2016-1918 du 29 déc. 2016, art. 73-I-5° et II, applicable à compter des impositions dues au titre de 2018) ***« Lorsqu'il est fait application des troisième et*** *(L. n° 2020-1721 du 29 déc. 2020, art. 29-I-12°-a et VI-A, applicable aux impositions établies à compter de 2021)* ***« quatrième » alinéas de l'article 1607 bis et des troisième et avant-dernier alinéas de l'article 1607 ter, les produits de la taxe spéciale d'équipement perçue au profit de l'établissement public foncier sont répartis entre les taxes foncières, la taxe d'habitation*** *(L. n° 2019-1479 du 28 déc. 2019, art. 16-I-E-10°-a et VII-E, applicable à compter des impositions établies au titre de l'année 2023)* ***« sur les résidences secondaires et autres locaux meublés non affectés à l'habitation principale » et la cotisation foncière des entreprises proportionnellement aux recettes que chacune de ces taxes a procurées l'année précédente, dans chaque partie de son territoire, à l'ensemble des communes et de leurs établissements publics de coopération intercommunale. »***

II. — Pour l'application du I, les recettes s'entendent de celles figurant dans des rôles généraux. Elles sont majorées du montant perçu l'année précédente au titre de la part de la dotation forfaitaire prévue à l'article L. 2334-7 du code général des collectivités territoriales ou, le cas échéant, au titre de la part de la dotation de compensation prévue à l'article L. 5211-28-1 du même code, correspondant au montant antérieurement versé en application du I du D de l'article 44 de la loi de finances pour 1999 (n° 98-1266 du 30 décembre 1998), de la compensation prévue au B de l'article 26 de la loi de finances pour 2003 (n° 2002-1575 du 30 décembre 2002) versée au titre de l'année précédente en contrepartie de la réduction de la fraction imposable des recettes visée au 2° de l'article 1467, ainsi qu'à compter des impositions établies au titre de l'année 2011, de la différence entre, d'une part, la somme des compensations relais communale et intercommunale, versées en application du II de l'article 1640 B, afférentes aux établissements situés dans le territoire de chaque établissement public foncier et, d'autre part, le produit de la cotisation foncière des entreprises au titre de l'année 2010 afférent à ces mêmes établissements.

A compter des impositions établies au titre de l'année 2012, les recettes de la taxe foncière sur les propriétés bâties sont, pour l'application du I, minorées de la différence entre, d'une part, le produit que la taxe aurait procuré *(Abrogé par L. n° 2021-1900 du 30 déc. 2021, art. 105-I-5°-a et II, pour les impositions établies à compter du 1er janv. 2022)* ***« au titre de l'année 2011 » à l'ensemble des communes et de leurs établissements publics de coopération intercommunale situés dans le ressort de l'établissement public foncier si les taux*** *(L. n° 2021-1900 du 30 déc. 2021, art. 105-I-5°-b et II, pour les impositions établies à compter du 1er janv. 2022)* ***« de l'année 2010 » avaient été appliqués et, d'autre part, le produit que cette taxe*** *(L. n° 2021-1900 du 30 déc. 2021, art. 105-I-5°-c et II, pour les impositions établies à compter du 1er janv. 2022)* ***« aurait procuré à ces mêmes communes et établissements publics, avec les mêmes taux, si les dispositions prévues au premier alinéa de l'article 1518 A en faveur des biens mentionnés à l'arti-***

cle 310 unvicies de l'annexe II au présent code, dans sa version en vigueur au 31 décembre 2009, avaient été appliquées. »

A compter des impositions établies au titre de l'année *(L. n° 2019-1479 du 28 déc. 2019, art. 16-I-D-6° et VII-B, applicable à compter des impositions établies au titre de 2021)* ***« 2021 », les recettes de taxe d'habitation*** *(L. n° 2019-1479 du 28 déc. 2019, art. 16-I-E-10°-b et VII-E, applicable à compter des impositions établies au titre de l'année 2023)* ***« sur les résidences secondaires et autres locaux meublés non affectés à l'habitation principale » sont, pour l'application du I, minorées*** *(L. n° 2019-1479 du 28 déc. 2019, art. 16-I-D-6° et VII-B, applicable à compter des impositions établies au titre de 2021)* ***« du produit » de la différence entre, d'une part, le produit que la taxe*** *(L. n° 2019-1479 du 28 déc. 2019, art. 16-I-E-10°-c et VII-E, applicable à compter des impositions établies au titre de l'année 2023)* ***« d'habitation » a procuré au titre de l'année 2011 à l'ensemble des communes et de leurs établissements publics de coopération intercommunale situés dans le ressort de l'établissement public foncier et, d'autre part, le produit que*** *(L. n° 2019-1479 du 28 déc. 2019, art. 16-I-E-10°-c et VII-E, applicable à compter des impositions établies au titre de l'année 2023)* ***« la taxe d'habitation » aurait procuré au titre de l'année 2011 à ces mêmes communes et établissements publics si les taux de l'année 2010 avaient été appliqués*** *(L. n° 2019-1479 du 28 déc. 2019, art. 16-I-D-6° et VII-B, applicable à compter des impositions établies au titre de 2021)* ***« , par le rapport entre, d'une part, le produit que la taxe d'habitation afférente aux locaux meublés non affectés à l'habitation principale a procuré à ces mêmes communes et établissements au titre de l'année 2020 et, d'autre part, le produit que la taxe d'habitation a procuré à ces mêmes communes et établissements au titre de l'année 2020 ».***

(Abrogé par L. n° 2020-1721 du 29 déc. 2020, art. 29-I-12°-b et VI-C, pour les impositions établies à compter de 2021) ***« A compter des impositions établies au titre de l'année 2016, les recettes que la taxe foncière sur les propriétés bâties a procurées sur le territoire de la métropole de Lyon sont, pour l'application du I, minorées de la part que cette taxe a procurée au titre de l'année 2014 au département du Rhône. »***

A compter des impositions établies au titre de l'année 2016, les recettes de taxe d'habitation *(L. n° 2019-1479 du 28 déc. 2019, art. 16-I-E-10°-a et VII-E, applicable à compter des impositions établies au titre de l'année 2023)* ***« sur les résidences secondaires et autres locaux meublés non affectés à l'habitation principale » sont, pour l'application du I du présent article, minorées du produit que la majoration mentionnée à l'article 1407 ter a procuré au titre de l'année précédente à l'ensemble des communes situées dans le ressort de l'établissement public foncier.***

(Ord. n° 2018-75 du 8 févr. 2018, art. 1er et 18) ***« A compter des impositions établies au titre de l'année 2019, les recettes que la taxe foncière sur les propriétés bâties a procurées sur le territoire de la Ville de Paris sont, pour l'application du I, minorées de la part que cette taxe »*** *(L. n° 2021-1900 du 30 déc. 2021, art. 105-I-4°-a et II, pour les impositions établies à compter du 1er janv. 2022)* ***« aurait procurée si le taux départemental d'imposition de l'année 2018 avait été appliqué. »***

(L. n° 2019-1479 du 28 déc. 2019, art. 16-II-D-10° et VII-D, applicable à compter des impositions établies au titre de l'année 2022) ***« A compter des impositions établies au titre de 2022, les recettes de taxe foncière sur les propriétés bâties des communes à prendre en compte pour l'application du I sont minorées du produit que cette taxe »*** *(L. n° 2021-1900 du 30 déc. 2021, art. 105-I-4°-b et II, pour les impositions établies à compter du 1er janv. 2022)* ***« aurait procuré si le taux départemental d'imposition de l'année 2020 avait été appliqué. »***

III. — Le produit fiscal à recouvrer dans chacune des communes membres au profit d'un syndicat de communes est réparti entre les taxes foncières, la taxe d'habitation *(L. n° 2019-1479 du 28 déc. 2019, art. 16-I-E-10°-a et VII-E, applicable à compter des impositions établies au titre de l'année 2023)* ***« sur les résidences secondaires et autres locaux meublés non affectés à l'habitation principale » et la cotisation foncière des entreprises proportionnellement aux recettes que chacune de ces taxes procurerait à la commune si l'on appliquait les taux de l'année précédente aux bases de l'année d'imposition.***

IV. — Pour l'application du III, les recettes afférentes à la cotisation foncière des entreprises sont majorées de la part, calculée à partir du seul taux communal, du montant perçu en 2003, en application du D de l'article 44 de la loi de finances pour 1999 (n° 98-1266 du 30 décembre 1998) et du 1 du III de l'article 29 de la loi de finances pour 2003 (n° 2002-1575 du 30 décembre 2002), indexé chaque année comme la dotation forfaitaire prévue par l'article L. 2334-7 du code général des collectivités territoriales, du montant de la compensation prévue pour l'année d'imposition au B de l'article 26 de la loi de finances pour 2003 précitée en contrepartie de la réduction de la fraction imposable des recettes visée au 2° de l'article 1467, ainsi qu'à compter des impositions établies au titre de l'année 2011, de la différence entre, d'une part, la compensation relais communale, versée au titre de l'année 2010 en contrepartie de la suppres-

sion de la taxe professionnelle en application du II de l'article 1640 B, afférente aux établissements situés sur le territoire de la commune et, d'autre part, le produit de la cotisation foncière des entreprises au titre de l'année 2010 afférent à ces mêmes établissements.

A compter des impositions établies au titre de l'année 2011, les recettes de la taxe foncière sur les propriétés bâties sont majorées de la différence entre, d'une part, le produit qu'a procuré au titre de l'année 2010 à la commune la taxation de l'ensemble des locaux situés sur son territoire et, d'autre part, le produit qu'aurait procuré au titre de l'année 2011 à cette même commune la taxation de ces mêmes locaux, si les taux de l'année 2010 avaient été appliqués.

A compter des impositions établies au titre de l'année *(L. n° 2019-1479 du 28 déc. 2019, art. 16-I-D-6° et VII-B, applicable à compter des impositions établies au titre de 2021)* ***« 2021 », les recettes de taxe d'habitation*** *(L. n° 2019-1479 du 28 déc. 2019, art. 16-I-E-10°-b et VII-E, applicable à compter des impositions établies au titre de l'année 2023)* ***« sur les résidences secondaires et autres locaux meublés non affectés à l'habitation principale » sont, pour l'application du III, minorées*** *(L. n° 2019-1479 du 28 déc. 2019, art. 16-I-D-6° et VII-B, applicable à compter des impositions établies au titre de 2021)* ***« du produit » de la différence entre, d'une part, le produit qu'a procuré au titre de l'année 2011 à la commune la taxation de l'ensemble des locaux situés dans son ressort et, d'autre part, le produit qu'aurait procuré au titre de l'année 2011 à cette même commune la taxation de ces mêmes locaux si le taux de l'année 2010 avait été appliqué*** *(L. n° 2019-1479 du 28 déc. 2019, art. 16-I-D-6° et VII-B, applicable à compter des impositions établies au titre de 2021)* ***« , par le rapport entre, d'une part, le produit que la taxe d'habitation afférente aux locaux meublés non affectés à l'habitation principale a procuré à ces mêmes communes au titre de l'année 2020 et, d'autre part, le produit que la taxe d'habitation a procuré à ces mêmes communes au titre de l'année 2020 ».***

A compter des impositions établies au titre de l'année 2016, les recettes de taxe d'habitation *(L. n° 2019-1479 du 28 déc. 2019, art. 16-I-E-10°-a et VII-E, applicable à compter des impositions établies au titre de l'année 2023)* ***« sur les résidences secondaires et autres locaux meublés non affectés à l'habitation principale » sont, pour l'application du III du présent article, minorées du produit que la majoration mentionnée à l'article 1407 ter a procuré au titre de l'année précédente à chaque commune.***

(L. n° 2020-1721 du 29 déc. 2020, art. 29-I-12°-c et VI-A, applicable aux impositions établies à compter de 2021) ***« A compter des impositions établies au titre de l'année 2021, le produit réparti, en 2020, entre les personnes assujetties à la taxe foncière sur les propriétés bâties et celles assujetties à la cotisation foncière des entreprises, pour les locaux évalués selon les dispositions de l'article 1499, est pris en charge, pour moitié, par l'État.***

« Pour l'application du III, le produit fiscal à recouvrer est minoré du montant mentionné au cinquième alinéa du présent IV. »

(L. n° 2019-1479 du 28 déc. 2019, art. 16-II-D-10° et VII-D, applicable à compter des impositions établies au titre de l'année 2022) ***« A compter des impositions établies au titre de 2022, les recettes de taxe foncière sur les propriétés bâties des communes à prendre en compte pour l'application du III sont minorées du produit que cette taxe »*** *(L. n° 2021-1900 du 30 déc. 2021, art. 105-I-4°-b et II, pour les impositions établies à compter du 1er janv. 2022)* ***« aurait procuré si le taux départemental d'imposition de l'année 2020 avait été appliqué ». »***

Pour l'application du III, le produit fiscal à recouvrer est minoré de la part, reversée par la commune au syndicat, du montant perçu en 2003, en application du D de l'article 44 de la loi de finances pour 1999 précitée et du 1 du III de l'article 29 de la loi de finances pour 2003 précitée, indexé chaque année comme la dotation forfaitaire prévue par l'article L. 2334-7 du code général des collectivités territoriales ainsi que du montant de la compensation mentionnée au premier alinéa.

Pour les dispositions du présent art. qui s'appliquent à compter des impositions établies au titre de 2023, V. L. n° 2019-1479 du 28 déc. 2019, art. 16-I-E-10° et VII-E.

Art. 1636 B *nonies* Dans les communautés urbaines, les conseils délibérants peuvent décider, à la majorité des deux tiers des communes représentant la moitié de la population ou de la moitié des communes représentant les deux tiers de la population, de maintenir totalement ou partiellement les écarts de taux existant en 1979 entre les communes groupées pour la taxe d'habitation *(L. n° 2019-1479 du 28 déc. 2019, art. 16-I-E-24° et VII-E, applicable à compter des impositions établies au titre de 2023)* « sur les résidences secondaires et autres locaux meublés non affectés à l'habitation principale » perçue par l'établissement public de coopération intercommunale. A défaut d'une telle décision, les différences existant entre les taux de chaque commune membre et le taux moyen sont réduites d'un cinquième chaque année à compter de 1980.

Les conseils délibérants peuvent également décider d'instituer, par délibération prise à l'unanimité des conseils municipaux, une procédure de lissage progressif des taux sur une période maximale de douze ans permettant à terme de supprimer les écarts de taux de taxe d'habitation *(L. n° 2019-1479 du 28 déc. 2019, art. 16-I-E-24° et VII-E, applicable à compter des impositions établies au titre de 2023)* **« sur les résidences secondaires et autres locaux meublés non affectés à l'habitation principale » entre l'ensemble des communes membres.**

1. *Sur les règles dérogatoires applicables pour les impositions établies au titre de 2022, V. L. n° 2019-1479 du 28 déc. 2019, art. 16-I-J-4.*

2. *Pour les dispositions du présent art. qui s'appliquent à compter des impositions établies au titre de 2023, V. L. n° 2019-1479 du 28 déc. 2019, art. 16-I-E-24° et VII-E.*

Art. 1636 B *decies* **I. — Les communes membres d'un établissement public de coopération intercommunale soumis à l'article 1609 *nonies* C votent le taux** *(L. n° 2019-1479 du 28 déc. 2019, art. 16-III-A-7° et VII-E, applicable à compter des impositions établies au titre de 2023)* **« de la taxe d'habitation sur les résidences secondaires et autres locaux meublés non affectés à l'habitation principale et » des taxes foncières** *(Abrogé par L. n° 2019-1479 du 28 déc. 2019, art. 16-III-A-5°-a et VII-A, à compter des impositions établies au titre de 2020)* ***« et de la taxe d'habitation, »*** **conformément aux dispositions applicables aux communes.**

(Abrogé par L. n° 2019-1479 du 28 déc. 2019, art. 16-III-A-5°-b et VII-A, à compter des impositions établies au titre de 2020) ***« Toutefois, pour les communes membres d'un établissement public de coopération intercommunale à fiscalité additionnelle qui devient soumis aux dispositions de l'article 1609 nonies C*** *(Devenu sans objet, Décr. n° 2017-698 du 2 mai 2017, art. 1er)* ***« et pour celles qui, membres d'un établissement public de coopération intercommunale à fiscalité additionnelle, intègrent un établissement public de coopération intercommunale soumis aux dispositions de l'article 1609 nonies C dans le cadre du dispositif prévu à l'article 60 de la loi n° 2010-1563 du 16 décembre 2010 de réforme des collectivités territoriales, » et pour la première année d'application de ces dispositions, le dernier alinéa du 1 du I de l'article 1636 B sexies n'est pas applicable lorsque le taux de taxe foncière sur les propriétés non bâties ou le taux de la taxe d'habitation, voté l'année précédente par les communes, est inférieur de plus d'un tiers au taux moyen constaté la même année au niveau national dans l'ensemble des collectivités territoriales de même nature au titre de l'une ou l'autre de ces taxes. »***

II. — Les établissements publics de coopération intercommunale faisant application de l'article 1609 *nonies* C ou du I ou du II de l'article 1609 *quinquies* C votent le taux de la cotisation foncière des entreprises dans les limites définies au *b* du 1, au 2, au 3 et au 5 du I de l'article 1636 B *sexies* et à l'article 1636 B *septies*.

Toutefois, l'obligation de diminuer le taux de cotisation foncière des entreprises dans une proportion au moins égale soit à la diminution du *(L. n° 2019-1479 du 28 déc. 2019, art. 16-III-A-5°-c et VII-A, applicable à compter des impositions établies au titre de 2020)* **« taux de la taxe foncière sur les propriétés bâties** *[ancienne rédaction : taux de la taxe d'habitation]* **» ou à celle du taux moyen pondéré** *(Abrogé par L. n° 2019-1479 du 28 déc. 2019, art. 16-III-A-5°-c et VII-A, applicable à compter des impositions établies au titre de 2020)* ***« de la taxe d'habitation et »*** **des taxes foncières, soit à la plus importante de ces diminutions lorsque ces deux taux sont en baisse, prévue au *b* du 1 du I de l'article 1636 B *sexies*, ne s'applique pas.**

Pour l'application du *b* du 1, du 2, du 3 et du 5 du I de l'article 1636 B *sexies* :

1° Le taux de la *(L. n° 2019-1479 du 28 déc. 2019, art. 16-III-A-5°-d et VII-A, applicable à compter des impositions établies au titre de 2020)* **« taxe foncière sur les propriétés bâties** *[ancienne rédaction : taxe d'habitation]* **» est égal au taux moyen de cette taxe constaté dans l'ensemble des communes membres de l'établissement public de coopération intercommunale. Pour les établissements publics de coopération intercommunale qui font application des dispositions du II de l'article 1609 *nonies* C, le taux moyen pondéré tient compte du produit perçu par l'établissement public de coopération intercommunale ;**

2° Le taux moyen pondéré *(Abrogé par L. n° 2019-1479 du 28 déc. 2019, art. 16-III-A-5°-e et VII-A, applicable à compter des impositions établies au titre de 2020)* ***« de la taxe d'habitation et »*** **des taxes foncières est égal à la somme des taux moyens constatés**

pour chacune de ces taxes dans l'ensemble des communes membres de l'établissement public de coopération intercommunale pondérés par l'importance relative des bases *(L. n° 2019-1479 du 28 déc. 2019, art. 16-III-A-5°-e et VII-A, applicable à compter des impositions établies au titre de 2020)* « de ces deux taxes *[ancienne rédaction : de ces trois taxes]* » pour l'année visée au 3° ; toutefois, pour l'application du 3 du I de l'article 1636 B *sexies*, pour le calcul des taux moyens pondérés constatés pour chacune de ces taxes, il n'est pas tenu compte des taux inférieurs aux trois quarts du taux moyen pondéré des communes membres du groupement constaté pour chaque taxe l'année précédente. Pour les établissements publics de coopération intercommunale qui font application des dispositions du II de l'article 1609 *nonies* C, le taux moyen pondéré tient compte du produit perçu par l'établissement public de coopération intercommunale ;

3° La variation des taux définis aux 1° et 2° est celle constatée l'année précédant celle au titre de laquelle l'établissement public de coopération intercommunale vote son taux de cotisation foncière des entreprises ou celui applicable dans la zone d'activités économiques.

Lorsque les taux définis aux 1° et 2° n'ont pas varié l'année précédant celle au titre de laquelle l'établissement public de coopération intercommunale vote son taux de cotisation foncière des entreprises ou celui applicable dans la zone d'activité économique, la variation prise en compte est celle constatée au titre de l'antépénultième année.

III. — Pour l'application du 3 du I de l'article 1636 B *sexies*, le taux de cotisation foncière des entreprises à prendre en compte correspond au taux moyen national constaté pour cette taxe l'année précédente pour les communes et leurs établissements publics de coopération intercommunale.

IV. — *(Abrogé par L. n° 2019-1479 du 28 déc. 2019, art. 16-III-A-5°-f et VII-A, à compter des impositions établies au titre de 2020) « A compter de 2004, »* Pour les établissements publics de coopération intercommunale visés au II, la différence constatée au titre d'une année entre le taux maximum de cotisation foncière des entreprises résultant des dispositions du deuxième alinéa du *b* du 1 du I de l'article 1636 B *sexies* et le taux de cotisation foncière des entreprises voté conformément à ces mêmes dispositions peut être, sous réserve des dispositions de l'article 1636 B *septies*, ajoutée, partiellement ou totalement, au taux de cotisation foncière des entreprises voté par l'établissement public de coopération intercommunale au titre de l'une des trois années suivantes.

La majoration du taux de cotisation foncière des entreprises dans les conditions visées au premier alinéa n'est pas applicable l'année au titre de laquelle l'établissement public de coopération intercommunale fait application des dispositions du 3 du I de l'article 1636 B *sexies*, du deuxième alinéa ou du dernier alinéa du II.

Les décisions relatives aux taux transmises aux services fiscaux dans les conditions prévues au I de l'article 1639 A doivent indiquer le montant à reporter conformément au premier alinéa ainsi que les modalités selon lesquelles le taux de l'année est majoré dans les conditions prévues audit alinéa.

V. — *Dispositions périmées (Décr. n° 2013-463 du 3 juin 2013).*

(Abrogé par L. n° 2019-1479 du 28 déc. 2019, art. III-A-6° et VII-B, à compter des impositions établies au titre de 2021) ***« VI. — Le conseil de la métropole de Lyon vote le taux de la cotisation foncière des entreprises dans les limites prévues au b du 1, au 2, au 3 et au 5 du I de l'article 1636 B sexies, sous réserve des dispositions du VII de l'article 1636 B septies.***

« Pour l'application des 1, 2, 3 et 5 du I de l'article 1636 B sexies :

« 1° La référence aux taux moyens nationaux de cotisation foncière des entreprises est remplacée par la référence au taux moyen constaté l'année précédente au niveau national pour l'ensemble des établissements publics de coopération intercommunale soumis à l'article 1609 nonies C ;

« 2° La référence au taux moyen national de chacune des autres taxes directes est remplacée par la référence au taux moyen de chacune des autres taxes directes constaté l'année précédente au niveau national pour l'ensemble des établissements publics de coopération intercommunale soumis à l'article 1609 nonies C ;

« 3° La référence au taux moyen pondéré *(Abrogé par L. n° 2019-1479 du 28 déc. 2019, art. 16-III-A-5°-g et VII-A, à compter des impositions établies au titre de 2020)* ***« de la taxe***

d'habitation et » des taxes foncières est remplacée par la référence au taux moyen pondéré *(Abrogé par L. n° 2019-1479 du 28 déc. 2019, art. 16-III-A-5°-g et VII-A, à compter des impositions établies au titre de 2020)* ***« de la taxe d'habitation et » des taxes foncières de la métropole de Lyon ;***

« 4° La référence au taux moyen pondéré *(Abrogé par L. n° 2019-1479 du 28 déc. 2019, art. 16-III-A-5°-g et VII-A, à compter des impositions établies au titre de 2020)* ***« de la taxe d'habitation et » des taxes foncières calculé au niveau national est remplacée par la référence au taux moyen pondéré*** *(Abrogé par L. n° 2019-1479 du 28 déc. 2019, art. 16-III-A-5°-g et VII-A, à compter des impositions établies au titre de 2020)* ***« de la taxe d'habitation et » des taxes foncières constaté l'année précédente au niveau national pour l'ensemble des établissements publics de coopération intercommunale soumis à l'article 1609 nonies C. »***

VII. — Pour l'application du II à la métropole du Grand Paris :

1° La référence au taux de la *(L. n° 2019-1479 du 28 déc. 2019, art. 16-III-A-5°-h et VII-A, applicable à compter des impositions établies au titre de 2020)* **« taxe foncière sur les propriétés bâties** *[ancienne rédaction : taxe d'habitation]* **» est remplacée par la référence au taux moyen de cette taxe constaté dans l'ensemble des communes situées dans le périmètre de la métropole du Grand Paris ;**

2° La référence au taux moyen pondéré *(Abrogé par L. n° 2019-1479 du 28 déc. 2019, art. 16-III-A-5°-i et VII-A, à compter des impositions établies au titre de 2020)* ***« de la taxe d'habitation et »*** **des taxes foncières est remplacée par la référence à la somme des taux moyens constatés pour chacune de ces taxes dans l'ensemble des communes situées dans le périmètre de la métropole du Grand Paris pondérés par l'importance relative des bases** *(L. n° 2019-1479 du 28 déc. 2019, art. 16-III-A-5°-i et VII-A, applicable à compter des impositions établies au titre de 2020)* **« de ces deux taxes** *[ancienne rédaction : de ces trois taxes]* **» pour l'année précédant celle au titre de laquelle le conseil de la métropole du Grand Paris vote son taux de cotisation foncière des entreprises ; toutefois, pour l'application du 3 du I du même article 1636 B *sexies*, pour le calcul des taux moyens pondérés constatés pour chacune de ces taxes, il n'est pas tenu compte des taux inférieurs aux trois quarts du taux moyen pondéré des communes constaté pour chaque taxe l'année précédente.**

Sur les règles dérogatoires applicables pour les impositions établies au titre de 2022, V. L. n° 2019-1479 du 28 déc. 2019, art. 16-I-J-4.

Art. 1636 B *undecies* **1. Les communes et leurs établissements publics de coopération intercommunale ayant institué la taxe d'enlèvement des ordures ménagères conformément aux articles 1379-0 *bis*, 1520 et 1609 *quater* votent le taux de cette taxe dans les conditions fixées à l'article 1639 A.**

2. Ils peuvent définir, dans les conditions prévues au 1 du II de l'article 1639 A *bis*, des zones de perception de la taxe d'enlèvement des ordures ménagères sur lesquelles ils votent des taux différents en vue de proportionner le montant de la taxe à l'importance du service rendu apprécié en fonction des conditions de réalisation du service et de son coût. Les communes ou les établissements publics de coopération intercommunale sur le territoire desquels est située une installation de transfert ou de traitement des déchets prévue par un plan régional de prévention et de gestion des déchets peuvent également définir une zone, d'un rayon d'un kilomètre au maximum, sur laquelle ils votent un taux différent ; dans ce cas, la commune ou l'établissement public de coopération intercommunale ne peut définir sur ce périmètre des zones en fonction de l'importance du service rendu.

Toutefois, à titre dérogatoire, l'établissement public de coopération intercommunale ayant institué la taxe peut, pour une période qui ne peut excéder dix ans, voter des taux différents sur son périmètre, afin de limiter les hausses de cotisations liées à l'harmonisation du mode de financement. Cette dérogation peut également être mise en œuvre en cas de rattachement d'une ou plusieurs communes. L'établissement public de coopération intercommunale décide, dans les conditions prévues au 1 du II de l'article 1639 A *bis*, de l'application de ce dispositif et de la délimitation des zones sur lesquelles des taux différents sont votés.

3. Pour l'application du 2 :

***a)* Pour les établissements publics de coopération intercommunale qui perçoivent la taxe dans les conditions prévues au *b* du 2 du VI de l'article 1379-0 *bis*, le syndicat**

mixte définit, dans les conditions prévues au 1 du II de l'article 1639 A *bis*, les zones de perception de la taxe en fonction de l'importance du service rendu. Il décide, dans les mêmes conditions, de l'application du second alinéa du 2 et du périmètre sur lequel ce dispositif est mis en œuvre ;

b) La période durant laquelle des taux différents peuvent être votés en application du second alinéa du 2 s'applique à compter du 1er janvier 2005 pour tous les syndicats de communes et syndicats mixtes qui perçoivent la taxe à cette date et à compter de la première année au titre de laquelle l'établissement public de coopération intercommunale perçoit la taxe pour ceux qui se mettent en conformité avec la loi n° 99-586 du 12 juillet 1999 relative au renforcement et à la simplification de la coopération intercommunale ainsi que pour les groupements nouvellement constitués. Elle s'applique à compter de l'année qui suit celle du rattachement en cas de rattachement de communes ;

c) Les premier et second alinéas du 2 peuvent être appliqués simultanément.

4. Par exception au 2, les communautés de communes instituant la taxe d'enlèvement des ordures ménagères dans les conditions prévues au second alinéa du 2° du 1 du VI de l'article 1379-0 *bis* ne peuvent, la première année, voter que le taux de cette taxe, à l'exclusion de toute modification de ses règles d'établissement. Toutefois, lorsque la transformation est intervenue postérieurement au 15 octobre, les zones de perception en fonction de l'importance du service rendu instituées par le syndicat avant sa transformation en communauté de communes restent applicables l'année qui suit cette transformation.

5. Les communes et les établissements publics de coopération intercommunale ayant institué la part incitative de la taxe d'enlèvement des ordures ménagères conformément à l'article 1522 *bis* votent les tarifs de cette part dans les conditions prévues à l'article 1639 A.

6. La première année d'application des dispositions de l'article 1522 *bis*, le produit de la taxe d'enlèvement des ordures ménagères ne peut excéder *(L. n° 2018-1317 du 28 déc. 2018, art. 23-I-2°)* « de plus de 10 % » le produit total de cette taxe tel qu'issu des rôles généraux au titre de l'année précédente.

Pour les dispositions de l'art. 1636 B undecies applicables avant le 1er janv. 2012, V. **CGI, *éd.* 2015**.

SECTION II DISPOSITIONS PARTICULIÈRES

Art. 1636 C Les taux des taxes additionnelles perçues au profit des établissements publics mentionnés aux articles L. 321-1 et L. 324-1 du code de l'urbanisme sont, sous réserve de l'article 1636 B *octies* et des dispositions régissant ces organismes, fixés suivant des règles analogues à celles appliquées pour les impositions levées par les syndicats de communes visés à l'article 1609 *quater*.

Le premier alinéa est également applicable pour la détermination des taux des taxes additionnelles perçues au profit de l'*(Décr. n° 2017-698 du 2 mai 2017, art. 1er)* « Établissement public foncier et d'aménagement de la Guyane » et au profit de l'agence pour la mise en valeur des espaces urbains de la zone dite des cinquante pas géométriques en Guadeloupe et en Martinique.

Art. 1636 D et 1637 *Abrogés.*

Art. 1638 I. — En cas de création de commune nouvelle, des taux d'imposition différents, en ce qui concerne chacune des taxes mises en recouvrement en vertu des 1° à 4° du I de l'article 1379, peuvent être appliqués, selon le territoire des communes préexistantes pendant une période transitoire. La délibération instituant cette procédure d'intégration fiscale progressive en détermine la durée, dans la limite de douze ans. A défaut, la procédure est applicable aux douze premiers budgets de la commune nouvelle. Cette décision est prise, soit par le conseil municipal de la commune nouvelle, soit en exécution de délibérations de principe concordantes prises antérieurement à la création de la commune nouvelle par les conseils municipaux des communes intéressées. La durée de la période de réduction des écarts de taux d'imposition ne peut être modifiée ultérieurement. La procédure d'intégration fiscale progressive est également applicable de plein droit sur la demande du conseil municipal d'une commune appelée

à faire partie d'une commune nouvelle *(Abrogé par L. n° 2016-1918 du 29 déc. 2016, art. 75-I-3°-a et V, à compter du 1er janv. 2017)* ***« lorsqu'elle remplit la condition prévue au II ».***

Les différences qui affectent les taux d'imposition appliqués sur le territoire des communes préexistantes sont réduites chaque année par parts égales.

(Abrogé par L. n° 2019-1479 du 28 déc. 2019, art. 16-I-E-11° et VII-E, à compter des impositions établies au titre de 2023) ***« Cette procédure d'intégration fiscale progressive*** *(L. n° 2017-1775 du 28 déc. 2017, art. 51)* ***« peut être » précédée d'une homogénéisation des abattements appliqués pour le calcul de la taxe d'habitation. Par dérogation à l'article 1639 A bis, cette homogénéisation peut être décidée dans les mêmes conditions que le recours à la procédure d'intégration fiscale progressive prévue au premier alinéa du présent I ».***

Le présent I est également applicable dans » le cas de réunion d'une section de commune ou d'une portion du territoire d'une commune à une autre commune. Un décret en Conseil d'État précise les conditions d'application du présent alinéa. — *Ann. II, art. 327.*

(Abrogé par L. n° 2016-1918 du 29 déc. 2016, art. 75-I-3°-b et V, à compter du 1er janv. 2017) ***« II. — Les dispositions du premier alinéa du I ne s'appliquent pas lorsque, pour chacune des taxes en cause, le taux d'imposition appliqué dans la commune préexistante la moins imposée était égal ou supérieur à 90 % du taux d'imposition correspondant appliqué dans la commune préexistante la plus imposée au titre de l'année précédant celle au cours de laquelle la création de la commune nouvelle ou la modification du territoire de la commune prend fiscalement effet. »***

III. — L'arrêté de création de commune nouvelle pris par le représentant de l'État dans le département ne produit ses effets au plan fiscal à compter de l'année suivante qu'à la condition qu'il intervienne avant le 1er octobre de l'année.

Ancien art. 1638 *I. — En cas de fusion de communes, des taux d'imposition différents, en ce qui concerne chacune des taxes mises en recouvrement en vertu de l'article 1379-I-1° à 4°, peuvent être appliqués, selon le territoire des communes préexistantes, pour l'établissement des douze premiers budgets de la nouvelle commune. Toutefois, cette procédure d'intégration fiscale progressive doit être précédée d'une homogénéisation des abattements appliqués pour le calcul de la taxe d'habitation. Cette décision est prise, soit par le conseil municipal de la commune fusionnée, soit en exécution de délibérations de principe concordantes prises antérieurement à la fusion par les conseils municipaux des communes intéressées. La procédure d'intégration fiscale progressive est également applicable de plein droit sur la demande du conseil municipal d'une commune appelée à fusionner lorsqu'elle remplit la condition prévue au II.*

Les différences qui affectent les taux d'imposition appliqués sur le territoire des communes préexistantes sont réduites chaque année d'un treizième et supprimées à partir de la treizième année.

Les dispositions des premier et deuxième alinéas sont également applicables dans le cas de réunion d'une section de commune ou d'une portion du territoire d'une commune à une autre commune. Un décret en Conseil d'État précise les conditions d'application du présent alinéa. — Ann. II, art. 327.

II. — Les dispositions du I, premier alinéa, ne s'appliquent pas lorsque, pour chacune des taxes en cause, le taux d'imposition appliqué dans la commune préexistante la moins imposée était égal ou supérieur à 80 % du taux d'imposition correspondant appliqué dans la commune préexistante la plus imposée pour l'année antérieure à l'établissement du premier des douze budgets susvisés.

III. — L'arrêté de fusion de communes pris par le représentant de l'État dans le département ne produit ses effets au plan fiscal à compter de l'année suivante qu'à la condition qu'il intervienne avant le 1er octobre de l'année.

Les communes fusionnées avant la publication de la L. n° 2010-1563 du 16 déc. 2010 demeurent régies par le chapitre III du titre Ier du livre Ier de la deuxième partie du code général des collectivités territoriales et par l'art. 1638 ci-dessus, dans leur rédaction antérieure à ladite loi, sous réserve des dispositions des deuxième et troisième alinéas du présent I. (...) Les communes associées des communes fusionnées avant la publication de la même loi peuvent, par délibération du conseil municipal, être soumises à la section II du chapitre III du titre Ier du livre Ier de la deuxième partie du code général des collectivités territoriales dans sa rédaction résultant de ladite loi (L. préc., art. 25-I, 1er et 4e al.).

1. *Sur les règles dérogatoires applicables pour les impositions établies au titre de 2022, V. L. n° 2019-1479 du 28 déc. 2019, art. 16-I-J-4.*

2. *Pour les dispositions du I du présent art. qui s'appliquent à compter des impositions établies au titre de 2023, V. L. n° 2019-1479 du 28 déc. 2019, art. 16-I-E-11° et VII-E.*

Art. 1638-00 *bis* L'arrêté de scission de communes pris par le représentant de l'État dans le département ne produit ses effets au plan fiscal à compter de l'année suivante qu'à la condition qu'il intervienne avant le 1er octobre de l'année.

Lorsque l'arrêté de scission intervient postérieurement au 30 septembre mais au plus tard le 15 avril de l'année suivante, les décisions relatives aux taux à prendre au titre de cette dernière année conformément à l'article 1639 A doivent faire l'objet de délibérations concordantes des conseils municipaux des communes issues de la scission. A défaut, les impositions sont recouvrées selon les décisions prises par la commune préexistante au titre de l'année précédente.

Art. 1638-0 *bis* I. – En cas de fusion d'établissements publics de coopération intercommunale à fiscalité propre additionnelle, réalisée dans les conditions prévues par l'article L. 5211-41-3 du code général des collectivités territoriales, l'établissement public de coopération intercommunale issu de la fusion est soumis de plein droit au régime de la fiscalité additionnelle, sauf délibération du conseil communautaire optant pour le régime prévu à l'article 1609 *nonies* C, statuant à la majorité simple de ses membres, prise au plus tard le 15 janvier de l'année au cours de laquelle la fusion prend fiscalement effet. Il en est de même en cas de fusion d'établissements publics de coopération intercommunale à fiscalité additionnelle et d'établissements publics de coopération intercommunale sans fiscalité propre. Cette délibération ne peut être rapportée pendant la période d'unification des taux prévue au III de l'article 1609 *nonies* C.

Les taux de fiscalité additionnelle de l'établissement public de coopération intercommunale issu de la fusion sont fixés la première année suivant celle de la fusion selon les modalités suivantes :

1° Soit dans les conditions prévues par le I de l'article 1636 B *sexies*. Pour l'application de cette disposition, les taux de l'année précédente sont égaux au taux moyen de chaque taxe des établissements publics de coopération intercommunale à fiscalité propre additionnelle pondéré par l'importance des bases de ces établissements publics de coopération intercommunale. Dans le cas d'une fusion entre un établissement public de coopération intercommunale à fiscalité propre additionnelle et un établissement public de coopération intercommunale sans fiscalité propre, les taux retenus sont ceux de l'établissement à fiscalité propre additionnelle ;

Toutefois, des taux d'imposition de taxe d'habitation *(L. n° 2019-1479 du 28 déc. 2019, art. 16-I-E-24° et VII-E, applicable à compter des impositions établies au titre de 2023)* « sur les résidences secondaires et autres locaux meublés non affectés à l'habitation principale », de taxes foncières et de cotisation foncière des entreprises différents peuvent être appliqués sur le territoire des établissements publics de coopération intercommunale préexistants pendant une période transitoire. La délibération qui institue cette procédure d'intégration fiscale progressive en détermine la durée, dans la limite de douze ans. A défaut, la procédure est applicable aux douze premiers budgets de l'établissement public de coopération intercommunale issu de la fusion. Cette décision est prise soit par délibérations concordantes des établissements publics de coopération intercommunale préexistants avant la fusion, soit par une délibération de l'établissement public de coopération intercommunale issu de la fusion. La durée de la période d'intégration fiscale progressive peut être modifiée ultérieurement, sans que la période totale d'intégration ne puisse excéder douze ans.

Les différences qui affectent les taux d'imposition appliqués sur le territoire des établissements publics de coopération intercommunale préexistants sont réduites chaque année par parts égales.

(Abrogé par L. n° 2019-1479 du 28 déc. 2019, art. 16-I-E-12° et VII-E, à compter des impositions établies au titre de 2023) « *Cette procédure d'intégration fiscale progressive* *(L. n° 2016-1918 du 29 déc. 2016, art. 75-I-4°-a et V, en vigueur le 1er janv. 2016)* « ***peut être*** [ancienne rédaction : est] » ***précédée d'une homogénéisation des abattements appliqués pour le calcul de la taxe d'habitation.*** *(L. n° 2016-1918 du 29 déc. 2016, art. 75-I-4°-b et V, en vigueur le 1er janv. 2017)* « ***Par dérogation au I de l'article 1639 A bis, cette homogénéisation peut être décidée dans les mêmes conditions de délai que le recours à la procédure d'intégration fiscale progressive prévue au présent 1°.*** » » *(al. entièrement abrogé par L. n° 2019-1479)*

(Abrogé par L. n° 2016-1918 du 29 déc. 2016, art. 75-I-4°-a et V, à compter du 1er janv. 2017) « ***Le deuxième alinéa du présent 1° n'est pas applicable lorsque, pour chacune des taxes en cause, le taux d'imposition appliqué dans l'établissement public de coopération inter-***

communale préexistant le moins imposé était égal ou supérieur à 90 % du taux d'imposition correspondant appliqué dans l'établissement public de coopération intercommunale le plus imposé au titre de l'année précédant celle au cours de laquelle la fusion prend fiscalement effet ; »

[2° applicable à compter des impositions établies au titre de 2020]

2° Soit dans les conditions prévues par le II de l'article 1636 B *sexies*. Pour l'application de cette disposition, le taux moyen pondéré de chacune des *(L. n° 2019-1479 du 28 déc. 2019, art. 16-III-A-8° et VII-A)* « trois *[ancienne rédaction : quatre]* » taxes tient compte des produits perçus par les établissements publics de coopération intercommunale préexistants.

[2° applicable à compter des impositions établies au titre de 2023]

2° Soit dans les conditions prévues par le II de l'article 1636 B *sexies*. Pour l'application de cette disposition, le taux moyen pondéré de chacune des *(L. n° 2019-1479 du 28 déc. 2019, art. 16-III-A-9° et VII-E)* « quatre *[ancienne rédaction : trois]* » taxes tient compte des produits perçus par les établissements publics de coopération intercommunale préexistants.

Lorsque l'établissement public de coopération intercommunale issu de la fusion opte pour le régime prévu à l'article 1609 *nonies* C, le taux de la cotisation foncière des entreprises qu'il vote la première année ne peut excéder le taux moyen de la cotisation foncière des entreprises constaté l'année précédente dans les communes membres, pondéré par l'importance relative des bases de ces communes. Le taux moyen pondéré tient compte des produits perçus par les établissements publics de coopération intercommunale préexistants.

A compter de la deuxième année suivant celle de la fusion, les taux de l'établissement public de coopération intercommunale issu de la fusion sont fixés en application du I de l'article 1636 B *sexies* s'il relève du régime de la fiscalité additionnelle et en application de l'article 1636 B *decies* s'il relève du régime prévu à l'article 1609 *nonies* C.

(Abrogé par L. n° 2019-1479 du 28 déc. 2019, art. 16-III-A-9° et VII-E, à compter des impositions établies au titre de 2023) « ***La durée de la procédure d'intégration fiscale progressive peut être réduite par délibération de la commune concernée. Cette décision ne peut être modifiée ultérieurement.*** »

II. – En cas de fusion d'établissements publics de coopération intercommunale soumis à l'article 1609 *quinquies* C, réalisée dans les conditions prévues par l'article L. 5211-41-3 du code général des collectivités territoriales, l'établissement public de coopération intercommunale issu de la fusion est soumis de plein droit au régime prévu par ces mêmes dispositions, sauf délibération du conseil communautaire optant pour le régime prévu à l'article 1609 *nonies* C, statuant à la majorité simple de ses membres, prise au plus tard le 15 janvier de l'année au cours de laquelle la fusion prend fiscalement effet. Il en est de même en cas de fusion, d'une part, d'établissements publics de coopération intercommunale faisant application du régime prévu à l'article 1609 *quinquies* C et, d'autre part, d'établissements publics de coopération intercommunale à fiscalité propre additionnelle ou d'établissements publics de coopération intercommunale sans fiscalité propre. Cette délibération ne peut être rapportée pendant la période d'unification des taux prévue au III de l'article 1609 *nonies* C.

Pour la première année suivant celle de la fusion :

1° Le taux de la cotisation foncière des entreprises de zone ainsi que le taux de la cotisation foncière des entreprises afférent aux installations de production d'électricité utilisant l'énergie mécanique du vent votés par l'établissement public de coopération intercommunale issu de la fusion ne peuvent excéder le taux moyen de la cotisation foncière des entreprises constaté l'année précédente dans les communes membres, pondéré par l'importance relative des bases de ces communes ; le taux moyen pondéré tient compte des produits perçus par les établissements publics de coopération intercommunale préexistants et des bases imposées à leur profit en application de l'article 1609 *quinquies* C. Toutefois, lorsque ce taux moyen pondéré est inférieur à un ou aux taux de la cotisation foncière des entreprises de zone, l'établissement public de coopération intercommunale issu de la fusion peut décider de fixer son taux dans la limite du ou des taux de la cotisation foncière des entreprises de zone votés l'année précédente par les établissements publics de coopération intercommunale préexistants.

Il en est de même pour le taux de la cotisation foncière des entreprises afférent aux installations de production d'électricité utilisant l'énergie mécanique du vent.

Le *b* du 1 du III de l'article 1609 *quinquies* C est applicable à l'établissement public de coopération intercommunale issu de la fusion. Dans le cas d'établissements intercommunaux préexistants faisant application du dispositif de réduction des écarts de taux, il est tenu compte du taux effectivement appliqué sur le territoire de la commune au titre de l'année précédente ;

2° Le I est applicable aux bases d'imposition à la cotisation foncière des entreprises autres que celles soumises à l'article 1609 *quinquies* C.

Lorsque l'établissement public de coopération intercommunale issu de la fusion opte pour le régime prévu à l'article 1609 *nonies* C, le taux de la cotisation foncière des entreprises qu'il vote la première année ne peut excéder le taux moyen de la cotisation foncière des entreprises constaté l'année précédente dans les communes membres, pondéré par l'importance relative des bases de ces communes. Le taux moyen pondéré tient compte des produits perçus par les établissements publics de coopération intercommunale préexistants et des bases imposées à leur profit en application de l'article 1609 *quinquies* C.

(Abrogé par L. n° 2019-1479 du 28 déc. 2019, art. 16-III-A-9° et VII-E, à compter des impositions établies au titre de 2023) « *A compter de la deuxième année suivant celle de la fusion, les taux de l'établissement public de coopération intercommunale issu de la fusion applicables aux bases d'imposition autres que celles soumises à l'article 1609 quinquies C sont fixés dans les conditions prévues au I de l'article 1636 B sexies ; pour les bases soumises à l'article 1609 quinquies C et dans le cas où l'établissement public de coopération intercommunale relève du régime prévu à l'article 1609 nonies C, le taux de la cotisation foncière des entreprises est fixé en application des articles 1636 B decies et 1609 nonies C.* »

III. — En cas de fusion d'établissements publics de coopération intercommunale soumis à l'article 1609 *nonies* C, réalisée dans les conditions prévues par l'article L. 5211-41-3 du code général des collectivités territoriales, l'établissement public de coopération intercommunale issu de la fusion est soumis de plein droit au régime prévu par ces mêmes dispositions. Il en est de même en cas de fusion, d'une part, d'établissements publics de coopération intercommunale soumis à l'article 1609 *nonies* C et, d'autre part, d'établissements publics de coopération intercommunale à fiscalité propre additionnelle faisant ou non application de l'article 1609 *quinquies* C ou d'établissements publics de coopération intercommunale sans fiscalité propre.

Pour la première année suivant celle de la fusion, le taux de la cotisation foncière des entreprises voté par l'établissement public de coopération intercommunale issu de la fusion ne peut pas excéder le taux moyen de cette taxe constaté l'année précédente dans les communes membres, pondéré par l'importance relative des bases imposées sur le territoire de ces communes ; le taux moyen pondéré tient compte des produits perçus au profit des établissements publics de coopération intercommunale préexistants et des bases imposées à leur profit en application de l'article 1609 *nonies* C ou de l'article 1609 *quinquies* C. Les articles 1636 B *decies* et 1609 *nonies* C s'appliquent à ce taux moyen pondéré.

Le *b* et les premier et troisième alinéas du *c* du 1° du III de l'article 1609 *nonies* C sont applicables à l'établissement public de coopération intercommunale issu de la fusion. Pour l'application de ces dispositions, il est tenu compte du taux constaté dans chaque zone et du taux effectivement appliqué sur le territoire de la commune au titre de l'année précédente pour les établissements publics de coopération intercommunale préexistants faisant application du dispositif de réduction des écarts de taux.

Pour la première année suivant celle de la fusion, les taux de la taxe d'habitation *(L. n° 2019-1479 du 28 déc. 2019, art. 16-I-E-24° et VII-E, applicable à compter des impositions établies au titre de 2023)* « sur les résidences secondaires et autres locaux meublés non affectés à l'habitation principale » et des taxes foncières de l'établissement public de coopération intercommunale issu de la fusion sont fixés :

1° Soit dans les conditions prévues *(Décr. n° 2016-775 du 10 juin 2016, art. 1er)* « à l'article » 1636 B *sexies*, à l'exclusion du *a* du 1 du I, et *(Décr. n° 2016-775 du 10 juin 2016, art. 1er)* « à l'article » 1636 B *decies*. Pour l'application de cette disposition, les taux de l'année précédente sont égaux au taux moyen de chaque taxe des établissements publics de coopération intercommunale à fiscalité propre, pondéré par l'importance des bases de ces établissements publics de coopération intercommunale. Dans le cas d'une fusion entre un établissement public de coopération intercommunale à fiscalité propre et un établissement public de coopération intercommunale sans fiscalité propre, les taux retenus sont ceux de l'établissement public de coopération intercommunale à fiscalité propre.

Par dérogation, des taux d'imposition de taxe d'habitation *(L. n° 2019-1479 du 28 déc. 2019, art. 16-I-E-24° et VII-E, applicable à compter des impositions établies au titre de 2023)* « sur les résidences secondaires et autres locaux meublés non affectés à l'habitation principale » et de taxes foncières différents peuvent être appliqués selon le territoire des établissements publics de coopération intercommunale préexistants pendant une période transitoire. La délibération qui institue cette procédure d'intégration fiscale progressive en détermine la durée, dans la limite de douze ans. A défaut, la procédure est applicable aux douze premiers budgets de l'établissement public de coopération intercommunale issu de la fusion. Cette décision est prise soit par délibérations concordantes des établissements publics de coopération intercommunale préexistants avant la fusion, soit par une délibération de l'établissement public de coopération intercommunale issu de la fusion. La durée de la période d'intégration fiscale progressive ne peut être modifiée ultérieurement.

Les différences qui affectent les taux d'imposition appliqués sur le territoire des établissements publics de coopération intercommunale préexistants sont réduites chaque année par parts égales.

(Abrogé par L. n° 2019-1479 du 28 déc. 2019, art. 16-I-E-12° et VII-E, à compter des impositions établies au titre de 2023) ***« Cette procédure d'intégration fiscale progressive*** *(L. n° 2016-1918 du 29 déc. 2016, art. 75-I-4°-a et V, en vigueur le 1er janv. 2016)* ***« peut être*** *[ancienne rédaction : est]* ***» précédée d'une homogénéisation des abattements appliqués pour le calcul de la taxe d'habitation.*** *(L. n° 2016-1918 du 29 déc. 2016, art. 75-I-4°-b et V, en vigueur le 1er janv. 2017)* ***« Par dérogation au I de l'article 1639 A bis, cette homogénéisation peut être décidée dans les mêmes conditions de délai que le recours à la procédure d'intégration fiscale progressive prévue au présent 1°. » »*** *(al. entièrement abrogé par L. n° 2019-1479)*

(Abrogé par L. n° 2016-1918 du 29 déc. 2016, art. 75-I-4°-c) ***« Le deuxième alinéa du présent 1° n'est pas applicable lorsque, pour chacune des taxes en cause, le taux d'imposition appliqué dans l'établissement public de coopération intercommunale préexistant le moins imposé était égal ou supérieur à 90 % du taux d'imposition correspondant appliqué dans l'établissement public de coopération intercommunale le plus imposé au titre de l'année précédant celle au cours de laquelle la fusion prend fiscalement effet ; »***

Dans le cas d'une fusion visée à la dernière phrase du premier alinéa du présent III impliquant un établissement public de coopération intercommunale qui faisait application en 2011 de l'article 1609 *nonies* C, le taux moyen pondéré de taxe d'habitation *(L. n° 2019-1479 du 28 déc. 2019, art. 16-I-E-24° et VII-E, applicable à compter des impositions établies au titre de 2023)* « sur les résidences secondaires et autres locaux meublés non affectés à l'habitation principale » mentionné au premier alinéa du présent 1° tient compte du produit résultant du transfert de la part départementale de cette taxe perçu par les communes qui en 2011 étaient isolées ou membres d'un établissement public de coopération intercommunale à fiscalité additionnelle faisant ou non application de l'article 1609 *quinquies* C ;

2° Soit dans les conditions prévues au deuxième alinéa du II de l'article 1609 *nonies* C. Pour l'application de cette disposition, le taux moyen pondéré de chacune des trois taxes tient compte des produits perçus par les établissements publics de coopération intercommunale préexistants.

(Abrogé par L. n° 2019-1479 du 28 déc. 2019, art. 16-III-A-9° et VII-E, à compter des impositions établies au titre de 2023) ***« A compter de la deuxième année suivant celle de la fusion, les taux de cotisation foncière des entreprises, de la taxe d'habitation et des taxes foncières de l'établissement public de coopération intercommunale sont fixés conformément à l'article 1636 B sexies, à l'exclusion du a du 1 du I, et aux articles 1636 B decies et 1609 nonies C. »***

IV. – Le taux de taxe d'habitation *(L. n° 2019-1479 du 28 déc. 2019, art. 16-I-E-25° et VII-E, applicable à compter des impositions établies au titre de 2023)* « sur les résidences secondaires et autres locaux meublés non affectés à l'habitation principale » des communes membres en 2011 d'un établissement public de coopération intercommunale à

fiscalité propre additionnelle faisant ou non application de l'article 1609 *quinquies* C ou d'un établissement public sans fiscalité propre qui fusionne avec un établissement public de coopération intercommunale qui faisait application en 2011 de l'article 1609 *nonies* C est réduit l'année suivant celle de la fusion de la différence entre, d'une part, le taux de référence de taxe d'habitation calculé pour la commune conformément à l'article 1640 C et, d'autre part, le taux communal de taxe d'habitation applicable en 2010 dans la commune.

La réduction du taux de taxe d'habitation *(L. n° 2019-1479 du 28 déc. 2019, art. 16-I-E-24° et VII-E, applicable à compter des impositions établies au titre de 2023)* **« sur les résidences secondaires et autres locaux meublés non affectés à l'habitation principale » prévue au premier alinéa s'applique également aux communes membres d'un établissement public de coopération intercommunale soumis au 1er janvier 2011 à la fiscalité propre additionnelle et qui applique, l'année précédant la fusion, l'article 1609 *nonies* C.** *(L. n° 2016-1918 du 29 déc. 2016, art. 82-I)* **« Ces dispositions sont applicables aux communes qui n'étaient pas membre en 2011 d'un établissement public de coopération intercommunale faisant application de l'article 1609 *nonies* C et qui, à la suite d'une fusion, deviennent membres d'un établissement issu d'une ou de plusieurs fusions d'établissements publics de coopération intercommunale dont l'un au moins faisait application en 2011 du même article 1609 *nonies* C. »** *(L. n° 2017-1775 du 28 déc. 2017, art. 50)* **« Ces dispositions sont également applicables aux communes nouvelles dont les anciennes communes n'étaient pas membre*[s]* en 2011 d'un établissement public de coopération intercommunale faisant application de l'article 1609 *nonies* C et qui, à la suite d'une fusion, deviennent membres d'un établissement issu d'une ou de plusieurs fusions d'établissements publics de coopération intercommunale dont l'un au moins faisait application en 2011 du même article 1609 *nonies* C. »**

1. *Sur les règles dérogatoires applicables pour les impositions établies au titre de 2022, V. L. n° 2019-1479 du 28 déc. 2019, art. 16-I-J-4.*

2. *Pour les dispositions du présent art. qui s'appliquent à compter des impositions établies au titre de 2023, V. L. n° 2019-1479 du 28 déc. 2019, art. 16-I-E-24°, 25° et VII-E et 16-III-A-9° et VII-E.*

Art. 1638 *bis* *(Abrogé par L. n° 2015-991 du 7 août 2015, art. 44-V-6°, à compter du 1er janv. 2017)* ***I. — Chaque commune membre d'un syndicat d'agglomération nouvelle peut décider d'appliquer la procédure d'intégration fiscale progressive prévue à l'article 1638, afin de réduire les écarts de taux de taxe d'habitation ou de l'une des taxes foncières constatés l'année précédant la constitution du nouveau syndicat entre la zone d'agglomération nouvelle et la portion de son territoire située hors de cette zone.***

Toutefois, cette procédure doit être précédée d'une homogénéisation des abattements pratiqués en matière de calcul de la taxe d'habitation.

Par dérogation aux dispositions de l'article 1638, des taux d'imposition différents peuvent être appliqués pour l'établissement des dix premiers budgets. Les différences qui affectent les taux d'imposition appliqués sont réduites chaque année d'un onzième et supprimées à partir de la onzième année.

La durée de la procédure d'intégration fiscale progressive peut être réduite par délibération de la commune concernée. Cette décision ne peut être modifiée ultérieurement.

II. — Abrogé.

Art. 1638 *ter* *Périmé.*

Art. 1638 *quater* **I. — En cas de rattachement volontaire d'une commune à un établissement public de coopération intercommunale soumis à l'article 1609 *nonies* C ou à la suite d'une transformation dans les conditions prévues à l'article L. 5211-41-1 du code général des collectivités territoriales, le taux de la cotisation foncière des entreprises de la commune rattachée est rapproché du taux de cotisation foncière des entreprises de l'établissement public dans les conditions suivantes :**

a) **L'écart constaté, l'année au cours de laquelle le rattachement est décidé, entre ces deux taux est réduit chaque année par parts égales, jusqu'à application d'un taux unique, dans les proportions définies au second alinéa du *b* du 1° du III de l'article 1609 *nonies* C et dépendant du rapport entre le moins élevé de ces deux taux et le plus élevé.**

Le *c* du 1° du III de l'article 1609 *nonies* C est applicable ;

b) *Abrogé.*

II. – Pour l'application des dispositions du I, le taux de cotisation foncière des entreprises de la commune doit, lorsque celle-ci appartient également à une communauté urbaine ou à une communauté de communes, être majoré du taux de cotisation foncière des entreprises voté par ces établissements publics de coopération intercommunale l'année au cours de laquelle le rattachement est décidé.

II *bis*. – 1. Toutefois, par exception aux dispositions du I et pour l'année suivant celle du rattachement de la commune, l'établissement public de coopération intercommunale peut, sur délibération du conseil communautaire statuant à la majorité simple de ses membres dans les conditions prévues par l'article 1639 A, voter son taux de cotisation foncière des entreprises dans la limite du taux moyen de la cotisation foncière des entreprises de l'établissement public de coopération intercommunale et de la commune rattachée constaté l'année précédente, pondéré par l'importance relative des bases imposées au profit de l'établissement public de coopération intercommunale et de la commune.

2. Pour l'application du 1 :

***a)* Lorsque la commune rattachée était membre d'un établissement public de coopération intercommunale substitué à la commune pour l'application des dispositions relatives à la cotisation foncière des entreprises, le taux moyen pondéré tient compte des produits perçus par cet établissement public de coopération intercommunale et des bases imposées à son profit sur le territoire de la commune ;**

***b)* Lorsque la commune rattachée était membre d'un établissement public de coopération intercommunale sans fiscalité propre ou à fiscalité propre additionnelle, le taux moyen pondéré tient compte des produits perçus au profit de ces établissements sur le territoire de la commune ;**

***c)* Les dispositions des *b* et *c* du 1° du III de l'article 1609 *nonies* C sont applicables.**

Pour l'application de ces dispositions, il est tenu compte des taux effectivement appliqués sur le territoire des communes lorsqu'un processus de réduction des écarts de taux était en cours ou, à défaut, du taux de l'établissement public de coopération intercommunale qui était substitué aux communes pour l'application des dispositions de la cotisation foncière des entreprises. Lorsque la commune rattachée était membre d'un établissement public de coopération intercommunale sans fiscalité propre ou à fiscalité propre additionnelle, le taux de la commune est majoré du taux de l'établissement public de coopération intercommunale.

3. Les dispositions du IV de l'article 1636 B *decies* ne sont pas applicables au montant reporté au titre de l'année de rattachement et des deux années antérieures.

III. – Les dispositions des I et II sont également applicables dans les communes ou parties de communes qui sont incorporées dans une zone d'activités économiques où il est fait application des dispositions du I de l'article 1609 *quinquies* C. Ces dispositions sont également applicables en cas de rattachement d'une commune sur le territoire de laquelle sont implantées des installations de production d'électricité utilisant l'énergie mécanique du vent à un établissement public de coopération intercommunale faisant application du II du même article.

Toutefois, le conseil municipal de la commune et l'organe délibérant de l'établissement public de coopération intercommunale peuvent décider, par délibérations concordantes, que le taux de cotisation foncière des entreprises appliqué dans la commune ou partie de commune incorporée dans la zone ou aux installations de production d'électricité utilisant l'énergie mécanique du vent est, dès la première année, celui fixé par l'établissement public de coopération intercommunale.

IV. – En cas de rattachement volontaire ou à la suite d'une transformation dans les conditions prévues à l'article L. 5211-41-1 du code général des collectivités territoriales d'une commune à un établissement public de coopération intercommunale à fiscalité additionnelle, l'organe délibérant vote les taux de taxe d'habitation *(L. n° 2019-1479 du 28 déc. 2019, art. 16-I-E-24° et VII-E, applicable à compter des impositions établies au titre de 2023)* **« sur les résidences secondaires et autres locaux meublés non affectés à l'habitation principale », de foncier bâti, de foncier non bâti et de cotisation foncière des entreprises dans les conditions prévues à l'article 1636 B *sexies*.**

IV *bis.* — Dans les cas prévus aux I et IV, par délibérations concordantes de l'organe délibérant de l'établissement public de coopération intercommunale et du conseil municipal de la commune concernée, les taux de taxe d'habitation *(L. n° 2019-1479 du 28 déc. 2019, art. 16-I-E-24° et VII-E, applicable à compter des impositions établies au titre de 2023)* « sur les résidences secondaires et autres locaux meublés non affectés à l'habitation principale », de taxe foncière sur les propriétés bâties, de taxe foncière sur les propriétés non bâties et, le cas échéant, de cotisation foncière des entreprises votés par l'organe délibérant de l'établissement public de coopération intercommunale peuvent être appliqués de manière progressive, par fractions égales, sur une période maximale de douze années. *(Abrogé par L. n° 2016-1918 du 29 déc. 2016, art. 75-I-5° et V, à compter du 1er janv. 2017)* « *Le présent IV bis n'est pas applicable aux taxes pour lesquelles le rapport entre ces taux et les taux votés par le conseil municipal l'année du rattachement de cette commune est inférieur à 10 %. Le cas échéant, sont pris en compte pour le calcul de ce rapport les taux des impositions perçues l'année du rattachement au profit des établissements publics auxquels la commune appartenait.* »

Lorsque, l'année du rattachement, la commune était membre d'un établissement public de coopération intercommunale à fiscalité propre, la procédure d'intégration fiscale progressive prévue au premier alinéa du présent IV *bis* ne concerne que la différence entre le taux qui aurait été appliqué sur le territoire de la commune l'année du rattachement s'il avait déjà pris fiscalement effet et le taux effectivement appliqué sur ce même territoire la même année.

V. — Les I, II et III sont également applicables aux communes faisant l'objet d'un rattachement à une communauté urbaine ou à une communauté d'agglomération dont le périmètre est étendu en application du renouvellement de la procédure prévue aux articles L. 5215-40-1 et L. 5216-10 du code général des collectivités territoriales.

VI. — Lorsqu'il fait application des dispositions des I, II et III à la suite du rattachement volontaire d'une commune à un établissement public de coopération intercommunale à fiscalité propre, le produit communiqué à l'établissement public en début d'exercice par les services fiscaux et qui découle de l'état de notification des bases tient compte du taux applicable dans la commune rattachée.

VII. — En cas de rattachement dans les conditions mentionnées au I à un établissement public de coopération intercommunale qui faisait application en 2011 de l'article 1609 *nonies* C d'une commune qui n'était pas membre en 2011 d'un tel établissement, le taux communal de taxe d'habitation *(L. n° 2019-1479 du 28 déc. 2019, art. 16-I-E-13° et VII-E, applicable à compter des impositions établies au titre de 2023)* « sur les résidences secondaires et autres locaux meublés non affectés à l'habitation principale » est réduit de la différence entre, d'une part, le taux de référence de taxe d'habitation calculé pour la commune conformément à l'article 1640 C, d'autre part, le taux communal de taxe d'habitation applicable en 2010 dans la commune. *(L. n° 2016-1918 du 29 déc. 2016, art. 82-II)* « Ces dispositions sont applicables en cas de rattachement à un établissement public de coopération intercommunale issu d'une ou plusieurs fusions d'établissements publics de coopération intercommunale dont l'un au moins faisait application en 2011 de l'article 1609 *nonies* C. » *(L. n° 2017-1775 du 28 déc. 2017, art. 50)* « Ces dispositions sont également applicables en cas de rattachement à un établissement public de coopération intercommunale issu d'une ou *[de]* plusieurs fusions d'établissements publics de coopération intercommunale, dont l'un au moins faisait application en 2011 de l'article 1609 *nonies* C, de communes nouvelles dont les anciennes communes n'étaient pas membres en 2011 d'un établissement public de coopération intercommunale faisant application du même article 1609 *nonies* C. »

1. *Sur les règles dérogatoires applicables pour les impositions établies au titre de 2022, V. L. n° 2019-1479 du 28 déc. 2019, art. 16-I-J-4.*

2. *Pour les dispositions du présent art. qui s'appliquent à compter des impositions établies au titre de 2023, V. L. n° 2019-1479 du 28 déc. 2019, art. 16-I-E-13° et VII-E et 16-I-E-24° et VII-E.*

Art. 1638 *quinquies* I. — En cas de retrait d'une commune dans les conditions prévues aux articles L. 5214-26 et *(L. n° 2019-1461 du 27 déc. 2019, art. 25-IV)* « L. 5216-11 » du code général des collectivités territoriales, l'établissement public de coopération intercommunale soumis aux dispositions de l'article 1609 *nonies* C peut, sur délibération de l'organe délibérant statuant à la majorité simple de ses membres dans les conditions prévues à l'article 1639 A, voter un taux de cotisation foncière des entreprises dans la limite du taux moyen de la cotisation foncière des entreprises effectivement appliquée l'année précédente dans les communes membres, à l'exclusion de la commune qui s'est retirée, pondérée par l'importance relative des bases imposées sur le territoire de ces communes à l'exclusion de la commune qui s'est retirée.

II. — Les dispositions des *b* et *c* du 1° du III de l'article 1609 *nonies* C sont applicables. Pour l'application de ces dispositions, il est tenu compte des taux effectivement appliqués sur le territoire des communes lorsqu'un processus de réduction des écarts de taux était en cours.

Art. 1639 *Abrogé.*

Art. 1639 A I. — Sous réserve des dispositions de l'article 1639 A *bis*, les collectivités locales et organismes compétents font connaître aux services fiscaux, avant le 15 avril de chaque année, les décisions relatives soit aux taux, soit aux produits, selon le cas, des impositions directes perçues à leur profit.

Toutefois, lorsque la communication aux collectivités locales des informations indispensables à l'établissement de leur budget, telle qu'elle est prévue aux articles L. 1612-2 et L. 1612-3 du code général des collectivités territoriales, n'intervient pas avant le 31 mars, la notification aux services fiscaux s'effectue dans un délai de quinze jours à compter de la communication de ces informations. L'année où intervient le renouvellement des conseils municipaux, généraux ou régionaux, la date de notification est reportée, pour les conseils municipaux, généraux ou régionaux concernés par ce renouvellement, du 15 avril au 30 avril.

(Abrogé par L. n° 2019-1479 du 28 déc. 2019, art. 59-I-C-1°) ***« Pour la fixation des taux par les chambres de commerce et d'industrie territoriales conformément aux dispositions de l'article 1600, les services fiscaux communiquent aux chambres de commerce et d'industrie territoriales le montant prévisionnel des bases de cotisation foncière des entreprises retenues pour l'établissement de la taxe prévue à l'article précité et les taux d'imposition de l'année précédente ainsi que le montant du prélèvement de l'année précédente prévu au IV de l'article 29 de la loi de finances pour 2003 (n° 2002-1575 du 30 décembre 2002). Si cette communication n'intervient pas avant le 31 mars, la notification aux services fiscaux des décisions relatives aux taux s'effectue dans un délai de quinze jours à compter de la communication de ces informations. »***

II. — Abrogé.

III. — La notification a lieu par l'intermédiaire des services préfectoraux pour les collectivités locales et leurs groupements *(Abrogé par L. n° 2019-1479 du 28 déc. 2019, art. 59-I-C-2°)* ***« , par l'intermédiaire de l'autorité de l'État chargée de leur tutelle pour les chambres de commerce et d'industrie territoriales, »*** et directement dans les autres cas.

A défaut, les impositions peuvent être recouvrées selon les décisions de l'année précédente.

Pour l'application, en 2020, du présent art., les dates du 15 avr. et du 30 avr. sont remplacées par celle du 3 juill. (Ord. n° 2020-330 du 25 mars 2020, art. 11).

Sur les règles dérogatoires applicables pour les impositions établies au titre de 2022, V. L. n° 2019-1479 du 28 déc. 2019, art. 16-I-J-4.

1. Lorsque les informations nécessaires à l'établissement du budget n'ont pas été communiquées à une communauté de communes avant le 15 mars de l'année, celle-ci dispose de 15 jours à compter de la communication de ces informations pour notifier aux services fiscaux sa délibération fixant le taux de la taxe professionnelle. • CE 10 mars 2003, n° 226662 : *RJF 2003. 720 ; Dr. fisc. 2003. 692, concl. Vallée.*

2. L'illégalité de la délibération par laquelle une communauté de communes fixe le taux de la taxe professionnelle d'une année ne peut être invoquée par voie d'exception pour critiquer la légalité de la délibération relative à l'année suivante. • CE 10 mars 2003, n° 226662 : *préc. note 1.*

3. Les dispositions de l'art. 1639 A autorisent l'Administration, au cas où la délibération d'un conseil municipal ne peut plus servir de fondement légal à l'imposition mise en recouvrement, à demander, à tout moment de la procédure, au juge de l'impôt que soit substitué, dans la limite du taux appliqué à cette imposition, le taux retenu par le conseil municipal lors du vote du budget de l'année précédente. • CE 26 juin 1996, n° 148711 : *Dr. fisc. 1996. 1253.* ♦ Lorsque la délibération d'un conseil municipal fixant le taux d'un impôt local est annulée ou déclarée illégale, l'art. 1639 A-III, al. 2, ne permet pas de demander l'application du taux voté antérieurement au-delà de l'année immédiatement précédente. • CE 1er juill. 2019, *Min. c/ Sté Auchan*, n° 427067 : *RJF 2019. 985.* ♦ De plus, la substitution n'est possible que si le taux voté au titre de l'année précédente est lui-même légal. • CAA Bordeaux, 9 janv. 1997, n° 94BX1385 : *Dr. fisc. 1997. 1118.* ♦ La substitution ne peut être effectuée lorsque le taux de l'année précédente n'a fait l'objet d'aucune décision de la part du conseil municipal. • CAA Bordeaux, 22 mai 1997, n° 95BX437 : *Dr. fisc. 1998. 189.*

4. Lorsque le budget d'une commune n'a pas été adopté avant la date limite fixée par la loi, son établissement ne relève plus de la commune mais du préfet auquel ne peut être opposé le délai de notification aux services fiscaux imposé aux collectivités locales par l'art. 1639 A. Il s'ensuit que les impositions ne sont pas nécessairement recouvrées selon les décisions de l'année précédente, comme le dernier alinéa de cet article en prévoit la possibilité en cas d'inobservation de ce délai par la collectivité concernée. En revanche, le préfet reste tenu à l'application des règles afférentes aux impositions locales, qui s'imposent à la commune lorsqu'elle arrête son budget. • CAA Bordeaux, 31 déc. 2002, n° 00BX1932 : *Dr. fisc. 2003. 693.*

Art. 1639 A *bis* **I. — Les délibérations des collectivités locales et des organismes compétents relatives à la fiscalité directe locale, autres que celles fixant soit les taux, soit les produits des impositions et que celles instituant la taxe d'enlèvement des ordures ménagères, doivent être prises avant le 1er octobre pour être applicables l'année suivante. Elles sont soumises à la notification prévue à l'article 1639 A au plus tard quinze jours après la date limite prévue pour leur adoption.** — *Pour* ***2014****, V. L. n° 2013-1278 du 29 déc. 2013, art. 76-II, ss. art. 1647 D, et pour l'application à Mayotte, au titre de la même année, V. App., Ord. n° 2013-837 du 19 sept. 2013, art. 22.*

Les délibérations prévues au 2° du 1 et au 2 du III de l'article 1379-0 *bis* ainsi que les délibérations fixant le périmètre de la zone d'activités économiques visée au premier alinéa du 2° *(L. n° 2020-1721 du 29 déc. 2020, art. 9-5°)* **« du 1 » du III de l'article 1379-0 *bis*, sont prises dans les conditions prévues au premier alinéa.**

II. — 1. Les délibérations des communes et de leurs établissements publics de coopération intercommunale instituant la taxe d'enlèvement des ordures ménagères conformément à l'article 1520, au VI de l'article 1379-0 *bis* et à l'article 1609 *quater* et les décisions visées au III de l'article 1521 et à l'article 1522 doivent être prises avant le 15 octobre d'une année pour être applicables à compter de l'année suivante. Elles sont soumises à la notification prévue à l'article 1639-A au plus tard quinze jours après la date limite prévue pour leur adoption.

Toutefois, les établissements publics de coopération intercommunale à fiscalité propre ne résultant pas d'une substitution ou d'une transformation de groupement préexistant peuvent prendre les délibérations afférentes à la taxe d'enlèvement des ordures ménagères conformément au VI de l'article 1379-0 *bis* ainsi qu'au III de l'article 1521 et à l'article 1522 jusqu'au 15 janvier de l'année qui suit celle de leur création. A défaut, les délibérations prises par les communes et par les établissements publics de coopération intercommunale dissous restent applicables l'année qui suit celle de la création ; dans ce cas, le nouvel établissement public de coopération intercommunale perçoit la taxe d'enlèvement des ordures ménagères au lieu et place des établissements publics de coopération intercommunale dissous.

Par exception aux dispositions du premier alinéa, les établissements publics de coopération intercommunale à fiscalité propre qui bénéficient du transfert de la compétence prévu à l'article L. 2224-13 du code général des collectivités territoriales par un arrêté préfectoral pris postérieurement au 15 octobre d'une année peuvent prendre, jusqu'au 15 janvier de l'année qui suit celle du transfert, la délibération afférente à l'institution de la taxe d'enlèvement des ordures ménagères à l'exclusion des délibérations prévues aux articles 1521 et 1522 et au 2 de l'article 1636 B *undecies*. A défaut, les délibérations prises en matière de taxe d'enlèvement des ordures ménagères par les communes restent applicables l'année qui suit celle du transfert.

Par exception aux dispositions du premier alinéa, en cas de rattachement d'une commune ou d'un établissement public de coopération intercommunale à un groupement de communes, ce dernier peut, jusqu'au 15 janvier de l'année qui suit celle du rattachement, prendre les délibérations afférentes à l'application, sur le territoire de la commune ou de l'établissement public de coopération intercommunale rattaché, de l'article 1636 B *undecies* ; toutefois, ces délibérations ne peuvent pas délimiter des

zones infracommunales ou supracommunales différentes de celles définies sur le territoire de la commune ou de l'établissement public de coopération intercommunale antérieurement au rattachement. A défaut de délibération, les zones définies sur le territoire de la commune ou de l'établissement public de coopération intercommunale avant le rattachement sont supprimées.

2. Au 15 octobre 2005, les communes ou les établissements publics de coopération intercommunale devront s'être mis en conformité avec la loi pour pouvoir continuer à percevoir la taxe d'enlèvement des ordures ménagères au 1er janvier 2006. A défaut, ces collectivités perdront le bénéfice de la perception de cette taxe.

III. — L'établissement public de coopération intercommunale issu de la fusion en application de l'article L. 5211-41-3 du code général des collectivités territoriales doit prendre les délibérations afférentes à la taxe d'enlèvement des ordures ménagères jusqu'au 15 janvier de l'année qui suit celle de la fusion.

A défaut de délibération, le régime applicable en matière de taxe d'enlèvement des ordures ménagères sur le territoire des établissements publics de coopération intercommunale ayant fait l'objet de la fusion ou sur le territoire des communes incluses dans le périmètre de l'établissement public de coopération intercommunale issu de la fusion, en application du sixième alinéa du I de l'article L. 5211-41-3 du code général des collectivités territoriales, est maintenu pour une durée qui ne peut excéder *(L. nº 2020-1721 du 29 déc. 2020, art. 218-I)* « sept » années suivant la fusion. Pour l'application de ces dispositions, l'établissement public de coopération intercommunale issu de la fusion perçoit la taxe au lieu et place des établissements publics de coopération intercommunale ayant fait l'objet de la fusion.

Les dispositions des premier et deuxième alinéas sont également applicables aux syndicats mixtes issus d'une fusion en application de l'article L. 5711-2 du code général des collectivités territoriales. Elles sont également applicables en cas de modification de périmètre d'un établissement public de coopération intercommunale suivant l'intégration d'une commune ou d'un établissement de coopération intercommunale.

(L. nº 2016-1918 du 29 déc. 2016, art. 77-II) « Par exception au III de l'article 1520 du présent code, lorsque les communes transfèrent la collecte des déchets des ménages à une communauté d'agglomération issue d'un syndicat d'agglomération nouvelle qui assurait antérieurement le reste de la compétence prévue à l'article L. 2224-13 du code général des collectivités territoriales, cette communauté d'agglomération peut instituer, selon le cas, la redevance d'enlèvement des ordures ménagères et la taxe d'enlèvement des ordures ménagères sur le territoire des communes où elles étaient en vigueur préalablement au transfert de compétence. »

IV. — En cas de rattachement d'une commune ou d'un établissement public de coopération intercommunale ne faisant pas application des dispositions de l'article 1522 *bis* à un établissement public de coopération intercommunale ou à un syndicat mixte en faisant application, l'application de ces dispositions sur le territoire de la commune ou de l'établissement public de coopération intercommunale rattaché peut être reportée à la cinquième année qui suit celle du rattachement.

Dans ce cas, pour l'année du rattachement, les délibérations antérieures relatives à la taxe d'enlèvement des ordures ménagères restent, le cas échéant, en vigueur. L'établissement public de coopération intercommunale ou le syndicat mixte auquel sont rattachés les communes ou l'établissement public de coopération intercommunale perçoit la taxe d'enlèvement des ordures ménagères en lieu et place des communes rattachées et *des établissements publics* de coopération intercommunale dissous.

V. — A. — La commune nouvelle ou, par des délibérations de principe concordantes prises avant le 15 octobre de l'année précédant celle de sa création, les communes et, le cas échéant, l'établissement public de coopération intercommunale à fiscalité propre participant à sa création prennent les délibérations mentionnées au premier alinéa du 1 du II du présent article, ainsi que les délibérations relatives à l'application du premier alinéa du I de l'article 1522 *bis*.

B. — A défaut de délibérations prises en application du A du présent V, le régime applicable en matière de taxe d'enlèvement des ordures ménagères sur le territoire des communes participant à la création de la commune est maintenu pour une durée qui ne peut excéder cinq années à compter de l'année où la création prend fiscalement effet.

V. L. nº 2014-1655 du 29 déc. 2014, art. 49-III, ss. art. 1383 C ter et 1466 A.

Par dérogation, pour les impositions établies au titre de 2021, les délibérations prises par les communes en matière de taxe foncière sur les propriétés bâties avant le 1er oct. 2020 et qui entrent en vigueur à compter des impositions établies au titre de 2021 sont sans effet (L. n° 2019-1479 du 28 déc. 2019, art. 16-II-G-1).

Par dérogation, les organismes préc. peuvent, par délibération prise au plus tard le 31 juill. 2020, instituer un dégrèvement des deux tiers du montant de la cotisation foncière des entreprises et des prélèvements prévus à l'art. 1641 CGI dus au titre de 2020 en faveur d'établissements exerçant leur activité principale dans certains secteurs (L. n° 2020-935 du 30 juill. 2020, art. 11).

Par dérogation au I du présent art., peuvent délibérer jusqu'au 1er déc. 2020 : 1° Les communes et les établissements publics de coopération intercommunale à fiscalité propre, afin d'instituer les exonérations de cotisation foncière des entreprises prévues aux art. 1464 F et 1464 G, applicables à compter des impositions établies au titre de 2021 ; 2° Les établissements publics de coopération intercommunale à fiscalité propre, afin d'instituer les exonérations de taxe foncière sur les propriétés bâties prévues aux art. 1382 H et 1382 I, applicables à compter des impositions établies au titre de 2021 ; 3° Les départements, afin d'instituer les exonérations de cotisation sur la valeur ajoutée des entreprises prévues au II de l'art. 1586 nonies (L. n° 2020-1721 du 29 déc. 2020, art. 139-I).

Par dérogation au I du présent art., les communes et les établissements publics de coopération intercommunale à fiscalité propre peuvent, par délibération prise au plus tard le 1er oct. 2021, instituer un dégrèvement de la cotisation de taxe foncière sur les propriétés bâties due au titre de 2021 afférente aux locaux utilisés par les établissements ayant fait l'objet d'une fermeture administrative continue entre le 15 mars 2020 et le 8 juill. 2021 en raison de la crise sanitaire due à l'épidémie de covid-19 et dont les propriétaires ont accordé une remise totale de loyers au titre de 2020. La délibération porte sur la part revenant à chaque commune ou établissement public de coopération intercommunale à fiscalité propre. Le dégrèvement ne s'applique pas aux taxes suivantes ni aux prélèvements opérés par l'État sur ces taxes en application de l'art. 1641 : 1° La taxe pour la gestion des milieux aquatiques et la prévention des inondations prévue à l'art. 1530 bis ; 2° La taxe additionnelle spéciale annuelle au profit de la région d'Île-de-France prévue à l'art. 1599 quater D ; 3° La taxe d'enlèvement des ordures ménagères prévue à l'art. 1520 ; 4° Les taxes spéciales d'équipement additionnelles à la taxe foncière sur les propriétés bâties prévues aux art. 1607 bis, 1607 ter et 1609 B à 1609 G ; 5° Les contributions fiscalisées additionnelles à la taxe foncière sur les propriétés bâties levées conformément à l'art. 1609 quater (L. n° 2021-953 du 19 juill. 2021, art. 21-I).

Le bénéfice du dégrèvement est subordonné au respect du Règl. (UE) n° 1407/2013 de la Commission du 18 déc. 2013 relatif à l'application des art. 107 et 108 du TFUE aux aides de minimis (L. n° 2021-953 du 19 juill. 2021, art. 21-II).

Les dégrèvements accordés sont à la charge de la commune ou de l'établissement public de coopération intercommunale. Ils s'imputent sur les attributions mentionnées aux art. L. 2332-2, L. 3662-2 et L. 5219-8-1 CGCT (L. n° 2021-953 du 19 juill. 2021, art. 21-III).

Le bénéfice du dégrèvement est subordonné à la condition que le propriétaire souscrive, avant le 1er nov. 2021, une déclaration au service des impôts assortie de la justification de la remise des loyers et de l'utilisation des locaux afférents par un établissement mentionné au I de l'art. 21 de la L. n° 2021-953 du 19 juill. 2021 (L. préc., art. 21-IV).

Petites entreprises subissant une forte hausse de leur CFE. Face à la forte augmentation en 2012 de la cotisation minimum de CFE mise à la charge des petites entreprises dans certaines communes, il est permis aux communes et aux EPCI de corriger les hausses excessives de la cotisation minimum de CFE. Ces collectivités sont autorisées à revoir, si elles le souhaitent, les conséquences des délibérations adoptées en 2011 pour fixer les bases de calcul de la cotisation minimum. * *Communiqué min. budget 28 nov. 2012.*

Art. 1639 A *ter* I. – Les délibérations prises en matière de cotisation foncière des entreprises par un établissement public de coopération intercommunale antérieurement à la date de la décision le plaçant sous le régime fiscal de l'article 1609 *nonies* C demeurent applicables tant qu'elles ne sont pas rapportées ou modifiées.

Les délibérations prises en matière de cotisation foncière des entreprises par les communes membres d'un établissement public de coopération intercommunale soumis aux dispositions fiscales prévues à l'article 1609 *nonies* C ne résultant pas d'une substitution ou d'une transformation de groupement préexistant sont applicables aux opérations réalisées l'année de création de l'établissement public de coopération intercommunale.

Les dispositions du deuxième alinéa sont également applicables aux délibérations prises en matière de cotisation foncière des entreprises pour l'application des dispositions de l'article 1609 *nonies* C ou du I et du 1 du II de l'article 1609 *quinquies* C, par un établissement public de coopération intercommunale dissous, lorsque les communes appartenant à ces établissements publics de coopération intercommunale deviennent membres d'un établissement public de coopération intercommunale soumis aux dispositions de l'article 1609 *nonies* C ne résultant pas d'une substitution ou d'une transformation de groupement préexistant.

II. – Les dispositions du I sont applicables sur le territoire de la zone d'activités économiques des établissements publics de coopération intercommunale faisant application des dispositions du I de l'article 1609 *quinquies* C. Elles sont également applicables aux installations de production d'électricité utilisant l'énergie mécanique du vent soumises au régime prévu par le 1 du II du même article.

Ces établissements publics de coopération intercommunale peuvent prendre, en matière de cotisation foncière des entreprises, des délibérations propres à la zone d'activités économiques et aux installations de production d'électricité utilisant l'énergie mécanique du vent.

Les établissements publics de coopération intercommunale faisant application du régime prévu au I de l'article 1609 *quinquies* C qui optent pour le régime prévu à l'article 1609 *nonies* C ou deviennent soumis à ce régime doivent, dans le cas où des délibérations différentes étaient appliquées hors de la zone d'activités économiques et dans la zone d'activités économiques, antérieurement à la décision les plaçant sous le régime de l'article 1609 *nonies* C, prendre une délibération précisant les délibérations applicables sur l'ensemble de leur territoire. Cette délibération doit retenir le régime appliqué soit dans la zone d'activités économiques, soit hors de la zone d'activités économiques. Elle doit être prise lors de la décision de l'établissement public de coopération intercommunale le plaçant sous le régime de l'article 1609 *nonies* C ; à défaut, les délibérations en vigueur hors de la zone d'activités sont applicables. Ce dispositif est applicable dans les mêmes conditions lorsque l'établissement public de coopération intercommunale faisant application du 1 du II de l'article 1609 *quinquies* C opte pour le régime prévu à l'article 1609 *nonies* C ou devient soumis à ce régime.

III. – Les exonérations applicables antérieurement à la création d'un établissement public de coopération intercommunale soumis aux dispositions fiscales prévues à l'article 1609 *nonies* C en exécution des délibérations des conseils des communes membres ou du groupement préexistant sont maintenues, pour la quotité et la durée initialement prévues, en proportion du taux d'imposition de la commune et du taux d'imposition du groupement l'année précédant l'application de l'article 1609 *nonies* C. Ces dispositions sont applicables aux établissements publics de coopération intercommunale faisant application du I et du 1 du II de l'article 1609 *quinquies* C.

Lorsqu'un établissement public de coopération intercommunale, faisant application du régime prévu au I de l'article 1609 *quinquies* C, opte pour le régime prévu à l'article 1609 *nonies* C ou devient soumis à ce régime :

a. les exonérations applicables antérieurement à la modification du régime hors de la zone d'activités économiques en exécution des délibérations des conseils des communes membres ou de l'établissement public de coopération intercommunale sont applicables dans les conditions prévues au premier alinéa ;

b. les exonérations applicables antérieurement à la modification du régime dans la zone d'activités économiques sont maintenues pour la quotité et la durée initialement prévues. Les dispositions du premier alinéa sont maintenues lorsqu'elles étaient appliquées antérieurement à la modification du régime fiscal de l'établissement public de coopération intercommunale.

Les dispositions des deuxième, troisième et quatrième alinéas sont applicables dans les mêmes conditions lorsque l'établissement public de coopération intercommunale fait application du 1 du II de l'article 1609 *quinquies* C.

IV. – 1. *(Abrogé par Décr. n° 2017-698 du 2 mai 2017, art. 1er) « Sous réserve des dispositions de l'article 1466, »* L'établissement public de coopération intercommunale issu de la fusion, réalisée dans les conditions prévues par l'article L. 5211-41-3 du code général des collectivités territoriales ou, lorsque le périmètre du nouvel établissement public de coopération intercommunale a été fixé par arrêté du représentant de l'État, les conseils municipaux des communes membres ou l'organe délibérant du ou des établissements publics de coopération intercommunale doivent prendre avant le 1er octo-

bre de l'année de la fusion les délibérations applicables à compter de l'année suivante en matière de cotisation foncière des entreprises sur l'ensemble du territoire.

2. A défaut de délibérations prises dans les conditions prévues au 1, les délibérations adoptées antérieurement par chaque établissement public de coopération intercommunale préexistant :

a. **Sont maintenues pour leur durée et leur quotité lorsqu'elles sont prises en application des articles 1464 B, 1464 D, 1464 I,** *(L. n° 2018-1317 du 28 déc. 2018, art. 174-I-3°)* **« 1464 I *bis*, »** *(Abrogé par L. n° 2016-1917 du 29 déc. 2016, art. 67-I-B et II, pour les impositions établies au titre de 2017)* **« 1464 L, »** *(L. n° 2016-1918 du 29 déc. 2016, art. 43-I-2° et II, applicable à compter des impositions établies au titre de 2017)* **« 1464 M, » 1465, 1465 A, 1465 B, du I de l'article 1466 A et des articles** *(L. n° 2017-1775 du 28 déc. 2017, art. 17)* **« 1466 B, »** *(L. n° 2018-1317 du 28 déc. 2018, art. 135-I-17°)* **« 1466 B *bis* »** *(Abrogé par Décr. n° 2021-744 du 9 juin 2021, art. 1er)* **« , 1466 C »** *(L. n° 2020-1721 du 29 déc. 2020, art. 120-I-4° et II, applicable aux créations et extensions d'établissements intervenues à compter du 1er janv. 2021)* **« , 1466 F et 1478 *bis* », et que les dispositions prévues par ces articles sont en cours d'application ou sont applicables pour la première fois l'année suivant celle de la fusion. Lorsque le nouvel établissement public de coopération intercommunale est soumis aux dispositions du I de l'article 1609 *nonies* C, il en est de même pour les délibérations prises, d'une part, par les communes visées au sixième alinéa du I de l'article L. 5211-41-3 du code général des collectivités territoriales et, d'autre part, par les communes membres d'un établissement public de coopération intercommunale préexistant à fiscalité propre additionnelle ou sans fiscalité propre ; toutefois, dans ce dernier cas, les exonérations sont maintenues en proportion du taux d'imposition de la commune et de l'établissement public de coopération intercommunale l'année de la fusion ;**

b. **Sont maintenues pour la première année suivant celle de la fusion lorsqu'elles sont prises en application du 3° de l'article 1459 et des articles 1464, 1464 A,** *(L. n° 2019-1479 du 28 déc. 2019, art. 110-I-5°, applicable aux impositions établies au titre des années 2020 à 2023)* **« 1464 F, 1464 G, » 1464 H,** *(Abrogé par L. n° 2013-1279 du 29 déc. 2013, art. 25-I-G-2° et III, à compter des impositions établies au titre de 2015)* **« *1469 A quater*, » 1518 A et 1647 D. Il en est de même pour les délibérations prises par les communes visées au sixième alinéa du I de l'article L. 5211-41-3 du code général des collectivités territoriales lorsque le nouvel établissement public de coopération intercommunale est soumis aux dispositions du I de l'article 1609 *nonies* C.** *— V. note ss. art. 1469 A quater.*

V. — Abrogé par Ord. n° 2015-1630 du 10 déc. 2015, art. 1er-I et 11, à compter du 1er janv. 2016.

Art. 1639 A *quater* I. — *Abrogé par L. n° 2009-1673 du 30 déc. 2009, art. 77-7.2.5 et 7.2.6.*

II. — 1. L'établissement public de coopération intercommunale issu de la fusion en application de l'article L. 5211-41-3 du code général des collectivités territoriales ou, lorsque le périmètre du nouvel établissement public de coopération intercommunale a été fixé par arrêté du représentant de l'État, les conseils municipaux des communes membres ou l'organe délibérant du ou des établissements publics de coopération intercommunale doivent prendre avant le 1er octobre de l'année de la fusion les délibérations applicables à compter de l'année suivante en matière de taxe d'habitation *(L. n° 2019-1479 du 28 déc. 2019, art. 16-I-E-24° et VII-E, applicable à compter des impositions établies au titre de 2023)* **« sur les résidences secondaires et autres locaux meublés non affectés à l'habitation principale » et de taxes foncières sur l'ensemble du territoire.**

2. A défaut de délibérations dans les conditions prévues au 1, les délibérations adoptées par chaque établissement public de coopération intercommunale préexistant sont maintenues dans les conditions suivantes :

[a et b applicables à compter des impositions établies au titre de 2019]

a. **Pour leur durée et leur quotité lorsqu'elles sont prises en application des articles 1383, 1383 A, 1383-0 B, 1383-0 B *bis*, 1383 B, 1383 C,** *(L. n° 2016-1917 du 29 déc. 2016, art. 94-I-3°-a)* **« du premier alinéa de l'article 1384 B et des articles » 1388 *ter*, 1388 *quinquies*, 1395 A, 1395 B, 1395 G et 1647-00 *bis* et que les dispositions pré-**

vues par ces articles sont en cours d'application ou sont applicables pour la première fois l'année suivant celle de la fusion ;

b. Pour la première année suivant celle de la fusion lorsqu'elle sont prises en application des articles 1382 B, 1382 C, 1382 C *bis*, 1383 G, *(L. nº 2016-1917 du 29 déc. 2016, art. 94-I-3º-b)* « du troisième alinéa de l'article 1384 B et des articles » 1395 C, 1396, 1411 et 1518 A.

[a et b applicables à compter des impositions établies au titre de 2020]

(L. nº 2019-1479 du 28 déc. 2019, art. 16-I-E-14º et VII-A) « *a)* Pour leur durée et leur quotité lorsqu'elles sont prises en application des articles 1382 C *bis*, 1382 D, 1383, 1383-0 B, 1383-0 B *bis*, *(Abrogé par Décr. nº 2020-897 du 22 juill. 2020, art. 1er)* « *1383 B,* » 1383 C *ter*, 1383 D, 1383 E, 1383 F, 1383 H, 1383 I et 1383 J, du IV de l'article 1384 A, du premier alinéa de l'article 1384 B, du III de l'article 1384 C ainsi que des articles 1384 E, 1384 F, 1388 *ter*, 1388 *sexies*, 1388 *octies*, *(L. nº 2020-1721 du 29 déc. 2020, art. 130-I-2º)* « 1394 D, » 1395 A, 1395 A *bis*, 1395 B, 1395 G, 1396 *bis* et 1647-00 *bis* et que les dispositions prévues par ces articles sont en cours d'application ou sont applicables pour la première fois l'année suivant celle de la fusion ;

« *b)* Pour la première année suivant celle de la fusion lorsqu'elles sont prises en application des articles 1382 B, 1382 C, 1382 E *(Abrogé par Décr. nº 2020-897 du 22 juill. 2020, art. 1er)* « *, 1382 F* », 1382 G, 1382 H, 1382 I, 1383 E *bis*, 1383 G, 1383 G *bis* et 1383 G *ter*, du quatrième alinéa de l'article 1384 B ainsi que des articles 1388 *quinquies*, 1388 *quinquies* B, 1388 *quinquies* C, 1394 C, 1395 A *ter*, 1396, 1407, 1407 *bis*, 1407 *ter*, 1411, 1518 A, 1518 A *ter* et 1518 A *quater*. »

[b applicable à compter des impositions établies au titre de 2023]

b) Pour la première année suivant celle de la fusion lorsqu'elles sont prises en application des articles 1382 B, 1382 C, 1382 E *(Abrogé par Décr. nº 2020-897 du 22 juill. 2020, art. 1er)* « *, 1382 F* », 1382 G, 1382 H, 1382 I, 1383 E *bis*, 1383 G, 1383 G *bis* et 1383 G *ter*, du quatrième alinéa de l'article 1384 B ainsi que des articles 1388 *quinquies*, 1388 *quinquies* B, 1388 *quinquies* C, 1394 C, 1395 A *ter*, 1396, 1407, 1407 *bis*, 1407 *ter*, *(Abrogé par L. nº 2019-1479 du 28 déc. 2019, art. 16-I-E-16º et VII-E)* « *1411,* » 1518 A, 1518 A *ter* et 1518 A *quater*.

Art. 1639 B *Abrogé par L. nº 2010-1563 du 16 déc. 2010, art. 15-V.*

Art. 1640 I. — La commune nouvelle ou, par des délibérations de principe concordantes prises avant le 1er octobre de l'année précédant celle de sa création, les communes et, le cas échéant, l'établissement public de coopération intercommunale à fiscalité propre participant à sa création prennent les délibérations applicables à compter de l'année suivante sur son territoire en matière de taxe d'habitation *(L. nº 2019-1479 du 28 déc. 2019, art. 16-I-E-24º et VII-E, applicable à compter des impositions établies au titre de 2023)* « sur les résidences secondaires et autres locaux meublés non affectés à l'habitation principale », de taxe foncière sur les propriétés bâties, de taxe foncière sur les propriétés non bâties, de cotisation foncière des entreprises et de cotisation sur la valeur ajoutée des entreprises en application du III de l'article 1586 *nonies*.

II. — A défaut de délibérations prises dans les conditions prévues au I du présent article :

1º Les délibérations adoptées antérieurement par les communes participant à la création de la commune nouvelle sont maintenues dans les conditions suivantes :

[a et b applicables en vigueur à compter des impositions établies au titre de 2019]

a) Pour leur durée et leur quotité lorsqu'elles sont prises en application des articles 1382 D, 1382 E, 1383, 1383 A, 1383-0 B, 1383-0 B *bis*, 1383 B, 1383 C, 1383 C *bis*, 1383 C *ter*, 1383 D, 1383 E, 1383 H, 1383 I, *(L. nº 2017-1775 du 28 déc. 2017, art. 17)* « du II *(L. nº 2018-1317 du 28 déc. 2018, art. 135-I-18º-a)* « des articles 1383 F et 1383 J », » *(L. nº 2016-1917 du 29 déc. 2016, art. 94-I-4º-a)* « du premier alinéa de l'article 1384 B et des articles » 1384 E, 1388 *ter*, 1388 *quinquies*, 1395 A, 1395 A *bis*, 1395 B, 1395 G, 1464 B, 1464 D, 1465, 1465 A et 1465 B, des I, I *quinquies* A, I *quinquies* B, I *sexies* et I *septies* de l'article 1466 A et des articles *(L. nº 2017-1775 du 28 déc. 2017, art. 17)* « 1466 B » *(L. nº 2018-1317 du 28 déc. 2018, art. 135-I-18º-a)* « , 1466 B *bis* », 1466 D, 1466 E, 1466 F *(L. nº 2020-1721 du 29 déc. 2020, art. 120-I-5º-a et II, applicable aux créations et extensions d'établissements intervenues à compter du*

1er janv. 2021) « , **1478 *bis*** » et **1647-00 *bis*** et que ces dispositions sont en cours d'application ou sont applicables pour la première fois l'année où la création prend fiscalement effet ;

b) Pour l'année où la création de la commune prend fiscalement effet lorsqu'elles sont prises en application des articles **1382 B**, **1382 C**, **1383 E *bis***, **1383 G**, **1383 G *bis***, **1383 G *ter***, *(L. n° 2016-1917 du 29 déc. 2016, art. 94-I-4°-b)* « du troisième alinéa de l'article **1384 B** et des articles » **1388 *quinquies* A**, **1394 C**, **1407 *bis***, **1407 *ter*** et **1411**, du 3° de l'article **1459** et des articles **1464**, **1464 A**, **1464 H**, **1464 I**, *(L. n° 2018-1317 du 28 déc. 2018, art. 174-I-3°)* « **1464 I *bis***, » *(Abrogé par L. n° 2016-1917 du 29 déc. 2016, art. 67-I-B et II, pour les impositions établies au titre de 2017)* « **1464 L**, » *(L. n° 2016-1918 du 29 déc. 2016, art. 43-I-2° et II, applicable à compter des impositions établies au titre de 2017)* « **1464 M**, » **1469 A *quater***, **1518 A** et **1647 D** ;

[a et b applicables en vigueur à compter des impositions établies au titre de 2020]

(L. n° 2019-1479 du 28 déc. 2019, art. 16-I-E-15° et VII-A) « *a)* Pour leur durée et leur quotité lorsqu'elles sont prises en application des articles **1382 C *bis***, **1382 D**, **1382 E**, **1383**, **1383-0 B**, **1383-0 B *bis***, *(Abrogé par Décr. n° 2020-897 du 22 juill. 2020, art. 1er)* « ***1383 B***, » **1383 C *ter***, **1383 D**, **1383 E**, **1383 F**, **1383 H**, **1383 I** et **1383 J**, du IV de l'article **1384 A**, du premier alinéa de l'article **1384 B**, du III de l'article **1384 C**, des articles **1384 E**, **1384 F**, **1388 *ter***, **1388 *sexies***, **1388 *octies***, *(L. n° 2020-1721 du 29 déc. 2020, art. 130-I-2°)* « **1394 D**, » **1395 A**, **1395 A *bis***, **1395 B**, **1395 G**, **1396 *bis***, **1464 B**, **1464 D**, **1465**, **1465 A** et **1465 B**, des I, I ***quinquies* A**, I ***quinquies* B**, I ***sexies*** et I ***septies*** de l'article **1466 A** ainsi que des articles **1466 D**, **1466 E**, **1466 F** *(L. n° 2020-1721 du 29 déc. 2020, art. 120-I-5°-a et II, applicable aux créations et extensions d'établissements intervenues à compter du 1er janv. 2021)* « , **1478 *bis*** et **1647-00 *bis*** et que ces dispositions sont en cours d'application ou sont applicables pour la première fois l'année où la création prend fiscalement effet ;

« *b)* Pour l'année où la création de la commune nouvelle prend fiscalement effet lorsqu'elles sont prises en application des articles **1382 B**, **1382 C**, **1382 E** *(Abrogé par Décr. n° 2020-897 du 22 juill. 2020, art. 1er)* « , ***1382 F*** », **1382 G**, **1382 H**, **1382 I**, **1383 E *bis***, **1383 G**, **1383 G *bis*** et **1383 G *ter***, du troisième alinéa de l'article **1384 B**, des articles **1388 *quinquies***, **1388 *quinquies* B**, **1388 *quinquies* C**, **1394 C**, **1395 A *ter***, **1395 C**, **1396**, **1407**, **1407 *bis***, **1407 *ter***, **1411**, du 3° de l'article **1459** ainsi que des articles **1464**, **1464 A**, **1464 F**, **1464 G**, **1464 H**, **1464 I**, **1464 M**, **1469 A *quater***, **1518 A**, **1518 A *ter***, **1518 A *quater*** et **1647 D** ; »

[b applicable à compter des impositions établies au titre de 2023]

b) Pour l'année où la création de la commune nouvelle prend fiscalement effet lorsqu'elles sont prises en application des articles **1382 B**, **1382 C**, **1382 E** *(Abrogé par Décr. n° 2020-897 du 22 juill. 2020, art. 1er)* « , ***1382 F*** », **1382 G**, **1382 H**, **1382 I**, **1383 E *bis***, **1383 G**, **1383 G *bis*** et **1383 G *ter***, du troisième alinéa de l'article **1384 B**, des articles **1388 *quinquies***, **1388 *quinquies* B**, **1388 *quinquies* C**, **1394 C**, **1395 A *ter***, **1395 C**, **1396**, **1407**, **1407 *bis***, **1407 *ter***, *(Abrogé par L. n° 2019-1479 du 28 déc. 2019, art. 16-I-E-16° et VII-E)* « ***1411***, » du 3° de l'article **1459** ainsi que des articles **1464**, **1464 A**, **1464 F**, **1464 G**, **1464 H**, **1464 I**, **1464 M**, **1469 A *quater***, **1518 A**, **1518 A *ter***, **1518 A *quater*** et **1647 D** ; »

2° Les délibérations prises par l'établissement public de coopération intercommunale soumis aux dispositions de l'article **1609 *nonies* C** et participant à la création de la commune nouvelle en application du I de l'article **L. 2113-5** du code général des collectivités territoriales sont maintenues dans les conditions suivantes :

a) Pour leur durée et leur quotité lorsqu'elles sont prises en application des articles **1464 B**, **1464 D**, **1465**, **1465 A** et **1465 B**, des I, I ***quinquies* A**, I ***quinquies* B**, I ***sexies*** et I ***septies*** de l'article **1466 A** et des articles *(L. n° 2017-1775 du 28 déc. 2017, art. 17)* « **1466 B**, » *(L. n° 2018-1317 du 28 déc. 2018, art. 135-I-18°-b ; Décr. n° 2019-559 du 6 juin 2019, art. 1er)* « **1466 B *bis***, » **1466 D**, **1466 E** *(L. n° 2020-1721 du 29 déc. 2020, art. 120-I-5°-b et II, applicable aux créations et extensions d'établissements intervenues à compter du 1er janv. 2021)* « , **1466 F** et **1478 *bis*** » du présent code et que ces dispositions sont en cours d'application ou sont applicables pour la première fois l'année où la création prend fiscalement effet ;

b) Pour l'année où la création de la commune prend fiscalement effet lorsqu'elles sont prises en application du 3° de l'article **1459** et des articles **1464**, **1464 A**, *(L.*

n° 2019-1479 du 28 déc. 2019, art. 110-I-6°, applicable aux impositions établies au titre des années 2020 à 2023) **« 1464 F, 1464 G, » 1464 H, 1464 I,** *(L. n° 2018-1317 du 28 déc. 2018, art. 174-I-3°)* **« 1464 I *bis*, »** *(Abrogé par L. n° 2016-1917 du 29 déc. 2016, art. 67-I-B et II, pour les impositions établies au titre de 2017)* **« 1464 L, »** *(L. n° 2016-1918 du 29 déc. 2016, art. 43-I-2° et II, applicable à compter des impositions établies au titre de 2017)* **« 1464 M, » 1469 A *quater*, 1518 A et 1647 D.**

III. — A. — La commune nouvelle ou, par des délibérations de principe concordantes prises avant le 1er octobre de l'année précédant celle de sa création, les communes et, le cas échéant, l'établissement public de coopération intercommunale à fiscalité propre participant à sa création prennent les délibérations applicables à compter de l'année suivante sur son territoire en matière de taxes prévues aux articles *(Abrogé par L. n° 2018-1317 du 28 déc. 2018, art. 191-I-B et III, à compter du 1er janv. 2019)* **« 1528, » 1529** *(L. n° 2016-1918 du 29 déc. 2016, art. 75-I-6° et V, en vigueur le 1er janv. 2017)* **« et 1530 ».**

B. — A défaut de délibérations prises dans les conditions prévues au A du présent III, les délibérations adoptées antérieurement par les communes et, le cas échéant, par l'établissement public de coopération intercommunale à fiscalité propre participant à la création de la commune sont maintenues pour l'année où la création de la commune prend fiscalement effet, hormis celles relatives à la taxe prévue à l'article 1530.

Art. 1640 A *Périmé.*

Art. 1640 B I. — Pour le calcul des impositions à la cotisation foncière des entreprises au titre de l'année 2010, les communes et établissements publics de coopération intercommunale à fiscalité propre votent un taux relais, dans les conditions et limites prévues pour le taux de la taxe professionnelle par le présent code dans sa rédaction en vigueur au 31 décembre 2009, à l'exception du 4 du I de l'article 1636 B *sexies*.

Les impositions à la cotisation foncière des entreprises établies au titre de l'année 2010 sont perçues au profit du budget général de l'État. Elles sont calculées en faisant application des délibérations relatives aux exonérations et abattements prévues au I du 5. 3. 2 de l'article 2 de la loi n° 2009-1673 du 30 décembre 2009 de finances pour 2010 et en appliquant les taux communaux et intercommunaux de référence définis aux 1 à 6 du I de l'article 1640 C.

L'État perçoit 3 % du montant des impositions de cotisation foncière des entreprises établies au titre de l'année 2010. Ces sommes sont ajoutées au montant de ces impositions.

II. — 1. *a)* Par dérogation aux dispositions des articles L. 2331-3, L. 3332-1, L. 4331-2, L. 5214-23, L. 5215-32, *(Décr. n° 2017-698 du 2 mai 2017, art. 1er)* **« et L. 5216-8 » du code général des collectivités territoriales et des articles 1379, 1586, 1599 *bis*, 1609 *bis*, 1609 *quinquies* C, 1609 *nonies* B et 1609 *nonies* C du présent code, les collectivités territoriales, à l'exception de la région Île-de-France, et les établissements publics de coopération intercommunale dotés d'une fiscalité propre reçoivent au titre de l'année 2010, en lieu et place du produit de la taxe professionnelle, une compensation relais.**

Le montant de cette compensation relais est, pour chaque collectivité ou établissement public de coopération intercommunale à fiscalité propre, égal au plus élevé des deux montants suivants :

— le produit de la taxe professionnelle qui résulterait pour cette collectivité territoriale ou cet établissement public de l'application, au titre de l'année 2010, des dispositions relatives à cette taxe dans leur version en vigueur au 31 décembre 2009. Toutefois, pour le calcul de ce produit, d'une part, il est fait application des délibérations applicables en 2009 relatives aux bases de taxe professionnelle, d'autre part, le taux retenu est le taux de taxe professionnelle de la collectivité territoriale ou de l'établissement public pour les impositions au titre de l'année 2009 dans la limite du taux voté pour les impositions au titre de l'année 2008 majoré de 1 % ;

— le produit de la taxe professionnelle de la collectivité territoriale ou de l'établissement public au titre de l'année 2009.

Pour les établissements publics de coopération intercommunale faisant application, en 2009, de l'article 1609 *nonies* C et qui fusionnent au 1er janvier 2010, le montant de la compensation relais est, à la demande du conseil de la communauté résultant de

la fusion, formulée par une délibération prise avant le 1er mars 2010, égal à la somme des montants de compensation relais de chacun des établissements publics de coopération intercommunale participant à la fusion, établis distinctement pour chacun de ces établissements.

b) Par dérogation aux dispositions de l'article L. 4414-2 du code général des collectivités territoriales et de l'article 1599 *quinquies* du présent code, la région Île-de-France reçoit au titre de l'année 2010, en lieu et place de la taxe additionnelle à la taxe professionnelle prévue au deuxième alinéa du I de l'article 1599 *quinquies*, une compensation relais.

Le montant de cette compensation relais est égal au plus élevé des deux montants suivants :

– le produit de cette taxe additionnelle qui résulterait de l'application, au titre de l'année 2010, des dispositions relatives à cette taxe dans leur version en vigueur au 31 décembre 2009. Toutefois, pour le calcul de ce produit, d'une part, il est fait application des délibérations applicables en 2009 relatives aux bases de cette taxe, d'autre part, le taux retenu est le taux de cette taxe additionnelle voté par le conseil régional pour les impositions au titre de l'année 2009 dans la limite du taux voté pour les impositions au titre de l'année 2008 majoré de 1 % ;

– le produit de cette taxe additionnelle au titre de l'année 2009.

2. Pour chaque commune ou établissement public de coopération intercommunale à fiscalité propre, la compensation relais définie au 1 est augmentée du produit des bases communales ou intercommunales de cotisation foncière des entreprises des établissements situés sur le territoire de cette commune ou de cet établissement imposées au profit du budget général de l'État conformément au deuxième alinéa du I par la différence, si elle est positive, entre le taux relais voté par cette commune ou cet établissement public conformément au premier alinéa du même I et le taux de taxe professionnelle voté par cette commune ou cet établissement public pour les impositions au titre de l'année 2009, multipliée par un coefficient de 0,84.

3. Pour l'application des 1 et 2 :

a) Lorsqu'un établissement public de coopération intercommunale fait application en 2010 de l'article 1609 *nonies* C et n'en faisait pas application en 2009, n'existait pas en 2009 ou avait en 2009 un périmètre différent de celui de l'année 2010 :

– le produit de la taxe professionnelle de l'année 2009 s'entend de la somme des produits de l'année 2009 des communes qui sont membres dudit établissement en 2010 et des produits de l'année 2009, afférents au territoire de ces communes, des établissements publics de coopération intercommunale à fiscalité propre dont elles étaient membres en 2009 ;

– le taux de l'année 2009 s'entend de la moyenne des taux communaux applicables en 2009 sur chaque partie de son territoire, pondérés par l'importance des bases imposées à leur profit au titre de 2009. Pour le calcul de cette moyenne, les taux communaux applicables en 2009 s'entendent, pour chaque partie de territoire, de la somme des taux de taxe professionnelle de la commune et de l'établissement public de coopération intercommunale à fiscalité propre ;

b) Lorsqu'une commune était membre en 2009 d'un établissement public de coopération intercommunale faisant application de l'article 1609 *nonies* C et n'est plus membre en 2010 d'un tel établissement public, le produit de taxe professionnelle de l'année 2009 s'entend du produit intercommunal de l'année 2009 afférent à son territoire et le taux 2009 s'entend du taux intercommunal de l'année 2009 applicable sur son territoire ;

c) Lorsqu'un établissement public de coopération intercommunale fait application en 2010 de l'article 1609 *nonies* C et n'en faisait pas application en 2008, n'existait pas en 2008 ou avait en 2008 un périmètre différent de celui de l'année 2010, le taux de *l'année 2008 s'entend* de la moyenne des taux communaux applicables en 2008 sur chaque partie de son territoire, pondérés par l'importance des bases imposées à leur profit au titre de 2008. Pour le calcul de cette moyenne, les taux communaux applicables en 2008 s'entendent pour chaque partie de territoire de la somme des taux de taxe professionnelle de la commune et de l'établissement public de coopération intercommunale à fiscalité propre ;

d) Lorsqu'une commune était membre en 2008 d'un établissement public de coopération intercommunale faisant application de l'article 1609 *nonies* C et n'est plus membre en 2010 d'un tel établissement public, le taux 2008 s'entend du taux intercommunal de taxe professionnelle applicable en 2008 sur son territoire ;

e) Sous réserve des dispositions du *f*, les établissements publics de coopération intercommunale à fiscalité additionnelle créés à compter du 1er janvier 2010 peuvent se voir attribuer une fraction de la compensation relais de leurs communes membres. Cette fraction est décidée par délibérations concordantes de l'organe délibérant de l'établissement public et des conseils municipaux se prononçant dans les conditions de majorité requise pour la création de l'établissement public de coopération intercommunale. Le montant de la compensation relais perçue par chaque commune membre est réduit à due concurrence de cette fraction ;

f) Lorsqu'un établissement public de coopération intercommunale à fiscalité additionnelle est issu d'une fusion prenant effet sur le plan fiscal en 2010, ou avait en 2009 un périmètre différent de celui de l'année 2010, le produit de taxe professionnelle 2009 s'entend de la somme des produits de taxe professionnelle des établissements publics fusionnés et le taux de taxe professionnelle de l'année 2009 s'entend du rapport entre ce produit et les bases correspondantes.

Lorsqu'un établissement public de coopération intercommunale à fiscalité additionnelle est issu d'une fusion prenant effet sur le plan fiscal en 2009 ou 2010, ou avait en 2008 un périmètre différent de celui de l'année 2010, le taux de taxe professionnelle de l'année 2008 s'entend du rapport entre les produits intercommunaux de taxe professionnelle de l'année 2008 et les bases correspondantes.

III. – Les services fiscaux opèrent sur les bases de taxe professionnelle de 2010 les contrôles qu'ils auraient opérés si la taxe professionnelle avait été acquittée en 2010. La compensation relais versée en 2010 aux collectivités territoriales en application du II fait l'objet d'une actualisation correspondant aux contrôles effectués jusqu'au 30 juin 2012.

IV. – Pour l'application des 1 et 2 du II, les bases de taxe professionnelle des communes et établissements publics de coopération intercommunale s'entendent comme incluant les bases antérieurement écrêtées en application des articles 1648 A et 1648 AA du code général des impôts dans leur rédaction en vigueur au 31 décembre 2009.

Art. 1640 C I. – Pour l'application du deuxième alinéa du I de l'article 1640 B, les taux communaux et intercommunaux de référence sont définis comme suit :

1. Pour les communes qui ne sont pas membres en 2010 d'un établissement public de coopération intercommunale à fiscalité propre, le taux communal de référence est la somme :

a) Du taux communal relais déterminé conformément au premier alinéa du I de l'article 1640 B ;

b) Des taux départemental et régional de taxe professionnelle applicables sur le territoire de la commune pour les impositions au titre de l'année 2009, déterminés, le cas échéant, dans les conditions prévues au 7 ;

c) Le cas échéant, du taux de la cotisation de péréquation prévue par l'article 1648 D applicable dans la commune pour les impositions au titre de l'année 2009.

2. Pour les établissements publics de coopération intercommunale soumis au régime *fiscal prévu à l'article* 1609 *nonies* C, le taux intercommunal de référence est, sans préjudice de l'application du 4, la somme :

a) Du taux intercommunal relais déterminé conformément au premier alinéa du I de l'article 1640 B ;

b) Des taux départemental et régional de taxe professionnelle applicables sur le territoire de l'établissement public de coopération intercommunale pour les impositions au titre de l'année 2009, déterminés, le cas échéant, dans les conditions prévues au 7 ;

c) Le cas échéant, du taux de la cotisation de péréquation prévue par l'article 1648 D applicable sur le territoire de l'établissement public de coopération intercommunale pour les impositions au titre de l'année 2009.

3. 1° Pour les établissements publics de coopération intercommunale à fiscalité additionnelle, le taux intercommunal de référence est la somme :

a) D'une part, du taux intercommunal relais déterminé conformément au premier alinéa du I de l'article 1640 B ;

b) D'autre part, d'une fraction de la somme des taux départemental et régional de taxe professionnelle applicables sur le territoire de l'établissement public de coopération intercommunale pour les impositions au titre de l'année 2009, déterminés, le cas échéant, dans les conditions prévues au 7.

Corrélativement, pour les communes membres en 2010 de ces établissements publics de coopération intercommunale, le taux communal de référence est la somme :

c) D'une part, du taux communal relais déterminé conformément au premier alinéa du I de l'article 1640 B ;

d) D'autre part, de la fraction complémentaire de la somme mentionnée au *b* ;

e) Le cas échéant, du taux de la cotisation de péréquation prévue par l'article 1648 D applicable dans la commune pour les impositions au titre de l'année 2009.

La fraction destinée à l'établissement public de coopération intercommunale, mentionnée au *b*, est le rapport, exprimé en pourcentage, entre, d'une part, le taux intercommunal relais mentionné au *a* et, d'autre part, la somme de ce taux et de la moyenne des taux communaux relais des communes membres mentionnés au *c*, pondérée par l'importance relative des bases retenues pour le calcul de la compensation relais versée à ces communes en application du deuxième alinéa du *a* du 1 du II de l'article 1640 B.

La fraction complémentaire destinée aux communes, mentionnée au *d*, est le complémentaire à 100 % de la fraction définie à l'alinéa précédent.

2° Les taux intercommunaux de référence afférents aux régimes prévus au II de l'article 1609 *quinquies* C dans sa rédaction en vigueur au 31 décembre 2009 sont déterminés selon des modalités identiques à celles décrites au 2 pour les établissements publics de coopération intercommunale soumis au régime fiscal prévu à l'article 1609 *nonies* C dans sa rédaction en vigueur au 31 décembre 2009.

4. Lorsque l'application en 2010 des dispositions relatives à la taxe professionnelle dans leur rédaction en vigueur au 31 décembre 2009 aurait conduit à l'application d'une des procédures de réduction progressive des écarts de taux de taxe professionnelle prévues au 1° du III de l'article 1609 *nonies* C, à l'article 1638, au troisième alinéa du 1 du III de l'article 1638-0 *bis* et au I de l'article 1638 *quater*, le taux de référence utilisé pour l'application du I de l'article 1640 B dans chaque commune ou portion de commune concernée est la somme :

a) D'une part, du taux déterminé conformément aux 1 à 3 ;

b) D'autre part, de la différence qui aurait résulté de l'application de ces procédures entre le taux communal ou intercommunal de taxe professionnelle voté et le taux de taxe professionnelle applicable.

5. Les taux de référence définis aux 1 à 4 sont multipliés par un coefficient de 0,84.

6. Les taux de référence définis aux 1 à 4 et corrigés conformément au 5 sont multipliés par un coefficient de 1,0485.

7. Pour l'application des 1 à 3 à des établissements publics de coopération intercommunale dotés d'une fiscalité propre dont le territoire se situe sur celui de plusieurs départements, le taux départemental de taxe professionnelle de 2009 à prendre en compte s'entend de la moyenne des taux départementaux de taxe professionnelle de 2009 concernés, pondérés par l'importance relative des bases de cette taxe notifiées aux départements au titre de l'année 2009 et situées dans le territoire de l'établissement public de coopération intercommunale.

Pour l'application des 1 à 3 à des établissements publics de coopération intercommunale dotés d'une fiscalité propre dont le territoire se situe sur celui de plusieurs régions, le taux régional de taxe professionnelle de 2009 à prendre en compte s'entend de la moyenne des taux régionaux de taxe professionnelle de 2009 concernés, pondérés par l'importance relative des bases de cette taxe notifiées aux régions au titre de l'année 2009 et situées dans le territoire de l'établissement public de coopération intercommunale.

II. — *Abrogé par L. n° 2010-1657 du 29 déc. 2010, art. 108-XII-A-2° et XXII.*

III. — Pour l'application du I aux communes, établissements publics de coopération intercommunale dotés d'une fiscalité propre et départements dont le territoire se situe au moins en partie dans la région Île-de-France, les taux régionaux s'entendent pour cette région des taux de l'année 2009 de la taxe additionnelle à la taxe professionnelle prévue à l'article 1599 *quinquies* dans sa rédaction en vigueur au 31 décembre 2009.

IV. – Pour l'application au titre de l'année 2010 du 4° du II de l'article 1635 *sexies*, le taux moyen pondéré national de cotisation foncière des entreprises de l'année précédente s'entend du taux moyen pondéré national de la taxe professionnelle de l'année 2009, multiplié par un coefficient de 0,84.

V. – Pour l'application, au titre de l'année 2011, de l'article 1636 B *sexies*, les taux de référence relatifs à l'année 2010 retenus pour la fixation du taux de la cotisation foncière des entreprises, de taxe d'habitation et des taxes foncières sont calculés dans les conditions prévues au présent V.

A. – Les taux de référence de cotisation foncière des entreprises relatifs à l'année 2010 sont les taux définis aux 1 à 4 du I, corrigés conformément aux 5 et 6 du I.

B. – Les taux de référence de taxe foncière sur les propriétés bâties sont calculés de la manière suivante :

1. Pour les communes et établissements publics de coopération intercommunale à fiscalité propre, ce taux est le taux de l'année 2010. Ce taux ne fait pas l'objet de la correction prévue au IX ;

2. Pour les départements, le taux de référence relatif à l'année 2010 est la somme :

a) D'une part, du taux départemental de l'année 2010 ;

b) D'autre part, du taux régional de taxe foncière sur les propriétés bâties appliqué en 2010 sur le territoire du département.

Ce taux de référence est corrigé dans les conditions prévues au IX.

C. – Les taux de référence de taxe d'habitation sont calculés de la manière suivante :

1. Pour les communes qui ne sont pas membres d'un établissement public de coopération intercommunale à fiscalité propre en 2011, le taux de référence relatif à l'année 2010 est la somme ;

a) D'une part, du taux communal de l'année 2010 ;

b) D'autre part, du taux départemental de taxe d'habitation appliqué en 2010 sur le territoire de la commune, déterminé, le cas échéant, dans les conditions prévues au V *bis*.

Ce taux de référence est corrigé dans les conditions prévues au IX.

Pour les communes membres en 2011 d'un établissement public de coopération intercommunale soumis au régime fiscal prévu à l'article 1609 *nonies* C, le taux de référence relatif à l'année 2010 est le taux communal de cette même année. Ce taux de référence ne fait pas l'objet de la correction prévue au IX ;

2. Pour les établissements publics de coopération intercommunale soumis au régime fiscal prévu à l'article 1609 *nonies* C, le taux de référence relatif à l'année 2010 est la somme :

a) D'une part, du taux intercommunal de l'année 2010 ;

b) D'autre part, du taux départemental de taxe d'habitation appliqué en 2010 sur son territoire, déterminé, le cas échéant, dans les conditions prévues au V *bis*.

Ce taux de référence est corrigé dans les conditions prévues au IX ;

3. Pour les établissements publics de coopération intercommunale à fiscalité additionnelle, le taux de référence relatif à l'année 2010 est la somme :

a) D'une part, du taux intercommunal de l'année 2010 ;

b) D'autre part, d'une fraction du taux départemental de taxe d'habitation appliqué en 2010 sur le territoire de l'établissement public de coopération intercommunale, déterminé, le cas échéant, dans les conditions prévues au V *bis*.

Ce taux de référence est corrigé dans les conditions prévues au IX.

Corrélativement, pour les communes membres de ces établissements publics de coopération intercommunale en 2011, le taux de référence relatif à l'année 2010 est la somme :

c) D'une part, du taux communal de l'année 2010 ;

d) D'autre part, de la fraction complémentaire du taux départemental de taxe d'habitation appliqué en 2010 sur le territoire de l'établissement public de coopération intercommunale, déterminé, le cas échéant, dans les conditions prévues au V *bis*.

Ce taux de référence est corrigé dans les conditions prévues au IX.

La fraction mentionnée au *b* est celle définie au huitième alinéa du 1° du 3 du I. Toutefois, pour les établissements publics de coopération intercommunale faisant application des dispositions du II de l'article 1609 *quinquies* C dans sa rédaction en vigueur au 31 décembre 2009, cette fraction est égale au rapport, exprimé en pourcentage, entre, d'une part, la compensation relais versée à l'établissement public de coopération intercommunale en application des 1 et 2 du II de l'article 1640 B et, d'autre part, la somme de cette compensation relais et de celles versées aux communes en application de ces mêmes alinéas.

La fraction complémentaire destinée aux communes membres d'un établissement public de coopération intercommunale à fiscalité additionnelle, mentionnée au *d* du présent 3, est le complémentaire à 100 % de la fraction définie au neuvième alinéa du 1° du 3 du I et celle destinée aux communes membres d'un établissement public de coopération intercommunale faisant application des dispositions du II de l'article 1609 *quinquies* C dans sa rédaction en vigueur au 31 décembre 2009 est le complémentaire à 100 % de la fraction définie à la seconde phrase du neuvième alinéa du présent 3.

D. — Les taux de référence de taxe foncière sur les propriétés non bâties sont calculés de la manière suivante :

1. Pour les communes membres en 2011 d'un établissement public de coopération intercommunale soumis au régime fiscal prévu à l'article 1609 *nonies* C, le taux de référence relatif à l'année 2010 est le taux communal de cette même année. Ce taux de référence ne fait pas l'objet de la correction prévue au IX.

Pour les communes autres que celles visées au premier alinéa, le taux de référence relatif à l'année 2010 est le taux communal de cette même année. Ce taux de référence est corrigé dans les conditions prévues au IX ;

2. Pour les établissements publics de coopération intercommunale à fiscalité propre, le taux de référence relatif à l'année 2010 est le taux intercommunal de cette même année. Ce taux de référence est corrigé dans les conditions prévues au IX.

V *bis*. — Pour l'application du V à des établissements publics de coopération intercommunale à fiscalité propre dont le territoire se situe sur celui de plusieurs départements, le taux départemental 2010 à prendre en compte s'entend, pour chaque taxe, de la moyenne des taux départementaux 2010 concernés, pondérés par l'importance relative des bases notifiées aux départements au titre de l'année 2010 et situées dans le territoire de cet établissement public de coopération intercommunale.

Pour l'application du V à des établissements publics de coopération intercommunale à fiscalité propre dont le territoire se situe sur celui de plusieurs régions, le taux régional 2010 à prendre en compte s'entend, pour chaque taxe, de la moyenne des taux régionaux 2010 concernés, pondérés par l'importance relative des bases notifiées aux régions au titre de l'année 2010 et situées dans le territoire de cet établissement public de coopération intercommunale.

VI. — A. — Les taux de référence définis au V sont également retenus pour l'application en 2011 des articles 1636 B *septies*, 1636 B *decies*, 1638-0 *bis*, 1638 *quater* et 1638 *quinquies* et du second alinéa du III de l'article 1639 A.

Lorsque ces articles mentionnent des taux moyens de l'année 2010, ceux-ci s'entendent des moyennes des taux de référence définis au V, les pondérations éventuellement utilisées pour le calcul de ces moyennes n'étant pas modifiées.

Toutefois, pour l'application des quatrième, cinquième et sixième alinéas du II de l'article 1636 B *decies*, les taux moyens relatifs à l'année 2010 s'entendent, pour la cotisation foncière des entreprises, des moyennes des taux relais définis au I de l'article 1640 B et, pour la taxe d'habitation et les taxes foncières, des taux appliqués en 2010 ; pour l'application des II et III de l'article 1609 *nonies* C, du neuvième alinéa du I de l'article 1638-0 *bis*, des II et III du même article et du I de l'article 1638 *quinquies*, les taux moyens de cotisation foncière des entreprises relatifs à l'année 2010 s'entendent des moyennes des taux relais définis au I de l'article 1640 B, ces moyennes étant majorées puis corrigées conformément aux 2, 5 et 6 du I pour déterminer le taux maximum de cotisation foncière des entreprises qui peut être voté en 2011.

Les taux de référence définis au V ainsi que le deuxième alinéa du présent A sont également retenus pour l'application en 2012 du premier alinéa du 3° du II de l'article 1636 B decies et pour l'application en 2013 du second alinéa du même 3°.

B. — Pour l'application, à compter de l'année 2011, des procédures de réduction des écarts de taux prévues au *b* du 1° du III de l'article 1609 *nonies* C, à l'article 1638, au troisième alinéa du III de l'article 1638-0 *bis* et au I de l'article 1638 *quater* :

1. Lorsque la période d'intégration des taux commence en 2010 et ne se termine pas en 2011, les écarts de taux résiduels 2010 sont calculés sur la base de taux de référence relatifs à l'année 2010 déterminés conformément au V ; les écarts ainsi recalculés sont, chaque année à compter de 2011, réduits par parts égales, en proportion du nombre d'années restant à courir jusqu'à l'application d'un taux unique ;

2. Lorsque la période d'intégration des taux commence en 2011, les écarts de taux sont calculés à partir des taux de référence relatifs à l'année 2010 définis au I.

C. – Pour les établissements publics de coopération intercommunale qui font application de l'article 1609 *nonies* C pour la première fois en 2011 ou qui avaient voté en 2010 des taux nuls pour la taxe d'habitation et les taxes foncières, le taux de référence défini au C du V est ajouté au taux de taxe d'habitation déterminé conformément aux deuxième et troisième alinéas du II du même article 1609 *nonies* C.

VII. – Pour l'application au titre de l'année 2011 du 4° du II de l'article 1635 *sexies*, les taux de cotisation foncière des entreprises appliqués l'année précédente par l'ensemble des collectivités s'entendent des taux de référence définis au I pour ces collectivités.

VIII. – *Abrogé.*

IX. – Une correction des taux de référence est opérée :

1° Pour les taux de taxe d'habitation des établissements publics de coopération intercommunale dotés d'une fiscalité propre ne faisant pas application de l'article 1609 *nonies* C, de leurs communes membres ainsi que des communes n'appartenant pas en 2011 à un établissement public de coopération intercommunale à fiscalité propre, en multipliant le taux de référence par 1,0340 ;

2° Pour les taux de taxe foncière sur les propriétés non bâties des établissements et communes visés au 1°, en multipliant les taux de référence par 1,0485 ;

3° Pour les taux de taxe d'habitation des établissements publics de coopération intercommunale faisant application de l'article 1609 *nonies* C, en multipliant le taux de référence par 1,0340 puis en lui ajoutant la moyenne des taux communaux de taxe d'habitation applicables en 2010 dans les communes membres, pondérés par l'importance relative des bases de taxe d'habitation de ces communes telles qu'issues des rôles généraux établis au titre de l'année 2010 et multipliés par 0,0340 ;

4° Pour les taux de taxe foncière sur les propriétés non bâties des établissements visés au 3°, en multipliant le taux de référence par 1,0485 puis en lui ajoutant la moyenne des taux communaux de cette taxe applicables en 2010 dans les communes membres, pondérés par l'importance relative des bases communales de cette même taxe telles qu'issues des rôles généraux établis au titre de l'année 2010 et multipliés par 0,0485 ;

5° Pour les taux de la taxe foncière sur les propriétés bâties des départements, en multipliant le taux de référence par 1,0485 puis en lui ajoutant la moyenne des taux communaux de cette taxe applicables en 2010 dans le département, pondérés par l'importance relative des bases communales de cette même taxe telles qu'issues des rôles généraux établis au titre de l'année 2010 et multipliés par 0,0485.

Pour l'application du premier alinéa du présent 5°, le taux communal de taxe foncière sur les propriétés bâties est le cas échéant augmenté du taux de cette même taxe voté par l'établissement public de coopération intercommunale à fiscalité propre pour les impositions au titre de la même année.

6° Il n'est procédé à aucune correction pour les taux de taxe d'habitation, de taxe foncière sur les propriétés bâties et de taxe foncière sur les propriétés non bâties des communes membres en 2011 des établissements visés au 3°.

X. – Pour l'application des V et V *bis* aux communes, établissements publics de coopération intercommunale à fiscalité propre et départements dont le territoire se situe au moins en partie dans la région d'Île-de-France, les taux régionaux de taxe foncière sur les propriétés bâties s'entendent des taux de l'année 2010 de la taxe additionnelle à la taxe foncière sur les propriétés bâties prévue à l'article 1599 *quinquies* dans sa rédaction en vigueur au 1er janvier 2010.

Art. 1640 D Les communes qui n'étaient pas membres d'un établissement public de coopération intercommunale à fiscalité propre au 1er janvier 2011 et qui se rattachent à un établissement public de coopération intercommunale à fiscalité additionnelle bénéficiaire en 2011 du transfert de la part départementale de taxe d'habitation peuvent décider que le taux de référence retenu pour le vote du taux de taxe d'habitation *(L. n° 2019-1479 du 28 déc. 2019, art. 16-I-E-17° et VII-E, applicable à compter des impositions établies au titre de 2023)* « sur les résidences secondaires et autres locaux meublés non affectés à l'habitation principale » applicable l'année où leur rattachement prend fiscalement effet est, pour l'application de l'article 1636 B *sexies*, diminué du nombre de points correspondant à la fraction mentionnée au premier alinéa du *b* du 3 du C du V de l'article 1640 C multipliée par 1,034.

Cette décision résulte d'une délibération prise avant le 31 janvier de l'année au cours de laquelle le rattachement prend fiscalement effet. Elle est soumise à la notification prévue à l'article 1639 A, au plus tard quinze jours après la date limite prévue pour son adoption.

Les dispositions de l'art. ci-dessus s'appliquent à compter du 1er janv. 2014. Elles s'appliquent également, pour le vote des taux des impositions établies au titre de l'année 2014, aux communes dont l'effet fiscal du rattachement à un établissement public de coopération intercommunale à fiscalité additionnelle bénéficiaire en 2011 du transfert de la part départementale de taxe d'habitation est antérieur au 1er janv. 2014. La décision mentionnée au deuxième al. du A résulte alors d'une délibération prise avant le 31 janv. 2014. Elle est soumise à la notification prévue à l'art. 1639 A, au plus tard quinze jours après la date limite prévue pour son adoption (L. n° 2013-1279 du 29 déc. 2013, art. 45-VI-B).

Art. 1640 E Pour l'application du 1 du I de l'article 1636 B *sexies* aux communes situées sur le territoire de la métropole du Grand Paris qui étaient membres au 1er janvier 2015 d'un établissement public de coopération intercommunale à fiscalité propre, le taux de référence de la taxe d'habitation, de la taxe foncière sur les propriétés bâties et de la taxe foncière sur les propriétés non bâties relatif à l'année 2016 est égal à la somme :

a) D'une part, du taux communal de l'année 2015 ;

b) Et, d'autre part, du taux intercommunal de l'année 2015.

Art. 1640 F *(Ord. n° 2018-75 du 8 févr. 2018, art. 1er et 18, applicable à compter des impositions établies au titre de 2019)* Pour l'application du 1 du I de l'article 1636 B *sexies* à la Ville de Paris, le taux de référence de la taxe foncière sur les propriétés bâties relatif à l'année 2019 est égal à la somme du taux communal de l'année 2018 et du taux départemental de la même année.

Art. 1640 G *(L. n° 2019-1479 du 28 déc. 2019, art. 16-II-D-1° et VII-B, applicable à compter des impositions établies au titre de 2021)* I. — 1. Pour l'application de l'article 1636 B *sexies*, le taux de référence communal de la taxe foncière sur les propriétés bâties relatif à l'année 2021 est égal à la somme des taux communal et départemental appliqués en 2020 sur le territoire de la commune.

Le premier alinéa du présent 1 n'est pas applicable à la Ville de Paris.

2. Par dérogation au premier alinéa du 1, pour l'application de l'article 1636 B *sexies*, le taux de référence communal de la taxe foncière sur les propriétés bâties des communes de la métropole de Lyon relatif à l'année 2021 est égal à la somme du taux communal appliqué en 2020 et du taux appliqué en 2014 au profit du département du Rhône.

II. — Le taux de référence de la taxe foncière sur les propriétés bâties pour la métropole de Lyon relatif à l'année 2021 est égal au taux de la métropole de Lyon appliqué en 2020, diminué du taux appliqué en 2014 au profit du département du Rhône.

Art. 1640 H *(L. n° 2019-1479 du 28 déc. 2019, art. 16-I-E-18° et VII-E, applicable à compter des impositions établies au titre de 2023)* Pour l'application des articles 1609 *nonies* C, 1636 B *sexies*, 1636 B *decies*, 1638-0 *bis*, 1638 et 1638 *quater* aux communes et aux établissements publics de coopération intercommunale à fiscalité propre, les taux de référence de la taxe d'habitation sur les résidences secondaires et autres locaux meublés non affectés à l'habitation principale relatifs à l'année 2023 sont égaux aux taux de taxe d'habitation appliqués respectivement sur le territoire de la commune et de l'établissement en 2022.

CHAPITRE II **FRAIS D'ASSIETTE, DE NON-VALEURS ET DE RECOUVREMENT**

SECTION PREMIÈRE **TAXES ÉTABLIES ET RECOUVRÉES COMME EN MATIÈRE DE CONTRIBUTIONS DIRECTES AU PROFIT DES COLLECTIVITÉS LOCALES ET ORGANISMES DIVERS**

Art. 1641 **I. — A. — En contrepartie des frais de dégrèvement et de non-valeurs qu'il prend à sa charge, l'État perçoit 2 % du montant des taxes suivantes :**

***a)* Taxe foncière sur les propriétés bâties ;**

***b)* Taxe foncière sur les propriétés non bâties ;**

***c)* Taxe d'habitation** *(L. nº 2019-1479 du 28 déc. 2019, art. 16-I-E-19º et VII-E, applicable à compter des impositions établies au titre de 2023)* **« sur les résidences secondaires et autres** *[ancienne rédaction : due pour les]* **» locaux meublés non affectés à l'habitation principale ;**

***d)* Cotisation foncière des entreprises ;**

***e)* Imposition forfaitaire sur les entreprises de réseaux prévue aux articles 1519 D, 1519 E, 1519 F, 1519 G, 1519 H, 1519 HA,** *(L. nº 2019-1479 du 28 déc. 2019, art. 143-5º)* **« 1519 HB, » 1599 *quater* A, 1599 *quater* A *bis* et 1599 *quater* B ;**

***f)* Taxe additionnelle à la taxe foncière sur les propriétés non bâties prévue à l'article 1519 I. ;**

***g)* Taxe pour la gestion des milieux aquatiques et la prévention des inondations prévue à l'article 1530 *bis* ;**

(L. nº 2018-1317 du 28 déc. 2018, art. 23-I-3º-a) **« *h)* Par dérogation au *d* du 1 du B, la taxe d'enlèvement des ordures ménagères au titre des cinq premières années au cours desquelles est mise en œuvre la part incitative mentionnée au I de l'article 1522 *bis*. »**

B. — 1. En contrepartie des frais de dégrèvement visés au A, l'État perçoit 3,6 % du montant des taxes suivantes :

***a)* Taxe pour frais de chambres d'agriculture ;**

***b)* Taxe** *(L. nº 2019-1479 du 28 déc. 2019, art. 59-I-D)* **« additionnelle à la cotisation foncière des entreprises mentionnée au II de l'article 1600 » ;**

***c)* Taxe pour frais de chambres de métiers et de l'artisanat ;**

***d)* Taxe d'enlèvement des ordures ménagères** *(L. nº 2018-1317 du 28 déc. 2018, art. 23-I-3º-b)* **« , sauf dans le cas prévu au *h* du A » ;**

(Abrogé par L. nº 2018-1317 du 28 déc. 2018, art. 191-I-C et III, à compter du 1er janv. 2019) « e) Taxe de balayage. »

2. Sauf dispositions contraires, il en est de même pour les contributions et taxes qui sont établies et recouvrées comme en matière de contributions directes au profit des collectivités territoriales, de leurs établissements publics de coopération intercommunale et de fonds, établissements ou organismes divers.

*(Abrogé par L. nº 2019-1479 du 28 déc. 2019, art. 16-I-B-9º et VII-B, à compter des impositions établies au titre de 2021) **« 3. En contrepartie des dégrèvements prévus à l'article** (L. nº 2017-1837 du 30 déc. 2017, art. 5, applicable à compter des impositions établies au titre de 2020) **« 1414 C** [ancienne rédaction : 1414 A] **», l'État perçoit :***

***« 1º Un prélèvement assis sur les valeurs locatives servant de base à la taxe d'habitation diminuées des abattements votés par la commune en application de l'article 1411. Les redevables visés aux articles 1414** (L. nº 2017-1837 du 30 déc. 2017, art. 5, applicable à compter des impositions établies au titre de 2018) **« , 1414 A et 1414 C » en sont toutefois exonérés pour leur habitation principale.** — La référence « , 1414 A » est abrogée à compter des impositions établies au titre de 2020 (L. nº 2017-1837 du 30 déc. 2017, art. 5).*

« Le taux de ce prélèvement est fixé comme suit :

« a) Locaux d'habitation non affectés à l'habitation principale dont la valeur locative est :

« — supérieure à 7 622 € : 1,7 % ;

« — inférieure ou égale à 7 622 € et supérieure à 4 573 € : 1,2 % ;

« b) Autres locaux dont la valeur locative est supérieure à 4 573 € : 0,2 % ;

« 2º Un prélèvement égal à 1,5 % en sus du montant de la taxe d'habitation due pour les locaux meublés non affectés à l'habitation principale. »

II. – Pour les frais d'assiette et de recouvrement, l'État perçoit 1 % du montant des taxes visées au A du I *(Abrogé par L. n° 2019-1479 du 28 déc. 2019, art. 16-I-E-19° et VII-E, à compter des impositions établies au titre de 2023)* « *, ainsi que de la taxe d'habitation due pour les locaux meublés affectés à l'habitation principale,* » et 5,4 % du montant de celles visées au *(L. n° 2019-1479 du 28 déc. 2019, art. 16-I-E-19° et VII-E, applicable à compter des impositions établies au titre de 2023)* « B du même I *[ancienne rédaction : même B du I]* ». Pour les impositions visées au même B et perçues au profit des collectivités locales et de leurs groupements, ce taux est réduit à 4,4 %.

Les dispositions issues de l'art. 23 de la L. n° 2018-1317 du 28 déc. 2018 s'appliquent aux impositions établies à compter du 1er janv. 2019, lorsque la délibération instituant la part incitative mentionnée au I de l'art. 1522 bis est postérieure au 1er janv. 2018 (L. préc., art. 23-II-B).

Art. 1642 et 1643 *Abrogés.*

Art. 1644 Les sommes à percevoir par l'État en vertu de l'article 1641 sont ajoutées au produit des impositions directes devant revenir aux collectivités locales et organismes divers.

Art. 1645 *Abrogé.*

Art. 1646 *Disjoint (disposition non fiscale).*

SECTION II AUTRES DROITS, TAXES ET REDEVANCES PERÇUS AU PROFIT DES COLLECTIVITÉS LOCALES ET ORGANISMES DIVERS

Art. 1647 I. – Pour frais d'assiette et de recouvrement, l'État effectue un prélèvement sur le montant :

a) Abrogé par L. n° 2010-1658 du 29 déc. 2010, art. 28-III-A-3° et H-2.

b) des droits, taxes, redevances et autres impositions visés au II de l'article 1635 *ter* *(L. n° 2019-1479 du 28 déc. 2019, art. 166-II-3° et VI, mod. par L. n° 2020-1721 du 29 déc. 2021, art. 194, applicable aux contributions pour lesquelles un fait générateur d'imposition intervient à compter du 1er janv. 2023)* « , à l'exception du prélèvement sur les contrats d'assurance de biens mentionné à l'article 1630 ».

Le taux de ce prélèvement est fixé à 4 % du montant des recouvrements.

II. – *Devenu sans objet.*

III. – Pour frais de recouvrement, l'État effectue un prélèvement sur les *(L. n° 2017-1836 du 30 déc. 2017, art. 28, applicable aux faits générateurs intervenant à compter du 1er janv. 2018)* « impositions, taxes et autres contributions » perçues au profit des organismes de sécurité sociale *(L. n° 2017-1836 du 30 déc. 2017, art. 28, applicable aux faits générateurs intervenant à compter du 1er janv. 2018)* « , des organismes concourant à leur financement, à l'amortissement de leur dette ou à la mise en réserve de recettes à leur profit ou des organismes finançant et gérant des dépenses relevant de l'objectif national de dépenses d'assurance maladie ». Le taux de ce prélèvement et les modalités de remboursement sont fixés par arrêté *(L. n° 2017-1836 du 30 déc. 2017, art. 28)* « des ministres chargés du budget et de la sécurité sociale ». *– Taux fixé à 0,5 % par Arr. du 26 août 1998 (JO 18 sept.) et Arr. du 6 janv. 2011 (JO 7 avr.). – V. Arr. du 30 déc. 1988 (JO 11 janv. 1989) et Arr. du 19 déc. 2017 (JO 23 déc.).*

III *bis*. – Pour frais d'assiette et de recouvrement, l'État effectue un prélèvement de 0,5 % sur le montant *(Abrogé par L. n° 2016-1917 du 29 déc. 2016, art. 83-II-4° et IV-C, à compter du 1er janv. 2017)* « *de la taxe mentionnée à l'article 1600-0 R et sur celui* » des droits mentionnés aux articles 1635 *bis* AE, 1635 *bis* AF, 1635 *bis* AG et 1635 *bis* AH.

IV. – *Devenu sans objet.*

V. – L'État perçoit au titre de frais d'assiette, de recouvrement, de dégrèvements et de non-valeurs un prélèvement de :

a) 2,37 % en sus du montant de la taxe de publicité foncière ou des droits d'enregistrement perçus au profit des départements en application de l'article 1594 A ;

b) 2,14 % en sus du montant de la taxe de publicité foncière ou des droits d'enregistrement perçus au profit des départements au taux de 0,70 % ; *[.]*

(Abrogé par Ord. n° 2021-797 du 23 juin 2021, art. 6 et 8-I, à compter du 1er janv. 2022) « *c) 1,25 % sur le montant du produit net de la taxe d'apprentissage mentionnée à l'article 1599 ter A.* »

VI. – Pour frais d'assiette et de recouvrement, l'État effectue un prélèvement de 1 % sur le montant de *(Ord. n° 2021-1843 du 22 déc. 2021, art. 10-35°-a, en vigueur le 1er janv. 2022)* « la taxe sur la distance parcourue sur le réseau autoroutier concédé mentionnée à l'article L. 421-175 du code des impositions sur les biens et services ».

(Ord. n° 2021-1843 du 22 déc. 2021, art. 10-35°-b, en vigueur le 1er janv. 2022) « VII. – Pour frais d'assiette et de recouvrement, l'État prélève 2,5 % des sommes recouvrées au titre des impositions ou fraction d'impositions suivantes :

« 1° La majoration outre-mer de la taxe sur le transport aérien de passagers mentionnée à l'article L. 422-30 du code des impositions sur les biens et services ;

« 2° La taxe annuelle sur les engins maritimes à usage personnel mentionnée à l'article L. 423-4 du même code ;

« 3° La taxe sur le transport maritime de passagers à destination d'espaces naturels protégés mentionnée à l'article L. 423-47 du même code ;

« 4° La taxe sur le transport maritime de passagers dans certains territoires côtiers mentionnée à l'article L. 423-57 du même code. »

VIII. – Pour frais d'assiette et de recouvrement, l'État effectue un prélèvement de 2,5 % sur le montant des taxes mentionnées *(Ord. n° 2021-1843 du 22 déc. 2021, art. 10-35°-c, en vigueur le 1er janv. 2022)* « à l'article 1609 *sexvicies* et au 2° de l'article L. 421-30 du code des impositions sur les biens et services ».

IX. – Pour frais d'assiette et de recouvrement, l'État effectue un prélèvement de 2, 5 % sur le montant de la taxe mentionnée à l'article 1609 *sexdecies* B.

(Ord. n° 2021-1843 du 22 déc. 2021, art. 10-35°-d, en vigueur le 1er janv. 2022) « X. – Pour frais de recouvrement, l'État prélève 5 % des sommes recouvrées par la direction générale des finances publiques au titre des taxes sur les produits de l'industrie et de l'artisanat prévues à l'article L. 471-1 du code des impositions sur les biens et services en application de l'article L. 256 D du livre des procédures fiscales. »

XI. – Pour frais d'assiette et de recouvrement, l'État effectue un prélèvement de 1 % sur le montant de la taxe mentionnée au I de l'article 1605.

(Abrogé par L. n° 2016-1917 du 29 déc. 2016, art. 83-II-5° et IV-A, pour les opérations dont le fait générateur intervient à compter du 1er janv. 2017) ***« XII. – Pour frais d'assiette et de recouvrement, l'État effectue un prélèvement de 2 % sur le montant de la taxe mentionnée au II de l'article L. 425-1 du code des assurances. »***

XIII. – *Devenu sans objet.*

(Abrogé par L. n° 2019-1479 du 28 déc. 2019, art. 69-I-W) ***« XIV. – Pour frais d'assiette et de recouvrement, l'État effectue un prélèvement de 2 % sur le montant de la taxe mentionnée à l'article 1011 bis. »***

XV. – L'État perçoit au titre des frais d'assiette, de recouvrement, de dégrèvements et de non-valeurs un prélèvement de 1 % en sus du montant de la cotisation sur la valeur ajoutée des entreprises, après application de l'article 1586 *quater* *(L. n° 2019-1479 du 28 déc. 2019, art. 59-I-E)* « ainsi qu'un prélèvement de 1 % en sus du montant de la taxe additionnelle à la cotisation sur la valeur ajoutée des entreprises mentionnée au III de l'article 1600 ».

XVI. – Pour frais de recouvrement, l'État prélève 1 % des sommes recouvrées au titre de la contribution de supervision pour le compte de la Banque de France dans les conditions prévues par le VIII de l'article L. 612-20 du code monétaire et financier.

(Ord. n° 2021-1843 du 22 déc. 2021, art. 10-35°-e, en vigueur le 1er janv. 2022) « XVII. – Pour frais d'assiette et de recouvrement, l'État prélève 0,5 % du produit des taxes mentionnées à l'article L. 6431-6 du code des transports, à l'exception de celui résultant des tarifs de l'aviation civile prévus respectivement au 1° de l'article L. 422-20 et au 1° de l'article L. 422-45 du code des impositions sur les biens et services.

« Ce prélèvement est affecté dans les conditions prévues au IV de l'article 125 de la loi n° 90-1168 du 29 décembre 1990 de finances pour 1991. »

(L. n° 2021-1900 du 30 déc. 2021, art. 8-I et 101-I-4°) « XVIII. – Pour frais d'assiette et de recouvrement, l'État effectue un prélèvement de 0,5 % sur le montant de la taxe mentionnée à l'article L. 253-8-2 du code rural et de la pêche maritime.

« XIX. – Pour frais d'assiette et de recouvrement, l'État effectue un prélèvement de 1,5 % sur le montant de la taxe mentionnée à l'article 1519 B. »

SECTION III RÈGLES D'ARRONDISSEMENT

Art. 1647-00 A Les prélèvements pour frais d'assiette et de recouvrement mentionnés aux articles 1641 et 1647 sont arrondis à l'euro le plus proche. La fraction d'euro égale à 0,50 est comptée pour 1.

CHAPITRE 0II *BIS* DÉGRÈVEMENT DE LA TAXE FONCIÈRE SUR LES PROPRIÉTÉS NON BÂTIES AFFÉRENTE AUX PARCELLES EXPLOITÉES PAR DE JEUNES AGRICULTEURS

Art. 1647-00 *bis* I. – Sur délibération de portée générale prise, chacun pour ce qui le concerne, dans les conditions prévues à l'article 1639 A *bis* du code général des impôts par les collectivités territoriales et leurs groupements dotés d'une fiscalité propre, il est accordé le dégrèvement de la taxe foncière sur les propriétés non bâties afférente aux parcelles exploitées par les jeunes agriculteurs installés à compter du 1er janvier 1992 et qui bénéficient de la dotation d'installation prévue par le décret nº 81-246 du 17 mars 1981 modifié et par les articles D. 343-9 à D. 343-12 du code rural et de la pêche maritime.

Lorsque les jeunes agriculteurs sont associés ou deviennent associés d'une société civile au cours des cinq années suivant celle de leur installation, le dégrèvement s'applique aux parcelles qu'ils apportent à la société ou mettent à sa disposition.

Ce dégrèvement est accordé pour une période ne pouvant excéder cinq ans à compter de l'année suivant celle de l'installation de l'exploitant.

Pour bénéficier de ce dégrèvement, l'exploitant doit souscrire, avant le 31 janvier de l'année suivant celle de son installation, une déclaration par commune et par propriétaire des parcelles exploitées au 1er janvier de l'année. Pour les quatre années suivantes et en cas de modifications apportées à la consistance parcellaire de l'exploitation, l'exploitant souscrit avant le 31 janvier de chaque année, une déclaration mentionnant ces modifications. Lorsque ces déclarations sont souscrites hors délai, le dégrèvement est accordé pour la durée restant à courir après le 31 décembre de l'année de souscription.

Le montant du dégrèvement bénéficie au fermier dans les conditions prévues à l'article 1er de la loi nº 57-1260 du 12 décembre 1957.

Ces dégrèvements sont à la charge des collectivités territoriales et de leurs groupements. Ils s'imputent sur les attributions mentionnées à l'article 34 de la loi nº 77-574 du 7 juin 1977 portant diverses dispositions d'ordre économique et financier. – *V. aussi art. 1965 L.*

Les délibérations prises par les collectivités locales et leurs groupements dotés d'une fiscalité propre pour l'application des dispositions ci-dessus s'appliquent également, à compter de 1995, et dans les mêmes conditions, aux jeunes agriculteurs qui s'installent à compter du 1er janvier 1994 et qui bénéficient des prêts à moyen terme spéciaux prévus par les articles D. 343-13 à D. 343-16 du code rural et de la pêche maritime.

II. – Pour les jeunes agriculteurs installés à compter du 1er janvier 1995 et bénéficiaires de la dotation d'installation aux jeunes agriculteurs ou des prêts à moyen terme spéciaux prévus par les articles D. 343-9 à D. 343-16 du code rural et de la pêche maritime, il est accordé un dégrèvement égal à 50 % de la taxe foncière sur les propriétés non bâties afférente aux parcelles qu'ils exploitent pendant les cinq années suivant celle de leur installation. Les obligations déclaratives et le bénéficiaire de ce dégrèvement sont ceux mentionnés au I.

Le dégrèvement accordé en application du I pour les parcelles exploitées par ces jeunes agriculteurs est fixé à 50 %.

Doctrine administrative. Extension du dégrèvement aux jeunes agriculteurs installés à compter du 1er janv. 2001 et qui ont souscrit un contrat territorial d'exploitation. * BOI-IF-TFNB-50-10-20 nos 230 à 430 du 4 mars 2016.

CHAPITRE II *BIS* DÉGRÈVEMENT DE CONTRIBUTION ÉCONOMIQUE TERRITORIALE

SECTION 0I

Art. 1647-0 *bis* *Abrogé par L. nº 86-1317 du 30 déc. 1986, art. 6-I, b.*

SECTION PREMIÈRE DÉGRÈVEMENT DE COTISATION FONCIÈRE DES ENTREPRISES

Art. 1647 *bis* **Les redevables dont les bases d'imposition à la cotisation foncière des entreprises diminuent bénéficient, sur leur demande, d'un dégrèvement correspondant à la différence entre les bases de l'avant-dernière année et celles de la dernière année précédant l'année d'imposition. Ce dégrèvement est pris en charge par le Trésor au titre des articles 1641 à 1644.**

La diminution des bases résultant d'une modification des règles d'assiette décidée par le législateur est sans incidence sur le montant du dégrèvement.

Pour l'application de l'art. 1647 bis CGI en 2010, les bases d'imposition prises en compte sont les bases d'imposition retenues pour le calcul de la taxe professionnelle diminuées de la valeur locative des équipements et biens mobiliers.

Pour l'application de l'art. 1647 bis du même code en 2011, la base d'imposition prise en compte au titre de 2009 est la base d'imposition retenue selon les modalités prévues à l'alinéa précédent. La base d'imposition prise en compte au titre de 2010 est la base d'imposition retenue pour le calcul de la cotisation foncière des entreprises (L. nº 2009-1673 du 30 déc. 2009, art. 2-6.1.30).

Dégrèvement en cas de diminution des bases d'imposition (DRA). Modalités d'application. * BOI-IF-CFE-40-30-20-20 du 12 sept. 2012.

Art. 1647 *bis* A et 1647 *bis* B *Périmés.*

SECTION II PLAFONNEMENT DE LA CONTRIBUTION ÉCONOMIQUE TERRITORIALE

Art. 1647 A à 1647 B *quater* *Abrogés par Ord. nº 2004-281 du 25 mars 2004, art. 6.*

PLAFONNEMENT EN FONCTION DE LA VALEUR AJOUTÉE

Art. 1647 B *quinquies* *Périmé.*

Art. 1647 B *sexies* **I. — Sur demande du redevable effectuée dans le délai légal de réclamation prévu pour la cotisation foncière des entreprises, la contribution économique territoriale de chaque entreprise est plafonnée en fonction de sa valeur ajoutée.**

Cette valeur ajoutée est :

a) Pour les contribuables soumis à un régime d'imposition défini au 1 de l'article 50-0 ou à l'article 102 *ter*, égale à 80 % de la différence entre le montant des recettes et, le cas échéant, celui des achats réalisés au cours de l'année d'imposition ;

b) Pour les autres contribuables, celle définie à l'article 1586 *sexies*.

La valeur ajoutée prise en compte est celle produite au cours de la période mentionnée au I de l'article 1586 *quinquies*. En l'absence de cession ou de cessation d'entreprise au cours de l'année d'imposition, le montant de la valeur ajoutée mentionnée au *b* est corrigé pour correspondre à une année pleine.

Le taux de plafonnement est fixé à *(L. nº 2020-1721 du 29 déc. 2020, art. 8-I-10º et VI-D, applicable à la contribution économique territoriale due au titre de 2021 et des années suivantes)* **« 2 %** *[ancienne rédaction : 3 %]* **» de la valeur ajoutée.**

II. — Le plafonnement prévu au I s'applique sur la cotisation foncière des entreprises et la cotisation sur la valeur ajoutée des entreprises diminuées, le cas échéant, de l'ensemble des réductions et dégrèvements dont ces cotisations peuvent faire l'objet, à l'exception du crédit d'impôt prévu à l'article 1647 C *septies* et des dégrèvements prévus aux articles 1647 C *quinquies* B et 1647 C *quinquies* C.

Il ne s'applique pas aux taxes visées aux articles 1600 à *(Décr. nº 2018-500 du 20 juin 2018, art. 1er)* **« 1601-0 A » ni aux prélèvements opérés par l'État sur ces taxes**

en application de l'article 1641. Il ne s'applique pas non plus à la cotisation minimum prévue à l'article 1647 D.

La cotisation foncière des entreprises s'entend de la somme des cotisations de chaque établissement établies au titre de l'année d'imposition. La cotisation de chaque établissement est majorée du montant des taxes spéciales d'équipement additionnelles à la cotisation foncière des entreprises prévues aux articles 1607 *bis*, 1607 *ter* et 1609 B à *(L. nº 2021-1900 du 30 déc. 2021, art. 103-I-3º et II, applicable à compter de l'année suivant celle de la création de l'établissement public qui a pour mission de contribuer au financement de l'infrastructure ferroviaire dénommée "grand projet ferroviaire du Sud-Ouest")* **« 1609 H** *[ancienne rédaction : 1609 D]* **», calculées dans les mêmes conditions.**

III. — Le dégrèvement s'impute sur la cotisation foncière des entreprises.

IV. — Le dégrèvement ne peut avoir pour effet de ramener la contribution économique territoriale à un montant inférieur à celui résultant de l'application de l'article 1647 D.

V. — Le reversement des sommes indûment restituées est demandé selon les mêmes règles de procédure et sous les mêmes sanctions qu'en matière de cotisation foncière des entreprises. Les réclamations sont présentées, instruites et jugées selon les règles de procédure applicables en matière de cotisation foncière des entreprises.

VI. — Les dégrèvements résultant de l'application du présent article sont ordonnancés dans les six mois suivant celui du dépôt de la demande.

1. Dégrèvement de CET au titre du plafonnement de la valeur ajoutée. Champ d'application du dégrèvement. Modalités de détermination du montant du plafonnement. Calcul, limitation et imputation du dégrèvement. Obligations déclaratives. * BOI-IF-CFE-40-30-20-30 du 7 juill. 2021.

2. Références aux normes comptables. Pour déterminer la valeur ajoutée, il y a lieu de se reporter aux dispositions du plan comptable général (ou, lorsque celui-ci n'est pas applicable, aux normes comptables) dans leur rédaction en vigueur lors de l'année d'imposition concernée et dont l'application est obligatoire pour l'entreprise en cause. • CE 4 août 2006, *Sté foncière Ariane*, nº 267150 : *RJF 2006. 1370* • CE, plén., 9 mai 2018, *Caisse régionale du crédit agricole mutuel de Pyrénées Gascogne*, nº 388209 : *RJF 2018. 764, concl. Bénard ; ibid. 2018, p. 1069, chron. Iljic ; Dr. fisc. 2018. 433, note Fouquet.* ♦ Pour les entreprises pour lesquelles son application est obligatoire, il y a lieu de se reporter aux dispositions du PCG, applicables aux comptes sociaux individuels et non aux normes comptables applicables à l'établissement des comptes consolidés. • CE 20 avr. 2021, nº 431224 : *RJF 2021. 730, concl. Bokdam-Tognetti.*

3. Dépenses de mécénat. Les dépenses de mécénat réalisées par une entreprise doivent être comptabilisées en charges exceptionnelles lorsqu'elles ne peuvent pas être regardées, compte tenu des circonstances de fait, notamment de leur absence de caractère récurrent, comme relevant de l'activité habituelle et ordinaire de l'entreprise et en charges d'exploitation dans le cas contraire. Des dépenses courantes de mécénat comptabilisées en charges d'exploitation peuvent être déduites de la valeur ajoutée. • CE, plén., 9 mai 2018, *Caisse régionale du crédit agricole mutuel de Pyrénées Gascogne*, nº 388209 : *préc. note 2.* ♦ Des dépenses de mécénat présentant un caractère occasionnel ou n'ayant pas vocation à se reproduire, comme le financement accordé à la Réunion des musées nationaux pour l'acquisition au profit du château de Versailles d'un meuble classé œuvre d'intérêt patrimonial majeur, peuvent être déduites de la valeur ajoutée. • CE (na), 15 déc. 2019, *Min. c/ Sté Sanofi*, nº 424328 : *RJF 2020. 233.*

4. Restructuration d'entreprises. QPC portant sur l'art. 1647 B *sexies* prévoyant qu'en cas de transmission universelle du patrimoine, de cession ou de cessation d'entreprise au cours de l'année d'imposition, le montant de la CFE de l'entreprise dissoute est, pour l'application du plafonnement de la CET, ajusté en fonction du rapport entre la durée de la période de référence retenue en matière de CVAE et l'année civile. • CE 23 juin 2014, *Sté PV-CP Distribution*, nº 376694 : *RJF 2014. 929.* ♦ Les règles spécifiques de calcul du plafonnement en fonction de la valeur ajoutée prévues en cas de restructuration d'entreprises sont inconstitutionnelles. Toutefois, leur abrogation est reportée au 1er janv. 2015 et les juridictions saisies doivent surseoir à statuer. • Cons. const. 19 sept. 2014, *Sté PV-CP Distribution*, nº 2014-413-QPC : *RJF 2014. 1132 ; Dr. fisc. 2015. 119, note Meier et Blancher.*

5. Demande de plafonnement. La demande de restitution de la fraction de la CFE qui excède le plafond en fonction de la valeur ajoutée constitue une réclamation tendant à obtenir le bénéfice d'un droit au sens de l'art. L. 190 LPF. • CE 24 févr. 2020, *Min. c/ SAS Club Sportif de Sedan Ardennes*, nº 434423 : *RJF 2020. 446.*

Art. 1647-0 B *septies* *(Abrogé par L. nº 2017-1775 du 28 déc. 2017, art. 32, à compter du 1er janv. 2017) **I. — Une fraction des dégrèvements accordés en application de l'arti-***

cle 1647 B sexies est mise à la charge des communes et des établissements publics de coopération intercommunale à fiscalité propre.

II. — Pour l'application du I du présent article :

A. — La participation due au titre d'une année par chaque commune et établissement public de coopération intercommunale à fiscalité propre est égale à la somme des participations calculées pour chacun des établissements situés sur son territoire relevant d'une entreprise non soumise à la cotisation minimale sur la valeur ajoutée des entreprises prévue à l'article 1586 septies et bénéficiaire d'un dégrèvement mentionné au I du présent article à raison d'une imposition établie au cours de la même année ;

B. — Pour chaque établissement, la participation mentionnée au A du présent II est égale à la participation individuelle brute définie au 1 du présent B, minorée dans les conditions prévues aux 2 et 3.

1. La participation individuelle brute est égale au produit de la base nette de cotisation foncière des entreprises de l'établissement par l'écart de taux défini au III.

2. Le cas échéant, la participation individuelle brute est minorée d'un montant égal au produit de la somme des réductions et dégrèvements dont a fait l'objet la cotisation foncière des entreprises revenant à la commune ou à l'établissement public de coopération intercommunale, à l'exception du crédit d'impôt prévu à l'article 1647 C septies, par le rapport entre l'écart de taux défini au III du présent article et la somme des taux d'imposition appliqués aux bases de l'établissement.

Pour l'application du premier alinéa du présent 2, le dégrèvement prévu à l'article 1647 bis est pris en compte au prorata des cotisations dues au titre de chaque établissement de l'entreprise.

3. La participation individuelle minorée est corrigée par un coefficient égal au rapport entre le montant du dégrèvement demandé au cours de l'année suivante et accordé au contribuable et la somme des participations individuelles minorées afférentes aux établissements de l'entreprise concernée. Cette correction n'est pas applicable lorsque le coefficient est supérieur à 1.

III. — A. — 1. Pour chaque commune isolée, l'écart de taux mentionné au 1 du B du II est égal à la différence positive entre :

a) D'une part, le taux communal de cotisation foncière des entreprises appliqué l'année d'imposition considérée ;

b) D'autre part, la somme des taux moyens communal et intercommunal de référence appliqués conformément au I de l'article 1640 C, pondérés par l'importance relative des bases de cotisation foncière des entreprises imposées au titre de 2010 sur le territoire de cette commune.

2. Pour chaque commune membre d'un établissement public de coopération intercommunale à fiscalité additionnelle qui, en 2010, était déjà membre d'un tel établissement, l'écart de taux mentionné au 1 du B du II du présent article est égal à la différence positive entre :

a) D'une part, le taux communal de cotisation foncière des entreprises appliqué l'année d'imposition considérée ;

b) D'autre part, le taux communal de cotisation foncière des entreprises de référence appliqué conformément au I de l'article 1640 C.

3. Pour chaque commune membre d'un établissement public de coopération intercommunale à fiscalité additionnelle qui, en 2010, n'était pas membre d'un tel établissement, l'écart de taux mentionné au 1 du B du II du présent article est égal à la différence positive entre :

a) D'une part, le taux communal de cotisation foncière des entreprises appliqué l'année d'imposition considérée ;

b) D'autre part, la somme des taux moyens communal ou intercommunal de cotisation foncière des entreprises de référence appliqués conformément au I de l'article 1640 C, pondérés par l'importance relative des bases de cotisation foncière des entreprises imposées au titre de 2010, minorée du taux intercommunal appliqué l'année au cours de laquelle le rattachement à l'établissement public de coopération intercommunale à fiscalité additionnelle a pris effet.

B. — 1. Pour chaque établissement public de coopération intercommunale à fiscalité propre dont le périmètre et le régime fiscal n'ont pas été modifiés depuis 2010, l'écart de taux mentionné au 1 du B du II est égal à la différence positive entre :

a) D'une part, le taux intercommunal de cotisation foncière des entreprises appliqué l'année d'imposition considérée ;

b) D'autre part, le taux intercommunal de cotisation foncière des entreprises de référence appliqué conformément au I de l'article 1640 C.

2. Pour chaque établissement public de coopération intercommunale à fiscalité professionnelle unique dont le périmètre ou le régime fiscal a été modifié depuis 2010, l'écart de taux mentionné au 1 du B du II est égal à la différence positive entre :

a) D'une part, le taux intercommunal de cotisation foncière des entreprises appliqué l'année d'imposition considérée ;

b) D'autre part, la somme des taux moyens communal et intercommunal de cotisation foncière des entreprises de référence appliqués conformément au I de l'article 1640 C, pondérés par l'importance relative des bases de cotisation foncière des entreprises imposées au titre de 2010 sur le territoire de cet établissement.

3. Pour chaque établissement public de coopération intercommunale à fiscalité additionnelle issu d'une création ou d'une fusion d'établissements publics de coopération intercommunale à fiscalité propre ayant pris effet à compter du 1er janvier 2011 ou dont le périmètre a été modifié à compter du 1er janvier 2011, l'écart de taux mentionné au 1 du B du II est égal à la différence positive entre :

a) D'une part, le taux intercommunal de cotisation foncière des entreprises appliqué l'année d'imposition considérée, majoré du taux moyen communal de cotisation foncière des entreprises appliqué l'année où la création, la fusion ou la modification du périmètre a pris fiscalement effet, pondéré par les bases de cotisation foncière des entreprises imposées au titre de cette dernière année sur le territoire de cet établissement ;

b) D'autre part, la somme des taux moyens communal et intercommunal de cotisation foncière des entreprises de référence appliqués conformément au I de l'article 1640 C, pondérés par l'importance relative des bases de cotisation foncière des entreprises imposées au titre de 2010 sur le territoire de cet établissement.

4. Pour les établissements publics de coopération intercommunale à fiscalité additionnelle faisant application des I ou II de l'article 1609 quinquies C, les règles prévues aux 1 et 2 du présent B sont applicables pour la détermination de la participation individuelle brute afférente aux établissements situés dans la zone d'activités économiques ou aux installations de production d'électricité utilisant l'énergie mécanique du vent.

C. — Pour l'application des A et B :

1° Les taux communaux et intercommunaux sont, le cas échéant, majorés des taux additionnels appliqués, conformément au premier alinéa de l'article 1609 quater, au profit des syndicats dont la commune ou l'établissement public de coopération intercommunale à fiscalité propre concerné est membre ;

2° A Mayotte, la référence à l'année 2010 est remplacée par la référence à l'année 2014 et la référence aux taux appliqués conformément au I de l'article 1640 C est remplacée par la référence aux taux appliqués en 2014.

IV. — A. — La participation mise à la charge de la commune ou de l'établissement public de coopération intercommunale à fiscalité propre au titre d'une année ne peut excéder le produit des bases prévisionnelles de cotisation foncière des entreprises notifiées à la commune ou à l'établissement public de coopération intercommunale et afférentes à des entreprises autres que celles soumises à la cotisation minimale sur la valeur ajoutée des entreprises prévue à l'article 1586 septies ayant bénéficié, au cours de l'avant-dernière année précédant celle de l'imposition, d'un dégrèvement en application de l'article 1647 B sexies par l'écart de taux défini au III du présent article.

B. — Le montant de la participation résultant du A du présent IV vient en diminution des douzièmes, prévus à l'article L. 2332-2 du code général des collectivités territoriales et au II de l'article 46 de la loi n° 2005-1719 du 30 décembre 2005 de finances pour 2006, versés à la collectivité concernée l'année suivant celle au titre de laquelle la participation est due.

Toutefois, ce montant n'est pas mis à la charge des communes et de leurs établissements publics de coopération intercommunale s'il n'excède pas 50 €.

C. — Lorsque le montant mis à la charge de la commune ou de l'établissement public de coopération intercommunale selon les modalités définies au B excède la participation due au titre de l'année, la différence fait l'objet d'un reversement au profit de la commune ou de l'établissement public de coopération intercommunale concerné avant le 31 décembre de la deuxième année suivant celle au titre de laquelle la participation est due.

Art. 1647 B *septies* *Périmé.*

Art. 1647 B *octies* *Abrogé par L. n° 2005-1719 du 30 déc. 2005, art. 85-II-B et E, à compter des impositions établies au titre de 2007.*

Art. 1647 B *nonies* *Abrogé par L. n° 2009-1673 du 30 déc. 2009, art. 2-6.1.34.*

[SECTION VII BIS DÉGRÈVEMENT TRANSITOIRE]

Art. 1647 C à 1647 C *quinquies* A *Abrogés par L. n° 2009-1673 du 30 déc. 2009, art. 2-6.1.34.*

Art. 1647 C *quinquies* B Sur demande du contribuable effectuée dans le délai légal de réclamation prévu pour la cotisation foncière des entreprises, la somme de la contribution économique territoriale, des taxes pour frais de chambres de commerce et d'industrie et pour frais de chambres de métiers et de l'artisanat et de l'imposition forfaitaire sur les entreprises de réseaux due par l'entreprise au titre des années 2010 à 2013 fait l'objet d'un dégrèvement lorsque cette somme, due au titre de l'année 2010, est supérieure de 500 € et de 10 % à la somme des cotisations de taxe professionnelle et des taxes pour frais de chambres de commerce et d'industrie et pour frais de chambres de métiers et de l'artisanat qui auraient été dues au titre de 2010 en application du présent code en vigueur au 31 décembre 2009, à l'exception des coefficients forfaitaires déterminés en application de l'article 1518 *bis* qui sont, dans tous les cas, ceux fixés au titre de 2010.

Le dégrèvement s'applique sur la différence entre :

– la somme de la contribution économique territoriale, des taxes pour frais de chambres de commerce et d'industrie et pour frais de chambres de métiers et de l'artisanat et de l'imposition forfaitaire sur les entreprises de réseaux dues au titre de l'année 2010 ;

– et la somme, majorée de 10 %, des cotisations de taxe professionnelle, de taxes pour frais de chambres de commerce et d'industrie et pour frais de chambres de métiers et de l'artisanat qui auraient été dues au titre de 2010 en application du présent code en vigueur au 31 décembre 2009, à l'exception des coefficients forfaitaires déterminés en application de l'article 1518 *bis* qui sont, dans tous les cas, ceux fixés au titre de 2010.

Il est égal à un pourcentage de cette différence, fixé à :

– 100 % pour les impositions établies au titre de 2010 ;

– 75 % pour les impositions établies au titre de 2011 ;

– 50 % pour les impositions établies au titre de 2012 ;

– 25 % pour les impositions établies au titre de 2013.

Pour l'application du présent article, les montants de la contribution économique territoriale et des taxes pour frais de chambres de commerce et d'industrie et pour frais de chambres de métiers et de l'artisanat dues au titre de l'année 2010, de la taxe professionnelle et des taxes pour frais de chambres de commerce et d'industrie et pour frais de chambres de métiers et de l'artisanat qui auraient été dues au titre de l'année 2010 en application du présent code en vigueur au 31 décembre 2009 s'apprécient, après prise en compte des frais de dégrèvement, d'assiette et de recouvrement et, le cas échéant, de la cotisation minimale de taxe professionnelle prévue à l'article 1647 E qui aurait été due au titre de l'année 2010 en application du présent code en vigueur au 31 décembre 2009 ainsi que de l'ensemble des dégrèvements et des crédits d'impôt dont ces cotisations font l'objet.

Les dégrèvements résultant de l'application du présent article sont ordonnancés dans les six mois suivant celui du dépôt de la demande.

Le dégrèvement s'impute en priorité sur la cotisation foncière des entreprises, puis sur la cotisation sur la valeur ajoutée des entreprises de l'année au titre de laquelle le dégrèvement est demandé. Les soldes de ces impôts peuvent être réduits sous la responsabilité des redevables du montant du dégrèvement attendu. La majoration prévue au 1 de l'article 1731 s'applique lorsque, à la suite de l'ordonnancement du dégrèvement, les versements sont inexacts de plus du dixième.

Le reversement des sommes indûment restituées est demandé selon les mêmes règles de procédure et sous les mêmes sanctions qu'en matière de cotisation foncière des entreprises. Les réclamations sont présentées, instruites et jugées selon les règles de procédure applicables en matière de cotisation foncière des entreprises.

Dispositif transitoire d'écrêtement des pertes. Dégrèvement dégressif de CFE au titre des années 2010 à 2013. Conditions d'octroi et modalités de calcul du dégrèvement. Possibilités d'imputation sur les cotisations de CET, de CVAE et d'IFER. Modalités de la demande de dégrèvement. * BOI-IF-CFE-40-30-20-50 du 12 sept. 2012.

Art. 1647 *C quinquies* C I. – Sur demande du contribuable effectuée dans le délai légal de réclamation prévu pour la cotisation foncière des entreprises, la cotisation foncière des entreprises, due par les entreprises au titre des années 2010 et 2011, pour le montant émis au profit des syndicats de communes fait l'objet d'un dégrèvement lorsque la somme de la contribution économique territoriale, des taxes pour frais de chambres de commerce et d'industrie et pour frais de chambres des métiers et de l'artisanat et de l'imposition forfaitaire sur les entreprises de réseaux due par les entreprises au titre de l'année 2010 est supérieure à la somme des cotisations de taxe professionnelle et des taxes pour frais de chambres de commerce et d'industrie et pour frais de chambres de métiers et de l'artisanat qui auraient été dues au titre de 2010 en application du présent code en vigueur au 31 décembre 2009, à l'exception des coefficients forfaitaires déterminés en application de l'article 1518 *bis* qui sont, dans tous les cas, ceux fixés au titre de 2010.

Le dégrèvement est égal à la différence, lorsqu'elle est positive, entre :

– le montant de la cotisation foncière des entreprises émis au profit des syndicats de communes dû au titre de l'année 2010 ;

– et le montant de *[la]* taxe professionnelle émis au profit des syndicats de communes qui aurait été dû au titre de l'année 2010 en application du présent code en vigueur au 31 décembre 2009, à l'exception des coefficients forfaitaires déterminés en application de l'article 1518 *bis* qui sont, dans tous les cas, ceux fixés au titre de l'année 2010.

Les montants mentionnés aux premier, troisième et quatrième alinéas du présent I s'apprécient, après prise en compte des frais de dégrèvement, d'assiette et de recouvrement ainsi que *[de]* l'ensemble des dégrèvements et des crédits d'impôt, à l'exception du dégrèvement transitoire prévu à l'article 1647 C *quinquies* B.

II. – Les dégrèvements résultant de l'application du présent article sont ordonnancés dans les six mois suivant celui du dépôt de la demande.

III. – Le reversement des sommes indûment restituées est demandé selon les mêmes règles de procédure et sous les mêmes sanctions qu'en matière de cotisation foncière des entreprises. Les réclamations sont présentées, instruites et jugées selon les mêmes règles de procédure applicables en matière de cotisation foncière des entreprises.

IV. – Pour les impositions dues au titre de l'année 2010, le dégrèvement institué par le présent article peut être demandé dans les six mois suivant la promulgation de la loi n° 2011-900 du 29 juillet 2011 de finances rectificative pour 2011.

V. – L'administration informe les contribuables susceptibles de bénéficier du dégrèvement prévu au présent article.

Dégrèvement temporaire de CFE en faveur de certains contribuables ayant subi des hausses de cotisations au profit des syndicats de communes. Application aux impositions établies au titre des années 2010 et 2011. Calcul et imputation du dégrèvement temporaire. * BOI-IF-CFE-40-30-20-40 du 12 sept. 2012.

SECTION VIII CRÉDIT DE TAXE EN FAVEUR DES ENTREPRISES IMPLANTÉES DANS DES ZONES D'EMPLOI EN GRANDE DIFFICULTÉ

Art. 1647 *C sexies* *Abrogé par L. n° 2009-1673 du 30 déc. 2009, art. 2-6.1.34.*

[SECTION IX CRÉDIT D'IMPÔT EN FAVEUR DES ENTREPRISES IMPLANTÉES DANS DES ZONES DE RESTRUCTURATION DE LA DÉFENSE]

Art. 1647 C septies *I.* – Les redevables de la cotisation foncière des entreprises et les entreprises temporairement exonérées de cet impôt au titre de l'un ou plusieurs de leurs établissements en application des articles 1464 B à 1464 D, 1464 I, *(L. n° 2018-1317 du 28 déc. 2018, art. 174-I-3°)* « 1464 I *bis*, » *(Abrogé par L. n° 2016-1917 du 29 déc. 2016, art. 67-I-B et II, pour les impositions établies au titre de 2017)* « 1464 L, » *(L. n° 2016-1918 du 29 déc. 2016, art. 43-I-2° et V, applicable à compter des impositions* *établies au titre de 2017)* **« 1464 M, » 1466 A** *(L. n° 2017-1775 du 28 déc. 2017, art. 17)* **« [,] 1466 B, »** *(L. n° 2018-1317 du 28 déc. 2018, art. 135-I-19°)* **« 1466 B *bis* »** *(Abrogé par Décr. n° 2021-744 du 9 juin 2021, art. 1er)* **« , 1466 C »** *(L. n° 2020-1721 du 29 déc. 2020, art. 120-I-6° et II, applicable aux créations et extensions d'établissements intervenues à compter du 1er janv. 2021)* **« , 1466 D et 1478 *bis* » peuvent bénéficier d'un crédit d'impôt, pris en charge par l'État et égal à 750 € par salarié employé** *(Abrogé par L. n° 2019-486 du 22 mai 2019, art. 12-I-10°-a et III-C, à compter des impositions établies au titre de 2019)* ***« depuis au moins un an au 1er janvier de l'année d'imposition »*** **dans l'établissement au titre duquel le crédit d'impôt est demandé, lorsque les conditions suivantes sont réunies :**

« 1° L'établissement relève d'une entreprise employant *(L. n° 2019-486 du 22 mai 2019, art. 12-I-10°-b et III-C, applicable à compter des impositions établies au titre de 2019)* **« moins de** *[ancienne rédaction : au plus]* **» onze salariés** *(Abrogé par L. n° 2019-486 du 22 mai 2019, art. 12-I-10°-b et III-C, à compter des impositions établies au titre de 2019)* ***« au 1er janvier de chaque année d'application du crédit d'impôt »*** **et ayant réalisé soit un chiffre d'affaires inférieur à 2 millions d'euros au cours de la période de référence prévue aux articles 1467 A et 1478, éventuellement corrigé pour correspondre à une année pleine, soit un total du bilan inférieur à 2 millions d'euros. Pour la société mère d'un groupe mentionné aux articles 223 A ou 223 A *bis*, le chiffre d'affaires est apprécié en faisant la somme des chiffres d'affaires de chacune des sociétés membres de ce groupe.**

(L. n° 2019-486 du 22 mai 2019, art. 12-I-10°-b et III-C, applicable à compter des impositions établies au titre de 2019) **« L'effectif salarié est apprécié selon les modalités prévues au I de l'article L. 130-1 du code de la sécurité sociale. »**

Toutefois, *(Abrogé par L. n° 2019-486 du 22 mai 2019, art. 12-I-10°-b et III-C, à compter des impositions établies au titre de 2019)* ***« pour les impositions établies au titre des années 2016 à 2018, »*** **lorsqu'une entreprise bénéficiant déjà du crédit d'impôt prévu au présent article constate** *(Abrogé par L. n° 2019-486 du 22 mai 2019, art. 12-I-10°-b et III-C, à compter des impositions établies au titre de 2019)* ***« , au 1er janvier de l'année d'application du crédit d'impôt, »*** **un dépassement du seuil d'effectif mentionné au premier alinéa du présent 1°, cette circonstance ne lui fait pas perdre le bénéfice de ce crédit d'impôt, pour l'année au cours de laquelle ce dépassement est constaté ainsi que pour l'année suivante ;** *— Les dispositions du présent 1° s'appliquent à compter des impositions établies au titre de l'année 2016.*

2° L'établissement réalise, à titre principal, une activité commerciale ou artisanale au sens de l'article 34 ;

3° L'établissement est situé, au 1er janvier de l'année au titre de laquelle le crédit d'impôt est demandé pour la première fois, dans une commune définie au 2° du 3 *ter* de l'article 42 de la loi n° 95-115 du 4 février 1995 d'orientation pour l'aménagement et le développement du territoire.

II. — Le crédit d'impôt s'applique pendant trois ans à compter du 1er janvier de l'année au titre de laquelle la commune est reconnue comme zone de restructuration de la défense.

En cas de changement d'exploitant, le nouvel exploitant peut demander le bénéfice du crédit d'impôt pour la période restant à courir et dans les conditions prévues pour son prédécesseur.

(Abrogé par L. n° 2019-486 du 22 mai 2019, art. 12-I-10°-c et III-C, à compter des impositions établies au titre de 2019) ***« III. — Pour bénéficier du crédit d'impôt, les redevables indiquent chaque année sur la déclaration et dans le délai prévu au I de l'article 1477 le nombre de salariés employés depuis au moins un an au 1er janvier de l'année du dépôt de cette déclaration. »***

IV. — Le crédit d'impôt s'impute sur la totalité des cotisations figurant sur l'avis d'imposition de cotisation foncière des entreprises mises à la charge du redevable. S'il lui est supérieur, la différence est due au redevable.

V. — Si, pendant la période d'application du crédit d'impôt ou dans les cinq années suivant la fin de celle-ci, le redevable transfère hors de l'Espace économique européen les emplois ayant ouvert droit au crédit d'impôt, il est tenu de reverser les sommes dont il a bénéficié à ce titre.

VI. – Les emplois transférés à partir d'un autre établissement de l'entreprise situé dans une zone autre que celles visées au 3 *ter* de l'article 42 de la loi n° 95-115 du 4 février 1995 précitée n'ouvrent pas droit au crédit d'impôt.

VII. – Le bénéfice du crédit d'impôt est subordonné au respect du règlement (UE) n° 1407/2013 de la Commission, du 18 décembre 2013, relatif à l'application des articles 107 et 108 du traité sur le fonctionnement de l'Union européenne aux aides *de minimis*. — *Pour les aides antérieures au 1er janv. 2014, V. App., Règl. (UE) n° 1407/2013 préc., art. 7.*

CHAPITRE II *TER* COTISATION MINIMUM DE LA COTISATION FONCIÈRE DES ENTREPRISES

Art. 1647 D I. – 1. Les redevables de la cotisation foncière des entreprises sont assujettis à une cotisation minimum établie au lieu de leur principal établissement ; cette cotisation est établie à partir d'une base dont le montant est fixé par le conseil municipal selon le barème suivant :

MONTANT DU CHIFFRE D'AFFAIRES ou des recettes (en euros)	MONTANT DE LA BASE minimum (en euros)
Inférieur ou égal à 10 000	Entre 224 et 534
Supérieur à 10 000 et inférieur ou égal à 32 600	Entre 224 et 1 067
Supérieur à 32 600 et inférieur ou égal à 100 000	Entre 224 et 2 242
Supérieur à 100 000 et inférieur ou égal à 250 000	Entre 224 et 3 738
Supérieur à 250 000 et inférieur ou égal à 500 000	Entre 224 et 5 339
Supérieur à 500 000	Entre 224 et 6 942

Tableau mod. par Décr. n° 2021-744 du 9 juin 2021, art. 1er.

Pour 2020, les montants ci-dessus étaient fixés, pour chaque tranche du barème, à 223 € pour le tarif plancher et, respectivement, à 531 €, 1 061 €, 2 229 €, 3 716 €, 5 307 € et 6 901 € pour les plafonds (Décr. n° 2020-897 du 22 juill. 2020, art. 1er).

(L. n° 2017-1837 du 30 déc. 2017, art. 97, applicable à compter des impositions établies au titre de 2019) « Toutefois, les redevables réalisant un montant de chiffre d'affaires ou de recettes inférieur ou égal à 5 000 € sont exonérés de la cotisation minimum. Le bénéfice de l'exonération est subordonné au respect du règlement (UE) n° 1407/2013 de la Commission du 18 décembre 2013 relatif à l'application des articles 107 et 108 du traité sur le fonctionnement de l'Union européenne aux aides *de minimis*. »

Le montant du chiffre d'affaires ou des recettes à prendre en compte s'entend de celui, hors taxes, réalisé au cours de la période de référence définie à l'article 1467 A. Lorsque la période de référence ne correspond pas à une période de douze mois, le montant du chiffre d'affaires ou des recettes est ramené ou porté, selon le cas, à douze mois.

Lorsqu'un établissement public de coopération intercommunale, soumis à l'article 1609 *nonies* C, a été constitué, il fixe, en lieu et place des communes membres, le *montant de la base minimum* dans les limites fixées au tableau annexé au premier alinéa.

Lorsqu'un établissement public de coopération intercommunale fait application du I de l'article 1609 *quinquies* C, il fixe, en lieu et place des communes membres, le montant de la base minimum applicable dans la zone d'activités économiques concernée, dans les limites fixées au tableau annexé au premier alinéa.

Les limites de base minimum mentionnées au tableau annexé au premier alinéa, les montants résultant de délibérations et ceux mentionnés au 1 *bis*, aux *a* et *b* du 2 et au 2 *bis* sont, à compter de l'année suivant celle au titre de laquelle ils s'appliquent pour la première fois, revalorisés chaque année comme le taux prévisionnel, associé au projet de loi de finances de l'année, d'évolution des prix à la consommation des ménages, hors tabac, pour la même année.

1 *bis*. Pour les communes et les établissements publics de coopération intercommunale sur le territoire desquels s'appliquent des montants de base minimum pour les trois tranches de chiffre d'affaires ou de recettes, en application du 1 du présent article ou du troisième alinéa du I de l'article 1639 A *bis* dans leur rédaction en vigueur au 31 décembre 2013, et qui n'ont pas pris de nouvelle délibération, le montant de la base minimum applicable est égal à celui qui a été appliqué au titre de l'année 2013 ou, le cas échéant, à celui qui a été fixé par une délibération prise entre le 22 janvier et le 1er octobre 2013 pour une application à compter de l'année 2014.

2. A défaut de délibération pour l'une des tranches de chiffre d'affaires ou de recettes mentionnées dans le tableau annexé au premier alinéa du 1, le montant de la base minimum qui est applicable est égal : *— Par exception, les délibérations au titre de l'exercice 2019 peuvent être prises ou modifiées jusqu'au 15 janv. 2019 (L. n° 2018-1317 du 28 déc. 2018, art. 175).*

a) Pour les communes existant au 31 décembre 2012 et les établissements publics de coopération intercommunale soumis à l'article 1609 *nonies* C ou au I de l'article 1609 *quinquies* C à la même date : au montant de la base minimum applicable sur leur territoire au titre de l'année 2012 ;

b) Pour les communes nouvelles créées à compter du 1er janvier 2013, pour celles rattachées à un établissement public de coopération intercommunale soumis à l'article 1609 *nonies* C ou au I de l'article 1609 *quinquies* C à compter de la même date ainsi que pour les établissements publics soumis à l'un de ces régimes pour la première fois à compter de cette date à la suite d'une création, d'une fusion ou d'un changement de régime fiscal :

— l'année où, pour la première fois, cette opération produit ses effets au plan fiscal : au montant applicable l'année précédente sur le territoire de chacune des communes ou de chacun des établissements publics de coopération intercommunale concernés ;

— les années suivantes : à la moyenne des bases minimum applicables sur leur territoire la première année pondérée par le nombre de redevables soumis à la cotisation minimum au titre de la même année.

2 *bis*. Lorsque le montant de la base minimum s'appliquant aux redevables dont le chiffre d'affaires ou les recettes sont compris dans l'une des trois premières tranches de chiffre d'affaires ou de recettes mentionnées dans le tableau annexé au premier alinéa du 1 est déterminé dans les conditions définies aux 1 *bis*, 2 ou 3 et excède la limite supérieure de la base minimum applicable à la tranche dont ils relèvent, il est ramené à cette limite.

3. Lorsque, à la suite d'une création, d'un changement de régime fiscal ou d'une fusion, un établissement public de coopération intercommunale fait application du régime prévu à l'article 1609 *nonies* C ou du I de l'article 1609 *quinquies* C, le montant de la base minimum applicable l'année où, pour la première fois, cette opération produit ses effets au plan fiscal est égal à celui applicable l'année précédente sur le territoire de chacune des communes ou de chacun des établissements publics de coopération intercommunale concernés.

L'année suivant celle où cette opération produit pour la première fois ses effets au plan fiscal, les établissements publics de coopération intercommunale qui, par une délibération prise dans les conditions prévues au I de l'article 1639 A *bis* et au 1 du présent I, fixent, pour chacune des tranches de chiffre d'affaires ou de recettes mentionnées dans le tableau annexé au premier alinéa du 1 ou pour l'une d'entre elles seulement, le montant de la base minimum peuvent, par une délibération prise dans les mêmes conditions, décider d'appliquer, pour la tranche de chiffre d'affaires ou de recettes concernée, des bases minimum différentes selon le territoire des communes ou des établissements publics de coopération intercommunale préexistants, pendant une période maximale de dix ans.

Les écarts entre, d'une part, les bases minimum appliquées sur le territoire de l'établissement public de coopération intercommunale l'année au cours de laquelle l'opération a pour la première fois produit ses effets au plan fiscal et, d'autre part, celle qu'il a fixée sont réduits par fractions égales sur la durée qu'il a retenue.

Le dispositif de convergence défini aux deuxième et troisième alinéas du 3 n'est pas applicable lorsque le rapport entre la base minimum la plus faible applicable sur le territoire de l'établissement public de coopération intercommunale et celle qu'il a fixée est supérieur à 80 %. Ce rapport s'apprécie séparément pour chacune des tranches de chiffre d'affaires ou de recettes mentionnées dans le tableau annexé au premier alinéa du 1.

4. Le dispositif de convergence prévu au 3 s'applique également :

***a)* En cas de création d'une commune nouvelle ;**

***b)* En cas de rattachement d'une commune à un établissement public de coopération intercommunale faisant application du régime prévu au I de l'article 1609 *quinquies* C ou à l'article 1609 *nonies* C ;**

***c)* Aux établissements publics de coopération intercommunale faisant application au 31 décembre 2012 du régime prévu au I de l'article 1609 *quinquies* C ou à l'article 1609 *nonies* C, n'ayant pas délibéré pour fixer une base minimum en application du 1 du présent I et sur le territoire desquels s'appliquent les bases minimum de leurs communes membres.**

I *bis*. — Dans le Département de Mayotte :

1° Les montants mentionnés au premier alinéa du 1 du I, à l'exception des montants de 250 000 €, 100 000 € et 10 000 €, sont réduits de moitié ;

2° A défaut de délibération et par exception aux dispositions du 2 du I, le montant de la base minimum est égal à la moitié du premier montant mentionné au 1 du I.

Les montants résultant de l'application des 1° et 2° sont arrondis à l'euro le plus proche, la fraction d'euro égale à 0,50 est comptée pour 1.

II. — Quand ils ne disposent d'aucun local ou terrain :

1. Les redevables domiciliés en application d'un contrat de domiciliation commerciale ou d'une autre disposition contractuelle sont redevables de la cotisation minimum au lieu de leur domiciliation ;

2. Les redevables non sédentaires sont redevables de la cotisation minimum établie au lieu de la commune *(L. n° 2017-86 du 27 janv. 2017, art. 193-VI-1°)* **« d'élection de domicile, au sens de l'article L. 264-1 du code de l'action sociale et des familles, »** *(Abrogé par L. n° 2020-1525 du 7 déc. 2020, art. 127-I-2° et III) « mentionné sur le récépissé de consignation prévu à l'article 302 octies du présent code »* **ou, à défaut** *(Abrogé par L. n° 2020-1525 du 7 déc. 2020, art. 127-I-2° et III) « de ce récépissé »*, **au lieu de leur habitation principale.**

3. Les redevables situés à l'étranger qui réalisent une activité de location ou de vente portant sur un ou plusieurs immeubles situés en France sont redevables de la cotisation minimum au lieu de situation de l'immeuble dont la valeur locative foncière est la plus élevée au 1er janvier de l'année d'imposition.

4. Les redevables domiciliés fiscalement au lieu de leur habitation sont redevables de la cotisation minimum à ce lieu.

V. App., L. n° 2013-1278 du 29 déc. 2013, art. 76-II et III, et L. n° 2013-1279 du 29 déc. 2013, art. 56.

1. Définition des redevables de la cotisation minimum de CFE. La cotisation minimum n'est pas due : par les personnes qui ne sont pas dans le champ d'application de la CFE ; par les personnes qui, bien qu'étant dans le champ d'application de la CFE, bénéficient pour leur principal établissement d'une exonération totale de CFE, de plein droit ou facultative ; par les personnes dont l'établissement principal est exonéré de CFE pour l'année de la création en application de l'art. 1478-II. * BOI-IF-CFE-20-20-40-10 n° 130 du 26 juin 2019.

2. Exonération des redevables à faible chiffre d'affaires. Les redevables réalisant un montant de chiffre d'affaires ou de recettes inférieur ou égal à 5 000 € sont, à compter de 2019, exonérés de la cotisation minimum de CFE, de la taxe pour frais de chambres de commerce et d'industrie, de la taxe pour frais de chambres de métiers et de l'artisanat et de diverses autres taxes additionnelles. * BOI-IF-CFE-20-20-40-10 n° 133 du 26 juin 2019.

3. Principal établissement. Le principal établissement, au sens et pour l'application de l'art. 1647 D, correspond à celui des établissements dont le redevable de la CFE dispose pour l'exercice de son activité professionnelle dans lequel il réalise son activité à titre principal. • CE 10 juill. 2019, Sté Coloralp, n° 413946 : *RJF 2019. 924 ; Dr. fisc. 2019. 433, note Ralkos.* ♦ Pour une société de travail intérimaire, V. • TA Rouen, 12 nov. 2019, *SARL SOS Dreux Intérim*, n° 1801414 : *RJF 2020. 231.*

Art. 1647 E *Abrogé par L. n° 2009-1673 du 30 déc. 2009, art. 2-6.1.34.*

Art. 1648 *Disposition périmée.*

CHAPITRE III FONDS DE PÉRÉQUATION

SECTION PREMIÈRE *[FONDS DÉPARTEMENTAL]*

Art. 1648 A I. — **Les fonds départementaux de péréquation de la taxe professionnelle existants en 2011 perçoivent à compter de 2013 une dotation de l'État d'un montant global de 423 291 955 €.**

(L. n° 2016-1917 du 29 déc. 2016, art. 33-II-O) **« A compter de 2017, il est appliqué une minoration à cette dotation. Au titre de 2017, le montant de cette dotation est minoré par application du taux prévu pour 2017 au V de l'article 33 de la loi n° 2016-1917 du 29 décembre 2016 de finances pour 2017. »** *(L. n° 2017-1837 du 30 déc. 2017, art. 41)* **« Au titre de 2018, le montant de cette dotation, auquel est appliqué le taux d'évolution prévu pour 2017 au V de l'article 33 de la loi n° 2016-1917 du 29 décembre 2016 précitée, est minoré par application du taux prévu pour 2018 au VII de l'article 41 de la loi n° 2017-1837 du 30 décembre 2017 de finances pour 2018. »** *(L. n° 2018-1317 du 28 déc. 2018, art. 77-III-C)* **« Au titre de 2019, le montant de cette dotation est minoré par application d'un taux qui, appliqué au montant total à verser au titre de l'année 2018, aboutit à un montant total de 284 278 401 €. »** *(L. n° 2019-1479 du 28 déc. 2019, art. 73-III-B)* **« Au titre de 2020, le montant à verser est égal au montant versé en 2019. »** *(L. n° 2020-1721 du 29 déc. 2020, art. 73-II-C)* **« Au titre de 2021, le montant à verser est égal au montant versé en 2020. »** *(L. n° 2021-1900 du 30 déc. 2021, art. 39-II-C et III)* **« Au titre de 2022, le montant à verser est égal au montant versé en 2021. »** — *Pour la minoration de la dotation mentionnée au présent al., V. L. n° 2021-1900 du 30 déc. 2021, art. 39-III.*

A compter de 2015, une fraction des ressources revenant au département du Rhône est affectée à un fonds de péréquation dont la répartition est assurée par la métropole de Lyon. Cette quote-part est égale à 40,77 % du montant calculé conformément à l'alinéa précédent au profit du département du Rhône.

A compter de 2012, le montant global mentionné au premier alinéa est réparti entre les fonds départementaux proportionnellement aux montants versés par ces fonds départementaux au titre de 2009 en application du 1° du II et du *b* du 1° du IV *bis* du présent article dans sa rédaction en vigueur au 31 décembre 2009.

A compter de 2014, pour procéder aux éventuelles régularisations à opérer sur le montant attribué à un ou plusieurs fonds départementaux de péréquation de la taxe professionnelle au titre d'un précédent exercice, les sommes nécessaires sont prélevées sur les crédits de l'exercice en cours, avant leur répartition entre les fonds départementaux.

II. — Les ressources de chaque fonds départemental de péréquation de la taxe professionnelle sont réparties, l'année de versement de la dotation de l'État, par le conseil départemental. La répartition est réalisée par ce dernier, à partir de critères objectifs qu'il définit à cet effet, entre les communes, les établissements publics de coopération intercommunale et les agglomérations nouvelles défavorisés par la faiblesse de leur potentiel fiscal, déterminé selon la législation en vigueur au 1er janvier de l'année de la répartition ou par l'importance de leurs charges.

Le conseil de la métropole de Lyon est substitué au conseil départemental du Rhône pour l'application du présent II dans le périmètre de la métropole de Lyon.

Art. 1648 AA et 1648 AB *Abrogés par L. n° 2010-1657 du 29 déc. 2010, art. 124-IV.*

SECTION PREMIÈRE *BIS* FONDS DE COMPENSATION DES NUISANCES AÉROPORTUAIRES

Art. 1648 AC I. — **A compter du 1er janvier 2000, il est créé un Fonds de compensation des nuisances aéroportuaires des communes riveraines de l'aéroport de Paris-**

Charles-de-Gaulle, ainsi qu'un Fonds de compensation des nuisances aéroportuaires des communes riveraines de l'aéroport de Paris-Orly.

II. — Ces fonds sont alimentés par :

— 1° Une dotation de l'État. A compter de 2013, le montant de cette dotation est fixé à 6 550 076 € pour le fonds de l'aéroport Roissy-Charles-de-Gaulle et à 271 847 € pour le fonds de l'aéroport d'Orly ;

— 2° une contribution annuelle de la société Aéroports de Paris, sur délibération de son conseil d'administration.

III. — Les ressources du Fonds de compensation des nuisances aéroportuaires des communes riveraines de l'aéroport de Paris-Charles-de-Gaulle sont attribuées aux communes dont le territoire se situe, au 1er janvier de l'année de répartition, en totalité ou en partie dans le plan de gêne sonore de l'aéroport de Paris-Charles-de-Gaulle, défini à l'article L. 571-15 du code de l'environnement, et dont le potentiel fiscal par habitant est inférieur au double du potentiel fiscal moyen par habitant des communes du plan de gêne sonore concernées.

Les ressources du Fonds de compensation des nuisances aéroportuaires des communes riveraines de l'aéroport de Paris-Orly sont attribuées aux communes dont la population se situe, au 1er janvier de l'année de répartition, en totalité ou en partie, dans le plan de gêne sonore de l'aéroport de Paris-Orly, défini à l'article L. 571-15 du code précité, et dont le potentiel fiscal par habitant est inférieur au double du potentiel fiscal moyen par habitant des communes du plan de gêne sonore concernées.

IV. — Les ressources des fonds de compensation des nuisances aéroportuaires sont réparties entre les communes éligibles, en application des dispositions du III, au prorata de la population communale concernée par le plan de gêne sonore, majorée du quart de la population communale située hors du plan de gêne sonore et en proportion de l'écart relatif entre le potentiel fiscal moyen par habitant des communes situées dans le plan de gêne sonore et le potentiel fiscal par habitant de la commune.

V. — Les conditions d'application du présent article sont fixées par décret. — *V. Décr. n° 2000-903 du 18 sept. 2000 (JO 20 sept.).*

SECTION II FONDS NATIONAUX

SOUS-SECTION 1

Art. 1648 A *bis* et 1648 B *Abrogés par L. n° 2003-1311 du 30 déc. 2003, art. 53-VI-1.*

SOUS-SECTION 2

Art. 1648 B *bis* *Abrogé par L. n° 2003-1311 du 30 déc. 2003, art. 52-III.*

SOUS-SECTION 3 COTISATION DE PÉRÉQUATION

Art. 1648 B *ter* *Abrogé par L. n° 95-115 du 4 févr. 1995, art. 70-II-8°.*

Art. 1648 C *Transféré ss. l'art. 1648 AB.*

Art. 1648 D *Abrogé par L. n° 2009-1673 du 30 déc. 2009, art. 2-6.1.35, à compter des impositions établies au titre de 2010.*

CHAPITRE IV DÉPARTEMENTS D'OUTRE-MER

Art. 1649-0 *Abrogé par L. n° 2009-1673 du 30 déc. 2009, art. 2-6.1.34.*

Art. 1649 Un décret en Conseil d'État fixe la date et les conditions dans lesquelles les dispositions relatives à la taxe foncière sur les propriétés bâties, à la taxe foncière sur les propriétés non bâties et à la taxe d'habitation *(L. n° 2019-1479 du 28 déc. 2019, art. 16-I-E-24° et VII-E, applicable à compter des impositions établies au titre de 2023)* « sur les résidences secondaires et autres locaux meublés non affectés à l'habitation principale » et aux taxes annexes seront applicables dans les départements d'outre-mer, ainsi que les mesures d'adaptation nécessaires. — *Ann. II, art. 329 à 333 J.*

Des décrets en Conseil d'État fixent les conditions dans lesquelles les lois n° 73-1229 du 31 décembre 1973, n° 75-678 du 29 juillet 1975 et n° 77-616 du 16 juin 1977

relatives aux taxes foncières, à la taxe d'habitation et à la taxe professionnelle sont applicables dans les départements d'outre-mer. Ils fixent également les mesures d'adaptation nécessaires pour introduire par étapes les réformes intervenues dans la métropole. — *Ann. II, art. 329 à 333 J.*

Un décret fixe la date et les conditions dans lesquelles les dispositions relatives à la mise à jour périodique de la valeur locative des propriétés bâties et non bâties seront applicables dans les départements d'outre-mer, ainsi que, le cas échéant, les mesures d'adaptation nécessaires.

Un décret en Conseil d'État fixe la date d'entrée en vigueur et les adaptations nécessaires à l'application dans les départements d'outre-mer *(Abrogé par L. n° 2019-1479 du 28 déc. 2019, art. 16-I-E-20° et VII-E, à compter des impositions établies au titre de 2023) « (Décr. n° 2017-698 du 2 mai 2017, art. 1er) « **des 1, 2, 3 et 5** » **du II de l'article 1411 et** »* **des articles 1465, 1518, 1518** ***bis*****, 1636 B** ***sexies*** **et 1636 B** ***septies.*** — *V. Ann. II, art. 334 et Décr. n° 85-260 du 22 févr. 1985, art. 2, JO 24 févr.*

TROISIÈME PARTIE DISPOSITIONS COMMUNES AUX PREMIÈRE ET DEUXIÈME PARTIES

TITRE PREMIER ASSIETTE ET CONTRÔLE DE L'IMPÔT

CHAPITRE 01 PLAFONNEMENT DES IMPÔTS *(L. n° 2005-1719 du 30 déc. 2005, art. 74-III).*

Art. 1649-0 A *Dispositions périmées (Décr. n° 2013-463 du 3 juin 2013). — V.* ***CGI, éd. 2013.***

CHAPITRE PREMIER OBLIGATIONS DES CONTRIBUABLES

0I ***DÉCLARATIONS RELATIVES AUX COMPTES FINANCIERS, AUX CONTRATS D'ASSURANCE-VIE, AUX TRUSTS ET AUX DISPOSITIFS TRANSFRONTIÈRES*** *(Ord. n° 2019-1068 du 21 oct. 2019, art. 1er, en vigueur le 1er juill. 2020).*

Jusqu'au 30 juin 2020, le 0I s'intitule : « Déclarations relatives aux comptes financiers, aux contrats d'assurance-vie et aux trusts ».

Art. 1649 A **Les administrations publiques, les établissements ou organismes soumis au contrôle de l'autorité administrative** *(Ord. n° 2020-115 du 12 févr. 2020, art. 13-1°)* **« , les établissements bénéficiant des dispositions des articles L. 511-22 et L. 511-23 du code monétaire et financier pour leurs opérations avec des résidents français » et toutes personnes qui reçoivent habituellement en dépôt des valeurs mobilières, titres ou** *(Ord. n° 2020-115 du 12 févr. 2020, art. 13-1°)* **« fonds** *[ancienne rédaction : espèces]* **» doivent déclarer à l'administration des impôts l'ouverture et la clôture des comptes de toute nature** *(Ord. n° 2020-115 du 12 févr. 2020, art. 13-1°)* **« ainsi que la location de coffres forts ».** *— V. Ann. IV, art. 164 FB à 164 FF.*

Les personnes physiques, les associations, les sociétés n'ayant pas la forme commerciale, domiciliées ou établies en France, sont tenues de déclarer, en même temps que leur déclaration de revenus ou de résultats, les références des comptes ouverts, *(L. n° 2018-898 du 23 oct. 2018, art. 7, en vigueur à une date fixée par décret et, au plus tard, le 1er janv. 2019)* **« détenus, » utilisés ou clos à l'étranger. Les modalités d'application du présent alinéa sont fixées par décret.** *— V. Ann. III, art. 344 A et 344 B.*

Les sommes, titres ou valeurs transférés à l'étranger ou en provenance de l'étranger par l'intermédiaire de comptes non déclarés dans les conditions prévues au deuxième alinéa constituent, sauf preuve contraire, des revenus imposables. *— V. égal. C. pr. fisc., art. L. 10-0 A, L. 23 C, L. 151 B et L. 181-0 A. —* ***C. pr. fisc.***

Pour les comptes qui, à la date d'entrée en vigueur de l'Ord. n° 2020-115 du 12 févr. 2020, ont déjà fait l'objet de la déclaration prévue au 1er al. de l'art. 1649 A, les établissements procèdent à l'ajout des données prévues à ce même art., dans sa rédaction résultant du 1° de l'art. 13 de ladite Ord., au plus tard le 31 déc. 2024 (Ord. préc., art. 20-IV). Pour les comptes déjà immatriculés au fichier des comptes bancaires (FICOBA), en application de l'art. 1649 A, les établissements procèdent à l'ajout des données prévues aux art. 164 FB à 164 FD de l'Ann. IV CGI au plus tard le 31 déc. 2024 (Arr. du 24 avr. 2020, art. 1er et 2, JO 6 mai).

1. Déclaration des comptes ouverts à l'étranger. Le législateur, en mettant en place une obligation de déclarer les comptes bancaires utilisés à l'étranger, a entendu instaurer une procédure de déclaration des mouvements de fonds sur de tels comptes afin de lutter contre la fraude et l'évasion fiscales, s'agissant de contribuables qui ne sont pas astreints à la tenue d'une comptabilité et d'opérations bancaires pour lesquelles l'Administration ne peut se faire communiquer les relevés en exerçant le droit de communication qui lui est ouvert par l'art. L. 83 LPF. • CE 4 mars 2019, ☎ n° 410492 : *RJF 2019. 755 ; Dr. fisc. 2019. 293, note León Aguirre.* ♦ La déclaration d'un compte ouvert à l'étranger prévue par l'art. 1649 A ne peut être souscrite que par son titulaire ou une personne ayant reçu procuration qui, en conséquence, peut seul se voir infliger l'amende prévue à l'art. 1768 *bis* (actuel art. 1736-IV). Dès lors, si les époux ont indistinctement la qualité de déclarant de leurs revenus pour l'établissement de cet impôt, seul l'époux titulaire du compte ouvert à l'étranger peut se voir infliger l'amende prévue par le 2 de l'art. 1768 *bis*, laquelle doit faire l'objet d'un rôle établi à son seul nom. • CAA Lyon, 13 déc. 2001, n° 97LY2302 : *Dr. fisc. 2002. 881 ; concl. Bonnet au BDCF 5/02.*

2. Le fait générateur de l'imposition au regard des art. 1649 A et 1649 *quater* A est constitué par le passage des fonds en douane et non par la perception initiale du revenu. • CAA Marseille, 15 déc. 2010, n° 08-981 : *RJF 2011. 540.*

3. L'obligation faite aux personnes physiques, associations et sociétés non commerciales établies en France de déclarer les comptes dont elles sont titulaires à l'étranger ne porte pas une atteinte injustifiée au principe de la libre circulation des capitaux. Elle n'est donc pas incompatible avec le droit de l'Union européenne. • CE 17 déc. 2010, n° 330666 : *RJF 2011. 270.*

4. Il appartient au contribuable qui n'a pas révélé à l'administration fiscale l'existence d'un compte ouvert à son nom dans un établissement bancaire à l'étranger, pour faire échec à la présomption de revenus prévue par l'art. 1649 A, d'apporter la preuve que les sommes transférées sur ce compte n'entraient pas dans le champ d'application de l'impôt ou en étaient exonérées ou qu'elles constituaient des revenus qui avaient déjà été soumis à l'impôt. • CE 20 févr. 2012, *Min. du Budget,* n° 325217 : *RJF 2012. 439.* ♦ Lorsque l'Administration envisage d'imposer des sommes sur le fondement de l'art. 1649 A, elle doit mettre au préalable le contribuable en mesure d'apporter la preuve que les sommes visées ne sont pas imposables. Le texte ne fait pas obstacle à ce qu'elle mette en œuvre, ensuite, la procédure de taxation d'office prévue par l'art. L. 66 LPF lorsque les conditions sont réunies. • CE 17 mars 2014, *Min. du budget,* n°s 358520 et 358562 : *RJF 2014. 535.*

5. Les comptes financiers détenus à l'étranger, adossés à un compte ouvert en France et destinés à réaliser des transactions en ligne (achats ou ventes de biens), n'ont pas à être déclarés, sauf ceux sur lesquels des encaissements liés à des ventes excèdent 10 000 € par an. * BOI-CF-CPF-30-20 n° 85 du 26 mai 2021. ♦ Obligation de déclarer à l'Administration un « compte PayPal ». • CAA Bordeaux, 31 mars 2015, n° 13BX01735 : *RJF 2015. 931.* ♦ ... Les comptes détenus auprès de banques en ligne installées à l'étranger. * Rép. min. n° 30729 : *JOAN 6 avr. 3021.*

6. Lorsqu'une entité détient des comptes ouverts, utilisés ou clos hors de France, ses associés ne sont pas tenus de déclarer ces comptes sauf s'ils sont cotitulaires ou bénéficient d'une procuration sur ces comptes. Une association détenant, par exemple, une participation dans une société d'investissement à capital variable (Sicav) n'est, en principe, pas soumise à l'obligation déclarative portant sur les comptes ouverts, utilisés ou clos par la Sicav. *Rép. min. n° 82934 : *JOAN Q 9 déc. 2016, p. 82934.*

7. Transfert irrégulier de fonds à l'étranger. Pour échapper à l'imposition des sommes transférées à l'étranger sans déclaration de transfert ou par l'intermédiaire de comptes non déclarés, le contribuable doit démontrer que les ressources ayant servi à constituer ces sommes ont déjà été imposées ou ne devaient pas être soumises à l'impôt au titre de l'année du transfert et, le cas échéant, des années antérieures. A défaut, les sommes sont nécessairement imposées dans la catégorie des revenus d'origine indéterminée. • CE 4 févr. 2015, n° 365180 : *RJF 2015. 294 ; BDCF 2015. 40, concl. Bretonneau ; Dr. fisc. 2015. 288.* – V. égal. notes ss. art. 1649 *quater* A.

Art. 1649 AA **Lorsque des contrats de capitalisation ou des placements de même nature, notamment des contrats d'assurance vie, sont souscrits auprès d'organismes mentionnés au I de l'article 1649 *ter* qui sont établis hors de France, les souscripteurs sont tenus de déclarer, en même temps que leur déclaration de revenus, les références des contrats ou placements concernés, la date d'effet et la durée de ces contrats ou placements, les opérations de remboursement et de versement des primes effectuées au cours de l'année précédente et, le cas échéant, la valeur de rachat ou le montant du capital garanti, y compris sous forme de rente, au 1er janvier de l'année de la déclaration. Les modalités d'application du présent alinéa sont fixées par décret.** — *V. Ann. III, art. 344 C.*

Les versements faits à l'étranger ou en provenance de l'étranger par l'intermédiaire de contrats non déclarés dans les conditions prévues au premier alinéa constituent, sauf preuve contraire, des revenus imposables.

Ancien art. 1649 AA ***[Applicable jusqu'au 31 déc. 2015]*** *Lorsque des contrats d'assurance vie sont souscrits auprès d'organismes mentionnés au I de l'article 990 I qui sont établis hors de France, les souscripteurs sont tenus de déclarer en même temps que leur déclaration de revenus, les références du ou des contrats, les dates d'effet et de durée de ces contrats, ainsi que les avenants et opérations de remboursement effectuées au cours de l'année civile. Les modalités d'application du présent alinéa sont fixées par décret. — V. Ann. III, art. 344 C.*

Les versements faits à l'étranger ou en provenance de l'étranger par l'intermédiaire de contrats non déclarés dans les conditions prévues au premier alinéa constituent, sauf preuve contraire, des revenus imposables. — V. également LPF, art. L. 10-0 A, L. 23 C et L. 181-0 A. — ***C. pr. fisc.***

Art. 1649 AB *(Ord. n° 2020-115 du 12 févr. 2020, art. 13-2°)* I. — L'administrateur d'un trust défini à l'article 792-0 *bis* dont le constituant ou l'un au moins des bénéficiaires à *[a]* son domicile fiscal en France ou qui comprend un bien ou un droit qui y est situé, l'administrateur d'un trust défini à l'article 792-0 *bis* établi ou résidant en dehors de l'Union européenne lorsqu'il acquiert un bien immobilier ou qu'il entre en relation d'affaires en France au sens de l'article L. 561-2-1 du code monétaire et financier ainsi que l'administrateur qui a son domicile fiscal en France sont tenus de déclarer les informations suivantes :

1° La constitution, la modification ou l'extinction, ainsi que le contenu des termes du trust ;

2° Les informations relatives aux nom, prénoms, adresse, date, lieu de naissance et nationalité des bénéficiaires effectifs des trusts, qui s'entendent comme toutes personnes physiques ayant la qualité d'administrateur, de constituant, de bénéficiaire et, le cas échéant, de protecteur ainsi que de toute autre personne physique exerçant un contrôle effectif sur le trust ou exerçant des fonctions équivalentes ou similaires.

3° La valeur vénale au 1er janvier de l'année :

a) Pour les personnes qui ont en France leur domicile fiscal au sens de l'article 4 B, des biens et droits situés en France ou hors de France et des produits capitalisés placés dans le trust ;

b) Pour les autres personnes, des seuls biens et droits situés en France et des produits capitalisés placés dans le trust.

II. — Les informations mentionnées au I sont conservées dans un registre placé sous la responsabilité du ministre chargé du budget.

Les modalités d'application du présent article sont fixées par décret en Conseil d'État.

Ancien art. 1649 AB *L'administrateur d'un trust défini à l'article 792-0 bis dont le constituant ou l'un au moins des bénéficiaires a son domicile fiscal en France ou qui comprend un bien ou un droit qui y est situé est tenu d'en déclarer la constitution, le nom du constituant et des bénéficiaires, la modification ou l'extinction, ainsi que le contenu de ses termes.*

(Abrogé par Cons. const. n° 2016-591 QPC du 21 oct. 2016, à compter du 23 oct. 2016) « Il est institué un registre public des trusts. Il recense nécessairement les trusts déclarés, le nom de l'administrateur, le nom du constituant, le nom des bénéficiaires et la date de constitution du trust. »

(Abrogé par Ord. n° 2016-1635 du 1er déc. 2016, art. 10-1°) « Ce registre est placé sous la responsabilité du ministre chargé de l'économie et des finances.

« Les modalités de consultation du registre sont précisées par décret en Conseil d'État. »

L'administrateur d'un trust défini à l'article 792-0 bis qui a son domicile fiscal en France est tenu d'en déclarer la constitution, la modification ou l'extinction ainsi que le contenu de ses termes.

L'administrateur d'un trust déclare également la valeur vénale au 1er janvier de l'année (L. n° 2018-1317 du 28 déc. 2018, art. 48-I-2°) « :

« a) Pour les personnes qui ont en France leur domicile fiscal au sens de l'article 4 B, des biens et droits situés en France ou hors de France et des produits capitalisés placés dans le trust ;

« b) Pour les autres personnes, des seuls biens et droits situés en France et des produits capitalisés placés dans le trust. »

(Ord. n° 2016-1635 du 1er déc. 2016, art. 10-2°) « Ces informations sont conservées dans un registre placé sous la responsabilité des ministres chargés de l'économie et du budget.

« Ce registre est accessible sans restriction aux autorités compétentes suivantes, dans le cadre de leur mission :

« 1° (L. n° 2019-486 du 22 mai 2019, art. 206-VII-E) « Le service mentionné à l'article L. 561-23 du code monétaire et financier » ;

« 2° Les autorités judiciaires ;

« 3° Les agents de l'administration des douanes agissant sur le fondement des prérogatives conférées par le code des douanes ;

« 4° Les agents habilités de l'administration des finances publiques chargés du contrôle et du recouvrement en matière fiscale ;

« 5° Les autorités de contrôle mentionnées à l'article L. 561-36 du code monétaire et financier ;

« Ce registre est également accessible aux personnes assujetties à la lutte contre le blanchiment et le financement du terrorisme mentionnées à l'article L. 561-2 du code monétaire et financier dans le cadre d'une au moins de leurs mesures de vigilance mentionnées aux articles L. 561-4-1 à L. 561-14-2 du code monétaire et financier.

« Les autorités compétentes mentionnées au cinquième alinéa du présent article reçoivent en temps utile à leur demande ou à l'initiative des autorités compétentes des États membres de l'Union européenne ou communiquent en temps utile, à leur demande ou à l'initiative de ces autorités, les informations mentionnées au premier alinéa nécessaires à l'accomplissement de leur mission.

« Les modalités d'application du présent article sont fixées par décret en Conseil d'État. » *— V. égal. C. pr. fisc., art. L. 181-0 A. —* ***C. pr. fisc.***

V. Ann. III, art. 344 G sexies à 344 G octies.

Les dispositions du présent art. issues du B du I de l'art. 31 de la L. n° 2017-1837 du 30 déc. 2017, s'appliquent au titre de l'impôt sur la fortune immobilière dû à compter du 1er janv. 2018. Toutefois, les dispositions modifiées par le même B du I continuent de s'appliquer, dans leur rédaction en vigueur au 31 déc. 2017, à l'impôt de solidarité sur la fortune dû jusqu'au titre de l'année 2017 incluse (L. préc., art. 31-IX-B).

Art. 1649 AC *(L. n° 2017-1775 du 28 déc. 2017, art. 56)* **« I. — » Les teneurs de compte, les organismes d'assurance et assimilés et toute autre institution financière mentionnent, sur une déclaration déposée dans des conditions et délais fixés par décret, les informations requises pour l'application du 3 *bis* de l'article 8 de la directive 2011/16/UE du Conseil du 15 février 2011 relative à la coopération administrative dans le domaine fiscal et abrogeant la directive 77/799/ CEE et des conventions conclues par la France permettant un échange automatique d'informations** *(L. n° 2017-1775 du 28 déc. 2017, art. 56)* **« relatives aux comptes financiers en matière fiscale ». Ces informations peuvent notamment concerner tout revenu de capitaux mobiliers ainsi que les soldes des comptes et la valeur de rachat des bons ou contrats de capitalisation et placements de même nature.** *— V. App., Décr. n° 2015-907 du 23 juill. 2015.*

Afin de satisfaire aux obligations mentionnées au premier alinéa, ils mettent en œuvre, y compris au moyen de traitements de données à caractère personnel, les diligences nécessaires à l'identification des comptes, des paiements et des personnes. Ils collectent à cette fin les éléments relatifs aux résidences fiscales et *(L. n° 2017-1775 du 28 déc. 2017, art. 56)* **« , le cas échéant, » les numéros d'identification fiscale de l'ensemble des titulaires de comptes et des personnes** *(L. n° 2017-1775 du 28 déc. 2017, art. 56)* **« physiques » les contrôlant.** *(Abrogé par L. n° 2021-1900 du 30 déc. 2021, art. 134-I-B-1° et III-A, à compter du 1er janv. 2022) (L. n° 2017-1775 du 28 déc. 2017, art. 56)* ***« En outre, ils conservent ces données et les éléments prouvant les diligences effectuées, jusqu'à la fin de la cinquième année qui suit celle au titre de laquelle la déclaration doit être déposée. »***

(L. n° 2021-1900 du 30 déc. 2021, art. 134-I-B-2° et III-A, en vigueur le 1er janv. 2022) **« Ils conservent les données mentionnées au deuxième alinéa du présent I et les éléments prouvant les diligences effectuées jusqu'à la fin de la cinquième année qui suit celle au cours de laquelle la déclaration doit être déposée. »**

(L. n° 2021-1900 du 30 déc. 2021, art. 134-I-B-3°, 4° et III-B, en vigueur le 1er janv. 2023) **« Ils informent chaque personne physique concernée par la déclaration prévue au premier alinéa que celles de ses données qui sont transférées à l'administration fiscale française peuvent être communiquées à l'administration fiscale d'un autre État membre de l'Union européenne ou d'un État ou territoire ayant conclu avec la France une convention permettant un échange automatique d'informations à des fins fiscales.**

« Les traitements mentionnés au deuxième alinéa » sont soumis à la loi n° 78-17 du 6 janvier 1978 relative à l'informatique, aux fichiers et aux libertés. *— Pour les sanctions, V. CGI, art. 1736-I-5.*

(L. n° 2017-1775 du 28 déc. 2017, art. 56) **« II. — Aux fins de l'application du I, les titulaires de compte remettent aux institutions financières les informations nécessaires à l'identification de leurs résidences fiscales et, le cas échéant, de leurs numéros d'identification fiscale*[,]* sauf lorsque l'institution financière, dans le cadre des modalités définies au même I, n'est pas tenue de les recueillir.**

« Les mêmes informations sont requises des titulaires de compte en ce qui concerne les personnes physiques qui les contrôlent. »

V. Décr. n° 2016-1683 du 5 déc. 2016 et Arr. du 9 déc. 2016 (JO 23 déc.), mod. par Arr. du 18 mars 2021 (JO 27 mars).

1. Accord « FATCA » entre la France et les États-Unis. Obligations déclaratives des institutions financières. * BOI-INT-AEA-10-40 du 25 févr. 2020.

2. Accords et échange automatique de renseignements relatifs aux comptes financiers. Norme commune de déclaration. Obligations à la charge des titulaires de comptes refusant d'être identifiés. * BOI-INT-AEA-20-30 du 25 févr. 2020.

Art. 1649 AD *(Ord. nº 2019-1068 du 21 oct. 2019, art. 1er-2º et 2, en vigueur le 1er juill. 2020)* **I. — Une déclaration d'un dispositif transfrontière est souscrite auprès de l'administration fiscale, sous forme dématérialisée, par l'intermédiaire ayant participé à la mise en œuvre de ce dispositif ou par le contribuable concerné.**

II. — Pour l'application des dispositions du I, est considéré comme transfrontière tout dispositif prenant la forme d'un accord, d'un montage ou d'un plan ayant ou non force exécutoire et concernant la France et un autre État, membre ou non de l'Union européenne, dès lors que l'une au moins des conditions suivantes est satisfaite :

***a)* Au moins un des participants au dispositif n'est pas fiscalement domicilié ou résident en France ou n'y a pas son siège ;**

***b)* Au moins un des participants au dispositif est fiscalement domicilié, résident ou a son siège dans plusieurs États ou territoires simultanément ;**

***c)* Au moins un des participants au dispositif exerce une activité dans un autre État ou territoire par l'intermédiaire d'un établissement stable situé dans cet État ou territoire, le dispositif constituant une partie ou la totalité de l'activité de cet établissement stable ;**

***d)* Au moins un des participants au dispositif exerce une activité dans un autre État ou territoire sans y être fiscalement domicilié ou résident ni disposer d'établissement stable dans cet État ou territoire ;**

***e)* Le dispositif peut avoir des conséquences sur l'échange automatique d'informations entre États ou territoires ou sur l'identification des bénéficiaires effectifs.**

III. — Pour l'application des dispositions du I, est considéré comme devant faire l'objet d'une déclaration tout dispositif transfrontière comportant au moins l'un des marqueurs mentionnés au II de l'article 1649 AH.

Un dispositif transfrontière comportant un marqueur relevant de la catégorie A, mentionnée au A du II du même article 1649 AH, de la catégorie B mentionnée au B du même II ou au *i* du *b* et aux *c* et *d* du 1º de la catégorie C mentionnée au C du même II, ne fait l'objet d'une déclaration que s'il satisfait au critère de l'avantage principal défini au I du même article 1649 AH.

Un dispositif transfrontière peut être constitué par une série de dispositifs. Il peut comporter plusieurs étapes ou parties.

IV. — Les informations contenues dans la déclaration mentionnée au I du présent article sont précisées par décret. — *V. Ann. III, art. 344 G octies A (Décr. nº 2020-270 du 17 mars 2020, art. 1er et 2).*

Par dérogation aux dispositions du présent art. :

1º Les dispositifs transfrontières dont la première étape a été mise en œuvre entre le 25 juin 2018 et le 30 juin 2020 sont déclarés au plus tard le 28 févr. 2021 par les intermédiaires et les contribuables mentionnés à l'art. 1649 AE CGI ;

2º Lorsqu'un dispositif transfrontière est mis à disposition aux fins de sa mise en œuvre, ou est prêt à être mis en œuvre, ou lorsque la première étape de sa mise en œuvre a été accomplie entre le 1er juill. 2020 et le 31 déc. 2020, ou lorsque les intermédiaires au sens du second al. du 1º du I du même article 1649 AE fournissent, directement ou par l'intermédiaire d'autres personnes, une aide, une assistance ou des conseils entre le 1er juill. 2020 et le 31 déc. 2020, le délai de trente jours pour déclarer les informations prévues aux 1º et 2º du I de l'art. 1649 AG CGI court à compter du 1er janv. 2021 ;

3º Dans le cas des dispositifs conçus, commercialisés, prêts à être mis en œuvre ou mis à disposition aux fins de mise en œuvre sans avoir besoin d'être adaptés de façon importante, la première mise à jour mentionnée au 4º du I du même art. 1649 AG est communiquée par les intermédiaires au plus tard le 30 avr. 2021 (Ord. nº 2019-1068 du 21 oct. 2019, art. 2-II, mod. par L. nº 2020-935 du 30 juill. 2020, art. 53-II).

Dispositifs transfrontières ayant un caractère potentiellement agressif. L'obligation déclarative incombe à l'intermédiaire ou, le cas échéant, au contribuable concerné. 1º Dispositifs devant faire l'objet d'une déclaration. * BOI-CF-CPF-30-40-10-10 du 25 nov. 2020. 2° Personnes tenues d'effectuer la déclaration. * BOI-CF-CPF-30-40-10-20 du 25 nov. 2020.

Art. 1649 AE *(Ord. n° 2019-1068 du 21 oct. 2019, art. 1er-2° et 2, en vigueur le 1er juill. 2020)* **I. — 1° L'intermédiaire mentionné à l'article 1649 AD est toute personne qui conçoit, commercialise ou organise un dispositif transfrontière devant faire l'objet d'une déclaration, le met à disposition aux fins de sa mise en œuvre ou en gère la mise en œuvre.**

Est également considérée comme intermédiaire toute personne qui, compte tenu des faits et circonstances pertinents et sur la base des informations disponibles ainsi que de l'expertise en la matière et de la compréhension qui sont nécessaires pour fournir de tels services, sait ou pourrait raisonnablement être censée savoir qu'elle s'est engagée à fournir, directement ou par l'intermédiaire d'autres personnes, une aide, une assistance ou des conseils concernant la conception, la commercialisation ou l'organisation d'un dispositif transfrontière devant faire l'objet d'une déclaration, ou concernant sa mise à disposition aux fins de mise en œuvre ou la gestion de sa mise en œuvre ;

2° L'intermédiaire souscrit la déclaration prévue à l'article 1649 AD s'il remplit l'une au moins des conditions suivantes :

a) Être fiscalement domicilié, résident ou avoir son siège en France.

Les établissements stables situés hors de France d'un intermédiaire fiscalement domicilié ou résident en France, pour les dispositifs se rattachant à leur activité, ne sont pas concernés par l'obligation de déclaration mentionnée à l'article 1649 AD ;

b) Posséder en France un établissement stable par l'intermédiaire duquel sont fournis les services concernant le dispositif ;

c) Être constitué en France ou régi par le droit français ;

d) Être enregistré auprès d'un ordre ou d'une association professionnelle en rapport avec des services juridiques, fiscaux ou de conseil, ou bénéficier d'une autorisation d'exercer en France délivrée par un tel ordre ou association professionnelle ;

3° Lorsque plusieurs intermédiaires participent à la mise en œuvre d'un même dispositif, l'obligation déclarative incombe à chacun d'entre eux. Un intermédiaire est cependant dispensé de l'obligation déclarative s'il peut prouver, par tout moyen *(L. n° 2020-935 du 30 juill. 2020, art. 53-I-A-1°-a et II)* **« , qu'une déclaration comportant l'ensemble des informations requises a déjà été souscrite par un autre intermédiaire, en France ou dans un autre État membre de l'Union européenne ; »**

(Abrogé par L. n° 2020-935 du 30 juill. 2020, art. 53-I-A-1°-b et II) ***« — qu'une déclaration comportant l'ensemble des informations requises a déjà été souscrite par un autre intermédiaire, en France ou dans un autre État membre de l'Union européenne ; ou***

« — qu'une déclaration a déjà été souscrite par un autre intermédiaire en France ou dans un autre État membre de l'Union européenne, que les autres intermédiaires ou, à défaut, les contribuables concernés par le dispositif transfrontière devant être déclaré ont reçu la notification prévue au présent article, et que lui-même n'a pas reçu une telle notification ; »

4° L'intermédiaire soumis à une obligation de secret professionnel dont la violation est prévue et réprimée par l'article 226-13 du code pénal souscrit, avec l'accord *(L. n° 2020-935 du 30 juill. 2020, art. 53-I-A-2° et II)* **« de son client », la déclaration mentionnée à l'article 1649 AD.**

A défaut de cet accord, l'intermédiaire notifie à tout autre intermédiaire l'obligation ***déclarative qui lui incombe.***

En l'absence d'autre intermédiaire, la notification d'obligation déclarative est adressée au contribuable concerné par le dispositif transfrontière. L'intermédiaire transmet également au contribuable concerné, le cas échéant, les informations nécessaires au respect de son obligation déclarative.

Les notifications prévues ci-dessus sont effectuées par tout moyen permettant de leur conférer date certaine ;

5° Dans tous les cas, en l'absence de tout intermédiaire soumis à l'obligation déclarative de l'article 1649 AD, cette obligation incombe au contribuable concerné par le dispositif transfrontière.

II. — Le contribuable concerné par un dispositif transfrontière est toute personne à qui un dispositif transfrontière devant faire l'objet d'une déclaration est mis à dispo-

sition aux fins de sa mise en œuvre, ou qui est disposée à mettre en œuvre un dispositif transfrontière devant faire l'objet d'une déclaration, ou qui a mis en œuvre la première étape d'un tel dispositif.

Lorsqu'il existe plusieurs contribuables concernés, l'obligation déclarative incombe au contribuable concerné qui occupe la première place dans la liste ci-après :

***a)* Le contribuable concerné a arrêté avec l'intermédiaire le dispositif transfrontière devant faire l'objet d'une déclaration ;**

***b)* Le contribuable concerné gère la mise en œuvre du dispositif.**

Tout contribuable concerné n'est dispensé de l'obligation déclarative que dans la mesure où il peut prouver, par tout moyen, qu'un autre contribuable concerné a déjà souscrit une déclaration comportant l'ensemble des informations requises.

Pour les dérogations aux dispositions du présent art., V. ndlr ss. art. 1649 AD.

1. Dispositifs transfrontières ayant un caractère potentiellement agressif. L'obligation déclarative incombe à l'intermédiaire ou, le cas échéant, au contribuable concerné. 1° Dispositifs devant faire l'objet d'une déclaration. * BOI-CF-CPF-30-40-10-10 du 25 nov. 2020. 2° Personnes tenues d'effectuer la déclaration. * BOI-CF-CPF-30-40-10-20 du 25 nov. 2020.

2. L'inclusion des avocats dans le champ des intermédiaires soumis à l'obligation de déclaration des dispositifs transfrontières ou de notification à un autre intermédiaire est-elle conforme aux droits fondamentaux protégés par le droit de l'UE ? Question transmise à la CJUE. • CE 25 juin 2021, n° 448486 : *RJF 2021. 947.*

Art. 1649 AF *(Ord. nº 2019-1068 du 21 oct. 2019, art. 1er-2° et 2, en vigueur le 1er juill. 2020)* **I. — Lorsqu'un intermédiaire est soumis à une obligation déclarative similaire à celle prévue à l'article 1649 AD dans plusieurs États membres de l'Union européenne, le dispositif transfrontière est déclaré exclusivement auprès de l'administration fiscale française quand la France est l'État membre de l'Union européenne qui occupe la première place dans la liste ci-après :**

***a)* L'État membre dans lequel l'intermédiaire est fiscalement domicilié ou résident ou a son siège social ;**

***b)* L'État membre dans lequel l'intermédiaire possède un établissement stable par l'intermédiaire duquel les services concernant le dispositif sont fournis ;**

***c)* L'État membre dans lequel l'intermédiaire est constitué ou par le droit duquel il est régi ;**

***d)* L'État membre dans lequel l'intermédiaire est enregistré auprès d'un ordre ou d'une association professionnelle en rapport avec des services juridiques, fiscaux ou de conseil.**

II. — Lorsqu'en application du I, il subsiste une obligation de déclaration multiple, l'intermédiaire est dispensé de la souscription de la déclaration dès lors qu'il peut prouver par tout moyen que le dispositif transfrontière a fait l'objet d'une déclaration dans un autre État membre de l'Union européenne.

III. — Lorsqu'un contribuable concerné est soumis à une obligation déclarative similaire à celle prévue à l'article 1649 AD dans plusieurs États membres de l'Union européenne, le dispositif transfrontière est déclaré exclusivement auprès de l'administration fiscale française quand la France est l'État membre de l'Union européenne qui occupe la première place dans la liste ci-après :

***a)* L'État membre dans lequel le contribuable concerné est fiscalement domicilié, résident ou a son siège social ;**

***b)* L'État membre dans lequel le contribuable concerné possède un établissement stable qui bénéficie du dispositif ;**

***c)* L'État membre dans lequel le contribuable concerné perçoit des revenus ou y réalise des bénéfices ;**

***d)* L'État membre dans lequel le contribuable concerné exerce une activité bien qu'il ne soit résident à des fins fiscales et ne possède d'établissement stable dans aucun État membre.**

IV. — Lorsqu' *[Lorsque]* **en application du III, il subsiste une obligation de déclaration multiple, le contribuable concerné est dispensé de la souscription de la déclaration dès lors qu'il peut prouver par tout moyen que le dispositif transfrontière a fait l'objet d'une déclaration dans un autre État membre de l'Union européenne.**

Pour les dérogations aux dispositions du présent art., V. ndlr ss. art. 1649 AD.

Art. 1649 AG *(Ord. n° 2019-1068 du 21 oct. 2019, art. 1er-2° et 2, en vigueur le 1er juill. 2020)* **I. — 1° L'intermédiaire souscrit la déclaration prévue à l'article 1649 AD dans un délai de trente jours à compter de la première des dates suivantes :**

***a)* Le lendemain du jour de la mise à disposition aux fins de mise en œuvre du dispositif transfrontière devant faire l'objet d'une déclaration ;**

***b)* Le lendemain du jour où le dispositif transfrontière devant faire l'objet d'une déclaration est prêt à être mis en œuvre ;**

c) Le jour de la réalisation de la première étape de la mise en œuvre du dispositif transfrontière ;

2° Nonobstant les dispositions du 1° du présent I, les intermédiaires mentionnés au second alinéa du 1° du I de l'article 1649 AE sont tenus de souscrire la déclaration prévue à l'article 1649 AD dans un délai de trente jours à compter du lendemain du jour où ils ont fourni, directement ou par l'intermédiaire d'autres personnes, une aide, une assistance ou des conseils ;

(Abrogé par L. n° 2020-935 du 30 juill. 2020, art. 53-I-B et II) ***« 3° Lorsque l'intermédiaire a pour obligation, en application du 3° du I de l'article 1649 AE, de notifier son obligation déclarative à tout autre intermédiaire et/ou au contribuable concerné, cette notification est concomitante à la souscription de sa déclaration ; »***

4° L'intermédiaire communique également tous les trois mois une mise à jour des informations précisées par décret relatives à des dispositifs conçus, commercialisés, prêts à être mis en œuvre ou mis à disposition aux fins de mise en œuvre sans avoir besoin d'être adaptés de façon importante. Les modalités de cette mise à jour sont précisées par décret. — *V. Ann. III, art. 344 G octies B (Décr. n° 2020-1769 du 30 déc. 2020, art. 1er).*

II. — 1° Le contribuable concerné à qui incombe l'obligation de déclaration prévue à l'article 1649 AD souscrit la déclaration dans un délai de trente jours à compter de la première des dates suivantes :

***a)* Le *[Du]* lendemain du jour de la mise à disposition aux fins de mise en œuvre du dispositif transfrontière devant faire l'objet d'une déclaration ;**

***b)* Du lendemain du jour où le dispositif transfrontière devant faire l'objet d'une déclaration est prêt à être mis en œuvre ;**

***c)* Du jour de la réalisation de la première étape de la mise en œuvre du dispositif transfrontière ;**

2° Nonobstant les dispositions du 1° du présent II, lorsque le contribuable concerné a reçu notification de son obligation déclarative en application du 4° du I, il souscrit la déclaration dans un délai de trente jours à compter du jour de la réception de cette notification.

Chaque contribuable concerné par un dispositif transfrontière devant faire l'objet d'une déclaration déclare chaque année l'utilisation qu'il en a faite au titre de l'année précédente selon les modalités fixées par un arrêté du ministre chargé du budget.

III. — Pour l'application des dispositions des I et II, la première étape de la mise en œuvre s'entend de tout acte juridique ou opération économique, comptable ou d'option fiscale en vue de mettre en œuvre le dispositif transfrontière.

Pour les dérogations aux dispositions du présent art., V. ndlr ss. art. 1649 AD.

Art. 1649 AH *(Ord. n° 2019-1068 du 21 oct. 2019, art. 1er-2° et 2, en vigueur le 1er juill. 2020)* ***Pour l'application* du III de l'article 1649 AD, le critère de l'avantage principal et les marqueurs des dispositifs transfrontières faisant l'objet d'une obligation déclarative sont ainsi définis :**

I. — Les marqueurs généraux relevant de la catégorie A mentionnée au A du II du présent article et les marqueurs spécifiques relevant de la catégorie B mentionnée au B du II précité ainsi que du *i* du *b* et aux *c* et *d* du 1° de la catégorie C mentionnée au C du II précité, ne peuvent être pris en compte que lorsqu'ils remplissent le critère de l'avantage principal.

Ce critère est rempli s'il est établi que l'avantage principal ou l'un des avantages principaux qu'une personne peut raisonnablement s'attendre à retirer d'un dispositif, compte tenu de l'ensemble des faits et circonstances pertinents, est l'obtention d'un avantage fiscal.

Dans le cas d'un marqueur relevant du 1° de la catégorie C précitée, la présence des conditions prévues au *i* du *b* ou aux *c* et *d* du 1° de cette catégorie, ne constitue pas à elle seule une raison de conclure qu'un dispositif remplit le critère de l'avantage principal.

II. – A. – Un dispositif comprend un marqueur général lié au critère de l'avantage principal ou "marqueur de catégorie A", lorsqu'il présente l'une des caractéristiques suivantes :

1° Le contribuable concerné ou un participant au dispositif s'engage à respecter une clause de confidentialité selon laquelle il peut lui être demandé de ne pas divulguer à d'autres intermédiaires ou aux autorités fiscales comment le dispositif pourrait procurer un avantage fiscal ;

2° L'intermédiaire est en droit de percevoir des honoraires, intérêts ou rémunération pour financer les coûts et autres frais, pour le dispositif et ces honoraires, intérêts ou rémunération sont fixés par référence :

a) Au montant de l'avantage fiscal découlant du dispositif ; ou

b) Au fait qu'un avantage fiscal découle effectivement du dispositif. Cela peut inclure une obligation pour l'intermédiaire de rembourser partiellement ou entièrement les honoraires si l'avantage fiscal escompté découlant du dispositif n'a pas été complètement ou partiellement généré ;

3° Le dispositif dont la documentation et/ou la structure sont en grande partie normalisées et qui est à la disposition de plus d'un contribuable concerné sans avoir besoin d'être adapté de façon importante pour être mis en œuvre.

B. – Un dispositif comprend un marqueur spécifique lié au critère de l'avantage principal, ou "marqueur de catégorie B", lorsqu'il présente l'une des caractéristiques suivantes :

1° Un participant au dispositif prend artificiellement des mesures qui consistent à acquérir une société réalisant des pertes, à mettre fin à l'activité principale de cette société et à utiliser les pertes de celle-ci pour réduire sa charge fiscale, y compris par le transfert de ces pertes à une autre juridiction ou par l'accélération de l'utilisation de ces pertes ;

2° Il a pour effet de convertir des revenus en capital, en dons ou en d'autres catégories de recettes qui sont taxées à un niveau inférieur ou ne sont pas taxées ;

3° Il inclut des transactions circulaires ayant pour résultat un "carrousel" de fonds, à savoir au moyen d'entités interposées sans fonction commerciale primaire ou d'opérations qui se compensent ou s'annulent mutuellement ou qui ont d'autres caractéristiques similaires.

C. – Un dispositif comprend un marqueur spécifique lié aux opérations transfrontières, ou "marqueur de catégorie C", lorsqu'il présente l'une des caractéristiques suivantes :

1° Il prévoit la déduction des paiements transfrontières effectués entre deux ou plusieurs entreprises associées et l'une au moins des conditions suivantes est remplie :

a) Le bénéficiaire ne réside à des fins fiscales dans aucune juridiction fiscale ;

b) Même si le bénéficiaire réside à des fins fiscales dans une juridiction, cette juridiction :

i) Ne lève pas d'impôt sur les sociétés ou lève un impôt sur les sociétés à taux zéro ou presque nul ; ou

ii) Figure sur une liste de juridictions de pays tiers qui ont été évaluées par les États membres collectivement ou dans le cadre de l'Organisation de coopération et de développement économiques comme étant non coopératives ;

c) Le paiement bénéficie d'une exonération fiscale totale dans la juridiction où le bénéficiaire réside à des fins fiscales ;

d) Le paiement bénéficie d'un régime fiscal préférentiel dans la juridiction où le bénéficiaire réside à des fins fiscales ;

2° Il prévoit que des déductions pour le même amortissement d'un actif sont demandées dans plus d'une juridiction ;

3° Il prévoit qu'un allègement au titre de la double imposition pour le même élément de revenu ou de capital est demandé dans plusieurs juridictions ;

4° Il inclut des transferts d'actifs et il existe dans les juridictions concernées une différence importante dans le montant considéré comme étant payable en contrepartie des actifs.

D. – Un dispositif comprend un marqueur spécifique concernant l'échange automatique d'informations et les bénéficiaires effectifs, ou "marqueur de catégorie D", lorsqu'il présente l'une des caractéristiques suivantes :

1° Il est susceptible d'avoir pour effet de porter atteinte à l'obligation de déclaration en vertu du droit mettant en œuvre la législation de l'Union européenne ou tout accord équivalent concernant l'échange automatique d'informations sur les comptes financiers, y compris des accords avec des pays tiers, ou qui tire parti de l'absence de telles dispositions ou de tels accords. De tels dispositifs incluent au moins ce qui suit :

a) L'utilisation d'un compte, d'un produit ou d'un investissement qui n'est pas ou dont l'objectif est de ne pas être un compte financier, mais qui possède des caractéristiques substantiellement similaires à celles d'un compte financier ;

b) Le transfert de comptes ou d'actifs financiers vers des juridictions qui ne sont pas liées par l'échange automatique d'informations sur les comptes financiers avec l'État de résidence du contribuable concerné, ou le recours à de telles juridictions ;

c) La requalification de revenus et de capitaux en produits ou en paiements qui ne sont pas soumis à l'échange automatique d'informations sur les comptes financiers ;

d) Le transfert ou la conversion d'une institution financière, d'un compte financier ou des actifs qui s'y trouvent en institution financière, en compte financier ou en actifs qui ne sont pas à déclarer en vertu de l'échange automatique d'informations sur les comptes financiers ;

e) Le recours à des entités, constructions ou structures juridiques qui suppriment ou visent à supprimer la déclaration d'un ou plusieurs titulaires de compte ou personnes détenant le contrôle dans le cadre de l'échange automatique d'informations sur les comptes financiers ;

f) Les dispositifs qui portent atteinte aux procédures de diligence raisonnable utilisées par les institutions financières pour se conformer à leurs obligations de déclarer des informations sur les comptes financiers, ou qui exploitent les insuffisances de ces procédures, y compris le recours à des juridictions appliquant de manière inadéquate ou insuffisante la législation relative à la lutte contre le blanchiment de capitaux, ou ayant des exigences insuffisantes en matière de transparence en ce qui concerne les personnes morales ou les constructions juridiques ;

2° Il fait intervenir une chaîne de propriété formelle ou effective non transparente par le recours à des personnes, des constructions juridiques ou des structures :

a) Qui n'exercent pas une activité économique substantielle s'appuyant sur des effectifs, des équipements, des ressources et des locaux suffisants ; et

b) Qui sont constitués, gérés, contrôlés ou établis ou qui résident dans toute juridiction autre que la juridiction de résidence de l'un ou plusieurs des bénéficiaires effectifs des actifs détenus par ces personnes, constructions juridiques ou structures ; et

c) Lorsque les bénéficiaires effectifs de ces personnes, constructions juridiques ou structures, au sens de la directive (UE) 2015/849 du Parlement Européen et du Conseil du 20 mai 2015 relative à la prévention de l'utilisation du système financier aux fins du blanchiment de capitaux ou du financement du terrorisme, modifiant le règlement (UE) n° 648/2012 du Parlement européen et du Conseil et abrogeant la directive 2005/60/CE du Parlement européen et du Conseil et la directive *2006/70/CE de la Commission*, sont rendus impossibles à identifier.

E. – Un dispositif comprend un marqueur spécifique concernant les prix de transfert, ou "marqueur de catégorie E", lorsqu'il présente l'une des caractéristiques suivantes :

1° Il prévoit l'utilisation de régimes de protection unilatéraux ;

2° Il prévoit le transfert d'actifs incorporels difficiles à évaluer, qui sont des actifs incorporels ou des droits sur des actifs incorporels pour lesquels, au moment de leur transfert entre des entreprises associées :

a) Il n'existe pas d'éléments de comparaison fiables ; et

b) Au moment où l'opération a été conclue, les projections concernant les futurs flux de trésorerie ou revenus attendus de l'actif incorporel transféré, ou les hypothèses utilisées pour évaluer cet actif incorporel sont hautement incertaines, et il est donc difficile de prévoir dans quelle mesure l'actif incorporel débouchera finalement sur un succès au moment du transfert ;

3° Il met en jeu un transfert transfrontière de fonctions et/ou de risques et/ou d'actifs au sein du groupe, si le bénéfice avant intérêts et impôts annuel prévu, dans les trois ans suivant le transfert, du ou des cédants, est inférieur à 50 % du bénéfice avant intérêts et impôts annuel prévu de ce cédant ou de ces cédants si le transfert n'avait pas été effectué.

Pour les dérogations aux dispositions du présent art., V. ndlr ss. art. 1649 AD.

1. Précisions sur les marqueurs généraux et spécifiques. 1° Marqueurs généraux et spécifiques liés au critère de l'avantage principal. * BOI-CF-CPF-30-40-30-10 du 29 avr. 2020. 2° Marqueurs spécifiques liés aux opérations transfrontières, concernant l'échange automatique d'informations et les bénéficiaires effectifs, ainsi que les prix de transfert. * BOI-CF-CPF-30-40-30-20 du 29 avr. 2020.

2. Déclaration de dispositifs transfrontières. Caractère transfrontière d'un dispositif. Définition et catégories des marqueurs. * BOI-CF-CPF-30-40-10-10 du 25 nov. 2020.

0I *BIS* *DÉCLARATION DES AVANCES REMBOURSABLES NE PORTANT PAS INTÉRÊT*

Art. 1649 A *bis* Les administrations, établissements, organismes ou personnes visés au premier alinéa de l'article 1649 A qui octroient ou qui gèrent des avances remboursables ne portant pas intérêt prévues par l'article 244 *quater* J ou 244 *quater* U ou des prêts ne portant pas intérêt prévus à l'article 244 *quater* V doivent déclarer ces opérations à l'administration des impôts dans les conditions et délais fixés par décret et sous peine des sanctions prévues au 2 du IV de l'article 1736. – *V. Ann. III, art. 344 G bis et 344 G ter.*

0I *TER* *DÉCLARATION DE L'ÉTABLISSEMENT PUBLIC SNCF RÉSEAU*

Art. 1649 A *ter* *(Décr. n° 2020-897 du 22 juill. 2020, art. 1er)* « La société » SNCF Réseau déclare chaque année à l'administration des impôts les entreprises de transport ferroviaire ayant réservé des sillons-kilomètres pour des opérations de transport de voyageurs l'année précédente et le nombre de sillons-kilomètres ainsi réservés. La déclaration précise la répartition par région et pour chaque région et le nombre de sillons-kilomètres commandés par les autorités régionales. Cette déclaration s'effectue dans des conditions et délais fixés par décret et sous peine des sanctions prévues au V de l'article 1736. – *V. Ann. III, art. 328 N.*

Un sillon-kilomètre correspond au trajet réservé sur une ligne ferroviaire à un horaire donné auprès de *(Décr. n° 2020-897 du 22 juill. 2020, art. 1er)* « la société » SNCF Réseau par une entreprise de transport ferroviaire.

[01 TER A *DÉCLARATION DES PROPRIÉTAIRES DE TRANSFORMATEURS ÉLECTRIQUES]*

Art. 1649 A *quater* Le propriétaire de transformateurs électriques mentionnés à l'article 1519 G qui font l'objet d'un contrat de concession déclare chaque année à l'administration des finances publiques l'identité du concessionnaire, le nombre de transformateurs électriques par commune qui font l'objet d'un contrat de concession et, pour chacun d'eux, la tension en amont. Cette déclaration s'effectue dans des conditions et délais fixés par décret et sous peine des sanctions prévues au VI de l'article 1736. – *V. Ann. III, art. 328 P.*

0II *DÉCLARATION DES VERSEMENTS EFFECTUÉS AU TITRE DE LA PUBLICITÉ PAR PANNEAUX-RÉCLAME, PAR AFFICHES ET PAR ENSEIGNES*

Art. 1649 B Les personnes effectuant des versements de toute nature au titre des *contrats visés à l'article L. 581-25* du code de l'environnement, sont tenues de déclarer les noms et adresses des bénéficiaires ainsi que le montant des sommes versées lorsque celles-ci dépassent 76 € par an pour un même bénéficiaire. La même obligation s'impose au syndic de copropriété en cas de mise à la disposition des copropriétaires de leur quote-part des sommes perçues par le syndicat au titre de ces mêmes contrats.

Cette déclaration est faite dans les conditions et délais fixés par décret. – *V. Ann. III, art. 344 GA à 344 GC.*

V. L. n° 2022-171 du 14 févr. 2022, art. unique-11-2°.

I

Art. 1649 *bis* **Toute personne physique ou morale se livrant à titre habituel à l'achat au détail de métaux ferreux et non ferreux est tenue de remettre, avant le 31 janvier de chaque année, à la direction départementale des finances publiques du lieu de son domicile ou du siège de l'établissement une déclaration, dont le contenu est fixé par décret, qui fait notamment apparaître l'identité et l'adresse des vendeurs et le cumul annuel des achats effectués auprès de chacun de ces derniers.** – *V. Ann. III, art. 344 GE.*

Les dispositions de l'article 89 A s'appliquent au présent article.

I *BIS* *DÉCLARATION DES VENTES AUTRES QUE LES VENTES AU DÉTAIL*

Art. 1649 *bis* A **Sans préjudice des dispositions de l'article L. 85 du Livre des procédures fiscales concernant le droit de communication de l'administration des impôts, les commerçants et artisans en ce qui concerne l'imposition de leur bénéfice ou de leur chiffre d'affaires, peuvent être tenus, suivant des modalités qui seront fixées par décret, de déclarer à l'administration le montant total, par client, des ventes autres que les ventes au détail, réalisées au cours de l'année civile ou de leur exercice comptable lorsque cet exercice ne coïncide pas avec l'année civile.** – *V. Ann. III, art. 344 H à 344 I.*

Pour l'application du présent article, il faut entendre par ventes au détail, les ventes faites à un prix de détail portant sur des quantités qui n'excèdent pas les besoins privés normaux d'un consommateur.

Ne sont pas considérées comme faites au détail :

– les ventes portant sur des objets qui, en raison de leur nature ou de leur emploi, ne sont pas usuellement utilisés par de simples particuliers ;

– les ventes faites à des prix identiques, qu'elles soient réalisées en gros ou en détail ;

– les ventes de produits destinés à la revente, quelle que soit l'importance des quantités livrées.

I *TER* *APPOSITION DE MARQUES*

Art. 1649 *bis* B **Des arrêtés du ministre de l'économie et des finances peuvent rendre obligatoire l'apposition sur certains produits, par les entreprises qui les fabriquent, les conditionnent ou les importent, de marques fournies ou agréées par l'administration fiscale. La vente et la détention en vue de la vente par toute personne de produits ne comportant pas ces marques sont interdites.**

Les infractions aux dispositions du présent article sont recherchées, poursuivies, sanctionnées et les amendes recouvrées comme il est prévu en matière de contributions indirectes, au livre II du présent code. Des décrets en Conseil d'État fixent les modalités d'application du présent article.

I *QUATER* *DÉCLARATION RELATIVE AUX ACTIFS NUMÉRIQUES* (*L. n° 2018-1317 du 28 déc. 2018, art. 41-I-4° et II-B, en vigueur le 1er janv. 2020*).

Art. 1649 *bis* C (*L. n° 2018-1317 du 28 déc. 2018, art. 41-I-4° et II-B, en vigueur le 1er janv. 2020*) **Les personnes physiques, les associations, les sociétés n'ayant pas la forme commerciale, domiciliées ou établies en France, sont tenues de déclarer, en même temps que leur déclaration de revenus ou de résultats, les références des comptes d'actifs numériques mentionnés à l'article 150 VH *bis* ouverts, détenus, utilisés ou clos auprès d'entreprises, personnes morales, institutions ou organismes établis à l'étranger.**

Les modalités d'application du présent article sont fixées par décret. – *V. Ann. III, art. 344 G decies et 344 G undecies.*

II

Art. 1649 ter I. – Les entreprises d'assurance, les institutions de prévoyance et les unions mentionnées au I de l'article L. 132-9-3 du code des assurances, ainsi que les mutuelles ou unions mentionnées à l'article L. 223-10-2 du code de la mutualité et les organismes assimilés, établis en France, déclarent la souscription et le dénouement des contrats de capitalisation ou des placements de même nature, notamment des contrats d'assurance vie.

II. – Les entreprises, personnes morales, institutions et organismes mentionnés au I déclarent également chaque année au titre de ces contrats :

1° Pour les contrats d'assurance vie non rachetables souscrits depuis le 20 novembre 1991, le montant cumulé des primes versées entre le soixante-dixième anniversaire du souscripteur et le 1er janvier de l'année de la déclaration, lorsque ce montant est supérieur ou égal à 7 500 € ;

2° Pour les autres contrats, quelle que soit leur date de souscription, le montant cumulé des primes versées au 1er janvier de l'année de la déclaration et la valeur de rachat ou le montant du capital garanti, y compris sous forme de rente, à la même date, lorsque ce montant ou cette valeur est supérieur ou égal à 7 500 €.

III. – Les déclarations prévues aux I et II s'effectuent dans les conditions et délais fixés par décret en Conseil d'État. – *V. Ann. II, art. 292 B, 306-0 F et 370 C.*

Les contrats souscrits avant cette date et non dénoués à cette même date doivent être déclarés conformément aux I et III ci-dessus au plus tard le 15 juin 2016. Le II leur est applicable à compter du 1er janv. 2016.

Pour les sanctions, V. art. 1736-VI bis.

Sur la communication, par l'administration, des informations obtenues en application des dispositions ci-dessus, V. LPF, art. L. 151 B. – ***C. pr. fisc.***

III DÉCLARATION DES OPÉRATEURS DE PLATEFORME DE MISE EN RELATION PAR VOIE ÉLECTRONIQUE

(L. nº 2021-1900 du 30 déc. 2021, art. 134-I-C et III-B, en vigueur le 1er janv. 2023)

Art. 1649 ter A I. – L'entreprise ou l'organisme qui, en qualité d'opérateur de plateforme, met à la disposition d'utilisateurs un dispositif permettant une mise en relation par voie électronique afin d'effectuer, directement ou indirectement, des opérations de vente d'un bien, de fourniture d'un service par des personnes physiques, de location d'un mode de transport ou de location d'un bien immobilier de toute nature souscrit auprès de l'administration fiscale une déclaration relative aux opérations réalisées par des vendeurs et prestataires par son intermédiaire.

II. – La déclaration prévue au I comporte les informations suivantes :

1° Les éléments d'identification de l'opérateur de plateforme ainsi que la raison commerciale des plateformes pour lesquelles l'opérateur de plateforme effectue la déclaration ;

2° Les éléments d'identification de chaque vendeur ou prestataire à déclarer en application de l'article 1649 *ter* C ainsi que chaque État ou territoire dont le vendeur ou prestataire à déclarer est résident ;

3° Le montant total de la contrepartie perçue par chaque vendeur ou prestataire au cours de chaque trimestre et le nombre d'opérations pour lesquelles elle a été perçue, ainsi que tous frais, commissions ou taxes retenus ou prélevés par l'opérateur de plateforme au cours de chaque trimestre ;

4° *Lorsqu'ils sont disponibles*, l'identifiant du compte financier sur lequel la contrepartie est versée ainsi que les éléments d'identification du titulaire de ce compte, s'il diffère du vendeur ou prestataire à déclarer. Toutefois, ces informations ne sont pas déclarées lorsque le vendeur ou prestataire est résident d'un État ou territoire n'ayant pas l'intention d'utiliser ces informations, dont la liste est fixée par arrêté du ministre chargé du budget ;

5° Lorsque les opérations consistent en la location de biens immobiliers :

a) L'adresse et, le cas échéant, le numéro d'enregistrement foncier de chaque lot ;

b) Le cas échéant, le nombre de jours et le type de location pour chaque lot.

III. – La déclaration prévue au I est souscrite par voie électronique au plus tard le 31 janvier de l'année suivant celle au cours de laquelle les opérations ont été réalisées.

Art. 1649 *ter* B I. – L'opérateur de plateforme souscrit la déclaration prévue à l'article 1649 *ter* A lorsqu'il se trouve dans l'une des situations suivantes :

1° Il est résident de France ;

2° Il n'est pas résident de France mais remplit l'une des conditions suivantes :

a) Il est constitué conformément à la législation française ;

b) Son siège de direction se trouve en France ;

c) Il possède un établissement stable en France.

Toutefois, l'opérateur de plateforme n'est pas tenu de souscrire la déclaration prévue à l'article 1649 *ter* A lorsqu'il remplit également au moins une des conditions prévues au présent 2° dans un ou plusieurs autres États membres de l'Union européenne et qu'il s'acquitte auprès de l'un de ces autres États membres des obligations déclaratives qui lui incombent en application de la directive 2011/16/UE du Conseil du 5 février 2011 relative à la coopération administrative dans le domaine fiscal et abrogeant la directive 77/799/CEE ;

3° Il n'est ni résident d'un État membre de l'Union européenne, ni constitué ou géré dans un État membre et il ne possède pas d'établissement stable dans un État membre mais remplit les conditions cumulatives suivantes :

a) Il facilite des opérations mentionnées au I de l'article 1649 *ter* A qui sont réalisées par des personnes fiscalement domiciliées dans un État membre ou, s'agissant de la location de biens immobiliers, qui sont afférentes à des biens situés dans un État membre ;

b) Il choisit de remplir ses obligations déclaratives au titre de ces opérations auprès de l'administration fiscale française.

Toutefois, l'opérateur de plateforme qui est résident d'un État ou d'un territoire autre qu'un État membre de l'Union européenne ayant conclu avec la France une convention permettant un échange automatique d'informations concernant les opérations réalisées par des vendeurs ou prestataires par l'intermédiaire de plateformes numériques et reconnue, au moyen d'actes d'exécution de la Commission européenne, comme étant d'effet équivalent à l'obligation prévue à l'article 1649 *ter* A ne déclare que les opérations mentionnées au même article qui sont réalisées par son intermédiaire et qui n'entrent pas dans le champ de cette convention.

Il en va de même pour l'opérateur de plateforme qui, sans être résident de cet État ou territoire, y est constitué conformément à la législation de cet État ou territoire ou y a son siège de direction.

II. – L'opérateur de plateforme qui justifie annuellement que le modèle commercial de sa plateforme est tel qu'il ne compte aucun vendeur ou prestataire à déclarer en application de l'article 1649 *ter* C n'est tenu ni de souscrire la déclaration prévue à l'article 1649 *ter* A, ni de mettre en œuvre les procédures d'identification prévues à l'article 1649 *ter* D.

Art. 1649 *ter* C I. – L'opérateur de plateforme mentionne dans la déclaration prévue à l'article 1649 *ter* A les informations relatives aux vendeurs ou prestataires utilisateurs de sa plateforme lorsqu'ils remplissent les conditions suivantes :

1° Ils ont réalisé des opérations mentionnées à l'article 1649 *ter* A ou ont perçu une contrepartie à raison de ces opérations ;

2° Ils sont résidents de France, d'un autre État membre de l'Union européenne ou d'un État ou territoire ayant conclu avec la France une convention permettant un échange automatique d'informations concernant les opérations réalisées par des vendeurs ou prestataires par l'intermédiaire de plateformes numériques ou ont réalisé des opérations de location de biens immobiliers situés dans un ou plusieurs de ces États ou territoires.

II. – Le I ne s'applique pas aux vendeurs ou prestataires utilisateurs de plateforme qui sont :

1° Une entité publique ;

2° Une entité dont les actions font l'objet de transactions régulières sur un marché boursier réglementé ou une entité liée à une entité dont les actions font l'objet de transactions régulières sur un marché boursier réglementé ;

3° Une entité pour laquelle l'opérateur de plateforme a facilité plus de deux mille opérations de location de biens immobiliers en lien avec un lot au cours de la période de déclaration ;

4° Une personne ayant effectué, au cours de la période de déclaration, moins de trente opérations de vente de biens pour lesquelles le montant total de la contrepartie n'excède pas 2 000 €.

Art. 1649 *ter* D I. – L'opérateur de plateforme met en œuvre, y compris au moyen de traitements de données à caractère personnel, les diligences nécessaires à l'identification :

1° Des vendeurs ou prestataires qui effectuent une ou plusieurs opérations mentionnées au I de l'article 1649 *ter* A et, le cas échéant, des biens immobiliers loués. Il collecte à cette fin les éléments relatifs aux résidences fiscales et, le cas échéant, les numéros d'identification fiscale des vendeurs ou prestataires concernés ainsi que les références des biens immobiliers loués ;

2° Le cas échéant, des personnes détentrices des comptes financiers sur lesquels les contreparties devant faire l'objet d'une déclaration ont été perçues.

L'opérateur de plateforme vérifie la fiabilité des informations collectées.

Les vendeurs ou prestataires qui effectuent des opérations mentionnées au I de l'article 1649 *ter* A remettent à l'opérateur de plateforme les informations nécessaires à l'application du même article 1649 *ter* A.

Lorsque, après deux rappels de l'opérateur de plateforme, un vendeur ou un prestataire ne fournit pas les informations nécessaires à l'application du présent I, l'opérateur de plateforme ferme le compte du vendeur ou du prestataire dans un délai ne pouvant être inférieur à soixante jours et empêche celui-ci de s'enregistrer de nouveau sur la plateforme. Toutefois, après la fermeture du compte, l'opérateur de plateforme peut autoriser le vendeur ou le prestataire à s'enregistrer de nouveau, à la condition que ce dernier ait présenté des garanties suffisantes de son engagement à fournir l'ensemble des informations nécessaires à l'application de l'article 1649 *ter* A.

L'opérateur de plateforme tient un registre des démarches entreprises et des informations collectées qui sont nécessaires à la correcte exécution de ses obligations. Il conserve les données de ce registre pendant une période de dix ans.

Ces traitements éventuels sont soumis à la loi n° 78-17 du 6 janvier 1978 relative à l'informatique, aux fichiers et aux libertés.

II. – L'opérateur de plateforme informe chaque vendeur ou prestataire, personne physique, concerné par la déclaration prévue à l'article 1649 *ter* A que les données le concernant qui sont transférées à l'administration fiscale peuvent être communiquées à l'administration fiscale d'un autre État membre de l'Union européenne ou d'un État ou territoire ayant conclu avec la France une convention permettant un échange automatique des informations prévues au I du même article 1649 *ter* A.

III. – L'opérateur de plateforme fournit à chaque vendeur ou prestataire qui réalise des opérations mentionnées au I de l'article 1649 *ter* A, dans le délai prévu au III du même article, les informations transmises à l'administration fiscale le concernant.

Art. 1649 *ter* E I. – L'opérateur de plateforme soumis à l'obligation déclarative prévue à l'article 1649 *ter* A en application du 3° du I de l'article 1649 *ter* B s'enregistre auprès de l'administration fiscale, qui lui attribue un numéro d'enregistrement individuel.

II. – Nonobstant l'article 1740 E, le numéro d'enregistrement prévu au I du présent article est retiré dans les cas suivants :

1° L'opérateur de plateforme a notifié à l'administration fiscale qu'il n'exerce plus aucune activité en cette qualité ;

2° Il existe des raisons de supposer que l'activité de l'opérateur de plateforme a cessé ;

3° L'opérateur de plateforme ne remplit plus les conditions prévues au 3° du I de l'article 1649 *ter* B.

Le retrait du numéro d'enregistrement prend effet à l'expiration d'un délai de trois mois à compter de sa notification à l'opérateur de plateforme.

III. — A l'expiration d'un délai de six mois à compter de la prise d'effet du retrait, l'opérateur de plateforme dont le numéro d'enregistrement a été retiré peut déposer une nouvelle demande d'enregistrement dans les conditions prévues au I du présent article.

CHAPITRE 0I *BIS*

Art. 1649 *quater-0A* et 1649 *quater-0B* *Dispositions devenues sans objet (Ord. nº 2000-1223 du 14 déc. 2000, art. 4-1-67º).*

CHAPITRE PREMIER *BIS* MESURES DE CONTRÔLE DES OPÉRATIONS RÉALISÉES EN ESPÈCES ET DES TRANSFERTS DE SOMMES, TITRES OU VALEURS

Art. 1649 *quater* A **Les transferts** *(L. nº 2020-1508 du 3 déc. 2020, art. 13-II et III, en vigueur le 3 juin 2021)* **« d'argent liquide, au sens du règlement (UE) 2018/1672 du Parlement européen et du Conseil du 23 octobre 2018 relatif aux contrôles de l'argent liquide entrant dans l'Union ou sortant de l'Union et abrogeant le règlement (CE) nº 1889/2005** *[ancienne rédaction : des sommes, titres ou valeurs]* **» réalisés par des personnes physiques vers un État membre de l'Union européenne ou en provenance d'un État membre de l'Union européenne sont effectués conformément** *(L. nº 2020-1508 du 3 déc. 2020, art. 13-II et III, en vigueur le 3 juin 2021)* **« aux articles L. 152-1 à L. 152-1-2** *[ancienne rédaction : à l'article L. 152-1]* **» du code monétaire et financier.**

(L. nº 2020-1508 du 3 déc. 2020, art. 13-II et III, en vigueur le 3 juin 2021) **« L'argent liquide, au sens du règlement (UE) 2018/1672 du Parlement européen et du Conseil du 23 octobre 2018 précité, transféré** *[ancienne rédaction : Les sommes, titres ou valeurs transférés]* **» vers l'étranger ou en provenance de l'étranger** *(L. nº 2020-1508 du 3 déc. 2020, art. 13-II et III, en vigueur le 3 juin 2021)* **« constitue** *[ancienne rédaction : constituent]* **», sauf preuve contraire,** *(Décr. nº 2021-744 du 9 juin 2021, art. 1er)* **« un revenu imposable » lorsque le contribuable n'a pas rempli les obligations prévues** *(L. nº 2020-1508 du 3 déc. 2020, art. 13-II et III, en vigueur le 3 juin 2021)* **« aux articles L. 152-1 à L. 152-1-2** *[ancienne rédaction : à l'article L. 152-1]* **» du code monétaire et financier et au règlement** *(L. nº 2020-1508 du 3 déc. 2020, art. 13-II et III, en vigueur le 3 juin 2021)* **« (UE) 2018/1672 du Parlement européen et du Conseil du 23 octobre 2018 précité** *[ancienne rédaction : (CE) nº 1889/2005 du Parlement européen et du Conseil, du 26 octobre 2005, relatif aux contrôles de l'argent liquide entrant ou sortant de la Communauté]* **».**

V. C. mon. fin., art. L. 152-1. — ***C. mon. fin.***

1. Déclaration des transferts de fonds. Les sommes, titres ou valeurs qui font l'objet d'un transfert vers l'étranger ou en provenance de l'étranger en méconnaissance de l'obligation déclarative définie à l'art. 1649 *quater* A sont présumés constituer des revenus imposables. Cette présomption naît lorsque le contribuable *ne dispose plus d'aucune* des possibilités de s'acquitter de son obligation déclarative ou lorsque, à l'occasion d'un contrôle, il ne procède pas à la déclaration de sommes, titres ou valeurs qui sont en sa possession alors qu'il est établi, notamment par un titre de transport, qu'il se rend à l'étranger ou qu'il en provient. • CE 9 avr. 2014, nº 355866 : *RJF 2014. 660 ; BDCF 2014. 63, concl. Legras.* ♦ L'art. 1649 *quater* A, instituant une présomption d'existence de revenus imposables, ne dispense pas l'Administration, lorsqu'elle dispose des éléments lui permettant de connaître la source du revenu transféré à l'étranger sans déclaration, de l'imposer dans la catégorie correspondant à son origine. Ainsi, une somme dont l'Administration ne peut ignorer qu'elle constitue des revenus de la créance correspondant à la valeur nominale de bons de caisse ne peut légalement faire l'objet d'une imposition dans la catégorie des revenus d'origine indéterminée et doit être imposée dans la catégorie des revenus de créances. • CAA Marseille, 10 juill. 2009, nº 06MA3457 : *RJF 2010. 655.* ♦ La présomption de revenus imposables instituée par l'art. 1649 *quater* A ne s'applique pas en cas de transfert de sommes opéré de l'étranger vers la France par une personne fiscalement domiciliée hors de France, imposable en France sur ses seuls revenus de source française. • TA Paris, 26 juin 2007, nº 14517 : *RJF 2008. 2.*

2. Les personnes fiscalement domiciliées hors de France, imposables en France sur leurs seuls revenus de source française, ne peuvent pas être imposées pour les sommes qu'elles transfèrent en France depuis l'étranger ou de France vers l'étranger. • CE 1er juill. 2010, n° 309363 : *RJF 2010. 984.* ♦ Les transferts d'espèces réalisés à partir de sommes prélevées sur un compte ouvert à l'étranger puis déposées sur des comptes dont le contribuable est titulaire en France entrent dans le champ d'application de l'art. 1649 A. Par suite, l'Administration peut imposer les sommes en cause au motif que le compte ouvert à l'étranger n'a pas été déclaré. • CAA Marseille, 15 déc. 2010, n° 08MA00981 : *RJF 2011. 540.* ♦ De même, en l'absence de virement de compte à compte, l'Administration doit en principe être regardée comme apportant la preuve de la réalité du transfert s'agissant de dépôts en espèces portés au crédit d'un compte bancaire détenu à l'étranger non déclaré. • CE 14 oct. 2011, n° 330522 : *BOI 13 K-2-12.*

3. Le fait générateur de l'impôt dû, en vertu de l'art. 1649 *quater* A, au titre des sommes, titres ou valeurs transférés vers l'étranger ou en provenance de l'étranger sans déclaration est constitué par la constatation du transfert et non par la perception de ces sommes, titres ou valeurs. • CE 26 juill. 2011, n° 327033 : *RJF 2011. 1121 ; Dr. fisc. 2011. 606* * BOI-CF-CPF-30-10 n° 200 du 12 sept. 2012. ♦ Le fait générateur de l'IR est constitué par le passage des fonds en douane et non par la perception initiale du revenu. • CAA Bordeaux, 8 déc. 2005, n° 02BX360 : *RJF 2006. 339 ; Dr. fisc. 2006. 412, concl. Doré* • CAA Marseille, 15 déc. 2010, n° 08MA00981 : *préc. note 2.*

4. Il appartient au contribuable qui n'a pas révélé à l'administration fiscale l'existence d'un compte ouvert à son nom dans un établissement bancaire à l'étranger, pour faire échec à la présomption de revenus prévue par l'art. 1649 *quater* A, d'apporter la preuve que les sommes transférées sur ce compte n'entraient pas dans le champ d'application de l'impôt ou en étaient exonérées ou qu'elles constituaient des revenus qui avaient déjà été soumis à l'impôt. • CE 20 févr. 2012, *Min. du Budget, des comptes publics et de la fonction publique,* n° 325217 : *RJF 2012. 439.* ♦ Pour faire échec aux présomptions édictées par les art. 1649 A et 1649 *quater* A (rédaction applicable en 1999), il appartient au contribuable, quelle que soit la qualification juridique ou comptable que peut recevoir la somme qui est employée à fin d'être transférée, d'établir que les ressources ayant contribué à la constituer n'ont pas par elles-mêmes déjà été imposées, ou ne devaient, ou ne pouvaient pas l'être, non seulement au titre de l'année du transfert, mais aussi, le cas échéant, au titre d'années antérieures. A défaut, elles sont taxées comme revenus d'origine indéterminée. • CE 4 févr. 2015, n° 365180 : *RJF 2015. 294 ; BDCF 2015. 40, concl. Bretonneau.* – V. égal. note ss. art. 1649 A.

5. Les modalités de déclaration des transferts de fonds à ou en provenance de l'étranger ont été précisées par un décret n° 2012-1182 du 23 oct. 2012, codifié à l'art. R. 152-6 C. mon. fin., et par un arrêté du 7 nov. 2012 *(JO 1er janv. 2013).*

Art. 1649 *quater* B *Devenu sans objet (Décr. n° 2010-421 du 27 avr. 2010).*

CHAPITRE 0000I *TER [ABROGÉ]* DÉCLARATION AUTOMATIQUE SÉCURISÉE DES REVENUS PAR LES PLATEFORMES EN LIGNE

(Abrogé par L. n° 2018-898 du 23 oct. 2018, art. 10-IV)

(L. n° 2016-1918 du 29 déc. 2016, art. 24, applicable aux revenus perçus à compter du 1er janv. 2019)

Art. 1649 *quater* A *bis* ***I. — Les opérateurs de plateforme en ligne au sens de l'article L. 111-7 du code de la consommation adressent à l'administration fiscale une déclaration mentionnant, pour chacun de leurs utilisateurs présumés redevables de l'impôt en France, les informations suivantes :***

1° Pour une personne physique, le nom, le prénom et la date de naissance de l'utilisateur ;

2° Pour une personne morale, la dénomination, l'adresse et le numéro SIREN de l'utilisateur ;

3° L'adresse électronique de l'utilisateur ;

4° Le statut de particulier ou de professionnel caractérisant l'utilisateur sur la plateforme ;

5° Le montant total des revenus bruts perçus par l'utilisateur au cours de l'année civile au titre de ses activités sur la plateforme en ligne, ou versés par l'intermédiaire de celle-ci ;

6° La catégorie à laquelle se rattachent les revenus bruts perçus.

Cette déclaration est adressée annuellement par voie électronique, selon des modalités fixées par décret.

Une copie de cette déclaration est adressée par voie électronique à l'utilisateur, pour les seules informations le concernant.

II. — Les modalités d'application du I du présent article sont précisées par décret.

CHAPITRE 000I *TER* DISPOSITIFS SPÉCIFIQUES DE PRÉSOMPTION DE REVENU ET DE TAXATION FORFAITAIRE EN FONCTION DES ÉLÉMENTS DE TRAIN DE VIE

Art. 1649 *quater-0 B bis* 1. Lorsqu'il résulte des constatations de fait opérées dans le cadre d'une des procédures prévues aux articles 53, 75 et 79 du code de procédure pénale et que l'administration fiscale est informée dans les conditions prévues aux articles L. 82 C, L. 101 ou L. 135 L du livre des procédures fiscales qu'une personne a eu la libre disposition d'un bien objet d'une des infractions mentionnées au 2, cette personne est présumée, sauf preuve contraire appréciée dans le cadre des procédures prévues aux articles L. 10 et L. 12 de ce même livre, avoir perçu un revenu imposable équivalent à la valeur vénale de ce bien au titre de l'année au cours de laquelle cette disposition a été constatée. – *V. LPF, art. L. 16-0 BA et L. 76 AA.*

La présomption peut être combattue par tout moyen et procéder notamment de l'absence de libre disposition des biens mentionnés au premier alinéa, de la déclaration des revenus ayant permis leur acquisition ou de l'acquisition desdits biens à crédit.

Il en est de même des biens meubles qui ont servi à les commettre ou étaient destinés à les commettre.

Lorsqu'il résulte des constatations de fait opérées dans le cadre d'une des procédures prévues aux articles 53, 75 et 79 du code de procédure pénale et que l'administration fiscale est informée dans les conditions prévues aux articles L. 82 C, L. 101 ou L. 135 L du livre des procédures fiscales qu'une personne a eu la libre disposition d'une somme d'argent, produit direct d'une des infractions visées *(L. n° 2018-1021 du 23 nov. 2018, art. 185-1°)* « aux 2 ou 3 du présent article », cette personne est présumée, sauf preuve contraire appréciée dans le cadre des procédures prévues aux articles L. 10 et L. 12 de ce même livre, avoir perçu un revenu imposable égal au montant de cette somme au titre de l'année au cours de laquelle cette disposition a été constatée.

La présomption peut être combattue par tout moyen et procéder notamment de l'absence de libre disposition des sommes mentionnées au quatrième alinéa, du caractère non imposable de ces sommes ou du fait qu'elles ont été imposées au titre d'une autre année.

Lorsque plusieurs personnes ont la libre disposition des biens ou de la somme mentionnés respectivement au premier et au quatrième alinéa, la base du revenu imposable est, sauf preuve contraire, répartie proportionnellement entre ces personnes.

2. Le 1 s'applique aux infractions suivantes :

a. crimes et délits de trafic de stupéfiants prévus par les articles 222-34 à 222-39 du code pénal ;

b. crimes en matière de fausse monnaie prévus par les articles 442-1 à 442-7 du même code ;

c. crimes et délits en matière de législation sur les armes prévus par les articles L. 2339-2 à L. 2339-11 du code de la défense et portant sur des armes de la première à la cinquième catégorie au sens de l'article L. 2331-1 du même code ;

d. délits à la réglementation sur les alcools et le tabac prévus à l'article 1810 du présent code ;

e. délit de contrefaçon prévu à l'article L. 716-9 du code de la propriété intellectuelle.

(L. n° 2018-1021 du 23 nov. 2018, art. 185-2°) « 3. Les trois derniers alinéas du 1 s'appliquent également aux délits en matière d'habitat indigne prévus à l'article L. 1337-4 du code de la santé publique, aux IV et VI de l'article L. 123-3 du code de la construction et de l'habitation, aux I et II de l'article L. 511-6 du même code et au I de l'article L. 521-4 dudit code. »

Art. 1649 *quater-0 B ter* Lorsque l'administration fiscale est informée, dans le cadre de la lutte contre les activités lucratives non déclarées portant atteinte à l'ordre public et à la sécurité publique et dans les conditions prévues aux articles L. 82 C, L. 101 ou L. 135 L du livre des procédures fiscales, qu'un contribuable dispose d'éléments mentionnés ci-après, elle peut, en cas de disproportion marquée entre son train de vie et ses revenus, porter la base d'imposition à l'impôt sur le revenu à une somme forfaitaire déterminée en appliquant à ce ou ces éléments de train de vie le barème ci-après, compte tenu, le cas échéant, de la majoration prévue au 2.

ÉLÉMENTS DU TRAIN DE VIE	BASE
1. Valeur locative cadastrale de la résidence principale, déduction faite de celle s'appliquant aux locaux ayant un caractère professionnel.	Cinq fois la valeur locative cadastrale.
2. Valeur locative cadastrale des résidences secondaires, déduction faite de celle s'appliquant aux locaux ayant un caractère professionnel.	Cinq fois la valeur locative cadastrale
3. Voitures automobiles destinées au transport des personnes.	La valeur de la voiture neuve avec abattement de 50 % après trois ans d'usage *(L. nº 2010-1658 du 29 déc. 2010, art. 63-III-2º)* « ou, dans le cas d'une prise en location, cinq fois le prix toutes taxes comprises de cette location ».
4. Motocyclettes de plus de 450 cm^3.	La valeur de la motocyclette neuve avec abattement de 50 % après trois ans d'usage.
5. Clubs de sports et de loisirs.	Le montant des dépenses.
6. Voyages, séjours en hôtels, locations saisonnières et dépenses y afférentes.	Le montant des dépenses.
7. Appareils électroménagers, équipements son-hifi-vidéo, matriels informatiques.	La valeur du bien neuf, lorsque celle-ci est supérieure à 1 000 euros.
8. Articles de joaillerie et métaux précieux.	La valeur vénale du bien.

Les éléments dont il est fait état pour la détermination de la base d'imposition sont ceux dont ont disposé, pendant l'année de l'imposition, les membres du foyer fiscal désignés aux 1 et 3 de l'article 6.

Pour les éléments dont disposent conjointement plusieurs personnes, la base est fixée proportionnellement aux droits de chacune d'entre elles.

Les revenus visés au présent article sont ceux qui résultent de la déclaration du contribuable et, en cas d'absence de déclaration, ils sont comptés pour zéro.

2. La somme forfaitaire déterminée en application du barème est majorée de 50 % lorsque le contribuable a disposé de plus de quatre éléments du train de vie figurant au barème.

Pour l'appréciation du nombre d'éléments de train de vie dont le contribuable a disposé, chaque élément des catégories 1 à 4 est décompté pour un. Pour les catégories 5 à 8, plusieurs éléments d'une même catégorie sont décomptés pour un.

3. La disproportion marquée entre le train de vie d'un contribuable et ses revenus est établie lorsque la somme forfaitaire qui résulte de l'application du barème et de la majoration prévus aux 1 et 2 est, pour l'année d'imposition, au moins égale au double du montant du revenu net global déclaré, y compris les revenus exonérés ou taxés selon un taux proportionnel ou libérés de l'impôt par l'application d'un prélèvement.

4. Le contribuable peut apporter la preuve que ses revenus ou l'utilisation de son capital ou les emprunts qu'il a contractés lui ont permis d'assurer son train de vie.

CHAPITRE 00I *TER* TRANSMISSION DES DÉCLARATIONS PAR VOIE ÉLECTRONIQUE

Art. 1649 *quater* B *bis* Les déclarations d'une entreprise destinées à l'administration et souscrites par voie électronique, à titre obligatoire ou facultatif, sont transmises selon des conditions fixées par décret.

Les déclarations souscrites par voie électronique par un prestataire habilité par l'administration dans les conditions fixées par décret sont réputées faites au nom et pour le compte de l'entreprise identifiée dans la déclaration.

Art. 1649 *quater* B *ter* Les dispositions de l'article 1649 *quater* B *bis* s'appliquent aux déclarations souscrites par les particuliers auprès de l'administration fiscale.

Transmission des déclarations des personnes physiques par voie électronique. Afin de simplifier les formalités des usagers et dans le cadre du développement des nouvelles technologies de l'information, l'art. 1649 *quater* B *ter* offre la faculté aux particuliers de souscrire directement leurs déclarations de revenus sur Internet (site : www.impots.gouv.fr). V. égal. l'art. 175 CGI qui prévoit des délais spécifiques pour les télédéclarations.

Art. 1649 *quater* B *quater* I. – Les déclarations d'impôt sur les sociétés et leurs annexes relatives à un exercice sont souscrites par voie électronique.

Cette obligation s'applique également aux entreprises qui appartiennent à l'une des catégories suivantes :

1° Les personnes physiques ou morales ou groupements de personnes de droit ou de fait dont, à la clôture de l'exercice, le chiffre d'affaires hors taxes ou le total de l'actif brut figurant au bilan est supérieur ou égal à 400 millions d'euros ;

2° Les personnes physiques ou morales ou groupements de personnes de droit ou de fait détenant à la clôture de l'exercice, directement ou indirectement, plus de la moitié du capital ou des droits de vote d'une personne morale ou d'un groupement mentionné au 1° ;

3° Les personnes morales ou groupements de personnes de droit ou de fait dont plus de la moitié du capital ou des droits de vote est détenue à la clôture de leur exercice, directement ou indirectement, par une personne ou un groupement mentionné au 1° ;

4° *Dispositions périmées (Décr. n° 2013-463 du 3 juin 2013, art. 1er).*

5° Les personnes morales qui appartiennent à un groupe relevant du régime fiscal prévu à l'article 223 A ou à l'article 223 A *bis* lorsque celui-ci comprend au moins une personne mentionnée aux 1°, 2° et 3°.

Pour les entreprises mentionnées aux 1° à 3°, cette obligation s'applique aux déclarations qui doivent être souscrites à compter du 1er février de la deuxième année suivant celle au cours de laquelle l'une au moins des conditions prévues aux 1° à 3° est remplie à la clôture de l'exercice. Pour les entreprises mentionnées au 5°, cette obligation s'applique à compter du 1er février de la première année suivant celle de leur entrée dans le groupe. – *V. Ann. III, art. 344-0-6-II.*

Pour les entreprises mentionnées aux 1° à 5°, cette obligation continue à s'appliquer jusqu'au 31 janvier de la quatrième année suivant celle au cours de laquelle les conditions ont cessé d'être remplies à la clôture de l'exercice. Par dérogation aux dispositions de l'alinéa précédent, si, au cours de cette période, les conditions sont à nouveau remplies à la clôture d'un exercice, cette obligation continue de s'appliquer à compter du début du premier exercice suivant.

Cette obligation s'applique en outre aux personnes morales ou groupements de personnes de droit ou de fait qui ont opté pour le dépôt de leurs déclarations fiscales auprès du service chargé des grandes entreprises dans des conditions fixées par décret. – *V. Ann. III, art. 344-0-6-II.*

II. – Les déclarations de bénéfices industriels et commerciaux, de bénéfices non commerciaux et de bénéfices agricoles ainsi que leurs annexes sont souscrites par voie électronique.

III. – Les déclarations de taxe sur la valeur ajoutée, leurs annexes et les demandes de remboursement de crédit de cette taxe, ainsi que les déclarations de taxes assimilées aux taxes sur le chiffre d'affaires et leurs annexes sont souscrites par voie électronique. – *V. Ann. III, art. 344 I ter à 344 I quater, et Arr. du 4 juill. 2001 (JO 18 juill.).*

IV. — Les déclarations de cotisation sur la valeur ajoutée des entreprises sont obligatoirement souscrites par voie électronique.

V. — L'état récapitulatif mentionné au III de l'article 289 B est souscrit par voie électronique. Toutefois, les assujettis bénéficiant du régime visé à l'article 293 B peuvent le déposer sur support papier.

VI. — Les déclarations de résultats des sociétés immobilières non soumises à l'impôt sur les sociétés ainsi que leurs annexes sont souscrites par voie électronique *(Abrogé par L. n° 2017-1775 du 28 déc. 2017, art. 76, pour les résultats déclarés au titre des exercices clos à compter du 31 déc. 2019)* ***« par les entreprises définies aux deuxième à dernier alinéas du I et par les sociétés dont le nombre d'associés est supérieur ou égal à 100 ».*** *— Pour les dispositions antérieures au 1er janv. 2015, V.* ***CGI, éd. 2014****. — Pour les résultats déclarés à compter d'une date fixée par décret et au plus tard au titre des exercices clos à compter du 31 déc. 2019, la déclaration de résultat devra obligatoirement être souscrite par voie électronique (L. n° 2017-1775 du 28 déc. 2017, art. 76-I-1° et II-A).*

(L. n° 2015-1786 du 29 déc. 2015, art. 72-I-4° et II, applicable à compter d'une date fixée par décret, comprise entre le 1er janv. 2018 et le 31 déc. 2019) **« VII. — Les déclarations** *(Ord. n° 2021-1843 du 22 déc. 2021, art. 10-36°-a, en vigueur le 1er janv. 2022)* **« mentionnées »** *(L. n° 2018-1317 du 28 déc. 2018, art. 26-III-30°)* **« à l'article 568 » ainsi que les déclarations relatives à l'impôt sur les** *(Abrogé par L. n° 2017-1775 du 28 déc. 2017, art. 34, à compter du 1er janv. 2019)* ***« cercles et »*** **maisons de jeux prévu à l'article 1559 sont** *(Ord. n° 2021-1843 du 22 déc. 2021, art. 10-36°-a, en vigueur le 1er janv. 2022)* **« souscrites » par voie électronique. Les opérateurs qui ne disposent pas, en raison de l'absence de couverture du lieu où ils sont établis par un ou plusieurs réseaux offrant un accès aux communications électroniques, d'un système d'information permettant d'accéder à internet, établissent ces déclarations** *(Abrogé par Ord. n° 2021-1843 du 22 déc. 2021, art. 10-36°-b, à compter du 1er janv. 2022)* ***« ou relevés »*** **sur papier. »**

(L. n° 2016-1918 du 29 déc. 2016, art. 15-I-5° et III-B) **« VIII. — Les redevables mentionnés au II de l'article 117 *quater* et au I de l'article 125 A souscrivent leurs déclarations par voie électronique lorsqu'ils sont uniquement redevables des prélèvements mentionnés :**

« 1° A l'article 117 *quater* ;

« 2° A l'article 125 A, sur les intérêts de comptes courants et sur les intérêts versés au titre des sommes mises à la disposition de la société dont les personnes physiques sont associées ou actionnaires et portées sur un compte bloqué individuel *(L. n° 2017-1775 du 28 déc. 2017, art. 76, applicable aux prélèvements dus à compter du 1er janv. 2018)* **« et sur les intérêts dus par les offices notariaux au titre des produits de compte de consignation, de dépôt spécifique et de titres consignés » ;**

« 3° A l'article L. 138-21 du code de la sécurité sociale, opérés sur les revenus soumis aux prélèvements mentionnés aux 1° et 2° du présent VIII.

« IX. — Les redevables des prélèvements et retenues à la source prévus aux articles 117 *quater*, 119 *bis*, 125-0 A, 125 A *(Abrogé par L. n° 2017-1837 du 30 déc. 2017, art. 28, applicable aux impositions dont le fait générateur intervient à compter du 1er janv. 2018)* ***« , 990 A »*** **et 1678 *bis* du présent code et à l'article L. 138-21 du code de la sécurité sociale souscrivent leurs déclarations par voie électronique.** *— Les dispositions du présent IX s'appliquent aux déclarations souscrites au titre des revenus distribués à compter du 1er sept. 2018 (Décr. n° 2018-756 du 28 août 2018, art. 2).*

« X. — Les déclarations relatives à la retenue à la source mentionnée à l'article 1673 *bis* sont souscrites par voie électronique.

« XI. — La déclaration récapitulative de réductions et crédits d'impôts prévue en matière d'impôt sur les sociétés, de bénéfices industriels et commerciaux, de bénéfices non commerciaux et de bénéfices agricoles est souscrite par voie électronique. » *— Les présents VIII, X et XI sont applicables aux déclarations déposées et aux paiements effectués à compter du 1er janv. 2018.*

(L. n° 2017-1775 du 28 déc. 2017, art. 76, à compter d'une date fixée par décret, et au plus tard le 31 déc. 2020) **« XII. — Les déclarations mentionnées aux articles 990 E et 990 F sont souscrites par voie électronique. »**

(L. n° 2017-1775 du 28 déc. 2017, art. 76, applicable aux déclarations devant être déposées à compter du 1er janv. 2020) **« XIII. — La déclaration de crédit d'impôt pour dépenses de recherche mentionné à l'article 244 *quater* B est souscrite par voie électronique. »** — *V. Ann. III, art. 344 I ter et 344 I quater et Arr. du 3 janv. 2011 (JO 1er févr.).*

(L. n° 2018-1317 du 28 déc. 2018, art. 198) **« XIV. — Les déclarations de taxe sur les salaires sont souscrites par voie électronique. »**

(L. n° 2019-1479 du 28 déc. 2019, art. 166-II-4° et V, mod. par L. n° 2020-1721 du 29 déc. 2020, art. 194, applicable à compter d'une date fixée par décret, et au plus tard aux impositions dont le fait générateur intervient à compter du 1er janv. 2023) **« XV. — Les déclarations de la taxe sur les conventions d'assurance mentionnée à l'article 991, des taxes assimilées prévues aux articles 990 I, 1635 *bis* A et** *(L. n° 2020-1721 du 29 déc. 2020, art. 64-I-11°)* **« 1635 *bis* AD et » de la contribution forfaitaire annuelle mentionnée au V de l'article L. 426-1 du code des assurances** *(Abrogé par L. n° 2020-1721 du 29 déc. 2020, art. 64-I-11°)* ***« et de la taxe mentionnée au IV de l'article 9 de la loi n° 2013-1279 du 29 décembre 2013 »*** **de finances rectificative pour 2013 sont souscrites par voie électronique. »**

(L. n° 2019-1479 du 28 déc. 2019, art. 150-I-3°) **« XVI. — Un décret précise les autres déclarations qui sont souscrites par voie électronique, sous peine de l'application de l'article 1738. »** — *V. Décr. n° 2020-772 du 24 juin 2020, art. 1er.*

V. Ann. III, art. 344 I ter et 344 I quater.

A la fin des V et VI de l'art. 166 de la L. n° 2019-1479 du 28 déc. 2019 de finances pour 2020, l'année : « 2022 » est remplacée par l'année : « 2023 » (L. n° 2020-1721 du 29 déc. 2020, art. 194).

1. Constitutionnalité. Les art. 1649 *quater* B *quater* et 1695 *quater*, instituant pour certains redevables une obligation de télédéclaration et de télérèglement de la TVA, ne portent atteinte ni au droit de propriété, ni au principe de liberté individuelle, ni au droit au secret des correspondances ni aux principes de liberté de gestion des entreprises et de secret des affaires, et n'ont pas créé une rupture caractérisée de l'égalité entre contribuables. • CE 11 juill. 2011, *Sté cabinet Didier Kling et associés*, n° 349579 : *RJF 2011. 1354.*

2. Téléprocédures. Obligation de télétransmission des déclarations de TVA, de CVAE et de résultats, et des règlements de TVA, d'IS, de TS et de CVAE. * BOI-BIC-DECLA-30-60-40 du 14 oct. 2020.

3. Fonctionnement de la filière EDI. * BOI-BIC-DECLA-30-60-30-10 du 14 oct. 2020.

4. Déclaration des résultats des SCI. Dispense de souscription d'une déclaration dématérialisée pour les SCI de famille ou les personnes en zone blanche.* BOI-RFPI-CHAMP-30-20 n° 230 du 12 août 2020.

5. Déclaration annuelle des paiements de revenus mobiliers et opérations sur valeurs mobilières (« IFU »). Modalités de dépôt des déclarations sur support informatique. * BOI-RPPM-40-30-10 n° 260 du 6 déc. 2017.

Art. 1649 *quater* B *quinquies* **La déclaration prévue à l'article 170 et ses annexes sont souscrites par voie électronique par les contribuables dont la résidence principale est équipée d'un accès à internet.**

Ceux de ces contribuables qui indiquent à l'administration ne pas être en mesure de souscrire cette déclaration par voie électronique utilisent les autres moyens prévus au premier alinéa du 1 de l'article 173.

(L. n° 2018-727 du 10 août 2018, art. 6) **« Les contribuables personnes physiques qui résident dans des zones où aucun service mobile n'est disponible sont dispensés de *l'obligation de télédéclaration* de leurs revenus et de télépaiement de leurs impôts jusqu'au 31 décembre 2024. »**

Les dispositions du présent art. s'appliquent :

1° Aux déclarations souscrites au titre des revenus de l'année 2015, lorsque le revenu de l'année 2014 du contribuable, au sens du 1° du IV de l'art. 1417, est supérieur à 40 000 € ;

2° Aux déclarations souscrites au titre des revenus de l'année 2016, lorsque le revenu de l'année 2015 du contribuable, au sens du 1° du IV du même art. 1417, est supérieur à 28 000 € ;

3° Aux déclarations souscrites au titre des revenus de l'année 2017, lorsque le revenu de l'année 2016 du contribuable, au sens du 1° du IV dudit art. 1417, est supérieur à 15 000 € ;

4° A compter des déclarations souscrites au titre des revenus de l'année 2018.

CHAPITRE 0I TER ENTREPRISES DE LA BATELLERIE

Art. 1649 *quater* BA *(Abrogé par L. n° 2018-1317 du 28 déc. 2018, art. 26-III-31° et XV-G, à compter du 1er juill. 2019) Conformément à l'article L. 4431-3 du code des transports, pour l'application de la législation fiscale les entreprises inscrites sur un registre tenu par la chambre nationale de la batellerie artisanale sont assimilées aux entreprises artisanales immatriculées au répertoire des métiers.*

CHAPITRE PREMIER TER CENTRES DE GESTION AGRÉÉS, ASSOCIATIONS DE GESTION ET DE COMPTABILITÉ, ASSOCIATIONS AGRÉÉES DES PROFESSIONS LIBÉRALES ET ORGANISMES MIXTES DE GESTION AGRÉÉS

I CENTRES DE GESTION AGRÉÉS ET ASSOCIATIONS DE GESTION ET DE COMPTABILITÉ

Art. 1649 *quater* C Des centres de gestion, dont l'objet est d'apporter aux industriels, commerçants, artisans et agriculteurs une assistance en matière de gestion et de leur fournir une analyse des informations économiques, comptables et financières en matière de prévention des difficultés économiques et financières, peuvent être agréés dans des conditions définies par un décret en Conseil d'État. — *V. Ann. II, art. 371 A à 371 LE.*

Ces centres sont créés à l'initiative soit d'experts-comptables ou de sociétés membres de l'ordre, soit de chambres de commerce et d'industrie territoriales, de chambres de métiers et de l'artisanat ou de chambres d'agriculture, soit d'organisations professionnelles légalement constituées d'industriels, de commerçants, d'artisans ou d'agriculteurs.

1. Une personne qui réalise habituellement des opérations de construction et de vente d'immeubles dont les bénéfices présentent le caractère de BIC peut adhérer à un centre de gestion agréé, bien qu'elle n'effectue pas des actes de commerce au sens de l'art. L. 110-1 C. com. • CE 17 nov. 1997, n° 140797 : *Dr. fisc. 1998. 666 ; RJF 1998. 17, concl. Goulard, p. 7.*

2. Une EURL, société commerciale par sa forme, est en droit d'adhérer à un centre de gestion agréé, même si elle se borne à recevoir, sans aucune autre activité, les produits financiers correspondant à sa participation dans le capital d'une société en nom collectif. L'EURL n'ayant pas opté pour le régime des sociétés de capitaux, son associé unique soumis à l'IR peut bénéficier de l'abattement de 20 % (revenus antérieurs à 2006). • CAA Lyon 18 mai 2004, n° 99LY2595 : *RJF 2005. 9.*

Art. 1649 *quater* D *I. — Abrogé par L. n° 2008-1425 du 27 déc. 2008, art. 10-I-2°-a et IV, à compter du 1er janv. 2010.*

II à IV. — Périmés (Décr. n° 2014-549 du 26 mai 2014).

Art. 1649 *quater* E Les centres sont notamment habilités à élaborer, pour le compte de leurs adhérents placés sous un régime réel d'imposition, les déclarations destinées à l'administration fiscale ; un agent de l'administration fiscale apporte son assistance technique au centre de gestion agréé, dans les conditions prévues par la convention passée entre le centre et l'administration fiscale. Les modalités d'assistance et de contrôle des centres de gestion agréés par l'administration fiscale sont précisées dans la convention visée à l'article 371 C de l'annexe II.

Les centres demandent à leurs adhérents tous renseignements et documents utiles afin de procéder, sous leur propre responsabilité, à un examen annuel en la forme des déclarations de résultats et de leurs annexes, de taxes sur le chiffre d'affaires, de cotisation sur la valeur ajoutée des entreprises et, le cas échéant, de revenus encaissés à l'étranger, puis à l'examen annuel de leur cohérence, de leur vraisemblance et de leur *concordance et à un examen périodique* de sincérité selon des modalités définies par décret en Conseil d'État. Cet examen ne constitue pas le début d'une des procédures mentionnées aux articles L. 12 et L. 13 du livre des procédures fiscales.

Les centres ont l'obligation de procéder aux contrôles de concordance, de cohérence et de vraisemblance des déclarations de résultats, de taxes sur le chiffre d'affaires, de cotisation sur la valeur ajoutée des entreprises et, le cas échéant, de revenus encaissés à l'étranger de leurs adhérents dans les six mois à partir de la date de réception des déclarations des résultats par le centre, délai porté à neuf mois pour les adhérents faisant l'objet d'un examen de sincérité.

Les centres sont tenus d'adresser à leurs adhérents un compte rendu de mission dans les deux mois qui suivent la fin des opérations de contrôle. Dans le même délai, une copie de ce compte rendu est transmise, par le centre, au service des impôts des entreprises dont dépend l'adhérent concerné.

Les modèles de compte rendu de mission et les modalités de leur transmission aux services fiscaux sont définis par arrêté ministériel. — *V. Arr. du 16 janv. 2017 (JO 27 janv.).*

Les centres ont l'obligation de dématérialiser et de télétransmettre aux services fiscaux, selon la procédure prévue par le système de transfert des données fiscales et comptables, les attestations qu'ils délivrent à leurs adhérents, ainsi que les déclarations de résultats, leurs annexes et les autres documents les accompagnant. Ils doivent recevoir mandat de leurs adhérents pour transmettre les informations correspondant à leurs obligations déclaratives, selon des modalités définies par arrêté ministériel. — *V. Ann. II, art. 371 C.*

1. Rôle des organismes agréés en matière d'assistance et de prévention fiscales. Modalités selon lesquelles les organismes agréés (centres de gestion et associations) doivent procéder annuellement à un contrôle formel des déclarations de résultats et de chiffre d'affaires puis à l'examen de concordance, de cohérence et de vraisemblance de ces déclarations. Liste des diligences incombant aux centres de gestion et aux associations agréés pour chaque catégorie de redevables : méthodologie de contrôle sur pièces du dossier. * BOI-DJC-OA-20-10-10-30 du 30 janv. 2019.

2. Agent de l'administration fiscale. Il ne saurait être admis à procéder à la vérification de la comptabilité d'un adhérent ou d'un ancien adhérent avant qu'un délai suffisant ne se soit écoulé depuis la fin de son affectation au centre, sans méconnaître le principe du secret professionnel. • CE 22 nov. 1991, n° 110236 : *Dr. fisc. 1992. 702, concl. Chahid-Nouraï ; RJF 1992. 94.* ♦ Il ne saurait, dans les mêmes conditions, procéder à la vérification de comptabilité d'une entreprise issue de la restructuration des activités d'un adhérent du centre de gestion agréé. • CE 30 juin 2000, n° 198098 : *RJF 2000. 1118 ; BDCF 9-10/00, concl. Goulard.*

Art. 1649 *quater* E-0 *bis* *Périmé (Décr. n° 2014-549 du 26 mai 2014).*

Art. 1649 *quater* E *bis* Les adhérents des centres de gestion agréés sont soumis à l'obligation d'accepter les règlements soit par carte bancaire, soit par chèques. Dans ce dernier cas, ils doivent faire libeller ces chèques à leur ordre et ne pas les endosser, sauf pour remise directe à l'encaissement. Ils doivent en informer leur clientèle. Les conditions d'application du présent article sont fixées par décret en Conseil d'État. — *V. Ann. II, art. 371 LA à 371 LE.*

II *ASSOCIATIONS AGRÉÉES DES PROFESSIONS LIBÉRALES*

Art. 1649 *quater* F Des associations ayant pour objet de développer l'usage de la comptabilité, de fournir une assistance en matière de gestion, de leur fournir une analyse des informations économiques, comptables et financières en matière de prévention des difficultés économiques et financières et de faciliter l'accomplissement de leurs obligations administratives et fiscales par les membres des professions libérales et les titulaires des charges et offices peuvent être agréées dans des conditions fixées par décret en Conseil d'État. — *V. Ann. II, art. 371 M à 371 V bis.*

Ces associations ont pour fondateurs soit des ordres ou des organisations professionnelles légalement constituées des membres des professions mentionnées au premier alinéa, soit des experts-comptables ou des sociétés inscrites à l'ordre des experts-comptables.

Peuvent adhérer à ces associations les membres des professions libérales et les titulaires de charges et offices qui souscrivent à l'engagement pris, dans des conditions fixées par décret, par les ordres ou les organisations professionnelles dont ils relèvent, d'améliorer la connaissance des revenus de leurs ressortissants.

Peuvent également adhérer à ces associations agréées tous les contribuables qui disposent de revenus non professionnels imposés dans la catégorie des bénéfices non commerciaux, soumis au régime de la déclaration contrôlée de droit ou sur option, et

qui auront souscrit un engagement d'amélioration de la connaissance des revenus, selon un modèle fixé par arrêté ministériel. — *V. Ann. II, art. 371 W à 371 Z. — V. Arr. du 26 juin 2009 fixant le modèle d'engagement d'amélioration de la connaissance des revenus (JO 8 oct.).*

1. L'agrément institué au profit des associations de gestion ne peut être légalement délivré à celles d'entre elles dont les statuts, notamment en imposant l'appartenance préalable de leurs membres à des organisations syndicales, ont pour effet de limiter directement ou indirectement dans son étendue la portée de l'objet social susmentionné tel qu'il est exigé par la loi pour bénéficier de l'agrément et subordonner ainsi les allégements fiscaux attachés à la qualité d'adhérent à une condition illégale. • CAA Nancy, 8 nov. 2001, n° 97NA1756 : *Dr. fisc. 2002. 294.*

2. Lorsque des membres de professions libérales exercent leur activité dans le cadre d'une société ou d'un groupement visés aux art. 8 à 8 *quater*, seule l'adhésion de cette société ou de ce groupement est susceptible d'ouvrir à ses membres, à concurrence de leurs droits, et dans la mesure où le groupement lui-même y aurait droit, le bénéfice de l'abattement prévu par l'art. 158-4 *bis* (revenus antérieurs à 2006). • CE 17 mai 1991, n° 69973 : *RJF 1991. 938 ; Dr. fisc. 1991. 1587.* ♦ Application à une société de fait entre médecins. • CAA Lyon, 21 juin 2000, n° 96LY22105 : *RJF 2000. 1419 ; Dr. fisc. 2001. 538, concl. Millet.*

Art. 1649 *quater* G **Les documents tenus par les adhérents des associations définies à l'article 1649 *quater* F en application de l'article 99 du présent code doivent être établis conformément à l'un des plans comptables professionnels agréés par le ministre de l'économie et des finances.**

Les documents comptables mentionnés au premier alinéa comportent, quelle que soit la profession exercée par l'adhérent, l'identité du client ainsi que le montant, la date et la forme du versement des honoraires. — *V. LPF, art. L. 86 A.*

BIBL. ▸ BEREYZIAT, *RJF 2004. 798* (secret médical et contrôle fiscal). – BRARD, *Dr. fisc. 1999. 1421.* – RACINE, *BFL 1984. 275.*

Secret médical. En imposant que les documents comptables tenus par les adhérents des associations de gestion agréées mentionnent, quelle que soit la profession exercée par l'adhérent, l'identité du client, l'art. 1649 *quater* G a entendu limiter le secret professionnel dont pouvaient notamment se prévaloir les professions médicales, afin de faciliter le contrôle de leurs revenus dans le cadre de la procédure d'imposition. Il résulte nécessairement de ces dispositions qu'ont accès à ces documents non seulement les agents vérificateurs mais aussi toutes les personnes auxquelles les dispositions légales donnent mission de concourir à la procédure d'imposition. Il en va notamment ainsi des membres de la commission départementale des impôts, qui sont appelés à se prononcer sur les désaccords subsistant entre le contribuable et l'Administration, notamment sur le montant du bénéfice réalisé. • CE 7 juill. 2004, n° 253711, *Wiedemann : Dr. fisc. 2004. 814, concl. Séners ; RJF 2004. 1023 ; concl. Séners au BDCF 10/04, n° 125.* ♦ Les agents vérificateurs ont accès à ces documents qui mentionnent l'identité du patient, sous réserve toutefois que ces derniers ne comportent aucune indication, même sommaire ou codée, concernant la nature des prestations médicales fournies aux patients. • CE 21 mars 2012, *Yllouz*, n° 343986 : *RJF 2012. 618.*

Art. 1649 *quater* H **Les associations mentionnées à l'article 1649 *quater* F s'assurent de la régularité des déclarations de résultats, de taxes sur le chiffre d'affaires, de cotisation sur la valeur ajoutée des entreprises et, le cas échéant, de revenus encaissés à l'étranger que leur soumettent leurs adhérents. A cet effet, elles leur demandent tous renseignements et documents utiles de nature à établir, chaque année, la concordance, la cohérence et la vraisemblance entre :**

1° les résultats fiscaux et la comptabilité établie conformément aux plans comptables visés à l'article 1649 *quater* G ;

2° les déclarations de résultats, les déclarations de taxes sur le chiffre d'affaires, les déclarations de cotisation sur la valeur ajoutée des entreprises et, le cas échéant, les déclarations de revenus encaissés à l'étranger.

Elles leur demandent également **tous renseignements et documents utiles afin de réaliser un examen périodique de sincérité selon des modalités définies par décret en Conseil d'État. Cet examen ne constitue pas le début d'une des procédures mentionnées aux articles L. 12 et L. 13 du livre des procédures fiscales.**

Elles sont habilitées à élaborer pour le compte de leurs adhérents, placés sous un régime réel d'imposition, les déclarations destinées à l'administration fiscale.

Les modalités d'assistance et de contrôle des associations agréées par l'administration fiscale sont précisées dans la convention visée à l'article 371 O de l'annexe II.

Les associations ont l'obligation de procéder aux contrôles de concordance, cohérence et vraisemblance des déclarations de résultats, de taxes sur le chiffre d'affaires, de cotisation sur la valeur ajoutée des entreprises et, le cas échéant, de revenus encaissés à l'étranger de leurs adhérents dans les six mois à partir de la date de réception des déclarations des résultats par l'association, délai porté à neuf mois pour les adhérents faisant l'objet d'un examen de sincérité.

Les associations sont tenues d'adresser à leur adhérent un compte rendu de mission dans les deux mois qui suivent la fin des opérations de contrôle. Dans le même délai, une copie de ce compte rendu est transmise, par l'association, au service des impôts des entreprises dont dépend l'adhérent concerné.

Les modèles de compte rendu de mission et les modalités de leur transmission aux services fiscaux sont définis par arrêté ministériel. — *V. Arr. du 16 janv. 2017 (JO 27 janv.).*

Les associations ont l'obligation de dématérialiser et de télétransmettre aux services fiscaux, selon la procédure prévue par le système de transfert des données fiscales et comptables, les attestations qu'elles délivrent à leurs adhérents, ainsi que les déclarations de résultats, leurs annexes et les autres documents les accompagnant. Elles doivent recevoir mandat de leurs adhérents pour transmettre les informations correspondant à leurs obligations déclaratives, selon des modalités définies par arrêté ministériel. — *V. Ann. II, art. 371 O.*

Rôle des associations agréées en matière d'assistance et de prévention fiscales. Modalités selon lesquelles les organismes agréés doivent procéder annuellement à un contrôle formel des déclarations de résultats et de chiffre d'affaires puis à l'examen de concordance, de cohérence et de vraisemblance de ces déclarations. Liste des diligences incombant aux centres de gestion et aux associations agréés pour chaque catégorie de redevable : méthodologie de contrôle sur pièces du dossier. * BOI-DJC-OA-20-10-10-30 du 30 janv. 2019.

III *DISPOSITIONS COMMUNES*

Art. 1649 *quater* I Le directeur départemental des finances publiques ou son représentant assiste, avec voix consultative, aux délibérations des organes dirigeants des centres de gestion agréés, des associations agréées et des organismes mixtes de gestion agréés, lorsqu'elles sont relatives au budget et aux conditions de fonctionnement de ceux-ci. A cet effet, les documents utiles lui sont communiqués huit jours au moins avant la date de ces délibérations.

Art. 1649 *quater* J Le renouvellement des agréments des centres de gestion agréés, des associations agréées et des organismes mixtes de gestion agréés intervient, à l'exception du premier renouvellement, tous les six ans. — *V. Ann. II, art. 371 J, 371 U et 371 Z undecies.*

Art. 1649 *quater* K Après avoir informé les intéressés des manquements constatés dans l'exécution des missions telles qu'elles sont définies aux articles 1649 *quater* C à 1649 *quater* H et les avoir mis en mesure de présenter leurs observations, l'autorité administrative désignée par décret peut subordonner le maintien ou le renouvellement de l'agrément d'un centre, d'une association ou d'un organisme mixte de gestion agréé au changement par ces organismes de leur équipe dirigeante. — *V. Ann. II, art. 371 G, 371 S et 371 Z nonies.*

Art. 1649 *quater* K *bis* La composition des conseils d'administration des centres de gestion, associations et organismes mixtes de gestion agréés est fixée par décret en Conseil d'État. — *V. Ann. II, art. 371 E, 371 Q et 371 Z sexies.*

Art. 1649 *quater* K *ter* Les centres de gestion mentionnés à l'article 1649 *quater* C et les associations agréées mentionnées à l'article 1649 *quater* F peuvent avoir pour adhérents l'ensemble des contribuables mentionnés aux mêmes articles, sous réserve d'obtenir un agrément spécifique d'organisme mixte de gestion agréé, auprès de l'autorité administrative désignée par décret.

Selon que la qualité de leurs adhérents relève de l'article 1649 *quater* C ou de l'article 1649 *quater* F, lesdits organismes mixtes réalisent pour ces adhérents les services et missions des centres de gestion agréés, prévus aux articles 1649 *quater* C à 1649 *quater* E, ou des associations agréées, prévues aux articles 1649 *quater* F à 1649 *quater* H, dans les conditions prévues aux mêmes articles.

Les adhérents des organismes mixtes de gestion agréés sont soumis aux obligations prévues à l'article 1649 *quater* E *bis*, si leur qualité relève de l'article 1649 *quater* C, et aux articles 1649 *quater* F et 1649 *quater* G, si leur qualité relève de l'article 1649 *quater* F.

Art. 1649 *quater* K *quater* Les centres de gestion agréés, associations agréées et organismes mixtes de gestion agréés se soumettent à un contrôle spécifique de l'administration fiscale qui ne constitue ni à leur égard ni à l'égard de leurs adhérents le début d'une des procédures mentionnées aux articles L. 12 et L. 13 du livre des procédures fiscales.

Pour les dispositions du présent chap. relatives aux organismes mixtes de gestion agréés, V. Ann. II, art. 371 Z bis à 371 Z sexdecies.

CHAPITRE PREMIER *QUATER* PROFESSIONNELS DE L'EXPERTISE COMPTABLE

(L. n° 2008-1425 du 27 déc. 2008, art. 10-I-3° et IV, en vigueur le 1er janv. 2010)

Art. 1649 *quater* L Pour l'application des dispositions du 1° du 7 de l'article 158, les professionnels de l'expertise comptable doivent disposer d'une autorisation délivrée par le commissaire du Gouvernement auprès du conseil régional de l'ordre des experts-comptables dans le ressort duquel ils sont inscrits, après avis du conseil régional si elle est demandée par un expert-comptable indépendant ou une société d'expertise comptable, ou après avis de la commission nationale d'inscription prévue à l'article 42 *bis* de l'ordonnance n° 45-2138 du 19 septembre 1945 portant institution de l'Ordre des experts-comptables et réglementant le titre et la profession d'expert-comptable si elle est demandée par une association de gestion et de comptabilité.

Ils doivent, en outre, conclure avec l'administration fiscale une convention portant sur une période de trois ans et dans laquelle ils s'engagent :

1° à viser les documents fiscaux transmis par leurs clients ou leurs adhérents, ou les documents fiscaux qu'ils établissent pour le compte de leurs clients ou adhérents, après s'être assurés de leur régularité et avoir demandé à leurs clients ou adhérents tous renseignements et documents utiles de nature à établir la concordance entre les résultats fiscaux et la comptabilité ;

2° à réaliser à l'égard de leurs clients ou adhérents, selon la nature de leur activité, l'ensemble des missions prévues aux articles 1649 *quater* C à 1649 *quater* E ou aux articles 1649 *quater* F à 1649 *quater* H, dans les conditions prévues aux mêmes articles ;

3° à se soumettre à un contrôle spécifique de l'administration fiscale qui ne constitue ni à leur égard ni à l'égard de leurs clients ou adhérents le début d'une des procédures mentionnées aux articles L. 12 et L. 13 du livre des procédures fiscales ;

Les clients ou adhérents des professionnels de l'expertise comptable sont soumis à l'obligation prévue à l'article 1649 *quater* E *bis*.

4°, 5° et 6° Abrogés par L. n° 2015-1786 du 29 déc. 2015, art. 37-I-L.

Les conditions et les modalités de la délivrance de l'autorisation, de la conclusion de la convention avec l'administration fiscale et du contrôle sont précisées par décret en Conseil d'État. – *V. Ann. II, art. 371 bis C, 371 bis E, 371 bis M et 371 bis N.*

Art. 1649 *quater* M Après avoir informé les intéressés des manquements constatés dans l'exécution de la convention mentionnée à l'article 1649 *quater* L et les avoir entendus, le commissaire du Gouvernement peut retirer l'autorisation. Les clients ou adhérents du professionnel doivent être informés de cette décision. – *V. Ann. II, art. 371 bis A à 371 bis L.*

CHAPITRE PREMIER *QUINQUIES* CERTIFICATEURS À L'ÉTRANGER

(L. n° 2015-1786 du 29 déc. 2015, art. 37-I-M)

Art. 1649 *quater* N Pour l'application du *c* du 1° du 7 de l'article 158, les professionnels ou organismes n'ayant pas d'établissement stable en France mais qui sont éta-

blis dans un État membre de l'Union européenne ou dans un autre État partie à l'accord sur l'Espace économique européen et qui procurent une assistance technique permettant une meilleure connaissance des revenus non salariaux perçus dans cet État par leurs clients ou adhérents et assurant la sincérité de leurs déclarations fiscales concluent avec le directeur général des finances publiques ou son délégataire une convention, portant sur une période de trois ans, dans laquelle ils s'engagent à procéder chaque année, pour les déclarations de revenus encaissés à l'étranger et les déclarations de résultats déposées à l'étranger de leurs clients ou adhérents, aux contrôles prévus à l'article 1649 *quater* E pour les centres de gestion à l'égard de leurs adhérents, dans les conditions prévues au même article.

Les conditions et modalités de la délivrance de l'autorisation, de la conclusion de la convention avec l'administration fiscale et de son contrôle sont précisées par décret en Conseil d'État. – *V. Ann. II, art. 371 ter A à 371 ter F.*

Art. 1649 *quater* O **Après avoir informé les intéressés des manquements constatés dans l'exécution de la convention mentionnée à l'article 1649 *quater* N et les avoir mis en mesure de présenter leurs observations sur les faits qui leur sont reprochés, le directeur général des finances publiques ou son délégataire peut dénoncer ladite convention. Les clients ou adhérents du certificateur sont informés de cette décision.** – *V. Ann. II, art. 371 ter G et 371 ter H.*

CHAPITRE II **CASIER FISCAL**

Art. 1649 *quinquies* **1. Il est institué, dans chaque département, sous l'autorité du ministre chargé du budget, un ou plusieurs centres de casier fiscal.**

2. Le centre de casier fiscal réunit les divers documents et informations intéressant la situation fiscale des redevables.

3. Les services de l'administration des impôts et l'administration du contrôle et des enquêtes économiques sont tenus de fournir au centre de casier fiscal l'original ou une copie, totale ou partielle, des documents, renseignements ou références qu'ils détiennent, et qui sont relatifs à la situation fiscale des contribuables.

4. Les services de l'administration des impôts et l'administration du contrôle et des enquêtes économiques obtiennent communication des documents, renseignements ou références réunis par les centres de casier fiscal et les utilisent pour l'accomplissement de leur tâche.

5. A partir de la date fixée par l'arrêté prévu au 7, tout acte, déclaration, enregistrement ou opération effectué auprès d'un service de l'administration des impôts doit être accompagné des renseignements de nature à assurer l'identification des personnes intéressées.

6. *Transféré ss. l'art. 1740-2, puis abrogé par Ord. nº 2005-1512 du 7 déc. 2005, art. 13-IV.*

7. L'organisation des centres de casier fiscal et les modalités d'application des 1 à 5 sont déterminées par arrêté du ministre chargé du budget.

CHAPITRE III

SECTIONS PREMIÈRE, II et III

Art. 1649 *quinquies* A 1. *Transféré ss. art. L. 55 LPF.*

2. *Transféré ss. art. L. 57, L. 61, R.* 57-1 et R.* 61 A-1 LPF.*

3. *Transféré ss. art. L. 59, L. 59 A, L. 59 B, L. 61, L. 192, R.* 59-1, R.* 61 A-1 et R.* 192-1 LPF.*

4. *Transféré ss. art. L. 56 LPF.*

5. *Transféré ss. art. L. 49 et L. 50 LPF.*

Art. 1649 *quinquies* B *Transféré ss. art. L. 64 LPF.*

Art. 1649 *quinquies* C *Transféré ss. art. L. 80 LPF.*

Art. 1649 *quinquies* D *Transféré ss. art. L. 54 B LPF.*

Art. 1649 *quinquies* E *Transféré ss. art. L. 80 A LPF.*

Art. 1649 *sexies* 1. *Non repris au LPF.*

2. *Transféré ss. art. L. 45 LPF.*

Art. 1649 *septies* *Transféré ss. art. L. 47 LPF.*

Art. 1649 *septies* A *Transféré ss. art. L. 48 LPF.*

Art. 1649 *septies* B *Transféré ss. art. L. 51 LPF.*

Art. 1649 *septies* C *Abrogé.*

Art. 1649 *septies* D *Transféré ss. art. L. 74 LPF.*

Art. 1649 *septies* E 1 et 2. *Transférés ss. art. L. 77 LPF.*

3. *Transféré ss. art. L. 78 LPF.*

4. *Transféré ss. art. L. 79 LPF.*

Art. 1649 *septies* F *Transféré ss. art. L. 52 LPF.*

Art. 1649 *septies* G *Transféré ss. art. L. 62 LPF.*

Art. 1649 *septies* H *Abrogé.*

CHAPITRE IV EXONÉRATIONS FISCALES CONTRACTUELLES ET AGRÉMENTS

BIBL. ▶ FOUQUET, *GAJ Fisc., p. 882* (les agréments fiscaux).

Art. 1649 *octies* **Tous contrats, accords ou conventions passés par les administrations publiques et prévoyant l'exonération d'impôts, droits ou taxes perçus par l'État pour son propre compte ou pour celui des collectivités publiques seront de nul effet en ce qui concerne ces exonérations, lorsqu'ils n'auront pas reçu l'agrément préalable du ministre de l'économie et des finances ou de ses représentants et pour autant qu'ils n'auront pas été ratifiés par le Parlement.**

Les dispositions des articles *(Ord. n° 2022-408 du 23 mars 2022, art. 18-1° et 29, en vigueur le 1er janv. 2023)* **« L. 131-1 à L. 131-20** *[ancienne rédaction : L. 313-4 à L. 313-11]* **» du code des juridictions financières seront éventuellement applicables en ce cas.**

Une disposition contractuelle qui se borne à prévoir le transfert, au concessionnaire d'un port, de la charge financière des taxes foncières afférentes à la concession ne modifie pas l'identité du redevable de la taxe et n'a pas, en tout état de cause, le caractère d'une exonération fiscale au sens de l'art. 1649 *octies*. • CAA Marseille, 28 juin 1999, n° 96MA1111 : *Dr. fisc. 2000. 353 ; RJF 2000. 505.*

Art. 1649 *nonies* **I. — Nonobstant toute disposition contraire, les agréments auxquels est subordonné l'octroi d'avantages fiscaux prévus par la loi sont délivrés par le ministre chargé du budget. Sauf disposition expresse contraire, toute demande d'agrément auquel est subordonnée l'application d'un régime fiscal particulier doit être déposée préalablement à la réalisation de l'opération qui la motive.**

Des arrêtés du ministre pourront instituer des procédures simplifiées et déléguer le pouvoir de décision à des agents de l'administration des impôts ayant au moins le grade de directeur départemental. — *V. Ann. IV, art. 170 quinquies à 170 decies.*

II. — Des arrêtés du ministre chargé du budget, pris après avis d'un organisme désigné par décret, peuvent définir, compte tenu de l'importance, de la nature ou du lieu d'exercice des activités considérées, les conditions des agréments auxquels des exonérations fiscales sont attachées en vertu des dispositions législatives ou réglementaires.

V. Ann. III, art. 344 K.

La réalisation de l'opération au sens de l'art. 1649 *nonies* s'entend, lorsque l'opération implique l'acquisition d'un bien, de la date à laquelle la vente du bien à l'investisseur peut être regardée comme parfaite (sol. impl.). En cas d'exploitation d'un bien par un investisseur, la réalisation de l'opération ne peut donc commencer qu'à la date où la vente du bien à l'investisseur qui entend l'exploiter est devenue parfaite. • CE 5 avr. 2013, ☎ *Sté Sunfish*, n° 350846 : *RJF 2013. 756.*

Art. 1649 *nonies* A **1. L'inexécution des engagements souscrits en vue d'obtenir un agrément administratif ou le non-respect des conditions auxquelles l'octroi de ce dernier a été subordonné entraîne le retrait de l'agrément, la déchéance des avantages fis-**

caux qui y sont attachés et l'exigibilité des impositions non acquittées du fait de celui-ci assorties de l'intérêt de retard prévu à l'article 1727, décompté de la date à laquelle ces impôts auraient dû être acquittés.

Par dérogation aux dispositions ci-dessus, le ministre chargé *(L. n° 2018-1317 du 28 déc. 2018, art. 159)* **« du budget » est autorisé à limiter les effets de la déchéance à une fraction des avantages obtenus du fait de l'agrément.**

2. Lorsque le bénéficiaire d'avantages fiscaux accordés du fait d'un agrément administratif ou d'une convention passée avec l'État se rend coupable, postérieurement à la date de l'agrément ou de la signature de la convention, d'une infraction fiscale reconnue frauduleuse par une décision judiciaire ayant autorité de chose jugée, il est déchu du bénéfice desdits avantages et les impôts dont il a été dispensé depuis la date de l'infraction deviennent immédiatement exigibles, sans préjudice de l'intérêt de retard prévu à l'article 1727 et décompté de la date à laquelle ils auraient dû être acquittés.

1. En supprimant immédiatement un régime dérogatoire d'imposition accordé sur agrément, sans réserver le cas des agréments ministériels en cours, le législateur prive les entreprises dont l'agrément n'est pas arrivé à terme au moment de l'entrée en vigueur de la loi de l'espérance légitime de bénéficier de ce régime sur l'ensemble de la période de validité de leur agrément. Faute de motifs d'intérêt général susceptibles de justifier l'atteinte ainsi portée aux droits patrimoniaux des contribuables, cette mesure de suppression méconnaît les stipulations de l'art. 1er du premier protocole additionnel à la Conv. EDH. • TA Montreuil, 6 oct. 2014, *SA Vivendi*, n° 1305900 : *RJF 2015. 91 ; Dr. fisc. 2015. 117, concl. Marmier, note Blanluet.* ♦ Confirmation • CAA Versailles, 5 juill. 2016, *Min. c/ Sté Vivendi*, n° 14VE03371 : *RJF 2016. 1049 ; Dr. fisc. 2016. 595, concl. Rudeaux.*

2. L'Administration ne peut prononcer le retrait de l'agrément sans avoir au préalable invité les bénéficiaires à produire leurs observations. • CE, sect., 25 oct. 1985, n° 29116 : *Dr. fisc. 1986. 1580* • 8 janv. 1993, n° 95940 : *Dr. fisc. 1993. 1725.*

3. L'Administration ne peut retirer ses agréments que dans le délai prévu à l'art. L. 186 LPF, qui court à partir de la date du fait qui a donné naissance à l'avantage fiscal. • CAA Nantes, 2 févr. 2009, n° 08NT497 : *RJF 2009. 670.* ♦ Dans le même sens • CE 4 avr. 2012, *Goudy*, n° 326760 : *RJF 2012. 629 ; BDCF 2012. 78, concl. Hédary ; Dr. fisc. 2012. 388, note Austry.*

4. L'Administration peut retirer l'agrément qu'elle avait accordé à une société dans le cadre du régime de déduction des investissements outre-mer en se fondant sur la fourniture de renseignements inexacts quant au montant de l'investissement. Compte tenu du caractère indivisible de l'agrément, son retrait ne peut être partiel et limité au prorata de la surfacturation du montant de l'investissement. • CE 16 avr. 2010, n° 322260 : *RJF 2010. 660.*

5. L'Administration ne peut valablement refuser son agrément pour l'application du régime de déduction au titre des investissements réalisés outre-mer en invoquant des motifs autres que le non-respect des conditions légales, tirés de la situation financière de l'entreprise caractérisée par une importante capacité d'autofinancement et la distribution aux actionnaires de dividendes importants. • CAA Bordeaux, 31 déc. 2009, n° 08BX2402 : *RJF 2010. 467.*

CHAPITRE V **DÉPARTEMENTS D'OUTRE-MER — ÉTABLISSEMENT ET CONSERVATION DU CADASTRE**

Art. 1649 *decies* **I. — Dans les départements de la Guadeloupe, de la Guyane, de la Martinique, de Mayotte et de La Réunion, il est procédé, aux frais de l'État, à l'établissement et à la conservation d'un cadastre parcellaire destiné à servir de support aux évaluations à retenir pour l'assiette de la contribution foncière des propriétés bâties, de la contribution foncière des propriétés non bâties et des taxes annexes à ces contributions. Ce cadastre est également destiné à servir de moyen d'identification et de détermination physique des immeubles, en vue de la mise en œuvre de la réforme de la publicité foncière réalisée par le décret n° 55-22 du 4 janvier 1955 modifié et les textes pris pour son application.**

Dans le Département de Mayotte, le cadastre parcellaire établi dans la collectivité territoriale de Mayotte s'applique. Ses conditions de réfection et de conservation sont régies et adaptées par décret en Conseil d'État.

II. — La documentation cadastrale peut recevoir les utilisations prévues au I au fur et à mesure de sa constitution dans chaque commune.

III. — Des décrets en Conseil d'État *[non encore émis]* **fixent les conditions d'application du présent article. L'un de ces décrets doit prévoir les modalités selon lesquelles il**

est tenu compte, pour la répartition des cotisations perçues au profit du département et de divers organismes, des modifications de la base imposable pouvant résulter de la mise en service du cadastre dans chaque commune.

CHAPITRE VI RÈGLES D'ARRONDISSEMENT DES BASES D'IMPOSITION

Art. 1649 *undecies* Les bases des impositions de toute nature sont arrondies à l'euro le plus proche. La fraction d'euro égale à 0,50 est comptée pour 1.

TITRE DEUXIÈME DISPOSITIONS DIVERSES

CHAPITRE PREMIER COMMISSIONS ADMINISTRATIVES DES IMPÔTS ET COMITÉ CONSULTATIF POUR LA RÉPRESSION DES ABUS DE DROIT

I COMMISSION COMMUNALE DES IMPÔTS DIRECTS

Art. 1650 1. Dans chaque commune, il est institué une commission communale des impôts directs composée de sept membres, savoir : le maire ou l'adjoint délégué, président, et six commissaires.

Dans les communes de plus de 2 000 habitants, le nombre de commissaires siégeant à la commission communale des impôts directs ainsi que celui de leurs suppléants est porté de six à huit.

Les commissaires doivent être de nationalité française ou ressortissants d'un État membre de l'Union européenne, être âgés de *(L. n° 2019-1479 du 28 déc. 2019, art. 146-IX-F-1°)* « 18 ans révolus », jouir de leurs droits civils, être inscrits aux rôles des impositions directes locales dans la commune, être familiarisés avec les circonstances locales et posséder des connaissances suffisantes pour l'exécution des travaux confiés à la commission.

(Abrogé par L. n° 2019-1479 du 28 déc. 2019, art. 146-IX-F-2°) « ***Un commissaire doit être domicilié en dehors de la commune.*** »

« ***Lorsque le territoire de la commune comporte un ensemble de propriétés boisées de 100 hectares au minimum, un commissaire doit être propriétaire de bois ou forêts.*** »

Peuvent participer à la commission communale des impôts directs, sans voix délibérative, les agents de la commune, dans les limites suivantes :

– un agent pour les communes dont la population est inférieure à 10 000 habitants ;

– trois agents au plus pour les communes dont la population est comprise entre 10 000 et 150 000 habitants ;

– cinq agents au plus pour les communes dont la population est supérieure à 150 000 habitants.

2. Les commissaires, ainsi que leurs suppléants en nombre égal, sont désignés par le directeur départemental des finances publiques sur une liste de contribuables, en nombre double, remplissant les conditions sus-énoncées, dressée par le conseil municipal.

La désignation des commissaires et de leurs suppléants est effectuée de manière que les personnes respectivement imposées à la taxe foncière, à la taxe d'habitation *(L. n° 2019-1479 du 28 déc. 2019, art. 16-I-E-24° et VII-E, applicable à compter des impositions établies au titre de 2023)* « sur les résidences secondaires et autres locaux meublés non affectés à l'habitation principale » et à la cotisation foncière des entreprises, soient équitablement représentées.

3. La durée du mandat des membres de la commission communale des impôts directs est la même que celle du mandat du conseil municipal.

Leur nomination a lieu dans les deux mois qui suivent le renouvellement général des conseils municipaux. A défaut de liste de présentation, ils sont nommés d'office par le *directeur départemental* des finances publiques un mois après mise en demeure de délibérer adressée au conseil municipal. Le directeur peut, sans mise en demeure, procéder à des désignations d'office si la liste de présentation ne contient pas soit vingt-quatre noms dans les communes de 2 000 habitants ou moins, soit trente-deux noms dans les communes de plus de 2 000 habitants, ou contient des noms de personnes ne remplissant pas les conditions exigées au 1.

En cas de décès, de démission ou de révocation de trois au moins des membres de la commission, il est procédé dans les mêmes conditions à de nouvelles désignations.

Le mandat des commissaires ainsi désignés prend fin avec celui des commissaires choisis lors du renouvellement général du conseil municipal.

4. *Dispositions devenues sans objet.*

Le délai pour désigner les membres des commissions prévues aux art. 1650, 1650 A et 1650 B CGI est porté, pour l'année 2020, à trois mois à compter, selon les cas, du renouvellement général des conseils municipaux, du renouvellement du conseil de Paris ou du conseil de la métropole de Lyon ou de l'installation de l'organe délibérant de l'établissement public de coopération intercommunale suivant le renouvellement général des conseils municipaux (L. n° 2020-935 du 30 juill. 2020, art. 58).

I *BIS* COMMISSION INTERCOMMUNALE DES IMPÔTS DIRECTS

Art. 1650 A **1. Dans chaque établissement public de coopération intercommunale soumis de plein droit ou sur option au régime fiscal prévu à l'article 1609 *nonies* C il est institué une commission intercommunale des impôts directs composée de onze membres, à savoir le président de l'établissement public de coopération intercommunale ou un vice-président délégué et dix commissaires.**

Les commissaires doivent remplir les mêmes conditions que celles édictées au troisième alinéa du 1 de l'article 1650 pour être membres de la commission communale des impôts directs à l'exception de la quatrième condition. Mais ils doivent être inscrits aux rôles des impositions directes locales de l'établissement public de coopération intercommunale ou des communes membres.

(Abrogé par L. n° 2019-1479 du 28 déc. 2019, art. 146-IX-G) « Un des commissaires est domicilié en dehors du périmètre de l'établissement public de coopération intercommunale. »

Peuvent participer à la commission intercommunale des impôts directs, sans voix délibérative, les agents de l'établissement public de coopération intercommunale, dans les limites suivantes :

— un agent pour les établissements publics de coopération intercommunale dont la population est inférieure à 10 000 habitants ;

— trois agents au plus pour les établissements publics de coopération intercommunale dont la population est comprise entre 10 000 et 150 000 habitants ;

— cinq agents au plus pour les établissements publics de coopération intercommunale dont la population est supérieure à 150 000 habitants.

2. Les commissaires ainsi que leurs suppléants en nombre égal sont désignés par le directeur départemental des finances publiques sur une liste de contribuables, en nombre double, remplissant les conditions prévues au 1, dressée par l'organe délibérant de l'établissement public de coopération intercommunale sur proposition de ses communes membres.

3. La condition prévue au deuxième alinéa du 2 de l'article 1650 doit être respectée. La durée du mandat des membres de la commission est la même que celle de l'organe délibérant de l'établissement public de coopération intercommunale.

4. *Abrogé par L. n° 2012-1510 du 29 déc. 2012, art. 42-2°.*

5. Les modalités d'application du présent article sont précisées par décret. *— V. Ann. III, art. 346 à 346 B. — V. égal. Décr. n° 2013-391 du 10 mai 2013, art. 2 (JO 12 mai), sur la mise en place de la commission.*

I *TER* COMMISSIONS DÉPARTEMENTALES DES VALEURS LOCATIVES *(L. n° 2019-1479 du 28 déc. 2019, art. 146-IX-E).*

(L. n° 2017-1775 du 28 déc. 2017, art. 30, en vigueur le 1er janv. 2018)

Art. 1650 B ***[Al. en vigueur jusqu'au 28 févr. 2018]*** **Il est institué dans chaque département une commission départementale des valeurs locatives des locaux professionnels comprenant deux représentants de l'administration fiscale, dix représentants des collectivités territoriales et des établissements publics de coopération intercommunale à fiscalité propre, neuf représentants des contribuables désignés par le représentant de l'État dans le département.**

[Al. en vigueur le 1er mars 2018] **Il est institué dans chaque département une commission départementale des valeurs locatives** *(Abrogé par L. n° 2019-1479 du 28 déc. 2019,* *art. 146-IX-H-1°) « des locaux professionnels »* comprenant deux représentants de l'administration fiscale, dix représentants des collectivités territoriales et des établissements publics de coopération intercommunale à fiscalité propre, neuf représentants des contribuables désignés par le représentant de l'État dans le département ainsi que l'ensemble des députés et sénateurs élus dans le département *(Abrogé par L. n° 2019-1479 du 28 déc. 2019, art. 146-IX-H-2°-a et b) « lorsque celui-ci compte moins de onze parlementaires. Lorsque le département compte onze parlementaires ou plus, les députés et sénateurs sont désignés, respectivement, par l'Assemblée nationale et le Sénat au prorata du nombre de députés et de sénateurs élus dans le département, dans la limite totale de dix membres. »* Le nombre de parlementaires n'est pas pris en compte pour le calcul d'un quorum.

Les représentants de l'administration fiscale participent aux travaux de la commission avec voix consultative.

Pour *(L. n° 2017-1775 du 28 déc. 2017, art. 30, en vigueur le 1er janv. 2019)* « la Ville *[ancienne rédaction : le département]* » de Paris, les représentants des élus locaux sont dix membres en exercice du conseil de Paris.

La commission départementale des valeurs locatives *(Abrogé par L. n° 2019-1479 du 28 déc. 2019, art. 146-IX-H-1°) « des locaux professionnels »* du département du Rhône est compétente pour le département du Rhône et le territoire de la métropole de Lyon. Elle est dénommée commission départementale des valeurs locatives *(Abrogé par L. n° 2019-1479 du 28 déc. 2019, art. 146-IX-H-1°) « des locaux professionnels »* du département du Rhône et de la métropole de Lyon. Au sein de cette commission, les représentants des élus locaux sont un membre en exercice du conseil départemental et trois membres du conseil de la métropole, deux maires en exercice représentant les communes du département du Rhône et deux maires en exercice représentant les communes situées sur le territoire de la métropole de Lyon ainsi que deux représentants en exercice des établissements publics de coopération intercommunale à fiscalité propre.

Pour les autres départements, ces représentants comprennent deux membres en exercice du conseil départemental ou deux conseillers à l'Assemblée de Corse élus en son sein, quatre maires en exercice et quatre représentants en exercice des établissements publics de coopération intercommunale à fiscalité propre.

Le président de la commission est élu parmi les représentants des collectivités territoriales et des établissements publics de coopération intercommunale à fiscalité propre. Il a voix prépondérante en cas de partage égal.

Les modalités d'application du présent article sont fixées par décret en Conseil d'État.

Art. 1650 C *(Abrogé par L. n° 2019-1479 du 28 déc. 2019, art. 146-IX-I) Il est institué dans chaque département une commission départementale des impôts directs locaux présidée par le président du tribunal administratif territorialement compétent ou un membre de ce tribunal délégué par lui. Cette commission comprend trois représentants de l'administration fiscale, six représentants des collectivités territoriales et des établissements publics de coopération intercommunale à fiscalité propre, ainsi que cinq représentants des contribuables désignés par le représentant de l'État dans le département.*

Pour (L. n° 2017-1775 du 28 déc. 2017, art. 30, en vigueur le 1er janv. 2019) « la Ville [ancienne rédaction : le département] » de Paris, les représentants des élus locaux sont six membres en exercice du conseil de Paris.

La commission départementale des impôts directs locaux du département du Rhône est compétente pour le département du Rhône et le territoire de la métropole de Lyon. Elle est dénommée commission départementale des impôts directs locaux du département du Rhône et de la métropole de Lyon. Les représentants des élus locaux au sein de cette commission sont un membre en exercice du conseil départemental, deux membres en exercice du conseil de la métropole de Lyon, un maire en exercice représentant les communes du département du Rhône, un maire en exercice représentant les communes situées sur le territoire de la métropole de Lyon et un représentant en exercice des établissements publics de coopération intercommunale à fiscalité propre.

Pour les autres départements, ces représentants comprennent un membre en exercice du conseil départemental ou, en Corse, un conseiller à l'Assemblée de Corse élu en son sein, trois maires en exercice et deux représentants en exercice des établissements publics de coopération intercommunale à fiscalité propre.

Les modalités d'application du présent article sont fixées par décret en Conseil d'État.

II COMMISSION DÉPARTEMENTALE DES IMPÔTS DIRECTS ET DES TAXES SUR LE CHIFFRE D'AFFAIRES

Art. 1651 ***[Al. en vigueur jusqu'au 31 août 2017]***

La commission départementale des impôts directs et des taxes sur le chiffre d'affaires est présidée par le président du tribunal administratif, ou par un membre de ce tribunal désigné par lui, ou par un membre de la cour administrative d'appel désigné, à la demande du président du tribunal, par celui de la cour. Elle comprend en outre trois représentants des contribuables et deux représentants de l'administration ayant au moins le grade d'inspecteur départemental. Pour les matières visées aux articles 1651 A et 1651 B, l'un des représentants des contribuables est un expert-comptable.

[Al. en vigueur le 1er sept. 2017]

(L. n° 2016-1918 du 29 déc. 2016, art. 90-I-3° et V-B) **« Il est institué, dans le ressort de chaque tribunal administratif, une commission des impôts directs et des taxes sur le chiffre d'affaires. Elle est présidée par le président du tribunal administratif, par un membre de ce tribunal désigné par lui ou par un membre de la cour administrative d'appel désigné, à la demande du président du tribunal, par le président de la cour. » Elle comprend en outre trois représentants des contribuables et deux représentants de l'administration ayant au moins le grade d'inspecteur** *(L. n° 2016-1918 du 29 déc. 2016, art. 90-I-3° et V-B)* **« divisionnaire »** *(L. n° 2018-1317 du 28 déc. 2018, art. 193-II-7° et VI-A, en vigueur le 1er janv. 2020)* **« ou d'inspecteur régional ». Pour les matières visées aux articles 1651 A et 1651 B, l'un des représentants des contribuables est un expert-comptable.**

Le président a voix prépondérante.

(Abrogé par L. n° 2016-1918 du 29 déc. 2016, art. 90-I-3° et V-B, à compter du 1er sept. 2017) ***« La commission départementale des impôts directs et des taxes sur le chiffre d'affaires du département du Rhône est compétente pour le territoire du département du Rhône et le territoire de la métropole de Lyon. Elle est dénommée commission départementale des impôts directs et des taxes sur le chiffre d'affaires du département du Rhône et de la métropole de Lyon. »***

Art. 1651 A ***[Al. en vigueur jusqu'au 31 août 2017]***

I. — Pour la détermination du bénéfice industriel et commercial et sous réserve des dispositions du II, les représentants des contribuables sont désignés par la chambre de commerce et d'industrie territoriale ou la chambre de métiers et de l'artisanat.

[Al. en vigueur le 1er sept. 2017]

I. — Pour la détermination du bénéfice industriel et commercial et sous réserve des dispositions du II, les représentants des contribuables sont désignés par *(L. n° 2016-1918 du 29 déc. 2016, art. 90-I-4°-a et V-B)* **« les chambres de commerce et d'industrie ou les chambres de métiers et de l'artisanat compétentes dans le ressort du tribunal administratif ».**

Pour la détermination du bénéfice agricole, les représentants des contribuables sont désignés par les fédérations départementales des syndicats d'exploitants agricoles *(L. n° 2016-1918 du 29 déc. 2016, art. 90-I-4°-a et V-B, en vigueur le 1er sept. 2017)* **« compétentes dans le ressort du tribunal administratif ».**

Pour la détermination du bénéfice non commercial, les représentants des contribuables sont désignés par l'organisation ou l'organisme professionnel intéressé.

Pour la détermination du chiffre d'affaires, les mêmes règles sont applicables par catégorie professionnelle.

Les représentants des contribuables, autres que l'expert-comptable mentionné à l'article 1651, sont choisis parmi les professionnels de leur catégorie.

II. — Pour les associations régies par la loi du 1er juillet 1901 ou la loi locale maintenue en vigueur dans les départements de la Moselle, du Bas-Rhin et du Haut-Rhin et pour les fondations, deux représentants des contribuables sont désignés par les organismes représentatifs de ces associations ou fondations *(L. n° 2016-1918 du 29 déc. 2016, art. 90-I-4° et V-B, en vigueur le 1er sept. 2017)* **« compétents dans le ressort du**

tribunal administratif » et le troisième par *(L. n° 2016-1918 du 29 déc. 2016, art. 90-I-4° et V-B, en vigueur le 1er sept. 2017)* « les chambres de commerce et d'industrie ou les chambres de métiers et de l'artisanat compétentes dans le ressort du tribunal administratif ».

Le contribuable peut demander que l'un des représentants désignés par les organismes représentatifs des associations ou fondations soit remplacé par un expert-comptable.

III. — Le contribuable peut demander que l'un des représentants des contribuables soit désigné par une organisation ou un organisme professionnel ou interprofessionnel, national, régional ou local, de son choix. Ce représentant doit être membre de cette organisation ou de cet organisme ou, à défaut, y exercer des fonctions salariées.

Art. 1651 B Pour l'examen des différends relatifs à la déduction des rémunérations visées au 1° du 1 de l'article 39 ou à l'imposition des rémunérations visées au *d* de l'article 111, les représentants des contribuables comprennent deux membres désignés par *(L. n° 2016-1918 du 29 déc. 2016, art. 90-I-5° et V-B, en vigueur le 1er sept. 2017)* « les chambres de commerce et d'industrie ou par les chambres de métiers et de l'artisanat compétentes dans le ressort du tribunal administratif » *[ancienne rédaction : la chambre de commerce et d'industrie territoriale ou par la chambre de métiers et de l'artisanat]* » et un salarié désigné par les organisations ou organismes les plus représentatifs des ingénieurs et des cadres supérieurs.

Art. 1651 C Pour la détermination de la valeur vénale retenue pour l'assiette de la taxe sur la valeur ajoutée, dans les cas prévus au 4° du 1 de l'article L. 59 A du livre des procédures fiscales, la commission comprend, outre le président, trois agents de l'administration, un notaire désigné par *(L. n° 2016-1918 du 29 déc. 2016, art. 90-I-6° et V-B, en vigueur le 1er sept. 2017)* « les chambres des notaires compétentes dans le ressort du tribunal administratif *[ancienne rédaction : la chambre des notaires]* » et trois représentants des contribuables.

Les représentants des contribuables sont désignés respectivement par les fédérations départementales des syndicats d'exploitants agricoles *(L. n° 2016-1918 du 29 déc. 2016, art. 90-I-6° et V-B, en vigueur le 1er sept. 2017)* « compétentes dans le ressort du tribunal administratif », les organisations ou organismes représentatifs des propriétaires d'immeubles bâtis et *(L. n° 2016-1918 du 29 déc. 2016, art. 90-I-6° et V-B, en vigueur le 1er sept. 2017)* « les chambres de commerce et d'industrie ou les chambres de métiers et de l'artisanat compétentes dans le même ressort *[ancienne rédaction : la chambre de commerce et d'industrie territoriale ou la chambre de métiers et de l'artisanat]* ».

Le contribuable peut demander que l'un des représentants des contribuables soit désigné par une organisation ou un organisme professionnel ou interprofessionnel, national, régional ou local de son choix. Ce représentant doit être membre de cette organisation ou de cet organisme ou, à défaut, y exercer des fonctions salariées.

Art. 1651 D Pour la fixation des tarifs des évaluations foncières des propriétés non bâties ou des coefficients d'actualisation, la commission comprend, outre le président, quatre représentants des contribuables désignés par *(L. n° 2016-1918 du 29 déc. 2016, art. 90-I-7° et V-B, en vigueur le 1er sept. 2017)* « les chambres d'agriculture compétentes dans le ressort du tribunal administratif *[ancienne rédaction : la chambre d'agriculture]* » et trois représentants de l'administration.

Ancien art. 1651 D ***Pour la fixation des éléments à retenir pour le calcul du bénéfice agricole forfaitaire, la commission comprend, outre le président, quatre représentants des contribuables désignés par les fédérations départementales des syndicats d'exploitants agricoles et trois représentants de l'administration.***

Pour la fixation des tarifs des évaluations foncières des propriétés non bâties ou des coefficients d'actualisation, les quatre représentants des contribuables sont désignés par la chambre d'agriculture.

Art. 1651 E ***[Al. en vigueur jusqu'au 31 août 2017]***

Pour la fixation des valeurs locatives des propriétés bâties et des coefficients d'actualisation, la commission comprend, outre le président, quatre représentants de l'administration, un conseiller départemental et quatre représentants de contribuables. Parmi ces derniers, trois sont désignés par les organisations ou organismes représentatifs des propriétaires d'immeubles bâtis, le quatrième par les organisations ou organismes représentatifs des locataires.

[Al. en vigueur le 1er sept. 2017]

Pour la fixation des valeurs locatives des propriétés bâties *(L. n° 2017-1775 du 28 déc. 2017, art. 30, en vigueur le 1er janv. 2018)* « autres que celles mentionnées au I de l'article 1498 » et des coefficients d'actualisation, la commission comprend, outre le président, quatre représentants de l'administration, un conseiller départemental *(L. n° 2016-1918 du 29 déc. 2016, art. 90-I-8° et V-B, en vigueur le 1er sept. 2017)* « parmi ceux élus dans le ressort du tribunal administratif » *(L. n° 2022-217 du 21 févr. 2022, art. 19-1°)* « , deux représentants des communes et des établissements publics de coopération intercommunale à fiscalité propre » et quatre représentants de contribuables. Parmi ces derniers, trois sont désignés par les organisations ou organismes représentatifs des propriétaires d'immeubles bâtis *(L. n° 2016-1918 du 29 déc. 2016, art. 90-I-8° et V-B, en vigueur le 1er sept. 2017)* « compétents dans le ressort du tribunal administratif », le quatrième par les organisations ou organismes représentatifs des locataires *(L. n° 2016-1918 du 29 déc. 2016, art. 90-I-8° et V-B, en vigueur le 1er sept. 2017)* « compétents dans le ressort du même tribunal ».

(Abrogé par L. n° 2016-1918 du 29 déc. 2016, art. 90-I-8 et V-B, à compter du 1er sept. 2017) ***« La commission départementale des impôts directs et des taxes sur le chiffres** [chiffre] **d'affaires du département du Rhône et de la métropole de Lyon comprend également un conseiller métropolitain. En outre, parmi les quatre représentants des contribuables, trois sont domiciliés sur le territoire de la métropole de Lyon. »***

(Ord. n° 2016-1561 du 21 nov. 2016, art. 1er-II-15° et 20, en vigueur le 1er janv. 2018) « En Corse, chaque commission comprend, outre le président, quatre représentants de l'administration, un conseiller à l'Assemblée de Corse élu en son sein *(L. n° 2022-217 du 21 févr. 2022, art. 19-2°)* « , un représentant des communes et des établissements publics de coopération intercommunale à fiscalité propre » et quatre représentants de contribuables. »

Art. 1651 F Lorsqu'elle est saisie en application du premier alinéa de l'article L. 76 du Livre des procédures fiscales, la commission *(Abrogé par L. n° 2016-1918 du 29 déc. 2016, art. 90-I-1° et V-B, à compter du 1er sept. 2017)* ***« départementale »*** des impôts directs et des taxes sur le chiffre d'affaires comprend, outre le président, deux représentants des contribuables, choisis par le président parmi ceux visés aux trois premiers alinéas du I de l'article 1651 A et à l'article 1651 B, et un représentant de l'administration.

Art. 1651 G ***[Al. en vigueur jusqu'au 31 août 2017]***

Pour des motifs de confidentialité, le contribuable peut demander la saisine de la commission d'un autre département. Ce département est choisi par le président du tribunal administratif dans le ressort de ce tribunal ou, lorsque le ressort du tribunal administratif ne comprend qu'un seul département, par le président de la cour administrative d'appel territorialement compétente, dans le ressort de cette cour.

[Al. en vigueur le 1er sept. 2017]

(L. n° 2016-1918 du 29 déc. 2016, art. 90-I-9° et V-B) « Pour des motifs de confidentialité, le contribuable peut demander la saisine d'une autre commission relevant du ressort de la cour administrative d'appel territorialement compétente. Cette commission est choisie par le président de la cour administrative d'appel. »

Lorsque des rehaussements fondés sur les mêmes motifs sont notifiés à des sociétés membres d'un groupe au sens de l'article 223 A ou de l'article 223 A *bis*, les contribuables peuvent demander la saisine de la commission *(Abrogé par L. n° 2016-1918 du 29 déc. 2016, art. 90-I-9° et V-B, à compter du 1er sept. 2017)* ***« départementale »*** compétente pour la société mère.

Les contribuables dont les bases d'imposition ont été rehaussées en vertu du d de l'article 111 peuvent demander la saisine de la commission *(Abrogé par L. n° 2016-1918 du 29 déc. 2016, art. 90-I-9° et V-B, à compter du 1er sept. 2017)* ***« départementale »*** compétente pour l'entreprise versante.

II BIS ***COMMISSION NATIONALE DES IMPÔTS DIRECTS ET DES TAXES SUR LE CHIFFRE D'AFFAIRES***

Art. 1651 H 1. Il est institué une Commission nationale des impôts directs et des taxes sur le chiffre d'affaires.

Cette commission est présidée par un *(L. n° 2019-222 du 23 mars 2019, art. 102)* « membre du Conseil *[ancienne rédaction : conseiller]* » d'État désigné par le vice-président du Conseil d'État. Le président de la commission peut être suppléé par un magistrat administratif nommé dans les mêmes conditions. Elle comprend en outre trois représentants des contribuables et deux représentants de l'administration ayant au moins le grade d'inspecteur *(L. n° 2018-1317 du 28 déc. 2018, art. 193-II-8° et VI-A, en vigueur le 1er janv. 2020)* « divisionnaire ou d'inspecteur régional *[ancienne rédaction : départemental]* ». Pour les matières mentionnées aux articles 1651 I et 1651 J, l'un des représentants des contribuables est un expert-comptable.

Le président a voix prépondérante.

2. Cette commission est compétente pour les litiges relatifs à la détermination du bénéfice ainsi que du chiffre d'affaires des entreprises qui exercent une activité industrielle ou commerciale et dont le chiffre d'affaires hors taxes excède 50 000 000 € s'il s'agit d'entreprises dont le commerce principal est de vendre des marchandises, objets, fournitures et denrées à emporter ou à consommer sur place ou de fournir le logement, ou de 25 000 000 € s'il s'agit d'autres entreprises. — *V. Ann. III, art. 348 B et 348 C ; V. égal. LPF, art. L. 59.*

Commission nationale des impôts directs et des taxes sur le chiffre d'affaires. Contribuables, matières et désaccords relevant de la commission. Composition, organisation, saisine et fonctionnement de la commission. * BOI-CF-CMSS-30-20 du 12 sept. 2012.

Art. 1651 I I. — Pour la détermination du bénéfice industriel et commercial et du chiffre d'affaires, les représentants des contribuables, autres que l'expert-comptable, de la commission nationale visée à l'article 1651 H sont désignés par CCI France.

II. — Le contribuable peut demander que l'un des représentants des contribuables soit désigné par une organisation ou un organisme professionnel ou interprofessionnel, national, régional ou local de son choix. Ce représentant doit être membre de cette organisation ou de cet organisme ou, à défaut, y exercer des fonctions salariées.

Art. 1651 J Pour l'examen des différends relatifs à la déduction des rémunérations visées au 1° du 1 de l'article 39 ou à l'imposition des rémunérations visées au *d* de l'article 111, les représentants des contribuables de la commission nationale visée à l'article 1651 H comprennent deux membres désignés par CCI France et un salarié désigné par les organisations ou organismes nationaux représentatifs des ingénieurs et des cadres supérieurs.

Art. 1651 K Pour la détermination de la valeur vénale retenue pour l'assiette de la taxe sur la valeur ajoutée, dans le cas prévu au 4° du I de l'article L. 59 A du livre des procédures fiscales, la commission comprend, par dérogation à l'article 1651 H, outre le président, trois agents de l'administration, un notaire et trois représentants des contribuables.

Les représentants des contribuables sont désignés respectivement par les fédérations nationales des syndicats d'exploitants agricoles, les organisations ou organismes représentatifs des propriétaires d'immeubles bâtis et par CCI France.

Le contribuable peut demander que l'un des représentants des contribuables soit désigné par une organisation ou un organisme professionnel ou interprofessionnel national, régional ou local de son choix. Ce représentant doit être membre de cette organisation ou de cet organisme ou, à défaut, y exercer des fonctions salariées.

Art. 1651 L Lorsque des rehaussements fondés sur les mêmes motifs sont notifiés à *des sociétés membres d'*un groupe au sens de l'article 223 A ou de l'article 223 A *bis*, chaque contribuable peut demander la saisine de la commission nationale mentionnée à l'article 1651 H si au moins l'une de ces sociétés réunit les conditions fixées au 2 de cet article. La commission nationale est alors compétente sur l'ensemble des désaccords persistant sur les rehaussements notifiés à ce contribuable et relevant de ses attributions.

Les contribuables dont les bases d'imposition ont été rehaussées en vertu du *d* de l'article 111 peuvent demander la saisine de la commission nationale visée à l'article 1651 H si l'entreprise versante relève de cette dernière.

II *BIS* A *COMMISSION NATIONALE DES TAXES AÉRONAUTIQUES*

(Ord. nº 2021-1843 du 22 déc. 2021, art. 10-37º-a, en vigueur le 1er janv. 2022)

Art. 1651 L *bis* **Il est institué une Commission nationale des taxes aéronautiques compétente pour examiner les différends mentionnés à l'article L. 59 C *bis* du livre des procédures fiscales.**

Cette commission est présidée par le président de la cour administrative d'appel dans le ressort de laquelle est situé le service désigné par le directeur général de l'aviation civile en application de l'article L. 6431-6 du code des transports, ou par tout magistrat de cette cour qu'il aura délégué.

Elle comprend, en outre, trois représentants des redevables des taxes mentionnées au deuxième alinéa ainsi que trois représentants de l'administration.

Un agent de catégorie A de la direction générale de l'aviation civile remplit les fonctions de secrétaire et assiste aux séances de la commission avec voix consultative.

II *TER* *DISPOSITIONS COMMUNES AUX COMMISSIONS MENTIONNÉES AUX ARTICLES 1651, 1651 H et 151 L BIS* *(Ord. nº 2021-1843 du 22 déc. 2021, art. 10-37º-b-i, en vigueur le 1er janv. 2022).*

Art. 1651 M **Le président de la commission** *(Abrogé par L. nº 2016-1918 du 29 déc. 2016, art. 90-I-1º et V-B, à compter du 1er sept. 2017)* **« *départementale* » des impôts directs et des taxes sur le chiffre d'affaires prévue à l'article 1651** *(Ord. nº 2021-1843 du 22 déc. 2021, art. 10-37º-b-ii, en vigueur le 1er janv. 2022)* **« , de la Commission nationale des impôts directs et des taxes sur le chiffre d'affaires prévue à l'article 1651 H ou de la Commission nationale des taxes aéronautiques prévue à l'article 1651 L *bis* » peut solliciter, à la demande du contribuable et aux frais de celui-ci, toute personne dont l'expertise est susceptible d'éclairer la commission.**

La commission peut communiquer à cette personne, sans méconnaître la règle du secret professionnel, les renseignements destinés à lui permettre de remplir sa mission.

Les personnes consultées sont tenues au secret professionnel dans les conditions prévues par l'article L. 103 du livre des procédures fiscales.

Art. 1651 *bis* *Transféré ss. art. L. 60 et R.* 60-1 à R.* 60-3 LPF.*

III COMMISSIONS CENTRALES DES IMPÔTS DIRECTS

a *BÉNÉFICES AGRICOLES*

Art. 1652 *(Abrogé par L. nº 2015-1786 du 29 déc. 2015, art. 33-I-1º et V, à compter de l'imposition des revenus de l'année 2016)* ***1. Il est institué au ministère chargé du budget une commission centrale permanente compétente pour fixer les éléments à retenir pour le calcul du bénéfice agricole forfaitaire lorsque ces éléments n'ont pas été fixés par la commission prévue à l'article 1651 ou lorsque les présidents des fédérations départementales des syndicats d'exploitants agricoles ou le directeur départemental des finances publiques ont fait appel de la décision de cette commission.***

2. Cette commission est composée de trois magistrats en activité ou honoraires :

— un conseiller d'État, président ;

— un magistrat de l'ordre judiciaire ;

— un conseiller-maître à la Cour des comptes.

En cas d'absence ou d'empêchement, ces magistrats sont remplacés par des suppléants nommés dans les mêmes conditions.

Assistent également aux séances de la commission avec voix consultative :

— deux hauts fonctionnaires de la direction des finances publiques, désignés par le ministre chargé du budget ;

— un haut fonctionnaire de l'administration de l'agriculture, désigné par le ministre de l'agriculture ;

— deux représentants désignés par la fédération nationale des syndicats d'exploitants agricoles parmi les exploitants passibles de l'impôt sur le revenu des personnes physiques au titre des bénéfices agricoles.

3. Les décisions de la commission ne peuvent être attaquées que devant le Conseil d'État par la voie de recours pour excès de pouvoir.

b ÉVALUATIONS FONCIÈRES

Art. 1652 *bis* *(Abrogé par L. n° 2020-1525 du 7 déc. 2020, art. 9-3°)* ***1. Il est institué au ministère chargé du budget une commission centrale permanente compétente pour statuer sur les appels dirigés soit par le maire de la commune ou l'administration des impôts contre les tarifs des évaluations foncières arrêtées par la commission départementale, soit par des propriétaires contre les tarifs afférents à une nature de culture ou de propriété.***

2. Cette commission est composée comme suit :

— Le ministre chargé du budget ou son délégué, président ;

— Trois hauts fonctionnaires de l'administration des finances désignés par le ministre chargé du budget ;

— Un haut fonctionnaire de l'administration de l'agriculture ;

— Quatre membres titulaires et quatre suppléants désignés moitié par la fédération nationale de la propriété agricole et la fédération nationale des syndicats d'exploitants agricoles parmi les propriétaires ruraux et moitié par la fédération nationale des syndicats d'exploitants agricoles parmi les exploitants passibles de l'impôt sur le revenu au titre des bénéfices agricoles.

Les membres de la commission doivent être de nationalité française, âgés de vingt-cinq ans au moins et jouir de leurs droits civils.

Un agent supérieur de la direction générale des finances publiques désigné par le ministre chargé du budget remplit les fonctions de secrétaire avec voix consultative. Un ou plusieurs agents de la même direction générale peuvent, en outre, être désignés pour assister aux séances de la commission en qualité de secrétaires adjoints.

La commission est valablement constituée lorsque les organismes chargés de désigner les représentants des contribuables ont disposé d'un délai d'un mois pour procéder à cette désignation à partir de la demande qui leur a été adressée par le ministre chargé du budget.

IV *DISPOSITIONS COMMUNES AUX COMMISSIONS VISÉES AUX ARTICLES 1650 À 1652 BIS*

Art. 1653 Les dispositions concernant le fonctionnement de la commission communale et de la commission intercommunale ainsi que le fonctionnement *(L. n° 2016-1918 du 29 déc. 2016, art. 90-I-10° et V-B, en vigueur le 1er sept. 2017)* « , les modalités de désignation des représentants des contribuables et des conseillers départementaux » et le secrétariat des commissions prévues aux articles 1651 à *(L. n° 2020-1525 du 7 déc. 2020, art. 9-5°)* « 1651 M » sont fixées par décret. — *V. Ann. III, art. 345 à 348.*

V COMMISSION DÉPARTEMENTALE DE CONCILIATION

V. Ann. III, art. 350 A et 350 C.

Art. 1653 A I. — Il est institué, dans chaque département, une commission de conciliation composée :

1° D'un magistrat du siège, désigné par arrêté du ministre de la justice, qui assure les fonctions de président ;

2° Du directeur départemental des finances publiques ou de son délégué ;

3° De trois fonctionnaires de la direction générale des finances publiques ayant au moins le grade d'inspecteur départemental ;

4° D'un notaire désigné par la ou les chambres de notaires du département ou de son suppléant ;

5° De trois représentants des contribuables, savoir :

a) un titulaire et deux suppléants désignés par la ou les chambres de commerce et d'industrie territoriales parmi les commerçants ou industriels, ou anciens commerçants ou industriels, éligibles aux tribunaux de commerce ; si ce titulaire n'appartient pas à la profession exercée par le contribuable dont la situation est examinée, celui-ci peut

demander son remplacement par un représentant de l'une des organisations professionnelles dont il fait partie ;

***b*) un titulaire et deux suppléants désignés par les fédérations départementales des syndicats d'exploitants agricoles du département, parmi les propriétaires ruraux passibles de l'impôt sur les bénéfices de l'exploitation agricole. Lorsqu'il existe dans un département plusieurs fédérations de syndicats d'exploitants agricoles, les membres de la commission sont nommés par le préfet, sur proposition de ces fédérations ;**

***c*) un titulaire et deux suppléants choisis par la ou les chambres syndicales de propriétaires du département.**

Les représentants ainsi désignés doivent être de nationalité française, âgés de vingt-cinq ans au moins et jouir de leurs droits civils.

II. — Un agent de catégorie A de la direction générale des finances publiques remplit les fonctions de secrétaire et assiste aux séances avec voix consultative.

III. — Les membres non fonctionnaires de la commission sont nommés pour un an et leur mandat est renouvelable. Ils sont soumis aux obligations du secret professionnel.

IV. — La commission se réunit sur la convocation du directeur départemental des finances publiques.

La commission délibère valablement, à condition qu'il y ait au moins cinq membres présents, y compris le président. En cas de partage des voix, celle du président est prépondérante.

Décision d'incompétence. Lorsque la commission départementale de conciliation ne rend pas un avis en se déclarant incompétente, l'administration fiscale n'a pas à supporter la charge de la preuve en cas de réclamation. • Com. 12 juill. 2012, n° 10-18.471.

Art. 1653 B **1. La commission départementale de conciliation compétente est celle dans le ressort de laquelle les biens sont situés ou immatriculés s'il s'agit de navires ou de bateaux.**

Lorsque des biens ne formant qu'une seule exploitation sont situés sur plusieurs départements, la commission compétente est celle du département sur le territoire duquel se trouve le siège de l'exploitation ou, à défaut de siège, la partie des biens présentant le plus grand revenu d'après la matrice cadastrale.

La commission départementale de conciliation de Paris est compétente lorsque, en vertu des autres dispositions du présent code, les biens ne sont situés dans le ressort territorial d'aucune autre commission départementale de conciliation.

Pour l'application du présent article, les biens meubles corporels autres que ceux mentionnés au premier alinéa sont réputés être situés au lieu de dépôt de l'acte ou de la déclaration mentionnée à l'article 667 *(Abrogé par L. n° 2017-1837 du 30 déc. 2017, art. 31)* ***« ou de la déclaration d'impôt de solidarité sur la fortune ».***

2. *Transféré ss. art. R.* 59 B-1 LPF.*

Les dispositions du présent art. issues du B du I de l'art. 31 de la L. n° 2017-1837 du 30 déc. 2017, s'appliquent au titre de l'impôt sur la fortune immobilière dû à compter du 1er janv. 2018. Toutefois, les dispositions modifiées par le même B du I continuent de s'appliquer, dans leur rédaction en vigueur au 31 déc. 2017, à l'impôt de solidarité sur la fortune dû jusqu'au titre de l'année 2017 incluse (L. préc., art. 31-IX-B).

Art. 1653 BA **Le président de la commission de conciliation prévue à l'article 1653 A peut solliciter, à la demande du contribuable et aux frais de celui-ci, toute personne dont l'expertise est susceptible d'éclairer la commission.**

La commission peut communiquer à cette personne, sans méconnaître la règle du secret professionnel, les renseignements destinés à lui permettre de remplir sa mission.

Les personnes consultées sont tenues au secret professionnel dans les conditions prévues par l'article L. 103 du livre des procédures fiscales.

VI *COMITÉ DE L'ABUS DE DROIT FISCAL*

Art. 1653 C **Le comité prévu à l'article L. 64 du Livre des procédures fiscales comprend :**

***a*) un conseiller d'État, président ;**

***b*) un conseiller à la Cour de cassation ;**

c) un avocat ayant une compétence en droit fiscal ;

d) un conseiller maître à la Cour des comptes ;

e) un notaire ;

f) un expert-comptable ;

g) un professeur des universités, agrégé de droit ou de sciences économiques.

Les membres du comité sont nommés par le ministre chargé du budget sur proposition du Conseil national des barreaux pour la personne mentionnée au *c*, du Conseil supérieur du notariat pour la personne mentionnée au *e* et du Conseil *(L. n° 2022-172 du 14 févr. 2022, art. 15-I)* « national » de l'ordre des experts-comptables pour la personne mentionnée au *f*.

Des suppléants sont nommés dans les mêmes conditions.

Le ministre chargé du budget désigne en outre un ou plusieurs agents de catégorie A de la direction générale des finances publiques pour remplir les fonctions de rapporteur auprès du comité.

Comité de l'abus de droit fiscal. Composition du comité. Avocat. Notaire. Expert-comptable. * BOI-CF-CMSS-50 n°s 210 à 260 du 12 sept. 2012.

Art. 1653 D I. — Tout membre du comité de l'abus de droit fiscal doit informer le président :

1° Des intérêts qu'il a détenus au cours des deux ans précédant sa nomination, qu'il détient ou vient à détenir ;

2° Des fonctions dans une activité économique ou financière qu'il a exercées au cours des deux ans précédant sa nomination, qu'il exerce ou vient à exercer ;

3° De tout mandat au sein d'une personne morale qu'il a détenu au cours des deux ans précédant sa nomination, qu'il détient ou vient à détenir.

Ces informations ainsi que celles concernant le président sont tenues à la disposition des membres du comité.

Aucun membre du comité ne peut délibérer dans une affaire dans laquelle lui-même ou, le cas échéant, une personne morale au sein de laquelle il a, au cours des deux ans précédant la délibération, exercé des fonctions ou détenu un mandat, a ou a eu un intérêt au cours de la même période. Il ne peut davantage participer à une délibération concernant une affaire dans laquelle lui-même ou, le cas échéant, une personne morale au sein de laquelle il a, au cours des deux ans précédant la délibération, exercé des fonctions ou détenu un mandat, a représenté une des parties intéressées au cours de la même période.

Le président du comité prend les mesures appropriées pour assurer le respect de ces obligations et interdictions.

II. — Les membres et les personnels du comité de l'abus de droit fiscal sont tenus au respect des règles de secret professionnel définies à l'article L. 103 du livre des procédures fiscales.

Ce secret n'est pas opposable à l'autorité judiciaire agissant dans le cadre d'une procédure pénale.

III. — Nul ne peut être membre de ce comité s'il a été condamné au cours des cinq années passées, selon les modalités prévues à l'article 131-27 du code pénal, à une peine d'interdiction d'exercer une profession commerciale ou industrielle, de diriger, d'Administrer de gérer ou de contrôler à un titre quelconque, directement ou indirectement, pour son propre compte ou pour le compte d'autrui, une entreprise commerciale ou industrielle ou une société commerciale.

Comité de l'abus de droit fiscal. Règles d'incompatibilité. Secret professionnel. * BOI-CF-CMSS-50 n°s 270 à 310 du 12 sept. 2012.

Art. 1653 E Lorsque le comité de l'abus de droit fiscal est saisi, le contribuable et l'administration sont invités par le président à présenter leurs observations.

Comité de l'abus de droit fiscal. Procédure. Possibilité d'un débat oral et contradictoire. * BOI-CF-CMSS-50 n° 460 du 12 sept. 2012.

VII *COMITÉ CONSULTATIF DU CRÉDIT D'IMPÔT POUR DÉPENSES DE RECHERCHE*

(L. nº 2015-1786 du 29 déc. 2015, art. 46-I et IV)

Art. 1653 F I. — Il est institué un comité consultatif *(L. nº 2021-1900 du 30 déc. 2021, art. 69-I-8º-a)* « des crédits » d'impôt pour dépenses de recherche.

Ce comité est présidé par un *(L. nº 2019-222 du 23 mars 2019, art. 102)* « membre de la juridiction administrative *[ancienne rédaction : conseiller d'État]* » désigné par le vice-président du Conseil d'État. Le président peut être suppléé par un ou deux magistrats administratifs nommés dans les mêmes conditions.

II. — Pour l'examen des litiges relatifs aux dépenses prévues aux *a* à *j* du II de l'article 244 *quater* B *(L. nº 2021-1900 du 30 déc. 2021, art. 69-I-8º-b)* « ou aux dépenses mentionnées au I de l'article 244 *quater* B *bis* », le comité comprend un agent appartenant à un des corps de catégorie A du ministère chargé de la recherche et un agent de l'administration fiscale ayant au moins le grade d'inspecteur divisionnaire.

Pour l'examen des litiges relatifs aux dépenses prévues au *k* du *(L. nº 2021-1900 du 30 déc. 2021, art. 69-I-8º-b)* « II de l'article 244 *quater* B », le comité comprend un agent appartenant à un des corps de catégorie A du ministère chargé de l'innovation et un agent de l'administration fiscale ayant au moins le grade d'inspecteur divisionnaire.

Pour l'examen des litiges relatifs à la fois *(L. nº 2021-1900 du 30 déc. 2021, art. 69-I-8º-b)* « aux dépenses mentionnées aux premier et deuxième alinéas du présent II », le comité comprend un agent appartenant à un des corps de catégorie A du ministère chargé de la recherche, un agent appartenant à un des corps de catégorie A du ministère chargé de l'innovation et un agent de l'administration fiscale ayant au moins le grade d'inspecteur divisionnaire.

L'agent du ministère chargé de la recherche et l'agent du ministère chargé de l'innovation peuvent, s'ils l'estiment utile, être assistés par toute personne susceptible d'apporter une expertise sur la qualification des dépenses prises en compte pour la détermination *(L. nº 2021-1900 du 30 déc. 2021, art. 69-I-8º-b)* « des crédits » d'impôt. Cette personne ne prend pas part aux votes.

Les personnes ayant déjà eu à connaître du litige ne peuvent siéger au comité saisi sur ce litige.

Le président a voix prépondérante.

Le présent art. est applicable aux propositions de rectification adressées à compter du 1er juill. 2016.

Les dispositions issues de la L. nº 2021-1900 du 30 déc. 2021 sont applicables aux dépenses facturées au titre des contrats de collaboration conclus à compter du 1er janv. 2022 (L. préc., art. 69-III).

CHAPITRE II RÉGIME DE CERTAINS ORGANISMES ET SOCIÉTÉS

I *ÉTABLISSEMENTS PUBLICS ET AUTRES ORGANISMES*

Art. 1654 Les établissements publics, les exploitations industrielles ou commerciales de l'État ou des collectivités locales, les entreprises concessionnaires ou subventionnées, les entreprises bénéficiant de statuts, de privilèges, d'avances directes ou indirectes ou de garanties accordées par l'État ou les collectivités locales, les entreprises dans lesquelles l'État ou les collectivités locales ont des participations, les organismes ou groupements de répartition, de distribution ou de coordination, créés sur l'ordre ou avec le concours ou sous le contrôle de l'État ou des collectivités locales doivent — sous réserve des dispositions des articles 133, 207, 208, 1040, *(Abrogé par L. nº 2019-1479 du 28 déc. 2019, art. 17-I-3º) « 1040 bis, »* 1382, 1394 et 1449 à 1463 — acquitter, dans les conditions de droit commun, les impôts et taxes de toute nature auxquels seraient assujetties des entreprises privées effectuant les mêmes opérations *[Ann. IV, art. 165 à 170]*.

La Banque de France acquitte les impôts dans les conditions de droit commun, sous réserve des dispositions de l'article 38 *quinquies* A.

II *CERCLES PRIVÉS*

Art. 1655 Les personnes qui, sous le couvert d'associations régies par la loi du 1er juillet 1901 ou par la loi locale maintenue en vigueur dans les départements du

Haut-Rhin, du Bas-Rhin et de la Moselle, servent des repas, vendent des boissons à consommer sur place ou organisent des spectacles ou divertissements quelconques, sont soumises à toutes les obligations fiscales des commerçants et aux dispositions relatives à la réglementation administrative des débits de boissons ou à la police des spectacles.

Lorsque leur exploitation ne revêt pas un caractère commercial, les cercles privés ne sont pas soumis à la réglementation administrative des débits de boissons, s'ils servent exclusivement des boissons sans alcool, du vin, de la bière, du cidre, du poiré, de l'hydromel, des vins doux naturels bénéficiant du régime fiscal des vins et si leurs adhérents sont seuls admis à consommer.

Sur l'avis du maire de la commune et sur la proposition du préfet, il peut être délivré une licence de plein exercice, attachée au cercle et incessible, aux cercles privés régulièrement déclarés à la date du 1er janvier 1948 et comptant, à cette date, quinze années ininterrompues de fonctionnement, les années 1939 à 1945 n'étant pas prises en considération dans ce décompte. Ces cercles peuvent bénéficier des dispositions du deuxième alinéa.

II *BIS* *COOPÉRATIVES D'ADMINISTRATION OU D'ENTREPRISE*

Art. 1655 A Toute coopérative d'administration ou d'entreprise qui vend directement ou indirectement des marchandises à des personnes autres que les membres du personnel de l'administration ou de l'entreprise titulaires de la carte de coopérateur, est assujettie aux mêmes impositions que celles dont sont redevables les entreprises commerciales.

III

Art. 1655 *bis* *Abrogé par L. nº 2021-1900 du 30 déc. 2021, art. 35-I-34º.*

IV *SOCIÉTÉS IMMOBILIÈRES DE COPROPRIÉTÉ*

Art. 1655 *ter* Sous réserve des dispositions de l'article 60, du 2º du I de l'article 827 et du 2º du I de l'article 828, les sociétés qui ont, en fait, pour unique objet soit la construction ou l'acquisition d'immeubles ou de groupes d'immeubles en vue de leur division par fractions destinées à être attribuées aux associés en propriété ou en jouissance, soit la gestion de ces immeubles ou groupes d'immeubles ainsi divisés, soit la location pour le compte d'un ou plusieurs des membres de la société de tout ou partie des immeubles ou fractions d'immeubles appartenant à chacun de ces membres, sont réputées, quelle que soit leur forme juridique, ne pas avoir de personnalité distincte de celle de leurs membres pour l'application des impôts directs, des droits d'enregistrement, de la taxe de publicité foncière exigible sur les actes qui donnent lieu à la formalité fusionnée en application de l'article 647, ainsi que des taxes assimilées *[V. Ann. II, art. 372 à 375]*.

Notamment, les associés ou actionnaires sont personnellement soumis à l'impôt sur le revenu ou à l'impôt sur les sociétés, suivant le cas, pour la part des revenus sociaux correspondant à leurs droits dans la société.

1. Objet social. L'art. 1655 *ter* exige que l'objet social soit exclusif de tout autre. Par conséquent, sont exclues du champ d'application du régime de la transparence fiscale les sociétés qui, concurremment avec l'objet prévu par ce texte : 1) exercent une activité commerciale, industrielle, agricole, ou non commerciale ; 2) ont une activité quelconque à l'étranger ; 3) accomplissent, même occasionnellement, des opérations commerciales ; 4) rendent à leurs membres ou à des tiers, avec ou sans rémunération, des services qui ne se rattachent pas directement à la jouissance des immeubles ; 5) vendent ou donnent en location une partie quelconque de leur patrimoine immobilier. * BOI-RFPI-CHAMP-30-20 nos 10 à 40 du 8 oct. 2012.

2. Les SCI relevant de l'art. 1655 *ter* doivent se borner à réaliser des opérations de construction, d'acquisition, de division, de gestion portant exclusivement sur des immeubles ainsi que sur les équipements qui en sont le complément nécessaire, de sorte que des SCI dont l'activité ne porte pas exclusivement sur des immeubles mais s'étend également à l'acquisition et à la gestion de meubles sont exclues du champ d'application du régime de la transparence fiscale, même si elle n'ont pas exercé l'activité de location en meublé des locaux concernés. • CAA Lyon, 30 juin 2005, n° 98LY2113 : *RJF 2005. 1367 ; Dr. fisc. 2006. 402, concl. Gimenez, note Masquart* • CE (na) 26 mars 2007, n° 284553 : *RJF 2007. 1384.*

3. Une société dont les statuts ne correspondent pas à l'objet unique décrit à l'art. 1665 *ter* et qui n'a pas procédé à la division de ses immeubles entre ses associés n'est pas une société transparente au sens de cette disposition. • CE 26 mai 2010, n° 304299 : *RJF 2010. 770.*

4. Pluralité d'objets sociaux. La circonstance qu'une société immobilière a plusieurs objets ne lui fait pas perdre le bénéfice de la transparence fiscale, dès lors que ces objets sont mentionnés par l'art. 1655 *ter* et que les conditions prévues pour chaque objet sont satisfaites. • CE 26 sept. 2012, *Ghislain*, n° 342245 : *RJF 2012. 1103 ; BDCF 2012. 137, concl. Escaut ; Dr. fisc. 2012. 498.*

V *ORGANISME COMMUN DE STOCKAGE PÉTROLIER*

Art. 1655 *quater* I. — La société constituée entre les professionnels pour la conservation du stock de produits pétroliers prévu aux articles L. 642-2, L. 642-4 et L. 651-1 du code de l'énergie et dont les statuts sont approuvés par décret est exonérée d'impôt sur les sociétés. — *Sur l'approbation des statuts, V. Décr. n° 93-1442 du 27 déc. 1993 (JO 4 janv. 1994), mod. par Décr. n° 2012-1544 du 28 déc. 2012 (JO 30 déc.).*

La société est tenue de distribuer chaque année les bénéfices de l'exercice. Toutefois, les ministres peuvent autoriser le réinvestissement des bénéfices.

La société ne peut céder ses stocks qu'à un prix supérieur ou égal au coût moyen pondéré d'acquisition. Cette cession ne peut intervenir que dans les deux cas suivants :

a) Sur injonction du ministre chargé des hydrocarbures, prise en vertu des dispositions réglementaires en vigueur ;

b) A la demande du comité professionnel institué en application des articles L. 642-5 et L. 642-6 du code de l'énergie.

A quantités constantes, les mouvements du stock, produit par produit, destinés à maintenir sa qualité physique, se font valeur pour valeur.

Les versements des associés à la société sont déductibles de leurs résultats imposables à concurrence des frais de gestion et des charges financières de la société et d'une somme de 61 000 000 € représentant les premières charges de remboursement de l'emprunt souscrit par la société pour constituer son stock initial.

Les actions de cette société ne peuvent être cédées qu'avec l'autorisation des ministres. Dans ce cas, les sommes qui ont été déduites au titre du remboursement de l'emprunt sont rapportées au résultat imposable de l'associé.

II. — A compter du 1er janvier 1993, le régime fiscal défini au I est subordonné à la réalisation par la société anonyme de gestion des stocks de sécurité des prestations mentionnées à l'article L. 642-6 du code de l'énergie à l'exclusion de toute autre.

VI *SOCIÉTÉS PAR ACTIONS SIMPLIFIÉES*

Art. 1655 *quinquies* Pour l'application du présent code et de ses annexes, la société par actions simplifiée est assimilée à une société anonyme.

BIBL. ► T. Schmitt, *LPA 2000, n° 185, p. 60* (la SAS et le droit fiscal).

ISF. V. note ss. art. 885-0 V *bis*.

VII *ENTREPRENEUR INDIVIDUEL ET ENTREPRENEUR INDIVIDUEL À RESPONSABILITÉ LIMITÉE* (*L. n° 2021-1900 du 30 déc. 2021, art. 13-I-2°-a et IV, en vigueur le 14 mai 2022*).

(*L. n° 2010-658 du 15 juin 2010, art. 4-1°*)

Art. 1655 *sexies* (*L. n° 2021-1900 du 30 déc. 2021, art. 13-I-2°-b et IV, en vigueur le 14 mai 2022*) « 1. Pour l'application du présent code et de ses annexes, à l'exception du 2 de l'article 206, du 5° du 1 de l'article 635 et de l'article 638 A, l'entrepreneur individuel mentionné aux articles L. 526-22 et suivants du code de commerce qui ne bénéficie pas des régimes définis aux articles 50-0, 64 *bis* et 102 *ter* du présent code peut opter pour l'assimilation à une entreprise unipersonnelle à responsabilité limitée ou à une exploitation agricole à responsabilité limitée dont cet entrepreneur tient lieu d'associé unique. Lorsque l'option est exercée, l'article 151 *sexies* s'applique aux biens utiles à l'exercice de son activité professionnelle. La liquidation de l'entreprise individuelle emporte alors les mêmes conséquences fiscales que la cessation d'entreprise et l'annulation des droits sociaux d'une entreprise unipersonnelle à responsabilité limitée ou d'une exploitation agricole à responsabilité limitée.

« 2 ». Pour l'application du présent code et de ses annexes, à l'exception du 2 de l'article 206, du 5° du 1 de l'article 635 et de l'article 638 A, l'entrepreneur individuel qui exerce son activité dans le cadre d'une entreprise individuelle à responsabilité limitée ne bénéficiant pas des régimes définis aux articles 50-0, 64 *bis* et 102 *ter* peut opter pour l'assimilation à une entreprise unipersonnelle à responsabilité limitée ou à une exploitation agricole à responsabilité limitée dont la personne mentionnée à l'article L. 526-6 du code de commerce tient lieu d'associé unique. Lorsque l'option est exercée, l'article 151 *sexies* s'applique aux biens nécessaires à l'exercice de son activité professionnelle. La liquidation de l'entreprise individuelle à responsabilité limitée emporte alors les mêmes conséquences fiscales que la cessation d'entreprise et l'annulation des droits sociaux d'une entreprise unipersonnelle à responsabilité limitée ou d'une exploitation agricole à responsabilité limitée.

(L. n° 2021-1900 du 30 déc. 2021, art. 13-I-2°-b et IV, en vigueur le 14 mai 2022) « 3. Les options mentionnées aux 1 et 2, exercées dans des conditions fixées par décret, sont irrévocables et valent option pour l'impôt sur les sociétés. » — *V. Ann. III, art. 350 bis.*

(L. n° 2018-1317 du 28 déc. 2018, art. 50-2°) « L'entreprise peut cependant renoncer à l'option pour l'impôt sur les sociétés dans les conditions mentionnées au troisième alinéa du 1 de l'article 239. Sous réserve des dispositions de l'article 221 *bis*, la révocation de cette option emporte les conséquences fiscales prévues au deuxième alinéa du 2 de l'article 221. »

La possibilité de renoncer à l'option s'applique aux exercices clos à compter du 31 déc. 2018. — Les dispositions du présent art. entrent en vigueur à la date d'entrée en vigueur de l'art. L. 526-22 C. com., soit le 14 mai 2022 (L. n° 2021-1900 du 30 déc. 2021, art. 13-IV).

Ancien art. 1655 *sexies* *1. Pour l'application du présent code et de ses annexes, à l'exception du 2 de l'article 206, du 5° du 1 de l'article 635 et de l'article 638 A, l'entrepreneur individuel qui exerce son activité dans le cadre d'une entreprise individuelle à responsabilité limitée ne bénéficiant pas des régimes définis aux articles 50-0, 64 bis et 102 ter peut opter pour l'assimilation à une entreprise unipersonnelle à responsabilité limitée ou à une exploitation agricole à responsabilité limitée dont la personne mentionnée à l'article L. 526-6 du code de commerce tient lieu d'associé unique. Lorsque l'option est exercée, l'article 151 sexies s'applique aux biens nécessaires à l'exercice de son activité professionnelle. La liquidation de l'entreprise individuelle à responsabilité limitée emporte alors les mêmes conséquences fiscales que la cessation d'entreprise et l'annulation des droits sociaux d'une entreprise unipersonnelle à responsabilité limitée ou d'une exploitation agricole à responsabilité limitée.*

2. L'option mentionnée au 1, exercée dans des conditions fixées par décret, est irrévocable et vaut option pour l'impôt sur les sociétés. — V. Ann. III, art. 350 bis.

(L. n° 2018-1317 du 28 déc. 2018, art. 50-2°) « L'entreprise peut cependant renoncer à l'option pour l'impôt sur les sociétés dans les conditions mentionnées au troisième alinéa du 1 de l'article 239. Sous réserve des dispositions de l'article 221 bis, la révocation de cette option emporte les conséquences fiscales prévues au deuxième alinéa du 2 de l'article 221. »

1. Entreprise individuelle à responsabilité limitée (EIRL). La loi n° 2010-658 du 15 juin 2010 qui permet aux entrepreneurs individuels de séparer leur patrimoine personnel de leur patrimoine professionnel sans création d'une personne morale est entrée en vigueur le 1er janv. 2011. Une EIRL peut être créée par voie électronique via le site internet *www.guichets-entreprises.fr*.

2. Le Conseil constitutionnel a déclaré le nouveau dispositif conforme à la Constitution en formulant toutefois une réserve relative à l'opposabilité de la déclaration d'affectation du patrimoine aux créanciers. • Cons. const. 10 juin 2010, n° 2010-607 DC : *JO 16 juin 2010, p. 10998.*

3. Commentaire administratif. Le statut de l'EIRL qui permet à l'exploitant individuel de séparer son patrimoine personnel et son patrimoine professionnel sans créer de société, instauré par la loi du 15 juin 2010, a été considérablement assoupli par la loi n° 2011-900 du 29 juill. 2011. L'assimilation de l'EIRL à une EURL ou EARL n'intervient plus que sur option de l'entrepreneur, laquelle entraîne obligatoirement l'assujettissement à l'IS. A défaut d'option, l'EIRL est désormais traitée comme une entreprise individuelle au plan fiscal et sa création n'emporte pas de conséquence fiscale. Lorsque l'EIRL opte pour l'IS, le régime dit des « biens migrants » est applicable aux biens nécessaires à l'activité professionnelle, transférés du patrimoine privé de l'exploitant à celui de l'EIRL. Régimes fiscaux respectivement applicables aux EIRL créées avant le 30 juill. 2011 et aux EIRL créées à compter du 30 juill. 2011. Commentaire d'ensemble du régime fiscal de l'EIRL. * BOI-BIC-CHAMP-70-30 du 10 juill. 2019.

4. Détermination du résultat imposable. Les EIRL doivent tenir une comptabilité commerciale quelle que soit la nature de leur activité (commerciale, non commerciale ou agricole). L'Administration a toutefois indiqué que le résultat imposable de l'EIRL exerçant une activité non commerciale reste déterminé selon les principes de la comptabilité de caisse. Afin d'éviter les retraitements extra-comptables, les contribuables concernés peuvent opter pour la détermination de leur résultat imposable à partir des créances acquises et des dépenses engagées, conformément à l'art. 93 A. * Rép. min. n° 79162 : *JOAN Q, 17 mai 2011, p. 5106.*

Art. 1655 *sexies* A **Pour l'imposition de leurs bénéfices et celle de leurs associés, les sociétés de libre partenariat mentionnées à l'article L. 214-154 du code monétaire et financier sont assimilées à un fonds professionnel de capital investissement constitué sous la forme d'un fonds commun de placement pour l'application du présent code et de ses annexes et elles sont soumises aux mêmes obligations déclaratives que ces fonds.**

VIII ***ORGANISMES CHARGÉS DE L'ORGANISATION D'UNE COMPÉTITION SPORTIVE INTERNATIONALE***

(L. n° 2014-1655 du 29 déc. 2014, art. 51)

Art. 1655 *septies* **I. — Les organismes chargés de l'organisation en France d'une compétition sportive internationale et, le cas échéant, les filiales de ces organismes, au sens de l'article L. 233-1 du code de commerce, ne sont pas redevables :**

1° A raison des bénéfices réalisés en France et des revenus de source française versés ou perçus, lorsque ces bénéfices et ces revenus sont directement liés à l'organisation de la compétition sportive internationale :

a) **De l'impôt sur les sociétés prévu à l'article 205 du présent code ;**

b) **De l'impôt sur le revenu au titre des bénéfices industriels et commerciaux définis aux articles 34 et 35 ;**

c) **De la retenue à la source prévue à l'article 119 *bis* ;**

d) **De la retenue à la source prévue aux *b* et *c* du I de l'article 182 B ;**

2° A raison des rémunérations versées aux salariés de l'organisme et des sociétés mentionnées au premier alinéa du présent I, lorsque les fonctions exercées par ces salariés sont directement liées à l'organisation de la compétition sportive internationale :

a) **De la taxe sur les salaires prévue à l'article 231 ;**

(L. n° 2018-1317 du 28 déc. 2018, art. 136-I-5°-a et V, en vigueur le 1er janv. 2019) **« *b)* De la participation mentionnée à l'article 235 *bis* ;**

« *c)* Des contributions mentionnées aux 2° et 3° du I de l'article L. 6131-1 du code du travail ; »

(Abrogé par L. n° 2018-1317 du 28 déc. 2018, art. 136-I-5°-b et V, à compter du 1er janv. 2019) ***« d) De la contribution supplémentaire à l'apprentissage prévue à l'article 1609 quinvicies ; »***

3° Sous réserve du 2°, des impôts prévus aux titres Ier à II *bis* de la deuxième partie *du présent livre,* à l'exception des taxes foncières sur les propriétés bâties et non bâties et de leurs taxes annexes, lorsque leur fait générateur est directement lié à l'organisation de la compétition sportive internationale. — *V. L. n° 2019-1479 du 28 déc. 2019, art. 128.*

II. — La compétition sportive internationale dont l'organisation ouvre droit au bénéfice du régime défini au I s'entend de celle satisfaisant aux critères cumulatifs suivants :

1° Être attribuée dans le cadre d'une sélection par un comité international, sur candidature d'une personne publique ou d'une fédération sportive nationale délégataire, définie à l'article L. 131-14 du code du sport ;

2° Être de niveau au moins équivalent à un championnat d'Europe ;

3° Être organisée de façon exceptionnelle sur le territoire français ;

4° Entraîner des retombées économiques exceptionnelles.

La qualité de compétition sportive internationale, au sens du présent II, est reconnue par décret. — *V. App., Décr. n° 2015-910 du 23 juill. 2015. — V. aussi Décr. n° 2018-260 du 9 avr. 2018 et Décr. n° 2020-796 du 27 juin 2020.*

III. — Les I et II s'appliquent aux compétitions pour lesquelles la décision d'attribution à la France est intervenue avant le 31 décembre 2017.

IV. — Les commissions permanentes chargées des finances et les commissions permanentes compétentes en matière de sport de l'Assemblée nationale et du Sénat reçoivent pour information, au moment du dépôt du dossier de candidature au comité international par la personne publique ou la fédération mentionnée au 1° du II, les lettres d'engagement de l'État pour l'accueil en France d'une compétition sportive internationale susceptible de bénéficier du régime fiscal défini au I.

CHAPITRE III MÉTROPOLE DE LYON

(Ord. n° 2014-1335 du 6 nov. 2014, art. 1er et 43-II, en vigueur le 1er janv. 2015)

Art. 1656 **I. — Les dispositions du présent code applicables aux établissements publics de coopération intercommunale soumis à l'article 1609 *nonies* C** *(Abrogé par L. n° 2019-1479 du 28 déc. 2019, art. 16-II-E-1° et VII-B, à compter des impositions établies au titre de 2021)* ***« , à l'exception de celles de l'article 1383 et des II, III et IV de l'article 1636 B decies, »*** **s'appliquent à la métropole de Lyon.**

Pour l'application de ces dispositions, la référence au conseil communautaire est remplacée par la référence au conseil de la métropole de Lyon.

II. — Les dispositions du présent code applicables aux départements *(Abrogé par L. n° 2019-1479 du 28 déc. 2019, art. 16-II-E-1° et VII-B, à compter des impositions établies au titre de 2021)* ***« , à l'exception de celles du VI de l'article 1636 B septies, »*** **s'appliquent à la métropole de Lyon.**

Pour l'application de ces règles, la référence au conseil départemental est remplacée par la référence au conseil de la métropole de Lyon.

III. — *(L. n° 2019-1479 du 28 déc. 2019, art. 16-II-E-1° et VII-B, applicable à compter des impositions établies au titre de 2021)* **« 1. » Pour l'application des dispositions du présent code, les communes situées sur le territoire de la métropole de Lyon sont assimilées à des communes membres d'un établissement public de coopération intercommunale soumis à l'article 1609 *nonies* C.**

(L. n° 2019-1479 du 28 déc. 2019, art. 16-II-E-1° et VII-B, applicable à compter des impositions établies au titre de 2021) **« 2. Pour l'application** *(L. n° 2021-1900 du 30 déc. 2021, art. 107-I)* **« de l'article 1382-0, du douzième alinéa du 1° de l'article 1382, des articles 1388-0 et 1518 *quater* », du 3 des I et III de l'article 1518 A *quinquies* et des articles 1530 *bis* et 1636 B *octies*, la référence au taux départemental appliqué en 2020 est remplacée par la référence au taux appliqué en 2014 au profit du département du Rhône. »** — *Les dispositions du présent 2 telles qu'issues de la L. n° 2021-1900 du 30 déc. 2021 s'appliquent à compter des impositions dues au titre de 2021 (L. préc., art. 107-IV).*

CHAPITRE IV MÉTROPOLE DU GRAND PARIS

(L. n° 2015-991 du 7 août 2015, art. 59-IV-7°)

Art. 1656 *bis* **I. — 1° Les dispositions du présent code, applicables aux établissements publics de coopération intercommunale soumis à l'article 1609 *nonies* C, s'appliquent à la métropole du Grand Paris.**

Pour l'application de ces dispositions, la référence au conseil communautaire est remplacée par la référence au conseil de la métropole du Grand Paris.

2° Toutefois :

***a)* Par exception aux dispositions du I de l'article 1379-0 *bis*, la métropole du Grand Paris ne perçoit ni la taxe d'habitation** *(L. n° 2019-1479 du 28 déc. 2019, art. 16-I-E-24° et VII-E, applicable à compter des impositions établies au titre de 2023)* **« sur les résidences secondaires et autres locaux meublés non affectés à l'habitation principale », ni la taxe foncière sur les propriétés bâties, ni la taxe foncière sur les propriétés non bâties ;**

***b)* Les dispositions du III de l'article 1609 *nonies* C et du IV de l'article 1636 B *septies* ne sont pas applicables à la métropole du Grand Paris.**

II. – Pour l'application du présent code, les communes situées sur le territoire de la métropole du Grand Paris sont assimilées à des communes membres d'un établissement public de coopération intercommunale soumis à l'article 1609 *nonies* C.

CHAPITRE V COLLECTIVITÉ DE CORSE

(Ord. n° 2016-1561 du 21 nov. 2016, art. 1er-I, en vigueur le 1er janv. 2018)

Art. 1656 *ter* **Sauf dispositions contraires, les dispositions du présent code applicables aux départements et aux régions s'appliquent à la collectivité de Corse.**

Pour l'application de ces dispositions :

1° Les références au département et à la région sont remplacées par les références à la collectivité de Corse ;

2° Les références au conseil départemental et au conseil régional sont remplacées par la référence à l'Assemblée de Corse ;

3° Les références aux présidents du conseil départemental et du conseil régional sont remplacées par la référence au président du conseil exécutif de Corse.

CHAPITRE VI VILLE DE PARIS

(Ord. n° 2018-75 du 8 févr. 2018, art. 1er et 18, applicable à compter des impositions établies au titre de 2019)

Art. 1656 *quater* **I. – Les dispositions du présent code applicables aux communes, à l'exception des I, IV et V de l'article 1636 B *septies*, s'appliquent à la Ville de Paris.**

Pour l'application de ces dispositions :

1° La référence au conseil municipal est remplacée par la référence au conseil de Paris ;

2° La Ville de Paris est assimilée à une commune membre d'un établissement public de coopération intercommunale à fiscalité professionnelle unique.

II. – Les dispositions du présent code applicables aux départements *(Abrogé par L. n° 2019-1479 du 28 déc. 2019, art. 16-II-E-2° et VII-B, à compter des impositions établies au titre de 2021)* ***« , à l'exception de celles de l'article 1383 et du VI de l'article 1636 B septies, »*** **s'appliquent à la Ville de Paris.**

Pour l'application de ces dispositions, la référence au conseil départemental est remplacée par la référence au conseil de Paris.

III. – Pour l'application des articles 1382 et 1394, la Ville de Paris est assimilée à un département. Toutefois, les propriétés de la Ville de Paris qui, au 31 décembre 2018 appartenaient à la commune ou au département de Paris et étaient exonérées de taxe foncière sur les propriétés bâties ou de taxe foncière sur les propriétés non bâties en application des articles 1382 et 1394, continuent de bénéficier de ces exonérations dans les mêmes conditions lorsqu'elles sont affectées à un service public ou d'utilité générale et non productives de revenus.

(L. n° 2019-1479 du 28 déc. 2019, art. 16-II-E-2° et VII-B, applicable à compter des impositions établies au titre de 2021) **« IV. – Les articles 1382-0 et 1388-0 ainsi que le 3 des I et III de l'article 1518 A *quinquies* ne s'appliquent pas à la Ville de Paris.**

« A compter de 2022, l'avant-dernier alinéa du III de l'article 1530 *bis*, le cinquième alinéa de l'article 1599 *quater* D, l'avant-dernier alinéa de l'article 1609 G ainsi que le dernier alinéa du II et l'avant-dernier alinéa du IV de l'article 1636 B *octies* ne s'appliquent pas à la Ville de Paris. »

LIVRE DEUXIÈME RECOUVREMENT DE L'IMPÔT

CHAPITRE PREMIER PAIEMENT DE L'IMPÔT

SECTION PREMIÈRE IMPÔTS DIRECTS ET TAXES ASSIMILÉES

BIBL. ▸ Falco, *BFL 2016. 185* (quel tiers payeur pour le prélèvement à la source de l'impôt sur le revenu ?). – Wolf, *Dr. fisc. 2013. Étude 507* (recouvrement de l'IR : actualité de la retenue à la source) ; *BFL 2016. 380* (prélèvement à la source de l'IR 2018 : l'art de transformer l'or en plomb...).

I ***RÔLES ET AVIS D'IMPOSITION***

1 ÉTABLISSEMENT ET MISE EN RECOUVREMENT DES RÔLES

Art. 1657 **1. Les bases de cotisation des impôts directs sont arrondies à l'euro le plus proche ; la fraction d'euro égale à 0,50 est comptée pour 1.**

Les bases des taxes foncières et de la taxe d'habitation *(L. nº 2019-1479 du 28 déc. 2019, art. 16-I-E-24º et VII-E, applicable à compter des impositions établies au titre de 2023)* **« sur les résidences secondaires et autres locaux meublés non affectés à l'habitation principale » ainsi que celles des taxes annexes correspondantes sont arrondies selon les modalités définies au premier alinéa.**

Les taux applicables aux bases de cotisations pour le calcul des impositions directes locales sont exprimés avec trois chiffres significatifs, le troisième chiffre étant augmenté d'une unité si le chiffre suivant est égal ou supérieur à 5.

Les cotisations d'impôts directs de toute nature sont arrondies selon les modalités définies au premier alinéa. Il en est de même du montant des majorations, réductions et dégrèvements.

Les tarifs par élément imposable prévus pour le calcul de certaines taxes perçues au profit des départements, des communes et de divers établissements sont, s'il y a lieu et nonobstant les maxima fixés par les dispositions les régissant, arrondis à l'euro le plus proche dans les mêmes conditions.

En ce qui concerne les impositions locales perçues au profit des collectivités locales et organismes compétents, les différences en plus ou en moins résultant de l'arrondissement des taux et du montant des cotisations viennent en augmentation ou en diminution du produit des sommes revenant à l'État pour frais de dégrèvement et non-valeurs et pour frais d'assiette et de recouvrement.

1 *bis*. Les cotisations initiales d'impôt sur le revenu ne sont pas mises en recouvrement lorsque leur montant, avant imputation de tout crédit d'impôt, est inférieur à 61 €.

2. Les cotisations d'impôts directs dont le montant total par article de rôle est inférieur à 12 € ne sont pas mises en recouvrement si elles sont perçues au profit du budget de l'État ; elles sont allouées en non-valeurs si elles sont perçues au profit d'un autre budget.

Art. 1658 **Les impôts directs et les taxes assimilées sont recouvrés en vertu soit de rôles rendus exécutoires par arrêté du directeur général des finances publiques ou du préfet, soit d'avis de mise en recouvrement.**

Pour l'application de la **procédure de recouvrement par voie de rôle prévue au premier alinéa, le représentant de l'État dans le département peut déléguer ses pouvoirs aux agents de catégorie A placés sous l'autorité des directeurs départementaux des finances publiques ou des responsables de services à compétence nationale, détenant au moins un grade fixé par décret en Conseil d'État. La publicité de ces délégations est assurée par la publication des arrêtés de délégation au recueil des actes administratifs de la préfecture.** — *V. Ann. II, art. 376-0 bis. — V. égal. les Décr. nºs 2001-1262 du 21 déc. 2001 (JO 28 déc.), 2011-303 du 21 mars 2011 (JO 23 mars), mod. par Décr. nº 2013-1193 du 19 déc. 2013 (JO 21 déc.) et Décr. nº 2017-1615 du 28 nov. 2017 (JO 29 déc.).*

(L. nº 2020-1721 du 29 déc. 2020, art. 183-1º) **« Le directeur général des finances publiques peut, par arrêté publié au *Journal officiel*, déléguer sa signature à des fonctionnaires de catégorie A. »**

1) *Lorsque des rôles d'impôts directs et de taxes assimilées sont établis par un service de la direction générale des impôts dont le ressort territorial s'étend au-delà du département, les pouvoirs conférés au préfet par l'art. 1658 sont exercés par le préfet du département où est situé le siège de ce service (Décr. n° 2001-1262 du 21 déc. 2001, art. 1er).*

2) *L. n° 2011-1978 du 28 déc. 2011, art. 1er-II à IV : « II. — Les rôles homologués du 1er janvier au 16 novembre 2011 sur délégation du représentant de l'État dans le département sont réputés réguliers en tant qu'ils seraient contestés, à compter du 16 novembre 2011, par le moyen tiré de l'incompétence du délégataire, dès lors que ce dernier est un directeur des services fiscaux ou un agent de catégorie A détenant au moins le grade d'administrateur des finances publiques adjoint ou de directeur divisionnaire.*

« III. — Les rôles homologués jusqu'au 31 décembre 2011 par les services fiscaux ou directions fiscales à compétence nationale sont réputés réguliers en tant que ces rôles seraient contestés, à compter du 16 novembre 2011, par le moyen tiré de ce que les fonctionnaires de ces directions ou services n'avaient pas compétence pour établir des rôles d'imposition.

« IV. — Les rôles homologués jusqu'au 31 août 2010 par des fonctionnaires de la direction spécialisée des impôts pour la région d'Île-de-France et pour Paris ayant au moins le grade de directeur divisionnaire sont réputés réguliers en tant que ces rôles seraient contestés, à compter du 16 novembre 2011, par le moyen tiré de ce que le préfet de la région d'Île-de-France, préfet de Paris, ne pouvait déléguer ses pouvoirs en matière d'homologation des rôles aux fonctionnaires de la direction spécialisée des impôts pour la région d'Île-de-France et pour Paris et de ce que cette direction n'avait pas compétence pour établir des rôles d'imposition. »

Constitutionnalité. Constitutionnalité de l'art. 1658 permettant le recouvrement des impôts directs par rôle ou AMR. • CE, QPC, 17 févr. 2019, n° 429050 : *RJF 2019. 956.*

Art. 1659 **La date de mise en recouvrement des rôles est fixée par l'autorité compétente pour les homologuer en application de l'article 1658** *(Abrogé par L. n° 2020-1721 du 29 déc. 2020, art. 183-2°)* ***« , en accord avec le directeur départemental des finances publiques ».*** **Cette date est indiquée sur le rôle ainsi que sur les avis d'imposition délivrés aux contribuables.**

Lorsque des erreurs d'expédition sont constatées dans les rôles, un état de ces erreurs est dressé par le directeur départemental des finances publiques et approuvé dans les mêmes conditions que ces rôles, auxquels il est annexé à titre de pièce justificative. Le directeur rédige de nouveaux avis d'imposition et les fait parvenir aux intéressés.

1. Date de mise en recouvrement. La date de mise en recouvrement de l'impôt établi par voie de rôle est celle fixée par la décision administrative homologuant le rôle. En cas de contestation portant sur la détermination de cette date, il appartient à l'Administration de fournir des extraits, qu'ils soient ou non certifiés conformes, des décisions portant homologation du rôle et fixant la date de mise en recouvrement. • CE 27 avr. 2011, ♖ n° 325651, *Sté Eurofactor : RJF 2011. 817.*

2. La date de mise en recouvrement d'impôts recouvrés par voie de rôle est celle fixée par la décision portant homologation des rôles, prise quelques jours auparavant. • CE 1er juill. 2009, ♖ n° 287319 : *RJF 2009. 841.*

3. La coordination entre les services dont l'art. 1659 souligne la nécessité en prévoyant, sans l'assortir d'aucun formalisme, la fixation de la date de mise en recouvrement des rôles « d'accord avec le trésorier-payeur général » (actuellement, directeur départemental des finances publiques) ressortit au fonctionnement interne de l'Administration aux fins de préparation d'un acte de la procédure d'imposition, et non pas aux conditions de régularité de cet acte lui-même. Par suite, est inopérant, pour contester la régularité de la procédure d'imposition, le moyen tiré de ce que l'Administration n'établit pas que la date de mise en recouvrement des rôles a été fixée « d'accord avec le trésorier-payeur général ». • CE 16 nov. 2005, ♖ n° 262941, *SA Cap Gemini Telecom Media : RJF 2006. 151.*

Art. 1659 A **Les rôles primitifs des impôts directs locaux ainsi que des taxes directes perçues au profit de certains établissements publics et organismes divers peuvent être mis en recouvrement dans le même délai que les rôles supplémentaires.**

Art. 1659 B *Transféré ss. art. L. 253, al. 6 LPF.*

2

Art. 1660 *Abrogé par Ord. n° 2004-281 du 25 mars 2004, art. 21.*

3

Art. 1661 *Transféré ss. art. L. 253 LPF.*

Art. 1662 *Transféré ss. art. L. 104 et L. 105 LPF.*

II *EXIGIBILITÉ DE L'IMPÔT*

1 IMPÔTS DIRECTS ET TAXES ASSIMILÉES – IMPÔT SUR LE REVENU – IMPÔT SUR LES SOCIÉTÉS – DROITS ET PÉNALITÉS

Art. 1663 1. Les impôts directs, produits et taxes assimilés, visés par le présent code, sont exigibles trente jours après la date de la mise en recouvrement du rôle.

2. Le déménagement hors du ressort du service chargé du recouvrement, à moins que le contribuable n'ait fait connaître, avec justifications à l'appui, son nouveau domicile, et la vente volontaire ou forcée entraînent l'exigibilité immédiate de la totalité de l'impôt, dès la mise en recouvrement du rôle. Entraîne également l'exigibilité immédiate et totale, l'application d'une majoration pour non-déclaration ou déclaration tardive ou insuffisante des revenus et bénéfices imposables.

En cas de déménagement à l'étranger, les impôts déjà mis en recouvrement ou en cours d'établissement sont exigibles immédiatement.

Leur paiement peut toutefois être différé sur production d'une garantie estimée suffisante par le comptable chargé du recouvrement. – *V. Décr. nº 2004-77 du 21 janv. 2004 (JO 22 janv.) : octroi de délais de paiement en matière d'impôt sur le revenu. – Ann. III, art. 357 H.*

(L. nº 2016-1917 du 29 déc. 2016, art. 60-I-B-12º et I-G-1, applicable aux revenus perçus ou réalisés à compter du 1er janv. 2019) **« 3. » En cas de cession ou de cessation d'entreprise ou de l'exercice d'une profession non commerciale, ou de décès de l'exploitant ou du contribuable, l'impôt sur le revenu et l'impôt sur les sociétés établis dans les conditions prévues aux articles 201, 202, 204 et 221-2 sont immédiatement exigibles pour la totalité. Par exception, le montant dû par les sociétés ayant opté pour le régime du II de l'article 208 C et par les sociétés de placement à prépondérance immobilière à capital variable mentionnées au 3º *nonies* de l'article 208 au titre de l'imposition des plus-values visées au IV de l'article 219 est exigible le 15 décembre de l'année d'option pour le quart de son montant, le solde étant versé par fraction égale au plus tard le 15 décembre des trois années suivant le premier paiement.** – *V. Ann. III, art. 363 : bordereau de versement.*

Sont également exigibles immédiatement pour la totalité les droits et pénalités visés aux articles 1679 *bis*, 1729 B et 1731.

(L. nº 2016-1917 du 29 déc. 2016, art. 60-I-B-12º et I-G-1, applicable aux revenus perçus ou réalisés à compter du 1er janv. 2019) **« 4. En cas d'application d'une majoration prévue à l'article 1729 G, l'impôt sur le revenu et les autres impositions figurant sur le même article de rôle sont exigibles en totalité dès leur mise en recouvrement. »**

Les dispositions du présent art. s'appliquent aux revenus perçus ou réalisés à compter du 1er janv. 2019 (L. nº 2016-1917 du 29 déc. 2016, art. 60-I-B-12º et I-G-1, mod. par Ord. nº 2017-1390 du 22 sept. 2017, art. 1er-1º).

Exigibilité de l'impôt. L'exigibilité des impôts directs, telle qu'elle est fixée par l'art. 1663 est subordonnée à la condition que le contribuable ait été avisé, avant la date d'exigibilité, de la mise en recouvrement des impositions auxquelles il a été assujetti. Lorsqu'il est établi que l'Administration n'a pas adressé l'avis d'imposition ou l'a envoyé avec retard, l'impôt n'est exigible qu'à compter de la date à laquelle le contribuable a été informé de la mise en recouvrement du rôle. Le point de départ du délai au terme duquel s'applique la majoration pour retard de paiement est, de la même manière, différé. • CE 20 nov. 1992, nº 71902 : *RJF 1993. 143* • CE 16 nov. 2011, nos 322876 et 322931 : *RJF 2012. 313.*

Art. 1663 *bis* **Lorsque le contribuable imposé dans les conditions du 1 de l'article 202 devient, dans un délai de trois mois à compter de la date de cessation d'activité, associé d'une société d'exercice libéral mentionnée à l'article 2 de la loi nº 90-1258 du 31 décembre 1990 relative à l'exercice sous forme de sociétés des professions libérales soumises à un statut législatif ou réglementaire ou dont le titre est protégé ou**

associé d'une société mentionné aux articles 8 et 8 *ter*, exerçant une activité libérale pour y exercer sa profession, le paiement de l'impôt correspondant aux créances acquises visées au premier alinéa du 1 de l'article 202 peut, sur demande expresse et irrévocable de sa part, être fractionné par parts égales, soit sur l'année de cessation et les deux années suivantes, soit sur l'année de cessation et les quatre années suivantes. Le fractionnement donne lieu au paiement de l'intérêt, au taux légal, recouvré dans les mêmes conditions et sous les mêmes garanties et sanctions que l'impôt en principal.

Ces dispositions sont également applicables lorsqu'une société mentionnée aux articles 8 et 8 *ter*, exerçant une activité libérale, cesse d'être soumise au régime prévu par ces articles du fait d'une option pour le régime applicable aux sociétés de capitaux exercée dans les conditions prévues au 1 de l'article 239.

En cas de transfert du domicile hors de France, de décès, de retrait de l'associé de la société ou de non-paiement de l'une des fractions de l'impôt, le solde restant dû, augmenté de l'intérêt couru, est exigible immédiatement.

Art. 1663 A *(Abrogé par L. n° 2016-1917 du 29 déc. 2016, art. 60-I-B-13° et G, pour l'imposition des revenus perçus ou réalisés à compter du 1er janv. 2018)* ***La perception de l'impôt sur le revenu est suspendue pour les jeunes gens salariés pendant la durée du temps légal de leur service national.***

Les dispositions du présent art. sont abrogées pour l'imposition des revenus perçus ou réalisés à compter du 1er janv. 2018 (L. n° 2016-1917 du 29 déc. 2016, art. 60-I-B-13° et I-G-3, mod. par Ord. n° 2017-1390 du 22 sept. 2017, art. 1er-2° et 3°).

Art. 1663 B *(L. n° 2016-1917 du 29 déc. 2016, art. 60-I-B-14° et I-G-1, applicable aux revenus perçus ou réalisés à compter du 1er janv. 2019)* 1. Après imputation des réductions et crédits d'impôt, prélèvements, retenues à la source et acomptes, le solde de l'impôt sur le revenu et des autres impositions figurant sur le même article de rôle est recouvré dans les conditions fixées par les articles 1663 et 1730.

2. A défaut d'option contraire, ce solde est prélevé par l'administration fiscale dans les conditions prévues à l'article 1680 A.

3. Par dérogation aux articles 1663 et 1681 *sexies*, lorsque son montant excède 300 €, ce solde est recouvré par prélèvements mensuels d'égal montant à partir du deuxième mois qui suit la mise en recouvrement du rôle. Le dernier prélèvement intervient en décembre.

En cas de décès du contribuable, le solde est acquitté dans les conditions fixées par les articles 1663 et 1730.

Les prélèvements mensuels sont arrondis à l'euro le plus proche. La fraction d'euro égale à 0,50 est comptée pour 1.

4. Le 3 n'est pas applicable aux impositions mises en recouvrement après le 30 septembre ou exigibles dès la mise en recouvrement du rôle ou résultant de la mise en œuvre d'une rectification ou d'une procédure d'imposition d'office.

V. ndlr ss. art. 1663.

Paiement de l'IR et des prélèvements sociaux. 1° Mise en recouvrement et exigibilité. 2° Régime de droit commun. 3° Régime dérogatoire : paiement d'un IR et de prélèvements sociaux supérieur à 300 €. 4° Défaut de paiement. * BOI-IR-PAIE.

Art. 1663 C *(L. n° 2016-1917 du 29 déc. 2016, art. 60-I-B-14° et I-G-1, applicable aux revenus perçus ou réalisés à compter du 1er janv. 2019)* 1. L'acompte calculé par l'administration fiscale dans les conditions prévues à l'article 204 E est versé par douzième au plus tard le 15 de chaque mois de l'année, selon les modalités prévues à l'article 1680 A.

2. Sur option du contribuable, l'acompte est versé par quart au plus tard les 15 février, 15 mai, 15 août et 15 novembre.

L'option est exercée auprès de l'administration fiscale, dans les conditions prévues à l'article 204 N, au plus tard le 1er octobre de l'année qui précède celle au cours de laquelle l'option s'applique. Elle est tacitement reconduite, sauf dénonciation par le contribuable dans le même délai que celui de l'exercice de l'option.

3. Lorsqu'il est fait application des articles 204 J, 204 K ou 204 M, le montant de l'acompte à verser ou restant à verser est réparti sur le nombre de mois ou de

trimestres restant à courir sur l'année civile, selon que le contribuable opte ou non pour un paiement trimestriel.

4. Les versements mentionnés aux 1 et 2 sont arrondis à l'euro le plus proche. La fraction d'euro égale à 0,50 est comptée pour 1.

5. Par dérogation aux 1 et 2, au cours d'une même année civile et à hauteur de la part d'acompte correspondant aux bénéfices industriels et commerciaux, aux bénéfices agricoles et aux bénéfices non commerciaux *(L. nº 2018-1317 du 28 déc. 2018, art. 12-I-2º et III, applicable aux revenus perçus ou réalisés à compter du 1er janv. 2019)* **« ainsi qu'aux revenus mentionnés aux 1 *bis*, 1 *ter* et 1 *quater* de l'article 93 lorsqu'ils sont imposés suivant les règles prévues en matière de traitements et salaires », le contribuable peut demander le report de paiement d'au maximum trois échéances sur l'échéance suivante, en cas de paiement mensuel, ou d'une échéance sur la suivante, en cas d'option pour le paiement trimestriel. Cette demande est prise en compte pour l'échéance qui suit le mois de la demande. Elle ne peut conduire à reporter, l'année suivante, une partie des versements dus lors de l'année civile en cours.**

6. Les versements inférieurs à 5 € ne sont pas dus.

7. A défaut de paiement, le recouvrement de l'acompte est assuré et poursuivi selon les mêmes modalités et sous les mêmes garanties et sûretés que l'impôt sur le revenu. Le rôle d'impôt sur le revenu servant de base au calcul de l'acompte vaut titre exécutoire en vue de l'exercice des poursuites consécutives à son non-paiement.

8. La succession de tout contribuable célibataire, divorcé ou veuf est dispensée du versement de l'acompte.

V. ndlr ss. art. 1663.

1. Modalités de versement et de paiement de l'acompte de prélèvement. * BOI-IR-PAS-30-20 du 29 mars 2019.

2. Recours contentieux spécifique en cas d'acompte erroné. La demande de restitution totale ou partielle d'un acompte doit être présentée à l'Administration au plus tard le dernier jour du mois de février de l'année suivant celle au cours de laquelle les revenus en cause ont été mis à disposition ou réalisés. * BOI-IR-PAS-30-20-30 nº 30 du 29 mars 2019.

Art. 1664 *(Abrogé par L. nº 2016-1917 du 29 déc. 2016, art. 60-I-B-15º et I-G-3, applicable aux revenus perçus ou réalisés à compter du 1er janv. 2018)* ***1. En ce qui concerne les contribuables qui auront été compris dans les rôles de l'année précédente pour une somme au moins égale à*** *(L. nº 2017-1837 du 30 déc. 2017, art. 2)* ***« 350 €*** *[ancienne rédaction : 347 €]* ***», l'impôt sur le revenu, donne lieu, par dérogation aux dispositions de l'article 1663 et en l'absence d'option pour le paiement mensuel telle qu'elle est prévue à l'article 1681 A, à deux versements d'acomptes le 31 janvier et le 30 avril de l'année suivant celle au cours de laquelle sont réalisés les revenus servant de base de calcul de l'impôt.*** *— Sur les délais de paiement en matière d'impôt sur le revenu, V. Ann. III, art. 357 H.*

Le montant de chaque acompte est égal au tiers des cotisations mises à la charge du redevable dans les rôles concernant la dernière année au titre de laquelle il a été imposé.

Les contribuables dont la cotisation d'impôt sur le revenu est mise en recouvrement entre le 1er janvier et le 15 avril de la deuxième année suivant celle de la réalisation du revenu sont assujettis, en l'absence d'option pour le paiement mensuel, au versement d'un acompte provisionnel égal à 60 % de cette cotisation et payable au plus tard le 15 mai de la même année.

Cet acompte n'est pas dû si le montant de la cotisation n'atteint pas la somme de *(L. nº 2017-1837 du 30 déc. 2017, art. 2)* ***« 350 €*** *[ancienne rédaction : 347 €]* ***».*** *— Seuil d'exigibilité pour les acomptes à verser en 2018 (L. nº 2017-1837 du 30 déc. 2017, art. 2).*

La somme prévue aux premier et quatrième alinéas est relevée chaque année dans la même proportion que la limite supérieure de la première tranche du barème de l'impôt sur le revenu. *— Sauf revalorisation différente expressément prévue par la loi.*

2. A défaut de paiement volontaire, le recouvrement des acomptes exigibles est assuré et poursuivi dans les conditions fixées pour les impôts directs par le titre IV du livre des procédures fiscales.

3. Le solde de l'impôt est recouvré par voie de rôles dans les conditions fixées par l'article 1663.

Toutefois, par dérogation aux règles de l'article 1663, l'impôt restant dû est exigible en totalité dès la mise en recouvrement des rôles, si tout ou partie d'un acompte n'a pas été versé le 15 du mois suivant celui au cours duquel il est devenu exigible.

4. Le contribuable qui estime que le montant du premier versement effectué au titre d'une année est égal ou supérieur aux cotisations dont il sera finalement redevable pourra se dispenser du second versement prévu pour cette année.

5. Les acomptes mentionnés au 1 sont arrondis à l'euro le plus proche. La fraction d'euro égale à 0,50 est comptée pour 1.

1. Les dispositions du présent art. sont abrogées pour l'imposition des revenus perçus ou réalisés à compter du 1er janv. 2018 (L. n° 2016-1917 du 29 déc. 2016 art. 60-I-B-15° et I-G-3, mod. par Ord. n° 2017-1390 du 22 sept. 2017, art. 1er-2° et 3°).

2. Par dérogation aux dispositions prévues au 1, les acomptes à verser en 2017 sont réduits à concurrence du taux de la réfaction d'impôt sur le revenu dont les contribuables bénéficient, le cas échéant, en application des dispositions de l'art. 197-I-4-b. — V. App., L. n° 2016-1917 du 29 déc. 2016, art. 2-III.

Art. 1665 *(L. n° 2016-1917 du 29 déc. 2016, art. 60-I-B-16° et I-G-1, mod. par Ord. n° 2017-1390 du 22 sept. 2017, art. 1er-1°, applicable aux revenus perçus ou réalisés à compter du 1er janv. 2019)* **Un décret fixe les modalités d'application des articles 1663 B et 1663 C.** — *V. Ann. III, art. 357 E et 383-0 à 383-0 quinquies.*

Ancien art. 1665 ***Un décret rendu sur la proposition du ministre des finances et des affaires économiques et du ministre du budget détermine les conditions d'application de l'article 1664.*** — *V. Ann. III, art. 357 A à 357 G.*

Art. 1665 *bis* *(L. n° 2016-1917 du 29 déc. 2016, art. 82-I-B et IV, applicable à compter de l'imposition des revenus de l'année 2018)* **Les contribuables perçoivent, au plus tard le 1er mars de l'année de la liquidation de l'impôt afférent aux revenus de l'année précédente, un acompte sur le montant des avantages fiscaux prévus** *(L. n° 2018-1317 du 28 déc. 2018, art. 12-I-3°-a)* **« à l'article 199 *quater* C, aux *b* à *e* du 2 de l'article 199 *undecies* A ainsi qu'aux articles 199 *quindecies*, 199 *sexdecies*, 199 *sexvicies*, 199 *septvicies*, 199 *novovicies*,** *(L. n° 2021-1900 du 30 déc. 2021, art. 67-II-2°)* **« 199 *tricies*, » 200 » et 200 *quater* B, régularisé lors de la liquidation de l'impôt, après imputation éventuelle des différents crédits d'impôt.**

Cet acompte est égal à *(L. n° 2018-1317 du 28 déc. 2018, art. 12-I-3°-b)* **« 60 % » du montant des avantages qui leur ont été accordés lors de la liquidation de l'impôt afférent aux revenus de l'avant-dernière année. Toutefois, pour les contribuables qui relèvent du II de l'article 204 H, cet acompte est égal à** *(L. n° 2018-1317 du 28 déc. 2018, art. 12-I-3°-b)* **« 60 % » de la différence entre, d'une part, la somme de ces avantages et, d'autre part, le montant de l'impôt afférent, résultant de l'application des 1 à 4 du I de l'article 197.**

(L. n° 2021-1754 du 23 déc. 2021, art. 13-II-1°-a) **« Pour l'application du deuxième alinéa du présent article, l'acompte est calculé en fonction :**

« 1° Du montant du crédit d'impôt prévu à l'article 199 *sexdecies*, après imputation de l'aide spécifique prévue au 5° du II de l'article L. 133-5-12 du code de la sécurité sociale servie au cours de l'avant-dernière année. Lorsque le montant de l'aide spécifique servie excède le montant du crédit d'impôt, ce dernier est retenu pour une valeur nulle ;

« 2° Du montant du crédit d'impôt prévu à l'article 200 *quater* B du présent code, après imputation de l'aide spécifique prévue au 6° du II de l'article L. 133-5-12 du code de la sécurité sociale servie au cours de l'avant-dernière année. Lorsque le montant de l'aide spécifique servie excède le montant du crédit d'impôt, ce dernier est retenu pour une valeur nulle.

« Le montant de l'acompte, calculé dans les conditions prévues aux deuxième à cinquième alinéas du présent article, est réduit du montant de l'aide spécifique mentionnée au 5° du II de l'article L. 133-5-12 du code de la sécurité sociale servie au cours des huit premiers mois de l'année précédant celle du versement de l'acompte, dans la *limite de la fraction de l'acompte* **correspondant au crédit d'impôt prévu à l'article 199 *sexdecies* du présent code.**

« Le montant de l'acompte, calculé dans les conditions prévues aux deuxième à cinquième alinéas du présent article, est réduit du montant de l'aide spécifique mentionnée au 6° du II de l'article L. 133-5-12 du code de la sécurité sociale perçue au cours des huit premiers mois de l'année précédant celle du versement de l'acompte, dans la

limite de la fraction de l'acompte correspondant au crédit d'impôt prévu à l'article 200 *quater* B du présent code. »

(L. n° 2019-1479 du 28 déc. 2019, art. 7-3°) « Les contribuables peuvent demander à l'administration fiscale, avant le 1er décembre de l'année qui précède celle au cours de laquelle l'acompte est perçu, à percevoir un montant inférieur à celui *(L. n° 2021-1754 du 23 déc. 2021, art. 13-II-1°-b)* « déterminé dans les conditions prévues aux deuxième à septième alinéas du présent article ». »

L'acompte n'est pas versé lorsqu'il est inférieur *(L. n° 2018-1317 du 28 déc. 2018, art. 12-I-3°-c)* « au montant prévu à l'article 1965 L ».

Les dispositions du présent art. s'appliquent à compter de l'imposition des revenus de l'année 2018 (L. n° 2016-1917 du 29 déc. 2016 art. 82-I-B et IV, mod. par Ord. n° 2017-1390 du 22 sept. 2017, art. 3-2°).

Art. 1665 *ter* *(L. n° 2021-1754 du 23 déc. 2021, art. 13-II-2°)* I. – Le montant de l'aide spécifique mentionnée au 5° du II de l'article L. 133-5-12 du code de la sécurité sociale, constitutive d'un acompte du crédit d'impôt prévu à l'article 199 *sexdecies* du présent code, s'impute sur le montant du crédit d'impôt dont bénéficie l'intéressé au titre de l'année au cours de laquelle les dépenses sont réalisées. Le montant de cet acompte n'est pas déduit des dépenses effectivement supportées mentionnées au 3 du même article 199 *sexdecies*. Lorsque le montant de l'acompte excède celui du crédit d'impôt, l'excédent est régularisé lors de la liquidation de l'impôt.

II. – Le montant de l'aide spécifique mentionnée au 6° du II de l'article L. 133-5-12 du code de la sécurité sociale, constitutive d'un acompte du crédit d'impôt prévu à l'article 200 *quater* B du présent code, s'impute sur le montant du crédit d'impôt dont bénéficie l'intéressé au titre de l'année au cours de laquelle les dépenses sont réalisées. Le montant de cet acompte n'est pas déduit des dépenses effectivement supportées mentionnées au premier alinéa du même article 200 *quater* B. Lorsque le montant de l'acompte excède celui du crédit d'impôt, l'excédent est régularisé lors de la liquidation de l'impôt.

Art. 1666 *Transféré ss. art. L. 208, L. 277, L. 279 et R.* 277-1 LPF.*

Art. 1667 *Transféré ss. art. L. 280 LPF.*

Art. 1668 ***[1er al. applicable aux exercices ouverts à compter du 1er janv. 2017]*** 1. L'impôt sur les sociétés donne lieu au versement, au comptable public compétent, d'acomptes trimestriels déterminés à partir des résultats du dernier exercice clos. Le montant total de ces acomptes est égal à un montant d'impôt sur les sociétés calculé sur le résultat imposé au taux fixé au deuxième alinéa du I de l'article 219, sur le résultat imposé *(L. n° 2016-1917 du 29 déc. 2016, art. 11-I-3°-a)* « aux taux fixés aux *b* et *c* du I *[ancienne rédaction : au taux fixé au b du I]* » de l'article 219 et sur *(L. n° 2018-1317 du 28 déc. 2018, art. 37-I-17° et III-1, applicable aux exercices ouverts à compter du 1er janv. 2019)* « le résultat imposé dans les conditions prévues à l'article 238 » du dernier exercice. Les sociétés nouvellement créées ou nouvellement soumises, de plein droit ou sur option, à l'impôt sur les sociétés sont dispensées du versement d'acomptes au cours de leur premier exercice d'activité ou de leur première période d'imposition arrêtée conformément au *(Décr. n° 2019-559 du 6 juin 2019, art. 1er)* « deuxième » alinéa du I de l'article 209.

[1er al. applicable aux exercices ouverts à compter du 1er janv. 2020] 1. L'impôt sur les sociétés donne lieu au versement, au comptable public compétent, d'acomptes trimestriels déterminés à partir des résultats du dernier exercice clos. Le montant total de ces acomptes est égal à un montant d'impôt sur les sociétés calculé sur le résultat imposé au taux fixé au deuxième alinéa du I de l'article 219, sur le résultat imposé *(L. n° 2016-1917 du 29 déc. 2016, art. 11-I-3°-b)* « au taux fixé au *b* du I *[ancienne rédaction : aux taux fixés aux b et c du I]* » de l'article 219 et sur *(L. n° 2018-1317 du 28 déc. 2018, art. 37-I-17° et III-1, applicable aux exercices ouverts à compter du 1er janv. 2019)* « le résultat imposé dans les conditions prévues à l'article 238 » du dernier exercice. Les sociétés nouvellement créées ou nouvellement soumises, de plein droit ou sur option, à l'impôt sur les sociétés sont dispensées du versement d'acomptes au cours de leur premier exercice d'activité ou de leur première période d'imposition arrêtée

conformément au *(Décr. n° 2019-559 du 6 juin 2019, art. 1er)* **« deuxième » alinéa du I de l'article 209.**

Les acomptes mentionnés au premier alinéa sont arrondis à l'euro le plus proche. La fraction d'euro égale à 0,50 est comptée pour 1.

Les paiements doivent être effectués au plus tard les 15 mars, 15 juin, 15 septembre et 15 décembre de chaque année.

Les organismes mentionnés au premier alinéa du 1 *bis* de l'article 206 et dont le chiffre d'affaires du dernier exercice clos est inférieur à 84 000 € ainsi que les personnes morales ou organismes imposés au taux de l'impôt sur les sociétés prévu à l'article 219 *bis* sont dispensés du versement des acomptes.

Toutefois, le montant du dernier acompte versé au titre d'un exercice ne peut être inférieur :

***a)* Pour les entreprises ayant réalisé un chiffre d'affaires compris entre 250 millions d'euros et 1 milliard d'euros au cours du dernier exercice clos ou de la période d'imposition, ramené s'il y a lieu à douze mois, à la différence entre** *(L. n° 2018-1317 du 28 déc. 2018, art. 39-I-1°-a et II, applicable aux exercices ouverts à compter du 1er janv. 2019)* **« 95 %** *[ancienne rédaction : 80 %]* **» du montant de l'impôt sur les sociétés estimé au titre de cet exercice selon les mêmes modalités que celles définies au premier alinéa et le montant des acomptes déjà versés au titre du même exercice ;**

b)* Pour les entreprises ayant réalisé un chiffre d'affaires** *(L. n° 2018-1317 du 28 déc. 2018, art. 39-I-1°-b et II, applicable aux exercices ouverts à compter du 1er janv. 2019)* **« supérieur à » 1 milliard d'euros** *(Abrogé par L. n° 2018-1317 du 28 déc. 2018, art. 39-I-1°-b et II, applicable aux exercices ouverts à compter du 1er janv. 2019)* ***« et 5 milliards d'euros » **au cours du dernier exercice clos ou de la période d'imposition, ramené s'il y a lieu à douze mois, à la différence entre** *(L. n° 2018-1317 du 28 déc. 2018, art. 39-I-1°-b et II, applicable aux exercices ouverts à compter du 1er janv. 2019)* **« 98 %** *[ancienne rédaction : 90 %]* **» du montant de l'impôt sur les sociétés estimé au titre de cet exercice selon les mêmes modalités que celles définies au premier alinéa et le montant des acomptes déjà versés au titre du même exercice.**

(Abrogé par L. n° 2018-1317 du 28 déc. 2018, art. 39-I-1°-c et II, pour les exercices ouverts à compter du 1er janv. 2019) ***« c) Pour les entreprises ayant réalisé un chiffre d'affaires supérieur à 5 milliards d'euros au cours du dernier exercice clos ou de la période d'imposition, ramené s'il y a lieu à douze mois, à la différence entre*** *(L. n° 2016-1917 du 29 déc. 2016, art. 12-1°-c et II, applicable aux exercices ouverts à compter du 1er janv. 2017)* ***« 98 %*** *[ancienne rédaction : 95 %]* ***» du montant de l'impôt sur les sociétés estimé au titre de cet exercice selon les mêmes modalités que celles définies au premier alinéa et le montant des acomptes déjà versés au titre du même exercice. »***

Pour l'application des dispositions des *a* *(L. n° 2018-1317 du 28 déc. 2018, art. 39-I-1°-d et II, applicable aux exercices ouverts à compter du 1er janv. 2019)* **« et *b* », le chiffre d'affaires est apprécié, pour la société mère d'un groupe mentionné à l'article 223 A ou à l'article 223 A *bis*, en faisant la somme des chiffres d'affaires de chacune des sociétés membres de ce groupe.**

2. Il est procédé à une liquidation de l'impôt dû à raison des résultats de la période d'imposition mentionnée par la déclaration prévue au 1 de l'article 223.

S'il résulte de cette liquidation un complément d'impôt, il est acquitté lors du dépôt du relevé de solde au plus tard le 15 du quatrième mois qui suit la clôture de l'exercice. Si l'exercice est clos au 31 décembre ou si aucun exercice n'est clos en cours d'année, le relevé de solde est à déposer au plus tard le 15 mai de l'année suivante.

Si la liquidation fait apparaître que les acomptes versés sont supérieurs à l'impôt dû, l'excédent, défalcation faite des autres impôts directs dus par l'entreprise, est restitué dans les trente jours à compter de la date de dépôt du relevé de solde et de la déclaration prévue au 1 de l'article 223.

3. *Transféré ss. le 5.*

4. *Devenu sans objet (L. n° 92-1376 du 30 déc. 1992, art. 11-II).*

4 *bis*. L'entreprise qui estime que le montant des acomptes déjà versés au titre d'un exercice est égal ou supérieur à la cotisation totale d'impôt sur les sociétés dont elle sera redevable au titre de l'exercice concerné, avant imputation des crédits d'impôt, peut se dispenser de nouveaux versements d'acomptes.

5. Les modalités d'application du présent article sont fixées par décret. – *V. Ann. III, art. 358 à 362.*

1. Paiement de l'IS. Commentaire administratif d'ensemble. * BOI-IS-DECLA-20 du 18 mars 2013.

2. Acomptes d'IS. Régime des acomptes provisionnels. Entreprises concernées. Bénéfice de référence. Calcul des acomptes pour les PME. Sociétés préexistantes nouvellement soumises à l'IS. * BOI-IS-DECLA-20-10 du 1er août 2018.

3. Solde de liquidation. Modalités de calcul. Excédents de versement d'IS. Sanctions pour insuffisances de versement. Modalités de paiement des acomptes et du solde de l'IS. * BOI-IS-DECLA-20-20 du 16 déc. 2013.

4. Excédents d'acomptes. La restitution d'acomptes, opérée en cas d'excédent de versement par le comptable du Trésor en application de l'art. 1668-2, même si elle est intervenue à la demande du redevable après expiration du délai légalement prévu, n'ouvre pas droit au paiement d'intérêts moratoires sur le fondement de l'art. L. 208 LPF. • CE 13 déc. 2002, nº 220998 : *Dr. fisc. 2003. 264, concl. Vallée ; RJF 2003. 378 ; concl. Vallée au BDCF 3/03, nº 42.*

5. Retard de restitution des excédents de versement. Le retard apporté à la restitution des excédents de versement des acomptes d'IS (délai de 30 jours fixé à l'art. 1668-2) constitue, en l'absence de difficultés particulières, une faute de nature à engager la responsabilité de l'État. • CAA Lyon, 22 janv. 1997, nº 95LY186 : *Dr. fisc. 1997. 556, concl. Bonnet* • CAA Paris, 12 mai 1998, nº 95PA3582 : *RJF 1998. 1027.*

Art. 1668 *bis* *Abrogé par L. nº 94-1163 du 29 déc. 1994, art. 31.*

Art. 1668 A *Abrogé par L. nº 2008-1425 du 27 déc. 2008, art. 14-I-3º-a et II, mod. par L. nº 2010-1657 du 29 déc. 2010, art. 20, à compter du 1er janv. 2014.*

Art. 1668 A *bis* *Abrogé par L. nº 98-1266 du 30 déc. 1998, art. 44-X.*

1 *BIS* CONTRIBUTION SUR L'IMPÔT SUR LES SOCIÉTÉS – DROITS ET PÉNALITÉS

Art. 1668 B La contribution mentionnée à l'article 235 *ter* ZAA est payée spontanément au comptable public compétent, au plus tard à la date prévue au 2 de l'article 1668 pour le versement du solde de liquidation de l'impôt sur les sociétés.

Elle donne lieu à un versement anticipé à la date prévue pour le paiement du dernier acompte d'impôt sur les sociétés de l'exercice ou de la période d'imposition.

Le montant du versement anticipé est fixé :

a) Pour les entreprises ayant réalisé un chiffre d'affaires compris entre 250 millions d'euros et 1 milliard d'euros au cours du dernier exercice clos ou de la période d'imposition, ramené s'il y a lieu à douze mois, aux trois quarts du montant de la contribution exceptionnelle estimée au titre de l'exercice ou de la période d'imposition en cours et déterminée selon les modalités prévues au I de l'article 235 *ter* ZAA ;

b) Pour les entreprises ayant réalisé un chiffre d'affaires supérieur à 1 milliard d'euros au cours du dernier exercice clos ou de la période d'imposition, ramené s'il y a lieu à douze mois, à 95 % du montant de la contribution exceptionnelle estimée au titre de l'exercice ou de la période d'imposition en cours et déterminée selon les modalités prévues au même I.

Pour l'application des *a* et *b*, le chiffre d'affaires est apprécié, pour la société mère d'un groupe mentionné à l'article 223 A ou à l'article 223 A *bis*, en faisant la somme des chiffres d'affaires de chacune des sociétés membres de ce groupe.

Si le montant du versement anticipé est supérieur à la contribution due, l'excédent est restitué dans les trente jours à compter de la date de dépôt du relevé de solde de l'impôt sur les sociétés mentionné au 2 de l'article 1668 et de la déclaration prévue au 1 de l'article 223.

1 *TER*

Art. 1668 C *Dispositions périmées.*

1 *QUATER* CONTRIBUTION SOCIALE SUR L'IMPÔT SUR LES SOCIÉTÉS – DROITS ET PÉNALITÉS

Art. 1668 D I. – La contribution sociale mentionnée à l'article 235 *ter* ZC est recouvrée comme l'impôt sur les sociétés et sous les mêmes garanties et sanctions.

Elle est payée spontanément au comptable public compétent, au plus tard à la date prévue au 2 de l'article 1668 pour le versement du solde de liquidation de l'impôt sur les sociétés.

Elle donne lieu au préalable à quatre versements anticipés aux dates prévues pour le paiement des acomptes d'impôt sur les sociétés de l'exercice ou de la période d'imposition. Le montant des versements anticipés est fixé à 3,3 % du montant de l'impôt sur les sociétés calculé sur les résultats imposables aux taux mentionnés au I de l'article 219 de l'exercice ou de la période d'imposition qui précède et diminué d'un montant qui ne peut excéder celui de l'abattement défini au premier alinéa du I de l'article 235 *ter* ZC.

Lorsque le montant des versements anticipés déjà payés au titre d'un exercice ou d'une période d'imposition en application du deuxième alinéa est égal ou supérieur à la contribution dont l'entreprise prévoit qu'elle sera finalement redevable au titre de ce même exercice ou de cette même période, l'entreprise peut se dispenser du paiement de nouveaux versements.

II. — Les modalités d'application du présent article sont fixées par décret. — *V. Ann. III, art. 366 L à 366 M.*

Les sanctions fiscales mentionnées au I de l'art. 1668 D du code général des impôts ne peuvent être prononcées avant l'expiration d'un délai de trente jours à compter de la notification du document par lequel l'administration a fait connaître au contrevenant la sanction qu'elle se propose d'appliquer, les motifs de celle-ci et la possibilité dont dispose l'intéressé de présenter dans ce délai ses observations (L. du 29 déc. 1999, art. 6-II).

Paiement de la contribution. * BOI-IS- DECLA-20-20-30 n° 1 du 12 sept. 2012.

2

Art. 1669 et 1670 *Abrogés par L. n° 59-1472 du 28 déc. 1959, art. 1er.*

3 RETENUE À LA SOURCE SUR LES SALAIRES, PENSIONS ET RENTES VIAGÈRES À TITRE GRATUIT

(L. n° 2016-1917 du 29 déc. 2016, art. 60-I-B-17° et I-G-1)

Art. 1671 1. La retenue à la source prévue au 1° du 2 de l'article 204 A est effectuée par le débiteur lors du paiement des sommes et avantages mentionnés à l'article 204 F.

Lorsque le débiteur de la retenue à la source n'est pas établi en France, il est tenu de faire accréditer auprès de l'administration fiscale un représentant établi en France, qui s'engage à remplir les formalités lui incombant et, le cas échéant, à acquitter les prélèvements à sa place.

L'obligation de désigner un représentant fiscal ne s'applique pas au débiteur établi dans un autre État membre de l'Union européenne ou dans un État *(L. n° 2019-1479 du 28 déc. 2019, art. 173)* « non membre de l'Union européenne avec lequel la France dispose d'un instrument juridique relatif à l'assistance mutuelle ayant une portée similaire à celle prévue par la directive 2010/24/UE du Conseil du 16 mars 2010 concernant l'assistance mutuelle en matière de recouvrement des créances relatives aux taxes, impôts, droits et autres mesures et par le règlement (UE) n° 904/2010 du Conseil du 7 octobre 2010 concernant la coopération administrative et la lutte contre la fraude dans le domaine de la taxe sur la valeur ajoutée. La liste de ces États est fixée par arrêté du ministre chargé du budget. » — *V. Ann. III, art. 111 quinquies.*

2. Le débiteur de la retenue à la source prévue au 1° du 2 de l'article 204 A applique le taux calculé par l'administration fiscale, au plus tard le deuxième mois suivant sa transmission par l'administration. A défaut de taux transmis par l'administration, le débiteur *applique le taux mentionné* au III de l'article 204 H.

Les sommes prélevées en application de la retenue à la source prévue au 1° du 2 de l'article 204 A sont déclarées dans les conditions prévues à l'article 87 A et versées au comptable public compétent désigné par arrêté du ministre chargé du budget.

Ce versement intervient à une date fixée par décret le mois suivant celui au cours duquel a eu lieu le prélèvement ou, si le débiteur est un employeur dont la paie est effectuée après la période mensuelle d'emploi, le mois au cours duquel a eu lieu le prélèvement. — *V. Ann. III, art. 357 H ter.*

Par dérogation au troisième alinéa du présent 2, l'employeur dont l'effectif est de moins de onze salariés peut opter, dans des conditions fixées par décret, pour un versement au plus tard le premier mois du trimestre suivant celui au cours duquel ont eu lieu les prélèvements. — *V. Ann. III, art. 357 H quater.*

3. Par dérogation au 2, lorsque les employeurs ont recours aux dispositifs simplifiés prévus à l'article L. 133-5-6 du code de la sécurité sociale ou à l'article L. 7122-23 du code du travail, la retenue à la source est reversée au comptable public par l'intermédiaire des organismes mentionnés aux articles L. 133-5-10 ou L. 133-9 du code de la sécurité sociale, dans les conditions prévues par ces mêmes articles.

4. Sauf dans les cas mentionnés à l'article L. 133-5-6 du code de la sécurité sociale ou à l'article L. 7122-23 du code du travail, la retenue à la source prévue au 2 du présent article est acquittée par télérèglement.

5. La retenue à la source est recouvrée et contrôlée selon les mêmes modalités et sous les mêmes garanties et sûretés que la taxe sur la valeur ajoutée.

Les réclamations du débiteur ou du bénéficiaire des revenus sont présentées, instruites et jugées selon les règles applicables à cette taxe, selon des modalités précisées par décret en Conseil d'État. — *V. LPF, art. R.* 196-1-1.*

Par dérogation au premier alinéa du présent 5, lorsque la retenue à la source prévue au 2 a été avancée par les institutions de garantie mentionnées à l'article L. 3253-14 du code du travail, elle est garantie par un privilège de même rang que celui des revenus sur lesquels elle a été précomptée.

Le présent art. s'applique aux revenus perçus ou réalisés à compter du 1er janv. 2019 (L. no 2016-1917 du 29 déc. 2016, art. 60-I-G-1, mod. par Ord. no 2017-1390 du 22 sept. 2017, art. 1er-1o).

Personne tenue d'effectuer la retenue à la source ou « collecteur ». 1° Principe : le collecteur est la personne versant les revenus soumis à la retenue à la source. 2° Cas particuliers : Personnes recourant aux dispositifs simplifiés de déclaration en matière sociale. Représentants fiscaux des personnes établies hors de France versant des revenus soumis à la retenue à la source. Personnes recourant aux dispositifs simplifiés de déclaration en matière sociale. Délégataires de gestion versant les revenus soumis à la retenue à la source pour une société d'assurance. Mandataires judiciaires versant des revenus soumis à la retenue à la source. * BOI-IR-PAS-30-10-10 du 25 oct. 2018.

3 *BIS* RETENUES À LA SOURCE AFFÉRENTES AUX TRAITEMENTS, SALAIRES, PENSIONS ET RENTES VIAGÈRES OU À CERTAINS PRODUITS OU SOMMES PERÇUS PAR DES PERSONNES OU SOCIÉTÉS N'AYANT PAS D'INSTALLATION PROFESSIONNELLE EN FRANCE

Art. 1671 A Les retenues prévues aux articles *(Abrogé par L. no 2019-1479 du 28 déc. 2019, art. 12-I-5o et III, pour les revenus perçus ou réalisés à compter du 1er janv. 2023)* « *182 A,* » 182 A *bis* et 182 B sont opérées par le débiteur des sommes versées et celle prévue à l'article 182 A *ter* est opérée par la personne mentionnée au IV dudit article. Les retenues sont remises au service des impôts accompagnées d'une déclaration conforme au modèle fixé par l'administration, au plus tard le 15 du mois suivant le trimestre civil au cours duquel a eu lieu le paiement. Les dispositions des articles 1771 et *(L. no 2021-1900 du 30 déc. 2021, art. 130-I-A-3o et V-A)* « 1920 *[ancienne rédaction : 1926]* » sont applicables à ces retenues. — *Les dispositions issues de la L. no 2021-1900 du 30 déc. 2021 s'appliquent à compter du 1er janv. 2022 et s'appliquent aux créances mises en recouvrement à compter de cette date ainsi qu'aux créances mises en recouvrement antérieurement et restant dues à cette date. Ces dispositions ne sont pas applicables aux procédures de sauvegarde, de redressement judiciaire ou de liquidation judiciaire en cours au 1er janv. 2022 (L. préc., art. 130-V-A).*

La retenue à la source n'est ni opérée, ni versée au Trésor lorsque son montant n'excède pas 8 € par mois *(L. no 2020-1721 du 29 déc. 2020, art. 4-I-4o-a)* « pour un même salarié, pensionné, crédirentier ou bénéficiaire des versements donnant lieu à l'une de ces retenues. »

(Abrogé par L. no 2020-1721 du 29 déc. 2020, art. 4-I-4o-b) ***« a. Pour un même salarié, pensionné ou crédirentier dans le cas de la retenue à la source prévue à l'article 182 A ou pour un même bénéficiaire dans le cas de la retenue à la source prévue à l'article 182 A ter ;***

« b. Pour un même bénéficiaire des versements donnant lieu au prélèvement de la retenue à la source prévue à l'article 182 A bis. »

3 *TER* RETENUE À LA SOURCE SUR LES SALAIRES, DROITS D'AUTEUR ET RÉMUNÉRATIONS VERSÉS AUX AUTEURS, ARTISTES ET SPORTIFS DOMICILIÉS FISCALEMENT EN FRANCE

Art. 1671 B *(Abrogé par L. n° 2016-1917 du 29 déc. 2016, art. 60-I-B-18° et I-G-3, pour les revenus perçus ou réalisés à compter du 1er janv. 2018)* ***La retenue à la source prévue à l'article 182 C est remise au comptable public compétent au plus tard le quinzième jour du trimestre civil suivant celui du paiement des revenus. Les dispositions des articles 1771 et 1926 sont applicables.*** *– V. Ann. III, art. 381 R.*

Les dispositions du présent art. sont abrogées pour les revenus perçus ou réalisés à compter du 1er janv. 2018 (L. n° 2016-1917 du 29 déc. 2016, art. 60-I-B-18° et I-G-3, mod. par Ord. n° 2017-1390 du 22 sept. 2017, art. 1er-2° et 3°).

3 *QUATER* PRÉLÈVEMENT SUR LES DIVIDENDES

Art. 1671 C Le prélèvement visé à l'article 117 *quater* est versé au Trésor dans les quinze premiers jours du mois qui suit celui du paiement des revenus et sous les mêmes sanctions que la retenue à la source prévue au 2 de l'article 119 *bis*. Ces sanctions sont également applicables au prélèvement dû en application du III de l'article 117 *quater*, sauf si le contribuable justifie qu'il a donné mandat à la personne qui assure le paiement des revenus pour déclarer les revenus et acquitter le prélèvement dans les conditions prévues au *b* du 1 du même III.

Le prélèvement ne peut être pris en charge par le débiteur.

4 RETENUES À LA SOURCE ET PRÉLÈVEMENTS SUR LES REVENUS DE VALEURS MOBILIÈRES

a *RETENUE À LA SOURCE AFFÉRENTE AUX REVENUS DES ACTIONS ET PARTS ET REVENUS ASSIMILÉS, DONT LES BÉNÉFICIAIRES N'ONT PAS LEUR DOMICILE RÉEL OU LEUR SIÈGE EN FRANCE, ET AUX INTÉRÊTS ET PRODUITS DES OBLIGATIONS*

Art. 1672 1. La retenue à la source prévue au 1 de l'article 119 *bis* est payée par la personne qui effectue la distribution, à charge pour elle d'en retenir le montant sur les sommes versées aux bénéficiaires desdits revenus.

2. La retenue à la source prévue au 2 de l'article 119 *bis* est *(L. n° 2016-1918 du 29 déc. 2016, art. 15-I-6° et III-B, applicable aux déclarations déposées et aux paiements effectués à compter du 1er janv. 2018)* « déclarée et » versée au Trésor par la personne établie en France qui assure le paiement des revenus.

3. Lorsque la personne mentionnée au 2 assure le paiement de produits de titres admis aux négociations sur un marché d'instruments financiers dont le fonctionnement est assuré par une entreprise de marché ou un prestataire de services d'investissement *(Ord. n° 2017-1107 du 22 juin 2017, art. 16-6° et 21, en vigueur le 3 janv. 2018)* « autre qu'une société de gestion de portefeuille » ou tout autre organisme similaire au profit d'une personne morale établie hors de France, cette dernière peut acquitter la retenue à la source prévue au 2 de l'article 119 *bis* lorsqu'elle remplit les conditions suivantes :

a) Elle est établie dans un État membre de l'Union européenne ou dans un autre État partie à l'accord sur l'Espace économique européen ayant conclu avec la France une convention d'assistance administrative en vue de lutter contre la fraude et l'évasion fiscales ;

b) Elle a conclu avec l'administration fiscale française une convention établie conformément au modèle délivré par cette administration, qui organise les modalités déclaratives et de paiement de la retenue à la source précitée et prévoit la transmission à cette même administration de tout document justificatif de ces déclarations et paiements ;

c) Elle est mandatée par la personne mentionnée au 2, qui demeure le redevable légal de l'impôt, pour effectuer en son nom et pour son compte la déclaration et le paiement de la retenue à la source.

4. Un décret fixe les modalités et les conditions d'application des 2 et 3 et, notamment, les obligations auxquelles doivent se soumettre les personnes chargées d'opérer la retenue. – *Ann. II, art. 48, 75 à 79 ; Ann. III, art. 381 A et 381 A bis.*

Revenus distribués par des sociétés françaises à des non-résidents. Modalités de déclaration et de paiement de la retenue à la source par des établissements financiers européens. Convention pouvant être conclue avec l'administration fiscale française. * BOI-RPPM-RCM-30-30-10-70 n°s 200 à 230 du 12 sept. 2012.

Art. 1672 A *Disposition périmée.*

Art. 1672 *bis* 1. Il est interdit aux sociétés et personnes morales de prendre à leur charge le montant de la retenue afférente :

1° Aux dividendes et autres produits répartis aux associés, actionnaires et porteurs de parts ou aux membres des conseils d'administration des sociétés anonymes *[V. art. 1655 quinquies]* ;

2° Aux revenus visés au 1° de l'article 118 et afférents à des valeurs émises à compter du 1er janvier 1965.

Ces dispositions ne sont pas applicables en cas de remboursement d'actions gratuites.

2. Dans la mesure où elles ne sont pas contraires aux dispositions du 1, les clauses des statuts ou des contrats d'émission, en vertu desquelles les sociétés ou entreprises débitrices étaient tenues de prendre à leur charge la taxe proportionnelle antérieurement en vigueur, s'appliquent de plein droit à la retenue à la source visée au 1 de l'article 1672.

Prise en charge de la retenue à la source. Aucune disposition n'interdit à la société distributrice de prendre en charge le montant de la retenue à la source afférente aux revenus réputés distribués en application de l'art. 109-1-1°. Dès lors, ladite retenue doit être calculée au taux de 25 % du montant brut des sommes distribuées, prévu à l'art. 187, et non, comme le soutient l'Administration, à raison de 25/75 desdits produits. • CAA Paris, 24 sept. 1991, n° 90PA662 : *RJF 1991. 1539* • CAA Nancy, 6 juill. 1995, n° 93NA776 : *Dr. fisc. 1996. 51.*

Art. 1673 La retenue à la source afférente aux revenus de capitaux mobiliers entrant dans les prévisions des articles 118, 119 et 1678 *bis*, et visée au 1 des articles 119 *bis* et 1672 est *(L. n° 2016-1918 du 29 déc. 2016, art. 15-I-7° et III-B, applicable aux déclarations déposées et aux paiements effectués à compter du 1er janv. 2018)* « déclarée et » recouvrée suivant des règles fixées par décret. – *V. Ann. art. 381 K et 381 Q.*

Art. 1673 *bis* La retenue à la source exigible en vertu des dispositions de l'article 115 *quinquies* est déclarée et versée au Trésor par la société au plus tard le quinzième jour du quatrième mois qui suit la clôture de l'exercice. Si l'exercice est clos le 31 décembre ou si aucun exercice n'est clos en cours d'année, le versement est effectué au plus tard le 15 mai. – *V. Ann. II, art. 379.*

Art. 1674 à 1677 *Abrogés par Ord. n° 67-836 du 28 sept. 1967, art. 5.*

Art. 1678 *Abrogé par L. n° 61-1396 du 21 déc. 1961, art. 79.*

b *RETENUE À LA SOURCE AFFÉRENTE AUX INTÉRÊTS DES BONS DE CAISSE*

Art. 1678 *bis* 1. Les intérêts des bons de caisse émis par les entreprises industrielles et commerciales et, quel que soit leur objet, par les personnes morales visées à l'article 108 donnent lieu, au moment de leur paiement et même lorsque ces bons ne présentent pas le caractère de titres négociables, à l'application de la retenue à la source prévue au 1 de l'article 119 *bis* et du prélèvement prévu à l'article 125 A. Les bons émis à compter du 1er janvier 1966 sont soumis à cette retenue d'après le même taux que les revenus des obligations négociables.

2. *Abrogé.*

3. Un arrêté ministériel fixe les modalités d'application et la date d'entrée en vigueur des dispositions du présent article. – *V. Ann. IV, art. 188 B à 188 F.*

c

Art. 1678 *ter* *Devenu sans objet (L. n° 75-1347 du 31 déc. 1975, art. 1er).*

d *PRÉLÈVEMENT SUR LES PRODUITS DE PLACEMENT À REVENU FIXE*

Art. 1678 *quater* I. — Le prélèvement sur les produits de placements à revenu fixe visé à l'article 125 A, *(Abrogé par L. n° 2017-1837 du 30 déc. 2017, art. 28)* « *le prélèvement d'office sur les bons et titres anonymes mentionné à l'article 990 A,* » *(L. n° 2016-1918 du 29 déc. 2016, art. 15-I-8° et III-B, applicable aux déclarations déposées et aux paiements effectués à compter du 1er janv. 2018)* « la retenue à la source afférente aux intérêts des bons de caisse mentionnée à l'article 1678 *bis* » et *(L. n° 2017-1837 du 30 déc. 2017, art. 28)* « les prélèvements sur les produits attachés aux bons ou contrats de capitalisation ainsi qu'aux placements de même nature mentionnés aux 1 ou 2 du II de l'article 125-0 A » sont *(L. n° 2016-1918 du 29 déc. 2016, art. 15-I-8° et III-B, applicable aux déclarations déposées et aux paiements effectués à compter du 1er janv. 2018)* « déclarés et » versés au Trésor dans les quinze premiers jours du mois qui suit le paiement des revenus et sous les mêmes sanctions que la retenue à la source prévue au 2 de l'article 119 *bis*. Ces sanctions sont également applicables au prélèvement dû en application du I de l'article 125 D, sauf si le contribuable justifie qu'il a donné mandat à la personne qui assure le paiement des revenus pour déclarer les revenus et acquitter le prélèvement dans les conditions prévues au IV du même article 125 D. Toutefois, ces sanctions ne sont pas applicables au prélèvement dû à raison des produits et gains mentionnés au II de l'article 125 D.

Les prélèvements mentionnés à la première phrase du premier alinéa du présent I ne peuvent être pris en charge par le débiteur.

Les modalités et conditions d'application de ces prélèvements sont fixées par décret. — *V. Ann. III, art. 381 s. — Les dispositions du présent I issues de la L. n° 2017-1837 du 30 déc. 2017 s'appliquent aux impositions dont le fait générateur intervient à compter du 1er janv. 2018 (L. préc., art. 28-VI-A).*

(L. n° 2016-1917 du 29 déc. 2016, art. 22) « II. — 1. La retenue à la source prévue au 1 de l'article 119 *bis* appliquée sur les produits mentionnés à l'article 1678 *bis* ainsi que les prélèvements ou retenues à la source prévus au 2 du même article 119 *bis*, *(L. n° 2017-1837 du 30 déc. 2017, art. 28)* « aux 1 ou 2 du II de l'article 125-0 A » et *(L. n° 2017-1837 du 30 déc. 2017, art. 28)* « à l'article 125 A » font l'objet d'un acompte égal à 90 % du montant de ces prélèvements ou retenues à la source dus au titre du mois de décembre de l'année précédente.

« Sont exclus de ce versement :

« *a)* Les prélèvements sur les intérêts des comptes courants et des comptes bloqués d'associés ;

« *b)* Les prélèvements sur les intérêts dus par les offices notariaux au titre des produits de compte de consignation, de dépôt spécifique et de titres consignés.

« Son paiement intervient au plus tard le 15 octobre.

« 2. Lors du dépôt de la déclaration en janvier, l'établissement payeur procède à la liquidation des prélèvements ou retenues.

« Lorsque le montant du versement effectué en application du 1 du présent II est supérieur aux montants des prélèvements ou retenues réellement dus, le surplus est imputé sur le prélèvement ou la retenue dû à raison des autres produits de placement et, le cas échéant, sur les autres prélèvements ou retenues. L'excédent est restitué.

« 3. Si l'établissement payeur estime que le montant du versement dû en application du 1 du présent II est supérieur au montant du prélèvement ou de la retenue dont il sera redevable au titre du mois de décembre, il peut en réduire le montant à concurrence de l'excédent présumé.

« Lorsque le montant du prélèvement ou de la retenue réellement dû au titre du mois de décembre est supérieur au montant du versement réduit par l'établissement payeur en application du premier alinéa du présent 3, la majoration prévue au 1 de l'article 1731 s'applique à cette différence. L'assiette de cette majoration est toutefois limitée à la différence entre le montant du versement dû en application du 1 du présent II et celui du versement réduit par l'établissement payeur.

« 4. Le versement effectué en application du 1 du présent II est contrôlé et recouvré selon les mêmes règles et sous les mêmes garanties, sûretés, privilèges et sanctions que le prélèvement prévu à l'article 125 A. Les réclamations sont présentées, instruites et jugées selon les règles applicables à ce prélèvement. »

1. Comptes spéciaux du Crédit mutuel. La « neutralisation » du prélèvement libératoire que doivent supporter les titulaires de comptes spéciaux sur livret du Crédit mutuel méconnaît les dispositions de l'art. 1678 *quater* qui interdisent la prise en charge du prélèvement par le débiteur. • CE sect. 5 janv. 2000, n° 198492 : *Dr. fisc. 2000. 180 ; RJF 2000. 195 ; concl. Maugüé au BDCF 2/2000.*

2. Plans d'épargne-logement (PEL). Aménagement du régime fiscal des intérêts. Nouveau régime des intérêts acquis sur les PEL anciens. * Instr. 10 mars 2006 : *BOI 5 I-4-06.*

5 TAXE D'APPRENTISSAGE

Art. 1678 *quinquies* *(Abrogé par L. n° 2018-771 du 5 sept. 2018, art. 37-VI et 46, à compter du 1er janv. 2019)* ***I. — La taxe d'apprentissage est recouvrée selon les modalités ainsi que sous les sûretés, garanties et sanctions applicables aux taxes sur le chiffre d'affaires.***

II. — L'employeur peut imputer sur le montant du versement de la taxe d'apprentissage, le montant des dépenses effectivement faites et à raison desquelles il déclare être exonéré. *— V. Arr. du 20 déc. 2005 (JO 24 déc.) relatif à la répartition des dépenses en vue des exonérations au titre de la taxe d'apprentissage.*

III. — Le versement de la taxe d'apprentissage prévu à l'article 1599 ter I est effectué auprès du comptable public compétent, accompagné du bordereau établi selon un modèle fixé par l'administration, et déposé au plus tard le 30 avril de l'année qui suit celle du versement des rémunérations. *— V. Ann. III, art. 381 XA.*

Art. 1678 *sexies* *Dispositions devenues sans objet pour les rémunérations versées à compter du 1er janv. 1993 (L. n° 93-121 du 27 janv. 1993, art. 92-I).*

6 TAXE SUR LES SALAIRES

Art. 1679 **Les sommes dues par les employeurs au titre de la taxe sur les salaires visée à l'article 231 doivent être remises au comptable public compétent dans les conditions et délais qui sont fixés par décret.** *— V. Ann. III, art. 369 à 374.*

La taxe n'est pas due lorsque son montant annuel n'excède pas 1 200 €. Lorsque ce montant est supérieur à 1 200 € sans excéder 2 040 €, l'impôt exigible fait l'objet d'une décote égale aux trois quarts de la différence entre 2 040 € et ce montant.

Art. 1679 A **La taxe sur les salaires due par les associations régies par la loi du 1er juillet 1901,** *(L. n° 2016-1917 du 29 déc. 2016, art. 88-I-2° et II, applicable à la taxe sur les salaires due à raison des rémunérations versées à compter du 1er janv. 2017)* **« les fondations reconnues d'utilité publique, les centres de lutte contre le cancer mentionnés à l'article L. 6162-1 du code de la santé publique, » les syndicats professionnels et leurs unions mentionnés au titre III du livre Ier de la deuxième partie du code du travail** *(L. n° 2017-1837 du 30 déc. 2017, art. 89)* **« , » les mutuelles régies par le code de la mutualité lorsqu'elles emploient moins de trente salariés** *(L. n° 2016-1917 du 29 déc. 2016, art. 88-I-2° et II, applicable à la taxe sur les salaires due à raison des rémunérations versées à compter du 1er janv. 2017)* **« ou lorsqu'elles relèvent du livre III du même code et emploient au moins trente salariés »** *(L. n° 2017-1837 du 30 déc. 2017, art. 89)* **« , ainsi que par leurs groupements mentionnés à l'article 239 *quater* D lorsqu'ils sont exclusivement constitués de personnes morales mentionnées au présent article » n'est exigible, au titre d'une année, que pour la partie de son montant dépassant une somme fixée à** *(L. n° 2021-1900 du 30 déc. 2021, art. 2)* **« 21 381 €** *[ancienne rédaction : 21 086 €]* **». Ce montant est relevé chaque année dans la même proportion que la limite supérieure de la première tranche du barème de l'impôt sur le revenu. Le résultat obtenu est arrondi s'il y a lieu à l'euro le plus proche.** *— Sauf revalorisation différente expressément prévue par la loi. — Les dispositions du présent al. issues de l'art. 89 de la L. n° 2017-1837 du 30 déc. 2017 s'appliquent au titre des rémunérations versées à compter du 1er janv. 2018 (L. préc., art. 89-II). — Le montant susvisé issu de l'art. 2 de la L. n° 2021-1900 du 30 déc. 2021 s'applique à la taxe sur les salaires due à raison des rémunérations versées à compter du 1er janv. 2022 (L. préc., art. 2). — Ce montant est relevé chaque année dans la même proportion que la limite supérieure de la première tranche du barème de l'impôt sur le revenu. Le résultat obtenu est arrondi s'il y a lieu à l'euro le plus proche.*

La mutuelle qui, entre le 1er janvier 2015 et le 31 décembre 2018, constate un dépassement du seuil d'effectif mentionné au premier alinéa conserve le bénéfice des

dispositions qui y sont prévues pour la détermination de la taxe sur les salaires due au titre de l'année du franchissement de ce seuil ainsi que des trois années suivantes.

1. Associations. Par ce texte, le législateur a entendu accorder le bénéfice de l'abattement à tout organisme ayant pris la forme d'une association de la loi du 1er juill. 1901, même si sa gestion n'est pas désintéressée. • CAA Nantes, 17 déc. 1996, no 94NT79 : *Dr. fisc. 1997. 264 ; RJF 1997. 219.*

2. Greffiers des tribunaux de commerce. Le Conseil national des greffiers des tribunaux de commerce ne constituant, eu égard à son mode de création, ni une association régie par la loi du 1er juillet 1901, ni un syndicat professionnel ou une union de syndicats professionnels, ni une mutuelle régie par le Code de la mutualité, n'est pas en droit de prétendre au bénéfice de l'abattement, alors même qu'il a été chargé par la loi d'assurer la défense des intérêts collectifs des greffiers des tribunaux de commerce. • TA Paris, 21 juin 2005, no 99-13099/1 : *RJF 2006. 136.*

3. Syndicats de copropriétaires. Les associations syndicales de propriétaires ne peuvent pas bénéficier de l'abattement. * Rép. min. no 35163 : *JOAN 7 mars 1988.* • TA Orléans, 15 sept. 2020, no 1804241 : *RJF 2021. 473.*

Art. 1679 *bis* **Toute personne, association ou organisme qui n'a pas versé dans les délais prescrits la taxe sur les salaires dont il est redevable est personnellement imposé par voie d'avis de mise en recouvrement d'une somme égale à celle qu'il aurait dû verser.**

7 COTISATION PERÇUE AU TITRE DE LA PARTICIPATION DES EMPLOYEURS À L'EFFORT DE CONSTRUCTION

Art. 1679 *bis* A *Dispositions disjointes (Décr. no 2015-608 du 3 juin 2015).*

Ancien art. 1679 *bis* A ***Conformément au deuxième alinéa de l'article L. 313-4 du code de la construction et de l'habitation, la cotisation mentionnée au premier alinéa de cet article est recouvrée selon les modalités et sous les sûretés, garanties et sanctions applicables aux taxes sur le chiffre d'affaires.***

7 *BIS* PARTICIPATION DES EMPLOYEURS AU DÉVELOPPEMENT DE LA FORMATION PROFESSIONNELLE CONTINUE

Art. 1679 *bis* B 1 et 2. *Dispositions devenues sans objet (L. no 2004-391 du 4 mai 2004, art. 34, et Ord. no 2004-602 du 24 juin 2004, art. 15-1).*

3. Les versements exigibles au titre du contrôle de la formation professionnelle continue sont effectués conformément aux règles mentionnées à l'article L. 6362-12 du code du travail.

(Abrogé par L. no 2018-771 du 5 sept. 2018, art. 37-VI et 46, à compter du 1er janv. 2019) ***« 4. Le versement de la participation des employeurs au développement de la formation professionnelle continue prévu à l'article 235 ter G est effectué auprès du comptable public compétent, accompagné d'un bordereau de versement établi selon un modèle fixé par l'administration, et déposé au plus tard le 30 avril de l'année suivant celle du versement des rémunérations. »***

Art. 1679 *bis* C *Dispositions devenues sans objet (L. no 2004-391 du 4 mai 2004, art. 34).*

8 IMPÔT SUR LA FORTUNE IMMOBILIÈRE

(L. no 2017-1837 du 30 déc. 2017, art. 31)

Art. 1679 *ter* **L'impôt sur la fortune immobilière est recouvré selon les modalités prévues à l'article 1658 et acquitté dans les conditions prévues au 1 de l'article 1663 et sous les mêmes sûretés, privilèges, garanties et sanctions que l'impôt sur le revenu.**

Le présent art. s'applique au titre de l'impôt sur la fortune immobilière dû à compter du 1er janv. 2018 (L. no 2017-1837 du 30 déc. 2017, art. 31-IX-B).

Recouvrement. S'agissant des impositions établies à la suite d'une procédure de rectification ou d'imposition d'office, la mise en recouvrement de cotisations supplémentaires d'IFI est effectuée soit par voie de rôle, soit par voie d'avis de mise en recouvrement. * BOI-PAT-IFI-60-10 no 210 du 29 avr. 2020.

9

Art. 1679 *quater* *Périmé.*

9 *BIS*

Art. 1679 *quater* A et 1679 *quater* B *Abrogés.*

10 COTISATION FONCIÈRE DES ENTREPRISES

Art. 1679 *quinquies* La cotisation foncière des entreprises et les taxes additionnelles sont recouvrées par voie de rôles suivant les modalités et sous les garanties et sanctions prévues en matière de contributions directes.

Elles donnent lieu au versement d'un acompte, égal à 50 % du montant des taxes mises en recouvrement au titre de l'année précédente, avant le 1er avril de l'année courante. L'acompte n'est pas dû si ce montant est inférieur à 3 000 €. — *Par exception à la 1re phrase du présent al., le montant de l'acompte dû au titre de 2021 peut être réduit, le cas échéant, par le contribuable, à 25 % des montants de cotisation foncière des entreprises et de la taxe prévue au II de l'art. 1600 CGI mis en recouvrement l'année précédente afférents aux établissements dont la valeur locative est déterminée conformément à l'art. 1499 dudit code (L. nº 2020-1721 du 29 déc. 2020, art. 29-IV-B).*

L'acompte est exigible le 31 mai *(Abrogé par L. nº 2016-1917 du 29 déc. 2016, art. 60-I-B-19º et I-G-1, pour les revenus perçus ou réalisés à compter du 1er janv. 2019) « et il est fait application des dispositions du 2 et du 3 de l'article 1664 pour son recouvrement et celui du solde de la taxe ».* Cet acompte est arrondi à l'euro le plus proche ; la fraction d'euro égale à 0,50 est comptée pour 1.

Le redevable qui estime que sa base d'imposition sera réduite d'au moins 25 % ou qui prévoit la cessation de son activité en cours d'année, au sens du I de l'article 1478, peut réduire le montant de son acompte en remettant au comptable public, chargé du recouvrement de la cotisation foncière des entreprises du lieu d'imposition, quinze jours avant la date d'exigibilité de l'acompte, une déclaration datée et signée.

(L. nº 2016-1917 du 29 déc. 2016, art. 60-I-B-19º et I-G-1, applicable aux revenus perçus ou réalisés à compter du 1er janv. 2019) « A défaut de paiement volontaire, le recouvrement des acomptes exigibles est assuré et poursuivi dans les conditions fixées pour les impôts directs par le titre IV du livre des procédures fiscales et assorti des garanties et sûretés prévues par le présent code.

« Le versement du solde est exigible à partir du 1er décembre. Le solde de l'impôt est recouvré par voie de rôles dans les conditions fixées par l'article 1663.

« Toutefois, par dérogation aux règles du même article 1663, l'impôt restant dû est exigible en totalité dès la mise en recouvrement des rôles si tout ou partie d'un acompte n'a pas été versé le 15 du mois suivant celui au cours duquel il est devenu exigible. »

Les redevables peuvent, sous leur responsabilité, réduire le montant du solde de cotisation foncière des entreprises du montant du dégrèvement attendu du plafonnement de la contribution économique territoriale due au titre de la même année, en remettant au comptable public chargé du recouvrement de la cotisation foncière des entreprises une déclaration datée et signée.

Les dispositions du présent art. s'appliquent aux revenus perçus ou réalisés à compter du 1er janv. 2019 (L. nº 2016-1917 du 29 déc. 2016, art. 60-I-B-19º et I-G-1, mod. par Ord. nº 2017-1390 du 22 sept. 2017, art. 1er-1º).

Paiement de la CFE. Modalités. Versement d'acomptes. * BOI-IF-CFE-40-10 nos 1 s. du 2 août 2017.

Art. 1679 *sexies* *Abrogé par L. nº 93-859 du 22 juin 1993, art. 3-II.*

11 COTISATION SUR LA VALEUR AJOUTÉE DES ENTREPRISES

Art. 1679 *septies* Les entreprises dont la cotisation sur la valeur ajoutée des entreprises de l'année précédant celle de l'imposition est supérieure à *(L. nº 2020-1721 du*

29 déc. 2019, art. 8-I-11° et VI-E, applicable aux acomptes dus par les redevables au titre de 2022 et des années suivantes) **« 1 500 €** *[ancienne rédaction : 3 000 €]* **» doivent verser :**

— au plus tard le 15 juin de l'année d'imposition, un premier acompte égal à 50 % de la cotisation sur la valeur ajoutée des entreprises ;

— au plus tard le 15 septembre de l'année d'imposition, un second acompte égal à 50 % de la cotisation sur la valeur ajoutée des entreprises.

La cotisation sur la valeur ajoutée des entreprises retenue pour le paiement des premier et second acomptes est calculée d'après la valeur ajoutée mentionnée dans la dernière déclaration de résultat exigée en application de l'article 53 A à la date du paiement des acomptes. Le cas échéant, le montant du second acompte est ajusté de manière à ce que le premier acompte corresponde à la valeur ajoutée mentionnée dans la déclaration de résultat exigée en application de l'article 53 A à la date du paiement du second acompte.

Les redevables peuvent, sous leur responsabilité, réduire le montant de leurs acomptes de manière à ce que leur montant ne soit pas supérieur à celui de la cotisation qu'ils estiment effectivement due au titre de l'année d'imposition. Pour déterminer cette réduction, ils tiennent compte de la réduction de leur valeur ajoutée imposable du fait des exonérations mentionnées au 1 du II de l'article 1586 *ter* et du dégrèvement prévu à l'article 1586 *quater*.

Pour l'application des exonérations ou des abattements de cotisations sur la valeur ajoutée des entreprises prévus à l'article 1586 *nonies*, les entreprises sont autorisées à limiter le paiement des acomptes de leur cotisation sur la valeur ajoutée des entreprises dans la proportion entre :

— d'une part, le montant total correspondant aux exonérations et abattements de cotisations foncières des entreprises au titre de l'année précédente, en application du 3° de l'article 1459, des articles 1464 à *(L. n° 2018-1317 du 28 déc. 2018, art. 174-I-4° et II, applicable à compter des impositions établies au titre de 2019)* **« 1464 I *bis* »** *(Abrogé par L. n° 2016-1917 du 29 déc. 2016, art. 67-I-C et II, pour les impositions établies au titre de 2017)* **« , de l'article 1464 L »** *(L. n° 2016-1918 du 29 déc. 2016, art. 43-I-3° et II, applicable à compter des impositions établies au titre de 2017)* **« , de l'article 1464 M »** *(L. n° 2020-1721 du 29 déc. 2020, art. 120-I-7° et II, applicable aux créations et extensions d'établissements intervenues à compter du 1er janv. 2021)* **« , des articles 1465 à 1466 F et de l'article 1478 *bis* » ;**

— et, d'autre part, le montant visé au septième alinéa majoré du montant total des cotisations foncières des entreprises dû au titre de l'année précédente.

Un décret précise les conditions d'application des sixième à huitième alinéas. — *Pour 2010, V. Décr. n° 2010-713 du 28 juin 2010, art. 1er.*

L'année suivant celle de l'imposition, le redevable doit procéder à la liquidation définitive de la cotisation sur la valeur ajoutée des entreprises sur une déclaration à souscrire au plus tard le deuxième jour ouvré suivant le 1er mai. Cette dernière est accompagnée, le cas échéant, du versement du solde correspondant. Si la liquidation définitive fait apparaître que les acomptes versés sont supérieurs à la cotisation effectivement due, l'excédent, déduction faite des autres impôts directs dus par le redevable, est restitué dans les soixante jours suivant le deuxième jour ouvré suivant le 1er mai. — *V. également art. 1586 octies-II-2.*

Pour 2014 et les entreprises établies à Mayotte, V. App., Ord. n° 2013-837 du 19 sept. 2013, art. 21-II.

Les redevables sont dispensés du paiement de l'acompte si celui-ci est inférieur à 500 € (L. n° 2009-1673 du 30 déc. 2009, art. 2-2.1.8).

III *PAIEMENT DE L'IMPÔT*

1 DISPOSITIONS GÉNÉRALES

Art. 1680 ***[Al. en vigueur jusqu'au 30 juin 2020]***

Les impositions de toute nature et les recettes recouvrées par un titre exécutoire mentionné à l'article L. 252 A du livre des procédures fiscales sont payables en espèces, *(L. n° 2017-1775 du 28 déc. 2017, art. 74)* **« jusqu'à un montant fixé par décret entre 60 et 300 € », à la caisse du comptable public chargé du recouvrement** *(L.*

nº 2016-1917 du 29 déc. 2016, art. 60-I-B-20º et I-G-1, applicable aux revenus perçus ou réalisés à compter du 1er janv. 2019) **« ou suivant les modes de paiement autorisés par décret ».**

[Al. en vigueur à une date fixée par décret, et au plus tard le 1er juill. 2020]

(L. nº 2018-1317 du 28 déc. 2018, art. 201-III et VI) **« Les impositions de toute nature et les recettes recouvrées par un titre exécutoire, mentionné à l'article L. 252 A du livre des procédures fiscales, sont payables en espèces, dans la limite de 300 €, selon le cas à la caisse du comptable public chargé du recouvrement ou auprès du ou des prestataires désignés en application du A du I de l'article 201 de la loi nº 2018-1317 du 28 décembre 2018 de finances pour 2019. »**

Les arrérages échus de rentes sur l'État peuvent être affectés au paiement de l'impôt direct. — *Sur les modalités et moyens de paiement, V. Ann. II, art. 376 bis à 384 A quater, et Ann. III, art. 357 A à 406 terdecies, 382 A à 382 D.*

Les dispositions de la L. nº 2018-1317 du 28 déc. 2018 entrent en vigueur à une date fixée par décret, et au plus tard le 1er juill. 2020. Ce décret peut prévoir une entrée en vigueur plus précoce dans certains territoires afin de permettre de préciser les conditions matérielles de mise en œuvre du nouveau dispositif (L. préc., art. 201-VI).

Les dispositions du présent art. s'appliquent aux revenus perçus ou réalisés à compter du 1er janv. 2019 (L. nº 2016-1917 du 29 déc. 2016, art. 60-I-B-20º et I-G-1, mod. par Ord. nº 2017-1390 du 22 sept. 2017, art. 1er-1º).

Ancien art. 1680 ***1. Les impôts et taxes visés par le présent code sont payables en argent, dans la limite de 3 000 €, à la caisse du comptable chargé du recouvrement, ou suivant les modes de paiement autorisés par le ministre chargé du budget ou par décret.*** — *V. Ann. III, art. 382 et 383 ; Ann. IV, art. 187, 188, 188 bis, 199 à 202 et 204.*

2 et 3. Abrogés.

4. Les arrérages échus de rentes sur l'État peuvent être affectés au paiement de l'impôt direct.

Règlement des impôts professionnels par imputation de créances fiscales. La possibilité est désormais offerte aux entreprises d'utiliser à titre de moyens de paiement les créances qu'elles détiennent sur le Trésor. Il s'agit des : crédits et des excédents de taxe ou d'impôt (crédit de TVA, excédent d'IS…) ; créances imputables sur l'IS et devenues restituables (report en arrière de déficit, crédit impôt recherche, etc) ; restitutions à la suite de dégrèvements concernant des impôts encaissés par la DGI. Cette faculté, pratiquée à la demande du contribuable, est ouverte uniquement aux usagers professionnels et concerne les impôts recouvrés par la DGI et affectés au budget de l'État (IS et contributions assimilées, TVA, taxe sur les salaires, taxe d'apprentissage, participation-formation et participation-construction des employeurs. * BOI-REC-PRO-10-20-30 nos 1 à 50 du 16 déc. 2013.

Art. 1680 A *(L. nº 2016-1917 du 29 déc. 2016, art. 60-I-B-21º et I-G-1, applicable aux revenus perçus ou réalisés à compter du 1er janv. 2019)* **Les prélèvements opérés à l'initiative de l'administration fiscale sont effectués sur un compte ouvert par le contribuable dans un établissement habilité à cet effet, qui peut être :**

1º Un compte de dépôt dans un établissement de crédit établi en France ou dans l'espace unique de paiement en euros, une caisse de crédit agricole régie par la section III du chapitre II du titre Ier du livre V du code monétaire et financier, une caisse de crédit mutuel, une caisse de crédit municipal ou un centre de chèques postaux ;

2º Un livret A, sous réserve que l'établissement teneur du livret le prévoie dans ses conditions générales de commercialisation, ou un livret A ou un compte spécial sur livret du Crédit mutuel relevant du 2 du I de l'article 146 de la loi nº 2008-776 du 4 août 2008 de modernisation de l'économie.

Ces opérations n'entraînent aucun *[aucuns]* **frais pour le contribuable.**

V. note ss. art. 1680.

Art. 1681 **1. Les versements provisionnels effectués par les contribuables sont constatés au crédit du compte ouvert à leur nom.**

2. Abrogé.

2 PAIEMENT MENSUEL DE L'IMPÔT SUR LE REVENU

Art. 1681 A *(Abrogé par L. nº 2016-1917 du 29 déc. 2016, art. 60-I-B-22º et I-G-3, pour l'imposition des revenus perçus ou réalisés à compter du 1er janv. 2018) **L'impôt sur le***

revenu est recouvré, au choix du contribuable, soit, s'il en exprime le désir, au moyen de prélèvements effectués chaque mois sur un compte ouvert par le contribuable dans un établissement habilité à cet effet, selon les modalités fixées aux articles 1681 B à 1681 E et 1724 quinquies, soit, à défaut de cette option, dans les conditions prévues au présent code et notamment au 1 de l'article 1663 et aux articles 1664 et 1730.

L'option est exercée ou renouvelée expressément ou tacitement chaque année dans les conditions et délais fixés par le décret en Conseil d'État prévu à l'article 1681 E.

Les dispositions du présent art. sont abrogées pour l'imposition des revenus perçus ou réalisés à compter du 1er janv. 2018 (L. no 2016-1917 du 29 déc. 2016, art. 60-I-B-22o et I-G-3, mod. par Ord. no 2017-1390 du 22 sept. 2017, art. 1er-2o et 3o).

Art. 1681 B *(Abrogé par L. no 2016-1917 du 29 déc. 2016, art. 60-I-B-22o et I-G-3, pour l'imposition des revenus perçus ou réalisés à compter du 1er janv. 2018)* ***Le prélèvement effectué chaque mois, de janvier à octobre, sur le compte du contribuable, est égal au dixième de l'impôt établi au titre de ses revenus de l'avant-dernière année, ou, si cet impôt n'a pas encore été établi, de l'impôt sur ses derniers revenus annuels imposés.*** *— Pour 2010, le montant des prélèvements mensuels est déterminé sur la base de l'imposition établie au titre de l'année 2009, augmentée du crédit d'impôt institué par la L. no 2009-431 du 20 avr. 2009 (L. préc., art. 1er-V).*

S'il estime que les prélèvements mensuels effectués ont atteint le montant des cotisations dont il sera finalement redevable, le contribuable peut demander la suspension des prélèvements suivants.

S'il estime que l'impôt exigible différera de celui qui a servi de base aux prélèvements, il peut demander la modification du montant de ces derniers.

Dans l'un ou l'autre cas, la demande, qui ne peut être postérieure au 30 juin de chaque année, doit préciser le montant présumé de l'impôt et doit être formulée auprès de l'administration fiscale au plus tard le dernier jour du mois qui précède celui du prélèvement effectif.

Si le montant de l'impôt présumé par le contribuable est inférieur de plus de 20 % au montant de l'impôt dû, une majoration de 10 % est appliquée à la différence entre les 2/3 de l'impôt dû et les prélèvements effectués entre le mois de janvier et le mois de juillet. Cette différence ainsi que la majoration s'ajoutent au montant du prélèvement qui a lieu le deuxième mois qui suit le mois de la mise en recouvrement de l'impôt.

V. note ss. art. 1681 A.

Art. 1681 C *(Abrogé par L. no 2016-1917 du 29 déc. 2016, art. 60-I-B-22o et I-G-3, pour l'imposition des revenus perçus ou réalisés à compter du 1er janv. 2018)* ***Le solde de l'impôt est prélevé en novembre à concurrence du montant de l'une des mensualités de l'article 1681 B. Le complément éventuel est prélevé en décembre. Lorsque le prélèvement de décembre est supérieur d'au moins 100 % à l'une des mensualités prévues à l'article 1681 B, le solde de l'impôt est recouvré, sauf opposition du contribuable, par prélèvements d'égal montant à partir de la troisième mensualité qui suit la mise en recouvrement du rôle.***

Toutefois, si l'impôt est mis en recouvrement après le 31 octobre, le solde est acquitté dans les conditions fixées par les articles 1663 et 1730.

Il est mis fin aux prélèvements mensuels dès qu'ils ont atteint le montant de l'impôt mis en recouvrement. Le trop-perçu qui apparaît éventuellement lors de la mise en recouvrement de l'impôt est immédiatement, et au plus tard à la fin du mois qui suit la constatation du trop-perçu, remboursé au contribuable.

Il est également mis fin aux prélèvements mensuels en cas de décès du contribuable. Le solde de l'impôt est acquitté dans les conditions fixées par les articles 1663 et 1730.

Lorsque, après la mise en recouvrement, le montant du dernier prélèvement de l'année est inférieur au montant visé au 2 de l'article 1657, il est ajouté à celui de la mensualité précédente.

V. note ss. art. 1681 A.

Art. 1681 D *(Abrogé par L. no 2016-1917 du 29 déc. 2016, art. 60-I-B-22o et I-G-3, pour l'imposition des revenus perçus ou réalisés à compter du 1er janv. 2018)* ***Les prélèvements mensuels sont opérés à l'initiative de l'administration fiscale, sur un compte qui peut être :***

1o Un compte de dépôt dans un établissement de crédit établi en France ou dans l'espace unique de paiement en euros, une caisse de crédit agricole régie par le livre V du code rural et

de la pêche maritime, une caisse de crédit mutuel, une caisse de crédit municipal ou un centre de chèques postaux ;

2° Un livret A, sous réserve que l'établissement teneur du livret le prévoie dans ses conditions générales de commercialisation, ou un livret A ou un compte spécial sur livret du Crédit mutuel relevant du 2 du I de l'article 146 de la loi n° 2008-776 du 4 août 2008 de modernisation de l'économie.

Ces opérations n'entraînent aucun *[aucuns]* ***frais pour le contribuable.***

V. note ss. art. 1681 A.

Art. 1681 E *(Abrogé par L. n° 2016-1917 du 29 déc. 2016, art. 60-I-B-22° et I-G-3, pour l'imposition des revenus perçus ou réalisés à compter du 1er janv. 2018)* ***Un décret en Conseil d'État fixe les modalités d'application des dispositions des articles 1681 A à 1681 D et, notamment en ce qui concerne la date de l'option prévue à l'article 1681 A et les dates du prélèvement mensuel.*** *— Ann. II, art. 376 bis à 376 sexies.*

V. note ss. art. 1681 A.

2 *BIS* PAIEMENT ÉCHELONNÉ DE L'IMPÔT SUR LE REVENU AFFÉRENT AUX PLUS-VALUES DE CESSION DE PETITE ENTREPRISE *(L. n° 2018-1317 du 28 déc. 2018, art. 111-1°).*

Art. 1681 F **I. — Sur demande du redevable, l'impôt sur le revenu afférent aux plus-values à long terme réalisées par une entreprise individuelle à l'occasion de la cession à titre onéreux de l'ensemble des éléments de l'actif immobilisé affectés à l'exercice d'une activité professionnelle ou d'une branche complète d'activité ou à l'occasion de la cession d'un fonds de commerce, d'un fonds artisanal ou d'une clientèle peut faire l'objet d'un plan de règlement échelonné lorsque les parties sont convenues d'un paiement différé ou échelonné du prix de cession portant sur une entreprise.**

(L. n° 2018-1317 du 28 déc. 2018, art. 111, applicable aux cessions intervenues à compter du 1er janv. 2019) **« I *bis*. — Sur demande du redevable, l'impôt sur le revenu afférent aux gains nets retirés de la cession à titre onéreux de droits sociaux mentionnés au 1 du I de l'article 150-0 A peut faire l'objet d'un plan de règlement échelonné lorsque les parties sont convenues d'un paiement différé ou échelonné de la totalité ou d'une partie du prix de cession de ces droits sociaux. »**

II. — La demande de plan de règlement échelonné doit être formulée au plus tard à la date limite de paiement portée sur l'avis d'imposition.

III. — L'octroi du plan de règlement échelonné est subordonné aux conditions cumulatives suivantes :

(L. n° 2018-1317 du 28 déc. 2018, art. 111, applicable aux cessions intervenues à compter du 1er janv. 2019) **« 1° L'entreprise individuelle ou la société emploie moins de cinquante salariés, a un total de bilan ou a réalisé un chiffre d'affaires n'excédant pas dix millions d'euros au titre de l'exercice au cours duquel la cession a lieu et répond à la définition de petite entreprise au sens de l'annexe I du règlement (UE) n° 651/2014 de la Commission du 17 juin 2014 déclarant certaines catégories d'aides compatibles avec le marché intérieur en application des articles 107 et 108 du traité ;**

« 1° *bis* Lorsqu'il s'agit d'une société, la cession mentionnée au I *bis* du présent article porte sur la majorité du capital social. A l'issue de la cession, la société n'est pas contrôlée, au sens du 2° du III de l'article 150-0 B *ter*, par le cédant ; »

2° L'imposition ne résulte pas de la mise en œuvre d'une rectification ou d'une procédure d'imposition d'office ;

3° Le redevable respecte ses obligations fiscales courantes ;

4° Le redevable constitue auprès du comptable public compétent des garanties propres à assurer le recouvrement de l'impôt afférent à la plus-value.

IV. — La durée du plan de règlement échelonné ne peut excéder celle prévue pour le paiement total du prix de cession ni se prolonger au*[-]*delà du 31 décembre de la cinquième année qui suit celle de la cession. Les échéances de versement de l'impôt sont fixées selon les modalités de paiement du prix de cession prévues dans l'acte.

V. — En cas de dépréciation ou d'insuffisance des garanties constituées, le comptable public compétent peut, à tout moment, demander un complément de garanties.

VI. — A défaut de constitution du complément de garanties mentionné au V ou de respect par le redevable des échéances du plan de règlement échelonné ou de ses obligations fiscales courantes, le plan de règlement échelonné est dénoncé.

VII. – Lorsque les versements sont effectués aux échéances mentionnées au IV du présent article, la majoration prévue à l'article 1730 du présent code est plafonnée, pour chaque versement, au montant de l'intérêt légal mentionné à l'article L. 313-2 du code monétaire et financier. Le taux de l'intérêt légal est celui applicable au jour de la demande de plan.

(L. n° 2018-1317 du 28 déc. 2018, art. 111, applicable aux cessions intervenues à compter du 1er janv. 2019) « VIII. – Le bénéfice du plan de règlement échelonné mentionné au I du présent article est subordonné au respect du règlement (UE) n° 1407/2013 de la Commission du 18 décembre 2013 relatif à l'application des articles 107 et 108 du traité sur le fonctionnement de l'Union européenne aux aides *de minimis*, du règlement (UE) n° 1408/2013 de la Commission du 18 décembre 2013 relatif à l'application des articles 107 et 108 du traité sur le fonctionnement de l'Union européenne aux aides *de minimis* dans le secteur de l'agriculture et du règlement (UE) n° 717/2014 de la Commission du 27 juin 2014 relatif à l'application des articles 107 et 108 du traité sur le fonctionnement de l'Union européenne aux aides *de minimis* dans le secteur de la pêche et de l'aquaculture. »

3

Art. 1681 *bis* *Disposition périmée.*

4 PAIEMENT DE LA TAXE D'HABITATION, DES TAXES FONCIÈRES ET DE LA CONTRIBUTION À L'AUDIOVISUEL PUBLIC DUE *[DUES]* PAR LES PARTICULIERS

Art. 1681 *ter* *(L. n° 2016-1917 du 29 déc. 2016, art. 60-I-B-23° et I-G-4, applicable à compter des impositions dues au titre de l'année 2019 ; Ord. n° 2017-1390 du 22 sept. 2017, art. 1er-1°)* 1. La taxe d'habitation *(L. n° 2019-1479 du 28 déc. 2019, art. 16-I-E-24° et VII-E, applicable à compter des impositions établies au titre de 2023)* « sur les résidences secondaires et autres locaux meublés non affectés à l'habitation principale » et les taxes foncières sont recouvrées dans les conditions prévues au 1 de l'article 1663 et à l'article 1730. Toutefois, le contribuable peut opter pour des prélèvements mensuels sur un compte ouvert par lui et répondant aux conditions de l'article 1680 A.

Lorsqu'elle est exercée pour la taxe d'habitation *(L. n° 2019-1479 du 28 déc. 2019, art. 16-I-E-24° et VII-E, applicable à compter des impositions établies au titre de 2023)* « sur les résidences secondaires et autres locaux meublés non affectés à l'habitation principale », cette option est également valable pour le recouvrement de la contribution à l'audiovisuel public due par les personnes mentionnées au 1° du II de l'article 1605.

L'option est exercée expressément et renouvelée tacitement chaque année.

2. Les prélèvements effectués chaque mois, de janvier à octobre, sont égaux au dixième de l'impôt établi l'année précédente.

Toutefois, le contribuable peut demander la suspension des prélèvements ou la modification de leur montant. Cette demande précise le montant présumé de l'impôt. Elle ne peut être postérieure au 30 juin et est prise en compte le mois qui suit celui au cours duquel elle est formulée. – *Pour les prélèvements effectués au titre de 2021, le contribuable peut demander la modification du montant des prélèvements mensuels à hauteur du vingtième du montant de taxe mis en recouvrement l'année précédente afférent aux établissements dont la valeur locative est déterminée en application de l'art. 1499 CGI (L. n° 2020-1721 du 29 déc. 2020, art. 29-IV-D).*

Le solde de l'impôt est prélevé en novembre à concurrence du montant mentionné au premier alinéa du présent 2. Le complément éventuel est prélevé en décembre. Lorsque le prélèvement de décembre est supérieur d'au moins 100 % à l'une des mensualités, le solde de l'impôt est recouvré par prélèvement d'égal montant à partir de la troisième mensualité qui suit la mise en recouvrement du rôle.

Toutefois, si l'impôt est mis en recouvrement après le 31 octobre, le solde est acquitté dans les conditions prévues aux articles 1663 et 1730.

Il est mis fin aux prélèvements dès qu'ils ont atteint le montant de l'impôt mis en recouvrement. Le trop-perçu éventuel est remboursé au contribuable au plus tard à la fin du mois qui suit celui au cours duquel il est constaté.

Il est également mis fin aux prélèvements mensuels en cas de décès du contribuable. Le solde de l'impôt est acquitté dans les conditions fixées aux mêmes articles 1663 et 1730.

Lorsque, après la mise en recouvrement, le montant du dernier prélèvement de l'année est inférieur au montant mentionné au 2 de l'article 1657, il est ajouté à celui de la mensualité précédente.

Lorsque l'option est exercée pour la taxe d'habitation *(L. n° 2019-1479 du 28 déc. 2019, art. 16-I-E-24° et VII-E, applicable à compter des impositions établies au titre de 2023)* **« sur les résidences secondaires et autres locaux meublés non affectés à l'habitation principale », les dispositions du présent 2 s'appliquent à la somme de la cotisation de taxe d'habitation** *(L. n° 2019-1479 du 28 déc. 2019, art. 16-I-E-24° et VII-E, applicable à compter des impositions établies au titre de 2023)* **« sur les résidences secondaires et autres locaux meublés non affectés à l'habitation principale » et de la contribution à l'audiovisuel public.**

3. Les modalités d'application du présent article sont fixées par décret. — *V. Ann. III, art. 382-0 C à 382 E.*

Ancien art. 1681 ter ***La taxe d'habitation peut être recouvrée, sur demande du contribuable, dans les conditions prévues à l'article 1681 A.***

Cette disposition fait l'objet d'une mise en œuvre progressive dont les étapes sont fixées par décret. — *V. Décr. n° 80-1085 du 23 déc. 1980 (JO 29 déc.) ; Décr. n° 81-695 du 1er juill. 1981 (JO 7 juill.) ; Décr. n° 89-617 du 1er sept. 1989 (JO 4 sept.) ; Décr. n° 90-726 du 9 août 1990 (JO 14 août) ; Décr. n° 91-702 du 22 juill. 1991 (JO 24 juill.).*

Un décret en Conseil d'État fixe les modalités d'application du premier alinéa et notamment la date de l'option et les dates auxquelles sont effectués les prélèvements *[non émis].*

Art. 1681 *ter* A *(Abrogé par L. n° 2016-1917 du 29 déc. 2016, art. 60-I-B-24° et I-G-1, pour les revenus perçus ou réalisés à compter du 1er janv. 2018)* ***Les taxes foncières peuvent être recouvrées, sur demande du contribuable, dans les conditions prévues à l'article 1681 A.***

Cette disposition fait l'objet d'une mise en œuvre progressive dont les étapes sont fixées par décret. — *V. Décr. n° 92-526 du 11 juin 1992 (JO 17 juin), Décr. n° 93-831 du 27 mai 1993 (JO 27 mai), Décr. n° 94-440 du 27 mai 1994 (JO 3 juin), Décr. n° 94-687 du 4 août 1994 (JO 11 août), Décr. n° 95-939 du 21 août 1995 (JO 26 août).*

Les dispositions du présent art. sont abrogées pour les revenus perçus ou réalisés à compter du 1er janv. 2019 (L. n° 2016-1917 du 29 déc. 2016, art. 60-I-B-24° et I-G-1, mod. par Ord. n° 2017-1390 du 22 sept. 2017, art. 1er-1°).

Art. 1681 *ter* B *(Abrogé par L. n° 2016-1917 du 29 déc. 2016, art. 60-I-B-24° et I-G-1, pour les revenus perçus ou réalisés à compter du 1er janv. 2019)* ***L'option prévue au premier alinéa de l'article 1681 ter, lorsqu'elle est exercée, est également valable pour le recouvrement de la contribution à l'audiovisuel public due par les personnes mentionnées au 1° du II de l'article 1605. Dans ce cas, les dispositions des quatre premiers alinéas de l'article 1681 B et les articles 1681 C à 1681 E s'appliquent à la somme de la taxe d'habitation et de la contribution à l'audiovisuel public.***

Les dispositions du présent art. sont abrogées pour les revenus perçus ou réalisés à compter du 1er janv. 2019 (L. n° 2016-1917 du 29 déc. 2016, art. 60-I-B-24° et I-G-1, mod. par Ord. n° 2017-1390 du 22 sept. 2017, art. 1er-1°).

Art. 1681 *quater* *Abrogé par L. n° 99-1172 du 30 déc. 1999, art. 34-II, à compter du 1er janv. 2000.*

4 BIS PAIEMENT DE LA COTISATION FONCIÈRE DES ENTREPRISES ET DES TAXES ADDITIONNELLES

Art. 1681 *quater* A **A. La cotisation foncière des entreprises et les taxes additionnelles sont recouvrées, soit dans les conditions prévues à l'article 1679 *quinquies*, soit, sur demande du contribuable, au moyen de prélèvements mensuels opérés conformément à l'article** *(L. n° 2016-1917 du 29 déc. 2016, art. 60-I-B-25° et I-G-1, applicable aux revenus perçus ou réalisés à compter du 1er janv. 2019)* **« 1680 A** *[ancienne rédaction : 1681 D]* **».**

B. De janvier à octobre, chaque prélèvement est égal au dixième du montant des taxes mises en recouvrement au titre de l'année précédente jusqu'au 31 décembre de

cette même année, éventuellement diminuées du montant du dégrèvement attendu au titre de l'article 1647 B *sexies*.

S'il estime que les prélèvements mensuels effectués ont atteint le montant des taxes qui seront mises en recouvrement, le contribuable peut demander la suspension des prélèvements suivants.

S'il estime que le montant des taxes mises en recouvrement différera de celui qui a servi de base aux prélèvements, il peut demander la modification du montant de ces derniers.

Dans l'un ou l'autre cas, la demande, qui ne peut être postérieure au 30 septembre de chaque année, doit préciser le montant présumé des taxes et doit être formulée auprès de l'administration fiscale au plus tard le dernier jour du mois qui précède celui du prélèvement effectif.

Si le montant des taxes présumé par le contribuable est inférieur de plus de 20 % au montant des taxes mises en recouvrement, une majoration de 5 % est appliquée à la différence entre la moitié des taxes dues et les prélèvements effectués entre le mois de janvier et le mois de juin. Cette différence ainsi que la majoration s'ajoutent au montant du prélèvement qui a lieu le deuxième mois qui suit le mois de la mise en recouvrement des taxes. — *Pour les prélèvements effectués au titre de 2021, le contribuable peut demander, la modification du montant des prélèvements mensuels à hauteur du vingtième des montants de taxe mis en recouvrement l'année précédente afférents aux établissements dont la valeur locative est déterminée en application de l'art. 1499 CGI. Dans ce cas, le dernier al. du B n'est pas applicable (L. n° 2020-1721 du 29 déc. 2020, art. 29-IV-C).*

C. Le solde des taxes est prélevé en novembre à concurrence du montant de l'un des prélèvements visé au B. Le complément éventuel est prélevé en décembre.

Toutefois, si les taxes sont mises en recouvrement après le 31 octobre, le solde est acquitté dans les conditions fixées par les articles 1663, 1731 et 1731 A.

D. Il est mis fin aux prélèvements mensuels dès qu'ils ont atteint le montant des taxes mises en recouvrement. Le trop-perçu qui apparaît éventuellement lors de la mise en recouvrement des taxes est immédiatement, et au plus tard à la fin du mois qui suit la constatation du trop-perçu, remboursé au contribuable.

E. *Transféré ss. l'art. 1762 A.*

F. Un décret *(Abrogé par L. n° 2016-1917 du 29 déc. 2016, art. 60-I-B-25° et I-G-1, pour les revenus perçus ou réalisés à compter du 1er janv. 2019)* « *en Conseil d'État* » fixe les modalités d'application du présent article. — *V. Ann. II, art. 376 bis à 376 octies ; Ann. III, art. 382-0 C à 382 E.*

Les dispositions du présent art. s'appliquent à compter des impositions dues au titre de l'année 2019 (L. n° 2016-1917 du 29 déc. 2016, art. 60-I-B-25° et I-G-1, mod. par Ord. n° 2017-1390 du 22 sept. 2017, art. 1er-1°).

5 PAIEMENT PAR VIREMENT OU PAR PRÉLÈVEMENTS

1° PAIEMENT PAR VIREMENT DES PRÉLÈVEMENTS LIBÉRATOIRES, DES RETENUES À LA SOURCE ET DE LA CONTRIBUTION ANNUELLE SUR LES REVENUS LOCATIFS

Art. 1681 *quinquies* 1. Les prélèvements prévus aux articles 117 *quater* et 125 A et les prélèvements établis, liquidés et recouvrés selon les mêmes règles ainsi que la retenue à la source prévue à l'article 119 *bis* et les retenues liquidées et recouvrées selon les mêmes règles sont acquittés par virement directement opéré sur le compte du Trésor ouvert dans les écritures de la Banque de France lorsque leur montant excède 1 500 €. Cette disposition ne s'applique pas à la retenue à la source acquittée dans les conditions prévues au 3 de l'article 1672, ainsi qu'aux prélèvements dus dans les conditions du III de l'article 117 *quater* et de l'article 125 D.

2. *Périmé (Décr. n° 2008-294 du 1er avr. 2008).*

3. *Abrogé par L. n° 2009-1674 du 30 déc. 2009, art. 29-IV et VI, à compter du 1er oct. 2010.*

4. Les paiements afférents à la contribution prévue à l'article 234 *nonies* due par une société ou un groupement mentionné à l'article 234 *terdecies* sont effectués par virement directement opéré sur le compte du Trésor ouvert dans les écritures de la Banque de France lorsque leur montant excède 50 000 €.

2° PAIEMENT DES IMPÔTS DIRECTS ET TAXES ASSIMILÉES PAR VIREMENT OU PAR PRÉLÈVEMENTS OPÉRÉS À L'INITIATIVE DU TRÉSOR PUBLIC

Art. 1681 *sexies* 1. Sous réserve des 2, 3 et 4, lorsque leur montant excède 50 000 €, les impôts exigibles dans les conditions fixées à l'article 1663 sont acquittés, au choix du contribuable, par virement directement opéré sur le compte du Trésor ouvert dans les écritures de la Banque de France ou par prélèvements opérés à l'initiative de l'administration fiscale sur un compte visé à l'article *(L. n° 2016-1917 du 29 déc. 2016, art. 60-I-B-26° et I-G-1, applicable aux revenus perçus ou réalisés à compter du 1er janv. 2019)* **« 1680 A** *[ancienne rédaction : 1681 D]* **».**

2. Lorsque leur montant excède 2 000 €, *(Abrogé par L. n° 2016-1917 du 29 déc. 2016, art. 60-I-B-26° et I-G-1, pour les revenus perçus ou réalisés à compter du 1er janv. 2019)* ***« les acomptes mentionnés à l'article 1664, »*** **l'impôt sur le revenu, la taxe d'habitation** *(L. n° 2019-1479 du 28 déc. 2019, art. 16-I-E-24° et VII-E, applicable à compter des impositions établies au titre de 2023)* **« sur les résidences secondaires et autres locaux meublés non affectés à l'habitation principale » et la contribution à l'audiovisuel public, les taxes foncières ainsi que les impositions recouvrées selon les mêmes règles que ces impositions sont acquittés par prélèvements opérés à l'initiative du Trésor public sur un compte** *(L. n° 2016-1917 du 29 déc. 2016, art. 60-I-B-26° et I-G-1, applicable aux revenus perçus ou réalisés à compter du 1er janv. 2018)* **« mentionné à l'article 1680 A** *[ancienne rédaction : visé aux 1° ou 2° de l'article 1681 D]* **».** *(L. n° 2020-1721 du 29 déc. 2020, art. 188)* **« Les contribuables qui résident dans un État figurant sur une liste établie par arrêté conjoint du ministre des affaires étrangères et du ministre chargé du budget peuvent acquitter ces impôts, quel que soit leur montant, par virement directement opéré sur le compte du Trésor ouvert dans les écritures de la Banque de France. »** — *Le montant mentionné ci-dessus est porté à 2 000 €, puis 1 000 €, puis 300 € pour les paiements effectués à compter, respectivement, du 1er janv. 2017, du 1er janv. 2018 et du 1er janv. 2019 (L. n° 2015-1785 du 29 déc. 2015, art. 76-III-C à E). — La possibilité de payer l'IFI, comme auparavant l'ISF, par voie de dation en paiement de certains biens est modifiée à l'art. 1716 bis CGI pour l'IFI dû à compter du 1er janv. 2018. — La liste mentionnée au présent 2 est composée des États suivants : La Barbade, Cuba, les Îles Vierges britanniques, l'Iran, le Kenya, le Liban, le Maroc, le Soudan, le Venezuela, le Zimbabwe (Arr. du 24 janv. 2022, JO 3 févr. 2022).*

(Abrogé par L. n° 2017-1837 du 30 déc. 2017, art. 31) ***« Par exception au premier alinéa du présent 2, l'impôt de solidarité sur la fortune peut être acquitté par dation dans les conditions prévues à l'article 1716 bis. »***

3. La cotisation foncière des entreprises, ses taxes additionnelles, l'imposition forfaitaire sur les entreprises de réseaux *(Abrogé par L. n° 2018-1317 du 28 déc. 2018, art. 26-III-32°-a)* ***« et sa contribution additionnelle »*, les frais mentionnés sur le rôle ainsi que leur acompte sont acquittés par prélèvements opérés à l'initiative du Trésor public sur un compte mentionné aux 1° ou 2° de l'article** *(L. n° 2016-1917 du 29 déc. 2016, art. 60-I-B-26° et I-G-1, applicable aux revenus perçus ou réalisés à compter du 1er janv. 2019)* **« 1680 A** *[ancienne rédaction : 1681 D]* **».**

4. Quel que soit leur montant, la cotisation foncière des entreprises et l'imposition forfaitaire sur les entreprises de réseaux, recouvrées par voie de rôles, ne peuvent pas être acquittées par virement. Cette interdiction s'applique également aux frais mentionnés sur les rôles, à l'acompte et aux taxes additionnelles mentionnés à l'article 1679 *quinquies* *(Abrogé par L. n° 2018-1317 du 28 déc. 2018, art. 26-III-32°-b)* ***« ainsi qu'à la contribution additionnelle à l'imposition forfaitaire sur les entreprises de réseaux mentionnée à l'article 1609 decies ».***

Les dispositions du présent art. s'appliquent aux revenus perçus ou réalisés à compter du 1er janv. 2019 (L. n° 2016-1917 du 29 déc. 2016, art. 60-I-B-26° et I-G-1, mod. par Ord. n° 2017-1390 du 22 sept. 2017, art. 1er-1°).

Les dispositions du présent art. issues du B du I de l'art. 31 de la L. n° 2017-1837 du 30 déc. 2017, s'appliquent au titre de l'impôt sur la fortune immobilière dû à compter du 1er janv. 2018. Toutefois, les dispositions modifiées par le même B du I continuent de s'appliquer, dans leur rédaction en vigueur au 31 déc. 2017, à l'impôt de solidarité sur la fortune dû jusqu'au titre de l'année 2017 incluse (L. préc., art. 31-IX-B).

6 IMPÔTS ACQUITTÉS PAR TÉLÉRÈGLEMENT

Art. 1681 *septies* **1. Par dérogation aux dispositions de l'article 1681 *quinquies* et du 1 de l'article 1681 *sexies*, l'impôt sur les sociétés ainsi que les impositions recouvrées dans les mêmes conditions, la cotisation foncière des entreprises et ses taxes additionnelles ainsi que la taxe sur les salaires sont acquittés par télérèglement, par les contribuables qui sont définis aux deuxième à dixième alinéas du I de l'article 1649 *quater* B *quater* ;** *— V. Ann. III, art. 382 E.*

2. Le paiement par télérèglement des taxes foncières sur les propriétés bâties et non bâties et de leurs taxes additionnelles et annexes est également obligatoire pour les contribuables qui ont opté pour le paiement de ces taxes auprès du service chargé des grandes entreprises au sein de l'administration fiscale dans des conditions fixées par décret. *— V. Ann. III, art. 406 terdecies.*

3. Le paiement de la cotisation sur la valeur ajoutée des entreprises est effectué par télérèglement.

4. Les paiements mentionnés à l'article 1668 sont effectués par télérèglement.

5. Les paiements de la taxe sur les salaires mentionnée à l'article 231 sont effectués par télérèglement.

6. Les paiements mentionnés aux 2 et 3 de l'article 1681 *sexies* peuvent également être effectués par télérèglement. *— V. Ann. III, art. 382 E.*

(L. nº 2016-1918 du 29 déc. 2016, art. 15-I-9º et III-B, applicable aux déclarations déposées et aux paiements effectués à compter du 1er janv. 2018) **« 7. Par dérogation au 1 de l'article 1681 *quinquies*, les prélèvements prévus aux VIII, IX et X de l'article 1649 *quater* B *quater* sont acquittés par télérèglement. »**

(L. nº 2021-1900 du 30 déc. 2021, art. 138, en vigueur le 1er janv. 2022) **« 7 *bis*. Le paiement de la taxe sur la valeur vénale des immeubles possédés en France, mentionnée à l'article 990 D, est effectué par télérèglement. »** *— V. Ann. III, art. 382 E.*

(L. nº 2019-1479 du 28 déc. 2019, art. 166-II-5º et V, mod. par L. nº 2020-1721 du 29 déc. 2020, art. 194, applicable à compter d'une date fixée par décret, et au plus tard aux impositions dont le fait générateur intervient à compter du 1er janv. 2023) **« 8. Les paiements de la taxe sur les conventions d'assurance mentionnée à l'article 991, des taxes assimilées prévues aux articles 990 I, 1635 *bis* A et** *(L. nº 2020-1721 du 29 déc. 2020, art. 64-I-11º)* **« 1635 *bis* AD et » de la contribution forfaitaire annuelle mentionnée au V de l'article L. 426-1 du code des assurances** *(Abrogé par L. nº 2020-1721 du 29 déc. 2020, art. 64-I-11º)* ***« et de la taxe mentionnée au IV de l'article 9 de la loi nº 2013-1279 du 29 décembre 2013 de finances rectificative pour 2013 »*** **sont effectués par télérèglement. »**

(L. nº 2019-1479 du 28 déc. 2019, art. 150-I-4º) **« 9. Un décret précise les autres impositions qui sont acquittées par télérèglement, sous peine de l'application de l'article 1738. »** *— V. Décr. nº 2020-772 du 24 juin 2020, art. 2.*

IV *OBLIGATIONS DES TIERS*

Art. 1682 **Le rôle, régulièrement mis en recouvrement, est exécutoire non seulement contre le contribuable qui y est inscrit, mais contre ses représentants ou ayants cause.**

1. Une fille, héritière de son père est tenue, en application de l'art. 870 C. civ., de contribuer au paiement des impôts mis à la charge de son père. Elle est donc au nombre des ayants cause contre lesquels les rôles sont exécutoires en vertu de *l'art. 1682.* • CE 25 juin 2003, nº 240817 : *RJF 2003. 1171.*

2. Pour poursuivre un mineur ou une personne sous tutelle, il convient de notifier les actes de poursuite à son représentant (tuteur, administrateur des biens d'un mineur) sans nécessité d'émettre un AMR à l'encontre du tuteur ès qualités. * BOI-REC-SOLID-20-20 nº 1 du 4 oct. 2017.

Art. 1683 *Abrogé par Ord. nº 2004-281 du 25 mars 2004, art. 25.*

Art. 1684 **1. En cas de cession d'une entreprise industrielle, commerciale, artisanale ou minière, qu'elle ait lieu à titre onéreux ou à titre gratuit, qu'il s'agisse d'une vente**

forcée ou volontaire, le cessionnaire peut être rendu responsable solidairement avec le cédant du paiement de l'impôt sur le revenu afférent aux bénéfices réalisés par ce dernier pendant l'année ou l'exercice de la cession jusqu'au jour de celle-ci, ainsi qu'aux bénéfices de l'année ou de l'exercice précédent lorsque, la cession étant intervenue dans le délai normal de déclaration, ces bénéfices n'ont pas été déclarés par le cédant avant la date de la cession.

Toutefois, le cessionnaire n'est responsable que jusqu'à concurrence du prix du fonds de commerce, si la cession a été faite à titre onéreux, ou de la valeur retenue pour la liquidation du droit de mutation entre vifs, si elle a eu lieu à titre gratuit, et il ne peut être mis en cause que pendant un délai de quatre-vingt-dix jours qui commence à courir du jour de la déclaration prévue au 1 de l'article 201, si elle est faite dans le délai imparti par ledit paragraphe, ou du dernier jour de ce délai, à défaut de déclaration.

(L. n° 2016-1918 du 29 déc. 2016, art. 25, applicable aux cessions ou ventes de fonds de commerce réalisées à compter du 1er janv. 2017) **« Lorsqu'il s'agit de la vente ou de la cession de fonds de commerce, le délai mentionné au deuxième alinéa commence à courir le jour du dépôt de la déclaration mentionnée aux 3 et 3 *bis* de l'article 201. Ce délai est ramené à trente jours lorsque les conditions suivantes sont réunies :**

« *a)* L'obligation mentionnée au deuxième alinéa du 1 de l'article 201 a été respectée ;

« *b)* Le cédant a déposé la déclaration mentionnée aux 3 et 3 *bis* de l'article 201 dans le délai prévu au même article 201 ;

« *c)* Le cédant respecte, au dernier jour du mois qui précède la vente ou la cession du fonds, ses obligations déclaratives et de paiement en matière fiscales.

« A défaut, le délai est fixé à quatre-vingt-dix jours et commence à courir à compter de l'expiration du délai imparti pour déposer la déclaration de résultat. »

Les dispositions du présent 1 sont applicables dans les mêmes conditions en ce qui concerne l'impôt sur les sociétés et la taxe d'apprentissage.

2. En cas de cession à titre onéreux soit d'une charge ou d'un office, soit d'une entreprise ou du droit d'exercer une profession non commerciale, le successeur du contribuable peut être rendu responsable solidairement avec son prédécesseur du paiement de l'impôt sur le revenu afférent aux bénéfices réalisés par ce dernier pendant l'année de la cession jusqu'au jour de celle-ci, ainsi qu'aux bénéfices de l'année précédente lorsque, la cession étant intervenue pendant le délai normal de déclaration, ces bénéfices n'ont pas été déclarés avant la date de la cession.

Toutefois, le successeur du contribuable n'est responsable que jusqu'à concurrence du prix de cession et il ne peut être mis en cause que pendant un délai de trois mois qui commence à courir du jour de la déclaration prévue au paragraphe 1 de l'article 202, si elle est faite dans le délai imparti par ledit paragraphe, ou du dernier jour de ce délai, à défaut de déclaration.

Les dispositions du présent paragraphe sont applicables dans les mêmes conditions en ce qui concerne l'impôt sur les sociétés.

3. Le propriétaire d'un fonds de commerce est solidairement responsable avec l'exploitant de cette entreprise, des impôts directs établis à raison de l'exploitation de ce fonds *(L. n° 2016-1691 du 9 déc. 2016, art. 144-II)* **« jusqu'à la publication du contrat de location-gérance ».**

(L. n° 2016-1918 du 29 déc. 2016, art. 26, applicable aux impositions dont la mise en recouvrement intervient à compter du 1er janv. 2017) **« Le premier alinéa du présent 3 n'est applicable que lorsque les impositions en cause ont fait l'objet des majorations prévues aux *b* ou *c* du 1 de l'article 1728 ou à l'article 1729 et à la condition que le propriétaire ait connu ou n'ait pu ignorer l'existence des manquements ayant entraîné l'application de ces majorations. »**

4. Les tiers visés aux 1 à 3 sont tenus solidairement avec les contribuables d'effectuer, en l'acquit des impositions dont ils sont responsables en vertu du présent article, les versements prévus par l'article *(L. n° 2016-1917 du 29 déc. 2016, art. 60-I-B-27° et I-G-1, applicable aux revenus perçus ou réalisés à compter du 1er janv. 2019)* **« 1663 B** *[ancienne rédaction : 1664]* **» à concurrence de la fraction de ces versements calculés sur les cotisations correspondantes mises à la charge du redevable dans les rôles concernant la dernière année au titre de laquelle il a été imposé.**

5. Un décret fixe, en ce qui concerne l'impôt sur le revenu, les conditions d'application du présent article. — *V. Ann. III, art. 383 bis et 383 ter.*

Les dispositions du présent art. s'appliquent aux revenus perçus ou réalisés à compter du 1er janv. 2019 (L. n° 2016-1917 du 29 déc. 2016, art. 60-I-B-27° et I-G-1, mod. par Ord. n° 2017-1390 du 22 sept. 2017, art. 1er-1°).

1. Lorsqu'une personne physique ou morale exerce une activité commerciale à travers plusieurs fonds de commerce appartenant à des propriétaires différents, chacun de ces derniers ne peut être tenu solidairement responsable des impôts directs dus par l'exploitant qu'en proportion des résultats qui sont réalisés dans le ou les fonds qui lui appartiennent. • CAA Nancy, 20 juin 1996, n° 93NA283 : *Dr. fisc. 1996. 1389.*

2. La responsabilité solidaire du propriétaire du fonds de commerce, prévue par l'art. 1684-3, à raison des impôts liés à l'exploitation du fonds de commerce et laissés impayés par l'exploitant n'est limitée dans le temps que par l'expiration du délai de prescription de l'impôt. Cependant, le propriétaire peut se prémunir contre une éventuelle mise en cause en exigeant le dépôt d'un cautionnement lors de la signature du contrat de location-gérance. De plus, si le propriétaire du fonds de commerce est mis en cause pour recouvrer les impôts laissés impayés par le gérant, il lui est toujours possible de présenter à l'Administration une demande en décharge de responsabilité sur les fondements de l'art. L. 247 LPF.

3. La solidarité de paiement du propriétaire d'un fonds de commerce avec l'exploitant de cette entreprise, prévue par l'art. 1684-3 pour les impôts directs établis à raison de l'exploitation de ce fonds, ne s'étend pas à la majoration pour mauvaise foi dont ces impôts directs peuvent être assortis en cas d'insuffisance de déclaration. • CE 28 juill. 2011, *SA Affinerie de l'Est*, n° 313279 : *RJF 2011. 1382.*

4. Les comptables du Trésor public sont autorisés, sur demande des propriétaires de fonds de commerce, à leur délivrer les extraits de rôle correspondant aux impôts pour lesquels ils sont solidaires. De plus, lorsque le propriétaire leur demande de justifier que l'assiette de l'imposition réclamée ne comprend que des revenus ou bénéfices tirés de l'exploitation du fonds, ils doivent déférer à cette demande ou l'inviter à la formuler auprès des services locaux de l'assiette. Toutefois, la jurisprudence administrative considère que l'Administration n'a pas le droit de communiquer au propriétaire le dossier fiscal de l'exploitant, ni de lui indiquer le bénéfice forfaitaire qu'elle envisage de retenir pour l'impôt de l'exploitant. * Rép. min. n° 9379 : *JOAN Q, 10 févr. 2003, p. 1043.*

5. Lorsque le locataire s'est livré à des manœuvres frauduleuses en vue d'éluder l'impôt, le bailleur peut obtenir la décharge de sa responsabilité en établissant que les dissimulations ayant donné lieu à rappel d'impôt ne procédaient pas d'un manque de vigilance de sa part. • CAA Nancy, 20 juin 1996, n° 94NA838 : *Dr. fisc. 1997. 584, concl. Commenville.*

Art. 1685 et 1685 *bis* *Abrogés par L. n° 2007-1822 du 24 déc. 2007, art. 9-II, à compter du 1er janv. 2008.*

Art. 1686 **Les propriétaires et, à leur place, les principaux locataires, doivent, un mois avant l'époque du déménagement de leurs locataires, se faire représenter par ces derniers les quittances de leur taxe d'habitation** *(L. n° 2019-1479 du 28 déc. 2019, art. 16-I-E-24° et VII-E, applicable à compter des impositions établies au titre de 2023)* **« sur les résidences secondaires et autres locaux meublés non affectés à l'habitation principale ». Lorsque les locataires ne représentent pas ces quittances, les propriétaires ou principaux locataires sont tenus, sous leur responsabilité personnelle, de donner, dans le délai d'un mois, avis du déménagement au comptable public chargé du recouvrement des impôts directs.**

Dans le cas de déménagement furtif, les propriétaires et, à leur place, les principaux locataires, sont responsables des sommes dues au titre de la taxe d'habitation *(L. n° 2019-1479 du 28 déc. 2019, art. 16-I-E-24° et VII-E, applicable à compter des impositions établies au titre de 2023)* **« sur les résidences secondaires et autres locaux meublés non affectés à l'habitation principale » par leurs locataires s'ils n'ont pas, dans les trois mois, fait donner avis du déménagement au comptable public.**

Dans tous les cas, et nonobstant toute déclaration de leur part, les propriétaires ou principaux locataires sont responsables de la taxe d'habitation *(L. n° 2019-1479 du 28 déc. 2019, art. 16-I-E-24° et VII-E, applicable à compter des impositions établies au titre de 2023)* **« sur les résidences secondaires et autres locaux meublés non affectés à l'habitation principale » des personnes logées par eux en garni.**

1. En application de l'art. 1686, le propriétaire bailleur doit, un mois avant l'époque du déménagement de son locataire, se faire présenter, par ce dernier, les quittances de taxe d'habitation. A défaut, le propriétaire doit donner, sous sa responsabilité personnelle, dans le délai d'un mois, avis du déménagement au comptable du Trésor. Le propriétaire, qui n'a pas respecté ces dispositions légales, peut s'exonérer de sa responsabilité solidaire en apportant la preuve de sa bonne foi, et notamment en donnant au comptable du Trésor la nouvelle adresse du locataire. D'autre part, aucune responsabilité n'est encourue lorsque le départ du locataire a lieu avant la mise en recouvrement du rôle ou en cas de déménagement dans le ressort du poste comptable ou encore si le locataire a fait connaître au comptable son déménagement. * BOI-REC-SOLID-20-40 n°s 50 à 70 du 12 sept. 2012.

2. Les propriétaires soumis aux dispositions des art. 1686 et 1687 peuvent effectuer un recours gracieux et présenter une demande en décharge de leur responsabilité lorsqu'ils sont victimes de circonstances imprévisibles, conformément à l'art. L. 247 du LPF. * BOI-REC-SOLID-20-40 n° 170 du 12 sept. 2012.

Art. 1687 **Les propriétaires et, à leur place, les principaux locataires qui n'ont pas, un mois avant le terme fixé par le bail ou par les conventions verbales, donné avis au comptable public chargé du recouvrement des impôts directs du déménagement de leurs locataires, sont responsables des sommes dues par ceux-ci pour la cotisation foncière des entreprises.**

Dans le cas où ce terme est devancé, comme dans le cas de déménagement furtif, les propriétaires et, à leur place, les principaux locataires deviennent responsables de la taxe de leurs locataires, s'ils n'ont pas, dans les trois mois, donné avis du déménagement au comptable public.

La part de la taxe laissée à la charge des propriétaires ou principaux locataires par les premier et deuxième alinéas comprend seulement la fraction afférente à l'exercice de la profession au cours du mois précédent et du mois courant.

Art. 1688 **En garantie du paiement des impôts dont elle peut être redevable, toute personne locataire d'un bureau meublé est tenue de verser au Trésor, à la fin de chaque mois, sous la responsabilité du loueur du bureau et par son entremise, une somme égale à 25 % du prix de location.**

Le loueur du bureau meublé peut être mis en cause, dans les conditions prévues par le premier alinéa, pour le recouvrement des versements prévus par l'article *(L. n° 2016-1917 du 29 déc. 2016, art. 60-I-B-27° et I-G-1, applicable aux revenus perçus ou réalisés à compter du 1er janv. 2018)* **« 1663 B** *[ancienne rédaction : 1664]* **».**

Les dispositions du présent art. s'appliquent aux revenus perçus ou réalisés à compter du 1er janv. 2019 (L. n° 2016-1917 du 29 déc. 2016 art. 60-I-B-27° et I-G-1, mod. par Ord. n° 2017-1390 du 22 sept. 2017, art. 1er-1°).

Art. 1689 et 1690 *Abrogés par L. n° 59-1472 du 28 déc. 1959, art. 1er.*

Art. 1691 **Les individus qui, en application de l'article 1742, ont été condamnés comme complices de contribuables s'étant frauduleusement soustraits ou ayant tenté de se soustraire frauduleusement au paiement de leurs impôts soit en organisant leur insolvabilité, soit en mettant obstacle, par d'autres manœuvres, au paiement de l'impôt, sont tenus solidairement avec les contribuables au paiement desdits impôts.**

Les personnes qui, en exécution des dispositions des articles 1777 et 1778, ont été condamnées comme coauteurs ou complices du délit visé à l'article 1771, sont tenues, solidairement avec la personne ou l'organisme redevable, au paiement des retenues à la source opérées au titre de l'impôt sur le revenu, et des majorations et amendes fiscales correspondantes.

[V SOLIDARITÉ ENTRE ÉPOUX ET PARTENAIRES LIÉS PAR UN PACTE CIVIL DE SOLIDARITÉ]

Art. 1691 *bis* **I. — Les époux et les partenaires liés par un pacte civil de solidarité sont tenus solidairement au paiement :**

1° De l'impôt sur le revenu lorsqu'ils font l'objet d'une imposition commune ;

2° De la taxe d'habitation *(L. n° 2019-1479 du 28 déc. 2019, art. 16-I-E-24° et VII-E, applicable à compter des impositions établies au titre de 2023)* **« sur les résidences secondaires et autres locaux meublés non affectés à l'habitation principale » lorsqu'ils vivent sous le même toit.**

II. — 1. Les personnes divorcées ou séparées peuvent demander à être déchargées des obligations de paiement prévues au I ainsi qu'à l'article **1723 *ter*-00 B** lorsque, à la date de la demande :

a) Le jugement de divorce ou de séparation de corps a été prononcé ou la convention de divorce par consentement mutuel prenant la forme d'un acte sous signature privée contresigné par avocats a été déposée au rang des minutes d'un notaire ;

b) La déclaration conjointe de dissolution du pacte civil de solidarité établie par les partenaires ou la signification de la décision unilatérale de dissolution du pacte civil de solidarité de l'un des partenaires a été enregistrée au greffe du *(Ord. n° 2019-964 du 18 sept. 2019, art. 35 et 36, en vigueur le 1er janv. 2020)* « tribunal judiciaire *[ancienne rédaction : tribunal d'instance]* » ;

c) Les intéressés ont été autorisés à avoir des résidences séparées ;

d) L'un ou l'autre des époux ou des partenaires liés par un pacte civil de solidarité a abandonné le domicile conjugal ou la résidence commune.

2. La décharge de l'obligation de paiement est accordée en cas de disproportion marquée entre le montant de la dette fiscale et, à la date de la demande, la situation financière et patrimoniale, nette de charges, du demandeur. *(L. n° 2021-1900 du 30 déc. 2021, art. 139-1° et 2°)* « La situation financière nette du demandeur est appréciée sur une période n'excédant pas trois années. La décharge de l'obligation de paiement » est alors prononcée selon les modalités suivantes : — *La précision sur l'appréciation de la situation financière du demandeur sur une période de 3 ans s'applique aux demandes formulées à compter du 1er janv. 2022.*

a) Pour l'impôt sur le revenu, la décharge est égale à la différence entre le montant de la cotisation d'impôt sur le revenu établie pour la période d'imposition commune et la fraction de cette cotisation correspondant aux revenus personnels du demandeur et à la moitié des revenus communs du demandeur et de son conjoint ou de son partenaire de pacte civil de solidarité.

Pour l'application du présent *a*, les revenus des enfants mineurs du demandeur non issus de son mariage avec le conjoint ou de son union avec le partenaire de pacte civil de solidarité sont ajoutés aux revenus personnels du demandeur ; la moitié des revenus des enfants mineurs du demandeur et de son conjoint ou de son partenaire de pacte civil de solidarité est ajoutée à la moitié des revenus communs.

Les revenus des enfants majeurs qui ont demandé leur rattachement au foyer fiscal des époux ou des partenaires liés par un pacte civil de solidarité ainsi que ceux des enfants infirmes sont pris en compte dans les conditions définies à l'alinéa précédent.

La moitié des revenus des personnes mentionnées au 2° de l'article **196** ainsi qu'à l'article **196 A *bis*** est ajoutée à la moitié des revenus communs du demandeur et de son conjoint ou de son partenaire de pacte civil de solidarité ;

b) Pour la taxe d'habitation *(L. n° 2019-1479 du 28 déc. 2019, art. 16-I-E-24° et VII-E, applicable à compter des impositions établies au titre de 2023)* « sur les résidences secondaires et autres locaux meublés non affectés à l'habitation principale », la décharge est égale à la moitié de la cotisation de taxe d'habitation *(L. n° 2019-1479 du 28 déc. 2019, art. 16-I-E-24° et VII-E, applicable à compter des impositions établies au titre de 2023)* « sur les résidences secondaires et autres locaux meublés non affectés à l'habitation principale » mise à la charge des personnes mentionnées au I ;

c) Pour l'impôt *(L. n° 2017-1837 du 30 déc. 2017, art. 31)* « sur la fortune immobilière », la décharge est égale à la différence entre le montant de la cotisation d'impôt *(L. n° 2017-1837 du 30 déc. 2017, art. 31)* « sur la fortune immobilière » dû par les personnes mentionnées à l'article **1723 *ter*-00 B** et la fraction de cette cotisation correspondant à l'actif net du patrimoine *(L. n° 2017-1837 du 30 déc. 2017, art. 31)* « imposable » propre du demandeur et à la moitié de l'actif net du patrimoine *(L. n° 2017-1837 du 30 déc. 2017, art. 31)* « imposable » commun du demandeur et de son conjoint ou de son partenaire de pacte civil de solidarité.

Pour l'application du présent *c*, le patrimoine *(L. n° 2017-1837 du 30 déc. 2017, art. 31)* « imposable » des enfants mineurs du demandeur non issus de son mariage avec le conjoint ou de son union avec le partenaire de pacte civil de solidarité est ajouté au patrimoine *(L. n° 2017-1837 du 30 déc. 2017, art. 31)* « imposable » propre du demandeur ; la moitié du patrimoine *(L. n° 2017-1837 du 30 déc. 2017, art. 31)* « imposable » des enfants mineurs du demandeur et de son conjoint ou de son parte-

naire de pacte civil de solidarité est ajoutée à la moitié du patrimoine *(L. n° 2017-1837 du 30 déc. 2017, art. 31)* **« imposable » commun ;**

d) **Pour les intérêts de retard et les pénalités mentionnées aux articles 1727, 1728, 1729, 1732 et 1758 A consécutifs à la rectification d'un bénéfice ou revenu propre au conjoint ou au partenaire de pacte civil de solidarité du demandeur, la décharge de l'obligation de paiement est prononcée en totalité. Elle est prononcée, dans les autres situations, dans les proportions définies respectivement au *a* pour l'impôt sur le revenu, au *b* pour la taxe d'habitation** *(L. n° 2019-1479 du 28 déc. 2019, art. 16-I-E-24° et VII-E, applicable à compter des impositions établies au titre de 2023)* **« sur les résidences secondaires et autres locaux meublés non affectés à l'habitation principale » et au *c* pour l'impôt** *(L. n° 2017-1837 du 30 déc. 2017, art. 31)* **« sur la fortune immobilière ».**

3. Le bénéfice de la décharge de l'obligation de paiement est subordonné au respect des obligations déclaratives du demandeur prévues par les articles 170 et *(L. n° 2017-1837 du 30 déc. 2017, art. 31)* **« 982** *[ancienne rédaction : 885 W]* **» à compter de la date de la fin de la période d'imposition commune.**

La décharge de l'obligation de paiement ne peut pas être accordée lorsque le demandeur et son conjoint ou son partenaire lié par un pacte civil de solidarité se sont frauduleusement soustraits, ou ont tenté de se soustraire frauduleusement, au paiement des impositions mentionnées aux 1° et 2° du I ainsi qu'à l'article 1723 *ter*-00 B, soit en organisant leur insolvabilité, soit en faisant obstacle, par d'autres manœuvres, au paiement de l'impôt.

III. — Les personnes en situation de gêne et d'indigence qui ont été déchargées de l'obligation de paiement d'une fraction des impôts, conformément au II, peuvent demander à l'administration de leur accorder une remise totale ou partielle de la fraction des impositions mentionnées aux 1° et 2° du I restant à leur charge.

Pour l'application de ces dispositions, la situation de gêne et d'indigence s'apprécie au regard de la seule situation de la personne divorcée ou séparée à la date de demande de remise.

IV. — L'application des II et III ne peut donner lieu à restitution. — *Sur les modalités d'application des II et III, V. Ann. II, art. 382 bis à 382 quinquies.*

Les dispositions du présent art. issues du B du I de l'art. 31 de la L. n° 2017-1837 du 30 déc. 2017, s'appliquent au titre de l'impôt sur la fortune immobilière dû à compter du 1er janv. 2018. Toutefois, les dispositions modifiées par le même B du I continuent de s'appliquer, dans leur rédaction en vigueur au 31 déc. 2017, à l'impôt de solidarité sur la fortune dû jusqu'au titre de l'année 2017 incluse (L. préc., art. 31-IX-B).

BIBL. ▸ DAUMAS, *RJF 2009. 475* (solidarité fiscale entre conjoints : retour sur des liens décidément très attachants).

1. Constitutionnalité. Le droit à la décharge de solidarité pour le paiement de l'IR, de la taxe d'habitation et de l'ISF, prévu par l'art. 1691 *bis*-II en faveur des ex-conjoints séparés ou divorcés, à l'exclusion des personnes veuves, est conforme à la Constitution. • Cons. const. 28 juin 2013, n° 2013-330 QPC : *JO 30 juin 2013 ; RJF 2013. 960.*

2. Décharge de responsabilité solidaire. Commentaire administratif de l'art. 1691 *bis*. Principe de la solidarité fiscale entre époux et *partenaires liés par* un PACS en matière d'IR et de taxe d'habitation. Procédure légale de décharge de responsabilité solidaire applicable en matière d'IR, de taxe d'habitation et d'ISF pour les personnes divorcées ou séparées. * BOI-CTX-DRS-10 et 20 du 14 oct. 2015.

3. Un ex-époux qui a obtenu la décharge partielle de sa responsabilité solidaire peut demander la remise gracieuse du reliquat et, en cas de refus, former un recours pour excès de pouvoir, mais sans possibilité de faire appel. • CAA Lyon, 28 mars 2017, n° 15LY01713 : *RJF 2017. 747.*

4. Solidarité de paiement des pénalités. La circonstance que les pénalités dont le couple est solidaire au paiement soient la conséquence des agissements de l'un des époux ou partenaires, dans le cadre de son activité professionnelle, ne dispense pas l'autre époux ou partenaire totalement étranger à ces agissements d'être solidaire à leur paiement. La solidarité de paiement n'ayant pas le caractère d'une punition, le principe de personnalité des peines ne peut pas être utilement invoqué pour limiter la portée de la solidarité d'un conjoint. Celle-ci est donc applicable aux pénalités prononcées à l'encontre de l'autre conjoint. • CAA Versailles, 28 mai 2015, n° 14VE00794 : *RJF 2015. 810.*

5. Non-application aux prélèvements sociaux. Une personne n'est pas solidairement tenue au paiement de la CSG, de la CRDS et du prélèvement social établis sur des revenus d'origine indéterminée perçus par son conjoint, dès lors qu'en renvoyant de façon générale aux règles de recouvrement applicables à l'IR pour le recouvrement de ces prélèvements, le législateur ne leur a pas expressément étendu les dispositions relatives à la solidarité des époux spécifiquement prévue pour l'IR. • CE 10 juill. 2012, *Augé*, n° 336492 : *RJF 2012. 1072 ; Dr. fisc. 2012. 512.* ♦ Pour sa part, l'Administration admet que, bien que non expressément visées par la loi, les contributions sociales assises, contrôlées et recouvrées selon les mêmes règles et sous les mêmes sûretés, privilèges et sanctions que l'IR mentionnées aux art. 1600-0 C, 1600-0 F *bis* et 1600-0 G CGI, puissent également donner lieu à décharge, selon les mêmes modalités qu'en matière d'IR.* BOI-CTX-DRS-10 n° 30 du 14 oct. 2015.

6. Cas où la demande de décharge n'a pas été accordée. Une demande tendant à obtenir décharge de responsabilité solidaire d'un conjoint constitue un droit lorsque les conditions prévues sont remplies. Elle entre donc dans le champ d'application de la loi du 11 juill. 2009. Par suite, la décision de l'Administration refusant d'accorder la décharge de droit de l'obligation solidaire doit être motivée. • TA Montreuil, 15 juill. 2011, n° 1008294 : *RJF 2012. 422.*

7. Imposition commune des époux. L'épouse dont le divorce ne sera prononcé que postérieurement aux années d'imposition à l'IR en litige et qui ne produit aucun élément attestant d'une rupture de la vie commune au cours de ces années doit être regardée comme responsable solidairement du paiement de l'IR mis à sa charge et à celle de son ex-époux au titre de ces années. • CE 8 oct. 2010, n°s 334160 et 334161 : *RJF 2011. 98.* ♦ L'art. 1691 *bis* autorise l'Administration fiscale à poursuivre indifféremment auprès de l'un ou l'autre des époux le recouvrement de la totalité de l'IR mis à la charge du foyer fiscal pour la période d'imposition commune sans que puissent lui être opposées les conventions particulières résultant d'un jugement de divorce quant à la répartition de la charge de ces impôts. • CAA Bordeaux, 15 janv. 2015, n°s 14BX01120 et 14BX01449 : *RJF 2015. 535.*

8. Vie commune des époux. L'épouse qui ne produit pas d'éléments permettant de tenir pour établi qu'elle ne vivait plus au domicile de son ex-époux au cours des années en cause doit être regardée comme solidairement responsable du paiement de la taxe d'habitation au titre de ces années. • CE 8 oct. 2010, n°s 334160 et 334161 : *préc. note 7.*

9. Époux divorcés par consentement mutuel. A compter du 1er janv. 2017, les personnes qui divorcent en utilisant la nouvelle procédure de divorce par consentement mutuel peuvent demander à être déchargées de leur responsabilité solidaire pour le paiement de l'IR, de la taxe d'habitation et de l'ISF à compter de la date du dépôt de la convention de divorce au rang des minutes d'un notaire : L. n° 2016-1547 du 18 nov. 2016, art. 50-V.

10. Époux ni divorcés ni séparés. Seules les personnes divorcées ou séparées peuvent demander à être déchargées de leur responsabilité solidaire. Les époux et partenaires liés par un PACS, ne remplissant pas les conditions prévues à l'art. 1691 *bis*-II, ne sont pas des tiers l'un envers l'autre au regard de l'art. L. 247 LPF. S'ils sont recevables à demander des remises totales ou partielles d'impositions, d'amendes ou de majorations fiscales, dans les conditions de l'art. L. 247 LPF, ils ne sont pas recevables à demander à être déchargés de leur responsabilité solidaire. • CE 16 févr. 2015, n° 373976 : *RJF 2015. 441.*

11. Polygamie. La contestation de sa qualité de débiteur solidaire par une femme mariée à une personne non divorcée de sa précédente union est une opposition aux poursuites susceptible d'être accueillie favorablement. • CAA Paris, 13 déc. 2012, *Sonni*, n° 11PA00737 : *RJF 2013. 554.*

12. Organisation d'insolvabilité. Ex-épouse ayant vendu son patrimoine personnel peu avant le divorce et ayant démissionné de son emploi peu après. • CE 31 juill. 2009, n° 298973 : *RJF 2009. 1165.* ♦ Contribuable en situation de gêne et d'indigence ayant organisé volontairement son insolvabilité en remboursant ses dettes non fiscales au détriment de ses arriérés d'impôt. • CE 7 mars 2019, n° 419907 : *RJF 2019. 578.*

VI *DÉCHARGE DE PAIEMENT ET DÉGRÈVEMENT EN CAS DE DÉCÈS DU FAIT D'UN ACTE DE TERRORISME, DE LA PARTICIPATION À UNE OPÉRATION EXTÉRIEURE OU DE SÉCURITÉ INTÉRIEURE OU DANS DES CIRCONSTANCES AYANT ENTRAÎNÉ UNE CITATION À L'ORDRE DE LA NATION*

(L. n° 2016-1917 du 29 déc. 2016, art. 5-I-3° et II-A)

Art. 1691 *ter* **Il est accordé aux ayants droit et, le cas échéant, aux cohabitants redevables des personnes mentionnées aux 1° à 2° *ter* et aux 7° à 10° du I de l'article 796 :**

1° Pour *(Abrogé par L. n° 2019-1479 du 28 déc. 2019, art. 16-I-E-21° et VII-E, à compter des impositions établies au titre de 2023)* **« *la taxe d'habitation et* » la contribution à l'audiovisuel public, un dégrèvement au titre de l'année du décès, applicable à l'imposition établie au nom du redevable décédé** *(Abrogé par L. n° 2019-1479 du 28 déc. 2019,* *art. 16-I-E-21° et VII-E, à compter des impositions établies au titre de 2023)* « *, pour l'habitation qui constituait sa résidence principale* » ;

2° Pour l'impôt sur le revenu, une décharge de paiement égale aux cotisations d'impôt sur le revenu et des autres impositions figurant sur le même article de rôle restant dues à la date du décès ou à devoir, au titre de l'imposition des revenus perçus ou réalisés par le défunt. Cette décharge ne peut couvrir les impositions dues sur les revenus afférents aux années antérieures à celle précédant l'année du décès. Les sommes versées avant le décès en application des articles 1664 et 1681 A, au titre des revenus du défunt, ne sont pas restituées. Les ayants droit sont dispensés de déclarer les revenus mentionnés à la première phrase du présent 2°.

Les ayants droit peuvent renoncer au bénéfice des dispositions prévues au 2° et opter pour les règles de droit commun relatives à la déclaration des revenus et à l'établissement de l'impôt. Dans le cas où le montant de l'impôt, au titre des revenus perçus ou réalisés par le défunt, s'avérerait inférieur au montant des prélèvements et acomptes versés avant le décès au titre des mêmes revenus, la différence est restituée. Dans le cas contraire, l'option est révocable.

Les art. 1664 et 1681 A CGI, qui concernaient les acomptes provisionnels et les prélèvements mensuels d'impôt sur le revenu, ont été abrogés à compter de l'imposition des revenus de 2018 par l'art. 60-I de la L. n° 2016-1917 du 29 déc. 2016 mod. par l'art. 1er de l'Ord. n° 2017-1390 du 22 sept. 2017.

SECTION II TAXES SUR LE CHIFFRE D'AFFAIRES ET TAXES ASSIMILÉES

I *RÉGIME GÉNÉRAL*

Art. 1692 **Les redevables sont tenus d'acquitter le montant des taxes exigibles au moment même où ils déposent la déclaration de leurs opérations.** — *V. dérogation pour les « groupes », art. 1693 ter.*

II *RÉGIME SPÉCIAL DES ACOMPTES PROVISIONNELS*

Art. 1693 **Les redevables de la taxe sur la valeur ajoutée autorisés à disposer du délai supplémentaire d'un mois prévu au 2 de l'article 287 pour remettre la déclaration visée au 1 du même article sont tenus de verser, à titre d'acompte, dans le délai prévu audit 1, une somme déterminée par eux en fonction de leur chiffre d'affaires, des taxes auxquelles ils sont assujettis et des déductions auxquelles ils peuvent prétendre. Cette somme doit être au moins égale à 80 % de la somme réellement due. La différence éventuellement constatée entre la somme ainsi versée et celle effectivement due fait l'objet, soit d'une imputation sur les acomptes afférents aux mois suivants, soit d'un versement complémentaire qui doit être effectué au moment même où ces redevables déposent la déclaration de leurs affaires.**

II *BIS* *RÉGIME SPÉCIAL DES EXPLOITANTS AGRICOLES*

Art. 1693 *bis* **I. — Les exploitants agricoles assujettis à la taxe sur la valeur ajoutée acquittent cette taxe par acomptes trimestriels égaux, au minimum, au cinquième de l'impôt dû au titre de l'année précédente ou du dernier exercice clos. Le complément d'impôt éventuellement exigible au vu de la déclaration annuelle visée au 1° du I de l'article 298 *bis* est versé lors du dépôt de celle-ci. S'il estime que les acomptes déjà payés au titre de l'année ou de l'exercice atteignent le montant de l'impôt dont il sera finalement redevable, l'exploitant peut surseoir au paiement des acomptes suivants. Si le montant de l'impôt est supérieur de plus de 30 % au montant des acomptes versés, l'intérêt de retard prévu à l'article 1727 et la majoration prévue à l'article 1731 sont applicables.**

La taxe est également exigible au vu de la déclaration prévue à la dernière phrase du 1° du I de l'article 298 *bis* et est versée lors du dépôt de celle-ci, sous déduction éventuelle des acomptes acquittés au titre de la période couverte par cette déclaration.

Les exploitants agricoles sont dispensés du versement d'acomptes lorsque la taxe due au titre de l'année civile précédente ou du dernier exercice clos, avant déduction de la

taxe sur la valeur ajoutée relative aux biens constituant des immobilisations, est inférieure à 1 000 €.

Toutefois les exploitants agricoles peuvent, sur option quinquennale de leur part, acquitter l'impôt au vu de déclarations trimestrielles ou mensuelles indiquant, d'une part, le montant total des opérations réalisées et, d'autre part, le détail de leurs opérations taxables.

II. — Les nouveaux assujettis sont autorisés, lors de leur première période d'imposition, à acquitter la taxe sur la valeur ajoutée par acomptes trimestriels dont ils déterminent eux-mêmes le montant, mais dont chacun doit représenter plus de 70 % de l'impôt réellement dû pour le trimestre correspondant.

III. — Lorsque la durée d'un exercice n'est pas égale à douze mois et que les exploitants agricoles ont opté pour une déclaration annuelle telle que définie à la deuxième phrase du 1° du I de l'article 298 *bis*, cette dernière ne peut couvrir une période excédant douze mois. Si l'exercice est supérieur à douze mois, ils doivent, au titre de cet exercice, déposer deux déclarations. La première doit couvrir la période comprise entre le premier jour de l'exercice et le dernier jour du douzième mois qui suit, et est déposée avant le cinquième jour du cinquième mois qui suit le dernier jour de la période couverte. La seconde déclaration doit couvrir la période comprise entre le premier jour du mois qui suit la période couverte par la première déclaration et le dernier jour de l'exercice concerné, et doit être déposée avant le cinquième jour du cinquième mois qui suit la clôture de l'exercice. Si l'exercice considéré a une durée inférieure à douze mois, elle est déposée avant le cinquième jour du cinquième mois qui suit la date de clôture de l'exercice. Les taxes dues en vertu des articles 298 *bis* et 302 *bis* MB, calculées ainsi qu'il est dit au III et le cas échéant au 1° ou 2° du IV de ce dernier article, sont liquidées lors du dépôt de ces déclarations.

L. nº 2013-1278 du 29 déc. 2013, art. 10-II et III :

« II. — Les exploitants agricoles qui relèvent du régime simplifié prévu aux I et II de l'article 298 bis du code général des impôts peuvent, par dérogation au I de l'article 1693 bis du même code, imputer sur le montant des acomptes trimestriels prévus au même article 1693 bis acquittés au titre de l'année 2014 ou du premier exercice ouvert en 2014, dans la limite du montant de l'acompte, 50 % de la taxe sur la valeur ajoutée qui a grevé les achats, réglés au cours du trimestre civil précédant l'échéance de l'acompte, d'amendements calcaires, d'engrais, de soufre, de sulfate de cuivre et de grenaille utilisée pour la fabrication du sulfate de cuivre, de produits cupriques contenant au minimum 10 % de cuivre, autres que ceux mentionnés au b du 5° de l'article 278 bis dudit code, sous réserve que ceux-ci aient fait l'objet soit d'une homologation, soit d'une autorisation de vente délivrée par le ministre chargé de l'agriculture.

« III. — Les I [§ modificateur] et II s'appliquent aux opérations dont le fait générateur intervient à compter du 1er janvier 2014. Toutefois, ils ne s'appliquent pas aux encaissements pour lesquels la taxe sur la valeur ajoutée est exigible avant cette date. »

II *TER*

Art. 1693 *ter* **1. Par dérogation aux dispositions de l'article 1692, un redevable de la taxe sur la valeur ajoutée peut choisir d'acquitter la taxe sur la valeur ajoutée et les taxes, contributions et redevances déclarées sur l'annexe à la déclaration prévue au 2 de l'article 287 dues par des membres du groupe qu'il constitue avec des assujettis dont il détient, directement ou indirectement, plus de la moitié du capital ou des droits de vote, et d'obtenir le remboursement des excédents de taxe déductible dont ceux-ci bénéficient.**

Cette option ne peut être exercée qu'avec l'accord des membres du groupe intéressés.

L'option peut aussi être exercée par un organe central ou une caisse départementale ou interdépartementale ayant opté pour le régime mentionné au cinquième alinéa du I de l'article 223 A, pour l'ensemble des banques, caisses et sociétés mentionnées à ce même alinéa.

Elle ne concerne que les groupes dont les membres remplissent les conditions cumulatives suivantes :

***a)* Ils relèvent des catégories mentionnées au I de l'article 1649 *quater* B *quater* et sont soumis aux modalités déclaratives prévues par cet article ;**

***b)* Ils ouvrent et clôturent leurs exercices comptables aux mêmes dates ;**

c) Ils déposent leurs déclarations dans les conditions prévues au premier alinéa du 2 de l'article 287.

La détention mentionnée au premier alinéa du présent article doit être continue sur la période couverte par l'option.

2. Le redevable mentionné au 1 formule l'option auprès du service des impôts dont il dépend. Celle-ci prend effet pour le paiement de la taxe sur la valeur ajoutée, ainsi que des taxes, contributions et redevances mentionnées au 1 exigibles, à compter du premier jour du premier exercice comptable suivant celui au cours duquel elle a été exprimée. — *V. Ann. III, art. 384 D.*

A compter du troisième exercice comptable suivant celui de prise d'effet de l'option, celle-ci peut être dénoncée par le redevable mentionné au 1 dans le délai d'un mois qui suit la clôture de l'exercice précédent. Cette dénonciation prend effet à compter du premier jour de l'exercice qu'elle vise.

Le redevable mentionné au 1 peut, avec leur accord, exclure certains membres du groupe ou en introduire de nouveaux. Ces modifications ne peuvent prendre effet qu'à compter du second exercice compris dans la période d'option. Elles s'opèrent selon des modalités analogues à celles décrites au premier alinéa. L'introduction de nouveaux membres dans le groupe est sans incidence sur la durée initiale de l'option.

L'appartenance d'un membre au groupe cesse à compter du premier jour du mois suivant celui au cours duquel les conditions mentionnées au 1 cessent d'être remplies.

3. Chaque mois, aux dates fixées par arrêté conjoint des ministres chargés de l'économie et du budget, les assujettis membres du groupe déposent leurs déclarations mentionnées au 2 de l'article 287 et le redevable mentionné au 1 du présent article :

a) Dépose une déclaration récapitulative conforme au modèle défini par l'administration ;

b) Acquitte un montant de taxe sur la valeur ajoutée égal à la différence entre la somme des taxes nettes dues et la somme des crédits de taxe portés sur les déclarations prévues au 2 de l'article 287, déposées au titre du même mois par chacun des membres du groupe. Lorsque ce solde est négatif, le redevable mentionné au 1 du présent article peut soit en obtenir le remboursement auprès de l'administration dans les conditions fixées par décret en Conseil d'État, soit le reporter sur la déclaration déposée au titre du mois suivant. En cas de dénonciation ou de caducité de l'option, le crédit de taxe existant à l'issue de la période couverte par l'option fait l'objet d'une restitution au redevable mentionné au 1 ; — *Sur le remboursement de taxe, V. Ann. II, art. 242-0 L ; sur les obligations déclaratives des a et b ci-dessus, V. Ann. IV, art. 39-1-1°-f.*

c) Acquitte les taxes, contributions et redevances mentionnées au 1 qui figurent sur les déclarations mentionnées au *b*.

4. Les déclarations mentionnées au *c* du 1 et l'annexe mentionnée au premier alinéa du 1 restent soumises au contrôle de l'administration dans les conditions prévues par le livre des procédures fiscales. Le redevable mentionné au 1 acquitte les droits et les intérêts de retard et pénalités mentionnés au chapitre II du livre II en conséquence des infractions commises par les assujettis membres du groupe.

5. Chaque assujetti membre du groupe est tenu solidairement avec le redevable mentionné au 1 au paiement de la taxe sur la valeur ajoutée, des taxes, contributions et redevances mentionnées au 1 et, le cas échéant, des pénalités correspondantes que le redevable mentionné au 1 est chargé d'acquitter, à hauteur des droits et pénalités dont il serait redevable si l'option mentionnée au 1 n'avait pas été exercée.

Consolidation du paiement de la TVA au sein d'un groupe. Commentaires administratifs du dispositif. * BOI-TVA-DECLA-20-20-50 du 19 avr. 2013.

Art. 1693 *ter* A Le crédit de taxe sur la valeur ajoutée constaté par un assujetti membre du groupe au titre d'une période antérieure à l'entrée en vigueur de l'option prévue à l'article 1693 *ter* ne peut faire l'objet d'un report sur une déclaration dont les éléments sont pris en compte pour le calcul de la différence mentionnée au *b* du 3 du même article. Ce crédit donne lieu à remboursement à ce membre dans les conditions prévues au IV de l'article 271.

Le crédit de taxe sur la valeur ajoutée constaté sur la déclaration mentionnée au *c* du 1 de l'article 1693 *ter* pendant l'application du régime optionnel prévu au même article ne peut faire l'objet d'un report sur une déclaration ultérieure de l'assujetti membre du groupe. Il est définitivement transmis au redevable mentionné au même 1 dans les conditions mentionnées au *b* du 3 du même article.

II *QUATER* *RÉGIME SPÉCIAL DE LA TAXE SUR CERTAINS SERVICES FOURNIS PAR LES GRANDES ENTREPRISES DU SECTEUR NUMÉRIQUE*

(L. nº 2019-759 du 24 juill. 2019, art. 1er)

Art. 1693 *quater* I. – Les redevables de la taxe prévue à l'article 299 autres que ceux soumis au régime réel simplifié d'imposition prévu à l'article 302 *septies* A ou admis à déposer leurs déclarations par trimestre civil conformément au dernier alinéa du 2 de l'article 287 acquittent cette taxe au moyen de deux acomptes versés lors de l'année au cours de laquelle elle devient exigible et au moins égaux à la moitié du montant dû au titre de l'année précédente.

Le premier acompte est versé lors de la déclaration de la taxe devenue exigible l'année précédente.

Le second acompte est versé :

1º Pour les redevables de la taxe sur la valeur ajoutée soumis au régime réel normal d'imposition mentionné au 2 de l'article 287, lors du dépôt de l'annexe à la déclaration mentionnée au 1 du même article 287 déposée au titre du mois de septembre ;

2º Dans les autres cas, au plus tard le 25 octobre, lors du dépôt de l'annexe à la déclaration prévue au même 1 déposée auprès du service de recouvrement dont relève le siège ou le principal établissement du redevable. – *Pour la dérogation au présent I au titre de l'année 2019, V. L. nº 2019-759 du 24 juill. 2019, art. 1er-III.*

II. – Les redevables qui estiment que le paiement d'un acompte conduirait à excéder le montant de la taxe définitivement dû peuvent surseoir au paiement de ce dernier ou minorer son montant.

Lorsqu'un redevable fait usage de la faculté prévue au premier alinéa du présent II et que le montant de la taxe finalement dû est supérieur de plus de 20 % au montant des acomptes versés, l'intérêt de retard prévu à l'article 1727 et la majoration prévue à l'article 1731 sont applicables.

L'intérêt de retard et la majoration mentionnés au deuxième alinéa du présent II sont appliqués à la différence positive entre, d'une part, la somme du montant de chacun des deux acomptes qui auraient été versés en l'absence de modulation à la baisse et, d'autre part, la somme du montant de chacun des deux acomptes effectivement versés.

III. – Le montant de taxe dû est régularisé lorsqu'elle est déclarée. Le cas échéant, les montants à restituer aux redevables sont imputés sur l'acompte acquitté lors de cette déclaration puis, si nécessaire, sur celui acquitté postérieurement la même année ou, en cas d'absence ou d'insuffisance des acomptes, remboursés.

Art. 1693 *quater* A En cas de cessation d'activité du redevable, le montant de la taxe prévue à l'article 299 qui est dû au titre de l'année de cessation d'activité est établi immédiatement. Elle est déclarée, acquittée et, le cas échéant, régularisée selon les modalités prévues pour la taxe sur la valeur ajoutée dont il est redevable ou, à défaut, dans les soixante jours suivant la cessation d'activité.

Art. 1693 *quater* B I. – Un redevable de la taxe prévue à l'article 299 qui n'est pas soumis au régime réel simplifié d'imposition prévu à l'article 302 *septies* A ni admis à déposer ses déclarations par trimestre civil conformément au dernier alinéa du 2 de l'article 287 peut choisir de déclarer et d'acquitter la taxe pour l'ensemble des redevables du groupe, au sens du dernier alinéa du III de l'article 299, auquel il appartient. Dans ce cas, l'article 1693 *ter* ne s'applique pas à cette taxe.

Cette option est exercée avec l'accord de l'ensemble des redevables du groupe concerné.

II. – Le redevable recourant à l'option prévue au I du présent article formule sa demande auprès du service des impôts dont il dépend. Cette option prend effet pour les paiements et remboursements intervenant à compter de la déclaration déposée l'année suivant la réception de la demande par ce service.

III. – L'option est exercée pour au moins trois années.

Le redevable renonçant à l'option formule sa demande de renonciation auprès du service des impôts dont il dépend. Cette renonciation prend effet pour les paiements

et remboursements intervenant à compter de la déclaration de l'année déposée l'année suivant la réception de la demande par ce service.

L'option s'applique pour la taxe due par tout nouveau membre du groupe concerné. En cas de désaccord de ce dernier, il est renoncé à l'option dans les conditions prévues au deuxième alinéa du présent III.

IV. — La déclaration déposée par le redevable recourant à l'option mentionne les montants dus par chaque membre du groupe.

V. — Le redevable recourant à l'option prévue au I obtient les remboursements de la taxe due par les redevables membres du groupe consolidé, le cas échéant, par imputation des montants dus par les autres membres et acquitte les droits et les intérêts de retard et pénalités prévus au chapitre II du présent livre en conséquence des infractions commises par les redevables membres du groupe.

VI. — Chaque redevable membre du groupe est tenu solidairement avec le redevable recourant à l'option prévue au I au paiement de la taxe et, le cas échéant, des intérêts de retard et pénalités correspondants que le redevable recourant à l'option prévue au même I est chargé d'acquitter, à hauteur des droits, intérêts et pénalités dont le redevable membre du groupe serait redevable si l'option mentionnée audit I n'avait pas été exercée.

L'option prévue au présent art. peut, pour la taxe prévue à l'art. 299 due au titre de l'année 2019, être exercée jusqu'au 31 oct. 2019 et prend effet à partir du premier paiement à compter de cette date (L. n° 2019-759 du 24 juill. 2019, art. 1er-IV).

II *QUINQUIES* RÉGIME SPÉCIAL DES REDEVABLES DE LA TAXE SUR LA PUBLICITÉ DIFFUSÉE PAR LES CHAÎNES DE TÉLÉVISION

(L. n° 2009-258 du 5 mars 2009, art. 32-II et 92-I, en vigueur le 1er janv. 2010)

Art. 1693 *quinquies* *(Abrogé par L. n° 2018-1317 du 28 déc. 2018, art. 26-III-33° et XV-E, pour les encaissements intervenant à compter du 1er janv. 2020)* ***Les redevables de la taxe prévue à l'article 302 bis KG acquittent cette taxe par acomptes mensuels ou trimestriels au moins égaux, respectivement, au douzième ou au quart du montant de la taxe due au titre de l'année civile précédente.***

Le complément de taxe exigible au vu de la déclaration mentionnée au V de l'article 302 bis KG est versé lors du dépôt de celle-ci.

Les redevables qui estiment que les acomptes déjà payés au titre de l'année atteignent le montant de la taxe dont ils seront en définitive redevables peuvent surseoir aux paiements des acomptes suivants. Si le montant de la taxe est supérieur de plus de 20 % au montant des acomptes versés, l'intérêt de retard prévu à l'article 1727 et la majoration prévue à l'article 1731 sont applicables.

II *SEXIES* RÉGIME SPÉCIAL DES REDEVABLES DE LA TAXE SUR LES SERVICES FOURNIS PAR LES OPÉRATEURS DE COMMUNICATIONS ÉLECTRONIQUES

(L. n° 2009-258 du 5 mars 2009, art. 33-II et 92-II, en vigueur le 1er janv. 2010)

Art. 1693 *sexies* **Les redevables de la taxe prévue à l'article 302 *bis* KH acquittent cette taxe par acomptes mensuels ou trimestriels au moins égaux, respectivement, au douzième ou au quart du montant de la taxe due au titre de l'année civile précédente.**

Le complément de taxe exigible au vu de la déclaration mentionnée au V de l'article 302 *bis* KH est versé lors du dépôt de celle-ci.

Les redevables qui estiment que les acomptes déjà payés au titre de l'année atteignent le montant de la taxe dont ils seront en définitive redevables peuvent surseoir aux paiements des acomptes suivants. Si le montant de la taxe est supérieur de plus de 20 % au montant des acomptes versés, l'intérêt de retard prévu à l'article 1727 et la majoration prévue à l'article 1731 sont applicables.

III

Art. 1694 *Abrogé par L. n° 98-1266 du 30 déc. 1998, art. 7-IV.*

III *BIS* RÉGIME SIMPLIFIÉ

Art. 1694 *bis* *(Ord. nº 2021-1843 du 22 déc. 2021, art. 10-38º, en vigueur le 1er janv. 2022)* **Les conditions dans lesquelles les personnes soumises au régime simplifié de déclaration des taxes sur le chiffre d'affaire*[s]* mentionné à l'article 302 *septies* A acquittent les impositions relevant de ce régime sont déterminées dans les conditions prévues à l'article L. 171-1 du code des impositions sur les biens et services.**

Ancien art. 1694 *bis* ***Il est institué, par décret en Conseil d'État, un régime simplifié de recouvrement des taxes sur le chiffre d'affaires dues par les personnes mentionnées au I de l'article 302 septies A*** *[Ann. II, art. 204 quater, 242 sexies à 242 septies L et 383 ter].*

IV *DISPOSITIONS APPLICABLES AUX TAXES À L'IMPORTATION, AUX PRODUITS PÉTROLIERS ET À LA SORTIE D'UN RÉGIME D'ENTREPÔT*

Art. 1695 **I. — La taxe sur la valeur ajoutée est déclarée et perçue lorsqu'elle devient exigible, pour les opérations suivantes :**

1º Les importations *(L. nº 2019-1479 du 28 déc. 2019, art. 181-I-O et IV, en vigueur le 1er janv. 2022)* **« pour lesquelles le redevable est une personne non assujettie »** *(L. nº 2021-1900 du 30 déc. 2021, art. 30-I-23º)* **« et non identifiée conformément aux dispositions combinées des articles 286 *ter* et 286 *ter* A » ;**

2º Abrogé.

3º Les transports entre la France et les territoires situés en dehors du territoire communautaire, au sens de l'article 256-0, qui sont listés par décret. *— V. Ann. III, art. 384 A bis.*

Dans ces situations, la taxe sur la valeur ajoutée est recouvrée et contrôlée selon les mêmes procédures et sous les mêmes sanctions, garanties, sûretés et privilèges que les droits de douanes.

[Al. abrogé]

II. à V. Abrogés.

Autoliquidation de la TVA due à l'importation. Objectifs et bénéficiaires de l'autoliquidation. Bénéficiaires de l'autoliquidation. Entreprises établies dans l'UE. Importateurs non établis dans le territoire de l'UE. Examen de recevabilité. Enregistrement de l'autoliquidation. * BOI-TVA-DECLA-20-20-10-20 du 3 mai 2017. ♦ Élargissement, à compter du 22 juin 2016, à tous les opérateurs établis sur le territoire de l'Union européenne, de la possibilité d'opter pour l'autoliquidation de la TVA due au titre des opérations d'importation sur leur déclaration de chiffre d'affaires, déposée auprès de la DGFiP. * Note DG douanes du 30 sept. 2016 : * BOI-TVA-DECLA-20-20-10-20 du 3 mai 2017.

Ancien art. 1695 *(L. nº 2018-1317 du 28 déc. 2018, art. 193-II-9º et VI, en vigueur le 1er janv. 2020)* ***I. — La taxe sur la valeur ajoutée est déclarée et perçue lorsqu'elle devient exigible, pour les opérations suivantes :***

1º Les importations ;

2º La sortie de l'un des régimes mentionnés au 1º, au a du 2º et au 7º du I de l'article 277 A ou le retrait de l'autorisation prévue pour le régime prévu au a du 2º du même I ;

3º Les transports entre la France et les territoires situés en dehors du territoire communautaire, au sens de l'article 256-0, qui sont listés par décret.

Dans ces situations, la taxe sur la valeur ajoutée est recouvrée et contrôlée selon les mêmes procédures et sous les mêmes sanctions, garanties, sûretés et privilèges que les droits de douanes.

(Abrogé par L. nº 2018-1317 du 28 déc. 2018, art. 193-II-9º et VI, applicable aux opérations pour lesquelles l'exigibilité de la taxe sur la valeur ajoutée intervient à compter de cette même date, à compter du 1er janv. 2021) ***« La taxe sur la valeur ajoutée exigible lors de la mise à la consommation des produits pétroliers visés au 1º du 1 de l'article 298 est perçue par la direction générale des douanes et droits indirects. »***

(L. nº 2018-1317 du 28 déc. 2018, art. 193-II-9º et VI, en vigueur le 1er janv. 2020) ***« II. — Par dérogation aux premier à troisième alinéas du I du présent article, lorsqu'elles sont assujetties à la taxe sur la valeur ajoutée, peuvent, sur autorisation, porter sur la déclaration mentionnée à l'article 287 le montant de taxe dû au titre des opérations mentionnées aux 1º et 2º du même I dont elles sont redevables*** *(L. nº 2018-1317 du 28 déc. 2018, art. 193-II-9º, mod. par L. nº 2019-1479 du 28 déc. 2019, art. 147-III et IV-A, mod. par L. nº 2020-1721 du 29 déc. 2020, art. 51-II, applicable aux opérations pour lesquelles le fait générateur de la taxe sur la valeur*

ajoutée intervient à compter du 1er juill. 2021) ***« lorsqu'elles ne sont pas exonérées en application du 11° de l'article 291 » et l'acquitter dans les conditions prévues à l'article 287 : »***

1° Les personnes établies sur le territoire douanier de l'Union européenne, lorsque les conditions suivantes sont cumulativement réunies :

a) Elles ont effectué au moins quatre importations au sein du territoire de l'Union européenne au cours des douze mois précédant la demande *(L. n° 2018-1317 du 28 déc. 2018, art. 193-II-9° et VI, abrogé par L. n° 2019-1479 du 28 déc. 2019, art. 181-III)* ***« ou ont au moins douze mois d'existence » ;***

b) Elles disposent d'un système de gestion des écritures douanières et fiscales permettant le suivi des opérations d'importation. Cette condition est considérée comme remplie dès lors que le demandeur atteste de cette gestion sur le formulaire de demande ;

c) Elles justifient *(L. n° 2018-1317 du 28 déc. 2018, art. 193-II-9° et VI, abrogé par L. n° 2019-1479 du 28 déc. 2019, art. 181-III)* ***« , ainsi que leur dirigeant, » d'une absence d'infractions graves ou répétées aux dispositions douanières et fiscales ;***

d) Elles justifient d'une solvabilité financière leur permettant de s'acquitter de leurs engagements au cours des douze derniers mois précédant la demande. Cette condition est examinée directement par l'administration des douanes au regard des informations disponibles. Elle est réputée remplie dès lors que le demandeur n'a pas fait l'objet de défaut de paiement auprès des services fiscaux et douaniers et ne fait pas l'objet d'une procédure collective. Si le demandeur est établi depuis moins de douze mois, sa solvabilité est appréciée sur la base des informations disponibles au moment du dépôt de la demande.

Ces conditions sont réputées remplies pour les personnes titulaires du statut d'opérateur économique agréé, mentionné au 2 de l'article 38 du règlement (UE) n° 952/2013 du Parlement européen et du Conseil du 9 octobre 2013 établissant le code des douanes de l'Union ;

2° Les personnes non établies sur le territoire de l'Union européenne, lorsqu'elles dédouanent par l'intermédiaire d'un représentant en douane titulaire d'une autorisation d'opérateur économique agréé pour les simplifications douanières mentionnée au a du 2 de l'article 38 du même règlement.

III. — La demande d'autorisation, effectuée sur un formulaire conforme à un modèle fixé par l'administration, est adressée à l'administration des douanes, qui vérifie le respect des conditions prévues, selon le cas, aux 1° ou 2° du II et délivre l'autorisation.

L'autorisation s'applique aux opérations intervenant à compter du premier jour du mois suivant la décision et jusqu'au 31 décembre de la troisième année suivante. Elle est renouvelable par tacite reconduction, par période de trois années civiles, sauf dénonciation formulée au moins deux mois avant l'expiration de chaque période. Elle peut être rapportée lorsque l'administration des douanes constate que les conditions prévues, selon le cas, aux 1° ou 2° du II ne sont plus remplies.

(L. n° 2018-1317 du 28 déc. 2018, art. 193-II-9° et VI, en vigueur le 1er janv. 2020) ***« IV. — Par dérogation aux articles 352 et 352 bis du code des douanes, les régularisations de taxe relatives aux opérations des assujettis mentionnées aux 1° à 3° du I du présent article sont effectuées sur la déclaration prévue à l'article 287 du présent code, dans les mêmes conditions que pour les autres opérations.***

« V. — Les dispositions des II et IV ne sont pas applicables aux créances faisant l'objet d'un avis de mise en recouvrement. »

IV *BIS*

Art. 1695 *bis* *Dispositions devenues sans objet.*

IV *TER* ***PAIEMENT DE LA TAXE SUR LA VALEUR AJOUTÉE PAR VIREMENT OU PAR TÉLÉRÈGLEMENT***

Art. 1695 *ter* *(Abrogé par L. n° 2005-1719 du 30 déc. 2005, art. 116-IV et VI, à compter du 1er janv. 2007)* ***« 1. Les entreprises dont le chiffre d'affaires réalisé au titre de l'année civile précédente est supérieur à 760 000 € hors taxe pour les paiements effectués à compter du 1er janvier 2002 doivent acquitter la taxe sur la valeur ajoutée par virement directement opéré sur le compte du Trésor ouvert dans les écritures de la Banque de France. »***

2. *Transféré ss. art. 1788 quinquies.*

(Abrogé par L. n° 2005-1719 du 30 déc. 2005, art. 116-IV et VI, à compter du 1er janv. 2007) ***« 3. Les dispositions prévues au 1 et au 1 de l'article 1738 s'appliquent aux taxes qui sont acquittées dans les mêmes conditions et délais que ceux prévus à l'article 287. »***

4. *Sans objet.*

Art. 1695 *quater* **Les redevables acquittent la taxe sur la valeur ajoutée ainsi que les taxes assimilées aux taxes sur le chiffre d'affaires par télérèglement.**

V *MODALITÉS D'APPLICATION*

Art. 1696 **Les modalités d'application des dispositions contenues dans la présente section sont fixées par arrêté ministériel** *[Ann. IV, art. 189].*

Art. 1697 *Abrogé par Ord. nº 2004-281 du 25 mars 2004, art. 15.*

Art. 1697 *bis* *Transféré ss. LPF, art. L. 208, L. 277, L. 278 [depuis, abrogé] et L. 280.*

SECTION III CONTRIBUTIONS INDIRECTES

V. Ann. IV, art. 193.

Art. 1698 *Abrogé par Ord. nº 2004-281 du 25 mars 2004, art. 26.*

Art. 1698-0 A *Abrogé par L. nº 98-1266 du 30 déc. 1998, art. 47-A.*

Art. 1698 A *(Abrogé par Ord. nº 2021-1843 du 22 déc. 2021, art. 10-47º-as, à compter du 1er janv. 2022)* ***Sous réserve des dispositions mentionnées à l'article 1698 C, le droit spécifique sur les bières*** *(L. nº 2018-1317 du 28 déc. 2018, art. 199-I-7º et V-C, applicable aux impositions dont le fait générateur intervient à compter du 1er janv. 2019)* ***« mentionné à l'article 520 A est recouvré » selon les procédures et sous le bénéfice des sûretés prévues par le présent code en matière de contributions indirectes. Les infractions sont constatées, poursuivies et réprimées comme en matière de contributions indirectes.***

Art. 1698 B *Abrogé par L. nº 81-1160 du 30 déc. 1981, art. 29-I.*

Art. 1698 C *(Abrogé par Ord. nº 2021-1843 du 22 déc. 2021, art. 10-47º-as, à compter du 1er janv. 2022)* ***I. — A l'importation, les droits respectivement mentionnés aux articles 402 bis, 403, 438 et 520 A sont recouvrés et garantis comme en matière de douane.***

II. — Sur demande des opérateurs, les dispositions du I peuvent s'appliquer aux alcools, boissons alcooliques et tabacs manufacturés qu'ils détiennent en suspension des droits sous le régime fiscal suspensif prévu au a du 2º du I de l'article 277 A et sous un régime suspensif des droits d'accises, lorsque ces opérateurs détiennent également des alcools et boissons alcooliques sous un régime douanier communautaire mentionné au b du 1º du 1 du I de l'article 302 D.

Art. 1698 D **Le paiement des droits, taxes,** *(Abrogé par L. nº 2018-1317 du 28 déc. 2018, art. 199-I-8º et V-C, pour les impositions dont le fait générateur intervient à compter du 1er janv. 2019)* ***« surtaxes, »*** **impôts, contributions ou cotisations mentionnés aux articles** *(Ord. nº 2021-1843 du 22 déc. 2021, art. 10-39º, en vigueur le 1er janv. 2022)* **« 568, 1559 et 1613 *bis* » du présent code et à l'article L. 245-7 du code de la sécurité sociale dont le montant total à l'échéance excède 50 000 € doit être fait par virement directement opéré sur le compte du Trésor ouvert dans les écritures de la Banque de France.**

Les opérateurs soumis à l'obligation de télédéclaration prévue au VII de l'article 1649 *quater* B *quater* acquittent les droits, impôts ou taxes correspondants par télérèglement.

Art. 1698 *bis* *Disjoint, la taxe spéciale sur certains véhicules routiers ayant été transférée à la direction générale des douanes et droits indirects.*

Art. 1698 *ter* *Abrogé par L. nº 2006-1666 du 21 déc. 2006, art. 92-I-1º, applicable à compter de la campagne de production 2006-2007.*

Les agents de la direction générale des douanes et droits indirects demeurent compétents pour le contrôle, le recouvrement et le contentieux des cotisations prévues aux art. 564 ter, 564 quater et 564 quater A CGI dans leur rédaction en vigueur avant leur abrogation (L. nº 2006-1666 du 21 déc. 2006, art. 92-III).

Art. 1698 *quater* *(Abrogé par L. nº 2018-1317 du 28 déc. 2018, art. 26-III-35º)* ***La contribution prévue à l'article 527 est recouvrée selon les procédures et sous le bénéfice des sûretés prévues par le présent code en matière de contributions indirectes. Les infractions sont***

constatées, poursuivies et réprimées comme en matière de contributions indirectes. *— Entrée en vigueur le 1er juill. 2004.*

Art. 1699 *Abrogé par L. n° 2014-1654 du 29 déc. 2014, art. 21-I-11°, pour les recettes encaissées à compter du 1er janv. 2015 (L. préc., art. 21-III).*

Art. 1699 *bis* *Abrogé par L. n° 68-1943 du 29 nov. 1968, art. 6.*

Art. 1700 **Le mode de perception par voie d'exercice ou par abonnement, est déterminé par arrêtés ministériels dans les établissements assujettis à l'impôt établi par les articles 1559 et 1560** *[Ann. IV, art. 139]*.

SECTION IV ENREGISTREMENT, PUBLICITÉ FONCIÈRE, IMPÔT DE SOLIDARITÉ SUR LA FORTUNE *[IMPÔT SUR LA FORTUNE IMMOBILIÈRE]*, TIMBRE

V. Ann. IV, art. 199 à 204 en ce qui concerne le paiement par chèque.

I *PAIEMENT DES DROITS*

Art. 1701 **Les droits des actes et ceux des mutations par décès sont payés avant l'exécution de l'enregistrement, de la publicité foncière ou de la formalité fusionnée, aux taux et quotités réglés par le présent code.**

Nul ne peut en atténuer ni différer le paiement sous le prétexte de contestation sur la quotité, ni pour quelque autre motif que ce soit, sauf à se pourvoir en restitution s'il y a lieu.

A défaut de paiement préalable de la taxe de publicité foncière, le dépôt est refusé. *— V. Ann. III, art. 257. — V. toutefois, le I de l'art. 1717. — Paiement par chèque : Ann. IV, art. 199, 204.*

Art. 1702 **Aucune autorité publique, ni l'administration fiscale, ni ses préposés, ne peuvent suspendre ou faire suspendre le recouvrement des droits d'enregistrement, de la taxe de publicité foncière et des peines encourues sans en devenir personnellement responsables.**

Art. 1702 *bis* **Lorsqu'il est nécessaire de requérir dans plusieurs services chargés de la publicité foncière, soit la publicité d'un même acte ne donnant pas lieu à la formalité fusionnée et soumis à la taxe de publicité foncière au taux fixe, soit celle d'une même décision judiciaire soumise à la taxe à ce même taux, soit l'inscription d'hypothèques conventionnelles ou judiciaires garantissant une même créance, la taxe de publicité foncière et la contribution de sécurité immobilière sont acquittées en totalité dans le service où la formalité est requise en premier lieu. Elles ne sont acquittées dans aucun des autres services, à condition que le service où la publicité a été requise en premier lieu soit explicitement désigné dans la réquisition déposée aux autres services et qu'un duplicata de la quittance constatant le paiement entier des taxes dans le service ainsi désigné soit représenté.**

Le service chargé de la publicité foncière qui a perçu la taxe et la contribution de *sécurité immobilière* est tenu de délivrer au requérant autant de duplicata de la quittance mentionnée à l'article 880 et au 3 de l'article 1704 qu'il lui en est demandé.

La réitération régulière d'une inscription d'hypothèque auprès d'un second conservateur des hypothèques, eût-elle été rendue nécessaire par la carence du créancier, n'est pas de nature à justifier la perception d'une nouvelle taxe de publicité foncière, dès lors que le créancier avait acquitté l'intégralité de la taxe lors de l'inscription d'hypothèque judiciaire qu'il avait prise en premier lieu auprès d'un autre conservateur des hypothèques, que celui-ci avait délivré un duplicata de la quittance de ce paiement, que, conformément à l'art. 1702 *bis*, le second conservateur n'avait encaissé que son salaire lors de la première inscription d'hypothèque prise dans ce bureau. • Com. 8 mars 2005, n° 403FS-PB : *RJF 2005. 796 ; Dr. fisc. 2005. 579.*

II OBLIGATIONS DES AGENTS

Art. 1703 Les comptables publics compétents ne peuvent, sous aucun prétexte, lors même qu'il y aurait lieu à l'expertise, différer l'enregistrement des actes et mutations dont les droits ont été payés aux taux réglés par la présente codification.

Ils ne peuvent, non plus, suspendre ou arrêter le cours des procédures en retenant des actes ou significations ; cependant, si un acte dont il n'y a pas de minute ou une signification contient des renseignements dont la trace puisse être utile pour la découverte des droits dus, l'agent a la faculté d'en tirer copie, et de la faire certifier conforme à l'original par l'officier qui l'a présenté. En cas de refus, il peut réserver l'acte pendant vingt-quatre heures seulement, pour s'en procurer une collation en forme, à ses frais, sauf répétition, s'il y a lieu.

Cette disposition est applicable aux actes sous signature privée qui sont présentés à l'enregistrement.

Art. 1704 1. La quittance de l'enregistrement est mise sur l'acte enregistré ou sur l'extrait de la déclaration du nouveau possesseur. *— Pour les actes des huissiers de justice, V. Ann. III, art. 246 et 252.*

Il y est exprimé en toutes lettres la date de l'enregistrement, le folio du registre, le numéro et la somme des droits perçus.

Lorsque l'acte renferme plusieurs dispositions opérant chacune un droit particulier, l'agent compétent les indique sommairement dans sa quittance et y énonce distinctement la quotité de chaque droit perçu.

2. *Abrogé par L. nº 63-254 du 15 mars 1963, art. 7.*

3. Lorsqu'il s'agit de formalités autres que la formalité fusionnée, la quittance de la taxe de publicité foncière est mise au pied des extraits, expéditions, copies, bordereaux ou certificats remis ou délivrés par le service chargé de la publicité foncière ; chaque somme y est mentionnée séparément, et le total est inscrit en toutes lettres.

III OBLIGATION AU PAIEMENT

Art. 1705 Les droits des actes à enregistrer ou à soumettre à la formalité fusionnée sont acquittés, savoir :

1º Par les notaires, pour les actes passés devant eux ;

2º Par les huissiers et autres ayant pouvoir de faire des significations et procès-verbaux, pour ceux de leur ministère ;

3º Par les greffiers, pour les actes et jugements, sauf le cas prévu par l'article 1840 D, et ceux passés et reçus aux greffes ;

4º Par les comptables publics assignataires, pour les actes passés en la forme administrative *[application pour l'imposition des plus-values réalisées lors des cessions à titre onéreux intervenues à compter du 1er janv. 2004]* qui sont soumis à la formalité de l'enregistrement ou à la formalité fusionnée, sauf aussi le cas prévu par l'article 1840 D ;

5º Par les parties, pour les actes sous signature privée, et ceux passés en pays étrangers, qu'elles ont à faire enregistrer ; pour les ordonnances sur requêtes ou mémoires, et les certificats qui leur sont immédiatement délivrés par les juges ; et pour les actes et décisions qu'elles obtiennent des arbitres si ceux-ci ne les ont pas fait enregistrer ;

6º Et par les héritiers, légataires et donataires, leurs tuteurs et curateurs et les exécuteurs testamentaires pour les testaments et autres actes de libéralité à cause de mort.

Procédure à l'encontre des débiteurs solidaires. Toutes les parties qui ont figuré dans un acte sont tenues solidairement aux droits d'enregistrement auxquels cet acte est soumis. Il s'ensuit que l'Administration des impôts peut notifier un redressement à l'un quelconque des redevables solidaires de la dette fiscale. • Com. 21 janv. 1997, nº 95-10.180 P : *Dr. fisc. 1997. 445.* ♦ Dans le même sens • Com. 7 juin 2006, nº 749 F-D : *RJF 2006. 1633* • Com. 21 juin 2011 : *Dr. fisc. 2011. 614.* ♦ Si l'Administration peut choisir de notifier les redressements à l'un seulement des redevables solidaires de la dette fiscale, la procédure doit être contradictoire et la loyauté des débats oblige l'Administration à notifier, en cours de procédure, à l'ensemble des personnes qui peuvent être poursuivies, les actes de la procédure les concernant. • Com. 18 nov. 2008, nº 07-19.762 (1188 F-PB) : *RJF 2009. 174.* ♦ L'irrégularité tenant à l'absence de notification des actes de la procédure à tous les redevables solidaires peut être soulevée par chacun d'entre eux, y compris par celui qui a été effectivement destinataire de ces actes. • Com. 26 févr. 2013, n° 12-13.877 : *RJF 2013. 669.*

Art. 1706 **Les greffiers ne sont personnellement tenus de l'acquittement des droits que dans les cas prévus par l'article 1840 C. Ils continuent de jouir de la faculté accordée par l'article 1840 D pour les jugements et actes y énoncés.**

Art. 1707 **Les parties sont solidaires vis-à-vis du Trésor pour le paiement des droits simples et des pénalités exigibles sur les sentences arbitrales et les décisions judiciaires.**

Art. 1708 **Dans tous les cas, les assureurs, leur représentant responsable, leurs agents, directeurs d'établissements ou de succursales, ou leurs représentants, les courtiers et intermédiaires et les assurés sont tenus solidairement pour le paiement de la taxe spéciale sur les conventions d'assurances et ses pénalités.**

Cette taxe est perçue dans des conditions qui sont fixées par décret *[Ann. III, art. 385 à 390].*

Art. 1709 **Les droits des déclarations des mutations par décès sont payés par les héritiers, donataires ou légataires.**

Les cohéritiers, à l'exception de ceux exonérés de droits de mutation par décès, sont solidaires.

1. Information des héritiers solidaires. Toutes les parties qui ont figuré dans un acte étant tenues solidairement aux droits d'enregistrement auxquels cet acte est soumis, l'Administration peut notifier une mise en demeure à l'un quelconque des redevables solidaires de la dette fiscale. • Com. 2 déc. 2008, n° 07-19.845 (n° 1258 F-D) : *RJF 2009. 412.* ♦ L'héritier solidaire avec lequel la procédure de redressement a été suivie peut soulever l'irrégularité tenant au fait que son cohéritier n'a été destinataire d'aucune pièce de procédure. • Com. 26 févr. 2013, n° 12-13.877 : *RJF 2013. 669.*

2. Don manuel non révélé. Les dons manuels consentis aux héritiers du donateur et non révélés à l'Administration avant le décès de celui-ci, et qui, par conséquent, n'ont pas encore été assujettis au droit de mutation à titre gratuit, sont inclus dans l'actif successoral imposable. Dès lors, les droits rappelés constituent des droits de mutation par décès et la solidarité prévue par l'art. 1709 est applicable aux cohéritiers. • Com. 31 mars 2004, n° 02-10.578 : *RJF 2004. 801.*

Art. 1710 **L'action solidaire pour le recouvrement des droits de mutation par décès, conférée au Trésor par l'article 1709, ne peut être exercée à l'encontre des cohéritiers auxquels profite l'exemption prévue par l'article 796.**

IV *CONTRIBUTION AU PAIEMENT*

Art. 1711 **Les officiers publics qui, aux termes des articles 1705 et 1706, ont fait, pour les parties, l'avance des droits d'enregistrement ou de la taxe de publicité foncière peuvent en poursuivre le paiement conformément aux dispositions de la loi du 24 décembre 1897 relative au recouvrement des frais dus aux notaires, avoués et huissiers.**

Art. 1712 **Les droits des actes civils et judiciaires emportant translation de propriété ou d'usufruit de meubles ou immeubles, sont supportés par les nouveaux possesseurs, et ceux de tous les autres actes le sont par les parties auxquelles les actes profitent, lorsque, dans ces divers cas, il n'a pas été stipulé de dispositions contraires dans les actes.**

Les frais de la publication au bureau des hypothèques du jugement ordonnant la rétrocession d'un immeuble sont à la charge de celui auquel le bien est rétrocédé, même si l'obligation de publier le jugement a été mise à la charge de celui qui rétrocède le bien. • Civ. 2e, 17 déc. 1998, n° 1422 PB : *RJF 1999. 931.*

Art. 1713 *Abrogé par L. n° 63-254 du 15 mars 1963, art. 1er et 60.*

V *PAIEMENT EN VALEURS DU TRÉSOR OU EN CRÉANCES SUR L'ÉTAT*

Art. 1714 *Dispositions périmées.*

Art. 1715 Le paiement des droits de mutation par décès peut être effectué en valeurs du Trésor dans la proportion fixée respectivement par le conseil d'administration de la caisse autonome de gestion des bons de la défense nationale, d'exploitation industrielle des tabacs et d'amortissement de la dette publique et par arrêté du ministre de l'économie et des finances.

La valeur de reprise de ces divers titres est fixée par décret.

La liste des valeurs susceptibles d'être ainsi reçues en paiement est établie par arrêté du ministre de l'économie et des finances, après avis du conseil d'administration de la caisse susvisée.

Art. 1716 *Devenu sans objet (L. n° 92-1476 du 31 déc. 1992, art. 94-II).*

Art. 1716 A Lorsque leur auteur a acquis, en application de la loi n° 78-1 du 2 janvier 1978 relative à l'indemnisation des rapatriés d'outre-mer dépossédés de leurs biens et de la loi n° 87-549 du 16 juillet 1987 modifiée relative au règlement de l'indemnisation des rapatriés, une créance sur l'État, les droits de mutation par décès exigibles sur la créance revenant à chaque ayant droit peuvent être acquittés par imputation sur cette créance. – *Disposition applicable aux titres remis aux créanciers mentionnés à la loi du 15 juill. 1970 (Titre IV, chap. Ier) qui ont formé opposition conformément aux prescriptions de l'art. 50 de cette même loi et dont l'opposition a été validée dans les conditions prévues par le Décr. n° 70-813 du 11 sept. 1970 (V. Décr. n° 78-231 du 2 mars 1978, art. 3).*

V *BIS* *PAIEMENT PAR REMISE D'ŒUVRES D'ART, DE LIVRES, D'OBJETS DE COLLECTION, DE DOCUMENTS DE HAUTE VALEUR ARTISTIQUE OU HISTORIQUE OU PAR REMISE D'IMMEUBLES AU CONSERVATOIRE DE L'ESPACE LITTORAL ET DES RIVAGES LACUSTRES [DATION EN PAIEMENT]*

Art. 1716 *bis* I. – Les droits de mutation à titre gratuit *(L. n° 2017-1837 du 30 déc. 2017, art. 31)* « , l'impôt sur la fortune immobilière » et le droit de partage peuvent être acquittés par la remise d'œuvres d'art, de livres, d'objets de collection, de documents, de haute valeur artistique ou historique, ou d'immeubles situés dans les zones d'intervention du Conservatoire de l'espace littoral et des rivages lacustres définies à l'article L. 322-1 du code de l'environnement dont la situation ainsi que l'intérêt écologique ou paysager justifient la conservation à l'état naturel ou d'immeubles en nature de bois, forêts ou espaces naturels pouvant être incorporés au domaine forestier de l'État.

Le premier alinéa est applicable lorsque le montant des droits que l'intéressé propose d'acquitter par dation est au moins égal à 10 000 €, au titre de chaque imposition considérée.

L'offre de dation ne peut être retirée dans le délai de six mois suivant la date de son dépôt. Ce délai peut être prorogé de trois mois par décision motivée de l'autorité administrative, notifiée à l'intéressé.

Cette procédure exceptionnelle de règlement des droits est subordonnée à un agrément donné dans des conditions fixées par décret en Conseil d'État. – *Ann. II, art. 384 A à 384 A ter.*

La décision d'agrément fixe la valeur libératoire qu'elle reconnaît aux biens offerts en paiement. La dation en paiement n'est parfaite que par l'acceptation par l'intéressé de ladite valeur.

Si l'intéressé ne donne pas son acceptation à l'agrément des biens offerts en paiement pour la valeur proposée dans l'offre de dation ou s'il retire son offre de dation avant la notification de la décision d'agrément, les droits dus sont assortis de l'intérêt de retard prévu à l'article 1727, calculé à compter du premier jour du mois suivant celui au cours duquel les droits devaient être acquittés jusqu'au dernier jour du mois du paiement.

Lorsque l'État accepte les biens offerts en paiement pour une valeur libératoire différente de celle proposée par l'intéressé dans son offre, ce dernier dispose de trente jours pour confirmer son offre à cette nouvelle valeur ou pour y renoncer. S'il renonce, l'intérêt de retard est calculé à compter du premier jour du mois suivant l'expiration du délai de trente jours précité, jusqu'au dernier jour du mois du paiement.

L'offre de dation n'est pas recevable :

1° Si les biens offerts en paiement ont précédemment donné lieu à deux refus d'agrément ;

2° Lorsqu'ils sont détenus depuis moins de cinq ans par l'intéressé. Cette condition ne s'applique pas s'ils sont entrés en sa possession par mutation à titre gratuit.

II. — Abrogé par L. n° 95-1346 du 30 déc. 1995, art. 26-2°.

Les dispositions du présent art. issues du B du I de l'art. 31 de la L. n° 2017-1837 du 30 déc. 2017, s'appliquent au titre de l'impôt sur la fortune immobilière dû à compter du 1er janv. 2018. Toutefois, les dispositions modifiées par le même B du I continuent de s'appliquer, dans leur rédaction en vigueur au 31 déc. 2017, à l'impôt de solidarité sur la fortune dû jusqu'au titre de l'année 2017 incluse (L. préc., art. 31-IX-B).

BIBL. ► GOUYET, *JCP N 2002. 1836* (un mode d'extinction des impôts : la dation en paiement).

Contentieux de l'agrément. V. note ss. art. 384 A *bis* de l'Ann. II.

VI PAIEMENT FRACTIONNÉ OU DIFFÉRÉ DES DROITS

Art. 1717 I. — Par dérogation aux dispositions de l'article 1701, le paiement des droits d'enregistrement et de la taxe de publicité foncière peut être fractionné ou différé selon des modalités fixées par décret. *— V. Ann. III, art. 395 à 404 GD. — V. Décr. n° 2017-1305 du 24 août 2017.*

II. — *Devenu sans objet.*

III. — Abrogé.

BIBL. ► IWANESCO, *Dr. et patr., janv. 2001* (est-il économique et pertinent de demander le paiement différé des droits de succession ?).

La mise en œuvre de la procédure de taxation d'office à l'encontre d'un légataire n'ayant pas déposé de déclaration de succession ne s'oppose pas à ce qu'il bénéficie du paiement fractionné des droits. • Poitiers, 16 nov. 2016, *DDFiP de Charente-Maritime*, n° 15/04505 : *RJF 2017. 187.*

Art. 1717 *bis* Lors de leur présentation à la formalité de l'enregistrement ou à la formalité fusionnée, dans le délai prévu aux articles 635 et 647-III, les actes constatant la formation de sociétés commerciales sont provisoirement enregistrés gratis. Sous réserve des dispositions de l'article 1717, les droits et taxes normalement dus sont exigibles, au plus tard, à l'expiration d'un délai de trois mois à compter de la date de ces actes.

Art. 1718 à 1722 *Abrogés.*

Art. 1722 *bis* Dans le cas prévu aux articles 832 et 924-3 du code civil, lorsque l'attributaire ou le bénéficiaire du don ou du legs dispose de délais pour le règlement des soultes ou récompenses dont il est redevable envers ses cohéritiers, le paiement des droits de mutation par décès incombant à ces derniers peut être différé dans les conditions fixées par décret, à concurrence de la fraction correspondant au montant des soultes ou récompenses payables à terme *[Ann. III, le 2° de l'art. 397].*

Art. 1722 *ter* Les modalités de paiement des droits de mutation par décès afférents aux titres, sommes, valeurs ou avoirs quelconques frappés d'indisponibilité hors de France par suite de mesures prises par un gouvernement étranger sont fixées par décret *[Ann. III, art. 280].*

Ces dispositions sont applicables aux successions ouvertes et non déclarées avant la *publication de la loi* n° 63-254 du 15 mars 1963.

Art. 1722 *quater* Conformément aux dispositions des articles L. 230-1 et L. 230-2 du code de l'urbanisme, lorsqu'un terrain concerné par un droit de délaissement fait l'objet d'une transmission pour cause de décès, les ayants droit du propriétaire décédé peuvent demander, dans les conditions prévues par ces articles, qu'il soit sursis, à concurrence du montant de son prix, au recouvrement des droits de mutation afférents à la succession tant que ce prix n'aura pas été payé.

Art. 1723 *Abrogé par L. du 28 déc. 1959, art. 59-II.*

Art. 1723 *bis* *Abrogé.*

VII MODES PARTICULIERS DE PERCEPTION DES DROITS

Art. 1723 ter Les droits exigibles sur les décisions judiciaires et les actes dispensés de la formalité de l'enregistrement, ainsi que ceux afférents aux actes visés au II de l'article 658, sont recouvrés soit selon les modalités prévues lors de l'entrée en vigueur de la loi n° 69-1168 du 26 décembre 1969, soit par voie d'apposition de timbre ou sur état, dans des conditions fixées par décret. – *V. Ann. III, art. 246 et 252.*

VII-0 A IMPÔT DE SOLIDARITÉ SUR LA FORTUNE [IMPÔT SUR LA FORTUNE IMMOBILIÈRE]

Art. 1723 ter-00 A *(Abrogé par L. n° 2017-1837 du 30 déc. 2017, art. 31)* ***I. – L'impôt de solidarité sur la fortune est recouvré et acquitté selon les mêmes règles et sous les mêmes garanties et sanctions que les droits de mutation par décès.***

Toutefois, l'impôt de solidarité sur la fortune dû par les redevables mentionnés au 2 du I de l'article 885 W est recouvré en vertu d'un rôle rendu exécutoire selon les modalités prévues à l'article 1658. *(Abrogé par L. n° 2016-1917 du 29 déc. 2016, art. 60-I-B-28° et I-G-1, pour les revenus perçus ou réalisés à compter du 1er janv. 2019)* ***« Cet impôt peut être payé, sur demande du redevable, dans les conditions prévues à l'article 1681 A. » Le présent alinéa n'est pas applicable aux impositions résultant de la mise en œuvre d'une rectification ou d'une procédure d'imposition d'office.***

II. – Ne sont pas applicables aux redevables mentionnés au I de l'article 885 W :

1° les dispositions des articles 1715 à 1716 A relatives au paiement en valeur du Trésor ou en créances sur l'État ;

2° les dispositions des articles 1717, 1722 bis et 1722 quater relatives au paiement fractionné ou différé des droits ;

3° les dispositions du 3 de l'article 1929 relatives à l'inscription de l'hypothèque légale du Trésor.

Les dispositions du présent art. issues du B du I de l'art. 31 de la L. n° 2017-1837 du 30 déc. 2017 s'appliquent au titre de l'impôt sur la fortune immobilière dû à compter du 1er janv. 2018. Toutefois, les dispositions modifiées par le même B du I continuent de s'appliquer, dans leur rédaction en vigueur au 31 déc. 2017, à l'impôt de solidarité sur la fortune dû jusqu'au titre de l'année 2017 incluse (L. préc., art. 31-IX-B).

Art. 1723 ter-00 B Les époux et les partenaires liés par un pacte civil de solidarité défini par l'article 515-1 du code civil sont solidaires pour le paiement de l'impôt *(L. n° 2017-1837 du 30 déc. 2017, art. 31)* « sur la fortune immobilière ».

Les dispositions du présent art. issues du B du I de l'art. 31 de la L. n° 2017-1837 du 30 déc. 2017 s'appliquent au titre de l'impôt sur la fortune immobilière dû à compter du 1er janv. 2018. Toutefois, les dispositions modifiées par le même B du I continuent de s'appliquer, dans leur rédaction en vigueur au 31 déc. 2017, à l'impôt de solidarité sur la fortune dû jusqu'au titre de l'année 2017 incluse (L. préc., art. 31-IX-B).

VII A DROITS DE TIMBRE

Art. 1723 ter-0 A Le droit de timbre prévu à l'article 916 A est supporté par la personne qui demande la délivrance de formules de chèques ne répondant pas aux caractéristiques indiquées à cet article. Il est payé par l'organisme émetteur. Celui-ci ne peut en aucun cas le prendre à sa charge. – *V. Ann. III, art. 313 BG bis et 313 BG ter et Ann. IV, art. 121 KL bis et 121 KL ter.*

VII B TAXE SUR LES CERTIFICATS D'IMMATRICULATION DES VÉHICULES ET [TAXES] ASSIMILÉES *(L. n° 2017-1775 du 28 déc. 2017, art. 65).*

Art. 1723 ter-0 B *(Abrogé par Ord. n° 2021-1843 du 22 déc. 2021, art. 10-47°-at, à compter du 1er janv. 2022)* ***Le paiement*** *(L. n° 2019-1479 du 28 déc. 2019, art. 69-I-R et VI-C, en vigueur le 1er janv. 2021)* ***« des taxes prévues au I de l'article 1011*** *[ancienne rédaction : de la taxe mentionnée à l'article 1599 quindecies, des taxes additionnelles à cette taxe et de la taxe mentionnée à l'article 1628-0 bis]* ***» est effectué soit directement à l'administration*** *(L. n° 2017-1775 du 28 déc. 2017, art. 65)* ***« par télérèglement », soit auprès des personnes,***

titulaires d'une commission délivrée par l'administration des finances, qui transmettent à l'administration les données relatives aux demandes d'immatriculation des véhicules donnant lieu au paiement de ces taxes. *— Sur le commissionnement des personnes auprès desquelles sont payées les taxes, V. Décr. n° 2008-1283 du 8 déc. 2008 (JO 10 déc.). — V. également Décr. n° 2008-850 du 26 août 2008 instituant une redevance destinée à couvrir les frais d'acheminement des certificats d'immatriculation des véhicules (JO 28 août), L. n° 2008-1425 du 27 déc. 2008, art. 68 (JO 28 déc.) en autorisant la perception, et Arr. du 24 déc. 2008 (JO 28 déc.) en fixant le prix à 2,50 €.*

VII *BIS*

Art. 1723 ter A *Dispositions devenues sans objet (L. n° 99-1172 du 30 déc. 1999, art. 57-I).*

VIII *TAXE LOCALE D'ÉQUIPEMENT*

Art. 1723 *quater à 1723 septies* *Abrogés par L. n° 2010-1658 du 29 déc. 2010, art. 28-III-A-1° et H-2, applicable aux demandes d'autorisations et aux déclarations préalables déposées à compter du 1er mars 2012, y compris aux modifications ultérieures au 1er mars 2012 relatives à une demande ou déclaration préalable déposée avant cette date.*

IX *VERSEMENT POUR DÉPASSEMENT DU PLAFOND LÉGAL DE DENSITÉ*

Les dispositions des art. 1723 octies à 1723 quaterdecies demeurent applicables dans les communes où un plafond légal de densité était institué le 31 déc. 1999 (V. L. n° 2000-1208 du 13 déc. 2000, art. 50-II). Les références au code de l'urbanisme sont celles dans leur rédaction antérieure à l'entrée en vigueur de cette loi.

Art. 1723 *octies à 1723 quaterdecies* *Abrogés par L. n° 2014-1655 du 29 déc. 2014, art. 44-IV-2°.*

X *TAXE SUR LES CONVENTIONS D'ASSURANCES ET TAXES ASSIMILÉES*

Art. 1723 *quindecies* *(Abrogé par L. n° 2019-1479 du 28 déc. 2019, art. 166-II-6° et V, mod. par L. n° 2020-1721 du 29 déc. 2020, art. 194, à compter d'une date fixée par décret, et au plus tard pour les impositions dont le fait générateur intervient à compter du 1er janv. 2023)* ***1. La taxe sur les conventions d'assurances prévue aux articles 991 et suivants et les contributions ou prélèvements recouvrés selon les mêmes règles sont acquittés par virement directement opéré sur le compte du Trésor ouvert dans les écritures de la Banque de France lorsque leur montant excède 1 500 €.***

2. Disjoint par Décr. n° 2009-389 du 7 avr. 2009.

SECTION V DISPOSITIONS COMMUNES

Art. 1724 La liquidation de toutes sommes à recevoir, à quelque titre et pour quelque cause que ce soit, est arrondie à l'euro le plus proche. La fraction d'euro égale à 0,50 est comptée pour 1.

Il est procédé à cet arrondissement au niveau du décompte de chaque impôt ou taxe.

Arrondissement de l'impôt. En l'absence d'une réglementation communautaire spécifique, il appartient aux États membres de déterminer les règles et méthodes d'arrondissement des montants de la TVA ainsi que le niveau auquel peut ou doit être effectué l'arrondissement, ces États étant tenus, lors de cette détermination, de respecter les principes sur lesquels repose le système commun de cette taxe, notamment ceux de neutralité fiscale et de proportionnalité. Le droit communautaire, dans son état actuel, ne comporte aucune obligation spécifique selon laquelle les États membres sont tenus d'autoriser les assujettis à arrondir par article vers le bas le montant de la TVA. • CJCE 10 juill. 2008, n° 484/06 : *RJF 2008. 1277* • CJCE 5 mars 2009, n° 302/07 : *RJF 2009. 807.*

Art. 1724 A Les créances de toute nature dont la perception incombe aux comptables publics désignés par décret et non acquittées à l'échéance ne sont mises en recouvrement que lorsque leur montant cumulé excède 16 € *[100 F avant le 1er janv. 2002]. — V. Ann. III, art. 406 duodecies.*

Art. 1724 *bis* Les prélèvements opérés à l'initiative de l'administration fiscale pour le paiement des impôts, droits et taxes mentionnés au présent code n'entraînent aucun frais pour le contribuable.

Art. 1724 *ter* *Transféré ss. art. L. 266 et R* 266-1 LPF.*

Art. 1724 *quater* Toute personne qui ne procède pas aux vérifications prévues à l'article L. 8222-1 du code du travail ou qui a été condamnée pour avoir recouru directement ou par personne interposée aux services de celui qui exerce un travail dissimulé est, conformément à l'article L. 8222-2 du même code, tenue solidairement au paiement des sommes mentionnées à ce même article dans les conditions prévues à l'article L. 8222-3 du code précité.

1. Responsabilité solidaire en matière de travail dissimulé. La solidarité instituée par l'art. 1724 *quater* constitue une garantie pour le recouvrement des créances du Trésor public et des organismes de protection sociale. Elle ne présente pas le caractère d'une sanction ayant le caractère d'une punition. Par conséquent, elle ne relève pas des accusations en matière pénale au sens du 1er § de l'art. 6 de la Conv. EDH. • CE 22 févr. 2017, *Sté Gecop*, n° 386430 : *RJF 2017. 495.* ♦ L'art. 1724 *quater* ne porte atteinte ni au principe de sécurité juridique ni au principe de proportionnalité reconnus par le droit de l'Union européenne. • CAA Bordeaux, 28 mars 2017, *EURL Ribeiro*, n° 15BX01965 : *RJF 2017. 748.*

2. Le texte qui régit l'obligation de solidarité est celui en vigueur à la date d'établissement du procès-verbal pour infraction aux dispositions relatives au travail dissimulé. • CAA Bordeaux, 28 mars 2017, *EURL Ribeiro*, n° 15BX01965 : *préc. note 1.*

Art. 1724 *quater* A *Transféré ss. l'art. 1724 quater (Décr. n° 2008-294 du 1er avr. 2008).*

Art. 1724 *quater* B Le maître de l'ouvrage ou le donneur d'ordre informé par écrit de l'intervention d'un sous-traitant ou d'un subdélégataire en situation irrégulière au regard des dispositions sur le travail dissimulé et qui n'a pas enjoint son cocontractant de faire cesser cette situation est, conformément à l'article L. 8222-5 du code du travail, tenu solidairement au paiement des sommes mentionnées à l'article L. 8222-2 du même code, dans les conditions prévues à l'article L. 8222-3 du code précité.

Art. 1724 *quater* C Conformément à l'article L. 8222-4 du code du travail, lorsque le cocontractant est établi ou domicilié à l'étranger, les obligations dont le respect fait l'objet de vérifications sont celles qui résultent de la réglementation de son pays d'origine et celles qui lui sont applicables au titre de son activité en France.

Art. 1724 *quinquies* I. — Si un prélèvement mensuel, prévu à l'article *(L. n° 2016-1917 du 29 déc. 2016, art. 60-I-B-29° et I-G-1, applicable aux revenus perçus ou réalisés à compter du 1er janv. 2019)* « 1681 *ter* » et au B de l'article 1681 *quater* A *[ancienne rédaction : 1681 A]*, n'est pas opéré à la date limite fixée, la somme qui devait être prélevée est acquittée avec le prélèvement suivant.

II. — En cas de deuxième retard de paiement au cours de la même année, le contribuable perd pour cette année le bénéfice de son option et est soumis soit aux dispositions du 2 de l'article 1663 et de l'article 1730 *(Abrogé par L. n° 2016-1917 du 29 déc. 2016, art. 60-I-B-29° et I-G-1, pour les revenus perçus ou réalisés à compter du 1er janv. 2019)* « *et, le cas échéant, de l'article 1664,* » soit, en matière de cotisation foncière des entreprises et de taxes additionnelles, aux dispositions de l'article 1679 *quinquies*.

(L. n° 2016-1917 du 29 déc. 2016, art. 60-I-B-29° et I-G-1, applicable aux revenus perçus ou réalisés à compter du 1er janv. 2019) « III. — Si un prélèvement mensuel prévu au 3 de l'article 1663 B n'est pas opéré, le contribuable est soumis aux dispositions du 4 de l'article 1663 et de l'article 1730. »

III bis. — Abrogé à compter du 1er janv. 2001.

IV. — Un décret *(Abrogé par L. n° 2016-1917 du 29 déc. 2016, art. 60-I-B-29° et I-G-1, pour les revenus perçus ou réalisés à compter du 1er janv. 2019)* « en Conseil d'État » fixe les modalités d'application du présent article. — *V. Ann. II, art. 384 septies A. ; Ann. III, art. 382-0 C septies.*

Les dispositions du présent art. s'appliquent aux revenus perçus ou réalisés à compter du 1er janv. 2019 (L. n° 2016-1917 du 29 déc. 2016, art. 60-I-B-29° et I-G-1, mod. par Ord. n° 2017-1390 du 22 sept. 2017, art. 1er-1°).

CHAPITRE II PÉNALITÉS

Le dispositif des pénalités fiscales a été réformé par l'Ord. n° 2004-281 du 25 mars 2004 [ratifiée par L. n° 2004-1343 du 9 déc. 2004, art. 78-XVIII], qui a supprimé une vingtaine de pénalités devenues sans objet ou obsolètes, et par l'Ord. n° 2005-1512 du 7 déc. 2005 [ratifiée par L. n° 2009-526 du 12 mai 2009, art. 138-15°], qui a clairement séparé les notions d'intérêt de retard et de sanction, clarifié les procédures de recouvrement et contentieux et réduit le nombre de quotités des amendes forfaitaires.

BIBL. GÉN. ▶ ARRIGHI DE CASANOVA, *Dr. fisc. 1996. 765* (application dans le temps de la loi fiscale répressive). – AUSTRY, *AJDA n° spécial, oct. 2001, p. 51* (les sanctions administratives en matière fiscale). – BOKDAM-TOGNETTI, *RJF 2012. 696* (pénalités fiscales et pouvoirs du juge : la CEDH valide l'approche du Conseil d'État). – BEREYZIAT, *RJF 2005. 463* (les pénalités fiscales sous les feux de la rampe). – FOUQUET, *GAJ Fisc., p. 932* (intérêts de retard et pénalités) ; *Rev. adm. 2002. 257* (la martingale gagnante de l'État : intérêts de retard et intérêts moratoires) ; *GAJ Fisc., p. 938* (pénalités pour mauvaise foi) ; *ibid., p. 950* (manœuvres frauduleuses). – FRULEUX, *JCP N 2002. 1136* (sanctions, pénalités et intérêts en cas de retard de dépôt d'une déclaration de succession). – GICQUEL, *Dr. fisc. 2007. 181* (les amendes sanctionnant les paiements en argent). – HATOUX, *FR Lefebvre 32/12, p. 33* (la Cour de cassation ne devrait pas revenir sur sa position en matière de pénalités fiscales). – HÉRAUD, *BFL 2007. 205* (le paiement en espèces d'un particulier à un professionnel). – JAZANI, *BFL 1999. 270* (modération des sanctions). – LAMARQUE, *RG proc. 1999. 237* (modération des sanctions). – MAZEVET, *FR Lefebvre 34/16, p. 16* (cumul des sanctions fiscales et pénales : constitutionnalité confirmée avec des réserves inattendues). – MEIER, *Dr. fisc. 2001. 133* (intérêts de retard. Rendez à César ce qui est à César...). – MIGNON, Cumul des sanctions pénales et fiscales : la facturation de complaisance dans les entreprises, *L'Harmattan 2001, p. 78.* – NEEL, Les pénalités fiscales et douanières, *Economica, 1989.* – OLLÉON, *RJF 2002. 447* (intérêts de retard et Convention EDH). – PIERRE, *Dr. fisc. 2000. 31* (modération judiciaire des sanctions). – PLANCHON, *RJF 2019. 154* (cumul des sanctions fiscales et pénales et proportionnalité des peines). – POUGET, *Dr. fisc. 2001. 929* (notion de mention expresse). – PRÉTOT, *RDP 2002. 619* (Conv. EDH et droit fiscal : le régime des intérêts de retard).

SECTION PREMIÈRE DISPOSITIONS COMMUNES

A INTÉRÊT DE RETARD

(Ord. n° 2005-1512 du 7 déc. 2005, art. 12)

BIBL. ▶ AUSTRY, *AJDA n° spécial, oct. 2001, p. 51* (les sanctions administratives en matière fiscale).

Art. 1725 à 1726 *Abrogés par Ord. n° 2005-1512 du 7 déc. 2005, art. 12-2° et 25.*

Art. 1727 **I. — Toute créance de nature fiscale, dont l'établissement ou le recouvrement incombe aux administrations fiscales, qui n'a pas été acquittée dans le délai légal donne lieu au versement d'un intérêt de retard. A cet intérêt s'ajoutent, le cas échéant, les sanctions prévues au présent code.**

II. — L'intérêt de retard n'est pas dû :

(Abrogé par L. n° 2018-727 du 10 août 2018, art. 5) « 1. Lorsque sont applicables les sanctions prévues aux articles 1791 à 1825 F ; »

(L. n° 2018-727 du 10 août 2018, art. 5) **« 1. » Au titre des éléments d'imposition pour lesquels un contribuable fait connaître, par une indication expresse portée sur la** ***déclaration ou l'acte, ou dans une*** **note annexée, les motifs de droit ou de fait qui le conduisent à ne pas les mentionner en totalité ou en partie, ou à leur donner une qualification qui entraînerait, si elle était fondée, une taxation atténuée, ou fait état de déductions qui sont ultérieurement reconnues injustifiées ;**

(L. n° 2018-727 du 10 août 2018, art. 5) **« 2. » Au titre des éléments d'imposition afférents à une déclaration souscrite dans les délais prescrits, lorsque le principe ou les modalités de la déclaration de ces éléments se heurtent, soit à une difficulté d'interprétation d'une disposition fiscale entrée en vigueur à compter du 1er janvier de l'année précédant l'échéance déclarative, soit à une difficulté de détermination des incidences fiscales d'une règle comptable, et que les conditions suivantes sont remplies :**

1° Le contribuable de bonne foi a joint à sa déclaration la copie de la demande, déposée avant l'expiration du délai de déclaration, par laquelle il a sollicité de l'admi-

nistration, de manière précise et complète, une prise de position sur la question sans obtenir de réponse ;

2° L'administration n'a pas formellement pris position sur la question avant l'expiration du délai de déclaration.

(L. n° 2018-727 du 10 août 2018, art. 5) **« 2 *bis.* » Si la cause du rehaussement poursuivi par l'administration est un différend sur la valeur locative des biens mentionnés au I de l'article 1496 et à l'article 1498 et s'il est démontré, d'une part, que le contribuable de bonne foi a acquitté l'imposition sur la base du rôle établi par l'administration et, d'autre part, que celui-ci ne résultait ni d'un défaut ni d'une inexactitude de déclaration.**

3. Sauf manquement délibéré, lorsque l'insuffisance des chiffres déclarés, appréciée pour chaque bien, n'excède pas le dixième de la base d'imposition en ce qui concerne les droits d'enregistrement ou la taxe de publicité foncière ;

4. Sauf manquement délibéré, lorsque l'insuffisance des chiffres déclarés n'excède pas le vingtième de la base d'imposition en ce qui concerne l'impôt sur le revenu et l'impôt sur les sociétés.

Sont assimilées à une insuffisance de déclaration lorsqu'elles ne sont pas justifiées :

***a)* Les dépenses de tenue de comptabilité et d'adhésion à un centre de gestion ou à une association agréés ouvrant droit à la réduction d'impôt prévue à l'article 199 *quater* B ;**

***b)* Les charges ouvrant droit aux réductions d'impôt prévues à l'article 199 *septies* ;**

***c)* Les dépenses ouvrant droit aux crédits d'impôts prévus aux articles 200 *quater* et 200 *quater* A ;**

***d)* Les dépenses de recherche ouvrant droit au crédit d'impôt prévu à l'article 244 *quater* B ;**

(L. n° 2021-1900 du 30 déc. 2021, art. 69-I-9° et III, applicable aux dépenses facturées au titre des contrats de collaboration conclus à compter du 1er janv. 2022) **« *e)* Les dépenses de recherche collaborative ouvrant droit au crédit d'impôt prévu à l'article 244 *quater* B *bis.* »**

En cas de rectifications apportées aux résultats des sociétés appartenant à des groupes mentionnés à l'article 223 A ou à l'article 223 A *bis*, l'insuffisance des chiffres déclarés s'apprécie pour chaque société.

III. — Le taux de l'intérêt de retard est de *(L. n° 2017-1775 du 28 déc. 2017, art. 55, mod. par L. n° 2020-1721 du 29 déc. 2020, art. 68)* **« 0,20 %** *[ancienne rédaction : 0,40 %]* **» par mois. Il s'applique sur le montant des créances de nature fiscale mises à la charge du contribuable ou dont le versement a été différé.**

IV. — 1. L'intérêt de retard est calculé à compter du premier jour du mois suivant celui au cours duquel l'impôt devait être acquitté jusqu'au dernier jour du mois du paiement.

Toutefois, en matière d'impôt sur le revenu et à l'exception de l'impôt afférent aux plus-values réalisées sur les biens mentionnés aux articles 150 U à 150 UC, le point de départ du calcul de l'intérêt de retard est le 1er juillet de l'année suivant celle au titre de laquelle l'imposition est établie.

En matière d'impôt *(L. n° 2017-1837 du 30 déc. 2017, art. 31)* **« sur la fortune immobilière** *[ancienne rédaction : de solidarité sur la fortune]* **», le point de départ du calcul de l'intérêt de retard est le 1er juillet de l'année au titre de laquelle l'imposition est établie** *(Abrogé par L. n° 2017-1837 du 30 déc. 2017, art. 31)* ***« si le redevable est tenu à l'obligation déclarative prévue au premier alinéa du 2 du I de l'article 885 W ».*** *— Les dispositions du présent IV issues du B du I de l'art. 31 de la L. n° 2017-1837 du 30 déc. 2017, s'appliquent au titre de l'impôt sur la fortune immobilière dû à compter du 1er janv. 2018. Toutefois, les dispositions modifiées ou abrogées par le même B du I continuent de s'appliquer, dans leur rédaction en vigueur au 31 déc. 2017, à l'impôt de solidarité sur la fortune dû jusqu'au titre de l'année 2017 incluse (L. préc., art. 31-IX-B).*

En cas d'imposition établie dans les conditions fixées aux articles 201 à 204, le point de départ du calcul de l'intérêt de retard est le premier jour du quatrième mois suivant celui de l'expiration du délai de déclaration.

2. L'intérêt de retard cesse d'être décompté lorsque la majoration prévue à l'article 1730 est applicable.

3. Lorsqu'il est fait application de l'article 1728, le décompte de l'intérêt de retard est arrêté au dernier jour du mois de la proposition de rectification ou du mois au cours duquel la déclaration ou l'acte a été déposé.

4. Lorsqu'il est fait application de l'article 1729, le décompte de l'intérêt de retard est arrêté au dernier jour du mois de la proposition de rectification ou, en cas d'échelonnement des impositions supplémentaires, du mois au cours duquel le rôle doit être mis en recouvrement.

5. En cas de retard de paiement d'une créance de nature fiscale devant être acquittée auprès d'un comptable des administrations fiscales, l'intérêt de retard est calculé à compter du premier jour du mois qui suit la date limite de dépôt de la déclaration ou de l'acte comportant reconnaissance par le contribuable de sa dette ou, à défaut, la réception de l'avis de mise en recouvrement émis par le comptable. Pour toute créance de nature fiscale devant être acquittée sans déclaration préalable, l'intérêt est calculé à partir du premier jour du mois suivant celui au cours duquel le principal aurait dû être acquitté jusqu'au dernier jour du mois du paiement.

6. Lorsqu'il est fait application de l'article L. 188 A du livre des procédures fiscales, le décompte de l'intérêt de retard est arrêté au dernier jour du mois de la proposition de rectification intervenue dans le délai initial de reprise ou, à défaut, au dernier jour de ce délai.

7. En cas de manquement aux engagements pris en application des *b* du *[des]* 2° et 7° du 2 de l'article 793, l'intérêt de retard est décompté au taux prévu au III pour les cinq premières annuités de retard, ce taux étant pour les annuités suivantes réduit respectivement d'un cinquième, d'un quart ou d'un tiers selon que le manquement est constaté avant l'expiration de la dixième, vingtième ou trentième année suivant la mutation.

8. Lorsque la convention prévue au premier alinéa de l'article 795 A prend fin dans les conditions définies par les dispositions types mentionnées au même alinéa, l'intérêt de retard est calculé à compter du premier jour du mois suivant celui au cours duquel la convention a pris fin.

(L. n° 2018-727 du 10 août 2018, art. 5) **« V. — Le montant dû au titre de l'intérêt de retard est réduit de 50 % en cas de dépôt spontané par le contribuable, avant l'expiration du délai prévu pour l'exercice par l'administration de son droit de reprise, d'une déclaration rectificative à condition, d'une part, que la régularisation ne concerne pas une infraction exclusive de bonne foi et, d'autre part, que la déclaration soit accompagnée du paiement des droits simples ou, s'agissant des impositions recouvrées par voie de rôle, que le paiement soit effectué au plus tard à la date limite de paiement portée sur l'avis d'imposition.**

« A défaut de paiement immédiat des droits simples ou, s'agissant des impositions recouvrées par voie de rôle, de paiement effectué au plus tard à la date limite de paiement portée sur l'avis d'imposition, le bénéfice de la réduction de 50 % de l'intérêt de retard prévu au premier alinéa du présent V est conservé en cas d'acceptation par le comptable public d'un plan de règlement des droits simples. »

Le présent V s'applique aux déclarations rectificatives déposées à compter de la publication de la L. n° 2018-727 du 10 août 2018 (L. préc., art. 5, JO 11 août).

A. GÉNÉRALITÉS

1. Commentaire administratif d'ensemble du régime des pénalités. Intérêts de retard. * BOI-CF-INF-10-10 du 31 déc. 2018. ♦ Mention expresse. * BOI-CF-INF-10-10-10 n°s 50 à 200 du 12 sept. 2012. ♦ Tolérance légale. * BOI-CF-INF-10-10-10 n°s 210 à 280 du 12 sept. 2012.

2. Nature et caractères de l'intérêt de retard. L'intérêt de retard est dû de plein droit et n'implique aucune appréciation par l'Administration fiscale du comportement du contribuable. Dès lors, il n'a pas le caractère d'une sanction. • CE 4 avr. 1997, n° 144211 : *RJF 1997. 452.* ♦ L'intérêt de retard vise essentiellement à réparer les préjudices de toute nature subis par l'État en raison du non-respect par les contribuables de leurs obligations de déclarer et payer l'impôt aux dates légales. Si l'évolution des taux du marché a conduit à une hausse relative de cet intérêt depuis son institution, cette circonstance ne lui confère pas pour autant la nature d'une sanction, au sens du droit interne et de l'art. 6 de la Conv. EDH, dès lors que son niveau n'est pas devenu manifestement excessif au regard du taux moyen pratiqué par les prêteurs pour un découvert non négocié. • CE, avis, 12 avr. 2002, n° 239693, *SA Financière Labeyrie : Dr. fisc. 2002. 555, concl. Seners, note Boutemy et Meier ; RJF*

2002. 673 ; JCP E 2002, p. 1298 ; D. 2002. IR 1467 ; *BOI 13 N-2-02 ; AJDA 2002. 410, note Guyomar et Colin* . ♦ De même, le niveau de l'intérêt de retard ne peut être utilement critiqué au regard de l'art. 14 Conv. EDH et de l'art. 1er du premier Protocole additionnel à cette convention. • Même arrêt.

3. Les intérêts de retard, destinés à compenser le préjudice financier subi par le Trésor public du fait de l'encaissement tardif de sa créance, ne sont pas des sanctions susceptibles de justifier la mise en œuvre des garanties résultant de l'art. 6 de la Conv. EDH. • Com. 17 mars 2004, nº 545FS-PBRI : *RJF 2004. 812.* ♦ L'intérêt de retard, qui a pour objet la réparation du préjudice subi par le Trésor du fait de l'encaissement tardif de sa créance, et qui, compte tenu de sa finalité réparatrice ne vise pas à punir même s'il peut être dissuasif, ne constitue pas une sanction susceptible de justifier la mise en œuvre des garanties résultant de l'art. 6 Conv. EDH, ou l'application du principe d'individualisation des peines. • Com. 27 sept. 2005, nos 03-14.636, 03-15.245 et 04-14.432 (3 arrêts) : *RJF 2006. 103 ; Dr. fisc. 2006. 275 et 492, rapp. Guéguen ; Procédures 2006. 265, note Pierre.* ♦ Le moyen tiré de la violation de l'art. 6 § 1 Conv. EDH est inopérant à l'appui de la contestation de l'application des intérêts de retard, y compris pour la part de ces intérêts excédant ceux qui auraient résulté de l'application du taux de l'intérêt légal. • CE 30 nov. 2007, nº 292705 : *RJF 2008. 172 ; concl. Olléon au BDCF 2/08, nº 25.*

4. Les intérêts de retard ne constituent pas des pénalités mais une dette née du seul fait du retard pris pour le dépôt des déclarations et versements correspondants. • Com. 18 mai 1999, nº 97-13.661 : *RJF 1999. 1105.* ♦ Les intérêts de retard ne constituent pas des pénalités. • Com. 6 oct. 1998, nº 96-19.382 P : *Dr. fisc. 1998. 1509* • Com. 9 oct. 2001, nº 98-20.119 P : *Dr. fisc. 2001. 1113 ; D. 2001. IR 3398* .

5. Dès lors que, selon la jurisprudence du Conseil d'État et de la Cour de cassation, les intérêts de retard ne constituent pas des pénalités, l'Administration n'est pas tenue de les motiver. • CE 25 oct. 1989, nº 64737 : *RJF 1989. 1427* • Com. 6 mai 1996, nº 811D : *RJF 1996. 1088* • 4 févr. 2004, nº 277FD : *BOI 13 N-1-04.* ♦ ... Ni de mentionner, dans la notification de redressement, les textes qui les instituent. • Com. 9 oct. 2001, nº 98-20.119 : *préc. note 4* • 4 févr. 2004, nº 277FD : *préc.* ♦ ... Même pour la part excédant le taux de l'intérêt légal. • CE 23 oct. 2002, nº 228207, *Bels : Dr. fisc. 2003. 416 ; RJF 2003. 14.* ♦ L'intérêt de retard est applicable sans qu'il y ait lieu de rechercher si le contribuable est, ou non, de bonne foi. • CE 6 févr. 1981, nº 18428 : *Dr. fisc. 1981. 1591, concl. Schricke.*

6. Le principe de l'application immédiate de la loi plus douce n'est pas applicable à l'intérêt de retard qui ne présente pas le caractère de sanction. • CE 3 févr. 2011, nº 329839 : *RJF 2011. 471.*

7. Taux de l'intérêt de retard. Le niveau de l'intérêt de retard ne constitue pas une discrimination au sens de l'art. 14 Conv. EDH. En effet, si les stipulations combinées de cet article et de l'art. 1er du premier protocole additionnel à la Convention peuvent être utilement invoquées pour soutenir que la loi fiscale serait à l'origine de discriminations injustifiées entre contribuables, elles sont en revanche sans portée dans les rapports institués entre la puissance publique et un contribuable à l'occasion de l'établissement et du recouvrement de l'impôt. Dès lors, un moyen tiré de l'existence d'une différence de taux entre, d'une part, l'intérêt de retard institué par l'art. 1727 et, d'autre part, les intérêts moratoires calculés au taux de l'intérêt légal, mentionnés aux art. L. 207 et L. 208 du LPF n'est pas susceptible d'être accueilli. • CE 12 avr. 2002, nº 239693, *SA Financière Labeyrie : préc. note 2.* ♦ Les dispositions de l'art. 14 Conv. EDH, combinées avec celles de l'art. 1er du premier protocole additionnel à celle-ci, sont sans portée dans les rapports institués entre l'État et les contribuables à l'occasion de l'établissement ou du recouvrement de l'impôt. • Com. 27 sept. 2005, nº 03-14.636, 03-15.245 et 04-14.432 (3 arrêts) : *RJF 2006. 103.* ♦ Les art. L. 313-3 et L. 313-4 C. consom. prohibant l'usure ne sont pas applicables au taux d'intérêt fixé par la loi pour compenser le préjudice subi par le Trésor du fait de l'encaissement tardif de sa créance. • Mêmes arrêts. ♦ La QPC contestant le taux de l'intérêt de retard au regard du principe d'application rétroactive de la loi pénale plus douce est dépourvue de caractère sérieux et n'est donc pas transmise au Cons. const., dès lors que ce principe ne s'applique qu'aux sanctions ayant le caractère d'une punition : or, l'intérêt de retard vise à réparer les préjudices de toute nature subis par l'État à raison du non-respect par les contribuables de leurs obligations. • CE 22 juill. 2020, nº 438849 : *RJF 2020. 928, concl. Ciavaldini.*

8. Décompte de l'intérêt de retard. Jurisprudence partagée. Dans le cas où le paiement des impositions intervient antérieurement à la notification de redressement, l'intérêt de retard est décompté jusqu'au dernier jour du mois du paiement en application de l'art. 1727 A (devenu art. 1727-IV-1). • CAA Lyon, 12 oct. 2006, nº 02LY1978 : *RJF 2007. 176 ; concl. Gimenez au BDCF 2/07, nº 22.* ♦ En cas d'insuffisance de déclaration, le décompte de l'intérêt de retard est, en application de l'art. 1729-2 (désormais art. 1727-IV-4), arrêté au dernier jour du mois de la notification de redressement, alors même que les droits rappelés auraient été acquittés par le contribuable antérieurement à ladite notification. • TA Amiens, 6 oct. 2006, nº 03-2598 : *RJF 2007. 581.* ♦ En cas de déduction anticipée de la TVA, l'intérêt de retard est décompté jusqu'au dernier jour du mois de la notification de redressement, même si le droit à déduction intervient avant cette date. • CAA Douai, 17 déc. 2009, n° 09DA241 : *RJF 2010. 607* • TA Montreuil, 31 mars 2014, *SAS Spie Ouest-Centre*, n° 1301491 : *RJF 2014. 1123.*

9. En cas d'insuffisance de déclaration, le décompte de l'intérêt de retard applicable à l'impôt dû au titre d'une année n'est pas interrompu par le paiement spontané de l'impôt dû au titre d'une année ultérieure. • CE 13 juill. 2011, *Min. du Budget,* n° 312896 : *RJF 2011. 1173 ; Dr. fisc. 2011. 633, note Vié.*

10. Dans le cas où un contribuable s'est abstenu de déposer une déclaration ou un acte qu'il était tenu de souscrire, le décompte de l'intérêt de retard est arrêté au dernier jour du mois de la première des notifications de redressements régulières reçues par le contribuable. • CE 17 déc. 2010, n° 316759 : *RJF 2011. 334.* ♦ Même solution en cas d'insuffisances de déclaration. • CE 20 janv. 2016, n° 378078 : *RJF 2016. 362, concl. Bokdam-Tognetti.*

11. Les intérêts de retard sont dus à compter de la date à laquelle, au plus tard, le redevable doit verser au Trésor le montant de la retenue à la source afférente aux RCM. • CE 16 mai 2008, n° 28465 : *RJF 2008. 998.*

12. Lorsqu'elle redresse un exercice déficitaire, entraînant une imposition supplémentaire au titre d'un exercice ultérieur, l'Administration ne peut décompter l'intérêt de retard que jusqu'à la fin du mois au cours duquel a été adressée la proposition de rectification relative à l'exercice déficitaire. • TA Paris, 19 sept. 2011, n° 0918925 : *RJF 2012. 265.*

13. Base de calcul de l'intérêt de retard en cas d'insuffisance de déclaration. En cas de défaut de déclaration d'un revenu dans les délais prescrits, l'intérêt de retard doit être calculé sur le total de l'imposition due et non sur la somme correspondant à l'imposition qui aurait été réclamée au contribuable, en cas de paiement fractionné de l'impôt, à la date de souscription d'une déclaration du revenu. • CE 20 janv. 2016, n° 378078 : *préc. note 10.*

14. Réduction de moitié de l'intérêt de retard dû en cas de rectification spontanée (droit à l'erreur). 1° conditions d'application de la régularisation spontanée ; bonne foi du contribuable. 2° Paiement des droits. 3° Application combinée avec la réduction du taux au 1er janv. 2018. 4° Non-application des majorations pour paiement tardif. * BOI-DAE-20-10 et * BOI-CF-INF-10-30 du 2 oct. 2019.

15. Modalités de calcul des pénalités pour un groupe de sociétés. Lorsque le redressement d'une société membre conduit à augmenter le résultat bénéficiaire du groupe, des intérêts de retard sont dus par la mère intégrante si l'insuffisance des résultats déclarés par la filiale redressée excède le vingtième de la base d'imposition rectifiée de cette filiale. Les intérêts sont dus même si le résultat de cette société reste déficitaire après le contrôle. • CE 2 juin 2010, n° 309114 : *RJF 2010. 784 ; BDCF 2010, n° 90, concl. Legras ; Dr. fisc. 2010. 390, note Durand et Fouquet.* ♦ Lorsque deux sociétés du groupe font l'objet d'une vérification de comptabilité, entraînant pour l'une la réduction de son déficit et pour l'autre la minoration de son résultat initialement déclaré, l'intérêt de retard s'applique aux suppléments d'IS résultant de la correction du résultat d'ensemble. • TA Cergy-Pontoise, 18 févr. 2010, n° 06-4085 : *RJF 2010. 883.*

16. Remise ou atténuation des intérêts de retard. L'art. L. 247 LPF (L. n° 2003-1311, 30 déc. 2003, art. 35) prévoit la possibilité d'atténuer gracieusement les intérêts de retard en autorisant le recours à une transaction et en mentionnant expressément la possibilité d'en effectuer la remise.

17. Validations législatives. Lois interprétatives. En cas de validation législative portant sur l'assiette de l'impôt, et en l'absence de dispositions législatives le prévoyant expressément, une imposition fondée sur une disposition rétroactive ne peut être assortie d'intérêts de retard. • CE, sect., 11 déc. 1987, n° 61531 : *RJF 1988. 190 ; Dr. fisc. 1988. 924, concl. Martin Laprade.* ♦ Mais lorsque la validation porte sur la procédure d'imposition et qu'elle ne modifie en rien les obligations du contribuable, les impositions peuvent être assorties d'intérêts de retard. • CE 17 juin 1998, n° 179443 : *Dr. fisc. 1998. 868, concl. Goulard ; RJF 1998. 902* • 28 juill. 1999, n° 186982 : *Dr. fisc. 2000. 120 ; RJF 1999. 1222.*

B. MENTION EXPRESSE

18. Extension du dispositif de la mention expresse. Ce dispositif est étendu aux contribuables qui ont interrogé l'administration fiscale sur une difficulté d'interprétation d'une loi nouvelle ou sur une difficulté de détermination des incidences fiscales d'une règle-comptable, lorsqu'ils n'ont pas obtenu de réponse avant l'expiration du délai de déclaration ou lorsque l'Administration n'a pas publié sa position sur le sujet dans ce même délai. Application aux déclarations souscrites à compter du 1er janv. 2009. * BOI-CF-INF-10-10-10 nos 90 à 200 du 12 sept. 2012.

19. Preuve de la mention expresse. Eu égard à l'objet des art. 1727 et 1732, le juge doit se fonder sur le résultat de l'instruction pour apprécier si une déclaration de revenus comportait une mention de nature à faire bénéficier le contribuable de la non-application de l'intérêt de retard. Un contribuable, qui a été soumis à des cotisations supplémentaires d'IR à la suite de la réintégration de frais de déplacement déduits à tort, est fondé à demander la décharge des intérêts de retard auxquels il a été assujetti, dès lors qu'il résulte de l'instruction que l'administration fiscale ne conteste pas avoir reçu la déclaration de revenus souscrite par l'intéressé et qu'elle n'apporte aucun élément, à défaut de produire la déclaration en question, pour contredire les affirmations du requérant selon lesquelles celle-ci comportait la mention expresse. • CE 16 juill. 2008, ♔ n° 289948 : *RJF 2008. 1212.*

20. Mentions expresses admises. Est fondé à être déchargé des intérêts de retard : le contribuable qui, dans une note annexée à sa déclaration de revenus, indique la liste de ses dépenses professionnelles, ventilées en dix-sept catégories et détaillées à l'intérieur de chacune de ces catégories ainsi que les motifs pour lesquels il procède aux déductions mentionnées dans sa déclaration de revenus. • CE 20 mai 1987, ♔ n° 48773 : *Dr. fisc. 1988. 548, concl. Martin Laprade ; RJF 1987. 414.* ♦ ... Le contribuable qui a joint à la déclaration de son revenu global imposable la déclaration spéciale dans laquelle il fait connaître les éléments de calcul de la plus-value et notamment, les modalités de détermination du prix d'acquisition du terrain qu'il entend retenir, précise les dispositions du CGI sur lesquelles il se fonde et indique les motifs pour lesquels il ne comprend pas dans le calcul de la plus-value imposable les éléments qui y ont été réintégrés par l'Administration. • CE 27 mai 1987, ♔ n° 69330 : *Dr. fisc. 1987. 1740.* ♦ ... Le contribuable qui a annexé à sa déclaration de résultats une note indiquant de façon expresse les motifs de droit pour lesquels il n'a pas réintégré dans ses résultats déclarés une provision pour charges sociales afférentes aux indemnités de congés payés. • CE 2 mai 1990, n° 94682 : *RJF 1990. 449.* ♦ ... La société qui a joint à sa déclaration de résultats et au relevé des provisions un extrait de l'annexe des comptes annuels soulignant la constitution de la provision litigieuse et précisant la nature et les raisons de celle-ci. • CE 1er oct. 2001, ♔ n° 209035, *Sté Nervol : RJF 2001. 1495 ; Dr. fisc. 2002. 14, concl. Mitjavile.* ♦ ... Le contribuable qui a mentionné « déclaration en cours » sur les cases « BIC » de la déclaration d'ensemble des revenus. • TA Nantes, 5 déc. 2000, n° 96-3819 : *Dr. fisc. 2001. 929.* ♦ ... Le contribuable qui a entendu imputer une moins-value sur une plus-value et qui a apporté toutes précisions sur l'origine et le montant de la plus-value éventuellement taxable et précisé la nature et le montant de la fraction de moins-value non encore imputée. • CAA Marseille, 11 févr. 2003, n° 99MA1047, *Derrida : Dr. fisc. 2003. 799, concl. Bédier.* ♦ ... Le contribuable associé d'une SENC exerçant une activité agricole qui, dans sa déclaration de revenus, a mentionné une plus-value à long terme taxable à un taux proportionnel mais non la quote-part lui revenant dans le bénéfice agricole de la société, dès lors qu'il a, pour justifier du calcul du montant de la plus-value, indiqué en annexe sa quote-part du bénéfice agricole de la société et déterminé un « excédent de déficit » en imputant sur cette quote-part le déficit agricole déclaré l'année précédente. • CAA Nantes, 27 oct. 2004, n° 01NT1976 : *RJF 2005. 348.*

21. Lorsque la société a précisé dans sa déclaration les motifs pour lesquels elle avait constitué les provisions litigieuses et que l'Administration fiscale fait valoir qu'elle avait déjà réintégré des provisions de même nature constituées pour des exercices antérieurs à celui de l'espèce et que le contribuable n'ignorait donc pas la position de l'Administration sur le point en litige, cette circonstance ne saurait entraîner l'exclusion du bénéfice de la dispense des intérêts de retard prévue par l'art. 1732 (devenu art. 1727-II-2°), dès lors que la société a satisfait aux conditions clairement et limitativement posées par ce texte. • CE 19 nov. 2008, ♔ n° 307229, *Sté Foster : RJF 2009. 139 ; Dr. fisc. 2009. 84, concl. Escaut.* ♦ Le contribuable peut bénéficier de la dispense d'intérêt de retard alors même qu'il est passible des pénalités pour mauvaise foi. • Même arrêt.

22. Une mention expresse erronée n'empêche pas de bénéficier de la dispense d'intérêts de retard, son but étant précisément d'attirer l'attention de l'Administration sur l'interprétation, éventuellement fausse, de la loi fiscale par le contribuable. • TA Montreuil, 26 sept. 2019, *Sté NRJ Group,* n° 706962 : *RJF 2020. 46.*

23. Mentions expresses non admises. Ne vaut pas indication la seule souscription d'une déclaration de bénéfices catégoriels, lorsque les chiffres mentionnés dans celle-ci ne sont pas reportés sur la déclaration d'ensemble des revenus. • CE 13 févr. 1991, ♔ n° 70837 : *RJF 1991. 240.* ♦ ... Une note annexée à la déclaration de BNC lorsque la déclaration de revenu global n'a pas été déposée dans les délais. • CAA Versailles, 7 juin 2005, n° 03VE891 : *RJF 2005. 1055.* ♦ ... Une note annexée à la déclaration qui fait référence à l'art. 41 mais qui n'indique pas expressément les motifs de droit ou de fait pour lesquels le contribuable ne mentionne pas la plus-value litigieuse ou lui donne une qualification la rendant non imposable. • CAA Nantes, 21 oct. 1992, n° 91NT301 : *RJF 1993. 315.* ♦ ... Une note annexée aux déclarations du contribuable, dans laquelle il indique qu'il entend se placer sous le régime d'exonération de l'art. 44 *quater*, mais qui ne précise pas la nature de l'activité de son entreprise et les conditions de sa création. • CE 18 oct. 1996, ♔ n° 160839 : *RJF 1996. 1046.* ♦ ... Une note annexée à la déclaration de résultats par laquelle une société revendique le régime de l'art. 44 *sexies* et renvoie, en ce qui concerne les raisons de droit et de fait justifiant cette exonération, à une note explicative annexée à sa déclaration de l'année précédente, sans joindre cette note. • CAA Paris, 7 déc. 1999, n° 96PA3449 : *RJF 2000. 517.* ♦ ... La note jointe à la déclaration qui ne comporte aucune indication des motifs à l'origine de la clef de la répartition des dépenses litigieuses entre usage privé et usage professionnel. • CAA Lyon, 9 déc. 1998, n° 95LY20234 : *RJF 1999. 332.* ♦ ... La mention succincte, dans la déclaration de revenu d'un contribuable, selon laquelle la cession partielle de sa clientèle « n'a pas été soumise à l'impôt », sans autres précisions. • CAA Nancy, 2 mai 2002, n° 98NA1263 : *Dr. fisc. 2002. 1040.* ♦ ... L'indication, sur l'acte notarié de cession, du fondement et de la nature de l'exonération d'une plus-value immobilière (résidence principale), faute d'éléments précis et circonstanciés sur les motifs de fait ou de droit qui justifient la qualification donnée au bien cédé. • CE 23 oct. 2013, *Bouteloup*, n° 361233 : *RJF 2014. 41 ; Dr. fisc. 2013. 533, concl. Escaut.*

24. Contrôle du juge de cassation. L'appréciation du caractère suffisant des précisions que le contribuable doit apporter pour avoir droit au bénéfice de la dispense d'intérêt de retard relève de l'appréciation souveraine des faits qui ne peut être discutée devant le juge de cassation, sauf dénaturation. • CE 20 oct. 1995, n° 140239 : *RJF 1995. 1360 ; Dr. fisc. 1995. 2216.*

C. TOLÉRANCE LÉGALE

25. Les rappels de contribution sur l'IS et de contribution sociale sur l'IS, prévues respectivement par les art. 235 *ter* ZA et 235 *ter* ZC CGI, bénéficient de la tolérance légale dans les mêmes conditions que l'IS. * Rép. min. n° 15649 : *JOAN Q, 30 juin 2003, p. 5178* • TA Dijon, 26 mai 2005, n° 01-2843 : *RJF 2006. 63.*

26. Pour l'application de la tolérance légale, l'ISF est assimilé aux droits d'enregistrement. Il en résulte que l'insuffisance des valeurs déclarées des biens passibles de cet impôt doit s'apprécier bien par bien et non par rapport à la base taxable d'ensemble. • Com. 19 avr. 2005, n° 666 FS-PB : *RJF 2005. 972.*

27. La tolérance légale n'est pas applicable : lorsque le redressement porte sur des omissions et non sur des insuffisances d'évaluation. • Com. 15 oct. 1996, n° 94-19.916 P : *Defrénois 1997, n° 36607 ; Dr. fisc. 1996. 1421 ; D. 1996. IR 250* • 26 nov. 1996, n° 94-19.658 : *Dr. fisc. 1997. 70 ; RJF 1997. 275 ; D. 1997. IR 12* ♦ ... Lorsque l'application des pénalités et intérêts de retard trouve son origine non pas dans l'insuffisance des chiffres déclarés, mais dans une inexactitude du nombre de personnes à charge déclaré par le contribuable. • CAA Nancy, 23 déc. 1993, n° 92NA475 : *RJF 1994. 812 ; Dr. fisc. 1994. 2183* ♦ ... Lorsque le redressement résulte d'imputations non fondées de crédits d'impôt. • CE 23 avr. 2008, n° 271853 : *RJF 2008. 863 ; concl. Collin au BDCF 7/08, n° 97.* ♦ ... Ou de l'imputation irrégulière d'un avoir fiscal. • CE 13 avr. 2005, n° 252165 : *RJF 2005. 720 ; concl. Collin au BDCF 7/05, n° 91.*

28. La question de savoir si l'insuffisance des chiffres déclarés excède la tolérance légale est un moyen d'ordre public qui doit être soulevé d'office par le juge. • CE 9 nov. 1988, n° 68965 : *Dr. fisc. 1989. 1360, concl. Martin Laprade ; RJF 1989. 25.*

D. APPLICATIONS DIVERSES

29. Impôt sur le revenu. Un contribuable est fondé à demander que l'intérêt de retard ne soit pas appliqué sur les sommes correspondant aux acomptes d'impôt sur le revenu versés spontanément et dans les délais au titre de la mensualisation. • TA Nice, 10 déc. 2002, n° 98-4961 : *Dr. fisc. 2003. 427.*

30. Crédits d'impôt. V. note 27.

31. Remise en cause d'un report déficitaire. V. note 12.

32. Entreprises nouvelles. Les suppléments d'impôt résultant de la perte du droit à l'exonération des entreprises nouvelles pour la partie des résultats qui n'ont pas été régulièrement déclarés sont assortis de l'intérêt de retard même si l'entreprise aurait pu bénéficier de l'exonération si elle les avait régulièrement déclarés. • CE 23 oct. 2002, n° 228207, *Bels : Dr. fisc. 2003. 416 ; RJF 2003. 14.*

33. Enregistrement et taxe de publicité foncière. Le fait générateur des droits d'enregistrement est l'acte de mutation. Dès lors que, l'engagement de revente n'ayant pas été rempli, la déchéance du régime de faveur de l'art. 1115 rend exigibles les droits qui auraient été dus au jour de la présentation de l'acte à la formalité, les intérêts de retard afférents aux droits en principal sont dus à compter du premier jour suivant le mois au cours duquel ils auraient dû être acquittés, à savoir celui de l'enregistrement de l'acte de mutation. • Com. 6 oct. 1998, n° 1487 P : *RJF 1998. 1503.* ♦ De même, l'inobservation de l'engagement de bâtir dans un certain délai, pris dans l'acte d'acquisition du terrain à bâtir par l'acquéreur, en considération duquel le paiement des droits a été différé (l'acquéreur en étant exonéré), entraîne la déchéance du régime de faveur prévu à l'art. 1594-0 G-A, cette dernière rendant *ipso facto* exigibles les droits de mutation qui auraient été normalement dus au jour de la présentation de l'acte à la formalité. Les intérêts de retard étant l'accessoire de la créance fiscale, ils courent à compter de la même date. • Paris, 27 mai 2005, n° 03-14.521 : *RJF 2006. 221.*

Art. 1727-0 A **Les dispositions de l'article 1727 s'appliquent aux contributions indirectes, aux droits, taxes, redevances, impositions ou sommes obéissant aux mêmes règles** *(Abrogé par L. n° 2018-1317 du 28 déc. 2018, art. 26-III-36°)* « ***, ainsi qu'à la***

***contribution prévue par l'article 527* », établis ou recouvrés par la direction générale des douanes et droits indirects.**

B SANCTIONS FISCALES

(Ord. n° 2005-1512 du 7 déc. 2005, art. 13 et 25)

1 *INFRACTIONS RELATIVES AUX DÉCLARATIONS ET ACTES COMPORTANT L'INDICATION D'ÉLÉMENTS À RETENIR POUR L'ASSIETTE OU LA LIQUIDATION DE L'IMPÔT*

a DÉFAUT OU RETARD DE DÉCLARATION

Art. 1728 1. Le défaut de production dans les délais prescrits d'une déclaration ou d'un acte comportant l'indication d'éléments à retenir pour l'assiette ou la liquidation de l'impôt entraîne l'application, sur le montant des droits mis à la charge du contribuable ou résultant de la déclaration ou de l'acte déposé tardivement, d'une majoration de :

***a.* 10 % en l'absence de mise en demeure ou en cas de dépôt de la déclaration ou de l'acte dans les trente jours suivant la réception d'une mise en demeure, notifiée par pli recommandé, d'avoir à le produire dans ce délai ;**

***b.* 40 % lorsque la déclaration ou l'acte n'a pas été déposé dans les trente jours suivant la réception d'une mise en demeure, notifiée par pli recommandé, d'avoir à le produire dans ce délai ;**

***c.* 80 % en cas de découverte d'une activité occulte.** — *En cas de flagrance, V. art. 1740 B-II.*

2. Pour les déclarations prévues à l'article 800, la majoration de 10 % est applicable à partir du premier jour du septième mois suivant celui de l'expiration des délais de six mois et de vingt-quatre mois prévus respectivement aux articles 641 et 641 *bis*.

La majoration de 40 % s'applique lorsque cette déclaration n'a pas été déposée dans les quatre-vingt-dix jours suivant la réception d'une mise en demeure, notifiée par pli recommandé d'avoir, à la produire dans ce délai.

3. En cas de retard dans l'exécution de la formalité fusionnée prévue à l'article 647, il n'est pas tenu compte de la période comprise entre le dépôt de l'acte refusé et la nouvelle présentation à la formalité si celle-ci intervient dans le mois de la notification du refus.

4. Lorsque la déclaration d'ensemble des revenus prévue à l'article 170 déposée hors délai comporte des éléments provenant d'une ou plusieurs déclarations de revenus catégoriels également déposées hors délai et que plusieurs majorations de taux différents sont encourues, ces dernières sont appliquées à l'impôt sur le revenu réparti proportionnellement aux revenus représentatifs de chaque infraction. Toutefois, le taux de la majoration encourue au titre de la déclaration d'ensemble des revenus s'applique à la totalité de l'impôt lorsqu'il est supérieur à celui applicable au titre des autres déclarations.

5. Pour les obligations déclaratives prévues à l'article *(L. n° 2017-1837 du 30 déc. 2017, art. 31)* **« 982** *[ancienne rédaction : 885 W]* **», la majoration de 10 % prévue au *a* du 1 du présent article est portée à 40 % lorsque le dépôt fait suite à la révélation d'avoirs à l'étranger qui n'ont pas fait l'objet des obligations déclaratives prévues aux articles 1649 A, 1649 AA et 1649 AB.** — *Les dispositions ci-dessus de la L. n° 2013-1117 du 6 déc. 2013 s'appliquent à compter de l'impôt de solidarité sur la fortune dû au titre de l'année 2014 (L. préc., art. 60-II).*

Le fait pour tout employeur de se soustraire intentionnellement aux déclarations relatives aux salaires auprès de l'administration fiscale est réputé travail dissimulé (C. trav., art. L. 8221-5-3°).

Les dispositions du présent art. issues du B du I de l'art. 31 de la L. n° 2017-1837 du 30 déc. 2017, s'appliquent au titre de l'impôt sur la fortune immobilière dû à compter du 1er janv. 2018. Toutefois, les dispositions modifiées par le même B du I continuent de s'appliquer, dans leur rédaction en vigueur au 31 déc. 2017, à l'impôt de solidarité sur la fortune dû jusqu'au titre de l'année 2017 incluse (L. préc., art. 31-IX-B).

BIBL. ▸ GUIBÉ, *RJF 2020. 287* (défaillance déclarative et erreur du contribuable : quelques fruits de la jurisprudence *Frutas y Hortalizas Murcia SL*). – LABRUNE, *RJF 2016. 129* (majoration pour activité occulte : le droit fiscal est-il vraiment amoral ?). – LAUMONIER, *Dr. fisc. 2020. 53* (la notion d'activité occulte : de la loi fiscale à la jurisprudence).

1. Commentaire administratif. * BOI-CF-INF-10-20-10 du 8 mars 2017.

2. Constitutionnalité des pénalités. Les majorations de droits prévues par l'art. 1728 en cas de défaut de déclaration dans les trente jours suivant la réception d'une mise en demeure, de découverte d'une activité occulte ou d'insuffisances de déclaration commises de mauvaise foi sont conformes à la Constitution. • Cons. const. 17 mars 2011, n° 2010-104 QPC : *JO 18 mars 2011 ; RJF 2011. 731. ; Dr. fisc. 2011. 416, note Subra et Le Tacon.*

3. Garanties de la Conv. EDH. L'art. 6 § 1 de la Conv. EDH (droit à un procès équitable) est applicables à la contestation des majorations d'imposition prévues en cas de défaut ou retard de déclaration par l'art. 1728, dans sa rédaction issue de l'ordonnance n° 2005-1512 du 7 déc. 2005, qui ont le caractère d'accusations en matière pénale, dès lors qu'elles présentent le caractère d'une punition tendant à empêcher la réitération des agissements qu'elles visent et n'ont pas pour objet la seule réparation d'un préjudice. • CE 6 juin 2007, n° 270955 : *RJF 2007. 1042.* ♦ Dans le même sens : • Com. 22 févr. 2000, n° 488P, *Ferrière : RJF 2000. 737 ; BOI 13 N-7-00.* ♦ La majoration de 10 % prévue au 1 de l'art. 1728 est, tant par son taux que par son montant en valeur absolue (4450 F en l'espèce), d'une ampleur insuffisante pour relever de la matière pénale au sens de l'art. 6 § 1 Conv. EDH. • CEDH 3 juin 2003, n° 5459/00, *Morel c/ France : RJF 2003. 1337.* ♦ Sur la personnalité des sanctions, V. note 6.

4. Le droit à un procès équitable garanti par l'art. 6 § 1 de la Conv. EDH n'implique pas que le juge de l'impôt puisse moduler le montant d'une pénalité fiscale, même s'il s'agit d'une pénalité à taux unique. • CEDH 7 juin 2012, *Segame c/ France*, n° 4837/06 : *RJF 2012. 888, chron. Bokdam-Tognetti ; Dr. fisc. 2012. 387, note Ayrault.*

5. Dans la mesure où il institue une pénalité qui est nécessaire au bon fonctionnement d'un système fiscal déclaratif, que cette pénalité est infligée au terme d'un processus protecteur qui comporte *l'envoi préalable d'une mise en demeure* de déposer la déclaration qu'il incombe à l'Administration d'apporter la preuve de l'envoi régulier de cette mise en demeure et de l'existence de l'obligation déclarative pesant sur le contribuable et que celui-ci a la faculté d'invoquer devant le juge de l'impôt un cas de force majeure qui l'aurait empêché de déférer à la mise en demeure, l'art. 1728 assure l'équilibre entre les moyens nécessaires pour atteindre le but légitime que constitue le respect par les contribuables de leur obligation déclarative et les garanties offertes aux contribuables. Ses dispositions ne méconnaissent donc pas l'art. 6 § 2 de la Conv. EDH même si elles ne permettent pas au contribuable de se prévaloir d'une « excuse de bonne foi ». • CAA Paris, 14 juin 2007, n° 03PA296 : *RJF 2007. 1277.*

6. Personnalité des peines. Eu égard aux objectifs de prévention et de répression de la fraude et de l'évasion fiscale auxquels répondent les pénalités fiscales, le principe de la personnalité des peines ne fait pas obstacle à ce que, à l'occasion d'une opération de fusion ou de scission, ces sanctions pécuniaires soient mises, compte tenu de la transmission universelle du patrimoine, à la charge de la société absorbante, d'une nouvelle société créée pour réaliser la fusion ou de sociétés issues de la scission, à raison des manquements commis, avant cette opération, par la société absorbée ou fusionnée ou par la société scindée. • CE, avis, 4 déc. 2009, n° 329173 : *RJF 2010. 145 ; concl. Glaser au BDCF 2/10, n° 21 ; Dr. fisc. 2010. 181, note Pierre.* ♦ L'Administration ne peut, sans porter atteinte à l'art. 6-2 Conv. EDH relatif à la présomption d'innocence, mettre à la charge de l'épouse du contribuable décédé les pénalités de mauvaise foi résultant de l'insuffisance de déclaration, par le défunt, des RCM perçus par lui. Elle doit établir la mauvaise foi personnelle de l'épouse qui ne peut résulter de la simple circonstance que les personnes mariées sont soumises à une imposition commune et que l'intéressée aurait signé la déclaration de revenu global du foyer fiscal dans laquelle les revenus en litige sont repris. • CAA Paris, 24 sept. 2009, n° 07PA3771 : *RJF 2010. 245.* ♦ Le principe de la personnalité des peines peut faire obstacle à ce que des contribuables se voient infliger des sanctions fiscales à raison de l'activité occulte exercée par leur enfant majeur rattaché à leur foyer fiscal. • TA Rouen, 11 mai 2010, n° 09-907 : *RJF 2011. 188.* ♦ Le principe tiré de l'art. 6-1 CGI selon lequel les pénalités fiscales sont applicables aux deux époux à raison des agissements de l'un d'entre eux seulement est compatible avec le principe de personnalité des peines résultant de l'art. 6-2 Conv. EDH garantissant la présomption d'innocence, eu égard aux objectifs de prévention et de répression de la fraude et de l'évasion fiscale auxquels répondent les pénalités fiscales. • CAA Bordeaux, 18 mars 2014, n° 12BX00939 : *RJF 2014. 699.*

7. Visites et saisies. L'application éventuelle des dispositions de l'art. 1728 n'est pas exclusive de la mise en œuvre de la procédure de visite et saisie prévue par l'art. L. 16 B du LPF. • Com. 23 févr. 1999, n° 487D, *Diamant Beach Club : RJF 1999. 586.*

8. Bonne foi. La pénalité pour défaut ou retard dans la production d'une déclaration est par son objet exclusive de toute appréciation de la bonne foi ou de la mauvaise foi du contribuable ou de l'existence de manœuvres frauduleuses. • CE 10 févr. 1989, ♜ n° 58873 : *Dr. fisc. 1989. 1151, concl. Martin Laprade ; RJF 1989, p. 207.* ♦ Elle est applicable, même si le contribuable est de bonne foi. • CE 25 juill. 1980, n° 15016 : *RJF 1980, p. 470.* ♦ Absence d'excuse de bonne foi, V. note 5.

9. Cumul des sanctions pénales et fiscales. Le Conseil constitutionnel valide l'application cumulée des sanctions fiscales et pénales pour défaut ou retard de déclaration aux cas de fraude les plus graves, le montant global des sanctions ne pouvant excéder celui de la sanction la plus élevée. • Cons. const. 23 nov. 2018, ♜ n° 2018-745 QPC : *RJF 2019. 187, chron. Planchon, p. 154.*

10. Modération des sanctions. Le droit à un procès équitable garanti par l'art. 6 § 1 de la Conv. EDH n'implique pas que le juge de l'impôt puisse moduler le montant d'une pénalité fiscale, même s'il s'agit d'une pénalité à taux unique. • CEDH 7 juin 2012, ♜ *Segame c/ France*, n° 4837/06 : *préc. note 4.* ♦ L'art. 6 § 1 Conv. EDH ouvre un recours de pleine juridiction pour que la sanction fiscale appliquée par l'Administration puisse être proportionnée au comportement du contribuable dans les circonstances de l'espèce. Mais le juge ne peut exercer le pouvoir qui lui est ainsi conféré que s'il est mis en mesure par la partie qui conteste l'application de la sanction d'apprécier le principe et le montant de celle-ci. • Com. 17 oct. 2003, n° 00-13.966 : *RJF 2003. 1473 ; Dr. fisc. 2004. 411.*

11. L'art. 1728, dans sa rédaction issue de l'ordonnance n° 2005-1512 du 7 déc. 2005, comme celle qui était antérieurement en vigueur avant ce texte, proportionnement les pénalités pour défaut ou retard de déclaration selon les agissements commis par le contribuable et prévoit des taux de majoration différents selon la qualification qui peut être donnée au comportement de celui-ci. Le juge de l'impôt, après avoir exercé son plein contrôle sur les faits invoqués et la qualification retenue par l'Administration, décide, dans chaque cas, selon les résultats de ce contrôle, soit de maintenir ou d'appliquer la majoration effectivement encourue au taux prévu par la loi, sans pouvoir moduler celui-ci pour tenir compte de la gravité de la faute commise par le contribuable, soit, s'il estime que l'Administration n'établit ni que celui-ci aurait exercé une activité occulte, ni qu'il aurait omis de déposer sa déclaration dans les trente jours suivant l'envoi d'une mise en demeure régulièrement notifiée, de ne laisser à sa charge que la majoration de 10 % et les intérêts *de retard*. L'art. 6 § 1 Conv. EDH ne l'oblige pas à procéder différemment. Dès lors, un contribuable n'est pas fondé à soutenir que l'art. 1728 fondant les pénalités auxquelles il a été assujetti devraient être écartées au motif que, faute de permettre au juge de l'impôt d'en moduler le taux, il serait incompatible avec l'art. 6 § 1 Conv. EDH. • CE 6 juin 2007, ♜ n° 270955 : *préc. note 3.*

12. Défaut de déclaration de la TVA. En cas de dépôt tardif ou d'absence de dépôt de la déclaration annuelle de TVA, la base de calcul de la majoration s'entend de la différence entre le montant de la taxe due pour la période d'imposition et le montant des droits déjà acquittés sous forme d'acomptes. • CE 20 sept. 2019, ♜ n° 428750 : *RJF 2019.1140 ; Dr. fisc. 2019. 468, note Courjon.* ♦ Lorsque l'Administration adresse au contribuable, alors même qu'elle n'y est pas tenue, une mise en demeure de déposer sa déclaration de TVA avant de procéder à son imposition par voie de taxation d'office, la majoration de 10 % des droits est, en application de l'art. 1728, portée à 40 % si ce dernier n'obtempère pas dans les trente jours suivant la réception de cette mise en demeure. • CE 27 janv. 2010, ♜ n° 305291 : *RJF 2010. 400.*

13. Déclaration de succession. Les pénalités pour défaut de souscription d'une déclaration de succession dans le délai de six mois fixé à l'art. 641 ne sont pas applicables lorsque le légataire universel n'était pas en mesure de déposer cette déclaration en raison de la mise sous séquestre des biens successoraux et d'une contestation des droits de ce légataire qui n'a été tranchée qu'après l'expiration du délai. • Com. 30 mai 1989 : *RJF 1989, p. 534.* ♦ Compte tenu de l'existence d'un litige entre les héritiers quant à la dévolution de la succession, la majoration de 40 % est ramenée à 10 %. • Rouen, 8 sept. 2004, n° 02-1552 : *Dr. fisc. 2004. 838.*

14. Majoration pour activité occulte. Droit à l'erreur. Dans le cas où un contribuable n'a ni déposé dans le délai légal les déclarations qu'il était tenu de souscrire, ni fait connaître son activité à un centre de formalités des entreprises ou au greffe du tribunal de commerce, l'Administration doit être réputée apporter la preuve, qui lui incombe, de l'exercice occulte de l'activité professionnelle si le contribuable n'est pas lui-même en mesure d'établir qu'il a commis une erreur justifiant qu'il ne se soit acquitté d'aucune de ces obligations déclaratives. S'agissant d'un contribuable qui fait valoir qu'il a satisfait à l'ensemble de ses obligations fiscales dans un État autre que la France, la justification de l'erreur commise doit être appréciée en tenant compte tant du niveau d'imposition dans cet autre État que des modalités d'échange d'informations entre les administrations fiscales des deux États. • CE, plén., 7 déc. 2015, ♜ *Frutas y Hortalizas Murcia SL*, n° 368227 : *RJF 2016. 160, concl. Aladjidi* • CE 18 mars 2019, ♜ *Sté Ediprint*, n° 410573 : *RJF 2019. 565.* ♦ Pour une application du droit à l'erreur s'agissant d'un joueur de poker, V. • CE 22 nov. 2019, ♜ n° 429286 : *RJF 2020. 150.*

15. Doit être qualifiée d'occulte toute activité qui n'a pas fait l'objet d'une inscription auprès d'un centre de formalités des entreprises ou du greffe du tribunal de commerce. • TA Cergy-Pontoise, 21 nov. 2012, *Le Gallic*, n° 1003526 : *RJF 2013. 637.* ♦ L'activité occulte n'est pas prouvée s'agissant d'un marchand ambulant qui n'a pas de domicile ou de résidence fixe en France et qui n'a pas déclaré son activité auprès d'un centre de formalités des entreprises ou du greffe du tribunal de commerce mais s'est fait connaître de l'administration fiscale comme exerçant une activité lucrative sur la voie publique et a obtenu à ce titre un récépissé de consignation. • CAA Nantes, 11 avr. 2013, *Hornberger*, n° 12NT01706 : *RJF 2013. 957.* ♦ La déclaration d'une activité au titre d'une année N ne vaut pas déclaration pour les années antérieures. Par suite, la pénalité de 80 % prévue en cas de défaut de déclaration et découverte d'une activité occulte est applicable au titre des années N-1 à N-3. • CE 3 déc. 2014, n° 367370 : *RJF 2015. 226.*

16. L'Administration considère comme occulte l'activité exercée par un contribuable qui, cumulativement, soit n'a pas fait connaître son activité à un centre de formalité des entreprises ou au greffe du tribunal de commerce, soit s'est livré à une activité illicite, et n'a pas accompli ses obligations déclaratives dans les délais légaux. * BOI-CF-INF-10-20-10 n° 40 du 8 mars 2017.

b INSUFFISANCE DE DÉCLARATION

Art. 1729 Les inexactitudes ou les omissions relevées dans une déclaration ou un acte comportant l'indication d'éléments à retenir pour l'assiette ou la liquidation de l'impôt ainsi que la restitution d'une créance de nature fiscale dont le versement a été indûment obtenu de l'État entraînent l'application d'une majoration de :

a. 40 % en cas de manquement délibéré ;

b) 80 % en cas d'abus de droit au sens de l'article L. 64 du livre des procédures fiscales ; elle est ramenée à 40 % lorsqu'il n'est pas établi que le contribuable a eu l'initiative principale du ou des actes constitutifs de l'abus de droit ou en a été le principal bénéficiaire ;

c) 80 % en cas de manœuvres frauduleuses ou de dissimulation d'une partie du prix stipulé dans un contrat ou en cas d'application de l'article 792 *bis*. — *En cas de flagrance, V. art. 1740 B-II. — Sur les conséquences de la qualification de l'infraction en matière de recouvrement, V. C. com., art. L. 526-1.* — ***C. com.***

BIBL. ▶ DEBOISSY et WICKER, *Dr. fisc. 2010. Étude 18* (l'absence d'application du principe de personnalité des peines aux personnes morales en cas de transmission universelle du patrimoine). - L. VALLÉE, *FR Lefebvre 36/09, p. 13* (abus de droit : application dans le temps de la pénalité au taux réduit).

A. GÉNÉRALITÉS

1. Commentaire administratif du régime des pénalités. Commentaires de l'art. 1729. * BOI-CF-INF-10-20-20 du 8 mars 2017.

2. Constitutionnalité des pénalités. Les majorations de droits prévues par l'art. 1729 en cas de découverte d'une activité occulte ou d'insuffisances de déclaration commises de mauvaise foi ou d'abus de droit sont conformes à la Constitution. • Cons. const. 17 mars 2011, n° 2010-104 QPC : *JO 18 mars ; RJF 2011. 731 ; Dr. fisc. 2011. 416, note Subra et Le Tacon.* ♦ Constitutionnalité du cumul des sanctions administratives et des *sanctions* pénales, V. note ss. art. 1741.

3. Motivation des pénalités. V. LPF, art. L. 80 D. ♦ V. égal. note 28.

4. Règles de preuve. Il résulte de l'art. L. 195 A du LPF qu'en cas de contestation des pénalités, la preuve de la mauvaise foi (actuellement manquement délibéré) et des manœuvres frauduleuses incombe à l'Administration. Application. • CE 21 mars 2001, n° 202490 : *Dr. fisc. 2001. 549, concl. Goulard.*

5. Caractère des pénalités. Les pénalités applicables en cas de mauvaise foi (actuellement manquement délibéré) constituent des accusations en matière pénale au sens de l'art. 6 Conv. EDH. • CEDH 24 févr. 1994, n° 3/1993/398/476, *Bendenoun : Dr. fisc. 1994. 989, chron. Le Gall et Gérard, p. 878.* ♦ Les pénalités majorant les impositions en cas de mauvaise foi (actuellement manquement délibéré) constituent des « accusations en matière pénale » au sens de l'art. 6 § 1 Conv. EDH. Ainsi, les principes énoncés par cet article sont applicables à la contestation de ces pénalités devant les juridictions compétentes, y compris en tant qu'elle concerne la procédure d'établissement des pénalités. Dès lors, cet art. peut être invoqué à l'appui d'une contestation de pénalités de mauvaise foi portant exclusivement sur la régularité formelle de l'avis de mise en recouvrement. • CE 27 févr. 2006, n° 257964 : *RJF 2006. 649 ; Dr. fisc. 2006. 513, concl. Olléon.* ♦ Une majoration de 10 % prévue en cas d'erreurs commises dans une déclaration fiscale relève de la matière pénale au sens de l'art. 6 § 1 Conv. EDH, nonobstant le caractère modique de la somme exigée au titre de cette majoration. • CEDH 23 nov. 2006, n° 73053/01 : *RJF 2007. 527.*

6. Le droit à un procès équitable garanti par

l'art. 6 § 1 Conv. EDH n'implique pas que le juge de l'impôt puisse moduler le montant d'une pénalité fiscale, même s'il s'agit d'une pénalité à taux unique. • CEDH 7 juin 2012, *Segame c/ France*, n° 4837/06 : *RJF 2012. 888, chron. Bokdam-Tognetti ; Dr. fisc. 2012. 387, note Ayrault.* ♦ Les dispositions de l'art. 1729, qui proportionnent les pénalités aux agissements du contribuable et prévoient des taux de majoration différents selon la qualification qui peut être donnée au comportement de celui-ci, ne méconnaissent pas les stipulations de l'art. 6 § 1 Conv. EDH, alors même qu'elles ne confèrent pas au juge un pouvoir de modulation du taux des pénalités qu'elles instituent. • CE 16 janv. 2006, n° 252782, *Sté Edipag : RJF 2006. 747.* ♦ Les stipulations de l'art. 14-7 du Pacte international relatif aux droits civils et politiques (Pacte de New York du 19 déc. 1966 et introduit dans l'ordre juridique français), ne font pas obstacle à ce qu'un contribuable, poursuivi et condamné pour fraude fiscale, soit frappé de pénalités fiscales telles que les pénalités pour mauvaise foi. • Même arrêt.

7. Le nouveau régime des pénalités pour abus de droit, issu de l'art. 35 de la loi n° 2008-1443 du 30 déc. 2008 est compatible avec l'art. 6 § 1 Conv. EDH compte tenu de la modulation des peines en fonction de leur gravité prévue par le législateur et de la nature du contrôle exercé par le juge sur une telle sanction. • CE 27 juill. 2009, n° 295358 : *RJF 2009. 1140 ; concl. Glaser au BDCF 12/09, n° 143 ; Dr. fisc. 2009. 506, concl. Glaser.*

8. Le contribuable peut invoquer l'art. 6 § 3 Conv. EDH relatif aux droits de la défense, pour contester la procédure d'établissement d'une pénalité fiscale lorsque la mise en œuvre de cette procédure risque d'emporter des conséquences de nature à porter atteinte de manière irréversible au caractère équitable d'une procédure engagée devant le juge de l'impôt. • CE 26 mai 2008, n° 288583, *Sté Norelec : RJF 2008. 981 ; concl. Séners au BDCF 8-9/08, n° 109.*

9. Le contribuable ne peut utilement contester le bien-fondé des pénalités pour manœuvres frauduleuses qui lui ont été assignées en se bornant à soutenir que la sanction ainsi infligée est inéquitable. • CE 3 déc. 1990, n° 103101 : *RJF 1991, p. 121 ; Dr. fisc. 1991. 259, concl. Arrighi de Casanova.*

10. Constitutionnalité du cumul des sanctions administratives et des sanctions pénales. V. note ss. art. 1741.

11. Impossibilité pour le juge de moduler le taux de la majoration. BIBL. Burguburu, *RJF 2008, p. 83* (modulation des pénalités fiscales : le Conseil d'État persiste et signe). ♦ Le droit à un procès équitable garanti par l'art. 6 § 1 Conv. EDH n'implique pas que le juge de l'impôt puisse moduler le montant d'une pénalité fiscale, même s'il s'agit d'une pénalité à taux unique. • CEDH 7 juin 2012, *Segame c/ France*, n° 4837/06 : *préc. note 6.* ♦ Le juge de l'impôt, après avoir exercé son plein contrôle sur les faits invoqués et la qualification retenue par l'Administration, décide, dans chaque cas, selon les résultats de ce contrôle, soit de maintenir ou d'appliquer la majoration effectivement encourue au taux prévu par la loi, sans pouvoir moduler celui-ci pour tenir compte de la gravité de la faute commise par le contribuable, soit, s'il estime que l'Administration n'établit, ni que celui-ci se serait rendu coupable de manœuvres frauduleuses, ni qu'il aurait agi de mauvaise foi, de ne laisser à sa charge que des intérêts de retard. Les stipulations de l'art. 6 § 1 Conv. EDH ne l'obligent pas à procéder différemment. • CE, avis, 8 juill. 1998, n° 195664, *Fatell : Dr. fisc. 1998. 842 ; RJF 1998. 970, concl. Arrighi de Casanova, p. 637.* ♦ Dans le même sens. • CE 24 sept. 2003, n° 237990 : *RJF 2003. 1393.* ♦ V. aussi pour l'ancien art. 1788 *septies* (repris à l'art. 1788 A-4) • CE 30 nov. 2007, n° 292705 : *RJF 2008. 172 ; Dr. fisc. 2008. 178, concl. Olléon.*

12. Application dans le temps. Le principe selon lequel la loi pénale nouvelle doit, lorsqu'elle abroge une incrimination ou prononce des peines moins sévères que la loi ancienne, s'appliquer aux infractions commises avant son entrée en vigueur et n'ayant pas donné lieu à des condamnations passées en force de chose jugée, s'applique aux majorations de droits pour mauvaise foi. • CE, sect., avis, 5 avr. 1996, n° 176611 : *Dr. fisc. 1996. 765, concl. Arrighi de Casanova.* ♦ ... Et pour manœuvres frauduleuses. • TA Strasbourg, 9 avr. 1997, n°s 91-201 et 92-2274 : *Dr. fisc. 1997. 1042 ; RJF 1997. 811.* ♦ Le principe de rétroactivité de la loi pénale plus douce s'applique aux seules sanctions fiscales qui présentent le caractère d'une punition. La déchéance d'un régime de faveur n'entrant pas dans cette catégorie, le principe de rétroactivité ne lui est pas applicable. • Com. 15 sept 2009, n° 08-18.013 : *RJF 2010, n° 173.*

13. La pénalité à taux réduit prévue par l'art. 35-IX de la loi n° 2008-1443 du 30 déc. 2008 est immédiatement applicable aux faits commis avant son entrée en vigueur et non encore définitivement jugés. • CE 27 juill. 2009, n° 295358 : *préc. note 7.*

14. Lorsque les dispositions nouvelles sont pour partie plus favorables et pour partie moins favorables que les dispositions anciennes, et que ces dispositions sont divisibles, le principe de l'application immédiate de la loi plus douce peut conduire à appliquer simultanément une partie des dispositions anciennes (sol. impl.). • CE 27 mai 2009, n° 307957 : *RJF 2009. 764 ; Dr. fisc. 2009. 412, concl. Legras.*

15. Personnalité de la sanction. S'agissant d'un litige où des époux contestaient la majoration de 80 % pour manœuvres frauduleuses dont étaient assortis des suppléments d'IR au titre de détournements de fonds opérés par l'épouse, jugé que le principe de personnalité des peines, qui découle du principe de la présomption d'innocence posé par l'art. 6-2 Conv. EDH, est compatible avec le régime de l'imposition commune prévu à l'art. 6-1, al. 2, CGI et les modalités de calcul de cette imposition fixées à l'art. 156 CGI. Par suite, lorsqu'un seul des époux a pris part à des agissements fautifs, il y a lieu de regarder les sanctions fiscales en résultant comme ayant été prononcées uniquement à son encontre, même si elles majorent, au titre du revenu concerné par ces agissements, l'impôt qui est dû par le foyer fiscal formé par les deux époux sur l'ensemble de leurs revenus. • CE 5 oct. 2016, n° 380432 : *RJF 2016. 1099, concl. Daumas ; Dr. fisc. 2016. 652, note Peyen.* ♦ Dans le même sens pour l'imposition liée au rattachement d'un enfant majeur. • CE 29 déc. 2020, n° 428313 : *RJF 2021. 279, concl. Bokdam-Tognetti.* ♦ Le principe de personnalité des peines ne fait pas obstacle à ce que, à l'occasion d'une opération de fusion ou de scission, les sanctions pécuniaires infligées à la société absorbée ou scindée soient, compte tenu de la transmission universelle du patrimoine, mises à la charge de la société absorbante ou des sociétés bénéficiaires des apports. • CE, avis, 4 déc. 2009, n° 329173 : *RJF 2010. 154.*

16. Tant le principe de responsabilité personnelle que le principe de personnalité des peines s'opposent à ce que des pénalités fiscales, qui présentent le caractère d'une punition tendant à empêcher la réitération des agissements qu'elles visent, puissent être prononcées à l'encontre de contribuables, personnes physiques, lorsque ceux-ci n'ont pas participé aux agissements que ces pénalités répriment. Annulation de pénalités pour manquement délibéré appliquées à l'associé d'une SCI à raison des redressements de revenus fonciers, l'Administration n'ayant pas, au cas particulier, établi la volonté délibérée de cet associé d'éluder l'impôt correspondant. • CE 27 juin 2016, n° 376513 : *RJF 2016. 847, concl. Crépey.*

B. QUALIFICATION DES INFRACTIONS

17. Mauvaise foi (manquement délibéré). Pour établir le caractère intentionnel du manquement du contribuable à son obligation déclarative, l'Administration doit se placer au moment de la déclaration ou de la présentation de l'acte comportant l'indication des éléments à retenir pour l'assiette ou la liquidation de l'impôt. Le défaut de collaboration du contribuable lors du contrôle est postérieur à la déclaration et ne peut être utilement invoqué pour établir le caractère intentionnel du manquement du contribuable à ses obligations fiscales. • CE 27 juin 2012, n° 342991 : *RJF 2012. 932 ; Dr. fisc. 2012. 476, concl. Escaut, note Lefeuvre.* ♦ Pour établir l'existence d'un manquement délibéré, l'Administration doit apporter la preuve, d'une part, de l'insuffisance, de l'inexactitude ou du caractère incomplet des déclarations et, d'autre part, de l'intention de l'intéressé d'éluder l'impôt. • CE 8 mars 2021, n° 434803 : *RJF 2021. 447.*

18. La mauvaise foi (manquement délibéré) est retenue : à l'encontre d'un notaire qui a déduit des charges alors qu'il ne pouvait ignorer qu'elles procédaient d'actes anormaux de gestion et n'étaient pas déductibles. • TA Lille, 8 avr. 1999, n° 96-2351 : *Dr. fisc. 1999. 766, concl. Mulsant ; RJF 1999. 1018.* ♦ ... A l'encontre d'une entreprise dont la volonté délibérée d'éluder l'impôt est caractérisée par des pratiques comptables défectueuses visant à minorer les recettes et consistant à enregistrer globalement des recettes en fin de journée sans pouvoir justifier de leur détail par des pièces comptables et par l'absence de livre d'inventaire. • CE 10 déc. 1999, n° 180691 : *RJF 2000. 220 ; Dr. fisc. 2000. 364.* ♦ ... Lorsque l'intéressé a délibérément fourni à l'Administration des renseignements insuffisants, inexacts ou incomplets. • CE 8 janv. 1997, n° 13711, *Fattel : RJF 1997. 195.* ♦ ... A l'encontre d'un contribuable qui pratique de manière répétée des confusions entre ses dépenses professionnelles et ses dépenses personnelles. • CE 29 oct. 1997, n° 141390 : *RJF 1997. 1103.* ♦ ... A l'encontre d'un agent d'assurances qui a omis de reporter sur sa déclaration d'IR n° 2042 une plus-value professionnelle qu'il a déclarée sur sa déclaration catégorielle n° 2035. • CE 8 mars 2021, n° 434803 : *préc. note 17.* ♦ ... Lorsque le contribuable a sciemment omis, dans la déclaration de ses revenus, de mentionner ceux qui correspondent à des bénéfices d'une société que celle-ci a dissimulés pour l'assiette de l'impôt sur les sociétés. • CE 19 oct. 1988, n° 67683 : *RJF 1988. 765 ; Dr. fisc. 1989. 259.* ♦ ... Lorsque les dirigeants d'une société anonyme, dont ils possèdent ensemble 99,5 % du capital, ne peuvent ignorer que les rémunérations qu'ils se font attribuer par cette société, dont l'activité consiste uniquement à percevoir les redevances qui lui sont dues par une autre société, étaient d'une importance sans commune mesure avec l'importance des services qu'ils lui rendaient. • CE 11 févr. 1998, n° 178841 : *RJF 1998. 442.* ♦ ... Lorsque les associés majoritaires et dirigeants d'une SA ne pouvaient ignorer la sous-évaluation des avantages en nature que leur consentait cette société et que leur intention d'éluder l'impôt pour des montants importants est établie par l'Administration. • CE 14 nov. 2005, n° 254313, *Lemoine : RJF 2006. 201.* ♦ ... Lorsque l'intéressé, associé majoritaire d'une SCI propriétaire d'un immeuble qu'elle lui donnait en location moyennant un loyer anormalement bas, ne pouvait ignorer la sous-évaluation du loyer. • CE 5 déc. 2005, n°s 255977, 285952, 286299 et 286301, *Le Pen : RJF 2006. 279, concl. Glaser au BDCF 3/06, n° 35.* ♦ ... Lorsque l'intéressé a personnellement et délibérément participé à la dissimulation répétée des recettes non déclarées de la société et qu'il a appréhendées. • CE 27 févr. 1998, n° 177991 : *RJF 1998. 425.* ♦ ... Lorsque la directrice générale d'une société, qui ne pouvait ignorer le virement opéré sur son compte d'associé d'une somme qui aurait dû être versée au Trésor, a effectué un prélèvement sur ce compte après cette inscription créditrice. • CE 29 nov. 2002, *Mikutajcis,* n° 228367 : *Dr. fisc. 2003. 251 ; RJF 2003. 178 ; concl. Collin au BDCF 2/03, n° 23.* ♦ ... Lorsque le contribuable s'est abstenu de toute déclaration de plus-value, circonstance à rapprocher de l'importance des sommes en cause et des responsabilités exercées par l'intéressé au sein de la société dont il a cédé les titres. • CE 16 juill. 2014, *Sellem,* n° 358415 : *RJF 2014. 1010.*

19. La mauvaise foi (manquement délibéré) est également retenue : en raison du caractère répété d'importantes omissions de recettes. • CE 3 nov. 1989, n° 56500 : *Dr. fisc. 1990. 446, concl. Racine ; RJF 1990. 45.* ♦ ... Pendant plusieurs années. • CE 29 janv. 1992, n° 98849 : *RJF 1992. 241.* ♦ ... Lorsque des minorations de recettes importantes sont constatées sur quatre années. • CE 4 déc. 1989, n° 78482 : *RJF 1990. 126.* ♦ ... En raison de l'importance et du caractère habituel de dissimulations de recettes. • CE 8 juin 1990, n° 76776 : *RJF 1990. 619.* ♦ ... En raison de l'importance et de la fréquence des omissions de recettes et notamment de la circonstance qu'un précédent contrôle a conduit à l'application de pénalités de même nature, témoignant d'une volonté d'éluder l'impôt. • CAA Marseille, 29 nov. 2001, n° 98MA2013 : *Dr. fisc. 2002. 577.* ♦ ... En raison de l'importance et du caractère systématique des minorations de recettes et des résultats comptabilisés et déclarés, révélées par le livre de caisse non présenté au vérificateur. • CE 20 nov. 2002, *SARL New Sports,* n° 221440. ♦ ... Lorsque le contribuable a omis, de manière répétée, de déclarer une partie de ses recettes professionnelles et n'a pu justifier d'importants apports en espèces. • CE 22 juill. 1994, n° 76668 : *RJF 1994. 1121.* ♦ ... Du fait d'irrégularités comptables graves et répétées découvertes au cours de la vérification de nature à faire obstacle à l'identification des recettes perçues au titre de la période en litige, ayant déjà été constatées au cours d'un précédent contrôle, et traduisant le caractère délibéré des omissions constatées. • CE, sect., 22 avr. 2005, n° 257254, *Sté Limelight Boys : RJF 2005. 724 ; concl. Collin au BDCF 7/05, n° 92.* ♦ ... Du fait d'omissions répétées de comptabilisation de travaux par une entreprise du bâtiment, même si les irrégularités comptables ne sont pas strictement identiques. • *CE 3 sept. 2008,* n° *300998 : RJF 2008. 1392.* ♦ ... Du fait qu'un rappel d'imposition fondé sur un redressement de même nature a été notifié à la suite d'une précédente vérification concernant un exercice antérieur. • CE 6 juin 2008, n° 285629 : *RJF 2008. 1058 ; concl. Olléon au BDCF 10/08, n° 121.* ♦ ... Du fait de l'importance des revenus d'origine indéterminée par rapport aux revenus déclarés, revenus d'origine indéterminée dont le contribuable ne pouvait ignorer l'existence dès lors qu'ils constituaient l'essentiel de ses ressources financières. • CE 19 déc. 2008, n° 292286 : *RJF 2009. 389.*

20. La mauvaise foi (manquement délibéré) est également retenue : lorsque des sociétés se sont sciemment abstenues d'appliquer la loi fiscale au seul motif qu'elles ont sollicité un aménagement de celle-ci alors qu'elles ne pouvaient ignorer que la procédure dite de « ruling » n'existait pas en France et qu'elles bénéficiaient des conseils de consultants particulièrement avisés. • CAA Paris, 23 juin 1992, n° 464 : *RJF 1992. 1378 ; Dr. fisc. 1993. 1754.* ♦ ... Lorsqu'un marchand de biens professionnel, a fait l'acquisition d'une propriété afin d'y établir sa résidence secondaire et non dans un but spéculatif et qu'il a opéré des déductions de TVA et tenté d'obtenir un remboursement de crédit de taxe alors qu'il ne pouvait ignorer que la taxe payée à raison de la réfection de cette propriété n'était pas déductible, cherchant ainsi délibérément à éluder l'imposition dont il était redevable. • CE 27 févr. 2006, n° 257964 : *RJF 2006. 649 ; Dr. fisc. 2006. 513, concl. Olléon.* ♦ ... Lorsque le redevable a encaissé à titre personnel la contrepartie de chèques émis en règlement de fausses factures par la société qu'il dirige. • CE 21 mars 2001, n° 202490 : *Dr. fisc. 2001. 549, concl. Goulard ; RJF 2001. 813.* ♦ ... Lorsqu'un professionnel du véhicule d'occasion applique le régime de TVA sur la marge à ses clients alors que les cartes grises indiquent l'origine étrangère des véhicules achetés. • CE 29 oct. 2008, n° 292894 : *RJF 2009. 20.* ♦ ... Lorsqu'un associé et gérant de société a prélevé sur son compte courant d'associé une somme de 626 923 F sans la déclarer comme un revenu imposable, alors que cette somme ne trouvait son origine ni dans des apports personnels ni dans le rachat d'une créance détenue par un précédent associé. • CE 5 janv. 2005, n° 254831 : *RJF 2005. 234.* ♦ ... Lorsque le contribuable n'a pas déclaré une somme de 700 000 F portée au crédit de son compte courant d'associé. • CE 26 sept. 2012, *Tedesco,* n° 346556 : *RJF 2012. 1098.* ♦ ... En raison de l'existence de facturations de complaisance et de passations d'écritures fictives ou inexactes ayant conduit à d'importantes dissimulations de recettes et majorations de charges. • CE 10 oct. 2001, n° 199333, *SARL Link : RJF 2002. 53.* ♦ ... En raison du caractère systématique de minorations de recettes et résultats comptabilisés et déclarés révélées par un livre de caisse non présenté au vérificateur. • CE 20 nov. 2002, n° 221440 : *Dr. fisc. 2003. 174 ; RJF 2003. 222.* ♦ ... En raison de la pratique systématique, en fin d'exercice, de minorations des soldes des comptes clients par la passation d'écritures d'extourne, suivies de contre-passations du même montant au début de l'exercice suivant. • CE 5 nov. 2003, n° 247309 : *RJF 2004. 86.* ♦ ... En raison de la volonté délibérée d'éluder l'impôt résultant d'une part, de la globalisation des recettes, de l'absence de bordereaux de remise en banque de factures, de l'encaissement de recettes sur comptes de tiers qui avaient notamment pour objet de rendre plus difficile la vérification du chiffre d'affaires de la société et, d'autre part, de l'importance des recettes minorées et du caractère répétitif des infractions. • CE 25 avr. 2003, n° 234812 : *RJF 2003. 877.* ♦ ... En raison de versements de redevances anormalement élevées en vue de transférer indirectement une partie des bénéfices à l'étranger. • CE 2 avr. 2003, n° 237751 : *RJF 2003. 693.* ♦ ... En raison du caractère répétitif et de l'importance des omissions déclaratives : minorations de recettes résultant notamment de loyers et de différentes recettes publicitaires non déclarés. • CE 3 sept. 2008, n° 278120 : *RJF 2008. 1352.* ♦ ... En raison de l'indication d'une fausse adresse sur la déclaration de revenus, en vue de bénéficier d'une réduction d'impôt pour investissement outre-mer subordonnée à l'affectation de l'immeuble acquis à l'habitation principale. • CAA Bordeaux, 9 avr. 2009, n°s 07BX1394 et 07BX2492 : *RJF 2009. 866.* ♦ ... En raison du fait pour un contribuable dirigeant deux sociétés en France d'avoir souscrit après deux mises en demeure de l'Administration une déclaration de revenus dans laquelle il indique résider une partie de l'année au Luxembourg sans avoir indiqué qu'il loue un logement en France. • CE 30 déc. 2011, n° 332088 : *RJF 2012. 362.* ♦ ... En raison de l'importance de revenus d'origine étrangère non déclarés avant l'engagement du contrôle et de l'encaissement de ces revenus sur un compte bancaire ouvert à Jersey qui était également non déclaré. • CE 16 avr. 2012, *Paupardin*, n° 323592 : *RJF 2012. 674.* ♦ ... En raison de revenus d'origine indéterminée résultant du transfert non déclaré d'une somme d'argent en provenance de l'étranger, de l'importance et du caractère répété du solde débiteur de la balance de trésorerie, ainsi que du fait que les intéressés ne pouvaient ignorer qu'ils étaient taxables en France sur l'ensemble de leurs revenus, y compris ceux d'origine étrangère. • CE 7 nov. 2012, *Roumiantsev, n° 339441 : RJF 2013. 181.* ♦ ... En raison de la création d'une EURL par le contribuable pour pouvoir imputer sur le revenu global des déficits dégagés irrégulièrement par les sociétés dont elle est membre. • CE 31 mars 2010, n° 297306 : *RJF 2010. 605 ; BDCF 2010, n° 67, concl. Burguburu.* ♦ ... En raison du défaut de recouvrement et de compensation de créances réciproques entre une filiale et sa société mère. • CE 22 févr. 2017, *Sté Altran Technologies*, n° 387661 : *RJF 2017. 418.*

21. La mauvaise foi (manquement délibéré) peut être retenue eu égard à l'activité du redevable qui exerce la profession d'expert-comptable. • CE 24 nov. 1976, n° 94105 : *Dr. fisc. 1976. 1988 ; RJF 1977. 20.* ♦ ... Ou la profession de conseil juridique et fiscal. • CAA Paris, 27 avr. 1995, n° 94PA363 : *Dr. fisc. 1996. 23, concl. Mme Martel* • CE 27 juill. 2001, n° 211313 : *RJF 2001. 1363 ; concl. Goulard au BDCF 11/01, n° 131 ; Dr. fisc. 2001. 1156, concl. Goulard.* ♦ ... Ou la profession de conseil juridique puis d'avocat. • CE 29 oct. 1997, n° 141390 : *RJF 1997. 1103.* ♦ ... Ou celle d'avocat honoraire. • CE 24 févr. 2017, n° 390467 : *RJF 2017. 409.* ♦ ... Ou celle d'avocat fiscaliste. • CE 8 févr. 2012, n° 336125 : *RJF 2012. 479.* ♦ ... Ou celle de professeur de droit. • CE 7 nov. 2012, *Carreau*, n° 338465 : *RJF 2013. 187.*

22. Absence de mauvaise foi (bonne foi). La mauvaise foi n'est pas retenue lorsque les irrégularités de la comptabilité ne procèdent pas de l'intention de dissimuler les bases d'imposition. • CE 17 juin 1981, n° 13147 : *RJF 1981. 406.*

Ne sont pas à elles seules de nature à établir la mauvaise foi du redevable : des erreurs affectant l'évaluation des stocks. • CE 24 oct. 1979, n° 6641 : *RJF 1979. 412.* ♦ ... L'absence de comptabilisation de la totalité des recettes. • CE 3 déc. 1986, n° 51080 : *RJF 1987. 136* • 29 janv. 1992, n° 65606 : *RJF 1992. 242.* ♦ ... L'importance des droits éludés par rapport aux droits dus, et d'autre part, la permanence de l'infraction dans les années en litige, dès lors qu'il n'est pas établi que le comportement du contribuable procédait d'une intention délibérée de dissimulation de revenus imposables. • CAA Lyon, 10 déc. 1997, n° 95LY1693 : *RJF 1998. 370.* ♦ ... La nature et l'importance des redressements dont le contribuable a fait l'objet. • CE 8 juill. 1998, n° 153937 : *Dr. fisc. 1998. 1158, concl. Goulard.* ♦ ... L'omission systématique de recettes résultant d'une reconstitution « théorique » du chiffre d'affaires. • CE 18 juin 1997, n°s 154506 et 154792 : *Dr. fisc. 1997. 1128, concl. Bachelier ; RJF 1997. 813.* ♦ ... L'ampleur de l'écart séparant le prix de cession d'un terrain de sa valeur vénale réelle, à défaut de tout élément démontrant l'implication personnelle des associés de la société venderesse dans la transaction. • CE 29 juin 2001, n° 223663 : *Dr. fisc. 2001. 1043.* ♦ ... L'omission, au titre d'une seule année, de la mention des salaires dans la déclaration de revenus. • CAA Bordeaux, 19 déc. 2000, n° 98BX37 : *RJF 2001. 515.* ♦ ... L'omission, au titre d'une seule année, de déclaration de profits retirés d'opérations en bourse de marchandises, alors que l'Administration n'apporte aucun élément de preuve d'une volonté délibérée d'éluder l'imposition que le contribuable savait due. • CE 30 déc. 2002, n° 189572, *Boniface : RJF 2003. 293 ; Dr. fisc. 2003. 293.* ♦ ... La comptabilisation parmi les frais généraux, en méconnaissance de l'art. 54 *bis*, des sommes allouées aux gérants de la société à titre d'avantages en nature alors que l'Administration se borne à faire valoir que la société n'a déclaré ces allocations ni sur le relevé de charges prévu par l'art. 54 *quater*, ni sur l'imprimé « DADS 1 » où doivent, notamment, être portées les rémunérations d'associés. • CE 24 mars 2006, n° 260787 : *RJF 2006. 666 ; concl. Vallée au BDCF 6/06, n° 70.* ♦ ... En cas de désaccord entre le contribuable et l'Administration, né d'un redressement précédent et non encore tranché définitivement par le juge, dès lors que le contribuable était initialement de bonne foi. • CE 3 juill. 2009, n° 293154 : *RJF 2009. 946.*

23. L'Administration n'établit pas la mauvaise foi (manquement délibéré) d'un contribuable : en affirmant qu'il ne pouvait de bonne foi ignorer qu'il ne remplissait pas les conditions d'exonération des entreprises nouvelles. • CE 29 janv. 2003, n° 232055 : *Dr. fisc. 2003. 372 ; RJF 2003. 417.* ♦ ... Du seul fait que, dans le cadre de ses déclarations, le contribuable a continué à se placer sous le régime d'exonération des entreprises nouvelles après que l'Administration l'eût avisé, par une notification de redressement, qu'il ne pouvait prétendre à ce régime. • CE 20 nov. 2002, n° 234600 : *RJF 2003. 155 ; concl. Goulard au BDCF 2/03, n° 20 ; Dr. fisc. 2003. 603, concl. Goulard.* ♦ ... En soutenant que l'entreprise individuelle du contribuable et la société crée avec son épouse ont fait l'objet de contrôles aboutissant à la remise en cause de l'exonération au titre des entreprises nouvelles, sans préciser si ces contrôles étaient achevés lors de la déclaration des résultats de l'entreprise nouvelle en litige et alors qu'il n'est pas établi que le contribuable n'ignorait pas que cette entreprise ne pouvait bénéficier de l'exonération. • CE 6 juill. 2005, n° 252645 : *RJF 2005. 1164 ; Dr. fisc. 2005. 778.* ♦ ... Des seules circonstances que le contribuable avait, au cours d'une année, informé l'Administration qu'il entreprenait une activité de marchand de biens et avait déclaré, au titre de cette année et des deux années suivantes, des déficits résultant de cette activité, qu'il avait imputés sur son revenu global, alors que cette déclaration d'activité n'avait pas été suivie d'effet. • CE 4 août 2006, n° 276555 : *RJF 2006. 1413 ; concl. Vallée au BDCF 11/06, n° 141.* ♦ En revanche, la mauvaise foi est établie dès lors que, dans le but de bénéficier du régime des entreprises nouvelles et d'éluder ainsi une partie des impositions auxquelles elle devait être assujettie, la société s'est sciemment présentée comme ayant un objet social de nature commerciale, alors qu'elle exerçait en réalité une activité non commerciale, et a tenté de justifier sa position en produisant des contrats et des factures portant des mentions erronées quant à la nature réelle des opérations effectuées. • CE 1er juin 2005, n° 256296 : *RJF 2005. 829.*

24. Manœuvres frauduleuses. Les pénalités pour manœuvres frauduleuses ont pour objectif de sanctionner des agissements destinés à égarer ou à restreindre le pouvoir de contrôle de l'Administration et ne constituent pas la réparation du préjudice subi par le Trésor public du fait du défaut d'acquittement par le redevable des impositions au paiement desquelles il était tenu. • CE 30 juill. 2010, n° 306318 : *RJF 2010. 1004.* ♦ Un contribuable ne peut être considéré comme coupable de manœuvres frauduleuses en l'absence d'acte, opération, artifice, ou manœuvre destiné à égarer ou restreindre le pouvoir de vérification de l'Administration. • CE 19 déc. 1979, n° 13072 : *Dr. fisc. 1980, c. 1426, concl. Martin Laprade ; D. 1980. 286, note Amselek ; RJF 1980. 73* • 23 févr. 2000, n° 187055, *SARL Paris Hong-Kong : RJF 2000. 534.* ♦ Ainsi, la perception de recettes non inscrites en comptabilité sur un compte ouvert en France au nom du contribuable mais dont l'existence n'a pas été révélée au vérificateur au cours du contrôle ne constitue pas un artifice de nature à égarer ou restreindre le pouvoir de contrôle de l'Administration dès lors qu'elle peut avoir sans difficultés accès à ce compte par l'exercice de son droit de communication. • CE 12 févr. 2016, n° 380459 : *RJF 2016. 457.* ♦ Il doit être établi que l'intéressé a, lors de la souscription de la déclaration ou de la présentation de l'acte, créé des apparences de nature à égarer l'Administration dans l'exercice de son pouvoir de contrôle. • CE 8 janv. 1997, n° 139711, *Fatell : RJF 1997. 195 ; Dr. fisc. 1997. 275, concl. Goulard.*

25. Se rendent coupables de manœuvres frauduleuses : le contribuable qui réalise et s'approprie directement un profit commercial particulièrement important, dans des conditions qui visaient manifestement à ce que ce profit ne laisse aucune trace et puisse échapper à l'impôt. • CE 21 déc. 1977, n° 3681 : *Dr. fisc. 1978. 1226, concl. Rivière ; RJF 1978, p. 55.* ♦ ... Le contribuable qui tient un livre occulte de recettes et minore systématiquement ses recettes portées dans la comptabilité de son entreprise. • CE 19 nov. 1979, n° 13705 : *RJF 1980. 74 ; Dr. fisc. 1980. 740.* ♦ ... Le contribuable qui tient une comptabilité occulte. • CE 4 nov. 1988, n° 58952 : *RJF 1989. 23.* ♦ ... La société qui tient une comptabilité occulte et fait encaisser des recettes sur le compte personnel du gérant. • CE 19 oct. 1988, n° 67684 : *RJF 1988. 763 ; LPA, 8 mars 1989, n° 29, concl. Fouquet.* ♦ ... Le contribuable qui s'est abstenu d'inscrire dans sa comptabilité les acomptes qu'il a perçus à raison d'un marché et qui a encaissé les sommes correspondantes sur un compte personnel, et non pas sur un compte affecté aux besoins de son entreprise, dans des conditions qui révèlent des agissements destinés à rendre plus difficile l'exercice du droit de contrôle de l'Administration. • CE 27 juill. 1988, n° 82541 : *Dr. fisc. 1989. 136, concl. Fouquet ; RJF 1988. 672.* ♦ ... Le contribuable, négociant en vins, qui inscrit dans sa comptabilité, pour justifier le mouvement de ses stocks, des prélèvements fictifs, de grande importance, prétendument opérés pour les besoins des cadeaux à faire à sa clientèle et pour sa consommation familiale. • CE 2 avr. 1990, n° 41626 : *RJF 1990. 373 ; Dr. fisc. 1990. 1561.* ♦ ... Le contribuable, ancien inspecteur des impôts, exerçant l'activité de conseil fiscal, qui a systématiquement organisé la dissimulation de ses autres activités sous le couvert de sociétés dont il est en fait le dirigeant. • CE 15 juin 1987, n° 44905 : *RJF 1987. 483 ; Dr. fisc. 1987. 1934.* ♦ ... Le contribuable qui a déduit des déficits fonciers en tentant de les justifier par une opération fictive de location. • CE 18 nov. 1985, n° 36281 : *Dr. fisc. 1986. 530, concl. Fouquet.* ♦ ... Le contribuable qui achète des billets de la loterie nationale ouvrant droit à un gain qu'il fait encaisser par sa banque pour être en mesure, en cas d'examen de ses comptes bancaires à l'occasion d'une VASFE, de justifier par une apparence de gains personnels à la loterie la somme correspondante dont son compte bancaire a été crédité. • CE 1er juin 1990, n° 67053 : *RJF 1990. 557 ; Dr. fisc. 1990. 2158, concl. Fouquet.* ♦ ... La société qui occulte systématiquement une partie très importante des achats et des ventes, en particulier par la tenue de documents comptables imprécis et fallacieux. • CE 24 sept. 2003, n° 237990 : *RJF 2003. 1393.* ♦ ... Le dirigeant de fait d'une société qui encaisse des recettes sociales sur le compte personnel de son épouse et qui dissimule la réalité des flux financiers entre la société et le compte courant de l'épouse. • CE 15 févr. 2012, n° 325737 : *RJF 2012. 496 ; BDCF 2012. 61, concl. Aladjidi.* ♦ ... Un preneur de prestation juridiquement établi hors UE (Jersey et Hong-kong) et qui est en réalité en France. • CE 26 sept. 2019, *Sté Worms Management Services*, n° 415916 : *RJF 2019. 1132.*

26. Se rendent également coupables de manœuvres frauduleuses : le pharmacien qui a utilisé de façon récurrente un logiciel comptable dénommé « Alliance Plus » ayant permis, grâce à un mot de passe, de supprimer 3 000 règlements effectués en espèces au titre de chacune des années d'imposition. • CAA Nantes, 22 oct. 2015, n° 14NT00710 : *RJF 2016. 165.* ♦ ... Le restaurateur qui utilise un programme externe dénommé « Webgamer » permettant la suppression régulière de tickets portant sur les *encaissements* en espèces, ainsi que la modification du journal des ventes, tout en procédant à une renumérotation des tickets conservés, ce qui apporte la preuve du bien-fondé de l'application des pénalités pour manœuvres frauduleuses. • CE 27 nov. 2020, n° 421409 : *RJF 2021. 202.*

27. Sont constitutifs de manœuvres frauduleuses : l'existence d'une double billetterie. • CAA Lyon, 19 mars 1990, n° 89LY301 : *Dr. fisc. 1991. 194.* ♦ ... La création d'une société-écran, permettant à ses dirigeants de fait notamment de faire passer les dépenses de leur train de vie pour des charges sociales déductibles. • CE 15 avr. 1991, n° 63885 : *RJF 1991. 492.* ♦ ... Le fait pour le gérant d'une société de régler les achats de l'entreprise au moyen de mandats poste libellés à son nom et d'encaisser une partie des recettes sociales sur son propre compte bancaire, pour dissimuler toute trace d'une part importante des transactions de la société. • CE 17 mai 1991, n° 70910 : *RJF 1991. 555 ; Dr. fisc. 1991. 1704, concl. Arrighi de Casanova.* ♦ ... La déduction de la TVA portée sur des factures fictives. • CE 28 juin 1991, n° 77150 : *RJF 1991. 673.* ♦ ... Le recours à des factures fictives, constitutif par lui-même de manœuvres frauduleuses : l'application de pénalités pour manœuvres frauduleuses ne peut pas être écartée au motif que l'infraction était limitée, au titre de la même année, à sept factures fictives. • CE 30 déc. 2015, *Min. c/ Sté Opportunités Finances*, n° 377855 : *RJF 2016. 261, concl. Cortot-Boucher.* ♦ ... L'existence d'une double facturation avec appréhension d'une partie des règlements par une société-écran située dans un pays à régime fiscal privilégié, qui n'a pu être révélée que par des investigations poussées menées avec le concours d'une administration fiscale étrangère. • CAA Nancy, 9 juill. 1992, n° 320 : *RJF 1992. 1625.*

28. Abus de droit. V. LPF, art. L. 64. ♦ Majoration pour abus de droit. Gradation de la majoration en fonction du rôle tenu par le contribuable dans l'abus de droit. Majoration ramenée à 40 % si le le contribuable n'a pas eu l'initiative principale de l'opération litigieuse ou n'en a été le bénéficiaire principal. * BOI-CF-INF-10-20-20 n° 20 du 8 mars 2017. ♦ En mettant l'amende pour abus de droit à la charge des seuls vendeurs, au prorata de leurs parts dans la société cédée, et non à la charge de toutes les parties à l'acte de cession considéré par elle comme constitutif d'un abus de droit, l'Administration commet une faute de nature à engager sa responsabilité. Les requérants ne justifiant cependant pas avoir subi un préjudice du fait de cette illégalité, les conclusions tendant à la réparation de ce préjudice doivent être rejetées. • CAA Douai, 27 févr. 2001, n° 98DA323 : *Dr. fisc. 2001. 965 ; JCP E 2001, p. 1826.* ♦ La charge de la preuve du bien-fondé des pénalités pour abus de droit incombe toujours à l'Administration, quel que soit l'avis rendu par le comité de l'abus de droit. • CE 29 sept. 2010, n° 341065 : *RJF 1010. 1219.* ♦ Lorsque les éléments invoqués par l'Administration permettent de regarder comme établie l'existence d'un abus de droit mais ne permettent pas de justifier l'application de la majoration pour abus de droit de 80 % prévue par l'art. 1729-*b* CGI, il appartient au juge d'appliquer la majoration pour abus de droit de 40 % et de substituer ce taux à l'autre en ne pronon çant que la décharge partielle de la pénalité contestée. • CE 19 mars 2018, n° 399862 : *RJF 2018. 645.* ♦ Sur l'application de la pénalité dans le temps, V. note 13.

Art. 1729-0 A I. — Une majoration de 80 % s'applique aux droits dus en cas de rectification du fait :

a) Des sommes figurant ou ayant figuré sur un ou plusieurs comptes qui auraient dû être déclarés en application du deuxième alinéa de l'article 1649 A.

Le montant de cette majoration ne peut être inférieur au montant de l'amende prévue au 2 du IV de l'article 1736 ;

b) Des sommes figurant ou ayant figuré sur un ou plusieurs contrats de capitalisation ou placement de même nature qui auraient dû être déclarés en application de l'article 1649 AA.

Le montant de cette majoration ne peut être inférieur au montant de l'amende prévue à l'article 1766 ;

c) Des *(L. n° 2017-1837 du 30 déc. 2017, art. 31)* « actifs *[ancienne rédaction : biens, droits ou produits]* » mentionnés aux 1° et 2° du III de l'article 990 J qui auraient dû être déclarés en application de l'article 1649 AB.

Le montant de cette majoration ne peut être inférieur au montant de l'amende prévue au IV *bis* de l'article 1736.

II. — L'application de la majoration prévue au I exclut celle des majorations prévues aux articles 1728, 1729 et 1758 à raison des mêmes droits, ainsi que l'application des amendes prévues au 2 du IV ou au IV *bis* de l'article 1736 ou à l'article 1766.

III. — La majoration prévue au I ne s'applique pas aux droits dus en application de l'article 755.

Cet art. s'applique aux déclarations devant être souscrites à compter de l'entrée en vigueur de la L. n° 2016-1918 du 29 déc. 2016 (L. préc., art. 110-V).

Les dispositions du présent art. issues du B du I de l'art. 31 de la L. n° 2017-1837 du 30 déc. 2017, s'appliquent au titre de l'impôt sur la fortune immobilière dû à compter du 1er janv. 2018. Toutefois, les dispositions modifiées par le même B du I continuent de s'appliquer, dans leur rédaction en vigueur au 31 déc. 2017, à l'impôt de solidarité sur la fortune dû jusqu'au titre de l'année 2017 incluse (L. préc., art. 31-IX-B).

Majoration de 80 % en cas d'avoirs étrangers non déclarés. Commentaire administratif. * BOI-CF-INF-20-10-50 nos 90 à 130 du 8 mars 2017.

c APPLICATION SIMULTANÉE DE PLUSIEURS PÉNALITÉS

Art. 1729 A 1. Lorsque des rehaussements opérés sur une déclaration souscrite dans les délais sont passibles de pénalités n'ayant pas le même taux, les pénalités sont calculées en ajoutant les rehaussements aux éléments déclarés en suivant l'ordre décroissant des différents taux applicables. La même règle s'applique lorsque des rehaussements réduisent un déficit ou un crédit et que des pénalités sont appliquées au titre de l'année ou de l'exercice d'imputation.

2. Lorsque des rehaussements sont opérés sur une déclaration tardive, la majoration prévue par l'article 1728 s'applique, à l'exclusion des majorations prévues par l'article 1729, tant aux droits résultant de la déclaration tardive qu'aux droits résultant des rehaussements apportés à la déclaration. Toutefois, les majorations prévues par l'article 1729 se substituent à la majoration pour retard sur la fraction des droits résultant des rehaussements lorsque leur taux est supérieur. — *Entrée en vigueur le 1er janv. 2006.*

Art. 1729 A *bis* *(L. n° 2018-898 du 23 oct. 2018, art. 18)* I. — Les amendes ou majorations appliquées à l'encontre de personnes morales à raison de manquements graves caractérisés par un montant de droits fraudés d'un minimum de 50 000 € et le recours à une manœuvre frauduleuse, au sens des *b* et *c* de l'article 1729, peuvent faire l'objet d'une publication, sauf si ces manquements ont fait l'objet d'un dépôt de plainte pour fraude fiscale par l'administration.

Cette publication porte sur la nature et le montant des droits fraudés et des amendes et majorations appliquées, la dénomination du contribuable ainsi que, le cas échéant, l'activité professionnelle et le lieu d'exercice de cette activité.

La décision de publication est prise par l'administration après avis conforme et motivé de la commission prévue au II de l'article L. 228 du livre des procédures fiscales qui apprécie, au vu des manquements et des circonstances dans lesquels ils ont

été commis, si la publication est justifiée. La décision de publication prise par l'administration est notifiée au contribuable.

La publication ne peut être effectuée avant l'expiration d'un délai de soixante jours à compter de la notification de la décision de publication.

La publication est effectuée sur le site internet de l'administration fiscale pendant une durée qui ne peut excéder un an.

II. — Lorsque la commission prévue au II de l'article L. 228 du livre des procédures fiscales est saisie, une copie de la saisine est adressée au contribuable, qui est invité à présenter à la commission ses observations écrites dans un délai de trente jours.

Les recours portant sur les impositions et les amendes ou majorations correspondantes présentés avant l'expiration du délai mentionné à l'avant-dernier alinéa du I du présent article ont pour effet de suspendre la publication tant que les impositions et les amendes ou majorations ne sont pas devenues définitives. En cas de recours portant sur les impositions et les amendes ou majorations présentés après l'expiration de ce même délai, la publication est retirée du site internet de l'administration fiscale tant que n'est pas intervenue une décision juridictionnelle confirmant de manière définitive le bien-fondé de la décision de publication.

L'administration est tenue de rendre publique sur son site internet toute décision juridictionnelle revenant sur les impositions et les amendes ou majorations ayant fait l'objet d'une publication.

III. — Un décret en Conseil d'État précise les conditions d'application du présent article.

2 *INFRACTIONS RELATIVES AUX AUTRES DOCUMENTS*

Art. 1729 B **1. Le défaut de production dans les délais prescrits d'un document qui doit être remis à l'administration fiscale, autre que ceux mentionnés aux articles 1728 et 1729, entraîne l'application d'une amende de 150 €.**

L'amende est portée à 1 500 € s'agissant *(L. n° 2018-1317 du 28 déc. 2018, art. 149-I-2° et II, applicable aux exercices ouverts à compter du 1er janv. 2019)* **« de la déclaration prévue à l'article 238 *bis*, » de la déclaration prévue à l'article 242 *sexies* et de l'état prévu au** *(L. n° 2019-1479 du 28 déc. 2019, art. 130-II)* **« premier alinéa du » III *bis* de l'article 244 *quater* B.** *(L. n° 2021-1109 du 24 août 2021, art. 19-I)* **« Elle est également portée à 1 500 € en cas d'infraction pour la deuxième année consécutive à l'obligation de dépôt de la déclaration prévue à l'article 222 *bis*. »**

2. Sauf cas de force majeure, les omissions ou inexactitudes constatées dans un document mentionné au 1 entraînent l'application d'une amende de 15 € par omission ou inexactitude, sans que le total des amendes applicables aux documents devant être produits simultanément puisse être inférieur à 60 € ni supérieur à 10 000 €.

L'amende est portée à 150 € s'agissant de la déclaration prévue à l'article 242 *sexies*.

3. Les amendes prévues aux 1 et 2 ne sont pas applicables, en cas de première infraction commise au cours de l'année civile en cours et des trois années précédentes, lorsque l'intéressé a réparé l'infraction, soit spontanément, soit dans les trente jours suivant une demande de l'administration.

(L. n° 2016-1917 du 29 déc. 2016, art. 60-I-B-30° et I-G-1, applicable aux revenus perçus ou réalisés à compter du 1er janv. 2019) **« 4. Les amendes prévues aux 1 et 2 du présent article ne sont pas applicables aux déclarations de changement de situation mentionnées au 2 de l'article 204 I. »**

Les dispositions du présent 4 s'appliquent aux revenus perçus ou réalisés à compter du 1er janv. 2019 (L. n° 2016-1917 du 29 déc. 2016, art. 60-I-B-30° et I-G-1, mod. par Ord. n° 2017-1390 du 22 sept. 2017, art. 1er-1°).

Documents concernés. L'art. 1729 B doit être interprété comme n'excluant les déclarations comportant l'indication d'éléments à retenir pour l'assiette ou la liquidation de l'impôt visées aux art. 1728 ou 1729 que dans la mesure où ces déclarations sont effectivement passibles d'une majoration proportionnelle. Il n'exclut donc pas les déclarations créditrices ou déficitaires puisque, par définition, celles-ci ne peuvent se voir appliquer les majorations proportionnelles susvisées. * Rép. min. n° 75124 : *JOAN Q, 29 juin 2010, p. 7235* * BOI-CF-INF-10-40-10 n° 20 du 15 juill. 2013.

Art. 1729 C **Le défaut de production dans le délai prescrit de l'une des déclarations mentionnées à l'article 1406** *(L. n° 2019-1479 du 28 déc. 2019, art. 146-IX-J)* **« , à l'article 1496 *ter*, au** *(L. n° 2020-1721 du 29 déc. 2020, art. 134-I-2°)* **« III de l'article 1518 *ter* » et au VI de l'article 146 de la loi n° 2019-1479 du 28 décembre 2019 de finances pour 2020 » entraîne l'application d'une amende de 150 €. Les omissions ou inexactitudes constatées dans les mêmes déclarations entraînent l'application d'une amende de 15 € par omission ou inexactitude, sans que le total des amendes applicables par déclaration puisse être inférieur à 60 € ni supérieur à 150 €.**

*V. Arr. du 18 févr. 2013 (JO 21 févr.) : La déclaration mentionnée au XVII de l'art. 34 de la L. du 29 déc. 2010 [V. App.] est souscrite pour chaque local dont les contribuables sont propriétaires au 1er janv. 2013 (art. 1er). Elles sont établies conformément au modèle CERFA n° 14248*02.*

En principe, les déclarations sont déposées, auprès du service désigné sur la déclaration, avant le 8 avr. 2013.

Toutefois, les déclarations souscrites par voie électronique doivent parvenir au service avant :

— le 22 avr. 2013 pour les propriétaires de dix locaux ou moins ;

— le 29 avr. 2013 pour les propriétaires de onze à cent locaux ;

— le 6 mai 2013 pour les propriétaires de plus de cent locaux (art. 2).

Une déclaration est déposée pour chaque propriété ou fraction de propriété détenue (art. 3).

Art. 1729 C *bis* *(L. n° 2017-1775 du 28 déc. 2017, art. 56)* **Le dépôt hors délai de la liste mentionnée au premier alinéa de l'article L. 102 AG du livre des procédures fiscales est sanctionné par une amende fiscale de 200 € par titulaire de compte omis.**

Art. 1729 C *ter* *(Ord. n° 2019-1068 du 21 oct. 2019, art. 1er-II et 2, en vigueur le 1er juill. 2020)* **Les manquements à une obligation de déclaration ou de notification prévue aux articles 1649 AD, 1649 AE et 1649 AG entraînent l'application d'une amende qui ne peut excéder 10 000 €. Le montant de l'amende ne peut excéder 5 000 € lorsqu'il s'agit de la première infraction de l'année civile en cours et des trois années précédentes.**

L'amende ne s'applique pas aux manquements à l'obligation déclarative prévue au dernier alinéa du II de l'article 1649 AG.

Le montant de l'amende appliquée à un même intermédiaire ou à un même contribuable concerné ne peut excéder 100 000 € par année civile.

2 BIS *INFRACTION À L'OBLIGATION DE PRÉSENTER LA COMPTABILITÉ SOUS FORME DÉMATÉRIALISÉE [, UNE COMPTABILITÉ ANALYTIQUE OU DES COMPTES CONSOLIDÉS]*

(L. n° 2012-1510 du 29 déc. 2012, art. 14-II et III)

Art. 1729 D *(L. n° 2016-1918 du 29 déc. 2016, art. 14-I-1°-a)* **« I. — » Le défaut de présentation de la comptabilité selon les modalités prévues au I de l'article L. 47 A du livre des procédures fiscales entraîne l'application d'une amende égale à 5 000 € ou, en cas de rectification et si le montant est plus élevé, d'une majoration de 10 % des droits mis à la charge du contribuable.** — *Les dispositions ci-dessus s'appliquent aux contrôles pour lesquels un avis de vérification est adressé à compter du 10 août 2014 (L. n° 2014-891 du 8 août 2014, art. 23-II).*

II. — Le défaut de transmission de la comptabilité dans les délais et selon les modalités prévus au 1 de l'article L. 47 AA du même livre entraîne l'application d'une amende de 5 000 €.

Ancien art. 1729 D ***Le défaut de présentation de la comptabilité selon les modalités prévues au I de l'article L. 47 A du livre des procédures fiscales est passible d'une amende égale :***

1° et 2° *Disjoints (Décr. n° 2014-549 du 26 mai 2014).*

(Décr. n° 2014-549 du 26 mai 2014) ***« 3° A 1 500 €. »*** *— Les dispositions ci-dessus s'appliquent, sous réserve de ce qui suit, aux contrôles pour lesquels l'avis de vérification est adressé du 1er janv. au 9 août 2014 (L. n° 2012-1510 du 29 déc. 2012, art. 14-III ; L. n° 2014-891 du 8 août 2014, art. 23-II) ; Les 1° et 2° de l'art. 1729 D ci-dessus et au 3° du même article, les mots « lorsque le montant de l'amende mentionnée aux 1° et 2° est inférieur à cette somme » sont contraires à la Constitution (Cons. const. 29 déc. 2013, n° 2013-685 DC).*

Art. 1729 E **Le défaut de présentation de la comptabilité analytique mentionnée au II de l'article L. 13 du livre des procédures fiscales ou des comptes consolidés mentionnée au III du même article est passible d'une amende égale à 20 000 €.**

Ancien art. 1729 E *(L. n° 2013-1278 du 29 déc. 2013, art. 99-II ; Décr. n° 2014-549 du 26 mai 2014)* ***Le défaut de présentation de la comptabilité analytique mentionnée au II de l'article L. 13 du livre des procédures fiscales ou des comptes consolidés mentionnée au III du même article est passible de l'amende prévue à l'article 1729 D du présent code.*** *— Les dispositions ci-dessus s'appliquent aux avis de vérification adressés du 1er janv. au 9 août 2014 (L. n° 2013-1278 du 29 déc. 2013, art. 1er-II-3° et 99-III ; L. n° 2014-891 du 8 août 2014, art. 24-II).*

Art. 1729 F **Le défaut de production, dans le délai prescrit, de la déclaration mentionnée à l'article 223 *quinquies* C entraîne l'application d'une amende qui ne peut excéder 100 000 €.**

Art. 1729 G *(L. n° 2016-1917 du 29 déc. 2016, art. 60-I-B-31° et I-G-1, mod. par Ord. n° 2017-1390 du 22 sept. 2017, art. 1er-1°, applicable aux revenus perçus ou réalisés à compter du 1er janv. 2019)* **1. Tout retard dans le paiement des sommes dues au titre de l'acompte prévu au 2° du 2 de l'article 204 A ou du complément de retenue à la source prévu au IV de l'article 204 H donne lieu à l'application d'une majoration de 10 % des sommes non acquittées dans les délais prescrits.**

Toutefois, lorsque le versement d'un complément de retenue à la source s'avère inférieur de plus de 30 % au montant du complément qui aurait dû être versé, le taux de cette majoration est égal à la moitié de la différence entre le montant du complément dû et celui du complément acquitté, rapportée à ce premier montant.

(Abrogé par L. n° 2017-1775 du 28 déc. 2017, art. 11, pour les revenus perçus ou réalisés à compter du 1er janv. 2019) ***« 2. La faculté de modulation à la baisse du prélèvement prévue à l'article 204 J donne lieu à l'application d'une majoration de 10 % :***

« a) Lorsque le montant du prélèvement calculé selon les modalités prévues au 3 du III de l'article 204 J, les revenus pris en compte étant ceux effectivement constatés au titre de l'année et l'impôt sur le revenu y afférent étant celui résultant de l'application à ces revenus des règles prévues aux 1 à 4 du I de l'article 197 ou, le cas échéant, à l'article 197 A en vigueur à la date de la modulation, s'avère inférieur de moins de 10 % ou de moins de 200 € au montant du prélèvement qui aurait été effectué en l'absence de modulation, calculé selon les modalités prévues au 4 du III de l'article 204 J en tenant compte des revenus mentionnés à l'article 204 B effectivement perçus au titre de l'année.

« L'assiette de la pénalité est égale à la différence, lorsqu'elle est positive, entre ce dernier montant de prélèvement et le montant du prélèvement effectué.

« Toutefois, lorsque le montant du prélèvement effectué s'avère inférieur de plus de 30 % au montant du prélèvement qui aurait été effectué en l'absence de modulation dans les conditions précitées, le taux de la majoration est égal à la moitié de la différence entre ce montant et le montant du prélèvement effectué, rapportée à ce premier montant ; »

(L. n° 2017-1775 du 28 déc. 2017, art. 11, applicable aux revenus perçus ou réalisés à compter du 1er janv. 2019) **« 2. La modulation à la baisse du prélèvement prévue à l'article 204 J donne lieu à l'application d'une majoration de 10 % » lorsque le montant du dernier prélèvement estimé, calculé selon les modalités prévues au 3 du III** *(L. n° 2017-1775 du 28 déc. 2017, art. 11, applicable aux revenus perçus ou réalisés à compter du 1er janv. 2019)* **« du même article 204 J » et majoré, le cas échéant, du montant des versements non restitués en application du** *(L. n° 2017-1775 du 28 déc. 2017, art. 11, applicable aux revenus perçus ou réalisés à compter du 1er janv. 2019)* **« 2° » du 6 du même III, s'avère inférieur de plus de 10 % au montant du prélèvement qui aurait été effectué selon les modalités prévues au 3 du même III, les revenus pris en compte étant ceux effectivement constatés au titre de l'année et l'impôt sur le revenu y afférent étant celui résultant de l'application à ces revenus des règles prévues aux 1 à 4 du I de l'article 197 ou, le cas échéant, à l'article 197 A** *(L. n° 2017-1775 du 28 déc. 2017, art. 11, applicable aux revenus perçus ou réalisés à compter du 1er janv. 2019)* **« , dans leur rédaction » en vigueur à la date de la modulation.**

L'assiette de la pénalité est égale à la différence, lorsqu'elle est positive, entre le montant du prélèvement qui aurait été effectué, mentionné *(L. n° 2017-1775 du 28 déc. 2017, art. 11, applicable aux revenus perçus ou réalisés à compter du 1er janv. 2019)* **« au**

premier alinéa du présent 2, retenu dans la limite du montant du prélèvement qui aurait été effectué en l'absence de modulation », et le montant du prélèvement effectué.

Toutefois, lorsque le montant du prélèvement effectué s'avère inférieur de plus de 30 % au premier montant mentionné au deuxième alinéa du présent *(L. n° 2017-1775 du 28 déc. 2017, art. 11, applicable aux revenus perçus ou réalisés à compter du 1er janv. 2019)* **« 2 », le taux de la majoration est égal à la moitié de la différence entre ce premier montant et le montant du prélèvement effectué, rapportée à ce premier montant.**

3. La majoration prévue au 2 ne s'applique pas lorsque le contribuable justifie que l'estimation erronée de sa situation ou de ses revenus a été, en tout ou partie, réalisée de bonne foi à la date de sa demande de modulation ou provient d'éléments difficilement prévisibles à cette date *(Abrogé par L. n° 2017-1775 du 28 déc. 2017, art. 11, pour les revenus perçus ou réalisés à compter du 1er janv. 2019)* ***« , ou lorsque le contribuable justifie que le prélèvement qui aurait été effectué en l'absence de modulation à la baisse est différent de celui calculé en application du premier alinéa du a du 2, en raison de la répartition de ses revenus au cours de l'année ».***

La majoration prévue au 2 ne s'applique pas aux sommes majorées en application du 1.

Art. 1729 H *(L. n° 2016-1918 du 29 déc. 2016, art. 14-I-2° et III, applicable aux contrôles dont les avis de vérification sont adressés à compter du 1er janv. 2017)* **Donne lieu à l'application d'une amende égale à 5 000 € ou, en cas de rectification et si le montant en est plus élevé, d'une majoration de 10 % des droits mis à la charge du contribuable :**

1° Le défaut de présentation des documents, données et traitements nécessaires à la mise en œuvre des investigations prévues au II de l'article L. 47 A du livre des procédures fiscales ;

2° Le défaut de mise à disposition des copies des documents, données et traitements soumis à contrôle dans les délais et selon les normes prévus au II du même article L. 47 A.

Comptabilités informatisées : amende pour non-présentation des documents comptables. Commentaire administratif. Cas d'application. Mise en œuvre de l'amende. * BOI-CF-IOR-60-40-30 nos 550 et 560 du 7 juin 2017.

3 RETARD DE PAIEMENT DES IMPÔTS

a RETARD DE PAIEMENT DES IMPÔTS RECOUVRÉS PAR LES COMPTABLES DU TRÉSOR

Art. 1730 **1. Donne lieu à l'application d'une majoration de 10 % tout retard dans le paiement des sommes dues au titre de l'impôt sur le revenu, des contributions sociales recouvrées comme en matière d'impôt sur le revenu, de la taxe d'habitation** *(L. n° 2019-1479 du 28 déc. 2019, art. 16-I-E-24° et VII-E, applicable à compter des impositions établies au titre de 2023)* **« sur les résidences secondaires et autres locaux meublés non affectés à l'habitation principale », des taxes foncières sur les propriétés bâties et non bâties, des impositions recouvrées comme les impositions précitées et de l'impôt** *(L. n° 2017-1837 du 30 déc. 2017, art. 31)* **« sur la fortune immobilière** *[ancienne rédaction : de solidarité sur la fortune]* **». —** *V. note 4 ss. l'art.*

2. La majoration prévue au 1 s'applique :

a. **Aux sommes comprises dans un rôle** *(L. n° 2016-1918 du 29 déc. 2016, art. 20-I-1°-a et II, applicable aux sommes recouvrées par voie d'avis de mise en recouvrement à compter du 1er janv. 2017)* **« ou mentionnées sur un avis de mise en recouvrement » qui n'ont pas été acquittées dans les quarante-cinq jours suivant la date de mise en recouvrement du rôle** *(L. n° 2016-1918 du 29 déc. 2016, art. 20-I-1°-b et II, applicable aux sommes recouvrées par voie d'avis de mise en recouvrement à compter du 1er janv. 2017)* **« ou de la notification de l'avis de mise en recouvrement », sans que cette majoration puisse être appliquée avant le 15 septembre pour les impôts établis au titre de l'année en cours ;**

(Abrogé par L. n° 2016-1917 du 29 déc. 2016, art. 60-I-B-32° et I-G-1, pour les revenus perçus ou réalisés à compter du 1er janv. 2019) ***« b. Aux acomptes qui n'ont pas été versés le 15 du mois suivant celui au cours duquel ils sont devenus exigibles, ou le 15 décembre de l'année d'imposition pour l'acompte mentionné à l'article 1679 septies, ainsi qu'au solde du supplément d'imposition prévu au troisième alinéa de ce même article » ;***

(Abrogé par L. n° 2017-1837 du 30 déc. 2017, art. 31) ***« c. Aux sommes dues au titre de l'impôt de solidarité sur la fortune par les redevables mentionnés au 1 du I de l'article 885 W. »***

Les dispositions du *a* ne s'appliquent pas aux sommes déjà majorées en application du *(L. n° 2016-1917 du 29 déc. 2016, art. 60-I-B-32° et I-G-1, applicable aux revenus perçus ou réalisés à compter du 1er janv. 2019)* **« 1 ou du 2 de l'article 1729 G** *[ancienne rédaction : b]* **».**

(Abrogé par L. n° 2016-1917 du 29 déc. 2016, art. 60-I-B-32° et I-G-1, pour les revenus perçus ou réalisés à compter du 1er janv. 2019) ***« 3. a. Si la date de la majoration coïncide avec celle du versement d'un des acomptes provisionnels prévus à l'article 1664, elle peut être reportée d'un mois par arrêté du ministre chargé du budget.***

« b. Abrogé par L. n° 2010-1658 du 29 déc. 2010, art. 55-III-A-4°-b. — V. note 1 ss. l'art.

« 4. La majoration prévue au 1 s'applique au contribuable qui s'est dispensé du second acompte dans les conditions prévues au 4 de l'article 1664 lorsqu'à la suite de la mise en recouvrement du rôle les versements effectués sont inexacts de plus du dixième. *— V. note 1 ss. l'art.*

« Toutefois, aucune majoration n'est appliquée lorsque la différence constatée résulte d'une loi intervenue postérieurement à la date du dépôt de la déclaration visée ci-dessus. »

5. Pour les personnes physiques qui acquittent par téléréglement les acomptes ou les soldes d'imposition dont elles sont redevables, les dates des majorations mentionnées *(L. n° 2016-1917 du 29 déc. 2016, art. 60-I-B-32° et I-G-1, applicable aux revenus perçus ou réalisés à compter du 1er janv. 2019)* **« au *a*** *[ancienne rédaction : aux a et b]* **» du 2 peuvent être reportées dans la limite de quinze jours. La durée et les conditions de cette prorogation sont fixées par arrêté du ministre chargé du budget.**

1) *Les dispositions ci-dessus de la L. n° 2010-1658 du 29 déc. 2010 s'appliquent aux rôles généraux de cotisation foncière des entreprises émis au titre de l'année 2011 et des années suivantes et aux rôles supplémentaires de cotisation foncière des entreprises et de taxe professionnelle mis en recouvrement à compter du 30 nov. 2011 (L. préc., art. 55-III-C).*

2) *L. n° 2010-1658 du 29 déc. 2010, art. 55-III-B et C, en vigueur le 1er janv. 2012 : « Donne lieu à l'application d'une majoration de 10 % tout retard dans le paiement des créances qui font l'objet d'un titre de perception que l'État délivre dans les conditions prévues à l'article L. 252 A du livre des procédures fiscales pour le recouvrement des recettes de toute nature qu'il est habilité à recevoir.*

« Cette majoration, perçue au profit de l'État, s'applique aux sommes comprises dans le titre qui n'ont pas été acquittées le 15 du deuxième mois qui suit la date d'émission du titre de perception. »

Les conditions de la prorogation visée au 5 ci-dessus sont fixées par l'art. 382 D-3 de l'Ann. III.

3) *Les dispositions du présent art. issues de l'art. 60 de la L. n° 2016-1917 du 29 déc. 2016 s'appliquent aux revenus perçus ou réalisés à compter du 1er janv. 2019 (L. préc., art. 60-I-B-32° et I-G-1, mod. par Ord. n° 2017-1390 du 22 sept. 2017, art. 1er-1°).*

4) *Les dispositions du présent art. issues du B du I de l'art. 31 de la L. n° 2017-1837 du 30 déc. 2017, s'appliquent au titre de l'impôt sur la fortune immobilière dû à compter du 1er janv. 2018. Toutefois, les dispositions modifiées par le même B du I continuent de s'appliquer, dans leur rédaction en vigueur au 31 déc. 2017, à l'impôt de solidarité sur la fortune dû jusqu'au titre de l'année 2017 incluse (L. préc., art. 31-IX-B).*

1. Constitutionnalité de la majoration de 10 %. L'art. 1730 a pour objet la compensation du préjudice subi par l'État du fait du paiement tardif des impôts directs. Cette majoration ne revêt pas le caractère d'une punition. Caractère inopérant des griefs tirés d'une atteinte aux principes de nécessité, de proportionnalité et d'individualisation des peines qui découlent de l'art. 8 DDH de 1789. Conformité à la Constitution. • Cons. const. 29 avr. 2011, n° 2011-124 QPC : *RJF 2011. 867.*

2. Inapplicabilité de la Conv. EDH. La majoration de 10 %, qui a pour objet de réparer le préjudice subi par l'État, ne revêt pas le caractère d'une sanction pénale au sens de l'art. 6 § 1 Conv. EDH. Par suite, ce texte ne peut pas être invoqué pour contester l'application de cette majoration. • TA Paris, 31 oct. 2011, nos 1006739 et 1014883 : *RJF 2012. 784.*

3. Contestation de la majoration. La majoration de 10 % pour paiement tardif est au nombre des sanctions qui doivent être motivées en application de l'art. 1er de la loi n° 79-87 du 11 juill. 1979. • CAA Douai, 28 févr. 2002, n° 98DA00390 : *RJF 2002. 959.* ♦ Elle peut faire l'objet d'une contestation devant le juge du recouvrement de l'impôt qui exerce son plein contrôle sur le bien-fondé de son application et l'exactitude de son montant au regard du taux prévu par la loi. Mais aucune disposition législative ou conventionnelle n'implique que la majoration ne puisse être appliquée que par suite d'une décision du juge et que celui-ci doive procéder à une modulation de son taux. • CAA Douai, 29 mars 2005, n° 03DA25 : *RJF 2005. 888.*

4. Le dépôt d'une réclamation d'assiette assortie du sursis légal de paiement ne fait pas obstacle, en l'absence de paiement de l'imposition, à l'application de la majoration de 10 %. • CAA Nancy, 14 juin 2001, n° 99NA2492 : *Dr. fisc. 2001. 1225.*

5. Impôt sur la fortune immobilière. Le défaut de paiement de l'IFI est sanctionné par une majoration de 10 %. Ainsi, les redevables se voient appliquer une majoration de 10 % en l'absence d'acquittement de leur impôt dans les quarante-cinq jours suivant la date de mise en recouvrement du rôle ou de la notification de l'avis de mise en recouvrement, sans que cette majoration puisse être appliquée avant le 15 sept. pour les impôts établis au titre de l'année en cours. * BOI-PAT-IFI-60-20 n° 50 du 29 avr. 2020.

b RETARD DE PAIEMENT DES IMPÔTS RECOUVRÉS PAR LES COMPTABLES DE LA DIRECTION GÉNÉRALE DES IMPÔTS

Art. 1731 **1. Donne lieu à l'application d'une majoration de 5 % tout retard dans le paiement des sommes qui doivent être versées aux comptables de l'administration fiscale au titre des impositions autres que celles mentionnées à l'article 1730.**

2. La majoration prévue au 1° n'est pas applicable lorsque le dépôt tardif d'une déclaration ou d'un acte comportant l'indication d'éléments à retenir pour l'assiette ou la liquidation de l'impôt est accompagné du paiement de la totalité des droits correspondants.

3. La majoration prévue au 1 s'applique au contribuable qui a minoré ses acomptes dans les conditions prévues à l'article 1679 *septies* lorsqu'à la suite de la liquidation définitive les versements effectués sont inexacts de plus du dixième.

(L. n° 2016-1917 du 29 déc. 2016, art. 60-I-B-33° et I-G-1, applicable aux revenus perçus ou réalisés à compter du 1er janv. 2018) **« 4. La majoration prévue au 1 s'applique aux versements prévus à l'article 1671 qui n'ont pas été effectués dans les délais prescrits. »**

Les dispositions du présent 4 s'appliquent aux revenus perçus ou réalisés à compter du 1er janv. 2019 (L. n° 2016-1917 du 29 déc. 2016, art. 60-I-B-33° et I-G-1, mod. par Ord. n° 2017-1390 du 22 sept. 2017, art. 1er-1°).

Art. 1731-0 A **Les dispositions de l'article 1731 s'appliquent aux contributions indirectes, aux droits, taxes, redevances, impositions ou sommes obéissant aux mêmes règles** *(Abrogé par L. n° 2018-1317 du 28 déc. 2018, art. 26-III-36°)* **« *, ainsi qu'à la contribution prévue par l'article 527* », établis ou recouvrés par la direction générale des douanes et droits indirects.**

Art. 1731 A **L'intérêt de retard prévu à l'article 1727 et la majoration prévue à l'article 1731 sont appliqués à la différence entre, d'une part, respectivement** *(L. n° 2018-1317 du 28 déc. 2018, art. 39-I-2°-a et II, applicable aux exercices ouverts à compter du 1er janv. 2019)* **« 95 %** *[ancienne rédaction : 80 %, 90 %]* **» ou 98 % du montant de l'impôt dû au titre d'un exercice sur le résultat imposé au taux fixé au deuxième alinéa du I de l'article 219 et sur** *(L. n° 2018-1317 du 28 déc. 2018, art. 37-I-17° et III-1, applicable aux exercices ouverts à compter du 1er janv. 2019)* **« le résultat imposé dans les conditions prévues à l'article 238 » et, d'autre part, respectivement** *(L. n° 2018-1317 du 28 déc. 2018, art. 39-I-2°-a et II, applicable aux exercices ouverts à compter du 1er janv. 2019)* **« 95 %** *[ancienne rédaction : 80 %, 90 %]* **» ou 98 % du montant d'impôt sur les sociétés estimé au titre du même exercice servant de base au calcul du dernier acompte en application du *a*** *(L. n° 2018-1317 du 28 déc. 2018, art. 39-I-2°-b et II, applicable aux exercices ouverts à compter du 1er janv. 2019)* **« ou du *b* » du 1 de l'article 1668, sous réserve que cette différence soit supérieure à** *(L. n° 2018-1317 du 28 déc. 2018, art. 39-I-2°-c et II, applicable aux exercices ouverts à compter du 1er janv. 2019)* **« 25 %** *[ancienne rédaction : 20 %]* **» de ce même montant dû et à 8 millions d'euros lorsque la société réalise un chiffre d'affaires supérieur à 1 milliard d'euros ou à 2 millions d'euros lorsque la société réalise un chiffre d'affaires compris entre 250 millions d'euros et 1 milliard d'euros. Toutefois, ces dispositions ne s'appliquent pas si le montant d'impôt sur les sociétés estimé a été déterminé à partir du compte de résultat prévisionnel mentionné à l'article L. 232-2 du code de commerce, révisé dans les quatre mois qui suivent l'ouverture du second semestre de l'exercice, avant déduction de l'impôt sur les**

sociétés. Pour la société mère d'un groupe mentionné à l'article 223 A ou à l'article 223 A *bis*, le compte de résultat prévisionnel s'entend de la somme des comptes de résultat prévisionnels des sociétés membres du groupe.

Art. 1731 A *bis* L'intérêt de retard prévu à l'article 1727 et la majoration prévue à l'article 1731 sont appliqués :

1° Pour les entreprises mentionnées au *a* de l'article 1668 B, à la différence entre, d'une part, trois quarts du montant de la contribution exceptionnelle sur l'impôt sur les sociétés due au titre d'un exercice et, d'autre part, trois quarts du montant de cette contribution estimée au titre du même exercice servant de base au calcul du versement anticipé en application du même article 1668 B, sous réserve que cette différence soit supérieure à 20 % du montant de la contribution et à 100 000 € ;

2° Pour les entreprises mentionnées au *b* dudit article 1668 B, à la différence entre, d'une part, 95 % du montant de la contribution mentionnée au 1° du présent article et, d'autre part, 95 % du montant de cette contribution estimée dans les conditions mentionnées au même 1°, sous réserve que cette différence soit supérieure à 20 % du montant de la contribution et à 400 000 €.

Toutefois, l'intérêt de retard et la majoration mentionnés au premier alinéa ne sont pas appliqués si le montant estimé de la contribution mentionnée au 1° a été déterminé à partir de l'impôt sur les sociétés, lui-même estimé à partir du compte de résultat prévisionnel mentionné à l'article L. 232-2 du code de commerce, révisé dans les quatre mois qui suivent l'ouverture du second semestre de l'exercice, avant déduction de l'impôt sur les sociétés. Pour la société mère d'un groupe mentionné à l'article 223 A ou à l'article 223 A *bis* du présent code, le compte de résultat prévisionnel s'entend de la somme des comptes de résultat prévisionnels des sociétés membres du groupe.

Art. 1731 B Pour la cotisation foncière des entreprises, la majoration prévue au 1 de l'article 1731 s'applique :

1° Aux sommes mentionnées sur un rôle qui n'ont pas été acquittées dans les quarante-cinq jours suivant la date de mise en recouvrement de ce rôle, sans que cette majoration puisse être appliquée avant le 15 septembre pour les impôts établis au titre de l'année en cours ;

2° Aux acomptes qui n'ont pas été versés le 15 du mois suivant celui au cours duquel ils sont devenus exigibles.

Le 1° ne s'applique pas aux sommes déjà majorées en application du présent 2° ;

3° A la totalité du montant de l'acompte dont le contribuable s'est dispensé du paiement lorsque, à la suite de la mise en recouvrement du rôle, les versements effectués sont inexacts de plus du dixième.

Toutefois, aucune majoration n'est appliquée lorsque la différence constatée résulte d'une loi entrée en vigueur postérieurement à la date du dépôt de la déclaration prévue au quatrième alinéa de l'article 1679 *quinquies*.

3 *BIS* *AUTRES SANCTIONS RELATIVES AUX INFRACTIONS CONSTITUTIVES DE MANQUEMENTS GRAVES*

(L. nº 2012-354 du 14 mars 2012, art. 17-I)

Art. 1731 *bis* 1. Pour l'établissement de l'impôt sur le revenu, les déficits mentionnés *(L. nº 2018-1317 du 28 déc. 2018, art. 134-I-1º et II, applicable aux prises de brevet réalisées à compter du 1er janv. 2020)* « au I *[ancienne rédaction : aux I et I bis]* » de l'article 156 et les réductions d'impôt ne peuvent s'imputer sur les rehaussements et droits donnant lieu à l'application de l'une des majorations prévues aux *b* et *c* du 1 de l'article 1728, à l'article 1729, *(L. nº 2021-1900 du 30 déc. 2021, art. 140-I-1º et II, applicable à compter de l'imposition des revenus de l'année 2021 et de l'impôt sur la fortune immobilière dû au titre de l'année 2022)* « au I de l'article 1729-0 A, » au *a* de l'article 1732 et aux premier et dernier alinéas de l'article 1758.

Ces déficits et réductions d'impôt ne peuvent s'imputer, en cas d'application du deuxième alinéa de l'article 1758, ni sur les rehaussements effectués en application du second alinéa de l'article 1649 *quater* A ni sur les droits en résultant.

2. Pour le calcul de l'impôt *(L. nº 2017-1837 du 30 déc. 2017, art. 31)* « sur la fortune immobilière, l'avantage prévu à l'article 978 ne peut » s'imputer sur les droits donnant lieu à l'application de l'une des majorations prévues aux *b* et *c* du 1 et au 5

de l'article 1728, à l'article 1729 *(L. nº 2021-1900 du 30 déc. 2021, art. 140-I-2º et II, applicable à compter de l'imposition des revenus de l'année 2021 et de l'impôt sur la fortune immobilière dû au titre de l'année 2022)* **« , au I de l'article 1729-0 A » et au *a* de l'article 1732.**

Les dispositions du présent art., prévoyant la non-imputation des déficits et réductions d'impôt en cas de majoration prévue au I de l'art. 1729-0 A CGI, issues du B du I de l'art. 31 de la L. nº 2017-1837 du 30 déc. 2017, s'appliquent au titre de l'impôt sur la fortune immobilière dû à compter du 1er janv. 2018. Toutefois, les dispositions modifiées par le même B du I continuent de s'appliquer, dans leur rédaction en vigueur au 31 déc. 2017, à l'impôt de solidarité sur la fortune dû jusqu'au titre de l'année 2017 incluse (L. préc., art. 31-IX-B).

Suppression d'avantages fiscaux en cas de manquements graves. Impôts et infractions concernés. * BOI-CF-INF-20-10-30 du 8 juin 2015. ♦ L'art. 1731 *bis* 1 qui, en matière d'IR, supprime la possibilité d'imputer les réductions d'impôt et déficits sur les rehaussements entraînant l'application de majorations de 40 %, 80 % ou 100 % est conforme à la Constitution. • Cons. const., QPC, 16 sept. 2016, nº 2016-564 : *RJF 2016. 1109.*

Art. 1731 ter *(L. nº 2018-898 du 23 oct. 2018, art. 10-I-2º et VI, applicable aux revenus perçus à compter du 31 déc. 2018 ; Arr. du 27 déc. 2018)* **Le non-respect, constaté à l'occasion d'un contrôle, de l'une des obligations prévues** *(L. nº 2021-1900 du 30 déc. 2021, art. 134-I-D et III-B, en vigueur le 1er janv. 2023)* **« à** *[ancienne rédaction : au 1º de]* **» l'article 242 *bis* est sanctionné par une amende forfaitaire globale fixée dans la limite d'un plafond de 50 000 €.**

Ancien art. 1731 ter *(L. nº 2015-1785 du 29 déc. 2015, art. 87-I-2º et IV)* ***Le fait pour une entreprise de ne pas justifier du respect des obligations définies à l'article 242 bis par la production du certificat prévu au IV du même article est sanctionné par une amende de 10 000 €.***

Dispositions applicables aux transactions réalisées à compter du 1er juill. 2016.

4 OPPOSITION À FONCTIONS ET OBSTACLE AU CONTRÔLE DE L'IMPÔT

Art. 1732 La mise en œuvre de la procédure d'évaluation d'office prévue à l'article L. 74 du livre des procédures fiscales entraîne :

***a.* L'application d'une majoration de 100 % aux droits rappelés ou aux créances de nature fiscale qui doivent être restituées à l'État ;**

***b.* L'interdiction de participer aux travaux des commissions instituées par les articles 1650 à** *(L. nº 2020-1525 du 7 déc. 2020, art. 9-5º)* **« 1651 M » et 1653 A.**

1. Opposition à contrôle fiscal. Tant le principe de responsabilité personnelle que le principe de personnalité des peines s'opposent à ce que des pénalités fiscales, qui présentent le caractère d'une punition tendant à empêcher la réitération des agissements qu'elles visent, puissent être prononcées à l'encontre de contribuables, personnes physiques, lorsque ceux-ci n'ont pas participé aux agissements que ces pénalités répriment. Dès lors la pénalité, qui vise à sanctionner l'opposition à contrôle fiscal ne peut être mise à la charge d'un contribuable qui n'a pas pris personnellement part à l'opposition au contrôle. • CE 5 nov. 2014, nº 356148 : *RJF 2015. 130.*

2. L'amende pour opposition au contrôle fiscal est compatible avec l'art. 6 § 1 de la Conv. EDH, alors même que le juge de l'impôt ne peut pas en moduler le montant. • CE 26 déc. 2008, nº 282995 : *RJF 2009. 237 ; BDCF 2009/3, nº 38, concl. Collin ; Dr. fisc. 2009. 231, concl. Collin.* ♦ Le législateur n'a pas méconnu le principe d'égalité devant la loi en instituant, à l'art. 1732, une sanction administrative de majoration d'imposition en cas d'opposition à contrôle fiscal, tout en réprimant d'une amende pénale prononcée par les tribunaux correctionnels, en application de l'art. 1746, le fait de mettre les agents habilités à constater les infractions à la législation fiscale dans l'impossibilité d'accomplir leurs fonctions. • CE, QPC, 13 avr. 2018, nº 418411 : *RJF 2018. 1162.* ♦ Si la loi pénale ne saurait, pour une même infraction, instituer des peines de nature différente, sauf à ce que cette différence soit justifiée par une différence de situation en rapport direct avec l'objet de la loi, le principe d'égalité devant la loi pénale ne peut être invoqué qu'à l'encontre de dispositions législatives instituant des sanctions pénales prononcées par les juridictions répressives de l'ordre judiciaire. La majoration de 100 % des droits rappelés en cas d'opposition à contrôle fiscal, prévue par l'art. 1732, ne constitue pas une telle sanction pénale. Par suite, ne peut être utilement contestée la conformité au principe d'égalité devant la loi pénale du cumul de cette majoration avec l'amende pénale de 25 000 € prévue à l'art. 1746, 1, dès lors que l'une de ces deux sanctions ne présente pas un caractère pénal. • CE, QPC, 24 mai 2017, nº 408484 : *RJF 2017. 976.* ♦ Les art. 1732 CGI et L. 74 LPF ne méconnaissent ni le principe de responsabilité personnelle en matière pénale ni le principe d'individualisation des peines. Il n'y a pas lieu à QPC. • CE QPC 28 sept. 2020, Sté Artelim, n° 438028 : *RJF 2020. 1034, concl. Bokdam-Tognetti.*

Art. 1734 **Le refus de communication des documents et renseignements demandés par l'administration dans l'exercice de son droit de communication ou tout comportement faisant obstacle à la communication entraîne l'application d'une amende de** *(L. n° 2017-1837 du 30 déc. 2017, art. 106, en vigueur le 1er janv. 2019)* **« 10 000 €** *[ancienne rédaction : 5 000 €]* **». Cette amende s'applique pour chaque demande, dès lors que tout ou partie des documents ou renseignements sollicités ne sont pas communiqués. Une amende de même montant est applicable en cas d'absence de tenue de ces documents ou de destruction de ceux-ci avant les délais prescrits.**

Une amende égale à 1 500 € est applicable, pour chaque document, sans que le total des amendes puisse être supérieur à 50 000 € *[Dispositions déclarées non conformes à la Constitution par la Décis. du Cons. const. n° 2013-679 DC du 4 déc. 2013]*, **en cas d'opposition à la prise de copie mentionnée à l'article L. 13 F du livre des procédures fiscales.**

Les manquements aux obligations prévues aux articles L. 96 J et L. 102 D du livre des procédures fiscales entraînent l'application d'une amende égale à *(L. n° 2017-1837 du 30 déc. 2017, art. 106, en vigueur le 1er janv. 2019)* **« 10 000 € par logiciel, application** *[ancienne rédaction : 1 500 € par logiciel]* **» ou système de caisse vendu ou par client pour lequel une prestation a été réalisée dans l'année.**

Redevable de l'amende. Lorsqu'une société refuse, par le biais de son gérant qui est son représentant légal, de communiquer au vérificateur ses livres et documents comptables, l'amende prévue dans ce cas ne peut être infligée qu'à la société, personne morale contrevenante. Aucune disposition législative expresse ne permet d'étendre son application au gérant, en tant que personne physique. • CAA Paris, 30 juin 2010, n° 08PA3905 : *RJF 2011. 64.*

Art. 1735 **I. — Entraîne l'application d'une amende égale à 50 % des sommes non communiquées le fait de ne pas se conformer aux obligations de l'article L. 96 A du livre des procédures fiscales. Le taux de l'amende est réduit à 5 % lorsque le contrevenant établit que l'État n'a subi aucun préjudice et son montant est plafonné à 750 € lorsqu'il s'agit de la première infraction de l'année civile en cours et des trois années précédentes.**

II. — Le défaut de réponse à la demande faite en application de l'article L. 13 B du livre des procédures fiscales entraîne l'application d'une amende de 10 000 € pour chaque exercice visé par cette demande.

Art. 1735 *ter* **Le défaut de réponse ou la réponse partielle à la mise en demeure mentionnée au III de l'article L. 13 AA et au second alinéa de l'article L. 13 AB du livre des procédures fiscales entraîne l'application, pour chaque exercice vérifié, d'une amende pouvant atteindre, compte tenu de la gravité des manquements, le plus élevé des deux montants suivants :**

1° 0,5 % du montant des transactions concernées par les documents ou compléments qui n'ont pas été mis à disposition de l'administration après mise en demeure ;

2° 5 % des rectifications du résultat fondées sur l'article 57 du présent code et afférentes aux transactions mentionnées au 1° du présent article.

Le montant de l'amende ne peut être inférieur à 10 000 €.

Documentation des prix de transfert. BOI-CF-INF-20-10-40 du 18 juill. 2018. Amende en cas de documentation insuffisante. *

Art. 1735 *quater* **L'obstacle à l'accès aux pièces ou documents sur support informatique, à leur lecture ou à leur saisie, mentionné au IV *bis* de l'article L. 16 B et au 4 *bis* de l'article L. 38 du livre des procédures fiscales entraîne l'application d'une amende égale à :**

1° *(L. n° 2021-1900 du 30 déc. 2021, art. 141-I-1°-a)* **« 50 000 € », ou 5 % des droits rappelés si ce dernier montant est plus élevé, lorsque cet obstacle est constaté dans les locaux occupés par le contribuable mentionné au I de** *(L. n° 2021-1900 du 30 déc. 2021, art. 141-I-1°-b)* **« l'article L. 16 B du même livre ou par la personne susceptible d'avoir commis les infractions mentionnées au 1 de l'article L. 38 dudit livre » ;**

2° *(L. n° 2021-1900 du 30 déc. 2021, art. 141-I-2°-a)* « 10 000 € » dans les autres cas, portée à *(L. n° 2021-1900 du 30 déc. 2021, art. 141-I-2°-b)* « 50 000 € » lorsque cet obstacle est constaté dans les locaux occupés par le représentant en droit ou en fait du contribuable *(L. n° 2021-1900 du 30 déc. 2021, art. 141-I-2°-c)* « ou de la personne mentionnés au 1° du présent article ».

5 *INFRACTIONS COMMISES PAR LES TIERS DÉCLARANTS*

Art. 1736 I. — 1. Entraîne l'application d'une amende égale à 50 % des sommes non déclarées le fait de ne pas se conformer aux obligations prévues à l'article 240 et au 1 de l'article 242 *ter* et à l'article 242 *ter* B. L'amende n'est pas applicable, en cas de première infraction commise au cours de l'année civile en cours et des trois années précédentes, lorsque les intéressés ont réparé leur omission, soit spontanément, soit à la première demande de l'administration, avant la fin de l'année au cours de laquelle la déclaration devait être souscrite.

(L. n° 2018-727 du 10 août 2018, art. 7) « La personne tenue d'effectuer une déclaration en application de l'article 240 peut régulariser les déclarations des trois années précédentes sans encourir l'application de l'amende prévue au premier alinéa du présent 1 lorsque les conditions suivantes sont réunies : elle présente une demande de régularisation pour la première fois et est en mesure de justifier, notamment par une attestation des bénéficiaires, que les rémunérations non déclarées ont été comprises dans les propres déclarations de ces derniers déposées dans les délais légaux, à condition que le service puisse être en mesure de vérifier l'exactitude des justifications produites. Cette demande de régularisation peut avoir lieu au cours du contrôle fiscal de la personne soumise à l'obligation déclarative. »

2. L'amende fiscale prévue au 1 est plafonnée à 750 € par déclaration lorsque des revenus distribués sont déclarés à tort comme non éligibles à l'abattement de 40 % mentionné au 2° du 3 de l'article 158. Les personnes soumises aux obligations prévues à l'article 242 *ter* et à l'article 242 *ter* B, autres que les sociétés distributrices, sont déchargées de toute responsabilité pour l'individualisation des revenus distribués payés au regard de leur éligibilité à l'abattement de 40 % mentionné au 2° du 3 de l'article 158, lorsque cette individualisation correspond à celle qui a été déclarée ou communiquée par les sociétés distributrices en application de l'article 243 *bis*.

Les personnes soumises aux obligations de l'article 242 *ter* et de l'article 242 *ter* B sont déchargées de toute responsabilité pour l'individualisation des revenus distribués ou répartis par des organismes ou sociétés mentionnés au 4° du 3 de l'article 158, au regard de leur éligibilité à l'abattement de 40 % prévu au 2° du 3 de l'article 158, lorsque cette individualisation correspond à la ventilation effectuée par ces organismes ou sociétés en application du sixième alinéa dudit 4°. Cette disposition ne concerne pas les dépositaires des actifs des organismes ou sociétés correspondants.

3. L'organisme ou l'entité ou, à défaut de personnalité morale, son gérant ou représentant au regard des tiers, qui mentionne sur les documents prévus au neuvième alinéa du 1 de l'article 242 *ter* et à l'article 242 *ter* B des informations qui conduisent à tort à ne pas considérer les revenus réalisés lors des cessions, remboursements ou rachats de leurs parts ou actions comme des intérêts au sens du huitième alinéa du 1 de l'article 242 *ter* est passible d'une amende fiscale annuelle de 25 000 €.

4. Par dérogation au 1, l'absence d'individualisation des sommes prévues à l'article 242 *ter* B ainsi que l'insuffisance de déclaration des sommes en cause sont sanctionnées par une amende fiscale de 150 € par information omise ou erronée, dans la limite de 500 € par déclaration. Cette amende n'est pas applicable pour les infractions commises sur la base des informations fournies à l'établissement payeur dans les conditions prévues à l'article 242 *ter* B.

(L. n° 2017-1775 du 28 déc. 2017, art. 56) « 5. Le dépôt hors délai de la déclaration mentionnée au I de l'article 1649 AC est sanctionné par une amende fiscale de 200 € par compte à déclarer. »

(Disjoint par Décr. n° 2019-559 du 6 juin 2019, art. 1er) « ***II. — Entraîne l'application d'une amende égale à 10 % des sommes non déclarées le non-respect des obligations prévues à l'article L. 102 F du livre des procédures fiscales.*** »

III. — Entraîne l'application d'une amende égale à 5 % des sommes non déclarées le non-respect des obligations prévues par les articles *(L. n° 2016-1917 du 29 déc. 2016, art. 60-I-B-34° et I-G-1)* « **88** *(Abrogé par L. n° 2021-1900 du 30 déc. 2021, art. 132, à compter du 1er janv. 2023)* « ***, s'agissant des seules rentes viagères à titre onéreux*** », *(L. n° 2021-1900 du 30 déc. 2021, art. 134-I-E-1° et III, en vigueur le 1er janv. 2023)* « **et 241** » *(L. n° 2018-898 du 23 oct. 2018, art. 10-III et VI, applicable aux revenus perçus à compter de la date d'entrée en vigueur de l'Arr. mentionné à l'avant-dernier al. de l'art. 242 bis CGI, dans sa rédaction résultant de l'art. 10 de la L. n° 2018-898 du 23 oct. 2018, et au plus tard le 1er juill. 2019)* « **, s'agissant des droits d'auteur imposés suivant les règles applicables aux bénéfices non commerciaux et des droits d'inventeur** *(Abrogé par L. n° 2021-1900 du 30 déc. 2021, art. 134-I-E-1° et III, à compter du 1er janv. 2023)* « ***, et par les 2° et 3° de l'article 242 bis*** » ». — *Les dispositions du présent III s'appliquent aux revenus perçus ou réalisés à compter du 1er janv. 2019 (L. n° 2016-1917 du 29 déc. 2016, art. 60-I-B-34° et I-G-1, mod. par Ord. n° 2017-1390 du 22 sept. 2017, art. 1er-1°).*

IV. — 1. Les infractions au premier alinéa de l'article 1649 A sont passibles d'une amende de 1 500 € par ouverture ou clôture de compte non déclarée.

Sauf cas de force majeure, les omissions de déclaration de modification de compte et les inexactitudes ou omissions constatées dans les déclarations mentionnées au même premier alinéa entraînent l'application d'une amende de 150 € par omission ou inexactitude, sans que le total des amendes applicables aux informations devant être produites simultanément puisse être supérieur à 10 000 €.

2. Les infractions aux dispositions du deuxième alinéa de l'article 1649 A et de l'article 1649 A *bis* sont passibles d'une amende de 1 500 € par compte ou avance non déclaré. Toutefois, pour l'infraction aux dispositions du deuxième alinéa de l'article 1649 A, ce montant est porté à 10 000 € par compte non déclaré lorsque l'obligation déclarative concerne un État ou un territoire qui n'a pas conclu avec la France une convention d'assistance administrative en vue de lutter contre la fraude et l'évasion fiscales permettant l'accès aux renseignements bancaires.

IV *bis*. — Les infractions à l'article 1649 AB sont passibles d'une amende de 20 000 €.

V. — Les infractions à l'article 1649 A *ter* font l'objet d'une amende de 100 € par sillon-kilomètre non déclaré et qui ne peut excéder 10 000 €.

VI. — Les infractions mentionnées à l'article 1649 A *quater* font l'objet d'une amende de 1 000 € par transformateur non déclaré et qui ne peut excéder 10 000 €.

VI *bis*. — Les infractions à l'article 1649 *ter* sont passibles d'une amende de 1 500 € par absence de dépôt de déclaration et, dans la limite de 10 000 € par déclaration, de 150 € par omission ou inexactitude déclarative.

VII. — 1. En cas de manquement à ses obligations déclaratives mentionnées au IX de l'article 235 *ter* ZD, le dépositaire central acquitte une amende de 20 000 € pour absence de dépôt de la déclaration et, dans la limite de 20 000 € par déclaration, de 150 € par omission ou inexactitude déclarative.

2. En cas de manquement à son obligation de mise à disposition de l'administration des informations mentionnées au X du même article 235 *ter* ZD, le dépositaire central acquitte une amende de 20 000 €. — *V. note ss. l'art. 235 ter ZD.*

VIII. — Le défaut de production, sur demande de l'administration, de l'attestation mentionnée à l'article 242 *quater* par les personnes qui assurent le paiement des revenus mentionnés au premier alinéa du 1 du I de l'article 117 *quater* et au premier alinéa du I de l'article 125 A entraîne l'application d'une amende de 150 €.

***IX. — Les infractions à l'article 242 ter* E sont passibles d'une amende de 100 € par profit ou par perte non déclaré et qui ne peut excéder 50 000 € par déclaration. L'amende n'est pas applicable, en cas de première infraction commise au cours de l'année civile en cours et des trois années précédentes, lorsque les intéressés ont réparé leur omission soit spontanément, soit à la première demande de l'administration avant la fin de l'année au cours de laquelle la déclaration devait être souscrite.**

(L. n° 2018-1317 du 28 déc. 2018, art. 41-I-5° et II-B, applicable aux déclarations devant être déposées à compter du 1er janv. 2020) « **X. — Les infractions à l'article 1649 *bis* C sont passibles d'une amende de 750 € par compte non déclaré ou de 125 € par omission ou inexactitude, dans la limite de 10 000 € par déclaration.**

« **Les montants de 750 € et 125 € mentionnés au premier alinéa du présent X sont respectivement portés à 1 500 € et 250 € lorsque la valeur vénale des comptes d'actifs**

numériques ouverts, détenus, utilisés ou clos auprès d'entreprises, personnes morales, institutions ou organismes établis à l'étranger est supérieure à 50 000 € à un moment quelconque de l'année concernée par l'obligation déclarative prévue à l'article 1649 *bis* C. »

(L. n° 2021-1900 du 30 déc. 2021, art. 134-I-E-2° et III-B, en vigueur le 1er janv. 2023)

« XI. – Les infractions à l'article 1649 *ter* A et aux I ou III de l'article 1649 *ter* D sont passibles d'une amende forfaitaire qui ne peut excéder 50 000 €. »

1. Déclaration des revenus de valeurs mobilières, commissions, courtages, honoraires (art. 1736-I-1). L'art. 1736-I-1 qui sanctionne les tiers déclarants omettant de déclarer des paiements de revenus de capitaux mobiliers, et de commissions, courtages et honoraires poursuit un but de lutte contre la fraude fiscale et le taux de 50 % n'est pas disproportionné. • Cons. const. 20 juill. 2012, n° 2012-267 QPC : *JO 21 juill. 2012 ; Dr. fisc. 2012. 461, note Ayrault.* ♦ La pénalité ayant pour objet de sanctionner le défaut de souscription des déclarations prévues à l'art. 242 *ter* par les personnes morales qui assurent le paiement des sommes mentionnées à ce même article, de les dissuader d'avoir un comportement de nature à faire échapper à l'impôt sur le revenu les sommes distribuées et de réparer le préjudice ainsi causé au Trésor, le taux de 50 % qui n'est pas appliqué automatiquement, n'apparaît pas disproportionné au sens de l'art. 1er du premier protocole additionnel à la Conv. EDH. • CAA Versailles, 7 mars 2006, n° 04VE2421 : *RJF 2006. 1029.*

2. L'amende fiscale est encourue par les personnes qui assurent le paiement des sommes visées au 1 de l'art. 242 *ter* du seul fait qu'elles ont omis d'effectuer la déclaration prévue par ce texte. • CE 4 nov. 1992, n° 109873 : *Dr. fisc. 1994. 650, concl. Gaeremynck ; RJF 1993. 55.* ♦ Mais l'amende n'est pas exigible lorsque le manquement présumé aux obligations déclaratives est afférent à un prélèvement fiscal libératoire institué non pas par la loi, mais par une instruction administrative. • TA Lyon, 26 févr. 2002, n° 9605224 : *Procédures juin 2002. 131.*

3. La notion de première infraction au sens de l'art. 1736-I-1 doit être appréciée année civile par année civile et non sur l'ensemble de la période vérifiée. • CE (na) 1er déc. 2018, *Sté Ets Verdannet,* n° 421793 : *RJF 2019. 362.*

4. Déclaration des comptes à l'étranger (art. 1736-IV). Les dispositions de l'art. 1736-IV-2, al. 2, qui fixent l'amende pour absence de déclaration des comptes en pourcentage du solde de ces comptes lorsque celui-ci excède 50 000 €, méconnaissent le principe de proportionnalité des peines et sont donc inconstitutionnelles. Elles sont abrogées à compter du 24 juill. 2016. • Cons. const. 22 juill. 2016, n° 2016-554 QPC : *RJF 2016. 999.* ♦ V. désormais art. 1729-0 A. ♦ L'amende pour défaut de déclaration de comptes à l'étranger ne méconnaît ni le principe d'individualisation ni le principe de proportionnalité des peines. • Cons. const. 17 sept. 2015, n° 2015-481 QPC : *RJF 2015. 1026.* ♦ Sur renvoi de • CE, QPC, 17 juin 2015, n° 389143 : *RJF 2015. 828.*

5. La déclaration d'un compte ouvert à l'étranger prévue par l'art. 1649 A ne peut être souscrite que par son titulaire ou une personne ayant reçu procuration qui, en conséquence, peut seul se voir infliger l'amende prévue à l'art. 1736-IV. Dès lors, si les époux ont indistinctement la qualité de déclarant de leurs revenus pour l'établissement de cet impôt, seul l'époux titulaire du compte ouvert à l'étranger peut se voir infliger l'amende, laquelle doit faire l'objet d'un rôle établi à son seul nom. • CAA Lyon, 13 déc. 2001, n° 97LY2302 : *Dr. fisc. 2002. 881 ; concl. Bonnet au BDCF 5/02.* ♦ Il résulte de l'art. 1649 A (al. 2) CGI et de l'art. 344 A de l'annexe III que l'obligation de déclaration ne porte pas uniquement sur les comptes dont le contribuable est titulaire mais porte aussi sur les comptes qu'il a utilisés. Par suite, l'amende pour défaut de déclaration est applicable à une contribuable qui a omis de déclarer un compte qu'elle a utilisé à l'étranger même si ce dernier est ouvert au nom de son concubin ainsi qu'un autre compte, ouvert à son propre nom également à l'étranger, même s'il ne s'agit que d'un compte de transit d'un avoir reçu d'un héritage. • CE 30 déc. 2009, n° 299131 : *RJF 2010. 248 ; concl. Burguburu au BDCF 3/10, n° 35.*

6. Non-déclaration des trusts à l'étranger (art. 1736-IV bis). L'ancienne amende pour non-déclaration des trusts constitués à l'étranger fixée en pourcentage de la valeur des biens ou droits placés dans le trust ainsi que des produits qui y sont capitalisés lorsqu'elle excède 20 000 € est inconstitutionnelle. • Cons. const. 16 mars 2017, n° 2016-618 QPC : *RJF 2017. 604 ; Dr. fisc. 2017, note Jacquot et Mispelot.*

7. Déclaration des revenus distribués (art. 1736-I-3 et 4). Obligations des sociétés distributrices et des établissements payeurs. Sanctions applicables. * BOI-CF-INF-10-40-30 nos 40 et 50 du 8 mars 2017.

8. Déclaration des commissions (art. 1736-I-1). Par mesure de tempérament, l'Administration admet qu'en cas de défaut de déclaration, l'entreprise puisse régulariser les déclarations des trois années précédentes sans encourir l'application de la sanction lorsque certaines conditions sont réunies. * Rescrit 14 févr. 2012 : *n° 2012/6 RC* * BOI-CF-INF-10-40-30 n° 20 du 8 mars 2017.

6 *INFRACTIONS AUX RÈGLES DE FACTURATION*

Art. 1737 I. — Entraîne l'application d'une amende égale à 50 % du montant :

1. Des sommes versées ou reçues, le fait de travestir ou dissimuler l'identité ou l'adresse de ses fournisseurs ou de ses clients, les éléments d'identification mentionnés aux articles 289 et 289 B et aux textes pris pour l'application de ces articles ou de sciemment accepter l'utilisation d'une identité fictive ou d'un prête-nom ;

2. De la facture, le fait de délivrer une facture ne correspondant pas à une livraison ou à une prestation de service réelle ;

(L. n° 2021-1900 du 30 déc. 2021, art. 142-1°-a, en vigueur le 1er janv. 2022) « 3. De la transaction, le fait de ne pas délivrer une facture ou la note prévue à l'article 290 *quinquies* et de ne pas comptabiliser la transaction. Le client professionnel est solidairement tenu au paiement de cette amende, qui ne peut excéder 375 000 € par exercice. Toutefois, lorsque la transaction a été comptabilisée, l'amende est réduite à 5 % et ne peut excéder 37 500 € par exercice ; »

(Abrogé par L. n° 2021-1900 du 30 déc. 2021, art. 142-1°-a) « *4. De la transaction, le fait de ne pas délivrer une note en violation des dispositions de l'article 290 quinquies.* »

Les dispositions des 1 à 3 ne s'appliquent pas aux ventes au détail et aux prestations de services faites ou fournies à des particuliers *(L. n° 2021-1900 du 30 déc. 2021, art. 142-1°-a)* « , à l'exception des prestations de services mentionnées à l'article 290 *quinquies* soumises à la délivrance d'une note ».

(Abrogé par L. n° 2021-1900 du 30 déc. 2021, art. 142-1°-a) « *Les dispositions des 1 à 4 s'appliquent aux opérations réalisées dans le cadre d'une activité professionnelle.* »

II. — Toute omission ou inexactitude constatée dans les factures ou documents en tenant lieu mentionnés aux articles 289 et 290 *quinquies* donne lieu à l'application d'une amende de 15 €. Toutefois, le montant total des amendes dues au titre de chaque facture ou document ne peut excéder le quart du montant qui y est ou aurait dû y être mentionné. — *Pour l'application de l'article 1737 en cas de flagrance, V. art. 1740 B-II.*

(Ord. n° 2021-1190 du 15 sept. 2021, art. 1er) « III. — Le non-respect par l'assujetti de l'obligation d'émission d'une facture sous une forme électronique dans les conditions prévues à l'article 289 *bis* donne lieu à l'application d'une amende de 15 € par facture, sans que le total des amendes appliquées au titre d'une même année civile puisse être supérieur à 15 000 €.

« IV. — Toute omission ou *[tout]* manquement par un opérateur d'une plateforme de dématérialisation aux obligations de transmission de données mentionnées au II de l'article 289 *bis* donne lieu à une amende de 15 € par facture mise à la charge de cette plateforme, sans que le total des amendes appliquées au titre d'une même année civile puisse être supérieur à 45 000 €.

« V. — Les amendes mentionnées *(L. n° 2021-1900 du 30 déc. 2021, art. 142-1°-b)* « au deuxième alinéa du 3 du I et aux II, » III et IV ne sont pas applicables en cas de première infraction commise au cours de l'année civile en cours et des trois années précédentes, lorsque l'infraction a été réparée spontanément ou dans les trente jours d'une première demande de l'administration. »

1. Compatibilité avec la Conv. EDH. L'amende de 50 % pour facture de complaisance est compatible avec la Conv. EDH, alors même que le juge de l'impôt ne peut pas en moduler le montant. • CE *26 mai 2008,* ⛫ *n° 288583, Sté Norelec : RJF 2008. 981 ; concl. Séners au BDCF 8-9/08, n° 109 ; Dr. fisc. 2008. 411, concl. Séners, note Pierre.* ♦ ... Ni contrôler la proportionnalité de l'amende. • CAA Nantes, 25 févr. 2021, ⛫ n° 19NT01587 : *RJF 2021. 618.* ♦ Sur un cas d'incompatibilité avec l'art. 6-1 Conv. EDH : caractère disproportionné. • CAA Versailles, 6 mars 2014, ⛫ *Sté Edenred France,* n° 11VE00625 : *RJF 2014. 744.*

2. Inconstitutionnalité de l'amende pour défaut de facturation. L'art. 1737-1-3, al. 4, instituant une amende de 50 % ou 5 % non plafonnée pour défaut de facturation méconnaît le principe de proportionnalité des peines et est contraire à la Constitution. Cette déclaration d'inconstitutionnalité prend effet le 31 déc. 2021. • Cons. const. 26 mai 2021, ⛫ n° 2021-908 QPC : *RJF 2021. 839 ; Dr. fisc. 2021. 311, note Pelletier.*

3. Loi applicable dans le temps. L'amende pour factures de complaisance ne peut être fondée que sur les dispositions en vigueur à la date de l'infraction, cette date étant celle à laquelle le contribuable a comptabilisé les factures de complaisance en cause. • CAA Paris, 27 mars 2014, *Sté France Alizé Evénements,* n° 12PA05079 : *RJF 2014. 918.* ♦ ... Ou la date mentionnée sur les factures. • CE 15 juin 2016, ⛫ *SARL Kaplan,* n° 383975 : *RJF 2016. 963.*

4. Charge de la preuve. Il appartient à l'Administration d'apporter la preuve que les faits retenus à l'encontre du redevable entrent bien dans les prévisions de l'art. 1740 *ter* (actuel art. 1737), et cela même si les faits ont été constatés par des procès-verbaux dressés par des agents des impôts.

5. Preuve apportée. L'Administration établit la preuve du bien-fondé de l'amende : dans le cas où un débitant de boissons a reconnu, dans son procès-verbal d'audition, être le bénéficiaire d'achats réglés en espèces et correspondant à des factures libellées par un grossiste au nom d'un particulier et où l'identité ou l'adresse des véritables destinataires des factures a été travestie ou dissimulée, les adresses des clients mentionnées sur les factures émises par la société sont erronées, les ventes facturées à plusieurs personnes ne leur ont pas été livrées et celles facturées à d'autres, ont été, pour partie, payées à l'entreprise par d'autres personnes. • CAA Bordeaux, 30 déc. 1997, n° 95BX814 : *RJF 1998. 1451.* ♦ ... En l'absence de toute justification par le contribuable des véritables destinataires de factures. • CE 10 déc. 1990, ⚖ n° 68670 : *RJF 1991, p. 119.* ♦ ... En faisant état de factures émises au nom de clients non identifiés ou de fantaisie dès lors que le contribuable a lui-même reconnu que les factures n'étaient pas libellées aux véritables noms des destinataires. • CAA Nantes, 14 oct. 1997, n° 94NT635 : *RJF 1998. 1152.* ♦ ... En faisant état d'une facture correspondant à une livraison fictive, sans avoir à prouver que l'émetteur de la facture avait l'intention de frauder. • CAA Bordeaux, 7 nov. 2005, n°s 04BX1924 et 04BX1929 : *RJF 2006. 280.* ♦ ... En faisant valoir qu'ont été délivrées à des marchands forains des factures ne comportant pas le numéro du livret spécial de circulation des intéressés alors que ce numéro tient lieu d'adresse. • TA Lille, 27 janv. 2000, n° 97-3598 : *RJF 2000. 649.* ♦ ... En se fondant sur des factures fictives émises par les fournisseurs du contribuable, dès lors que les factures relatives aux mêmes biens délivrées à son tour par le contribuable ne pourront correspondre à aucune livraison réelle. • CAA Douai, 8 avr. 2008, n°s 07DA1186 et 07DA1231 : *RJF 2008. 953* • CE 30 juill. 2010, ⚖ n° 316757 : *RJF 2010. 1010.* ♦ ... En se fondant sur des factures ne mentionnant pas le nom ou l'adresse des clients ou comportant des noms imprécis (simple prénom ou sobriquet) ou des faux noms, ne correspondant à aucun professionnel identifiable. • CAA Lyon, 26 oct. 2011, ⚖ *SARL Allo Viandes,* n° 10LY01245 : *RJF 2012. 267 ; Dr. fisc. 2012. 58, note Monnier.* ♦ ... Dans le cas où des factures ont été émises par le client lui-même au nom d'une entreprise qui n'est pas le fournisseur réel des biens ou au nom d'un fournisseur inexistant. • CAA Nantes, 6 avr. 2010, n° 09NT336 : *RJF 2010. 1198.* ♦ ... Lorsque la participation en toute connaissance de cause à l'opération de fraude est établie dès lors que la société requérante n'a pas procédé aux vérifications quant à l'inscription au RCS de l'entreprise du sous-traitant, alors qu'elle le réglait par des chèques libellés à son nom propre et qu'il avait des liens de parenté avec son gérant. • CE 19 déc. 2019, ⚖ *Sté DMS,* n° 423263 : *RJF 2020. 239.*

6. Preuve non apportée. L'Administration n'établit pas la preuve du bien-fondé de l'amende : en se fondant sur le seul libellé sommaire des bons de remis délivrés par une société à ses clients, sans rechercher si l'Administration pouvait être regardée comme établissant que ce libellé sommaire avait, en l'espèce, eu pour objet de dissimuler l'identité véritable des intéressés. • CE 14 avr. 1995, ⚖ n° 121010 : *RJF 1995. 749.* ♦ ... En faisant valoir que la société n'a pas été en mesure d'identifier certains de ses clients et que d'autres dont elle a précisé les noms et adresses ou bien ont déclaré n'avoir procédé à aucun achat ou bien n'ont pu être retrouvés. • CE 28 avr. 1993, ⚖ n° 87214 : *RJF 1993. 865.* ♦ ... En soutenant que les factures ont été réglées en espèces, alors même que cette pratique est constitutive d'une infraction sanctionnée par une amende fiscale. • CAA Bordeaux 21 févr. 1994, n° 92BX1137 : *RJF 1994. 443 ; Dr. fisc. 1994. 1174.* ♦ ... En invoquant des achats occultes qui ne sont corroborés par aucune constatation faite dans l'entreprise et ne sont donc pas de nature à établir qu'il ait été effectivement procédé à ces achats. • CAA Nancy, 10 févr. 1994, n° 92NA983 : *RJF 1994. 822 ; Dr. fisc. 1994. 1912, concl. Felmy.* ♦ ... En soutenant que le contribuable a sciemment accepté l'utilisation d'un prête-nom : entreprise ayant adressé des bons de commandes de matériels à une société domiciliée aux Pays-Bas, son fournisseur habituel, et à qui certaines factures correspondant à des matériels, effectivement livrés par ce fournisseur, lui ont été adressées, non par celui-ci, mais par une société domiciliée dans l'île de Man. • CE 18 déc. 2014, ⚖ *SARL RDC productions,* n° 356234 : *RJF 2015. 226.*

7. Il résulte de l'art. 1737-II que les inexactitudes sanctionnées sont celles qui affectent toutes les factures ou documents en tenant lieu mentionnés aux art. 289 et 290, et qu'elles portent sur des mentions obligatoires ou facultatives. • CE 21 mai 2014, ⚖ *Sté Garage Boileau Lagache,* n° 364610 : *RJF 2014. 821.*

8. Redevable de l'amende. Si la personne dont le nom figure sur une facture est présumée être celle qui l'a délivrée, cette présomption peut être combattue par l'Administration comme par la personne en cause. Si l'une ou l'autre établit qu'une facture fictive a été délivrée non par la personne dont le nom figure sur cette facture, mais par une autre personne, l'amende prévue ne peut être mise à la charge que de cette dernière, redevable de cette amende. • CE 14 oct. 2015, ⚖ *Min. c/ SCI 3ME,* n° 386698 : *RJF 2016. 48.*

9. Indépendance des procédures. La circonstance que le dirigeant d'une société ait été relaxé des fins de poursuites engagées contre lui pour infraction aux règles de facturation des prix ne fait pas obstacle à ce que ladite société réponde, sur le fondement de l'art. 1740 *ter* (act. art. 1737), des pratiques frauduleuses habituellement suivies par ses préposés et dont ses dirigeants ne pouvaient ignorer l'existence, dès lors que la société n'allègue pas que les auteurs de ces fraudes aient agi pour leur propre compte et ne conteste pas le montant des sommes portées sur les factures dont l'identité et l'adresse des destinataires ont été travesties. • CE 12 juill. 1989, n° 81910 : *RJF 1989. 584 ; Dr. fisc. 1989. 2055, concl. Hagelsteen.* ♦ L'amende prévue par l'art. 1740 *ter* (act. art. 1737) présentant un caractère fiscal et non pas pénal et la transaction conclue avec la direction de la concurrence et de la consommation sur le plan pénal, n'étant pas opposable à l'Administration fiscale, la circonstance que ladite transaction a pour effet de soustraire l'intéressé à toute sanction de caractère pénal n'interdit pas la mise en recouvrement de l'amende fiscale. • CAA Nantes, 14 oct. 1997, n° 94NT635 : *RJF 1998. 1152 ; Dr. fisc. 1998. 266.* ♦ Dès lors que l'Administration fiscale a obtenu régulièrement communication de pièces détenues par l'autorité judiciaire à la suite d'un contrôle des factures de vente effectué sur le fondement de l'ordonnance n° 86-1243 du 1er déc. 1986, la circonstance que ces pièces ont été ultérieurement annulées par le juge pénal n'a pas pour effet de priver l'Administration du droit de s'en prévaloir pour établir des sanctions administratives, telles celles de l'art. 1740 *ter* (act. art. 1737). • CAA Bordeaux, 30 déc. 1997, n° 95BX814 : *Dr. fisc. 1998. 335 ; RJF 1998. 1451.*

10. Non-cumul des sanctions des I et II de l'art. 1737. Un contribuable ne peut pas, pour les mêmes factures, se voir appliquer cumulativement l'amende pour défaut de facturation, factures fictives ou de complaisance prévue par l'art. 1737-I, qui suppose l'intention de dissimuler la réalité, et l'amende pour omissions ou inexactitudes dans les factures prévue par l'art. 1737-II, qui s'applique en l'absence de caractère intentionnel des anomalies constatées. • CAA Lyon, 26 oct. 2011 : *préc. note 5.*

7 *NON-RESPECT DES OBLIGATIONS DE DÉCLARATION OU PAIEMENT PAR VOIE ÉLECTRONIQUE*

Art. 1738 1. Le non-respect de l'obligation de souscrire par voie électronique une déclaration et ses annexes ou de payer un impôt par virement, télérèglement ou prélèvement opéré à l'initiative du Trésor public entraîne l'application d'une majoration de 0,2 % du montant des droits correspondant aux déclarations déposées selon un autre procédé ou du montant des sommes dont le versement a été effectué selon un autre mode de paiement. Le montant de la majoration ne peut être inférieur à 60 €.

En l'absence de droits, le dépôt d'une déclaration ou de ses annexes selon un autre procédé que celui requis entraîne l'application d'une amende de 15 € par document sans que le total des amendes applicables aux documents devant être produits simultanément puisse être inférieur à 60 € ni supérieur à 150 €.

2. Le non-respect de l'obligation de souscrire selon un procédé électronique une déclaration de sommes versées à un tiers entraîne l'application d'une amende de 15 € par bénéficiaire de ces sommes.

3. Le non-respect de l'interdiction de payer un impôt par virement entraîne l'application d'une majoration de 0,2 % du montant des sommes dont le versement a été effectué par ce mode de paiement. Le montant de la majoration ne peut être inférieur à 60 €. Cette majoration ne s'applique pas aux sommes déjà majorées en application du 1.

4. Par dérogation au 1, le non-respect de l'article 1649 *quater* B *quinquies* entraîne l'application d'une amende forfaitaire de 15 € par déclaration ou annexe à compter de la deuxième année au cours de laquelle un manquement est constaté.

5. Par dérogation au 1, le montant de la majoration prévue au même 1, lorsqu'elle sanctionne le non-respect du 2 de l'article 1681 *sexies*, ne peut être inférieur à 15 €.

(L. n° 2018-727 du 10 août 2018, art. 6) « Les contribuables personnes physiques qui résident dans des zones où aucun service mobile n'est disponible sont dispensés de l'obligation de télédéclaration de leurs revenus et de télépaiement de leurs impôts jusqu'au 31 décembre 2024. »

V. notes ss. art. 1649 quater B quinquies.

8 *NON-RESPECT DES CONDITIONS AUXQUELLES SONT SUBORDONNÉS DES AVANTAGES FISCAUX*

Art. 1739 *(L. n° 2017-1775 du 28 déc. 2017, art. 58)* Les infractions à l'article L. 221-35 du code monétaire et financier sont constatées conformément à l'article

L. 221-36 du même code et sanctionnées par l'amende prévue au deuxième alinéa de l'article L. 221-35 dudit code.

Ancien art. 1739 ***I. — Nonobstant toutes dispositions contraires, il est interdit à tout établissement de crédit qui reçoit du public des fonds à vue ou à moins de cinq ans, et par quelque moyen que ce soit, d'ouvrir ou de maintenir ouverts dans des conditions irrégulières des comptes bénéficiant d'une aide publique, notamment sous forme d'exonération fiscale, ou d'accepter sur ces comptes des sommes excédant les plafonds autorisés.***

Sans préjudice des sanctions disciplinaires qui peuvent être infligées par l'Autorité de contrôle prudentiel et de résolution, les infractions aux dispositions du présent article sont punies d'une amende fiscale dont le taux est égal au montant des intérêts payés, sans que cette amende puisse être inférieure à 75 €.

Un décret pris sur le rapport du ministre chargé du budget fixe les modalités d'application du présent article, et notamment les conditions dans lesquelles seront constatées et poursuivies les infractions.

II. — Les dispositions du I s'appliquent, quels que soient les entreprises, établissements ou organismes dépositaires, au régime de l'épargne populaire créé par la loi nº 82-357 du 27 avril 1982 portant création d'un régime d'épargne populaire.

1. Intérêts excédentaires versés par les établissements de crédit : agents compétents. L'amende prévue par l'art. 1739 ne peut être infligée que sur le fondement d'un procès-verbal dressé sous l'autorité du ministre chargé de l'économie. Dès lors, un procès-verbal d'infraction établi « à la requête du directeur général des finances publiques » par un agent de la DVNI ne peut être regardé comme ayant été dressé « à la requête du ministre chargé de l'économie ». • CE 9 mars 2016, *CRCAM de Normandie,* nº 375818 : *RJF 2016. 541, concl. Bokdam-Tognetti ; Dr. fisc. 2016. 185, npte Durand.*

2. Contentieux. La juridiction administrative est compétente pour connaître des litiges relatifs à l'amende prévue par l'art. 1739, nonobstant la circonstance que les infractions aux dispositions de ce texte sont constatées comme en matière de timbre. • CE 9 mars 2016, nº 375818 : *préc. note 1.*

Art. 1739 A **Sans préjudice de l'imposition des intérêts indûment exonérés en vertu du 7º de l'article 157, les personnes physiques qui ont sciemment ouvert un livret A en contravention des dispositions du troisième alinéa de l'article L. 221-3 du code monétaire et financier sont passibles d'une amende fiscale égale à 2 % de l'encours du livret surnuméraire. L'amende n'est pas recouvrée si son montant est inférieur à 50 €.**
— Sur les vérifications préalables à l'ouverture d'un livret A, V. C. mon. fin., art. R. 221-121 à R. 221-126. — ***C. mon. fin.,*** *et Arr. du 31 oct. 2012 (JO 10 nov.), en vigueur le 1er janv. 2013.*

Art. 1740 **Lorsque l'octroi des avantages fiscaux prévus par les articles 199 *undecies* A, 199 *undecies* B, 199 *undecies* C, 217 *undecies*** *(L. nº 2018-1317 du 28 déc. 2018, art. 140-1º)* **« , 217 *duodecies*, 244 *quater* W »** *(L. nº 2020-1721 du 29 déc. 2020, art. 108-I-B et IV, applicable aux investissements réalisés à compter du 1er janv. 2022)* **« , 244 *quater* X et 244 *quater* Y » est soumis à la délivrance d'un agrément du ministre chargé du budget, dans les conditions définies à ces articles, toute personne qui, afin d'obtenir pour autrui les avantages fiscaux susmentionnés, a fourni volontairement à l'administration de fausses informations ou n'a volontairement pas respecté les éventuels engagements pris envers elle est redevable d'une amende égale au montant de l'avantage fiscal indûment obtenu, sans préjudice des sanctions de droit commun.**

Toute personne qui, afin d'obtenir pour autrui les avantages fiscaux mentionnés au premier alinéa, s'est livrée à des agissements, manœuvres ou dissimulations ayant conduit à la reprise par l'administration des avantages fiscaux est redevable d'une amende, dans les mêmes conditions que celles mentionnées au premier alinéa.

Amende due pour fourniture de fausses informations. Conformité à la Constitution, sous certaines réserves. • Cons. const. 8 oct. 2014, *Sté SGI,* nº 2014-418 QPC : *RJF 2014. 1131.*

Art. 1740-00 A ***[1. en vigueur jusqu'au 31 déc. 2021]***

(L. nº 2018-1317 du 28 déc. 2018, art. 131-I-7º et III-D, applicable aux travaux achevés à compter du 1er janv. 2019 et aux autres investissements dont le fait générateur intervient à compter de cette même date) **« 1. Le non-respect par l'entreprise locataire des engagements prévus au** *(Décr. nº 2019-559 du 6 juin 2019, art. 1er)* **« trente-troisième » alinéa du I de l'article 199 *undecies* B ou au dernier alinéa du I de l'article 217 *undecies* à**

l'issue de la période de cinq ans mentionnée au *(Décr. n° 2019-559 du 6 juin 2019, art. 1er)* « vingt-troisième » alinéa du I de l'article 199 *undecies* B, aux neuvième ou quinzième alinéas du I de l'article 217 *undecies* entraîne l'application, à la charge de cette entreprise, d'une amende égale à 60 % du montant de la rétrocession qu'elle a obtenue en application du *(Décr. n° 2019-559 du 6 juin 2019, art. 1er)* « vingt-sixième » alinéa du I de l'article 199 *undecies* B ou du dix-neuvième alinéa du I de l'article 217 *undecies*. Le montant de l'amende est diminué d'un abattement égal au produit de ce montant par le rapport entre le nombre d'années échues d'exploitation du bien au-delà de cinq ans et la durée d'engagement d'utilisation de ce bien excédant cinq ans. »

[1. en vigueur le 1er janv. 2022]

(L. n° 2020-1721 du 29 déc. 2020, art. 108-I-K et IV, applicable aux investissements réalisés à compter du 1er janv. 2022) « 1. Le non-respect par l'entreprise locataire ou par l'entreprise bénéficiaire des souscriptions des engagements prévus au trente-deuxième alinéa du I de l'article 199 *undecies* B, au dernier alinéa du I et au deuxième alinéa du II de l'article 217 *undecies*, au deuxième alinéa du A et au deuxième alinéa du 2° du B du VII de l'article 244 *quater* Y à l'issue de la période de cinq ans mentionnée au vingt-cinquième alinéa du I de l'article 199 *undecies* B, au quinzième alinéa du I et au premier alinéa du II de l'article 217 *undecies*, au deuxième alinéa du 1 du A du I et au premier alinéa du 2° du B du VII de l'article 244 *quater* Y entraîne l'application, à la charge de cette entreprise, d'une amende égale à 60 % du montant de la rétrocession qu'elle a obtenue en application du vingt-cinquième alinéa du I de l'article 199 *undecies* B, du dix-neuvième alinéa du I et du II *quinquies* de l'article 217 *undecies* ou du 5° du 1 du A du I et du 3° du 2 du B du II de l'article 244 *quater* Y. » *(L. n° 2018-1317 du 28 déc. 2018, art. 131-I-7° et III-D, applicable aux travaux achevés à compter du 1er janv. 2019 et aux autres investissements dont le fait générateur intervient à compter de cette même date)* « Le montant de l'amende est diminué d'un abattement égal au produit de ce montant par le rapport entre le nombre d'années échues d'exploitation du bien au-delà de cinq ans et la durée d'engagement d'utilisation de ce bien excédant cinq ans. »

2. Le 1 n'est pas applicable :

a) Lorsque les investissements exploités par l'entreprise locataire sont cédés, si le cessionnaire s'engage à maintenir leur affectation initiale pendant la fraction du délai d'utilisation restant à courir. L'engagement est pris dans l'acte constatant la transmission ou, à défaut, dans un acte sous seing privé ayant date certaine, établi à cette occasion. En cas de non-respect de cet engagement, le cessionnaire est redevable de l'amende dans les conditions prévues au 1 ;

b) Lorsque le non-respect de l'engagement résulte du décès de l'entrepreneur individuel ou de la liquidation judiciaire de l'entreprise ou lorsque la réduction d'impôt, ou déduction du résultat imposable, afférente aux investissements exploités par l'entreprise locataire a fait l'objet d'une reprise dans les conditions prévues à l'article 199 *undecies* B ou à l'article 217 *undecies* ;

c) En cas de force majeure.

3. L'administration fait connaître par un document au redevable le montant de l'amende qu'elle se propose d'appliquer et les motifs de celle-ci. Elle avise l'intéressé de la possibilité de présenter ses observations dans un délai de trente jours à compter de la notification de ce document.

L'art. ci-dessus est issu du transfert de l'art. 1740 bis.

Art. 1740-00 AB Le non-respect des obligations mentionnées à l'article 242 *septies* entraîne le paiement d'une amende *(L. n° 2018-1317 du 28 déc. 2018, art. 131-I-8°, et III-E, applicable aux déclarations devant être souscrites à compter du 1er janv. 2019)* « dont le montant ne peut excéder 50 000 €.

« L'amende n'est pas applicable, en cas de première infraction commise au cours de l'année civile en cours et des trois années précédentes, lorsque l'intéressé a réparé son omission, soit spontanément, soit dans les trente jours suivant une demande de l'administration. »

Art. 1740 *bis* *Transféré ss. l'art. 1740-00 A (Décr. n° 2010-421 du 27 avr. 2010).*

Art. 1740-0 A Le non-respect de l'obligation de déclaration mentionnée à l'article 242 *sexies* entraîne le paiement d'une amende d'un montant égal à la moitié de l'avantage fiscal obtenu en application des articles 199 *undecies* A, 199 *undecies* B, 199 *undecies* C, 217 *undecies*, *(L. n° 2018-1317 du 28 déc. 2018, art. 140-2°)* « 217 *duodecies*, » 244 *quater* W *(L. n° 2020-1721 du 29 déc. 2020, art. 108-I-G et IV, applicable aux investissements réalisés à compter du 1er janv. 2022)* « , 244 *quater* X ou 244 *quater* Y ».

Art. 1740-0 B La présentation d'une attestation sur l'honneur par une personne physique ne remplissant pas la condition prévue au troisième alinéa du 1 du I de l'article 117 *quater* et au dernier alinéa du I de l'article 125 A pour bénéficier d'une dispense des prélèvements prévus aux mêmes I entraîne l'application d'une amende égale à 10 % du montant de ces prélèvements ayant fait l'objet de la demande de dispense à tort.

Art. 1740-0 C *(L. n° 2018-1317 du 28 déc. 2018, art. 37-I-18° et III-1, applicable aux exercices ouverts à compter du 1er janv. 2019)* Le défaut de réponse ou la réponse partielle à la mise en demeure mentionnée au II de l'article L. 13 BA du livre des procédures fiscales entraîne l'application, pour chaque exercice vérifié, d'une amende égale à 5 % du montant des revenus ayant été imposés en application de l'article 238 du présent code tirés du ou des actifs concernés par les documents ou compléments qui n'ont pas été mis à la disposition de l'administration après mise en demeure.

9 SANCTIONS À L'ÉGARD DES TIERS *(L. n° 2018-898 du 23 oct. 2018, art. 19-I-1°, applicable aux prestations fournies à compter du 25 oct. 2018).*

Art. 1740 A *(L. n° 2018-1317 du 28 déc. 2018, art. 203)* Le fait de délivrer sciemment des documents, tels que certificats, reçus, états, factures ou attestations, permettant à un contribuable d'obtenir indûment une déduction du revenu ou du bénéfice imposables, un crédit d'impôt ou une réduction d'impôt entraîne l'application d'une amende. Le taux de l'amende est égal à celui de la réduction d'impôt ou du crédit d'impôt en cause et son assiette est constituée par les sommes indûment mentionnées sur les documents délivrés au contribuable. Lorsque ces derniers ne mentionnent pas une somme ou lorsqu'ils portent sur une déduction du revenu ou du bénéfice, l'amende est égale au montant de l'avantage fiscal indûment obtenu.

L'amende prévue au premier alinéa du présent article s'applique, dans les mêmes conditions, en cas de délivrance irrégulière de l'attestation mentionnée à la seconde phrase du 2° du *g* du 1 des articles 200 et 238 *bis*.

Ancien art. 1740 A *(Abrogé par Cons. const. n° 2018-739 QPC du 12 oct. 2018, à compter du 1er janv. 2019)* ***« La délivrance irrégulière de documents, tels que certificats, reçus, états, factures ou attestations, permettant à un contribuable d'obtenir une déduction du revenu ou du bénéfice imposables, un crédit d'impôt ou une réduction d'impôt, entraîne l'application d'une amende égale à 25 % des sommes indûment mentionnées sur ces documents ou, à défaut d'une telle mention, d'une amende égale au montant de la déduction, du crédit ou de la réduction d'impôt indûment obtenu. »***

L'amende prévue au premier alinéa s'applique également en cas de délivrance irrégulière de l'attestation mentionnée à la seconde phrase du 2° du g du 1 de l'article 200 et à la seconde phrase du 2° du g du 1 de l'article 238 bis.

Invalidation et rétablissement de l'amende. L'amende pour délivrance irrégulière de documents permettant à un tiers de bénéficier d'un avantage fiscal est contraire au principe de proportionnalité des peines et a été supprimée le 1er janv. 2019. Jusqu'à cette date, l'amende s'applique uniquement aux personnes qui ont sciemment délivré des documents permettant à un contribuable d'obtenir un avantage fiscal indu. • Cons. const. 12 oct. 2018, *SARL Dom Com Invest*, n° 2018-739 QPC : *RJF 2018. 1264.* ♦ L'art. 203 de la L. fin. pour 2019 a mis l'art. 1740 A en conformité avec la Const.

Art. 1740 A *bis* *(L. n° 2018-898 du 23 oct. 2018, art. 19-I-2°, applicable aux prestations fournies à compter du 25 oct. 2018)* I. — Lorsque l'administration fiscale a prononcé à l'encontre du contribuable une majoration de 80 % sur le fondement du *c* du 1 de l'article 1728, des *b* ou *c* de l'article 1729 ou de l'article 1729-0 A, toute personne physique ou morale qui, dans l'exercice d'une activité professionnelle de conseil à caractère juridique, financier ou comptable ou de détention de biens ou de fonds pour le compte d'un tiers, a intentionnellement fourni à ce contribuable une prestation permettant directement la commission par ce contribuable des agissements, manquements ou manœuvres ainsi sanctionnés est redevable d'une amende dans les conditions prévues au II du présent article.

La prestation mentionnée au premier alinéa du présent I consiste à :

1° Permettre au contribuable de dissimuler son identité par la fourniture d'une identité fictive ou d'un prête-nom ou par l'interposition d'une personne physique ou morale ou de tout organisme, fiducie ou institution comparable établis à l'étranger ;

2° Permettre au contribuable de dissimuler sa situation ou son activité par un acte fictif ou comportant des mentions fictives ou par l'interposition d'une entité fictive ;

3° Permettre au contribuable de bénéficier à tort d'une déduction du revenu, d'un crédit d'impôt, d'une réduction d'impôt ou d'une exonération d'impôt par la délivrance irrégulière de documents ;

4° Ou réaliser pour le compte du contribuable tout acte destiné à égarer l'administration.

II. – L'amende est égale à 50 % des revenus tirés de la prestation fournie au contribuable. Son montant ne peut être inférieur à 10 000 €.

Cette amende est établie selon les modalités prévues à l'article L. 80 D du livre des procédures fiscales.

En cas de désaccord portant sur les agissements, manquements ou manœuvres du contribuable mentionnés au I du présent article, les garanties et voies de recours qui lui sont offertes bénéficient également à la personne contre laquelle l'amende mentionnée au premier alinéa du présent II a été prononcée.

Lorsque les majorations mentionnées au I font l'objet d'un dégrèvement ou d'une décharge pour un motif lié à leur bien-fondé, l'amende qui a été prononcée à l'encontre du tiers fait l'objet d'une décision de dégrèvement.

L'amende n'est pas applicable en cas de poursuites engagées contre le professionnel sur le fondement de l'article 1742.

III. – La personne sanctionnée par l'amende prévue au II n'est pas admise à participer aux travaux des organismes institués aux articles 1650 à *(L. n° 2020-1525 du 7 déc. 2020, art. 9-5°)* « 1651 M », 1653 A, 1653 C et 1653 F du présent code ni à ceux de la commission prévue au II de l'article L. 228 du livre des procédures fiscales.

BIBL. ▶ SAND et DETRAZ, *Dr. fisc. 2019. 244* (la répression de la « complicité fiscale » des conseils).

10 *FLAGRANCE FISCALE*

Art. 1740 B I. – L'ensemble des faits constatés par un procès-verbal de flagrance fiscale, mentionnés aux I à I *ter* de l'article L. 16-0 BA du livre des procédures fiscales, entraîne l'application d'une amende égale à 5 000 €.

Le montant de cette amende est porté à 10 000 € si, à la date du constat de flagrance fiscale, le chiffre d'affaires hors taxes ou le montant des recettes brutes excède les limites prévues au 1 des articles 50-0 ou 102 *ter* ou au I de l'article 69, selon la nature de l'activité. Il est également porté à 10 000 € si, à cette même date, le revenu imposable établi dans les conditions prévues à l'article 1649 *quater*-0 B *bis* excède le seuil de la troisième tranche du barème de l'impôt sur le revenu fixé au I de l'article 197.

Ce même montant est porté à 20 000 € si, à la date du constat de flagrance fiscale, le chiffre d'affaires hors taxes ou le montant des recettes brutes excède les *(Ord. n° 2021-1843 du 22 déc. 2021, art. 10-21°, en vigueur le 1er janv. 2022)* « seuils prévus aux 1° et 2° de l'article L. 162-4 du code des impositions sur les biens et services » ou au *b* du II de l'article 69, selon la nature de l'activité. Il est également porté à 20 000 € si, à cette même date, le revenu imposable établi dans les conditions prévues à l'article 1649 *quater*-0 B *bis* excède le seuil de la quatrième tranche du barème de l'impôt sur le revenu fixé au I de l'article 197.

Ce même montant est porté à 30 000 € si, à la date du constat de flagrance fiscale, le revenu imposable établi dans les conditions prévues à l'article 1649 *quater*-0 B *bis* excède le seuil de la cinquième tranche du barème de l'impôt sur le revenu fixé au I de l'article 197.

II. – Lorsque les pénalités prévues au *c* du 1 de l'article 1728 et aux *b* et *c* de l'article 1729 et l'amende prévue à l'article 1737 sont encourues pour les mêmes faits que ceux visés aux I à I *ter* de l'article L. 16-0 BA du livre des procédures fiscales constitutifs d'une flagrance fiscale et au titre de la même période, celles-ci ne sont appliquées que si leur montant est supérieur à celui de l'amende visée au I du présent article. Dans ce cas, le montant de cette amende s'impute sur celui de ces pénalités et amende.

Constat de flagrance fiscale. Amende applicable. Conditions d'application. Contentieux de l'amende. * BOI-CF-INF-10-40-70 du 12 sept. 2012.

11 *INFRACTIONS COMMISES PAR LES TITULAIRES DE COMPTE*

(L. n° 2017-1775 du 28 déc. 2017, art. 56)

Art. 1740 C Sauf application du premier alinéa de l'article L. 564-1 du code monétaire et financier, le défaut de remise par un titulaire de compte, dans les conditions prévues à l'article L. 102 AG du livre des procédures fiscales, des informations mentionnées au II de l'article 1649 AC du présent code est sanctionné par une amende de 1 500 €.

Le premier alinéa du présent article n'est pas applicable pour la mise en œuvre de l'accord entre le Gouvernement de la République française et le Gouvernement des États-Unis d'Amérique en vue d'améliorer le respect des obligations fiscales à l'échelle internationale et de mettre en œuvre la loi relative au respect des obligations fiscales concernant les comptes étrangers signé à Paris le 14 novembre 2013.

Les dispositions du présent art. s'appliquent aux situations constatées à compter du 30 déc. 2017 (L. n° 2017-1775 du 28 déc. 2017, art. 56-IV-B).

12 *PUBLICATION DE L'IDENTITÉ DES OPÉRATEURS DE PLATEFORME NON COOPÉRATIFS*

(L. n° 2019-1479 du 28 déc. 2019, art. 149-I)

A compter du 1er janv. 2023, l'intitulé du 12 est ainsi rédigé : Opérateurs de plateforme non coopératifs (L. n° 2021-1900 du 30 déc. 2021, art. 134-I-G-1° et III-B).

Art. 1740 D I. – Si un opérateur de plateforme au sens du *(L. n° 2021-1900 du 30 déc. 2021, art. 134-I-F-1° et III-B, en vigueur le 1er janv. 2023)* « I de l'article 1649 *ter* A *[ancienne rédaction : premier alinéa de l'article 242 bis]* » fait l'objet, en moins de douze mois, d'au moins deux mesures parmi celles mentionnées au II du présent article, la mise en œuvre de la seconde mesure peut être accompagnée de la publication, sur une liste des opérateurs de plateformes non coopératifs, de la dénomination commerciale de l'opérateur de plateforme ainsi que, le cas échéant, de son activité professionnelle et de son État ou territoire de résidence.

II. – Les mesures mentionnées au I consistent en la mise en recouvrement :

1° De la taxe dont l'opérateur est solidairement redevable en application du IV des articles 283 *bis* ou 293 A *ter*. La mise en demeure prévue au IV des mêmes articles 283 *bis* ou 293 A *ter* mentionne la sanction de publication prévue au présent article ;

2° De l'amende prévue au premier alinéa de l'article 1734 pour absence de réponse à une demande de communication d'informations fondée sur le deuxième alinéa de l'article L. 81 ou sur l'article L. 82 AA du livre des procédures fiscales. La demande de communication d'informations mentionne la sanction de publication prévue au présent article ;

[3° en vigueur jusqu'au 31 déc. 2022]

3° De l'amende prévue au III de l'article 1736 du présent code au titre du non-respect des obligations prévues aux 2° ou 3° de l'article 242 *bis* ;

[3° en vigueur le 1er janv. 2023]

(L. n° 2021-1900 du 30 déc. 2021, art. 134-I-F-2° et III-B) « 3° De l'amende prévue au XI de l'article 1736 ; »

4° D'une imposition résultant de l'application de la procédure de taxation d'office prévue au 3° de l'article L. 66 du livre des procédures fiscales, lorsque la taxe sur la valeur ajoutée est due par l'opérateur sur le fondement du quatrième alinéa du 1 de l'article 293 A ou du 2° du V de l'article 256 du présent code. La notification prévue à l'article L. 76 du livre des procédures fiscales mentionne la sanction de publication prévue au présent article ;

5° D'une imposition résultant de l'application de la procédure de taxation d'office prévue à l'article L. 70 A du livre des procédures fiscales.

III. — La décision de publication prévue au I du présent article est prise par l'administration après avis conforme et motivé de la commission prévue au II de l'article L. 228 du livre des procédures fiscales qui apprécie, au vu des manquements et des circonstances dans lesquels ils ont été commis, si la publication est justifiée. Lorsque la commission est saisie, une copie de la saisine de la commission est adressée à l'opérateur de plateforme, qui est invité à présenter à la commission ses observations écrites dans un délai de trente jours.

La décision de publication prise par l'administration est notifiée à l'opérateur de plateforme. La notification mentionne à l'opérateur de plateforme concerné la sanction que l'administration se propose d'appliquer, les motifs de la sanction et la possibilité dont dispose l'intéressé de présenter ses observations dans un délai de soixante jours à compter de la notification.

La publication ne peut être effectuée avant l'expiration du délai prévu au deuxième alinéa du présent III.

La publication est effectuée sur le site internet de l'administration fiscale pendant une durée qui ne peut excéder un an. Lorsque l'opérateur de plateforme a acquitté l'intégralité des impositions ou amendes ayant motivé la publication, celle-ci est retirée sans délai du site internet de l'administration fiscale.

L'administration est tenue de rendre publique sur son site internet toute décision juridictionnelle prononçant la décharge d'une imposition ou annulant une amende ayant fait l'objet d'une publication.

IV. — Un décret en Conseil d'État précise les conditions d'application du présent article.

Art. 1740 E *(L. n° 2021-1900 du 30 déc. 2021, art. 134-I-G-2° et III-B, en vigueur le 1er janv. 2023)* Lorsque l'administration fiscale constate le non-respect par un opérateur de plateforme relevant du 3° du I de l'article 1649 *ter* B des obligations déclaratives prévues à l'article 1649 *ter* A, elle le met en demeure de s'y conformer dans un délai de trois mois.

Si l'opérateur de plateforme n'a pas régularisé sa situation à l'expiration du délai prévu au premier alinéa du présent article, l'administration fiscale le met en demeure de se conformer à ses obligations déclaratives dans un délai de trente jours.

Si l'opérateur de plateforme n'a pas régularisé sa situation à l'expiration du délai prévu au deuxième alinéa, son numéro d'enregistrement individuel est retiré à l'expiration d'un délai de trois mois à compter de cette seconde mise en demeure.

L'opérateur de plateforme dont le numéro d'enregistrement individuel a été retiré en application des trois premiers alinéas peut déposer, à l'expiration d'un délai de six mois à compter de la prise d'effet du retrait, une nouvelle demande de numéro d'enregistrement unique, à la condition de présenter des garanties suffisantes de son engagement à remplir ses obligations déclaratives, y compris celles auxquelles il ne s'est pas précédemment conformé et qui ont motivé le retrait.

C SANCTIONS PÉNALES

Art. 1741 Sans préjudice des dispositions particulières relatées dans la présente codification, quiconque s'est frauduleusement soustrait ou a tenté de se soustraire frauduleusement à l'établissement ou au paiement total ou partiel des impôts visés dans la présente codification, soit qu'il ait volontairement omis de faire sa déclaration dans les délais prescrits, soit qu'il ait volontairement dissimulé une part des sommes sujettes à l'impôt, soit qu'il ait organisé son insolvabilité ou mis obstacle par d'autres manœuvres au recouvrement de l'impôt, soit en agissant de toute autre manière frauduleuse, est passible, indépendamment des sanctions fiscales applicables, *(L. n° 2018-898 du 23 oct. 2018, art. 23-1°)* « d'un emprisonnement de cinq ans et d'une amende de 500 000 €, dont le montant peut être porté au double du produit tiré de l'infraction *[ancienne rédaction : d'une amende de 500 000 € et d'un emprisonnement de cinq ans]* ».

Les peines sont portées *(L. n° 2018-898 du 23 oct. 2018, art. 23-2°)* **« à sept ans d'emprisonnement et à une amende de 3 000 000 €, dont le montant peut être porté au double du produit tiré de l'infraction,** *[ancienne rédaction : à 3 000 000 € et sept ans d'emprisonnement]* **» lorsque les faits ont été commis en bande organisée ou réalisés ou facilités au moyen :**

1° Soit de comptes ouverts ou de contrats souscrits auprès d'organismes établis à l'étranger ;

2° Soit de l'interposition de personnes physiques ou morales ou de tout organisme, fiducie ou institution comparable établis à l'étranger ;

3° Soit de l'usage d'une fausse identité ou de faux documents, au sens de l'article 441-1 du code pénal, ou de toute autre falsification ;

4° Soit d'une domiciliation fiscale fictive ou artificielle à l'étranger ;

5° Soit d'un acte fictif ou artificiel ou de l'interposition d'une entité fictive ou artificielle.

Toutefois, cette disposition n'est applicable, en cas de dissimulation, que si celle-ci excède le dixième de la somme imposable ou le chiffre de 153 €.

Toute personne condamnée en application des dispositions du présent article peut être privée des droits civiques, civils et de famille, suivant les modalités prévues aux articles 131-26 et 131-26-1 du code pénal.

(L. n° 2017-1837 du 30 déc. 2017, art. 106) **« Le prononcé des peines complémentaires d'interdiction des droits civiques, civils et de famille, mentionnés à l'article 131-26 du code pénal, est obligatoire à l'encontre de toute personne coupable du délit prévu aux deuxième à huitième alinéas du présent article, du recel de ce délit ou de son blanchiment. Toutefois, la juridiction peut, par une décision spécialement motivée, décider de ne pas prononcer lesdites peines complémentaires, en considération des circonstances de l'infraction et de la personnalité de son auteur. La condamnation à l'inéligibilité est mentionnée pendant toute sa durée au bulletin n° 2 du casier judiciaire prévu à l'article 775 du code de procédure pénale. Ces interdictions ne peuvent excéder dix ans à l'encontre d'une personne exerçant une fonction de membre du Gouvernement ou un mandat électif public au moment des faits, et cinq ans pour toute autre personne. »**

La juridiction *(L. n° 2018-898 du 23 oct. 2018, art. 16)* **« ordonne » l'affichage de la décision prononcée et la diffusion de celle-ci dans les conditions prévues aux articles 131-35 ou 131-39 du code pénal.** *(L. n° 2018-898 du 23 oct. 2018, art. 16)* **« Elle peut toutefois, par une décision spécialement motivée, décider de ne pas ordonner l'affichage de la décision prononcée et la diffusion de celle-ci, en considération des circonstances de l'infraction et de la personnalité de son auteur. »**

La durée de la peine privative de liberté encourue par l'auteur ou le complice d'un des délits mentionnés au présent article est réduite de moitié si, ayant averti l'autorité administrative ou judiciaire, il a permis d'identifier les autres auteurs ou complices.

Les poursuites sont engagées dans les conditions prévues aux articles L. 229 à L. 231 du Livre des procédures fiscales.

Ne peuvent soumissionner à un marché passé par un pouvoir adjudicateur défini à l'art. 3 de l'Ord. n° 2005-649 du 6 juin 2005 relative aux marchés passés par certaines personnes publiques ou privées non soumises au code des marchés publics ou par une entité adjudicatrice définie à l'art. 4 : 1° Les personnes qui ont fait l'objet, depuis moins de cinq ans, d'une condamnation définitive pour l'une des infractions prévues [...] par l'art. 1741 CGI. A compter de 2016, V. App., Ord. n° 2015-899 du 23 juill. 2015, art. 45 et 103.

Toute condamnation pénale de l'entreprise ou du chef d'entreprise pour fraude fiscale, en application de l'art. 1741, entraîne la caducité du plan d'apurement obtenu en application des dispositions de l'art. 32 de la L. n° 2009-594 du 27 mai 2009 (L. préc., art. 32-II).

BIBL. ▸ ACARD, GENESTIER et EXERJEAN, *Dr. fisc. 2016. 172, 207 et 249* (la ligne de démarcation entre risque fiscal et risque pénal). – BOUCHARD et WOLF, *BFL 2018. 709* (face à l'escroquerie à la TVA, que reste-t-il du principe de neutralité ?). – BOUSTA, *Dr. fisc.* 2011. Étude 310 (de la créativité du juge fiscal : l'exemple de l'indépendance des procédures fiscale et pénale). – Colloque IRDAP et ISCJ oct. 2014, *Dr. fisc. 2014. 615 à 626* (lutte pénale contre la fraude fiscale : quels enjeux pour quels équilibres ?). – Conseil des prélèvements obligatoires, *Dr. fisc. 2007. 434* (la fraude aux prélèvements fiscaux et sociaux et son contrôle). – DAVID, *GAJ Fisc., p. 958* (la répression pénale de la soustraction frauduleuse à l'impôt). – GICQUEL, *Dr. fisc. 2007. 725* (la fraude fiscale). – GUTMANN, *FR Lefebvre 6/11, p. 29* (la véritable signification de l'indépendance des procédures fiscale et pénale) ; *Dr. fisc. 2011. Étude 122* (la pénalisation du droit fiscal). – HATOUX, *RJF 2016. 1077* (cumul des sanctions fiscales et pénales). – JACQUOT et MISPELON, *Dr. fisc. 2016. 214* (constitutionnalité du délit de fraude fiscale : vers une nouvelle échelle de sanctions ?). – LUPPI, *BFL 2012. 499* (le soupçon de fraude en matière fiscale). – MAZEVET, *FR Lefebvre 34/16, p. 16* (cumul des sanctions fiscales et pénales : constitutionnalité confirmée avec des réserves inattendues). – METER et a., *FR Lefebvre 30/21, inf. 5* (juge fiscal et juge pénal : qui a la priorité ?). – PLANCHON, *RJF 2019. 154* (cumul des sanctions fiscales et pénales et proportionnalité des peines). – SALOMON, *Dr. fisc. 2017. 484* (dix ans d'évolution du droit pénal fiscal). – VILLETTE, *RJF 2019. 1501 (non bis in idem : modus operandi)*.

1. Cumul des sanctions pénales et fiscales. La règle *"non bis in idem"* énoncée par l'art. 14, § 7, du Pacte de New York relatif aux droits civils et politiques et par l'art. 4 du protocole n° 7 additionnel à la Conv. EDH ne fait pas obstacle à ce que le contribuable qui, ayant fait l'objet de poursuites du chef de fraude fiscale, a été soit définitivement relaxé des fins de cette poursuite, soit reconnu coupable du délit reproché et condamné définitivement par le tribunal correctionnel ou par la cour d'appel à l'une des peines prévues par l'art. 1741, assortie, le cas échéant, d'une obligation de paiement solidaire de l'impôt fraudé, se voie appliquer, s'il y a lieu, par l'Administration, les sanctions fiscales que constituent les majorations prévues par les art. 1728-3 et 1729-1. • CE, avis, 4 avr. 1997, *Jammet*, n° 183658 : *D. 1997. IR 125 ; Dr. fisc. 1997. 660, concl. Loloum ; RJF 1997. 469.* ♦ De même, cette règle n'interdit pas au juge répressif de condamner pour fraude fiscale un contribuable qui, pour les mêmes faits, a déjà fait l'objet de sanctions fiscales de la part de l'Administration. • Crim. 20 juin 1996, n° 94-85.796 : *D. 1997. 249, note Tixier et Lamulle ; Dr. fisc. 1997. 427, obs. Schiele* • Crim. 27 oct. 1999, n° 98-84.626 : *Dr. fisc. 2000, p. 830.*

Toutefois, le principe de proportionnalité des infractions et des sanctions implique que le montant global des sanctions prononcées ne dépasse le montant le plus élevé de l'une des sanctions encourues. • Cons. const. 30 déc. 1997, n° 97-395 DC : *JO 31 déc. ; RJF 1996. 182.* ♦ Sur le principe de proportionnalité du cumul des sanctions fiscales et pénales, V. aussi note 9.

2. La question du cumul des sanctions ne se pose pas en l'absence d'identité des faits. • CE 20 juill. 2016, *SARL Le Café des Sports*, n°s 396078 et 96079 : *RJF 2016. 984, concl. Cortot-Boucher.*

3. Les éléments constitutifs du délit de l'art. 1741 sont différents de « l'infraction fiscale » de l'art. 1728, laquelle est constituée par le seul défaut de déclaration dans les délais. En d'autres termes, les art. 1741 et 1728 n'ont pas trait à la même infraction, de sorte qu'aucune question ne saurait se poser sous l'angle de l'art. 4 du protocole additionnel n° 7 à la Conv. EDH (interdiction des doubles poursuites à raison des mêmes faits). • CEDH 14 sept. 1999, *Ponsetti c/ France*, n° 36855/97 : *RJF 2000. 443.*

4. Le principe *non bis in idem*, issu de l'art. 4 du protocole additionnel n° 7 à la Conv. EDH, ne s'oppose pas à la législation d'un État signataire prévoyant qu'une procédure pénale, d'une part, et une procédure administrative, d'autre part, puissent se cumuler et conduire à sanctionner un contribuable deux fois à raison des mêmes faits, dès lors qu'il existe, entre ces deux procédures, un lien matériel et temporel justifiant qu'elle soit regardées comme formant une procédure mixte intégrée. • CEDH 15 nov. 2016, n°s 24130/11 et 29758/11 : *RJF 2017. 210.* ♦ L'interdiction d'une double condamnation à raison des mêmes faits ne trouve à s'appliquer, selon la réserve émise par la France, que pour les infractions relevant en droit français de la compétence des tribunaux statuant en matière pénale. Cette réserve n'interdit pas le prononcé de sanctions fiscales parallèlement aux peines prononcées par le juge répressif et n'est pas remise en cause par la CEDH. • Crim. 22 févr. 2017, n° 14-82.526 : *RJF 2017. 626.* ♦ Dans le même sens : • Crim. 6 déc. 2017, n° 16-81.857 : *Dr. fisc. 2018. 2018, note Guilland ; RJF 2018. 912.*

5. Le cumul de sanctions fiscales et pénales en matière de fraude à la TVA n'est pas contraire à l'interdiction de la double peine *« non bis in idem »* énoncée par la Charte des droits fondamentaux de l'UE, sous réserve que la sanction fiscale ne présente pas un caractère pénal. • CJUE 26 févr. 2013, *Aklagaren c/ Hans Akerberg Fransson*, n° C-617/10 : *RJF 2013. 681 ; Dr. fisc. 2013. 460, note Brokelind.* ♦ L'art. 50 de la Charte des droits fondamentaux de l'UE ne s'oppose pas à une réglementation nationale qui permet de diligenter des poursuites pénales pour omission de verser la TVA, après l'infliction d'une sanction fiscale définitive pour les mêmes faits, lorsque cette sanction a été infligée à une société ayant la personnalité morale tandis que lesdites poursuites pénales sont engagées contre une personne physique. • CJUE 5 avr. 2017, *Massimo Orsi et a.*, n°s 217/15 et 350/15 : *RJF 2017. 644 ; Dr. fisc. 2017. 307, note Guilland.* ♦ L'art. 50 de la Charte des droits fondamentaux n'a pas en lui-même pour effet d'interdire par principe tout cumul entre les sanctions fiscales et pénales. • Crim. 22 févr. 2017, n° 14-82.526 : *préc. note 4* • 6 déc. 2017, n° 16-81.857 : *préc. note 4.*

6. Un contribuable, déjà condamné pour fraude fiscale en raison de faits « se recouvrant partiellement » avec ceux poursuivis sous la qualification d'escroquerie à la TVA, peut néanmoins être déclaré coupable de ce second délit, dès lors que les deux infractions comportent des éléments constitutifs distincts, que les valeurs protégées sont différentes et, qu'au surplus, les peines prononcées ont été confondues entre elles. • Crim. 19 juin 2013, n° 12-82.733 : *RJF 2013. 1178.* ♦ V. aussi *infra* note 24.

7. Le principe « *non bis in idem* » prévu par l'art. 4 du protocole additionnel n° 7 à la Conv. EDH ne trouve à s'appliquer, selon les réserves faites par la France en marge de ce protocole, que pour les infractions relevant en droit français de la compétence des tribunaux statuant en matière pénale. Il n'interdit pas le prononcé de sanctions fiscales parallèlement aux sanctions infligées par le juge répressif. L'Administration n'a donc pas méconnu le principe prévu par cet article en infligeant au contribuable la pénalité pour opposition au contrôle fiscal (art. 1730, devenu art. 1732), alors même que, pour ces faits, il a été condamné par le juge pénal. • CE 26 déc. 2008, n° 282995 : *RJF 2009. 237 ; concl. Collin au BDCF 3/09, n° 38.* ♦ Il appartient au juge répressif d'appliquer l'art. 4 du protocole n° 7 en faisant produire un plein effet à la réserve émise par la France en marge de ce protocole, mais il ne lui appartient pas d'en apprécier la validité. • Crim. 11 sept. 2019, n° 18-81.067 : *RJF 2019. 1197.*

8. La jurisprudence du Conseil constitutionnel sur la règle « *non bis in idem* » ne peut en tout état de cause être utilement invoquée dès lors que les sanctions pénales prévues à l'art. 1741 et la solidarité prévue à l'art. 745 ne relèvent pas de procédures juridictionnelles distinctes. • CE 8 déc. 2017, n° 414303 : *RJF 2018. 300.*

9. Constitutionnalité du cumul des sanctions administratives et des sanctions pénales. Les art. 1729 (sanctions des insuffisances de déclaration) et 1741 (sanctions pénales pour fraude fiscale) sont conformes à la Constitution dès lors qu'ils permettent d'assurer ensemble la protection des intérêts financiers de l'État ainsi que l'égalité devant les charges publiques. Leur application combinée ne méconnaît ni le principe de nécessité des délits et des peines ni celui de proportionnalité des peines sous réserve qu'elle sanctionne les cas de fraudes les plus graves, qu'aucune poursuite pénale ne soit exercée sur le fondement de l'art. 1741 à l'encontre d'un contribuable ayant été déchargé de l'impôt par une décision juridictionnelle devenue définitive et que le montant global des sanctions issu de cette application cumulée n'excède pas celui du montant le plus élevé de l'une des sanctions encourues. • Cons. const. 24 juin 2016, *Cahuzac Wildenstein,* nos 2016-545 QPC et 2016-546 QPC : *Dr. fisc. 2016. 405, note Detraz ; RJF 2016. 862.* ♦ Sur renvoi de • Crim., QPC, 30 mars 2016, nos 16-90.001 et 16-90.005 : *RJF 2016. 551.* ♦ Le cumul des sanctions fiscales et pénales pour défaut ou retard de déclaration est également validé. • Cons. const. 23 nov. 2018, n° 2018-745 QPC : *RJF 2019. 187, chron. Planchon, p. 154.* ♦ Le principe de proportionnalité du cumul des sanctions fiscales et pénales ne s'applique pas au prononcé de sanctions à l'encontre d'un dirigeant de société quand celle-ci est la redevable légale de l'impôt. En outre, la solidarité fiscale ne constituant pas une peine, le principe de proportionnalité ne lui est pas applicable. • Crim. 23 oct. 2019, n° 18-85.088 : *RJF 2020. 642.*

10. Portée de la réserve constitutionnelle interdisant la condamnation pour fraude du contribuable déchargé de l'impôt. En matière de fraude fiscale, la réserve d'interprétation émise par le Conseil constitutionnel dans les décisions précitées, portant sur l'application combinée des art. 1729 et 1741, ne s'applique qu'à une poursuite pénale exercée pour des faits de dissimulation volontaire d'une partie des sommes sujettes à l'impôt et qu'en cas d'engagement d'une procédure de sanction fiscale. • Crim. 22 févr. 2017, n° 16-82.047 : *RJF 2017. 625 ; Dr. fisc. 2017. 313, note Fouquet et Hatoux.* ♦ Un contribuable définitivement déchargé de l'impôt pour un motif de fond ne peut se voir sanctionné pénalement pour fraude fiscale. Tel n'est pas le cas lorsque la décharge est prononcée en raison d'une erreur de catégorisation du revenu. • Crim. 28 juin 2017, n° 16-81.149 : *RJF 2017. 1121.* ♦ Sur cette décision, V. égal. *Dr. fisc. 2017. 587, note Fouquet et Hatoux.* ♦ Tel n'est pas le cas également lorsque la décharge est prononcée pour un motif de procédure ou bien porte non sur des droits, mais sur des majorations. * BOI-CF-INF-40-10-10-20 n° 620 du 18 juin 2019.

11. Personnalité des peines. Un système d'imposition se fondant principalement sur les déclarations établies par les contribuables ne saurait préserver les intérêts financiers légitimes de l'État sans un régime de sanctions efficace. La nécessité de préserver le caractère effectif et dissuasif des pénalités fiscales impose ainsi d'appliquer le principe de personnalité des peines en tenant compte des spécificités des personnes morales, qui peuvent notamment décider de se transformer et de poursuivre leurs activités, sous une nouvelle forme juridique, à l'occasion d'opérations de restructuration. Dès lors, eu égard aux objectifs de prévention et de répression de la fraude et de l'évasion fiscale auxquels répondent les pénalités fiscales, le principe de la personnalité des peines ne fait pas obstacle à ce que, à l'occasion d'une opération de fusion ou de scission, ces sanctions pécuniaires soient mises, compte tenu de la transmission universelle du patrimoine, à la charge de la société absorbante, d'une nouvelle société créée pour réaliser la fusion ou de sociétés issues de la scission, à raison des manquements commis, avant cette opération, par la société absorbée ou fusionnée ou par la société scindée. • CE, avis, 4 déc. 2009, n° 329173, *Sté Rueil Sports : RJF 2010. 145 ; concl. Glaser au BDCF 2/10, n° 21 ; Dr. fisc. 2010. 181, note Pierre.*

12. Opérant un revirement de jurisprudence, la Cour de cassation juge qu'en cas de fusion-absorption la société absorbante peut être condamnée pénalement à une peine d'amende ou de confiscation pour une infraction commise par la société absorbée avant l'opération de fusion. Ce transfert de responsabilité pénale ne s'applique qu'aux fusions-absorptions entrant dans le champ de la directive européenne relative à la fusion des sociétés anonymes et ne permet que le prononcé de peines de nature patrimoniale, dès lors que c'est ce texte, tel qu'interprété par la CJUE, qui justifie un tel transfert. • Crim. 25 nov. 2020, n° 18-86.955 : *Dr. fisc. 2021. 272, note Meier, Valeteau et Albert.*

13. Tant le principe de responsabilité personnelle que le principe de personnalité des peines s'opposent à ce que des pénalités fiscales, qui présentent le caractère d'une punition tendant à empêcher la réitération des agissements qu'elles visent, puissent être prononcées à l'encontre de contribuables, personnes physiques, lorsque ceux-ci n'ont pas participé aux agissements que ces pénalités répriment. • CE 27 juin 2016, n° 376513 : *RJF 2016. 847, concl. Crépey.*

14. Plainte préalable de l'administration fiscale. L'art. L. 228, al. 1er, LPF qui, en matière de fraude fiscale, subordonne la mise en mouvement de l'action publique à une plainte préalable de l'administration fiscale, est conforme à la Constitution. Cette disposition n'autorise pas le procureur de la République à mettre en mouvement l'action publique en l'absence de plainte préalable de l'Administration, mais elle ne le prive pas, une fois la plainte déposée, de la faculté de décider librement de l'opportunité d'engager des poursuites, conformément à l'art. 40-1 C. pr. pén. • Cons. const. 22 juill. 2016, n° 2016-555 QPC : *RJF 2016. 1000.*

15. Si la plainte de l'Administration fiscale saisit nécessairement le procureur de la République de tous les faits qu'elle dénonce et si ce magistrat ne peut exercer de poursuites devant le tribunal correctionnel que de ces seuls faits, il peut *poursuivre* toutes personnes même non visées dans la plainte, contre lesquelles il estime qu'il existe des charges suffisantes d'avoir commis les délits dénoncés. • Crim. 28 juin 2017, n° 16-81.697 : *RJF 2017. 1124.*

16. Les documents relatifs à la procédure devant la commission des infractions fiscales ne peuvent pas être communiqués au contribuable en application de la L. du 17 juill. 1978 relative à l'accès aux documents administratifs. • CE 26 mai 2010, n° 304621 : *RJF 2010. 806.*

17. Suppression du « verrou de Bercy ». Supprimant le monopole de l'Administration fiscale (V. *supra* note 14), l'art. L. 228 LPF, tel que modifié par l'art. 36 de la L. n° 2018-898 du 23 oct. 2018, fixe les nouvelles conditions d'engagement des poursuites pénales. Elles s'appliquent aux contrôles pour lesquels une proposition de rectification a été engagée à compter du 24 oct. 2018. Les conditions dans lesquelles des poursuites pénales peuvent être engagées contre le contribuable varient désormais en fonction de la gravité des faits constitutifs de la fraude fiscale. L'Administration est notamment tenue de dénoncer au procureur de la République tous les faits ayant abouti, sur des droits excédant 100 000 € (ou 50 000 € pour certains contribuables) à l'application de pénalités fiscales égales à 100 % (opposition à contrôle fiscal), 80 % (activité occulte, abus de droit, manœuvres frauduleuses, dissimulation de prix, activités illicites, non-déclaration d'avoir à l'étranger) ou 40 % (défaut de déclaration dans les trente jours d'une mise en demeure, manquement délibéré, abus de droit). ♦ Le nouveau dispositif est conforme à la Constitution. • Cons. const. 27 sept. 2019, *AFEP*, n° 2019-804 QPC : *RJF 2019. 1176.*

18. Personnes responsables. En l'absence de toute délégation de pouvoir, le gérant légal ou statutaire d'une société est personnellement tenu de se conformer aux obligations fiscales de l'entreprise. Ainsi, le gérant de droit d'une SARL (homme de paille), poursuivi pour fraude fiscale en matière de TVA, ne peut s'exonérer de toute responsabilité en faisant simplement valoir que la société était en réalité administrée par son frère et qu'à l'époque des faits il terminait ses études et travaillait à l'étranger. • Crim. 2 avr. 2014 : *RJF 2014. 734.* ♦ Dans le même sens • Crim. 23 mai 2007 : *RJF 2007. 1487.* ♦ Le dirigeant de fait d'une entreprise individuelle peut être déclaré coauteur du délit de fraude fiscale conjointement avec le dirigeant statutaire de l'entreprise. • Crim. 13 juin 2019, n° 18-81.754 : *RJF 2020. 495.*

19. Éléments constitutifs de l'infraction. L'art. 1741, al. 1, est suffisamment précis en ce qu'il incrimine « toute autre manière frauduleuse », visant ainsi tout procédé tendant à se soustraire intentionnellement à l'établissement et au paiement de l'impôt. • Crim. 22 sept. 2010, n° 10-82.148 : *RJF 2011. 216.* ♦ La seule constatation d'une dissimulation volontaire de sommes sujettes à l'impôt suffit à caractériser, en tous ses éléments constitutifs, le délit de fraude fiscale sans qu'il soit nécessaire d'établir l'existence de manœuvres frauduleuses. • Crim. 2 juill. 1998, n° 97-83.483 P : *Dr. fisc. 1998. 950 ; D. 1999. 434, note Tixier et Lamulle.*

20. Est coupable du délit de fraude fiscale : le contribuable qui a minoré ses revenus fonciers (omission de déclaration, location fictive à un parent). • Crim. 21 nov. 1996, n° 95-81.044,

Colas : Gaz. Pal. 16-18 mars 1997, p. 17. ♦ ... L'avocat qui a délibérément éludé le paiement de l'IR, omis de tenir une comptabilité régulière et mis obstacle à l'action de l'Administration en changeant fréquemment d'adresse professionnelle. • Paris, 9e ch. B, 29 sept. 1994 : *Juris-Data, n° 022954.* ♦ ... L'avocat, déjà condamné pour fraude fiscale, qui n'a pas respecté au titre de plusieurs années ses obligations déclaratives en matière d'IR et de TVA et n'a pas acquitté en totalité des impositions dues. • Crim. 1er avr. 2020, n° 18-85.958 : *RJF 2020. 864.* ♦ ... Le contribuable qui s'est placé sous un régime fiscal indu dans l'intention de se soustraire à l'impôt. • Crim. 14 déc. 1995, n° 95-80.278, *Sabatier : Dr. fisc. 1996. 880* • 11 janv. 1996, n° 95-81.759 P, *Colliot.* ♦ ... Le contribuable qui recourt à un circuit intracommunautaire fictif de commercialisation de véhicules automobiles d'occasion pour se placer sous le régime fiscal indu de la TVA sur la marge, et ainsi se soustraire, ne serait-ce que partiellement, à l'impôt. • Crim. 22 oct. 2008, n° 07-88.134 (n° 5695 F-PF) : *RJF 2009. 279* • Crim. 8 juill. 2015, n° 14-82.440 : *RJF 2015. 1064.* ♦ ... Le marchand de biens qui a omis de déclarer la vente de 6 appartements, alors que ses obligations lui ont été rappelées pour chacun d'eux lors de la passation des actes notariés. • Crim. 7 mars 1996, n° 95-82.309, *Cloute : Dr. fisc. 1996. 1005.* ♦ ... Le contribuable qui s'est soustrait au paiement des droits de succession en organisant, peu avant le décès du *de cujus*, le transfert à son profit de l'essentiel de ses actifs immobiliers. • Crim. 5 déc. 1996, *Lemaire*, n° 95-85.319 : *Dr. fisc. 1997. 518.* ♦ ... Le notaire ayant déposé ses déclarations de revenus catégoriels mais s'étant abstenu de faire la déclaration d'ensemble de ses revenus au lieu de son domicile. • Crim. 16 janv. 1997, n° 96-80.952 P, *Landy.* ♦ ... Un notaire qui a souscrit pour son propre compte des déclarations d'ISF minorées et réduit la valeur déclarée d'immeubles donnés au titre d'une donation-partage. • Crim. 30 juin 2010, n° 09-86.249 : *RJF 2010. 1233.* ♦ ... Les contribuables qui mentionnent dans leur déclaration d'ISF une valeur de leur compte courant d'associé ne correspondant en aucune façon à la valeur de recouvrement probable de leurs créances. • Crim. 23 mars 2016, n° 15-80.953 : *RJF 2016. 662.* ♦ ... Le contribuable qui a omis de déclarer des commissions occultes provenant d'une activité délictueuse. • Crim. 19 févr. 1998, n° 96-86.410, *Paitel : Dr. fisc. 1998. 863.* ♦ ... Un contribuable qui a volontairement omis de déclarer des sommes encaissées en France, tant par crédits bancaires que par écritures en comptes d'associé, et qui n'a pas justifié que ces ressources, d'origine indéterminée, n'étaient pas taxables. • Crim. 16 mai 2001, n° 00-82.649, *Gaydamak : RJF 2002. 216.* ♦ En revanche, ne se rend pas coupable de fraude fiscale par souscription tardive de la déclaration de revenus le contribuable qui dépose la déclaration d'ensemble et catégorielle après expiration des délais prévus à l'art. 175 du code, mais avant la date fixée par l'arrêté ministériel prorogeant ces délais. • Crim. 30 juin 1999, n° 98-83.768 P.

21. Sont coupables de fraude fiscale : les prévenus qui, en qualité de gérant de droit et de fait de la société, ont minoré certaines déclarations de taxes sur le chiffre d'affaires, se sont abstenus d'en déposer d'autres, et n'ont pas souscrit les déclarations mensuelles de TVA qu'ils auraient dû produire compte tenu du chiffre d'affaires réalisé. • Crim. 18 oct. 2000, n° 99-87.874 : *Dr. fisc. 2001. 365.* ♦ ... Le dirigeant de fait qui signait les marchés, recrutait le personnel, commandait les matériaux, dirigeait les chantiers et les réunions, utilisait le compte de sa mère pour déposer les chèques des clients et payer certains salariés et fournisseurs, et qui, présent aux côtés des gérants statutaires, était seul en mesure de répondre avec pertinence lors des opérations de vérification fiscale. • Crim. 24 mai 2000, n° 99-86.005 : *Dr. fisc. 2001. 84.* ♦ ... Le dirigeant de fait d'une société de droit britannique (Gibraltar) qui anime, sous couvert d'une profession de consultant, un établissement stable de cette société en France, lequel n'a pas rempli ses obligations fiscales. • Crim. 14 mai 2003, n° 02-85.667 : *Dr. fisc. 2003. 659.* ♦ ... La société domiciliée à l'étranger qui exploite en France un établissement stable générant des profits et omet de remplir ses obligations déclaratives et comptables. • Crim. 14 mars 2007, n° 06-85.865 : *RJF 2007. 1329.* ♦ Dans le même sens • Crim. 19 mai 2021, n° 20-80.945 : *RJF 2021. 867.* ♦ ... Les dirigeants d'une société qui l'ont placée indûment sous le régime de l'art. 44 *sexies* qui prévoit une réduction d'imposition pour les entreprises industrielles nouvelles alors que les conditions de détention du capital n'étaient pas remplies (déclaration inexacte dissimulant les fonctions de direction exercées par l'un des dirigeants dans une société luxembourgeoise ayant un objet similaire ou complémentaire). • Crim. 4 juin 2009, n° 08-86.778 (n° 3327 FS-PF) : *RJF 2009. 1014.* ♦ ... Le contribuable qui, par un montage artificiel, a omis de déclarer des rémunérations de prestations de services en France versées à des personnes établies à l'étranger, taxables sur le fondement de l'art. 155 A. • Crim. 8 avr. 2021, n° 19-87.905 : *RJF 2021. 754.*

22. Omission de déclaration de dividendes. Sont coupables de fraude fiscale les associés qui ont omis de déclarer, au titre de leurs revenus encaissés au cours de l'année 1998, des dividendes distribués sur les bénéfices de l'exercice clôturé le 31 déc. 1997. Peu importe que le montant global de la distribution, autorisée par décision du conseil d'administration du 23 déc. 1997, ait été crédité à cette date au compte courant de l'un des associés, dès lors que ces derniers n'ont encaissé leur part, au prorata de leurs droits, que le 30 juin 1998, après la date de l'assemblée générale ordinaire du 29 juin 1998 portant approbation des comptes et mise en paiement des dividendes. • Crim. 14 févr. 2007, n° 06-84.366 (n° 1081 F-D) : *RJF 2007. 840.*

23. Organisation d'insolvabilité. L'organisation d'insolvabilité suppose que le débiteur a, par un ensemble de mesures, soustrait ou tenté de soustraire ses biens aux poursuites en recouvrement de l'impôt. Ce comportement présente le même degré de gravité que les procédés de fraude touchant à l'assiette des impositions. L'engagement des poursuites correctionnelles ne fait évidemment pas obstacle à l'exercice d'une action civile (action en simulation, action paulienne, etc.) tendant à rendre possibles les poursuites en recouvrement. * BOI-CF-INF-40-10-10-10 n° 240 du 18 juin 2015. ♦ Cas d'un président d'association cultuelle, ancien inspecteur des impôts, qui, à la suite de la taxation d'office de dons non déclarés, dissout l'association et transfert la totalité de ses biens au profit d'une autre association créée pour la circonstance dont le patrimoine immobilier est à son tour cédé à une fondation au Liechtenstein afin de déjouer l'action paulienne intentée par l'Administration fiscale : le délit de fraude fiscale par organisation frauduleuse d'insolvabilité est caractérisé. • Crim. 5 juin 2002, n° 00-87.901 : *JCP 2002. IV. 2366.*

24. Fraude à la TVA. Escroquerie. Certaines fraudes en matière de TVA, notamment la falsification de factures d'achats réels, l'établissement de factures d'achats fictifs, la constitution de fausses entreprises, la mise en œuvre de circuits de facturations fictives, la simulation des paiements, causant un préjudice au Trésor et relevant de l'escroquerie, constituent un délit de droit commun sanctionné par les art. 313-1, 313-7 et 313-8 C. pén. * BOI-CF-INF-40-30 du 18 juin 2015. ♦ Le principe « *ne bis in idem* »ne permet pas que des faits qui procèdent de manière indissociable d'une action unique caractérisée par une seule intention coupable donnent lieu, contre le même prévenu, à deux déclarations de culpabilité de nature pénale, fussent-elles concomitantes. Il n'en est pas ainsi en cas de double déclaration de culpabilité pour fraude fiscale et escroquerie à la TVA, lorsque l'omission déclarative caractérisant la fraude fiscale ne constitue pas un élément nécessaire des manœuvres frauduleuses de l'infraction d'escroquerie. • Crim. 6 janv. 2021, n° 19-85.133 : *RJF 2021. 427.* ♦ Ne peut invoquer l'art. 267-II-2° et se rend coupable du délit de fraude fiscale par organisation d'un montage frauduleux le dirigeant d'une société, filiale d'une société étrangère, qui, en application de conventions tri-partites préalables, facture au nom de cette dernière des prestations d'assistance à une entreprise cliente, comptabilise l'opération dans ses livres dans un compte-courant ouvert au nom de la société-mère, récupère la taxe en la déduisant de ses charges et ne paie, pas plus que la société-mère, la TVA. • Crim. 30 mai 2001, n° 00-86.897, *Rateau : JCP 2001. IV. 2425 ; BJS 2002. 51, note Priol.* ♦ Des demandes de paiement de crédits indus de TVA, justifiées par des déclarations mensuelles de chiffre d'affaires indiquant un montant fictif de taxe déductible sous le couvert d'une comptabilité inexacte, dissimulant le montant de la taxe effectivement décaissée, constituent une mise en scène et non pas de simples mensonges écrits. Elles caractérisent les manœuvres frauduleuses visées par l'art. 313-1 C. pén. • Crim. 14 nov. 2007, n° 07-83.208 (6338 FP-F) : *RJF 2008. 603.* ♦ Constituent les manœuvres frauduleuses caractérisant le délit d'escroquerie des demandes de paiement de crédits indus de TVA justifiées par des déclarations mensuelles de chiffre d'affaires indiquant un montant fictif de taxe déductible sous le couvert d'une comptabilité inexacte, établie sur le fondement d'écritures fictives et de fausses factures. • Crim. 6 avr. 2011 : *RJF 2011. 996.* ♦ Sont à juste titre poursuivis pénalement du chef d'escroquerie en bande organisée une société grossiste en matériel informatique et son associé directeur commercial, gérant de fait, ayant participé à un système de fraude à la TVA de type « carrousel », par interposition de sociétés intermédiaires (certaines éphémères dites « taxis » et d'autres dites « déductrices ») afin de faire naître frauduleusement un droit à déduction de TVA non reversée au Trésor public, permettant ainsi de répartir le profit réalisé entre les différents intervenants et diminuer le prix des marchandises. • Crim. 15 juin 2016, n° 14-87.715 : *RJF 2016. 1016.*

25. Fichiers informatiques volés. Les fichiers informatiques exploités par l'Administration à l'appui de sa plainte, qui proviennent de vols commis par le salarié d'un établissement bancaire, ne constituent pas des actes ou pièces susceptibles d'être annulés, mais des moyens de preuve soumis à discussion contradictoire. Par ailleurs, l'autorité publique n'est pas intervenue dans la confection ou l'obtention des pièces litigieuses, qui proviennent d'une perquisition régulièrement effectuée. Par suite, rejet de la requête en annulation de la plainte de l'Administration fiscale. • Crim. 27 nov. 2013 : *RJF 2014. 297.*

26. Montant de la dissimulation. Les dispositions de l'art. 1741, et notamment de son 2e alinéa, n'imposent pas à l'autorité de poursuite de chiffrer l'exact montant des dissimulations. • Paris, 23 mars 1998, n° 97-5727 : *Havel.*

27. Personnalisation de la peine. Les juges ont le pouvoir, notamment pour personnaliser la peine applicable au prévenu, de tenir compte des antécédents administratifs ou fiscaux ou de tous autres éléments concernant le prévenu figurant à la procédure et soumis aux débats contradictoires. • Crim. 2 juill. 1998, n° 97-83.483 P : *Dr. fisc. 1998. 950 ; D. 1999. 434, note Tixier et Lamulle* • 16 juin 1999, n° 98-83.758,

Djaoui. ♦ Le juge pénal qui prononce l'application d'une amende doit motiver sa décision au regard des circonstances de l'infraction, de la personnalité et de la situation personnelle de son auteur, en tenant compte de ses ressources et de ses charges. • Crim. 8 nov. 2017, n° 16-86.971 : *RJF 2018. 901.*

28. Amende. L'arrêt de la cour d'appel qui prononce une amende excédant le maximum prévu par la loi doit être annulé de ce chef. • Crim. 11 févr. 2004, n° 02-84.472 : *Dr. fisc. 2004. 573.*

29. Affichage et publication des jugements : inconstitutionnalité. La publication et l'affichage des jugements de condamnation (art. 1741, al. 4 ancienne rédaction) méconnaissent le principe d'individualisation des peines dès lors que le juge est tenu de les ordonner et ne peut faire varier la durée de l'affichage, ni modifier les modalités de celui-ci. • Cons. const. 10 déc. 2010, n° 2010-72/75/82 QPC : *JO 11 déc. 2010 ; RJF 2011. 211.*

30. L'al. 4 de l'art. 1741, dans sa rédaction issue de l'art. 63 de la L. du 29 déc. 2010, portant loi de finances rectificative pour 2010, publiée au *JO* du 30 déc. 2010, ne trouve à s'appliquer qu'à la poursuite des infractions commises à partir du 1er janv. 2011. • Crim. 16 mai 2012, n° 11-86-334 : *RJF 2013. 1069.*

31. Si, en matière de fraude fiscale, les mesures de publication et d'affichage de la décision s'appliquent de plein droit, échappant à l'appréciation des juridictions répressives, leur prononcé est subordonné à la reconnaissance de la culpabilité de l'auteur d'une fraude fiscale par le juge pénal, après examen préalable de la cause par un tribunal indépendant et impartial. Dès lors, ne méconnaît pas l'art. 6 § 1 Conv. EDH la cour d'appel qui prononce ces peines complémentaires contre un prévenu déclaré coupable de fraude fiscale : • Crim. 7 mars 2001, n° 00-82.538, *Licciardi : RJF 2002. 217.* ♦ La mesure de relèvement immédiat prévue par l'art. 132-21 C. pén. ne s'applique pas aux mesures de publication et d'affichage. • Crim. 3 juin 2004, n° 03-87.508 : *Dr. fisc. 2004. 851.*

32. Les associés d'une société ayant fait l'objet d'une condamnation pour fraude fiscale ne peuvent prétendre écarter l'application de la peine complémentaire de publication et d'affichage de la décision sur la porte extérieure de l'immeuble de la société au motif qu'ils ont, postérieurement, cédé leurs participations dans la société. • Crim. 28 févr. 2007, n° 06-83.014 (n° 1439 F-PF) : *RJF 2007. 841.*

33. Frais de publication et d'affichage. Les juges n'ont pas à prévoir le coût des frais de publicité à la charge du prévenu, lesquels, en application de l'art. 131-35 C. pén., peuvent atteindre, sans l'excéder, le maximum de l'amende encourue. • Crim. 28 mars 1996, n° 95-81.921 : *Dr. fisc. 1996. 1238* • 10 sept. 2003, n° 02-86.510 : *D. 2003. IR 2607* • 6 avr. 2005, n° 04-80.412 : *Dr. fisc. 2005. 585.*

34. Indépendance des procédures. BIBL. Deboissy, *Dr. fisc. 2014. 692* (retour sur un principe controversé : l'indépendance des procédures pénale et fiscale. – Raimbault, *RFFP 1995, n° 51, p. 113.* – Sieraczek, *Dr. fisc. 2007. 1039* (l'indépendance des procédures pénale et fiscale : un principe prétorien contestable). ♦ La législation d'un État qui permet la condamnation pénale d'un contribuable sur le fondement de la qualification juridique donnée à certaines opérations, alors que, dans le cadre d'un contentieux fiscal, la même qualification juridique avait été écartée pour les mêmes opérations en vertu d'une décision de justice devenue définitive, viole l'art. 6 § 1er de la Conv. EDH. • CEDH 21 oct. 2014, n° 25129/06 : *RJF 2015. 90.* ♦ Les poursuites correctionnelles et la procédure administrative sont indépendantes l'une de l'autre et n'admettent pas les mêmes modes de preuve. • Crim. 18 nov. 1976 : *BODGI 13 N-15-77.* ♦ Il s'ensuit que la décision du juge de l'impôt n'a pas l'autorité de la chose jugée à l'égard du juge répressif. • Crim. 25 févr. 1991 : *RJF 1991. 1020.* ♦ A l'inverse, le juge de l'impôt prend en considération la chose jugée au pénal lorsque la décision rendue en matière répressive comporte des énonciations précises quant au montant des sommes appréhendées. • CE 15 mai 1992, n° 71726, *Fontana : RJF 1992. 1240.* ♦ ... Et non l'ordre de grandeur de sommes détournées. • CE 30 avr. 2003, n° 238870 : *Dr. fisc. 2003. 585, concl. Séners ; RJF 2003. 1031.* ♦ Mais le juge administratif, auquel il incombe seul d'apprécier les faits au regard de la loi fiscale, peut écarter un moyen tiré de l'irrégularité de la procédure d'imposition sans méconnaître l'autorité de la chose jugée au pénal. • CE 14 oct. 2015, n° 360426 : *RJF 2016. 80.*

35. L'autorité de chose jugée appartenant aux décisions des juges répressifs devenues définitives qui s'impose aux juridictions administratives s'attache à la constatation matérielle des faits mentionnés dans le jugement et qui sont le support nécessaire du dispositif. La même autorité ne saurait, en revanche, s'attacher aux motifs d'un jugement de relaxe tirés de ce que les faits reprochés ne sont pas établis ou de ce qu'un doute subsiste sur leur réalité. • CE, sect., 16 févr. 2018, *Thomas,* n° 395371 : *RJF 2018. 536 ; Dr fisc. 2018. 257, note Adady et Torlet.* ♦ Le moyen tiré de la méconnaissance de cette autorité, qui présente un caractère absolu, est d'ordre public et peut être invoqué pour la première fois devant le Conseil d'État, juge de cassation. Il en va ainsi même si le jugement pénal est intervenu postérieurement à la décision de la juridiction administrative frappée de pourvoi devant le Conseil d'État. • Même arrêt.

36. Le juge pénal accueille cependant les

exceptions de nullité tirées de la violation d'une *garantie essentielle des droits de la défense :* violation des dispositions de l'art. L. 47 LPF relatives à l'assistance d'un conseil. • Crim. 4 déc. 1978, ♖ *Venutolo,* n° 77-93.423 P. ♦ ... Emport de la comptabilité privant le contribuable de la possibilité d'un débat oral et contradictoire. • Crim. 23 nov. 1992, ♖ n° 90-86.657 : *RJF 1993. 290.* ♦ ... A condition que ces exceptions de nullité soient présentées avant toute défense au fond. • Crim. 19 sept. 1994, ♖ n° 93-85.641 : *Dr. fisc. 1995. 1848, note Tixier et Lamulle.*

37. Sous cette réserve, l'irrégularité de la procédure de vérification est sans effet sur la procédure pénale. • Crim. 1er oct. 1984, ♖ n° 83-94.693 P : *RJF 1985. 1489* • 1er oct. 1979, ♖ n° 78-93.884 P.

38. Le juge pénal peut, sans méconnaître les principes de la plénitude de juridiction du juge répressif, justifier sa décision de relaxe en retenant notamment les décisions de décharge de l'imposition rendues par les juridictions administratives. • Crim. 4 nov. 2010, n° 10-816.233 : *RJF 2011. 513.*

39. Sursis à statuer. Les poursuites pénales exercées sur le fondement de l'art. 1741 et la procédure administrative tendant à fixer l'assiette et l'étendue de l'impôt étant, par leur nature et leur objet, différentes et indépendantes l'une de l'autre, le juge répressif n'a pas à surseoir à statuer jusqu'à la décision définitive de la juridiction administrative, laquelle ne peut avoir autorité de chose jugée à son égard. • Crim. 11 janv. 2006, ♖ n° 05-82.674 P : *Dr. fisc. 2007. 498* • Crim. 30 juin 2010, ♖ n° 09-86.249 : *RJF 2010.1233.* ♦ Par exception, le juge peut, dans l'exercice de son pouvoir souverain, prononcer le sursis à statuer en cas de risque sérieux de contrariété de décisions, notamment en présence d'une décision non définitive déchargeant le prévenu de l'impôt pour un motif de fond. • Crim. 11 sept. 2019, ♖ n° 18-81.980 : *RJF 2019. 1197.*

40. Constitution de partie civile. Est recevable la constitution de partie civile de l'administration fiscale intervenue en cause d'appel, dès lors que la nature spécifique de l'action de cette administration, qui n'est ni une action civile ni une action publique, trouve son fondement, non pas dans les art. 2 et 3 C. pr. pén. mais dans l'art. L. 232 LPF, cette action ne lui ouvrant pas, comme en droit commun, le droit de demander une réparation distincte de celle assurée par les majorations et amendes fiscales mais ayant pour but de lui permettre de suivre la procédure et d'intervenir dans les débats. • Crim. 8 nov. 2017, ♖ n° 17-82.968 : *Dr. fisc. 2017. 699, note Salomon.*

41. Amnistie. L'art. 14-13° de la loi n° 2002-1062 du 6 août 2002 exclut du champ d'application de l'amnistie les infractions à la législation et à la réglementation en matière fiscale et douanière.

Art. 1741 A La commission des infractions fiscales prévue à l'article L. 228 du livre des procédures fiscales est composée, sous la présidence d'un conseiller d'État, en activité ou honoraire, élu par l'assemblée générale du Conseil d'État, de :

1° Huit *(L. n° 2019-222 du 23 mars 2019, art. 102)* **« membres du Conseil d'État** *[ancienne rédaction : conseillers d'État]* **», en activité ou honoraires, élus par l'assemblée précitée ;**

2° Huit *(L. n° 2019-222 du 23 mars 2019, art. 102)* **« magistrats de la Cour des comptes** *[ancienne rédaction : conseillers maîtres à la Cour des comptes, en activité ou honoraires,]* **» élus par la chambre du conseil en formation plénière de la Cour des comptes ;**

3° Huit magistrats honoraires à la Cour de cassation, élus par l'assemblée générale de la Cour de cassation ;

4° Deux personnalités qualifiées, désignées par le président de l'Assemblée nationale ;

5° Deux personnalités qualifiées, désignées par le président du Sénat.

Les élections et les désignations mentionnées aux six premiers alinéas du présent article respectent le principe de parité entre les femmes et les hommes.

Le mandat du président et des membres de la commission ainsi que celui de leurs suppléants est de trois ans. Le président, les membres de la commission et leurs suppléants sont tenus au secret professionnel.

La commission peut se réunir en sections présidées par le président de la commission ou son représentant. Elle peut s'adjoindre des rapporteurs. En cas de partage égal des voix, celle du président est prépondérante.

Un décret en Conseil d'État fixe la composition et les conditions de fonctionnement de la commission. — *V. Ann. II, art. 384 septies-0 A à 384 septies-0 D et 384 septies-0 I. — V. aussi LPF, art. L. 228 et L. 230. —* ***C. pr. fisc.*** *— V. égal., sur l'incidence de l'infraction au regard de la passation de marchés publics, App., Ord. n° 2015-899 du 23 juill. 2015, art. 45 et 103.*

Les principes du procès équitable reconnus par la Conv. EDH ne peuvent s'appliquer devant la Commission des infractions fiscales, qui n'est pas un premier degré de juridiction mais un organisme consultatif destiné à donner son avis au ministre chargé des finances sur l'opportunité des poursuites. • Crim. 16 mai 2001, ♖ *Gaydamak,* n° 00-82.649 : *RJF 2002. 216.*

Ancien art. 1741 A *[En vigueur jusqu'au 31 déc. 2014] La commission des infractions fiscales prévue par l'article L. 228 du Livre des procédures fiscales est composée, sous la présidence d'un conseiller d'État, de conseillers d'État et de conseillers maîtres à la Cour des comptes, choisis parmi ces magistrats et ces fonctionnaires en activité ou à la retraite.*

Le président et les membres de la commission ainsi que leurs suppléants sont nommés par décret pour trois ans ; ils sont tenus au secret professionnel.

La commission peut se réunir en sections présidées par le président de la commission ou son représentant. Elle peut s'adjoindre des rapporteurs. En cas de partage égal des voix, celle du président est prépondérante.

Un décret en Conseil d'État fixe la composition et les conditions de fonctionnement de la commission. — V. Ann. II, art. 384 septies-0A à 384 septies-0D et 384 septies-0 I. — V. aussi LPF, art. L. 228 et L. 230.

Art. 1742 Les articles 121-6 et 121-7 du code pénal sont applicables aux complices des délits visés à l'article 1741, sans préjudice des sanctions disciplinaires, s'ils sont officiers publics ou ministériels ou experts-comptables. — *Sur l'incidence de l'infraction au regard de la passation de marchés publics, V. App., Ord. nº 2015-899 du 23 juill. 2015, art. 45 et 103.*

1. L'art. 1742 permet d'impliquer les complices qui auraient fourni aide et assistance à l'auteur principal du délit ou qui seraient les instigateurs de l'infraction commise par ce dernier. Il s'agit notamment des professionnels de la comptabilité, salariés ou non, qui utilisent leurs connaissances techniques pour masquer les irrégularités comptables ou fiscales commises par leurs employeurs ou clients. * BOI-CF-INF-40-10-10-40 nº 210 du 18 juin 2015.

2. Se rendent complices du délit de fraude fiscale : le notaire qui prête son concours à un client, bien que sachant que les actes pour l'établissement desquels son office est requis, constituent, compte tenu de leur simultanéité et des majorations fictives de prix, l'instrument nécessaire et obligé de la fraude. • Crim. 22 déc. 1986, nº 85-91.140 P : *D. 1987. 327, note Tixier et Lamulle ; Dr. fisc. 1987. 1234.* ♦ ... Le banquier qui, sollicité par un client de son agence voulant dissimuler une partie de ses recettes au fisc, lui a conseillé l'ouverture d'un compte dit « de passage ». • Crim. 24 nov. 1986, nº 85-94.140 P : *D. 1987. 327, note Tixier et Lamulle ; Dr. fisc. 1987. 1233.*

Art. 1743 Est également puni des peines prévues à l'article 1741 :

1º Quiconque a sciemment omis de passer ou de faire passer des écritures ou a passé ou fait passer des écritures inexactes ou fictives au livre-journal prévu par les articles L. 123-12 à L. 123-14 du code de commerce, ou dans les documents qui en tiennent lieu.

La présente disposition ne met pas obstacle à l'application des peines de droit commun ;

2º Quiconque, en vue de faire échapper à l'impôt tout ou partie de la fortune d'autrui, s'entremet, soit en favorisant les dépôts de titres à l'étranger, soit en transférant ou faisant transférer des coupons à l'étranger pour y être encaissés ou négociés, soit en émettant ou en encaissant des chèques ou tous autres instruments créés pour le paiement des dividendes, intérêts, arrérages ou produits quelconques de valeurs mobilières ;

Quiconque, dans le même but, a tenté d'effectuer l'une quelconque des opérations visées au premier alinéa est puni des mêmes peines. — *En ce qui concerne le dépôt des plaintes, V. LPF, art. L. 228 à L. 230.* — ***C. pr. fisc.***

3º Quiconque a fourni sciemment des renseignements inexacts en vue de l'obtention des agréments prévus aux articles 199 *undecies* A, 199 *undecies* B, 217 *undecies*, 217 *duodecies*, 244 *quater* W *(L. nº 2020-1721 du 29 déc. 2020, art. 108-I-B et IV, applicable aux investissements réalisés à compter du 1er janv. 2022)* **« , 244 *quater* X et 244 *quater* Y » ou de l'autorisation préalable prévue à l'article 199 *undecies* A.**

Sur l'incidence de l'infraction au regard de la passation de marchés publics, V. App., Ord. nº 2015-899 du 23 juill. 2015, art. 45 et 103.

1. Le délit d'omission de passation d'écritures ou de passation d'écritures inexactes ou fictives prévu par l'art. 1743-1º constitue une infraction distincte du délit de soustraction frauduleuse à l'établissement ou au paiement de l'impôt prévu par l'art. 1741. Cette infraction est caractérisée en elle-même dès lors que se trouvent réunis ses éléments constitutifs propres et sans qu'il soit nécessaire que son auteur ait poursuivi la réalisation d'une fraude fiscale. • Crim. 3 déc. 1979, n° 79-90.288 P : *Dr. fisc. 1980. 1618.*

2. La contrainte par corps n'est pas encourue en cas de condamnation pour omission d'écritures en comptabilité. • Crim. 7 nov. 1996, n° 96-80.411 P : *Dr. fisc. 1997. 482.*

Art. 1745 Tous ceux qui ont fait l'objet d'une condamnation définitive, prononcée en application des articles 1741, 1742 ou 1743 *[,]* peuvent être solidairement tenus, avec le redevable légal de l'impôt fraudé, au paiement de cet impôt ainsi qu'à celui des pénalités fiscales y afférentes.

BIBL. ▶ DETRAZ, *Dr. fisc. 2012. 551* (la nature de la solidarité de l'art. 1745 CGI). – ROGNON, *BFL 2013, p. 197* (la solidarité fiscale est-elle une mesure pénale ?).

1. Non-lieu à renvoi au Conseil constitutionnel de la QPC selon laquelle l'art. 1745 en ce qu'il prive le juge pénal du droit de moduler l'étendue de la solidarité et, partant, d'individualiser la peine, dispense le juge pénal de motiver sa décision et ne prévoit aucun recours effectif contre le prononcé de la solidarité, ne serait pas conforme au principe d'individualisation des peines, aux droits de la défense et son corollaire, le principe du contradictoire, au droit à un recours effectif et au droit au procès équitable et à l'obligation qui en découle de motiver les décisions en matière répressive, protégés par les art. 8 et 16 de la DDH. • Crim. QPC, 25 juin 2014 : *RJF 2014. 931.* ♦ La solidarité prévue par l'art. 1745, qui constitue seulement une garantie pour le recouvrement de la créance du Trésor public, ne revêt pas le caractère d'une punition entrant dans le champ de l'art. 8 de la DDH, dès lors que celui qui s'est acquitté du paiement des impôts fraudés et des pénalités correspondantes dispose d'une action récursoire contre le débiteur principal et, le cas échéant, contre les codébiteurs solidaires. Non-lieu à QPC. • CE 8 déc. 2017, n° 414303 : *RJF 2018. 300.* ♦ La solidarité fiscale ne constituant pas une peine, le principe de proportionnalité du cumul des sanctions fiscales et pénales ne lui est pas applicable. • Crim. 23 oct. 2019, n° 18-85.088 : *RJF 2020. 642.* ♦ La jurisprudence du Conseil constitutionnel sur la règle *« non bis in idem »* ne peut en tout état de cause être utilement invoquée dès lors que les sanctions pénales prévues à l'art. 1741 et la solidarité prévue à l'art. 745 ne relèvent pas de procédures juridictionnelles distinctes. Non-lieu à QPC. • Même arrêt.

2. La solidarité prononcée contre le dirigeant social en application de l'art. 1745, qui constitue une garantie de recouvrement de la créance fiscale et ne tend pas à la réparation d'un préjudice, ne fait pas obstacle à la condamnation de ce dirigeant à supporter, à raison de la faute de gestion consistant à soustraire la société à l'établissement et au paiement de l'impôt et à omettre de passer des écritures en comptabilité, tout ou partie de l'insuffisance d'actif de la société, comprenant la dette fiscale, objet de la solidarité. • Com. 5 sept. 2018, n° 17-13.626 : *BJS 2018. 639, note Eva Mouial-Bassilana.*

3. L'Administration ne peut obtenir le prononcé de la solidarité avec le redevable légal de l'impôt que si les prévenus font l'objet d'une condamnation pénale. En présence d'une décision de relaxe, l'Administration est sans recours. • Crim. 29 févr. 1996, n° 93-84.616 P : *Dr. fisc. 1996. 881.*

4. Le prononcé de la solidarité, mesure pénale accessoire d'une condamnation pénale, sur l'appel du ministère public ou de l'administration fiscale, partie civile, relève d'une faculté que les juges tiennent de la loi et n'a pas à être spécialement motivé. • Crim. 16 mai 2012, n° 11-86-334.

5. Lorsque les juges prononcent une condamnation pénale pour fraude fiscale en application des art. 1741, 1742 et 1743, l'administration fiscale, partie civile, est recevable devant la juridiction du second degré, y compris sur son seul appel, à demander que soit prononcée la solidarité du condamné avec le redevable légal des impôts fraudés. • Crim. 16 janv. 2013, n° 12-82.546 : *RJF 2013. 551.*

6. L'existence d'une procédure collective ouverte à l'encontre du prévenu et sa condamnation au comblement du passif social ne s'opposent pas à ce qu'il soit déclaré solidairement tenu avec le redevable légal de l'impôt au paiement des droits fraudés. • Crim. 3 oct. 1996, n° 95-84.203 P : *Dr. fisc. 1997. 109 ; RJF 1997. 750* • Crim. 6 nov. 1997, *Bénard,* n° 96-85.304. ♦ L'ouverture d'une procédure de redressement judiciaire à l'encontre d'un prévenu ne fait pas obstacle au prononcé de la solidarité prévue par l'art. 1745, mesure à caractère pénal sans incidence sur la détermination des droits dus et sur l'obligation de l'Administration de déclarer sa créance à la procédure collective. • Crim. 3 juin 2004, n° 04-82.036 : *Dr. fisc. 2004. 762.* ♦ Dans le même sens, pour des procédures de redressement ou de liquidation judiciaires. • Crim. 27 janv. 2010 : *RJF 2010. 584.*

7. La solidarité du complice avec le redevable de l'impôt fraudé s'étend à tous les frais de fraude fiscale poursuivis et qui procèdent d'une conception unique. • Crim. 22 oct. 2008, n° 07-88.134 P. ♦ Le juge qui prononce la solidarité, mesure pénale sans incidence sur la détermination des droits dus, ne peut en limiter les effets à une part des impôts fraudés et pénalités fiscales y afférentes. • Crim. 4 nov. 2004, ⚖ n° 03-87.503 : *RJF 2005. 1117 ; Dr. fisc. 2005. 241.* ♦ En cas de condamnation sur le fondement de l'art. 1743, le juge ne peut prononcer la solidarité s'il constate l'absence de droits fraudés. • Crim. 7 nov. 1996, ⚖ n° 96-80.411 P : *Dr. fisc. 1997. 482.*

8. Si le comptable du Trésor a la faculté, dès la mise en recouvrement de l'impôt fraudé et des pénalités, de signifier au débiteur solidaire un commandement de payer, sans lui adresser au préalable une lettre de rappel, la décision de ce comptable doit être fondée sur des motifs tirés du risque de non-recouvrement de la créance fiscale liés, notamment, à l'insolvabilité du débiteur ou à son comportement fiscal. A défaut, aucun acte de poursuites ne peut être notifié au débiteur solidaire avant que la lettre de rappel prévue à l'art. L. 255 LPF lui ait été adressée. • CE 10 avr. 2002, ⚖ n° 225017 : *RJF 2002. 860.*

9. Lorsqu'une personne a été condamnée, sur le fondement de l'art. 1745, comme auteur d'un délit de fraude fiscale, le juge répressif est seul compétent pour décider s'il y a lieu de la déclarer solidairement tenue au paiement de l'impôt fraudé et des pénalités fiscales y afférentes. Par voie de conséquence, cette personne ne peut utilement contester devant le juge de l'impôt le principe ou l'étendue de la solidarité qui lui a été assignée par la juridiction pénale. • CE 30 juill. 2003, ⚖ n° 236702 : *RJF 2003. 1314 ; Dr. fisc. 2004. 107* • CAA Lyon, 19 nov. 2002, n° 02LY1503 : *Dr. fisc. 2003. 433, concl. Bonnet* • CE 13 juill. 2011, ⚖ n° 346742 : *RJF 2011. 1194 ; Dr. fisc. 2011. 524, concl. Collin.* ♦ ... Mais elle peut soutenir devant le juge de l'impôt que l'Administration a étendu sa solidarité au-delà de celle fixée par le juge pénal. • CE 3 juill. 1985, ⚖ n° 52011 : *Dr. fisc. 1985. 2160, concl. M. A. Latournerie* • 30 juill. 2003, ⚖ n° 236702 : *préc.* ♦ ... Et elle est recevable à contester la procédure et le bien-fondé des impositions mises à la charge du redevable principal. • CE 13 juill. 2011, ⚖ n° 346742 : *préc.*

10. La solidarité prévue par l'art. 1745, mesure à caractère pénal, peut être prononcée par le juge répressif indépendamment de toute demande ou recours de l'administration fiscale. • Crim. 19 mai 2010, ⚖ n° 09-83.970 : *RJF 2010. 961.*

11. Si la solidarité prononcée en application de l'art. 1745 sur constitution de partie civile de l'administration fiscale constitue une mesure à caractère pénal, elle est néanmoins nécessairement prononcée au profit du créancier de l'impôt éludé. Ce dernier est fondé à poursuivre le paiement de sa créance soit auprès du débiteur principal, soit auprès de la personne tenue solidairement au paiement. Dès lors, en l'espèce, le receveur principal des impôts avait qualité pour poursuivre le recouvrement de sa créance de TVA auprès de la personne déclarée tenue solidairement au paiement de la taxe. • Com. 31 janv. 2006 : ⚖ *RJF 2006. 783.*

Art. 1746 **1. Le fait de mettre les agents habilités à constater les infractions à la législation fiscale dans l'impossibilité d'accomplir leurs fonctions est puni d'une amende de 25 000 €, prononcée par le tribunal correctionnel. En cas de récidive de cette infraction, le tribunal peut, outre cette amende, prononcer une peine de six mois d'emprisonnement.**

2. L'opposition collective à l'établissement de l'assiette de l'impôt est punie de six mois d'emprisonnement et de 7 500 € d'amende.

3. Les dispositions de l'article L. 228 du livre des procédures fiscales ne sont pas applicables aux infractions définies au présent article.

Sur l'incidence de l'infraction au regard de la passation de marchés publics, V. App., Ord. n° 2015-899 du 23 juill. 2015, art. 45 et 103.

1. Le législateur n'a pas méconnu le principe d'égalité devant la loi en instituant, à l'art. 1732, une sanction administrative de majoration d'imposition en cas d'opposition à contrôle fiscal, tout en réprimant d'une amende pénale prononcée par les tribunaux correctionnels, en application de l'art. 1746, le fait de mettre les agents habilités à constater les infractions à la législation fiscale dans l'impossibilité d'accomplir leurs fonctions. • CE QPC, 13 avr. 2018, ⚖ n° 418411 : *RJF 2018. 1162.*

2. L'infraction est constituée dès qu'un obstacle est apporté volontairement à l'action des agents de l'Administration des impôts au cours d'une vérification fiscale. • Crim. 24 avr. 1996, ⚖ n° 95-81.156 P : *Dr. fisc. 1996. 1054.*

3. Qu'il s'agisse de constater une opposition collective impliquant opposition individuelle, ou seulement une opposition individuelle, les faits constitutifs d'infraction doivent être relevés dans un procès-verbal devant permettre tant au Parquet qu'à l'Administration de disposer d'un élément de preuve sur la base duquel pourront être engagées soit l'action publique et l'action fiscale, soit l'action fiscale seule. Les infractions de droit commun pouvant accompagner les infractions d'opposition, telles que les outrages, les violences et voies de fait, les menaces de mort, les séquestrations, les dégradations de véhicules, etc., sont réprimées par le code pénal. * BOI-CF-IOR-40 n°s 190 s. du 12 sept. 2012.

Art. 1747 Quiconque, par voies de fait, menaces ou manœuvres concertées, aura organisé ou tenté d'organiser le refus collectif de l'impôt, sera puni des peines prévues à l'article 1er de la loi du 18 août 1936 réprimant les atteintes au crédit de la Nation.

Sera puni d'une amende de 3 750 € et d'un emprisonnement de six mois quiconque aura incité le public à refuser ou à retarder le paiement de l'impôt. — *Sur l'incidence de l'infraction au regard de la passation de marchés publics, V. App., Ord. n° 2015-899 du 23 juill. 2015, art. 45 et 103.*

Art. 1748 La procédure de mise en demeure préalable, instituée par les trois derniers alinéas de l'article 52 de la loi du 22 mars 1924 n'est pas applicable aux poursuites correctionnelles prévues par les lois en vigueur, en ce qui concerne les impôts perçus par l'administration fiscale.

Art. 1749 *Devenu sans objet (Décr. n° 2010-421 du 27 avr. 2010).*

Art. 1750 Les personnes physiques coupables de l'une des infractions en matière d'impôts directs, de taxe sur la valeur ajoutée et autres taxes sur le chiffre d'affaires, de droit d'enregistrement, de taxe de publicité foncière et de droit de timbre encourent les peines complémentaires suivantes :

1° L'interdiction, suivant les modalités prévues par l'article 131-27 du code pénal, d'exercer directement ou indirectement, pour son propre compte ou pour le compte d'autrui, une profession libérale, commerciale ou industrielle, de diriger, d'Administrer de gérer ou de contrôler à un titre quelconque, directement ou indirectement, pour son propre compte ou pour le compte d'autrui, une entreprise commerciale ou industrielle ou une société commerciale ;

2° La suspension, pour une durée de trois ans au plus, ou de six ans au plus en cas de récidive, du permis de conduire, la juridiction pouvant limiter cette peine à la conduite en dehors de l'activité professionnelle.

Art. 1751 1. *Abrogé par Ord. n° 86-1243 du 1er déc. 1986, art. 60-IX.*

2. Dans tous les cas où est *(Ord. n° 2019-698 du 3 juill. 2019, art. 6-2°)* « constaté un manquement » aux règles de facturation telles que prévues aux articles *(Ord. n° 2019-698 du 3 juill. 2019, art. 6-2°)* « L. 441-9 et L. 443-3 » du code de commerce, l'entreprise de l'auteur du délit peut être placée sous séquestre jusqu'à l'exécution de la décision définitive. La mesure de séquestre pourra être étendue à l'ensemble du patrimoine de l'auteur du délit. — *V. également LPF, art. L. 246.*

La mise sous séquestre peut être ordonnée par le juge d'instruction ou par le tribunal correctionnel saisis, en tout état de la procédure, sur réquisition du procureur de la République. Elle peut l'être également, hors le cas de la saisine du juge d'instruction ou du tribunal correctionnel, par le président du tribunal statuant en référé dans les conditions prévues aux articles 485 et 486 du code de procédure civile. Dans tous les cas, la décision ordonnant le séquestre est, de plein droit, exécutoire par provision et sur minute, avant enregistrement.

Le séquestre est confié au service des domaines dans les formes et conditions prévues par la loi validée du 5 octobre 1940, relative aux biens mis sous séquestre en conséquence d'une mesure de sûreté générale.

3. Un décret pris sur le rapport du garde des Sceaux, ministre de la justice, du ministre de l'économie et des finances et du secrétaire d'État au budget détermine les conditions d'application du présent article. — *V. Ann. III, art. 406 A 12 à 406 A 16.*

Art. 1751 A *(L. n° 2019-1479 du 28 déc. 2019, art. 174-I)* La révélation des nom et prénom du bénéficiaire d'une autorisation délivrée en application de l'article L. 286 B du livre des procédures fiscales ou de tout élément permettant son identification personnelle ou sa localisation est punie des peines prévues au IV de l'article 15-4 du code de procédure pénale.

Art. 1753 Ne sont pas admises à participer aux travaux des commissions instituées par les articles 1650 à *(L. n° 2020-1525 du 7 déc. 2020, art. 9-5°)* « 1651 M » *(L. n° 2018-898 du 23 oct. 2018, art. 19-I-3°)* « , 1653 A, 1653 C et 1653 F », les personnes qui, à l'occasion de fraudes fiscales ou d'oppositions au contrôle fiscal, ont fait l'objet d'une condamnation, prononcée par le tribunal, à l'une des peines prévues *(Disjoint par Décr. n° 2019-559 du 6 juin 2019, art. 1er)* « *au II de l'article 1736,* » au

(Abrogé par L. n° 2021-1900 du 30 déc. 2021, art. 142-2°) « *4 du* » I de l'article 1737, au 1 de l'article 1738, aux articles 1741 à 1747, 1751, au 5 du V de l'article 1754, au 2 de l'article 1761, aux articles 1771 à 1775, 1777, 1778, 1783 A, *(Abrogé par Décr. n° 2021-744 du 9 juin 2021, art. 1er)* « *1788,* » 1788 A, aux articles 1789 et 1790, 1810 à 1815, 1819, 1821, aux articles 1837 à 1839, 1840 B, 1840 I et 1840 O à 1840 Q.

Art. 1753 *bis* A Toute personne qui, à l'occasion des actions tendant à obtenir une condamnation pécuniaire mentionnées à l'article L. 143 du livre des procédures fiscales aura, en dehors de la procédure relative à l'action considérée, de quelque manière que ce soit, publié ou divulgué tout ou partie des renseignements figurant dans des documents d'ordre fiscal versés aux débats, ou fait usage desdits renseignements sans y être légalement autorisée encourt six mois d'emprisonnement et 6 000 € d'amende.

Art. 1753 *bis* B Tout contrevenant à l'obligation prévue au deuxième alinéa de l'article L. 287 du livre des procédures fiscales est puni des peines mentionnées à l'article 226-21 du code pénal.

Art. 1753 *bis* C *(Abrogé par L. n° 2018-727 du 10 août 2018, art. 10) Les personnes qui contreviennent intentionnellement (L. n° 2017-1775 du 28 déc. 2017, art. 11) « aux obligations prévues aux deux derniers alinéas de » l'article L. 288 A du livre des procédures fiscales encourent les peines prévues à l'article (L. n° 2017-1775 du 28 déc. 2017, art. 11) « 226-13 » du code pénal.*

La peine encourue est réduite à une amende de 10 000 € pour les personnes mentionnées aux 3°, 4°, 6° et 7° de l'article L. 133-5-6 du code de la sécurité sociale qui ont recours au dispositif simplifié prévu au même article L. 133-5-6 et pour les personnes physiques mentionnées à l'article L. 7122-22 du code du travail ayant recours à l'organisme mentionné à l'article L. 7122-23 du même code.

Art. abrogé avant son entrée en vigueur.

D RECOUVREMENT ET CONTENTIEUX DES PÉNALITÉS ET SOLIDARITÉ

(Ord. n° 2005-1512 du 7 déc. 2005, art. 15 et 25)

Art. 1754 I. – Le recouvrement et le contentieux des pénalités calculées sur un impôt sont régis par les dispositions applicables à cet impôt.

II. – Le recouvrement et le contentieux des autres pénalités sont régis par les dispositions applicables aux taxes sur le chiffre d'affaires.

III. – Par dérogation aux dispositions du I :

1. Sont constatées, poursuivies et sanctionnées comme en matière de contributions indirectes les infractions aux obligations imposées en vertu du I de l'article 268 *ter* et du III de l'article 298 *bis*, en vue du contrôle des opérations d'importation, d'achat, de vente, de commission et de courtage portant sur les animaux vivants de boucherie et de charcuterie.

2. En cas de non-respect de l'un des engagements prévus à l'article 1137, les infractions sont constatées par des procès-verbaux dressés par les agents du service départemental de l'agriculture.

III *bis*. – Par dérogation au II du présent article, le recouvrement et le contentieux des amendes prévues *(L. n° 2019-1479 du 28 déc. 2019, art. 16-I-F-1-c et VII-E, en vigueur à compter des impositions établies au titre de 2023)* « aux articles 1729 C et 1770 *terdecies* [*ancienne rédaction : à l'article 1729 C*] » sont régis par les dispositions applicables aux taxes foncières.

IV. – En cas de décès du contrevenant ou s'il s'agit d'une société, en cas de dissolution, les amendes, majorations et intérêts dus par le défunt ou la société dissoute constituent une charge de la succession ou de la liquidation.

V. – 1. En cas d'abus de droit ou de dissimulation d'une partie du prix stipulé dans un contrat, toutes les parties à l'acte ou à la convention sont tenues solidairement, avec le redevable de la cotisation d'impôt ou de la restitution d'une créance indue, au paiement de l'intérêt de retard et de la majoration prévue à l'article 1729.

2. Les dirigeants de droit ou de fait des personnes morales émettrices des documents mentionnés à l'article 1740 A, qui étaient en fonction au moment de la délivrance, sont solidairement responsables du paiement de l'amende, en cas de manquement délibéré.

3. Les dirigeants sociaux mentionnés à l'article 62 et aux 1°, 2° et 3° du *b* de l'article 80 *ter* ainsi que les dirigeants de fait gestionnaires de la société à la date du versement ou, à défaut de connaissance de cette date, à la date de déclaration des résultats de l'exercice au cours duquel les versements ont eu lieu, sont solidairement responsables du paiement de l'amende prévue à l'article 1759.

4. Le prétendu créancier qui a faussement attesté l'existence d'une dette dont la déduction est demandée pour la perception des droits de mutation par décès est tenu, solidairement avec le déclarant, au paiement de l'intérêt de retard et de la majoration prévue à l'article 1729.

5. En cas de dissimulation d'une partie du prix stipulé dans un contrat, celui qui s'est rendu complice de manœuvres destinées à éluder le paiement des droits d'enregistrement ou de la taxe de publicité foncière est solidairement tenu avec les contractants au paiement des droits, de l'intérêt de retard et de la majoration prévue à l'article 1729.

6. Sont solidaires pour le paiement des sanctions fiscales encourues en matière de droits de timbre toutes les parties à un acte ou écrit non timbré ou insuffisamment timbré, les prêteurs et les emprunteurs, pour les obligations, les officiers ministériels qui ont reçu ou rédigé des actes énonçant des actes ou livres non timbrés.

7. Lorsque la déchéance du bénéfice du taux réduit prévue par le 2° du I du D de l'article 1594 F *quinquies* est encourue du fait du sous-acquéreur, ce dernier est tenu solidairement avec l'acquéreur d'acquitter sans délai le complément de taxe.

8. Le constituant et les bénéficiaires soumis au prélèvement de l'article 990 J sont solidairement responsables avec l'administrateur du trust du paiement de l'amende prévue au IV *bis* de l'article 1736.

1. Constitutionnalité. Le Conseil d'État a transmis au Conseil constitutionnel la question de la conformité au principe de personnalité des peines de la responsabilité solidaire des dirigeants pour le paiement de la pénalité pour distributions occultes (art. 1754-V-3). • CE 27 oct. 2010, ☖ n° 342925 : *Dr. fisc. 2010. 579, concl. Geffray.* ♦ Conformité à la Constitution de l'art. 1754-V-3. • Cons. const. 21 janv. 2011, ☖ n° 2010-90 QPC : *JO 22 janv. 2011 ; RJF 2011. 483.* ♦ Le Conseil d'État a transmis au Conseil constitutionnel la question de savoir si l'article 1754-IV, qui met les pénalités fiscales à la charge de la succession en cas de décès du contrevenant, porte atteinte au principe de personnalité des peines. • CE 22 févr. 2012, ☖ n° 352200 : *RJF 2012. 504.* ♦ Conformité à la Constitution de l'art. 1754-IV. • Cons. const. 4 mai 2012, n° 2012-239-QPC : *RJF 2012.736 ; Dr. fisc. 2012. 365, note Grandemange.*

2. Amende pour distributions occultes. Le fait qu'un dirigeant a été dessaisi de l'administration et de la disposition des biens de la société par un jugement de liquidation judiciaire ne met pas fin à sa responsabilité solidaire. • CE 28 juin 1996, ☖ n° 148481 : *Dr. fisc. 1996. 1244.* ♦ Le dirigeant ne peut invoquer l'extinction de la créance du Trésor à l'égard du débiteur principal, consécutive à une production tardive au syndic et à la clôture des opérations d'apurement collectif, dès lors que cette extinction laisse subsister l'obligation distincte à la charge du codébiteur solidaire. • CAA Paris, 4 nov. 1999, n° 97PA767 : *Dr. fisc. 2000. 365 ; RJF 2000. 292.* ♦ La mise en œuvre de la responsabilité solidaire n'est pas subordonnée à la preuve de l'appréhension par le dirigeant des sommes retenues dans l'assiette de la pénalité. • CE 6 mai 1996, ☖ n° 134415 : *Dr. fisc. 1996. 1130, concl. Arrighi de Casanova ; RJF 1996. 734, obs. Austry, p. 395.*

3. Les dirigeants de droit sont dans tous les cas solidairement responsables. • CAA Paris, 28 juill. 1998, n° 96PA3366 : *Dr. fisc. 1999. 423, concl. Haïm.* ♦ Ils ne peuvent utilement invoquer l'existence d'un gérant de fait ni faire valoir qu'ils ne dirigeaient plus la société à la date d'expiration du délai imparti à la société pour désigner les bénéficiaires de la distribution. • CE 17 déc. 2003, ☖ n° 200890 : *RJF 2004. 314.* ♦ Les dirigeants de fait sont également responsables solidaires s'ils participent effectivement à la gestion et à la direction de l'entreprise en exerçant sur celle-ci un contrôle effectif et constant. • TA Versailles, 18 mai 1993, n° 92-1114 : *RJF 1993. 1163* • CAA Paris, 8 oct. 1993, n° 92PA922 : *Dr. fisc. 1994. 1062.* ♦ Tel n'est pas le cas de l'associé minoritaire d'une société qui n'a jamais assumé de fonctions en son sein ni eu le pouvoir d'engager ladite société par sa signature et n'a donc joué aucun rôle actif dans la direction sociale. • CE 29 oct. 2001, ☖ n° 221713, *Trachel : RJF 2002. 113.* ♦ La responsabilité solidaire du directeur salarié d'une association peut être recherchée sur le fondement de l'art. 1763 A (actuel art. 1759) pour le paiement de la pénalité pour distributions occultes à laquelle l'association a été assujettie. • CE 16 févr. 2001, n° 217890 : *RJF 2001. 705 ; concl. Mignon au BDCF 5/01, n° 71 ; Dr. fisc. 2002. 406.* ♦ Un gérant associé égalitaire de SARL est solidairement tenu au paiement des amendes infligées à la société, au même titre qu'un gérant associé majoritaire (art. 62) ou un gérant associé minoritaire (art. 80 *ter-b-2°*) mentionnés à l'art. 1754-V-3. • CE (na), 25 mai 2018, n° 416507 : *RJF 2018. 1023.*

4. La responsabilité solidaire des dirigeants sociaux ou de fait de la société s'apprécie à la date du versement des revenus distribués ou, à défaut de connaissance de cette date, à la date de déclaration des résultats de l'exercice au cours duquel ces versements ont eu lieu pénalité. • CAA Nantes, 17 nov. 2011, n° 09NT02707 : *RJF 2012. 473.* ♦ Les dirigeants sociaux qui n'auraient plus cette qualité à la date du versement des revenus distribués ou, à défaut de connaissance de cette date, à la date de déclaration des résultats de l'exercice au cours duquel ces versements ont eu lieu, ne sauraient être tenus pour solidairement responsables de la pénalité prévue par l'art. 1759. Tel est le cas du gérant d'une SARL qui a cédé toutes ses parts et cessé ses fonctions avant que les charges non justifiées et considérées comme distribuées aient été comptabilisées. • TA Paris, 30 sept. 2008, n° 03-16849 : *RJF 2009. 445.*

5. L'Administration n'est pas tenue d'adresser au dirigeant une notification de redressement distincte. • CAA Paris, 21 janv. 1992, n° 90PA652 : *Dr. fisc. 1993. 821* • 7 déc. 1995, n° 94-1767 : *Dr. fisc. 1996. 432.* ♦ Elle n'est tenue de motiver la pénalité fiscale qu'à l'égard de la société et non des personnes solidairement responsables. • CE 6 mai 1996, n° 134415 : *Dr. fisc. 1996. 1130, concl. Arrighi de Casanova.* ♦ Mais elle doit adresser au dirigeant, avant de lui notifier un commandement, la lettre de rappel prévue à l'art. L. 255 LPF. • CE 5 janv. 1994, n° 82744 : *Dr. fisc. 1995. 249 ; RJF 1994. 269* • CAA Paris, 11 mars 1999, n° 96PA2207 : *RJF 1999. 995.*

6. Abus de droit. Responsabilité solidaire des parties à l'acte avec le redevable. * BOI-CF-INF-30-30 n°s 90 et 100 du 27 juin 2019.

E MESURES DIVERSES

Art. 1755 **1. Sauf en cas de manœuvres frauduleuses, les majorations fiscales, de quelque nature qu'elles soient, ne sont pas applicables aux contribuables qui auront fait connaître spontanément, par lettre recommandée expédiée dans les trois mois suivant leur adhésion à un centre de gestion, une association ou un organisme mixte de gestion » agréés, les insuffisances, inexactitudes ou omissions que comportent les déclarations.**

2. Le bénéfice de cette mesure est subordonné à la double condition :

***a.* Que ces insuffisances, inexactitudes ou omissions n'aient pas fait l'objet, antérieurement à la date d'expédition de la lettre recommandée mentionnée au 1°, de l'engagement d'aucune procédure administrative ou judiciaire ni d'aucune proposition de rectification ;**

***b.* Que l'impôt en principal soit acquitté dans les nouveaux délais impartis.**

Art. 1756 **I. — En cas de sauvegarde ou de redressement ou de liquidation judiciaires, les frais de poursuite et les pénalités fiscales encourues en matière d'impôts directs et taxes assimilées, de taxes sur le chiffre d'affaires et taxes assimilées, de droits d'enregistrement, taxe de publicité foncière, droits de timbre et autres droits et taxes assimilés,** *(L. n° 2016-1917 du 29 déc. 2016, art. 60-I-B-36° et I-G-1, applicable aux revenus perçus ou réalisés à compter du 1er janv. 2019)* **« de retenue à la source prévue à l'article 204 A, » dus à la date du jugement d'ouverture, sont remis, à l'exception des majorations prévues aux *b* et *c* du 1 de l'article 1728 et aux articles 1729 et 1732 et des amendes mentionnées aux articles 1737 et 1740 A** *(L. n° 2016-1917 du 29 déc. 2016, art. 60-I-B-36° et I-G-1, applicable aux revenus perçus ou réalisés à compter du 1er janv. 2019)* **« ainsi qu'aux 3° et 4° de l'article 1759-0 A ».** *— Les dispositions du présent I s'appliquent aux revenus perçus ou réalisés à compter du 1er janv. 2019 (L. n° 2016-1917 du 29 déc. 2016, art. 60-I-B-36° et I-G-1, mod. par Ord. n° 2017-1390 du 22 sept. 2017, art. 1er-1°).*

II. — En cas de mise en œuvre de la procédure de rétablissement personnel prévue aux articles *(L. n° 2021-1900 du 30 déc. 2021, art. 130-III-B-1° et V-D, en vigueur le 1er janv. 2022)* **« L. 741-1 à L. 741-3 » et** *(Décr. n° 2017-698 du 2 mai 2017, art. 1er)* **« L. 742-3 à L. 742-7** *[ancienne rédaction : L. 332-6]* **» du code de la consommation, les majorations, frais de poursuites et pénalités fiscales encourus en matière d'impôts directs dus à la date à laquelle la commission recommande un rétablissement personnel sans liquidation judiciaire ou à la date du jugement d'ouverture d'une procédure de rétablissement personnel avec liquidation judiciaire sont remis, à l'exception des majo-**

rations prévues aux *b* et *c* du 1 de l'article 1728 (*L. n° 2021-1900 du 30 déc. 2021, art. 130-III-B-2° et V-D, en vigueur le 1er janv. 2022*) « ainsi qu'aux articles 1729 et 1732 ».

SECTION II DISPOSITIONS PARTICULIÈRES

A IMPÔTS DIRECTS ET TAXES ASSIMILÉES

1 MAJORATIONS DE DROITS

Art. 1757 Lorsque le rachat d'une entreprise a été réalisé avec l'accord préalable du ministre chargé du budget conformément à l'article 220 *quater* B, les droits rappelés et les crédits d'impôt à rembourser en application des II et III de l'article 83 *bis*, du III de l'article 160 A, de l'article 220 *quater* A et du deuxième alinéa du II de l'article 726 sont assortis de l'intérêt de retard prévu à l'article 1727, d'une majoration de 20 %, et, le cas échéant, de la majoration pour manœuvres frauduleuses mentionnée à l'article 1729.

Art. 1758 En cas d'application des dispositions prévues au troisième alinéa de l'article 1649 A, au second alinéa de l'article 1649 AA et au deuxième alinéa de l'article 1649 *quater* A, le montant des droits est assorti d'une majoration de 40 %.

Dans les cas où la méconnaissance des obligations énoncées à l'article 1649 *quater* A est punie de la sanction prévue au I de l'article L. 152-4 du code monétaire et financier, la majoration prévue au premier alinéa n'est pas mise en œuvre.

En cas d'application des dispositions du septième alinéa du I de l'article 238 *bis*-0 I, le montant des droits éludés est assorti de la majoration prévue au premier alinéa.

En cas d'application des dispositions prévues à l'article 1649 *quater*-0 B *bis*, le montant des droits est assorti d'une majoration de 80 %.

1. Constitutionnalité. La pénalité au taux unique de 40 % prévue en cas de défaut de déclaration des comptes ou transferts de fonds à l'étranger ne méconnaît pas les principes constitutionnels de nécessité, de proportionnalité et d'individualisation des peines. • Cons. const. 10 févr. 2012, n° 2011-220 QPC : *RJF 2012. 400.* ♦ Sur renvoi de • CE 15 déc. 2011, n° 327204 : *RJF 2012. 286.*

2. Compatibilité avec le droit communautaire. L'obligation faite aux personnes physiques, associations et sociétés non commerciales établies en France de déclarer les comptes dont elles sont titulaires à l'étranger et la pénalité qui la sanctionne ne portent pas une atteinte injustifiée au principe de la libre circulation des capitaux. Elles ne sont donc pas incompatibles avec le droit de l'Union européenne. • CE 17 déc. 2010, n° 330666 : *RJF 2011. 270 ; Dr. fisc. 2011. 246, concl. Cortot-Boucher, note Maitrot de la Motte.*

Art. 1758 A I. — Le retard ou le défaut de souscription des déclarations qui doivent être déposées en vue de l'établissement de l'impôt sur le revenu ainsi que les inexactitudes ou les omissions relevées dans ces déclarations, qui ont pour effet de minorer l'impôt dû par le contribuable ou de majorer une créance à son profit, donnent lieu au versement d'une majoration égale à 10 % des droits mis à la charge du contribuable ou de la créance indue.

La majoration est portée à 20 % en cas de dépôt tardif effectué dans les trente jours d'une mise en demeure.

II. — Cette majoration n'est pas applicable :

a) Lorsque le contribuable a corrigé sa déclaration spontanément ou dans un délai de trente jours à la suite d'une demande de l'administration ;

b) Ou lorsqu'il est fait application des majorations prévues par les *b* et *c* du 1 de l'article 1728, par l'article 1729 ou par le *a* de l'article 1732.

III. — La majoration prévue au I s'applique à l'exclusion de celle prévue au *a* du 1 de l'article 1728.

1. Retard ou défaut de souscription, inexactitudes ou omissions relevées dans les déclarations d'IR. Impôts, revenus et situations concernés. * BOI-CF-INF-20-10-10 nos 35 à 90 du 8 mars 2017.

2. Défaut ou retard de déclarations d'IR : pas de cumul de sanctions (avant le 1er janv. 2017). La majoration de 10 % des droits supplémentaires prévue par l'art. 1758 A en cas de retard ou d'absence de déclaration d'IR, d'inexactitude ou d'omissions dans ces déclarations, cumulable en principe avec la majoration de 10 % prévue par l'art. 728 en cas de défaut ou de retard de déclaration, ne s'applique pas aux impositions initiales même établies d'office. • CE 20 janv. 2016, ♖ nº 377902 : *RJF 2016. 356, concl. Bokdam-Tognetti.* ♦ Intervention législative à compter du 1er janv. 2017 : les « droits mis à la charge du contribuable » remplacent les « droits supplémentaires ».

2 AMENDES FISCALES

Art. 1759-0 A *(L. nº 2016-1917 du 29 déc. 2016, art. 60-I-B-37º et I-G-1, applicable aux revenus perçus ou réalisés à compter du 1er janv. 2019)* **Les infractions à l'obligation d'effectuer la retenue à la source prévue à l'article 1671 et aux obligations déclaratives prévues à l'article 87-0 A entraînent l'application d'une amende qui, sans pouvoir être inférieure à** *(L. nº 2017-1775 du 28 déc. 2017, art. 11, applicable aux revenus perçus ou réalisés à compter du 1er janv. 2019)* **« 250 €** *[ancienne rédaction : 500 €]* **» par déclaration, est égale à :**

1º 5 % des retenues qui auraient dû être effectuées ou déclarées, en cas d'omissions ou d'inexactitudes ;

2º 10 % des retenues qui auraient dû être effectuées ou déclarées, en cas de non-dépôt de la déclaration dans les délais prescrits ;

3º 40 % des retenues qui auraient dû être effectuées ou déclarées, en cas de non-dépôt de la déclaration dans les trente jours suivant une mise en demeure ou en cas d'inexactitudes ou d'omissions délibérées ;

4º 80 % des retenues qui ont été effectuées mais délibérément non déclarées et non versées au comptable public.

Les dispositions du présent art. s'appliquent aux revenus perçus ou réalisés à compter du 1er janv. 2019 (L. nº 2016-1917 du 29 déc. 2016, art. 60-I-B-37º et I-G-1, mod. par Ord. nº 2017-1390 du 22 sept. 2017, art. 1er-1º).

Art. 1759 **Les sociétés et les autres personnes morales passibles de l'impôt sur les sociétés qui versent ou distribuent, directement ou par l'intermédiaire de tiers, des revenus à des personnes dont, contrairement aux dispositions des articles 117 et 240, elles ne révèlent pas l'identité, sont soumises à une amende égale à 100 % des sommes versées ou distribuées. Lorsque l'entreprise a spontanément fait figurer dans sa déclaration de résultat le montant des sommes en cause, le taux de l'amende est ramené à 75 %.** — *Entrée en vigueur le 1er janv. 2006. — V. C. mon. fin., art. L. 152-4, al. 3.*

1. Compatibilité avec la Conv. EDH et avec le Pacte de New York. Les dispositions de l'art. 1759 ont pour objet et pour effet d'inciter une personne morale passible de l'IS à révéler, à la demande de l'Administration présentée sur le fondement de l'art. 117, l'identité des bénéficiaires de l'excédent des distributions auxquelles elle a procédé. Elles n'obligent pas cette personne morale à s'incriminer elle-même et par suite ne méconnaissent pas les stipulations de l'art. 6-1 de la Conv. EDH en tant que ces stipulations sont regardées comme garantissant le droit de ne pas contribuer à sa propre incrimination. La personne morale ne peut non plus se prévaloir de l'art. 14-3-*g* du Pacte de New York relatif aux droits civils et politiques, selon lequel toute personne accusée d'une infraction pénale a droit à ne pas être forcée de témoigner contre elle-même ou de s'avouer coupable, qui a pour objet de protéger les droits des personnes accusées d'une infraction pénale. En effet, l'amende fiscale mise à sa charge, alors même qu'elle présente le caractère d'une accusation en matière pénale, ne sanctionne pas une infraction pénale. • CE 17 mars 2010, ♖ nº 309197 : *RJF 2010. 653 ; BDCF 6/10, nº 70, concl. Escaut.* ♦ Il ne peut être sérieusement soutenu que l'art. 1763 A (devenu art. 1759) méconnaîtrait le principe de nécessité des peines énoncé à l'art. 8 de la Déclaration des droits de l'homme et du citoyen. • CE 13 juill. 2011, ♖ nº 346742 : *RJF 2011. 1200.*

2. Caractère de la pénalité. La pénalité instituée par l'art. 1763 A (devenu 1759) a pour objet, d'une part, de réparer le préjudice pécuniaire subi par le Trésor du fait du refus de désigner les personnes bénéficiaires des distributions occultes et, d'autre part, d'instituer une sanction destinée à lutter contre la fraude fiscale en incitant les personnes morales qu'elle vise à respecter leurs obligations déclaratives. La pénalité encourue par une société qui, bien que dûment informée de la sanction encourue, oppose un refus à la demande de l'administration fiscale, est, dans son principe, en rapport direct avec l'objectif poursuivi. Son montant, même cumulé avec l'imposition en principal due par ailleurs par la société, ne saurait être regardé comme confiscatoire. • CE 25 juin 2010, n° 336708 : *RJF 2010. 946.*

3. La pénalité de 100 % peut être appliquée par l'Administration lorsque les informations sollicitées sur le fondement de l'art. 117 lui ont été fournies par une personne physique mais que celle-ci n'a pas justifié, dans le délai qui lui était imparti, d'un mandat régulièrement établi pour ce faire. • CE 13 avr. 2018, *Min. c/ SARL Ô Château*, n° 401923 : *RJF 2018. 756.*

4. Application de l'amende. La pénalité a pour fait générateur l'expiration du délai de 30 jours imparti, en vertu de l'art. 117, à la société qui a distribué les revenus pour indiquer à l'Administration les bénéficiaires de cette distribution. • CE 28 juin 1996, n° 142355 : *Dr. fisc. 1996. 1194.* ♦ Elle n'est pas établie au titre d'une année déterminée. • CE 4 avr. 1997, n°s 160035-160078 : *Dr. fisc. 1997. 652 ; LPA 1997, n° 86, p. 31, note Desmorieux ; RJF 1997. 480 ; D. 1997. Somm. 351* • 8 juill. 1998, n° 159135 : *Dr. fisc. 1998. 941, concl. Bachelier ; RJF 1998. 973.* ♦ Les stipulations de l'art. 6 § 1 Conv. EDH ne sont pas applicables à la procédure administrative d'établissement de l'amende. • CE 27 mars 2000, n° 187703 : *Dr. fisc. 2000. 985, concl. Arrighi de Casanova ; RJF 2000. 700.*

5. Le défaut de réponse aux questions portant sur les dates et modalités d'attribution des revenus est dépourvu d'incidence à l'égard du caractère suffisant du contenu de la réponse de la société à la demande désignant valablement les bénéficiaires des distributions (identité et adresse). Par suite, l'amende fiscale ne peut être appliquée. • CE 9 avr. 2014, n° 358279 : *RJF 2014. 711* * BOI-RPPM-RCM-10-20-20-40 n°s 300 à 330 du 22 août 2017.

6. La pénalité de 100 % instituée par l'art. 5 de la loi du 8 juill. 1987 doit être substituée à l'amende du double du taux maximum de l'IR (120 %) prévue par les dispositions antérieures, en vertu du principe selon lequel la loi répressive nouvelle doit, lorsqu'elle prévoit des peines moins sévères que la loi ancienne, s'appliquer aux infractions commises avant son entrée en vigueur et n'ayant pas donné lieu à des condamnations passées en force de chose jugée. • CE 1er oct. 1999, n° 170598 : *RJF 1999. 1397 et p. 836, concl. Bachelier ; Dr. fisc. 2000. 240, concl. Bachelier* • 3 déc. 1999, n° 162925, *Makarian : Dr. fisc. 2000. 749* • 27 mars 2000, n° 187703 : *préc. note 4.*

7. Conformément à l'art. L. 255 LPF, le comptable du Trésor doit envoyer une lettre de rappel au contribuable avant de lui faire signifier un commandement de payer. • CAA Paris, 19 janv. 1999, n° 96PA1780 : *Dr. fisc. 1999. 718.*

8. Calcul de l'amende. Pour l'assiette de la pénalité il y a lieu de prendre en compte le montant des sommes effectivement versées ou distribuées. Ainsi, des sommes correspondant à des recettes dissimulées et incluant le montant de la TVA collectée et non reversée doivent être comprises dans la base de la pénalité pour leur montant toutes taxes comprises. La circonstance que les bases des cotisations supplémentaires d'impôt sur les sociétés ont été réduites du montant de la TVA rappelée, en application des dispositions de l'art. L. 77 LPF relatives à la déduction en cascade, est sans incidence sur la détermination de l'assiette de la pénalité. • CAA Lyon, 14 mars 2002, n° 97LY20329 : *Dr. fisc. 2002. 976 ; RJF 2002. 932.* ♦ Pour l'assiette de la pénalité pour distributions occultes, il y a lieu de prendre en compte le montant des sommes effectivement versées ou distribuées, sans qu'il y ait lieu d'imputer une TVA relative à ces sommes. Dès lors que les sommes versées par la société au cours des exercices en cause correspondaient à des recettes occultes qu'elle avait nécessairement perçues toutes taxes comprises, il n'y a pas lieu de calculer la base de l'amende sur le montant des recettes occultes, déduction faite des dépenses admises comme des charges de personnel, sans prendre en compte dans cette base la TVA collectée sur l'ensemble des recettes non déclarées. • CE 26 déc. 2013, *Sté Nouvelle Les Chandelles*, n° 362710 : *RJF 2014. 327.* ♦ L'amende pour distributions occultes est mise à la charge de la société en l'absence de réponse de cette dernière, sans qu'il y ait lieu de rechercher à quelles sommes correspond le rehaussement de bénéfice net obtenu après compensation des corrections positives et négatives apportées par l'Administration. • CE 26 nov. 2018, *Min. c/ SARL RC Immo*, n° 411766 : *RJF 2019. 154.*

9. Motivation. En application de l'art. 1er de la loi n° 79-587 du 11 juill. 1979, l'Administration doit motiver l'application de la pénalité. La seule mention des dispositions de l'art. 117 CGI et des conséquences d'un refus de réponse à la demande de désignation des bénéficiaires des revenus distribués ne constitue pas une motivation de la pénalité. • CE 18 déc. 1992, n°s 81659-84596 : *Dr. fisc. 1993.1307 ; RJF 1993. 244.* ♦ La pénalité est suffisamment motivée par l'indication que faute pour la société d'avoir déféré à l'invitation qui lui a été faite, sur le fondement de l'art. 117, de désigner le bénéficiaire de l'excédent de distributions résultant du rehaussement de ses bénéfices imposables, elle se verra appliquer cette pénalité et par l'indication de la base de cette pénalité. • CE 28 juill. 1999, n° 186982 : *Dr. fisc. 2000. 120.* ♦ En tout état de cause la motivation de la pénalité doit être adressée à la société distributrice postérieurement à l'expiration du délai de réponse de 30 jours prévu par la loi et de laquelle résulte le fait générateur de la pénalité. • CE 26 janv. 2000, nº 168923 : *Dr. fisc. 2000. 846, concl. Goulard ; RJF 2000. 403* • 5 juin 2002, nº 201066 : *Dr. fisc. 2002. 584, concl. Courtial.* ♦ Mais l'Administration n'est tenue à l'obligation de motivation qu'à l'égard de la société qu'elle envisage de soumettre à la pénalité, et non à l'égard des personnes qui, après mise en recouvrement de cette dernière, sont solidairement responsables de son paiement. • CE 6 mai 1996, nº 134415 : *Dr. fisc. 1996. 1130, concl. Arrighi de Casanova* • CE 3 déc. 1999, nº 162925 : *Dr. fisc. 2000. 749.* ♦ De même, l'Administration n'a aucune obligation de fournir une motivation au redevable solidaire de l'amende ou de suivre une procédure contradictoire à son égard. • CE 8 juill. 2015, nº 368821 : *RJF 2015. 914.*

10. Le moyen tiré de l'absence de motivation de la pénalité n'est pas d'ordre public. • CE 10 oct. 2001, nº 199333 : *Dr. fisc. 2002. 208, concl. Courtial.*

11. Contestation du montant de la pénalité. La personne sanctionnée par la pénalité prévue à l'art. 1763 A (devenu 1759) ne peut contester que le principe, le montant et la procédure propre à cette pénalité. Elle ne peut pas, en revanche, se prévaloir des irrégularités ayant affecté la procédure d'imposition suivie pour l'établissement des cotisations supplémentaires d'IS. • CE 28 juill. 2011, nº 312582 : *RJF 2011. 1298.* ♦ L'art. 1763 A (devenu 1759), qui prévoit des taux de majoration différents selon que le contribuable cumule ou non un manquement aux obligations déclaratives relatives à ses résultats avec un manquement aux obligations résultant de l'art. 117, proportionne les pénalités qu'il institue aux agissements du contribuable en vue de dissimuler des distributions de revenus. Le juge de l'impôt, après avoir exercé son plein contrôle sur les faits invoqués par l'Administration pour établir l'existence de l'un ou l'autre de ces manquements, décide, dans chaque cas, selon les résultats de ce contrôle, soit de maintenir ou d'appliquer la majoration effectivement encourue au taux prévu par la loi, soit s'il estime que l'Administration n'établit pas que le contribuable, interrogé à bon droit sur le fondement de l'art. 117, aurait manqué à l'obligation de répondre dans un délai de trente jours à la demande qui lui était faite de désigner les bénéficiaires des distributions, de le décharger de la pénalité. L'art. 6-1 Conv. EDH, relatif au droit à un procès équitable, n'oblige pas le juge à procéder différemment. Par suite, le juge de l'impôt peut refuser de moduler le taux de la pénalité. • CE 24 mars 2006, nº 257330 : *RJF 2006. 667 ; concl. Vallée au BDCF 6/06, nº 71 ; Dr. fisc. 2006. 623, concl. Vallée.* ♦ En déterminant le montant de l'amende prévue aux art. 117 et 1759 en fonction de celui des sommes versées ou distribuées par la société à des personnes dont l'identité n'a pas été révélée, l'art. 1759 a retenu une assiette en rapport avec l'infraction commise, tenant au refus de révéler l'identité des personnes à qui ces sommes ont été versées ou distribuées. Le montant de l'amende n'est donc pas disproportionné. • CE 21 oct. 2020, *SARL Frigotruck,* nº 441126 : *RJF 2021. 78.*

12. La pénalité de l'art. 1759 est distincte de l'IS et ne peut être regardée comme une pénalité afférente à cet impôt. Par suite, la prescription affectant les cotisations d'IS n'affecte pas l'existence de la distribution occulte. • CAA Paris, 18 oct. 2013, *SAS Sofrat,* nºs 13PA01173 et 13PA01185 : *RJF 2014. 248.*

13. Débiteurs solidaires. Si l'Administration peut s'adresser au débiteur solidaire d'une pénalité fiscale en vue d'obtenir le paiement de la somme correspondante, la garantie que constitue, pour le Trésor public, l'existence de débiteurs tenus solidairement au paiement d'une créance fiscale ne peut être mise en œuvre, lorsqu'il existe un débiteur principal de la pénalité fiscale qui est le contribuable, que si cette créance a été régulièrement établie à son égard et, en particulier, s'il a été destinataire d'un avis de mise en recouvrement régulièrement notifié dans le délai de reprise. • CE 9 déc. 2015 : *Palaprat,* nº 367310 : *RJF 2016. 248 ; Dr. fisc. 2016. 183, concl. Bohnert.* ♦ La clôture pour insuffisance d'actif de la procédure collective dont fait l'objet la société laisse subsister l'obligation distincte pesant sur le dirigeant qui reste solidairement responsable du paiement des pénalités dues. • Paris, 16 nov. 2007, nº 06-6277 : *RJF 2008. 1081.* ♦ Dès lors que la date exacte du versement des distributions n'est pas connue, le gérant qui a démissionné de ses fonctions après la clôture de l'exercice mais avant celle de la déclaration des résultats n'est pas solidaire du paiement de la pénalité. • CAA Nantes, 17 nov. 2011, nº 09NT02707.

14. Délai de reprise. Le délai de reprise de l'Administration pour la pénalité pour distributions occultes court jusqu'à la fin de la quatrième année suivant celle au cours de laquelle le délai imparti à la société pour répondre à la demande de désignation des bénéficiaires des distributions a expiré. • CE 9 déc. 2015, nº 367310 : *RJF 2016. 248, concl. Bohnert.*

Art. 1760 **Toute infraction aux dispositions du troisième alinéa du 1 de l'article 170 donne lieu à l'application d'une amende égale à 5 % des sommes non déclarées, sans que le montant de cette amende puisse être inférieur à 150 € ou supérieur à 1 500 € ; lorsqu'aucune infraction aux dispositions du 1 de l'article 170 n'a été commise au**

cours des trois années précédentes, ces montants sont réduits respectivement à 75 € et 750 €. — *Entrée en vigueur le 1er janv. 2006.*

Art. 1760 *bis* *(L. nº 2017-1775 du 28 déc. 2017, art. 23)* **Le non-respect des obligations prévues au IV de l'article 210-0 A entraîne l'application, pour chaque opération, d'une amende de 10 000 €.**

Le présent art. s'applique aux opérations de fusion, de scission ou d'apport partiel d'actif réalisées à compter du 1er janv. 2018 (L. nº 2017-1775 du 28 déc. 2017, art. 23).

Art. 1761 Entraînent l'application d'une amende égale à 25 % du montant des droits éludés :

1. Les infractions aux dispositions du I de l'article 244 *bis* A ;

2. Les infractions aux articles 150 VI à 150 VM.

Le présent art. s'applique aux cessions et aux exportations de métaux précieux, bijoux, objets d'art, de collection ou d'antiquité réalisées à compter du 1er janv. 2006.

Le fait que les juridictions administratives n'aient pas le pouvoir de moduler l'amende fiscale prévue par l'art. 1761 et sanctionnant les infractions relatives à la taxe sur les objets et métaux précieux, en l'absence de disposition légale le permettant, n'entraîne pas, en l'absence d'arbitraire, de violation de l'art. 6 § 1 Conv. EDH, dès lors que : *a)* la loi elle-même proportionne dans une certaine mesure l'amende à la gravité du comportement du contribuable, puisque celle-ci est fixée en pourcentage des droits éludés, dont en l'espèce le contribuable a pu amplement discuter l'assiette ; *b)* le caractère particulier du contentieux fiscal implique une exigence d'efficacité nécessaire pour préserver les intérêts de l'État ; *c)* ce contentieux ne fait pas partie du noyau dur du droit pénal au sens de la Conv. EDH ; *d)* le taux de l'amende, fixé à 25 %, n'apparaît pas disproportionné. • CEDH 7 juin 2012, *Segame c/ France*, nº 4837/06 : *RJF 2012. 888, chron. Bokdam-Tognetti ; Dr. fisc. 2012. 387, note Ayrault.*

Art. 1761 *bis* *(L. nº 2019-1479 du 28 déc. 2019, art. 15-I-B et III, applicable aux dépenses payées à compter du 1er janvier 2020)* **Le contribuable qui a bénéficié du crédit d'impôt prévu à l'article 200 *quater* en contravention avec les dispositions du *c* du 6 *ter* du même article 200 *quater* est redevable d'une amende égale à 50 % de l'avantage fiscal indûment obtenu, sans pouvoir être inférieure à 1 500 €.**

Art. 1762 Toute infraction aux dispositions de l'article L. 111 du livre des procédures fiscales, relatif à la publicité de l'impôt, est punie d'une amende égale au montant des impôts divulgués. — *Entrée en vigueur le 1er janv. 2006.*

Art. 1762 *decies* **A défaut du respect des obligations prévues aux 2 et 3 du III de l'article 1378 *octies*, les organismes mentionnés à ces 2 et 3 sont passibles d'une amende égale à 25 % du montant des dons, legs et versements qui ont été effectués à leur profit.**

Art. 1763 I. — Entraîne l'application d'une amende égale à 5 % des sommes omises le défaut de production ou le caractère inexact ou incomplet des documents suivants :

a. **Tableau des provisions prévu en application des dispositions de l'article 53 A ;**

b. **Relevé détaillé de certaines catégories de dépenses prévu à l'article 54 *quater* ;**

c. **État prévu au premier alinéa de l'article 223 Q ;**

d. **Registre mentionné au II de l'article 54 *septies* ;**

e. **État prévu** *(L. nº 2021-1900 du 30 déc. 2021, art. 9-3º)* « **au 7 *quinquies* de l'article 38,** » **au IV de l'article 41, au I de l'article 54 *septies*, au II de l'article 151 *octies* ou au 2 du II et au VI de l'article 151 *nonies* au titre de l'exercice au cours duquel est réalisée l'opération visée par ces dispositions ou au titre des exercices ultérieurs ;**

f. **État mentionné au onzième alinéa du *a ter* du I de l'article 219 ;**

g. **État de suivi mentionné au dernier alinéa du *a septies* du I de l'article 219 ;**

h. **L'état mentionné au dernier alinéa du 2 de l'article 221.**

Pour les documents mentionnés aux *a*, *b* et *c*, l'amende s'applique au seul exercice au titre duquel l'infraction est mise en évidence et le taux est ramené à 1 % lorsque les sommes correspondantes sont réellement déductibles.

(L. nº 2018-727 du 10 août 2018, art. 8) « **L'amende n'est pas applicable, en cas de première infraction commise au cours de l'année civile en cours et des trois années**

précédentes, lorsque les intéressés ont réparé leur omission soit spontanément, soit à la première demande de l'administration avant la fin de l'année qui suit celle au cours de laquelle le document devait être présenté. » — *Le présent al. s'applique aux déclarations déposées à compter de la publication de la L. n° 2018-727 du 10 août 2018 (L. préc., art. 8-II, JO 11 août).*

(Abrogé par L. n° 2018-1317 du 28 déc. 2018, art. 35-3°) ***« II. — Entraîne l'application d'une amende égale à 5 % des résultats de la société scindée non imposés en application des dispositions prévues aux articles 210 A et 210 B, le défaut de production ou le caractère inexact ou incomplet de l'état prévu au III de l'article 54 septies. »***

III. — Entraîne l'application d'une amende égale à 5 % du prix de revient du bien donné en location ou mis à disposition sous toute autre forme le défaut de production de la déclaration prévue à l'article 54 *octies*.

IV. — Entraîne l'application d'une amende de 1 500 €, ou 10 % des droits rappelés si ce dernier montant est plus élevé, pour chaque manquement constaté par personne ou groupement de personnes au titre d'un exercice, le défaut de réponse ou la réponse partielle à une mise en demeure de produire les listes des personnes ou groupements de personnes de droit ou de fait prévues en application des articles 53 A, 172, 172 *bis* et 223. La majoration de 10 % est calculée sur le montant des droits rappelés, à raison des éléments retenus pour l'assiette ou la liquidation de l'impôt relatifs à ces personnes ou groupements de personnes. — *Les dispositions du IV ci-dessus s'appliquent aux déclarations dont l'obligation de dépôt arrive à échéance à compter de l'entrée en vigueur de la L. n° 2013-1117 du 6 déc. 2013, soit le 8 déc. 2013 (L. préc., art. 61-II).*

1. Compatibilité de l'amende avec l'art. 6-1 Conv. EDH. Le législateur ayant, par l'art. 1734 *ter* (devenu 1763-I-*e*), déclaré conforme à la Constitution et jugé compatible avec les stipulations des art. 6 § 1 de la Conv. EDH, entendu limiter le contrôle exercé par le juge, pour chaque sanction prononcée, à un plein contrôle sur les faits invoqués, manquement par manquement, et sur la qualification retenue par l'Administration, il n'appartient pas au juge de contrôler *in concreto* la proportionnalité du montant de l'amende contestée devant lui. • CE 4 déc. 2017, *Sté Edenred France*, n° 379685 : *RJF 2018. 287, concl. Crépey, chron. Iljic ; Dr. fisc. 2018. 256, note Pierre.*

2. Défaut de production de l'état des rectifications. Refus de renvoi au Conseil constitutionnel d'une QPC sur les dispositions légales qui sanctionnent le défaut de production ou le caractère inexact ou incomplet de l'état des rectifications à opérer pour la détermination du résultat d'ensemble d'un groupe intégré. • CE, QPC, 29 mars 2017, *SAS Jade*, n° 406590 : *RJF 2017. 609.*

3. Défaut de production de l'état de suivi des plus-values. Conformité de l'amende aux principes de proportionnalité et d'individualisation des peines garantis par l'art. 8 de la DDH. • Cons. const., QPC, 9 juin 2017, *Sté Edenred France*, n° 2017-6336 : *RJF 2017. 973.* ♦ Sur renvoi de : • CE, QPC, 29 mars 2017, *Sté Edenred France*, n° 379685 : *RJF 2017. 605.* ♦ En cas de défaut de production ou d'inexactitude de l'état de suivi des plus-values en report, l'entreprise peut sous certaines conditions régulariser spontanément sa situation et échapper ainsi à l'amende de 5 % sanctionnant en principe ce manquement. * Rescrit 21 févr. 2012 : *n° 2012/28 RC* * BOI-CF-INF-20-10-20 n° 90 du 3 oct. 2018. ♦ Compatibilité de l'amende avec l'art. 6-1 Conv. EDH. — V., *supra*, note 1.

Art. 1763 A **Entraîne l'application d'une amende de 1 500 €, pour chaque manquement constaté par entité au titre d'un exercice, ou de la majoration prévue au *b* du 1 de l'article 1728 ou à l'article 1729, si l'application de cette majoration aboutit à un montant supérieur, le défaut de réponse ou la réponse partielle à une mise en demeure de produire la déclaration prévue au IV de l'article 209 B.**

Amende pour défaut de déclaration. Cas d'application. Entrée en vigueur. * BOI-CF-INF-20-10-20 n° 169 du 23 mai 2014.

Art. 1763 B **1. La société de gestion d'un fonds commun de placement à risques ou d'un fonds professionnel de capital investissement ou le gérant d'une société de libre partenariat qui a porté sur la déclaration prévue au I de l'article 242 quinquies des informations erronées ayant conduit à la dissimulation du non-respect du quota de 50 % prévu au 1° du II de l'article 163 *quinquies* B est redevable d'une amende fiscale égale à 5 % de la valeur des investissements portés sur la déclaration précitée et retenus à tort dans le quota d'investissement de 50 % ou pour le calcul de la limite prévue**

au III de l'article L. 214-28 du code monétaire et financier. Le montant de cette amende est diminué d'un abattement égal à la proportion du montant des souscriptions réalisées par des personnes n'ayant pas, en France, leur domicile fiscal ou leur siège social sur le montant des souscriptions émises par le fonds. Cette proportion s'apprécie au premier jour de chaque exercice. Le montant de l'amende est plafonné, par déclaration, à la moitié du montant des sommes qui lui sont dues par le fonds au titre des frais de gestion pour l'exercice concerné.

La société de capital risque qui a porté sur l'état prévu au II de l'article 242 *quinquies* des informations erronées ayant conduit à la dissimulation du non-respect du quota de 50 % prévu au troisième alinéa du 1° de l'article 1er-1 de la loi n° 85-695 du 11 juillet 1985 portant diverses dispositions d'ordre économique et financier est redevable d'une amende fiscale égale à 5 % de la valeur des investissements portés sur la déclaration précitée et retenus à tort dans le quota d'investissement de 50 % ou pour le calcul de la limite prévue au quatrième alinéa du 1° de l'article 1er-1 précité. Le montant de cette amende est plafonné, par déclaration, à la moitié du montant des charges d'exploitation de la société de capital-risque au titre de l'exercice concerné.

1 *bis*. La société de gestion d'un fonds commun de placement à risques ou d'un fonds professionnel de capital investissement ou le gérant d'une société de libre partenariat qui a porté sur la déclaration prévue au I de l'article 242 *quinquies* des informations conduisant à une application erronée du 2° du 5 de l'article 38 ou du *a sexies* du I de l'article 219 est redevable d'une amende fiscale égale à 5 % du montant de la répartition concernée. Le montant de cette amende est diminué d'un abattement égal à la proportion du montant des souscriptions réalisées par des personnes n'ayant pas, en France, leur domicile fiscal ou leur siège social sur le montant des souscriptions émises par le fonds. Cette proportion s'apprécie au premier jour de chaque exercice. Le montant de l'amende est plafonné, par déclaration, à la moitié du montant des sommes qui lui sont dues par le fonds au titre des frais de gestion pour l'exercice concerné.

La société de capital-risque qui a porté sur l'état prévu au II de l'article 242 *quinquies* des informations conduisant à une application erronée du 5 de l'article 39 *terdecies* ou du *a sexies* du I de l'article 219 est redevable d'une amende fiscale égale à 5 % du montant de la distribution concernée. Le montant de cette amende est plafonné, par déclaration, à la moitié du montant des charges d'exploitation de la société de capital-risque au titre de l'exercice concerné.

2. A défaut de production de la déclaration ou de l'état prévu à l'article 242 *quinquies* dans les délais prescrits, l'administration adresse, par pli recommandé avec accusé de réception, une mise en demeure d'avoir à déposer la déclaration ou l'état susmentionné dans un délai de trente jours.

En cas de non-production du document dans les trente jours suivant la réception de cette mise en demeure, la société de gestion du fonds ou la société de capital risque est redevable d'une amende égale à la moitié du montant des sommes qui sont dues à la société de gestion par le fonds au titre des frais de gestion ou à la moitié du montant des charges d'exploitation de la société de capital risque pour l'exercice concerné.

Art. 1763 C Lorsque l'administration établit qu'un fonds commun de placement à risques, qu'un fonds professionnel de capital investissement ou qu'une société de libre partenariat dont le règlement ou les statuts prévoient que les porteurs de parts ou *associés pourront bénéficier* des avantages fiscaux prévus au 2° du 5 de l'article 38 et aux articles 163 *quinquies* B, 150-0 A, 209-0 A et 219 n'a pas respecté son quota d'investissement prévu au 1° du II de l'article 163 *quinquies* B, la société de gestion du fonds ou le gérant de la société de libre partenariat est redevable » d'une amende égale à 20 % du montant des investissements qui permettraient d'atteindre un quota d'investissement de 50 %. Le montant de cette amende est toutefois limité au montant des sommes qui lui sont dues par le fonds au titre des frais de gestion pour l'exercice concerné.

Lorsque l'administration établit qu'un fonds commun de placement dans l'innovation ou qu'un fonds d'investissement de proximité n'a pas respecté, dans les délais prévus aux VI à VI *ter* de l'article 199 *terdecies*-0 A lorsque leurs porteurs de parts bénéficient de la réduction d'impôt sur le revenu prévue à ce même article, son quota d'investissement prévu, selon le cas, au I de l'article L. 214-30 du code monétaire et financier, au I de l'article L. 214-31 du même code ou au VI *ter* de l'article 199 *terdecies*-0 A, la société de gestion du fonds est redevable d'une amende égale à 20 % du montant des investissements qui permettraient d'atteindre, selon le cas, la moitié au moins ou la totalité du quota d'investissement de 70 %. Le montant de cette amende est toutefois limité au montant des sommes qui lui sont dues par le fonds au titre des frais de gestion pour l'exercice concerné.

L'amende prévue aux précédents alinéas est exclusive de l'amende prévue à l'article 1763 B. Le montant de l'amende prévue aux précédents alinéas est diminué d'un abattement égal à la proportion du montant des souscriptions réalisées par des personnes n'ayant pas, en France, leur domicile fiscal ou leur siège social sur le montant des souscriptions émises par le fonds. Cette proportion s'apprécie au premier jour de l'exercice au cours duquel le quota d'investissement n'a pas été respecté.

Lorsque l'administration établit qu'un fonds commun d'investissement de proximité ou un fonds commun de placement dans l'innovation n'a pas respecté, dans les délais prévus au *c* du 1 du III de l'article 885-0 V *bis* *(L. n° 2017-1837 du 30 déc. 2017, art. 31)* « dans sa rédaction en vigueur au 31 décembre 2017 », ses quotas d'investissement susceptibles de faire bénéficier les porteurs de parts de l'avantage fiscal prévu au même article, la société de gestion du fonds est redevable d'une amende égale à 20 % du montant des investissements qui permettraient d'atteindre, selon le cas, 50 % ou 100 % de ces quotas. Le montant de cette amende ou, le cas échéant, de ces amendes est toutefois limité au montant des sommes qui lui sont dues par le fonds au titre des frais de gestion pour l'exercice au titre duquel le manquement est constaté.

Lorsque l'administration établit qu'une société ne respecte pas les obligations établies à l'avant-dernier alinéa du 3° du I de l'article 199 *terdecies*-0 A et à l'avant-dernier alinéa du 3 du I de l'article 885-0 V *bis* *(L. n° 2017-1837 du 30 déc. 2017, art. 31)* « dans sa rédaction en vigueur au 31 décembre 2017 », la société est redevable d'une amende égale à 1 % du montant de la souscription qui a ouvert droit, pour chaque souscripteur, à la réduction d'impôt prévue par le 1° du I de l'article 199 *terdecies*-0 A ou le 1 du I de l'article 885-0 V *bis* *(L. n° 2017-1837 du 30 déc. 2017, art. 31)* « dans sa rédaction en vigueur au 31 décembre 2017 », pour l'exercice concerné. Le montant de cette amende est toutefois limité au » montant des sommes qui lui sont dues au titre des frais de gestion pour l'exercice concerné.

Lorsque l'administration établit qu'un fonds d'investissement de proximité ou un fonds commun de placement dans l'innovation ne respecte pas les obligations établies au 2 *bis* du VI de l'article 199 *terdecies*-0 A et au dernier alinéa du 1 du III de l'article 885-0 V *bis* *(L. n° 2017-1837 du 30 déc. 2017, art. 31)* « dans sa rédaction en vigueur au 31 décembre 2017 », le fonds est redevable d'une amende égale à 1 % du montant de la souscription qui a ouvert droit, pour chaque souscripteur, à la réduction d'impôt prévue par le 1 du VI de l'article 199 *terdecies*-0 A ou *[le]* 1 du III de l'article 885-0 V *bis* *(L. n° 2017-1837 du 30 déc. 2017, art. 31)* « dans sa rédaction en vigueur au 31 décembre 2017 », pour l'exercice concerné. Le montant de cette amende est toutefois limité au » montant des sommes qui lui sont dues au titre des frais de gestion pour l'exercice concerné.

Lorsque l'administration établit qu'une société n'a pas respecté l'obligation d'information préalable des souscripteurs prévue au *f* du 3 du I de l'article 885-0 V *bis* *(L. n° 2017-1837 du 30 déc. 2017, art. 31)* « dans sa rédaction en vigueur au 31 décembre 2017 », la société est redevable pour l'exercice concerné d'une amende égale à 10 % du montant des souscriptions qui ont ouvert droit, pour chaque souscripteur, à la réduction d'impôt prévue au 3° du I de l'article 199 *terdecies*-0 A ou au I de l'article 885-0 V *bis* *(L. n° 2017-1837 du 30 déc. 2017, art. 31)* « dans sa rédaction en vigueur au 31 décembre 2017 ». Le montant de cette amende est toutefois limité aux sommes dues à la société au titre des frais de gestion pour l'exercice concerné.

Lorsque l'administration établit qu'une société ne lui a pas adressé avant le 30 avril l'état récapitulatif des sociétés financées, conformément au dernier alinéa du 3° du I de l'article 199 *terdecies*-0 A et au dernier alinéa du 3 du I de l'article 885-0 V *bis* *(L. n° 2017-1837 du 30 déc. 2017, art. 31)* « dans sa rédaction en vigueur au 31 décembre 2017 », la société est redevable pour l'exercice concerné d'une amende égale à 10 % du montant des souscriptions qui ont ouvert droit, pour chaque souscripteur, à la

réduction d'impôt prévue au 1° du I de l'article 199 *terdecies*-0 A ou au I de l'article 885-0 V *bis* *(L. n° 2017-1837 du 30 déc. 2017, art. 31)* **« dans sa rédaction en vigueur au 31 décembre 2017 ». Le montant de cette amende est toutefois limité aux sommes dues à la société au titre des frais de gestion pour l'exercice concerné.**

1. Le recouvrement et le contentieux de ces amendes sont assurés selon les règles applicables en matière de taxes sur le chiffre d'affaires (L. n° 2005-1720 du 30 déc. 2005 art. 32-VII).

2. L'art. 885-0 V bis dans sa rédaction antérieure au 31 déc. 2017 est reproduit ss. l'art. 199 terdecies-0 A.

Art. 1763 D *Abrogé par Décr. n° 2006-356 du 24 mars 2006.*

Art. 1763 E Lorsque l'administration établit qu'une société définie à l'article 238 *bis* HE n'a pas respecté l'engagement prévu au second alinéa du 3 de l'article 199 *unvicies* *(L. n° 2017-1837 du 30 déc. 2017, art. 76)* **« ou l'un de ceux prévus aux *a* et *b* du même 3 », la société est redevable d'une amende égale** *(Abrogé par Décr. n° 2018-500 du 20 juin 2018, art. 1er)* **« à »** *(L. n° 2017-1837 du 30 déc. 2017, art. 76)* **« respectivement à 8 % ou à 12 % » du montant des souscriptions versées par les contribuables qui ont bénéficié du taux majoré de la réduction d'impôt prévue au même article.** *(L. n° 2017-1837 du 30 déc. 2017, art. 76)* **« Ces deux amendes peuvent se cumuler. »**

Les dispositions du présent art. issues de la L. n° 2017-1837 du 30 déc. 2017 s'appliquent aux engagements pris à compter du 1er janv. 2018 (L. préc., art. 76-II).

Art. 1764 I. — La société cessionnaire qui ne respecte pas l'engagement mentionné au II de l'article 210 E est redevable d'une amende dont le montant est égal à 25 % de la valeur de cession de l'actif pour lequel l'engagement de conservation n'a pas été respecté.

La société cessionnaire qui ne respecte pas la condition prévue à la deuxième phrase du premier alinéa du II de l'article 210 E est redevable d'une amende dont le montant est égal à 25 % de la valeur de cession de l'actif au titre duquel la condition n'a pas été respectée.

La société cédante est redevable d'une amende dont le montant est égal à 25 % de la valeur de cession des immeubles bâtis lorsqu'elle n'a pas respecté l'engagement mentionné au IV de l'article 210 E.

II. — La société crédit-preneuse qui ne respecte pas les engagements mentionnés au *(Décr. n° 2020-897 du 22 juill. 2020, art. 1er)* **« huitième » alinéa du II de l'article 210 E est redevable d'une amende dont le montant est égal à 25 % de la valeur de cession de l'immeuble ou du droit réel à la société crédit-bailleresse ayant acquis l'immeuble ou le droit réel.**

La société crédit-preneuse qui ne respecte pas la condition prévue à la seconde phrase du *(Décr. n° 2020-897 du 22 juill. 2020, art. 1er)* **« huitième » alinéa du même II est redevable d'une amende dont le montant est égal à 25 % de la valeur de cession de l'immeuble ou du droit réel à la société crédit-bailleresse ayant acquis l'immeuble ou le droit réel.**

III. — La société cessionnaire qui ne respecte pas l'engagement de transformation *(L. n° 2017-1837 du 30 déc. 2017, art. 25)* **« ou de construction » mentionné au II de l'article 210 F est redevable d'une amende** *(L. n° 2020-1721 du 29 déc. 2020, art. 25-I-2°)* **« égale au montant de l'économie d'impôt réalisée par le cédant en application du même article 210 F** *[ancienne rédaction : dont le montant est égal à 25 % de la valeur de cession, respectivement, de l'immeuble ou du terrain à bâtir]*. **» La société absorbante substituée aux droits de la société cessionnaire est redevable de la même amende lorsqu'elle ne respecte pas l'engagement de transformation** *(L. n° 2017-1837 du 30 déc. 2017, art. 25)* **« ou de construction ».** — *Dispositions applicables aux cessions réalisées entre le 1er janv. 2018 et le 31 déc. 2022 inclus et aux promesses unilatérales ou synallagmatiques de vente conclues entre le 1er janv. 2018 et le 31 déc. 2020 inclus, à condition que la cession soit réalisée au plus tard le 31 déc. 2022, ainsi qu'aux promesses unilatérales ou synallagmatiques de vente conclues entre le 1er janv. 2021 et le 31 déc. 2022 inclus, à condition que la cession soit réalisée au plus tard le 31 déc. 2024 (L. n° 2017-1837 du 30 déc. 2017, art. 25-IV, mod. par L. n° 2020-1721 du 29 déc. 2020, art. 25-III). — Les nouvelles modalités de calcul de l'amende prévues par l'art. 25 de la L. n° 2020-1721 du 29 déc. 2020 s'appliquent à compter du 1er janv. 2021, mais également, compte tenu du principe de l'application immédiate de la loi plus douce, aux amendes mises à la* *charge des cessionnaires pour la période antérieure au 1er janv. 2021. Le montant de l'amende était auparavant égal à 25 % de la valeur de cession de l'immeuble ou du terrain à bâtir.*

IV. — La personne cessionnaire qui ne respecte pas l'engagement d'achèvement des locaux destinés à l'habitation mentionné au II de l'article 238 *octies* A est redevable d'une amende dont le montant est égal à 25 % de la valeur de cession du droit de surélévation.

Détermination du montant de l'amende. En déterminant le montant de cette amende en fonction de la valeur à laquelle l'immeuble a été acquis par la société auteur du manquement, le 1er al. de l'art. 1764-I a retenu une assiette en rapport avec l'infraction commise, tenant à la rupture de l'engagement de conservation de l'immeuble. Toutefois, en appliquant à cette valeur un taux de 25 %, alors que l'avantage fiscal dont bénéficient le cédant et, le cas échéant, indirectement, le cessionnaire, s'élève seulement à la différence entre le taux réduit de 19 % et le taux normal de l'IS appliquée à la plus-value imposable, le 1er al. de l'art. 1764-I a retenu un montant d'amende disproportionné par rapport à la gravité du manquement qu'elle réprime et porte ainsi une atteinte disproportionnée, au regard de l'objectif poursuivi, au droit au respect des biens garanti par l'art. 1er du protocole additionnel à la Conv. EDH. • CE 10 mars 2020, *Sté Primopierre*, no 437122 : *RJF 2020. 577.*

Art. 1765 **Si l'une des conditions prévues pour l'application, selon le cas, des articles L. 221-30, L. 221-31 et L. 221-32 ou des articles L. 221-32-1, L. 221-32-2 et L. 221-32-3 du code monétaire et financier n'est pas remplie, le plan est clos, dans les conditions définies au 2 du II de l'article 150-0 A et à l'article L. 221-32 du code monétaire et financier à la date où le manquement a été commis et les cotisations d'impôt résultant de cette clôture sont immédiatement exigibles.**

(L. no 2019-486 du 22 mai 2019, art. 89-II) **« Sans préjudice des dispositions prévues au premier alinéa du présent article, le titulaire du plan qui a sciemment contrevenu à la condition prévue à la seconde phrase du dernier alinéa des articles L. 221-30 ou L. 221-32-1 du code monétaire et financier est passible d'une amende fiscale égale à 2% du montant des versements surnuméraires. »**

1. Cession de titres d'un PEA. En cas de cession de titres d'un PEA postérieurement à sa clôture, il convient de distinguer la plus-value latente, d'une part, qui est exonérée lorsque le plan est ouvert depuis au moins cinq ans à la date de clôture, et la plus-value de cession, d'autre part, qui est imposable dans les conditions de droit commun. • CE 27 juin 2018, no 406666 : *RJF 2018. 968, concl. Cortot-Boucher.*

2. Détention de plusieurs PEA. En cas de détention de plus d'un PEA, la clôture concerne l'ensemble des plans du contribuable et non seulement le second plan, dont l'ouverture illégale constitue seulement le fait générateur de la clôture des comptes. Les plus-values réalisées sur chacun des plans à compter de la date d'ouverture du second plan sont en conséquence imposables dans les conditions de droit commun. • CAA Paris, 24 juin 2014, no 13PA01626 : *RJF 2015. 492.*

Art. 1766 **Les infractions aux dispositions du premier alinéa de l'article 1649 AA sont passibles d'une amende de 1 500 € par contrat non déclaré. Ce montant est porté à 10 000 € par contrat non déclaré lorsque l'obligation déclarative concerne un État ou territoire qui n'a pas conclu avec la France une convention d'assistance administrative en vue de lutter contre la fraude et l'évasion fiscales permettant l'accès aux renseignements bancaires.**

Pénalité pour défaut de déclaration des contrats d'assurance vie à l'étranger. * BOI-CF-INF-20-10-50 nos 90 à 120 du 8 mars 2017.

Art. 1767 **1. Les sociétés qui ne se conforment pas aux prescriptions énoncées à l'article 243 *bis* sont passibles d'une amende fiscale égale à 5 % du montant des revenus concernés qui ne peut excéder 750 € par distribution. Celles qui, en application des dispositions du même article, mentionnent à tort les revenus qu'elles distribuent *comme* éligibles à l'abattement de 40 % sont passibles d'une amende fiscale égale à 25 % du montant des revenus en cause. Ces amendes ne sont pas applicables lorsque les sociétés concernées apportent la preuve que le Trésor n'a subi aucun préjudice.**

2. Les personnes mentionnées à l'article 243 *ter* qui ne se conforment pas aux prescriptions de cet article ou qui identifient à tort les revenus qu'elles paient comme éligibles à l'abattement de 40 % sont passibles d'une amende fiscale égale à 5 % du

montant des revenus en cause, ne pouvant excéder 750 € pour chaque mise en paiement.

3. Les sociétés ou organismes mentionnés au 4° du 3 de l'article 158 ou, à défaut de personnalité morale, leur gérant ou représentant à l'égard des tiers, qui procèdent à une ventilation de leurs distributions ou répartitions conformément aux dispositions du septième alinéa du 4° du 3 du même article conduisant à les considérer à tort comme éligibles à l'abattement de 40 % mentionné au 2° du 3 de l'article précité sont passibles d'une amende fiscale égale à 25 % du montant des revenus concernés. Cette amende n'est pas applicable lorsque cette ventilation erronée des distributions ou répartitions est faite sur la base des informations déclarées ou communiquées par les sociétés distributrices en application de l'article 243 *bis* ou, s'agissant de revenus perçus d'autres sociétés ou organismes mentionnés au 4° du 3 de l'article 158, lorsque cette ventilation correspond à celle opérée par ces derniers.

4. Le non-respect des modalités de ventilation des revenus distribués ou répartis par les sociétés ou organismes mentionnés au 4° du 3 de l'article 158 en application du septième alinéa dudit 4° est passible d'une amende annuelle de 1 500 €. Cette amende n'est pas applicable lorsque celle mentionnée au 3 est appliquée pour les mêmes revenus.

Art. 1768 *(Abrogé par L. n° 2017-1775 du 28 déc. 2017, art. 23, pour les opérations de fusion, scission ou apport partiel d'actif réalisées à compter du 1er janv. 2018) L'associé d'une société scindée qui ne souscrit pas l'engagement de conservation ou ne respecte pas, totalement ou partiellement, l'obligation de conservation des titres des sociétés bénéficiaires des apports auxquels il est soumis pour l'application des dispositions prévues à l'article 210 B est redevable d'une amende dont le montant est égal à :*

a. 1 % de la valeur réelle des titres attribués, estimée au moment de la scission, et pour lesquels l'engagement de conservation n'a pas été souscrit.

b. 25 % de la valeur réelle des titres attribués, estimée au moment de la scission, et pour lesquels l'obligation de conservation n'a pas été respectée. Dans ce cas, le montant de l'amende encourue est limité au produit d'une somme égale à 30 % des résultats non imposés de cette société en application des articles 210 A et 210 B par la proportion de titres détenus qui ont été cédés par l'intéressé et par le pourcentage de sa participation au capital de la société scindée au moment de la scission.

Le redevable de l'amende doit attester, sous le contrôle de l'administration, du montant des résultats mentionnés au troisième alinéa.

La société bénéficiaire d'un apport comportant des titres qui ne souscrit pas l'engagement de conservation ou ne respecte pas, totalement ou partiellement, l'obligation de conservation des titres représentatifs d'une scission prévus au b du 1 de l'article 210 B bis est redevable de la même amende.

L'infraction est constatée et l'amende est prononcée, recouvrée, garantie et contestée selon les règles applicables en matières de taxes sur le chiffre d'affaires.

Chaque société bénéficiaire des apports à la suite de la scission est solidairement responsable du paiement de l'amende dans la proportion des titres cédés qu'elle a émis. Dans la situation visée au cinquième alinéa, la société apporteuse ou les sociétés apporteuses en cas d'apports successifs sont également solidairement responsables du paiement de l'amende.

Art. 1770 *decies* Tout manquement, erreur ou omission au titre des obligations prévues au II de l'article 1586 *octies* est sanctionné par une amende égale à 200 € par salarié concerné, dans la limite d'un montant fixé à 100 000 €.

Art. 1770 *undecies* I. – Les personnes mentionnées à l'article L. 96 J du livre des procédures fiscales qui mettent à disposition les logiciels ou les systèmes de caisse mentionnés au même article sont passibles d'une amende lorsque les caractéristiques de ces logiciels ou systèmes ou l'intervention opérée ont permis, par une manœuvre destinée à égarer l'administration, la réalisation de l'un des faits mentionnés au 1° de l'article 1743 en modifiant, supprimant ou altérant de toute autre manière un enregistrement stocké ou conservé au moyen d'un dispositif électronique, sans préserver les données originales.

L'amende prévue au premier alinéa s'applique également aux distributeurs de ces produits qui savaient ou ne pouvaient ignorer qu'ils présentaient les caractéristiques mentionnées au même alinéa.

Cette amende est égale à 15 % du chiffre d'affaires provenant de la commercialisation de ces logiciels ou systèmes de caisse ou des prestations réalisées.

II. – Les personnes mentionnées au I sont solidairement responsables du paiement des droits rappelés mis à la charge des entreprises qui se servent de ces logiciels et systèmes de caisse dans le cadre de leur exploitation et correspondant à l'utilisation de ces produits.

Art. 1770 *duodecies* *(L. n° 2015-1785 du 29 déc. 2015, art. 88-I-1°, en vigueur le 1er janv. 2018)* **Le fait, pour une personne assujettie à la taxe sur la valeur ajoutée, de ne pas justifier, par la production de l'attestation ou du certificat prévus au 3° *bis* du I de l'article 286, que le ou les logiciels** *(Abrogé par L. n° 2017-1837 du 30 déc. 2017, art. 105, à compter du 1er janv. 2018)* ***« de comptabilité ou de gestion »*** **ou systèmes de caisse qu'elle détient satisfont aux conditions d'inaltérabilité, de sécurisation, de conservation et d'archivage des données prévues par ces mêmes dispositions est sanctionné par une amende de 7 500 € par logiciel** *(Abrogé par L. n° 2017-1837 du 30 déc. 2017, art. 105, à compter du 1er janv. 2018)* ***« de comptabilité ou de gestion »*** **ou système de caisse concerné.**

Lorsqu'il lui est fait application de l'amende mentionnée au premier alinéa du présent article, l'assujetti dispose d'un délai de soixante jours pour se mettre en conformité avec l'obligation prévue au 3° *bis* du I de l'article 286. Ce délai court à compter de la remise ou de la réception du procès-verbal mentionné à l'article L. 80 O du livre des procédures fiscales, de la proposition prévue au premier alinéa de l'article L. 57 du même livre ou de la notification mentionnée au premier alinéa de l'article L. 76 *(Décr. n° 2018-500 du 20 juin 2018, art. 1er)* **« de ce livre ».**

Passé ce délai, l'assujetti qui ne s'est pas mis en conformité est passible à nouveau de l'amende mentionnée au premier alinéa du présent article.

Art. 1770 *terdecies* *(L. n° 2019-1479 du 28 déc. 2019, art. 16-I-F-1-b et VII-E, en vigueur à compter des impositions établies au titre de 2023)* **La méconnaissance de l'obligation prévue à l'article 1418 entraîne l'application d'une amende de 150 € par local pour lequel les informations requises n'ont pas été communiquées à l'administration. La même amende est due en cas d'omission ou d'inexactitude. Cette amende n'est pas applicable lorsqu'il est fait application à raison des mêmes faits d'une autre amende ou majoration plus élevée.**

3 SANCTIONS PÉNALES

BIBL. ▶ Lepage, Maistre du Chambon et Salomon, Droit pénal des affaires, *LexisNexis 5e éd., 2018.* – Tixier et Derouin, Droit pénal de la fiscalité, *Dalloz, 1989.*

Art. 1771 Toute personne, association ou organisme qui n'a pas effectué dans les délais prescrits le versement des retenues opérées au titre de l'impôt sur le revenu (art. 1671 A *(Abrogé par L. n° 2016-1917 du 29 déc. 2016, art. 60-I-B-38° et I-G-1, pour les revenus perçus ou réalisés à compter du 1er janv. 2018)* ***« et 1671 B »*****) ou n'a effectué que des versements insuffisants est passible, si le retard excède un mois, d'une amende pénale de 9 000 € et d'un emprisonnement de cinq ans au plus.**

(Abrogé par L. n° 2017-1775 du 28 déc. 2017, art. 11, pour les revenus perçus ou réalisés à compter du 1er janv. 2019) ***« Est passible des peines prévues au premier alinéa le débiteur mentionné à l'article 1671 qui n'a ni déclaré ni versé au comptable public les retenues qu'il a effectuées en application du même article 1671, si le retard excède un mois. »***

Les dispositions du présent art. s'appliquent aux revenus perçus ou réalisés à compter du 1er janv. 2018 (L. n° 2016-1917 du 29 déc. 2016, art. 60-I-B-38°, I-G-1 et I-G-3, mod. par Ord. n° 2017-1390 du 22 sept. 2017, art. 1er) et du 1er janv. 2019 (L. n° 2017-1775 du 28 déc. 2017, art. 11).

Art. 1771 A *(L. n° 2017-1775 du 28 déc. 2017, art. 11, applicable aux revenus perçus ou réalisés à compter du 1er janv. 2019)* **Est passible des peines prévues pour les contraventions de cinquième classe le débiteur mentionné à l'article 1671 qui n'a ni déclaré ni versé au comptable public les retenues qu'il a effectuées en application du même article 1671, si le retard excède un mois.**

En cas de récidive dans un délai de trois ans, le débiteur est puni de deux ans d'emprisonnement et de 3 750 € d'amende ou de l'une de ces deux peines seulement.

Art. 1772 1. Sont passibles, indépendamment des sanctions fiscales édictées par le présent code, d'une amende de 4 500 € et d'un emprisonnement de cinq ans :

1° Tout agent d'affaires, expert et toute autre personne qui fait profession, soit pour son compte, soit comme dirigeant ou agent salarié de société, association, groupement ou entreprise quelconque, de tenir les écritures comptables de plusieurs clients et qui est convaincu d'avoir établi ou aidé à établir de faux bilans, inventaires, comptes et documents, de quelque nature qu'ils soient, produits pour la détermination des bases des impôts dus par lesdits clients ;

2° Quiconque, encaissant directement ou indirectement des revenus à l'étranger, ne les a pas mentionnés séparément dans sa déclaration conformément aux prescriptions du 2 des articles 170 et 173, lorsque la dissimulation est établie ;

3° Quiconque est convaincu d'avoir encaissé sous son nom des coupons appartenant à des tiers en vue de faire échapper ces derniers à l'application de l'impôt ;

4° Quiconque, en vue de s'assurer, en matière d'impôts directs ou de taxes assimilées, le bénéfice de dégrèvements de quelque nature que ce soit, produit des pièces fausses ou reconnues inexactes ;

5° Quiconque publie ou fait publier, par tout autre moyen que celui prévu à l'article L. 111 du Livre des procédures fiscales, tout ou partie des listes de contribuables visées audit article.

2. Les personnes visées aux 1° et 3° du 1 sont en outre, le cas échéant, tenues solidairement avec leurs clients au paiement des sommes, tant en principal qu'en pénalités et amendes, dont la constatation aurait été compromise par leurs manœuvres.

3. Quiconque est convaincu d'avoir opéré sciemment une inscription sous une rubrique inexacte des dépenses supportées par une entreprise, en vue de dissimuler des bénéfices ou revenus imposables au nom de l'entreprise elle-même ou d'un tiers, est passible des peines prévues au 1.

Art. 1773 Est puni de l'amende prévue au 1 de l'article 1772 le contribuable qui a commis sciemment dans la déclaration des revenus de valeurs et capitaux mobiliers pour l'établissement de l'impôt sur le revenu une omission ou insuffisance excédant le dixième de son revenu imposable ou la somme de 153 €.

Art. 1774 Les personnes coupables de l'une des infractions visées aux 1° à 4° du 1 de l'article 1772 et à l'article 1773 peuvent être privées des droits civiques, civils et de famille, suivant les modalités prévues aux articles 131-26 et 131-26-1 du code pénal.

Art. 1775 En cas de récidive ou de pluralité de délits constatée par un ou plusieurs jugements, la personne condamnée en vertu du 1° du 1 de l'article 1772 encourt l'interdiction d'exercer les professions d'agent d'affaires, de conseil fiscal, d'expert ou de comptable, même à titre de dirigeant ou d'employé et, s'il y a lieu, la fermeture de l'établissement.

Toute personne qui contrevient à cette interdiction, soit en exerçant la profession qui lui est interdite, soit en employant sciemment les services d'un tiers auquel l'exercice de la profession est interdit en vertu du présent article, est passible d'une amende de 18 000 € et d'un emprisonnement de deux ans au plus.

Art. 1776 En ce qui concerne les infractions visées aux articles 1771 à 1775, le tribunal ordonne, à la requête de l'administration, que le jugement soit publié intégralement ou par extraits dans le *Journal officiel* de la République française, ainsi que dans les journaux désignés par lui et affiché pendant trois mois sur les panneaux réservés à l'affichage des publications officielles de la commune où le condamné a son domicile, à la porte extérieure de l'immeuble de ce domicile et du ou des établissements professionnels du condamné. Les frais de ces publications et de cet affichage sont intégralement à la charge de ce dernier.

Les dispositions des deuxième à septième alinéas de l'article L. 216-3 du code de la consommation sont applicables dans la mesure où elles ne sont pas contraires à celles du présent article. — *L'art. L. 216-3 C. consom. a été abrogé par l'Ord. n° 2016-301 du 14 mars 2016, art. 34-I, à compter du 1er juill. 2016. Le présent art. devra être aménagé en conséquence.*

Art. 1777 Lorsque le délinquant est une société ou une association, les peines prévues à l'article 1771 et au deuxième alinéa de l'article 1775 sont applicables person-

nellement aux présidents, directeurs généraux, directeurs, gérants et, en général, à toute personne ayant qualité pour représenter la société ou l'association.

Art. 1778 **Les articles 121-6 et 121-7 du code pénal sont applicables aux complices des délits visés aux articles 1771 à 1775 et 1777, sans préjudice des sanctions disciplinaires s'ils sont officiers publics ou ministériels ou experts-comptables.**

Art. 1783 A **Indépendamment des sanctions fiscales applicables, les infractions aux dispositions du 2 de l'article 119 *bis*, des 1 et 2 de l'article 187 et du 2 de l'article 1672 et à celles du décret qui fixe les modalités et conditions de leur application donnent lieu à des poursuites correctionnelles engagées sur la plainte de l'administration fiscale et sont punies d'un emprisonnement d'un an et d'une amende de 3 750 €. Les articles 121-6 et 121-7 du code pénal sont applicables aux complices.**

Quiconque a tiré ou tenté de tirer profit de l'infraction commise est, aussi, passible personnellement des peines prévues au premier alinéa.

Art. 1783 B **Les infractions aux dispositions du 3 de l'article 242 *ter* sont punies des peines prévues à l'article 1741.**

4

Art. 1783 *sexies* *(Abrogé par L. n° 2011-900 du 29 juill. 2011, art. 30-III, à compter du 1er janv. 2016)* ***Lorsque le montant total des imputations pratiquées en application du 9 de l'article 1649-0 A excède de plus d'un vingtième le montant du droit à restitution auquel elles se rapportent, le contribuable est redevable d'une majoration égale à 10 % de l'insuffisance de versement constatée.***

B TAXES SUR LE CHIFFRE D'AFFAIRES ET TAXES ASSIMILÉES

1 SANCTIONS FISCALES

(Ord. n° 2005-1512 du 7 déc. 2005, art. 18 et 25)

Art. 1784 **Par dérogation aux dispositions des articles 1727 et 1731, aucun intérêt de retard ni aucune majoration n'est applicable dans le cas où l'acompte déterminé selon les règles fixées à l'article 1693 se révèle inférieur de 20 % au plus à la somme réellement due.**

Art. 1785 **Par dérogation aux dispositions des articles 1727 et 1731, aucun intérêt de retard ni aucune majoration n'est applicable aux exploitants agricoles nouvellement assujettis à la taxe sur la valeur ajoutée dans le cas où un ou plusieurs des acomptes qu'ils ont versés lors de leur première année d'imposition se révèlent inférieurs de 30 % au plus au montant de l'impôt réellement dû pour le trimestre correspondant.** – *Entrée en vigueur le 1er janv. 2006.*

Art. 1785 A *Transféré ss. l'art. 1731 A.*

Art. 1786 **Pour l'application des sanctions prévues en cas de manœuvres frauduleuses, tout achat pour lequel il n'est pas représenté de facture régulière et conforme à la nature, à la quantité et à la valeur des marchandises cédées est réputé avoir été effectué en fraude des taxes sur le chiffre d'affaires et taxes assimilées, quelle que soit la qualité du vendeur au regard desdites taxes. En pareil cas, l'acheteur est, soit personnellement, soit solidairement avec le vendeur si celui-ci est connu, tenu de payer lesdites taxes sur le montant de cet achat, ainsi que la pénalité exigible.** – *Entrée en vigueur le 1er janv. 2006.*

Art. 1787 *Abrogé par L. n° 2010-237 du 9 mars 2010, art. 16-XXXI.*

Art. 1788 *(Abrogé par L. n° 2020-1525 du 7 déc. 2020, art. 127-I-1° et III)* ***Les infractions à l'article 302 octies sont passibles d'une amende de 750 €.***

Art. 1788 A **1. Entraîne l'application d'une amende de 750 € :**

a. **Le défaut de production dans les délais des** *(L. n° 2021-1900 du 30 déc. 2021, art. 30-I-24° et III-D, en vigueur le 1er janv. 2022)* **« états prévus à l'article 289 B ».**

L'amende est portée à 1 500 € à défaut de production de la déclaration dans les trente jours d'une mise en demeure ;

b. Le défaut de présentation ou de tenue des registres, du double des factures ou des documents en tenant lieu et des différentes pièces justificatives prévus au III de l'article 277 A.

2. Entraîne l'application d'une amende de 15 € :

a. Chaque omission ou inexactitude relevée dans les *(L. n° 2021-1900 du 30 déc. 2021, art. 30-I-24° et III-D, en vigueur le 1er janv. 2022)* « états prévus à l'article 289 B » ; cette amende est plafonnée à 1 500 € ;

b. Chaque omission ou inexactitude relevée dans les renseignements devant figurer sur les registres prévus au 1° du III de l'article 277 A.

3. Les manquants ou excédents constatés, dans le cadre de la mise en œuvre de la procédure prévue aux articles L. 80 K et L. 80 L du livre des procédures fiscales, par rapport aux documents prévus au III de l'article 277 A, donnent lieu à des amendes d'un montant égal à 80 % de la taxe sur la valeur ajoutée calculée sur la valeur d'achat sur le marché intérieur, à la date de constatation de l'infraction, de biens ou services similaires.

4. Lorsqu'au titre d'une opération donnée le redevable de la taxe sur la valeur ajoutée est autorisé à la déduire, le défaut de mention de la taxe exigible sur la déclaration prévue au 1 de l'article 287, qui doit être déposée au titre de la période concernée, entraîne l'application d'une amende égale à 5 % de la somme déductible.

Toutefois, lorsque l'opération mentionnée au premier alinéa est une livraison à soi-même de biens prévue par l'article 257, le montant de l'amende est multiplié par le rapport entre les coûts ou les dépenses non grevés de taxe sur la valeur ajoutée figurant dans la base d'imposition de la livraison à soi-même telle qu'elle résulte de l'article 266 et la totalité de cette base d'imposition.

5. Les infractions prévues aux 1 à 3 peuvent être constatées par la direction générale des finances publiques ou la direction générale des douanes et droits indirects.

Les amendes prévues au présent article sont prononcées, dans le même délai de reprise qu'en matière de taxe sur la valeur ajoutée, par l'administration qui constate l'infraction. Le recouvrement et le contentieux sont assurés et suivis par l'administration qui prononce l'amende suivant les mêmes procédures, et sous les mêmes garanties, sûretés et privilèges que ceux prévus pour cette taxe.

Lorsqu'une infraction a fait l'objet d'une amende prononcée par l'une des deux administrations, elle ne peut plus être sanctionnée par l'autre.

BIBL. Bouchard, *Dr. fisc. 2009. 270* (de la déclaration de livraison à soi-même d'immeubles relevant de la TVA immobilière).

1. Compatibilité avec la Conv. EDH. L'amende de 5 % prévue à l'ancien art. 1788 *septies* (repris à l'art. 1788 A-4) pour défaut de déclaration d'une taxe déductible par son redevable : présente le caractère d'une punition tendant à empêcher la réitération des agissements qu'elle vise, de sorte qu'un litige relatif à son application procède d'une accusation en matière pénale au sens de l'art. 6 § 1 Conv. EDH. • CE *30 nov. 2007,* ♖ *n° 292705 : RJF 2008. 172 ; Dr. fisc. 2008. 178, concl. Olléon.* ♦ ... N'est pas discriminatoire au sens de l'art. 14 Conv. EDH. • CE 30 nov. 2007, ♖ n° 292705 : *préc.* ♦ ... Est compatible avec l'art. 6 § 1 Conv. EDH. et le droit communautaire, alors même que le juge n'a pas le pouvoir de moduler le taux de l'amende. • CE 30 nov. 2007, ♖ n° 292705 : *préc.*

2. L'amende forfaitaire de 750 € doit être regardée comme disproportionnée et contraire à l'art. 6 § 1er Conv. EDH. lorsqu'elle est notablement supérieure au montant des échanges de biens non déclarés. Ainsi, alors même que le juge de l'impôt n'a pas le pouvoir de moduler le montant des sanctions fiscales, il lui appartient, en application de l'art. 6 § 1 Conv. EDH, de contrôler la proportionnalité entre le montant de l'amende et la gravité des infractions commises (sol. impl.). • TA Paris, 21 janv. 2013, *SARL Doggidog*, n° 1101024 : *RJF 2013. 574.*

3. Autoliquidation de la TVA. Lorsque la TVA due au titre de ces opérations autoliquidées n'a pas été déclarée, elle ne fait pas l'objet d'un rappel si les conditions de fond du droit à déduction sont remplies, mais donne lieu à l'application d'une amende de 5 % du montant de la taxe que le redevable est en droit de déduire. En droit, l'amende est applicable du seul fait du défaut de mention de la taxe sur la déclaration afférente à la période au titre de laquelle cette taxe est devenue exigible. Néanmoins, il est admis que cette amende ne soit pas appliquée à un contribuable qui, avant toute action de la part de l'Administration, comme par exemple l'envoi d'un avis de vérification, constate qu'il a omis de déclarer une opération autoliquidée et dépose spontanément une déclaration rectificative au titre de la période concernée. En pratique, la régularisation peut être opérée sur une déclaration ultérieure, déposée suivant le format habituel, qui indique distinctement les éléments relatifs à l'opération autoliquidée. Cette mesure de tolérance s'applique aux redevables partiels et concerne l'ensemble des dossiers en cours. * BOI-CF-INF-20-20 n° 100 du 12 sept. 2012.

4. Livraison à soi-même non déclarée. Le défaut de déclaration de la livraison à soi-même d'immeuble dans le mois qui suit son achèvement entraîne l'application de l'amende de 5 % lorsque la TVA afférente à cette livraison est déductible. • CE 7 nov. 2008, n° 302032 : *RJF 2009. 202 ; Dr. fisc. 2008. 626, concl. Olléon, note Stemmer.*

5. Déclaration d'échange de biens. Le fisc ne peut appliquer une amende pour défaut de production de la DEB si cette infraction a déjà été sanctionnée par la douane, même par voie de transaction. • TA Cergy-Pontoise, 17 juill. 2014, *SARL Dispro France*, n° 1206904 : *RJF 2015. 415.* ♦ Mais le fisc peut appliquer l'amende pour défaut de dépôt de la DEB alors même qu'une première constatation de l'infraction a été opérée par procès-verbal de l'administration des douanes. • CAA Versailles, 23 avr. 2019, *SARL Mondial Import Export*, n° 17VE02590 : *RJF 2019. 939.*

Art. 1788 B Le défaut de présentation ou de tenue des registres prévus à l'article 286 *quater* donne lieu à l'application d'une amende de 750 €.

Les omissions ou inexactitudes relevées dans les renseignements devant figurer sur ces registres donnent lieu à l'application d'une amende de 15 € par omission ou inexactitude.

Art. 1788 C I. — Le défaut de transmission des informations mentionnées au VII de l'article 235 *ter* ZD entraîne l'application d'une majoration de 40 % du montant de la taxe due qui ne peut être inférieure à 1 000 € ou, lorsqu'aucune taxe n'est due, d'une amende de 1 000 €.

II. — Le retard de transmission des informations mentionnées au VII de l'article 235 *ter* ZD entraîne l'application d'une majoration de 20 % du montant de la taxe due qui ne peut être inférieure à 500 € ou, lorsqu'aucune taxe n'est due, d'une amende de 500 €.

III. — Les inexactitudes ou les omissions relevées dans les informations mentionnées au VII de l'article 235 *ter* ZD entraînent l'application d'une amende de 150 € par omission ou inexactitude relevée dans la déclaration, qui ne peut pas excéder 40 % de la taxe omise. — *V. note ss. art. 235 ter ZD.*

Art. 1788 D *(Ord. n° 2021-1190 du 15 sept. 2021, art. 1er)* I. — Le non-respect par l'assujetti des obligations prévues aux articles 290 et 290 A donne lieu à l'application d'une amende égale à 250 € par transmission, sans que le total des amendes appliquées au titre d'une même année civile au titre de chacun des deux articles précités puisse être supérieur à 15 000 €.

II. — Le non-respect par un opérateur de plateforme de dématérialisation des obligations de transmission prévues au III de l'article 290 et au I de l'article 290 A donne lieu à une amende de 750 € par transmission, sans que le total des amendes appliquées au titre d'une même année civile au titre de chacun des deux articles précités puisse être supérieur à 45 000 €.

III. — Les amendes mentionnées aux I et II ne sont pas applicables en cas de première infraction commise au cours de l'année civile en cours et des trois années précédentes, lorsque l'infraction a été réparée spontanément ou dans les trente jours d'une première demande de l'administration.

Art. 1788 E *(Ord. n° 2021-1190 du 15 sept. 2021, art. 1er)* I. — Le numéro d'immatriculation délivré en application de l'article 290 B peut être retiré :

1° Lorsqu'un opérateur d'une plateforme de dématérialisation a été sanctionné au titre du IV de l'article 1737 ou du II de l'article 1788 D à au moins trois reprises au cours de deux années consécutives et pour un montant cumulé au moins égal à 60 000 € et qu'il commet une nouvelle infraction prévue par l'un des deux articles précités au cours de la deuxième année ou au cours de l'année suivante ;

2° Lorsque l'administration a constaté le non-respect par un opérateur d'une plateforme des conditions auxquelles est subordonnée la délivrance ou le renouvellement du numéro d'immatriculation prévu à l'article 290 B ou des obligations de transmission d'informations prévues au III de l'article 289 *bis* et que l'administration l'ayant mis en demeure de se conformer à ses obligations dans un délai de trois mois, cet opérateur ne lui a pas communiqué dans ce délai tout élément de preuve de nature à établir qu'il

s'est conformé à ses obligations ou a pris les mesures nécessaires pour assurer sa mise en conformité dans un délai raisonnable.

II. – Le retrait prononcé en application du I prend effet à l'expiration d'un délai de trois mois à compter de sa notification à l'opérateur de plateforme.

Le retrait prononcé en application du 1° du I exclut l'application des amendes prévues au IV de l'article 1737 et au II de l'article 1788 D.

L'opérateur de plateforme dont le numéro d'immatriculation est retiré en informe ses clients dans le délai d'un mois à compter de la notification de la décision de retrait. L'administration y procède également dans le même délai.

III. – A l'expiration d'un délai de six mois, l'opérateur de plateforme dont le numéro d'immatriculation a été retiré peut déposer une nouvelle demande d'immatriculation dans les conditions de l'article 290 B.

2 SANCTIONS PÉNALES

Art. 1789 Au cas où un contrevenant ayant fait l'objet depuis moins de trois ans d'une des amendes fiscales ou d'une majoration prévues aux articles 1729, 1729 B et 1734 commet intentionnellement une nouvelle infraction prévue par l'un de ces textes, il peut être traduit devant le tribunal correctionnel, à la requête de l'administration compétente, et puni d'un emprisonnement de six mois. Le tribunal correctionnel peut ordonner, à la demande de l'administration, que le jugement soit publié intégralement ou par extrait dans les journaux qu'il désigne et affiché dans les lieux qu'il indique, le tout aux frais du condamné. Toutes les dispositions de l'article L. 216-3 du code de la consommation sont applicables dans ce cas. — *L'art. L. 216-3 C. consom. a été abrogé par l'Ord. n° 2016-301 du 14 mars 2016, art. 34-I à compter du 1er juill. 2016. Le présent art. devra être aménagé en conséquence.*

3 IMPORTATION

Art. 1790 *(L. n° 2018-1317 du 28 déc. 2018, art. 193-II-10° et VI, mod. par L. n° 2019-1479 du 28 déc. 2019, art. 181-III-3°, en vigueur le 1er janv. 2021)* **Les sanctions relatives aux infractions commises en matière de taxes recouvrées et contrôlées selon les mêmes procédures et sous les mêmes sanctions, garanties, sûretés et privilèges que les droits de douanes** *[douane]* **sont définies par le code des douanes.**

Ancien art. 1790 ***Les infractions commises en matière de taxes sur le chiffre d'affaires et de taxes assimilées perçues à l'importation sont punies comme en matière de douane.***

Il en est de même des infractions relatives à l'assiette, à la liquidation et au recouvrement de la taxe sur la valeur ajoutée perçue par l'administration des douanes et droits indirects sur les produits pétroliers désignés au 1° du 1 de l'article 298, à l'exception du contentieux relatif aux déductions. — *Recherche et poursuite des infractions : V. LPF, art. L. 234.* — **C. pr. fisc.**

C CONTRIBUTIONS INDIRECTES

1 SANCTIONS FISCALES

Art. 1791 I. – Sous réserve des dispositions spéciales prévues aux articles ci-après, toute infraction aux dispositions du titre III de la première partie du livre Ier et des lois régissant les *contributions indirectes*, ainsi que des décrets et arrêtés pris pour leur exécution, toute manœuvre ayant pour but ou pour résultat de frauder ou de compromettre les droits, taxes, redevances, soultes et autres impositions établies par ces dispositions sont punies d'une amende de 15 € à 750 €, d'une pénalité dont le montant est compris entre une et trois fois celui des droits, taxes, redevances, soultes ou autres impositions fraudés ou compromis, sans préjudice de la confiscation des objets, produits ou marchandises saisis en contravention, ainsi que de la confiscation des biens et avoirs qui sont le produit direct ou indirect de l'infraction.

II. – L'amende prévue au I est remplacée par une amende de 15 € à 30 € pour les infractions aux dispositions de l'article 290 *quater*.

1. Le juge répressif ne peut prononcer la pénalité proportionnelle prévue à l'art. 1791 dont le montant est compris entre une fois et trois fois celui des droits fraudés ou compromis, que pour autant qu'il a recherché et déterminé ces droits avec certitude. Encourt dès lors la cassation l'arrêt d'une cour d'appel qui condamne un prévenu au paiement de la TVA fraudée ou compromise sans prendre en considération le montant des droits que l'intéressé a pu avoir acquitté par ailleurs. • Crim. 7 mars 2001, n° 00-81.083, *Petit et a. : JCP 2001. IV. 1950.*

2. En matière de contributions indirectes, l'intention de commettre les infractions résulte de la violation des prescriptions légales et réglementaires régissant les activités professionnelles des prévenus, qui crée une présomption que le prévenu ne peut combattre qu'en établissant sa bonne foi. Encourt dès lors la censure, pour insuffisance et contradiction de motifs, l'arrêt qui, pour renvoyer les prévenus des fins de la poursuite, retient qu'ils ont pris des précautions même si elles se sont avérées insuffisantes et ne les dispensaient pas de toute vérification et que les éléments du dossier ne révèlent ainsi pas d'imprudences ou négligences fautives à leur charge, de sorte que l'élément intentionnel des infractions à la réglementation des contributions indirectes qui leur sont reprochées n'est pas caractérisé. • Crim. 12 sept. 2018, n° 17-81.800.

3. En matière de contributions indirectes, toute infraction légalement établie entraîne la confiscation des objets, produits et marchandises saisis. Méconnaît l'art. 1791 la cour d'appel qui, après avoir déclaré le prévenu coupable d'infractions à l'obligation de livrer à la distillation des quantités excédentaires de vin, omet de prononcer la confiscation de ces excédents. • Crim. 10 févr. 2010, n° 09-84.562.

4. La confiscation prévue par l'art. 1791 est une sanction réelle qui ne peut être prononcée que lorsque les objets, sur lesquels elle porte, ont été préalablement et effectivement saisis en contravention. Cette saisie peut être, le cas échéant, effectuée fictivement à la condition, en ce cas, qu'il n'y ait pas de contestation sur la consistance et la valeur des objets de fraude. • Crim. 8 juin 1995, n° 94-84.606 P. ♦ La confiscation ne peut porter que sur des choses soustraites à l'impôt ou au contrôle, constituant l'instrument ou la matière même de la fraude et dont il a été déclaré saisie réelle ou fictive, mais non sur l'ensemble des recettes servant d'assiette à l'impôt. • Crim. 25 janv. 1996, n° 95-80.213 P.

5. Le principe de proportionnalité du droit communautaire ne s'applique pas aux sanctions fiscales en matière de contributions indirectes, qui ont le double caractère de peines et de réparations civiles. • Crim. 16 janv. 1995, n° 93-85.863 P.

6. Les pénalités fiscales, que les juges ont la faculté de prononcer, dans les limites prévues par les art. 1791, 1794 et 1978 *ter*, en ayant le pouvoir de les moduler selon l'ampleur et la gravité de l'infraction commise, ont un caractère mixte, répressif et indemnitaire, pour répondre, proportionnellement, aux manquements constatés et aux préjudices qui en résultent. • Crim. 15 déc. 2010, n° 09-88.235.

Art. 1791 *bis* *Abrogé par Ord. n° 2005-1512 du 7 déc. 2005, art. 19-II et 25, à compter du 1er janv. 2006.*

Art. 1791 *ter* **L'amende de 15 € à 750 € prévue au I de l'article 1791 est fixée de** *(L. n° 2021-1900 du 30 déc. 2021, art. 143-1°)* **« 2 000 € à 10 000 €** *[ancienne rédaction : 1 000 € à 5 000 €]* **» en cas de fabrication, de détention, de vente ou de transport illicites de tabac.**

(L. n° 2017-1775 du 28 déc. 2017, art. 69) **« Cette amende est fixée de** *(L. n° 2021-1900 du 30 déc. 2021, art. 143-2°)* **« 100 000 € à 500 000 €** *[ancienne rédaction : 50 000 € à 250 000 €]* **» lorsque ces faits sont commis en bande organisée. »**

La pénalité de une à trois fois le montant des droits prévue au I de l'article 1791 est fixée de une à *(L. n° 2021-1900 du 30 déc. 2021, art. 143-3°)* **« dix** *[ancienne rédaction : cinq]* **» fois le montant des droits fraudés en cas de fabrication, de détention, de vente ou de transport illicites de tabacs.**

(L. n° 2017-1775 du 28 déc. 2017, art. 69) **« Cette pénalité est fixée de cinquante à cent fois le montant des droits fraudés lorsque ces faits sont commis en bande organisée. »**

Les dispositions des premier et deuxième alinéas du présent article s'appliquent quelles que soient l'espèce et la provenance de ces tabacs fabriqués.

Sont considérées et punies comme fabricants frauduleux les personnes mentionnées aux *a*, *b* et *c* du 10° de l'article 1810.

(L. n° 2017-1775 du 28 déc. 2017, art. 69) **« Les deux premiers alinéas de l'article 132-23 du code pénal relatifs à la période de sûreté sont applicables aux infractions prévues au présent article. »**

Art. 1793 A **Les infractions commises en matière de tabacs donnent lieu à une pénalité dont le montant est compris entre une et trois fois l'amende de 15 € à 750 € pré-**

vue au I de l'article 1791, lorsqu'il ne peut être fait application des autres pénalités mentionnées à cet article. – *Recherche et poursuite des infractions : V. LPF, art. L. 212 A.*

Art. 1794 Pour les infractions énumérées ci-après, la pénalité de une à trois fois le montant des droits est remplacée par une pénalité dont le montant est compris entre une fois et trois fois celui de la valeur des appareils, objets, produits ou marchandises sur lesquels a porté la fraude :

1° Infractions en matière d'alambics et portions d'alambics ;

2° Infractions à l'article 314, cinquième alinéa, relatif aux compteurs de distilleries ;

3° Infractions en matière de déclaration de récolte, de production *(L. nº 2020-1508 du 3 déc. 2020, art. 11-8º)* **« , de stock et de documents d'accompagnement des produits vitivinicoles, prévus aux articles 8 à 10 et 21 à 33 du règlement délégué (UE) 2018/273 de la Commission du 11 décembre 2017 et aux articles 22 à 24 du règlement d'exécution (UE) 2018/274 de la Commission du 11 décembre 2017. » Toutefois, si l'infraction résulte exclusivement d'un excès ou d'une insuffisance des quantités déclarées, seule la valeur de ces produits en excès ou insuffisamment déclarés sert de base au calcul de la pénalité ;**

4º Abrogé par Ord. nº 2015-1247 du 7 oct. 2015, art. 4-10º ;

5° Infractions aux dispositions des articles 521, 524, 526, 531, 535 à 539, 543, 545 à 551 ;

6º Abrogé par Ord. nº 2015-1247 du 7 oct. 2015, art. 4-10º.

7° et 8° *Abrogés.*

1. Dans le cas visé à la 2e phrase du 3°, la confiscation ne peut porter que sur les boissons non comprises dans la déclaration de récolte et constituant le seul objet de la fraude. • Crim. 20 août 1996, nº 95-84.311 P, *Leclerc.*

2. La pénalité proportionnelle, prévue à l'art. 1794, qui porte, par dérogation à l'art. 1791, non sur les droits compromis, mais sur le produit même de la fraude, et la confiscation prévue par ce dernier texte s'appliquent, en cas de fausse déclaration de récolte, sur la valeur de celle-ci, prise dans son état au moment de la constatation de l'infraction. Dès lors, pour des vins AOC produits en dépassement du plafond limite de classement, cette valeur est fixée au prix de vente moyen pratiqué pour ces appellations, et non au prix de rachat par un distillateur agréé. • Crim. 16 déc. 2009, nº 09-80.286.

3. L'omission de livrer à la distillation obligatoire les quantités de vins issus de cépages à double fin excédant celles normalement vinifiées est une infraction instantanée commise à la date au-delà de laquelle la formalité ne peut plus être effectuée. • Crim. 10 févr. 2010, nº 09-84.562.

Art. 1795 *(L. nº 2018-898 du 23 oct. 2018, art. 3-III)* **I. – Les personnes mentionnées à l'article L. 96 J du livre des procédures fiscales qui mettent à disposition les logiciels ou les systèmes de caisse mentionnés au même article L. 96 J sont passibles d'une amende lorsque ces logiciels, systèmes ou interventions techniques sont conçus pour permettre la réalisation de l'un des faits mentionnés au 1° de l'article 1743 du présent code, à l'article 1791 *ter*, aux 3° et 5° de l'article 1794, à l'article 1797 et aux 3°, 8° et 10° de l'article 1810 en modifiant, supprimant ou altérant de toute autre manière un enregistrement stocké ou conservé au moyen d'un dispositif électronique, sans préserver les données originales.**

L'amende prévue au premier alinéa du présent I s'applique également aux distributeurs de ces produits qui savaient ou ne pouvaient ignorer qu'ils présentaient les caractéristiques mentionnées au même premier alinéa.

Cette amende est de 15 % du chiffre d'affaires provenant de la commercialisation de ces logiciels ou systèmes de caisse ou des prestations réalisées, correspondant à l'année au cours de laquelle l'amende est appliquée et aux cinq années précédentes.

L'application de l'amende prévue au présent I exclut celles prévues à l'article 1770 *undecies* du présent code et à l'article 416 *bis* A du code des douanes à raison des mêmes logiciels, systèmes ou interventions et du même chiffre d'affaires.

II. – Les personnes mentionnées au I sont solidairement responsables du paiement des droits rappelés correspondant à l'utilisation de ces logiciels et systèmes de caisse mis à la charge des entreprises qui ont commis les faits mentionnés au même I qui se servent de ces produits dans le cadre de leur exploitation.

L'amende et la solidarité de paiement prévues ci-dessus s'appliquent au chiffre d'affaires réalisé et aux droits rappelés correspondant à l'utilisation des produits à compter du 25 oct. 2018 (L. nº 2018-898 du 23 oct. 2018, art. 3-V-B).

Art. 1795 *bis* Toute manœuvre ayant pour but ou pour résultat de détourner le régime contingentaire des rhums et tafias prévu à l'article 362 et aux textes d'application est punie des sanctions prévues au I de l'article 1791.

Art. 1797 En ce qui concerne les infractions commises en matière d'impôts sur les *(Abrogé par L. n° 2017-1775 du 28 déc. 2017, art. 34, à compter du 1er janv. 2019) « cercles et »* maisons de jeux, si les droits fraudés ou compromis ne peuvent être déterminés avec précision, le tribunal fixe la pénalité de une à trois fois les droits d'après les éléments d'information qui peuvent lui être fournis par l'administration, avec un minimum de 75 €.

Sont tenues solidairement des condamnations toutes personnes dirigeant, administrant ou exploitant *(Abrogé par L. n° 2017-1775 du 28 déc. 2017, art. 34, à compter du 1er janv. 2019) « le cercle ou »* la maison de jeux à un titre quelconque, comme aussi toutes celles qui ont participé à la fraude ou l'ont sciemment favorisée.

Art. 1798 Les infractions mentionnées à l'article 1812 sont punies, à la requête de l'administration, des sanctions fiscales prévues au I de l'article 1791.

Quiconque met les agents habilités à constater lesdites infractions dans l'impossibilité d'accomplir leurs fonctions soit en leur refusant l'entrée de ses locaux de fabrication, de dépôt ou de vente, soit de toute autre manière, est puni, indépendamment des peines prévues au troisième alinéa du 1 de l'article 1812 des peines applicables à la fabrication, à la vente en gros ou en détail, ainsi qu'à la circulation de 40 litres d'alcool pur du produit prohibé. — *V. Ann. III, art. 406 K.*

Art. 1798 *bis* I. — Sont punis d'une amende de 15 € à 750 € :

1° Le défaut de présentation à l'administration ou de tenue de la comptabilité *(Ord. n° 2021-1843 du 22 déc. 2021, art. 10-40°-a, en vigueur le 1er janv. 2022)* « mentionnée au 6° de l'article L. 311-39 du code des impositions sur les biens et services » ;

2° Le défaut de présentation des documents mentionnés au troisième alinéa de l'article L. 34 du Livre des procédures fiscales ;

3° Le défaut d'information de l'administration *(Ord. n° 2021-1843 du 22 déc. 2021, art. 10-40°-b, en vigueur le 1er janv. 2022)* « en cas d'irrégularité mentionnée au 2° de l'article L. 311-24 du code des impositions sur les biens et services » ;

(Ord. n° 2021-1843 du 22 déc. 2021, art. 10-40°-c et d, en vigueur le 1er janv. 2022) « 4° L'utilisation des documents mentionnés au 4° de l'article L. 311-39 du code des impositions sur les biens et services sous forme papier dans les situations où la forme électronique est requise ;

« 5° La méconnaissance de l'obligation de déclaration mentionnée au 2° de l'article L. 311-39 du code des impositions sur les biens et services par les personnes qui bénéficient des exonérations de l'accise sur les alcools prévues aux articles L. 313-7 à L. 313-14 du même code ou qui se livrent au commerce des alcools dénaturés mentionnés à son article L. 313-7 ;

« 6° La méconnaissance des obligations prévues au second alinéa de l'article 407 et au dernier alinéa de l'article 572 ; »

II. — Chaque omission ou inexactitude relevée dans les renseignements devant figurer dans la comptabilité matières est punie d'une amende de 15 €.

III. — Les infractions visées au présent article sont constatées et poursuivies et les instances instruites et jugées selon la procédure propre aux contributions indirectes.

Art. 1798 *ter* Les manquements aux obligations prévues *(L. n° 2020-1508 du 3 déc. 2020, art. 11-9°)* « aux articles 28 à 30 du règlement (UE) 2018/273 de la Commission du 11 décembre 2017 et aux articles 13 à 20 du règlement d'exécution (UE) 2018/274 de la Commission du 11 décembre 2017, complétant le règlement (UE) n° 1308/2013 du Parlement européen et du Conseil du 17 décembre 2013 portant organisation commune des marchés des produits agricoles » sont sanctionnés :

1° Abrogé par Ord. n° 2015-1247 du 7 oct. 2015, art. 4-11° ;

2° Pour les infractions aux règles relatives à l'obligation et aux modalités de tenue des registres : d'une amende de 15 € par omission ou inexactitude ou d'une pénalité dont le montant est compris entre une et trois fois, selon le cas, la valeur des produits dont l'inscription n'a pas été effectuée ou la valeur des produits sur lesquels ont porté les manipulations.

Les infractions définies au présent article sont constatées et poursuivies et les instances sont instruites et jugées selon la procédure propre aux contributions indirectes.

Art. 1799 Est puni des peines applicables à l'auteur principal de l'infraction :

1° Toute personne convaincue d'avoir facilité la fraude ou procuré sciemment les moyens de la commettre ;

2° Toute personne convaincue d'avoir sciemment formé ou laissé former, en vue de la fraude, dans les propriétés ou locaux dont elle a la jouissance, des dépôts clandestins d'objets, produits ou marchandises soumis aux droits ou à la réglementation des contributions indirectes ;

3° Tout négociant qui a incité un viticulteur à fausser sa déclaration de récolte et a lui-même, dans cet objet, altéré ses propres déclarations de réception de vendanges ou de fabrication de vin.

Art. 1799 A Les condamnations pécuniaires contre plusieurs personnes pour un même fait de fraude sont solidaires.

Art. 1800 En matière de contributions indirectes, le tribunal peut, eu égard à l'ampleur et à la gravité de l'infraction commise ainsi qu'à la personnalité de son auteur, modérer le montant des amendes et pénalités jusqu'à un montant inférieur à leur montant minimal et libérer le contrevenant de la confiscation, sauf pour les objets prohibés, par le paiement d'une somme que le tribunal arbitre et qui ne peut excéder la valeur de l'objet de l'infraction.

Le tribunal ne peut dispenser le redevable du paiement des sommes fraudées ou indûment obtenues.

Confiscation d'un objet prohibé. En matière d'infractions à la réglementation sur la garantie des métaux précieux, une cour ne peut libérer le contrevenant de la confiscation d'ouvrages en or et en argent par paiement d'une somme qu'elle arbitre, alors qu'il résulte de ses constatations que ces objets saisis par l'Administration des douanes et droits indirects n'étaient pas brisés, ou avaient été acquis auprès de fournisseurs non identifiés, en violation des art. 536 et 539, et constituaient des objets prohibés au sens de l'art. 1800, exclusifs de toute faculté de libération. • Crim. 12 sept. 2018, n° 17-85.268 : *Dr. pénal 2018. 200, note Robert.*

Art. 1801 En cas de condamnation pour infractions aux lois et règlements régissant les contributions indirectes, si la personne mise en examen n'a jamais été l'objet d'un procès-verbal suivi de condamnation ou de transaction, les tribunaux peuvent, dans les conditions établies par les articles 734 à 736 du code de procédure pénale, décider qu'il sera sursis à l'exécution de la peine pour la partie excédant la somme servant de base au calcul de la pénalité de une à trois fois les droits.

Art. 1802 Les dispositions de l'article 1801 ne sont pas applicables :

1° Aux infractions visées aux articles 1797 et 1810 ;

2° Aux infractions au régime économique de l'alcool et au monopole des tabacs.

Art. 1804 Sont punies d'une amende fiscale de 15 à 750 €, d'une pénalité dont le montant est compris entre une et cinq fois la valeur des produits vitivinicoles sur lesquels a porté la fraude ainsi que de la confiscation de ces produits les infractions :

(Abrogé par L. n° 2018-1317 du 28 déc. 2018, art. 26-III-37°-a) « *— aux dispositions de l'article 422 du présent code ;* »

— aux obligations de destruction prévues par le titre IV du livre VI du code rural et de la pêche maritime en cas de dépassements du rendement maximal prévu pour les vins et eaux-de-vie bénéficiant d'une appellation d'origine ou d'une indication géographique protégée ;

(L. n° 2018-1317 du 28 déc. 2018, art. 26-III-37°-b et c) « — au chapitre IV du règlement délégué (UE) 2018/273 de la Commission du 11 décembre 2017 complétant le règlement (UE) n° 1308/2013 du Parlement européen et du Conseil en ce qui concerne le régime d'autorisations de plantations de vigne, le casier viticole, les documents d'accompagnement et la certification, le registre des entrées et des sorties, les déclarations obligatoires, les notifications et la publication des informations notifiées, complétant le règlement (UE) n° 1306/2013 du Parlement européen et du Conseil en ce qui concerne les contrôles et les sanctions applicables, modifiant les règlements

(CE) n° 555/2008, (CE) n° 606/2009 et (CE) n° 607/2009 de la Commission et abrogeant le règlement (CE) n° 436/2009 de la Commission et le règlement délégué (UE) 2015/560 de la Commission ;

« – à l'interdiction des pratiques qui ne sont pas autorisées conformément à » l'annexe VIII du règlement (UE) n° 1308/2013 du Parlement européen et du Conseil du 17 décembre 2013 portant organisation commune des marchés des produits agricoles et abrogeant les règlements (CEE) n° 922/72, (CEE) n° 234/79, (CE) n° 1037/2001 et (CE) n° 1234/2007 du Conseil ;

– aux obligations prévues par le règlement (CE) n° 606/2009 de la Commission du 10 juillet 2009 fixant certaines modalités d'application du règlement (CE) n° 479/2008 du Conseil en c+e qui concerne les catégories de produits de la vigne, les pratiques œnologiques et les restrictions qui s'y appliquent, et aux textes réglementaires pris pour son application.

Les dispositions des articles 1799, 1800, 1801, 1805 et 1819 s'appliquent aux infractions prévues au présent article.

1. Pénalités relatives aux sorties des vins de la propriété et aux mesures prises pour l'amélioration de la qualité des vins. En application de l'art. 1804, selon lequel toute infraction aux dispositions législatives et réglementaires relatives aux sorties des vins de la propriété et aux mesures prises pour l'amélioration de leur qualité est punie d'une amende fiscale de 15 à 750 €, d'une pénalité dont le montant est compris entre une et trois fois (cinq fois actuellement) la valeur des vins sur lesquels a porté la fraude ainsi que de leur confiscation, les juges doivent, en cas de pluralité d'infractions, prononcer séparément sur chacune des amendes, pénalités proportionnelles et mesures de confiscation encourues. • Crim. 8 oct. 2008, n° 08-81.099 : *AJ pénal 2008, p. 506, note Roussel*. ♦ L'action fiscale exercée par application de l'art. 1804 est distincte, dans ses éléments et les intérêts qu'elle protège, de l'action publique. Si la confiscation ne peut porter qu'une seule fois sur la même marchandise de fraude, c'est à la condition que les marchandises saisies, prises dans leur état lors de la constatation de chaque infraction, soient identiques. • Crim. 15 déc. 2010, n° 09-88.235.

2. Application dans le temps de dispositions d'application. Les arrêtés interministériels fixant, avant la fin d'une campagne déterminée, les conditions de production de certains vins à appellation d'origine contrôlée produisent effet pour l'ensemble de la campagne considérée, dès lors qu'ils reprennent les décisions de l'organisation interprofessionnelle habilitée, intervenues et notifiées dès le début de cette campagne. • Crim. 19 nov. 2008, n° 08-82.030.

Art. 1804 A Si le contrevenant commet, dans les cinq ans qui suivent une transaction ou une condamnation devenue définitive après l'entrée en vigueur de la loi n° 77-1453 du 29 décembre 1977 modifiée accordant des garanties de procédure aux contribuables en matière fiscale et douanière, une nouvelle infraction tombant sous le coup de la pénalité proportionnelle prévue au I de l'article 1791 et aux articles 1793 A, 1794, 1797 et 1804, le taux maximal de cette pénalité est doublé.

Art. 1804 B En sus des pénalités fiscales prévues au I de l'article 1791 et aux articles 1791 *ter* à 1804 A, le tribunal ordonne le paiement des sommes fraudées ou indûment obtenues à raison de l'infraction.

Art. 1804 C La méconnaissance de l'obligation prévue à l'article 1698 D entraîne l'application d'une majoration de 0,2 % du montant des sommes dont le versement a été effectué selon un autre moyen de paiement.

Cette majoration est recouvrée selon les procédures et sous le bénéfice des sûretés prévues par le présent code en matière de contributions indirectes. – *Application à compter du 1er mars 2000.*

2 RESPONSABILITÉ DES INFRACTIONS

Art. 1805 1. Les propriétaires des marchandises sont responsables du fait de leurs *facteurs, agents ou domestiques*, en ce qui concerne les droits, confiscations, amendes et dépens.

Le propriétaire de la marchandise, dépositaire ou détenteur est déchargé de toute responsabilité pénale s'il établit qu'il a été victime d'un vol, d'une escroquerie ou d'un abus de confiance bien qu'il ait rempli normalement tous ses devoirs de surveillance ou si encore, par une désignation exacte de l'auteur, il a mis l'administration à même d'exercer régulièrement les poursuites ou encore si l'auteur du délit ou de la contravention est découvert.

Les dispositions du deuxième alinéa cessent d'être applicables, en cas de récidive, dans le délai d'un an.

2. *Abrogé par L. n° 66-10 du 6 janv. 1966.*

Art. 1806 Les transporteurs ne sont pas considérés, eux et leurs préposés ou agents, comme contrevenants lorsque, par une désignation exacte et régulière de leurs commettants, ils mettent l'administration en mesure d'exercer utilement des poursuites contre les véritables auteurs de la fraude.

Art. 1807 En cas de transport d'alambics et appareils analogues dans les conditions visées par l'article 307 et à défaut de représentation au lieu de destination déclaré ou au point de sortie du territoire, des appareils ou portions d'appareils pour lesquels des expéditions ont été délivrées, un procès-verbal est dressé, et l'expéditeur est rendu responsable de la contravention, à moins qu'il ne mette l'administration en mesure d'exercer des poursuites efficaces contre la personne à qui incombe le défaut de décharge du document mentionné *(Ord. n° 2021-1843 du 22 déc. 2021, art. 10-41°, en vigueur le 1er janv. 2022)* « au 4° de l'article L. 311-39 du code des impositions sur les biens et services et prévu pour les transports sur le territoire national des produits en suspension de l'accise sur les alcools ».

Art. 1808 Le loueur d'alambic ambulant distillant pour le compte d'un producteur peut être mis hors de cause s'il établit que le défaut d'accomplissement des formalités *(Ord. n° 2021-1843 du 22 déc. 2021, art. 10-42°, en vigueur le 1er janv. 2022)* « mentionnées au 5° de l'article L. 311-39 du code des impositions sur les biens et services » est le fait dudit producteur.

Art. 1809 En cas d'utilisation d'alambics non déclarés, les personnes pour qui ces appareils sont ou ont été utilisés, ainsi que les propriétaires, les exploitants, les utilisateurs et les conducteurs desdits appareils sont passibles des peines prévues par la réglementation propre aux alambics.

3 SANCTIONS PÉNALES

Art. 1810 Indépendamment des pénalités prévues aux articles 1791 à 1794, les infractions visées ci-après sont punies d'une peine d'un an d'emprisonnement, et les moyens de transport sont saisis et confisqués, ainsi que les récipients, emballages, ustensiles, mécaniques, machines ou appareils :

1° Fabrication, transport, vente et détention sans déclaration d'alambic ou portion d'alambic ;

Utilisation d'alambic non déclaré ; dans ce cas, la peine est applicable aux personnes visées à l'article 1809 ;

2° Après l'entrée en vigueur des arrêtés ministériels prévus à l'article 314, distillations effectuées en tous lieux à l'aide d'alambics non munis des compteurs réglementaires, manœuvres ayant pour objet de fausser sciemment les indications des compteurs ou de nuire, par un moyen quelconque, à leur fonctionnement régulier ;

3° Fabrication frauduleuse d'alcool, fraudes sur les spiritueux par escalade, par souterrain, à main armée ou au moyen d'engins disposés pour les dissimuler ; livraison, ***détention en vue de la vente***, transport d'alcool de toute nature fabriqué ou importé sans déclaration ; transport d'alcool avec une expédition altérée ou obtenue frauduleusement ; infractions aux dispositions *(Ord. n° 2021-1843 du 22 déc. 2021, art. 10-43°, en vigueur le 1er janv. 2022)* « du 8° de l'article L. 311-39 du code des impositions sur les biens et services » ;

4° Fraudes dans les distilleries à l'aide de souterrains ou tout autre moyen d'adduction ou de transport dissimulé d'alcool ;

5° Fabrication, distillation, revivification d'eaux-de-vie et esprits à l'intérieur de Paris ou de toute autre localité où la fabrication et la distillation des eaux-de-vie et esprits ont été interdites ;

6° Altération frauduleuse de la densité des eaux-de-vie ou esprits ; préparation, détention, vente, transport des mélanges interdits par l'article 402 ;

7° Revivification ou tentative de revivification d'alcools dénaturés, manœuvres ayant pour objet soit de détourner des alcools dénaturés ou présentés à la dénaturation, soit de faire accepter à la dénaturation des alcools déjà dénaturés ; emploi de substances dénaturantes non conformes aux types officiels ; vente ou détention de spiritueux dans la préparation desquels sont entrés des alcools dénaturés ou des mélanges d'alcool éthylique et de corps appartenant à la famille chimique des alcools ou présentant une fonction chimique alcool, susceptibles de remplacer l'alcool éthylique dans un quelconque de ses emplois lorsque ces mélanges sont destinés à la consommation humaine ou qu'ils présentent des dangers pour la santé publique ;

8° Détention ou vente frauduleuse par un fabricant ou marchand d'ouvrages d'or, d'argent ou de platine revêtus, soit de l'empreinte de faux poinçons, contrefaisant les poinçons anciens ou en vigueur, soit de marques anciennes entées, soudées ou contre-tirées, soit de l'empreinte de poinçons de fantaisie imitant les poinçons anciens ou les poinçons en vigueur, soit de l'empreinte de poinçons volés ;

9° *Abrogé.*

10° Quelles que soient l'espèce et la provenance de ces tabacs : fabrication de tabacs ; détention frauduleuse en vue de la vente de tabacs fabriqués ; vente, y compris à distance, de tabacs fabriqués ; transport en fraude de tabacs fabriqués ; acquisition à distance, introduction en provenance d'un autre État membre de l'Union européenne ou importation en provenance de pays tiers de produits du tabac manufacturé acquis dans le cadre d'une vente à distance.

Sont considérés et punis comme fabricants frauduleux :

a. Les particuliers chez lesquels il est trouvé des ustensiles, machines ou mécaniques propres à la fabrication ou à la pulvérisation et, en même temps, des tabacs en feuilles ou en préparation, quelle qu'en soit la quantité, ou plus de 10 kilogrammes de tabacs fabriqués non revêtus des marques de l'administration ;

b. Ceux qui font profession de fabriquer pour autrui ou fabriquent accidentellement, en vue d'un profit, des cigarettes avec du tabac à fumer ;

c. Les préposés aux entrepôts et à la vente des tabacs qui falsifient des tabacs manufacturés ;

11° *Sans objet.*

Art. 1811 La peine d'emprisonnement prévue au premier alinéa de l'article 1810 est portée à cinq ans pour les infractions mentionnées au 10° du même article commises en bande organisée.

Art. 1812 1. Les infractions à la loi du 16 mars 1915, modifiée par celle du 17 juillet 1922 relative à l'interdiction de la fabrication, de la vente en gros et en détail ainsi que de la circulation de l'absinthe et des liqueurs similaires, et aux décrets rendus pour son application, sont punies, à la requête du ministère public, d'une amende de 18 000 €.

Pour les personnes se livrant à la vente au détail, l'amende encourue est de 3 750 €.

Quiconque met les agents habilités à constater lesdites infractions dans l'impossibilité d'accomplir leurs fonctions soit en leur refusant l'entrée de ses locaux de fabrication, de dépôt ou de vente, soit de toute autre manière, est puni, indépendamment des peines prévues au deuxième alinéa de l'article 1798, des peines prévues à l'article L. 217-10 du code de la consommation.

Les infractions sont recherchées et constatées à la diligence du ministère public, comme en matière de fraudes et de falsifications.

2. Le non-respect des interdictions mentionnées à l'article L. 3322-5 du code de la santé publique est sanctionné conformément à l'article L. 3351-4 du code précité.

Art. 1813 *a)* Est puni d'une amende de 6 000 € quiconque, n'étant pas titulaire de la dérogation prévue à l'article 311 *bis*, a, à titre professionnel, utilisé un appareil de distillation ambulant ;

b) Toute infraction aux dispositions de l'article 306 est punie de la même peine ;

c) En cas de récidive des infractions prévues aux *a* et *b*, une peine d'emprisonnement d'un an peut en outre être prononcée.

Est considéré comme en état de récidive légale quiconque ayant été condamné pour un délit prévu par l'une des législations ayant pour objet la prévention, la répression ou la cure de l'alcoolisme ou de l'ivresse, ou par la législation sur la police des débits de boissons, a, dans les cinq ans qui suivent la date à laquelle cette condamnation est devenue définitive, commis un nouveau délit tombant sous l'application des *a* et *b*.

Art. 1814 *Abrogé.*

Art. 1815 Les rébellions ou voies de fait contre les agents sont poursuivies devant les tribunaux, qui ordonnent l'application des peines prononcées par le code pénal, indépendamment des amendes et confiscations encourues par les contrevenants.

Art. 1816 En cas de condamnation d'un débitant de boissons pour rébellion ou violences contre les agents, le tribunal peut, indépendamment des autres pénalités encourues, ordonner la fermeture du débit pour une durée de six mois au plus.

En cas d'infraction à la réglementation concernant les capsules, empreintes ou vignettes représentatives des droits indirects sur l'alcool, le vin et le cidre, le tribunal peut ordonner la fermeture, définitive ou pour une durée d'un an au plus, de l'établissement.

Art. 1817 Les dispositions de l'article 1750 sont applicables aux infractions prévues aux articles 1810, 1811 et 1812.

Art. 1818 L'affichage du jugement est prononcé par le tribunal pour toute infraction aux dispositions relatives à la déclaration de récolte ou de stock des vins.

Art. 1819 Sont punies des peines applicables aux infractions prévues par les articles 1810 à 1818 les personnes désignées à l'article 1799.

Art. 1820 *Abrogé.*

Art. 1821 Les infractions aux dispositions du deuxième alinéa de l'article 434 sont punies des peines prévues au code de la consommation.

4 AUTRES SANCTIONS ET MESURES DIVERSES

Art. 1822 La fermeture provisoire des établissements de *(Abrogé par L. n° 2017-1775 du 28 déc. 2017, art. 34, à compter du 1er janv. 2019) « cercles et »* maisons de jeux peut être ordonnée par l'administration en cas d'obstacle, d'empêchement ou de résistance à l'action des agents chargés de la constatation ou en cas de retard dans le paiement des droits. — *V. aussi Ann. IV, art. 141.*

Art. 1822 *bis* *Abrogé par L. n° 2014-1654 du 29 déc. 2014, art. 21-I-11°, pour les recettes encaissées à compter du 1er janv. 2015 (L. préc., art. 21-III).*

Art. 1823 Le commerce des ouvrages en métaux précieux est interdit aux fabricants, marchands, commerçants, affineurs qui ont fait l'objet de plus de deux procès-verbaux relevant des infractions à la réglementation de la garantie.

Art. 1824 Il peut être interdit, par simple décision administrative, aux fabricants, importateurs ou marchands de carnets ou rouleaux de billets d'entrée dans les salles de spectacles, constitués en contravention à la réglementation relative auxdits billets, d'exercer leur commerce ou leur industrie.

Art. 1825 La fermeture de tout établissement dans lequel aura été constatée l'une des infractions mentionnées à l'article 1817 peut être ordonnée, pour une durée ne pouvant excéder trois mois, par arrêté préfectoral pris sur proposition de l'autorité administrative désignée par décret. Cet arrêté est affiché sur la porte de l'établissement pendant la durée de la fermeture.

Débit de tabac. La mesure de fermeture d'un débit de tabac n'a pas la nature d'une sanction mais celle d'une mesure de police administrative. • CE 17 juin 2019, n° 427921 : *Dr. fisc. 2019. 424.*

Art. 1825 A Indépendamment des pénalités encourues, le bouilleur de cru qui a enlevé ou laissé enlever de chez lui des spiritueux sans titre de mouvement ou avec un titre de mouvement inapplicable devient soumis au régime des bouilleurs de profession pour toute la durée de la campagne en cours et de la campagne suivante. De ce fait, les quantités de spiritueux existant en sa possession doivent être déclarées et prises en charge ou soumises à l'impôt, sous déduction de celles pour lesquelles il est justifié du paiement antérieur des droits.

Perdront à titre définitif et de plein droit le bénéfice du régime des bouilleurs de cru les personnes qui auront :

a. soit subi une condamnation pour crime ;

b. soit fait l'objet d'un procès-verbal régulier suivi d'une transaction ou d'une condamnation définitive pour fabrication ou transport clandestins d'alcool ;

c. soit fait l'objet d'une condamnation pour ivresse publique ou d'une condamnation en application des articles L. 234-1 et L. 234-8 du code de la route ;

d. soit fait l'objet d'une condamnation en application des articles 222-8, 222-10, 222-12, 222-13, 222-14, 227-15 ou 227-16 du code pénal ou d'une mesure de retrait de l'autorité parentale en application des articles 378 ou 378-1 du code civil.

Art. 1825 B Les appareils ou portions d'appareils propres à la distillation, à la fabrication ou au repassage d'eaux-de-vie ou d'esprits qui n'ont été ni déclarés, ni poinçonnés dans les conditions fixées à l'article 308, sont considérés comme objets prohibés et détruits par les soins de l'administration.

Art. 1825 C A défaut d'accomplissement des formalités *(Ord. nº 2021-1843 du 22 déc. 2021, art. 10-44º, en vigueur le 1er janv. 2022)* « mentionnées au 5º de l'article L. 311-39 du code des impositions sur les biens et services et applicables aux bouilleurs ambulants », et sauf application des dispositions de l'article 1808, le permis de circulation cesse de produire ses effets et le loueur d'alambic ambulant ne peut en obtenir un nouveau avant un délai de six mois, porté à un an en cas de récidive.

Art. 1825 D Il est interdit, sous peine de destitution, à tout agent des bureaux de garantie de laisser prendre des calques ou de donner des descriptions soit verbales, soit par écrit, des ouvrages qui sont apportés au bureau.

Art. 1825 E *Devenu sans objet (Ord. nº 2001-766 du 29 août 2001, art. 15-XI).*

Art. 1825 F Aucun indicateur ne peut prétendre à une remise ou rémunération quelconque s'il n'est justifié par écrit que les renseignements qu'il a fournis l'ont été avant le procès-verbal.

Les peines de l'article 226-10 du code pénal sont applicables à tout individu convaincu d'avoir, verbalement ou par écrit, dénoncé à tort et de mauvaise foi de prétendues contraventions aux lois fiscales.

5 COMPÉTENCE DES AGENTS DES DOUANES

(Ord. nº 2021-1843 du 22 déc. 2021, art. 10-45º, en vigueur le 1er janv. 2022)

Art. 1825 G Les agents des douanes sont compétents pour rechercher, constater et poursuivre les infractions en matière de contributions indirectes, droits, taxes, redevances et impositions obéissant aux mêmes règles.

Le présent article ne s'applique pas aux infractions aux dispositions de l'article 290 *quater*.

L'incompétence des agents des douanes pour les infractions en matière de billetterie prévues à l'art. 290 quater CGI était antérieurement prévue par l'art. 108 de la L. nº 92-677 du 17 juill. 1992.

Art. 1825 H Les agents des douanes sont compétents pour rechercher, constater et poursuivre, comme en matière de contributions indirectes, les infractions dans les matières suivantes, dans la mesure où elles sont régies par le présent code ou le livre des procédures fiscales :

1º Garantie des matières d'or, d'argent et de platine ;

2º Réglementation non fiscale dans le domaine de la viticulture, des céréales, des tabacs et des alcools.

D ENREGISTREMENT ET PUBLICITÉ FONCIÈRE

1 SANCTIONS FISCALES

Art. 1826 Est punie d'une amende égale à 50 % du supplément de droit exigible toute contravention aux dispositions du III de l'article 806 et de l'article 807 ; en outre, les dépositaires, détenteurs ou débiteurs ayant contrevenu aux dispositions des articles 806 et 807 sont personnellement tenus des droits exigibles, sauf recours contre le redevable.

Art. 1827 Quiconque a contrevenu aux dispositions de l'article 803 est personnellement tenu des droits et pénalités exigibles, sauf recours contre le redevable.

Le notaire qui a reçu l'acte constatant le paiement du prix est solidairement responsable des droits et pénalités prévus au premier alinéa.

Art. 1828 *Abrogé par L. n° 2010-1658 du 29 déc. 2010, art. 28-III-A-1° et H-2, applicable aux demandes d'autorisations et aux déclarations préalables déposées à compter du 1er mars 2012, y compris aux modifications ultérieures au 1er mars 2012 relatives à une demande ou déclaration préalable déposée avant cette date.*

Art. 1829 *Abrogé par L. n° 2010-237 du 9 mars 2010, art. 16-XXXIII.*

2 SANCTIONS PÉNALES

Art. 1837 I. — Celui qui a formulé frauduleusement les affirmations prescrites par les dispositions du chapitre Ier du titre IV de la 1re partie du livre Ier, et les textes pris pour leur exécution, est puni de trois ans d'emprisonnement et de 45 000 € d'amende. Le tribunal peut également prononcer l'interdiction des droits civiques, civils et de famille prévue par les articles 131-26 et 131-26-1 du code pénal.

Lorsque l'affirmation jugée frauduleuse émane d'un ou de plusieurs des cohéritiers solidaires, ou que la déclaration a été souscrite par un mandataire, les autres héritiers solidaires, ou le mandant, sont passibles des mêmes peines, s'il est établi qu'ils ont eu connaissance de la fraude, et s'ils n'ont pas complété la déclaration dans un délai de six mois.

II. — Les peines correctionnelles édictées au I se cumulent avec les peines dont les lois fiscales frappent les omissions et les dissimulations.

III. — Les articles 121-6 et 121-7 du code pénal sont applicables au délit spécifié au présent article. — *Sur les poursuites et la compétence du tribunal, V. LPF, art. L. 230 et L. 231.*

Art. 1838 En cas de récidive dans les dix ans d'une décision disciplinaire antérieure devenue définitive, l'officier public ou ministériel, convaincu de s'être, d'une façon quelconque, rendu complice de manœuvres destinées à éluder le paiement de l'impôt, est frappé de destitution, en cas de complicité du délit spécifié à l'article 1837.

Art. 1839 La fausse mention d'enregistrement ou de formalité fusionnée soit dans une minute, soit dans une expédition, est punie des peines prévues pour le faux par l'article 441-4 du code pénal.

Les poursuites sont engagées par le ministère public sur la dénonciation du préposé de la régie.

3 AUTRES SANCTIONS ET MESURES DIVERSES

Art. 1840 à 1840 A *bis* *Abrogés par Ord. n° 2005-1512 du 7 déc. 2005, art. 20-II-1° et 25, à compter du 1er janv. 2006.*

Art. 1840 B L'officier public ou ministériel cessionnaire ou cédant d'un office convaincu d'avoir consenti ou stipulé à son profit un prix supérieur à celui exprimé dans l'acte de cession est frappé de destitution. — *Entrée en vigueur le 1er janv. 2006.*

Art. 1840 C Les notaires, les huissiers et autres agents ayant pouvoir de faire des actes et procès-verbaux, les greffiers et les autorités administratives qui ont négligé de soumettre à l'enregistrement ou à la formalité fusionnée, dans les délais fixés, les actes qu'ils sont tenus de présenter à l'une ou l'autre de ces formalités sont personnellement passibles de la majoration prévue au 1 de l'article 1728. Ils sont, en outre, tenus du paiement des droits ou taxes, sauf leur recours contre les parties pour ces droits ou taxes seulement.

Ces dispositions sont applicables aux officiers d'administration de la marine.

Les notaires sont également personnellement passibles de la majoration prévue aux *a* et *b* du 1 et au 5 de l'article 1728 lorsqu'ils ont accepté à la demande des ayants droit

d'assumer les obligations déclaratives mentionnées au 2 de l'article 204 et au *(L. n° 2017-1837 du 30 déc. 2017, art. 31)* **« I de l'article 982** *[ancienne rédaction : III de l'article 885 W]* **», sauf leur recours contre les parties.**

Les dispositions du présent art. issues du B du I de l'art. 31 de la L. n° 2017-1837 du 30 déc. 2017, s'appliquent au titre de l'impôt sur la fortune immobilière dû à compter du 1er janv. 2018. Toutefois, les dispositions modifiées par le même B du I continuent de s'appliquer, dans leur rédaction en vigueur au 31 déc. 2017, à l'impôt de solidarité sur la fortune dû jusqu'au titre de l'année 2017 incluse (L. préc., art. 31-IX-B).

1. L'art. 1840 C ne concerne que les actes passés par les notaires, et non les déclarations de succession, dont l'obligation de présentation à la formalité de l'enregistrement est à la charge des héritiers et légataires. La circonstance que, par une convention privée, ces derniers aient donné mandat à un notaire pour y procéder n'a pas pour conséquence de substituer le redevable légal de l'impôt à un autre. • Com. 29 juin 2001, n° 97-11.676 : *Dr. et patr. 2001, n° 395, p. 2.*

2. Les autorités administratives qui ont négligé de soumettre à l'enregistrement ou à la formalité fusionnée, dans les délais fixés, les actes qu'elles sont tenues de présenter à l'une ou l'autre de ces formalités sont personnellement passibles des sanctions prévues à l'art. 1728. Il en est ainsi lorsque le maire, rédacteur de l'acte de cession d'une centrale hydraulique par sa commune, a omis de présenter ce dernier à l'enregistrement ou à la formalité fusionnée dans le délai imparti. • Com. 26 juin 2012 : *RJF 2012. 1076.*

Art. 1840 D **Par dérogation aux dispositions de l'article 1840 C, lorsque les droits d'enregistrement ou la taxe de publicité foncière et les taxes assimilées, afférents aux jugements rendus à l'audience qui doivent être enregistrés sur les minutes, aux actes et procès-verbaux de vente de prises et de navires ou bris de navires et aux actes administratifs, n'ont pas été consignés aux mains des greffiers et des autorités administratives, dans les délais prescrits pour l'enregistrement ou la formalité fusionnée, le recouvrement en est poursuivi contre les parties qui supportent, en outre, la majoration prévue au 1 de l'article 1728.**

A cet effet, les greffiers et les autorités administratives fournissent aux agents des impôts, dans la décade qui suit l'expiration des délais, des extraits par eux certifiés des actes, procès-verbaux et jugements, dont les droits ou taxes ne leur ont pas été remis par les parties, à peine, pour chaque acte, procès-verbal et jugement, de l'amende prévue au 1 de l'article 1729 B, et d'être, en outre, personnellement contraints au paiement des droits ou taxes et pénalités exigibles.

Il leur est délivré récépissé, sur papier libre, de ces extraits. Ce récépissé est inscrit sur leur répertoire.

Art. 1840 E **Sous les réserves formulées aux articles 1840 C et 1840 D les personnes qui sont, au regard du Trésor, solidaires pour le paiement de l'impôt sont aussi solidaires pour le paiement des pénalités.**

Art. 1840 F **Lorsqu'ils ont négligé de faire, dans les délais prescrits, les déclarations des biens transmis par décès aux héritiers, donataires ou légataires, les tuteurs et curateurs supportent personnellement les peines prévues à l'article 1728 et au 1 de l'article 1729 B.** — *Entrée en vigueur le 1er janv. 2006.*

Art. 1840 G **I. — En cas de manquement à l'engagement pris par un groupement forestier dans les conditions prévues au 3° du 1 de l'article 793 pour l'amélioration de la production et de la structure foncière des forêts françaises, ce groupement et ses ayants cause sont tenus, solidairement avec les donataires, héritiers, légataires ou leurs ayants cause à titre universel, d'acquitter, à première réquisition, le complément de droit d'enregistrement, et, en outre, un droit supplémentaire égal respectivement à 30 %, 20 % et 10 % de la réduction consentie selon que le manquement est constaté avant l'expiration de la dixième, vingtième ou trentième année suivant la mutation.**

II. — En cas d'infraction aux règles de jouissance qu'il a pris l'engagement de suivre ***dans les conditions prévues*** **aux** ***b*** **du 2° et 7° du 2 de l'article 793, l'héritier, le donataire ou le légataire, ou leurs ayants cause sont tenus d'acquitter à première réquisition le complément de droit d'enregistrement ou de taxe de publicité foncière et, en outre, un supplément de droit ou taxe égal respectivement à 30 %, 20 % et 10 % de la réduction consentie selon que le manquement est constaté avant l'expiration de la dixième, vingtième ou trentième année.**

II *bis*. En cas de manquement à l'engagement prévu au *b* du 3 de l'article 793, et à due concurrence du manquement constaté, l'héritier, le donataire ou le légataire, ou leurs ayants cause, sont tenus d'acquitter à première réquisition le complément de droit d'enregistrement et, en outre, un supplément de droit égal, respectivement, à 30 %, 20 % et 10 % de la réduction consentie selon que le manquement est constaté avant l'expiration de la dixième, vingtième ou trentième année.

III. — Pour l'application des I et II, lorsque le manquement ou l'infraction porte sur une partie des biens, le rappel du complément et du supplément de droit d'enregistrement est effectué à concurrence du rapport entre la superficie sur laquelle le manquement ou l'infraction a été constaté et la superficie totale des biens sur lesquels l'engagement a été souscrit. Sous réserve de l'application du sixième alinéa du 2° et du cinquième alinéa du 7° du 2 de l'article 793, l'engagement se poursuit sur les autres biens.

IV. — Les infractions visées aux I et II sont constatées par des procès-verbaux dressés par les ingénieurs, techniciens et agents de l'État chargés des forêts.

Art. 1840 G *bis* La violation de l'engagement prévu au I de l'article 1131 met fin de plein droit à la réserve de jouissance et les biens donnés doivent être remis à l'État à la première réquisition, sous peine d'une astreinte de 150 € au plus par jour de retard, établie et recouvrée selon les règles applicables en matière de droits d'enregistrement. *— Entrée en vigueur le 1er janv. 2006.*

Art. 1840 G *ter* I. — Lorsqu'une exonération ou une réduction de droits d'enregistrement, de taxe de publicité foncière ou de taxe additionnelle aux droits d'enregistrement ou à la taxe de publicité foncière a été obtenue en contrepartie du respect d'un engagement ou de la production d'une justification, le non-respect de l'engagement ou le défaut de production de la justification entraîne l'obligation de payer les droits dont la mutation a été exonérée. Les droits, majorés de l'intérêt de retard prévu à l'article 1727, doivent être acquittés dans le mois qui suit, selon le cas, la rupture de l'engagement ou l'expiration du délai prévu pour produire la justification requise.

II. — En cas de non-respect des engagements prévus au II de l'article 1135 *bis*, à l'article 1137 et au I *bis* de l'article 1594, un droit supplémentaire de 1 % s'ajoute aux droits et à l'intérêt de retard prévu à l'article 1727.

III. — En cas de non-respect des conditions ouvrant droit aux exonérations prévues aux articles 790 H et 790 I, le donataire ou ses ayants cause acquittent un droit complémentaire égal à 15 % du montant déterminé au I du présent article, hors intérêts de retard.

Le présent III n'est pas applicable en cas de licenciement, d'invalidité correspondant aux 2° et 3° de l'article L. 341-4 du code de la sécurité sociale, de décès du donataire ou de l'une des personnes soumises à imposition commune avec lui ou lorsque le donataire ne respecte pas les conditions mentionnées au premier alinéa du présent III en raison de circonstances exceptionnelles indépendantes de sa volonté.

E DROITS DE TIMBRE — AUTRES DROITS ET TAXES

1 SANCTIONS FISCALES

Art. 1840 H Toute infraction aux textes qui réglementent le paiement des droits de *timbre en compte avec* le Trésor est passible d'une amende de 15 €.

Art. 1840 I Toute fraude ou tentative de fraude et, en général, toute manœuvre ayant pour but ou ayant eu pour résultat de frauder ou de compromettre l'impôt, commise dans l'emploi des machines à timbrer est punie des peines prévues pour chaque impôt éludé. Toutefois, en cas d'utilisation d'une machine sans autorisation de l'administration, l'amende ne peut être inférieure à 15 €.

Art. 1840 J Les infractions aux dispositions des articles L. 112-6 *(Décr. no 2017-698 du 2 mai 2017, art. 1er)* « à L. 112-6-2 » du code monétaire et financier sont passibles d'une amende conformément aux dispositions des deuxième et troisième phrases de l'article L. 112-7 du même code. *— L'art. L. 112-6-2 C. mon. fin., issu de l'art. 98-1° de la L. no 2016-1547 du 18 nov. 2016, entre en vigueur le 1er nov. 2017 (L. préc., art. 114-XV).*

BIBL. Gicquel, *Dr. fisc. 2007. 181* (les amendes sanctionnant les paiements en argent). – Héraud, *BFL 2007, p. 205* (le paiement en espèces d'un particulier à un professionnel).

1. Règlements en espèces. La circonstance que la plupart des clients auraient été des ressortissants étrangers ne disposant pas de compte bancaire et de chéquier, ou celle qu'un règlement par chèque ou par virement de leur part n'aurait donné aucune garantie au vendeur d'être payé ne sauraient disqualifier les infractions constatées. • CE 28 avr. 1993, n° 87214 : *RJF 1993. 865.* ♦ L'intéressé ne peut soutenir utilement que certaines ventes ont été réalisées auprès de particuliers, dès lors que celles-ci portaient sur des quantités excédant celles correspondant normalement à la consommation personnelle des acheteurs et de leur famille. • Même arrêt. ♦ La circonstance que les auteurs des paiements en espèces seraient des clients étrangers résidant en Suisse ne saurait, dès lors que le paiement a eu lieu en France, disqualifier l'infraction constatée au regard de la législation relative au paiement par chèque et, par suite, est sans incidence sur la légalité de la sanction prévue à l'art. 1840 J. • CE 31 juill. 2009, n° 307781 : *RJF 2009. 1115* * Instr. 28 août 2009 : *BOI 13 K-10-09.* ♦ Compte tenu du montant des paiements en espèces effectués en France (3 269 835 €), notamment, par deux sociétés clientes établies en Suisse, l'amende infligée (163 492 €), à hauteur de 5 % des sommes indûment réglées en numéraire, n'est pas disproportionnée. • Même arrêt. ♦ En revanche, l'amende n'est pas applicable à une société établie en France qui a effectué des opérations d'achat en espèces à l'étranger dès lors que le paiement n'a pas eu lieu en France. • CAA Douai, 14 janv. 2010, n° 09DA393 : *RJF 2010. 933* • CE 10 mai 2012, *Eurospeed Technic France*, n° 337573 : *RJF 2012. 836.*

2. Procédure. Lorsque le procès-verbal comporte en annexe la liste des achats payés en espèces par les clients en infraction à l'art. 1840 N *sexies* (act. art. 1840 J), l'intéressé a été mis en mesure de contester la matérialité des infractions qui lui sont reprochées et, par suite, le moyen tiré de ce que l'Administration n'aurait pas respecté le principe des droits de la défense est inopérant. • CE 28 avr. 1993, n° 87214 : *préc. note 1.* ♦ Une société, à qui l'amende a été infligée lors de l'acquisition de véhicules d'occasion, ne peut se plaindre du non-respect de ses droits à la défense dès lors que le procès-verbal contresigné par le gérant comporte en annexe la liste des acquisitions litigieuses payées en espèces, et qu'elle a été informée, lors de la notification de redressement qui lui a été adressée à la suite de la vérification de sa comptabilité, de l'application de l'amende et de la possibilité de présenter des observations dans un délai de 30 jours. • CAA Paris, 26 nov. 2004, n° 02PA968 : *RJF 2005. 246.* ♦ Le défaut de désignation de l'identité du débiteur des sommes versées en espèces à la société dans le procès-verbal est sans incidence sur la régularité de la procédure. • CE 16 févr. 2009, n° 274000 : *RJF 2009. 470 ; concl. Legras au BDCF 5/09, n° 59.*

3. Contentieux. La contestation de l'amende pour non-respect de l'obligation de paiement par chèque, qui a le caractère d'une sanction administrative, relève ainsi du plein contentieux. Le montant de l'amende est modulé en fonction des circonstances propres à chaque espèce. • CE 16 févr. 2009, n° 274000 : *préc. note 2 ; BOI 13 K-7-09.* ♦ D'autre part, l'Administration est tenue de motiver le choix qu'elle a fait du taux de l'amende prononcée pour absence de règlement par chèque, dans la mesure où ce taux est modulable depuis le 1er janv. 2001. • CE 13 déc. 2013, n° 339612 : *RJF 2014. 258.*

Art. 1840 K *Abrogé par L. n° 2005-1719 du 30 déc. 2005, art. 15-III.*

2 SANCTIONS PÉNALES

Art. 1840 O **La peine contre ceux qui abuseraient des timbres pour timbrer est la même que celle qui est prononcée par le code pénal contre les contrefacteurs des timbres.**

Art. 1840 P **1. Ceux qui ont sciemment employé, vendu ou tenté de vendre des timbres mobiles ayant déjà servi, sont poursuivis devant le tribunal correctionnel et punis d'une amende de 3 750 €. En cas de récidive, la peine est d'un emprisonnement d'un mois et l'amende est doublée.**

Les dispositions du présent article sont applicables dans tous les cas où un impôt, une taxe ou un droit quelconque recouvré par l'administration fiscale est acquitté au moyen de l'apposition de timbres mobiles.

2. Les dispositions du premier alinéa du 1, sont applicables à ceux qui, dans une intention frauduleuse, ont altéré, employé, vendu ou tenté de vendre des papiers timbrés ayant déjà servi.

Art. 1840 Q **Sans préjudice des pénalités prévues à l'article 1840 I, toute imitation, contrefaçon ou falsification des empreintes, tout usage d'empreintes falsifiées seront punis des peines portées à l'article 443-2 du code pénal.**

3 AUTRES SANCTIONS ET MESURES DIVERSES

Art. 1840 R Les timbres saisis chez ceux qui s'en permettent le commerce en contravention aux dispositions de l'article 893 sont confisqués au profit du Trésor.

Art. 1840 S *Abrogé par Ord. nº 2005-1512 du 7 déc. 2005, art. 22-II et 25, à compter du 1er janv. 2006.*

Art. 1840 T à 1840 T sexies *Abrogés par L. nº 96-1181 du 30 déc. 1996, art. 38.*

Art. 1840 U *Abrogé par L. nº 82-1126 du 29 déc. 1982, art. 8.*

Art. 1840 V *Abrogé par L. nº 98-1267 du 30 déc. 1998, art. 27-XIV.*

Art. 1840 W *Abrogé par L. nº 83-610 du 8 juill. 1983, art. 50.*

Art. 1840 W bis *Devenu sans objet (L. nº 87-1158 du 31 déc. 1987, art. 19-II-a).*

F CONTRIBUTION À L'AUDIOVISUEL PUBLIC

Art. 1840 W ter 1. Les inexactitudes dans les déclarations prévues au 4° de l'article 1605 *bis* entraînent l'application d'une amende de 150 €.

2. Les omissions ou inexactitudes dans les déclarations prévues aux 5° et 6° de l'article 1605 *ter* ou le défaut de souscription de ces déclarations dans les délais prescrits entraînent l'application d'une amende de 150 € par appareil récepteur de télévision ou dispositif assimilé.

3. Le défaut de production dans les délais de la déclaration mentionnée à l'article 1605 *quater* entraîne l'application d'une amende de 150 €. Lorsque la déclaration n'a pas été déposée dans les trente jours d'une première mise en demeure, l'amende est de 150 € par appareil récepteur de télévision ou dispositif assimilé. Les omissions dans les déclarations entraînent l'application d'une amende de 150 € par appareil récepteur de télévision ou dispositif assimilé. — *Amende mise en recouvrement selon les modalités de l'art. L. 256 LPF (Arr. du 14 nov. 2006, JO 28 nov.).*

4. La mise en œuvre, le recouvrement et le contentieux des amendes prévues au 1 et au 2 sont régis par les mêmes règles que celles applicables à la taxe à laquelle elles se rattachent, c'est-à-dire les règles applicables en matière de taxe d'habitation pour la contribution à l'audiovisuel public due par les particuliers et celles applicables en matière de taxe sur le chiffre d'affaires pour la contribution à l'audiovisuel public due par les professionnels.

Art. 1840 W quater Les établissements mentionnés à l'article L. 96 E du livre des procédures fiscales qui s'abstiennent volontairement de fournir les renseignements demandés par l'administration dans le cadre du contrôle de la taxe prévue au I de l'article 1605 ou qui auront fourni des renseignements inexacts ou incomplets sont passibles d'une amende de 15 € par information inexacte ou manquante. — *Amende mise en recouvrement selon les modalités de l'art. L. 256 LPF (Arr. du 14 nov. 2006, JO 28 nov.).*

G TAXES SUR LES PRODUITS DE L'INDUSTRIE ET DE L'ARTISANAT

(Ord. nº 2021-1843 du 22 déc. 2021, art. 10-46°, en vigueur le 1er janv. 2022)

Art. 1840 X Pour les taxes sur les produits de l'industrie et de l'artisanat mentionnées à l'article L. 471-1 du code des impositions sur les biens et services, sont applicables les sanctions suivantes :

1° Les insuffisances, inexactitudes ou omissions dans la déclaration donnent lieu à l'application d'une majoration de 10 % exclusive de l'intérêt de retard prévu à l'article 1727 ;

2° L'absence de paiement des montants déclarés dans les dix jours suivant la date limite de dépôt de la déclaration donne lieu à l'application d'une majoration de 10 % ;

3° La mise en œuvre de la procédure de taxation d'office mentionnée à l'article L. 67 A du livre des procédures fiscales donne lieu à l'application d'une majoration de 40 %.

CHAPITRE III PROCÉDURES

SECTION PREMIÈRE IMPÔTS DIRECTS ET TAXES ASSIMILÉES

Art. 1841 *Transféré ss. art. L. 258 LPF.*

Art. 1842 *Transféré ss. art. L. 255, L. 258 et L. 260 LPF.*

Art. 1843 *Transféré ss. art. L. 255, L. 258 et L. 259 LPF.*

Art. 1844 *Non repris.*

Art. 1844 *bis* *Transféré ss. art. L. 270 LPF.*

Art. 1845 *Transféré ss. art. L. 272 LPF.*

Art. 1845 *bis* *Transféré ss. art. L. 271 LPF.*

Art. 1846 *Transféré ss. art. L. 281, L. 282, R* 281-1, R* 281-2 (abrogé), R* 281-4, R* 281-5 et R* 282-1 LPF.*

Art. 1847 *Abrogé.*

Art. 1848 *Transféré ss. art. L. 262 LPF.*

Art. 1849 **L'annulation ou la réduction de l'imposition contestée entraînent de plein droit allocation totale ou proportionnelle en non-valeurs du coût des actes de poursuites signifiés au réclamant ainsi que de la majoration du dixième pour paiement tardif prévue à l'article 1730.**

Art. 1850 *Transféré ss. art. L. 274 LPF.*

Art. 1851 *(Abrogé par Ord. n° 2022-408 du 23 mars 2022, art. 18-2° et 29, à compter du 1er janv. 2023)* ***Les comptables publics chargés du recouvrement des impôts directs sont responsables du recouvrement des cotisations dont ils ont pris les rôles en charge et tenus de justifier de leur entière réalisation dans les conditions fixées par les règlements en vigueur.*** *— V. Décr. n° 62-1587 du 29 déc. 1962, L. n° 63-156 du 23 févr. 1963, art. 60 modifié et Ann. III, art. 426 à 446. — V. égal. LPF, art. R.* 277-1 s., R. 283 B-1 s.*

SECTION II

Art. 1852 **1.** *Transféré ss. art. L. 212-b, L. 213 et L. 216 LPF.*
2. *Non repris.*
3. *Disposition périmée.*

Art. 1852 *bis* *Transféré ss. art. L. 273 LPF.*

Art. 1852 *ter* *Transféré ss. art. 290 quater.*

SECTION III

I

Art. 1853 *Non repris.*

II

Art. 1854 *Transféré ss. art. 433 A et ss. art. L. 212-a, L. 213, L. 214, L. 220 à L. 224 LPF.*

Art. 1854 *bis* *Disjoint. Disposition non fiscale.*

Art. 1855 *Transféré ss. art. L. 38, L. 39 et L. 44 LPF.*

Art. 1856 *Transféré ss. art. L. 40 LPF.*

Art. 1857 *Transféré ss. art. L. 43 LPF.*

Art. 1858 *Transféré ss. art. L. 39 à L. 41 LPF.*

Art. 1859 *Transféré ss. art. L. 42 LPF.*

Art. 1860 *Transféré ss. art. 1825 F.*

Art. 1861 *Transféré ss. art. L. 46 LPF.*

Art. 1862 *Transféré ss. art. R.* 226-1 et R.* 226-2 LPF.*

Art. 1863 *Transféré ss. art. L. 213 LPF.*

Art. 1864 *Transféré ss. art. R.* 226-3 LPF.*

Art. 1865 *Transféré ss. art. L. 238 LPF.*

Art. 1866 *Transféré ss. art. L. 239 et L. 240 LPF.*

Art. 1867 *Transféré ss. art. L. 235 LPF.*

Art. 1868 *Transféré ss. art. L. 235 et L. 237 LPF.*

Art. 1869 *Transféré ss. art. L. 236 LPF.*

Art. 1870 *Transféré ss. art. L. 236 LPF.*

Art. 1871 *Transféré ss. art. L. 241 LPF.*

Art. 1872 *Transféré ss. art. L. 242 LPF.*

Art. 1873 *Transféré ss. art. L. 241 LPF.*

Art. 1874 *Transféré ss. art. L. 243 LPF.*

Art. 1875 *Transféré ss. art. L. 244 LPF.*

Art. 1876 *Transféré ss. art. L. 245 LPF.*

Art. 1877 et 1878 *Abrogés.*

Art. 1879 *Transféré ss. art. L. 248 LPF.*

SECTION IV DROITS D'ENREGISTREMENT, TAXE DE PUBLICITÉ FONCIÈRE, DROITS DE TIMBRE, AUTRES DROITS ET TAXES

I *MODES DE PREUVE – CONSTATATION DES INFRACTIONS*

1

Art. 1880 *Transféré ss. art. R* 195-1 LPF.*

2 MUTATIONS

Art. 1881 **La mutation d'un immeuble en propriété ou usufruit est suffisamment établie pour la demande du droit d'enregistrement et la poursuite du paiement contre le nouveau possesseur, soit par l'inscription de son nom au rôle de la taxe foncière, et des paiements par lui faits d'après ce rôle, soit par des baux par lui passés, ou enfin par des transactions ou autres actes constatant sa propriété ou son usufruit.**

Art. 1882 **La mutation de propriété des fonds de commerce ou des clientèles est suffisamment établie, pour la demande et la poursuite des droits d'enregistrement et des amendes, par les actes ou écrits qui révèlent l'existence de la mutation ou qui sont destinés à la rendre publique, ainsi que par l'inscription au rôle des contributions du nom du nouveau possesseur, et des paiements faits en vertu de ces rôles, sauf preuve contraire.**

Une lettre de la société X informant ses clients que les travaux qu'elle exécute seront dorénavant effectués par la société Y, corroborée par l'inscription de la société Y au rôle de la taxe professionnelle, établit la preuve de la cession d'une clientèle entre ces deux sociétés. • Com. 28 nov. 1996, n° 94-16.792 : *Dr. fisc. 1997. 166 ; RJF 1997. 273.*

Art. 1883 **La jouissance, à titre de ferme, ou de location, ou d'engagement d'un immeuble, est aussi suffisamment établie, pour la demande et la poursuite du paiement des droits et, le cas échéant, de la taxe additionnelle, afférents aux baux ou**

engagements non enregistrés ou non déclarés, par les actes qui la font connaître, ou par des paiements de contributions imposées aux fermiers, locataires et détenteurs temporaires.

3 à 7

Art. 1884 à 1886 *Transférés ss. art. R.* 195-1 LPF.*

Art. 1887 *Transféré ss. art. L. 212-d, L. 213 et L. 219 LPF.*

Art. 1888 *Transféré ss. art. L. 218 LPF.*

Art. 1889 à 1891 *Transférés ss. art. L. 217 LPF.*

Art. 1892 *Transféré ss. art. R.* 195-1 LPF.*

II POURSUITES ET INSTANCES

Art. 1893 *Non repris.*

Art. 1894 Les frais de poursuites payés par les comptables publics compétents pour des articles tombés en non-valeur pour cause d'insolvabilité reconnue des parties condamnées leur sont remboursés sur l'état qu'ils en rapportent à l'appui de leurs comptes. L'état est taxé sans frais par le *(Ord. n° 2019-964 du 18 sept. 2019, art. 35 et 36, en vigueur le 1er janv. 2020)* **« tribunal judiciaire** *[ancienne rédaction : tribunal de grande instance]* **» du département et appuyé des pièces justificatives.**

Art. 1895 à 1905 *Non repris.*

SECTION V DISPOSITIONS COMMUNES

I DISPOSITIONS COMMUNES AUX IMPOSITIONS DONT LE RECOUVREMENT INCOMBE AUX COMPTABLES DU TRÉSOR, DE LA DIRECTION GÉNÉRALE DES IMPÔTS ET DE LA DIRECTION GÉNÉRALE DES DOUANES ET DROITS INDIRECTS

Art. 1906 *Non repris.*

Art. 1907 *Transféré ss. art. L. 252 LPF.*

Art. 1908 **1.** *Transféré ss. art. L. 269 LPF.*
2. *Dispositions devenues sans objet.*

Art. 1909 *Transféré ss. art. L. 268 LPF.*

Art. 1910 *Transféré ss. art. L. 283, R.* 281-4, R.* 281-5 et R.* 283-1 LPF.*

Art. 1911 *Non repris.*

Art. 1912 1. Les frais de poursuites mis à la charge des redevables au titre des produits recouvrés par le comptable public chargé du recouvrement sont calculés par application d'un pourcentage qui ne peut excéder 5 % du montant total des créances dont le paiement leur est réclamé, dans la limite de 500 €. Un décret en Conseil d'État fixe, pour chaque catégorie d'acte, le tarif des frais applicables et les modalités d'application du présent alinéa. — *V. Ann. II, art. 396 C.*

Les frais accessoires aux poursuites sont fixés par décret.

2. Ces frais sont recouvrés par le comptable public chargé du recouvrement des produits mentionnés au 1. — *V. Ann. II, art. 396 B.*

Frais de poursuites. Modalités de calcul des frais de poursuites mis a la charge des redevables au titre des produits recouvrés par l'Administration fiscale (Décr. n° 2011-274 du 16 mars 2011). Tarif des frais proportionnels. Champ d'application et comptable compétent. * BOI-REC-FORCE-60-20 du 12 sept. 2012.

Art. 1913 et 1914 *Dispositions périmées.*

II *DISPOSITIONS COMMUNES AUX IMPOSITIONS DONT LE RECOUVREMENT INCOMBE AUX COMPTABLES DE LA DIRECTION GÉNÉRALE DES IMPÔTS ET DE LA DIRECTION GÉNÉRALE DES DOUANES ET DROITS INDIRECTS*

Art. 1915 et 1916 *Transférés ss. art. L. 256 à L. 258 et L. 261 LPF.*

Art. 1917 et 1918 *Abrogés par L. nº 2010-1658 du 29 déc. 2010, art. 55-IV-A-2º et C, à compter du 1er mars 2011 pour les produits recouvrés par l'administration fiscale, et du 1er janv. 2012 pour les autres produits.*

Art. 1919 *1er, 6e et 7e al. abrogés par L. nº 63-1316 du 27 déc. 1963, art. 10-5.*

2e à 4e al. transférés à l'art. 1947-2.

5e al. transféré à l'art. 1956-1 et 3.

CHAPITRE IV **PRIVILÈGE DU TRÉSOR ET SA PUBLICITÉ** *(L. nº 2021-1900 du 30 déc. 2021, art. 130-I-A-4º et V-A, en vigueur le 1er janv. 2022).*

SECTION PREMIÈRE **PRIVILÈGE DU TRÉSOR** *(L. nº 2021-1900 du 30 déc. 2021, art. 130-I-A-5º et V-A, en vigueur le 1er janv. 2022).*

Art. 1920 *(L. nº 2021-1900 du 30 déc. 2021, art. 130-I-A-6º et V-A, en vigueur le 1er janv. 2022)* **1. Les impositions de toutes natures et taxes assimilées, les amendes fiscales et pénales, le droit fixe de procédure mentionné à l'article 1018 A et les créances de toutes natures en matière de contributions indirectes, recouvrés par les comptables publics, bénéficient d'un privilège de paiement appelé privilège du Trésor.**

Le privilège du Trésor produit ses effets dans les mêmes conditions et au même rang aux droits en principal, à leurs accessoires ainsi qu'aux acomptes devant être versés en l'acquit d'impositions.

Le privilège du Trésor s'exerce avant tous les autres sur les meubles et effets mobiliers appartenant aux redevables, en quelque lieu qu'ils se trouvent. Toutefois, pour les créances de toutes natures en matière de contributions indirectes, ce privilège s'exerce après le privilège des frais de justice et autres frais privilégiés et après le privilège du bailleur prévu à l'article 2332 du code civil, dans la limite de six mois de loyer.

Le privilège du Trésor en matière de contributions directes, de taxes sur le chiffre d'affaires et de taxes assimilées s'exerce, lorsqu'il n'existe pas d'hypothèque conventionnelle, sur le matériel servant à l'exploitation d'un établissement commercial, même lorsque ce matériel est réputé immeuble en application du premier alinéa de l'article 524 du code civil.

Le privilège du Trésor ne préjudicie pas aux droits que, comme tout créancier, le comptable public peut exercer sur les biens des redevables.

2. Le privilège mentionné au 1 du présent article s'exerce en outre :

1º Pour la fraction de l'impôt sur les sociétés due à raison des revenus d'un immeuble, sur les récoltes, fruits, loyers et revenus de cet immeuble ;

2º Pour la taxe foncière, sur les récoltes, fruits, loyers et revenus des biens immeubles sujets à la contribution.

3. Les fournisseurs de tabacs mentionnés à l'article 565, les fabricants de spiritueux composés et de boissons à base de céréales ainsi que les expéditeurs de boissons sont, en ce qui concerne les droits de consommation et de circulation, subrogés au privilège conféré à l'administration par le présent article pour le recouvrement des droits qu'ils ont payés pour le compte de leurs clients, sans toutefois que cette subrogation puisse préjudicier aux droits et privilèges de l'administration.

Pour les conditions d'application des dispositions issues de la L. nº 2021-1900 du 30 déc. 2021, V. L. préc., art. 130-V-A.

Jurisprudence rendue sous l'empire de l'art. 1920 dans sa version antérieure à la L. nº 2021-1900 du 30 déc. 2021.

1. Le privilège du Trésor reconnu aux art. 1920 et 1926 comme s'exerçant avant tout autre sur les meubles et effets mobiliers appartenant aux redevables en quelque lieu qu'ils se trouvent ne saurait être étendu à leur caution solidaire. • Com. 19 déc. 2006, nº 1501 FP-PBRI : *RJF 2007. 622 ; Dr. fisc. 2007. 445.*

2. Pour recouvrer des taxes foncières dues par l'ancien propriétaire, le comptable peut, en application du privilège de l'art. 1920-2-2º appréhender le montant des loyers même après la cession de l'immeuble. • CAA Bordeaux, 5e ch., 16 sept. 1999, n° 96BX7442.

3. Le privilège spécial de la taxe foncière prévu à l'art. 1920-2-2 comporte un droit de suite. Par l'effet de ce droit, le nouveau propriétaire de l'immeuble est lui-même devenu débiteur direct des taxes foncières et, par conséquent, redevable des droits garantis au sens de l'art. L. 262 LPF, de sorte que le comptable du Trésor peut poursuivre le recouvrement par avis à tiers détenteur délivré à un débiteur de ce redevable (en l'espèce le locataire de l'immeuble). • Com. 28 mars 2006, n° 447FS-PB : *RJF 2006. 948.* ♦ *Contra* : l'art. 1920 n'autorise pas l'Administration à notifier un avis à tiers détenteur aux locataires d'un immeuble dont l'ancien propriétaire n'a pas acquitté la taxe foncière, dès lors que le nouveau propriétaire n'est pas le redevable de cette taxe. • CE 13 juill. 2006, n° 269576 : *RJF 2006. 1623.*

4. Les contestations relatives à l'existence et à la portée du privilège du Trésor ne peuvent être portées que devant le juge judiciaire. Tel est notamment le cas lorsqu'elles sont présentées par le nouveau propriétaire d'un immeuble, à l'égard duquel a été exercé le privilège du Trésor en application de l'art. 1920-2-2°, pour une taxe foncière dont il n'est pas le redevable. • CE 22 févr. 2017, *SCI Les Roches*, n° 394647 : *RJF 2017. 478.* ♦ De même, lorsque l'opposition formée par une société contre l'avis à tiers détenteur émis à l'encontre de son locataire pour le recouvrement de la taxe foncière à laquelle l'ancien propriétaire de l'immeuble avait été assujetti est fondée sur une contestation de l'existence et de la portée du droit de suite sur les loyers attaché au privilège du Trésor, cette contestation ne relève pas de la compétence de la juridiction administrative. • CE 21 mars 2008, n° 293828 : *RJF 2008. 749 ; Dr. fisc. 2008. 285.*

5. A la différence des textes relatifs aux privilèges sur navires et aéronefs, aucune disposition spéciale ne donne priorité aux hypothèques fluviales sur le privilège général mobilier du Trésor public, dont l'application est réservée par l'art. 89, al. 1er, C. dom. publ. fluv. • Com. 3 févr. 1998, n° 95-18.690 : *Dr. fisc. 1998. 949.*

6. Au vu des art. 1920, 1923 et 1929 *ter*, le juge de la procédure de redressement judiciaire ne peut refuser l'admission à la procédure d'une créance d'impôt à titre hypothécaire, privilégié et définitif, au motif que les créanciers privilégiés bénéficient d'un rang supérieur, dans l'ordre de distribution du prix des immeubles, à celui des créanciers hypothécaires. • Com. 6 févr. 2007, n° 164F-D : *RJF 2007. 620.*

Art. 1921 *Transféré ss. art. L. 265 LPF.*

Art. 1922 *Transféré ss. art. L. 262 LPF.*

Art. 1923 *(Abrogé par L. n° 2021-1900 du 30 déc. 2021, art. 130-I-A-7° et V-A, à compter du 1er janv. 2022)* ***Le privilège attaché à l'impôt direct ne préjudicie pas aux autres droits que, comme tout créancier, le Trésor peut exercer sur les biens des contribuables.***

Art. 1924 *(Abrogé par L. n° 2021-1900 du 30 déc. 2021, art. 130-I-A-7° et V-A, à compter du 1er janv. 2022)* ***Les dispositions des articles 1920 et 1923 sont applicables aux taxes départementales et communales assimilées aux contributions directes ; toutefois, le privilège créé au profit des taxes départementales prend rang immédiatement après celui du Trésor, et le privilège créé au profit des taxes communales, immédiatement après celui des taxes départementales.***

Art. 1925 *Devenu sans objet.*

Art. 1925 *bis* *Abrogé par L. n° 93-1352 du 30 déc. 1993, art. 85-II, à compter du 1er août 1994.*

SECTION II *[ABROGÉE]* TAXES SUR LE CHIFFRE D'AFFAIRES ET TAXES ASSIMILÉES

(Abrogée par L. n° 2021-1900 du 30 déc. 2021, art. 130-I-A-8° et V-A, à compter du 1er janv. 2022)

Art. 1926 ***Pour le recouvrement des taxes sur le chiffre d'affaires et des taxes assimilées, le Trésor a, sur les meubles et effets mobiliers appartenant aux redevables, en quelque lieu qu'ils se trouvent, un privilège qui a le même rang que celui de l'article 1920 et qui s'exerce concurremment avec ce dernier.***

Le privilège s'exerce dans les conditions prévues au 1 de l'article 1920.

Pour le recouvrement des prélèvements effectués en application des articles 49 et 50 du traité du 18 avril 1951 instituant la Communauté européenne du charbon et de l'acier, la Commission des communautés européennes bénéficie dans les mêmes conditions du privilège prévu au premier alinéa.

Toutefois, les dispositions du présent article ne concernent pas le recouvrement des taxes susvisées à l'importation pour lesquelles il est fait application de l'article 379 du code des douanes.

Caution solidaire. V. note 1 ss. art. 1920.

Art. 1926 *bis* *Devenu sans objet (L. nº 84-1208 du 29 déc. 1984, art. 103-I-1).*

SECTION III *[ABROGÉE]* CONTRIBUTIONS INDIRECTES

(Abrogée par L. nº 2021-1900 du 30 déc. 2021, art. 130-I-A-8º et V-A, à compter du 1er janv. 2022)

Art. 1927 *Pour le recouvrement des droits, taxes, redevances, soultes et autres impositions dont la perception lui est confiée, l'administration a, sur les meubles et effets mobiliers des redevables, privilège et préférence à tous les créanciers, à l'exception des frais de justice, de ce qui est dû pour six mois de loyer seulement et sauf aussi la revendication dûment formée par le propriétaire des marchandises en nature qui sont encore sous balle et sous corde.*

Art. 1928 *Les fournisseurs de tabacs visés à l'article 565, les fabricants de spiritueux composés, de boissons à base de céréales, ainsi que les expéditeurs de boissons sont, en ce qui concerne les droits de consommation et de circulation, subrogés au privilège conféré à l'administration par l'article 1927 pour le recouvrement des droits qu'ils ont payés pour le compte de leurs clients, sans toutefois que cette subrogation puisse préjudicier aux droits et privilèges de l'administration.*

Privilège général mobilier. Le privilège général mobilier prévu par l'art. 1928 CGI est distinct de la sûreté conventionnelle que constitue le gage. En conséquence, viole les art. 1928 CGI et 1244 C. civ. la cour d'appel qui, après avoir relevé que le crédit de stock accordé au débiteur par le créancier, concernant du tabac, bénéficie du privilège de l'art. 1928 CGI, fixe le montant de la créance privilégiée de la caution, subrogée dans les droits du créancier, admise au passif du débiteur en retenant que lorsqu'un gage garantit partiellement une dette unique, le versement résultant de sa réalisation s'impute sur le montant pour lequel la sûreté a été consentie. • Com. 17 mai 2011 : *D. actu. 2011, nº 22, p. 1476, note Avena-Robardet.*

SECTION IV *[ABROGÉE]* DROITS D'ENREGISTREMENT, TAXE DE PUBLICITÉ FONCIÈRE, DROITS DE TIMBRE, AUTRES DROITS ET TAXES ASSIMILÉS

(Abrogée par L. nº 2021-1900 du 30 déc. 2021, art. 130-I-A-8º et V-A, à compter du 1er janv. 2022)

Art. 1929 *1. Pour les recouvrements confiés au service des impôts en vertu de la présente codification, l'État a, lorsque les dispositions prévues aux articles 1920, 1923 à 1928 ne leur sont pas applicables, un privilège sur tous les meubles et effets mobiliers des redevables.*

Ce privilège s'exerce immédiatement après celui de l'impôt sur le chiffre d'affaires et des taxes instituées en remplacement de cet impôt.

2. Indépendamment du privilège visé au 1, le Trésor dispose, pour le recouvrement des droits de mutation par décès, d'une hypothèque légale sur les immeubles de la succession qui prend rang du jour de son inscription au fichier immobilier dans la forme et de la manière prescrites par la loi.

3. Pour la garantie du paiement des droits complémentaires et supplémentaires éventuellement exigibles en vertu de l'article 1840 G le Trésor possède sur les immeubles du groupement forestier ou sur l'immeuble objet de la mutation une hypothèque légale qui prend rang du jour de son inscription à la conservation des hypothèques sur tout ou partie de ces biens dans la forme et de la manière prescrites par la loi.

En cas de cession à l'État ou aux collectivités et organismes mentionnés au I de l'article 1042 d'un bois ou d'une forêt grevé de l'hypothèque légale, celle-ci s'éteint de plein droit. La même règle s'applique aux mutations de jouissance ou de propriété au profit d'établissements ou de sociétés, en vue de la réalisation d'équipements, aménagements ou constructions d'intérêt public, qui pourraient donner lieu à l'établissement d'une servitude d'utilité publique au titre de ladite mutation, ainsi qu'aux bois et forêts faisant l'objet d'une interdiction de reconstituer les boisements après coupe rase en application des deuxième à neuvième alinéas de l'article L. 126-1 du code rural et de la pêche maritime. Lorsque la sûreté a été cantonnée sur le bien cédé, les droits complémentaires et supplémentaires correspondant à d'autres biens

deviennent exigibles et sont colloqués sur le prix de vente au rang de l'inscription si l'hypothèque légale n'a pu être inscrite en rang utile sur ces autres biens préalablement à la cession. Il en est de même lorsque la sûreté a été cantonnée sur des bois et forêts qui font l'objet soit d'une mutation de jouissance ou de propriété au profit d'établissements ou de sociétés, en vue de la réalisation d'équipements, aménagements ou constructions d'intérêt public, qui pourraient donner lieu à l'établissement d'une servitude d'utilité publique au titre de ladite mutation, soit d'une interdiction de reboisement après coupe rase en application du 1° de l'article L. 126-1 du code rural et de la pêche maritime, soit d'un procès-verbal dressé en application du III de l'article 1840 G.

Art. 1929 A *Disjoint.*

SECTION V **PUBLICITÉ DU PRIVILÈGE DU TRÉSOR** *(L. n° 2021-1900 du 30 déc. 2021, art. 130-I-A-9° et V-A, en vigueur le 1er janv. 2022).*

Art. 1929 *bis* *Transféré ss. art. L. 263 LPF.*

Art. 1929 *ter* *(Abrogé par L. n° 2021-1900 du 30 déc. 2021, art. 130-I-A-10° et V-A, à compter du 1er janv. 2022)* ***Pour le recouvrement des impositions de toute nature et amendes fiscales confié aux comptables mentionnés à l'article L. 252 du Livre des procédures fiscales, le Trésor a une hypothèque légale sur tous les biens immeubles des redevables. Cette hypothèque prend rang à la date de son inscription au fichier immobilier. Elle ne peut être inscrite qu'à partir de la date de mise en recouvrement des impositions et des pénalités y afférentes lorsque celles-ci résultent d'une procédure de rectification ou d'imposition d'office ou à partir de la date à laquelle le contribuable a encouru une majoration ou pénalité pour défaut de paiement.***

1. Le droit dont dispose le Trésor de faire inscrire une hypothèque légale suppose que soit établie la qualité de redevable du propriétaire des biens sur lesquels doit être effectuée l'inscription sollicitée. Il importe donc que l'Administration dispose d'un titre exécutoire. • Com. 3 oct. 2006, n° 1083F-PB : *RJF 2007. 84.*

2. Il résulte de l'art. 1929 *ter* que les hypothèques légales prises par les comptables du Trésor peuvent notamment garantir, outre le principal de l'imposition, les intérêts de retard et les majorations pour défaut ou insuffisance de déclaration. Les majorations d'assiette prévues par l'art. 1728 et sanctionnant le dépôt tardif des déclarations auxquelles est tenu le contribuable peuvent donc être couvertes par l'hypothèque légale prise par le comptable. • CE 27 oct. 2004, n° 266024 : *RJF 2005. 92, concl. Verclytte.*

Art. 1929 *quater* **1. Donnent lieu à publicité, dans les conditions prévues aux 2 à 5, les sommes restant dues à titre privilégié par des commerçants et personnes morales de droit privé, même non commerçantes, au titre de l'impôt sur le revenu, de l'impôt sur les bénéfices des sociétés et autres personnes morales, de la taxe sur les salaires, de la cotisation foncière des entreprises et des taxes annexes, des taxes sur le chiffre d'affaires et des taxes annexes, et des contributions indirectes.**

N'est pas soumise à la publicité la part de la cotisation foncière des entreprises correspondant à la réduction effectuée par le redevable au titre du plafonnement en fonction de la valeur ajoutée, en application des articles 1647 B *sexies* et 1679 *quinquies*.

2. La publicité est faite à la diligence de l'administration chargée du recouvrement.

(L. n° 2019-486 du 22 mai 2019, art. 61-I et III, applicable aux créances exigibles à compter du 1er janv. 2020) **« 3. L'inscription ne peut être faite qu'à compter, selon la nature de la créance, de l'émission du titre exécutoire ou de la date à laquelle le redevable a encouru une majoration pour défaut de paiement. »**

4. *(L. n° 2019-486 du 22 mai 2019, art. 61-I et III, applicable aux créances exigibles à compter du 1er janv. 2020)* **« La publicité est obligatoire lorsque le montant des sommes dues par un redevable à un même poste comptable ou service assimilé et susceptibles d'être publiées dépasse, au terme d'un semestre civil, un seuil fixé par décret.** — *V. Ann. III, art. 416 bis.*

« Il n'est pas procédé à l'inscription des sommes mentionnées au premier alinéa lorsque le débiteur :

« 1° Respecte un plan d'apurement échelonné de sa dette ainsi que ses obligations fiscales courantes. Lorsque le plan est dénoncé, le comptable public procède à l'inscription dans un délai de deux mois ; — *V. Ann. III, art. 416 ter.*

« 2° A déposé, dans les conditions prévues aux articles L. 196 et L. 197 du livre des procédures fiscales, une réclamation d'assiette recevable assortie d'une demande expresse de sursis de paiement prévue à l'article L. 277 du même livre. Dès l'expiration du délai dont dispose le redevable pour saisir le tribunal compétent après notification de la décision de l'administration ou, en cas de poursuite du litige, dès la notification du jugement de la juridiction saisie, le comptable public procède à l'inscription dans un délai de deux mois. »

5. En cas de paiement avec subrogation, le subrogé aux droits du Trésor est tenu des obligations et formalités mises par le présent article à la charge de l'administration, quel que soit le montant du paiement.

Si le paiement par le subrogé a lieu sans émission de titre exécutoire prévu au 3, l'inscription ne peut être requise que six mois au moins après le paiement.

6. Les frais de l'inscription du privilège sont à la charge du Trésor.

7. En cas de procédures de sauvegarde, de redressement ou de liquidation judiciaires du redevable, ou d'un tiers tenu légalement au paiement des sommes visées au 1, le Trésor ou son subrogé ne peut exercer son privilège pour les créances qui étaient soumises à titre obligatoire à la publicité prévue aux 1 à 5 et dont l'inscription n'a pas été régulièrement requise à l'encontre du redevable.

(Abrogé par Ord. n° 2021-1192 du 15 sept. 2021, art. 31 et 37, à compter du 1er janv. 2022) ***« 8. Les inscriptions prises en application des 1 à 5 se prescrivent par quatre ans, sauf renouvellement. »***

8 *bis*. Le comptable compétent demande, dans un délai d'un mois, la radiation totale de l'inscription devenue sans objet, dès lors que le débiteur s'est acquitté de sa dette.

9. Les modalités d'application du présent article et notamment les formes et délais des inscriptions et de leur radiation sont fixés par un décret en Conseil d'État *(Abrogé par Ord. n° 2021-1192 du 15 sept. 2021, art. 31 et 37, à compter du 1er janv. 2022)* ***« pris sur le rapport du ministre de l'économie et des finances et du garde des sceaux, ministre de la justice »***. — *V. Ann. II, art. 396 bis.*

1. Publicité du privilège du Trésor. Commentaires administratifs. 1° Champ d'application : débiteur et impôts concernés. * BOI-REC-GAR-10-10-30-10 du 23 déc. 2020. 2° Mise en œuvre du dispositif : inscription du privilège et durée de validité de l'inscription. * BOI-REC-GAR-10-10-30-20 du 23 déc. 2020. 3° Effets de la publicité du privilège. * BOI-REC-GAR-10-10-30-30 du 23 déc. 2020.

2. Défaut de publicité du privilège. En cas de liquidation judiciaire du redevable, le privilège du Trésor n'est pas opposable pour le recouvrement de créances dont l'inscription obligatoire en vertu du 1 n'a pas été effectuée ou n'a pas été renouvelée dans les quatre ans. Dans ces hypothèses, le comptable public ne peut pas mettre en œuvre la procédure de l'avis à tiers détenteur. • Com. 16 juin 1998, n° 96-15.998 : *Dr. fisc. 1998. 1188 ; RJF 1998. 1220.*

3. Le défaut de publicité des créances fiscales garanties par le privilège du Trésor n'étant sanctionné qu'en cas de prononcé d'un redressement ou d'une liquidation judiciaire à l'encontre du débiteur, les ATD délivrés pour avoir paiement de ces sommes avant toute procédure collective sont valables sans qu'il soit besoin de vérifier si le privilège a fait l'objet d'une mesure de publicité. • Com. 5 nov. 2002, n° 99-19.262 : *Dr. fisc. 2003. 76 ; RJF 2003. 234.*

4. Plan d'apurement échelonné (plan de règlement). Conditions d'acceptation des plans par les comptables des impôts. Effets en matière de publicité du privilège. * BOI-REC-PREA-20-10-10 du 6 mai 2015.

Ancien art. 1929 *quater* *1. Donnent lieu à publicité, dans les conditions prévues aux 2 à 5, les sommes restant dues à titre privilégié par des commerçants et personnes morales de droit privé, même non commerçantes, au titre de l'impôt sur le revenu, de l'impôt sur les bénéfices des sociétés et autres personnes morales, de la taxe sur les salaires, de la cotisation foncière des entreprises et des taxes annexes, des taxes sur le chiffre d'affaires et des taxes annexes, et des contributions indirectes.*

N'est pas soumise à la publicité la part de la cotisation foncière des entreprises correspondant à la réduction effectuée par le redevable au titre du plafonnement en fonction de la valeur ajoutée, en application des articles 1647 B sexies et 1679 quinquies.

2. La publicité est faite à la diligence de l'administration chargée du recouvrement.

3. L'inscription ne peut être requise, selon la nature de la créance, qu'à partir de la date à laquelle :

1° Le redevable a encouru une majoration pour défaut de paiement pour les impôts directs recouvrés par les comptables de la direction générale de la comptabilité publique.

2° Un titre exécutoire a été émis, pour les taxes sur le chiffre d'affaires et assimilées et les contributions indirectes, ainsi que pour les impôts directs et taxes assimilées recouvrés par les comptables de la direction générale des impôts.

4. La publicité est obligatoire lorsqu'il est constaté, à l'issue des neuf mois qui suivent la première date de l'un ou l'autre des événements mentionnés au 3, que le montant des sommes dues à compter de cette date par le redevable à un même poste comptable ou service assimilé et susceptibles d'être inscrites dépasse un seuil fixé par décret. — V. Ann. III, art. 416 bis.

Ne sont pas soumises à la publicité les sommes visées au premier alinéa lorsque le débiteur respecte un plan d'apurement échelonné de sa dette ainsi que ses obligations fiscales courantes. Dès que le plan est dénoncé, le comptable public doit procéder à la publication dans un délai de deux mois.

5. En cas de paiement avec subrogation, le subrogé aux droits du Trésor est tenu des obligations et formalités mises par le présent article à la charge de l'administration, quel que soit le montant du paiement.

Si le paiement par le subrogé a lieu sans émission de titre exécutoire prévu au 3, l'inscription ne peut être requise que six mois au moins après le paiement.

6. Les frais de l'inscription du privilège sont à la charge du Trésor.

7. En cas de procédures de sauvegarde, de redressement ou de liquidation judiciaires du redevable, ou d'un tiers tenu légalement au paiement des sommes visées au 1, le Trésor ou son subrogé ne peut exercer son privilège pour les créances qui étaient soumises à titre obligatoire à la publicité prévue aux 1 à 5 et dont l'inscription n'a pas été régulièrement requise à l'encontre du redevable.

8. Les inscriptions prises en application des 1 à 5 se prescrivent par quatre ans, sauf renouvellement.

8 bis. Le comptable compétent demande, dans un délai d'un mois, la radiation totale de l'inscription devenue sans objet, dès lors que le débiteur s'est acquitté de sa dette.

9. Les modalités d'application du présent article et notamment les formes et délais des inscriptions et de leur radiation sont fixés par un décret en Conseil d'État pris sur le rapport du ministre de l'économie et des finances et du garde des sceaux, ministre de la justice. — V. Ann. II, art. 396 bis.

Art. 1929 *quinquies* *Devenu sans objet.*

Art. 1929 *sexies* *(Abrogé par L. n° 2021-1900 du 30 déc. 2021, art. 130-I-A-10° et V-A, à compter du 1er janv. 2022)* ***Le privilège qui s'exerce en matière de taxes sur le chiffre d'affaires, de droits d'enregistrement, de taxe de publicité foncière et de droits de timbre, de contributions indirectes ainsi que d'impôt sur les sociétés et contributions assimilées, de taxe sur les salaires et taxes recouvrées selon les mêmes modalités, est étendu dans les mêmes conditions et au même rang que les droits en principal à l'ensemble des majorations et pénalités d'assiette et de recouvrement appliquées à ces droits.***

Art. 1929 *septies* *Dispositions disjointes (Décr. n° 2015-608 du 3 juin 2015).*

Ancien art. 1929 septies *Conformément au quatrième alinéa de l'article L. 626-6 du code de commerce, et au I de l'article L. 631-19 du même code, les administrations financières peuvent, dans le cadre du plan de sauvegarde ou du plan de redressement prévus respectivement aux articles L. 626-1 et L. 631-2 du même code ou, en vertu de l'article L. 351-4 du code rural et de la pêche maritime, lorsqu'un règlement amiable prévu à l'article L. 351-1 de ce code est arrêté, décider des cessions de rang de privilège ou d'hypothèque ou de l'abandon de ces sûretés.* — V. Ann. II, art. 396 bis A.

CHAPITRE V DÉGRÈVEMENTS ET RESTITUTIONS D'IMPÔTS

SECTION PREMIÈRE

Art. 1930 *Transféré ss. art. L. 190, L. 247 et L. 281, al. 2-2°, LPF.*

SECTION II JURIDICTION CONTENTIEUSE

1 *à* 6

Art. 1931 *Transféré ss. art. R* 190-1 LPF.*

Art. 1932 **1 à 5.** *Transférés ss. art. R* 196-1 à R* 196-5 LPF.*

6. Les dispositions du second alinéa de l'article 642 du nouveau code de procédure civile, suivant lesquelles le délai qui expirerait normalement un samedi, un dimanche ou un jour férié ou chômé, est prorogé jusqu'au premier jour ouvrable suivant, ne s'appliquent pas aux délais prévus au présent article.

Aucun décret pris en application de l'art. 37 de la Constitution n'a abrogé le point 6, qui continue donc de s'appliquer aux délais de réclamation prévus aux art. R. 196-1 à R. 196-5 du LPF.

• CE 13 mars 1996, n° 129042, *Agrour : Dr. fisc. 1996. 795, concl. Arrighi de Casanova ; RJF 1996. 650.*

Art. 1932 *bis* *Transféré ss. art. R* 190-2 et R* 247-1, al. 2, LPF.*

Art. 1933 1, 3 à 6. *Transférés ss. art. R* 197-1 à R* 197-5 LPF.*
2. *Dispositions devenues sans objet.*

Art. 1934 *Transféré ss. art. R* 197-1 et R* 197-4 LPF.*

Art. 1935 *Transféré ss. art. R* 198-1 LPF.*

Art. 1936 *Transféré ss. art. R* 198-2 à R* 198-5 et R* 198-7 LPF.*

Art. 1937 *Transféré ss. art. R* 198-9 LPF.*

Art. 1938 *Transféré ss. art. R* 198-10, R* 199-1, al. 2, R* 200-3 et R* 202-2, al. 1er, LPF.*

Art. 1939 *Transféré ss. art. L. 199, R* 199-1 et R* 200-2, al. 1er LPF.*

Art. 1940 *Transféré ss. art. R* 200-2 LPF.*

Art. 1941 *Transféré ss. art. L. 201, R* 200-4, R* 200-5, R* 200-7 et R* 201-1 LPF.*

Art. 1942 *Transféré ss. art. R* 200-1 et R* 200-6 LPF.*

Art. 1943 *Transféré ss. art. R* 200-8 à R* 200-13 LPF.*

Art. 1944 *Transféré ss. art. R* 200-14 à R* 200-16 LPF.*

Art. 1945 1. *Transféré ss. art. R* 200-1 LPF.*
2. *Dispositions devenues sans objet.*
3. *Non repris.*
4. *Transféré ss. art. R* 200-1 LPF.*

Art. 1946 *Transféré ss. art. L. 199 et R* 202-1 LPF.*

Art. 1947 *Transféré ss. art. R* 199-1 et R* 202-2 LPF.*

Art. 1948 *Transféré ss. art. R* 202-3 et R* 202-4 LPF.*

Art. 1949 *Transféré ss. art. R* 199-2, R* 200-17 et R* 200-18 LPF.*

Art. 1950 *Transféré ss. art. L. 199 LPF.*

Art. 1951 *Transféré ss. art. R* 211-1 et R* 211-2 LPF.*

Art. 1951 A *Transféré ss. art. R* 211-1 LPF.*

Art. 1952 *Transféré ss. art. L. 277, L. 279 et R* 277-1 LPF.*

Art. 1953 *Transféré ss. art. L. 277 à L. 279 LPF.*

Art. 1954 *Transféré ss. art. L. 280 LPF.*

Art. 1955 *Transféré ss. art. L. 203 à L. 205 et R* 203-1 LPF.*

Art. 1956 *Transféré ss. art. L. 207 et R* 207-1 LPF.*

Art. 1957 *Transféré ss. art. L. 208 LPF.*

Art. 1958 1 et 2. *Transférés ss. art. R* 210-1 LPF.*
3. *Non repris.*

Art. 1959 1. *Non repris.*
2 et 3. *Transférés ss. art. R* 200-4 et R* 202-2 LPF.*

7 DISPOSITIONS PARTICULIÈRES AUX IMPÔTS DIRECTS ET TAXES ASSIMILÉES

Art. 1960 1. En matière d'impôts directs et de taxes assimilées, les dégrèvements de toute nature, les frais remboursés au contribuable ainsi que les frais d'expertise mis à la charge de l'administration sont supportés, soit par le Trésor, s'il s'agit d'impôts ou de taxes donnant lieu à un prélèvement pour frais de non-valeurs au profit de l'État, soit par la collectivité intéressée s'il s'agit d'autres taxes.

2. Lorsqu'un tribunal administratif annule une décision portant décharge ou réduction d'impôts directs ou de taxes assimilées ou met des frais à la charge d'un contribuable, l'autorité compétente de l'État établit un rôle qui est recouvré par le comptable public chargé du recouvrement des impôts directs et dont le montant est immédiatement exigible.

Art. 1960 A *Transféré ss. art. 223 decies.*

Art. 1960 *bis* *Transféré ss. art. 230 G.*

Art. 1960 *ter* *Transféré ss. art. 235 ter JA.*

8 DISPOSITIONS PARTICULIÈRES AUX DROITS D'ENREGISTREMENT, À LA TAXE DE PUBLICITÉ FONCIÈRE, AUX DROITS DE TIMBRE ET À LA TAXE SPÉCIALE SUR LES CONVENTIONS D'ASSURANCES

Art. 1961 Les droits d'enregistrement ou la taxe de publicité foncière, lorsqu'elle tient lieu de ces droits et la contribution prévue à l'article 879, ne sont pas sujets à restitution dès l'instant qu'ils ont été régulièrement perçus sur les actes ou contrats ultérieurement révoqués ou résolus par application des articles 954 à 958, 1224 à 1230, 1304 et 1304-7, 1654 et 1659 du code civil.

En cas de rescision d'un contrat pour cause de lésion, ou d'annulation d'une vente pour cause de vices cachés et, au surplus, dans tous les cas où il y a lieu à annulation, les impositions visées au premier alinéa perçues sur l'acte annulé, résolu ou rescindé ne sont restituables que si l'annulation, la résolution ou la rescision a été prononcée par un jugement ou un arrêt passé en force de chose jugée.

L'annulation, la révocation, la résolution ou la rescision prononcée, pour quelque cause que ce soit, par jugement ou arrêt, ne donne pas lieu à la perception du droit proportionnel d'enregistrement et de la contribution prévue à l'article 879.

BIBL. ▶ Lefeuvre, *JCP N 2002. 67* (restitutions des droits de mutation acquittés à tort, motivée par des événements postérieurs à leur paiement).

1. Les droits d'enregistrement perçus par l'administration fiscale lors de la cession de parts sociales réalisée irrégulièrement par une société en redressement judiciaire et refusée par le juge commissaire ne sont pas sujets à restitution, dès lors que la décision du juge n'a pas pour effet d'annuler la cession. • TGI Saint-Nazaire, 7 oct. 1996, n° 451-96 : *Dr. fisc. 1997. 470, obs. Chevalier.*

2. Dès lors que l'art. 1961 qui énumère les exceptions au principe de la restitution des droits régulièrement perçus sur les actes ou contrats ultérieurement révoqués ou résolus, ne vise pas les art. 951 et 952 C. civ. relatifs au droit de retour conventionnel des biens donnés en cas de prédécès du donataire, ce retour ouvre droit à la restitution des droits de mutation acquittés au titre de la donation. • Com. 4 déc. 2007, ☎ n° 06-12.024 (n° 1315 F-PB), *Crts Breton des Loys : RJF 2008. 523 ; Dr. fisc. 2008. 226, note Deboissy ; D. 2008. 1466, note Douet.*

3. L'art. 1961 excluant le droit à restitution n'est pas applicable dans le cas où la demande porte sur la restitution de droits perçus sur la déclaration erronée d'une mutation inexistante. • Com. 21 nov. 2000, n° 97-216.57 : *RJF 2001. 406.* ♦ Il s'applique, en revanche, lorsque la demande de restitution trouve son origine dans un acte rectificatif de donation-partage et non dans une décision de justice. • Paris, 30 janv. 2009, n° 06-14923 : *RJF 2009. 892.*

4. Aux termes de l'art. 1235 C. civ., la répétition de l'indu n'est pas admise à l'égard des obligations naturelles qui ont été volontairement acquittées. Dès lors, un paiement volontaire de droits d'enregistrement, même en période prescrite, ne peut donc donner lieu à remboursement. • Com. 1er juin 2010, ☎ n° 09-14.353 : *RJF 2010. 968.* ♦ L'expiration d'un délai de prescription n'ouvre pas, au profit des héritiers, une action en répétition des sommes versées spontanément. • Aix-en-Provence, 25 nov. 2010, n° 10-11500 : *RJF 2011. 525.* ♦ Des droits de succession versés spontanément, indépendamment de la procédure de rectification déclarée par la suite irrégulière, ne sont pas restituables. • Com. 24 mai 2017 : *RJF 2017. 998.*

Art. 1961 *bis* Sauf lorsqu'elle tient lieu des droits d'enregistrement en vertu de l'article 664, la taxe de publicité foncière n'est restituable qu'en cas d'erreur du service chargé de la publicité foncière.

Sous cette même réserve, en cas de rejet de la formalité de publicité foncière prononcé, notamment en vertu de l'article 2428 du code civil ou de l'article 34 modifié du décret n° 55-22 du 4 janv. 1955 modifié, la taxe acquittée lors du dépôt est, à la demande des parties, imputée sur celle qui est due à l'occasion de la même formalité requise ultérieurement dans des conditions régulières ; la quittance de la taxe est donnée sous forme d'extrait de la recette au registre des dépôts, sur l'avis par lequel le rejet est notifié au requérant.

Art. 1961 *ter* Lorsque les prescriptions prévues à l'article 1702 *bis* ne sont pas observées, la taxe de publicité foncière perçue une nouvelle fois n'est pas restituable.

Art. 1962 En matière d'expropriation pour cause d'utilité publique, les droits d'enregistrement ou la taxe de publicité foncière perçus sur les acquisitions amiables faites antérieurement à la déclaration d'utilité publique sont restitués lorsque, dans les délais fixés par l'article R.* 196-1 du livre des procédures fiscales, il est justifié que les immeubles acquis sont visés par cette déclaration d'utilité publique ou par l'arrêté de cessibilité. La restitution des droits ne peut s'appliquer qu'à la portion des immeubles qui a été reconnue nécessaire à l'exécution des travaux.

Art. 1963 Les dispositions de l'article 1962 sont applicables :

1° A tous les actes ou contrats relatifs à l'acquisition de terrains, même clos ou bâtis, poursuivie en exécution d'un plan d'alignement régulièrement approuvé pour l'ouverture, le redressement, l'élargissement des rues ou places publiques, des voies communales et des chemins ruraux, ainsi qu'à tous les actes ou contrats relatifs aux terrains acquis pour la voie publique par simple mesure de voirie dans les conditions prévues par le décret-loi du 26 mars 1852 relatif aux rues de Paris ;

2° Aux plans, procès-verbaux, certificats, jugements, contrats, quittances et autres actes faits en vertu des articles L. 521-8 et L. 521-10, L. 521-11 et L. 521-12 du code de l'énergie ;

3° *Abrogé par L. n° 70-576 du 3 juill. 1970, art. 15.*

Art. 1964 Les droits perçus sur les transmissions d'offices en vertu de l'article 724 sont sujets à restitution toutes les fois que la transmission n'a pas été suivie d'effet.

S'il y a lieu seulement à réduction de prix, tout ce qui a été perçu sur l'excédent est également restitué.

La demande en restitution doit être faite dans les délais fixés par l'article R.* 196-1 du livre des procédures fiscales.

Art. 1965 Lorsque l'existence de la personne dont l'absence avait entraîné le paiement de droits de mutation par décès est judiciairement constatée, ces droits peuvent être restitués à l'exception de ceux correspondants au droit de jouissance dont ont bénéficié les héritiers.

Art. 1965 A 1. Les héritiers ou légataires sont admis, dans le délai fixé à l'article R* 196-1 du livre des procédures fiscales, à réclamer, sous les justifications prescrites à l'article 770, la déduction des dettes établies par les opérations de la liquidation des biens ou du règlement judiciaire *[pour les procédures ouvertes avant le 1er janv. 1986]*, de sauvegarde, du redressement ou de la liquidation judiciaires ou par le règlement définitif de la distribution par contribution postérieure à la déclaration et à obtenir le remboursement des droits qu'ils auraient payés en trop.

2. En cas de décès du débiteur d'une rente viagère ou d'une rente perpétuelle constituée entre particuliers, ses héritiers, tenus du service des majorations, en exécution de la loi n° 49-420 du 25 mars 1949 modifiée, peuvent, à partir de la date à laquelle ces majorations sont fixées d'une manière définitive et dans le délai prévu à l'article R.* 196-1 du Livre des procédures fiscales, déposer une déclaration de succession rectificative en vue de la déduction du passif nouveau et de la restitution partielle des droits.

Art. 1965 B Dans le cas d'usufruits successifs, l'usufruit éventuel venant à s'ouvrir, le nu-propriétaire a droit à la restitution d'une somme égale à ce qu'il aurait payé en moins si le droit acquitté par lui avait été calculé d'après l'âge de l'usufruitier éventuel.

1. Demande en restitution des droits. En cas d'usufruits successifs, la restitution de l'éventuel excédent de droits payés à l'occasion de la donation de la nue-propriété doit être demandée par les nus-propriétaires avant le 31 décembre de la deuxième année suivant le décès du précédent usufruitier. • Com. 31 mars 2009, n° 08-12.759 (n° 292 F-D) : *RJF 2009. 706.*

2. En cas d'usufruits successifs, lorsque le second usufruit s'ouvre au profit d'un bénéficiaire plus jeune que le premier, le nu-propriétaire a droit à la restitution d'une somme égale à ce qu'il aurait payé en moins si les droits avaient été calculés d'après l'âge du nouvel usufruitier au jour du décès du constituant. Ce droit à restitution n'est toutefois accordé que si le nu-propriétaire a acquitté les droits de mutation à titre gratuit. La restitution n'est en effet justifiée que si le nu-propriétaire a souffert d'une surtaxation, ce qui n'est pas le cas lorsque les droits de mutation ont été pris en charge par le donateur. La succession du donateur décédé ne peut pas non plus bénéficier de cette restitution. La lettre du texte l'en empêche : seul le nu-propriétaire a droit à la restitution. * Rép. min. n° 26892 : *JOAN 26 juin 2020.*

Art. 1965 C **A défaut des indications ou justifications prescrites par l'article 763, les droits les plus élevés sont perçus, conformément au même article, sauf restitution du trop-perçu, sur demande présentée dans le délai prévu à l'article R.* 196-1 du Livre des procédures fiscales et sur la représentation de l'acte de naissance, dans le cas où la naissance aurait eu lieu hors de France.**

Art. 1965 D *Disjoint.*

Art. 1965 E **1. La taxe spéciale sur les conventions d'assurances et les pénalités payées à tort peuvent être restituées.**

2. La taxe dûment payée ne peut être restituée qu'en cas de résiliation, d'annulation ou de résolution judiciaire de la convention, à concurrence de la fraction afférente :

***a)* Aux sommes stipulées au profit de l'assureur et à leurs accessoires dont le remboursement à l'assuré est ordonné par le jugement ou arrêt ;**

***b)* Aux sommes stipulées au profit de l'assureur et à leurs accessoires qui, ayant donné lieu à un paiement effectif de la taxe, bien que n'ayant pas encore été payées à l'assureur, ne peuvent plus, d'après les dispositions de la décision judiciaire, être exigées par lui de l'assuré.**

Art. 1965 F *Abrogé par L. n° 69-1168 du 26 déc. 1969, art. 11-II et Décr. n° 70-548 du 22 juin 1970.*

9 DISPOSITIONS PARTICULIÈRES AUX CONTRIBUTIONS INDIRECTES

Art. 1965 FA **Lorsqu'une personne a indûment acquitté des droits indirects régis par le présent code, elle peut en obtenir le remboursement à moins que les droits n'aient été répercutés sur l'acheteur.**

L'art. 1965 FA, qui subordonne le remboursement des droits indirects indûment acquittés à la condition qu'ils n'aient pas été répercutés sur l'acheteur, ne déroge pas aux règles qui gouvernent la charge de la preuve. En conséquence, il incombe à l'Administration d'apporter la preuve de la répercussion sur l'acheteur, par elle invoquée, du droit litigieux. • Com. 7 juin 2006, n° 02-21.331 : *RJF 2007. 111.*

SECTION III

Art. 1965 G *Disjoint.*

Art. 1965 G *bis* *Transféré ss. art. L. 250 LPF.*

Art. 1965 H *Transféré ss. art. L. 251 et R* 247-3 LPF.*

Art. 1965 I *Transféré ss. art. L. 249 LPF.*

Art. 1965 J *Transféré ss. art. 396 quater de l'annexe II CGI et art. R* 247-12 LPF.*

Art. 1965 K *Transféré ss. art. 396 ter A de l'annexe II CGI.*

SECTION IV DISPOSITIONS COMMUNES

Art. 1965 L **Les dégrèvements ou restitutions de toutes impositions ou créances fiscales d'un montant inférieur à 8 € ne sont pas effectués.**

Ce montant s'apprécie par cote, exercice ou affaire.

CHAPITRE VI

SECTIONS PREMIÈRE *et* II

Art. 1966 *Transféré ss. art. L. 169 à L. 172 LPF.*

Art. 1966 A *Transféré ss. art. L. 185 LPF.*

Art. 1967 *Transféré ss. art. L. 173 LPF.*

Art. 1967 A *Transféré ss. art. L. 174 LPF.*

Art. 1968 *Transféré ss. art. L. 51, L. 176 et L. 177 LPF.*

Art. 1968 A *Transféré ss. art. L. 185 LPF.*

Art. 1969 *Transféré ss. art. L. 178 LPF.*

Art. 1970 *Transféré ss. art. L. 179 et R* 178-1 LPF.*

Art. 1971 *Transféré ss. art. L. 180 à L. 182 LPF.*

Art. 1972 *Transféré ss. art. L. 276 LPF.*

Art. 1973 *Transféré ss. art. L. 183 LPF.*

Art. 1973 *bis* *Disjoint.*

Art. 1973 *ter* *Transféré ss. art. L. 274-A LPF.*

Art. 1974 *Transféré ss. art. L. 186 LPF.*

Art. 1974 *bis* *Transféré ss. art. L. 51 et L. 187 LPF.*

Art. 1975 *Transféré ss. art. L. 189, L. 274 et L. 275 LPF.*

Art. 1976 *Transféré ss. art. L. 188 LPF.*

Art. 1977 *Transféré ss. art. L. 180 LPF.*

Art. 1978 *Non repris.*

Art. 1979 *Transféré ss. art. L. 182 et L. 188 LPF.*

Art. 1980 *à* 1982 *Abrogés.*

Art. 1983 *Transféré ss. art. L. 179 LPF.*

Art. 1984 *à* 1986 *Abrogés.*

CHAPITRE VII

SECTIONS PREMIÈRE *à* IV

Art. 1987 *Transféré ss. art. L. 83 et L. 84 LPF.*

Art. 1988 *Transféré ss. art. L. 92 LPF.*

Art. 1989 *Transféré ss. art. L. 101 et R* 101-1 LPF.*

Art. 1990 *Transféré ss. art. L. 100 LPF.*

Art. 1991 *Transféré ss. art. L. 85 et R* 85-1 LPF.*

Art. 1992 *Abrogé.*

Art. 1993 *Transféré ss. art. 207-1-3°.*

Art. 1994 *Transféré ss. art. L. 97 et R* 97-1 LPF.*

Art. 1995 *Transféré ss. art. L. 14 et L. 87 LPF.*

Art. 1996 *Transféré ss. art. L. 95 LPF.*

Art. 1997 et 1998 *Abrogés.*

Art. 1999 *Transféré ss. art. L. 88 LPF.*

Art. 2000 *Transféré ss. art. L. 89, L. 90, L. 91, L. 93 et L. 94 LPF.*

Art. 2001 *Non repris.*

Art. 2001 *bis* *Transféré ss. art. L. 99 LPF.*

Art. 2001 *ter* *Transféré ss. art. 235 bis-1.*

Art. 2001 *quater* *Transféré ss. art. L. 82 A LPF.*

Art. 2001 *quinquies* *Transféré ss. art. L. 96 LPF.*

Art. 2002 *Transféré ss. art. R* 81-3 LPF.*

Art. 2002 *bis* *Transféré ss. art. L. 82 LPF.*

Art. 2003 *Non repris.*

Art. 2004 *Disposition périmée.*

Art. 2005 *Transféré ss. art. 1740-1.*

CHAPITRE VIII

Art. 2006 *Transféré ss. art. L. 103, L. 113, L. 114, L. 118, L. 135 et L. 136 LPF.*

Art. 2007 *Transféré ss. art. L. 123 LPF.*

Art. 2008 *Transféré ss. art. L. 104 LPF.*

Art. 2009 *Transféré ss. art. R* 103-1 LPF.*

Art. 2009 *bis* *Transféré ss. art. L. 112 LPF.*

Art. 2010 *Transféré ss. art. L. 108 LPF.*

Art. 2011 *Transféré ss. art. L. 107 LPF.*

Art. 2012 *Transféré ss. art. L. 106 LPF.*

Art. 2013 *Transféré ss. art. L. 142 LPF.*

Art. 2013 A *Transféré ss. art. L. 137 LPF.*

Art. 2013 *bis* *Transféré ss. art. 1753 bis A et art. L. 143 LPF.*

Art. 2013 *ter* *Transféré ss. art. L. 148 et L. 149 LPF.*

Art. 2014 *Transféré ss. art. L. 125 LPF.*

Art. 2014 *bis* *Transféré ss. art. L. 113 et L. 130 LPF.*

Art. 2014 *ter* *Transféré ss. art. L. 150 LPF.*

Art. 2015 *Transféré ss. art. L. 121 LPF.*

Art. 2016 *Transféré ss. art. L. 160 LPF.*

Art. 2016 *bis* *Transféré ss. art. L. 129 LPF.*

Art. 2016 *ter* *Transféré ss. art. L. 113 et L. 124 LPF.*

Art. 2016 *quater* *Transféré ss. art. L. 123 et L. 144 LPF.*

Art. 2016 *quater* A *Transféré ss. art. L. 113 et L. 123 LPF.*

Art. 2016 *quater* B *Transféré ss. art. L. 122 LPF.*

Art. 2016 *quater* C *Transféré ss. art. L. 164 LPF.*

Art. 2016 *quinquies* *Transféré ss. art. L. 147 LPF.*

Art. 2017 *Transféré ss. art. L. 155 LPF.*

Art. 2018 *et* 2018 *bis* *Transférés ss. art. L. 140 LPF.*

Art. 2019 *Transféré ss. art. L. 113 et L. 126 LPF.*

Art. 2020 *Transféré ss. art. L. 113, L. 120, L. 127, L. 133, L. 134, L. 141, L. 145, L. 146, L. 152 à L. 154, L. 156 à L. 158 LPF.*

Art. 2020 A *Transféré ss. art. L. 113 et L. 161 LPF.*

Art. 2020 *bis* *Transféré ss. art. L. 165 LPF.*

Art. 2020 *ter* *Transféré ss. art. L. 132 et L. 151 LPF.*

Art. 2021 *Abrogé.*

Art. 2022 *Transféré ss. art. L. 115 LPF.*

Art. 2023 *Transféré ss. art. L. 113 et L. 159 LPF.*

Art. 2024 *Transféré ss. art. L. 128 LPF.*

Art. 2025 *Transféré ss. art. L. 131 LPF.*

Art. 2026 *Transféré ss. art. L. 138 LPF.*

ANNEXE I : DISPOSITIONS REVÊTANT LA FORME DE RÈGLEMENT D'ADMINISTRATION PUBLIQUE

Dans les textes en vigueur à la date de publication de la L. n° 80-514 du 7 juill. 1980 (JO 9 juill.) et du Décr. n° 80-621 du 31 juill. 1980 (JO 6 août), tout renvoi à un règlement d'administration publique ou à un décret en forme de règlement d'administration publique est remplacé par un renvoi à un décret en Conseil d'État.

Codification des textes d'application.

LIVRE PREMIER ASSIETTE ET LIQUIDATION DE L'IMPÔT

PREMIÈRE PARTIE IMPÔTS D'ÉTAT

TITRE PREMIER

CHAPITRE PREMIER

Art. 01 à 03, 1er et 2 *Dispositions périmées.*

CHAPITRE II

Art. 3 à 15 *Abrogés par Décr. n° 72-283 du 12 avr. 1972, art. 24.*

Art. 16 *Transféré ss. Ann. II, art. 140-I.*

Art. 17 à 21 *Disjoints (dispositions non fiscales).*

Art. 22 à 23 S *Abrogés par Décr. n° 72-283 du 12 avr. 1972, art. 24.*

CHAPITRE III

Art. 23 T à 23 V *Abrogés par Décr. n° 66-826 du 7 nov. 1966, art. 3. – V. Ann. II, art. 161 à 163.*

CHAPITRE IV

Art. 23 V 1 *Transféré ss. Ann. II, art. 163 bis.*

Art. 23 V 2 *Transféré ss. Ann. II, art. 163 ter.*

Art. 23 V 3 *Transféré ss. Ann. II, art. 163 quater.*

Art. 23 V 4 *Transféré ss. Ann. II, art. 163 quinquies.*

Art. 23 V 5 *Transféré ss. Ann. II, art. 163 sexies.*

Art. 23 V 6 *Transféré ss. Ann. II, art. 163 septies.*

Art. 23 V 7 *Transféré ss. Ann. II, art. 163 octies-I et II.*

Art. 23 V 8 *Transféré ss. Ann. II, art. 163 octies-III.*

Art. 23 V 9 *Disposition périmée.*

Art. 23 V 10 *Transféré ss. Ann. II, art. 163 octies A.*

Art. 23 V 11 *Transféré ss. Ann. II, art. 163 octies B.*

Art. 23 V 12 *Transféré ss. Ann. II, art. 163 octies-IV.*

Art. 23 V 13 *Abrogé.*

Les dispositions des art. 163 bis à 163 octies B de l'Ann. II sont devenues sans objet.

TITRE DEUXIÈME

CHAPITRE PREMIER

SECTION PREMIÈRE

Art. 24 *Transféré ss. Ann. II, art. 172.*

SECTION II

Art. 25 *et* 26 *Abrogés.*

TITRE TROISIÈME CONTRIBUTIONS INDIRECTES ET MONOPOLES FISCAUX

CHAPITRE PREMIER BOISSONS

SECTION PREMIÈRE PRODUCTION DES ALCOOLS

I *RÉGLEMENTATION DES ALAMBICS*

Art. 27 Les fabricants et marchands d'appareils et de portions d'appareils propres à la distillation, à la fabrication ou au repassage d'eaux-de-vie ou d'esprits sont tenus d'inscrire sur le registre prévu par l'article 304 du code général des impôts :

1° Les dates de leurs fabrications et de leurs réceptions successives, avec la désignation de la nature et de la capacité ou des dimensions des appareils ou portions d'appareils ;

2° Les dates des livraisons, ainsi que la désignation de la nature et de la capacité ou des dimensions de ces objets.

Ces inscriptions ont lieu au fur et à mesure de l'achèvement, de la réception ou de la livraison des appareils et portions d'appareils.

Le registre sur lequel elles sont consignées doit être conforme au modèle donné par l'administration et être coté et paraphé par le service des douanes et droits indirects.

Art. 28 *Transféré ss. art. R* 29-1 LPF.*

Art. 29 *Abrogé par Décr. n° 2000-739 du 1er août 2000, art. 4-XLII.*

Art. 30 Les appareils et portions d'appareils non encore soumis à cette formalité sont poinçonnés dès que le destinataire non fabricant ou marchand en a pris possession.

Lorsqu'une ou plusieurs portions d'un appareil poinçonné sont remplacées ou ont subi des réparations ou des transformations ayant fait disparaître la marque, cette marque est réapposée.

Le détenteur d'un appareil réparé ou transformé doit demander au service des douanes et droits indirects territorialement compétent, l'apposition de la marque dès la réception de cet appareil, ou dans le délai de cinq jours après l'achèvement des travaux de réparation ou de transformation.

Art. 31 *Transféré ss. art. R* 29-2 LPF.*

Art. 32 Les appareils et portions d'appareils sont agencés de manière à pouvoir être scellés par des plombs. A défaut de cette condition, les agents peuvent exiger l'apposition, aux endroits qu'ils désignent, de boucles ou crampons métalliques rivés intérieurement.

Les agents peuvent, en outre, apposer sur telle partie des appareils et portions d'appareils qu'ils jugent convenable des scellements susceptibles d'être détruits ou altérés par le fait de la mise en activité. Ils ont également, pour les appareils chauffés à feu nu, la faculté d'exiger que la porte du foyer placé sous chacun d'eux soit disposée de telle sorte qu'elle puisse être maintenue fermée par un plomb.

Les scellements doivent être représentés intacts. Sauf le cas prévu ci-après, ils ne peuvent être enlevés qu'en présence des agents.

Les demandes de descellement énoncent les motifs pour lesquels les agents sont requis de procéder à cette opération. Elles sont transmises au service des douanes et droits indirects au moins trois jours à l'avance. Si les agents ne sont pas intervenus pour rompre les scellés, trois heures après celle fixée par le déclarant, celui-ci peut les briser, sauf à remettre les plombs auxdits agents lors de leur plus prochaine visite.

Dès l'achèvement des travaux ou la cessation des causes qui avaient motivé le descellement, les détenteurs doivent demander, au service des douanes et droits indirects, que leurs appareils et portions d'appareils soient replacés sous scellés. Ils cessent d'être soumis aux visites de nuit le lendemain du jour où leur demande a été faite si, par le fait des agents, les scellés n'ont pas été apposés. Le délai est prorogé de vingt-quatre heures lorsque la demande précède un jour de fête légale.

Art. 33 Les détenteurs d'appareils ou portions d'appareils qui veulent les détruire sont tenus d'en informer le service des douanes et droits indirects.

La destruction ne peut avoir lieu qu'en présence des agents, qui en dressent procès-verbal.

II

Art. 34 à 36 *Abrogés par Décr. n° 76-1329 du 31 déc. 1976.*

III *BOUILLEURS DE CRU*

1° GÉNÉRALITÉS

Art. 37 Les articles 38 à 41, 44 à 56 et l'article R* 30-1 du Livre des procédures fiscales s'appliquent aux propriétaires récoltants qui :

1° Exception faite du sucrage des vendanges ou des moûts de raisins opéré dans les limites et conditions légales, n'ajoutent à leurs récoltes aucun produit susceptible d'en augmenter la teneur en alcool ;

2° Ne reçoivent du dehors aucune quantité de matières premières de la nature de celles qu'ils entendent distiller, à moins qu'ils n'en informent au préalable le service des douanes et droits indirects, jusqu'à l'achèvement de leurs distillations.

Sont soumis aux règles tracées par les articles 57 à 87 :

a) Les propriétaires récoltants ne remplissant pas ces conditions ;

b) Ceux qui exercent, par eux-mêmes ou par l'intermédiaire d'associés, la profession de débitant ou d'entrepositaire agréé mentionné au 3° du I de l'article 302 G du code général des impôts, dans le canton du lieu de distillation et les communes limitrophes de ce canton ;

c) Les bouilleurs de cru convaincus d'avoir enlevé ou laissé enlever de chez eux des spiritueux sans document d'accompagnement ou avec un document d'accompagnement inapplicable et qui ont été privés, par décision judiciaire ou transaction, du bénéfice du régime des bouilleurs de cru pour toute la durée de la campagne en cours et de la campagne suivante.

2° BOUILLEURS DE CRU SE LIVRANT EUX-MÊMES AUX OPÉRATIONS DE DISTILLATION

Art. 38 Le rendement minimal des matières premières à distiller qui est communiqué par le bouilleur au service des douanes et droits indirects est déterminé par la richesse alcoolique effective des matières premières à mettre en œuvre compte tenu d'une réfaction fixée à 3 % au maximum, quelle que soit la nature du produit à distiller.

Les bouilleurs de cru dont la production ne dépasse pas cinquante litres d'alcool pur ou dont la distillation ne dure pas plus de vingt-quatre heures sont dispensés de communiquer le rendement minimal au service des douanes et droits indirects.

Art. 39 La déclaration prescrite par l'article 312 du code général des impôts doit être déposée ou transmise trois jours au moins avant le commencement des travaux au service des douanes et droits indirects dont dépend la localité où ces travaux s'effectueront.

Cette déclaration indique :

1° Les numéros de poinçonnement des alambics à utiliser ;

2° L'emplacement de la brûlerie ;

3° La date du commencement des travaux et leur durée présumée, ainsi que les heures pendant lesquelles la brûlerie sera chaque jour en activité ;

4° La nature des matières premières à distiller et le lieu où elles ont été récoltées ;

5° S'il y a lieu, le volume et le rendement minimal par hectolitre pour chaque espèce de matières à distiller ou pour chaque lot de matières de même espèce ayant un titre alcoométrique volumique différent.

Les déclarations modificatives concernant la mise en œuvre de nouvelles matières doivent être faites dans le même délai ; les autres déclarations modificatives peuvent être faites vingt-quatre heures seulement à l'avance.

Les matières déclarées pour la distillation doivent être mises à part. Si les déclarations comprennent plusieurs lots d'une même espèce de matières ayant une richesse alcoolique différente, ces lots doivent également être séparés les uns des autres.

Art. 40 Les bouilleurs doivent inscrire, au fur et à mesure des opérations, dans la comptabilité matières qu'ils doivent tenir en application des dispositions du III de l'article 302 G du code général des impôts, la nature et la quantité des matières premières versées dans l'alambic, le numéro, s'il y a lieu, du lot d'où elles proviennent, la date et l'heure du commencement et celles de la fin du chargement de l'appareil.

Dans les brûleries où chaque chargement d'alambic comprend une quantité uniforme de matières, cette quantité est inscrite par le bouilleur, au début de la campagne. Dans ce cas, le bouilleur est dispensé d'inscrire dans sa comptabilité matières, pour chaque chargement, la quantité de matières introduites dans l'appareil à distiller.

Lorsque le chargement des alambics est continu, une seule inscription est faite par le bouilleur à la fin de chaque journée. Toutefois, une inscription doit également être faite à chaque interruption de travaux et à chaque visite des agents. Cette inscription comprend l'ensemble des quantités de matières premières soumises à la distillation depuis la précédente inscription.

Art. 41 Indépendamment des obligations prévues aux articles 38 à 40, les bouilleurs de marcs, cerises, prunes et prunelles doivent, à la fin de chaque journée de travail, inscrire dans leur comptabilité matières mentionnée au premier alinéa de l'article 40 le volume et le titre alcoométrique volumique de l'alcool obtenu.
Il en est de même pour les bouilleurs dispensés de la déclaration du rendement minimal.

Art. 42 *Abrogé.*

Art. 43 *Transféré ss. art. R* 30-1 LPF.*

Art. 44 Si la reconnaissance par le service du volume des matières premières déclarées par application de l'article 39 fait apparaître une différence, la déclaration est simplement rectifiée d'office lorsque cette différence ne dépasse pas 5 % pour les vins, les cidres ou poirés et les lies, 10 % pour les prunes, les prunelles et les cerises et 15 % pour les marcs ; au-delà de ces limites, la différence est constatée par procès-verbal.

S'il y a contestation sur le minimum de rendement déclaré, la force alcoolique des matières à distiller est définitivement fixée à la suite d'expériences contradictoires.

Quand le volume et le minimum de rendement ont été constatés d'un commun accord entre le producteur et l'administration, les quantités de matières reconnues et la base de conversion convenue sont constatées au registre des agents par un acte signé du producteur.

Art. 45 à 47 *Abrogés par Décr. n° 2000-739 du 1er août 2000, art. 4-XVII.*

3° BOUILLEURS DE CRU FAISANT DISTILLER DANS UN ATELIER PUBLIC

Art. 48 Aucune distillation ne peut être effectuée en atelier public pour le compte de bouilleurs de cru qu'après dépôt ou transmission d'une déclaration, trois jours au moins à l'avance, au service des douanes et droits indirects territorialement compétent.

Si l'atelier de distillation est établi dans des locaux ou sur des emplacements clos, il ne peut avoir aucune communication intérieure avec des locaux non occupés par l'exploitant ou dans lesquels celui-ci exercerait un commerce de boissons ou détiendrait des matières susceptibles d'être distillées ou des liquides fermentés.

L'administration notifie à l'exploitant les jours et heures pendant lesquels la brûlerie pourra être mise en activité.

Art. 49 Le transport des matières à distiller du domicile à la brûlerie et celui des eaux-de-vie de la brûlerie au domicile s'effectuent respectivement sous le lien de documents mentionnés à l'article 302 M *ter* du code général des impôts, après acquittement des droits ou bénéfice de l'allocation en franchise.

Art. 50 La déclaration prescrite par l'article 48 doit indiquer la situation exacte du local ou de l'emplacement où la distillation aura lieu, les numéros de poinçonnement des alambics devant être utilisés, les jours et heures auxquels l'exploitant demande à commencer les travaux, ainsi que leur durée approximative.

L'exploitant doit, au fur et à mesure de la réception des matières premières à distiller, inscrire dans la comptabilité matières qu'il doit tenir en application des dispositions du III de l'article 302 G du code général des impôts, les espèces et quantités des matières premières qui lui sont livrées, le nom et l'adresse des récoltants à qui elles appartiennent et les documents d'accompagnement couvrant les matières à distiller.

S'il s'agit de bouilleurs de cru produisant plus de cinquante litres d'alcool pur ou dont les matières ne peuvent être distillées en totalité dans la journée où l'apport a été fait, il inscrit également le rendement minimal des matières premières, tel qu'il est déterminé à l'article 38.

En regard de ces inscriptions, l'exploitant indique, au fur et à mesure de ses opérations :

1° Les jours et heures de la mise en distillation desdites matières et les quantités versées dans l'alambic ;

2° Le résultat de chaque chauffe ou repasse (volume et titre alcoométrique volumique des produits obtenus en cas d'emploi d'alambics à marche continue).

L'exploitant est tenu de déposer ou de transmettre au service des douanes et droits indirects, le lendemain au plus tard du jour où les travaux ont pris fin, pour chaque récoltant, un exemplaire des documents mentionnés à l'article 49.

Art. 51 Les matières premières et les eaux-de-vie appartenant à chaque récoltant doivent être logées de façon distincte et étiquetées de manière à pouvoir être reconnues facilement par le service.

Les matières premières appartenant à divers récoltants peuvent être mélangées dans l'alambic, sous réserve que les lots appartenant à chacun d'eux soient indiqués séparément dans la comptabilité matières tenue par le distillateur. Les eaux-de-vie obtenues sont ensuite réparties entre les ayants droit au prorata de leurs apports.

Art. 52 Les exploitants doivent, dès qu'ils en sont requis, représenter au service la comptabilité matières dont la tenue leur est imposée, assister aux vérifications ou s'y faire représenter par un délégué, les faciliter et fournir à cet effet la main-d'œuvre et les ustensiles nécessaires.

Les recensements portent sur les matières premières et les alcools. Les excédents de matières premières au-dessus de 5 % pour les vins, cidres et lies, 10 % pour les fruits, 15 % pour les marcs peuvent être saisis. Les excédents d'alcool dégagés par comparaison des quantités déclarées fabriquées et des quantités reconnues peuvent également être saisis. Les excédents d'alcool par rapport au rendement minimal des matières premières peuvent seulement être saisis s'ils dépassent la réfaction de 3 % visée à l'article 38 augmentée de 5 % de ladite réfaction.

Les manquants résultant de la comparaison entre les quantités déclarées fabriquées et les restes reconnus sont soumis aux droits sans préjudice des pénalités encourues en cas d'enlèvement sans validation de titre de mouvement.

Art. 53 *Abrogé.*

4° BOUILLEURS DE CRU DISTILLANT EN BRÛLERIE COOPÉRATIVE OU SYNDICALE

Art. 54 **Les brûleries coopératives ou syndicales des récoltants sont soumises aux dispositions suivantes :**

Les gérants ou délégués doivent fournir, huit jours au moins avant toute opération, au directeur interrégional des douanes et droits indirects ou, en Guadeloupe, en Guyane, à La Réunion et à Mayotte, au directeur régional des douanes et droits indirects, la justification de la constitution régulière de l'association, les statuts, une liste des membres de l'association indiquant les nom, prénoms et domicile de chacun d'eux, avec la date de son admission, un plan intérieur avec légende permettant de constater que les locaux satisfont aux prescriptions de l'article 320, deuxième alinéa, du code général des impôts, enfin la justification de leur propre qualité de délégué ou de gérant.

Les modifications apportées soit à l'organisation de l'association, soit à la liste des membres ou gérants, soit à l'agencement des locaux, doivent être notifiées, dans un délai de huit jours, au directeur.

Lesdits gérants ou délégués sont tenus avant toute distillation de souscrire la déclaration prescrite à l'article 39, complétée par l'indication des alcools (volume et richesse alcoolique) existant dans les locaux de l'association.

Art. 55 **Ne peuvent être mis en œuvre dans la distillerie que des vins, cidres ou poirés, marcs, lies, cerises, prunes et prunelles provenant de la récolte des membres de l'association.**

Pour le contrôle de la fabrication et celui de la répartition des produits fabriqués, les gérants ou les délégués de l'association doivent inscrire dans la comptabilité matières, d'une part, les quantités de matières premières, rectifiées s'il y a lieu, formant l'apport de chaque producteur, ainsi que le rendement minimal en alcool et les références des documents ayant accompagné les matières à distiller et, d'autre part, les livraisons d'alcool pur faites à chacun des membres, avec les références des documents d'accompagnement utilisés à cet effet.

Les agents ont la faculté de prendre communication, sur place, des registres et comptes de l'association relatifs aux opérations de distillation.

5° DISPOSITIONS COMMUNES

Art. 56 **Les bouilleurs de cru arrêtent leur comptabilité matières au moment de l'inventaire de leurs stocks, qu'ils effectuent lors de la première distillation opérée au cours de la campagne suivante, ou, à défaut de cette distillation, à l'expiration d'un délai de quatorze mois.**

Lorsque le bouilleur de cru n'a pas fait de déclaration de fabrication avant l'expiration des deux mois qui suivent une période d'une année comptée à partir de la première distillation de la campagne précédente, il procède d'office à l'inventaire cité au premier alinéa et à l'arrêté de sa comptabilité matières.

Dans les deux cas précédents, les bouilleurs de cru transmettent sans délai leur comptabilité matières et les résultats de l'inventaire des stocks au service des douanes et droits indirects territorialement compétent.

IV ***RÈGLEMENT DES DISTILLERIES***

1° GÉNÉRALITÉS

Art. 57 **Le présent règlement des distilleries détermine les conditions dans lesquelles toutes personnes physiques ou morales, autres que les bouilleurs de cru, sont autorisées à procéder aux opérations de production, de repasse, de repassage, de rectifica*tion, de déshydratation, de récupération*, de régénération d'alcools de toute nature et de toutes origines soumis au régime fiscal de l'alcool en vertu des dispositions du I de l'article 401 du code général des impôts.**

Pour l'application de ce règlement :

a. **Les distilleries s'entendent des établissements dans l'enceinte desquels sont installés les appareils propres aux opérations visées au premier alinéa et, dans la mesure où,**

sauf dérogation accordée par l'administration, ils ne sont pas séparés des précédents par la voie publique, les lieux utilisés pour l'entreposage des matières à traiter ou de l'alcool obtenu.

b. La campagne de distillation s'entend de la période allant du 1er septembre au 31 août de l'année suivante ou, sur demande des exploitants de distillerie, de la période correspondant à l'exercice social.

Le règlement institue un régime général applicable aux distilleries dans lesquelles les inscriptions dans la comptabilité matières sont effectuées notamment selon les indications fournies par les compteurs agréés et vérifiés par un organisme de droit public ou privé, agréé par l'administration et apposés sur les appareils de distillation en application des dispositions de l'article 314 du code général des impôts et de l'article L. 32 du Livre des procédures fiscales. Le régime général s'applique également aux distilleries dans lesquelles existe un dispositif inviolable ou une procédure de contrôle de la production d'alcool offrant des garanties comparables de fiabilité à celles des compteurs agréés.

Il établit un régime spécial applicable aux distilleries dans lesquelles les conditions techniques existantes amènent à différer provisoirement l'installation de tels compteurs ou dans lesquelles n'existe aucun dispositif inviolable ou aucune procédure fiable de contrôle de la production d'alcool.

2° RÉGIME GÉNÉRAL

Art. 58 Deux mois au moins avant la date prévue pour la première mise en exploitation d'un établissement défini à l'avant-dernier alinéa de l'article 57, l'exploitant doit remettre au service des douanes et droits indirects :

a. Une déclaration générale d'exploitation indiquant les opérations devant être réalisées dans la distillerie et les autres activités exercées dans l'établissement ainsi que les matières premières alcooligènes à utiliser et les alcools et boissons alcooliques détenus dans la distillerie ;

b. Un plan de l'établissement précisant l'emplacement et la contenance, par référence à une échelle centimétrique, des appareils, vaisseaux ou cuves d'entrepôt, et indiquant les matières premières alcooliques, spiritueux et alcools utilisés dans la distillerie ;

c. Un plan schématique de l'appareillage présentant intégralement le circuit de l'alcool et des sous-produits alcooliques ;

d. Et une description du dispositif inviolable ou de la procédure de contrôle de la production d'alcool, si la distillerie n'est pas équipée de compteurs agréés.

Toute modification dans la nature des opérations à réaliser doit faire l'objet d'une information préalable du service des douanes et droits indirects territorialement compétent. Il en est de même pour toute modification des installations. Dans ce cas, des plans rectifiés doivent être fournis par l'exploitant à l'appui de son information préalable.

Art. 59 *(Décr. n° 2016-1585 du 24 nov. 2016, art. 1er)* Les récipients destinés à la production ou au stockage des produits intermédiaires et des alcools mentionnés aux articles 402 *bis* et 403 du code général des impôts doivent être pourvus, aux frais de l'exploitant et avant toute utilisation, d'un certificat de jaugeage délivré et renouvelé *dans* les conditions déterminées par le décret n° 2001-387 du 3 mai 2001 relatif au contrôle des instruments de mesure. Ce certificat est transmis à l'administration des douanes et droits indirects.

Ces récipients doivent permettre le prélèvement d'un échantillon.

En cas de déformation, modification ou réparation susceptibles de changer la capacité d'un récipient, l'utilisation en est interdite jusqu'à l'établissement et la transmission à l'administration des douanes et droits indirects d'un nouveau certificat de jaugeage.

Ancien art. 59 *Avant toute utilisation d'un appareil ou récipient affecté à la production ou au logement d'alcools ou de boissons passibles de droits indirects, l'exploitant doit remettre au service des douanes et droits indirects le certificat de jaugeage de ce récipient établi par le service des instruments de mesure. Ce certificat doit être renouvelé à l'expiration de sa période de validité.*

En cas de déformation, de modification ou de réparation susceptibles de changer la capacité d'un récipient, l'utilisation en est provisoirement interdite. Celle-ci ne peut être reprise qu'après établissement et remise d'un nouveau certificat de jaugeage.

Tous les récipients, y compris ceux dont la contenance est inférieure à dix hectolitres, doivent être pourvus, aux frais de l'exploitant, d'un dispositif de jaugeage agréé par l'administration. Ces récipients doivent, de plus, permettre le prélèvement d'un échantillon moyen sur toute la hauteur du liquide qu'ils contiennent.

Art. 60 *Abrogé par Décr. n° 2000-739 du 1er août 2000, art. 4-XLII.*

Art. 61 L'exploitant est tenu d'effectuer, à ses frais, les aménagements propres à assurer une utilisation normale des compteurs.

Art. 62 La mise en service des compteurs, leur réglage et leur entretien ne peuvent être effectués que par l'organisme cité au cinquième alinéa de l'article 57 alors même que les compteurs seraient la propriété du distillateur.

L'exploitant a la faculté d'assister à ces opérations ou de s'y faire représenter.

Il est tenu d'utiliser l'installation dans les conditions notifiées par ce même organisme.

Art. 63 Si l'exploitant constate un incident ou une anomalie de fonctionnement d'un compteur, il est tenu d'en informer immédiatement l'organisme cité au cinquième alinéa de l'article 57.

Art. 64 *Transféré ss. art. R* 32-1 LPF.*

Art. 65 Trois jours au moins avant le début des travaux de chaque campagne, l'exploitant doit transmettre au service des douanes et droits indirects une déclaration indiquant :

1° La date envisagée pour le début des travaux et leur durée probable ;

2° La nature et le programme des opérations qui seront effectuées au cours de cette campagne.

Toute modification apportée à ce programme doit être déclarée selon les mêmes modalités.

Les dispositions ci-dessus s'appliquent en cas de mise en activité d'une distillerie en cours de campagne.

Art. 66 *Transféré ss. art. R* 32-2 LPF.*

Art. 67 Dès la mise en service de l'installation réalisée en conformité avec les conditions d'aménagement prévues aux articles 61 et 62, les alcools produits sont enregistrés dans la comptabilité matières d'après les indications des compteurs ou de tout autre dispositif inviolable ou procédure de contrôle, pour les distilleries non pourvues de compteurs, conformément au cinquième alinéa de l'article 57.

Les enregistrements ainsi opérés sont corrigés lorsque le contrôle technique des compteurs effectué dans l'un des cas prévus à l'article R* 32-1 du Livre des procédures fiscales fait apparaître une discordance de plus de 0,5 % entre les indications des appareils et les quantités d'alcool réellement produites.

Art. 68 et 69 *Abrogés par Décr. n° 2000-739 du 1er août 2000, art. 4-XLII.*

Art. 70 Pour la tenue de la comptabilité matières, les alcools dont le titre alcoométrique est supérieur à 70 % en volume sont obligatoirement déclarés au dixième de volume et au demi-degré Celsius de température.

En cas de désaccord sur le titre alcoolique d'un produit, un échantillon de celui-ci est soumis au service des laboratoires de la direction générale des douanes et droits indirects.

Art. 71 Les distillateurs procèdent obligatoirement à la fin de chaque campagne, et *immédiatement avant le début* des travaux de la campagne suivante, à un inventaire général de tous les produits détenus dans la distillerie et qui sont enregistrés dans la comptabilité matières ainsi que de ceux contenus dans les appareils et circuits de fabrication.

Lorsque la distillerie est vidée de tout produit imposable avant la fin de la campagne et n'est pas susceptible d'en détenir avant le début de la campagne suivante, l'inventaire mentionné au premier alinéa est effectué à une date aussi proche que possible de la dernière expédition.

A la date de réalisation de l'inventaire, les distillateurs arrêtent la comptabilité matières et la transmettent sans délai, ainsi que les résultats de l'inventaire, au service des douanes et droits indirects territorialement compétent.

Art. 72 *Abrogé.*

Art. 73 Dans les distilleries qui procèdent à la rectification ou à la déshydratation d'alcools reçus de l'extérieur ou produits sur place, le distillateur établit, en fin de campagne, un bilan de fabrication.

La perte de fabrication est représentée par le manquant général apparaissant à ce bilan, atténué du manquant dégagé à la comptabilité matières.

Art. 74 Tout accident entraînant une perte de produits suivis en comptabilité matières doit être signalé au service des douanes et droits indirects dans des délais lui permettant de constater par lui-même la réalité et l'importance de la perte.

Si, malgré la diligence apportée à tenter de prévenir le service des douanes et droits indirects, aucun agent ne peut être joint en temps utile, l'exploitant peut avoir recours à un constat d'officier de police judiciaire ou, à ses frais, à un constat d'huissier. Le service des douanes et droits indirects doit alors être prévenu aussitôt que possible.

Art. 75 Les mises en distillation de matières à traiter, les repassages de produits imparfaits, les rectifications de flegmes ou de produits défectueux, les déshydratations d'alcool achevé et les mises en macération de fruits doivent être inscrits par l'exploitant dans sa comptabilité matières, au fur et à mesure de leur déroulement.

Art. 76 Est réputée fabriquée en fraude et donne lieu à procès-verbal toute quantité d'alcool trouvée hors des appareils, récipients, canalisations déclarés par l'exploitant pour en contenir, ainsi que toute quantité d'alcool trouvée dans des appareils, récipients, canalisations, déclarés vides par l'exploitant lors d'une vérification ou d'un inventaire.

Art. 77 *(Abrogé par Décr. n° 2016-775 du 10 juin 2016, art. 2) L'exploitant est tenu, dans un délai d'un mois à compter du jour où il en a été requis, de supprimer, au moyen d'une séparation agréée par le directeur régional des douanes et droits indirects territorialement compétent, les communications interdites par l'article 336 du code général des impôts.*

Art. 78 *Abrogé.*

3° RÉGIME SPÉCIAL

Art. 79 Pour les distilleries soumises au régime spécial prévu à l'article 57, il est fait application de plein droit des dispositions des articles 58, 59, 70, 71, 74 et 76 et de l'article R.* 32-2 du Livre des procédures fiscales ainsi que des dispositions particulières prévues aux articles 80 à 85 et 87.

Art. 80 L'alcool produit est reçu dans des bacs ou récipients affectés respectivement au coulage des alcools achevés et des alcools imparfaits.

Leur contenance doit être telle qu'ils puissent renfermer, par catégorie d'alcool, la production totale de vingt-quatre heures.

Art. 81 Avant chaque campagne de distillation ou en cas de mise en activité d'une distillerie en cours de campagne, l'exploitant doit transmettre au service des douanes et droits indirects une déclaration selon les modalités prévues à l'article 65.

En outre, lorsque les opérations de distillation sont interrompues pour une durée supérieure à huit jours, l'exploitant est tenu d'en informer le service habilité des douanes et droits indirects selon les mêmes modalités.

Toute nouvelle remise en activité de la distillerie doit faire l'objet d'une déclaration, selon les mêmes modalités, indiquant la date du commencement des travaux ainsi que leur durée probable.

Art. 82 Toutes fabrications ou préparations de matières susceptibles de produire de l'alcool ainsi que toutes mises en fermentation en vue de la production de boissons ou l'obtention de matières susceptibles d'être mises en distillation doivent être inscrites par l'exploitant dans sa comptabilité matières au fur et à mesure de leur déroulement.

Art. 83 L'exploitant est tenu d'inscrire dans sa comptabilité matières, dans l'ordre d'arrivée, les réceptions de boissons alcooliques ou d'alcools passibles d'un droit indirect ou de toutes autres matières alcooligènes.

Lorsque ces indications ne sont pas déjà portées sur les documents d'accompagnement correspondants, il est tenu d'inscrire dans sa comptabilité matières le titre alcoométrique volumique des boissons ou alcools passibles d'un droit indirect et des lies ainsi que le poids réel et la richesse présumée des marcs.

Art. 84 Toute modification intervenue après une fabrication ou une réception et affectant le volume ou le degré alcoolique des boissons ou autres produits visés aux articles 82 et 83 doit être inscrite par l'exploitant dans sa comptabilité matières.

Art. 85 L'exploitant doit, avant toute mise en distillation et en fin d'opération de distillation, en informer le service des douanes et droits indirects.

Art. 86 *Abrogé par Décr. nº 2000-739 du 1er août 2000, art. 4-XLII.*

Art. 87 Les exploitants procèdent obligatoirement à un inventaire, à l'arrêté de leur comptabilité matières et à la transmission de cet inventaire et de cet arrêté au service des douanes et droits indirects territorialement compétent dans les conditions et selon les modalités fixées à l'article 71.

Art. 88 à 91 *Abrogés par Décr. nº 2000-739 du 1er août 2000, art. 4-XLII.*

Art. 92 à 154 *Abrogés par Décr. nº 76-1329 du 31 déc. 1976.*

SECTION II CIRCULATION

Art. 155 *Devenu sans objet (L. nº 85-1403 du 30 déc. 1985, art. 64-III).*

II *DISPOSITIONS SPÉCIALES AUX ALCOOLS*

ÉPALEMENT DES RÉSERVOIRS

Art. 156 La contenance des réservoirs d'une capacité supérieure à 10 hectolitres destinés au transport de l'alcool est déterminée tranche par tranche, de telle sorte que le volume se trouve directement indiqué par la hauteur même à laquelle s'élève le liquide.

Cette contenance est gravée ou peinte sur les réservoirs par les soins et aux frais des possesseurs de ces récipients.

Toute modification de la contenance des réservoirs doit être précédée d'une déclaration et entraîne un nouvel épalement.

Art. 157 et 158 *Abrogés par L. nº 70-576 du 3 juill. 1970, art. 6.*

SECTION III

Art. 159 à 164 *Abrogés par Décr. nº 2000-739 du 1er août 2000, art. 4-XLII.*

SECTION IV RÉGIMES PARTICULIERS

I *ALCOOLS DÉNATURÉS*

1º DÉNATURATION DES ALCOOLS PAR LE PROCÉDÉ GÉNÉRAL

Art. 165 Toute personne qui se propose de dénaturer des alcools par le procédé *général mentionné au a du I* de l'article 302 D *bis* du code général des impôts doit adresser une demande au directeur interrégional des douanes et droits indirects.

La demande doit indiquer si l'intéressé veut dénaturer l'alcool en vue de la vente ou pour les besoins de son industrie et, dans ce dernier cas, préciser la nature des produits qui seront fabriqués avec cet alcool et s'il sera procédé à la récupération et à la régénération des alcools non transformés.

Un plan avec légende de toutes les parties de l'établissement industriel doit être joint à la demande. Ce plan, fourni en double exemplaire, présente l'emplacement des cuves et autres récipients établis à demeure et, le cas échéant, l'emplacement de tous les appareils de distillation ou de rectification avec l'indication des numéros d'ordre des appareils et récipients.

Les modifications ultérieures sont déclarées à l'avance et elles donnent lieu à la production d'un plan rectificatif.

Art. 166 *Abrogé par Décr. nº 2000-739 du 1er août 2000, art. 4-XLII.*

Art. 167 Dans les distilleries, les locaux où s'opèrent les dénaturations ainsi que les magasins où sont placés les alcools dénaturés et les produits fabriqués avec ces alcools doivent être complètement séparés des locaux contenant les appareils de distillation ou de rectification et de ceux où se trouvent des alcools non dénaturés.

Dans les établissements autres que les distilleries, les ateliers où sont effectuées les dénaturations ainsi que les magasins où sont placés les alcools dénaturés et les produits fabriqués avec ces alcools ne peuvent avoir de communication que par la voie publique avec les locaux contenant des alambics ou avec ceux où se trouvent des alcools non dénaturés destinés à la vente.

Toutefois, le directeur interrégional des douanes et droits indirects peut admettre des communications autrement que par la voie publique entre, d'une part, les locaux affectés à la dénaturation et au logement des alcools et, d'autre part, les locaux où se trouvent des alcools non dénaturés destinés à la vente, à la condition que les locaux visés soient complètement séparés.

En outre, si la nature des fabrications exige l'emploi d'appareils de distillation ou de rectification, le directeur interrégional des douanes et droits indirects peut autoriser, aux conditions qu'il détermine, l'installation de ces appareils dans les locaux affectés à la dénaturation ou à l'emmagasinement des alcools dénaturés.

Art. 168 Les cuves dans lesquelles s'opère le mélange de l'alcool avec les substances dénaturantes doivent être isolées, bien éclairées, et reposer sur des supports à jour ayant une hauteur d'un mètre au moins au-dessus du sol. Il doit exister tout autour des cuves un espace libre d'au moins 60 centimètres.

Chacun de ces récipients est muni de deux indicateurs à niveau, avec tube en verre et curseur, gradués par hectolitre et par décalitre, et fixés sur les points désignés par le service. Les tubes à niveau peuvent être remplacés par des jauges métalliques graduées de la même façon.

Le couvercle des cuves doit être mobile dans toutes ses parties et disposé de manière à pouvoir être entièrement enlevé lors des opérations.

Les industriels doivent, pour l'agencement de leurs ateliers et magasins, ainsi que du local et des bacs affectés au dépôt des dénaturants, se conformer aux conditions particulières que le service des douanes et droits indirects jugerait utiles et, spécialement, prendre à leurs frais les dispositions nécessaires pour que le service puisse apposer des cadenas, dont il conserve les clés, ou des plombs aux endroits qu'il indique.

Les agents du service peuvent fixer un scellé sur l'entrée des cadenas.

Les appareils et récipients reçoivent un numéro d'ordre qui est gravé ou peint sur chacun d'eux, avec l'indication de sa contenance, en caractères d'au moins 5 centimètres de hauteur, par les soins et aux frais des industriels.

Art. 169 Les distillateurs restent soumis, dans leurs ateliers de dénaturation, aux prescriptions des règlements sur les distilleries compatibles avec celles de la réglementation applicable aux alcools dénaturés.

Sous réserve des dispositions particulières contenues dans les articles 167 et 168, les autres industriels qui se livrent à la dénaturation de l'alcool par le procédé général sont, au point de vue de l'épalement des vaisseaux, du logement, du pesage et du mesurage des produits, de l'agencement des bacs, récipients et tuyaux adducteurs d'alcool, assujettis aux obligations des distillateurs de profession.

Art. 170 *(Décr. nº 2016-935 du 7 juill. 2016, art. 7-5º)* Le directeur interrégional des douanes et droits indirects détermine, après avis du service commun des laboratoires, les conditions que doivent remplir les alcools présentés à la dénaturation.

Ancien art. 170 *Des décisions du ministre de l'économie et des finances prises sur l'avis du service des laboratoires de la direction générale des douanes et droits indirects déterminent les conditions que doivent remplir les alcools présentés à la dénaturation.*

Art. 171 et 172 *Abrogés par Décr. n° 2000-739 du 1er août 2000, art. 4-XLII.*

Art. 173 Lors des opérations de dénaturation, le service des douanes et droits indirects peut prélever gratuitement, aux fins d'analyse, dans les ateliers ou magasins des dénaturateurs, des échantillons des alcools en nature, des substances dénaturantes, des produits de la dénaturation et des produits à base d'alcool dénaturé, achevés ou en cours de fabrication.

Art. 174 *Abrogé par Décr. n° 2000-739 du 1er août 2000, art. 4-XLII.*

Art. 175 Les quantités d'alcool dénaturé mises en œuvre qui n'auraient pas disparu ou qui ne seraient pas transformées au cours des manipulations peuvent être régénérées et utilisées à nouveau après avoir subi, s'il y a lieu, un complément de dénaturation.

Art. 176 *Abrogé par Décr. n° 2000-739 du 1er août 2000, art. 4-XLII.*

Art. 177 *Transféré ss. art. R* 26-1 LPF.*

Art. 178 *Abrogé par Décr. n° 2000-739 du 1er août 2000, art. 4-XLII.*

Art. 179 Les alcools dénaturés par le procédé général, ainsi que les produits fabriqués avec ces alcools, circulent librement.

Art. 180 Les vaisseaux servant au transport des alcools dénaturés par le procédé général doivent porter, gravés ou peints en caractères d'au moins trois centimètres de hauteur, les mots « alcool dénaturé ». Ces mots sont également inscrits sur les étiquettes des bouteilles. Les caractéristiques des emballages utilisés pour la détention et la commercialisation des alcools dénaturés renfermant de l'alcool méthylique et des étiquettes à apposer sur ces emballages sont fixées par un arrêté pris en application de l'article L. 231-6 du code du travail. *– V. Arr. du 25 juin 1975 (JO 18 août).*

Les alcools dénaturés ne peuvent être soumis, en aucun lieu, à aucun coupage, à aucune décantation ou rectification, ni à aucune autre opération ayant pour but de désinfecter ou de revivifier l'alcool.

Ils ne peuvent être ni abaissés de titre, ni additionnés de substances non prévues par les décisions du directeur interrégional des douanes et droits indirects territorialement compétent, après avis du service commun des laboratoires.

Art. 181 Les personnes désirant se livrer au commerce, soit en gros, soit en détail, des alcools dénaturés par le procédé général doivent en faire la déclaration au service des douanes et droits indirects territorialement compétent ; cette déclaration mentionne les locaux où doit s'exercer le commerce.

Il leur est interdit de détenir des alcools dénaturés en dehors des locaux déclarés.

Art. 182 Est interdite toute communication intérieure entre, d'une part, les locaux affectés au commerce de gros ou de détail des alcools dénaturés par le procédé général et, d'autre part, les bâtiments renfermant des appareils de distillation ou de rectification, ou ceux qui sont affectés à la fabrication ou au commerce en gros des boissons.

Art. 183 *Transféré ss. art. R* 26-2 LPF.*

Art. 184 Les industriels qui désirent employer de l'alcool dénaturé par le procédé général, reçu de l'extérieur, doivent en informer préalablement le service des douanes *et droits indirects territorialement* compétent.

Cette information préalable mentionne l'usage auquel doit être affecté l'alcool dénaturé et s'il doit ou non être procédé à des opérations de récupération et de régénération.

S'ils procèdent à des opérations de récupération ou de régénération, les industriels doivent présenter une caution.

2° DÉNATURATION DES ALCOOLS PAR UN PROCÉDÉ SPÉCIAL

Art. 185 Les dispositions des articles 165 à 170 et 173 à 175 sont applicables aux industriels qui se proposent de dénaturer des alcools par un procédé différent du procédé général, ou de fabriquer des produits à base d'alcool ainsi dénaturé.

Art. 186 Lesdits industriels mentionnent dans la demande d'autorisation prévue à l'article 165 les indications supplémentaires suivantes :

1° Le procédé de dénaturation proposé ;

2° La quantité approximative d'alcool nécessaire pour les fabrications d'une année.

Le directeur interrégional des douanes et droits indirects statue après avis du service commun des laboratoires.

Art. 187 *Abrogé par Décr. n° 2000-739 du 1er août 2000, art. 4-XLII.*

Art. 188 Sauf dérogation accordée par le directeur interrégional des douanes et droits indirects aux conditions qu'il détermine, les alcools dénaturés par un procédé spécial doivent être utilisés au lieu même de leur dénaturation à la fabrication de produits achevés, industriels et marchands.

Art. 189 Les produits à base d'alcool dénaturé par un procédé spécial circulent librement s'ils ne renferment pas d'alcool non transformé ou s'ils ont le caractère de produits achevés, visés à l'article 188.

Si, ne présentant pas ce caractère, ces produits contiennent encore de l'alcool à l'état libre, le service des douanes et droits indirects peut, sur l'avis du service des laboratoires de la direction générale des douanes et droits indirects, les dispenser des formalités à la circulation.

3° EMPLOI DE L'ALCOOL SANS DÉNATURATION PRÉALABLE

Art. 190 Lorsque pour des raisons d'ordre économique ou technique l'emploi d'alcool dénaturé par le procédé général ou par un procédé spécial s'avère impossible, le directeur interrégional des douanes et droits indirects peut autoriser, aux conditions qu'il détermine, les personnes qui en font la demande à utiliser pour leurs fabrications, en franchise de droits, de l'alcool non dénaturé.

Art. 191 Les produits fabriqués avec l'alcool employé sans dénaturation préalable ne doivent contenir aucune trace d'alcool non transformé.

4° DISPOSITIONS DIVERSES

Art. 192 En cas de cessation de leur industrie ou de retrait de l'autorisation administrative, les dénaturateurs, ainsi que les industriels autorisés à employer en franchise des droits de l'alcool sans dénaturation préalable, doivent expédier leur stock d'alcool nature à l'industriel désigné par le directeur interrégional des douanes et droits indirects.

Art. 193 *Abrogé par Décr. n° 2000-739 du 1er août 2000, art. 4-XLII.*

II

Art. 194 à 203 *Abrogés, en raison de l'abrogation de l'art. 517 CGI.*

CHAPITRE II GARANTIE DES MATIÈRES D'OR OU CONTENANT DE L'OR, D'ARGENT ET DE PLATINE

SECTION PREMIÈRE EXPORTATION OU LIVRAISON À DESTINATION D'UN AUTRE ÉTAT MEMBRE DE L'UNION EUROPÉENNE

I *OUVRAGES D'OR OU CONTENANT DE L'OR, D'ARGENT ET DE PLATINE AUX TITRES LÉGAUX*

Art. 204 Tout fabricant qui veut exporter ou livrer à destination d'un autre État membre de l'Union européenne des ouvrages d'or, des ouvrages d'argent ou des ouvrages de platine sans apposition des poinçons français doit en faire la déclaration préalable au bureau de garantie dont il relève. Cette déclaration indique le nombre, l'espèce et le poids des ouvrages et contient un engagement de les exporter ou de les livrer à destination d'un autre État membre de l'Union européenne dans un délai de trois mois à compter de cette déclaration. Le fabricant peut les présenter à l'essai achevés avec ou sans marque de poinçon de maître.

Art. 205 Toutefois, les ouvrages d'orfèvrerie qui ne pourraient être essayés sans détérioration s'ils étaient achevés sont apportés bruts au bureau de garantie, soumis à l'essai et remis ensuite au fabricant pour en terminer la fabrication.

Art. 206 Tous les ouvrages visés aux articles 204 et 205, une fois soumis à l'essai, sont immédiatement remis au fabricant.

Art. 207 *Abrogé à compter de la date d'entrée en vigueur de l'art. 4 du Décr. n° 95-1137 du 23 oct. 1995 (JO 28 oct.).*

Art. 208 Le compte des fabricants est chargé des ouvrages déclarés en application de l'article 204 ainsi que des ouvrages non marqués qui ont fait l'objet de la déclaration visée à cet article réimportés ou réintroduits en provenance d'un autre État membre de l'Union européenne. La décharge s'opère, dans le délai de trois mois, soit par la justification de l'exportation dans les formes prescrites ou de la livraison à destination d'un autre État membre de l'Union européenne par tout document probant, soit par la prise en charge au compte d'un commerçant ou d'un marchand en gros dans les conditions prévues à l'article 210, soit par la remise en fabrication d'ouvrages refondus après accord exprès du directeur interrégional des douanes et droits indirects territorialement compétent ou, en Guadeloupe, en Guyane, à La Réunion et à Mayotte, au *[du]* directeur régional des douanes et droits indirects.

Art. 209 Les manquants reconnus au compte des fabricants lors des recensements et inventaires sont soumis au paiement intégral du droit spécifique prévu à l'article 527 du code général des impôts.

Art. 210 Les ouvrages déclarés pour l'exportation ou pour la livraison à destination d'un autre État membre de l'Union européenne et pris en compte chez les fabricants peuvent être achetés par des négociants, lesquels sont tenus, avant d'en prendre livraison, de faire une déclaration descriptive desdits objets au bureau de garantie et de se soumettre à la prise en charge aux mêmes conditions que les fabricants.

Art. 211 *Abrogé.*

II BIJOUX À TOUS TITRES NON LÉGAUX

Art. 212 *Abrogé par L. n° 83-558 du 1er juill. 1983.*

Art. 213 L'empreinte du poinçon de maître des fabricants d'ouvrages d'or, d'argent et de platine visés à l'article 545 du code général des impôts doit avoir la forme d'un pentagone irrégulier dont tous les côtés sont égaux et représentant un carré surmonté d'un triangle.

Les proportions de ce poinçon sont fixées par le fabricant, selon le genre et la dimension de l'objet fabriqué.

La lettre initiale du nom du fabricant et le symbole prévus à l'article 524 du code général des impôts doivent être empreints dans la partie supérieure du poinçon, et l'indication du titre de l'alliage doit être gravée en chiffres dans la partie inférieure.

Ladite indication peut être exprimée, soit en millièmes, soit en carats. Le nombre indiquant les carats doit être suivi de la lettre C, et celui désignant les millièmes de la lettre M.

Toute autre indication du titre de l'or, de l'argent ou du platine est interdite. Le poinçon doit être remplacé lorsque ses empreintes ne sont plus suffisamment nettes.

Art. 214 Avant de commencer la fabrication des objets d'or, d'argent et de platine à tous titres non légaux, l'industriel est tenu de faire insculper au bureau de la garantie dont il dépend le poinçon de maître destiné à la marque de ces objets.

Art. 215 Les ouvrages d'or, d'argent et de platine à tous titres non légaux doivent être revêtus du poinçon visé à l'article 213 dès la fin de la fabrication et avant tout polissage ou vernissage.

Les ouvrages qui ne sont pas marqués de ce poinçon en application des dispositions de l'article 545 du code général des impôts doivent être expédiés vers les autres États membres de la Communauté européenne ou exportés vers les pays tiers dans un délai n'excédant pas trente jours. A défaut, ils sont revêtus du poinçon de maître.

Au fur et à mesure de leur poinçonnement, les ouvrages sont inscrits par le fabricant sur un registre qui peut être tenu selon une procédure informatisée ou non et qui doit être représenté à toute réquisition des agents des douanes et droits indirects.

L'inscription au registre présente la nature des objets par espèce de métal (or, argent ou platine), leur nombre, leur titre, leur poids brut, et, pour les objets composés de pièces rapportées de métaux différents, le poids de chaque espèce de métal.

Le fabricant est tenu d'inscrire également, après le polissage, le poids net des ouvrages pour servir de base à la prise en charge.

Art. 216 Les objets d'or, d'argent et de platine à tous titres non légaux ne peuvent être confondus dans les magasins avec les bijoux d'or, d'argent et de platine destinés au commerce intérieur.

Des emplacements distincts leur sont réservés soit chez les fabricants, soit chez les commissionnaires ou marchands exportateurs.

Ces emplacements doivent porter les inscriptions suivantes en caractères fixes et apparents :

Exportation : objets d'or, d'argent ou de platine à tous titres non légaux.

Art. 217 Sauf pour les échantillons, dont la sortie temporaire des fabriques peut être nécessaire, la libre circulation des objets d'or, d'argent et de platine à tous titres non légaux est interdite.

Les envois de fabricant à fabricant ou de fabricant à marchand exportateur, et vice versa, ou encore ceux à destination de l'étranger, sont faits après dépôt d'une déclaration préalable par le fabricant au bureau de garantie dont il relève. Cette déclaration indique le nombre, l'espèce et le poids des ouvrages et contient un engagement de les livrer à leurs destinataires respectifs, de les exporter ou de les livrer à destination d'un autre État membre de la Communauté européenne dans un délai de trois mois à compter de cette déclaration.

Les objets réimportés sont, après reconnaissance, réintégrés chez le fabricant ou l'exportateur et repris en charge à son compte.

Art. 218 *et* 219 *Abrogés par Décr. n° 2006-514 du 4 mai 2006.*

Art. 220 La réglementation des bijoux à tous titres non légaux est applicable aux médailles, jetons ou pièces de plaisir en or, argent ou platine, fabriqués à tous titres non légaux, en vue de l'exportation ou de la livraison à destination d'un autre État membre de l'Union européenne, par les industriels autorisés à frapper ou à faire frapper dans les ateliers privés, conformément aux prescriptions de l'article 9 du code des instruments monétaires et des médailles.

Art. 221 à 229 *Disjoints (L. n° 70-575 du 3 juill. 1970, art. 2, portant réforme du régime des poudres et substances explosives).*

Art. 230 à 325 *Transférés, abrogés ou disjoints.*

ANNEXE II : DISPOSITIONS REVÊTANT LA FORME DE DÉCRET EN CONSEIL D'ÉTAT

Codification des textes d'application

LIVRE PREMIER ASSIETTE ET LIQUIDATION DE L'IMPÔT

PREMIÈRE PARTIE IMPÔTS D'ÉTAT

TITRE PREMIER IMPÔTS DIRECTS ET TAXES ASSIMILÉES

CHAPITRE PREMIER IMPÔT SUR LE REVENU

SECTION PREMIÈRE DÉTERMINATION DES BÉNÉFICES OU REVENUS NETS DES DIVERSES CATÉGORIES DE REVENUS

I *REVENUS FONCIERS*

Art. 1er Pour l'application du *f* du 1° du I de l'article 31 du code général des impôts, la déduction au titre de l'amortissement est calculée :

1° Pour les logements acquis neufs, en l'état futur d'achèvement ou après réhabilitation, sur le prix d'acquisition majoré des frais afférents à l'acquisition ;

2° Pour les logements que le contribuable fait construire, sur le prix payé pour la construction du logement, augmenté du prix d'acquisition du terrain ou, en cas d'acquisition à titre gratuit, de la valeur pour laquelle le terrain est entré dans le patrimoine du contribuable, ainsi que des frais afférents à la construction et à l'acquisition du terrain ;

3° Pour les locaux acquis par le contribuable en vue de leur transformation en logement, sur le prix payé pour l'acquisition du local et la réalisation des travaux de transformation, majoré des frais afférents à ces opérations ; les travaux de transformation s'entendent des travaux de reconstruction, d'agrandissement, de réparation et d'amélioration ;

4° Pour les logements qui font l'objet des dépenses de reconstruction, d'agrandissement et d'amélioration mentionnées aux 1 et 2 du *f* du 1° du I de l'article 31 du code général des impôts, sur le montant de ces dépenses majoré des frais qui leur sont afférents.

Art. 1er A Pour la première année, la déduction calculée sur les bases d'amortissement mentionnées à l'article 1 est admise dans la proportion existant entre, d'une part, le nombre de mois décompté à partir de celui mentionné aux premier, deuxième et septième alinéas du *f* du 1° du I de l'article 31 du code général des impôts jusqu'à la fin de l'année, et, d'autre part, le nombre 12.

Lorsque la déduction au titre de l'amortissement prend fin en cours d'année, elle est admise dans la proportion existant entre, d'une part, le nombre de mois compris entre le 1er janvier et le premier jour du mois au cours duquel expire l'annuité d'amortissement et, d'autre part, le nombre 12.

Lorsque le taux d'amortissement est réduit de 10 % à 2 % en cours d'année, chaque période est décomptée selon les modalités définies aux premier et deuxième alinéas.

Art. 1er B L'option prévue au *f* du 1° du I de l'article 31 du code général des impôts doit être formulée dans une note établie conformément à un modèle fixé par l'administration qui comporte l'adresse et la date d'acquisition ou d'achèvement de l'immeuble concerné, la date de sa première location, le cas échéant, ainsi que les modalités de décompte de la déduction au titre de l'amortissement.

Ce document doit être accompagné des justificatifs suivants :

1° Pour les immeubles que le contribuable fait construire, une copie de la déclaration d'ouverture de chantier mentionnée à l'article *(Décr. n° 2018-500 du 20 juin 2018,* *art. 3)* « R.* 424-16 » du code de l'urbanisme et de la déclaration d'achèvement des travaux accompagnées des pièces attestant de leur réception en mairie ;

2° Pour les locaux que le contribuable transforme en logement, une copie de la déclaration d'achèvement des travaux, accompagnée d'une pièce attestant de sa réception en mairie et d'une note précisant la nature de l'affectation précédente des locaux.

Pour les immeubles transmis à titre gratuit, l'option des héritiers, légataires ou donataires doit comporter la date d'acquisition de l'immeuble par le précédent propriétaire ainsi que l'identité et l'adresse de ce dernier.

Chaque année, le contribuable joint à la déclaration de ses revenus un état établi conformément à un modèle fixé par l'administration et faisant apparaître pour chaque logement le détail du calcul du montant de la déduction pratiquée au titre de l'amortissement.

Art. 1er C Lorsque l'immeuble appartient à une société, les obligations fixées à l'article 1 B incombent à cette société.

L'option est jointe par la société à sa déclaration du résultat de l'année d'achèvement du logement ou de son acquisition si elle est postérieure. Cette option comporte l'engagement de la société de louer les logements nus pendant une durée de neuf ans.

La société doit, chaque année, au plus tard le deuxième jour ouvré suivant le 1er mai, faire parvenir à ses associés une attestation en double exemplaire établie conformément à un modèle fixé par l'administration et comportant, pour l'année précédente, les renseignements suivants :

1° L'identité et l'adresse de l'associé ;

2° Le nombre et les numéros des parts détenues au 1er janvier et au 31 décembre et, le cas échéant, des parts souscrites, acquises et transmises au cours de l'année ainsi que la date de ces opérations ;

3° Le montant de l'amortissement correspondant aux droits de l'associé ;

4° Le montant du revenu net foncier correspondant aux droits de l'associé déterminé dans les conditions de droit commun et le montant de ce revenu déterminé compte tenu de la déduction au titre de l'amortissement ;

5° En cas de non-respect par la société ou un associé de leurs engagements, la quote-part des déductions que l'associé doit ajouter au revenu foncier de l'année au cours de laquelle la rupture est intervenue.

Un exemplaire de cette attestation est joint par la société à sa déclaration de résultat.

La société joint chaque année à sa déclaration de résultat l'état mentionné au sixième alinéa de l'article 1 B. Elle y indique, en outre, l'identité et l'adresse des associés ainsi que la part des revenus des immeubles de la société correspondant aux droits de chaque associé.

Art. 1er D I. – L'engagement de conservation des titres prévu au huitième alinéa du *f* du 1° du I de l'article 31 du code général des impôts est constaté lors du dépôt de la déclaration des revenus de l'année au titre de laquelle les parts ont été souscrites ou acquises ou, si elle est postérieure, l'année de l'acquisition ou de l'achèvement de l'immeuble.

II. – Les parts détenues par les associés qui entendent bénéficier de la déduction au titre de l'amortissement sont déposées dans un compte ouvert au nom de l'associé par la société dans les trente jours suivant la date limite de dépôt de la déclaration de revenus mentionnée au I. Les documents relatifs aux opérations ayant affecté ce compte sont conservés jusqu'à la fin de la troisième année suivant celle de l'expiration de l'engagement mentionné au I.

III. – Les associés joignent à chacune de leurs déclarations des revenus un exemplaire de l'attestation mentionnée à l'article 1 C.

I *BIS* ***BÉNÉFICES INDUSTRIELS ET COMMERCIAUX***

1 IMPOSITION DE CERTAINS PROFITS IMMOBILIERS

Art. 2 *Abrogé.*

Art. 3 L'accomplissement, selon le cas, de la formalité fusionnée, prévue à l'article 647 du code général des impôts, ou de la formalité de l'enregistrement est subor-

donné, pour tout acte constatant la cession de biens désignés à l'article 35 dudit code, à la condition que le cédant mentionne au pied de l'acte :

Le lieu de son domicile réel ou, s'il s'agit d'une société, celui de son siège social ;

Le cas échéant, le lieu de l'établissement qu'il possède en France ;

L'adresse du service des impôts dont il dépend éventuellement pour la déclaration de ses revenus ou bénéfices.

Les contribuables passibles du prélèvement prévu à l'article 244 *bis* du même code doivent souscrire une déclaration spéciale rédigée sur une formule délivrée par l'administration.

Cette déclaration est appuyée, le cas échéant, de toutes les justifications utiles.

Lorsque la cession dont résulte la plus-value fait l'objet d'un acte ou d'une déclaration soumis à la formalité de l'enregistrement, la déclaration spéciale doit être déposée au moment de la présentation à cette formalité de l'acte, ou de la déclaration qui en tient lieu, au service des impôts où la présentation est faite.

2

Art. 4 à 14 *Périmés.*

3 AMORTISSEMENT DES BIENS D'INVESTISSEMENT OUVRANT DROIT À DÉDUCTION DE LA TAXE SUR LA VALEUR AJOUTÉE

Art. 15 **En ce qui concerne les biens d'investissement ouvrant droit à déduction de la taxe sur la valeur ajoutée, en application des dispositions de l'article 271 du code général des impôts, les amortissements sont, pour l'assiette de l'impôt, calculés sur la base du prix d'achat ou de revient déterminé conformément aux dispositions du II de l'article 209.**

Art. 15 *bis* **I. — Pour la détermination du bénéfice imposable résultant de l'application aux immobilisations de la méthode par composants, sont regardés comme des composants les éléments principaux d'une immobilisation corporelle :**

1° Ayant une durée réelle d'utilisation différente de celle de cette immobilisation ;

2° Et devant être remplacés au cours de la durée réelle d'utilisation de cette immobilisation.

II. — L'application de la méthode par composant implique :

1° La comptabilisation séparée à l'actif du bilan, dès l'origine et lors de leur remplacement, de chacun des composants satisfaisant aux conditions prévues au I.

Les coûts de remplacement d'un composant sont comptabilisés comme l'acquisition d'un actif séparé et la valeur nette comptable du composant remplacé est comptabilisée en charges.

Les éléments principaux d'une immobilisation corporelle, qui n'ont pas été identifiés dès l'origine comme des composants, sont comptabilisés séparément à l'actif du bilan dès qu'il est ultérieurement constaté qu'ils satisfont aux conditions prévues au I ;

2° L'application d'un plan d'amortissement distinct pour chacun des composants ainsi comptabilisés.

Lorsqu'un composant est identifié dans les conditions mentionnées au troisième alinéa du 1°, un nouveau plan d'amortissement propre à ce composant est appliqué à compter de sa comptabilisation séparée à l'actif.

Le système d'amortissement dégressif **mentionné à l'article 39 A du code général des impôts est applicable à un composant lorsque l'immobilisation corporelle à laquelle il se rattache est elle-même éligible à ce système ou, dans le cas contraire, lorsqu'il est par lui-même éligible à ce système.**

Méthode par composants. * BOI-BIC-CHG- 20-10-10 nos 80 à 160 du 12 nov. 2012.

4 AMORTISSEMENT DES IMMOBILISATIONS DESTINÉES À LA RECHERCHE SCIENTIFIQUE OU TECHNIQUE

Art. 16 *(Devenu sans objet, Décr. n° 2019-559 du 6 juin 2019, art. 2)* ***Sont considérées comme opérations de recherches scientifiques ou techniques, en vue de l'application des dispositions du 1 de l'article 39 quinquies A du code général des impôts, les activités ayant le***

caractère de recherches fondamentales, de recherches appliquées ou d'opérations de développement, effectuées soit en bureaux d'études ou de calcul, soit en laboratoires, soit en ateliers pilotes, soit en stations expérimentales, ou encore opérées dans des circonstances spéciales dans le cadre d'installations agricoles ou industrielles et ayant pour objet :

La découverte et la mise au point de nouvelles techniques de production, de nouveaux procédés et appareils de fabrication, ainsi que le perfectionnement de tous appareils et procédés de fabrication déjà utilisés ;

La découverte et la mise au point de nouveaux procédés et appareils de contrôle des fabrications, ainsi que le perfectionnement des procédés et appareils de contrôle déjà utilisés ;

La découverte de nouveaux produits pour des applications nouvelles ou déjà connues, ainsi que la découverte de nouvelles applications de produits déjà connus ;

L'obtention de nouvelles variétés végétales ou de races animales ;

La découverte et l'utilisation de matières premières nouvelles ;

L'amélioration des facteurs de production et de rentabilité économiques, notamment l'automatisation et la recherche opérationnelle ainsi que l'amélioration des méthodes et techniques de production, de conservation et de transformation des produits, aux divers points de vue de la qualité des rendements et de la productivité ;

L'amélioration des appareils et des techniques dans les domaines médical et vétérinaire ;

L'amélioration des conditions humaines de travail et de vie.

Art. 16 *bis* *Abrogé.*

4 *BIS* PROVISIONS POUR RISQUES AFFÉRENTS À CERTAINES OPÉRATIONS D'ASSURANCE ET DE RÉASSURANCE

Art. 16 A La dotation annuelle de la provision prévue à l'article 39 *quinquies* G du code général des impôts est limitée à 75 % du bénéfice technique de la catégorie des risques concernés.

Le montant global de cette provision ne peut excéder, par rapport au montant des primes ou cotisations, nettes d'annulation et de réassurance, émises au cours de l'exercice :

200 % pour l'assurance grêle ;

300 % pour les risques dus à la garantie légale des catastrophes naturelles ;

300 % pour les autres risques dus à des éléments naturels ;

300 % pour les risques spatiaux et pour les risques liés au transport aérien ;

500 % pour le risque atomique et pour les risques liés aux attentats et au terrorisme ;

500 % pour les risques de responsabilité civile dus à la pollution.

Art. 16 B Le bénéfice technique net de cession à retenir pour le calcul de la dotation annuelle est déterminé avant d'appliquer la réintégration prévue au troisième alinéa de l'article 39 *quinquies* G du code général des impôts. Il s'entend de la différence entre, d'une part, les primes de l'exercice nettes d'annulation et diminuées de la dotation aux provisions de primes et, d'autre part, le montant des charges de sinistres nettes de recours augmenté des frais directement imputables à la branche considérée ainsi que d'une quote-part des autres charges ventilées selon les modalités fixées au plan comptable de l'assurance.

Art. 16 C Les entreprises qui constituent des provisions en vertu de l'article 39 *quinquies* G du code général des impôts doivent compléter le tableau prévu au II de l'article 38 de l'annexe III au code précité par la production :

1° Pour chacune des catégories ou sous-catégories de risques faisant l'objet de la provision d'un compte d'exploitation établi dans les formes fixées par arrêté du ministre chargé de l'économie et sous déduction des produits financiers nets. Les entreprises de réassurance sont tenues de fournir des renseignements analogues à ceux qui doivent figurer dans cet état ;

2° D'*un état faisant ressortir* séparément le montant des dotations de chaque exercice et comportant l'indication du montant des sommes utilisées dans les conditions prévues au troisième alinéa de l'article 39 *quinquies* G précité ainsi que du montant de la dotation antérieure qui a été rapportée au bénéfice imposable.

Art. 16 D En ce qui concerne les entreprises d'assurance, les règles de représentation habituelle des provisions techniques prévues aux articles 153 et suivants du décret du

30 décembre 1938 modifié *[cf. notamment, Décr. n° 72-1110 du 6 déc. 1972, JO 14 déc.]* **s'appliquent aux provisions constituées en vertu de l'article 39 *quinquies* G du code général des impôts.**

Art. 16 E Pour la détermination du bénéfice technique défini au IV de l'article 39 *quinquies* GA du code général des impôts :

***a)* Le montant des primes acquises au cours de l'exercice, diminuées des dotations aux provisions légalement constituées, correspond aux primes de l'exercice nettes d'annulation et diminuées de la dotation aux provisions de primes autres que la provision pour égalisation ;**

***b)* La ventilation des charges autres que les frais directement imputables à la branche assurance-crédit est effectuée selon les modalités fixées par le plan comptable de l'assurance.**

Art. 16 F Les dispositions des articles 16 C et 16 D s'appliquent aux provisions constituées par les entreprises d'assurances et de réassurances en vertu de l'article 39 *quinquies* GA du code général des impôts.

Art. 16 G Les entreprises qui constituent des provisions en application de l'article 39 *quinquies* GB du code général des impôts doivent compléter le tableau prévu au II de l'article 38 de l'annexe III par la production :

1° Pour chaque contrat ou, si leurs résultats sont mutualisés, pour chaque ensemble de contrats de même nature faisant l'objet de la provision, d'un compte d'exploitation récapitulatif établi dans les formes fixées par arrêté du ministre chargé de l'économie et excluant les produits financiers, autres que les intérêts techniques mentionnés au III de l'article 39 *quinquies* GB ;

2° D'un état récapitulatif indiquant séparément le montant des dotations de chaque exercice, le montant des sommes utilisées dans les conditions prévues au IV de l'article 39 *quinquies* GB, le reliquat de la dotation antérieure rapportée au bénéfice imposable et l'effectif assuré à la clôture de chaque exercice au titre duquel la provision a été constituée.

Lorsque l'effectif concerné est compris entre deux des nombres mentionnés au II de l'article 39 *quinquies* GB, le taux visé au même II est celui applicable à l'effectif immédiatement supérieur, majoré du produit de l'écart entre ce dernier et celui applicable à l'effectif immédiatement inférieur par le rapport entre, d'une part, la différence entre l'effectif supérieur et l'effectif concerné et, d'autre part, la population de l'intervalle dans lequel se situe ce dernier effectif.

Pour la détermination du bénéfice technique, la quote-part des autres charges mentionnée au III de l'article 39 *quinquies* GB est celle mise à la charge du souscripteur par le contrat.

5

Art. 17 Pour l'application des dispositions de l'article 39 *bis* A du code général des impôts, sont regardés comme consacrés pour une large part à l'information politique et générale les publications et services de presse en ligne réunissant les caractéristiques suivantes :

1° Apporter de façon permanente et continue sur l'actualité politique et générale, locale, nationale ou internationale des informations et des commentaires tendant à éclairer le jugement des citoyens ;

2° Consacrer au moins le tiers de leur surface rédactionnelle à cet objet. – *V. Ann. III, art. 10 G-0 bis.*

Art. 18 à 21 *Périmés.*

6 AMORTISSEMENT DÉGRESSIF DES BIENS D'ÉQUIPEMENT

Art. 22 Les entreprises passibles de l'impôt sur les sociétés ou de l'impôt sur le revenu au titre des bénéfices industriels et commerciaux peuvent amortir suivant un système dégressif – dans les conditions fixées aux articles 23 à 25 – les immobilisations acquises ou fabriquées par elles à compter du 1er janvier 1960 et énumérées ci-après :

Matériels et outillages utilisés pour des opérations industrielles de fabrication, de transformation ou de transport ;

Matériels de manutention ;

Installations destinées à l'épuration des eaux et à l'assainissement de l'atmosphère ;

Installations productrices de vapeur, chaleur ou énergie ;

Installations de sécurité et installations à caractère médico-social ;

Machines de bureau, à l'exclusion des machines à écrire ;

Matériels et outillages utilisés à des opérations de recherche scientifique ou technique ;

Installations de magasinage et de stockage sans que puissent y être compris les locaux servant à l'exercice de la profession ;

Immeubles et matériels des entreprises hôtelières.

Sont exclus du bénéfice de l'amortissement dégressif les biens qui étaient déjà usagés au moment de leur acquisition par l'entreprise ainsi que ceux dont la durée normale d'utilisation est inférieure à trois ans.

1. Principes. Toute entreprise dont les résultats entrent dans la catégorie des BIC est autorisée à amortir suivant un mode dégressif les biens d'équipement acquis par elle qui sont de la nature de ceux qui sont visés par l'art. 22 et qui sont normalement utilisés dans leur activité productive par des entreprises industrielles. • CE 28 déc. 2001, n° 215941 : *Dr. fisc. 2002. 492 ; RJF 2002. 271.*

2. La liste de l'art. 22 n'est pas limitative. • CE 27 juill. 1979, n° 10818 : *Dr. fisc. 1980. 1502, concl. Fabre* • 27 janv. 1989, n° 58273 : *Dr. fisc. 1989. 1220, concl. Fouquet ; RJF 1989. 284.*

3. Matériels de fabrication, de transformation ou de transport. Sont notamment amortissables en dégressif : les équipements informatiques lourds, les matériels de levé terrestre et de photogrammétrie utilisés par les géomètres experts, les matériels de laboratoire relatifs à la microbiologie et à la biologie moléculaire, les compteurs de particules utilisés par les biologistes ou les laboratoires d'analyses médicales. * BOI-BIC-AMT-20-20-20-10 n° 520 du 12 sept. 2012. ♦ Il en est de même : du pistolet de scellement et de la perceuse d'un artisan du bâtiment. • CE 8 nov. 2000, n° 212316 : *Dr. fisc. 2001. 311, concl. Austry ; RJF 2001. 148.* ♦ ... Des machines à tailler les clés et à coller les talons et semelles utilisées par les entreprises de fabrication de clés et de chaussures. • CE 26 févr. 2001, n° 219333 : *Dr. fisc. 2001. 533.* ♦ ... Des matériels audiovisuels acquis et utilisés pour contrôler et rectifier les produits industriels (cassettes vidéo) fabriqués par un sous-traitant. • CE 19 juin 2002, n°s 194476 et 207414 : *RJF 2002. 1071 ; concl. Goulard au BDCF 10/02, n° 18 ; Dr. fisc. 2002. 836, concl. Goulard.* ♦ ... D'un appareil de mesure destiné à faciliter la pose de faux plafonds. • CE 28 déc. 2001, n° 215941 : *préc. note 1.* ♦ *... Des chenillettes utilisées comme dameuses pour niveler les pistes de ski.* • CAA Lyon, 29 mai 2008, n° 05LY1456 : *RJF 2008. 1291.*

4. Ne peuvent faire l'objet d'amortissements dégressifs : les matériels nécessaires à l'exploitation d'un atelier photographique. • CE 16 déc. 1992, n° 82971 : *Dr. fisc. 1993. 896 ; RJF 1993. 198.* ♦ ... Les matériels de prise de vues ou de son, d'audition ou de projection servant à contrôler la qualité des produits élaborés par les fournisseurs. • CAA Paris, 30 déc. 1997, n° 96PA207 : *Dr. fisc. 1998. 735, concl. Martel ; RJF 1998. 386.* ♦ ... Les machines à laver le linge d'une capacité de 6 kg installées dans les laveries automatiques. • CAA Paris, 9 déc. 1997, n° 96PA1231 : *Dr. fisc. 1998. 762.* ♦ ... Des audiomètres destinés principalement à adapter les appareils auditifs à chaque utilisateur et à effectuer des bilans auditifs, et qui sont affectés ainsi principalement à l'exécution des prestations assurées par un prothésiste à sa clientèle. • CE 29 déc. 2000, n° 206323 : *Dr. fisc. 2002. 65.*

5. Une entreprise de réparation automobile peut amortir en dégressif l'analyseur de gaz, matériel identique à ceux utilisés dans l'industrie automobile, mais non le contrôleur de géométrie, matériel propre à la réparation automobile. • TA Paris, 9 déc. 1998, n°s 96-2359 et 96-19.194 : *RJF 1999. 828.*

6. Les camionnettes d'une charge utile inférieure à deux tonnes utilisées par les entreprises commerciales ne peuvent pas être amorties selon le mode dégressif. • CE 13 nov. 1991, n° 82877 : *Dr. fisc. 1992. 1123 ; RJF 1992. 12* • CAA Bordeaux, 6 avr. 1994, n° 93BX425 : *Dr. fisc. 1994. 1505.* ♦ Mais une telle camionnette utilisée par une entreprise industrielle au stade de la production est amortissable en dégressif. • TA Grenoble, 11 sept. 1995, n° 94-314 : *Dr. fisc. 1996. 352 ; RJF 1996. 967.* ♦ Il en est de même d'un véhicule-atelier spécialement aménagé et équipé pour le transport d'éléments de vérandas, des matériaux et de l'outillage nécessaires pour installer ces constructions. • CAA Nancy, 27 juin 1996, n° 94NA999 : *Dr. fisc. 1996. 1442 ; RJF 1996. 1405.*

7. Navires. Peuvent être amortis selon le mode dégressif : les navires utilisés par les entreprises de navigation maritime ; les bateaux pilotes et vedettes du service de pilotage ; les navires acquis par les entreprises d'armement à la pêche ;

les navires utilisés pour l'organisation de croisières et la location, s'ils sont pourvus d'un acte de francisation de navire de commerce (livret bleu). Les navires pourvus d'un acte de francisation de navire de plaisance (livret orange) qui font l'objet d'une exploitation à titre onéreux sont amortissables selon le mode linéaire. * BOI-BIC-AMT-20-40-60-10 n° 10 du 12 sept. 2012.

8. Navires achetés d'occasion. Conditions et modalités d'application de l'amortissement dégressif. Calcul des amortissements déductibles. Point de départ de l'amortissement dégressif. Situation des entreprises d'armement naval. * BOI-BIC-AMT-20-40-60-10 n°s 40 à 90 du 12 sept. 2012.

9. Installations à caractère médico-social. Ce sont les installations affectées par une entreprise aux besoins médicaux de son personnel. • CE 8 janv. 1997, n° 145155 : *Dr. fisc. 1997. 334, concl. Goulard ; RJF 1997. 211.* ♦ Peuvent également bénéficier de l'amortissement dégressif : les installations à caractère médico-social des établissements hospitaliers (équipements technique, radiologique, bloc opératoire...) ; les matériels des médecins électroradiologistes identiques à ceux utilisés par les hôpitaux et les centres médico-sociaux de dépistage ; les machines utilisées par les dentistes ; les endoscopes, électrocardiographes et échographes nécessaires au diagnostic médical ; les équipements des laboratoires d'analyses médicales identiques à ceux utilisés par les hôpitaux. * BOI-BIC-AMT-20-20-20-10 n° 220 du 12 sept. 2012. ♦ Mais des matériels de soins esthétiques affectés à l'exécution des prestations assurées à la clientèle d'un institut de beauté ne constituent pas des installations à caractère médico-social et sont donc exclus de l'amortissement dégressif. • CE 10 déc. 1999, n° 201067 : *Dr. fisc. 2000. 493, concl. Arrighi de Casanova.* ♦ Pour des audiomètres, V. note 4.

10. Machines de bureau. Certains matériels de téléphonie y sont assimilés : standards, autocommutateurs, composeurs de numéros, interphones, répondeurs, télécopieurs, modems et minitels. * BOI-BIC-AMT-20-20-20-10 n°s 240 à 450 du 12 sept. 2012.

11. Installations de magasinage et de stockage. Des rayonnages placés en étalage d'une boutique de brocante sont amortissables selon le mode dégressif alors même qu'ils servent également à la présentation des marchandises. • CAA Paris, 25 oct. 1994, n° 93PA541 : *Dr. fisc. 1995. 495, concl. Gipoulon.* ♦ Il en est de même des étagères d'exposition et de rangement d'un magasin de vêtements et accessoires de loisirs alors même qu'elles servent également à la présentation des marchandises. • CAA Nantes, 27 déc. 2002, n° 99NT1228 : *Dr. fisc. 2003. 487.*

Art. 23 Le montant de l'annuité d'amortissement afférente à chacune des immobilisations énumérées à l'article 22 peut être déterminé :

1° En ce qui concerne l'exercice en cours à la date de l'acquisition ou de la construction de l'immobilisation, en appliquant au prix de revient de ladite immobilisation le taux d'amortissement de cette immobilisation, calculé en application du 1 de l'article 39 A du code général des impôts. L'annuité ainsi calculée est réduite, s'il y a lieu, selon la proportion existant entre, d'une part, la durée de la période allant du premier jour du mois d'acquisition ou de la construction à la date de clôture de l'exercice et, d'autre part, la durée totale dudit exercice ;

2° En ce qui concerne chacun des exercices suivants, et sous réserve des dispositions de l'article 25, en appliquant le même taux à la valeur résiduelle comptable de l'immobilisation considérée.

Lorsque l'annuité dégressive d'amortissement ainsi calculée pour un exercice devient inférieure à l'annuité correspondant au quotient de la valeur résiduelle par le nombre d'années d'utilisation restant à courir à compter de l'ouverture dudit exercice, l'entreprise a la faculté de faire état d'un amortissement égal à cette dernière annuité.

Art. 24 1. Pour l'application des dispositions du deuxième alinéa du 1 de l'article 39 A du code général des impôts, le taux de l'amortissement linéaire afférent à une *immobilisation* donnée s'entend du chiffre, exprimé par rapport à 100, qui est obtenu en divisant 100 par le nombre d'années de la durée normale d'utilisation de ladite immobilisation, compte tenu, le cas échéant, des circonstances particulières pouvant influer sur cette durée.

2. *Abrogé par Décr. n° 2001-422 du 10 mai 2001, art. 2.*

Art. 25 1. Les amortissements calculés dans les conditions fixées à l'article 23, qui auraient été différés au cours d'exercices déficitaires, peuvent être prélevés en franchise d'impôt sur les résultats des premiers exercices suivants qui laissent apparaître un bénéfice suffisant, en plus de l'annuité afférente à ces exercices. Cette dernière annuité est alors calculée en partant du chiffre obtenu en retranchant de la valeur résiduelle comptable le montant des amortissements qui, précédemment différés, sont ainsi admis en déduction.

2. Les amortissements différés au cours d'exercices bénéficiaires peuvent être prélevés en franchise d'impôt dans les conditions prévues au 2° de l'article 23, sur les résultats des exercices suivants, mais seulement dans la mesure où ils excèdent le montant de l'amortissement linéaire afférent aux immobilisations considérées.

L'amortissement linéaire ainsi différé pourra être pratiqué soit au taux linéaire habituel après l'expiration de la durée normale d'utilisation des éléments correspondants si ces éléments sont encore en service, soit en totalité au moment de la mise hors de service desdits éléments.

7 PLUS-VALUES PROVENANT DE CESSIONS D'ÉLÉMENTS DE L'ACTIF IMMOBILISÉ

Art. 26 à 29 *Périmés (Décr. n° 2008-294 du 1er avr. 2008).*

Art. 29 A Les plus ou moins-values dégagées lors de la cession d'un bien ayant bénéficié de l'aide fiscale à l'investissement instituée par l'article 1er de la loi n° 75-408 du 29 mai 1975 sont calculées d'après leur prix de revient diminué de l'aide obtenue.

La fraction de la plus-value correspondant au montant de l'aide fiscale constitue une plus-value à court terme au sens du 2 de l'article 39 *duodecies* du code général des impôts.

Si l'imputation ou le remboursement, effectués dans les conditions prévues à l'article 1er de la loi précitée, interviennent après la cession du bien, l'aide fiscale correspondante est soumise à l'impôt au titre de l'exercice d'imputation ou de remboursement ; elle peut bénéficier de l'étalement applicable aux plus-values à court terme en vertu du 1 de l'article 39 *quaterdecies* du code général des impôts.

8 AMORTISSEMENT DES BIENS DONNÉS EN LOCATION OU MIS À DISPOSITION

Art. 30 Les biens donnés en location sont amortis sur leur durée normale d'utilisation, quelle que soit la durée de la location.

Les dispositions de l'art. 39 C et de l'art. 30 de l'annexe II, pris pour son application, selon lesquelles la durée d'amortissement des matériels donnés en location est fixée en fonction de leur durée normale d'utilisation, quelle que soit la durée de la location, n'excluent pas pour ces matériels la référence aux usages prévue par l'art. 39-1-2°. • CE 18 mai 2005, n° 261623 et 261791 : *RJF 2005. 817 ; Dr. fisc. 2005. 571, concl. Donnat.*

Art. 31 *Abrogé par Décr. n° 98-1243 du 29 déc. 1998, art. 3.*

Art. 31 A à 31 E *Devenus sans objet (Décr. n° 2007-484 du 30 mars 2007).*

Art. 32 Les dispositions de l'article 39 C du code général des impôts s'appliquent également aux biens mis par une entreprise à la disposition de l'un de ses dirigeants ou d'un membre de son personnel.

Dans ce cas, le loyer versé par l'intéressé est augmenté, s'il y a lieu, de la valeur déclarée à l'administration au titre de l'avantage en nature accordé à celui-ci.

8 *BIS*

Art. 32 A *Disposition périmée.*

8 *TER*

Art. 32 B *Périmé.*

8 *QUATER* MAJORATION D'AMORTISSEMENT DES IMMOBILISATIONS ACQUISES OU CRÉÉES AU MOYEN DE CERTAINES PRIMES

Art. 32 C Pour l'application de l'article 39 *quinquies* FA du code général des impôts, la moitié du montant de la prime est ajoutée à la valeur d'origine des immobilisations amortissables et répartie entre elles proportionnellement à leur valeur d'origine.

8-0 *QUINQUIES* JEUNES ENTREPRISES INNOVANTES

Art. 32 C *bis* I. — La convention prévue par le *b* du 3° de l'article 44 *sexies*-0 A du code général des impôts est conclue entre l'autorité compétente pour engager l'établissement d'enseignement supérieur, en vertu des dispositions du livre VII du code de l'éducation qui lui sont applicables, et la personne ayant qualité pour engager l'entreprise bénéficiaire. Elle mentionne nommément la ou les personnes dirigeant l'entreprise ou détenant, seules ou conjointement, au moins 10 % de son capital qui ont participé personnellement aux travaux de recherche que l'entreprise valorise.

II. – La convention précise les travaux de recherche que l'entreprise valorise. Ces travaux doivent avoir été conduits, soit au sein d'une unité de recherche relevant de l'établissement, soit dans le cadre d'une formation sanctionnée par un diplôme délivré par l'établissement et conférant au moins le grade de master. Ils peuvent avoir été réalisés sous la seule responsabilité de l'établissement ou dans le cadre d'une convention de coopération conclue par lui avec un ou plusieurs autres établissements ou organismes d'enseignement supérieur ou de recherche. Dans ce dernier cas, la convention indique le ou les autres établissements ou organismes en association avec lesquels la recherche a été réalisée.

La convention fait apparaître les titres de propriété intellectuelle ou industrielle portant sur les travaux mentionnés au premier alinéa et prévoit les conditions dans lesquelles les auteurs ou inventeurs dirigeant l'entreprise ou détenant, seuls ou conjointement, une part au moins égale à 10 % de son capital sont autorisés à en faire usage dans son activité.

En l'absence de titres, la convention précise les publications ou mémoires originaux présentant les résultats de ces travaux. A cette fin, l'autorité compétente mentionnée au I atteste, après avis du conseil scientifique de l'établissement ou de l'instance en tenant lieu, le caractère original de ces publications ou mémoires. Dans le cas où les travaux de recherche qui y sont retracés ont pour coauteurs des personnes autres que celles dirigeant l'entreprise ou détenant une part au moins égale à 10 % de son capital, cette autorité précise dans les mêmes conditions la part du résultat des travaux, exprimée en pourcentage, revenant à ces coauteurs non engagés dans l'entreprise. Il en est fait mention dans la convention.

III. – 1. La convention prévoit la rémunération de l'établissement d'enseignement supérieur par l'entreprise.

Cette rémunération est évaluée de manière à préserver les intérêts matériels et moraux de l'établissement d'enseignement supérieur. Son montant est déterminé par les signataires de la convention en tenant compte :

a. de la valeur des titres de propriété intellectuelle ou industrielle utilisés dans la valorisation des travaux de recherche mentionnés par la convention ;

b. de la valeur des travaux de recherche non couverts par des titres mentionnés au a ;

c. de la valeur des prestations de service énumérées au IV.

2. La rémunération prend la forme de versements financiers dont la convention détermine le montant et la périodicité.

Toutefois, la convention peut prévoir que tout ou partie de cette rémunération peut prendre la forme d'une participation au capital de l'entreprise si celle-ci est constituée en société. Le montant de cette participation est fixé en équivalence du versement prévu au premier alinéa.

La durée de détention par l'établissement de la participation prévue au deuxième alinéa est indépendante de celle de la validité de la convention.

3. En sus de la rémunération, la convention prévoit les modalités selon lesquelles l'entreprise devra faire référence à ses liens avec l'établissement d'enseignement supérieur dans les publications dont elle prend l'initiative ou dans toute autre forme de communication extérieure sur ses activités faisant usage des travaux de recherche mentionnés dans la convention.

IV. – Le cas échéant, la convention prévoit, pour la durée qu'elle couvre, les prestations fournies par l'établissement d'enseignement supérieur à l'entreprise pour poursuivre la valorisation des travaux de recherche mentionnés au II. Ces prestations peuvent prendre les formes suivantes :

a. la mise à disposition, en vue de ces travaux de recherche, de locaux, de matériels et d'équipements, ainsi que du personnel en assurant le service ;

b. la réalisation d'études de développement ou de faisabilité nécessaires aux travaux de recherche faisant l'objet de l'activité de l'entreprise, incluant les charges de personnel induites par ces études, ou la prise en charge de telles études confiées à des tiers ;

c. toute autre prestation de services utile à l'activité de l'entreprise.

Les prestations susmentionnées sont décrites dans une annexe de la convention. Leur réalisation fait l'objet d'états financiers établis pour chaque année par l'autorité compétente de l'établissement et assortis des justificatifs nécessaires.

V. — La convention est conclue pour une durée de trois ans. Elle est renouvelable dans la limite d'une durée totale de huit années à compter de la date de création de l'entreprise.

8 *QUINQUIES* ABATTEMENT DES ENTREPRISES DE PÊCHE MARITIME

Art. 32 D I. — Les artisans pêcheurs et les pêcheurs associés d'une société de pêche artisanale mentionnés à l'article 44 *nonies* du code général des impôts satisfont aux conditions de formation exigées par le premier alinéa de cet article s'ils ont effectué un stage agréé de formation en vue de leur installation. Les conditions d'agrément des organismes dispensant ce stage ainsi que le contenu et les modalités d'organisation de celui-ci sont fixés par arrêté conjoint du ministre chargé de la formation maritime et du ministre chargé des pêches maritimes.

A l'achèvement du stage, l'organisme de formation délivre une attestation indiquant la période pendant laquelle la formation a été suivie par l'artisan pêcheur ou le pêcheur associé.

II. — Le plan d'installation mentionné au premier alinéa de l'article 44 *nonies* du code général des impôts doit comporter les renseignements suivants :

a) Statut juridique de l'entreprise et, s'il y a lieu, montant et composition du capital de la société ;

b) Plan de financement ;

c) Bilan et compte de résultat prévisionnels pour les trois premières années d'exploitation ;

d) Caractéristiques du navire et, en ce qui concerne les associés d'une société de pêche artisanale, nature des droits de propriété sur le navire et, s'il y a lieu, identité et statut juridique du ou des propriétaires ;

e) Zone de pêche et espèces concernées par l'exploitation ;

f) Prévisions de production et de commercialisation.

III. — Le contribuable joint à la première déclaration de résultat au titre duquel il bénéficie de l'abattement une copie de l'attestation et du plan d'installation mentionnés respectivement au I et au II.

9 CONTRÔLE DES FRAIS GÉNÉRAUX — OBLIGATIONS DES ENTREPRISES

Art. 33 *Disjoint (Décr. n° 2011-645 du 9 juin 2011).*

Art. 34 Les bénéfices imposables mentionnés au dixième alinéa du 5 de l'article 39 du code général des impôts sont déterminés en faisant abstraction :

a) Des plus-values ou moins-values provenant de la cession des éléments de l'actif immobilisé ;

b) Des déficits reportables des exercices antérieurs.

Art. 35 La comparaison prévue au dixième alinéa du 5 de l'article 39 du code général des impôts est faite par référence à l'exercice qui précède immédiatement celui au cours duquel les dépenses litigieuses ont été exposées.

Lorsque les deux exercices ont une durée différente, les chiffres afférents à l'exercice de référence sont ajustés au prorata de la durée de l'exercice pour lequel la comparaison est effectuée.

Art. 36 Le relevé des frais généraux prévu à l'article 54 *quater* du code général des impôts doit comporter les renseignements propres à l'exercice pour lequel il est fourni et ceux qui se rapportent à l'exercice précédent.

10

Art. 37 *Abrogé.*

11

Art. 38 *Devenu sans objet (L. n° 98-1266 du 30 déc. 1998, art. 7-I-1).*

12 RÉGIME SIMPLIFIÉ D'IMPOSITION

Art. 38 *bis* **I. – Les petites et moyennes entreprises placées sous le régime du bénéfice réel avec obligations allégées défini à l'article 302 *septies* A *bis* du code général des impôts souscrivent, chaque année, au plus tard le deuxième jour ouvré suivant le 1er mai, la déclaration prévue à l'article 53 A du même code.**

Toutefois, les personnes morales passibles de l'impôt sur les sociétés en vertu de l'article 206 du code général des impôts, à l'exception de celles désignées au 5 de l'article précité, et dont l'exercice ne coïncide pas avec l'année civile sont tenues de déposer cette déclaration dans les trois mois de la clôture de l'exercice.

II. – A l'appui de cette déclaration, les entreprises fournissent les documents prévus au III de l'article 38 de l'annexe III au code général des impôts.

Art. 38 *ter* *Abrogé par L. n° 76-1232 du 29 déc. 1976, art. 62.*

II ***TRAITEMENTS ET SALAIRES***

1° TITRES-RESTAURANT

Art. 39 **Pour bénéficier de l'exonération prévue au 19° de l'article 81 du code général des impôts, le salarié doit inscrire son nom sur les titres-restaurant si cette mention n'a pas été apposée par l'employeur ou par le comité** *(Décr. n° 2020-897 du 22 juill. 2020, art. 2)* **« social et économique ».**

2°

Art. 39 *bis* *Dispositions devenues sans objet (Ord. n° 2000-1249 du 21 déc. 2000, art. 1er, 3 et 4-II-16°).*

II *BIS*

Art. 39 A **Pour l'application du 2° de l'article 92 A du code général des impôts, constituent des récompenses internationales de niveau équivalent au prix Nobel dans les domaines littéraire, artistique ou scientifique les récompenses suivantes :**

a. Le prix de la Banque de Suède en sciences économiques en mémoire d'Alfred Nobel ;

b. Le prix Turing pour l'informatique ;

c. Le prix Pritzker pour l'architecture ;

d. Le prix Abel et la médaille Fields pour les mathématiques ;

e. Le prix Crafoord pour l'astronomie et les mathématiques, les géosciences et les biosciences et les travaux sur la polyarthrite ;

f. Les prix Wolf pour l'agriculture, l'art, la médecine, la physique, la chimie et les mathématiques ;

g. Les prix Balzan dans la catégorie des lettres, sciences morales et arts et dans la catégorie des sciences physiques, naturelles, médicales et mathématiques ;

h. Le Japan Prize en sciences *(Décr. n° 2019-316 du 12 avr. 2019, art. 1er-1°)* **« et en technologie » ;**

i. Les prix Lasker pour la recherche médicale ;

j. Les prix Gairdner pour la recherche médicale ;

(Décr. n° 2019-316 du 12 avr. 2019, art. 1er-2°) **« k. Les prix Dan David pour les sciences, la technologie et les humanités ; »**

l. Les prix "Breakthrough Prize *(Abrogé par Décr. n° 2019-316 du 12 avr. 2019, art. 1er-3°-a) « in Life Sciences »"* **dans le domaine des sciences de la vie** *(Décr. n° 2019-316 du 12 avr. 2019, art. 1er-3°-b)* **« , des mathématiques et de la physique fondamentale » ;**

m. Les prix "Shaw" pour l'astronomie, les sciences de la vie et la médecine, les mathématiques ;

n. Le prix "Queen Elizabeth Prize for Engineering" dans le domaine de l'ingénierie ;

o. Le prix "Holberg International Memorial Prize" dans les domaines des humanités, des sciences sociales, des arts, du droit et de la théologie ;

p. Les "ENI Awards" dans le domaine de l'énergie et de l'environnement.

(Décr. nº 2019-316 du 12 avr. 2019, art. 1er-4º) « q. Le prix "Bower Award and Prize for Achievement in Science" dans les domaines de la chimie, de l'ingénierie mécanique, des sciences cognitives et informatiques, des sciences de la terre et de l'environnement, de l'ingénierie électrique, des sciences de la vie et de la physique ;

« r. Le prix Massry dans le domaine des sciences biomédicales et de la santé ;

« s. Le prix "Warren Alpert Foundation Prize" dans le domaine des sciences biomédicales et de la santé ;

« t. Le prix "Millenium Technology Prize" dans le domaine de la technologie ;

« u. Les prix Kavli pour l'astrophysique, les nanosciences et les neurosciences. »

Art. 39 B à 39 H *Abrogés par Décr. nº 2000-1190 du 5 déc. 2000, art. 4.*

III REVENUS DES CAPITAUX MOBILIERS

1 DÉTERMINATION DE LA MASSE DES REVENUS DISTRIBUÉS

Art. 40 Pour chaque période d'imposition retenue en vue de l'établissement de l'impôt sur les sociétés, la masse imposable des revenus distribués est déterminée dans les conditions prévues aux articles 41 à 47.

Art. 41 Il est procédé à la comparaison du total des postes de capital, de réserves et de résultats figurant au bilan à la clôture de la période considérée avec le total des mêmes postes figurant au bilan à la clôture de la période précédente.

En ce qui concerne les sociétés nouvelles, le second terme de la comparaison prévue au premier alinéa est fourni par le total des postes visés audit alinéa, tels qu'ils existent au moment de la constitution définitive de la société.

Art. 41 A *et* 41 B *[...]*

Art. 42 Si la période d'imposition est bénéficiaire, la masse des revenus distribués est constituée selon le cas par :

L'excédent du bénéfice sur l'accroissement résultant de la comparaison prévue à l'article 41 ;

Le total du bénéfice et de la diminution résultant de ladite comparaison.

Si la période d'imposition est déficitaire, la masse des revenus distribués correspond à l'excédent de la diminution résultant de la comparaison prévue à l'article 41 sur la perte.

La masse des revenus distribués ainsi déterminée est :

Augmentée, s'il y a lieu, des sommes mises à la disposition des associés, actionnaires ou porteurs de parts et réputées imposables en vertu du 2º du 1 de l'article 109 et des *b* et *c* de l'article 111 du code général des impôts ;

Diminuée :

a) Des sommes qui, en vertu des articles 112 à 115 du code général des impôts, ne sont pas considérées comme des distributions imposables ;

b) Des sommes payées à titre de transactions, amendes, confiscations, pénalités de toute nature sanctionnant des contraventions aux dispositions légales régissant les prix, le ravitaillement, la répartition des divers produits et l'assiette des impôts, contributions et taxes.

Toutefois, ces augmentations ou ces diminutions ne sont opérées que dans la mesure où il n'en a pas été déjà tenu compte pour la détermination soit des résultats de la période considérée, soit des variations des postes visés à l'article 41.

Art. 43 *Périmé.*

Art. 44 Pour l'application de l'article 41 :

a) Le capital ne comprend pas la fraction non appelée ;

b) Sont considérés comme des réserves les reports bénéficiaires à nouveau, les provisions et les amortissements ayant supporté l'impôt sur les bénéfices industriels et commerciaux ou l'impôt sur les sociétés, ainsi que les provisions pour renouvellement des stocks, décotes et dotations sur stocks constituées conformément aux dispositions légales.

Art. 45 Toute augmentation de capital réalisée par voie d'apport ou tout appel de capital au cours d'une période d'imposition n'est retenu, pour la comparaison prévue à l'article 41, qu'à partir de la période suivante.

Ne sont également retenues qu'à partir de la période suivante les réserves provenant des primes d'émission ou de fusion, les réserves de réévaluation et toutes autres réserves constituées en franchise de l'impôt sur les sociétés.

Art. 46 En vertu du deuxième alinéa de l'article 110 du code général des impôts et pour l'application des articles 41 et 42, sont notamment comprises, pour la totalité, dans le poste « résultats », les plus-values visées à l'article 39 *duodecies (Abrogé par Décr. n° 2019-559 du 6 juin 2019, art. 2)* « *, au 1 de l'article 39 terdecies* » et à l'article 238 *octies* dudit code.

Art. 47 Toute rectification du bénéfice imposable à l'impôt sur les sociétés au titre d'une période sera prise en compte au titre de la même période pour le calcul des sommes distribuées.

2 ASSIETTE DE LA RETENUE À LA SOURCE SUR LES PRODUITS DES ACTIONS, PARTS SOCIALES ET REVENUS ASSIMILÉS VERSÉS À DES PERSONNES QUI N'ONT PAS LEUR DOMICILE RÉEL OU LEUR SIÈGE EN FRANCE

Art. 48 1. La retenue à la source mentionnée au 2 de l'article 119 *bis* du code général des impôts est liquidée sur le montant brut des revenus mis en paiement.

2. *Abrogé.*

3

Art. 49 et 50 *Devenus sans objet (L. n° 75-1347 du 31 déc. 1975, art. 1er).*

3-0 *BIS* REVENUS DES VALEURS MOBILIÈRES ÉMISES HORS DE FRANCE ET REVENUS ASSIMILÉS

Art. 50 *bis* I. — Pour apprécier si la proportion de 10 % mentionnée au 1 de l'article 123 *bis* du code général des impôts est atteinte, il y a lieu de retenir le pourcentage de la participation de la personne physique constaté à la clôture de l'exercice de la personne morale, de l'organisme, de la fiducie ou de l'institution comparable, établi ou constitué hors de France ou, en l'absence d'exercice clos au cours d'une année, le 31 décembre. Toutefois, s'il est plus élevé, le pourcentage à retenir est celui de la participation détenue pendant au moins 183 jours au cours de l'exercice ou de l'année civile, suivant le cas.

II. — Lorsqu'une personne physique domiciliée en France n'a pas produit dans les délais prévus la déclaration mentionnée à l'article 50 *septies* et que l'administration établit que cette personne physique a détenu une participation dans une personne morale, un organisme, une fiducie ou une institution comparable, établi ou constitué hors de France, dont le pourcentage a été égal ou supérieur à celui mentionné au 1 de l'article 123 *bis* du code général des impôts à un moment quelconque de l'exercice de cette personne morale, de cet organisme, de cette fiducie ou de cette institution comparable, autre que la date de clôture ou, en l'absence de clôture d'exercice, à un moment quelconque de l'année civile, autre que le 31 décembre, elle peut demander à cette personne physique de lui indiquer la durée de détention de cette participation ainsi que les conditions et les dates de son acquisition et de sa cession. Si, dans un délai de trente jours, la personne physique ne défère pas à cette demande ou fournit une réponse insuffisante, l'administration lui adresse une mise en demeure de produire dans le même délai la déclaration prévue à l'article 50 *septies.*

Art. 50 *ter* I. — Au titre de la première année d'imposition pour laquelle le régime défini à l'article 123 *bis* du code général des impôts est applicable, la personne physique doit établir un bilan de départ pour chaque personne morale, organisme, fiducie ou institution comparable, établi ou constitué hors de France, mentionné au 1 de ce même article. L'actif net de ce bilan sert de base à la détermination des résultats de cette personne morale, de cet organisme, de cette fiducie ou de cette institution comparable, et notamment de base pour l'imposition minimum prévue au deuxième alinéa du 3 de l'article 123 *bis* du code général des impôts.

II. — Les éléments figurant au bilan de départ doivent être retenus pour la valeur comptable résiduelle qu'ils comportaient au regard de la législation fiscale qui leur était applicable dans le pays ou le territoire concerné à la date d'ouverture de la première période d'imposition.

Art. 50 *quater* Les bénéfices ou revenus positifs de chaque personne morale, organisme, fiducie ou institution comparable, établi ou constitué hors de France, mentionnés au 1 de l'article 123 *bis* du code général des impôts sont déterminés selon les règles fixées au 3 de cet article à partir du bilan de départ établi dans les conditions fixées à l'article 50 *ter*. Ils sont convertis en euros sur la base du taux de change publié par la Banque de France à partir du cours fixé par la Banque centrale européenne, en vigueur, suivant le cas, à la clôture de l'exercice ou le 31 décembre.

Art. 50 *quinquies* Les montants d'impôts acquittés hors de France, déductibles du revenu réputé constituer un revenu de capitaux mobiliers de la personne physique concernée, en application de l'article 123 *bis* du code général des impôts, sont convertis en euros sur la base du taux de change publié par la Banque de France à partir du cours fixé par la Banque centrale européenne, en vigueur, suivant le cas, à la clôture de l'exercice de la personne morale, de l'organisme, de la fiducie ou de l'institution comparable ou, en l'absence d'exercice clos au cours d'une année, le 31 décembre. Il incombe à la personne physique de justifier du paiement effectif de ces impôts.

Art. 50 *sexies* Les prélèvements qui sont effectués conformément aux conventions fiscales internationales sur les distributions à la personne physique de bénéfices ou revenus positifs réputés constituer pour elle un revenu de capitaux mobiliers, en application de l'article 123 *bis* du code général des impôts, sont imputables sur l'impôt sur le revenu correspondant audit revenu.

Art. 50 *septies* La personne physique qui est dans le champ d'application de l'article 123 *bis* du code général des impôts doit produire, dans le même délai que la déclaration d'ensemble de ses revenus, une déclaration comportant les renseignements et documents suivants :

a) Le nom ou la raison sociale ainsi que l'adresse du siège social, l'objet, l'activité, le lieu de la résidence fiscale et la proportion de la participation mentionnée à l'article 50 *bis* pour chaque personne morale, organisme ou institution comparable, établi ou constitué hors de France et soumis à un régime fiscal privilégié, dans lesquelles elle détient, directement ou indirectement au sens du premier alinéa du 2 de l'article 123 *bis* du code général des impôts, 10 % au moins des actions, parts, droits financiers ou droits de vote ; pour chaque fiducie ou institution comparable, le nom ou la raison sociale du fiduciaire ou personne exerçant des fonctions comparables, l'adresse de son domicile ou de son siège social et le lieu de sa résidence fiscale, l'objet de la fiducie ou de l'institution comparable, la proportion des droits financiers détenus directement ou indirectement au sens du premier alinéa du 2 de l'article 123 *bis* du code général des impôts dans cette fiducie ou institution comparable ;

b) Pour chaque personne morale, organisme, fiducie ou institution comparable, l'ensemble des documents qui sont exigés des sociétés passibles de l'impôt sur les sociétés, y compris le bilan et le compte de résultats établis selon les règles fixées par les articles 50 *ter* et 50 *quater* ;

c) Le bilan et le compte de résultats de chaque personne morale, organisme, fiducie ou institution comparable fournis à l'administration fiscale du pays ou territoire où il est établi ou constitué, dans tous les cas où cette administration fiscale exige le dépôt de tels documents ;

d) Un état faisant apparaître pour chaque personne morale, organisme, fiducie ou institution comparable mentionné au 1 de l'article 123 *bis* du code général des impôts, d'une part, le montant des prélèvements fiscaux déductibles du revenu imposable de la personne physique en application de l'article 50 *quinquies* et, d'autre part, le montant des crédits d'impôts imputables sur l'impôt sur le revenu dû par elle en application de l'article 50 *sexies* ;

e) Pour chaque personne morale, organisme, fiducie ou institution comparable, le montant cumulé des bénéfices ou revenus positifs imposés au titre de l'article 123 *bis* du code général des impôts et le montant des distributions reçues de cette personne morale, organisme, fiducie ou institution comparable.

3-0 A *BIS* BONS OU CONTRATS DE CAPITALISATION OU PLACEMENTS DE MÊME NATURE INVESTIS EN ACTIONS

Art. 50 *octies* La ventilation des primes versées sur un bon ou contrat mentionné au I *quinquies* de l'article 125-0 A du code général des impôts, au moment de la souscription ou postérieurement à celle-ci, peut être effectuée en tout ou partie sur des droits qui ne sont pas exprimés en unités de compte ou qui sont exprimés en unités de compte autres que celles mentionnées au premier alinéa du 1 du I *quinquies* du même article. Chaque unité de compte mentionnée au premier alinéa du 1 du I *quinquies* du même article doit respecter, à la date de chaque versement, les proportions d'investissement calculées conformément au 3 du I *quinquies* du même article, en retenant, au numérateur du rapport mentionné au 3 du I *quinquies* du même article, les primes nettes de frais versées depuis la date de souscription sous déduction de celles déjà remboursées au titre de rachats partiels antérieurs et, au dénominateur, la part de ces primes nettes de frais représentées par la ou les unités de compte mentionnées au premier alinéa du 1 du I *quinquies* du même article.

Art. 50 *nonies* I. – Lorsque des rachats partiels sont réalisés sur des bons ou contrats mentionnés au 3 du I *quinquies* de l'article 125-0 A du code général des impôts, chaque unité de compte mentionnée au premier alinéa du 1 du I *quinquies* du même article doit respecter, à la date de chaque rachat partiel, les proportions d'investissement mentionnées au 3 du I *quinquies* de cet article et calculées dans les mêmes conditions que celles prévues à l'article 50 *octies*.

II. – La conversion des droits exprimés en unités de compte mentionnées au premier alinéa du 1 du I *quinquies* de l'article 125-0 A du code général des impôts en droits qui ne sont pas exprimés en de telles unités de compte est admise, quelle que soit la date de l'avenant, sous la même condition que celle prévue au I. La conversion par avenant en droits exprimés en unités de compte mentionnées au premier alinéa du 1 du I *quinquies* du même article est libre.

Art. 50 *decies* I. – La proportion d'investissement de 30 % mentionnée au premier alinéa du I *quinquies* de l'article 125-0 A du code général des impôts s'apprécie chaque jour de calcul de la valeur liquidative de l'organisme ou du placement collectif relevant de la section II du chapitre IV du titre Ier du livre II du code monétaire et financier concerné telle qu'elle est déterminée conformément à la réglementation en vigueur, en retenant la valeur des titres figurant à cette date dans le portefeuille de l'organisme de placement collectif en valeurs mobilières ou du placement collectif relevant de la section II du chapitre IV du titre Ier du livre II du même code.

Les proportions d'investissement de 10 % et 5 % mentionnées au dixième alinéa du 1 du I *quinquies* de l'article 125-0 A mentionné ci-dessus et de 75 % mentionnée au *c* du 1 du I *quinquies* du même article s'apprécient, pour les organismes soumis à l'article L. 214-17 du code monétaire et financier, comme pour les organismes de la nature de ceux mentionnés au *c* du 2° du I de l'article L. 221-31 du même code, à la fin de chacun des semestres de l'exercice, en retenant la valeur des titres figurant à cette date dans le portefeuille de l'organisme de placement collectif en valeurs mobilières ou du placement collectif relevant de la section II du chapitre IV du titre Ier du livre II du même code.

II. – La proportion d'investissement de 50 % mentionnée au *g* du 1 du I *quinquies* de l'article 125-0 A mentionné ci-dessus s'apprécie, pour chaque catégorie de fonds énuméré au *d* du 1 du I *quinquies* du même article, dans les conditions fixées par le code monétaire et financier et, pour les sociétés de capital-risque, dans les conditions fixées à l'article 171 AM.

Art. 50 *undecies* I. – Pour l'application du 2 du I *quinquies* de l'article 125-0 A du code général des impôts, le numérateur est égal à la valeur d'inventaire des titres mentionnés aux *a* à *g* du 1 du I *quinquies* du même article, après prise en compte des corrections suivantes :

1° En ce qui concerne les cessions ou acquisitions temporaires de titres ainsi que les opérations de pension, la valeur des titres cédés ou mis en pension est réintégrée et celle des titres acquis ou pris en pension est déduite.

2° En ce qui concerne les opérations sur instruments financiers à terme ci-après mentionnées :

a) En cas de contrat d'achat ou de vente à terme, la valeur des titres achetés à terme est intégrée et celle des titres vendus à terme est déduite ;

b) En cas d'achat d'une option d'achat, ou de vente d'une option de vente, de titres mentionnés au premier alinéa du I et inscrits ou non inscrits à l'actif, aucune correction n'est à apporter au numérateur ;

c) En cas de vente d'une option d'achat, ou d'achat d'une option de vente, de titres mentionnés au premier alinéa du I et inscrits à l'actif, la valeur de ces titres est déduite ;

d) En cas d'opérations mentionnées au *c* afférentes à des titres non inscrits à l'actif, aucune correction n'est à apporter au numérateur.

3° En ce qui concerne les contrats d'échange et les autres instruments financiers à terme, la valeur des titres mentionnés au premier alinéa du I pour lesquels des produits ou revenus sont à verser est déduite et celle des mêmes titres pour lesquels des produits ou revenus sont à recevoir est intégrée.

II. – Pour l'application du I, les organismes ou les sociétés de capital-risque ou, à défaut de personnalité morale, leur gérant ou représentant à l'égard des tiers, tiennent à la disposition de l'administration fiscale tout document justifiant, d'une part, de la nature des opérations réalisées et, d'autre part, de la valeur retenue pour la détermination des proportions d'investissement dans les conditions prévues au I.

Art. 50 *duodecies* I. – Pour l'application du *f* du I *quater* et du *f* du 1 du I *quinquies* de l'article 125-0 A du code général des impôts, la capitalisation boursière d'une société est déterminée par le produit du nombre de ses actions admises à la négociation à l'ouverture du jour de négociation précédant celui de l'investissement par la moyenne des cours d'ouverture des soixante jours de négociation précédant celui de l'investissement.

Toutefois, lorsque, durant ces soixante jours, les actions de la société sont pour la première fois admises à la négociation, la moyenne retenue est celle des cours d'ouverture des jours de négociation depuis le jour de l'admission à la négociation jusqu'au jour précédant celui de l'investissement. Il en est de même en cas d'augmentation de capital, d'opération de fusion, scission ou apport partiel d'actif réalisée durant ces soixante jours et emportant admission à la négociation de nouvelles actions de la société absorbante ou bénéficiaire.

II. – Par dérogation aux dispositions du I, en cas d'investissement le jour de la première cotation des titres d'une société, sa capitalisation boursière est déterminée par le produit du nombre des actions ainsi admises à la négociation par le prix auquel ces titres sont placés dans le public, à savoir le prix auquel ces titres sont vendus au public avant la première cotation.

De même, en cas d'investissement le jour où de nouvelles actions de la société sont admises à la négociation à la suite d'une augmentation de capital ou d'une opération de fusion, scission ou apport partiel d'actif, sa capitalisation boursière est déterminée par le produit du nombre total des actions de la société absorbante ou bénéficiaire admises à la négociation à l'issue de l'opération par le cours de clôture du dernier jour de négociation précédant l'admission à la négociation de ces nouvelles actions.

III. – Le jour de l'investissement mentionné aux I et II s'entend du jour d'acquisition ou de souscription des actions admises à la négociation.

3 *BIS* PRIMES DE REMBOURSEMENT ET INTÉRÊTS CAPITALISÉS

Art. 50 A Pour l'application des I à III de l'article 238 *septies* B du code général des impôts, le prélèvement prévu à l'article 125 A du même code est opéré à la date anniversaire du titre.

Ce prélèvement est pratiqué par la personne chez laquelle les titres ou droits correspondants sont déposés sur le compte approvisionné par le contribuable à cet effet.

La personne qui pratique le prélèvement est tenue de déclarer à l'administration l'identité, l'adresse des bénéficiaires ainsi que les sommes versées pour le compte de chacun d'eux.

4 ÉMISSION D'OBLIGATIONS EN FRANCE PAR LES ORGANISMES ÉTRANGERS OU INTERNATIONAUX – RÉGIME SPÉCIAL DES TITRES ÉMIS AVANT LE 1er JANVIER 1987

Art. 51 Les obligations que les organismes étrangers ou internationaux émettent en France avec l'autorisation du ministre de l'économie et des finances doivent porter, dès leur création matérielle, une mention spéciale ainsi libellée en langue française : "Le présent titre, émis en France, est placé, en vertu du 2 de l'article 6 de la loi française n° 65-566 du 12 juillet 1965, sous le régime fiscal des obligations françaises, pour l'application de la retenue à la source frappant les intérêts, lots, primes de remboursement et autres produits des emprunts négociables."

Art. 52 Sauf dispositions contraires des conventions internationales, l'émission de titres comportant la mention visée à l'article 51 entraîne l'obligation pour l'organisme émetteur d'opérer, sur les produits de ces titres et pendant toute la durée de ceux-ci, la retenue à la source édictée par le 1 de l'article 119 *bis* du code général des impôts.

Le montant de cette retenue doit être versé au comptable désigné par l'administration, dans les conditions et suivant les modalités fixées par le 1 de l'article 1672 et l'article 1673 dudit code.

Art. 53 Avant l'ouverture de l'émission, l'émetteur doit faire agréer un représentant responsable du versement de la retenue à la source pour toute la durée de l'emprunt ou, à défaut, fournir des garanties jugées suffisantes.

5 SOCIÉTÉS MÈRES ET FILIALES

Art. 54 (*Abrogé par Décr. n° 2017-727 du 3 mai 2017, art. 1er-2°*) *Les personnes morales doivent se conformer aux obligations suivantes en ce qui concerne les titres de participations pour lesquels elles entendent se prévaloir du régime des sociétés mères prévu aux articles 145 et 216 du code général des impôts :*

1° Elles doivent prendre l'engagement de conserver pendant deux ans au moins la pleine propriété des titres.

Toutefois, cet engagement n'est pas exigé en ce qui concerne :

a. Les titres que la personne morale justifie avoir conservés pendant cette durée ;

b. Les actions ou parts d'intérêts souscrites ou attribuées à l'émission, à la condition qu'elles soient constamment restées inscrites au nom de la personne morale participante ou déposées dans les conditions définies au 2° ;

2° Elles doivent déposer les actions au porteur à la Banque de France, à la Caisse des dépôts et consignations, à la société anonyme Natexis ou toute société qu'elle contrôle au sens de l'article L. 233 du code de commerce ou dans tout autre établissement qui pourrait être agréé à cet effet par l'administration.

Art. 55 (*Abrogé par Décr. n° 2017-727 du 3 mai 2017, art. 1er-2°*) *1. L'engagement prévu au 1° de l'article 54 doit faire l'objet d'une déclaration qui est adressée au service des impôts compétent pour l'assiette de l'impôt sur les sociétés.*

Cette déclaration doit parvenir au plus tard dans les trois mois de la clôture du premier exercice dont les résultats comprennent les produits des titres qui y sont mentionnés.

Elle indique :

Le montant du capital de la société émettrice ;

La nature, le nombre et les numéros des titres ;

La date de leur acquisition et, pour les titres au porteur, celle de leur dépôt ;

La personne ou l'organisme qui assure le paiement des revenus.

2. Le délai de deux ans pendant lequel les titres doivent être conservés est décompté de la date de leur acquisition, s'il s'agit de titres nominatifs ou de parts d'intérêts, et de la date de leur dépôt, s'il s'agit de titres au porteur.

Art. 56 (*Abrogé par Décr. n° 2017-727 du 3 mai 2017, art. 1er-2°*) *Une copie du récépissé de dépôt des titres mentionnés au 2° de l'article 54 doit être adressée à l'administration fiscale dans les mêmes conditions et délai que la déclaration prévue à l'article 55.*

Cette copie doit être certifiée conforme par l'établissement dépositaire et attester que celui-ci s'oblige à aviser le service des impôts dans le délai d'un mois de toute opération qui viendrait à être effectuée sur les titres.

6 CONTRÔLE DES REVENUS MOBILIERS – OBLIGATIONS DES COLLECTIVITÉS ÉMETTRICES ET DES INTERMÉDIAIRES

Art. 57 1. Toute personne ou société qui fait profession de payer des intérêts, dividendes, revenus et autres produits de valeurs mobilières ou dont la profession comporte à titre accessoire des opérations de cette nature, ne peut effectuer de ce chef aucun paiement ni ouvrir aucun compte sans exiger du requérant la justification de son identité et l'indication de son domicile réel.

Elle est, en outre, tenue de remettre à la direction départementale ou, le cas échéant, régionale des finances publiques du lieu de l'établissement payeur, dans des conditions qui sont arrêtées par le ministre chargé du budget, le relevé des sommes payées par elle, sous quelque forme que ce soit, sur présentation ou remise de coupons ou d'instruments représentatifs de coupons. — *Ann. IV, art. 7 à 17.*

Les mêmes obligations incombent aux collectivités pour les dividendes et intérêts de leurs propres actions, parts ou obligations qu'elles payent à des personnes ou sociétés autres que celles qui sont chargées du service de leurs coupons.

Des arrêtés du ministre chargé du budget fixent les conditions dans lesquelles les caisses publiques sont tenues d'appliquer les dispositions du présent article. — *Ann. IV, art. 7 à 17.*

2. Les coupons présentés sont, sauf preuve contraire, réputés propriété du requérant. Dans le cas où celui-ci présente des coupons pour le compte de tiers, il a la faculté de remettre à l'établissement payeur une liste indiquant, outre ses nom, prénoms et domicile réel, les noms, prénoms et domiciles réels des propriétaires véritables, ainsi que le montant des coupons appartenant à chacun d'eux.

Art. 58 et 59 *Abrogés.*

Art. 60 Le relevé prévu à l'article 57 indique distinctement, pour chaque requérant ou titulaire de compte, ses nom et prénoms, son domicile réel, ainsi que le montant de la retenue à la source à laquelle lesdits revenus ont effectivement donné lieu et le montant du crédit d'impôt y attaché.

Le ministre de l'économie et des finances peut prescrire, par arrêté, que ces mentions soient détaillées par nature de valeurs.

7 SOCIÉTÉS DE CAPITAL-RISQUE – OBLIGATIONS DES ACTIONNAIRES

Art. 60 A Pour l'application de l'article 163 *quinquies* C du code général des impôts, l'actionnaire joint à sa déclaration de revenus un relevé indiquant :

1° Le nombre d'actions de la société de capital-risque souscrites ou acquises, la date et le montant global de la souscription ou de l'acquisition ;

2° Le nombre et le montant de ces actions qu'il entend conserver pendant cinq ans ;

3° Le nombre et le montant des actions cédées ainsi que leurs dates d'acquisition et de cession en distinguant, d'une part, les cessions réalisées avant l'expiration du délai de conservation de cinq ans ou portant sur des titres pour lesquels l'engagement de *conservation* n'a pas été pris et, d'autre part, celles réalisées après l'expiration de ce délai ;

4° Le montant des produits réinvestis dans la société de capital-risque sous forme de souscription ou d'achat d'actions ;

5° La date et le montant des dépôts effectués sur le compte bloqué ouvert à son nom dans la société de capital-risque ainsi que le montant et la date des retraits éventuels ;

6° En cas de non-respect du délai de conservation ou de la condition de réinvestissement, le détail des sommes précédemment exonérées qui doivent être ajoutées au revenu imposable de l'année de rupture de l'engagement.

Art. 60 B I. – L'actionnaire personne physique d'une société de capital-risque informe ladite société :

1° Des engagements qu'il prend en application de l'article 163 *quinquies* C du code général des impôts lors de la souscription ou de l'acquisition des actions ;

2° Des modalités qu'il retient pour le réinvestissement prévu au 3° du 2 du II de l'article 163 *quinquies* C du code précité ;

3° Des cessions d'actions de la société auxquelles il procède.

II. – L'actionnaire personne morale non résidente mentionnée au *b* du 2 de l'article 119 *bis* du code général des impôts informe la société de capital-risque du lieu de son siège de direction effective et des modalités d'imposition des distributions reçues dans l'État où il a son siège.

IV

Art. 61 à 74 *Abrogés.*

V *PLUS-VALUES DE CESSION À TITRE ONÉREUX DE BIENS OU DE DROITS DE TOUTE NATURE*

1° VALEURS MOBILIÈRES, DROITS SOCIAUX ET TITRES ASSIMILÉS

Art. 74-0 A *Abrogé par Décr. n° 2014-1223 du 21 oct. 2014.*

Art. 74-0 B Le prix de cession et le prix d'acquisition définis au premier alinéa du 1 de l'article 150-0 D du code général des impôts comprennent toutes les charges et indemnités stipulées au profit du cédant ou d'un tiers, à quelque titre que ce soit, en rémunération de l'opération.

Art. 74-0 C Les soultes reçues lors des partages de biens indivis autres que ceux mentionnés au IV de l'article 150-0 A du code général des impôts constituent, pour leurs bénéficiaires, le prix des droits cédés à cette occasion aux autres copartageants.

En cas de cession ultérieure d'un bien attribué à charge de soulte, dans les mêmes cas, le prix d'acquisition de ce bien est constitué par la valeur des droits originaires du cédant augmentée du montant de la soulte versée.

Art. 74-0 D En cas d'acquisition ou de cession de titres moyennant le paiement d'une rente viagère, le prix d'acquisition ou de cession à retenir pour le calcul du produit imposable correspond à la valeur en capital de la rente, à l'exclusion des intérêts.

Art. 74-0 E Pour les opérations sur valeurs mobilières qui ne se traduisent pas par la livraison effective ou la levée des titres, le gain ou la moins-value est égal à la différence reçue ou versée par l'opérateur.

Art. 74-0 E *bis* En cas de cession de titres après leur retrait d'un plan d'épargne en actions défini à l'article 163 *quinquies* D du code général des impôts dans les conditions prévues à la *(Décr. n° 2020-122 du 13 févr. 2020, art. 1er-1°)* « troisième » phrase du 2 du II de l'article 150-0 A du même code, leur prix d'acquisition est réputé égal à leur valeur à la date de ce retrait.

Art. 74-0 E *ter* I. – Lorsque les titres ou droits cédés ont fait partie du patrimoine privé du cédant avant d'être loués ou d'être considérés comme des éléments d'actif affectés à l'exercice de la profession en application des dispositions des articles 93 ou 151 *nonies* du code général des impôts ou d'être inscrits à l'actif d'une entreprise, le gain net imposable suivant les règles des articles 150-0 A à 150-0 E du même code est déterminé par différence entre la valeur réelle au moment de l'entrée dans le patrimoine professionnel et le prix d'acquisition des titres ou, en cas d'acquisition à titre gratuit, la valeur retenue pour la détermination des droits de mutation.

La valeur réelle mentionnée à l'alinéa précédent s'entend soit de la valeur d'inscription des titres à l'actif d'une entreprise, soit de la valeur des titres à la date à laquelle ils sont considérés comme des éléments de l'actif professionnel en application de l'article 93 ou du I de l'article 151 *nonies* précités.

II. — Lorsque les titres ou droits cédés ont été loués ou considérés comme des éléments d'actifs affectés à l'exercice de la profession en application des dispositions des articles 93 ou 151 *nonies* du code général des impôts ou inscrits à l'actif d'une entreprise, puis sont revenus dans le patrimoine privé du contribuable, le gain net imposable suivant les règles des articles 150-0 A à 150-0 E du même code est déterminé par la différence entre le prix effectif de cession et la valeur réelle des titres au jour de leur retrait du patrimoine professionnel du contribuable.

La valeur réelle mentionnée à l'alinéa précédent s'entend soit de la valeur des titres lors de leur retrait de l'actif d'une entreprise, soit de la valeur des titres à la date à laquelle ils cessent d'être considérés comme des éléments de l'actif professionnel en application de l'article 93 ou du I de l'article 151 *nonies* précités.

III. — Lorsque les titres ou droits cédés ont successivement fait partie du patrimoine privé, été inscrits à l'actif d'une entreprise ou considérés comme des éléments d'actifs affectés à l'exercice de la profession en application des dispositions des articles 93 ou 151 *nonies* du code général des impôts ou été loués, puis sont revenus dans le patrimoine privé, la somme des gains nets relatifs aux périodes de détention des titres dans le patrimoine privé est égale à la somme algébrique de ces gains afférents à chacune des périodes et calculés selon les modalités mentionnées au I et au II.

IV. — *Abrogé par Décr. n° 2014-1223 du 21 oct. 2014.*

Art. 74-0 F Les contribuables qui réalisent des opérations imposables en application de l'article 150-0 A du code général des impôts sont tenus de souscrire, dans le délai prévu à l'article 175 du même code, une déclaration spéciale des plus-values sur une formule délivrée par l'administration indiquant :

a) Abrogé par Décr. n° 2014-1223 du 21 oct. 2014 ;

b) Le montant du gain net ou de la distribution imposable assorti des éléments nécessaires à sa détermination.

(Décr. n° 2020-122 du 13 févr. 2020, art. 1er-2°-a et b) « *b bis)* Le montant de la soulte éventuellement perçue lors de l'opération d'échange ou d'apport réalisée dans les conditions prévues à l'article 150-0 B du code général des impôts, ainsi que le montant de la soulte imposable au titre de cette opération ;

« *c)* Le cas échéant, » le montant des abattements prévus au 1 de l'article 150-0 D et à l'article 150-0 D *ter* du code général des impôts ainsi que les éléments nécessaires à leur détermination.

Toutefois, les contribuables peuvent se libérer de cette obligation en fournissant, pour les titres en dépôt ou inscrits en compte auprès d'un intermédiaire habilité, un document établi par ce dernier et faisant apparaître les mêmes éléments. La dispense de déclaration prévue à la première phrase ne s'applique pas lorsque le contribuable a bénéficié de la réduction d'impôt prévue à l'article 199 *terdecies*-0 A du code général des impôts au titre de la souscription des titres cédés ou lorsque le gain net ouvre droit au bénéfice des abattements mentionnés au 1 *quater* de l'article 150-0 D ou à l'article 150-0 D *ter* du code précité.

Art. 74-0 F *bis* Pour l'application des dispositions des 1 à 1 *quinquies* de l'article 150-0 D et de l'article 150-0 D *ter* du code général des impôts, les contribuables produisent à l'administration fiscale, sur sa demande, tout document de nature à justifier la durée de détention des titres ou droits cédés et le caractère continu de cette détention.

Ils justifient, selon les mêmes modalités que celles prévues au premier alinéa, du respect de l'ensemble des conditions d'application des abattements prévus par les articles précités.

Art. 74-0 G Pour l'application des dispositions des 12 et 13 de l'article 150-0 D du code général des impôts, les contribuables doivent joindre à la déclaration spéciale des plus-values prévue à l'article 74-0 F :

a) Soit la copie d'un extrait d'un des jugements mentionnés au premier alinéa du 12 de l'article 150-0 D du code général des impôts ou au deuxième alinéa, en cas d'exercice de l'option prévue à cet alinéa, soit la copie de l'une des formalités assurant la publicité de ces jugements dans les conditions prévues à l'article R. 621-8 du code de commerce dont les dispositions sont applicables aux procédures de redressement judiciaire en vertu de l'article R. 631-7 du même code ;

b) Une copie d'un document justifiant du nombre de titres détenus à la date du jugement ;

c) Le montant des pertes constatées ainsi que les éléments nécessaires à leur détermination.

Art. 74-0 G *bis* L'option prévue au deuxième alinéa du 12 de l'article 150-0 D du code général des impôts est formulée sur la déclaration mentionnée à l'article 74-0 F.

Art. 74-0 H Pour l'application des dispositions du 14 de l'article 150-0 D du code général des impôts, les contribuables qui demandent la décharge ou la réduction de l'imposition initiale, résultant de l'imputation sur le prix de cession du reversement de tout ou partie de son montant effectué en exécution d'une clause de garantie de passif ou d'actif net, doivent notamment fournir à l'appui de leur réclamation les pièces justificatives suivantes :

a) Copie de la convention figurant dans l'acte de cession ou annexée à ce dernier mentionnant les termes de la clause de garantie de passif ou d'actif net ;

b) Copie de tout document de nature à établir la réalité, la date et le montant du versement effectué en exécution de la convention ainsi que son caractère définitif.

Art. 74-0 I 1. Les sociétés de personnes ou groupements qui, en tant que personnes interposées, réalisent des opérations mentionnées à l'article 150-0 A du code général des impôts sont tenus de souscrire :

a) Dans les trois mois de leur constitution, une déclaration en double exemplaire, accompagnée des statuts, indiquant la dénomination ou raison sociale, la forme juridique, l'objet, la durée et le lieu du siège de la société ou du groupement ainsi que l'identité des dirigeants ou gérants ; lorsque ces indications ont cessé d'être exactes, la déclaration doit être renouvelée dans les trois mois du changement intervenu ;

b) Dans le délai prévu à l'article 175 du code général des impôts, une déclaration établie sur une formule délivrée par l'administration et indiquant pour l'année précédente :

1° L'identité des membres, le nombre de parts dont ils étaient titulaires au 1er janvier de ladite année, la date des cessions ou acquisitions de parts intervenues en cours d'année ainsi que l'identité du cédant ou du cessionnaire ;

2° Les éléments prévus à l'article 74-0 F et leur répartition entre chacun des membres ;

2. Ces sociétés ou groupements doivent présenter à toute demande de l'administration des impôts les documents comptables ou sociaux, bordereaux d'opérations et autres pièces de recettes et de dépenses de nature à justifier l'exactitude des renseignements portés sur la déclaration prévue au *b* du 1.

3. Pour l'application des dispositions des 1 à 1 *quinquies* de l'article 150-0 D et de l'article 150-0 D *ter* du code général des impôts, les sociétés ou groupements, agissant en tant que personnes interposées, produisent à l'administration fiscale, sur sa demande, tout document de nature à justifier la durée de détention des titres ou droits cédés et le caractère continu de cette détention.

Art. 74-0 J Les prestataires de services d'investissement et les établissements de crédit ou organismes habilités à détenir et à négocier des valeurs mobilières pour le compte des particuliers doivent déclarer à l'administration le montant global, compte non tenu des frais, des cessions effectuées par chacun de leurs clients *(Décr. n° 2020-122 du 13 févr. 2020, art. 1er-3°)* « , ainsi que le montant des soultes reçues lors d'opérations d'échange ou d'apport entrant dans les prévisions des articles 150-0 B ou 150-0 B *ter* du code général des impôts. » — *Les dispositions du présent al. s'appliquent aux soultes reçues lors d'opérations d'échange ou d'apport réalisées à compter du 1er janv. 2020 (Décr. n° 2020-122 du 13 févr. 2020, art. 2).*

Ces renseignements doivent parvenir, avant le 16 février de chaque année pour les opérations de l'année précédente, au service d'assiette dont relève la résidence ou le principal établissement du déclarant. Ils figurent sur la déclaration prévue au 1 de l'article 242 *ter* du code général des impôts lorsque celle-ci doit être souscrite.

Les sociétés de personnes ou groupements mentionnés à l'article 74-0 I doivent déclarer dans les mêmes conditions la quote-part du montant des cessions correspondant aux droits de chacun de leurs membres dans la société ou le groupement.

Art. 74-0 K *(Abrogé par Décr. nº 2019-1142 du 7 nov. 2019, art. 2) 1. Le contribuable qui réalise une opération relevant du champ d'application du régime du report d'imposition prévu à l'article 150-0 B ter du code général des impôts mentionne distinctement sur la déclaration spéciale des plus-values prévue à l'article 74-0 F le montant de la plus-value dont l'imposition est reportée ainsi que les éléments nécessaires à sa détermination.*

Le contribuable mentionne en outre les informations suivantes :

a) La date de l'opération d'apport ;

b) La dénomination et l'adresse du siège social ou du principal établissement de la société bénéficiaire de l'apport et, le cas échéant, de la société ou du groupement interposé qui a réalisé l'apport de titres ;

c) La nature juridique des droits apportés ;

d) Le nombre de titres apportés ainsi que leur valeur réelle unitaire à la date de l'apport ;

e) Le nombre de titres reçus ainsi que leur valeur nominale et leur valeur réelle unitaire à la date de l'apport ;

f) Le cas échéant, le montant de la soulte reçue ou de la soulte versée.

2. Le contribuable joint à la déclaration mentionnée au 1 une attestation émise par la société bénéficiaire de lapport précisant qu'elle est informée que les titres qui lui ont été apportés sont grevés d'une plus-value en report d'imposition en application de l'article 150-0 B ter du code général des impôts.

Art. 74-0 L *(Abrogé par Décr. nº 2019-1142 du 7 nov. 2019, art. 2) 1. Lorsque, dans les trois années suivant la date de l'apport, les titres apportés sont affectés par l'un des événements mentionnés à la première phrase du 2º du I de l'article 150-0 B ter du code général des impôts, la société bénéficiaire de l'apport mentionne, sur une attestation annexée à sa déclaration de résultat de l'année de survenance de l'événement, les informations suivantes :*

a) La nature et la date de l'événement ayant affecté les titres qui lui ont été apportés ;

b) Le nombre de titres affectés par cet événement ainsi que, le cas échéant, leur prix de cession à la date de cet événement ;

c) Le cas échéant, l'engagement d'investir au moins 50 % du produit de la cession des titres concernés au plus tard à l'expiration d'un délai de deux ans à compter de la date de la cession dans les conditions prévues au 2º du I de l'article 150-0 B ter du code général des impôts.

2. Lorsque la société qui s'est engagée à investir au moins 50 % du produit de la cession dans les conditions prévues au 2º du I de l'article 150-0 B ter du code général des impôts satisfait à cet engagement, elle joint à sa déclaration de résultat de l'année du réinvestissement une attestation mentionnant les informations suivantes :

a) Le montant du produit de cession réinvesti ;

b) La nature et la date du réinvestissement ;

c) Le cas échéant, la dénomination et l'adresse du siège social de la société dans laquelle le produit de la cession des titres a été réinvesti.

3. Lorsque la société ne respecte pas l'engagement de réinvestissement qu'elle a souscrit, elle joint à sa déclaration de résultat de l'année du non-respect de la condition de réinvestissement une attestation précisant que le produit de la cession des titres apportés n'est pas réinvesti dans les conditions prévues au 2º du I de l'article 150-0 B ter du code général des impôts.

4. Une copie des attestations mentionnées aux 1, 2 et 3 est transmise par la société au contribuable ayant réalisé l'apport des titres grevés d'une plus-value en report d'imposition ou, le cas échéant, au donataire de ces titres.

Art. 74-0 L *bis* *(Abrogé par Décr. nº 2019-1142 du 7 nov. 2019, art. 2) 1. Pour l'application du II de l'article 150-0 B ter du code général des impôts, le donateur communique au donataire les éléments mentionnés à l'article 74-0 K lui permettant de déclarer la plus-value en report d'imposition afférente aux titres transmis.*

Lorsque la donation intervient dans le délai de trois ans suivant la date de l'apport, délai décompté de date à date, le donateur informe la société bénéficiaire de l'apport de l'identité et de l'adresse du donataire.

2. Le donateur mentionne sur la formule prévue à l'article 74-0 F, souscrite au titre de l'année de la transmission, l'identité et l'adresse du donataire, la date de la transmission, le nombre de titres transmis et le montant de la plus-value en report d'imposition afférente à ces titres.

3. Le donataire mentionne sur la formule prévue à l'article 74-0 F, souscrite au titre de l'année de la transmission, l'identité et l'adresse du donateur, la date de la transmission, le nombre de titres transmis, le montant de la plus-value en report d'imposition afférente à ces titres et les éléments mentionnés au premier alinéa du 1. Le cas échéant, il joint à cette formule l'attestation mentionnée au 2 de l'article 74-0 K.

Art. 74-0 M 1. Le montant des plus-values de cession ou d'échange de valeurs mobilières ou de droits sociaux dont l'imposition a été reportée est mentionné, selon le cas, sur la déclaration spéciale prévue à l'article 74-0 F ou à l'article 74 SH et souscrite au titre de l'année au cours de laquelle l'expiration du report est intervenue. Cette déclaration comporte la désignation des sociétés concernées et, le cas échéant, la désignation de la société ou du groupement interposé qui a réalisé l'opération, ainsi que la nature et la date de l'opération.

2. Les contribuables joignent à cette déclaration un état conforme à celui mentionné au 1 de l'article 74-0 N.

Art. 74-0 N 1. L'état prévu au 2 de l'article 74-0 M, établi sur une formule délivrée par l'administration, fait apparaître, pour chaque plus-value dont le report n'est pas expiré :

a) La nature et la date de l'opération ainsi que le régime d'imposition applicable ;

b) La désignation des sociétés concernées ;

c) Le montant de ces plus-values au 31 décembre de l'année d'imposition et au 31 décembre de l'année précédente ;

d) La nature et la date de l'événement ayant entraîné la modification de ce montant ;

e) Le cas échéant, la désignation de la société ou du groupement interposé qui a réalisé l'opération d'échange de titres ainsi que la quote-part des droits détenus dans la société ou le groupement à la date de l'échange.

2. — Pour l'application du 2° du I de l'article 150-0 B *ter* du code général des impôts, les contribuables joignent, le cas échéant, à la formule prévue au 1 une copie des attestations mentionnées à l'article *(Décr. n° 2020-122 du 13 févr. 2020, art. 1er-4°)* « 41 *quatervicies* A de l'annexe III à ce même code ».

Art. 74-0 O Lorsque les titres grevés d'un report d'imposition sont eux-mêmes échangés dans les conditions du II de l'article 150 UB, de l'article 150-0 B ou du IV de l'article 150-0 B *ter* du code général des impôts, les contribuables doivent joindre à la déclaration prévue au 1 de l'article 170 du même code un état établi sur une formule délivrée par l'administration, qui fait apparaître, en plus des éléments mentionnés à l'article 74-0 N, la nature et la date de la nouvelle opération d'échange ainsi que le nombre de titres remis et de titres reçus lors de cette opération.

Art. 74-0 P Pour l'application du *c* du 2° du *(Décr. n° 2018-500 du 20 juin 2018, art. 3)* « II » de l'article 150-0 D *ter* du code général des impôts, la date à laquelle le cédant fait valoir ses droits à la retraite s'entend de la date à laquelle il entre en jouissance des droits qu'il a acquis dans le régime obligatoire de base d'assurance vieillesse auquel il a été affilié à raison de ses fonctions de direction ou, s'il n'a été affilié auprès d'aucun régime obligatoire de base pour cette activité, dans le régime obligatoire de base d'assurance vieillesse auquel il a été affilié au titre de sa dernière activité.

Le contribuable produit à l'administration fiscale, sur sa demande, les pièces que lui a adressées son régime mentionné au premier alinéa, sur lesquelles figure la date prévue audit alinéa.

Art. 74-0 Q *(Abrogé par Décr. n° 2020-122 du 13 févr. 2020, art. 1er-5°) Les conditions d'effectif, de chiffre d'affaires ou de total de bilan mentionnées (Décr. n° 2018-500 du 20 juin 2018, art. 3) « au a du 3° du II » de l'article 150-0 D ter du code général des impôts sont déterminées sur la base des comptes de la société dont les titres ou droits sont cédés. Si cette société établit des comptes consolidés, les conditions précitées sont déterminées sur la base de ces comptes.*

2° BIENS ET DROITS MOBILIERS OU IMMOBILIERS

Art. 74 A à 74 S *Abrogés par Décr. n° 2003-1384 du 31 déc. 2003, art. 2.*

PLUS-VALUES RÉALISÉES PAR LES PARTICULIERS

Art. 74 SA Lorsqu'une vente est réalisée sous condition suspensive, la cession est considérée comme effective à la date de la réalisation de la condition.

Art. 74 SB *Devenu sans objet (L. n° 2004-1485 du 30 déc. 2004, art. 50-I-2° et VIII).*

Art. 74 SC I. — L'indemnité d'expropriation à retenir pour le calcul de la plus-value imposable est constituée par l'ensemble des indemnités allouées en espèces ou en nature à un même bénéficiaire, à l'exception de celles qui ne sont pas représentatives de la valeur de cession des biens expropriés.

Les acomptes perçus en application de l'article L. 323-3 du code de l'expropriation pour cause d'utilité publique sont rattachés à l'indemnité dont ils constituent un élément.

Lorsque, dans le cadre des dispositions de l'article L. 322-12 du code précité, l'indemnité a été remplacée par l'attribution d'un local de réinstallation, la somme à retenir pour le calcul de la plus-value est constituée par le montant de l'indemnité d'expropriation, fixée au préalable.

II. — S'il est fait application de l'article L. 321-5 du code de l'expropriation pour cause d'utilité publique, le supplément de valeur acquis par le reste de la propriété, tel qu'il est fixé par le juge, est considéré comme faisant partie de l'indemnité d'expropriation ; en cas de cession ultérieure, il est assimilé à une dépense d'amélioration pour la détermination de la plus-value.

Lorsqu'à l'inverse, une indemnité accessoire est attribuée en raison de la dépréciation du reste de la propriété, cette indemnité n'est pas considérée comme faisant partie de l'indemnité d'expropriation ; en cas de cession ultérieure du reste de la propriété, elle est retranchée du prix d'acquisition.

Art. 74 SD Lorsque la cession porte sur une partie seulement d'un bien, le prix d'acquisition à retenir pour la détermination de la plus-value imposable est celui de cette seule partie.

Art. 74 SE Si la cession a pour objet la nue-propriété, l'usufruit ou tout autre droit portant sur un bien acquis en pleine propriété, la plus-value imposable est déterminée en tenant compte, d'une part, du prix du droit cédé et, d'autre part, du prix d'acquisition afférent à ce droit. Ce prix d'acquisition est réputé égal à une fraction, appréciée au jour de la cession, du prix d'acquisition de la pleine propriété du bien. En cas d'usufruit ou de nue-propriété, cette fraction est déterminée en appliquant le barème institué par l'article 669 du code général des impôts.

Art. 74 SF Dans les cas prévus aux articles 74 SD et 74 SE, la fraction des charges et indemnités et des frais d'acquisition à retenir pour la détermination de la plus-value imposable est la même que celle retenue pour la détermination du prix d'acquisition.

Art. 74 SG I. — Lorsque le bien ou le droit cédé a fait partie du patrimoine privé du cédant avant d'être inscrit à l'actif d'une entreprise, la plus-value imposable au titre des articles 150 U à 150 UB du code général des impôts est déterminée par différence entre la valeur d'inscription à l'actif au jour de cette inscription et le prix d'acquisition du bien.

II. — Lorsque le bien ou le droit cédé a été inscrit à l'actif d'une entreprise, puis repris dans le patrimoine privé du cédant, le prix d'acquisition à retenir pour la détermination de la plus-value imposable au titre des articles 150 U à 150 UB précités s'*entend de la valeur réelle* du bien au jour du retrait du bien ou du droit de l'actif.

III. — Lorsque le bien ou le droit a successivement fait partie du patrimoine privé de l'exploitant, a été inscrit à l'actif d'une entreprise, puis repris dans le patrimoine privé, la plus-value imposable au titre des articles 150 U à 150 UB précités est déterminée à la date de la cession par application successive des dispositions prévues aux I et II.

Art. 74 SH I. – La déclaration mentionnée à l'article 150 VG du code général des impôts doit être déposée pour chaque bien ou droit cédé par le contribuable :

1° En un seul exemplaire en cas de cession d'immeubles ;

2° En double exemplaire en cas de cession de biens meubles ou de droits sociaux. Le service des impôts indique sur chacun d'entre eux les références du dépôt et le montant des sommes reçues en paiement de l'impôt afférent à la plus-value telle qu'elle a été liquidée sur la déclaration. Un exemplaire de cette déclaration annotée est remis au vendeur ou à son mandataire.

II. – La déclaration doit être signée par le cédant ou par son mandataire. Dans ce dernier cas, le mandat doit figurer dans l'acte de cession ou être joint à l'appui de la déclaration. Il comporte, outre l'acceptation du mandataire, l'indication des nom, prénoms et adresse du mandant, l'habilitation du mandataire à signer les déclarations et, le cas échéant, à verser l'impôt correspondant à celles-ci ainsi que la reconnaissance, par le mandant, qu'il demeurera personnellement responsable de l'impôt, et notamment des suppléments de droits et pénalités qui pourraient être réclamés à la suite d'un contrôle.

Art. 74 SI Les pièces justifiant des frais ou charges mentionnés au III de l'article 150 VA et au II de l'article 150 VB du code général des impôts sont fournies par le contribuable sur demande de l'administration. Il en est de même des pièces justifiant du remploi de l'indemnité pour le bénéfice de l'exonération prévue au 4° du II de l'article 150 U du même code.

Art. 74 SJ L'accomplissement de la formalité de l'enregistrement ou de la formalité fusionnée est subordonné, pour tout acte ou toute déclaration constatant la cession à titre onéreux de biens entrant dans le champ d'application des articles 150 U à 150 VH du code général des impôts, à la mention dans l'acte ou dans la déclaration :

1° De l'adresse du service des impôts dont le cédant dépend pour la déclaration de ses revenus ou bénéfices ou, pour les cessions mentionnées aux 1° et 3° du II de l'article 150 VG, de l'adresse du service des impôts du domicile du cédant ;

2° Du prix de cession de chacun des biens ;

3° Du prix d'acquisition du bien ou, s'il s'agit d'une acquisition à titre gratuit, du nom du précédent propriétaire, de son domicile et, éventuellement, de la date de son décès.

VI *TAXE SUR LES MÉTAUX PRÉCIEUX, LES BIJOUX, LES OBJETS D'ART, DE COLLECTION ET D'ANTIQUITÉ*

Art. 74 S *bis* Pour l'application des articles 150 VI et 150 VJ du code général des impôts, les cessions de métaux précieux, de bijoux et d'objets d'art, de collection ou d'antiquité sont regardées comme réalisées dans l'État dans lequel se situe physiquement le bien cédé au jour de l'opération.

Art. 74 S *ter* Pour le bénéfice de l'exonération prévue au 5° de l'article 150 VJ du code général des impôts, l'exportateur doit justifier, lors de l'accomplissement des formalités douanières, être fiscalement domicilié hors de France et présenter, selon le cas, l'un des documents suivants :

a. un document, tel que prévu par la législation douanière en vigueur, prouvant que le bien a fait antérieurement l'objet d'une importation en France ou dans un autre État membre de l'Union européenne par ses soins ;

b. *Abrogé par Décr. n° 2014-621 du 16 juin 2014 ;*

c. un document mentionnant explicitement le bien concerné et établissant que celui-ci a été acquis par voie de succession ou de donation d'une personne résidant en France ou dans un autre État membre de l'Union européenne ;

d. un document prouvant que le bien a été acquis à titre onéreux, en France ou dans un autre État membre de l'Union européenne. En cas d'acquisition auprès d'un professionnel, ce document s'entend de la facture délivrée par ce dernier.

e. *Abrogé par Décr. n° 2014-621 du 16 juin 2014.*

Art. 74 S *quater* Pour le bénéfice de l'exonération prévue au 5° de l'article 150 VJ du code général des impôts et lorsqu'un intermédiaire participe à la transaction, ou, en l'absence d'intermédiaire, lorsque l'acquéreur est un assujetti à la taxe sur la valeur ajoutée établi en France, la responsabilité de cet intermédiaire ou de cet acquéreur est dégagée, sous réserve qu'il justifie de l'identité et de la résidence du cédant ou de l'exportateur du bien au moyen d'une copie de la pièce d'identité délivrée au nom de celui-ci et d'une attestation sur l'honneur, établie par l'intéressé, de sa résidence fiscale à l'étranger. Ces documents sont conservés par l'intermédiaire ou l'acquéreur assujetti à la taxe sur la valeur ajoutée établi en France, et annexés aux pièces comptables correspondant à l'opération. En cas d'exportation, ils sont produits auprès du service des douanes lors de l'accomplissement des obligations douanières.

Art. 74 S *quinquies* Pour l'application du I de l'article 150 VK du code général des impôts, l'intermédiaire s'entend de toute personne domiciliée fiscalement en France participant à la transaction qui agit au nom et pour le compte du vendeur ou de l'acquéreur, ou qui fait l'acquisition du bien en son nom concomitamment à sa revente à un acquéreur final.

En cas d'option pour le régime de droit commun des plus-values sur biens meubles en application de l'article 150 VL du code général des impôts, l'intermédiaire ou l'acquéreur assujetti à la taxe sur la valeur ajoutée établi en France est dégagé de toute responsabilité tant en raison des renseignements fournis par le vendeur ou l'exportateur que, le cas échéant, du calcul de la plus-value imposable.

Art. 74 S *sexies* La déclaration mentionnée à l'article 150 VM du code général des impôts indique :

a. en cas de cession, l'identité du vendeur ou, le cas échéant, celle de l'intermédiaire participant à la transaction ou de l'acquéreur assujetti à la taxe sur la valeur ajoutée établi en France ;

b. en cas d'exportation, l'identité de l'exportateur et, le cas échéant, celle de l'intermédiaire participant à la transaction ;

c. la date de l'opération ;

d. la désignation et la nature du bien cédé ou exporté ainsi que, selon le cas, le prix de cession ou la valeur en douane de ce bien.

Art. 74 S *septies* L'option mentionnée à l'article 150 VL du code général des impôts est irrévocable.

Lorsque cette option est exercée, le vendeur ou l'exportateur présente, à l'appui de la déclaration prévue par l'article 150 VM du même code, les éléments permettant d'établir la date et le prix d'acquisition du bien cédé ou exporté ou de justifier que ce dernier est détenu depuis plus de vingt-deux ans.

En cas d'exportation, la déclaration mentionnée au deuxième alinéa doit être déposée, accompagnée du paiement de l'impôt éventuellement dû, par l'exportateur ou, le cas échéant, par l'intermédiaire participant à la transaction, au service des impôts mentionné aux 1° et 3° du I de l'article 150 VM du code précité, préalablement à l'accomplissement des formalités douanières. Elle doit ensuite être présentée à la recette des douanes compétente conformément au 2° du I du même article pour valoir justificatif de non-paiement de la taxe forfaitaire prévue à l'article 150 VI du code général des impôts.

VII *DISPOSITIONS COMMUNES*

1 CONDITIONS D'EXONÉRATION DES CONTRATS DE LOCATION OU SOUS-LOCATION DE LOGEMENT

Art. 74 T *Périmé (Décr. nº 2006-356 du 24 mars 2006).*

2 ÉTAT À PRODUIRE PAR LES CONTRIBUABLES RELEVANT DU RÉGIME DES MICRO-ENTREPRISES ET DU RÉGIME SPÉCIAL DÉCLARATIF

Art. 74 U et 74 V *Devenus sans objet (Ord. nº 2005-1512 du 7 déc. 2005, art. 7 ; Décr. nº 2006-356 du 24 mars 2006).*

SECTION II REVENU GLOBAL

0I

Art. 75-0A à 75-0 D *Devenus sans objet (L. n° 81-1160 du 30 déc. 1981, art. 88-III).*

0I *BIS*

Art. 75-0E à 75-0W *Périmés.*

0I *TER* *CRÉATEURS D'ENTREPRISES*

Art. 75-0X *Périmé.*

Art. 75-0Y et 75-0Y *bis* *Devenus sans objet (Décr. n° 2007-484 du 30 mars 2007).*

I *AVOIR FISCAL ET CRÉDIT D'IMPÔT – PAIEMENT DES REVENUS DE CAPITAUX MOBILIERS – OBLIGATIONS DES ÉTABLISSEMENTS PAYEURS – PLANS D'ÉPARGNE D'ENTREPRISE*

Art. 75 Sont regardés comme établissements payeurs :

1° Les personnes ou organismes, y compris les caisses publiques, qui paient ou prennent à l'encaissement des coupons ou instruments représentatifs de coupons afférents à des valeurs mobilières ainsi que ceux qui achètent de tels coupons ou instruments déjà échus ou mis en paiement, ou qui s'entremettent dans leur négociation ;

2° Les personnes ou organismes qui paient des revenus de capitaux mobiliers, en l'absence de coupons ou d'instruments représentatifs de coupons ;

3° Les personnes et collectivités débitrices de revenus de capitaux mobiliers qu'elles paient, soit directement, soit par l'intermédiaire d'établissements situés hors de France s'il s'agit de sociétés ou collectivités françaises ;

4° Les sociétés visées à l'article 8 du code général des impôts, pour les revenus définis au 4 de l'article 79.

Art. 76 Les établissements payeurs sont tenus d'exiger des bénéficiaires des revenus, des présentateurs ou des vendeurs, la justification de leur identité, notamment de leurs date et lieu de naissance s'il s'agit de personnes physiques, ainsi que de leur domicile réel ou siège social.

Un arrêté détermine les modalités de cette justification et définit les documents qui doivent être présentés à cette fin *[Ann. IV, art. 17, 17 A et 188 H]*.

Toutefois, les établissements payeurs peuvent se dispenser, sous leur responsabilité, d'exiger la production de ces documents des personnes dont l'identité, la date, le lieu de naissance et le domicile leur sont connus.

Art. 77 1. Lorsque le domicile réel du bénéficiaire des revenus, ou son siège social s'il s'agit d'une personne morale, est situé en France métropolitaine ou dans un département d'outre-mer, l'établissement payeur :

a. N'a pas à opérer la retenue à la source mentionnée au 2 de l'article 119 *bis* du code général des impôts sur les produits d'actions, de parts sociales ou de parts bénéficiaires et sur les revenus assimilés répartis par des sociétés françaises ;

b. Est tenu de délivrer au présentateur un certificat libellé au nom du bénéficiaire.

2. Le montant du crédit d'impôt mentionné sur le certificat prévu au *b* du 1 comprend :

a. Abrogé par Décr. n° 2007-567 du 17 avr. 2007.

b. Le crédit d'impôt correspondant aux retenues prélevées en vertu du 1 des articles 119 *bis* et 1678 *bis* du code général des impôts ou réputées prélevées sur les revenus de valeurs mobilières françaises et assimilées ;

c. Le crédit d'impôt correspondant à l'impôt retenu à la source à l'étranger ou à la décote en tenant lieu, tel qu'il est prévu par les conventions internationales.

Art. 78 I. — Lorsque le domicile réel ou le siège social du bénéficiaire des revenus est situé hors de la France métropolitaine et des départements d'outre-mer, l'établissement payeur :

a) Est tenu, sous réserve des dispositions des conventions internationales, de prélever sur les produits d'actions, de parts sociales ou de parts bénéficiaires et sur les revenus assimilés répartis par des sociétés françaises la retenue à la source visée au 2 de l'article 119 *bis* du code général des impôts ;

b) Est tenu de délivrer au présentateur un certificat libellé au nom du bénéficiaire.

II. — Le crédit d'impôt mentionné sur le certificat prévu au *b* du I correspond aux retenues prélevées ou réputées prélevées sur les produits payés.

Art. 79 1. Les certificats prévus aux articles 77 et 78 sont établis sur des formules dont les modèles sont fixés par arrêté. — *Ann. IV, art. 16 bis.*

2. Les établissements payeurs autres que les sociétés ou collectivités débitrices sont déchargés de toute responsabilité quant au montant du crédit d'impôt inscrit sur les certificats délivrés par eux lorsque ce montant correspond à celui qui leur a été notifié par lesdites sociétés ou collectivités.

3. Les établissements payeurs sont tenus d'établir le relevé prévu à l'article 57 pour tous les revenus payables sur présentation de coupons ou d'instruments représentatifs de coupons.

4. Les sociétés visées au 4° de l'article 75 sont réputées verser à chacun de leurs associés la quote-part des revenus correspondant à ses droits, le jour où elles ont elles-mêmes encaissé lesdits revenus ou ont été créditées de leur montant. Elles prélèvent à la même date la retenue à la source visée au 2 de l'article 119 *bis* du code général des impôts qui est due, à raison de leurs quotes-parts respectives, par les associés dont le domicile réel ou le siège social est situé hors de la France métropolitaine et des départements d'outre-mer.

Art. 80 L'utilisation, par les bénéficiaires de revenus de capitaux mobiliers, du crédit d'impôt attaché à ces revenus, est subordonnée à la production par les intéressés des certificats correspondants établis par les établissements payeurs en application des dispositions des articles 77 et 78.

Les certificats sont obligatoirement joints à la déclaration de revenus ou de résultats dans laquelle sont compris les revenus qui ont donné lieu à leur délivrance.

Art. 81 1. Les certificats délivrés aux sociétés d'investissement et aux sociétés assimilées servent à justifier le crédit d'impôt attaché aux dividendes qu'elles distribuent à leurs actionnaires.

2. Les certificats délivrés aux sociétés visées à l'article 8 du code général des impôts servent à justifier le montant de ceux qu'elles délivrent elles-mêmes à leurs membres en application du 4 de l'article 79 ainsi que l'assiette de la retenue à la source prélevée par elles, le cas échéant.

3. Les sociétés visées au présent article sont tenues de conserver les certificats qui leur ont été délivrés jusqu'à l'expiration du délai de reprise fixé par le premier alinéa de l'article L. 169 du Livre des procédures fiscales.

Art. 81 *bis* I. — Le crédit d'impôt attaché aux revenus des valeurs mobilières attribuées aux salariés ou acquises pour leur compte en application des articles L. 3322-1 à L. 3326-2 du code du travail, donne lieu à la délivrance d'un certificat distinct, conformément aux dispositions de l'article 77.

II. — Lorsque ces revenus sont totalement exonérés, conformément aux dispositions de l'article 163 *bis* AA du code général des impôts, le certificat est établi pour la totalité du crédit d'impôt au nom de l'organisme chargé de la conservation des titres et la restitution du crédit d'impôt mentionné sur ce certificat est demandée par cet organisme.

Lorsque l'exonération ne porte que sur la moitié de ces revenus, le certificat établi au nom de l'organisme chargé de la conservation des titres ne mentionne que la moitié du crédit d'impôt qui s'attache à ces revenus. La restitution demandée par l'organisme porte alors sur un montant réduit de moitié.

III. — La demande de restitution, accompagnée du certificat, est adressée au service des impôts du siège de l'organisme qui l'a établie.

La restitution est opérée au profit de cet organisme, à charge pour lui d'employer les sommes correspondantes de la même façon que les revenus auxquels elles se rattachent.

Art. 82 I. – Le crédit d'impôt attaché aux revenus du portefeuille collectif ou des titres détenus individuellement qui sont acquis en application des articles L. 3331-1 à L. 3335-2 du code du travail, et dans les conditions fixées à ces articles donne lieu à la délivrance d'un certificat distinct conformément aux dispositions de l'article 77.

II. – Lorsque ces revenus sont totalement exonérés, conformément aux dispositions des deux premières phrases du II de l'article 163 *bis* B du code général des impôts, le certificat est établi pour la totalité du crédit d'impôt au nom de l'organisme chargé de la conservation des titres et la restitution du crédit d'impôt mentionné sur ce certificat est demandée par cet organisme.

III. – La demande de restitution, accompagnée du certificat est adressée au service des impôts du siège de l'organisme qui l'a établie.

La restitution est opérée au profit de cet organisme, à charge pour lui d'employer les sommes correspondantes de la même façon que les revenus auxquels elles se rattachent.

II *DISTRIBUTION DE PRIMES À LA CONSTRUCTION PAR LES SOCIÉTÉS IMMOBILIÈRES D'INVESTISSEMENT ET LES SOCIÉTÉS IMMOBILIÈRES DE GESTION*

Art. 83 Pour être admises au bénéfice de l'exonération prévue au I de l'article 159 *quinquies* du code général des impôts, les primes à la construction encaissées par les sociétés immobilières d'investissement et les sociétés immobilières de gestion doivent être distribuées en espèces aux actionnaires ou porteurs de parts au plus tard lors de la mise en paiement du dividende afférent à l'exercice au cours duquel elles ont été perçues. Si aucun dividende n'est réparti au titre dudit exercice, la distribution des primes doit avoir lieu, au plus tard, dans les vingt jours qui suivent l'assemblée générale statuant sur les résultats de cet exercice.

Art. 84 I. – Par dérogation aux dispositions de l'article 4 du décret n° 48-1683 du 30 octobre 1948, fixant certaines caractéristiques des valeurs mobilières, les coupons ou instruments représentatifs de coupons, contre remise desquels sont opérées les distributions de primes à la construction conformes aux prescriptions de l'article 83 sont obligatoirement distincts de ceux servant au paiement des dividendes et autres produits des actions ou parts. Ils ne donnent pas lieu à l'établissement du relevé prévu à l'article 57.

II. – En cas de distribution soit de primes à la construction ne satisfaisant pas aux conditions exigées à l'article 83, soit de sommes ne provenant pas de primes à la construction encaissées par la société, les sommes ou valeurs ainsi réparties sont réputées versées à des bénéficiaires non identifiés et soumises au régime des rémunérations et avantages occultes mentionnés au *c* de l'article 111 du code général des impôts.

III

Art. 85 à 91 *Devenus sans objet.*

IV *OPTIONS DE SOUSCRIPTION OU D'ACHAT D'ACTIONS AU BÉNÉFICE DU PERSONNEL DES SOCIÉTÉS*

Art. 91 *bis* I. – 1° L'entreprise ou la société mentionnée au 2° délivre un état individuel aux bénéficiaires d'options sur titres attribuées jusqu'au 27 septembre 2012 dans les conditions prévues au I de l'article 163 *bis* C du code général des impôts dans sa rédaction antérieure à celle résultant de l'article 11 de la loi n° 2012-1509 du 29 décembre 2012 de finances pour 2013, au plus tard le 1er mars de l'année de dépôt de leur déclaration de revenus souscrite au titre de l'année de la levée des options. Les bénéficiaires doivent le conserver jusqu'à l'expiration du délai de reprise et le présenter sur demande de l'administration fiscale.

Cet état mentionne :

a) L'objet pour lequel il est établi : application de l'article 163 *bis* C du code général des impôts dans sa rédaction antérieure à celle résultant de la loi n° 2012-1509 du 29 décembre 2012 de finances pour 2013, pour les options sur titres attribuées jusqu'au 27 septembre 2012 ;

b) La raison sociale et le siège social de la société émettrice des titres et, le cas échéant, celle de l'entreprise qui établit l'état ;

c) L'identité et l'adresse du bénéficiaire ;

d) Le nombre, le prix de souscription ou d'achat et la valeur des actions acquises à la date de la levée des options ;

e) La fraction du gain de levée d'option de source française ;

f) Les dates d'attribution et de levée des options ;

g) Lorsque les dispositions du II de l'article 80 *bis* du code général des impôts trouvent à s'appliquer, le montant de la différence définie à cet article.

2° La société émettrice qui a son siège social en France et dans laquelle le titulaire des options sur titres exerce son activité ou l'entreprise mentionnée au III de l'article 80 *bis* du code général des impôts transmet à l'administration fiscale, dans la déclaration prévue à l'article 87 du même code, les informations mentionnées au *i* du 2° de l'article 39 de l'annexe III audit code.

Lorsque le titulaire exerce son activité dans une entreprise différente de la société ou de l'entreprise mentionnée à l'alinéa précédent au moment de la levée des options, cette information est transmise, selon les mêmes modalités, par l'entreprise dans laquelle il exerce son activité lorsqu'elle dispose des informations nécessaires.

Dans les autres cas, la société émettrice ou l'entreprise mentionnée au premier alinéa adresse au service des impôts des entreprises dont elle relève, au plus tard le 1er mars de l'année qui suit celle au cours de laquelle a eu lieu la levée des options, un duplicata de l'état individuel mentionné au 1°.

3° Lorsque les actions issues des options sur titres sont inscrites sur un compte titres qui n'est pas tenu par l'entreprise ou la société mentionnée au 2°, celle-ci communique, soit au plus tard le 1er mars de l'année qui suit celle de la levée des options, soit lors de la cession des titres lorsqu'elle intervient avant cette date, une copie de l'état prévu au 1° à l'établissement chargé de la tenue du compte titres qui est redevable de la retenue à la source prévue à l'article 182 A *ter* du code général des impôts.

En cas de transfert des titres sur un autre compte, l'établissement mentionné à l'alinéa précédent transmet une copie du duplicata au nouveau redevable de la retenue à la source.

II. – 1° En cas de conversion au porteur, de mise en location ou de cession d'actions issues d'options sur titres attribuées jusqu'au 27 septembre 2012, avant le terme de la période d'indisponibilité prévue au I de l'article 163 *bis* C du code général des impôts dans sa rédaction antérieure à celle résultant de l'article 11 de la loi n° 2012-1509 du 29 décembre 2012 de finances pour 2013, l'entreprise ou la société mentionnée au 2° du I du présent article adresse au service des impôts des entreprises dont elle relève, au plus tard le 1er mars de l'année qui suit celle au cours de laquelle a eu lieu l'opération, un état individuel qui mentionne la date et la nature de l'opération, le nombre d'actions concernées, les informations mentionnées aux *b* à *g* du 1° du I et, le cas échéant, la survenance d'un événement prévu à l'article 91 *ter*.

Elle communique une copie de cet état au titulaire des options et, le cas échéant, à l'établissement mentionné au 3° du I.

2° En cas d'échange sans soulte d'actions issues d'options sur titres attribuées jusqu'au 27 septembre 2012 et résultant d'une opération mentionnée au I *bis* de l'article 163 *bis* C du code général des impôts dans sa rédaction antérieure à celle résultant de l'article 11 de la loi n° 2012-1509 du 29 décembre 2012 de finances pour 2013, l'entreprise ou la société mentionnée au 2° du I du présent article adresse au service des impôts des entreprises dont elle relève, au plus tard le 1er mars de l'année qui suit celle au cours de laquelle a eu lieu l'opération, un état individuel qui mentionne la date et la nature de l'opération, le nombre d'actions reçues en échange, la raison sociale et l'adresse de la société dont les actions sont remises en échange ainsi que les informations mentionnées aux *b* à *g* du 1° du I.

Elle communique une copie de cet état au titulaire des options et, le cas échéant, à l'établissement mentionné au 3° du I. – *Dispositions devenues sans objet (art. 163 bis C abrogé par L. n° 2012-1509 du 29 déc. 2012, art. 11-I-F et IV, applicable aux options sur titres et aux actions gratuites attribuées à compter du 28 sept. 2012).*

Sur les obligations déclaratives pour les options sur actions attribuées à compter du 28 sept. 2012, V. Ann. III, art. 38 septdecies.

Ancien art. 91 *bis* ***[Applicable aux déclarations souscrites à compter du 1er janv. 2013 relatives aux options sur titres levées à compter du 1er janv. 2012]*** *I. — 1° Les bénéficiaires d'options sur titres attribuées dans les conditions prévues au I de l'article 163 bis C du code général des impôts joignent à leur déclaration de revenus souscrite au titre de l'année de levée des options un état individuel délivré, au plus tard le 1er mars de l'année de dépôt de la déclaration, par l'entreprise ou la société mentionnée au 2°.*

Cet état mentionne :

a) L'objet pour lequel il est établi : application de l'article 163 bis C du code général des impôts ;

b) La raison sociale et le siège social de la société émettrice des titres et, le cas échéant, celle de l'entreprise qui établit l'état ;

c) L'identité et l'adresse du bénéficiaire ;

d) Le nombre, le prix de souscription ou d'achat et la valeur des actions acquises à la date de la levée des options ;

e) La fraction du gain de levée d'option de source française ;

f) Les dates d'attribution et de levée des options ;

g) Lorsque les dispositions du II de l'article 80 bis du code général des impôts trouvent à s'appliquer, le montant de la différence définie à cet article.

Les contribuables qui transmettent la déclaration de leurs revenus par voie électronique, en application de l'article 1649 quater B ter du code général des impôts, sont dispensés de joindre cet état à cette déclaration. Ils doivent le conserver jusqu'à l'expiration du délai de reprise et le présenter à l'administration sur demande de sa part.

2° La société émettrice qui a son siège social en France et dans laquelle le titulaire des options sur titres exerce son activité ou l'entreprise mentionnée au III de l'article 80 bis du code général des impôts transmet à l'administration fiscale, dans la déclaration prévue à l'article 87 du même code, les informations mentionnées au i du 2° de l'article 39 de l'annexe III audit code.

Lorsque le titulaire exerce son activité dans une entreprise différente de la société ou de l'entreprise mentionnée à l'alinéa précédent au moment de la levée des options, cette information est transmise, selon les mêmes modalités, par l'entreprise dans laquelle il exerce son activité lorsqu'elle dispose des informations nécessaires.

Dans les autres cas, la société émettrice ou l'entreprise mentionnée au premier alinéa adresse au service des impôts dont elle relève, au plus tard le 1er mars de l'année qui suit celle au cours de laquelle a eu lieu la levée des options, un duplicata de l'état individuel mentionné au 1°.

3° Lorsque les actions issues des options sur titres sont inscrites sur un compte titres qui n'est pas tenu par l'entreprise ou la société mentionnée au 2°, celle-ci communique, soit au plus tard le 1er mars de l'année qui suit celle de la levée des options, soit lors de la cession des titres lorsqu'elle intervient avant cette date, une copie de l'état prévu au 1° à l'établissement chargé de la tenue du compte titres qui est redevable de la retenue à la source prévue à l'article 182 A ter du code général des impôts.

En cas de transfert des titres sur un autre compte, l'établissement mentionné à l'alinéa précédent transmet une copie du duplicata au nouveau redevable de la retenue à la source.

II. — 1° En cas de conversion au porteur, de mise en location ou de cession avant le terme de la période d'indisponibilité prévue au I de l'article 163 bis C du code général des impôts, l'entreprise ou la société mentionnée au 2° du I du présent article adresse au service des impôts dont elle relève, au plus tard le 1er mars de l'année qui suit celle au cours de laquelle a eu lieu l'opération, un état individuel qui mentionne la date et la nature de l'opération, le nombre d'actions concernées, les informations mentionnées aux b à g du 1° du I et, le cas échéant, la survenance d'un événement prévu à l'article 91 ter.

Elle communique une copie de cet état au titulaire des options et, le cas échéant, à l'établissement mentionné au 3° du I.

2° En cas d'échange sans soulte d'actions résultant d'une opération mentionnée au I bis de l'article 163 bis C du code général des impôts, l'entreprise ou la société mentionnée au 2° du I du présent article adresse au service des impôts dont elle relève, au plus tard le 1er mars de l'année qui suit celle au cours de laquelle a eu lieu l'opération, un état individuel qui mentionne la date et la nature de l'opération, le nombre d'actions reçues en échange, la raison sociale et l'adresse de la société dont les actions sont remises en échange ainsi que les informations mentionnées aux b à g du 1° du I.

Elle communique une copie de cet état au titulaire des options et, le cas échéant, à l'établissement mentionné au 3° du I. — *Dispositions devenues sans objet (art. 163 bis C abrogé par L. n° 2012-1509 du 29 déc. 2012, art. 11-I-F et IV, applicable aux options sur titres et aux actions gratuites attribuées à compter du 28 sept. 2012).*

État individuel. Le défaut de jonction à la déclaration de revenus de l'état individuel délivré au salarié par la société émettrice des options sur actions peut être régularisé dans le délai de réclamation et n'entraîne pas la déchéance automatique du régime fiscal de faveur. • CE 25 nov. 2009, n° 323334 : *RJF 2010. 122 ; Dr. fisc. 2010. 217, concl. Escaut, note Schiele et Talec.*

Art. 91 *ter* **Le bénéficiaire d'options sur titres attribuées jusqu'au 27 septembre 2012 peut exceptionnellement disposer des actions avant le terme de la période d'indisponibilité fixée au I de l'article 163 *bis* C du code général des impôts dans sa rédaction antérieure à celle résultant de l'article 11 de la loi n° 2012-1509 du 29 décembre 2012 de finances pour 2013, sans perte du bénéfice des dispositions prévues à cet article, dans les situations suivantes :**

1° licenciement du titulaire ;

2° mise à la retraite du titulaire ;

3° invalidité du titulaire correspondant au classement dans la deuxième ou la troisième des catégories prévues à l'article L. 341-4 du code de la sécurité sociale ;

4° décès du titulaire.

Dans les situations définies aux 1° et 2° les options doivent avoir été levées au moins trois mois avant la date de réalisation de l'événement invoqué.

Licenciement. En cas de licenciement avant l'expiration du délai d'indisponibilité, l'option doit avoir été exercée au moins 3 mois avant la date de réalisation de cet événement. La date de licenciement s'entend de la réception de la lettre le notifiant et non de l'expiration du délai de préavis. • CAA Douai, 11 mai 2005, n° 03DA274 : *RJF 2005. 1189.* ♦ Dans le même sens. • Soc. 10 juill. 2007, n° 05-45.553 : *RJF 2007. 1432.*

Art. 91 *ter* A **I. — Pour l'application du 4 du II de l'article 163 *bis* G du code général des impôts, la capitalisation boursière d'une société est déterminée par le produit du nombre de ses titres de capital admis à la négociation à l'ouverture du jour de négociation précédant celui de l'émission des bons par la moyenne des cours d'ouverture des soixante jours de négociation précédant celui de l'émission des bons.**

Toutefois, lorsque les titres de capital de la société sont pour la première fois admis à la négociation durant ces soixante jours, la moyenne retenue est celle des cours d'ouverture des jours de négociation depuis le jour de l'admission à la négociation jusqu'au jour précédant celui de l'émission des bons. Il en est de même en cas d'augmentation de capital ou d'opération de fusion, de scission ou d'apport partiel d'actif réalisée durant ces soixante jours et emportant admission à la négociation de nouveaux titres de capital de la société absorbante ou bénéficiaire.

II. — Par dérogation aux dispositions du I, en cas d'émission des bons le jour de la première cotation des titres de capital d'une société, sa capitalisation boursière est déterminée par le produit du nombre de titres de capital ainsi admis à la négociation par le prix auquel ces titres sont placés dans le public, à savoir le prix auquel ces titres sont vendus au public avant la première cotation.

De même, en cas d'émission des bons le jour où de nouveaux titres de capital de la société sont admis à la négociation à la suite d'une augmentation de capital ou d'une opération de fusion, de scission ou d'apport partiel d'actif, sa capitalisation boursière est déterminée par le produit du nombre total des titres de capital de la société absorbante ou bénéficiaire admis à la négociation à l'issue de l'opération par le cours de clôture du dernier jour de négociation précédant l'admission à la négociation de ces nouveaux titres de capital.

V *PLAN D'ÉPARGNE POPULAIRE*

Art. 91 *quater* **La date d'ouverture du *[d'un]* plan d'épargne populaire est fixée conformément aux dispositions de l'article R. 221-69 du code monétaire et financier.**

Art. 91 *quater* A **Les produits visés au deuxième alinéa du III de l'article 109 de la loi n° 89-935 du 29 décembre 1989 sont constitués par la différence entre les sommes remboursées au titulaire du plan d'épargne populaire et le montant de ses versements sur le plan d'épargne populaire.**

En application de l'al. 2 du III de l'art. 109 de la L. n° 89-935 du 29 déc. 1989, les produits sont soumis à l'impôt sur le revenu lorsque le retrait de fonds intervient avant huit ans, sauf s'il intervient dans les conditions prévues aux 2ᵉ et 3ᵉ al. du 22° de l'art. 157 CGI.

Art. 91 *quater* B I. — En cas de clôture du plan d'épargne populaire avant huit ans, le titulaire du plan présente, le cas échéant, à l'organisme gestionnaire un document qui atteste la survenance du décès de son conjoint ou de l'un des événements visés au 22° de l'article 157 du code général des impôts dans les deux ans qui précèdent la clôture.

L'exonération d'impôt en cas de clôture du plan avant huit ans ne s'applique qu'aux plans ouverts avant le décès du conjoint ou la survenance de l'un des événements mentionnés au 22° de l'article 157 du code général des impôts.

II. — L'organisme auprès duquel un plan d'épargne populaire a été ouvert adresse aux services fiscaux, avant le 16 février de chaque année, les renseignements suivants relatifs à l'année précédente en les mentionnant sur la déclaration prévue au 1 de l'article 242 *ter* du code général des impôts :

Les nom, prénoms et adresse du titulaire ;

Les références du plan d'épargne populaire ;

La date d'ouverture du plan.

Le cas échéant, l'organisme fait également figurer distinctement le montant des produits payés non soumis à l'impôt sur le revenu en application du 22° de l'article 157 du code général des impôts.

Art. 91 *quater* C et 91 *quater* D *Dispositions devenues sans objet à compter du 30 juin 2000 (L. n° 99-1173 du 30 déc. 1999, art. 12-I et II).*

V *BIS* PLANS D'ÉPARGNE EN ACTIONS

Art. 91 *quater* E Les modalités d'ouverture d'un plan d'épargne en actions et d'un plan d'épargne en actions destiné au financement des petites et moyennes entreprises et des entreprises de taille intermédiaire sont respectivement prévues par les articles R. 221-111 et D. 221-113-3 du code monétaire et financier.

Ancien art. 91 *quater* E ***Les dispositions relatives aux modalités d'ouverture d'un plan d'épargne en actions sont prévues par l'article R. 221-111 du code monétaire et financier.***

Art. 91 *quater* F *Abrogé par Décr. n° 2007-567 du 17 avr. 2007.*

Art. 91 *quater* G L'organisme auprès duquel un plan d'épargne en actions *(Décr. n° 2020-122 du 13 févr. 2020, art. 1er-6°-a)* « mentionné à l'article 163 *quinquies* D du code général des impôts » est ouvert adresse au service d'assiette dont relève sa résidence, avant le 16 février de chaque année, les renseignements suivants relatifs à l'année précédente en les mentionnant sur la déclaration prévue au 1 *(Décr. n° 2020-122 du 13 févr. 2020, art. 1er-6°-a)* « de l'article 242 *ter* du même code » :

a) Les nom, prénom et adresse du titulaire ;

b) Les références du plan ;

c) La date d'ouverture du plan.

L'organisme fait également figurer distinctement la date du premier retrait de sommes ou de valeurs figurant sur le plan ou celle du premier rachat du contrat de capitalisation.

En cas de clôture du plan avant ou, dans les conditions prévues au 2 *bis* du II de l'article 150-0 A du code général des impôts, après l'expiration de la cinquième année, *(Décr. n° 2020-122 du 13 févr. 2020, art. 1er-6°-b)* « ou, en l'absence de clôture du plan, en cas de retrait ou rachat effectué sur celui-ci dans les conditions prévues au ***troisième alinéa du II de l'article*** L. 221-32 du code monétaire et financier ou au IV du même article, » il indique :

a) La valeur liquidative du plan ou la valeur de rachat du contrat de capitalisation à la date de clôture *(Décr. n° 2020-122 du 13 févr. 2020, art. 1er-6°-c)* « ou de retrait ou rachat », diminuée des sommes ou valeurs correspondant à des retraits ou à des rachats réalisés, concomitamment à la clôture *(Décr. n° 2020-122 du 13 févr. 2020, art. 1er-6°-c)* « ou au retrait ou rachat mentionné à l'alinéa précédent », en vue de la création ou de la reprise d'une entreprise ;

(Décr. n° 2020-122 du 13 févr. 2020, art. 1er-6°-d, e et f) « *b)* Le montant cumulé des versements effectués depuis l'ouverture du plan, diminué du montant des versements correspondant à de précédents retraits ou rachats n'entraînant pas la clôture de ce plan ;

« *c)* Le montant du retrait ou du rachat effectué dans les conditions prévues au troisième alinéa du II de l'article L. 221-32 du code monétaire et financier ou au IV du même article.

« L'organisme indique distinctement le montant des produits procurés par des placements pour lesquels, en vertu du 5° *bis* de l'article 157 du code général des impôts, l'exonération est susceptible d'être limitée. L'organisme indique également distinctement le montant de la cession ou du retrait des obligations remboursables en actions ou des actions reçues en remboursement *[ancienne rédaction : L'organisme indique distinctement le montant des produits, procurés par les placements effectués en actions ou parts de sociétés qui ne sont pas admises aux négociations sur un marché réglementé, à l'exception des intérêts versés, dans les conditions prévues à l'article 14 de la loi n° 47-1775 du 10 septembre 1947 portant statut de la coopération, aux titres de capital de sociétés régies par cette loi].* » — *La 2e phrase de cet al. est applicable à compter du dépôt de la déclaration prévue au 1 de l'art. 242 ter CGI au titre des revenus perçus en 2020 (Décr. n° 2020-122 du 13 févr. 2020, art. 2).*

Les dispositions des art. 91 quater G à 91 quater K de l'annexe II sont applicables au plan d'épargne en actions destiné au financement des petites et moyennes entreprises et des entreprises de taille intermédiaire (C. mon. fin., art. D. 221-113-7).

Art. 91 *quater* H Le titulaire d'un plan d'épargne en actions *(Décr. n° 2020-122 du 13 févr. 2020, art. 1er-7°)* « mentionné à l'article 163 *quinquies* D du code général des impôts » détermine à partir de la valeur d'acquisition ou de souscription des titres concernés le montant des produits *(Décr. n° 2020-122 du 13 févr. 2020, art. 1er-7°)* « et des plus-values » qui ne bénéficient pas de l'exonération prévue au 5° *bis* de l'article 157 du code général des impôts, et fait apparaître distinctement le revenu correspondant sur la déclaration prévue au 1 de l'article 170 du même code.

Art. 91 *quater* I Le transfert d'un plan d'épargne en actions *(Décr. n° 2020-122 du 13 févr. 2020, art. 1er-8°)* « mentionné à l'article 163 *quinquies* D du code général des impôts » d'un organisme gestionnaire à un autre ne constitue pas un retrait si le titulaire remet au premier organisme gestionnaire un certificat d'identification du plan sur lequel le transfert doit avoir lieu ; ce certificat est établi par l'organisme auprès duquel le plan est transféré.

Dans ce cas, le premier organisme gestionnaire communique au nouveau gestionnaire :

a. La date d'ouverture du plan ;

b. Le montant cumulé des versements effectués sur le plan, diminué du montant des versements correspondant aux retraits ou rachats effectués précédemment au transfert du plan et n'ayant pas entraîné sa clôture ;

c. Les renseignements mentionnés à l'article R. 96 D-1 du livre des procédures fiscales ;

d. Les renseignements nécessaires au nouveau gestionnaire pour la détermination de l'assiette et du montant *(Décr. n° 2020-122 du 13 févr. 2020, art. 1er-9°)* « des prélèvements sociaux » qui seront, le cas échéant, dus ultérieurement.

Art. 91 *quater* J Le gain net défini au 6 de l'article 150-0 D du code général des impôts réalisé depuis l'ouverture d'un plan d'épargne en actions *(Décr. n° 2020-122 du 13 févr. 2020, art. 1er-8°)* « mentionné à l'article 163 *quinquies* D du code général des impôts » est, le cas échéant, diminué du montant des produits *(Décr. n° 2020-122 du 13 févr. 2020, art. 1er-10°)* « et des plus-values » qui n'ont pas bénéficié de l'exonération prévue au 5° *bis* de l'article 157 du même code. Le contribuable joint à la déclaration mentionnée à l'article 74-0 F les éléments nécessaires à la détermination de cette correction.

Lorsque la clôture du plan intervient avant l'expiration de la cinquième année, cette déclaration doit faire apparaître sous une rubrique spéciale le montant du gain net visé au premier alinéa assorti des éléments nécessaires à sa détermination.

Art. 91 *quater* K Afin de bénéficier des dispositions du deuxième alinéa du II de l'article L. 221-32 du code monétaire et financier, le titulaire *(Décr. n° 2020-122 du 13 févr. 2020, art. 1er-11°-a)* « d'un » plan d'épargne en actions *(Décr. n° 2020-122 du 13 févr. 2020, art. 1er-8°)* « mentionné à l'article 163 *quinquies* D du code général des impôts » adresse à l'organisme gestionnaire du plan un document attestant sur l'honneur que les sommes ou valeurs dont il demande le retrait, ou le rachat s'agissant d'un contrat de capitalisation, sont destinées à être affectées au financement de la création ou de la reprise d'une entreprise dans les conditions fixées par la *(Décr. n° 2020-122 du 13 févr. 2020, art. 1er-11°-a)* « troisième phrase » du 2 du II de l'article 150-0 A du code général des impôts.

Dans les quatre mois qui suivent le retrait ou le rachat, le titulaire du plan adresse à l'organisme gestionnaire :

a. En cas d'affectation des sommes au financement de la création d'une entreprise exerçant une activité industrielle, commerciale, artisanale, agricole ou libérale, *(Abrogé par Décr. n° 2021-300 du 18 mars 2021, art. 33-1°)* ***« la copie du récépissé de dépôt de dossier de création d'entreprise tel que prévu à l'article L. 123-9-1 du code de commerce, à l'article L. 311-2-1 du code rural et de la pêche maritime ou à l'article 19-1 de la loi n° 96-603 du 5 juillet 1996 relative au développement et à la promotion du commerce et de l'artisanat ou »*** tout document officiel comportant l'immatriculation de l'entreprise et son identification ; *— Les dispositions des art. L. 123-9-1 C. com., L. 311-2-1 C. rur. et 19-1 de la L. n° 96-603 du 5 juill. 1996 sont abrogées à compter d'une date fixée par décret en Conseil d'État, et au plus tard le 1er janv. 2023 (L. n° 2019-486 du 22 mai 2019, art. 1-I-1°, III-5°, VII et VIII).*

b. En cas d'affectation des sommes au financement de la reprise d'une entreprise exerçant une activité mentionnée au *a*, la copie du document constatant l'opération, soumis à la formalité de l'enregistrement et mentionné aux articles 635, 638 ou 639 du code général des impôts, accompagnée de tout document officiel comportant l'immatriculation de l'entreprise et son identification ;

c. Une attestation sur l'honneur délivrée par l'entrepreneur individuel, la société ou, s'agissant de la reprise d'une entreprise, le cédant, mentionnant la date et le montant des sommes ou valeurs investies dans l'entreprise par le titulaire du plan conformément aux conditions fixées par la *(Décr. n° 2020-122 du 13 févr. 2020, art. 1er-11°-b)* « troisième phrase » du 2 du II de l'article 150-0 A précité ;

d. L'identité et l'adresse de la ou des personnes exerçant dans la société créée ou reprise l'une des fonctions énumérées au *(Décr. n° 2018-500 du 20 juin 2018, art. 3)* « 1° du 1 du III de l'article 975 » du code général des impôts ou de l'exploitant individuel de l'entreprise créée ou reprise et, si nécessaire, la justification que l'un de ceux-ci est le conjoint ou le partenaire lié par un pacte civil de solidarité, l'ascendant ou le descendant du titulaire du plan.

(Décr. n° 2020-122 du 13 févr. 2020, art. 1er-11°-c) « En cas de non-respect des formalités prévues au présent article, le retrait ou le rachat entraîne la clôture du plan d'épargne en actions en application du premier alinéa du II de l'article L. 221-32 du code monétaire et financier et l'imposition du gain net réalisé depuis l'ouverture du plan dans les conditions prévues à la première phrase du 2 du II de l'article 150-0 A du code général des impôts. »

Art. 91 *quater* K *bis* *(Décr. n° 2020-122 du 13 févr. 2020, art. 1er-12°)* Afin de bénéficier des dispositions du troisième alinéa du II de l'article L. 221-32 du code monétaire et financier, le titulaire d'un plan d'épargne en actions mentionné à l'article 163 *quinquies* D du code général des impôts adresse à l'organisme gestionnaire du plan, préalablement au retrait ou au rachat, un document attestant sur l'honneur que les retraits de liquidités ou les rachats effectués sur le plan résultent de l'un des événements mentionnés à ce même alinéa.

Art. 91 *quater* K *ter* *(Décr. n° 2020-122 du 13 févr. 2020, art. 1er-12°)* Afin de bénéficier des dispositions du IV de l'article L. 221-32 du code monétaire et financier, le titulaire d'un plan d'épargne en actions mentionné à l'article 163 *quinquies* D du code général des impôts adresse à l'organisme gestionnaire du plan, préalablement au retrait ou au rachat, une copie de la décision faisant état de la mise en œuvre de la procédure de liquidation mentionnée à ce même IV.

Art. 91 *quater* L I. — Afin de mettre les porteurs de parts ou actionnaires des orgnismes mentionnés *(Décr. n° 2020-122 du 13 févr. 2020, art. 1er-13°)* « au 2° du I » de l'article L. 221-31 du code monétaire et financier en mesure de justifier de l'égibilité de leur investissement au plan d'épargne en actions, ces organismes ou, en l'absence de personnalité morale, leur gérant ou leur représentant à l'égard des tiers

doivent s'engager, dans un document destiné à l'information des souscripteurs et devant être produits à l'Autorité des marchés financiers en vue de la commercialisation en France des titres concernés, à investir leurs actifs de manière permanente à 75 % au moins en titres ou droits mentionnés *(Décr. nº 2020-122 du 13 févr. 2020, art. 1er-13º)* **« aux *a* et *b* du 1º du I » de l'article L. 221-31 précité.**

Ils doivent en outre indiquer, dans leurs rapports annuel ou semestriel, dont l'administration peut demander la communication, la proportion d'investissement de leurs actifs en titres et droits mentionnés au premier alinéa effectivement réalisée au titre de l'année ou du semestre concerné.

II. — Les porteurs de parts ou actionnaires des organismes mentionnés au I justifient de l'égibilité de leur investissement au plan d'épargne en actions par la production, sur demande de l'administration du document prévu au premier alinéa du I.

VI *DÉDUCTION DES PENSIONS ALIMENTAIRES*

Art. 91 *quinquies* **Le contribuable qui a versé le capital constitutif de la rente prévue à l'article 373-2-3 du code civil peut, sous réserve des dispositions du 2º du II de l'article 156 du code général des impôts, déduire annuellement de son revenu imposable une somme égale au montant du capital versé divisé par le nombre d'années au cours desquelles la rente doit être servie.**

La déduction ne peut excéder, pour chaque enfant, la limite prévue au premier alinéa du 2º du II de l'article 156 du code général des impôts.

Le contribuable est tenu de joindre à la déclaration des revenus de l'année au titre de laquelle il pratique pour la première fois la déduction mentionnée au premier alinéa une attestation délivrée par l'organisme accrédité chargé du versement de la rente et comportant les indications suivantes :

Identité et adresse du contribuable ayant constitué la rente ;

Identité, adresse, date et lieu de naissance de l'enfant bénéficiaire de la rente ;

Identité et adresse du parent qui a la garde de l'enfant ;

Montant du capital versé et date du versement ;

Dates du point de départ et du terme du service de la rente.

VII

Art. 91 *sexies à 91 decies* *Périmés (Décr. nº 2007-484 du 30 mars 2007).*

VIII *[ABROGÉ]* *MODALITÉS D'IMPOSITION DES REVENUS ET PLUS-VALUES EN CAS DE TRANSFERT DU DOMICILE HORS DE FRANCE*

(Abrogé par Décr. nº 2019-868 du 21 août 2019, art. 3)

Art. 91 *undecies* ***Le contribuable renseigne sur la déclaration prévue au 1 de l'article 170 du code général des impôts établie l'année suivant celle du transfert du domicile fiscal hors de France le montant total des plus-values latentes, des créances trouvant leur origine dans une clause de complément de prix et des plus-values en report, imposables en application des premier et deuxième alinéas du 1 du I et du II de l'article 167 bis du code précité.***

Sont précisés, sur un formulaire distinct, la date du transfert du domicile fiscal hors de France, l'adresse du nouveau domicile fiscal, le montant des plus-values latentes, des créances trouvant leur origine dans une clause de complément de prix et des plus-values en report, ainsi que les éléments nécessaires à leur détermination.

Le formulaire mentionné au deuxième alinéa est déposé au service des impôts des particuliers dont dépendait le domicile fiscal du contribuable en France avant son transfert, à l'appui de la déclaration mentionnée au premier alinéa.

Pour les transferts de domicile fiscal mentionnés aux a et b du 1 du V de l'art. 167 bis CGI intervenus du 3 mars 2011 au 1er juin 2012, le formulaire rempli conformément aux dispositions du deuxième alinéa de l'art. 91 undecies et de l'art. 91 duodecies de l'annexe II à ce code dans leur rédaction issue du présent décret est déposé, à l'appui de la déclaration prévue au 1 de l'art. 170 de ce code, selon les modalités prévues au dernier alinéa de l'art. 91 undecies mentionné ci-dessus.

Le contribuable qui demande à bénéficier du sursis de paiement prévu au V de l'art. 167 bis précité fait parvenir au service des impôts des particuliers non résidents, dans le délai prévu à l'art. 175 de ce code, une proposition de garanties.

Cette proposition est accompagnée d'une copie des documents mentionnés au premier alinéa (Décr nº 2012-457 du 6 avr. 2012, art. 3).

Art. 91 *duodecies* ***Le contribuable qui entend bénéficier du sursis de paiement prévu au V de l'article 167 bis du code général des impôts en fait la demande sur le formulaire mentionné au deuxième alinéa de l'article 91 undecies.***

Il déclare sur ce formulaire le montant des plus-values latentes, des créances trouvant leur origine dans une clause de complément de prix et des plus-values en report ainsi que les éléments nécessaires à leur détermination.

Il indique le nom ou la dénomination sociale ainsi que l'adresse de son représentant fiscal. Celui-ci s'engage, sur ce même document, à représenter le contribuable dans les conditions prévues au deuxième alinéa du b du 1 du V de l'article 167 bis précité.

Ce formulaire est déposé, dans les trente jours précédant le transfert du domicile fiscal hors de France, au service des impôts des particuliers non résidents. *— V. notes ss. art. 91 undecies.*

Art. 91 *terdecies* ***Lorsque le contribuable bénéficie du sursis de paiement prévu au IV ou au V de l'article 167 bis du code général des impôts, l'impôt afférent aux plus-values latentes, aux créances trouvant leur origine dans une clause de complément de prix et aux plus-values en report fait l'objet d'une mise en recouvrement spécifique et d'une prise en charge des rôles correspondants par le service des impôts des particuliers non résidents.***

Art. 91 *terdecies* A ***Les moins-values mentionnées au premier et au dernier alinéa du 4 bis du VIII de l'article 167 bis du code général des impôts, imputables dans les conditions prévues au même 4 bis, font l'objet d'un suivi séparé sur le formulaire mentionné au 2 et au premier alinéa du 3 du IX de l'article précité.***

Art. 91 *terdecies* B ***Le contribuable demande à bénéficier de l'option prévue à l'avant-dernier alinéa du VIII bis de l'article 167 bis du code général des impôts sur le formulaire prévu au premier alinéa du 3 du IX du même article. Ce formulaire est déposé l'année suivant la survenance du premier événement prévu au VII de l'article précité.***

Art. 91 *quaterdecies* ***Pour l'application des 2 et 3 du IX de l'article 167 bis du code général des impôts, le formulaire mentionné au premier alinéa du 3 du IX de l'article 167 bis du code précité dûment renseigné est déposé au service des impôts des particuliers non résidents, à l'appui de la déclaration prévue au 1 de l'article 170 du même code, dans le délai prévu à l'article 175 de ce code.***

Les transferts de domicile fiscal intervenant postérieurement au transfert de domicile fiscal hors de France sont portés à la connaissance du service des impôts des particuliers non résidents dans les conditions prévues au 5 du IX de l'article 167 bis précité.

Pour l'application du 4 du IX de l'article 167 bis précité, l'exigibilité de l'impôt en sursis de paiement est rétablie lorsque le contribuable n'a pas satisfait à ses obligations déclaratives dans les trente jours suivant la notification d'une mise en demeure, adressée, le cas échéant, à son représentant fiscal.

Art. 91 *quindecies* ***Pour l'application du 5 du VIII de l'article 167 bis du code général des impôts, l'impôt acquitté hors de France est imputable sur les prélèvements sociaux et l'impôt sur le revenu dans les conditions de ce même 5.***

a) L'impôt acquitté hors de France soit un impôt personnel sur le revenu assis sur les plus-values de cession de valeurs mobilières ou de droits sociaux ;

b) Et que l'impôt mentionné au a du présent article soit calculé à partir du prix ou de la valeur d'acquisition des titres concernés retenu pour l'application du premier alinéa du 2 du I de l'article 167 bis précité.

Cet impôt, dont il incombe au contribuable de justifier du paiement effectif, est converti en euros sur la base du taux de change en vigueur à la date dudit paiement.

Art. 91 *quindecies* A ***Lorsque les droits sociaux, valeurs, titres ou droits sur lesquels une plus-value latente a été constatée lors du transfert du domicile fiscal hors de France font l'objet d'une opération d'échange ou d'apport entrant dans le champ d'application des articles 150-0 B ou 150-0 B ter du code général des impôts, le contribuable mentionne sur le formulaire prévu au premier alinéa du 3 du IX de l'article 167 bis du même code, déposé***

l'année suivant la réalisation de cette opération, la nature et la date de l'opération ainsi que le nombre de titres remis et de titres reçus lors de cette opération.

Art. 91 *sexdecies* *Lors du paiement de l'impôt définitif, le contribuable joint aux documents mentionnés au premier alinéa du 3 du IX de l'article 167 bis du code général des impôts une copie des avis d'imposition établis en application des dispositions de l'article 91 terdecies.*

Art. 91 *septdecies* *Pour l'application du deuxième alinéa du 3 du IX de l'article 167 bis du code général des impôts, le contribuable demande la restitution de l'impôt déjà acquitté sur le formulaire prévu au premier alinéa du 3 du IX de l'article 167 bis du code précité et déposé, l'année suivant la réalisation de l'événement entraînant la restitution, selon les modalités prévues au premier alinéa de l'article 91 quaterdecies.*

Il indique la nature et la date de l'événement à l'origine de sa demande et joint, à l'appui du formulaire, les éléments de calcul et les justificatifs correspondant au montant de la restitution demandée.

Art. 91 *octodecies* *Pour l'application du dernier alinéa du 3 du IX de l'article 167 bis du code général des impôts, le contribuable demande le dégrèvement de l'impôt bénéficiant du sursis de paiement ou la restitution de l'impôt acquitté sur le formulaire prévu au premier alinéa du 3 du IX de l'article 167 bis du code précité et déposé l'année suivant la réalisation de l'événement entraînant le dégrèvement ou la restitution, selon les modalités prévues au premier alinéa de l'article 91 quaterdecies.*

Il indique la nature et la date de l'événement à l'origine de sa demande et joint, à l'appui du formulaire, les éléments de calcul et les justificatifs correspondant au montant du dégrèvement ou de la restitution demandé. — V. Décis. CE nº 359994 du 12 juill. 2013 (JO 24 juill.).

Art. 91 *novodecies* *Dans les cas prévus au VIII de l'article 167 bis du code général des impôts, le contribuable demande le dégrèvement de l'impôt bénéficiant du sursis de paiement sur le formulaire prévu au premier alinéa du 3 du IX de l'article 167 bis du code précité et déposé, l'année suivant la réalisation de l'événement entraînant le dégrèvement, selon les modalités prévues au premier alinéa de l'article 91 quaterdecies.*

Il indique la nature et la date de l'événement à l'origine de sa demande et joint, à l'appui du formulaire, les éléments de calcul et les justificatifs correspondant au montant du dégrèvement demandé.

Art. 91 *vicies* *Dans les cas prévus au 3 du IX de l'article 167 bis du code général des impôts, les garanties prises en vertu du deuxième alinéa du b du 1 du V de cet article sont levées à hauteur de l'impôt acquitté ou du montant d'impôt dégrevé.*

Dans les cas de dégrèvement prévus au VIII et au dernier alinéa du 3 du IX de l'article 167 bis précité, il est procédé au remboursement des frais de constitution de garanties supportés par le contribuable, dans les conditions prévues aux articles R. 208-3 à R.* 208-6 du livre des procédures fiscales, à hauteur du montant d'impôt dégrevé.*

SECTION III CALCUL DE L'IMPÔT

I RETENUE À LA SOURCE

Art. 91 A *(Devenu sans objet, Décr. nº 2021-744 du 9 juin 2021, art. 2) Lorsque les traitements, salaires, pensions et rentes viagères qui donnent lieu à la retenue à la source instituée par l'article 182 A du code général des impôts sont payés par trimestre, au mois, à la semaine ou à la journée, les limites des tranches du tarif annuel prévu audit article sont divisées par 4, par 12, par 52 ou par 312.*

Lorsque le salarié domicilié hors de France n'est employé que quelques jours par mois, le montant de la retenue est calculé en utilisant le barème journalier, même si le salaire est payé mensuellement. • CAA Paris, 27 mai 1997, nº 95PA2143 : *Dr. fisc. 1998. 59.*

Art. 91 B *(Devenu sans objet, Décr. nº 2021-744 du 9 juin 2021, art. 2) Un arrêté du ministre chargé de l'économie et des finances fixe chaque année, en application des disposi-*

tions du IV de l'article 182 A du code général des impôts, les limites de chaque tranche du tarif. – Ann. IV, art. 18.

II CRÉDIT D'IMPÔT ATTACHÉ AUX REVENUS DE CAPITAUX MOBILIERS

IMPUTATION PRÉVUE À L'ARTICLE 199 *TER*-I ET II DU CODE GÉNÉRAL DES IMPÔTS

Art. 92 En vue de l'imputation ou de la restitution prévues aux I et II de l'article 199 *ter* du code général des impôts, les personnes physiques bénéficiaires de revenus de capitaux mobiliers ont droit à un crédit d'impôt du chef des revenus de cette nature qui entrent en compte pour la détermination de leur revenu net global, dans la mesure où lesdits revenus ont effectivement donné lieu à la retenue à la source prévue à l'article 119 *bis* du même code.

Le montant du crédit d'impôt est calculé d'après la législation en vigueur au jour de la mise en paiement des revenus y ouvrant droit si les sociétés ou collectivités débitrices ont leur siège en France métropolitaine ou dans les départements d'outre-mer.

Art. 93 Les personnes mentionnées à l'article 92 qui ont leur domicile réel en France et qui ne peuvent pas exercer intégralement le droit à imputation que leur confèrent les I et II de l'article 199 *ter* du code général des impôts, soit parce qu'elles ne sont pas redevables de l'impôt sur le revenu, soit parce que le crédit dont elles disposent excède le montant dudit impôt, ont droit à la restitution totale ou partielle de ce crédit suivant le cas.

La somme à restituer est égale à l'excédent du crédit sur l'impôt dû par le contribuable avant l'application, le cas échéant, des intérêts de retard et, s'il y a lieu, des majorations visés aux articles 1728 et 1729 du code précité.

Art. 94 I. – La restitution est ordonnée d'office par l'administration au profit des contribuables tenus de souscrire la déclaration prévue à l'article 170 du code général des impôts, à la condition que cette déclaration ait été régulièrement produite dans les délais fixés à l'article 175 dudit code.

II. – La restitution à laquelle les personnes non astreintes à souscrire la déclaration susvisée peuvent prétendre est opérée sur demande des intéressés, rédigée sur un imprimé fourni par l'administration et adressée au service des impôts dans la circonscription duquel est située leur résidence ou, si elles ont plusieurs résidences en France, leur principal établissement.

La demande en restitution doit être présentée avant le 1er mars de l'année suivant celle de l'encaissement des revenus.

Toutefois, lorsque le montant net des revenus mobiliers encaissés au cours d'une année et donnant droit au crédit d'impôt n'atteint pas 8 €, la demande en restitution peut n'être produite que dans les deux premiers mois de l'année suivant celle où le montant cumulé desdits revenus perçus au cours de plusieurs années est au moins égal à 8 €, sans que la prolongation de délai résultant de la présente disposition puisse excéder quatre ans.

III. – Le dépôt volontaire dans le délai légal de la déclaration prévue à l'article 170 du code général des impôts tient lieu de la demande de restitution à raison du crédit d'impôt afférent aux revenus de capitaux mobiliers qui y sont mentionnés.

Art. 95 *Le mandatement* des sommes à restituer est fait par le directeur départemental ou, le cas échéant, régional des finances publiques du département dans lequel la déclaration ou la demande de restitution a été déposée.

III RÉDUCTION D'IMPÔT ACCORDÉE AU TITRE DE CERTAINS INVESTISSEMENTS RÉALISÉS OUTRE-MER

Art. 95 A à 95 J *Périmés.*

Art. 95 K Les investissements productifs neufs réalisés dans les départements d'outre-mer, à Saint-Pierre-et-Miquelon, à Saint-Barthélemy, à Saint-Martin, en Nouvelle-Calédonie, en Polynésie française, dans les îles Wallis-et-Futuna et les Terres australes et antarctiques françaises qui ouvrent droit à la réduction d'impôt prévue au I de l'article 199 *undecies* B du code général des impôts sont les acquisitions ou créations d'immobilisations corporelles, neuves et amortissables, affectées aux activités relevant des secteurs éligibles en vertu des dispositions du I de cet article.

Art. 95 L *Abrogé par Décr. n° 2004-203 du 3 mars 2004, art. 1er.*

Art. 95 M Les activités qui relèvent du secteur de la maintenance mentionné au *i* du I de l'article 199 *undecies* B du code général des impôts sont celles qui concourent, pour l'essentiel, à l'entretien ou à la réparation du matériel technique de production de biens ou de services.

Art. 95 N Les activités qui relèvent du secteur de la production audiovisuelle et cinématographique mentionné au *j* du I de l'article 199 *undecies* B du code général des impôts sont celles qui concourent directement à la création ou à l'extension outre-mer soit d'établissements qui y assurent la production d'œuvres audiovisuelles et cinématographiques, soit d'industries techniques de production de telles œuvres. Le secteur de la diffusion comprend les activités qui concourent directement à la création ou à l'extension d'établissements implantés outre-mer et qui y assurent la diffusion d'œuvres audiovisuelles et cinématographiques, quel que soit le support technique utilisé, à l'exclusion des activités d'achat-revente et de la location des supports techniques.

Art. 95 O Les activités qui relèvent du secteur des services informatiques ne constituent pas des services fournis aux entreprises au sens du *i* de l'article 199 *undecies* B du code général des impôts.

Art. 95 P Les activités qui relèvent du secteur de la navigation de croisière mentionné au *h* du I de l'article 199 *undecies* B du code général des impôts sont celles qui sont organisées sur des navires autorisés à embarquer plus de cinquante passagers.

Art. 95 Q La réduction d'impôt prévue au I de l'article 199 *undecies* B du code général des impôts est pratiquée, sous réserve des dispositions de la deuxième phrase du vingtième alinéa du I du même article, au titre de l'année au cours de laquelle l'immobilisation est mise en service ou est mise à la disposition de l'entreprise dans le cadre d'un contrat de crédit-bail. Lorsque l'immobilisation fait l'objet d'un contrat de crédit-bail, la réduction d'impôt est pratiquée par le contribuable crédit preneur ou par les associés ou membres de l'entreprise qui est crédit preneur.

Elle est déterminée en tenant compte du montant des aides publiques obtenues ou demandées et non encore accordées au 31 décembre de l'année mentionnée au premier alinéa. S'il y a lieu, la régularisation de la réduction d'impôt est effectuée au titre de la même année sur demande du contribuable.

Art. 95 R *Abrogé par Décr. n° 2010-472 du 10 mai 2010.*

Art. 95 S La réduction d'impôt prévue au I de l'article 199 *undecies* B du code général des impôts n'est pas imputable sur l'impôt résultant de la reprise des réductions d'impôt antérieurement pratiquées ou sur l'impôt résultant de la majoration du revenu global effectuée en application des vingt-troisième, vingt-cinquième et vingt-sixième alinéas de ce même I et du 7 de l'article 199 *undecies* A du même code.

De même, la créance sur l'État prévue au I de l'article 199 *undecies* B ne peut être utilisée pour le paiement de l'impôt résultant des reprises de réductions d'impôt, des majorations du revenu global et des réintégrations au revenu net global mentionnées à l'alinéa précédent.

Art. 95 T I. – Les contribuables qui bénéficient de la réduction d'impôt prévue au I de l'article 199 *undecies* B du code général des impôts doivent joindre à la déclaration des revenus de l'année au titre de laquelle la réduction d'impôt est pratiquée un état faisant apparaître pour chaque investissement à raison duquel elle est pratiquée :

a) Le nom et l'adresse du siège social de l'entreprise propriétaire de l'investissement ou, lorsque ce dernier fait l'objet d'un contrat de crédit-bail, de celle qui en est locataire, ainsi que le chiffre d'affaires de l'entreprise qui exploite l'investissement, apprécié selon les modalités définies au premier alinéa du I de l'article 199 *undecies* B du code général des impôts ;

b) S'il y a lieu, le pourcentage des droits aux résultats détenus directement ou indirectement par le contribuable dans la société ou le groupement propriétaire de l'investissement ;

c) La nature précise de l'investissement ;

d) Le prix de revient hors taxe de l'investissement, la valeur réelle des biens remplacés et le montant des aides publiques obtenues ou demandées et non encore accordées pour son financement ;

e) La date à laquelle l'investissement a été mis en service ou, en cas de construction ou d'acquisition d'un immeuble à construire, celle à laquelle les fondations sont achevées, ou, s'il s'agit d'un bien faisant l'objet d'un contrat de crédit-bail, celle à laquelle il a été mis à la disposition de l'entreprise ;

f) La ou les dates de décision d'octroi des aides publiques ;

g) Le nom, l'adresse et la nature de l'activité de l'établissement dans lequel l'investissement est exploité ;

h) S'il y a lieu, la copie de la décision d'agrément.

(Périmé, Décr. n° 2018-500 du 20 juin 2018, art. 3) « II. — Les contribuables qui bénéficient des dispositions du I bis de l'article 199 undecies B du code général des impôts doivent joindre à la déclaration des revenus de chaque année au titre de laquelle l'imputation du déficit sur le revenu global est pratiquée un état fourni par la société propriétaire de l'hôtel, de la résidence de tourisme ou du village de vacances classés indiquant :

« a) Le montant global de l'investissement ;

« b) Le montant des travaux de rénovation et de réhabilitation ayant ouvert droit à la réduction d'impôt prévue au dix-huitième alinéa du I de l'article 199 undecies B ;

« c) Le pourcentage de leurs droits aux résultats de la société ;

« d) Le montant global de la quote-part de résultat correspondant à ces droits ;

« e) Le montant de la quote-part de déficit imputable sur le revenu global en application du I bis de l'article 199 undecies B. »

III. — Les sociétés propriétaires d'un hôtel, d'une résidence de tourisme ou d'un village de vacances classés qui ont fait l'objet de travaux de rénovation et de réhabilitation ayant ouvert droit au profit de leurs associés à la réduction d'impôt prévue au dix-huitième alinéa du I de l'article 199 *undecies* B du code général des impôts doivent joindre à leur déclaration de résultats, lorsque l'hôtel, la résidence de tourisme ou le village de vacances classés est donné en location dans les conditions prévues au vingt-sixième alinéa du I de l'article 199 *undecies* B, un état indiquant :

a) Le montant global de l'investissement ;

b) Le montant des travaux de rénovation et de réhabilitation ayant ouvert droit au profit des associés à la réduction d'impôt prévue au dix-huitième alinéa du I de l'article 199 *undecies* B ;

(Périmé, Décr. n° 2018-500 du 20 juin 2018, art. 3) « c) Le montant du déficit imputable sur le revenu global des associés en application du I bis de l'article 199 undecies B ; »

d) La liste des associés mentionnant leurs noms et adresses ainsi que le pourcentage de leurs droits aux résultats de la société ;

(Périmé, Décr. n° 2018-500 du 20 juin 2018, art. 3) « e) Le montant de la quote-part de déficit imputable sur le revenu global de chaque associé en application du I bis de l'article 199 undecies B. »

Art. 95 U Le taux de rétrocession mentionné aux vingt-sixième et vingt-neuvième alinéas du I de l'article 199 *undecies* B du code général des impôts est calculé par le rapport existant entre :

a) Au numérateur, la différence entre, d'une part, le montant hors taxes de l'investissement diminué de la fraction de son prix de revient financée par une aide publique et, d'autre part, la valeur actualisée de l'ensemble des sommes mises à la charge du locataire lui permettant d'obtenir la disposition du bien et d'en acquérir la propriété au terme de la location ;

b) Au dénominateur, le montant de la réduction d'impôt.

La valeur actualisée des sommes payées par le locataire est déterminée en retenant un taux d'actualisation égal à la moyenne pondérée, en fonction du montant des emprunts, des taux d'intérêt des emprunts souscrits pour le financement de l'investissement par le bailleur. Lorsque les emprunts sont rémunérés par un taux d'intérêt variable, seul le premier taux connu est retenu pour le calcul de la moyenne. Il n'est pas tenu compte pour ce calcul de l'avantage consenti en application de ces mêmes dispositions par les associés ou membres de cette entreprise.

Art. 95 V *(Périmé, Décr. n° 2018-500 du 20 juin 2018, art. 3)* ***Le taux de rétrocession mentionné au 2 du I bis de l'article 199 undecies B du code général des impôts est calculé par le rapport existant entre :***

a) Au numérateur, la différence entre, d'une part, le montant hors taxes de l'investissement diminué de la fraction de son prix de revient financée par une subvention publique et, d'autre part, la valeur actualisée de l'ensemble des sommes mises à la charge du locataire lui permettant d'obtenir la disposition du bien et d'en acquérir la propriété au terme de la location ;

b) Au dénominateur, la valeur actualisée des économies d'impôt sur le revenu procurées par la réduction d'impôt pratiquée au titre de l'investissement et par l'imputation du déficit procuré par la location de l'hôtel, de la résidence de tourisme ou du village de vacances classés.

La valeur actualisée des sommes payées par le locataire est déterminée en retenant un taux d'actualisation égal à la moyenne pondérée, en fonction du montant des emprunts, des taux d'intérêts des emprunts souscrits pour le financement de l'investissement par le bailleur. Lorsque les emprunts sont rémunérés par un taux d'intérêt variable, seul le premier taux connu est retenu pour le calcul de la moyenne. Il n'est pas tenu compte pour ce calcul de l'avantage consenti en application de ces mêmes dispositions par les associés ou membres de cette entreprise.

IV *RÉDUCTION D'IMPÔT ACCORDÉE AU TITRE DE L'AIDE APPORTÉE À CERTAINS CRÉATEURS D'ENTREPRISE*

Art. 95 W **La convention conclue entre le créateur ou le repreneur d'entreprise et l'accompagnateur bénévole en application de l'article 200 *octies* du code général des impôts mentionne :**

1° L'identité et l'adresse des parties ;

2° La dénomination et le numéro d'identification de l'entreprise créée ou reprise ;

3° Les compétences que l'accompagnateur s'engage à transmettre et le contenu des actions qu'il s'engage à réaliser pour le créateur ou le repreneur d'entreprise, notamment en matière de gestion, de comptabilité, de techniques de vente et de promotion, d'environnement juridique et administratif de l'entreprise, et de tout autre savoir ou savoir-faire utile, en fonction des besoins spécifiques du bénéficiaire ;

4° Dans le cas de reprise d'entreprise prévu au 2° de l'article 200 *octies* précité, l'ensemble des éléments d'information spécifiques à l'entreprise que l'accompagnateur s'engage à transmettre ;

5° La durée de l'accompagnement, les modalités d'intervention de l'accompagnateur auprès du créateur ou du repreneur d'entreprise, avec mention, le cas échéant, des moyens mis à disposition du bénéficiaire par l'accompagnateur, les modalités de prolongation éventuelle et, le cas échéant, de résiliation anticipée de la convention ;

6° Les modalités de suivi et de bilan de l'exécution de la convention.

Sont annexés à la convention les pièces justifiant que le bénéficiaire satisfait aux conditions prévues au premier alinéa du 1 de l'article 200 *octies* précité et, dans le cas prévu à ce même 1, l'agrément de l'accompagnateur. Le cas échéant, sont aussi annexées à la convention les pièces justifiant que le bénéficiaire est une personne handicapée au sens de l'article L. 114 du code de l'action sociale et des familles.

Art. 95 X **Le créateur ou le repreneur d'entreprise informe sans délai l'accompagnateur de son souhait de modifier son projet de création ou de reprise d'entreprise.**

Art. 95 Y **Au terme de la convention, un bilan est élaboré conjointement par le créateur ou le repreneur d'entreprise et l'accompagnateur.**

Dans le cas prévu au 1° de l'article 200 *octies* du code général des impôts, ce bilan est communiqué au réseau d'appui à la création et au développement des entreprises ou à la maison de l'emploi qui a délivré l'agrément à l'accompagnateur.

Art. 95 Z **Les contribuables qui bénéficient de la réduction d'impôt prévue à l'article 200 *octies* du code général des impôts conservent, jusqu'à l'expiration du délai au cours duquel l'administration est susceptible d'exercer son droit de reprise :**

1° Soit l'attestation d'agrément délivrée par le réseau d'appui à la création et au développement des entreprises ou par la maison de l'emploi mentionnés au second alinéa du *a* du 1 de l'article 200 *octies* précité, soit l'acte établissant la cession de l'entreprise mentionné au second alinéa du 2 du même article ;

2° La convention conclue avec le bénéficiaire du tutorat et ses avenants éventuels ;
3° Le bilan élaboré au terme de la convention.

SECTION IV TIERS DE CONFIANCE

(Décr. n° 2011-1997 du 28 déc. 2011, art. 1er)

Art. 95 ZA Le tiers de confiance mentionné à l'article 170 *ter* du code général des impôts qui a conclu avec l'administration fiscale la convention individuelle mentionnée à l'article 95 ZG signe avec son client un contrat qui définit sa mission ainsi que les droits et les obligations de chaque partie.

La mission du tiers de confiance prend effet à la date de signature du contrat conclu avec le client.

Art. 95 ZB Le tiers de confiance conserve les pièces mentionnées au I de l'article 170 *ter* du code général des impôts sous format papier ou sous forme dématérialisée.

Al. disjoint par Décr. n° 2012-653 du 4 mai 2012.

Art. 95 ZC Le tiers de confiance transmet les pièces justificatives, ainsi que leur liste récapitulative accompagnée des montants qu'elles comportent, dans un délai de trente jours à compter de la notification de la demande de l'administration.

Art. 95 ZD En application du contrat prévu à l'article 95 ZA, le tiers de confiance transmet à l'administration fiscale par voie électronique, pour le compte de ses clients, les déclarations annuelles de revenus et leurs annexes. L'obligation de télétransmission du tiers de confiance ne porte pas sur les déclarations à souscrire au titre des revenus perçus au cours de l'année durant laquelle s'achève la mission de tiers de confiance.

Le contribuable mentionné au I de l'article 170 *ter* du code général des impôts est regardé, pour une année donnée, comme client d'un tiers de confiance s'il est lié avec celui-ci par le contrat prévu à l'article 95 ZA, conclu au plus tard lors du dépôt, par le professionnel, de la déclaration annuelle des revenus.

Art. 95 ZE Le client d'un tiers de confiance qui souhaite bénéficier de ce dispositif s'engage, dans le contrat prévu à l'article 95 ZA, à donner son accord pour permettre la télétransmission de sa déclaration annuelle de revenus.

Dans ce contrat, le client reconnaît avoir été informé par le tiers de confiance :

1° Que les modalités de contrôle de l'administration fiscale à son égard ne sont pas modifiées par le dispositif prévu à l'article 170 *ter* du code général des impôts ;

2° Qu'il doit conserver un exemplaire des pièces justificatives afin de répondre, le cas échéant, aux demandes de l'administration.

Art. 95 ZF La convention nationale prévue au IV de l'article 170 *ter* du code général des impôts est conclue entre la direction générale des finances publiques et les organismes représentant au niveau national les professions concernées, selon un modèle défini par arrêté du ministre chargé du budget. — *Modèles de conventions : V., à compter du 1er avr. 2012, Arr. du 1er mars 2012, Ann. I à III (JO 9 mars).*

La convention nationale reste valide jusqu'à sa dénonciation par l'une des parties signataires.

Art. 95 ZG La personne qui souhaite exercer la mission de tiers de confiance demande par écrit la signature d'une convention individuelle auprès du directeur de la direction départementale ou régionale des finances publiques dans le ressort de laquelle cette personne est établie ou, en cas de pluralité d'établissements, dans le ressort de la direction départementale ou régionale dont relève son établissement principal. — *Modèles de conventions : V., à compter du 1er avr. 2012, Arr. du 1er mars 2012, Ann. IV à VI (JO 9 mars).*

Les tiers de confiance qui n'ont pas d'établissement en France adressent leur demande au directeur général des finances publiques.

Art. 95 ZH Dans le mois qui suit la notification de la demande de conventionnement, selon le cas, le directeur départemental ou régional des finances publiques ou le délégataire du directeur général des finances publiques statue sur la demande après avoir examiné la situation du demandeur ainsi que celle des dirigeants et des administrateurs s'il s'agit d'une personne morale.

Il peut refuser de conclure la convention si, dans la période de cinq ans qui précède la demande, il a été constaté à l'encontre du demandeur et des dirigeants et administrateurs s'il s'agit d'une personne morale :

a) Des manquements aux obligations fiscales déclaratives ou de paiement ;

b) L'application de pénalités prévues aux articles 1728, 1729, 1730 à 1734 et 1737 du code général des impôts ;

c) Une condamnation définitive pour fraude fiscale en application des articles 1741, 1743, 1746 et 1747 du code général des impôts ou pour escroquerie à la TVA ou autre impôt ou taxe, ainsi que pour complicité à ces infractions ;

d) L'application de sanctions disciplinaires comportant une suspension ou une interdiction définitive d'exercer ;

e) L'application d'une amende fiscale prononcée par un tribunal.

Le délai pour statuer peut être porté à trois mois en cas de difficulté pour l'autorité administrative à obtenir les éléments qui lui sont nécessaires pour prendre une décision.

En cas de refus, la décision est notifiée au demandeur par lettre recommandée avec demande d'avis de réception. Ce refus est motivé. — *V. App., Décr. nº 2014-1281 du 23 oct. 2014.*

En cas d'acceptation, le directeur départemental ou régional des finances publiques ou le délégataire du directeur général des finances publiques adresse au demandeur une convention individuelle dont le modèle est établi par arrêté du ministre chargé du budget. La convention est datée et signée par le directeur départemental ou régional des finances publiques ou le délégataire du directeur général des finances publiques et par le tiers de confiance ou une personne habilitée pour le représenter. Chacune des parties conserve un exemplaire de ce document.

Art. 95 ZI La convention signée par le professionnel en qualité de tiers de confiance n'est ni cessible ni transmissible.

En cas d'incapacité temporaire ou définitive d'exercer son activité, de démission ou de décès du professionnel, s'il s'agit d'une personne physique ou en cas de cessation ou de cession d'activité du professionnel, s'il s'agit d'une personne morale, l'administrateur provisoire désigné doit demander par écrit la signature d'une convention auprès du directeur départemental ou régional des finances publiques ou du délégataire du directeur général des finances publiques selon les modalités fixées à l'article 95 ZG. Le directeur départemental ou régional ou le délégataire du directeur général statue sur cette demande et informe l'administrateur provisoire de sa décision dans les conditions prévues à l'article 95 ZH.

L'administrateur provisoire dont la demande est rejetée en informe ses clients et leur restitue l'ensemble des pièces justificatives qu'il détient dans les trois mois qui suivent la notification du refus du directeur départemental ou régional ou du délégataire du directeur général.

Dans les hypothèses prévues au deuxième alinéa, la convention mentionnée à l'article 95 ZG cesse de produire ses effets et devient caduque.

Art. 95 ZJ La convention individuelle est conclue pour une période de trois ans. Elle est renouvelable une fois par tacite reconduction pour la même durée, sauf dénonciation par le directeur départemental ou régional ou le délégataire du directeur général des finances publiques ou par le professionnel trois mois au moins avant la date d'expiration de la convention en cours.

Elle peut ensuite être renouvelée pour la même durée selon la procédure prévue aux articles 95 ZG et 95 ZH sur demande présentée trois mois au moins avant la date d'expiration de la convention en cours.

Le directeur départemental ou régional ou le délégataire du directeur général des finances publiques statue sur la demande et informe le demandeur de sa décision dans les conditions prévues à l'article 95 ZH.

Le tiers de confiance dont la convention prévue à l'article 95 ZG n'est pas renouvelée en informe ses clients et leur restitue l'ensemble des pièces justificatives qu'il détient dans les trois mois qui suivent la date de notification du non-renouvellement.

Le directeur départemental ou régional ou le délégataire du directeur général des finances publiques informe l'organisme représentant au niveau national la profession dont le tiers de confiance demandeur est membre de l'ensemble des décisions qu'il a prises concernant la convention individuelle prévue à l'article 95 ZG.

Les organismes représentant au niveau national la profession concernés sont chargés d'assurer l'établissement, la mise à jour et la publicité de la liste des professionnels exerçant la mission de tiers de confiance. Cette liste est transmise à l'administration fiscale avant le 30 avril de chaque année.

Art. 95 ZK Le directeur départemental ou régional ou le délégataire du directeur général des finances publiques peut résilier la convention s'il constate que le tiers de confiance ou la société dans laquelle il exerce sa profession et, dans ce dernier cas, les dirigeants ou administrateurs ont fait l'objet :

a) De manquements au respect des obligations fiscales déclaratives ou de paiement ;

b) De pénalités prévues aux articles 1728, 1729, 1730 à 1734 et 1737 du code général des impôts ;

c) D'une condamnation définitive pour fraude fiscale en application des articles 1741, 1743, 1746 et 1747 du code général des impôts ou pour escroquerie à la TVA ou à un autre impôt ou taxe ainsi que pour complicité à ces infractions ;

d) De sanctions disciplinaires comportant une suspension ou une interdiction définitive d'exercer ;

e) D'une amende fiscale prononcée par un tribunal ;

f) De manquements à l'une des obligations stipulées dans la convention individuelle prévue à l'article 95 ZG.

Avant de prendre sa décision, le directeur départemental ou régional ou le délégataire du directeur général des finances publiques met le tiers de confiance en mesure de présenter ses observations sur les faits qui lui sont reprochés.

La décision de résiliation est notifiée au tiers de confiance par lettre recommandée avec demande d'avis de réception. Cette décision est motivée.

Art. 95 ZL Le tiers de confiance dont la convention prévue à l'article 95 ZG est résiliée en informe ses clients et leur restitue l'ensemble des pièces justificatives qu'il détient dans les trois mois qui suivent la date de notification de la résiliation.

Art. 95 ZM Le tiers de confiance dont la convention est caduque ou a été résiliée en application des dispositions des articles 95 ZI ou 95 ZK ne peut déposer une nouvelle demande de convention qu'à l'expiration d'un délai de six mois, sous réserve qu'il ne fasse plus l'objet d'une suspension et qu'il soit toujours membre de l'organisme représentant sa profession au niveau national.

La demande de nouvelle convention est soumise à la procédure prévue aux articles 95 ZG et 95 ZH.

Art. 95 ZN Les déductions du revenu global, les réductions ou les crédits d'impôts pour lesquels le bénéfice du dispositif du tiers de confiance peut être sollicité sont ceux prévus aux articles 199 *quater* C, 199 *quater* F, 199 *septies*, 199 *decies* I, 199 *decies* E, 199 *decies* EA, 199 *decies* F, 199 *decies* G et 199 *decies* H, 199 *undecies* A, 199 *undecies* B, 199 *undecies* C et 199 *undecies* D, aux I à VI *ter* de l'article 199 *terdecies*-0 A, à l'article 199 *terdecies*-0B, *(Décr. n° 2017-698 du 2 mai 2017, art. 2)* « aux 1 à 4 » de l'article 199 *sexdecies*, aux articles 199 *tervicies*, 199 *sexvicies*, 199 *octovicies*, aux articles 200, 200 *quater*, 200 *quater* A, 200 *quater* B et 200 *decies* A du code général des impôts et à l'article 18 *bis* de l'annexe IV à ce code. — *L'art. 199 octovicies CGI est abrogé (L. n° 2021-1900 du 30 déc. 2021, art. 35-I-14°).*

CHAPITRE PREMIER *BIS* PRÉLÈVEMENT À LA SOURCE DE L'IMPÔT SUR LE REVENU

(Décr. n° 2017-866 du 9 mai 2017, art. 1er et 6, applicable aux revenus perçus ou réalisés à compter du 1er janv. 2019)

Art. 95 ZO I. — La personne tenue d'effectuer la retenue à la source mentionnée au 1° du 2 de l'article 204 A du code général des impôts qui constate qu'une erreur a été commise dans une déclaration souscrite au titre d'un mois peut la régulariser, au moyen d'une inscription distincte, dans une déclaration souscrite au titre d'un mois de la même année civile.

II. — Lorsque l'erreur qui est régularisée a abouti à un excédent de retenue à la source, cet excédent s'impute sur le montant de retenue à la source due au titre du mois pour lequel la déclaration est souscrite et, si l'excédent est supérieur à ce montant, la différence est remboursée dans les conditions prévues à l'article L. 190 du livre des procédures fiscales. La différence dont le remboursement a été demandé ne peut être imputée.

Les dispositions du présent art. s'appliquent aux revenus perçus ou réalisés à compter du 1er janv. 2019 (Décr. no 2017-1676 du 7 déc. 2017, art. 3).

CHAPITRE II IMPÔT SUR LES BÉNÉFICES DES SOCIÉTÉS ET AUTRES PERSONNES MORALES

SECTION PREMIÈRE DÉTERMINATION DU BÉNÉFICE IMPOSABLE

Art. 96 à 99 *Périmés (L. no 92-1376 du 30 déc. 1992, art. 13).*

Art. 100 *Périmé (Décr. no 2008-294 du 1er avr. 2008).*

Art. 101 et 102 *Périmés.*

Art. 102 A à 102 G *Sans objet pour les exercices ouverts à compter du 1er janv. 1992 (L. no 92-1376 du 30 déc. 1992, art. 104-II).*

1o BÉNÉFICE IMPOSABLE DES CAISSES DE CRÉDIT AGRICOLE

Art. 102 H *Périmé (Décr. no 2008-294 du 1er avr. 2008).*

Art. 102 I Les plus-values ou moins-values réalisées par les caisses de crédit agricole lors de la cession d'éléments d'actif immobilisé ou de titres de placement ne sont soumises à l'impôt que pour leur fraction acquise à compter du 1er janvier 1979.

Pour les titres cotés, cette fraction est calculée en retenant comme prix de revient leur cours moyen pendant le mois de décembre 1978.

Pour les titres de participation non cotés et les autres éléments d'actif immobilisé, ainsi que pour les titres de placement non cotés, la fraction acquise à compter du 1er janvier 1979 est calculée en proportion de la durée de détention du bien depuis cette date par rapport à sa durée totale de détention. En outre, pour les biens amortissables détenus depuis plus de deux ans, la partie de la plus-value ou moins-value réputée à court terme ne peut excéder le montant des amortissements déduits à compter du 1er janvier 1979 pour le calcul de l'impôt.

Art. 102 J A moins que, en vue de faire face aux risques afférents à leurs opérations de crédit à moyen et à long terme, elles n'aient constitué au 31 décembre 1978, pour un montant total égal ou supérieur à 0,50 % de l'encours de ces crédits, des provisions individualisées répondant aux conditions du premier alinéa du 5° du 1 de l'article 39 du code général des impôts, les caisses de crédit agricole sont tenues de faire figurer au 1er janvier 1979 à leur bilan la provision prévue au quinzième alinéa du même 5°. Le taux de cette provision est fixé à 0,50 %.

Art. 102 K I. — A moins que, en vue de faire face aux risques afférents à leurs opérations de crédit à court terme, elles n'aient constitué au 31 décembre 1978 pour un montant total supérieur à 1,50 % de l'encours de ces crédits, des provisions individualisées répondant aux conditions du premier alinéa du 5° du 1 de l'article 39 du code général des impôts, les caisses de crédit agricole sont tenues de faire figurer tant à leur bilan du 1er janvier 1979 qu'aux bilans de clôture de chacun des exercices 1979 à 1983 une provision forfaitaire provisoire destinée à couvrir les risques de cette nature.

II. — La provision forfaitaire provisoire est calculée en appliquant à l'encours des crédits à court terme un taux de 1,50 %. A la clôture de chacun des exercices 1979 à 1983, le calcul est effectué après imputation sur la provision des pertes ayant affecté ces crédits.

Toutefois, si à la clôture de l'un quelconque de ces exercices, le total des provisions individualisées susceptibles d'être constituées en conformité avec l'article précité fait apparaître un taux effectif de couverture supérieur à 1,50 %, ces provisions sont retenues pour la détermination du résultat imposable, dans la mesure où elles ont été comptabilisées.

III. – Lorsque la provision forfaitaire figurant au bilan du 31 décembre 1983 est supérieure au total des provisions individualisées susceptibles d'être constituées à la même date en conformité avec le premier alinéa du 5° du 1 de l'article 39 du code précité, la différence est rattachée, après correction, au résultat imposable de l'exercice 1983. Cette correction est opérée en réduisant la différence mentionnée ci-dessus du montant dont aurait été amputée la provision forfaitaire figurant au bilan du 1er janvier 1979 si le taux effectif de couverture constaté au 31 décembre 1983 avait été substitué au taux de 1,50 %.

Dans le cas inverse, le résultat imposable de l'exercice 1983 est augmenté de la somme dont aurait été majorée la provision forfaitaire figurant au bilan du 1er janvier 1979 si le taux effectif de couverture constaté au 31 décembre 1983 avait été substitué au taux de 1,50 %.

IV. – En ce qui concerne l'organe central du Crédit agricole, les crédits à court terme portant sur des effets publics ou garantis par l'État, ou consentis à des caisses de crédit agricole mutuel, sont exclus de la base de calcul de la provision forfaitaire provisoire.

Art. 102 L Les provisions forfaitaires prévues aux articles 102 J et 102 K et devant figurer au bilan du 1er janvier 1979 sont constituées en ajoutant aux provisions individualisées pour risques sur crédit à moyen ou long terme et sur crédit à court terme comptabilisées au 31 décembre 1978 et répondant aux conditions du premier alinéa du 5° du 1 de l'article 39 du code général des impôts, les sommes nécessaires pour compléter celles-ci à hauteur respectivement de 0,50 % et de 1,50 % des encours de ces crédits.

Ces compléments, prélevés sur les provisions à caractère général ou, à défaut, sur les réserves, sont inscrits de façon distincte au bilan.

Art. 102 M Les provisions comptabilisées au 31 décembre 1978 qui n'auraient pas été déductibles de l'assiette de l'impôt sur les sociétés peuvent, sans préjudice des dispositions de l'article 102 L, être portées en réserve ou maintenues en franchise d'impôt.

Si les provisions comptabilisées à la même date, autres que les provisions pour risques sur crédits à long, moyen ou court terme mentionnées aux articles 102 J et 102 K et qui auraient été fiscalement déductibles, deviennent sans objet, elles ne sont pas rapportées au résultat imposable. Si le risque auquel elles sont destinées à faire face se réalise, la perte est imputée sur leur montant.

Art. 102 N Les rémunérations dites quotes-parts d'intérêts versées par les caisses régionales de crédit agricole mutuel aux caisses locales qui sont soumises à l'impôt sur les sociétés dans les conditions prévues au 2° du 6 de l'article 206 du code général des impôts ne sont pas déductibles par les caisses régionales pour la détermination de leurs bénéfices imposables.

2° BÉNÉFICE IMPOSABLE DE LA CAISSE CENTRALE ET DES CAISSES DÉPARTEMENTALES ET INTERDÉPARTEMENTALES DE CRÉDIT MUTUEL

Art. 102 O Les plus-values ou moins-values réalisées par la caisse centrale et les caisses départementales et interdépartementales de crédit mutuel lors de la cession d'éléments d'actif immobilisé ou de titres de placement ne sont soumises à l'impôt que pour leur fraction acquise à compter du 1er janvier 1980.

Pour les titres cotés, cette fraction est calculée en retenant comme prix de revient leur cours moyen pendant le mois de décembre 1979.

Pour les titres de participation non cotés et les autres éléments d'actif immobilisé, ainsi que pour les titres de placement non cotés, la fraction acquise à compter du 1er janvier 1980 est calculée en proportion de la durée de détention du bien depuis cette date par rapport à sa durée totale de détention. En outre, pour les biens amortissables détenus depuis plus de deux ans, la partie de la plus-value ou moins-value réputée à court terme ne peut excéder le montant des amortissements déduits à compter du 1er janvier 1980 pour le calcul de l'impôt.

Art. 102 P *Devenu sans objet (Décr. n° 2014-549 du 26 mai 2014).*

Art. 102 Q La provision de 0,50 % devant figurer au bilan du 1er janvier 1980 est constituée en ajoutant aux provisions pour risques sur crédit à moyen ou long terme comptabilisées au 31 décembre 1979 les sommes nécessaires, prélevées sur les provisions à caractère général ou, à défaut, sur les réserves. Ce complément est inscrit de façon distincte au bilan.

Art. 102 R Les autres provisions existant au bilan du 31 décembre 1979 sont regardées comme des réserves exonérées de l'impôt si elles ne répondent pas aux conditions du 5° du 1 de l'article 39 du code général des impôts ou si elles deviennent sans objet.

3°

Art. 102 RA à 102 RC *Devenus sans objet (L. n° 2001-420 du 15 mai 2001, art. 27).*

SECTION PREMIÈRE *BIS* BÉNÉFICES RÉALISÉS PAR L'INTERMÉDIAIRE DE SOCIÉTÉS ÉTABLIES DANS DES PAYS À RÉGIME FISCAL PRIVILÉGIÉ

Art. 102 S *Dispositions devenues sans objet à partir de la date d'entrée en vigueur du A du I et du 3 du III de l'art. 107 de la L. n° 92-1376 du 30 déc. 1992 et abrogées à partir de la date d'entrée en vigueur de l'art. 1er du Décr. n° 94-282 du 5 avr. 1994 (JO 12 avr.).*

Art. 102 SA I. — La personne morale établie en France et passible de l'impôt sur les sociétés mentionnée au 1 du I de l'article 209 B du code général des impôts s'entend d'une personne morale dont le siège est situé en France ou d'une entreprise exploitée en France par une personne morale dont le siège est situé hors de France, passibles de l'impôt sur les sociétés.

II. — Pour apprécier si le taux de détention mentionné au 1 du I de l'article 209 B du code général des impôts est atteint, il y a lieu de retenir le pourcentage de participation constaté à la clôture de l'exercice de l'entité juridique établie ou constituée hors de France, ou, en l'absence d'exercice clos au cours d'une année, à la clôture de l'exercice de la personne morale établie en France et passible de l'impôt sur les sociétés. Toutefois, le pourcentage à retenir est celui, s'il est plus élevé, de la participation détenue pendant une période continue ou discontinue d'au moins 183 jours au cours de l'exercice de l'entité juridique établie ou constituée hors de France ou, à défaut, à la clôture de l'exercice de la personne morale établie en France et passible de l'impôt sur les sociétés.

III. — Les revenus positifs mentionnés au 1 du I de l'article 209 B du code général des impôts s'entendent du profit net ou de son équivalent réalisé par une entité juridique établie ou constituée hors de France et qui, à raison du droit qui lui est applicable, n'est pas qualifié de résultat.

Art. 102 T Les bénéfices ou revenus positifs de l'exercice de chaque entité juridique établie ou constituée hors de France sont réputés, en application du 1 du I de l'article 209 B du code général des impôts, constituer un revenu de capitaux mobiliers de la personne morale établie en France et passible de l'impôt sur les sociétés dans la proportion des actions, parts ou droits financiers détenus directement et indirectement au sens du premier alinéa du 2 du I de ce même article.

Cette proportion est calculée conformément aux dispositions du II de l'article 102 SA.

Toutefois, il n'est pas tenu compte des actions, parts et droits financiers détenus par l'intermédiaire d'autres personnes morales établies en France et passibles de l'impôt sur les sociétés au titre de l'article 209 B précité, à raison des mêmes bénéfices ou revenus positifs.

Art. 102 U I. — Au titre de la première période d'imposition pour laquelle le régime défini à l'article 209 B du code général des impôts est applicable, la personne morale établie en France et passible de l'impôt sur les sociétés doit établir un bilan de départ pour chaque entreprise ou entité juridique établie ou constituée hors de France, mentionnée au 1 du I de ce même article. L'actif net de ce bilan sert de base à la détermination des résultats de cette entreprise ou de cette entité juridique.

II. – Les éléments figurant au bilan de départ doivent être retenus pour la valeur nette comptable qu'ils comportaient au regard de la législation fiscale qui leur était applicable dans le pays ou le territoire concerné à la date d'ouverture de la première période d'imposition.

Art. 102 V Les bénéfices ou revenus positifs de chaque entreprise ou entité juridique établie ou constituée hors de France, mentionnée au 1 du I de l'article 209 B du code général des impôts, sont déterminés selon les règles fixées au 3 du I de cet article à partir du bilan de départ établi dans les conditions fixées à l'article 102 U. Ils sont convertis en euros sur la base du taux de change en vigueur, à la clôture de l'exercice de l'entreprise ou de l'entité juridique établie ou constituée hors de France ou, à défaut, de celui de la personne morale établie en France et passible de l'impôt sur les sociétés.

Art. 102 W Les montants d'impôts acquittés hors de France sont imputables sur le montant de l'impôt sur les sociétés dont la personne morale établie en France et passible de l'impôt sur les sociétés est redevable à raison des bénéfices ou revenus positifs qui, lorsqu'il s'agit d'une entreprise, constituent pour elle un bénéfice ou qui, lorsqu'il s'agit d'une entité juridique établie ou constituée hors de France, sont réputés, en application du 1 du I de l'article 209 B du code général des impôts, constituer un revenu de capitaux mobiliers. Ces montants sont convertis en euros sur la base du taux de change en vigueur, à la date de clôture de l'exercice de l'entreprise ou de l'entité juridique établie ou constituée hors de France ou, à défaut, de celui de la personne morale établie en France. Il incombe à la personne morale établie en France et passible de l'impôt sur les sociétés de justifier du paiement effectif de ces impôts.

Art. 102 X Lorsque des bénéfices ou revenus positifs ont fait l'objet d'une imposition en vertu de l'article 209 B du code général des impôts, les prélèvements effectués sur les distributions de ces bénéfices ou revenus positifs à la personne morale établie en France et passible de l'impôt sur les sociétés, conformément à une convention fiscale conclue par la France en vue d'éliminer les doubles impositions, sont imputables sur le montant de l'impôt sur les sociétés dû par cette personne morale.

Art. 102 XA Les retenues à la source effectuées sur les dividendes, intérêts ou redevances, compris dans les revenus de l'entreprise ou de l'entité juridique soumise à un régime fiscal privilégié et qui proviennent d'un État ou territoire autre que celui dans lequel cette entreprise ou entité juridique est établie ou constituée, sont imputables sur le montant de l'impôt sur les sociétés dû par la personne morale établie en France et passible de l'impôt sur les sociétés dans les conditions mentionnées au 5 du I de l'article 209 B du code général des impôts.

Art. 102 Y Dans la limite de la quote-part des bénéfices ou revenus positifs d'une entité juridique établie ou constituée hors de France qui sont réputés, en application de l'article 209 B du code général des impôts, constituer un revenu de capitaux mobiliers de la personne morale établie en France et passible de l'impôt sur les sociétés, à raison duquel elle a été soumise à cet impôt, cette personne morale établie en France et passible de l'impôt sur les sociétés retranche de son bénéfice net total les dividendes et produits de participation reçus de l'entité juridique établie ou constituée hors de France.

A cette fin, elle tient un compte séparé pour chaque entité juridique établie ou constituée hors de France faisant apparaître le montant cumulé des bénéfices ou revenus positifs soumis à l'impôt sur les sociétés et les distributions reçues de cette entité juridique postérieurement à la première application de l'article 209 B du code général des impôts.

Art. 102 Z I. – Lorsqu'elle relève du I de l'article 209 B du code général des impôts, la personne morale établie en France et passible de l'impôt sur les sociétés doit joindre à sa déclaration de résultats une déclaration comportant les renseignements et documents suivants :

a. Le nom ou la raison sociale ainsi que l'adresse du siège social, l'objet, l'activité, le lieu de la résidence fiscale, les noms, prénoms ou raisons sociales et l'adresse des associés et la proportion de la participation mentionnée à l'article 102 SA en ce qui concerne les entités juridiques établies ou constituées hors de France soumises à un régime fiscal privilégié, dans lesquelles son taux de détention, direct ou indirect en actions, parts, droits financiers ou droits de vote au sens du premier alinéa du 2 du I de l'article 209 B du code général des impôts, excède le seuil mentionné au 1 du I de ce dernier article ;

b. Le lieu d'exercice et l'objet de l'activité de chaque entreprise établie hors de France soumise à un régime fiscal privilégié ;

c. Pour chaque entité juridique mentionnée au a ou chaque entreprise mentionnée au b, l'ensemble des documents qui sont exigés des sociétés passibles de l'impôt sur les sociétés, y compris le bilan et le compte de résultats établis selon les règles fixées par les articles 102 U et 102 V ;

d. Le bilan et le compte de résultats de chaque entreprise ou entité juridique, fournis à l'administration fiscale du pays ou territoire où elle est située, dans tous les cas où cette administration exige le dépôt de tels documents ;

e. Un état faisant apparaître de manière détaillée les bénéfices ou revenus de capitaux mobiliers déterminés selon les règles fixées au 3 du I de l'article 209 B du code général des impôts ;

f. Pour chacune des entités juridiques établies ou constituées hors de France, un état faisant apparaître le montant cumulé des bénéfices ou revenus positifs ayant fait l'objet d'une imposition au titre de l'article 209 B du code général des impôts et le montant cumulé des distributions reçues de ces sociétés.

II. — Lorsque la personne morale établie en France et passible de l'impôt sur les sociétés estime relever des dispositions du II ou du III de l'article 209 B du code général des impôts, elle joint à sa déclaration de résultats une déclaration contenant les renseignements mentionnés aux *a* et *b* du I du présent article. La production de cette déclaration vaut indication expresse au sens du *(Décr. n° 2019-559 du 6 juin 2019, art. 2)* « 1 » du II de l'article 1727 du même code.

Art. 102 ZA Lorsqu'une personne morale établie en France et passible de l'impôt sur les sociétés n'a pas produit, dans les délais prévus, la déclaration mentionnée à l'article 102 Z et que l'administration établit que cette personne morale a détenu dans une entité juridique établie ou constituée hors de France une participation dont le pourcentage a été supérieur au pourcentage mentionné au 1 du I de l'article 209 B du code général des impôts à un moment quelconque de l'exercice de cette entité juridique autre que la date de clôture, elle peut demander à cette personne morale de lui indiquer la durée de détention de cette participation au cours de l'exercice ainsi que les conditions et les dates de son acquisition et de sa cession.

Si, dans un délai de trente jours, la personne morale établie en France et passible de l'impôt sur les sociétés ne défère pas à cette demande ou fournit une réponse insuffisante, l'administration lui adresse une mise en demeure de produire dans le même délai la déclaration prévue à l'article 102 Z.

Art. 102 ZB Lorsqu'elle relève du I de l'article 209 B du code général des impôts, la personne morale établie en France et passible de l'impôt sur les sociétés doit joindre avec le relevé de solde d'impôt sur les sociétés prévu au 2 de l'article 1668 du même code qu'elle dépose auprès du comptable de la direction générale des finances publiques du lieu d'imposition défini à l'article 218 A du même code, un état faisant apparaître le montant des prélèvements fiscaux et des retenues à la source imputables sur l'impôt sur les sociétés par application des articles 102 W, 102 X et 102 XA. Cet état précise notamment leur montant, la nature du revenu correspondant, leur taux et leur État d'origine.

SECTION II

Art. 103 *Abrogé par Décr. n° 91-1265 du 16 déc. 1991, art. 23.*

I

Art. 104 à 112 *Abrogés.*

II *et* III

Art. 113 à 134 A *Dispositions périmées (Décr. n° 2013-463 du 3 juin 2013).*

IV

Art. 134 *bis* *Abrogé par Décr. n° 88-1052 du 18 nov. 1988, art. 1er.*

Art. 134 *ter* *Périmé.*

SECTION III IMPUTATION DE L'IMPÔT SUR LE REVENU (RETENUE À LA SOURCE) SUR LE MONTANT DE L'IMPÔT SUR LES SOCIÉTÉS

Art. 135 Les personnes morales et associations assujetties à l'impôt sur les sociétés en vertu de l'article 206 du code général des impôts, à l'exception de celles désignées au 5 du même article, sont, en ce qui concerne les revenus de valeurs mobilières figurant à leur actif, admises à demander l'imputation, sur le montant de l'impôt sur les sociétés dont elles sont redevables, de la retenue opérée à la source sur lesdits revenus, dans les conditions et sous les réserves prévues aux 1 et 4 de l'article 220 et aux deuxième et troisième alinéas du 1 de l'article 223 dudit code et aux articles 136 à 140.

Art. 136 La somme restant due au titre de l'impôt sur les sociétés est déterminée en appliquant au montant de cet impôt, calculé en ne prenant en compte que les revenus mobiliers nets, une déduction égale, dans la limite de ce montant pour chaque période d'imposition, à la différence entre :

a) La retenue à la source supportée ou réputée supportée dans les limites prévues au 1 de l'article 220 du code général des impôts à raison des revenus de valeurs mobilières compris dans les bénéfices retenus en vue de l'établissement de l'impôt sur les sociétés ;

b) Le produit obtenu en multipliant par le taux de l'impôt sur les sociétés le montant du crédit d'impôt attaché aux revenus visés au *a*.

Art. 137 *Périmé.*

Art. 138 En ce qui concerne les sociétés en commandite simple et les sociétés en participation soumises à l'impôt sur les sociétés en vertu du 4 de l'article 206 du code général des impôts, la déduction prévue à l'article 136 est calculée d'après la fraction des revenus de valeurs mobilières entrant en compte pour la détermination des bénéfices passibles dudit impôt.

Sauf preuve contraire, cette fraction est réputée correspondre aux droits, dans les bénéfices totaux de la société, des commanditaires et des associés dont les noms et adresses n'ont pas été indiqués à l'administration.

Art. 139 Pour bénéficier de l'imputation prévue au 1 de l'article 220 du code général des impôts, les intéressés sont tenus de fournir, dans la déclaration visée aux deuxième et troisième alinéas du 1 de l'article 223 du même code, le détail du calcul de la somme à retrancher, le cas échéant, par catégories de revenus de valeurs mobilières taxés à un taux différent.

Ils doivent tenir à la disposition des agents chargés d'établir leur imposition toutes justifications utiles ainsi que tous documents employés ou établis par eux pour effectuer ce calcul.

Art. 140 Le fait pour une société de demander l'imputation d'une somme trop élevée est regardé comme une insuffisance pour l'application des pénalités prévues à l'article 1729 du code général des impôts.

SECTION IV LIEU D'IMPOSITION

Art. 140 *bis* Le lieu d'imposition des caisses locales de crédit agricole mutuel sociétaires d'une caisse régionale de crédit agricole mutuel dont l'activité couvre un seul département est fixé au siège de la caisse régionale. Au cas où l'activité d'une caisse régionale s'étend sur plusieurs départements, le lieu d'imposition des caisses locales sociétaires de cette caisse est fixé par l'administration, dans chaque département, au siège de l'une des caisses locales.

SECTION V

Art. 140 *ter* *Dispositions devenues sans objet (L. n° 90-1168 du 29 déc. 1990, art. 95-I).*

SECTION VI DÉDUCTION DES INVESTISSEMENTS RÉALISÉS OUTRE-MER

Art. 140 *quater* Les investissements productifs réalisés dans les départements d'outre-mer, à Saint-Pierre-et-Miquelon, à Saint-Barthélemy, à Saint-Martin, en Nouvelle-Calédonie, en Polynésie française, dans les îles Wallis-et-Futuna et les Terres australes et antarctiques françaises mentionnés aux I, I *bis* et II de l'article 217 *undecies* du code général des impôts s'entendent des acquisitions ou créations d'immobilisations corporelles, neuves et amortissables, affectées aux activités relevant des secteurs éligibles en vertu des dispositions du I de l'article 199 *undecies* B du code général des impôts.

Art. 140 *quinquies* et 140 *sexies* *Abrogés par Décr. n° 2004-203 du 3 mars 2004, art. 3.*

Art. 140 *septies* *Abrogé par Décr. n° 2010-472 du 10 mai 2010.*

Art. 140 *octies* I. — La déduction prévue au premier alinéa du I de l'article 217 *undecies* du code général des impôts est pratiquée par l'entreprise propriétaire ou, si l'immobilisation fait l'objet d'un contrat de crédit-bail, par l'entreprise locataire.

II. — Sous réserve des dispositions de la neuvième phrase du premier alinéa du I de l'article 217 *undecies* du code général des impôts, la déduction est opérée sur les résultats imposables de l'exercice au cours duquel l'immobilisation est mise en service ou, en cas de construction ou d'acquisition d'un immeuble à construire, l'exercice au cours duquel les fondations sont achevées, ou celui au cours duquel l'immobilisation est mise à la disposition de l'entreprise dans le cadre d'un contrat de crédit-bail.

Cette déduction est déterminée en tenant compte du montant des aides publiques ou, lorsque l'investissement consiste en l'acquisition ou la construction d'un logement neuf, des subventions publiques obtenues ou demandées et non encore accordées à la date de clôture de l'exercice mentionné au premier alinéa. S'il y a lieu, la régularisation de la déduction est effectuée au titre de l'exercice au cours duquel intervient la décision concernant leur octroi et leur montant.

III. — Les résultats imposables de l'exercice sont déterminés, sous réserve des dispositions du IV *bis* de l'article 217 *undecies* du code général des impôts, avant tout autre déduction ou abattement.

Art. 140 *nonies* Lorsqu'une entreprise entend bénéficier de la déduction prévue aux sixième à huitième alinéas du I et au I *bis* de l'article 217 *undecies* du code général des impôts, elle est tenue, pour chaque logement, de joindre à sa déclaration de résultat de l'exercice au titre duquel elle pratique la déduction des documents dont la liste est fixée par décret. — *V. Ann. III, art. 46 quater-0 ZZ ter.*

Si le bail n'est pas signé à la date de souscription de la déclaration susmentionnée, les documents relatifs au bail et au locataire sont joints à la déclaration de l'exercice au cours duquel le bail est signé. Il en est de même en cas de changement de locataire pendant une période d'une durée fixée par décret.

Pour l'application du huitième alinéa du I de l'article 217 *undecies* du code général des impôts, les montants annuels du loyer et des ressources du locataire ne peuvent excéder des limites fixées par décret. — *V. Ann. III, art. 46 quater-0 ZZ ter.*

Art. 140 *decies* Les souscriptions dont la déduction est autorisée par les II et II *ter de l'article 217 undecies* du code général des impôts s'entendent des souscriptions en numéraire au capital des sociétés de développement régional des départements d'outre-mer et des entreprises passibles de l'impôt sur les sociétés qui exercent exclusivement leur activité, outre-mer, dans les secteurs mentionnés aux premier, troisième, sixième, septième et huitième alinéas du I de ce même article ou qui réalisent des investissements mentionnés aux quatrième et cinquième alinéas de ce même I.

La valeur d'origine des éléments d'actif autres que ceux nécessaires à l'exercice de l'activité ouvrant droit à déduction ne doit pas excéder 10 % du montant total de l'actif brut de la société.

Art. 140 *undecies* La déduction prévue par les II et II *ter* de l'article 217 *undecies* du code général des impôts est pratiquée, au titre de l'exercice au cours duquel les fonds ont été versés, sur les résultats imposables de l'entreprise qui réalise la souscription, déterminés, sous réserve des dispositions du IV *bis* du même article, avant tout autre déduction ou abattement.

En cas de versements échelonnés, ceux-ci sont pris en compte au titre de chacun des exercices au cours desquels ils ont été effectués.

Art. 140 *duodecies* Lorsqu'une entreprise entend bénéficier de la déduction prévue par le II ou le II *ter* de l'article 217 *undecies* du code général des impôts à raison de la souscription d'actions ou de parts d'une société mentionnée à l'article 140 *decies*, elle doit joindre à sa déclaration de résultat de l'exercice au cours duquel la déduction est pratiquée une attestation délivrée par cette société précisant que cette dernière exerce son activité dans les conditions prévues à l'article 140 *decies* et s'engage à réaliser, dans les délais prévus au II de l'article 217 *undecies* du code précité, des investissements productifs pour un montant au moins égal à celui des fonds versés et indiquant le montant des fonds versés, la date du versement, le nombre de parts ou actions souscrites et, le cas échéant, leurs numéros.

Art. 140 *terdecies* Pour l'application du III de l'article 217 *undecies* du code général des impôts, l'avis du ministre chargé de l'outre-mer est donné dans un délai de trente jours à compter de la date d'envoi de la demande du ministre chargé du budget.

Lorsque le ministre chargé du budget a délégué son pouvoir de décision aux directeurs régionaux ou, le cas échéant, départementaux des finances publiques des départements d'outre-mer, en application des dispositions du I de l'article 1649 *nonies* du code général des impôts, le ministre chargé de l'outre-mer peut déléguer son pouvoir au préfet du département d'outre-mer concerné.

Art. 140 *quaterdecies* I. – Le taux de rétrocession mentionné au dix-neuvième alinéa (5°) du I et au 3° du I *bis* de l'article 217 *undecies* du code général des impôts est calculé par le rapport existant entre :

a) Au numérateur, la différence entre, d'une part, le montant hors taxe de l'investissement diminué de la fraction de son prix de revient financée par une aide publique ou, lorsque l'investissement consiste en l'acquisition ou la construction d'un logement neuf, une subvention publique et, d'autre part, la valeur actualisée de l'ensemble des sommes mises à la charge du locataire lui permettant d'obtenir la disposition du bien et d'en acquérir la propriété au terme de la location ;

b) Au dénominateur, la valeur actualisée des économies d'impôts sur les sociétés procurée par la déduction pratiquée au titre de l'investissement, par l'imputation du déficit procuré par la location du bien acquis et de la moins-value réalisée lors de la cession de ce bien et des titres de la société bailleresse.

La valeur actualisée des sommes payées par le locataire est déterminée en retenant un taux d'actualisation égal à la moyenne pondérée, en fonction du montant des emprunts, des taux d'intérêts des emprunts souscrits pour le financement de l'investissement par le bailleur. Lorsque les emprunts sont rémunérés par un taux d'intérêt variable, seul le premier taux connu est retenu pour le calcul de la moyenne. Il n'est pas tenu compte pour ce calcul de l'avantage consenti en application de ces mêmes dispositions par les associés ou membres de cette entreprise.

II. – Pour l'application du II *quinquies* de l'article 217 *undecies* du code général des impôts, le taux de rétrocession est calculé par le rapport existant entre :

a) Au numérateur, la différence entre, d'une part, le montant de la souscription et, d'autre part, la valeur actualisée des sommes mises à la charge de la société bénéficiaire de la souscription lui permettant d'acquérir la propriété des titres souscrits ;

b) Au dénominateur, la valeur actualisée des économies d'impôt sur les sociétés procurée par la déduction pratiquée au titre de la souscription et, le cas échéant, par la moins-value réalisée lors de la cession des titres reçus lors de la souscription.

La valeur actualisée des sommes payées par la société bénéficiaire de la souscription est déterminée en retenant un taux d'actualisation égal à la moyenne pondérée, en fonction du montant des emprunts, des taux d'intérêt des emprunts souscrits pour le financement de la souscription par la société qui la réalise. Lorsque les emprunts sont rémunérés par un taux d'intérêt variable, seul le premier taux connu est retenu pour le calcul de la moyenne. Il n'est pas tenu compte pour ce calcul de l'avantage consenti en application de ces mêmes dispositions par les associés ou membres de cette entreprise.

CHAPITRE II *BIS* TAXE D'APPRENTISSAGE

I *DÉCLARATION DES EMPLOYEURS*

Art. 140 A et 140 B *Devenus sans objet (Décr. nº 2008-294 du 1er avr. 2008).*

II *DEMANDE D'EXONÉRATION*

Art. 140 C à 140 I *Devenus sans objet (Ord. nº 2005-1512 du 7 déc. 2005, art. 26-II-3º et IV ; Décr. nº 2006-356 du 24 mars 2006).*

III *MODALITÉS D'IMPUTATION DES VERSEMENTS ET DÉPENSES LIBÉRATOIRES*

Art. 140 J *Al. 1er abrogé pour la taxe d'apprentissage assise sur les salaires versés à compter du 1er janv. 1996 ; al. 2 transféré ss. l'art. 50-0 de l'annexe III.*

Art. 140 JA *Devenu sans objet (L. nº 96-376 du 6 mai 1996, art. 7).*

Art. 140 K *Devenu sans objet (Décr. nº 2006-356 du 24 mars 2006).*

Art. 140 K *bis* *Dispositions disjointes (Décr. nº 2009-389 du 7 avr. 2009).*

Art. 140 K *ter* *Devenu sans objet (Décr. nº 2009-389 du 7 avr. 2009).*

Art. 140 K *quater* et 140 K *quinquies* *Transférés ss. art. 318 et 318 A par Décr. nº 2014-549 du 26 mai 2014.*

IV *RÉGIMES SPÉCIAUX*

Art. 140 L *Disposition périmée.*

Art. 140 M *Devenu sans objet (Décr. nº 2012-653 du 4 mai 2012).*

Art. 140 N *Devenu sans objet (Ord. nº 2005-1512 du 7 déc. 2005, art. 26-II-3º et IV ; Décr. nº 2006-356 du 24 mars 2006).*

CHAPITRE III TAXE SUR LES SALAIRES

SECTION PREMIÈRE TAUX MAJORÉS

Art. 141 *Disjoint (Décr. nº 2007-484 du 30 mars 2007).*

Art. 142 **Sous réserve de la régularisation prévue à l'article 143, le montant de la majoration de la taxe sur les salaires visée à l'article 231 du code général des impôts est déterminé, pour chaque mois, à raison de :**

4,25 % de la fraction des traitements et salaires individuels, payés au cours du mois, qui est comprise entre les douzièmes des seuils d'application des taux majorés de 8,50 % et de 13,60 % figurant à l'article 231 du code général des impôts ;

(Décr. nº 2018-500 du 20 juin 2018, art. 3) **« 9,35 % de la fraction de ces traitements et salaires dépassant le douzième du seuil d'application du taux majoré de 13,60 % figurant au même article. »**

En ce qui concerne les rémunérations qui sont payées suivant une périodicité ou à des intervalles excédant un mois, l'impôt peut être déterminé en ramenant au mois le paiement imposable et en appliquant au montant des droits, calculé conformément aux dispositions des premier à *(Décr. nº 2018-500 du 20 juin 2018, art. 3)* **« troi-**

sième » alinéas sur la somme ainsi obtenue, la proportion qui existe entre la période à laquelle s'applique le paiement et le mois.

Art. 143 La régularisation des droits dus en vertu de l'article 231 du code général des impôts et des articles 142 et 383 est effectuée par année.

Pour cette régularisation, le montant des droits exigibles au titre de la majoration de la taxe sur les salaires est déterminé en appliquant le taux de 4,25 % à la fraction de la rémunération effectivement allouée à chaque salarié au cours de l'année civile, qui est comprise entre *(L. n° 2021-1900 du 30 déc. 2021, art. 2)* **« 8 133 € et 16 237 €** *[ancienne rédaction : 8 020 € et 16 013 €]* **» et le taux de 9,35 % à la fraction excédant** *(L. n° 2021-1900 du 30 déc. 2021, art. 2)* **« 16 237 €** *[ancienne rédaction : 16 013 €]* **», et en multipliant le chiffre ainsi déterminé par le rapport qui existe entre le montant de la rémunération qui a été payée pendant la période d'application de la majoration et le montant total de la rémunération annuelle.**

Les droits dus ne peuvent toutefois excéder le chiffre obtenu en appliquant au montant de la rémunération dont chaque salarié a bénéficié au cours de la période d'application de la majoration les taux de :

4,25 % à la fraction de cette rémunération qui, ajustée à l'année, est comprise entre *(L. n° 2021-1900 du 30 déc. 2021, art. 2)* **« 8 133 € et 16 237 €** *[ancienne rédaction : 8 020 € et 16 013 €]* **» ;**

9,35 % à la fraction de cette rémunération qui, ajustée à l'année, dépasse *(L. n° 2021-1900 du 30 déc. 2021, art. 2)* **« 16 237 €** *[ancienne rédaction : 16 013 €]*. **»**

Les montants mentionnés aux 2e, 4e et 5e al. s'appliquent aux rémunérations versées à compter du 1er janv. 2022.

Art. 144 La déclaration des traitements et salaires que les employeurs sont tenus de souscrire en exécution des dispositions de l'article 87 du code général des impôts doit, pour ceux d'entre eux qui sont redevables en totalité ou partiellement de la taxe sur les salaires, faire ressortir distinctement, pour chaque bénéficiaire dont la rémunération individuelle annuelle a excédé *(L. n° 2021-1900 du 30 déc. 2021, art. 2)* **« 8 133 €** *[ancienne rédaction : 8 020 €]* **», le montant des salaires et rétributions payés en argent ou en nature durant la période d'application de la majoration de la taxe sur les salaires.** — *Montant applicable aux rémunérations versées à compter du 1er janv. 2022.*

Elle doit comporter, en outre, l'indication du montant des compléments de droits acquittés en application de l'article 142 à raison des rémunérations payées pendant cette même période.

SECTION II

Art. 145 *Devenu sans objet (L. n° 2000-1352 du 30 déc. 2000, art. 10-II et V).*

SECTION III

Art. 145 *bis* et 145 *ter* *Devenus sans objet (L. n° 87-416 du 17 juin 1987, art. 24-II).*

CHAPITRE IV

Art. 146 et 147 *Transférés ss. art. 310 C et 310 D.*

Art. 148 *Premier alinéa transféré ss. l'art. 310 E. Deuxième alinéa abrogé.*

Art. 149 et 150 *Abrogés par L. n° 68-695 du 31 juill. 1968, art. 1er.*

Art. 151 *Transféré ss. l'art. 310 F, depuis abrogé.*

CHAPITRE V

Art. 152 à 159 *Sans objet (L. n° 91-1323 du 30 déc. 1991, art. 32).*

CHAPITRE V *BIS* TAXE SUR LES SERVICES D'INFORMATIONS OU INTERACTIFS À CARACTÈRE PORNOGRAPHIQUE

Art. 159 A *(Devenu sans objet, Décr. n° 2021-744 du 9 juin 2021, art. 2)* ***Sont classés comme services d'informations ou services interactifs à caractère pornographique, au sens du***

1 du I de l'article 235 du code général des impôts, les services de communication audiovisuelle à caractère convivial qui font apparaître une orientation pornographique.

Le classement est opéré par arrêté du ministre chargé du budget.

L'art. 235 CGI instituant la taxe sur les services d'informations ou interactifs à caractère pornographique est abrogé à compter du 1er janv. 2021 (L. n° 2020-1721 du 29 déc. 2020, art. 64-I-1°).

Art. 159 B *(Devenu sans objet, Décr. n° 2021-744 du 9 juin 2021, art. 2)* ***La taxe instituée à l'article 235 du code général des impôts est due sur toutes les sommes reçues des utilisateurs par les fournisseurs de services d'informations ou interactifs qui ont fait l'objet du classement dans les conditions définies à l'article 159 A.***

L'art. 235 CGI est abrogé à compter du 1er janv. 2021 (L. n° 2020-1721 du 29 déc. 2020, art. 64-I-1°).

Art. 159 C *(Devenu sans objet, Décr. n° 2021-744 du 9 juin 2021, art. 2)* ***La taxe est constatée, recouvrée et contrôlée comme en matière de taxe sur les salaires. Elle est versée au comptable de la direction générale des finances publiques avant le 5 de chaque mois, quel que soit le montant dû.***

En cas de cession ou de cessation d'activité du fournisseur des services d'informations ou interactifs à caractère pornographique, la taxe est immédiatement exigible.

Chaque versement est accompagné d'une déclaration datée et signée par le fournisseur des services d'informations ou interactifs à caractère pornographique qui y mentionne son adresse, les caractéristiques du service, la période à laquelle s'applique le versement, le montant des sommes imposables et le montant de la taxe.

L'art. 235 CGI instituant la taxe sur les services d'informations ou interactifs à caractère pornographique est abrogé à compter du 1er janv. 2021 (L. n° 2020-1721 du 29 déc. 2020, art. 64-I-1°).

CHAPITRE VI

Art. 160 *Abrogé.*

Art. 161 *(Abrogé par Décr. n° 2017-698 du 2 mai 2017, art. 2)* ***I. — Conformément aux dispositions de l'article R. 313-2 du code de la construction et de l'habitation, les employeurs redevables de la participation prévue à l'article L. 313-1 du même code sont tenus d'en mentionner, chaque année, l'assiette sur la déclaration prévue à l'article 87 du code général des impôts.***

II. — Conformément aux dispositions de l'article R. 716-28 du code rural et de la pêche maritime, les employeurs redevables de la participation prévue à l'article L. 716-2 du même code sont tenus d'en mentionner, chaque année, l'assiette sur la déclaration prévue à l'article 87 du code général des impôts.

Ancien art. 161 ***I. — Les employeurs assujettis à la cotisation prévue au 1 de l'article 235 bis du code général des impôts sont tenus de produire chaque année, au plus tard le deuxième jour ouvré suivant le 1er mai, et conformément aux dispositions de l'article R. 313-2 du code de la construction et de l'habitation, une déclaration mentionnant notamment les éléments prévus par ce dernier article.***

II. — Les employeurs assujettis à la cotisation prévue au 2 de l'article 235 bis du code général des impôts sont tenus de produire chaque année, au plus tard le deuxième jour ouvré suivant le 1er mai, et conformément aux dispositions de l'article R. 716-28 du code rural et de la pêche maritime, une déclaration mentionnant notamment les éléments prévus par ce dernier article.

Art. 162 I. — La cotisation prévue au 1 de l'article 235 *bis* du code général des impôts est établie, contrôlée et recouvrée conformément aux dispositions de l'article R. 313-3 du code de la construction et de l'habitation.

Les réclamations sont présentées, instruites et jugées comme en matière de taxes sur le chiffre d'affaires conformément au deuxième alinéa de l'article R. 313-3 précité. — *La cotisation anciennement prévue au 1 de l'art. 235 bis CGI est désormais prévue à l'art. L. 313-4 CCH. — V. CCH, art. L. 313-4 et R. 313-3.* — **CCH.**

II. — La cotisation prévue au 2 de l'article 235 *bis* du code général des impôts est établie, contrôlée et recouvrée conformément aux dispositions de l'article R. 716-29 du code rural et de la pêche maritime.

Les réclamations sont présentées, instruites et jugées comme en matière de taxes sur le chiffre d'affaires conformément au deuxième alinéa de l'article R. 716-29 précité. —

La cotisation anciennement prévue au 2 de l'art. 235 bis CGI est désormais prévue à l'art. L. 716-3 C. rur. — V. C. rur., art. L. 716-3 et R. 716-29. — ***C. rur.***

Art. 163 *(Abrogé par Décr. nº 2014-277 du 28 févr. 2014, art. 3-3º et 4, à compter du 1er avr. 2014)* ***I. — En cas de cession, cessation, procédure de sauvegarde, redressement ou liquidation judiciaire de l'entreprise ou de décès de l'employeur, la déclaration prévue à l'article R. 313-2 du code de la construction et de l'habitation afférente à l'année en cours et à l'année précédente doit être souscrite conformément aux dispositions de l'article R. 313-4 du même code.***

II. — En cas de cession, cessation, procédure de sauvegarde, redressement ou liquidation judiciaire de l'entreprise ou de décès de l'employeur, la déclaration prévue à l'article R. 716-28 du code rural et de la pêche maritime afférente à l'année en cours et à l'année précédente est souscrite conformément aux dispositions de l'article R. 716-30 du même code.

CHAPITRE VI *BIS*

Art. 163 *bis* à 163 *octies* B *Dispositions devenues sans objet (L. nº 99-1172 du 30 déc. 1999, art. 30 E-1).*

CHAPITRE VI *TER* PARTICIPATION DES EMPLOYEURS AU DÉVELOPPEMENT DE LA FORMATION PROFESSIONNELLE CONTINUE

Les dispositions réglementaires ci-après sont devenues sans objet compte tenu de la réforme du financement de la formation professionnelle par l'art. 37 de la L. nº 2018-771 du 5 sept. 2018. Pour les dispositions applicables depuis le 1er janv. 2022. — ***C. trav.***

I *DISPOSITIONS GÉNÉRALES*

Art. 163 *nonies* **Pour la détermination du montant de la participation des employeurs au développement de la formation professionnelle continue, l'effectif de l'entreprise est calculé conformément à l'article R. 6331-1 du code du travail.**

Salarié à temps partiel. Il y a lieu de regarder comme salarié à temps partiel tout salarié dont l'emploi dans un établissement est continu, et non pas intermittent, mais dont le nombre d'heures de travail hebdomadaire ou mensuel est inférieur d'au moins un cinquième à la durée légale ou conventionnelle de travail à temps complet en vigueur dans l'établissement. • CE 15 oct. 1997, nº 165596 : *Dr. fisc. 1997. 1304, concl. Loloum ; RJF 1997. 1126.*

II *EMPLOYEURS OCCUPANT ONZE SALARIÉS ET PLUS*

Art. 163 *decies* *Devenu sans objet (L. nº 95-116 du 4 févr. 1995, art. 105).*

1 EMPLOYEURS DE CINQUANTE SALARIÉS ET PLUS

Art. 163 *undecies* *(Disjoint par Décr. nº 2018-500 du 20 juin 2018, art. 3)* ***Pour l'application de l'article 235 ter F du code général des impôts, peuvent se substituer au comité d'entreprise d'autres instances de représentation du personnel conformément à l'article R. 2323-2*** [abrogé] ***du code du travail ou une commission spéciale créée dans les conditions prévues aux articles R. 2323-3 et R. 2323-4*** [abrogés] ***du même code.***

Le comité d'entreprise est progressivement remplacé par le comité social et économique à partir du 1er janv. 2018 : V. Ord. nº 2017-1386 du 22 sept. 2017.

2 MONTANT DE LA PARTICIPATION

Art. 163 *undecies* A *(Devenu sans objet, Décr. nº 2019-559 du 6 juin 2019, art. 2)* ***Les modalités de versement de la participation prévue à l'article 235 ter D du code général des impôts sont déterminées conformément aux dispositions prévues à l'article R. 6331-9 du code du travail.***

Art. 163 *undecies* B *Dispositions disjointes (Décr. nº 2015-608 du 3 juin 2015). — Pour les dispositions applicables antérieurement, V.* ***CGI, éd. 2015***.

Art. 163 *undecies* C Les réductions de versement prévues à l'article 235 *ter* EB du code général des impôts pour les employeurs qui atteignent ou dépassent au titre d'une année, pour la première fois, l'effectif de *(Décr. nº 2018-500 du 20 juin 2018, art. 3)* « onze » salariés, s'appliquent conformément et dans les conditions prévues à l'article R. 6331-12 du code du travail. — *A compter de la participation due au titre de 2016, le seuil d'effectif est relevé à 11 salariés.*

3 OBLIGATIONS DÉCLARATIVES ET VERSEMENT DE LA PARTICIPATION

Art. 163 *duodecies* *Dispositions disjointes (Décr. nº 2015-608 du 3 juin 2015). — Pour les dispositions applicables antérieurement, V.* ***CGI, éd. 2015***.

Art. 163 *terdecies* *Dispositions disjointes (Décr. nº 2009-389 du 7 avr. 2009).*

Art. 163 *quaterdecies* *Dispositions disjointes (Décr. nº 2015-608 du 3 juin 2015). — Pour les dispositions applicables antérieurement, V.* ***CGI, éd. 2015***.

Art. 163 *quaterdecies* A *(Abrogé par Décr. nº 2016-775 du 10 juin 2016, art. 3)* ***Les versements prévus aux articles 235 ter G et 235 ter H bis du code général des impôts sont réalisés dans les conditions prévues à l'article R. 6331-35 du code du travail.***

Art. 163 *quindecies* Disjoint.

III *EMPLOYEURS OCCUPANT MOINS DE ONZE SALARIÉS*

Art. 163 *quindecies* A et 163 *quindecies* B *Devenus sans objet (Décr. nº 2008-294 du 1er avr. 2008).*

Art. 163 *quindecies* C Les modalités de versement de la participation prévue à l'article 235 *ter* KA du code général des impôts sont déterminées conformément aux dispositions prévues à l'article R. 6331-2 du code du travail. — *L'art. R. 6331-2 est abrogé par le Décr. nº 2021-1916 du 30 déc. 2021 art. 1er-14º et 4-I, à compter du 1er janv. 2022.*

IV *RÉGIMES SPÉCIAUX*

DÉPARTEMENTS D'OUTRE-MER

Art. 163 *sexdecies* Les employeurs des départements d'outre-mer, de Saint-Barthélemy et de Saint-Martin employant des salariés à temps partiel, d'une manière intermittente ou travaillant à domicile sont soumis à l'obligation de participer au financement de la formation professionnelle continue dans les conditions prévues à l'article R. 6523-2 du code du travail.

CHAPITRE VI *QUATER*

Art. 163 *septdecies* à 163 *vicies* *Transférés ss. les art. 321 quinquies à 321 octies (Décr. nº 2009-389 du 7 avr. 2009).*

CHAPITRE VI *QUINQUIES*

Art. 163 A à 163 G *Devenus sans objet (L. nº 88-1149 du 23 déc. 1988, art. 23).*

CHAPITRE VII

Néant.

CHAPITRE VIII DISPOSITIONS COMMUNES À L'IMPÔT SUR LE REVENU ET À L'IMPÔT SUR LES SOCIÉTÉS

0I *PRIMES DE REMBOURSEMENT ET INTÉRÊTS CAPITALISÉS*

Art. 164 En cas de cession des titres ou droits mentionnés à l'article 238 *septies* B du code général des impôts, les plus-values sont déterminées en faisant abstraction des annuités d'intérêts et de primes calculées et échues depuis l'acquisition dans les conditions prévues au même article. — *Ancien texte de l'art. 39 EA de l'Ann. II.*

Art. 164 A *Abrogé.*

I *PLUS-VALUES RÉALISÉES À L'OCCASION DES OPÉRATIONS DE CONSTRUCTION ET DE VENTES D'IMMEUBLES*

Art. 165 Pour l'application du II de l'article 219 et de l'article 238 *octies* du code général des impôts, les immeubles sont considérés comme achevés à la date de délivrance du récépissé de la déclaration prévue aux articles *R. 460-1 à *R. 460-4 du code de l'urbanisme.

*Les art. *R. 460-1 à *R. 460-4 C. urb. ont été abrogés (Décr. n° 2007-18 du 5 janv. 2007, art. 9, en vigueur le 1er oct. 2007).*

Art. 166 Les ventes en l'état futur d'achèvement et les ventes à terme d'immeubles ou de fractions d'immeubles sont assimilées à des ventes d'immeubles achevés au sens de l'article 165 lorsque les conditions prévues aux articles L. 261-10 et suivants du code de la construction et de l'habitation sont remplies.

Art. 167 Lorsque la cession d'actions ou de parts de sociétés visées à l'article 1655 *ter* du code général des impôts porte sur des titres donnant droit à l'attribution d'immeuble ou de fraction d'immeuble non encore achevé, cette cession peut néanmoins être assimilée à une vente d'immeuble achevé pour l'application du II de l'article 219 et de l'article 238 *octies* dudit code lorsque les conditions suivantes sont remplies :

a) La cession est postérieure à l'achèvement des fondations de l'immeuble ;

b) Le contrat de cession qui devra revêtir la forme d'un acte authentique à compter d'une date qui sera fixée par arrêté du ministre de l'économie et des finances précise :

1° La consistance et les conditions techniques d'exécution des travaux ;

2° Le prix à payer au cédant tant pour la cession des titres que pour le remboursement des sommes qu'il a déjà versées à la société ;

3° Les versements qui restent à faire à la société pour achever l'immeuble ou la fraction d'immeuble auquel les actions ou parts cédées donnent vocation à la date de la cession, sous réserve de l'application au coût de construction des clauses de variation stipulées dans les marchés et les contrats conclus par la société ;

c) Le cédant s'engage vis-à-vis du cessionnaire à couvrir les appels de fonds de la société correspondant au coût de construction dans la mesure où les versements exigés à ce titre excéderaient le montant des versements définis au 3° du *b.*

Cet engagement doit être garanti par une caution solidaire donnée par un établissement de crédit, une société de financement ou une société de caution mutuelle constituée conformément aux dispositions des articles L. 512-2, L. 512-20, L. 515-4 et L. 513-2 du code monétaire et financier.

A défaut de pouvoir fournir cette caution, l'intéressé doit constituer un cautionnement en numéraire dans un organisme habilité à cet effet et désigné dans le contrat. Le montant de ce cautionnement doit être au moins égal à 10 % du montant des versements restant à faire à la société tels qu'ils sont définis au 3° du *b.* Le cautionnement doit être maintenu jusqu'à la date de règlement des comptes de construction de la société. Toutefois, il peut être libéré à l'expiration d'un délai d'un an après l'achèvement de l'immeuble ou de la fraction d'immeuble représenté par les actions ou parts cédées, si le cessionnaire n'a intenté aucune action dans ce délai à l'encontre du cédant ;

d) La société de construction doit intervenir à l'acte de cession et justifier qu'elle bénéficie de l'engagement pris par un établissement de crédit, une société de financement ou une société de caution mutuelle constituée conformément aux dispositions des articles L. 512-2, L. 512-20, L. 515-4 et L. 513-2 du code monétaire et financier de répondre aux appels de fonds de la société en cas de défaillance des associés.

Art. 168 Les dispositions du II de l'article 219 et du I de l'article 238 *octies* du code général des impôts ne sont pas applicables aux plus-values provenant de ventes d'immeubles ou de cessions d'actions ou de parts qui ont été précédées de versements d'acomptes ou d'avances faits, à quelque titre que ce soit, directement ou par personne interposée.

Ne sont pas considérés comme des acomptes ou avances au sens du premier alinéa les dépôts de garantie effectués, préalablement à la conclusion d'une vente ou d'une cession, à un compte spécial ouvert au nom de l'acquéreur par un organisme habilité à cet effet, sous réserve que ces dépôts n'excèdent pas 5 % du prix de la vente ou de la cession.

Art. 169 En cas de vente d'un immeuble en l'état futur d'achèvement définie à l'article 166, la plus-value est réputée réalisée à la date de délivrance du récépissé de la déclaration visée à l'article 165.

Lorsqu'il a constitué le cautionnement prévu au troisième alinéa du *c* de l'article 167, le cédant des droits sociaux peut différer le paiement de l'impôt afférent à la plus-value réalisée jusqu'à la libération de ce cautionnement, sans que ledit paiement puisse être reporté au-delà d'un an après l'achèvement de l'immeuble ou de la fraction d'immeuble représenté par les actions ou parts cédées.

Art. 170 En cas de cessions successives par un contribuable de fractions d'un même immeuble ou d'un même groupe d'immeubles, il est procédé à la régularisation des impôts précédemment établis du chef des cessions antérieures lorsqu'une des cessions fait ressortir une moins-value. Cette régularisation est faite en tenant compte des résultats d'ensemble des opérations ainsi effectuées.

Pour l'application des dispositions du présent article, les groupes d'immeubles s'entendent de ceux dans lesquels les immeubles affectés ou destinés à être affectés à un usage autre que l'habitation constituent le complément normal de l'habitation, lorsque les conditions ci-après sont remplies.

La construction des immeubles qui composent le groupe doit constituer une opération d'ensemble, conformément à un plan masse faisant l'objet d'un accord préalable unique ou d'un permis de construire unique.

Cette opération doit être réalisée sur un terrain appartenant à une seule personne physique ou morale, à une copropriété régie par la loi n° 65-557 du 10 juillet 1965 modifiée ou à une indivision.

La superficie développée des immeubles ou parties d'immeubles affectés ou destinés à être affectés à l'habitation doit être égale aux trois quarts au moins de la superficie développée totale des immeubles composant le groupe.

Lorsque cette dernière condition n'est pas remplie, chaque immeuble doit être considéré isolément pour l'application de l'article 238 *octies* du code général des impôts.

Art. 171 à 171-0 *bis* G *Dispositions périmées.*

II PARTICIPATION DES SALARIÉS AUX RÉSULTATS DE L'ENTREPRISE

Art. 171 *bis* La constitution en franchise d'impôt de la provision prévue au II de l'article 237 *bis* A du code général des impôts est subordonnée au respect de la condition de forme impartie par le 5° du 1 de l'article 39 du même code.

Le tableau des provisions prévu au II de l'article 38 de l'annexe III au code général des impôts doit être complété par la production :

a) D'un état faisant apparaître distinctement les modalités de calcul des sommes affectées au compte de la réserve spéciale de participation et au compte de la provision pour investissement ;

b) D'un état comportant indication de l'emploi de la provision, dans les deux ans qui ont suivi sa constitution.

III PRÉLÈVEMENT D'UN TIERS SUR LES PLUS-VALUES RÉALISÉES PAR DES PERSONNES PHYSIQUES OU SOCIÉTÉS QUI NE SONT PAS FISCALEMENT DOMICILIÉES EN FRANCE

Art. 171 *ter* *Abrogé.*

Art. 171 *ter* A *Devenu sans objet (Décr. n° 2009-389 du 7 avr. 2009).*

Art. 171 *quater* Les personnes passibles du prélèvement institué par l'article 244 *bis* A du code général des impôts doivent accréditer, auprès de l'administration chargée du recouvrement, un représentant domicilié en France qui s'engage à remplir les formalités auxquelles elles sont soumises et à acquitter ce prélèvement en leur lieu et place, y compris, le cas échéant, l'amende prévue au 1 de l'article 1761 du code précité.

La déclaration de plus-value, portant mention du représentant accrédité et visée par l'intéressé, est déposée :

A l'appui de la réquisition de publier ou de la présentation à l'enregistrement s'il s'agit d'une cession constatée par un acte ;

Au service des impôts dont relève le domicile du représentant accrédité dans le cas contraire.

Il est fait application, dans le premier cas, des règles d'exigibilité et de recouvrement prévues aux articles 1701 à 1712 du code général des impôts et, dans le second cas, de celles qui sont prévues au titre IV du Livre des procédures fiscales pour les impôts recouvrés par voie d'avis de mise en recouvrement.

Désignation du représentant accrédité. Régime de désignation du représentant accrédité. Cas de dispense. * BOI-RFPI-PVINR-30-20 du 12 sept. 2012. ♦ Un avocat ne peut être représentant fiscal au sens de l'art. 244 *bis* A. * BOI-RFPI-PVINR-30-20 n° 30 du 12 sept. 2012.

IV *RÉEVALUATION DES IMMOBILISATIONS NON AMORTISSABLES*

Art. 171 *quinquies* La réévaluation des immobilisations non amortissables est subordonnée à la tenue d'un bilan ou d'un état en tenant lieu, en application de l'article 238 *bis* I du code général des impôts.

Art. 171 *sexies* L'obligation de réévaluation prévue par le troisième alinéa du I de l'article 238 *bis* I du code général des impôts s'applique aux sociétés dans lesquelles des sociétés cotées en bourse détiennent des participations entrant effectivement dans le champ d'établissement des derniers comptes consolidés qu'elles ont publiés ou dans celui des comptes consolidés défini par arrêté du ministre de l'économie et des finances. — *V. Arr. du 20 mars 1968 (JO 10 avr.).*

Les sociétés cotées dont il s'agit doivent publier en annexe à leur bilan la liste des sociétés consolidées tenues à l'obligation de réévaluation, accompagnée des informations utiles sur le champ d'établissement de leur consolidation.

Art. 171 *septies* L'opération de réévaluation porte sur la totalité des immobilisations non amortissables faisant partie de l'actif immobilisé à la clôture du premier exercice arrêté à dater du 31 décembre 1976 et qui existent encore dans l'actif de l'entreprise à la date de l'opération.

Pour les personnes physiques ou morales qui, à la date d'effet du décret n° 78-737 du 11 juillet 1978 relatif à la réévaluation des immobilisations amortissables, n'ont pas procédé à la réévaluation des immobilisations non amortissables dans les conditions prévues par les articles 171 *quinquies* à 171 *quaterdecies*, la réévaluation des immobilisations non amortissables est indissociable de celle des immobilisations amortissables prévue par l'article 238 *bis* J du code général des impôts.

Cette opération peut être fractionnée entre les exercices mentionnés au deuxième alinéa du I de l'article 238 *bis* I du code précité.

Art. 171 *septies* A La réévaluation des immobilisations figurant à l'actif comprend celle des immobilisations affectées à une activité civile lorsqu'elle est accessoire à l'exercice d'une activité de caractère commercial, industriel, artisanal, agricole ou libéral.

Art. 171 *octies* La valeur à retenir pour chaque immobilisation non amortissable est celle correspondant aux sommes qu'un chef d'entreprise prudent et avisé accepterait de décaisser pour obtenir cette immobilisation s'il avait à l'acquérir compte tenu de l'utilité que sa possession présenterait pour la réalisation des objectifs de l'entreprise.

L'entreprise utilise la technique qu'elle estime la mieux appropriée.

Pour l'établissement de la valeur recherchée, le coût peut être calculé, en particulier, par référence :

Aux cours pratiqués sur un marché approprié ;

A la valeur d'entrée en comptabilité affectée d'un indice de prix spécifique à la famille de biens à laquelle appartient l'immobilisation ;

A la valeur d'entrée affectée d'un indice exprimant les variations du niveau général des prix.

Les sociétés qui procèdent à la réévaluation doivent, sans préjudice des dispositions de l'article 341 de la loi du 24 juillet 1966 sur les sociétés commerciales *[C. com., art. L. 232-6]*, fournir des informations sur les techniques appliquées pour la réévaluation des différentes catégories de biens. Les sociétés qui sont tenues de publier leurs comptes annuels sont également tenues de publier ces informations.

Sauf dans des cas exceptionnels, afin de donner une image fidèle du patrimoine, de la situation financière et du résultat de l'entreprise et dans les conditions prévues par un règlement de l'Autorité des normes comptables, les méthodes comptables retenues et la structure du bilan et du compte de résultat ne peuvent être modifiées d'un exercice à l'autre. Si des modifications interviennent, elles sont décrites et justifiées dans l'annexe et signalées, le cas échéant, dans le rapport des commissaires aux comptes (C. com., art. L. 123-17).

Art. 171 *octies* A Lorsque la valeur réévaluée d'une construction est plafonnée en application du 2 de l'article 171 D, la valeur de réévaluation à retenir, au sens de l'article 171 *octies*, pour le sol supportant la construction, s'entend de l'excédent, sur la valeur nette réévaluée de la construction, du coût estimé d'acquisition de cet ensemble immobilier, ou de sa reconstitution en l'état, en fonction de l'utilité que sa possession présentait pour l'entreprise au 31 décembre 1976.

S'il en résulte une correction de la valeur réévaluée du sol, les rectifications nécessaires sont apportées aux écritures antérieures.

Art. 171 *nonies* Les augmentations d'actif constatées à l'occasion de la réévaluation des immobilisations non amortissables sont inscrites distinctement au bilan ou dans l'état en tenant lieu. Cette information peut figurer en annexe de ces documents.

Ces augmentations n'affectent pas les résultats de l'exercice de réévaluation. Leur contrepartie est inscrite directement dans un poste « Écart de réévaluation » figurant au passif du bilan ou de l'état en tenant lieu, sur une ligne distincte ouverte pour la réserve réglementée ainsi constituée.

Art. 171 *decies* La réserve de réévaluation ne peut être utilisée pour compenser des pertes.

Art. 171 *undecies* En cas de cession d'une immobilisation réévaluée, la totalité de la plus-value de réévaluation qui n'a pas été incorporée au capital est virée au crédit du compte de pertes et profits de l'exercice en cours à la date d'aliénation de cette immobilisation.

Le montant de ce virement fait partie des éléments distribuables.

Art. 171 *duodecies* La provision constituée en vue de faire face à la dépréciation d'une immobilisation réévaluée est, à concurrence de l'augmentation de valeur de cette immobilisation, dotée par imputation sur la réserve réglementée figurant au poste "Écart de réévaluation". Dans la limite de cette augmentation de valeur, la provision n'est pas déduite pour l'assiette de l'impôt, que cette réserve ait ou non été incorporée au capital.

Art. 171 *terdecies* En cas d'incorporation de la réserve de réévaluation au capital, la partie de celui-ci provenant de l'incorporation de cette réserve est mentionnée de façon distincte en annexe au bilan ou à l'état en tenant lieu. Cette mention est modifiée au fur et à mesure de la cession des biens réévalués.

Art. 171 *quaterdecies* Les personnes qui ne sont pas astreintes par la législation fiscale à produire un bilan, si elles désirent se prévaloir des II et III de l'article 238 *bis* I du code général des impôts, doivent fournir les pièces mentionnées à l'article 171 *quinquies* à l'appui de leurs déclarations souscrites pour l'imposition de leurs bénéfices.

L'état tenant lieu de bilan pour les membres des professions libérales est établi conformément à un modèle fixé par arrêté du ministre délégué à l'économie et aux finances. – *V. Arr. du 16 oct. 1978, JO 26 nov.*

V *RÉÉVALUATION DES IMMOBILISATIONS AMORTISSABLES*

Art. 171 A Les obligations prévues aux articles 171 *quinquies,* 171 *sexies* et 171 *quaterdecies* s'appliquent à la réévaluation des immobilisations amortissables figurant au bilan du premier exercice clos à dater du 31 décembre 1976.

Art. 171 B La réévaluation porte sur la totalité des immobilisations amortissables comprises dans l'actif de l'entreprise à la clôture du premier exercice arrêté à dater du 31 décembre 1976 et qui y figurent encore à la date de l'opération.

Pour les personnes physiques ou morales qui, à la date d'effet du décret n° 78-737 du 11 juillet 1978, n'ont pas procédé à la réévaluation des immobilisations non amortissables dans les conditions prévues par les articles 171 *quinquies* à 171 *quaterdecies,* la réévaluation des immobilisations amortissables est indissociable de celle des immobilisations non amortissables.

Cette opération peut être fractionnée entre les exercices mentionnés au IV de l'article 238 *bis* J du code général des impôts.

Art. 171 C La réévaluation des immobilisations figurant à l'actif comprend celle des immobilisations affectées à une activité civile lorsqu'elle est accessoire à l'exercice d'une activité de caractère commercial, industriel, artisanal, agricole ou libéral.

Art. 171 D 1. La valeur à retenir pour chaque immobilisation amortissable est celle correspondant aux sommes qu'un chef d'entreprise prudent et avisé accepterait de décaisser pour obtenir cette immobilisation s'il avait à l'acquérir, compte tenu de l'utilité que sa possession présente pour la réalisation des objectifs de l'entreprise.

L'entreprise utilise la technique qu'elle estime la mieux appropriée.

2. Toutefois, cette valeur ne peut dépasser les montants obtenus en appliquant aux valeurs nettes comptables les indices fixés par l'arrêté du ministre délégué à l'économie et aux finances en date du 24 mars 1978 *[Ann. IV, art. 23 L bis]*. Les indices à retenir sont ceux correspondant à la date d'acquisition de l'immobilisation ou, dans le cas de production de celle-ci par l'entreprise, à la date de l'achèvement, ou à la date à laquelle les dépenses ont été exposées chaque fois qu'il peut en être justifié. Lorsque les indices s'appliquent à un bien déjà réévalué, la date à retenir s'entend de celle de la dernière réévaluation.

Les entreprises dont l'exercice était en cours au 31 décembre 1976 comparent, à leur choix, la valeur d'utilité appréciée à cette date, soit avec la valeur nette comptable à l'arrêté des comptes, soit avec la valeur nette reconstituée au 31 décembre, l'une et l'autre étant indexées dans les conditions prévues au premier alinéa.

Art. 171 E A l'actif du bilan, ou dans l'état en tenant lieu, les valeurs nettes réévaluées des immobilisations amortissables sont présentées sous forme de différences entre, d'une part, les valeurs brutes comptables au 31 décembre 1976, ou à la date d'arrêté des comptes dans le cas prévu au deuxième alinéa du 2 de l'article 171 D et, d'autre part, les amortissements cumulés correspondants, ces valeurs et ces amortissements ayant été réévalués au préalable en appliquant pour chaque élément le même coefficient effectif de réévaluation. Ce coefficient est égal au rapport entre la valeur réévaluée et la valeur nette comptable.

Les dotations globales d'amortissement ainsi réévaluées sont majorées des amortissements pratiqués depuis le 31 décembre 1976, ou depuis la clôture de l'exercice en cours à cette date dans le cas prévu au deuxième alinéa du 2 de l'article 171 D.

Art. 171 F Les augmentations d'actif constatées à l'occasion de la réévaluation des immobilisations amortissables n'affectent pas les résultats de l'exercice de réévaluation. Leur contrepartie est inscrite directement dans un poste "Écart de réévaluation" figurant au passif du bilan, ou de l'état en tenant lieu, sur une ligne "Provision réglementée" ouverte pour enregistrer distinctement la provision spéciale de réévaluation prévue au II de l'article 238 *bis* J du code général des impôts.

Art. 171 G Les dotations d'amortissement calculées à partir des valeurs réévaluées en application du deuxième alinéa du II de l'article 238 *bis* J du code général des impôts sont inscrites dans les charges d'exploitation des exercices ouverts après le 31 décembre 1976 ou après la clôture de l'exercice en cours à cette date dans le cas prévu au deuxième alinéa du 2 de l'article 171 D.

Lorsque les opérations de réévaluation sont réalisées au cours de l'exercice postérieur au deuxième exercice clos à dater du 31 décembre 1976, les ajustements à apporter au calcul des amortissements déjà pratiqués sont inscrits au débit du compte des pertes et profits sur la ligne des "pertes sur exercices antérieurs".

Art. 171 H La réévaluation des immobilisations amortissables ne modifie pas les plans d'amortissements en vigueur au 31 décembre 1976.

Art. 171 I Les amortissements différés en méconnaissance des dispositions de l'article 39 B du code général des impôts, soit à la date du 31 décembre 1976, soit à la clôture de l'exercice en cours à cette date, sont ajoutés aux résultats imposables des exercices clos postérieurement suivant les modalités édictées au II de l'article 238 *bis* J du code précité pour le rapport de la provision spéciale de réévaluation.

Les excédents d'amortissements non admis du point de vue fiscal à ces mêmes dates viennent en déduction des résultats imposables des exercices arrêtés ultérieurement suivant les modalités prévues au premier alinéa.

Art. 171 J 1. Pour l'application de l'article 39 B du code général des impôts, le montant des amortissements effectivement pratiqués à la clôture d'un exercice postérieur à celui qui est clos le 31 décembre 1976, ou à celui qui est en cours à cette date, s'entend du total des amortissements réévalués et de ceux pratiqués depuis la réévaluation.

Le montant cumulé des amortissements linéaires à comparer à ce total pour apprécier si l'obligation d'amortissement minimal est satisfaite, est déterminé en retenant, comme base de calcul, la valeur d'origine réévaluée dans les conditions fixées par l'article 171 E.

2. Lorsqu'une insuffisance d'amortissement est constatée au 31 décembre 1976, ou à la clôture de l'exercice en cours à cette date, le montant des amortissements effectivement pratiqués défini au 1 est majoré de la somme résultant de l'application à l'insuffisance, elle-même affectée du coefficient de réévaluation de l'immobilisation, du rapport entre la durée d'utilisation résiduelle appréciée à la clôture de l'exercice considéré et celle qui restait à courir à la clôture de l'exercice arrêté le 31 décembre 1976 ou en cours à cette date.

Art. 171 K *Devenu sans objet (L. n° 2003-1311 du 30 déc. 2003, art. 89).*

Art. 171 L Au titre de chaque exercice compris dans la période de dépréciation de l'immobilisation amortissable correspondante, la provision inscrite au poste "Écart de réévaluation" dans les conditions définies à l'article 171 F est débitée, pour le montant dont le rapport est prévu au II de l'article 238 *bis* J du code général des impôts, par le crédit du compte de pertes et profits. La fraction ainsi rapportée figure sur une ligne distincte dans les "profits exceptionnels".

Lorsqu'il s'agit d'une régularisation qui concerne des exercices antérieurs à celui de la réalisation effective des opérations de réévaluation, la somme rapportée au crédit du compte de pertes et profits est inscrite sur une ligne distincte dans les "profits sur exercices antérieurs".

Art. 171 M La provision réglementée inscrite au poste "Écart de réévaluation" ne peut recevoir une utilisation autre que la réintégration au compte de pertes et profits.

Toutefois, lorsque les entreprises font usage de la faculté prévue au VI de l'article 238 *bis* J du code général des impôts, les sommes rapportées au compte de pertes et profits suivant les modalités énoncées à l'article 171 L ne sont pas retenues pour la détermination des résultats imposables dans le cas où le montant initial de la provision réglementée est égal ou inférieur à celui du déficit fiscalement reportable au 31 décembre 1976 ou à la clôture de l'exercice en cours à cette date. Si la provision est d'un montant supérieur, les sommes rapportées ne sont retenues dans les résultats imposables que pour la part de la provision qui n'a pas été effectivement imputée sur le déficit fiscalement reportable.

Pour l'application du deuxième alinéa, les déficits ayant déjà affecté la détermination des revenus imposables à la date des opérations effectives de réévaluation ne peuvent être utilisés pour compenser la réintégration de la provision.

Art. 171 N La fraction de la provision rapportée chaque année aux résultats suivant les modalités définies au II de l'article 238 *bis* J du code général des impôts est comprise dans les bases d'imposition soumises au régime de droit commun.

Pour l'application du régime spécial défini aux articles 39 *duodecies* et suivants du code précité, le reliquat de la provision spéciale de réévaluation est ajouté au prix de cession de l'immobilisation réévaluée.

Pour les biens acquis ou créés depuis au moins deux ans, si le prix de cession excède la valeur d'origine du bien aliéné, ou sa valeur réévaluée à la suite d'une précédente réévaluation, la plus-value dégagée par la cession est considérée comme à long terme à concurrence de cet excédent et à court terme pour le surplus.

Art. 171 O Lorsque la valeur des stocks est augmentée par suite de la réévaluation des immobilisations amortissables au 31 décembre 1976, ils sont inscrits au bilan sous déduction d'une correction de valeur mentionnée distinctement et correspondant à la marge supplémentaire d'amortissement incorporée dans leur coût du fait de cette réévaluation.

Cette correction de valeur figure en diminution du compte de stocks à l'actif du bilan de clôture des exercices arrêtés à dater de la réévaluation. Un compte de correction est créé en débitant le compte de pertes et profits à due concurrence. Ce débit, dont le montant est admis en déduction du point de vue fiscal, est enregistré sur une ligne distincte dans les pertes exceptionnelles ou dans les pertes sur exercices antérieurs selon que la marge d'amortissement supplémentaire correspondante est ou non rattachable à l'exercice concerné.

Les sommes inscrites au compte de correction sont rapportées aux résultats au fur et à mesure de la vente des produits stockés correspondants ou de la facturation des travaux auxquels elles s'appliquent.

Le montant des stocks ainsi corrigé sert de référence pour le calcul de la provision à constituer en vue de faire face à une dépréciation.

Art. 171 P Les personnes physiques ou morales qui procèdent à la réévaluation de leurs immobilisations amortissables au 31 décembre 1976 doivent faire apparaître, en annexe aux bilans arrêtés après cette opération, les montants, éventuellement corrigés, des mouvements intervenus au cours de l'exercice, des valeurs d'origine réévaluées et des amortissements pratiqués en vue de tenir compte de leur dépréciation, ainsi que des augmentations de valeur et des suppléments de marge d'amortissement résultant de l'évaluation de l'actif en application de la méthode définie à l'article 171 E.

Ces montants sont présentés séparément par grandes rubriques comptables et selon les mêmes postes que ceux des immobilisations au bilan.

Les variations sont présentées sous la forme d'écarts. Les augmentations de valeur sont obtenues par comparaison entre les valeurs brutes comptables après et avant réévaluation. Les suppléments d'amortissement sont déterminés à partir des valeurs réévaluées et non réévaluées.

L'extrait de l'annexe prévue au premier alinéa mentionne séparément, par grandes rubriques comptables, les suppléments de marge d'amortissement utilisés au cours de l'exercice ainsi que leurs montants cumulés à la date de clôture de l'exercice et fait apparaître le montant résiduel de la provision spéciale pour réévaluation par différence avec les augmentations de valeurs brutes comptables. Cet extrait établi conformément à un modèle fixé par arrêté du ministre du budget tient lieu d'état détaillé à *fournir, en application* du premier alinéa du II de l'article 238 *bis* J du code général des impôts, à l'appui des déclarations souscrites pour l'imposition des bénéfices. — *V. note ss. l'art.*

Extrait à fournir : par les entreprises industrielles, commerciales et artisanales et par les personnes physiques ou morales exerçant une activité libérale, V. Arr. du 16 oct. 1978 (JO 25 et 28 nov.) ; par les exploitants agricoles, V. Arr. du 14 févr. 1979 (JONC du 17 mars).

V BIS *RÉÉVALUATION DES IMMEUBLES ET TITRES DE SOCIÉTÉS À PRÉPONDÉRANCE IMMOBILIÈRE*

Art. 171 P *bis* Les titres de sociétés à prépondérance immobilière mentionnés à l'article 238 *bis* JA du code général des impôts s'entendent des titres de sociétés dont

l'actif est constitué, à la date de clôture de l'exercice au cours duquel il est procédé à leur réévaluation, pour plus de 50 % de sa valeur réelle par des immeubles ou par des titres d'autres sociétés à prépondérance immobilière qui sont inscrits à l'actif immobilisé.

Art. 171 P *ter* **I. — L'engagement de conservation des immeubles et titres de sociétés à prépondérance immobilière prévu à l'article 238 *bis* JA du code général des impôts doit, dans le délai prévu pour le dépôt de la déclaration de résultat de l'exercice au cours duquel la réévaluation est réalisée, faire l'objet d'une déclaration adressée au service des impôts compétent pour l'assiette de l'impôt sur les sociétés.**

Cette déclaration indique :

1° La date à laquelle la réévaluation des immeubles et des titres de sociétés à prépondérance immobilière a été réalisée ;

2° Les renseignements nécessaires au calcul des plus-values ou des moins-values dégagées lors de cette réévaluation.

II. — Le délai de cinq ans prévu à l'article 238 *bis* JA du code général des impôts court à compter de la date de clôture de l'exercice au cours duquel la réévaluation a été constatée en comptabilité.

III. — L'engagement mentionné au I porte sur la pleine propriété des immeubles ou des titres de sociétés à prépondérance immobilière inscrits à l'actif du bilan de l'exercice au cours duquel la réévaluation a été constatée en comptabilité.

IV. — Lorsque la société, qui prend l'engagement mentionné au I, est membre d'un groupe au sens de l'article 223 A du code général des impôts, une copie de cet engagement doit être jointe à la déclaration du résultat d'ensemble souscrite par la société mère de ce groupe.

VI

Art. 171 Q à 171 AA *Périmés.*

VII *SOUSCRIPTION DE PARTS DE COPROPRIÉTÉ DE NAVIRES*

(Décr. n° 96-843 du 23 sept. 1996)

Art. 171 AB *(Abrogé par Décr. n° 2017-698 du 2 mai 2017, art. 2)* ***Pour ouvrir droit au bénéfice du premier alinéa de l'article 238 bis HN du code général des impôts, les navires armés au commerce doivent être exploités exclusivement dans un but lucratif et avoir un équipage composé de professionnels.***

Art. 171 AC *(Abrogé par Décr. n° 2017-698 du 2 mai 2017, art. 2)* ***Les sommes versées pour la souscription de parts de copropriété de navire dans les conditions définies à l'article 238 bis HN du code général des impôts ne comprennent pas les frais et charges non directement liés à l'acquisition du navire par la copropriété.***

Le coût d'acquisition comprend les frais financiers intercalaires et les frais de portage supportés avant la livraison du navire à la copropriété. Sont concernés aussi bien les frais financiers supportés directement par le chantier naval pendant la construction et répercutés à l'acquéreur que les frais financiers incombant au promoteur du projet pendant cette période. * Instr. 22 oct. 1996, n° 30 : *BOI 5 B-15-96.*

Art. 171 AD *(Abrogé par Décr. n° 2017-698 du 2 mai 2017, art. 2)* ***I. — Pour l'application du b de l'article 238 bis HN du code général des impôts et en cas d'acquisition d'un navire neuf, l'agrément n'est pas remis en cause lorsque la livraison n'est pas intervenue à l'expiration du délai de trente mois suivant la souscription, si le gérant de la copropriété de navire établit qu'un premier essai à la mer a eu lieu dans ce délai et qu'il justifie du retard de la livraison, et si celle-ci intervient dans un délai raisonnable.***

II. — Les sociétés de classification mentionnées au b de l'article 238 bis HN précité sont celles qui sont visées au II de l'article 42 du décret n° 84-810 du 30 août 1984 modifié relatif à la sauvegarde de la vie humaine en mer, à l'habitabilité à bord des navires et à la prévention de la pollution.

Art. 171 AE (Abrogé par Décr. n° 2017-698 du 2 mai 2017, art. 2) *Les parts de copropriété de navire visées au c de l'article 238 bis HN du code général des impôts doivent être individualisées par un numéro.*

Art. 171 AF (Abrogé par Décr. n° 2017-698 du 2 mai 2017, art. 2) *Pour l'application des premier à neuvième alinéas de l'article 238 bis HN du code général des impôts, le contribuable doit joindre à sa déclaration de revenus ou de résultat une copie de la décision d'agrément, un état individuel ainsi qu'un engagement de conservation des parts de copropriété.*

Art. 171 AG (Abrogé par Décr. n° 2017-698 du 2 mai 2017, art. 2) *I. — L'état individuel prévu à l'article 171 AF comporte, lorsque le copropriétaire n'est pas un fonds de placement quirataire, les renseignements suivants :*

a) La date de la convention de copropriété, la dénomination et l'adresse de cette copropriété ainsi que l'identité et l'adresse de son gérant ;

b) Pour les navires déjà francisés, le nom et la désignation du navire, la date et le numéro de sa fiche matricule prévue à l'article 95 du décret n° 67-967 du 27 octobre 1967 modifié portant statut des navires et autres bâtiments de mer, l'adresse du bureau des douanes du port d'attache ainsi que les dates de livraison et de début d'exploitation du navire.

Pour les navires non encore francisés et relevant des dispositions de l'article L. 5114-2 du code des transports, le nom et la désignation du navire, la date et le numéro de sa fiche matricule et l'adresse du bureau des douanes du port d'attache ainsi que les dates prévues de livraison et de début d'exploitation du navire.

Pour les navires non encore francisés et ne relevant pas de l'article L. 5114-2 du code des transports, le nom et la désignation du navire, le contrat de construction, éventuellement traduit en langue française et comportant notamment la date de livraison, l'adresse du bureau des douanes du port d'attache où le navire sera francisé ainsi que la date prévue de début d'exploitation du navire ;

c) S'il y a lieu, les dates de signature et d'effet du contrat d'affrètement ainsi que les éléments permettant l'identification de l'affréteur : dénomination sociale, objet social et siège social ;

d) Le numéro des parts souscrites, la date de leur souscription, le montant et la date des versements effectués jusqu'à la livraison du navire ;

e) S'il y a lieu, la date, le prix et le numéro des parts cédées par le copropriétaire ainsi que les noms et adresses des cessionnaires.

II. — L'état individuel prévu à l'article 171 AF comporte, dans le cas où le copropriétaire du navire est un fonds de placement quirataire :

a) Les renseignements dont la liste figure au I ;

b) L'indication du montant de la quote-part détenue par le contribuable dans le fonds de placement quirataire ;

c) S'il y a lieu, la date, le prix, le nombre de parts du fonds de placement quirataire cédées par le contribuable et l'identité du cessionnaire.

Art. 171 AH (Abrogé par Décr. n° 2017-698 du 2 mai 2017, art. 2) *Le gérant de la copropriété de navire adresse au service des impôts dont dépend celle-ci pour le dépôt de ses déclarations de résultat, les documents énumérés ci-après :*

a) En annexe de la première déclaration de résultat : un document attestant la date de livraison du navire ainsi que le certificat d'inscription mentionné à l'article L. 5114-4 du code des transports ;

b) Chaque année, en même temps que la déclaration de résultat : la liste des copropriétaires et les numéros de leurs parts ;

c) Dès qu'une demande d'annulation de la fiche matricule du navire est présentée : la copie de cette demande.

Art. 171 AI (Abrogé par Décr. n° 2017-698 du 2 mai 2017, art. 2) *Les documents relatifs aux opérations réalisées par la copropriété de navire sont conservés par le gérant de celle-ci jusqu'à la fin de la cinquième année suivant celle de l'expiration du délai de conservation des parts prévu au c de l'article 238 bis HN du code général des impôts.*

Art. 171 AJ (Abrogé par Décr. n° 2017-698 du 2 mai 2017, art. 2) *Dans l'hypothèse où l'une des conditions prévues aux d à g de l'article 238 bis HN du code général des impôts n'est pas remplie ou cesse de l'être, le gérant de la copropriété de navire le notifie à chaque copropriétaire ainsi qu'au service des impôts dont dépend la copropriété pour le dépôt de ses* *déclarations de résultat, en indiquant le numéro et le prix des parts qui ouvraient droit à la déduction lors de la souscription initiale.*

Art. 171 AK (*Abrogé par Décr. n° 2017-698 du 2 mai 2017, art. 2*) *La demande tendant à l'obtention de l'agrément prévu au dixième alinéa de l'article 238 bis HN du code général des impôts est formulée sur papier libre et présentée préalablement à la réalisation de l'opération qui la motive.*

La demande, faite par un représentant unique, dûment habilité, du promoteur du projet, est adressée en quatre exemplaires au ministre chargé du budget (services centraux de la direction générale des finances publiques) et comporte les renseignements permettant d'apprécier la portée exacte du projet au regard des conditions fixées pour l'octroi de l'agrément et concernant notamment :

1. L'identification de l'opérateur économique et de son activité ;

2. L'identification de la copropriété maritime ;

3. Les conditions d'acquisition, d'exploitation et de financement du navire ;

4. L'intérêt économique du projet ;

5. Les conditions et modalités de souscription des parts de copropriété.

Dès réception de la demande, le ministre chargé du budget procède à son instruction et saisit pour avis les ministres chargés respectivement de la marine marchande et de l'équipement naval.

Dans le cas où le demandeur n'a pas fourni la totalité des renseignements nécessaires pour l'instruction de la demande, le ministre chargé du budget l'invite à les produire.

L'agrément n'est délivré par le ministre chargé du budget qu'après réception des avis mentionnés au huitième alinéa et lorsque toutes les conditions prévues pour son obtention sont remplies.

VII *BIS* SOCIÉTÉS DE CAPITAL-RISQUE

(*Décr. n° 2002-1030 du 29 juill. 2002, art. 1er*)

Art. 171 AL Pour l'application des dispositions du premier alinéa du 1° de l'article 1er-1 de la loi n° 85-695 du 11 juillet 1985, en cas de dépassement d'une des limites relatives au total de bilan, au chiffre d'affaires hors taxes des prestations de services accessoires et au bénéfice afférent à ces prestations, le dépassement s'apprécie par référence à la moyenne de cette limite constatée l'année du dépassement et l'année précédente. Cette disposition n'est pas applicable lorsque le dépassement est constaté à la clôture du premier exercice d'option pour le régime prévu au 3° *septies* de l'article 208 du code général des impôts.

Art. 171 AM I. Pour l'appréciation du quota de 50 % prévu au troisième alinéa du 1° de l'article 1er-1 de la loi n° 85-695 du 11 juillet 1985 :

a) La situation nette comptable d'une société de capital-risque s'apprécie après déduction de la valeur nette comptable des participations détenues dans d'autres sociétés de capital-risque ;

b) Lorsqu'une société dont les titres ou droits sont inclus dans le quota de 50 % fait l'objet d'une liquidation judiciaire, de l'ouverture d'une procédure de sauvegarde ou de redressement judiciaire ou de la constatation d'une dépréciation, les titres ou droits en cause sont réputés maintenus à l'actif de la société de capital-risque pour leur valeur d'acquisition pendant cinq ans à compter du jugement ou de la constatation de la provision ;

c) Lorsque des titres ou droits inclus dans le quota de 50 % font l'objet d'une cession, les titres ou droits cédés sont réputés maintenus à l'actif de la société de capital-risque pour leur valeur nette comptable pendant une durée de deux ans à compter de la date de la cession ;

d) Lorsque des titres ou droits reçus en échange de titres ou droits inclus dans le quota de 50 % ne sont pas eux-mêmes éligibles à ce quota, les titres ou droits remis à l'échange sont réputés maintenus à l'actif de la société de capital-risque pour leur valeur nette comptable pendant une durée de deux ans à compter de l'échange ou jusqu'à la fin de la période pendant laquelle la société de capital-risque s'est engagée à conserver les titres dans son actif si cette durée est supérieure ;

e) Les droits représentatifs d'un placement financier dans des entités mentionnées au *d* du 1° de l'article 1er-1 de la loi n° 85-695 du 11 juillet 1985 sont pris en compte à proportion de l'investissement direct de ces entités dans des titres éligibles au quota de 50 %, à l'exclusion des droits dans d'autres entités de même nature. Cette proportion d'investissement direct s'apprécie par référence :

1° Soit au dernier inventaire de l'actif connu desdites entités ;

2° Soit aux engagements statutaires ou contractuels d'investissement direct pris par ces entités ;

f) Ne sont pas prises en compte les participations détenues par la société de capital-risque pour le compte de tiers ou financées grâce au concours de tiers qui en assument les risques financiers.

II. Pour l'application du quatrième alinéa du 1° de l'article 1er-1 de la loi n° 85-695 du 11 juillet 1985, la capitalisation boursière d'une société est déterminée conformément au II de l'article R. 214-35 du code monétaire et financier.

Art. 171 AN En cas de non-respect du quota de 50 % prévu au troisième alinéa du 1° de l'article 1er-1 de la loi n° 85-695 du 11 juillet 1985 lors d'un inventaire, la société de capital-risque ne perd pas le bénéfice de son régime fiscal si elle régularise sa situation au plus tard lors de l'inventaire suivant sous réserve, d'une part, qu'elle en ait informé le service des impôts auprès duquel elle dépose sa déclaration de résultats dans le mois qui suit l'inventaire ayant fait apparaître que le quota n'a pas été respecté et, d'autre part, qu'il s'agisse du premier manquement.

Art. 171 AO Une société de capital-risque ne peut employer en titres d'une même société plus de 25 % de sa situation nette comptable appréciée comme indiqué à l'article 171 AM. Si ce pourcentage est dépassé du fait d'une diminution de la situation nette comptable, la société de capital-risque doit régulariser sa situation au plus tard à l'expiration du cinquième exercice qui suit celui du dépassement.

Art. 171 AP I. – Pour l'application du f du 1° de l'article 1er-1 de la loi n° 85-695 du 11 juillet 1985, la proportion de l'actif des sociétés mentionnées à la première phrase du même f investi directement, ou indirectement par l'intermédiaire d'autres sociétés mentionnées à cette même première phrase, dans des sociétés qui répondent aux conditions prévues au troisième alinéa du 1° du même article 1er-1 est calculée en additionnant au numérateur :

1° le prix de souscription ou d'acquisition des titres mentionnés au troisième alinéa du 1° du même article 1er-1 et éligibles au quota de 50 % prévu à ce même troisième alinéa et la valeur brute comptable des avances en compte courant consenties aux sociétés émettrices de ces titres ;

2° et le prix de souscription ou d'acquisition des titres émis par une société mentionnée à la première phrase du f du 1° du même article 1er-1, ainsi que la valeur brute comptable des avances en compte courant consenties à cette même société, retenus à hauteur de la proportion des investissements directs, ou indirects par l'intermédiaire d'autres sociétés mentionnées à la première phrase du même f, de son actif brut comptable dans des sociétés qui répondent aux conditions prévues au troisième alinéa du 1° du même article 1er-1.

Le dénominateur est égal à l'actif brut comptable de la société.

II. – Les dispositions du I s'appliquent également aux investissements réalisés par des sociétés mentionnées à la première phrase du f du 1° de l'article 1er-1 de la loi n° 85-695 du 11 juillet 1985 directement, ou indirectement par l'intermédiaire d'autres sociétés mentionnées à cette même première phrase du f, dans des sociétés répondant aux conditions prévues au quatrième alinéa du 1° du même article 1er-1.

Art. 171 AP *bis* I. – Pour l'application du d du 1° de l'article 1er-1 de la loi n° 85-695 du 11 juillet 1985, la proportion de l'actif de l'entité mentionnée à ce même d investi directement, ou indirectement par l'intermédiaire de sociétés mentionnées à la première phrase du f du 1° du même article 1er-1, dans des sociétés qui répondent aux conditions prévues au troisième alinéa du même 1°, s'applique au montant des souscriptions effectivement libérées par la société de capital-risque. Elle est calculée par référence au dernier inventaire de l'actif de ladite entité en additionnant au numérateur :

1° le prix de souscription ou d'acquisition des titres mentionnés au troisième alinéa du 1° du même article 1er-1 et éligibles au quota de 50 % prévu à ce même troisième alinéa et le montant des avances en compte courant consenties aux sociétés émettrices de ces titres ;

2° et le prix de souscription ou d'acquisition des titres émis par une société mentionnée à la première phrase du f du 1° du même article 1er-1, ainsi que le montant des avances en compte courant consenties à cette même société, retenus à hauteur de la proportion des investissements directs, ou indirects par l'intermédiaire d'autres sociétés mentionnées à la première phrase du même f, de son actif dans des sociétés qui répondent aux conditions prévues au troisième alinéa du 1° susmentionné.

Le dénominateur est égal à l'actif de ladite entité.

II. — Les dispositions du I s'appliquent également aux investissements effectués par une entité mentionnée au d du 1° de l'article 1er-1 de la loi n° 85-695 du 11 juillet 1985 directement, ou indirectement par l'intermédiaire de sociétés mentionnées à la première phrase du f du même 1°, dans des sociétés qui répondent aux conditions prévues au quatrième alinéa du 1° de ce même article 1er-1.

Art. 171 AQ I. — A compter de la clôture du cinquième exercice suivant celui au titre duquel une société a opté pour le régime prévu au 3° *septies* de l'article 208 du code général des impôts ou lorsqu'une augmentation de capital est effectuée postérieurement, à compter de la clôture du cinquième exercice suivant celui au cours duquel elle est intervenue, une société de capital-risque peut, sur décision de son assemblée générale extraordinaire, mettre fin à son activité d'investissement après en avoir informé le service des impôts mentionné à l'article 171 AN.

II. — A compter de l'ouverture du premier exercice d'effet de la décision mentionnée au I, la société de capital-risque :

a) N'est plus tenue au respect ni du quota de 50 % prévu au troisième alinéa du 1° de l'article 1er-1 de la loi n° 85-695 du 11 juillet 1985 ni de la limite de 25 % mentionné à l'article 171 AO ;

b) Ne peut plus procéder à de nouvelles augmentations de capital ;

c) Doit cesser ses activités de prestations de services accessoires ;

d) Ne peut réinvestir qu'en parts, actions, obligations remboursables, obligations convertibles ou titres participatifs ainsi qu'en avances en comptes courants dans des sociétés non admises aux négociations sur un marché réglementé ou dans des entités visées au *d* du 1° de l'article 1er-1 de la loi n° 85-695 du 11 juillet 1985 dont les titres ou droits figurent déjà à son actif.

III. — A compter de l'ouverture de l'exercice suivant le début de la période mentionnée au II, la société de capital-risque peut limitativement détenir à son actif :

a) Des parts, actions, obligations remboursables, obligations convertibles, titres participatifs de sociétés non admises aux négociations sur un marché réglementé, des avances en comptes courants à ces mêmes sociétés ainsi que des droits dans des entités visées au *d* du 1° de l'article 1er-1 de la loi n° 85-695 du 11 juillet 1985 ;

b) Les biens meubles et immeubles nécessaires à son fonctionnement ;

c) Le placement d'une trésorerie au plus égale à 20 % de sa situation nette comptable.

En outre, les sommes à répartir aux actionnaires au titre d'un exercice peuvent être conservées et placées jusqu'à leur répartition qui doit intervenir au plus tard à la clôture de l'exercice suivant leur réalisation.

Art. 171 AR L'option prévue au 4° de l'article 1er-1 de la loi n° 85-695 du 11 juillet 1985 pour le régime fiscal du 3° *septies* de l'article 208 du code général des impôts s'effectue par lettre simple adressée au service des impôts auprès duquel la société de capital-risque dépose sa déclaration de résultats.

Art. 171 AS I. — *Abrogé par Décr. n° 2006-1726 du 23 déc. 2006, art. 9.*

II. — Les sociétés de capital-risque qui réalisent des prestations de services accessoires au sens du premier alinéa du 1° de l'article 1er-1 de la loi n° 85-695 du 11 juillet 1985 joignent à leur déclaration de résultats un relevé indiquant, pour l'exercice considéré, le montant du chiffre d'affaires hors taxes et du bénéfice retirés de ces prestations.

III. — Les sociétés de capital-risque joignent à leur déclaration de résultats un état, établi selon un modèle fourni par l'administration, des bénéfices et réserves distribuables réalisés ou constituées à compter de l'ouverture du premier exercice au titre duquel elles ont opté pour le régime fiscal du 3° *septies* de l'article 208 du code général des impôts.

Al. devenu sans objet (Décr. n° 2008-294 du 1er avr. 2008).

Art. 171 AS *bis* I. — L'état prévu au II de l'article 242 *quinquies* du code général des impôts, établi sur papier libre, mentionne pour chaque investissement retenu pour le calcul du quota de 50 % prévu au troisième alinéa du 1° de l'article 1er-1 de la loi n° 85-695 du 11 juillet 1985 :

1° La dénomination de la société ou de l'entité, l'adresse de son siège social et de son siège de direction effective ;

2° L'activité principale de la société ;

3° La capitalisation boursière de la société si ses titres sont admis à la négociation sur un marché d'instruments financiers d'un État membre de la Communauté européenne ou d'un autre État partie à l'accord sur l'Espace économique européen dont le fonctionnement est assuré par une entreprise de marché ou un prestataire de services d'investissement ;

4° Le montant et la nature des investissements retenus pour le calcul du quota de 50 % précité et pour la limite de 20 % prévue au quatrième alinéa du 1° de l'article 1er-1 précité ;

II. — Les sociétés de capital-risque qui ont investi dans des sociétés mentionnées à la première phrase du f du 1° de l'article 1er-1 de la loi n° 85-695 du 11 juillet 1985 ou dans des entités mentionnées au d du même 1° joignent en outre à l'état mentionné au I :

1° Un état, établi sur papier libre, qui fait apparaître, pour chaque investissement dans des sociétés mentionnées à la première phrase du f du 1° de l'article 1er-1 de la loi du 11 juillet 1985 susmentionnée, les éléments permettant d'apprécier le montant des titres de la société retenu pour l'appréciation du quota d'investissement de 50 % prévu au troisième alinéa du 1° du même article 1er-1 et pour le calcul de la limite de 20 % prévue au quatrième alinéa du même 1° de l'article 1er-1. Cet état indique notamment la dénomination sociale des sociétés dont les titres sont éligibles au quota de 50 %, l'adresse de leur siège social ou de leur siège de direction effective si elle est différente, la nature de leur activité et leur capitalisation boursière si leurs titres sont admis à la négociation sur un marché réglementé ou organisé d'un État membre de la Communauté européenne ou d'un autre État partie à l'accord sur l'Espace économique européen ;

2° Un état, établi sur une formule délivrée par l'administration, qui fait apparaître, pour chaque investissement dans des entités mentionnées au d du 1° de l'article 1er-1 de la loi n° 85-695 du 11 juillet 1985, les éléments permettant d'apprécier le montant des droits représentatifs du placement financier de la société de capital-risque dans l'entité retenu dans le quota d'investissement de 50 % prévu au troisième alinéa du 1° du même article 1er-1 et pour le calcul de la limite de 20 % prévue au quatrième alinéa du 1° de ce même article 1er-1.

VII *TER* *FONDS COMMUNS DE PLACEMENT À RISQUES ET FONDS PROFESSIONNELS DE CAPITAL INVESTISSEMENT*

Art. 171 AT Le porteur de parts, personne physique, d'un fonds commun de placement à risques ou d'un fonds professionnel de capital investissement informe la société *de gestion du fonds des engagements* pris en application de l'article 163 *quinquies* B du code général des impôts lors de la souscription des parts du fonds et des modalités retenues pour le réinvestissement prévu au 2° du II de ce même article, ainsi que de la cession de parts.

Art. 171 AU I. — Pour l'application du 1° *quater* du II de l'article 163 *quinquies* B du code général des impôts, la proportion de l'actif des sociétés mentionnées au premier alinéa du même 1° *quater* investi directement, ou indirectement par l'intermédiaire d'autres sociétés mentionnées à ce même premier alinéa du 1° *quater*, dans des sociétés qui répondent aux conditions prévues au 1° du II du même article 163 *quinquies* B et dont les titres ne sont pas admis aux négociations sur un marché mentionné au I de l'article L. 214-28 du code monétaire et financier est calculée en additionnant au numérateur :

1° le prix de souscription ou d'acquisition des titres mentionnés au I de l'article L. 214-28 du code monétaire et financier et éligibles au quota de 50 % prévu au 1° du II de l'article 163 *quinquies* B du code général des impôts et la valeur brute comptable des avances en compte courant consenties aux sociétés émettrices de ces titres ;

2° et le prix de souscription ou d'acquisition des titres émis par une société mentionnée au premier alinéa du 1° *quater* du II de l'article 163 *quinquies* B du code général des impôts, ainsi que la valeur brute comptable des avances en compte courant consenties à cette même société, retenus à hauteur de la proportion des investissements directs, ou indirects par l'intermédiaire d'autres sociétés mentionnées à ce même premier alinéa du 1° *quater*, de son actif brut comptable dans des sociétés qui répondent aux conditions prévues au 1° du II du même article 163 *quinquies* B et dont les titres ne sont pas admis aux négociations sur un marché mentionné au I de l'article L. 214-28 du code monétaire et financier.

Le dénominateur est égal à l'actif brut comptable de la société.

II. – Les dispositions du I s'appliquent également aux investissements réalisés par des sociétés mentionnées au premier alinéa du 1° *quater* du II de l'article 163 *quinquies* B du code général des impôts directement, ou indirectement par l'intermédiaire d'autres sociétés mentionnées à ce même premier alinéa du 1° *quater*, dans des sociétés qui répondent aux conditions prévues au 1° du II du même article 163 *quinquies* B et dont les titres sont admis aux négociations sur un marché dans les conditions du III de l'article L. 214-28 du code monétaire et financier.

Art. 171 AV I. – Pour l'application du 1° *quinquies* du II de l'article 163 *quinquies* B du code général des impôts, la proportion de l'actif de l'entité mentionnée à ce même 1° *quinquies* investi directement, ou indirectement par l'intermédiaire de sociétés mentionnées au premier alinéa du 1° *quater* du même II, dans des sociétés qui répondent aux conditions prévues au 1° du même II et dont les titres ne sont pas admis aux négociations sur un marché mentionné au I de l'article L. 214-28 du code monétaire et financier s'applique au montant des souscriptions effectivement libérées par le fonds. Elle est calculée par référence au dernier inventaire de l'actif de ladite entité en additionnant au numérateur :

1° le prix de souscription ou d'acquisition des titres mentionnés au I de l'article L. 214-28 du code monétaire et financier éligibles au quota de 50 % prévu au 1° du II de l'article 163 *quinquies* B du code général des impôts et le montant des avances en compte courant consenties aux sociétés émettrices de ces titres ;

2° et le prix de souscription ou d'acquisition des titres émis par une société mentionnée au premier alinéa du 1° *quater* du II de l'article 163 *quinquies* B du code général des impôts, ainsi que le montant des avances en compte courant consenties à cette même société, retenus à hauteur de la proportion des investissements directs, ou indirects par l'intermédiaire d'autres sociétés mentionnées au même premier alinéa du 1° *quater*, de son actif dans des sociétés qui répondent aux conditions prévues au 1° du II du même article 163 *quinquies* B et dont les titres ne sont pas admis aux négociations sur un marché mentionné au I de l'article L. 214-28 du code monétaire et financier.

Le dénominateur est égal à l'actif de ladite entité.

II. – Les dispositions du I s'appliquent également aux investissements effectués par une entité mentionnée au 1° *quinquies* du II de l'article 163 *quinquies* B du code général des impôts directement, ou indirectement par l'intermédiaire de sociétés mentionnées au premier alinéa du 1° *quater* du même II, dans des sociétés qui répondent aux conditions prévues au 1° du même II et dont les titres sont admis aux négociations sur un marché dans les conditions du III de l'article L. 214-28 du code monétaire et financier.

Art. 171 AW I. – La société de gestion du fonds commun de placement à risques ou du fonds professionnel de capital investissement adresse, dans les quatre mois qui suivent la clôture de l'exercice du fonds, la déclaration prévue au 1 de l'article 242 *quinquies* du code général des impôts, établie sur papier libre, qui mentionne pour chaque investissement retenu pour le calcul du quota de 50 % prévu au 1° du II de l'article 163 *quinquies* B du même code :

1° La dénomination de la société ou de l'entité, l'adresse de son siège social et son siège de direction effective si elle est différente ;

2° L'activité principale de la société ;

3° La capitalisation boursière de la société si ses titres sont admis à la négociation sur un marché d'instruments financiers d'un État partie à l'accord sur l'Espace économique européen dont le fonctionnement est assuré par une entreprise de marché ou un prestataire de services d'investissement ;

4° Le montant et la nature des investissements retenus pour le calcul du quota de 50 % précité et pour la limite de 20 % prévue au III de l'article L. 214-28 du code monétaire et financier.

II. — Lorsque le fonds commun de placement à risques ou le fonds professionnel de capital investissement investit dans des sociétés mentionnées au premier alinéa du 1° *quater* du II de l'article 163 *quinquies* B du code général des impôts ou dans des entités mentionnées au 1° *quinquies* du même II, la société de gestion joint en outre à la déclaration mentionnée au I :

1° Un état, établi sur papier libre, qui fait apparaître, pour chaque investissement dans des sociétés mentionnées au premier alinéa du 1° *quater* du II de l'article 163 *quinquies* B susmentionné, les éléments permettant d'apprécier le montant des titres de la société retenu pour l'appréciation du quota d'investissement de 50 % prévu au 1° du II du même article 163 *quinquies* B et pour le calcul de la limite de 20 % prévue au III de l'article L. 214-28 du code monétaire et financier. Cet état indique notamment la dénomination sociale des sociétés dont les titres sont éligibles au quota de 50 %, l'adresse de leur siège social et de leur siège de direction effective si elle est différente, la nature de leur activité et leur capitalisation boursière si leurs titres sont admis à la négociation sur un marché réglementé ou organisé d'un État membre de la Communauté européenne ou d'un autre État partie à l'accord sur l'Espace économique européen ;

2° Un état, établi sur une formule délivrée par l'administration, qui fait apparaître, pour chaque investissement dans des entités mentionnées au 1° *quinquies* du II de l'article 163 *quinquies* B du code général des impôts, les éléments permettant d'apprécier le montant des droits représentatifs du placement financier du fonds dans l'entité retenu dans le quota d'investissement de 50 % prévu au 1° du II du même article 163 *quinquies* B et pour le calcul de la limite de 20 % prévue au III de l'article L. 214-28 du code monétaire et financier.

VII *QUATER* *INFORMATION DE LEURS UTILISATEURS PAR LES PLATES-FORMES DE MISE EN RELATION PAR VOIE ÉLECTRONIQUE*

(*Décr. n° 2017-126 du 2 févr. 2017, art. 1er*)

Art. 171 AX (*Devenu sans objet, Décr. n° 2019-559 du 6 juin 2019, art. 2*) *I. — Pour l'application de l'article 242 bis du code général des impôts, à l'occasion de chaque transaction réalisée par l'intermédiaire d'une plate-forme de mise en relation par voie électronique, l'entreprise communique au vendeur, au prestataire ou aux parties à l'échange ou au partage d'un bien ou d'un service, lorsque ceux-ci ont perçu des sommes à l'occasion des transactions, les informations relatives aux régimes fiscaux et à la réglementation sociale applicables à ces sommes, aux obligations déclaratives et de paiement qui en résultent auprès de l'administration fiscale et des organismes de recouvrement des cotisations sociales ainsi qu'aux sanctions encourues en cas de manquement à ces obligations.*

II. — Les sites internet édités par les entreprises mentionnées ci-dessus indiquent les liens hypertexte directs ou indirects vers les sites de l'administration fiscale et des organismes de sécurité sociale permettant d'accéder aux informations mentionnées au I. L'obligation prévue au I est réputée satisfaite si les messages envoyés aux parties aux transactions mentionnées au I incluent de manière lisible ces liens hypertexte.

La liste de ces liens est publiée au Bulletin officiel des finances publiques-impôts (BOFiP-Impôts).

III. — Le document mentionné au II de l'article 242 bis précité comporte les indications suivantes :

1° Sa date d'émission ;

2° Le nom complet et l'adresse de l'entreprise de mise en relation ainsi que son numéro de taxe sur la valeur ajoutée intracommunautaire ou, si elle en est dépourvue, son numéro d'identité défini au premier alinéa de l'article R. 123-221 du code de commerce ou, pour les entreprises non résidentes, leur numéro d'immatriculation auprès de l'administration fiscale de leur pays de résidence ;

3° Le nom complet et l'adresse électronique et, le cas échéant, postale de l'utilisateur, ainsi que, si ce dernier est une entreprise, son numéro de taxe sur la valeur ajoutée intracommunautaire ou, si elle en est dépourvue, son numéro d'identité défini au premier alinéa de l'article R. 123-221 du code de commerce ou, pour les entreprises non résidentes, leur numéro d'immatriculation auprès de l'administration fiscale de leur pays de résidence ;

4° Le nombre des transactions réalisées ;

5° Le montant total des sommes perçues par l'utilisateur à l'occasion des transactions réalisées sur une plate-forme, dont les entreprises de mise en relation ont connaissance, hors commissions perçues par l'entreprise.

IV. — Le présent article s'applique aux utilisateurs résidents ou établis en France ou qui effectuent des opérations situées en France au sens des articles 258 à 259 D du code général des impôts.

Art. 171 AY (Devenu sans objet, Décr. n° 2019-559 du 6 juin 2019, art. 2) *Le certificat mentionné au IV de l'article 242 bis du code général des impôts atteste que l'entreprise a pris toutes les dispositions nécessaires pour se mettre en conformité avec les obligations définies aux I et II du même article. Il est délivré par un commissaire aux comptes, un cabinet d'audit ou toute autre entité, personne physique ou morale, ayant son siège sur le territoire de l'Union européenne et respectant une méthode d'audit assurant un examen impartial et exhaustif.*

L'entité délivrant l'attestation doit présenter des garanties d'indépendance, d'intégrité et d'honorabilité et accomplir sa mission en évitant tout conflit d'intérêts. Elle ne doit pas être soumise à l'entreprise à laquelle elle délivre l'attestation par les liens de dépendance définis au deuxième alinéa du 12 de l'article 39 du code général des impôts.

VIII *RÉDUCTIONS D'IMPÔTS POUR L'ACHAT DE BIENS CULTURELS*

(*Décr. n° 2002-754 du 2 mai 2002*)

Art. 171 BA Lorsque le prix de cession d'un bien culturel ayant le caractère de trésor national a fait l'objet d'un accord entre l'État et le propriétaire en application de l'article L. 121-1 du code du patrimoine, le ministre chargé de la culture, s'il estime que l'acquisition de ce bien peut donner lieu aux versements mentionnés à l'article 238 *bis* 0A du code général des impôts, publie un avis au *Journal officiel* de la République française. Cet avis informe les entreprises susceptibles de bénéficier de la réduction d'impôt prévue par le même article qu'elles peuvent présenter une offre de versement en faveur de l'achat de ce bien.

Lorsque l'acquisition par l'État d'un bien culturel proposé à la vente présente un intérêt majeur pour le patrimoine national du point de vue de l'histoire, de l'art ou de l'archéologie au sens du deuxième alinéa de l'article 238 *bis* 0 A, le ministre chargé de la culture saisit la commission consultative des trésors nationaux mentionnée à l'article L. 111-4 du code du patrimoine, afin que celle-ci se prononce sur l'intérêt de l'acquisition du bien et sur la valeur de ce dernier. S'il estime que l'acquisition de ce bien peut donner lieu au versement mentionné au deuxième alinéa de l'article 238 *bis* 0 A précité et lorsque le prix de cession de ce bien fait l'objet d'un accord entre l'État et le propriétaire, le ministre chargé de la culture publie un avis au *Journal officiel* de la République française selon les modalités fixées au premier alinéa du présent article.

Art. 171 BB L'entreprise qui souhaite bénéficier de la réduction d'impôt mentionnée à l'article 171 BA adresse son offre au ministre chargé de la culture, en indiquant notamment le montant du versement envisagé.

Le ministre dispose d'un délai d'un mois à compter de la réception de cette offre pour instruire celle-ci. S'il estime que l'offre ne peut être acceptée, il en informe l'entreprise avant l'expiration de ce délai. Dans le cas contraire, il saisit le ministre chargé du budget.

Art. 171 BC La décision conjointe des ministres chargés de la culture et du budget est notifiée à l'entreprise, par lettre recommandée avec demande d'avis de réception, dans les trois mois suivant la présentation de l'offre. A défaut de notification d'une décision dans ce délai, l'offre est réputée rejetée.

Lorsque l'offre est acceptée, l'entreprise procède au versement auprès de l'agent comptable de l'Établissement public de la Réunion des musées nationaux et du Grand Palais des Champs-Élysées, dans les conditions définies par la décision. Il en est délivré récépissé.

Art. 171 BD En cas de résolution de la vente d'un bien culturel pour lequel une offre de versement a été acceptée, en application des dispositions du septième alinéa de l'article 9-1 de la loi du 31 décembre 1992 précitée, le bénéfice de la réduction d'impôt demeure acquis à l'entreprise qui a procédé à des versements, dans les conditions suivantes.

Le ministre chargé de la culture et le ministre chargé du budget proposent à l'entreprise d'affecter ses versements à l'acquisition d'autres trésors nationaux dans les douze mois qui suivent. Si l'entreprise refuse, elle perd le bénéfice de la réduction d'impôt. Les sommes qu'elle a versées lui sont alors restituées.

Art. 171 BE *(Abrogé par Décr. n° 2020-897 du 22 juill. 2020, art. 2) L'entreprise qui souhaite bénéficier de la réduction d'impôt pour acquisition de biens culturels prévue à l'article 238 bis 0 AB du code général des impôts adresse sa demande en deux exemplaires au ministre chargé de la culture. Celui-ci transmet l'un des exemplaires au ministre chargé du budget et procède aussitôt à l'instruction de la demande.*

Art. 171 BF *(Abrogé par Décr. n° 2020-897 du 22 juill. 2020, art. 2) Dans le cas où l'entreprise, pour quelque motif que ce soit, n'acquiert pas le bien en cause, elle en informe immédiatement le ministre chargé de la culture et le ministre chargé du budget.*

Art. 171 BG *(Abrogé par Décr. n° 2020-897 du 22 juill. 2020, art. 2) Le ministre chargé de la culture saisit la commission consultative des trésors nationaux mentionnée à l'article L. 111-4 du code du patrimoine, afin qu'elle se prononce sur la valeur d'acquisition du bien.*

Il soumet en outre la question de l'intérêt du classement de ce bien, selon le cas, à l'avis de la (Décr. n° 2017-456 du 29 mars 2017, art. 1er) « Commission nationale du patrimoine et de l'architecture [ancienne rédaction : Commission nationale des monuments historiques] *» prévue par l'article L. 611-1 du code du patrimoine ou à celui du Conseil supérieur des archives mentionné à l'article R. 212-79 du même code.*

Le ministre chargé de la culture transmet sans délai les avis prévus aux premier et deuxième alinéas au ministre chargé du budget.

Art. 171 BH *(Abrogé par Décr. n° 2020-897 du 22 juill. 2020, art. 2) La décision du ministre chargé du budget est notifiée à l'entreprise par lettre recommandée avec demande d'avis de réception. Le ministre chargé de la culture en est informé.*

IX *CRÉDIT D'IMPÔT AU TITRE D'UNE AVANCE REMBOURSABLE NE PORTANT PAS INTÉRÊT*

(Décr. n° 2006-356 du 24 mars 2006)

Art. 171 BI Les modalités de calcul du crédit d'impôt prévu par l'article 244 *quater* J sont fixées par les articles R. 318-14, R. 318-15 et R. 318-16 du code de la construction et de l'habitation.

Art. 171 BJ Les conséquences du remboursement anticipé de l'avance sur l'utilisation des fractions du crédit d'impôt restant à imputer sont définies par l'article R. 318-17 du code de la construction et de l'habitation.

X *DÉCLARATION DES INVESTISSEMENTS RÉALISÉS OUTRE-MER ET MISE EN CONCURRENCE DES INTERMÉDIAIRES EN DÉFISCALISATION*

(Décr. n° 2015-149 du 10 févr. 2015, art. 1er et 4, en vigueur le 12 avr. 2015)

Art. 171 BK I. — Les entreprises mentionnées au premier alinéa de l'article 242 *septies* du code général des impôts souscrivent une déclaration annuelle, conforme à un modèle établi par l'administration, relative aux opérations qu'elles réalisent en application des dispositions mentionnées à ce même alinéa.

Cette déclaration comporte :

1. Les informations suivantes relatives à l'entreprise déclarante :

a) Sa dénomination et sa forme juridique ;

b) L'adresse de son siège social ;

c) Son numéro d'identité tel que défini au premier alinéa de l'article R. 123-221 du code de commerce.

2. Pour chaque opération ouvrant droit à l'un des avantages fiscaux mentionnés au premier alinéa de l'article 242 *septies* précité :

a) Les éléments mentionnés au *(Décr. n° 2020-897 du 22 juill. 2020, art. 2)* « dixième » alinéa du même article ;

b) La référence à l'article du code général des impôts sur le fondement duquel l'opération est réalisée ;

c) La dénomination et l'adresse de l'exploitant ainsi que son numéro d'identité tel que défini au premier alinéa de l'article R. 123-221 du code de commerce ;

d) Le cas échéant, si l'investissement consiste en la souscription au capital d'une société, la dénomination de celle-ci, l'adresse de son siège social et son numéro d'identité tel que défini au premier alinéa de l'article R. 123-221 du code de commerce.

II. — Pour les entreprises dont le siège social est situé en métropole ou dans les départements d'outre-mer, la déclaration mentionnée au I est déposée, selon le cas, auprès du service des impôts des entreprises dont elles relèvent ou de la direction des grandes entreprises de la direction générale des finances publiques. Pour les autres entreprises, la déclaration est déposée auprès du service des impôts des non-résidents de la direction générale des finances publiques.

III. — La déclaration mentionnée au I est déposée dans le même délai que celui prévu pour le dépôt de la déclaration de résultats souscrite au titre :

a) Soit de l'exercice au titre duquel les investissements mentionnés au premier alinéa de l'article 242 *septies* précité ouvrent droit aux avantages fiscaux ;

b) Soit, lorsque l'investissement porte sur un bien immobilier, de l'exercice au cours duquel l'immeuble est achevé.

IV. — La charte de déontologie mentionnée au huitième alinéa de l'article 242 *septies* précité est annexée au présent article.

Les dispositions ci-dessus sont applicables sur l'ensemble du territoire de la République. Pour son application en Nouvelle-Calédonie et en Polynésie française, les références à l'art. R. 123-221 C. com. sont remplacées par les références aux registres d'immatriculation tels que prévus par la réglementation applicable localement (Décr. n° 2015-149 du 10 févr. 2015, art. 3).

Art. 171 BL I. — Dans le cas où ne seraient applicables ni les dispositions de l'ordonnance n° 2005-649 du 6 juin 2005 relative aux marchés passés par certaines personnes publiques ou privées non soumises au code des marchés publics, ni les dispositions de droit local applicables en matière de commande publique dans les collectivités d'outre-mer, la mise en concurrence prévue par le *(Décr. n° 2019-559 du 6 juin 2019, art. 2)* « douzième » alinéa de l'article 242 *septies* du code général des impôts est effectuée conformément aux dispositions du II.

II. — Le contrat conclu avec une entreprise mentionnée au premier alinéa de l'article 242 *septies* précité est passé selon des modalités librement définies par la société exploitant l'investissement mentionné au *(Décr. n° 2019-559 du 6 juin 2019, art. 2)* « douzième » alinéa de l'article 242 *septies* précité, dans le respect des principes de transparence et d'égalité de traitement des candidats.

La société exploitant l'investissement publie un avis au *Bulletin officiel des annonces des marchés publics*. Cet avis précise notamment les caractéristiques essentielles du contrat et la date limite de présentation des candidatures.

Le choix du cocontractant est effectué en application de critères objectifs et non discriminatoires indiqués dans l'avis susmentionné ou dans les documents de la consultation.

Lorsque, après une première mise en concurrence, aucune offre n'a été déposée, l'exploitant peut conclure un contrat avec une entreprise mentionnée au premier alinéa de l'article 242 *septies* précité sans nouvelle mise en concurrence, sous réserve que les caractéristiques initiales du contrat n'aient pas été substantiellement modifiées. — *V. note ss. art. 171 BK.*

TITRE DEUXIÈME TAXES SUR LE CHIFFRE D'AFFAIRES ET TAXES ASSIMILÉES

CHAPITRE PREMIER TAXE SUR LA VALEUR AJOUTÉE

SECTION PREMIÈRE CHAMP D'APPLICATION

I *OPÉRATIONS OBLIGATOIREMENT IMPOSABLES*

1° LOCATIONS DE MOYENS DE TRANSPORT

Art. 172 *Abrogé par Décr. n° 2010-413 du 27 avr. 2010, art. 2-II.*

2° LIVRAISONS ET PRESTATIONS À SOI-MÊME

Art. 172 A *Abrogé par Décr. n° 2010-1075 du 10 sept. 2010.*

Art. 173 Les prélèvements, utilisations et affectations de biens prévus au II de l'article 257 du code général des impôts, lorsqu'ils sont faits pour des besoins autres que ceux de l'entreprise, ne sont imposables que dans le cas où la taxe qui a grevé l'acquisition ou l'importation de ces biens ainsi que des biens et services utilisés pour leur fabrication était partiellement ou totalement déductible. – *Ancien texte de l'art. 178 A.*

Art. 174 *(Abrogé par Décr. n° 2015-965 du 31 juill. 2015)* ***Les cas d'exclusion, de limitation et de régularisation prévus au II de l'article 257 du code général des impôts sont ceux qui sont prévus aux 2, 3 et 4 du IV de l'article 206 et à l'article 207.***

Art. 175 La taxe due en application du II de l'article 257 du code général des impôts est exigible à la date de la première utilisation du bien ou lorsque la prestation de service est effectuée.

3° PRESTATIONS D'HÉBERGEMENT FOURNIES DANS LES RÉSIDENCES DE TOURISME CLASSÉES

Art. 176 L'application des dispositions du *a* du 4° de l'article 261 D du code général des impôts à une résidence de tourisme classée est subordonnée à l'engagement de son exploitant soit de dépenser, pendant les vingt-quatre premiers mois d'exploitation, une somme au moins égale à 1,5 % des recettes d'exploitation de la résidence pour la recherche de la clientèle étrangère, soit de conclure pendant la même période avec des organisateurs de voyages ou de séjours des contrats de mise à disposition tels que 20 % au moins des unités d'hébergement de la résidence soient réservés à des touristes étrangers.

L'engagement est souscrit sur papier libre et remis au service des impôts dont relève l'exploitant.

Art. 177 Dans le délai de trois mois qui suit l'expiration de la période mentionnée à l'article 176, l'exploitant de la résidence de tourisme classée doit justifier auprès du service des impôts qu'il a rempli son engagement en produisant un état récapitulatif des dépenses qu'il a engagées ou des contrats qu'il a conclus.

Art. 178 *Abrogé par Décr. n° 2009-510 du 5 mai 2009.*

4° PRESTATIONS D'HÉBERGEMENT FOURNIES DANS LES VILLAGES RÉSIDENTIELS DE TOURISME

Art. 178 *bis* *(Devenu sans objet, Décr. n° 2017-698 du 2 mai 2017, art. 2)* ***Pour l'application du d du 4° de l'article 261 D du code général des impôts, les locaux d'habitation du village résidentiel de tourisme doivent avoir été achevés depuis plus de neuf ans.***

II *OPÉRATIONS IMPOSABLES SUR OPTION*

1

Art. 179 à 184 *Transférés ss. art. 260 D à 260 I.*

Art. 185 à 188 *Abrogés.*

2

Art. 189 à 192 *Sans objet (L. n° 91-716 du 26 juill. 1991, art. 5-I et VII).*

3 LOCATION DE LOCAUX NUS

Art. 193 L'option prévue au 2° de l'article 260 du code général des impôts est ouverte même lorsque l'immeuble n'est pas encore achevé.

Les personnes qui donnent en location plusieurs immeubles ou ensembles d'immeubles doivent exercer une option distincte pour chaque immeuble ou ensemble d'immeubles.

Dans les immeubles ou ensembles d'immeubles comprenant à la fois des locaux nus donnés en location ouvrant droit à l'option en application du 2° de l'article 260 du code général des impôts et d'autres locaux, l'option ne s'étend pas à ces derniers mais elle s'applique globalement à l'ensemble des locaux de la première catégorie.

Pluralité d'immeubles. L'art. 193, qui exige que l'option, en vue d'acquitter la TVA, soit distinctement exercée pour chaque immeuble par les personnes qui en donnent plusieurs en location, n'est pas incompatible avec la 6e Dir. TVA, dont l'art. 13 C prévoit que les États membres « déterminent les modalités » de l'exercice du droit d'opter pour la taxation de l'affermage et de la location de biens immeubles de plein droit exonérés. • CE 16 nov. 2005, n° 257532 : *RJF 2006. 130 ; concl. Vallée au BDCF 2/06, n° 13.*

Art. 194 L'option peut être dénoncée à partir du 1er janvier de la neuvième année civile qui suit celle au cours de laquelle elle a été exercée.

Dans le cas d'une option au titre d'un immeuble non encore achevé, la dénonciation peut intervenir à compter du 1er janvier de la neuvième année qui suit celle au cours de laquelle l'immeuble a été achevé.

L'option ou sa dénonciation prend effet à compter du premier jour du mois au cours duquel elle est formulée auprès du service des impôts.

Toutefois, lorsque tout ou partie des immeubles intéressés cesse, au cours de la période couverte par l'option, d'être destiné à un usage pour lequel celle-ci est possible, la dénonciation est obligatoire en ce qui concerne les locaux qui ont, de ce fait, changé de destination.

L'interruption temporaire de la location ne fait pas cesser l'option pour la TVA antérieurement exercée. • CAA Paris, 19 déc. 1995, n° 94PA990 : *Dr. fisc. 1996. 404 ; RJF 1996. 570* (Rejet du pourvoi : • CAPC 16 mai 1997, n° 178039 : *RJF 1997. 663*). ♦ En cas de renouvellement tacite de l'option pour la TVA, l'option renouvelée court pour une nouvelle période d'une durée identique à celle prévue pour l'option initiale. • CAA Paris, 9 févr. 1993, n° 92PA186 (Rejet du pourvoi : • CAPC 9 mai 1994, n° 146932 : *RJF 1994. 785*).

Art. 195 L'option et sa dénonciation sont déclarées dans les conditions et selon les modalités prévues par le 1° du I de l'article 286 du code général des impôts pour les assujettis à la taxe sur la valeur ajoutée, en cas de commencement ou de cessation d'entreprise.

La circonstance que le bail conclu en la forme authentique ait comporté l'indication d'un loyer avec TVA ne peut valoir option expresse en faveur de l'assujettissement à la TVA de cette location. • CAA Nantes, 25 mars 1997, n° 94NT1164 : *Dr. fisc. 1997. 1121.*

Art. 195 A Les personnes qui exercent l'option sont soumises à l'ensemble des obligations qui incombent aux assujettis à la taxe sur la valeur ajoutée. Les règles relatives à l'assiette, à la liquidation, au recouvrement, au contrôle et au contentieux de ladite taxe leur sont applicables.

3 *BIS* VENTE D'ARTICLES FABRIQUÉS PAR DES GROUPEMENTS D'AVEUGLES OU DE TRAVAILLEURS HANDICAPÉS

Art. 195 B L'option exercée couvre obligatoirement une période de cinq années, y compris celle au cours de laquelle elle est déclarée.

Elle est renouvelable par tacite reconduction, sauf dénonciation à l'expiration de chaque période.

Art. 195 C L'option et sa dénonciation sont déclarées dans les conditions et selon les modalités prévues par le 1° du I de l'article 286 du code général des impôts pour les assujettis à la taxe sur la valeur ajoutée, en cas de commencement ou de cessation d'entreprise.

Art. 195 D Les personnes qui exercent l'option sont soumises à l'ensemble des obligations qui incombent aux assujettis à la taxe sur la valeur ajoutée. Les règles relatives à l'assiette, à la liquidation, au recouvrement, au contrôle et au contentieux de ladite taxe leur sont applicables.

4

Art. 196 à 201 *Dispositions devenues sans objet (L. n° 90-1168 du 29 déc. 1990, art. 33-II et III).*

5

Art. 201 *bis* et 201 *ter* *Dispositions devenues sans objet (L. n° 89-935 du 29 déc. 1989, art. 31-III-1).*

Art. 201 *quater* L'option prévue au 5° *bis* de l'article 260 du code général des impôts s'exerce distinctement par immeuble, fraction d'immeuble ou droit immobilier mentionné au 1 du I de l'article 257 de ce code, relevant d'un même régime au regard des articles 266 et 268 du même code. Il doit être fait mention de cette option dans l'acte constatant la mutation.

5 *BIS* PERSONNES QUI ONT PASSÉ UN BAIL À CONSTRUCTION

Art. 201 *quater* A L'option pour l'imposition d'un bail à construction à la taxe sur la valeur ajoutée doit être formulée dans l'acte.

Art. 201 *quater* B et 201 *quater* C *Abrogés par Décr. n° 2010-1075 du 10 sept. 2010.*

6 COLLECTIVITÉS LOCALES

Art. 201 *quinquies* Les collectivités territoriales, leurs groupements ou leurs établissements publics qui, en application de l'article 260 A du code général des impôts, optent pour leur assujettissement à la taxe sur la valeur ajoutée au titre des opérations relatives aux services énumérés à cet article ou à certains d'entre eux prennent une décision distincte pour chaque service.

L'option peut être dénoncée à partir du 1er janvier de la cinquième année civile qui suit celle au cours de laquelle elle a été exercée. L'option ou sa dénonciation prend effet à compter du premier jour du mois suivant celui au cours duquel elle est formulée auprès du service des impôts.

Art. 201 *sexies* *Abrogé par Décr. n° 2007-566 du 16 avr. 2007, à compter du 1er janv. 2008.*

Art. 201 *septies* *Abrogé par Décr. n° 94-452 du 3 juin 1994, art. 5 (JO 5 juin).*

Art. 201 *octies* Les collectivités locales, leurs groupements ou leurs établissements publics qui exercent l'option sont soumis à l'ensemble des obligations qui incombent aux assujettis à la taxe sur la valeur ajoutée. Les règles relatives à l'assiette, à la liquidation, au paiement, au contrôle et au contentieux de cette taxe leur sont applicables.

Chaque service couvert par l'option doit faire l'objet, conformément au code général des collectivités territoriales, d'une comptabilité distincte s'inspirant du Plan comptable général faisant apparaître un équilibre entre :

D'une part, l'ensemble des charges du service, y compris les amortissements techniques des immobilisations ;

D'autre part, l'ensemble des produits et recettes du service.

7 BAILLEURS DE BIENS RURAUX

Art. 202 L'option pour le paiement de la taxe sur la valeur ajoutée exercée par les personnes qui donnent en location des terres et bâtiments d'exploitation à usage agricole peut être dénoncée à partir du 1er janvier de la cinquième année civile qui suit celle au cours de laquelle elle a été exercée.

L'option ou sa dénonciation prend effet à compter du premier jour du mois au cours duquel elle est formulée auprès du service des impôts.

III *EXONÉRATIONS*

1 ATTESTATION POUR L'EXONÉRATION DE LA TVA *(Décr. nº 2017-1825 du 28 déc. 2017, art. 1er, en vigueur le 1er janv. 2018).*

Art. 202 A I. — Pour obtenir l'attestation mentionnée au *a* du 4° du 4 de l'article 261 du code général des impôts, les personnes de droit privé exerçant une activité de formation professionnelle continue souscrivent une demande sur un imprimé conforme au modèle établi par un arrêté conjoint des ministres chargés de la formation professionnelle continue et du budget. Cette demande est adressée par lettre recommandée avec accusé de réception à la *(Décr. nº 2020-1545 du 9 déc. 2020, art. 28, en vigueur le 1er avr. 2021)* « direction régionale de l'économie, de l'emploi, du travail et des solidarités et la direction de l'économie, de l'emploi, du travail et des solidarités pour les départements d'outre-mer *[ancienne rédaction : direction régionale des entreprises, de la concurrence, de la consommation, du travail et de l'emploi ou à la direction des entreprises, de la concurrence, de la consommation, du travail et de l'emploi pour les départements d'outre-mer]* » dont le demandeur relève ou, s'agissant des organismes paritaires titulaires d'un des agréments mentionnés au II, auprès de l'autorité qui a procédé à leur agrément. — *Demande à produire en quatre exemplaires sur un imprimé disponible dans les centres des impôts (V. Arr. du 30 déc. 1994 ; JO 21 janv. 1995).*

II. — Seules les personnes qui ont souscrit la déclaration mentionnée à l'article L. 6351-1 du code du travail ou qui bénéficient d'un des agréments mentionnés aux articles *(Décr. nº 2019-559 du 6 juin 2019, art. 2)* « L. 6332-1 et L. 6332-7 » du même code peuvent obtenir l'attestation.

En outre, l'attestation ne peut être délivrée qu'à la condition que l'activité du demandeur entre dans le cadre de la formation professionnelle continue telle que définie conjointement par les articles L. 6311-1 et L. 6313-1 du code du travail ou relève des missions légalement dévolues aux organismes paritaires agréés. Le demandeur doit être à jour de ses obligations résultant de l'article L. 6352-11 du code du travail.

III. — La direction régionale des entreprises, de la concurrence, de la consommation, du travail et de l'emploi ou la direction des entreprises, de la concurrence, de la consommation, du travail et de l'emploi pour les départements d'outre-mer dont relève le demandeur ou le ministre chargé de la formation professionnelle continue pour les organismes soumis aux agréments, mentionnés au II, dispose d'un délai de trois mois à compter de la réception de la demande pour délivrer l'attestation. A défaut de décision dans ce délai, l'attestation est réputée accordée. Le refus de délivrance de l'attestation doit être motivé. Un exemplaire de l'attestation ou de la décision de refus est adressé au demandeur et à la direction départementale ou, le cas échéant, régionale des finances publiques dont il relève.

La direction régionale des entreprises, de la concurrence, de la consommation, du travail et de l'emploi et la direction des entreprises, de la concurrence, de la consommation, du travail et de l'emploi sont remplacées par la direction régionale de l'économie, de l'emploi, du travail et des solidarités et la direction de l'économie, de l'emploi, du travail et des solidarités à compter du 1er avr. 2021 (Décr. nº 2020-1545 du 9 déc. 2020, art. 28-X et 30).

Attestation. L'administration fiscale ne peut, sauf fraude, remettre en cause rétroactivement l'exonération de TVA découlant de la délivrance à un organisme privé de l'attestation prévue par l'art. 261-4-4°-a pour l'exercice d'activités de formation professionnelle continue. • CE, avis, 10 mars 2020 : *Sté Institut français de kinésiologie appliquée (IFKA)*, n° 437592 : *RJF 2020. 525, concl. Victor.* ♦ V. aussi notes ss. art. 202 D de l'Annexe II.

Art. 202 B **La délivrance de l'attestation entraîne l'exonération de TVA au jour de la réception de la demande.**

L'attestation ne vaut que pour les opérations effectuées dans le cadre de la formation professionnelle continue ou des missions dévolues aux organismes paritaires agréés. Elle s'applique obligatoirement à l'ensemble de ces opérations réalisées par le titulaire de l'attestation.

Art. 202 C **En cas de caducité de la déclaration visée au II de l'article 202 A du fait de l'application des dispositions de l'article L. 6351-6 du code du travail, il est mis fin à l'attestation par une décision qui doit être motivée et notifiée par l'autorité qui l'a délivrée au titulaire de l'attestation. Il en va de même en cas de retrait d'un des agréments mentionnés au II de l'article 202 A.**

Cette décision a pour effet de remettre en cause l'exonération de TVA des opérations mentionnées à l'article 202 B, qui deviennent imposables à la TVA à partir de la date de sa notification.

Un exemplaire de cette notification est adressé à la direction départementale ou, le cas échéant, régionale des finances publiques dont relève le titulaire.

Art. 202 D **Les agents de l'administration des impôts contrôlent l'application des articles 202 A à 202 C et s'assurent notamment que les opérations qui ouvrent droit à exonération relèvent d'une activité entrant dans le cadre de la formation professionnelle continue.**

1. L'art. 202 D ne saurait légalement permettre à l'administration fiscale de remettre rétroactivement en cause l'exonération appliquée par un organisme privé titulaire de l'attestation délivrée par l'autorité chargée de la formation professionnelle continue, en l'absence de mauvaise foi de l'organisme. • CAA Bordeaux, 16 janv. 2006, n° 02BX955 : *RJF 2006. 513.* ♦ Dans le même sens • CAA Lyon, 25 oct. 2016, *SARL Rhône-Alpes Sécurité routière*, n° 15LY0096 : *RJF 2017. 119.*

2. Jugé, en sens contraire, que l'attestation délivrée par l'autorité administrative compétente n'ayant qu'une portée relative, le juge apprécie concrètement la nature de l'action de formation professionnelle au sens des art. L. 6311-1 et 6313-1 s. C. trav. • CAA Douai, 5 nov. 2009, n° 07DA01476, *SARL Galaxies consultants : RJF 2010. 388.*

2 AGRÉMENT RELATIF À L'ACTIVITÉ D'OPÉRATEUR DE DÉTAXE

(Décr. n° 2017-1825 du 28 déc. 2017, art. 1er, en vigueur le 1er janv. 2018)

A DEMANDE D'AGRÉMENT

Art. 202 E **I. — La demande d'agrément relatif à l'activité d'opérateur de détaxe mentionnée à l'article 262-0 *bis* du code général des impôts est déposée, par voie électronique ou, en cas de recours à la voie postale, par lettre recommandée avec demande d'avis de réception, auprès** *(Décr. n° 2020-68 du 30 janv. 2020, art. 16-1° et 42, en vigueur le 1er févr. 2020)* **« du directeur interrégional des douanes et droits indirects territorialement compétent ou, en Guadeloupe, en Guyane, à La Réunion et à Mayotte, auprès du directeur régional des douanes et droits indirects ». Elle est établie au moyen d'un formulaire dont le modèle est fixé par arrêté du ministre chargé des douanes.** — *V. Arr. du 13 janv. 2018 (JO 19 janv.).*

II. — La demande d'agrément est accompagnée des pièces suivantes :

1° *(Décr. n° 2021-631 du 21 mai 2021, art. 8 et 22, en vigueur le 1er nov. 2021)* **« Le numéro unique d'identification** *[ancienne rédaction : L'extrait K-bis]* **» ou tout autre document datant de moins de trois mois d'une autorité fiscale de l'Union européenne sur lequel figure le numéro d'identification à la taxe sur la valeur ajoutée (TVA) de l'opérateur ;**

2° Les écritures comptables ou toute autre information disponible telles que définies au 2° du I de l'article 262-0 *bis* du code général des impôts ;

3° Le bulletin n° 3 du casier judiciaire des représentants de la personne morale ;

4° Le dossier comportant les éléments, définis par arrêté du ministre chargé des douanes, nécessaires à la certification de la plate-forme d'échange de données informatisées mentionnée au I de l'article 262-0 *bis* du code général des impôts, en ce qui concerne, notamment, les standards de communication et de modélisation des messages, les conditions de connexion au système informatique de l'administration des douanes et le fonctionnement technique du traitement.

Le Décr. nº 2020-68 du 30 janv. 2020 entre en vigueur le 1er févr. 2020. Les demandes de décisions administratives individuelles présentées avant cette date demeurent soumises aux dispositions applicables à la date de leur présentation.

Toutefois, les dispositions de l'art. 10 sexies du Décr. du 24 déc. 1997, dans leur rédaction issue dudit Décr., n'entrent en vigueur que le 1er janv. 2021.

Les dispositions qui précèdent sont applicables dans les îles Wallis-et-Futuna, en Polynésie française et en Nouvelle-Calédonie (Décr. préc., art. 42).

Art. 202 F *(Décr. nº 2020-68 du 30 janv. 2020, art. 16-2º-a et 42, en vigueur le 1er févr. 2020)* **« Le directeur interrégional ou le directeur régional des douanes et droits indirects territorialement compétent, mentionné à l'article 202 E, » dispose d'un délai de trente jours à compter de la date de l'accusé de réception, électronique ou postal, de la demande d'agrément pour se prononcer sur la recevabilité de la demande au regard des pièces fournies ainsi que du bulletin n° 2 du casier judiciaire de l'opérateur, dont** *(Décr. nº 2020-68 du 30 janv. 2020, art. 16-2º-a et 42, en vigueur le 1er févr. 2020)* **« il » demande communication au service compétent.**

Dans le cas où la demande d'agrément est incomplète, le délai d'obtention fixé par *(Décr. nº 2020-68 du 30 janv. 2020, art. 16-2º-b et 42, en vigueur le 1er févr. 2020)* **« le directeur interrégional ou régional territorialement compétent » pour la réception des pièces et informations supplémentaires proroge d'autant la période de recevabilité.**

Si, à l'issue du délai prévu au premier alinéa, *(Décr. nº 2020-68 du 30 janv. 2020, art. 16-2º-c et 42, en vigueur le 1er févr. 2020)* **« le directeur interrégional ou le directeur régional territorialement compétent a notifié à l'opérateur qu'il » considère sa demande irrecevable, le demandeur bénéficie d'un délai de trente jours à compter de cette notification pour faire valoir ses observations écrites ou orales.** *(Décr. nº 2020-68 du 30 janv. 2020, art. 16-2º-c et 42, en vigueur le 1er févr. 2020)* **« Le directeur interrégional ou le directeur régional territorialement compétent » se prononce ensuite définitivement sur la recevabilité de la demande.**

V. ndlr ss. art. 202 E.

B CERTIFICATION, AUDIT ET DÉLIVRANCE DE L'AGRÉMENT

Art. 202 G **I. — Lorsque la demande est recevable, les services informatiques de la direction générale des douanes et droits indirects mettent à disposition du demandeur un environnement de certification et une équipe l'accompagne dans le cadre de l'obtention de la certification de sa plate-forme informatique.** *(Décr. nº 2020-68 du 30 janv. 2020, art. 16-3º-a et 42, en vigueur le 1er févr. 2020)* **« La certification est délivrée par le directeur interrégional ou le directeur régional des douanes et droits indirects territorialement compétent, mentionné à l'article 202 E. »**

II. — *(Décr. nº 2020-68 du 30 janv. 2020, art. 16-3º-b et 42, en vigueur le 1er févr. 2020)* **« Le directeur interrégional ou le directeur régional des douanes et droits indirects territorialement compétent, mentionné au I, » informe l'intéressé de la programmation d'un audit afin de vérifier que les conditions d'obtention de l'agrément sont satisfaites et de s'assurer de la capacité de l'opérateur à respecter les obligations que lui impose la réglementation au titre de l'activité de détaxe.**

L'audit est réalisé, dans les conditions prévues à l'article L. 80 I du livre des procédures fiscales, sur la base de critères contenus au sein de grilles d'audit publiées par arrêté du ministre chargé des douanes. Chaque grille détaille l'ensemble des spécifications nécessaires au bon fonctionnement de l'activité d'opérateur de détaxe. — *V. Ann. IV, art. 50 sexies L ; V. égal. Arr. du 13 janv. 2018, art. 1er (JO 26 janv.).*

III. — *(Décr. nº 2020-68 du 30 janv. 2020, art. 16-3º-c et 42, en vigueur le 1er févr. 2020)* **« La décision d'agrément est prise par le directeur interrégional ou le directeur**

régional des douanes et *(Décr. n° 2021-744 du 9 juin 2021, art. 2)* « droits » indirects territorialement compétent, mentionné au I. » Elle est rendue sur la base des résultats de l'audit mené par les services de l'administration des douanes.

La décision d'agrément est prise dans un délai de cent vingt jours à compter de la délivrance de la certification informatique. Elle est accompagnée du rapport d'audit.

Ce délai peut être prorogé de soixante jours par décision expresse *(Décr. n° 2020-68 du 30 janv. 2020, art. 16-3°-d et 42, en vigueur le 1er févr. 2020)* « du directeur interrégional ou du directeur régional des douanes et droits indirects territorialement compétent, mentionné au I », en cas d'impossibilité pour *(Décr. n° 2020-68 du 30 janv. 2020, art. 16-3°-d et 42, en vigueur le 1er févr. 2020)* « lui » d'effectuer l'audit prévu à l'article 202 F dans le délai précité.

Sous réserve des dispositions du troisième alinéa du présent III, le défaut de réponse de *(Décr. n° 2020-68 du 30 janv. 2020, art. 16-3°-e et 42, en vigueur le 1er févr. 2020)* « l'autorité compétente pour délivrer l'agrément » dans le délai prévu aux deuxième et troisième alinéas vaut acceptation.

V. ndlr ss. art. 202 E.

Art. 202 H Lorsqu'il est envisagé de refuser l'agrément, les motifs en sont notifiés au demandeur. Le demandeur dispose d'un délai de trente jours à compter de la communication de ces motifs pour faire valoir ses observations écrites ou orales.

Il est ensuite statué définitivement sur la demande.

C *DURÉE DE VALIDITÉ DE L'AGRÉMENT ET DEMANDE DE RENOUVELLEMENT*

Art. 202 I L'agrément d'opérateur de détaxe a une durée de validité de trois ans à compter de sa date de délivrance.

La demande de renouvellement de l'agrément est présentée, trois mois au moins avant sa date d'expiration, dans les conditions prévues par les articles 202 E, 202 F, 202 G et 202 H.

L'administration des douanes transmet à l'opérateur de détaxe une attestation de réception de sa demande de renouvellement afin de lui permettre de poursuivre son activité jusqu'à la nouvelle décision.

D *AUDIT DE SUIVI*

Art. 202 J Au cours de la durée de validité de l'agrément d'opérateur de détaxe, des audits de suivi peuvent être réalisés par les agents des douanes, dans les conditions de l'article L. 80 I du livre des procédures fiscales. Ces audits de suivi peuvent notamment être diligentés lorsque l'administration des douanes souhaite vérifier le respect par l'opérateur de détaxe des obligations auxquelles il est astreint dans l'exercice de son activité.

E *OBLIGATIONS DES OPÉRATEURS DE DÉTAXE*

Art. 202 K Afin de respecter les obligations énumérées au II de l'article 262-0 *bis* du code général des impôts, les opérateurs de détaxe se conforment aux modalités techniques suivantes :

1° La transmission des données électroniques des bordereaux de vente à l'exportation qui sont émis par l'opérateur de détaxe ou par les vendeurs qui lui sont affiliés à la base informatique douanière est effectuée en temps réel et au plus tard dans l'heure suivant l'émission du bordereau par le vendeur. Le respect de cette obligation est contrôlé par les relevés statistiques issus du système informatique douanier dédié à la détaxe ;

2° L'utilisation d'un système d'évaluation et de gestion des risques liés au processus de détaxe se caractérise par la mise en place d'outils permettant de détecter toute anomalie relative à la transmission, à l'intégration ou à l'intégrité des données des bordereaux de vente à l'exportation. L'opérateur vérifie, de manière régulière, les outils mis en place afin de remédier aux anomalies constatées ;

3° Les conditions de formation et d'information régulières sont considérées comme satisfaites par la mise en place d'outils ou de processus permettant l'acquisition des connaissances juridiques nécessaires par le personnel de l'entreprise et de ses commer-

çants affiliés, ainsi que la diffusion des informations légales transmises par l'administration des douanes ;

4° Le délai prévu au 4° du II de l'article 262-0 *bis* du code général des impôts est de trente jours à compter du changement intervenu.

F *SANCTIONS*

Art. 202 L 1. Le manquement à l'obligation prévue au 1° du II de l'article 262-0 *bis* du code général des impôts et au 1° de l'article 202 K se caractérise par la non-transmission et l'absence de bordereaux de vente à l'exportation dans la base de données informatique douanière lorsque le voyageur procède au visa douanier. Ce manquement est de la responsabilité de l'opérateur de détaxe, qu'il résulte de son système informatique ou de celui mis en œuvre chez les commerçants qui lui sont affiliés.

Ce manquement est sanctionné par une amende dont le montant est précisé dans le tableau qui suit :

NOMBRE DE BORDEREAUX DE VENTE à l'exportation inexistants par mois		BASE D'IMPOSITION (en euros par bordereau de vente à l'exportation)
De 1 à	500	10
De 501 à	1000	12
De 1001 à	2000	15
De 2001 à	3000	20
De 3001 à	4000	25
De 4001 à	5000	30
De 5001 à	6000	35
De 6001 à	7000	40
De 7001 à	8000	45
De 8001 à	9000	50
De 9001 à	10 000	55
De 10 001 et plus		60

2. Le non-respect de chacune des obligations prévues aux 2° à 4° du II de l'article 262-0 *bis* du code général des impôts et aux 2° à 4° de l'article 202 K est sanctionné par une amende d'un montant maximal de 300 000 euros. L'amende est proportionnée à la gravité du manquement, à la situation de l'opérateur sanctionné ainsi qu'à l'éventuelle réitération de manquements à ces obligations.

3. Les manquements prévus au 1 du présent article sont constatés par les agents des douanes, au vu des relevés statistiques trimestriels issus du système informatique douanier dédié à la détaxe.

Les manquements prévus au 2 du présent article sont constatés à l'occasion de leurs contrôles par les agents des douanes ou lors d'audits de suivi.

Les amendes sont prononcées par *(Décr. n° 2020-68 du 30 janv. 2020, art. 16-4° et 42, en vigueur le 1er févr. 2020)* « le directeur interrégional des douanes et droits indirects territorialement compétent ou, en Guadeloupe, en Guyane, à La Réunion et à Mayotte, par le directeur régional des douanes et droits indirects ». Elles ne peuvent être prononcées avant l'expiration d'un délai de trente jours à compter de la notification du document par lequel l'administration a fait connaître à l'opérateur concerné la sanction qu'elle se propose d'appliquer, les motifs de celle-ci et la possibilité dont dispose l'intéressé de présenter dans ce délai ses observations. Elles sont recouvrées selon les règles, privilèges et garanties applicables en matière douanière.

Dans les deux cas, l'accès au dossier concernant l'intéressé a lieu à la demande écrite de ses représentants légaux.

V. ndlr ss. art. 202 E.

G *SUSPENSION ET RETRAIT DE L'AGRÉMENT*

Art. 202 M Lorsque l'opérateur de détaxe ne remplit plus l'une ou plusieurs des conditions auxquelles a été soumise la délivrance de l'agrément ou qu'il apparaît qu'il n'est plus en mesure de se conformer aux obligations qui lui incombent, *(Décr. n° 2020-68 du 30 janv. 2020, art. 16-5°-a et 42, en vigueur le 1er févr. 2020)* « le directeur interrégional ou le directeur régional des douanes et droits indirects ayant délivré l'agrément, mentionné à l'article 202 G, » l'informe de son intention de suspendre l'agrément et des motifs qui justifient cette suspension.

Le titulaire dispose d'un délai de trente jours à compter de la communication des motifs de la suspension envisagée pour se mettre en conformité avec les obligations en cause ou pour faire valoir ses observations, écrites ou orales.

Si, à l'issue de ce délai de trente jours, les conditions du maintien de l'agrément ne sont pas réunies, *(Décr. n° 2020-68 du 30 janv. 2020, art. 16-5°-a et 42, en vigueur le 1er févr. 2020)* « le directeur interrégional ou le directeur régional des douanes et droits indirects ayant délivré l'agrément, mentionné à l'article 202 G, » suspend l'agrément. La période de suspension prononcée par l'administration ne peut excéder une année.

En cas de suspension, le titulaire de l'agrément a interdiction d'émettre des bordereaux de vente à l'exportation. Il reste néanmoins tenu aux obligations qui lui incombent au titre des bordereaux émis précédemment.

Dès réception de la décision de suspension, l'opérateur de détaxe prévient par tout moyen ses commerçants affiliés de cet état afin que ces derniers ne produisent plus, par son intermédiaire, de bordereaux de vente à l'exportation, quelle que soit leur forme.

(Décr. n° 2020-68 du 30 janv. 2020, art. 16-5°-b et 42, en vigueur le 1er févr. 2020) « Lorsque l'administration » est saisie par l'opérateur de détaxe qui estime être à nouveau en conformité, *(Décr. n° 2020-68 du 30 janv. 2020, art. 16-5°-b et 42, en vigueur le 1er févr. 2020)* « la décision de lever la suspension de l'agrément est prise par le directeur interrégional ou le directeur régional, mentionné *(Décr. n° 2021-744 du 9 juin 2021, art. 2)* « au premier alinéa », après qu'un audit de suivi a pu établir le respect, par l'opérateur, des critères requis pour l'exercice de son activité ». La durée de validité de l'agrément intègre les périodes durant lesquelles l'agrément de l'opérateur a été suspendu.

V. ndlr ss. art. 202 E.

Art. 202 N L'agrément peut être retiré par décision du *(Décr. n° 2020-68 du 30 janv. 2020, art. 16-6° et 42, en vigueur le 1er févr. 2020)* « directeur interrégional ou le directeur régional des douanes et droits indirects, mentionné à l'article 202 G, » si l'opérateur de détaxe ne s'est pas mis en conformité avec ses obligations durant le délai de suspension de son agrément.

L'agrément ne peut être retiré qu'après que son titulaire a été informé des raisons qui motivent ce retrait. Ce dernier bénéficie d'un délai de trente jours, à compter de la communication de ces motifs, pour faire valoir ses observations écrites ou orales.

En cas de retrait de son agrément, l'opérateur de détaxe a interdiction d'émettre des bordereaux de vente à l'exportation. Il reste néanmoins tenu aux obligations qui lui incombent au titre des bordereaux précédemment émis.

Dès réception de la décision de retrait d'agrément, l'opérateur de détaxe prévient par tout moyen ses commerçants affiliés afin que ces derniers ne produisent plus, par son intermédiaire, de bordereaux de vente à l'exportation, quelle que soit leur forme.

En cas de retrait, le demandeur ne peut présenter de nouvelle demande d'agrément dans un délai d'un an à compter de la notification de ce retrait.

V. ndlr ss. art. 202 E.

Art. 202 O Si l'opérateur de détaxe souhaite cesser son activité, il en informe *(Décr. n° 2020-68 du 30 janv. 2020, art. 16-7°-a et 42, en vigueur le 1er févr. 2020)* « le direc-

teur interrégional ou le directeur régional des douanes et droits indirects ayant délivré l'agrément, mentionné à l'article 202 G », au plus tard trois mois avant la date de fin de l'activité.

(Décr. n° 2020-68 du 30 janv. 2020, art. 16-7°-b et 42, en vigueur le 1er févr. 2020) **« Ce dernier » accuse réception de la demande et enregistre une date de fin de validité de l'agrément détenu par l'opérateur de détaxe, correspondant à la date de fin d'activité déclarée par ce dernier.**

L'opérateur de détaxe reste tenu à ses obligations pendant une durée de sept mois à compter de la date d'émission de chacun des bordereaux de vente à l'exportation précédemment émis.

V. ndlr ss. art. 202 E.

SECTION II **ASSIETTE DE LA TAXE**

I

Art. 203 et 204 *Devenus sans objet (L. n° 98-1266 du 30 déc. 1998, art. 7-I-1).*

II

Art. 204 *bis* *Abrogé par Décr. n° 83-852 du 26 sept. 1983.*

SECTION III **LIQUIDATION DE LA TAXE**

I ***RÉGIME SIMPLIFIÉ D'IMPOSITION***

Art. 204 *ter* *Abrogé par Décr. n° 99-545 du 30 juin 1999, art. 17.*

Art. 204 *ter* A **1. Les entreprises placées sous le régime simplifié d'imposition mentionné au premier alinéa du I de l'article 267 *quinquies* peuvent renoncer aux modalités simplifiées de liquidation de la taxe sur la valeur ajoutée prévues au 3 de l'article 287 du code général des impôts.**

Dans ce cas, elles souscrivent leurs déclarations dans les conditions prévues au 2 du même article.

2. L'option est exercée pour deux ans et notifiée par lettre recommandée avec demande d'avis de réception.

Elle prend effet le 1er janvier de l'année en cours si elle est notifiée avant la date mentionnée au premier alinéa de l'article 242 *sexies*. Dans ce cas, la première déclaration mentionnée au 2 de l'article 287 du code général des impôts est déposée le mois qui suit la notification de l'option et comporte l'ensemble des opérations réalisées entre le 1er janvier et la fin du mois au cours duquel l'option a été notifiée.

Elle prend effet le 1er janvier de l'année suivante si elle est notifiée après la date mentionnée au premier alinéa de l'article 242 *sexies*.

Art. 204 *quater* **Ne peuvent bénéficier des modalités simplifiées de liquidation de la taxe sur la valeur ajoutée :**

les importations ;

les opérations visées au I de l'article 257 du code général des impôts ;

les opérations effectuées à titre occasionnel, y compris les manifestations de bienfaisance ou de soutien organisées par les organismes agissant sans but lucratif désignés au *a* du 1° du 7 de l'article 261 du code général des impôts.

Art. 204 *quinquies* *Abrogé par Décr. n° 99-545 du 30 juin 1999, art. 17.*

Art. 204 *sexies* *Devenu sans objet (L. n° 98-1266 du 30 déc. 1998, art. 7-I-1).*

II ***DÉDUCTIONS***

1 MODALITÉS D'EXERCICE

BIBL. ▸ Bachelier et Andrieu, *BFL 2007, p. 823* (la refonte des modalités de déduction de la TVA : commentaire du décret n° 2007-756 du 16 avr. 2007). – Benoît, *Dr. fisc. 2007. 776* (coup de tonnerre sur la TVA). – Beetschen, *FR Lefebvre 48/07, p. 11* (déduire la TVA, les clés de la réforme), *éd. F. Lefebvre 2007.*

Art. 205 La taxe sur la valeur ajoutée grevant un bien ou un service qu'un assujetti à cette taxe acquiert, importe ou se livre à lui-même est déductible à proportion de son coefficient de déduction. — *V. Ann. IV, art. 40 et 41.*

Réforme des modalités de déduction. Les modalités de déduction de la TVA sont substantiellement modifiées à compter du 1er janv. 2008. * BOI-TVA-DED-20-10 du 12 sept. 2012.

Art. 206 I. — Le coefficient de déduction mentionné à l'article 205 est égal au produit des coefficients d'assujettissement, de taxation et d'admission.

II. — Le coefficient d'assujettissement d'un bien ou d'un service est égal à sa proportion d'utilisation pour la réalisation d'opérations imposables. Les opérations imposables s'entendent des opérations situées dans le champ d'application de la taxe sur la valeur ajoutée en vertu des articles 256 et suivants du code général des impôts, qu'elles soient imposées ou légalement exonérées.

III. — 1. Le coefficient de taxation d'un bien ou d'un service est égal à l'unité lorsque les opérations imposables auxquelles il est utilisé ouvrent droit à déduction.

2. Le coefficient de taxation d'un bien ou d'un service est nul lorsque les opérations auxquelles il est utilisé n'ouvrent pas droit à déduction.

3. Lorsque le bien ou le service est utilisé concurremment pour la réalisation d'opérations imposables ouvrant droit à déduction et d'opérations imposables n'ouvrant pas droit à déduction, le coefficient de taxation est calculé selon les modalités suivantes :

1° Ce coefficient est égal au rapport entre :

***a.* Au numérateur, le montant total annuel du chiffre d'affaires afférent aux opérations ouvrant droit à déduction, y compris les subventions directement liées au prix de ces opérations ;**

***b.* Et, au dénominateur, le montant total annuel du chiffre d'affaires afférent aux opérations imposables, y compris les subventions directement liées au prix de ces opérations.**

Les sommes mentionnées aux deux termes de ce rapport s'entendent tous frais et taxes compris, à l'exclusion de la taxe sur la valeur ajoutée ;

2° Lorsqu'un assujetti a constitué des secteurs distincts d'activité en application de l'article 209, le chiffre d'affaires à retenir pour le calcul du rapport mentionné au 1° est celui du ou des secteurs pour lesquels le bien ou le service est utilisé ; — *V. Ann. IV, art. 40-2.*

3° Pour l'application des dispositions du 1°, il est fait abstraction du montant du chiffre d'affaires afférent :

***a.* Aux cessions des biens d'investissements corporels ou incorporels ;**

***b.* Au produit des opérations immobilières et financières accessoires exonérées de la taxe sur la valeur ajoutée. Sont considérées comme accessoires les opérations qui présentent un lien avec l'activité principale de l'entreprise et dont la réalisation nécessite une utilisation limitée au maximum à 10 % des biens et des services grevés de taxe sur la valeur ajoutée qu'elle a acquis. Ce pourcentage est apprécié en fonction de la proportion d'utilisation pour ces opérations de chaque bien et service grevé de taxe sur la valeur ajoutée. Cette proportion est appliquée à la valeur d'acquisition par le redevable de chacun de ces biens et services pour déterminer leur valeur d'utilisation. Le pourcentage *résulte du rapport* entre, au numérateur, la somme des valeurs d'utilisation ainsi déterminées et, au dénominateur, le montant total de la valeur d'acquisition de ces biens et services.**

IV. — 1. Le coefficient d'admission d'un bien ou d'un service est égal à l'unité, sauf dans les cas décrits aux 2 à 4.

2. Le coefficient d'admission est nul dans les cas suivants :

1° Lorsque le bien ou le service est utilisé par l'assujetti à plus de 90 % à des fins étrangères à son entreprise ;

2° Lorsque le bien ou le service est relatif à la fourniture à titre gratuit du logement des dirigeants ou du personnel de l'entreprise, à l'exception de celui du personnel de gardiennage, de sécurité ou de surveillance sur les chantiers ou dans les locaux de l'entreprise ;

3° Lorsque le bien est cédé sans rémunération ou moyennant une rémunération très inférieure à son prix normal, notamment à titre de commission, salaire, gratification, rabais, bonification, cadeau, quelle que soit la qualité du bénéficiaire ou la forme de la distribution, sauf quand il s'agit de biens de très faible valeur. Un arrêté du ministre chargé du budget en fixe la valeur maximale ; — *V. Ann. IV, art. 28-00 A.*

4° Lorsque le bien ou le service est utilisé pour des publicités prohibées par les articles L. 3323-2, L. 3323-4 et L. 3323-5 du code de la santé publique ;

5° Pour les prestations de transport de personnes et les prestations accessoires à ce transport, à l'exclusion de celles réalisées soit pour le compte d'une entreprise de transports publics de voyageurs, soit en vertu d'un contrat permanent de transport conclu par les entreprises pour amener leur personnel sur les lieux de travail ;

6° Pour les véhicules ou engins, quelle que soit leur nature, conçus pour transporter des personnes ou à usages mixtes, à l'exception de ceux :

a. Destinés à être revendus à l'état neuf ;

b. Donnés en location ;

c. Comportant, outre le siège du conducteur, plus de huit places assises et utilisés par des entreprises pour amener leur personnel sur les lieux du travail ;

d. Affectés de façon exclusive à l'enseignement de la conduite ;

e. De type tout terrain affectés exclusivement à l'exploitation des remontées mécaniques et des domaines skiables, dans des conditions fixées par décret ;

f. Acquis par les entreprises de transports publics de voyageurs et affectés de façon exclusive à la réalisation desdits transports ;

7° Pour les éléments constitutifs, pièces détachées et accessoires des véhicules et engins mentionnés au premier alinéa du 6° ;

(Décr. n° 2017-1675 du 8 déc. 2017, art. 1er) « 8° A l'exception des cas prévus au 1° *bis* du 4 de l'article 298 du code général des impôts :

« *a)* Pour les carburéacteurs mentionnés au *d* du 1° du même 4 ;

« *b)* Pour les produits pétroliers mentionnés au *e* du 1° du même 4 ; »

9° Pour les biens acquis ou construits ainsi que les services acquis dont la valeur d'achat, de construction ou de livraison à soi-même est prise en compte pour l'application des dispositions du *e* du 1 de l'article 266 du code général des impôts ainsi que de l'article 297 A du code général des impôts ;

10° Pour les prestations de services de toute nature, notamment la location, afférentes aux biens dont le coefficient d'admission est nul en application des dispositions du 1° au 8°.

(Décr. n° 2017-1675 du 8 déc. 2017, art. 1er) « 3. A l'exception des cas prévus au 1° *bis* du 4 de l'article 298 du code général des impôts, le coefficient d'admission est calculé en application des dispositions relatives à l'exclusion du droit à déduction fixées aux *a*, *b* et *c* du 1° du même 4 concernant, respectivement, les essences, les gazoles et le superéthanol E 85 et les gaz de pétrole et autres hydrocarbures présentés à l'état gazeux et le pétrole lampant. »

(Abrogé par Décr. n° 2017-1675 du 8 déc. 2017, art. 1er) « *4. Le coefficient d'admission est égal à 0,8 pour les gazoles et le superéthanol E 85 mentionnés au tableau B de l'article 265 du code des douanes utilisés comme carburants pour des véhicules et engins mentionnés au premier alinéa du 6° du 2, à l'exception de ceux utilisés pour les essais effectués pour les besoins de la fabrication de moteurs ou d'engins à moteur et pour autant qu'ils ne soient pas ultérieurement livrés ou vendus en l'état ou sous forme d'autres produits pétroliers.* »

V. — 1. L'assujetti peut, par année civile, retenir :

1° Pour l'ensemble de ses biens et services utilisés concurremment à des opérations imposables et à des opérations non imposables, un coefficient d'assujettissement unique, sous réserve d'en justifier ;

2° Pour l'ensemble de ses biens et services, un coefficient de taxation unique calculé dans les conditions du 3 du III.

2. Les quatre coefficients mentionnés au I sont arrondis par excès à la deuxième décimale. Ils sont définitivement arrêtés avant le 25 avril de l'année suivante ou le 31 décembre de l'année suivante pour ceux qui deviennent redevables de la taxe sur la valeur ajoutée en cours d'année. — *V. Ann. IV, art. 40-1.*

1. Mode de calcul du droit à déduction. Commentaire administratif. Détermination du quantum de taxe déductible (coefficient de déduction). Coefficients d'assujettissement, de taxation et d'admission. * BOI-TVA-DED-20-10 du 12 sept. 2012.

2. Arrondissement des coefficients. Les États membres sont libres d'appliquer ou non la règle d'arrondissement du prorata lorsqu'il est calculé selon une méthode dérogatoire. • CJUE 16 juin 2016, n° 186/15 : *RJF 2016. 949.*

3. Condition de « nécessité ». L'art. 206-IV-2-1° de l'annexe II ne reprend pas la condition de « nécessité » qui figurait à l'ancien art. 230-1 de la même annexe. De fait, ces dispositions reviennent sur la distinction opérée par le Conseil d'État dans son arrêt « Disvalor » (CE 6 mars 2006, n° 281034). A compter du 1er janv. 2008, les assujettis sont donc fondés à déduire la TVA qui grève leurs dépenses pour autant que, sur le fond, celles-ci ne soient pas visées par une mesure d'exclusion particulière et qu'elles soient utilisées pour les besoins de leurs opérations ouvrant droit à déduction (CGI, art. 271-II-1). Il importe donc que la dépense en cause soit affectée par l'assujetti à son activité économique, c'est-à-dire qu'elle réponde aux besoins de son exploitation. * Rescrit 23 oct. 2007, n° 2007/41 TCA.

4. Biens fournis sans rémunération ou pour un prix trop bas. L'Administration admet sous certaines conditions la déduction de la TVA grevant les objets de nature publicitaire, remis gratuitement par un fabricant ou un distributeur pour les besoins de la commercialisation des produits de son entreprise. * Rescrit 9 sept. 2008, n° 2008/20 TCA * BOI-TVA-DED-30-30-50 n° 280 du 26 mars 2013.

5. Cadeaux de faible valeur et biens de très faible valeur remis par les assujettis dans l'intérêt de l'entreprise. Valeur plafond unitaire de 69 € TTC par objet et par année pour un même bénéficiaire depuis le 1er janv. 2016. * BOI-TVA-DED-30-30-50 n° 90 du 26 mars 2013. ♦ La substitution de la notion de « biens de très faible valeur » à celle de « biens de faible valeur » est compatible avec la directive TVA. • CE 7 déc. 2015, *Sté Groupe Saint-Germain*, n° 371710 : *RJF 2016. 239, concl. Escaut.* ♦ Sur la déductibilité de la taxe grevant les cadeaux remis au titre du parrainage de nouveaux clients ou aux clients ayant passé commande, V. • CE 8 juin 2016, *SA Movitex*, n° 380624 : *RJF 2016. 824.*

6. Programme de fidélisation de clientèle. Droits à déduction. * BOI-TVA-DED-30-30-50 n° 290 du 26 mars 2013. ♦ Des paiements effectués par un gestionnaire de programme de fidélité aux fournisseurs qui offrent aux clients des biens ou des services doivent être considérés comme la contrepartie, versée par un tiers, d'une livraison de biens ou d'une prestation de services à ces clients. • CJUE 7 oct. 2010, n° 53/09 et 55/09 : *RJF 2011. 125.* ♦ Il en résulte que, sauf pour la partie des sommes facturées par les fournisseurs qui correspondrait à une prestation de services distincte, ces sommes ne peuvent pas être regardées comme la rémunération de biens et de services utilisés par le gestionnaire de programme pour les besoins de ses opérations, ce qui fait obstacle à la déductibilité de la TVA. • CE 7 déc. 2016, *Min. fin. c/ Sté Marriott Rewards LLC*, nos 396461 et 396462 : *RJF 2017. 230.* ♦ Le gestionnaire d'un programme de fidélisation ne peut pas déduire la TVA facturée par les adhérents au titre des cadeaux offerts à leurs clients. • CAA Versailles, 6 juin 2017, *Sté Marriott Rewards LLC*, n° 16VE03660 : *RJF 2017. 1040.*

7. Coefficient de taxation forfaitaire. L'art. 19-2 de la 6e Dir. TVA doit être interprété en ce sens que la notion de « biens d'investissement utilisés par l'assujetti dans son entreprise » n'inclut pas des véhicules qu'une entreprise de crédit-bail acquiert en vue de les louer puis de les vendre à l'expiration des contrats de location-vente, dès lors que la vente desdits véhicules au terme de ces contrats fait partie intégrante des activités économiques habituelles de cette entreprise. • CJCE 6 mars 2008, n° C-98/07 : *RJF 2008. 625.*

8. Le produit des cessions de biens d'investissements corporels ou incorporels ne doit pas être pris en compte pour le calcul du coefficient de taxation forfaitaire, sauf lorsque la vente desdits biens fait partie intégrante des activités économiques habituelles de l'assujetti. • CE 20 mars 2015, *Sté Cie générale de location d'équipement*, n° 371914 : *RJF 2018. 522.*

9. Dans le cas des transmissions de créances réalisées par un opérateur pour lequel elles constituent le prolongement direct, permanent et nécessaire de son activité (exemple : transfert de créances acquises par une société d'affacturage à un fonds commun de titrisation, cession de créances nées de son activité d'octroi de crédit par une banque à une société de crédit foncier), seuls les résultats bruts positifs doivent être pris en compte pour le calcul du coefficient de taxation forfaitaire, à l'exclusion des résultats bruts négatifs. Il en va de même pour le calcul du rapport d'assujettissement à la taxe sur les salaires. * Rescrit 28 déc. 2010, n° 2010/71 TCA * BOI-TVA-SECT-50-40 nos 240 à 260 du 7 déc. 2016.

10. Coefficient de taxation unique. A la différence du coefficient d'ajustement unique qui ne s'applique qu'aux biens et services utilisés concurremment à des opérations imposables et à des opérations non imposables de l'assujetti qui l'a retenu, le coefficient de taxation unique s'applique à l'ensemble des biens et services utilisés par celui-ci et pas seulement aux biens et services qui sont utilisés concurremment à des opérations imposables ouvrant droit à déduction et des opérations imposables n'y ouvrant pas droit. En revanche, le coefficient de taxation unique ne peut, au même titre que le coefficient de taxation, être retenu que par les redevables dits « partiels » qui, au titre de l'année civile, ont réalisé, parmi leurs opérations imposables, des opérations ouvrant droit à déduction et des opérations n'y ouvrant pas droit. • CE 11 déc. 2020, n° 427136 : *RJF 2021. 267, concl. Cytermann.*

11. Opérations financières accessoires. Constituent des opérations financières accessoires exclues du calcul du prorata de déduction les opérations qui ne sont pas dans le prolongement direct, permanent et nécessaire de l'activité taxable et n'impliquent qu'une utilisation limitée de moyens. • CE 21 oct. 2011, *SNC Ariane,* n° 315469 : *RJF 2012. 24, note Tournès, p. 8 ; Dr. fisc. 2012. 55, concl. Legras, note Sniadower.* ♦ Pour déterminer si une activité financière exonérée constitue le prolongement nécessaire de l'activité taxable d'une entreprise, il convient d'examiner si cette dernière pourrait être exercée sans l'activité financière exonérée (et non l'inverse). • CE 8 déc. 2018, *Sté Fiscali Conseil,* n° 409202 : *RJF 2019. 433.* ♦ Un produit financier présente un caractère accessoire pour le calcul du coefficient de taxation forfaitaire lorsque les deux conditions suivantes sont remplies : tout en présentant un lien avec l'activité taxable, il n'en constitue pas le prolongement direct, permanent et nécessaire ; il ne nécessite qu'une utilisation limitée des moyens matériels de l'entreprise. • CAA Paris, 6 oct. 2010, n° 08PA5484 : *RJF 2011. 436.* ♦ Les opérations de prêts accordés par un holding mixte à ses filiales ne sont pas dans le prolongement direct, permanent et nécessaire de son activité taxable. • CAA Nancy, 20 juin 2013, *Sté Korian,* n° 12NC01170 : *RJF 2013. 1011.* ♦ Les produits financiers issus du placement de sommes destinées à couvrir les appels de marge d'un organisme compensateur ne sont pas accessoires. • CAA Versailles, 4 juill. 2019, *Sté Kepler Cheuvreux,* n° 16VE02700 : *RJF 2019. 1119.*

12. Les opérations financières accessoires exclues du calcul du coefficient de taxation forfaitaire sont celles prévues à l'art. 261 C CGI. Toutefois, par dérogation, il est fait abstraction pour le calcul du coefficient de taxation du montant du chiffre d'affaires afférent aux opérations immobilières et financières exonérées de la TVA présentant un caractère accessoire par rapport à l'activité principale de l'entreprise. * BOI-TVA-DED-20-10-20 n°s 180 et 190 du 10 juin 2013.

13. Il résulte de la jurisprudence qu'une activité économique ne saurait être qualifiée d'accessoire si elle constitue le prolongement direct, permanent et nécessaire de l'activité taxable de l'entreprise ou si elle implique une utilisation significative de biens et de services pour lesquels la TVA est due. • CJCE 11 juill. 1996, *Régie Dauphinoise-Cabinet Forest,* n° C-306/94 : *Dr. fisc. 1996. 1388, obs. Turot ; ibid. 1384* • CE 21 oct. 2011, *SNC Ariane,* n° 315469 : *RJF 2012. 24* * BOI-TVA-DED-20-10-20 n° 210 du 10 juin 2013. ♦ Les opérations financières peuvent être le prolongement « nécessaire » alors « qu'elles ne sont pas rendues obligatoires par la réglementation et qu'elles ne conditionnent pas la rentabilité de la société ». Il n'est donc plus besoin d'être « indispensable » pour être « nécessaire ». • CE 1er oct. 2015, *Sté Edenred France,* n° 369846 : *RJF 2015. 1008, concl. Crépey, étude Berger-Picq, p. 962 ; Dr. fisc. 2016. 179, note Chetcuti et Dayan.* ♦ Les produits financiers résultant du placement des fonds correspondant à la valeur faciale de titres-restaurant ou de chèques-cadeaux ne sont pas accessoires. • CE (na), 29 nov. 2019, *Sté Le chèque déjeuner,* n° 429981 : *RJF 2020. 116* • 29 nov. 2019, *Sté Le chèque Cadhoc,* n° 429982 : *RJF 2020. 116.*

14. La situation au regard des droits à déduction des opérations financières réalisées par les entreprises (autres que les établissements bancaires et financiers) repose sur les distinctions suivantes : lorsqu'elles se situent hors du champ d'application de la TVA, ces opérations sont sans influence sur le calcul du coefficient de taxation forfaitaire (ex-prorata), dès lors que le chiffre d'affaires à porter au dénominateur de ce coefficient est afférent aux seules opérations entrant dans le champ d'application de la taxe ; lorsqu'elles se situent dans le champ d'application de la TVA, les opérations financières sont en principe exonérées et doivent, normalement, figurer au seul dénominateur du coefficient de taxation forfaitaire, sauf si elles présentent un caractère accessoire, auquel cas elles sont exclues du calcul de ce coefficient. * BOI-TVA-DED-20-10-20 du 10 juin 2013.

15. Lorsque des opérations financières réalisées par une société sont indissociables de son activité taxable, elles ne peuvent donner lieu à la constitution d'un secteur distinct d'activité. * BOI-TVA-DED-20-10-20 n° 240 du 10 juin 2013.

16. La vente d'extensions de garantie d'appareils électroménagers, informatiques et de télécommunication constitue une prestation d'intermédiaire d'assurance exonérée de TVA et ne peut être assimilée à des opérations financières accessoires : les montants afférents à ces opérations ne peuvent donc être exclus du calcul du prorata de déduction. • CJUE 8 juill. 2021, n° 695/19 : *RJF 2021.992.*

17. Calcul du prorata (coefficient de taxation). BIBL. Ashword, Reinbold et Aldebert, *FR Lefebvre 39/13, p. 20* (droit à déduction dans une relation siège/succursale). – Ashword, *FR Lefebvre 31/14, p. 13* (prorata mondial : fallait-il sacrifier le principe de neutralité ?). – Bokdam-Tognetti, *RJF 2014, p. 731* (TVA et prorata de déduction : la force du territoire). ♦ La CJUE a été saisie de plusieurs questions préjudicielles visant à régler la question de la prise en compte ou non, par un siège français pour la détermination de son prorata du droit à déduction de la

TVA, du chiffre d'affaires réalisé par ses succursales étrangères (UE et non UE). • CE 11 juill. 2011, n° 301849, *Sté Le Crédit Lyonnais : Dr. fisc. 2011. 573, note Sniadower ; RJF 2011. 1111, concl. Legras, p. 147.* ♦ À ces questions, la CJUE a répondu que le calcul du « prorata » de déduction de la TVA ne peut pas être mondialisé. La Cour juge, en effet, que le régime des déductions, dont le calcul du « prorata » constitue un élément fondamental, est fondé sur le principe de territorialité des dispositions nationales applicables. Un assujetti est donc soumis, à côté du régime applicable dans l'État de son siège, à autant de régimes de déduction nationaux que d'États membres de l'UE dans lesquels il dispose d'établissements stables. Par suite, un tel assujetti ne peut pas prendre en compte, pour le calcul de son « prorata » de déduction, le chiffre d'affaires de ses succursales établies dans d'autres États membres, ni celui de ses succursales établies dans des pays tiers. • CJUE 12 sept. 2013, n° C-388/11 : *Dr. fisc. 2013. 471, note Féron et Zana ; RJF 2013. 1192.* ♦ Application de ces principes. • CE 28 mai 2014, *Sté Crédit Lyonnais,* n° 301849 : *RJF 2014. 864.*

18. La refacturation par un holding mixte à ses filiales de frais de restructurations réalisées par celles-ci constitue une activité économique, considérée en l'espèce comme occasionnelle, et par suite taxable. Ces recettes doivent figurer aux deux termes du coefficient de taxation. • CE 13 déc. 2017, *Sté Lagardère SCA,* n° 397580 : *RJF 2018. 264, concl. Bokdam-Tognetti ; Dr. fisc 2018. 244, note Dorin.*

19. Coefficient d'admission : véhicules de transport de personnes. Pour apprécier si un véhicule ou un engin a été conçu pour le transport des personnes ou pour un usage mixte au sens de l'art. 206-IV-2-6°, il y a lieu non pas de se référer aux conditions d'utilisation du véhicule mais de rechercher, compte tenu de ses caractéristiques lors de l'acquisition, l'usage auquel il est normalement destiné. • CE 25 nov. 2009, n° 319649 : *RJF 2010. 114.* ♦ Ne sauraient être regardés comme conçus pour transporter des personnes les véhicules ou engins, terrestres, maritimes ou aériens, qui, même s'ils ne peuvent se déplacer sans la présence à leur bord d'un conducteur, d'un pilote ou d'un équipage, ont, *en raison des caractéristiques* de leur conception, une autre fonction que celle de transporter des personnes et constituent nécessairement, eu égard à cette autre fin, une immobilisation utile à l'exploitation d'une entreprise dont les opérations sont soumises à la TVA. • Même arrêt. ♦ Ouvrent droit au bénéfice de la déduction de la TVA des scooters des neiges utilisés par l'exploitant d'un parc de remontées mécaniques compte tenu de leurs caractéristiques techniques spécifiques. • Même arrêt. ♦ Il en est de même des camping-cars aménagés pour l'accompagnement des transports exceptionnels de marchandises, d'engins ou de véhicules et ensembles de véhicules comportant plus d'une remorque. * Rép. min. n° 412 : *JOAN Q, 23 avr. 2013, p. 4433.* ♦ L'avion exploité par son propriétaire, un GIE qui le loue à des clients « coque nue », est exploité dans le cadre d'un louage de choses et doit être qualifié de bien donné en location pour l'application de l'art. 206-IV-2-6°-b (ancien art. 242 de l'annexe II). La circonstance que le GIE ait fourni, de manière ponctuelle, des prestations annexes à la location de l'appareil (prestations de pilotes, prestations de repas) ne suffit pas, à elle seule, à faire obstacle à la qualification de louage de choses. Par suite la TVA ayant grevé les dépenses de maintenance de l'avion exploité par le GIE est déductible. • CE 18 mai 2009, n° 300279 : *RJF 2009. 758 ; concl. Olléon au BDCF 8-9/09, n° 102.*

20. Un véhicule 4 × 4 de tourisme qui a fait l'objet, avant sa livraison, d'une modification par suppression de la banquette arrière et par l'installation d'un plancher plat avec dispositif d'arrêt de charge doit être regardé comme un véhicule de transport de personnes exclu du droit à déduction de la TVA, dès lors que ces aménagements, non irréversibles, n'ont pas eu pour effet de le rendre incompatible avec le transport des personnes, compte tenu notamment de sa finition, de son confort et de son équipement, alors même que le certificat d'immatriculation de ce véhicule l'a enregistré dans la catégorie des camionnettes dérivées de voitures particulières. • CAA Douai, 27 mars 2012, *Moreau,* n° 10DA01216 : *RJF 2012. 1115.*

21. Les véhicules de tourisme utilisés pour des stages de conduite sur circuit, dispensés par une société à ses clients afin de les initier, dans un contexte de loisir et sportif, à la conduite de véhicules sportifs haut de gamme, peuvent ouvrir droit à déduction. • CE 11 juill. 2018, *SARL PPK,* n° 410924 : *RJF 2018. 1093, concl. Bretonneau.* ♦ Infirmant • CAA Douai, 28 mars 2017, *SARL PPK,* n° 16DA00962 : *RJF 2017. 797.*

22. Exclusions du droit à déduction. L'art. 17-6 de la 6ᵉ Dir. TVA (devenu l'art. 176 de la Dir. 2006/112/CE du 28 nov. 2006) doit être interprété en ce sens que les États membres peuvent maintenir des exclusions du droit à déduction de la TVA visées à son second alinéa (clause de *standstill*) bien que le Conseil n'ait pas déterminé les dépenses n'ouvrant pas droit à déduction de la TVA. • CJCE 5 oct. 1999, n° 305/97 : *RJF 2010. 1632.* ♦ Sur le champ des exclusions nationales du droit à déduction existant à la date d'entrée en vigueur de la 6ᵉ Dir. TVA et susceptibles d'être maintenues (clauses de *standstill*) et les possibilités de modification de ces exclusions. • CJUE 15 avr. 2010, n° C-538/08 et 33/09 : *RJF 2010. 759.*

23. Il résulte des dispositions combinées des 10° et 6° de l'art. 206-IV-2 de l'annexe II que les dépenses de location relatives aux véhicules ou engins conçus pour le transport de personnes ou à usages mixtes sont exclues du droit à déduction. En revanche, ce dispositif d'exclusion ne s'applique pas lorsque ces dépenses concernent un véhicule comportant, outre le siège du conducteur, plus de huit places assises, et qu'il est utilisé par l'entreprise pour amener son personnel sur les lieux de travail. Telle est précisément la situation d'une entreprise de spectacles qui, dans le cadre d'une tournée, loue un véhicule présentant de telles caractéristiques techniques pour amener son personnel (artistes, techniciens...) sur les lieux de représentation. * Rép. min. n° 19899 : *JOAN Q, 19 août 2008, p. 7150* * BOI-TVA-DED-30-30-20 n° 110 du 1er févr. 2017.

24. L'exclusion du droit à déduction relative aux véhicules ou engins immobilisés, quelle que soit leur nature, conçus pour transporter des personnes ou à usage mixte ne s'applique pas aux véhicules donnés en location, sous réserve que cette location soit soumise à la TVA. * BOI-TVA-DED-30-30-30 n° 60 du 12 sept 2012. ♦ L'exclusion du droit à déduction ne peut trouver à s'appliquer aux véhicules que le contribuable « affecte à une activité locative à titre principal ». Application aux véhicules de courtoisie. • CE 21 oct. 2020, *Sté DBF Montpellier, n° 440526 : RJF 2021. 28, concl. Victor.*

Art. 207 **I. — Sous réserve des dispositions qui suivent, la déduction opérée dans les conditions mentionnées aux articles 205 et 206 est définitivement acquise à l'entreprise.**

II. — 1. Pour les biens immobilisés, une régularisation de la taxe initialement déduite est opérée chaque année pendant cinq ans, dont celle au cours de laquelle ils ont été acquis, importés, achevés, utilisés pour la première fois ou transférés entre secteurs d'activité constitués en application de l'article 209.

2. Chaque année, la régularisation est égale au cinquième du produit de la taxe initiale par la différence entre le coefficient de déduction de l'année et le coefficient de déduction de référence mentionné au 2 du V. Elle prend la forme d'une déduction complémentaire si cette différence est positive, d'un reversement dans le cas contraire.

3. Par dérogation à la durée mentionnée au 1 et à la fraction mentionnée au 2, cette régularisation s'opère pour les immeubles immobilisés par vingtième pendant vingt années.

Toutefois, pour les immeubles donnés en location dans les conditions prévues au 2 de l'article L. 313-7 du code monétaire et financier, cette durée est égale au nombre d'années qui courent jusqu'à l'échéance du contrat de bail, arrondi à l'entier supérieur, sans pouvoir excéder vingt années, et la régularisation s'opère par fractions égales à l'inverse de cette durée.

4. La régularisation doit être effectuée avant le 25 avril de l'année suivante. Aucune régularisation n'est effectuée si la différence entre le produit des coefficients d'assujettissement et de taxation de l'année, d'une part, et le produit des coefficients d'assujettissement et de taxation de référence mentionnés au 2 du V, d'autre part, n'est pas supérieure, en valeur absolue, à un dixième.

5. Les dispositions qui précèdent ne sont pas applicables :

1° Aux biens immobilisés dont le coefficient d'assujettissement de référence est nul ;

2° Aux immeubles livrés, acquis, apportés ou utilisés pour la première fois avant le 1er janvier 1996.

6. Pour la détermination des coefficients de référence mentionnés au 2 et au 4, il n'est pas tenu compte des dispositions du 1° et du 2° du 2 du V au titre de l'année où il est fait application de ces dispositions.

III. — 1. Une régularisation de la taxe initialement déduite et grevant un bien immobilisé est également opérée :

1° Lorsqu'il est cédé ou apporté, sans que cette opération soit soumise à la taxe sur le prix total, sur la valeur totale ou dans les conditions fixées à l'article 268 du code général des impôts, ou est transféré entre secteurs d'activité constitués en application de l'article 209 ;

2° Lorsqu'il est cédé ou apporté, et que cette opération est soumise à la taxe sur le prix total, sur la valeur totale ou dans les conditions fixées à l'article 268 du code général des impôts ;

3° Lorsque la réglementation modifie la valeur de son coefficient d'admission en cours d'utilisation ;

4° Lorsqu'il vient en cours d'utilisation à être utilisé à des opérations ouvrant droit à déduction ou, sous réserve du 5°, lorsqu'il cesse d'être utilisé à des opérations ouvrant droit à déduction ;

5° Lorsqu'il cesse d'être utilisé à des opérations imposables.

2. Cette régularisation est égale à la somme des régularisations qui auraient été effectuées jusqu'au terme de la période de régularisation en application des 1, 2, 3 et 5 du II, en considérant que pour chacune des années restantes de cette période :

1° Dans les cas visés au 1° du 1, le coefficient de taxation est égal à zéro ;

2° Dans les cas visés au 2° du 1, le coefficient de déduction est égal à l'unité ;

3° Dans le cas visé au 3° du 1, le coefficient d'admission est égal à sa nouvelle valeur ;

4° Dans les cas visés au 4° du 1, le coefficient de taxation est égal à sa nouvelle valeur ;

5° Dans le cas visé au 5° du 1, le coefficient d'assujettissement est égal à zéro.

3. Dans les cas visés au 1° du 1, sous réserve que le bien constitue également une immobilisation pour le bénéficiaire de la cession, de l'apport ou du transfert, celui-ci peut déduire une fraction du montant de taxe sur la valeur ajoutée ayant grevé initialement le bien, à proportion du rapport entre le nombre d'années restant à courir, pour le cédant ou l'apporteur, jusqu'au terme de la période de régularisation et le nombre d'années total de celle-ci. A cette fin, le cédant ou l'apporteur délivre au bénéficiaire une attestation mentionnant le montant de la taxe qu'il est en droit de déduire. Cette déduction est opérée dans les conditions prévues à l'article 206.

4. Les dispositions des 1 à 3 ne sont pas applicables :

1° Aux cessions ou apports dispensés de taxe sur la valeur ajoutée en application de l'article 257 *bis* du code général des impôts ;

2° Aux biens immobilisés :

a. Qui ont été volés ou détruits, dès lors qu'il est justifié du vol ou de la destruction ;

b. Dont le coefficient d'assujettissement de référence est nul.

IV. — 1. *Abrogé par Décr. n° 2010-1075 du 10 sept. 2010.*

2. Lorsqu'un bien en stock, ou un bien immobilisé non encore utilisé, vient à être utilisé à des opérations ouvrant droit à déduction, la taxe initiale peut être déduite à proportion du coefficient de déduction résultant de ce changement.

3. Pour l'application du II et des 1° et 2° du 1 du III, un immeuble ou une fraction d'immeuble en stock est considéré comme immobilisé lorsque, au 31 décembre de la deuxième année qui suit celle au cours de laquelle est intervenu l'achèvement de l'immeuble, il est utilisé pendant plus d'un an pour une opération relevant d'une activité économique mentionnée à l'article 256 A du code général des impôts.

V. — 1. La taxe initiale s'entend, selon le cas, de la taxe mentionnée au 1 du II de l'article 271 du code général des impôts ou de la fraction de taxe mentionnée sur les attestations prévues au 3 du III du présent article.

2. Les coefficients d'assujettissement, de taxation et d'admission de référence sont initialement égaux aux coefficients retenus pour le calcul de la déduction opérée en application de l'article 206 lors de l'acquisition, de l'importation ou de la livraison à soi-même du bien. Le cas échéant :

1° Après chaque déduction opérée en application des dispositions du 3 du III du présent article lors d'un transfert entre secteurs d'activité mentionné au 1° du 1 de ce même III, ils prennent la valeur des coefficients retenus pour la détermination du montant de cette déduction ;

2° Après chaque régularisation opérée en application des dispositions des 3° à 5° du 1 du III du présent article, ils prennent la valeur des coefficients mentionnés respectivement aux 3° à 5° du 2 de ce même III.

Le coefficient de déduction de référence est égal au produit des coefficients d'assujettissement, de taxation et d'admission de référence résultant des dispositions qui précèdent. — *Pour les biens immobilisés en cours d'utilisation au 1er janv. 2008 et pour lesquels le délai de régularisation n'était pas expiré, les coefficients de référence ont pris les valeurs mentionnées au II de l'art. 3 du Décr. n° 2007-566 du 16 avr. 2007 (JO 19 avr.).*

VI. — Le montant de la taxe dont la déduction a déjà été opérée doit être reversé dans les cas suivants :

1° Lorsque les marchandises ont disparu ;

2° Lorsque les biens ou services ayant fait l'objet d'une déduction de la taxe qui les avait grevés ont été utilisés pour une opération qui n'est pas effectivement soumise à l'impôt.

Ce reversement doit être opéré avant le 25 du mois qui suit celui au cours duquel l'événement qui motive le reversement est intervenu. Toutefois, ces reversements ne sont pas exigés lorsque les biens ont été détruits avant toute utilisation ou cession, ou volés, et qu'il est justifié de cette destruction ou de ce vol.

1. Régularisations et reversements. 1° Événements rendant exigible une régularisation de la TVA initialement déduite. * BOI-TVA-DED-60-20-10 du 3 janv. 2018. 2° Événements rendant exigible une déduction complémentaire. * BOI-TVA-DED-60-20-20 du 12 sept. 2012. 3° Calcul du reversement ou de la déduction complémentaire. * BOI-TVA-DED-60-20-30 du 25 nov. 2013. 4° Articulation entre les régularisations annuelles et les régularisations globales. * BOI-TVA-DED-60-20-40 du 12 sept. 2012.

2. Cession d'immeuble. La régularisation d'une déduction de la TVA relative à une livraison de services ou une livraison de biens ne peut pas peser sur un assujetti autre que celui ayant effectué cette déduction. Par suite, il ne saurait être demandé au cessionnaire d'un bien immobilier de régulariser la déduction effectuée par le cédant de ce bien à raison de l'acquisition de ce bien, dès lors que le cessionnaire est étranger à la transaction ayant permis cette acquisition, et que celle-ci a été réalisée dans le cadre d'une autre activité économique que la sienne. • CJUE 26 janv. 2021, n° 787/18 : *RJF 2021. 342.*

3. Cession d'immeuble. La régularisation d'une déduction de la TVA relative à une livraison de services ou une livraison de biens ne peut pas peser sur un assujetti autre que celui ayant effectué cette déduction. Par suite, il ne saurait être demandé au cessionnaire d'un bien immobilier de régulariser la déduction effectuée par le cédant de ce bien à raison de l'acquisition de ce bien, dès lors que le cessionnaire est étranger à la transaction ayant permis cette acquisition, et que celle-ci a été réalisée dans le cadre d'une autre activité économique que la sienne. • CJUE 26 janv. 2021, n° 787/18 : *RJF 2021. 342.*

4. Cession d'immeuble. La régularisation d'une déduction de la TVA relative à une livraison de services ou une livraison de biens ne peut pas peser sur un assujetti autre que celui ayant effectué cette déduction. Par suite, il ne saurait être demandé au cessionnaire d'un bien immobilier de régulariser la déduction effectuée par le cédant de ce bien à raison de l'acquisition de ce bien, dès lors que le cessionnaire est étranger à la transaction ayant permis cette acquisition, et que celle-ci a été réalisée dans le cadre d'une autre activité économique que la sienne. • CJUE 26 janv. 2021, n° 787/18 : *RJF 2021. 342.*

5. Cession-bail d'un immeuble. La TVA grevant un immeuble, qui a initialement été déduite par un assujetti exerçant une activité taxable, n'a pas à être régularisée lorsque ce bien fait l'objet d'une opération de cession-bail non soumise à la TVA. • CJUE 27 mars 2019, *Mydibel SA*, n° 201/18 : *RJF 2019. 734.*

6. Cessation d'activité. En cas de cessation d'activité, la régularisation de la TVA déduite au titre des immobilisations n'est exigible qu'à compter de la désaffectation définitive du bien à une opération taxable. Elle ne peut donc être exigée tant que le sort final du bien n'est pas définitivement établi. • CE 9 oct. 2019, *Sté Industrial et Environmental Platform*, n° 418100 : *RJF 2020. 22, concl. Nicolazo de Barmon.*

7. Démarque inconnue. Disparitions de marchandises. Une société peut être dispensée de l'obligation de régulariser la TVA à raison de la démarque inconnue constatée dans ses locaux d'entreposage de marchandises, à condition de justifier de l'origine précise des disparitions des marchandises. • CAA Douai, 21 août 2008, n° 07DA1581 : *RJF 2009. 25* • CE (na) 23 juill. 2010, n° 321817 : *RJF 2010. 1163.* ♦ Le vol de marchandises expédiées et le mauvais adressage de commandes qui ne sont pas retournées par leur destinataire caractérisent des déperditions justifiées de marchandises, inhérentes aux modalités de commercialisation par la société de ses produits de fournitures et matériels divers pour le bureau. La TVA qui a grevé le prix de revient de ces marchandises n'a pas à être régularisée, nonobstant l'absence de dépôt de plainte à l'occasion de ces déperditions justifiées de marchandises. • CAA Versailles, 2 déc. 2014, *Sté Office Dépôt BS*, n° 4VE01166 : *RJF 2015. 202.*

Art. 207 *bis* *Abrogé par Décr. n° 2007-566 du 16 avr. 2007.*

Art. 208 **I. — Le montant de la taxe déductible doit être mentionné sur les déclarations déposées pour le paiement de la taxe sur la valeur ajoutée. Toutefois, à condition qu'elle fasse l'objet d'une inscription distincte, la taxe dont la déduction a été omise sur cette déclaration peut figurer sur les déclarations ultérieures déposées avant le 31 décembre de la deuxième année qui suit celle de l'omission. Les régularisations prévues à l'article 207 doivent également être mentionnées distinctement sur ces déclarations.**

II. — Lorsque, sur une déclaration, le montant de la taxe déductible excède le montant de la taxe due, l'excédent de taxe dont l'imputation ne peut être faite est reporté, jusqu'à épuisement, sur les déclarations suivantes. Toutefois, cet excédent peut faire

l'objet de remboursements dans les conditions fixées par les articles 242-0 A à *(Décr. n° 2021-744 du 9 juin 2021, art. 2)* « 242-0 J ».

BIBL. Sérandour, *Dr. fisc. 2009. 416* (le délai d'exercice du droit à déduction de la TVA en cas d'omission).

1. Taxe dont la déduction a été omise : condition formelle d'inscription de la TVA sur la déclaration de CA. L'art. 208-1 (ex 224-1) de l'annexe II, en subordonnant la régularisation dans le délai prévu de la taxe dont la déduction a été omise à son inscription sur une ligne distincte de la déclaration de chiffre d'affaires souscrite par le contribuable, fixe une condition formelle relative non à l'existence même du droit à déduction mais aux modalités d'exercice de ce droit dont le non-respect est sanctionné par un refus de déduction alors que les exigences de fond sont satisfaites et que l'absence d'inscription distincte ne rend pas impossible ou excessivement difficile l'exercice par l'Administration de son droit de contrôle pour s'assurer de l'exacte perception de la taxe et pour éviter la fraude. Dès lors, en tant qu'il conditionne au respect d'une exigence formelle le droit à déduction prévu à l'art. 17 de la 6e Dir. TVA, l'art. 208-1 méconnaît ce principe fondamental du système commun de la TVA et le principe de proportionnalité tels qu'interprétés par la CJCE. • CAA Paris, 19 févr. 2009, n° 07PA1498, *SNC Kimberly Clark : RJF 2009. 630 ; Dr. fisc. 2009. 431, concl. Niollet.* ♦ L'Administration maintient néanmoins la condition d'inscription de la taxe sur une ligne distincte de la déclaration de TVA. * BOI-TVA-DED-40-20 n° 60 du 8 mars 2013.

2. Péremption du droit à déduction. Conformité à la Constitution de l'art. 273-1, al. 3, qui habilite le pouvoir réglementaire à fixer la date à laquelle peuvent être opérées les déductions de TVA et en vertu duquel ce dernier a limité à deux ans le délai de péremption. • Cons. const., QPC, 18 juin 2010, *SNC Kimberly Clark,* n° 2010-5-qpc : *RJF 2010. 940.* ♦ Un délai de forclusion de deux ans pour l'exercice du droit à déduction est compatible avec la Dir. TVA pour autant que les principes d'équivalence et d'effectivité sont respectés. Le principe d'effectivité n'est pas méconnu par le simple fait que l'administration fiscale dispose, pour procéder au recouvrement de la TVA impayée, d'un délai qui excède celui accordé aux assujettis pour exercer leur droit à déduction. • CJCE 8 mai 2008, n° C-95/07 et C-96/07 : *RJF 2008. 920.* ♦ Dans le même sens : un délai de forclusion de deux ans qui respecte les principes d'équivalence et d'effectivité est compatible avec la Dir. TVA. • CJUE 28 juill. 2016, *Giuseppe Astone,* n° 332/15 : *RJF 2016. 1041.* ♦ Ce délai de deux ans n'est pas contraire à la 6e Dir. TVA du 17 mai 1977 dont l'art. 18-3 n'interdit pas que soient prévues en droit national des forclusions du droit à déduction. Conditions de réparation de l'omission par facture rectificative. * BOI-TVA-DED-40-20 nos 30 à 50 du 8 mars 2013.

3. Délai pour réparer une omission de déclaration de taxe déductible. Ce délai court à compter de l'exigibilité de la taxe chez le fournisseur. Ainsi, pour déduire la TVA dont la déclaration a été omise, il incombe à l'opérateur qui acquitte une facture ne faisant pas apparaître le montant de la taxe déductible, alors qu'il n'ignore pas que le prestataire en est redevable, de se faire délivrer, dans le délai de deux ans prévu à l'ancien art. 224 (devenu 208-1) de l'ann. II, une facture répondant aux exigences de l'art. 289 CGI. • CE 31 déc. 2008, nos 305517 et 307142 : *RJF 2009. 326 ; concl. Escaut au BDCF 4/09, n° 46 ; Dr. fisc. 2009. 229, concl. Escaut, note Kaczynski.* ♦ Le délai imparti pour réparer une omission de déclaration de la TVA déductible court à compter de la date d'exigibilité de la taxe chez le redevable et expire le 31 déc. de la deuxième année suivant la date à laquelle la déclaration devait être effectuée. Lorsqu'un assujetti a omis de reporter le montant de la taxe déductible qu'il a déclaré dans les délais prévus, le délai de régularisation de son omission, à peine de péremption du droit à déduction, expire le 31 déc. de la deuxième année suivant la date limite à laquelle il devait déclarer ce premier report. • CE 23 nov. 2020, *Sté des vignobles Marengo Père et Fils,* n° 428497.

Art. 209 I. — Les opérations situées hors du champ d'application de la taxe sur la valeur ajoutée et les opérations imposables doivent être comptabilisées dans des comptes distincts pour l'application du droit à déduction.

Il en va de même pour les secteurs d'activité qui ne sont pas soumis à des dispositions identiques au regard de la taxe sur la valeur ajoutée.

Sont constitués en secteurs d'activité :

1° Chaque immeuble ou ensemble d'immeubles ou fraction d'immeuble dont la livraison à soi-même est imposable en application du II de l'article 278 *sexies* du code général des impôts ou dans lequel sont réalisés des travaux d'amélioration, de transformation ou d'aménagement de logement dont les livraisons à soi-même sont imposables en application du 1° du 3 du I de l'article 257 du même code ;

2° Les immeubles, ensembles d'immeubles ou fractions d'immeubles dont la location est imposée en application du 2° de l'article 260 du code général des impôts ;

3° Les services mentionnés à l'article 260 A du code général des impôts ;

4° Pour les organismes agissant sans but lucratif désignés au *a* du 1° du 7 de l'article 261 du code général des impôts :

a. L'ensemble de leurs opérations qui ne sont pas soumises à la taxe sur la valeur ajoutée et des ventes qu'ils consentent à leurs membres au-delà de 10 % de leurs recettes totales ;

b. chacune des manifestations de bienfaisance ou de soutien qu'ils organisent et dont les recettes sont imposables à la taxe sur la valeur ajoutée ;

5° Chaque opération de lotissement ou d'aménagement de zone réalisée par les collectivités territoriales ou leurs groupements.

II. — Les biens d'investissement ouvrant droit à déduction sont inscrits dans la comptabilité de l'entreprise pour leur prix d'achat ou de revient diminué de la déduction à laquelle ils donnent droit, rectifié, le cas échéant, conformément aux dispositions de l'article 207.

BIBL. Tournès, *RJF 2008, p. 890* (récents développements jurisprudentiels concernant les secteurs d'activité distincts).

1. Règles de comptabilisation. Comptes distincts. * BOI-TVA-DED-20-20 du 15 févr. 2013. ♦ Secteurs distincts d'activité. * BOI-TVA-DED-20-20-20 du 16 mai 2014.

2. Secteurs d'activité distincts. Doivent être regardées comme relevant de secteurs différents, pour l'exercice des droits à déduction de TVA et, par suite, pour la détermination du rapport d'assujettissement à la taxe sur les salaires, des activités qui, notamment, mettent en œuvre des cycles distincts d'opérations, effectués avec un personnel et des techniques propres à chacun d'eux, lesquels impliquent que soient fournis ou livrés à des tiers des services ou des biens non liés entre eux. • CAA Versailles, 6 mars 2012, ⚖ *Caisse régionale de Crédit agricole mutuel de Pyrénées-Gascogne*, n° 10VE02079 : *RJF 2012. 1119* • CE 7 mai 2013, n° 359532 : *RJF 2013. 824.* ♦ Un contribuable ne peut prétendre à la constitution de secteurs distincts que si, notamment, il est possible de distinguer les moyens concourant aux différentes productions de son exploitation. • CE 8 oct. 1980, n° 7218 : *RJF 1980. 958.* ♦ Une chambre de commerce et d'industrie qui assure également la gestion d'un aéroport et des actions d'enseignement peut regrouper au sein d'un secteur distinct son activité de soutien et de développement de l'initiative économique. • CE 27 mars 2009, ⚖ n° 294302, *CCI de Montpellier : RJF 2009. 550 ; concl. Collin au BDCF 6/09, n° 472.* ♦ L'activité de placement de trésorerie par un adhérent compensateur général du Matif ne peut être constituée en secteur distinct. • CAA Paris, 27 nov. 2008, n° 06PA1335 : *RJF 2009. 830.* ♦ De même, un établissement d'hébergement pour personnes âgées dépendantes fournissant des prestations complémentaires d'assistance et de soins dans ses locaux, avec des moyens en personnel et matériels communs, doit être considéré comme ayant une activité unique qui ne peut donner lieu à sectorisation. • CAA Nantes, 31 mai 2010, n° 09NT122 : *RJF 2010. 894.*

3. Lorsque des opérations financières réalisées par une société sont indissociables de son activité taxable, elles ne peuvent donner lieu à la constitution d'un secteur distinct d'activité. * BOI-TVA-DED-20-10-20 n° 240 du 10 juin 2013. ♦ L'activité de courtage d'une entreprise d'investissement et les activités financières qui y sont liées ne relèvent pas de secteurs distincts. • CAA Versailles, 4 juill. 2019, ⚖ *Sté Kepler Cheuvreux*, n° 16VE02700 : *RJF 2019. 1037.*

4. Dans un établissement bancaire, ne peuvent être regardées comme mettant en œuvre des cycles distincts d'opérations et ne relèvent pas, par suite, de secteurs d'activité distincts, alors même qu'elles feraient appel à des personnels spécifiques et à des techniques propres, les activités de « recouvrement » (gérant notamment les oppositions et les avis à tiers détenteur) et de « successions » (gérant les opérations liées à la liquidation des dossiers de succession des titulaires de comptes), dès lors que ces activités, eu égard à leurs liens étroits avec les activités bancaires générales de l'établissement, n'aboutissent pas à la fourniture à la clientèle de produits ou de services distincts des activités bancaires. • CAA Versailles, 6 mars 2012 : ⚖ *préc. note 2.*

Art. 210 *(Abrogé par Décr. n° 2015-1763 du 24 déc. 2015, art. 1er-2°) I. — 1. La taxe sur la valeur ajoutée qui a grevé certains biens constituant des immobilisations et utilisés pour la réalisation d'opérations ouvrant droit à déduction peut être déduite, dans les conditions et suivant les modalités prévues au 2 et au 3, par l'entreprise utilisatrice qui n'en est pas elle-même propriétaire.*

2. La taxe déductible est celle afférente :

1° Aux dépenses exposées pour les investissements publics que l'État, les collectivités territoriales ainsi que leurs groupements, ou leurs établissements publics n'utilisent pas pour la réalisation d'opérations ouvrant droit à déduction et qu'ils confient à l'entreprise utilisatrice afin qu'elle assure, à ses frais et risques, la gestion du service public qu'ils lui ont déléguée ;

2° Aux immeubles édifiés par les sociétés de construction dont les parts ou actions donnent vocation à l'attribution en propriété ou en jouissance d'un immeuble ou d'une fraction d'immeuble.

3. La taxe déductible est celle due ou supportée à raison de l'acquisition ou de la construction du bien, ou de la réalisation des travaux. La mise à disposition ou l'entrée en jouissance du bien, le retrait ou l'interruption dans la jouissance du bien sont assimilés à des transferts de propriété. Les personnes énumérées au 2 délivrent à l'utilisateur une attestation du montant de la taxe qui a grevé le bien. Une copie est adressée au service des impôts.

II. — Les redevables de la taxe sur la valeur ajoutée qui, compte tenu des dispositions du 2° du 1 et du 2° du 4 de l'article 298 du code général des impôts, ne peuvent opérer eux-mêmes les déductions auxquelles ils ont droit sont autorisés à transférer leurs droits à déduction aux redevables de la taxe sur la valeur ajoutée exigible lors de la mise à la consommation des produits pétroliers et assimilés énumérés au tableau B de l'article 265 du code des douanes.

Ce transfert s'effectue sous le couvert de certificats de transfert de droits à déduction, délivrés par la direction générale des douanes et droits indirects.

Art. 211 à 242 *Abrogés par Décr. n° 2007-566 du 16 avr. 2007.*

2 *BIS* REMBOURSEMENT DE CRÉDITS DE TAXE DÉDUCTIBLE NON IMPUTABLE

Art. 242-0 A Le remboursement de la taxe sur la valeur ajoutée déductible dont l'imputation n'a pu être opérée doit faire l'objet d'une demande des assujettis. Le remboursement porte sur le crédit de taxe déductible constaté au terme de chaque année civile. — *V. aussi art. 242 septies J pour les entreprises imposées sous le régime simplifié.*

BIBL. Berger-Picq, *BFL 2010, p. 19* (TVA collectée à tort et intérêts moratoires).

1. Demande de remboursement. Les demandes de remboursement de crédits de TVA, qu'elles soient formulées dans le cadre du régime général ou dans celui du régime des assujettis établis hors de France, sont regardées comme des réclamations tendant à la réparation d'une erreur commise dans l'assiette ou le calcul des impositions et ouvrent, par suite, droit au paiement des intérêts moratoires si le remboursement qui fait suite à une telle demande procède, soit d'une décision du juge, soit d'une décision de l'Administration après que celle-ci eut opposé à la demande, dans un premier temps, une décision expresse ou une décision implicite de rejet. • CE 20 oct. 2000, n° 194730 : *RJF 2001. 109, concl. Courtial, p. 15 ; Dr. fisc. 2001. 247* • 20 oct. 2000, n° 198304 : *RJF 2001. 110, concl. Courtial, p. 15 ; Dr. fisc. 2001. 247.*

2. Lorsque l'Administration n'a pas statué sur une demande de remboursement de crédit de TVA dans un délai de six mois, elle est réputée l'avoir implicitement rejetée. La demande présentée par un assujetti établi hors de France ne fait *courir le délai que* si elle est accompagnée de tous les justificatifs exigés par l'art. 242-0 Q de l'Annexe II. • CE 20 oct. 2000, n° 198304 : *préc. note 1.*

3. Contribuable en situation de crédit permanent. Lorsqu'un contribuable en situation de crédit permanent de TVA constate, à la suite de la surestimation de son chiffre d'affaires déclaré, un crédit de TVA déductible supplémentaire, il lui appartient de reporter sur les déclarations suivantes l'excédent de crédit de taxe déductible pour en permettre l'imputation ultérieure sur la TVA à collecter, puis, le cas échéant, de formuler une demande de remboursement de l'excédent de TVA déductible dans les conditions fixées par les art. 242-0 A s. de l'annexe II. Cette demande de remboursement ne peut être présentée dans le cadre de la réclamation prévue à l'art. L. 190 LPF. • CE 27 juill. 2009, n° 297474 : *RJF 2009. 928 ; Dr. fisc. 2009. 499, concl. Collin.*

4. Contribuable en situation de crédit intermittent. Sur les modalités de restitution du trop-versé de la TVA, V. • CE 28 déc. 2016, *Sté Icade Promotion Logement*, n° 385232 : *RJF 2017. 232, concl. Cortot-Boucher.*

5. Intérêts moratoires. Les intérêts moratoires courent, dans le cadre de la procédure de remboursement de crédits de TVA, où il n'y a pas à proprement parler de paiement antérieur, à compter de la date de la demande qui fait apparaître le crédit remboursable. • CE 20 oct. 2000, n° 194730 : *préc. note 1.*

6. Si la demande de remboursement a été introduite irrégulièrement par un mandataire muni d'un mandat rédigé dans une langue étrangère, une telle demande, qui n'a pu être régularisée après son rejet par la production d'un mandat rédigé en français, n'est pas susceptible d'ouvrir droit au paiement des intérêts moratoires prévus à l'art. L. 208 LPF. • CE 29 déc. 2000, n° 198359 : *RJF 2001. 389 ; concl. Courtial au BDCF 3/01, n° 44 ; Dr. fisc. 2001. 681, concl. Courtial.* ♦ En l'absence de demande de remboursement présentée dans les formes légales, le contribuable en situation de crédit permanent de TVA ne peut prétendre au versement d'intérêts moratoires au titre d'un crédit de taxe supplémentaire. • CE 27 juill. 2009, n° 297474 : *RJF 2009. 928 ; concl. Collin au BDCF 11/09, n° 123 ; Dr. fisc. 2009. 499, concl. Collin.*

7. Cession de la créance. Le juge de l'impôt

ne peut être valablement saisi d'une contestation relative à l'existence ou au montant d'un crédit de TVA que par l'assujetti bénéficiaire du droit à déduction qui a seul qualité pour présenter la demande de remboursement. Ce n'est que lorsque l'Administration fiscale, statuant sur la réclamation présentée par le redevable de la taxe, en a reconnu le bien-fondé et a fixé le montant des droits du contribuable, que le remboursement peut en être effectué par le comptable du Trésor, assignataire de la dépense. Si la créance issue de ce droit au remboursement est cédée à un tiers, ce dernier peut en obtenir le règlement en notifiant la cession de créance au comptable du Trésor, conformément aux prescriptions de l'art. 36 du décret du 29 déc. 1962 portant règlement général sur la Comptabilité publique. La double circonstance que, la cession de la créance est intervenue avant que l'Administration fiscale se soit prononcée sur la demande de remboursement présentée par le contribuable, et que cette cession a été notifiée au receveur des impôts, ne saurait donner qualité au bénéficiaire de cette cession pour saisir le juge de l'impôt à la suite d'un rejet de cette demande de remboursement. • CAA Marseille, 14 mars 2002, n° 98MA1395 : *Dr. fisc. 2003. 316, concl. Duchon-Doris.*

Art. 242-0 B *Périmé (L. n° 87-1060 du 30 déc. 1987, art. 25-I).*

Art. 242-0 C **I. — 1. Les demandes de remboursement doivent être déposées au cours du mois de janvier et porter sur un montant au moins égal à 150 €.**

2. Pour les assujettis placés sous le régime simplifié d'imposition, le crédit de taxe déductible résulte des énonciations de leur déclaration annuelle. La demande de remboursement est déposée avec cette déclaration.

Pour les assujettis qui ont exercé l'option prévue au 2 de l'article 204 *ter* A, le remboursement du crédit de taxe déductible apparaissant le 31 décembre peut être demandé dans les conditions déterminées au 1.

II. — Par dérogation aux dispositions du I, les assujettis soumis de plein droit ou sur option au régime normal d'imposition peuvent demander un remboursement lorsque la déclaration mentionnée au 2 de l'article 287 du code général des impôts fait apparaître un crédit de taxe déductible. La demande de remboursement doit porter sur un montant au moins égal à 760 euros.

Les dispositions du premier alinéa s'appliquent également aux exploitants agricoles ayant exercé l'option prévue au quatrième alinéa du I de l'article 1693 *bis* du code général des impôts pour acquitter l'impôt au vu de déclarations mensuelles ou trimestrielles.

II *bis*. — Il n'est pas fait application des montants minimaux prévus au 1 du I et au II aux assujettis membres du groupe désignés au 1 de l'article 1693 *ter* du code général des impôts, s'agissant des demandes de remboursement mentionnées au premier alinéa de l'article 1693 *ter* A du même code.

III. — Par dérogation aux dispositions du I, les assujettis placés sous le régime d'acomptes prévu au 3 de l'article 287 du code général des impôts peuvent demander, lors du dépôt du relevé mentionné au dernier alinéa de l'article 242 *sexies* relatif à l'acompte de juillet ou d'un relevé mentionné au 3 de l'article 242 *septies* A, un remboursement *(Abrogé par Décr. n° 2014-1686 du 29 déc. 2014)* **« *trimestriel* » du crédit constitué par la taxe déductible ayant grevé l'acquisition de biens constituant des immobilisations lorsque son montant est au moins égal à 760 €.**

Les remboursements s'effectuent dans les conditions prévues à l'article 242 *septies* J.

1. Remboursement des crédits de taxe non imputables. Possibilité de bénéficier de remboursements de crédits de TVA selon une périodicité mensuelle pour les entreprises déposant des déclarations de chiffre d'affaires mensuelles. 1) Périodicité, montant et modalités de dépôt de la demande de remboursement. 2) Assouplissement des conditions d'option pour la déclaration de TVA selon une périodicité mensuelle. 3) Exploitants agricoles déposant des déclarations annuelles ou trimestrielles. * BOI-TVA-DECLA-20-30-10-20 n°s 180 à 220 du 12 sept. 2012.

2. Crédits non utilisés : présentation de la demande de remboursement. Il résulte des art. 242-0 A et 242-0 C que le redevable ne peut demander le remboursement d'un crédit de TVA qu'au cours du mois suivant la période – année ou trimestre (ou mois depuis 2009) – au terme de laquelle ce crédit est constaté. Mais ces dispositions n'ont ni pour objet ni pour effet de faire obstacle à ce que ce redevable puisse ultérieurement, si ce crédit demeure, non seulement procéder à son imputation sur une taxe due, mais encore, le cas échéant, en demander le remboursement au cours du mois de janvier de l'année suivante ou au cours du mois suivant un trimestre civil où chacune des déclarations de ce trimestre fait apparaître un crédit de taxe déductible. • CE 28 déc. 2005, n° 263982 : *RJF 2006. 253 ; concl. Collin au BDCF 3/06, n° 30 ; Dr. fisc. 2007. 384, concl. Collin.*

Art. 242-0 D 1. *Abrogé par Décr. nº 91-181 du 19 févr. 1991, art. 3.*

2. *Devenu sans objet.*

3. Pour les assujettis placés sous le régime simplifié des exploitants agricoles, autres que ceux qui ont opté pour le régime des déclarations trimestrielles ou mensuelles, le crédit de taxe déductible résulte des énonciations de leur déclaration annuelle et, lorsqu'ils ont exercé l'option prévue à l'article 260 J, des déclarations relatives à des périodes d'une durée inférieure à un an. La demande de remboursement doit être déposée avec cette déclaration.

Art. 242-0 E Le crédit de taxe déductible dont le remboursement a été demandé ne peut donner lieu à imputation ; il est annulé lors du remboursement.

Art. 242-0 F *(Abrogé par Décr. nº 2013-1035 du 15 nov. 2013, art. 1er et 2, pour les demandes de remboursement de crédit de taxe sur la valeur ajoutée qui portent sur une période de remboursement postérieure au 1er janv. 2014)* ***A l'exclusion de ceux qui bénéficient des modalités simplifiées de liquidation de la taxe sur la valeur ajoutée prévues au 3 de l'article 287 du code général des impôts, les redevables peuvent bénéficier de remboursements mensuels ou trimestriels de leur crédit de taxe déductible dans la limite de la taxe sur la valeur ajoutée calculée sur le montant des exportations et opérations assimilées réalisées au cours de la période correspondant à chaque déclaration de chiffre d'affaires. Les redevables qui ont demandé, au titre de l'un ou des deux premiers mois d'un trimestre civil, un tel remboursement peuvent, lors du dépôt de la dernière demande de ce trimestre, renoncer à ce régime et demander un remboursement dans les conditions énoncées aux articles 242-0 A et 242-0 C.***

Art. 242-0 G Lorsqu'un redevable perd cette qualité, le crédit de taxe déductible dont il dispose peut faire l'objet d'un remboursement pour son montant total.

1. Perte de la qualité de redevable. La perte de la qualité de redevable, au sens des dispositions de l'art. 242-0 G est de nature à ouvrir à nouveau à ce redevable le droit de réclamer le remboursement d'un crédit de TVA. En l'absence de toute précision apportée sur ce point par les textes relatifs à la TVA, cette demande doit être faite dans les délais prévus par les dispositions de l'art. R. 196-1 LPF. • CE 28 déc. 2005, nº 263982 : *RJF 2006. 253 ; concl. Collin au BDCF 3/06 nº 30 ; Dr. fisc. 2007. 384, concl. Collin.* ♦ La circonstance qu'une société a perdu sa qualité de redevable à la date de la cession de son stock, intervenue au cours de l'année N, est de nature à lui ouvrir à nouveau le droit, en vertu des dispositions de l'art. 242-0 G et de l'art. R* 196-1 LPF, de réclamer, jusqu'au 31 déc. de l'année N + 2, le remboursement du crédit de taxe dont elle disposait sans que l'Administration puisse utilement faire valoir qu'une première réclamation présentée en application des art. 242-0 A et 242-0 C avait déjà été rejetée par une décision devenue définitive. Le rejet de la demande de la société ne peut donc se fonder sur la circonstance que le crédit de taxe en litige était antérieur tant à la mise en liquidation judiciaire de la société qu'à la cession de son stock. • Même arrêt.

2. La perte de la qualité de redevable ouvrant droit au remboursement d'un crédit de TVA résulte, quelle que soit l'activité qui était exercée, de l'impossibilité pour l'intéressé de réaliser des opérations taxables et de récupérer, par voie d'imputation sur des taxes d'aval, le crédit de TVA dont il dispose. • CE 30 déc. 2011, *Sté Sodefra Finances*, nº 323188 : *Dr. fisc. 2012. 258, concl. Hédary.*

Art. 242-0 H *Abrogé par Décr. nº 2010-1075 du 10 sept. 2010.*

Art. 242-0 I Les sociétés qui effectuent à titre habituel et principal les opérations de crédit-bail visées au 1 de l'article L. 313-7 du code monétaire et financier bénéficient du remboursement de leur crédit de taxe déductible non imputable résultant de droits à déduction nés depuis le 1er janvier 1972. Une demande de restitution peut être déposée, au titre de chaque trimestre civil, dès lors qu'elle porte sur un montant minimum de 760 € *[5 000 F avant le 1er janv. 2000]*.

Les crédits de taxe déductible au 31 décembre 1971 détenus par ces sociétés ne peuvent faire l'objet d'aucun remboursement.

Ces sociétés sont tenues de distinguer en comptabilité les recettes provenant de contrats conclus postérieurement au 1er janvier 1972 ainsi que les droits à déduction visés au premier alinéa.

Art. 242-0 J Toute personne qui demande le bénéfice des dispositions des articles 242-0 A à *(Décr. nº 2021-744 du 9 juin 2021, art. 2)* « 242-0 I » peut, à la demande de l'administration, être tenue de présenter une caution solvable qui s'engage,

solidairement avec elle, à reverser les sommes dont elle aurait obtenu indûment le remboursement.

1. La demande de présentation d'une caution, en application de l'art. 242-0 J de l'ann. II, constitue l'ouverture d'une procédure provisoire, engagée dans l'attente de la décision que l'Administration fiscale devra prendre sur l'existence et le montant du droit à remboursement du contribuable, et permettant à celui-ci de bénéficier, malgré les doutes de l'Administration sur ce droit à remboursement, d'une avance provisoire de trésorerie sous réserve qu'une caution soit présentée. Cette proposition ne fait pas obstacle, le cas échéant, en l'absence d'une décision se prononçant expressément sur la demande de remboursement, à l'intervention, dans les conditions de droit commun résultant des art. R. 198-10 et R. 199-1 du LPF, d'une décision implicite de rejet de cette demande de remboursement. Le contribuable pourrait contester une telle décision de rejet devant le juge de l'impôt afin de faire valoir les droits qu'il tire de l'art. 271-IV CGI et des art. 242-0 A s. de son Annexe II. Dans ces conditions, les lettres proposant un remboursement provisoire moyennant la présentation d'une caution ne constituent pas des décisions susceptibles de recours. • CE, sect., 27 mai 2002, n° 241670, *SARL Grey Diffusion : Dr. fisc. 2002. 651, note Lefeuvre ; RJF 2002. 926, concl. Courtial, p. 666 ; D. 2002. IR 2030*. ♦ Dans le même sens. • CE 30 déc. 2011, *SAS Azego technology services France*, n° 316741 : *RJF 2012. 354.*

2. Selon l'Administration, le cautionnement ne doit être exigé que dans les situations où la restitution demandée serait de nature à mettre en péril les intérêts du Trésor, en raison d'une part de son importance relative et, d'autre part, de la situation financière et fiscale de l'entreprise en cause. Il peut être exigé des entreprises nouvelles. * BOI-TVA-DECLA-20-30-10-30 n°s 20 à 40 du 12 sept. 2012.

Art. 242-0 K *(Devenu sans objet, Décr. n° 2021-744 du 9 juin 2021, art. 2)* ***« Ne peuvent prétendre au bénéfice des remboursements prévus aux articles 242-0 A à 242-0 D :***

« 1° Les assujettis qui peuvent se prévaloir du 4° du 4 de l'article 298 du code général des impôts ; »

2° Abrogé par Décr. n° 91-352 du 11 avr. 1991, art. 4.

Les dispositions du 4° du 4 de l'art. 298 CGI, qui prévoient un régime spécial de transfert des droits à déduction en matière de produits pétroliers, sont abrogées à compter du 1er janv. 2021 (L. n° 2018-1317 du 28 déc. 2018 art. 193-II-5°-d et VI-B).

Art. 242-0 L **Le remboursement du crédit de taxe déductible mentionné au *b* du 3 de l'article 1693 *ter* du code général des impôts est opéré au profit du redevable du groupe selon les conditions et modalités décrites au 1 du I et au premier alinéa du II de l'article 242-0 C.**

2 *TER* REMBOURSEMENT DE LA TAXE AUX ASSUJETTIS ÉTABLIS HORS DE FRANCE

A ASSUJETTIS ÉTABLIS DANS L'UNION EUROPÉENNE

Art. 242-0 M **Aux fins de l'application des articles 242-0 N à 242-0 Z *ter*, on entend par :**

1° assujetti non établi en France, tout assujetti établi dans un autre État membre de l'Union européenne qui n'a en France ni le siège de son activité économique, ni un établissement stable à partir duquel les opérations sont effectuées, ni, à défaut d'un tel siège ou d'un tel établissement, son domicile ou sa résidence habituelle. Est toutefois considéré comme établi en France un assujetti dont le siège est situé dans un autre État membre mais qui dispose en France d'une structure qui, bien que fournissant exclusivement des services à son siège, est identifiée sur le fondement du 4° de l'article 286 *ter* du code général des impôts ;

2° requérant, l'assujetti non établi en France qui introduit en France une demande de remboursement de la taxe sur la valeur ajoutée ;

3° service des impôts, le service des impôts chargé de procéder aux remboursements de taxe sur la valeur ajoutée aux assujettis non établis en France.

1. Remboursement de la TVA supportée en France par les assujettis qui ne sont pas établis en France mais dans un autre État membre de l'UE. Modalités et conditions de remboursement. * BOI-TVA-DED-50-20-30-10 du 4 mars 2013.

2. Obligations. Un État membre ne peut pas lier le remboursement de la TVA à une obligation générale d'apporter la preuve du paiement de la taxe. • CJUE, ord., 30 juin 2016, *Evo Bus GmbH*, n° 55/16 : *RJF 2016. 1042.*

Art. 242-0 N Un assujetti non établi en France peut obtenir le remboursement de la taxe sur la valeur ajoutée ayant grevé les biens qui lui ont été livrés ou les services qui lui ont été fournis en France par d'autres assujettis ou ayant grevé l'importation de biens en France, dans la mesure où ces biens et services sont utilisés pour les besoins des opérations suivantes :

1° les opérations dont le lieu d'imposition se situe hors de France mais qui ouvriraient droit à déduction si ce lieu d'imposition était situé en France ;

2° les opérations mentionnées au 2° de l'article 242-0 O.

Art. 242-0 O Un assujetti non établi en France doit satisfaire aux conditions suivantes pour obtenir le remboursement de la taxe sur la valeur ajoutée mentionné à l'article 242-0 N :

1° au cours de la période sur laquelle porte la demande de remboursement, l'assujetti doit avoir été établi hors de France au sens du 1° de l'article 242-0 M ;

2° au cours de la période sur laquelle porte la demande de remboursement, l'assujetti ne doit avoir effectué aucune livraison de biens ni prestations de services en France à l'exception des opérations suivantes :

a. les prestations de services de transports et les opérations accessoires qui sont exonérées en application du I, des 7° à 11° *bis* et 14° du II de l'article 262 du code général des impôts, des articles 262 *bis*, 263, ainsi que du 2° du III de l'article 291 du même code ;

b. les opérations pour lesquelles la taxe est acquittée par l'acquéreur, le destinataire ou le preneur mentionnées au second alinéa du 1 et aux 2, 2 *ter*, 2 *quinquies*, 2 *sexies* de l'article 283 du code général des impôts ;

c. les livraisons et les prestations mentionnées aux 1°, 2°, 5°, 6° et 7° du I de l'article 277 A du code général des impôts ;

d. Les prestations de services mentionnées à l'article 259 D du code général des impôts lorsqu'elles sont déclarées selon le régime particulier prévu aux articles 369 *bis* à 369 *duodecies* de la directive 2006/112/CE du 28 novembre 2006.

Art. 242-0 P La demande de remboursement présentée ne peut pas porter sur :

1° les montants de taxe sur la valeur ajoutée facturés par erreur ;

2° les montants de taxe sur la valeur ajoutée facturés pour des livraisons de biens qui sont exonérées, ou peuvent l'être en application du 2° du I de l'article 262 du code général des impôts, du I de l'article 262 *ter* et du II de l'article 298 *sexies* du même code.

Art. 242-0 Q I. – Pour bénéficier d'un remboursement, un assujetti non établi en France doit effectuer des opérations ouvrant droit à déduction dans l'État membre de l'Union européenne dans lequel il est établi.

II. – Lorsqu'un assujetti non établi en France effectue dans l'État membre où il est établi à la fois des opérations ouvrant droit à déduction et des opérations n'ouvrant pas droit à déduction, le montant de taxe sur la valeur ajoutée mentionné à l'article 242-0 N n'est remboursé qu'à hauteur de la proportion de cette taxe qui est afférente aux premières opérations telle qu'elle est déterminée dans l'État d'établissement de cet assujetti, conformément à l'article 173 de la directive 2006/112/CE du 28 novembre 2006.

Si, après l'introduction de la demande de remboursement, la proportion déductible *est corrigée selon* les dispositions de l'article 175 de la directive 2006/112/CE, le requérant doit rectifier en conséquence le montant demandé ou déjà remboursé.

La correction s'effectue à l'occasion d'une nouvelle demande de remboursement déposée durant la même année civile pour une période postérieure à celle au titre de laquelle le remboursement à rectifier a été demandé ou obtenu, ou, si le requérant ne fait aucune demande de remboursement durant cette année civile, par la transmission d'une déclaration spéciale via le portail électronique mis à sa disposition par l'État membre dans lequel il est établi.

Art. 242-0 R *(Décr. n° 2018-865 du 8 oct. 2018, art. 1er)* « I. – Pour bénéficier du remboursement de la taxe sur la valeur ajoutée, l'assujetti non établi en France doit adresser au service des impôts une demande de remboursement. Cette demande est introduite par voie électronique au moyen du portail mis à sa disposition par l'État de l'Union européenne où l'assujetti est établi. La demande de remboursement est introduite au plus tard le 30 septembre de l'année civile qui suit la période à laquelle elle s'applique.

« La demande n'est réputée introduite qu'à la condition que le requérant ait fourni toutes les informations prévues au second alinéa de l'article 242-0 T. »

II. — L'assujetti mentionné au I doit joindre par voie électronique à la demande de remboursement une copie de la facture ou du document d'importation lorsque la base d'imposition figurant sur la facture ou le document d'importation est égale ou supérieure à un montant de 1 000 €. Toutefois, lorsque la facture porte sur des dépenses de carburant, ce seuil est fixé à 250 €.

Remboursement de la TVA aux assujettis UE. En l'absence de transposition dans son droit interne du délai prévu par la Dir. 2008/9/CE pour la présentation de la demande de remboursement par un assujetti établi dans un autre État membre, l'État de remboursement ne peut se prévaloir du non-respect de ce délai pour refuser la demande. • CE 4 déc. 2017, *Sté Costa Crociere SPA*, n° 392575 : *RJF 2018. 265.*

Art. 242-0 S La demande de remboursement peut porter sur :

1° l'achat de biens ou de services qui a été facturé au cours de la période du remboursement, à condition que la taxe soit devenue exigible avant ou au moment de la facturation, ou pour lesquels la taxe est devenue exigible au cours de la période du remboursement, à condition que l'achat ait été facturé avant que la taxe ne soit devenue exigible ;

2° l'importation de biens effectuée au cours de la période du remboursement ;

3° des factures ou des documents d'importation qui n'ont pas fait l'objet de demandes de remboursement antérieures pour autant qu'ils portent sur des opérations effectuées au cours de l'année civile dans laquelle s'inscrit la période de remboursement.

Art. 242-0 T La demande de remboursement porte sur une période qui ne doit être ni supérieure à une année civile, ni inférieure à trois mois civils. Toutefois, cette demande peut porter sur une période inférieure à trois mois si elle constitue le solde d'une année civile.

Les informations devant figurer dans la demande de remboursement sont fixées par arrêté du ministre chargé du budget.

Art. 242-0 U Si la demande de remboursement porte sur une période d'une durée inférieure à une année civile mais égale ou supérieure à trois mois, le montant de la taxe sur la valeur ajoutée auquel elle se rapporte ne peut être inférieur à la somme de 400 €.

Si la période de remboursement correspond à une année civile ou au solde d'une année civile, le montant de la taxe sur la valeur ajoutée ne peut être inférieur à la somme de 50 €.

Art. 242-0 V I. — Le service des impôts notifie dans les meilleurs délais au requérant, par voie électronique, la date à laquelle la demande a été reçue.

II. — Sous réserve des dispositions de l'article 242-0 X, le service des impôts notifie au requérant sa décision d'accepter ou de rejeter la demande de remboursement dans un délai de quatre mois à compter de sa réception.

Art. 242-0 W I. — Le service des impôts peut demander par voie électronique dans le délai mentionné au II de l'article 242-0 V des informations complémentaires, notamment auprès du requérant ou des autorités compétentes de l'État membre de l'Union européenne dans lequel il est établi, lorsqu'il estime ne pas être en possession de toutes les informations nécessaires pour statuer sur la totalité ou une partie de la demande de remboursement introduite par le requérant. Lorsque ces informations complémentaires sont demandées à une autre personne que le requérant ou que les autorités compétentes d'un État membre, la demande doit être transmise par voie électronique si le destinataire de la demande est équipé en conséquence.

S'il le juge utile, le service des impôts peut demander de nouvelles informations complémentaires.

Dans le cadre de ces demandes, le service des impôts pourra solliciter du requérant la communication de l'original d'une facture ou d'un document d'importation lorsqu'il a des raisons de douter de la validité ou de l'exactitude d'une créance particulière. La demande peut viser toutes les opérations sans considération de leur montant.

II. – Les informations complémentaires exigées conformément aux dispositions du I doivent être fournies dans un délai d'un mois à compter de la date de réception de la demande d'informations par le destinataire.

Art. 242-0 X Lorsque le service des impôts demande des informations complémentaires, il notifie au requérant sa décision d'accepter ou de rejeter sa demande dans un délai de deux mois à compter de la date de réception des informations demandées ou, si aucune réponse à la demande n'a été reçue, dans un délai de deux mois à compter de l'expiration du délai mentionné au II de l'article 242-0 W.

Toutefois, lorsqu'il n'a adressé qu'une seule demande d'informations complémentaires, le service des impôts dispose de six mois au moins à compter de la réception de la demande de remboursement pour notifier sa décision.

Lorsque le service des impôts a demandé de nouvelles informations complémentaires, il est tenu de notifier sa décision dans un délai de huit mois maximum à compter de la date à laquelle il a reçu la demande de remboursement.

Art. 242-0 Y Lorsque la demande de remboursement est acceptée, le service des impôts doit procéder au remboursement du montant accepté dans un délai de dix jours ouvrables à compter de l'expiration du délai mentionné au II de l'article 242-0 V ou, dans le cas où des informations complémentaires ont été demandées, à l'expiration des délais mentionnés à l'article 242-0 X.

Si le requérant demande que le remboursement soit effectué dans l'État où il est établi, les frais bancaires sont à sa charge.

Art. 242-0 Z En cas de rejet total ou partiel de sa demande de remboursement, les motifs de ce rejet doivent être communiqués au requérant par le service des impôts en même temps que la décision. En l'absence de décision du service des impôts dans le délai imparti, le requérant peut saisir de sa réclamation le tribunal administratif compétent dès son expiration.

Art. 242-0 Z *bis* Dans le cas où un remboursement a été obtenu de façon frauduleuse ou d'une manière incorrecte, le service des impôts procède directement à la mise en recouvrement des sommes indûment versées, ainsi que des pénalités et intérêts éventuels.

Lorsque des pénalités ou des intérêts ont été mis en recouvrement mais n'ont pas été payés, le service des impôts est autorisé à suspendre tout remboursement supplémentaire à l'assujetti concerné à concurrence du montant non payé.

Art. 242-0 Z *ter* Lorsque la correction prévue au II de l'article 242-0 Q est opérée à l'occasion d'une nouvelle demande déposée dans la même année civile que celle dont le montant doit faire l'objet d'une rectification, le service des impôts opère la régularisation par majoration ou diminution du montant à rembourser. Lorsque la correction procède d'une déclaration spéciale, la régularisation fait l'objet d'un paiement ou d'un recouvrement spécifique.

B ASSUJETTIS ÉTABLIS HORS DE L'UNION EUROPÉENNE

Art. 242-0 Z *quater* I. – Les assujettis établis hors de l'Union européenne peuvent obtenir le remboursement de la taxe sur la valeur ajoutée qui leur a été régulièrement facturée si, au cours du trimestre ou de l'année auquel se rapporte la demande de remboursement, ils n'ont pas eu en France le siège de leur activité ou un établissement stable, ou, à défaut, leur domicile ou leur résidence habituelle et n'y ont pas réalisé, durant la même période, de livraisons de biens ou de prestations de services situées en France.

Est toutefois considéré comme établi en France un assujetti dont le siège est situé en pays tiers mais qui dispose en France d'une structure qui, bien que fournissant exclusivement des services à son siège, est identifiée sur le fondement du 4° de l'article 286 *ter* du code général des impôts.

Les dispositions du premier alinéa ne s'appliquent pas aux assujettis établis dans un pays ou territoire qui n'accorde pas d'avantages comparables en ce qui concerne les taxes sur le chiffre d'affaires aux assujettis établis en France, et qui figure sur une liste fixée par un arrêté du ministre chargé du budget.

II. – Pour l'application du I, ne sont pas considérées comme réalisées en France les opérations visées au 2° de l'article 242-0 O.

Remboursement de la TVA supportée en France par un assujetti qui est établi hors de l'UE. Modalités et conditions de remboursement. * BOI-TVA-DED-50-20-30-40 du 25 févr. 2013.

Art. 242-0 Z *quinquies* Est remboursée aux assujettis établis hors de l'Union européenne la taxe sur la valeur ajoutée qui a grevé les services qui leur ont été rendus et les biens meubles qu'ils ont acquis ou importés en France au cours de l'année ou du trimestre prévu à l'article 242-0 Z *quater* dans la mesure où ces biens et services sont utilisés pour la réalisation ou pour les besoins d'opérations visées à l'article 242-0 N.

Art. 242-0 Z *sexies* La taxe sur la valeur ajoutée n'est remboursée aux assujettis établis hors de l'Union européenne en application des articles 242-0 Z *quater* à 242-0 Z *decies* que si elle est au moins égale à une somme de 50 € ou 400 €, selon que le remboursement est demandé au titre d'une année ou d'un trimestre.

Art. 242-0 Z *septies* *(Décr. nº 2021-507 du 27 avr. 2021, art. 1er et 2, en vigueur le 1er juill. 2021)* « I. – » Pour les assujettis établis hors de l'Union européenne, le remboursement doit être demandé au service des impôts avant la fin du sixième mois suivant l'année civile au cours de laquelle la taxe est devenue exigible.

(Décr. nº 2021-507 du 27 avr. 2021, art. 1er et 2, en vigueur le 1er juill. 2021) « II.– La demande de remboursement de l'assujetti établi hors de l'Union européenne est transmise par voie électronique par le représentant assujetti établi en France, désigné conformément à l'article 242-0 Z *octies*.

« Est joint à la demande un tableau récapitulatif faisant apparaître l'ensemble des factures ou documents d'importation justifiant le montant du remboursement demandé. Ce tableau comprend, pour chaque facture ou document d'importation, les informations suivantes :

« 1° Le numéro d'ordre, qui doit être reporté sur la facture ou le document d'importation ;

« 2° Le nom et l'adresse complète du fournisseur ou du prestataire ;

« 3° Le numéro d'identification à la taxe sur la valeur ajoutée du fournisseur ou du prestataire ;

« 4° La date et le numéro de la facture ou du document d'importation ;

« 5° La base d'imposition et le montant de la taxe sur la valeur ajoutée, libellés en euros.

« La demande est accompagnée de la copie des factures ou documents d'importation lorsque la base d'imposition figurant sur la facture ou le document d'importation est égale ou supérieure à un montant de 1 000 €. Toutefois, lorsque la facture porte sur des dépenses de carburant, ce seuil est fixé à 250 €.

« L'assujetti établi hors de l'Union européenne certifie qu'il remplit les conditions prévues à l'article 242-0 Z *quater*.

« La demande n'est réputée introduite qu'à la condition qu'elle comprenne l'ensemble des informations prévues aux deuxième à huitième alinéas du présent II *[ancienne rédaction : La demande est établie sur un imprimé prévu par l'administration. Elle est accompagnée des originaux des factures, des documents d'importation et de toutes pièces justificatives. L'assujetti établi hors de l'Union européenne certifie qu'il remplit les conditions prévues à l'article 242-0 Z quater]*.

« III. – » Si l'assujetti établi hors de l'Union européenne demande que le remboursement soit effectué dans l'État où il est établi, les frais bancaires sont à sa charge.

(Décr. nº 2021-507 du 27 avr. 2021, art. 1er et 2, en vigueur le 1er juill. 2021) « IV.– Les originaux des documents mentionnés au huitième alinéa du II sont mis à disposition de l'administration, à sa demande, dans un délai d'un mois à compter de la date de réception de la demande. »

Art. 242-0 Z *octies* Les assujettis établis hors de l'Union européenne sont tenus de faire accréditer auprès du service des impôts un représentant assujetti établi en France qui s'engage à remplir les formalités et obligations qui leur incombent, notamment celles prévues à l'article 242-0 Z *septies*. Ce représentant peut, en outre, être tenu de présenter une caution solvable qui s'engage, solidairement avec lui, à reverser les sommes remboursées indûment.

Art. 242-0 Z *nonies* Pour les assujettis établis hors de l'Union européenne qui auraient obtenu un remboursement de façon frauduleuse donnant lieu à des poursuites pénales, tout remboursement ultérieur peut être suspendu jusqu'à la décision définitive sur les pénalités encourues.

Art. 242-0 Z *decies* Les assujettis établis hors de l'Union européenne qui se prévalent du régime spécial prévu à l'article 298 *sexdecies* F du code général des impôts bénéficient du remboursement visé à l'article 242-0 Z *quater*.

Les dispositions du troisième alinéa du I de l'article 242-0 Z *quater* et de l'article 242-0 Z *octies* ne s'appliquent pas aux assujettis mentionnés au premier alinéa.

3 RÉGIME SUSPENSIF

Art. 242 A *Dispositions devenues sans objet (Décr. n° 2015-608 du 3 juin 2015). — Pour les dispositions applicables antérieurement, V.* ***CGI, éd. 2015****.*

4 ORGANISMES SANS BUT LUCRATIF

Art. 242 B *Abrogé par Décr. n° 2007-566 du 16 avr. 2007, à compter du 1er janv. 2008.*

TRANSPARENCE FINANCIÈRE DES ORGANISMES QUI DÉCIDENT DE VERSER UNE RÉMUNÉRATION À LEURS DIRIGEANTS

Art. 242 C I. — Pour l'application du *d* du 1° du 7 de l'article 261 du code général des impôts, la transparence financière des organismes qui décident de verser une rémunération à leurs dirigeants est établie lorsque les conditions suivantes sont satisfaites :

a) Le montant des rémunérations versées à chacun des dirigeants concernés est indiqué dans une annexe aux comptes de l'organisme ;

b) Le représentant statutaire, ou le commissaire aux comptes, présente un rapport à l'organe délibérant sur les conventions prévoyant une telle rémunération ;

c) Les comptes de l'organisme sont certifiés par un commissaire aux comptes.

II. — L'adéquation de la rémunération aux sujétions imposées aux dirigeants désignés au *d* du 1° du 7 de l'article 261 du même code est réputée acquise lorsque, dans la limite du montant prévu au neuvième alinéa du *d* précité, les conditions suivantes sont satisfaites :

a) La rémunération versée est la contrepartie de l'exercice effectif de son mandat par le dirigeant concerné ;

b) La rémunération est proportionnée aux sujétions effectivement imposées aux dirigeants concernés, notamment en termes de temps de travail ;

c) La rémunération est comparable à celles couramment versées pour des responsabilités de nature similaire et de niveau équivalent.

III. — Pour l'appréciation des montants de ressources mentionnés aux quatrième, cinquième, sixième et huitième alinéas du *d* du 1° du 7 de l'article 261 du même code :

a) Sont prises en compte les ressources financières versées aux organismes concernés, à quelque titre que ce soit, par des personnes physiques ou par des personnes morales de droit privé sauf si ces dernières sont contrôlées en droit ou en fait et financées majoritairement par des personnes morales de droit public ;

b) Ne sont pas pris en compte les contributions ou apports effectués en nature ou en industrie ;

c) Sont prises en compte, le cas échéant, les ressources financières, hors versements publics, des associations membres de l'organisme concerné et qui remplissent les conditions leur permettant de bénéficier des dispositions du *d* du 1° du 7 de l'article 261 du même code ;

d) Les ressources financières perçues par un organisme ne peuvent être prises en compte que pour l'appréciation de son propre montant de ressources et, le cas échéant, pour l'appréciation du montant des ressources d'un seul des organismes dont il est membre.

IV. — L'organisme qui rémunère, en application du neuvième alinéa du *d* précité du 1° du 7 de l'article 261 du même code, un ou plusieurs de ses dirigeants, doit commu-

niquer chaque année à la direction départementale ou, le cas échéant, régionale des finances publiques dont il dépend un document attestant du montant de ses ressources mentionnées au huitième alinéa du même article, constaté dans les conditions prévues à ce même alinéa et précisant l'identité des dirigeants rémunérés.

Ce document doit être déposé au plus tard dans les six mois suivant la clôture de l'exercice au titre duquel les rémunérations ont été versées.

SECTION III *BIS*

Art. 242 *bis* et 242 *ter* *Transférés ss. art. 278 bis-6°, 8° et 11°, 279-e et 280-1-2° du code.*

Art. 242 *ter* A à 242 *ter* F *Dispositions devenues sans objet (L. n° 90-1168 du 29 déc. 1990, art. 27-I).*

SECTION III *TER* OBLIGATIONS DES REDEVABLES

I *RÉGIME SIMPLIFIÉ D'IMPOSITION*

1° ENTREPRISES DONT L'EXERCICE COMPTABLE COÏNCIDE AVEC L'ANNÉE CIVILE

Art. 242 *quater* et 242 *quinquies* *Abrogés par Décr. n° 99-545 du 30 juin 1999, art. 17.*

Art. 242 *sexies* **Les entreprises placées sous le régime simplifié souscrivent chaque année, au plus tard le deuxième jour ouvré suivant le 1er mai la déclaration mentionnée au 3 de l'article 287 du code général des impôts suivant le modèle prescrit par l'administration.**

Cette déclaration détermine les acomptes exigibles en juillet et décembre suivants. Les dates de versement des acomptes sont fixées par arrêté. *— V. Ann. IV, art. 39.*

Chaque versement est accompagné d'un relevé indiquant son échéance, son montant et, le cas échéant, les éléments permettant de déterminer le montant du crédit de taxe déductible sur les immobilisations mentionné au III de l'article 242-0 C.

Art. 242 *septies* **En cas de cession, de cessation, de redressement ou de liquidation judiciaires, les entreprises sont tenues de souscrire dans les trente jours la déclaration visée à l'article 242 *sexies* relative à l'année en cours ainsi que, le cas échéant, celle qui n'aurait pas encore été déposée au titre de l'année civile précédente.** *— La suppression du cas de « changement de lieu d'imposition » s'applique aux changements réalisés à compter du 1er janv. 1999.*

2° ENTREPRISES DONT L'EXERCICE COMPTABLE NE COÏNCIDE PAS AVEC L'ANNÉE CIVILE — RÉGIME OPTIONNEL

Art. 242 *septies* A **1. Les entreprises soumises au régime simplifié d'imposition des taxes sur le chiffre d'affaires qui clôturent leur exercice au terme d'un mois autre que celui de décembre doivent déposer, dans les trois mois qui suivent sa clôture, une déclaration conforme au modèle prescrit par l'administration et faisant ressortir les taxes sur le chiffre d'affaires dues au titre de cet exercice. Cette déclaration se substitue à celle prévue à l'article 242 *sexies*.**

2. La déclaration annuelle, déposée dans le délai prévu au 1, détermine les acomptes ultérieurement exigibles selon la périodicité suivante :
(Tableau issu du Décr. n° 2014-1686 du 29 déc. 2014)

Date limite de dépôt de la déclaration annuelle au cours de l'année *n*	Acomptes des années *n* et *n* + 1 déterminés par cette déclaration
Janvier, février, avril, mai n	Juillet *n*, décembre *n*
Juin, juillet, août, septembre, octobre *n*	Décembre *n*, juillet *n* + 1
Novembre, décembre *n*	Juillet *n* + 1, décembre *n* + 1

Lorsque deux déclarations successives déterminent des acomptes pour des mois identiques, la nouvelle périodicité se substitue à l'ancienne.

3. Chaque versement des acomptes est accompagné d'un relevé indiquant son échéance, son montant et, le cas échéant, les éléments permettant de déterminer le montant du crédit de taxe déductible sur les immobilisations mentionné au III de l'article 242-0 C.

Art. 242 *septies* B Les entreprises qui sont soumises à l'obligation mentionnée à l'article 242 *septies* A souscrivent, dans les trois premiers mois du premier exercice couvert par cette option, une déclaration conforme à celle prévue à l'article 242 *sexies* pour la période de l'année antérieure à la date d'ouverture de cet exercice.

Art. 242 *septies* C Lorsque la période de référence servant de base au calcul des acomptes est inférieure à douze mois, les acomptes, déterminés dans les conditions prévues aux articles 242 *sexies* et 242 *septies* A, sont calculés à partir d'une taxe ajustée pour correspondre à une période de douze mois.

Art. 242 *septies* D Lorsque aucun exercice n'a été clôturé au cours d'une année civile, une déclaration est déposée l'année suivante, au plus tard le deuxième jour ouvré suivant le 1er mai. Elle couvre la période écoulée depuis la date de clôture de l'exercice précédent jusqu'au 31 décembre de l'année au cours de laquelle aucun exercice n'a été clôturé. Une nouvelle période d'imposition s'ouvre le 1er janvier suivant.

Art. 242 *septies* E *Abrogé par Décr. n° 2011-2026 du 29 déc. 2011.*

Art. 242 *septies* F 1. Les entreprises soumises à l'obligation prévue à l'article 242 *septies* A qui deviennent imposables, de plein droit ou sur option, d'après le chiffre d'affaires réel au 1er janvier de l'année suivant cet exercice, doivent souscrire une déclaration pour la période comprise entre la date de clôture du dernier exercice entièrement couvert par l'obligation et le 31 décembre de la dernière année d'imposition au régime simplifié. Cette déclaration doit être souscrite l'année suivante, au plus tard le deuxième jour ouvré suivant le 1er mai.

2. Les dispositions prévues au 1 sont également applicables aux assujettis qui bénéficient de la franchise de taxe sur la valeur ajoutée prévue à l'article 293 B du code général des impôts au titre de l'année civile suivant le dernier exercice couvert par l'obligation prévue à l'article 242 *septies* A.

Art. 242 *septies* G En cas de dépôt tardif ou d'absence de dépôt de la déclaration annuelle mentionnée aux articles 242 *sexies* et 242 *septies* A, les acomptes de la dernière période d'imposition ayant donné lieu à versements sont provisoirement reconduits. Ils donnent lieu à régularisation lors du dépôt spontané de la déclaration ou en cas de taxation d'office.

Art. 242 *septies* H *Abrogé par Décr. n° 99-545 du 30 juin 1999, art. 17.*

Art. 242 *septies* I Pour chaque période d'imposition, le rapport prévu au 1° du 3 du III de l'article 206 est calculé à partir des éléments de l'année civile au cours de laquelle la période d'imposition s'est ouverte. Lorsque la période d'imposition s'est ouverte et achevée la même année, ce rapport est calculé à partir des éléments de l'année précédente.

Art. 242 *septies* J Les remboursements prévus au III de l'article 242-0 C ne peuvent être obtenus que sur présentation, avec la demande déposée auprès du service local des impôts simultanément au dépôt des relevés mentionnés aux quatre derniers alinéas du présent article, de la ou des factures qui mentionnent notamment la taxe déductible sur les immobilisations à l'origine du crédit.

Les remboursements ont un caractère provisionnel : ils donnent lieu à régularisation lors du dépôt de la déclaration annuelle prévue aux articles 242 *sexies* et 242 *septies* A.

Pour les entreprises soumises au dépôt de la déclaration mentionnée au premier alinéa de l'article 242 *sexies*, le montant du remboursement est indiqué sur le relevé mentionné au dernier alinéa de cet article relatif à l'acompte de juillet et calculé en fonction des opérations réalisées sur la période comprise entre le 1er janvier et le 30 juin.

Pour les entreprises soumises au dépôt de la déclaration mentionnée à l'article 242 *septies* A, le montant du remboursement est indiqué sur le relevé mentionné au 3 de l'article 242 *septies* A relatif aux acomptes de :

1° Juillet. Il est calculé en fonction des opérations réalisées sur la période d'imposition en cours au 30 juin comprise entre le 1er décembre de l'année précédente ou la date d'ouverture de la période d'imposition si elle est intervenue postérieurement au 1er décembre de l'année précédente, et le 30 juin de l'année en cours ;

2° Décembre. Il est calculé en fonction des opérations réalisées sur la période d'imposition en cours au 30 novembre comprise entre le 1er juillet ou la date d'ouverture de la période d'imposition si elle est intervenue postérieurement au 1er juillet, et le 30 novembre.

Art. 242 *septies* K *Abrogé par Décr. nº 99-545 du 30 juin 1999, art. 17.*

Art. 242 *septies* L En cas de cession, de cessation, de redressement ou de liquidation judiciaires, les entreprises souscrivent dans les soixante jours une déclaration pour l'exercice en cours ainsi que, le cas échéant, celle qui n'aurait pas encore été déposée au titre d'une période d'imposition précédente.

II *ORGANISMES SANS BUT LUCRATIF*

Art. 242 *octies* Les organismes agissant sans but lucratif, désignés au *a* du 1° du 7 de l'article 261 du code général des impôts, demeurent soumis, lorsqu'ils réalisent des opérations imposables à la taxe sur la valeur ajoutée, aux obligations prévues aux articles 286 à 289 C du code général des impôts, sous réserve des dispositions des alinéas suivants.

Ces organismes doivent se conformer, le cas échéant, aux dispositions de l'article 290 *quater* du même code.

Les organismes qui réalisent de manière permanente des opérations soumises à la taxe sur la valeur ajoutée ne mentionnent les ventes qu'ils consentent à leurs membres et les déductions correspondantes que globalement en fin d'année civile sur la déclaration afférente aux opérations du dernier mois ou du dernier trimestre.

Les organismes qui ne réalisent des opérations imposables qu'à titre occasionnel sont dispensés de souscrire les déclarations prévues aux 1° et 2° du I de l'article 286 du code général des impôts. Ils souscrivent les déclarations prescrites par l'article 287 de ce code, dans les trente jours suivant la réalisation des opérations imposables, auprès du service des impôts dont dépend leur siège. En ce qui concerne les ventes qu'ils consentent à leurs membres, les règles du troisième alinéa sont applicables.

Lorsqu'ils organisent une manifestation de bienfaisance ou de soutien pour laquelle ils entendent bénéficier de l'exonération prévue au *c* du 1° du 7 de l'article 261 du code général des impôts, les organismes mentionnés aux troisième et quatrième alinéas en informent le service des impôts de leur siège au moins vingt-quatre heures avant le début de la manifestation.

Dans les trente jours qui suivent une manifestation exonérée, les organisateurs adressent au même service un relevé détaillé des recettes et des dépenses afférentes à la manifestation.

III *FACTURES*

Art. 242 *nonies* Pour l'application du deuxième alinéa du 2 du I de l'article 289 du code général des impôts :

a) Un mandat écrit et préalable doit être établi ;

b) L'assujetti en informe l'administration par écrit en indiquant le nom et l'adresse du client ou tiers ainsi mandaté lorsque ce dernier établit de manière régulière des factures au nom et pour le compte de cet assujetti. A cette fin, il dépose un état auprès *de son service des impôts dans les* mêmes délais que sa déclaration de résultats ou de bénéfices ;

c) Les factures concernées sont émises dès la réalisation de la livraison de biens ou de la prestation de services sans que puisse être utilisée la possibilité de délivrer des factures périodiques dans les conditions prévues au troisième alinéa du 3 du I de l'article 289 du code général des impôts.

Art. 242 *nonies* A I. — Les mentions obligatoires qui doivent figurer sur les factures en application du II de l'article 289 du code général des impôts sont les suivantes :

1° Le nom complet et l'adresse de l'assujetti et de son client ;

2° Le numéro individuel d'identification attribué à l'assujetti en application de l'article 286 *ter* du code précité et sous lequel il a effectué la livraison de biens ou la prestation de services ;

3° Les numéros d'identification à la taxe sur la valeur ajoutée du vendeur et de l'acquéreur pour les livraisons désignées au I de l'article 262 *ter* du code précité ;

4° Le numéro d'identification à la taxe sur la valeur ajoutée du prestataire ainsi que celui fourni par le preneur pour les prestations pour lesquelles le preneur est redevable de la taxe ;

5° Lorsque le redevable de la taxe est un représentant fiscal au sens de l'article 289 A du code précité, le numéro individuel d'identification attribué à ce représentant fiscal en application de l'article 286 *ter* du même code, ainsi que son nom complet et son adresse ;

6° Sa date d'émission ;

7° Un numéro unique basé sur une séquence chronologique et continue ; la numérotation peut être établie dans ces conditions par séries distinctes lorsque les conditions d'exercice de l'activité de l'assujetti le justifient ; l'assujetti doit faire des séries distinctes un usage conforme à leur justification initiale ;

8° Pour chacun des biens livrés ou des services rendus, la quantité, la dénomination précise, le prix unitaire hors taxes et le taux de taxe sur la valeur ajoutée légalement applicable ou, le cas échéant, le bénéfice d'une exonération ;

9° Tous rabais, remises, ristournes ou escomptes acquis et chiffrables lors de l'opération et directement liés à cette opération ;

10° La date à laquelle est effectuée, ou achevée, la livraison de biens ou la prestation de services ou la date à laquelle est versé l'acompte visé au *c* du 1 du I de l'article 289 du code précité, dans la mesure où une telle date est déterminée et qu'elle est différente de la date d'émission de la facture ;

11° Le montant de la taxe à payer et, par taux d'imposition, le total hors taxe et la taxe correspondante mentionnés distinctement ;

12° En cas d'exonération, la référence à la disposition pertinente du code général des impôts ou à la disposition correspondante de la directive 2006/112/CE du Conseil du 28 novembre 2006 relative au système commun de taxe sur la valeur ajoutée ou à toute autre mention indiquant que l'opération bénéficie d'une mesure d'exonération ;

13° Lorsque l'acquéreur ou le preneur est redevable de la taxe, la mention : "Autoliquidation" ;

14° Lorsque l'acquéreur ou le preneur émet la facture au nom et pour le compte de l'assujetti, la mention : "Autofacturation" ;

15° Lorsque l'assujetti applique le régime particulier des agences de voyage, la mention "Régime particulier – Agences de voyages" ;

16° En cas d'application du régime prévu par l'article 297 A du code précité, la mention "Régime particulier – Biens d'occasion", "Régime particulier – Objets d'art" ou "Régime particulier – Objets de collection et d'antiquité" selon l'opération considérée ;

17° Les caractéristiques du moyen de transport neuf telles qu'elles sont définies au III de l'article 298 *sexies* du code précité pour les livraisons mentionnées au II de ce même article ;

18° De manière distincte, le prix d'adjudication du bien, les impôts, droits, prélèvements et taxes ainsi que les frais accessoires tels que les frais de commission, d'emballage, de transport et d'assurance demandés par l'organisateur à l'acheteur du bien, pour les livraisons aux enchères publiques visées au *d* du 1 du I de l'article 289 du code précité effectuées par un organisateur de ventes aux enchères publiques agissant en son nom propre, soumises au régime de la marge bénéficiaire mentionné à l'article 297 A du même code. Cette facture ne doit pas mentionner de taxe sur la valeur ajoutée.

II. — Les factures dont le montant est inférieur ou égal à 150 € hors taxe ainsi que celles mentionnées au 5 du I de l'article 289 du code général des impôts peuvent ne pas comporter les mentions énoncées aux 2° et 12° du I du présent article.

Les dispositions du premier alinéa ne s'appliquent pas :

a) Aux livraisons de biens visées aux articles 258 A et 258 B du code précité ;

b) Aux livraisons de biens exonérées en application du I de l'article 262 *ter* et du II de l'article 298 *sexies* du même code ;

c) Aux livraisons de biens et prestations de services visées au 1° du II de l'article 289-0 du code précité pour lesquelles, toutefois, la facture peut ne pas comporter les mentions visées au 9° du I du présent article, le prix unitaire hors taxe, le taux de la taxe applicable et son montant.

Secteur de la restauration. Afin de tenir compte des spécificités pratiques de ce secteur, il est admis que les éléments d'identification du client ne soient pas mentionnés par l'entreprise qui émet la facture, mais inscrits par le client lui-même dans un espace réservé sur le document remis. Cet assouplissement ne concerne pas les factures d'un montant total HT supérieur à 150 €. La déduction de la TVA figurant sur le document remis au client est subordonnée, outre qu'il doit s'agir d'une dépense nécessaire à l'exploitation, à la mention par le client de son identification complète sur la partie du document prévue à cet effet. L'identification complète s'entend du nom ou de la raison sociale du client, et de son adresse ou du lieu de son siège social. * BOI-TVA-DECLA-30-20-20-20 n°s 130 à 150 du 18 oct. 2013.

IV *PERSONNES NE REMPLISSANT PLUS LES CONDITIONS POUR BÉNÉFICIER DU RÉGIME DÉROGATOIRE PRÉVU AU 2e DU I DE L'ARTICLE 256 BIS*

Art. 242 *decies* Dès lors qu'elles ne peuvent plus bénéficier du régime dérogatoire prévu au 2° du I de l'article 256 *bis* du code général des impôts, les personnes visées audit 2° sont tenues d'en informer par écrit et sans délai le service des impôts auprès duquel elles déposent leur déclaration de bénéfice ou, à défaut, celui dont relève leur principal établissement.

En outre, ces personnes doivent remplir un document dont le modèle est fourni par l'administration, sauf lorsqu'elles ont déjà satisfait à l'obligation de déclaration d'existence prévue au 1° du I de l'article 286 du code général des impôts et qu'elles détiennent le numéro d'identification de leur établissement délivré par l'INSEE.

Conformément au 2° de l'article 286 *ter* du code général des impôts, le service des impôts leur attribue un numéro individuel d'identification.

V *OPÉRATIONS INTRACOMMUNAUTAIRES PORTANT SUR DES MOYENS DE TRANSPORT NEUFS OU D'OCCASION*

Art. 242 *undecies* Les factures délivrées par les assujettis désignés au II de l'article 298 *sexies* du code général des impôts doivent comporter les éléments suivants :

1° Le nom et l'adresse de l'assujetti qui effectue la livraison ;

2° Le nom et l'adresse de l'acquéreur, ainsi que l'indication du nom de l'État membre à destination duquel le moyen de transport neuf est expédié ou transporté ;

3° L'identification complète du moyen de transport :

a) Nature ;

b) Genre ;

c) Marque ;

d) Type ;

e) Numéro dans la série du type ;

f) Cylindrée ou puissance pour un véhicule terrestre ;

g) Poids total au décollage pour un aéronef ;

h) Longueur, vitesse maximale pour un bateau et, le cas échéant, puissance du ou des moteurs ;

i) Date de première mise en circulation ou, pour les bateaux, date du permis de navigation ou, pour les aéronefs, date de délivrance du premier certificat de navigabilité *ou certificat de navigabilité* export ;

j) Numéro ou marque d'immatriculation ;

4° La date de la livraison ;

5° La distance parcourue (véhicules terrestres), le nombre d'heures de vol effectuées (aéronefs), le nombre d'heures de navigation effectuées (bateaux) entre la date de première mise en circulation et celle de la livraison ou, lorsque le moyen de transport n'a pas déjà été mis en circulation, une mention selon laquelle le bien n'a fait l'objet d'aucune utilisation ;

6° Le prix de vente hors taxe sur la valeur ajoutée ;

7° La mention : "exonération de la taxe sur la valeur ajoutée, art. 298 *sexies* du code général des impôts".

Art. 242 *duodecies* Pour les assujettis visés au IV de l'article 298 *sexies* du code général des impôts, le remboursement de la taxe sur la valeur ajoutée qu'ils ont acquittée lors de l'achat du moyen de transport, de son importation ou de son acquisition intracommunautaire, s'effectue au vu d'une demande établie sur un imprimé dont le modèle est fixé par l'administration.

Le demandeur établit que le moyen de transport est affecté aux besoins d'un résident d'un autre État membre.

La demande est déposée auprès du service des impôts dans le ressort duquel est situé le siège de l'activité ou, à défaut, le domicile.

Le remboursement est subordonné à la production, à l'appui de la demande :

a) Du document justifiant que le demandeur a précédemment acquitté la taxe sur la valeur ajoutée sur le moyen de transport neuf qu'il vend : facture d'achat, déclaration d'importation ou document en tenant lieu, certificat délivré par l'administration des impôts dans les conditions prévues à l'article 242 *quaterdecies* ;

b) De la facture de vente établie par le demandeur, conformément à l'article 242 *undecies* ;

c) De l'original ou d'une copie certifiée :

Du certificat d'immatriculation annoté conformément à la réglementation applicable en matière d'immatriculation des véhicules terrestres à moteur ;

Du certificat de radiation de l'immatriculation pour les aéronefs et les bateaux destinés à la navigation intérieure ;

Du certificat de radiation de la francisation pour les autres bateaux.

Art. 242 *terdecies* I. — Toute personne qui acquiert un moyen de transport mentionné au 1 du III de l'article 298 *sexies* du code général des impôts, en provenance d'un autre État membre de l'Union européenne, est tenue de demander auprès de l'administration fiscale dont elle relève le certificat fiscal prévu au V *bis* de l'article 298 *sexies* du code général des impôts.

Le certificat doit être obligatoirement présenté pour obtenir l'immatriculation ou la francisation d'un moyen de transport mentionné au premier alinéa et provenant d'un autre État membre de l'Union européenne.

Lorsqu'un véhicule terrestre à moteur d'occasion est acquis auprès d'un assujetti revendeur qui a appliqué le régime prévu à l'article 297 A du code général des impôts à la revente du véhicule, le certificat est demandé par cet assujetti revendeur ou, si l'opération a été réalisée par l'intermédiaire d'un mandataire agissant au nom et pour le compte de l'acquéreur du véhicule, par ce mandataire.

II. — Pour les moyens de transport qui ne sont pas soumis à immatriculation, ce certificat doit être conservé par l'utilisateur pour être présenté à toute demande de l'administration.

1. Certificat fiscal pour l'acquisition d'un moyen de transport. Modalités d'obtention. * BOI-TVA-SECT-70-30-10 du 2 sept. 2015.

2. Opération promotionnelle de type « un véhicule neuf acheté, un second véhicule neuf offert ». Lorsque cette opération est effectuée par un fournisseur établi dans un autre État membre de la Communauté, qu'une seule facture est délivrée à l'acquéreur et que celle-ci mentionne le prix du véhicule neuf ainsi que l'attribution d'un second véhicule offert en cadeau, l'opération doit s'analyser comme constituant une acquisition intracommunautaire de deux moyens de transport neufs. La TVA sera liquidée en appliquant le taux normal au montant figurant sur la facture unique délivrée à l'acquéreur. Il est délivré à ce dernier, en contrepartie du paiement de la taxe, deux certificats d'acquisition permettant l'immatriculation de chacun des véhicules. * Rescrit 21 avr. 2009, n° 2009/28 TCA.

3. Visa du certificat pour l'acquisition d'un moyen de transport. Le visa donné par l'Administration sur le certificat prévu pour les acquisitions intracommunautaires de moyens de transport n'est pas une prise de position formelle sur le régime de TVA applicable. • CE 29 oct. 2008, n° 292894 : *RJF 2009. 20.*

Art. 242 *quaterdecies* Pour l'application de l'article 242 *terdecies* :

1° L'assujetti et la personne morale non assujettie, autres qu'une personne bénéficiant du régime dérogatoire prévu au 2° du I de l'article 256 *bis* du code général des impôts, indiquent sur le certificat fiscal mentionné au I de l'article 242 *terdecies*, selon le cas, que la taxe sera acquittée sur leur déclaration de chiffre d'affaires, qu'elle a déjà été acquittée ou que l'acquisition intracommunautaire n'est pas taxable. L'administration appose un visa sur ce certificat. Elle subordonne son visa à la mise en œuvre des dispositions prévues à l'article 242 *quindecies* ;

2° Les personnes mentionnées au 1° sont tenues de joindre à la déclaration de chiffre d'affaires prévue à l'article 287 du code général des impôts un relevé détaillé établi sur papier libre, indiquant pour la période couverte par cette déclaration :

a) L'identification, le prix et la date de chacune des acquisitions intracommunautaires de moyens de transport taxables en application du 1° du I de l'article 256 *bis* du code général des impôts ;

b) L'identification, le prix et la date de chacune des acquisitions intracommunautaires de moyens de transport non taxables en application du 2° *bis* du I du même article ;

c) L'identification, le prix et la date de chacune des acquisitions de moyens de transport en provenance d'un autre État membre de l'Union européenne qui ne relèvent pas des deux catégories ci-dessus ;

3° Les personnes autres que celles qui sont mentionnées au 1° indiquent sur le certificat fiscal mentionné au I de l'article 242 *terdecies*, selon le cas, que la taxe sur la valeur ajoutée exigible a été acquittée ou qu'au vu des renseignements communiqués aucune taxe n'est due au titre de cette opération ;

4° L'assujetti revendeur ou, selon le cas, le mandataire mentionné au dernier alinéa du I de l'article 242 *terdecies* joint à sa demande de certificat fiscal :

a) Une copie du certificat définitif d'immatriculation délivré à l'étranger, lorsque le véhicule y a fait l'objet de cette formalité ;

b) Une copie de la facture d'achat du véhicule remise à l'assujetti revendeur ;

c) Lorsque l'assujetti revendeur n'a pas acquis le véhicule directement auprès du titulaire du certificat d'immatriculation, une copie de la facture de vente du véhicule par ce titulaire indiquant que cette vente n'a pas été soumise à la taxe sur la valeur ajoutée ou, à défaut, une attestation signée par ce titulaire, mentionnant ses nom et prénom ou sa raison sociale, son adresse, son numéro individuel d'identification à la taxe sur la valeur ajoutée, le numéro et la date d'émission de la facture de vente, les nom et prénom ou la raison sociale et l'adresse de l'acquéreur ainsi que les caractéristiques du véhicule. L'attestation mentionne que le titulaire du certificat d'immatriculation n'a pas soumis cette vente à la taxe sur la valeur ajoutée ou, le cas échéant, qu'il n'est pas un assujetti à la taxe sur la valeur ajoutée. Lorsque l'attestation est rédigée dans une autre langue que le français, une traduction certifiée est jointe à cette attestation.

L'administration peut demander la communication des originaux des documents mentionnés aux *a* et *b*. Les documents originaux sont ensuite restitués au demandeur. Le défaut de production de ces documents originaux constitue un motif de refus de délivrance du certificat fiscal.

Art. 242 *quindecies* I. — Pour l'application du premier alinéa du V *bis* de l'article 298 *sexies* du code général des impôts, le service des impôts dont relève l'assujetti ou la personne morale non assujettie détermine le montant de la caution exigée.

II. — La dispense de caution prévue au deuxième alinéa du V *bis* de l'article 298 *sexies* du code général des impôts est accordée pour une période de trois mois, renouvelable par tacite reconduction. Toutefois, si au cours de cette période ou au terme de celle-ci, l'administration constate que le demandeur ne présente plus de garanties suffisantes de solvabilité, la dispense de caution est rapportée. Cette décision, motivée, est notifiée au demandeur.

Art. 242 *sexdecies* L'assujetti revendeur d'un véhicule terrestre à moteur d'occasion est tenu de fournir à l'administration, lorsque celle-ci lui en fait la demande, une copie des documents mentionnés au 4° de l'article 242 *quaterdecies*.

SECTION IV DISPOSITIONS PARTICULIÈRES AUX OPÉRATIONS CONCOURANT À LA PRODUCTION OU À LA LIVRAISON D'IMMEUBLES

I *DISPOSITIONS RELATIVES AUX LIVRAISONS À SOI-MÊME*

Art. 243 *Abrogé par Décr. nº 2010-1075 du 10 sept. 2010.*

Art. 244 I. – Pour les livraisons à soi-même mentionnées au 2° du 1 du II de l'article 257 du code général des impôts et pour l'application de l'article 270 de ce code, le redevable est tenu de déposer une déclaration spéciale au service des impôts dont il dépend dans le mois de l'achèvement tel qu'il est défini au *b* du 1 de l'article 269 de ce code. Sur la déclaration mentionnée à l'article 287 du même code, le redevable insère une mention particulière se référant à la déclaration spéciale et informant l'administration du montant de la livraison à soi-même ainsi que de la liquidation de la taxe.

II. – Pour les livraisons à soi-même mentionnées au 2° du 3 du I de l'article 257 du code général des impôts, dès qu'il dispose de tous les éléments d'information nécessaires à la liquidation de la taxe à la suite de l'achèvement tel qu'il est défini au I, le redevable est tenu de déposer au service des impôts du lieu de la situation de l'immeuble une déclaration particulière conforme au modèle fixé par l'administration.

Art. 245 Des prorogations du délai prévu au II de l'article 270 du code général des impôts peuvent être accordées par le directeur départemental ou régional des finances publiques dont dépend le service des impôts mentionné au I de l'article 244, sur demande motivée par l'impossibilité d'établir la base taxable définitive avant l'expiration de ce délai. La taxe exigible sur la livraison à soi-même doit néanmoins être acquittée préalablement à toute mutation intervenant avant l'expiration de ce délai prorogé sur la base des éléments connus à la date de cette mutation.

Art. 245 A I. – Pour l'application du *d* du 2° du 2 du I de l'article 257 du code général des impôts, les éléments de second œuvre à prendre en compte sont les suivants :

a. les planchers ne déterminant pas la résistance ou la rigidité de l'ouvrage ;
b. les huisseries extérieures ;
c. les cloisons intérieures ;
d. les installations sanitaires et de plomberie ;
e. les installations électriques ;
f. et, pour les opérations réalisées en métropole, le système de chauffage.

II. – La proportion prévue au *d* du 2° du 2 du I de l'article 257 du code général des impôts est fixée à deux tiers pour chacun des éléments mentionnés au I.

II *DISPOSITIONS RELATIVES AUX MUTATIONS*

Art. 246 *à* 248 *Abrogés par Décr. nº 2010-1075 du 10 sept. 2010.*

Art. 249 *Abrogé par Décr. nº 2007-566 du 16 avr. 2007, à compter du 1er janv. 2008.*

Art. 250 *Devenu sans objet (Décr. nº 2013-463 du 3 juin 2013).*

Art. 251 Le bénéfice des dispositions du A de l'article 1594 F *quinquies* du code général des impôts est subordonné à la justification de la prise en charge de la taxe sur la valeur ajoutée par les services des impôts compétents.

Art. 252 *Abrogé par Décr. nº 2010-1075 du 10 sept. 2010.*

Art. 253 *Sans objet (L. nº 91-716 du 26 juill. 1991, art. 10-I et VI).*

Art. 254 *Abrogé par Décr. nº 2010-1075 du 10 sept. 2010.*

III

Art. 255 *Devenu sans objet (L. nº 98-1266 du 30 déc. 1998, art. 40-I-2 et IV).*

IV *et* V

Art. 256 *à* 260 *Abrogés par Décr. nº 2010-1075 du 10 sept. 2010.*

SECTION V RÉGIMES SPÉCIAUX

I *EXPLOITANTS AGRICOLES*

A OPÉRATIONS IMPOSABLES DE PLEIN DROIT

Art. 260 A Sont passibles de la taxe sur la valeur ajoutée, dans les conditions prévues aux articles 298 *bis*, 1693 *bis* et 1785 du code général des impôts, les opérations ci-après réalisées par les exploitants agricoles :

***a)* Ventes de produits agricoles réalisées :**

– soit sur les marchés, à place fixe, avec l'aide d'un personnel exclusivement affecté à ces ventes,

– soit dans un magasin ou une installation spécialement agencée pour la vente,

– soit à l'aide de moyens publicitaires relevant des usages commerciaux ou avec le concours de représentants ou placiers lorsque ces produits sont vendus sous un conditionnement et présentés sous une marque ;

***b)* Ventes de produits agricoles transformés, préparés ou conservés, lorsque l'intéressé utilise pour les opérations de transformation, de préparation ou de mise en conserve, des installations, agencements ou matériels importants de la nature de ceux dont se servent pour les opérations semblables les industriels ou les commerçants.**

L'exploitant agricole qui vend ses produits au marché à place fixe sans être aidé par un personnel exclusivement affecté à ces ventes est exonéré de la TVA même s'il dispose d'une installation spécialement aménagée pour la vente. • CE 29 déc. 1995, n° 128613 : *Dr. fisc. 1996. 252 ; RJF 1996. 184.*

Art. 260 B Les opérations de vente prévues à l'article 260 A sont considérées comme constituant globalement une entreprise distincte de l'activité agricole non assujettie à la taxe sur la valeur ajoutée.

Art. 260 C *Devenu sans objet (Ord. n° 2004-281 du 25 mars 2004, art. 15-I).*

B OPÉRATIONS IMPOSABLES SUR OPTION

Art. 260 D L'option pour l'imposition d'après le régime simplifié prévue à l'article 298 *bis* du code général des impôts est ouverte aux exploitants agricoles, qu'ils soient propriétaires, fermiers ou métayers.

En cas de métayage et à défaut d'option conjointe, l'option peut être exercée séparément par le propriétaire ou par le métayer pour la part de la récolte lui revenant. Dans ce cas, les droits à déduction de celui qui a opté sont calculés dans les conditions prévues pour les personnes qui ne réalisent pas exclusivement des opérations ouvrant droit à déduction. La totalité des recettes de la métairie est inscrite au second terme du rapport défini au 1° du 3 du III de l'article 206.

Art. 260 E L'option s'applique à l'ensemble des opérations réalisées par les exploitants agricoles.

Art. 260 F *Abrogé par Décr. n° 2005-1244 du 27 sept. 2005, art. 7.*

Art. 260 G L'option entraîne l'imposition à la taxe sur la valeur ajoutée d'après le régime simplifié pendant une période de trois ans et est ensuite renouvelable par tacite reconduction pour des périodes de cinq ans.

Lorsque la date d'échéance de l'option ne coïncide pas avec le dernier jour de la période annuelle d'imposition choisie par le redevable, l'option est prorogée jusqu'à cette date.

Art. 260 H *Disposition devenue sans objet (Décr. n° 89-885 du 14 déc. 1989, art. 5).*

***Art. 260 I L'option est* exercée par l'accomplissement pour la première fois des obligations déclaratives et liquidatives qu'elle entraîne.**

Elle prend effet au 1er janvier de la première année de la période qu'elle recouvre. Dans le cas où le début de l'exploitation agricole est postérieur au 1er janvier, l'option prend effet à la date du début d'exploitation et est réputée avoir été exercée au 1er janvier pour le décompte des périodes prévues à l'article 260 G.

La renonciation à cette option est formulée par lettre recommandée adressée au service des impôts dont dépend l'exploitation intéressée deux mois au moins avant l'expiration de la période fixée à l'article 260 G.

Art. 260 J L'option pour l'imposition selon l'exercice comptable prévue au I de l'article 298 *bis* du code général des impôts est adressée par lettre recommandée avec accusé de réception au service des impôts dont dépend l'exploitation intéressée.

L'option entraîne l'imposition selon l'exercice comptable pour une période de cinq ans. Elle est ensuite renouvelable par tacite reconduction par période de cinq ans. Lorsque la date d'échéance de l'option ne coïncide pas avec le dernier jour de la période annuelle d'imposition choisie par le redevable, l'option est prorogée jusqu'à cette date.

Toutefois, lorsque l'exploitant agricole a opté pour l'imposition d'après le régime simplifié, l'option entraîne l'imposition selon l'exercice comptable jusqu'à l'échéance fixée à l'article 260 G et est ensuite renouvelable par tacite reconduction jusqu'à l'échéance suivante.

La renonciation à cette option est formulée par lettre recommandée adressée au service des impôts dont dépend l'exploitation intéressée deux mois au moins avant son expiration.

Art. 260 K Le rapport prévu au 1° du 3 du III de l'article 206 est calculé par période annuelle d'imposition. Lorsque la période d'imposition est inférieure à un an, ce rapport est calculé à partir des éléments de la période annuelle d'imposition précédente. Les obligations prévues au 2 du V de l'article 206 et au II de l'article 207 sont accomplies avant le cinquième jour du cinquième mois suivant la clôture de la période d'imposition.

Les facultés prévues au 1 du V de l'article 206 s'exercent par période d'imposition.

C REMBOURSEMENT FORFAITAIRE

Art. 261 et 262 *Abrogés par Décr. n° 93-240 du 22 févr. 1993, art. 4 (JO 24 févr.).*

Art. 263 *(Devenu sans objet, Décr. n° 2011-645 du 9 juin 2011, art. 2) « Sous réserve des dispositions de l'article 264, »* Le remboursement forfaitaire est liquidé sur le montant net des encaissements correspondant aux ventes ou aux livraisons qui ouvrent droit à ce remboursement.

Art. 264 *Abrogé par Décr. n° 2010-1075 du 10 sept. 2010.*

Art. 265 Tout paiement d'un achat effectué auprès d'un agriculteur non redevable de la taxe sur la valeur ajoutée par une entreprise redevable de cette taxe au titre de la revente des produits achetés doit faire l'objet d'un bulletin d'achat ou d'un bon de livraison délivré par l'acheteur et indiquant la date, la nature et la valeur de cet achat. La contexture du bulletin d'achat ou du bon de livraison est fixée par l'administration.

En cas de paiement par acomptes, un bulletin d'achat ou un bon de livraison est délivré lors du versement de chaque acompte et du versement du solde.

Art. 266 I. – Pour obtenir le remboursement forfaitaire, l'exploitant agricole doit établir une déclaration annuelle des encaissements déterminés comme il est dit à l'article 263 et perçus au cours de l'année écoulée.

Cette déclaration doit mentionner à part les livraisons en France, les livraisons donnant lieu à expédition ou transport dans un autre État membre de la Communauté européenne à destination d'assujettis ou de personnes morales non assujetties qui réalisent des acquisitions intracommunautaires imposables dans cet État et les exportations.

En outre, elle doit être appuyée, selon le cas :

Des attestations des clients de l'exploitant indiquant les versements faits pendant l'année considérée. Ces attestations sont conformes aux modèles indiqués par l'administration ; — *V. toutefois, Ann. III, art. 98 bis.*

De la copie des déclarations en douane ;

Des doubles des factures relatives aux livraisons de produits agricoles expédiés ou transportés dans un autre État membre de la Communauté.

II. – La déclaration prévue au I est formulée sur les imprimés établis par l'administration et adressée au service des impôts dont relève l'exploitant agricole intéressé pour l'application du I et des articles 263 et 265.

Art. 267 *Périmé (Décr. n° 68-331 du 5 avr. 1968, art. 8).*

Art. 267 *bis* 1 à 4. *Abrogés (à compter de la date d'entrée en vigueur du Décr. n° 93-240 du 22 févr. 1993, art. 2, JO 24 févr.).*

5. Le remboursement forfaitaire n'est pas accordé pour les ventes ou les livraisons d'animaux qui ont été importés.

6. *Abrogé.*

7. Lorsque le prix de cession des animaux vivants de boucherie et de charcuterie excède leur valeur normale en poids de viande, la base du calcul du remboursement forfaitaire est déterminée par référence au prix de vente sur les marchés d'abattage et fixée forfaitairement chaque année par le ministre de l'économie et des finances. Dans ce cas, le prix mentionné sur le bulletin d'achat et l'attestation est réduit à due concurrence.

8. *Abrogé.*

Art. 267 *ter* 1. Le contrôle des animaux prévu au II de l'article 298 *quinquies* du code général des impôts peut être opéré soit par identification, soit par marquage.

Pour l'application du présent article :

L'identification est une opération qui permet de déterminer à toute époque l'identité propre de l'animal ;

Le marquage consiste à apposer sur l'animal une marque indiquant la personne qui en est propriétaire ou qui en a la garde.

2. Pour les animaux auxquels sont applicables les dispositions de la loi n° 66-1005 du 28 décembre 1966 sur l'élevage, l'identification prévue par le présent article se confond avec celle à laquelle il est procédé en application de cette loi.

3. Pour les équidés, les systèmes d'identification admis sont les suivants :

Identification par les livres généalogiques ou zootechniques ;

Identification réalisée sous l'égide du ministre de l'agriculture pour le contrôle sanitaire des animaux ; dans ce cas, le nom et l'adresse du propriétaire de l'animal doivent être portés sur le certificat sanitaire ;

Identification réalisée sous l'égide du ministre de l'économie et des finances pour les animaux des zones franches ;

Sous réserve de l'accord du service des impôts, identification effectuée sous le contrôle de groupements de producteurs constitués pour la réalisation des objectifs définis par la loi d'orientation agricole n° 60-808 du 5 août 1960.

4. A titre transitoire, l'identification ou, éventuellement, le marquage peut, nonobstant les dispositions des 2 et 3, être effectué pour tous les animaux :

a) Soit selon l'un des systèmes prévus au 3 ;

b) Soit, selon les dispositions du 5, par le propriétaire de l'animal ou par la personne qui en a la garde.

5. *a)* Toute personne tenue de faire marquer ses animaux et désireuse de bénéficier des dispositions du *b* du 4 doit en faire la demande au service des impôts, qui lui affecte un indicatif personnel de marque comprenant notamment le numéro de code INSEE de son département.

Cet indicatif est éventuellement complété pour chaque animal, dans les conditions fixées par le service des impôts, par un numéro individuel;

b) L'identification ou le marquage sont opérés par tatouage ou par des procédés agréés par le service des impôts, après avis des organisations professionnelles intéressées ;

c) L'opération d'identification ou de marquage doit être réalisée :

Dans un délai de trente jours à compter de la naissance pour les animaux nés sur l'exploitation ;

Dès l'achat ou la prise en garde des animaux, dans les autres cas.

Elle doit, en tout état de cause, être réalisée avant toute commercialisation ; toutefois, le service des impôts peut, pour les catégories d'animaux qu'il désigne, retarder la réalisation de cette opération.

II OBLIGATIONS DES ASSUJETTIS QUI RÉALISENT DES OPÉRATIONS PORTANT SUR LES ANIMAUX VIVANTS DE BOUCHERIE ET DE CHARCUTERIE

Art. 267 *quater* I. – Les personnes redevables de la taxe sur la valeur ajoutée qui effectuent des opérations d'achat, d'importation d'acquisition intracommunautaire, de vente, de commission ou de courtage portant sur les animaux vivants de boucherie et de charcuterie doivent :

a. n'avoir la propriété ou la garde que d'animaux ayant fait l'objet de mesures d'identification ou de marquage ; il est procédé à ces mesures selon les modalités fixées par l'article 267 *ter ;*

b. tenir une comptabilité matières retraçant au jour le jour les mouvements de ces animaux ; les caractéristiques de cette comptabilité sont fixées par l'administration ;

c. indiquer sur les factures de vente la dénomination précise de l'animal, comportant notamment son numéro d'identification ou sa marque ;

II. – Lorsque les personnes visées au I vendent des animaux à des personnes non assujetties à la taxe sur la valeur ajoutée au titre d'activités portant sur lesdits animaux, la facture doit expressément porter mention de cette qualité des acheteurs.

Vente à des non-assujettis. Le défaut de mention sur la facture de la qualité de non-assujetti de l'acheteur d'animaux vivants de boucherie ou de charcuterie n'est pas de nature à priver le vendeur du bénéfice du taux de 2,10 %. • CE 30 déc. 2009, n° 312277 : *RJF 2010. 343.*

III

Art. 267 *quater* A à 267 *quater* C *Périmés.*

CHAPITRE II

Art. 267 *quater* D et 267 *quater* E *Transférés ss. art. 74 S bis et 74 S ter.*

CHAPITRE III REDEVANCES SANITAIRES SUR LES PRODUITS DE LA PÊCHE ET DE L'AQUACULTURE

Art. 267 *quater* F I. – Le poids des produits mentionné au II de l'article 302 *bis* WA du code général des impôts s'entend d'un poids net exprimé en kilogrammes.

II. – Les espèces mentionnées au 3 du V de l'article 302 *bis* WA du code général des impôts sont les suivantes :

a) harengs de l'espèce *Clupea harengus* ;

b) sardines de l'espèce *Sardina pilchardus* ;

c) maquereaux de l'espèce *Scomber scombrus* ;

d) maquereaux de l'espèce *Scomber japonicus* ;

e) chinchards de l'espèce *Trachurus* spp ;

f) anchois de l'espèce *Engraulis* spp ;

g) picarels de l'espèce *Maena smaris*[;]

h) Sprat de l'espèce *Sprattus sprattus*.

Pour l'application de ces dispositions, un lot s'entend de la quantité de poissons d'une ou plusieurs des espèces susmentionnées, déchargée du même navire, et achetée ou réceptionnée par la même personne.

III. – Les personnes redevables de la redevance sanitaire de première mise sur le marché des produits de la pêche ou de l'aquaculture doivent la déclarer et l'acquitter avec le dépôt :

1° De chaque déclaration mensuelle de taxe sur la valeur ajoutée pour les redevables qui acquittent cette taxe selon les modalités prévues au premier alinéa du 2 de l'article 287 du code général des impôts ;

2° De chaque déclaration trimestrielle de taxe sur la valeur ajoutée pour les redevables qui acquittent cette taxe selon les modalités prévues au dernier alinéa du 2 du même article 287 ;

3° De la déclaration mentionnée au 3 du même article 287 pour les redevables placés sous le régime simplifié d'imposition prévu à l'article 302 *septies* A du même code.

IV. – Les saisies pratiquées par les services d'inspection sanitaire ainsi que les exportations ou les expéditions vers les États membres de l'Union européenne ne donnent pas lieu au remboursement de la redevance.

V. – La perception de la redevance de première mise sur le marché ne fait pas obstacle à la perception de la redevance sanitaire de transformation, prévue à l'article 302 *bis* WB du code général des impôts, en cas d'opérations de préparation ou de transformation ultérieures sur les produits.

Art. 267 *quater* G I. – Les opérations mentionnées au I de l'article 302 *bis* WB du code général des impôts s'entendent des opérations de préparation consistant en la modification de l'intégrité anatomique, telle que l'éviscération, l'étêtage, le filetage, le hachage ou des opérations de transformation consistant en l'application d'un procédé physique ou chimique, tel que le chauffage, le salage, la dessiccation, le marinage.

II. – Le poids des produits mentionné au II de l'article 302 *bis* WB du code général des impôts s'entend d'un poids net exprimé en kilogrammes.

III. – Les dispositions prévues aux III et IV de l'article 267 *quater* F s'appliquent à la redevance sanitaire de transformation des produits de la pêche ou de l'aquaculture.

CHAPITRE IV REDEVANCE SANITAIRE POUR LE CONTRÔLE DE CERTAINES SUBSTANCES ET DE LEURS RÉSIDUS

Art. 267 *quater* H I. – Les personnes redevables de la redevance sanitaire pour le contrôle de certaines substances et de leurs résidus prévue à l'article 302 *bis* WC du code général des impôts doivent la déclarer et l'acquitter avec le dépôt :

1° De chaque déclaration mensuelle de taxe sur la valeur ajoutée pour les redevables qui acquittent cette taxe selon les modalités prévues au premier alinéa du 2 de l'article 287 du code général des impôts ;

2° De chaque déclaration trimestrielle de taxe sur la valeur ajoutée pour les redevables qui acquittent cette taxe selon les modalités prévues au dernier alinéa du 2 du même article 287 ;

3° De la déclaration mentionnée au 3 du même article 287 pour les redevables placés sous le régime simplifié d'imposition prévu à l'article 302 *septies* A du même code.

II *et* III. – *Devenus sans objet (Décr. n° 2010-421 du 27 avr. 2010).*

IV. – Les saisies pratiquées par les services d'inspection sanitaire et les exportations ou les expéditions vers les États membres de l'Union européenne ne donnent pas lieu au remboursement de la redevance. – *Lors du dépôt de la déclaration, le redevable adresse au directeur départemental de l'agriculture et de la forêt un relevé des éléments déclarés (Décr. n° 99-825 du 17 sept. 1999, art. 2).*

TITRE DEUXIÈME *BIS* DISPOSITIONS COMMUNES AUX IMPÔTS DIRECTS ET AUX TAXES SUR LE CHIFFRE D'AFFAIRES

CHAPITRE PREMIER RÉGIMES RÉELS D'IMPOSITION

1° TAXES SUR LE CHIFFRE D'AFFAIRES

Art. 267 *quinquies* I. – Les redevables de la taxe sur la valeur ajoutée dont le chiffre d'affaires n'excède pas les limites fixées par le I de l'article 302 *septies* A du code général des impôts sont passibles des taxes sur le chiffre d'affaires selon un régime simplifié, dans les conditions définies ci-après. – *V. égal. art. 204 quater de la présente annexe. – Depuis le 1er janv. 2022, les limites mentionnées ci-dessus sont fixées par l'art. L. 162-4 CIBS.*

Ils peuvent cependant opter pour le régime de l'imposition d'après leur chiffre d'affaires réel.

II. – Supprimé par Décr. n° 98-1022 du 10 nov. 1998, art. 8-1° (JO 13 nov.).

III. – 1. L'option mentionnée au I est notifiée à l'administration avant le 1er février de la première année au titre de laquelle les redevables désirent appliquer le régime de l'imposition d'après leur chiffre d'affaires réel. L'option est valable pour ladite année et l'année suivante pendant lesquelles elle est irrévocable.

Pour les entreprises nouvelles, l'option doit être exercée dans les trois mois suivant le début de leur activité. Cette option est valable jusqu'au 31 décembre de l'année suivante.

2. L'option mentionnée au 1 est reconduite tacitement par période de deux ans. Elle est irrévocable pendant cette période.

Les redevables qui désirent renoncer à leur option doivent notifier leur choix à l'administration avant le 1er février de l'année suivant la période pour laquelle ladite option a été exercée ou reconduite tacitement. — *Le régime du forfait est supprimé pour la détermination des résultats des années 1999 s.*

Art. 267 *sexies* L'assujettissement à un régime réel d'imposition emporte application de ce régime tant en matière de taxes sur le chiffre d'affaires que de bénéfices industriels et commerciaux.

Art. 267 *septies* En ce qui concerne les règles autres que celles propres au régime simplifié d'imposition, les entreprises placées sous ledit régime sont soumises aux dispositions applicables aux entreprises qui sont imposées d'après leur chiffre d'affaires réel.

V., le 7 de l'art. 271 A CGI et Ann. II, art. 38 bis, 204 quater, 242-0 C-I-2 et III, 242 sexies à 242 septies L et 383 ter.

2° BÉNÉFICES INDUSTRIELS ET COMMERCIAUX

Art. 267 *septies* A L'option des entreprises placées de plein droit sous le régime simplifié de bénéfice réel qui désirent se placer sous le régime du bénéfice réel doit être exercée dans les conditions prévues au III de l'article 267 *quinquies*.

Art. 267 *septies* B *Abrogé par Décr. nº 99-545 du 30 juin 1999, art. 17.*

Art. 267 *septies* C Pour les entreprises dont l'exercice comptable ne coïncide pas avec l'année civile, le régime simplifié de bénéfice réel est applicable aux exercices ou périodes d'imposition arrêtés au cours des années civiles pour lesquelles elles sont soumises au régime simplifié de liquidation des taxes sur le chiffre d'affaires.

TITRE TROISIÈME CONTRIBUTIONS INDIRECTES

CHAPITRE 0I BOISSONS — VINS, BIÈRES ET CIDRES

Art. 267 *octies* *(Abrogé par Décr. nº 2016-1586 du 24 nov. 2016, art. 1er)* ***La déclaration prévue à l'article 407 du code général des impôts et qui renferme en outre les indications fixées par décrets est établie sur des imprimés mis à la disposition des déclarants et déposée à la mairie qui en donne récépissé. Une copie de cette déclaration reste en mairie et doit être communiquée à tout requérant.***

Les autres exemplaires sont transmis, par les soins de la mairie, au service des douanes et droits indirects dans le ressort duquel sont situées les exploitations intéressées. Ce service ne peut délivrer des titres de mouvement au déclarant pour une quantité de vin supérieure à celle qu'il a déclarée.

Le relevé nominatif des déclarations établi d'après leur ordre de dépôt est affiché à la mairie.

Dès le début de la récolte, au fur et à mesure des nécessités de la vente, des déclarations partielles peuvent être faites dans les mêmes conditions que ci-dessus, sauf l'affichage qui a lieu après la déclaration totale.

Art. 267 *nonies* *(Décr. nº 2016-1585 du 24 nov. 2016, art. 2)* Aucun certificat de jaugeage des récipients destinés à la production ou au stockage des vins, cidres et autres produits fermentés soumis au droit de circulation prévu à l'article 438 du code général des impôts et des bières mentionnées au *a* du I de l'article 520 A du même code n'est exigé pour des opérations fiscales.

Ancien art. 267 *nonies* *Les détenteurs d'appareils et de vaisseaux affectés à la production, au logement et au transport de liquides soumis à un droit indirect sont tenus de présenter au service des douanes et droits indirects dont ils relèvent, pour chacun de ces appareils ou vaisseaux et avant* *toute utilisation, le certificat de mesurage établi et remis au détenteur par le service des instruments de mesure en application de l'article 1er du décret no 70-791 du 2 septembre 1970 et de tenir ensuite ce document à la disposition des agents chargés du contrôle, à tout moment, et notamment pendant les transports pour les récipients affectés au transport.*

CHAPITRE PREMIER RÉGIME ÉCONOMIQUE DE L'ALCOOL

Art. 268 **Est interdite la distillation de toute matière première importée, à l'exception des fruits frais autres que les pommes, poires ou raisins. Cette interdiction n'est pas applicable aux matières premières originaires et en provenance des États membres de la Communauté européenne ou originaires de pays tiers et mises en libre pratique dans un de ces États membres.**

Art. 269 *Devenu sans objet (L. no 85-695 du 11 juill. 1985, art. 19).*

Art. 269 A *(Décr. no 2021-1141 du 1er sept. 2021, art. 1er)* **Pour l'application du régime contingentaire prévu à l'article 362 du code général des impôts, la quantité annuelle pouvant être exportée en exonération de soulte est répartie en contingents entre départements et distilleries par arrêté conjoint des ministres chargés des outre-mer, de l'agriculture et du budget, sur la base de la moyenne arithmétique des volumes exportés au cours des trois dernières campagnes.**

Un arrêté conjoint des ministres chargés des outre-mer, de l'agriculture et du budget fixe les modalités de gestion des contingents. Cet arrêté fixe également les règles d'organisation de la campagne rhumière, notamment les dates des campagnes, la division de la quantité annuelle en tranches selon la catégorie, les modalités de blocage et de déblocage des tranches, ainsi que les dérogations aux mesures de blocage et déblocage. Cet arrêté détermine en outre les modalités de redistribution des contingents entre départements et distilleries.

Art. 270 **Pour l'application de l'article 362 du code général des impôts, les rhums et tafias traditionnels exportés des départements d'outre-mer vers la France métropolitaine en sus du contingent légal sont assujettis à une soulte dont le tarif est fixé par arrêté conjoint du ministre chargé du budget et du ministre chargé de l'outre-mer.** — *Tarif fixé à 180 € par hl d'alcool pur, dans la limite annuelle de 3 000 hl d'alcool pur (Arr. du 27 mars 1997, art. 1er, JO 30 mars, mod. par Arr. du 18 nov. 2004, JO 24 nov.). — Pour l'année 2011, V. Arr. du 24 oct. 2011, in* ***CGI, éd. 2012***, *p. 2314.*

Art. 271 *Devenu sans objet (L. no 85-695 du 11 juill. 1985, art. 19).*

Art. 272 **La distillation des mélasses de canne à sucre originaires et en provenance des départements d'outre-mer est interdite en France continentale et en Corse. Sauf dérogations prises par arrêté interministériel du ministre de l'économie et des finances et du ministre chargé des départements d'outre-mer, les transferts de mélasse de canne à sucre en vue de la distillation sont également prohibés entre les départements d'outre-mer, entre les collectivités d'outre-mer et entre les départements et collectivités d'outre-mer.**

Les transferts de jus de canne à sucre en vue de la distillation de rhum sont prohibés à l'intérieur des départements d'outre-mer à l'exclusion de La Réunion.

Art. 273 *Devenu sans objet (L. no 85-695 du 11 juill. 1985, art. 19).*

Art. 274 *Abrogé par Décr. no 97-294 du 27 mars 1997, art. 3 et 4 (JO 30 mars).*

Art. 275 *Abrogé par Décr. no 77-842 du 25 juill. 1977, art. 3.*

Art. 275 bis ***La quantité*** **d'alcool pur contenue dans les produits définis au I de l'article 401 du code général des impôts est obtenue, éventuellement à l'aide de tables de correction, en multipliant le volume occupé par ces produits à la température de 20° Celsius par le titre alcoométrique volumique déterminé au moyen d'un alcoomètre conforme à la réglementation en vigueur, au besoin après distillation ou toute opération donnant des résultats analogues.**

CHAPITRE PREMIER *BIS* GARANTIE DES MATIÈRES D'OR, D'ARGENT ET DE PLATINE

Art. 275 *bis* A *Devenu sans objet (L. n° 94-6 du 4 janv. 1994, art. 1er et 31).*

SECTION PREMIÈRE CONVENTION D'HABILITATION DES PROFESSIONNELS

Art. 275 *bis* B Les professionnels, notamment les fabricants, importateurs, acquéreurs intracommunautaires, commissaires-priseurs judiciaires, responsables d'un crédit municipal ou d'une société de ventes volontaires de meubles aux enchères publiques et commissionnaires en garantie qui souhaitent être habilités à attester eux-mêmes la garantie du titre des ouvrages qu'ils produisent ou du titre des ouvrages dépourvus du poinçon de garantie français ou d'un poinçon de titre apposé dans un autre État membre de l'Union européenne, dans un autre État partie à l'accord instituant l'Espace économique européen ou en Turquie, par un organisme indépendant ou par l'administration compétente de l'État concerné selon des normes identiques ou équivalentes à celles exigées en France pour le contrôle et la certification du titre qu'ils importent, introduisent en provenance d'un autre État membre de l'Union européenne, vendent ou qui leur sont confiés, doivent déposer une demande auprès de la direction régionale des douanes et droits indirects dont ils dépendent. Est joint à cette demande le cahier des charges mentionné à l'article 275 *bis* C. — *V. App., Décr. n°s 2014-1280 et 2014-1281 du 23 oct. 2014.*

Art. 275 *bis* C La convention d'habilitation est conclue avec le directeur interrégional des douanes et droits indirects du ressort dont relève le professionnel ou, en Guadeloupe, en Guyane, à La Réunion et à Mayotte, le directeur régional des douanes et droits indirects. La conclusion d'une convention d'habilitation est subordonnée aux conditions suivantes :

1° Le professionnel s'engage à respecter un cahier des charges décrivant l'organisation de l'entreprise, la procédure et les méthodes de contrôle permettant de s'assurer du titre des ouvrages, les méthodes utilisées pour attester la garantie du titre et le protocole de sécurité informatique mis en place en cas du marquage au laser et mentionnant la qualification des personnes responsables de son application. Un arrêté du ministre chargé du budget et du ministre chargé de l'industrie définit les spécifications techniques de ce cahier des charges ; — *V. Ann. IV, art. 56 J duodecies.*

2° Le professionnel recourt à des organismes de contrôle agréés mentionnés au II de l'article 535 du code général des impôts ou à des organismes de contrôle indépendants établis dans d'autres États membres de l'Union européenne, dans d'autres États parties à l'accord instituant l'Espace économique européen ou en Turquie, offrant des garanties identiques ou équivalentes à celles exigées en France pour contrôler le titre des ouvrages sur lesquels il entend attester la garantie du titre s'il ne souhaite pas effectuer ce contrôle lui-même. Il doit déclarer ces organismes à la direction régionale des douanes et droits indirects ; — *Sur la demande d'agrément, V. Ann. IV, art. 56 J terdecies A s.*

3° Le professionnel atteste la garantie du titre des ouvrages dans un local sécurisé de l'entreprise. Ce local est adapté à la conservation soit des poinçons de garantie métalliques soit des équipements dédiés à la gravure au laser.

L'autorisation d'attester la garantie du titre par le marquage au laser d'un poinçon mentionnée au *b* de l'article 523 du code général des impôts est accordée par le directeur interrégional des douanes et droits indirects ou, en Guadeloupe, en Guyane, à La Réunion et à Mayotte, le directeur régional des douanes et droits indirects. — *V. App., Décr. n°s 2014-1280 et 2014-1281 du 23 oct. 2014.*

L'administration peut vérifier sur pièces et sur place, dans les conditions visées à l'article L. 36 du Livre des procédures fiscales, la capacité du professionnel à respecter le cahier des charges présenté ainsi que l'existence et la sécurité du local de la marque.

Art. 275 *bis* D Le professionnel habilité doit informer la direction régionale des douanes et droits indirects dont il dépend de toute modification des conditions auxquelles était subordonnée la conclusion de la convention. La déclaration en est faite au plus tard quarante jours avant la date envisagée pour sa mise en œuvre.

Le directeur interrégional des douanes et droits indirects ou, en Guadeloupe, en Guyane, à La Réunion et à Mayotte, le directeur régional des douanes et droits indirects dispose d'un délai de trente jours à compter de la réception de l'avis du professionnel pour lui faire connaître son agrément ou son opposition à la modification projetée. Il peut, le cas échéant, proposer un avenant à la convention.

Art. 275 *bis* E Le professionnel habilité est tenu d'informer la direction régionale des douanes et droits indirects dont il dépend, par tous moyens et dans les meilleurs délais, de toute difficulté ou incident pouvant affecter le titre des ouvrages produits, importés, introduits en provenance d'un autre État membre de l'Union européenne, d'un autre État partie à l'accord instituant l'Espace économique européen ou de Turquie, vendus ou confiés, ainsi que les mesures prises pour y remédier. Les ouvrages dont le titre est affecté sont portés à un organisme de contrôle agréé mentionné au II de l'article 535 du code général des impôts ou au bureau de garantie pour y être essayés et marqués. Il en est de même de tout ouvrage fabriqué selon des méthodes différentes de celles prévues par la convention d'habilitation.

Le professionnel habilité informe par écrit et dans les meilleurs délais l'administration de tout événement ayant une incidence sur l'application de la convention.

Art. 275 *bis* F La garantie du titre est attestée :

1° Par l'apposition d'un poinçon de garantie métallique mentionné au *a* de l'article 523 du code général des impôts. Les poinçons sont remis par la Monnaie de Paris au professionnel habilité qui s'assure de leur bon état et de leur correcte conservation. Les poinçons usés sont renvoyés à la direction régionale des douanes et des droits indirects territorialement compétente dans le ressort de laquelle le professionnel habilité exerce son activité.

Toute disparition ou tout incident lié à la conservation d'un poinçon de garantie métallique est immédiatement signalé par le professionnel habilité à la direction régionale des douanes et droits indirects mentionnée au premier alinéa du 1° qui procède alors à une enquête. Pendant la durée de l'enquête, l'application de la convention est suspendue. Il appartient au professionnel habilité, pendant ce délai, de faire apposer le poinçon par un bureau de garantie ou un organisme de contrôle agréé mentionné à l'article 535 du code général des impôts. Si la responsabilité du professionnel habilité est établie à l'issue de cette enquête, la convention peut être résiliée ;

2° Ou par le marquage au laser, conformément au *b* de l'article 523 du code général des impôts en utilisant des fichiers informatiques supportant la version dématérialisée des poinçons. Ces fichiers sont élaborés, vendus et transférés dans les locaux du professionnel habilité par des organismes agréés *(Décr. n° 2020-68 du 30 janv. 2020, art. 16-8° et 42, en vigueur le 1er févr. 2020)* « par le directeur interrégional des douanes et droits indirects territorialement compétent ou, en Guadeloupe, en Guyane, à La Réunion et à Mayotte, par le directeur régional des douanes et droits indirects » sur la base d'un dossier attestant de leur compétence, de leur expérience et de leur honorabilité. Un cahier des charges arrêté par *(Décr. n° 2020-68 du 30 janv. 2020, art. 16-8° et 42, en vigueur le 1er févr. 2020)* « le ministre chargé des douanes et le ministre chargé de l'industrie » définit les missions de ces organismes, notamment la vérification de la mise en place et la conformité du protocole de sécurité informatique imposé aux professionnels qui demandent l'autorisation d'attester la garantie du titre par marquage au laser d'un poinçon, et les conditions d'exercice de ces missions. — *Sur le dossier et le cahier des charges mentionnés ci-dessus, V. Ann. IV, art. 56 J terdecies A s.*

Le professionnel habilité s'assure du bon état des fichiers et de leur correcte conservation. Tout fichier dont le fonctionnement est devenu défectueux est signalé à la direction régionale des douanes territorialement compétente dans le ressort de laquelle le professionnel habilité exerce son activité.

Tout incident relatif à la protection des fichiers ou toute constatation de duplication *ou de disparition de ces fichiers* doit être immédiatement signalé par le professionnel habilité à la direction régionale des douanes et droits indirects mentionnée au premier alinéa du 2° qui procède alors à une enquête. Pendant la durée de l'enquête, l'application de la convention est suspendue. Il appartient au professionnel habilité, pendant ce délai, de faire apposer le poinçon par un bureau de garantie ou un organisme de contrôle agréé mentionné à l'article 535 du code général des impôts. Si la responsabilité du professionnel habilité est établie à l'issue de cette enquête, la convention peut être résiliée. – *V. App., Décr. n°s 2014-1280 et 2014-1281 du 23 oct. 2014.*

V. ndlr ss. art. 202 E.

Art. 275 *bis* G Le professionnel habilité établit et tient à jour une liste des personnes désignées pour attester la garantie du titre des ouvrages. Il informe la direction régionale des douanes et droits indirects dont il dépend de tout changement. Il désigne un ou, si la dimension de l'entreprise le justifie, plusieurs responsables chargés de la gestion et de la manipulation des outils et des équipements permettant d'attester la garantie du titre. – *V. App., Décr. n°s 2014-1280 et 2014-1281 du 23 oct. 2014.*

Art. 275 *bis* H Lorsque les ouvrages sont dispensés du poinçon de garantie en application des *a*, *b* et *c* de l'article 524 *bis* du code général des impôts, ils sont accompagnés d'un document descriptif, à en-tête du professionnel mentionnant le métal et le titre.

Art. 275 *bis* I Le professionnel habilité tient une comptabilité des ouvrages produits, importés, introduits en provenance d'un autre État membre de l'Union européenne, vendus ou confiés. Il adresse à la direction régionale des douanes et droits indirects dont il dépend, selon une périodicité fixée dans la convention et au moins une fois par an, un état comportant le nombre des ouvrages essayés, le nombre des ouvrages marqués par type de métal en or, argent et platine et le nombre des ouvrages reconnus aux titres non légaux. Ce relevé doit distinguer les ouvrages marqués par apposition d'un poinçon de garantie métallique de ceux marqués par le procédé du laser. Ces éléments d'information sont tenus à jour en permanence et doivent être accessibles à l'administration qui peut en solliciter la consultation à tout moment.

Art. 275 *bis* J Le professionnel habilité prélève, de manière aléatoire, des échantillons dans les lots d'ouvrages pour lesquels il atteste la garantie du titre selon un plan d'échantillonnage défini dans la convention.

Ces échantillons sont tenus à la disposition des agents de l'administration durant un délai fixé dans la convention d'habilitation afin que soient pratiqués les essais et contrôles jugés nécessaires. Ces agents peuvent également, lors de contrôles inopinés, prélever des échantillons sur les ouvrages en cours de fabrication ou sur les ouvrages détenus par le professionnel.

Art. 275 *bis* K Il est mis fin à la convention d'habilitation à la demande du professionnel sous réserve de respecter un préavis d'un mois à compter de la réception de l'avis par le directeur interrégional des douanes et droits indirects ou, en Guadeloupe, en Guyane, à La Réunion et à Mayotte, le directeur régional des douanes et droits indirects.

Le directeur interrégional des douanes et droits indirects ou, en Guadeloupe, en Guyane, à La Réunion et à Mayotte, le directeur régional des douanes et droits indirects peut résilier d'office la convention d'habilitation si le professionnel ne remplit plus les conditions auxquelles était subordonnée sa conclusion ou s'il a manqué aux obligations résultant des articles 275 *bis* B à 275 *bis* L. Le professionnel est préalablement informé des motifs susceptibles d'entraîner la résiliation de la convention et est mis à même de présenter ses observations dans un délai de quinze jours. La décision de résiliation est motivée. La résiliation prend effet à l'expiration d'un délai d'un mois *à compter de la notification* de la décision de résiliation. A l'expiration de ce délai, le professionnel remet immédiatement à l'administration des douanes et droits indirects les poinçons de titre et les fichiers informatiques supportant la version dématérialisée des poinçons qu'il détient.

Art. 275 *bis* L Les conventions sont passées pour un an et renouvelables par tacite reconduction.

SECTION II ORGANISMES DE CONTRÔLE AGRÉÉS

Art. 275 *ter* Les organismes de contrôle mentionnés au II de l'article 535 du code général des impôts doivent obtenir un agrément pour pouvoir attester la garantie du titre des ouvrages en métaux précieux dépourvus d'un poinçon de garantie français ou d'un poinçon de titre apposé dans un autre État membre de l'Union européenne, dans un autre État partie à l'accord instituant l'Espace économique européen ou en Turquie, par un organisme indépendant ou par l'administration compétente de l'État concerné selon des normes identiques ou équivalentes à celles exigées en France pour le contrôle et la certification du titre. — *V. App., Décr. n° 2014-1281 du 23 oct. 2014.*

Art. 275 *ter* A Les organismes de contrôle agréés doivent être établis sur le territoire national. Ils doivent respecter leurs obligations fiscales et douanières et souscrire une assurance couvrant leur responsabilité civile professionnelle. Le personnel de ces organismes doit comprendre des cadres qualifiés de laboratoires chargés des méthodes de la détermination du titre. Ils doivent respecter les prévisions du cahier des charges mentionnées au deuxième alinéa de l'article 275 *ter* B.

Art. 275 *ter* B La demande d'agrément en qualité d'organisme de contrôle est déposée auprès *(Décr. n° 2020-68 du 30 janv. 2020, art. 16-9° et 42, en vigueur le 1er févr. 2020)* « du directeur interrégional des douanes et droits indirects territorialement compétent ou, en Guadeloupe, en Guyane, à La Réunion et à Mayotte, du directeur régional des douanes et droits indirects ».

Est joint à la demande d'agrément un cahier des charges décrivant l'organisation de l'organisme de contrôle, la procédure et les méthodes de contrôle et d'essai permettant de s'assurer du titre des ouvrages, les méthodes utilisées pour attester la garantie du titre et le protocole de sécurité informatique mis en place en cas de marquage au laser. Les spécifications techniques de ce cahier des charges sont définies par un arrêté du ministre chargé du budget et du ministre chargé de l'industrie. — *V. Ann. IV, art. 56 J terdecies.*

La demande doit en outre être accompagnée des documents suivants : *(Décr. n° 2021-631 du 21 mai 2021, art. 8 et 22, en vigueur le 1er nov. 2021)* « numéro unique d'identification *[ancienne rédaction : extrait du registre du commerce et des sociétés]* », organigramme faisant apparaître les responsabilités et les structures de décision de l'organisme, ses deux derniers comptes annuels si l'antériorité de l'organisme le permet.

L'autorisation d'attester la garantie du titre par le marquage au laser d'un poinçon mentionnée au *b* de l'article 523 du code général des impôts est accordée par le directeur interrégional des douanes et droits indirects ou, en Guadeloupe, en Guyane, à La Réunion et à Mayotte, le directeur régional des douanes et droits indirects. — *V. App., Décr. n° 2014-1281 du 23 oct. 2014.*

V. ndlr ss. art. 202 E.

Art. 275 *ter* C L'agrément est délivré par *(Décr. n° 2020-68 du 30 janv. 2020, art. 16-10° et 42, en vigueur le 1er févr. 2020)* « décision du directeur interrégional ou du directeur régional des douanes et droits indirects compétent, mentionnés à l'article 275 *ter* B ».

V. ndlr ss. art. 202 E.

Art. 275 *ter* D Le retrait de l'agrément est prononcé par *(Décr. n° 2020-68 du 30 janv. 2020, art. 16-11°-a et 42, en vigueur le 1er févr. 2020)* « décision motivée du directeur interrégional ou du directeur régional des douanes et droits indirects compétent, mentionnés à l'article 275 *ter* B ». *(Abrogé par Décr. n° 2020-68 du 30 janv. 2020, art. 16-11°-b et 42, à compter du 1er févr. 2020)* « ***L'arrêté de retrait d'agrément est motivé.*** » Le retrait peut intervenir à la demande de l'organisme. Il peut également être décidé d'office par l'administration si l'organisme ne remplit plus les conditions auxquelles était subordonné l'agrément ou s'il a manqué aux obligations résultant des articles 275 *ter* à 275 *ter* P. Dans ce cas, l'organisme est préalablement informé des motifs susceptibles d'entraîner le retrait de l'agrément et est mis à même de présenter ses observations dans un délai de trente jours.

Lorsqu'un organisme ne remplit plus les conditions prévues par les articles 275 *ter* à ***275 ter P, il est*** tenu de demander le retrait de son agrément et de cesser sans délai d'attester la garantie du titre.

V. ndlr ss. art. 202 E.

Art. 275 *ter* E Les organismes de contrôle agréés sont placés sous le contrôle du *(Décr. n° 2020-68 du 30 janv. 2020, art. 16-12° et 42, en vigueur le 1er févr. 2020)*

« directeur interrégional ou du directeur régional des douanes et droits indirects compétent, mentionnés à l'article 275 *ter* B, qui peut, » sans délai, à titre conservatoire, suspendre l'agrément d'un organisme de contrôle qui ne respecte pas ses obligations. La procédure de retrait est immédiatement engagée.

V. ndlr ss. art. 202 E.

Art. 275 *ter* F *Abrogé par Décr. n° 2004-661 du 6 juill. 2004, art. 1er-XXIII.*

Art. 275 *ter* G **La garantie du titre est attestée par :**

1° L'apposition du poinçon de garantie métallique, mentionné au *a* de l'article 523 du code général des impôts, qui porte un signe caractéristique spécifique à l'ensemble des organismes de contrôle agréés attestant la garantie du titre des ouvrages ;

2° Ou le marquage au laser, conformément au *b* de l'article 523 du code général des impôts, en utilisant des fichiers informatiques supportant la version dématérialisée des poinçons. Ces fichiers sont élaborés, vendus et transférés dans les locaux de l'organisme de contrôle agréé par des organismes qui sont agréés *(Décr. n° 2020-68 du 30 janv. 2020, art. 16-13° et 42, en vigueur le 1er févr. 2020)* **« par le directeur interrégional ou régional compétent, mentionnés au 2° de l'article 275 *bis* F, » sur la base d'un dossier attestant de leur compétence, de leur expérience et de leur honorabilité. Un cahier des charges arrêté par** *(Décr. n° 2020-68 du 30 janv. 2020, art. 16-13° et 42, en vigueur le 1er févr. 2020)* **« le ministre chargé des douanes et le ministre chargé de l'industrie » définit les missions de ces organismes, notamment la vérification de la mise en place et la conformité du protocole de sécurité informatique imposé aux professionnels qui demandent l'autorisation d'attester la garantie du titre par marquage au laser d'un poinçon, et les conditions d'exercice de ces missions.** — *Sur le dossier et le cahier des charges mentionnés ci-dessus, V. Ann. IV, art. 56 J terdecies A s.*

V. ndlr ss. art. 202 E.

Art. 275 *ter* H **L'organisme de contrôle agréé fournit à la direction régionale des douanes et droits indirects dont il dépend un relevé semestriel énonçant le nombre d'ouvrages essayés, le nombre d'ouvrages dont la garantie a été refusée par type de métal en or, argent et platine et le nombre d'ouvrages marqués par type de métal en or, argent et platine. Ce relevé doit distinguer les ouvrages marqués par apposition d'un poinçon de garantie métallique de ceux marqués par le procédé du laser, les ouvrages contrôlés et marqués par lui pour le compte de professionnels non habilités et les ouvrages essayés et, le cas échéant, marqués pour le compte de professionnels habilités par une convention passée avec l'administration dans les conditions prévues à l'article 535 du code général des impôts. Il doit également fournir une liste mentionnant le nom et l'adresse de ses clients en distinguant les professionnels habilités de ceux qui ne le sont pas. Ces éléments d'information doivent être tenus à jour en permanence et doivent être accessibles à l'administration qui peut les consulter à tout moment.**

Art. 275 *ter* I à 275 *ter* K *Abrogés par Décr. n° 2004-661 du 6 juill. 2004, art. 1er-XXIII.*

Art. 275 *ter* L *Abrogé par Décr. n° 2006-672 du 8 juin 2006, art. 17 et 18.*

Art. 275 *ter* M **Les organismes de contrôle agréés garantissent le titre des ouvrages selon les trois modalités suivantes :**

1° Ils apposent eux-mêmes, après essais, le poinçon de garantie métallique ou appliquent un poinçon par marquage au laser sur les ouvrages dépourvus du poinçon de garantie français ou d'un poinçon de titre apposé dans un autre État membre de l'Union européenne, dans un autre État partie à l'accord instituant l'Espace économique européen ou en Turquie, par un organisme indépendant ou par l'administration compétente de l'État concerné selon des normes identiques ou équivalentes à celles exigées en France pour le contrôle et la certification du titre ;

2° Ils essaient et, le cas échéant, apposent le poinçon de garantie métallique ou appliquent un poinçon par marquage au laser sur les ouvrages dépourvus du poinçon de garantie français ou d'un poinçon de titre apposé dans un autre État membre de l'Union européenne, dans un autre État partie à l'accord instituant l'Espace économique européen ou en Turquie, par un organisme indépendant ou par l'administration

compétente de l'État concerné selon des normes identiques ou équivalentes à celles exigées en France pour le contrôle et la certification du titre apportés par des professionnels habilités par une convention passée avec l'administration dans les conditions prévues à l'article 535 du code général des impôts.

3° Pour les ouvrages dispensés de poinçon en application des *b* et *c* de l'article 524 *bis* du code général des impôts, ils délivrent un document certifiant le titre de l'ouvrage.

Art. 275 *ter* N Les organismes de contrôle agréés portent, sans délai et par tous moyens, à la connaissance de la direction régionale des douanes et droits indirects de rattachement dont ils dépendent toute irrégularité qui affecte la garantie des ouvrages en métaux précieux.

Art. 275 *ter* O *Abrogé par Décr. n° 2004-661 du 6 juill. 2004, art. 1er-XXIII.*

Art. 275 *ter* P Les organismes de contrôle agréés déclarent immédiatement à la direction régionale des douanes et droits indirects dont ils dépendent toute disparition ou tout incident lié à la conservation des poinçons de garantie métalliques ou des fichiers informatiques supportant la version dématérialisée des poinçons dont ils ont la charge. L'administration procède à une enquête. Pendant la durée de l'enquête, l'agrément est suspendu. Si la responsabilité de l'organisme est établie à l'issue de l'enquête administrative, l'administration engage une procédure de retrait d'agrément. Les poinçons de garantie métalliques usagés ou les fichiers informatiques devenus défectueux ainsi que ceux détenus par un organisme dont l'agrément est retiré sont remis à la direction régionale des douanes et droits indirects dont dépend l'organisme pour être détruits ou renvoyés à la Monnaie de Paris, après information de l'administration des douanes.

CHAPITRE II TABACS

0I *DÉFINITION DES TABACS MANUFACTURÉS*

Art. 275 A Sont considérés comme tabacs manufacturés :

1° Les cigares et les cigarillos ;

2° Les cigarettes ;

3° Le tabac fine coupe destiné à rouler les cigarettes ;

4° Les autres tabacs à fumer ;

5° Le tabac à priser ;

6° Le tabac à mâcher,

tels que définis aux articles 275 B à 275 G.

Art. 275 B Sont considérés comme cigares ou cigarillos, s'ils peuvent être fumés en l'état et, compte tenu de leurs caractéristiques et des attentes normales des consommateurs, sont exclusivement destinés à l'être :

1° *Abrogé.*

2° Les rouleaux de tabac munis d'une cape extérieure en tabac naturel ;

3° *Abrogé.*

4° Les rouleaux de tabac remplis d'un mélange battu et munis d'une cape extérieure en tabac reconstitué, de la couleur normale des cigares, couvrant entièrement le produit, y compris le filtre le cas échéant – mais non l'embout dans le cas des cigares avec embout – lorsque leur masse unitaire, sans filtre ni embout, est égale ou supérieure à 2,3 grammes et égale ou inférieure à 10 grammes et que leur circonférence est égale ou supérieure à trente-quatre millimètres sur au moins un tiers de leur longueur.

Art. 275 C *Les produits* constitués partiellement de substances autres que le tabac et répondant aux autres critères de l'article 275 B sont considérés comme cigares ou cigarillos.

Les produits constitués exclusivement ou partiellement de substances autres que le tabac mais répondant aux autres critères de l'article 275 D sont considérés comme des cigarettes.

Les produits constitués exclusivement ou partiellement de substances autres que le tabac mais répondant aux autres critères de l'article 275 E sont considérés comme des tabacs fine coupe destinés à rouler les cigarettes.

Les produits constitués exclusivement ou partiellement de substances autres que le tabac mais répondant aux autres critères de l'article 275 E *bis* sont considérés comme des tabacs à fumer.

Art. 275 D Sont considérés comme cigarettes les rouleaux de tabac susceptibles d'être fumés en l'état qui ne sont ni des cigares ou des cigarillos tels qu'ils sont définis à l'article 275 B, ni des produits qui sont assimilés à ceux-ci en vertu de l'article 275 C.

Un rouleau de tabac visé au premier alinéa est considéré, pour l'application du droit de consommation prévu aux articles 575 et 575 A du code général des impôts, comme deux cigarettes lorsqu'il a une longueur, filtre et embout non compris, supérieure à 8 centimètres sans dépasser 11 centimètres, comme trois cigarettes lorsqu'il a une longueur, filtre et embout non compris, supérieure à 11 centimètres sans dépasser 14 centimètres et ainsi de suite.

Sont également considérés comme cigarettes les rouleaux de tabac qui, par une simple manipulation non industrielle, sont glissés dans des tubes à cigarettes ou enveloppés dans des feuilles de papier à cigarettes.

Art. 275 E Sont considérés comme tabacs fine coupe destinés à rouler les cigarettes :

1° Le tabac coupé ou fractionné d'une autre façon, filé ou pressé en plaques, qui est susceptible d'être fumé sans transformation industrielle ultérieure pour lequel plus de 25 % en poids des particules de tabac présentent une largeur de coupe inférieure à 1,5 millimètre ;

2° Les déchets de tabac conditionnés pour la vente au détail, qui ne relèvent pas des articles 275 B, 275 C et 275 D, qui sont susceptibles d'être fumés et pour lesquels plus de 25 % en poids des particules de tabac présentent une largeur de coupe inférieure à 1,5 millimètre.

Art. 275 E *bis* Sont considérés comme autres tabacs à fumer :

1° Le tabac coupé ou fractionné d'une autre façon, filé ou pressé en plaques, qui est susceptible d'être fumé en l'état sans transformation industrielle ultérieure, pour lequel 75 % au moins en poids des particules de tabac présentent une largeur de coupe supérieure ou égale à 1,5 millimètre ;

2° Les déchets de tabac conditionnés pour la vente au détail, pour lesquels 75 % au moins en poids des particules de tabac présentent une largeur de coupe supérieure ou égale à 1,5 millimètre ;

3° *Abrogé par Décr. n° 2002-1419 du 2 déc. 2002, art. 3-I.*

4° Le tabac susceptible d'être fumé en l'état, sans transformation industrielle ultérieure, autre que celui mentionné aux 1° et 2° et à l'article 275 E, quel que soit son mode de présentation.

Art. 275 E *ter* Aux fins des articles 275 E et 275 E *bis*, les déchets de tabac sont réputés être des restes de feuilles de tabac et des sous-produits obtenus dans le cadre du traitement du tabac ou de la fabrication des produits du tabac.

Art. 275 F Est considéré comme tabac à mâcher le tabac présenté en rouleaux, en barres, en lanières, en cubes ou en plaques, qui est conditionné pour la vente au détail et spécialement préparé pour être mâché mais non fumé.

Art. 275 G Est considéré comme tabac à priser le tabac en poudre ou en grains spécialement préparé pour être prisé mais non fumé.

I RÉGIME ÉCONOMIQUE

Art. 276 Toute personne qui veut fabriquer des tabacs manufacturés doit préalablement obtenir un numéro d'identification en qualité de fabricant. — *V. App., Décr. n° 2014-1281 du 23 oct. 2014.*

Toute personne qui veut importer, introduire ou commercialiser en gros des tabacs manufacturés doit préalablement obtenir un numéro d'identification en qualité de fournisseur.

Le demandeur doit remplir les conditions requises pour l'exercice d'une profession commerciale et fournir une caution solvable qui garantit à l'administration des douanes et droits indirects le paiement du précompte sur remise prévue à l'article 281.

Art. 277 La demande de numéro d'identification, qui doit être accompagnée d'un exemplaire des statuts lorsqu'elle est présentée par une personne morale, est adressée au ministre de l'économie, des finances et de l'industrie. Elle doit indiquer :

1° Lorsqu'elle concerne un fabricant, l'identité ou la raison sociale du demandeur, l'adresse de son domicile, de son siège social ou de son établissement principal ainsi que l'adresse, en France métropolitaine, de ses établissements où sont fabriqués et détenus les tabacs manufacturés.

2° Lorsqu'elle concerne un fournisseur, l'identité ou la raison sociale du demandeur, l'adresse de son domicile, de son siège social ou de son établissement commercial sur le territoire d'un État membre de la Communauté européenne et, le cas échéant, l'adresse en France métropolitaine de l'établissement commercial qu'il possède ou du domicile du représentant habilité à satisfaire à sa place les obligations qui lui incombent.

Le ministre de l'économie, des finances et de l'industrie, après s'être assuré que le demandeur remplit les conditions du troisième alinéa de l'article 276 et que le dossier est complet, notifie un numéro d'identification au fabricant ou au fournisseur.

Art. 278 I. – Le fabricant tient dans chaque fabrique et lieu de stockage une comptabilité matières conforme, pour ce qui le concerne, aux dispositions contenues dans les articles 286 H et 286 J.

Elle doit également comporter :

a) Les quantités et variétés de tabacs bruts ou semi-ouvrés ainsi que les différents autres produits mis en œuvre dans la fabrication des tabacs manufacturés ;

b) Les quantités de tabacs manufacturés fabriquées et livrées, détaillées par variété de produits avec indication des références de vente au détail, par mois de fabrication et de livraison ;

c) Les quantités de tabacs manufacturés détenues en stock en fin de mois.

II. – Le fournisseur tient la comptabilité matières mentionnée au 8° du I de l'article 570 du code général des impôts conformément aux dispositions contenues dans les articles 286 H et 286 J.

Elle doit également comporter le numéro et la date du document de livraison mentionné au 6° du I de l'article 570 audit code, pour les quantités de tabacs sorties destinées aux débitants de tabacs.

III. – La comptabilité matières mentionnée aux I et II ci-dessus est présentée à toute réquisition des agents de l'administration des douanes et droits indirects.

Art. 279 Si le fabricant ou le fournisseur cesse de remplir les conditions fixées ou commet une infraction aux dispositions du code général des impôts, le ministre de l'économie, des finances et de l'industrie peut lui retirer son numéro d'identification après l'avoir mis en mesure de présenter ses observations.

Le retrait est notifié par lettre recommandée avec demande d'avis de réception postal. Dès sa notification, le retrait entraîne pour l'intéressé :

1° L'interdiction d'importer, d'introduire et de commercialiser en gros des tabacs manufacturés, s'il s'agit d'un fournisseur, ou de fabriquer des tabacs manufacturés, s'il s'agit d'un fabricant.

2° L'obligation d'établir un inventaire des quantités de tabacs en stock à la date de la notification du retrait, à l'exclusion de celles qui sont en entrepôt douanier, et de le remettre à l'administration des douanes et droits indirects dans les cinq jours qui suivent cette notification. L'intéressé dispose alors d'un délai de trois mois pour écouler le stock compris dans l'inventaire et, le cas échéant, celui qu'il détient en entrepôt douanier.

Art. 280 La direction générale des douanes et droits indirects met la liste des débitants à la disposition des fournisseurs pourvus d'un numéro d'identification.

Art. 281 La remise mentionnée au 3° du I de l'article 570 du code général des impôts due par le fournisseur au débitant lui est allouée sous déduction d'un précompte versé à l'administration des douanes et droits indirects. Le précompte est composé du droit de licence mentionné au premier alinéa de l'article 568 du code général des impôts et de la cotisation salariale au régime d'allocation viagère en faveur des gérants de débits de tabac mentionnée au *a* de l'article 2 du décret n° 63-1104 du 30 octobre 1963 relatif au régime d'allocations viagères des gérants de débits de tabac.

Pour la détermination du précompte, il n'est pas tenu compte de l'exonération prévue au premier alinéa de l'article 568 du code général des impôts.

Art. 282 Les seuls crédits qui peuvent être accordés par les fournisseurs aux débitants sont le crédit à la livraison, le crédit de stock et le crédit saisonnier, tels qu'ils sont définis par arrêté du ministre de l'économie et des finances. – *V. Ann. IV, art. 56 AC à 56 AG.*

Cet arrêté fixe aussi la valeur minimale de la commande qui entraîne l'obligation pour le fournisseur de livrer à ses frais, au débitant, les tabacs commandés. – *V. Ann. IV, art. 56 AB.*

Art. 283 Tout débitant préposé à la gestion d'un débit de tabacs est seul responsable de l'exploitation de ce débit, notamment des commandes passées aux fournisseurs et du paiement des livraisons qui en résultent.

Les débitants ne peuvent recevoir pour la commercialisation des tabacs manufacturés *(Devenu sans objet, Décr. n° 2017-698 du 2 mai 2017, art. 2)* « *et la publicité concernant ces produits* », aucun avantage, direct ou indirect, autre que la remise prévue au 3° du I de l'article 570 du code général des impôts.

(Devenu sans objet, Décr. n° 2017-698 du 2 mai 2017, art. 2) « *La répartition des espaces publicitaires entre les différentes marques est arrêtée, sur le plan national, par un accord entre les fabricants, les fournisseurs et les débitants. A défaut d'accord, le litige est soumis à l'arbitrage dans les conditions prévues au décret n° 80-354 du 14 mai 1980 relatif à l'arbitrage.* » – *Dispositions devenues sans objet en conséquence de la L. n° 2016-41 du 26 janv. 2016, art. 23-III.*

Art. 284 *(Décr. n° 2018-292 du 20 avr. 2018, art. 1er)* L'administration établit, chaque année, un calendrier comportant *(Décr. n° 2020-707 du 9 juin 2020, art. 1er-1°)* « au moins six » campagnes d'homologation des prix de vente au détail des tabacs manufacturés, selon des intervalles qui ne peuvent dépasser trois mois.

A la demande de l'administration, les fabricants de tabacs manufacturés lui communiquent, par voie dématérialisée, soit directement, soit par l'intermédiaire des fournisseurs agréés, les prix de vente au détail des tabacs manufacturés, *(Décr. n° 2020-707 du 9 juin 2020, art. 1er-2°-a)* « dans les conditions définies à l'article 572 du code général des impôts, » pour chacun de leurs produits, par marque et dénomination commerciale. *(Décr. n° 2020-707 du 9 juin 2020, art. 1er-2°-b)* « Ils disposent d'un délai de cinq jours ouvrés à compter de la demande de l'administration pour effectuer cette transmission. Ils ne peuvent déposer aucune demande supplémentaire ou de correction à l'issue de ce délai. »

Les prix sont homologués par arrêté conjoint du ministre chargé du budget et du ministre chargé de la santé, dans un délai maximal de trois mois à compter *(Décr. n° 2020-707 du 9 juin 2020, art. 1er-3°)* « de l'ouverture, par la demande mentionnée à l'alinéa précédent, de la campagne d'homologation ». Ils sont publiés au *Journal officiel* de la République française.

(Décr. n° 2020-707 du 9 juin 2020, art. 1er-4°) « Si un fabricant ou un fournisseur ne dépose pas de prix pendant une campagne, l'administration réexamine la liste de prix de la dernière campagne pour laquelle il a déposé des prix. Si ces prix respectent toujours les conditions mentionnées à l'article 572 précité, l'administration les homologue selon les modalités mentionnées à l'alinéa précédent. »

Ancien art. 284 *(Décr. n° 2016-757 du 7 juin 2016, art. 1er) A la demande de l'administration, les fournisseurs agréés communiquent, par voie dématérialisée auprès de la direction générale des douanes et droits indirects, les prix de vente au détail des tabacs manufacturés, pour chacun de leurs produits par marque et dénomination commerciale.*

Les prix sont homologués par arrêté conjoint du ministre chargé du budget et du ministre chargé de la santé et publiés au Journal officiel de la République française.

Art. 285 En cas de changement de prix de vente, pour les stocks en consignation chez les débitants, la différence entre la valeur de ces stocks au nouveau et à l'ancien prix, atténuée de l'incidence du changement de prix sur la remise sur vente est, s'il s'agit d'un relèvement de prix, due par le débitant à chacun des fournisseurs qui lui a livré les tabacs et, en cas de baisse des prix, due par le fournisseur à chacun des débitants consignataires.

Art. 285 A La personne mentionnée à l'article 302 F *ter* du code général des impôts, exploitant un comptoir de vente ou une boutique de vente à bord et qui souhaite vendre des tabacs manufacturés, dépose auprès du service des douanes et droits indirects dans le ressort territorial duquel est situé le comptoir de vente ou la boutique à bord une demande d'agrément de statut d'acheteur-revendeur prévu à l'article 568 du même code au moyen d'un formulaire dont le modèle est fixé par arrêté du ministre chargé du budget. — *Les personnes disposant du statut d'acheteur-revendeur de tabacs manufacturés ou ayant procédé à la déclaration visée au 2° de l'art. 302 F ter CGI avant le 1er avr. 2015 sont réputées satisfaire aux exigences posées par l'art. 285 A ci-dessus (Décr. n° 2015-184 du 17 févr. 2015, art. 4, al. 2) ; sur la demande, V. Ann. IV, art. 50-0 B.*

Art. 285 B Chaque unité de conditionnement de tabacs manufacturés vendus dans les comptoirs de vente, dans les boutiques de vente à bord ou destinés à l'avitaillement est revêtue de la mention : "exportation".

II *RÉGIME FISCAL*

Art. 286 Le droit de consommation sur les tabacs fabriqués est recouvré par la direction générale des douanes et droits indirects selon les règles prévues en matière de contributions indirectes — *V. note ss. l'art.*

Pour les tabacs fabriqués importés par les particuliers, le droit de consommation est mis à la charge des importateurs, assis et recouvré par l'administration des douanes et selon les règles propres à cette administration.

Art. 286 A *Abrogé par Décr. n° 82-553 du 29 janv. 1982, art. 1er.*

Art. 286 B Pour l'application du droit de consommation prévu à l'article 575 du code général des impôts, l'issue de la fabrication s'entend de la sortie des tabacs manufacturés des établissements de production.

Art. 286 C La déclaration mentionnée à l'article 575 C du code général des impôts doit faire apparaître distinctement les tabacs imposables et les tabacs destinés à l'exportation.

Art. 286 D En cas de changement de prix de vente des tabacs, les fournisseurs et débitants sont tenus de déclarer au service des douanes et droits indirects, dans les cinq jours qui suivent la date d'entrée en vigueur des nouveaux prix, les quantités de tabacs détenus à cette date qui sont affectés par le changement de prix et qui ont supporté les droits et taxes exigibles sur la base de l'ancien prix.

Les débitants doivent indiquer sur des déclarations distinctes les quantités de tabacs en consignation provenant de fournisseurs différents. Un exemplaire de chacune de ces déclarations est adressé au fournisseur concerné par le service des douanes et droits indirects.

Art. 286 E Pour les tabacs qui font l'objet des déclarations prévues à l'article 286 D la différence entre le montant des droits et taxes déterminés sur la base des nouveaux prix et le montant des droits et taxes correspondant aux anciens prix est, selon le cas, versée par le fournisseur au service des douanes et droits indirects ou restituée au fournisseur par ce dernier, au plus tard le 5 du quatrième mois qui suit celui du changement de prix.

III *CORSE — DOM*

Art. 286 F Les dispositions des articles 276 à 286 E ne sont applicables ni dans les départements de Corse, ni dans les départements d'outre-mer.

Art. 286 G Demeure provisoirement applicable dans les départements de La Réunion, de la Guyane et de la Martinique la réglementation relative à l'importation, à la fabrication et à la commercialisation des tabacs manufacturés actuellement en vigueur, dont les dispositions sont étendues au département de la Guadeloupe à compter du 1er janvier 1977.

CHAPITRE II *BIS* ENTREPOSITAIRES AGRÉÉS

Art. 286 H I. — 1° Par "entrepôt fiscal suspensif des droits d'accises" mentionné au III de l'article 302 G du code général des impôts, on entend chacun des lieux où sont produits, transformés, détenus, reçus ou expédiés par l'entrepositaire agréé, dans l'exercice de sa profession, les produits mentionnés audit III.

2° Après information du service des douanes et droits indirects territorialement compétent, un entrepositaire agréé peut décider que tout ou partie de ses locaux ne constituent qu'un seul entrepôt fiscal suspensif des droits d'accises, dénommé "site d'exploitation", pour la tenue de la comptabilité matières mentionnée au III de l'article 302 G du même code, ci-après dénommée "la comptabilité matières".

Cependant, dans ce cas, l'entrepositaire agréé doit pouvoir justifier à toute réquisition des agents des douanes et droits indirects des productions, des transformations, des détentions, des entrées et des sorties sur les lieux mêmes où ces opérations sont effectuées. — *V. Ann. IV, art. 50-00 B.*

II. — *Abrogé par Décr. n° 2012-1075 du 21 sept. 2012, art. 1er-I et 6, à compter du 1er nov. 2012.*

Art. 286 I I. — 1° Pour les entrepositaires agréés produisant des produits vitivinicoles régis par le règlement (CE) n° 1234/2007 du Conseil du 22 octobre 2007 portant organisation commune des marchés dans le secteur agricole et dispositions spécifiques en ce qui concerne certains produits de ce secteur (règlement "OCM unique"), la comptabilité matières est constituée par les registres vitivinicoles prévus par le règlement (CE) n° 436/2009 de la Commission du 26 mai 2009 portant modalités d'application du règlement (CE) n° 479/2008 du Conseil en ce qui concerne le casier viticole, les déclarations obligatoires et l'établissement des informations pour le suivi du marché, les documents accompagnant les transports des produits et les registres à tenir dans le secteur vitivinicole ;

2° L'entrepositaire agréé doit remettre une copie des documents constituant la comptabilité matières aux agents des douanes et droits indirects, sur leur demande.

II. — Outre les dispositions de la réglementation communautaire susmentionnée, les registres vitivinicoles sont établis de la manière suivante.

1° Les différentes opérations sont enregistrées, sans blanc ni rature, sur un registre aux pages numérotées, ou selon une procédure informatisée, chronologiquement et au plus tard le jour ouvrable qui suit l'opération, ou le troisième jour ouvrable pour les sorties.

Par exception aux dispositions qui précèdent, les écritures relatives à chaque opération peuvent être portées sur les registres au plus tard le dixième jour de chaque mois pour les opérations du mois précédent, à condition qu'un contrôle des entrées et sorties, ainsi que des manipulations, reste possible sur la base de pièces justificatives à toute réquisition des agents des douanes et droits indirects ou de ceux de la concurrence, de la consommation et de la répression des fraudes.

Les registres comportent les colonnes ouvertes avec les intitulés exigés par la réglementation communautaire et portent les références des contrats d'achat soumis au visa de l'établissement mentionné à l'article L. 621-1 du code rural et de la pêche maritime, pour les transactions soumises à cette procédure.

Sans préjudice d'autres dispositions prévues par les règlements et accords interprofessionnels visés notamment aux articles L. 632-1 à L. 632-7 du code rural et de la pêche maritime, les registres comportent pour les vins bénéficiant d'une protection de dénomination, les références aux déclarations de revendication au bénéfice de cette protection prévues par la réglementation en vigueur, les numéros d'enregistrement des contrats d'achat et les numéros des déclarations de transactions soumis préalablement aux interprofessions tels que prévus dans les accords interprofessionnels étendus mentionnés aux articles précités.

Les registres comportent, le cas échéant, les références aux comptes d'âges ou de vieillissement prévus par les textes réglementaires en vigueur et les règlements des organismes interprofessionnels.

En cas d'application des dispositions de l'article 450 du code général des impôts ou des articles 661 et 662 du code rural ancien, les registres doivent faire référence, pour chaque mouvement de produits vitivinicoles mentionnés au règlement (CE) n° 1234/2007 précité, à l'avis de blocage, à l'engagement de garantie ou de mainlevée du porteur du warrant agricole ou du porteur de l'engagement de garantie.

L'identité du détenteur des registres doit figurer sur la première page de chacun des registres.

2° Les registres viti-vinicoles peuvent être tenus selon une procédure informatisée.

Les personnes qui tiennent les registres informatisés doivent, à toute réquisition des agents de l'administration, permettre à ces agents de vérifier que ces registres sont conformes aux dispositions de la réglementation communautaire en vigueur, de l'article 286 H et du présent article. *— V. Ann. IV, art. 50-00 D et 50-00 H.*

3° Ces registres vitivinicoles peuvent être constitués par des éléments d'une comptabilité commerciale informatisée dès lors qu'elle comporte :

a) Toutes les indications nécessaires relatives aux mouvements des produits et au déroulement des manipulations conformément aux dispositions européennes et aux informations prévues au 1° du II ;

b) La reprise des inventaires physiques des produits réalisés au moment de la clôture de l'exercice comptable.

III. — Les entrepositaires agréés doivent effectuer la balance des registres en y inscrivant pour tous les produits vitivinicoles, au plus tard le dixième jour de chaque mois, le stock théorique en début du mois précédent, le stock théorique en fin du mois précédent et le total des entrées et des sorties du mois précédent.

Cette balance ne peut servir à elle seule d'élément de preuve pour la constatation de manquants entraînant, conformément au 2° *bis* du 1 du I de l'article 302 D du code général des impôts, l'exigibilité de l'impôt.

Les entrepositaires agréés transmettent au service des douanes et droits indirects territorialement compétent, au plus tard le dixième jour de chaque mois, une déclaration récapitulative comportant les renseignements mentionnés au premier alinéa et, le cas échéant, ceux prévus au 1° du II. *— V. le I de l'art. 50-00 G et 50-00 H de l'Ann. IV.*

IV. — Les registres doivent être clôturés une fois par an pour les récoltants y compris les sociétés coopératives et leurs unions. La déclaration annuelle est transmise au service des douanes et droits indirects territorialement compétent, au plus tard le dixième jour du deuxième mois qui suit la clôture des comptes.

V. — Les registres peuvent être constitués par des annotations au verso des déclarations de récolte et des stocks mentionnées à l'article 407 du code général des impôts. *— V. Ann. IV, art. 50-00 E et 50-00 H.*

VI. — Les registres sont tenus par entrepôt fiscal suspensif de droits d'accises et sur les lieux mêmes où les produits sont détenus.

Au sein d'un site d'exploitation, les registres sont tenus au siège de l'exploitation.

Le siège de l'exploitation s'entend du lieu où est située l'installation principale de ce site.

Dans ce cas, les entrepositaires agréés sont tenus d'indiquer à l'administration des douanes et droits indirects l'adresse de ce lieu.

VII. — Les registres vitivinicoles peuvent être regroupés sur un seul document. *— V. Ann. IV, art. 50-00 F et 50-00 H.*

VIII. — Les registres et les pièces justificatives nécessaires à leur tenue et les documents prévus aux IV et VI sont conservés dans les conditions et selon les modalités *fixées à l'article L. 102 B du Livre* des procédures fiscales.

IX. — La validation des documents mentionnés aux articles 302 M, 302 M *bis* et 302 M *ter* du code général des impôts pour l'expédition ou l'enlèvement des produits vitivinicoles n'est possible que si l'entrepositaire agréé respecte les obligations afférentes à la tenue de la comptabilité matières telles que prévues par le présent article et les obligations mentionnées *(Décr. n° 2019-559 du 6 juin 2019, art. 2)* « à l'article 614 ».

En cas de manquements graves ou répétés aux dispositions ci-dessus, la qualité d'entrepositaire agréé peut être retirée par le directeur interrégional des douanes et droits indirects.

Art. 286 J I. – 1° Pour les entrepositaires agréés autres que ceux produisant des produits viti-vinicoles, la comptabilité matières est constituée :

a) Soit par des documents établis conformément aux modèles prévus par arrêté du ministre chargé du budget ; – *Ann. IV, art. 50-00 A.*

b) Soit, pour les personnes concernées, par les registres vitivinicoles prévus par le règlement (CE) n° 436/2009 de la Commission du 26 mai 2009 portant modalités d'application du règlement (CE) n° 479/2008 du Conseil en ce qui concerne le casier viticole, les déclarations obligatoires et l'établissement des informations pour le suivi du marché, les documents accompagnant les transports des produits et les registres à tenir dans le secteur vitivinicole ;

c) Soit enfin, sur agrément délivré par le directeur interrégional des douanes et droits indirects, en vertu de l'article 286 K :

1. Par des documents établis selon d'autres modèles, sous réserve que soient reprises toutes les informations mentionnées au présent article, ainsi que les déclarations qu'il prévoit et, le cas échéant, les informations particulières relatives aux bouilleurs de cru et aux distilleries mentionnées respectivement aux articles 37 à 56 et 57 à 87 de l'annexe I au code général des impôts ;

2. Par la comptabilité commerciale ou les différents registres, dont la tenue est rendue obligatoire par le code général des impôts et, le cas échéant, par le III de l'article 277 A de ce code et la réglementation communautaire lorsque les produits font l'objet d'un placement sous un régime suspensif douanier communautaire.

2° Cette comptabilité matières doit faire apparaître :

a) Toutes les informations prévues au VII et au IX ;

b) Les informations relatives aux productions, transformations, stocks et mouvements de produits mentionnés au III de l'article 302 G du code général des impôts et des produits alcooligènes mentionnés à l'article 338 du même code, exprimées en volume d'alcool pur et en volume effectif pour les alcools, en volume effectif pour les produits intermédiaires et les produits mentionnés à l'article 438 dudit code et en volume effectif par degré alcoométrique, pour les bières.

3° L'entrepositaire agréé doit remettre une copie des documents constituant la comptabilité matières aux agents des douanes et droits indirects, sur leur demande.

II. – 1° Les entrepositaires agréés mentionnés au I tiennent la comptabilité matières à l'adresse de l'entrepôt fiscal suspensif des droits d'accises auquel elle se rapporte.

2° Cependant ils peuvent tenir la comptabilité matières de chacun de leurs entrepôts fiscaux suspensifs des droits d'accises à l'adresse d'un de ces entrepôts.

Dans ce cas :

a) Les entrepositaires agréés doivent pouvoir justifier, à tout moment, des entrées, des sorties et des stocks sur les lieux mêmes où les produits sont détenus ;

b) Ils doivent informer l'administration des douanes et droits indirects du lieu où est tenue et conservée la comptabilité matières ;

c) Ils tiennent à l'adresse de ce lieu autant de comptabilités matières que d'entrepôts fiscaux suspensifs des droits d'accises concernés. Ces comptabilités matières doivent pouvoir être communiquées sans délai aux agents des douanes et droits indirects.

III. – *Lorsque les éléments* constitutifs de la comptabilité matières doivent faire l'objet d'un agrément, l'entrepositaire agréé joint à sa demande un modèle de comptabilité ou de registre.

La demande d'agrément est transmise au directeur interrégional des douanes et droits indirects ayant dans le ressort territorial de sa circonscription le ou les entrepôts fiscaux suspensifs des droits d'accises concernés ou l'entrepôt fiscal suspensif des droits d'accises choisi par l'entrepositaire comme lieu unique de la tenue de la comptabilité matières de l'ensemble de ses entrepôts.

La demande d'agrément contient l'adresse des entrepôts suspensifs des droits d'accises, ainsi que du lieu où sont tenus et conservés la comptabilité ou les registres.

IV. – 1° Les entrepositaires agréés doivent effectuer la balance du compte principal et des comptes de production ou de transformation de leur comptabilité matières en y inscrivant, pour chaque produit, selon son tarif d'imposition ou selon sa nature, au plus tard le dixième jour de chaque mois, le stock théorique en début du mois précédent, le stock théorique en fin du mois précédent et le total des entrées et des sorties du mois précédent.

Cette balance ne peut servir à elle seule d'élément de preuve pour la constatation de manquants entraînant, conformément au 2° *bis* du 1 du I de l'article 302 D du code général des impôts, l'exigibilité de l'impôt.

Les entrepositaires agréés transmettent, pour chaque entrepôt fiscal suspensif des droits d'accises, au service des douanes et droits indirects territorialement compétent, au plus tard le dixième jour de chaque mois, une déclaration récapitulative comportant les renseignements mentionnés au premier alinéa, et, le cas échéant, ceux prévus par les règlements ou accords interprofessionnels et ceux prévus au 7° du VII. – *V. le I de l'art. 50-00 G de l'Ann. IV.*

Pour les produits mentionnés à l'article 575 A du code général des impôts, les entrepositaires agréés transmettent, pour chaque entrepôt fiscal suspensif des droits d'accises, au service des douanes et droits indirects territorialement compétent, au plus tard le quinzième jour de chaque mois, une déclaration récapitulative comportant les renseignements mentionnés au premier alinéa.

2° Sous réserve des dispositions des articles 56 et 71 de l'annexe I au code général des impôts, les entrepositaires agréés effectuent, chaque année, à la date de clôture de leur exercice commercial, selon les modalités fixées au VII, un inventaire des stocks de chacun de leurs entrepôts suspensifs des droits d'accises, arrêtent la comptabilité matières et la transmettent au plus tard le dixième jour du deuxième mois qui suit, ainsi que les résultats de l'inventaire des stocks, au service des douanes et droits indirects mentionné au troisième alinéa du 1°.

V. – La comptabilité matières reprend les opérations citées aux II et IV de l'article 302 G du code général des impôts effectuées en suspension de droits ou en droits acquittés, dans un entrepôt fiscal suspensif des droits d'accises.

La comptabilité matières des produits en suspension de droits est distincte de celle des produits en droits acquittés.

VI. – 1° La comptabilité matières des produits mentionnés au III de l'article 302 G du code général des impôts est constituée :

a) D'un compte principal décrivant les réceptions, détentions et expéditions de produits ;

b) De deux comptes pour les opérations de production ou de transformation des produits : le premier compte pour l'enregistrement des produits au stade de leur production et le second pour leur enregistrement au stade de leur transformation.

Pour les productions à partir de matières premières non alcooliques, les entrées sont à inscrire au compte de production.

Pour les productions à partir de matières premières alcooliques, les entrées sont à inscrire au compte de transformation ;

c) Le cas échéant, d'un compte de subdivision du compte principal, pour les alcools et les boissons alcooliques logés dans des fûts en bois non pourvus d'un revêtement intérieur ou extérieur destiné à assurer l'étanchéité.

2° *Dispositions devenues sans objet (Ord. n° 2001-766 du 29 août 2001, art. 15-XI).*

3° Par exception aux dispositions du 1°, la comptabilité matières des fabricants de bières est constituée :

a) D'un compte principal décrivant les réceptions, détentions et expéditions de bières, après filtration, soutirage et conditionnement ;

b) D'un compte de subdivision du compte principal, pour les bières logées dans des fûts en bois non pourvus d'un revêtement intérieur ou extérieur destiné à assurer l'étanchéité.

VII. – Sans que cela fasse obstacle aux dispositions de l'article 70 de l'annexe I au *code général des impôts, la* comptabilité matières est tenue :

1° Par tarif d'imposition, en volume d'alcool pur et en volume effectif, pour les alcools et les produits alcooligènes mentionnés à l'article 338 du code général des impôts, sous réserve des dispositions relatives aux comptes d'âge ou de vieillissement prévus par les textes réglementaires en vigueur et les règlements des organismes interprofessionnels ;

2° Par tarif d'imposition, en volume effectif, par couleur et par appellation d'origine ou dénomination pour les produits intermédiaires et les produits mentionnés à l'article 438 dudit code, sous réserve des règlements ou accords interprofessionnels prévus notamment en application des articles L. 632-1 à L. 632-7 du code rural et de la pêche maritime ;

3° Par tarif d'imposition, en volume effectif, par degré alcoométrique, pour les bières ;

4° Selon les règles fixées par la réglementation communautaire, notamment par le règlement (CE) n° 436/2009 précité, pour les produits vitivinicoles autres que le vin ;

5° Par tarif d'imposition, par unité de produits ou en grammes, selon le cas, pour les produits mentionnés à l'article 575 A du code général des impôts ;

6° Pour les produits qui ne sont pas soumis aux droits mentionnés au deuxième alinéa de l'article 302 B du code général des impôts, par nature de produits exclusivement ;

7° Par dérogation aux dispositions des 1°, 2° et 3°, les produits concernés par des règles spécifiques de taxation ou d'imposition font l'objet d'une gestion comptable séparée.

De même, les produits soumis aux articles 450 du code général des impôts ou 661 et 662 du code rural ancien font l'objet d'une gestion séparée.

VIII. — La comptabilité matières est tenue, par exercice comptable, sur un livre aux pages numérotées, jour par jour, sans blanc ni rature, ou selon une procédure informatisée. — *V. Ann. IV, art. 50-00 D.*

Les inscriptions sur la comptabilité matières doivent être faites au plus tard le jour ouvrable qui suit le jour de la réalisation de l'opération constituant une entrée ou une sortie selon les dispositions du B du IX.

IX. — Outre les dispositions particulières prévues à l'annexe I au code général des impôts relatives aux bouilleurs de cru et aux distilleries, la comptabilité matières comprend les renseignements suivants :

A. — *Renseignements généraux*

1° La mention, selon le cas : "Comptabilité matières des produits en suspension de droits" ou « Comptabilité matières des produits en droits acquittés » ou "Comptes de production ou de transformation" ;

2° Nom ou raison sociale et adresse du siège social de la société de l'entrepositaire agréé ;

3° Numéro d'identification ;

4° Lieu où est tenue la comptabilité matières ;

5° Adresse de l'entrepôt fiscal suspensif des droits d'accises pour lequel est tenue cette comptabilité matières ;

6° Année concernée ;

7° Date du dernier arrêté annuel de la comptabilité matières.

B. — *Renseignements particuliers*

1° Le compte principal de la comptabilité matières doit contenir une colonne "Entrées" et une colonne "Sorties".

a) Dans la colonne "Entrées" du compte principal doivent figurer les quantités de produits *destinées* à être stockées :

1. Qui sont détenues à la date d'ouverture de la comptabilité matières, après arrêté annuel des comptes ;

2. Qui sont reçues, produites ou transformées dans l'entrepôt suspensif des droits d'accises ;

3. Que l'entrepositaire agréé a constatées en excédent lors de la réception dans son entrepôt suspensif des droits d'accises ;

4. Qui sont replacées en suspension de droits, conformément au IV de l'article 302 G du code général des impôts, pour la comptabilité matières des produits en suspension de droits ;

5. Qui sont reçues dans l'entrepôt suspensif des droits d'accises dans des récipients munis d'une capsule, empreinte, vignette ou de toute autre marque fiscale représen-

tative des droits indirects. Dans ce cas, les quantités sont inscrites en entrée du compte principal des produits en droits acquittés.

b) Dans la colonne "Sorties" du compte principal doivent figurer les quantités de produits :

1. Qui sont sorties de l'entrepôt suspensif des droits d'accises ou mises à la consommation ;

2. Qui ont fait l'objet d'une apposition de capsules, empreintes, vignettes ou de toutes autres marques fiscales représentatives des droits indirects ;

3. Qui sont replacées en suspension de droits dans les conditions fixées au IV de l'article 302 G du code général des impôts, pour la comptabilité matières des produits en droits acquittés ;

4. Qui sont sorties dans des récipients munis d'une capsule, empreinte, vignette ou de toute autre marque fiscale représentative des droits indirects. Dans ce cas, les quantités sont inscrites en sortie du compte principal des produits en droits acquittés.

2° *Abrogé par Décr. n° 2012-1075 du 21 sept. 2012, art. 3.*

3° Les comptes de production ou de transformation du compte principal de la comptabilité matière doivent contenir chacun une colonne "Entrées" et une colonne "Sorties".

a) Dans la colonne "Entrées" des comptes de production ou de transformation doivent figurer les quantités de produits ou de toutes autres matières premières destinées à être mises en œuvre, et leur richesse alcoolique effective ainsi que les excédents reconnus par l'entrepositaire agréé lors de la réception dans l'entrepôt fiscal suspensif des droits d'accises.

b) Abrogé par Décr. n° 2012-1075 du 21 sept. 2012, art. 3.

4° Une fois effectuée la production ou la transformation des produits, les quantités réellement obtenues de ces produits sont inscrites simultanément dans la colonne "Sorties" du compte de production ou de transformation et dans la colonne « Entrées » du compte principal, ou uniquement dans la colonne "Entrées" du compte principal, pour les fabricants de bières.

5° Le compte principal doit également contenir les renseignements mentionnés au premier alinéa du 1° du IV. *— V. Ann. IV, art. 50-00 C.*

X. — Les documents et les pièces justificatives nécessaires à l'établissement de la comptabilité matières et la comptabilité matières elle-même sont conservés dans les conditions et selon les modalités fixées à l'article L. 102 B du Livre des procédures fiscales.

XI. — La validation des documents mentionnés aux articles 302 M, 302 M *bis* et 302 M *ter* du code général des impôts pour l'expédition ou l'enlèvement de produits n'est possible que si l'entrepositaire agréé respecte les obligations afférentes à la tenue de la comptabilité matières telles que prévues par le présent article et les obligations mentionnées *(Décr. n° 2019-559 du 6 juin 2019, art. 2)* « à l'article 614 » dudit code.

En cas de manquements graves ou répétés aux dispositions ci-dessus, la qualité d'entrepositaire agréé peut être retirée par le directeur interrégional des douanes et droits indirects.

Art. 286 K Pour obtenir la qualité d'entrepositaire agréé, la demande d'agrément est transmise au directeur interrégional des douanes et droits indirects ayant dans le ressort territorial de sa circonscription le ou les entrepôts fiscaux suspensifs des droits d'accises concernés ou l'entrepôt fiscal suspensif des droits d'accises choisi par l'entrepositaire comme lieu unique de la tenue de la comptabilité matières de l'ensemble de ses entrepôts.

Cette demande est accompagnée d'un modèle de leur comptabilité matières et de toute *pièce justifiant, sauf cas de dispense*, de l'existence de la caution prévue au V de l'article 302 G du code général des impôts.

En cas de tenue, par un entrepositaire agréé, de la comptabilité matières de chacun de ses entrepôts suspensifs des droits d'accises à l'adresse d'un de ces entrepôts, l'entrepositaire agréé précise également dans sa demande l'adresse de l'entrepôt où les comptabilités matières sont tenues.

Le directeur interrégional des douanes et droits indirects accorde la qualité d'entrepositaire agréé et lui attribue, le cas échéant par entrepôt suspensif des droits d'accises, un numéro d'identification. — *V. App., Décr. nº 2014-1280 du 23 oct. 2014.*

Les personnes qui avaient le statut de marchand en gros au 31 décembre 1999 ou qui étaient inscrites, à cette même date, dans le casier viticole informatisé constitué en application du règlement (CEE) nº 2392/86 du Conseil du 24 juillet 1986, sont réputées remplir les obligations mentionnées au III de l'article 302 G du code général des impôts et ont de ce fait la qualité d'entrepositaire agréé à compter du 1er janvier 2000, sans démarche préalable de leur part. Le directeur interrégional des douanes et droits indirects leur notifie leur numéro d'identification. — *Règl. (CEE) nº 2392/86 du 24 juill. 1986 : abrogé par le Règl. (CE) nº 479/2008 du Conseil du 29 avr. 2008 ; pour le casier viticole, V. titre VI dudit Règl. (JOUE L 148, 6 juin 2008) et Règl. (CE) nº 436/2009 de la commission du 26 mai 2009 (JOUE L 128, 27 mai 2009).*

Art. 286 L Les alcools, les produits intermédiaires, les produits mentionnés à l'article 438 du code général des impôts et les bières, qui sont détenus en droits acquittés dans un entrepôt suspensif de droits d'accises, sont stockés de façon distincte des mêmes produits qui y sont détenus en suspension de droits.

Art. 286 M En application des dispositions du IV de l'article 302 G du code général des impôts, la demande de compensation ou de remboursement des droits acquittés ou supportés est effectuée par l'entrepositaire agréé auprès du service des douanes et droits indirects ayant dans son ressort territorial l'entrepôt suspensif de droits d'accises dans lequel l'entrepositaire agréé détient les produits concernés.

Le bénéfice de la compensation est demandé par l'entrepositaire agréé sur la déclaration de liquidation des droits visée au III de l'article 302 D du code général des impôts. — *V. le II de l'art. 50-00 G de l'Ann. IV.*

Le bénéfice du remboursement des droits est demandé par l'entrepositaire agréé lorsque la compensation des droits ne peut être réalisée par celui-ci au cours des trois mois qui suivent la demande.

Le directeur interrégional des douanes et droits indirects est compétent pour statuer sur les demandes susmentionnées de compensation ou de remboursement des droits acquittés ou supportés.

Art. 286 N En application du deuxième alinéa du V de l'article 302 G du code général des impôts, peuvent être dispensés de caution en matière de production, de transformation et de détention de leur propre production :

1º Les récoltants qui sont propriétaires non exploitants, propriétaires exploitants, fermiers ou métayers ;

2º Les sociétés coopératives agricoles et les unions de coopératives agricoles récoltantes constituées en conformité avec le statut de la coopération agricole, en ce qui concerne les opérations de toute nature avec leurs adhérents ;

3º Les brasseurs.

CHAPITRE II *TER* COMPTOIRS DE VENTE, BOUTIQUES DE VENTE À BORD, AVITAILLEMENT

(Décr. nº 2015-184 du 17 févr. 2015, art. 1er-2º et 4, en vigueur le 1er avr. 2015)

SECTION PREMIÈRE DISPOSITIONS GÉNÉRALES

Art. 286 O La personne mentionnée à l'article 302 F *ter* du code général des impôts, qui exploite un comptoir de vente ou une boutique de vente à bord, précise dans sa déclaration les modalités d'ouverture et de fonctionnement de son comptoir de vente ou de sa boutique de vente à bord. Cette déclaration est adressée au service des douanes et droits indirects dans le ressort territorial duquel est situé le comptoir de vente ou la boutique de vente à bord. Le modèle de cette déclaration est fixé par arrêté du ministre chargé du budget. — *V. Ann. IV, art. 50-0 BA.*

Les personnes disposant du statut d'acheteur-revendeur de tabacs manufacturés ou ayant procédé à la déclaration visée au 2º de l'art. 302 F ter avant le 1er avr. 2015 sont réputées satisfaire aux exigences posées par l'art. 286 O ci-dessus (Décr. nº 2015-184 du 17 févr. 2015, art. 4, al. 2).

Art. 286 P I. – Les alcools, boissons alcooliques et tabacs manufacturés destinés à être livrés à des comptoirs de vente, à des boutiques de vente à bord et dans le cadre de l'avitaillement sont détenus en suspension de droits d'accises dans un entrepôt fiscal suspensif.

II. – Les alcools, boissons alcooliques et tabacs manufacturés destinés aux comptoirs de vente circulent dans des contenants scellés ou clos de toute autre manière afin de garantir l'intégrité du contenant pendant le transport et sous couvert d'un des documents prévus aux articles 302 M, 302 M *bis* et 302 M *ter* du code général des impôts.

Les alcools, boissons alcooliques et tabacs manufacturés destinés à la vente à bord ou à l'avitaillement circulent dans des contenants scellés ou clos de toute autre manière afin de garantir l'intégrité du contenant pendant le transport et sont accompagnés d'un document dénommé "document d'avitaillement et livraisons à emporter" dont le modèle est fixé par arrêté du ministre chargé du budget. – *V. Ann. IV, art. 50-0 BB.*

III. – Lorsque les produits sont chargés à bord, le responsable à bord de la boutique de vente ou le responsable de l'avitaillement à bord du navire ou de l'aéronef signe le document mentionné au II et prend livraison des produits et quantités indiqués sur ledit document.

Dans le cas où des produits ont vocation à être vendus dans une boutique de vente à bord et à servir à l'avitaillement du navire ou de l'aéronef, deux documents d'avitaillement et livraisons à emporter distincts doivent être fournis en fonction de leur usage.

Les produits en suspension de droits d'accises destinés à l'avitaillement et à la vente à bord sont stockés de façon sécurisée.

IV. – Les alcools, boissons alcooliques et tabacs manufacturés qui ne sont pas consommés à bord des navires et aéronefs ou qui ne sont pas vendus dans les boutiques de vente à bord réintègrent l'entrepôt fiscal suspensif ou à défaut peuvent être mis à la consommation sur le territoire métropolitain.

SECTION II DISPOSITIONS PROPRES AUX COMPTOIRS DE VENTE

Art. 286 Q L'entrepositaire agréé qui gère un comptoir de vente tient une comptabilité matières permettant de distinguer les entrées et sorties dans chacun des lieux de vente du comptoir de vente et en reprenant les références d'un des documents prévus aux articles 302 M, 302 M *bis* et 302 M *ter* du code général des impôts.

SECTION III DISPOSITIONS PROPRES AUX BOUTIQUES DE VENTE À BORD

Art. 286 R Les alcools, boissons alcooliques et tabacs manufacturés destinés à la vente dans les boutiques de vente à bord des navires et aéronefs sont stockés, de façon sécurisée, séparément de ceux destinés à l'avitaillement. Ils font l'objet de deux comptabilités matières distinctes.

Un journal des ventes est tenu pour chaque boutique de vente à bord. Ce journal des ventes indique si les ventes ont été réalisées en exonération des droits d'accises ou en droits acquittés.

Un état des stocks des produits mentionnés ci-dessus est également établi à la fin de chaque navigation et tenu à la disposition du service des douanes et droits indirects.

Art. 286 S Si les alcools, boissons alcooliques et tabacs manufacturés sont débarqués à l'issue d'une navigation maritime ou aérienne, ils réintègrent, dans leurs contenants scellés, l'entrepôt fiscal suspensif. Ils sont accompagnés d'un document d'avitaillement et livraisons à emporter prévu à l'article 286 P.

Lorsque les produits débarqués sont destinés à des boutiques de vente à bord, le document mentionné à l'alinéa précédent comporte la mention du numéro du document d'avitaillement et livraisons à emporter ayant accompagné la livraison à bord initiale des produits.

SECTION IV DISPOSITIONS PROPRES À L'AVITAILLEMENT

Art. 286 T I. – Un état des stocks des produits non consommés à bord au cours de la navigation est dressé par la personne responsable des provisions de bord. Cet état des stocks est tenu à la disposition du service des douanes et droits indirects.

II. – Lors du retour du navire ou de l'aéronef sur le territoire métropolitain, les alcools, boissons alcooliques et tabacs manufacturés sont débarqués et réintègrent soit l'entrepôt fiscal suspensif, soit la zone de mise à bord mentionnée à l'article 286 V. Ils sont accompagnés d'un document d'avitaillement et livraisons à emporter prévu à l'article 286 P.

Pour l'avitaillement des aéronefs, le document comporte la référence du ou des documents d'avitaillement et livraisons à emporter ayant accompagné la livraison à bord initiale des produits.

Par dérogation au premier alinéa du présent II, les alcools, boissons alcooliques et tabacs manufacturés peuvent ne pas être débarqués des navires, à la condition d'être stockés dans un local fermé à clé et accessible uniquement au personnel désigné par le responsable des provisions de bord.

III. – A la sortie de l'entrepôt fiscal suspensif et, à l'issue de chaque navigation, avant la réintégration des produits en entrepôt ou dans la zone de mise à bord, les produits destinés à l'avitaillement du navire ou de l'aéronef sont placés dans des contenants scellés ou clos de toute autre manière afin de garantir l'intégrité du contenant pendant le transport.

Art. 286 U Lors de la sortie de l'entrepôt fiscal suspensif à destination du navire ou de l'aéronef, les alcools, boissons alcooliques et tabacs manufacturés destinés à l'avitaillement sont accompagnés d'un document d'avitaillement et livraisons à emporter prévu à l'article 286 P.

Ce document indique le nombre de passagers et de membres d'équipage ainsi que la durée de la navigation.

A la sortie de l'entrepôt fiscal suspensif, les produits destinés à l'avitaillement sont placés dans des contenants scellés ou clos de toute autre manière afin de garantir l'intégrité du contenant pendant le transport.

Art. 286 V Lors de la sortie de l'entrepôt fiscal suspensif et avant mise à bord d'un aéronef, les alcools et boissons alcooliques destinés à l'avitaillement des aéronefs peuvent être stockés dans une zone de mise à bord.

La zone de mise à bord est une zone située dans l'enceinte aéroportuaire, contiguë à l'entrepôt suspensif des droits d'accises et où ces produits sont placés pour être conditionnés avant embarquement.

La zone de mise à bord reçoit les produits destinés à être embarqués à bord des aéronefs ainsi que les produits qui en sont débarqués.

La zone de mise à bord est soumise aux mêmes règles de stockage sécurisé des produits que celles applicables aux entrepôts suspensifs des droits d'accises.

Après chaque navigation aérienne, lorsque les produits réintègrent la zone de mise à bord de l'avitailleur, ils sont obligatoirement embarqués à nouveau pour l'avitaillement de l'aéronef.

Art. 286 W L'inobservation des dispositions des articles 286 O à 286 V peut entraîner, pour les acheteurs-revendeurs de tabac manufacturé ainsi que pour les entrepositaires agréés, la suspension ou le retrait de leur agrément.

CHAPITRE III **DISPOSITIONS COMMUNES À L'ENSEMBLE DES CONTRIBUTIONS INDIRECTES**

I [ABROGÉ] ***FRAIS DE SURVEILLANCE***

(Abrogé par Décr. nº 2016-775 du 10 juin 2016, art. 3)

Art. 287 *(Abrogé par Décr. nº 2016-775 du 10 juin 2016, art. 3)* ***Le montant de la somme à rembourser en application du troisième alinéa de l'article 631 du code général des impôts est calculé en divisant les émoluments mentionnés à cet alinéa par le nombre d'heures de travail légal dans l'année.***

II

Art. 288 *Devenu sans objet (L. nº 99-1173 du 30 déc. 1999, art. 18-I C-16).*

III *COMPÉTENCES DES DIRECTEURS RÉGIONAUX DES DOUANES ET DROITS INDIRECTS EN MATIÈRE DE CONTRIBUTIONS INDIRECTES ET DE RÉGLEMENTATIONS ASSIMILÉES*

Art. 289 Les *(Décr. n° 2016-935 du 7 juill. 2016, art. 8-I-5°-a)* « directeurs interrégionaux des douanes et droits indirects ou, en Guadeloupe, en Guyane, à La Réunion et à Mayotte, les directeurs régionaux des douanes et droits indirects » sont compétents, dans le cadre de leurs attributions, pour prendre les décisions administratives individuelles suivantes :

1° Fixation ou révision de taux annuels de déchets ou de pertes observés en cours de fabrication ou de transformation d'alcools et de boissons alcooliques accordés aux entrepositaires agréés par entrepôt suspensif de droits d'accises, prévues par le premier alinéa du 2° du 1 du I de l'article 302 D du code général des impôts *(Abrogé par Décr. n° 2018-500 du 20 juin 2018, art. 3)* *« et l'article 111-00 B de l'annexe III au même code »* ;

2° Autorisation du procédé de dénaturation de l'alcool prévue au *b* du I de l'article 302 D *bis* du code général des impôts ;

3° Abrogé par Décr. n° 2012-1075 du 21 sept. 2012, art. 5-III-1°.

4° Dispense de cautionnement en matière de contributions indirectes prévue au 2 du III de l'article 302 D, au V de l'article 302 G, au premier alinéa du I de l'article 302 H *ter*, à l'article 302 J du code général des impôts et aux articles 286 N de l'annexe II, 111-0 C et 111-0 D de l'annexe III au même code ;

5° Retrait de l'agrément accordé à l'entrepositaire agréé en cas de violation de ses obligations, de défaillance de la caution ou de dénonciation par cette caution de son engagement, prévu au V de l'article 302 G du code général des impôts, au IX de l'article 286 I et au XI de l'article 286 J de l'annexe II et aux articles 111-0 C et 111-0 D de l'annexe III au même code ;

6° Remboursement et compensation des droits d'accises, prévu au IV de l'article 302 G du code général des impôts et à l'article 286 M de l'annexe II au même code ;

7° Autorisation de décharges de manquants pour les pertes de marchandises constatées lors de livraisons d'alcool, de boissons alcooliques ou de tabacs manufacturés en suspension de droits d'accises, à destination d'un entrepositaire agréé, ou d'un destinataire enregistré, prévue par l'article 302 K du code général des impôts ;

8° Autorisation préalable des personnes qui désirent importer, acquérir à titre gratuit ou onéreux, obtenir en location, faire réparer ou transformer un ou plusieurs appareils ou portions d'appareils propres à la distillation, à la fabrication ou au repassage d'eaux-de-vie ou d'esprits, prévue par l'article 306 du code général des impôts et l'article 50 C de l'annexe IV au même code ;

9° Dispense de la formalité de scellement, prévue par l'article 309 du code général des impôts ;

10° Délivrance de permis de circulation pour les alambics utilisés par les loueurs d'alambics, prévue par les articles 311 *bis*, 327 et 328 du code général des impôts ;

11° Abrogé par Décr. n° 2016-935 du 7 juill. 2016, art. 8-I-5°-f ;

12° Abrogé par Décr. n° 2016-935 du 7 juill. 2016, art. 8-I-5°-f.

13° Admission en décharge des quantités d'alcool ou de boissons alcooliques en cas de pertes accidentelles, prévue au *(Décr. n° 2018-500 du 20 juin 2018, art. 3)* « deuxième alinéa de l'article 50-0 J de l'annexe IV » au code général des impôts ;

14° Abrogé par Décr. n° 2016-935 du 7 juill. 2016, art. 8-I-5°-f ;

15° Attribution et retrait du numéro d'identification des intermédiaires, prévus au 2° du II de l'article 111-0 E de l'annexe III au code général des impôts et attribution et retrait du numéro d'identification des utilisateurs d'alcools et de boissons alcooliques en exonération de droits d'accises, prévus au 1° du I de l'article 111-0F de la même annexe ;

16° Abrogé par Décr. n° 2016-935 du 7 juill. 2016, art. 8-I-5°-f ;

17° Autorisation donnée aux entrepositaires agréés mentionnés à l'article 302 G du code général des impôts et des débitants de boissons mentionnés à l'article 502 du même code, d'utiliser leurs factures ou tout autre document commercial, en lieu et place des documents d'accompagnement mentionnés aux articles 302 M *bis* et 302 M *ter* du code précité, prévue par le II de l'article 111 H *bis* de l'annexe III au code général des impôts ;

18° Agrément des procédés de dénaturation des essences d'absinthe et produits assimilés, prévu par le premier alinéa de l'article 178 P de l'annexe III au code général des impôts ;

19° Dispense des formalités à la circulation, prévue par l'article 178 AA de l'annexe III au code général des impôts ;

20° Autorisation de procéder à la vérification de la légalité du titre d'un ouvrage en or, argent ou platine marqué d'un poinçon de garantie, prévue à l'article 207 de l'annexe III au code général des impôts ;

21° à 25° Abrogés par Décr. n° 2016-935 du 7 juill. 2016, art. 8-I-5°-f ;

26° Autorisation des entrepositaires agréés de rattacher un ou plusieurs chais ou locaux au site d'exploitation lorsqu'ils sont situés en dehors des limites fixées au I de l'article 50-00 B de l'annexe IV au code général des impôts, prévue par le III du même article ;

27° Délivrance du numéro d'agrément de la personne responsable de l'embouteillage du produit prévue au *a* de l'article 54-0 C de l'annexe IV au code général des impôts ;

28° Autorisation donnée à un négociant d'embouteiller des boissons alcooliques pour le compte d'un ou de plusieurs autres entrepositaires agréés, prévue par le dernier alinéa de l'article 54-0 C de l'annexe IV au code général des impôts ;

29° Agrément d'un type de capsule représentative de droit, prévu par l'article 54-0 G de l'annexe IV au code général des impôts ;

30° Agrément de compteur équipant les machines à fabriquer les marques fiscales représentatives de droits, prévu par l'article 54-0 I de l'annexe IV au code général des impôts ;

(Abrogé par Décr. n° 2020-897 du 22 juill. 2020, art. 2) ***« 31° Octroi des dérogations à l'emploi obligatoire des capsules fiscales pour le conditionnement des vins, prévu par le deuxième alinéa de l'article 54-0 U de l'annexe IV au code général des impôts ; »***

32° Autorisation donnée aux entrepositaires agréés d'apposer eux-mêmes, sur les capsules qu'ils utilisent, la marque fiscale et les autres mentions visées au 2° du II de l'article 164 AM de l'annexe IV au code général des impôts, prévue par l'article 54-0 V de l'annexe IV au code général des impôts ;

33° Agrément des machines destinées à apposer la marque fiscale et les autres mentions visées au 2° du II de l'article 164 AM de l'annexe IV au CGI, prévu par le deuxième alinéa de l'article 54-0 V de l'annexe IV au code général des impôts ;

34° Autorisation de restitution ou de remise des droits et taxes afférents aux bouteilles ou récipients défectueux ou cassés, prévue par le deuxième alinéa de l'article 54-0 Z de l'annexe IV au code général des impôts ;

35° Accord de restitution ou de remise des droits et taxes après constatation par le service des douanes et droits indirects de la preuve de la sortie du produit du territoire de l'Union européenne ou après présentation d'un des documents mentionnés aux articles 302 M, 302 M *bis* et 302 M *ter* du code général des impôts, prévu par le dernier alinéa de l'article 54-0 Z de l'annexe IV au code général des impôts ;

36° Habilitation à répartir les capsules collectives représentatives des droits destinées aux récoltants, prévue par le premier alinéa de l'article 54-0 BW de l'annexe IV au code général des impôts ;

37° Autorisation de percevoir le droit de circulation par les personnes habilitées à répartir les capsules collectives représentatives des droits destinées aux récoltants, prévue par le troisième alinéa de l'article 54-0 BW de l'annexe IV au code général des impôts ;

38° Autorisation d'employer des empreintes fiscales en lieu et place de vignettes, prévue par le II de l'article 54 A de l'annexe IV au code général des impôts ;

39° à 47° Abrogés par Décr. n° 2016-935 du 7 juill. 2016, art. 8-I-5°-f ;

48° Mise en demeure adressée au comité de direction d'un cercle de jeu de ne pas maintenir en fonction un préposé n'arrivant pas à assurer de manière satisfaisante la concordance entre les sommes trouvées dans la cagnotte et la valeur des tickets détachés, prévue par le deuxième alinéa de l'article 151 de l'annexe IV au code général des impôts ;

49° Autorisation d'utiliser des machines à timbrer, prévue au premier alinéa de l'article 164 AD *bis* de l'annexe IV au code général des impôts ;

50° Autorisation de déplacement de la machine à timbrer en dehors de l'établissement désigné comme lieu d'exploitation, prévue à la fin du deuxième alinéa de l'article 164 AD *bis* au code général des impôts ;

51° Autorisation de mise en place ou d'installation, chez les utilisateurs, de matériels et logiciels mentionnée à l'article 164 AM de l'annexe IV au code général des impôts, prévue au III de l'article 164 AP et au I de l'article 164 AU de la même annexe ;

52° Autorisation de déplacement des matériels ou logiciels mentionnés à l'article 164 AM de l'annexe IV au code général des impôts en dehors de l'établissement désigné comme le lieu d'exploitation, prévue au I de l'article 164 AU de la même annexe ;

53° Habilitation des usagers à apposer, à l'aide de leurs matériels ou logiciels, les marques fiscales sur des capsules dont ils font usage pour le compte de personnes pour lesquelles ils sont autorisés à embouteiller les vins, autres boissons fermentées, produits intermédiaires et alcools, prévue au VI de l'article 164 AU de l'annexe IV au code général des impôts ;

54° Révocation de l'autorisation donnée aux usagers de matériels ou de logiciels mentionnée au I de l'article 164 AU de l'annexe IV, prévue à l'article 164 AW de la même annexe ;

55° Abrogé par Décr. n° 2016-935 du 7 juill. 2016, art. 8-I-5°-f ;

56° Délivrance et retrait de l'agrément d'acheteur-revendeur de tabacs manufacturés prévu à l'article 568 du code général des impôts ;

57° Délivrance des certificats d'exportation préalable de rhums traditionnels des départements d'outre-mer, en application de l'article 144 *bis* de l'annexe III au code général des impôts et de l'article 52 *quater* de l'annexe IV au même code ;

58° Autorisation d'attester la garantie du titre par marquage au laser prévue par le *b* de l'article 523 du code général des impôts, les articles 275 *bis* C et 275 *ter* B de l'annexe II au même code et les articles 56 J *duodecies* et 56 J *terdecies* de l'annexe IV au même code ;

59° Demande de procéder à un second essai en cas de contestation sur le titre, en application du premier alinéa de l'article 530 du code général des impôts et de l'article 203 de l'annexe III au même code ;

60° Conclusion des conventions habilitant les professionnels à attester eux-mêmes la garantie du titre, en application du I de l'article 535 du code général des impôts et de l'article 275 *bis* C de l'annexe II au même code ;

61° Autorisation de modifier les conditions auxquelles était subordonnée la conclusion de la convention des professionnels habilités à attester eux-mêmes la garantie du titre, en application du I de l'article 535 du code général des impôts et de l'article 275 *bis* D de l'annexe II au même code ;

62° Décision de résiliation des conventions habilitant les professionnels à attester eux-mêmes la garantie du titre, en application du deuxième alinéa du I de l'article 535 du code général des impôts et du deuxième alinéa de l'article 275 *bis* K de l'annexe II au même code ;

63° Autorisation de refonte d'ouvrages aux titres légaux destinés à une commercialisation en dehors du territoire français sans apposition des poinçons réglementaires, en application de l'article 543 du code général des impôts et de l'article 208 de l'annexe I au même code.

(Décr. n° 2020-68 du 30 janv. 2020, art. 16-14° et 42, en vigueur le 1er févr. 2020) « 64° Agrément des commissionnaires en garantie prévu à l'article 535 du code général des impôts ainsi qu'au premier alinéa de l'article 56 J *septies* et aux premier et troisième alinéas de l'article 56 J *octies* de l'annexe IV à ce code ;

« 65° Délivrance, suspension et retrait de l'agrément des organismes chargés de l'élaboration, de la vente et du transfert des fichiers informatiques supportant la version *dématérialisée des poinçons* de garantie prévus aux articles 275 bis F et 275 *ter* G de la présente annexe et aux articles 56 J *terdecies* A à 56 J *terdecies* E de l'annexe IV ;

« 66° Délivrance, suspension et retrait de l'agrément des organismes de contrôle chargés d'attester la garantie du titre des ouvrages en métaux précieux prévus *(Décr. n° 2021-744 du 9 juin 2021, art. 2)* « au II de l'article 535 » du code général des impôts et aux articles 275 *ter* à 275 *ter* P de la présente annexe ;

« 67° Délivrance du numéro d'agrément des personnes responsables de l'embouteillage du produit prévue à l'article 111 I de l'annexe III au code général des impôts et au *a* de l'article 50-0 C de l'annexe IV. »

V. ndlr ss. art. 202 E.

TITRE QUATRIÈME ENREGISTREMENT, PUBLICITÉ FONCIÈRE, TIMBRE

CHAPITRE PREMIER DROITS D'ENREGISTREMENT ET TAXE DE PUBLICITÉ FONCIÈRE

SECTION PREMIÈRE

Art. 289 A *Abrogé par Décr. n° 78-62 du 20 janv. 1978, art. 8 (JO 24 janv.).*

SECTION II LES TARIFS ET LEUR APPLICATION

I *MUTATIONS DE PROPRIÉTÉ À TITRE ONÉREUX D'IMMEUBLES. MUTATIONS SOUMISES À UNE TAXATION RÉDUITE OU EXONÉRÉES*

1° OPÉRATIONS CONCOURANT À LA PRODUCTION OU À LA LIVRAISON D'IMMEUBLES

Art. 290 et 291 *Abrogés par Décr. n° 2010-1075 du 10 sept. 2010.*

2° RÉGIMES SPÉCIAUX INSTITUÉS EN FAVEUR DE L'AGRICULTURE

Art. 291 A *Devenu sans objet (L. n° 98-1266 du 30 déc. 1998, art. 39-I-4).*

II *MUTATIONS DE PROPRIÉTÉ À TITRE ONÉREUX DE MEUBLES. CESSIONS DE DROITS SOCIAUX*

Art. 292 **Les actions ou parts sociales dont la cession est soumise au régime fiscal défini à l'article 728 du code général des impôts s'entendent de celles qui, à la date de ladite cession, confèrent en fait ou sont destinées à conférer à leurs titulaires le droit à la jouissance d'immeubles ou de fraction d'immeubles, quels que soient l'objet statutaire et l'activité réelle de la société émettrice.**

Il résulte de l'art. 292, qui précise le contenu de l'art. 728 du code sans rien y ajouter, que la présomption de mutation d'immeubles prévue par ce texte s'applique quel que soit l'objet statutaire de la société émettrice. • Com. 10 déc. 2003, n° 1806F-D : *RJF 2004. 428.*

III *MUTATIONS À TITRE GRATUIT*

A CHAMP D'APPLICATION

SOMMES VERSÉES EN VERTU DE CONTRATS D'ASSURANCE EN CAS DE DÉCÈS

Art. 292 A **Tous les contrats d'assurance en cas de vie ou en cas de décès souscrits à compter du 20 novembre 1991 et conclus sur la tête d'un même assuré, en vertu desquels des primes ont été versées après son soixante-dixième anniversaire, doivent être déclarés par les bénéficiaires, au décès de l'assuré, dans les conditions fixées pour les déclarations de succession. La déclaration doit préciser, pour chaque contrat, la date de souscription et le montant des primes versées après le soixante-dixième anniversaire de l'assuré.**

(Décr. n° 2020-1704 du 24 déc. 2020, art. 1er-1°) **« Les plans d'épargne retraite mentionnés à l'article L. 224-1 du code monétaire et financier ayant donné lieu à l'adhésion à un contrat d'assurance dont le titulaire décède après l'âge de soixante-dix ans sont déclarés par les bénéficiaires dans les conditions fixées pour les déclarations de succession. La déclaration précise, pour chaque plan d'épargne retraite, la date de souscription ainsi que le montant total des sommes, rentes ou valeurs dues à raison du décès. »**

Les assureurs sont tenus, sur la demande des bénéficiaires, de leur communiquer les informations mentionnées ci-dessus.

Art. 292 B I. – Les assureurs qui doivent verser des sommes, rentes ou émoluments quelconques au titre des contrats mentionnés à l'article 292 A déclarent à l'administration fiscale, dans les soixante jours qui suivent le jour où ils ont connaissance du décès de l'assuré sur la tête duquel un ou plusieurs contrats en cause ont été souscrits, les éléments mentionnés aux I et II de l'article 370 C *(Décr. n° 2020-1704 du 24 déc. 2020, art. 1er-2°)* « , le montant des primes versées après le soixante-dixième anniversaire de l'assuré ou, s'agissant de plans d'épargne retraite mentionnés à l'article L. 224-1 du code monétaire et financier, le montant total des sommes, rentes ou valeurs dues aux bénéficiaires et leurs modalités de versement, en capital ou sous forme de rente temporaire ou viagère. La déclaration indique la répartition des montants entre chacun des bénéficiaires pour chaque contrat. ».

Les mêmes obligations incombent aux assureurs pour les contrats souscrits avant le 20 novembre 1991, lorsque des avenants prévus à l'article L. 112-3 du code des assurances de nature à transformer l'économie même de ces contrats ont été souscrits après cette date. Les dates, les références ou numéros de police de ces avenants sont alors déclarés.

Ces éléments sont déclarés dans les conditions prévues aux V à VII de l'article 370 C.

II. – Les assureurs ne peuvent se libérer des sommes, rentes ou émoluments quelconques dus au titre des contrats mentionnés à l'article 292 A que dans les conditions prévues aux premier et deuxième alinéas du III de l'article 806 du code général des impôts ou dans celles prévues au troisième alinéa du même III, sous réserve de la production d'un certificat du comptable de la direction générale des finances publiques chargé de la formalité de l'enregistrement attestant le dépôt d'une déclaration contenant les références du ou des contrats ainsi que les indications prévues à l'article 292 A et qu'après avoir satisfait aux obligations édictées au I du présent article.

Ancien art. 292 B *I. – Les assureurs qui doivent verser des sommes, rentes ou émoluments quelconques au titre des contrats mentionnés à l'article 292 A doivent, dans les quarante-cinq jours qui suivent le jour où ils ont connaissance du décès de l'assuré sur la tête duquel un ou plusieurs contrats en cause ont été souscrits, adresser à la direction départementale ou, le cas échéant, régionale des finances publiques du domicile de l'assuré un document faisant connaître :*

1. Le nom ou la raison sociale et le domicile de l'assureur ;

2. Les nom, prénoms et domicile de l'assuré ainsi que la date de son décès ;

3. Les nom, prénoms et domicile du ou des bénéficiaires ;

4. La date de souscription du ou des contrats ;

5. Le montant des primes versées après le soixante-dixième anniversaire de l'assuré pour chacun des contrats.

Les mêmes obligations incombent aux assureurs pour les contrats souscrits avant le 20 novembre 1991, lorsque des avenants prévus à l'article L. 112-3 du code des assurances de nature à transformer l'économie même de ces contrats ont été souscrits après cette date.

Ces documents sont établis sur des formules imprimées délivrées sans frais par le service des impôts.

II. – Les assureurs ne peuvent se libérer des sommes, rentes ou émoluments quelconques dus au titre des contrats mentionnés à l'article 292 A que dans les conditions prévues aux premier et deuxième alinéas du III de l'article 806 du code général des impôts ou dans celles prévues au troisième alinéa du même III, sous réserve de la production d'un certificat du comptable de la direction générale des finances publiques chargé de la formalité de l'enregistrement attestant le dépôt d'une déclaration contenant les références du ou des contrats ainsi que les indications prévues à l'article 292 A et qu'après avoir satisfait aux obligations édictées au I du présent article.

B LIQUIDATION

DISPOSITIONS COMMUNES AUX SUCCESSIONS ET AUX DONATIONS

Art. 293 Pour l'application de l'abattement institué en matière de droits de mutation à titre gratuit par le II de l'article 779 du code général des impôts, il est tenu compte de toutes les infirmités, congénitales ou acquises, existant au jour de la donation ou de l'ouverture de la succession.

Art. 294 L'héritier, légataire ou donataire, qui invoque son infirmité, doit justifier que celle-ci l'empêche soit de se livrer dans des conditions normales de rentabilité à toute activité professionnelle, soit, s'il est âgé de moins de dix-huit ans, d'acquérir une instruction ou une formation professionnelle d'un niveau normal.

Il peut justifier de son état par tous éléments de preuve, et notamment invoquer une décision de la commission des droits et de l'autonomie des personnes handicapées mentionnée à l'article L. 146-9 du code de l'action sociale et des familles le classant dans la catégorie correspondant aux handicaps graves ou le déclarant relever soit d'une entreprise adaptée définie à l'article L. 5213-13 du code du travail, soit d'un établissement ou service d'aide par le travail défini à l'article L. 344-2 du code de l'action sociale et des familles.

Art. 294 *bis* I. — Les héritiers, donataires ou légataires d'actions ou de parts de sociétés mentionnées *(Décr. n° 2019-653 du 27 juin 2019, art. 1er-I)* « au premier alinéa de » l'article 787 B du code général des impôts, qui demandent à bénéficier des dispositions de cet article, doivent remettre au service des impôts compétent pour enregistrer la déclaration de succession, de don manuel ou l'acte de donation, dans les délais prévus pour cet enregistrement, les documents suivants :

(Décr. n° 2019-653 du 27 juin 2019, art. 1er-I) « 1° Une copie de l'acte enregistré constatant l'engagement de conservation pris en application du premier alinéa du *a* de cet article, en cours au jour de la transmission à titre gratuit, signé par le défunt ou le donateur pour lui et ses ayants cause à titre gratuit, seul ou avec un ou plusieurs autres associés et comportant les éléments suivants :

« *a)* L'identité du ou des associés ayant souscrit cet engagement, le nombre de titres détenus par chaque associé au jour de l'enregistrement de l'acte et soumis à cet engagement, ainsi que leur nombre total et les pourcentages y afférents des droits mentionnés au 1 du *b* de l'article 787 B du code général des impôts ;

« *b)* L'identité de la personne ayant souscrit l'engagement qui satisfait à la condition prévue au *d* du même article » ;

2° Une attestation de la société dont les parts ou actions font l'objet de l'engagement *(Abrogé par Décr. n° 2019-653 du 27 juin 2019, art. 1er-I)* « *collectif* » de conservation certifiant que :

a) L'engagement *(Abrogé par Décr. n° 2019-653 du 27 juin 2019, art. 1er-I)* « *collectif* » de conservation souscrit par le défunt ou le donateur, pour lui et ses ayants cause à titre gratuit, *(Décr. n° 2019-653 du 27 juin 2019, art. 1er)* « seul ou avec un ou plusieurs autres associés, d'une durée minimale de » deux ans, est en cours au jour de la transmission à titre gratuit ;

b) Cet engagement a été respecté pour le pourcentage et le nombre de titres prévus au *(Décr. n° 2020-897 du 22 juill. 2020, art. 2)* « *a* » du 1° lors de sa souscription jusqu'au jour de la transmission à titre gratuit *(Décr. n° 2020-897 du 22 juill. 2020, art. 2)* « . » *(Décr. n° 2019-653 du 27 juin 2019, art. 1er-I)* « En cas d'interposition d'une ou plusieurs sociétés entre un associé partie à l'engagement autre que le bénéficiaire mentionné au premier alinéa du présent I et la société dont les parts ou actions font l'objet de cet engagement, cette dernière fournit les attestations mentionnées au 1° du IV du présent article, transmises par la ou les sociétés interposées » ;

c) Ses statuts limitent les droits de l'usufruitier dans les conditions prévues par l'avant-dernier alinéa de l'article 787 B précité en cas de donation de titres consentie avec réserve d'usufruit ;

(Abrogé par Décr. n° 2019-653 du 27 juin 2019, art. 1er-I) « ***3° Dans le cas où le régime, prévu par l'article 787 B, concerne les titres d'une société interposée entre le redevable et la société signataire de l'engagement collectif de conservation, une attestation de la société interposée précisant le nombre de titres qu'elle détient dans la société signataire de l'engagement collectif de conservation à la date de la signature de celui-ci et certifiant que, depuis cette date, cette participation est demeurée inchangée.*** »

II. — Lorsque l'engagement *(Abrogé par Décr. n° 2019-653 du 27 juin 2019, art. 1er-II)* « *collectif* » de conservation est conclu dans les conditions mentionnées au deuxième alinéa du *a* de l'article 787 B *(Décr. n° 2019-653 du 27 juin 2019, art. 1er-II)* « du code général des impôts », les héritiers ou légataires qui demandent à bénéficier de l'exonération doivent remettre au service des impôts compétent pour enregistrer la déclaration de succession, dans les délais prévus pour cet enregistrement, les documents suivants :

1° Une copie de l'acte enregistré constatant l'engagement *(Abrogé par Décr. n° 2019-653 du 27 juin 2019, art. 1er-II)* « *collectif* » de conservation, mentionné au deuxième alinéa du *a* de l'article 787 B *(Décr. n° 2019-653 du 27 juin 2019, art. 1er-II)* « précité », signé par le ou les héritiers ou légataires entre eux ou avec un ou plusieurs autres associés et comportant les éléments suivants :

(Décr. n° 2019-653 du 27 juin 2019, art. 1er-II) « *a)* L'identité du ou des associés ayant souscrit cet engagement, le nombre de titres détenus par chacun d'entre eux au jour de l'enregistrement de l'acte et soumis à cet engagement, ainsi que leur nombre total et les pourcentages y afférents des droits mentionnés au 1 du *b* de l'article 787 B précité ; »

(Abrogé par Décr. n° 2019-653 du 27 juin 2019, art. 1er-II) « b) Le nombre de titres que les personnes mentionnées au deuxième alinéa du a de l'article 787 B ont soumis ensemble à l'engagement collectif de conservation, ainsi que le pourcentage y afférent des droits mentionnés au b du même article ;

« c) Le nombre de titres détenus par chaque personne mentionnée au deuxième alinéa du a de l'article 787 B, au jour de l'enregistrement de l'acte, et soumis à l'engagement collectif de conservation ; »

b) L'identité de la personne ayant souscrit l'engagement prévu au deuxième alinéa du *a* de l'article 787 B *(Décr. n° 2019-653 du 27 juin 2019, art. 1er-II)* « précité » qui satisfait à la condition prévue au *(Décr. n° 2019-653 du 27 juin 2019, art. 1er-II)* « *b* » du même article ;

2° Une attestation de la société dont les parts ou actions font l'objet de l'engagement *(Abrogé par Décr. n° 2019-653 du 27 juin 2019, art. 1er-II)* « *collectif* » de conservation certifiant qu'il a été souscrit par le ou les héritiers ou légataires, *(Décr. n° 2019-653 du 27 juin 2019, art. 1er-II)* « pour eux et leurs ayants cause à titre gratuit, entre eux ou avec un ou plusieurs autres associés pour une durée d'au moins deux ans. En cas d'interposition d'une ou plusieurs sociétés entre un associé partie à l'engagement autre que le bénéficiaire mentionné au premier alinéa du présent II et la société dont les parts ou actions font l'objet de cet engagement, cette dernière fournit les attestations mentionnées au 1° du IV du présent article, transmises par la ou les sociétés interposées ; »

(Abrogé par Décr. n° 2019-653 du 27 juin 2019, art. 1er-II) « 3° Dans le cas où le régime prévu par l'article 787 B précité concerne les titres d'une société interposée entre la personne et la société signataire de l'engagement collectif de conservation, une attestation de la société interposée précisant le nombre de titres qu'elle détient dans la société signataire de l'engagement collectif de conservation à la date de la signature de celui-ci et certifiant que, depuis cette date, cette participation est demeurée inchangée. »

III. – *(Décr. n° 2019-653 du 27 juin 2019, art. 1er-III)* « Lorsque l'engagement de conservation mentionné au premier alinéa du *a* de l'article 787 B du code général des impôts est réputé acquis au sens des dispositions du 2 du *b* du même article », les héritiers, donataires ou légataires d'actions ou de parts de sociétés qui demandent à bénéficier du régime prévu par cet article doivent remettre au service des impôts compétent pour enregistrer la déclaration de succession, de don manuel ou l'acte de donation, dans les délais prévus pour cet enregistrement, une attestation de la société dont les parts ou actions *(Décr. n° 2019-653 du 27 juin 2019, art. 1er-III)* « font l'objet de l'engagement de conservation réputé acquis » certifiant que :

1° Le pourcentage des parts ou actions détenues *(Décr. n° 2019-653 du 27 juin 2019, art. 1er-III)* « depuis deux ans au moins » par le défunt ou le donateur, seul ou avec son conjoint *(Décr. n° 2019-653 du 27 juin 2019, art. 1er-III)* « , son concubin notoire » ou le partenaire avec lequel il est lié par un pacte civil de solidarité atteignait, au moment de la transmission à titre gratuit, les seuils prévus au premier alinéa *(Décr. n° 2019-559 du 6 juin 2019, art. 2)* « du 1 » du *b* de l'article 787 B précité ;

2° Le défunt, *(Abrogé par Décr. n° 2019-653 du 27 juin 2019, art. 1er-III)* « *ou* » le donateur, ou son conjoint *(Décr. n° 2019-653 du 27 juin 2019, art. 1er-III)* « , son concubin notoire », ou le partenaire avec lequel il est lié par un pacte civil de solidarité, exerçait, au moment de la transmission à titre gratuit depuis deux ans au moins dans *(Décr. n° 2019-653 du 27 juin 2019, art. 1er-III)* « cette société », son activité professionnelle principale ou l'une des fonctions énumérées au *(Décr. n° 2018-500 du 20 juin 2018, art. 3)* « 1° du 1 du III de l'article 975 » du code général des impôts lorsque la société est soumise à l'impôt sur les sociétés ;

3° Ses statuts limitent les droits de l'usufruitier dans les conditions prévues par l'avant-dernier alinéa de l'article 787 B précité en cas de donation de titres consentie avec réserve d'usufruit.

(Décr. n° 2019-653 du 27 juin 2019, art. 1er-IV) « IV. – Pour l'application des I à III, dans le cas où la transmission à titre gratuit porte sur des titres d'une société interposée entre le bénéficiaire de l'exonération, d'une part, et la société dont les parts ou actions font l'objet de l'engagement mentionné au *a* de l'article 787 B du code général des impôts ou une société détenant directement une participation dans celle-ci, d'autre part, les héritiers, donataires ou légataires joignent, en lieu et place des documents mentionnés aux 2° des I et II et au III, sous les mêmes conditions, les documents suivants :

« 1° Une attestation de chaque société composant la chaîne de participation entre le bénéficiaire de l'exonération et la société dont les parts ou actions font l'objet de l'engagement certifiant :

« *a)* L'identité de celui ou ceux de ses associés soumis aux obligations de conservation prévues au *a* et au dernier alinéa du 3 du *b* de l'article 787 B précité et le nombre de parts ou actions soumises à ces obligations, ainsi que les pourcentages de son capital et de ses droits de vote afférents, détenues par chacun d'eux de manière continue depuis la souscription de l'engagement de conservation ou, le cas échéant, durant les deux ans précédant la date de la transmission opérée dans les conditions prévues au 2 du *b* de l'article 787 B précité ;

« *b)* Le nombre de parts ou actions qu'elle détient de manière continue depuis la souscription de l'engagement de conservation ou, le cas échéant, durant les deux ans précédant la date de la transmission opérée dans les conditions prévues au 2 du *b* de l'article 787 B précité, dans la société dont les parts ou actions font l'objet de l'engagement de conservation prévu au *a* de l'article 787 B précité ou dans une société possédant directement une participation dans la société dont les parts ou actions font l'objet de cet engagement ;

« *c)* Le cas échéant, la limitation, par ses statuts, des droits de l'usufruitier dans les conditions prévues par l'avant-dernier alinéa de l'article 787 B précité en cas de donation de titres consentie avec réserve d'usufruit ;

« 2° Une attestation de la société dont les parts ou actions font l'objet de l'engagement mentionné au *a* de l'article 787 B précité certifiant :

« *a)* Le nombre de parts ou actions soumises aux obligations de conservation prévues au *a* et au dernier alinéa du 3 du *b* de l'article 787 B précité, ainsi que les pourcentages de son capital et de ses droits de vote afférents, détenues de manière continue par celui ou ceux de ses associés soumis à ces obligations depuis la souscription de l'engagement de conservation ou, le cas échéant, durant les deux ans précédant la date de transmission opérée dans les conditions du 2 du *b* de l'article 787 B précité.

« En cas d'interposition d'une ou plusieurs sociétés entre un associé partie à l'engagement autre que le bénéficiaire mentionné au premier alinéa du présent IV et la société dont les parts ou actions font l'objet de cet engagement, cette dernière fournit la ou les attestations mentionnées au 1° du présent IV transmises par la ou les sociétés interposées ;

« *b)* Le cas échéant, la limitation, par ses statuts, des droits de l'usufruitier dans les conditions prévues par l'avant-dernier alinéa de l'article 787 B précité en cas de donation de titres consentie avec réserve d'usufruit. »

Art. 294 *ter* *(Décr. n° 2019-653 du 27 juin 2019, art. 2)* I. – Pour l'application des trois derniers alinéas du *e* de l'article 787 B du code général des impôts, chacun des héritiers, donataires ou légataires bénéficiaire de l'exonération prévue à cet article adresse au service des impôts à l'origine de la demande ou, à défaut d'une telle demande, à celui dont dépend le domicile du défunt ou celui du lieu de dépôt de l'acte de donation ou de la déclaration de don manuel, les documents mentionnés ci-après aux II à IV.

La transmission de ces documents intervient dans les trois mois du terme de l'engagement de conservation mentionné au *c* du même article ou, le cas échéant, de la demande du service des impôts compétent.

II. — La société dont les parts ou actions font l'objet des engagements de conservation mentionnés aux *a* et *c* de l'article 787 B du code général des impôts transmet, sur demande de l'héritier, donataire ou légataire et dans les trente jours à compter de celle-ci, une attestation indiquant l'identité de la personne qui remplit ou a rempli la condition prévue au *d* du même article et certifiant que :

1° A compter de la transmission à titre gratuit :

a) l'engagement de conservation des parts ou actions prévu au *a* de cet article a été respecté jusqu'à son terme ou, le cas échéant, jusqu'à la date de la demande ;

b) cet engagement a porté de manière continue sur le pourcentage mentionné au 1 du *b* du même article et sur le nombre de titres prévu lors de sa souscription ;

2° A compter du terme de l'engagement de conservation mentionné au *a* du même article 787 B, l'engagement individuel de conservation des parts ou actions prévu au *c* du même article a été respecté jusqu'à son terme ou, le cas échéant, jusqu'à la date de la demande.

III. — Pour l'application du dernier alinéa du *e* de l'article 787 B du code général des impôts, chaque société interposée entre le bénéficiaire de l'exonération et la société dont les parts ou actions font l'objet de l'engagement transmet à l'héritier, donataire ou légataire mentionné aux deuxième et troisième alinéas du même *e*, sur sa demande et dans les trente jours à compter de celle-ci, une attestation certifiant :

a) que ceux de ses associés soumis aux obligations de conservation prévues aux *a* à *c* de l'article 787 B précité ont respecté ces obligations de manière continue jusqu'au terme de ces obligations ou, le cas échéant, jusqu'à la date de la demande ;

b) qu'elle détient les titres dont elle a antérieurement attesté de la propriété en application du 1° du IV de l'article 294 *bis* de manière continue depuis la date de la transmission à titre gratuit jusqu'à celle de la demande ou qu'elle les a détenus jusqu'au terme de l'engagement de conservation prévu au *c* de l'article 787 B précité.

IV. — 1° En cas d'opération d'apport mentionnée au *f* de l'article 787 B du code général des impôts, chacun des héritiers, légataires ou donataires associés de la société bénéficiaire de l'apport joint aux attestations prévues aux II et III :

a) une copie de l'engagement de conservation pris par cette société conformément au 2° du même *f* ;

b) une attestation de cette société, transmise dans les trente jours à compter de sa demande, certifiant que les conditions prévues au même *f* sont satisfaites.

2° En cas d'opération de fusion, de scission, d'augmentation de capital ou d'offre publique d'échange préalable à une fusion ou une scission telles que prévues aux *g* et *h* de l'article 787 B précité, chacun des héritiers, donataires ou légataires détenant directement ou indirectement des parts ou actions de la société, objet de l'opération, mentionnée au premier alinéa du II, joint aux attestations prévues aux II et III une attestation qui lui est fournie par la ou les sociétés dont il est associé à l'issue de l'opération certifiant du respect des conditions prévues aux *g* et *h* mentionnés ci-dessus jusqu'à la date d'établissement de l'attestation ou jusqu'aux termes respectifs des engagements de conservation mentionnés aux mêmes *g* et *h*.

3° Dans le cas prévu au *i* de l'article 787 B précité, le donateur joint aux attestations prévues aux II et III une copie de l'acte de donation. L'attestation mentionnée au 2° du II et au III du présent article certifie dans cette hypothèse du respect par le donataire de l'obligation prévue au même *i*.

Ancien art. 294 *ter* *I. — La société qui a établi à la demande d'héritiers, donataires ou légataires une attestation mentionnée au 2° du I ou du II de l'article 294 bis doit, à compter de la transmission à titre gratuit et jusqu'à l'expiration de la dernière année de l'engagement collectif de conservation, adresser dans les trois mois qui suivent le 31 décembre de chaque année, au service des impôts dont dépend le domicile du défunt ou celui du lieu de dépôt de l'acte de donation ou de la déclaration de don manuel, une attestation mentionnant l'identité de la personne qui satisfait à la condition prévue au d de l'article 787 et certifiant que :*

a) L'engagement collectif de conservation souscrit par le défunt ou ses héritiers ou légataires ou par le donateur, repris par ses ayants cause à titre gratuit, était en cours au 31 décembre de chaque année ;

b) Cet engagement continue de porter effectivement sur le pourcentage mentionné au b de l'article 787 B et sur le nombre de titres prévus lors de sa souscription.

II. — La société qui a établi à la demande d'héritiers, donataires ou légataires l'attestation mentionnée au 3° du I de l'article 294 bis doit, à compter de la transmission à titre gratuit et jusqu'à l'expiration de la dernière année de l'engagement collectif de conservation, adresser dans les trois mois qui suivent le 31 décembre de chaque année, au service des impôts dont dépend le domicile du défunt ou celui du lieu de dépôt de l'acte de donation ou de la déclaration de don manuel, une attestation certifiant que sa participation dans la société signataire est demeurée inchangée.

Art. 294 *quater* *(Décr. n° 2019-653 du 27 juin 2019, art. 3)* **I. — Pour les biens mentionnés à l'article 787 C du code général des impôts, chacun des héritiers, donataires ou légataires mentionnés au *b* de cet article remet la déclaration de succession, la déclaration de don manuel ou l'acte de donation mentionnant l'engagement de conservation prévu à ce même *b* au service des impôts compétent pour l'enregistrer dans les délais prévus pour cet enregistrement.**

Il lui joint une attestation certifiant que la condition prévue au *a* de cet article est remplie.

II. — En cas de demande de l'administration ainsi qu'au terme de l'engagement prévu au *b* de l'article 787 C du code général des impôts, chacun des héritiers, donataires ou légataires mentionnés au même *b* adresse au service des impôts à l'origine de la demande ou, au terme de l'engagement, à celui dont dépend le domicile du défunt ou à celui du lieu de dépôt de l'acte de donation ou de la déclaration de don manuel, une attestation certifiant que les obligations prévues aux *b* et *c* de l'article précité étaient remplies depuis la date de transmission et jusqu'à la date de la demande ou jusqu'au terme de ces obligations.

La transmission intervient dans les trois mois de la demande du service des impôts et du terme de l'engagement de conservation mentionné au même *b*.

III. — Dans le cas prévu au *d* de l'article 787 C du code général des impôts, le donateur joint à l'attestation mentionnée au II une copie de l'acte de donation et une attestation certifiant que les obligations prévues aux *b* et *c* de cet article étaient remplies depuis la date de transmission de l'ensemble des biens affectés à l'exploitation de l'entreprise et jusqu'à la date de la demande ou du terme des obligations précitées.

Ancien art. 294 *quater* *Chacun des héritiers, donataires ou légataires mentionnés au c de l'article 787 B du code général des impôts et au b de l'article 787 C du même code adresse dans les trois mois qui suivent le 31 décembre de chaque année, au service des impôts dont dépend le domicile du défunt ou celui du lieu de dépôt de l'acte de donation ou de la déclaration de don manuel, une attestation certifiant que :*

a) Pour les biens mentionnés à l'article 787 B, les obligations prévues aux c et d de cet article étaient remplies au 31 décembre de chaque année et précisant l'identité de l'associé qui satisfait à la condition prévue au d précité.

Toutefois, dans le cas prévu au f de l'article 787 B, l'année de l'apport, chacun des héritiers, légataires ou donataires associés de la société bénéficiaire de l'apport joint à l'attestation prévue au a une copie de l'engagement de conservation de cette société. La société bénéficiaire adresse, dans les conditions prévues au premier alinéa, une attestation certifiant que les conditions prévues au f sont satisfaites.

De même, en cas d'opération de fusion, de scission ou d'augmentation de capital telles que prévues aux g et h de l'article 787 B, chacun des héritiers, donataires ou légataires ayant bénéficié du régime prévu par l'article précité certifie chaque année qu'il a conservé les titres reçus à l'issue de l'opération.

Dans le cas prévu au i de l'article 787 B précité, le donateur doit fournir une copie de l'acte de donation et adresser, dans les conditions prévues au premier alinéa du présent article, une attestation certifiant que les obligations mentionnées au premier alinéa du présent a sont satisfaites.

b) Pour les biens mentionnés à l'article 787 C, les obligations prévues aux b et c de cet article étaient remplies au 31 décembre de chaque année.

Dans le cas prévu au d de l'article 787 C du même code, le donataire doit fournir une copie de l'acte de donation et adresser, dans les conditions prévues au premier alinéa du présent article, une attestation certifiant que les obligations mentionnées au premier alinéa du présent b sont satisfaites.

Cette attestation individuelle est produite à compter du point de départ de l'engagement individuel de conservation de quatre ans des biens dont la transmission à titre gratuit a été partiellement exonérée, et jusqu'à l'expiration de celui-ci.

C RÉGIMES SPÉCIAUX ET EXONÉRATIONS

Art. 294 A I. — Lorsque les biens immobiliers visés au 5° du 2 de l'article 793 du code général des impôts font l'objet d'une première transmission à titre gratuit depuis leur acquisition, l'acte de donation ou la déclaration de succession doit comporter les indications suivantes :

1. Outre les références de la publication de l'acte d'acquisition du bien, telles qu'elles sont prévues au 2 de l'article 32 du décret n° 55-1350 du 14 octobre 1955 pris pour l'application du décret n° 55-22 du 4 janvier 1955 modifié portant réforme de la publicité foncière, la date d'acquisition des biens, l'identité des parties ainsi que les nom, qualités et résidence du rédacteur de l'acte ;

2. La déclaration que l'immeuble a été exclusivement affecté de manière continue à l'habitation principale à compter de son acquisition pendant une période minimale de deux ans en cas de donation, ou jusqu'au jour du décès lorsque celui-ci intervient dans les deux années de l'acquisition ;

3. L'affirmation que le donateur ou le défunt n'a pas bénéficié pour cet immeuble des réductions d'impôts prévues aux articles 199 *undecies* et 199 *undecies* A du code général des impôts ;

4. L'engagement mentionné au deuxième alinéa du 5° du 2 de l'article 793 du même code.

II. — Lors de leur dépôt à la formalité, l'acte de donation ou la déclaration de succession doit être appuyé d'une copie de la déclaration d'achèvement des travaux mentionnée au premier alinéa du 5° du 2 de l'article 793 du code général des impôts.

Art. 294 B I. — Lorsque les biens immobiliers visés au 6° du 2 de l'article 793 du code général des impôts font l'objet d'une première transmission à titre gratuit depuis leur acquisition, l'acte de donation ou la déclaration de succession doit comporter les indications suivantes :

1. Outre les références de la publication de l'acte d'acquisition du bien, telles qu'elles sont prévues au 2 de l'article 32 du décret n° 55-1350 du 14 octobre 1955 pris pour l'application du décret n° 55-22 du 4 janvier 1955 modifié portant réforme de la publicité foncière, la date d'acquisition des biens, l'identité des parties ainsi que les nom, qualités et résidence du rédacteur de l'acte ;

2. L'engagement mentionné au quatrième alinéa du 6° du 2 de l'article 793 du code général des impôts lorsque la transmission à titre gratuit est effectuée avant l'expiration de la durée minimale de mise en location du bien transmis.

II. — Lors de leur dépôt à la formalité, l'acte de donation ou la déclaration de succession doit être appuyé des documents suivants :

1. Une copie des baux d'habitation conclus depuis l'acquisition des biens avec le ou les preneurs successifs ;

2. Une copie de l'avis d'imposition du ou des locataires successifs établi au titre des revenus de l'année précédant celle de la conclusion de leur bail ou à défaut une déclaration sur l'honneur souscrite par ces locataires attestant du montant de leurs revenus nets de frais professionnels figurant sur leur avis d'imposition établi au titre des revenus de l'année précitée.

Art. 294 C *(Décr. n° 2021-979 du 23 juill. 2021, art. 2-I)* Le préfet de région du lieu de situation du bien est l'autorité administrative compétente mentionnée au premier alinéa et au *c* de l'article 795 A du code général des impôts.

Art. 294 D *Périmé.*

III BIS DISPOSITIONS COMMUNES

Art. 294 E I. — Lorsque les biens immobiliers visés au 4° du 2 de l'article 793 du code général des impôts font l'objet d'une première transmission à titre gratuit ou à titre onéreux depuis leur acquisition, l'acte de donation, la déclaration de succession ou l'acte de vente doit comporter les indications suivantes :

1° Outre les références de la publication de l'acte d'acquisition du bien, telles qu'elles sont prévues au 2 de l'article 32 du décret n° 55-1350 du 14 octobre 1955 pris pour l'application du décret n° 55-22 du 4 janvier 1955 modifié portant réforme de la publicité foncière, la date d'acquisition des biens, l'identité des parties ainsi que les nom, qualités et résidence du rédacteur de l'acte ;

2° La déclaration que l'immeuble a été exclusivement affecté de manière continue à l'habitation principale à compter de son acquisition ou de son achèvement s'il est postérieur, et ce pendant une période minimale de cinq ans en cas de donation ou de vente ;

3° L'affirmation que le donateur, le défunt ou le vendeur n'a pas bénéficié pour cet immeuble des réductions d'impôt prévues aux articles 199 *undecies* et 199 *undecies* A du code général des impôts ;

4° En cas de vente, l'engagement mentionné au 3° de l'article 1055 *bis* du code général des impôts.

II. — Lors de leur dépôt à la formalité, les actes de vente, de donation ou la déclaration de succession doivent être appuyés d'une copie de la déclaration d'achèvement des travaux mentionnée au 4° du 2 de l'article 793 du code général des impôts.

IV *ACTES ET CONVENTIONS CONCERNANT LES SOCIÉTÉS, PERSONNES MORALES ET GROUPEMENTS*

A DISPOSITIONS GÉNÉRALES

Art. 295 Toute personne morale non assujettie à l'impôt sur les sociétés qui devient passible de cet impôt sur tout ou partie de ses résultats est tenue de produire une déclaration en vue de la liquidation des droits et taxes de mutation dont elle est redevable en application du II de l'article 809 du code général des impôts.

La déclaration est établie en double exemplaire. Elle comporte l'estimation détaillée des immeubles, droits immobiliers, fonds de commerce, clientèles, droits au bail ou à des promesses de bail d'immeubles que la société a reçus en apport pur et simple, depuis le 1er août 1965, de personnes physiques ou de personnes morales non passibles de l'impôt sur les sociétés, et dont elle était propriétaire ou titulaire à la date du changement de régime fiscal.

Art. 296 La déclaration est adressée au service des impôts dont dépend le lieu d'établissement de l'impôt sur les sociétés.

Art. 297 La déclaration est souscrite au plus tard dans les trois mois de la clôture du premier exercice au cours duquel la société est devenue passible de cet impôt.

Toutefois, en cas d'option pour le régime des sociétés de capitaux dans les conditions prévues à l'article 239 du code général des impôts, la déclaration doit être produite dans le délai fixé pour la notification de cette option.

Si le changement de régime fiscal résulte d'un acte assujetti à la formalité de l'enregistrement dans un délai déterminé, la déclaration doit être souscrite dans le même délai et présentée au même service des impôts.

Art. 298 Chacun des biens ou droits est porté sur la déclaration pour sa valeur *vénale estimée au jour* de l'ouverture de la première période d'imposition à l'impôt sur les sociétés.

Art. 299 Le dépôt de la déclaration est accompagné du versement des droits et taxes exigibles.

Toutefois, si la personne morale a présenté une demande régulière de paiement fractionné, seul le premier versement est acquitté lors du dépôt de la déclaration.

Art. 300 *Devenu sans objet (Décr. n° 2009-389 du 7 avr. 2009).*

Art. 301 Les dispositions des articles 295 à 299 s'appliquent uniquement à ceux des biens des sociétés françaises ou étrangères qui ont, selon la nature corporelle ou incorporelle de ces biens, soit leur assiette matérielle, soit leur assiette juridique en France.

B DISPOSITIONS PARTICULIÈRES À CERTAINES CONVENTIONS

1

Art. 301-0 A *Sans objet (L. n° 93-1352 du 30 déc. 1993, art. 17-II et III).*

2 FUSIONS DE SOCIÉTÉS ET OPÉRATIONS ASSIMILÉES

Art. 301 A Le régime spécial prévu aux articles 816 à 817 A du code général des impôts, s'applique aux fusions et scissions de sociétés et aux apports partiels d'actif définis par les articles 301 B à 301 F.

Art. 301 B Constitue une fusion :

— soit la formation d'une société relevant du statut fiscal des sociétés de capitaux par plusieurs sociétés qui transfèrent l'ensemble de leur actif et de leur passif à la nouvelle société ;

— soit le transfert à une société relevant du statut fiscal des sociétés de capitaux par une ou plusieurs sociétés de l'ensemble de leur actif et de leur passif,

lorsque, dans les deux cas, la ou les sociétés apporteuses sont dissoutes et les apports rémunérés dans les conditions prévues à l'article 301 F.

Art. 301 C I. — Est assimilée à une fusion, l'opération qui aboutit au transfert à une société relevant du statut fiscal des sociétés de capitaux, en voie de formation ou préexistante, de droits représentant 75 % au moins du capital d'une société relevant du même statut, lorsque les deux sociétés ont leur siège de direction effective ou leur siège statutaire soit en France, soit dans un autre État membre de *(Décr. n° 2017-727 du 3 mai 2017, art. 1er-1°-a)* « l'Union » européenne et que les apports sont rémunérés dans les conditions prévues à l'article 301 F.

Lorsque le pourcentage de 75 % est atteint à la suite de plusieurs opérations, le régime spécial n'est applicable qu'à l'opération permettant d'atteindre ce pourcentage et à celles qui l'augmentent.

II. — Dans le cas prévu au I et sous peine de déchéance du bénéfice du régime spécial, la société à laquelle les droits sont apportés doit les conserver pendant un délai de cinq ans à compter de la date du transfert soit sous forme nominative, soit *(Abrogé par Décr. n° 2017-727 du 3 mai 2017, art. 1er-1°-b) « en les déposant »* dans les conditions prévues au *(Décr. n° 2017-727 du 3 mai 2017, art. 1er-1°-b)* « *a* du 1 de l'article 145 du code général des impôts ». Les droits acquis antérieurement et détenus à la même date par la société doivent être conservés dans les mêmes conditions.

Le bénéfice du régime spécial reste acquis si les droits sont compris, avant l'expiration du délai, dans une opération de fusion ou assimilée, de scission, d'apport partiel d'actif ou s'ils sont cédés dans le cadre de la liquidation de la société à laquelle les droits ont été apportés.

Art. 301 D Constitue une scission l'opération par laquelle une société transfère à compter de la même date l'ensemble de son actif et de son passif à plusieurs sociétés relevant du statut fiscal des sociétés de capitaux, en voie de formation ou préexistantes, lorsque la société apporteuse est dissoute et les apports rémunérés dans les conditions prévues à l'article 301 F.

Art. 301 E Constitue un apport partiel d'actif l'opération par laquelle une société apporte à une société relevant du statut fiscal des sociétés de capitaux, en voie de formation ou préexistante, l'ensemble des éléments qui forment soit une, soit plusieurs branches complètes et autonomes d'activité, lorsque l'opération n'entraîne pas la dissolution de la société apporteuse et qu'elle est rémunérée dans les conditions prévues à l'article 301 F.

Définition de la branche complète d'activité. V. notes ss. CGI, art. 210 B.

Art. 301 F Les apports visés aux articles 301 B à 301 E doivent être rémunérés par l'attribution de droits représentatifs du capital de la société bénéficiaire. Toutefois, ils peuvent faire l'objet de règlements sous une autre forme dans la limite de 10 % de la valeur nominale des droits attribués.

(Décr. n° 2020-623 du 22 mai 2020, art. 1er) **« La condition tenant à l'attribution de droits représentatifs du capital de la société bénéficiaire prévue à l'alinéa précédent n'est pas requise dans les situations prévues au II de l'article L. 236-3 du code de commerce. »**

CHAPITRE PREMIER *BIS [DEVENU SANS OBJET]* IMPÔT DE SOLIDARITÉ SUR LA FORTUNE

(Devenu sans objet, Décr. n° 2018-500 du 20 juin 2018, art. 3)

Art. 301 G *I. — La personne, ou ses ayants cause à titre gratuit, qui demande à bénéficier pour la première fois du régime prévu par les dispositions de l'article 885 I bis du code général des impôts doit fournir les documents suivants :*

1° Une copie de l'acte enregistré mentionné au a dudit article et comportant l'identité et l'adresse des associés ayant souscrit l'engagement collectif de conservation, le nombre de titres soumis à cet engagement et leur répartition entre les associés ;

2° Un document indiquant l'identité de l'associé qui remplit la condition prévue au e du même article ;

3° L'attestation mentionnée au premier alinéa du f du même article. Cette attestation précisera, s'il y a lieu, l'identité et l'adresse des cessionnaires ou des donataires de titres soumis à l'engagement ainsi que le nombre de titres transmis à chacun d'eux ;

4° Dans l'hypothèse où le régime prévu par l'article 885 I bis concerne les titres d'une société interposée entre la personne et la société signataire de l'engagement collectif de conservation, une attestation de la société interposée précisant le nombre de titres qu'elle détient dans la société signataire de l'engagement collectif de conservation à la date de la signature de celui-ci et certifiant que, depuis cette date, cette participation est demeurée inchangée.

II. — Les années suivantes et jusqu'à l'année suivant celle du terme de l'engagement collectif, la personne qui a bénéficié ou qui continue à bénéficier du régime prévu par les dispositions de l'article 885 I bis du code général des impôts, ou ses ayants cause à titre gratuit, doit fournir, chaque année :

1° L'attestation mentionnée au premier alinéa du f dudit article. Cette attestation précisera, s'il y a lieu, l'identité et l'adresse des cessionnaires ou des donataires de titres soumis à l'engagement ainsi que le nombre de titres transmis à chacun d'eux ;

2° Le cas échéant, la copie des avenants à l'engagement conclu l'année précédant celle du fait générateur ;

3° Un document indiquant les changements ayant éventuellement affecté l'identité de la personne qui remplit la condition prévue au e de l'article 885 I bis ;

4° Dans l'hypothèse mentionnée au 4° du I, une attestation de la société interposée certifiant que sa participation dans la société signataire est demeurée inchangée et, s'il y a lieu, un document indiquant l'identité et l'adresse des cessionnaires ou donataires de titres bénéficiant de l'exonération partielle et le nombre de titres transmis à chacun d'eux.

III. — A compter de la fin de l'engagement collectif de conservation, la personne qui a bénéficié ou qui continue à bénéficier du régime prévu par les dispositions de l'article 885 I bis du code général des impôts ou, le cas échéant, ses ayants cause à titre gratuit doit fournir chaque année :

1° L'attestation mentionnée au deuxième alinéa du f de cet article ;

2° Un document indiquant les changements ayant éventuellement affecté l'identité de la personne qui remplit la condition prévue au e du même article.

Titres ayant fait l'objet d'un engagement collectif de conservation. Obligations déclaratives. * BOI-PAT-ISF-30-40-60-30 du 13 juin 2013.

Art. 301 H *En cas de non-respect de la condition prévue au a de l'article 885 I bis du code général des impôts par l'un des signataires et si les autres signataires continuent de respecter la condition tenant aux seuils minimaux de 20 % ou 34 %, l'attestation prévue au premier alinéa du f du même article doit certifier que ces derniers ont conservé entre eux leurs titres. En cas de non-respect de ces seuils au-delà du délai minimum prévu au deuxième alinéa du b de l'article 885 I bis, les signataires qui respectent la condition prévue au c du même article doiven respecter les obligations déclaratives prévues au III de l'article 301 G.*

Art. 301 I *En cas d'opérations de fusion, de scission, d'augmentation de capital ou d'annulation de titres mentionnées au h de l'article 885 I bis du code général des impôts, la personne qui a bénéficié du régime prévu par cet article doit fournir, jusqu'à l'année suivant celle du terme de l'engagement collectif de conservation, une attestation émanant :*

1° Soit de la société bénéficiaire mentionnée à l'article 301 F certifiant que les signataires ont respecté, pendant l'année précédant celle du fait générateur de l'impôt, l'engagement collectif prévu au a de l'article 885 I bis ou, à défaut, conservé les titres reçus en contrepartie de l'opération ;

2° Soit de la société dont les titres font l'objet de l'engagement en cas d'augmentation de capital ou d'annulation de titres pour cause de perte certifiant que les signataires de l'engagement ont, pendant l'année précédant celle du fait générateur de l'impôt, conservé les titres détenus à l'issue de l'opération.

Art. 301 J *En cas d'opération de fusion mentionnée au neuvième alinéa du b de l'article 885 I bis du code général des impôts, la personne qui a bénéficié du régime prévu à cet article doit fournir, jusqu'à l'année suivant celle du terme de l'engagement collectif de conservation, une attestation émanant de la société bénéficiaire mentionnée à l'article 301 F certifiant que les titres reçus en contrepartie de l'opération ont été conservés.*

Art. 301 K *En cas d'opérations de fusion ou de scission mentionnées au i de l'article 885 I bis du code général des impôts, la personne qui a bénéficié du régime prévu par cet article doit fournir, jusqu'à l'année de la transmission des titres objets de l'obligation de conservation individuelle, une attestation émanant de la société bénéficiaire mentionnée à l'article 301 F certifiant que les titres reçus en contrepartie de l'opération ont été conservés.*

Art. 301 L *En cas d'opérations d'augmentation de capital ou d'annulation de titres mentionnées au i de l'article 885 I bis du code général des impôts, la personne qui a bénéficié du régime prévu par cet article doit fournir une attestation émanant de la société dont les titres font l'objet de l'obligation de conservation, comportant l'indication, au titre de l'année précédant celle du fait générateur de l'impôt, du nombre des titres détenus et conservés à l'issue de l'opération. Cette attestation doit être jointe à la déclaration.*

Art. 301 M *Les informations et documents mentionnés aux articles 301 G à 301 I sont communiqués à l'administration par la personne qui bénéficie du régime prévu à l'article 885 I bis du code général des impôts lors du dépôt de sa déclaration d'impôt de solidarité sur la fortune ou sont adressés au service des impôts de son domicile lorsqu'elle n'est pas tenue de déposer une déclaration. Il en est de même pour la personne qui a bénéficié de cette exonération et qui n'est plus tenue de déposer cette même déclaration. En cas de décès de cette personne, ils sont également adressés par ses ayants cause à titre gratuit au service des impôts du domicile du défunt.*

CHAPITRE II DROITS DE TIMBRE

SECTION PREMIÈRE DROITS DE TIMBRE PROPREMENT DITS

I TIMBRE DE DIMENSION

PRESCRIPTIONS ET PROHIBITIONS

Art. 302 Indépendamment des mentions prescrites par l'article 67 du code de procédure civile, les huissiers sont tenus d'indiquer distinctement au bas de l'original et des copies de chaque exploit :

1° Le nombre des feuilles de papier employées, tant pour les copies de l'original que pour les copies des pièces signifiées ;

2° Le montant des droits de timbre dus à raison de la dimension de ces feuilles. — *Ancien texte de l'art. 234 de l'Annexe I.*

Art. 302 A Il ne peut être alloué en taxe, et les officiers ministériels ne peuvent demander et se faire payer, à titre de remboursement de droit de timbre des copies,

aucune somme excédant la valeur des timbres mobiles apposés en exécution des dispositions qui précèdent. — *Ancien texte de l'art. 235 de l'Annexe I.*

II

Art. 303 à 303 B *Devenus sans objet à compter du 1er déc. 1999 (L. n° 98-546 du 2 juill. 1998, art. 87-VI).*

SECTION II DROITS DE DÉLIVRANCE DE DOCUMENTS ET PERCEPTIONS DIVERSES

PERMIS DE CHASSER

Art. 304 *Devenu sans objet (Décr. n° 2010-421 du 27 avr. 2010).*

SECTION III IMPÔT SUR LES OPÉRATIONS DE BOURSE

I *BOURSES DE VALEURS*

Art. 305-0 à 305 C *Devenus sans objet (Décr. n° 2008-294 du 1er avr. 2008).*

Art. 305 D à 305 F *Abrogés par Décr. n° 2005-182 du 24 févr. 2005, art. 2.*

Art. 305 E *(Abrogé par Décr. n° 2005-182 du 24 févr. 2005, art. 2)* ***Dans le cas prévu à l'article 305 B, il est établi deux extraits, l'un présentant les opérations au comptant, l'autre présentant les opérations à terme et les reports.*** — *Ancien texte de l'art. 244 de l'Annexe I.*

Art. 305 F *(Abrogé par Décr. n° 2005-182 du 24 févr. 2005, art. 2)* ***Les extraits du répertoire sont produits :***

1° Entre le 10 et le 15 ;

2° Entre le 25 et le dernier jour de chaque mois.

Le dépôt des extraits est accompagné de la consignation des droits, calculés sur le pied de 6 p. 1 000 du montant des opérations qui y sont portées, si le redevable ne préfère produire des extraits comportant la perception immédiate des droits, c'est-à-dire présentant, pour chaque opération, le décompte des droits, accompagné, le cas échéant, de l'indication soit du nom du prestataire de services d'investissement qui a concouru à l'opération, ainsi que de la date et du numéro du bordereau qu'il en a délivré, soit du nom et du domicile du mandataire substitué, par l'intermédiaire duquel l'opération a été faite, ainsi que de la date et du numéro sous lesquels l'opération figure au répertoire de ce dernier, soit du nom et du domicile de la personne qui a fait la contrepartie de l'opération, ainsi que de la date et du numéro sous lesquels l'opération figure à son répertoire, soit, en ce qui concerne les opérations d'ordre prévues au 4° de l'article 305 A, des numéros sous lesquels figurent au répertoire les opérations qu'il s'agit de compenser.

Les versements afférents aux opérations fermes qui porteraient sur des valeurs cotées à terme à la bourse de la place sur laquelle l'assujetti exerce son industrie et qui figureraient à l'extrait pour une échéance plus éloignée que celle qui est prévue, pour ces valeurs, par les règlements des prestataires de services d'investissement de ladite place, doivent, si ces opérations ne sont appuyées d'un bordereau de prestataire de services d'investissement certifiant la date de l'échéance, être effectués sur le pied d'un bordereau pour chacune des échéances prévues par les règlements ci-dessus mentionnés. — *Ancien texte de l'art. 245 de l'Annexe I.*

Art. 305 G à 305 I *Devenus sans objet (Décr. n° 2008-294 du 1er avr. 2008).*

Art. 306 à 306 E *Abrogés (conséquence de l'abrogation des art. 986 à 990 A par L. n° 87-1158 du 31 déc. 1987, art. 19-II-a).*

CHAPITRE III AUTRES DROITS ET TAXES

001 *PRÉLÈVEMENT SUR LES SOMMES VERSÉES PAR LES ORGANISMES D'ASSURANCE ET ASSIMILÉS À RAISON DES CONTRATS D'ASSURANCES EN CAS DE DÉCÈS*

Art. 306-0 F I. — Les organismes d'assurance et assimilés qui doivent verser des sommes, rentes ou valeurs quelconques entrant dans le champ d'application de l'article

990 I du code général des impôts ne peuvent se libérer de ces sommes, rentes ou valeurs dues par eux à raison du décès de l'assuré à chaque bénéficiaire désigné au contrat qu'après avoir déclaré à l'administration fiscale dans les soixante jours qui suivent le jour où ils ont eu connaissance du décès de l'assuré les éléments mentionnés aux I et II de l'article 370 C, et au titre de chaque contrat et pour chaque bénéficiaire :

a. L'assiette du prélèvement ;

b. Le montant des différents abattements pratiqués ;

c. Le montant du prélèvement acquitté au titre des sommes, rentes ou valeurs dues à chaque bénéficiaire ;

d. La date de souscription et le numéro de police du ou des avenants prévus par l'article L. 112-3 du code des assurances de nature à transformer l'économie même du contrat ;

e. Pour la fraction rachetable de chaque contrat mentionné au I de l'article 990 I précité : la part de la valeur de rachat au jour du décès de l'assuré qui correspond aux sommes, rentes ou valeurs dues à raison des primes versées à compter du 13 octobre 1998 ; pour la fraction rachetable de chaque contrat contenant une clause prévoyant un différé de paiement du capital par l'assureur au bénéficiaire, la valeur de rachat déterminée au jour du versement des sommes, rentes ou valeurs quelconques ;

f. Pour la fraction non rachetable de chaque contrat mentionné au I de l'article 990 I précité : le produit résultant de la multiplication du montant du capital-décès dû, diminué de la valeur de rachat au jour du décès de l'assuré, par le taux de mortalité qui correspond à l'âge de l'assuré lors de son décès dans la table de mortalité applicable à cette date ; pour les contrats non rachetables : la prime annuelle ou le montant de la prime unique versée à la souscription du contrat, lorsque celle-ci est intervenue à compter du 13 octobre 1998.

II. — Les éléments mentionnés au I sont déclarés dans les conditions prévues aux V à VII de l'article 370 C.

Ancien art. 306-0 F *I. — Les organismes d'assurance et assimilés qui doivent verser des sommes, rentes ou valeurs quelconques entrant dans le champ d'application de l'article 990 I du code général des impôts ne peuvent se libérer de ces sommes, rentes ou valeurs dues par eux à raison du décès de l'assuré à chaque bénéficiaire désigné au contrat qu'après avoir adressé à la direction départementale ou, le cas échéant, régionale des finances publiques du domicile de l'assuré, dans les soixante jours qui suivent le jour où ils ont eu connaissance du décès de celui-ci, une déclaration contenant les informations énumérées au IV de l'article 806 du code général des impôts, en précisant au titre de chaque contrat et pour chaque bénéficiaire :*

a. L'assiette du prélèvement ;

b. Le montant de l'abattement pratiqué ;

c. Le montant du prélèvement acquitté au titre des sommes, rentes ou valeurs dues à chaque bénéficiaire.

L'obligation faite aux organismes d'assurance et assimilés de déclarer les sommes, rentes ou valeurs dues au jour du décès de l'assuré au titre de chaque contrat rachetable qui correspondent aux primes versées à compter du 13 octobre 1998 et le montant des primes versées à compter de la même date au titre de chaque contrat non rachetable est satisfaite par la communication à l'administration fiscale des éléments suivants :

a. Pour la fraction rachetable de chaque contrat mentionné au I de l'article 990 I précité : la part de la valeur de rachat au jour du décès de l'assuré qui correspond aux sommes, rentes ou valeurs dues à raison des primes versées à compter du 13 octobre 1998 ;

b. Pour la fraction non rachetable de chaque contrat mentionné au I de l'article 990 I précité : le produit résultant de la multiplication du montant du capital-décès dû, diminué de la valeur de rachat au jour du décès de l'assuré, par le taux de mortalité qui correspond à l'âge de l'assuré lors de son décès dans la table de mortalité applicable à cette date ; pour les contrats non rachetables : la prime annuelle ou le montant de la prime unique versée à la souscription du contrat, lorsque celle-ci est intervenue à compter du 13 octobre 1998.

II. — a. Ces déclarations sont établies sur des formules imprimées délivrées sans frais par le service des impôts.

b. Le comptable public compétent mentionné au II de l'article 990 I précité est le comptable de la direction générale des finances publiques chargé de la formalité de l'enregistrement.

III. — Devenu sans objet (Décr. n° 2010-421 du 27 avr. 2010).

Art. 306-0 F *bis* I. — Le patrimoine immobilier des sociétés mentionnées au *d* et au *e* du 1 du I *bis* de l'article 990 I du code général des impôts et l'actif des organismes de placement collectif mentionnés au même *e* sont composés d'immeubles bâtis respectant les conditions mentionnées aux *a* à *c* de l'article 279-0 *bis* A du code précité ou d'immeubles bâtis financés dans les conditions mentionnées aux articles *(Décr. nº 2020-897 du 22 juill. 2020, art. 2)* « D. 331-17 » à *(Décr. nº 2020-897 du 22 juill. 2020, art. 2)* « D. 331-21 » du code de la construction et de l'habitation ou de droits réels portant sur ces derniers immeubles.

II. — Le nombre de salariés, le chiffre d'affaires et le total de bilan de la société émettrice des titres mentionnés au *b* du 2° du 2 du I *bis* de l'article 990 I du code général des impôts sont appréciés dans les conditions définies aux articles 1er, 3, 5 et 6 de l'annexe I au règlement (CE) nº 800/2008 de la Commission du 6 août 2008 déclarant certaines catégories d'aide *[aides]* compatibles avec le marché commun en application des articles 87 et 88 du traité.

Lorsque la société émettrice des titres a pour objet principal de détenir des participations dans d'autres sociétés, le respect des conditions mentionnées à l'alinéa précédent s'apprécie au niveau de cette société et de chacune des sociétés dans laquelle elle détient des participations.

Les données retenues pour apprécier le respect des conditions mentionnées au premier alinéa du II sont celles afférentes au dernier exercice comptable, déposé au greffe du tribunal de commerce ou rendu public par un dispositif équivalent, et qui précède la date d'acquisition des titres. Elles sont calculées sur une base annuelle.

II *bis*. — Sont considérés comme des actifs relevant de l'économie sociale et solidaire, au titre du *c* du 2° du 2 du I *bis* de l'article 990 I du code général des impôts, les titres émis par les entreprises agréées "entreprise solidaire d'utilité sociale" en application de l'article L. 3332-17-1 du code du travail ainsi que les parts ou actions d'organismes de placement collectif comprenant au minimum 5 % de titres émis par ces entreprises.

III. — Le respect de la proportion d'investissement prévue au neuvième alinéa du 2 du I *bis* de l'article 990 I du code général des impôts s'apprécie au regard du rapport entre la valeur des titres mentionnés au 1° et aux *a* à *c* du 2° du 2 du I *bis* de l'article 990 I du code précité, calculée sur la base de la dernière valeur connue et hors frais d'assurance, et la valeur totale des actifs composant chaque unité de compte du contrat.

A l'issue du premier versement de primes, ce rapport est au moins égal à 33 %.

Toute opération d'arbitrage entre unités de compte, de rachat partiel ou de versement de nouvelles primes ne peut conduire à une diminution de ce rapport que si celui-ci était supérieur à 33 % préalablement à l'opération. Dans ce cas, l'opération ne peut conduire à ce que ce rapport devienne inférieur à 33 %.

Dans le cas où préalablement à l'opération précitée ce rapport était inférieur à 33 %, l'opération ne peut avoir pour conséquence de diminuer ce dernier.

Si, en dehors des opérations susmentionnées, le rapport devient inférieur à 33 %, le contrat est réputé respecter la proportion d'investissement.

Lorsqu'un contrat prévoit la possibilité d'acquérir des engagements exprimés en euros ou donnant lieu à des provisions de diversification, il est réputé respecter le taux précité si et seulement si l'ensemble des primes versées est affecté à des engagements exprimés en unités de compte respectant les conditions prévues au présent III.

IV. — Les organismes ou sociétés mentionnés aux 3 et 4 du I *bis* de l'article 990 I du code général des impôts, ou, à défaut de personnalité morale, leur gérant ou représentant à l'égard des tiers, tiennent à la disposition de l'administration fiscale tout document justifiant de la valeur retenue pour la détermination de la proportion d'investissement prévue au neuvième alinéa du 2 du I *bis* de l'article 990 I du code général des impôts dans les conditions prévues au présent article.

01 *TAXE SUR LES CONVENTIONS D'ASSURANCES*

Art. 306 F Les décisions relatives à l'agrément du représentant désigné par l'assureur étranger en application de l'article 1004 du code général des impôts sont prises par le directeur départemental ou, le cas échéant, régional des finances publiques.

I

Les dispositions concernant la taxe différentielle sur les véhicules à moteur sont transférées, après modifications, dans le Livre des procédures fiscales (art. R. 212-1 et R. 213-1) et ss. les art. 317 nonies s. de la présente annexe.

Art. 307 à 310 B *Abrogés.*

II **TAXE SUR LES VÉHICULES DES SOCIÉTÉS**

Art. 310 C et 310 D *Devenus sans objet (Décr. n° 2007-484 du 30 mars 2007).*

Art. 310 E *(Devenu sans objet, Décr. n° 2018-500 du 20 juin 2018, art. 3)* ***La taxe est annuelle, la période d'imposition s'étendant du 1er octobre de chaque année au 30 septembre de l'année suivante.***

Art. 310 F *Abrogé par L. n° 74-1129 du 30 déc. 1974, art. 5-II.*

CHAPITRE IV **RÉGIMES SPÉCIAUX ET EXONÉRATIONS DE PORTÉE GÉNÉRALE**

SECTION UNIQUE **DISPOSITIONS DIVERSES**

1° AIDE JURIDICTIONNELLE

Art. 310 F *bis* *Devenu sans objet (Décr. n° 2021-744 du 9 juin 2021, art. 2).*

Art. 310 F *ter* *Disjoint.*

2° PATRIMOINE ARTISTIQUE NATIONAL

Art. 310 G **I. — L'acquéreur, le donataire, l'héritier ou le légataire, qui désire bénéficier de l'exonération de droits et taxes prévue à l'article 1131 du code général des impôts, doit déposer au service des impôts compétent pour enregistrer l'acte constatant la mutation ou la déclaration de la succession une offre de donation à l'État, précisant le ou les biens qui en font l'objet, et, le cas échéant, les conditions auxquelles cette offre est soumise. Il en est délivré récépissé.**

L'offre doit être faite dans le délai prévu pour l'enregistrement de l'acte constatant la mutation ou de la déclaration de la succession.

II. — L'offre de donation est adressée par le service des impôts à une commission dont la composition est fixée par arrêté conjoint du premier ministre, du ministre chargé de la culture et du ministre chargé du budget.

Avant de se prononcer, cette commission recueille l'avis du ministre intéressé par l'affectation éventuelle des biens qui font l'objet de l'offre de donation ; ce ministre est invité à désigner un représentant pour participer, avec voix consultative, aux travaux de la commission relatifs à cette offre.

Elle consulte le ou les organismes compétents, selon le cas, en matière d'acquisition d'œuvres d'art, de livres, d'objets de collection ou de documents de haute valeur artistique ou historique.

Elle émet un avis tant sur l'intérêt artistique ou historique que sur la valeur du bien offert.

Au vu de l'avis de la commission, le ministre compétent propose au ministre de l'économie et des finances l'octroi ou le refus de l'agrément.

La décision est notifiée au demandeur par pli recommandé avec demande d'avis de réception. — *Les dispositions du II sont prorogées pour cinq ans à compter du 8 juin 2015 par Décr. n° 2015-631 du 5 juin 2015, art. 1er.*

III. — En cas d'agrément, **le demandeur dispose du délai fixé par la décision d'agrément pour accepter les conditions auxquelles celui-ci est subordonné.**

Il fait connaître son acceptation au ministre de l'économie et des finances, par pli recommandé avec demande d'avis de réception.

IV. — En l'absence de décision notifiée dans le délai d'un an à compter de la date du récépissé de l'offre, celle-ci est considérée comme refusée.

TITRE CINQUIÈME DISPOSITIONS COMMUNES AUX TITRES Ier, II ET IV

(Décr. n° 2011-556 du 20 mai 2011)

CHAPITRE UNIQUE SUSPENSION DES AVANTAGES FISCAUX ATTACHÉS AUX DONS, LEGS ET VERSEMENTS EFFECTUÉS AU PROFIT DE CERTAINS ORGANISMES

Art. 310 G *bis* Lorsque, en application des dispositions des I et V de l'article 1378 *octies* du code général des impôts, le ministre chargé du budget envisage de suspendre les avantages fiscaux attachés aux dons, legs et versements effectués au profit d'un organisme, il en informe celui-ci, par lettre recommandée avec demande d'avis de réception postale.

L'organisme dispose d'un délai de trente jours pour présenter, assisté, le cas échéant, de la personne de son choix, ses observations écrites et, à sa demande, ses observations orales.

Au vu des éléments du dossier et, le cas échéant, des observations formulées, le ministre chargé du budget dispose d'un délai de six mois à compter de la réception de la déclaration ou du rapport prévus respectivement aux I et V de l'article 1378 *octies* du code général des impôts pour décider la suspension ou le maintien des avantages fiscaux mentionnés au premier alinéa.

L'arrêté de suspension précise les motifs de la décision prise ainsi que les conditions dans lesquelles l'organisme peut déposer une demande tendant au rétablissement des avantages fiscaux ainsi suspendus. Il est notifié par lettre recommandée avec demande d'avis de réception postale.

La décision de ne pas suspendre les avantages fiscaux mentionnés au premier alinéa est notifiée par lettre simple.

Art. 310 G *ter* La demande mentionnée aux 1 et 2 du IV de l'article 1378 *octies* du code général des impôts tendant au rétablissement des avantages fiscaux attachés aux dons et legs est adressée à la direction générale des finances publiques par lettre recommandée avec demande d'avis de réception postale.

Cette demande est transmise, dans un délai d'un mois à compter de sa date de réception, à la Cour des comptes pour avis.

Art. 310 G *quater* Lorsque le ministre chargé du budget rétablit le bénéfice des avantages fiscaux suspendus, sa décision est notifiée à l'organisme par lettre simple dans un délai de trois mois à compter de la réception de l'avis rendu par la Cour des comptes ou, le cas échéant, à compter de l'expiration du délai de six mois mentionné au IV de l'article 1378 *octies* du code général des impôts.

La décision abrogeant l'arrêté de suspension prévu au quatrième alinéa de l'article 310 G *bis* est publiée au *Journal officiel* de la République française.

Art. 310 G *quinquies* Lorsque le ministre chargé du budget rejette la demande tendant au rétablissement des avantages fiscaux suspendus, sa décision motivée est notifiée à l'organisme, par lettre recommandée avec demande d'avis de réception postale, dans un délai de trois mois à compter de la réception de l'avis rendu par la Cour des comptes ou, le cas échéant, à compter de l'expiration du délai de six mois prévu au IV de l'article 1378 *octies* du code général des impôts.

DEUXIÈME PARTIE IMPOSITIONS PERÇUES AU PROFIT DES COLLECTIVITÉS LOCALES ET DE DIVERS ORGANISMES

TITRE PREMIER IMPOSITIONS COMMUNALES

CHAPITRE PREMIER IMPÔTS DIRECTS ET TAXES ASSIMILÉES

SECTION 01 TAXES FONCIÈRES

Art. 310-00 H L'engagement de gestion prévu à l'article *(Décr. n° 2017-698 du 2 mai 2017, art. 2)* « 1395 B *bis* » du code général des impôts porte sur la conservation du caractère humide des parcelles ainsi que sur leur maintien en nature de prés et prairies naturels, d'herbages, de pâturages, de landes, de marais, de pâtis, de bruyères et de terres vaines et vagues.

Dans les zones visées au II de cet article, il porte en outre sur le respect des mesures définies en vue de la conservation des zones humides dans les chartes et documents de gestion ou d'objectifs approuvés.

Art. 310-00 H *bis* L'engagement de gestion prévu à l'article *(Décr. n° 2017-698 du 2 mai 2017, art. 2)* « 1395 B *bis* » du code général des impôts comporte les éléments suivants :

1° L'identité et l'adresse du redevable de la taxe foncière sur les propriétés non bâties mentionné à l'article 1400 du même code et, le cas échéant, celles du preneur des parcelles faisant l'objet de l'engagement de gestion ;

2° Les références cadastrales, les natures de culture et de propriété définies dans l'instruction ministérielle du 31 décembre 1908 et la superficie des parcelles sur laquelle l'exonération de taxe foncière sur les propriétés non bâties est demandée ;

3° Les mesures de conservation à mettre en œuvre en vue de respecter les engagements mentionnés à l'article 310-00 H.

Art. 310-00 H *ter* Préalablement à son envoi au service des impôts par le propriétaire, l'engagement de gestion prévu à l'article *(Décr. n° 2017-698 du 2 mai 2017, art. 2)* « 1395 B *bis* » du code général des impôts doit être visé par le préfet du lieu de situation des parcelles, qui vérifie sa conformité aux conditions et modalités définies aux articles 310-00 H et 310-00 H *bis*.

Le préfet s'assure du respect des engagements souscrits dans le cadre de l'engagement de gestion. A cet effet, les agents des services de l'État et de ses établissements publics peuvent procéder à des vérifications sur place. Ils informent le propriétaire et, le cas échéant, le preneur des parcelles faisant l'objet de l'engagement de gestion et leur proposent d'assister au contrôle.

Si, lors du contrôle, l'une des obligations prévues par l'engagement de gestion n'est pas respectée, ce constat fait l'objet d'un signalement au service des impôts du lieu de situation de la parcelle avant le 1er janvier de l'année suivant celle de la réalisation du contrôle.

Art. 310-0 H Les critères de qualité environnementale mentionnés au I *bis* de l'article 1384 A du code général des impôts sont ainsi définis :

1° Critère relatif aux modalités de conception de la construction :

a. Pour l'élaboration et la mise en œuvre des décisions relatives aux caractéristiques environnementales de la construction, le maître d'ouvrage désigne en son sein une personne ou un service ou est assisté par une tierce personne physique ou morale possédant des compétences en matière d'environnement ;

b. Le maître d'ouvrage fixe les caractéristiques environnementales de la construction qui sont annexées aux dossiers de consultation de la maîtrise d'œuvre et des entreprises, notamment les modalités de réalisation, les performances énergétique et acoustique, les moyens mis en œuvre pour l'utilisation d'énergies et de matériaux renouvelables et la maîtrise des fluides ;

c. Le maître d'ouvrage définit et met en œuvre un système de management environnemental de la construction au regard des missions des maîtres d'œuvre et des entrepreneurs, qui précise notamment les compétences requises pour chacun d'entre eux et les modalités de l'évaluation de la construction au regard des caractéristiques environnementales mentionnées ci-dessus ;

2° Critère relatif aux modalités de réalisation de la construction :

a. Le maître d'ouvrage définit les objectifs visant à réduire les nuisances du chantier telles que les rejets d'eau, l'émission de poussières, les bruits, la circulation des engins et véhicules des entreprises, et à améliorer la gestion des déchets du chantier afin d'en réduire le volume, d'en promouvoir le tri et d'en assurer la traçabilité.

b. Le dossier de consultation des entreprises chargées des travaux de construction prévoit que celles-ci doivent fournir leur plan d'organisation dans le cadre du chantier et un plan de gestion de leurs déchets répondant aux exigences précitées ;

3° Critère relatif aux performances énergétique et acoustique :

a. La consommation conventionnelle d'énergie pour le chauffage et l'eau chaude sanitaire doit être inférieure de 8 % au moins à la consommation de référence fixée dans les conditions prévues à l'article *(Décr. n° 2021-872 du 30 juin 2021, art. 7-VII-1°)* « R. 172-2 » du code de la construction et de l'habitation ;

b. Le niveau de pression acoustique pondéré du bruit de choc standardisé perçu dans chaque pièce principale de tous les logements doit être inférieur ou égal au niveau fixé dans les conditions prévues à l'article *(Décr. n° 2021-872 du 30 juin 2021, art. 7-VII-1°)* « R. 154-6 » du code de la construction et de l'habitation, diminué de trois décibels ;

4° Critère relatif à l'utilisation d'énergies et de matériaux renouvelables :

a. La part de la consommation conventionnelle d'énergie réalisée au moyen d'un système utilisant des énergies renouvelables doit être supérieure, soit à 40 % de la consommation conventionnelle correspondant au chauffage de l'eau chaude sanitaire dans le cas d'immeubles ne comportant pas plus de deux logements et à 30 % dans les autres cas, soit à 15 % de la consommation conventionnelle totale correspondant au chauffage des parties privatives et des parties communes, à l'éclairage des parties communes et au chauffage de l'eau chaude sanitaire ;

b. La quantité de matériaux renouvelables utilisés pour la construction doit représenter au moins 20 décimètres cubes par mètre carré de surface hors œuvre nette dans sa définition applicable avant l'entrée en vigueur de l'ordonnance n° 2011-1539 du 16 novembre 2011 portant réforme de la surface de plancher, pour les bâtiments composés d'au plus quatre étages, et au moins 10 décimètres cubes par mètre carré pour ceux comportant plus de quatre étages.

Un arrêté du ministre chargé du logement et de la construction définit les sources d'énergie renouvelable et les matériaux renouvelables à prendre en compte ; — *V. Ann. IV, art. 121-0 AA.*

5° Critère relatif à la maîtrise des fluides :

a. Les logements doivent être équipés de matériels économes en eau dont la liste figure dans l'arrêté mentionné au 4° et, le cas échéant, de réducteurs de pression limitant la pression de l'eau à trois bars aux points de puisage ;

b. Des moyens d'information sur la bonne gestion des fluides doivent être mis en place au profit des habitants des logements dans des conditions définies par le maître d'ouvrage.

Art. 310-0 H *bis* I. — En vue de l'établissement du certificat mentionné au I *bis* de l'article 1384 A du code général des impôts par la direction départementale des territoires ou la direction départementale des territoires et de la mer dans le ressort de laquelle se situe la construction, le maître d'ouvrage transmet à cette direction une attestation délivrée par un organisme certificateur accrédité selon la norme EN 45011 par le comité français d'accréditation ou par un autre organisme d'accréditation d'un État membre de l'Espace économique européen, signataire de l'accord européen multilatéral pris dans le cadre de la coordination européenne des organismes d'accréditation.

Cette attestation indique que le maître d'ouvrage a obtenu une certification de produit établissant pour la construction le respect d'au moins quatre des cinq critères de qualité environnementale tels qu'ils sont définis à l'article 310-0 H et qu'il a pris toutes dispositions pour que la construction satisfasse à ces quatre critères.

II. — Le directeur départemental des territoires ou directeur départemental des territoires et de la mer établit un certificat constatant que la construction respecte au moins quatre des cinq critères de qualité environnementale tels qu'ils sont définis à l'article 310-0 H.

III. — La transmission du certificat au centre des impôts foncier du lieu de situation de la construction doit être accompagnée de la déclaration mentionnée à l'article 1406 du code général des impôts.

Art. 310-0 H *ter* Si postérieurement à la délivrance du certificat mentionné à l'article 310-0 H *bis*, il est constaté, lors d'un contrôle réalisé par un agent assermenté relevant de la direction départementale des territoires ou de la direction départementale des territoires et de la mer géographiquement compétente, le non-respect par le maître d'ouvrage de l'un des critères figurant dans le certificat délivré en application du II du même article, ce constat fait l'objet d'un signalement par cette direction au centre des impôts foncier du lieu de situation de la construction.

SECTION PREMIÈRE TAXE D'HABITATION

Art. 310 H I. — La valeur locative moyenne communale prévue au IV de l'article 1411 du code général des impôts est calculée, chaque année, en retenant les valeurs locatives des locaux d'habitation autres qu'exceptionnels, compris dans les rôles émis au titre de l'année précédente avant le 31 décembre de ladite année.

II. — *Devenu sans objet.*

SECTION II TAXE PROFESSIONNELLE

I *DISPOSITIONS GÉNÉRALES*

Art. 310 HA Pour l'application de la cotisation foncière des entreprises et des taxes additionnelles :

— Le nombre de salariés est calculé sur la période de référence définie à l'article 1467 A du code général des impôts, et pour l'ensemble de l'entreprise ; pour le calcul de ce nombre, les travailleurs à mi-temps ou saisonniers sont retenus à concurrence de la durée de leur travail ;

— Les apprentis sous contrat s'entendent des titulaires d'un contrat d'apprentissage passé dans les conditions prévues aux articles L. 6221-1 à L. 6225-8 du code du travail ; les handicapés physiques s'entendent des travailleurs handicapés reconnus par la commission des droits et de l'autonomie des personnes handicapées mentionnée à l'article L. 146-9 du code de l'action sociale et des familles ;

— L'établissement s'entend de toute installation utilisée par une entreprise en un lieu déterminé, ou d'une unité de production intégrée dans un ensemble industriel ou commercial lorsqu'elle peut faire l'objet d'une exploitation autonome.

1. Salariés à prendre en compte. Les salariés qui effectuent un travail permanent d'une durée inférieure à la durée légale du travail applicable aux employés de l'entreprise ne peuvent être regardés comme des travailleurs à plein temps. • CE 10 août 2005, nos 272334 et 272335 : *RJF 2005. 1203 ; concl. Vallée au BDCF 11/05, n° 135.*

2. Handicapés physiques. Les handicapés physiques dont les salaires sont exclus de la base de la taxe s'entendent des personnes auxquelles la qualité de travailleur handicapé a été reconnue par la COTOREP. • CE 9 févr. 2001, n° 160402 : *Dr. fisc. 2001. 54.* ♦ Les victimes d'accidents du travail ou de maladies professionnelles ayant entraîné une incapacité permanente comprise entre 10 % et 40 % n'étant pas reconnus comme travailleurs handicapés par la COTOREP, les salaires qui leur sont versés ne sont pas exclus de l'assiette de la taxe professionnelle. • CAA Nancy, 11 mars 1999, n° 94NA1805 : *RJF 1999. 875.*

3. Établissement. Ne constitue pas un établissement : un ensemble d'outillage, désigné sous le nom de ligne de fabrication, situé dans l'établissement où se trouve les installations utilisées par le redevable pour son exploitation. • CE 6 juill. 1990, n° 68482 : *Dr. fisc. 1991. 1147.* ♦ ... Les groupes à moteur diesel d'une centrale thermique dès lors qu'ils sont situés dans le même bâtiment et sont mis en œuvre par les mêmes personnes. • CE 1er mars 2000, n° 140666 : *Dr. fisc. 2001. 123, concl. Goulard.* ♦ ... Un local d'archivage de 10 m² pourvu uniquement de rayonnages ne peut être regardé comme un établissement au sens des dispositions de l'art. 310 HA. • TA Melun, 29 oct. 1998, n° 97-3770 : *RJF 1999. 580.* ♦ De même pour des matériels et outillages dont l'ensemble ne constitue pas une unité de production pouvant faire l'objet d'une exploitation autonome. • TA Lille, 20 avr. 2000, n° 97-3933 : *Dr. fisc. 2001. 283.*

II *EXONÉRATIONS*

Art. 310 HB *Disposition devenue sans objet.*

Art. 310 HB *bis* La quotité et la durée de l'exonération prévue à l'article 1465 du code général des impôts doivent être identiques pour toutes les opérations d'une même catégorie définies au premier alinéa du même article.

Art. 310 HB *ter* Sauf délibération contraire, les délibérations prises en application de l'article 1465 du code général des impôts dans sa rédaction antérieure à la loi n° 80-10 du 10 janvier 1980 qui étaient en vigueur au 1er janvier 1980 restent applicables.

Art. 310 HB *quater* Les zones dans lesquelles l'aménagement du territoire justifie une exonération temporaire de cotisation foncière des entreprises en faveur des entreprises qui procèdent aux opérations énumérées à l'article 1465 du code général des impôts sont définies par arrêté du ministre du budget. — *V. Ann. IV, art. 121 quinquies DB bis, et les annexes I et III, Arr. du 12 juin 1990 (JO 29 juin), modifié par Arr. du 8 août 1990 (JO 23 août) et Arr. du 21 janv. 1991 (JO 27 janv.).*

Art. 310 HB *quinquies* *Abrogé par Décr. n° 2011-2064 du 30 déc. 2011, art. 1-5°.*

Art. 310 HB *sexies* En ce qui concerne les opérations non soumises à agrément, l'augmentation nette des bases d'imposition est, pour l'application du quatrième alinéa de l'article 1465, du code général des impôts, déterminée en retenant l'investissement net, égal à la différence entre le prix de revient des immobilisations nouvelles et celui des immobilisations supprimées.

L'exonération de taxe à laquelle ouvre droit une opération non soumise à agrément ne porte, en ce qui concerne les bases d'imposition correspondant aux immobilisations corporelles utilisées, que sur celles qui proviennent de la création ou de l'accroissement d'éléments d'actif immobilisé, par suite de la réalisation par l'entreprise d'un investissement ou d'un supplément d'investissement. Les biens meubles ou immeubles que l'entreprise a pris en location ne peuvent donc être inclus dans les bases d'imposition faisant l'objet de l'exonération. • CE 21 avr. 2000, n° 169541 : *RJF 2000. 793 ; concl. Goulard au BDCF 6/00.*

Art. 310 HB *septies* Lorsqu'une période d'exonération temporaire est en cours, l'entreprise peut demander l'ouverture d'une nouvelle période d'exonération temporaire pour les investissements répondant aux conditions nécessaires, et réalisés à partir de la troisième année suivant celle au cours de laquelle est intervenue l'opération ayant motivé l'exonération en cours.

Art. 310 HB *octies* *Abrogé par Décr. n° 2011-2064 du 30 déc. 2011, art. 1er-5°.*

III *BASE D'IMPOSITION*

Art. 310 HC à 310 HH *Abrogés par Décr. n° 2011-2064 du 30 déc. 2011, art. 1-5°.*

Art. 310 HI *Abrogé par L. n° 98-546 du 2 juill. 1998, art. 26 (JO 3 juill.).*

IV *DISPOSITION TRANSITOIRE*

Art. 310 HJ *Abrogé par Décr. n° 2011-2064 du 30 déc. 2011, art. 1-5°.*

V *RÉPARTITION DES BASES*

Art. 310 HK à 310 HO *Abrogés par Décr. n° 2011-2064 du 30 déc. 2011, art. 1-5°.*

VI *[ÉTABLISSEMENT DE LA COTISATION]*

Art. 310 HP *Abrogé par Décr. n° 2011-2064 du 30 déc. 2011, art. 1-5°.*

Art. 310 HQ Lorsqu'un changement d'exploitant prend effet le 1er janvier d'une année donnée, la déclaration afférente à cette même année est souscrite par l'ancien exploitant.

Art. 310 HR *Disposition sans objet (le III de l'art. 1477 est abrogé).*

VII *[ANNUALITÉ DE LA COTISATION]*

Art. 310 HS Pour effectuer les corrections à apporter à la valeur locative des immobilisations en application du III de l'article 1478 du code général des impôts, tout mois commencé est considéré comme entier.

Pour effectuer la correction à apporter à la valeur locative des immobilisations des établissements exerçant une activité à caractère saisonnier en application du V de

l'article 1478 précité, toute semaine commencée est considérée comme entière. Une activité a un caractère saisonnier lorsque la durée annuelle d'ouverture, continue ou fractionnée sur plusieurs périodes, de l'établissement qui l'exerce est comprise entre douze et quarante et une semaines.

Changement d'exploitant. Si le changement d'exploitant prend effet le 30 novembre, le mois de novembre doit être considéré comme commencé pour le nouvel exploitant, et le montant des salaires qu'il a versés doit être ajusté en le multipliant par 2/12. • CAA Paris, 4 févr. 1999, n° 96PA2778 : *RJF 1999. 574.*

Art. 310 HT Lorsqu'un redevable suspend son activité dans un établissement pendant au moins douze mois consécutifs, l'opération constitue, au regard de l'article 1478 du code général des impôts, une cessation d'activité suivie d'une création d'établissement.

Suspension d'activité. Il n'y a pas suspension d'activité, lorsque la production d'électricité d'une tranche d'une centrale thermique est interrompue mais que l'exploitant maintient le générateur en cause en état d'assurer à nouveau en cas de besoin et instantanément l'apport de sa production au réseau d'électricité par un simple recouplage de ses bornes à celles du réseau. • CE 27 mai 2002, n° 198150, *EDF : RJF 2002. 943 ; Dr. fisc. 2002. 756, concl. Goulard.* ♦ Constitue en revanche une suspension d'activité, l'interruption de la production d'électricité d'une centrale nucléaire consécutive à l'arrêt du réacteur suite à des incidents techniques indépendants de la volonté du contribuable. • CE 29 déc. 2000, n° 210957, *NERSA : RJF 2001. 327 ; concl. Mignon au BDCF 3/01, n° 41 ; Dr. fisc. 2002. 105, concl. Mignon.* ♦ Il en est de même lorsque, en application d'une convention dite « de mise en *stand-by* » passée par un producteur d'électricité avec Électricité de France, ce producteur interrompt la production d'électricité de sa centrale fonctionnant au gaz et avec des moteurs diesels. • CE 25 févr. 2015, *Régie d'électricité d'Elbeuf,* n° 36752 : *RJF 2015. 408.*

SECTION III RÈGLES D'ÉVALUATION DE LA VALEUR LOCATIVE DES BIENS IMPOSABLES

I *ÉVALUATION DES PROPRIÉTÉS BÂTIES*

A LOCAUX D'HABITATION *(Décr. n° 2018-535 du 28 juin 2018, art. 1er).*

Art. 310 I Les coefficients prévus au 1 du III de l'article 1496 du code général des impôts, qui doivent être utilisés, à compter du 1er janvier 1979, jusqu'à la prochaine actualisation des valeurs locatives foncières des propriétés bâties pour la détermination de la base d'imposition à la taxe foncière sur les propriétés bâties des locaux d'habitation *(Abrogé par Décr. n° 2018-535 du 28 juin 2018, art. 1er)* ***« ou à usage professionnel »*** **loués sous le régime de la réglementation édictée par la loi n° 48-1360 du 1er septembre 1948 modifiée, sont fixés comme suit :**

Catégorie II A	2,83
Catégorie II B	2,49
Catégorie II C	2,14
Catégorie III A	1,93
Catégorie III B	1,75
Catégorie IV	1,00
Catégorie des locaux soumis au régime du loyer forfaitaire de l'article 34 de la loi du 1er septembre 1948	1,93

Art. 310 J *Abrogé par Décr. n° 75-886 du 25 sept. 1975.*

B IMMOBILISATIONS INDUSTRIELLES

Art. 310 J *bis* *(Devenu sans objet, Décr. n° 2021-744 du 9 juin 2021, art. 2)* ***Les taux d'abattement applicables à la valeur locative des immobilisations industrielles,*** *autres que les* ***sols et terrains, passibles de la taxe foncière sur les propriétés bâties sont fixés à :***

25 % en ce qui concerne les biens acquis ou créés avant le 1er janvier 1976 ;

33,33 % en ce qui concerne les biens acquis ou créés à partir de cette date.

Art. 310 K La déduction complémentaire prévue par le *(Décr. n° 2021-744 du 9 juin 2021, art. 2)* **« dernier » alinéa de l'article 1499 du code général des impôts est appli-**

cable à l'usine marémotrice de la Rance, sise à Saint-Malo et La Richardais (Ille-et-Vilaine). — *V. également art. 333 E.*

Le taux de la déduction complémentaire est fixé à 50 % *(Abrogé par Décr. n° 2021-744 du 9 juin 2021, art. 2)* *« ; cette déduction s'applique après l'abattement prévu à l'article 310 J bis ».*

Art. 310 K *bis* Le coefficient départemental moyen d'augmentation des bases d'imposition des immobilisations industrielles prévu par l'article 1499 A du code général des impôts est obtenu en divisant les bases totales d'imposition des établissements industriels à la taxe foncière sur les propriétés bâties de 1974 par le total des bases d'imposition de ces mêmes établissements à la contribution foncière des propriétés bâties établie en 1973, diminué du revenu net des outillages et installations exonérés par le 11° de l'article 1382 du code général des impôts.

Art. 310 L *(Devenu sans objet, Décr. n° 2021-744 du 9 juin 2021, art. 2)* *La valeur locative définie à l'article 1499 du code général des impôts est obtenue en appliquant au prix de revient affecté, le cas échéant, des divers correctifs prévus aux articles 310 J bis et 310 K les taux suivants :*

— 8 % pour les terrains et les sols ;

— 12 % pour les constructions et installations soumises à la taxe foncière sur les propriétés bâties.

C LOCAUX COMMERCIAUX ET ÉTABLISSEMENTS INDUSTRIELS

Art. 310 M I. — Lorsqu'il existe dans différentes communes des locaux, établissements ou installations de caractère industriel ou commercial qui présentent des caractéristiques analogues et sont affectés au transport public par voie ferrée, à la production ou à la distribution publique d'énergie électrique, de gaz ou d'eau potable, ou à la radiodiffusion et à la télévision, leur valeur locative est évaluée dans les conditions fixées aux II à IV.

II. — Les immobilisations qui présentent des caractéristiques analogues sont classées par catégories pour chacun des secteurs d'activité mentionnés au I.

III. — La valeur locative des immobilisations de chaque catégorie est obtenue par application d'un tarif fixé par arrêté du ministre de l'économie et des finances et du ministre de l'intérieur, publié au *Journal officiel,* en fonction de la valeur locative d'immobilisations de référence particulièrement représentatives de la catégorie en raison de leurs caractéristiques techniques, de leur importance et de l'année de leur mise en service. — *V. Arr. du 22 mai 1974, JO 9 juin, et Arr. du 9 janv. 1976, JO 6 févr.*

IV. — La valeur locative des immobilisations de référence est déterminée selon les règles d'évaluation applicables soit aux établissements industriels, soit aux locaux commerciaux.

D PORTS DE PLAISANCE

Art. 310 N La modulation prévue au III de l'article 1501 du code général des impôts est déterminée en fonction du nombre pondéré d'équipements et de services offerts selon le barème suivant :

NOMBRE PONDÉRÉ D'ÉQUIPEMENTS et de services offerts	MODULATION
Entre 0 et 20	– 40 %
Entre 21 et 40	– 20 %
Entre 41 et 60	0 %
Entre 61 et 80	+ 20 %
Entre 81 et 100	+ 40 %

Art. 310 O Pour la détermination du nombre d'équipements et services mentionnés à l'article 310 N, sont pris en compte les équipements et services présents dans les limites administratives portuaires suivants, chaque alinéa étant retenu pour un :

a) L'accessibilité à l'ensemble des bassins à toute heure, aux navires présentant un tirant d'eau maximum supérieur à un mètre ou un tirant d'air maximum supérieur à trois mètres ;

b) La mise à disposition d'un site et d'aménagements dont les profondeurs nécessaires à la navigation peuvent être maintenues sans nécessité de recourir à des opérations de dragage pour en garantir l'exploitation ;

c) La mise à disposition d'emplacements de stationnement de véhicules terrestres à moteur réservés aux plaisanciers ;

d) La présence de commerces ;

e) La présence d'équipements de sûreté ;

f) L'exécution de prestations de gardiennage ;

g) L'exécution de prestation de collecte des eaux usées des navires ;

h) La présence d'une station d'avitaillement ;

i) La mise à disposition d'une aire de carénage ;

j) La présence de moyens de levage d'une capacité supérieure à 30 tonnes.

Art. 310 P Pour la détermination de la pondération mentionnée à l'article 310 N, est prise en compte, pour chaque port de plaisance, la capacité moyenne d'accueil d'un poste d'amarrage selon le barème suivant :

CAPACITÉ MOYENNE D'ACCUEIL D'UN POSTE d'amarrage (en mètres)	COEFFICIENT de pondération
Inférieure ou égale à 8	2
Supérieure à 8 et inférieure ou égale à 10	4
Supérieure à 10 et inférieure ou égale à 14	6
Supérieure à 14 et inférieure ou égale à 18	8
Supérieure à 18	10

La capacité moyenne d'accueil d'un poste d'amarrage est égale au rapport, exprimé en mètres, entre la somme des longueurs des navires pouvant stationner sur chaque poste d'amarrage et la somme des postes d'amarrage présents au sein du port de plaisance. Ne sont pas inclus les dispositifs permanents d'amarrage par un corps mort ou directement par ancre présents dans la rade d'un port ainsi que les postes qui se situent dans les zones d'échouage.

Le nombre pondéré d'équipements et de services offerts mentionné à l'article 310 N est égal au produit du nombre de services et équipements effectivement offerts mentionnés à l'article 310 O par le coefficient de pondération prévu au tableau annexé au premier alinéa.

E LOCAUX PROFESSIONNELS

(Décr. nº 2018-535 du 28 juin 2018, art. 1er)

Art. 310 Q Pour l'application du second alinéa du I de l'article 1498 du code général des impôts, les propriétés bâties mentionnées au premier alinéa de ce même I sont classées selon les sous-groupes et catégories suivants :

Sous-groupe I : magasins et lieux de vente :

Catégorie 1 : boutiques et magasins sur rue.

Catégorie 2 : commerces sans accès direct sur la rue.

Catégorie 3 : magasins appartenant à un ensemble commercial.

Catégorie 4 : magasins de grande surface (surface principale comprise entre 400 et 2 500 m^2).

Catégorie 5 : magasins de très grande surface (surface principale supérieure ou égale à 2 500 m^2).

Catégorie 6 : stations-service, stations de lavage et assimilables.

Catégorie 7 : marchés.
Sous-groupe II : bureaux et locaux divers assimilables :
Catégorie 1 : locaux à usage de bureaux d'agencement ancien.
Catégorie 2 : locaux à usage de bureaux d'agencement récent.
Catégorie 3 : locaux assimilables à des bureaux, mais présentant des aménagements spécifiques.
Sous-groupe III : lieux de dépôt ou de stockage et parcs de stationnement :
Catégorie 1 : lieux de dépôt à ciel ouvert et terrains à usage commercial ou industriel.
Catégorie 2 : lieux de dépôt couverts.
Catégorie 3 : parcs de stationnement à ciel ouvert.
Catégorie 4 : parcs de stationnement couverts.
Catégorie 5 : installations spécifiques de stockage.
Sous-groupe IV : ateliers et autres locaux assimilables :
Catégorie 1 : ateliers artisanaux.
Catégorie 2 : locaux utilisés pour une activité de transformation, de manutention ou de maintenance.
Catégorie 3 : chenils, viviers et autres locaux assimilables.
Sous-groupe V : hôtels et locaux assimilables :
Catégorie 1 : hôtels "confort" (4 étoiles et plus, ou confort identique).
Catégorie 2 : hôtels "supérieur" (2 ou 3 étoiles, ou confort identique).
Catégorie 3 : hôtels "standard" (1 étoile, ou confort identique).
Catégorie 4 : foyers d'hébergement, centres d'accueil, auberges de jeunesse.
Catégorie 5 : hôtels-clubs, villages de vacances et résidences hôtelières.
Sous-groupe VI : établissements de spectacles, de sports et de loisirs :
Catégorie 1 : salles de spectacles et locaux assimilables.
Catégorie 2 : établissements ou terrains réservés à la pratique d'un sport ou à usage de spectacles sportifs.
Catégorie 3 : salles de loisirs diverses.
Catégorie 4 : terrains de camping confortables (3 étoiles et plus, ou confort identique).
Catégorie 5 : terrains de camping ordinaires (1 ou 2 étoiles, ou confort identique).
Catégorie 6 : établissements de détente et de bien-être.
Catégorie 7 : centres de loisirs, centres de colonies de vacances, maisons de jeunes.
Sous-groupe VII : établissements d'enseignement et locaux assimilables :
Catégorie 1 : écoles et institutions privées exploitées dans un but non lucratif.
Catégorie 2 : établissements d'enseignement à but lucratif.
Sous-groupe VIII : cliniques et établissements du secteur sanitaire et social :
Catégorie 1 : cliniques et établissements hospitaliers.
Catégorie 2 : centres médico-sociaux, centres de soins, crèches, haltes-garderies.
Catégorie 3 : maisons de repos, maisons de retraite (médicalisées ou non).
Catégorie 4 : centres de rééducation, de thalassothérapie, établissements thermaux.
Sous-groupe IX : carrières et établissements industriels non évalués selon la méthode comptable :
Catégorie 1 : établissements industriels nécessitant un outillage important autres que les carrières et assimilés.
Catégorie 2 : carrières et établissements assimilables.
Sous-groupe X : établissements présentant des caractéristiques exceptionnelles :
Catégorie 1 : locaux ne relevant d'aucune des catégories précédentes par leurs caractéristiques sortant de l'ordinaire.

II *[ABROGÉ]* *ÉVALUATION DES PROPRIÉTÉS NON BÂTIES – RÈGLES PARTICULIÈRES À LA RÉVISION QUINQUENNALE (1970-1974)*

(Abrogé par Décr. n° 2017-769 du 4 mai 2017, art. 1er et 5, à compter du 1er sept. 2017)

Art. 310 *ter* *Les coefficients d'adaptation prévus aux I et II de l'article 1515 du code général des impôts et destinés, lors de la deuxième révision quinquennale des évaluations foncières des propriétés non bâties, à actualiser la valeur locative de ces propriétés telle qu'elle résulte de la dernière révision, sont déterminés par région agricole ou forestière départemen-*

tale servant de cadre aux évaluations des propriétés non bâties. Il en est fait application aux valeurs locatives cadastrales des biens situés dans les communes du ressort de chaque région considérée. Toutefois, lorsque le territoire d'une commune appartient à plusieurs régions agricoles ou forestières, les coefficients applicables à l'ensemble des propriétés non bâties de la commune en cause s'entendent de ceux qui ont été arrêtés pour celle des régions agricoles ou forestières à laquelle ladite commune s'apparente le plus, eu égard aux caractéristiques dominantes de son terroir.

Art. 310 *quater* *Les coefficients visés à l'article 310 ter sont fixés, d'après le taux moyen des valeurs locatives des fonds constaté au 1er janvier 1970, conformément aux règles définies dans les articles 310 quinquies à 310 vicies.*

A *[ABROGÉ]* MODE DE DÉTERMINATION DES COEFFICIENTS D'ADAPTATION APPLICABLES À LA VALEUR LOCATIVE CADASTRALE DES PROPRIÉTÉS NON BÂTIES

Art. 310 *quinquies* *Sous réserve des dispositions des articles 310 sexies et 310 duodecies, il est établi un coefficient d'adaptation distinct pour chaque groupe de natures de culture ou de propriété et, le cas échéant, pour chaque sous-groupe.*

Art. 310 *sexies* *En ce qui concerne les terres, les prés, les landes, les jardins maraîchers et autres propriétés évaluées à partir des baux et locations verbales, les coefficients d'adaptation sont tirés des variations de prix d'un ou de plusieurs baux types régionaux représentatifs de la région agricole au point de vue des conditions générales de location. Il est procédé, à cet égard, à la détermination soit d'un seul bail type régional lorsque les locations des fonds ruraux sont, dans la région, stipulées en une ou plusieurs mêmes denrées agricoles, quelle que soit la nature de culture considérée, soit de plusieurs baux types lorsque les locations sont ordinairement stipulées en denrées différentes selon les natures de culture. Dans ce dernier cas, il est retenu autant de baux types régionaux qu'il existe de natures de cultures faisant l'objet de locations stipulées en denrées spécifiques.*

Art. 310 *septies* *Le bail type régional, utilisé pour la détermination du coefficient afférent à chacune des natures de culture visées à l'article 310 sexies, est constitué par un échantillon représentatif des baux ou locations verbales en cours dans la région au 1er janvier 1961 et dont les quantités de denrées sont réputées inchangées au 1er janvier 1970.*

Art. 310 *octies* *Le coefficient visé à l'article 310 sexies est égal au quotient du prix de chaque bail type régional calculé à la date du 1er janvier 1970, date de référence de la deuxième révision quinquennale des évaluations foncières des propriétés non bâties, par le montant du même bail type calculé à la date du 1er janvier 1961, date de référence de la première révision quinquennale.*

Art. 310 *nonies* *En ce qui concerne les catégories de propriétés (bois, vergers, vignes) soumises au régime de l'évaluation directe, le coefficient d'adaptation est tiré du rapport des cours des produits retenus pour l'évaluation aux deux dates de référence indiquées à l'article 310 octies. Ce rapport est corrigé, pour tenir compte de la variation, depuis 1961, des frais déductibles du produit brut par rapport à celle dudit produit.*

Art. 310 *decies* *Lorsque la détermination du coefficient applicable à l'une des catégories de propriétés visées à l'article 310 nonies fait intervenir le rapport des cours de plusieurs produits, et non d'un seul, ledit rapport reçoit une pondération spéciale, destinée à tenir compte de la part respective que prend chaque produit dans la formation du produit brut global régional afférent à la catégorie de propriété considérée. Cette part est appréciée en se plaçant à la date du 1er janvier 1961 et en posant en principe qu'elle n'a pas subi de variation depuis cette dernière date.*

Art. 310 *undecies* *En ce qui concerne les terrains à bâtir et autres propriétés évaluées par application d'un taux d'intérêt à la valeur vénale, le coefficient d'adaptation est tiré du rapport des valeurs vénales unitaires constatées respectivement à chacune des deux dates de référence indiquées à l'article 310 octies.*

Art. 310 *duodecies* *En ce qui concerne les carrières, terrains d'agrément, chemins de fer et autres propriétés évaluées par comparaison, le coefficient d'adaptation applicable est le coefficient arrêté pour la nature de culture de référence. Toutefois, lorsqu'une catégorie de* *propriété de l'espèce admet concurremment, dans une région agricole donnée, plusieurs natures de culture de référence, le coefficient d'adaptation applicable est arrêté en considération de celle desdites natures de culture à laquelle il est le plus fréquemment référé dans la région considérée, pour l'estimation de la valeur locative cadastrale de la plus grande superficie de la catégorie en cause.*

Art. 310 *terdecies* *Les coefficients visés aux articles 310 sexies, 310 nonies et 310 undecies sont établis en fonction de l'évolution réelle des valeurs locatives intervenues depuis 1961. En vue d'assurer leur concordance, les coefficients proposés sont rapprochés de ceux qui ont déjà été retenus ou qui sont envisagés dans les autres régions du département ou dans les départements limitrophes.*

B *[ABROGÉ]* PROCÉDURE D'ÉTABLISSEMENT DES COEFFICIENTS D'ADAPTATION

Art. 310 *quaterdecies* *Les coefficients d'adaptation définis aux articles 310 quinquies à 310 terdecies sont fixés par la commission départementale des impôts directs et des taxes sur le chiffre d'affaires constituée dans la formation compétente pour arrêter les tarifs d'évaluations foncières des propriétés non bâties.*

Art. 310 *quindecies* *La commission se prononce sur des propositions qui sont établies par le directeur départemental ou, le cas échéant, régional des finances publiques, après avis de la commission consultative départementale des évaluations foncières des propriétés non bâties. Elle peut entendre, à titre consultatif, toute personne susceptible de donner un avis autorisé sur le régime des baux ruraux et sur l'évolution des prix des fermages dans le département.*

Art. 310 *sexdecies* *Les décisions de la commission sont prises à la majorité des voix ou dans les conditions prévues par le deuxième alinéa de l'article 1651 du code général des impôts. Elles sont notifiées par le président, dans le délai de vingt jours, au directeur départemental ou, le cas échéant, régional des finances publiques du département et aux maires des communes concernées. Un extrait du procès-verbal de la séance au cours de laquelle ont été prises lesdites décisions est annexé à chaque notification. Le maire de chaque commune doit, dans un délai de cinq jours à compter de cette notification, faire afficher les décisions dont il s'agit à la porte de la mairie et adresser au directeur départemental ou, le cas échéant, régional des finances publiques un certificat attestant que cette formalité a été remplie.*

Art. 310 *septdecies* *Dans les deux mois qui suivent l'affichage des coefficients, le maire, dûment autorisé par le conseil municipal, et le directeur départemental ou, le cas échéant, régional des finances publiques peuvent, respectivement, faire appel des décisions de la commission départementale devant la commission centrale des impôts directs prévue à l'article 1652 bis du code général des impôts. Le recours du maire s'exerce à l'encontre des coefficients arrêtés pour la région agricole ou forestière dans le ressort de laquelle se trouve située la commune intéressée.*

Art. 310 *octodecies* *Dans le même délai de deux mois suivant cet affichage, les propriétaires sont admis à contester les coefficients arrêtés pour la région agricole ou forestière dans le ressort de laquelle se trouvent situés leurs immeubles non bâtis. Toutefois, la réclamation produite à cet effet n'est recevable que si le ou les signataires de la réclamation possèdent plus de la moitié de la superficie des terrains auxquels s'applique, dans la région considérée, le coefficient contesté.*

Lorsque la demande concerne des propriétés boisées appartenant à des personnes physiques ou morales de droit privé, il est fait abstraction de la superficie des bois et forêts appartenant à l'État, aux départements, aux communes, aux sections de communes et aux établissements publics pour apprécier si la condition ci-dessus se trouve remplie.

Art. 310 *novodecies* *La commission centrale des impôts directs statue définitivement. Les décisions rendues sur des demandes introduites par les maires ou les propriétaires des communes d'une région agricole ou forestière donnée produisent effet à l'égard de l'ensemble des biens de la région auxquels s'appliquent les coefficients contestés. Il en est de même de la décision rendue sur une demande présentée par le directeur départemental ou, le cas échéant, régional des finances publiques contre une décision de la commission départementale afférente à une région agricole ou forestière déterminée.*

Art. 310 *vicies* ***Lorsque les contestations contre les coefficients d'adaptation ont été portées devant la commission centrale par les maires, les directeurs départementaux des finances publiques, ou par les contribuables, les revenus imposables sont néanmoins déterminés conformément à ces coefficients et compris dans les rôles. En cas de décision favorable aux propriétaires, des dégrèvements sont rétroactivement accordés aux intéressés ; au cas contraire, il n'est procédé à aucune imposition supplémentaire.***

III *DISPOSITIONS COMMUNES AUX BIENS PASSIBLES DES IMPÔTS DIRECTS LOCAUX*

Art. 310 *unvicies* L'abattement d'un tiers pratiqué sur la valeur locative des usines nucléaires en application de l'article 1518 A du code général des impôts concerne les usines de traitement des combustibles nucléaires et les centrales nucléaires.

SECTION IV AUTRES TAXES COMMUNALES

I *REDEVANCE COMMUNALE DES MINES*

Art. 311 *Devenu sans objet (L. n° 81-1160 du 30 déc. 1981, art. 21).*

Art. 311 A Les tonnages nets des produits extraits chaque année et d'après lesquels sera calculée l'année suivante la redevance communale des mines sont définis de la façon suivante :

Pour la houille et les lignites : tonnages du combustible marchand livré dans l'année, y compris la consommation des exploitations en cause et les livraisons à leur personnel ;

Pour les minerais de fer, la pyrite, les schistes bitumineux ou carbobitumineux, les calcaires et grès bitumineux ou asphaltiques, la bauxite et la fluorine : tonnages des produits marchands qui, après préparation mécanique s'il y a lieu, sont livrés dans l'année par la mine soit à ses usines annexes de traitement chimique ou physique, soit directement à d'autres consommateurs ;

Pour les minerais divers qui doivent être imposés d'après la quantité de métal, de métalloïde ou d'oxyde contenu : tonnage résultant des tonnages et teneurs des minerais devenus marchands après avoir subi dans les usines annexes aux exploitations la préparation mécanique précédant le traitement métallurgique ; toutefois, pour les minerais aurifères, l'évaluation a pour base la quantité de métal précieux effectivement extraite par le traitement métallurgique.

Pour le chlorure de sodium, la redevance est calculée :

a. Pour le sel extrait par abattage, d'après les tonnages nets livrés dans l'année par la mine à ses usines annexes ou directement à d'autres consommateurs, sous forme de sel tout venant, trié, égrugé ou trié et égrugé ;

b. Pour le sel extrait en dissolution par sondage puis raffiné, d'après les tonnages nets de sel raffiné livrés dans l'année par l'atelier d'évaporation de la mine, soit à des usines annexes de la mine, soit directement à d'autres consommateurs ;

c. Pour le sel extrait en dissolution par sondage et non ensuite raffiné, d'après les tonnages de chlorure de sodium contenu dans les dissolutions livrées dans l'année par la mine à ses usines annexes ou directement à d'autres consommateurs.

En ce qui concerne les hydrocarbures, la redevance est calculée d'après soit les tonnages pour les hydrocarbures liquides, soit les volumes pour les hydrocarbures gazeux des produits livrés dans l'année par la mine, y compris la consommation des exploitations en cause, les livraisons à leur personnel et les livraisons à leurs usines annexes de traitement chimique ou physique autre que le dégazolinage et la désulfuration, mais à l'exclusion du gaz réinjecté dans le gisement producteur ou brûlé dans les torches. Pour les hydrocarbures gazeux, la redevance pourra être établie soit sur le gaz naturel brut s'il est livré en cet état, soit sur les produits hydrocarburés issus du dégazolinage *ou de la désulfuration* du gaz naturel brut.

Pour le gaz carbonique la redevance est calculée d'après le volume du gaz livré dans l'année aux utilisateurs. — *V. Décr. n° 91-300 du 20 mars 1991 (JO 22 mars).*

Art. 311 B La redevance communale est établie pour chaque concession, chaque permis d'exploitation et chaque exploitation de pétrole et gaz combustibles avec ou sans

permis, dans la commune du lieu principal d'exploitation ou d'exploration. – *Ancien texte de l'art. 286 de l'Annexe I.*

Art. 311 C **Les exploitants concessionnaires, amodiataires ou sous-amodiataires de mines, les titulaires de permis d'exploitation des mines et les explorateurs de mines de pétrole et de gaz combustibles adressent chaque année avant le 1er mars, à l'ingénieur en chef des mines, une déclaration indiquant les concessions, permis d'exploitation et explorations avec ou sans permis exclusif dont ils ont disposé au cours de l'année précédente, ainsi que les noms des communes sous le territoire desquelles ont fonctionné lesdites exploitations ou explorations.**

Cette déclaration fait ressortir, pour chaque exploitation ou exploration et pour l'ensemble de l'année, en le décomposant par communes intéressées, le tonnage net du produit extrait, et, s'il y a lieu, le tonnage contenu de chacun des métaux dont la taxation est prévue au II de l'article 1519 du code général des impôts, ces divers chiffres étant évalués comme il est prescrit à l'article 311 A.

L'ingénieur en chef, après avoir vérifié la déclaration, transmet à la direction départementale ou, le cas échéant, régionale des finances publiques, pour chaque exploitation ou exploration, les éléments nécessaires au calcul des deux redevances départementale et communale, ainsi qu'à la répartition de la redevance communale. – *V. Ann. II, art. 312 et 315.*

Art. 311 D **Les rôles de la redevance communale des mines sont établis et recouvrés et les réclamations présentées, instruites et jugées comme en matière de contributions directes.**

1° RÉPARTITION DU PRODUIT DE LA REDEVANCE : SUBSTANCES MINÉRALES AUTRES QUE LES HYDROCARBURES LIQUIDES ET GAZEUX

Art. 312 **La redevance communale des mines est divisée en trois fractions respectives de 35 %, 10 % et 55 %.**

La fraction de 35 % est attribuée pour chaque concession de mines ou chaque société minière aux communes sur les territoires desquelles fonctionnent les exploitations assujetties et, au cas où il y a plusieurs communes intéressées, répartie proportionnellement au revenu net des propriétés bâties à raison duquel l'exploitation est imposée à la taxe foncière dans chacune d'elles, augmentée du revenu net que comportent par comparaison les propriétés bâties de l'exploitant qui sont temporairement exonérées de ladite taxe. Dans cette répartition, il n'est fait état que des propriétés bâties affectées à l'extraction et à la vente des matières extraites ainsi qu'aux opérations commerciales et industrielles consécutives et accessoires à l'exploitation minière proprement dite.

La fraction de 10 % est répartie entre les communes intéressées, au prorata de la partie du tonnage extrait de leurs territoires respectifs au cours de l'année écoulée. Toutefois, la fraction de 10 % de la redevance frappant les charbons extraits sous territoire étranger et amenés au jour par des puits et installations sis en France est répartie par le conseil départemental entre les communes qu'il désigne et selon les modalités qu'il choisit.

La fraction de 55 % forme pour l'ensemble de la France un fonds commun qui est réparti chaque année entre les communes où se trouvent domiciliés les ouvriers ou employés occupés à l'exploitation des mines et aux industries annexes, et au prorata du nombre de ces ouvriers ou employés. Ne sont pas comprises dans cette répartition les communes pour lesquelles ce nombre est inférieur à dix ni celles dans lesquelles le nombre d'ouvriers ou d'employés ne représente pas un pour mille de la population totale communale.

Art. 313 **Un arrêté du ministre de l'intérieur et du ministre de l'économie et des finances détermine les modalités d'établissement, d'envoi et de contrôle des relevés nominatifs des ouvriers et employés que les exploitants de mines doivent faire parvenir, chaque année, à la préfecture en vue de l'application des dispositions de l'article 312.** – *V. Ann. IV, art. 121 sexies.*

Art. 314 *Abrogé.*

2° RÉPARTITION DU PRODUIT DE LA REDEVANCE : HYDROCARBURES LIQUIDES ET GAZEUX

Art. 315 La redevance communale des mines sur les hydrocarbures liquides et gazeux est divisée en deux fractions égales :

1° La première moitié est répartie dans les conditions fixées par les articles 312 et 313 ;

2° *a)* Les 30 % de la seconde moitié sont répartis entre les communes sur le territoire desquelles les hydrocarbures ont été extraits et en fonction du tonnage extrait des territoires respectifs desdites communes au cours de l'année écoulée.

Toutefois, aucune commune ne pourra percevoir annuellement à ce titre une attribution supérieure au montant moyen de ses autres recettes ordinaires pour les trois dernières années ;

b) Les sommes éventuellement retenues au titre du quatrième alinéa et les 70 % de la seconde moitié sont répartis par le conseil départemental entre les communes qu'il désigne et selon les modalités qu'il choisit.

Si les hydrocarbures ont été extraits sur le territoire de plusieurs départements, la part de l'ensemble des communes de chaque département dans les recettes visées au *b* sera fixée au prorata du tonnage extrait sur le territoire de chacun des départements producteurs.

I BIS *TAXE SUR LES ÉOLIENNES MARITIMES*

Art. 315 A à 315 E *Abrogés par Décr. n° 2011-2064 du 30 déc. 2011, art. 1-6°.*

II *TAXES FACULTATIVES*

A TAXE D'ENLÈVEMENT DES ORDURES MÉNAGÈRES

Art. 316 I. — Les matrices de la taxe d'enlèvement des ordures ménagères sont dressées par le service des impôts avec le concours de la commission communale des impôts directs.

II. — Les rôles de la taxe d'enlèvement des ordures ménagères sont établis et recouvrés et les réclamations présentées, instruites et jugées comme en matière de contributions directes. — *Ancien texte de l'art. 284 de l'Annexe I.*

Art. 316 A Lorsque la taxe d'enlèvement des ordures ménagères est établie au nom d'un contribuable autre que celui qui était passible au 1er janvier de l'année de l'imposition, le dégrèvement peut être prononcé soit d'office, dans les conditions prévues aux articles R.* 211-1 et R.* 211-2 du Livre des procédures fiscales, soit sur la réclamation de l'un ou l'autre des intéressés.

Les décisions prononçant des dégrèvements ont effet tant pour l'année qu'elles concernent que pour les années suivantes, jusqu'à ce que les rectifications nécessaires aient été effectuées dans les rôles. — *Ancien texte de l'art. 288 de l'Annexe I.*

B TAXE DE BALAYAGE

Art. 317 *Abrogé par L. n° 2009-1673 du 30 déc. 2009, art. 97-II.*

C TAXE SUR LA CESSION DE TERRAINS DEVENUS CONSTRUCTIBLES

Art. 317 A Les dispositions du II de l'article 74 SH s'appliquent à la déclaration mentionnée au premier alinéa du IV de l'article 1529 du code général des impôts.

Art. 317 B I. — Pour l'application du deuxième alinéa du IV de l'article 1529 du code général des impôts, l'accomplissement de la formalité de l'enregistrement ou de la formalité fusionnée est subordonné, pour tout acte constatant la cession à titre onéreux d'un terrain nu situé sur le territoire d'une commune ou d'un établissement public de coopération intercommunale dans lequel la taxe est exigible, à la mention, selon le cas, dans l'acte, que :

1° Le cédant n'est pas soumis à l'impôt sur le revenu afférent à la plus-value dans les conditions prévues au I de l'article 150 U du code général des impôts ou au prélèvement prévu à l'article 244 *bis* A du même code ;

2° La plus-value réalisée par le cédant est exonérée d'impôt sur le revenu en application du II de l'article 150 U du même code en précisant les références aux dispositions de l'article précité en vertu desquelles elle est exonérée ;

3° Le terrain n'est pas situé dans une des zones mentionnées au premier alinéa du I de l'article 1529 du code général des impôts ;

4° Le terrain n'est pas constructible, alors même qu'il est situé dans une des zones mentionnées au premier alinéa du I de l'article 1529 du code général des impôts ;

5° Le terrain est constructible depuis plus de dix-huit ans ;

6° Le terrain a fait l'objet, depuis la date à laquelle il a été rendu constructible, d'une cession à titre onéreux antérieure à la mutation constatée dans l'acte.

II. – Les éléments mentionnés au 4° du I sont justifiés par le cédant au moyen d'un certificat d'urbanisme mentionné à l'article L. 410-1 du code de l'urbanisme, précisant que le terrain ne peut faire l'objet, du fait de sa localisation, de sa desserte ou de ses caractéristiques, d'aucune autorisation de construction.

III. – Les éléments mentionnés au 5° du I sont justifiés par le cédant au moyen d'un certificat d'urbanisme ou d'une attestation, établi par la commune ou, le cas échéant, par l'établissement public de coopération intercommunale, et précisant la date à laquelle le terrain est devenu constructible ou, à défaut, que cet événement est intervenu depuis plus de dix-huit ans.

Art. 317 C Lorsque la taxe forfaitaire mentionnée à l'article 1529 du code général des impôts est instituée par un établissement public de coopération intercommunale dans les conditions prévues au deuxième alinéa du I de cet article, la liste des communes qu'il regroupe est jointe à la notification, mentionnée au VI de ce même article, de la délibération aux services fiscaux.

CHAPITRE II ENREGISTREMENT

SECTION PREMIÈRE TAXE LOCALE D'ÉQUIPEMENT

Art. 317 *bis* à 317 *sexies* *Abrogés par Décr. n° 2012-87 du 25 janv. 2012, art. 2-I et 3, à compter du 1er mars 2012.*

Art. 317 *sexies* A *Abrogé par Décr. n° 76-759 du 12 août 1976.*

Art. 317 *septies* *Abrogé par Décr. n° 2012-87 du 25 janv. 2012, art. 2-I à compter du 1er mars 2012.*

SECTION II IMPOSITIONS AYANT LE PERMIS DE CONSTRUIRE POUR FAIT GÉNÉRATEUR

Art. 317 *septies* A *Abrogé par Décr. n° 2012-87 du 25 janv. 2012, art. 2-I et 3, à compter du 1er mars 2012.*

TITRE DEUXIÈME IMPOSITIONS DÉPARTEMENTALES

CHAPITRE PREMIER IMPÔTS DIRECTS ET TAXES ASSIMILÉES

I

Art. 317 *septies* B à 317 *septies* D *Transférés ss. Ann. III, art. 328 E à 328 G.*

I *BIS* *COTISATION SUR LA VALEUR AJOUTÉE DES ENTREPRISES*

(Décr. n° 2011-27 du 6 janv. 2011)

Art. 317 *septies* E Les entreprises de navigation aérienne et maritime qui exercent conjointement des activités en France et à l'étranger sont assujetties à la cotisation sur la valeur ajoutée des entreprises à raison de la part de la valeur ajoutée provenant des opérations effectuées dans les limites du territoire national directement liées à l'exploitation d'aéronefs et de navires.

Sont considérées comme des opérations effectuées dans les limites du territoire national celles dont le point de départ et le point d'arrivée sont situés en France. Les points de départ et d'arrivée s'entendent des embarquements et débarquements.

La part de la valeur ajoutée imposable mentionnée au premier alinéa est proportionnelle à la part, dans les recettes totales hors taxes de l'entreprise afférentes aux opérations directement liées à l'exploitation d'aéronefs et de navires armés au commerce, des recettes provenant de celles de ces opérations qui sont effectuées dans les limites du territoire national. Toutefois, lorsque le trafic assuré par l'entreprise est majoritairement en provenance ou à destination de la France, la proportion retenue ne peut être inférieure au dixième.

II *REDEVANCE DÉPARTEMENTALE DES MINES*

Art. 317 *octies* La redevance départementale des mines instituée par l'article 1587 du code général des impôts est établie dans les conditions prévues aux articles 311 A à 311 D en ce qui concerne la redevance communale.

CHAPITRE II TAXE SUR LES VÉHICULES À MOTEUR

SECTION UNIQUE

Art. 317 *nonies* à 317 *duodecies* *Devenus sans objet (Décr. n° 2007-484 du 30 mars 2007).*

Art. 317 *terdecies* à 317 *sexdecies* *Dispositions devenues sans objet (L. n° 85-695 du 11 juill. 1985, art. 18-I).*

TITRE TROISIÈME IMPOSITIONS PERÇUES AU PROFIT DES RÉGIONS ET DE LA COLLECTIVITÉ DE CORSE *(Décr. n° 2017-1777 du 27 déc. 2017, art. 1er).*

CHAPITRE UNIQUE IMPÔTS DIRECTS ET TAXES ASSIMILÉES

I TAXE D'APPRENTISSAGE

(Décr. n° 2014-549 du 26 mai 2014)

Art. 318 *Dispositions devenues sans objet (Décr. n° 2015-608 du 3 juin 2015). — Pour les dispositions applicables antérieurement, V.* ***CGI, éd. 2015.***

Art. 318 A *(Devenu sans objet, Décr. n° 2021-744 du 9 juin 2021, art. 2)* ***L'assujetti à la taxe d'apprentissage bénéficie d'une exonération totale ou partielle de la taxe à raison des dépenses exposées en vue de favoriser les premières formations conformément aux dispositions prévues à l'article R. 6241-7 du code du travail.*** *— V. Anc. art. 140 K quinquies.*

L'art. R. 6241-7 C. trav. est abrogé par l'art. 7 du Décr. n° 2020-372 du 30 mars 2020 (Décr. préc., art. 7-1°).

II TAXE PERÇUE POUR LA RÉGION DE GUYANE *(Décr. n° 2010-152 du 17 févr. 2010).*

Art. 318 B La masse nette de l'or extrait chaque année, d'après laquelle est calculée l'année suivante la taxe prévue à l'article 1599 *quinquies* B du code général des impôts, est définie d'après la quantité d'or effectivement extraite par un traitement métallurgique.

Art. 318 C Les investissements suivants peuvent être déduits de la taxe prévue à l'article 1599 *quinquies* B du code général des impôts :

1° Acquisition de matériels et d'équipements de mesure permettant de contrôler la qualité des rejets dans le milieu naturel ;

2° Achat de *matériels et équipements* concourant à l'étanchéité des digues et parcs à résidus ;

3° Achat de bacs de rétention ;

4° Travaux de réhabilitation et de revégétalisation des sites d'exploitation ;

5° Travaux de récupération, de traitement et d'élimination du mercure résultant d'anciens chantiers orpaillés ;

6° Réalisation d'études d'impact ou de notices d'impact préalables à des travaux ou investissements ayant pour effet de réduire les impacts de l'exploitation sur le milieu naturel ;

7° Réalisation d'études et de travaux concourant à la stabilité des digues et parcs à résidus ;

8° Autres investissements permettant soit d'évaluer les effets quantitatifs et qualitatifs des recherches ou des modalités d'extraction sur le milieu naturel, soit de réduire les impacts de l'exploitation sur ce dernier, soit d'adopter de nouvelles technologies réduisant les nuisances environnementales ou de concourir à la réhabilitation des sites après exploration ou exploitation.

Les bénéficiaires de la déduction doivent présenter, tous les ans, aux services déconcentrés chargés des mines les justificatifs attestant de la réalisation effective des investissements qui ont fait l'objet de déduction.

Art. 318 D Le représentant de l'État dans le département contrôle la réalisation et le bon emploi des investissements mentionnés à l'article 318 C.

Il dispose à cet effet des services déconcentrés chargés des mines, qui peuvent opérer des vérifications sur place.

TITRE QUATRIÈME IMPOSITIONS PERÇUES AU PROFIT DE CERTAINS ÉTABLISSEMENTS PUBLICS ET D'ORGANISMES DIVERS

CHAPITRE PREMIER IMPÔTS DIRECTS ET TAXES ASSIMILÉES

SECTION PREMIÈRE

Art. 319 et 319 A *Devenus sans objet (L. n° 98-1266 du 30 déc. 1998, art. 48).*

SECTION II

Art. 320 *Transféré ss. art. 318 B.*

SECTION III

Art. 321 *Dispositions devenues sans objet (L. n° 96-142 du 21 févr. 1996, JO 24 févr.)*

SECTION IV TAXE POUR FRAIS DE CHAMBRES DE MÉTIERS ET DE L'ARTISANAT

Art. 321 *bis* *(Devenu sans objet, Décr. n° 2021-744 du 9 juin 2021, art. 2) I. — Le vote par une chambre de métiers et de l'artisanat de région ou par une chambre régionale de métiers et de l'artisanat d'un produit du droit additionnel à la cotisation foncière des entreprises en dépassement du niveau prévu au premier alinéa du b de l'article 1601 du code général des impôts est subordonné à la conclusion entre l'État et l'établissement intéressé d'une convention définissant des objectifs de réalisations et de maîtrise des coûts.*

L'autorité compétente pour autoriser le dépassement du produit du droit additionnel et signer la convention est le préfet de région.

II. — La convention prévue au I prévoit les actions ou les investissements à réaliser et les engagements de limitation de dépenses souscrits par la chambre de métiers et de l'artisanat de région ou la chambre régionale de métiers et de l'artisanat.

III. — A compter du 1er janvier 2013, la convention prévue au I est complétée par des indicateurs d'activité et de performance évaluant, d'une part, le degré de réalisation des projets et des objectifs opérationnels de l'établissement et, d'autre part, l'impact sur les entreprises artisanales de ses activités.

A compter de la même date, la convention peut être conclue soit pour une période annuelle, soit pour une période pluriannuelle. Dans tous les cas, un rapport d'exécution annuel est transmis au préfet de région, au directeur régional des finances publiques et au ministre chargé de l'artisanat au plus tard le 31 janvier de l'année suivant celle sur laquelle porte ce rapport. Ce rapport présente les montants de dépassement du droit additionnel à la cotisation foncière des entreprises prévus et effectivement perçus, le nombre d'assujettis concernés, ainsi qu'une description détaillée des actions ou des investissements mis en œuvre, de leur financement, des résultats obtenus et de leur niveau de réalisation par rapport aux objectifs fixés. Il mesure également le niveau de réalisation des indicateurs d'activité et de performance.

IV. — Le préfet de région peut, lorsque les engagements fixés dans la convention n'ont pas été respectés, plafonner ou supprimer le droit à dépassement prévu par les deuxième et troisième alinéas du b de l'article 1601 du code général des impôts.

Cette décision n'est pas subordonnée à la conclusion d'une nouvelle convention. Elle est communiquée à l'établissement intéressé un mois au moins avant la date limite de vote de son produit de taxe additionnelle.

SECTION V CONTRIBUTION À L'AUDIOVISUEL PUBLIC

Art. 321 *ter* Pour l'application du III de l'article 1605 du code général des impôts, le montant de la contribution à l'audiovisuel public est celui applicable au lieu de l'habitation principale du redevable.

Art. 321 *quater* Pour l'application du 1° de l'article 1605 *ter* du code général des impôts :

1° Lorsqu'un établissement comporte plusieurs points de vision imposables au montant prévu par le III de l'article 1605 du code général des impôts et au montant prévu par le *c* du 1° de l'article 1605 *ter* du même code, le redevable opère un décompte unique du nombre de points de vision. Toutefois, pour la détermination de l'abattement applicable, les points de vision imposés au montant prévu par le III de l'article 1605 sont pris en compte avant ceux imposés au montant prévu par le *c* du 1° de l'article 1605 *ter*.

2° La minoration prévue par le *b* du 1° de l'article 1605 *ter* s'applique sur le montant total de la contribution à l'audiovisuel public calculé selon les modalités prévues au 1° du présent article.

SECTION VI PRÉLÈVEMENT SPÉCIAL SUR LES FILMS PORNOGRAPHIQUES ET D'INCITATION À LA VIOLENCE

Les art. 321 quinquies à 321 octies ci-dessous résultent du transfert des anciens art. 163 septdecies à 163 vicies (Décr. n° 2009-389 du 7 avr. 2009).

Art. 321 *quinquies à 321 octies* *Devenus sans objet (Décr. n° 2014-549 du 26 mai 2014).*

CHAPITRE PREMIER *BIS* TAXES ASSIMILÉES AUX TAXES SUR LE CHIFFRE D'AFFAIRES

(Décr. n° 2004-363 du 23 avr. 2004)

SECTION PREMIÈRE TAXE D'ABATTAGE

Art. 321 A *Devenu sans objet (Décr. n° 2014-549 du 26 mai 2014).*

CHAPITRE II ENREGISTREMENT, PUBLICITÉ FONCIÈRE ET TIMBRE

SECTION PREMIÈRE FONDS DE GARANTIE CONTRE LES ACCIDENTS DE CIRCULATION ET DE CHASSE

A ACCIDENTS DE CIRCULATION

Art. 322 et 322 A *Devenus sans objet (Décr. n° 2014-549 du 26 mai 2014).*

Art. 322 B *Disposition devenue sans objet (L. n° 88-1149 du 23 déc. 1988, art. 38).*

Art. 322 C à 322 F *Abrogés par Décr. n° 94-1023 du 29 nov. 1994, art. 8 (JO 30 nov.).*

B ACCIDENTS DE CHASSE

Art. 323 *et* 323 A *Devenus sans objet (Décr. nº 2014-549 du 26 mai 2014).*

Art. 323 B *Disposition devenue sans objet (L. nº 88-1149 du 23 déc. 1988, art. 38).*

SECTION II

Art. 324 *Disposition devenue sans objet (L. nº 89-935 du 29 déc. 1989, art. 42).*

SECTION III

Art. 325 *Disjoint.*

SECTION IV

Art. 326 *Transféré ss. Ann. III, art. 344 undecies (Décr. nº 2007-484 du 30 mars 2007).*

SECTION V DROIT DE TIMBRE PERÇU AU PROFIT DE L'OFFICE NATIONAL DE LA CHASSE ET DE LA FAUNE SAUVAGE

(Décr. nº 2006-356 du 24 mars 2006)

Art. 326 *bis* Le droit de timbre prévu à l'article 1635 *bis* N du code général des impôts est acquitté conformément aux dispositions de l'article R. 423-13 du code de l'environnement.

SECTION VI DROIT AFFECTÉ AU FONDS D'INDEMNISATION DE LA PROFESSION D'AVOUÉS PRÈS LES COURS D'APPEL

(Décr. nº 2011-1202 du 28 sept. 2011, art. 19)

Art. 326 *ter* Pour l'application de l'article 1635 *bis* P du code général des impôts, les conditions dans lesquelles il est justifié de l'acquittement du droit dans le cadre des appels et la sanction d'un défaut d'acquittement sont déterminées conformément aux articles 963 et 964-1 du code de procédure civile.

Art. 326 *quater et* 326 *quinquies* *Abrogés par Décr. nº 2013-1280 du 29 déc. 2013, art. 7-3º, à compter du 1er janv. 2014 pour les instances introduites à compter de cette date.*

TITRE CINQUIÈME DISPOSITIONS COMMUNES AUX TITRES PREMIER À QUATRIÈME

CHAPITRE PREMIER FIXATION DES TAUX À RETENIR POUR LE CALCUL DES IMPOSITIONS DIRECTES LOCALES

Art. 327 Les dispositions du quatrième alinéa du I de l'article 1638 du code général des impôts ne sont applicables que lorsque la section de commune ou la portion du territoire communal réunie à une autre commune compte au moins cinquante habitants à la date de la décision prononçant la mesure de rattachement.

Art. 327 AA *à* 327 *bis* B *Abrogés.*

CHAPITRE II

Art. 328 *à* 328 B *Devenus sans objet (Décr. nº 2010-421 du 27 avr. 2010).*

CHAPITRE III DISPOSITIONS RELATIVES À LA FISCALITÉ DIRECTE LOCALE APPLICABLES DANS LES DÉPARTEMENTS D'OUTRE-MER

Art. 329 Les dispositions du code général des impôts relatives à la taxe foncière sur les propriétés bâties, la taxe foncière sur les propriétés non bâties, la taxe d'habitation, la cotisation foncière des entreprises et leurs taxes annexes sont applicables dans les départements de la Guadeloupe, de la Guyane, de la Martinique, de Mayotte et de La Réunion, sous réserve de l'application des articles 330 à 333 J.

I TAXES FONCIÈRES

1° TAXE FONCIÈRE SUR LES PROPRIÉTÉS NON BÂTIES

Art. 330 Le redevable de la taxe foncière sur les propriétés non bâties est exonéré lorsque la valeur locative totale des parcelles qu'il possède dans la commune n'excède pas 30 % de la valeur locative d'un hectare de terre de la meilleure catégorie existant dans la commune.

2° DISPOSITIONS COMMUNES AUX PROPRIÉTÉS BÂTIES ET NON BÂTIES

Art. 330 A *(Décr. nº 2018-535 du 28 juin 2018, art. 1er)* « Les constructions nouvelles, les changements de consistance ou d'affectation des propriétés bâties ou non bâties ainsi que les changements d'utilisation des propriétés bâties mentionnées au I de l'article 1498 du code général des impôts survenus après le début des travaux d'évaluation sont déclarés à l'administration dans les conditions fixées par l'article 1406 du même code. »

Les propriétaires peuvent demander l'aide des agents de l'administration pour la souscription des formules de déclaration.

II TAXE D'HABITATION

Art. 331 I. – Pour le calcul de la taxe d'habitation, la valeur locative des immeubles occupés à titre d'habitation principale est diminuée d'abattements obligatoires à la base et pour charges de famille.

L'abattement à la base est fixé à 40 % de la valeur locative moyenne des locaux d'habitation de la commune. Ce taux est porté à 50 % dans le cas où le conseil municipal a relevé à 50 % le seuil d'exonération prévu à l'article 332. – *Sur la valeur locative moyenne à prendre en considération, V. art. 332 A.*

L'abattement pour charges de famille est égal, pour chaque personne à charge, à 5 % de la valeur locative moyenne des locaux d'habitation de la commune. Le conseil municipal peut doubler ce taux.

II. – Les dispositions du 5 du II de l'article 1411 du code général des impôts relatif à l'abattement spécial à la taxe d'habitation ne sont pas applicables.

III DISPOSITIONS COMMUNES AUX TAXES FONCIÈRES ET À LA TAXE D'HABITATION

Art. 332 Le redevable occupant à titre d'habitation principale un immeuble dont la valeur locative n'excède pas 40 % de la valeur locative moyenne des locaux d'habitation de la commune est exonéré pour cet immeuble de taxe foncière sur les propriétés bâties et de taxe d'habitation. Le conseil municipal peut porter le seuil d'exonération à 50 %.

Art. 332 A Par dérogation à l'article 310 H, la valeur locative moyenne à prendre en compte pour l'application des dispositions du deuxième alinéa de l'article 331 et de l'article 332 est, à compter de 1991, celle retenue pour l'établissement des rôles de 1989, majorée en 1990 et chacune des années suivantes proportionnellement à la variation des valeurs locatives des logements résultant de l'application des articles 1518 et 1518 *bis* du code général des impôts.

Pour le Département de Mayotte, la valeur locative moyenne communale à prendre en compte pour l'application des dispositions du deuxième alinéa du I de l'article 331 et de l'article 332 est, au titre des impositions de 2014, celle calculée en retenant les valeurs locatives des locaux d'habitation, autres qu'exceptionnels, présents sur le territoire de la commune au 1er janvier 2014. A compter de 2015, la valeur locative *moyenne est déterminée conf*ormément à l'article 310 H.

IV RÈGLES D'ÉVALUATION DE LA VALEUR LOCATIVE DES BIENS IMPOSABLES

Art. 333 La valeur locative des propriétés bâties et non bâties qui sont situées dans les départements de la Guadeloupe, de la Guyane, de la Martinique, de Mayotte et de

La Réunion est déterminée conformément aux règles applicables dans les autres départements, sous réserve des adaptations fixées par les articles 333 A à 333 J.

Pour le Département de Mayotte, par dérogation aux articles 333 A à 333 J, la valeur locative *(Décr. n° 2018-535 du 28 juin 2018, art. 1er)* « des propriétés non bâties et des propriétés bâties autres que celles mentionnées au I de l'article 1498 du code général des impôts » est déterminée à la date du 1er janvier 2012.

A ÉVALUATION DES PROPRIÉTÉS BÂTIES

Art. 333 A *(Décr. n° 2018-535 du 28 juin 2018, art. 1er)* Sous réserve des articles 333 B à 333 H, la valeur locative des propriétés bâties autres que celles mentionnées au I de l'article 1498 du code général des impôts est déterminée à la date du 1er janvier 1975 en application :

1° Des articles 1494 à 1497, 1499 à 1503, 1505 à 1508 du code général des impôts ;

(Décr. n° 2021-744 du 9 juin 2021, art. 2) « 2° De l'article 310 K ; »

3° Des articles 324 A à 324 X et 324 AE à 324 AJ de l'annexe III au même code.

Ancien art. 333 A *Sous réserve des articles 333 B à 333 H, la valeur locative des propriétés bâties est déterminée à la date du 1er janvier 1975 en application :*

— des articles 1494 à 1508 inclus du code général des impôts ;

— des articles 310 J bis, 310 K et 310 L ;

— des articles 324 A à 324 AJ inclus de l'annexe III au code général des impôts.

1° LOCAUX D'HABITATION *(Décr. n° 2018-535 du 28 juin 2018, art. 1er).*

Art. 333 B Les équivalences superficielles prévues par le I de l'article 324 T et le II de l'article 324 U de l'annexe III au code général des impôts sont complétées comme suit : "... Climatiseur par pièce et annexe d'hygiène : 2 mètres carrés". – *Ancien art. 327 L.*

2° LOCAUX COMMERCIAUX ET BIENS DIVERS

Art. 333 C *(Abrogé par Décr. n° 2018-535 du 28 juin 2018, art. 1er) La valeur locative de tous les locaux commerciaux et biens divers peut être déterminée par application de la méthode de comparaison prévue au 2°, a, de l'article 1498 du code général des impôts. Les termes de comparaison sont choisis dans la commune ou hors de celle-ci.*

La date du 1er janvier 1970 mentionnée au deuxième alinéa de l'article 324 AC de l'annexe III au code général des impôts est remplacée par celle du 1er janvier 1975.

3° ÉTABLISSEMENTS INDUSTRIELS

Art. 333 D Pour la détermination de la valeur locative des immobilisations industrielles, il est fait application des coefficients fixés pour la révision des bilans par l'article 21 de l'annexe III au code général des impôts. – *Ancien art. 327 N.*

Art. 333 E Les dispositions de l'article 310 K relatif à la déduction complémentaire accordée à certains établissements sont applicables au centre national d'études spatiales de Kourou. – *Ancien art. 327 O.*

Art. 333 F Les dates de 1976 et de 1973 fixées à l'article 1499 A du code général des impôts relatif aux immobilisations acquises à la suite d'apports, de scissions ou de fusions de sociétés sont remplacées respectivement par celles de 1979 et de 1978. – *Ancien art. 327 P.*

Art. 333 G *(Abrogé par Décr. n° 2018-535 du 28 juin 2018, art. 1er) Les immobilisations industrielles appartenant à des entreprises qui relèvent du régime défini à l'article 50-0 du code général des impôts pour l'établissement de l'impôt sur le revenu sont évaluées selon les règles fixées par l'article 1500 du code général des impôts.*

4° PROCÉDURE

Art. 333 H Pour l'exécution de la première révision quinquennale des évaluations foncières des propriétés bâties, les déclarations prévues à l'article 1502 du code géné-

ral des impôts sont souscrites dans les départements de la Guadeloupe, de la Martinique et de La Réunion par les redevables de la contribution foncière des propriétés bâties et dans le département de la Guyane par les redevables de l'impôt locatif. Lorsqu'une propriété bâtie n'est pas passible de la contribution foncière ou de l'impôt locatif, la déclaration est souscrite par l'occupant des locaux.

Pour la première évaluation des locaux dans le Département de Mayotte, les redevables de l'impôt foncier sur les terrains ou de la contribution des patentes sont tenus de souscrire les déclarations prévues à l'article 1502 du code général des impôts.

Les déclarations prévues à l'alinéa précédent pour les locaux à usage professionnel ou commercial sont souscrites par le redevable de la contribution des patentes au 1er janvier 2013 de manière commune avec les déclarations prévues *(Décr. n° 2018-535 du 28 juin 2018, art. 1er)* **« au XVII de l'article 34 » de la loi n° 2010-1658 du 29 décembre 2010 de finances rectificative pour 2010 sur un modèle déclaratif unique, adapté par arrêté préfectoral sur proposition du directeur régional des finances publiques. Lorsqu'une propriété bâtie n'est pas passible de la contribution des patentes, la déclaration est souscrite par le propriétaire des locaux.**

Ces déclarations peuvent être rédigées avec le concours d'agents désignés par le directeur départemental des finances publiques. Ces agents assurent la collecte de ces documents.

Les dates limites de souscription des déclarations sont fixées par arrêté préfectoral sur proposition du directeur départemental des finances publiques.

B ÉVALUATION DES PROPRIÉTÉS NON BÂTIES

Art. 333 I **La valeur locative des propriétés non bâties est déterminée à la date du 1er janvier 1975, en application des articles 1509 à** *(Décr. n° 2021-744 du 9 juin 2021, art. 2)* **« 1511 » du code général des impôts.** – *Ancien art. 327 S.*

Il résulte de la combinaison de l'art. 37 de l'ordonnance du 7 janv. 1959 (art. 1649 CGI), des art. 1er et 8 du décret n° 75-1105 du 28 nov. 1975 (ann. II, art. 333 et 333-I) et de l'art. 1er du décret n° 79-254 du 29 mars 1979 (ann. II ? art. 329) que l'instruction ministérielle du 31 déc. 1908, relative à la fixation des tarifs d'évaluation des propriétés non bâties, s'applique en Guyane. • CE 4 mars 2009, n° 293461 : *RJF 2009. 464.* ♦ Des terrains constitués d'une forêt tropicale impénétrable et qui sont inondables sont à bon droit classés dans la sixième catégorie définie à l'art. 18 de cette instruction, qui correspond aux landes, marais, terres vaines et vagues. • Même arrêt.

Art. 333 J **Dans le département de la Guyane, les travaux d'évaluation ne sont pas effectués pour les propriétés domaniales qui ne sont ni concédées, ni exploitées.** – *[Anc. art. 327 T.]*

Il en est de même pour les terrains cédés aux communes en application des dispositions du 3° de l'article L. 5142-1 du code général de la propriété des personnes publiques qui ne sont ni concédés ni exploités, tant qu'ils sont exonérés en application des dispositions de l'article 1394 du code général des impôts.

V

Art. 334 *Dispositions périmées.*

TITRE CINQUIÈME *BIS* DISPOSITIONS RELATIVES À LA MISE À JOUR ANNUELLE DES TARIFS ET DES VALEURS LOCATIVES DES LOCAUX PROFESSIONNELS

(Décr. n° 2018-1092 du 5 déc. 2018)

CHAPITRE UNIQUE *MISE À JOUR ANNUELLE*

Art. 334 A **I. – Pour l'application du I de l'article 1518 *ter* du code général des impôts, les tarifs sont mis à jour chaque année, en vue de l'établissement des impositions de l'année suivante, en appliquant des coefficients d'évolution aux derniers tarifs publiés.**

Pour chaque secteur d'évaluation, le coefficient d'évolution est calculé, pour chaque catégorie, en faisant la moyenne de l'évolution annuelle des loyers des trois années précédant l'année de la mise à jour.

L'évolution annuelle des loyers du secteur d'évaluation est appréciée, pour chaque catégorie, en faisant le rapport entre la moyenne des loyers de l'année et la moyenne des loyers de l'année précédente. Les loyers retenus pour ce calcul sont ceux qui remplissent les conditions prévues au II.

Si le nombre de loyers respectant les conditions mentionnées au II est inférieur à quatre, l'évolution annuelle des loyers est appréciée dans les conditions prévues au III.

II. – Pour une année et un secteur d'évaluation donnés, les loyers retenus sont les loyers constatés dans les déclarations prévues à l'article 1498 *bis* pour les locaux professionnels et vérifiant les conditions suivantes :

1° Le loyer correspond à un local dont la surface et la catégorie n'ont pas varié depuis l'année précédente ;

2° Le montant du loyer n'est pas nul ou significativement éloigné du loyer moyen dans le secteur d'évaluation ;

3° Le montant du loyer n'a pas fait l'objet d'une variation supérieure à 10 % depuis l'année précédente.

Chaque loyer est exprimé en euros par mètre carré en faisant le rapport entre le loyer annuel déclaré et la surface pondérée du local.

III. – Le coefficient d'évolution départemental mentionné aux deuxième et troisième alinéas du IV de l'article 1518 *ter* précité est calculé en faisant la moyenne des coefficients d'évolution départementaux annuels des trois années précédant l'année de la mise à jour.

Le coefficient d'évolution départemental annuel est calculé en faisant le rapport entre la moyenne des loyers de l'année et la moyenne des loyers de l'année précédente.

Les loyers retenus sont ceux qui remplissent les conditions du II déterminées au niveau du département et qui, en outre, relèvent des catégories qui regroupent le plus grand nombre de locaux professionnels et qui ensemble, représentent au total plus de la moitié des locaux du département.

Ce coefficient d'évolution départemental est également appliqué aux valeurs locatives des propriétés bâties évaluées dans les conditions prévues au III de l'article 1498 du code général des impôts.

TITRE SIXIÈME DISPOSITIONS RELATIVES À L'ACTUALISATION DES PARAMÈTRES COLLECTIFS D'ÉVALUATION DES LOCAUX PROFESSIONNELS

(Décr. n° 2022-127 du 5 févr. 2022, art. 1er)

CHAPITRE UNIQUE DÉTERMINATION DES PARAMÈTRES COLLECTIFS D'ÉVALUATION

Art. 335 I. – L'actualisation des paramètres collectifs d'évaluation des locaux professionnels mentionnée au 1° du A du III de l'article 1518 *ter* du code général des impôts est réalisée à partir des loyers constatés dans les déclarations prévues à l'article 1498 *bis* de ce code. Elle est réalisée sur la base des données cadastrales et géographiques disponibles correspondant à la situation du local au 1er janvier de l'année précédant celle de l'actualisation.

II. – L'actualisation des paramètres collectifs d'évaluation des locaux professionnels mentionnée au 2° du A du III de l'article 1518 *ter* du code général des impôts est réalisée à partir des données issues d'une campagne déclarative générale à l'attention des propriétaires de l'ensemble des locaux évalués conformément aux dispositions de l'article 1498 du même code. Cette actualisation prend en compte, le cas échéant, l'évolution du classement des locaux résultant d'une modification de l'article 310 Q.

III. – Pour les actualisations mentionnées aux I et II et pour l'application des articles 337 et 338, les données retenues sont celles relatives aux locaux professionnels loués qui remplissent les conditions suivantes :

1° Les caractéristiques des locaux ont été déclarées par les propriétaires ou constatées par l'administration depuis la mise en œuvre au 1er janvier 2017 de la révision des valeurs locatives des locaux professionnels ;

2° Le montant du loyer annuel n'est pas nul ou égal à 1 euro ;

3° Le montant du loyer est inférieur à 4 000 euros par an et par mètre carré.

Pour chaque catégorie de locaux, sont exclues les valeurs extrêmes correspondant aux locaux ayant les montants de loyer le plus faible et le plus élevé.

Chaque loyer est exprimé en euros par mètre carré en faisant le rapport entre le loyer annuel déclaré et la surface pondérée du local telle que définie au C du II de l'article 1498 du code général des impôts.

Art. 336 I. – A partir des données retenues en application des dispositions de l'article 335, un avant-projet d'actualisation de la délimitation des secteurs d'évaluation et de la détermination des tarifs est élaboré dans chaque département.

Cet avant-projet comprend :

1° Un découpage du département en secteurs d'évaluation déterminés selon les dispositions de l'article 337, représenté par une liste des communes et sections cadastrales par secteur d'évaluation ;

2° Une grille tarifaire déterminée conformément à l'article 338.

L'avant-projet est soumis à la commission départementale des valeurs locatives dans les conditions prévues à l'article 1504 du code général des impôts.

II. – La commission départementale des valeurs locatives définit, conformément au *c* du 1 du I de l'article 1504 du code général des impôts, les parcelles auxquelles s'applique un coefficient de localisation qu'elle détermine.

Art. 337 I. – Le département est découpé en secteurs d'évaluation correspondant à des zones géographiques caractérisées par l'homogénéité du marché locatif.

Le nombre de secteurs d'évaluation d'un département et leur périmètre géographique sont les mêmes pour toutes les catégories de locaux mentionnées à l'article 310 Q.

II. – Les secteurs d'évaluation sont déterminés selon la méthode suivante :

1° La catégorie de locaux la plus représentée dans le département est déterminée ; elle est celle qui regroupe le plus grand nombre de locaux professionnels parmi les catégories des sous-groupes I, II et IV de l'article 310 Q.

Si le nombre de locaux le plus élevé est rencontré pour des locaux relevant de plusieurs de ces sous-groupes, le sous-groupe dont le numéro de classement figurant à l'article 310 Q est le plus faible est retenu. Si le nombre de locaux le plus élevé est rencontré pour des locaux relevant de plusieurs catégories de ce sous-groupe, la catégorie dont le numéro de classement figurant à l'article 310 Q est le plus faible est retenue ;

2° Un loyer moyen départemental en euros au mètre carré est ainsi déterminé :

a) Le rapport entre la somme des loyers et le nombre de locaux de la catégorie la plus représentée dans le département est calculé ;

b) Les locaux de loyer inférieur au dixième du rapport calculé au *a* ou supérieur à dix fois ce rapport sont exclus.

Le loyer moyen départemental est égal au rapport entre la somme des loyers des locaux retenus au terme du *b* et le nombre de ces locaux ;

3° Les locaux retenus en application du 1° sont répartis en neuf tranches. Chaque tranche correspond à un intervalle avec une borne inférieure et une borne supérieure :

– le premier intervalle comprend les locaux dont le loyer en euros par mètre carré est compris entre le loyer le plus faible et 30 % du loyer moyen départemental, arrondi à la décimale inférieure ;

– le deuxième intervalle, ceux dont le loyer est compris entre 30 %, arrondi à la décimale supérieure, et 50 % du loyer moyen départemental, arrondi à la décimale inférieure ;

– le troisième intervalle, ceux dont le loyer est compris entre 50 %, arrondi à la décimale supérieure, et 70 % du loyer moyen départemental, arrondi à la décimale inférieure ;

– le quatrième intervalle, ceux dont le loyer est compris entre 70 %, arrondi à la décimale supérieure, et 90 % du loyer moyen départemental, arrondi à la décimale inférieure ;

— le cinquième intervalle, ceux dont le loyer est compris entre 90 %, arrondi à la décimale supérieure, et 110 % du loyer moyen départemental, arrondi à la décimale inférieure ;

— le sixième intervalle, ceux dont le loyer est compris entre 110 %, arrondi à la décimale supérieure, et 130 % du loyer moyen départemental, arrondi à la décimale inférieure ;

— le septième intervalle, ceux dont le loyer est compris entre 130 %, arrondi à la décimale supérieure, et 150 % du loyer moyen départemental, arrondi à la décimale inférieure ;

— le huitième intervalle, ceux dont le loyer est compris entre 150 %, arrondi à la décimale supérieure, et 170 % du loyer moyen départemental, arrondi à la décimale inférieure ;

— le neuvième intervalle, ceux dont le loyer est compris entre 170 % du loyer moyen départemental, arrondi à la décimale supérieure, et le loyer le plus élevé ;

4° Le nombre des secteurs d'évaluation est déterminé par regroupement des neuf tranches définies au 3°, de sorte que chacune d'elle inclut un nombre suffisant de locaux. Une tranche est réputée inclure un nombre suffisant de locaux si elle comprend au moins 10 % du nombre total de locaux de la catégorie la plus représentée dans le département et au moins vingt locaux de cette même catégorie. Pour obtenir un nombre suffisant de locaux par secteur d'évaluation, les intervalles définis au 3° sont, le cas échéant, regroupés en partant du premier intervalle.

III. — 1. Chaque commune est rattachée à un secteur d'évaluation en fonction du loyer moyen communal. Le cas échéant, le rattachement à un secteur d'évaluation est effectué à l'échelle de la section cadastrale de commune en fonction du loyer moyen de la section cadastrale défini comme loyer moyen communal au niveau de la section cadastrale de commune.

Le loyer moyen communal et, le cas échéant, le loyer moyen de la section cadastrale sont calculés selon les modalités définies aux 2 et 3 ;

2. En présence dans la commune d'un nombre de loyers de la catégorie de locaux la plus représentée dans le département égal ou supérieur à quatre, un loyer moyen communal est calculé en effectuant le rapport entre la somme des loyers et le nombre des locaux de cette catégorie dans la commune.

Si au moins 75 % de ces locaux ont un loyer par mètre carré compris entre 70 % et 130 % du loyer moyen communal ou si le nombre de ces locaux est inférieur ou égal à trente-neuf, l'ensemble de la commune est rattaché à l'un des secteurs d'évaluation défini au II en fonction de son loyer moyen communal.

Si moins de 75 % de ces locaux ont un loyer par mètre carré compris entre 70 % et 130 % du loyer moyen communal et si le nombre de ces locaux est égal ou supérieur à quarante, un loyer moyen de chaque section cadastrale est calculé en effectuant le rapport entre la somme des loyers et le nombre des locaux de cette catégorie dans chaque section cadastrale. Chaque section cadastrale est rattachée à l'un des secteurs d'évaluation défini au II en fonction de son loyer moyen de section cadastrale ;

3. En présence dans la commune ou dans la section cadastrale de commune d'un nombre de loyers de la catégorie la plus représentée dans le département inférieur à quatre locaux, le rattachement à un secteur d'évaluation est effectué :

1° *Pour* la commune, par la détermination d'un loyer moyen communal égal à la moyenne des loyers moyens communaux des communes limitrophes du même département pondérés par les longueurs des limites territoriales de ces communes ;

2° Pour la section cadastrale de commune, par la détermination d'un loyer moyen de la section cadastrale égal à la moyenne des loyers moyens communaux au niveau des sections cadastrales de commune limitrophes de la commune pondérés par les longueurs des limites territoriales de ces sections cadastrales de commune.

Art. 338 I. — Dans chaque département, une grille tarifaire présente, dans chaque secteur d'évaluation, l'ensemble des tarifs pour les différentes catégories de locaux à l'exception de la catégorie relevant du sous-groupe des établissements présentant des caractéristiques exceptionnelles.

II. – La grille tarifaire comporte quatre parties :

1° Une première partie présente les tarifs par secteur d'évaluation des catégories de locaux déterminés à partir d'un nombre de loyers retenus égal ou supérieur à quatre par secteur d'évaluation ;

2° Une deuxième partie présente les tarifs par secteur d'évaluation des catégories de locaux déterminés à partir d'un nombre de loyers retenus compris entre un et trois par secteur d'évaluation ;

3° Une troisième partie présente les tarifs par secteur d'évaluation des catégories de locaux pour lesquelles aucun loyer n'est retenu dans la catégorie, mais auxquelles appartiennent des locaux dans le secteur d'évaluation ;

4° Une quatrième partie présente les tarifs par secteur d'évaluation des catégories de locaux auxquelles n'appartient aucun local dans le secteur d'évaluation.

III. – Pour les première et deuxième parties de la grille tarifaire, dans chaque secteur d'évaluation et pour chaque catégorie de locaux, les tarifs sont déterminés en effectuant le rapport entre la somme des loyers retenus et le nombre de locaux de la catégorie, après exclusion des locaux dont les loyers sont inférieurs au dixième ou supérieurs à dix fois le loyer moyen de la catégorie dans le secteur d'évaluation.

Pour les troisième et quatrième parties de la grille tarifaire, l'administration propose des tarifs selon les modalités décrites au 2 du B du II de l'article 1498 du code général des impôts afin de pouvoir procéder à l'évaluation des locaux.

Art. 339 Les projets établis par les commissions départementales des valeurs locatives en application des *a* et *b* du 1 du I de l'article 1504 du code général des impôts, et les avis émis par les commissions communales ou intercommunales des impôts directs dans les conditions prévues au 3 du I du même article, qui s'écartent de l'avant-projet élaboré par l'administration tiennent compte de la situation particulière du marché locatif local et doivent être motivés.

Art. 340 Pour la mise en œuvre de l'actualisation prévue au III de l'article 1518 *ter* du code général des impôts, les dispositions du I du même article ne s'appliquent pas l'année de cette actualisation pour l'établissement des impositions de l'année suivante.

TITRE SIXIÈME *[ANCIEN]* TAXES PARAFISCALES

TAXES PARAFISCALES. – *A défaut de dispositions législatives particulières, les taxes régulièrement perçues au cours de la deuxième année suivant celle de la publication de la loi organique n° 2001-692 du 1er août 2001 (JO 2 août) en application de l'art. 4 de l'ordonnance n° 59-2 du 2 janv. 1959 peuvent être perçues, jusqu'au 31 déc. de cette année, selon l'assiette, le taux et les modalités de recouvrement en vigueur à la date de leur établissement.*

L'art. 43 de la loi de finances rectificative pour 2002 (JO 31 déc.) a institué une taxe sur le chiffre d'affaires des exploitants agricoles (art. 302 bis MB) dont le produit est affecté, à concurrence de 85 %, à l'Agence de développement agricole et rural. En conséquence sont abrogés les décrets n° 2000-1297 du 26 déc. 2000 (Ann. II, art. 363 FA), n° 2000-1298 du 26 déc. 2000 (Ann. II, art. 363 F), n° 2000-1339 du 26 déc. 2000 (Ann. II, art. 363 D), n° 2000-1341 du 26 déc. 2000 (Ann. II, art. 363 E), n° 2000-1343 du 26 déc. 2000 (Ann. II, art. 363 DB), n° 2000-1344 du 26 déc. 2000 (Ann. II, art. 363 DA). – Les sommes restant à recouvrer au titre des textes ci-dessus demeurent dues et peuvent être recouvrées en 2003. Elles sont versées au budget général.

BIBL. ▶ GUICHARD, *Dr. fisc. 2002. 725* (la fin annoncée d'une « recette » française : les taxes parafiscales). – MARTIN LAPRADE, *RFFP 1988, n° 21, p. 15* (aspects juridiques des taxes parafiscales). – QUEROL, La parafiscalité, *CNRS Droit 1997.*

CHAPITRE PREMIER *[ANCIEN]*

Art. 335 à 338 *Devenus sans objet (L. n° 2001-692 du 1er août 2001, art. 63).*

CHAPITRE II *[ANCIEN]*

Art. 339 à 341 *Devenus sans objet (L. n° 2001-692 du 1er août 2001, art. 63).*

CHAPITRE III *[ANCIEN]*

Art. 342 à 344 *Périmés.*

CHAPITRE IV *[ANCIEN]*

Art. 345 à 351 *Dispositions périmées.*

Art. 352 à 357 *Abrogés.*

CHAPITRE V *[ANCIEN]*

Art. 357 A à 357 E *Disjoints.*

CHAPITRE VI *[ANCIEN]*

Art. 358 à 361 *Périmés.*

CHAPITRE VII *[ANCIEN]*

Art. 361 *bis* *Périmé.*

Art. 362 et 363 *Abrogés.*

CHAPITRE VIII *[ANCIEN]*

Art. 363 A à 363 B *bis* *Disjoints.*

Art. 363 C *Abrogé.*

CHAPITRE IX *[ANCIEN]*

Art. 363 D à 363 FA *Devenus sans objet.*

Art. 363 G à 363 M *Abrogés par Décr. nº 78-62 du 20 janv. 1978, art. 8.*

CHAPITRE X *[ANCIEN]*

Art. 363 N à 363 S *Disjoints.*

Art. 363 T à 363 X *Périmés.*

CHAPITRE XI *[ANCIEN]*

Art. 363 Y à 363 AD *Dispositions périmées.*

CHAPITRE XII *[ANCIEN]*

Art. 363 AE à 363 AI *Périmés.*

Art. 363 AJ à 363 AL *Devenus sans objet.*

CHAPITRE XIII *[ANCIEN]*

Art. 364 à 364 D *Périmés.*

CHAPITRE XIV *[ANCIEN]*

Art. 365 à 365 E *Devenus sans objet (V. L. nº 2002-1575 du 30 déc. 2002, art. 47 et CGI, art. 302 bis KD).*

Art. 366 *et* 367 *Abrogés.*

TROISIÈME PARTIE **DISPOSITIONS COMMUNES AUX PREMIÈRE ET DEUXIÈME PARTIES**

CHAPITRE PREMIER **OBLIGATIONS DES CONTRIBUABLES**

SECTION PREMIÈRE **OBLIGATIONS DÉCLARATIVES DES ADMINISTRATEURS DE TRUSTS** *(Décr. n° 2019-584 du 13 juin 2019, art. 1er).*

(Décr. n° 2016-567 du 10 mai 2016)

Art. 368 *(Décr. n° 2021-1127 du 27 août 2021, art. 1er)* I. – Un traitement automatisé de données à caractère personnel dénommé "Registre des trusts" est mis en œuvre par la direction générale des finances publiques.

II. – Les informations traitées, issues du traitement dénommé "Base nationale des données patrimoniales", sont les suivantes :

1° La dénomination du trust et son adresse ;

2° La date de constitution, la date d'extinction du trust ;

3° La date et la nature de la déclaration de trust mentionnée à l'article **1649 AB** du code général des impôts ;

4° Les éléments d'identification du constituant, du bénéficiaire, de l'administrateur du trust et, s'il diffère de ces personnes, du bénéficiaire effectif.

Les éléments d'identification du constituant, du bénéficiaire et du bénéficiaire effectif sont leurs nom, prénoms, adresse, date et lieu de naissance, nationalité et, le cas échéant, date de décès.

Les éléments d'identification de l'administrateur sont ses nom, prénoms, adresse, date et lieu de naissance.

Les éléments d'identification d'une personne morale sont sa dénomination sociale, l'adresse de son siège social ou de son établissement et son numéro SIREN.

III. – Les informations mentionnées au II sont conservées pendant dix ans après la date d'extinction du trust.

IV. – Les consultations du traitement automatisé aux fins d'accéder aux données traitées font l'objet d'un enregistrement comprenant l'identification du consultant, la date, l'heure et l'objet de la consultation. Ces informations sont conservées pendant un délai de trois ans.

Art. 368 A *(Devenu sans objet, Décr. n° 2017-698 du 2 mai 2017, art. 2) I. – Toute personne peut obtenir, par voie électronique, la délivrance des informations mentionnées à l'article 368. L'accès au traitement automatisé est réalisé dans le cadre d'une procédure sécurisée d'authentification fixée par arrêté du ministre chargé du budget.*

II. – A. – La consultation du registre est effectuée, par voie électronique, auprès de la direction générale des finances publiques, à partir de l'un des critères de recherche suivants :

1° La dénomination du trust ;

2° L'identité du constituant, du bénéficiaire ou de l'administrateur en indiquant, s'il s'agit d'une personne physique, son nom ou, s'il s'agit d'une personne morale, sa dénomination sociale ou son numéro SIREN.

B. – La recherche peut être complétée en y ajoutant l'un des critères facultatifs suivants :

1° La commune ou le pays d'établissement du trust, sa date de constitution ;

2° Pour le constituant ou le bénéficiaire, personne physique, son prénom, sa date de naissance, sa commune, son département ou son pays de naissance, sa date de décès ;

3° Pour l'administrateur, personne physique, son prénom, sa date de naissance, sa commune, son département ou son pays de naissance.

III. – Les interrogations du registre font l'objet d'un enregistrement journalier qui se traduit par la conservation, pour chaque connexion, des éléments suivants :

1° Identifiant de l'usager ;

2° Adresse IP de l'usager ;

3° Date et heure de la recherche.

Ces éléments sont conservés pendant une durée d'un an.

Art. devenu sans objet en conséquence de la Décis. Cons. const. n° 2016-591 QPC du 21 oct. 2016 (JO 23 oct.).

Art. 368 B *(Devenu sans objet, Décr. nº 2017-698 du 2 mai 2017, art. 2)* ***I. — Lors de chaque accès au traitement mentionné à l'article 368, le demandeur est informé de ses conditions générales d'utilisation telles que fixées par arrêté du ministre chargé du budget.***

II. — Le droit d'accès et le droit de rectification, prévus par la loi du 6 janvier 1978 susvisée, s'exercent auprès du directeur général des finances publiques.

Le droit d'opposition prévu par l'article 38 de la même loi ne s'applique pas au présent traitement.

Art. devenu sans objet en conséquence de la Décis. Cons. const. nº 2016-591 QPC du 21 oct. 2016 (JO 23 oct.).

Art. 368 C *(Devenu sans objet, Décr. nº 2017-698 du 2 mai 2017, art. 2)* ***Les informations faisant l'objet du traitement prévu à l'article 368 sont transmises périodiquement au ministre de la justice, aux agents des douanes mentionnés à l'article 28-1 du code de procédure pénale ainsi qu'aux agents des services fiscaux mentionnés à l'article 28-2 du même code.***

Art. devenu sans objet en conséquence de la Décis. Cons. const. nº 2016-591 QPC du 21 oct. 2016 (JO 23 oct.).

Art. 368 D *Transféré ss. art. 370 B (L. nº 87-1060 du 30 déc. 1987, art. 97).*

Art. 368 E à 368 *bis* *Abrogés par L. nº 87-1060 du 30 déc. 1987, art. 97.*

Art. 369 *(Décr. nº 2019-584 du 13 juin 2019, art. 1er)* **La déclaration mentionnée** *(Décr. nº 2020-1321 du 30 oct. 2020, art. 1er-1º-a)* **« au I » de l'article 1649 AB du code général des impôts est déposée** *(Décr. nº 2020-1321 du 30 oct. 2020, art. 1er-1º-a)* **« à la recette des non-résidents » dans le mois qui suit la constitution, la modification ou l'extinction d'un trust défini à l'article 792-0 *bis* du même code.**

Cette déclaration est souscrite en langue française sur un imprimé conforme à un modèle établi par l'administration et comporte les indications suivantes :

1º L'identification du ou des constituants ou bénéficiaires réputés constituants : nom et prénom ou raison sociale, numéro SIREN, adresse *(Décr. nº 2020-1321 du 30 oct. 2020, art. 1er-1º-b)* **« , date et lieu de naissance, nationalité et, s'il y a lieu, date et lieu de décès » ;**

(Décr. nº 2020-1321 du 30 oct. 2020, art. 1er-1º-c) **« 2º L'identification du ou des bénéficiaires effectifs : nom et prénom ou raison sociale, numéro SIREN, adresse, date et lieu de naissance, nationalité et, s'il y a lieu, date et lieu de décès » ;**

3º L'identification de l'administrateur du trust : nom et prénom ou dénomination sociale, numéro SIREN *(Décr. nº 2020-1321 du 30 oct. 2020, art. 1er-1º-d)* **« , adresse, date et lieu de naissance » ;**

4º L'identification du trust : dénomination et adresse ;

5º Le contenu des termes du trust : contenu de l'acte de trust et des éventuelles stipulations complémentaires régissant son fonctionnement, notamment l'indication de sa révocabilité ou de son irrévocabilité, de son caractère discrétionnaire ou non et des règles régissant l'attribution des biens ou droits placés dans le trust ainsi que de leurs produits ;

6º La nature et la date de survenance de l'événement qui a généré l'obligation déclarative ;

7º Le cas échéant, la consistance, appréciée au jour de l'événement mentionné au 6º, des biens ou droits placés dans le trust, et celle des biens, droits ou produits transmis, attribués ou sortis du trust du fait de cet événement ;

8º Pour chaque bien ou droit placé dans le trust mentionné dans la déclaration conformément au 7º, les nom et prénom ou raison sociale, l'adresse *(Abrogé par Décr. nº 2020-1321 du 30 oct. 2020, art. 1er-1º-e)* ***« et, le cas échéant »***, **les date et lieu de naissance et, s'il y a lieu, de décès,** *(Décr. nº 2020-1321 du 30 oct. 2020, art. 1er-1º-e)* **« et la nationalité » des personnes les plaçant dans le trust ;**

9º Pour chaque bien, droit ou produit transmis, attribué ou sorti du trust mentionné dans la déclaration conformément au 7º, les nom et prénom ou la raison sociale, l'adresse *(Décr. nº 2020-1321 du 30 oct. 2020, art. 1er-1º-f)* **« , les date et lieu de naissance, la nationalité et s'il y a lieu les date et lieu de décès » des personnes auxquelles ce bien, droit ou produit est transmis, attribué ou sorti du trust concerné.**

Pour l'application du présent article, on entend par modification du trust tout changement dans ses termes, mode de fonctionnement, constituant, bénéficiaire réputé constituant, bénéficiaire *(Décr. n° 2020-1321 du 30 oct. 2020, art. 1er-1°-g)* **« effectif », administrateur, tout décès de l'un d'entre eux, toute nouvelle entrée dans le trust ou toute sortie du trust de biens ou droits, toute transmission ou attribution de biens, droits ou produits du trust et, plus généralement, toute modification de droit ou de fait susceptible d'affecter l'économie ou le fonctionnement du trust concerné.**

Art. 369 A *(Décr. n° 2019-584 du 13 juin 2019, art. 1er)* **L'administrateur d'un trust défini à l'article 792-0 *bis* du code général des impôts dépose** *(Décr. n° 2020-1321 du 30 oct. 2020, art. 1er-2°-a)* **« à la recette des non-résidents », au plus tard le 15 juin de chaque année, la déclaration mentionnée au** *(Décr. n° 2020-1321 du 30 oct. 2020, art. 1er-2°-a)* **« premier » alinéa de l'article 1649 AB.**

Cette déclaration est souscrite en langue française sur un imprimé conforme à un modèle établi par l'administration et comporte les indications suivantes :

1° L'identification du ou des constituants ou bénéficiaires réputés constituants : nom et prénom ou raison sociale, numéro SIREN, adresse *(Décr. n° 2020-1321 du 30 oct. 2020, art. 1er-2°-b)* **« , date et lieu de naissance, nationalité et, s'il y a lieu, date et lieu de décès » ;**

2° L'identification du ou des bénéficiaires *(Décr. n° 2020-1321 du 30 oct. 2020, art. 1er-2°-c)* **« effectifs » : nom et prénom ou raison sociale, numéro SIREN, adresse** *(Décr. n° 2020-1321 du 30 oct. 2020, art. 1er-2°-c)* **« , date et lieu de naissance, nationalité et, s'il y a lieu, date et lieu de décès » ;**

3° L'identification de l'administrateur du trust : nom et prénom ou dénomination sociale, numéro SIREN *(Décr. n° 2020-1321 du 30 oct. 2020, art. 1er-2°-d)* **« , adresse, date et lieu de naissance » ;**

4° L'identification du trust : dénomination et adresse ;

5° Le contenu des termes du trust : contenu de l'acte de trust et des éventuelles stipulations complémentaires régissant son fonctionnement, notamment l'indication de sa révocabilité ou de son irrévocabilité, de son caractère discrétionnaire ou non et des règles régissant l'attribution des biens ou droits placés dans le trust ainsi que de leurs produits ;

6° Si l'un au moins des constituants, bénéficiaires réputés constituants ou bénéficiaires *(Décr. n° 2020-1321 du 30 oct. 2020, art. 1er-2°-e)* **« effectifs » a son domicile fiscal en France, l'inventaire détaillé des biens, droits et produits capitalisés situés en France ou hors de France et placés dans le trust ainsi que leur valeur vénale au 1er janvier de l'année ;**

7° Si aucun des constituants, bénéficiaires réputés constituants ou bénéficiaires *(Décr. n° 2020-1321 du 30 oct. 2020, art. 1er-2°-e)* **« effectifs » n'a son domicile fiscal en France, l'inventaire détaillé des biens, droits et produits capitalisés situés en France et placés dans le trust, ainsi que leur valeur vénale au 1er janvier de l'année.**

L'administrateur du trust est dispensé d'indiquer les informations mentionnées au 5° si la déclaration prévue au premier alinéa de l'article 1649 AB du code précité a été précédemment déposée.

La déclaration mentionnée au premier alinéa est accompagnée, le cas échéant, du paiement du montant correspondant au prélèvement prévu à l'article 990 J du code précité.

Art. 369 B *(Décr. n° 2019-584 du 13 juin 2019, art. 1er)* **Pour l'application de l'article 1649 AB, le domicile fiscal est apprécié au 1er janvier de chaque année.**

Art. 370 A *Abrogé par L. n° 87-1060 du 30 déc. 1987, art. 97.*

SECTION PREMIÈRE *BIS* OBLIGATIONS DÉCLARATIVES DES ENTREPRISES D'ASSURANCE ET ORGANISMES ASSIMILÉS

(Décr. n° 2015-362 du 30 mars 2015, art. 1er-3° et 2, en vigueur le 1er janv. 2016)

Art. 370 C **I. — Les déclarations de souscription et de dénouement mentionnées au I de l'article 1649 *ter* du code général des impôts comportent les indications suivantes :**

1° Le nom ou la raison sociale et la domiciliation de l'organisme ;

2° La nature du contrat ou placement ;

3° La date de souscription du contrat ou placement ;

4° La référence du contrat ou placement, ou son numéro de police ;

5° Les noms, prénoms, date et lieu de naissance, et domicile du ou des souscripteurs personnes physiques ainsi que la raison sociale, l'adresse du siège et le numéro SIREN ou RNA du ou des souscripteurs personnes morales ;

6° Les nom, prénoms, date et lieu de naissance, et domicile du ou des assurés ;

7° En cas de dénouement du contrat ou placement, la date et la cause de ce dénouement ;

8° En cas de décès du souscripteur n'entraînant pas le dénouement du contrat, la date du décès ainsi que les noms, prénoms, date et lieu de naissance, et domicile du ou des ayants droit.

II. – En cas de dénouement du contrat ou placement par décès de l'assuré, les éléments mentionnés aux articles 292 B ou 306-0 F sont également déclarés ainsi que :

1° Les noms, prénoms, date et lieu de naissance, et domicile du ou des bénéficiaires personnes physiques ;

2° La raison sociale, l'adresse du siège et le numéro SIREN ou RNA du ou des bénéficiaires personnes morales ;

3° Le montant des sommes, rentes ou valeurs quelconques devant être versées à chacun des bénéficiaires ;

4° En cas de démembrement de la clause bénéficiaire, la qualité de nu-propriétaire ou d'usufruitier des bénéficiaires concernés et la part leur revenant dans les sommes, rentes ou valeurs quelconques devant être versées.

III. – En cas de versement à la Caisse des dépôts et consignations de sommes en application des articles L. 132-27-2 du code des assurances et L. 223-25-4 du code de la mutualité, la date et le montant des sommes ainsi versées sont également déclarés.

IV. – Les déclarations mentionnées au II de l'article 1649 *ter* du code général des impôts comportent les indications mentionnées aux 1° à 5° du présent I.

V. – Les déclarations prévues aux I et II de l'article 1649 *ter* du code général des impôts s'effectuent de manière dématérialisée. Les déclarations mentionnées au I de l'article précité s'effectuent, selon le cas, dans les soixante jours suivant la souscription ou le dénouement du contrat, ou en cas de dénouement du contrat par décès de l'assuré, dans les soixante jours de la date de prise de connaissance du décès de l'assuré. La déclaration mentionnée au II de ce même article s'effectue au plus tard le 15 juin de l'année.

Ces déclarations font l'objet d'un traitement informatisé dénommé "gestion du fichier des contrats de capitalisation et d'assurance vie" qui recense, sur support informatique, les contrats et placements mentionnés à l'article 1649 *ter* du code général des impôts et porte à la connaissance des services autorisés à consulter ce fichier, pour chaque contrat ou placement, les éléments mentionnés à l'article précité et aux I à IV.

VI. – En cas de modification des éléments mentionnés aux I à IV, une nouvelle déclaration comportant les éléments modifiés est effectuée dans les conditions prévues au V, dans les soixante jours de la prise de connaissance de ces modifications par les personnes morales mentionnées au I de l'article 1649 *ter* du code général des impôts.

VII. – Si les éléments mentionnés au II ne peuvent pas être déclarés dans les soixante jours de la date de prise de connaissance du décès de l'assuré, une nouvelle déclaration comportant les nouveaux éléments est effectuée, dans les conditions prévues au V, dans les soixante jours de la prise de connaissance de ces nouveaux éléments par les personnes morales mentionnées au I de l'article 1649 *ter* du code général des impôts.

Si les éléments mentionnés au 8° du I ne peuvent pas être déclarés dans les soixante jours de la date de prise de connaissance du décès du souscripteur, une nouvelle déclaration doit être effectuée dans les mêmes conditions que celles prévues au premier alinéa du présent VII.

VIII. – Pour les contrats souscrits avant le 1er janvier 1998 et placés sous le régime fiscal de l'anonymat, le contrat est déclaré conformément aux dispositions du présent article lorsque le souscripteur ou le bénéficiaire opte pour la levée de l'anonymat.

IX. – Les déclarations mentionnées à l'article 1649 *ter* du code général des impôts sont conservées jusqu'à la fin de la trentième année suivant celle du dépôt de la déclaration de dénouement.

En cas de versement prévu au III et par exception à l'alinéa précédant [précédent], les déclarations sont conservées jusqu'à la fin de la vingtième année suivant celle de ce versement.

SECTION II PERSONNES N'AYANT EN FRANCE NI DOMICILE NI RÉSIDENCE FIXE (*Décr. n° 2017-1522 du 2 nov. 2017, art. 4-1°*).

Art. 371 Les personnes sans domicile ni résidence fixe (*Abrogé par Décr. n° 2017-1522 du 2 nov. 2017, art. 4-2°*) « *, mentionnées à l'article 23 du décret n° 70-708 du 31 juillet 1970 relatif à l'exercice des activités ambulantes et au régime applicable aux personnes circulant en France sans domicile ni résidence fixe,* » sont tenues d'accomplir leurs obligations fiscales auprès des services des impôts dont relève la commune (*Décr. n° 2017-1522 du 2 nov. 2017, art. 4-2°*) « où est situé l'organisme auprès duquel elles ont fait élection de domicile dans les conditions prévues à l'article L. 264-1 du code de l'action sociale et des familles ».

Lorsque, pour une même commune, il existe plusieurs services des impôts à compétence territoriale déterminée, les obligations fiscales sont accomplies auprès du service désigné par l'administration des impôts. — *Ancien art. 368 bis.*

CHAPITRE PREMIER *BIS* CENTRES DE GESTION AGRÉÉS ET ASSOCIATIONS AGRÉÉES DES PROFESSIONS LIBÉRALES

SECTION PREMIÈRE CENTRES DE GESTION AGRÉÉS

Art. 371 A Pour bénéficier de l'agrément prévu par l'article 1649 *quater* C du code général des impôts, les centres de gestion doivent avoir la forme d'une association légalement constituée dont les membres fondateurs sont soit des experts-comptables ou des sociétés membres de l'ordre, soit des chambres de commerce et d'industrie territoriales, des chambres de métiers et de l'artisanat ou des chambres d'agriculture, soit des organisations professionnelles légalement constituées d'industriels, de commerçants, d'artisans ou d'agriculteurs.

Les organisations professionnelles mentionnées au premier alinéa comprennent les syndicats professionnels et leurs unions institués conformément aux dispositions des articles L. 2111-1 et suivants du code du travail et les associations professionnelles de personnes exerçant la même profession, des métiers similaires ou des métiers connexes ainsi que leurs unions.

(*Décr. n° 2021-1303 du 7 oct. 2021, art. 1er*) « Les centres doivent avoir pour objet de fournir à leurs adhérents industriels, commerçants, artisans ou agriculteurs :

« 1° Une assistance en matière de gestion dans les domaines de l'assistance technique et de la formation et l'information ayant trait au droit, à la fiscalité, à la comptabilité ou à la gestion ;

« 2° Une analyse des informations économiques, comptables et financières en matière de prévention des difficultés économiques et financières.

« Les formations proposées par l'organisme agréé sont également offertes au représentant de l'adhérent. »

Ils ne peuvent agir en qualité de mandataires de leurs membres.

Toutefois, les centres doivent recevoir mandat de leurs membres en vue de la télétransmission des déclarations de résultats, de leurs annexes et des autres documents les accompagnant selon la procédure prévue par le système de transfert des données fiscales et comptables.

(*Abrogé par Décr. n° 2021-1303 du 7 oct. 2021, art. 1er*) « *Les centres peuvent fournir à des entreprises non adhérentes des services de dématérialisation et de télétransmission de leurs déclarations fiscales, à l'occasion de leur première déclaration par cette voie.* »

1. Octroi et renouvellement de l'agrément. Incidence de la réforme comptable sur la procédure d'agrément. Demande d'agrément ou de renouvellement. Décision de la commission régionale d'agrément. Modèles de lettres et de décisions. * BOI-DJC-OA-10-20-20 du 5 juill. 2017.

2. Charte des bonnes pratiques des organismes agréés. Commentaires de la charte et du décret n° 2007-1716 du 5 déc. 2007 relatif aux missions, à l'organisation et au fonctionnement des centres et associations agréés. * BOI-ANNX-000401 du 30 janv. 2019.

3. Assistance, contrôle et surveillance des organismes agréés. Nouvelles modalités d'assistance, de contrôle et de surveillance des organismes agréés par la Direction générale des finances publiques (DGFiP). Modifications dans les relations entre les organismes agréés, leurs adhérents et l'administration fiscale. Modification des modèles de convention signés entre l'administration fiscale et les centres et associations. * BOI-DJC-OA-20-40-30-10 du 5 juill. 2017.

Art. 371 A *bis* *(Décr. n° 2021-1303 du 7 oct. 2021, art. 1er)* Les centres bénéficiant de l'agrément prévu par l'article 1649 *quater* C du code général des impôts peuvent fournir à toute entreprise exerçant dans les domaines de l'industrie, du commerce, de l'artisanat et de l'agriculture des services d'assistance en matière de gestion, notamment dans les domaines suivants :

1° La dématérialisation et la télétransmission de ses déclarations fiscales ;

2° La formation et l'information ayant trait au droit, à la fiscalité, à la comptabilité ou à la gestion ;

3° La restitution de statistiques ;

4° L'examen de conformité fiscale prévu par le décret n° 2021-25 du 13 janvier 2021 portant création de l'examen de conformité fiscale ;

5° L'audit technique lié à son activité ;

6° Aux microentreprises au sens de l'article 3 du décret n° 2008-1354 du 18 décembre 2008 relatif aux critères permettant de déterminer la catégorie d'appartenance d'une entreprise pour les besoins de l'analyse statistique et économique, l'aide à la création de microentreprise ainsi que l'accompagnement en matière commerciale et dans les domaines de la communication et de la transition numérique.

Art. 371 B ***[En vigueur jusqu'au 31 déc. 2018]*** Le nombre des adhérents d'un centre doit être au minimum de cent personnes physiques ou morales ayant la qualité d'industriel, de commerçant, d'artisan ou d'agriculteur et imposées à l'impôt sur le revenu d'après leur bénéfice réel ainsi que tous les contribuables qui disposent de revenus non professionnels imposés dans la catégorie des bénéfices industriels et commerciaux, soumis au régime simplifié d'imposition selon le bénéfice réel ou le régime normal d'imposition selon le bénéfice réel.

L'agrément d'un centre pourra n'être pas renouvelé si le nombre des adhérents n'atteint pas trois cents dans un délai de trois ans à compter de la date d'agrément.

Il n'est pas exigé d'effectif minimum des centres créés dans les départements d'outre-mer.

Art. 371 B ***[En vigueur le 1er janv. 2019]*** Le nombre des adhérents d'un centre doit être au minimum de *(Décr. n° 2016-1356 du 11 oct. 2016, art. 1er-2°-a)* « cinq cents » personnes physiques ou morales ayant la qualité d'industriel, de commerçant, d'artisan ou d'agriculteur et imposées à l'impôt sur le revenu d'après leur bénéfice réel ainsi que tous les contribuables qui disposent de revenus non professionnels imposés dans la catégorie des bénéfices industriels et commerciaux, soumis au régime simplifié d'imposition selon le bénéfice réel ou le régime normal d'imposition selon le bénéfice réel.

L'agrément d'un centre *(Décr. n° 2016-1356 du 11 oct. 2016, art. 1er-2°-b)* « n'est pas renouvelé » si le nombre des adhérents n'atteint pas *(Décr. n° 2016-1356 du 11 oct. 2016, art. 1er-2°-b)* « mille » dans un délai de trois ans à compter de la date d'agrément.

(Décr. n° 2016-1356 du 11 oct. 2016, art. 1er-2°-c) « Pour l'ouverture ou le maintien de chaque bureau secondaire, le centre justifie d'un nombre de cinq cents adhérents supplémentaires au-delà du seuil mentionné au deuxième alinéa et confie à ce bureau la réalisation des contrôles prévus à l'article 1649 *quater* E du code général des impôts pour au moins cinq cents adhérents.

« Les dispositions du présent article concernant le nombre d'adhérents ne sont pas applicables aux centres et bureaux secondaires établis :

« — en Corse ;

« — en Guadeloupe, en Guyane, en Martinique, à Mayotte et à La Réunion. »

Les centres de gestion, associations et organismes mixtes de gestion bénéficiaires d'un agrément et les professionnels de l'expertise comptable conventionnés disposent d'un délai d'un an à compter du 1er janv. 2019 pour se mettre en conformité avec les exigences relatives au nombre d'adhérents fixées par les art. 371 B, 371 N, 371 Z ter et 371 bis C bis de l'Annexe II dans leur rédaction issue du Décr. n° 2016-1356 du 11 oct. 2016 (Décr. préc., art. 3).

Art. 371 C En application de l'article 1649 *quater* E du code général des impôts, les centres doivent conclure avec l'administration fiscale une convention précisant le rôle du ou des agents de cette administration chargés d'apporter leur assistance technique au centre. Un modèle de cette convention est fixé par arrêté du ministre chargé du budget. — *V. Arr. du 16 janv. 2017 (JO 27 janv.). — V. Ann. IV, art. 164 F vicies.*

L'administration peut refuser de conclure une convention avec des centres créés ou dirigés en fait par des syndicats ou organisations professionnelles qui eux-mêmes ont été dirigés au cours des cinq dernières années par des personnes ayant été condamnées depuis moins de cinq ans pour avoir organisé ou tenté d'organiser le refus collectif de l'impôt au sens de l'article 1747 du code général des impôts.

Art. 371 D Les centres doivent établir, par la production de certificats délivrés par l'administration fiscale sur demande des intéressés, que les personnes qui les dirigent ou les administrent ont respecté leurs obligations déclaratives et de paiement en matière fiscale pendant la période de cinq ans qui précède la demande d'agrément et ne font pas l'objet des mesures prévues à l'article 1750 du code général des impôts ou n'ont pas fait l'objet au cours des cinq dernières années :

D'une condamnation figurant au bulletin n° 2 prévu à l'article 775 du code de procédure pénale, à l'exception des condamnations pour blessures, coups ou homicide involontaires et pour infraction au code de la route ;

D'une amende fiscale prononcée par un tribunal ;

D'une sanction fiscale prononcée par l'administration pour manœuvres frauduleuses.

Les centres établissent, par la production d'attestations sur l'honneur faites par les intéressés, que les personnes qui les administrent ne sont pas frappées par les interdictions prévues aux articles 371 K *bis* et 371 V *bis*.

Art. 371 E Les statuts du centre précisent les conditions de participation à la gestion du centre des personnes ou organismes qui ont pris l'initiative de sa création. Au sein du conseil d'administration ou de tout autre organe dirigeant, les adhérents doivent être représentés à hauteur d'un minimum d'un tiers des sièges. Les personnes ou organismes autres que les membres mentionnés à l'article 1649 *quater* C du code général des impôts et autres que les adhérents peuvent être membres associés et participer au conseil d'administration ou à tout autre organe dirigeant, à hauteur d'un maximum d'un tiers des sièges.

(Décr. n° 2016-1356 du 11 oct. 2016, art. 1er-5°-a et 3, en vigueur le 1er janv. 2019) « Chaque membre du conseil d'administration dispose d'une voix.

« Il ne peut être attribué plus d'un tiers des sièges à des personnes exerçant une activité salariée, libérale ou d'administrateur bénévole au sein d'une même personne morale, ou de personnes morales liées entre elles au sens du 12 de l'article 39 du code général des impôts, ou adhérentes ou affiliées les unes aux autres. »

Les statuts doivent comporter en outre les stipulations suivantes :

1° Le centre fournit à ses membres adhérents imposés d'après leur bénéfice réel dans un délai de deux mois suivant la date de réception de la déclaration de résultats par le centre et au plus tard de » neuf mois suivant la clôture de leur exercice comptable lorsque celui-ci ne coïncide pas avec l'année civile, un dossier comprenant :

a) Les ratios et les autres éléments caractérisant la situation financière et économique de l'entreprise : la nature de ces ratios et autres éléments est fixée par arrêté du ministre du budget, du ministre de l'agriculture, du ministre de l'industrie et du ministre du commerce et de l'artisanat ; — *V. Ann. IV, art. 164 F unvicies.*

b) Un commentaire sur la situation financière et économique de l'entreprise ;

c) A partir de la clôture du deuxième exercice suivant celui de l'adhésion et dans les délais prévus au premier alinéa du présent 1°, le centre fournit à ses adhérents une analyse comparative des bilans et des comptes de résultat de l'entreprise. Toutefois, pour les entreprises soumises au régime simplifié d'imposition, seule l'analyse comparative des comptes d'exploitation doit être fournie ;

d) Un document de synthèse présentant une analyse des informations économiques, comptables et financières de l'entreprise et lui indiquant, le cas échéant, les démarches à accomplir.

2° Le centre élabore pour ceux de ses membres adhérents qui sont placés sous un régime réel d'imposition les déclarations afférentes à leur exploitation destinées à l'administration fiscale, lorsque ces membres en font la demande.

Toutefois, ces déclarations ne peuvent porter que sur une période au cours de laquelle les intéressés étaient membres du centre ;

3° L'adhésion au centre implique pour les membres adhérents imposés d'après leur bénéfice réel :

a) L'engagement de produire à la personne ou à l'organisme chargé de tenir et de présenter leurs documents comptables tous les éléments nécessaires à l'établissement d'une comptabilité sincère de leur exploitation ;

b) Abrogé par Décr. n° 2012-470 du 11 avr. 2012, à compter du 1er juill. 2012.

c) L'obligation de communiquer au centre le bilan, les comptes de résultat, tous documents annexes, ainsi que tout document sollicité par le centre dans le cadre des contrôles réalisés en application de l'article 1649 *quater* E du code général des impôts ;

d) Abrogé par Décr. n° 2007-1716 du 5 déc. 2007.

e) L'autorisation pour le centre de communiquer à l'administration fiscale, dans le cadre de l'assistance que cette dernière lui apporte, les documents mentionnés au présent article, à l'exception des documents, quels qu'ils soient, fournissant une vision exhaustive des opérations comptables de l'entreprise.

En cas de manquements graves ou répétés aux engagements ou obligations susénoncés l'adhérent est exclu du centre. Il doit être mis en mesure, avant toute décision d'exclusion, de présenter sa défense sur les faits qui lui sont reprochés.

4° Le centre réalise un examen périodique de sincérité de pièces justificatives de ses adhérents dans le but de vérifier que leurs déclarations fiscales sont correctement établies. Cet examen suit une méthode établie par le centre pour l'ensemble de ses adhérents. Pour déterminer les adhérents faisant l'objet, au titre d'une année donnée, d'un examen périodique de pièces justificatives, le centre sélectionne des adhérents selon une méthode fixée par arrêté du ministre chargé du budget assurant la réalisation de cet examen au moins tous les six ans lorsque les comptes de l'adhérent sont tenus ou présentés annuellement par un professionnel de l'expertise comptable et au moins tous les trois ans dans le cas contraire. Le nombre des pièces examinées est modulé selon la taille de l'entreprise. Le choix des pièces examinées prend appui sur la remise, par l'adhérent, d'un document fournissant une vision exhaustive des opérations comptables de l'entreprise. Ce document est détruit par le centre une fois l'examen réalisé. Il n'est en aucun cas fourni par le centre à l'administration fiscale. L'adhérent est mis en mesure de présenter ses observations en réponse aux éventuelles questions et critiques formulées par le centre dans le cadre de cet examen. — *V. Arr. du 9 janv. 2017 (JO 2 févr.), mod. par Arr. du 21 juill. 2021 (JO 29 oct.).*

Cet examen fait l'objet du compte rendu de mission tel que prévu à l'article 1649 *quater* E du code général des impôts ;

5° Le centre assure la traçabilité de l'ensemble de ses missions de contrôle ;

6° Le centre contrôle la capacité de ses adhérents à respecter, le cas échéant, le I de l'article L. 47 A du livre des procédures fiscales ;

7° Le centre se soumet à un contrôle de l'administration destiné à vérifier la conformité de son organisation et de ses travaux aux dispositions du code général des impôts.

Art. 371 EA *Les statuts des centres doivent contenir des stipulations selon lesquelles les centres s'engagent :*

1° S'ils ont recours à la publicité, à ne pas porter atteinte à l'indépendance, à la dignité et à l'honneur de l'institution, pas plus qu'aux règles du secret professionnel, à la loyauté envers les adhérents et les autres centres se livrant à la même activité, quel que soit le support utilisé, et à n'avoir recours au démarchage que sous réserve de procurer au public visé une information utile, exempte de tout élément comparatif, ne contenant aucune inexactitude ni induisant le public en erreur, mise en œuvre avec discrétion et adoptant une expression décente et empreinte de retenue ;

2° A faire figurer sur leur correspondance et sur tous les documents établis par leurs soins leur qualité de centres de gestion agréés et les références de la décision d'agrément ;

3° A informer l'administration fiscale des modifications apportées à leurs statuts et des changements intervenus en ce qui concerne les personnes qui les dirigent ou les administrent, dans le délai d'un mois à compter de la réalisation de ces modifications ou changements ; pour ces personnes, le centre doit fournir à l'administration fiscale le certificat prévu à l'article 371 D ;

4° A souscrire un contrat auprès d'une société d'assurance ou d'un assureur agréé en application du livre III du code des assurances les garantissant contre les conséquences pécuniaires de la responsabilité civile professionnelle qu'ils peuvent encourir en raison des négligences et fautes commises dans l'exercice de leurs activités ;

5° Au cas où l'agrément leur serait retiré, à en informer leurs adhérents dès réception de la notification de la décision de retrait ;

6° A réclamer une cotisation dont le montant est identique, pour l'ensemble des adhérents. Toutefois *[,]* la cotisation réclamée aux adhérents relevant des régimes prévus aux articles 64 *bis* ou 50-0 du code général des impôts, ainsi qu'aux entreprises adhérant à un centre au cours de leur première année d'activité peut être réduite ;

7° A ne pas sous-traiter les missions prévues à l'article 1649 *quater* E du même code à des professionnels de l'expertise comptable ou avocats dont l'adhérent a utilisé les services au titre de l'exercice contrôlé, ainsi que les structures dans lesquelles ceux-ci exercent.

Art. 371 EB Les centres s'engagent à exiger de toute personne collaborant à leurs travaux le respect du secret professionnel.

Art. 371 F Les demandes d'agrément sont remises au directeur départemental ou, le cas échéant, régional des finances publiques du département dans lequel le centre de gestion a son siège.

Toute demande d'agrément d'un centre de gestion doit être accompagnée des documents suivants :

1° Un exemplaire des statuts et, le cas échéant, du règlement intérieur du centre ;

2° La justification de l'exécution des formalités prévues par la législation en vigueur pour la création et la régularité du fonctionnement de l'association ;

3° La liste des personnes qui dirigent ou administrent le centre avec, pour chacune d'elles, l'indication de leur *[leurs]* nom, prénoms, date et lieu de naissance, domicile, profession et de la nature de l'activité exercée dans le centre ;

4° Pour chacun des dirigeants ou administrateurs, le certificat prévu à l'article 371 D ;

5° La liste des membres à la date de la présentation de la demande avec indication du nom, de la profession et du lieu d'exercice de celle-ci ;

6° Une copie du contrat d'assurance mentionné au 4° de l'article 371 EA ;

7° L'engagement prévu à l'article 371 EB ;

8° Le texte de la convention conclue avec l'administration fiscale ;

9° Une notice indiquant la nature des services rendus par le centre à ses membres adhérents ;

10° Un rapport des personnes ou organismes qui ont pris l'initiative de la création du centre ;

11° Une attestation sur l'honneur de chacun des administrateurs, selon laquelle ils ne sont pas frappés par les interdictions prévues aux articles 371 K *bis*, 371 V *bis* et 371 Z *terdecies*.

Après s'être assuré que le dossier est complet, le directeur départemental ou, le cas échéant, régional des finances publiques en délivre récépissé.

Art. 371 G *(Décr. n° 2016-1356 du 11 oct. 2016, art. 1er-8°)* La décision d'agrément est prise par le directeur régional des finances publiques de la région dans laquelle le centre demandeur a son siège.

Ancien art. 371 G *La décision d'agrément est prise par une commission instituée au chef-lieu de région.*

Cette commission, placée sous la présidence du directeur régional des finances publiques en fonction au chef-lieu de région dans laquelle le centre a son siège, comprend également :

a. un fonctionnaire de la direction régionale des finances publiques ;

b. un représentant du ministre chargé de l'industrie ;

c. un représentant du ministre chargé du commerce et de l'artisanat ;

d. un membre de l'ordre des experts-comptables désigné par le conseil régional de l'ordre ;

e. un industriel, un commerçant et un artisan désignés respectivement par le président de la chambre de commerce et d'industrie de région et par le président de la chambre régionale de métiers et de l'artisanat.

Lorsque la demande d'agrément est présentée par un centre de gestion apportant son assistance principalement aux agriculteurs, les représentants du ministre chargé de l'industrie et du ministre chargé du commerce et de l'artisanat sont remplacés par deux représentants du ministre de l'agriculture et les trois représentants de la profession sont désignés parmi les exploitants agricoles de la région par le président de la chambre régionale d'agriculture, au vu d'une liste de six noms présentée par chacune des fédérations départementales de syndicats d'exploitants agricoles de la région.

Le président désigne des suppléants parmi ses collaborateurs. Les autres membres suppléants de la commission sont nommés dans les mêmes conditions que les titulaires.

Le membre d'une commission qui, au cours de son mandat, décède, démissionne ou perd la qualité au titre de laquelle il a été désigné est remplacé pour la durée du mandat restant à courir par une personne désignée dans les mêmes conditions.

La commission se réunit sur convocation de son président, qui fixe l'ordre du jour. Cette convocation peut être adressée par tout moyen, y compris par télécopie ou par courrier électronique. Il en est de même des pièces ou documents nécessaires à la préparation de la réunion ou établis à l'issue de celle-ci.

Sauf urgence, les membres de la commission reçoivent, quinze jours au moins avant la date de la réunion, une convocation comportant l'ordre du jour et, le cas échéant, les documents nécessaires à l'examen des affaires qui y sont inscrites.

Lorsqu'il n'est pas suppléé, le membre d'une commission peut donner mandat à un autre membre. Sauf dispositions contraires, nul ne peut détenir plus d'un mandat.

Le quorum est atteint lorsque la moitié au moins des membres composant la commission sont présents, y compris les membres prenant part aux débats au moyen d'une conférence téléphonique ou audiovisuelle.

Lorsque le quorum n'est pas atteint, la commission délibère valablement sans condition de quorum après une nouvelle convocation portant sur le même ordre du jour et spécifiant qu'aucun quorum ne sera exigé.

La commission se prononce à la majorité des voix des membres présents ou représentés. » En cas de partage égal des voix, la voix du président de la commission est prépondérante.

Les membres d'une commission ne peuvent prendre part aux délibérations lorsqu'ils ont un intérêt personnel à l'affaire objet de la délibération. La violation de cette règle entraîne la nullité de la décision prise à la suite de cette délibération lorsqu'il n'est pas établi que la participation du ou des membres intéressés est restée sans influence sur la délibération.

Le procès-verbal de la réunion de la commission indique le nom et la qualité des membres présents, les questions traitées au cours de la séance et le sens de chacune des délibérations.

Tout membre de la commission peut demander qu'il soit fait mention de son désaccord avec la décision rendue.

Art. 371 H *(Décr. n° 2016-1356 du 11 oct. 2016, art. 1er-9°)* Le directeur mentionné à l'article 371 G se prononce dans le délai de quatre mois suivant la date de délivrance du récépissé prévu à l'article 371 F.

L'absence de décision dans le délai fixé vaut acceptation de la demande. Le refus d'agrément est motivé.

Ancien art. 371 H *La commission rend sa décision dans un délai de quatre mois à compter de la date de délivrance du récépissé mentionné à l'article 371 F.*

L'absence de décision dans le délai fixé vaut acceptation de la demande. Le refus d'agrément doit être motivé.

Art. 371 I *(Abrogé par Décr. n° 2012-470 du 11 avr. 2012, à compter du 1er juill. 2012)* *Pour que l'agrément prévu à l'article 1649 quater C du code général des impôts les habilite à tenir et à présenter les documents comptables de leurs adhérents, les centres de gestion apportant leur assistance exclusivement aux agriculteurs doivent établir que les responsables de leurs services comptables remplissent les conditions définies au I de l'article 16 du décret n° 75-911 du 6 octobre 1975.*

Pour que l'agrément prévu à l'article 1649 quater C précité les habilite à tenir et présenter les documents comptables de leurs adhérents ayant opté pour le régime simplifié d'imposition, les centres de gestion créés par les personnes ou organismes mentionnés à l'article 371 A doi-

vent, lorsqu'ils apportent leur assistance à des industriels, commerçants et artisans, établir que les responsables de leurs services comptables remplissent les conditions définies au I de l'article 16 du décret n° 75-911 du 6 octobre 1975, la pratique professionnelle s'appréciant en matière de gestion et de comptabilité des entreprises industrielles ou commerciales.

Les pièces justificatives des titres ou diplômes et de la pratique professionnelle désignés à l'article 16 du décret n° 75-911 du 6 octobre 1975, modifié par l'article 7 du décret n° 79-71 du 23 janvier 1979 sont jointes aux documents mentionnés à l'article 371 F.

La commission mentionnée à l'article 371 G rend sa décision sur la demande d'habilitation après examen des pièces mentionnées au troisième alinéa.

Dans le cas où des changements interviennent en ce qui concerne les responsables de leurs services comptables, les centres bénéficiant des habilitations mentionnées aux premier et deuxième alinéas doivent informer le directeur régional des finances publiques de la région dans laquelle le centre a son siège dans un délai d'un mois. Le maintien de l'habilitation est subordonné à une décision de la commission prise dans les conditions prévues aux troisième et quatrième alinéas.

Art. 371 J L'agrément est délivré pour une période de trois ans. Il peut être renouvelé selon la procédure prévue aux articles 371 F à 371 H sur demande présentée au plus tard six mois avant l'expiration de l'agrément en cours.

Le renouvellement de l'agrément intervient, à l'exception du premier renouvellement, tous les six ans.

Lors de l'examen de la demande de renouvellement de l'agrément, il sera tenu compte de l'action exercée par le centre pour améliorer la gestion des entreprises adhérentes et s'assurer de la sincérité des résultats qu'elles déclarent.

Art. 371 K *(Décr. n° 2016-1356 du 11 oct. 2016, art. 1er-10°-a)* « Le directeur mentionné à l'article 371 G, après avoir mis en demeure le centre de présenter ses observations sur les faits qui lui sont reprochés, peut lui retirer l'agrément : »

1° En cas d'inexécution des engagements pris par le centre ou de violation des obligations qui lui incombent en vertu des statuts ou du règlement intérieur ;

2° En cas de non-respect de la convention prévue à l'article 371 C entraînant la dénonciation de celle-ci par l'administration fiscale ;

3° Au cas où le nombre des adhérents du centre, tel qu'il est défini à l'article 371 B, est inférieur pendant plus d'un an au seuil fixé à cet article ;

4° Au cas où le centre conserve parmi ses dirigeants ou administrateurs une personne n'ayant pas respecté ses obligations déclaratives ou de paiement en matière fiscale ou ayant fait l'objet, postérieurement à l'agrément, d'une des sanctions prévues à l'article 371 D ;

5° Au cas où le centre ne prononce pas l'exclusion des adhérents qui ne respectent pas les obligations leur incombant en vertu des statuts ou du règlement intérieur ;

6° En cas de maintien d'un bureau secondaire ne respectant pas les conditions prévues à l'article 371 B pendant plus d'un an.

Art. 371 K *bis* *(Décr. n° 2016-1356 du 11 oct. 2016, art. 1er-11°)* Un centre ayant fait l'objet d'une décision de non-renouvellement ou de retrait d'agrément, pour un motif autre que les conditions posées à l'article 371 B, ne peut déposer de nouvelle demande d'agrément au cours des deux années suivant ladite décision.

Ses administrateurs ne peuvent siéger au sein du conseil d'administration d'un centre, d'une association agréé ou d'un organisme mixte de gestion agréé au cours des deux années suivant la décision de non-renouvellement ou de retrait d'agrément.

Art. 371 L Pour l'application du 7 de l'article 158 du code général des impôts, un contribuable mentionné au 1° de ce 7 n'est pas adhérent d'un centre de gestion agréé s'il n'a pas été membre adhérent d'un tel centre pendant toute la durée de l'exercice considéré.

Cette condition n'est toutefois pas exigée :

a) En cas d'agrément postérieur à l'adhésion, pour l'imposition du bénéfice de l'exercice ouvert depuis moins de trois mois à la date de l'agrément ;

b) En cas de première adhésion à un centre agréé pour l'imposition du bénéfice de l'exercice ouvert depuis moins de cinq mois à la date de l'adhésion. Le contribuable ayant repris une activité après cessation est considéré comme adhérant pour la première fois ;

c) En cas de retrait ou de non-renouvellement d'agrément, pour l'imposition du bénéfice de l'année ou de l'exercice en cours déclaré dans les conditions prévues à l'article 53 A du code général des impôts ;

d) En cas de démission d'un centre de gestion agréé suivie, dans le délai maximum de trente jours à la date de la démission, de l'adhésion à un autre centre de gestion agréé ;

e) En cas de première adhésion à un centre de gestion agréé avant la clôture de l'exercice comptable pour les contribuables franchissant les limites de chiffre d'affaires des régimes définis aux articles 64 *bis* ou 50-0 du code général des impôts.

Les déclarations de résultats des membres adhérents d'un centre de gestion agréé, mentionnés au premier alinéa, doivent être accompagnées d'une attestation fournie par le centre indiquant la date d'adhésion et, le cas échéant, la date à laquelle est intervenue la perte de la qualité d'adhérent. Le centre de gestion agréé et le membre adhérent sont identifiés sur cette attestation.

Art. 371 L *bis* *Dispositions devenues sans objet (Décr. n° 2015-608 du 3 juin 2015). — Pour les dispositions applicables antérieurement, V.* ***CGI, éd. 2015****.*

Art. 371 LA Pour l'application de l'article 1649 *quater* E *bis* du code général des impôts, la clientèle des industriels, commerçants, artisans et agriculteurs est informée de leur qualité d'adhérent d'un centre de gestion agréé et de ses conséquences en ce qui concerne l'acceptation des règlements par chèque ou par carte bancaire selon les modalités fixées par les articles 371 LB à 371 LE.

Art. 371 LB L'information mentionnée à l'article 371 LA comprend :

1° L'apposition, dans les locaux destinés à recevoir la clientèle ainsi que dans les emplacements ou véhicules aménagés en vue d'effectuer des ventes ou des prestations de services, d'un document écrit reproduisant de façon apparente le texte mentionné à l'article 371 LC, mentionnant le nom du centre de gestion auquel adhère le professionnel et placé de manière à pouvoir être lu sans difficulté par cette clientèle ;

2° La reproduction dans la correspondance et sur les documents professionnels adressés ou remis aux clients, du texte mentionné à l'article précité ; ce texte doit être nettement distinct des mentions relatives à l'activité professionnelle figurant sur ces correspondances et documents.

Art. 371 LC Le texte prévu à l'article 371 LB est le suivant :

Acceptant le règlement des sommes dues par chèques libellés à son nom ou par carte bancaire en sa qualité de membre d'un centre de gestion agréé par l'administration fiscale.

Art. 371 LD Les centres de gestion agréés portent les obligations définies aux articles 371 LB et 371 LC à la connaissance de leurs adhérents.

Ceux-ci doivent informer par écrit le centre de gestion agréé dont ils sont membres de l'exécution de ces obligations. Le centre s'assure de leur exécution effective.

Art. 371 LE En cas de manquements graves ou répétés aux dispositions des articles 371 LA et 371 LC, les adhérents sont exclus du centre dans les conditions prévues à l'article 371 E.

SECTION II ASSOCIATIONS AGRÉÉES DES PROFESSIONS LIBÉRALES

Art. 371 M Pour bénéficier de l'agrément prévu à l'article 1649 *quater* F du code général des impôts, les associations de membres de professions libérales et de titulaires de charges et offices doivent être légalement constituées. Leurs membres fondateurs sont exclusivement soit des ordres professionnels ou des organisations professionnelles légalement constituées de membres de professions libérales ou de titulaires de charges et offices, soit des experts-comptables ou des sociétés d'expertise comptable.

Les organisations professionnelles mentionnées au premier alinéa comprennent les organismes professionnels dont l'existence est prévue par la législation relative aux professions ci-dessus désignées, les syndicats professionnels et leurs unions institués conformément aux dispositions des articles L. 2111-1 et suivants du code du travail, et les associations professionnelles de personnes exerçant la même profession ainsi que leurs unions.

Les unions ou fédérations d'associations professionnelles regroupant des professions différentes sont également autorisées à prendre l'initiative de la création d'une association agréée lorsque chacun des associations qui les composent peut être regardée individuellement comme ayant vocation à créer une telle association.

(Décr. n° 2021-1303 du 7 oct. 2021, art. 1er) « Les associations doivent avoir pour objet :

« 1° De développer chez leurs membres l'usage de la comptabilité, sous réserve des dispositions de l'ordonnance n° 45-2138 du 19 septembre 1945 portant institution de l'ordre des experts-comptables et réglementant le titre et la profession d'expert-comptable ;

« 2° De leur faciliter l'accomplissement de leurs obligations administratives et fiscales ;

« 3° De leur fournir une assistance en matière de gestion dans les domaines de l'assistance technique et de la formation et l'information ayant trait au droit, à la fiscalité, à la comptabilité ou à la gestion ;

« 4° De leur fournir une analyse des informations économiques, comptables et financières en matière de prévention des difficultés économiques et financières.

« Les formations proposées par l'organisme agréé sont également offertes au représentant de l'adhérent. »

Elles ne peuvent agir en qualité de mandataires de leurs membres.

Toutefois, les associations doivent recevoir mandat de leurs membres en vue de la télétransmission des déclarations de résultats, de leurs annexes et des autres documents les accompagnant selon la procédure prévue par le système de transfert des données fiscales et comptables.

(Abrogé par Décr. n° 2021-1303 du 7 oct. 2021, art. 1er) *« Les associations peuvent fournir à des professionnels non adhérents des services de dématérialisation et de télétransmission de leurs déclarations fiscales, à l'occasion de leur première déclaration par cette voie. »*

1. Charte des bonnes pratiques des organismes agréés. Commentaire de la charte et du Décr. n° 2007-1716 du 5 déc. 2007 relatif aux missions, à l'organisation et au fonctionnement des centres et associations agréés. * BOI-ANNX-000401 du 30 janv. 2019.

2. Assistance, contrôle et surveillance des organismes agréés. Nouvelles modalités d'assistance, de contrôle et de surveillance des organismes agréés par la Direction générale des finances publiques (DGFiP). Modifications dans les relations entre les organismes agréés, leurs adhérents et l'administration fiscale. Modification des modèles de convention signés entre l'administration fiscale et les centres et associations. * BOI-DJC-OA-20-40-30 du 5 juill. 2017.

3. Missions des associations agréées et organismes mixtes de gestion agréés. Examen des déclarations et documents communiqués par les adhérents. * BOI-DJC-OA-20-10-20-20 du 3 juin 2020.

Art. 371 M *bis* *(Décr. n° 2021-1303 du 7 oct. 2021, art. 1er)* Les associations bénéficiant de l'agrément prévu par l'article 1649 *quater* F du code général des impôts peuvent fournir à tout professionnel exerçant une profession libérale ou titulaire de charges et offices des services d'assistance en matière de gestion, notamment dans les domaines suivants :

1° La dématérialisation et la télétransmission de ses déclarations fiscales ;

2° La formation et l'information ayant trait au droit, à la fiscalité, à la comptabilité ou à la gestion ;

3° La restitution de statistiques ;

4° L'examen de conformité fiscale prévu par le décret n° 2021-25 du 13 janvier 2021 portant création de l'examen de conformité fiscale ;

5° L'audit *technique* lié à son activité ;

6° Aux microentreprises au sens de l'article 3 du décret n° 2008-1354 du 18 décembre 2008 relatif aux critères permettant de déterminer la catégorie d'appartenance d'une entreprise pour les besoins de l'analyse statistique et économique, l'aide à la création de microentreprise ainsi que l'accompagnement en matière commerciale et dans les domaines de la communication et de la transition numérique.

Art. 371 N ***[En vigueur jusqu'au 31 déc. 2018]*** Le nombre des adhérents d'une association doit être au minimum de cinquante personnes physiques ou morales ayant la qualité de membres de professions libérales ou de titulaires de charges et offices et assujetties à l'impôt sur le revenu selon le régime de la déclaration contrôlée.

Toutefois, ce minimum d'adhérents n'est pas exigé dans les départements d'outre-mer.

Art. 371 N ***[En vigueur le 1er janv. 2019]*** Le nombre des adhérents d'une association doit être au minimum de cinq cents personnes physiques ou morales ayant la qualité de membres de professions libérales ou de titulaires de charges et offices et assujetties à l'impôt sur le revenu selon le régime de la déclaration contrôlée.

L'agrément d'une association n'est pas renouvelé si le nombre des adhérents n'atteint pas mille dans un délai de trois ans à compter de la date d'agrément.

Pour l'ouverture ou le maintien de chaque bureau secondaire, l'association justifie d'un nombre de cinq cents adhérents supplémentaires au-delà du seuil mentionné au deuxième alinéa et confie à ce bureau la réalisation des contrôles prévus à l'article 1649 *quater* H du code général des impôts pour au moins cinq cents adhérents.

Les dispositions du présent article concernant le nombre d'adhérents ne sont pas applicables aux associations et bureaux secondaires établis :

— en Corse ;

— en Guadeloupe, en Guyane, en Martinique, à Mayotte et à La Réunion.

V. ndlr ss. art. 371 B.

Art. 371 O En application de l'article 1649 *quater* H du code général des impôts, les associations doivent conclure avec l'administration fiscale une convention précisant le rôle du ou des agents de cette administration chargés d'apporter leur assistance technique à l'association. Un modèle de cette convention est fixé par arrêté du ministre chargé du budget. — *V. Arr. du 16 janv. 2017 (JO 27 janv.).*

L'administration peut refuser de conclure une convention avec des associations créées ou dirigées en fait par des organisations professionnelles qui elles-mêmes ont été dirigées au cours des cinq dernières années par des personnes ayant été condamnées depuis moins de cinq ans pour avoir organisé ou tenté d'organiser le refus collectif de l'impôt au sens de l'article 1747 du code précité.

Art. 371 P Les associations sont soumises aux obligations prévues à l'article 371 D.

Art. 371 Q Les statuts de l'association précisent les conditions de participation à sa gestion des personnes ou organismes fondateurs. Au sein du conseil d'administration ou de tout autre organe dirigeant, les adhérents doivent être représentés à hauteur d'un minimum d'un tiers des sièges. Les personnes ou organismes autres que les membres mentionnés à l'article 1649 *quater* F du code général des impôts et autres que les adhérents peuvent être membres associés et participer au conseil d'administration ou à tout autre organe dirigeant, à hauteur d'un maximum d'un tiers des sièges.

(Décr. n° 2016-1356 du 11 oct. 2016, art. 1er-19°-a et 3, en vigueur le 1er janv. 2019) « Chaque membre du conseil d'administration dispose d'une voix.

« Il ne peut être attribué plus d'un tiers des sièges à des personnes exerçant une activité salariée, libérale ou d'administrateur bénévole au sein d'une même personne morale, ou de personnes morales liées entre elles au sens du 12 de l'article 39 du code général des impôts, ou adhérentes ou affiliées les unes aux autres. »

Les statuts des associations doivent contenir les clauses suivantes :

1° L'association a pour objet de fournir à ses membres adhérents des services ou informations qui leur permettent de développer l'usage de la comptabilité et qui facilitent l'accomplissement de leurs obligations administratives et fiscales. L'association fournit à ses membres adhérents, dans un délai de deux mois suivant la date de réception de la déclaration de résultats par l'association, un document de synthèse présentant une analyse des informations économiques, comptables et financières de l'entreprise et lui indiquant, le cas échéant, les démarches à accomplir afin de régler ces difficultés.

La nature des ratios et autres éléments caractérisant la situation économique et financière de l'entreprise et devant figurer dans ce document de synthèse est fixée par arrêté du ministre chargé du budget et du ministre chargé des professions libérales ; — *V. Arr. du 22 févr. 2008 (JO 9 avr.).*

2° L'association élabore pour ceux de ses membres adhérents qui relèvent d'un régime réel d'imposition les déclarations relatives à leur activité professionnelle destinées à l'administration fiscale, lorsque ces membres en font la demande.

Toutefois, ces déclarations ne peuvent porter que sur une période au cours de laquelle les intéressés étaient membres de l'association ;

3° L'adhésion à l'association implique :

a) L'engagement par les membres soumis à un régime réel d'imposition de suivre les recommandations qui leur ont été adressées, conformément aux articles 371 X à 371 Z, par les ordres et organisations dont ils relèvent, en vue d'améliorer la connaissance des revenus de leurs ressortissants ;

b) L'engagement par ceux de ces membres dont les déclarations de bénéfices sont élaborées par l'association de fournir à celle-ci tous les éléments nécessaires à l'établissement de déclarations sincères et complètes ainsi que tout document sollicité par l'association dans le cadre des contrôles réalisés en application de l'article 1649 *quater* H du code général des impôts ;

c) L'engagement par ceux de ces membres qui ne font pas élaborer leur déclaration par l'association, de lui communiquer préalablement à l'envoi au service des impôts des entreprises de la déclaration prévue à l'article 97 du code général des impôts, le montant du résultat imposable et l'ensemble des données utilisées pour la détermination de ce résultat ;

d) L'autorisation pour l'association de communiquer à l'administration fiscale, dans le cadre de l'assistance que cette dernière lui apporte, les documents mentionnés au présent article, à l'exception des documents comptables, quels qu'ils soient, fournissant une vision exhaustive des opérations comptables de l'entreprise ;

e) En cas de manquements graves ou répétés aux engagements énoncés ci-dessus, l'adhérent sera exclu de l'association. Il devra être mis en mesure, avant toute décision d'exclusion, de présenter sa défense sur les faits qui lui sont reprochés ;

4° L'association réalise un examen périodique de sincérité de pièces justificatives de ses adhérents dans le but de vérifier que leurs déclarations fiscales sont correctement établies. Cet examen suit une méthode établie par l'association pour l'ensemble de ses adhérents. Pour déterminer les adhérents faisant l'objet, au titre d'une année donnée, d'un examen périodique de pièces justificatives, l'association sélectionne des adhérents selon une méthode fixée par arrêté du ministre chargé du budget assurant la réalisation de cet examen au moins tous les six ans lorsque les comptes de l'adhérent sont tenus ou présentés annuellement par un professionnel de l'expertise comptable et au moins tous les trois ans dans le cas contraire. Le nombre des pièces examinées est modulé selon la taille de l'entreprise. Le choix des pièces examinées prend appui sur la remise, par l'adhérent, d'un document fournissant une vision exhaustive des opérations comptables de l'entreprise. Ce document est détruit par l'association une fois l'examen réalisé. Il n'est en aucun cas fourni par l'association à l'administration fiscale. L'adhérent est mis en mesure de présenter ses observations en réponse aux éventuelles questions et critiques formulées par l'association dans le cadre de cet examen. — *V. Arr. du 9 janv. 2017 (JO 2 févr.), mod. par Arr. du 21 juill. 2021 (JO 29 oct.).*

Cet examen fait l'objet du compte rendu de mission tel que prévu à l'article 1649 *quater* H du code général des impôts ;

5° L'association assure la traçabilité de l'ensemble de ses missions de contrôle ;

6° L'association contrôle la capacité de ses adhérents à respecter, le cas échéant, le I de l'article L. 47 A du livre des procédures fiscales ;

7° L'association se soumet à un contrôle de l'administration destiné à vérifier la conformité de son organisation et de ses travaux aux dispositions du code général des impôts.

Art. 371 QA Les statuts doivent comporter des clauses selon lesquelles les associations s'engagent :

1° Si elles ont recours à la publicité, à ne pas porter atteinte à l'indépendance, à la dignité et à l'honneur de l'institution, pas plus qu'aux règles du secret professionnel, à la loyauté envers les adhérents et les autres associations se livrant à la même activité, quel que soit le support utilisé, et à n'avoir recours au démarchage que sous réserve de procurer au public visé une information utile, exempte de tout élément comparatif, ne contenant aucune inexactitude ni induisant le public en erreur, mise en œuvre avec discrétion et adoptant une expression décente et empreinte de retenue ;

2° A faire figurer sur leur correspondance et sur tous les documents établis par leurs soins leur qualité d'associations agréées et les références de la décision d'agrément ;

3° A informer l'administration fiscale des modifications apportées à leurs statuts et des changements intervenus en ce qui concerne les personnes qui les dirigent ou les administrent, dans le délai d'un mois à compter de la réalisation de ces modifications ou changements ; pour ces personnes, l'association doit fournir à l'administration fiscale le certificat prévu à l'article 371 D ;

4° A souscrire un contrat auprès d'une société d'assurances ou d'un assureur agréé en application du livre III du code des assurances les garantissant contre les conséquences pécuniaires de la responsabilité civile professionnelle qu'elles peuvent encourir en raison des négligences et fautes commises dans l'exercice de leurs activités ;

5° A exiger de toute personne collaborant à leurs travaux le respect du secret professionnel ;

6° Au cas où l'agrément leur serait retiré, à en informer leurs adhérents dès réception de la notification de la décision de retrait d'agrément ;

7° A réclamer une cotisation dont le montant est identique pour l'ensemble des adhérents. Toutefois, la cotisation réclamée aux adhérents relevant du régime prévu à l'article 102 *ter* du code général des impôts *(Décr. n° 2016-1356 du 11 oct. 2016, art. 1er-20°-b)* « , ainsi qu'aux entreprises adhérant à une association, au cours de leur première année d'activité » peut être réduite. La cotisation réclamée aux adhérents, sociétés de personnes et sociétés en participation n'ayant pas opté pour le régime fiscal des sociétés de capitaux ou sociétés civiles professionnelles constituées entre personnes réalisant des bénéfices non commerciaux, peut être majorée ;

8° A ne pas sous-traiter les missions prévues à l'article 1649 *quater* H à des professionnels de l'expertise comptable ou avocats dont l'adhérent a utilisé les services au titre de l'exercice contrôlé, ainsi que les structures dans lesquelles ceux-ci exercent.

Art. 371 R Les demandes d'agrément sont remises au directeur départemental ou, le cas échéant, régional des finances publiques du département dans lequel l'association a son siège.

Toute demande d'agrément d'une association agréée doit être accompagnée des documents suivants :

1° Un exemplaire des statuts et, le cas échéant, du règlement intérieur de l'association ;

2° La justification de l'exécution des formalités prévues par la législation en vigueur pour la création et la régularité du fonctionnement de l'association ;

3° La liste des personnes qui dirigent ou administrent l'association avec, pour chacune d'elles, l'indication de leurs nom, prénoms, date et lieu de naissance, domicile, profession et de la nature de l'activité exercée dans l'association ;

4° Pour chacun des dirigeants ou administrateurs, le certificat prévu à l'article 371 D ;

5° La liste des membres à la date de la présentation de la demande avec indication du nom, de la profession et du lieu d'exercice de celle-ci ;

6° Une copie du contrat d'assurance mentionné au 4° de l'article 371 QA ;

7° L'engagement prévu au 5° de l'article 371 QA ;

8° Le texte de la convention conclue avec l'administration fiscale ;

9° Une notice indiquant la nature des services rendus par l'association à ses membres adhérents ;

10° Un rapport des personnes, ordres ou organisations professionnelles ayant pris l'initiative de la création de l'association ;

11° Une attestation sur l'honneur de chacun des administrateurs, selon laquelle ils ne sont pas frappés par les interdictions prévues aux articles 371 K *bis*, 371 V *bis* et 371 Z *terdecies*.

Après s'être assuré que le dossier est complet, le directeur départemental ou, le cas échéant, régional des finances publiques en délivre récépissé.

Art. 371 S La décision d'agrément est prise par le directeur régional des finances publiques de la région dans laquelle l'association a son siège.

Dans les départements d'outre-mer, la décision est prise par le directeur régional ou, le cas échéant, départemental des finances publiques.

Art. 371 T Le directeur mentionné à l'article 371 S se prononce dans le délai de quatre mois suivant la date de délivrance du récépissé prévu à l'article 371 R.

L'absence de décision dans le délai fixé vaut acceptation de la demande. Le refus d'agrément doit être motivé.

Art. 371 U L'agrément est délivré pour une période de trois ans. Il peut être renouvelé selon la procédure prévue aux articles 371 R à 371 T sur demande présentée au plus tard six mois avant l'expiration de l'agrément en cours.

Le renouvellement de l'agrément intervient, à l'exception du premier renouvellement, tous les six ans.

Lors de l'examen de la demande de renouvellement de l'agrément, il sera tenu compte de l'action exercée par l'association pour améliorer la connaissance des revenus des adhérents.

Art. 371 V Le directeur mentionné à l'article 371 S, après avoir mis en demeure l'association de présenter ses observations sur les faits qui lui sont reprochés, peut lui retirer l'agrément :

1° En cas d'inexécution des engagements pris par l'association ou de violation des obligations qui lui incombent en vertu des statuts ou du règlement intérieur ;

2° En cas de non-respect de la convention prévue à l'article 371 O entraînant la dénonciation de celle-ci par l'administration fiscale ;

3° Au cas où le nombre des adhérents de l'association, tel qu'il est défini à l'article 371 N, est inférieur pendant plus d'un an au seuil fixé à cet article ;

4° Au cas où l'association conserve parmi ses dirigeants ou administrateurs une personne n'ayant pas respecté ses obligations déclaratives ou de paiement en matière fiscale ou ayant fait l'objet, postérieurement à l'agrément, d'une des sanctions prévues à l'article 371 D ;

5° Au cas où l'association ne prononce pas l'exclusion des adhérents qui ne respectent pas les obligations leur incombant en vertu des statuts ou du règlement intérieur ;

6° En cas de maintien d'un bureau secondaire ne respectant pas les conditions prévues à l'article 371 N pendant plus d'un an.

Art. 371 V *bis* *(Décr. n° 2016-1356 du 11 oct. 2016, art. 1er-23°)* Une association ayant fait l'objet d'une décision de non-renouvellement ou de retrait d'agrément, pour un motif autre que les conditions posées à l'article 371 N, ne peut déposer de nouvelle demande d'agrément au cours des deux années suivant ladite décision.

Ses administrateurs ne peuvent siéger au sein du conseil d'administration d'un centre *[agréé]*, d'une association agréée, ou d'un organisme mixte de gestion agréé au cours des deux années suivant la décision de non-renouvellement ou de retrait d'agrément.

Art. 371 W Pour l'application du 7 de l'article 158 du code général des impôts, un contribuable mentionné au 1° de ce 7 n'est pas adhérent d'une association agréée s'il n'a pas été membre adhérent de cette association pendant toute la durée de l'exercice considéré.

Cette condition n'est toutefois pas exigée :

a) En cas d'agrément postérieur à l'adhésion, pour l'imposition du bénéfice de l'exercice ouvert depuis moins de trois mois à la date de l'agrément ;

b) En cas de première adhésion à une association agréée pour l'imposition du bénéfice de l'année ou de la période d'imposition commencée depuis moins de cinq mois à la date de l'adhésion. Le contribuable ayant repris une activité après cessation est *considéré comme adhérant* pour la première fois ;

c) En cas de retrait ou de non-renouvellement d'agrément, pour l'imposition du bénéfice de l'année ou de l'exercice en cours déclaré dans les conditions prévues à l'article 97 du code général des impôts ;

d) En cas de démission d'une association agréée suivie, dans le délai maximum de trente jours à la date de la démission, de l'adhésion à une autre association agréée ;

e) En cas de première adhésion à une association agréée avant la clôture de l'exercice comptable pour les contribuables franchissant les limites de chiffre d'affaires du régime défini à l'article 102 *ter* du code général des impôts.

Les déclarations de résultats des membres adhérents d'une association agréée, mentionnés au premier alinéa, doivent être accompagnées d'une attestation fournie par l'association indiquant la date d'adhésion et, le cas échéant, la date à laquelle est intervenue la perte de la qualité d'adhérent. L'association agréée et le membre adhérent sont identifiés sur cette attestation.

Art. 371 W *bis* *Dispositions devenues sans objet (Décr. n° 2015-608 du 3 juin 2015). — Pour les dispositions applicables antérieurement, V.* ***CGI, éd. 2015.***

Art. 371 X L'engagement prévu au troisième alinéa de l'article 1649 *quater* F du code général des impôts peut être pris par les ordres ou organisations des professions libérales et des titulaires de charges et offices mentionnés à l'article 371 M.

Cet engagement est formulé par écrit et adressé au ministre chargé des finances.

Art. 371 Y Par l'engagement prévu à l'article 371 X, les ordres et organisations mentionnés à l'article précité s'obligent notamment à faire à leurs ressortissants les recommandations suivantes :

1° Tenir les documents prévus à l'article 99 du code général des impôts conformément à l'un des plans comptables professionnels agréés par le ministre de l'économie et des finances ;

2° En ce qui concerne les adhérents non soumis au secret professionnel en application des articles 226-13 et 226-14 du code pénal, mentionner, outre les indications prévues par l'article 1649 *quater* G du code général des impôts, la nature des prestations fournies ;

3° Accepter le règlement des honoraires par carte bancaire ou par chèques libellés dans tous les cas à leur ordre et ne pas endosser ces chèques, sauf pour remise directe à l'encaissement ;

4° Informer leurs clients de leur qualité d'adhérent à une association agréée, si tel est le cas, et de ses conséquences en ce qui concerne notamment l'acceptation du paiement des honoraires par chèque ou par carte bancaire selon les modalités cumulatives suivantes :

a) Par apposition dans les locaux destinés à recevoir la clientèle d'un document écrit et placé de manière à pouvoir être lu sans difficulté par cette clientèle, mentionnant le nom de l'association agréée et reproduisant le texte suivant : "Membre d'une association agréée par l'administration fiscale acceptant à ce titre le règlement des honoraires par carte bancaire ou par chèques libellés à son nom" ;

b) Par la reproduction dans la correspondance et sur les documents professionnels adressés ou remis aux clients du texte mentionné au *a* ; ce texte doit être placé de manière à n'engendrer aucune confusion avec les titres ou qualités universitaires et professionnelles.

Les associations agréées portent les obligations définies aux *a* et *b* à la connaissance de leurs adhérents. Ceux-ci informent par écrit l'association agréée à laquelle ils appartiennent de l'exécution de ces obligations. L'association s'assure de leur exécution effective ; *— V. Ann. IV, art. 164 F quatervicies à 164 F octovicies.*

5° Pour les membres des professions de santé, inscrire sur les feuilles de maladie ou de soins, conformément aux dispositions de l'article L. 97 du Livre des procédures fiscales et du décret n° 72-480 du 12 juin 1972, l'intégralité des honoraires effectivement perçus même s'ils ne peuvent que partiellement donner lieu à remboursement pour les assurés. *— V. aussi LPF, art. R.* 97-2.*

Art. 371 Z En cas de manquements graves et répétés aux recommandations prévues à l'article 371 Y, les adhérents des associations agréées sont exclus de l'association dans les conditions fixées au *e* du 3° de l'article 371 Q.

SECTION III ORGANISMES MIXTES DE GESTION AGRÉÉS

(Décr. n° 2016-1356 du 11 oct. 2016, art. 1er-27°.)

Art. 371 Z *bis* Pour bénéficier de l'agrément prévu par l'article 1649 *quater* K *ter* du code général des impôts, les organismes mixtes doivent avoir pour objet de fournir à leurs adhérents industriels, commerçants, artisans ou agriculteurs les services mentionnés à l'article 371 A, dans les conditions prévues par cet article, et à leurs adhérents membres de professions libérales et titulaires de charges et offices les services mentionnés à l'article 371 M, dans les conditions prévues par cet article.

Art. 371 Z *ter* Le nombre des adhérents d'un organisme mixte respecte le seuil minimum de cinq cents personnes physiques ou morales fixé aux articles 371 B et 371 N lors de la demande initiale d'agrément.

L'agrément d'un organisme mixte n'est pas renouvelé si le nombre des adhérents n'atteint pas mille dans un délai de trois ans à compter de la date d'agrément.

Pour l'ouverture de tout bureau secondaire, l'organisme mixte respecte les conditions prévues par les articles 371 B et 371 N.

Les dispositions du présent article concernant le nombre d'adhérents ne sont pas applicables aux organismes mixtes établis :

– en Corse ;

– en Guadeloupe, en Guyane, en Martinique, à Mayotte et à La Réunion.

V. note ss. art. 371 B.

Art. 371 Z *quater* En application de l'article 1649 *quater* K *ter* du code général des impôts, les organismes mixtes concluent avec l'administration fiscale une convention précisant le rôle du ou des agents de cette administration chargés d'apporter leur assistance technique à l'organisme mixte. Un modèle de cette convention est fixé par arrêté du ministre chargé du budget. – *V. Arr. du 22 nov. 2016 (JO 18 déc.). – V. Arr. du 16 janv. 2017 (JO 27 janv.).*

L'administration peut refuser de conclure une convention avec des organismes mixtes créés ou dirigés en fait par des organisations professionnelles qui elles-mêmes ont été dirigées au cours des cinq dernières années par des personnes ayant été condamnées depuis moins de cinq ans pour avoir organisé ou tenté d'organiser le refus collectif de l'impôt au sens de l'article 1747 du code précité.

L'agrément spécifique d'organisme mixte de gestion agréé prévu à l'article 1649 *quater* K *ter* du même code se substitue à l'agrément délivré au centre de gestion mentionné à l'article 1649 *quater* C ou à l'association agréée mentionnée à l'article 1649 *quater* F du même code.

Art. 371 Z *quinquies* Les organismes mixtes sont soumis aux obligations prévues à l'article 371 D.

Art. 371 Z *sexies* Les statuts de l'organisme mixte prévoient les conditions de participation à sa gestion des personnes ou organismes qui ont pris l'initiative de sa création, ainsi que la composition de son conseil d'administration, dans les conditions prévues par les articles 371 E et 371 Q.

Ils prévoient en outre les clauses suivantes :

1° Les organismes mixtes fournissent les services et documents prévus par le 1° de l'article 371 E pour leurs adhérents industriels, commerçants, artisans ou agriculteurs et par le 1° de l'article 371 Q pour leurs adhérents membres de professions libérales et titulaires de charges et offices ;

2° L'organisme mixte élabore pour ceux de ses membres adhérents placés sous un régime réel d'imposition les déclarations afférentes à leur exploitation destinées à l'administration fiscale, lorsque ces membres en font la demande, dans les conditions prévues par le 2° de l'article 371 E et le 2° de l'article 371 Q ;

3° L'adhésion à l'organisme mixte implique pour les membres industriels, commerçants, artisans ou agriculteurs imposés d'après leur bénéfice réel le respect des engagements et obligations prévus par le 3° de l'article 371 E et pour les membres de professions libérales et titulaires de charges et offices le respect des engagements prévus par le 3° de l'article 371 Q.

En cas de manquements graves ou répétés à ces obligations et engagements, l'adhérent est exclu de l'organisme mixte. Il est mis en mesure, avant toute décision d'exclusion, de présenter sa défense sur les faits qui lui sont reprochés ;

4° L'organisme mixte réalise un examen périodique de sincérité des pièces justificatives de ses adhérents dans les conditions prévues par le 4° de l'article 371 E et le 4°

de l'article 371 Q ; *— V. Arr. du 9 janv. 2017 (JO 2 févr.), mod. par Arr. du 21 juill. 2021 (JO 29 oct.).*

5° L'organisme mixte assure la traçabilité de l'ensemble de ses missions de contrôle ;

6° L'organisme mixte contrôle la capacité de ses adhérents à respecter, le cas échéant, le I de l'article L. 47 A du livre des procédures fiscales ;

7° L'organisme mixte se soumet à un contrôle de l'administration destiné à vérifier la conformité de son organisation et de ses travaux aux dispositions du code général des impôts.

Art. 371 Z *septies* Les statuts des organismes mixtes comportent les clauses selon lesquelles ces organismes prennent les engagements mentionnés aux articles 371 EA, 371 EB et 371 QA.

Sous réserve des exceptions prévues aux articles 371 EA et 371 QA, une cotisation de montant unique s'applique à l'ensemble des adhérents des organismes mixtes. Toutefois, l'organisme mixte peut appliquer une cotisation différenciée selon la catégorie d'imposition de ses adhérents, sans que l'écart entre les cotisations demandées soit supérieur à 20 %.

Art. 371 Z *octies* Les demandes d'agrément sont remises au directeur départemental ou, le cas échéant, régional des finances publiques du département dans lequel l'organisme de gestion a son siège.

Toute demande d'agrément d'un organisme mixte est accompagnée des documents suivants :

1° Un exemplaire des statuts et, le cas échéant, du règlement intérieur de l'organisme ;

2° La justification de l'exécution des formalités prévues par la législation en vigueur pour la création et la régularité du fonctionnement de l'association ;

3° La liste des personnes qui dirigent ou administrent l'organisme avec, pour chacune d'elles, l'indication de leurs nom, prénoms, date et lieu de naissance, domicile, profession et de la nature de l'activité exercée dans l'organisme ;

4° Pour chacun des dirigeants ou administrateurs, le certificat prévu à l'article 371 D ;

5° La liste des membres à la date de la présentation de la demande avec indication du nom, de la profession et du lieu d'exercice de celle-ci ;

6° Une copie du contrat d'assurance mentionné au 4° des articles 371 EA et 371 QA ;

7° L'engagement prévu à l'article 371 EB et au 5° de l'article 371 QA ;

8° Le texte de la convention conclue avec l'administration fiscale ;

9° Une notice indiquant la nature des services rendus par l'organisme à ses membres adhérents ;

10° Un rapport des personnes, ordres ou organisations professionnelles ayant pris l'initiative de la création de l'organisme ;

11° Une attestation sur l'honneur de chacun des administrateurs, selon laquelle ils ne sont pas frappés par les interdictions prévues aux articles 371 K *bis*, 371 V *bis* et 371 Z *terdecies*.

Après s'être assuré que le dossier est complet, le directeur départemental ou, le cas échéant, régional des finances publiques en délivre récépissé.

Art. 371 Z *nonies* La décision d'agrément est prise par le directeur régional des finances publiques de la région dans laquelle l'organisme de gestion demandeur a son siège.

Art. 371 Z *decies* Le directeur mentionné à l'article 371 Z *nonies* se prononce dans le délai de quatre mois suivant la date de délivrance du récépissé prévu à l'article 371 Z *octies*.

L'absence de décision dans le délai fixé vaut acceptation de la demande. Le refus d'agrément est motivé.

Art. 371 Z *undecies* L'agrément est délivré pour une période de trois ans. Il peut être renouvelé selon la procédure prévue aux articles 371 Z *octies* à 371 Z *decies* sur demande présentée au plus tard six mois avant l'expiration de l'agrément en cours.

Le renouvellement de l'agrément intervient, à l'exception du premier renouvellement, tous les six ans.

Lors de l'examen de la demande de renouvellement de l'agrément, il est tenu compte de l'action exercée par l'organisme mixte pour, d'une part, améliorer la gestion des entreprises adhérentes et s'assurer de la sincérité des résultats qu'elles déclarent s'agissant de ses adhérents industriels, commerçants, artisans et agriculteurs et, d'autre part, pour améliorer la connaissance des revenus de ses adhérents membres des professions libérales et titulaires de charges et offices.

Art. 371 Z *duodecies* Le directeur mentionné à l'article 371 Z *nonies*, après avoir mis en demeure l'organisme mixte de présenter ses observations sur les faits qui lui sont reprochés, peut lui retirer l'agrément :

1° En cas d'inexécution des engagements pris par l'organisme mixte ou de violation des obligations qui lui incombent en vertu des statuts ou du règlement intérieur ;

2° En cas de non-respect de la convention prévue à l'article 371 Z *quater*, entraînant la dénonciation de celle-ci par l'administration fiscale ;

3° Si le nombre des adhérents de l'organisme mixte est inférieur, pendant plus d'un an, au seuil fixé à l'article 371 Z *ter* ;

4° Si l'organisme mixte conserve parmi ses dirigeants ou administrateurs une personne n'ayant pas respecté ses obligations déclaratives ou de paiement en matière fiscale ou ayant fait l'objet, postérieurement à l'agrément, d'une des sanctions prévues à l'article 371 D ;

5° Si l'organisme mixte ne prononce pas l'exclusion des adhérents qui ne respectent pas les obligations leur incombant en vertu des statuts ou du règlement intérieur ;

6° En cas de maintien d'un bureau secondaire ne respectant pas les conditions prévues à l'article 371 Z *ter* pendant plus d'un an.

Art. 371 Z *terdecies* Un organisme mixte ayant fait l'objet d'une décision de non-renouvellement ou de retrait d'agrément, pour un motif autre que les conditions posées à l'article 371 Z *ter*, ne peut déposer de nouvelle demande d'agrément au cours des deux années suivant ladite décision.

Ses administrateurs ne peuvent siéger au sein du conseil d'administration d'un centre *[agréé]*, d'une association agréée, ou d'un organisme mixte de gestion agréé au cours des deux années suivant la décision de non-renouvellement ou de retrait d'agrément.

Art. 371 Z *quaterdecies* Pour l'application du 7 de l'article 158 du code général des impôts, un contribuable mentionné au 1° de ce 7 n'est pas adhérent d'un organisme mixte de gestion agréé s'il n'a pas été membre adhérent de cet organisme pendant toute la durée de l'exercice considéré.

Cette condition n'est toutefois pas exigée dans les cas prévus aux *a*, *b*, *c*, *d* et *e* des articles 371 L et 371 W.

Les déclarations de résultats des membres adhérents d'un organisme mixte agréé, mentionnés au premier alinéa, sont accompagnées d'une attestation fournie par l'organisme mixte indiquant la date d'adhésion et, le cas échéant, la date à laquelle est intervenue la perte de la qualité d'adhérent. L'organisme mixte et le membre adhérent sont identifiés sur cette attestation.

Art. 371 Z *quindecies* Pour l'application de l'article 1649 *quater* E *bis* du code général des impôts, la clientèle des industriels, commerçants, artisans et agriculteurs est informée de leur qualité d'adhérent d'un organisme mixte de gestion agréé et de ses conséquences en ce qui concerne l'acceptation des règlements par chèque et par carte bancaire selon les modalités fixées par les articles 371 LB à 371 LD.

En cas de manquements graves ou répétés à ces obligations, les adhérents sont exclus de l'organisme mixte dans les conditions prévues à l'article 371 Z *sexies*.

Art. 371 Z *sexdecies* Pour l'application de l'article 1649 *quater* F du code général des impôts, les membres des professions libérales et titulaires de charges et offices adhérents d'un organisme mixte agréé respectent les recommandations prévues à l'article 371 Y.

En cas de manquements graves et répétés à ces recommandations, ils sont exclus de l'organisme mixte dans les conditions prévues à l'article 371 Z *sexies*.

CHAPITRE PREMIER *BIS* A PROFESSIONNELS DE L'EXPERTISE COMPTABLE

(*Décr. n° 2010-297 du 19 mars 2010, art. 1er*)

Art. 371 *bis* A L'autorisation prévue à l'article 1649 *quater* L du code général des impôts est délivrée par le commissaire du Gouvernement auprès du conseil régional compétent, lors de l'inscription d'un expert-comptable, d'une société d'expertise comptable ou d'une succursale d'expertise comptable au tableau de l'ordre des experts-comptables ou lors de l'inscription d'une association de gestion et de comptabilité à la suite de ce tableau. Cette autorisation est délivrée après avis favorable du commissaire du Gouvernement à l'inscription de l'intéressé.

Art. 371 *bis* B Pour l'application des dispositions du *b* du 1° du 7 de l'article 158 du code général des impôts, le professionnel de l'expertise comptable sollicite par écrit la signature d'une convention auprès du commissaire du Gouvernement près le conseil régional de l'ordre des experts-comptables dans le ressort duquel ce professionnel de l'expertise comptable est inscrit et, en cas de pluralité d'établissements, dans le ressort du conseil régional de son établissement principal. Un modèle de cette convention est fixé par arrêté du ministre chargé du budget. — *V. Arr. du 22 nov. 2016 (JO 18 déc.). — V. Arr. du 16 janv. 2017 (JO 27 janv.).*

La demande est accompagnée d'un certificat délivré par l'administration fiscale, sur demande de l'expert-comptable, de la société d'expertise comptable, de l'association de gestion et de comptabilité ou de chacun de leurs dirigeants et administrateurs. Ce certificat atteste que l'expert-comptable, les dirigeants et administrateurs ont respecté leurs obligations déclaratives et de paiement en matière fiscale pendant la période de cinq ans qui précède la demande d'agrément et ne font pas l'objet des mesures prévues à l'article 1750 du code général des impôts ou n'ont pas fait l'objet au cours des cinq dernières années :

a) D'une condamnation figurant au bulletin n° 2 prévu à l'article 775 du code de procédure pénale, à l'exception des condamnations pour blessures, coups ou homicide involontaires et pour infraction au code de la route ;

b) D'une amende fiscale prononcée par un tribunal ;

c) D'une sanction fiscale prononcée par l'administration pour manœuvres frauduleuses. — *V. Arr. du 7 avr. 2010 fixant le modèle de la convention (JO 22 avr.). Les parties signataires de la convention peuvent inclure dans celle-ci toute disposition complémentaire rendue nécessaire pour adapter la convention type aux conditions particulières d'exercice de la profession d'expertise comptable, sans pouvoir déroger à ses dispositions (Arr. du 7 avr. 2010, art. 2).*

Sur les délais de réponse de l'administration, V. App., Décr. n° 2014-1281 du 23 oct. 2014.

Art. 371 *bis* C Le commissaire du Gouvernement peut refuser de conclure la convention :

a) En cas de manquements constatés au respect des obligations fiscales et sociales de l'expert-comptable, de la société d'expertise comptable, de l'association de gestion et de comptabilité ou de leurs dirigeants dans la période de cinq ans qui précède la demande ;

b) Si le professionnel de l'expertise comptable a fait l'objet de l'une des sanctions disciplinaires prévues aux cinquième (4°), sixième (5°) ou septième alinéas de l'article 53 de l'ordonnance n° 45-2138 du 19 septembre 1945.

En cas de refus, la décision est notifiée au demandeur par lettre recommandée avec demande d'avis de réception postal. Ce refus est motivé. — *V. Arr. du 22 nov. 2016 (JO 18 déc.). — V. Arr. du 16 janv. 2017 (JO 27 janv.).*

Dans le cas contraire, le commissaire du Gouvernement adresse au demandeur une convention dont le modèle est fixé par arrêté du ministre chargé du budget.

Art. 371 *bis* C *bis* (*Décr. n° 2016-1356 du 11 oct. 2016, art. 1er-30° et 3, en vigueur le 1er janv. 2019*) Pour être conventionné en application des articles 1649 *quater* L et 1649 *quater* M du code général des impôts, le professionnel de l'expertise comptable justifie d'un nombre de clients ou adhérents d'au minimum cinq cents personnes physiques ou morales imposées à l'impôt sur le revenu d'après leur bénéfice réel et respectant les dispositions du *b* du 1° du 7 de l'article 158 du même code.

La convention du professionnel n'est pas renouvelée si le nombre des clients ou adhérents vis-à-vis desquels le professionnel exerce la mission prévue à l'article 1649 *quater* L précité n'atteint pas mille dans un délai de trois ans à compter de la date de conclusion de la convention.

Pour attribuer à un établissement secondaire l'exercice de la mission prévue à l'article 1649 *quater* L précité, le professionnel justifie, pour chaque établissement concerné, d'un nombre de cinq cents clients ou adhérents supplémentaires au-delà du seuil mentionné au deuxième alinéa et confie à cet établissement la réalisation des contrôles prévus à l'article 1649 *quater* L précité pour au moins cinq cents adhérents ou clients.

V. note ss. art. 371 B.

Art. 371 *bis* D La convention signée par le professionnel de l'expertise comptable n'est ni cessible ni transmissible. En cas de décès d'un expert-comptable personne physique ou d'incapacité temporaire à exercer son activité, pour l'application à ses clients des dispositions du *b* du 1° du 7 de l'article 158 du code général des impôts, l'administrateur provisoire éventuellement désigné devra disposer de l'autorisation et avoir conclu la convention prévues à l'article 1649 *quater* L du même code.

Lorsque l'administrateur provisoire ne satisfait pas aux conditions de l'article 1649 *quater* L précité, les clients disposent, conformément aux dispositions de l'article 371 *bis* L, d'un délai de soixante jours à compter de la nomination de l'administrateur provisoire pour signer une nouvelle lettre de mission ou adhérer à un organisme agréé.

Art. 371 *bis* E La convention est conclue pour une période de trois ans. Elle est renouvelée une fois par tacite reconduction pour la même durée, sauf dénonciation, au plus tard trois mois avant l'expiration de la convention en cours, par le commissaire du Gouvernement ou par le professionnel de l'expertise comptable.

Elle peut être ensuite renouvelée pour la même durée selon la procédure prévue aux articles 371 *bis* B et 371 *bis* C sur demande présentée, au plus tard, trois mois avant l'expiration de la convention en cours.

Le commissaire du Gouvernement examine la situation du demandeur conformément aux dispositions de l'article 371 *bis* B.

En cas de refus de renouvellement, la décision est notifiée au demandeur par lettre recommandée avec demande d'avis de réception postal. Cette décision est motivée.

Le professionnel de l'expertise comptable dont la convention prévue à l'article 371 *bis* B n'est pas renouvelée en informe ses clients ou adhérents concernés par les dispositions du *b* du 1° du 7 de l'article 158 du code général des impôts dans le mois qui suit la date de notification du non-renouvellement.

Le commissaire du Gouvernement informe le conseil régional de l'ordre des experts-comptables de l'ensemble des décisions prises en matière de convention prévue à l'article 371 *bis* B.

Art. 371 *bis* F *(Décr. n° 2016-1356 du 11 oct. 2016, art. 1er-31°-a)* « Le professionnel de l'expertise comptable qui a conclu la convention prévue à l'article 371 *bis* B :

« 1° Transmet à ses clients ou adhérents imposés d'après leur bénéfice réel, dans un délai de deux mois suivant la date de réception de la déclaration de résultats et au plus tard de neuf mois suivant la clôture de leur exercice comptable lorsque celui-ci ne coïncide pas avec l'année civile, un dossier comprenant : »

a) Les ratios et les autres éléments caractérisant la situation financière et économique de l'entreprise ;

b) Un commentaire sur la situation financière et économique de l'entreprise ;

c) A partir de la clôture du deuxième exercice suivant le début de leur relation contractuelle, une analyse comparative des bilans et des comptes de résultat de l'entreprise. Toutefois, pour les entreprises soumises au régime simplifié d'imposition, seule l'analyse comparative des comptes de résultat est adressée ;

d) Un document de synthèse présentant une analyse économique en matière de prévention des difficultés économiques et financières de l'entreprise avec l'indication, le cas échéant, des démarches à accomplir ;

2° Réalise un examen périodique de sincérité de pièces justificatives de ses clients ou adhérents dans le but de vérifier que leurs déclarations fiscales sont correctement établies. Cet examen suit une méthode établie par le professionnel pour l'ensemble de ses clients ou adhérents. Pour déterminer les clients ou adhérents faisant l'objet, au titre d'une année donnée, d'un examen périodique de pièces justificatives, le professionnel sélectionne des clients ou adhérents selon une méthode fixée par arrêté du ministre chargé du budget assurant la réalisation de cet examen au moins tous les trois ans. Le nombre des pièces examinées est modulé selon la taille de l'entreprise. Le choix des pièces examinées prend appui sur un document fournissant une vision exhaustive des opérations comptables de l'entreprise. Il n'est en aucun cas fourni par le professionnel à l'administration fiscale. Le client ou l'adhérent est mis en mesure de présenter ses observations en réponse aux éventuelles questions et critiques formulées par le professionnel dans le cadre de cet examen. *– V. Arr. du 9 janv. 2017 (JO 2 févr.), mod. par Arr. du 21 juill. 2021 (JO 29 oct.).*

Cet examen et les contrôles annuels effectués par le professionnel font l'objet du compte rendu de mission tel que prévu aux articles 1649 *quater* E et 1649 *quater* H du code général des impôts ;

3° Le professionnel assure la traçabilité de l'ensemble de ses missions de contrôles *[contrôle]* ;

4° Le professionnel contrôle la capacité de leurs clients ou adhérents à respecter, le cas échéant, le I de l'article L. 47 A du livre des procédures fiscales.

Art. 371 *bis* G Le respect des engagements prévus par la convention est examiné, une fois au moins tous les trois ans, dans le cadre du contrôle de qualité mis en œuvre par l'administration fiscale et destiné à vérifier la conformité de son organisation et de ses travaux aux dispositions du code général des impôts.

Les résultats de ce contrôle sont transmis au commissaire du Gouvernement dans un délai de trois mois après sa conclusion.

Art. 371 *bis* H Le commissaire du Gouvernement peut résilier la convention :

a) En cas de condamnation définitive du professionnel de l'expertise comptable à une sanction disciplinaire pour des motifs fiscaux ;

b) En cas de condamnation définitive du professionnel de l'expertise comptable à une sanction disciplinaire à la suite d'un contrôle diligenté conformément à l'article 371 *bis* G ;

c) En cas de condamnation définitive du professionnel de l'expertise comptable ou de ses représentants légaux en application des articles 1741, 1743, 1746 et 1747 du code général des impôts ou pour escroquerie à la taxe sur la valeur ajoutée ou à tout autre impôt ou taxe, ainsi que pour complicité à ces infractions ;

d) Dans le cas où le professionnel de l'expertise comptable s'abstient de résilier la lettre de mission relative à l'application des dispositions du *b* du 1° du 7 de l'article 158 du code général des impôts, alors même qu'il constate des manquements graves et répétés aux obligations comptables, fiscales et sociales de son client ou adhérent ;

e) En cas d'inobservation par le professionnel de l'expertise comptable de ses obligations stipulées dans la convention prévue à l'article 371 *bis* B ;

f) Au cas où le nombre des clients ou adhérents du professionnel, tel qu'il est défini à l'article 371 *bis* C *bis*, est inférieur pendant plus d'un an au seuil fixé à cet article ;

g) En cas de maintien d'un établissement secondaire ne respectant pas les conditions prévues à l'article 371 *bis* C *bis* pendant plus d'un an.

Le commissaire du Gouvernement met préalablement le professionnel de l'expertise comptable en mesure de présenter ses observations sur les faits qui lui sont reprochés.

La décision de résiliation est notifiée par lettre recommandée avec demande d'avis de réception postal. Cette décision est motivée.

Art. 371 *bis* I Le professionnel de l'expertise comptable dont la convention prévue à l'article 371 *bis* B est résiliée en informe ses clients ou adhérents concernés par les dispositions du *b* du 1° du 7 de l'article 158 du code général des impôts dans le mois qui suit la notification de la résiliation.

Art. 371 *bis* J L'autorisation et la convention mentionnées à l'article 1649 *quater* L du code général des impôts deviennent caduques lorsque le professionnel de l'expertise comptable fait l'objet d'une radiation du tableau ou d'une suspension de son inscription au tableau ou à la suite de celui-ci, prononcée à sa demande ou à titre de sanction disciplinaire non assortie d'un sursis.

Art. 371 *bis* K Le professionnel de l'expertise comptable dont l'autorisation ou la convention sont devenues caduques en vertu de l'article 371 *bis* J ou dont la convention a été résiliée en vertu de l'article 371 *bis* H pour un motif autre que le non-respect des conditions posées à l'article 371 *bis* C *bis* ne peut déposer une nouvelle demande d'autorisation ou de convention qu'à l'expiration d'un délai de deux ans suivant la date à laquelle elles sont devenues caduques ou la convention a été résiliée, à condition qu'il ne fasse plus l'objet d'une suspension et qu'il soit inscrit au tableau de l'ordre des experts-comptables ou à la suite de celui-ci.

La demande d'autorisation formulée à la suite d'une suspension est adressée par écrit au commissaire du Gouvernement mentionné à l'article 371 *bis* B. Celui-ci examine la situation du demandeur au regard de ses obligations fiscales et sociales et il diligente notamment une nouvelle enquête de moralité.

La demande de nouvelle convention est soumise à la procédure prévue aux articles 371 *bis* B et 371 *bis* C.

Art. 371 *bis* L Pour l'application du 7 de l'article 158 du code général des impôts, un contribuable mentionné au *b* du 1° n'est pas considéré pour un exercice donné, comme client ou adhérent d'un professionnel de l'expertise comptable ayant signé la convention prévue à l'article 371 *bis* B, s'il n'a pas été lié avec ce dernier par la lettre de mission spécifique prévue par le code de déontologie des professionnels de l'expertise comptable pendant toute la durée de l'exercice considéré.

Cette condition n'est toutefois pas exigée :

a) Pour l'exercice au cours duquel intervient la signature de la première lettre de mission avec un professionnel de l'expertise comptable, à condition que celle-ci soit intervenue dans le délai de cinq mois suivant la date d'ouverture de l'exercice donné ;

b) En cas de résiliation de la convention du professionnel de l'expertise comptable par le commissaire du Gouvernement, à condition que la signature de la lettre de mission avec le nouveau professionnel de l'expertise comptable ou l'adhésion à un organisme agréé soit intervenue dans le délai maximum de soixante jours suivant la date de réception de la notification au client ou à l'adhérent de la résiliation de la convention ;

c) En cas de désignation d'un administrateur provisoire ne satisfaisant pas aux conditions de l'article 1649 *quater* L du code général des impôts, à condition que la signature de la lettre de mission avec le nouveau professionnel de l'expertise comptable ou l'adhésion à un organisme agréé soit intervenue dans le délai maximum de soixante jours suivant la date de nomination de l'administrateur provisoire ;

d) En cas de changement de professionnel de l'expertise comptable ou d'adhésion à un organisme agréé à l'initiative du client ou de l'adhérent pour d'autres motifs que ceux mentionnés aux *b* et *c*, à condition que la signature de la lettre de mission avec le nouveau professionnel de l'expertise comptable ou l'adhésion à l'organisme agréé soit intervenue dans le délai maximum de trente jours suivant la date de la résiliation de la lettre de mission avec l'ancien professionnel de l'expertise comptable ;

e) En cas de démission d'un centre de gestion agréé ou d'une association agréée suivie, dans le délai maximum de trente jours, de la conclusion d'une lettre de mission avec un professionnel de l'expertise comptable ;

f) En cas de signature d'une première lettre de mission avec un professionnel de l'expertise comptable avant la clôture de l'exercice comptable pour les contribuables franchissant les limites de chiffre d'affaires des régimes définis aux articles 50-0, 64 *bis* et 102 *ter* du code général des impôts.

Les déclarations de résultats des clients ou adhérents mentionnés au premier alinéa sont accompagnées d'une attestation fournie par le professionnel de l'expertise comptable indiquant la date de signature de la lettre de mission spécifique et le montant de leur résultat imposable. Le professionnel de l'expertise comptable et le contribuable sont identifiés sur cette attestation. Cette attestation est dématérialisée et télétransmise aux services fiscaux selon la procédure prévue par le système de transfert des données fiscales et comptables.

Art. 371 *bis* M *(Décr. nº 2016-1356 du 11 oct. 2016, art. 1er-36º)* Pour l'application du dernier alinéa de l'article 1649 *quater* L du code général des impôts, les clients ou adhérents d'un professionnel de l'expertise comptable ayant signé la convention prévue à l'article 371 *bis* B informent leur clientèle de leur recours aux services dudit professionnel et de ses conséquences en ce qui concerne l'acceptation des règlements par carte bancaire ou par chèque selon les modalités cumulatives suivantes :

1º Par apposition dans les locaux destinés à recevoir la clientèle, ainsi que dans les emplacements ou véhicules aménagés en vue d'effectuer des ventes ou des prestations de services, d'un document écrit et placé de manière à pouvoir être lu sans difficulté par cette clientèle reproduisant le texte suivant : "Client ou adhérent d'un viseur fiscal conventionné par l'administration fiscale acceptant à ce titre le règlement des honoraires par carte bancaire ou par chèques libellés à son nom" ;

2º Par la reproduction dans la correspondance et sur les documents professionnels adressés ou remis aux clients du texte mentionné au 1º ; ce texte est placé de manière à n'engendrer aucune confusion avec les titres ou qualités universitaires et professionnelles.

Les professionnels de l'expertise comptable ayant signé la convention prévue à l'article 371 *bis* B portent les obligations définies aux *[au]* 1º et au 2º à la connaissance de leurs clients ou adhérents. Ceux-ci informent par écrit le professionnel de l'expertise comptable conventionné auquel ils ont recours de l'exécution de ces obligations. Le professionnel de l'expertise comptable ayant signé la convention prévue à l'article 371 *bis* B s'assure de leur exécution effective.

Art. 371 *bis* N *(Décr. nº 2016-1356 du 11 oct. 2016, art. 1er-36º)* En cas de manquements graves ou répétés aux dispositions de l'article 371 *bis* M, la lettre de mission des clients ou adhérents du professionnel de l'expertise comptable est résiliée.

CHAPITRE PREMIER *BIS* B CERTIFICATEURS À L'ÉTRANGER

(Décr. nº 2016-1356 du 11 oct. 2016, art. 1er-37º)

Art. 371 *ter* A La convention prévue à l'article 1649 *quater* N du code général des impôts est délivrée par le directeur général des finances publiques sur demande accompagnée de justificatifs d'identité, de résidence, de moralité fiscale attestant que le professionnel ou organisme a respecté ses obligations déclaratives et de paiement en matière fiscale au regard de la législation de son pays d'établissement.

Art. 371 *ter* B Les demandes de conventionnement, accompagnées des justificatifs désignés à l'article 371 *ter* A, sont remises au directeur général des finances publiques.

Après s'être assuré que le dossier est complet, le directeur général des finances publiques en délivre récépissé.

Le directeur général des finances publiques se prononce dans le délai de quatre mois suivant la date de délivrance du récépissé.

L'absence de décision dans le délai fixé vaut acceptation de la demande.

Art. 371 *ter* C Le directeur général des finances publiques peut refuser de conclure la convention :

a) En cas de manquements constatés aux obligations déclaratives et de paiement en matière fiscale au regard de la législation de son pays d'établissement ;

b) En cas de non-respect des conditions de résidence et de qualité professionnelle fixées à l'article 1649 *quater* N du code général des impôts.

En cas de refus, une décision motivée est notifiée au demandeur par pli recommandé avec demande d'avis de réception.

Dans le cas contraire, le directeur général des finances publiques adresse au professionnel ou à l'organisme une convention dont le modèle est fixé par arrêté du ministre chargé du budget. — *V. Arr. du 2 févr. 2017 (JO 10 mars).*

Art. 371 *ter* D La convention n'est ni cessible ni transmissible.

Art. 371 *ter* E La convention est conclue pour une période de trois ans. Elle est renouvelable une fois par tacite reconduction pour la même durée, sauf dénonciation par le directeur général des finances publiques ou par le professionnel ou organisme trois mois au moins avant la date d'expiration de la convention en cours.

Elle peut être renouvelée pour la même durée selon la procédure initiale sur demande présentée trois mois au moins avant la date d'expiration de la convention en cours.

Le directeur général des finances publiques statue sur la demande et informe le demandeur de sa décision dans les mêmes conditions qu'une demande initiale.

Le certificateur à l'étranger dont la convention n'est pas renouvelée en informe ses clients ou adhérents dans le mois qui suit la date de notification du non-renouvellement.

Art. 371 *ter* F Le demandeur s'engage par la convention :

1° A respecter une stricte indépendance dans l'examen des déclarations fiscales de son client ou adhérent en confiant cet examen à une personne n'ayant pas participé à la tenue de la comptabilité de ce dernier ;

2° A contrôler la déclaration des revenus encaissés à l'étranger et la déclaration de résultats déposée à l'étranger afférente aux revenus de source étrangère provenant d'un État membre de l'Union européenne ou d'un autre État partie à l'accord sur l'Espace économique européen ayant conclu avec la France une convention d'assistance administrative en vue de lutter contre la fraude et l'évasion fiscales ;

3° A adresser un compte rendu de mission à son adhérent ou client dans les deux mois qui suivent la fin des opérations de contrôles et au plus tard dans les huit mois de la réception de la déclaration des revenus encaissés à l'étranger par un contribuable domicilié en France. Dans le même délai, le certificateur transmet une copie de ce compte rendu par voie dématérialisée à la direction générale des finances publiques.

Art. 371 *ter* G Le directeur général des finances publiques peut résilier la convention s'il constate que le certificateur à l'étranger ou la société dans laquelle il exerce sa profession ont fait l'objet de manquements à l'une des obligations stipulées dans la convention individuelle.

Avant de prendre sa décision, le directeur général des finances publiques met le certificateur à l'étranger en mesure de présenter ses observations sur les faits qui lui sont reprochés.

La décision de résiliation motivée est notifiée au certificateur à l'étranger par pli recommandé avec demande d'avis de réception.

Le certificateur à l'étranger dont la convention est résiliée en informe ses clients ou adhérents dans le mois qui suit la date de notification du non-renouvellement.

Art. 371 *ter* H Le certificateur à l'étranger dont la convention est caduque ou a été résiliée en application des dispositions du présent chapitre ne peut déposer une nouvelle demande de convention qu'à l'expiration d'un délai de deux ans.

CHAPITRE PREMIER *BIS* C MODALITÉS DE MISE EN PLACE ET DE FONCTIONNEMENT DES COMMISSIONS DÉPARTEMENTALES DES VALEURS LOCATIVES DES LOCAUX PROFESSIONNELS ET DES COMMISSIONS DÉPARTEMENTALES DES IMPÔTS DIRECTS LOCAUX

(*Décr. n° 2018-535 du 28 juin 2018, art. 1er*)

SECTION PREMIÈRE COMMISSIONS DÉPARTEMENTALES DES VALEURS LOCATIVES DES LOCAUX PROFESSIONNELS

Art. 371 *ter* I I. – Les membres de la commission départementale des valeurs locatives (*Abrogé par Décr. n° 2020-897 du 22 juill. 2020, art. 2*) ***« des locaux professionnels »*** mentionnée à l'article 1650 B du code général des impôts, autres que les parlementaires, sont désignés dans les conditions définies aux II à V.

II. – Les membres du conseil de Paris sont désignés par celui-ci (*Abrogé par Décr. n° 2018-535 du 28 juin 2018, art. 1er-11 et 3, à compter du 1er janv. 2019*) ***« , siégeant en formation de conseil départemental, »*** dans les deux mois qui suivent son renouvellement. La durée de leur mandat est la même que celle du mandat des conseillers de Paris.

Les membres du conseil départemental sont désignés par celui-ci dans les deux mois qui suivent son renouvellement. La durée de leur mandat est la même que celle du mandat des conseillers départementaux.

Les membres du conseil de la Métropole de Lyon sont désignés par celui-ci dans les deux mois qui suivent son renouvellement. La durée de leur mandat est la même que celle du mandat des conseillers de la Métropole.

Les maires sont désignés par l'association départementale des maires dans les deux mois qui suivent le renouvellement général des conseils municipaux. La durée de leur mandat est la même que celle du mandat des conseillers municipaux.

Les représentants des établissements publics de coopération intercommunale à fiscalité propre sont désignés par l'association départementale des maires dans les trois mois qui suivent le renouvellement général des conseils municipaux. La durée de leur mandat est la même que celle du mandat des membres de l'organe délibérant des établissements publics de coopération intercommunale à fiscalité propre.

III. — S'il existe plusieurs associations de maires dans le département, les maires et les représentants des établissements publics de coopération intercommunale à fiscalité propre sont désignés par le représentant de l'État dans le département après consultation desdites associations.

S'il n'existe aucune association de maires dans le département, les maires et les représentants des établissements publics de coopération intercommunale à fiscalité propre sont désignés par le représentant de l'État dans le département.

A défaut de désignation dans les délais prévus au II, les membres du conseil de Paris, les membres du conseil départemental, les membres du conseil de la Métropole de Lyon, les maires et les représentants des établissements publics de coopération intercommunale à fiscalité propre sont désignés par le représentant de l'État dans le département.

IV. — Les représentants des contribuables sont désignés par le représentant de l'État dans le département, pour six ans, dans les trois mois qui suivent le renouvellement général des conseils municipaux. Ils comprennent :

a) Trois personnes désignées après consultation des chambres de commerce et d'industrie territoriales ou, en Île-de-France, des chambres de commerce et d'industrie départementales d'Île-de-France ;

b) Deux personnes désignées après consultation des chambres de métiers et de l'artisanat départementales ou, à défaut, de région ;

c) Trois personnes désignées après consultation des organisations d'employeurs au niveau interprofessionnel les plus représentatives dans le département ;

d) Une personne désignée après consultation des organisations représentatives des professions libérales dans le département.

V. — Les représentants de l'administration fiscale sont désignés par le directeur départemental ou, le cas échéant, régional des finances publiques.

Art. 371 *ter* J I. — Des suppléants, en nombre égal à celui des titulaires mentionnés aux II à V de l'article 371 *ter* I, sont désignés dans les mêmes conditions pour remplacer les membres de la commission en cas d'absence ou d'empêchement.

II. — Chaque représentant des collectivités territoriales et des établissements publics de coopération intercommunale à fiscalité propre peut être accompagné aux séances de la commission soit de son suppléant, soit d'un fonctionnaire relevant de l'article L. 4 du code général de la fonction publique. — *La référence à l'art. 2 de la L. nº 84-53 du 26 janv. 1984, abrogé à compter du 1er mars 2022, est remplacée par la référence aux dispositions correspondantes du CGFP (Ord. nº 2021-1574 du 24 nov. 2021, art. 3-II-11º, 4 et 11).*

Chaque représentant des contribuables peut être accompagné aux séances de la commission soit de son suppléant, soit, après autorisation du président de la commission, d'une personne choisie, selon le cas, parmi :

a) Le personnel des chambres de commerce et d'industrie ;

b) Le personnel des chambres de métiers et de l'artisanat ;

c) Les membres ou le personnel des organisations d'employeurs au niveau interprofessionnel les plus représentatives dans le département ;

d) Les membres ou le personnel des organisations représentatives des professions libérales dans le département.

Chaque représentant de l'administration fiscale peut être accompagné de son suppléant aux séances de la commission.

Les fonctionnaires mentionnés au premier alinéa, les personnes choisies conformément au deuxième alinéa et, sauf dans les cas prévus au I, les suppléants ne participent pas aux débats de la commission.

III. – Une personne désignée à plusieurs titres comme membre titulaire ou suppléant de la commission choisit dans un délai d'une semaine la qualité en laquelle elle siège au sein de la commission.

(Abrogé par Décr. n° 2020-897 du 22 juill. 2020, art. 2) « Une personne désignée en application des II à IV de l'article 371 ter I comme membre titulaire ou suppléant de la commission départementale des valeurs locatives des locaux professionnels alors qu'elle est membre titulaire ou suppléant de la commission départementale des impôts directs locaux choisit, dans un délai d'une semaine, la commission au sein de laquelle elle siège. »

Art. 371 *ter* K Un arrêté préfectoral fixe la liste des membres de la commission départementale des valeurs locatives *(Abrogé par Décr. n° 2020-897 du 22 juill. 2020, art. 2) « des locaux professionnels »*, autres que les parlementaires et les représentants de l'administration fiscale, dès leur désignation dans les conditions prévues aux articles 371 *ter* I et 371 *ter* J.

Cet arrêté est publié au recueil des actes administratifs du département.

Art. 371 *ter* L I. – Il est procédé à une nouvelle désignation lorsqu'un des membres de la commission ou son suppléant démissionne, perd la qualité au titre de laquelle il a été désigné ou est hors d'état d'exercer ses fonctions. La personne ainsi désignée exerce ses fonctions jusqu'à l'expiration du mandat de la personne qu'elle remplace. La désignation est faite par les personnes et dans les conditions prévues à l'article 371 *ter* I, les délais étant calculés à compter de l'événement qui déclenche une nouvelle désignation.

La commission siège valablement durant le temps nécessaire pour pourvoir au remplacement des membres dans les cas prévus au premier alinéa.

II. – Il est également procédé à une nouvelle désignation :

a) Des conseillers départementaux en cas de renouvellement général des conseils départementaux ;

b) Des conseillers métropolitains en cas de renouvellement général du conseil de la Métropole de Lyon ;

c) Des conseillers de Paris, des maires, des représentants des établissements publics de coopération intercommunale à fiscalité propre et des représentants des contribuables en cas de renouvellement général des conseils municipaux ;

La commission suspend ses travaux le vendredi précédant le renouvellement général des conseils départementaux ou des conseils municipaux. Les travaux de la commission reprennent au plus tard une semaine après la désignation des nouveaux membres de la commission.

Art. 371 *ter* M I. – Les membres de la commission sont réunis, à l'initiative du directeur départemental ou, le cas échéant, régional des finances publiques, dans les huit jours suivant la publication de l'arrêté prévu à l'article 371 *ter* K, afin d'élire, parmi les représentants des collectivités territoriales et des établissements publics de coopération intercommunale à fiscalité propre, le président de la commission et un vice-président chargé de remplacer le président en cas d'absence ou d'empêchement de celui-ci.

La séance est présidée par le doyen d'âge. Le scrutin est secret. Nul ne peut être élu s'il n'a recueilli, lors des deux premiers tours de scrutin, la majorité des suffrages exprimés. A défaut, il est procédé à un troisième tour de scrutin. Le candidat qui a recueilli le plus grand nombre de suffrages est déclaré élu. En cas d'égalité de suffrages, le candidat le plus âgé est déclaré élu.

II. – La commission est convoquée par son président, soit de sa propre initiative, soit à la demande de la moitié au moins de ses membres, soit à la demande du directeur départemental ou, le cas échéant, régional des finances publiques. Les membres de la commission sont convoqués au moins huit jours francs avant la date fixée pour la réunion.

Les séances de la commission ne sont pas publiques. Toutefois, le président peut décider d'entendre toute personne pouvant apporter des informations utiles à la commission.

III. — La commission ne délibère que si la moitié au moins de ses membres est présente. Dans le cas où le quorum n'est pas atteint, il est aussitôt procédé à une nouvelle convocation et, à l'issue d'un délai d'au moins trois jours francs après cette dernière, la commission peut délibérer quel que soit le nombre des membres présents.

Les décisions de la commission sont prises à la majorité des suffrages exprimés.

Les représentants de l'administration fiscale ne prennent pas part aux votes.

Le président a voix prépondérante en cas de partage égal des voix.

SECTION II COMMISSIONS DÉPARTEMENTALES DES IMPÔTS DIRECTS LOCAUX

Art. 371 ter N (Devenu sans objet, Décr. n° 2020-897 du 22 juill. 2020, art. 2) *I. — Les membres de la commission départementale des impôts directs locaux mentionnée à l'article 1650 C du code général des impôts sont désignés dans les conditions définies aux II à V.*

II. — Le membre du conseil départemental est désigné par celui-ci dans les deux mois qui suivent son renouvellement. La durée de son mandat est la même que celle du mandat des conseillers départementaux.

Les membres du conseil de Paris sont désignés par celui-ci dans les deux mois qui suivent son renouvellement. La durée de leur mandat est la même que celle du mandat des conseillers de Paris.

Les membres du conseil de la Métropole de Lyon sont désignés par celui-ci dans les deux mois qui suivent son renouvellement. La durée de leur mandat est la même que celle du mandat des conseillers de la Métropole.

Les maires sont désignés par l'association départementale des maires dans les deux mois qui suivent le renouvellement général des conseils municipaux. La durée de leur mandat est la même que celle du mandat des conseillers municipaux.

Les représentants des établissements publics de coopération intercommunale à fiscalité propre sont désignés par l'association départementale des maires dans les trois mois qui suivent le renouvellement général des conseils municipaux. La durée de leur mandat est la même que celle des membres de l'organe délibérant des établissements publics de coopération intercommunale à fiscalité propre.

III. — S'il existe plusieurs associations de maires dans le département, les maires et les représentants des établissements publics de coopération intercommunale à fiscalité propre sont désignés par le représentant de l'État dans le département après consultation desdites associations.

S'il n'existe aucune association de maires dans le département, les maires et les représentants des établissements publics de coopération intercommunale à fiscalité propre sont désignés par le représentant de l'État dans le département.

A défaut de désignation dans les délais prévus au II, les membres du conseil de Paris, le membre du conseil départemental, les membres du conseil de la Métropole de Lyon, les maires et les représentants des établissements publics de coopération intercommunale à fiscalité propre sont désignés par le représentant de l'État dans le département.

IV. — Les représentants des contribuables sont désignés par le représentant de l'État dans le département, pour six ans, dans les trois mois qui suivent le renouvellement général des conseils municipaux. Ils comprennent :

a) Deux personnes désignées après consultation des chambres de commerce et d'industrie territoriales ou, en Île-de-France, des chambres de commerce et d'industrie départementales d'Île-de-France ;

b) Deux personnes désignées après consultation des chambres de métiers et de l'artisanat départementales ou, à défaut, de région ;

c) Une personne désignée après consultation des organisations représentatives des professions libérales dans le département.

V. — Les représentants de l'administration fiscale sont désignés par le directeur départemental ou, le cas échéant, régional des finances publiques.

Art. 371 ter O (Devenu sans objet, Décr. n° 2020-897 du 22 juill. 2020, art. 2) *I. — Des suppléants, en nombre égal à celui des titulaires, sont désignés dans les mêmes conditions pour remplacer les membres de la commission en cas d'absence ou d'empêchement.*

II. — Chaque représentant des collectivités territoriales et des établissements publics de coopération intercommunale à fiscalité propre peut être accompagné aux séances de la com-

mission soit de son suppléant, soit d'un fonctionnaire relevant de l'article 2 de la loi nº 84-53 du 26 janvier 1984 portant dispositions statutaires relatives à la fonction publique territoriale.

Chaque représentant des contribuables peut être accompagné aux séances de la commission soit de son suppléant soit, après autorisation du président de la commission, d'une personne choisie, selon le cas, parmi :

a) Le personnel des chambres de commerce et d'industrie ou des chambres de métiers et de l'artisanat ;

b) Les membres ou le personnel des organisations représentatives des professions libérales dans le département.

Chaque représentant de l'administration fiscale peut être accompagné de son suppléant aux séances de la commission.

Les fonctionnaires mentionnés au premier alinéa, les personnes choisies conformément au deuxième alinéa et, sauf dans les cas prévus au I, les suppléants ne participent pas aux débats de la commission.

III. — Une personne désignée à plusieurs titres comme membre titulaire ou suppléant de la commission choisit dans un délai d'une semaine la qualité en laquelle elle siège au sein de la commission.

Une personne désignée en application des II à IV de l'article 371 ter N comme membre titulaire ou suppléant de la commission départementale des impôts directs locaux alors qu'elle est membre titulaire ou suppléant de la commission départementale des valeurs locatives des locaux professionnels choisit, dans un délai d'une semaine, la commission au sein de laquelle elle siège.

Art. 371 ter P (Devenu sans objet, Décr. nº 2020-897 du 22 juill. 2020, art. 2) *Un arrêté préfectoral fixe la liste des membres de la commission départementale des impôts directs locaux, autres que les représentants de l'administration fiscale, dès leur désignation dans les conditions prévues aux articles 371 ter N et 371 ter O.*

Cet arrêté est publié au recueil des actes administratifs du département.

Art. 371 ter Q (Devenu sans objet, Décr. nº 2020-897 du 22 juill. 2020, art. 2) *I. — Il est procédé à une nouvelle désignation lorsqu'un des membres de la commission ou son suppléant démissionne, perd la qualité au titre de laquelle il a été désigné ou est hors d'état d'exercer ses fonctions. La personne ainsi désignée exerce ses fonctions jusqu'à l'expiration du mandat de la personne qu'elle remplace. La désignation est faite par les personnes et dans les conditions prévues à l'article 371 ter N, les délais étant calculés à compter de l'événement qui déclenche une nouvelle désignation.*

La commission siège valablement durant le temps nécessaire pour pourvoir au remplacement des membres dans les cas prévus au premier alinéa.

II. — Il est également procédé à une nouvelle désignation :

a) Des conseillers départementaux en cas de renouvellement général des conseils départementaux ;

b) Des conseillers métropolitains en cas de renouvellement général du conseil de la Métropole de Lyon ;

c) Des conseillers de Paris, des maires, des représentants des établissements publics de coopération intercommunale à fiscalité propre et des représentants des contribuables en cas de renouvellement général des conseils municipaux.

La commission suspend ses travaux le vendredi précédant le renouvellement général des conseils départementaux ou municipaux. Les travaux de la commission reprennent au plus tard une semaine après la désignation des nouveaux membres de la commission.

Art. 371 ter R (Devenu sans objet, Décr. nº 2020-897 du 22 juill. 2020, art. 2) *I. — La commission est convoquée par son président, soit de sa propre initiative, soit à la demande de la moitié au moins de ses membres, soit à la demande du directeur départemental ou, le cas échéant, régional des finances publiques. Les membres de la commission sont convoqués au moins huit jours francs avant la date fixée pour la réunion.*

Les séances de la commission ne sont pas publiques. Toutefois, le président peut décider d'entendre toute personne pouvant apporter des informations utiles à la commission.

II. — La commission ne délibère que si la moitié au moins de ses membres est présente. Dans le cas où le quorum n'est pas atteint, il est aussitôt procédé à une nouvelle convocation

et, à l'issue d'un délai d'au moins trois jours francs après cette dernière, la commission peut délibérer quel que soit le nombre des membres présents.

Les décisions de la commission sont prises à la majorité des suffrages exprimés.

Les représentants de l'administration fiscale prennent part aux votes.

Le président a voix prépondérante en cas de partage égal des voix.

CHAPITRE PREMIER *BIS* D MODALITÉS DE PUBLICATION ET DE NOTIFICATION DES DÉCISIONS PRISES EN VUE DE LA DÉTERMINATION DES PARAMÈTRES D'ÉVALUATION DES VALEURS LOCATIVES DES LOCAUX PROFESSIONNELS

(Décr. n° 2018-535 du 28 juin 2018, art. 1er)

Art. 371 *ter* S I. – Les décisions prises par la commission départementale des valeurs locatives *(Abrogé par Décr. n° 2020-897 du 22 juill. 2020, art. 2)* ***« des locaux professionnels »*** en application du 3 du I *(Décr. n° 2020-897 du 22 juill. 2020, art. 2)* « et du III » de l'article 1504 du code général des impôts ou du II de l'article 1518 *ter* du même code *(Abrogé par Décr. n° 2020-897 du 22 juill. 2020, art. 2)* ***« et par la commission départementale des impôts directs locaux en application du II ou du III de l'article 1504 précité »*** sont notifiées :

1° Au président du conseil départemental, ou, le cas échéant, en Martinique ou en Guyane, au président de l'assemblée délibérante de la collectivité territoriale unique, *(Décr. n° 2018-535 du 28 juin 2018, art. 1er-12° et 3, en vigueur le 1er janv. 2019)* « au président du conseil de la Métropole de Lyon, ainsi qu'au maire de Paris » ;

2° Aux maires des communes et aux présidents des établissements publics de coopération intercommunale à fiscalité propre du département.

Elles sont transmises sans délai au directeur départemental ou, le cas échéant, régional des finances publiques.

Les décisions prises par la commission départementale des valeurs locatives *(Abrogé par Décr. n° 2020-897 du 22 juill. 2020, art. 2)* ***« des locaux professionnels ou la commission départementale des impôts directs locaux »*** en application du IV de l'article 1504 du code général des impôts sont également notifiées dans les conditions prévues à l'alinéa précédent.

II. – Les arrêtés pris en application *(Abrogé par Décr. n° 2020-897 du 22 juill. 2020, art. 2)* ***« du II, »*** du III ou du IV de l'article 1504 précité sont notifiés :

1° Au président du conseil départemental, ou, le cas échéant, en Martinique ou en Guyane, au président de l'assemblée délibérante de la collectivité territoriale unique, *(Décr. n° 2018-535 du 28 juin 2018, art. 1er-12° et 3, en vigueur le 1er janv. 2019)* « au président du conseil de la Métropole de Lyon, ainsi qu'au maire de Paris » ;

2° Aux maires des communes et aux présidents des établissements publics de coopération intercommunale à fiscalité propre du département ;

3° Au président de la commission départementale des valeurs locatives des locaux professionnels et au président de la commission départementale des impôts directs locaux.

III. – Les tarifs pris en application du I de l'article 1518 *ter* du code général des impôts sont notifiés :

1° Au président du conseil départemental ou, le cas échéant, en Martinique ou en Guyane, au président de l'assemblée délibérante de la collectivité territoriale unique, *(Décr. n° 2018-535 du 28 juin 2018, art. 1er-12° et 3, en vigueur le 1er janv. 2019)* « au président du conseil de la Métropole de Lyon, ainsi qu'au maire de Paris » ;

2° Aux maires des communes et aux présidents des établissements publics de coopération intercommunale à fiscalité propre du département. — *Le présent III entre en vigueur le 1er janv. 2019 (Décr. n° 2018-535 du 28 juin 2018, art. 3).*

IV. – Les décisions et les arrêtés mentionnés aux I à III sont publiés au recueil des actes administratifs de la préfecture du département.

V. – Les notifications et les transmissions prévues par le présent article sont effectuées par voie électronique ou, si nécessaire, par lettre recommandée avec demande d'avis de réception ou par voie administrative avec récépissé.

Au 1er janv. 2019, au 1° des I, II et III du présent art., dans sa rédaction issue du Décr. n° 2018-535 du 28 juin 2018, les mots "ainsi qu'au président du conseil de la Métropole de Lyon" sont remplacés par les mots "au président du conseil de la Métropole de Lyon, ainsi qu'au maire de Paris" (Décr. préc., art. 1er-12° et 3).

CHAPITRE PREMIER *TER* CENTRE DE FORMALITÉS DES ENTREPRISES

Art. 371 AA à 371 AH *Abrogés par Décr. nº 96-650 du 19 juill. 1996, art. 12.*

Art. 371 AI *(Abrogé par Décr. nº 2021-300 du 18 mars 2021, art. 33-2º et 48, à compter du 1er janv. 2023)* ***Les attributions des centres de formalités des entreprises concernant la gestion du dossier unique des entreprises, les relations des centres avec les greffes des tribunaux de commerce et des*** *(Décr. nº 2019-966 du 18 sept. 2019, art. 8 et 9, en vigueur le 1er janv. 2020)* ***« tribunaux judiciaires*** *[ancienne rédaction : tribunaux de grande instance]* ***», avec les organismes et autorités compétents pour statuer sur les déclarations et les demandes d'autorisations afférentes à l'exercice de certaines activités ainsi que les obligations des centres sont établies conformément aux articles R. 123-1 et R. 123-2 du code de commerce.***

Art. 371 AJ *(Abrogé par Décr. nº 2021-300 du 18 mars 2021, art. 33-2º et 48, à compter du 1er janv. 2023)* ***Les organismes chargés de la création et de la gestion des centres de formalités des entreprises ainsi que la répartition des compétences entre les centres sont définis conformément aux articles R. 123-3 et R. 123-4 du code de commerce.*** *— En ce qui concerne les groupements tels que sociétés en participation, indivisions, associations, fiducies ou copropriétés de navires, quirataires de navires et certaines activités de location (meublés, wagons, fonds de commerce), V. la convention du 23 sept. 2011 conclue entre la DGFiP et le Conseil national des greffiers des tribunaux de commerce aux fins de transfert de compétence (Arr. du 3 août 2012 — JO 31 août).*

Art. 371 AK *(Abrogé par Décr. nº 2021-300 du 18 mars 2021, art. 33-2º et 48, à compter du 1er janv. 2023)* ***Conformément à l'article R. 123-5 du code de commerce et sous réserve des possibilités de dérogation prévues par ce même article, le dépôt des déclarations prévues à l'annexe 1-2 mentionnée à l'article 371 AS est obligatoirement effectué dans les centres de formalités des entreprises.*** *— Sur les modalités de déclaration, V. également C. com., art. R. 123-5-1.* ***— C. com.***

Art. 371 AL *(Abrogé par Décr. nº 2021-300 du 18 mars 2021, art. 33-2º et 48, à compter du 1er janv. 2023)* ***I. — Conformément à l'article R. 123-6 du code de commerce, les déclarations et les demandes d'autorisation sont présentées au centre compétent en application de l'article 371 AJ, ou, en cas de pluralité de centres compétents, à l'un d'eux au choix du déclarant.***

II. — Le dossier unique est constitué conformément à l'article R. 123-7 du code de commerce et comprend les éléments mentionnés à ce même article.

Art. 371 AM *(Abrogé par Décr. nº 2021-300 du 18 mars 2021, art. 33-2º et 48, à compter du 1er janv. 2023)* ***Conformément à l'article R. 123-8 du code de commerce, le centre de formalités des entreprises est réputé saisi du dossier mentionné à l'article 371 AI lorsque les déclarations établies sur les formulaires homologués, signées du déclarant ou de son mandataire et, le cas échéant, les demandes d'autorisations*** *[autorisation]* ***qui lui sont remises comportent les éléments d'identification énoncés à l'article R. 123-8 précité.***

Art. 371 AN *(Abrogé par Décr. nº 2021-300 du 18 mars 2021, art. 33-2º et 48, à compter du 1er janv. 2023)* ***La procédure selon laquelle le centre de formalités des entreprises traite le dossier dont il est saisi, notamment les conditions dans lesquelles un dossier incomplet est complété, les modalités de transmission au centre compétent de ce dossier ou aux organismes destinataires des éléments les concernant et les règles relatives à la délivrance et au contenu du récépissé, est organisée conformément aux dispositions des articles R. 123-9 à R. 123-16 du code de commerce.***

Art. 371 AO *(Abrogé par Décr. nº 2021-300 du 18 mars 2021, art. 33-2º et 48, à compter du 1er janv. 2023)* ***Conformément à l'article R. 123-17 du code de commerce, la déclaration présentée ou transmise au centre de formalités des entreprises compétent, dans les conditions précisées à cet article, vaut déclaration auprès de l'organisme destinataire.***

Option pour l'IS. L'option d'une société de personnes pour son assujettissement à l'IS expressément formulée dans la déclaration déposée auprès du centre de formalités des entreprises vaut notification et est opposable à l'administration fiscale. • CE 30 déc. 2011, *SARL Distribur,* nº 342566 : *RJF 2012. 227 ; BDCF 3/12, nº 30, concl. Escaut.*

Art. 371 AP *(Abrogé par Décr. nº 2021-300 du 18 mars 2021, art. 33-2º et 48, à compter du 1er janv. 2023)* ***Conformément à l'article R. 123-18 du code de commerce, les organismes destinataires des déclarations et des demandes d'autorisation sont seuls compétents pour en contrôler la régularité ou en apprécier la validité. Leur transmission à ces organismes dessaisit le centre en ce qui concerne les formalités à accomplir.***

Art. 371 AQ *(Abrogé par Décr. nº 2021-300 du 18 mars 2021, art. 33-2º et 48, à compter du 1er janv. 2023)* ***Conformément à l'article R. 123-19 du code de commerce et sous la réserve prévue par ce même article, le support de la déclaration ainsi que les renseignements qu'elle contient et les pièces relatives à celles-ci ainsi que, le cas échéant, les pièces relatives aux procédures d'autorisations requises ne peuvent être conservées** [conservés] **par le centre au-delà des délais nécessaires à la transmission prévue à l'article 371 AP.***

Art. 371-0 AQ *bis* *(Abrogé par Décr. nº 2021-300 du 18 mars 2021, art. 33-2º et 48, à compter du 1er janv. 2023)* ***Conformément à l'article R. 123-20 du code de commerce, sous réserve des dispositions des articles R. 123-21 à R. 123-27 du même code, les dispositions des articles 371 AI à 371 AQ sont applicables à la déclaration d'entreprise par voie électronique.***

Art. 371 AQ *bis* *(Abrogé par Décr. nº 2021-300 du 18 mars 2021, art. 33-2º et 48, à compter du 1er janv. 2023)* ***Conformément à l'article R. 123-28 du code de commerce, une commission de coordination des centres de formalités des entreprises veille à l'harmonisation de l'application des dispositions des articles 371 AI à 371 AS, donne son avis sur toutes questions relatives au fonctionnement des centres et fait rapport aux ministres compétents des difficultés ou anomalies dont elle a connaissance.***

Art. 371 AR *(Abrogé par Décr. nº 2021-300 du 18 mars 2021, art. 33-2º et 48, à compter du 1er janv. 2023)* ***Conformément à l'article R. 123-29 du code de commerce, en cas de difficulté grave de fonctionnement d'un centre, le Premier ministre prend toutes mesures de nature à assurer la continuité du service.***

Art. 371 AS *(Abrogé par Décr. nº 2021-300 du 18 mars 2021, art. 33-2º et 48, à compter du 1er janv. 2023)* ***Conformément à l'article R. 123-30 du code de commerce, les annexes aux articles R. 123-5 et R. 123-30 du même code précisent les déclarations mentionnées à l'article 371 AI devant être déposées aux centres de formalités des entreprises et les administrations, personnes ou organismes destinataires de ces formalités selon leur compétence.***

CHAPITRE II SOCIÉTÉS IMMOBILIÈRES DE COPROPRIÉTÉ

Art. 372 I. — Entrent dans les prévisions de l'article 1655 *ter* du code général des impôts :

1º Les sociétés qui apportent la justification qu'à la date de publication de la loi nº 63-254 du 15 mars 1963, elles n'exerçaient pas, en fait, d'autres activités que celles concourant à la réalisation de l'objet défini audit article 1655 *ter*, et qui n'ont pas cessé depuis cette date de se conformer aux dispositions de cet article ;

2º Les sociétés constituées après la date de publication de la même loi qui n'ont pas cessé depuis leur création d'avoir une activité conforme à celle prévue au 1º.

Le régime défini à l'article 1655 *ter* du code général des impôts est applicable aux sociétés visées aux premier, deuxième et troisième alinéas ainsi qu'à leurs membres jusqu'à la date à laquelle elles auront, le cas échéant, cessé de remplir les conditions prévues à ces mêmes alinéas.

II. — A l'égard des sociétés autres que celles visées au I et de leurs membres, le régime fiscal défini à l'article 1655 *ter* du code général des impôts ne devient, le cas échéant, applicable dans les conditions énoncées au 2 *bis* de l'article 221 dudit code qu'à compter de la date à laquelle les sociétés en cause modifient leurs statuts et leur activité réelle en vue de se conformer aux dispositions dudit article 1655 *ter*.

III. — Par dérogation aux dispositions du II, les nouvelles règles d'assiette de la taxe foncière et des taxes assimilées y afférentes ne deviennent, le cas échéant, applicables qu'à partir du 1er janvier de l'année suivant celle au cours de laquelle les modifications motivant le changement du régime d'imposition sont intervenues.

Art. 373 Les sociétés visées à l'article 372 sont tenues de remettre au service des impôts du lieu de leur principal établissement, dans un délai de trois mois à compter de la date à laquelle les dispositions de l'article 1655 *ter* du code général des impôts leur sont devenues applicables, une déclaration souscrite en triple exemplaire sur un imprimé conforme au modèle annexé au décret n° 63-679 du 9 juillet 1963 *(V. JO 12 juill. 1963, p. 6319)*.

Deux exemplaires des statuts en vigueur à la même date sont annexés à cette déclaration.

Lorsque ses indications ont cessé d'être exactes, la déclaration doit être renouvelée dans les trois mois du changement intervenu.

Art. 374 Indépendamment des renseignements dont la production est déjà prévue par le code général des impôts, les sociétés visées à l'article 372 sont tenues de faire parvenir au service des impôts du lieu de leur principal établissement, au plus tard le deuxième jour ouvré suivant le 1er mai, une déclaration en double exemplaire indiquant la part revenant ou incombant à chaque associé pour l'année précédente :

a) Dans les revenus bruts sociaux ;

b) Dans le montant des dépenses de réparation et d'entretien, des frais de gérance et de rémunération des gardes et concierges effectivement supportés par la société ;

c) Dans le montant des impositions, autres que celles incombant normalement à l'occupant, perçues, à raison des immeubles sociaux, au profit des collectivités locales ou de certains établissements publics et d'organismes divers ;

d) Dans le montant des intérêts des dettes contractées pour la conservation, l'acquisition, la construction, la réparation ou l'amélioration des immeubles sociaux ;

e) Dans les frais de gestion et d'assurance payés par la société ;

f) Et, le cas échéant, dans toutes autres charges non énumérées ci-dessus, mais effectivement supportées par la société.

Cette déclaration est vérifiée dans les conditions prévues à l'article L. 53 du Livre des procédures fiscales.

Art. 375 I. — Lorsqu'une entreprise relevant de l'impôt sur le revenu, au titre des bénéfices industriels et commerciaux, ou de l'impôt sur les sociétés possède dans son actif des actions ou des parts d'une société visée à l'article 372, l'amortissement de la fraction des immeubles sociaux correspondant aux droits de l'entreprise considérée doit être pratiqué dans sa comptabilité pour la détermination du revenu net afférent auxdites actions ou parts.

Sous réserve des dispositions du II, cet amortissement est calculé sur le prix de revient de ces actions ou parts ou, en cas de révision des bilans, sur leur valeur nette de réévaluation.

II. — Pour l'application des dispositions du I, la fraction des immeubles sociaux représentée par les actions ou parts figurant à l'actif de l'entreprise à la date d'ouverture du premier exercice arrêté après le 31 août 1963 par la société immobilière doit être réputée déjà amortie, à la date de cette ouverture, d'une somme égale au montant des amortissements dont ladite entreprise a précédemment fait état pour la détermination des revenus imposables de ces actions ou parts. Il en est ainsi, que les amortissements aient été pratiqués par la société immobilière ou par l'entreprise actionnaire ou associée. Ces amortissements doivent être inscrits ou maintenus, selon le cas, au passif du bilan de cette dernière entreprise.

L'amortissement des immeubles définis au premier alinéa est calculé sur la valeur d'actif des actions ou parts correspondantes, diminuée du montant des amortissements visés ci-dessus, et en fonction du nombre d'années restant à courir de la période normale d'utilisation de ces immeubles.

CHAPITRE III COMPÉTENCES DES FONCTIONNAIRES DE LA DIRECTION GÉNÉRALE DES FINANCES PUBLIQUES

(Décr. n° 2011-645 du 9 juin 2011)

Art. 376 *(Abrogé par Décr. n° 2021-1021 du 30 juill. 2021, art. 2)* ***I. — Par dérogation aux dispositions des articles 2 et 3 du décret n° 2009-707 du 16 juin 2009 relatif aux services déconcentrés de la direction générale des finances publiques, certaines directions départementales ou régionales des finances publiques peuvent exercer, dans le ressort territorial d'une ou plusieurs autres directions régies par le décret précité, à l'égard des personnes physiques,***

les missions d'assiette et de contrôle prévues aux articles L. 10 et L. 168 du livre des procédures fiscales.

Elles peuvent également exercer les missions prévues par le premier alinéa à l'égard des sociétés ou groupements mentionnés aux articles 8 à 8 quinquies du code général des impôts dont le capital est détenu en tout ou partie par les personnes physiques qui relèvent de leur compétence dérogatoire en application de l'alinéa précité, quel que soit le lieu de dépôt de déclaration ou d'imposition de ces sociétés ou groupements.

Les dispositions des premier et deuxième alinéas ne s'appliquent pas aux contrôles mentionnés aux articles L. 12, L. 13, L. 13 C, L. 13 CA et L. 16 D du livre des procédures fiscales.

Les fonctionnaires de la direction générale des finances publiques appartenant à des corps des catégories A et B affectés à ces directions peuvent exercer les attributions correspondant aux missions mentionnées aux premier et deuxième alinéas.

La liste de ces directions, la délimitation de leur ressort territorial pour l'exercice desdites missions et leur durée d'exercice sont fixées, pour une durée de trois ans au plus, par arrêté du ministre chargé du budget. — V. Arr. du 14 janv. 2016 (JO 26 févr.) et Arr. du 27 avr. 2017 (JO 5 mai).

II. — Une direction départementale ou régionale des finances publiques peut assurer tout ou partie des opérations de gestion du timbre dématérialisé relevant de l'ensemble des directions départementales et régionales, par dérogation aux dispositions de l'article 4 de la loi n° 92-125 du 6 février 1992. La direction en charge desdites opérations et la nature de celles-ci sont fixées par arrêté du ministre chargé du budget.

LIVRE DEUXIÈME RECOUVREMENT DE L'IMPÔT

CHAPITRE PREMIER PAIEMENT DE L'IMPÔT

SECTION PREMIÈRE IMPÔTS DIRECTS ET TAXES ASSIMILÉES

Art. 376-0 *bis* Le grade mentionné au second alinéa de l'article 1658 du code général des impôts est celui d'administrateur des finances publiques adjoint.

0I *PAIEMENT MENSUEL DE L'IMPÔT SUR LE REVENU ET DES IMPÔTS DIRECTS LOCAUX*

Art. 376 *bis* (Abrogé par Décr. n° 2017-975 du 10 mai 2017, art. 2-1° et 3, mod. par Décr. n° 2017-1750 du 22 déc. 2017, art. 2, à compter du 1er janv. 2019) *Le contribuable qui dispose d'un compte de dépôt ou d'épargne dans un des établissements énumérés à l'article 1681 D du code général des impôts peut opter pour le paiement mensuel de l'impôt. Il doit faire connaître son choix à l'administration au plus tard le 30 juin s'il souhaite opter pour l'année en cours.*

Art. 376 *ter* (Abrogé par Décr. n° 2017-975 du 10 mai 2017, art. 2-1° et 3, mod. par Décr. n° 2017-1750 du 22 déc. 2017, art. 2, à compter du 1er janv. 2019) *L'option est accompagnée d'un mandat par lequel le contribuable autorise la direction générale des finances publiques à émettre des ordres de prélèvement payables sur son compte et l'établissement dépositaire à débiter son compte du montant de ces ordres.*

Elle est formulée, au choix du contribuable, soit au moyen d'imprimés fournis par l'administration, soit, de manière dématérialisée, sur le site de paiement en ligne de la direction générale des finances publiques. Dans ce dernier cas, la signature et la transmission du mandat sont également effectuées sur ce site.

L'option prend fin de plein droit dans le cas où aucun ordre de prélèvement n'a été présenté pendant une période de trente-six mois.

Art. 376 *quater* (Abrogé par Décr. n° 2017-975 du 10 mai 2017, art. 2-1° et 3, mod. par Décr. n° 2017-1750 du 22 déc. 2017, art. 2, à compter du 1er janv. 2019) *I. — Si l'option est formulée du 1er janvier au 30 juin, les prélèvements sont effectués dès l'année en cours ou, au choix du contribuable, à compter du 1er janvier de l'année suivante. Dans le premier cas, le premier prélèvement est effectué le premier mois qui suit celui au cours duquel le contribuable formule son option. Lorsque l'option est formulée avant la date limite de paiement d'un acompte, cet acompte n'est pas dû.*

II. — Si l'option est formulée après le 30 juin, les prélèvements sont effectués à compter du 1er janvier de l'année suivante. Toutefois, lorsque l'option est formulée du 16 décembre au 31 décembre, la mensualité due au titre du mois de janvier est perçue avec le prélèvement effectué au mois de février.

III. — L'option est valable pour l'année au cours de laquelle sont effectués les premiers prélèvements et, sous réserve des dispositions de l'article 376 quinquies, pour les années suivantes.

Art. 376 *quater* A *(Abrogé par Décr. nº 2017-975 du 10 mai 2017, art. 2-1º et 3, mod. par Décr. nº 2017-1750 du 22 déc. 2017, art. 2, à compter du 1er janv. 2019)* ***Si les prélèvements sont effectués l'année au cours de laquelle l'option est formulée et si, à la date du premier prélèvement, les sommes versées au titre des acomptes sont inférieures au montant cumulé des mensualités dues depuis le 1er janvier, le complément est acquitté avec le premier prélèvement mensuel. Pour les contribuables non soumis à un acompte obligatoire, le paiement des mensualités dues depuis le 1er janvier ou de l'excédent de ces mensualités sur les acomptes versés est réparti en parts égales sur les trois premiers prélèvements mensuels.***

Si les sommes versées au titre des acomptes sont supérieures au montant cumulé des mensualités dues depuis le 1er janvier, l'excédent est remboursé au contribuable avant la fin du mois qui suit l'option.

Art. 376 *quinquies* *(Abrogé par Décr. nº 2017-975 du 10 mai 2017, art. 2-1º et 3, mod. par Décr. nº 2017-1750 du 22 déc. 2017, art. 2, à compter du 1er janv. 2019)* ***Le contribuable peut renoncer au système du paiement mensuel. Il doit à cette fin adresser par écrit à l'administration une dénonciation de son option avant le 30 juin pour l'impôt sur le revenu, la taxe d'habitation et la taxe foncière, et avant le 30 septembre pour la cotisation foncière des entreprises. La résiliation prend effet le premier mois qui suit celui au cours duquel le contribuable formule sa demande. Lorsque la dénonciation est exercée entre le 1er juillet et le 15 décembre inclus pour l'impôt sur le revenu, la taxe d'habitation et la taxe foncière, et entre le 1er octobre et le 15 décembre inclus pour la cotisation foncière des entreprises, elle prend effet à compter du mois de janvier de l'année suivante. Lorsqu'elle est exercée du 16 décembre au 31 décembre, elle prend effet à compter du mois de février de l'année suivante.***

Art. 376 *sexies* *(Abrogé par Décr. nº 2017-975 du 10 mai 2017, art. 2-1º et 3, mod. par Décr. nº 2017-1750 du 22 déc. 2017, art. 2, à compter du 1er janv. 2019)* ***Les prélèvements mensuels sont effectués le 15 de chaque mois.*** — *V. également Ann. IV, art. 199-0.*

Art. 376 *septies* *Abrogé par Décr. nº 2008-1263 du 4 déc. 2008, art. 5-I.*

Art. 376 *octies* *(Abrogé par Décr. nº 2017-975 du 10 mai 2017, art. 2-1º et 3, mod. par Décr. nº 2017-1750 du 22 déc. 2017, art. 2, à compter du 1er janv. 2019)* ***Pour l'application du premier alinéa du B de l'article 1681 quater A du code général des impôts, le montant du dégrèvement attendu au titre de l'article 1647 B sexies est celui qui figure dans la déclaration prévue au sixième alinéa de l'article 1679 quinquies déposée au titre de l'année précédente ou, s'il y a lieu, du dégrèvement déjà prononcé.***

Quand un dégrèvement est prononcé au titre de l'impôt dû pour l'année précédente pour un montant inférieur au dégrèvement attendu, le complément résultant de la régularisation de la base des prélèvements est acquitté avec le prélèvement suivant. Quand un dégrèvement est prononcé pour un montant supérieur au dégrèvement attendu, l'excédent résultant de la même régularisation est remboursé dans le délai d'un mois.

I

Art. 377 *Devenu sans objet (L. nº 75-1347 du 31 déc. 1975, art. 1er).*

II

Art. 378 *Transféré en Ann. III ss. l'art. 381 A (Décr. nº 97-670 du 31 mai 1997 et Décr. nº 97-671 du 31 mai 1997).*

III SOCIÉTÉS ÉTRANGÈRES AYANT DES EXPLOITATIONS EN FRANCE — RETENUE À LA SOURCE

Art. 379 1. Les sociétés étrangères qui réalisent des bénéfices en France, sans y avoir leur siège social, sont tenues de produire une déclaration en vue de la liquidation de la retenue à la source exigible en vertu des dispositions de l'article 115 *quinquies* du code général des impôts.

2. Cette déclaration est adressée au service des impôts dont dépend le lieu d'établissement de l'impôt sur les sociétés, dans le même délai que la déclaration des résultats.

La déclaration, souscrite sur des imprimés fournis par l'administration, fait apparaître distinctement le montant en euros :

— des bénéfices et plus-values à retenir pour l'assiette de l'impôt sur les sociétés ;

— de l'impôt correspondant ;

— des bénéfices et plus-values réalisés en France et exonérés dudit impôt.

3. Elle est accompagnée du versement de la retenue exigible.

A compter du 1er janv. 2018, la télédéclaration et le télépaiement deviennent obligatoires (L. nº 2016-1918 du 29 déc. 2016, art. 15). — V. CGI, art. 1649 quater B quater, X et art. 1681 septies, 7.

Assiette de la retenue. V. note 3 ss. CGI, art. 115 *quinquies*.

Art. 380 I. — La société peut demander que la retenue à la source acquittée dans les conditions définies à l'article 379 fasse l'objet d'une nouvelle liquidation sur la base de ses distributions effectives.

Les distributions à retenir pour l'application de cette disposition s'entendent des distributions au sens des articles 109 et suivants du code général des impôts qui ont été effectuées au cours de la période de douze mois qui suit la clôture de l'exercice ou de la période dont les résultats ont été retenus pour le calcul de la retenue à la source, quel que soit l'exercice auquel elles se rapportent.

II. — La demande de révision est produite dans les trois mois qui suivent l'expiration de la période de douze mois définie au I.

Elle mentionne, pour chaque distribution :

— sa date ;

— son montant en euros d'après le cours des changes du jour de la mise en paiement.

III. — La société est tenue de produire, à l'appui de sa demande de révision, des copies, accompagnées, le cas échéant, de traductions en langue française, des décisions ou délibérations relatives aux distributions ainsi mentionnées, ainsi que des procès-verbaux ou comptes rendus des assemblées générales d'actionnaires ou d'associés qui ont approuvé les comptes de l'exercice.

Art. 381 La retenue à la source opérée en vertu de l'article 379 peut également être restituée dans la mesure où la société justifie que les bénéficiaires des distributions définies à l'article 380 ont leur domicile réel ou leur siège social en France.

La société doit produire, à l'appui de sa demande de révision, une liste détaillée mentionnant pour chacune des personnes visées ci-dessus :

— ses nom et prénoms ou sa raison sociale ;

— l'adresse de son domicile réel ou de son siège ;

— le montant des sommes versées et la date de leur mise en paiement.

La demande de révision peut être présentée jusqu'au 31 décembre de l'année suivant celle de la mise en paiement des produits.

La restitution est subordonnée à la justification, par la société, du transfert des sommes correspondantes aux bénéficiaires des distributions.

Art. 382 Les révisions prévues aux articles 380 et 381 ne sont applicables qu'au montant principal de la retenue à la source, à l'exception de toute majoration ou pénalité.

III *BIS* *SOLIDARITÉ ENTRE ÉPOUX ET PARTENAIRES LIÉS PAR UN PACTE CIVIL DE SOLIDARITÉ*

(*Décr. n° 2012-511 du 18 avr. 2012, art. 1er*)

Art. 382 *bis* La demande en décharge de responsabilité prévue par les dispositions du II de l'article 1691 *bis* du code général des impôts est adressée au directeur départemental des finances publiques du lieu d'établissement des impositions concernées ou, s'agissant d'impositions et de pénalités recouvrées par un service à compétence nationale, au directeur chargé de ce service. Elle est appuyée de toutes les justifications nécessaires à l'appréciation de la situation financière et patrimoniale, nette de charges, du demandeur.

Art. 382 *ter* Le directeur départemental des finances publiques ou le directeur chargé du service à compétence nationale se prononce dans un délai de six mois à compter de la date de sa réception sur la demande de décharge de responsabilité. Ce délai peut être prorogé dans la limite de trois mois après information du demandeur par lettre simple.

Lorsque l'administration demande la production de pièces complémentaires nécessaires à l'instruction de la demande, le délai d'instruction mentionné au premier alinéa est suspendu jusqu'à la date fixée pour produire les pièces requises. Toutefois, la production de ces pièces avant l'expiration du délai fixé met fin à cette suspension.

Art. 382 *quater* Si aucune décision n'a été prise dans les délais prévus à l'article 382 *ter* ou lorsque la décision, notifiée par lettre recommandée avec demande d'avis de réception, ne lui donne pas satisfaction, le demandeur doit, à peine de forclusion, porter l'affaire devant le tribunal compétent dans le délai de deux mois à compter :

a) Soit de la date d'expiration du délai mentionné au premier alinéa de l'article 382 *ter* ;

b) Soit de la date de notification de la décision prise sur la demande en décharge.

La procédure ne peut, à peine d'irrecevabilité, être engagée avant ces dates.

Le demandeur ne peut soumettre au juge des pièces justificatives autres que celles qu'il a déjà produites à l'appui de la demande de décharge de responsabilité qu'il a présentée au directeur départemental des finances publiques ou au directeur en charge du service à compétence nationale, ni invoquer des faits autres que ceux exposés dans cette demande.

Art. 382 *quinquies* La demande prévue au III de l'article 1691 *bis* du code général des impôts tendant à obtenir la remise partielle ou totale des impositions laissées à la charge d'une personne ayant bénéficié d'une décharge de responsabilité solidaire en application du II de l'article 1691 *bis* est adressée au directeur départemental des finances publiques du lieu d'établissement des impositions concernées ou, s'agissant d'impositions et pénalités recouvrées par un service à compétence nationale, au directeur chargé de ce service. Elle peut lui être adressée simultanément ou postérieurement au dépôt d'une demande en décharge de responsabilité solidaire.

IV *TAXE SUR LES SALAIRES – TAUX MAJORÉS*

Art. 383 L'ensemble des droits exigibles au titre de la taxe sur les salaires en application des dispositions des 1 et 2 *bis* de l'article 231 du code général des impôts et des articles 142 à 143 de la présente annexe est versé globalement au Trésor dans les conditions et délais et sous les sanctions prévus aux articles 1679, 1679 A, 1679 *bis*, 1727, 1728, 1729, 1731 et aux I et IV de l'article 1754 du code général des impôts ainsi qu'aux articles 51, 369 et au 1 de l'article 374 de l'annexe III à ce code.

V

Art. 383 *bis* *Périmé.*

VI

Art. 383 *bis* A à 383 *bis* C *Disjoints (Décr. nº 2008-294 du 1er avr. 2008).*

Art. 383 *bis* D *Devenu sans objet (L. nº 2004-391 du 4 mai 2004, art. 34).*

VII

Art. 383 *bis* E *Abrogé par Décr. nº 2007-1386 du 26 sept. 2007.*

SECTION PREMIÈRE *BIS* TAXES SUR LE CHIFFRE D'AFFAIRES ET TAXES ASSIMILÉES

I *TAXE SUR LA VALEUR AJOUTÉE*

Art. 383 *ter* **Les versements d'acomptes effectués en application du 3 de l'article 287 du code général des impôts sont imputés sur l'impôt dû.**

En cas d'insuffisance des versements d'acomptes, le complément d'impôt dû doit être acquitté au moment du dépôt de la déclaration annuelle.

En cas d'excédent des versements d'acomptes, celui-ci est imputé sur les acomptes ultérieurement exigibles. Le redevable peut toutefois en demander la restitution.

II

Art. 383 *quater* *Transféré ss. l'art. 383 bis E.*

SECTION II

Art. 384 *Abrogé par Décr. nº 70-1285 du 23 déc. 1970, art. 17.*

SECTION III ENREGISTREMENT, PUBLICITÉ FONCIÈRE, TIMBRE

00I

Art. 384-00 A *Supprimé, suite à l'abrogation de l'art. 1018 B du CGI.*

0I

Art. 384-0 A et 384-0 B *Disjoints.*

I *DATION EN PAIEMENT*

1º REMISE D'ŒUVRES, DE LIVRES, D'OBJETS DE COLLECTION, DE DOCUMENTS DE HAUTE VALEUR ARTISTIQUE OU HISTORIQUE

Art. 384 A **I. — Le redevable qui désire acquitter tout ou partie des droits dus par la remise d'œuvres d'art, de livres, d'objets de collection, de documents, de haute valeur artistique ou historique mentionnés à l'article 1716 *bis* du code général des impôts,** *(Décr. nº 2018-680 du 30 juill. 2018, art. 1er)* **« dépose » une offre de dation à l'État, *précisant* la nature et la valeur de chacun des biens qu'il envisage de remettre à l'État, au service des impôts** *[ou au service de la publicité foncière]* **compétent pour enregistrer** *(Décr. nº 2018-680 du 30 juill. 2018, art. 1er)* **« la déclaration de succession ou l'acte constatant la mutation à titre gratuit ou le partage ou, s'agissant de l'impôt sur la fortune immobilière, pour recevoir la déclaration mentionnée au 1 du I de l'article 982 du code général des impôts. » Il en est délivré récépissé.**

II. — L'offre de dation est soumise aux conditions fixées à l'article 384-0 A *bis*.

III. — En l'absence de décision notifiée dans le délai de deux ans à compter de la date du récépissé de l'offre, celle-ci est considérée comme refusée.

Art. 384-0 A *bis* **I. — L'offre de dation d'œuvres d'art, de livres, d'objets de collection, de documents, de haute valeur artistique ou historique prévue à l'article 1716 *bis* du code général des impôts,** *(Décr. nº 2018-680 du 30 juill. 2018, art. 1er)* **« est » faite**

dans le délai prévu pour l'enregistrement *(Décr. n° 2018-680 du 30 juill. 2018, art. 1er)* « de la déclaration de succession ou de l'acte constatant la mutation à titre gratuit ou le partage ou, s'agissant de l'impôt sur la fortune immobilière, dans le délai de dépôt de la déclaration mentionnée au 1 du I de l'article 982 du code général des impôts. »

II. — L'offre est adressée par le service des impôts à la commission prévue au II de l'article 310 G.

La commission peut consulter toute personne ou organisme dont l'expertise est susceptible de l'éclairer en matière d'acquisition d'œuvres d'art, de livres, d'objets de collection ou de documents, de haute valeur artistique ou historique.

La commission peut, le cas échéant, ne retenir que certains biens présentés dans l'offre ou proposer au demandeur la substitution ou l'adjonction d'autres biens à son offre. Cette proposition est notifiée au demandeur par le président de la commission par pli recommandé avec demande d'avis de réception. Dans ce dernier cas, le demandeur présente le nouveau contenu de son offre au service de l'administration fiscale en charge de son instruction, ou lui fait part de son refus.

La commission émet un avis tant sur l'intérêt artistique ou historique que sur la valeur des biens offerts.

Au vu de l'avis de la commission, le ministre chargé de la culture propose au ministre chargé du budget l'octroi ou le refus de l'agrément.

La décision est notifiée au demandeur par pli recommandé avec demande d'avis de réception.

III. — Le service des impôts compétent notifie au demandeur la valeur libératoire des biens offerts en paiement, par pli recommandé avec demande d'avis de réception, lorsqu'elle est différente de celle qu'il a proposée dans son offre. Le demandeur dispose du délai prévu au septième alinéa de l'article 1716 *bis* à compter de la date de réception de la notification pour l'accepter. S'il ne répond pas dans ce délai, il est considéré que le demandeur a retiré son offre et les droits redeviennent exigibles.

2° REMISE D'IMMEUBLES AU CONSERVATOIRE DE L'ESPACE LITTORAL ET DES RIVAGES LACUSTRES

Art. 384 A *bis* *(Décr. n° 2018-680 du 30 juill. 2018, art. 1er)* « I. — Le redevable qui désire acquitter tout ou partie des droits dus par la remise d'immeubles mentionnés à l'article 1716 *bis* du code général des impôts dépose une offre de dation à l'État, indiquant la nature, la situation et la valeur de chacun des biens qu'il envisage de remettre à l'État. Cette offre est déposée au service des impôts compétent pour enregistrer la déclaration de succession ou l'acte constatant la mutation à titre gratuit ou le partage, ou, s'agissant de l'impôt sur la fortune immobilière, pour recevoir la déclaration mentionnée au 1 du I de l'article 982 du code général des impôts. Il en est délivré récépissé.

« L'offre de dation en paiement est faite dans le délai prévu pour l'enregistrement de la déclaration de succession ou de l'acte constatant la mutation à titre gratuit ou le partage ou, s'agissant de l'impôt sur la fortune immobilière, dans le délai de dépôt de la déclaration mentionnée au 1 du I de l'article 982 précité. »

II. — Abrogé par Décr. n° 2015-1469 du 13 nov. 2015, art. 6-1°. — V. Arr. du 3 sept. 1998 (JO 5 sept.), mod. par Arr. du 25 juin 1999 (JO 2 juill.), Arr. du 27 août 1999 (JO 3 sept.) et Arr. du 26 févr. 2001 (JO 17 mars).

III. — Après avoir recueilli l'avis du Conservatoire de l'espace littoral et des rivages lacustres, le ministre chargé de la protection de la nature propose au ministre chargé du budget l'octroi ou le refus de l'agrément.

IV. — La décision est notifiée au demandeur par pli recommandé avec demande d'avis de réception.

V. — En cas d'agrément, le demandeur dispose du délai fixé par la décision d'agrément pour accepter par lettre simple, le cachet de la poste faisant foi, la valeur libératoire reconnue au bien offert en paiement des droits.

Contentieux de l'agrément. La décision prise par le ministre chargé du budget sur une demande d'agrément d'une offre de remise d'immeuble en paiement de l'impôt (ISF en l'espèce) constitue un acte détachable de la procédure même d'établissement et de recouvrement de l'impôt. • CAA Paris, 11 mai 2000, n° 99PA3843, *Mocchi : Dr. fisc. 2001. 416 ; RJF 2000. 1328.* ♦ La juridiction administrative est donc compétente pour connaître d'un recours pour excès de pouvoir dirigé contre un refus d'agrément. • Même arrêt.

3° REMISE D'IMMEUBLES EN NATURE DE BOIS ET FORÊTS OU ESPACES NATURELS

Art. 384 A *ter* *(Décr. n° 2018-680 du 30 juill. 2018, art. 1er)* **« I. — Le redevable qui désire acquitter tout ou partie des droits dus par la remise d'immeubles en nature de bois et forêts ou espaces naturels pouvant être incorporés au domaine forestier de l'État mentionnés à l'article 1716 *bis* du code général des impôts dépose une offre de dation à l'État, indiquant la nature, la situation et la valeur de chacun des biens qu'il envisage de remettre à l'État. Cette offre est déposée au service des impôts compétent pour enregistrer la déclaration de succession ou l'acte constatant la mutation à titre gratuit ou le partage, ou, s'agissant de l'impôt sur la fortune immobilière, pour recevoir la déclaration mentionnée au 1 du I de l'article 982 du code général des impôts. Il en est délivré récépissé.**

« L'offre de dation en paiement est faite dans le délai prévu pour l'enregistrement de la déclaration de succession ou de l'acte constatant la mutation à titre gratuit ou le partage ou, s'agissant de l'impôt sur la fortune immobilière, dans le délai de dépôt de la déclaration mentionnée au 1 du I de l'article 982 précité. »

II. — Le ministre chargé du budget adresse l'offre, accompagnée d'un avis sur la valeur libératoire proposée, au ministre chargé des forêts.

Le ministre chargé des forêts, après consultation de l'Office national des forêts, émet un avis sur l'existence d'un intérêt économique, environnemental ou social du bien offert, sur les conditions de sa gestion, sur la contribution de ce bien à l'enrichissement de l'ensemble foncier auquel il pourrait être, le cas échéant, incorporé ainsi que sur la valeur libératoire proposée.

III. — Au vu des avis mentionnés au II, le ministre chargé du budget décide d'agréer ou non l'offre de dation en précisant la valeur libératoire retenue.

IV. — La décision du ministre chargé du budget est notifiée au demandeur par pli recommandé avec demande d'avis de réception.

V. — En cas d'agrément, le demandeur dispose du délai fixé par la décision d'agrément pour accepter par lettre simple, le cachet de la poste faisant foi, la valeur libératoire reconnue au bien offert en paiement des droits.

4° REMISE À CERTAINS ÉTABLISSEMENTS D'INSTRUMENTS FINANCIERS DESTINÉS À LA RECHERCHE OU L'ENSEIGNEMENT

Art. 384 A *quater* *(Abrogé par Décr. n° 2014-132 du 17 févr. 2014, art. 33-I)* ***I. — L'héritier, le donataire, le légataire ou le copartageant qui désire acquitter tout ou partie des droits de mutation ou de partage dont il est redevable par la remise de blocs de titres de sociétés cotées, de titres d'organismes de placement collectif en valeurs mobilières ou de placements collectifs relevant des paragraphes 1, 2 et 6 de la sous-section 2, du paragraphe 2 ou du sous-paragraphe 1 du paragraphe 1 de la sous-section 3 de la section II du chapitre IV du titre Ier du livre II du code monétaire et financier investis en titres de sociétés cotées ou en obligations négociables, ainsi que d'obligations négociables, mentionnés à l'article 1716 bis du code général des impôts, doit déposer au service des impôts ou au service de la publicité foncière compétent pour enregistrer l'acte constatant la mutation, le partage ou la déclaration de succession, une offre de dation à l'État indiquant le marché sur lequel sont cotés les titres qu'il envisage de remettre à l'État ainsi que leur nombre et leur code d'identification sur ce marché. L'offre est accompagnée de la copie du dernier relevé de compte titres sur lequel les titres sont inscrits. Il en est délivré récépissé.***

Toutefois, l'offre n'est recevable que si l'imposition due et la valeur liquidative ou le cours de bourse des titres offerts en dation de la veille du jour du dépôt de l'offre sont supérieurs ou égaux à un montant fixé par arrêté conjoint des ministres chargés du budget, de l'enseignement supérieur et de la recherche.

L'offre de dation en paiement doit être faite dans le délai prévu pour l'enregistrement de la déclaration de la succession ou de l'acte constatant la mutation ou le partage.

***II.** — Abrogé par Décr. n° 2013-420 du 23 mai 2013, art. 11-I-1°.*

III. — Le ministre chargé de l'enseignement supérieur et de la recherche ou, le cas échéant, le ministre chargé de l'enseignement supérieur ou celui chargé de la recherche ou ces deux

ministres conjointement, suivant la nature du projet, proposent au ministre chargé du budget l'octroi ou le refus de l'agrément.

IV. — La décision est notifiée au demandeur par pli recommandé avec demande d'avis de réception.

V. — En cas de décision d'agrément, la dation en paiement n'est parfaite que si, d'une part, dans le délai mentionné ci-dessous, le demandeur accepte cette décision et transfère à l'État les titres offerts et si, d'autre part, au jour du transfert effectif des titres dans les comptes de l'État, leur dernier cours de clôture connu en bourse ou leur dernière valeur liquidative est au moins égal au montant de l'imposition due.

Le délai mentionné au premier alinéa est de deux mois à compter de la date de réception de la décision d'agrément par le demandeur, lorsque le ou les dépositaires des titres offerts en dation sont établis en France, dans un autre État membre de la Communauté européenne ou dans un autre État partie à l'accord sur l'Espace économique européen. Ce délai est porté à quatre mois si l'un au moins des dépositaires des titres offerts en dation est établi dans un autre État ou territoire.

Lorsque le dernier cours de clôture connu en bourse ou la dernière valeur liquidative des titres au jour de leur transfert effectif dans les comptes de l'État est inférieur au montant de l'imposition due, la dation est parfaite si le demandeur acquitte en numéraire le solde dû, dans le même délai.

L'ensemble des frais afférents à l'opération de transfert des titres à l'État est à la charge du demandeur.

La décision d'agrément est caduque si les conditions susmentionnées ne sont pas respectées.

VI. — Les titres sont cédés par l'État, à titre gratuit et sous forme de dotation à l'établissement public à caractère scientifique, culturel et professionnel ou à l'établissement public à caractère scientifique et technologique ou à la fondation de recherche reconnue d'utilité publique ou assimilée, désigné dans la décision d'agrément, dans les deux mois suivant leur transfert effectif dans les comptes de l'État. Les frais de gestion des titres sont à la charge de l'organisme bénéficiaire. Ces titres sont cédés pour la valeur de leur cours de clôture en bourse ou leur valeur liquidative au jour de la cession.

I *BIS* VERSEMENT POUR DÉPASSEMENT DU PLAFOND LÉGAL DE DENSITÉ

V. note précédant l'art. 1723 octies CGI.

Art. 384 B *à* 384 F *Dispositions devenues sans objet (Décr. nº 2015-608 du 3 juin 2015). — Pour les dispositions applicables antérieurement, V.* **CGI, éd. 2015.**

II

Art. 384 *bis à* 384 *septies* *Dispositions devenues sans objet (L. nº 2000-1208 du 13 déc. 2000, art. 202-XXXIX).*

CHAPITRE PREMIER *BIS* PÉNALITÉS

SECTION PREMIÈRE COMMISSION DES INFRACTIONS FISCALES

Art. 384 *septies*-0 A **Sont élus, dans les mêmes conditions que les membres titulaires élus de la commission des infractions fiscales mentionnés aux 1º à 3º de l'article 1741 A du code général des impôts, douze membres suppléants :**

1º Quatre *(Décr. nº 2020-1616 du 17 déc. 2020, art. 2-I-1º)* **« membres du Conseil » d'État, en activité ou honoraires ;**

2º *(Décr. nº 2020-1616 du 17 déc. 2020, art. 2-I-2º)* **« Quatre magistrats de la Cour des comptes » ;**

3º Quatre magistrats honoraires à la Cour de cassation.

La liste des membres de la commission ainsi que chacune de ses modifications sont ***publiées au Journal officiel*** **de la République française.**

Art. 384 *septies*-0 B **I. — La commission comprend quatre sections. Chaque section est composée de sept membres titulaires :**

1º Deux *(Décr. nº 2020-1616 du 17 déc. 2020, art. 2-II-1º)* **« membres du Conseil » d'État, en activité ou honoraires ;**

2° *(Décr. n° 2020-1616 du 17 déc. 2020, art. 2-II-2°)* « Deux magistrats de la Cour des comptes » ;

3° Deux magistrats honoraires à la Cour de cassation ;

4° Une des personnalités qualifiées mentionnées aux 4° et 5° de l'article 1741 A du code général des impôts.

L'une des sections est présidée par le président de la commission. Chacune des trois autres est présidée par un de ses membres mentionnés aux 1° à 3° de l'article 1741 A du code général des impôts, qui a la qualité de représentant du président de la commission. Toutefois, le président de la commission peut décider de présider certaines séances de ces sections. Dans ce cas, la section peut comporter huit membres, y compris le président.

Le président de la commission répartit les membres titulaires entre les sections. Il désigne son suppléant parmi les *(Décr. n° 2020-1616 du 17 déc. 2020, art. 2-II-3°)* « membres du Conseil » d'État membres titulaires ou suppléants de la commission. Il désigne également ses trois représentants et leurs suppléants issus de la même juridiction que ces derniers.

En cas d'empêchement d'un représentant, celui-ci est remplacé par son suppléant. En cas d'empêchement du président de la commission, la présidence de la section dont il a la charge est assurée par son suppléant. Celui-ci peut aussi présider une section à la demande du président empêché.

En cas d'empêchement de l'un des autres membres de la commission mentionnés aux 1° à 3° de l'article 1741 A du code général des impôts, le président de la commission désigne, pour chaque séance de la commission ou de la section, son remplaçant parmi les membres suppléants issus de la même juridiction.

II. — En vue d'assurer la continuité de l'activité de la commission, le président de celle-ci ou, en cas d'absence ou d'empêchement, son suppléant peut constituer une section temporaire, pour une durée qui ne peut excéder trois mois. Il la préside et désigne six autres membres de la section, ainsi que, le cas échéant, leurs suppléants, parmi les membres de la commission. En cas d'absence ou d'empêchement du président de la commission et de son suppléant, la présidence de la section temporaire est assurée par l'un des représentants du président, présidant une section, ou son suppléant, selon l'ordre arrêté par le président de la commission ou son suppléant.

Lorsqu'un représentant du président, présidant une section, ou son suppléant, assure la présidence de la section temporaire, il exerce, pour le fonctionnement de celle-ci, les attributions dévolues au président de la commission par les articles 384 *septies*-0 C et 384 *septies*-0 D et, le cas échéant, par les articles R.* 228-3 et R.* 228-6 du livre des procédures fiscales.

Art. 384 *septies*-0 C Pour chaque affaire, le président de la commission désigne un rapporteur parmi ceux qui figurent sur une liste arrêtée par le ministre du budget sur proposition du président. Les rapporteurs doivent avoir la qualité de fonctionnaire ou de magistrat. Ils sont placés, pour l'exercice de leurs fonctions, sous l'autorité du président de la commission.

Art. 384 *septies*-0 D Le secrétariat de la commission des infractions est placé sous l'autorité du président. Il est dirigé par un secrétaire nommé, sur proposition du président de la commission, parmi les fonctionnaires de la direction générale des finances publiques ayant au moins le grade d'inspecteur principal.

Les moyens nécessaires au fonctionnement du secrétariat, notamment les moyens en personnel, sont mis à la disposition du président de la commission par le ministre du budget.

Art. 384 *septies*-0 E à 384 *septies*-0 H *Transférés ss. art. R* 228-1 à R* 228-4 LPF.*

Art. 384 *septies*-0 I Les rapporteurs, qui ont voix consultative, formulent des propositions devant la commission ou les sections.

Art. 384 *septies*-0 J et 384 *septies*-0 K *Transférés ss. art. R* 228-5 et R* 228-6 LPF.*

SECTION II PAIEMENT MENSUEL DE L'IMPÔT SUR LE REVENU ET DES IMPÔTS DIRECTS LOCAUX

Art. 384 *septies* A *(Abrogé par Décr. n° 2017-975 du 10 mai 2017, art. 2-1° et 3, mod. par Décr. n° 2017-1750 du 22 déc. 2017, art. 2, à compter du 1er janv. 2019) **I. — Lorsqu'un contribuable perd le bénéfice du règlement de l'impôt par prélèvements mensuels en application des dispositions de l'article 1724 quinquies du code général des impôts, sa situation au regard des majorations de 10 % encourues éventuellement en exécution de l'article 1730 du même code est appréciée globalement à la date de l'échéance impayée ayant entraîné l'exclusion.***

II. — L'administration notifie au contribuable et aux établissements les majorations et déchéances encourues au titre de l'article 1724 quinquies du code général des impôts.

CHAPITRE II PROCÉDURES

0I

Art. 384 *octies* *Transféré ss. art. R* 255-1 LPF.*

I *TAXES SUR LE CHIFFRE D'AFFAIRES ET TAXES ASSIMILÉES*

Art. 385 et 386 *Abrogés par Décr. n° 2011-1302 du 14 oct. 2011, art. 4.*

Art. 387 *Transféré ss. art. R* 273-1 LPF, abrogé.*

Art. 388 *Disjoint.*

II

Art. 389 *Transféré ss. art. R* 256-1 et R* 256-2 LPF.*

Art. 390 *Transféré ss. art. R* 275-1 LPF, abrogé.*

Art. 391 *Transféré ss. art. R* 256-3 et R* 256-4 LPF.*

Art. 392, 393 et 394 *Transférés ss. art. R* 256-5 (abrogé), R* 256-6 et R* 256-7 LPF.*

Art. 395 *Transféré ss. art. R* 257-1 et R* 257-2 LPF, abrogé.*

Art. 396 *Transféré ss. art. R* 277-2 LPF.*

III *DISPOSITIONS COMMUNES*

Art. 396 A *Abrogé par Décr. n° 2013-443 du 30 mai 2013, art. 10 et 12-I, à compter du 1er juill. 2013.*

Art. 396 B **Le comptable chargé du recouvrement mentionné au 1 de l'article 1912 est le comptable compétent de la direction générale des finances publiques.**

Nouvelles modalités de calcul des frais de poursuite (Décr. n° 2011-274 du 16 mars 2011). Tarif des frais de poursuite proportionnels. Champ d'application et comptable compétent. * Instr. 10 mai 2011 : *BOI 12 C-1-11.*

Art. 396 C **Le pourcentage mentionné au 1 de l'article 1912 est fixé à :**

a) **3 % pour un commandement de payer ;**

b) **5 % pour une saisie portant sur des biens meubles corporels ou incorporels ;**

c) **2,5 % pour une opposition sur saisie antérieure ;**

d) **1,5 % pour une signification de vente ou l'apposition d'affiches ;**

e) **1 % *pour un inventaire* des biens saisis ou pour un procès-verbal de vente.**

Les frais de saisie sont ramenés à 1 % :

1° En cas de saisie interrompue par un versement immédiat du redevable auprès de l'huissier ou du comptable mentionné à l'article 396 B ;

2° Lorsque le redevable s'acquitte du montant de sa dette dans le délai d'un jour franc à compter de la saisie.

Les frais mis à la charge des redevables comportent un minimum par acte fixé respectivement à 7,5 euros pour le commandement de payer et à 15 euros pour les autres actes de poursuite.

CHAPITRE II *BIS* SÛRETÉS ET PRIVILÈGES

SECTION PREMIÈRE PUBLICITÉ DU PRIVILÈGE DU TRÉSOR

Art. 396 *bis* 1. L'inscription des sommes privilégiées dues au Trésor prescrite au 1 de l'article 1929 *quater* du code général des impôts est faite :

1° Si le redevable est une personne physique, au greffe du tribunal de commerce ou du *(Décr. n° 2019-966 du 18 sept. 2019, art. 8 et 9, en vigueur le 1er janv. 2020)* « tribunal judiciaire *[ancienne rédaction : tribunal de grande instance]* » statuant commercialement, dans le ressort duquel se trouve son principal établissement commercial ;

2° Si le redevable est une personne morale de droit privé immatriculée au registre du commerce et des sociétés, au greffe du tribunal de commerce ou du *(Décr. n° 2019-966 du 18 sept. 2019, art. 8 et 9, en vigueur le 1er janv. 2020)* « tribunal judiciaire *[ancienne rédaction : tribunal de grande instance]* » statuant commercialement, dans le ressort duquel se trouve son siège social ;

3° Si le redevable est une personne morale de droit privé non immatriculée au registre du commerce et des sociétés, au greffe du *(Décr. n° 2019-966 du 18 sept. 2019, art. 8 et 9, en vigueur le 1er janv. 2020)* « tribunal judiciaire *[ancienne rédaction : tribunal de grande instance]* » dans le ressort duquel se trouve son siège.

Pour les redevables visés aux 2° et 3° dont le siège n'est pas situé sur le territoire métropolitain ou dans les départements d'outre-mer, l'inscription est requise, selon le cas, au greffe du tribunal de commerce ou du *(Décr. n° 2019-966 du 18 sept. 2019, art. 8 et 9, en vigueur le 1er janv. 2020)* « tribunal judiciaire *[ancienne rédaction : tribunal de grande instance]* » statuant commercialement ou au greffe du *(Décr. n° 2019-966 du 18 sept. 2019, art. 8 et 9, en vigueur le 1er janv. 2020)* « tribunal judiciaire *[ancienne rédaction : tribunal de grande instance]* » dans le ressort duquel se trouve le principal établissement du redevable.

2. Lorsque la publicité est faite, en application du premier alinéa du 4 de l'article 1929 *quater* du code général des impôts, l'inscription des sommes déterminées dans les conditions fixées au 3 dudit article doit être requise *(Décr. n° 2019-1473 du 26 déc. 2019, art. 1er-1° et 3, en vigueur le 1er janv. 2020)* « dans le mois qui suit le semestre civil mentionné au 4 de l'article 1929 *quater* et au plus tard :

« *a)* Le 31 janvier pour les sommes dues au 31 décembre de l'année précédente ;

« *b)* Le 31 juillet pour les sommes dues au 30 juin de l'année courante*[.]* »

3. Pour requérir l'inscription des sommes privilégiées dues au Trésor, le comptable public chargé du recouvrement remet ou adresse par lettre recommandée avec demande d'avis de réception, au greffier compétent, un bordereau établi en double exemplaire et comportant les indications suivantes :

a. Date à laquelle il est établi ;

b. Désignation du comptable public requérant ;

c. Nom, prénoms, raison ou dénomination sociale, adresse de l'établissement principal ou du siège du redevable ;

d. Montant des sommes dues au Trésor au dernier jour *(Décr. n° 2019-1473 du 26 déc. 2019, art. 1er-2° et 3, en vigueur le 1er janv. 2020)* « du semestre civil mentionné au 4 de l'article 1929 *quater* » précédant l'inscription.

Le comptable avise le contribuable qu'il a requis une inscription à son encontre.

4. Un des exemplaires du bordereau prévu au 3 est restitué ou renvoyé au comptable par le greffier, après avoir été revêtu de la mention d'inscription qui comprend la date de celle-ci et le numéro sous lequel elle a été faite. Le second exemplaire portant les mêmes mentions est conservé au greffe pour constituer le registre des inscriptions ; le greffier tient en outre un répertoire alphabétique.

(Abrogé par Décr. n° 2019-1473 du 26 déc. 2019, art. 1er-3° et 3, à compter du 1er janv. 2020) ***« 5. Lorsqu'un redevable a contesté une imposition ayant fait l'objet d'une inscription et qu'il bénéficie du sursis de paiement dans les conditions prévues aux articles L. 277 à L. 279 A du livre des procédures fiscales, il peut faire mentionner par le greffier l'existence de la contestation ; cette mention est portée en marge de l'inscription.***

« Le redevable doit produire à cet effet une attestation délivrée par le comptable chargé du recouvrement de l'imposition contestée.

« La fraction non encore payée d'une imposition contestée ayant fait l'objet d'une mention au registre public figure d'une manière distincte sur le bordereau établi par le comptable en vue d'une nouvelle inscription dans les conditions prévues au premier alinéa du 6. »

6. Chaque nouvelle inscription requise par un même comptable à l'encontre du même redevable rend caduque l'inscription précédente.

En dehors du cas prévu au 7, le comptable qui a requis l'inscription demande, dans le délai mentionné au 8 *bis* de l'article 1929 *quater* du code général des impôts, la radiation totale prévue à ce 8 *bis* par la présentation au greffe d'une attestation de paiement.

En dehors du cas prévu au 7, une inscription peut faire l'objet à tout moment d'une radiation partielle à la diligence du redevable, sur présentation au greffe d'une attestation constatant le paiement partiel et établie par le comptable ayant requis l'inscription.

Toute radiation consécutive à un dégrèvement est faite à l'initiative du comptable qui avait requis l'inscription. Il est de même procédé à radiation sur l'initiative du comptable en cas d'erreur commise par celui-ci sur le montant des sommes privilégiées ou sur l'identité du redevable.

Le greffier mentionne les radiations en marge de l'inscription correspondante.

7. Pour inscrire son privilège, le subrogé dans les droits du Trésor produit au greffier un certificat établi par le comptable public chargé du recouvrement et attestant la subrogation. Si la créance ayant fait l'objet d'une subrogation est comprise dans une inscription, le certificat vaut radiation de cette inscription à due concurrence.

8. Les attestations ou certificats prévus aux *(Abrogé par Décr. nº 2019-1473 du 26 déc. 2019, art. 1er-4º et 3, à compter du 1er janv. 2020)* « 5, » 6 et 7 sont remis en double exemplaire ou adressés aux greffiers par lettre recommandée avec demande d'avis de réception. L'un des exemplaires est rendu ou renvoyé à titre de récépissé au requérant, après avoir été revêtu, dès réception, d'une mention indiquant la date d'accomplissement de la formalité requise. Le deuxième exemplaire est conservé au greffe.

9. Les greffiers sont tenus de délivrer à tous ceux qui le requièrent et aux frais du requérant soit un état des inscriptions existantes, soit un certificat indiquant qu'il n'existe aucune inscription. Chaque réquisition ne peut viser qu'un redevable nommément désigné.

L'état des inscriptions délivré par le greffier doit comporter l'indication du comptable ou du tiers subrogé ayant requis l'inscription, la date de l'inscription *(Décr. nº 2019-1473 du 26 déc. 2019, art. 1er-5º et 3, en vigueur le 1er janv. 2020)* « et le montant des sommes inscrites ».

10. Le modèle du bordereau prévu au 3, *(Décr. nº 2019-1473 du 26 déc. 2019, art. 1er-6º et 3, en vigueur le 1er janv. 2020)* « de l'attestation prévue » au 6 et du certificat prévu au 7 est fixé par arrêté conjoint du ministre chargé du budget et du garde des sceaux, ministre de la justice. — *V. Ann. IV, art. 207 sexies.*

11. En cas de destruction totale ou partielle ou de disparition, par suite d'un sinistre ou de tout autre fait, du registre de publicité des créances privilégiées du Trésor public mentionné à l'article 1er de la loi nº 71-1029 du 24 décembre 1971, quel que soit le greffe dans lequel ce registre était ou est conservé, il est procédé à sa reconstitution de la façon suivante :

Les comptables publics qui avaient obtenu l'inscription de privilèges pour des sommes dues au Trésor demandent au greffier, par simple requête et sur présentation du second exemplaire du bordereau d'inscription prévu au 4, la réinscription du privilège du Trésor pour les sommes indiquées sur cet exemplaire.

Les subrogés dans les droits du Trésor procèdent de la même manière sur production du deuxième exemplaire de l'attestation ou certificat prévu au 8.

La réinscription du privilège du Trésor ou des subrogés est notifiée par le greffier au redevable par lettre recommandée avec demande d'avis de réception dans les huit jours de cette réinscription.

Le redevable, s'il estime que la réinscription n'est pas conforme à l'inscription primitive, peut, dans le délai de quinze jours à compter de la date de réception de cette let-

tre, présenter une réclamation devant la commission visée à l'article 1er du décret n° 72-917 du 2 octobre 1972.

Celle-ci statue dans les conditions prévues au chapitre Ier du même décret.

Nouvel art. 396 *bis* *(Décr. n° 2021-1887 du 29 déc. 2021, art. 6 et 15, en vigueur le 1er janv. 2023)* ***« 1. L'inscription des sommes privilégiées dues au Trésor prescrite au 1 de l'article 1929 quater du code général des impôts est soumise aux dispositions des articles R. 521-1 et suivants du code de commerce, sous réserve des dispositions du présent article. »***

2. Lorsque la publicité est faite, en application du premier alinéa du 4 de l'article 1929 quater du code général des impôts, l'inscription des sommes déterminées dans les conditions fixées au 3 dudit article doit être requise *(Décr. n° 2019-1473 du 26 déc. 2019, art. 1er-1° et 3, en vigueur le 1er janv. 2020)* ***« dans le mois qui suit le semestre civil mentionné au 4 de l'article 1929 quater et au plus tard :***

« a) Le 31 janvier pour les sommes dues au 31 décembre de l'année précédente ;

« b) Le 31 juillet pour les sommes dues au 30 juin de l'année courante[.] »

(Décr. n° 2021-1887 du 29 déc. 2021, art. 6 et 15, en vigueur le 1er janv. 2023) ***« 3. Le comptable public chargé du recouvrement requiert l'inscription des sommes privilégiées dues au Trésor auprès du greffier compétent.***

« Le comptable public avise le redevable qu'il a requis une inscription à son encontre. »

(Abrogé par Décr. n° 2021-1887 du 29 déc. 2021, art. 6 et 15, à compter du 1er janv. 2023) ***« 4. Un des exemplaires du bordereau prévu au 3 est restitué ou renvoyé au comptable par le greffier, après avoir été revêtu de la mention d'inscription qui comprend la date de celle-ci et le numéro sous lequel elle a été faite. Le second exemplaire portant les mêmes mentions est conservé au greffe pour constituer le registre des inscriptions ; le greffier tient en outre un répertoire alphabétique. »***

(Abrogé par Décr. n° 2019-1473 du 26 déc. 2019, art. 1er-3° et 3, à compter du 1er janv. 2020) ***« 5. Lorsqu'un redevable a contesté une imposition ayant fait l'objet d'une inscription et qu'il bénéficie du sursis de paiement dans les conditions prévues aux articles L. 277 à L. 279 A du livre des procédures fiscales, il peut faire mentionner par le greffier l'existence de la contestation ; cette mention est portée en marge de l'inscription.***

« Le redevable doit produire à cet effet une attestation délivrée par le comptable chargé du recouvrement de l'imposition contestée.

« La fraction non encore payée d'une imposition contestée ayant fait l'objet d'une mention au registre public figure d'une manière distincte sur le bordereau établi par le comptable en vue d'une nouvelle inscription dans les conditions prévues au premier alinéa du 6. »

6. Chaque nouvelle inscription requise par un même comptable *(Décr. n° 2021-1887 du 29 déc. 2021, art. 6 et 15, en vigueur le 1er janv. 2023)* ***« public » à l'encontre du même redevable rend caduque l'inscription précédente.***

(Décr. n° 2021-1887 du 29 déc. 2021, art. 6 et 15, en vigueur le 1er janv. 2023) ***« En cas de paiement partiel, le comptable public ayant requis l'inscription établit à la demande du redevable une attestation constatant ce paiement. En ce cas, le redevable pourra requérir du greffier compétent une inscription modificative.***

« Toute inscription modificative consécutive à un dégrèvement partiel, ou toute radiation consécutive à un dégrèvement total est faite à l'initiative du comptable public qui avait requis l'inscription. Il est de même procédé à l'inscription modificative ou à la radiation sur l'initiative du comptable public en cas d'erreur commise par celui-ci sur le montant des sommes privilégiées ou sur l'identité du redevable. »

(Abrogé par Décr. n° 2021-1887 du 29 déc. 2021, art. 6 et 15, à compter du 1er janv. 2023) ***« Toute radiation consécutive à un dégrèvement est faite à l'initiative du comptable qui avait requis l'inscription. Il est de même procédé à radiation sur l'initiative du comptable en cas d'erreur commise par celui-ci sur le montant des sommes privilégiées ou sur l'identité du redevable. »***

Le greffier mentionne *(Décr. n° 2021-1887 du 29 déc. 2021, art. 6 et 15, en vigueur le 1er janv. 2023)* ***« les inscriptions modificatives et » les radiations en marge de l'inscription correspondante.***

(Décr. n° 2021-1887 du 29 déc. 2021, art. 6 et 15, en vigueur le 1er janv. 2023) ***« 7. En cas de subrogation dans les droits du Trésor, le comptable public chargé du recouvrement établit pour le subrogé une attestation de subrogation.***

« Pour inscrire son privilège, le subrogé produit cette attestation au greffier compétent. Si la créance ayant fait l'objet d'une subrogation est comprise dans une inscription, l'attestation est

communiquée au greffier compétent pour requérir une inscription modificative de cette inscription, à due concurrence. »

(*Abrogé par Décr. nº 2021-1887 du 29 déc. 2021, art. 6 et 15, à compter du 1er janv. 2023*) *« 8. Les attestations ou certificats prévus aux* (*Abrogé par Décr. nº 2019-1473 du 26 déc. 2019, art. 1er-4º et 3, à compter du 1er janv. 2020*) *« 5, » 6 et 7 sont remis en double exemplaire ou adressés aux greffiers par lettre recommandée avec demande d'avis de réception. L'un des exemplaires est rendu ou renvoyé à titre de récépissé au requérant, après avoir été revêtu, dès réception, d'une mention indiquant la date d'accomplissement de la formalité requise. Le deuxième exemplaire est conservé au greffe.*

« 9. Les greffiers sont tenus de délivrer à tous ceux qui le requièrent et aux frais du requérant soit un état des inscriptions existantes, soit un certificat indiquant qu'il n'existe aucune inscription. Chaque réquisition ne peut viser qu'un redevable nommément désigné.

« L'état des inscriptions délivré par le greffier doit comporter l'indication du comptable ou du tiers subrogé ayant requis l'inscription, la date de l'inscription (*Décr. nº 2019-1473 du 26 déc. 2019, art. 1er-5º et 3, en vigueur le 1er janv. 2020*) *« et le montant des sommes inscrites ».*

(*Décr. nº 2021-1887 du 29 déc. 2021, art. 6 et 15, en vigueur le 1er janv. 2023*) *« 10. Les attestations délivrées par le comptable public en cas de paiement partiel de la créance ou de subrogation sont déterminées par un arrêté. »*

(*Abrogé par Décr. nº 2021-1887 du 29 déc. 2021, art. 6 et 15, à compter du 1er janv. 2023*) *« 11. En cas de destruction totale ou partielle ou de disparition, par suite d'un sinistre ou de tout autre fait, du registre de publicité des créances privilégiées du Trésor public mentionné à l'article 1er de la loi nº 71-1029 du 24 décembre 1971, quel que soit le greffe dans lequel ce registre était ou est conservé, il est procédé à sa reconstitution de la façon suivante :*

« Les comptables publics qui avaient obtenu l'inscription de privilèges pour des sommes dues au Trésor demandent au greffier, par simple requête et sur présentation du second exemplaire du bordereau d'inscription prévu au 4, la réinscription du privilège du Trésor pour les sommes indiquées sur cet exemplaire.

« Les subrogés dans les droits du Trésor procèdent de la même manière sur production du deuxième exemplaire de l'attestation ou certificat prévu au 8.

« La réinscription du privilège du Trésor ou des subrogés est notifiée par le greffier au redevable par lettre recommandée avec demande d'avis de réception dans les huit jours de cette réinscription.

« Le redevable, s'il estime que la réinscription n'est pas conforme à l'inscription primitive, peut, dans le délai de quinze jours à compter de la date de réception de cette lettre, présenter une réclamation devant la commission visée à l'article 1er du décret nº 72-917 du 2 octobre 1972.

« Celle-ci statue dans les conditions prévues au chapitre Ier du même décret. »

SECTION II PROCÉDURE DE SAUVEGARDE OU DE REDRESSEMENT JUDICIAIRE

Art. 396 *bis* A *Dispositions disjointes (Décr. nº 2015-608 du 3 juin 2015). — Pour les dispositions applicables antérieurement, V.* **CGI, éd. 2015.**

CHAPITRE II *TER* DÉGRÈVEMENTS ET RESTITUTIONS D'IMPÔTS

SECTION PREMIÈRE

Art. 396 *ter* *Devenu sans objet (L. nº 93-1352 du 30 déc. 1993, art. 17-II et III).*

SECTION II JURIDICTION GRACIEUSE — COMITÉ DU CONTENTIEUX FISCAL, DOUANIER ET DES CHANGES

Art. 396 *ter* A Le comité du contentieux fiscal, douanier et des changes prévu à l'article R.* 247-12 du Livre des procédures fiscales peut être consulté par le ministre chargé du budget sur toute question générale ou particulière relative au contentieux fiscal.

Il peut également faire, de sa propre initiative, au ministre chargé du budget les *observations et recommandations* qu'il estime utiles. Tout assujetti au respect de la réglementation fiscale et tout organisme représentatif de ces assujettis peut informer le comité des difficultés rencontrées en matière contentieuse.

Art. 396 *quater* Le comité du contentieux fiscal, douanier et des changes est composé, sous la présidence d'un (*Décr. nº 2020-1616 du 17 déc. 2020, art. 2-III-1º*) « membre du Conseil » d'État, de douze membres titulaires et de douze membres suppléants.

Ces membres sont des *(Décr. nº 2020-1616 du 17 déc. 2020, art. 2-III-2º)* « membres du Conseil d'État », des *(Décr. nº 2020-1616 du 17 déc. 2020, art. 2-III-2º)* « membres de la Cour de cassation » et des *(Décr. nº 2020-1616 du 17 déc. 2020, art. 2-III-2º)* « magistrats de » la Cour des comptes, en activité ou à la retraite. Le nombre des membres titulaires en activité ne peut être inférieur à six.

Le président du comité et son suppléant sont choisis parmi les *(Décr. nº 2020-1616 du 17 déc. 2020, art. 2-III-3º)* « membres du Conseil » d'État membres du comité.

Le président et les membres du comité ainsi que leurs suppléants sont nommés par décret pour trois ans.

En cas de partage égal des voix, celle du président est prépondérante.

Art. 396 *quinquies* Le comité comprend quatre sections. Chaque section est composée de trois membres.

L'une des sections est présidée par le président du comité. Chacune des trois autres est présidée par un de ses membres, qui a la qualité de représentant du président du comité. Toutefois, le président du comité peut décider de présider certaines séances de ces sections. Dans ce cas, la section peut comporter quatre membres, y compris le président.

En cas d'empêchement d'un représentant, celui-ci est remplacé par son suppléant. En cas d'empêchement du président du comité, la présidence de la section dont il a la charge est assurée par son suppléant. Celui-ci peut aussi présider une section à la demande du président empêché.

La répartition des membres titulaires et suppléants entre les sections est établie par arrêté du ministre du budget. Les trois représentants du président et leurs suppléants sont désignés par ce même arrêté qui est pris sur proposition du président du comité.

Art. 396 *sexies* Pour chaque affaire, le président du comité désigne un rapporteur parmi ceux qui figurent sur une liste arrêtée par le ministre du budget sur proposition du président. Les rapporteurs doivent avoir la qualité de fonctionnaire ou de magistrat. Ils sont placés, pour l'exercice de leurs fonctions, sous l'autorité du président du comité.

Art. 396 *septies* Le secrétariat du comité du contentieux est placé sous l'autorité du président. Il est dirigé par un secrétaire nommé, sur proposition du président du comité, parmi les fonctionnaires de la direction générale des finances publiques ou de la direction générale des douanes et des droits indirects ayant au moins le grade d'inspecteur principal.

Les moyens nécessaires au fonctionnement du secrétariat, notamment les moyens en personnel, sont mis à la disposition du président du comité par le ministre du budget.

Art. 396 *octies* à 396 *decies* *Transférés ss. art. R* 247-12 à R* 247-14 LPF.*

Art. 396 *undecies* Les dossiers sont répartis par le président entre les différentes sections. L'avis rendu par la section saisie constitue l'avis du comité.

Le président peut soumettre une affaire au comité siégeant en formation plénière. Chaque section peut renvoyer une affaire à la formation plénière.

Le comité ne peut délibérer que si huit au moins de ses membres, titulaires ou suppléants, sont présents. Une section ne peut délibérer que si deux au moins de ses membres, titulaires ou suppléants, sont présents.

Les sections ou le comité se prononcent à la majorité des voix. En cas de partage égal des voix, le président a voix prépondérante.

Art. 396 *duodecies* Les rapporteurs, qui ont voix consultative, formulent des propositions devant le comité ou les sections.

Art. 396 *terdecies* et 396 *quaterdecies* *Transférés ss. art. R* 247-15 et R* 247-16 LPF.*

Art. 396 *quindecies* Pour l'exécution des enquêtes auxquelles procèdent les membres du comité du contentieux fiscal, douanier et des changes en vue de l'élaboration du rapport annuel prévu à l'article L. 138 du Livre des procédures fiscales, le comité fait appel aux corps ou services habilités à contrôler l'activité des services déconcentrés de la direction générale des finances publiques.

Il peut demander au directeur général des finances publiques de désigner des agents à cette fin.

CHAPITRE III

I à III

Art. 397 à 399 *Transférés ss. art. R* 208-3 à R* 208-5 LPF.*

Art. 400 *Abrogé.*

Art. 401 et 402 *Transférés ss. art. R* 208-1 et R* 208-2 LPF.*

Art. 403 *Disjoint.*

Art. 404 *Transféré ss. art. R* 208-6 LPF.*

Art. 405 et 406 *Disjoints.*

CHAPITRE IV

Art. 406 *bis* *Transféré ss. art. R* 81-1 et R* 81-2 LPF.*

Art. 407 *Transféré ss. art. R* 94-1 LPF.*

CHAPITRE V COMPÉTENCE DES FONCTIONNAIRES DE LA DIRECTION GÉNÉRALE DES IMPÔTS OU DE LA DIRECTION DES DOUANES ET DROITS INDIRECTS

Art. 408 I. — 1° Le directeur départemental des finances publiques ou le directeur interrégional des douanes et droits indirects ou, en Guadeloupe, en Guyane, à La Réunion et à Mayotte, le directeur régional des douanes et droits indirects ou, s'agissant des impositions et pénalités établies à l'initiative d'une direction spécialisée des finances publiques ou d'un service à compétence nationale, le directeur chargé de cette direction ou de ce service a seul pouvoir de : — *V. note ss. l'art.*

a) Statuer sur les réclamations contentieuses mentionnées à l'article L. 190 du livre des procédures fiscales ;

b) Abrogé par Décr. n° 2016-1099 du 11 août 2016, art. 1er-1° et 5-I ;

c) Prononcer d'office des dégrèvements et restitutions ;

d) Statuer sur les demandes gracieuses présentées sur le fondement des dispositions du III de l'article 1691 *bis* du code général des impôts ou de l'article L. 247 du livre des procédures fiscales, dans les limites fixées aux articles R.* 247-4 et R.* 247-5 de ce livre ;

e) Abrogé par Décr. n° 2016-1099 du 11 août 2016, art. 1er-1° et 5-I.

1° *bis* Le directeur départemental ou, le cas échéant, régional des finances publiques du département dans lequel est situé le siège du tribunal administratif ou, s'agissant des impositions et pénalités établies par une direction spécialisée des finances publiques ou un service à compétence nationale, le directeur chargé de cette direction ou de ce service, a seul pouvoir de soumettre d'office au tribunal administratif les réclamations contentieuses mentionnées à l'article L. 190 du livre des procédures fiscales, de représenter l'État devant le tribunal administratif dans les instances engagées à la suite de ces réclamations ainsi que dans les instances afférentes aux demandes gracieuses mentionnées au *d* du 1° et de prononcer les dégrèvements et restitutions afférents à ces instances ;

1° *ter* Le pouvoir de soumettre d'office au tribunal compétent de l'ordre judiciaire les réclamations contentieuses mentionnées à l'article L. 190 du livre des procédures fiscales, *de représenter* l'État devant les juridictions des premier et second degrés de l'ordre judiciaire dans les instances engagées à la suite de ces réclamations et de prononcer les dégrèvements et restitutions afférents à ces instances est conféré à un ou plusieurs directeurs départementaux ou, le cas échéant, régionaux des finances publiques désignés par arrêté du ministre chargé du budget. — *V. Arr. du 22 août 2016, JO 30 août.*

1° *quater* Le directeur interrégional des douanes et droits indirects ou, en Guadeloupe, en Guyane, à La Réunion et à Mayotte, le directeur régional des douanes et droits indirects a seul pouvoir de soumettre d'office au tribunal compétent les réclamations contentieuses mentionnées à l'article L. 190 du livre des procédures fiscales et de représenter l'État devant le tribunal administratif et devant les juridictions des premier et second degrés de l'ordre judiciaire dans les instances engagées contre l'administration à la suite de ces réclamations ainsi que dans les instances afférentes aux demandes gracieuses mentionnées au *d* du 1°.

2° Le directeur départemental des finances publiques ou le directeur interrégional des douanes et droits indirects ou, en Guadeloupe, en Guyane, à La Réunion et à Mayotte, le directeur régional des douanes et droits indirects ou, s'agissant des impositions et pénalités recouvrées par une direction spécialisée des finances publiques ou un service à compétence nationale, le directeur chargé de cette direction ou de ce service, a seul pouvoir de :

a) Statuer sur les demandes de décharge de l'obligation de paiement solidaire fondées sur les dispositions du II de l'article 1691 *bis* du code général des impôts ;

b) Statuer sur les demandes de décharge de l'obligation de paiement solidaire fondées sur les dispositions du septième alinéa de l'article L. 247 du livre des procédures fiscales, dans les limites fixées aux articles R. 247-10 et R. 247-11 du même livre ;

c) Représenter l'État devant le tribunal administratif et devant les juridictions des premier et second degrés de l'ordre judiciaire dans les instances relatives aux affaires mentionnées aux *a* et *b*.

3° Le directeur départemental des finances publiques ou le directeur interrégional des douanes et droits indirects ou, en Guadeloupe, en Guyane, à La Réunion et à Mayotte, le directeur régional des douanes et droits indirects ou, s'agissant des impositions et pénalités recouvrées par une direction spécialisée des finances publiques ou un service à compétence nationale, le directeur chargé de cette direction ou de ce service a seul pouvoir de :

a) Statuer sur les contestations relatives au recouvrement prévues par les articles L. 281 et L. 283 du livre des procédures fiscales ;

b) Représenter l'État devant le tribunal administratif dans les instances relatives aux affaires mentionnées au a qui relèvent de la juridiction administrative.

II. — Pour l'exercice de leurs attributions en matière contentieuse et gracieuse, les directeurs mentionnés au I peuvent déléguer leur signature, dans les limites et conditions fixées par arrêté du ministre chargé du budget, aux agents placés sous leur autorité qui ne bénéficient pas de la délégation mentionnée au III.

III. — A compter du jour où prend effet l'acte les nommant dans leurs fonctions, les responsables des services dont la liste est fixée par arrêté du ministre chargé du budget et les agents chargés de leur intérim peuvent signer, au nom du directeur sous l'autorité duquel ils sont placés, les décisions et actes mentionnés au I. Cet arrêté fixe également les conditions et les limites de la délégation. — *V. Ann. IV, art. 212 à 218.*

Le changement de directeur ne met pas fin à la délégation.

A compter du jour où prend effet l'acte les nommant dans leurs fonctions, pour ce qui concerne l'administration des douanes et droits indirects, les chefs des services spécialisés ou les directeurs régionaux des douanes et droits indirects, à l'exception des directeurs régionaux des douanes et droits indirects en Guadeloupe, en Guyane, à La Réunion et à Mayotte, et les agents chargés de leur intérim peuvent signer, au nom du directeur interrégional des douanes et droits indirects sous l'autorité duquel ils sont placés, les décisions et actes mentionnés au I. Un arrêté du ministre chargé du budget fixe les conditions et les limites de la délégation.

Le changement de directeur interrégional des douanes et droits indirects ne met pas fin à la délégation.

IV. — Les responsables de service mentionnés au III ou, le cas échéant, les agents chargés de leur intérim peuvent, dans les conditions fixées par arrêté du ministre chargé du budget, donner délégation aux agents placés sous leur autorité pour signer les décisions et actes relatifs aux affaires pour lesquelles ils ont eux-mêmes reçu délégation.

Cette délégation prend fin en même temps que les fonctions de celui qui l'a donnée.

Les directeurs régionaux des douanes et droits indirects ou les chefs des services spécialisés mentionnés au troisième alinéa du III ou, le cas échéant, les agents chargés de leur intérim peuvent, dans les conditions fixées par arrêté du ministre chargé du budget, donner délégation aux agents placés sous leur autorité pour signer les décisions et actes relatifs aux affaires pour lesquelles ils ont eux-mêmes reçu délégation.

Cette délégation prend fin en même temps que les fonctions de celui qui l'a donnée.

V. — Les délégations prévues au II et au IV font l'objet :

_a)_ Lorsqu'elles sont accordées à un agent d'une direction spécialisée des finances publiques ou d'un service à compétence nationale, d'une publication, selon le cas, au Bulletin officiel des finances publiques ou au Bulletin officiel des douanes ;

_b)_ Dans les autres cas, d'une publication au recueil des actes administratifs du département du siège de la direction dont relève l'agent concerné ou d'un affichage dans les locaux du service dans lequel il est affecté.

La liste nominative des responsables de service disposant de la délégation prévue au III et ses modifications font l'objet d'une publication :

_a)_ Selon le cas, au Bulletin officiel des finances publiques ou au Bulletin officiel des douanes, pour les agents relevant d'une direction spécialisée des finances publiques ou d'un service à compétence nationale ;

_b)_ Au recueil des actes administratifs du département du siège de la direction dont ils relèvent, dans les autres cas.

La liste nominative des directeurs régionaux des douanes et droits indirects ou des chefs des services spécialisés disposant de la délégation prévue au troisième alinéa du III et ses modifications font l'objet d'une publication au recueil des actes administratifs du département du siège de la direction interrégionale dont ils relèvent et au recueil des actes administratifs du département du siège de la direction régionale concernée ou du service spécialisé. — *V. Ann. IV, art. 212 à 219.*

Décr. n° 2016-935 du 7 juill. 2016, art. 8 :

« II. — Les agents mentionnés au troisième alinéa du III de l'article 408 qui sont en fonctions lors de l'entrée en vigueur de l'arrêté du ministre chargé du budget pris pour l'application de ces mêmes dispositions disposent, à compter de cette date, de la délégation de signature du directeur sous l'autorité duquel ils sont placés et peuvent eux-mêmes déléguer leur signature dans les conditions prévues au troisième alinéa du IV du même article.

« La liste nominative de ces agents fait l'objet d'une publication au recueil des actes administratifs du département du siège de la direction régionale concernée ou du service spécialisé.

« Les dispositions de l'article 408 de l'annexe II au code général des impôts, dans leur rédaction issue du présent décret, s'appliquent aux demandes pour lesquelles il n'a pas été statué à la date d'entrée en vigueur du présent décret. »

(Décr. n° 2016-1099 du 11 août 2016, art. 1er-5)

Conformément à l'art. 5-I du Décr. n° 2016-1099 du 11 août 2016, les dispositions issues de l'art. 1er du même Décr. n° 2016-1099 du 11 août 2016 s'appliquent :

— s'agissant des instances engagées devant les tribunaux administratifs, aux requêtes enregistrées au greffe du tribunal à compter du 1er sept. 2016 et aux mémoires produits à compter de cette même date sur les requêtes enregistrées antérieurement.

— s'agissant des instances intéressant les services de la direction générale des finances publiques engagées devant les juridictions des premier et second degrés de l'ordre judiciaire, dans les conditions suivantes fixées par l'arrêté du ministre chargé du budget du 22 août 2016 (JO 30 août, n° 10) :

— s'agissant des instances engagées à la suite de litiges avec les directions départementales ou, le cas échéant, régionales des finances publiques, aux assignations signifiées et aux déclarations d'appel remises au greffe à compter du 1er sept. 2016 ;

— s'agissant des instances engagées à la suite de litiges avec les services à compétence nationale et les directions spécialisées, aux assignations signifiées et aux déclarations d'appel remises au greffe à compter du 1er avr. 2017.

Art. 408 *bis* *(Décr. n° 2016-1099 du 11 août 2016, art. 2)* **I. — Les observations en défense sur les recours pour excès de pouvoir exercés à l'encontre des décisions prises par les directeurs départementaux ou, le cas échéant, régionaux des finances publiques ou par les agents placés sous leur autorité dans les matières énumérées à l'article 33**

du décret n° 2004-374 du 29 avril 2004 relatif aux pouvoirs des préfets, à l'organisation et à l'action des services de l'État dans les régions et les départements sont présentées par le directeur départemental ou, le cas échéant, régional des finances publiques du département dans lequel le tribunal administratif a son siège.

II. – Les observations en défense sur les recours pour excès de pouvoir exercés à l'encontre des décisions prises par le directeur chargé d'un service à compétence nationale ou déconcentré des finances publiques autre que ceux mentionnés au I ou des décisions prises par les agents placés sous son autorité, dans les matières énumérées à l'article 33 du décret n° 2004-374 du 29 avril 2004 précité, sont présentées par ce directeur.

Les dispositions issues de l'art. 2 du Décr. n° 2016-1099 du 11 août 2016 sont applicables aux requêtes enregistrées au greffe du tribunal administratif à compter du 1er sept. 2016 (Décr. préc., art. 5-II).

Art. 409 Lorsque les besoins du service le requièrent et qu'il n'existe aucun fonctionnaire apte à exercer les fonctions définies aux deuxième à cinquième alinéas, celles-ci peuvent être confiées par intérim à d'anciens fonctionnaires des mêmes catégories ou grades.

Les fonctions dont il s'agit sont :

– celles exercées par les directeurs en application de l'article 408 ;

– celles prévues par l'article 350 *terdecies* de l'annexe III au code général des impôts pour la fixation des bases d'imposition ou la proposition des rectifications ;

– celles prévues par l'article R.* 81-1 du livre des procédures fiscales relatif au droit de communication.

Art. 410 Chaque fonctionnaire de la direction générale des finances publiques ou chaque fonctionnaire des douanes et droits indirects peut déléguer sa signature aux agents placés sous son autorité dans les conditions fixées par le directeur général des finances publiques ou le directeur général des douanes et droits indirects, selon le cas.

ANNEXE III : DISPOSITIONS REVÊTANT LA FORME DE DÉCRET

Codification des textes d'application

LIVRE PREMIER ASSIETTE ET LIQUIDATION DE L'IMPÔT

PREMIÈRE PARTIE IMPÔTS D'ÉTAT

TITRE PREMIER IMPÔTS DIRECTS ET TAXES ASSIMILÉES

CHAPITRE PREMIER IMPÔT SUR LE REVENU

SECTION 0I

Art. 01 *Abrogé.*

SECTION PREMIÈRE DÉTERMINATION DES BÉNÉFICES OU REVENUS NETS DES DIVERSES CATÉGORIES DE REVENUS

I

Art. 1er et 2 *Abrogés par L. n° 59-1472 du 28 déc. 1959, art. 1er s.*

Art. 2 *bis* à 2 *quinquies* *Transférés ss. art. 41 octodecies à 41 vicies, depuis abrogés.*

II *REVENUS FONCIERS*

Art. 2 *sexies* Lorsque la durée d'un bail à construction est comprise entre dix-huit et trente ans, le revenu brut foncier correspondant à la valeur des constructions remises sans indemnité au bailleur en fin de bail est égal au prix de revient de ces constructions, sous déduction d'une décote égale à 8 % par année de bail au-delà de la dix-huitième.

1°

Art. 2 *septies* à 2 *decies* *Périmés (Décr. n° 2006-356 du 24 mars 2006).*

2° MISE AUX NORMES DES BÂTIMENTS AGRICOLES. DÉDUCTION DES DÉPENSES D'AMÉLIORATION ET DE CONSTRUCTION

Art. 2 *undecies* Les dépenses prévues au *c bis* du 2° du I de l'article 31 du code général des impôts sont les dépenses d'amélioration et de construction, qui s'incorporent aux bâtiments d'exploitation rurale affectés aux activités définies dans la nomenclature des installations classées pour la protection de l'environnement prévue à l'article L. 511-2 du code de l'environnement et qui sont rendues obligatoires.

Le bailleur doit joindre à sa déclaration de revenus au titre de l'année au cours de laquelle est payée la dépense :

1° *Une copie, selon* le cas, de l'autorisation préfectorale prévue à l'article L. 512-1 du code de l'environnement ou de la déclaration prévue à l'article L. 512-8 du même code accompagnée du récépissé délivré par le préfet ;

2° Les factures des dépenses effectuées mentionnant distinctement les travaux obligatoires, leur description précise et leur montant, ainsi que la désignation des immeubles sur lesquels ils sont réalisés.

3° DISPOSITIONS PARTICULIÈRES APPLICABLES AUX BAILLEURS DE LOGEMENTS INTERMÉDIAIRES ET SOCIAUX

Art. 2 *duodecies* Pour l'application du premier alinéa du *j* du 1° du I de l'article 31 du code général des impôts, les plafonds de loyer et de ressources du locataire sont les suivants :

a) **Pour les baux conclus en** *(Décr. n° 2021-744 du 9 juin 2021, art. 3)* **« 2022** *[ancienne rédaction : 2021]* **», les plafonds de loyer mensuel, charges non comprises, sont fixés à** *(Décr. n° 2021-744 du 9 juin 2021, art. 3)* **« 19,36 €** *[ancienne rédaction : 19,28 €]* **par mètre carré en zone A, 12,65 €** *[ancienne rédaction : 12,60 €]* **en zone B et 9,18 €** *[ancienne rédaction : 9,14 €]* **» en zone C. Ces plafonds sont révisés au 1er janvier de chaque année selon les modalités prévues au premier alinéa de l'article L. 353-9-2 du code de la construction et de l'habitation, et arrondis au centime d'euro le plus proche. Toutefois, pour les conventions conclues à compter du 1er janvier 2015 pour l'application du premier alinéa du *m* du 1 du I de l'article 31 du code général des impôts, les plafonds de loyer sont égaux à ceux fixés au 1 du I de l'article 2 *terdecies* D, ou, le cas échéant, en application du III de ce même article, ou, pour les logements situés en outre-mer, au 1 du I de l'article 2 *terdecies* F, ou, le cas échéant, en application du III de ce même article. Pour ces mêmes conventions, les plafonds de loyer applicables pour les logements situés dans la zone C sont égaux à ceux fixés au présent alinéa pour les logements situés dans la zone B2 du 1 du I de l'article 2 *terdecies* D précité. Les plafonds fixés par arrêté du représentant de l'État dans la région en application des III des articles 2 *terdecies* D et 2 *terdecies* F ne s'appliquent qu'aux conventions conclues à compter de l'entrée en vigueur de l'arrêté.**

Pour l'application du présent article, les zones A, B et C sont définies par arrêté des ministres chargés du budget et du logement. *— V. Arr. du 19 déc. 2003 (JO 21 déc.), mod. par Arr. du 10 août 2006 (JO 11 août) et Arr. du 7 avr. 2009 (JO 9 avr.). — V. également Arr. du 1er août 2014 (JO 6 août) mod. par Arr. du 30 sept 2014 (JO 14 oct.).*

La surface à prendre en compte pour l'appréciation du plafond de loyer s'entend de la surface habitable au sens de l'article *(Décr. n° 2021-872 du 30 juin 2021, art. 7-VII-7°)* **« R. 156-1 » du code de la construction et de l'habitation, augmentée de la moitié, dans la limite de 8 mètres carrés par logement, de la surface des annexes mentionnées aux articles** *(Décr. n° 2020-897 du 22 juill. 2020, art. 3)* **« D. 353-16 et D. 331-10** *[ancienne rédaction : R. 353-16 et R. 331-10]* **» du même code ;**

b) **Les ressources du locataire s'entendent du revenu fiscal de référence au sens du 1° du IV de l'article 1417 du code général des impôts, figurant sur l'avis d'imposition établi au titre de l'avant-dernière année précédant celle de la signature du contrat de location.**

Pour les baux conclus en *(Décr. n° 2021-744 du 9 juin 2021, art. 3)* **« 2022** *[ancienne rédaction : 2021]* **», les plafonds annuels de ressources sont les suivants :**

COMPOSITION DU FOYER LOCATAIRE	LIEU DE LOCATION		
	Zone A (en €)	Zone B (en €)	Zone C (en €)
Personne seule	49 836	38 516	33 703
Couple	74 481	51 434	45 300
Personne seule ou couple ayant une personne à charge	89 530	61 851	54 232
Personne seule ou couple ayant deux personnes à charge	107 242	74 665	65 634
Personne seule ou couple ayant trois personnes à charge	126 957	87 833	77 031
Personne seule ou couple ayant quatre personnes à charge	142 858	98 986	86 893
Majoration par personne à charge à *partir de la cinquième*	+ 15 924	+ 11 039	+ 9 870

Tableau issu du Décr. n° 2017-698 du 2 mai 2017, art. 3, mod. par Décr. n° 2019-559 du 6 juin 2019, art. 3, mod. par Décr. n° 2020-897 du 22 juill. 2020, art. 3, mod. par Décr. n° 2021-744 du 9 juin 2021, art. 3.

Ces plafonds sont révisés au 1er janvier de chaque année en fonction de l'évolution annuelle de l'indice des prix à la consommation hors tabac et arrondis à l'euro le plus proche. Cette variation est appréciée entre le 1er octobre de l'avant-dernière année et le 1er octobre de l'année précédente.

Toutefois, pour les conventions conclues à compter du 1er janvier 2015 pour l'application du premier alinéa du *m* du 1° du I de l'article 31 du code général des impôts, les plafonds annuels de ressources sont égaux à ceux fixés au 2 du I de l'article 2 *terdecies* D, ou, pour les logements situés en outre-mer, au 2 du I de l'article 2 *terdecies* F. Pour ces mêmes conventions, les plafonds annuels de ressources applicables pour les logements situés dans la zone C sont égaux à ceux fixés au présent alinéa pour les logements situés dans la zone B2 du tableau annexé au *a* du 2 du I de l'article 2 *terdecies* D précité.

Les personnes à charge pour l'application des présentes dispositions s'entendent des personnes mentionnées aux articles 196 à 196 B du code général des impôts.

Art. 2 *duodecies* A *Périmé (Décr. n° 2008-294 du 1er avr. 2008).*

Art. 2 *terdecies* Pour l'application du troisième alinéa du *g* du 1° du I de l'article 31 du code général des impôts, les plafonds de loyer et de ressources du locataire sont les suivants :

a) Pour les baux conclus entre le 1er janvier et le 31 décembre *(Décr. n° 2021-744 du 9 juin 2021, art. 3)* « 2022 *[ancienne rédaction : 2021]* », les plafonds de loyer mensuel, charges non comprises, sont fixés à *(Décr. n° 2021-744 du 9 juin 2021, art. 3)* « 17,34 € *[ancienne rédaction : 17,27 €]* par mètre carré en zone I *bis*, 15,35 € *[ancienne rédaction : 15,29 €]* en zone I, 11,86 € *[ancienne rédaction : 11,81 €]* en zone II et 11,20 € *[ancienne rédaction : 11,15 €]* » en zone III. Les plafonds sont relevés chaque année, au 1er janvier, selon les mêmes modalités que les plafonds de loyer prévus à l'article 2 *duodecies*.

Pour l'application du présent article, les zones I *bis* à III sont définies par arrêté des ministres chargés du budget et du logement. La surface à prendre en compte pour l'appréciation du plafond de loyer est la même que celle prévue pour l'application de l'article 2 *duodecies* ; *— V. Arr. du 19 déc. 2003, JO 21 déc., mod. par Arr. du 10 août 2006 (JO 11 août) et Arr. du 7 avr. 2009 (JO 9 avr.). — V. également Arr. du 1er août 2014 (JO 6 août).*

b) Les ressources du locataire s'apprécient de la même façon que pour l'application de l'article 2 *duodecies*.

Art. 2 *terdecies* A Pour l'application du troisième alinéa du *h* du 1° du I de l'article 31 du code général des impôts dans sa rédaction en vigueur avant la publication de la loi n° 2006-872 du 13 juillet 2006 portant engagement national pour le logement, les plafonds de loyer mensuel, charges non comprises, sont fixés, pour les baux conclus en *(Décr. n° 2021-744 du 9 juin 2021, art. 3)* « 2022 *[ancienne rédaction : 2021]* », à *(Décr. n° 2021-744 du 9 juin 2021, art. 3)* « 24,21 € par mètre carré en zone A, 16,83 € en zone B et 12,13 € en zone C *[ancienne rédaction : 24,11 € par mètre carré en zone A, 16,76 € en zone B et 12,08 € en zone C]* ». Les plafonds sont relevés chaque année, au 1er janvier, selon les mêmes modalités que les plafonds de loyer prévus à l'article 2 *duodecies*.

Pour l'application du présent article, les zones A, B et C sont définies par arrêté des ministres chargés du budget et du logement. La surface à prendre en compte pour l'appréciation du plafond de loyer est la même que celle prévue pour l'application de l'article 2 *duodecies*.

Art. 2 *terdecies* B Pour l'application du troisième alinéa du *h* du 1° du I de l'article 31 du code général des impôts, les plafonds de loyer mensuel, par mètre carré, charges non comprises, sont fixés :

a. S'agissant des logements autres que ceux visés au *b* ci-dessous, pour les baux conclus en *(Décr. n° 2021-744 du 9 juin 2021, art. 3)* « 2022 *[ancienne rédaction : 2021]* », à *(Décr. n° 2021-744 du 9 juin 2021, art. 3)* « 24,21 € en zone A, 16,83 € en

zone B 1, 13,77 € en zone B 2 et 10,08 € en zone C *[ancienne rédaction : 24,11 € en zone A, 16,76 € en zone B 1, 13,71 € en zone B 2 et 10,04 € en zone C]* **» ;**

b. S'agissant des logements acquis ou construits à compter du 1er janvier 2011 ou des logements acquis par des sociétés civiles de placement immobilier en tout ou partie au moyen de souscriptions réalisées à compter de cette même date, pour les baux conclus en *(Décr. n° 2021-744 du 9 juin 2021, art. 3)* **« 2022** *[ancienne rédaction : 2021]* **», à** *(Décr. n° 2021-744 du 9 juin 2021, art. 3)* **« 24,07 € en zone A *bis*, 17,85 € dans le reste de la zone A, 14,39 € en zone B 1, 11,75 € en zone B 2 et 8,17 € en zone C** *[ancienne rédaction : 23,97 € en zone A bis, 17,78 € dans le reste de la zone A, 14,33 € en zone B 1, 11,70 € en zone B 2 et 8,14 € en zone C]* **».** *— Pour la définition de la zone A bis, V. Arr. du 22 déc. 2010 (JO 23 déc.) ; pour les zones A, B et C, V. art. 2 duodecies, note ss. 3e al.*

Les plafonds mentionnés aux *a* et *b* sont révisés au 1er janvier de chaque année selon les modalités prévues au premier alinéa du *a* de l'article 2 *duodecies*.

Pour les baux conclus en *(Décr. n° 2021-744 du 9 juin 2021, art. 3)* **« 2022** *[ancienne rédaction : 2021]* **», les plafonds de loyer mensuel, charges non comprises, relatifs aux logements situés outre-mer qui ouvrent droit à la réduction d'impôt prévue à l'article 199 *septvicies* du code général des impôts sont égaux aux montants mentionnés au cinquième alinéa de l'article 2 *terdecies* C, majorés :**

— d'un quart pour les départements d'outre-mer, Saint-Barthélemy et Saint-Martin ;

— d'un cinquième pour la Polynésie française, la Nouvelle-Calédonie, Saint-Pierre-et-Miquelon et les îles Wallis-et-Futuna.

Les résultats ainsi obtenus sont arrondis au centime d'euro le plus proche.

Pour l'application des deuxième et troisième alinéas, les zones A, A *bis*, B 1, B 2 et C sont définies par arrêté des ministres chargés du budget et du logement et la surface habitable à prendre en compte pour l'appréciation des plafonds de loyer est la même que celle prévue au troisième alinéa du *a* de l'article 2 *duodecies*. Pour l'application du cinquième alinéa, la surface habitable à prendre en compte pour l'appréciation des plafonds de loyer est celle déterminée au III de l'article 46 AG *terdecies*.

Art. 2 *terdecies* C **Pour l'application du *l* du 1° du I de l'article 31 du code général des impôts, les plafonds de loyer et de ressources du locataire sont les suivants :**

***a.* Les plafonds de loyer mensuel, charges non comprises, sont fixés aux quatre cinquièmes, arrondis au centime d'euro le plus proche, de ceux mentionnés au :**

— *a* de l'article 2 *terdecies* B, pour les baux conclus en *(Décr. n° 2021-744 du 9 juin 2021, art. 3)* **« 2022** *[ancienne rédaction : 2021]* **», s'agissant de logements autres que ceux visés au *b* de ce même article ;**

— *b* de l'article 2 *terdecies* B, pour les baux conclus en *(Décr. n° 2021-744 du 9 juin 2021, art. 3)* **« 2022** *[ancienne rédaction : 2021]* **», s'agissant de logements visés au *b* de ce même article.**

Pour les baux conclus en *(Décr. n° 2021-744 du 9 juin 2021, art. 3)* **« 2021** *[ancienne rédaction : 2020]* **», les plafonds de loyer mensuel, charges non comprises, relatifs aux logements situés outre-mer qui ouvrent droit à la réduction d'impôt prévue à l'article 199 *septvicies* du code général des impôts sont égaux, par mètre carré de surface habitable, à** *(Décr. n° 2021-744 du 9 juin 2021, art. 3)* **« 10,99 €** *[ancienne rédaction : 10,91 €]* **» dans les départements d'outre-mer, à Saint-Barthélemy et Saint-Martin et à** *(Décr. n° 2021-744 du 9 juin 2021, art. 3)* **« 14,19 €** *[ancienne rédaction : 14,16 €]* **» en Polynésie française, en Nouvelle-Calédonie, à Saint-Pierre-et-Miquelon et dans les îles Wallis-et-Futuna. Ces plafonds sont relevés au 1er janvier de chaque année selon les modalités définies au 1 de l'article 46 AG *duodecies*.**

***b.* Les ressources du locataire s'entendent du revenu fiscal de référence au sens du 1° du IV de l'article 1417 du code général des impôts, figurant sur l'avis d'impôt sur le revenu établi au titre de l'avant-dernière année précédant celle de la signature du contrat de location.**

Pour les baux conclus en *(Décr. nº 2021-744 du 9 juin 2021, art. 3)* **« 2022** *[ancienne rédaction : 2021]* **», les plafonds annuels de ressources sont les suivants :**

COMPOSITION DU FOYER LOCATAIRE	LIEU DE LOCATION			
	Zone A (en €)	Zone B1 (en €)	Zone B2 (en €)	Zone C (en €)
Personne seule	49 836	37 020	33 934	32 703
Couple	74 481	54 362	49 832	45 300
Personne seule ou couple ayant une personne à charge	89 530	65 078	59 657	54 232
Personne seule ou couple ayant deux personnes à charge	107 242	78 758	72 198	65 634
Personne seule ou couple ayant trois personnes à charge	126 957	92 439	84 738	77 031
Personne seule ou couple ayant quatre personnes à charge	142 858	104 273	95 584	86 893
Majoration par personne à charge supplémentaire à partir de la cinquième	+ 15 924	+ 11 844	+ 10 858	+ 9 870

Tableau issu du Décr. nº 2015-608 du 3 juin 2015, mod. par Décr. nº 2019-559 du 6 juin 2019, art. 3, mod. par Décr. nº 2020-897 du 22 juill. 2020, art. 3, mod. par Décr. nº 2021-744 du 9 juin 2021, art. 3. Pour les baux conclus en 2021, les montants ci-dessus étaient fixés, respectivement, à : Zone A : 48 587 €, 72 615 €, 87 287 €, 104 555 €, 123 776 €, 139 279 €, + 15 525 € ; Zone B1 : 36 092 €, 53 000 €, 63 447 €, 76 785 €, 90 123 €, 101 660 €, + 11 547 € ; Zone B2 : 33 084 €, 48 583 €, 58 162 €, 70 389 €, 82 615 €, 93 189 €, + 10 586 € ; Zone C : 32 859 €, 44 165 €, 52 873 €, 63 989 €, 75 101 €, 84 716 €, + 9 623 €.

Ces plafonds sont révisés chaque année, au 1er janvier, selon les mêmes modalités que les plafonds de ressources prévus à l'article 2 *duodecies*.

Pour les baux conclus en *(Décr. nº 2021-744 du 9 juin 2021, art. 3)* **« 2021** *[ancienne rédaction : 2020]* **», les ressources des locataires de logements situés outre-mer qui ouvrent droit à la réduction d'impôt prévue à l'article 199 *septvicies* du code général des impôts sont les suivants :**

COMPOSITION DU FOYER LOCATAIRE	DÉPARTEMENTS D'OUTRE-MER, Saint-Martin, Saint-Barthélemy (en €)	POLYNÉSIE FRANÇAISE, Nouvelle-Calédonie, Saint-Pierre-et-Miquelon, îles Wallis-et-Futuna (en €)
Personne seule	29 581	25 398
Couple	39 500	46 969
Personne seule ou couple ayant une personne à charge	47 502	49 683

COMPOSITION DU FOYER LOCATAIRE	DÉPARTEMENTS D'OUTRE-MER, Saint-Martin, Saint-Barthélemy (en €)	POLYNÉSIE FRANÇAISE, Nouvelle-Calédonie, Saint-Pierre-et-Miquelon, îles Wallis-et-Futuna (en €)
Personne seule ou couple ayant deux personnes à charge	57 338	52 400
Personne seule ou couple ayant trois personnes à charge	67 457	56 030
Personne seule ou couple ayant quatre personnes à charge	76 021	59 662
Majoration par personne à charge supplémentaire à partir de la cinquième	+ 8 485	+ 3 814

Tableau issu du Décr. nº 2015-608 du 3 juin 2015, mod. par Décr. nº 2020-897 du 22 juill. 2020, art. 3, mod. par Décr. nº 2021-744 du 9 juin 2021, art. 3.

Pour les baux conclus en 2020, les montants ci-dessus étaient fixés, respectivement, à : DOM, Saint-Martin, Saint-Barthélemy : 29 376 €, 39 227 €, 47 173 €, 56 941 €, 66 990 €, 75 495 €, + 8 426 € ; Polynésie française, Nouvelle-Calédonie, Saint-Pierre-et-Miquelon, îles Wallis-et-Futuna : 25 352 €, 46 883 €, 49 593 €, 52 305 €, 55 928 €, 59 553 €, + 3 807 €.

Ces plafonds sont relevés au 1er janvier de chaque année selon les modalités définies au 1 de l'article 46 AG *duodecies*.

Les personnes à charge pour l'application des présentes dispositions s'entendent des personnes mentionnées aux articles 196 à 196 B du code général des impôts.

Pour l'application du présent article, les zones A, A *bis*, B 1, B 2 et C sont définies par arrêté des ministres chargés du budget et du logement et la surface habitable à prendre en compte pour l'appréciation des plafonds de loyer mentionnés au premier alinéa du *a* est la même que celle prévue au troisième alinéa du *a* de l'article 2 *duodecies*. Pour l'application du quatrième alinéa du *a*, la surface habitable à prendre en compte pour l'appréciation des plafonds de loyer est celle déterminée au III de l'article 46 AG *terdecies*.

Art. 2 *terdecies* D I. — Pour l'application du premier alinéa du III de l'article 199 *novovicies* du code général des impôts :

1. Les plafonds de loyer mensuel, par mètre carré, charges non comprises, sont fixés, pour les baux conclus en *(Décr. nº 2020-897 du 22 juill. 2020, art. 3)* « 2021 *[ancienne rédaction : 2020]* », à *(Décr. nº 2020-897 du 22 juill. 2020, art. 3)* « 17,55 € en zone A *bis*, 13,04 € dans le reste de la zone A, 10,51 € en zone B 1 et 9,13 € en zone B 2 *[ancienne rédaction : 17,43 € en zone A bis, 12,95 € dans le reste de la zone A, 10,44 € en zone B 1 et 9,07 € en zone B 2]* » *(Décr. nº 2017-761 du 4 mai 2017, art. 1er-1º-a-i)* « et en zone C ». Ces plafonds sont révisés au 1er janvier de chaque année selon les modalités prévues au premier alinéa du *a* de l'article 2 *duodecies*.

Aux plafonds de loyer définis à l'alinéa précédent, il est fait application d'un coefficient multiplicateur calculé selon la formule suivante :

0,7 + 19/S,

dans laquelle S est la surface du logement. Le coefficient ainsi obtenu est arrondi à la deuxième décimale la plus proche et ne peut excéder 1,2.

Pour l'application du présent 1, la surface à prendre en compte s'entend de celle prévue au dernier alinéa du *a* de l'article 2 *duodecies* ;

2. Les plafonds de ressources sont les suivants :

a) Pour les baux conclus en *(Décr. nº 2020-897 du 22 juill. 2020, art. 3)* « 2021 *[ancienne rédaction : 2020]* », les plafonds annuels de ressources des locataires sont les suivants :

COMPOSITION DU FOYER LOCATAIRE	LIEU DE SITUATION DU LOGEMENT			
	Zone A *bis* (en €)	Reste de la zone A (en €)	Zone B 1 (en €)	Zone B 2 et C (en €)
Personne seule	38 377	38 377	31 280	28 152
Couple	57 357	57 357	41 772	37 594
Personne seule ou couple ayant une personne à charge	75 188	68 946	50 233	45 210
Personne seule ou couple ayant deux personnes à charge	89 769	82 586	60 643	54 579
Personne seule ou couple ayant trois personnes à charge	106 807	97 766	71 340	64 206
Personne seule ou couple ayant quatre personnes à charge	120 186	110 017	80 399	72 359
Majoration par personne à charge supplémentaire à partir de la cinquième	+ 13 390	+ 12 258	+ 8 969	+ 8 070

Tableau issu du Décr. n° 2015-608 du 3 juin 2015, mod. par Décr. n° 2020-897 du 22 juill. 2020, art. 3.

Pour les baux conclus en 2020, les montants ci-dessus étaient fixés, respectivement, à : col. 2 [A bis] : 38 465 €, 57 489 €, 75 361 €, 89 976 €, 107 053 €, 120 463 €, +13 421 € ; col. 3 [Reste de la zone A] : 38 465 €, 57 489 €, 69 105 €, 82 776 €, 97 991 €, 110 271 €, +12 286 € ; col. 4 [B 1] : 31 352 €, 41 868 €, 50 349 €, 60 783 €, 71 504 €, 80 584 €, + 8 990 € ; col. 5 [B 2] : 28 217 €, 37 681 €, 45 314 €, 54 705 €, 64 354 €, 72 526 €, + 8 089 € ; col. 6 [C] : 28 217 €, 37 681 €, 45 314 €, 54 705 €, 64 354 €, 72 526 €, +8 089 €.

Ces plafonds sont révisés au 1er janvier de chaque année selon les modalités prévues au troisième alinéa du *b* de l'article 2 *duodecies* ;

***b)* Les ressources du locataire s'entendent du revenu fiscal de référence au sens du 1° du IV de l'article 1417 du code général des impôts, figurant sur l'avis d'impôt sur le revenu établi au titre de l'avant-dernière année précédant celle de la signature du contrat de location et les personnes à charge s'entendent des personnes mentionnées aux articles 196 à 196 B du même code.**

II. — Les zones A, A *bis*, B 1 *(Décr. n° 2017-761 du 4 mai 2017, art. 1er-1°-b)* **« , B 2 et C » mentionnées au I sont celles définies à l'article** *(Décr. n° 2020-897 du 22 juill. 2020, art. 3)* **« D. 304-1 » du code de la construction et de l'habitation.**

III. — Pour l'application du second alinéa du III de l'article 199 *novovicies* du code général des impôts, les plafonds de loyer mentionnés au premier alinéa du 1 du I, lorsqu'ils ne sont pas sensiblement inférieurs aux loyers pratiqués dans le parc privé, peuvent être réduits dans les conditions et selon les modalités suivantes :

1. Les plafonds de loyer réduits sont, par commune ou ensemble de communes appartenant à une même zone, compris entre le niveau du loyer pratiqué pour les logements du parc locatif privé et les plafonds de loyer applicables aux logements financés dans les conditions prévues aux articles *(Décr. n° 2020-897 du 22 juill. 2020, art. 3)* **« D. 331-17 à D. 331-21** *[ancienne rédaction : R. 331-17 à R. 331-21]* **» du code de la construction et de l'habitation. Le niveau du loyer pratiqué dans le parc locatif privé est apprécié par tous moyens, notamment à partir des informations recueillies dans les observatoires et bases de données disponibles ou figurant dans les programmes locaux de l'habitat prévus aux articles L. 302-1 et L. 302-4-1 du même code.**

2. Le représentant de l'État dans la région soumet pour avis son projet d'arrêté :

1° Au comité régional de l'habitat et de l'hébergement mentionné à l'article L. 364-1 du code de la construction et de l'habitation ;

2° Aux communes et établissements publics de coopération intercommunale disposant d'un programme local de l'habitat exécutoire ainsi qu'aux départements qui ont conclu la convention avec l'État prévue à l'article L. 301-5-2 du code de la construction et de l'habitation, sur le territoire desquels il est envisagé d'appliquer la réduction. Les collectivités et établissements disposent d'un délai de deux mois pour émettre leur avis. A l'expiration de ce délai, ils sont réputés s'être prononcés.

3. Aux plafonds de loyer réduits, il est fait application du coefficient multiplicateur défini au 1 du I.

4. Les plafonds de loyer réduits sont révisés au 1er janvier de chaque année dans les conditions prévues au premier alinéa du 1 du I.

5. L'arrêté fixant des plafonds de loyer réduits s'applique aux logements dont l'acte authentique d'acquisition est signé ou, s'agissant des logements que le contribuable fait construire, dont la demande de permis de construire est déposée postérieurement à l'entrée en vigueur de l'arrêté.

Art. 2 *terdecies* E Pour l'application du deuxième alinéa du IV de l'article 199 *novovicies* du code général des impôts, *(Décr. n° 2018-500 du 20 juin 2018, art. 4)* « dans sa rédaction en vigueur au 31 décembre 2017, » les zones géographiques se caractérisant par un déséquilibre entre l'offre et la demande de logements, autres que celles mentionnées au premier alinéa du IV de ce même article, s'entendent des communes classées dans la zone B 2, telle qu'elle est définie à l'article *(Décr. n° 2020-897 du 22 juill. 2020, art. 3)* « D. 304-1 » du code de la construction et de l'habitation.

(Décr. n° 2017-761 du 4 mai 2017, art. 1er-2°) « Pour l'application du quatrième alinéa du IV de l'article 199 *novovicies* du code général des impôts, *(Décr. n° 2018-500 du 20 juin 2018, art. 4)* « dans sa rédaction en vigueur au 31 décembre 2017, » les zones géographiques autres que celles mentionnées aux premier et deuxième alinéas du IV de ce même article s'entendent des communes classées dans la zone C, telle qu'elle est définie à l'article *(Décr. n° 2020-897 du 22 juill. 2020, art. 3)* « D. 304-1 » du code de la construction et de l'habitation. »

Art. 2 *terdecies* F I. — Les plafonds de loyer et de ressources du locataire mentionnés au 2° du XII de l'article 199 *novovicies* du code général des impôts sont fixés comme suit :

1. Les plafonds de loyer mensuel, par mètre carré, charges non comprises, sont, pour les baux conclus en *(Décr. n° 2020-897 du 22 juill. 2020, art. 3)* « 2021, fixés à 10,55 € *[ancienne rédaction : 2020, fixés à 10,48 €]* » en Guadeloupe, en Guyane, en Martinique, à La Réunion et à Mayotte ainsi qu'à Saint-Martin et à Saint-Pierre-et-Miquelon, et à *(Décr. n° 2020-897 du 22 juill. 2020, art. 3)* « 12,83 € *[ancienne rédaction : 12,81 €]* » en Nouvelle-Calédonie, en Polynésie française et dans les îles Wallis-et-Futuna.

Aux plafonds de loyer définis à l'alinéa précédent, il est fait application du coefficient multiplicateur défini au 1 du I de l'article 2 *terdecies* D.

Pour l'application du présent 1, la surface à prendre en compte s'entend de celle prévue au III de l'article 46 AG *terdecies*.

2. Les plafonds annuels de ressources des locataires sont, pour les baux conclus en *(Décr. n° 2020-897 du 22 juill. 2020, art. 3)* « 2021 *[ancienne rédaction : 2020]* », les suivants :

COMPOSITION DU FOYER LOCATAIRE	LIEU DE SITUATION du logement :	
	Guadeloupe, Guyane, *Martinique*, La Réunion, Mayotte, Saint-Martin ou Saint-Pierre-et-Miquelon (en €)	Nouvelle-Calédonie, Polynésie française, îles Wallis-et-Futuna (en €)
Personne seule	28 606	31 099

Couple	38 202	41 528
Personne seule ou couple ayant une personne à charge	45 941	49 941
Personne seule ou couple ayant deux personnes à charge	55 461	60 290
Personne seule ou couple ayant trois personnes à charge	65 241	70 923
Personne seule ou couple ayant quatre personnes à charge	73 527	79 928
Majoration par personne à charge supplémentaire à partir de la cinquième	+ 8 206	+ 8 920

Tableau issu du Décr. nº 2015-608 du 3 juin 2015, mod. par Décr. nº 2020-897 du 22 juill. 2020, art. 3.

Pour les baux conclus en 2020, les montants ci-dessus étaient fixés, respectivement, à : col. 2 : 28 408 €, 37 938 €, 45 623 €, 55 077 €, 64 790 €, 73 018 €, + 8 149 € ; col. 3 : 31 042 €, 41 452 €, 49 850 €, 60 180 €, 70 794 €, 79 783 €, + 8 903 €.

Pour l'application du présent 2, les ressources du locataire s'entendent du revenu fiscal de référence au sens du 1º du IV de l'article 1417 du code général des impôts, figurant sur l'avis d'impôt sur le revenu établi au titre de l'avant-dernière année précédant celle de la signature du contrat de location et les personnes à charge s'entendent des personnes mentionnées aux articles 196 à 196 B du même code.

II. – Les plafonds de loyer mentionnés au premier alinéa du 1 du I et les plafonds de ressources mentionnés au 2 du même I sont révisés au 1er janvier de chaque année selon les modalités définies aux 1º des 1 et 1 *bis* de l'article 46 AG *duodecies* pour les départements de la Guadeloupe, la Guyane, la Martinique, La Réunion et Mayotte ainsi que pour Saint-Martin et Saint-Pierre-et-Miquelon, et selon celles définies au 2º du 1 et aux 2º et 3º du 1 *bis* du même article pour la Polynésie française, la Nouvelle-Calédonie et les îles Wallis-et-Futuna.

III. – La réduction des plafonds de loyer définis au premier alinéa du 1 du I s'applique en Guadeloupe, en Guyane, en Martinique, à La Réunion et à Mayotte dans les mêmes conditions et selon les mêmes modalités que celles prévues au III de l'article 2 *terdecies* D, sous réserve des dispositions suivantes :

1º Les plafonds de loyer réduits sont révisés au 1er janvier de chaque année dans les conditions prévues au II du présent article ;

2º Pour la consultation prévue au 1º du 2 du III de l'article 2 *terdecies* D, le conseil départemental de l'habitat et de l'hébergement mentionné à l'article L. 364-1 du code de la construction et de l'habitation est substitué au comité régional de l'habitat et de l'hébergement.

Art. 2 *terdecies* G *(Décr. nº 2017-839 du 5 mai 2017, art. 2-1º)* **Pour l'application du *o* du 1º du I de l'article 31 du code général des impôts :**

1º Les plafonds de loyer sont les suivants :

***a)* Pour les logements donnés en location dans le cadre d'une convention mentionnée à l'article L. 321-4 du code de la construction et de l'habitation, les plafonds de loyer mensuel, par mètre carré, charges non comprises, sont égaux à ceux fixés au 1 du I de l'article 2 *terdecies* D, ou, pour les logements situés en Guadeloupe, en Guyane, en Martinique, à La Réunion ou à Mayotte, à ceux fixés au 1 du I de l'article 2 *terdecies* F pour ces mêmes collectivités.**

Pour l'application du premier alinéa, les plafonds de loyer applicables pour les logements situés dans la zone C sont égaux à ceux fixés au premier alinéa pour les logements situés dans la zone B2 du 1 du I de l'article 2 *terdecies* D. La zone C mentionnée au présent alinéa est celle définie à l'article *(Décr. nº 2020-897 du 22 juill. 2020, art. 3)* **« D. 304-1 » du code de la construction et de l'habitation ;**

b) Pour les logements donnés en location dans le cadre d'une convention mentionnée à l'article L. 321-8 du code de la construction et de l'habitation, les plafonds de loyer mensuel, par mètre carré, charges non comprises, sont fixés, pour les baux conclus en *(Décr. n° 2021-744 du 9 juin 2021, art. 3)* « 2022 *[ancienne rédaction : 2021]* », à :

	ZONE A *bis* (en €)	ZONE A (en €)	ZONE B1 (en €)	ZONE B2 (en €)	ZONE C (en €)
Loyer social	12,32	9,48	8,16	7,84	7,28
Loyer très social	9,59	7,38	6,36	6,09	5,65

Tableau issu du Décr. n° 2017-839 du 5 mai 2017, art. 2, mod. par Décr. n° 2019-559 du 6 juin 2019, art. 3, mod. par Décr. n° 2020-897 du 22 juill. 2020, art. 3, mod. par Décr. n° 2021-744 du 9 juin 2021, art. 3.

Ces plafonds sont révisés au 1er janvier de chaque année selon les modalités prévues au premier alinéa du *a* de l'article 2 *duodecies*.

Les zones A, A *bis*, B1, B2 et C mentionnées au présent *b* sont celles définies à l'article *(Décr. n° 2020-897 du 22 juill. 2020, art. 3)* « D. 304-1 » du code de la construction et de l'habitation ;

c) Pour l'application du présent 1, la surface à prendre en compte s'entend de celle prévue au dernier alinéa du *a* de l'article 2 *duodecies* ;

d) Le loyer maximum prévu dans le cadre des conventions mentionnées aux articles L. 321-4 et L. 321-8 du code de la construction et de l'habitation peut être fixé à un niveau inférieur aux plafonds prévus aux *a* et *b* du présent 1 en application de l'article *(Décr. n° 2020-897 du 22 juill. 2020, art. 3)* « D. 321-27 » du même code ;

2° Les plafonds de ressources sont les suivants :

a) Pour les logements donnés en location dans le cadre d'une convention mentionnée à l'article L. 321-4 du code de la construction et de l'habitation, les plafonds annuels de ressources des locataires sont égaux à ceux fixés au *a* du 2 du I de l'article 2 *terdecies* D, ou, pour les logements situés en Guadeloupe, en Guyane, en Martinique, à La Réunion ou à Mayotte, à ceux fixés au 2 du I de l'article 2 *terdecies* F pour ces mêmes collectivités.

Les plafonds annuels de ressources applicables pour les logements situés dans la zone C sont égaux à ceux fixés au premier alinéa pour les logements situés dans la zone B2 du tableau annexé au *a* du 2 du I de l'article 2 *terdecies* D. La zone C mentionnée au présent alinéa est celle définie à l'article *(Décr. n° 2020-897 du 22 juill. 2020, art. 3)* « D. 304-1 » du code de la construction et de l'habitation ;

b) Pour les logements donnés en location dans le cadre d'une convention mentionnée à l'article L. 321-8 du code de la construction et de l'habitation, les plafonds annuels de ressources des locataires, sont égaux à ceux fixés aux annexes I et II de l'arrêté pris en application de l'article R. 441-1 du même code ;

c) Pour l'application du présent 2 *[2°]*, les ressources du locataire s'entendent du revenu fiscal de référence au sens du 1° du IV de l'article 1417 du code général des impôts, figurant sur l'avis d'impôt sur le revenu établi au titre de l'avant-dernière année précédant celle de la signature du contrat de location et les personnes à charge s'entendent des personnes mentionnées aux articles 196 à 196 B du même code.

Art. 2 *quaterdecies* I. – Pour l'application du premier alinéa du *j* du 1° du I de l'article 31 du code général des impôts, les contribuables sont tenus de joindre à leur déclaration des revenus de l'année au cours de laquelle a pris effet la location dont les revenus peuvent bénéficier de la déduction calculée en fonction du revenu brut :

1° Une note annexe, établie sur un imprimé fourni par l'administration, qui comporte les éléments suivants :

a) L'identité et l'adresse du contribuable ;

b) L'adresse, la date d'acquisition ou d'achèvement du logement concerné et la surface à prendre en compte pour l'appréciation du plafond de loyer telle qu'elle est définie par l'article 2 *duodecies* ;

c) Le montant du loyer mensuel, charges non comprises, tel qu'il résulte du bail ;
d) L'engagement de louer le logement non meublé, pendant une durée de six ans au moins, à des personnes qui en font leur habitation principale ;
2° Une copie de bail ;
3° *Abrogé par Décr. n° 2002-1296 du 24 oct. 2002, art. 2 ;*
4° Une copie de l'avis d'imposition ou de non-imposition du locataire établi au titre de l'avant-dernière année précédant celle de la signature du contrat de location.
II. – En cas de changement de locataire au cours de la période couverte par l'engagement de location mentionné au *d* du 1° du I, le contribuable joint à sa déclaration des revenus de l'année au cours de laquelle le changement est intervenu une copie du nouveau bail ainsi qu'une copie de l'avis d'imposition ou de non-imposition du locataire entrant dans les lieux établi au titre de l'avant-dernière année précédant celle de la signature du contrat de location. – *Les normes minimales d'habitabilité prévues à l'al. 5 du e du 1° du I de l'art. 31 CGI sont reproduites ss. l'art. 2 vicies.*

Art. 2 *quaterdecies* A *Périmé (Décr. n° 2008-294 du 1er avr. 2008).*

Art. 2 *quaterdecies* B Pour l'application des premier et troisième alinéas du *j* du 1° du I de l'article 31 du code général des impôts, les logements doivent répondre aux normes définies par le décret n° 2002-120 du 30 janvier 2002.

Art. 2 *quindecies* I. – Pour bénéficier de la déduction au titre de l'amortissement prévue au *g* du 1° du I de l'article 31 du code général des impôts, les contribuables sont tenus de joindre à leur déclaration des revenus de l'année d'achèvement de l'immeuble ou de son acquisition si elle est postérieure :
1° L'option formulée dans une note annexe établie sur un imprimé fourni par l'administration, qui comporte les éléments suivants :
a) L'identité et l'adresse du contribuable ;
b) L'adresse du logement concerné, sa date d'acquisition ou d'achèvement, la date de sa première location et la surface à prendre en compte pour l'appréciation du plafond de loyer telle qu'elle est définie par l'article 2 *terdecies* ;
c) Le montant du loyer mensuel, charges non comprises, tel qu'il résulte du bail ;
d) L'engagement de louer le logement non meublé, pendant une durée de neuf ans au moins, à des personnes qui en font leur habitation principale ;
e) Les modalités de décompte de la déduction au titre de l'amortissement ;
2° Une copie du bail ;
3° Une copie de l'avis d'imposition ou de non-imposition du locataire établi au titre de l'avant-dernière année précédant celle de la signature du contrat de location ;
4° Les documents suivants :
a) Pour les immeubles que le contribuable fait construire, une copie de la déclaration d'ouverture de chantier mentionnée à l'article *(Décr. n° 2018-500 du 20 juin 2018, art. 4)* « R.* 424-16 » du code de l'urbanisme et de la déclaration d'achèvement des travaux, accompagnées des pièces attestant de leur réception en mairie ;
b) Pour les locaux que le contribuable transforme en logement, une copie de la déclaration d'achèvement des travaux, accompagnée d'une pièce attestant de sa réception en mairie et d'une note précisant la nature de l'affectation précédente des locaux.
Si le logement n'est pas loué au moment du dépôt de la déclaration des revenus de l'année d'achèvement de l'immeuble ou de son acquisition ou si elle est postérieure, les documents mentionnés aux 2° et 3° sont joints à la déclaration des revenus de *l'année en [au]* cours de laquelle le bail est signé.
II. – L'engagement de location prévu au 1 du *g* du 1° du I de l'article 31 du code général des impôts doit être formulé dans une note annexe à la déclaration des revenus de l'année d'achèvement des travaux, établie conformément à un modèle fixé par l'administration et comportant l'indication des modalités de décompte de la déduction au titre de l'amortissement.
III. – L'option prévue au cinquième alinéa du *g* du 1° du I de l'article 31 du code général des impôts doit être formulée dans une note établie conformément à un modèle fixé par l'administration, qui doit être jointe à la déclaration des revenus souscrite par le conjoint survivant au titre de l'année du décès de son conjoint pour la période postérieure à cet événement. Elle comporte l'engagement de louer le logement non meublé à des personnes, qui en font leur habitation principale, pour la fraction de

la période de neuf ans couverte par l'engagement de location initial restant à courir à la date du décès.

IV. – Pendant la période couverte par l'engagement de location mentionné aux I, II et III, le contribuable joint à chacune de ses déclarations des revenus un état établi conformément à un modèle fixé par l'administration et faisant apparaître, pour chaque logement, le détail du calcul du montant de la déduction pratiquée au titre de l'amortissement ainsi qu'une note indiquant le nom des locataires de l'immeuble. En outre, en cas de changement de locataire au cours de cette période, il joint à sa déclaration des revenus de l'année au cours de laquelle le changement est intervenu une copie du nouveau bail ainsi qu'une copie de l'avis d'imposition ou de non-imposition du locataire entrant dans les lieux établi au titre de l'avant-dernière année précédant celle de la signature du contrat de location.

Art. 2 *quindecies* A I. – Pour le bénéfice de la déduction au titre de l'amortissement prévue au *h* du 1° du I de l'article 31 du code général des impôts, les contribuables sont tenus de joindre à leur déclaration des revenus de l'année d'achèvement de l'immeuble, ou de son acquisition si elle est postérieure, les mêmes documents que ceux visés au I de l'article 2 *quindecies* à l'exception de celui visé au 3° du même I.

Pour le bénéfice de la réduction d'impôt prévue à l'article 199 *septvicies* du code précité, les contribuables sont tenus de joindre à leur déclaration des revenus de l'année d'achèvement de l'immeuble, ou de son acquisition si elle est postérieure, une note annexe établie conformément à un modèle fixé par l'administration et faisant apparaître les renseignements mentionnés aux *a*, *b*, *c* et *d* du 1° du I de l'article 2 *quindecies*. Ils doivent également joindre les documents mentionnés au 2° et au 4° du I de l'article 2 *quindecies* précité. Les dispositions du treizième alinéa du même I de cet article sont applicables. »

En outre, pour les logements que le contribuable acquiert en vue de les réhabiliter, les contribuables sont tenus de joindre à leur déclaration des revenus de l'année d'achèvement des travaux les états et attestations prévus à l'article 2 *quindecies* C ainsi que, lorsque ces états sont requis, les états prévus aux articles L. 1334-5 et « L. 1334-13 » du code de la santé publique fournis par le vendeur lors de la promesse de vente ou annexés à l'acte authentique de vente du logement. – *Pour les logements acquis entre le 3 avr. 2003 et le 1er mars 2004, V.* ***CGI, éd. 2009.***

II. – L'engagement de location prévu au 1 du *h* du 1° du I de l'article 31 du code général des impôts doit être formulé dans une note annexe à la déclaration des revenus de l'année d'achèvement des travaux, établie conformément à un modèle fixé par l'administration et comportant l'indication des modalités de décompte de la déduction au titre de l'amortissement.

III. – L'option prévue au *(Décr. n° 2017-698 du 2 mai 2017, art. 3)* « quatrième » alinéa du *h* du 1° du I de l'article 31 du code général des impôts doit être formulée dans une note établie selon les mêmes modalités que celles prévues au III de l'article 2 *quindecies*.

IV. – Pendant la période couverte par l'engagement de location mentionné aux I, II et III, le contribuable joint à chacune de ses déclarations des revenus un état établi conformément à un modèle fixé par l'administration et faisant apparaître, pour chaque logement, le détail du calcul du montant de la déduction pratiquée au titre de l'amortissement ou de la réduction d'impôt ainsi qu'une note indiquant le nom des locataires de l'immeuble. En outre, en cas de changement de locataire au cours de cette période, il joint à sa déclaration des revenus de l'année au cours de laquelle le changement est intervenu une copie du nouveau bail.

Art. 2 *quindecies* B I. – Le logement qui ne satisfait pas aux caractéristiques de décence au sens du deuxième alinéa du *h* du 1° du I de l'article 31, du *c* du 2 du I de *l'article 199 septvicies ou du 3° du B* du I de l'article 199 novovicies du code général des impôts s'entend de celui qui ne répond pas, pour au moins quatre des rubriques figurant sur l'attestation prévue au 1° de l'article 2 *quindecies* C, aux caractéristiques de la décence définies par le décret n° 2002-120 du 30 janvier 2002 relatif aux caractéristiques du logement décent.

II. — Les travaux de réhabilitation visés au deuxième alinéa du *h* du 1° du I de l'article 31, au *c* du 2 du I de l'article 199 *septvicies* ou au 3° du B du I de l'article 199 *novovicies* du code général des impôts s'entendent des travaux réalisés sur le logement, et le cas échéant sur les parties communes, qui permettent de donner au logement l'ensemble des performances techniques fixées par arrêté des ministres chargés du budget et du logement. Au moins six de ces performances techniques doivent avoir été obtenues à la suite de ces travaux. — *V. Arr. du 19 déc. 2003 (JO 21 déc.), mod. par Arr. du 10 août 2006 (JO 11 août), Arr. du 7 avr. 2009 (JO 9 avr.) et Arr. du 1er août 2014 (JO 6 août).*

(Décr. n° 2020-426 du 10 avr. 2020, art. 1er) « III. — Les travaux d'amélioration mentionnés au 5° du B du I de l'article 199 *novovicies* du code général des impôts s'entendent de tous travaux, à l'exception de ceux portant sur des locaux ou des équipements d'agrément, ayant pour objet la création de surfaces habitables nouvelles ou de surfaces annexes, la modernisation, l'assainissement ou l'aménagement des surfaces habitables ou des surfaces annexes ainsi que les travaux destinés à réaliser des économies d'énergie pour l'ensemble de ces surfaces.

« Constituent des surfaces annexes au sens du premier alinéa du présent III les surfaces des :

« *a)* Garages, emplacements de stationnement et locaux collectifs à usage commun ;

« *b)* Dépendances suivantes : loggias, balcons, terrasses accessibles privatives, vérandas, séchoirs extérieurs au logement, caves d'une surface d'au moins 2 mètres carrés ainsi que, en habitat individuel uniquement, garages individuels et combles accessibles. »

Art. 2 *quindecies* C Pour le bénéfice de la déduction au titre de l'amortissement prévue au *h* du 1° du I de l'article 31 du code général des impôts ou des réductions d'impôt prévues aux articles 199 *septvicies* ou 199 *novovicies* du même code applicables aux logements acquis par le contribuable en vue de les réhabiliter, le contribuable fait établir par un contrôleur technique ou un technicien de la construction qualifié, indépendant des personnes physiques ou morales susceptibles de réaliser les travaux de réhabilitation et couvert par une assurance pour cette activité :

1° Avant la réalisation des travaux, un état descriptif du logement contenant les rubriques fixées par un arrêté des ministres chargés du budget et du logement. La personne qui établit cet état fournit également une attestation indiquant les rubriques pour lesquelles le logement ne correspond pas aux caractéristiques de la décence mentionnées au I de l'article 2 *quindecies* B ; — *V. Arr. du 19 déc. 2003 (JO 21 déc.), mod. par Arr. du 10 août 2006 (JO 11 août), Arr. du 7 avr. 2009 (JO 9 avr.) et Arr. du 1er août 2014 (JO 6 août).*

2° Après la réalisation des travaux, un état descriptif du logement contenant les mêmes rubriques que celles mentionnées au 1°. La personne qui établit cet état fournit également une attestation indiquant d'une part que les travaux de réhabilitation ont permis de donner au logement l'ensemble des caractéristiques d'un logement décent mentionnées au I de l'article 2 *quindecies* B et d'autre part que l'ensemble des performances techniques mentionnées au II du même article est respecté et qu'au moins six d'entre elles ont été obtenues à la suite des travaux de réhabilitation. Dans une copropriété, cette attestation indique que l'état apparent des parties communes qui desservent le logement est considéré comme décent, que celles-ci aient ou non fait l'objet de travaux ; l'appréciation est faite au regard des mêmes caractéristiques que celles prises en compte pour un logement individuel.

Art. 2 *quindecies* D Pour le bénéfice des dispositions prévues au *l* du 1° du I de l'article 31 du code général des impôts, les contribuables sont tenus de fournir, en complément des documents prévus à l'article 2 *quindecies* A, les justificatifs prévus au 3° du I de l'article 2 *quindecies*.

En outre, en cas de changement de locataire au cours de la période d'engagement de location, le contribuable joint, à sa déclaration des revenus de l'année au cours de laquelle le changement est intervenu, une copie de l'avis d'imposition ou de non-imposition du locataire entrant dans les lieux établi au titre de l'avant-dernière année précédant celle de la signature du contrat de location.

Art. 2 *sexdecies* Pour l'application du deuxième alinéa du *j* et du deuxième alinéa du *g* du 1° du I de l'article 31 du code général des impôts :

1° Le personnel des organismes publics ou privés, sous-locataire du logement, s'entend des personnes employées par ces organismes et dont les rémunérations principales entrent dans la catégorie des traitements et salaires au sens de l'article 79 du code général des impôts ;

2° Les conditions prévues au premier alinéa du *j* et au deuxième alinéa du *g* du 1° du I de l'article 31 du code général des impôts s'apprécient en tenant compte du montant :

a) Du loyer payé au bailleur par l'organisme locataire ;

b) Du loyer payé à cet organisme par le sous-locataire ;

c) Des ressources du sous-locataire ;

3° Les contribuables doivent joindre à leur déclaration des revenus de l'année au cours de laquelle a pris effet la location dont les revenus peuvent bénéficier de la déduction calculée en fonction du revenu brut ou, pour l'application du régime de la déduction au titre de l'amortissement, à leur déclaration des revenus de l'année d'achèvement de l'immeuble ou de son acquisition si elle est postérieure :

a) La note annexe prévue au I de l'article 2 *quaterdecies* ou au 1° du I de l'article 2 *quindecies* complétée du nom du sous-locataire et des nom et adresse de son employeur ;

b) Une copie de bail conclu avec l'organisme locataire ;

c) Abrogé par Décr. n° 2002-1296 du 24 oct. 2002, art. 2 ;

d) Une copie de l'avis d'imposition ou de non-imposition du sous-locataire établi au titre de l'avant-dernière année précédant celle de la signature du contrat de sous-location ainsi qu'un document faisant mention du montant du loyer payé par le sous-locataire ;

4° Si le bail ou le contrat de sous-location n'est pas signé à la date de la déclaration susmentionnée, les documents énumérés aux *b* et *d* du 3° sont joints à la déclaration des revenus de l'année au cours de laquelle le bail ou le contrat de sous-location est signé. Il en est de même en cas de changement de locataire ou de sous-locataire pendant la période couverte par l'engagement de location mentionné au *d* du 1° du I de l'article 2 *quaterdecies* et aux I, II et III de l'article 2 *quindecies.*

Art. 2 *sexdecies*-0 A et 2 *sexdecies*-0 A *bis* *Périmés (Décr. n° 2008-294 du 1er avr. 2008).*

Art. 2 *sexdecies*-0 A *ter* Pour l'application du troisième alinéa du *h* du 1° du I de l'article 31 du code général des impôts ou du troisième alinéa du 4 du I et du III de l'article 199 *septvicies* du même code :

1° La condition de loyer s'apprécie en tenant compte du montant du loyer payé au bailleur par l'organisme locataire et du loyer payé à cet organisme par le sous-locataire. Il n'est toutefois pas tenu compte de la redevance versée par le sous-locataire, en sus du loyer et des charges locatives, à un organisme indépendant de l'organisme locataire et représentative des frais de gestion, d'assurance, de gardiennage, d'amortissement des locaux collectifs, d'équipement des logements et, le cas échéant, d'ameublement. Cette disposition s'applique à la condition que le logement soit situé dans une résidence dotée de services collectifs et composée d'un ensemble homogène de dix logements au moins à usage d'habitation principale et que le montant annuel de la redevance n'excède pas le montant annuel des loyers payés par le sous-locataire ;

2° Les contribuables doivent joindre à leur déclaration des revenus de l'année d'achèvement de l'immeuble ou de son acquisition si elle est postérieure, la note annexe prévue au II de l'article 2 *quindecies* A, une copie de bail conclu avec l'organisme locataire ainsi qu'une copie du contrat de sous-location faisant apparaître le montant de la redevance payée par le sous-locataire.

3° Lorsque le contribuable demande l'application des dispositions du 1 du 1° du I de l'article 31 du code général des impôts, la condition de ressources s'apprécie en tenant compte des ressources du sous-locataire.

Les contribuables doivent joindre à leur déclaration des revenus de l'année au cours de laquelle a pris effet la location une copie de l'avis d'impôt sur le revenu du sous-locataire établi au titre de l'avant-dernière année précédant celle de la signature du contrat de sous-location.

Art. 2 *sexdecies-0 A quater* I. – Pour l'application du *(Décr. n° 2017-839 du 5 mai 2017, art. 2-2°-a-i)* « sixième » alinéa du *m* du 1° du I de l'article 31 du code général des impôts *(Décr. n° 2017-839 du 5 mai 2017, art. 2-2°-a-ii)* « et du 5 du *o* du 1° du I du même article 31 », les conditions prévues *(Décr. n° 2017-839 du 5 mai 2017, art. 2-2°-a-iii)* « respectivement au cinquième alinéa du *m* précité ou au 4 du *o* précité » s'apprécient en tenant compte du montant :

a. Du loyer payé au bailleur par l'organisme locataire ;

b. Du loyer payé le cas échéant à cet organisme par la personne occupant le logement ;

c. Des ressources de la personne occupant le logement.

II. – Les contribuables doivent joindre à leur déclaration des revenus de l'année au cours de laquelle la location à cet organisme ouvre droit pour la première fois à la déduction calculée en fonction du revenu brut :

a. Une copie de la convention conclue avec l'Agence nationale de l'habitat signée par les deux parties ;

b. Une copie du bail conclu avec l'organisme locataire ;

c. Le cas échéant, une copie de l'avis d'impôt sur le revenu du sous-locataire ou de l'occupant du logement établi au titre de l'avant-dernière année précédant celle pour laquelle la location à cet organisme ouvre droit pour la première fois à la déduction calculée en fonction du revenu brut ainsi qu'un document faisant mention du montant du loyer payé par la personne occupant le logement ;

(Abrogé par Décr. n° 2017-839 du 5 mai 2017, art. 2-2°-b) *« d. L'engagement de louer, directement ou par l'intermédiaire d'un organisme public ou privé, le logement nu pendant toute la durée de la convention à des personnes qui en font leur habitation principale. »*

III. – Lorsque le logement est la propriété d'une société non soumise à l'impôt sur les sociétés, les associés personnes physiques doivent joindre à la déclaration de revenus de l'année au cours de laquelle la location à l'organisme locataire ouvre droit pour la première fois à la déduction calculée en fonction du revenu brut, outre les pièces justificatives mentionnées aux a, b et c du II :

a. Une copie de l'engagement de location souscrit par la société propriétaire ;

b. L'engagement de conserver leurs parts pendant toute la durée de la convention.

IV. – Si le bail, le contrat de sous-location ou la convention d'occupation n'est pas signé à la date de la déclaration susmentionnée, les documents énumérés aux *b* et *c* du II sont joints à la déclaration des revenus de l'année au cours de laquelle l'un de ces documents est signé. Il en est de même en cas de changement de locataire ou d'occupant pendant la période couverte par l'engagement de location *(Abrogé par Décr. n° 2017-839 du 5 mai 2017, art. 2-2°-c)* *« mentionné au d du II »*.

Art. 2 *sexdecies* A Pendant la période de mise à disposition du logement prévue au premier alinéa du *j* et au deuxième alinéa du *l* du 1° du I de l'article 31 du code général des impôts, le contribuable joint chaque année à sa déclaration de revenu une note annexe établie conformément à un modèle fixé par l'administration qui comporte les éléments suivants :

a) L'identité et l'adresse du contribuable ;

b) L'adresse du logement concerné ;

c) La date de prise d'effet du bail initial et la date de la mise à disposition du logement au profit d'un ascendant ou d'un descendant du contribuable ;

d) L'identité de l'ascendant ou du descendant du contribuable occupant le logement ;

e) La nature de la mise à disposition.

La note jointe à la déclaration de revenus de l'année de mise à disposition du logement et de l'année de reprise de l'engagement de location mentionne en outre les modalités de décompte de la déduction au titre de l'amortissement pratiquée pour ces mêmes années.

La note jointe à la déclaration de revenus de l'année de reprise de l'engagement de location mentionne en outre la date du départ des lieux de l'ascendant ou descendant du contribuable.

Art. 2 *septdecies* I. – Lorsque l'immeuble appartient à une société, les obligations fixées par les articles 2 *quaterdecies*, 2 *quindecies*, 2 *quindecies* A, 2 *quindecies* D, 2 *sexdecies*, 2 *sexdecies*-0 A *ter*, 2 *sexdecies*-0 A *quater* et 2 *sexdecies* A incombent à cette société. L'engagement prévu à l'article 2 *quaterdecies* et à l'article 2 *sexdecies*-0 A *quater* est joint par la société à sa déclaration du résultat de l'année au cours de laquelle a pris effet la location dont les revenus peuvent bénéficier de la déduction calculée en fonction du revenu brut ». Les options prévues aux articles 2 *quindecies*, 2 *quindecies* A et 2 *quindecies* D sont jointes » par la société, selon le cas, à sa déclaration du résultat de l'année d'achèvement du logement ou de son acquisition si elle est postérieure, ou à sa déclaration du résultat de l'année d'achèvement des travaux.

II. – La société doit, au plus tard le deuxième jour ouvré suivant le premier mai de chaque année, faire parvenir à ses associés un document établi en double exemplaire, conformément à un modèle fixé par l'administration et comportant, pour l'année précédente, les renseignements suivants :

1° L'identité et l'adresse de l'associé ;

2° Le nombre et les numéros des parts détenues au 1er janvier et au 31 décembre et, le cas échéant, des parts souscrites, acquises et transmises au cours de l'année ainsi que la date de ces opérations ;

3° L'attestation que la location et, le cas échéant, la sous-location remplissent les conditions prévues par les articles 2 *duodecies*, 2 *terdecies*, 2 *terdecies* A, 2 *terdecies* B, 2 *terdecies* C, *(Décr. n° 2017-839 du 5 mai 2017, art. 2)* « 2 *terdecies* G, » 2 *sexdecies*, 2 *sexdecies*-0 A *ter* et 2 *sexdecies*-0 A *quater* » ;

4° Lorsqu'il y a lieu, le montant de l'amortissement ou de la réduction d'impôt correspondant aux droits de l'associé ;

5° Le montant du revenu net foncier correspondant aux droits de l'associé déterminé dans les conditions de droit commun et, s'il y a lieu, le montant de ce revenu déterminé compte tenu, selon le cas, de la déduction calculée en fonction du revenu brut ou de la déduction au titre de l'amortissement ;

6° En cas de non-respect par la société ou un associé de ses engagements, la quote-part de supplément de déduction calculée en fonction du revenu brut ou des déductions au titre de l'amortissement que l'associé doit ajouter au revenu foncier de l'année au cours de laquelle la rupture de l'engagement ou la cession du logement ou des parts sociales est intervenue ou de la quote-part de la réduction d'impôt que l'associé doit ajouter à l'impôt sur le revenu dû au titre de la même année.

7° Lorsqu'un logement est mis à la disposition d'un ascendant ou d'un descendant de l'un des associés dans les conditions prévues au premier alinéa du *j* et au deuxième alinéa du *l* du 1° du I de l'article 31 du code général des impôts, les éléments figurant sur la note annexe prévue à l'article 2 *sexdecies* A.

Un exemplaire de ce document est joint par la société à sa déclaration de résultat.

III. – La société joint chaque année à sa déclaration de résultat l'état mentionné au IV des articles 2 *quindecies* et 2 *quindecies* A. Elle y indique, en outre, l'identité et l'adresse des associés ainsi que la part des revenus des immeubles de la société correspondant aux droits de chaque associé.

Art. 2 *octodecies* I. – L'engagement de conservation des titres prévu au premier alinéa du *j* du 1° du I de l'article 31 du code général des impôts est constaté lors du dépôt de la déclaration des revenus de l'année au cours de laquelle a pris effet la location dont les revenus peuvent bénéficier de la déduction calculée en fonction du revenu brut ou, si elle est postérieure, de l'année au cours de laquelle les parts ont été acquises.

Pour l'application du dixième alinéa *(Décr. n° 2017-698 du 2 mai 2017, art. 3)* « du *g* et du neuvième alinéa du » *h* du 1° du I de l'article 31 du code précité et de l'article 199 *septvicies* du même code, l'engagement de conservation des titres est constaté lors du dépôt de la déclaration des revenus de l'année au titre de laquelle les parts ont été souscrites ou acquises ou, si elle est postérieure, de l'année de l'acquisition ou de l'achèvement de l'immeuble. Pour le bénéfice de la déduction au titre de l'amortissement des dépenses de reconstruction et d'agrandissement, l'engagement de conservation des titres doit être joint à la déclaration des revenus de l'année d'achèvement des travaux. L'engagement de conservation des titres formulé par le conjoint survivant doit être joint à la déclaration des revenus souscrite par ce dernier au titre de l'année du décès de son conjoint pour la période postérieure à cet événement.

L'engagement de conservation des titres prévu au cinquième alinéa du *m* *(Décr. n° 2017-839 du 5 mai 2017, art. 2-4°)* « ou au B du 4 du *o* » du 1° du I de l'article 31 du code général des impôts est constaté lors du dépôt de la déclaration des revenus de l'année au cours de laquelle la location au locataire ouvre droit pour la première fois à la déduction calculée en fonction du revenu brut.

II. — Les parts détenues par les associés qui entendent bénéficier de la déduction calculée en fonction du revenu brut ou de la déduction au titre de l'amortissement ou de la réduction d'impôt sont inscrites, dans les trente jours suivant la date limite de dépôt de la déclaration des revenus mentionnée au I, sur un compte ouvert au nom de l'associé dans la comptabilité de la société ou sur un registre spécial. Les documents relatifs aux opérations ayant affecté ce compte sont conservés jusqu'à la fin de la troisième année suivant celle de l'expiration de l'engagement mentionné au I.

III. — Les associés joignent à chacune de leurs déclarations des revenus, y compris pendant la période de mise à disposition du logement prévue au premier alinéa du *j* et au deuxième alinéa du *l* du 1° du I de l'article 31 du code général des impôts, un exemplaire du document mentionné au II de l'article 2 *septdecies*.

Art. 2 *octodecies* A I. — L'engagement de conservation des titres prévu au deuxième alinéa de l'article 31 *bis* du code général des impôts et au neuvième alinéa du VIII de l'article 199 *septvicies* du même code est constaté lors du dépôt de la déclaration des revenus de l'année au titre de laquelle les parts ont été souscrites.

II. — Les parts détenues par les associés qui entendent bénéficier de la déduction au titre de l'amortissement ou de la réduction d'impôt sont inscrites, dans les trente jours suivant la date limite de dépôt de la déclaration des revenus mentionnée au I, sur un compte ouvert au nom de l'associé dans la comptabilité de la société ou sur un registre spécial. Les documents relatifs aux opérations ayant affecté ce compte sont conservés jusqu'à la fin de la troisième année suivant celle de l'expiration de l'engagement mentionné au I.

III. — Les associés joignent à chacune de leurs déclarations des revenus un exemplaire des documents mentionnés à l'article 2 *octodecies* B ainsi que les modalités de décompte de la déduction au titre de l'amortissement ou de la réduction d'impôt.

Art. 2 *octodecies* B La société civile de placement immobilier mentionnée au premier alinéa de l'article 31 *bis* du code général des impôts ou au VIII de l'article 199 *septvicies* du même code doit, au plus tard le deuxième jour ouvré suivant le premier mai de chaque année, faire parvenir à ses associés un document établi en double exemplaire conformément à un modèle fixé par l'administration et comportant les éléments suivants :

1° L'identité et l'adresse des associés ;

2° Le nombre et les numéros des parts ou actions souscrites pour lesquelles le bénéfice de la déduction ou de la réduction d'impôt est demandé ainsi que le montant du capital souscrit correspondant ;

3° La date de souscription des parts ou actions et du versement des fonds ;

4° Le nombre et les numéros des parts détenues au 1er janvier et au 31 décembre et, le cas échéant, des parts souscrites, acquises et transmises au cours de l'année ainsi que la date de ces opérations ;

5° *L'attestation que* 95 % de la souscription, appréciés sans tenir compte des frais de collecte, pour laquelle le bénéfice de la déduction ou de la réduction d'impôt a été demandé, servent exclusivement à financer un investissement pour lequel les conditions d'application des déductions prévues au *h* ou au *l* du 1° du I de l'article 31 du code général des impôts ou de la réduction d'impôt prévue à l'article 199 *septvicies* du même code sont réunies ;

6° La nature des investissements réalisés au moyen des parts ou actions souscrites pour lesquelles le bénéfice de la déduction ou de la réduction d'impôt a été demandé, l'adresse des logements concernés, leur date d'acquisition ou d'achèvement, la date de leur première location et la surface à prendre en compte pour l'appréciation du plafond de loyer telle qu'elle est définie par les articles 2 *terdecies* A, 2 *terdecies* B et 2 *terdecies* C ;

7° L'attestation que le produit de la souscription annuelle est intégralement investi dans les dix-huit mois qui suivent la clôture de celle-ci ;

8° L'engagement par la société de louer le logement dans les conditions et limites prévues au *h* ou au *l* du 1° du I de l'article 31 du code général des impôts. ou à l'article 199 *septvicies* du même code. La société indique également le montant du loyer mensuel, charges non comprises, tel qu'il résulte du bail.

Un exemplaire de ce document est joint par la société à sa déclaration de résultat.

Art. 2 *novodecies* Pour l'application du *g* du 1° du I de l'article 31 du code général des impôts la déduction au titre de l'amortissement est calculée :

1° Pour les logements acquis neufs, en l'état futur d'achèvement ou après réhabilitation, sur le prix d'acquisition majoré des frais afférents à l'acquisition ;

2° Pour les logements que le contribuable fait construire, sur le prix payé pour la construction du logement, augmenté du prix d'acquisition du terrain nu ou, en cas d'acquisition à titre gratuit, de la valeur pour laquelle le terrain nu est entré dans le patrimoine du contribuable, ainsi que des frais afférents à l'acquisition du terrain et à la construction, à l'exclusion des frais de démolition des constructions existantes ;

3° Pour les locaux acquis par le contribuable en vue de leur transformation en logement, sur le prix payé pour l'acquisition du local et la réalisation des travaux de transformation, majoré des frais afférents à ces opérations ; les travaux de transformation s'entendent des travaux de reconstruction, d'agrandissement, de réparation et d'amélioration ayant pour effet de rendre habitables des locaux qui ne l'étaient pas auparavant ;

4° Pour les logements qui font l'objet des dépenses de reconstruction, d'agrandissement et d'amélioration mentionnées aux 1 et 2 du *g* du 1° du I de l'article 31 du code général des impôts, sur le montant de ces dépenses majoré des frais qui leur sont afférents.

Art. 2 *novodecies* A Pour l'application du *h* et du *l* du 1° du I de l'article 31 du code général des impôts, la déduction au titre de l'amortissement est calculée dans les conditions prévues à l'article 2 *novodecies*.

Pour les logements acquis par le contribuable en vue de les réhabiliter, la déduction au titre de l'amortissement est calculée sur le prix payé pour l'acquisition du logement et la réalisation des travaux de réhabilitation mentionnés à l'article 2 *quindecies* B, majoré des frais afférents à ces opérations. Il est tenu compte notamment des prestations d'études, d'organisation et de suivi des travaux de réhabilitation et des frais liés à l'établissement des états et attestations prévus à l'article 2 *quindecies* C.

Art. 2 *novodecies* B Pour l'application de l'article 31 *bis* du code général des impôts, la déduction au titre de l'amortissement est calculée sur 95 % du montant de la souscription effectivement versée par le contribuable au 31 décembre de l'année au titre de laquelle la souscription a été effectuée.

Art. 2 *vicies* Pour la première année, la déduction calculée sur les bases d'amortissement mentionnées aux articles 2 *novodecies*, 2 *novodecies* A et 2 *novodecies* B est admise dans la proportion existant entre, d'une part, le nombre de mois décompté à partir de celui mentionné aux premier, deuxième et neuvième alinéas du *g* *(Décr. n° 2017-698 du 2 mai 2017, art. 3)* « et aux premier, deuxième et huitième alinéas du *h* » du 1° du I de l'article 31 du code général des impôts et au premier alinéa de l'article 31 *bis* *(Décr. n° 2017-698 du 2 mai 2017, art. 3)* « du même code » jusqu'à la fin de l'année, et, d'autre part, le nombre 12.

Lorsque la déduction au titre de l'amortissement prend fin en cours d'année, elle est admise dans la proportion existant entre, d'une part, le nombre de mois compris entre le 1er janvier et le premier jour du mois au cours duquel expire l'annuité d'amortissement et, d'autre part, le nombre 12.

Lorsque le taux d'amortissement est réduit en cours d'année, chaque période est décomptée selon les modalités définies aux premier et deuxième alinéas. Il en est de même l'année de reprise de l'engagement par le conjoint survivant prévue aux cinquième et dixième alinéas du *g* et aux cinquième et *(Décr. n° 2017-698 du 2 mai 2017, art. 3)* « dixième » alinéas du *h* du 1° du I de l'article 31 du code général des impôts.

ANNEXE

NORMES MINIMALES D'HABITABILITÉ INSTITUÉES EN APPLICATION DE L'ARTICLE 96 DE LA LOI DE FINANCES POUR 1999 (N° 98-1266 DU 30 DÉCEMBRE 1998)

ART. I. NORMES GÉNÉRALES RELATIVES À LA SÉCURITÉ, À LA SALUBRITÉ ET À L'ÉQUIPEMENT DE L'IMMEUBLE

Art. 1.1. Étanchéité

Les sols, murs, seuils, plafonds sont protégés contre les eaux de ruissellement, les infiltrations et les remontées d'eau.

Art. 1.2. Parties communes

Le gros œuvre (murs, charpentes, escaliers, planchers, balcons) est en bon état d'entretien. La couverture est étanche.

Les souches de cheminée, les conduits de ventilation, les gouttières, les chéneaux, les descentes d'eaux pluviales et les ouvrages accessoires sont en bon état.

Les menuiseries extérieures sont étanches et en bon état.

Les cours et courettes, les accès et les circulations en cave ainsi que les combles sont dégagés et en bon état.

Art. 1.3. Canalisations

Les canalisations d'eau, les appareils qui leur sont raccordés et les réservoirs sont établis de manière à éviter la pollution du réseau de distribution, notamment par les eaux usées et les eaux-vannes.

Les canalisations d'eau potable desservant les logements et, le cas échéant, les locaux pour services collectifs ou à usage commun assurent la permanence de la distribution avec une pression et un débit suffisants et sont branchées au réseau public de distribution, s'il existe ; à défaut, elles sont conformes aux règlements sanitaires en vigueur.

ART. II. NORMES RELATIVES À LA SÉCURITÉ, À LA SALUBRITÉ ET À L'ÉQUIPEMENT DES LOGEMENTS OU DES PIÈCES ISOLÉES

Art. 2.1. Normes dimensionnelles

Un logement comprend des pièces principales destinées au séjour et au sommeil et des pièces de services telles que cuisines, salles d'eau, cabinets d'aisances, buanderies, débarras, séchoirs ainsi que, le cas échéant, des dégagements et des dépendances.

Il comporte au moins une pièce principale, une pièce de service (soit salle d'eau, soit cabinet d'aisances) et une cuisine ou un coin cuisine aménagé dans la pièce principale.

Un local à usage d'habitation ne comportant pas d'équipement destiné à faire la cuisine est considéré comme une pièce isolée.

La surface habitable d'un logement est égale ou supérieure à 14 mètres carrés, celle d'une pièce isolée à 9 mètres carrés.

La surface habitable d'un logement ou d'une pièce isolée est la surface de plancher construit, après déduction des surfaces occupées par les murs, cloisons, marches et cages d'escalier, gaines, ébrasements de portes et de fenêtres.

La hauteur sous plafond des pièces principales, des pièces isolées et de la cuisine est au moins égale à 2,30 mètres.

Art. 2.2. Ouverture et ventilation

Toutes les pièces principales des logements, les pièces isolées ou, dans le cas des foyers, les logements, chambres et locaux pour services collectifs ou à usage commun sont pourvus d'ouverture donnant à l'air libre.

La ventilation des logements, des pièces isolées ou, dans le cas des foyers, des logements, chambres et locaux pour services collectifs ou à usage commun est générale et permanente. Lorsqu'un local, tel que la cuisine, le cabinet d'aisances, la salle d'eau ne dispose pas de fenêtre, il doit être pourvu d'un système d'évacuation de l'air vicié débouchant à l'extérieur du bâtiment, tel que gaine de ventilation à tirage naturel (verticale) ou mécanique (horizontale ou verticale).

Art. 2.3. Installation de la cuisine ou du coin cuisine

La pièce à usage de cuisine ou le coin cuisine comporte un évier avec siphon, raccordé à une chute d'eaux usées, sur lequel est installée l'eau potable (chaude et froide).

La pièce à usage de cuisine ou le coin cuisine est aménagé de manière à pouvoir recevoir un appareil de cuisson (à gaz ou électrique) suivant les conditions réglementaires en vigueur et possède un conduit d'évacuation de fumée en bon état.

Art. 2.4. Installation du gaz et de l'électricité

Les nouvelles canalisations de gaz et la ventilation des pièces où le gaz est utilisé sont conformes aux textes réglementaires en vigueur.

Le logement ou la pièce isolée ou, dans le cas de foyers, les logements chambres et locaux pour services collectifs ou à usage commun sont pourvus d'une alimentation électrique conforme aux besoins normaux de l'utilisateur d'un local d'habitation.

Art. 2.5. Équipement sanitaire

Tout logement comporte :

Un w.-c. intérieur, avec cuvette à l'anglaise et chasse d'eau ; dans le cas d'une fosse étanche, la chasse d'eau peut être remplacée par un simple effet d'eau. Dans les logements de plus de deux pièces principales, le w.-c. est séparé de la cuisine et de la pièce où sont pris les repas par un sas ;

Une salle d'eau comportant une baignoire ou une douche et un lavabo alimentés en eau courante chaude et froide.

Toutefois, les logements d'une ou deux pièces principales peuvent ne comporter :

— qu'une pièce où est située un w.-c. avec cuvette à l'anglaise et chasse d'eau, ne communiquant pas directement avec la cuisine ainsi qu'un lavabo avec eau chaude et froide ;

— ou qu'une salle d'eau (ou un coin douche) située dans une pièce de service, le cabinet d'aisances à usage privatif étant situé à l'étage ou un demi-palier de distance.

Art. 2.6. Chauffage

Les équipements de chauffage, à l'exclusion de certains appareils dont la conception l'interdit, comportent un dispositif de réglage automatique de température.

Si le logement ou la pièce isolée n'est pas pourvu de chauffage central individuel ou collectif, il doit cependant comporter :

a) Dans les logements de moins de trois pièces principales, un dispositif, en sus des appareils nécessaires à la cuisine, choisi parmi les suivants :

— poêle à charbon, mazout ou bois raccordé à un conduit d'évacuation de fumée. Si l'installation existe, son bon état de fonctionnement doit être vérifié ;

— radiateur à gaz fixe avec évacuation des gaz brûlés par ventouse ou raccordement à un conduit d'évacuation des gaz brûlés ;

— un appareil électrique fixe ;

b) Dans les logements de trois ou quatre pièces principales, deux dispositifs au moins, si possible du même type ;

c) Dans les logements de cinq pièces principales et plus, trois dispositifs au moins, si possible du même type.

Ces dispositifs permettent d'assurer une température suffisante dans chacune des pièces.

4° DÉDUCTION EN FAVEUR DE LA MOBILITÉ PROFESSIONNELLE

Art. 2 *unvicies* (*Périmé, Décr. n° 2017-698 du 2 mai 2017, art. 3*) ***Pour l'application du i du 1° du I de l'article 31 du code général des impôts, les contribuables sont tenus de joindre à la déclaration des revenus de la première année d'imposition au titre de laquelle la déduction est pratiquée les documents suivants :***

a) Une copie du contrat de bail par lequel ils donnent en location leur ancienne habitation principale ;

b) Une copie du contrat de bail par lequel ils prennent en location leur nouvelle habitation principale ;

c) Une pièce attestant de l'exercice d'une nouvelle activité professionnelle et indiquant la date de début d'exercice de celle-ci.

5° DÉDUCTION POUR TRAVAUX DE RESTAURATION ET DE GROS ENTRETIEN EFFECTUÉS SUR DES ESPACES NATURELS

Art. 2 *duovicies* **Pour l'application du c *quinquies* du 2° du I de l'article 31 du code général des impôts, les contribuables sont tenus de joindre à la déclaration des revenus de l'année au titre de laquelle la déduction est pratiquée :**

a. Une copie de la décision administrative permettant d'établir que les parcelles sur lesquelles sont réalisés les travaux de restauration ou de gros entretien sont incluses dans un espace protégé mentionné au c *quinquies* du 2° du I de l'article 31 du code général des impôts ou, à défaut, une attestation de l'autorité compétente mentionnée à l'article 2 *tervicies* ;

b. Une copie de l'accord préalable à la réalisation des travaux, délivré par l'autorité compétente mentionnée au même article 2 *tervicies* ;

c. Les pièces justifiant de la nature, du montant et du paiement des travaux.

Art. 2 *tervicies* L'autorité compétente vérifie la compatibilité des travaux de restauration ou de gros entretien, mentionnés au c *quinquies* du 2° du I de l'article 31 du code général des impôts, avec les objectifs qui ont justifié la mesure de classement et, le cas échéant, avec le document de gestion ou d'objectifs approuvé au titre de la réglementation concernée. En ce qui concerne les espaces remarquables du littoral au sens de l'article L. 121-23 du code de l'urbanisme, tels qu'ils figurent dans le document d'urbanisme de la commune, devenu définitif et doté d'un règlement conforme aux dispositions de l'article R. 121-5 du code de l'urbanisme, cette vérification porte sur la conformité des travaux aux dispositions de l'article L. 121-23 et du 5° de l'article R. 121-5 du code de l'urbanisme.

Les autorités compétentes sont les suivantes :

a. Pour un parc national : le directeur de l'établissement public du parc national ;

b. Pour une réserve naturelle nationale : le préfet ;

c. Pour une réserve naturelle régionale : le président du conseil régional ;

d. Pour une réserve naturelle de Corse : le président de la *(Décr. n° 2017-1777 du 27 déc. 2017, art. 1er)* « collectivité de Corse » ;

e. Pour un site classé : soit le préfet pour les travaux hors permis de construire ou assimilés, soit le ministre chargé de l'environnement pour les travaux de niveau permis de construire ;

f. Pour un arrêté de biotope : le préfet ;

g. Pour un site Natura 2000 (zone spéciale de conservation ou zone de protection spéciale) : le préfet.

III ***BÉNÉFICES INDUSTRIELS ET COMMERCIAUX***

A OPÉRATIONS RÉALISÉES SUR DES MARCHÉS FINANCIERS À TERME

Art. 2 A Les titres reçus par une entreprise qui exerce une option d'achat portant sur les valeurs mobilières sont inscrits à son actif au cours du marché à la date de l'exercice de l'option.

Art. 2 B Le document mentionné au 2° du 6 de l'article 38 du code général des impôts doit comporter les renseignements suivants :

1. Pour chacun des contrats à terme : nature, valeur nominale, date d'ouverture, date d'échéance, prix d'acquisition, cours à la clôture de l'exercice, profit à la clôture de l'exercice ;

2. Pour chacune des opérations des deux exercices suivants : valeur nominale, date d'ouverture, date d'échéance.

Ce document est annexé à la déclaration des résultats de l'exercice au cours duquel les contrats à terme d'instruments financiers ont été conclus et, le cas échéant, de l'exercice suivant. Il est établi conformément au modèle fixé par l'administration.

Art. 2 C Le document qui doit être annexé à la déclaration de résultats de chaque exercice en application du 3° du 6 de l'article 38 du code général des impôts mentionne les positions symétriques prises au cours de l'exercice et celles qui sont en cours à la clôture de l'exercice. Il comporte pour chacune des positions symétriques les renseignements suivants : nature, montant ou valeur nominale, date d'ouverture, prix d'achat et date d'échéance.

Ces renseignements doivent être mentionnés distinctement selon que les positions sont ou non prises sur des instruments financiers à terme soumis au régime défini au 1° du 6 de l'article 38 du code général des impôts ; les positions prises sur des valeurs mobilières, des devises, des titres de créances négociables, des prêts ou des emprunts ou des engagements portant sur ces éléments sont également mentionnées distinctement.

Ce document est établi conformément au modèle fixé par l'administration.

A-0 *BIS* ATTRIBUTION DE RISTOURNES SOUS FORME DE PARTS SOCIALES

(Décr. nº 2006-1451 du 24 nov. 2006)

Art. 2 C *bis* L'option pour le report d'imposition prévue à l'article 38 *sexies* du code général des impôts s'exerce par le dépôt de l'état de suivi prévu à l'article 2 C *ter*.

Art. 2 C *ter* L'état de suivi nécessaire à l'application du report d'imposition prévu à l'article 38 *sexies* du code général des impôts est établi conformément au modèle fixé par l'administration.

Cet état mentionne notamment :

a. Le nom et l'adresse de l'associé coopérateur ;

b. La dénomination et l'adresse de la coopérative agricole dont il est associé ;

c. Pour chaque attribution de parts sociales, le montant du produit comptabilisé au titre des ristournes et les informations nécessaires pour le suivi des produits en report d'imposition.

Art. 2 C *quater* L'état de suivi prévu à l'article 2 C *ter* est joint chaque année jusqu'à l'exercice comptable de cession, de transmission ou d'apport des parts attribuées ou l'exercice comptable de cessation d'activité si celle-ci est antérieure à la déclaration annuelle de résultat que l'associé coopérateur exerçant une activité professionnelle agricole est tenu de déposer en application de l'article 53 A du code général des impôts.

A *BIS* FRAIS D'ÉMISSION D'EMPRUNTS

Art. 2 D I. – Pour l'application du 1° *quater* du 1 de l'article 39 du code général des impôts, l'option irrévocable et globale de l'émetteur pour une période de deux ans est exercée par la première inscription en comptabilité des frais d'émission d'un emprunt en charges à répartir sur plusieurs exercices.

II. – La période de deux ans court à partir du premier jour de l'exercice au cours duquel l'option a été exercée selon les modalités du I.

III. – L'option visée au I est reconduite tacitement par période de deux ans. Elle est irrévocable pendant cette période.

IV. – Les entreprises qui désirent renoncer à leur option doivent notifier leur choix à l'administration par une mention expresse jointe à leur déclaration de résultat déposée au titre de l'exercice suivant la période pour laquelle ladite option a été exercée ou reconduite tacitement.

A *TER* RÉGIME FISCAL DES CONTRATS D'ÉCHANGE DE TAUX D'INTÉRÊT OU DE DEVISES RÉALISÉS PAR LES ÉTABLISSEMENTS DE CRÉDIT

Art. 2 E Pour l'application des dispositions du troisième alinéa de l'article 38 *bis* C du code général des impôts, les taux d'intérêt du marché retenus comme taux d'actualisation des flux de trésorerie futurs sont les taux de coupons zéro, correspondant à chaque échéance des flux à payer ou à recevoir, calculés à partir des taux d'intérêt des contrats d'échange de taux d'intérêt ou de devises.

A *QUATER* ENTREPOSAGE DE PRODUITS AGRICOLES

(Décr. nº 2009-1047 du 27 août 2009)

Art. 2 F Pour l'application de l'article 38 *quinquies* du code général des impôts :

I. – Constitue une convention d'entreposage de productions agricoles faisant l'objet d'un dépôt non individualisé un contrat qui remplit les conditions suivantes :

1° La convention porte sur la livraison de la production et son stockage, en vue de sa reprise par l'exploitant ou de sa vente, et prévoit, le cas échéant, sa transformation ou d'autres prestations réalisées par l'entreprise d'entreposage ;

2° La production est constituée de biens agricoles fongibles qui sont entreposés dans des conditions qui ne permettent pas d'en attribuer l'origine à un exploitant déterminé.

II. – Chaque récolte entreposée est inscrite distinctement dans les stocks au bilan de l'exploitant pour sa valeur à la date de clôture de l'exercice au cours duquel l'entreposage est intervenu, majorée des seuls frais facturés par l'organisme entrepositaire.

III. – La reprise est réputée à l'équivalent lorsque :

1° Les produits repris par l'exploitant sont issus de la transformation des produits qu'il a apportés ou de produits identiques ;

2° Les quantités de produits reprises par l'exploitant correspondent à celles qu'il a apportées ;

3° La valeur des produits fournis par l'entreprise d'entreposage diminuée de la valeur de sa prestation de transformation et de conditionnement n'excède pas la valeur des matières apportées par l'exploitant.

IV. – En cas de reprise de la production, le transfert du contrôle et des avantages économiques futurs intervient au titre de l'exercice de livraison ou de consommation de cette production par l'exploitant.

V. – Les stocks des produits agricoles entreposés inscrits au bilan de l'exploitant sont crédités du montant des acomptes perçus sur les sommes représentatives de leur cession diminué de la décote mentionnée à l'article 38 *sexdecies* JC.

Les sommes représentatives de la cession ou les acomptes sont pris en compte pour la détermination du résultat de l'exercice au cours duquel ils sont perçus.

B PROVISION POUR FLUCTUATION DES COURS

Art. 3 Les entreprises dont l'objet principal est de faire subir en France la première transformation à des matières premières acquises sur les marchés internationaux ou à des matières premières acquises sur le territoire national et dont les prix sont étroitement liés aux variations des prix internationaux sont autorisées, par application du troisième alinéa du 5° du 1 de l'article 39 du code général des impôts, à constituer, en franchise d'impôt sur le revenu ou d'impôt sur les sociétés, des provisions pour fluctuation des cours dans les conditions prévues aux articles 4 à 10 *septies*.

Ces provisions peuvent être prélevées sur les bénéfices des exercices 1948 et suivants ou, en ce qui concerne les entreprises qui n'avaient pas pour objet principal la première transformation des matières visées au *a* de l'article 4, à la clôture du dernier exercice arrêté avant le 29 décembre 1959, sur les bénéfices des exercices clos à partir de cette dernière date.

Toutefois, il ne peut être prélevé de provisions pour fluctuation des cours en raison de la première transformation de l'argent métal que sur les bénéfices des exercices arrêtés postérieurement au 30 décembre 1967.

Seules les entreprises dont l'activité consiste à transformer directement l'or, ainsi que, le cas échéant, une ou plusieurs autres matières premières visées à l'article 4 peuvent, pour la détermination des résultats des exercices arrêtés postérieurement au 30 décembre 1972, bénéficier des dispositions des articles 8 *ter*, 10 *bis* A et 10 *ter*.

Art. 4 Les matières premières susceptibles de donner lieu à la constitution des provisions visées à l'article 3 sont :

a) Minerais et métaux. – Minerai d'antimoine et antimoine, minerai de cuivre et cuivre, minerai d'étain et étain, minerai de magnésium, minerai de molybdène, minerai de plomb et plomb, minerai de tungstène, minerai de vanadium, minerai de zinc et zinc, cadmium, minerai de chrome, platine et métaux de la mine du platine.

Textiles. – Chanvre, coton, jute, laine, lin et étoupe de lin, schappe, sisal et fibres dures d'importation, soie.

Graines oléagineuses. – Graines de coprah, graines de lin, graines de soja.

Divers. – Amiante, caoutchouc, coke de pétrole, os des Indes, pâtes de bois d'origine étrangère, pétrole brut.

b) Fèves de cacao, graines de palmiste, graines de ricin, ferrailles, grumes et sciages bruts, pâtes de bois ou de végétaux annuels d'origine française, peaux brutes de bovins, équidés, ovins et caprins, poils fins et grossiers utilisés dans l'industrie textile.

c) Argent métal.

d) Or.

Art. 5 La provision pour fluctuation des cours est déterminée d'après les quantités des matières énumérées à l'article 4 qui existent normalement dans l'entreprise à l'état de matières premières ou de produits demi-finis ou finis.

Art. 6 Pour celles des entreprises visées à l'article 3 qui n'entraient pas déjà dans le champ d'application des provisions pour fluctuation des cours à la clôture du dernier exercice arrêté avant le 29 décembre 1959, le stock de base est forfaitairement exprimé, pour l'ensemble des matières premières donnant droit à provision, par la moyenne des quantités de matières inventoriées à la clôture des exercices 1956 à 1959.

Le montant total de la provision pour fluctuation des cours susceptible d'être constituée par ces mêmes entreprises est limité, à la clôture de chaque exercice, à la différence entre, d'une part, le chiffre obtenu en multipliant les quantités constituant le stock de base par la valeur unitaire d'inventaire de chacune de ces matières à la clôture dudit exercice, et d'autre part, le produit obtenu en appliquant à la valeur de ce même stock de base, calculée au prix de revient unitaire à la date du 30 juin 1959, le rapport existant entre le cours moyen du dollar pendant les six derniers mois de l'exercice considéré et son cours à la date susvisée.

Toutefois, la provision afférente à l'argent métal et la provision afférente à l'or sont calculées dans les conditions prévues respectivement aux articles 8 *bis* et 8 *ter*.

En ce qui concerne les matières premières faisant l'objet de cotations sur les marchés internationaux et dont les cours en monnaie étrangère sont publiés par l'institut national de la statistique et des études économiques, les entreprises peuvent calculer la limite maximale de la provision dans les conditions prévues à l'article 9.

Art. 7 1. Pour les entreprises qui avaient pour objet principal la première transformation des matières visées au *a* de l'article 4 à la clôture du dernier exercice arrêté avant le 29 décembre 1959, le stock de base est, pour ces matières, forfaitairement exprimé par la moyenne des quantités inventoriées à la clôture des exercices 1938, 1939, 1946 et 1947.

En ce qui concerne celles de ces entreprises qui ont été créées après le 31 décembre 1946 ou n'ayant pas encore fait d'inventaire à cette date ou qui assurent, depuis une date postérieure à celle du dernier bilan arrêté en 1946, la transformation à titre principal de matières premières visées au *a* de l'article 4, la provision pour fluctuation des cours est, pour ces matières, calculée en partant des quantités en stock à la clôture des deux premiers exercices d'exploitation.

Dans le cas de mutation d'entreprise survenue, sans changement dans les conditions d'exploitation, avant la clôture du dernier exercice arrêté avant le 29 décembre 1959, le nouvel exploitant peut, en ce qui concerne les matières visées au *a* de l'article 4, faire état du stock de base du cédant.

2. Les entreprises visées au 1 doivent :

1° Pour les matières premières énumérées au *b* de l'article 4, faire état d'un stock de base forfaitairement exprimé par la moyenne des quantités de matières inventoriées à la clôture des exercices 1956 à 1959 ;

2° Pour l'argent métal, faire état d'un stock de base déterminé dans les conditions prévues à l'article 8 *bis* ;

3° Pour l'or, faire état d'un stock de base déterminé dans les conditions prévues à l'article 8 *ter*.

Art. 8 Sous réserve des dispositions de l'article 9, le montant total de la provision pour fluctuation des cours susceptible d'être constituée, à raison des matières premières énumérées au *a* de l'article 4, par les entreprises visées à l'article 7 est limité, à la clôture de chaque exercice, à la différence entre, d'une part, le chiffre obtenu en multipliant les quantités de ces matières premières comprises dans le stock de base par la valeur unitaire d'inventaire de chacune de ces matières à la clôture dudit exercice et, d'autre part, le produit obtenu en appliquant à la valeur de ces mêmes matières, calculée au prix moyen d'inventaire à la clôture des exercices 1945 à 1947, le rapport existant entre le cours moyen du dollar pendant les six derniers mois de l'exercice considéré et son cours au 31 décembre 1946.

Dans le deuxième terme de la différence visée au premier alinéa, les entreprises définies au deuxième alinéa du 1 de l'article 7, doivent évaluer leur stock de base d'après le prix moyen d'achat, pendant les années 1945 à 1947, des matières premières comprises dans ledit stock, ou, dans le cas de mutation d'entreprise survenue antérieurement à la clôture du dernier exercice arrêté avant le 29 décembre 1959, d'après le prix moyen figurant aux inventaires dressés par le cédant à la clôture des exercices 1945 à 1947.

En ce qui concerne les matières premières énumérées à l'article 4-*b*, les entreprises visées à l'article 7 doivent calculer la provision pour fluctuation des cours dans les conditions prévues à l'article 6.

Pour l'argent métal, les entreprises visées à l'article 7 doivent calculer la provision pour fluctuation des cours dans les conditions prévues à l'article 8 *bis*.

Pour l'or, les entreprises visées à l'article 7 doivent calculer la provision pour fluctuation des cours dans les conditions prévues à l'article 8 *ter*.

Art. 8 *bis* 1. La quantité d'argent à comprendre dans le stock de base pour le calcul de la provision pour fluctuation des cours est égale à la moyenne des quantités de ce métal inventoriées à la clôture des exercices 1963 à 1965.

2. La limite maximale, à la clôture de chaque exercice, de la provision pour fluctuation des cours afférente à l'argent est calculée par différence entre, d'une part, le chiffre obtenu en multipliant la quantité de cette matière comprise dans le stock de base par la valeur unitaire d'inventaire de ladite matière à la clôture de l'exercice considéré et, d'autre part, le produit obtenu en appliquant à la valeur de cette matière, calculée au prix de revient unitaire d'inventaire à la clôture de l'exercice 1965, le rapport existant entre le cours moyen du dollar pendant les six derniers mois de l'exercice considéré et son cours moyen pendant les six derniers mois de l'exercice 1965.

Art. 8 *ter* 1. La quantité d'or à comprendre dans le stock de base pour le calcul de la provision pour fluctuation des cours est égale à la moyenne des quantités de ce métal inventoriées à la clôture des exercices 1967 à 1971.

2. La limite maximale, à la clôture de chaque exercice, de la provision pour fluctuation des cours afférente à l'or est calculée par différence entre :

D'une part, le chiffre obtenu en multipliant la quantité de cette matière comprise dans le stock de base par la valeur unitaire d'inventaire de ladite matière à la clôture de l'exercice considéré ;

D'autre part, le produit obtenu en appliquant à la valeur de cette matière, calculée au prix de revient unitaire d'inventaire à la clôture de l'exercice 1971, le rapport existant entre le cours moyen du dollar pendant les six derniers mois de l'exercice considéré et son cours moyen pendant les six derniers mois de l'exercice 1971.

Art. 9 1. En ce qui concerne les matières premières faisant l'objet de cotations sur les marchés internationaux et dont les cours en monnaie étrangère sont publiés par l'institut national de la statistique et des études économiques, les entreprises définies à l'article 7 peuvent, à la clôture de chaque exercice, calculer, pour chacune de ces matières, la limite maximale de la provision dans les conditions ci-après. Cette limite ne peut, pour la matière considérée, excéder la différence entre, d'une part, le produit obtenu en multipliant la quantité de cette matière comprise dans le stock de base par la valeur unitaire d'inventaire de ladite matière à la clôture dudit exercice, et, d'autre part, le chiffre déterminé en appliquant à ce même produit le rapport existant entre le cours moyen mensuel de ladite matière pendant les années 1945 à 1947 et son cours moyen mensuel pendant les six derniers mois de l'exercice.

2. Les entreprises définies à l'article 6 doivent retenir, pour chaque matière, comme premier terme du rapport visé au 1 le cours moyen de ladite matière pendant le mois de juin 1959.

3. Les cours qui doivent être retenus pour l'application des 1 et 2 sont, quelle que soit la qualité des matières en stock, ceux se rapportant aux matières types qui sont définies par arrêté du ministre de l'économie et des finances et exprimés en monnaie étrangère *[Ann. IV, art. 1er]*.

L'option pour le mode de calcul de la provision prévue au présent article est irrévocable.

Art. 10 Par dérogation aux dispositions des articles 6, 7, 8 *bis* et 8 *ter*, si, pour une catégorie quelconque des matières faisant partie du stock de base, la moyenne des quantités existant réellement en stock, à la clôture de trois exercices consécutifs, est inférieure ou supérieure de plus de 20 % aux quantités comprises dans ledit stock de base, ce stock est, dès la clôture du troisième exercice, fixé, pour la matière considérée, à la moyenne ainsi déterminée. Toutefois, cette règle n'est applicable que si les quantités existant en stock à la clôture de chacun des exercices considérés ont été inférieures ou supérieures de plus de 10 % à celles qui étaient comprises dans le stock de base.

Lorsqu'une entreprise, ayant déjà pour objet principal de transformer des matières premières visées à l'article 4, adjoint à son industrie la transformation de nouvelles matières également visées audit article et dont la valeur d'inventaire est, pendant trois exercices consécutifs, au moins égale au dixième de la valeur globale d'inventaire, à la clôture de ces mêmes exercices, des matières pouvant donner lieu à constitution d'une provision, la moyenne quantitative, pour ces trois exercices, des nouvelles matières est comprise dans le stock de base.

En cas de cession d'un établissement ou d'une branche d'activité, le stock de base est immédiatement réduit de manière à ne tenir compte que des quantités de matières premières se rapportant aux établissements ou activités conservés.

Art. 10 *bis* Par dérogation aux dispositions qui précèdent, le stock de base des entreprises nouvelles ayant arrêté leur premier exercice postérieurement au 31 décembre 1959 est forfaitairement exprimé, pour l'ensemble des matières premières visées aux *a* et *b* de l'article 4, par la moyenne des quantités existant à la clôture des deux premiers exercices d'exploitation.

Sous réserve des dispositions de l'article 6, quatrième alinéa, et du 2 de l'article 9, le montant total de la provision pour fluctuation des cours susceptible d'être constituée par ces entreprises est limité, à la clôture de chaque exercice, à la différence entre, d'une part, le chiffre obtenu en multipliant les quantités de matières constituant le stock de base par la valeur unitaire d'inventaire de chacune de ces matières à la clôture dudit exercice, et d'autre part, le produit obtenu en appliquant à la valeur de ce même stock, calculée au prix de revient unitaire d'inventaire à la clôture de leur premier exercice d'exploitation, le rapport existant entre le cours moyen du dollar pendant les six derniers mois de l'exercice considéré et son cours moyen pendant les six derniers mois du premier exercice d'exploitation.

Art. 10 *bis* A I. – Par dérogation aux dispositions de l'article 8 *bis*, les entreprises nouvelles ayant arrêté leur premier exercice postérieurement au 31 décembre 1965 et dont l'objet principal est de faire subir en France la première transformation soit à l'argent seulement, soit à ce métal et à une ou plusieurs autres matières visées aux *a* et *b* de l'article 4 sont soumises aux dispositions de l'article 10 *bis*.

II. – Par dérogation aux dispositions de l'article 8 *ter*, les entreprises nouvelles ayant arrêté leur premier exercice postérieurement au 31 décembre 1971 et dont l'objet principal est de faire subir en France la première transformation, soit à l'or seulement, soit à ce métal et à une ou plusieurs autres matières visées à l'article 4, sont soumises aux dispositions de l'article 10 *bis*.

Art. 10 *ter* Sont assimilées à des entreprises nouvelles, pour le calcul de la provision pour fluctuation des cours et soumises aux dispositions de l'article 10 *bis*, les entreprises dont l'objet principal est :

– soit, depuis une date postérieure à la clôture du dernier exercice arrêté en 1959, de faire subir en France la première transformation à des matières premières énumérées aux *a* et *b* de l'article 4 ;

– soit, depuis une date postérieure à la clôture du dernier exercice arrêté en 1965, de faire subir en France la première transformation soit à l'argent seulement, soit à ce métal et à une ou plusieurs autres matières visées aux *a* et *b* de l'article 4 précité ;

– soit, depuis une date postérieure à la clôture du dernier exercice arrêté en 1971, de faire subir en France la première transformation soit à l'or seulement, soit à ce métal et à une ou plusieurs autres matières visées audit article 4.

Dans ce cas, les deux premiers exercices ou le premier exercice d'exploitation visés à l'article 10 *bis* et au I de l'article 10 *bis* A s'entendent des deux premiers exercices ou du premier exercice pendant lesquels l'entreprise a eu pour objet principal la première transformation en France desdites matières.

Pour l'application des dispositions de l'article 6, quatrième alinéa, et du 2 de l'article 9, il est tenu compte du cours moyen des matières considérées pendant les six derniers mois du premier exercice susvisé.

Art. 10 *quater* La provision pour fluctuation des cours afférente aux matières qui entrent, postérieurement à la clôture du dernier exercice arrêté en 1959, dans le stock de base des entreprises, en application des dispositions de l'article 10, est calculée dans les conditions fixées à l'article 10 *bis*.

Art. 10 *quinquies* La différence entre la limite maximale de la provision, calculée dans les conditions fixées aux articles qui précèdent et le total des provisions déjà constituées au titre des précédents exercices représente la provision qui peut être imputée sur les bénéfices de l'exercice.

La provision antérieurement constituée est, s'il y a lieu, ramenée au montant de la limite maximale visée au premier alinéa. La différence est rapportée au bénéfice imposable de l'exercice.

Art. 10 *sexies* En cas de cession ou de cessation d'entreprise ou de décès de l'exploitant, les provisions pour fluctuation des cours figurant au dernier bilan sont considérées comme un élément du bénéfice immédiatement imposable dans les conditions fixées par l'article 201 et le 2 de l'article 204 du code général des impôts.

Toutefois, dans ce cas, les provisions ne sont pas rapportées au bénéfice imposable lorsque l'exploitation du fonds d'industrie est continuée dans les conditions prévues à l'article 41 du code susvisé.

Il en est de même en cas de fusion de sociétés ou d'apport partiel lorsque ces opérations bénéficient des dispositions de l'article 210 du même code, et sous réserve que la société absorbante ou nouvelle ou la société bénéficiaire de l'apport puisse prétendre, elle-même, à la constitution de provisions pour fluctuation des cours.

L'application des dispositions des deuxième et troisième alinéas est subordonnée à l'obligation, pour les nouveaux exploitants, pour la société absorbante ou nouvelle ou pour la société bénéficiaire de l'apport, d'inscrire immédiatement à leur passif la provision pour fluctuation des cours figurant dans les écritures du précédent exploitant, des sociétés fusionnées ou de la société apporteuse et qui était afférente aux éléments transférés. Cette obligation doit être constatée, le cas échéant, dans l'acte de fusion ou d'apport.

Art. 10 *septies* Les entreprises doivent joindre à la déclaration des résultats du premier exercice sur lequel elles constituent une provision pour fluctuation des cours, ainsi que de ceux de chacun des exercices suivants, une note faisant connaître les modalités de constitution de la provision, et notamment :

a) Les quantités des matières visées à l'article 4 et existant dans l'entreprise sous la forme de matières premières, de produits demi-finis et de produits finis à la clôture des exercices retenus pour la détermination du stock de base ;

b) En ce qui concerne les matières énumérées au *a* de l'article 4 et qui étaient déjà comprises dans le stock de base à la clôture du dernier exercice arrêté avant le 29 décembre 1959, les évaluations d'inventaire à la clôture de chacun des exercices 1945 à 1947 ou, pour les entreprises visées au 1 de l'article 7, deuxième alinéa, le prix moyen d'achat retenu pour les années 1945 à 1947 ;

c) En ce qui concerne, d'une part, les matières définies au *a* de l'article 4 qui *n'étaient pas déjà comprises* dans le stock de base à la clôture du dernier exercice arrêté avant le 29 décembre 1959, et d'autre part, les matières énumérées au *b* de l'article 4, le prix de revient unitaire à la date du 30 juin 1959 ou, pour les entreprises visées aux articles 10 *bis* à 10 *quater*, le prix de revient unitaire d'inventaire à la clôture du premier exercice d'exploitation ou de l'exercice y assimilé ;

d) Les quantités de matières visées au *a* existant à la clôture de l'exercice dont les résultats sont déclarés et leur évaluation d'inventaire à la même date ;

e) Les cours du dollar et, éventuellement, les cours des matières premières sur les marchés internationaux dont il a été fait état pour le calcul de la provision.

Les entreprises désirant bénéficier des dispositions de l'article 10, deuxième alinéa, doivent, en outre, apporter toutes justifications de nature à prouver qu'elles remplissent la condition prévue par cette disposition.

C PROVISIONS POUR HAUSSE DES PRIX

Art. 10 *octies* *Devenu sans objet (L. n° 83-1179 du 29 déc. 1983, art. 113-II).*

Art. 10 *nonies* 1. Pour chaque matière, produit ou approvisionnement, le montant maximal de la dotation pouvant être porté au compte "Provisions pour hausse des prix" est déterminé à la clôture de chaque exercice en multipliant les quantités de ladite matière ou dudit produit ou approvisionnement existant en stock à la date de cette clôture par la différence entre :

1° La valeur unitaire d'inventaire de la matière, du produit ou de l'approvisionnement à cette date ;

2° Une somme égale à 110 % de sa valeur unitaire d'inventaire à l'ouverture de l'exercice précédent ou, si elle est inférieure, de sa valeur unitaire d'inventaire à l'ouverture de l'exercice considéré.

Toutefois, lorsqu'elle est déterminée en partant de la valeur unitaire à l'ouverture de l'exercice précédent, la dotation ainsi obtenue est, le cas échéant, diminuée du montant de la dotation effectivement pratiquée à la clôture dudit exercice.

2. Par dérogation aux dispositions du 1, les entreprises existant au 30 juin 1959 doivent, à la clôture du premier et du deuxième exercices arrêtés postérieurement à cette date, faire état, dans le deuxième terme de la différence ci-dessus définie, d'une somme égale à 110 % du prix de revient unitaire au 30 juin 1959 ou, si elle est inférieure, de la valeur unitaire d'inventaire à la clôture de l'exercice en cours à cette dernière date. Lorsqu'elle est déterminée en partant du prix de revient unitaire au 30 juin 1959, la dotation ainsi calculée à la clôture du deuxième exercice arrêté postérieurement au 30 juin 1959 est, le cas échéant, diminuée du montant de la dotation effectivement pratiquée à la clôture de l'exercice précédent.

Art. 10 *decies* La provision pour hausse des prix est inscrite au passif du bilan de l'entreprise sous une rubrique spéciale faisant ressortir séparément le montant des dotations de chaque exercice.

Art. 10 *undecies* La provision pour hausse des prix est rapportée de plein droit aux bénéfices imposables à l'expiration du délai prévu au douzième alinéa du 5° du 1 de l'article 39 du code général des impôts.

Lorsqu'elle est retenue pour l'application de cette disposition, la durée normale de rotation du stock d'une entreprise est forfaitairement exprimée en mois par le chiffre obtenu en divisant le nombre de mois compris dans les trois premiers exercices clos après le 30 juin 1959 par le rapport existant entre, d'une part, le prix de revient global des marchandises vendues au cours desdits exercices et, d'autre part, la moyenne des valeurs des stocks à la clôture des mêmes exercices.

Art. 10 *duodecies* 1. En cas de cession ou de cessation d'entreprise ou de décès de l'exploitant, la provision pour hausse des prix figurant au dernier bilan est considérée comme un élément du bénéfice immédiatement imposable dans les conditions fixées par l'article 201 et le 2 de l'article 204 du code général des impôts.

Il en est de même dans le cas où l'entreprise a cédé la totalité de son stock et a changé d'objet ou de mode d'exploitation.

En cas de cession d'un établissement, de cession ou de cessation d'une branche d'activité, la provision pour hausse des prix est rattachée aux bénéfices imposables de l'exercice en cours à la date de la cession ou de la cessation dans la mesure où elle est afférente aux matières, produits et approvisionnements se rapportant à l'établissement ou à la branche d'activité cédé ou abandonné.

2. Par dérogation aux dispositions du 1, la provision n'est pas rapportée aux bénéfices imposables lorsque l'exploitation du fonds est continuée dans les conditions prévues aux articles 41 ou 210 du code général des impôts.

L'application des dispositions du premier alinéa est subordonnée à l'obligation, pour *les nouveaux exploitants, pour la société* absorbante ou nouvelle ou pour la société bénéficiaire de l'apport :

a) d'inscrire immédiatement à leur passif la provision figurant dans les écritures du précédent exploitant, des sociétés fusionnées ou de la société apporteuse et qui était afférente aux éléments transférés, en distinguant, suivant les modalités fixées à l'article 10 *decies*, le montant des dotations de chaque exercice ;

b) de rattacher ultérieurement ces dotations à leurs bénéfices imposables dans les mêmes conditions qu'aurait dû le faire le précédent exploitant en application du douzième alinéa du 5° du 1 de l'article 39 du code général des impôts et de l'article 10 *undecies*.

Cet engagement doit être joint à la déclaration des résultats de l'exercice de cession, de cessation ou de décès.

Art. 10 *terdecies* 1. Les entreprises doivent fournir au service des impôts, à l'appui de la déclaration des résultats de chaque exercice, tous renseignements utiles sur les éléments de calcul de la provision pour hausse des prix.

Elles doivent indiquer notamment :

a) Les quantités de chacune des matières et de chacun des produits et approvisionnements existant à la clôture de l'exercice considéré et à raison desquels l'entreprise entend pratiquer une provision ;

b) La valeur unitaire d'inventaire de chacun des éléments à la clôture dudit exercice et ses valeurs unitaires d'inventaire à l'ouverture et à la clôture de l'exercice précédent ou, pour le premier et le deuxième exercices arrêtés après le 30 juin 1959, son prix de revient unitaire à cette dernière date et sa valeur unitaire d'inventaire à la clôture de l'exercice en cours à la même date ;

c) Le montant de la dotation au compte "Provision" pouvant être pratiquée à la clôture de l'exercice considéré ;

d) Le montant de la dotation effectivement pratiquée ;

e) Et, le cas échéant, le montant de la dotation antérieure qui a été rapportée au bénéfice imposable.

2. Les entreprises dont la durée normale de rotation des stocks est supérieure à trois ans devront joindre à la déclaration des résultats du troisième exercice arrêté après le 30 juin 1959 une note faisant connaître les divers éléments ayant servi à la détermination de cette durée.

C *BIS* PROVISIONS POUR DÉPRÉCIATION DES TITRES DE PARTICIPATION ET DES IMMEUBLES DE PLACEMENT

(Décr. n° 2006-1027 du 21 août 2006)

Art. 10 *quaterdecies* Pour l'application des dispositions des dix-neuvième, vingtième, trente-troisième et trente-quatrième alinéas du 5° du 1 de l'article 39 du code général des impôts, les entreprises doivent joindre à leur déclaration de résultat de chaque exercice un état de suivi des provisions pour dépréciation des titres de participation et des immeubles de placement non admises en déduction, conforme au modèle fourni par l'administration.

Art. 10 A à 10 C *V.* ***CGI, éd.*** **2001.**

Art. 10 C *bis* à 10 C *quater* *Dispositions périmées.*

PROVISIONS CONSTITUÉES À PARTIR DE 1972

Art. 10 C *quinquies* et 10 C *sexies* *Devenus sans objet (Décr. n° 2014-549 du 26 mai 2014).*

Art. 10 D à 10 G *Dispositions périmées (Décr. n° 2015-608 du 3 juin 2015).*

D-0 *BIS* PROVISIONS POUR INVESTISSEMENTS EN FAVEUR DES ENTREPRISES DE PRESSE

(Décr. n° 2010-421 du 27 avr. 2010)

Art. 10 G-0 *bis* Sur saisine des services fiscaux compétents ou des entreprises concernées, la commission paritaire des publications et agences de presse est chargée de donner un avis sur le respect, par les publications et services de presse en ligne, des critères prévus à l'article 17 de l'annexe II au code général des impôts, pour l'application de l'article 39 *bis* A du même code.

D *BIS* PROVISIONS POUR PRÊTS D'INSTALLATION CONSENTIS PAR LES ENTREPRISES À LEURS SALARIÉS

Art. 10 G *bis* *(Devenu sans objet, Décr. n° 2019-559 du 6 juin 2019, art. 3)* ***Les entreprises qui constituent des provisions en application des dispositions de l'article 39 quinquies H du code général des impôts doivent joindre à leur déclaration de résultats de chaque exercice un état comportant tous les renseignements utiles sur les éléments de calcul de chaque provision en cause.***

Elles doivent indiquer notamment :

a) La date d'octroi de chacun des prêts accordés, son montant, sa durée initiale ainsi que son taux de rémunération ;

b) La date et le montant des remboursements de chacun des prêts ;

c) Le nom ou la dénomination, l'adresse, la forme juridique d'exploitation, l'activité et la date de création ou de reprise de l'entreprise bénéficiaire du prêt ;

d) Le nom, l'adresse, la date d'embauche et les fonctions exercées au sein de l'entreprise par l'ancien salarié créateur de l'entreprise bénéficiaire du prêt et, le cas échéant, le montant de son apport en capital ;

e) Le montant de la dotation au compte « Provision » pratiquée à la clôture de l'exercice considéré ;

f) Et, le cas échéant, le montant de la dotation antérieure qui a été rapportée au bénéfice imposable.

L'état mentionné au premier alinéa est établi sur papier libre, conformément au modèle fixé par l'administration, jusqu'à la reprise totale des provisions en cause.

Art. 10 G *ter* *(Devenu sans objet, Décr. n° 2019-559 du 6 juin 2019, art. 3)* ***Le taux des prêts d'installation accordés par les entreprises qui est apprécié à la date d'octroi du prêt doit rester inférieur, pendant toute la durée de ce dernier, aux limites fixées au I de l'article 39 quinquies H du code général des impôts appréciées à cette même date.***

E PROVISIONS POUR INVESTISSEMENT À L'ÉTRANGER

Art. 10 GA Les dispositions de l'article 39 *octies* A du code général des impôts sont applicables aux établissements de crédit et aux sociétés de financement enregistrés par l'Autorité de contrôle prudentiel et de résolution et habilités à effectuer des opérations de crédit ou de crédit-bail au profit des entreprises.

Art. 10 GA *bis* I. — Les éléments figurant au bilan de départ mentionné au III de l'article 39 *octies* D du code général des impôts doivent être retenus pour la valeur, exprimée en monnaie locale, qu'ils comportaient au regard de la législation fiscale française à la date d'ouverture de l'exercice au cours duquel l'entreprise française acquiert le capital.

Les immobilisations sont inscrites au bilan pour leur valeur d'origine. Le compte d'amortissement correspondant à chaque immobilisation amortissable est crédité du montant total des amortissements qui auraient été admis en déduction en application des règles fiscales françaises depuis la date d'acquisition du bien par la filiale étrangère.

Les immobilisations dont la durée d'utilisation n'est pas achevée continuent à être amorties d'après la valeur d'origine et selon les mêmes modalités que celles qui sont retenues pour le calcul des amortissements mentionnés au deuxième alinéa.

II. — Les éléments du bilan de départ et des bilans suivants qui correspondent à des établissements ou à des participations dans des filiales qui ont pour objet l'activité de commercialisation définie au I et au IV de l'article 39 *octies* D du code général des impôts et qui sont situés dans un autre État que celui du siège de la filiale mentionnée à cet article sont inscrits dans des comptes spéciaux.

Les provisions et charges à payer qui ne sont pas déductibles du résultat en application des dispositions du code général des impôts sont inscrites distinctement au passif du bilan de la filiale étrangère.

Art. 10 GA *ter* Les résultats de la filiale étrangère mentionnés au III de l'article 39 *octies* D du code général des impôts s'entendent des pertes subies et des bénéfices réalisés, au titre de l'activité définie au I du même article, dans l'État où est situé le siège de cette filiale.

Pour la détermination de ces pertes ou bénéfices, il n'est pas tenu compte des plus-values ou moins-values résultant de la cession d'immobilisations.

De même, les résultats des opérations effectuées par les établissements ou filiales mentionnés au II de l'article 10 GA *bis* ainsi que les charges ou produits résultant de leur détention ne sont pas pris en considération.

Les résultats mentionnés au premier alinéa sont convertis en euros sur la base du taux de change en vigueur à la clôture de l'exercice de la filiale étrangère.

Art. 10 GA *quater* Les entreprises qui constituent des provisions en application des dispositions de l'article 39 *octies* A du code général des impôts doivent joindre à leur déclaration de résultats de chaque exercice :

Pour les filiales situées dans un État qui n'est pas membre de la Communauté européenne, un bilan dont la traduction est certifiée par un traducteur juré ;

Pour chacune des filiales situées dans un État de la Communauté européenne, outre le bilan de départ établi dans les conditions prévues à l'article 10 GA *bis* :

a) Un bilan et un compte de résultats des comptes sociaux, certifiés par un commissaire aux comptes de l'État d'implantation ;

b) Un bilan et un compte de résultats déterminés dans les conditions prévues à l'article 10 GA *ter* ;

c) Des états faisant apparaître le détail des immobilisations, amortissements et provisions figurant au bilan de la filiale étrangère, tel qu'il est défini au *b* ;

d) Un état détaillé des rectifications apportées au résultat étranger pour le rendre conforme aux dispositions du code général des impôts ;

e) Un état mentionnant la répartition du capital à la clôture de chaque exercice de la filiale.

Ces renseignements sont présentés sur des documents conformes au modèle établi par l'administration.

Art. 10 GA *quinquies* Les dispositions des articles 10 GA *bis* et 10 GA *ter* sont applicables aux établissements et filiales mentionnés aux I et IV de l'article 39 *octies* D du code général des impôts.

Art. 10 GA *sexies* I. — Les dispositions de l'article 10 GA *quater* relatives aux filiales situées dans un État de la Communauté européenne sont applicables aux établissements et filiales mentionnés aux I et IV de l'article 39 *octies* D du code général des impôts.

II. — Les documents mentionnés au *a* de l'article 10 GA *quater* sont, en outre, certifiés par un traducteur juré pour les établissements et filiales visés au I.

F AMORTISSEMENT EXCEPTIONNEL DES IMMEUBLES À USAGE INDUSTRIEL OU COMMERCIAL CONSTRUITS DANS LES ZONES D'AMÉNAGEMENT DU TERRITOIRE

Art. 10 GB *Abrogé par Décr. n° 2007-473 du 28 mars 2007.*

G RÉINVESTISSEMENT DES PLUS-VALUES. EXCLUSION DES ACQUISITIONS DE BIENS DE CARACTÈRE SOMPTUAIRE

Art. 10 H Le remploi prévu à l'article 40 du code général des impôts ne peut pas être effectué dans l'acquisition des biens meubles ou immeubles de caractère somptuaire énumérés ci-après lorsqu'ils ne sont pas acquis dans l'intérêt de l'ensemble du personnel de l'entreprise :

1° Terrains de chasse ou de pêche et toutes autres immobilisations correspondantes ;

2° Résidences de plaisance ou d'agrément, à l'exception des immeubles classés dans les conditions prévues à l'article 1er de la loi du 31 décembre 1913 sur les monuments historiques ;

3° Yachts ou bateaux de plaisance à voile ou à moteur ;

4° Voitures de tourisme, pour la fraction de leur prix d'acquisition qui dépasse 3 049 € ;

5° Bijoux, objets d'art, à l'exception des objets mobiliers classés dans les conditions prévues à l'article 14 de la loi du 31 décembre 1913 susvisée, modifié par l'article unique de la loi n° 46-985 du 10 mai 1946 ;

6° Terrains ou locaux appelés à être affectés à la pratique de sports et installations correspondantes.

G *BIS* PLUS-VALUES RÉALISÉES À L'OCCASION DE TRANSMISSIONS À TITRE GRATUIT D'ENTREPRISES INDIVIDUELLES

Art. 10 H-0 *bis* **Les états dont la production est prévue aux *b, c* et *d* du IV de l'article 41 du code général des impôts sont établis conformément aux modèles fixés par l'administration. Ces états mentionnent notamment les noms et adresses des bénéficiaires concernés, la dénomination commerciale et l'adresse de l'entreprise transmise et détaillent, pour tous les biens immobilisés compris dans la transmission, par nature d'élément, les informations nécessaires pour le suivi des plus-values en report d'imposition.**

H APPLICATION DE L'ARTICLE 238 *OCTIES* DU CODE GÉNÉRAL DES IMPÔTS

Art. 10 H *bis* **Les dispositions de l'article 238 *octies* du code général des impôts cessent de s'appliquer aux profits de construction provenant de la cession d'immeubles pour lesquels la délivrance du permis de construire ou le dépôt de la déclaration en tenant lieu est postérieur au 31 décembre 1971.**

I

Art. 10 I et 10 J *Abrogés par L. n° 65-566 du 12 juill. 1965, art. 45-1.*

J SUBVENTIONS – ÉTABLISSEMENTS HÔTELIERS OU THERMAUX

Art. 10 K *(Décr. n° 2017-698 du 2 mai 2017, art. 3)* **Les dispositions du 1 de l'article 42 *septies* du code général des impôts sont applicables aux établissements hôteliers ou thermaux dans les conditions prévues par l'article 21 du décret n° 97-663 du 29 mai 1997 pris en application de l'article 34 de la loi n° 95-1347 du 30 décembre 1995 de finances rectificative pour 1995.**

Ancien art. 10 K ***Les établissements hôteliers ou thermaux bénéficient des dispositions du 1 de l'article 42 septies du code général des impôts en ce qui concerne les dépenses d'équipement et d'entretien prises en charge par les casinos dans les conditions prévues aux articles 7 à 15 du décret n° 63-595 du 20 juin 1963.***

K RÉVISION DES BILANS *(L. n° 59-1472 du 28 déc. 1959).*

Art. 11 *Périmé.*

Art. 12 *Abrogé par L. n° 59-1472 du 28 déc. 1959, art. 39 s.*

Art. 13 à 20 *Périmés.*

Art. 21 **Les coefficients prévus pour la révision des bilans des exercices clos le 29 décembre 1959 sont fixés aux chiffres ci-après :**

***a.* En ce qui concerne les biens situés dans la métropole ou dans les départements de la Guadeloupe, de la Guyane et de la Martinique :**

Années :		Années :	
1914 et antér.	243	1924	51,8
1915	170,1	1925	46,1
1916	129,6	1926	35,5
1917	89,1	1927	38,9
1918	72,9	1928	38,9
1919	70,4	1929	39,6
1920	48,6	1930	44,6
1921	72,9	1931	48,6
1922	78,5	1932	56,8
1923	60,8	1933	62,4

Années :		Années :	
1934	64,8	1947	4
1935	72,9	1948	2,3
1936	60,8	1949	1,9
1937	43	1950	1,6
1938	38	1951	1,25
1939	36,5	1952	1,15
1940	29,3	1953	1,20
1941	26,8	1954	1,25
1942	24,3	1955	1,25
1943	17,8	1956	1,20
1944	16,3	1957	1,15
1945	8,1	1958	1,05
1946	5,1	1959	1

b. **En ce qui concerne les biens situés dans le département de La Réunion :**

Années :		Années :	
1914 et antér.	121,5	1937	21,5
1915	85	1938	19
1916	64,9	1939	18,3
1917	44,6	1940	14,6
1918	36,5	1941	13,4
1919	35,3	1942	12,1
1920	24,3	1943	8,9
1921	36,5	1944	8,1
1922	39,3	1945	6,9
1923	30,4	1946	4,4
1924	25,9	1947	3,5
1925	23,1	1948	2,3
1926	17,8	1949	1,9
1927	19,5	1950	1,6
1928	19,5	1951	1,25
1929	19,9	1952	1,15
1930	22,3	1953	1,20
1931	24,3	1954	1,25
1932	28,4	1955	1,25
1933	31,1	1956	1,20
1934	32,4	1957	1,15
1935	36,5	1958	1,05
1936	30,4	1959	1

Art. 22 à 28 *Périmés.*

Art. 29 *Abrogé par L. n° 59-1472 du 28 déc. 1959, art. 53.*

Art. 30 à 36 *Périmés.*

L DÉCLARATIONS ET DOCUMENTS

Art. 37 *Abrogé par Décr. n° 67-465 du 17 juin 1967, art. 14.*

Art. 38 I. — La déclaration dont la production est prévue aux articles 53 A et 302 *septies* A *bis* du code général des impôts et ses annexes *bis* et *ter* doivent mentionner :

a. **La récapitulation des éléments concourant à la détermination du résultat, ainsi que le montant des recettes nettes soumises à la contribution mentionnée à l'article 234 *nonies* du code général des impôts ;**

b. **Le nom et l'adresse du ou des comptables ou experts chargés de tenir la comptabilité ou d'en contrôler les résultats généraux en précisant si ces techniciens font partie ou non du personnel salarié de l'entreprise ;**

c. Éventuellement le nom et l'adresse du centre de gestion agréé auquel le contribuable a adhéré ;

d. Les renseignements nécessaires à l'établissement et au contrôle de l'impôt.

I *bis.* – *Devenu sans objet (L. n° 92-1376 du 30 déc. 1992, art. 11-II).*

II. – Les contribuables visés à l'article 53 A du code général des impôts sont tenus de joindre à la déclaration et aux annexes visées au I, le bilan, le compte de résultat, le tableau des immobilisations, le tableau des amortissements, le tableau des provisions et l'état des échéances des créances et des dettes.

Ils doivent également joindre :

1° La liste, suivant modèle fourni par l'administration, des personnes détenant au moins 10 % de leur capital, en précisant pour chacune d'entre elles le nombre de parts ou d'actions et le taux de détention et, pour les personnes morales, leur dénomination, adresse et numéro d'identification au répertoire national des établissements (numéro SIRET), pour les personnes physiques leurs nom, prénoms, adresse, date et lieu de naissance ;

2° La liste, suivant modèle fourni par l'administration, de leurs filiales et de leurs participations, en précisant pour chacune d'entre elles le taux de détention et son numéro d'identification au répertoire national des établissements (numéro SIRET) ;

3° Le tableau de calcul de la valeur ajoutée définie à l'article 1586 *sexies* du code précité, suivant le modèle établi par l'administration, lorsqu'ils sont soumis à l'obligation prévue au II de l'article 1586 *octies* du même code ;

4° Une information détaillée ayant trait aux points suivants :

a. dérogations aux prescriptions comptables ;

b. modifications affectant les méthodes d'évaluation et la présentation de comptes annuels ;

c. produits à recevoir et charges à payer ;

d. produits et charges figurant au bilan sous les postes Comptes de régularisation.

Les contribuables ayant la qualité de commerçant sont tenus de produire, sur demande de l'administration, les éléments de l'annexe comptable qui ne sont pas énumérés ci-dessus.

Doivent en outre être joints à la déclaration le tableau de détermination du résultat fiscal, l'état des déficits et des provisions non déductibles, l'état des renseignements divers, le tableau des éléments soumis au régime fiscal des plus-values et moins-values et, le cas échéant, le tableau des écarts de réévaluation.

III. – Les contribuables visés à l'article 302 *septies* A *bis* du code général des impôts sont tenus de joindre à la déclaration et aux annexes visées au I le bilan et le compte de résultats simplifiés, les tableaux des immobilisations, des amortissements et des éléments soumis au régime fiscal des plus-values et moins-values, le relevé des provisions, le relevé des provisions non déductibles, l'état des déficits et, le cas échéant, le tableau des écarts de réévaluation.

Les personnes morales doivent également joindre :

1° La liste, suivant modèle fourni par l'administration, des personnes détenant au moins 10 % de leur capital, en précisant pour chacune d'entre elles le nombre de parts ou d'actions et le taux de détention et, pour les personnes morales, leur dénomination, adresse et numéro d'identification au répertoire national des établissements (numéro SIRET), pour les personnes physiques leurs nom, prénoms, adresse, date et lieu de naissance ;

2° La liste, suivant modèle fourni par l'administration, de leurs filiales et de leurs participations, en précisant pour chacune d'entre elles le taux de détention et son numéro d'identification au répertoire national des établissements (numéro SIRET).

IV. – Les déclarations et les documents qui y sont joints doivent être remis en double exemplaire au service des impôts du siège de la direction de l'entreprise ou, à défaut, du lieu du principal établissement.

Par dérogation au premier alinéa :

1° Les personnes physiques qui exercent une activité professionnelle dans la Principauté de Monaco déposent leur déclaration auprès du service désigné par le ministre chargé du budget ; – *V. Ann. IV, art. 121 Z quinquies.*

2° Les sociétés ayant pour objet la construction d'immeubles en vue de la vente et dont l'activité porte sur un seul immeuble ou groupe d'immeubles souscrivent cette déclaration auprès du service des impôts du lieu de situation des constructions.

Il en est délivré récépissé sur demande du contribuable.

Art. 38 A Le compte de résultat dont la production est prévue à l'article 38 est présenté « hors taxes ».

Art. 38 B Pour l'application du 9 de l'article 38 du code général des impôts, les entreprises joignent à la déclaration de leurs résultats de chaque exercice un état établi sur un document conforme au modèle fixé par l'administration.

Cet état mentionne notamment, pour chaque participation, le prix d'acquisition, la valeur réelle, la valeur d'équivalence et le montant de la dépréciation définie au dix-septième alinéa du 5° du 1 de l'article 39 du code précité.

Art. 38 C *Devenu sans objet (L. n° 98-1266 du 30 déc. 1998, art. 7-I-1).*

M RENSEIGNEMENTS À FOURNIR PAR LES ENTREPRISES À L'APPUI DE LA DÉCLARATION PRÉVUE À L'ARTICLE 53 A DU CODE GÉNÉRAL DES IMPÔTS

1

Art. 38 *bis* *Abrogé.*

2 DÉFINITIONS

Art. 38 *ter* Le stock est constitué par l'ensemble des marchandises, des matières premières, des matières et fournitures consommables, des productions en cours, des produits intermédiaires, des produits finis, des produits résiduels et des emballages non destinés à être récupérés, qui sont la propriété de l'entreprise à la date de l'inventaire et dont la vente en l'état ou au terme d'un processus de production à venir ou en cours permet la réalisation d'un bénéfice d'exploitation.

Les productions en cours sont les biens ou les services en cours de formation au travers d'un processus de production.

Les produits intermédiaires sont les produits qui, ayant atteint un stade d'achèvement, sont destinés à entrer dans une nouvelle phase du cycle de production.

Les produits finis sont ceux qui ont atteint un stade d'achèvement définitif dans le cycle de production.

Les produits résiduels sont constitués par les déchets et rebuts de fabrication.

Les emballages commerciaux comprennent, d'une part, les emballages perdus qui sont destinés à être livrés avec leur contenu sans consignation ni reprise et, d'autre part, les emballages récupérables qui sont susceptibles d'être provisoirement conservés par la clientèle et que le livreur s'engage à reprendre dans des conditions déterminées. En principe, les premiers sont seuls à inclure dans les stocks, les seconds constituant normalement des immobilisations. Toutefois, lorsqu'ils ne sont pas commodément identifiables, les emballages récupérables peuvent être assimilés à des stocks.

1. Matières premières. Des semences stockées par une entreprise dont l'activité est le négoce de mélanges de semences de gazon obtenus à partir de semences acquises auprès de fournisseurs sont des matières premières dont le « cours du jour » doit s'entendre de leur prix normal de commercialisation à la date de l'inventaire. • CE 21 juin 2002, ♔ n° 222622 : *RJF 2002. 1062 ; concl. Mitjavile au BDCF 10/02, n° 117 ; Dr. fisc. 2002. 963.* ♦ Lesdites semences ne constituent pas des produits intermédiaires (produits parvenus à un stade intermédiaire du cycle de production au sein de l'entreprise) dont le cours du jour doit être déterminé par référence au prix de vente des produits finis. • Même arrêt.

2. Produits intermédiaires. Les concentrés de fruits détenus en stock par un fabricant de boissons constituent des marchandises achetées pour être incorporées aux produits qu'il fabrique et non des produits intermédiaires, c'est-à-dire parvenus à un stade intermédiaire du cycle de production qui se déroule au sein de l'entreprise. • CE 15 oct. 1997, ♔ n° 161620 : *Dr. fisc. 1997. 1996, concl. Loloum ; RJF 1997. 1107 ; RJF 1998. 2, chron. Verclytte.*

3. Immeubles destinés à être démolis en vue de l'édification de tours. Un immeuble acquis pour la réalisation d'un projet immobilier ne peut faire l'objet d'une provision pour dépréciation de stock, dès lors qu'il constitue une production en cours. • CE 1er oct. 2018, Sté Hermitage, n° 408594 : *RJF 2018. 1210, concl.* *Cortot-Boucher.*

Art. 38 *quater* Les entreprises doivent respecter les définitions édictées par le plan comptable général, sous réserve que celles-ci ne soient pas incompatibles avec les règles applicables pour l'assiette de l'impôt.

Connexion fiscalo-comptable. V. not. • CE 23 déc. 2013, *SAS Foncière du Rond-Point,* n° 346018 : *RJF 2014. 218, chron. Bokdam-Tognetti ; FR Lefebvre 2/14, inf. 1, obs. Bachelier.*

3 RÈGLES D'ÉVALUATION

Art. 38 *quinquies* 1. Les immobilisations sont inscrites au bilan pour leur valeur d'origine.

Cette valeur d'origine s'entend :

a. Pour les immobilisations acquises à titre onéreux, du coût d'acquisition, c'est-à-dire du prix d'achat minoré des remises, rabais commerciaux et escomptes de règlement obtenus et majoré des coûts directement engagés pour la mise en état d'utilisation du bien et des coûts d'emprunt dans les conditions prévues à l'article 38 *undecies*.

Sous réserve des dispositions du VII de l'article 209 du code général des impôts, les droits de mutation, honoraires ou commissions et frais d'acte liés à l'acquisition peuvent être, au choix de l'entreprise, soit portés à l'actif du bilan en majoration du coût d'acquisition de l'immobilisation à laquelle ils se rapportent, soit déduits immédiatement en charges. Ce choix est exercé distinctement pour les titres immobilisés et les titres de placement, d'une part, pour les autres immobilisations acquises, d'autre part. Il est irrévocable.

Pour les biens acquis moyennant le paiement d'une rente viagère, le prix d'achat s'entend du prix stipulé ou, à défaut, de la valeur réelle du bien estimée au jour de l'acquisition.

Pour les biens acquis en échange d'un ou plusieurs biens, le prix d'achat s'entend de la valeur vénale ;

b. Pour les immobilisations acquises à titre gratuit, de la valeur vénale ;

c. Pour les immobilisations apportées à l'entreprise par des tiers, de la valeur d'apport ;

d. Pour les immobilisations créées par l'entreprise, du coût d'acquisition des matières ou fournitures consommées, augmenté de toutes les charges directes ou indirectes de production et des coûts d'emprunt dans les conditions prévues à l'article 38 *undecies*.

Les coûts administratifs sont exclus du coût d'acquisition et du coût de production définis ci-dessus, à l'exception du coût des structures dédiées.

2. La valeur d'origine des immobilisations définie au 1 est majorée des coûts engagés pour le remplacement des composants mentionnés à l'article 15 *bis* de l'annexe II. La valeur nette comptable du composant remplacé est comptabilisée en charges.

NOTE. Sauf exception, la jurisprudence rapportée ci-dessous a été rendue en vertu du texte applicable aux exercices ouverts avant le 1er janv. 2005.

1. Valorisation des immobilisations. Évaluation des immobilisations inscrites au bilan. * BOI-BIC-CHG-20-20-10 du 9 janv. 2019. ♦ Dépenses concernant des immobilisations existantes. * BOI-BIC-CHG-20-20-20 du 12 sept. 2012.

2. Critère d'incorporation d'une dépense à la valeur comptable. Une dépense est comprise dans la valeur d'origine d'un élément de l'actif immobilisé lorsqu'elle grève le prix de revient de cet élément, indépendamment de l'incidence qu'elle peut avoir sur la valeur vénale de cet élément ou d'un autre. • CE 17 févr. 1992, nos 81690 et 82782 : *Dr. fisc. 1992. 2052 ; Lebon 67 ; RJF 1992. 433, concl. Ph. Martin, p. 267.*

3. Valeur d'origine des constructions. Les honoraires versés à un architecte et à un bureau d'études en vue de la construction d'un immeuble constituent un élément du prix de revient de cette immobilisation, qui doit être inscrit à l'actif du bilan pendant la durée des travaux. • CE 11 déc. 1991, n° 71147 : *RJF 1992. 185 ; Lebon T. 855-872*. ♦ Les sommes exposées à titre de participation au financement d'équipements publics, afin d'obtenir le permis de construire, doivent être regardées comme un élément du prix de revient des constructions. • CE 17 févr. 1992, nos 81690 et 827820 : préc. note 2. ♦ Un bâtiment industriel acquis par une entreprise auprès d'une commune doit être inscrit au bilan pour le prix de vente convenu entre les parties, sans déduction de la subvention départementale versée à la commune. • CAA Nantes, 30 oct. 2002, n° 99NT702 : *Dr. fisc. 2003. 522 ; RJF 2003. 258.* ♦ Un ensemble immobilier doit être inscrit à l'actif pour la totalité de son prix d'acquisition, sans qu'il y ait lieu de déduire de celui-ci la participation d'une collectivité publique à son financement accordée en contrepartie de l'engagement de l'entreprise de maintenir pendant une période déterminée une activité économique et des emplois dans la zone géographique concernée. • CE 5 févr. 2009, nos 291627 et 307658 : *RJF 2009. 463.* ♦ Un immeuble doit être inscrit à l'actif du bilan pour le prix d'achat convenu entre les parties, tel qu'il figure dans l'acte notarié. Ce prix n'a pas à être diminué du montant de la subvention versée au vendeur et répercutée par celui-ci à l'acquéreur. • CE 9 juill. 2009, n° 296048 : *RJF 2009. 908 ; concl. Legras au BDCF 11/09, n° 122 ; Dr. fisc. 2009. 519, note Fumenier.* ♦ La valeur d'un immeuble pris en crédit-bail correspond à celle mentionnée lors de la signature du contrat. Pour la détermination des réintégrations à opérer en cas d'acquisition d'un immeuble pris en crédit-bail, la valeur de l'immeuble correspond à celle mentionnée lors de la signature du contrat et n'a pas à être diminuée des subventions consenties par une collectivité publique au bailleur. • CE 19 juin 2017, n° 395452 : *RJF 2017. 907 ; Dr. fisc. 2017. 559, note Fumenier.*

4. L'indemnité versée par une société à un tiers pour l'achat d'un droit de commercialité afin d'obtenir l'autorisation de modifier la destination d'un immeuble, subordonnée à une condition de compensation consistant à transformer d'autres locaux commerciaux en locaux d'habitation, a pour effet d'accroître la valeur de l'immeuble et ne constitue pas une charge déductible. • CE 21 juill. 2017, *Sté Cidinvest,* n° 395457 : *RJF 2017. 1075.*

5. Évaluation d'un ensemble immobilier. Pour remettre en cause la répartition de la valeur d'un ensemble immobilier qu'un contribuable a réalisée entre le terrain et les constructions édifiées sur ledit terrain, l'Administration doit se fonder prioritairement sur des transactions intervenues dans la même zone géographique à des dates proches de l'acquisition faite par la requérante. A défaut, la valeur de la construction peut être évaluée d'après son coût *de reconstruction* à la date d'entrée de l'immeuble au bilan de l'entreprise en opérant les abattements nécessaires à la prise en compte de sa vétusté. En cas d'impossibilité d'appliquer l'une ou l'autre de ces méthodes, l'Administration peut appliquer à la valeur de l'immeuble en litige les taux moyens relatifs à la valeur du terrain et des constructions issus des données comptables d'autres contribuables, sous réserve que ces taux soient calculés d'après un échantillon pertinent d'immeubles présentant des caractéristiques comparables en ce qui concerne la localisation, le type de construction, l'état d'entretien et les possibilités éventuelles d'agrandissement. Il importe que cet échantillon soit composé d'immeubles acquis à des dates proches de la transaction réalisée par la requérante. Le contribuable conserve la faculté de critiquer les éléments retenus par l'Administration ou de justifier son évaluation en se référant à d'autres données. • CE 15 févr. 2016, *Sté LG Services,* n° 380400 : *RJF 2016. 398, concl. Aladjidi* • 15 févr. 2016, *SARL Daves Place des États-Unis,* n° 367467 : *RJF 2016. 398 ; Dr. fisc. 2016. 333, note M. Maublanc.* ♦ Quelle que soit la méthode adoptée, la valeur du terrain est déterminée à la date d'acquisition de l'ensemble immobilier, y compris lorsque la construction fait l'objet d'une démolition suivie d'une reconstruction ou d'une transformation. Le taux retenu par l'Administration pour répartir la valeur d'un ensemble immobilier entre le terrain et les constructions ne saurait donc être appliqué au total formé par son prix d'acquisition et le montant des travaux de reconstruction effectués par l'entreprise acheteuse. • CE 15 févr. 2016, *SARL Daves Place des États-Unis,* n° 367467 : *préc.*

6. Titres de participations. Le « coût d'acquisition » des immobilisations au sens de l'art. 38 *quinquies* s'entend du prix de revient total de ces immobilisations éventuellement alourdi par les suppléments d'apport correspondant aux abandons de créance à caractère financier non déductibles postérieurs à leur acquisition. • CE 16 mars 2001, n° 199580 : *RJF 2001. 755 ; concl. Goulard au BDCF 6/01, n° 14 ; Dr. fisc. 2001. 531, concl. Goulard ; Rev. sociétés 2002. 837, note Fouquet.*

7. Usufruit de titres. L'évaluation de l'usufruit de titres non cotés selon la méthode des flux de trésorerie actualisés doit se fonder non pas sur les résultats imposables prévisionnels de la société mais sur ses distributions prévisionnelles. • CE 30 sept. 2019, *Sté Hôtel Restaurant Luccotel,* n° 419855 : *RJF 2019. 1123 ; Dr. fisc. 2019. 465, note Fernoux.*

8. Nue-propriété inscrite à l'actif. Lorsque la nue-propriété d'un bien est inscrite à l'actif d'une entreprise, la renonciation de l'usufruitier à son droit de jouissance qui entraîne la reconstitution de la pleine propriété de ce bien entre les mains du nu-propriétaire avant le terme normal de l'usufruit, c'est-à-dire avant la mort de l'usufruitier ou l'expiration du temps pour lequel il a été accordé, se traduit par l'acquisition de droits nouveaux par le nu-propriétaire. L'accroissement de l'actif de l'entreprise qui en résulte, égal à la valeur de l'usufruit à la date de la renonciation, constitue un bénéfice imposable. • CE 14 oct. 2019, *Sté Techmeta Participations,* n° 417095 : *RJF 2020. 4, concl. Merloz.*

9. Certificats de valeur garantie (CVG). Les sommes exposées par une société à l'occasion du rachat pour annulation des CVG qu'elle a émis à l'occasion d'une OPE constituent un élément du coût d'acquisition des titres reçus dans le cadre de cette offre. Toutefois, compte tenu de la volatilité des CVG et de la difficulté à déterminer la valeur de ces certificats au moment de leur émission lors de l'OPE, la société émettrice ne doit prendre en compte leur valeur qu'au moment du rachat de ces certificats, en procédant à un ajustement de la valeur d'entrée des titres reçus qu'elle avait alors comptabilisée à son bilan. Cependant, dans l'hypothèse où les titres reçus lors de l'OPE ne figurent plus au bilan au moment du rachat de ces certificats, notamment en raison d'une fusion, la société émettrice ne peut ajuster au bilan la valeur d'entrée des titres reçus à hauteur de la dépense ainsi engagée. Les sommes versées à l'occasion du rachat doivent alors être regardées comme une charge de l'exercice. • CE 20 janv. 2016, ♔ *SA BNP Paribas,* n° 370121 : *RJF 2016. 317 ; Dr. fiscal 2016. 251.*

10. Droits d'exploitation moyennant l'engagement de verser des redevances. L'acquisition de droits constitutifs d'un élément incorporel d'actif immobilisé moyennant l'engagement de verser au cédant ou concédant de ces droits, pendant la durée de leur exploitation, une redevance d'un montant et d'une périodicité déterminés, doit simultanément donner lieu de la part de l'acquéreur, à l'inscription de cet élément à l'actif de son bilan pour le coût estimé de son acquisition, égal au montant cumulé des redevances dont le versement futur est prévisible, et à l'inscription, au passif du même bilan, de la dette à termes échelonnés, de même montant, contractée du fait de l'engagement de verser lesdites redevances. • CE 14 oct. 2005, ♔ n° 262219, *SA Laboratoires Fournier : RJF 2006. 2 ; concl. Verclytte au BDCF 1/06, n° 1 ; Dr. fisc. 2007. 570.*

11. Marque acquise à titre gratuit. Une société anonyme qui acquiert à titre gratuit et définitif la marque pour laquelle elle disposait depuis plus de vingt ans d'un droit d'usage moyennant le versement d'une redevance annuelle doit l'inscrire à son actif à sa valeur vénale, évaluée au montant cumulé sur dix ans de la redevance versée jusque-là. Cette inscription entraîne une augmentation d'actif net et la constatation d'un produit exceptionnel imposable, en l'absence de toute contrepartie inscrite au passif. • CAA Nancy, 30 mars 2006, n° 01NA94, *SA Chocolats Klaus : RJF 2006. 1313.*

12. Frais de développement et d'enregistrement de marques. Les dépenses engagées pour créer en interne notamment des marques ne doivent pas être comptabilisées en tant qu'immobilisations incorporelles, dans la mesure où ces dépenses ne peuvent pas être distinguées du coût de développement de l'activité dans son ensemble. Il en va de même des coûts ultérieurement engagés relatifs à ces dépenses internes. Du point de vue fiscal, les coûts de cette nature, notamment les frais de recherche d'antériorité et de dépôt de marque à l'INPI ou de renouvellement liés aux marques développées en interne, doivent également être déduits immédiatement en charges. En revanche, les dépenses exposées lors de l'acquisition de brevets, marques de fabrique ou procédés de fabrication ne peuvent être comprises dans les charges déductibles. * BOI-BIC-CHG-20-30-30 n°s 100 à 130 du 1er mars 2017.

13. Les frais de surveillance et de procédure engagés pour la conservation d'une marque postérieurement à son dépôt ou à son acquisition sont déductibles des résultats imposables. • CE 30 déc. 2009, ♔ n° 305449 : *RJF 2010. 205 ; Dr. fisc. 2010. 231, concl. Glaser.*

14. Frais d'assistance technique. Les sommes versées en rémunération d'un contrat d'assistance technique au titre de la mise en état d'utilisation d'une immobilisation représentent des frais accessoires ou des charges de production qui doivent être inclus dans la valeur d'origine de cette immobilisation. • CAA Paris, 27 mai 2005, n° 01PA2070 : *RJF 2005. 1008.*

15. Frais d'intervention. Les frais d'intervention versés par l'acquéreur à la Safer qui lui vend des biens immobiliers, en sus du prix de vente, constituent un élément du prix de vente consenti par le vendeur à l'acquéreur et font partie intégrante du prix d'acquisition. L'acquéreur ne peut donc pas déduire ces frais en charges. • CE 7 août 2008, ♔ n°s 290465 et 290555 : *RJF 2008. 1209.*

16. Redevances d'usage. Des redevances, versées par une société filiale à sa société mère ne constituent pas un élément du coût d'acquisition des ordinateurs qu'elle donne en location mais une charge déductible de l'exercice de location dès lors que la société, à laquelle n'a pas été concédé un élément d'actif incorporel, ne disposait pour les besoins de la commercialisation des produits de sa société mère que d'un simple droit d'usage sur les logiciels de base et que le fait générateur des redevances qu'elle versait était la location des ordinateurs et non leur acquisition. • CAA Paris, 9 avr. 2002, n°s 97PA3619 et 00PA457 : *Dr. fisc. 2003. 1038, concl. Kimmerlin ; RJF 2002. 1221.*

17. Frais financiers. Le coût d'acquisition ne comprend pas les frais financiers, tels que les charges résultant du jeu d'une clause d'indexation. • CE, plén., 28 juin 1991, ♔ n° 47656 : *Dr. fisc. 1991. 2221, concl. Chahid-Nouraï.* ♦ ... Ou les pertes de change liées au paiement échelonné du prix. • TA Versailles, 20 févr. 1996, n° 87-5074 : *Dr. fisc. 1996. 1014, concl. Haïm ; RJF 1996. 970.*

18. Charges indirectes de production. Matrice de disque. Les frais d'hébergement, de restauration et de transport des artistes et techniciens ayant concouru à l'élaboration des morceaux présents sur des matrices de disque constituent des charges de production de ces matrices et ne peuvent être déduits que par voie d'amortissement. • CE 6 déc. 2013, ♔ *SARL 361 Records,* n° 344559 : *RJF 2014. 213.*

19. Immobilisations reçues en apport. La plus-value constatée par une société à l'occasion de la cession de son fonds de commerce doit être déterminée par rapport à la valeur pour laquelle ce fonds lui avait été apporté par une entreprise individuelle et non d'après sa valeur réévaluée telle qu'elle résulte d'un acte rectificatif. Même si elle ne correspond pas à la valeur vénale du fonds, la valeur initiale d'apport figurant au traité ne résulte pas d'une erreur comptable mais d'une décision de gestion opposable à la société. • CE 27 avr. 2011, nº 327705, *SARL Pharmacie des Chalonges : RJF 2011. 781 ; Dr. fisc. 2011. 493, concl. Olléon, note Pierre.* ♦ Les frais de transport et de montage de machines et de matériels d'exploitation reçus à l'occasion d'un apport constituent un élément de leur prix de revient. • CE 26 déc. 2008, nºs 295943 et 296462 : *RJF 2009. 223.*

20. Base de calcul des amortissements. Lors de la première imposition d'une entreprise, la base servant au calcul des amortissements doit être fixée à partir de la valeur d'origine des immobilisations et non à partir de la valeur vénale des éléments à la date d'ouverture du premier exercice dont les résultats sont assujettis à l'impôt. * BOI-BIC-AMT-10-30-30-10 nº 470 du 8 sept. 2014.

Art. 38 *sexies* La dépréciation des immobilisations qui ne se déprécient pas de manière irréversible *(Abrogé par Décr. nº 2022-208 du 18 févr. 2022, art. 1er)* **« *, notamment les terrains, les fonds de commerce, les titres de participation,* » donne lieu à la constitution de provisions dans les conditions prévues au 5º du 1 de l'article 39 du code général des impôts.**

1. Terrains. Les aménagements de terrains réalisés pour la création et le gros entretien de pistes de ski sont des immobilisations. Ils peuvent être amortis dès lors qu'ils se déprécient irréversiblement sous l'action de facteurs météorologiques et géologiques. • TA Grenoble, 15 mai 1996, nº 92159 : *RJF 1996. 965.*

2. Fonds de commerce. Un élément d'actif incorporel identifiable, y compris un fonds de commerce, ne peut donner lieu à une dotation à un compte d'amortissement que s'il est normalement prévisible, lors de sa création ou de son acquisition par l'entreprise, que ses effets bénéfiques sur l'exploitation prendront fin à une date déterminée. En outre, cet élément d'actif incorporel, lorsqu'il fait partie des éléments constitutifs d'un fonds de commerce et qu'il est représentatif d'une certaine clientèle attachée à ce fonds, ne peut donner lieu à une dotation spécifique d'amortissement que si, en raison de ses caractéristiques, il est dissociable à la clôture de l'exercice des autres éléments représentatifs de la clientèle attachée au fonds. Tel n'est pas le cas des mandats de gestion acquis par un administrateur de biens dès lors qu'ils ne diffèrent pas de ses autres mandats et se sont indissociablement intégrés dans un portefeuille qui, se renouvelant en permanence, ne peut prévisiblement se déprécier de manière irréversible avec le temps. • CE 1er oct. 1999, nº 177809, *Foncia Particimo : RJF 1999. 1324 et 832, concl. Goulard ; D. Affaires 2001, p. 622, obs. Navarro.* ♦ ... Ni d'un contrat de dix ans prorogeable par tacite reconduction. • TA Dijon, 9 mars 1999, nº 96-5584 : *RJF 1999. 677.*

3. Une entreprise qui, ayant pratiqué à tort l'amortissement de son fonds de commerce, n'a pas constaté de provision pour dépréciation de son fonds dans ses écritures, a pris une décision de gestion qui lui est opposable. Elle ne peut, dès lors, demander la déduction d'une provision pour compenser les amortissements réintégrés. • CAA Douai, 10 oct. 2001, nº 97DA1870 : *RJF 2002. 764.*

4. L'Administration admet la constitution de provisions pour dépréciation à raison de certains éléments isolés du fonds de commerce (droit au bail par exemple), sous réserve notamment que l'élément incorporel concerné soit effectivement dissociable du fonds de commerce dans son ensemble et individualisable à l'actif du bilan et que la dépréciation soit justifiée et établie par l'entreprise. * BOI-BIC-PROV-40-10-10 nº 140 du 9 juin 2021.

5. La règle comptable autorisant les petites entreprises à amortir leur fonds commercial sur 10 ans (PCG, art. 214-3, al. 5) est incompatible avec la loi fiscale. • CE, avis, 8 sept. 2021, nº 453458 : *RJF 2021. 1000 ; Dr. fisc. 2021. 382, note Fouquet et Lopater.*

6. Licence de transport. Une provision pour dépréciation peut être constituée dès lors qu'un changement de la réglementation des licences rend probable la dépréciation des licences acquises sous l'empire de la réglementation antérieure. • CE 20 oct. 2000, nº 194992, *Desbordes : Dr. fisc. 2001. 451, concl. Mignon ; RJF 2001. 13 ; concl. Mignon au BDCF 1/01.*

Art. 38 *septies* Les valeurs mobilières constituant des titres de placement sont inscrites au bilan pour leur valeur d'origine majorée, sous réserve de l'option mentionnée au quatrième alinéa du 1 de l'article 38 *quinquies*, des droits de mutation, honoraires ou commissions et frais d'acte liés à leur acquisition.

A la fin de chaque exercice, il est procédé à une estimation de ces titres.

Les titres cotés sont évalués au cours moyen du dernier mois de l'exercice. Les titres non cotés sont évalués à leur valeur probable de négociation.

Les titres cotés s'entendent des valeurs admises aux négociations sur un marché réglementé.

Les plus-values ou moins-values résultant de cette estimation sont appréciées, pour chaque catégorie de titres de même nature, par rapport à la valeur d'origine globale de l'ensemble de ces titres.

Les plus-values ne sont pas comptabilisées ; par contre, les moins-values sont inscrites au compte de provisions.

Toutefois, en cas de baisse anormale de certains titres cotés apparaissant comme momentanée, l'entreprise a, sous sa responsabilité, la faculté de ne pas comprendre dans la provision tout ou partie de la moins-value constatée sur ces titres, mais seulement dans la mesure où il peut être établi une compensation avec les plus-values normales constatées sur d'autres titres.

Notion de valeur d'origine. Conformément au principe énoncé à l'art. 38 *quater*, la « valeur d'origine » pour laquelle, en application de l'art. 38 *septies*, les valeurs mobilières constituant des titres de placement doivent être inscrites au bilan est, en l'absence de définition par cet article d'une règle d'évaluation propre à la détermination de l'assiette de l'impôt, et incompatible avec la règle comptable, la valeur que fixe cette dernière. Tant pour l'application du Plan comptable général selon les indications données par le Conseil national de la comptabilité, qu'en vertu des prescriptions du plan comptable professionnel des sociétés de réassurances, approuvé par arrêté du 28 mai 1971, la valeur pour laquelle les obligations qu'acquiert une entreprise doivent être inscrites à son actif en tant que titres de placement est leur valeur « au pied du coupon », c'est-à-dire à l'exclusion du montant des intérêts courus depuis la dernière échéance jusqu'à la date de l'acquisition. • CE 25 févr. 2004, n° 222904 : *RJF 2004. 499 ; concl. Vallée au BDCF 5/04, n° 63 ; Dr. fisc. 2005. 84, concl. Vallée, note Gagneur.*

Art. 38 *octies* Les cessions de titres en portefeuille sont réputées porter par priorité sur les titres de même nature acquis ou souscrits à la date la plus ancienne.

Les plus-values ou moins-values résultant des cessions en cause sont déterminées en fonction de la valeur d'origine pour laquelle les titres figuraient au bilan.

Art. 38 *nonies* 1. Les marchandises, matières premières, matières et fournitures consommables, emballages perdus, produits en stock et productions en cours au jour de l'inventaire sont évalués pour leur coût de revient, qui s'entend :

a. Pour les biens acquis à titre onéreux, du prix d'achat minoré des remises, rabais commerciaux et escomptes de règlement obtenus et majoré des frais de transport, de manutention et autres coûts directement engagés pour l'acquisition des biens et des coûts d'emprunt dans les conditions prévues à l'article 38 *undecies* ;

b. Pour les biens produits par l'entreprise, du coût de production qui comprend les coûts directement engagés pour la production ainsi que les frais indirects de production variables ou fixes et des coûts d'emprunt dans les conditions prévues à l'article 38 *undecies*. La quote-part de charges correspondant à la sous-activité n'est pas incorporable au coût de production.

Les coûts administratifs sont exclus du coût d'acquisition et du coût de production définis ci-dessus, à l'exception du coût des structures dédiées.

2. Le coût des stocks est déterminé par l'identification spécifique des coûts individuels, fournis par la comptabilité analytique ou, à défaut, par des calculs ou évaluations statistiques.

BIBL. ▸ Cozian, *GPFE, doc 10.* – Turot, *RJF 1991. 3* (notion de charges indirectes de production).

NOTE. Sauf exception, la jurisprudence rapportée ci-dessous a été rendue en vertu du texte applicable aux exercices ouverts avant le 1er janv. 2005.

1. Valorisation des stocks. Principes et méthodes d'évaluation. * BOI-BIC-PDSTK-20-20-10-10 du 12 sept. 2012.

2. Stocks. Le prix de revient des produits en stock au jour de l'inventaire résulte de la somme du coût d'achat des matières utilisées pour la production de ces produits et des charges directes ou indirectes qui ont concouru à leur production, tels que ces coûts et charges sont fournis par la comptabilité analytique tenue selon les règles fixées par le plan comptable général. Dans le cas où la production est inférieure à la capacité normale de production de l'entreprise qui est définie, ainsi que le prévoit le plan comptable général, en fonction des moyens dont l'entreprise dispose et de la production qu'elle peut raisonnablement en attendre, la part des charges fixes qui ne peut pas être imputée à la production, constitue pour l'entreprise une charge au sens de l'art. 39, déductible du bénéfice au cours duquel la sous-activité est constatée. Les charges liées à la sous-activité, dès lors qu'elles n'ont pas concouru à la production des produits en stock, ne sauraient avoir pour effet de valoriser ceux-ci et ne doivent pas, par suite, être prises en compte pour les évaluer. • CE 27 juin 1994, n° 121748, *Sté Villeroy et Boch : RJF 1994. 888, chron. Goulard, p. 510 ; Dr. fisc. 1994. 2197.*

3. Les commissions versées par une entreprise de distribution à une centrale d'achats en fonction du montant des achats effectués par son entremise entrent dans l'évaluation des stocks, à moins qu'elles ne rémunèrent un service distinct de cette entremise. • CE 27 juill. 1984, n° 34580 : *Dr. fisc. 1985. 498 ; RJF 1984. 1126.* ♦ En revanche, les frais se rapportant au fonctionnement d'un service d'achat interne à l'entreprise, dans lequel sont exercées toutes les fonctions de l'approvisionnement de cette dernière et auquel est imputable une partie indistincte des frais de structure exposés par elle, sont exclus de l'évaluation des stocks. • CAA Paris, 21 nov. 1996, n° 95PA3463 : *Dr. fisc. 1997. 525, concl. Mendras ; RJF 1997. 201.*

4. L'escompte de règlement qui s'analyse comme une réduction du paiement exigible de l'acheteur correspond à une opération financière à la charge du vendeur et au profit de l'acheteur. Dès lors cet escompte ne peut venir en déduction du montant des achats pour l'évaluation du coût de revient des stocks, contrairement aux ristournes, rabais et remises qui se réfèrent à la valeur de la marchandise concernée et non aux conditions de son paiement. • CAA Nancy, 10 mars 2005, n° 01NA421 : *RJF 2005. 821 ; Dr. fisc. 2005. 424.* ♦ Nouvelle réglementation comptable : pour les exercices ouverts à compter du 1er janv. 2005, les escomptes de règlement viennent désormais en déduction du coût de revient des stocks.

5. Les sommes perçues par une société au titre des « marges arrière » sont la contrepartie de prestations de services réalisées par elle au profit de ses fournisseurs et ont pour objet d'assurer la promotion des produits acquis auprès de ceux-ci en exécution de contrats dits de coopération commerciale. Ces marges arrière ne peuvent pas être regardées comme des « remises, rabais commerciaux et escomptes de règlement obtenus » au sens de l'art. 38 *nonies* de l'annexe III ou comme étant incluses dans les autres éléments similaires visés par l'art. 321-20 du PCG (devenu art. 213-31 du nouveau PCG). • CE 4 févr. 2015, *SA Colruyt France*, n° 365815 : *RJF 2015. 386 ; BDCF 2015. 54, concl. Aladjidi.*

6. Travaux en cours. Il n'y a pas lieu d'incorporer dans les travaux en cours les charges structurelles sans lien avec la production. • CAA Nantes, 12 mai 1993, n° 91NT787 : *Dr. fisc. 1994. 122.*

7. Impôts. La taxe professionnelle, dont le plan comptable général ne prévoit pas le rattachement au coût de revient analytique des opérations de production de l'entreprise, et qui, aux termes de l'art. 1448, « est établie suivant la capacité contributive des redevables, appréciée d'après des critères économiques en fonction de l'importance des activités exercées par eux », constitue, alors même que son montant est principalement déterminé par des éléments d'assiette incluant une évaluation des moyens consacrés par l'entreprise à ses opérations de production, lesdits éléments se rapportant, toutefois, en vertu de l'art. 1467 A, à l'avant-dernière année qui précède celle de l'imposition, une charge de l'entreprise assimilable à des « frais d'administration générale », et qui ne peut donner lieu à une ventilation permettant d'en rattacher avec pertinence une fraction au coût de revient des produits fabriqués par l'entreprise. Dès lors, la taxe professionnelle n'entre pas au nombre des charges directes ou indirectes de production visées par l'art. 38 *nonies* de l'annexe III et devant concourir à la valorisation des produits finis en stock au jour de l'inventaire. • CE 3 nov. 2003, n° 248888, *SA Tuileries Marley Betopan : RJF 2004. 8 ; concl. Vallée au BDCF 1/04, n° 3 ; Dr. fisc. 2004. 404, concl. Vallée ; Dr. fisc. 2004. 404, concl. Vallée ; Rev. adm. 2004, n° 337, p. 21, obs. Fouquet.* ♦ Confirmant • CAA Paris, 14 mai 2002, n° 01PA1237, *Sté Tuileries Marley Betopan : Dr. fisc. 2002. 784, concl. Kimmerlin.*

8. La taxe foncière est un impôt général qui ne fait pas partie des charges directes ou indirectes de production, visées à l'art. 38 *nonies* de l'annexe III, à prendre en compte dans le coût de revient des stocks. • CAA Paris, 11 juill. 2003, n° 98PA1676 : *RJF 2003. 1354 ; concl. Bataille au BDCF 12/04, n° 149 ; Dr. fisc. 2004. 668.*

9. Charges de production. Les « charges directes ou indirectes de production » comprennent, notamment, l'ensemble des frais et charges que l'entreprise assume en raison de l'emploi de ses salariés, dans la mesure où la comptabilité analytique, tenue selon les règles fixées par le PCG, emporte rattachement de ces frais et charges aux opérations de production. Dès lors, une prime exceptionnelle, revêtant le caractère de supplément de salaire et versée à des salariés affectés aux opérations de production, doit être rattachée au prix de revient des travaux en cours, même si son montant est fixé indépendamment de tout objectif de production ou d'accroissement de la productivité. • CE 20 oct. 2000, n° 180798, *Sté des chantiers de France-Dunkerque : Dr. fisc. 2001. 280, concl. Courtial ; RJF 2001. 9.* ♦ En revanche les « charges directes ou indirectes de production » ne comportent pas le coût de production des spécimens gratuits qu'une maison d'édition de livres scolaires distribue aux enseignants à seule fin de favoriser la commercialisation des ouvrages produits et destinés à la vente. • CAA Paris, 13 juin 2000, n° 98PA110 : *Dr. fisc. 2001. 448, concl. Kimmerlin.*

10. Le prix de revient des produits fabriqués ou des travaux exécutés par une entreprise comprend le coût de la main-d'œuvre, c'est-à-dire non seulement les rémunérations perçues par les salariés mais aussi tous les frais et charges que l'entreprise assume en raison de l'emploi de ces salariés. • CE 20 déc. 1972, ♔ n° 75318 : *Dr. fisc. 1973. 628, concl. Mandelkern* • 18 nov. 1983, ♔ n° 29395 : *RJF 1984. 11 ; Dr. fisc. 1984. 610, concl. Racine.*

11. Les frais engagés pour la conception et la réalisation de l'ensemble des modèles d'une collection de prêt-à-porter sont des charges de production dès lors que ces opérations constituent une phase du « cycle de production » des vêtements. Ces frais constituent des charges à intégrer dans le coût de revient des productions en cours. • CAA Nancy, 20 janv. 2000, n° 95NA919 : *RJF 2000. 1218.* ♦ Une société qui assure, par son service de création ou à l'aide de stylistes extérieurs, la conception sous sa marque de collections de vêtements pour enfants dont elle commande la réalisation et la fabrication à des entreprises tierces, en leur fournissant au moins pour partie la matière première à transformer, et dont elle assure ensuite la commercialisation exclusive par son réseau, après contrôle de la qualité des produits ainsi fabriqués selon un cahier des charges établi par elle, doit être regardée comme exerçant la responsabilité de l'ensemble du processus de fabrication de ces vêtements, alors même qu'elle ne dispose pas en propre du personnel et du matériel nécessaires à leur fabrication. Par suite, les frais exposés par la société pour la création des dessins et modèles proposés aux entreprises sous-traitantes qui façonnent ces articles pour son compte constituent bien des éléments du prix de revient des stocks et travaux en cours, alors même que les vêtements en cause ne seraient fabriqués qu'au cours de l'exercice suivant celui de la conception de leurs modèles. • CE 23 mai 2003, ♔ n° 234100, *Sté Catimini : Dr. fisc. 2003. 687 ; RJF 2003. 953 ; concl. Collin au BDCF 8-9/03, n° 104.*

12. Marchand de biens. Les dépenses de ravalement afférentes à des travaux d'entretien effectués par un marchand de biens sur les immeubles dont il est propriétaire et qu'il destine à la revente constituent un élément du prix de revient de son stock, même si elles revêtent pour lui un caractère obligatoire. • CAA Paris, 10 févr. 2000, n° 97PA3383 : *RJF 2000. 605 ; Dr. fisc. 2000. 1026, concl. Haïm.* ♦ Confirmé : • CE 14 mars 2001, n° 220274 : *RJF 2001. 1492.* ♦ L'indemnité d'éviction versée par un marchand de biens pour un immeuble *dont il est propriétaire et qu'il destine* à la revente ne peut être regardée comme une charge mais constitue un élément du coût de revient de son stock. • CE 28 mars 2012, ♔ *Sté AFG*, n° 318830 : *RJF 2012. 566.*

13. Redevances d'usage. Les redevances versées par une société à une autre en contrepartie du droit d'utiliser ses brevets, son savoir-faire et ses marques commerciales et calculées sur le chiffre d'affaires réalisé constituent des charges nées au cours de l'exercice de réalisation des ventes et non des charges de la société nées au cours de l'exercice de réalisation des ventes et ne peuvent être considérées comme des charges concourant à la détermination du coût réel des stocks existant à la clôture des exercices précédents. • CE 10 nov. 1993, ♔ n° 89415 : *Dr. fisc. 1994. 386, concl. Fouquet ; RJF 1994. 13.* ♦ Dès lors que leur fait générateur est constitué par la vente des produits, les redevances versées, qui rémunèrent l'acquisition d'un logiciel nécessaire à l'utilisation des ordinateurs vendus par la société doivent être regardées comme des charges concourant à la détermination du coût réel ou du coût de revient des stocks existant à la clôture des exercices précédents. • CAA Paris, 9 avr. 2002, n°s 97PA3619 et 00PA457 : *Dr. fisc. 2003. 1038, concl. Kimmerlin ; RJF 202. 1221.*

14. Stocks d'eau-de-vie. Pour l'évaluation de stocks d'eau-de-vie en cours de vieillissement, qui constituent des produits en cours de fabrication, le fabricant-négociant, qui tient une comptabilité analytique et des statistiques par compte d'âge, ne peut se borner à imputer sur le prix de revient de ces alcools les coûts de fabrication supportés au cours des deux derniers exercices, en se fondant sur le constat que la durée de stockage moyenne des eaux-de-vie ne dépasse jamais deux ans. Une telle méthode qui revêt un caractère très sommaire et ne tient pas compte des coûts réels de fabrication des lots d'eaux-de-vie de plus de deux ans d'âge n'est pas conforme aux prescriptions de l'art. 38 *nonies*. En conséquence l'Administration est fondée à retenir la méthode du coût unitaire moyen pondéré déterminé à partir de la comptabilité de l'entreprise et des statistiques par compte d'âge, qui permet d'obtenir une évaluation plus précise des produits en cours de fabrication. • CAA Nantes, 8 juin 2005, n° 02NT1335 : *RJF 2006. 9.*

15. Stocks de vins. Par cours du jour à la clôture de l'exercice, il y a lieu d'entendre, s'agissant des marchandises dont une entreprise fait le commerce, le prix auquel, à cette date, cette entreprise peut, dans les conditions de son exploitation, normalement escompter vendre les biens qu'elle possède en stock. S'agissant de vins en fûts figurant dans les stocks d'un viticulteur, le cours du jour s'entend du prix de vente des vins en vrac à la date de la clôture de l'exercice dès lors qu'ils étaient susceptibles d'être vendus en l'état, nonobstant la circonstance que l'exploitant concerné commercialise à titre habituel la majeure partie de sa production en bouteilles. • CE 17 oct. 2007, ♔ n° 284054, *Morey : RJF 2008. 11 ; Dr. fisc. 2008. 222, note Bonnet.* ♦ Confirmant • CAA Lyon, 16 juin 2005, n° 99LY1908 : *RJF 2006. 8 ; concl. Gimenez au BDCF 1/06, n° 3 ; Dr. fisc. 2006. 463.*

Art. 38 *decies* Si le cours du jour à la date de l'inventaire des marchandises, matières premières, matières et fournitures consommables, produits intermédiaires, produits finis et emballages commerciaux perdus en stock au jour de l'inventaire est inférieur au coût de revient défini à l'article 38 *nonies*, l'entreprise doit constituer, à due concurrence, des provisions pour dépréciation.

La dépréciation des stocks peut être évaluée selon une méthode statistique. Un marchand de vêtements ne peut appliquer un abattement uniforme à l'ensemble des marchandises pour hommes, femmes et enfants. • CAA Nantes, 21 févr. 1996, n° 93NT723 : *Dr. fisc. 1996. 1018.* ♦ Il doit distinguer ces trois catégories et tenir compte du temps écoulé depuis l'entrée des biens en stock. • CE 7 nov. 1975, n° 86136 : *Dr. fisc. 1976. 395, concl. Latournerie ; RJF 1975. 542.*

Art. 38 *undecies* Les coûts d'emprunt engagés pour l'acquisition ou la production d'une immobilisation, corporelle ou incorporelle, ou d'un élément inscrit en stock ou en encours, peuvent être, au choix de l'entreprise, soit compris dans le coût d'origine de l'immobilisation ou du stock, soit déduits en charge au titre de l'exercice au cours duquel les intérêts sont courus.

Les dispositions du premier alinéa s'appliquent aux coûts d'emprunt attribuables aux éléments d'actif et engagés jusqu'à la date d'acquisition ou de réception définitive du bien qui exigent une période de préparation ou de construction en principe supérieure à douze mois avant de pouvoir être utilisés ou cédés.

Le choix offert au premier alinéa est irrévocable et s'applique à tous les coûts d'emprunt servant à financer l'acquisition ou la production d'immobilisations, de stocks et d'encours.

Art. 38 *duodecies* *Abrogé.*

4 DISPOSITIONS DIVERSES

Art. 38 *terdecies* Les dispositions des articles 38 *ter* à 38 *decies* sont applicables aux entreprises industrielles et commerciales passibles de l'impôt sur le revenu suivant un régime de bénéfice réel et aux personnes morales relevant de l'impôt sur les sociétés, sous réserve des mesures dérogatoires qui pourront être prises en faveur des entreprises soumises au contrôle de l'État et astreintes à des règles comptables particulières.

Art. 38 *terdecies* A Les entreprises dont l'activité est partiellement exercée à l'étranger sont également tenues de produire en double exemplaire, sur des imprimés identiques à ceux visés aux II et III de l'article 38, les renseignements afférents aux seules opérations qui participent à la réalisation du résultat imposable en France.

Art. 38 *quaterdecies* En ce qui concerne les entreprises dont le siège est situé hors du territoire de la République française, les renseignements à fournir s'entendent exclusivement de ceux afférents aux exploitations sises en France.

M *BIS* RENSEIGNEMENTS À FOURNIR PAR LES ENTREPRISES SUR LES ÉTATS DE SUIVI ET DE SITUATION DE PROPRIÉTÉ PRÉVUS À L'ARTICLE 54 *SEPTIES* DU CODE GÉNÉRAL DES IMPÔTS

Art. 38 *quindecies* I. — L'état dont la production est prévue au I de l'article 54 *septies* du code général des impôts mentionne la date de réalisation et la nature de l'opération, les nom ou dénomination et adresse des personnes physiques et morales concernées et, par nature d'élément :

1° Pour les biens non amortissables :

a) La valeur comptable ;

b) La valeur fiscale servant pour le calcul du résultat imposable des cessions ultérieures ;

c) Le montant de la soulte éventuellement perçue lors de l'opération ;

d) Le montant de la soulte imposée lors de l'opération d'échange ou d'apport ;

e) La valeur d'échange ou d'apport des biens ;

2° Pour les biens amortissables :

a) Le montant des plus-values et moins-values réalisées lors de l'opération ;

b) La durée de réintégration de ces plus-values ;

c) Le montant des plus-values déjà réintégrées dans les résultats des exercices précédents ;

d) Le montant des plus-values réintégrées dans les résultats de l'exercice ;

e) Le montant des plus-values restant à réintégrer.

3° Pour le mali technique de fusion :

a) La valeur brute à l'ouverture et à la fin de l'exercice ;

b) La diminution en cours d'exercice ;

c) Le montant des dépréciations comptables à l'ouverture et à la fin de l'exercice ;

d) Les augmentations et diminutions des dépréciations comptables en cours d'exercice.

II. — Il est souscrit un état par opération et par exercice tant qu'il existe, au titre de l'opération concernée, des éléments auxquels est attaché un sursis d'imposition prévu par l'un des régimes mentionnés au I de l'article 54 *septies* du code général des impôts.

(Devenu sans objet, Décr. nº 2019-559 du 6 juin 2019, art. 3) ***« III. — L'état dont la production est prévue au III de l'article 54 septies du code général des impôts mentionne, pour chaque opération de scission, la dénomination et l'adresse de la société scindée ainsi que la date de l'approbation de la scission par les assemblées générales et, pour chaque associé :***

« 1º Son nom ou sa dénomination ;

« 2º Son adresse ;

« 3º Le nombre de titres grevés de l'engagement de conservation :

« a) Attribués à la suite de l'opération de scission ;

« b) Détenus sur toute la période couverte par l'exercice ;

« c) Le cas échéant, cédés au cours de l'exercice. »

IV. — L'état dont la production est prévue au deuxième alinéa de l'article 221 *bis* du code général des impôts doit mentionner pour chacune des immobilisations qui fait l'objet d'une réévaluation lors du premier exercice au titre duquel l'option a été exercée :

1° La valeur comptable ;

2° La valeur fiscale servant pour le calcul du résultat imposable de cessions ultérieures ;

3° La valeur réévaluée.

N

Art. 38 *quindecies* A I. — La déclaration, dont la production est prévue à l'article 54 *octies* du code général des impôts, est souscrite pour chaque bien, dans le délai fixé par le même article, auprès du service chargé des grandes entreprises, suivant un modèle fixé par l'administration.

Lorsqu'un bien fait l'objet d'une nouvelle opération de location, la déclaration est souscrite dans le mois qui suit la conclusion du nouveau contrat.

II. — La déclaration mentionnée au I comporte les renseignements suivants :

a. l'identité de la société, de la copropriété ou du groupement qui consent la location ou la mise à disposition, ainsi que celle de ses associés, copropriétaires ou membres ;

b. la nature du bien et tout élément permettant de l'identifier distinctement ;

c. le prix d'acquisition ou de revient et la date d'acquisition du bien donné en location ou mis à disposition ;

d. pour chaque exercice jusqu'au terme du contrat de location ou de mise à disposition, un tableau suivant un modèle fixé par l'administration indiquant le résultat prévisionnel de la société, de la copropriété ou du groupement.

Art. 38 *quindecies* B à 38 *quindecies* D *Devenus sans objet (L. nº 89-935 du 29 déc. 1989, art. 103-VII).*

O OPÉRATIONS DE CRÉDIT-BAIL

1 *CRÉDIT-BAIL SUR* FONDS DE COMMERCE, FONDS ARTISANAL OU SUR L'UN DE LEURS ÉLÉMENTS INCORPORELS NON AMORTISSABLES

Art. 38 *quindecies* E Le locataire d'un fonds de commerce, d'un fonds artisanal ou de l'un des éléments incorporels non amortissables loué dans les conditions prévues au 3 de l'article L. 313-7 du code monétaire et financier doit joindre une attestation délivrée par l'entreprise bailleresse à la déclaration de résultats de l'exercice au cours duquel le contrat de crédit-bail a été conclu.

Cette attestation comporte les renseignements suivants :

L'identité et l'adresse du locataire ;

La date et la durée du contrat ;

Le prix convenu pour l'acceptation de la promesse unilatérale de vente prévue au contrat ;

Pour chaque échéance, le montant des loyers dus et la quote-part de ces loyers prise en compte pour la fixation de ce prix ;

Les modalités stipulées en cas de résiliation du contrat ou de non-acceptation de la promesse unilatérale de vente.

L'attestation est établie sur papier libre conformément au modèle fixé par l'administration.

2 CRÉDIT-BAIL MOBILIER, IMMOBILIER ET SUR LES ÉLÉMENTS INCORPORELS AMORTISSABLES D'UN FONDS DE COMMERCE OU D'UN FONDS ARTISANAL

Art. 38 *quindecies* F Le locataire d'un bien loué dans les conditions prévues aux 1 et 2 de l'article L. 313-7 du code monétaire et financier et au 3 du même article en ce qu'il concerne les éléments incorporels amortissables d'un fonds de commerce ou d'un fonds artisanal, qui cède le contrat de crédit-bail ou le bien acquis à l'échéance d'un tel contrat, joint à la déclaration de résultats de l'exercice en cours lors de la cession un état établi sur un document conforme au modèle fixé par l'administration.

Art. 38 *quindecies* G Pour l'application de l'article 39 *duodecies* A du code général des impôts, l'acquéreur des droits afférents à un contrat de crédit-bail conclu dans les conditions prévues au 2 de l'article L. 313-7 du code monétaire et financier, joint à la déclaration de résultats de l'exercice en cours lors de l'acquisition un état établi sur un document conforme au modèle fixé par l'administration. Cet état comporte notamment les renseignements nécessaires à la ventilation du prix d'acquisition des droits entre sa fraction représentative des constructions et celle représentative du terrain.

Al. 2 et 3 périmés (Décr. n° 2009-389 du 7 avr. 2009).

3 CRÉDIT-BAIL IMMOBILIER

Art. 38 *quindecies* H I. — Les entreprises qui donnent en location des biens immobiliers dans les conditions prévues au 2 de l'article L. 313-7 du code monétaire et financier doivent, pour chaque opération réalisée, conserver à l'appui de leur comptabilité pendant toute la durée du contrat un état récapitulant les conditions générales et un tableau faisant apparaître, pour chaque loyer, la quote-part de ce dernier prise en compte pour la fixation du prix de cession éventuelle de l'immeuble à l'issue du contrat.

II. — L'état récapitulatif visé au I comporte les renseignements suivants :

a) L'identité et l'adresse du locataire ;

b) La date de conclusion et la durée du contrat ;

c) Le prix convenu pour l'acquisition de l'immeuble à l'issue du contrat ou les informations permettant de déterminer celui-ci ;

d) Le prix des éléments non amortissables et des éléments amortissables figurant à *l'actif du bilan de l'entreprise* bailleresse ainsi que les frais d'acquisition de l'immeuble ;

e) Le lieu de situation.

Lorsque l'économie du contrat est modifiée en raison de changements dans la situation du preneur ou des biens pris en crédit-bail, un état récapitulatif modifié doit être établi par le bailleur.

III. — Le tableau visé au I doit faire apparaître, pour chaque échéance, la quote-part du loyer prise en compte pour la fixation du prix de cession éventuelle de l'immeuble à l'issue du contrat ou les informations permettant de déterminer celle-ci, ainsi que son affectation au financement respectif des frais d'acquisition, des éléments amortissables et des éléments non amortissables.

IV. — Un exemplaire de l'état récapitulatif et du tableau mentionnés aux II et III est délivré au locataire à la prise d'effet du contrat et des avenants éventuels.

Art. 38 *quindecies* I Le locataire d'un immeuble loué dans les conditions prévues au 2° de l'article 1er de la loi n° 66-455 du 2 juillet 1966 relative aux entreprises pratiquant le crédit-bail doit conserver, à l'appui de sa comptabilité pendant toute la durée de la location, les documents mentionnés au IV de l'article 38 *quindecies* H délivrés par l'entreprise bailleresse ainsi qu'un tableau récapitulatif faisant apparaître pour chaque échéance la quote-part non déductible pour la détermination de son bénéfice imposable. En cas de cession du contrat, une copie de ces documents est remise au cessionnaire.

Art. 38 *quindecies* J Le locataire d'un bien loué dans les conditions prévues au 2 de l'article L. 313-7 du code monétaire et financier, qui cède le contrat de crédit-bail ou acquiert le bien pris en location, joint à la déclaration de résultats de l'exercice en cours lors de la cession ou de l'acquisition un état comportant le montant de la quote-part des loyers non déduite pour la détermination du résultat imposable au titre de chaque échéance de la période de location, en distinguant, le cas échéant, la quote-part afférente à des éléments non amortissables de celle relative aux éléments amortissables.

Art. 38 *quindecies* K Les documents visés aux articles 38 *quindecies* H à 38 *quindecies* J sont établis sur papier libre conformément aux modèles fixés par l'administration.

P

Art. 38 *sexdecies* *Devenu sans objet (L. n° 98-1266 du 30 déc. 1998, art. 7-I-1).*

Q RÉGIME SUPER-SIMPLIFIÉ DE COMPTABILITÉ

Art. 38 *sexdecies*-00 A L'option pour la comptabilité super-simplifiée prévue à l'article 302 *septies* A *ter* A du code général des impôts est exercée, au titre de chaque exercice, sur la déclaration de résultats prévue à l'article 53 A du code général des impôts.

Art. 38 *sexdecies*-00 B Pour l'application du premier alinéa du 2 de l'article 302 *septies* A *ter* A du code général des impôts, les exploitants exercent, au titre de chaque exercice, l'option pour la déduction forfaitaire des dépenses relatives aux carburants sur un état joint à leur déclaration de résultats. Cet état mentionne également :

Le type et l'immatriculation du ou des véhicules concernés ;

Le nombre total de kilomètres parcourus en distinguant ceux effectués pour les besoins de l'entreprise ;

Le montant forfaitaire des frais de carburant ;

Les modalités de comptabilisation de ces frais.

IV ***RÉMUNÉRATIONS VISÉES À L'ARTICLE 62 DU CODE GÉNÉRAL DES IMPÔTS***

Art. 38 *sexdecies*-0 A *(Devenu sans objet, Décr. n° 2017-698 du 2 mai 2017, art. 3)* ***Le contribuable qui, dans les conditions prévues aux 2° quater et 2° quinquies de l'article 83 du code général des impôts, déduit d'une rémunération visée à l'article 62 du même code les intérêts d'un emprunt contracté pour souscrire au capital d'une société nouvelle ou d'une société coopérative de production est soumis aux obligations prévues aux articles 38 septdecies A à 38 septdecies E.***

Art. devenu sans objet en conséquence de la L. n° 2013-1278 du 29 déc. 2013, art. 26-I-i et XI-5.

V ***BÉNÉFICES DE L'EXPLOITATION AGRICOLE***

A *[DÉTERMINATION DU RÉGIME RÉEL D'IMPOSITION]*

Art. 38 *sexdecies* A Les recettes à retenir pour l'appréciation des limites prévues à l'article 69 du code général des impôts s'entendent de toutes les sommes encaissées au cours de l'année civile augmentées de la valeur des produits prélevés dans l'exploitation et alloués soit au personnel salarié, soit au propriétaire du fonds en paiement du fermage.

Toutefois, il n'est pas tenu compte des opérations portant sur les éléments de l'actif immobilisé ou effectuées dans le cadre de l'entraide agricole, des subventions et primes d'équipement, des redevances ayant leur origine dans le droit de propriété et des recettes accessoires provenant d'activités n'ayant pas un caractère agricole.

En outre, un abattement de 30 % est appliqué au montant des recettes provenant d'élevages pour lesquels le pourcentage moyen du bénéfice brut par rapport aux recettes est inférieur à 20 %. Un arrêté du ministre chargé du budget fixe la liste des élevages qui peuvent bénéficier de cette disposition *[Ann. IV, art. 4 M]*.

Pour déterminer le montant annuel des recettes, il convient de tenir compte de toutes les sommes mises à la disposition de l'exploitant, soit par voie de paiement, soit par voie d'inscription au crédit d'un compte courant sur lequel l'intéressé a opéré ou aurait pu opérer un prélèvement au plus tard le 31 décembre de l'année. • CE 9 janv. 1980, n° 10563 : *Dr. fisc. 1980. 1158 ; RJF 1980. 210.*

Pour que le compte ouvert au nom de l'exploitant dans les écritures d'une société soit un compte courant, il faut que l'inscription au crédit du compte d'une créance sur la société vaille paiement de cette dernière. • CE 20 nov. 1995, n° 126439 : *Dr. fisc. 1996. 136, concl. Loloum ; RJF 1996. 40.* ♦ Un relevé détaillé des opérations effectuées, dont le solde est réglé par chèque à l'initiative de la société, ne constitue pas un compte courant. • CE 23 oct. 1991, n° 68663 : *RJF 1991. 1531.*

Les intérêts servis par une coopérative agricole en rémunération du solde créditeur d'un compte courant ou compte d'exploitation ouvert au nom de l'exploitant sont compris dans les recettes servant à déterminer si la limite du forfait est dépassée. • CE 31 mai 2000, n° 187165 : *RJF 2000. 923 ; Dr. fisc. 2001. 177, concl. Goulard ; JCP E 2000, p. 1217.*

V. égal. notes ss. art. 69.

Art. 38 *sexdecies* B *(Abrogé par Décr. n° 2016-1415 du 20 oct. 2016, art. 1er-I-7°) En cas de création ou de cessation d'entreprise en cours d'année, les limites de recettes visées à l'article 38 sexdecies A sont ajustées au prorata de la durée d'exploitation pendant ladite année.*

Cet ajustement n'est pas effectué si l'exploitant a levé la totalité des récoltes de l'année.

B DÉTERMINATION ET IMPOSITION DU BÉNÉFICE DES EXPLOITANTS SOUMIS À UN RÉGIME RÉEL

Art. 38 *sexdecies* C Sous réserve des dispositions des articles 38 *sexdecies* JC, 38 *sexdecies* JD, 38 *sexdecies* RB et 38 *sexdecies* RB *bis*, le bénéfice de l'exploitation agricole soumise à un régime réel d'imposition est déterminé et imposé selon les dispositions prévues à l'article 72 du code général des impôts et celles prévues à la présente section.

Art. 38 *sexdecies* CA à 38 *sexdecies* CF *Devenus sans objet (L. n° 86-1317 du 30 déc. 1986, art. 21-I-b).*

Art. 38 *sexdecies* D I. — Les immeubles bâtis ou non bâtis appartenant à l'exploitant et utilisés pour les besoins de l'exploitation sont obligatoirement inscrits à l'actif du bilan.

Toutefois, l'exploitant peut demander de conserver les terres dans son patrimoine privé. Cette option s'applique à la totalité des terres dont l'exploitant est propriétaire ou qu'il acquiert pendant la durée de l'exercice. Elle est reconduite tacitement pour l'exercice suivant, sauf renonciation expresse de l'exploitant. L'option ou la renonciation à cette option doit être jointe à la déclaration des résultats de l'exercice auquel elle s'applique.

La maison d'habitation dont l'exploitant est propriétaire peut être inscrite à l'actif sous réserve qu'elle fasse partie de l'exploitation et qu'elle ne présente pas le caractère d'une maison de maître.

II. — Peuvent être considérés comme des immobilisations amortissables les équidés et les bovidés utilisés comme animaux de trait ou affectés exclusivement à la reproduction ainsi que les chevaux de course mis à l'entraînement et les chevaux de concours soumis à un entraînement en vue de la compétition, âgés de deux ans au moins au sens de la réglementation des courses.

Tous les autres animaux, y compris ceux nés dans l'exploitation, sont obligatoirement compris dans les stocks.

1. Immeubles bâtis ou non bâtis. En matière de bénéfices agricoles, constituent des biens professionnels par nature les immeubles bâtis ou non bâtis, à l'exception des terres, appartenant à un exploitant agricole et utilisés pour les besoins de l'exploitation. Il en va de même des droits attachés à l'usufruit de tels biens, qui constituent alors des éléments incorporels de l'actif immobilisé affectés par nature à l'exercice de la profession. • CE 19 févr. 2002, n° 229373, *Tornay : Dr. fisc. 2003. 524, concl. Austry ; RJF 2003. 573 ; concl. Austry au BDCF 5/03, n° 65.*

2. Des immeubles d'habitation situés à Paris qui ne sont pas utilisés pour les besoins de l'exploitation agricole ne peuvent être inscrits à l'actif du bilan. Par suite les revenus tirés de la location de ces immeubles ne sont pas imposables dans la catégorie des bénéfices agricoles. • CAA Bordeaux, 27 mars 2008, n° 06BX473 : *RJF 2008. 814.*

3. L'exploitant qui a omis d'inscrire un bâtiment d'exploitation à l'actif du bilan a commis une erreur comptable dont il peut demander la rectification pour la première fois devant le juge de l'impôt. • CE, plén., 25 juill. 1980, n° 15124 : *Dr. fisc. 1980. 2232 ; RJF 1980. 786* • CE 1er déc. 1999, n° 188611 : *Dr. fisc. 2000. 256, concl. Bachelier ; RJF 2000. 46.*

4. Animaux. Les dispositions de l'art. 38 *sexdecies* D sont illégales en ce qu'elles subordonnent l'inscription en immobilisations de certains animaux (équidés et bovidés) à la condition que le même choix soit exercé pour l'établissement de la TVA lorsque l'exploitant y est assujetti. En effet, si le pouvoir réglementaire est autorisé à fixer les modalités de détermination du bénéfice réel agricole en adaptant, sans en méconnaître les principes généraux, les règles applicables aux entreprises industrielles et commerciales aux contraintes et caractéristiques particulières de la production agricole, il a excédé les limites de l'habilitation qui lui est ainsi accordée en subordonnant l'immobilisation des animaux à une condition qui se fonde sur le respect de règles concernant une autre imposition que l'imposition des bénéfices agricoles et qui ne constitue pas une adaptation aux bénéfices agricoles des règles applicables aux entreprises industrielles et commerciales. • CAA Nantes, 19 févr. 2007, n° 05NT843 : *RJF 2007. 916.* ♦ Confirmé • CE 29 avr. 2009, nos 305290 et 305360 : *RJF 2009. 638 ; Dr. fisc. 2009. 343, concl. Glaser.* ♦ En conséquence, le Décr. n° 2009-1506 du 7 déc. 2009 a supprimé le 2e al. du II de l'art. 38 *sexdecies* D.

5. L'abrogation du plan comptable agricole par le règlement 2019-01 de l'ANC du 8 févr. 2019 pour les exercices ouverts depuis le 1er janv. 2021 n'a aucune incidence sur les règles fiscales en matière d'immobilisation des biens vivants. * Rép. min. n° 3822 : *JOAN 3 août 2021.*

Art. 38 *sexdecies* D *bis* *Devenu sans objet (L. n° 83-1179 du 29 déc. 1983, art. 78).*

Art. 38 *sexdecies* E **Les matériels et équipements utilisés par les entreprises agricoles peuvent être amortis suivant un système dégressif dans les conditions fixées par le 1 de l'article 39 A du code général des impôts et les dispositions réglementaires prises pour son application** *[Ann. II, art. 22 à 25]*.

Le même régime est étendu aux bâtiments d'exploitation remplissant les conditions prévues au 2° du 2 de l'article 39 A du même code.

Art. 38 *sexdecies* F *Abrogé par Décr. n° 2001-524 du 14 juin 2001, art. 1er-XXI.*

Art. 38 *sexdecies* G *Abrogé.*

Art. 38 *sexdecies* GA *(Abrogé par Décr. n° 2016-1415 du 20 oct. 2016, art. 1er-I-7°)* ***1. Les plus-values réalisées à l'occasion de la cession de terres ou de bâtiments d'exploitation ne sont pas retenues pour la fraction acquise avant le 1er janvier de la première année au titre de laquelle le montant des recettes a dépassé la limite du forfait.***

L'exonération prévue au premier alinéa est subordonnée à la condition que l'activité ait été exercée à titre principal pendant au moins cinq ans et que le bien cédé n'entre pas dans le champ d'application du A de l'article 1594-0 G du code général des impôts. A défaut, les dispositions des articles 150 U à 150 VH du même code sont applicables.

Les terrains expropriés qui ne remplissent pas les conditions mentionnées à l'article L. 322-3 du code de l'expropriation pour cause d'utilité publique ne sont pas considérés comme des biens entrant dans le champ d'application du A de l'article 1594-0 G du code général des impôts.

2. Si le bien cédé a figuré pendant une partie du temps écoulé depuis l'acquisition dans le patrimoine privé du contribuable, il est fait application de l'article 151 sexies du code général des impôts.

Art. 38 *sexdecies* GB **La valeur comptable des stocks apportés dans les conditions mentionnées au sixième alinéa du I de l'article 151 *octies* du code général des impôts est déterminée dans les conditions prévues selon le cas aux articles 38 *sexdecies* O et 38 *sexdecies* OE, lorsque les régimes d'imposition de l'apporteur et de la société bénéficiaire de l'apport sont différents.**

Elle est reprise pour la même valeur dans les inventaires suivants dans la mesure où les stocks apportés n'ont pas encore été vendus.

Art. 38 *sexdecies* GC *Devenu sans objet (L. n° 2005-1720 du 30 déc. 2005, art. 49-III et V ; Décr. n° 2006-356 du 24 mars 2006).*

Art. 38 *sexdecies* H Sous réserve des dispositions des articles 38 *sexdecies* I, 38 *sexdecies* O, 38 *sexdecies* OE, les stocks sont évalués suivant les règles définies aux articles 38 *nonies* et 38 *decies*.

Art. 38 *sexdecies* I I. — Le prix de revient des produits de l'exploitation compris dans les stocks peut être déterminé forfaitairement en appliquant au cours du jour à la clôture de l'exercice une décote correspondant au bénéfice brut susceptible d'être réalisé lors de la vente. Cette décote est appréciée par l'exploitant, sous le contrôle de l'administration.

II. — Le prix de revient des produits en cours de fabrication peut être déterminé forfaitairement par référence à des coûts standard ou à tous autres éléments statistiques.

Vin. Lorsqu'un viticulteur stocke son vin en bouteilles, il convient, pour l'application de l'art. 38 *sexdecies* I en vertu duquel le coût de revient des produits finis peut être calculé forfaitairement en pratiquant sur le cours du jour une décote correspondant au bénéfice brut normalement susceptible d'être réalisé lors de la vente, de retenir le cours du jour du vin en bouteilles et non celui du vin en vrac. • CE 10 juill. 2007, n° 288386 : *RJF 2007. 1248.*

Art. 38 *sexdecies* J *(Devenu sans objet, Décr. n° 2019-559 du 6 juin 2019, art. 3) I. — Les aléas non assurés reconnus par une autorité administrative compétente dont la survenance autorise l'emploi des sommes déposées sur un compte ouvert auprès d'un établissement de crédit conformément aux dispositions du I de l'article 72 D bis du code général des impôts sont les suivants :*

1° Aléas climatiques et naturels ayant affecté l'exploitation :

a) Abrogé par Décr. n° 2014-1610 du 24 déc. 2014.

b) Calamité agricole mentionnée à l'article L. 361-5 du code rural et de la pêche maritime ;

c) Catastrophe naturelle, constatée dans les conditions prévues à l'article L. 125-1 du code des assurances ;

2° Aléas sanitaires :

a) Maladie ou suspicion de maladie des animaux de l'exploitation ayant fait l'objet d'un arrêté portant déclaration d'infection en application de l'article L. 223-8 du code rural et de la pêche maritime ou d'une indemnisation prévue à l'article L. 221-2 du même code ;

b) Événement ayant justifié l'application sur les productions animales ou végétales de l'exploitant de mesures de police administrative prévues aux articles L. 234-4, L. 251-2 et L. 251-9 du code rural et de la pêche maritime ;

c) Événement ayant justifié l'application, sur l'exploitation conchylicole, de mesures de police sanitaire prévues par l'arrêté du 4 novembre 2008 relatif aux conditions de police sanitaire applicables aux animaux et aux produits d'aquaculture et relatif à la prévention de certaines maladies chez les animaux aquatiques et aux mesures de lutte contre ces maladies ou de mesures sanitaires prises en application de l'article R. 231-39 du code rural et de la pêche maritime ;

d) Suspension, retrait ou modification de l'autorisation d'exploitation de cultures marines pour motif d'insalubrité non imputable au bénéficiaire de l'autorisation d'exploitation de cultures marines, en application de l'article 15 du décret n° 83-228 du 22 mars 1983 fixant le régime de l'autorisation des exploitations de cultures marines.

II. — Abrogé par Décr. n° 2009-391 du 7 avr. 2009.

III. — Abrogé par Décr. n° 2014-1610 du 24 déc. 2014.

RÉGIME RÉEL SIMPLIFIÉ

Art. 38 *sexdecies* JA *Abrogé par Décr. n° 2001-524 du 14 juin 2001, art. 1er-XXI.*

Art. 38 *sexdecies* JB *Devenu sans objet (L. n° 83-1179 du 29 déc. 1983, art. 84-II).*

Art. 38 *sexdecies* JC Lorsque l'option prévue au *b* de l'article 74 du code général des impôts est exercée, les stocks sont évalués en appliquant au cours du jour à la clô-

ture de l'exercice une décote de 20 % ; ce taux est porté à 30 % pour les bovins et les produits de la viticulture.

En outre, la variation du prix à retenir entre la date d'ouverture et de clôture d'un même exercice est limitée à 20 %. L'exploitant peut toutefois renoncer à cette limitation.

Les options prévues au *b* de l'article 74 précité et au deuxième alinéa doivent être formulées au plus tard dans le délai de déclaration des résultats du premier exercice auquel elles s'appliquent. Elles sont valables pour cinq exercices, tant que le contribuable est soumis au régime simplifié d'imposition. Elles se reconduisent tacitement par période de cinq exercices, sauf décision contraire notifiée au service des impôts dans le délai de dépôt de la déclaration des résultats du dernier exercice de chaque période d'option.

Art. 38 *sexdecies* JD **Lorsque l'option prévue à l'article 38 *sexdecies* JC est exercée, les produits prélevés par l'exploitant à des fins personnelles, dont la valeur est ajoutée aux recettes pour la détermination du résultat d'exploitation, sont évalués dans les conditions prévues par cet article.**

C OPTION POUR L'UN DES RÉGIMES RÉELS

Art. 38 *sexdecies* JE *(Décr. n° 2016-1415 du 20 oct. 2016, art. 1er-I-3°-a-i)* **« L'option souscrite » en application du second alinéa du III de l'article 69 du code général des impôts est valable pour l'exercice au titre duquel elles *[elle]* est exercée et pour l'exercice suivant. Elle se reconduit tacitement par période de deux exercices, sauf renonciation adressée au service des impôts dans le délai de dépôt de la déclaration des résultats du dernier exercice de chaque période.** — *Ces dispositions s'appliquent pour la détermination des résultats des exercices clos à compter du 31 déc. 2004.*

Forme de l'option. L'option peut être exercée de façon orale. • CE 1er juill. 1991, n° 70025 : *Dr. fisc. 1991. 1770.* ♦ Mais il incombe au contribuable d'apporter la preuve de l'existence de cette option. • CAA Bordeaux, 12 févr. 2002, n° 98BX2141 : *Dr. fisc. 2002. 817.*

Art. 38 *sexdecies* JF *Abrogé par Décr. n° 2005-1 du 3 janv. 2005, art. 2-H et J-2. — Cette disposition s'applique pour la détermination des résultats des exercices clos à compter du 31 déc. 2004.*

Art. 38 *sexdecies* JG *Périmé.*

C *BIS* RÉGIME TRANSITOIRE D'IMPOSITION

Art. 38 *sexdecies* JH *(Abrogé par Décr. n° 2005-1 du 3 janv. 2005, art. 2-I et J, 2, à compter du 1er janv. 2006)* ***Sous réserve des adaptations prévues aux articles 38 sexdecies JI, 38 sexdecies OH, 38 sexdecies OJ, 38 sexdecies RD et 38 sexdecies RE, le résultat des exploitants soumis au régime transitoire d'imposition prévu aux articles 68 F et 68 G du code général des impôts est déterminé selon les modalités mentionnées au I de l'article 38 sexdecies D et aux articles 38 sexdecies E, 38 sexdecies GA, 38 sexdecies JD, 38 sexdecies-0 K, 38 sexdecies K, 38 sexdecies L, 38 sexdecies M et 38 sexdecies QA.***

Art. 38 *sexdecies* JI *(Abrogé par Décr. n° 2005-1 du 3 janv. 2005, art. 2-I et J, 2, à compter du 1er janv. 2006)* ***La mention de la valeur d'un bien au document prévu au c du I de l'article 38 sexdecies RD vaut inscription au bilan. Il en est de même pour les améliorations de fonds mentionnées à l'article 38 sexdecies-0 K.***

Art. 38 *sexdecies* JJ *Devenu sans objet (L. n° 93-1352 du 30 déc. 1993, art. 30-I).*

D DISPOSITIONS APPLICABLES EN CAS DE CHANGEMENT DE RÉGIME D'IMPOSITION

1° [PASSAGE DU RÉGIME DES MICRO-EXPLOITATIONS À UN RÉGIME RÉEL]

Art. 38 *sexdecies*-0 K **Les exploitants imposés d'après un régime réel d'imposition peuvent inscrire au bilan d'ouverture du premier exercice soumis à l'un de ces régimes une somme correspondant à la valeur, à la date du changement de régime, des améliorations du fonds représentant le résultat des pratiques culturales, lorsque les transactions en usage dans leur région en font état.**

Cette valeur est appréciée d'après les usages locaux, et notamment ceux qui sont suivis en matière d'expropriation.

La somme ainsi portée au premier bilan demeure inscrite aux bilans ultérieurs pour le même montant ; elle ne peut pas faire l'objet d'amortissements.

Lors de la cession des améliorations du fonds, cette somme vient, pour le calcul de la plus-value imposable éventuelle, en déduction du prix reçu par le cédant.

Lorsque l'exploitant a décidé d'inscrire à l'actif la valeur des améliorations apportées aux terres avant le passage au régime du bénéfice réel, cet élément d'actif doit être maintenu aux bilans ultérieurs jusqu'à la cession des améliorations, c'est-à-dire, dans le cas de terres prises à bail, jusqu'à l'expiration du bail. Par suite, l'exploitant ne peut plus après ce choix transférer cet élément d'actif dans son patrimoine personnel, fût-ce à l'occasion de la mise des terres prises à bail à la disposition d'une SCEA dans le cadre de laquelle il continue à exercer son activité professionnelle. • CE 26 mars 2001, n° 219729 : *Dr. fisc. 2001. 751, concl. Touvet ; RJF 2001. 786 ; concl. Touvet au BDCF 6/01, n° 78.*

Art. 38 *sexdecies* K **Les immobilisations acquises ou créées avant la date d'ouverture du premier exercice dont les résultats sont déterminés selon un régime réel d'imposition sont inscrites au bilan :**

a) **Pour leur valeur d'origine lorsqu'elles ne sont pas amortissables ;**

b) **Pour leur valeur nette comptable à la date d'ouverture de ce premier exercice, lorsqu'elles sont amortissables.**

Art. 38 *sexdecies* L **I. – La valeur nette comptable des éléments amortissables est obtenue en appliquant à la valeur d'origine le rapport existant entre :**

a) **D'une part, leur durée probable d'utilisation restant à courir à la date d'ouverture du premier exercice dont les résultats sont déterminés selon un régime réel d'imposition ;**

b) **D'autre part, leur durée totale d'utilisation appréciée à la même date.**

II. – La valeur d'origine des biens acquis avant le 1er janvier 1959 est réévaluée à l'aide des coefficients prévus à l'article 21.

III. – La valeur nette comptable déterminée en application des dispositions qui précèdent ne peut excéder la valeur de réalisation du bien.

Art. 38 *sexdecies* M **Les amortissements résiduels sont calculés sur la base des valeurs nettes comptables déterminées conformément à l'article 38 *sexdecies* L.**

Ils sont répartis sur la durée d'utilisation restant à courir, telle qu'elle est retenue pour l'application du même article.

Art. 38 *sexdecies* N *(Abrogé par Décr. n° 2016-1415 du 20 oct. 2016, art. 1er-I-7°)* ***En cas de passage du régime du forfait à un régime réel d'imposition, les recettes et les dépenses se rapportant à des créances et à des dettes nées sous le régime du forfait ne sont pas retenues pour la détermination du bénéfice selon un régime réel.***

Art. 38 *sexdecies* O *(Décr. n° 2016-1415 du 20 oct. 2016, art. 1er-I-4°)* **En cas de passage du régime des micro-exploitations prévu à l'article 64 *bis* du code général des impôts à un régime réel d'imposition, les éléments figurant dans le stock initial du premier exercice sont évalués à leur prix de revient. Alternativement, ce stock peut être évalué en retenant le cours du jour à l'ouverture de l'exercice.**

Toutefois, le stock initial est évalué au cours du jour à la date de changement de régime d'imposition, lorsque le cours du jour de ce stock est inférieur au prix de revient.

Aucune modification n'est apportée à la valeur des éléments figurant dans le stock initial tant qu'ils figurent à l'actif de l'exploitation.

Art. 38 *sexdecies* OA *(Abrogé par Décr. n° 2016-1415 du 20 oct. 2016, art. 1er-I-7°)* ***En cas de passage du régime du forfait à un régime réel d'imposition :***

a) Les animaux figurant dans le stock initial du premier exercice dont les résultats sont imposés d'après le mode réel, sont évalués au prix de revient majoré de 20 % ; cette valeur ne peut excéder le cours du jour à la date d'ouverture de cet exercice ;

b) Les produits de la viticulture en stock à la date du changement de régime d'imposition sont évalués au cours du jour du vin en vrac à la même date, sous déduction d'une décote forfaitaire. Un arrêté du ministre du budget fixe les taux de cette décote en fonction de l'âge

des produits. Ils sont repris pour la même valeur dans les inventaires suivants dans la mesure où ils n'ont pas encore été vendus ; – V. Ann. IV, art. 4 O.

c) Les récoltes comprises dans le stock initial du premier exercice dont les résultats sont déterminés selon un régime réel d'imposition sont évaluées d'après leur valeur au 31 décembre de l'année au cours de laquelle elles ont été levées.

Elles sont reprises pour la même valeur dans les inventaires suivants, dans la mesure où elles n'ont pas encore été vendues ;

d) Les matières premières achetées sont évaluées à leur prix de revient à la date du changement de régime d'imposition.

2° PASSAGE DU RÉGIME DU FORFAIT AU RÉGIME SIMPLIFIÉ D'IMPOSITION D'APRÈS LE BÉNÉFICE RÉEL

Art. 38 *sexdecies* OB *(Décr. n° 2016-1415 du 20 oct. 2016, art. 1er-I-5°)* **En cas de passage du régime prévu à l'article 64 *bis* du code général des impôts à un régime réel d'imposition, les créances figurant dans le bilan initial du premier exercice sont évaluées à leur valeur au jour du changement de régime.**

3° *[PASSAGE D'UN RÉGIME RÉEL AU RÉGIME DES MICRO-EXPLOITATIONS]*

Art. 38 *sexdecies* OC *(Abrogé par Décr. n° 2016-1415 du 20 oct. 2016, art. 1er-I-7°)* *En cas de passage d'un régime réel d'imposition au régime du forfait :*

a) Les animaux figurant dans le stock final du dernier exercice dont les résultats sont déterminés d'après un régime réel d'imposition sont évalués à leur prix de revient à la date du changement de régime d'imposition ;

b) Les produits de la viticulture en stock à la date du changement de régime d'imposition sont évalués au cours du jour du vin en vrac à la même date ;

c) Les récoltes comprises dans le stock final du dernier exercice dont les résultats sont déterminés d'après un régime réel d'imposition sont évaluées d'après leur valeur à la clôture de cet exercice ;

d) Les matières premières achetées sont évaluées à leur prix de revient à la date du changement de régime d'imposition.

Art. 38 *sexdecies* OD **En cas de passage d'un régime réel d'imposition au régime prévu à l'article 64 *bis* du code général des impôts, la fraction des subventions d'équipement soumise au régime de l'article 42 *septies* du même code et non encore rapportée aux bases de l'impôt est comprise dans les résultats du dernier exercice imposé selon le mode réel.**

4° PASSAGE DU RÉGIME NORMAL AU RÉGIME SIMPLIFIÉ ET DU RÉGIME SIMPLIFIÉ AU RÉGIME NORMAL

Art. 38 *sexdecies* OE **En cas de passage du régime normal d'imposition au régime simplifié ou du régime simplifié au régime normal, aucune modification n'est apportée à l'évaluation des immobilisations et des stocks.**

5°

Art. 38 *sexdecies* OF *Abrogé par Décr. n° 2001-524 du 14 juin 2001, art. 1er-XXI.*

6°

Art. 38 *sexdecies* OG *Abrogé par Décr. n° 2001-524 du 14 juin 2001, art. 1er-XXI.*

7° PASSAGE DU RÉGIME TRANSITOIRE À UN RÉGIME RÉEL

Art. 38 *sexdecies* OH *Abrogé par Décr. n° 2005-1 du 3 janv. 2005, art. 2-I, 2 et J, 2, à compter du 1er janv. 2006.*

8°

Art. 38 *sexdecies* OI *Abrogé par Décr. n° 2001-524 du 14 juin 2001, art. 1er-XXI.*

9° PASSAGE DU RÉGIME TRANSITOIRE AU RÉGIME DU FORFAIT

Art. 38 *sexdecies* OJ *(Abrogé par Décr. n° 2005-1 du 3 janv. 2005, art. 2-I, 2 et J, 2, à compter du 1er janv. 2006)* ***En cas de passage du régime transitoire au forfait :***

a) Les dispositions de l'article 38 sexdecies OC sont applicables ;

b) Les créances et les dettes nées d'opérations imposables réalisées sous le régime transitoire sont rapportées aux résultats du dernier exercice clos sous ce régime.

E OBLIGATIONS DES EXPLOITANTS

1° OBLIGATIONS APPLICABLES AUX RÉGIMES RÉELS

Art. 38 *sexdecies* P **I. — Les exploitants placés sous un régime réel d'imposition doivent tenir et présenter aux agents de l'administration :**

a) **Un livre-journal servi au jour le jour et enregistrant le détail de leurs opérations ;**

b) **Un livre d'inventaire ;**

c) **Les factures et autres pièces justificatives relatives aux recettes, aux dépenses et aux stocks.**

II. — Quelle que soit leur situation au regard de la taxe sur la valeur ajoutée, les éleveurs d'animaux de boucherie ou de charcuterie doivent se conformer aux obligations définies au I de l'article 267 *quater* de l'annexe II du code général des impôts.

III. — Les documents comptables et pièces justificatives énumérés ci-dessus doivent être conservés selon les modalités prévues au I de l'article L. 102 B du Livre des procédures fiscales.

Les opérations au comptant correspondant à des ventes au détail ou à des services rendus à des particuliers peuvent être inscrites globalement en comptabilité à la fin de chaque journée lorsqu'elles sont inférieures à 76 € TTC. * BOI-CF-CPF-10 n° 30 du 21 oct. 2013.

Art. 38 *sexdecies* Q **Les exploitants placés sous un régime réel d'imposition sont soumis à l'ensemble des obligations déclaratives incombant aux contribuables désignés à l'article 53 A du code général des impôts. Ils produisent leurs déclarations dans les délais prévus à l'article 175, premier alinéa, du même code.**

Art. 38 *sexdecies* QA *(Abrogé par Décr. n° 2016-1415 du 20 oct. 2016, art. 1er-I-7°)* ***Les contribuables dont le montant des recettes excède pour la première fois la limite du forfait sont tenus d'indiquer au service des impôts la valeur vénale des terres et bâtiments d'exploitation inscrits à l'actif au 1er janvier de l'année du franchissement de la limite.***

Ces renseignements doivent être fournis avant le 31 mars de l'année suivant celle du franchissement de la limite.

Art. 38 *sexdecies* R **Indépendamment des documents visés à l'article 38 *sexdecies* Q, les contribuables qui deviennent imposables selon un régime réel d'imposition sont tenus de fournir, en même temps que leur première déclaration, les renseignements énumérés ci-après :**

1° Une copie du bilan d'ouverture ;

2° Des tableaux présentant :

a) **Pour chaque élément de l'actif immobilisé : l'année ou, à défaut, la période d'acquisition ainsi que le prix d'achat ou de revient ;**

b) **Pour les éléments amortissables :**

Le prix de revient réévalué lorsqu'il s'agit de biens acquis ou créés avant le 1er janvier 1959 ;

La valeur nette comptable restant à amortir ;

La durée d'utilisation restant à courir ;

c) Abrogé ;

3° Une note indiquant de manière détaillée la composition et le mode d'évaluation du stock initial.

2°

Art. 38 *sexdecies* RA *Abrogé par Décr. n° 2001-524 du 14 juin 2001, art. 1er-XXI.*

3° OBLIGATIONS PARTICULIÈRES AU RÉGIME SIMPLIFIÉ

Art. 38 *sexdecies* RB Les exploitants placés sous le régime simplifié d'imposition doivent établir ou produire les documents et déclarations mentionnés aux articles 38 *sexdecies* P et 38 *sexdecies* Q selon les modalités particulières ci-après :

a) Le livre-journal enregistre le détail des recettes et des dépenses ;

b) Le tableau des immobilisations et des amortissements et le compte simplifié du résultat fiscal prévus à l'article 74 A du code général des impôts sont reportés sur le livre d'inventaire ;

c) La déclaration annuelle des résultats qui est faite sur un imprimé établi par l'administration comporte un compte simplifié de résultat fiscal un tableau des immobilisations et des amortissements, un relevé des provisions et un état des provisions non déductibles ; les pièces annexes mentionnées au II de l'article 38-II ne sont pas produites, à l'exception, pour les sociétés, des listes prévues aux 1° et 2°.

Art. 38 *sexdecies* RB *bis* Pour l'application du *c* de l'article 74 du code général des impôts, les exploitants exercent, au titre de chaque exercice, l'option pour la déduction forfaitaire des dépenses relatives aux carburants sur un état joint à leur déclaration de résultats. Cet état mentionne également :

a) Le type et l'immatriculation du ou des véhicules concernés ;

b) Le nombre total de kilomètres parcourus, en distinguant ceux effectués pour les besoins de l'exploitation ;

c) Le montant forfaitaire des frais de carburant ;

d) Les modalités de comptabilisation de ces frais.

Art. 38 *sexdecies* RC *Abrogé par Décr. n° 2001-524 du 14 juin 2001, art. 1er-XXI.*

4° OBLIGATIONS PARTICULIÈRES AU RÉGIME TRANSITOIRE

Art. 38 *sexdecies* RD *(Abrogé par Décr. n° 2005-1 du 3 janv. 2005, art. 2-I, 2 et J, 2, à compter du 1er janv. 2006) I. — Les exploitants soumis au régime transitoire d'imposition doivent tenir et présenter aux agents de l'administration :*

a) Un livre-journal tenu au jour le jour présentant le détail des recettes et des dépenses ;

b) Les factures et autres pièces justificatives relatives à ces recettes et dépenses ;

c) Un document appuyé des pièces justificatives correspondantes comportant la date d'acquisition ou de création et le prix de revient des éléments d'actif affectés à l'exercice de leur profession, le montant des amortissements effectués sur ces éléments ainsi que, éventuellement, le prix et la date de cession de ces mêmes éléments.

II. — Les documents comptables et pièces justificatives énumérés au I doivent être conservés selon les modalités prévues au I de l'article L. 102 B du Livre des procédures fiscales.

Art. 38 *sexdecies* RE *(Abrogé par Décr. n° 2005-1 du 3 janv. 2005, art. 2-I, 2 et J, 2, à compter du 1er janv. 2006) La déclaration annuelle des résultats est produite dans les délais prévus au premier alinéa de l'article 175 du code général des impôts pour les régimes réels d'imposition.*

Elle est faite sur un imprimé établi par l'administration et comporte un compte simplifié de résultat fiscal et un tableau des immobilisations et amortissements.

F CULTURES AGRÉÉES DANS LES DÉPARTEMENTS D'OUTRE-MER

Art. 38 *sexdecies* S *(Devenu sans objet, Décr. n° 2020-897 du 22 juill. 2020, art. 3) I. — Sont réputés non encore cultivés, au sens de l'article 76 bis du code général des impôts, les terrains en friche depuis quinze ans au moins.*

Dans le département de la Guyane, pour l'application du premier alinéa, sont également réputés terrains en friche les terrains qui font l'objet d'une exploitation forestière et ceux qui sont exploités de façon temporaire sur abattis.

II. — Sous réserve des dispositions du III, les cultures susceptibles d'être agréées s'entendent de celles qui, dans le cadre des objectifs du Plan, sont de nature soit à réduire les importations, soit à ouvrir de nouveaux marchés, soit à assurer le développement économique et social du département considéré.

III. — Un arrêté du préfet pris sur avis de la commission d'aménagement foncier fixe la liste des cultures agréées dans le département ainsi que, pour chacune d'elles, l'aire géogra-

phique dans laquelle celle-ci est agréée. Cet arrêté précise, en outre, en tant que de besoin, les caractéristiques que doivent présenter les cultures au regard de la densité des plantations, des variétés de plants recommandés ou tolérés et des conditions d'entretien.

Art. 38 *sexdecies* T (*Devenu sans objet, Décr. n° 2020-897 du 22 juill. 2020, art. 3*) *I. — Dans les départements de la Guadeloupe, de la Guyane, de Mayotte, de la Martinique et de La Réunion, l'exonération d'impôt sur le revenu est accordée à compter du 1er janvier de l'année suivant celle de l'exécution des travaux.*

II. — L'avantage fiscal prévu au I est supprimé de plein droit lorsque les parcelles précédemment exonérées cessent d'être affectées à des cultures agréées ou d'être exploitées dans les conditions fixées par l'arrêté d'agrément prévu à l'article 38 sexdecies S.

G TRANSMISSION OU RACHAT DES DROITS D'UN ASSOCIÉ PERSONNE PHYSIQUE DANS UNE SOCIÉTÉ EXERÇANT UNE ACTIVITÉ AGRICOLE

Art. 38 *sexdecies* U Les dispositions du premier alinéa de l'article 73 D du code général des impôts s'appliquent sur demande signée conjointement :

a) En cas de transmission des titres, d'une part, par l'associé dont les titres sont transmis ou, si la transmission résulte du décès de cet associé, par ses ayants cause et, d'autre part, par le ou les bénéficiaires de la transmission ;

b) En cas de rachat des titres par la société, par l'associé dont les titres sont rachetés et par les associés présents dans la société à la date du rachat.

Cette demande, établie sur papier libre, doit être adressée par la société, en simple exemplaire, à la direction départementale ou, le cas échéant, régionale des finances publiques auprès de laquelle elle souscrit ses déclarations de résultats, dans un délai de soixante jours à compter du jour de la transmission ou du rachat des titres.

L'associé dont les titres sont transmis ou rachetés doit joindre une copie de cette demande à la déclaration de ses revenus prévue à l'article 170 du code général des impôts qui est établie en vue de l'imposition immédiate. Lorsque la transmission résulte du décès du contribuable, cette copie est jointe par les ayants cause du défunt à la déclaration établie au nom de ce dernier et prévue au 2 de l'article 204 du code précité.

Art. 38 *sexdecies* V Pour l'application des dispositions du premier alinéa de l'article 73 D du code général des impôts, le résultat réalisé par la société depuis la fin de la dernière période d'imposition jusqu'à la date de la transmission ou du rachat des titres est déterminé sur une déclaration spéciale établie conformément aux dispositions des articles 38 *sexdecies* Q ou 38 *sexdecies* RB.

L'associé dont les titres sont transmis ou rachetés est immédiatement imposable sur la quote-part lui revenant dans le résultat de la société arrêté dans les conditions prévues au premier alinéa. Cette quote-part doit être inscrite sur le formulaire de déclaration prévu à l'article 48.

Les déclarations mentionnées aux premier et deuxième alinéas ainsi que la déclaration mentionnée à la première phrase du dernier alinéa de l'article 38 *sexdecies* U doivent être adressées, dans un délai de soixante jours à compter du jour de la transmission ou du rachat des titres, à la direction départementale ou, le cas échéant, régionale des finances publiques auprès de laquelle la société souscrit ses déclarations. Toutefois, lorsque la transmission résulte du décès du contribuable, ces déclarations sont adressées à cette même direction dans le délai prévu au 2 de l'article 204 du code général des impôts.

Art. 38 *sexdecies* W Pour l'application des dispositions du deuxième alinéa de l'article 73 D du code général des impôts, l'associé bénéficiaire de la transmission des titres ou, en cas de rachat de titres, les associés présents dans la société à la clôture de l'exercice doivent joindre à leur déclaration de revenus prévue à l'article 170 du même code une note établie sur papier libre mentionnant le détail de la détermination de la quote-part du résultat de la société imposable à leur nom telle qu'elle résulte des dispositions précitées.

VI *TRAITEMENTS, SALAIRES, PENSIONS ET RENTES VIAGÈRES*

0-A ATTRIBUTION GRATUITE D'ACTIONS AUX SALARIÉS OU MANDATAIRES SOCIAUX JUSQU'AU 27 SEPTEMBRE 2012

Art. 38-0 *septdecies* I. – 1° L'entreprise ou la société mentionnée au 2° délivre un état individuel aux bénéficiaires d'actions gratuites attribuées jusqu'au 27 septembre 2012 dans les conditions prévues par l'article 80 *quaterdecies* du code général des impôts dans sa rédaction antérieure à celle résultant de l'article 11 de la loi n° 2012-1509 du 29 décembre 2012 de finances pour 2013, au plus tard le 1er mars de l'année de dépôt de leur déclaration de revenus souscrite au titre de l'année d'acquisition définitive de ces actions. Les bénéficiaires doivent le conserver jusqu'à l'expiration du délai de reprise et le présenter à la demande de l'administration fiscale.

Cet état mentionne :

a) L'objet pour lequel il est établi : application de l'article 80 *quaterdecies* du code général des impôts dans sa rédaction antérieure à celle résultant de l'article 11 de la loi n° 2012-1509 du 29 décembre 2012 de finances pour 2013, pour les actions gratuites attribuées jusqu'au 27 septembre 2012 ;

b) La raison sociale et le siège social de la société émettrice des titres et, le cas échéant, celle de l'entreprise qui établit l'état ;

c) L'identité et l'adresse du bénéficiaire ;

d) Le nombre d'actions acquises et leur valeur unitaire à la date d'acquisition définitive ;

e) La fraction du gain d'acquisition de source française ;

f) Les dates d'attribution et d'acquisition définitive des titres ;

g) La date de fin de la période d'indisponibilité des titres.

2° La société émettrice qui a son siège social en France et dans laquelle le bénéficiaire des actions gratuites exerce son activité ou l'entreprise mentionnée au II de l'article 80 *quaterdecies* du code général des impôts dans sa rédaction antérieure à celle résultant de l'article 11 de la loi n° 2012-1509 du 29 décembre 2012 de finances pour 2013 transmet à l'administration fiscale, dans la déclaration prévue à l'article 87 du même code, les informations mentionnées au *j* du 2° de l'article 39.

Lorsque le bénéficiaire exerce son activité dans une entreprise différente de la société ou de l'entreprise mentionnée à l'alinéa précédent au moment de l'acquisition définitive, cette information est transmise, selon les mêmes modalités, par l'entreprise dans laquelle il exerce son activité lorsqu'elle dispose des informations nécessaires.

Dans les autres cas, la société émettrice ou l'entreprise mentionnée au premier alinéa adresse au service des impôts des entreprises dont elle relève, au plus tard le 1er mars de l'année qui suit celle au cours de laquelle a eu lieu l'acquisition définitive, un duplicata de l'état individuel mentionné au 1°.

3° Lorsque les actions gratuites sont inscrites sur un compte titres qui n'est pas tenu par l'entreprise ou la société mentionnée au 2°, celle-ci communique, soit au plus tard le 1er mars de l'année qui suit celle de l'acquisition définitive, soit lors de la cession des titres lorsqu'elle intervient avant cette date, une copie de l'état prévu au 1° à l'établissement chargé de la tenue du compte titres qui est redevable de la retenue à la source prévue à l'article 182 A *ter* du code général des impôts.

En cas de transfert des actions gratuites sur un autre compte, l'établissement mentionné à l'alinéa précédent transmet une copie du duplicata au nouveau redevable de la retenue à la source.

II. – 1° En cas de mise en location ou de cession d'actions gratuites attribuées jusqu'au 27 septembre 2012 avant le terme de la période d'indisponibilité prévue au I de l'article 80 *quaterdecies* du code général des impôts dans sa rédaction antérieure à celle résultant de l'article 11 de la loi n° 2012-1509 du 29 décembre 2012 de finances pour 2013, l'entreprise ou la société mentionnée au 2° du I du présent article adresse au service des impôts des entreprises dont elle relève, au plus tard le 1er mars de l'année qui suit celle au cours de laquelle a eu lieu l'opération, un état individuel qui mentionne la date et la nature de l'opération, le nombre d'actions concernées, les informations mentionnées aux *b* à *g* du 1° du I et, le cas échéant, la survenance d'un événement prévu au sixième alinéa du I de l'article L. 225-197-1 du code de commerce ou au deuxième alinéa de l'article L. 225-197-3 du même code.

Elle communique une copie de cet état au bénéficiaire des actions gratuites et, le cas échéant, à l'établissement mentionné au 3° du I.

2° En cas d'échange sans soulte d'actions gratuites attribuées jusqu'au 27 septembre 2012 et résultant d'une opération mentionnée au deuxième alinéa du I de l'article 80 *quaterdecies* du code général des impôts dans sa rédaction antérieure à celle résultant de l'article 11 de la loi n° 2012-1509 du 29 décembre 2012 de finances pour 2013, l'entreprise ou la société mentionnée au 2° du I du présent article adresse au service des impôts des entreprises dont elle relève, au plus tard le 1er mars de l'année qui suit celle au cours de laquelle a eu lieu l'opération, un état individuel qui mentionne la date et la nature de l'opération, le nombre d'actions reçues en échange, la raison sociale et l'adresse de la société dont les actions sont remises en échange ainsi que les informations mentionnées aux *b* à *g* du 1° du I.

Elle communique une copie de cet état au bénéficiaire des actions gratuites et, le cas échéant, à l'établissement mentionné au 3° du I.

Ancien art. 38-0 *septdecies* ***[Applicable aux déclarations souscrites à compter du 1er janv. 2013.*** — *V. toutefois note ss. l'art. pour 2012] I. — 1° Les bénéficiaires d'actions gratuites attribuées dans les conditions prévues par l'article 80 quaterdecies du code général des impôts joignent à leur déclaration de revenus souscrite au titre de l'année d'acquisition définitive des actions gratuites un état individuel délivré, au plus tard le 1er mars de l'année de dépôt de la déclaration, par l'entreprise ou la société mentionnée au 2°.*

Cet état mentionne :

a) L'objet pour lequel il est établi : application de l'article 80 quaterdecies du code général des impôts ;

b) La raison sociale et le siège social de la société émettrice des titres et, le cas échéant, celle de l'entreprise qui établit l'état ;

c) L'identité et l'adresse du bénéficiaire ;

d) Le nombre d'actions acquises et leur valeur unitaire à la date d'acquisition définitive ;

e) La fraction du gain d'acquisition de source française ;

f) Les dates d'attribution et d'acquisition définitive des titres ;

g) La date de fin de la période d'indisponibilité des titres.

Les contribuables qui transmettent la déclaration de leurs revenus par voie électronique, en application de l'article 1649 quater B ter du code général des impôts, sont dispensés de joindre cet état à cette déclaration. Ils doivent le conserver jusqu'à l'expiration du délai de reprise et le présenter à l'administration sur demande de sa part.

2° La société émettrice qui a son siège social en France et dans laquelle le bénéficiaire des actions gratuites exerce son activité ou l'entreprise mentionnée au II de l'article 80 quaterdecies du code général des impôts transmet à l'administration fiscale, dans la déclaration prévue à l'article 87 du même code, les informations mentionnées au j du 2° de l'article 39.

Lorsque le bénéficiaire exerce son activité dans une entreprise différente de la société ou de l'entreprise mentionnée à l'alinéa précédent au moment de l'acquisition définitive, cette information est transmise, selon les mêmes modalités, par l'entreprise dans laquelle il exerce son activité lorsqu'elle dispose des informations nécessaires.

Dans les autres cas, la société émettrice ou l'entreprise mentionnée au premier alinéa adresse au service des impôts dont elle relève, au plus tard le 1er mars de l'année qui suit celle au cours de laquelle a eu lieu l'acquisition définitive, un duplicata de l'état individuel mentionné au 1°.

3° Lorsque les actions gratuites sont inscrites sur un compte titres qui n'est pas tenu par l'entreprise ou la société mentionnée au 2°, celle-ci communique, soit au plus tard le 1er mars de l'année qui suit celle de l'acquisition définitive, soit lors de la cession des titres lorsqu'elle intervient avant cette date, une copie de l'état prévu au 1° à l'établissement chargé de la tenue du compte titres qui est redevable de la retenue à la source prévue à l'article 182 A ter du code général des impôts.

En cas de transfert des actions gratuites sur un autre compte, l'établissement mentionné à l'alinéa précédent transmet une copie du duplicata au nouveau redevable de la retenue à la source.

II. — 1° En cas de mise en location ou de cession avant le terme de la période mentionnée au premier alinéa du I de l'article 80 quaterdecies du code général des impôts, l'entreprise ou la société mentionnée au 2° du I du présent article adresse au service des impôts dont elle relève, au plus tard le 1er mars de l'année qui suit celle au cours de laquelle a eu lieu l'opération, un état individuel qui mentionne la date et la nature de l'opération, le nombre d'actions concernées, les

informations mentionnées aux b à g du 1° du I et, le cas échéant, la survenance d'un événement prévu au sixième alinéa du I de l'article L. 225-197-1 du code de commerce ou au deuxième alinéa de l'article L. 225-197-3 du même code.

Elle communique une copie de cet état au bénéficiaire des actions gratuites et, le cas échéant, à l'établissement mentionné au 3° du I.

2° En cas d'échange sans soulte d'actions résultant d'une opération mentionnée au deuxième alinéa du I de l'article 80 quaterdecies du code général des impôts, l'entreprise ou la société mentionnée au 2° du I du présent article adresse au service des impôts dont elle relève, au plus tard le 1er mars de l'année qui suit celle au cours de laquelle a eu lieu l'opération, un état individuel qui mentionne la date et la nature de l'opération, le nombre d'actions reçues en échange, la raison sociale et l'adresse de la société dont les actions sont remises en échange ainsi que les informations mentionnées aux b à g du 1° du I.

Elle communique une copie de cet état au bénéficiaire des actions gratuites et, le cas échéant, à l'établissement mentionné au 3° du I.

Décr. n° 2012-131 du 30 janv. 2012, art. 4 : « I. — Le présent décret [n° 2012-131 du 30 janv. 2012] s'applique aux déclarations souscrites à compter du 1er janv. 2013 relatives aux options sur titres levées, aux actions gratuites définitivement acquises et aux bons de souscription de parts de créateur d'entreprise exercés à compter du 1er janv. 2012.

« II. — Toutefois, pour les actions gratuites définitivement acquises au cours de l'année 2011, les bénéficiaires joignent à leur déclaration de revenus souscrite au titre de cette année l'état individuel prévu au 1° du I de l'art. 38-0 septdecies de l'annexe III au CGI, à l'exception des informations prévues au e, qui leur a été transmis, avant le 30 avr. 2012, par la société émettrice ou l'entreprise mentionnée au 2° du I du même article.

« La société ou l'entreprise adresse une copie de cet état individuel au service des impôts dont elle relève avant le 30 avr. 2012. »

A OPTIONS SUR TITRES ET ACTIONS GRATUITES ATTRIBUÉES AUX SALARIÉS OU MANDATAIRES SOCIAUX À COMPTER DU 28 SEPTEMBRE 2012

Art. 38 *septdecies* **I. — 1° L'entreprise ou la société mentionnée au 2° délivre un état individuel aux bénéficiaires d'options sur titres ou d'actions gratuites attribuées à compter du 28 septembre 2012 dans les conditions prévues respectivement par l'article 80 *bis* et par l'article 80 *quaterdecies* du code général des impôts, au plus tard le 1er mars de l'année de dépôt de leur déclaration de revenus souscrite au titre de l'année de la levée des options ou de l'acquisition définitive des actions gratuites. Les bénéficiaires doivent le conserver jusqu'à l'expiration du délai de reprise et le présenter à la demande de l'administration fiscale.**

Cet état mentionne :

***a)* L'objet pour lequel il est établi :**

Options sur titres : application de l'article 80 *bis* du code général des impôts ;

Actions gratuites : application de l'article 80 *quaterdecies* du code général des impôts ;

***b)* La raison sociale et le siège social de la société émettrice des titres et, le cas échéant, celle de l'entreprise qui établit l'état ;**

***c)* L'identité et l'adresse du bénéficiaire ;**

***d)* Pour les options sur titres, le nombre, le prix de souscription ou d'achat et la valeur des actions acquises à la date de la levée des options ; pour les actions gratuites, le nombre d'actions acquises et leur valeur unitaire à la date d'acquisition définitive ;**

***e)* La fraction de source française du gain de levée d'option sur titre ou du gain d'acquisition définitive des actions gratuites ;**

***f)* Les dates d'attribution et de levée des options et les dates d'attribution et d'acquisition définitive des actions attribuées gratuitement ;**

***g)* Lorsque les dispositions du II de l'article 80 *bis* du code général des impôts trouvent à s'appliquer, le montant de la différence définie à cet article ;**

2° Pour les options sur titres, la société émettrice qui a son siège social en France et dans laquelle le bénéficiaire des options sur titres exerce son activité ou l'entreprise mentionnée au III de l'article 80 *bis* du code général des impôts transmet à l'administration fiscale, dans la déclaration prévue à l'article 87 du même code, les informations mentionnées au i du 2° de l'article 39 de la présente annexe.

Pour les actions gratuites, la société émettrice qui a son siège social en France et dans laquelle le bénéficiaire des actions gratuites exerce son activité ou l'entreprise

mentionnée au IV de l'article 80 *quaterdecies* du code général des impôts transmet à l'administration fiscale, dans la déclaration prévue à l'article 87 du même code, les informations mentionnées au *j* du 2° de l'article 39 de la présente annexe.

Lorsque le bénéficiaire exerce son activité dans une entreprise différente de la société ou de l'entreprise mentionnée aux alinéas précédents au moment de la levée des options ou de l'acquisition définitive des actions gratuites, les informations sont transmises, selon les mêmes modalités, par l'entreprise dans laquelle il exerce son activité lorsqu'elle dispose des informations nécessaires.

Dans les autres cas, la société émettrice ou l'entreprise mentionnée aux deux premiers alinéas du présent 2° adresse au service des impôts des entreprises dont elle relève, au plus tard le 1er mars de l'année qui suit celle au cours de laquelle a eu lieu la levée des options ou l'acquisition définitive, un duplicata de l'état individuel mentionné au 1° ;

3° Lorsque les actions issues des options sur titres ou les actions gratuites définitivement acquises sont inscrites sur un compte titres qui n'est pas tenu par l'entreprise ou la société mentionnée au 2°, celle-ci communique, soit au plus tard le 1er mars de l'année qui suit celle de la levée des options ou de l'acquisition définitive des actions gratuites, soit lors de la cession des titres lorsqu'elle intervient avant cette date, une copie de l'état prévu au 1° à l'établissement chargé de la tenue du compte titres qui est redevable de la retenue à la source prévue à l'article 182 A *ter* du code général des impôts.

En cas de transfert des titres sur un autre compte, l'établissement mentionné à l'alinéa précédent transmet une copie du duplicata au nouveau redevable de la retenue à la source.

II. — En cas d'échange sans soulte d'actions résultant d'une opération mentionnée, pour les actions issues d'options sur titre attribuées à compter du 28 septembre 2012, au II *bis* de l'article 80 *bis* du code général des impôts et, pour les actions gratuites attribuées à compter du 28 septembre 2012 et définitivement acquises, au III de l'article 80 *quaterdecies* du même code, l'entreprise ou la société mentionnée au 2° du I du présent article adresse au service des impôts des entreprises dont elle relève, au plus tard le 1er mars de l'année qui suit celle au cours de laquelle a eu lieu l'opération, un état individuel qui mentionne la date et la nature de l'opération, le nombre d'actions reçues en échange, la raison sociale et l'adresse de la société dont les actions sont remises en échange ainsi que les informations mentionnées aux *b* à *g* du 1° du I.

Elle communique une copie de cet état au titulaire des options ou des actions gratuites et, le cas échéant, à l'établissement mentionné au 3° du I.

V. Ann. II, art. 91 bis.

B DÉDUCTION DES INTÉRÊTS D'EMPRUNTS : OBLIGATIONS DES CONTRIBUABLES ET DES INTERMÉDIAIRES

Art. 38 *septdecies* A *(Devenu sans objet, Décr. n° 2017-698 du 2 mai 2017, art. 3)* ***Le contribuable qui, dans les conditions prévues aux 2° quater et 2° quinquies de l'article 83 et au I de l'article 83 bis du code général des impôts, déduit d'un salaire les intérêts d'un emprunt contracté pour souscrire au capital d'une société nouvelle ou d'une société coopérative de production ou pour acquérir des actions ou des parts d'une société en vue de sa reprise doit fournir les mêmes renseignements que ceux prévus au troisième alinéa de l'article 43.***

Art. devenu sans objet en conséquence de la L. n° 2013-1278 du 29 déc. 2013, art. 26-I-i et XI-5.

Art. 38 *septdecies* B *(Devenu sans objet, Décr. n° 2017-698 du 2 mai 2017, art. 3)* ***Pour chaque souscription au capital d'une société, le contribuable doit joindre à la déclaration des revenus de l'année au cours de laquelle la souscription a eu lieu une attestation établie par la société créée précisant qu'elle est assujettie à l'impôt sur les sociétés dans les conditions de droit commun et mentionnant :***

a. La raison sociale et le siège de cette société ;

b. La date de sa création ;

c. La date et le montant de la souscription ;

d. La désignation de l'intermédiaire agréé chez lequel les titres souscrits sont déposés ou inscrits en compte.

Art. devenu sans objet en conséquence de la L. n° 2013-1278 du 29 déc. 2013, art. 26-I-i et XI-5.

Art. 38 *septdecies* C (*Devenu sans objet, Décr. n° 2017-698 du 2 mai 2017, art. 3*)
Pour chaque acquisition de titres à la suite d'options, une attestation délivrée par la personne ayant consenti l'option ou la promesse de vente est jointe à la déclaration des revenus de l'année au cours de laquelle la levée de l'option a eu lieu et mentionne :

a. La raison sociale et le siège de la société dont les titres ont été acquis ;

b. Le nombre de titres acquis ;

c. La date d'acquisition et le prix payé par le salarié.

Art. devenu sans objet en conséquence de la L. n° 2013-1278 du 29 déc. 2013, art. 26-I-i et XI-5.

Art. 38 *septdecies* D (*Devenu sans objet, Décr. n° 2017-698 du 2 mai 2017, art. 3*)
Les intermédiaires agréés mentionnés au 2° quater de l'article 83 du code général des impôts sont :

a) La Banque de France ;

b) La Caisse des dépôts et consignations ;

c) Les établissements de crédit ;

d) Les prestataires de services d'investissement ;

e) Devenu sans objet (L. n° 96-597 du 2 juill. 1996, art. 20) ;

f) Les sociétés par actions ou à responsabilité limitée et les sociétés coopératives de production pour les actions ou parts souscrites ou reçues en rémunération de l'apport de valeurs acquises à la suite d'options.

Art. devenu sans objet en conséquence de la L. n° 2013-1278 du 29 déc. 2013, art. 26-I-i et XI-5.

Art. 38 *septdecies* E (*Devenu sans objet, Décr. n° 2017-698 du 2 mai 2017, art. 3*)
Lorsque les titres souscrits ou reçus en rémunération de l'apport de valeurs acquises à la suite d'options sont cédés ou convertis sous la forme au porteur, l'intermédiaire agréé notifie à la direction départementale ou, le cas échéant, régionale des finances publiques du lieu de l'établissement la date de l'opération et le nombre de titres concernés avant le 16 février de l'année suivant celle au cours de laquelle a eu lieu la cession ou la conversion.

Art. devenu sans objet en conséquence de la L. n° 2013-1278 du 29 déc. 2013, art. 26-I-i et XI-5.

C RACHAT D'UNE ENTREPRISE PAR SES SALARIÉS

1° DISPOSITIONS APPLICABLES AUX EMPRUNTS CONTRACTÉS ENTRE LE 15 AVRIL 1987 ET LE 31 DÉCEMBRE 1991

Art. 38 *septdecies* F En cas de souscription à une augmentation du capital d'une société mentionnée au premier alinéa du I de l'article 220 *quater* A du code général des impôts, effectuée au cours de l'année de sa création, le bénéfice de la déduction prévue au II de l'article 83 *bis* [abrogé] du même code est subordonné à la réduction des emprunts mentionnés au deuxième alinéa du même article 220 *quater* A dans un délai de deux mois à compter de cette augmentation de capital.

L'art. 83 bis du présent code a été abrogé pour les emprunts contractés à compter du 1er janv. 2017 (L. n° 2013-1278 du 29 déc. 2013, art. 26-I-j et XI-5).

Art. 38 *septdecies* G Le contribuable qui, dans les conditions prévues aux II et III de l'article 83 *bis* [abrogé] du code général des impôts, déduit du salaire brut versé par la société rachetée les intérêts d'un emprunt contracté pour souscrire au capital de la société nouvelle constituée exclusivement pour le rachat doit joindre à la déclaration des revenus de l'année au titre de laquelle il effectue la première déduction de ces intérêts une copie du contrat de prêt et le tableau des échéances de celui-ci.

Il doit joindre également à la déclaration des revenus de l'année au cours de laquelle la souscription au capital de la société nouvelle a eu lieu une attestation établie par cette société précisant qu'elle est soumise à l'impôt sur les sociétés dans les conditions de droit commun et mentionnant :

***a)* La raison sociale et le siège de cette société ;**

***b)* La date de sa création ;**

***c)* La date, le montant et la nature de la souscription ;**

***d)* La désignation de l'intermédiaire agréé chez lequel les titres souscrits sont déposés ou inscrits en compte.**

En cas d'acquisition d'actions en exécution des options mentionnées au III du même article 83 *bis [abrogé]*, le contribuable doit joindre à la déclaration des revenus de l'année au cours de laquelle la levée de l'option a eu lieu une attestation délivrée par la société qui a consenti l'option. Cette attestation mentionne :

a) La raison sociale et le siège de la société dont les titres ont été acquis ;

b) La date à laquelle l'option a été consentie ;

c) Le nombre de titres acquis ;

d) La date d'acquisition et le prix payé par le salarié.

Les intermédiaires agréés mentionnés ci-dessus sont :

a) 1° La Banque de France ;

2° La Caisse des dépôts et consignations ;

3° Les établissements de crédit ;

4° Les prestataires de services d'investissement ;

5° *Devenu sans objet (L. n° 96-597 du 2 juill. 1996, art. 20)* ;

b) 1° Les entreprises gérant des valeurs acquises dans le cadre de la législation sur les plans d'épargne d'entreprise ou de l'actionnariat des salariés ;

2° Les sociétés dont les actions ne sont pas cotées ou ne sont pas assimilées à des actions cotées pour la souscription de celles-ci ;

3° Les sociétés à responsabilité limitée pour la souscription de leurs parts ;

4° Les gestionnaires ou dépositaires de fonds communs de placement pour la souscription des parts du fonds ;

5° Les sociétés commerciales pour la souscription des actions reçues en dépôt en application des articles L. 225-25 et L. 225-72 du code de commerce ;

6° Les coopératives artisanales et leurs unions, les coopératives d'entreprises de transports, les coopératives artisanales de transport fluvial ainsi que les coopératives maritimes et leurs unions, mentionnées aux titres Ier et II de la loi n° 83-657 du 20 juillet 1983 relative au développement de certaines activités d'économie sociale et aux articles L. 931-5 à L. 931-27 du code rural et de la pêche maritime, lorsque ces sociétés fonctionnent conformément aux dispositions de la loi et du code précités, pour la souscription ou la cession de leurs parts ou actions ;

7° Les sociétés coopératives agricoles et leurs unions régies par les articles L. 521-1 à L. 526-2 du code rural et de la pêche maritime pour la souscription ou la cession de leurs parts ou actions ;

8° Les caisses locales de crédit agricole mutuel ainsi que les caisses de crédit mutuel agricole et rural régies par le titre Ier du livre V du code rural et de la pêche maritime, pour la souscription ou la cession de leurs parts.

L'art. 83 bis du présent code a été abrogé pour les emprunts contractés à compter du 1er janv. 2017 (L. n° 2013-1278 du 29 déc. 2013, art. 26-I-j et XI-5).

2° DISPOSITIONS APPLICABLES AUX SOCIÉTÉS NOUVELLES CRÉÉES À COMPTER DU 1er JANVIER 1992 ET JUSQU'AU 31 DÉCEMBRE 1996 ET AUX SOUSCRIPTIONS LIBÉRÉES AU PLUS TARD LE 31 DÉCEMBRE 1999

Art. 38 *septdecies* H à 38 *septdecies* J *Périmés (Décr. n° 2008-294 du 1er avr. 2008).*

D OBLIGATIONS DES EMPLOYEURS

Art. 39 La déclaration mentionnée à l'article 87 du code général des impôts doit comporter, par établissement, les indications suivantes :

1° Concernant le déclarant :

a) Les nom et prénoms ou raison sociale, adresse, numéro SIRET et code APE (activité principale exercée). Les entreprises à établissements multiples indiquent l'établissement qui a déposé la déclaration de résultats ;

b) L'effectif au dernier jour de la période déclarée ;

c) Pour les employeurs assujettis à la taxe sur les salaires, l'assiette au taux normal et aux taux majorés ou, pour ceux n'entrant pas dans le champ d'application de l'article L. 133-5-3 du code de la sécurité sociale, le montant de la taxe sur les salaires ;

d) Pour les employeurs assujettis à la taxe d'apprentissage conformément à l'article 1599 *ter* A du code général des impôts et, le cas échéant, à la contribution supplé-

mentaire à l'apprentissage conformément à l'article 1609 *quinvicies* du même code », le montant des rémunérations défini à l'article 1599 *ter* B du code général des impôts ;

e) Pour les employeurs assujettis à la participation au développement de la formation professionnelle continue conformément aux articles L. 6331-2 et L. 6331-9 du code du travail, le montant des rémunérations défini respectivement au deuxième et au troisième alinéas *[alinéa]* de ces mêmes articles ainsi que, le cas échéant, le montant des rémunérations versées aux titulaires d'un contrat à durée déterminée défini au deuxième alinéa de l'article L. 6322-37 du même code ; *— L'art. L. 6322-37 préc. a été abrogé à compter du 1er janv. 2019 par art. 1er-VII-A et IX de la L. no 2018-771 du 5 sept. 2018.*

f) Pour les employeurs assujettis à la participation des employeurs à l'effort de construction conformément à l'article L. 313-1 du code de la construction et de l'habitation ou à la participation des employeurs agricoles à l'effort de construction conformément à l'article L. 716-2 du code rural et de la pêche maritime, le montant des rémunérations définies au premier alinéa de ces mêmes articles.

Pour les employeurs entrant dans le champ d'application de l'article L. 133-5-3 du code de la sécurité sociale, les informations prévues aux *c* à *f* sont déclarées sur la dernière déclaration déposée au titre de l'année civile ;

g) Pour les employeurs assujettis à la cotisation sur la valeur ajoutée des entreprises prévue à l'article 1586 *ter* du code général des impôts :

Les cinq caractères du numéro complémentaire au numéro d'identité mentionné au premier alinéa de l'article R. 123-221 du code de commerce, et correspondant à l'établissement de localisation des salariés défini conformément au 1 du II de l'article 1586 *octies* du code général des impôts et à l'article 328 G *bis* ;

Le code INSEE, sur cinq caractères, de la commune de localisation des salariés défini conformément au 1 du II de l'article 1586 *octies* du code général des impôts et à l'article 328 G *bis* ;

Le type de salariés déclarés selon qu'ils sont employés dans un établissement de l'entreprise ou dans un lieu d'emploi définis au 1 du II de l'article 1586 *octies* du code général des impôts ;

Le nombre de salariés déclarés ;

L'année au titre de laquelle le nombre de salariés est déclaré ;

Les cinq chiffres du numéro complémentaire au numéro d'identité, mentionné au second alinéa de l'article R. 123-221 du code de commerce, attribué au siège de l'entreprise de l'établissement déclarant ;

Le code APE relatif au siège de l'entreprise de l'établissement déclarant ;

Les dates de début et de fin de la période de référence définie à l'article 1586 *quinquies* du code général des impôts comprenant le mois au titre duquel la déclaration sociale nominative est déposée.

2o Concernant chaque salarié rétribué au cours de la période déclarée :

a) Son identification : nom patronymique, le cas échéant nom d'usage, prénoms, sexe, date et lieu de naissance, numéro d'inscription au répertoire national d'identification des personnes physiques pour les seules déclarations des personnes ou organismes mentionnés au I de l'article R.* 81 A-1 du livre des procédures fiscales ;

b) La dernière adresse connue de son domicile au moment de la déclaration du revenu ;

c) La nature, la période et les conditions d'exercice de l'emploi, ainsi que le code emploi PCS (nomenclature des Professions et catégories socioprofessionnelles) ;

d) Le montant des sommes payées au titre de la période déclarée, en distinguant :

– le montant brut des rémunérations entendu au sens des chapitres Ier et II du titre IV du livre II du code de la sécurité sociale ou du chapitre II du titre II et du chapitre Ier du titre IV du livre VII du code rural et de la pêche maritime pour les employeurs des salariés mentionnés à l'article L. 722-20 de ce même code ; *— Al. devenu sans objet (Décr. no 2013-463 du 3 juin 2013).*

– le total des versements en argent et en nature après déduction des cotisations ouvrières aux assurances sociales et au chômage et des retenues pour la retraite ;

– le montant net des rémunérations ainsi déterminé, après déduction des allocations de chômage et de préretraite, ainsi que des indemnités et rémunérations mentionnées au 3o du II de l'article L. 136-2 du code de la sécurité sociale ;

– la valeur et le type des avantages en nature ;

— le montant des indemnités pour frais d'emploi et des remboursements de frais, avec indication de leur caractère forfaitaire ou réel ou de leur prise en charge directe par l'employeur ;

— le montant des sommes versées au titre des chèques-vacances ;

— le montant des cotisations ou primes versées par le salarié et l'employeur qui, en application du 2° de l'article 83 du code général des impôts ou, *(Abrogé par Décr. n° 2020-897 du 22 juill. 2020, art. 3) « au titre de la retraite supplémentaire, du 2°-0 bis et, »* au titre de la retraite, du 2°-0 *ter* du même article, sont, selon le cas, déductibles pour la détermination de la rémunération imposable ou ne sont pas ajoutées à cette rémunération ;

— le montant des sommes versées par l'employeur à un plan d'épargne pour la retraite collectif défini aux articles L. 3334-1 à L. 3334-16 du code du travail et exonérées en application du 18° de l'article 81 du code général des impôts ;

e) L'option choisie par l'entreprise pour l'assiette des taxes assises sur les salaires ;

f) Le montant de la retenue effectuée au titre de l'impôt sur le revenu, en application de l'article 182 A du code général des impôts ;

g) Lorsque l'établissement est assujetti à la taxe sur les salaires, le montant brut servant de base à la taxe au titre de la période considérée et, pour les établissements n'entrant pas dans le champ d'application de l'article L. 133-5-3 du code de la sécurité sociale, l'assiette des taux majorés au titre de la période considérée et les renseignements utiles à la liquidation de la taxe lorsque le salarié a été payé par plusieurs établissements dépendant d'une même entreprise ;

h) Abrogé par Décr. n° 2016-1361 du 12 oct. 2016, art. 1er-I-2°-g et 2 ;

i) Au titre de la période de levée des options définies à l'article 80 *bis* du code général des impôts, le nombre d'actions acquises, leur valeur unitaire à la date de la levée des options, leur prix de souscription, la fraction du gain de levée d'options de source française ainsi que les dates d'attribution et de levée des options, conformément aux dispositions du 2° du I de l'article 91 *bis* de l'annexe II au code général des impôts et de l'article 38 *septdecies* de la présente annexe ;

j) Au titre de la période d'acquisition définitive des actions gratuites définies à l'article 80 *quaterdecies* du code général des impôts, le nombre d'actions acquises, leur valeur unitaire à la date d'acquisition définitive, la fraction du gain d'acquisition de source française ainsi que les dates d'attribution et d'acquisition définitive des titres, conformément aux dispositions du 2° du I de l'article 38-0 *septdecies* et de l'article 38 *septdecies* ;

k) Au titre de la période de souscription des titres définis à l'article 163 *bis* G du code général des impôts, les date, nombre et prix d'acquisition des titres correspondants, la fraction du gain constaté lors de l'exercice des bons de source française ainsi que la durée d'exercice de l'activité du bénéficiaire dans la société, conformément aux dispositions du 2° de l'article 41 V *bis* ;

l) Lorsque l'établissement est rattaché à une entreprise assujettie à la cotisation sur la valeur ajoutée des entreprises prévue à l'article 1586 *ter* du code général des impôts, le code INSEE de la commune, sur cinq caractères, dans laquelle l'activité exercée est déclarée conformément au 1 du II de l'article 1586 *octies* du code général des impôts et à l'article 328 G *bis*.

3° Le total pour l'ensemble des salariés de l'établissement et de l'entreprise des sommes mentionnées au 2°.

Art. 39-0 A Les employeurs tenus au dépôt de la déclaration mentionnée à l'article 87 du code général des impôts communiquent au plus tard le 31 janvier de chaque année aux personnes concernées les montants des cotisations ou primes et des sommes mentionnées respectivement aux huitième et neuvième alinéas du *d* du 2° de l'article 39 et versés au cours de l'année civile précédente.

Art. 39 A La déclaration prévue à l'article 88 du code général des impôts comporte les indications suivantes :

1° Concernant le déclarant, ses nom, prénoms ou raison sociale, adresse et, pour les entreprises, le numéro SIRET ;

2° Concernant chaque bénéficiaire de pension ou rente viagère payée au cours de l'année précédente :

a) Son identification : nom de famille, le cas échéant nom de l'époux, prénoms, sexe, date et lieu de naissance, numéro d'allocataire, numéro d'inscription au répertoire national d'identification des personnes physiques pour les seules déclarations des personnes ou organismes mentionnés au I de l'article R.* 81 A-1 du Livre des procédures fiscales ;

b) L'adresse de son domicile au 31 décembre de l'année du revenu ;

c) La nature des sommes versées et l'année normale d'échéance si elle diffère de celle du paiement ;

d) Le montant versé après déduction des cotisations aux assurances sociales ou, pour les contribuables pensionnés au 31 décembre 1986 dont la pension a fait l'objet d'un premier versement mensuel en 1987, le montant des arrérages défini au *e* du 5 de l'article 158 du code général des impôts, sous réserve des dispositions du 1 de l'article 204 du même code ;

e) Le montant de la retenue effectuée au titre de l'impôt sur le revenu, en application de l'article 182 A du code général des impôts ;

f) Le cas échéant, la date du décès ;

3° Le total pour l'ensemble des allocataires des sommes mentionnées au 2° ci-dessus.

Art. 39 B Sont souscrites auprès de la direction départementale ou, le cas échéant, régionale des finances publiques du lieu du domicile de la personne ou du siège de l'établissement ou du bureau qui a assuré le paiement :

1° ***[Applicable aux revenus perçus ou réalisés jusqu'au 31 déc. 2018]*** La déclaration prévue à l'article 87 du code général des impôts lorsqu'elle concerne des traitements, émoluments, salaires ou rétributions versés à des personnes ne relevant pas du régime général de sécurité sociale ;

1° ***[Applicable aux revenus perçus ou réalisés à compter du 1er janv. 2019]*** La déclaration prévue à l'article 87 du code général des impôts lorsqu'elle concerne des traitements, émoluments, salaires ou rétributions versés à des personnes *(Décr. n° 2017-866 du 9 mai 2017, art. 2-1° et 6)* « n'entrant pas dans le champ d'application de l'article L. 133-5-3 du code de la sécurité sociale » ; — *Décr. n° 2017-866 du 9 mai 2017, art. 6, mod. par (Décr. n° 2017-1676 du 7 déc. 2017, art. 3).*

2° La déclaration prévue à l'article 88 du même code ;

3° La déclaration concernant des indemnités journalières ou des allocations d'assurance et de solidarité mentionnées aux articles 80 *quinquies* ou 231 *bis* D du code précité.

Ces déclarations peuvent être souscrites soit par la communication d'un support informatique, soit par l'envoi de formulaires normalisés, dont les caractéristiques et le modèle sont fixés par l'administration.

DÉCLARATION ANNUELLE DE DONNÉES SOCIALES

Art. 39 C *(Décr. n° 2017-866 du 9 mai 2017, art. 2-2° et 6, applicable aux revenus perçus ou réalisés à compter du 1er janv. 2019)* La déclaration mentionnée à l'article 87-0 A du code général des impôts comporte :

1° Pour la personne tenue d'effectuer la retenue à la source :

a) Les numéros d'identité mentionnés à l'article R. 123-221 du code de commerce ;

b) Le numéro de la nomenclature d'activités française mentionné au 1° de l'article R. 123-223 du même code ;

2° Pour l'émetteur de la déclaration, lorsqu'il n'est pas la personne mentionnée à l'article 87-0 A du code général des impôts : le nom ou la raison sociale et les numéros d'identités mentionnés à l'article R. 123-221 du code de commerce ;

3° Pour chaque bénéficiaire de revenu :

a) Les éléments d'identification mentionnés aux *a, b, c, e* et *g* du 3° du V de l'article R. 133-14 du code de la sécurité sociale ;

b) La dernière adresse connue de son domicile ;

c) La date à laquelle les sommes ou avantages imposables ont été versées ou accordés ;

d) Le montant net imposable à l'impôt sur le revenu, déterminé dans les conditions prévues à l'article 204 F du code général des impôts, des sommes et avantages mentionnés au *c* ;

e) Le taux du prélèvement à la source appliqué ;

f) Le montant de prélèvement à la source, arrondi à la deuxième décimale la plus proche, la fraction de décimale égale à 0,005 comptant pour 0,01 ;

g) L'identifiant du taux de prélèvement à la source mentionné au *b* du 2° de l'article 46 F ;

h) Le cas échéant, la date de fin de la relation contractuelle avec la personne mentionnée au 1° ;

4° Concernant le télérèglement :

a) Les dates de début et de fin de la période au titre de laquelle la déclaration est déposée ;

b) Le numéro de compte bancaire international (IBAN) et le code d'identification des banques (BIC) du compte depuis lequel est effectué le versement ;

c) Le montant global du versement ;

d) S'il diffère du numéro d'identité mentionné au *a* du 1°, le numéro d'identité mentionné au second alinéa de l'article R. 123-221 du code de commerce de l'établissement qui effectue le versement.

Les dispositions du présent art. s'appliquent aux revenus perçus ou réalisés à compter du 1er janv. 2019 (Décr. n° 2017-866 du 9 mai 2017, art. 6, mod. par Décr. n° 2017-1676 du 7 déc. 2017, art. 3).

Art. 39 D *(Décr. n° 2017-866 du 9 mai 2017, art. 2-2° et 6, applicable aux revenus perçus ou réalisés à compter du 1er janv. 2019)* **I. — La déclaration mentionnée à l'article 87-0 A du code général des impôts est transmise le mois suivant celui au cours duquel les sommes ou avantages ont été versées ou accordés :**

1° Pour les personnes entrant dans le champ de l'article L. 133-5-3 du code de la sécurité sociale, aux dates résultant des I et II de l'article R. 133-14 du même code ;

2° Pour les personnes n'entrant pas dans le champ de l'article L. 133-5-3 précité, au plus tard à la date fixée par l'arrêté prévu au 2° de l'article 87 A du code général des impôts.

II. *(Décr. n° 2017-1676 du 7 déc. 2017, art. 1er et 2, applicable aux revenus perçus ou réalisés à compter du 1er janv. 2019)* **« 1. » — Les personnes entrant dans le champ de l'article L. 133-5-3 du code de la sécurité sociale sont tenues de déposer une déclaration, y compris lorsqu'elles n'ont versé aucune somme ou accordé aucun avantage, tant qu'elles n'ont pas demandé la radiation de leur compte auprès de l'organisme de recouvrement des cotisations de sécurité sociale dont elles relèvent.**

(Décr. n° 2017-1676 du 7 déc. 2017, art. 1er et 2, applicable aux revenus perçus ou réalisés à compter du 1er janv. 2019) **« 2. Aussi longtemps qu'elles n'ont pas porté à la connaissance de l'administration fiscale toute radiation ou cessation d'activité ou tout autre événement qui met fin à l'obligation déclarative, les personnes n'entrant pas dans le champ de l'article L. 133-5-3 mentionné ci-dessus sont tenues de déposer une déclaration, y compris lorsqu'elles n'ont versé aucune somme ou accordé aucun avantage le mois précédant celui au cours duquel la déclaration doit être transmise. »**

III. — La déclaration est déposée sur le portail internet de l'organisme désigné par arrêté du ministre chargé du budget et transmise : *— V. Arr. ECFE1711669A du 9 mai 2017 (JO 10 mai).*

1° Pour les personnes entrant dans le champ de l'article L. 133-5-3 du code de la sécurité sociale, aux organismes et dans les conditions mentionnés à l'article R. 133-13 *du même code* ;

2° Pour les personnes n'entrant pas dans le champ de l'article L. 133-5-3 précité, à l'administration fiscale selon une norme technique approuvée par arrêté des ministres chargés du budget et de la sécurité sociale.

Les dispositions du présent art. s'appliquent aux revenus perçus ou réalisés à compter du 1er janv. 2019 (Décr. n° 2017-866 du 9 mai 2017, art. 6, mod. par Décr. n° 2017-1676 du 7 déc. 2017, art. 1er et 2).

Art. 39 E *(Décr. n° 2017-866 du 9 mai 2017, art. 2-2° et 6, applicable aux revenus perçus ou réalisés à compter du 1er janv. 2019)* **À réception d'une déclaration mentionnée à l'article 87-0 A du code général des impôts, les organismes mentionnés au III de l'article 39 D adressent à son émetteur un certificat de conformité** *(Décr. n° 2017-1676 du*

7 déc. 2017, art. 1er et 2, applicable aux revenus perçus ou réalisés à compter du 1er janv. 2019) « à la norme d'échanges :

« 1° Mentionnée au III de l'article R. 133-13 du code de la sécurité sociale pour les personnes entrant dans le champ de l'article L. 133-5-3 du même code ;

« 2° Mentionnée au 2° du III de l'article 39 D pour les personnes n'entrant pas dans le champ de l'article L. 133-5-3 mentionné ci-dessus. »

La délivrance du certificat de conformité ne fait pas obstacle aux demandes effectuées par l'administration fiscale auprès de la personne tenue d'effectuer la retenue à la source de rectifier ou mettre à jour les données inexactes ou incomplètes dans la déclaration du ou des mois suivants.

V. note ss. art. 39 D.

Art. 39 F *(Décr. n° 2017-866 du 9 mai 2017, art. 2-2° et 6, applicable aux revenus perçus ou réalisés à compter du 1er janv. 2019)* La déclaration mentionnée à l'article 87-0 A du code général des impôts est transmise au service des impôts des entreprises dont dépend le siège de l'établissement tenu d'opérer la retenue à la source prévue au 1° du 2 de l'article 204 A du code précité.

Lorsque la personne tenue d'effectuer la retenue à la source n'est pas établie en France, cette déclaration relève de la compétence du service des impôts des entreprises étrangères.

V. note ss. art. 39 D.

Art. 39 G *(Décr. n° 2017-866 du 9 mai 2017, art. 2-3° et 6, applicable aux revenus perçus ou réalisés à compter du 1er janv. 2019)* Les documents mis à disposition des contribuables qui mentionnent le montant de revenus qui ont fait l'objet d'un prélèvement prévu au 1° du 2 de l'article 204 A du code général des impôts mentionnent également le montant de ce prélèvement.

V. note ss. art. 39 D.

VII *BÉNÉFICES DES PROFESSIONS NON COMMERCIALES*

A

Art. 39 *bis* à 39 *quinquies* *Transférés ss. les art. 41 duovicies D à 41 duovicies G.*

B

Art. 39 *sexies* et 39 *septies* *Devenus sans objet (L. n° 99-1172 du 30 déc. 1999, art. 94-V et VII).*

Art. 39 *octies* et 39 *nonies* *Périmés.*

C DÉCLARATIONS SPÉCIALES

Art. 40 *Abrogé.*

Art. 40 A I. — Les contribuables soumis obligatoirement au régime de la déclaration contrôlée mentionné à l'article 96 du code général des impôts ou qui ont opté pour ce régime sont tenus de produire, au plus tard le deuxième jour ouvré suivant le premier mai de chaque année, une déclaration indiquant :

a) La nature de l'activité qu'ils exercent ;

b) Le cas échéant, la dénomination et l'adresse de la société ou du groupement au sein de laquelle ils exercent leur activité ainsi que de la société civile de moyens dont ils font partie ;

c) La nature et le montant des services assurés de façon régulière et rémunérés par des salaires ;

d) Le nombre total des salariés qu'ils emploient et le montant des salaires versés sous déduction des rémunérations payées à des apprentis ou handicapés ;

e) Le nom et l'adresse du comptable ou du conseil dont ils utilisent éventuellement les services ;

f) Le montant des plus-values nettes ;

g) Le tableau des immobilisations affectées à l'exercice de la profession et des amortissements correspondants ;

h) La nature et le montant des recettes concourant à la détermination du résultat, ainsi que le montant des recettes nettes soumises à la contribution mentionnée à l'article 234 *nonies* du code général des impôts ;

i) La nature et le montant de leurs dépenses professionnelles ;

j) Le montant du bénéfice imposable ou du déficit ;

k) Le montant de la taxe sur la valeur ajoutée incluse dans les recettes ;

l) En ce qui concerne les adhérents à une association agréée : le nom et l'adresse de l'association ;

m) Le calcul de la valeur ajoutée définie à l'article 1586 *sexies* du code précité, suivant le modèle établi par l'administration, lorsqu'ils sont soumis à l'obligation prévue au II de l'article 1586 *octies* du même code.

II. — Les personnes morales doivent également joindre :

1° La liste, suivant modèle fourni par l'administration, des personnes détenant au moins 10 % de leur capital, en précisant pour chacune d'entre elles le nombre de parts ou d'actions et le taux de détention et, pour les personnes morales, leur dénomination, adresse et numéro d'identification au répertoire national des établissements (numéro SIRET), pour les personnes physiques leurs nom, prénoms, adresse, date et lieu de naissance ;

2° La liste, suivant modèle fourni par l'administration, de leurs filiales et de leurs participations, en précisant pour chacune d'entre elles le taux de détention et son numéro d'identification au répertoire national des établissements (numéro SIRET).

III. — Cette déclaration et, le cas échéant, les listes visées au II, est adressée au service des impôts dont dépend le lieu d'exercice de la profession ou le principal établissement, en simple exemplaire, à l'aide d'imprimés établis par l'administration.

Les personnes physiques qui exercent une activité professionnelle dans la Principauté de Monaco déposent leur déclaration auprès du service désigné par le ministre chargé du budget. — *V. Ann. IV, art. 121 Z quinquies.*

Art. 41 *Devenu sans objet (L. n° 98-1266 du 30 déc. 1998, art. 7-I-1).*

Art. 41-0 *bis* Les membres des professions libérales et les titulaires de charges et offices qui procèdent à la réévaluation de leurs immobilisations sont tenus de fournir, en annexe aux déclarations spéciales dont la production est prévue par l'article 97 du code général des impôts, sur un imprimé établi par l'administration, un tableau des immobilisations et des amortissements faisant apparaître les augmentations de valeur des immobilisations consécutives à la réévaluation ainsi que les suppléments de marge d'amortissements dégagés par cette dernière.

D OPTION POUR LES CRÉANCES ACQUISES ET LES DÉPENSES ENGAGÉES

Art. 41-0 *bis* A I. — La demande d'option prévue à l'article 93 A du code général des impôts, établie sur papier libre, doit parvenir, en simple exemplaire, au service des impôts dont dépend le lieu d'exercice de la profession ou le principal établissement du demandeur, avant le 1er février de la première année au titre de laquelle l'impôt sur le revenu est établi conformément aux dispositions de l'article 93 A précité.

Toutefois, dans la situation prévue au *(Décr. n° 2021-744 du 9 juin 2021, art. 3)* « troisième » alinéa du I de l'article 93 A du code général des impôts, ce délai est prolongé jusqu'à la limite prévue pour le dépôt de la déclaration visée à l'article 97 du même code.

II. — Les contribuables renoncent au bénéfice des dispositions de l'article 93 A du code précité selon les modalités fixées au premier alinéa du I.

Art. 41-0 *bis* B I. — Pour l'application des dispositions de l'article 93 A du code général des impôts, les recettes encaissées et les dépenses payées qui correspondent à des créances acquises ou à des dépenses engagées au cours d'une année antérieure à celle de l'option et au titre de laquelle le bénéfice était déterminé en application de l'article 93 du code général des impôts sont respectivement ajoutées ou déduites du bénéfice de l'année de leur encaissement ou de leur paiement. Les avances, acomptes ou provisions encaissés et les acomptes sur dépenses payés au cours d'une année antérieure à l'application de l'article 93 A du code précité et au titre de laquelle le bénéfice était déterminé en application de l'article 93 du même code sont, lorsqu'il y a lieu, déduits du montant des créances acquises ou des dépenses engagées correspondantes.

II. – L'année au titre de laquelle le contribuable renonce aux dispositions de l'article 93 A du code général des impôts et, le cas échéant, les années suivantes, les dépenses payées et les recettes encaissées au cours des mêmes années qui correspondent à des dépenses engagées ou à des créances acquises au cours d'une année antérieure à celle de la renonciation à l'option et au titre de laquelle le bénéfice était déterminé en application de cet article sont respectivement ajoutées ou déduites du bénéfice imposable déterminé en application de l'article 93 du même code. Les avances, acomptes ou provisions encaissés et les acomptes sur dépenses payés pendant la période d'application de l'article 93 A du code déjà cité et qui ne correspondaient pas à des créances acquises ou à des dépenses engagées sont ajoutés, selon le cas, au montant des recettes encaissées ou des dépenses payées au cours de l'année au titre de laquelle la renonciation à l'option prend effet.

Art. 41-0 *bis* C La première année au titre de laquelle l'impôt est établi en application de l'article 93 A du code général des impôts, les contribuables sont tenus de fournir en annexe à la déclaration spéciale, dont la production est prévue par l'article 97 du code général des impôts, un état des créances et des dettes au 31 décembre de l'année qui précède celle au titre de laquelle l'option est exercée, établi conformément à un modèle fixé par l'administration.

Chaque année, tant que l'option n'est pas dénoncée, un état de ces créances et de ces dettes actualisé au 31 décembre de l'année d'imposition est adressé à l'administration selon les mêmes modalités. Ce document doit être accompagné, lorsqu'il y a lieu, d'une note établie sur papier libre comportant le détail des corrections opérées en application de l'article 41-0 *bis* B. Cette note doit mentionner le nom et l'adresse des débiteurs ou des créanciers concernés, la date de l'opération qui avait entraîné la constatation de la créance ou de la dette, son montant ainsi que le montant sur lequel porte chacune des corrections.

E SOCIÉTÉS DE PERSONNES EXERÇANT UNE ACTIVITÉ PROFESSIONNELLE NON COMMERCIALE. TRANSMISSION OU RACHAT DES DROITS D'UN ASSOCIÉ PERSONNE PHYSIQUE

Art. 41-0 *bis* D Les dispositions du premier alinéa de l'article 93 B du code général des impôts s'appliquent sur demande signée conjointement :

– en cas de transmission des titres, d'une part, par l'associé dont les titres sont transmis ou, si la transmission résulte du décès de cet associé, par ses ayants cause et d'autre part, par le (ou les) bénéficiaire(s) de la transmission ;

– en cas de rachat des titres par la société, par l'associé dont les titres sont rachetés et par les associés présents dans la société à la date du rachat.

Cette demande, établie sur papier libre, doit être adressée par la société, en simple exemplaire, à la direction départementale ou, le cas échéant, régionale des finances publiques auprès de laquelle elle souscrit ses déclarations de résultats dans un délai de soixante jours à compter du jour de la transmission ou du rachat des titres.

L'associé dont les titres sont transmis ou rachetés doit joindre une copie de cette demande à la déclaration des revenus prévue à l'article 170 du code général des impôts afférente à l'année de la transmission des titres. Lorsque la transmission résulte du décès du contribuable, cette copie est jointe par les ayants cause du défunt à la déclaration établie au nom de ce dernier et prévue au 2 de l'article 204 du code précité.

Art. 41-0 *bis* E Pour l'application des dispositions du premier alinéa de l'article 93 B du code général des impôts, le résultat réalisé par la société depuis la fin de la dernière période d'imposition jusqu'à la date de la transmission ou du rachat des titres est déterminé sur une déclaration spéciale établie conformément aux dispositions de l'article 40 A.

L'associé dont les titres sont transmis ou rachetés est immédiatement imposable sur la quote-part lui revenant dans le résultat de la société arrêté dans les conditions prévues au premier alinéa. Cette quote-part doit être inscrite sur le formulaire de déclaration prévu à l'article 48.

Les déclarations mentionnées aux premier et deuxième alinéas doivent être adressées dans un délai de soixante jours à compter du jour de la transmission ou du rachat des titres, à la direction départementale ou, le cas échéant, régionale des finances publiques auprès de laquelle la société souscrit ses déclarations. Toutefois, lorsque la transmission résulte du décès du contribuable, ces déclarations sont adressées à cette même direction dans le délai prévu au 2 de l'article 204 du code général des impôts.

Art. 41-0 *bis* F Pour l'application des dispositions du second alinéa de l'article 93 B du code général des impôts, l'associé bénéficiaire de la transmission des titres ou, en cas de rachat de titres, les associés présents dans la société au 31 décembre de l'année d'imposition doivent joindre à leur déclaration de revenus prévue à l'article 170 du même code une note établie sur papier libre mentionnant le détail de la détermination de la quote-part du résultat de la société imposable à leur nom telle qu'elle résulte des dispositions précitées.

VIII *REVENUS DES CAPITAUX MOBILIERS*

A AMORTISSEMENT DU CAPITAL SOCIAL DES SOCIÉTÉS CONCESSIONNAIRES

Art. 41 *bis* Les sociétés qui entendent bénéficier des dispositions du 2° de l'article 112 du code général des impôts doivent, dans les vingt jours de la date à laquelle l'opération d'amortissement a été décidée, déposer au bureau compétent pour l'assiette de la retenue à la source sur le revenu des capitaux mobiliers, une demande spéciale accompagnée d'un état détaillé et estimatif de tous les biens qui composent l'actif social au jour de la demande, ainsi que de tous les éléments du passif.

L'estimation de l'actif est faite d'après sa valeur réelle, nonobstant toute évaluation des bilans et autres documents.

Art. 41 *ter* La demande prévue à l'article 41 *bis* est, en outre, accompagnée :

a) Lorsqu'elle est fondée sur la caducité de tout ou partie de l'actif social, notamment sur son dépérissement progressif, d'une déclaration faisant connaître les causes, la nature et l'importance de la moins-value qui doit se produire dans l'actif social ;

b) Lorsqu'elle est fondée sur l'obligation de remise en fin de concession à l'autorité concédante de tout ou partie de l'actif social, d'une déclaration détaillée et, s'il y a lieu, estimative, d'une part, de l'actif social actuel et, d'autre part, des biens à remettre en fin de concession à l'autorité concédante.

Art. 41 *quater* En cas de contestation sur les déclarations estimatives prévues aux articles 41 *bis* et 41 *ter*, la procédure instituée par le 2 de l'article 667 du code général des impôts pour la saisine de la commission départementale de conciliation et l'article L. 55 du Livre des procédures fiscales relatif à la procédure de rectification contradictoire est applicable.

Art. 41 *quinquies* Pour chaque opération d'amortissement, l'exonération prévue au 2° de l'article 112 du code général des impôts est accordée dans la mesure où le capital social ne pourrait se retrouver, compte tenu des amortissements qui ont été déjà effectués en franchise d'impôt, au moment où elle est réalisée.

Art. 41 *sexies* et 41 *septies* *Abrogés par L. nº 65-566 du 12 juill. 1965, art. 7 et 8.*

B PRIMES DE REMBOURSEMENT DES OBLIGATIONS ET AUTRES EMPRUNTS NÉGOCIABLES

Art. 41 *octies* Lorsque les obligations, les effets publics et tous autres titres d'emprunt négociables, dont les primes de remboursement sont assujetties à la retenue à la source sur le revenu des capitaux mobiliers, par l'article 118 du code général des impôts, ont été émis à un taux unique, ce taux sert de base à la liquidation de l'impôt sur les primes.

Si le taux d'émission a varié, il est déterminé, pour chaque emprunt, par une moyenne établie en divisant, par le nombre de titres correspondant à cet emprunt, le montant brut de l'emprunt total sous la seule déduction des intérêts courus au moment de chaque vente.

A l'égard des emprunts, dont l'émission faite à des taux variables n'est pas terminée, la moyenne est établie d'après la situation de l'emprunt au 31 décembre de l'année qui a précédé celle du tirage.

Art. 41 *nonies* Lorsque le taux d'émission ne peut pas être établi conformément à l'article 41 *octies*, ce taux est représenté par un capital formé de vingt fois l'intérêt annuel stipulé, lors de l'émission, au profit du porteur du titre.

A défaut de stipulation d'intérêts, il est pourvu à la fixation du taux d'émission par une déclaration estimative certifiée et signée.

Art. 41 *decies* Les sociétés, compagnies, entreprises et tous autres assujettis au paiement de la retenue à la source sont tenus de communiquer aux agents des impôts, tant au siège social que dans les succursales ou agences, les documents et écritures relatifs aux lots et primes de remboursement.

Art. 41 *undecies* Les dispositions qui précèdent sont applicables aux obligations, effets publics et titres d'emprunt des sociétés et collectivités étrangères désignées aux 1°, 2° et 7° de l'article 120 du code général des impôts.

Art. 41 *duodecies* La déclaration estimative visée à l'article 41 *nonies*, deuxième alinéa, doit être certifiée et signée par les représentants de la personne morale émettrice.

C PRÉLÈVEMENT SUR LES PRODUITS DE PLACEMENTS À REVENU FIXE

Art. 41 *duodecies* A Les personnes, sociétés et organismes définis à l'article 75 de l'annexe II au code général des impôts, dénommés ci-après "établissements payeurs" qui paient, à quelque titre que ce soit, des intérêts, arrérages et autres produits visés au I de l'article 125 A du code précité doivent se conformer aux dispositions des articles 41 *duodecies* B à 41 *duodecies* G et 381 S.

Art. 41 *duodecies* B Les établissements payeurs sont tenus d'exiger des bénéficiaires des revenus, des présentateurs ou des vendeurs de coupons la justification de leur identité et de leur domicile réel ou siège social dans les conditions prévues à l'article 76 de l'annexe II au code général des impôts.

Toutefois, cette justification n'est pas exigée pour les revenus, autres que les produits d'obligations, qui donnent lieu à l'application du prélèvement prévu à l'article 125 A du code précité.

Art. 41 *duodecies* C Lorsque le domicile réel ou le siège social du bénéficiaire des revenus est situé hors de la France métropolitaine et des départements d'outre-mer, l'établissement payeur est tenu, sous réserve des dispositions des conventions internationales, d'opérer le prélèvement prévu au III de l'article 125 A du code général des impôts.

Toutefois, ce prélèvement n'est pas applicable :

1° Aux lots et primes de remboursement visés au 3° de l'article 157 du code précité ;
– Le 3° de l'art. 157 CGI est abrogé (L. n° 2021-1900 du 30 déc. 2021, art. 35-I-13°).

1° bis Aux primes de remboursement visées au 3° bis de l'article 157 du même code ;

2° Aux intérêts des dépôts en devises effectués auprès des établissements de crédit installés en France ;

3° Aux revenus provenant d'opérations de trésorerie à court terme réalisées entre des établissements de crédit ou des sociétés de financement installés en France, d'une part, et des banques établies à l'étranger, des organismes internationaux ou des institutions financières publiques étrangères, d'autre part ;

4° Aux intérêts provenant d'opérations à court terme perçus par les banques établies à l'étranger à raison des effets représentatifs de créances hypothécaires détenus par elles et susceptibles d'être acquis par le Crédit foncier de France ;

5° Aux intérêts des comptes étrangers en euros ouverts auprès d'établissements de crédit établis en France par des personnes dont le domicile fiscal ou le siège social est situé hors de France.

Art. 41 *duodecies* D Le débiteur des revenus qui sont soumis au prélèvement en vertu des dispositions du II de l'article 125 A du code général des impôts opère lui-même le prélèvement, même s'il n'assure pas en personne le paiement de ces produits.

Art. 41 *duodecies* E Dans les cas autres que ceux prévus aux articles 41 *duodecies* C et 41 *duodecies* D, le prélèvement ne doit être opéré par l'établissement payeur que si le bénéficiaire des revenus opte pour son assujettissement à ce prélèvement, dans les conditions définies aux I et IV de l'article 125 A du code général des impôts.

L'option, qui est irrévocable, est exercée au plus tard lors de l'encaissement des revenus.

Date limite d'exercice de l'option. Les dispositions réglementaires de l'art. 41 *duodecies* E de l'annexe III, prises en vertu de l'habilitation donnée par le législateur, ne sauraient avoir pour objet ou pour effet de sanctionner par une déchéance automatique du régime de faveur en l'absence d'option pour le prélèvement libératoire au plus tard lors de l'encaissement des revenus, dès lors que la loi ne l'a pas prévu. Il en résulte que ces dispositions ajoutent illégalement aux dispositions législatives en ce qu'elles restreignent l'exercice d'un droit ouvert par le législateur aux termes de l'art. 125 A-I CGI. • TA Paris, 26 janv. 2011, n° 0805127 : *RJF 2011. 941*.

Art. 41 *duodecies* F Lorsqu'il a été appliqué aux produits des bons de caisse émis par les établissements de crédit, le prélèvement tient lieu de la retenue à la source prévue au 1 de l'article 1678 *bis* du code général des impôts.

Art. 41 *duodecies* G Les sociétés visées au 4° de l'article 75 de l'annexe II au code général des impôts sont réputées verser à chacun de leurs associés la quote-part des revenus correspondant à ses droits, le jour même où elles ont encaissé lesdits revenus ou ont été créditées de leur montant.

Elles effectuent à la même date le prélèvement prévu à l'article 41 *duodecies* C sur la quote-part des revenus revenant aux associés dont le domicile réel ou le siège social est situé hors de la France métropolitaine et des départements d'outre-mer.

Les dispositions du présent article ne sont pas applicables aux sociétés qui exercent une activité industrielle, commerciale, artisanale ou agricole ou une profession non commerciale.

Art. 41 *duodecies* H 1. Les obligations émises en France par les organismes étrangers ou internationaux sont assimilées à des obligations françaises pour l'application de l'article 125 A du code général des impôts.

2. Les dispositions de cet article ne sont pas applicables aux obligations que les entreprises françaises ont été autorisées à émettre à l'étranger dans les conditions prévues à l'article 131 *ter* du même code.

3. En ce qui concerne les obligations françaises et étrangères, l'option prévue au I de l'article 125 A précité ne peut être exercée que si l'emprunt n'est pas assorti d'une clause d'indexation.

D

Art. 41 *duodecies* I *Devenu sans objet (L. n° 84-1208 du 29 déc. 1984, art. 5).*

E TITRES DE CRÉANCES NÉGOCIABLES

Art. 41 *duodecies* J Le prélèvement prévu par l'article 125 A du code général des impôts et dû à raison des gains mentionnés à l'article 124 B du même code est pratiqué sur le compte approvisionné par le contribuable à cet effet par la personne chez laquelle les titres de créances sont inscrits en compte ou déposés en application des dispositions du premier alinéa de l'article 124 D du code déjà cité ou par la personne désignée par le contribuable pour acquitter ce prélèvement.

Ces dispositions ne sont pas applicables au prélèvement dû à raison des gains mentionnés au I de l'article 125 D du code précité.

Art. 41 *duodecies* K Pour l'application de l'article 125 A du code général des impôts aux gains mentionnés à l'article 41 *duodecies* J, la cession des titres comporte les effets du paiement au jour de la cession.

Art. 41 *duodecies* L L'option pour le prélèvement est exercée par le cédant auprès des personnes mentionnées à l'article 41 *duodecies* J au moment où il communique le montant de la cession qu'il a effectuée et au plus tard dix jours à partir de la date de cession. A cette occasion, il indique le montant du gain pour lequel l'option est formulée.

Ces dispositions ne sont pas applicables au prélèvement dû à raison des revenus, produits et gains mentionnés aux I et II de l'article 125 D du code général des impôts.

Art. 41 *duodecies* M Par exception aux dispositions des articles 41 *duodecies* J et 41 *duodecies* L, lorsque les gains sont réalisés par l'intermédiaire d'une société mentionnée à l'article 8 du code général des impôts, la société effectue le prélèvement prévu à l'article 125 A du même code et l'option est exercée auprès de cette société dans les conditions définies à l'article 41 *duodecies* G, sous réserve du délai mentionné à l'article 41 *duodecies* L.

Art. 41 *duodecies* N Le contribuable qui demande à bénéficier d'un report de pertes subies au cours des cinq années antérieures est tenu de joindre à sa déclaration d'impôt sur le revenu une note indiquant par année le détail des pertes reportées.

Art. 41 *duodecies* O Les dispositions prévues au 1 de l'article 242 *ter* du code général des impôts et à l'article 41 *duodecies* A sont applicables aux personnes et aux gains mentionnés aux articles 41 *duodecies* J et 41 *duodecies* M.

Art. 41 *duodecies* P Les personnes mentionnées aux articles 41 *duodecies* J et 41 *duodecies* M doivent tenir à la disposition de l'administration un document indiquant pour chaque cession :

La date de réalisation du gain et son montant ;

Le montant du prélèvement opéré ou, à défaut, l'identité et le domicile réel du bénéficiaire des gains.

F ÉMISSION PAR LES SOCIÉTÉS FRANÇAISES D'OBLIGATIONS À L'ÉTRANGER. RÉGIME SPÉCIAL

Art. 41 *terdecies* Pour être admises à bénéficier du régime fiscal prévu au 1 de l'article 131 *ter* du code général des impôts, les sociétés, compagnies ou entreprises françaises qui se proposent d'émettre à l'étranger des séries spéciales d'obligations, doivent déposer au préalable une demande spéciale à la direction générale des finances publiques.

Cette demande indique la date et les conditions de l'émission ainsi que le nombre, le montant et les numéros des titres à émettre.

Art. 41 *quaterdecies* L'autorisation est accordée par le directeur général des finances publiques.

Art. 41 *quindecies* Les séries émises antérieurement à la publication au *Journal officiel* du décret n° 55-486 du 30 avril 1955 peuvent, sur la production d'une demande conforme à celle visée à l'article 41 *terdecies*, bénéficier d'une autorisation dont les effets leur sont applicables en ce qui concerne les intérêts échus depuis la date d'entrée en vigueur dudit décret.

Sous la réserve ci-dessus, le régime institué par le 1 de l'article 131 *ter* du code général des impôts n'a d'effet pour aucune émission qu'à dater de la notification de l'autorisation ministérielle.

Art. 41 *sexdecies* Les titres émis à l'étranger porteront uniformément la mention suivante :

"En application du décret français n° 55-486 du 30 avril 1955 (code général des impôts, art. 131 *ter*-1), la présente obligation est soumise en France au régime fiscal des valeurs mobilières étrangères (décision du directeur général des finances publiques en date du...)."

G *[FONDS COMMUNS DE PLACEMENT, FONDS PROFESSIONNELS DE CAPITAL INVESTISSEMENT ET FONDS PROFESSIONNELS SPÉCIALISÉS]*

Art. 41 *sexdecies* A Dans le mois de l'agrément délivré par l'Autorité des marchés financiers prévu à l'article L. 214-3 du code monétaire et financier ou dans le mois de la déclaration faite à l'Autorité des marchés financiers pour les fonds qui ne sont pas soumis à cet agrément, le gérant dépose, auprès de la direction départementale ou, le cas échéant, régionale des finances publiques dans le ressort de laquelle il souscrit sa déclaration de résultats, une déclaration d'existence du fonds et un exemplaire du règlement de celui-ci.

Le gérant d'un fonds commun de placement informe la direction départementale ou, le cas échéant, régionale des finances publiques mentionnée au premier alinéa de la transformation, de la fusion, de la scission ou de la liquidation du fonds prévues à l'article L. 214-3 du code monétaire et financier dans le délai mentionné au premier alinéa.

Art. 41 *sexdecies* B *Abrogé par Décr. n° 2004-1525 du 30 déc. 2004, art. 2-II.*

Art. 41 *sexdecies* C Le gérant d'un fonds commun de placement doit, dans les trente jours de la date de mise en distribution des produits des actifs compris dans le fonds, et au plus tard dans les trente jours suivant le délai de cinq mois prévu à l'article L. 214-17-2 du code monétaire et financier, déposer auprès de la direction départementale ou, le cas échéant, régionale des finances publiques désignée au premier alinéa de l'article 41 *sexdecies* A, un état sur papier libre comportant l'indication :

a) Des dates d'ouverture et de clôture de l'exercice dont les produits ont été mis en distribution ;

b) De la date de mise en distribution ;

c) Du nombre de parts du fonds commun de placement existant à chacune de ces trois dernières dates ;

d) Du montant, déterminé conformément aux dispositions du 1° *(Décr. n° 2020-897 du 22 juill. 2020, art. 3)* « du I » de l'article L. 214-17-2 précité, de la répartition effectuée au titre de l'exercice considéré et de la part de la répartition éligible à l'abattement de 40 % mentionné au 2° du 3 de l'article 158 du code général des impôts ;

e) Le cas échéant, de la date de distribution et du montant de chacun des acomptes versés au titre du même exercice.

Art. 41 *sexdecies* D Pour toute répartition globale unique effectuée par un fonds commun de placement au titre d'un exercice déterminé, le gérant est tenu de rédiger et de produire à toute demande de l'administration un état mentionnant :

1° Le montant des sommes ou valeurs distribuées au profit de chaque part du fonds, avec l'indication de la nature des produits soumis à des règles fiscales différentes qui entrent dans leur composition ; une ventilation doit être faite, s'il y a lieu, pour les produits de source étrangère par État d'origine de ces produits ;

2° La nature et le montant des produits de l'exercice éventuellement non distribués.

3° Le montant global des crédits d'impôt mentionnés sur les certificats délivrés au fonds pendant l'exercice, déterminé comme si tous les propriétaires de parts avaient en France leur domicile fiscal ou leur siège social.

Ce montant fait éventuellement l'objet d'une ventilation tenant compte de la nature et de l'origine française ou étrangère des produits encaissés à répartir ;

4° Le montant total des crédits d'impôt déterminé comme si tous les propriétaires de parts étaient domiciliés ou avaient leur siège social hors de France et étaient placés hors du champ d'application d'une convention internationale en matière d'impôt sur les revenus ; ce montant est éventuellement ventilé comme il est dit au 3° ;

5° *Abrogé ;*

6° La fraction des crédits d'impôt attachés aux produits encaissés par le fonds commun au cours de l'exercice, qui n'a pu être transférée aux propriétaires de parts ;

L'utilisation de cette fraction demeure possible au titre des deux exercices annuels suivant celui au cours duquel les produits auxquels se rattachent les avoirs fiscaux et crédits d'impôt auraient pu normalement être répartis compte tenu de la date de leur encaissement ;

7° Le nombre de parts existant effectivement au jour de la mise en distribution des produits et ouvrant droit à cette répartition ainsi qu'à l'utilisation d'une quote-part soit de la somme imputable prévue au 3°, soit de la somme imputable prévue au 4° ;

8° Le montant du crédit d'impôt unitaire calculé en se plaçant dans chacune des deux hypothèses envisagées respectivement au 3° et au 4° en fonction du lieu du domicile fiscal ou du siège social du propriétaire de parts ;

9° La ventilation du crédit d'impôt unitaire selon la nature et l'origine des produits entrant dans la composition des sommes ou valeurs réparties.

Art. 41 *sexdecies* E I. – En cas de distribution d'un acompte, le gérant du fonds commun de placement doit, dans le mois de cette distribution partielle comme dans le cas d'une distribution globale prévue à l'article 41 *sexdecies* C, produire un état comportant l'indication du montant et de la date de mise en distribution de cet acompte, de l'exercice au titre duquel il est versé ainsi que du nombre de parts ayant vocation à cette répartition et de la part de cet acompte éligible à l'abattement de 40 % mentionné au 2° du 3 de l'article 158 du code général des impôts.

II. – Pour chaque acompte, le gérant est tenu de rédiger un état analogue à celui prévu à l'article 41 *sexdecies* D mais tenant compte uniquement, pour la détermination des divers montants qui doivent y être mentionnés, des produits du fonds compris dans l'acompte et des crédits d'impôt attachés à ces produits.

III. – Lors de la répartition pour solde des produits d'un exercice déterminé, des états analogues à ceux prévus respectivement aux articles 41 *sexdecies* C et 41 *sexdecies* D doivent être rédigés. Ils rappellent, en les récapitulant, les éléments afférents aux acomptes déjà versés, d'une part, et mentionnent, d'autre part, les éléments relatifs à ce solde.

Art. 41 *sexdecies* F Le dépositaire des actifs du fonds doit, dans les conditions et sous les sanctions prévues aux articles 57, 75 à 79 de l'annexe II au code général des impôts et aux articles 17 à 17 D de l'annexe IV au même code :

a. établir, en fonction des dispositions des articles 41 *sexdecies* C à 41 *sexdecies* E, le relevé des sommes payées à adresser à l'administration fiscale ainsi que les certificats de crédit d'impôt à remettre aux bénéficiaires des répartitions ;

b. conserver en application de l'article R. 87-1 du Livre des procédures fiscales les pièces justificatives de chacun des paiements effectués.

FONDS COMMUNS DE PLACEMENT À RISQUES

Art. 41 *sexdecies* G Le gérant d'un fonds commun de placement à risques, d'un fonds professionnel spécialisé relevant de l'article L. 214-37 du code monétaire et financier dans sa rédaction antérieure à l'ordonnance n° 2013-676 du 25 juillet 2013 modifiant le cadre juridique de la gestion d'actifs ou d'un fonds professionnel de capital investissement » ou le dépositaire des actifs de ce fonds agissant pour le compte du gérant est soumis aux obligations définies aux articles 41 *sexdecies* A à 41 *sexdecies* F.

G *BIS* MODALITÉS D'IMPOSITION ET CONDITIONS DE VENTILATION DES REVENUS DISTRIBUÉS OU RÉPARTIS PAR DES ORGANISMES DE PLACEMENT COLLECTIF EN VALEURS MOBILIÈRES (OPCVM). OBLIGATION DES ÉTABLISSEMENTS PAYEURS ET DES CONTRIBUABLES

(Décr. n° 2004-1525 du 30 déc. 2004, art. 1er)

Art. 41 *sexdecies* H 1. Pour l'application du sixième alinéa du 4° du 3 de l'article 158 du code général des impôts, et sans préjudice des autres dispositions fiscales qui leur sont applicables, les sociétés, organismes ou placements collectifs mentionnés au même 4° ou, à défaut de personnalité morale, leur gérant ou représentant à l'égard des tiers, ventilent leurs distributions ou répartitions en distinguant la part éligible à l'abattement de 40 % mentionné au 2° du 3 de l'article 158 du code précité de celle non éligible à cet abattement.

La ventilation de ces distributions ou répartitions est communiquée à l'établissement payeur soumis aux obligations de l'article 242 *ter* du code précité lors de leur mise en paiement, et est tenue à la disposition des actionnaires, des porteurs de parts et de tout établissement payeur soumis aux obligations de l'article 242 *ter* qui en feraient la demande, ainsi que de l'administration fiscale.

La part éligible à l'abattement de 40 % mentionné au premier alinéa est indiquée sur les rapports annuels ou semestriels prévus par le règlement général de l'Autorité des marchés financiers pour les sociétés, organismes ou placements collectifs mentionnés au *a* du 4° du 3 de l'article 158 du code général des impôts ainsi que sur les rapports annuels et semestriels mentionnés à l'article 27 de la directive 85/611/CEE du Conseil du 20 décembre 1985 portant coordination des dispositions législatives, réglementaires et administratives concernant certains organismes de placement collectif en valeurs mobilières (OPCVM), pour les organismes mentionnés au *b* du 4° du 3 du même article 158.

2. Pour l'application du 1, les personnes mentionnées au premier alinéa du 1 prélèvent les revenus distribués ou répartis éligibles à l'abattement de 40 % mentionné au 2° du 3 de l'article 158 du code précité sur les revenus identifiés comme tels dans les conditions du 3 dans le respect de leurs obligations en matière de distributions de leurs bénéfices ou résultats.

3. Pour l'application du 1, les personnes mentionnées au premier alinéa du 1 identifient les revenus perçus au regard de leur éligibilité à l'abattement de 40 % mentionné au 2° du 3 de l'article 158 du code général des impôts selon les modalités suivantes :

1° Elles identifient, sous leur propre responsabilité, la fraction des revenus distribuables ou à répartir mais non distribués ou non répartis au 1er janvier 2005 éligibles à l'abattement de 40 % mentionné au 2° du 3 de l'article 158 précité et tiennent à la disposition de l'administration fiscale les justificatifs correspondants ;

2° Elles identifient la part des revenus qu'elles perçoivent à compter du 1er janvier 2005 éligibles à l'abattement de 40 % mentionné au 1°.

4. Pour l'application du 1, les personnes mentionnées au premier alinéa du 1 établissent et produisent à toute demande de l'administration fiscale un état de suivi des revenus perçus et distribués ou répartis suivant un modèle établi par l'administration fiscale.

Art. 41 *sexdecies* I Le contribuable qui perçoit directement ou indirectement par l'intermédiaire de sociétés ou organismes mentionnés au 4° du 3 de l'article 158 du code général des impôts des revenus distribués déclare le montant de ces revenus dans les conditions prévues au 1 de l'article 170 du code général des impôts en distinguant parmi ceux-ci la part éligible à l'abattement de 40 % mentionné au 2° du 3 de l'article 158 du même code.

Art. 41 *sexdecies* J Les contribuables qui perçoivent des revenus distribués ou répartis directement par des organismes de placement collectif en valeurs mobilières ou placements collectifs mentionnés au *b* du 4° du 3 de l'article 158 du code général des impôts tiennent à la disposition de l'administration fiscale l'état de suivi des distributions ou répartitions prévu au 4 de l'article 41 *sexdecies* H ainsi que les rapports mentionnés au troisième alinéa du 1 du même article justifiant de cette ventilation. Ces dispositions sont également applicables aux établissements payeurs soumis aux obligations de l'article 242 *ter* du code précité.

G TER PRÉLÈVEMENT SUR LES PRODUITS DE PLACEMENTS À REVENU FIXE ET LES PRODUITS DE BONS OU CONTRATS DE CAPITALISATION DE SOURCE EUROPÉENNE

(Décr. n° 2006-446 du 14 avr. 2006)

Art. 41 *sexdecies* K I. – La déclaration mentionnée à l'article 125 D du code général des impôts est souscrite sur un formulaire normalisé. Elle comporte :

a. la nature et le montant des revenus, produits et gains pour lesquels l'option est exercée ;

b. le montant du prélèvement dû ;

c. le montant des contributions et prélèvements sociaux dus.

Cette déclaration mentionne en outre la dénomination et l'adresse de la personne visée au IV de l'article 125 D précité qui est mandatée par le contribuable pour effectuer en son nom et pour son compte les formalités déclaratives et de paiement dudit prélèvement, ainsi que son numéro d'identification en cas de conclusion de la convention prévue au VI du même article 125 D.

II. – La déclaration mentionnée au I est déposée, accompagnée du paiement des impôts dus, dans les délais prévus au IV de l'article 125 D précité au service des impôts désigné par le ministre chargé du budget.

Art. 41 *sexdecies* L La convention mentionnée au VI de l'article 125 D du code général des impôts organise les modalités déclaratives et de paiement des impôts prévues à l'article 41 *sexdecies* K pour les personnes visées au IV de l'article 125 D précité qui sont mandatées par plusieurs contribuables pour effectuer en leur nom et pour leur compte lesdites formalités déclaratives et de paiement des impôts.

Cette convention doit être conforme au modèle délivré par l'administration.

G QUATER SOCIÉTÉS UNIPERSONNELLES D'INVESTISSEMENT À RISQUE. OBLIGATIONS DE L'ASSOCIÉ

(Décr. n° 2006-819 du 7 juill. 2006)

Art. 41 *sexdecies* M L'associé de la société unipersonnelle d'investissement à risque, qui bénéficie de l'exonération prévue à l'article 163 *quinquies* C *bis* du code général des impôts, conserve l'état individuel mentionné à l'article 46 *ter* D jusqu'à la fin de la troisième année qui suit celle au titre de laquelle il a bénéficié de cette exonération.

H

Art. 41 *septdecies* à 41 *septdecies* G *Abrogés par Décr. n° 92-306 du 30 mars 1992, art. 6.*

VIII BIS *PROFITS RÉALISÉS SUR LES INSTRUMENTS FINANCIERS À TERME*

Art. 41 *septdecies* H Pour l'application de l'article 150 *ter* du code général des impôts, le dénouement d'un contrat intervient à la date de clôture définitive de la position ouverte par ce contrat.

Art. 41 *septdecies* I Pour l'application de l'article 150 *ter* du code général des impôts, les contribuables indiquent sur une déclaration conforme à un modèle établi par l'administration le montant du profit net imposable ou de la perte nette ainsi que les éléments nécessaires à leur détermination.

Les contribuables qui demandent à bénéficier d'un report des pertes subies au cours des dix années antérieures sont tenus d'indiquer sur cette déclaration le détail des pertes reportées par année.

Art. 41 *septdecies* J *Abrogé par Décr. n° 2014-852 du 29 juill. 2014, art. 1er-E.*

Art. 41 *septdecies* K Lorsque les opérations sur les instruments financiers à terme entrant dans le champ d'application de l'article 150 *ter* du code général des impôts sont réalisées par l'intermédiaire d'une société mentionnée à l'article 8 du code général des impôts, la société doit déclarer à l'administration, selon les modalités définies à l'article 242 *ter* E du même code, la quote-part des profits et des pertes correspondant aux droits de chacun de ses membres dans la société.

Art. 41 *septdecies* L à 41 *septdecies* X *Abrogés par Décr. n° 2014-852 du 29 juill. 2014, art. 1er-E.*

IX

Art. 41 *octodecies* à 41 *vicies* *Abrogés.*

Art. 41 *unvicies* *Transféré ss. l'art. 21.*

X *PLUS-VALUES DE CESSION À TITRE ONÉREUX DE BIENS OU DE DROITS DE TOUTE NATURE*

Art. 41 *duovicies* *Abrogé par Décr. n° 2003-1386 du 31 déc. 2003, art. 2.*

Art. 41 *duovicies* A à 41 *duovicies* C *Périmés.*

Art. 41 *duovicies* D En cas de rachat de parts, le gérant d'un fonds commun de placement ou le dépositaire des actifs du fonds agissant pour le compte du gérant, doit tenir à la disposition du propriétaire de parts les éléments nécessaires à la détermination de la valeur moyenne pondérée d'acquisition des parts rachetées.

Art. 41 *duovicies* E Le gérant du fonds commun de placement ou le dépositaire des actifs de ce fonds agissant pour le compte du gérant, adresse, avant le 1er février de chaque année, à la direction départementale ou, le cas échéant, régionale des finances publiques désignée au premier alinéa de l'article 41 *sexdecies* A un document faisant apparaître :

1° dans l'hypothèse où l'un des propriétaires de parts a détenu plus de 10 % des parts pendant une partie de l'année, la période pendant laquelle la limite de 10 % a été dépassée, l'identité et le domicile fiscal de l'intéressé mentionnés au 3° du I de l'article 49 E ainsi que le nombre des parts qu'il détient ;

2° *Disposition devenue sans objet (L. nº 82-1126 du 29 déc. 1982, art. 7-I) ;*

3° le montant global des rachats de parts effectués au profit de chaque propriétaire au cours de l'année précédente, lorsqu'il excède 1 500 € ;

4° dans la même limite que celle fixée au 3°, la valeur globale des apports en nature de valeurs mobilières effectués par chaque propriétaire de parts ;

5° en cas de dissolution du fonds :

la date de la dissolution ;

l'identité et l'adresse de chaque propriétaire de parts mentionné au 3° du I de l'article 49 E ;

le nombre de parts dont il disposait et leur valeur pondérée d'acquisition ;

le montant des attributions en espèces ou en nature autres que celles présentant le caractère de revenus de capitaux mobiliers revenant à la suite de la liquidation.

Art. 41 *duovicies* F En cas de rachat ou de cession de parts, le gérant ou le dépositaire des actifs d'un fonds commun de placement à risques, d'un fonds professionnel spécialisé relevant de l'article L. 214-37 du code monétaire et financier dans sa rédaction antérieure à l'ordonnance nº 2013-676 du 25 juillet 2013 modifiant le cadre juridique de la gestion d'actifs ou d'un fonds professionnel de capital investissement, doit fournir au propriétaire des parts rachetées ou cédées tous les éléments de calcul de la plus-value, et notamment :

a. les éléments nécessaires à la détermination de la valeur moyenne pondérée d'acquisition des parts rachetées ou cédées ;

b. la date et le montant de ces rachats ou cessions de parts ;

En cas de cession de parts effectuée sans l'intervention du gérant, le cédant fait connaître au gérant ou au dépositaire le nombre et la catégorie des parts cédées, l'identité et le domicile du cessionnaire ainsi que la date et le montant de la cession.

Art. 41 *duovicies* G Le gérant ou le dépositaire des actifs d'un fonds commun de placement à risques, d'un fonds professionnel spécialisé relevant de l'article L. 214-37 du code monétaire et financier dans sa rédaction antérieure à l'ordonnance nº 2013-676 du 25 juillet 2013 modifiant le cadre juridique de la gestion d'actifs ou d'un fonds professionnel de capital investissement, adresse, avant le 16 février de chaque année, à la direction départementale ou, le cas échéant, régionale des finances publiques auprès de laquelle il souscrit sa déclaration de résultats un relevé des opérations de l'année précédente mentionnant :

1° pour chaque propriétaire, le montant global des cessions de parts qu'il a effectuées et des rachats opérés par le fonds ;

2° la valeur globale des apports en nature de titres effectués par chaque propriétaire de parts ;

3° dans l'hypothèse où l'un des propriétaires de parts a détenu plus de 10 % des parts pendant une partie de l'année, la période pendant laquelle la limite de 10 % a été dépassée, les renseignements mentionnés au 3° du I de l'article 49 E concernant l'intéressé, ainsi que le nombre de parts qu'il détient ;

4° en cas de dissolution du fonds ou de distribution par le fonds d'une partie de ses avoirs entraînant annulation d'une fraction des parts de ce fonds :

a. la date de la dissolution ou de la distribution des avoirs ;

b. les renseignements mentionnés au 3° du I de l'article 49 E concernant chaque propriétaire de parts ainsi que le nombre et la catégorie des parts dont il disposait avant la dissolution ou, en cas de distribution d'avoirs, le nombre de ses parts annulées, leur catégorie et leur valeur moyenne pondérée d'acquisition ;

c. le montant des attributions en nature ou en espèces, autres que celles présentant le caractère de revenus de capitaux mobiliers revenant à chaque propriétaire ;

5° en cas de distribution d'une partie des avoirs du fonds effectuée sans annulation de parts :

a. la date de la distribution ;

b. les renseignements mentionnés au 3° du I de l'article 49 E concernant chaque propriétaire de parts ainsi que le nombre et la catégorie de parts détenues ouvrant droit à la distribution et leur valeur moyenne pondérée d'acquisition ;

c. le montant de la distribution, qu'elle soit en nature ou en espèces revenant à chaque propriétaire ;

Art. 41 *duovicies* G *bis* *Abrogé par Décr. n° 2014-1223 du 21 oct. 2014.*

Art. 41 *duovicies*-0 H I. – Pour l'application du 1° *bis* du II de l'article 150 U du code général des impôts, l'acte constatant la cession à titre onéreux d'un logement au titre de laquelle le bénéfice de l'exonération est demandé mentionne :

1° L'identité du bénéficiaire de l'exonération ;

2° Les droits du bénéficiaire sur le prix de cession ;

3° La fraction du prix de cession correspondant à ses droits, que le bénéficiaire destine au remploi à l'acquisition ou la construction d'un logement affecté à sa résidence principal ;

4° Le montant de la plus-value exonérée.

II. – Les mentions prévues au I sont portées distinctement pour chaque bénéficiaire de l'exonération.

Art. 41 *duovicies* H Pour l'application du III de l'article 150 VA du code général des impôts, les frais supportés par le vendeur à l'occasion de la cession ne peuvent être admis en diminution du prix de cession que si leur montant est justifié. Ils s'entendent exclusivement :

1° Des frais versés à un intermédiaire ou à un mandataire ;

2° Des frais liés aux certifications et diagnostics rendus obligatoires par la législation en vigueur au jour de la cession ;

3° Des indemnités d'éviction versées au preneur par le propriétaire qui vend le bien loué libre d'occupation ;

4° Des honoraires versés à un architecte à raison de travaux permettant d'obtenir un accord préalable à un permis de construire ;

5° Des frais exposés par le vendeur d'un immeuble en vue d'obtenir d'un créancier la mainlevée de l'hypothèque grevant cet immeuble.

Art. 41 *duovicies* I I. – Pour l'application du II de l'article 150 VB du code général des impôts, les frais supportés par le vendeur à l'occasion de l'acquisition du bien cédé ne peuvent être admis en majoration du prix d'acquisition que si leur montant est justifié. Ils s'entendent exclusivement :

1° Lorsque le bien ou le droit cédé a été acquis à titre gratuit, des droits de mutation payés et des frais d'acte et de déclaration afférents à ce bien ou droit, ainsi que, le cas échéant, des frais de timbre et de publicité foncière. Les droits de mutation sont pris en compte à proportion de la fraction de leur valeur représentative des biens ou droits ;

2° Lorsque le bien ou le droit cédé a été acquis à titre onéreux, des frais et coûts du contrat tels qu'ils sont prévus à l'article 1699 du code civil et des droits d'enregistrement ou de la TVA supportés effectivement par le contribuable.

II. – Lorsque la cession porte sur une partie d'un bien ou sur un droit immobilier, les frais d'acquisition sont pris en compte dans la même proportion que le prix d'acquisition lui-même.

Art. 41 *duovicies* J *(Décr. n° 2019-656 du 27 juin 2019, art. 1er)* I. – Pour l'application de l'article 150 VH *bis* du code général des impôts, le redevable indique sur l'annexe mentionnée au V de cet article, pour chaque cession à titre onéreux d'actifs numériques imposable en vertu des I et II du même article, les informations suivantes :

1° le prix de cession tel que défini au A du III du même article 150 VH *bis*, en *détaillant :*

a) le cas échéant, les frais qu'il a supportés à l'occasion de cette cession ;

b) le cas échéant, la soulte qu'il a reçue ou qu'il a versée lors de cette cession ;

2° le prix total d'acquisition du portefeuille d'actifs numériques, tel que défini au B du III de l'article 150 VH *bis* du code général des impôts, en détaillant :

a) la somme des prix et valeurs d'acquisition à retenir ;

b) le cas échéant, la somme des fractions de capital initial contenues dans la valeur ou le prix de chacune des différentes cessions d'actifs numériques ou droits s'y rapportant antérieurement réalisées, à titre gratuit ou onéreux, hors échanges qui n'ont pas été imposés en application du A du II de l'article 150 VH *bis* mentionné ci-dessus ;

c) le cas échéant, le montant de chaque soulte reçue par le cédant à l'occasion d'échanges réalisés antérieurement à la cession imposable ;

3° la valeur globale du portefeuille d'actifs numériques, telle que définie au C du III de l'article 150 VH *bis* mentionné ci-dessus, évaluée au moment de cette cession ;

4° le montant de la plus ou moins-value réalisée au titre de cette cession.

II. — Le redevable indique sur cette même annexe la somme de l'ensemble des plus et moins-values réalisées au cours de l'année d'imposition au titre des cessions imposables.

III. — Pour les cessions exonérées en application du B du II de l'article 150 VH *bis* du code général des impôts, le contribuable n'indique sur l'annexe mentionnée au I que les informations prévues au 1° du même I.

IV. — Lorsque la cession mentionnée au I est réalisée par l'intermédiaire d'une personne interposée, le redevable ne mentionne sur l'annexe mentionnée au même I que la quote-part de la plus ou moins-value correspondant à ses droits, telle que déclarée par la personne interposée en application de l'article 41 *duovicies* K.

V. — Les pièces justifiant des informations mentionnées aux I à IV, notamment des dates et prix ou valeurs d'acquisition retenus pour le calcul de la somme mentionnée au *b* du 2° du I, sont fournies par le contribuable sur demande de l'administration dans un délai de trente jours suivant cette demande.

Art. 41 *duovicies* K *(Décr. n° 2019-656 du 27 juin 2019, art. 1er)* I. — Les sociétés ou groupements qui, en tant que personnes interposées, réalisent des opérations mentionnées à l'article 150 VH *bis* du code général des impôts sont tenus d'indiquer, sur une annexe conforme à un modèle établi par l'administration, les informations prévues à l'article 41 *duovicies* J, dans les conditions prévues par ce même article, ainsi que la répartition de l'assiette imposable au titre de cet article entre chacun de leurs associés ou membres.

II. — Ces sociétés ou groupements produisent à l'administration, sur sa demande et dans un délai de trente jours suivant cette demande, tout élément de nature à justifier les informations mentionnées au I.

X BIS MODALITÉS D'IMPOSITION DES REVENUS ET DES PLUS-VALUES EN CAS DE TRANSFERT DU DOMICILE FISCAL HORS DE FRANCE

(Décr. n° 2019-868 du 21 août 2019, art. 1er)

Art. 41 *tervicies* Le contribuable renseigne, sur la déclaration prévue au 1 de l'article 170 du code général des impôts établie l'année suivant celle du transfert du domicile fiscal hors de France, le montant total des plus-values latentes, des créances trouvant leur origine dans une clause de complément de prix et des plus-values en report, imposables en application des premier et deuxième alinéas du 1 du I et du II de l'article 167 *bis* du même code.

Sont précisés, sur un formulaire distinct, la date du transfert du domicile fiscal hors de France, l'adresse du nouveau domicile fiscal, le montant des plus-values latentes, des créances trouvant leur origine dans une clause de complément de prix et des plus-values en report, ainsi que les éléments nécessaires à leur détermination.

Le formulaire mentionné au deuxième alinéa est déposé au service des impôts des particuliers dont dépendait le domicile fiscal du contribuable en France avant son transfert, à l'appui de la déclaration mentionnée au premier alinéa.

Art. 41 *tervicies* A Le contribuable qui entend bénéficier du sursis de paiement prévu au V de l'article 167 *bis* du code général des impôts en fait la demande sur le formulaire mentionné au deuxième alinéa de l'article 41 *tervicies*.

Dans ce cas, le formulaire est déposé, au plus tard quatre-vingt-dix jours avant le transfert du domicile fiscal hors de France, au service des impôts des particuliers non résidents.

Le contribuable y indique le nom ou la dénomination sociale ainsi que l'adresse de son représentant fiscal. Celui-ci s'engage, sur ce même document, à représenter le contribuable dans les conditions prévues au quatrième alinéa du V de l'article 167 *bis* précité.

Art. 41 *tervicies* B Lorsque le contribuable bénéficie du sursis de paiement prévu au IV ou au V de l'article 167 *bis* du code général des impôts, l'impôt afférent aux plus-values latentes, aux créances trouvant leur origine dans une clause de complément de prix et aux plus-values en report fait l'objet d'une mise en recouvrement spécifique et d'une prise en charge des rôles correspondants par le service des impôts des particuliers non résidents.

Art. 41 *tervicies* C Les moins-values mentionnées au premier et au dernier alinéas du 4 *bis* du VIII de l'article 167 *bis* du code général des impôts, imputables dans les conditions prévues au même 4 *bis*, font l'objet d'un suivi sur le formulaire mentionné au premier alinéa du 3 du IX de l'article précité et, le cas échéant, sur celui mentionné au 2 du même IX.

Art. 41 *tervicies* D Lorsque le contribuable demande à bénéficier de l'option prévue à l'avant-dernier alinéa du VIII *bis* de l'article 167 *bis* du code général des impôts, il utilise le formulaire prévu au premier alinéa du 3 du IX du même article. Ce formulaire est déposé l'année suivant la survenance du premier de l'un des événements prévus au VII de l'article précité.

Art. 41 *tervicies* E Pour l'application des 2 et 3 du IX de l'article 167 *bis* du code général des impôts, le formulaire mentionné au premier alinéa du 3 du IX de l'article 167 *bis* du code précité dûment renseigné est déposé au service des impôts des particuliers non résidents, à l'appui de la déclaration prévue au 1 de l'article 170 du même code, dans le délai prévu à l'article 175 de ce code.

Les transferts de domicile fiscal intervenant postérieurement au transfert de domicile fiscal hors de France sont portés à la connaissance du service des impôts des particuliers non résidents dans les conditions prévues au 5 du IX de l'article 167 *bis* précité.

Pour l'application du 4 du IX de l'article 167 *bis* précité, l'exigibilité de l'impôt en sursis de paiement est rétablie lorsque le contribuable n'a pas satisfait à ses obligations déclaratives dans les trente jours suivant la notification d'une mise en demeure qui lui est adressée, ou est adressée, le cas échéant, à son représentant fiscal.

Art. 41 *tervicies* F Pour l'application du 5 du VIII de l'article 167 *bis* du code général des impôts, l'impôt acquitté hors de France est imputable, dans les conditions de ce même 5, sous réserve que :

a) L'impôt acquitté hors de France soit un impôt personnel sur le revenu assis sur les plus-values de cession de valeurs mobilières ou de droits sociaux ;

b) Et que l'impôt mentionné au *a* du présent article soit calculé à partir du prix ou de la valeur d'acquisition des titres concernés retenu pour l'application du premier alinéa du 2 du I de l'article 167 *bis* précité.

Cet impôt, dont il incombe au contribuable de justifier du paiement effectif, est converti en euros sur la base du taux de change en vigueur à la date dudit paiement.

Art. 41 *tervicies* G Lorsque les droits sociaux, valeurs, titres ou droits sur lesquels une plus-value latente a été constatée lors du transfert du domicile fiscal hors de France font l'objet d'une opération d'échange ou d'apport entrant dans le champ d'application des articles 150-0 B ou 150-0 B *ter* du code général des impôts, le contribuable mentionne sur le formulaire prévu au premier alinéa du 3 du IX de l'article 167 *bis* du même code, déposé l'année suivant la réalisation de cette opération, l'article du code général des impôts dans le champ duquel entre cette opération, la nature et la date de l'opération ainsi que le nombre de titres remis et de titres reçus lors de cette opération et, le cas échéant, le montant de la soulte reçue.

Art. 41 *tervicies* H Lors du paiement de l'impôt définitif, le contribuable joint aux documents mentionnés au premier alinéa du 3 du IX de l'article 167 *bis* du code général des impôts une copie des avis d'imposition établis en application des dispositions de l'article 41 *tervicies* B.

Art. 41 *tervicies* I Pour l'application du deuxième alinéa du 3 du IX de l'article 167 *bis* du code général des impôts, le contribuable demande la restitution de l'impôt déjà acquitté sur le formulaire prévu au premier alinéa du 3 du IX de l'article 167 *bis* du même code et déposé, l'année suivant la réalisation de l'événement entraînant la restitution, selon les modalités prévues au premier alinéa de l'article 41 *tervicies* E.

Il indique la nature et la date de l'événement à l'origine de sa demande et joint, à l'appui du formulaire, les éléments de calcul et les justificatifs correspondant au montant de la restitution demandée.

Art. 41 *tervicies* J Pour l'application du dernier alinéa du 3 du IX de l'article 167 *bis* du code général des impôts, le contribuable demande le dégrèvement de l'impôt bénéficiant du sursis de paiement ou la restitution de l'impôt acquitté sur le formulaire prévu au premier alinéa du 3 du IX de l'article 167 *bis* du même code et déposé l'année suivant la réalisation de l'événement entraînant le dégrèvement ou la restitution, selon les modalités prévues au premier alinéa de l'article 41 *tervicies* E.

Il indique la nature et la date de l'événement à l'origine de sa demande et joint, à l'appui du formulaire, les éléments de calcul et les justificatifs correspondant au montant du dégrèvement ou de la restitution demandé.

Art. 41 *tervicies* K Dans les cas prévus au VIII de l'article 167 *bis* du code général des impôts, le contribuable demande le dégrèvement de l'impôt bénéficiant du sursis de paiement sur le formulaire prévu au premier alinéa du 3 du IX de l'article 167 *bis* du même code et déposé, l'année suivant la réalisation de l'événement entraînant le dégrèvement, selon les modalités prévues au premier alinéa de l'article 41 *tervicies* E.

Il indique la nature et la date de l'événement à l'origine de sa demande et joint, à l'appui du formulaire, les éléments de calcul et les justificatifs correspondant au montant du dégrèvement demandé.

Art. 41 *tervicies* L Dans les cas prévus au 3 du IX de l'article 167 *bis* du code général des impôts, les garanties prises en vertu du quatrième alinéa du V de cet article sont levées à hauteur de l'impôt acquitté ou du montant d'impôt dégrevé.

Dans les cas de dégrèvement prévus au VIII et au dernier alinéa du 3 du IX de l'article 167 *bis* précité, il est procédé au remboursement des frais de constitution de garanties supportés par le contribuable, dans les conditions prévues aux articles R.* 208-3 à R.* 208-6 du livre des procédures fiscales, à hauteur du montant d'impôt dégrevé.

X TER *REPORT D'IMPOSITION DE LA PLUS-VALUE CONSTATÉE LORS D'UNE OPÉRATION D'APPORT À UNE SOCIÉTÉ CONTRÔLÉE PAR L'APPORTEUR ET ÉTABLI SUR LE FONDEMENT DE L'ARTICLE 150-0 B TER DU CODE GÉNÉRAL DES IMPÔTS*

(Décr. nº 2019-1142 du 7 nov. 2019, art. 1er)

Art. 41 *quatervicies* 1. Le contribuable qui réalise une opération relevant du champ d'application du régime du report d'imposition prévu à l'article 150-0 B *ter* du code général des impôts mentionne distinctement sur la déclaration spéciale des plus-values prévue à l'article 74-0 F de l'annexe 2 au présent code le montant de la plus-value réalisée au titre de cette opération ainsi que les éléments nécessaires à sa détermination.

Le contribuable mentionne en outre les informations suivantes :

a) La date de l'opération d'apport ;

b) La dénomination et l'adresse du siège social ou du principal établissement de la société bénéficiaire de l'apport et, le cas échéant, de la société ou du groupement interposé qui a réalisé l'apport de titres ;

c) La nature juridique des droits apportés ;

d) Le nombre de titres apportés ainsi que leur valeur réelle unitaire à la date de l'apport ;

e) Le nombre de titres reçus ainsi que leur valeur nominale et leur valeur réelle unitaire à la date de l'apport ;

f) La valeur globale des titres apportés à la date de l'apport ;

g) La valeur unitaire et la valeur globale d'acquisition des titres apportés ;

h) Le cas échéant, le montant de la soulte reçue immédiatement imposable ou de la soulte versée, ainsi que celui de la plus-value d'apport dont l'imposition est reportée.

2. Le contribuable fournit, dans un délai de trente jours à compter de la demande de l'administration, une attestation émise lors de l'apport par la société bénéficiaire de cet apport précisant qu'elle est informée que les titres qui lui ont été apportés sont grevés d'une plus-value en report d'imposition en application de l'article 150-0 B *ter* précité.

Art. 41 *quatervicies* A 1. Lorsque, dans les trois années suivant la date de l'apport, délai décompté de date à date, les titres apportés sont affectés par l'un des événements mentionnés à la première phrase du 2° du I de l'article 150-0 B *ter* du code général des impôts, la société bénéficiaire de l'apport mentionne sur une attestation annexée à sa déclaration de résultat de l'exercice de survenance de l'événement les informations suivantes :

a) La nature et la date de l'événement ayant affecté les titres qui lui ont été apportés ;

b) Le nombre de titres affectés par cet événement ainsi que, le cas échéant, leur prix de cession à la date de l'événement ;

c) Le cas échéant, l'engagement de réinvestir, dans les conditions prévues au 2° du I de l'article 150-0 B *ter* précité, le produit de la cession des titres concernés, au plus tard à l'expiration d'un délai de deux ans à compter de la date de la cession ou, le cas échéant, à compter de la date de perception d'un complément de prix afférent à cette cession.

2. *a)* Lorsque la société qui s'est engagée à réinvestir le produit de la cession dans les conditions prévues au 2° du I de l'article 150-0 B *ter* précité satisfait à cet engagement, elle joint à sa déclaration de résultat de chaque exercice au cours duquel un réinvestissement est effectué une attestation mentionnant les informations suivantes :

1° Le montant du produit de cession ou du complément de prix réinvesti ;

2° La nature et la date du réinvestissement ;

3° Le cas échéant, la dénomination, la catégorie et la forme ainsi que l'adresse du siège de la société, du fonds ou de l'organisme bénéficiaire du réinvestissement.

(Décr. n° 2020-1335 du 3 nov. 2020, art. 1er-1°-a) « *b)* Lorsque le produit de la cession des titres est réinvesti en application du *d* du 2° du I de l'article 150-0 B *ter* du code général des impôts :

« 1° La société mentionnée au premier alinéa du *a* informe le fonds, la société ou l'organisme émetteur des parts ou actions souscrites que cette souscription est effectuée dans le cadre d'un réinvestissement réalisé en application de cette disposition ;

« 2° Elle joint, le cas échéant, à sa déclaration de résultat de chaque exercice au cours duquel elle a signé un bulletin de souscription en application des deuxième et troisième phrases du *d* du 2° du I de l'article 150-0 B *ter* précité, une copie de ce bulletin de souscription. »

3. *a)* La société qui a satisfait à l'engagement de réinvestissement dans les conditions prévues au 2° du I de l'article 150-0 B *ter* du code général des impôts joint à sa déclaration de résultat de l'exercice au cours duquel les délais de conservation prévus au septième alinéa du même 2° expirent, une attestation du fonds, de la société ou de l'organisme bénéficiaire du réinvestissement certifiant que l'obligation de conservation des biens ou titres ainsi acquis ou souscrits a été satisfaite.

(Décr. n° 2020-1335 du 3 nov. 2020, art. 1er-1°-b) « *b)* La société qui a satisfait à l'engagement de réinvestissement dans les conditions prévues au *d* du 2° du I de l'article 150-0 B *ter* du code général des impôts joint à sa déclaration de résultat de l'exercice au cours duquel le délai de cinq ans prévu au même *d* expire, une attestation mentionnant les sommes effectivement versées au fonds, à la société ou à l'organisme bénéficiaire du réinvestissement. »

4. Lorsque la société ne prend pas l'engagement mentionné au *c* du 1 ou lorsque le réinvestissement effectué ne répond pas aux conditions prévues au 2° du I de l'article 150-0 B *ter* précité, elle joint à la déclaration de résultat de l'exercice de cession des titres apportés sans engagement de réinvestissement, ou de l'exercice au cours duquel l'une des conditions de réinvestissement n'est pas respectée, une attestation

précisant que le produit de la cession des titres apportés n'est pas réinvesti conformément aux dispositions du 2° du I de l'article 150-0 B *ter* précité.

5. Une copie des attestations mentionnées aux 1 à 4 est transmise par la société concernée au contribuable ayant réalisé l'apport des titres grevés d'une plus-value en report d'imposition ou, le cas échéant, au donataire desdits titres.

Art. 41 *quinvicies* 1. Pour l'application du II de l'article 150-0 B *ter* du code général des impôts, le donateur communique au donataire les éléments mentionnés à l'article 41 *quatervicies* lui permettant de déclarer la plus-value en report d'imposition afférente aux titres transmis.

Lorsque la donation intervient dans le délai de trois ans suivant la date de l'apport, délai décompté de date à date, le donateur informe la société bénéficiaire de l'apport de l'identité et de l'adresse du donataire.

2. Le donateur mentionne sur le formulaire prévu à l'article 74-0 F de l'annexe II au présent code, souscrit au titre de l'année de la transmission, l'identité et l'adresse du donataire, la date de la transmission, le nombre de titres transmis et le montant de la plus-value en report d'imposition afférente à ces titres.

3. Le donataire mentionne sur le formulaire prévu à l'article 74-0 F de l'annexe II précité, souscrit au titre de l'année de la transmission, l'identité et l'adresse du donateur, le nombre de titres transmis, la date de la transmission, le montant de la plus-value en report d'imposition afférente à ces titres, la dénomination et l'adresse du siège social ou du principal établissement de la société dont les titres font l'objet de la transmission et les éléments mentionnés au premier alinéa du 1. Le cas échéant, sur demande de l'administration, le donataire transmet l'attestation mentionnée au 2 de l'article 41 *quatervicies*.

Art. 41 *sexvicies* *(Décr. n° 2020-1335 du 3 nov. 2020, art. 1er-2°)* 1. La société de gestion d'un fonds commun de placement à risque ou d'un fonds professionnel de capital investissement, le gérant d'une société de libre partenariat ou la société de capital-risque mentionnés au *d* du 2° du I de l'article 150-0 B *ter* du code général des impôts sont tenus de souscrire et d'adresser, au service des impôts auprès duquel ils souscrivent leur déclaration de résultats, une déclaration détaillée permettant d'apprécier le quota d'investissement de 75 % prévu au *d* susmentionné, sur la base de l'inventaire semestriel au cours duquel le délai de cinq ans fixé au même *d* expire.

2. La déclaration prévue au 1 est adressée dans les quatre mois qui suivent la clôture de l'exercice comptable correspondant. Elle mentionne, pour chaque investissement retenu pour le calcul du quota de 75 % prévu au *d* du 2° du I de l'article 150-0 B *ter* susmentionné, les éléments suivants :

a) La dénomination de la société ou de l'entité ainsi que l'adresse de son siège social et de son siège de direction effective si elle est différente ;

b) L'activité principale de la société ;

c) La capitalisation boursière de la société si ses titres sont admis à la négociation sur un marché d'instruments financiers d'un État partie à l'accord sur l'Espace économique européen dont le fonctionnement est assuré par une entreprise de marché ou un prestataire de services d'investissement ;

d) Pour les titres dont l'acquisition a été réalisée dans les conditions prévues au *d* du 2° du I de l'article 150-0 B *ter* susmentionné, les éléments permettant d'apprécier le respect de la condition de contrôle ou de la condition de détention d'une participation minimale de la société émettrice des titres.

3. Dans ce même délai de quatre mois, le fonds, la société ou l'organisme émetteur des parts ou actions souscrites communique à la société mentionnée au premier alinéa du *a* du 2 de l'article 41 *quatervicies* A, une attestation indiquant si, à l'expiration du délai de cinq ans mentionné au *d* du 2° du I de l'article 150-0 B *ter* susmentionné, la condition tenant au quota d'investissement de 75 % en titres éligibles prévue au même *d* est satisfaite et indiquant le pourcentage de l'actif de ce fonds, de cette société ou de cet organisme constitué par ces titres.

4. Une copie de l'attestation mentionnée au 3 est transmise par la société mentionnée au premier alinéa du *a* du 2 de l'article 41 *quatervicies* A au contribuable ayant réalisé l'apport des titres grevés d'une plus-value en report d'imposition ou, le cas échéant, au donataire desdits titres.

X QUATER *REPORT D'IMPOSITION DE LA PLUS-VALUE CONSTATÉE LORS DE LA LEVÉE DE L'OPTION D'ACHAT D'UN IMMEUBLE ACQUIS EN CRÉDIT-BAIL ET PRÉCÉDEMMENT DONNÉ EN SOUS-LOCATION*

Art. 41 *novovicies* I. – Pour l'application du IV de l'article 93 *quater* du code général des impôts, la demande de report d'imposition de la plus-value doit être formulée par les nouveaux propriétaires ou, si le propriétaire des immeubles est une société mentionnée à l'article 8 du code général des impôts, par ceux des associés qui entendent bénéficier du report d'imposition de la plus-value imposable à leur nom.

II. – Les nouveaux propriétaires ou, le cas échéant, les associés qui entendent bénéficier du report d'imposition doivent indiquer sur la déclaration prévue à l'article 97 du code général des impôts le montant de la plus-value dont le report est demandé. Ils joignent à cette déclaration :

a) Une note annexe dans laquelle sont indiqués le nom ou la raison sociale et l'adresse des parties à l'acte, le lieu de situation de l'immeuble, objet du transfert de propriété, la date du transfert ainsi que le montant de la plus-value dont le report d'imposition est demandé ;

b) Un extrait ou une copie de l'acte comportant la demande de report d'imposition de la plus-value.

III. – Lorsque intervient un des événements mettant fin au report d'imposition de la plus-value, celle-ci doit être mentionnée sur la déclaration prévue à l'article 170 du code général des impôts, souscrite au titre de l'année au cours de laquelle intervient cet événement.

XI *DISPOSITIONS COMMUNES AUX DIFFÉRENTES CATÉGORIES DE REVENUS*

1° INFORMATIONS COMPLÉMENTAIRES À JOINDRE AUX DÉCLARATIONS DES CONTRIBUABLES RELEVANT DE LA DIRECTION DES GRANDES ENTREPRISES

Art. 41-00 A Les personnes morales ou groupements de droit ou de fait, dont le chiffre d'affaires hors taxes ou le total de l'actif brut figurant au bilan est supérieur ou égal à 400 millions d'euros à la clôture de l'exercice sont tenues de joindre à la déclaration prévue aux articles 172, 172 *bis* ou 223 du code précité :

1° La liste des personnes ou groupements de personnes de droit ou de fait détenant au moins 10 % de leur capital, en précisant, pour chacune d'entre elles, le nombre de parts ou d'actions et le taux de détention ainsi que, pour les personnes morales, leur dénomination, adresse et, pour celles établies en France, leur numéro d'identification au répertoire national des établissements (numéro SIRET) ou pour les personnes physiques leurs nom, prénoms, adresse, date et lieu de naissance ;

2° La liste des personnes morales ou groupements de personnes de droit ou de fait détenant à la clôture de l'exercice, indirectement, plus de la moitié de leur capital ou des droits de vote, ainsi que des personnes ou groupements qui, quel que soit le taux de détention, sont interposés dans la chaîne des participations, en indiquant leur dénomination, leur adresse, le taux de détention et, pour ceux établis en France, leur numéro d'identification au répertoire national des établissements (numéro SIRET) ;

3° La liste des personnes morales ou groupements de personnes de droit ou de fait dont elles détiennent à la clôture de l'exercice, directement ou indirectement, plus de la moitié du capital ou des droits de vote, ainsi que des personnes ou groupements qui, quel que soit le taux de détention, sont interposés dans la chaîne des participations, en indiquant leur dénomination, leur adresse, le taux de détention et, pour ceux établis en France, leur numéro d'identification au répertoire national des établissements (numéro SIRET) ;

4° *Dispositions périmées (Décr. n° 2013-463 du 3 juin 2013).*

2° *PLUS-VALUES RÉALISÉES DANS LE CADRE D'UNE ACTIVITÉ AGRICOLE, ARTISANALE, COMMERCIALE OU LIBÉRALE*

Art. 41-0 A I. – Pour l'application du III de l'article 151 *septies* du code général des impôts, les travaux agricoles et forestiers sont définis comme suit :

1° Travaux agricoles :

a) Labours, préparation et entretien des sols de cultures ;

b) Semis et plantations ;

c) Entretien et traitement des cultures et plantations ;

d) Récoltes.

2° Travaux forestiers :

a) Préparation et entretien des sols ;

b) Plantations et replantations ;

c) Exploitation des bois : abattage, ébranchage, élagage, éhouppage, travaux précédant ou suivant normalement ces opérations, notamment débroussaillement et nettoyage des coupes ;

d) Lorsqu'ils sont effectués sur le parterre de la coupe, travaux de façonnage, de conditionnement du bois, de sciage et de carbonisation ;

e) Enlèvement jusqu'aux aires de chargement.

II. — 1° Constituent des matériels agricoles ou forestiers au sens du III de l'article 151 *septies* du même code, les biens d'équipement qui sont exclusivement affectés à la réalisation des travaux visés au I ;

2° Les entrepreneurs de travaux agricoles ou forestiers s'entendent de ceux qui effectuent à titre principal, pour le compte de tiers exploitants agricoles ou forestiers, les travaux énumérés au I. Cette activité doit procurer à l'entreprise plus de 50 % de ses recettes annuelles.

III. — Le montant des recettes prises en compte pour l'application du III de l'article 151 *septies* précité s'entend du montant total des recettes de l'entreprise. — *Les dispositions du décret du 12 déc. 2003 s'appliquent à compter du 1er janv. 2004.*

2° BIS INDEMNITÉ COMPENSATRICE VERSÉE AUX AGENTS GÉNÉRAUX D'ASSURANCES À L'OCCASION DU DÉPART À LA RETRAITE

Art. 41-00 A *bis* I. — Pour l'application de la taxe exceptionnelle prévue au 2 du V de l'article 151 *septies* A du code général des impôts, le tarif annexé au premier alinéa de l'article 719 du code précité s'applique sur le montant brut des indemnités compensatrices dues en cas de cessation de mandat par les compagnies d'assurances en vertu des statuts réglementant la profession d'agent général d'assurances approuvés dans les conditions prévues à l'article L. 540-2 du code des assurances.

Lorsque l'indemnité compensatrice est versée sous forme de rente, le tarif mentionné au premier alinéa s'applique sur le capital représentatif de la rente.

II. — Les crédits d'impôts et les prélèvements ou retenues non libératoires de l'impôt sur le revenu s'imputent sur la taxe exceptionnelle.

III. — En vue de l'établissement de la taxe exceptionnelle, les agents généraux d'assurance indemnisés doivent au titre de l'année au cours de laquelle l'indemnité est acquise :

1° Indiquer le montant brut total des indemnités mentionnées au I sur la déclaration prévue à l'article 170 du code général des impôts ;

2° Joindre à la déclaration mentionnée à l'article 97 ou à l'article 170 du code général des impôts, déposée dans les conditions prévues à l'article 202 du même code :

a. Un état établi sur papier libre indiquant le montant brut des indemnités compensatrices mentionnées au I, les noms et adresses des compagnies d'assurances versantes, la date de conclusion du ou des mandats d'agents d'assurances indemnisés et la date de cessation desdits mandats ;

b. *Le document mentionné* au IV ou un engagement de le produire auprès du service des impôts dont dépend l'agent indemnisé lorsque ce document n'a pas pu être établi par la compagnie d'assurances au moment du dépôt de la déclaration prévue à l'article 97 ou à l'article 170 du code général des impôts ;

c. Le document attestant de la date d'entrée en jouissance des droits qu'a acquis l'agent indemnisé dans le régime de retraite de base auprès duquel il est affilié ou un engagement de le produire auprès du service des impôts dont il dépend lorsque ce document n'a pas pu être établi au moment du dépôt de la déclaration prévue à l'article 97 ou à l'article 170 du code général des impôts.

IV. — Les compagnies d'assurances redevables de l'indemnité compensatrice établissent, sur papier libre, un document comportant les informations suivantes :

1° Nom et adresse du nouvel agent poursuivant l'activité de l'agent indemnisé ;

2° Lieu d'exercice de l'activité professionnelle par ce nouvel agent ;

3° Date de reprise de l'activité par le nouvel agent.

Ce document doit être fourni à l'agent général d'assurances indemnisé le mois qui suit la reprise de l'activité par le nouvel agent.

2° TER PLUS-VALUES RÉALISÉES LORS DE CESSIONS D'IMMEUBLES D'EXPLOITATION PAR DES ENTREPRISES QUI EXERCENT LEUR ACTIVITÉ DANS LE DOMAINE DES HÔTELS, CAFÉS ET RESTAURANTS

Art. 41-00 A *ter* *Dispositions périmées (Décr. n° 2013-463 du 3 juin 2013).*

3° PLUS-VALUES RÉALISÉES À L'OCCASION D'APPORTS EN SOCIÉTÉS

Art. 41-0 A *bis* **I. – L'état dont la production est prévue au sixième alinéa du II de l'article 151 *octies* du code général des impôts mentionne les éléments suivants :**

a) **Le nom de l'apporteur, son adresse au moment de la production de l'état et l'adresse du siège de la direction de l'entreprise à laquelle étaient affectés les éléments d'actif apportés ou du lieu de son principal établissement ;**

b) **Au moment de la production de l'état, la forme, la dénomination sociale, le numéro SIRET, l'adresse du principal établissement ou du siège de la direction de la société bénéficiaire de l'apport et, si elle est différente, l'adresse de son siège social ;**

c) **La date de l'apport ;**

d) **Le nombre de titres reçus en rémunération de l'apport et leur valeur à cette date correspondant à la valeur des apports ;**

e) **Pour chaque élément non amortissable apporté, l'état mentionne les renseignements visés aux *a, b* et *e* du 1° du I de l'article 38 *quindecies* ainsi que le montant de la plus ou moins-value réalisée lors de l'apport et son régime fiscal à cette date ;**

f) **En cas de cession de tout ou partie des éléments non amortissables apportés, la nature du ou des biens cédés et la date de la cession par la société bénéficiaire de l'apport ;**

g) **En cas de cession à titre onéreux, de rachat ou d'annulation de tout ou partie des droits sociaux reçus en rémunération de l'apport, la nature et la date de l'opération ainsi que le nombre de titres concernés ;**

h) **En cas de transmission à titre gratuit, les nom et adresse du ou des bénéficiaires ;**

i) **En cas de transformation de la société bénéficiaire de l'apport, la date de l'opération, la forme nouvelle adoptée par la société.**

II. – Les dispositions du I s'appliquent au bénéficiaire de la transmission mentionné au premier alinéa du *a* du I de l'article 151 *octies* du code général des impôts qui prend l'engagement visé à ce même *a*.

Art. 41-0 A *bis* A **I. – L'état dont la production est prévue au V de l'article 151 *octies* B du code général des impôts mentionne les éléments suivants :**

a) **Le nom de l'apporteur, son adresse et l'adresse du siège de la direction de l'entreprise apporteuse ou du lieu de son principal établissement ;**

b) **La forme, la dénomination sociale, le numéro SIRET, l'adresse du principal établissement ou du siège de la direction de la société bénéficiaire de l'apport et, si elle est différente, l'adresse de son siège social ;**

c) **La date de l'apport ;**

d) **Le nombre de titres apportés et leur prix de revient fiscal chez l'apporteur ;**

e) **La forme, la dénomination sociale, le numéro SIRET, l'adresse du principal établissement ou du siège de la direction de la société dont les titres sont apportés ;**

f) **Le nombre de titres reçus en rémunération de l'apport et leur valeur à cette date correspondant à la valeur de l'apport ;**

g) **Le montant de la plus-value réalisée lors de l'apport et dont l'imposition est reportée ;**

h) **En cas de cession des titres apportés, le nombre de titres cédés et la date de cession par la société bénéficiaire de l'apport ;**

i) **En cas de cession à titre onéreux, de rachat ou d'annulation de tout ou partie des droits sociaux reçus en rémunération de l'apport, la nature et la date de l'opération ainsi que le nombre de titres concernés ;**

j) En cas de transmission à titre gratuit par l'apporteur des droits sociaux reçus en rémunération de l'apport dans le cadre d'une opération visée à l'article 41 du code général des impôts, les nom et adresse du bénéficiaire lorsqu'il a pris l'engagement d'acquitter l'impôt sur la plus-value en report ;

k) En cas de fusion ou de scission de la société dont les droits ou parts ont été apportés ou de la société bénéficiaire de l'apport sans remise en cause du report, le nombre de titres reçus ainsi que la forme, la dénomination sociale, le numéro SIRET, l'adresse du principal établissement ou du siège de la société ou des sociétés dont les titres ont été remis à l'échange ;

l) En cas de transformation de la société bénéficiaire de l'apport, la date de l'opération, la forme nouvelle adoptée par la société.

II. – Les dispositions du I s'appliquent au bénéficiaire de la transmission mentionné au 2° du IV de l'article 151 *octies* B du code général des impôts qui prend l'engagement visé à ce même 2°.

Art. 41-0 A *bis* B L'état dont la production est prévue par le cinquième alinéa de l'article 151 *octies* C du code général des impôts mentionne les éléments suivants :

a) L'adresse du siège de la direction ou du principal établissement de la société ou de l'organisme transformé, sa forme, sa dénomination sociale et le numéro d'identité qui lui a été attribué dans les conditions du premier alinéa de l'article R. 123-221 du code de commerce ;

b) La liste des associés de la société ou de l'organisme transformé à la date de la transformation ;

c) La date de la transformation ;

d) L'adresse du principal établissement ou du siège de la direction de l'association d'avocats, sa dénomination et le numéro d'identité qui lui a été attribué dans les conditions du premier alinéa de l'article R. 123-221 du code de commerce ;

e) La liste des associés et la proportion de leurs droits dans l'association, à la date de la transformation et au 31 décembre de l'année d'imposition ainsi que, le cas échéant, les événements ayant conduit à une variation de la proportion des droits dans l'association au cours de l'année d'imposition ;

f) Le nom de l'associé déclarant, son adresse, le nombre de parts qu'il détenait dans la société ou l'organisme transformé et la plus-value ou moins-value constatée lors de la transformation ;

g) Le montant, la nature et l'origine des plus-values dont le report d'imposition est maintenu au nom de l'associé déclarant lors de la transformation.

3° BIS PLUS-VALUES RÉALISÉES SUR DES DROITS OU PARTS DE SOCIÉTÉS DE PERSONNES DANS LESQUELLES LES CONTRIBUABLES EXERCENT LEUR ACTIVITÉ PROFESSIONNELLE

Art. 41-0 A *ter* I. – Pour l'application du II de l'article 151 *nonies* du code général des impôts, les deux états à joindre à leur déclaration de revenus par les bénéficiaires de la transmission et dont la production est prévue au 2 du II et au VI du même article sont établis conformément aux modèles fixés par l'administration. Ces états mentionnent la date de l'opération de transmission, les noms et adresses des bénéficiaires concernés, la dénomination sociale et l'adresse de la société dont les droits ou parts sont transmis, le nombre et le pourcentage des droits ou parts transmis ainsi que la nature des droits des bénéficiaires sur ces droits ou parts et les informations nécessaires pour le suivi des plus-values en report d'imposition.

L'état prévu au 2 du II de l'article 151 *nonies* précité mentionne en outre le montant des plus-values réalisées lors de la transmission et dont l'imposition est reportée.

L'état prévu au VI de l'article 151 *nonies* précité mentionne également les opérations réalisées ou les événements survenus au cours de l'année de nature à mettre fin au report d'imposition ou à le transmettre à un nouveau bénéficiaire, ainsi que le montant des plus-values demeurant en report d'imposition.

II. – Pour l'application des III et IV de l'article 151 *nonies* du code général des impôts, l'état dont la production est prévue au VI du même article est établi conformément à un modèle fixé par l'administration. Cet état mentionne les nom et adresse du bénéficiaire du report d'imposition, la dénomination sociale et l'adresse de la société dont les droits ou parts sont détenus, le nombre de droits ou parts détenus, la nature

de l'opération ou de l'événement ayant entraîné le report d'imposition, les opérations réalisées ou les événements survenus au cours de l'année de nature à mettre fin au report d'imposition ou à le transmettre à un nouveau bénéficiaire, ainsi que le montant des plus-values demeurant en report d'imposition et les informations nécessaires pour le suivi des plus-values en report d'imposition.

4° VERSEMENTS À FONDS PERDUS EN FAVEUR DE LA CONSTRUCTION

Art. 41 A **Peuvent, quel que soit leur montant, être compris dans les charges déductibles pour l'établissement de l'impôt sur le revenu ou de l'impôt sur les sociétés, les versements à fonds perdus remplissant les conditions spécifiées à l'article 41 B, lorsqu'ils bénéficient à des organismes habilités à collecter les versements que font les employeurs en vue de satisfaire à l'obligation de participer à la construction instituée par l'article L. 313-1 du code de la construction et de l'habitation et qu'ils sont effectués par des entreprises industrielles et commerciales, par des contribuables exerçant une profession non commerciale et par des entreprises agricoles ayant opté pour le régime de l'imposition d'après le bénéfice réel.** – *V. CCH, art. R. 313-2 à R. 313-45.* – ***CCH.***

Art. 41 B **Les versements à fonds perdus visés à l'article 41 A doivent remplir les conditions suivantes :**

1° ***a)*** **Lorsqu'ils sont effectués par des employeurs assujettis à la participation à l'effort de construction, les versements doivent être considérés comme des investissements valables au regard de la réglementation de la participation des employeurs à l'effort de construction ;**

b) **Lorsqu'ils sont effectués par d'autres employeurs, ils doivent être destinés à permettre la construction d'habitations qui doivent respecter les caractéristiques et les prix fixés pour l'octroi des primes à la construction ;**

2° L'entreprise versante doit perdre complètement et définitivement tout droit sur les sommes versées ;

3° Les dirigeants de l'entreprise versante au sens du 3 de l'article 39 et de l'article 211 ***bis*** **du code général des impôts et le chef d'entreprise, s'il s'agit d'un exploitant individuel, ainsi que leurs conjoints et leurs enfants non émancipés ne doivent retirer aucun avantage de ces versements ;**

4° *Abrogé.*

Art. 41 C *Disposition périmée.*

Art. 41 D **Les sociétés qui ne sont pas, par elles-mêmes, passibles de l'impôt sur les sociétés ne sont pas comprises dans la liste des sociétés et organismes prévue à l'article 39** ***quinquies*** **du code général des impôts.**

5° OBLIGATIONS DES GESTIONNAIRES DE FONDS SALARIAUX

Art. 41 DA **Les gestionnaires désignés par la convention ou l'accord agréé créant le fonds salarial doivent déclarer annuellement pour chaque salarié la nature et la valeur des opérations inscrites au compte ouvert à son nom dans le fonds, en distinguant :**

1° *Devenu sans objet* **;**

2° Les retraits opérés par le salarié, au cours de l'année, ventilés selon l'origine des sommes déposées ;

3° Les produits servis aux salariés au cours de l'année.

Ces renseignements sont mentionnés sur la déclaration prévue au 1 de l'article 242 ***ter*** **du code code général des impôts.** – *Pour les conditions et délais dans lesquels cette déclaration doit être faite, V. art. 49 D à 49 I.*

Art. 41 DB *Devenu sans objet.*

6°

Art. 41 DC à 41 DG *Devenus sans objet (L. n° 2001-1275 du 28 déc. 2001, art. 11-V).*

6° BIS TAUX MINIMAL D'INVESTISSEMENT DANS CERTAINES STRUCTURES DE CAPITAL-RISQUE

Art. 41 DGA **I. – Le taux applicable à titre dérogatoire, mentionné au** *(Décr. n° 2020-588 du 18 mai 2020, art. 1er-1°)* **« dernier alinéa du** ***b*** **du 2° » du 8 du II de l'article**

150-0 A du code général des impôts et au *(Décr. nº 2020-588 du 18 mai 2020, art. 1er-1º)* **« dernier alinéa du *b* du 2° » du 1 du II de l'article 163 *quinquies* C du même code, est fixé à 0,25 % du montant total des souscriptions dans le fonds commun de placement à risques, le fonds professionnel spécialisé relevant de l'article L. 214-37 du code monétaire et financier dans sa rédaction antérieure à l'ordonnance n° 2013-676 du 25 juillet 2013 modifiant le cadre juridique de la gestion d'actifs, le fonds professionnel de capital investissement, la société de capital-risque ou l'entité mentionnée au dernier alinéa du 8 du II de l'article 150-0 A précité, lorsque l'objet principal du fonds, de la société ou de l'entité est d'investir, directement ou indirectement par l'intermédiaire d'autres fonds, sociétés ou entités :**

1° Dans des sociétés innovantes qui satisfont à la condition prévue au 1° ou au 2° du I de l'article L. 214-30 du code monétaire et financier, dont les titres ne sont admis aux négociations ni sur un marché réglementé d'instruments financiers français ou étranger, ni sur un marché non réglementé d'instruments financiers d'un État qui n'est pas partie à l'accord sur l'Espace économique européen ;

2° Dans des petites ou moyennes entreprises au sens de l'annexe I au règlement (CE) n° 800/2008 de la Commission du 6 août 2008 déclarant certaines catégories d'aides compatibles avec le marché commun en application des articles 87 et 88 du traité (règlement général d'exemption par catégorie), dont les titres ne sont admis aux négociations ni sur un marché réglementé d'instruments financiers français ou étranger, ni sur un marché non réglementé d'instruments financiers d'un État qui n'est pas partie à l'accord sur l'Espace économique européen. Pour apprécier la composition du capital des petites et moyennes entreprises, il n'est pas tenu compte des participations des sociétés de capital-risque, des fonds communs de placement à risques, des fonds professionnel spécialisé relevant de l'article L. 214-37 du code monétaire et financier dans sa rédaction antérieure à l'ordonnance n° 2013-676 du 25 juillet 2013 modifiant le cadre juridique de la gestion d'actifs, des fonds professionnels de capital investissement, des sociétés de développement régional, des sociétés financières d'innovation et des sociétés unipersonnelles d'investissement à risque ou des structures équivalentes établies dans un autre État membre de la Communauté européenne ou dans un État ou territoire ayant conclu avec la France une convention fiscale qui contient une clause d'assistance administrative en vue de lutter contre la fraude ou l'évasion fiscale.

Le taux d'investissement de 0,25 % mentionné au premier alinéa du I s'applique également au montant total des souscriptions dans un fonds commun de placement dans l'innovation mentionné à l'article L. 214-30 du code monétaire et financier et dans un fonds d'investissement de proximité mentionné à l'article L. 214-31 du même code.

Toutefois, le taux d'investissement de 0,25 % ne s'applique pas lorsque les parts, actions ou droits du fonds, de la société ou de l'entité donnant lieu à des droits différents sur leur actif net ou leurs produits et attribués en fonction de la qualité de la personne donnent droit à un pourcentage supérieur à 20 % des plus-values et produits réalisés par le fonds, la société ou l'entité au-delà des souscriptions reçues.

II. – Lorsque les parts, actions ou droits du fonds, de la société ou de l'entité donnant lieu à des droits différents sur leur actif net ou leurs produits et attribués en fonction de la qualité de la personne donnent droit à un pourcentage inférieur à 20 % des plus-values et produits réalisés par le fonds, la société ou l'entité au-delà des souscriptions reçues, *(Décr. nº 2020-588 du 18 mai 2020, art. 1er-2º-a)* **« les taux d'investissement prévus aux deuxième et troisième alinéas du *b* du 2° » du 8 du II de l'article 150-0 A du code général des impôts et** *(Décr. nº 2020-588 du 18 mai 2020, art. 1er-2º-b)* **« aux deuxième et troisième alinéas du *b* du 2° » du 1 du II de l'article 163 *quinquies* C du même code, ainsi que le taux de 0,25 % prévu au I, sont diminués dans la proportion existant entre le pourcentage auquel donnent droit ces parts, actions ou droits et le pourcentage de 20 %.**

III. – Le ministre chargé de l'économie peut autoriser l'application d'un taux inférieur à celui de 1 % prévu au *(Décr. nº 2020-588 du 18 mai 2020, art. 1er-3º)* **« deuxième alinéa du *b* du 2° » du 8 du II de l'article 150-0 A du code général des impôts et au** *(Décr. nº 2020-588 du 18 mai 2020, art. 1er-3º)* **« deuxième alinéa du *b* du 2° » du 1 du II de l'article 163 *quinquies* C du même code lorsque l'objet principal du fonds commun de placement à risques, du fonds professionnel spécialisé relevant de l'article L. 214-37 du code monétaire et financier dans sa rédaction antérieure à**

l'ordonnance n° 2013-676 du 25 juillet 2013 modifiant le cadre juridique de la gestion d'actifs, du fonds professionnel de capital investissement, de la société de capital-risque ou de l'entité mentionnée au dernier alinéa du 8 du II de l'article 150-0 A précité est d'investir dans des conditions particulières au regard des pratiques courantes de marché, compte tenu des types d'investissement pratiqués et du niveau de risque qui en résulte.

Cette autorisation fixe le taux d'investissement applicable au fonds, à la société ou à l'entité, qui ne peut être inférieur à 0,5 %, ainsi que les conditions d'application de la dérogation accordée.

IV. — 1. Abrogé par Décr. n° 2015-1469 du 13 nov. 2015, art. 13-2°.

Les demandes de dérogation au taux d'investissement de 1 % prévu au *(Décr. n° 2020-588 du 18 mai 2020, art. 1er-3°)* « deuxième alinéa du *b* du 2° » du 8 du II de l'article 150-0 A du code général des impôts et au *(Décr. n° 2020-588 du 18 mai 2020, art. 1er-3°)* « deuxième alinéa du *b* du 2° » du 1 du II de l'article 163 *quinquies* C du même code, présentées auprès du directeur de la législation fiscale, sont instruites au vu des éléments transmis par le fonds, la société ou l'entité et relatifs à son orientation de gestion et à sa stratégie d'investissement.

La décision de dérogation se prononce sur le taux d'investissement retenu pour le fonds, la société ou l'entité concerné, sur la durée de la dérogation accordée et sur les modalités de sa mise en œuvre.

2. et 3. Abrogés par Décr. n° 2015-1469 du 13 nov. 2015, art. 13-2°.

7° IMPATRIÉS NON SALARIÉS

Art. 41 DG *bis* *(Devenu sans objet, Décr. n° 2017-698 du 2 mai 2017, art. 3)* ***Sont éligibles aux dispositions du b du 1 du I de l'article 155 B du code général des impôts, les activités de recherche et de développement expérimental.***

Art. devenu sans objet en conséquence de la L. n° 2016-1917 du 29 déc. 2016, art. 71-I-3° et II.

8° OPTION POUR LE VERSEMENT FORFAITAIRE LIBÉRATOIRE DE L'IMPÔT SUR LE REVENU

(Décr. n° 2008-1476 du 30 déc. 2008)

Art. 41 DG *ter* I. — L'option pour le versement forfaitaire libératoire prévue au I de l'article 151-0 du code général des impôts est exercée selon les modalités prévues à l'article *(Décr. n° 2020-621 du 22 mai 2020, art. 3-IV)* « R. 613-7 » du code de la sécurité sociale. — *Les dispositions de l'art. R. 133-30-1 CSS ont été transférées ss. l'art. R. 613-7 du même code (Décr. n° 2019-718 du 5 juill. 2019, art. 2-I-6°).*

II. — La déclaration de chiffre d'affaires ou de recettes ainsi que le versement de l'impôt dû s'effectuent selon les règles fixées aux articles *(Décr. n° 2020-621 du 22 mai 2020, art. 3-IV)* « R. 613-8 à R. 613-13 » du code de la sécurité sociale. — *Les dispositions des art. R. 133-30-2 à R. 133-30-4 CSS ont été transférées ss. les art. R. 613-8 à R. 613-13 du même code (Décr. n° 2019-718 du 5 juill. 2019, art. 2-I-6°).*

III. — En cas de cessation d'activité, d'abandon ou de perte du régime mentionné au IV de l'article 151-0 du code général des impôts, le contribuable est soumis aux obligations prévues à l'article *(Décr. n° 2020-897 du 22 juill. 2020, art. 3)* « R. 613-14 » du code de la sécurité sociale. — *Les dispositions de l'art. R. 133-30-5 CSS ont été transférées ss. l'art. R. 613-14 du même code (Décr. n° 2019-718 du 5 juill. 2019, art. 2-I-6°).*

IV. — En cas de non-paiement des sommes dues ou de paiement partiel de ces dernières aux dates mentionnées à l'article *(Décr. n° 2020-621 du 22 mai 2020, art. 3-IV)* « R. 613-8 » du code de la sécurité sociale, leur recouvrement s'effectue selon les dispositions mentionnées *(Décr. n° 2020-621 du 22 mai 2020, art. 3-IV)* « aux articles R. 243-18 et R. 243-19 à R. 243-21 » du même code. — *Les dispositions de l'art. R. 133-30-2 CSS ont été transférées ss. l'art. R. 613-8 du même code et les dispositions de l'art. R. 133-30-6 CSS ont été abrogées (Décr. n° 2019-718 du 5 juill. 2019, art. 2-I-6° et 2-II-7°).*

SECTION II REVENU GLOBAL

0I

Art. 41 DH à 41 DN *Devenus sans objet (L. n° 93-859 du 22 juin 1993, art. 24).*

Art. 41 DN *bis* Le bénéfice imposable retenu pour la détermination des limites de déduction des cotisations ou primes mentionnées au II de l'article 154 *bis* et au I de l'article 154 *bis*-0 A du code général des impôts s'entend du bénéfice imposable avant déduction de ces mêmes cotisations ou primes.

Art. 41 DN *ter* Les organismes auprès desquels sont versées au titre du risque vieillesse des cotisations ou primes mentionnées au deuxième alinéa du I de l'article 154 *bis* du code général des impôts ou au I de l'article 154 *bis*-0 A du même code délivrent aux cotisants, avant le 1er mars de chaque année, une attestation mentionnant le montant des cotisations ou primes versées au cours de l'année civile précédente ou au cours du dernier exercice clos. Un double de cette attestation est produit dans le même délai à l'administration fiscale.

(Abrogé par Décr. n° 2021-1023 du 30 juill. 2021, art. 1er) (Décr. n° 2019-807 du 30 juill. 2019, art. 5 et 9-IV, en vigueur le 1er oct. 2019) ***« Les organismes gestionnaires des plans d'épargne retraite mentionnés à l'article L. 224-1 du code monétaire et financier doivent déclarer à l'administration fiscale le montant des versements mentionnés au dernier alinéa du I de l'article 154 bis et au second alinéa de l'article 154 bis-0 A du code général des impôts effectués par chacun de leurs souscripteurs.***

« Ces renseignements doivent parvenir à l'administration fiscale avant le 16 février de chaque année pour les versements réalisés l'année précédente. Ils figurent sur la déclaration prévue au 1 de l'article 242 ter du code général des impôts. »

0I *BIS* OPÉRATIONS DE RESTAURATION IMMOBILIÈRE

Art. 41 DO *(Devenu sans objet, Décr. n° 2018-500 du 20 juin 2018, art. 4)* ***Pour l'application des dispositions du deuxième alinéa du 3° du I de l'article 156 du code général des impôts, les organismes qui prennent l'initiative d'une opération de restauration immobilière dans un secteur sauvegardé ou une zone de protection du patrimoine architectural, urbain et paysager doivent relever de l'une des catégories énumérées ci-après :***

a) Établissements publics d'aménagement créés en application des articles L. 321-1 à L. 321-9 du code de l'urbanisme ;

b) Sociétés d'économie mixte répondant aux conditions définies par l'article L. 300-4 du code de l'urbanisme, et qui sont chargées de l'opération de restauration en vertu d'une convention publique d'aménagement conclue avec la collectivité publique ;

c) Organismes d'habitation à loyer modéré habilités à réaliser des opérations d'aménagement en vertu des articles L. 421-1, L. 421-4 et L. 422-2 du code de la construction et de l'habitation ;

d) Associations sans but lucratif dont l'un des objets est l'amélioration de l'habitat ou la restauration immobilière, comprenant dans leur organe dirigeant un ou plusieurs représentants de l'État ou de l'une des collectivités territoriales concernées par l'opération, soumises au contrôle de la Cour des comptes ou de la chambre régionale des comptes à raison de leurs ressources et agréées par le représentant de l'État dans le département comme remplissant les conditions définies par le présent article.

0I *TER* *OPÉRATIONS DE RÉAMÉNAGEMENT D'IMMEUBLES SITUÉS DANS LES ZONES FRANCHES URBAINES*

Art. 41 DP à 41 DR *Devenus sans objet (Décr. n° 2007-484 du 30 mars 2007).*

I *MONUMENTS HISTORIQUES – CHARGES DÉDUCTIBLES*

Art. 41 E Dans la mesure où elles ne sont pas déduites des revenus visés à l'article 29, deuxième alinéa, du code général des impôts, les charges foncières afférentes aux immeubles classés monuments historiques ou inscrits à l'inventaire supplémentaire et dont le propriétaire se réserve la jouissance peuvent être admises en déduction du revenu global servant de base à l'impôt sur le revenu dans les conditions et limites définies aux articles 41 F à 41 I.

1. Les dépenses portant sur les parties non classées du monument historique ne sont pas déductibles. • CE 6 juin 1984, n° 38037 : *Dr. fisc. 1985. 407, concl. Bissara.* ♦ Il en va autrement si les travaux affectant les parties non classées sont rendus indispensables par l'état de l'immeuble et constituent un ensemble indivisible avec les travaux sur les parties classées. • CE 21 déc. 1990, n° 62770 : *Dr. fisc. 1991. 889.*

2. Les dépenses de chauffage engagées par le propriétaire d'un château, non ouvert au public, dont certaines parties, inscrites à l'inventaire supplémentaire des monuments historiques, nécessitent, eu égard aux procédés mis en œuvre pour leur construction et pour leur préservation, un chauffage assurant leur maintien hors gel, sont déductibles, dans une proportion correspondant à la consommation de combustible utilisée pour atteindre la température de mise hors gel. • CAA Lyon, 24 mars 2005, n° 99LY2929 : *Dr. fisc. 2005. 690.*

Art. 41 F **I. — Les charges visées à l'article 41 E comprennent tout ou partie des dépenses de réparation et d'entretien ainsi que des autres charges foncières énumérées aux *a* à *e* du 1° et au *a* du 2° du I de l'article 31 du code général des impôts.**

Ces charges sont déductibles pour leur montant total si le public est admis à visiter l'immeuble et pour 50 % de leur montant dans le cas contraire.

II. — Toutefois, les participations aux travaux de réparation ou d'entretien exécutés ou subventionnés par l'administration des affaires culturelles sont déductibles pour leur montant total.

1. Les participations aux travaux effectués sur un monument historique n'ouvrent droit à la déduction qu'à la condition que ces travaux donnent lieu au versement effectif d'une subvention par l'Administration des affaires culturelles. • CE 9 juill. 1997, n° 150116 : *Dr. fisc. 1997. 1225, concl. Loloum.*

2. Lorsqu'une opération unique de réparation ou d'entretien réalisée sur un monument historique n'est scindée en deux tranches qu'en raison du rythme d'engagement des crédits par l'État, les travaux doivent être regardés dans leur totalité comme subventionnés, même si seule la première tranche a fait l'objet d'une subvention. • CE 9 juill. 1997, n° 150116 : *Dr. fisc. 1997. 1225, concl. Loloum.* ♦ Il en est de même, lorsque les travaux constituent un ensemble indissociable au financement desquels l'Administration des affaires culturelles a effectivement concouru, même si, pour tenir compte des possibilités d'engagement de crédits de l'État, le montant des travaux mentionné dans les arrêtés attributifs de subventions a été limité. • CAA Bordeaux, 16 mai 2002, n° 98BX853 : *Dr. fisc. 2002. 924* • CE 18 mars 2005, n° 248715 : *RJF 2005. 524 ; concl. Mitjavile au BDCF 6/05, n° 67 ; Dr. fisc. 2005. 547, concl. Mitjavile.*

3. Des travaux engagés, mis en œuvre et vérifiés en application d'arrêtés préfectoraux ne peuvent être regardés comme des travaux exécutés par l'Administration des affaires culturelles. • CE 21 juin 2002, n° 222179 : *Dr. fisc. 2002. 780 ; RJF 2002. 1094.*

Art. 41 G **Lorsque les travaux de réparation ou d'entretien donnent lieu à l'attribution de subventions, les dépenses correspondantes ne sont prises en compte, chaque année, que dans la mesure où elles doivent rester définitivement à la charge du propriétaire après déduction de la quote-part y afférente des subventions, quelle que soit la date de versement de celles-ci.**

Art. 41 H *Devenu sans objet (Décr. n° 2014-549 du 26 mai 2014).*

Art. 41 I **Pour l'application de l'article 41 F, un arrêté détermine les conditions auxquelles il doit être satisfait pour que l'immeuble soit considéré comme ouvert au public.** — *V. Ann. IV, art. 17 ter à 17 quinquies.*

Art. 41 I *bis* **Pour les immeubles qui, bien que non classés parmi les monuments historiques, ni inscrits à l'inventaire supplémentaire, font partie du patrimoine national à raison du label délivré par la Fondation du patrimoine, les charges déductibles afférentes à ces immeubles sont exclusivement celles qui correspondent aux travaux de réparation et d'entretien. Pour les immeubles habitables, seuls les travaux de cette nature, afférents aux murs, aux façades et aux toitures, ouvrent droit à déduction. La déduction est en outre réservée à ceux de ces immeubles qui sont visibles de la voie publique. La déduction des charges est limitée à 50 % de leur montant. Cette déduction est toutefois portée à 100 % lorsque les travaux sont subventionnés à hauteur de *20 % au moins de leur* montant. Ces pourcentages de déduction s'appliquent à la seule fraction des travaux non couverte par une subvention.**

Art. 41 J **Pour bénéficier de la déduction des charges énumérées aux articles 41 F et 41 I *bis*, les propriétaires d'immeubles classés monuments historiques, inscrits à l'inventaire supplémentaire ou bénéficiant du label délivré par la "Fondation du patri-**

moine" mentionné à l'article 41 I *bis* sont tenus de joindre à la déclaration annuelle de leurs revenus une note indiquant :

— le détail des sommes dont la déduction est demandée ;

— la date du décret, de l'arrêté ou de la décision qui a, selon le cas, soit classé l'immeuble ou certaines parties de l'immeuble sur la liste des monuments historiques, soit décidé son inscription à l'inventaire supplémentaire.

Pour les monuments classés, elle est accompagnée d'une attestation de l'administration des affaires culturelles certifiant que les travaux exécutés ont effectivement le caractère de travaux d'entretien et de réparation et indiquant, d'une part, le montant du devis correspondant établi par l'architecte en chef des monuments historiques et, d'autre part, le cas échéant, le taux de la subvention accordée.

Pour les immeubles ayant reçu le label délivré par la "Fondation du patrimoine", elle est accompagnée d'une copie de la décision d'octroi de ce label.

II ENGAGEMENTS D'ÉPARGNE À LONG TERME

Art. 41 K Les engagements d'épargne à long terme prévus à l'article 163 *bis* A du code général des impôts sont constatés par un acte écrit.

Cet acte est passé entre le souscripteur et l'établissement chargé de la tenue du compte d'épargne. Il précise leurs obligations et leurs droits. Le souscripteur peut se réserver la possibilité de prendre lui-même les décisions d'achats et de ventes de valeurs mobilières ou donner mandat à l'établissement de procéder pour son compte à ces opérations. Dans ce dernier cas, il peut révoquer le mandat quand bon lui semble.

Art. 41 L Le souscripteur doit s'engager à effectuer chaque année, en une ou plusieurs fois, un versement d'un montant fixe, pendant une durée au moins égale à celle qui est déterminée par arrêté du ministre de l'économie et des finances *[Ann. IV, art. 17 sexies]*.

Ce montant est fixé dans l'acte prévu à l'article 41 K.

Toutefois, cet acte peut réserver au souscripteur la faculté de majorer un ou plusieurs des versements dans la limite de 50 % de ce montant annuel, sans que le total des versements ainsi effectués au cours de l'année puisse excéder le plafond prévu par la loi.

Art. 41 M Les engagements d'épargne à long terme pris en application des dispositions des articles 41 K à 41 V peuvent être prorogés pour une ou plusieurs années supplémentaires.

Toutefois, le bénéfice de cette mesure est subordonné à la condition que la prorogation intervienne pendant l'année précédant l'expiration du délai prévu à l'article 41 L.

Art. 41 N Les comptes d'épargne tenus en application de l'article 163 *bis* A du code général des impôts ne pourront être ouverts que dans les établissements suivants :

Banque de France ;
Caisse des dépôts et consignations ;
Crédit foncier de France ;
Crédit foncier et communal d'Alsace et de Lorraine ;
Caisse nationale et caisses régionales de crédit agricole mutuel ;
Caisse centrale de crédit coopératif ;
Établissements de crédit ; — *V. Ann. IV, art. 17 septies.*
Banques populaires ;
Banque centrale des coopératives ;
Prestataires de services d'investissement.

Les caisses d'épargne sont autorisées à recevoir les versements prévus à l'article 41 L pour le compte de la caisse des dépôts et consignations, dans les conditions qui seront fixées par le ministre de l'économie et des finances.

Art. 41 O Le souscripteur peut demander à tout moment le transfert de son compte d'épargne et des valeurs mobilières acquises à un autre établissement autorisé à ouvrir des comptes d'épargne, sous réserve de l'accord de ce dernier.

En ce cas, le nouvel établissement est substitué à l'ancien dans toutes les obligations résultant du contrat, à compter de la date du transfert.

Art. 41 P L'établissement chargé de la tenue du compte d'épargne porte au crédit de ce compte les versements effectués par le souscripteur, le montant des produits des valeurs mobilières encaissées et du crédit d'impôt restitué par l'administration, les remboursements de valeurs mobilières, ainsi que le montant des ventes de valeurs mobilières et de droits détachés de valeurs mobilières. Il porte au débit de ce compte le montant des souscriptions et des achats de valeurs mobilières et de droits de souscription ou d'attribution, ainsi que les frais de gestion. Il conserve et gère les valeurs mobilières acquises pour le compte du souscripteur.

Art. 41 Q Les sommes portées au crédit du compte d'épargne doivent être employées en valeurs mobilières dans un délai maximal de six mois.

Toutefois, une somme égale à 15 % au plus du montant des versements annuels cumulés peut être conservée en numéraire sans limitation de durée.

Les valeurs étrangères, décomptées à leur prix d'acquisition majoré des frais d'achat, ne peuvent représenter plus de la moitié du même montant.

Art. 41 R Sauf en cas de force majeure ou d'invalidité totale, le souscripteur ne peut demander le remboursement des sommes inscrites au crédit du compte d'épargne, ni se faire remettre les valeurs mobilières acquises, ni remettre ces valeurs mobilières en nantissement, avant l'expiration de la durée de l'engagement.

Si ces obligations ne sont pas respectées, les produits précédemment exonérés sont réintégrés dans le revenu imposable dans les conditions définies au IV de l'article 163 *bis* A du code général des impôts.

Art. 41 S *Devenu sans objet (Décr. n° 85-201 du 13 févr. 1985, art. 4).*

Art. 41 T Le crédit d'impôt attaché aux revenus portés au crédit du compte d'épargne donne lieu à la délivrance d'un certificat, conformément aux dispositions de l'article 77 de l'annexe II au code général des impôts.

Le certificat est établi au nom du souscripteur et porte la désignation du compte d'épargne.

La restitution du crédit d'impôt mentionné sur le certificat est demandée par l'établissement chargé de la tenue du compte d'épargne.

Cette demande, accompagnée du certificat, est adressée à la direction départementale ou, le cas échéant, régionale des finances publiques de la résidence de l'établissement dans les conditions et délai prévus au II de l'article 94 de la même annexe.

La restitution est opérée au profit de cet établissement, à charge par lui d'inscrire les sommes correspondantes au crédit du compte d'épargne.

Art. 41 U *Devenu sans objet (Décr. n° 85-201 du 13 févr. 1985, art. 4).*

Art. 41 V 1. L'établissement chargé de la tenue du compte d'épargne doit déclarer à la direction départementale ou, le cas échéant, régionale des finances publiques de sa résidence, avant le 1er mars de chaque année, le montant des versements effectués par le souscripteur au cours de l'année précédente. Lorsque la période annuelle de versement prévue au contrat ne coïncide pas avec l'année civile, la déclaration mentionne les versements effectués au cours de la dernière période expirée avant le 1er janvier.

2. Si le souscripteur procède aux opérations de retrait mentionnées à l'article 41 R, l'établissement chargé de la tenue du compte d'épargne doit en aviser la direction départementale ou, le cas échéant, régionale des finances publiques de sa résidence dans un délai de deux mois.

Cette déclaration doit être produite, même si le redevable invoque un cas de force majeure ou d'invalidité totale.

3. Les documents permettant de contrôler l'ensemble des opérations enregistrées au compte d'épargne doivent être conservés à la disposition de l'administration jusqu'à la fin de la quatrième année suivant celle de l'expiration de l'engagement d'épargne.

0II *BIS* *GAINS DE CESSION DE TITRES ACQUIS EN EXERCICE DE BONS DE SOUSCRIPTION DE PARTS DE CRÉATEUR D'ENTREPRISE*

Art. 41 V *bis* 1° La société mentionnée au 2° délivre un état individuel aux bénéficiaires des bons de souscription de parts de créateur d'entreprise mentionnés à l'article 163 *bis* G du code général des impôts, au plus tard le 1er mars de l'année de dépôt de leur déclaration de revenus souscrite au titre de l'année d'exercice des bons. Les bénéficiaires doivent le conserver jusqu'à l'expiration du délai de reprise et le présenter à la demande de l'administration fiscale.

Cet état mentionne :

a) L'objet pour lequel il est établi : application de l'article 163 *bis* G du code général des impôts ;

b) La raison sociale et le siège social de la société émettrice des titres ;

c) L'identité et l'adresse du bénéficiaire ;

d) Les date, nombre et prix d'acquisition des titres ;

e) La fraction du gain constaté lors de l'exercice des bons de source française ;

f) A la date d'exercice des bons, la date depuis laquelle le bénéficiaire exerce son activité dans la société ou, s'il n'y exerce plus son activité, la date de son départ et son ancienneté dans la société à cette date.

La société atteste, en outre, sur cet état que les bons ont été émis et attribués conformément aux dispositions de l'article 163 *bis* G précité et, en particulier, qu'à la date de leur émission elle remplissait l'ensemble des conditions prévues à cet article.

2° La société émettrice des bons dans laquelle le titulaire des bons exerce son activité transmet à l'administration fiscale, dans la déclaration prévue à l'article 87 du code général des impôts, les informations mentionnées au *k* du 2° de l'article 39.

Lorsque le titulaire exerce son activité dans une entreprise différente de la société ou de l'entreprise mentionnée à l'alinéa précédent au moment de l'exercice des bons, cette information est transmise, selon les mêmes modalités, par l'entreprise dans laquelle il exerce son activité lorsqu'elle dispose des informations nécessaires.

Dans les autres cas, la société émettrice adresse au service des impôts dont elle relève, au plus tard le 1er mars de l'année qui suit celle de l'exercice des bons, un duplicata de l'état individuel mentionné au 1°.

3° Lorsque les titres issus de l'exercice des bons sont inscrits sur un compte titres qui n'est pas tenu par l'entreprise ou la société mentionnée au 2°, celle-ci communique, soit au plus tard le 1er mars de l'année qui suit celle de l'exercice des bons, soit lors de la cession des titres lorsqu'elle intervient avant cette date, une copie de l'état prévu au 1° à l'établissement chargé de la tenue du compte titres qui est redevable de la retenue à la source prévue à l'article 182 A *ter* du code général des impôts.

En cas de transfert des titres sur un autre compte, l'établissement mentionné à l'alinéa précédent transmet une copie du duplicata au nouveau redevable de la retenue à la source.

II *BIS* FONDS COMMUNS DE PLACEMENT À RISQUES

Art. 41 W L'engagement prévu au I de l'article 163 *quinquies* B du code général des impôts est constaté par un acte établi à l'occasion de chaque souscription.

Il précise le nombre de parts, leur catégorie, la date et le montant total de la souscription réalisée.

Art. 41 X Le gérant d'un fonds commun de placement à risques ou d'un fonds professionnel de capital investissement, ou le dépositaire des actifs de ce fonds agissant pour le compte du gérant adresse, avant le 16 février de chaque année, à la direction départementale ou, le cas échéant, régionale des finances publiques désignée à l'article 41 *duovicies* G :

a. Une copie de l'engagement prévu au I de l'article 163 *quinquies* B du code général des impôts ;

b. Un état individuel mentionnant la date, le nombre, la catégorie et le montant des parts cédées ou rachetées.

Les documents relatifs aux opérations réalisées dans le cadre du fonds doivent être conservés jusqu'à la fin de la sixième année suivant celle de l'expiration de l'engagement.

Art. 41 Y En cas de rupture de l'engagement prévu au I de l'article 163 *quinquies* B du code général des impôts, le gérant ou le dépositaire des actifs du fonds doit mentionner :

1° Sur le relevé prévu à l'article 41 *sexdecies* F le montant global des sommes ou valeurs auxquelles donnent droit les parts initialement souscrites et qui ont bénéficié de l'exonération instituée par le I de l'article 163 *quinquies* B susvisé ;

2° Sur le relevé prévu à l'article 41 *duovicies* G les renseignements visés audit article concernant les rachats ou cessions de parts.

II *TER*

Art. 41 Z à 41 ZP *Devenus sans objet.*

II *QUATER*

Art. 41 ZQ à 41 ZU *Périmés (Décr. n° 2007-484 du 30 mars 2007).*

Art. 41 ZV à 41 ZZ *Devenus sans objet (L. n° 99-1172 du 30 déc. 1999, art. 94-V et VII).*

II *SEXIES* ÉPARGNE RETRAITE

Art. 41 ZZ *bis* Pour l'application des dispositions du *a* du 2 du I de l'article 163 *quatervicies* du code général des impôts, le plafond mentionné à l'article L. 241-3 du code de la sécurité sociale est celui de l'année civile précédant celle du versement des cotisations ou primes mentionnées au 1 du I de l'article 163 *quatervicies* précité.

Art. 41 ZZ *ter* Pour l'application des dispositions du 2 du I de l'article 163 *quatervicies* du code général des impôts, les cotisations ou primes versées au cours d'une année s'imputent en priorité sur le plafond de déduction déterminé au titre de la même année conformément au *a* du 2 du I de l'article précité, puis, le cas échéant, sur les soldes non utilisés des plafonds de déduction des trois années précédentes définis au *b* du 2 du I du même article, en commençant par le plus ancien.

Art. 41 ZZ *quater* Les organismes gestionnaires des plans, contrats ou régimes mentionnés au 1 du I de l'article 163 *quatervicies* du code général des impôts délivrent aux cotisants, avant le 1er mars de chaque année, une attestation indiquant le montant des cotisations ou primes versées au cours de l'année civile écoulée ouvrant droit à déduction du revenu global. Pour les régimes de retraite complémentaire mentionnés au *c* du 1 du I de l'article 163 *quatervicies* précité, cette attestation fait apparaître distinctement, le cas échéant, le montant des cotisations ou primes correspondant aux rachats mentionnés au *c* du 2 du I du même article.

Un double de l'attestation mentionnée au premier alinéa est produit dans le même délai à l'administration fiscale.

(Abrogé par Décr. n° 2021-1023 du 30 juill. 2021, art. 1er) (Décr. n° 2019-807 du 30 juill. 2019, art. 5 et 9-IV, en vigueur le 1er oct. 2019) ***« Les organismes gestionnaires des plans d'épargne retraite mentionnés à l'article L. 224-1 du code monétaire et financier doivent déclarer à l'administration fiscale le montant des versements mentionnés au d du*** *(Décr. n° 2020-897 du 22 juill. 2020, art. 3)* ***« 1 » du I de l'article 163 quatervicies du code général des impôts effectués par chacun de leurs souscripteurs.***

« Ces renseignements doivent parvenir à l'administration fiscale avant le 16 février de chaque année pour les versements réalisés l'année précédente. Ils figurent sur la déclaration prévue au 1 de l'article 242 ter du code général des impôts. »

Art. 41 ZZ *quinquies* *(Décr. n° 2021-1023 du 30 juill. 2021, art. 1er)* Les organismes gestionnaires des plans d'épargne retraite mentionnés à l'article L. 224-1 du code monétaire et financier déclarent à l'administration fiscale le montant des versements effectués sur ces plans par chacun de leurs souscripteurs au cours de l'année civile précédente ou au cours du dernier exercice clos et qui sont susceptibles d'être déduits dans les conditions mentionnées au *d* du 1 du I de l'article 163 *quatervicies*, au troisième alinéa du I de l'article 154 *bis* ou au deuxième alinéa du I de l'article 154 *bis*-0 A du code général des impôts.

Ces renseignements parviennent à l'administration fiscale avant le 16 février de chaque année pour les versements réalisés l'année précédente. Ils figurent sur la déclaration prévue au 1 de l'article 242 *ter* du code général des impôts.

II *SEPTIES* COMPTE ÉPARGNE CODÉVELOPPEMENT

(*Décr. nº 2007-218 du 19 févr. 2007, art. 2*)

Ancien art. 41 ZZ *quinquies* *Périmé (Décr. nº 2011-645 du 9 juin 2011).*

III *PRÉSENTATION ET CONTENU DES DÉCLARATIONS*

Art. 42 La déclaration prévue au 1 de l'article 170 du code général des impôts est rédigée sur des imprimés établis par l'administration conformément aux modèles arrêtés par le ministre de l'économie et des finances.

La déclaration comporte notamment l'indication du montant, détaillé par nature de revenu et déterminé selon les modalités propres à chacun d'eux, des éléments qui composent le revenu brut global du contribuable.

Les contribuables doivent également déclarer, séparément, les revenus mentionnés au troisième alinéa du 1 de l'article 49 F.

La déclaration mentionne séparément le montant des revenus, de quelque nature qu'ils soient, encaissés directement ou indirectement à Saint-Pierre-et-Miquelon, en Nouvelle-Calédonie, en Polynésie française, dans les îles Wallis-et-Futuna et dans les Terres australes et antarctiques françaises et à l'étranger.

Art. 43 Les déclarants doivent fournir toutes indications nécessaires au sujet de leur situation et de leurs charges de famille.

Ils doivent également, pour avoir droit au bénéfice des déductions ou des réductions d'impôt prévues aux articles 156 et 199 *septies* du code général des impôts, produire l'état des charges à retenir pour déterminer le revenu imposable ou le montant des réductions d'impôt.

Cet état précise, au sujet des dettes contractées et des rentes payées à titre obligatoire et gratuit, le nom et le domicile du créancier, la date du titre constatant la créance et la nature de ce titre comportant, s'il y a lieu, l'indication du nom et de la résidence de l'officier public qui a dressé l'acte ou de la juridiction dont émane le jugement, enfin le chiffre des intérêts ou arrérages annuels.

En ce qui concerne les intérêts des dettes contractées pour la conservation, l'acquisition, la construction, la réparation ou l'amélioration des propriétés et dont la déduction est demandée pour la détermination des revenus nets des propriétés foncières bâties et non bâties, le déclarant doit fournir les mêmes renseignements que ceux qui sont prévus au troisième alinéa.

Art. 43 *bis* I. — 1º Chacun des époux ou partenaire lié par un pacte civil de solidarité exerce l'option mentionnée au deuxième alinéa du 5 de l'article 6 du code général des impôts, sur la déclaration d'ensemble de ses revenus, prévue au 1 de l'article 170 du même code.

Il mentionne sur sa déclaration l'identité de son époux, épouse ou partenaire ;

2º Si l'option n'est pas exercée par chacun des époux ou partenaires dans les conditions mentionnées au 1º et dans les délais prévus au premier alinéa de l'article 175 du code général des impôts, les époux ou partenaires sont soumis à l'imposition commune dans les conditions de droit commun.

II. — 1º En cas d'imposition distincte, constituent des revenus personnels les traitements, salaires, les pensions et rentes viagères, les rémunérations allouées aux gérants et associés de certaines sociétés, les bénéfices non commerciaux, les bénéfices industriels et commerciaux et les bénéfices agricoles ;

2º Les autres revenus ou profits dont le couple a disposé au cours de l'année du mariage, de la séparation, du divorce, de la conclusion ou de la dissolution du pacte civil de solidarité sont réputés constituer des revenus communs.

III. — 1º Pour justifier de la répartition de la quote-part des revenus communs mentionnée au deuxième alinéa du 5 et au premier alinéa du 6 de l'article 6 du code général des impôts, le contribuable doit démontrer la propriété exclusive ou la répartition

réelle des revenus et profits par tout document de nature à établir l'origine de propriété des biens ou sommes concernés ;

2° Sont considérés comme tels :

a) **L'acte authentique mentionnant l'origine de propriété et, selon les cas, la répartition dans l'indivision ou le démembrement ;**

b) **Tout justificatif établi par les établissements payeurs, les prestataires de services d'investissement, les établissements de crédit ou organismes habilités à détenir et à négocier des valeurs mobilières pour le compte de particuliers au nom du ou des bénéficiaires des revenus ou produits attestant du montant de ces revenus ou produits ainsi que de leur date de mise à disposition ;**

c) **Tout justificatif attestant de l'origine de propriété des droits sociaux ou valeurs mobilières ainsi que de la date de réalisation et du montant des gains correspondants en cas de cession de ces droits sociaux ou valeurs mobilières pendant l'année d'imposition.**

Les contribuables produisent à l'administration fiscale, sur sa demande, ces documents.

Art. 44 *Devenu sans objet (L. n° 86-1317 du 30 déc. 1986, art. 82-III).*

Art. 45 **Les déclarations dûment signées sont remises ou adressées par les contribuables au service des impôts du lieu de leur résidence ou de leur principal établissement dans le délai prévu à l'article 175 du code général des impôts.**

Il en est délivré récépissé.

Les personnes physiques qui résident habituellement dans la Principauté de Monaco et sont fiscalement domiciliées en France sont tenues de déposer les déclarations auprès du service désigné par le ministre chargé du budget. – *V. Ann. IV, art. 121 Z quinquies.*

1. Contribuable ayant plusieurs résidences en France. V. note ss. art. 170.

2. Déclaration à un centre des impôts incompétent. Un contribuable est tenu de remettre ou adresser sa déclaration d'ensemble des revenus au service des impôts du lieu de sa résidence ou de son principal établissement. Un dépôt de déclaration à un autre centre des impôts équivaut à un défaut de déclaration et met l'Administration en droit, faute de réponse du contribuable à une mise en demeure de déposer cette déclaration, d'imposer le contribuable selon la procédure de taxation d'office pour défaut de déclaration ou déclaration tardive prévue par les art. L. 66 et L. 67 LPF. • CAA Paris, 19 déc. 2003, n° 99PA3781 : *RJF 2004. 342.*

Art. 46-0 A *(Décr. n° 2020-485 du 27 avr. 2020, art. 1er)* **L'administration fiscale ne met pas à la disposition du contribuable le document prévu au premier alinéa de l'article 171 du code général des impôts lorsque ce dernier se trouve dans au moins l'une des situations suivantes :**

1° L'impôt sur le revenu de l'année précédente n'a pas été établi ;

2° L'impôt sur le revenu de l'année précédente a été établi en intégrant l'un des revenus suivants :

a) **Bénéfices industriels et commerciaux, bénéfices agricoles, bénéfices non commerciaux ;**

b) **Revenus fonciers ;**

c) **Rentes viagères à titre onéreux ;**

d) **Revenus mentionnés à l'article 62 du code précité ;**

e) **Revenus mentionnés aux 1 *bis*, 1 *ter* ou 1 *quater* de l'article 93 du code précité, lorsqu'ils ont été imposés suivant les règles prévues en matière de traitements et salaires ;**

f) **Revenus ayant bénéficié des dispositions de l'article 80 *sexies* du code précité ou de la deuxième phrase du premier alinéa du 1° de l'article 81 du code précité ;**

g) **Revenus de source étrangère ;**

(Décr. n° 2021-86 du 28 janv. 2021, art. 1er-1°) **« *h)* Pensions alimentaires ; »**

3° Le contribuable a déclaré, au titre de l'année précédente, un changement d'adresse, l'un des changements de situation mentionnés aux 1° à *(Décr. n° 2021-86 du 28 janv. 2021, art. 1er-2°)* **« 3° » du 1 de l'article 204 I du code précité, ou un montant d'acompte selon les modalités prévues à l'article 204 K du code précité pour un**

revenu mentionné au 2° du présent article, ou a déclaré, au titre de l'avant-dernière année, des revenus soumis au versement libératoire prévu à l'article 151-0 du code précité ;

4° Le contribuable a, au cours de l'avant-dernière année, ouvert, détenu, utilisé ou clos un compte, un contrat ou un placement mentionnés aux articles 1649 A et 1649 AA du code précité ;

5° Le contribuable a été passible au titre de l'année précédente de l'impôt sur la fortune immobilière ;

6° Le contribuable était, au 31 décembre de l'avant-dernière année, fiscalement domicilié hors de France, résident de la principauté de Monaco, du département de Mayotte ou des collectivités de Saint-Martin ou Saint-Barthélemy, ou relevait du 2 de l'article 4 B du code précité ;

7° Le contribuable a perçu des produits de contrats et bons de capitalisation et produits d'assurance-vie de plus de huit ans afférents à des versements effectués à compter du 27 septembre 2017, ou a effectué des versements sur un plan d'épargne retraite individuel mentionné à l'article L. 224-28 du code monétaire et financier ;

8° Les éléments détenus par l'administration fiscale lors de la mise à disposition du document visé au premier alinéa du présent article ne permettent pas d'identifier correctement le contribuable ou les membres de son foyer fiscal.

Art. 46 Le ministre de l'économie et des finances peut décider par arrêté que les déclarations visées aux articles 42 à 45 ci-dessus et les déclarations spéciales prévues par les articles 53 A et 97 du code général des impôts doivent être fournies en plusieurs exemplaires.

SECTION III CALCUL DE L'IMPÔT

1° RETENUE À LA SOURCE SUR LES SALAIRES, DROITS D'AUTEUR ET RÉMUNÉRATIONS VERSÉS AUX AUTEURS, ARTISTES ET SPORTIFS DOMICILIÉS FISCALEMENT EN FRANCE

Art. 46 A *(Devenu sans objet, Décr. n° 2018-500 du 20 juin 2018, art. 4)* ***La demande de retenue à la source mentionnée à l'article 182 C du code général des impôts est adressée par le bénéficiaire des salaires, droits d'auteur ou rémunérations à la personne qui lui verse des revenus.***

2° RÉDUCTION D'IMPÔT POUR CERTAINS INVESTISSEMENTS DANS LES RÉSIDENCES DE TOURISME

Art. 46 AA à 46 AGC *Périmés.*

Art. 46 AGD I. — Pour l'application du cinquième alinéa de l'article 199 *decies* E du code général des impôts, les contribuables sont tenus de joindre à leur déclaration de revenus de l'année au titre de laquelle le bénéfice de la réduction d'impôt est demandé :

1° Une note annexe, établie conformément à un modèle fixé par l'administration, qui comporte les éléments suivants :

a) L'identité et l'adresse du contribuable ;

b) L'adresse du logement concerné ;

c) Le prix d'acquisition du logement ;

d) La date d'achèvement du logement ou de son acquisition si elle est postérieure ;

e) L'engagement de louer le logement nu, pendant une durée d'au moins neuf ans, à l'exploitant de la résidence de tourisme ;

2° Une copie du bail conclu avec l'exploitant de la résidence de tourisme mentionnant la date d'effet de la location ainsi que, lorsqu'il y a lieu, la durée totale, par année civile, des périodes d'occupation du logement que le propriétaire se réserve.

3° Le cas échéant, une copie de l'engagement pris par l'exploitant de la résidence de tourisme de réserver une proportion significative de son parc immobilier pour le logement des saisonniers, proportion au moins équivalente au nombre de salariés de la résidence.

II. — En cas de changement d'exploitant de la résidence au cours de la période couverte par l'engagement mentionné au I, le contribuable joint à sa déclaration des revenus de l'année au cours de laquelle le changement est intervenu une copie du bail conclu avec le nouvel exploitant comportant les mentions définies au 2° du I.

III. – Pour l'application du septième alinéa de l'article 199 *decies* E du code général des impôts, le conjoint survivant joint à la déclaration de revenus qu'il souscrit au titre de l'année du décès pour la période postérieure à cet événement une note établie conformément à un modèle fixé par l'administration qui comporte l'engagement de louer le logement nu à l'exploitant de la résidence de tourisme pour la fraction de la période de neuf ans couverte par l'engagement de location initial et restant à courir à la date du décès.

En cas de changement d'exploitant de la résidence, les dispositions du II sont applicables.

Art. 46 AGE I. – Lorsque le logement appartient à une société non soumise à l'impôt sur les sociétés, les obligations fixées à l'article 46 AGD incombent à cette société. L'engagement prévu par cet article est joint par la société à sa déclaration du résultat de l'année d'achèvement du logement ou de son acquisition si elle est postérieure.

II. – La société doit, avant le 16 février de chaque année, faire parvenir à ses associés un document établi en double exemplaire conformément à un modèle fixé par l'administration et comportant, pour l'année précédente, les renseignements suivants :

a) L'identité et l'adresse de l'associé ;

b) Le nombre et les numéros des parts détenues au 1er janvier et au 31 décembre et, le cas échéant, des parts souscrites, acquises et transmises au cours de l'année ainsi que la date de ces opérations ;

c) L'attestation que l'acquisition de l'immeuble et les conditions de sa location satisfont aux conditions d'application de la réduction d'impôt. Cette attestation précise que la société s'engage à louer l'immeuble nu pendant une durée d'au moins neuf ans à l'exploitant de la résidence de tourisme ;

d) Le montant de la fraction du prix d'acquisition du logement correspondant aux droits de l'associé.

Un exemplaire de ce document est joint par la société à sa déclaration de résultat.

Art. 46 AGF I. – Pour le bénéfice de la réduction d'impôt mentionnée à l'article 199 *decies* E du code général des impôts, l'engagement de conservation de la totalité des titres prévu à l'article 199 *decies* G du même code est constaté lors du dépôt de la déclaration des revenus de l'année au cours de laquelle les parts ont été souscrites ou acquises ou, si elle est postérieure, de l'année de l'acquisition ou de l'achèvement de l'immeuble. L'engagement de conservation des titres formulé par le conjoint survivant doit être joint à la déclaration de revenus qu'il souscrit au titre de l'année du décès de son conjoint pour la période postérieure à cet événement.

II. – Les parts détenues par les associés qui entendent bénéficier de la réduction d'impôt sont inscrites, dans les trente jours suivant la date limite de dépôt de la déclaration de revenus mentionnée au I, sur un compte ouvert au nom de l'associé dans la comptabilité de la société ou sur un registre spécial. Les documents relatifs aux opérations ayant affecté ce compte sont conservés jusqu'à la fin de la troisième année suivant celle de l'expiration de l'engagement mentionné au I.

III. – Les associés joignent à chacune de leurs déclarations de revenus un exemplaire du document mentionné au II de l'article 46 AGE.

Art. 46 AGF *bis* Pour l'application de l'article 199 *decies* EA du code général des impôts, les travaux de réhabilitation des logements s'entendent des travaux qui permettent après leur réalisation de satisfaire à l'ensemble des performances techniques mentionnées au II de l'article 2 *quindecies* B. Le coût des travaux de réhabilitation une fois achevés doit s'élever à un montant au moins égal à 20 % du prix d'acquisition du logement avant travaux.

Art. 46 AGF ter *I. – Pour l'application de l'article 199* decies EA du code général des impôts, les contribuables sont tenus de joindre à leur déclaration des revenus de l'année au titre de laquelle le bénéfice de la réduction d'impôt est demandé l'ensemble des engagements, documents et éléments prévus au I de l'article 46 AGD, à l'exception de ceux mentionnés au *d* du 1° et au 3°. Ils doivent en outre indiquer, sur la note annexe prévue au 1° du I de l'article précité, la date et le prix d'acquisition du logement, la date d'achèvement du logement et des travaux de réhabilitation, ainsi que le montant des travaux de réhabilitation effectivement payé.

Une copie des factures des entreprises ayant réalisé les travaux est jointe. Ces factures doivent mentionner l'adresse de réalisation des travaux, leur nature et leur montant. Une copie de l'engagement mentionné à l'article 46 AGF *sexies* est également jointe.

II. – Les dispositions du II et du III de l'article 46 AGD s'appliquent au présent article.

Art. 46 AGF *quater* I. – Lorsque le logement appartient à une société non soumise à l'impôt sur les sociétés, les obligations fixées à l'article 46 AGF *ter* incombent à cette société. L'engagement prévu par cet article est joint par la société à sa déclaration du résultat de l'année d'achèvement des travaux de réhabilitation.

II. – La société doit, avant le 16 février de chaque année, faire parvenir à ses associés un document établi en double exemplaire conformément à un modèle fixé par l'administration et comportant, pour l'année précédente, outre les éléments mentionnés au *a* et au *b* du II de l'article 46 AGE, les renseignements suivants :

a) L'attestation que l'acquisition de l'immeuble, la réalisation des travaux de réhabilitation et les conditions de sa location satisfont aux conditions d'application de la réduction d'impôt. Cette attestation précise que la société s'engage à louer l'immeuble nu pendant une durée d'au moins neuf ans à l'exploitant de la résidence de tourisme ;

b) Le montant de la fraction du prix de revient du logement majoré des travaux de réhabilitation, correspondant aux droits de l'associé.

Un exemplaire de ce document est joint par la société à sa déclaration de résultat.

Art. 46 AGF *quinquies* I. – Pour le bénéfice de la réduction d'impôt mentionnée à l'article 199 *decies* EA du code général des impôts, l'engagement de conservation de la totalité des titres prévu à l'article 199 *decies* G du même code est constaté lors du dépôt de la déclaration des revenus de l'année au cours de laquelle les parts ont été souscrites ou acquises ou, si elle est postérieure, de l'année d'achèvement des travaux de réhabilitation. L'engagement de conservation des titres formulé par le conjoint survivant doit être joint à la déclaration de revenus qu'il souscrit au titre de l'année du décès de son conjoint pour la période postérieure à cet événement.

II. – Les parts détenues par les associés qui entendent bénéficier de la réduction d'impôt sont inscrites, dans les trente jours suivant la date limite de dépôt de la déclaration de revenus mentionnée au I, sur un compte ouvert au nom de l'associé dans la comptabilité de la société ou sur un registre spécial. Les documents relatifs aux opérations ayant affecté ce compte sont conservés jusqu'à la fin de la troisième année suivant celle de l'expiration de l'engagement mentionné au I.

III. – Les associés joignent à chacune de leurs déclarations de revenus un exemplaire du document mentionné au II de l'article 46 AGF *quater*.

Art. 46 AGF *sexies* Pour l'application du cinquième alinéa de l'article 199 *decies* EA du code général des impôts, l'exploitant de la résidence de tourisme prend par écrit l'engagement de réserver un pourcentage d'au moins 15 % de logements pour les salariés saisonniers. Cet engagement est joint à la déclaration de résultat de l'exploitant. Une copie de cet engagement est délivrée à l'acquéreur d'un logement dans la résidence.

Les salariés saisonniers s'entendent des salariés qui occupent un emploi au sens du 3° de l'article L. 1242-2 du code du travail et qui sont liés par un contrat de travail avec au moins une entreprise, une association ou un organisme établis sur la commune du lieu d'implantation de la résidence ou bien sur une commune limitrophe ou membre du groupement de communes.

Le pourcentage mentionné au premier alinéa s'apprécie en tenant compte du nombre de logements situés dans la résidence de tourisme réhabilitée. Les logements réservés peuvent être situés dans cette résidence ou, le cas échéant, dans les autres résidences gérées par le même exploitant dès lors qu'elles respectent les mêmes normes de classement et sont situées dans la même commune ou dans une commune limitrophe incluse dans une zone mentionnée au premier alinéa de l'article 199 *decies* EA précité.

Art. 46 AGG I. – Pour l'application de l'article 199 *decies* F du code général des impôts, les contribuables sont tenus de joindre à leur déclaration des revenus de l'année au titre de laquelle le bénéfice de la réduction d'impôt est demandé pour la première fois :

1° Une note, établie selon un modèle fourni par l'administration, comportant les éléments suivants :

a) L'identité et l'adresse du contribuable ;

b) L'adresse du logement concerné ;

c) le type d'investissement concerné ;

d) la date d'achèvement du logement pour les logements mentionnés aux *b* et *c* du 1° de l'article 199 *decies* F du code général des impôts ;

e) le montant des travaux et la ou les dates de leur paiement ;

f) pour les logements mentionnés aux *a* et *c* du 1 de l'article 199 *decies* F du code général des impôts, l'engagement de louer nu dans le mois qui suit la date d'achèvement des travaux, pendant une durée d'au moins neuf ans, à l'exploitant de la résidence de tourisme ou du village résidentiel de tourisme classé ;

g) pour les logements mentionnés au *b* du 1 de l'article précité, l'engagement de louer meublé à des personnes physiques à raison de douze semaines au minimum par année et pendant les neuf années suivant celle de l'achèvement des travaux ;

h) une note sur papier libre dans laquelle le contribuable renonce à la faculté de déduire les dépenses afférentes aux travaux mentionnés au 1 de l'article 199 *decies* F du code général des impôts, pour leur montant réel ou sous la forme d'une déduction de l'amortissement, pour la détermination des revenus catégoriels ainsi qu'au bénéfice des dispositions prévues à l'article 32 ou à l'article 50-0 du code précité ;

2° Pour les logements mentionnés au *b* du 1 de l'article 199 *decies* F du code général des impôts, une copie de la décision attestant du classement du logement en qualité de meublé de tourisme ou, pour les logements mentionnés au *c* du même article, une copie de la délibération du conseil municipal ou de l'organe délibérant de l'établissement de coopération intercommunale compétent, attestant de l'inclusion du village résidentiel de tourisme classé dans le périmètre d'une opération de réhabilitation de l'immobilier de loisir ;

3° *Abrogé par Décr. n° 2006-820 du 7 juill. 2006.*

4° Une copie du bail conclu avec l'exploitant de la résidence de tourisme ou du village résidentiel de tourisme classé mentionnant la date d'effet de la location ainsi que, lorsqu'il y a lieu, la durée totale, en nombre de semaines par an, des périodes d'occupation du logement que le propriétaire se réserve ;

5° Une copie des factures des entreprises ayant réalisé les travaux. Les factures doivent mentionner l'adresse de réalisation des travaux, leur nature et leur montant.

II. – Pour les meublés de tourisme définis au *b* du 1 de l'article 199 *decies* F du code général des impôts, les contribuables sont tenus de joindre chaque année à leur déclaration de revenus et pendant les neuf années couvertes par l'engagement de location la liste des occupants, la période et la durée d'occupation du logement.

III. – En cas de changement d'exploitant de la résidence de tourisme ou du village résidentiel de tourisme classé pour les investissements mentionnés aux *a* et *c* du 1 de l'article 199 *decies* F du code général des impôts au cours de la période couverte par l'engagement, le contribuable joint à sa déclaration des revenus de l'année au cours de laquelle le changement est intervenu une copie du bail conclu avec le nouvel exploitant comportant les mentions définies au 4° du I.

IV. – Pour le bénéfice des dispositions du troisième alinéa du 4 de l'article 199 *decies* F du code général des impôts, le conjoint survivant joint à la déclaration de revenus qu'il souscrit au titre de l'année du décès pour la période postérieure à cet événement une note établie conformément à un modèle fixé par l'administration qui comporte les éléments suivants :

1° L'engagement de louer le logement nu à l'exploitant de la résidence de tourisme ou du village résidentiel de tourisme classé pour la fraction de la période de neuf ans couverte par l'engagement de location initial et restant à courir à la date du décès ;

2° L'engagement de louer le logement meublé à des personnes physiques à raison de douze semaines au minimum par année pour la fraction de la période de neuf ans couverte par l'engagement initial et restant à courir à la date du décès.

Art. 46 AGG *bis* I. — Pour l'application des sixième et septième phrases du cinquième alinéa de l'article 199 *decies* E et du dernier alinéa du 4 de l'article 199 *decies* F du code général des impôts, les copropriétaires détenant au moins 50 % des appartements de la résidence peuvent faire réaliser par une ou plusieurs entreprises l'ensemble des prestations additionnelles à l'hébergement mentionnées au *b* du 4° de l'article 261 D du code général des impôts :

1° Soit en contractant chacun directement avec celles qu'ils ont choisies conjointement ;

2° Soit en créant une entreprise qui contracte avec elles.

II. — Dans les cas prévus au I, il peut être dérogé à la condition de gestion de la résidence de tourisme par une seule personne physique ou morale prévue à la dernière phrase de l'article D. 321-1 du code du tourisme.

2° BIS RÉDUCTION ET CRÉDIT D'IMPÔT ACCORDÉS AU TITRE DE CERTAINS INVESTISSEMENTS FORESTIERS

Art. 46 AGH I. — Pour l'application des *a* et *d* du 2 de l'article 199 *decies* H du code général des impôts et des 1° et 3° du 2 de l'article 200 *quindecies* du même code, les contribuables sont tenus de joindre à leur déclaration des revenus de l'année au titre de laquelle le bénéfice de la réduction ou du crédit d'impôt est demandé une note annexe, établie conformément à un modèle fixé par l'administration qui comporte les éléments suivants :

a. L'identité et l'adresse du contribuable ;

b. La désignation de la ou des parcelles de terrain en nature de bois et forêts ou de terrain nu à boiser concernées ;

c. Pour l'application du *a* du 2 de l'article 199 *decies* H précité, le prix et la date d'acquisition du ou des terrains concernés ;

d. Pour l'application du 1° du 2 de l'article 200 *quindecies* précité, la nature, le montant et la date de paiement des travaux forestiers réalisés ; le cas échéant, les contribuables joignent également le document du fournisseur des matériels forestiers de reproduction utilisés mentionné à l'article R. 153-16 du code forestier et une attestation sur l'honneur selon laquelle est respecté l'arrêté régional relatif aux matériels forestiers de reproduction éligibles aux aides de l'État à l'investissement forestier ainsi que, dans le cas où le contribuable est titulaire d'un compte d'investissement forestier et d'assurance prévu à l'article L. 352-1 du code forestier, une attestation sur l'honneur selon laquelle les sommes dépensées pour la réalisation des travaux et pour lesquelles le bénéfice du crédit d'impôt est demandé, ne proviennent pas de ce même compte ;

d bis. Abrogé par Décr. n° 2014-1114 du 2 oct. 2014, art. 1er.

e. Pour l'application des 1° et 3° du 2 de l'article 200 *quindecies* précité, la nature de la garantie de gestion durable applicable à l'unité de gestion concernée ;

f. Pour l'application du *a* du 2 de l'article 199 *decies* H précité et du 1° du 2 de l'article 200 *quindecies* précités, la déclaration d'engagement prévue par ces dispositions.

g. Abrogé par Décr. n° 2014-1114 du 2 oct. 2014, art. 1er.

II. — *a.* Pour l'application du *d* du 2 de l'article 199 *decies* H du code précité, le contribuable présente, à la demande de l'administration fiscale, l'attestation de l'entreprise d'assurance précisant l'identité et l'adresse de l'assureur, la nature des risques couverts, le nombre d'hectares assurés contre le risque de tempête, le montant de la cotisation d'assurance versée pour couvrir notamment ce risque au titre de l'année civile ainsi que, dans le cas où le contribuable est titulaire d'un compte d'investissement forestier et d'assurance prévu à l'article L. 352-1 du code forestier, une attestation sur l'honneur selon laquelle les sommes dépensées pour le paiement des cotisations relatives au contrat d'assurance précité et pour lesquelles le bénéfice de la réduction d'impôt est demandé, ne proviennent pas de ce même compte.

b. Pour l'application du 3° du 2 de l'article 200 *quindecies* de ce code, le contribuable précise, à la demande de l'administration, l'identité et l'adresse du cocontractant, la date de signature du contrat, le montant de la rémunération, la date de versement et l'attestation mentionnée au quatrième alinéa du 4 du même article.

Ancien art. 46 AGH *Pour l'application du a, du d, du f et du g du 2 de l'article 199 decies H du code général des impôts, les contribuables sont tenus de joindre à leur déclaration des revenus de l'année au titre de laquelle le bénéfice de la réduction d'impôt est demandé une note annexe, établie conformément à un modèle fixé par l'administration qui comporte les éléments suivants :*

a. L'identité et l'adresse du contribuable ;

b. La désignation de la ou des parcelles de terrain en nature de bois et forêts ou de terrain nu à boiser concernées ;

c. Pour l'application du a du 2 de l'article 199 decies H précité, le prix et la date d'acquisition du ou des terrains concernés ;

d. Pour l'application du d du 2 de l'article 199 decies H précité, la nature, le montant et la date de paiement des travaux forestiers réalisés ; le cas échéant, les contribuables joignent également le document du fournisseur des matériels forestiers de reproduction utilisés mentionné à l'article R. 153-16 du code forestier et une attestation sur l'honneur selon laquelle est respecté l'arrêté régional relatif aux matériels forestiers de reproduction éligibles aux aides de l'État à l'investissement forestier ainsi que, dans le cas où le contribuable est titulaire d'un compte d'épargne d'assurance pour la forêt prévu à l'article L. 352-1 du code forestier, une attestation sur l'honneur selon laquelle les sommes dépensées pour la réalisation des travaux et pour lesquelles le bénéfice de la réduction d'impôt est demandé, ne proviennent pas de ce même compte ;

d bis. Pour l'application du f du 2 de l'article 199 decies H du code général des impôts, l'identité et l'adresse du cocontractant, la date de signature du contrat, le montant de la rémunération et la date de versement ;

e. Pour l'application du d et du f du 2 de l'article 199 decies H précité, la nature de la garantie de gestion durable applicable à l'unité de gestion concernée ;

f. Pour l'application du a et du d du 2 de l'article 199 decies H précité, la déclaration d'engagement prévue par ces dispositions.

g. Pour l'application du g du 2 de l'article 199 decies H précité, l'attestation de l'entreprise d'assurance précisant l'identité et l'adresse de l'assureur, la nature des risques couverts, le nombre d'hectares assurés contre le risque de tempête, le montant de la cotisation d'assurance versée pour couvrir notamment ce risque au titre de l'année civile ainsi que, dans le cas où le contribuable est titulaire d'un compte d'épargne d'assurance pour la forêt prévu à l'article L. 352-1 du code forestier, une attestation sur l'honneur selon laquelle les sommes dépensées pour le paiement des cotisations relatives au contrat d'assurance précité et pour lesquelles le bénéfice de la réduction d'impôt est demandé, ne proviennent pas de ce même compte.

Art. 46 AGI I. — Lorsqu'un contribuable entend bénéficier de la réduction d'impôt en application des *b* et *c* du 2 de l'article 199 *decies* H du code général des impôts, il informe de cette intention le groupement forestier ou la société d'épargne forestière dont il a souscrit ou acquis les parts au plus tard le 31 décembre de l'année de souscription ou d'acquisition. Le groupement ou la société doit alors joindre à la déclaration de résultat de cette même année les déclarations d'engagement prévues par ces dispositions, établies conformément à des modèles fixés par l'administration.

Pour l'application du 2° du 2 de l'article 200 *quindecies* du code général des impôts, le groupement ou la société doit joindre à sa déclaration de résultat de l'année où les travaux sont payés les déclarations d'engagement prévues par ces dispositions, établies conformément à des modèles fixés par l'administration. Lorsque le groupement n'est pas soumis à une obligation de souscrire une déclaration de résultat, les déclarations d'engagements sont produites auprès du service des impôts dont dépend son siège social ou, à défaut de siège social, la commune dans le ressort de laquelle se situe la surface la plus importante de bois et forêts du groupement, au plus tard le deuxième jour ouvré suivant le 1er mai de l'année suivant celle où les travaux sont payés.

II. — Le groupement ou la société doit, avant le 16 février de l'année civile qui suit celle de la souscription ou l'acquisition de parts, celle du paiement des travaux forestiers réalisés par le groupement ou la société ou celle du versement de la rémunération au cocontractant mentionné au 3° du 2 de l'article 200 *quindecies* du code général des impôts ou du versement de la cotisation d'assurance mentionnée au d du 2 de l'article 199 *decies* H du même code, délivrer un document établi conformément à un modèle fixé par l'administration à ses associés ou à ses membres qui entendent bénéficier de la réduction ou du crédit d'impôt. Toutefois, lorsque les travaux forestiers sont réalisés par un groupement d'intérêt économique et environnemental forestier dont le contribuable qui entend bénéficier du crédit d'impôt est membre indirectement par l'intermédiaire d'un groupement forestier ou d'une société d'épargne forestière, le document est délivré à ce groupement forestier ou à cette société d'épargne forestière, qui en tient compte pour établir le document de même nature à délivrer à ses propres associés dans les conditions du présent alinéa. Ce document comporte*[,]* pour l'année précédente, les renseignements suivants :

a. La raison sociale et l'adresse du siège social du groupement ou de la société, ainsi que, lorsque le groupement est un groupement d'intérêt économique et environnemental forestier dépourvu de siège social, l'identification de la commune dans le ressort de laquelle se situe la surface la plus importante de bois et forêts du groupement ;

b. Dans les cas prévus aux *b* et *c* du 2 de l'article 199 *decies* H précité et au 2° du 2 de l'article 200 *quindecies* précité, l'attestation que les engagements mentionnés au I ont été pris et sont respectés ;

c. Dans le cas prévu au 2° du 2 de l'article 200 *quindecies* précité, la nature de la garantie de gestion durable applicable à l'unité de gestion concernée, la nature, le montant total et la date de paiement des travaux forestiers ; le cas échéant, le groupement ou la société délivre également le document du fournisseur des matériels forestiers de reproduction utilisés mentionné à l'article R. 153-16 du code forestier et une attestation sur l'honneur selon laquelle est respecté l'arrêté régional relatif aux matériels forestiers de reproduction éligibles aux aides de l'État à l'investissement forestier ;

c bis. Dans le cas prévu au 3° du 2 de l'article 200 *quindecies* du code général des impôts, l'identité et l'adresse du cocontractant, la date de signature du contrat ainsi que le montant et la date de versement de sa rémunération, accompagnés de la facture et de l'attestation mentionnées au quatrième alinéa du 4 du même article ;

d. Dans les cas prévus aux 2° et 3° du 2 de l'article 200 *quindecies* précité, le nombre et le pourcentage de parts du groupement ou de la société détenues par l'associé ou le membre, ou, en l'absence de parts d'un groupement d'intérêt économique et environnemental forestier, la quote-part du montant des travaux forestiers affectée au membre ;

e. Dans le cas prévu au *d* du 2 de l'article 199 *decies* H précité, l'attestation de l'entreprise d'assurance précisant l'identité et l'adresse de l'assureur, la nature des risques couverts, le nombre d'hectares assurés contre le risque de tempête et le montant de la cotisation d'assurance versée pour couvrir notamment ce risque au titre de l'année civile.

III. – Chaque année, le groupement ou la société doit joindre à sa déclaration de résultat ou, lorsque le groupement n'est pas soumis à une obligation de souscrire une déclaration de résultat, produire auprès du service des impôts dont dépend son siège social ou, à défaut de siège social, la commune dans le ressort de laquelle se situe la surface la plus importante de bois et forêts du groupement au plus tard le deuxième jour ouvré suivant le 1er mai de l'année suivant celle où les travaux sont payés, un document établi conformément à un modèle fixé par l'administration et comportant les renseignements suivants :

a. La raison sociale et l'adresse du siège social du groupement ou de la société ainsi que, lorsque le groupement est un groupement d'intérêt économique et environnemental forestier dépourvu de siège social, l'identification de la commune dans le ressort de laquelle se situe la surface la plus importante de bois et forêts du groupement ;

b. L'attestation que les engagements mentionnés au I ont été pris et sont respectés ;

c. L'identité et l'adresse de chacun des associés ou *[des]* membres ;

d. Le nombre, les numéros et les valeurs nominales des parts détenues par chacun des associés ou des membres au 1er janvier et au 31 décembre de l'année précédente et, le cas échéant, des parts souscrites, acquises et transmises au cours de l'année ainsi que la date de ces opérations. Lorsque le groupement n'émet pas de parts, le document mentionne la liste des membres au 1er janvier et au 31 décembre de l'année précédente, qui précise, le cas échéant, les dates d'adhésion au groupement et de sortie du groupement au cours de l'année ;

e. Pour l'application des 1° et 2° du 2 de l'article 200 *quindecies*, la nature, le montant et la date de paiement des travaux forestiers éligibles au crédit d'impôt, ainsi que la désignation de la ou des parcelles de terrain en nature de bois et forêts ou de terrain nu à boiser concernées. Le cas échéant, le groupement ou la société joint le document du fournisseur des matériels forestiers de reproduction utilisés mentionné à l'article R. 153-16 du code forestier et une attestation sur l'honneur selon laquelle est respecté l'arrêté régional relatif aux matériels forestiers de reproduction éligibles aux aides de l'État à l'investissement forestier ;

f. L'identité et l'adresse du cocontractant mentionné au 3° du 2 de l'article 200 *quindecies* du code général des impôts, la date de signature du contrat, le montant de sa rémunération et sa date de versement, ainsi que la désignation de la ou des parcelles de terrain en nature de bois et forêts ou de terrain nu à boiser concernées.

g. L'attestation de l'entreprise d'assurance précisant l'identité et l'adresse de l'assureur mentionné au *d* du 2 de l'article 199 *decies* H précité, la nature des risques couverts, le nombre d'hectares assurés contre le risque de tempête et le montant de la cotisation d'assurance versée pour couvrir notamment ce risque au titre de l'année civile.

IV. — Les parts détenues par les associés ou les membres qui entendent bénéficier de la réduction ou du crédit d'impôt sont inscrites, dans les trente jours suivant la date limite de dépôt de la déclaration de revenus de l'année au cours de laquelle la réduction ou le crédit d'impôt a été demandé, sur un compte ouvert au nom de l'associé ou du membre dans la comptabilité du groupement ou de la société ou sur un registre spécial. Lorsque le groupement est un groupement d'intérêt économique et environnemental forestier qui n'émet pas de parts, l'identité et l'adresse des membres qui entendent bénéficier du crédit d'impôt sont inscrites, dans le même délai que celui mentionné à la phrase précédente, sur un registre spécial. Le groupement ou la société tient ce compte ou ces registres et conserve les documents relatifs aux opérations qui les affectent jusqu'à la fin de la troisième année suivant celle de l'expiration de l'engagement de conservation des parts ou de l'engagement de rester membre du groupement d'intérêt économique et environnemental forestier, prévus aux *b* et *c* de l'article 199 *decies* H du code général des impôts et au 2° du 2 de l'article 200 *quindecies* du même code.

Ancien art. 46 AGI *I. — Lorsqu'un contribuable entend bénéficier de la réduction d'impôt en application des b et c du 2 de l'article 199 decies H du code général des impôts, il informe de cette intention le groupement forestier ou la société d'épargne forestière dont il a souscrit ou acquis les parts au plus tard le 31 décembre de l'année de souscription ou d'acquisition. Le groupement ou la société doit alors joindre à la déclaration de résultat de cette même année les déclarations d'engagement prévues par ces dispositions, établies conformément à des modèles fixés par l'administration.*

Pour l'application du e du 2 de l'article 199 decies H précité, le groupement ou la société doit joindre à sa déclaration de résultat de l'année où les travaux sont payés les déclarations d'engagement prévues par ces dispositions, établies conformément à des modèles fixés par l'administration.

II. — Le groupement ou la société doit, avant le 16 février de l'année civile qui suit celle de la souscription ou l'acquisition de parts, celle du paiement des travaux forestiers réalisés par le groupement ou la société ou celle du versement de la rémunération au cocontractant mentionné au f du 2 de l'article 199 decies H du code général des impôts ou du versement de la cotisation d'assurance mentionnée au g du 2 du même article, délivrer à ses associés qui entendent bénéficier de la réduction d'impôt un document établi conformément à un modèle fixé par l'administration et comportant, pour l'année précédente, les renseignements suivants :

a. La raison sociale et l'adresse du siège social du groupement ou de la société ;

b. Dans les cas prévus aux b, c et e du 2 de l'article 199 decies H précité, l'attestation que les engagements mentionnés au I ont été pris et sont respectés.

c. Dans le cas prévu au e du 2 de l'article 199 decies H précité, la nature de la garantie de gestion durable applicable à l'unité de gestion concernée, la nature, le montant total et la date de paiement des travaux forestiers ; le cas échéant, le groupement ou la société délivre également le document du fournisseur des matériels forestiers de reproduction utilisés mentionné à l'article R. 153-16 du code forestier et une attestation sur l'honneur selon laquelle est respecté l'arrêté régional relatif aux matériels forestiers de reproduction éligibles aux aides de l'État à l'investissement forestier ;

c bis. Dans le cas prévu au f du 2 de l'article 199 decies H du code général des impôts, l'identité et l'adresse du cocontractant, la date de signature du contrat ainsi que le montant et la date de versement de sa rémunération, accompagnés de la facture et de l'attestation mentionnées au 3 bis de l'article précité ;

d. Dans les cas prévus aux e et f du 2 de l'article 199 decies H précité, le nombre et le pourcentage de parts du groupement ou de la société détenues par l'associé.

e. Dans le cas prévu au g du 2 de l'article 199 decies H précité, l'attestation de l'entreprise d'assurance précisant l'identité et l'adresse de l'assureur, la nature des risques couverts, le nombre d'hectares assurés contre le risque de tempête et le montant de la cotisation d'assurance versée pour couvrir notamment ce risque au titre de l'année civile.

III. — Chaque année, le groupement ou la société doit joindre à sa déclaration de résultat un document établi conformément à un modèle fixé par l'administration et comportant les renseignements suivants :

a. La raison sociale et l'adresse du siège social du groupement ou de la société ;

b. L'attestation que les engagements mentionnés au I ont été pris et sont respectés ;

c. L'identité et l'adresse de chacun des associés ;

d. Le nombre, les numéros et les valeurs nominales des parts détenues par chacun des associés au 1er janvier et au 31 décembre de l'année précédente et, le cas échéant, des parts souscrites, acquises et transmises au cours de l'année ainsi que la date de ces opérations ;

e. La nature, le montant et la date de paiement des travaux forestiers éligibles à la réduction d'impôt, ainsi que la désignation de la ou des parcelles de terrain en nature de bois et forêts ou de terrain nu à boiser concernées. Le cas échéant, le groupement ou la société joint le document du fournisseur des matériels forestiers de reproduction utilisés mentionné à l'article R. 153-16 du code forestier et une attestation sur l'honneur selon laquelle est respecté l'arrêté régional relatif aux matériels forestiers de reproduction éligibles aux aides de l'État à l'investissement forestier ;

f. L'identité et l'adresse du cocontractant mentionné au f du 2 de l'article 199 decies H du code général des impôts, la date de signature du contrat, le montant de sa rémunération et sa date de versement, ainsi que la désignation de la ou des parcelles de terrain en nature de bois et forêts ou de terrain nu à boiser concernées.

g. L'attestation de l'entreprise d'assurance précisant l'identité et l'adresse de l'assureur mentionné au g du 2 de l'article 199 decies H précité, la nature des risques couverts, le nombre d'hectares assurés contre le risque de tempête et le montant de la cotisation d'assurance versée pour couvrir notamment ce risque au titre de l'année civile.

IV. — Les parts détenues par les associés qui entendent bénéficier de la réduction d'impôt sont inscrites, dans les trente jours suivant la date limite de dépôt de la déclaration de revenus de l'année au cours de laquelle la réduction d'impôt a été demandée, sur un compte ouvert au nom de l'associé dans la comptabilité du groupement ou de la société ou sur un registre spécial. Le groupement ou la société tient ce compte ou ce registre et conserve les documents relatifs aux opérations qui l'affectent jusqu'à la fin de la troisième année suivant celle de l'expiration de l'engagement de conservation des parts prévu aux b, c et e du 2 de l'article 199 decies H du code général des impôts.

Art. 46 AGJ I. — L'engagement de conservation des parts ou l'engagement de rester membre du groupement d'intérêt économique et environnemental forestier, prévus aux *b* et *c* du 2 de l'article 199 *decies* H du code général des impôts et au 2° du 2 de l'article 200 *quindecies* du même code, établi conformément à un modèle fixé par l'administration, est joint à la déclaration des revenus de l'année au cours de laquelle les parts ouvrant droit au bénéfice de la réduction d'impôt ont été souscrites ou acquises, ou au cours de laquelle le groupement ou la société d'épargne forestière a payé les dépenses de travaux forestiers qui ont ouvert droit au crédit d'impôt.

II. — Les associés ou les membres joignent à cette déclaration le document mentionné au II de l'article 46 AGI.

Ancien art. 46 AGJ *I. — L'engagement de conservation des parts prévu aux b, c et e du 2 de l'article 199 decies H du code général des impôts, établi conformément à un modèle fixé par l'administration, est joint à la déclaration des revenus de l'année au cours de laquelle les parts ouvrant droit au bénéfice de la réduction d'impôt ont été souscrites ou acquises, ou au cours de laquelle le groupement forestier ou la société d'épargne forestière a payé les dépenses de travaux forestiers qui ont ouvert droit à cette réduction.*

II. — Les associés joignent à cette déclaration le document mentionné au II de l'article 46 AGI.

Art. 46 AGK I. — Pour l'application des 1° et 2° du 2 de l'article 200 *quindecies* du code général des impôts, sont éligibles au crédit d'impôt les travaux de plantation, de reconstitution, de renouvellement, de sauvegarde et d'amélioration des peuplements et les travaux de création et d'amélioration des dessertes.

II. — La garantie afférente au contrat d'assurance mentionné au *d* du 2 de l'article 199 *decies* H du code général des impôts couvre notamment le risque de tempête touchant des terrains en nature de bois et forêts.

Ancien art. 46 AGK *I. — Pour l'application des d et e du 2 de l'article 199 decies H du code général des impôts, sont éligibles à la réduction d'impôt les travaux de plantation, de reconstitution, de renouvellement, de sauvegarde et d'amélioration des peuplements et les travaux de création et d'amélioration des dessertes.*

II. — La garantie afférente au contrat d'assurance mentionné au g du 2 de l'article 199 decies H du code général des impôts couvre notamment le risque de tempête touchant des terrains en nature de bois et forêts.

2° TER RÉDUCTION D'IMPÔT ACCORDÉE AU TITRE DES INVESTISSEMENTS DANS DES RÉSIDENCES HÔTELIÈRES À VOCATION SOCIALE

Art. 46 AGL I. — Pour l'application de l'article 199 *decies* I du code général des impôts, les contribuables joignent à leur déclaration des revenus de l'année au titre de laquelle le bénéfice de la réduction d'impôt est demandé une note annexe, établie conformément à un modèle fixé par l'administration, qui comporte les éléments suivants :

a) L'identité et l'adresse du contribuable ;

b) L'adresse du logement concerné ;

c) Le prix d'acquisition du logement ;

d) La date, selon le cas :

— d'achèvement du logement neuf ou de son acquisition si elle est postérieure ;

— de réception des travaux du logement rénové dans les conditions prévues à l'article L. 262-2 du code de la construction et de l'habitation ;

e) L'engagement de louer le logement nu, pendant une durée d'au moins neuf ans, à l'exploitant de la résidence hôtelière à vocation sociale ;

f) Le numéro, la date et le lieu de signature de l'arrêté portant agrément de la résidence hôtelière à vocation sociale, tel que prévu à l'article *(Décr. nº 2020-897 du 22 juill. 2020, art. 3)* « R. 631-9 » du code de la construction et de l'habitation ;

g) Le numéro, la date et le lieu de signature de l'arrêté portant agrément délivré à l'exploitant de la résidence hôtelière à vocation sociale, tel que prévu à l'article *(Décr. nº 2020-897 du 22 juill. 2020, art. 3)* « R. 631-12 » du code de la construction et de l'habitation ;

h) La date de conclusion du bail avec l'exploitant de la résidence hôtelière à vocation sociale ainsi que la date d'effet de la location.

II. — En cas de changement d'exploitant de la résidence au cours de la période couverte par l'engagement mentionné au *e* du I, le contribuable joint à sa déclaration des revenus de l'année au cours de laquelle le changement est intervenu une note annexe établie conformément à un modèle fixé par l'administration, qui comporte les éléments suivants :

1° La date de conclusion du bail avec le nouvel exploitant de la résidence hôtelière à vocation sociale ainsi que la date d'effet de la location ;

2° Le numéro, la date et le lieu de signature de l'arrêté portant agrément délivré au nouvel exploitant de la résidence hôtelière à vocation sociale, tel que prévu à l'article *(Décr. nº 2020-897 du 22 juill. 2020, art. 3)* « R. 631-12 » précité.

III. — Les contribuables qui bénéficient de la réduction d'impôt sur le revenu prévue à l'article 199 *decies* I précité conservent, pour justifier de son bien-fondé et jusqu'à l'expiration du délai au cours duquel l'administration est susceptible d'exercer son droit de reprise :

1° La copie de l'arrêté portant agrément de la résidence hôtelière à vocation sociale, tel que prévu à l'article *(Décr. nº 2020-897 du 22 juill. 2020, art. 3)* « R. 631-9 » précité ;

2° La copie de l'arrêté portant agrément délivré à l'exploitant de la résidence hôtelière à vocation sociale, tel que prévu à l'article *(Décr. nº 2020-897 du 22 juill. 2020, art. 3) « R. 631-12 » précité ;*

3° Le bail conclu avec l'exploitant de la résidence hôtelière à vocation sociale mentionnant la date d'effet de la location.

IV. — Pour l'application du VI de l'article 199 *decies* I précité, le conjoint survivant joint à la déclaration des revenus qu'il souscrit au titre de l'année du décès pour la période postérieure à cet événement une note établie conformément à un modèle fixé par l'administration qui comporte l'engagement de louer le logement nu à l'exploitant de la résidence hôtelière à vocation sociale pour la fraction de la période de neuf ans couverte par l'engagement de location initial et restant à courir à la date du décès.

En cas de changement d'exploitant de la résidence, les dispositions du II sont applicables.

3° RÉDUCTION D'IMPÔT AU TITRE DE CERTAINS INVESTISSEMENTS RÉALISÉS OUTRE-MER

Art. 46 AG *bis à 46 AG quinquies* *Devenus sans objet (L. nº 93-859 du 22 juin 1993, art. 30-I).*

Art. 46 AG *sexies* *(Périmé). Pour l'application du troisième alinéa du 4 de l'article 199 undecies [périmé] du code général des impôts :*

1. Les organismes publics ou privés, signataires du bail, s'entendent de l'État et de ses organismes et des personnes de droit public ou privé dotées de la personnalité morale ;

2. Le personnel de ces organismes, sous-locataire du logement, s'entend des personnes employées par ces organismes et dont les rémunérations principales entrent dans la catégorie des traitements et salaires au sens de l'article 79 du code général des impôts, à l'exception :

— des personnes mentionnées à l'article 80 ter du même code et de leurs conjoints, descendants et ascendants ;

— des conjoints, des descendants ou ascendants des associés des sociétés mentionnées à l'article 8 du code déjà cité.

Art. 46 AG *septies* *(Périmé) La destination finale est la location non meublée à usage de résidence principale. Le prix de la location doit être normal par référence aux loyers habituellement constatés dans le voisinage pour des logements comparables.*

Art. 46 AG *octies à 46 AG decies* *Périmés.*

Art. 46 AG *undecies* Pour l'application du troisième alinéa du 7 de l'article 199 *undecies* A du code général des impôts, le personnel des organismes publics ou privés, sous-locataire du logement, s'entend des personnes employées par ces organismes et dont les rémunérations principales entrent dans la catégorie des traitements et salaires au sens de l'article 79 du code général des impôts, à l'exception :

a) Du propriétaire du logement, de son conjoint, des membres de son foyer fiscal ou de ses ascendants ou descendants ;

b) Des conjoints, des membres du foyer fiscal ou des descendants ou ascendants des associés des sociétés mentionnées à l'article 8 du code déjà cité.

Art. 46 AG *duodecies* Pour l'application du 2° du 6 de l'article 199 *undecies* A du code général des impôts, les plafonds de loyer et de ressources du locataire sont les suivants :

1. Pour les baux conclus en *(Décr. nº 2021-744 du 9 juin 2021, art. 3)* « 2021 *[ancienne rédaction : 2020]* », les plafonds annuels de loyer, charges non comprises, sont fixés par mètre carré de surface habitable à :

1° *(Décr. nº 2021-744 du 9 juin 2021, art. 3)* « 180 € *[ancienne rédaction : 178 €]* » dans les départements d'outre-mer, à Saint-Barthélemy et à Saint-Martin. Ce plafond est révisé chaque année, le 1er janvier, dans la même proportion que la variation la plus élevée de la moyenne annuelle des indices des prix à la consommation hors tabac de chacun des cinq départements d'outre-mer ;

2° *(Décr. nº 2021-744 du 9 juin 2021, art. 3)* « 219 € *[ancienne rédaction : 218 €]* » en Polynésie française, dans les îles Wallis-et-Futuna et les Terres australes et antarctiques françaises, à Saint-Pierre-et-Miquelon et en Nouvelle-Calédonie. Ce plafond est révisé chaque année, le 1er janvier, dans la même proportion que la variation la plus élevée de la moyenne annuelle des indices des prix à la consommation de la Polynésie française et de la Nouvelle-Calédonie. — *V. Ann. III, art. 46 terdecies.*

1 *bis*. Pour le calcul des plafonds mentionnés au 1, il est fait application :

1° Dans les départements d'outre-mer, à Saint-Barthélemy et à Saint-Martin, de la dernière variation annuelle publiée par l'Institut national de la statistique et des études économiques au 1er décembre de l'année qui précède celle de la conclusion du bail ;

2° En Polynésie française, dans les îles Wallis-et-Futuna et les Terres australes et antarctiques françaises et à Saint-Pierre-et-Miquelon, de la dernière variation annuelle publiée par l'Institut de la statistique de la Polynésie française au 1er décembre de l'année qui précède celle de la conclusion du bail ;

3° En Nouvelle-Calédonie, de la dernière variation annuelle publiée par l'Institut territorial de la statistique et des études économiques au 1er décembre de l'année qui précède celle de la conclusion du bail.

2. Les ressources du locataire s'entendent des revenus nets de frais professionnels qui figurent sur son avis d'imposition établi au titre des revenus de l'année précédant celle de la conclusion du bail ou, à défaut, de l'année antérieure.

Pour les baux conclus en *(Décr. n° 2021-744 du 9 juin 2021, art. 3)* **« 2021** *[ancienne rédaction : 2020]* **», les plafonds annuels de ressources sont les suivants :**

(Tableau issu du Décr. n° 2015-608 du 3 juin 2015, mod. par Décr. n° 2017-698 du 2 mai 2017, art. 3, mod. par Décr. n° 2018-500 du 20 juin 2018, art. 4, mod. par Décr. n° 2019-559 du 6 juin 2019, art. 3, mod. par Décr. n° 2020-897 du 22 juill. 2020, art. 3, mod. par Décr. n° 2021-744 du 9 juin 2021, art. 3)

Composition du foyer du locataire	Plafond annuel de ressources (en €)	
	Départements d'outre-mer, Saint-Barthélemy et Saint-Martin	Polynésie française, Nouvelle-Calédonie, îles Wallis-et-Futuna, Terres australes et antarctiques françaises et Saint-Pierre-et-Miquelon
Personne seule	33 106	31 257
Couple	61 223	57 806
Personne seule ou couple ayant une personne à charge	64 763	61 148
Personne seule ou couple ayant deux personnes à charge	68 306	64 493
Personne seule ou couple ayant trois personnes à charge	73 035	68 958
Personne seule ou couple ayant quatre personnes à charge	77 768	73 425
Majoration par personne à charge à partir de la cinquième	+ 4 972	+ 4 694

Pour les baux conclus en 2020, les montants ci-dessus étaient fixés, respectivement, à 32 877 €, 60 799 €, 64 315 €, 67 833 €, 72 530 €, 77 230 €, + 4 937 € (DOM, Saint-Martin, Saint-Barthélemy) et à 31 200 €, 57 701 €, 61 037 €, 64 376 €, 68 833 €, 73 292 €, + 4 685 € (autres COM) (Décr. n° 2020-897 du 22 juill. 2020, art. 3).

Ces plafonds sont relevés chaque année selon les modalités définies au 1.

Les personnes à charge pour l'application des présentes dispositions s'entendent des personnes mentionnées aux articles 196 à 196 B du code général des impôts.

3. Dans le cas mentionné au troisième alinéa du 7 de l'article 199 *undecies* A du code général des impôts, les conditions prévues au 1 et au 2 s'apprécient en tenant compte du montant :

***a)* Du loyer payé au bailleur par l'organisme locataire ;**

***b)* *Du loyer payé à cet organisme* par le sous-locataire ;**

***c)* Des ressources du sous-locataire.**

Art. 46 AG *terdecies* I. — **La surface à prendre en compte pour l'application des dispositions du *a* du 2, du 5 de l'article 199 *undecies* A du code général des impôts et du 1 de l'article 46 AG *duodecies* est définie au III.**

II. — Pour l'application du *a* du 2 de l'article 199 *undecies* A du code général des impôts, les limites de surface habitable s'établissent, selon le nombre de personnes destinées à occuper à titre principal le logement, comme suit :

NOMBRE DE PERSONNES DESTINÉES à occuper à titre principal le logement	LIMITES DE SURFACE habitable (en m^2)
Personne seule	65
Couple	77,5
Personne seule ou couple ayant une personne à charge	90
Majoration par personne à charge supplémentaire, dans la limite de cinq personnes	12

Les personnes à charge s'entendent de celles mentionnées aux articles 196 à 196 B du code général des impôts.

III. — La surface à prendre en compte s'entend de la surface habitable au sens de l'article *(Décr. n° 2021-872 du 30 juin 2021, art. 7-VII-2°)* « R. 156-1 » du code de la construction et de l'habitation. Il est toutefois tenu compte de la surface des varangues dans une limite maximale de 14 mètres carrés.

Art. 46 AG *terdecies* A Pour l'application du *e* du 2 de l'article 199 *undecies* A du code général des impôts, les travaux de réhabilitation des logements s'entendent des travaux de modification ou de remise en état du gros œuvre ou des travaux d'aménagement interne qui, par leur nature, équivalent à de la reconstruction, ainsi que des travaux d'amélioration qui leur sont indissociables.

Art. 46 AG *quaterdecies* Le contribuable doit joindre à sa déclaration de revenus de l'année au titre de laquelle il demande le bénéfice de la réduction d'impôt les documents suivants :

I. — Lorsque le logement neuf est destiné à devenir son habitation principale :

1. L'engagement prévu au *a* du 2 de l'article 199 *undecies* A du code général des impôts qui comporte les éléments suivants :

a) L'identité et l'adresse du contribuable ;

b) L'adresse et la surface habitable du logement concerné ;

c) Le prix de revient ou le prix d'acquisition du logement accompagné des justificatifs ;

d) La date d'achèvement du logement ou de son acquisition si elle est postérieure ;

2. Une copie de la notification de l'arrêté délivrant le permis de construire lorsqu'il s'agit d'un logement que le contribuable fait construire.

3. Pour le bénéfice de la majoration du taux de la réduction d'impôt prévue au huitième alinéa du 6 de l'article 199 *undecies* A du code général des impôts, selon le cas, soit une attestation du constructeur, du vendeur ou de l'entreprise ayant procédé à l'installation des équipements de production d'énergie utilisant une source d'énergie renouvelable et comportant l'adresse de réalisation des travaux ainsi que la désignation de ces équipements, soit une facture de ces équipements comportant, outre les mentions prévues à l'article 289 du code général des impôts, l'adresse de réalisation des travaux, leur nature ainsi que la désignation et le montant des équipements.

II. — Lorsque le logement neuf est destiné à la location :

1. L'engagement prévu au *b* du 2 ou au 1° du 6 de l'article 199 *undecies* A du code général des impôts qui comporte les éléments définis aux *a, b, c* et *d* du I ainsi que, lorsque le bien est loué à un organisme public ou privé pour le logement à usage d'habitation principale de son personnel, le nom du sous-locataire et les nom et adresse de son employeur ;

2. Une copie de la notification de l'arrêté délivrant le permis de construire lorsqu'il s'agit d'un logement que le contribuable fait construire ;

3. Une copie du bail ;
4. Une copie de l'avis d'imposition ou de non-imposition du locataire ou du sous-locataire afférent aux revenus de l'année visée au premier alinéa du 2 de l'article 46 AG *duodecies* lorsque la location est consentie dans les conditions du 2° du 6 de l'article 199 *undecies* A du code général des impôts.
5. Les factures mentionnées au 3 du I pour le contribuable qui bénéficie des dispositions du huitième alinéa du 6 de l'article 199 *undecies* A du code général des impôts.

Si un bail n'est pas signé à la date de souscription de la déclaration susvisée, les documents énumérés aux 1, 3 et 4 sont joints à la déclaration de l'année au cours de laquelle le bail est signé. Il en est de même en cas de changement de locataire ou de sous-locataire pendant la durée de l'engagement mentionné au 1.

III. — Lorsque le logement qui fait l'objet des travaux définis à l'article 46 AG *terdecies* A est destiné à devenir son habitation principale ou à être loué, l'engagement prévu au *e* du 2 de l'article 199 *undecies* A du code général des impôts comporte les éléments définis aux *a, b, c, d* du 1 du I.

Il comporte également la date d'achèvement des travaux et la copie des factures des entreprises ayant réalisé les travaux qui précisent, outre les mentions prévues à l'article 289 du code général des impôts, l'adresse de réalisation des travaux, leur nature et leur montant.

IV. — Lorsque le logement est construit par une société, les obligations déclaratives prévues au II incombent à la société. Les documents sont adressés avec la déclaration d'achèvement dans les six mois de l'achèvement du logement à la direction départementale ou, le cas échéant, régionale des finances publiques auprès de laquelle la société souscrit sa déclaration de résultats.

La société délivre en double exemplaire à chaque souscripteur un document attestant que la location et, le cas échéant, la sous-location remplissent les conditions prévues aux articles 46 AG *undecies* à 46 AG *terdecies*. Le souscripteur en joint un exemplaire à sa déclaration de revenus de l'année au cours de laquelle le bail est signé.

V. — Pour bénéficier de l'avantage fiscal prévu à l'article 199 *undecies* A du code général des impôts, les contribuables sont tenus de joindre à la déclaration de revenus de chacune des années ouvrant droit au bénéfice de la réduction d'impôt une note annexe établie sur un imprimé fourni par l'administration et comportant, selon la nature des investissements et le taux qui leur est applicable, les modalités de calcul de la réduction d'impôt.

Art. 46 AG *quindecies* I. — Les sociétés spécialisées dans le financement d'entreprises exerçant exclusivement leur activité outre-mer (SOFIOM), mentionnées au *g* du 2 de l'article 199 *undecies* A du code général des impôts, doivent revêtir la forme de société anonyme et être soumises à l'impôt sur les sociétés dans les conditions de droit commun.

II. — Les souscriptions au capital d'une SOFIOM donnent lieu à l'attribution d'actions qui doivent revêtir la forme nominative.

Une même personne ne peut détenir plus de 5 % de son capital. En outre, les personnes physiques qui ont entre elles des liens de nature à établir une véritable communauté d'intérêts ne peuvent détenir ensemble plus de 25 % de ce même capital.

Les souscripteurs des actions d'une SOFIOM ne peuvent se voir offrir une garantie de rachat de leurs actions pour un prix supérieur à 75 % de leur valeur nominale.

III. — Chaque SOFIOM doit financer au minimum dix entreprises exerçant leur activité exclusivement outre-mer dans un secteur éligible défini au I de l'article 199 *undecies* B du code général des impôts sans liens de capital entre elles.

95 % du montant des souscriptions en numéraire agréées par le ministre du budget doivent être affectés au financement, par souscriptions en numéraire au capital ou par prêts participatifs, d'entreprises exerçant leur activité exclusivement outre-mer dans *un secteur éligible défini* au I de l'article 199 *undecies* B du code général des impôts.

Dans les douze mois de la clôture des souscriptions agréées, les sommes correspondantes doivent être affectées par l'entreprise exerçant exclusivement son activité outre-mer à l'acquisition ou à la création d'un investissement productif neuf en vue de son exploitation par cette même entreprise pendant la période minimale de cinq ans suivant cette clôture.

Une SOFIOM ne peut détenir une participation supérieure à un seuil atteignant la minorité de blocage du capital de l'entreprise exerçant son activité exclusivement outre-mer dans un secteur éligible défini au I de l'article 199 *undecies* B du code général des impôts. Pour l'appréciation de ce seuil, il n'est pas tenu compte des titres cédés mentionnés au V.

IV. – La part des prêts participatifs mentionnés au *g* du 2 de l'article 199 *undecies* A du code général des impôts dans le total du financement de l'investissement apporté par la SOFIOM à l'entreprise exerçant exclusivement son activité outre-mer ne peut excéder 70 %.

La rémunération d'un prêt participatif accordé par une SOFIOM ne peut excéder le dernier taux issu du calcul mentionné au 3° du 1 de l'article 39 du code général des impôts connu à la date de ce prêt, majoré au maximum de 1,5 point. En outre, le taux d'intérêt fixe ne peut être supérieur à la moitié du taux d'intérêt légal à la date de la réalisation de l'opération.

V. – La rétrocession mentionnée au troisième alinéa du *g* du 2 de l'article 199 *undecies* A du code général des impôts doit être organisée par la cession, par la SOFIOM, de titres de l'entreprise exerçant exclusivement son activité outre-mer.

A hauteur du montant de cette rétrocession, la SOFIOM procède à la cession de ses titres, dans les douze mois de la clôture des souscriptions agréées au capital de la SOFIOM, à l'entreprise exerçant exclusivement son activité outre-mer pour un euro symbolique ; la moins-value correspondante est déductible de l'assiette de l'impôt sur les sociétés pour 15 % de son montant.

VI. – L'agrément prévu au *g* du 2 de l'article 199 *undecies* A du code général des impôts est délivré dans les conditions prévues à l'article 1649 *nonies* du même code et après avis du ministre chargé de l'outre-mer :

1° Si l'investissement financé, en tout ou partie, par la SOFIOM présente un intérêt économique pour la collectivité d'outre-mer où il est réalisé ;

2° S'il poursuit comme l'un de ses buts principaux la création ou le maintien d'emplois dans cette collectivité ;

3° S'il s'intègre dans la politique d'aménagement du territoire, de l'environnement et de développement durable ;

4° Et si les modalités de réalisation de l'opération financée par la SOFIOM permettent de garantir la protection des investisseurs.

VII. – Pour bénéficier de l'avantage fiscal prévu à l'article 199 *undecies* A du code général des impôts, le souscripteur au capital d'une SOFIOM doit joindre à sa déclaration de revenus de chacune des années ouvrant droit à la réduction d'impôt un relevé délivré par cette société faisant état :

1° Du montant du capital de la SOFIOM, du nombre et des numéros des actions souscrites, du montant et de la date de leur souscription ;

2° Éventuellement, du taux de la garantie accordée pour le rachat à terme de sa participation et l'identité du garant ;

3° Du nom et de l'adresse du siège social des entreprises qui acquièrent des investissements financés par les souscriptions agréées ;

4° De la nature des investissements, de leur prix, et du montant des versements effectués, dans les douze mois de la clôture des souscriptions agréées au capital de la SOFIOM, par les entreprises aux fournisseurs concernés ;

5° Du montant du financement de l'investissement apporté par la SOFIOM à ces entreprises ainsi que la proportion des prêts participatifs dans ce financement ;

6° Du pourcentage de participation de la SOFIOM dans le capital de chacune desdites entreprises.

Lorsque les actions cédées au cours d'une année ont été souscrites depuis moins de cinq ans par le cédant, la SOFIOM adresse avant le 16 février de l'année suivante à la direction départementale ou, le cas échéant, régionale des finances publiques du domicile du cédant le relevé mentionné ci-dessus ou un duplicata de ce relevé.

Ce relevé est établi sur papier libre à l'en-tête de la SOFIOM.

Art. 46 AG *sexdecies* I. – Les plafonds annuels de ressources mentionnés au 2° du I de l'article 199 *undecies* C du code général des impôts sont égaux :

Cet état précise, pour chacune des conditions mentionnées aux 1° et 2° du I de l'article 199 *terdecies*-0 A précité[,] si elles sont ou non satisfaites.

2. Les dispositions du premier alinéa du 1 s'appliquent également en cas de souscription au capital d'une société mentionnée au premier alinéa du 3° du I de l'article 199 *terdecies*-0 A précité et dont les titres ne sont pas admis aux négociations sur un marché d'instruments financiers français ou étranger.

Dans ce cas, outre les informations prévues au 1, cette société mentionne également sur l'état individuel précité, pour chacun des versements effectués avant la date de clôture de son exercice au titre de ses souscriptions au capital de sociétés mentionnées au 1 et correspondant aux capitaux qu'elle a reçus au cours de ce même exercice à raison de la constitution de son capital initial ou de l'augmentation de son capital :

a. La raison sociale, l'objet social et le siège social de la société bénéficiaire de la souscription ;

b. Le nombre de titres souscrits, le montant et la date de leur souscription ;

c. La date et le montant des versements effectués au titre de la souscription au capital initial ou aux augmentations de capital.

3. Afin de permettre au contribuable de bénéficier de la réduction d'impôt sur le revenu prévue aux 1° et 3° du I de l'article 199 *terdecies*-0 A du code général des impôts, la société au capital de laquelle il a souscrit et dont les titres sont admis, dans les conditions prévues au 2° du I du même article, sur un système multilatéral de négociation s'engage, dans le prospectus prévu par la directive 2003/71/CE du Parlement européen et du Conseil du 4 novembre 2003, à satisfaire, selon le cas, aux conditions prévues aux 1° et 2° ou au 3° du I de l'article 199 *terdecies*-0 A précité. A défaut de prospectus, elle délivre au contribuable l'état individuel mentionné au premier alinéa du 1.

4. Lorsqu'un contribuable souscrit au capital d'une société remplissant les conditions prévues au premier alinéa du 3° du I de l'article 199 *terdecies*-0 A du code général des impôts et dont les titres sont admis sur un système multilatéral de négociation mentionné au 3, il informe la société afin qu'elle lui délivre un état individuel qui mentionne les informations prévues au 2.

II. – 1. En cas de souscription au capital d'une société dont les titres ne sont pas admis sur un système multilatéral de négociation mentionné au 3 du I, le contribuable produit, à la demande de l'administration fiscale, les documents qui lui ont été remis conformément au I.

2. En cas de souscription au capital d'une société dont les titres sont admis sur un système multilatéral de négociation mentionné au 3 du I, le contribuable produit, à la demande de l'administration fiscale, les documents suivants :

a) L'avis d'opéré remis par l'établissement financier teneur de son compte sur lequel sont inscrits les titres souscrits ;

b) La copie de l'information publique publiée par un prestataire de services d'investissement ou l'entreprise de marché concernés ou tout autre organisme similaire étranger, indiquant le ratio de titres de capital correspondant à des titres nouvellement émis ;

c) Et, le cas échéant, les états individuels prévus au 3 et au 4 du I.

Le contribuable précise par ailleurs le nombre de titres mentionnés sur l'avis d'opéré pour lesquels il entend bénéficier de la réduction d'impôt sur le revenu prévue au I de l'article 199 *terdecies*-0 A du code général des impôts.

Le contribuable justifie de l'éligibilité de son investissement à la réduction d'impôt sur le revenu par la production, sur demande de l'administration fiscale, du prospectus prévu au 3 du I.

III. – 1. Le contribuable produit, à la demande de l'administration fiscale, tout document de nature à justifier :

a) La durée de détention des titres reçus en contrepartie des souscriptions dont les versements ont ouvert droit à l'avantage fiscal prévu au 1° du I de l'article 199 *terdecies*-0 A du code général des impôts ;

b) La durée de détention par la société mentionnée au premier alinéa du 3° du I de l'article 199 *terdecies*-0 A précité des titres reçus en contrepartie des souscriptions qu'elle a effectuées au capital de sociétés vérifiant l'ensemble des conditions prévues au 2° du I du même article 199 *terdecies*-0 A et dont les versements ont ouvert droit à l'avantage fiscal prévu au 3° du I de ce même article.

2. En cas de cession mentionnée au IV de l'article 199 *terdecies*-0 A précité, le contribuable produit, à la demande de l'administration fiscale, une attestation de la société dont il a cédé les titres indiquant :

a) Le nombre de titres cédés ;

b) Le montant et la date de la cession.

Cette attestation précise le caractère obligatoire de la cession, au sens du IV de l'article 199 *terdecies*-0 A précité.

Le contribuable produit également, à la demande de l'administration fiscale, une attestation de la société dont il a souscrit les titres en remploi du prix de cession des titres dont la souscription avait ouvert droit à la réduction d'impôt sur le revenu prévue au I de l'article 199 *terdecies*-0 A précité.

Cette attestation comporte les mentions prévues au 1 du I.

Le contribuable produit, à la demande de l'administration fiscale, tout document de nature à justifier la durée de détention des titres souscrits en remploi du prix de cession des titres dont la souscription avait ouvert droit à la réduction d'impôt sur le revenu prévue au I de l'article 199 *terdecies*-0 A précité.

IV. — *Abrogé.*

6° RÉDUCTION D'IMPÔT AU TITRE DES SOUSCRIPTIONS DE PARTS DE FONDS COMMUNS DE PLACEMENT DANS L'INNOVATION

Art. 46 AI *ter* I. — La société de gestion d'un fonds commun de placement dans l'innovation ou le dépositaire des actifs de ce fonds agissant pour le compte de la société de gestion informe la direction départementale ou, le cas échéant, régionale des finances publiques dans le ressort de laquelle est souscrite sa déclaration de résultats, de la constitution d'un fonds commun de placement dans l'innovation ou, le cas échéant, de la transformation d'un fonds commun de placement à risques, d'un fonds professionnel spécialisé relevant de l'article L. 214-37 du code monétaire et financier dans sa rédaction antérieure à l'ordonnance n° 2013-676 du 25 juillet 2013 modifiant le cadre juridique de la gestion d'actifs ou d'un fonds professionnel de capital investissement existant en fonds commun de placement dans l'innovation. Cette déclaration intervient dans le mois qui suit la création ou la transformation du fonds.

II. — La société de gestion du fonds ou le dépositaire des actifs de ce fonds est soumis aux obligations définies aux articles 41 *sexdecies* A à 41 *sexdecies* F et 280 A de la présente annexe ainsi qu'à l'article R. 87-1 du livre des procédures fiscales.

III. — En cas de cession ou de rachat de parts, de dissolution du fonds ou de distribution d'une partie de ses avoirs, la société de gestion du fonds ou le dépositaire des actifs de ce fonds est soumis aux obligations définies aux articles 41 *duovicies* F et 41 *duovicies* G.

IV. — La société de gestion du fonds ou le dépositaire des actifs de ce fonds adresse, à la direction départementale ou, le cas échéant, régionale des finances publiques désignée au I, un état de chacun des inventaires semestriels de l'actif du fonds prévus à l'article D. 214-60 du code monétaire et financier, à l'appui du bilan et du compte de résultats.

V. — La société de gestion du fonds ou le dépositaire des actifs de ce fonds délivre, au *plus tard le 16 février* de l'année civile qui suit celle de la souscription des parts, aux souscripteurs qui entendent bénéficier de la réduction d'impôt prévue au VI de l'article 199 *terdecies*-0 A du code général des impôts, un état individuel qui mentionne :

a) L'objet pour lequel il est établi : application du VI de l'article 199 *terdecies*-0 A du code général des impôts ;

b) La dénomination du fonds, la raison sociale et l'adresse de la société de gestion ;

c) L'identité et l'adresse du souscripteur ;

d) Le nombre de parts souscrites, le montant et la date de leur souscription.

Cet état précise que les conditions mentionnées à l'article L. 214-30 du code monétaire et financier et au 1 du VI de l'article 199 *terdecies*-0 A du code général des impôts sont remplies.

VI. – La société de gestion du fonds ou le dépositaire des actifs de ce fonds isole dans un compte spécial les parts dont la souscription ouvre droit au bénéfice de la réduction d'impôt. Il tient ce compte jusqu'à l'expiration de la cinquième année qui suit celle de la souscription.

VII. – Lorsque, au cours des cinq années qui suivent leur souscription, les parts du fonds sont cédées ou rachetées ou lorsque, dans ce même délai, l'une des conditions prévues à l'article L. 214-30 du code monétaire et financier cesse d'être remplie, la société de gestion du fonds ou le dépositaire des actifs de ce fonds adresse, au souscripteur et à la direction départementale ou, le cas échéant, régionale des finances publiques désignée au I, un état individuel qui comprend, outre les informations indiquées au V, le nombre des parts cédées ou rachetées, le montant et la date de la cession ou du rachat ainsi que, le cas échéant, la nature de la condition qui cesse d'être remplie.

Cet état doit être délivré avant le 16 février de l'année qui suit celle de la cession ou du rachat des parts ou du non-respect de l'une des conditions prévues à l'article L. 214-30 du code monétaire et financier.

Art. 46 AI *quater* I. – L'engagement de conservation des parts prévu au 1 du VI de l'article 199 *terdecies*-0 A du code général des impôts est constaté par un document, établi en double exemplaire à l'occasion de chaque souscription, qui précise le nombre de parts, la date et le montant total de la souscription réalisée.

II. – Pour bénéficier de la réduction d'impôt prévue au VI de l'article 199 *terdecies*-0 A du code général des impôts, le contribuable produit, à la demande de l'administration fiscale, les documents qui lui ont été remis conformément au V de l'article 46 AI *ter* ainsi qu'une copie de l'engagement de conservation mentionné au I.

III. – Lorsque le fonds ou le contribuable cesse de remplir l'une des conditions fixées à l'article L. 214-30 du code monétaire et financier et au 1 du VI de l'article 199 *terdecies*-0 A du code général des impôts, le contribuable qui a bénéficié de la réduction d'impôt prévue à cet article procède au calcul de la reprise d'impôt et porte le montant correspondant sur la déclaration d'impôt sur le revenu déposée au titre de l'année considérée.

6° BIS RÉDUCTION D'IMPÔT AU TITRE DES SOUSCRIPTIONS DE PARTS DE FONDS D'INVESTISSEMENT DE PROXIMITÉ

Art. 46 AI *quinquies* I. – La société de gestion d'un fonds d'investissement de proximité mentionné à l'article L. 214-31 du code monétaire et financier ou le dépositaire des actifs de ce fonds agissant pour le compte de la société de gestion est soumis aux obligations définies aux I à III de l'article 46 AI *ter* et à celles définies aux V à VII de ce même article lorsque les souscripteurs des parts de ce fonds entendent bénéficier de la réduction d'impôt prévue au VI ou au VI *ter* de l'article 199 *terdecies*-0 A du code général des impôts.

II. – A chaque inventaire semestriel, la société de gestion d'un fonds d'investissement de proximité ou le dépositaire des actifs de ce fonds agissant pour le compte de la société de gestion s'assure que les sociétés dont les titres ou avances en compte courant sont retenus pour le calcul de la proportion mentionnée au 1 de l'article L. 214-31 du code monétaire et financier remplissent, à la date de clôture de leur dernier exercice précédant l'inventaire, les conditions posées à cet article L. 214-31.

La société de gestion du fonds ou le dépositaire de ses actifs adresse, à la direction départementale ou, le cas échéant, régionale des finances publiques dont il relève, un état de chacun des inventaires semestriels de l'actif du fonds mentionnés au précédent alinéa, à l'appui du bilan et du compte de résultats.

III. – Les *dispositions* de l'article 46 AI *quater* s'appliquent au contribuable qui entend bénéficier de la réduction d'impôt prévue au VI ou au VI *ter* de l'article 199 *terdecies*-0 A du code général des impôts pour la souscription en numéraire de parts de fonds d'investissement de proximité mentionnés à l'article L. 214-31 du code monétaire et financier.

6° BIS A RÉDUCTION D'IMPÔT AU TITRE DE LA SOUSCRIPTION EN NUMÉRAIRE AU CAPITAL DES ENTREPRISES D'UTILITÉ SOCIALE

(Décr. n° 2020-1012 du 7 août 2020, art. 1er)

Art. 46 AI *quinquies* A Pour l'application du *b* du 2° de l'article 199 *terdecies*-0 AA du code général des impôts, le seuil de chiffre d'affaires de l'entreprise caractérisant la première vente commerciale est fixé à 250 000 € hors taxe sur la valeur ajoutée. Ce montant s'entend de celui constaté à la clôture de l'exercice.

La durée de dix ans prévue au même *b* du 2° court à compter de la date d'ouverture de l'exercice suivant celui au titre duquel le chiffre d'affaires de l'entreprise excède pour la première fois le seuil de 250 000 €.

6° TER RÉDUCTION D'IMPÔT ACCORDÉE AU TITRE D'EMPRUNTS SOUSCRITS POUR LA REPRISE D'UNE ENTREPRISE

Art. 46 AI *sexies* I. — Lorsqu'un contribuable entend bénéficier de la réduction d'impôt prévue à l'article 199 *terdecies*-0 B du code général des impôts, la société dont il a acquis les titres lui délivre un état individuel qui mentionne :

a. L'objet pour lequel il est établi : application de l'article 199 *terdecies*-0 B du code général des impôts ;

b. La raison sociale, l'objet social et le siège social de la société reprise ;

c. L'identité et l'adresse du contribuable, ainsi que, le cas échéant, celles des personnes mentionnées au *b* du I de l'article 199 *terdecies*-0 B précité qui participent à l'opération de reprise de la société avec ce contribuable ;

d. Le nombre de titres acquis par les personnes mentionnées au *c* et la date de leur acquisition, ainsi que le pourcentage de droits de vote et de droits dans les bénéfices sociaux de la société reprise que confèrent à ces personnes lesdits titres ;

e. La fonction de direction exercée dans la société par le contribuable ainsi que la date de début d'exercice de cette fonction ou, à défaut, l'identité du ou des personnes exerçant une fonction de direction dans la société et la nature et la date de début d'exercice de la fonction.

Cet état doit préciser que la société remplit les conditions mentionnées aux *d*, *e* et *f* du I de l'article 199 *terdecies*-0 B du code général des impôts.

II. — Pour bénéficier de la réduction d'impôt sur le revenu prévue à l'article 199 *terdecies*-0 B précité, le contribuable joint à sa déclaration de revenus de l'année d'acquisition des titres de la société reprise l'état individuel mentionné au I que cette société lui a remis.

Le contribuable précise par ailleurs :

a. Le prix d'acquisition des titres de la société reprise ;

b. Le montant, la durée et la date de l'emprunt contracté pour acquérir les titres de la société reprise, ainsi que le nom et l'adresse de l'organisme prêteur ;

c. Le montant des intérêts qui seront dus chaque année au titre de l'emprunt susvisé, tel que prévu dans le contrat initial conclu au titre de cet emprunt.

III. — Le contribuable produit à l'administration fiscale, sur sa demande, tout document de nature à justifier :

a. Du montant des intérêts retenus chaque année pour le calcul de la réduction d'impôt sur le revenu prévue à l'article 199 *terdecies*-0 B précité ;

b. De la durée de détention des titres dont l'acquisition ouvre droit à cette réduction d'impôt sur le revenu.

6° QUATER RÉDUCTION D'IMPÔT ACCORDÉE AU TITRE DES SOUSCRIPTIONS AU CAPITAL D'ENTREPRISES DE PRESSE

(Décr. n° 2015-895 du 22 juill. 2015)

Art. 46 AI *septies* I. — 1. Lorsqu'un contribuable souscrit au capital d'une société remplissant les conditions prévues au premier alinéa du *(Décr. n° 2019-559 du 6 juin 2019, art. 3)* « *a* du » 1 de l'article 199 *terdecies*-0 C du code général des impôts, cette société lui délivre un état individuel qui mentionne :

a) L'objet pour lequel il est établi ;

b) La raison sociale, l'objet social, le siège social et le régime fiscal de la société ;

c) L'identité et l'adresse du souscripteur ;

d) Le nombre des titres souscrits, le montant et la date de leur souscription ;

e) La date et le montant des versements effectués.

La société atteste sur cet état qu'elle répond aux conditions mentionnées au premier alinéa *(Décr. n° 2019-1255 du 28 nov. 2019, art. 1er)* « du *a* du 1 et au 5 » de l'article 199 *terdecies*-0 C du code général des impôts.

2. Lorsque la société bénéficiaire de la souscription a le statut d'entreprise solidaire de presse d'information, au sens de l'article 2-1 de la loi n° 86-897 du 1er août 1986 portant réforme du régime juridique de la presse, elle l'indique sur l'état mentionné au 1 du présent I.

(Décr. n° 2019-1255 du 28 nov. 2019, art. 1er) « I *bis*. — 1. Lorsqu'un contribuable souscrit au capital d'une société mentionnée au premier alinéa du *b* du 1 de l'article 199 *terdecies*-0 C du code général des impôts, cette société lui délivre un état individuel qui mentionne les informations prévues au 1 du I du présent article.

« La société atteste sur cet état qu'elle répond aux conditions mentionnées au premier alinéa du *b* du 1 de l'article 199 *terdecies*-0 C du même code.

« Lorsque la société a pour objet statutaire exclusif de détenir des participations dans des entreprises mentionnées au second alinéa du *a* du 1 du même article, elle l'indique sur cet état.

« 2. A la clôture de l'exercice au cours duquel le contribuable a souscrit à son capital, et pour chacun des versements qu'il a effectués, cette société lui délivre une attestation de réinvestissement mentionnant les informations suivantes pour chacun des versements qu'elle a effectués au capital de sociétés de presse mentionnées au *a* du 1 de l'article 199 *terdecies*-0 C du code général des impôts avant la date de clôture de cet exercice et afférents à la souscription à laquelle se rapporte le versement effectué par le contribuable :

« *a)* La raison sociale, l'objet social et le siège social de la ou des sociétés de presse éligibles bénéficiaires de la souscription ;

« *b)* Le nombre de titres souscrits, le montant et la date de leur souscription ;

« *c)* La date et le montant des versements effectués par la société considérée au titre de la souscription au capital de la ou des sociétés mentionnées au *a* du présent 2.

« Cette attestation est accompagnée d'un document, délivré par chaque société de presse au capital de laquelle elle a souscrit, attestant que cette société de presse répond aux conditions mentionnées au premier alinéa du *a* du 1 et au 5 de l'article 199 *terdecies*-0 C du même code.

« 3. La société mentionnée au premier alinéa du *b* du 1 de l'article 199 *terdecies*-0 C du code général des impôts prend l'engagement, sur l'attestation mentionnée au 2, d'informer le contribuable en cas de cession des titres souscrits au capital de sociétés de presse éligibles mentionnées au *a* du 1 du même article intervenant avant le 31 décembre de la cinquième année suivant celle de leur souscription.

« Lorsque tout ou partie des titres souscrits par la société mentionnée au premier alinéa du *b* du 1 de l'article 199 *terdecies*-0 C du même code sont cédés avant le 31 décembre de la cinquième année suivant celle de leur souscription, cette société adresse au contribuable un état individuel qui mentionne la raison sociale, l'objet social et le siège social de la ou des sociétés de presse dont les titres sont cédés, le nombre de titres cédés, le montant et la date de cession. »

II. — Le contribuable produit à l'administration fiscale, sur sa demande, l'état mentionné au I *(Décr. n° 2019-1255 du 28 nov. 2019, art. 1er)* « et, le cas échéant, les états et l'attestation mentionnés au I *bis,* » ainsi que tout document de nature à justifier la durée de détention des titres dont la souscription par celui-ci *(Décr. n° 2019-1255 du 28 nov. 2019, art. 1er)* « , ou par l'intermédiaire d'une société mentionnée au *b* du 1 de l'article 199 *terdecies*-0 C du code général des impôts » a ouvert droit à la réduction d'impôt sur le revenu prévue *(Décr. n° 2019-1255 du 28 nov. 2019, art. 1er)* « au même article ».

7°

Art. 46 AJ à 46 AL *Périmés.*

8°

Art. 46 AM à 46 AO *Périmés (Décr. n° 2008-294 du 1er avr. 2008).*

8° BIS RÉDUCTION OU CRÉDIT D'IMPÔT ACCORDÉ AU TITRE DES SOMMES VERSÉES POUR L'EMPLOI D'UN SALARIÉ À DOMICILE, À UNE ASSOCIATION AGRÉÉE OU À UN ORGANISME HABILITÉ OU CONVENTIONNÉ AYANT LE MÊME OBJET

Art. 46 AO *bis* **Conformément aux dispositions du premier alinéa de l'article D. 7233-4 du code du travail, la personne morale ou l'entrepreneur individuel qui assure la fourniture de prestations de services ouvrant droit à l'aide prévue à l'article 199 *sexdecies* du code général des impôts communique à chacun de ses clients une attestation fiscale comportant les informations mentionnées à l'article D. 7233-4 précité.**

8° TER RÉDUCTION D'IMPÔT ACCORDÉE AU TITRE DES VERSEMENTS EFFECTUÉS SUR UN COMPTE ÉPARGNE CODÉVELOPPEMENT

(Décr. n° 2010-23 du 7 janv. 2010)

Art. 46 AO *ter* *Devenu sans objet (Décr. n° 2011-645 du 9 juin 2011).*

9°

Art. 46 AP à 46 AR *Dispositions périmées.*

10° CRÉDIT D'IMPÔT POUR L'ACQUISITION OU LA LOCATION DE CERTAINS VÉHICULES AUTOMOBILES

Art. 46 AS et 46 AT *Devenus sans objet (Décr. n° 2008-294 du 1er avr. 2008).*

11°

Art. 46 AU à 46 AW *Périmés (Décr. n° 2007-484 du 30 mars 2007).*

11° BIS RÉDUCTION D'IMPÔT ACCORDÉE AU TITRE DES DONS FAITS PAR LES PARTICULIERS

(Décr. n° 2011-225 du 28 févr. 2011, art. 1er)

Art. 46 AW *bis* **La demande d'agrément mentionnée au 4 *bis* de l'article 200 du code général des impôts est présentée en langue française sur papier libre, conformément à un modèle fixé par arrêté des ministres chargés de l'économie et du budget, auprès des services centraux de la direction générale des finances publiques par l'organisme ayant son siège dans un État membre de l'Union européenne ou dans un État partie à l'Espace économique européen ayant conclu avec la France une convention d'assistance administrative en vue de lutter contre la fraude et l'évasion fiscales.** — *V. Ann. IV, art. 121 Z sexies et, pour le modèle de demande et l'adresse du service destinataire, Arr. du 28 févr. 2011 (JO 2 mars), mod. par Arr. du 17 avr. 2015 (JO 19 avr.).*

Sont jointes **à la demande les pièces justificatives dont la liste est fixée par arrêté des ministres chargés de l'économie et du budget et leur traduction en langue française, attestant que l'organisme poursuit des objectifs et présente des caractéristiques similaires aux organismes dont le siège est situé en France répondant aux conditions prévues à l'article 200 du code général des impôts.**

Les demandes de renouvellement d'agrément sont présentées selon les mêmes modalités.

Art. 46 AW *ter* **I. — La décision d'agrément est prise par le ministre chargé du budget. Sa décision est notifiée à l'organisme, elle est motivée en cas de refus.**

II. — L'agrément accordé au titre d'une première demande porte sur la période comprise entre la date de sa notification et le 31 décembre de la troisième année qui suit cette date.

Les demandes de renouvellement doivent être présentées au plus tard le 30 juin de la dernière année couverte par l'agrément. En cas de renouvellement, l'agrément est accordé pour une période de trois ans courant à compter du 1er janvier suivant. En cas de refus de renouvellement d'agrément, l'agrément en cours produit ses effets jusqu'à son terme.

III. — La liste des organismes agréés est publiée sur le site internet de l'administration fiscale. Cette liste est actualisée à chaque décision d'agrément.

IV. — L'agrément peut être retiré par décision motivée du ministre chargé du budget lorsqu'il est établi que l'organisme, en totalité ou en partie, ne poursuit plus d'objectifs ou ne présente plus de caractéristiques similaires aux organismes dont le siège est situé en France répondant aux conditions prévues à l'article 200 du code général des impôts. Cette décision est notifiée à l'organisme et la liste mentionnée au III est actualisée.

Art. 46 AW *quater* I. — Le montant des dons aux organismes mentionnés au 4 *bis* de l'article 200 du code général des impôts est indiqué distinctement sur la déclaration de revenus prévue à l'article 170 du même code de l'année au titre de laquelle les dons sont effectués.

II. — Pour l'application du deuxième alinéa du 4 *bis* de l'article 200 du code général des impôts, les pièces à fournir sont celles mentionnées au deuxième alinéa de l'article 46 AW *bis*.

12° CRÉDIT D'IMPÔT EN FAVEUR DES ÉCONOMIES D'ÉNERGIE ET DE DÉVELOPPEMENT DURABLE

Art. 46 AX *(Abrogé par Décr. nº 2020-674 du 3 juin 2020, art. 5 et 7-III, à compter du 1er janv. 2021)* ***I. — Pour l'application du second alinéa du 2 de l'article 200 quater du code général des impôts, les catégories de travaux pour lesquelles l'entreprise mentionnée au a du 1° ter de l'article précité ou l'entreprise sous-traitante lorsque les travaux sont réalisés dans les conditions du b du même 1° ter est soumise au respect de critères de qualification sont celles portant sur l'installation ou la pose :***

1. De chaudières à haute performance énergétique ou à micro-cogénération gaz, mentionnées respectivement au 1° du b du 1 et au g du 1 de l'article 200 quater du code général des impôts.

2. De matériaux d'isolation thermique des parois vitrées, de volets isolants et de portes d'entrée donnant sur l'extérieur, mentionnés au 2° du b du 1 du même article.

3. De matériaux d'isolation thermique des parois opaques, mentionnés au 3° du b du 1 du même article, pour ce qui concerne les murs en façade ou en pignon et les planchers bas.

4. De matériaux d'isolation thermique des parois opaques, mentionnés au 3° du b du 1 du même article, pour ce qui concerne les toitures-terrasses, les planchers de combles perdus, les rampants de toiture et les plafonds de combles.

5. D'équipements de chauffage ou de fourniture d'eau chaude sanitaire fonctionnant à l'énergie solaire et dotés de capteurs solaires, visés au 1° du c du 1 du même article.

6. D'équipements de chauffage ou de production d'eau chaude fonctionnant au bois ou autres biomasses, visés au 1° du c du 1 du même article.

7. De pompes à chaleur, mentionnées au 3° du c du 1 du même article.

(Décr. nº 2020-674 du 3 juin 2020, art. 1er) ***« 7 bis. D'équipements et de matériaux au titre d'un bouquet de travaux mentionné au o du 1 du même article ; »*** — *Le présent 7 bis est applicable aux dépenses payées à compter du 5 juin 2020 pour lesquelles le contribuable ne justifie pas de l'acceptation d'un devis et du versement d'un acompte avant cette date (Décr. nº 2020-674 du 3 juin 2020, art. 7-I).*

8. De l'échangeur de chaleur souterrain des pompes à chaleur géothermiques, mentionné au 3° du c du 1 du même article, à l'exception des capteurs horizontaux.

II. — Pour justifier du respect de critères de qualification mentionnés au second alinéa du 2 de l'article 200 quater du code général des impôts, l'entreprise mentionnée au a du 1° ter de l'article précité ou l'entreprise sous-traitante lorsque les travaux sont réalisés dans les conditions du b du même 1° ter, qui installe ou pose des équipements, matériaux et appareils mentionnés au I du présent article doit être titulaire d'un signe de qualité conformément à l'article 2 du décret nº 2014-812 du 16 juillet 2014 pris pour l'application du second alinéa du 2 de l'article 200 quater du code général des impôts et du dernier alinéa du 2 du I de

l'article 244 quater U du code général des impôts. — V. App., Décr. n° 2014-812 du 16 juill. 2014, art. 2, et Décr. n° 2014-1299 du 23 oct. 2014.

Lorsque cette entreprise réalise plusieurs travaux mentionnés au I du présent article, seuls les travaux relevant de catégories pour lesquelles elle est titulaire d'un signe de qualité mentionné au I de l'article 2 du décret n° 2014-812 du 16 juillet 2014 pris pour l'application du second alinéa du 2 de l'article 200 quater du code général des impôts et du dernier alinéa du 2 du I de l'article 244 quater U du code général des impôts sont éligibles au crédit d'impôt prévu à l'article 200 quater précité.

Les dispositions du présent art. sont abrogées à compter du 1er janv. 2021. Toutefois, ces dispositions continuent de s'appliquer aux dépenses payées à compter de cette même date pour lesquelles le contribuable justifie de l'acceptation d'un devis et du versement d'un acompte avant cette même date (Décr. n° 2020-674 du 3 juin 2020, art. 4, 5 et 7-III).

Art. 46 AX *bis* *(Devenu sans objet, Décr. n° 2020-897 du 22 juill. 2020, art. 3) (Décr. n° 2019-88 du 11 févr. 2019, art. 1er)* ***Pour l'application du 4 bis de l'article 200 quater du code général des impôts, les plafonds de ressources sont ceux fixés en application du dernier alinéa du II de l'article R.* 321-12 du code de la construction et de l'habitation.***

13° RÉDUCTION D'IMPÔT ACCORDÉE AU TITRE DE L'AIDE À CERTAINS CRÉATEURS D'ENTREPRISE

Art. 46 AY La réduction d'impôt prévue à l'article 200 *octies* du code général des impôts est majorée de 400 € lorsque l'aide est apportée à une personne handicapée au sens de l'article L. 114 du code de l'action sociale et des familles.

La date à laquelle il convient d'apprécier l'existence du handicap du bénéficiaire de l'aide est celle de la conclusion de la convention tripartite mentionnée au troisième alinéa du I de l'article 200 *octies* du code général des impôts.

14° CRÉDIT D'IMPÔT EN FAVEUR DES ÉTUDIANTS EN VUE DU FINANCEMENT DE LEURS ÉTUDES SUPÉRIEURES

(Décr. n° 2006-719 du 20 juin 2006)

Art. 46 AZ Les établissements de crédits qui consentent des prêts à la consommation ouvrant droit aux dispositions de l'article 200 *terdecies* du code général des impôts délivrent dans les trois premiers mois de chaque année à l'emprunteur concerné une attestation mentionnant :

1° L'identité et l'adresse du prêteur et du ou des emprunteurs ;

2° La nature et la date de conclusion du contrat ; cette date est réputée être celle de l'offre préalable de crédit ;

3° Le montant du capital emprunté et la durée du crédit ;

4° La désignation du bien ou du service financé pour les prêts affectés ;

5° Le montant annuel des intérêts payés ; ceux-ci s'entendent comme étant composés par l'ensemble des éléments constitutifs du taux effectif global au sens de l'article L. 313-1 *[abrogé]* du code de la consommation.

L'art. L. 313-1 C. consom., dans sa version en vigueur jusqu'au 30 juin 2016, a été abrogé par l'Ord. n° 2016-301 du 14 mars 2016, art. 34-1.

Art. 46 AZ *bis* Les contribuables qui bénéficient du crédit d'impôt sur le revenu prévu à l'article 200 *terdecies* du code général des impôts conservent, pour justifier de son bien-fondé et jusqu'à l'expiration du délai au cours duquel l'administration est susceptible d'exercer son droit de reprise :

1° l'attestation établie par le prêteur ;

2° la copie de leur certificat de scolarité permettant de justifier de leur inscription dans un cycle de l'enseignement supérieur au moment de la souscription du prêt.

15° CRÉDIT D'IMPÔT AU TITRE DES DÉPENSES DE REMPLACEMENT POUR CONGÉ DE CERTAINS EXPLOITANTS AGRICOLES

(Décr. n° 2006-800 du 6 juill. 2006)

Art. 46 AZA La condition d'une activité requérant la présence du contribuable sur l'exploitation chaque jour de l'année, mentionnée à l'article 200 *undecies* du code géné-

ral des impôts, est réputée satisfaite lorsque l'exploitant exerce une activité d'élevage qui nécessite des travaux, des soins ou de la surveillance quotidiennement.

Art. 46 AZA *bis* Si l'exploitant agricole exerce une activité autre que celle définie à l'article 46 AZA, cette activité peut être éligible au crédit d'impôt si l'exploitant fournit avec la déclaration spéciale mentionnée à l'article 46 AZA *quater* un calendrier des travaux de ses différentes productions montrant que celles-ci nécessitent sa présence tous les jours de l'année.

Art. 46 AZA *ter* Les dépenses de remplacement mentionnées au I de l'article 200 *undecies* du code général des impôts comprennent les rémunérations et leurs accessoires ainsi que les charges sociales, dans la mesure où celles-ci correspondent à des cotisations sociales obligatoires.

Le taux horaire minimum garanti permettant d'apprécier le plafond du crédit d'impôt prévu au II de l'article 200 *undecies* précité est celui en vigueur, en application des articles L. 3231-4 à L. 3231-12 du code du travail, au 31 décembre de l'année au titre de laquelle le crédit d'impôt est calculé.

Art. 46 AZA *quater* Pour l'application des dispositions de l'article 200 *undecies* du code général des impôts, les contribuables exerçant une activité dont les revenus sont imposés dans la catégorie des bénéfices agricoles sont tenus de souscrire une déclaration spéciale conforme à un modèle établi par l'administration.

Cette déclaration doit être jointe à la déclaration annuelle de résultat que le contribuable exerçant une activité professionnelle agricole est tenue *[tenu]* de déposer en vertu de l'article 53 A du code général des impôts.

Les exploitants individuels et les associés personnes physiques de sociétés de personnes ou de groupements assimilés, dont les groupements agricoles d'exploitation en commun, qui ne seraient pas tenus au dépôt de la déclaration annuelle de résultat prévue à l'article 53 A précité joignent la déclaration spéciale mentionnée au premier alinéa à leur déclaration de revenus de l'année au titre de laquelle le bénéfice du crédit d'impôt est demandé.

Pour les associés personnes physiques de sociétés de personnes ou de groupements assimilés, dont les groupements agricoles d'exploitation en commun, la déclaration spéciale indique la quote-part du crédit d'impôt revenant à chaque associé en fonction de sa participation dans le groupement concerné.

Art. 46 AZA *quinquies* Les contribuables sont également tenus de joindre à la déclaration spéciale mentionnée à l'article 46 AZA *quater* une copie de la facture de la prestation de service de remplacement ou une copie du contrat de travail mentionnant le coût du salaire horaire du remplaçant et le nombre de jours de remplacement de l'exploitant.

16° CRÉDIT D'IMPÔT AU TITRE DES INTÉRÊTS D'EMPRUNTS SUPPORTÉS POUR L'ACQUISITION OU LA CONSTRUCTION DE L'HABITATION PRINCIPALE

Art. 46 AZA *sexies* Le contribuable qui demande le bénéfice des dispositions de l'article 200 *quaterdecies* du code général des impôts au titre des intérêts du ou des prêts immobiliers supportés à raison de l'acquisition d'un logement mentionné au I de l'article précité présente, sur demande de l'administration fiscale, les documents suivants :

1. Lorsque l'acquisition est effectuée directement par le contribuable ou un membre de son foyer fiscal désigné au 1 et 3 de l'article 6 du code général des impôts :

1° Une copie de l'acte authentique d'acquisition du logement ;

2° Une déclaration signée d'affectation du logement à l'habitation principale de l'emprunteur, précisant la date à compter de laquelle cette affectation est effective, ou en cas de construction ou d'acquisition en état futur d'achèvement, l'engagement d'affecter le logement à cet usage dès l'achèvement et au plus tard le 31 décembre de la deuxième année suivant celle de la conclusion du prêt ;

3° L'échéancier de remboursement établi par l'établissement financier prêteur faisant notamment apparaître le montant des intérêts dus. Lorsque le prêt est souscrit à un taux variable, un document établi par l'établissement financier prêteur et récapitulant les intérêts effectivement versés par l'emprunteur au cours de l'année ;

4° Le cas échéant, les factures de travaux, autres que les factures d'acompte, établies par les entreprises ;

5° Le cas échéant, l'acte authentique d'acquisition du terrain nu et les mémoires des entrepreneurs et architectes, en charge des travaux de construction, la déclaration d'ouverture de chantier prévue à l'article R.* 424-16 du code de l'urbanisme accompagnée d'une pièce attestant de sa réception en mairie et la copie des factures des travaux de construction du logement, respectant les mentions prévues par l'article 242 *nonies* A de l'annexe II, lorsque le contribuable fait construire son logement.

2. Lorsque l'acquisition du logement est effectuée par l'intermédiaire d'une société non soumise à l'impôt sur les sociétés qui le met à la disposition gratuite d'un associé au titre de son habitation principale, outre les documents mentionnés au 1, une attestation sur l'honneur signée conjointement par lui et par la société propriétaire dans laquelle :

1° La société atteste que le logement est mis à la disposition gratuite de l'associé personne physique en précisant ses nom et prénoms, ainsi que la quote-part correspondant au logement concerné représentative de ses droits dans le capital social ;

2° L'associé atteste qu'il affecte ce logement à son habitation principale.

Cette attestation précise également l'adresse du logement acquis, la référence du ou des prêts immobiliers souscrits pour son financement, les coordonnées du ou des organismes prêteurs, la date de signature de l'acte authentique d'acquisition, ainsi que la date à compter de laquelle le logement est affecté à l'habitation principale de l'associé personne physique bénéficiaire de la mise à disposition gratuite.

Lorsque la société fait construire le logement ou l'acquiert en état futur d'achèvement, l'attestation mentionne que la mise à disposition et l'affectation à l'habitation principale doivent intervenir dès l'achèvement et au plus tard le 31 décembre de la deuxième année suivant celle de la conclusion du prêt.

Art. 46 AZA *septies* Les logements mentionnés au troisième alinéa du III de l'article 200 *quaterdecies* du code général des impôts s'entendent de ceux qui répondent aux conditions d'attribution du label "bâtiment basse consommation énergétique, BBC 2005" mentionné au 5° de l'article 2 de l'arrêté du 3 mai 2007 relatif au contenu et aux conditions d'attribution du label "haute performance énergétique".

17° RÉDUCTION D'IMPÔT ACCORDÉE AU TITRE DES INVESTISSEMENTS LOCATIFS

Art. 46 AZA *octies* I. — Les logements mentionnés au troisième alinéa du II de l'article 199 *septvicies* du code général des impôts s'entendent :

1° Pour les logements acquis neufs ou, sous réserve du 2°, pour les logements acquis en l'état futur d'achèvement ou que le contribuable fait construire, de ceux qui bénéficient du label "bâtiment basse consommation énergétique, BBC 2005" mentionné au 5° de l'article 2 de l'arrêté du 3 mai 2007 relatif au contenu et aux conditions d'attribution du label "haute performance énergétique" ;

2° Pour les logements qui font ou qui ont fait l'objet de travaux mentionnés aux *b*, *c* et *d* du 2 du I de l'article 199 *septvicies* susmentionné ou pour les logements acquis en l'état futur d'achèvement mentionnés au 1 du I de ce même article lorsqu'ils ne sont pas soumis aux dispositions de l'article *(Décr. n° 2021-872 du 30 juin 2021, art. 7-VII-4°)* « L. 171-1 » du code de la construction et de l'habitation : — *V. CCH, art. L. 171-1 et L. 172-1.* — ***CCH.***

a) Soit de ceux qui bénéficient du label "haute performance énergétique rénovation, HPE rénovation 2009" ou du label "bâtiment basse consommation énergétique rénovation, BBC rénovation 2009" mentionnés aux 1° et 2° de l'article 2 de l'arrêté du 29 septembre 2009 relatif au contenu et aux conditions d'attribution du label "haute performance énergétique rénovation" ;

b) Soit de ceux qui respectent les exigences de performance énergétique globale, définies par arrêté du ministre chargé de la construction, pour au moins deux des quatre catégories suivantes :

— isolation de la toiture ou des murs donnant sur l'extérieur ;

— fenêtres ;

— système de chauffage ;

— système de production d'eau chaude sanitaire. — *Sur la définition des exigences de performance énergétique globale mentionnées au b, et sur la justification du respect des conditions mentionnées aux a et b, V. Arr. du 5 mars 2012 (JO 7 mars).*

II. — Les logements mentionnés au cinquième alinéa du IV de l'article 199 *septvicies* du code général des impôts s'entendent de ceux qui bénéficient du label "bâtiment basse consommation énergétique, BBC 2005" mentionné au 5° de l'article 2 de l'arrêté du 3 mai 2007 relatif au contenu et aux conditions d'attribution du label "haute performance énergétique".

Art. 46 AZA *octies*-0 A Les logements mentionnés au II de l'article 199 *novovicies* du code général des impôts s'entendent :

1° Pour les logements acquis neufs, ou, sous réserve du 2°, pour les logements acquis en l'état futur d'achèvement ou que le contribuable fait construire :

a) Soit de ceux qui bénéficient du label mentionné au 1° du I de l'article 46 AZA *octies* ;

b) Soit de ceux qui respectent les caractéristiques thermiques et conditions *(Décr. n° 2021-872 du 30 juin 2021, art. 7-VII-8°)* « mentionnées à l'article R. 172-2 du code de la construction et de l'habitation, selon les prescriptions fixées par l'arrêté prévu à l'article R. 172-3 du même code. »

Pour justifier du respect de la condition prévue à l'alinéa précédent, le contribuable présente, sur demande de l'administration fiscale, l'attestation mentionnée à l'article 6 de l'arrêté du 11 octobre 2011 relatif aux attestations de prise en compte de la réglementation thermique et de réalisation d'une étude de faisabilité relative aux approvisionnements en énergie pour les bâtiments neufs ou les parties nouvelles de bâtiments ;

2° Pour les logements qui font ou qui ont fait l'objet de travaux mentionnés aux 2°, 3° et 4° du B du I de l'article 199 *novovicies* du code général des impôts ou pour les logements acquis en l'état futur d'achèvement mentionnés au premier alinéa du I de ce même article lorsqu'ils ne sont pas soumis aux dispositions de l'article *(Décr. n° 2021-872 du 30 juin 2021, art. 7-VII-5°)* « L. 171-1 » du code de la construction et de l'habitation : — *V. CCH, art. L. 171-1 et L. 172-1.* — ***CCH.***

a) Soit de ceux qui bénéficient d'un des labels mentionnés au *a* du 2° du I de l'article 46 AZA *octies* ;

b) Soit de ceux qui respectent les exigences de performance énergétique globale dans les mêmes conditions et selon les mêmes modalités que celles définies au *b* du 2° du I de l'article 46 AZA *octies* ;

(Décr. n° 2019-232 du 26 mars 2019, art. 1er-2°) « 3° Pour les logements qui font ou qui ont fait l'objet de travaux mentionnés au 5° du B du I de l'article 199 *novovicies* du code général des impôts :

« *a)* Soit de ceux qui permettent d'atteindre une diminution de la consommation conventionnelle d'énergie primaire du bâtiment définie par un arrêté conjoint des ministres chargé du budget et du logement et d'atteindre une consommation conventionnelle d'énergie primaire après travaux inférieure à un seuil défini par ce même arrêté ;

« *b)* Soit de ceux qui respectent les exigences de performance énergétique, définies par l'arrêté mentionné au *a* du présent 3°, pour au moins deux des cinq catégories suivantes, et qui permettent d'atteindre une consommation conventionnelle d'énergie primaire après travaux inférieure à un seuil défini par ce même arrêté :

« 1. isolation de la toiture ;

« 2. isolation des murs donnant sur l'extérieur ;

« 3. isolation des parois *(Décr. n° 2020-897 du 22 juill. 2020, art. 3)* « vitrées » donnant sur l'extérieur ;

« 4. systèmes de chauffage ;

« 5. système de production d'eau chaude sanitaire.

« Les modalités de justification du respect des exigences prévues au *a* et au *b* du présent 3° sont définies par ce même arrêté. » — *V. Arr. du 26 mars 2019 (JO 27 mars).*

Art. 46 AZA *octies*-0 AA Les logements mentionnés au II de l'article 199 *novovicies* du code général des impôts, lorsqu'ils sont situés outre-mer, s'entendent :

1° Pour les logements situés en Guyane, en Martinique et à La Réunion, sous réserve du 3°, de ceux qui respectent les prescriptions prévues aux articles *(Décr. n° 2020-897 du 22 juill. 2020, art. 3)* « R. 162-1 et » *(Décr. n° 2021-872 du 30 juin 2021, art. 7-VII-9°)* « R. 192-2 » du code de la construction et de l'habitation ;

2° Pour les logements situés en Guadeloupe, sous réserve du 3°, de ceux qui respectent les dispositions prévues par les délibérations du 19 avril 2011 du conseil régional de la Guadeloupe relevant du domaine du règlement relatives à la réglementation thermique et aux caractéristiques thermiques de l'enveloppe des bâtiments nouveaux et des parties nouvelles de bâtiments, à la production d'eau chaude sanitaire par énergie renouvelable ou par énergie de récupération dans les bâtiments en Guadeloupe et aux systèmes de refroidissement et à la performance énergétique des appareils de climatisation individuels ;

3° Pour les logements situés en Guadeloupe, en Guyane, en Martinique et à La Réunion, et qui font ou qui ont fait l'objet de travaux mentionnés aux 2°, 3° *(Décr. n° 2019-232 du 26 mars 2019, art. 1er-3°)* « , 4° et 5° » du B du I de l'article 199 *novovicies* du code général des impôts ou qui sont acquis en l'état futur d'achèvement lorsqu'ils ne sont pas soumis aux prescriptions des articles *(Décr. n° 2020-897 du 22 juill. 2020, art. 3)* « R. 162-1 et » *(Décr. n° 2021-872 du 30 juin 2021, art. 7-VII-9°)* « R. 192-2 » précités ou aux dispositions prévues par les délibérations du 19 avril 2011 du conseil régional de la Guadeloupe précitées, de ceux qui respectent cumulativement :

a. Une exigence thermique qui s'entend de l'intégration au logement de l'un des dispositifs mentionnés au *c* du 1 du I de l'article 18 *quater* de l'annexe IV au code général des impôts ;

b. Une exigence énergétique qui s'entend de l'intégration au logement d'un au moins des équipements mentionnés aux 4, 5 et 6 du même I de l'article précité et selon les mêmes conditions.

4° Pour les logements situés en Nouvelle-Calédonie, en Polynésie française, à Saint-Martin et dans les îles Wallis-et-Futuna, de ceux qui respectent les exigences prévues aux *a* et *b* du 3° ;

5° Pour les logements situés à Saint-Pierre-et-Miquelon, de ceux qui respectent cumulativement :

a) Une exigence thermique qui s'entend de l'intégration au logement de matériaux d'isolation thermique mentionnés aux 1° *(Décr. n° 2021-744 du 9 juin 2021, art. 3)* « et 2° » du *b* du 2 *(Décr. n° 2018-416 du 30 mai 2018, art. 2)* « du I » de l'article 18 *bis* de l'annexe IV au code général des impôts ou d'appareils de régulation de chauffage mentionnés au *c* du même 2 de l'article précité ;

b) Une exigence énergétique qui s'entend de l'intégration au logement d'un au moins des équipements mentionnés aux 4, 5 et 6 du I de l'article 18 *quater* de l'annexe IV au code général des impôts et selon les mêmes conditions.

Art. 46 AZA *octies* A Les plafonds par mètre carré de surface habitable mentionnés au premier alinéa du IV de l'article 199 *septvicies* du code général des impôts sont fixés à 5 000 € pour les logements situés en zone A, 4 000 € pour ceux situés en zone B1 ainsi que dans les départements d'outre-mer, les collectivités d'outre-mer et la Nouvelle-Calédonie, mentionnés au XI du même article, 2 100 € pour ceux situés en zone B2 et 2 000 € pour ceux situés en zone C.

Les zones A, B1, B2 et C sont celles définies à l'article *(Décr. n° 2020-897 du 22 juill. 2020, art. 3)* « D. 304-1 » du code de la construction et de l'habitation.

La surface habitable à prendre en compte s'entend de celle définie au troisième alinéa du *a* de l'article 2 *duodecies*. Toutefois, pour les départements d'outre-mer, les collectivités d'outre-mer et la Nouvelle-Calédonie, mentionnés au XI de l'article 199 *septvicies* susvisé, la surface habitable à prendre en compte est celle prévue au III de l'article 46 AG *terdecies*.

Art. 46 AZA *octies* B Le plafond par mètre carré de surface habitable mentionné au premier alinéa du A du V de l'article 199 *novovicies* du code général des impôts est fixé à 5 500 €.

La surface habitable à prendre en compte s'entend, pour les logements situés en métropole, de celle prévue au dernier alinéa du *a* de l'article 2 *duodecies* et, pour ceux situés outre-mer, de celle prévue au III de l'article 46 AG *terdecies*.

Art. 46 AZA *nonies* I. – Pour l'application de l'article 199 *sexvicies* du code général des impôts, le contribuable joint à sa déclaration de revenus de l'année au titre de laquelle le bénéfice de la réduction d'impôt est demandé :

1° Une note annexe, établie conformément au modèle fixé par l'administration, qui comporte les éléments suivants :

a. Ses identité et adresse ;

b. L'adresse du logement concerné ;

c. Pour les logements acquis en l'état futur d'achèvement ou les logements achevés depuis au moins quinze ans, la date d'achèvement du logement ;

d. Le nom et le type d'établissement ou de résidence dans lequel le logement est situé ;

e. L'engagement de louer le logement meublé pendant une durée de neuf ans au moins à l'exploitant de l'établissement ou de la résidence ;

f. Le prix d'acquisition ou de revient du logement retenu pour la détermination de la base de la réduction d'impôt ;

2° Une copie du bail conclu avec l'exploitant de l'établissement ou de la résidence mentionnant la date de prise d'effet de la location ainsi que, s'il y a lieu, la durée totale, par année civile, des périodes d'occupation du logement que le propriétaire se réserve ;

3° Une copie de l'acte authentique d'acquisition du logement ;

4° Pour les logements achevés depuis au moins quinze ans ayant fait l'objet de travaux de réhabilitation :

a. Les états descriptifs du logement mentionnés aux 1° et 2° de l'article 2 *quindecies* C. La personne mentionnée au premier alinéa de cet article qui établit ces états fournit également une attestation indiquant que l'ensemble des performances techniques mentionnées au II de l'article 2 *quindecies* B est respecté, dont au moins une d'entre elles à la suite des travaux de réhabilitation concernés ;

b. Lorsqu'ils sont requis, les états prévus aux articles L. 1334-5 et L. 1334-13 du code de la santé publique fournis par le vendeur lors de la promesse de vente ou annexés à l'acte authentique de vente du logement ;

5° Pour les logements achevés depuis au moins quinze ans qui font l'objet de travaux de réhabilitation :

a. Les états et attestation mentionnés au 4° ;

b. Lorsque le logement fait l'objet de travaux de la part de l'acquéreur, une copie des factures des entreprises ayant réalisé les travaux ; ces factures doivent mentionner l'adresse de réalisation des travaux, leur nature et leur montant ;

6° Pour les logements situés dans les résidences de tourisme, une copie de l'arrêté préfectoral portant classement de la résidence ;

7° Pour les logements situés dans des résidences avec services pour personnes âgées ou handicapées, une copie attestant de la délivrance de l'agrément prévue à l'article L. 7232-1 du code du travail, par le gestionnaire des services.

II. – En cas de changement d'exploitant au cours de la période couverte par l'engagement de location, le contribuable joint à sa déclaration des revenus de l'année au cours de laquelle le changement est intervenu une copie du bail conclu avec le nouvel exploitant comportant les mentions définies au 2° du I.

III. – Pour l'application du dernier alinéa du III de l'article 199 *sexvicies* du code général des impôts, le conjoint survivant joint à la déclaration des revenus qu'il souscrit au titre de l'année du décès de son conjoint, pour la période postérieure à cet événement, une note établie conformément à un modèle fixé par l'administration qui comporte l'engagement de louer le logement meublé à l'exploitant de l'établissement ou de la résidence pour la fraction de la période de neuf ans couverte par l'engagement de location initial restant à courir à la date du décès.

En cas de changement d'exploitant de l'établissement ou de la résidence, les dispo*sitions du II sont applicables. – Art. issu du transfert de l'ancien art. 46 AZD.*

Art. 46 AZA *decies* Pour justifier du respect de la condition prévue au premier alinéa du II de l'article 199 *septvicies* du code général des impôts, pour les logements neufs, acquis achevés ou en l'état futur d'achèvement, le contribuable présente, sur demande de l'administration fiscale, l'un des documents suivants :

a) La synthèse d'étude thermique mentionnée au 2 de l'article 10 de l'arrêté du 24 mai 2006 relatif aux caractéristiques thermiques des bâtiments nouveaux et des parties nouvelles de bâtiments ;

b) L'attestation mentionnée à l'article 6 de l'arrêté du 11 octobre 2011 relatif aux attestations de prise en compte de la réglementation thermique et de réalisation d'une étude de faisabilité relative aux approvisionnements en énergie pour les bâtiments neufs ou les parties nouvelles de bâtiments ;

c) Le récapitulatif standardisé d'étude thermique mentionné à l'article 9 de l'arrêté du 26 octobre 2010 relatif aux caractéristiques thermiques et aux exigences de performance énergétique des bâtiments nouveaux et des parties nouvelles de bâtiments ;

d) Le certificat mentionnant l'attribution d'un label "haute performance énergétique", délivré par un organisme de certification selon les critères et dans les conditions fixées par l'arrêté du 3 mai 2007 relatif au contenu et aux conditions d'attribution du label "haute performance énergétique".

Art. 46 AZA *undecies* I. — Pour l'application de l'article 199 *novovicies* du code général des impôts, le contribuable joint à sa déclaration des revenus de l'année, selon le cas, d'achèvement de l'immeuble ou des travaux, ou de son acquisition si elle est postérieure :

1° Une note annexe, établie conformément au modèle fixé par l'administration, qui comporte les éléments suivants :

a) Ses identité et adresse ;

b) L'adresse du logement concerné, sa date d'acquisition ou d'achèvement, la date de sa première mise en location et la surface à prendre en compte pour l'appréciation du plafond de loyer telle qu'elle est définie, selon le cas, aux articles 2 *terdecies* D ou 2 *terdecies* F ;

c) Le montant du loyer mensuel, charges non comprises, tel qu'il résulte du bail ;

d) L'engagement de louer le logement non meublé à usage d'habitation principale du locataire, pendant une durée minimale de :

— neuf ans, à une personne autre qu'un membre de son foyer fiscal, un de ses ascendants ou descendants, pour les investissements réalisés avant le 1er septembre 2014 ;

— six ou neuf ans, selon l'option choisie, à une personne autre qu'un membre de son foyer fiscal, un de ses ascendants ou descendants, pour les investissements réalisés du 1er septembre au 31 décembre 2014 ;

— six ou neuf ans, selon l'option choisie, à une personne autre qu'un membre de son foyer fiscal, pour les investissements réalisés à compter du 1er janvier 2015.

Cet engagement prévoit en outre que le loyer n'excède pas les plafonds prévus, selon le cas, aux articles 2 *terdecies* D ou 2 *terdecies* F ;

e) Les modalités de calcul de la réduction d'impôt ;

2° Une copie du bail ;

3° Une copie de l'avis d'imposition ou de non-imposition du ou des locataires établi au titre de l'avant-dernière année précédant celle de la signature du contrat de location ;

4° Les documents suivants, selon la nature de l'investissement :

a) Pour les logements acquis en l'état futur d'achèvement, une copie de la déclaration d'achèvement des travaux accompagnée d'une pièce attestant de sa réception en mairie ainsi que :

— une copie de la déclaration d'ouverture de chantier mentionnée à l'article R.* 424-16 du code de l'urbanisme, pour les investissements réalisés avant le 1er septembre 2014 ;

— une attestation notariée de propriété, pour les investissements réalisés à compter du 1er septembre 2014 ;

b) Pour les logements que le contribuable fait construire, une copie du dépôt de la demande du permis de construire, un document attestant de la date de l'obtention du permis de construire ainsi qu'une copie de la déclaration d'achèvement des travaux accompagnée d'une pièce attestant de sa réception en mairie ;

c) Pour les logements qui font l'objet de travaux mentionnés au 2° du B du I de l'article 199 *novovicies* du code général des impôts, une copie de la déclaration d'achèvement des travaux accompagnée d'une pièce attestant de sa réception en mairie ;

d) Pour les logements que le contribuable acquiert en vue de les réhabiliter, une copie de la déclaration d'achèvement des travaux accompagnée d'une pièce attestant de sa réception en mairie, les états et attestations prévus aux 1° et 2° de l'article 2 *quindecies* C ainsi que, le cas échéant, ceux prévus aux articles L. 1334-5 et L. 1334-13 du code de la santé publique fournis par le vendeur lors de la promesse de vente ou annexés à l'acte authentique de vente du logement ;

e) Pour les logements que le contribuable acquiert réhabilités, les documents mentionnés au *d* à l'exception de la copie de la déclaration d'achèvement des travaux ;

f) Pour les locaux que le contribuable transforme en logement, une copie de la déclaration d'achèvement des travaux accompagnée d'une pièce attestant de sa réception en mairie ainsi qu'une note précisant la nature de l'affectation précédente des locaux ;

(Décr. n° 2019-232 du 26 mars 2019, art. 1er-4°) « *g)* Pour les logements qui font ou qui ont fait l'objet de travaux mentionnés au 5° du B du I de l'article 199 *novovicies* du code général des impôts, une note récapitulant les travaux réalisés ainsi que leur montant. Le contribuable tient à la disposition de l'administration les documents permettant de justifier du respect des conditions prévues au III de l'article 2 *quindecies* B et au 3° de l'article 46 AZA *octies*-0 A. »

I *bis.* – Pour les investissements réalisés à compter du 1er septembre 2014 :

1. Lorsque le contribuable proroge son engagement de location mentionné au I de l'article 199 *novovicies* du code général des impôts dans les conditions prévues au VII *bis* du même article, pour une première période triennale, il joint à sa déclaration des revenus de l'année au cours de laquelle intervient le terme de l'engagement initial :

1° Une note établie conformément au modèle fixé par l'administration, qui comporte les éléments suivants :

a) Ses identité et adresse ;

b) L'adresse du logement concerné, sa date d'acquisition ou d'achèvement, la durée de l'engagement initial de location, ainsi que la date de prise d'effet du premier bail afférent à cet engagement ;

c) L'engagement de louer le logement non meublé à usage d'habitation principale du locataire, pendant une période de trois ans à compter du premier jour suivant celui de l'expiration de l'engagement initial de location :

– à une personne autre qu'un membre de son foyer fiscal, un de ses ascendants ou un de ses descendants, pour les investissements réalisés du 1er septembre 2014 au 31 décembre 2014 ;

– à une personne autre qu'un membre de son foyer fiscal, pour les investissements réalisés à compter du 1er janvier 2015.

Cet engagement prévoit en outre que le loyer n'excède pas les plafonds prévus, selon les cas, aux articles 2 *terdecies* D ou 2 *terdecies* F ;

d) Le montant du loyer mensuel, charges non comprises, tel qu'il résulte du bail ;

e) Les modalités de calcul de la réduction d'impôt ;

2° Une copie du bail ;

3° Une copie de l'avis d'imposition ou de non-imposition du ou des locataires établi au titre de l'avant-dernière année précédant celle de la signature du contrat de location ;

2. Lorsque le contribuable proroge son engagement de location pour une seconde période triennale, il joint à sa déclaration des revenus de l'année au cours de laquelle intervient le terme de la première période triennale de prorogation les documents mentionnés aux 1° à 3° du 1.

Dans ce cas, l'engagement de louer le logement, mentionné au *c* du 1° du 1, court à compter du premier jour suivant celui du terme de la première période triennale de prorogation.

II. – Lorsque le logement n'est pas loué au moment du dépôt de la déclaration des revenus de l'année d'achèvement de l'immeuble ou des travaux, ou de son acquisition si elle est postérieure, les documents mentionnés aux 2° et 3° du I sont joints à la déclaration des revenus de l'année au cours de laquelle le bail est signé.

Lorsque le logement n'est pas loué au titre de la période de l'année postérieure à la date de prorogation de l'engagement de location mentionnée aux 1 et 2 du I *bis*, les documents mentionnés aux 2° et 3° du 1 du I *bis* sont joints à la déclaration des revenus de l'année au cours de laquelle le bail est signé.

En cas de changement de locataire au cours de la période d'engagement de location, le cas échéant prorogé, le contribuable joint à sa déclaration des revenus de l'année au cours de laquelle le changement est intervenu une copie du nouveau bail ainsi qu'une copie de l'avis d'imposition ou de non-imposition du ou des locataires entrant dans les lieux établi au titre de l'avant-dernière année précédant celle de la signature du contrat de location.

Art. 46 AZA *duodecies* I. — Pour l'application du deuxième alinéa du D du I et du premier alinéa du III de l'article 199 *novovicies* du code général des impôts :

1° La condition de loyer s'apprécie en tenant compte du montant du loyer payé au bailleur par l'organisme locataire et du loyer payé à cet organisme par le sous-locataire.

Il n'est toutefois pas tenu compte de la redevance versée par le sous-locataire, en sus du loyer et des charges locatives, à un organisme indépendant de l'organisme locataire et représentative des frais de gestion, d'assurance, de gardiennage, d'amortissement des locaux collectifs, d'équipement des logements et, le cas échéant, d'ameublement. Cette disposition s'applique à la condition que le logement soit situé dans une résidence dotée de services collectifs et composée d'un ensemble homogène de dix logements au moins à usage d'habitation principale et que le montant annuel de la redevance n'excède pas le montant annuel des loyers payés par le sous-locataire ;

2° La condition de ressources s'apprécie en tenant compte des ressources du sous-locataire ;

3° Les contribuables joignent à leur déclaration des revenus de l'année d'achèvement de l'immeuble ou des travaux, ou de l'acquisition de l'immeuble si elle est postérieure, les documents suivants :

a) La note annexe prévue au 1° du I de l'article 46 AZA *undecies* et, lorsqu'il y a lieu, les documents mentionnés au 4° du même I ;

b) Une copie du bail conclu avec l'organisme locataire ;

c) Une copie du contrat de sous-location faisant apparaître le montant de la redevance payée par le sous-locataire ;

d) Une copie de l'avis d'impôt sur le revenu du sous-locataire établi au titre de l'avant-dernière année précédant celle de la signature du contrat de sous-location ;

4° Pour les investissements réalisés à compter du 1er septembre 2014, lorsque le contribuable proroge son engagement de location dans les conditions prévues aux 1 et 2 du I *bis* de l'article 46 AZA *undecies*, il joint à sa déclaration des revenus de l'année au cours de laquelle intervient le terme de l'engagement initial ou celui de la première période triennale de prorogation :

a) Les documents mentionnés aux *b* à *d* du 3° ;

b) La note annexe prévue au 1° du 1 du I *bis* de l'article 46 AZA *undecies*.

II. — Lorsque le contrat de location ou de sous-location n'est pas signé au moment du dépôt de la déclaration des revenus de l'année d'achèvement de l'immeuble ou des travaux, ou de l'acquisition de l'immeuble si elle est postérieure, les documents mentionnés aux *b* à *d* du 3° du I sont joints à la déclaration des revenus de l'année au cours de laquelle le contrat de location ou le contrat de sous-location est signé.

Lorsque le contrat de location ou de sous-location n'est pas signé au titre de la période de l'année postérieure à la date de prorogation de l'engagement de location mentionnée aux 1 et 2 du I *bis* de l'article 46 AZA *undecies*, les documents mentionnés aux *b* à *d* du 3° du I sont joints à la déclaration des revenus de l'année au cours de laquelle le contrat de location ou le contrat de sous-location est signé.

En cas de changement de locataire ou de sous-locataire au cours de la période couverte par l'engagement de location, le cas échéant prorogé, le contribuable joint à sa déclaration des revenus de l'année au cours de laquelle le changement est intervenu :

a) Une copie du nouveau bail conclu avec l'organisme locataire ;

b) Une copie du nouveau contrat de sous-location faisant apparaître le montant de la redevance payée par le sous-locataire ;

c) Une copie de l'avis d'imposition ou de non-imposition du sous-locataire entrant dans les lieux établi au titre de l'avant-dernière année précédant celle de la signature du contrat de sous-location.

Art. 46 AZA *terdecies* I. – 1. Lorsque l'immeuble appartient à une société autre qu'une société civile de placement immobilier, les obligations prévues aux articles 46 AZA *undecies* et 46 AZA *duodecies* incombent à cette société. Les documents à produire comportent l'engagement de la société de louer l'immeuble pendant une durée minimale de :

1° Neuf ans, à une personne autre que les associés, un membre de leur foyer fiscal ou un de leurs ascendants ou descendants, pour les investissements réalisés avant le 1er septembre 2014 ;

2° Six ou neuf ans, selon l'option choisie, à une personne autre que les associés, un membre de leur foyer fiscal ou un de leurs ascendants ou descendants, pour les investissements réalisés du 1er septembre au 31 décembre 2014 ;

3° Six ou neuf ans, selon l'option choisie, à une personne autre que les associés ou un membre de leur foyer fiscal, pour les investissements réalisés à compter du 1er janvier 2015.

Ces documents sont joints à la déclaration de résultat de la société au titre de l'année, selon le cas, d'achèvement de l'immeuble ou des travaux, ou de l'acquisition de l'immeuble si elle est postérieure.

2. La société fait parvenir, au plus tard le deuxième jour ouvré suivant le 1er mai de chaque année, à chacun de ses associés, un document établi en double exemplaire conformément au modèle fixé par l'administration et comportant, pour l'année précédente, les renseignements suivants :

1° L'identité et l'adresse de l'associé ;

2° Le nombre et les numéros des parts détenues au 1er janvier et au 31 décembre et, le cas échéant, des parts souscrites, acquises et transmises au cours de l'année ainsi que la date de ces opérations ;

3° La quote-part des revenus des immeubles de la société correspondant aux droits de l'associé ;

4° L'adresse du ou des immeubles ouvrant droit à la réduction d'impôt ;

5° L'attestation que la location et, le cas échéant, la sous-location remplissent les conditions de loyer et de ressources prévues, selon le cas, aux articles 2 *terdecies* D ou 2 *terdecies* F ;

6° La part du revenu net foncier correspondant aux droits de l'associé déterminé dans les conditions de droit commun ;

7° Le montant de la réduction d'impôt correspondant aux droits de l'associé ;

8° En cas de non-respect par la société ou un associé de ses engagements, la quote-part de la réduction d'impôt que l'associé doit ajouter à l'impôt sur le revenu de l'année au cours de laquelle la rupture de l'engagement ou la cession du logement ou des parts est intervenue.

Un exemplaire de ce document est joint par la société à sa déclaration de résultat.

II. – 1. L'engagement de conservation des titres prévu au second alinéa du A du I de l'article 199 *novovicies* du code général des impôts est constaté lors du dépôt de la déclaration des revenus de l'année au titre de laquelle les parts ont été souscrites ou, si elle est postérieure, de l'année de l'acquisition ou de l'achèvement de l'immeuble ou des travaux. L'engagement de conservation des titres formulé par le conjoint survivant est joint à la déclaration des revenus souscrite par celui-ci au titre de l'année du décès de son conjoint pour la période postérieure à cet événement.

2. Les parts détenues par les associés qui entendent bénéficier de la réduction d'impôt sur le revenu prévue à l'article 199 *novovicies* du code général des impôts sont inscrites, dans les trente jours suivant la date limite de dépôt de la déclaration des revenus mentionnée au 1, sur un compte ouvert au nom de l'associé dans la comptabilité de la société ou sur un registre spécial. Les documents relatifs aux opérations ayant affecté ce compte sont conservés jusqu'à la fin de la troisième année suivant celle de l'expiration de l'engagement mentionné au 1.

3. Les associés joignent à chacune de leurs déclarations de revenus un exemplaire du document mentionné au 2 du I.

Art. 46 AZA *quaterdecies* I. – 1. L'engagement de conservation des titres prévu au C du VIII de l'article 199 *novovicies* du code général des impôts est constaté lors du dépôt de la déclaration de revenus de l'année au titre de laquelle les parts ont été souscrites.

2. Les parts détenues par les associés qui entendent bénéficier de la réduction d'impôt sur le revenu prévue à l'article 199 *novovicies* du code général des impôts sont inscrites, dans les trente jours suivant la date limite de dépôt de la déclaration des revenus mentionnée au 1, sur un compte ouvert au nom de l'associé dans la comptabilité de la société ou sur un registre spécial. Les documents relatifs aux opérations ayant affecté ce compte sont conservés jusqu'à la fin de la troisième année suivant celle de l'expiration de l'engagement mentionné au 1.

Les associés joignent à chacune de leurs déclarations des revenus un exemplaire des documents mentionnés au II ainsi que les modalités de calcul de la réduction d'impôt.

II. – La société civile de placement immobilier mentionnée au A du VIII de l'article 199 *novovicies* du code général des impôts fait parvenir à ses associés, au plus tard le deuxième jour ouvré suivant le 1er mai de chaque année, un document établi en double exemplaire, conformément au modèle fixé par l'administration et comportant les éléments suivants :

1° L'identité et l'adresse des associés ;

2° Le nombre et les numéros des parts ou actions souscrites pour lesquelles le bénéfice de la réduction d'impôt est demandé ainsi que le montant du capital souscrit correspondant ;

3° La date de souscription des parts ou actions et du versement des fonds ;

4° Le nombre et les numéros des parts détenues au 1er janvier et au 31 décembre et, le cas échéant, des parts souscrites, acquises et transmises au cours de l'année ainsi que la date de ces opérations ;

5° L'attestation que 95 % de la souscription, appréciés sans tenir compte des frais de collecte, pour laquelle le bénéfice de la réduction d'impôt a été demandé servent exclusivement à financer un ou plusieurs investissements pour lesquels les conditions d'application prévues à l'article 199 *novovicies* du code général des impôts sont réunies ;

6° La nature des investissements réalisés au moyen des parts ou actions souscrites pour lesquelles le bénéfice de la réduction d'impôt a été demandé, l'adresse des logements concernés, leur date d'acquisition ou d'achèvement, la date de leur première location et la surface à prendre en compte pour l'appréciation du plafond de loyer telle qu'elle est définie, selon le cas, par les articles 2 *terdecies* D ou 2 *terdecies* F ;

7° L'attestation que le produit de la souscription annuelle est intégralement investi dans les dix-huit mois qui suivent la clôture de celle-ci ;

8° L'engagement, le cas échéant prorogé, par la société de louer le logement dans les conditions prévues à l'article 199 *novovicies* du code général des impôts. La société indique également le montant du loyer mensuel, charges non comprises, tel qu'il résulte du bail.

Un exemplaire de ce document ainsi qu'une copie de l'avis d'imposition ou de non-imposition du ou des locataires établi au titre de l'avant-dernière année précédant celle de la signature du contrat de location est joint par la société à sa déclaration de résultat.

18° RÉDUCTION D'IMPÔT ACCORDÉE AU TITRE DES DÉPENSES RELATIVES AUX TRAVAUX DE CONSERVATION OU DE RESTAURATION D'OBJETS MOBILIERS CLASSÉS MONUMENTS HISTORIQUES

Art. 46 AZB La condition d'exposition au public prévue au 2° du II de l'article 199 *duovicies* du code général des impôts est satisfaite :

1° Lorsque l'objet est exposé au public dans un immeuble ouvert à la visite dans les conditions prévues à l'article 41 I.

La condition d'exposition au public est réputée être réalisée même lorsque l'objet n'est pas exposé de manière continue jusqu'au terme de la période minimale de cinq années mentionnée au 2° du II de l'article 199 *duovicies* susmentionné, dès lors que les restrictions à l'exposition au public sont prescrites par les services de l'État chargés des monuments historiques ;

2° Lorsqu'il est confié, en vue de son exposition au public, à l'un des organismes suivants :

a. Un musée auquel a été attribuée l'appellation "musée de France" prévue à l'article L. 441-1 du code du patrimoine ou un musée d'une collectivité territoriale ;

b. La Bibliothèque nationale de France ou une autre bibliothèque de l'État, d'une collectivité territoriale ou d'une autre personne publique ;

c. Un service d'archives de l'État, d'une collectivité territoriale ou d'une autre personne publique.

La condition d'exposition au public est réputée être réalisée même lorsque l'organisme mentionné aux a à c n'expose pas l'objet qui lui est confié de manière continue, dès lors que l'objet demeure confié à cet organisme jusqu'au terme de la période minimale de cinq années ;

3° Lorsqu'il est confié, en vue de son exposition au public, à une personne publique ou privée occupant le domaine public maritime, fluvial, ferroviaire ou aéronautique, ayant conclu à cet effet une convention avec le propriétaire de l'objet et les services de l'État chargés des monuments historiques.

Cette convention prévoit les conditions et les modalités pratiques de l'exposition au public de l'objet, notamment en fonction de sa nature, de sa destination et des contraintes liées à sa conservation. Elle peut prévoir que la personne dépositaire de l'objet n'exposera pas ce dernier de manière continue, dès lors que l'objet demeure confié à cette personne jusqu'au terme de la période minimale de cinq années.

18° BIS RÉDUCTION D'IMPÔT ACCORDÉE AU TITRE DES DÉPENSES DE RESTAURATION IMMOBILIÈRE DANS LES SECTEURS SAUVEGARDÉS, LES QUARTIERS ANCIENS DÉGRADÉS ET LES ZONES DE PROTECTION DU PATRIMOINE ARCHITECTURAL, URBAIN OU PAYSAGER OU LES AIRES DE MISE EN VALEUR DE L'ARCHITECTURE ET DU PATRIMOINE

(Décr. n° 2012-992 du 23 août 2012, art. 1er)

Art. 46 AZC I. — Pour l'application de l'article 199 *tervicies* du code général des impôts, le contribuable joint à sa déclaration des revenus de l'année au titre de laquelle il demande à bénéficier de la réduction d'impôt sur le revenu concernée :

1. Une note annexe, établie conformément à un modèle fixé par l'administration, qui comporte les éléments suivants :

a) Son identité et son adresse ;

b) L'adresse du local concerné et la mention qu'il est situé, selon le cas, dans un secteur sauvegardé, un quartier ancien dégradé, une zone de protection du patrimoine architectural, urbain et paysager ou une aire de mise en valeur de l'architecture et du patrimoine ;

c) La date, selon le cas, d'approbation du plan de sauvegarde et de mise en valeur ou de la déclaration d'utilité publique de l'opération de restauration ;

d) La date de délivrance du permis de construire ou d'expiration du délai d'opposition à la déclaration préalable ;

e) L'affectation, à usage d'habitation ou à usage autre que l'habitation, du local concerné avant et après la réalisation des travaux ;

f) Le montant des travaux effectivement payés ayant donné lieu à facturation et la ou les dates de leur paiement ;

g) L'engagement de louer, selon le cas, le logement nu à usage de résidence principale du locataire ou le local à usage autre que d'habitation, pendant au moins les neuf années suivant l'achèvement des travaux, à une personne autre qu'un membre de son foyer fiscal, un ascendant ou un descendant ;

h) Lorsque les travaux sont achevés, la date de leur achèvement ;

i) Lorsque le logement est mis en location, la date de prise d'effet du bail.

2. Une copie des documents suivants :

a) La déclaration d'utilité publique de l'opération de restauration, sauf si ce document a déjà été produit au titre d'une année antérieure ;

b) L'autorisation d'urbanisme, accompagnée de l'avis de l'architecte des Bâtiments de France, sauf si ce document a déjà été produit au titre d'une année antérieure ;

c) Les factures des entreprises ayant réalisé les travaux ou, dans le cas d'une vente d'immeuble à rénover, le contrat. Les factures ou le contrat doivent mentionner l'adresse de réalisation des travaux ainsi que leur nature et leur montant ;

d) Lorsque les travaux sont achevés, la déclaration d'achèvement des travaux, accompagnée d'une pièce attestant de sa réception en mairie, ainsi qu'une note précisant la nature de l'affectation précédente des locaux ;

e) Le bail. Si le local n'est pas loué au moment du dépôt de la déclaration des revenus de l'année au titre de laquelle le bénéfice de la réduction d'impôt est demandé, le bail est joint à la déclaration des revenus de l'année au cours de laquelle celui-ci est signé. En cas de changement de locataire au cours de la période d'engagement de location, une copie du nouveau bail est jointe à la déclaration des revenus de l'année au cours de laquelle le changement est intervenu.

II. — 1. Lorsque l'immeuble est la propriété d'une société non soumise à l'impôt sur les sociétés autre qu'une société civile de placement immobilier, les obligations fixées au I incombent à cette société. Les documents à produire, qui comportent l'engagement de la société de louer l'immeuble pendant une durée de neuf ans, sont joints à la déclaration de résultat de l'année au titre de laquelle le bénéfice de la réduction d'impôt est demandé.

2. La société doit, au plus tard le deuxième jour ouvré suivant le 1er mai de chaque année, faire parvenir à ses associés un document établi en double exemplaire conformément à un modèle établi par l'administration et comportant, pour l'année précédente, les renseignements suivants :

a) L'identité et l'adresse de l'associé ;

b) Le nombre et les numéros des parts détenues au 1er janvier et au 31 décembre et, le cas échéant, des parts souscrites, acquises ou transmises au cours de l'année ainsi que la date de ces opérations ;

c) La part des revenus des immeubles de la société correspondant aux droits de l'associé ;

d) L'adresse du ou des immeubles ouvrant droit à la réduction d'impôt ;

e) Les modalités de calcul de la réduction d'impôt correspondant aux droits de l'associé ;

f) La quote-part du revenu net foncier correspondant aux droits de l'associé déterminé dans les conditions de droit commun ;

g) En cas de non-respect par la société ou un associé de ses engagements, la quote-part de la réduction d'impôt que l'associé doit ajouter à l'impôt sur le revenu de l'année au cours de laquelle la rupture de l'engagement ou la cession du bien ou des parts est intervenue.

Un exemplaire de ce document est joint par la société à sa déclaration de résultat.

3. Les associés personnes physiques doivent joindre à la déclaration des revenus de l'année au titre de laquelle le bénéfice de la réduction est demandé, outre les pièces justificatives mentionnées au 2 du I :

a) Une copie de l'engagement de location souscrit par la société propriétaire ;

b) Une copie du document fourni par la société, tel que mentionné au 2 du présent II ;

c) L'engagement de conserver leurs parts jusqu'au terme de l'engagement de location souscrit par la société propriétaire.

III. — L'engagement de conservation des titres prévu à la seconde phrase du 3 du IV *bis* de l'article 199 *tervicies* du code général des impôts est constaté lors du dépôt de la déclaration des revenus au titre de laquelle les parts ont été souscrites.

Les parts détenues par les associés qui entendent bénéficier de la réduction d'impôt *sont inscrites, dans les trente jours* suivant la date limite de dépôt de la déclaration des revenus de l'année mentionnée au premier alinéa, sur un compte ouvert au nom de l'associé dans la comptabilité de la société ou sur un registre spécial. Les documents relatifs aux opérations ayant affecté ce compte sont conservés jusqu'à la fin de la troisième année suivant celle de l'expiration de l'engagement mentionné au premier alinéa.

Les associés joignent à chacune de leurs déclarations des revenus un exemplaire des documents mentionnés au IV ainsi que les modalités de calcul de la réduction d'impôt.

IV. — La société civile de placement immobilier mentionnée au 1 du IV *bis* de l'article 199 *tervicies* du code général des impôts doit, au plus tard le deuxième jour ouvré suivant le 1er mai de chaque année, faire parvenir à ses associés un document établi en double exemplaire conformément au modèle fixé par l'administration et comportant les éléments suivants :

1° L'identité et l'adresse des associés ;

2° Le nombre et les numéros des parts ou actions souscrites pour lesquelles le bénéfice de la réduction d'impôt est demandé ainsi que le montant du capital souscrit et les modalités de calcul de la réduction d'impôt correspondant aux droits des associés ;

3° La date de souscription des parts ou actions et du versement des fonds correspondant ;

4° Le nombre et les numéros des parts détenues au 1er janvier et au 31 décembre de l'année précédente et, le cas échéant, des parts souscrites, acquises et transmises au cours de l'année ainsi que la date de ces opérations ;

5° L'attestation qu'au minimum 65 % du montant de la souscription servent exclusivement à financer des dépenses mentionnées au I de l'article 199 *tervicies* précité et que 30 % au minimum servent exclusivement à financer l'acquisition d'un ou plusieurs immeubles mentionnés au même I. Ces pourcentages s'apprécient au regard du montant total de la souscription concernée, diminué du montant des frais de collecte ;

6° L'adresse des immeubles concernés, leur date d'acquisition, la date du dépôt de la demande de permis de construire ou de la déclaration de travaux et la date d'achèvement des travaux ;

7° L'attestation que le produit de la souscription annuelle est intégralement investi dans les dix-huit mois qui suivent la clôture de celle-ci ;

8° L'engagement par la société de louer l'immeuble dans les conditions prévues au IV de l'article 199 *tervicies* précité.

Un exemplaire de ce document est joint par la société à sa déclaration de résultat.

V. — Pour l'application du 2° du VI de l'article 199 *tervicies* du code général des impôts, le conjoint survivant joint à la déclaration des revenus qu'il souscrit au titre de l'année du décès, pour la période postérieure à cet événement, une note établie conformément à un modèle fixé par l'administration, qui comporte l'engagement de louer le bien pour la fraction de la période de neuf ans couverte par l'engagement de location initial et restant à courir à la date du décès.

19° PLAFONNEMENT DE CERTAINS AVANTAGES FISCAUX AU TITRE DE L'IMPÔT SUR LE REVENU

Art. 46-0 B L'avantage en impôt procuré par les déductions au titre de l'amortissement mentionnées aux *h* et l du 1° du I de l'article 31 et à l'article 31 *bis* du code général des impôts est calculé dans les conditions mentionnées au 1 du I de l'article 197 du même code sur la base d'un montant déterminé par différence entre le résultat net foncier déclaré et le résultat net foncier calculé en excluant les déductions précitées.

En présence d'un déficit foncier dont le montant excède la limite d'imputation sur le revenu global, la base de l'avantage en impôt mentionné au premier alinéa est limitée au montant mentionné, selon le cas, au *(Décr. nº 2018-500 du 20 juin 2018, art. 4)* « deuxième ou au troisième » alinéa du 3° du I de l'article 156 du code précité.

Art. 46-0 B *bis* Pour l'appréciation de la limite mentionnée au 1 de l'article 200-0 A du code général des impôts :

1° Les revenus soumis à l'impôt sur le revenu, sur option du contribuable selon une base moyenne, notamment en application des articles 75-0 B, 84 A ou 100 *bis* du code général des impôts, ou fractionnée, notamment en application *(Décr. nº 2020-897 du 22 juill. 2020, art. 3)* « de l'article 75-0 A » du même code, sont pris en compte, pour le montant soumis à l'impôt, dans les conditions mentionnées au I de l'article 197 du code précité ;

2° Les revenus soumis à l'impôt sur le revenu selon les modalités prévues aux articles 163-0 A et 163-0 A *bis* du code général des impôts sont pris en compte, pour le montant soumis à l'impôt, dans les conditions mentionnées au I de l'article 197 du code précité, avant multiplication de la cotisation supplémentaire obtenue.

Art. 46-0 B *ter* Les contribuables doivent faire figurer distinctement sur la déclaration prévue à l'article 170 du code général des impôts les éléments suivants :

1° Le montant des déductions au titre de l'amortissement mentionnées aux *h* et l du 1° du I de l'article 31 et à l'article 31 *bis* du code général des impôts, retenues pour l'application du plafonnement mentionné au 1 de l'article 200-0 A du code général des impôts ;

2° Le montant des sommes ouvrant droit aux réductions d'impôt et crédits d'impôt retenus pour l'application du plafonnement précité.

SECTION IV OBLIGATIONS INCOMBANT À CERTAINES SOCIÉTÉS IMMOBILIÈRES

Art. 46 B I. — Les sociétés immobilières visées à l'article 172 *bis* du code général des impôts sont tenues de remettre au service des impôts du lieu de leur principal établissement, dans les trois mois de leur constitution, une déclaration souscrite en double exemplaire indiquant :

1° La dénomination ou raison sociale, la forme juridique, l'objet, la durée, le siège de la société ainsi que le lieu de son principal établissement ;

2° Les nom, prénoms et domicile des dirigeants ou gérants de la société.

II. — Deux exemplaires des statuts sont annexés à cette déclaration.

III. — Lorsque ces indications ont cessé d'être exactes, la déclaration doit être renouvelée dans les trois mois du changement intervenu.

Art. 46 C I. — Indépendamment des renseignements dont la production est déjà prévue par le code général des impôts, les sociétés visées à l'article 46 B sont tenues de remettre au service des impôts du lieu de leur principal établissement, au plus tard le deuxième jour ouvré suivant le premier mai de chaque année, une déclaration indiquant, pour l'année précédente :

a) Les nom, prénoms, adresse, date et lieu de naissance pour les personnes physiques et les dénomination, adresse et numéro d'identification au répertoire national des établissements (numéro SIRET) pour les personnes morales, la date des cessions ou acquisitions de parts intervenues en cours d'année, ainsi que l'identité du cédant et du cessionnaire ;

b) La liste des immeubles de la société ;

c) Les nom, prénoms, adresse des personnes, associés ou tiers, qui bénéficient gratuitement de la jouissance de tout ou partie de ces immeubles ;

d) La part des revenus des immeubles de la société correspondant aux droits de chacun des associés et déterminée dans les conditions prévues aux articles 28 à 31 du code général des impôts. Toutefois, les sociétés dont certains membres relèvent de l'impôt sur les sociétés ou comprennent leur part de revenus dans les résultats d'une entreprise industrielle et commerciale déterminent la part des bénéfices revenant à ces membres selon les règles définies aux articles 38 et 39 du même code ;

e) Le montant des recettes nettes soumises à la contribution mentionnée à l'article 234 *nonies* du code général des impôts.

II. — La déclaration est établie en double exemplaire sur une formule délivrée par l'administration. La procédure de vérification de cette déclaration est suivie directement entre le service des impôts et la société.

III. — Lorsqu'elles sont soumises à l'obligation prévue au II de l'article 1586 *octies* du code précité, les sociétés visées à l'article 46 B doivent joindre à la déclaration mentionnée au I le tableau de calcul de la valeur ajoutée définie à l'article 1586 *sexies* du code précité, suivant le modèle établi par l'administration.

Art. 46 D Les sociétés visées aux articles 46 B et 46 C sont tenues de présenter à toute réquisition du service des impôts tous documents comptables ou sociaux, inventaires, copies de lettres, pièces de recettes et de dépenses de nature à justifier l'exactitude des renseignements portés sur les déclarations prévues auxdits articles 46 B et 46 C.

SECTION V DISPOSITION APPLICABLE EN CAS DE PERTE DU STATUT FISCAL DES SOCIÉTÉS DE PERSONNES

Art. 46 E I. — Pour l'application du premier alinéa du II de l'article 202 *ter* du code général des impôts, les produits acquis non encore perçus et les dépenses engagées non encore payées sont, pour l'établissement de l'impôt sur le revenu, rattachés à la période d'imposition close par la perte totale ou partielle d'assujettissement à l'un des régimes mentionnés par ce texte.

Le revenu net soumis à l'impôt sur le revenu au titre de la période d'imposition visée au premier alinéa est établi sous déduction des provisions répondant aux conditions prévues au 5° du 1 de l'article 39 du code général des impôts, si elles sont reprises au bilan d'ouverture de la première période ou du premier exercice d'assujettissement à l'impôt sur les sociétés mentionné au III de l'article 202 *ter* du même code.

II. — Pour l'application du premier alinéa du II de l'article 202 *ter* du code général des impôts, les produits encaissés et les dépenses payées au cours de la dernière période d'imposition à l'impôt sur le revenu, qui correspondent à des créances acquises ou à des dettes devenues certaines postérieurement à cette période, ne sont pas retenus pour la détermination du revenu soumis à l'impôt au titre de cette période.

SECTION VI PRÉLÈVEMENT À LA SOURCE DE L'IMPÔT SUR LE REVENU

(Décr. n° 2017-866 du 9 mai 2017, art. 2-4° et 6, applicable aux revenus perçus ou réalisés à compter du 1er janv. 2019)

Art. 46 F L'administration fiscale met chaque mois à la disposition de la personne tenue d'effectuer la retenue à la source un compte rendu comportant notamment :

1° Un identifiant propre à ce compte rendu ;

2° Pour chaque bénéficiaire de revenu :

a) Les identifiants mentionnés aux *e* et *g* du 3° du V de l'article R. 133-14 du code de la sécurité sociale ;

b) Le taux du prélèvement à la source applicable, sauf lorsque s'applique le taux prévu au III de l'article 204 H du code général des impôts ;

3° Les anomalies figurant dans la déclaration mentionnée *(Décr. n° 2017-1676 du 7 déc. 2017, art. 1er et 2, applicable aux revenus perçus ou réalisés à compter du 1er janv. 2019)* « à l'article 87-0 A du code général des impôts » et détectées par l'administration fiscale.

Les dispositions du présent art. s'appliquent aux revenus perçus ou réalisés à compter du 1er janv. 2019 (Décr. n° 2017-866, art. 6, mod. par Décr. n° 2017-1676 du 7 déc. 2017, art. 3).

CHAPITRE PREMIER *BIS* IMPÔT SUR LES SOCIÉTÉS

SECTION PREMIÈRE EXONÉRATION ÉDICTÉE EN FAVEUR DE CERTAINS ÉTABLISSEMENTS ET SOCIÉTÉS CONCESSIONNAIRES

Art. 46 *bis* *(Devenu sans objet, Décr. n° 2020-897 du 22 juill. 2020, art. 3)* ***Les établissements publics et sociétés d'économie mixte chargés de l'aménagement par une convention contractée en application du deuxième alinéa de l'article L. 300-4 du code de l'urbanisme, sont exonérés de l'impôt sur les sociétés, sous les conditions énoncées à l'article 46 ter, pour la fraction de leurs bénéfices nets provenant soit de l'exécution des travaux d'aménagement, d'équipement général ou des ouvrages qu'ils effectuent sur des terrains dont ils ne sont pas propriétaires, soit des cessions ou locations portant sur des terrains ou immeubles qu'ils ont préalablement pourvus des aménagements, équipements généraux ou ouvrages nécessaires à leur utilisation.***

Art. 46 *ter* *(Devenu sans objet, Décr. n° 2020-897 du 22 juill. 2020, art. 3)* ***L'exonération prévue à l'article 46 bis est subordonnée à la condition :***

1° En ce qui concerne les établissements publics, qu'ils aient été créés et fonctionnent conformément aux dispositions des articles L. 321-2 à L. 321-8, L. 326-1 à L. 326-7 et *R. 321-20 à *R. 321-22 du code de l'urbanisme et que les bénéfices dont l'exonération est demandée proviennent d'opérations conformes à leur objet ;

2° En ce qui concerne les sociétés d'économie mixte, qu'elles fonctionnent conformément aux dispositions de l'article *R. 321-21 du code de l'urbanisme et que les bénéfices dont l'exonération est demandée proviennent d'opérations effectuées par elles dans le cadre d'une convention publique d'aménagement prévue à l'article L. 300-4 du même code.

SECTION 01 *BIS* EXONÉRATION EN FAVEUR DES SOCIÉTÉS D'INVESTISSEMENTS IMMOBILIERS COTÉES, DE LEURS FILIALES ET DES FILIALES DE SOCIÉTÉS DE PLACEMENT À PRÉPONDÉRANCE IMMOBILIÈRE À CAPITAL VARIABLE (*Décr. nº 2009-683 du 12 juin 2009*).

Art. 46 *ter* A I. — L'option mentionnée aux II et III *bis* de l'article 208 C du code général des impôts est notifiée sur papier libre ou par voie électronique au service des impôts auprès duquel est souscrite la déclaration de résultat.

La société d'investissements immobiliers cotée doit, lors de la notification de l'option, fournir la liste de ses filiales qui optent en indiquant leur dénomination, l'adresse de leur siège social, le numéro d'identité tel que défini au premier alinéa de l'article R. 123-221 du code de commerce et la répartition de leur capital. Cette liste, mise à jour, doit être fournie chaque année lors du dépôt de la déclaration de résultat.

Les filiales doivent indiquer, lors de la notification de leur option et du dépôt des déclarations de résultats ultérieurs, le nom, l'adresse du siège social et le numéro d'identité de la société d'investissements immobiliers cotée ou de la société de placement à prépondérance immobilière à capital variable tel que défini au premier alinéa de l'article R. 123-221 du code de commerce.

L'engagement prévu au deuxième alinéa de l'article 221 *bis* du code général des impôts figure dans l'option souscrite dans les conditions visées au premier alinéa.

II. — Les sociétés qui ont opté conformément au premier alinéa du I doivent joindre à leur déclaration de résultat un état, conforme au modèle établi par l'administration, qui fait apparaître la décomposition de leur résultat fiscal et de celui des organismes visés à l'article 8 du code général des impôts selon les opérations visées aux deuxième, troisième et quatrième alinéas du II de l'article 208 C du code précité ainsi que les obligations de distribution y afférentes et le respect des obligations antérieures.

SECTION 01 *BIS*-0 A EXONÉRATION EN FAVEUR DES SOCIÉTÉS DE PLACEMENT À PRÉPONDÉRANCE IMMOBILIÈRE À CAPITAL VARIABLE

(*Décr. nº 2009-683 du 12 juin 2009*)

Art. 46 *ter* A *bis* I. — Les sociétés de placement à prépondérance immobilière à capital variable doivent joindre à leur déclaration de résultat du premier exercice d'application du régime d'exonération prévu au 3° *nonies* de l'article 208 du code général des impôts la copie de l'agrément délivré par l'Autorité des marchés financiers en application de l'article L. 214-35 du code monétaire et financier ou, le cas échéant, l'avis de réception par l'Autorité des marchés financiers de la demande d'agrément mentionnant la date d'expiration du délai à compter de laquelle l'agrément est réputé accordé à défaut d'agrément exprès, ainsi que la liste de leurs filiales qui optent dans les conditions du III *bis* de l'article 208 C du code général des impôts, en indiquant leur dénomination, l'adresse de leur siège social, le numéro d'identité qui leur a été attribué dans les conditions du premier alinéa de l'article R. 123-221 du code de commerce et la répartition de leur capital.

II. — Les sociétés de placement à prépondérance immobilière à capital variable doivent joindre à leur déclaration de résultat la liste mentionnée au I, actualisée, ainsi qu'un état, conforme au modèle établi par l'administration, qui fait apparaître :

1° La décomposition de leurs sommes distribuables définies au I de l'article L. 214-69 du code monétaire et financier, selon les opérations visées au II de ce même article ;

2° Les obligations de distribution résultant des II et III de ce même article.

SECTION 01 *BIS* A EXONÉRATION ÉDICTÉE EN FAVEUR DES SOCIÉTÉS UNIPERSONNELLES D'INVESTISSEMENT À RISQUE

(*Décr. nº 2006-819 du 7 juill. 2006*)

Art. 46 *ter* B La condition relative à l'exclusivité de l'objet social de la société unipersonnelle d'investissement à risque, prévue au 1 du I de l'article 208 D du code général des impôts, doit être respectée par la société unipersonnelle d'investissement à risque de façon constante tout au long de l'exercice.

Les titres reçus en échange des actions ou parts de sociétés répondant aux conditions définies au I de l'article 208 D précité, à l'exception de ceux reçus dans le cadre d'un apport de titres à une société, sont pris en compte pour l'appréciation de la condition d'exclusivité prévue au premier alinéa, pour leur valeur d'inscription à l'actif de la société unipersonnelle d'investissement à risque, pendant une durée de deux ans à compter de l'échange ou jusqu'à la fin de la période pendant laquelle la société unipersonnelle d'investissement à risques s'est engagée à les conserver à son actif, si cette durée est supérieure.

Lorsque les actions ou parts de sociétés répondant aux conditions définies au I de l'article 208 D précité sont admises à la négociation sur un marché d'instruments financiers d'un État partie à l'accord sur l'Espace économique européen, dont le fonctionnement est assuré par une entreprise de marché ou un prestataire de services d'investissement *(Décr. n° 2017-1324 du 6 sept. 2017, art. 9-1° et 10, en vigueur le 3 janv. 2018)* « autre qu'une société de gestion de portefeuille » ou tout autre organisme similaire étranger, elles continuent à être prises en compte pour l'appréciation de la condition d'exclusivité prévue au premier alinéa pendant une durée de cinq ans à compter de leur admission.

Les sommes reçues lors de la cession des actions ou parts de sociétés répondant aux conditions définies au I de l'article 208 D précité et du remboursement des avances en compte courant consenties à ces mêmes sociétés, non réinvesties dans d'autres actifs, ne sont pas retenues pour le calcul de la limite de 5 % mentionnée au 4 du I du même article 208 D précité, pendant une durée de deux ans à compter de la cession de ces titres ou du remboursement des avances en compte courant.

Art. 46 *ter* C I. – La société unipersonnelle d'investissement à risque joint à sa déclaration de résultats un état permettant d'apprécier le respect de la condition relative à son objet social exclusif au sens de l'article 46 *ter* B. Cet état, établi sur papier libre, mentionne, pour chacune des sociétés dans lesquelles la société unipersonnelle d'investissement à risque détient, ou a détenu au cours de l'exercice, des actions ou parts :

a. la dénomination sociale de la société, l'adresse de son siège social et sa date de création ;

b. les dates, nombres de titres et montants de chacune des souscriptions en numéraire effectuées ou, lorsque les titres ont été reçus en échange dans les conditions prévues au deuxième alinéa de l'article 46 *ter* B, la date de l'échange, le nombre de titres reçus en échange et la valeur d'inscription de ces titres à l'actif ;

c. le nombre de titres cédés en cours d'exercice et le montant des cessions ;

d. le pourcentage de détention dans le capital de la société, en droits financiers et droits de vote, à l'ouverture et à la clôture de l'exercice ;

e. le montant brut des avances en compte courant consenties à ces sociétés.

L'état prévu au premier alinéa mentionne également le montant des autres actifs, ainsi que leur proportion dans l'actif brut comptable de la société, avant et après prise en compte des sommes mentionnées au quatrième alinéa de l'article 46 *ter* B.

II. – A compter de l'exercice au cours duquel la société unipersonnelle d'investissement à risque est imposable à l'impôt sur les sociétés, elle joint à sa déclaration de résultats un état, établi sur papier libre, des bénéfices et réserves non distribués qui ont été exonérés d'impôt sur les sociétés.

Ces dispositions ne sont pas applicables lorsque les bénéfices et réserves distribuables mentionnés à l'alinéa précédent sont totalement distribués.

Art. 46 *ter* D La société unipersonnelle d'investissement à risque délivre, au plus tard le 16 février de l'année civile qui suit celle au cours de laquelle elle a mis en paiement des revenus distribués, à l'associé qui entend bénéficier des dispositions de l'article 163 *quinquies* C *bis* du code général des impôts un état individuel qui mentionne :

a. la dénomination sociale et l'adresse de la société ;

b. les dates et les montants des revenus distribués à l'associé et prélevés sur des bénéfices exonérés d'impôt sur les sociétés conformément aux dispositions de l'article 208 D du code général des impôts ;

c. le montant des cotisations et prélèvements sociaux prélevés en application du 8° du II de l'article L. 136-7 du code de la sécurité sociale et du II de l'article 16 de l'ordonnance n° 96-50 du 24 janvier 1996 modifiée relative au remboursement de la dette sociale.

Cet état précise que l'associé mentionné au premier alinéa est le souscripteur initial des actions de la société ou qu'il a reçu ses actions dans le cadre d'une transmission à titre gratuit à la suite du décès de l'associé initial.

SECTION PREMIÈRE *BIS* ENTREPRISES CRÉÉES EN CORSE

Art. 46 *quater* Pour l'application de l'article 208 *sexies* du code général des impôts, l'entreprise nouvelle doit joindre à sa déclaration des résultats de chaque exercice un état qui mentionne les renseignements suivants :

a) La nature exacte de l'activité exercée par l'entreprise ;

b) La désignation complète de ses actionnaires ou associés : nom, prénoms, profession et adresse des personnes physiques, dénomination ou raison sociale, activité et siège social des sociétés ;

c) La répartition, à la date d'ouverture de l'exercice, des droits de vote attachés aux titres émis par la société nouvelle ainsi que les modifications apportées à cette répartition au cours de cet exercice.

Cet état est établi sur papier libre, conformément au modèle fixé par l'administration.

SECTION PREMIÈRE *TER* ACTIVITÉS CRÉÉES EN CORSE

Art. 46 *quater*-00 A à 46 *quater*-00 A *quater* *Périmés (Décr. n° 2014-549 du 26 mai 2014).*

SECTION II MONUMENTS HISTORIQUES — CHARGES DÉDUCTIBLES POUR LES ORGANISMES NON LUCRATIFS

Art. 46 *quater*-0 A Les dispositions des articles 41 F à 41 J sont applicables pour la détermination de la base de l'impôt sur les sociétés dû par les organismes non lucratifs visés au 5 de l'article 206 du code général des impôts à raison des immeubles dont ils se réservent la jouissance. — *Al. 2 du 5 de l'art. 206 abrogé.*

SECTION III INTÉRÊTS DE LIVRETS SUPPLÉMENTAIRES DE CAISSES D'ÉPARGNE

Art. 46 *quater*-0 B L'exonération prévue au *a* de l'article 208 *ter* du code général des impôts n'est pas applicable aux intérêts des sommes inscrites sur les livrets supplémentaires que les caisses d'épargne ont été autorisées à ouvrir par décret.

SECTION III *BIS* DÉTERMINATION ET SUIVI DES CHARGES FINANCIÈRES NETTES NON DÉDUCTIBLES ET DES CAPACITÉS DE DÉDUCTION INEMPLOYÉES EN APPLICATION DE L'ARTICLE 212 *BIS* DU CODE GÉNÉRAL DES IMPÔTS *(Décr. n° 2019-594 du 14 juin 2019, art. 1er-1°).*

Art. 46 *quater*-0 BA *(Décr. n° 2019-594 du 14 juin 2019, art. 1er-2°)* Pour l'application des dispositions de l'article 212 *bis* du code général des impôts, les entreprises joignent à leur déclaration de résultat de chaque exercice un état faisant apparaître les charges financières nettes non admises en déduction du résultat de l'exercice en application des I, VI et VII de l'article 212 *bis* précité, ainsi que le suivi des charges financières nettes non admises en déduction au titre des exercices précédents et des capacités de déduction inemployées au titre des cinq exercices précédents, en application du VIII de ce même article 212 *bis.*

SECTION IV

Art. 46 *quater*-0 C à 46 *quater*-0 F A *Abrogés par Décr. n° 2004-1422 du 23 déc. 2004, art. 5 et 6, pour les distributions mises en paiement à compter du 1er janv. 2005.*

SECTION IV *BIS* MODALITÉS DE PRISE DE L'ENGAGEMENT ET DE DÉSIGNATION DU REPRÉSENTANT VISÉS AU C DU 2 DE L'ARTICLE 119 *TER* DU CODE GÉNÉRAL DES IMPÔTS

Art. 46 *quater*-0 FB L'engagement prévu au *c* du 2 de l'article 119 *ter*, au deuxième alinéa du 1 de l'article 119 *quater* et au 2 de l'article 182 B *bis* du code général des impôts doit faire l'objet d'une déclaration qui est adressée à la fois à l'établissement payeur en France des dividendes ou au débiteur ou à la personne qui assure le paiement des intérêts ou des redevances et à la « direction des impôts des non-résidents *[ancienne rédaction : des résidents à l'étranger et des services généraux]* » (service des impôts des entreprises étrangères). Cette déclaration doit être souscrite par la personne morale bénéficiaire des dividendes, intérêts et redevances avant la date de leur première mise en paiement des dividendes, intérêts et redevances suivant la date d'inscription en compte des titres de la société émettrice.

Elle comprend les renseignements suivants :

a. l'engagement prévu au *c* du 2 de l'article 119 *ter*, au deuxième alinéa du 1 de l'article 119 *quater* et au 2 de l'article 182 B *bis* du code précité ;

b. Le nombre et la nature des titres composant le capital de la société émettrice ;

c. Le nombre et la nature des titres détenus par la personne morale dans la société émettrice ;

d. La répartition en pourcentage des droits de vote et des droits financiers détenus par la personne morale dans la société émettrice ;

e. Le numéro du compte de la personne morale tenu par l'émetteur ou par l'intermédiaire financier chez lequel les titres sont inscrits ;

f. La date de leur acquisition et la date de leur inscription en compte si elle est différente ;

g. Le nom et l'adresse de la personne ou de l'organisme qui assure le paiement des dividendes, intérêts et redevances ;

h. Le nom et l'adresse de la personne désignée comme représentant.

Art. 46 *quater*-0 FC La déclaration visée à l'article 46 *quater* 0-FB sera accompagnée de la reconnaissance par le représentant désigné qu'il est responsable, en cas de non-respect de l'engagement mentionné au même article, du paiement des retenues à la source ou du prélèvement mentionnés au 1 de l'article 119 *ter* et au premier alinéa du 1 de l'article 119 *quater* du code général des impôts.

Ces dispositions sont applicables à l'exonération de la retenue à la source opérée sur les paiements de redevances prévue à l'article 182 B *bis* du code général des impôts.

Art. 46 *quater*-0 FD Le délai de deux ans prévu au *c* du 2 de l'article 119 *ter* et au deuxième alinéa du 1 de l'article 119 *quater* du code général des impôts, pendant lequel les titres doivent être conservés, est décompté de la date de leur inscription en compte, à moins qu'il ne soit établi que la date d'acquisition des titres est différente.

Ces dispositions sont applicables à l'exonération de la retenue à la source opérée sur les paiements de redevances prévue à l'article 182 B *bis* du code général des impôts.

SECTION V PROFITS DE CONSTRUCTION

Art. 46 *quater*-0 G à 46 *quater*-0 Q *Dispositions devenues sans objet (Ord. n° 2004-281 du 25 mars 2004, art. 15-I).*

III *DISPOSITIONS DIVERSES*

Art. 46 *quater*-0 R I. — Pour bénéficier du régime défini à l'article 209 *quater* D du code général des impôts, les bénéfices placés sous le régime de l'exonération conditionnelle prévue à l'article 238 *octies* du même code doivent avoir été préalablement réinvestis selon les modalités fixées à ce dernier article. Ils peuvent ensuite être affectés à un sous-compte distinct de la réserve spéciale des profits de construction.

Les délais de quatre et sept ans visés à l'article 209 *quater* D précité se décomptent à partir de la clôture de l'exercice de réalisation des profits concernés jusqu'à la clôture de l'exercice au titre duquel la distribution a eu lieu. La date de réalisation de ces profits n'est pas prise en considération pour l'exigibilité du prélèvement prévu à l'article 95 de la loi de finances pour 2004 (n° 2003-1311 du 30 décembre 2003).

II. — Les dispositions de l'article 238 *octies* précité cessent de s'appliquer aux profits *réalisés à compter du 1er* janvier 1972.

SECTION V *BIS* RACHAT D'UNE ENTREPRISE PAR SES SALARIÉS

Art. 46 *quater*-0 RA Pour l'application de l'article 220 *quater* A du code général des impôts, les intérêts qui servent de base au calcul du crédit d'impôt s'entendent de ceux qui viennent à échéance au cours de l'exercice au titre duquel le crédit d'impôt est accordé et dont le montant correspond à une période au plus égale à la durée de l'exercice.

La proportion des droits sociaux que la société nouvelle détient dans la société rachetée correspond au taux de la participation qu'elle détenait de façon continue au cours de l'exercice précédant celui au titre duquel le crédit d'impôt est demandé.

Pour le premier exercice, cette proportion est appréciée au premier jour de l'exercice.

Si l'exercice de la société nouvelle est d'une durée inférieure à celle de l'exercice précédent de la société rachetée, l'impôt sur les sociétés acquitté au titre de ce dernier exercice est retenu dans la limite du rapport entre les durées respectives de ces deux exercices.

Art. 46 *quater*-0 RB Pour l'application de l'article 220 *quater* A du code général des impôts, les droits détenus indirectement par des sociétés dans la société nouvelle s'entendent des droits détenus par des personnes physiques ou morales qui ont avec des sociétés des liens de nature à établir une véritable communauté d'intérêts ou qui exercent des fonctions de direction dans des sociétés. Les fonctions de direction s'entendent des fonctions de gérant ou de président du conseil d'administration ou du directoire.

Art. 46 *quater*-0 RC Pour l'application de l'article 220 *quater* A du code général des impôts, la direction de la société rachetée est considérée comme assurée par une ou plusieurs des personnes salariées mentionnées au *c* du II du même article si celles-ci exercent les fonctions de gérant ou de président du conseil d'administration ou du directoire et détiennent la majorité des droits de vote dans les organes de gestion de la société rachetée.

Sont considérés comme détenus indirectement par un salarié les droits de vote de la société nouvelle ou de la société rachetée qui sont détenus par les membres de son foyer fiscal, ainsi que par les ascendants du salarié ou de son conjoint et ceux qui sont détenus par des sociétés avec lesquelles le salarié ou les personnes désignées ci-dessus ont des biens de nature à établir une véritable communauté d'intérêts ou dans lesquelles ils exercent des fonctions de direction. Les fonctions de direction s'entendent des fonctions de gérant ou de président du conseil d'administration ou du directoire.

Pour l'application du deuxième alinéa du *d* du II de l'article 220 *quater* A du même code, l'obligation de céder les titres de la société rachetée à la société nouvelle contre remise de titres de cette dernière société ne s'applique pas aux ascendants du salarié ou de son conjoint si la cession intervient lors de la création de la société nouvelle.

Art. 46 *quater*-0 RD Les salariés retenus pour l'appréciation de l'effectif de salariés mentionné au *b* du II de l'article 220 *quater* A du code général des impôts sont les salariés qui bénéficient d'un contrat de travail à durée indéterminée ou d'une durée de six mois au moins. Cet effectif est calculé en tenant compte de la durée de présence de ces personnes pendant l'exercice.

Art. 46 *quater*-0 RE Les échéances d'intérêts des emprunts mentionnés au deuxième alinéa du I de l'article 220 *quater* A du code général des impôts sont fixées à la date de clôture des exercices de la société nouvelle.

Art. 46 *quater*-0 RF La demande d'accord du ministre chargé des finances pour l'application des dispositions de l'article 220 *quater* A du code général des impôts est présentée par l'ensemble des repreneurs ; elle est signée par chacun d'eux. Elle est adressée au directeur général des finances publiques.

Art. 46 *quater*-0 RG Pour obtenir le remboursement ou l'imputation du crédit d'impôt dans les conditions prévues à l'article 220 *quater* A du code général des impôts, la société constituée pour le rachat doit :

Fixer son siège social à la même adresse que la société rachetée, arrêter ses exercices à la même date que celle-ci et souscrire ses déclarations au même lieu d'imposition que la société rachetée ;

Présenter une demande de remboursement ou d'imputation sur des documents conformes aux modèles établis par l'administration.

La demande de remboursement ou d'imputation est accompagnée :

D'un document attestant le versement de l'impôt sur les sociétés par la société nouvelle et par la société rachetée pour l'exercice précédant celui au titre duquel le remboursement ou l'imputation sont demandés ;

D'une copie des contrats de prêts consentis au profit de la société nouvelle mentionnant le taux d'intérêt nominal et le taux actuariel brut de ces prêts ainsi que le montant et la date des échéances d'amortissement et d'intérêts.

Le remboursement du crédit d'impôt est subordonné à la remise au comptable de la direction générale des finances publiques du lieu d'imposition défini à l'article 218 A du code général des impôts d'une copie de la quittance certifiant du paiement des intérêts dont le montant sert de base au calcul du crédit d'impôt.

SECTION V *TER* EXONÉRATION DES PLUS-VALUES À LONG TERME AFFÉRENTES À DES TITRES DE PARTICIPATION

(Décr. n° 2006-1797 du 23 déc. 2006)

Art. 46 *quater*-0 RH L'État prévu au dernier alinéa du *a septies* du I de l'article 219 du code général des impôts mentionne :

1° La dénomination de l'entreprise cédante, l'adresse de son siège social et le numéro d'identité tel que défini au premier alinéa de l'article R. 123-221 du code de commerce ;

2° En ce qui concerne les moins-values réalisées au cours de l'exercice : la dénomination de la société dont les titres sont cédés et leur nombre, leur date et leur valeur d'acquisition, leur date et leur valeur de cession, le montant de la moins-value en report, le cas échéant, la mention de l'utilisation de la méthode du coût unitaire moyen pondéré, l'identification de l'entreprise cessionnaire au moyen de sa dénomination, de l'adresse de son siège social et, le cas échéant, de son numéro d'identité tel que défini au premier alinéa de l'article R. 123-221 du code de commerce, et la nature du lien de dépendance unissant les entreprises cédante et cessionnaire ;

3° En ce qui concerne les moins-values placées en report au titre d'exercices antérieurs : la dénomination de la société dont les titres sont cédés et leur nombre, leur date d'acquisition, leur date de cession, le montant de la moins-value en report, l'identification de l'entreprise cessionnaire au moyen de sa dénomination, de l'adresse de son siège social et, le cas échéant, de son numéro d'identité tel que défini au premier alinéa de l'article R. 123-221 du code de commerce, et la nature du lien de dépendance unissant les entreprises cédante et cessionnaire ;

4° En ce qui concerne les moins-values placées en report au titre d'exercices antérieurs et dont le report prend fin au cours de l'exercice : la dénomination de la société dont les titres sont cédés et leur nombre, leur date d'acquisition, le montant et le régime de la moins-value dont le report prend fin, la nature et la date de l'événement entraînant la fin du report d'imposition.

SECTION VI REPORT EN ARRIÈRE DES DÉFICITS

Art. 46 *quater*-0 S Pour l'application des premier et deuxième alinéas du I de l'article 220 *quinquies* du code général des impôts :

1° Le déficit constaté au titre d'un exercice s'entend du résultat fiscal déclaré passible de l'impôt sur les sociétés au taux normal prévu au deuxième alinéa du I de l'article 219 du code précité ;

1° *bis* Le bénéfice constaté au titre d'un exercice s'entend du bénéfice fiscal déclaré qui a été soumis à l'impôt sur les sociétés indifféremment aux taux prévus au deuxième alinéa et au *b* du I de l'article 219 du code général des impôts, à l'exclusion de la fraction de ce bénéfice qui a été distribuée, de celle qui a donné lieu à un impôt payé au moyen de crédits d'impôt et de celle qui a été prise en compte pour la détermination du crédit d'impôt prévu aux articles 220 *quater* et 220 *quater* A du même code ;

2° La fraction *non distribuée* du bénéfice défini au 1° *bis* est obtenue en déduisant de ce bénéfice le montant des distributions effectuées par prélèvement sur ce même bénéfice ;

3° Seule la fraction du déficit qui n'a pas pu être imputée sur le bénéfice de l'exercice précédant l'exercice déficitaire continue d'être reportable dans les conditions prévues au I de l'article 209 du code général des impôts.

Il ne ressort pas de l'art. 19-I de la loi n° 84-1206 du 29 déc. 1984 (CGI, art. 220 *quinquies*) que le législateur ait entendu limiter de quelque manière le bénéfice sur lequel peuvent venir s'imputer les déficits reportés. Est par suite entaché d'illégalité l'art. 46 *quater*-0 S de l'ann. III, dans sa rédaction issue du décret n° 85-355 du 22 mars 1985, qui limite le mécanisme de l'imputation au seul bénéfice fiscal déclaré. • CAA Paris, 15 déc. 1994, n° 94PA140 : *RJF 1995. 832.*

Art. 46 *quater*-0 T *Abrogé par Décr. n° 90-315 du 9 avr. 1990, art. 2.*

Art. 46 *quater*-0 U I. – Si l'entreprise détient plusieurs créances, celles-ci ne peuvent être imputées sur l'impôt sur les sociétés qu'en respectant l'ordre dans lequel elles sont apparues.

II. – En cas de cession à titre de garantie à un établissement de crédit ou une société de financement, la créance ne peut plus, à compter de la date de cession, être imputée sur l'impôt sur les sociétés dû par l'entreprise.

Art. 46 *quater*-0 V *Devenu sans objet.*

Art. 46 *quater*-0 W I. – L'entreprise qui exerce l'option prévue au premier alinéa du I de l'article 220 *quinquies* du code général des impôts doit joindre au relevé de solde de l'exercice au titre duquel cette option est exercée, une déclaration conforme au modèle fixé par l'administration. – *Ces dispositions s'appliquent à compter du 1er nov. 2004.*

Lorsque cette déclaration est déposée par une société qui a fait l'objet d'un rachat dans les conditions prévues aux articles 220 *quater* ou 220 *quater* A du code général des impôts, elle est accompagnée d'un document attestant le montant du crédit d'impôt obtenu par la société constituée pour le rachat, au titre de l'exercice qui suit celui au cours duquel a été réalisé le bénéfice sur lequel un déficit est reporté en arrière.

II. – *Abrogé (Décr. n° 2004-1152 du 29 oct. 2004, art. 1er-B-2°).*

I

Art. 46 *quater*-0 X à 46 *quater*-0 XB *Dispositions périmées (Décr. n° 2013-463 du 3 juin 2013).*

II *SOCIÉTÉS AGRÉÉES AU RÉGIME DE L'INTÉGRATION FISCALE*

Art. 46 *quater*-0 Y *Partiellement abrogé (2°) par Décr. n° 90-315 du 9 avr. 1990, art. 2, le reste étant devenu sans objet (Décr. n° 2009-389 du 7 avr. 2009).*

Art. 46 *quater*-0 YA à 46 *quater*-0 YC *Devenus sans objet (Décr. n° 2009-389 du 7 avr. 2009).*

SECTION VI *BIS* OPTION DE SOUSCRIPTION, ACHAT OU ATTRIBUTION GRATUITE D'ACTIONS

Art. 46 *quater*-0 YD Pour l'application des dispositions du II de l'article 217 *quinquies* du code général des impôts, les entreprises doivent joindre à leur déclaration de résultats de l'exercice au titre duquel elles pratiquent la déduction prévue au premier alinéa du II de cet article un état, conforme au modèle établi par l'administration, précisant les éléments de détermination du montant de la déduction pratiquée et les modalités juridiques de l'émission d'actions à l'origine de cette déduction.

SECTION VI *TER* DÉCLARATION PAYS PAR PAYS

(Décr. n° 2016-1288 du 29 sept. 2016, art. 1er)

Art. 46 *quater*-0 YE I. – Les personnes morales mentionnées au 1 du I de l'article 223 *quinquies* C du code général des impôts sont celles qui établissent des comptes consolidés conformément à une obligation légale.

II. – Le terme "groupe" désigne l'ensemble formé par une personne morale au sens du I, les filiales intégrées dans les états financiers consolidés ainsi que leurs succursales.

Une filiale ou une succursale laissée en dehors du périmètre de consolidation pour la seule raison qu'elle représente un intérêt négligeable par rapport à l'objectif défini à l'article L. 233-21 du code de commerce appartient au groupe. La personne morale déclarante reporte les agrégats y afférents.

Une déclaration prévue par une réglementation étrangère est considérée comme similaire à celle prescrite par l'article 223 *quinquies* C précité lorsqu'elle comporte les mêmes informations et couvre l'ensemble du groupe.

III. – La déclaration prévue à l'article 223 *quinquies* C précité comprend, pour chaque État ou territoire d'implantation du groupe, les données agrégées suivantes relatives à l'exercice considéré :

1° Le chiffre d'affaires résultant des transactions intragroupe ;

2° Le chiffre d'affaires résultant des transactions avec des parties indépendantes ;

3° Le chiffre d'affaires total ;

4° Le bénéfice ou la perte avant impôts sur les bénéfices ;

5° Les impôts sur les bénéfices acquittés ;

6° Les impôts sur les bénéfices dus ;

7° Le capital social ;

8° Les bénéfices non distribués à la fin de l'exercice ;

9° Le nombre d'employés en équivalent temps plein ;

10° Les actifs corporels hors trésorerie et équivalents de trésorerie.

IV. – Les données mentionnées au III, à l'exception de celles prévues au 9°, sont déclarées en euros ou dans la monnaie utilisée pour établir les comptes consolidés.

V. – 1. La déclaration fait apparaître, pour chaque État ou territoire d'implantation, l'identité de toutes les entités qui y sont établies, y compris les succursales rattachées à une personne morale située dans un autre État ou territoire.

2. Lorsqu'une entité est établie dans un État ou territoire différent de celui dans lequel elle a été constituée, ce deuxième État ou territoire est également mentionné.

3. La nature des principales activités de chaque entité est choisie parmi la liste suivante :

a) Recherche et développement ;

b) Détention ou gestion de droits de propriété intellectuelle ;

c) Achats ou approvisionnements ;

d) Fabrication ou production ;

e) Vente, commercialisation ou distribution ;

f) Services administratifs, de gestion ou de soutien ;

g) Fourniture de services à des parties indépendantes ;

h) Financement interne du groupe ;

i) Services financiers réglementés ;

j) Assurance ;

k) Détention d'actions ou d'autres instruments de fonds propres ;

l) Activités dormantes ;

m) Autres.

VI. – La personne morale tenue au dépôt de la déclaration mentionnée à l'article 223 *quinquies* C précité utilise les données tirées des états financiers consolidés, des comptes sociaux propres à chaque entité ou des comptes de gestion internes. Les sources de données choisies sont mentionnées dans la déclaration et sont utilisées de manière cohérente d'une année sur l'autre, sauf si des circonstances particulières exposées à l'administration justifient un changement.

VII. – Les données mentionnées au V sont afférentes à l'exercice de la tête de groupe.

Pour les filiales et succursales, la déclaration indique de manière cohérente :

a) Soit les informations relatives à l'exercice des filiales et succursales s'achevant le même jour que celui de la tête de groupe ou s'achevant au cours des douze mois précédant cette date ;

b) Soit les informations relatives à l'exercice de la tête de groupe.

VIII. – 1. La personne morale mentionnée au 1 du I de l'article 223 quinquies C susmentionné indique sur sa déclaration de résultat qu'elle est tenue d'accomplir l'obligation déclarative prévue à cet article.

2. La personne morale mentionnée au 2 du même I indique sur sa déclaration de résultat qu'elle a été désignée pour accomplir l'obligation déclarative ou qu'une autre entité, dont elle précise l'identité et la localisation, assure ce dépôt.

IX. – Il est satisfait aux obligations résultant de l'article 223 *quinquies* C susmentionné par la communication d'un support informatique dont les caractéristiques sont fixées par la direction générale des finances publiques.

SECTION VI *TER [ANCIENNE]* CRÉDIT D'IMPÔT POUR INVESTISSEMENT EN FAVEUR DES ENTREPRISES IMPLANTÉES DANS CERTAINS SECTEURS DE LA RÉGION NORD-PAS-DE-CALAIS

Art. 46 *quater*-0 YF à 46 *quater*-0 YJ *Dispositions périmées (Décr. n° 2015-608 du 3 juin 2015). – Pour les dispositions applicables antérieurement, V.* **CGI, *éd.* 2015**.

Art. 46 *quater*-0 YK *Abrogé par Décr. n° 2004-1152 du 29 oct. 2004, art. 1er-P et 3, à compter du 1er nov. 2004.*

SECTION VI *QUATER* *[CRÉDIT D'IMPÔT POUR DÉPENSES DE PRODUCTION DÉLÉGUÉE D'ŒUVRES CINÉMATOGRAPHIQUES OU AUDIOVISUELLES]*

(Décr. n° 2004-368 du 28 avr. 2004)

Art. 46 *quater*-0 YL Les œuvres cinématographiques de longue durée dont les dépenses de production ouvrent droit au bénéfice du crédit d'impôt prévu aux articles 220 *sexies* et 220 F du code général des impôts sont celles définies au 1° de l'article 6 du décret n° 99-130 du 24 février 1999 relatif au soutien financier de l'industrie cinématographique.

Les entreprises de production déléguées qui peuvent bénéficier du crédit d'impôt pour dépenses de production d'œuvres cinématographiques prévu aux articles 220 *sexies* et 220 F du code général des impôts sont celles définies au 5° de l'article 6 du décret précité.

Les entreprises de production déléguées qui peuvent bénéficier du crédit d'impôt pour dépenses de production d'œuvres audiovisuelles prévu aux articles 220 *sexies* et 220 F précités sont celles définies au II de l'article 3 du décret n° 95-110 du 2 février 1995 relatif au soutien financier à la production, à la préparation et à la distribution d'œuvres audiovisuelles.

Art. 46 *quater*-0 YM Pour la détermination des dépenses mentionnées au III de l'article 220 *sexies* du code général des impôts, il y a lieu de retenir :

1. Pour les œuvres cinématographiques ou audiovisuelles de fiction *(Décr. n° 2021-1854 du 28 déc. 2021, art. 1er-1°-a)* « , les œuvres cinématographiques ou audiovisuelles documentaires et les œuvres d'adaptation audiovisuelle de spectacles : »

a. Au titre des rémunérations et charges sociales afférentes aux auteurs énumérés à l'article L. 113-7 du code de la propriété intellectuelle : les rémunérations versées par l'entreprise de production aux auteurs en contrepartie de la commande et de l'acquisition des droits nécessaires à la réalisation de l'œuvre, *(Décr. n° 2021-1854 du 28 déc. 2021, art. 1er-1°-b)* « y compris, en ce qui concerne les œuvres d'adaptation audiovisuelle de spectacles, les compléments de droits artistiques versés aux auteurs, » ainsi que les charges sociales afférentes dans la mesure où elles correspondent à des cotisations sociales obligatoires ;

b. Au titre des rémunérations et charges sociales afférentes aux artistes-interprètes mentionnés à l'article L. 212-4 du code de la propriété intellectuelle et aux artistes de complément : la part de leur rémunération versée par l'entreprise de production correspondant aux rémunérations minimales prévues par les conventions collectives et accords collectifs de la production cinématographique ou audiovisuelle, *(Décr. n° 2021-1854 du 28 déc. 2021, art. 1er-1°-c)* « y compris, en ce qui concerne les œuvres d'adaptation audiovisuelle de spectacles, la part de la rémunération complémentaire versée aux artistes-interprètes pour la fixation audiovisuelle du spectacle et l'exploitation de l'œuvre audiovisuelle, » ainsi que les charges sociales afférentes dans la mesure où elles correspondent à des cotisations sociales obligatoires ;

c. Au titre des salaires et charges sociales afférents aux personnels de la réalisation et de la production : les rémunérations et leurs accessoires versés par l'entreprise de production aux techniciens et ouvriers de la production, ainsi que les charges sociales dans la mesure où elles correspondent à des cotisations sociales obligatoires. Lorsque les techniciens et ouvriers de la production sont employés par l'entreprise de production à titre permanent, seuls sont pris en compte les salaires et charges sociales correspondant à la période durant laquelle ces personnels ont été effectivement employés à la réalisation de l'œuvre éligible au crédit d'impôt ;

d. Au titre des dépenses liées au recours aux industries et autres prestataires de la création cinématographique et audiovisuelle :

1° Les dépenses liées à l'utilisation de studios de prises de vues, y compris la construction de décors, d'effets spéciaux de tournage, de costumes et de coiffures et maquillage, à savoir : les dépenses de location des plateaux de tournage et annexes, de location de lieux loués spécifiquement pour le tournage à l'exclusion des lieux d'habitation, de construction de décors sur les lieux de tournage, d'éclairage, de préparation et de réalisation des effets spéciaux de tournage, y compris les cascades, de location et de fabrication des costumes, coiffures et de maquillage ;

2° Les dépenses de matériels techniques de tournage, à savoir : les dépenses de matériels de prises de vues, de machinerie, d'éclairage et de prise de son ;

3° Les dépenses de postproduction, y compris les effets spéciaux, à savoir : les dépenses de laboratoire image, de montage des images, d'enregistrement des voix, de bruitage et création sonore, de mixage, de montage du son, d'effets spéciaux numériques et de génériques et bandes-annonces ;

4° Les dépenses de pellicules et autres supports d'images et les dépenses de laboratoire, à savoir : les dépenses de pellicules négatives image, de pellicules magnétiques son et plus généralement de tous supports analogiques ou numériques d'images et de son, de laboratoires de tournage, de laboratoires de finition, de laboratoire vidéo et de sous-titrage.

(Décr. n° 2021-1854 du 28 déc. 2021, art. 1er-1°-d) « *d. bis* Au titre des dépenses effectivement payées au producteur du spectacle pour les œuvres d'adaptation audiovisuelle de spectacles :

« 1° Le complément de droits artistiques qui correspond à la part de rémunération complémentaire prévue respectivement aux *a* et *b* du présent 1 lorsqu'elle est acquittée par le producteur de spectacle ;

« 2° Le coût plateau qui correspond :

« – aux compléments de salaires et charges sociales des auteurs et artistes-interprètes dès lors qu'ils rémunèrent une représentation spécifiquement mise en place pour son adaptation audiovisuelle ;

« – aux compléments de rémunérations et charges sociales des collaborateurs de création du spectacle et des personnels rattachés à la représentation du spectacle dès lors qu'ils rémunèrent une représentation spécifiquement mise en place pour son adaptation audiovisuelle ;

« – au montant de l'autorisation de fixation audiovisuelle du spectacle versée au producteur du spectacle. »

e. Au titre des dépenses de transport, de restauration et d'hébergement : les dépenses de transport de biens et de matériels artistiques et techniques, ainsi que les dépenses de transport, de restauration et d'hébergement des équipes artistiques et techniques, strictement nécessaires aux besoins de la production de l'œuvre.

(Décr. n° 2020-1796 du 30 déc. 2020, art. 1er) « Les dépenses de transport des équipes artistiques et techniques sont comprises dans l'assiette du crédit d'impôt dans la limite de 200 euros par trajet et par personne en France métropolitaine et de 500 euros par trajet effectué par personne entre la France métropolitaine et les départements et autres collectivités d'outre-mer ou entre la France et un autre pays, lorsqu'une partie du temps de tournage est réalisée dans ce pays pour des raisons artistiques tenant à un scénario imposant le recours à des décors naturels ou historiques.

« Les dépenses de restauration sont comprises dans l'assiette du crédit d'impôt dans la limite de 30 euros par repas et par personne. »

Les dépenses d'hébergement sont comprises dans l'assiette du crédit d'impôt dans la limite de 270 euros par nuitée dans la ville de Paris et les départements des Hauts-de-Seine, de la Seine-Saint-Denis et du Val-de-Marne, et de 200 euros dans les autres départements.

2. Pour les œuvres cinématographiques ou audiovisuelles d'animation :

a. Au titre des rémunérations et charges sociales afférentes aux auteurs énumérés à l'article L. 113-7 du code de la propriété intellectuelle : les rémunérations versées par l'entreprise de production aux auteurs en contrepartie de la commande et de l'acquisition des droits nécessaires à la réalisation de l'œuvre, ainsi que les charges sociales afférentes dans la mesure où elles correspondent à des cotisations sociales obligatoires ;

b. Au titre des rémunérations et charges sociales afférentes aux artistes-interprètes visés à l'article L. 212-4 du code de la propriété intellectuelle : la part de la rémunération versée aux artistes-interprètes correspondant aux rémunérations minimales prévues par les conventions collectives et accords collectifs de la production cinématographique ou audiovisuelle, ainsi que les charges sociales afférentes dans la mesure où elles correspondent à des cotisations sociales obligatoires ;

c. Au titre des salaires et charges sociales afférents aux personnels de la réalisation et de la production : les rémunérations et leurs accessoires versés par l'entreprise de production aux techniciens de la production et aux collaborateurs chargés de la préparation et de la fabrication de l'animation, ainsi que les charges sociales dans la mesure où elles correspondent à des cotisations sociales obligatoires. Lorsque les techniciens de la production et les collaborateurs chargés de la préparation et de la fabrication de l'animation sont employés par l'entreprise de production à titre permanent, seuls sont pris en compte les salaires et charges sociales correspondant à la période durant laquelle ces personnels ont été effectivement employés à la réalisation de l'œuvre éligible au crédit d'impôt ;

d. Au titre des dépenses liées au recours aux industries techniques et autres prestataires de la création cinématographique ou audiovisuelle :

1° Les dépenses liées au recours à des prestataires spécialisés dans les travaux de préparation et de fabrication de l'animation, à savoir : les dépenses correspondant aux travaux facturés par les entreprises qui effectuent, pour le compte des entreprises de production, la préparation et la fabrication de l'animation ainsi que les dépenses de construction de décors ;

2° Les dépenses de matériels techniques nécessaires à la fabrication des images, à savoir : les dépenses de matériels de prise de vues et d'éclairage ainsi que les dépenses d'équipements, de fournitures, de matériels et logiciels informatiques directement affectés à la mise en place et à la fabrication de l'animation d'une œuvre déterminée. Les logiciels informatiques précités doivent être amortis au cours de la période de réalisation de l'œuvre pour laquelle ils ont été spécialement créés ou acquis ;

3° Les dépenses de postproduction, y compris les effets spéciaux, à savoir : les dépenses de laboratoire image, de montage des images, d'enregistrement des voix, de bruitage et création sonore, de mixage, de montage du son, d'effets spéciaux numériques et de génériques et bandes-annonces ;

4° Les dépenses de pellicules et autres supports d'images et des dépenses de laboratoires, à savoir : les dépenses de pellicules négatives image, de pellicules magnétiques son et plus généralement de tous supports analogiques ou numériques d'images et de son, de laboratoires de finition, de laboratoire vidéo et de sous-titrages.

e. Au titre des dépenses de transport, de restauration et d'hébergement : les dépenses de transport de biens et de matériels artistiques et techniques, ainsi que les dépenses de transport, de restauration et d'hébergement des équipes artistiques et techniques, strictement nécessaires aux besoins de la production de l'œuvre.

(Décr. n° 2020-1796 du 30 déc. 2020, art. 1er) « Les dépenses de transport des équipes artistiques et techniques sont comprises dans l'assiette du crédit d'impôt dans la limite de 200 euros par trajet et par personne en France métropolitaine et de 500 euros par trajet effectué par personne entre la France métropolitaine et les départements et autres collectivités d'outre-mer ou entre la France et un autre pays, lorsqu'une partie du temps de tournage est réalisée dans ce pays pour des raisons artistiques tenant à un scénario imposant le recours à des décors naturels ou historiques.

« Les dépenses de restauration sont comprises dans l'assiette du crédit d'impôt dans la limite de 30 euros par repas et par personne. »

Les dépenses d'hébergement sont comprises dans l'assiette du crédit d'impôt dans la limite de 270 euros par nuitée dans la ville de Paris et les départements des Hauts-de-

Seine, de la Seine-Saint-Denis et du Val-de-Marne, et de 200 euros dans les autres départements.

Art. 46 *quater*-0 YN Pour la détermination des dépenses visées au *d* du 1 du III de l'article 220 *sexies* du code général des impôts, il y a lieu de retenir les dotations aux amortissements fiscalement déductibles afférentes aux immobilisations détenues par l'entreprise de production déléguée et affectées directement à la réalisation de l'œuvre cinématographique ou de l'œuvre audiovisuelle ouvrant droit au crédit d'impôt. Seules sont prises en compte les dotations aux amortissements correspondant à la période durant laquelle l'immobilisation a été effectivement utilisée pour la réalisation de l'œuvre éligible au crédit d'impôt.

Art. 46 *quater*-0 YO I. — Les artistes-interprètes et les artistes de complément mentionnés au *b* du 1 et au *b* du 2 de l'article 46 *quater*-0 YM comprennent :

a. Les acteurs assurant les rôles principaux et les rôles secondaires des œuvres appartenant au genre de la fiction *(Décr. n° 2021-1854 du 28 déc. 2021, art. 1er-2°-a)* « , les artistes-interprètes intervenant dans le spectacle pour les œuvres appartenant au genre de l'adaptation audiovisuelle de spectacles, » ainsi que les artistes-interprètes assurant le commentaire ou la postsynchronisation des œuvres appartenant au genre du documentaire et au genre de l'animation. Pour les œuvres appartenant au genre de la fiction, sont considérés comme rôles principaux les rôles pour lesquels la présence à l'écran des artistes-interprètes est requise pour la moitié au moins des scènes de l'œuvre et comme rôles secondaires les rôles d'au moins quatre cachets ;

b. Les artistes musiciens engagés pour l'enregistrement sonore de leur interprétation ou exécution d'œuvres musicales destinées à être incorporées aux œuvres cinématographiques ou audiovisuelles.

c. Les artistes du spectacle considérés comme artistes de complément par les usages professionnels, notamment par les conventions et accords collectifs de la production cinématographique ou audiovisuelle, ainsi que les artistes-interprètes assurant des rôles de moins de quatre cachets.

II. — Les personnels mentionnés au *c* du 1 et au *c* du 2 de l'article 46 *quater*-0 YM comprennent :

1° Pour les œuvres cinématographiques ou audiovisuelles de fiction *(Décr. n° 2021-1854 du 28 déc. 2021, art. 1er-2°-b)* « , les œuvres cinématographiques ou audiovisuelles documentaires et les œuvres d'adaptation audiovisuelle de spectacles : »

a. Les techniciens de la production qui sont ceux en charge : de la réalisation, de la préparation et de l'assistance de réalisation ; de la technique et de la qualité artistique des prises de vues ; de la technique et de la qualité artistique des enregistrements sonores ; de la création artistique et de l'exécution des décors ; de la création artistique des costumes, perruques et accessoires vestimentaires ; de la confection des costumes et accessoires vestimentaires ; de l'habillage et de l'entretien des costumes ; du maquillage de composition des acteurs ; de la confection des perruques et postiches et de l'exécution des coiffures ; des accessoires de plateau et de décor ; de l'assemblage artistique et technique des images et des sons ; de la préparation et de la réalisation des effets spéciaux de tournage, y compris les cascades ; de la direction artistique et du développement ; de la direction et de la gestion administrative, technique et comptable de la production ;

b. Les ouvriers de la production qui sont ceux en charge : de la machinerie ; de l'éclairage ; de la construction des décors ;

2° Pour les œuvres cinématographiques ou audiovisuelles d'animation :

a. Les techniciens de la production qui sont ceux en charge : de la réalisation, de l'assistance de réalisation, de la direction artistique et de la direction d'écriture de l'œuvre cinématographique ou audiovisuelle ; de la direction artistique et du développement ; de la direction et de la gestion administrative, technique et comptable de la production ;

b. Les collaborateurs chargés de la préparation de l'animation qui sont ceux en charge : de la création du scénarimage ; de la conception et de la modélisation des personnages ; de la conception et de la modélisation des décors ; des feuilles d'exposition ;

c. Les collaborateurs chargés de la fabrication de l'animation qui sont ceux en charge : de la mise en place de l'animation ; de l'exécution de l'animation ; de la mise en place des décors ; de l'exécution des décors ; du traçage-gouachage, de la colorisation, du rendu et de l'éclairage ; de l'assemblage numérique ; des effets spéciaux ; de l'assemblage artistique et technique des images et du son.

Art. 46 *quater*-0 YP Pour l'application des dispositions des articles 220 *sexies* et 220 F du code général des impôts, les entreprises déclarent les réductions et crédits d'impôt selon le format établi par l'administration dans les mêmes délais que la déclaration annuelle de résultat qu'elles sont tenues de souscrire en application de l'article 223 du code précité.

La société mère d'un groupe au sens de l'article 223 A du code précité déclare les réductions et crédits d'impôt pour le compte des sociétés du groupe, y compris ceux la concernant, lors du dépôt de la déclaration relative au résultat d'ensemble du groupe.

Art. 46 *quater*-0 YQ *Abrogé par Décr. n° 2005-407 du 29 avr. 2005, art. 1er-VIII.*

Art. 46 *quater*-0 YR Le crédit d'impôt en faveur des entreprises de production cinématographique et des entreprises de production audiovisuelle est imputé sur l'impôt dû après les prélèvements non libératoires et les crédits d'impôt non restituables.

SECTION VI *QUINQUIES* CRÉDIT D'IMPÔT POUR DÉPENSES DE PRODUCTION D'ŒUVRES PHONOGRAPHIQUES

(Décr. n° 2006-1729 du 23 déc. 2006)

Art. 46 *quater*-0 YS Les dépenses mentionnées au III de l'article 220 *octies* du code général des impôts s'entendent des dépenses suivantes :

1. S'agissant des dépenses correspondant aux frais de production d'un enregistrement phonographique ou vidéographique musical :

a. Au titre des frais de personnel autre que le personnel permanent de l'entreprise : les salaires et charges sociales afférents aux artistes-interprètes de la musique signataires d'un contrat d'exclusivité avec le producteur phonographique, au chef d'orchestre, aux artistes-interprètes musiciens, aux artistes de chœurs, aux artistes choristes, aux diseurs, aux artistes-interprètes dramatiques, au réalisateur, à l'ingénieur du son et aux techniciens suivants ayant directement participé à la réalisation de la production :

Le premier assistant son, le deuxième assistant son, l'animateur, l'assistant monteur, le monteur adjoint, l'assistant opérateur du son, l'assistant du son, l'assistant réalisateur, l'assistant styliste, l'attaché, l'assistant de postproduction, le chef coiffeur, le chef coiffeur perruquier, le chef costumier, le chef de plateau, le régisseur de plateau, le chef décorateur, l'architecte décorateur, le chef maquilleur, le chef maquilleur posticheur, le chef monteur, le chef opérateur programmation, l'ingénieur programmation, le coiffeur, le coiffeur perruquier, le conseiller artistique, le conseiller technique, le costumier, les créateurs de costumes, le décorateur, le développeur, le disc-jockey, le graphiste, l'habilleur, l'iconographe, l'illustrateur, l'illustrateur sonore, le machiniste, le maquettiste, le maquilleur, le mixeur, le monteur, le monteur son, le musicien copiste, le copiste musical, l'opérateur programmation, le peintre, le photographe, le preneur de son, l'opérateur du son, le programmateur musical, le réalisateur de phonogrammes, le rédacteur, le régisseur, le régisseur de tournées, le tour manager, le régisseur d'extérieur, le régisseur d'orchestre, le régisseur général, le régisseur son, le répétiteur, le sonorisateur, le styliste, le technicien instruments, le technicien backliner, le technicien lumière, le technicien plateau, le technicien son, le tourneur de pages, le traducteur ;

b. Au titre des dépenses liées à l'utilisation des studios d'enregistrement ainsi qu'à la location et au transport de matériels et d'instruments : la location de studios pour la réalisation de prises de son, la location de studios pour la réalisation de mixages, la location du matériel et des instruments nécessaires à l'enregistrement de l'œuvre ;

c. Au titre des dépenses liées à la conception graphique d'un enregistrement phonographique : les frais d'acquisition des droits des auteurs des photographies, des illustrations et créations graphiques, des biographies ;

d. Au titre des frais de personnel permanent : les salaires et charges sociales correspondant à la période pendant laquelle les personnels permanents mentionnés au *a bis* du 1° du III de l'article 220 *octies* du code général des impôts ont été effectivement employés à la production d'une œuvre phonographique ou vidéographique musicale éligible au crédit d'impôt.

(Décr. n° 2021-937 du 13 juill. 2021, art. 1er-1°) « e. Au titre des dépenses liées à la réalisation et à la production d'images associées à l'enregistrement phonographique : les frais d'acquisition des droits des auteurs des photographies, des illustrations et créations graphiques ; les frais correspondant aux autorisations délivrées par des producteurs de spectacles, par des exploitants de salles ou par des organisateurs de festivals dans le cas d'utilisation d'extraits de captation ; les frais techniques nécessaires à la réalisation de ces images ; les frais de captation (son, image, lumière) ; les frais d'acquisition d'images préexistantes ; les cessions de droits facturés par l'ensemble des ayants droit d'auteurs et droits voisins ; les dépenses liées à l'utilisation des studios ou de lieux de tournage à l'exclusion des lieux d'habitation ; les dépenses relatives aux décors, costumes, coiffures et maquillage ; les frais de transport de matériels et d'instruments ; les dépenses de postproduction (création et intégration d'effets spéciaux, frais de montage, d'étalonnage, de mixage, de codage et de matriçage) ; les salaires et charges sociales afférents aux artistes et artistes-interprètes et aux personnels techniques ayant participé à la réalisation de ces opérations ;

« Dans le cas d'un disque numérique polyvalent musical : les frais de conception technique tels que la création d'éléments d'interactivité, d'une arborescence, ou le recours à des effets spéciaux. »

2. S'agissant des dépenses liées au développement de productions phonographiques ou vidéographiques musicales mentionnées au 2° du III de l'article 220 *octies* du code général des impôts :

a. Au titre des dépenses engagées afin de soutenir la production de concerts de l'artiste en France ou à l'étranger, dont le montant global est fixé dans le cadre d'un contrat d'artiste ou de licence : la création d'affiches, de tracts, les prestations d'attaché de presse, les frais techniques indispensables à la réalisation de la tournée, les rémunérations versées aux artistes et aux techniciens, y compris dans le cadre de concerts promotionnels ;

b. Au titre des dépenses engagées pour la participation de l'artiste à des émissions de télévision ou de radio dans le cadre de la promotion de l'œuvre agréée, prévues par le contrat d'artiste ou de licence : les cachets versés aux artistes, les salaires et charges sociales afférents aux personnels et les frais de transport de matériel et de personnes nécessaires à la réalisation de ces opérations ;

c. Au titre des dépenses liées à la réalisation et à la production d'images, notamment de vidéogrammes, de documentaires musicaux ou de dossiers de presse en images *(Décr. n° 2021-937 du 13 juill. 2021, art. 1er-2°)* « , autres que celles mentionnées au *f* du 1° du III de l'article 220 *octies* du code général des impôts », permettant le développement de la carrière de l'artiste : les frais d'acquisition des droits des auteurs des photographies, des illustrations et créations graphiques, ainsi que les frais techniques nécessaires à la réalisation de ces créations, les frais de captation (son, image, lumière), les frais d'acquisition d'images préexistantes, les cessions de droits facturés par l'ensemble des ayants droit d'auteurs et droits voisins, les frais correspondant aux autorisations délivrées par des producteurs de spectacles, par des exploitants de salles ou par des organisateurs de festivals, les dépenses de postproduction (frais de montage, d'étalonnage, de mixage, de codage et de matriçage), les salaires et charges sociales afférents aux personnels techniques nécessaires à la réalisation de ces opérations ;

Dans le cas d'un disque numérique polyvalent musical : les frais de conception technique tels que la création d'éléments d'interactivité, d'une arborescence, ou le recours à des effets spéciaux ;

d. Au titre des dépenses liées à la création d'un site internet dédié à l'artiste dans le cadre du développement de sa carrière dans l'environnement numérique : les frais de création (interactivité, arborescence, graphisme). Ces dispositions sont également applicables en cas de création d'un site internet consacré à plusieurs artistes tels que visés au *b* du II de l'article 220 *octies* du code général des impôts.

e. Au titre des frais de personnel permanent : les salaires et charges sociales correspondant à la période pendant laquelle ces personnels ont été effectivement employés au développement d'une production phonographique ou vidéographique musicale éligible au crédit d'impôt.

Art. 46 *quater*-0 YT Pour l'application des dispositions des articles 220 *octies* et 220 Q du code général des impôts, les entreprises déposent une déclaration spéciale conforme à un modèle établi par l'administration avec le relevé de solde mentionné à l'article 360 auprès du comptable de la direction générale des finances publiques du lieu d'imposition défini à l'article 218 A du code général des impôts.

S'agissant des sociétés relevant du régime des groupes de sociétés prévu à l'article 223 A du code général des impôts, la société mère joint les déclarations spéciales des sociétés du groupe au relevé de solde relatif au résultat d'ensemble.

Une copie de la déclaration spéciale est adressée dans le même délai au *(Décr. n° 2020-1795 du 30 déc. 2020, art. 1er)* « Centre national de la musique ».

Art. 46 *quater*-0 YU Le crédit d'impôt prévu à l'article 220 *octies* du code général des impôts est imputé sur l'impôt dû après les prélèvements non libératoires et les crédits d'impôt non restituables.

SECTION VI *SEXIES* RÉDUCTION D'IMPÔT EN FAVEUR DES PETITES ET MOYENNES ENTREPRISES DE CROISSANCE

(Décr. n° 2007-723 du 7 mai 2007)

Art. 46 *quater*-0 YV et 46 *quater*-0 YW *Périmés (Décr. n° 2011-645 du 9 juin 2011).*

SECTION VI *SEPTIES* CRÉDIT D'IMPÔT POUR LE RACHAT DU CAPITAL D'UNE SOCIÉTÉ

(Décr. n° 2007-1505 du 19 oct. 2007)

Art. 46 *quater*-0 YX Pour l'application des dispositions de l'article 220 *nonies* du code général des impôts, le montant de l'impôt sur les sociétés dû retenu pour le calcul du crédit d'impôt s'entend de l'impôt sur les sociétés dû avant imputation des réductions et crédits d'impôt.

Art. 46 *quater*-0 YY Les intérêts dus pris en compte dans le calcul du crédit d'impôt prévu à l'article 220 *nonies* du code général des impôts s'entendent de ceux qui viennent à échéance au cours de l'exercice au titre duquel le crédit d'impôt est calculé.

Art. 46 *quater*-0 YZ Pour le calcul du crédit d'impôt prévu à l'article 220 *nonies* du code général des impôts, la proportion des droits sociaux que les salariés détiennent indirectement dans le capital de la société rachetée correspond à la proportion de droits sociaux détenus de manière continue au cours de l'exercice au titre duquel le crédit d'impôt est calculé. Pour le premier exercice au titre duquel le crédit d'impôt est calculé, cette proportion est appréciée au dernier jour de l'exercice.

Art. 46 *quater*-0 YZA Pour l'application des dispositions de l'article 220 *nonies* du code général des impôts, les salariés s'entendent des personnes rémunérées directement par l'entreprise et titulaires d'un contrat de travail, à durée déterminée ou non, quelle que soit leur situation ou leur affectation et quelle que soit la nature du contrat de travail.

Art. 46 *quater*-0 YZB Pour l'application des dispositions des articles 220 *nonies* et 220 R du code général des impôts, les entreprises déclarent les réductions et crédits d'impôt selon le format établi par l'administration dans les mêmes délais que la déclaration annuelle de résultat qu'elles sont tenues de souscrire en application de l'article 223 du code précité.

La société mère d'un groupe au sens de l'article 223 A du code précité déclare les réductions et crédits d'impôt pour le compte des sociétés du groupe, y compris ceux la concernant, lors du dépôt de la déclaration relative au résultat d'ensemble du groupe.

Art. 46 *quater*-0 YZC Le crédit d'impôt prévu à l'article 220 *nonies* du code général des impôts est imputé sur l'impôt dû après les prélèvements non libératoires et les autres crédits d'impôt.

SECTION VI *OCTIES* RÉDUCTION D'IMPÔT EN FAVEUR DES ENTREPRISES QUI SOUSCRIVENT AU CAPITAL DE SOCIÉTÉS DE PRESSE

(Décr. nº 2008-261 du 14 mars 2008)

Art. 46 *quater*-0 YZD *(Décr. nº 2021-499 du 23 avr. 2021, art. 1er)* I. — Pour l'application des dispositions de l'article 220 *undecies* du code général des impôts, les entreprises déclarent les réductions d'impôt selon le format établi par l'administration dans les mêmes délais que la déclaration annuelle de résultat qu'elles sont tenues de souscrire en application de l'article 223 du même code.

La société mère d'un groupe au sens de l'article 223 A du code général des impôts déclare les réductions d'impôt pour le compte des sociétés du groupe, y compris celles la concernant, lors du dépôt de la déclaration relative au résultat d'ensemble du groupe.

II. — Lorsqu'une entreprise souscrit au capital d'une société de presse remplissant les conditions prévues au I de l'article 220 *undecies* du code général des impôts, cette société de presse lui délivre un état individuel qui mentionne :

a) L'objet pour lequel il est établi ;

b) La raison sociale, l'objet social, le siège social et le régime fiscal de la société ;

c) L'identité et l'adresse de l'entreprise souscriptrice ;

d) Le nombre des titres souscrits, le montant et la date de leur souscription ;

e) La date et le montant des versements effectués.

La société de presse atteste sur cet état qu'elle répond aux conditions mentionnées au I et au VII de l'article 220 *undecies* du code général des impôts.

Ancien art. 46 *quater*-0 YZD *Pour l'application des dispositions de l'article 220 undecies du code général des impôts, les entreprises déposent une déclaration spéciale conforme à un modèle établi par l'administration avec le relevé de solde mentionné à l'article 360 auprès du comptable de la direction générale des finances publiques du lieu d'imposition défini à l'article 218 A du code général des impôts.*

S'agissant des sociétés relevant du régime des groupes de sociétés prévu à l'article 223 A du code général des impôts, la société mère joint les déclarations spéciales des sociétés du groupe au relevé de solde relatif au résultat d'ensemble.

SECTION VI *NONIES* *[RÉDUCTION D'IMPÔT POUR MISE À DISPOSITION D'UNE FLOTTE DE VÉLOS]* *(Décr. nº 2016-179 du 22 févr. 2016, art. 1er).*

Art. 46 *quater*-0 YZE Pour la détermination des frais mentionnés au I de l'article 220 *undecies* A du code général des impôts, il y a lieu de retenir les dépenses suivantes :

a) Dotations aux amortissements fiscalement déductibles relatives à l'acquisition de vélos ;

b) Dotations aux amortissements ou charges déductibles afférentes aux achats ou locations d'équipements nécessaires à la sécurité (notamment casques, protections, gilets réfléchissants, antivols) ;

c) Frais d'assurance contre le vol et couvrant les déplacements en vélo des salariés entre leur domicile et leur lieu de travail ;

d) Frais d'entretien des vélos ;

e) Dotations aux amortissements fiscalement déductibles relatives à la construction ou à l'aménagement d'une aire de stationnement ou d'un local destiné aux vélos ;

f) Frais afférents à la location d'une aire de stationnement ou d'un local destiné aux vélos.

La réduction d'impôt mentionnée à l'article 220 *undecies* A précité s'applique aux cycles et cycles à pédalage assisté au sens des 6.10 et 6.11 de l'article R. 311-1 du code la route.

Art. 46 *quater*-0 YZF Pour l'application des dispositions de l'article 220 *undecies* A du code général des impôts, les entreprises déclarent les réductions d'impôt selon le format établi par l'administration dans les mêmes délais que la déclaration annuelle de résultat qu'elles sont tenues de souscrire en application de l'article 223 du code précité.

La société mère d'un groupe au sens de l'article 223 A du code précité déclare les réductions d'impôt pour le compte des sociétés du groupe, y compris ceux la concernant, lors du dépôt de la déclaration relative au résultat d'ensemble du groupe.

SECTION VI *DECIES* CRÉDIT D'IMPÔT EN FAVEUR DES CRÉATEURS DE JEUX VIDÉO

(*Décr. n° 2008-509 du 29 mai 2008*)

Art. 46 *quater*-0 YZG Les dépenses mentionnées au IV de l'article 220 *terdecies* du code général des impôts s'entendent des dépenses suivantes :

1. Au titre des dotations aux amortissements mentionnées au 1° du 1 : les dotations aux amortissements fiscalement déductibles. Seules sont prises en compte les dotations aux amortissements correspondant à la période durant laquelle l'immobilisation a été effectivement utilisée pour la création du jeu vidéo éligible au crédit d'impôt ;

2. Au titre des dépenses mentionnées au 2° du 1 : les rémunérations versées par l'entreprise ainsi que les charges sociales afférentes, dans la mesure où elles correspondent à des cotisations sociales obligatoires ;

3. Au titre des dépenses mentionnées au 3° du 1 : les rémunérations et leurs accessoires ainsi que les charges sociales afférentes, dans la mesure où elles correspondent à des cotisations sociales obligatoires. Lorsque les salariés sont employés par l'entreprise de création à titre permanent, seuls sont pris en compte les salaires et charges sociales correspondant à la période durant laquelle ces personnels ont été effectivement employés à la création du jeu vidéo éligible au crédit d'impôt ;

Art. 46 *quater*-0 YZH Pour l'application des dispositions des articles 220 *terdecies* et 220 X du code général des impôts, les entreprises déposent une déclaration spéciale conforme à un modèle établi par l'administration avec le relevé de solde mentionné à l'article 360 auprès du service des impôts.

S'agissant des sociétés relevant du régime des groupes de sociétés prévu à l'article 223 A du code général des impôts, la société mère joint les déclarations spéciales des sociétés du groupe au relevé de solde relatif au résultat d'ensemble.

Une copie de la déclaration spéciale est adressée dans le même délai au Centre national du cinéma et de l'image animée.

Art. 46 *quater*-0 YZI Le crédit d'impôt prévu à l'article 220 *terdecies* du code général des impôts est imputé sur l'impôt dû après les prélèvements non libératoires et les crédits d'impôt non restituables.

SECTION VII BÉNÉFICE IMPOSABLE DES CAISSES DE CRÉDIT MUTUEL AGRICOLE ET RURAL

Art. 46 *quater*-0 Z Les plus-values ou moins-values réalisées par les caisses de crédit mutuel agricole et rural lors de la cession d'éléments d'actif immobilisés ou de titres de placement ne sont soumises à l'impôt que pour leur fraction acquise à compter du 1er janvier 1985.

Pour les titres cotés, cette fraction est calculée en retenant comme prix de revient leur cours moyen pendant le mois de décembre 1984.

Pour les titres de participation non cotés et les autres éléments d'actif immobilisés, ainsi que pour les titres de placement non cotés, la fraction acquise à compter du 1er janvier 1985 est calculée en proportion de la durée de détention du bien depuis cette date par rapport à sa durée totale de détention. En outre, pour les biens amortissables détenus depuis plus de deux ans, la partie de la plus-value ou moins-value réputée à court terme ne peut excéder le montant des amortissements déduits à compter du 1er janvier 1985 pour le calcul de l'impôt.

Art. 46 *quater*-0 ZA *Périmé (Décr. n° 2014-549 du 26 mai 2014).*

Art. 46 *quater*-0 ZB *Devenu sans objet (Décr. n° 2014-549 du 26 mai 2014).*

Art. 46 *quater*-0 ZC Les provisions, autres que les provisions pour risques sur crédit à moyen ou long terme mentionnées à l'article 46 *quater*-0 ZB existant au bilan de clôture de l'exercice 1984, sont regardées comme des réserves exonérées de l'impôt si elles ne répondent pas aux conditions du 5° du 1 de l'article 39 du code général des impôts ou si elles deviennent sans objet.

SECTION VIII RÉGIME DES GROUPES DE SOCIÉTÉS

Art. 46 *quater*-0 ZD Les options mentionnées aux premier, deuxième, quatrième et cinquième alinéas du I de l'article 223 A du code général des impôts sont notifiées au service des impôts auprès duquel est souscrite la déclaration du résultat d'ensemble.

La société mère adresse à ce même service :

1. Lors de la notification de l'option :

a) La liste des personnes morales et des établissements stables qui seront membres du groupe. Cette liste indique, pour chaque société mentionnée au *b*, sa désignation, l'adresse de son siège social et la répartition de son capital et, pour chaque autre personne morale, sa désignation, l'adresse de son siège social et, le cas échéant, celle de son établissement stable, et la nature du lien qui l'unit à l'entité tête du groupe formé en application du quatrième ou cinquième alinéa du I de l'article 223 A du code général des impôts ;

a bis) La liste des personnes morales et des établissements stables qui seront qualifiés de sociétés intermédiaires. Cette liste indique, pour chaque société mentionnée au *b bis*, sa désignation, l'adresse de son siège social, l'impôt étranger équivalent à l'impôt sur les sociétés auquel elle est soumise et la répartition de son capital et, pour chaque autre personne morale, sa désignation, l'adresse de son siège social et, le cas échéant, celle de son établissement stable, l'impôt étranger équivalent à l'impôt sur les sociétés auquel elle ou son établissement stable est soumis et la nature du lien qui l'unit à l'entité tête du groupe formé en application du quatrième ou cinquième alinéa du I de l'article 223 A du code général des impôts ;

a ter) La liste des personnes morales et des établissements stables qui seront qualifiés de sociétés étrangères, comportant aussi la désignation de l'entité mère non résidente. Cette liste indique, pour chaque société étrangère et pour l'entité mère non résidente, sa désignation, l'adresse de son siège social, l'impôt étranger équivalent à l'impôt sur les sociétés auquel elle est soumise et la répartition de son capital et, pour chaque autre personne morale, sa désignation, l'adresse de son siège social et, le cas échéant, celle de son établissement stable, l'impôt étranger équivalent à l'impôt sur les sociétés auquel elle ou son établissement stable est soumis ;

b) Des attestations par lesquelles les sociétés filiales font connaître leur accord pour que la société mère retienne leurs propres résultats pour la détermination du résultat d'ensemble ;

b bis) Des attestations par lesquelles les sociétés filiales font connaître leur accord pour qu'elles soient qualifiées de sociétés intermédiaires ;

b ter) Des attestations par lesquelles l'entité mère non résidente et les sociétés étrangères font connaître leur accord pour l'option de la société mère dans les conditions du deuxième alinéa du I de l'article 223 A du code général des impôts.

Les sociétés membres d'un groupe constitué en application du deuxième alinéa du I de l'article 223 A du code général des impôts, autres que la société mère, accompagnent leurs attestations mentionnées au *b* d'attestations par lesquelles l'entité mère non résidente et, s'il y a lieu, les sociétés étrangères, font connaître leur accord pour que les résultats de ces sociétés soient retenus pour la détermination du résultat d'ensemble ;

c) Le cas échéant, le document visé au premier alinéa du *c* du 6 de l'article 223 L du code général des impôts ou au deuxième alinéa du *g* du 6 du même article, qui comporte la liste et les attestations précédemment mentionnées.

2. Au plus tard à l'expiration du délai de dépôt de la déclaration de résultat de chacun des exercices arrêtés au cours de la période de validité de l'option :

a) La liste des sociétés qui seront membres du groupe défini à l'article 223 A du *code général des impôts, au titre* de l'exercice suivant ;

a bis) La liste des sociétés intermédiaires définies à l'article 223 A du code général des impôts ainsi que des sociétés qui cessent d'être qualifiées de sociétés intermédiaires au titre de l'exercice suivant ;

a ter) La liste des sociétés qui seront qualifiées de sociétés étrangères au sens de l'article 223 A du code général des impôts, au titre de l'exercice suivant, ainsi que la liste des sociétés qui cessent d'être qualifiées de sociétés étrangères au titre de cet exercice suivant ;

b) Les attestations mentionnées au *b* du 1 produites par les sociétés qui seront membres du groupe à compter de cet exercice suivant ;

b bis) Les attestations mentionnées au *b bis* du 1 produites par les sociétés qui seront qualifiées de sociétés intermédiaires à compter de cet exercice suivant ;

b ter) Les attestations mentionnées au b *ter* du 1 par lesquelles l'entité mère non résidente et les sociétés étrangères font connaître leurs accords mentionnés au même b *ter* du 1, applicables à compter de cet exercice suivant ;

c) Le cas échéant, l'extrait de l'annexe comptable comportant les informations suivantes sur les comptes combinés : nom de l'entreprise combinante, liste des entreprises du périmètre de combinaison et description de la nature des liens qui permettent de fonder les critères de sélection des entreprises dont les comptes sont combinés, ainsi que l'indication des motifs qui justifient la non-combinaison de certaines entreprises.

d) Le cas échéant, la référence de l'agrément collectif délivré par l'Autorité de contrôle prudentiel et de résolution pour elle-même et pour les caisses locales qui la détiennent.

2 *bis*. Dans les trois mois de l'acquisition des titres d'une société du groupe ou d'une autre société intermédiaire ou d'une société étrangère, l'attestation mentionnée au *b bis* du 1 produite par la société qui sera qualifiée de société intermédiaire à compter de l'exercice au cours duquel est intervenue cette acquisition, ou celle mentionnée, selon le cas, au premier ou au second alinéa du *b ter* du 1 produite par la société qui sera qualifiée de société étrangère à compter de l'exercice au cours duquel est intervenue cette acquisition.

3. En même temps que la déclaration du résultat d'ensemble de l'exercice au cours duquel le capital de la société mère vient à être détenu à hauteur de 95 % au moins, directement ou indirectement, par une personne morale passible de l'impôt sur les sociétés dans les conditions prévues au premier alinéa du *d* du 6 de l'article 223 L du code général des impôts, une lettre signée des représentants dûment mandatés de la société mère et de la société détentrice des titres qui indique, de manière précise, la nature, les circonstances et les justifications juridiques, économiques ou sociales de l'opération à l'origine de la détention en cause.

Les dispositions du premier alinéa s'appliquent également lorsque le capital de l'entité mère non résidente vient à être détenu à hauteur de 95 % au moins, directement ou indirectement par une autre personne morale passible de l'impôt sur les sociétés, ou par une autre société ou un autre établissement stable remplissant les conditions définies au deuxième alinéa du I de l'article 223 A du code général des impôts, dans les conditions prévues au premier alinéa du *d* du 6 de l'article 223 L du même code. Dans ce cas, la lettre mentionnée au premier alinéa est signée des représentants dûment mandatés de l'entité mère non résidente et de la personne morale détentrice des titres.

(Décr. n° 2019-594 du 14 juin 2019, art. 1er-3°-b) « 4. L'accord d'une société étrangère, mentionné au deuxième alinéa du *k* du 6 de l'article 223 L du code général des impôts, pour se substituer à l'entité mère non résidente lorsque l'État dans lequel cette dernière est soumise à un impôt équivalent à l'impôt sur les sociétés se retire de l'Union européenne ou de l'accord sur l'Espace économique européen. Cet accord est adressé au plus tard à l'expiration du délai de dépôt de la déclaration de résultat de l'exercice au cours duquel intervient le retrait. »

Art. 46 *quater*-0 ZE Les sociétés filiales qui acceptent de faire partie du groupe défini à l'article 223 A du code général des impôts adressent l'attestation mentionnée à l'article 46 *quater*-0 ZD au service dont elles relèvent au plus tard à l'expiration du délai de dépôt de la déclaration de résultat de l'exercice précédant celui au titre duquel le régime défini à l'article 223 A précité s'applique. L'accord est valable jusqu'à la sortie du groupe de la société filiale concernée. Il peut être dénoncé au plus tard à l'expiration du délai de dépôt de la déclaration de résultat du dernier exercice précédant la période couverte par le renouvellement de l'option prévu au deuxième alinéa du III de l'article 223 A précité.

Les sociétés filiales dont les résultats d'un exercice cesseront d'être pris en compte dans le résultat d'ensemble par décision de la société mère en informent le service des impôts dont elles relèvent au plus tard à l'expiration du délai de dépôt de la déclaration de résultat de l'exercice précédent.

Pour remplir les obligations prévues au présent article et à l'article 46 *quater*-0 ZD, la société doit utiliser des documents conformes aux modèles établis par l'administration.

Art. 46 *quater*-0 ZF Pour l'application des dispositions de l'article 223 A du code général des impôts, les droits détenus indirectement à 95 % au moins s'entendent des droits détenus par l'intermédiaire d'une chaîne de participation. Le pourcentage de ces droits est apprécié en multipliant entre eux les taux de détention successifs. Toutefois, pour cette appréciation, la société qui détient 95 % au moins du capital d'une autre société est considérée comme détenant ce capital en totalité. La phrase précédente ne s'applique pas pour l'appréciation de la détention du capital de la société mère d'un groupe formé en application des premier, quatrième ou cinquième alinéas du I de l'article 223 A du code général des impôts, ni pour l'appréciation de la détention du capital d'une entité mère non résidente au sens du deuxième alinéa du I de l'article 223 A précité.

Peuvent être membres du groupe les sociétés détenues, dans les conditions mentionnées au sixième alinéa du I de l'article 223 A du code général des impôts, par une société établie hors de France dont l'établissement stable est membre du groupe, à la condition que leurs titres soient inscrits à l'actif du bilan fiscal de cet établissement stable.

Art. 46 *quater*-0 ZG La subvention indirecte mentionnée *(Abrogé par Décr. n° 2019-594 du 14 juin 2019, art. 1er-4°-a) « au cinquième alinéa de l'article 223 B et »* au premier alinéa de l'article 223 R du code général des impôts *(Décr. n° 2019-594 du 14 juin 2019, art. 1er-4°-a)* « et déduite pour la détermination du résultat des exercices ouverts avant le 1er janvier 2019 » s'entend des renonciations à recettes qui proviennent des prêts ou d'avances sans intérêt ou à un taux d'intérêt inférieur au taux du marché. Elle s'entend également de la livraison de biens ou de la prestation de services entre sociétés du groupe sans contrepartie ou pour un prix inférieur à leur prix de revient ou, s'agissant de biens composant l'actif immobilisé, pour un prix inférieur à leur valeur réelle.

Constituent également une subvention indirecte au sens *(Décr. n° 2019-594 du 14 juin 2019, art. 1er-4°-b)* « de l'article 223 R précité » les excédents de charges qui proviennent des emprunts contractés, des avances reçues qui sont assortis d'un taux d'intérêt plus élevé que celui du marché. Il en est de même des achats de biens ou de services pour un prix plus élevé que leur valeur réelle.

Cession de titres à prix minoré. La subvention indirecte qui résulte de la cession de titres à prix minoré entre sociétés du même groupe n'est que partiellement neutralisée pour la détermination du résultat d'ensemble. En effet, si la subvention consentie à la société cessionnaire doit être déduite pour la détermination du résultat d'ensemble, aucune correction ne doit en revanche être opérée au titre de la subvention accordée par la société cédante. • CE 10 nov. 2010, n° 309148, *Corbfi : Dr. fisc. 2010. 605, concl. Cortot-Boucher, note Bocquet et Sayag ; RJF 2011. 153 ; concl. Cortot-Boucher au BDCF 2/11, n° 18.*

Art. 46 *quater*-0 ZH I. — *Devenu sans objet (L. n° 89-935 du 29 déc. 1989, art. 23-II-1).*

II. — Pour l'application des dispositions de l'article 223 F du code général des impôts, la société mère doit :

1. Réintégrer au résultat d'ensemble de chaque exercice une somme égale à la fraction de l'annuité fiscale d'amortissement pratiquée par la société cessionnaire, qui excède la dotation fiscale calculée dans les mêmes conditions et au même taux que cette annuité, sur la valeur nette que l'immobilisation amortissable avait, du point de vue fiscal, dans les écritures de la société du groupe qui a effectué la première cession à une autre société du même groupe. Cette dernière valeur est, le cas échéant, diminuée des amortissements différés en contravention aux dispositions de l'article 39 B du code déjà cité.

En cas de cessions successives d'un même bien à l'intérieur du groupe, les valeurs nettes mentionnées au premier alinéa sont diminuées, lors de chaque cession, d'une somme égale aux amortissements calculés sur ces mêmes valeurs et admis en déduction du résultat d'ensemble depuis la précédente cession.

2. Comprendre dans le résultat ou plus-value ou moins-value nette à long terme d'ensemble de l'exercice de cession hors du groupe d'une immobilisation, autre que la cession de titres d'une société du groupe, la plus-value ou la moins-value calculée par différence entre :

D'une part, le prix de vente de l'élément cédé ;

Et, d'autre part, sa valeur d'origine dans les écritures de la société du groupe qui a effectué la première cession à une autre société du même groupe. Pour une immobilisation amortissable, cette valeur est diminuée d'un montant égal à la différence entre les amortissements effectivement déduits pour l'assiette de l'impôt pendant sa période d'utilisation par les sociétés du groupe et les sommes réintégrées au titre du 1 ci-dessus.

Le cas échéant, la plus-value ainsi calculée est majorée des amortissements différés en contravention aux dispositions de l'article 39 B du code général des impôts.

En cas de moins-value, celle-ci est diminuée des mêmes amortissements différés.

3. Comprendre dans le résultat ou la plus-value ou moins-value nette à long terme d'ensemble de l'exercice de cession le montant cumulé des plus-values ou des moins-values de cession de titres qui n'ont pas été retenues pour le calcul du résultat ou de la plus-value ou moins-value nette à long terme d'ensemble en application de l'article 223 F lorsque :

a) La cession est réalisée par une société du groupe à une société autre qu'une société du groupe ou autre qu'une société intermédiaire, une société étrangère ou une entité mère non résidente, et porte sur des titres d'une autre société du groupe ;

b) La cession est réalisée par une société intermédiaire, une société étrangère ou une entité mère non résidente, à une société autre qu'une société du groupe ou autre qu'une société intermédiaire, une société étrangère ou une entité mère non résidente et porte sur des titres d'une société qui demeure dans le groupe et qui ont été préalablement acquis auprès d'une société du groupe.

III. — 1. Les dispositions du 2 du II s'appliquent également lors de la sortie du groupe d'une des sociétés qui ont cédé une immobilisation autre que les titres d'une société du groupe à une autre société du groupe ou lors de la sortie du groupe de la société qui est propriétaire de cette immobilisation ou lors de l'apport d'une immobilisation amortissable entre sociétés du groupe lorsque cet apport bénéficie des dispositions de l'article 210 A du code général des impôts.

Dans ce cas, la plus-value ou la moins-value est calculée en prenant pour premier terme de la différence :

Pour une immobilisation amortissable, sa valeur nette comptable dans les écritures de la société qui en est propriétaire ;

Pour une immobilisation non amortissable, son prix d'acquisition par la société qui en est propriétaire.

2. Les dispositions du 3 du II s'appliquent également lors de la sortie du groupe d'une des sociétés qui ont cédé des titres d'une société du groupe à une autre société du groupe ou à une société intermédiaire, ou à une société étrangère ou à une entité mère non résidente, ou lors de la sortie du groupe de la société qui est propriétaire de ces titres, ou lors de la sortie du groupe d'une société dont les titres ont fait l'objet d'une cession à une société intermédiaire, ou à une société étrangère ou à une entité mère non résidente.

IV. — Pour déterminer le montant brut de la plus-value servant de base au calcul de la quote-part de frais et charges mentionnée au troisième alinéa de l'article 223 F du code général des impôts :

1. Les dispositions du 2 du II s'appliquent en cas de cession de titres autres que ceux d'une société du groupe et les dispositions du 3 du II s'appliquent en cas de cession de titres d'une société du groupe ;

2. Les dispositions du 1 du III s'appliquent en cas de sortie du groupe de la société propriétaire de titres autres que ceux d'une société du groupe et les dispositions du 2 du III s'appliquent lorsque la société propriétaire des titres d'une société du groupe,

g) Le montant cumulé des plus-values ou moins-values qui n'ont pas été retenues pour le calcul du résultat ou de la plus-value ou moins-value nette à long terme d'ensemble en application de l'article 223 F précité.

(Décr. n° 2019-594 du 14 juin 2019, art. 1er-6°-b) « 1 *ter*. Un état des plus-values ou moins-values de cession de titres de participation non retenues dans la plus-value ou moins-value nette à long terme d'ensemble au titre des exercices ouverts avant le 1er janvier 2019 et à raison desquelles la quote-part de frais et charges mentionnée au troisième alinéa de l'article 223 F du code général des impôts n'a pas encore été appliquée. Cet état mentionne les indications prévues aux *a* à *d* et au *g* du 1 *bis* ; »

2. Pour chacune des sociétés membres du groupe, l'état des rectifications mentionné au *a* de l'article 46 *quater*-0 ZK ;

3. Un tableau de synthèse de ces rectifications ;

4. Un tableau de détermination du résultat d'ensemble du groupe ;

5. Des états faisant apparaître les déficits d'ensemble, les plus-values nettes ou moins-values nettes à long terme d'ensemble et les crédits d'impôt susceptibles d'être utilisés par la société mère ;

6. Dans les situations visées aux *c, d, e, f, g, i* ou *j* du 6 de l'article 223 L du code général des impôts, des états faisant apparaître :

a) La quotité du déficit qui peut s'imputer sur les résultats des sociétés membres du groupe ayant cessé ou des sociétés apportées et qui font partie du nouveau groupe, mentionnée au 5 de l'article 223 I du même code, et la quote-part de ce déficit qui provient de chacune des sociétés pour lesquelles le bénéfice de cette imputation a été demandé *(Décr. n° 2021-290 du 16 mars 2021, art. 1er-2°-a)* « et de chacune des sociétés membres du groupe ayant cessé absorbées par les sociétés précitées ou scindées à leur profit dans les conditions mentionnées au 5 de l'article 223 I du code général des impôts » ;

b) L'imputation de ce déficit sur le bénéfice de la société qui en est titulaire et sur les bénéfices des sociétés *(Décr. n° 2021-290 du 16 mars 2021, art. 1er-2°-b)* « membres du groupe ayant cessé ou des sociétés apportées et qui font partie du nouveau groupe » ;

c) Le montant du déficit qui ne peut plus être imputé du fait de la sortie du groupe de l'une des sociétés *(Décr. n° 2021-290 du 16 mars 2021, art. 1er-2°-b)* « membres du groupe ayant cessé ou des sociétés apportées et qui font partie du nouveau groupe », en application des dispositions du troisième alinéa de l'article 223 R du code général des impôts ;

6 *bis*. Dans les situations mentionnées au *h* du 6 de l'article 223 L du code général des impôts, des états faisant apparaître, par société sortie du groupe, la quotité du déficit et de la moins-value nette à long terme d'ensemble mentionnée au deuxième alinéa de l'article 223 E du code général des impôts revenant à chacune d'elles.

7. *Disposition périmée.*

8. Un document indiquant les sociétés du groupe relevant des dispositions des articles 44 *octies*, 44 *octies* A, 44 *duodecies* et 44 *terdecies* du code général des impôts, comportant les éléments nécessaires au calcul de la fraction du bénéfice et de la plus-value nette à long terme d'ensemble exonérés en application du III de l'article 44 *octies*, du III de l'article 44 *octies* A, du III de l'article 44 *duodecies* et du III de l'article 44 *terdecies* du code général des impôts.

(Décr. n° 2019-594 du 14 juin 2019, art. 1er-6°-c) « 9. Un état faisant apparaître les charges financières nettes non admises en déduction du résultat d'ensemble de l'exercice en application des I, VI et VII de l'article 223 B *bis* du code général des impôts, ainsi que le suivi des charges financières nettes non admises en déduction au titre des exercices précédents et des capacités de déduction inemployées au titre des cinq exercices précédents, en application du VIII de l'article 223 B *bis* précité ; »

10. Un état des rectifications prévues aux deuxième, troisième *(Décr. n° 2019-594 du 14 juin 2019, art. 1er-6°-d)* « et sixième » alinéas de l'article 223 B et à l'article 223 D du code général des impôts qui sont afférentes aux opérations réalisées entre des sociétés du groupe et des sociétés intermédiaires, des sociétés étrangères ou l'entité mère non résidente.

Ces renseignements sont présentés sur des documents conformes aux modèles établis par l'administration.

Omission de déclaration de subventions intragroupe. Une telle omission peut être sanctionnée plusieurs fois En ne portant pas sur l'état des subventions intragroupe les sommes versées au cours d'exercices différents, une société mère commet des infractions distinctes susceptibles d'être chacune sanctionnée par une amende de 5 % (art. 1763 CGI) même si elles portent sur les mêmes catégories de dépenses. • CE 20 déc. 2013, n° 357884 : *RJF 2014. 230.*

Art. 46 *quater*-0 ZM Les règles prévues à la présente annexe concernant la société mère d'un groupe au sens de l'article 223 A du code général des impôts sont applicables à l'établissement public industriel et commercial qui se constitue seul redevable de l'impôt sur les sociétés en application des dispositions de l'article 223 A *bis* du même code. Les règles prévues à la présente annexe concernant les sociétés membres d'un groupe sont applicables aux établissements publics industriels et commerciaux et aux sociétés membres d'un groupe au sens de l'article 223 A *bis* du code précité.

Les documents qu'adresse, en application du 2 de l'article 46 *quater*-0 ZD, l'établissement public qui s'est constitué seul redevable de l'impôt sur les sociétés dû sur l'ensemble des résultats d'un groupe au sens de l'article 223 A *bis* du code général des impôts sont complétés, dans le délai prévu au même 2, de l'extrait de l'annexe comptable comportant les informations suivantes sur les comptes consolidés établis dans les conditions prévues au premier alinéa de l'article L. 233-18 du code de commerce : nom de l'établissement public industriel et commercial qui établit les comptes consolidés, liste des établissements du périmètre de consolidation et description de la nature des liens qui permettent de fonder les critères de sélection des établissements dont les comptes sont consolidés, ainsi que l'indication des motifs qui justifient la non-consolidation de certains établissements.

Art. 46 *quater*-0 ZN *Devenus sans objet (L. n° 94-1163 du 29 déc. 1994, art. 31).*

Art. 46 *quater*-0 ZO *Abrogé par Décr. n° 2012-1254 du 13 nov. 2012.*

Art. 46 *quater*-0 ZP *Disposition périmée.*

Art. 46 *quater*-0 ZQ *Disposition périmée.*

Art. 46 *quater*-0 ZR *Devenu sans objet (Décr. n° 2009-389 du 7 avr. 2009).*

Art. 46 *quater*-0 ZS *Abrogé par Décr. n° 2012-1254 du 13 nov. 2012.*

SECTION VIII *BIS* RÉGIME DE TAXATION AU TONNAGE

Art. 46 *quater*-0 ZS *bis* Les entreprises doivent exercer l'option mentionnée au III de l'article 209-0 B du code général des impôts au plus tard à la date limite de dépôt de la déclaration de résultat du premier exercice de la période pour laquelle elles désirent bénéficier du régime prévu audit article.

L'option est notifiée sur papier libre ou par voie électronique au service des impôts auprès duquel est souscrite la déclaration de résultat.

Art. 46 *quater*-0 ZS *bis* A Les entreprises qui ont exercé l'option mentionnée au III de l'article 209-0 B du code général des impôts doivent joindre aux déclarations de résultat qu'elles sont tenues de souscrire un état de détermination des bénéfices conforme au modèle établi par l'administration.

SECTION VIII *TER* RÉGIME DE FAVEUR DES FUSIONS *(Décr. n° 2018-421 du 30 mai 2018, art. 1er).*

Art. 46 *quater*-0 ZS *ter* *(Décr. n° 2018-421 du 30 mai 2018, art. 1er)* La déclaration spéciale mentionnée au IV de l'article 210-0 A du code général des impôts mentionne :

1° La date de réalisation et la nature de l'opération, les nom ou dénomination et adresses des personnes concernées par cette opération, y compris, le cas échéant, celles de l'établissement stable situé en France de la personne morale étrangère, les liens capitalistiques entre ces mêmes personnes avant la réalisation de l'opération et la nature exacte de l'activité exercée par la personne morale étrangère mentionnée au IV de l'article 210-0 A précité ;

2° Les motifs et buts de l'opération réalisée, notamment les améliorations recherchées, ainsi que les éventuelles opérations de cession, de fusion, de scission ou d'apport partiel d'actif préalables et subséquentes en lien avec cette opération ;

3° Les conséquences économiques et fiscales de l'opération réalisée, notamment sur les activités, moyens et fonctions maintenus en France et transférés à l'étranger.

SECTION IX ENTREPRISES NOUVELLES BÉNÉFICIANT DES DISPOSITIONS DE L'ARTICLE 44 *SEPTIES*

Art. 46 *quater*-0 ZT *Devenu sans objet (L. nº 91-716 du 26 juill. 1991, art. 28).*

Art. 46 *quater*-0 ZU Les sociétés qui bénéficient des dispositions de l'article 44 *septies* du code général des impôts doivent produire, à l'appui de la déclaration de leurs résultats de chaque exercice, un état comportant des renseignements sur leur situation et sur celle de leurs associés, ainsi que sur la situation de l'entreprise reprise et de ses associés ou exploitants.

Cet état est établi sur papier libre conformément au modèle fixé par l'administration.

SECTION X

Art. 46 *quater*-0 ZV à 46 *quater*-0 ZY *Devenus sans objet (L. nº 92-1376 du 30 déc. 1992, art. 11-II).*

SECTION XI CRÉDIT D'IMPÔT POUR DÉPENSES DE PRODUCTION EXÉCUTIVE D'ŒUVRES CINÉMATOGRAPHIQUES ET AUDIOVISUELLES *(Décr. nº 2009-1464 du 30 nov. 2009).*

Art. 46 *quater*-0 ZY *bis* Les œuvres cinématographiques ou audiovisuelles dont les dépenses de production ouvrent droit au bénéfice du crédit d'impôt prévu aux articles 220 *quaterdecies* et 220 Z *bis* du code général des impôts sont celles qui satisfont aux conditions prévues à la section III du chapitre Ier du titre III du livre III de la partie réglementaire du code du cinéma et de l'image animée pris pour l'application des articles 220 *quaterdecies* et 220 Z *bis* du code général des impôts et relatif à l'agrément des œuvres cinématographiques et audiovisuelles ouvrant droit au crédit d'impôt pour dépenses de production exécutive en France d'œuvres cinématographiques ou audiovisuelles étrangères. — *Sur les modalités d'agrément, V. Décr. nº 2009-1465 du 30 nov. 2009, mod. par Décr. nº 2012-1092 du 27 sept. 2012 (JO 29 sept.), Décr. nº 2013-899 du 8 oct. 2013 (JO 10 oct.), et Arr. du 1er déc. 2009 (JO 4 déc.).*

Les entreprises de production exécutive qui peuvent bénéficier du crédit d'impôt prévu aux articles 220 *quaterdecies* et 220 Z *bis* du code général des impôts sont celles définies à l'article D. 331-38 du code du cinéma et de l'image animée.

Art. 46 *quater*-0 ZY *ter* Pour la détermination des dépenses mentionnées au III de l'article 220 *quaterdecies* du code général des impôts, il y a lieu de retenir :

1. Au titre des rémunérations versées aux auteurs énumérés à l'article L. 113-7 du code de la propriété intellectuelle et des charges sociales y afférentes : les avances à valoir sur les recettes d'exploitation versées par l'entreprise de production exécutive aux auteurs en contrepartie de la commande et de l'acquisition des droits nécessaires à la réalisation de l'œuvre, ainsi que les charges sociales y afférentes lorsqu'elles correspondent à des cotisations sociales obligatoires ;

2. Au titre des rémunérations versées aux artistes-interprètes mentionnés à l'article L. 212-4 du code de la propriété intellectuelle et aux artistes de complément et des charges sociales y afférentes : la part de la rémunération versée par l'entreprise de production exécutive aux artistes-interprètes et artistes de complément, correspondant aux rémunérations minimales prévues par les conventions et accords collectifs de la production cinématographique ou audiovisuelle, ainsi que les charges sociales y afférentes lorsqu'elles correspondent à des cotisations sociales obligatoires ;

3. Au titre des salaires versés aux personnels de la réalisation et de la production et des charges sociales y afférentes : les rémunérations et leurs accessoires versés par l'entreprise de production exécutive aux techniciens de la production, aux ouvriers de la production et aux collaborateurs chargés de la préparation et de la fabrication de l'*animation, ainsi que* les charges sociales y afférentes lorsqu'elles correspondent à des cotisations sociales obligatoires. Lorsque les personnels de la réalisation et de la production sont employés par l'entreprise de production exécutive à titre permanent, seuls sont pris en compte les salaires et charges sociales correspondant à la période durant laquelle ces personnels ont été effectivement employés à la réalisation de l'œuvre éligible au crédit d'impôt ;

4. Au titre des dépenses liées au recours aux industries techniques et autres prestataires de la création cinématographique et audiovisuelle :

a) Les dépenses liées à l'utilisation de studios de prises de vues, y compris la construction de décors, d'effets spéciaux de tournage, de costumes, de coiffures et maquillage, à savoir : les dépenses de location des plateaux de tournage et annexes, de location de lieux loués spécifiquement pour le tournage à l'exclusion des lieux d'habitation, de construction de décors sur les lieux de tournage, de location de biens meubles strictement nécessaires à la construction ou l'élaboration des décors, d'éclairage, de préparation et de réalisation des effets spéciaux de tournage, y compris les cascades, de location et de fabrication des costumes, de coiffures et de maquillage ;

b) Les dépenses de matériels techniques de tournage, à savoir : les dépenses de matériels de prises de vues, de machinerie, d'éclairage et de prise de son ;

c) Les dépenses liées au recours à des prestataires spécialisés dans les travaux de préparation et de fabrication de l'animation, à savoir : les dépenses correspondant aux travaux facturés par les entreprises qui effectuent, pour le compte des entreprises de production exécutive, la préparation et la fabrication de l'animation ainsi que les dépenses de construction de décors ;

d) Les dépenses de matériels techniques nécessaires à la fabrication des images, à savoir : les dépenses de matériels de prise de vues et d'éclairage ainsi que les dépenses d'équipements, de fournitures, de matériels et logiciels informatiques directement affectés à la mise en place et à la fabrication de l'animation d'une œuvre déterminée. Les logiciels informatiques précités doivent être amortis au cours de la période de réalisation de l'œuvre pour laquelle ils ont été spécialement créés ou acquis ;

e) Les dépenses de postproduction, y compris les effets spéciaux, à savoir : les dépenses de laboratoire image, de montage des images, d'enregistrement des voix, de bruitage et création sonore, de mixage, de montage du son, d'effets spéciaux numériques et de génériques et bandes-annonces ;

f) Les dépenses de pellicules et autres supports d'images et les dépenses de laboratoire, à savoir : les dépenses de pellicules négatives image, de pellicules magnétiques son et plus généralement de tous supports analogiques ou numériques d'images et de son, de laboratoires de tournage, de laboratoires de finition, de laboratoire vidéo et de sous-titrage ;

5. Au titre des dépenses de transport, de restauration et d'hébergement : les dépenses de transport de biens et de matériels artistiques et techniques, ainsi que les dépenses de transport et de restauration des équipes artistiques et techniques, strictement nécessaires aux besoins de la production de l'œuvre.

(Décr. n° 2020-1796 du 30 déc. 2020, art. 2) « Les dépenses de transport des équipes artistiques et techniques sont comprises dans l'assiette du crédit d'impôt dans la limite de 200 euros par trajet et par personne en France métropolitaine et de 500 euros par trajet effectué par personne entre la France métropolitaine et les départements et autres collectivités d'outre-mer ou entre la France et le pays dont sont ressortissants les membres des équipes artistiques et techniques.

« Les dépenses de restauration sont comprises dans l'assiette du crédit d'impôt dans la limite de 30 euros par repas et par personne. »

Les dépenses d'hébergement sont comprises dans l'assiette du crédit d'impôt dans la limite de 270 euros par nuitée dans la ville de Paris et les départements des Hauts-de-Seine, de la Seine-Saint-Denis et du Val-de-Marne, et de 200 euros dans les autres départements.

Art. 46 *quater-0* ZY *quater* Pour la détermination des dépenses mentionnées au *d* du 1 du III de l'article 220 *quaterdecies* du code général des impôts, il y a lieu de retenir les dotations aux amortissements fiscalement déductibles afférentes aux immobilisations détenues par l'entreprise de production exécutive et affectées directement à la réalisation de l'œuvre cinématographique ou de l'œuvre audiovisuelle ouvrant droit au crédit d'impôt. Seules sont prises en compte les dotations aux amortissements correspondant à la période durant laquelle l'immobilisation a été effectivement utilisée pour la réalisation de l'œuvre éligible au crédit d'impôt.

Art. 46 *quater-0* ZY *quinquies* I. — Les artistes-interprètes et les artistes de complément mentionnés au *b* du 1 du III de l'article 220 *quaterdecies* du code général des impôts comprennent :

1. Les acteurs et les artistes-interprètes assurant le doublage, le commentaire, la voix hors champ ou la postsynchronisation ;
2. Les artistes musiciens engagés pour l'enregistrement sonore de leur interprétation ou exécution d'œuvres musicales destinées à être incorporées aux œuvres cinématographiques ou audiovisuelles ;
3. Les artistes du spectacle considérés comme artistes de complément par les usages professionnels, notamment par les conventions et accords collectifs de la production cinématographique ou audiovisuelle.

II. – Les personnels mentionnés au *c* du 1 du III de l'article 220 *quaterdecies* du code général des impôts comprennent :

1. Les techniciens de la production qui sont ceux en charge : de la direction artistique et du développement ; de la réalisation ; de la préparation et de l'assistance de réalisation ; de la direction d'écriture ; de la technique et de la qualité artistique des prises de vues ; de la technique et de la qualité artistique des enregistrements sonores ; de la création artistique et de l'exécution des décors ; de la création artistique des costumes, perruques et accessoires vestimentaires ; de la confection des costumes et accessoires vestimentaires ; de l'habillage et de l'entretien des costumes ; du maquillage de composition des acteurs ; de la confection des perruques et postiches et de l'exécution des coiffures ; des accessoires de plateau et de décor ; de l'assemblage artistique et technique des images et des sons ; de la préparation et de la réalisation des effets spéciaux de tournage, y compris les cascades ; de la direction et de la gestion administrative, technique et comptable de la production ;
2. Les ouvriers de la production qui sont ceux en charge : de la machinerie ; de l'éclairage ; de la construction des décors ;
3. Les collaborateurs chargés de la préparation de l'animation qui sont ceux en charge : de la création du scénarimage ; de la conception et de la modélisation des personnages ; de la conception et de la modélisation des décors ; des feuilles d'exposition ; de la prévisualisation ;
4. Les collaborateurs chargés de la fabrication de l'animation qui sont ceux en charge : de la mise en place de l'animation ; de la rotoscopie ; du suivi de mouvement ; de l'exécution de l'animation ; de la capture de mouvement ; de la mise en place des décors ; de l'exécution des décors ; du traçage-gouachage, de la colorisation, du rendu et de l'éclairage ; de l'assemblage numérique ; des effets spéciaux ; de l'assemblage artistique et technique des images et du son.

Art. 46 *quater*-0 ZY *sexies* Le crédit d'impôt prévu à l'article 220 *quaterdecies* du code général des impôts est imputé sur l'impôt dû après les prélèvements non libératoires et les autres crédits d'impôt.

Art. 46 *quater*-0 ZY *septies* Pour l'application des dispositions des articles 220 Z *bis* et 220 *quaterdecies* du code général des impôts, les entreprises déclarent les réductions et crédits d'impôt selon le format établi par l'administration dans les mêmes délais que la déclaration annuelle de résultat qu'elles sont tenues de souscrire en application de l'article 223 du code précité.

La société mère d'un groupe au sens de l'article 223 A du code précité déclare les réductions et crédits d'impôt pour le compte des sociétés du groupe, y compris ceux la concernant, lors du dépôt de la déclaration relative au résultat d'ensemble du groupe.

SECTION XI *BIS* CRÉDIT D'IMPÔT POUR DÉPENSES DE CRÉATION, D'EXPLOITATION ET DE NUMÉRISATION D'UN SPECTACLE VIVANT MUSICAL OU DE VARIÉTÉS *(Décr. n° 2019-607 du 18 juin 2019, art. 1er ; Décr. n° 2020-1213 du 1er oct. 2020, art. 1er-1°).*

Art. 46 *quater*-0 ZY *octies* Pour la détermination des dépenses mentionnées au *a* du 1° du III de l'article 220 *quindecies* du code général des impôts, le plafond de la rémunération du dirigeant prise en compte est fixé à 45 000 € par an.

Art. 46 *quater*-0 ZY *nonies* Pour la détermination des dépenses mentionnées au *g* du 1° du III de l'article 220 *quindecies* du code général des impôts, il y a lieu de retenir les dotations aux amortissements fiscalement déductibles afférentes aux immobilisations détenues par l'entreprise et affectées directement à la réalisation du spectacle

vivant musical *(Décr. n° 2020-1213 du 1er oct. 2020, art. 1er-2°)* **« ou de variétés » ouvrant droit au crédit d'impôt. Seules sont prises en compte les dotations aux amortissements correspondant à la période durant laquelle l'immobilisation a été effectivement utilisée pour la réalisation du spectacle éligible au crédit d'impôt.**

Les dispositions issues du Décr. n° 2019-607 du 18 juin 2019 s'appliquent aux demandes d'agréments provisoires prévues au VI de l'art. 220 quindecies déposées à compter du 1er janv. 2019 (Décr. préc., art. 3).

Les dispositions issues du Décr. n° 2020-1213 du 1er oct. 2020 s'appliquent aux demandes d'agréments provisoires prévues au VI de l'art. 220 quindecies CGI déposées à compter du 1er janv. 2020 (Décr. préc., art. 3).

Art. 46 *quater-0 ZY decies* **Pour la détermination des dépenses mentionnées au *i* du 1° du III de l'article 220 *quindecies* du code général des impôts, les dépenses d'hébergement sont comprises dans l'assiette du crédit d'impôt dans la limite de 270 € dans la ville de Paris et les départements des Hauts-de-Seine, de la Seine-Saint-Denis et du Val-de-Marne, et de 200 € dans les autres départements.**

Art. 46 *quater-0 ZY undecies* **Pour l'application des articles 220 *quindecies* et 220 S du code général des impôts, les entreprises déclarent les réductions et crédits d'impôt selon le format établi par l'administration dans les mêmes délais que la déclaration annuelle de résultat qu'elles sont tenues de souscrire en application de l'article 223 du code précité.**

La société mère d'un groupe au sens de l'article 223 A du code précité déclare les réductions et crédits d'impôt pour le compte des sociétés du groupe, y compris ceux la concernant, lors du dépôt de la déclaration relative au résultat d'ensemble du groupe.

Art. 46 *quater-0 ZY duodecies* **Le crédit d'impôt prévu à l'article 220 *quindecies* du code général des impôts est imputé sur l'impôt dû après les prélèvements non libératoires et les crédits d'impôt non restituables.**

SECTION XI *TER* CRÉDIT D'IMPÔT EN FAVEUR DES REPRÉSENTATIONS THÉÂTRALES D'ŒUVRES DRAMATIQUES

(Décr. n° 2021-655 du 26 mai 2021, art. 10)

Art. 46 *quater-0 ZY terdecies* **Pour la détermination des dépenses mentionnées au *a* du 1° du III de l'article 220 *sexdecies* du code général des impôts, le plafond de la rémunération du dirigeant prise en compte est fixé à 45 000 € par an.**

Art. 46 *quater-0 ZY quaterdecies* **Pour la détermination des dépenses mentionnées au *g* du 1° du III de l'article 220 *sexdecies* du code général des impôts, il y a lieu de retenir la part des dotations aux amortissements fiscalement déductibles afférentes aux immobilisations détenues par l'entreprise et affectées directement à la réalisation des soixante premières représentations théâtrales d'œuvres dramatiques ouvrant droit au crédit d'impôt.**

Art. 46 *quater-0 ZY quindecies* **Pour la détermination des dépenses mentionnées au *i* du 1° du III de l'article 220 *sexdecies* du code général des impôts, les dépenses d'hébergement sont comprises dans l'assiette du crédit d'impôt dans la limite de 270 € dans la ville de Paris et les départements des Hauts-de-Seine, de la Seine-Saint-Denis et du Val-de-Marne, et de 200 € dans les autres départements.**

Art. 46 *quater-0 ZY sexdecies* **Pour l'application des articles 220 *sexdecies* et 220 T du code général des impôts, les entreprises déclarent les crédits d'impôt selon le format établi par l'administration dans les mêmes délais que la déclaration annuelle de résultat qu'elles sont tenues de souscrire en application de l'article 223 du même code.**

La société mère d'un groupe au sens de l'article 223 A du code précité déclare les crédits d'impôt pour le compte des sociétés du groupe, y compris ceux la concernant, lors du dépôt de la déclaration relative au résultat d'ensemble du groupe.

Art. 46 *quater-0 ZY septdecies* **Le crédit d'impôt prévu à l'article 220 *sexdecies* du code général des impôts est imputé sur l'impôt dû après les prélèvements non libératoires et les crédits d'impôt non restituables.**

SECTION XII RÉDUCTION DU TAUX DE L'IMPÔT SUR LES SOCIÉTÉS POUR CERTAINES SOCIÉTÉS QUI INCORPORENT UNE FRACTION DE LEUR BÉNÉFICE AU CAPITAL

Art. 46 *quater*-0 ZZ La réserve spéciale visée au septième alinéa du *f* du I de l'article 219 du code général des impôts doit être individualisée dans un sous-compte distinct des autres comptes de réserves au passif du bilan.

Art. 46 *quater*-0 ZZ *bis* Pour bénéficier des dispositions du *f* du I de l'article 219 du code général des impôts, le contribuable doit joindre à la déclaration des résultats de la période d'imposition considérée les documents suivants conformes aux modèles établis par l'administration :

a. Un état de la répartition du capital social ;

b. Un engagement à souscrire au titre du premier de la série de trois exercices bénéficiaires pour lequel la société entend bénéficier des dispositions déjà citées ;

c. Un état de suivi des bénéfices imposés au taux réduit et à incorporer au capital.

SECTION XII *BIS* RÉDUCTION DU TAUX DE L'IMPÔT SUR LES SOCIÉTÉS POUR LES PETITES ENTREPRISES

Art. 46 *quater*-0 ZZ *bis* A Pour bénéficier des dispositions du *b* du I de l'article 219 du code général des impôts, le contribuable doit joindre à la déclaration des résultats de la période d'imposition considérée un état de détermination des bénéfices imposés au taux réduit, conforme au modèle établi par l'administration.

La personne mentionnée au premier alinéa doit également joindre un état de la répartition de son capital social, conforme au modèle établi par l'administration.

L'application du taux réduit d'IS n'est pas subordonnée à la production de l'état de détermination des bénéfices imposés à ce taux et de l'état de répartition du capital social prévus par l'art. 46 *quater*-0 ZZ *bis* A de l'annexe III, cet article étant illégal. • TA Rennes, 30 déc. 2008, n° 06-2363 : *RJF 2009. 435.*

SECTION XII *TER* RÉDUCTION DU TAUX DE L'IMPÔT SUR LES SOCIÉTÉS POUR LES SOCIÉTÉS D'INVESTISSEMENTS IMMOBILIERS COTÉES, LEURS FILIALES, LES FILIALES DE SOCIÉTÉS DE PLACEMENT À PRÉPONDÉRANCE IMMOBILIÈRE À CAPITAL VARIABLE ET LES SOCIÉTÉS SE TRANSFORMANT EN SOCIÉTÉS DE PLACEMENT À PRÉPONDÉRANCE IMMOBILIÈRE À CAPITAL VARIABLE (*Décr. n° 2009-683 du 12 juin 2009*).

Art. 46 *quater*-0 ZZ *bis* B Les sociétés qui ont opté pour l'exonération de l'impôt sur les sociétés en application des II et III *bis* de l'article 208 C du code général des impôts et les sociétés soumises à l'impôt sur les sociétés qui se transforment en sociétés de placement à prépondérance immobilière à capital variable doivent joindre à leur déclaration visée au 3 de l'article 201 du même code un détail des plus-values soumises à la taxation prévue au IV de l'article 219 du même code.

Celles qui ont opté pour l'exonération de l'impôt sur les sociétés en application du II de l'article 208 C du code général des impôts doivent également joindre à leur déclaration de résultat de l'exercice au titre duquel leur impôt sur les sociétés est majoré des taxations prévues à la dernière phrase du premier alinéa du IV de ce même article un détail des plus-values latentes qui y sont soumises.

SECTION XII *QUATER* RÉDUCTION DU TAUX DE L'IMPÔT SUR LES SOCIÉTÉS APPLICABLE À CERTAINES PLUS-VALUES RÉALISÉES LORS DE LA CESSION D'IMMEUBLES, DE DROITS AFFÉRENTS À UN IMMEUBLE OU DE TERRAINS À BÂTIR (*Décr. n° 2018-553 du 29 juin 2018, art. 1er*).

Art. 46 *quater*-0 ZZ *bis* C I. — L'engagement de conservation prévu aux premier, (*Décr. n° 2020-897 du 22 juill. 2020, art. 3*) « sixième et huitième » alinéas du II de l'article 210 E du code général des impôts est pris dans l'acte constatant la cession des biens, titres ou droits mentionnés au I du même article.

Une copie de l'engagement mentionné au premier alinéa doit être jointe à la déclaration de résultat de la personne morale cédante et selon le cas, de la société cessionnaire ou de la société crédit-preneuse, afférente à l'exercice au cours duquel est réalisée la cession.

I *bis*. — Pour l'application du troisième alinéa du II de l'article 210 E du code général des impôts, la copie de l'engagement prévu à cet alinéa doit être jointe à la déclaration de résultat de la personne morale absorbante afférente à l'exercice au cours duquel est réalisée la fusion.

I *ter*. — Pour l'application du *(Décr. n° 2020-897 du 22 juill. 2020, art. 3)* « septième » alinéa du II de l'article 210 E du code précité, la valeur des immeubles pris à bail, entendue comme leur valeur d'origine inscrite au bilan de l'entreprise crédit-preneuse avant qu'elle ne cède ces immeubles dans les conditions prévues au *(Décr. n° 2020-897 du 22 juill. 2020, art. 3)* « septième » alinéa précité, ne peut excéder 30 % de la valeur d'origine des immeubles encore inscrits à l'actif de cette même société après la cession de ces immeubles.

II. — Pour l'application du IV de l'article 210 E du code général des impôts, l'engagement d'investissement est établi sur papier libre et joint à la déclaration de résultats de l'organisme ou de la société cédante. Il mentionne, pour chaque cession réalisée au cours de l'exercice et pour laquelle l'organisme ou la société s'engage à investir dans les conditions prévues au même IV :

a. Le prix de cession de l'immeuble et la date à laquelle est intervenue la cession ;

b. Le montant de l'obligation d'investissement et la date à laquelle elle doit être satisfaite.

Art. 46 *quater*-0 ZZ *bis* D I. — L'engagement de transformation *(Décr. n° 2018-553 du 29 juin 2018, art. 1er)* « ou de construction » prévu au premier alinéa du II de l'article 210 F du code général des impôts est pris dans l'acte constatant la cession *(Décr. n° 2018-553 du 29 juin 2018, art. 1er)* « , selon le cas, du local ou du terrain à bâtir ».

Une copie de l'engagement mentionné au premier alinéa doit être jointe à la déclaration de résultat de la personne morale cédante et de la personne morale, de l'organisme ou de l'association cessionnaire, afférente à l'exercice au cours duquel est réalisée la cession.

II. — La copie de l'engagement prévu au troisième alinéa du II de l'article 210 F du code général des impôts doit être jointe à la déclaration de résultat de la société absorbante, afférente à l'exercice au cours duquel est réalisée la fusion.

Art. 46 *quater*-0 ZZ *bis* E *(Décr. n° 2018-553 du 29 juin 2018, art. 1er)* Pour l'application *(Décr. n° 2021-185 du 18 févr. 2021, art. 1er-1°)* « de l'avant-dernier » alinéa du I de l'article 210 F du code général des impôts, les communes situées dans des zones géographiques se caractérisant par un déséquilibre particulièrement important entre l'offre et la demande de logements s'entendent de celles classées dans les zones A *bis* et A telles qu'elles sont définies à l'article *(Décr. n° 2020-897 du 22 juill. 2020, art. 3)* « D. 304-1 » du code de la construction et de l'habitation.

Art. 46 *quater*-0 ZZ *bis* F *(Décr. n° 2021-185 du 18 févr. 2021, art. 1er-2°)* La demande de prolongation du délai de quatre ans mentionnée au III de l'article 210 F du code général des impôts est formulée au plus tard trois mois avant l'expiration de ce délai initial.

Elle précise la consistance des travaux prévus dans l'engagement de transformation ou de construction et les motifs pour lesquels ces travaux ne seront pas achevés dans le délai initial.

L'autorité compétente de l'État mentionnée au même III est le directeur départemental ou, le cas échéant, régional des finances publiques du lieu de situation de l'immeuble.

La demande de renouvellement de la prolongation est formulée dans les conditions prévues aux deux alinéas précédents et au plus tard trois mois avant l'expiration de la prolongation initiale.

SECTION XIII DÉDUCTION DES INVESTISSEMENTS RÉALISÉS OUTRE-MER

Art. 46 *quater*-0 ZZ *ter* Les documents mentionnés au premier alinéa de l'article 140 *nonies* de l'annexe II au code général des impôts sont ceux énumérés au II de l'article 46 AG *quaterdecies.* La période mentionnée au second alinéa de l'article 140 *nonies* déjà cité est celle indiquée au 1° du I de l'article 217 *undecies* du code général des impôts.

Pour l'application du troisième alinéa de l'article 140 *nonies* précité, les montants annuels du loyer et des ressources du locataire ne peuvent excéder les limites mentionnées aux 1 et 2 de l'article 46 AG *duodecies.*

Art. 46 *quater*-0 ZZ *ter* A Pour l'application du troisième alinéa du I de l'article 217 *undecies* du code général des impôts, les véhicules strictement indispensables à l'activité de l'exploitant sont définis par arrêté du ministre chargé du budget. – *V. Ann. IV, art. 23 L quater.*

SECTION XIV AMORTISSEMENT EXCEPTIONNEL DES PARTS DE SOCIÉTÉS D'ÉPARGNE FORESTIÈRE

Art. 46 *quater*-0 ZZ *quater* *(Devenu sans objet, Décr. n° 2020-897 du 22 juill. 2020, art. 3) I. — Pour bénéficier de l'avantage fiscal prévu à l'article 217 terdecies du code général des impôts, le souscripteur au capital d'une société d'épargne forestière doit joindre à sa déclaration de résultats un relevé délivré par cette société et comprenant :*

a) La raison sociale et l'adresse de la société ;

b) L'identité et l'adresse du souscripteur ;

c) Le nombre et le numéro des parts souscrites, le montant et leur date de souscription ;

d) La date et le montant des versements effectués au titre de la souscription de parts ;

e) Le cas échéant, le nombre et les numéros des titres cédés par les détenteurs de parts ainsi que le montant et les dates de cession.

Ce relevé est établi sur papier libre conformément au modèle fixé par l'administration.

II. — Le relevé mentionné au I est complété par une attestation fournie par la société indiquant qu'elle respecte les dispositions prévues aux articles L. 214-121 et L. 214-123 à L. 214-125 du code monétaire et financier.

Cette attestation doit également être jointe à sa déclaration de résultats par le souscripteur au capital d'une société d'épargne forestière.

III. — Lorsque les parts cédées au cours d'un exercice ont été souscrites depuis moins de huit ans par le cédant ou lorsque la société d'épargne forestière est dissoute ou cesse de respecter les dispositions prévues aux articles L. 214-121 et L. 214-123 à L. 214-125 du code monétaire et financier, elle adresse, dans les deux mois suivant l'un de ces événements, à la direction départementale ou, le cas échéant, régionale des finances publiques du domicile des souscripteurs concernés le relevé mentionné au I ou un duplicata de ce relevé.

Art. 46 *quater*-0 ZZ *quinquies* *(Devenu sans objet, Décr. n° 2020-897 du 22 juill. 2020, art. 3) Les parts souscrites par les associés sont inscrites sur un registre spécial par la société. La société tient et conserve les documents relatifs aux opérations qui l'affectent jusqu'à la fin de la troisième année suivant celle de l'expiration du délai de conservation des titres.*

SECTION XV AMORTISSEMENT EXCEPTIONNEL POUR LA SOUSCRIPTION EN NUMÉRAIRE DE PARTS DE SOCIÉTÉS D'INVESTISSEMENT RÉGIONAL OU D'INVESTISSEMENT POUR LE DÉVELOPPEMENT RURAL

Art. 46 *quater*-0 ZZ *sexies* *Devenu sans objet (Décr. n° 2014-549 du 26 mai 2014).*

SECTION XVI DÉDUCTION POUR LA SOUSCRIPTION AU CAPITAL DE SOCIÉTÉS IMPLANTÉES DANS LES ZONES FRANCHES URBAINES

Art. 46 *quater*-0 ZZ *septies* à 46 *quater*-0 ZZ *nonies* *Périmés (Décr. n° 2014-549 du 26 mai 2014).*

CHAPITRE II DISPOSITIONS COMMUNES À L'IMPÔT SUR LE REVENU ET À L'IMPÔT SUR LES SOCIÉTÉS

SECTION 00I SOCIÉTÉS D'INVESTISSEMENT

CAPITAL MINIMAL EXIGÉ POUR L'OCTROI DES AVANTAGES FISCAUX

Art. 46 *quater* A à 46 *quater* C *Disjoints par Décr. n° 2012-653 du 4 mai 2012.*

SECTION 0I SOCIÉTÉS DE PERSONNES ET ASSIMILÉES

Art. 46 *quinquies* à 46 *terdecies* *Périmés.*

I *SOCIÉTÉS À RESPONSABILITÉ LIMITÉE. OPTION POUR LE RÉGIME FISCAL DES SOCIÉTÉS DE PERSONNES*

Art. 46 *terdecies* A Les sociétés à responsabilité limitée exerçant une activité industrielle, commerciale, artisanale ou agricole et formées uniquement entre personnes parentes en ligne directe ou entre frères et sœurs, ainsi que les conjoints qui, en application de l'article 239 *bis* AA du code général des impôts, désirent opter à compter d'un exercice déterminé pour le régime fiscal des sociétés de personnes doivent notifier leur option avant la date d'ouverture de cet exercice au service des impôts auprès duquel doit être souscrite la déclaration de résultats.

1. L'option d'une SARL de famille pour le régime fiscal des sociétés de personnes ne peut être exercée qu'avec l'accord de tous les associés. La notification effectuée par la société au service des impôts de l'option doit donc être signée par l'ensemble des associés. Une option irrégulière du fait qu'elle n'a pas été signée par tous les associés est inopposable, y compris à l'associé signataire. • CE 12 févr. 2014, n° 358356 : *RJF 2014. 468.*

2. L'option signée du seul gérant n'engage pas valablement la société. Un associé peut demander à être déchargé de la cotisation d'impôt sur le revenu correspondant aux résultats qui lui reviennent. • TA Dijon, 6 févr. 1996, n° 93-6907 : *RJF 1997. 234.*

3. L'option, qui peut résulter d'un procès-verbal d'assemblée générale extraordinaire, doit être notifiée au service des impôts auprès duquel doit être souscrite la déclaration de résultats. Dès lors le dépôt de l'option au Centre de formalités des entreprises ne constitue pas une notification régulière. • TA Nice, 12 oct. 2004, n° 00-2361 : *Dr. fisc. 2004. 842 ; RJF 2005. 244.* ♦ V. en sens contraire, note ss. art. 371 AO de l'annexe II au CGI.

4. Pour exercer valablement son option pour l'imposition selon le régime propre aux sociétés de personnes, une société doit soit notifier cette option au service des impôts du lieu de son principal établissement, soit cocher la case prévue à cet effet sur le formulaire remis au centre de formalités des entreprises dont elle dépend à l'occasion de la déclaration de sa création, manifestant ainsi sans ambiguïté l'exercice de son option. • TA Montreuil, 29 nov. 2013, *Lounissi,* n° 1210592 : *RJF 2014. 1021 ; Dr. fisc. 2014. 556, note Marmier.*

5. L'option est régulièrement exercée par la lettre de notification, adressée à l'Administration fiscale, contenant un extrait du procès-verbal de l'assemblée générale de la société, signé de l'ensemble des associés, dans lequel ceux-ci exprimaient leur accord en faveur de cette option. • CE 21 déc. 2006, n°s 282078, 282079 et 282080 : *RJF 2007. 302 ; concl. Collin au BDCF 3/07, n° 31.*

6. L'option pour l'IR exercée tardivement par une SARL de famille et acceptée par l'Administration au titre de l'exercice en cours est opposable aux associés, dès lors que la société a clairement manifesté son intention d'opter à compter du début de cet exercice et qu'elle-même et ses associés ont souscrit, pour cet exercice, les déclarations fiscales correspondantes. • CE 5 nov. 2014, *Min. Budget c/ Perez,* n° 367371 : *RJF 2015. 127 ; Dr. fisc. 2015. 221, note Chatain-Autajon.*

Art. 46 *terdecies* B Pour les sociétés nouvelles, l'option prévue à l'article 239 *bis* AA du code général des impôts produit immédiatement effet tant en matière de droit d'apport que d'impôt sur les bénéfices, si elle est formulée dans l'acte constatant la création. Cet acte précise alors les liens de parenté entre les associés ; une copie en est adressée au service des impôts auprès duquel doit être souscrite la déclaration de résultats.

Il en est de même, sous les mêmes conditions, lorsqu'une société déjà soumise au régime fiscal des sociétés de personnes se transforme, sans création d'une personne morale nouvelle, en une société à responsabilité limitée mentionnée à l'article 46 *terdecies* A ou lorsque l'associé unique d'une société à responsabilité limitée cède des parts à l'une ou plusieurs des personnes parentes visées au même article. L'acte mentionné au premier alinéa est alors celui qui constate soit la transformation de la société soit la cession de ses parts par l'associé unique.

1. Une société qui s'est bornée à transmettre ses statuts au centre de formalités des entreprises et à la recette des impôts en vue de leur enregistrement ne peut être regardée comme ayant accompli la formalité exigée par l'art. 46 *terdecies* B, la société ayant au contraire souscrit chaque année une déclaration en matière d'IS. • CAA Bordeaux, 17 juill. 2006, n° 02BX1329 : *RJF 2007. 174.* ♦ V. en sens contraire, note ss. art. 371 AO de l'annexe II au CGI. ♦ Sur l'option exercée auprès du centre de formalités des entreprises, V. aussi notes 3 et 4 ss. art. 46 *terdecies* A de l'annexe III.

2. L'art. 46 *terdecies* B n'a ni pour objet ni pour effet d'étendre l'effet immédiat de l'option prévue pour les sociétés nouvelles aux sociétés déjà soumises au régime fiscal des sociétés de personnes qui se transforment, sans création d'une personne morale nouvelle, en SARL de famille ainsi qu'aux SARL dont l'associé unique cède des parts à un ou plusieurs membres de sa famille répondant aux conditions de parenté prévues à l'art. 239 *bis* AA CGI. • CE 18 mai 2009, n° 310854 : *RJF 2009. 762 ; Dr. fisc. 2009. 458, concl. Olléon.*

Art. 46 *terdecies* C Les sociétés qui ont exercé l'option mentionnée à l'article 46 *terdecies* A et désirent y renoncer doivent notifier cette renonciation au service des impôts auprès duquel est souscrite la déclaration de résultats avant la date d'ouverture du premier exercice auquel elle s'applique.

Dans ce cas, elles n'ont plus la possibilité d'opter à nouveau pour le régime des sociétés de personnes.

Art. 46 *terdecies* D Les notifications effectuées par les sociétés au service des impôts en application des articles 46 *terdecies* A et 46 *terdecies* C doivent être signées par l'ensemble des associés. Elles comportent l'indication de la raison sociale, du lieu du siège et, s'il est différent, du principal établissement. Elles mentionnent également la répartition du capital, les nom, prénoms, adresse et lien de parenté des associés.

Conditions de l'option. L'option d'une SARL de famille pour le régime fiscal des sociétés de personnes ne peut être exercée qu'avec l'accord de tous les associés. La notification effectuée par la société au service des impôts de l'option doit donc être signée par l'ensemble des associés. • CE 12 févr. 2014, *Min. du budget, des comptes publics et de la réforme de l'État*, n° 358356 : *RJF 2014. 468.*

I *BIS* SOCIÉTÉS ANONYMES, SOCIÉTÉS PAR ACTIONS SIMPLIFIÉES ET SOCIÉTÉS À RESPONSABILITÉ LIMITÉE. OPTION POUR LE RÉGIME FISCAL DES SOCIÉTÉS DE PERSONNES

Art. 46 *terdecies* DA I. – La notification de l'option des sociétés anonymes, sociétés par actions simplifiées ou sociétés à responsabilité limitée pour le régime fiscal des sociétés de personnes en application des dispositions de l'article 239 *bis* AB du code général des impôts s'effectue selon le modèle établi par l'administration.

La notification comporte la date d'effet de l'option, l'indication de la dénomination sociale, de l'adresse du siège et, si elle est différente, du principal établissement de la société qui opte ainsi que le numéro d'identité qui lui a été attribué dans les conditions du premier alinéa de l'article R. 123-221 du code de commerce.

Elle est accompagnée de la liste des associés à la date d'ouverture du premier exercice auquel l'option s'applique, avec la mention de leurs nom, prénoms, dénomination sociale et adresse et, le cas échéant, des fonctions exercées par ces associés dans la société.

Cette notification est signée par l'ensemble des associés, à l'exclusion des associés mentionnés au deuxième alinéa du I de l'article 239 *bis* AB précité.

II. – Les sociétés qui ont opté pour le régime prévu à l'article 239 *bis* AB du code général des impôts joignent aux déclarations de résultats déposées au titre des exercices pendant lesquels l'option s'applique un état conforme au modèle établi par l'administration, mentionnant :

1° L'identité, l'adresse du siège et, si elle est différente, celle du principal établissement de la société ayant opté pour le régime prévu à l'article 239 *bis* AB du code général des impôts ;

2° La composition du capital, en titres et en droits de vote, à la clôture de l'exercice, avec les modifications intervenues en cours d'exercice ;

3° Le cas échéant, l'identité des associés définis au deuxième alinéa du I de l'article 239 *bis* AB du code général des impôts, avec l'indication de leur dénomination, de leur adresse et de la quote-part du capital et des droits de vote qu'ils ont détenue ensemble au cours de l'exercice ;

4° Les nom, prénoms et adresse des associés personnes physiques qui ont détenu ensemble au cours de l'exercice, selon les modalités mentionnées au deuxième alinéa du I de l'article 239 *bis* AB du code général des impôts, au moins 50 % du capital et des droits de vote ;

5° Les nom, prénoms, adresse et fonction dans la société des associés personnes physiques exerçant une des fonctions de direction mentionnées au premier alinéa du I de l'article 239 *bis* AB du code général des impôts, qui ont détenu ensemble au cours de l'exercice, selon les modalités mentionnées au deuxième alinéa du I de l'article précité, au moins 34 % du capital et des droits de vote ;

6° La quote-part du capital et des droits de vote déterminée selon les modalités mentionnées au deuxième alinéa du I de l'article 239 *bis* AB du code général des impôts, détenue au cours de l'exercice par chacun des associés mentionnés aux 4° et 5°.

III. — La renonciation au régime fiscal des sociétés de personnes s'effectue sur papier libre. Elle comporte l'indication de la dénomination sociale de la société, du lieu du siège et, s'il est différent, du principal établissement de la société, ainsi que l'indication de l'exercice auquel elle s'applique.

II *DÉTERMINATION DE LA PART DE BÉNÉFICES CORRESPONDANT AUX DROITS DÉTENUS DANS UNE SOCIÉTÉ DE PERSONNES, UN GROUPEMENT D'INTÉRÊT ÉCONOMIQUE, UN GROUPEMENT D'INTÉRÊT PUBLIC OU UN GROUPEMENT EUROPÉEN D'INTÉRÊT ÉCONOMIQUE*

Art. 46 *terdecies* E Pour l'application de la dernière phrase du deuxième alinéa du I de l'article 238 *bis* K du code général des impôts, la société ou le groupement dont les modalités d'imposition de tout ou partie du résultat suivent les règles applicables en matière d'impôt sur les sociétés joint à la déclaration des résultats de chaque exercice un état établi sur un document conforme au modèle fixé par l'administration.

Cet état comprend notamment les renseignements permettant d'apporter la preuve qu'une fraction des droits dans la société ou le groupement est indirectement détenue par des personnes physiques ou des entreprises qui entrent dans le champ d'application du II de l'article 238 *bis* K du code général des impôts.

Art. 46 *terdecies* F I. — Pour l'application des dispositions de l'article 239 *quater* A du code général des impôts, les recettes encaissées et les dépenses payées au cours d'un exercice dont tout ou partie du bénéfice imposable est déterminé selon les règles prévues à l'article 93 du code général des impôts, et qui correspondent à des créances acquises au sens des 2 et 2 *bis* de l'article 38 du code précité ou à des dépenses engagées *au titre d'un exercice* dont le résultat, ou une fraction de celui-ci, a été déterminé en application des articles 38 et 39 du code général des impôts, ne sont pas prises en compte pour la détermination de ce bénéfice imposable.

Corrélativement, pour la détermination du bénéfice imposable selon les règles prévues à l'article 93 du code général des impôts, les versements reçus à l'avance en paiement du prix et les acomptes sur dépenses payés, au cours d'un exercice dont le résultat a été, en tout ou partie, déterminé en application des articles 38 et 39 du code précité et qui correspondent à des créances non encore acquises ou à des dépenses non encore engagées au titre de ce même exercice sont ajoutés, selon le cas, au montant des recettes encaissées ou des dépenses payées au cours de l'exercice de leur acquisition ou de leur engagement et dont le bénéfice imposable est, en tout ou partie, déterminé selon les règles prévues à l'article 93 précité.

II. – Les recettes encaissées et les dépenses payées au cours d'un exercice dont le résultat est, en tout ou partie, déterminé en application des articles 38 et 39 du code général des impôts et qui correspondent à des créances acquises au sens des 2 et 2 *bis* de l'article 38 précité et à des dépenses engagées au titre d'un exercice antérieur dont le résultat, ou une fraction de celui-ci, a été déterminé selon les règles prévues à l'article 93 du code général des impôts, sont respectivement ajoutées ou déduites du résultat, imposable en tout ou partie dans la catégorie des bénéfices industriels et commerciaux, de l'exercice de leur encaissement ou de leur paiement.

Corrélativement, les versements reçus à l'avance du paiement du prix et les acomptes sur dépenses payés au cours d'un exercice dont le résultat a été, en tout ou partie, déterminé selon les règles prévues à l'article 93 du code général des impôts, sont respectivement déduits du montant des créances acquises au sens des 2 et 2 *bis* de l'article 38 du code précité ou des dépenses engagées correspondantes qui sont retenues pour la détermination d'un résultat imposable, en tout ou partie, selon les règles prévues aux articles 38 et 39 du code général des impôts.

Art. 46 *terdecies* G Les sociétés civiles de moyens mentionnées à l'article 239 *quater* A du code général des impôts sont tenues de déposer la déclaration prévue, selon le cas, par les articles 53 A ou 97 du même code, conforme au modèle fixé par l'administration, indiquant pour l'année précédente :

a) Le résultat d'exploitation déterminé, selon le cas, suivant les règles prévues aux articles 38, 39, 93 et 93 A du code général des impôts ;

b) Les noms, prénoms et domicile des associés et l'identification de ceux d'entre eux dont les droits dans la société sont affectés à l'exercice d'une activité dont les revenus sont imposables dans la catégorie des bénéfices non commerciaux ;

c) La part des bénéfices de l'exercice ou des exercices clos au cours de l'année précédente, correspondant aux droits de chacun des associés dans la société ;

d) Un tableau retraçant les amortissements pratiqués sur les biens possédés par la société ;

e) Le montant des dépenses réparties entre les associés en distinguant notamment les achats effectués pour le compte des associés, les frais de personnel, les frais afférents aux locaux, au mobilier et au matériel, les frais de bureaux et les autres frais généraux ;

f) Un bilan, lorsque la société ne remplit pas les conditions prévues au VI de l'article 302 *septies* A *bis* du code général des impôts.

Art. 46 *terdecies* H Lorsque les résultats de deux exercices consécutifs sont soumis à des règles d'imposition différentes, la société civile de moyens est tenue de fournir en annexe à la déclaration prévue à l'article 46 *terdecies* G un état des créances acquises et des dépenses engagées au cours du premier de ces exercices ainsi que des versements reçus à l'avance du prix et des acomptes sur dépenses payés au cours de ce même exercice et correspondant à des créances non encore acquises ou à des dépenses non encore engagées à la clôture de celui-ci.

Ce document doit être produit chaque année jusqu'à l'extinction des créances et des dettes. Il doit être accompagné, lorsqu'il y a lieu, d'une note établie sur papier libre comportant le détail des corrections opérées en application de l'article 46 *terdecies* F. Cette note doit mentionner le nom et l'adresse des débiteurs ou des créanciers concernés, la date de l'opération qui avait entraîné la constatation de la créance ou de la dette, son montant ainsi que le montant sur lequel porte chacune des corrections.

SECTION 01 *BIS* PERSONNES MORALES PASSIBLES DE L'IMPÔT SUR LES SOCIÉTÉS AYANT POUR OBJET DE TRANSFÉRER GRATUITEMENT À LEURS MEMBRES LA JOUISSANCE D'UN BIEN MEUBLE OU IMMEUBLE

Art. 46 *quaterdecies* Les personnes morales qui bénéficient de l'exonération d'impôt sur les sociétés *prévue à l'article 239 octies* du code général des impôts sont tenues de joindre à la déclaration des résultats prévue à l'article 223 du même code, une déclaration établie sur un imprimé fourni par l'administration indiquant, pour la période d'imposition en cause :

Les noms, prénoms, adresses des associés qui jouissent gratuitement des biens sociaux ainsi que le nombre de parts ou actions dont ces associés sont titulaires ;

La désignation précise des biens et des périodes au cours desquelles chacun d'eux en a la jouissance ;

Le montant des dépenses communes, ventilées par catégorie, et leur répartition entre les associés.

SECTION 01 *TER* DÉDUCTIONS FISCALES OU RÉDUCTIONS D'IMPÔT ACCORDÉES AU TITRE DE CERTAINS INVESTISSEMENTS RÉALISÉS OUTRE-MER

Art. 46 *quaterdecies* A et 46 *quaterdecies* B *Devenus sans objet (L. n° 97-1269 du 30 déc. 1997, art. 18-II, VI et VII).*

Art. 46 *quaterdecies* BA *Devenu sans objet (Décr. n° 2009-389 du 7 avr. 2009).*

Art. 46 *quaterdecies* C à 46 *quaterdecies* H *Devenus sans objet (L. n° 97-1269 du 30 déc. 1997, art. 18-II, VI et VII).*

Art. 46 *quaterdecies* I *Périmé.*

Art. 46 *quaterdecies* J à 46 *quaterdecies* U *Devenus sans objet (L. n° 86-824 du 11 juill. 1986, art. 22).*

Art. 46 *quaterdecies* V La commission consultative prévue au deuxième alinéa du 2 du III de l'article 217 *undecies* du code général des impôts rend un avis motivé au ministre chargé du budget sur le respect des conditions prévues au 1 du III de l'article 217 *undecies* précité.

En l'absence de demande de saisine de la commission consultative, un délai d'une durée identique à celle mentionnée au premier alinéa du 2 du III de l'article 217 *undecies* précité court à compter de l'expiration du délai de quinze jours.

La commission consultative est nationale lorsque l'agrément est délivré par le ministre chargé du budget ou locale lorsqu'en application des dispositions de l'article 1649 *nonies* du code général des impôts et dans les conditions prévues à l'article 170 *decies* de l'annexe IV au code général des impôts l'agrément est délivré par le directeur régional ou, le cas échéant, départemental des finances publiques du département dans lequel le programme d'investissement est réalisé.

Tout dossier pour lequel une demande d'agrément a été déposée après la date de promulgation de la loi n° 2003-660 du 21 juillet 2003 de programme pour l'outre-mer et qui est susceptible de faire l'objet d'une décision de retrait d'agrément doit également être transmis à la commission pour avis selon les mêmes modalités.

Art. 46 *quaterdecies* W La commission consultative nationale est composée comme suit :

a) Le directeur des affaires économiques, sociales et culturelles du ministère de l'outre-mer, président ;

b) Le sous-directeur des affaires économiques du ministère de l'outre-mer ;

c) L'inspecteur général des finances chargé de l'outre-mer ;

d) Le directeur général des finances publiques ;

e) Le directeur du budget ;

f) Le directeur général du Trésor ou son représentant ;

g) Le délégué général à l'emploi et à la formation professionnelle ;

h) Le ou les représentants des ministres concernés par l'activité ;

i) Le directeur général de l'Agence française de développement,

ou leurs représentants.

Le secrétariat de la commission centrale est assuré par les services de la direction des affaires économiques, sociales et culturelles du ministère de l'outre-mer.

La commission se réunit sur convocation du président. Sauf en cas d'urgence dûment motivé, ses membres sont convoqués huit jours au moins avant la date fixée pour la réunion. Elle délibère valablement à condition qu'il y ait au moins quatre membres présents. En cas de partage égal des voix, la voix du président est prépondérante.

La commission entend, à titre consultatif, les personnalités et experts dont elle estime utile de prendre l'avis.

Les membres de la commission, ainsi que les personnalités ou experts entendus, sont tenus au secret professionnel.

Les avis sont émis par la commission en présence des seuls membres ayant voix délibérative.

Art. 46 *quaterdecies* X En Guadeloupe, en Guyane, à la Martinique, à la Réunion et à Mayotte, la commission locale est composée comme suit :

a) Le préfet, président ;

b) Le directeur départemental ou, le cas échéant, régional des finances publiques ;

c) Le secrétaire général des affaires économiques ou le fonctionnaire en tenant lieu ;

d) Abrogé par Décr. n° 2012-431 du 29 mars 2012 ;

e) Le directeur du travail et de l'emploi ;

f) Le ou les chefs de service concernés par l'activité ;

g) Le directeur local de l'Agence française de développement,

ou leurs représentants.

Le secrétariat de la commission est assuré par le secrétaire général des affaires économiques ou le fonctionnaire en tenant lieu.

La commission se réunit sur convocation de son président. Sauf en cas d'urgence dûment motivé, ses membres sont convoqués huit jours au moins avant la date fixée pour la réunion. Elle délibère valablement à condition qu'il y ait au moins trois membres présents. En cas de partage égal des voix, la voix du président est prépondérante.

La commission entend, à titre consultatif, les personnalités et experts dont elle estime utile de prendre l'avis.

Les membres de la commission, ainsi que les personnalités ou experts, sont tenus au secret professionnel.

Les avis sont émis par la commission en présence des seuls membres ayant voix délibérative.

Chaque commission consultative locale établit un rapport annuel sur le bilan de ses activités et l'adresse, avant le 30 avril de chaque année, à la commission interministérielle nationale pour la mise au point de sa contribution au rapport annuel de suivi du dispositif d'aide fiscale à l'investissement du Gouvernement au Parlement.

Art. 46 *quaterdecies* Y I. – 1. Pour l'application de l'article 242 *sexies* du code général des impôts, la personne morale réalisant des investissements transmet à l'administration fiscale :

1° Les éléments permettant son identification : dénomination sociale, adresse, code activité et numéro attribué, conformément aux dispositions du premier alinéa de l'article R. 123-221 du code de commerce ;

2° L'identité de ses associés ou de ses membres (nom, prénoms, dénomination sociale, adresse, numéro attribué, conformément aux dispositions du premier alinéa de l'article R. 123-221 du code de commerce) et la répartition de leurs droits dans les résultats ;

3° La nature de l'investissement et le secteur d'investissement, conformément à la liste fixée par l'administration fiscale, auquel il est affecté ;

4° La collectivité sur le territoire de laquelle est situé ou exploité à titre principal l'investissement (Martinique, Guadeloupe, Guyane, Réunion, Saint-Martin, Saint-Barthélemy, Saint-Pierre-et-Miquelon, Mayotte, Nouvelle-Calédonie, Polynésie française, Wallis-et-Futuna, Terres australes et antarctiques françaises) ;

5° Le nom de la commune ou, à Wallis-et-Futuna, de la circonscription, sur le territoire de laquelle est situé ou exploité à titre principal l'investissement ;

6° La date de livraison ou d'achèvement, la date de début d'exploitation, ainsi que, le cas échéant, la date de mise en location de l'investissement ;

7° Le prix de revient total hors taxes de l'investissement ;

8° S'il y a lieu, la date d'attribution, la nature et le montant de chacune des aides publiques accordées pour financer l'investissement, ainsi que le montant et la nature des aides accordées au titre d'un régime fiscal local d'aide à l'investissement ;

9° Le montant de la base de calcul de l'avantage fiscal et, s'il y a lieu, le taux de la *réduction d'impôt appliquée* ;

10° L'identification de chacune des entreprises exploitantes et, le cas échéant, des entreprises locataires : dénomination sociale ou commerciale, adresse, code activité et numéro attribué conformément aux dispositions du premier alinéa de l'article R. 123-221 du code de commerce ainsi que, s'il y a lieu, la nature de ses liens avec les per-

sonnes morales mentionnées au 1°, et le montant de *[du]* chiffre d'affaires réalisé, apprécié selon les modalités définies au I de l'article 199 *undecies* B du code général des impôts ;

11° Le cas échéant, la quote-part de l'aide fiscale rétrocédée à l'exploitant ;

12° Le cas échéant, le nombre d'emplois directs, en équivalent temps plein, devant être créés ou maintenus pendant les cinq ou sept premières années d'exploitation de l'investissement ;

13° Le cas échéant, la date de l'accord, de l'agrément ou de l'autorisation préalable de l'administration.

2. Lorsque l'investissement consiste en la réalisation de logements et ouvre droit aux dispositions prévues aux articles 199 *undecies* A, 199 *undecies* C, 217 *undecies*, *(Décr. n° 2019-583 du 13 juin 2019, art. 1er-II)* **« 217 *duodecies*, » 244 *quater* W ou 244 *quater* X du code général des impôts, la personne morale précise, en outre :**

1° Si l'investissement consiste en l'acquisition, la construction ou la réhabilitation de logements ;

2° Le cas échéant, si les logements sont spécialement adaptés à l'hébergement de personnes âgées de plus de soixante-cinq ans ou de personnes handicapées ;

3° Le nombre et le type de ces logements ;

4° Si la location de ces logements relève du secteur libre, intermédiaire ou social, ou, le cas échéant, répond à la condition prévue au 5° du I de l'article 199 *undecies* C et au *d* du 1 du I de l'article 244 *quater* X du code général des impôts ;

5° Le cas échéant, la nature des équipements de production d'énergie renouvelable, des appareils utilisant une source d'énergie renouvelable, ou des matériaux d'isolation ;

6° Si les logements sont situés sur le territoire de quartiers prioritaires de la politique de la ville définis à l'article 5 de la loi n° 2014-173 du 21 février 2014 de programmation pour la ville et la cohésion urbaine ;

7° S'il y a lieu, l'identité de l'organisme d'habitations à loyer modéré mentionné à l'article L. 411-2 du code de la construction et de l'habitation qui prend en location le logement ;

8° S'il y a lieu, l'identité de la personne signataire du contrat de location-accession mentionnée au 1° du I *bis* de l'article 217 *undecies* et au *a* du 3° du 4 du I de l'article 244 *quater* W du code général des impôts ou de la convention prévue au 7° du I de l'article 199 *undecies* C du même code ;

9° Le cas échéant, le montant, la date d'octroi et la référence du prêt mentionné au 2° du I *bis* de l'article 217 *undecies* et au *b* du 3° du 4 du I de l'article 244 *quater* W du code général des impôts ;

10° Le cas échéant, la quote-part de l'aide fiscale rétrocédée à la personne physique signataire du contrat de location-accession ou à l'organisme d'habitations à loyer modéré locataire.

II. — Lorsque la personne réalisant directement l'investissement est une personne physique, elle déclare ses nom, prénoms et adresse ainsi que :

1° Les éléments mentionnés aux 3° à 9° du 1 du I, lorsque l'investissement est réalisé dans le cadre des dispositions de l'article 199 *undecies* B du code général des impôts ;

1° *bis* Les éléments mentionnés aux 3° à 9° du 1 du I complétés de ceux mentionnés aux 12° et 13° du 1 du I, lorsque l'investissement est réalisé dans le cadre des dispositions de l'article 244 *quater* W du code général des impôts ;

2° Les éléments mentionnés au 2 du I, lorsque l'investissement est réalisé dans le cadre des dispositions de l'article 199 *undecies* C du code général des impôts ;

3° Les éléments mentionnés aux 1°, 3°, 4°, 5° et 6° du 2 du I, lorsque l'investissement est réalisé dans le cadre des dispositions des *b* et *e* du 2 de l'article 199 *undecies* A du code général des impôts ;

4° La superficie du logement et le nombre d'occupants à titre principal, lorsque l'investissement est réalisé dans le cadre des dispositions du *a* du 2 de l'article 199 *undecies* A du code général des impôts.

SECTION 0I *QUATER* FINANCEMENT EN CAPITAL D'ŒUVRES CINÉMATOGRAPHIQUES OU AUDIOVISUELLES

Art. 46 *quindecies* A **L'agrément du capital des sociétés pour le financement de l'industrie cinématographique et audiovisuelle (SOFICA) définies à l'article 238 *bis* HE**

du code général des impôts est délivré dans les conditions prévues à l'article 1649 *nonies* du même code.

Art. 46 *quindecies* B I. – Pour satisfaire à la condition d'exclusivité de l'activité prévue à l'article 238 *bis* HE du code général des impôts, les sociétés anonymes concernées doivent affecter le capital social souscrit, à hauteur d'une fraction minimale de 90 % de son montant brut, et dans un délai de douze mois à compter de la libération, à la réalisation des investissements mentionnés à l'article 238 *bis* HG du même code.

II. – La fraction non affectée à la réalisation des investissements mentionnés au I doit être placée sous forme de dépôts à vue ou de dépôts à terme effectués auprès d'un établissement de crédit avec lequel est passée une convention écrite. Le siège de cet établissement est établi dans un État membre de la Communauté européenne ou partie à l'accord sur l'Espace économique européen.

Les sommes versées sur des dépôts à terme doivent, en outre, respecter chacune des trois conditions suivantes :

1° Leur terme est inférieur ou égal à douze mois ;

2° Elles peuvent être remboursées ou retirées à tout moment à la demande de la société pour le financement de l'industrie cinématographique ou audiovisuelle (SOFICA) ;

3° La somme versée en réponse à une demande de remboursement, diminuée des éventuels frais ou pénalités de remboursement anticipé, et augmentée des intérêts éventuels, est au moins égale à la valeur initiale du dépôt.

Art. 46 *quindecies* C Pour l'application de l'article 238 *bis* HH du code général des impôts, les droits détenus indirectement dans une Sofica s'entendent de ceux détenus :

1° Par l'intermédiaire d'une chaîne de participation ; le pourcentage de détention est calculé en multipliant entre eux les taux de participation successifs ;

2° Par les personnes physiques ou morales qui ont entre elles des liens de nature à établir une véritable communauté d'intérêts.

Art. 46 *quindecies* D Les contrats d'association à la production mentionnés au *b* de l'article 238 *bis* HG du code général des impôts comportent une clause prévoyant que l'œuvre ne sera pas financée pour plus de 50 % de son coût total définitif par de tels contrats.

Art. 46 *quindecies* E I. – Pour bénéficier de l'avantage fiscal prévu à l'article 199 *unvicies* du code général des impôts, le souscripteur au capital agréé d'une Sofica doit produire sur demande du service, à l'appui de sa déclaration de revenus ou de résultats un relevé délivré par cette société et comprenant :

L'identité et l'adresse de l'actionnaire ;

Le montant du capital agréé et la date de l'agrément ;

Le nombre et les numéros des actions souscrites, le montant et la date de leur souscription ;

La quote-part du capital détenue par le souscripteur ;

La date et le montant des versements effectués au titre de la souscription des actions ;

Le cas échéant, le nombre et les numéros des actions cédées par l'actionnaire ainsi que le montant et la date des cessions.

Lorsque les actions cédées au cours d'une année ont été souscrites depuis moins de cinq ans par le cédant, la Sofica adresse avant le 31 mars de l'année suivante à la direction départementale ou, le cas échéant, régionale des finances publiques du domicile du cédant le relevé mentionné ci-dessus ou un duplicata de ce relevé.

Ce relevé est établi sur papier libre, conformément au modèle fixé par l'administration.

II. – Lorsque la majoration du taux de la réduction d'impôt prévue au *(Décr. n° 2018-15 du 9 janv. 2018, art. 1er)* « deuxième » alinéa du 3 de l'article 199 *unvicies* du code général des impôts est applicable, les souscripteurs *(Décr. n° 2018-15 du 9 janv. 2018, art. 1er)* « produisent également », sur demande du service, à l'appui de leur déclaration de revenus, une copie de l'annexe à *(Décr. n° 2018-15 du 9 janv. 2018, art. 1er)* « la décision d'agrément du capital délivré par le ministre chargé du budget » sur laquelle figure l'engagement de la société de réaliser au moins 10 % de ses investissements dans les conditions prévues au *a* de l'article *(Décr. n° 2018-15 du 9 janv. 2018, art. 1er)* « 238 *bis* HG » du code général des impôts.

(Décr. n° 2018-15 du 9 janv. 2018, art. 1er) « II *bis*. – Lorsque la majoration du taux de la réduction d'impôt prévue au troisième alinéa du 3 de l'article 199 *unvicies* du code général des impôts est applicable, les souscripteurs produisent également, sur demande du service, à l'appui de leur déclaration de revenus, une copie de l'annexe à la décision d'agrément du capital délivrée par le ministre chargé du budget sur laquelle figure, en plus de l'engagement mentionné au II, l'engagement de la société de consacrer au moins 10 % de ses investissements aux dépenses ou aux versements prévus respectivement au *a* ou au *b* du 3 de l'article 199 *unvicies* précité. »

III. – Pour l'application de l'article 199 *unvicies* du code général des impôts, le relevé mentionné au I doit être délivré par la société avant le 31 mars de l'année suivant celle de la souscription.

Art. 46 *quindecies* F Les sociétés de réalisation mentionnées au *a* de l'article 238 *bis* HG du code général des impôts doivent produire pour chaque œuvre cinématographique ou audiovisuelle une attestation indiquant que l'œuvre remplit les conditions prévues pour l'octroi de l'agrément mentionné à l'article 238 *bis* HE du même code.

Le président du Centre national du cinéma et de l'image animée délivre, à la demande des sociétés concernées, les attestations visées au premier alinéa.

SECTION 0I *QUINQUIES* FINANCEMENT EN CAPITAL DE LA PÊCHE ARTISANALE

Art. 46 *quindecies* G Les apports au capital des sociétés pour le financement de la pêche artisanale mentionnées à l'article 238 *bis* HO du code général des impôts font l'objet d'un agrément délivré dans les conditions prévues à l'article 1649 *nonies* dudit code.

Art. 46 *quindecies* H Pour l'application de l'article 238 *bis* HP du code général des impôts, le délai de cinq ans pendant lequel une même personne ne peut détenir, directement ou indirectement, plus de 25 % du capital de la société agréée est décompté de la date de souscription au capital initial de la société ou, en cas d'apports ultérieurs, de la date de la dernière augmentation de capital.

Art. 46 *quindecies* I Pour l'application de l'article 238 *bis* HP du code général des impôts, les droits qu'une personne détient indirectement dans une société pour le financement de la pêche artisanale s'entendent de ceux détenus :

a) Par l'intermédiaire d'une chaîne de participation ; le pourcentage de détention est calculé en multipliant entre eux les taux de participation successifs ;

b) Par les personnes physiques ou morales ayant avec cette personne un lien de dépendance au sens du 12 de l'article 39 du code général des impôts.

Art. 46 *quindecies* J Le délai de détention de cinq ans des parts de copropriétés de navires de pêche mentionné à l'article 238 *bis* HP du code général des impôts est décompté du jour de la mise en service du navire ou de la date de constitution de la copropriété si elle est postérieure.

Art. 46 *quindecies* K Pour bénéficier de l'avantage fiscal prévu aux articles 163 *duovicies* et 217 *decies* du code général des impôts, le souscripteur au capital agréé d'une société pour le financement de la pêche artisanale doit joindre à sa déclaration de revenus ou de résultats un relevé délivré par cette société et comprenant :

L'identité et l'adresse de l'actionnaire ;

Le montant du capital agréé et la date de l'agrément ;

Le nombre et les numéros des actions souscrites, le montant et la date de leur souscription ;

La quote-part du capital détenue par le souscripteur ;

La date et le montant des versements effectués au titre de la souscription des actions ;

Le cas échéant, le nombre et les numéros des actions cédées par l'actionnaire ainsi que le montant et la date des cessions.

Lorsque les actions cédées au cours d'une année ont été souscrites depuis moins de cinq ans par le cédant, la société pour le financement de la pêche artisanale adresse, avant le 16 février de l'année suivante, à la direction départementale ou, le cas échéant, régionale des finances publiques du domicile du cédant le relevé mentionné au premier alinéa ou un duplicata de ce relevé.

Ce relevé est établi sur papier libre, conformément au modèle fixé par l'administration.

Art. 46 *quindecies* L Les sociétés anonymes mentionnées à l'article 238 *bis* HP du code général des impôts joignent à leur déclaration annuelle de résultats une attestation indiquant que les navires de pêche acquis sont exploités de façon directe et continue par des artisans pêcheurs ou des sociétés de pêche répondant aux conditions mentionnées à l'article 44 *nonies* du même code.

Art. 46 *quindecies* LA et 46 *quindecies* LB *Devenus sans objet (L. n° 2005-157 du 23 févr. 2005, art. 240-I-1° et III ; Décr. n° 2006-356 du 24 mars 2006).*

SECTION 01 *SEXIES* MÉCÉNAT D'ENTREPRISES

(Décr. n° 2004-213 du 9 mars 2004, art. 1er)

Art. 46 *quindecies* M Les statuts des organismes bénéficiaires des dons mentionnés au 4 de l'article 238 *bis* du code général des impôts prévoient qu'ils poursuivent un but non lucratif, que les résultats ne peuvent être distribués aux membres, que le boni de liquidation ne peut pas être partagé entre les membres et doit être attribué gratuitement à des organismes ayant un objet comparable.

Ils prévoient également qu'aucune aide ne peut être consentie au profit d'une entreprise ayant des liens directs ou indirects avec les donateurs, les membres ou le personnel de l'organisme qui est associé à la prise de décision.

Ils prévoient en outre que les organismes s'engagent à accorder des aides compatibles avec l'un des règlements suivants :

(Décr. n° 2020-1013 du 7 août 2020, art. 1er-1°) « *a)* règlement (UE) n° 1407/2013 de la Commission du 18 décembre 2013 relatif à l'application des articles 107 et 108 du traité sur le fonctionnement de l'Union européenne aux aides *de minimis* ;

« *b)* règlement (UE) n° 717/2014 de la Commission du 27 juin 2014 concernant l'application des articles 107 et 108 du traité sur le fonctionnement de l'Union européenne aux aides *de minimis* dans le secteur de la pêche et de l'aquaculture ;

« *c)* règlement (UE) n° 1408/2013 de la Commission du 18 décembre 2013 relatif à l'application des articles 107 et 108 du traité sur le fonctionnement de l'Union européenne aux aides *de minimis* dans le secteur de l'agriculture ;

« *d)* règlement (UE) n° 651/2014 de la Commission du 17 juin 2014 déclarant certaines catégories d'aides compatibles avec le marché intérieur en application des articles 107 et 108 du traité *[sur le fonctionnement de l'Union européenne]*. »

Ces règlements sont annexés à leurs statuts.

Art. 46 *quindecies* N Les statuts doivent contenir une clause aux termes de laquelle ne peuvent être membres des organismes :

1° Les personnes condamnées pour crime de droit commun ou pour l'un des délits prévus et réprimés par le livre III du code pénal, les chapitres II, III et IV du titre III du livre IV du code pénal, les titres IV et V du livre IV du code pénal, le titre VI du livre Ier du code monétaire et financier, ou pour tentative ou complicité de l'un de ces crimes ou délits ;

2° Les personnes empêchées d'exercer un commerce en vertu du chapitre VIII du titre II du livre Ier du code de commerce, ainsi que les personnes condamnées en application soit du chapitre VIII du titre II du livre III et de la section IV du chapitre IV du titre Ier du livre V du code des assurances, soit du titre VII du livre V du code *monétaire et financier ;*

3° Les personnes qui se sont rendues coupables d'une infraction fiscale reconnue frauduleuse en application de l'article 1741 du code général des impôts par une décision judiciaire ayant autorité de chose jugée ;

4° Les personnes qui se sont rendues coupables d'infractions aux interdictions prévues à l'article L. 8221-1 du code du travail ;

5° Les faillis non réhabilités par application de l'article L. 653-11 du code de commerce ;

6° Les anciens officiers ministériels destitués ou révoqués ;

7° Les personnes révoquées d'un ordre professionnel par mesure disciplinaire.

Art. 46 *quindecies* O Les aides financières non rémunérées sont accordées sous forme de subventions, prêts ou cautions. Ces dernières peuvent également être accordées par des fonds de garantie constitués par des organismes répondant aux conditions fixées aux articles 46 *quindecies* M à 46 *quindecies* Q.

Sont considérées comme non rémunérées, au sens du 4 de l'article 238 *bis* du code général des impôts, les aides qui ne donnent lieu à aucune ristourne, rémunération ou contrepartie au profit de l'organisme.

Un organisme mentionné au 4 de l'article 238 *bis* du code général des impôts peut agir en tant qu'intermédiaire pour le compte d'établissements financiers qui verseraient des aides rémunérées à condition de ne percevoir aucune rémunération à ce titre.

La décision par laquelle l'organisme notifie l'octroi d'une aide à une entreprise précise que l'aide accordée doit être conforme à l'un des règlements suivants :

(Décr. n° 2020-1013 du 7 août 2020, art. 1er-1°) « *a)* règlement (UE) n° 1407/2013 de la Commission du 18 décembre 2013 relatif à l'application des articles 107 et 108 du traité sur le fonctionnement de l'Union européenne aux aides *de minimis* ;

« *b)* règlement (UE) n° 717/2014 de la Commission du 27 juin 2014 concernant l'application des articles 107 et 108 du traité sur le fonctionnement de l'Union européenne aux aides *de minimis* dans le secteur de la pêche et de l'aquaculture ;

« *c)* règlement (UE) n° 1408/2013 de la Commission du 18 décembre 2013 relatif à l'application des articles 107 et 108 du traité sur le fonctionnement de l'Union européenne aux aides *de minimis* dans le secteur de l'agriculture ;

« *d)* règlement (UE) n° 651/2014 de la Commission du 17 juin 2014 déclarant certaines catégories d'aides compatibles avec le marché intérieur en application des articles 107 et 108 du traité *[sur le fonctionnement de l'Union européenne]*. »

La décision leur notifiant l'octroi de l'aide précise que ces règlements sont à leur disposition au siège de l'organisme et sur le site internet de l'Union européenne "europa.eu".

Art. 46 *quindecies* P Pendant la période de validité de l'agrément, les organismes agréés adressent chaque année à l'autorité qui a délivré l'agrément un relevé précisant l'origine, le montant et l'utilisation des sommes recueillies et un tableau récapitulant, par entreprise bénéficiaire des aides, leur *[leurs]* nom, numéro d'immatriculation au registre du commerce et des sociétés et adresse, le montant détaillé des aides reçues de l'organisme agréé au cours de l'année, ainsi que le montant total des autres aides qu'elles ont obtenues, afin de justifier du respect des dispositions du 4 de l'article 238 *bis* du code général des impôts. Pour les aides *de minimis*, l'organisme agréé reporte sur le tableau, pour chaque entreprise aidée, le montant total des autres aides *de minimis* qu'elle a reçues au cours des deux précédents exercices fiscaux et de l'exercice fiscal d'octroi de l'aide *de minimis* par l'organisme agréé.

Ces organismes adressent également à l'autorité qui a délivré l'agrément leurs comptes et leur bilan annuels certifiés par un commissaire aux comptes, ainsi que leur rapport annuel d'activité approuvé par l'assemblée générale.

Ils communiquent, sur sa demande, à l'autorité qui a délivré l'agrément, tous renseignements permettant de garantir la conformité des aides accordées à l'un des règlements suivants :

(Décr. n° 2020-1013 du 7 août 2020, art. 1er-1°) « *a)* règlement (UE) n° 1407/2013 de la Commission du 18 décembre 2013 relatif à l'application des articles 107 et 108 du traité sur le fonctionnement de l'Union européenne aux aides *de minimis* ;

« *b)* règlement (UE) n° 717/2014 de la Commission du 27 juin 2014 concernant l'application des articles 107 et 108 du traité sur le fonctionnement de l'Union européenne aux aides *de minimis* dans le secteur de la pêche et de l'aquaculture ;

« *c)* règlement (UE) n° 1408/2013 de la Commission du 18 décembre 2013 relatif à l'application des articles 107 et 108 du traité sur le fonctionnement de l'Union européenne aux aides *de minimis* dans le secteur de l'agriculture ;

« *d)* règlement (UE) n° 651/2014 de la Commission du 17 juin 2014 déclarant certaines catégories d'aides compatibles avec le marché intérieur en application des articles 107 et 108 du traité *[sur le fonctionnement de l'Union européenne]*. »

Les documents et informations relatifs à l'organisme agréé et aux entreprises bénéficiaires des aides sont conservés par l'organisme agréé jusqu'au 31 décembre de la dixième année suivant la date d'octroi d'une aide, en vue de leur mise à disposition de l'administration fiscale.

Art. 46 *quindecies* Q L'agrément peut être retiré par le directeur départemental ou, le cas échéant, régional des finances publiques territorialement compétent ou, le cas échéant, le ministre chargé du budget aux organismes qui, notamment, ne peuvent justifier d'une utilisation des sommes recueillies conforme aux dispositions des articles 46 *quindecies* M et 46 *quindecies* O ou qui n'ont pas fait diligence pour utiliser ces fonds.

L'autorité compétente pour accorder et retirer l'agrément peut, en cas de défaillance grave, enjoindre aux organismes de transférer à un organisme identique désigné par lui l'actif net constitué au moyen des sommes recueillies. Ces décisions sont publiées dans les formes et conditions fixées par arrêté.

Art. 46 *quindecies* QA La demande d'agrément mentionnée au 4 *bis* de l'article 238 *bis* du code général des impôts est présentée en langue française sur papier libre, conformément à un modèle fixé par arrêté des ministres de l'économie et du budget, auprès des services centraux de la direction générale des finances publiques par l'organisme ayant son siège dans un État membre de l'Union européenne ou dans un État partie à l'accord sur l'Espace économique européen ayant conclu avec la France une convention d'assistance administrative en vue de lutter contre la fraude et l'évasion fiscales. — *V. Ann. IV, art. 121 Z sexies et, pour le modèle de demande et l'adresse du service destinataire, Arr. du 28 févr. 2011 (JO 2 mars), mod. par Arr. du 17 avr. 2015 (JO 19 avr.).*

Sont jointes à la demande les pièces justificatives dont la liste est fixée par arrêté des ministres chargés de l'économie et du budget et leur traduction en langue française, attestant que l'organisme poursuit des objectifs et présente des caractéristiques similaires aux organismes dont le siège est situé en France répondant aux conditions prévues à l'article 238 *bis* du code général des impôts.

Les demandes de renouvellement d'agrément sont présentées selon les mêmes modalités.

Art. 46 *quindecies* QB I. — La décision d'agrément est prise par le ministre chargé du budget. Sa décision est notifiée à l'organisme, elle est motivée en cas de refus.

II. — L'agrément accordé au titre d'une première demande porte sur une période comprise entre la date de sa notification et le 31 décembre de la troisième année qui suit cette date.

Les demandes de renouvellement doivent être présentées au plus tard le 30 juin de la dernière année couverte par l'agrément. En cas de renouvellement, l'agrément est accordé pour une période de trois ans courant à compter du 1er janvier suivant. En cas de refus de renouvellement d'agrément, l'agrément en cours produit ses effets jusqu'à son terme.

III. — La liste des organismes agréés est publiée sur le site internet de l'administration fiscale. Cette liste est actualisée à chaque décision d'agrément.

IV. — L'agrément peut être retiré par décision motivée du ministre chargé du budget lorsqu'il est établi que l'organisme, en totalité ou en partie, ne poursuit plus d'objectifs ou ne présente plus de caractéristiques similaires aux organismes dont le siège est situé en France répondant aux conditions prévues à l'article 238 *bis* du code général des impôts. Cette décision est notifiée à l'organisme et la liste mentionnée au III est actualisée.

Art. 46 *quindecies* QC I. — Le montant des dons aux organismes mentionnés au 4 *bis* de l'article 238 *bis* du code général des impôts est indiqué distinctement sur la déclaration des réductions *(Abrogé par Décr. n° 2020-897 du 22 juill. 2020, art. 3)* « *et crédits* » d'impôt prévue à l'article 49 *septies* X.

II. – Pour l'application du deuxième alinéa du 4 *bis* de l'article 238 *bis* du même code, les pièces à fournir dans le délai de dépôt de la déclaration des réductions et crédits d'impôt sont celles mentionnées au deuxième alinéa de l'article 46 *quindecies* QA.

SECTION 01 *SEPTIES* FINANCEMENT EN CAPITAL DES SOCIÉTÉS D'APPROVISIONNEMENT À LONG TERME D'ÉLECTRICITÉ

(Décr. n° 2006-506 du 3 mai 2006)

Art. 46 *quindecies* R L'agrément du capital des sociétés d'approvisionnement à long terme d'électricité définies à l'article 238 *bis* HV du code général des impôts est délivré dans les conditions prévues à l'article 1649 *nonies* du même code.

La demande d'agrément comporte les renseignements permettant d'apprécier que les statuts confèrent les mêmes droits et obligations aux actionnaires de la société agréée, quelle que soit la date d'entrée au capital de cette dernière. Les modifications statutaires envisagées après la constitution de la société doivent être soumises, préalablement à leur adoption, à l'autorité qui a délivré l'agrément.

Art. 46 *quindecies* S Pour l'application de l'article 238 *bis* HW du code général des impôts, un site s'entend d'un établissement identifié par son numéro national d'identité au répertoire national des entreprises et des établissements, tel que défini à l'article R. 123-220 du code de commerce. Les sites d'un associé pris en compte pour l'application de l'article 238 *bis* HW précité peuvent inclure les sites de sociétés liées au sens du 12 de l'article 39 du code précité, sous réserve que ces sociétés ne soient pas elles-mêmes associées de la société agréée.

Art. 46 *quindecies* T Les arrêts exceptionnels mentionnés au *b* de l'article 238 *bis* HW du code général des impôts s'entendent de diminutions de la consommation électrique résultant d'événements indépendants de la volonté de l'exploitant du ou des sites concernés.

Art. 46 *quindecies* U Pour l'application du huitième alinéa de l'article 238 *bis* HW du code général des impôts, les droits détenus indirectement dans une société agréée d'approvisionnement à long terme d'électricité s'entendent de ceux détenus par les entreprises qui ont entre elles des liens de dépendance au sens du 12 de l'article 39 du code précité.

En cas de détention par l'intermédiaire d'une chaîne de participation, le pourcentage de détention est calculé en multipliant entre eux les taux de participation successifs.

Art. 46 *quindecies* V Pour l'application des quatrième, cinquième et sixième alinéas de l'article 238 *bis* HW du code général des impôts, lorsqu'un investissement supplémentaire afférent à un site répondant aux conditions fixées à l'article 238 *bis* HW précité a été décidé au plus tard à l'expiration du délai visé au deuxième alinéa du 1 de l'article 223 du même code, pour la déclaration du dernier exercice clos en 2005, la consommation supplémentaire liée à cet investissement est prise en compte dans la consommation du site concerné.

Pour l'application de ces mêmes alinéas, il n'est pas tenu compte de l'électricité produite par l'associé sur un site de consommation pour son usage propre dans les volumes d'électricité ou d'énergie consommées.

Art. 46 *quindecies* W Pour bénéficier de l'avantage fiscal prévu à l'article 217 *quindecies* du code général des impôts, le souscripteur au capital agréé d'une société agréée d'approvisionnement à long terme d'électricité doit joindre à sa déclaration de résultats un relevé délivré par cette société et comprenant :

a) L'identité et l'adresse des actionnaires ;

b) Le montant du capital agréé et la date de l'agrément ;

c) Le nombre et les numéros des actions souscrites, le montant et la date de leur souscription ;

d) La quote-part du capital détenue par le souscripteur ;

e) La quote-part du capital agréé détenue par le souscripteur ;

f) La date et le montant des versements effectués au titre de la souscription des actions ;

Lorsque des actions de la société agréée ont été cédées au cours d'une année, la société agréée adresse avant le 16 février de l'année suivante au service qui a délivré l'agrément et à la direction départementale ou, le cas échéant, régionale des finances publiques dont elle dépend le relevé mentionné ci-dessus relatif à l'associé cédant et à l'associé cessionnaire, ou un duplicata de ce relevé.

Ces relevés sont établis sur papier libre.

SECTION PREMIÈRE **DÉCLARATIONS DES COMMISSIONS, COURTAGES, RISTOURNES, HONORAIRES ET DROITS D'AUTEUR**

Art. 47 Les déclarations de commissions, courtages, ristournes et honoraires ainsi que les déclarations de droits d'auteur prévues respectivement aux articles 240 et 241 du code général des impôts doivent indiquer, pour les paiements ayant donné lieu à l'application de la retenue à la source sur les sommes et produits mentionnés aux articles 182 A *bis* et 182 B du même code et payés à des personnes ou des sociétés qui n'ont pas en France d'installation professionnelle permanente, en plus des renseignements qu'elles doivent contenir en vertu desdits articles, le montant de ces paiements et le montant des retenues effectuées.

Art. 47 *bis* Pour les paiements ayant donné lieu à l'application de la retenue de taxe sur la valeur ajoutée mentionnée à l'article 285 *bis* du code général des impôts, la déclaration de droits d'auteur prévue à l'article 241 du même code doit indiquer distinctement le montant, taxe sur la valeur ajoutée comprise, des droits versés et le montant de la taxe nette acquittée au Trésor pour le compte de l'auteur.

Art. 47 A ***[Al. applicable aux revenus perçus ou réalisés jusqu'au 31 déc. 2018]*** Les déclarations prévues aux articles 240 et 241 du code général des impôts sont souscrites auprès de la direction départementale ou, le cas échéant, régionale des finances publiques du lieu du domicile de la personne ou du siège de l'établissement ou du bureau qui a assuré le paiement lorsqu'elles sont produites par des personnes qui n'emploient aucun salarié ou emploient du personnel salarié ne relevant pas du régime général de sécurité sociale.

[Al. applicable aux revenus perçus ou réalisés à compter du 1er janv. 2019] Les déclarations prévues aux articles 240 et 241 du code général des impôts sont souscrites auprès de la direction départementale ou, le cas échéant, régionale des finances publiques du lieu du domicile de la personne ou du siège de l'établissement ou du bureau qui a assuré le paiement lorsqu'elles sont produites par des personnes qui n'emploient aucun salarié ou qui n'entrent pas dans le champ d'application de l'article L. 133-5-3 du code de la sécurité sociale.

Ces déclarations peuvent être souscrites soit par la communication d'un support informatique, soit par l'envoi de formulaires normalisés, dont les caractéristiques et le modèle sont fixés par l'administration.

V. Décr. n° 2017-866 du 89 mai 2017, art. 6, mod. par Décr. n° 2017-1676 du 7 déc. 2017, art. 3.

SECTION II **DÉCLARATION DE CERTAINES RÉMUNÉRATIONS D'ASSOCIÉS ET PARTS DE BÉNÉFICES**

Art. 48 1. Les sociétés en nom collectif ou en commandite simple qui n'ont pas opté pour le régime fiscal des sociétés de capitaux et les sociétés ou groupements exerçant une activité libérale *(Décr. n° 2021-1024 du 30 juill. 2021, art. 1er)* « ou agricole » non passibles de l'impôt sur les sociétés sont tenues de fournir au service des impôts, en même temps que la déclaration annuelle prévue aux articles 53 A ou 97 du code général des impôts, un état indiquant :

1° Les noms, prénoms*[,]* *(Décr. n° 2021-1024 du 30 juill. 2021, art. 1er)* « date et lieu de *naissance » et domiciles des associés* ;

2° La part des bénéfices de l'exercice ou des exercices clos au cours de l'année précédente correspondant aux droits de chacun des associés en nom collectif ou commandités dans la société ;

3° En ce qui concerne les sociétés en commandite simple, le montant des bénéfices distribués aux commanditaires au cours de l'année précédente.

Les sociétés anonymes, les sociétés par actions simplifiées et les sociétés à responsabilité limitée ayant opté pour le régime des sociétés de personnes sont soumises aux mêmes obligations.

1 ***bis.*** *Abrogé.*

2. Les gérants des sociétés en participation et des sociétés de copropriétaires de navires qui n'ont pas opté pour le régime fiscal des sociétés de capitaux sont tenus de fournir, dans les conditions prévues au 1, un état indiquant :

1° Les noms, prénoms*[,] (Décr. n° 2021-1024 du 30 juill. 2021, art. 1er)* **« date et lieu de naissance », professions et domiciles des associés gérants et des coparticipants ;**

2° La part des bénéfices de l'exercice ou des exercices clos au cours de l'année précédente revenant à chaque associé gérant ou coparticipant.

3. Les gérants des sociétés à responsabilité limitée n'ayant pas opté pour le régime fiscal des sociétés de personnes sont tenus de fournir au service des impôts, en même temps que la déclaration prévue au 1 de l'article 223 du code général des impôts, un état indiquant :

1° Les noms, prénoms*[,] (Décr. n° 2021-1024 du 30 juill. 2021, art. 1er)* **« date et lieu de naissance », qualités et domiciles des associés ;**

2° Le nombre de parts sociales appartenant en toute propriété ou en usufruit à chaque associé ;

3° Le montant des sommes versées à chacun des associés pendant la période retenue pour l'assiette de l'impôt sur les sociétés, à titre de traitements, émoluments et indemnités, remboursements forfaitaires de frais ou autres rémunérations de leurs fonctions dans la société, et l'année au cours de laquelle ces versements ont été effectués.

4. Les sociétés en commandite par actions sont tenues de fournir, dans les conditions prévues au 3, un état indiquant :

1° Les noms, prénoms*[,] (Décr. n° 2021-1024 du 30 juill. 2021, art. 1er)* **« date et lieu de naissance » et domiciles des associés gérants ;**

2° Le montant des sommes versées à chacun des associés gérants pendant la période retenue pour l'assiette de l'impôt sur les sociétés, à titre de traitements, émoluments et indemnités, remboursements forfaitaires de frais ou autres rémunérations de leurs fonctions dans la société, et l'année au cours de laquelle ces versements ont été effectués.

5. Les gérants des sociétés en nom collectif ou en commandite simple ayant opté pour le régime fiscal des sociétés de capitaux sont tenus de fournir, dans les conditions prévues au 3, un état indiquant, outre les renseignements visés au 1° du 1, le montant des sommes versées à chacun des associés en nom ou commandités, pendant la période retenue pour l'assiette de l'impôt sur les sociétés, à titre de traitements, émoluments et indemnités, remboursements forfaitaires de frais ou autres rémunérations de leurs fonctions dans la société et l'année au cours de laquelle ces versements ont été effectués.

6. Les gérants des sociétés en participation et des sociétés de copropriétaires de navires ayant opté pour le régime fiscal des sociétés de capitaux sont tenus de fournir, dans les conditions prévues au 3, un état indiquant, outre les renseignements visés au 1° du 2, le montant des sommes versées à chaque associé gérant ou coparticipant, pendant la période retenue pour l'assiette de l'impôt sur les sociétés, à titre de traitements, émoluments et indemnités, remboursements forfaitaires de frais ou autres rémunérations de leurs fonctions dans la société, et l'année au cours de laquelle ces versements ont été effectués.

Art. 49 *Abrogé par L. n° 63-1316 du 27 déc. 1963, art. 34 s.*

SECTION II *BIS* DÉCLARATIONS CONCERNANT LES REVENUS DE CAPITAUX MOBILIERS

1° CONTRATS DE PRÊT

Art. 49 A *Abrogé par L. n° 83-1179 du 29 déc. 1983, art. 92-I.*

Art. 49 B **1. Les personnes physiques ou morales qui interviennent, à titre de partie ou d'intermédiaire, dans la conclusion des contrats de prêts ou dans la rédaction des actes qui les constatent sont tenues de déclarer les noms et adresses du prêteur et de**

l'emprunteur, la date, le montant et les conditions du prêt, notamment sa durée, le taux et la périodicité des intérêts ainsi que les modalités de remboursement du principal.

2. Ces dispositions ne sont pas applicables :

a) Aux contrats de prêts qui sont définis par un arrêté du ministre de l'économie et des finances ; *– V. Ann. IV, art. 23 L.*

b) Aux contrats de prêts dont le principal n'excède pas un montant fixé par ce même arrêté. Toutefois, lorsque plusieurs contrats de prêts sont conclus au cours d'une année au nom d'un même débiteur ou d'un même créancier et que leur total en principal dépasse le montant visé ci-dessus, tous les contrats ainsi conclus doivent être déclarés.

3. La déclaration est souscrite par l'intermédiaire ou, en l'absence d'intermédiaire, par le débiteur ; dans la situation visée au *b* du 2, elle est faite, suivant le cas, par le débiteur ou le créancier au nom duquel l'ensemble des contrats ont été conclus.

Lorsque la déclaration est souscrite par l'intermédiaire, celle-ci est adressée dans le premier mois de chaque année à la direction départementale ou, le cas échéant, régionale des finances publiques du lieu du domicile réel ou du principal établissement de la personne physique ou morale déclarante.

Lorsque le débiteur ou le créancier est tenu de souscrire la déclaration en application des dispositions du premier alinéa, celle-ci est adressée au service des impôts dont il dépend en même temps que la déclaration de ses revenus ou que la déclaration de ses résultats.

La déclaration mentionne les contrats de prêts conclus au cours de la précédente année. Elle est établie sur une formule délivrée par l'administration.

2° PAIEMENT DE REVENUS DE VALEURS MOBILIÈRES

Art. 49 C *Devenu sans objet (Décr. n° 85-200 du 13 févr. 1985, art. 1er).*

Art. 49 D Les personnes visées à l'article 242 *ter* du code général des impôts *(Devenu sans objet, Décr. n° 2018-500 du 20 juin 2018, art. 4)* ***« ainsi que les établissements payeurs visés à l'article 990 C du même code »*** doivent produire, avant le 16 février de chaque année, la déclaration des sommes payées ou des caractéristiques des contrats de prêt ayant fait l'objet d'opérations au cours de l'année précédente.

(Devenu sans objet, Décr. n° 2018-500 du 20 juin 2018, art. 4) ***« Cette déclaration ne concerne pas les bons et titres soumis d'office au prélèvement prévu à l'article 990 A du code précité. »***

Art. 49 E I. – La déclaration prévue à l'article 49 D doit comprendre :

1° L'identification du déclarant : nom et prénoms ou raison sociale, adresse complète et numéro SIRET lorsqu'il a été attribué par l'INSEE ;

2° L'identification de la nature des opérations réalisées et la référence aux comptes concernés ;

3° L'identification du souscripteur, du bénéficiaire ou du cocontractant :

a) Pour les personnes physiques, nom de famille, nom marital, prénoms, sexe, date et lieu de naissance, adresse du dernier domicile connu au 1er janvier de l'année de souscription de la déclaration ;

b) Pour les personnes morales, raison sociale, numéro SIRET, adresse du siège social ou du principal établissement au 1er janvier de l'année de souscription de la déclaration.

Lorsque la personne ayant encaissé les revenus déclare le faire pour le compte d'un tiers sans révéler son identité, l'identification du bénéficiaire est remplacée par celle de l'intermédiaire et suivie de la mention "PC tiers" ;

4° Le détail des opérations réalisées dans l'année, en distinguant les revenus imposables, ceux qui ont été soumis à un prélèvement libératoire de l'impôt sur le revenu, les revenus exonérés et les opérations en capital sur les bons de caisses, de capitalisation et placements de même nature. *– V. Arr. du 6 mai 2009 (JO 25 juin).*

II. – Il est justifié des éléments d'identification de la personne au nom de laquelle la déclaration est effectuée dans des conditions fixées par arrêté.

Art. 49 F 1. Pour les revenus imposables, la déclaration doit mentionner distinctement, par nature et en fonction de leur régime fiscal, le montant brut des revenus payés. *(Devenu sans objet, Décr. nº 2018-500 du 20 juin 2018, art. 4)* *« La somme algébrique des produits, gains et pertes se rapportant aux titres de créances mentionnés au 1º bis du III bis de l'article 125 A du code général des impôts devra apparaître distinctement. »*

Le montant du crédit d'impôt attaché à ces revenus est mentionné séparément.

Doivent également être mentionnés séparément les produits et revenus imposables à l'impôt sur le revenu et pour lesquels les contributions et prélèvements sociaux sur les produits de placement ont déjà été appliqués.

2. Lorsque les revenus ou les gains sont libérés de l'impôt sur le revenu par application d'un prélèvement, la déclaration comporte l'indication de celui-ci ainsi que le montant du revenu brut ou du gain qui lui a servi de base.

3. Lorsqu'ils ne sont pas dispensés de déclaration par le 1 de l'article 242 *ter* du code général des impôts, les produits exonérés de l'impôt sur le revenu sont déclarés pour leur montant net.

Art. 49 G *(Devenu sans objet, Décr. nº 2018-500 du 20 juin 2018, art. 4) La déclaration comporte, par nature d'opérations et en fonction des caractéristiques des produits, le détail des bons ou titres mentionnés à l'article 990 A du code général des impôts qui ont été souscrits, remboursés ou qui ont donné lieu au paiement d'intérêts au cours de l'année considérée, lorsque le détenteur a fait connaître son identité et son domicile fiscal.*

Elle comporte également, par nature d'opérations et en fonction des caractéristiques des produits, le détail des bons, titres ou contrats mentionnés au deuxième alinéa de l'article 990 A du code général des impôts qui ont été souscrits, remboursés ou qui ont donné lieu au paiement d'intérêts au cours de l'année considérée, lorsque le souscripteur et la personne nominativement désignée initialement, si elle est différente, ont autorisé, lors de la souscription, l'établissement auprès duquel les bons, titres ou contrats ont été souscrits à communiquer leur identité et leur domicile fiscal à l'administration, et à condition que les bons, titres ou contrats n'aient pas été cédés.

Art. 49 H Il est satisfait aux obligations résultant des articles 49 D à *(Décr. nº 2018-500 du 20 juin 2018, art. 4)* « 49 F » par la communication d'un support informatique ou par l'envoi de formulaires normalisés.

Les caractéristiques du support informatique et le modèle de formulaire normalisé sont fixés par la direction générale des finances publiques.

Les déclarations, accompagnées d'un bordereau récapitulatif, sont remises à la direction départementale ou, le cas échéant, régionale des finances publiques du lieu de la résidence ou du principal établissement du déclarant. — *V. Arr. du 13 févr. 1985 relatif au traitement automatisé TD/RCM (JO 15 févr.).*

Art. 49 I Le déclarant remet à son client, dans tous les cas, un état rédigé sur le modèle de formulaire normalisé visé à l'article 49 H. Ce document tient lieu, le cas échéant, du certificat de crédit d'impôt visé aux articles 77 et 78 de l'annexe II au code général des impôts.

3º OBLIGATIONS DES ÉTABLISSEMENTS AUPRÈS DESQUELS ONT ÉTÉ SOUSCRITS DES BONS, TITRES OU CONTRATS NOMINATIFS

Art. 49 I *bis* Pour les bons, titres ou contrats *(Devenu sans objet, Décr. nº 2018-500 du 20 juin 2018, art. 4)* *« qui ne sont pas soumis d'office au prélèvement de l'article 990 A du code général des impôts »*, les établissements sont tenus :

I. — *D'établir un* document sur lequel figurent dans une suite continue par date d'émission ou de souscription :

1º Le numéro du bon, titre ou contrat ;

2º Le montant des sommes versées par le souscripteur et la date du versement ;

3º Le terme du bon, titre ou contrat ;

4º L'identité, la date de naissance et le domicile du souscripteur et de la personne nominativement désignée initialement ;

5º Et, lors du remboursement, l'identité, la date de naissance et le domicile de la personne qui obtient le remboursement du bon, titre ou contrat lorsque celle-ci bénéficie du régime fiscal de droit commun.

Les établissements indiquent également sur ce document la nature des pièces justificatives d'identité et de domicile présentées lors de la souscription et du remboursement par le souscripteur et la personne nominativement désignée initialement, si elle est différente, ainsi que, le cas échéant, par l'ayant droit à titre gratuit et, dans ce dernier cas, précisent la nature de la pièce produite justifiant la qualité d'ayant droit ;

II. — De faire figurer sur ces bons, titres ou contrats les indications suivantes :

1° Le numéro du bon, titre ou contrat ;

2° Le montant des sommes versées par le souscripteur et la date du versement ;

3° Et le terme du bon, titre ou contrat.

4° PAIEMENT DES INTÉRÊTS DE CRÉANCES ET PRODUITS ASSIMILÉS

Art. 49 I *ter* *(Devenu sans objet, Décr. n° 2018-500 du 20 juin 2018, art. 4) I. — Pour l'application des septième et huitième alinéas du 1 de l'article 242 ter du code général des impôts, les personnes mentionnées au premier alinéa de cet article qui assurent le paiement des intérêts de créances de toute nature et produits assimilés définis au III doivent joindre à la déclaration prévue à l'article 49 D, et dans le même délai, un état de ces sommes, payées au cours de l'année précédente à un bénéficiaire effectif défini au II.*

Par dérogation, les gérants et les dépositaires des actifs des fonds communs de créances et des fonds communs de placement ne bénéficiant pas de la procédure de reconnaissance mutuelle des agréments prévue par la directive 85/611/CEE du Conseil du 20 décembre 1985 portant coordination des dispositions législatives, réglementaires et administratives concernant certains organismes de placement collectif en valeurs mobilières ainsi que les représentants à l'égard des tiers des organismes ou entités sans personnalité morale produisent dans le même délai un état de sommes définies au III que ces fonds, organismes ou entités ont reçues pour leur quote-part revenant à un bénéficiaire effectif au cours de l'année précédente lorsque ces fonds, organismes ou entités ne sont pas passibles de l'impôt sur les sociétés.

Toutefois, les fonds, organismes ou entités mentionnés au deuxième alinéa peuvent déclarer ces sommes au titre de l'année de leur paiement, sur option expresse, irrévocable et globale, formulée soit par le gérant du fonds, qui en informe le dépositaire des actifs, soit, pour tout autre organisme ou entité, son représentant à l'égard des tiers. Cette option est formulée au plus tard le 30 juin 2005 pour les fonds, organismes ou entités existant à cette date, ou dans le mois de leur création dans les autres cas, auprès de la direction départementale ou, le cas échéant, régionale des finances publiques désignée par l'article 49 H, qui leur délivre un certificat. Les organismes ou entités qui reçoivent des sommes mentionnées au III d'un tiers résident d'un autre État membre de la Communauté européenne lui remettent à sa demande un exemplaire de ce certificat pour justifier de leur option.

II. — Est considéré comme bénéficiaire effectif :

1° Toute personne physique qui a son domicile fiscal hors de France dans un État membre de la Communauté européenne et qui perçoit pour son propre compte ou à qui sont attribuées les sommes définies au III ;

2° Tout organisme ou entité à qui sont payées ou attribuées les sommes définies au III établi hors de France dans un État membre de la Communauté européenne, sans personnalité morale, qui n'est pas passible de l'impôt sur les sociétés ou d'un impôt équivalent et qui ne bénéficie pas de la procédure de reconnaissance mutuelle des agréments prévue par la directive 85/611/CEE du Conseil du 20 décembre 1985 précitée, lorsqu'il n'a pas produit le certificat d'option délivré par l'autorité compétente de son État de résidence pour l'application du régime mentionné au troisième alinéa du I.

III. — 1. Les intérêts de créances de toute nature et produits assimilés au sens de la directive 2003/48/CE du Conseil du 3 juin 2003 en matière de fiscalité des revenus de l'épargne sous forme de paiements d'intérêts s'entendent :

1° Sous réserve du 2, des intérêts payés ou inscrits en compte, qui se rapportent à des créances de toute nature, assorties ou non de garanties hypothécaires ou d'une clause de participation aux bénéfices du débiteur, et notamment les revenus des fonds publics et des obligations d'emprunts, y compris les primes et lots attachés à ceux-ci, à l'exclusion des pénalisations pour paiement tardif ;

2° Des intérêts courus ou capitalisés obtenus lors de la cession, du remboursement ou du rachat des créances mentionnées au 1° ;

3° Des revenus mentionnés aux 1°, 2° et 4° distribués par un organisme de placement collectif en valeurs mobilières bénéficiant de la procédure de reconnaissance mutuelle des agréments prévue par la directive 85/611/CEE du Conseil du 20 décembre 1985 ou par un

Ancien art. 85 K *1. Pour bénéficier des dispositions du 1 de l'article 85 H ou du 1 de l'article 85 I, les destinataires des livraisons mentionnées aux 1° et 2° du I de l'article 277 A du code général des impôts doivent remettre aux fournisseurs des attestations certifiant que les biens sont destinés à être placés sous l'un des régimes douaniers communautaires ou d'entrepôt fiscal visés auxdits 1° et 2°.*

En application du I de l'article 284 du code général des impôts, le destinataire de la livraison est tenu au paiement de la taxe lorsque les biens ne sont pas placés sous l'un de ces régimes.

2. Pour bénéficier des dispositions de l'article 85 J, les preneurs des services mentionnés aux 5°, 6° et 7° du I de l'article 277 A du code général des impôts doivent délivrer aux prestataires des attestations certifiant que les prestations se rapportent à des biens qui sont placés ou destinés à être placés sous l'un des régimes douaniers communautaires ou d'entrepôt fiscal visés aux 1° et 2° dudit I.

En application du I de l'article 284 du code général des impôts, le preneur est tenu au paiement de la taxe lorsque la prestation n'a pas porté sur des biens qui sont placés ou destinés à être placés sous l'un de ces régimes. — *Pour l'art. 85 K en vigueur le 1er janv. 2011, V., plus haut, le paragraphe G « Définition des opérations effectuées en suspension du paiement de la taxe sur la valeur ajoutée ».*

Art. 85 L Les assujettis qui effectuent des livraisons ou des prestations de services en suspension de la taxe sur la valeur ajoutée conformément aux dispositions des 1°, 2°, 5°, 6° et 7° du I de l'article 277 A du code général des impôts sont tenus d'indiquer sur leurs factures le numéro de l'autorisation d'ouverture du régime douanier communautaire ou du régime fiscal mentionnés aux 1° et 2° du I de l'article 277 A du code général des impôts ainsi que le nom du titulaire du régime et du gestionnaire ou de l'entreposeur lorsqu'il s'agit d'une personne distincte.

En application du I de l'article 284 du code général des impôts, le destinataire de la livraison ou le preneur de la prestation est tenu au paiement de la taxe lorsque les biens ne reçoivent pas la destination prévue ou lorsque la prestation n'a pas porté sur des biens qui sont placés ou destinés à être placés sous un régime communautaire ou sous un régime fiscal mentionné au I de l'article 277 A du code général des impôts.

Ancien art. 85 L *Les personnes qui réalisent des livraisons de biens mentionnés aux 6° et 7° du I de l'article 277 A du code général des impôts sont tenues d'indiquer sur leurs factures le numéro d'autorisation et le nom du titulaire du régime.*

SECTION V CALCUL DE LA TAXE

I *TAUX*

A TAUX RÉDUIT

1 CANTINES D'ENTREPRISES

Art. 85 *bis* L'application du taux réduit de la taxe sur la valeur ajoutée aux recettes provenant de la fourniture des repas dans les cantines d'entreprises est subordonnée à la réalisation des conditions suivantes :

a) L'objet de la cantine consiste à fournir de façon habituelle des repas au personnel, qui doit être en mesure de justifier de son appartenance à l'entreprise ;

b) Conformément aux dispositions de l'article R. 2323-21 *[R. 2312-36]* du code du travail, la cantine est gérée par le comité d'entreprise ou par l'employeur ou par une *association ou par un groupement* de comités d'entreprises ou d'employeurs. Son fonctionnement est, en tout état de cause, soumis au contrôle de représentants du personnel et de l'entreprise ; — *L'art. R. 2323-21 est remplacé par l'art. R. 2312-36 C. trav. à compter du 1er janv. 2018 (Décr. n° 2017-1819 du 29 déc. 2017, art. 1er-I).*

c) Les repas doivent être fournis dans les locaux dont le gestionnaire de la cantine a la libre disposition ;

d) Le prix des repas doit être sensiblement inférieur à celui pratiqué, pour des prestations similaires, par les restaurants ouverts au public ;

e) Les opérations réalisées dans le cadre de la cantine font l'objet d'une comptabilisation distincte par le gestionnaire ;

f) Dans le cas où il fait appel à un prestataire extérieur, le gestionnaire de la cantine doit conclure avec ce dernier un contrat prévoyant les conditions de la fourniture des repas. Le prestataire doit, dans le mois de sa signature par les parties, déposer un exemplaire de ce contrat auprès du service des impôts dont il dépend et de celui dont relève le gestionnaire de la cantine.

Les opérations effectuées dans le cadre de chacun des contrats doivent être comptabilisées distinctement par le prestataire extérieur.

1. Cantines d'entreprises et cantines scolaires. Modalités et conditions d'application du taux réduit. * BOI-TVA-LIQ-30-20-10-20 du 12 sept. 2012.

2. Légalité. Légalité du décret n° 2001-237 du 20 mars 2001 (art. 85 *bis* de l'ann. III). • CE 6 nov. 2002, nos 233467 et 233940, *UMIH : RJF 2003. 29 ; Dr. fisc. 2003. 186, concl. Bachelier.*

3. Notion de cantine d'entreprise. Un restaurant d'entreprises dans lequel une société prestataire assure la préparation et le service des repas exclusivement sur réservation de la part des directions des entreprises qui en ont la disposition et qui y tiennent des déjeuners de travail ou d'affaires dont elles supportent les frais n'est pas une cantine d'entreprise. • CE 12 janv. 2004, n° 247753 : *RJF 2004. 365 ; concl. Goulard au BDCF 4/04, n° 48.*

4. Justifications. Le défaut de dépôt par le prestataire extérieur, auprès des services fiscaux, d'un exemplaire de chacun des contrats passés avec les entreprises qui lui confient l'approvisionnement de leurs restaurants n'est pas de nature à rendre le taux réduit de la TVA inapplicable aux recettes correspondantes. • CE 12 janv. 2004, n° 247753 : *préc. note 3.*

2 ACTIVITÉS DE SERVICES À LA PERSONNE

Art. 86 I. – Les activités de services à la personne soumises au taux réduit de taxe sur la valeur ajoutée prévu à l'article 278-0 *bis* du code général des impôts en application des dispositions du D du même article sont les suivantes :

1° Assistance aux personnes âgées ou aux personnes qui ont besoin d'une aide personnelle à leur domicile, à l'exclusion d'actes de soins relevant d'actes médicaux ;

2° Garde-malade, à l'exclusion des soins ;

3° Assistance aux personnes handicapées, y compris les activités d'interprète en langue des signes, de technicien de l'écrit et de codeur en langage parlé complété ;

4° Prestation de conduite du véhicule personnel des personnes dépendantes, du domicile au travail, sur le lieu de vacances, pour les démarches administratives ;

5° Aide à la mobilité et transport de personnes ayant des difficultés de déplacement ;

6° Accompagnement des personnes âgées ou handicapées dans leurs déplacements en dehors de leur domicile (promenades, transport, actes de la vie courante).

II. – Les activités de services à la personne soumises au taux réduit de taxe sur la valeur ajoutée prévu à l'article 279 du code précité en application des dispositions du i du même article sont les suivantes :

1° Entretien de la maison et travaux ménagers ;

2° Travaux de petit bricolage dits "homme toutes mains" ;

3° Garde d'enfants à domicile ;

4° Soutien scolaire à domicile ;

5° Soins d'esthétique à domicile pour les personnes dépendantes ;

6° Préparation de repas à domicile, y compris le temps passé aux commissions ;

7° Livraison de repas à domicile ;

8° Collecte et livraison à domicile de linge repassé ;

9° Livraison de courses à domicile ;

10° Soins et promenades d'animaux de compagnie, à l'exception des soins vétérinaires et du toilettage, pour les personnes dépendantes ;

11° Assistance administrative à domicile ;

12° Accompagnement des enfants dans leurs déplacements en dehors de leur domicile (promenades, transport, actes de la vie courante).

III. – Les activités mentionnées aux 4°, 5°, 6° du I et aux 7°, 8°, 9° et 12° du II du présent article n'ouvrent droit au bénéfice des taux réduits prévus au D de l'article 278-0 *bis* ou au i de l'article 279 du code précité qu'à la condition que la prestation soit comprise dans une offre de services incluant un ensemble d'activités réalisées à domicile.

Art. 87 *Périmé.*

3 CONCERTS

Art. 87 *bis* et 87 *ter* *Devenus sans objet (Décr. n° 2007-484 du 30 mars 2007).*

B

Art. 88 *Devenu sans objet (L. n° 91-716 du 26 juill. 1991, art. 11-VI et XI).*

C

Art. 89 et 89 *bis* *Devenus sans objet.*

D TAUX PARTICULIERS

Art. 89 *ter* 1. Les dispositions prévues à l'article 281 *quater* du code général des impôts s'appliquent aux cent quarante premières séances où le public est admis moyennant paiement, à l'exclusion des séances entièrement gratuites.

2. Est considérée comme œuvre classique l'œuvre d'un auteur décédé depuis plus de cinquante ans ou d'un auteur décédé dont le nom figure sur une liste fixée par arrêté conjoint du ministre chargé des affaires culturelles et du ministre de l'économie et des finances. – *V. Arr. du 10 août 2001 (JO 7 sept.).*

3. La reprise d'une œuvre classique est considérée comme faisant l'objet d'une nouvelle mise en scène, lorsque celle-ci est réalisée dans une présentation nouvelle par rapport à des réalisations antérieures, en ce qui concerne l'interprétation ou la scénographie.

Notion d'œuvres classiques. Représentations concernées. * Instr. 22 avr. 2002 : *BOI 3 C-2-02* * 20 mai 2005 : *BOI 3 C-5-05.*

II

Art. 90 à 93 *Devenus sans objet (L. n° 98-1266 du 30 déc. 1998, art. 7-I-1).*

SECTION VI OBLIGATIONS DES REDEVABLES

Art. 94 *Transféré ss. l'art. R. 13-2 LPF.*

Art. 95-0 Les personnes mentionnées aux 4° et 5° de l'article 286 *ter* du code général des impôts qui ne sont pas identifiées par un numéro individuel en application des 1° à 3° de l'article 286 *ter* du même code doivent demander au service des impôts dont elles dépendent l'attribution d'un numéro individuel d'identification.

Art. 95 I. – Les assujettis établis dans un autre État membre de l'Union européenne, identifiés à la taxe sur la valeur ajoutée en France, ainsi que les personnes établies dans un État non membre de l'Union européenne qui remplit les conditions mentionnées au 1° du I de l'article 289 A du code général des impôts, doivent souscrire les déclarations prescrites par l'article 286 et le 1 de l'article 287 du code général des impôts auprès *(Décr. n° 2018-500 du 20 juin 2018, art. 4)* « de la direction des impôts des non-résidents ».

Par dérogation aux dispositions du premier alinéa, les assujettis établis dans un autre État membre de l'Union européenne, ainsi que les personnes établies dans un État non membre de l'Union européenne qui remplit les conditions mentionnées au 1° du I de l'article 289 A du code général des impôts, qui disposent en France d'immeubles donnés en location et ne réalisent pas d'autres opérations pour lesquelles ils sont redevables de la taxe en France, déposent les déclarations mentionnées au premier alinéa auprès du service des impôts du lieu de situation de l'immeuble. Si l'application de cette règle conduit à une pluralité de lieux de dépôt, les redevables souscrivent leurs obligations déclaratives auprès *(Décr. n° 2018-500 du 20 juin 2018, art. 4)* « de la direction des impôts des non-résidents » à l'exception des personnes propriétaires d'immeubles loués meublés, et dont les loyers sont imposés à l'impôt sur le revenu dans la catégorie des bénéfices industriels et commerciaux, qui déposent leurs déclarations auprès du service des impôts du lieu de situation du bien générateur du chiffre d'affaires le plus élevé.

Par dérogation aux dispositions des premier et deuxième alinéas, les personnes établies dans un État non membre de l'Union européenne mentionnées au 1° du I de l'article 289 A du code général des impôts, qui avaient désigné en France un représentant mentionné au premier alinéa du I de l'article 289 A précité, continuent de déposer les déclarations mentionnées au premier alinéa auprès du service des impôts dont dépendait le lieu d'imposition de ce représentant.

II. — Les assujettis établis dans un autre État membre de l'Union européenne ne sont pas tenus de solliciter en France un numéro d'identification à la taxe sur la valeur ajoutée et de déposer une déclaration lorsqu'ils y réalisent exclusivement des opérations mentionnées au I de l'article 277 A du code général des impôts.

III. — Les assujettis établis dans un autre État membre de l'Union européenne, ainsi que les personnes établies dans un État non membre de l'Union européenne qui remplit les conditions mentionnées au 1° du I de l'article 289 A du code général des impôts, qui réalisent des opérations imposables en France ou qui doivent y accomplir des formalités, peuvent désigner un mandataire pour effectuer, sous la responsabilité exclusive de leur mandant, tout ou partie des formalités incombant à ces personnes et, en cas d'opérations imposables, pour acquitter la taxe en leur nom.

Art. 95 A I. — Pour l'application de l'article 287 du code général des impôts, les représentants désignés en vertu du III de l'article 289 A du même code doivent souscrire auprès du service des impôts un état trimestriel comportant les informations suivantes :

1. Le nom ou la dénomination et l'adresse du représentant, et le numéro d'identification à la taxe sur la valeur ajoutée sous lesquels sont effectuées les opérations visées au III de l'article 289 A du code général des impôts ;

2. Pour les opérations visées au 4 du II de l'article 277 A du code général des impôts :

a) Le nom ou la dénomination et l'adresse de la personne qui a désigné le représentant ;

b) La nature du bien et le montant de l'opération qui aurait dû être soumise à la taxe sur la valeur ajoutée lors de la sortie du bien de l'entrepôt, et la contre-valeur en euros lorsque ce montant est exprimé en devises ;

c) Le montant de la livraison exonérée en vertu du I de l'article 262 *ter* du code général des impôts ou de l'exportation avec, dans ce dernier cas, la référence de la déclaration d'exportation et la contre-valeur en euros lorsque ce montant est exprimé en devises ;

3. Pour les opérations visées au 4° du III de l'article 291 du code général des impôts :

a) Le nom ou la dénomination et l'adresse de la personne qui a désigné le représentant ;

b) La nature du bien, le montant de l'importation et la contre-valeur en euros lorsque ce montant est exprimé en devises, et la référence de la déclaration d'importation ;

c) La nature du bien et le montant de la livraison exonérée en vertu du I de l'article 262 *ter* du code général des impôts, et la contre-valeur en euros lorsque ce montant est exprimé en devises.

II. — L'état mentionné au I est souscrit par le représentant, pour l'ensemble des opérations pour lesquelles il a été désigné, sur support papier ou informatique selon les modalités prévues par l'administration, au plus tard le 25 du mois qui suit chaque trimestre civil.

Art. 95 B I. — Les assujettis établis dans un autre État membre de la Communauté européenne qui réalisent, en France, exclusivement des opérations mentionnées au 4 du II de l'article 277 A du code général des impôts ou au 4° du III de l'article 291 du même code peuvent, sans avoir à solliciter auprès des services fiscaux un numéro d'identification à la taxe sur la valeur ajoutée en France, recourir aux services d'un mandataire ponctuel. Ce mandataire, tacitement désigné, est chargé d'accomplir, au nom et pour le compte de ses mandants, les formalités qui leur incombent et, le cas échéant, d'acquitter la taxe devenue exigible.

II. — Le mandat ponctuel s'applique obligatoirement :

a) Au dépôt des déclarations trimestrielles mentionnées au III ;

(Décr. n° 2022-126 du 4 févr. 2022, art. 1er-2°) « **b)** au dépôt des états récapitulatifs des clients mentionnés à l'article 289 B du code général des impôts ; »

c) Au paiement de la taxe devenue éventuellement exigible lorsque les conditions de la dispense de paiement ou de l'exonération applicables aux opérations mentionnées au I ne sont pas remplies.

III. — Pour l'application de l'article 287 du code général des impôts, le mandataire ponctuel mentionné au I doit souscrire auprès du service des impôts un état trimestriel comportant les informations suivantes :

1. Le nom ou la dénomination, l'adresse du mandataire ponctuel ainsi que le numéro d'identification à la taxe sur la valeur ajoutée sous lequel sont effectuées les opérations mentionnées au I ;

2. Pour les opérations visées au 4 du II de l'article 277 A du code général des impôts :

a) Le nom ou la dénomination, l'adresse et le numéro d'identification à la taxe sur la valeur ajoutée dans un autre État membre de la Communauté européenne de l'assujetti mandant ;

b) La nature du bien et le montant de l'opération qui aurait dû être soumise à la taxe sur la valeur ajoutée lors de la sortie des biens du régime douanier communautaire ou du régime suspensif fiscal et la contre-valeur en euros de ce montant lorsqu'il est exprimé en devises ;

c) Le montant de livraison exonérée conformément aux dispositions du I de l'article 262 *ter* du code général des impôts ou de l'exportation et, dans ce dernier cas, la référence à la déclaration en douane d'exportation, ainsi que la contre-valeur en euros de ces montants lorsqu'ils sont exprimés en devises ;

3. Pour les opérations mentionnées au 4° du III de l'article 291 du code général des impôts :

a) Le nom ou la dénomination, l'adresse et le numéro d'identification à la taxe sur la valeur ajoutée dans un autre État membre de la Communauté européenne de l'assujetti mandant ;

b) La nature du bien, le montant de l'importation et sa contre-valeur en euros lorsque ce montant est exprimé en devises et la référence à la déclaration en douane d'importation ;

c) La nature du bien et le montant de la livraison exonérée conformément aux dispositions du I de l'article 262 *ter* du code général des impôts et la contre-valeur en euros de ce montant lorsqu'il est exprimé en devises.

IV. — L'état trimestriel mentionné au III est souscrit par le mandataire ponctuel pour l'ensemble des opérations pour lesquelles il a été mandaté, sur support papier ou informatique, selon les modalités prévues par l'administration, au plus tard le 25 du mois qui suit chaque trimestre civil.

Art. 95 C Les assujettis établis dans la Principauté de Monaco et réalisant des travaux immobiliers en France déposent les déclarations prescrites par le 1 de l'article 287 du code général des impôts auprès du service des impôts de Menton.

Les établissements bancaires ayant leur siège à Monaco et disposant d'un établissement stable en France sont tenus à la même obligation.

Art. 95 D Les déclarations prévues au 5 de l'article 298 *sexdecies* F *(Décr. n° 2021-692 du 31 mai 2021, art. 1er-1°-a et 2, applicable aux opérations pour lesquelles le fait générateur de la TVA intervient à compter du 1er juill. 2021)* « , au V de l'article 298 *sexdexies* G et au V de l'article 298 *sexdecies* H *[ancienne rédaction : et au IV de l'article 298 sexdecies G]* » du code général des impôts, ainsi que les paiements, sont transmis *(Décr. n° 2018-500 du 20 juin 2018, art. 4)* « à la direction *(Décr. n° 2021-692 du 31 mai 2021, art. 1er-1°-a, b et 2, applicable aux opérations pour lesquelles le fait générateur de la TVA intervient à compter du 1er juill. 2021)* « départementale des finances publiques de l'Oise *[ancienne rédaction : des impôts des non-résidents]* ». Cette direction est également chargée du recouvrement de la taxe sur la valeur ajoutée due, en application du IV de l'article 258, de l'article 258 A et de l'article 259 D du même code, par les assujettis qui se prévalent de l'un des régimes particuliers mentionnés aux articles 359, 369 *ter* et 369 *quaterdecies* de la directive 2006/112/CE du Conseil du 28 novembre 2006 relative au système commun de taxe sur la valeur ajoutée *[ancienne rédaction : Cette direction est également char-*

gée du recouvrement de la taxe sur la valeur ajoutée due, en application de l'article 259 D du même code, par les assujettis non établis en France qui se prévalent de l'un des régimes particuliers mentionnés aux articles 359 et 369 ter de la directive 2006/112/CE du Conseil du 28 novembre 2006 relative au système commun de taxe sur la valeur ajoutée]. »

Art. 96 *Devenu sans objet (L. n° 98-1266 du 30 déc. 1998, art. 7-I-1).*

Art. 96 A **Les sociétés de moyens qui bénéficient de l'exonération de la taxe sur la valeur ajoutée prévue à l'article 261 B du code général des impôts sont tenues de joindre à leur déclaration de résultat une déclaration établie sur un imprimé fourni par l'administration indiquant, pour la période d'imposition en cause :**

Les éléments nécessaires à l'identification des associés et à leurs droits dans le capital social ;

Le montant des dépenses réparties entre les associés en distinguant notamment les achats effectués pour le compte des associés, les frais de personnel, les frais afférents aux locaux, au mobilier et au matériel, les frais de bureau et les autres frais généraux.

1° ENTREPRISES DE SPECTACLES

Art. 96 B **Les tickets que les exploitants de discothèques et de cafés dansants sont tenus de remettre à leurs clients en application du II de l'article 290 *quater* du code général des impôts doivent porter, en caractères imprimés par les caisses enregistreuses, les indications suivantes :**

– le nom de l'exploitant ou la raison sociale de l'établissement ;

– l'adresse de l'établissement ;

– la date (jour, mois et année) de la prestation ;

– le nombre de consommations servies par catégorie ou tarif ;

– le prix total exigé ;

– le numéro d'ordre du ticket.

Ces tickets sont remis aux clients en même temps que les prestations dont ils constatent le service.

Art. 96 C **Les caisses enregistreuses utilisées pour l'émission des tickets prévus à l'article 96 B doivent présenter les caractéristiques suivantes :**

1° Être munies au minimum :

***a)* D'un compteur d'opérations aux numéros consécutifs comportant au moins trois chiffres et augmentant d'une unité à chaque opération ;**

***b)* D'un compteur des opérations de remise à zéro des compteurs totalisateurs comportant au moins trois chiffres et augmentant d'une unité après chaque opération ;**

***c)* D'un compteur totalisateur général ;**

2° Posséder deux stations d'impression permettant d'émettre simultanément :

***a)* Le ticket destiné aux consommateurs ;**

***b)* Une bande de contrôle reprenant les indications, relatives aux prestations de services, portées sur les tickets et mentionnant :**

– le montant cumulé des sommes encaissées ;

– le total cumulé des recettes obtenu lors des opérations de lecture ou de remise à zéro ;

3° Ne pas être dotées de dispositif permettant :

***a)* D'exclure de la totalisation les sommes figurant sur le ticket ou sur la bande de contrôle, en dehors des relevés obtenus lors d'une opération de lecture ;**

***b)* De remettre à zéro :**

– le compteur des opérations de remise à zéro ;

– le numéro consécutif des opérations ;

– le grand total ;

4° Être dotées :

***a)* D'un dispositif permettant leur fonctionnement manuel ou sur batterie en cas d'interruption accidentelle de l'alimentation en courant électrique ;**

***b)* En ce qui concerne les caisses électroniques, de dispositifs permettant de garder en mémoire les données des compteurs totalisateurs et interdisant la remise à zéro des compteurs d'opérations en cas d'interruption de fonctionnement. Si cette interruption excède la durée de conservation des données en mémoire, celles-ci devront être portées sur la bande de contrôle ;**

5° Être munies d'un dispositif permettant d'avertir l'utilisateur de la fin imminente du rouleau d'approvisionnement de la bande de contrôle sans que leur fonctionnement en soit affecté.

Art. 96 D Les exploitants de discothèques et de cafés dansants doivent pouvoir justifier de la nature et de la date de toutes réparations et autres interventions techniques effectuées sur leurs caisses enregistreuses. Lors de l'installation de ces caisses, ils doivent se faire délivrer par les fournisseurs ou installateurs une attestation mentionnant :

a) Le numéro de la caisse ;

b) Le relevé du compteur des opérations de remise à zéro et des compteurs totalisateurs avant la première opération commerciale.

Ils doivent conserver les bandes de contrôle pendant six ans et les présenter à toute réquisition des agents des impôts.

Art. 96 E *Devenu sans objet (L. n° 90-1169 du 29 déc. 1990, art. 52-III).*

2° FACTURES TRANSMISES PAR VOIE TÉLÉMATIQUE

Art. 96 F I. — 1. Les factures émises dans les conditions mentionnées au 2° du VII de l'article 289 du code général des impôts tiennent lieu de factures d'origine lorsque l'authenticité de leur origine et l'intégrité de leur contenu sont garanties au moyen d'une signature électronique avancée fondée sur un certificat électronique qualifié et créée par un dispositif sécurisé de création de signature électronique.

La signature électronique est une donnée sous forme électronique, qui est jointe ou liée logiquement à d'autres données électroniques et qui sert de méthode d'authentification du signataire et de l'origine des informations.

Le signataire est une personne physique qui détient et met en œuvre le moyen de création de la signature électronique précitée et qui agit soit pour son propre compte, soit pour celui d'une personne physique ou morale qu'il représente.

2. La signature électronique avancée doit satisfaire aux exigences suivantes :

a. Être propre au signataire ;

b. Permettre d'identifier le signataire ;

c. Être créée par des moyens que le signataire puisse garder sous son contrôle exclusif ;

d. Garantir le lien avec les factures auxquelles elle s'attache, de telle sorte que toute modification ultérieure de ces factures soit détectable.

3. La signature électronique avancée est créée par un dispositif sécurisé de création de signature électronique. Elle repose sur un certificat électronique qualifié qui est délivré par un prestataire de service de certification.

II. — Le dispositif sécurisé de création de signature électronique mentionné au 3 du I remplit les conditions suivantes :

1. Il garantit par des moyens techniques et des procédures appropriés que les données de création de signature électronique :

a. Ne peuvent être établies plus d'une fois et que leur confidentialité est assurée ;

b. Ne peuvent être trouvées par déduction et que la signature électronique est protégée contre toute falsification ;

c. Peuvent être protégées de manière satisfaisante par le signataire contre toute utilisation par des tiers.

2. Il n'entraîne aucune altération du contenu de l'acte à signer et ne fait pas obstacle à ce que le signataire en ait une connaissance exacte avant de le signer.

3. Il est certifié conforme aux exigences définies aux 1 et 2 :

a. Soit dans les conditions prévues par le décret n° 2002-535 du 18 avril 2002 relatif à l'évaluation et à la certification de la sécurité offerte par les produits et les systèmes des technologies de l'information. La délivrance du certificat de conformité est rendue publique ;

b. Soit par un organisme désigné à cet effet par un État membre de l'Union européenne.

III. — Le certificat électronique qualifié mentionné au 3 du I comporte :

1. Une mention indiquant que ce certificat est délivré à titre de certificat électronique qualifié.

2. L'identité du prestataire de services de certification électronique ainsi que l'État dans lequel il est établi.

3. Le nom du signataire ou un pseudonyme, celui-ci devant alors être identifié comme tel.

4. Le cas échéant, l'indication de la qualité du signataire, en fonction de l'usage auquel le certificat électronique est destiné.

5. Les données de vérification de signature électronique qui correspondent aux données de création de signature électronique.

6. L'indication du début et de la fin de la période de validité du certificat électronique.

7. Le code d'identité du certificat électronique.

8. La signature électronique avancée du prestataire de services de certification électronique qui délivre le certificat électronique.

9. Le cas échéant, les conditions d'utilisation du certificat électronique, notamment le montant maximum des transactions pour lesquelles ce certificat peut être utilisé.

IV. – Le prestataire de services de certification électronique doit :

1. Faire la preuve de la fiabilité des services de certification électronique qu'il fournit.

2. Assurer le fonctionnement, au profit des personnes auxquelles le certificat électronique est délivré, d'un service d'annuaire recensant les certificats électroniques des personnes qui en font la demande.

3. Assurer le fonctionnement d'un service permettant à la personne à qui le certificat électronique a été délivré de révoquer sans délai et avec certitude ce certificat.

4. Veiller à ce que la date et l'heure de délivrance et de révocation d'un certificat électronique puissent être déterminées avec précision.

5. Employer du personnel ayant les connaissances, l'expérience et les qualifications nécessaires à la fourniture de services de certification électronique.

6. Appliquer des procédures de sécurité appropriées.

7. Utiliser des systèmes et des produits garantissant la sécurité technique et cryptographique des fonctions qu'ils assurent.

8. Prendre toute disposition propre à prévenir la falsification des certificats électroniques.

9. Dans le cas où il fournit au signataire des données de création de signature électronique, garantir la confidentialité de ces données lors de leur création et s'abstenir de conserver ou de reproduire ces données.

10. Veiller, dans le cas où sont fournies à la fois des données de création et des données de vérification de la signature électronique, à ce que les données de création correspondent aux données de vérification.

11. Conserver, éventuellement sous forme électronique, toutes les informations relatives au certificat électronique qui pourraient s'avérer nécessaires pour faire la preuve en justice de la certification électronique.

12. Utiliser des systèmes de conservation des certificats électroniques garantissant que :

a. L'introduction et la modification des données sont réservées aux seules personnes autorisées à cet effet par le prestataire ;

b. L'information peut être contrôlée quant à son authenticité ;

c. L'accès du public à un certificat électronique ne peut avoir lieu sans le consentement préalable du titulaire du certificat ;

d. Toute modification de nature à compromettre la sécurité du système peut être détectée.

13. Vérifier, d'une part, l'identité de la personne à laquelle un certificat électronique est délivré, en exigeant d'elle la présentation d'un document officiel d'identité, d'autre part, la qualité dont cette personne se prévaut et conserver les caractéristiques et références des documents présentés pour justifier de cette identité et de cette qualité.

14. S'assurer au moment de la délivrance du certificat électronique :

a. Que les informations qu'il contient sont exactes ;

b. Que le signataire qui y est identifié détient les données de création de signature électronique correspondant aux données de vérification de signature électronique contenues dans le certificat.

15. Avant la conclusion d'un contrat de prestation de services de certification électronique, informer par écrit, le cas échéant par voie électronique, la personne demandant la délivrance d'un certificat électronique :
a. Des modalités et des conditions d'utilisation du certificat ;
b. Du fait qu'elle s'est soumise ou non au processus de qualification volontaire des prestataires de services de certification électronique ;
c. Des modalités de contestation et de règlement des litiges.
16. Fournir aux personnes qui se fondent sur un certificat électronique les éléments de l'information prévue au 15 qui leur sont utiles.
V. — Les factures, la signature électronique à laquelle elles sont liées ainsi que le certificat électronique y attaché sont conservés dans leur forme et contenu originels par l'entreprise chargée de s'assurer qu'une facture est émise au sens du I de l'article 289 du code général des impôts, dans les conditions et dans les délais fixés par l'article L. 102 B du livre des procédures fiscales.

Art. 96 F *bis* L'entreprise destinataire de factures électroniques dont l'authenticité de l'origine et l'intégrité du contenu sont garantis au moyen d'une signature électronique dans les conditions prévues au 1° ou au 2° du VII de l'article 289 du code général des impôts :
1° Vérifie la signature électronique apposée sur les factures au moyen des données de vérification contenues dans le certificat électronique ;
2° S'assure de l'authenticité et de la validité du certificat attaché à la signature électronique ;
3° Conserve les factures, la signature électronique à laquelle elles sont liées ainsi que le certificat électronique y attaché dans leur forme et contenu originels, dans les conditions et dans les délais fixés par l'article L. 102 B du livre des procédures fiscales.

Art. 96 G I. — Pour l'application du 3° du VII de l'article 289 du code général des impôts, les factures transmises par voie électronique qui se présentent sous la forme d'un message structuré selon une norme convenue entre les parties, permettant une lecture par ordinateur et pouvant être traité automatiquement et de manière univoque, constituent, sous réserve des II et III, des documents tenant lieu de factures d'origine.
II. — Les entreprises qui transmettent leurs factures dans les conditions prévues au I recourent à un système de télétransmission répondant à des normes équivalentes à celle définie à l'article 2 de la recommandation 1994/820/CE de la Commission du 19 octobre 1994 concernant les aspects juridiques de l'échange de données informatisées, lorsque l'accord relatif à cet échange prévoit l'utilisation de procédures garantissant l'authenticité de l'origine et l'intégrité des données.
III. — L'entreprise doit s'assurer que les informations émises en application du I, par elle-même, ou par un tiers ou client mandaté à cet effet, sont accessibles et conservées dans leur forme et contenu originels et dans l'ordre chronologique de leur émission dans les conditions et dans les délais fixés par l'article L. 102 B du livre des procédures fiscales.
L'entreprise destinataire de ces informations doit, quelle que soit la personne qui les a reçues en son nom et pour son compte, s'assurer qu'elles sont accessibles et conservées dans leur forme et contenu originels et dans l'ordre chronologique de leur réception dans les conditions et dans les délais fixés par l'article L. 102 B précité.
L'entreprise, qui émet ou reçoit des factures dans les conditions mentionnées au I, doit, quelle que soit la personne qui a matériellement émis ou reçu les messages, en son nom et pour son compte, s'assurer qu'est tenue et conservée sur support informatique, pendant le délai fixé au premier alinéa du I de l'article L. 102 B précité, une liste récapitulative séquentielle de tous les messages émis et reçus et de leurs anomalies éventuelles.
IV. — Les systèmes de télétransmission des factures prévus par le présent article respectent les spécifications fixées par arrêté du ministre chargé du budget. — *V. Ann. IV, art. 41 septies.*

Art. 96 H La liste récapitulative mentionnée au III de l'article 96 G est restituable sur écran ou sur support informatique. La restitution doit pouvoir être effectuée d'une façon sélective en fonction des informations obligatoires que la liste doit comporter.

Art. 96 I Les factures sous forme papier ou électronique, dont l'authenticité de l'origine, l'intégrité du contenu et la lisibilité sont assurées par des contrôles visés au 1° du VII de l'article 289 du code général des impôts ainsi que les éléments constitutifs de ces contrôles sont conservés dans leur forme et contenu originels par l'entreprise chargée de s'assurer qu'une facture est émise au sens du I de l'article 289 précité et par l'entreprise destinataire de ces factures, dans les conditions et dans les délais fixés par l'article L. 102 B du livre des procédures fiscales.

Art. 96 I *bis* Les informations des factures, sous forme papier ou électronique, émises et reçues doivent être identiques. Sur demande de l'administration, elles sont restituées en langage clair par l'entreprise chargée de s'assurer qu'une facture est émise au sens du I de l'article 289 du code général des impôts, quelle que soit la personne qui a émis les factures en son nom et pour son compte. Elles sont, en outre, restituées dans les mêmes conditions par l'entreprise destinataire de ces factures, quelle que soit la personne qui les a reçues en son nom et pour son compte.

Les informations des factures sous forme électronique sont, à la demande de l'administration, restituables sur écran, sur support informatique ou sur papier. La restitution porte sur l'intégralité des informations émises et reçues, qu'elles soient obligatoires ou facultatives. Elle doit pouvoir être opérée de manière sélective.

Les données sont restituées lisiblement en mode caractères, en langage clair et intelligible.

3° ÉTAT RÉCAPITULATIF DES CLIENTS *(Décr. n° 2022-126 du 4 févr. 2022, art. 1er-1°).*

Art. 96 J *(Décr. n° 2022-126 du 4 févr. 2022, art. 1er-3°)* L'état récapitulatif prévu à l'article 289 B du code général des impôts se rapportant aux opérations portant sur les biens est souscrit par l'assujetti ou, le cas échéant, par son représentant désigné en application de l'article 289 A du même code ou par son mandataire ponctuel mentionné à l'article 95 B.

Modalités d'application. Commentaire général. * DA douanes, n° 11-001, 5 janv. 2011 : *BOD n° 6883.* ♦ Échanges portant sur l'électricité et le gaz. * DA douanes, 4 mars 2005, n° 05-021 : *BOD n° 6621.*

Art. 96 K *(Décr. n° 2022-126 du 4 févr. 2022, art. 1er-3°)* L'état récapitulatif mentionné à l'article 96 J contient les informations prévues par les dispositions du II de l'article 289 B du code général des impôts relatives aux opérations et, le cas échéant, aux régularisations, pour lesquelles l'obligation de déclaration prévue par cet article est née au cours du même mois civil.

L'état est transmis à l'administration des douanes au plus tard le dixième jour ouvrable du mois suivant le mois considéré. Il est souscrit, daté et signé par la personne mentionnée à l'article 96 J ou par la tierce personne mandatée à cet effet.

Art. 96 L *(Abrogé par Décr. n° 2022-126 du 4 févr. 2022, art. 1er-4°) La déclaration mentionnée à l'article 289 C du code général des impôts, servie ligne par ligne, comporte les mentions suivantes :*

1. Quel que soit le flux considéré :

a. Le numéro d'assujetti à la taxe sur la valeur ajoutée de l'opérateur ;

b. L'adresse et la raison ou la dénomination sociale de l'opérateur ;

c. La période au titre de laquelle est établie la déclaration ;

d. La nature du flux d'échanges et la situation de l'entreprise au regard du seuil statistique ;

e. S'il y a lieu, le nom de la tierce personne mentionnée à l'article 96 K ;

f. Le régime de l'opération.

2. Au titre des livraisons de biens, quelle que soit leur valeur :

a. Le numéro d'identification à la taxe sur la valeur ajoutée de l'acquéreur pour les livraisons de biens exonérées en application du I de l'article 262 ter du code général des impôts et pour les régularisations effectuées en application du 1 de l'article 272 du code général des impôts ;

b. En cas de transfert des biens pour les besoins de l'entreprise dans un autre État membre où leur affectation est taxable, le numéro d'identification à la taxe sur la valeur ajoutée délivré à cette entreprise par cet État ;

c. La valeur fiscale en euros des livraisons de biens effectuées ;
d. S'il y a lieu, le montant des régularisations commerciales effectuées en application du 1 de l'article 272 du code général des impôts.
3. Autres informations :
a. A l'introduction comme à l'expédition, pour les opérateurs dont le montant annuel des échanges intracommunautaires est supérieur au seuil statistique fixé par arrêté du ministre chargé des douanes :
1° La nomenclature de produit. Dans le cas général, les codes à mentionner sont ceux de la nomenclature combinée en vigueur. Dans les cas particuliers prévus par arrêté du ministre chargé des douanes, la codification plus détaillée spécifiée dans cet arrêté doit être utilisée ; — *V. Arr. du 19 déc. 2002 (JO 10 janv. 2003), mod. par Arr. du 15 nov. 2011 (JO 31 déc.), Arr. du 19 nov. 2012 (JO 1er déc.), Arr. du 2 déc. 2013 (JO 1er janv. 2014), Arr. du 17 oct. 2014 (JO 16 nov. 2014) et Arr. du 27 janv. 2022, art. 1er (JO 30 janv.).*
2° La valeur en euros des introductions et expéditions de biens ;
3° L'État membre de provenance (à l'introduction) ou de destination (à l'expédition) des produits ;
4° Le pays d'origine des produits, à l'introduction ;
5° La masse nette de la marchandise et, le cas échéant, les unités supplémentaires ;
6° La nature de la transaction ;
7° Le mode de transport ;
8° Le département d'expédition initiale (à l'expédition) ou de destination (à l'introduction) des produits.
b. Les opérateurs ont la possibilité de regrouper, sous une position unique de la nomenclature combinée, les transactions dont le montant en valeur est inférieur à un seuil fixé par arrêté du ministre chargé des douanes. Dans ce cas, les informations visées aux 4° à 8° ne sont pas renseignées. — *V. Arr. du 27 janv. 2022, art. 1er (JO 30 janv.).*
Le montant total repris sous cette position unique de la nomenclature combinée ne peut cependant pas excéder une valeur fixée par arrêté du ministre chargé des douanes. — *V. Ann. IV, art. 41 sexies A.* — *V. Arr. du 27 janv. 2022, art. 1er (JO 30 janv.).*

Art. 96 M *(Décr. n° 2022-126 du 4 févr. 2022, art. 1er-5°)* **Les omissions ou inexactitudes constatées par le déclarant défini au second alinéa de l'article 96 K ou portées à sa connaissance font l'objet, dès leur constat, d'un état récapitulatif rectificatif souscrit par l'intéressé.**

Cet état récapitulatif rectificatif, souscrit auprès de l'administration des douanes, comporte les mentions prévues au II de l'article 289 B du code général des impôts. Il est déposé sans délai jusqu'à l'expiration d'une période de six ans décomptée à partir du mois au titre duquel les omissions ou inexactitudes ont été commises.

4° DÉCLARATION EUROPÉENNE DES SERVICES

(Décr. n° 2010-789 du 12 juill. 2010, art. 1-4°)

Art. 96 N **I. — Toute personne identifiée à la taxe sur la valeur ajoutée en France qui fournit un service pour lequel le preneur est redevable de la taxe sur la valeur ajoutée dans un autre État membre de l'Union européenne en application de l'article 196 de la directive 2006/112/CE du 28 novembre 2006 est tenue de souscrire l'état récapitulatif prévu au III de l'article 289 B du code général des impôts ;**

II. — L'état récapitulatif prévu au III de l'article 289 B du code général des impôts *est déposé auprès* **de l'administration des douanes par voie électronique, au plus tard le dixième jour ouvrable du mois qui suit celui au cours duquel la taxe est devenue exigible dans l'autre État membre conformément aux articles 63 à 66 de la directive 2006/112/CE du 28 novembre 2006 ;**

III. — Les assujettis bénéficiant du régime de franchise prévu à l'article 293 B du code général des impôts peuvent souscrire l'état récapitulatif au moyen d'un formulaire papier conforme au modèle établi par l'administration des douanes ;

IV. — L'état récapitulatif prévu au III de l'article 289 B du code général des impôts mentionne :
1° Le numéro d'assujetti à la taxe sur la valeur ajoutée du prestataire ;
2° L'adresse et la raison ou la dénomination sociale du prestataire ;
3° La période au titre de laquelle l'état est établi ;

4° Le numéro d'identification à la taxe sur la valeur ajoutée du preneur des services attribué par l'État membre dans lequel il est redevable de la taxe en application de l'article 196 de la directive 2006/112/CE du 28 novembre 2006 ;

5° Le montant total, en euros et hors taxe sur la valeur ajoutée, des prestations de services effectuées ;

6° S'il y a lieu, le montant des régularisations commerciales effectuées en application du 1 de l'article 272 du code général des impôts.

V. – Les omissions et les inexactitudes constatées par le déclarant ou portées à sa connaissance font l'objet, dès leur constat, d'un état rectificatif.

L'état rectificatif, souscrit par le même déclarant auprès de l'administration des douanes, comporte les mentions prévues au IV. – *V. Arr. du 23 juill. 2010 relatif aux modalités de transmission de la déclaration européenne de services – DES – (JO 6 août).*

[DEMANDE DE REMBOURSEMENT DE LA TAXE SUPPORTÉE DANS UN AUTRE ÉTAT MEMBRE]

Art. 96 O I. – La demande de remboursement prévue à l'article 289 D du code général des impôts doit être introduite avant le 30 septembre suivant l'année civile au cours de laquelle la taxe est devenue exigible.

II. – La demande de remboursement est réputée introduite lorsque toutes les informations que l'État membre de remboursement peut exiger en application des articles 8, 9 et 11 de la directive 2008/9/CE du 12 février 2008 ont été fournies.

III. – L'administration ne transmet pas la demande à l'État membre de remboursement lorsque, au cours de la période de remboursement, le requérant établi en France :

1° N'était pas assujetti à la taxe sur la valeur ajoutée ;

2° N'a effectué que des livraisons de biens ou des prestations de services exonérées sans droit à déduction de la taxe sur la valeur ajoutée payée à un stade antérieur en vertu des articles 261 à 261 E du code général des impôts ;

3° A bénéficié de la franchise en base prévue à l'article 293 B du code général des impôts ;

4° A bénéficié du régime forfaitaire agricole prévu aux articles 298 *bis*, 298 *quater* et 298 *quinquies* du code général des impôts.

IV. – La décision de transmettre ou non la demande prise par l'administration est notifiée à l'assujetti par voie électronique.

SECTION VII IMPORTATIONS

(Décr. n° 2010-1288 du 27 oct. 2010, en vigueur le 1er janv. 2011)

Art. 96 P Le 4° du III de l'article 291 du code général des impôts s'applique lorsque l'expédition du bien vers un autre État membre de l'Union européenne est consécutive à son importation et que l'assujetti importateur fournit, au moment de l'importation, les informations suivantes :

1° a. Le numéro d'identification à la taxe sur la valeur ajoutée qui lui a été attribué s'il est établi en France ;

b. Le numéro d'identification à la taxe sur la valeur ajoutée qui lui a été attribué en France s'il est établi dans un autre État membre de l'Union européenne ou, le cas échéant, le numéro attribué à son mandataire ponctuel désigné conformément au I de l'article 95 B ;

c. Le numéro d'identification à la taxe sur la valeur ajoutée qui lui a été attribué et sous lequel agit son représentant fiscal, désigné conformément au I de l'article 289-A du code général des impôts, s'il est établi en pays tiers ou, le cas échéant, le numéro d'identification à la taxe sur la valeur ajoutée sous lequel agit son représentant désigné conformément au III de l'article 289-A précité ;

2° a. Le numéro d'identification à la taxe sur la valeur ajoutée attribué dans un autre État membre à l'assujetti auquel les biens sont livrés en exonération de taxe sur la valeur ajoutée conformément au 1° du I de l'article 262 *ter* du code général des impôts ;

b. Le numéro d'identification à la taxe sur la valeur ajoutée attribué à cet importateur dans l'État membre d'arrivée de l'expédition ou du transport des biens lorsque ces derniers font l'objet d'un transfert exonéré de taxe sur la valeur ajoutée conformément au 2° du I de l'article 262 *ter* du code général des impôts ;

3° Un élément de preuve justifiant que les biens importés sont destinés à être transportés ou expédiés vers un autre État membre. A cette fin, l'assujetti importateur peut, notamment, produire l'un des documents suivants :

a. Un document de transport ;

b. Une facture du transporteur ou un contrat d'assurance relatif au transport des biens vers un autre État membre ;

c. Un contrat conclu avec l'acquéreur ou une correspondance commerciale mentionnant un lieu de destination dans un autre État membre ;

d. Un bon de commande écrit émanant de l'acquéreur et indiquant que les biens doivent être expédiés ou transportés vers un autre État membre ;

e. Un bon de livraison ou un bon d'enlèvement mentionnant un lieu de destination dans un autre État membre.

SECTION VII *BIS* IDENTIFICATION DES ASSUJETTIS FOURNISSANT DES SERVICES OU RÉALISANT DES LIVRAISONS DE BIENS DANS LE CADRE DU COMMERCE ÉLECTRONIQUE *(Décr. n° 2021-692 du 31 mai 2021, art. 1er-2° et 2, applicable aux opérations pour lesquelles le fait générateur de la TVA intervient à compter du 1er juill. 2021).*

Art. 97 *bis* Le numéro individuel d'identification prévu au 3 de l'article 298 *sexdecies* F du code général des impôts est composé de l'acronyme "EU", suivi de trois chiffres propres à l'État membre d'identification, des cinq chiffres de l'identifiant unique et d'un chiffre clef.

Art. 97 *ter* Lorsque l'administration le radie du registre d'identification dans les cas prévus au 4 de l'article 298 *sexdecies* F *(Décr. n° 2021-692 du 31 mai 2021, art. 1er-3° et 2, applicable aux opérations pour lesquelles le fait générateur de la TVA intervient à compter du 1er juill. 2021)* « , au III de l'article 298 *sexdecies* G et au IV de l'article 298 *sexdecies* H du code général des impôts, l'assujetti ou son intermédiaire *[ancienne rédaction : et au III de l'article 298 sexdecies G du code général des impôts, l'assujetti]* » en est informé par voie électronique. Cette information reprend les motifs de la radiation.

SECTION VIII RÉGIMES SPÉCIAUX

I

Art. 98 *Devenu sans objet (L. n° 98-1266 du 30 déc. 1998, art. 7-I-1).*

II *BIENS D'OCCASION, ŒUVRES D'ART, OBJETS DE COLLECTION ET D'ANTIQUITÉ*

Art. 98 A I. — Sont considérés comme biens d'occasion les biens meubles corporels susceptibles de remploi, en l'état ou après réparation, autres que des œuvres d'art et des objets de collection ou d'antiquité et autres que des métaux précieux ou des pierres précieuses.

II. — Sont considérées comme œuvres d'art les réalisations ci-après :

1° Tableaux, collages et tableautins similaires, peintures et dessins, entièrement exécutés à la main par l'artiste, à l'exclusion des dessins d'architectes, d'ingénieurs et autres dessins industriels, commerciaux, topographiques ou similaires, des articles manufacturés décorés à la main, des toiles peintes pour décors de théâtres, fonds d'ateliers ou usages analogues ;

2° Gravures, estampes et lithographies originales tirées en nombre limité directement en noir ou en couleurs, d'une ou plusieurs planches entièrement exécutées à la main par l'artiste, quelle que soit la technique ou la matière employée, à l'exception de tout procédé mécanique ou photomécanique ;

3° A l'exclusion des articles de bijouterie, d'orfèvrerie et de joaillerie, productions originales de l'art statuaire ou de la sculpture en toutes matières dès lors que les productions sont exécutées entièrement par l'artiste ; fontes de sculpture à tirage limité à huit exemplaires et contrôlé par l'artiste ou ses ayants droit ;

4° Tapisseries et textiles muraux faits à la main, sur la base de cartons originaux fournis par les artistes, à condition qu'il n'existe pas plus de huit exemplaires de chacun d'eux ;

5° Exemplaires uniques de céramique, entièrement exécutés par l'artiste et signés par lui ;

6° Émaux sur cuivre, entièrement exécutés à la main, dans la limite de huit exemplaires numérotés et comportant la signature de l'artiste ou de l'atelier d'art, à l'exclusion des articles de bijouterie, d'orfèvrerie et de joaillerie ;

7° Photographies prises par l'artiste, tirées par lui ou sous son contrôle, signées et numérotées dans la limite de trente exemplaires, tous formats et supports confondus.

III. — Sont considérés comme objets de collection les biens suivants, à l'exception des biens neufs :

1° Timbres-poste, timbres fiscaux, marques postales, enveloppes premier jour, entiers postaux et analogues, oblitérés ou bien non oblitérés mais n'ayant pas cours et n'étant pas destinés à avoir cours ;

2° Collections et spécimens pour collections de zoologie, de botanique, de minéralogie, d'anatomie, ou présentant un intérêt historique, archéologique, paléontologique, ethnographique ou numismatique.

IV. — Les objets d'antiquité sont les biens meubles, autres que des œuvres d'art et des objets de collection, ayant plus de cent ans d'âge.

1. Animaux. L'art. 26 *bis*-A-*d* de la 6e Dir. TVA, telle que modifiée par la directive n° 94/5 du 14 févr. 1994, doit être interprété en ce sens que les animaux vivants peuvent être considérés comme des biens d'occasion au sens de cette disposition. Peut ainsi être considéré comme un bien d'occasion un animal acheté à un particulier (autre que l'éleveur), qui est revendu après avoir été dressé pour une utilisation spécifique. • CJCE 1er avr. 2004, n° C-320/02 : *RJF 2004. 672 ; Dr. fisc. 2004. 754.*

2. Peintures. Des toiles peintes entièrement exécutées à la main sans le recours à aucun procédé de reproduction sont des œuvres d'art originales, nonobstant le caractère répétitif des sujets. • CAA Paris, 28 déc. 1995, n° 95PA2704 : *Dr. fisc. 1996. 412.*

3. S'agissant des peintures ou de dessins admis pour la qualification d'œuvre d'art, telle que la peinture à l'huile, l'aquarelle, la gouache, il a été précisé que la réalisation peut porter sur n'importe quelle matière utilisée comme support. * BOI-TVA-SECT-90-10 n° 130 du 11 avr. 2014.

4. Graffitis. La réalisation de graffitis sur un mur, à la demande du propriétaire, à la condition qu'ils soient effectués entièrement de la main de l'artiste et qu'ils constituent une création originale peut répondre à la définition fiscale d'une œuvre d'art. * Rép. min. n° 34568 : *JOAN Q, 3 mai 2016, p. 3795.*

5. Photographies. Ne peuvent être considérées comme œuvres d'art susceptibles de bénéficier du taux réduit (taux intermédiaire depuis le 1er janv. 2012) que les photographies d'art qui portent témoignage d'une intention créatrice manifeste de la part de leur auteur. Tel n'est pas le cas par exemple des photographies d'identité. *En revanche, lorsque le photographe*, par le choix du thème, les conditions de mise en scène, les particularités de la prise de vue ou toute autre spécificité de son travail touchant notamment la qualité du cadrage, de l'exposition, de la composition ou aux conditions particulières de développement du négatif, réalise un travail qui dépasse la simple fixation mécanique du souvenir d'un événement, d'un voyage ou de personnages et qui présente donc un intérêt pour tout public, l'application du taux réduit est possible. * BOI-TVA SECT-90-10 n° 280 du 11 avr. 2014. ♦ Doctrine administrative infirmée : sur les photographies pouvant être considérées comme des objets d'art, V. • CJUE 5 sept. 2019, *Regards photographiques SARL,* n° 145/18 : *RJF 2019. 1113.* ♦ Pour l'application du taux réduit de TVA à des portraits et photographies de mariage, V. • CE 4 déc. 2019, *Sté Regards Photographiques,* n° 400837 : *RJF 2020. 110.*

6. Tatouages. A supposer même que les tatouages puissent être considérés comme des œuvres de l'esprit, ils ne figurent pas au nombre des œuvres d'art définies à l'art. 98 A et, par conséquent, ne peuvent pas bénéficier du taux réduit (taux intermédiaire depuis le 1er janv. 2012) de la TVA prévu par l'art. 278 *septies.* • CAA Paris, 8 oct. 1998, n° 97PA85 : *Dr. fisc. 1999. 267, concl. Haim* * Rép. min. n° 31596 : *JOAN Q, 23 mars 2004, p. 2314.*

7. Pièces détachées. Des pièces usagées, qui proviennent de véhicules automobiles hors d'usage acquis par une entreprise de recyclage automobile auprès d'un particulier et qui sont destinées à être vendues comme pièces de rechange, constituent des « biens d'occasion », avec la conséquence que les livraisons de telles pièces, effectuées par un assujetti-revendeur, sont soumises à l'application du régime de la marge bénéficiaire. • CJUE 18 janv. 2017, *Sjelle Autogenbrug I/S,* n° 471/15 : *RJF 2017. 400.*

8. Objets de collection. Les objets pour collections au sens de la position 97.05 du tarif douanier commun sont ceux qui présentent les qualités requises pour être admis au sein d'une collection, c'est-à-dire les objets qui sont relativement rares, ne sont pas normalement utilisés conformément à leur destination initiale (sans pourtant exclure que leurs qualités fonctionnelles puissent rester intactes), font l'objet de transactions spéciales en dehors du commerce habituel des objets similaires utilisables et ont une valeur élevée. Sont considérés comme présentant un intérêt historique ou ethnographique les objets pour collections qui, au sens de la position 97.05 du tarif douanier commun, marquent un pas caractéristique de l'évolution des réalisations humaines, ou illustrent une période de cette évolution. • CJCE 10 oct. 1985, n°s 200-84 et 252-84.

9. Dès lors que les critères (rareté, utilisation différente de la destination initiale, transactions spéciales en dehors du commerce habituel des objets similaires utilisables, valeur élevée, réalisation d'un pas caractéristique de l'évolution des réalisations humaines, ou illustration d'une période de cette évolution (mobilier « Art nouveau » ou « Art déco », par exemple) ci-dessus énoncés sont respectés, les meubles meublants de moins de cent ans, les articles de joaillerie, d'orfèvrerie et de bijouterie ainsi que les articles des arts de la table et de mode vestimentaire répondent à la définition d'objet de collection. Le point de savoir si un bien constitue un objet de collection est une question de fait qui s'apprécie au cas par cas, sous le contrôle du juge. * BOI-TVA SECT-90-10 nº 360 du 11 avr. 2014.

10. Définition des véhicules de collection. V. * DA douanes nº 2014-028 du 8 sept. 2014 : *BO douanes nº 7032.*

11. Objets composés de métaux précieux ou de pierres précieuses. Notion de biens d'occasion. • CJUE 11 juill. 2018, nº 154/17 : *RJF 2018. 1192.*

III *RÉGIME APPLICABLE À L'OR D'INVESTISSEMENT*

Art. 98 B Afin de bénéficier de l'exonération de taxe sur la valeur ajoutée prévue à l'article 298 *sexdecies* A du code général des impôts, la facture relative aux opérations portant sur les pièces d'or d'investissement désignées au *b* du 2 de cet article mentionne pour ces pièces :

a. Leur dénomination ;

b. L'année et le pays de leur émission ;

c. Leur poids en or ;

d. Le cours de l'or fin sur le marché libre au jour de la livraison.

IV *SERVICES FOURNIS PAR VOIE ÉLECTRONIQUE*

Art. 98 C Sont considérés notamment comme des services fournis par voie électronique au sens du 12° de l'article 259 B du code général des impôts :

a. La fourniture et l'hébergement de sites informatiques, la maintenance à distance de programmes et d'équipement ;

b. La fourniture de logiciels et la mise à jour de ceux-ci ;

c. La fourniture d'images, de textes et d'informations et la mise à disposition de bases de données ;

d. La fourniture de musique, de films et de jeux, y compris les jeux *(Décr. nº 2020-1774 du 21 déc. 2020, art. 5-2°)* « d'argent et de hasard », et d'émissions ou de manifestations politiques, culturelles, artistiques, sportives, scientifiques ou de divertissement ;

e. La fourniture de services d'enseignement à distance.

Lorsque le prestataire de services et le preneur communiquent par courrier électronique, cela ne signifie pas en soi que le service est fourni par voie électronique.

SECTION IX EXPLOITANTS AGRICOLES

Art. 98 *bis* 1. Les exploitants agricoles qui bénéficient du régime du remboursement forfaitaire prévu aux articles 298 *bis*, 298 *quater* et 298 *quinquies* du code général des impôts peuvent, pour leurs ventes de fruits et légumes, recevoir mandat de leurs clients redevables de la taxe sur la valeur ajoutée de rédiger en leur lieu et place les attestations qu'ils doivent joindre à la déclaration annuelle prévue au I de l'article 266 de l'annexe II au code général des impôts.

2. Le mandat doit être donné par écrit et figurer soit sur un document valable pour une année civile, soit sur les bulletins d'achat que les acheteurs délivrent à leurs fournisseurs exploitants agricoles. En ce dernier cas, le mandat ne concerne que les produits faisant l'objet des bulletins sur lesquels il figure.

3. Les clients qui donnent le mandat prévu au 1 ne peuvent pas délivrer, pour l'année considérée, l'attestation annuelle prévue par l'article 290 *bis* du code général des impôts.

4. Les exploitants agricoles visés au 1 établissent une attestation pour chaque client redevable de la taxe sur la valeur ajoutée. Cette attestation doit reprendre les bulletins d'achat ou les bons de livraison que ce client leur a délivrés au cours de l'année précédente en application de l'article 290 *bis* du code général des impôts ; elle se substitue à celle prévue par ce texte et est opposable au client qu'elle concerne.

5. Les exploitants agricoles visés au 1 doivent conserver les bulletins d'achat ou les bons de livraison correspondant aux attestations qu'ils ont établies eux-mêmes, selon les modalités prévues au I de l'article L. 102 B du Livre des procédures fiscales et les représenter à toute demande des agents de l'administration des impôts.

6. Les attestations annuelles rédigées par les exploitants agricoles sont conformes au modèle indiqué par l'administration.

CHAPITRE II TAXE DE L'AVIATION CIVILE

(Décr. n° 2006-663 du 6 juin 2006)

Art. 99 Pour l'application des dispositions du VI de l'article 302 *bis* K du code général des impôts, constituent un système aéroportuaire les aéroports de Paris-Charles-de-Gaulle, de Paris-Orly et de Paris-Le Bourget.

Art. 100 *à* 101 *bis* *Abrogés.*

CHAPITRE III

Art. 102 et 103 *Transférés ss. les art. 331 M bis et 331 M ter (Décr. n° 2009-389 du 7 avr. 2009).*

Art. 104 *à* 111 *quater* *Abrogés.*

CHAPITRE IV REDEVANCE SANITAIRE D'ABATTAGE

Art. 111 *quater* A La redevance sanitaire d'abattage est perçue par le service des impôts dans tous les établissements où il est procédé à l'abattage des animaux ou au traitement du gibier sauvage dans les établissements bénéficiant de l'agrément prévu à l'article L. 233-2 du code rural et de la pêche maritime. Elle est assise sur le nombre de carcasses d'animaux de chaque espèce. *— V. Ann. IV, art. 50 terdecies.*

Art. 111 *quater* B *à* 111 *quater* F *Abrogés par Décr. n° 94-520 du 24 juin 1994, art. 2\.*

Art. 111 *quater* G Toute personne qui, habituellement ou occasionnellement, se livre, pour son compte ou pour le compte de tiers, aux opérations d'abattage d'animaux de boucherie et de charcuterie, de volailles, de lapins domestiques, de gibier d'élevage ou de traitement du gibier sauvage doit :

1° Souscrire, préalablement à toute opération, une déclaration d'existence auprès du service des impôts dont dépend le lieu d'abattage ou de traitement du gibier sauvage ;

2° Tenir un registre permettant de dégager, jour par jour, et sans blanc ni rature, les éléments nécessaires à la constatation, à la liquidation et au contrôle de la redevance sanitaire d'abattage ;

3° Abrogé par Décr. n° 2014-1687 du 29 déc. 2014, art. 1er-I-1°.

Déclarer et acquitter la redevance, selon le cas, sur l'annexe à chaque déclaration mensuelle de taxe sur la valeur ajoutée pour les redevables qui acquittent cette taxe selon les modalités prévues au premier alinéa du 2 de l'article 287 du code général des impôts susvisé ou sur celle déposée au cours du mois suivant la fin de chaque trimestre civil *pour les redevables mentionnés* au troisième alinéa du 2 du même article. Pour les redevables placés sous le régime simplifié d'imposition prévu à l'article 302 *septies* A du même code, la redevance est déclarée et acquittée lors du dépôt de la déclaration mentionnée au 3 de l'article 287 précité.

Lors du dépôt de la déclaration, le redevable adresse au directeur départemental de l'agriculture et de la forêt un relevé des éléments déclarés.

Les obligations prévues aux 1° et 2° ci-dessus ne s'appliquent pas aux personnes assujetties à la taxe sur la valeur ajoutée qui sont astreintes aux obligations prévues au II de l'article 286 *quater* du code général des impôts et par ses textes d'application.

Art. 111 *quater* H *Devenu sans objet (L. n° 98-1266 du 30 déc. 1998, art. 7-I-1).*

Art. 111 *quater* I Les saisies totales ou partielles pratiquées dans les abattoirs ou dans les établissements agréés de traitement du gibier sauvage par les services d'inspection sanitaire et les exportations ou les expéditions vers les États membres de l'Union européenne ne donnent pas lieu au remboursement de la redevance sanitaire d'abattage.

Art. 111 *quater* J La redevance sanitaire d'abattage mentionnée à l'article 302 *bis* N du code général des impôts est modulée en fonction du classement des établissements ou, le cas échéant, de leurs chaînes d'abattage au regard de la fréquence des contrôles officiels à réaliser, au sens du 1 de l'article 3 du règlement (CE) n° 882/2004 du Parlement européen et du Conseil du 29 avril 2004 relatif aux contrôles officiels effectués pour s'assurer de la conformité avec la législation sur les aliments pour animaux et les denrées alimentaires et avec les dispositions relatives à la santé animale et au bien-être des animaux.

La redevance due pour les abattages réalisés dans les établissements ou sur les chaînes d'abattage classés au 31 décembre de l'année précédente en catégorie A ou B en application de l'article D. 233-15 du code rural et de la pêche maritime est modulée à la baisse. La redevance due pour les abattages réalisés dans les établissements ou sur les chaînes d'abattage classés au 31 décembre de l'année précédente en catégorie D ou E en application de ce même article est modulée à la hausse.

La redevance due pour les abattages ou traitements réalisés dans les établissements ou sur les chaînes d'abattage classés au 31 décembre de l'année précédente en catégorie A ou B en application des articles D. 233-16 ou D. 233-17 du code rural et de la pêche maritime est modulée à la baisse. La redevance due pour les abattages ou traitements réalisés dans les établissements ou sur les chaînes d'abattage classés au 31 décembre de l'année précédente en catégorie C ou D en application de ces mêmes articles est modulée à la hausse.

Le taux de modulation de la redevance est fixé par arrêté conjoint des ministres chargés de l'agriculture et du budget.

En ce qui concerne les tarifs applicables, V. Ann. IV, art. 50 terdecies.

En ce qui concerne les taux de modulation de ces tarifs, V. Arr. du 12 oct. 2012, art. 1er à 4 (JO du 14).

Art. 111 *quater* K *Abrogé par Décr. n° 94-520 du 24 juin 1994, art. 2.*

CHAPITRE V REDEVANCE SANITAIRE DE DÉCOUPAGE

Art. 111 *quater* L La redevance sanitaire de découpage est perçue par le service des impôts auprès des mêmes personnes que la redevance sanitaire d'abattage et conformément aux dispositions de l'article 111 *quater* G.

Elle est assise sur le poids de viande fraîche net, tel qu'il est défini à l'article 111 *quater* LA, constaté lors de la pesée et atténué des abattements prévus au même article. — *V. Ann. IV, art. 50 quaterdecies.*

Art. 111 *quater* LA I. — Pour les animaux des espèces bovine, ovine, caprine et pour ceux des espèces chevaline, asine et leurs croisements ainsi que pour les gibiers ongulés d'élevage ou sauvages, le poids de viande net est celui des quatre quartiers de l'animal abattu, saigné, dépouillé et éviscéré, défalcation faite :

a) De la tête qui doit être enlevée par section au niveau de l'articulation de l'occiput et de la première vertèbre cervicale, la section étant effectuée suivant un plan perpendiculaire au grand axe des vertèbres cervicales ;

b) D'une partie des membres sectionnés à l'articulation du genou pour les antérieurs et à celle du jarret pour les postérieurs ;

c) Des organes contenus dans les cavités thoracique, abdominale et pelvienne mais à l'exclusion des rognons et des graisses de rognons pour les veaux et les ovins ;

d) Des organes génitaux et mammaires ;

e) Pour les gros bovins, du parage des gouttières jugulaires dans la limite d'un kilogramme par animal et des graisses externes des régions dorsales et latérales sans que cette élimination puisse mettre à nu le tissu musculaire.

II. – Pour les animaux de l'espèce porcine, le poids de viande net est celui de l'animal abattu, saigné et éviscéré en carcasse entière ou divisée par le milieu, y compris la tête et les pieds, sans les soies, les sabots, les organes génitaux, la langue, la panne, les rognons et le diaphragme.

Toutefois, les carcasses de porc peuvent être présentées à la pesée avec la langue. Dans ce cas, le poids de viande net constaté à chaud donne lieu à un abattement de 0,5 % qui s'ajoute à celui prévu au V ci-après.

III. – Les volailles s'entendent des coqs, poules, poulets, canards, oies, dindes et pintades, ainsi que des autres oiseaux élevés et abattus comme des animaux domestiques.

Pour les volailles, les lapins domestiques et les gibiers d'élevage ou sauvages autres qu'ongulés, le poids de viande net à retenir est celui de la carcasse découpée ou non.

IV. – Toute partie de l'animal attenant à la carcasse au moment de la pesée est incluse dans le poids de viande net.

V. – Pour les animaux de boucherie et de charcuterie, la pesée doit être effectuée dans l'heure qui suit l'étourdissement de l'animal. Le poids de viande net constaté donne lieu à un abattement de 2,5 % pour les viandes provenant des animaux de l'espèce porcine et de 2 % pour celles provenant des animaux des espèces bovine, ovine et caprine et des espèces chevaline, asine et leurs croisements.

Pour les volailles, le lapin domestique et le gibier d'élevage ou sauvage, la pesée doit être effectuée dans les vingt-quatre heures qui suivent l'abattage ou le traitement pour le gibier sauvage, pour chacun des lots d'animaux abattus ou traités par un même propriétaire ou pour son compte.

Les quantités de viandes nettes reportées sur la déclaration mentionnée à l'article 111 *quater* G sont arrondies au kilogramme le plus voisin. Elles donnent lieu aux abattements ci-après, également arrondis :

a) De 10 % du poids de viande net pour les viandes provenant des animaux de l'espèce porcine pour tenir compte de la tête et des pieds pesés avec la carcasse ;

b) De 5 % du poids de viande net pour les volailles lorsque le foie et le gésier ont été détachés de la carcasse, mais pesés et emballés avec celle-ci.

Art. 111 *quater* M Pour les viandes de volailles, de lapin domestique ou de gibier d'élevage ou sauvage autre qu'ongulé, la redevance sanitaire de découpage n'est pas due sur les carcasses pour lesquelles l'abatteur, le tiers abatteur, la personne qui procède au traitement du gibier sauvage, celle qui réalise des acquisitions intracommunautaires, l'importateur ou le déclarant en douane justifie d'une destination autre qu'un atelier de découpe agréé en application de l'article L. 233-2 du code rural et de la pêche maritime.

Art. 111 *quater* N Les saisies totales ou partielles pratiquées dans les abattoirs ou dans les établissements agréés de traitement du gibier sauvage par les services d'inspection sanitaire et les viandes qui font l'objet d'achats effectués par les organismes d'intervention ne donnent pas lieu à la perception de la redevance sanitaire de découpage.

Art. 111 *quater* O La redevance sanitaire de découpage n'est pas due pour les viandes en carcasse de toutes espèces, les viandes en carcasse, demi-carcasse ou demi-carcasse découpée en un maximum de trois morceaux de gros ou de quartiers des espèces bovine, ovine, caprine, porcine et des espèces chevaline, asine ou leurs croisements ainsi que pour les gibiers ongulés d'élevage ou sauvages qui sont exportées ou expédiées vers les États membres de la Communauté européenne.

Art. 111 *quater* P A l'importation, la redevance sanitaire de découpage est perçue dans les conditions prévues à l'article 111 *quater* R sur les viandes reprises au tableau ci-dessous déclarées pour la mise à la consommation dans le territoire douanier.

NUMÉRO du tarif des douanes	DÉSIGNATION DES MARCHANDISES
Ex 0201	Viandes des animaux domestiques de l'espèce bovine fraîches ou réfrigérées.
Ex 0202	Viandes des animaux domestiques de l'espèce bovine congelées.
Ex 0203	Viandes des animaux domestiques de l'espèce porcine fraîches, réfrigérées ou congelées.
Ex 0204	Viandes des animaux domestiques des espèces ovine, caprine, fraîches, réfrigérées ou congelées.
Ex 0205-00-00	Viandes des animaux domestiques des espèces chevaline, asine, mulassière, fraîches, réfrigérées ou congelées.
Ex 0207	Viandes fraîches, réfrigérées ou congelées des volailles du numéro 0105.
0208	Autres viandes comestibles, fraîches, réfrigérées ou congelées.
0209	Lard sans parties maigres, graisse de porc et graisse de volailles non fondues, frais, réfrigérés, congelés, salés ou en saumure, séchés ou fumés.
Ex 0210	Viandes comestibles des animaux domestiques repris aux numéros 0101 à 0105 inclus, salées ou en saumure, séchées ou fumées.
1501	Saindoux ; autres graisses de porc et graisses de volailles fondues, même pressées ou extraites à l'aide de solvants.
Ex 1601	Saucisses, saucissons et produits similaires de viandes d'animaux domestiques repris aux numéros 0101 à 0105 inclus et préparations alimentaires à base de ces produits.
Ex 1602	Autres préparations et conserves de viandes d'animaux domestiques repris aux numéros 0101 à 0105 inclus.
Ex 1902.20.30	Pâtes alimentaires farcies contenant en poids plus de 20 p. 100 de saucisses, saucissons et produits similaires de viandes d'animaux domestiques repris aux numéros 0101 à 0105 inclus.

Le tarif de la redevance sanitaire de découpage à retenir pour les préparations et conserves de viandes de boucherie, de charcuterie, de volailles *(numéros ex 1601 et ex 1602 du tarif des douanes)*, de lapin domestique et de gibier d'élevage ou sauvage dans la composition desquelles entrent des viandes d'espèces animales différentes est égal à celui prévu pour la viande dont le tarif est le plus faible.

Art. 111 *quater* Q Pour les viandes en provenance des autres États membres de la Communauté européenne, la redevance sanitaire de découpage est perçue dans les conditions prévues à l'article 111 *quater* R sur les viandes en carcasse, demi-carcasse ou demi-carcasse découpée en un maximum de trois morceaux de gros ou quartiers des animaux des expèces bovine, ovine, caprine, porcine et des espèces chevaline, asine ou leurs croisements ainsi que des gibiers ongulés d'élevage ou sauvages, reprises au tableau ci-dessous :

NUMÉRO du tarif des douanes	DÉSIGNATION DES MARCHANDISES
Ex 0201	Viandes des animaux domestiques de l'espèce bovine fraîches ou réfrigérées.
Ex 0202	Viandes des animaux domestiques de l'espèce bovine congelées.
Ex 0203	Viandes des animaux domestiques de l'espèce porcine fraîches, réfrigérées ou congelées.

NUMÉRO du tarif des douanes	DÉSIGNATION DES MARCHANDISES
Ex 0204	Viandes des animaux domestiques des espèces ovine, caprine, fraîches, réfrigérées ou congelées.
Ex 0205-00-00	Viandes des animaux domestiques des espèces chevaline, asine, mulassière, fraîches, réfrigérées ou congelées.
0208	Autres viandes comestibles, fraîches, réfrigérées ou congelées.

Art. 111 *quater* R La redevance prévue aux articles 111 *quater* P et 111 *quater* Q est perçue sur le poids net de la viande, déduction faite du poids des abats et arrondi au kilogramme le plus voisin.

Il est éventuellement affecté d'un abattement de 5 %, également arrondi, pour les volailles dont le foie et le gésier ont été détachés de la carcasse mais pesés et emballés avec celle-ci.

CHAPITRE VI

Art. 111 *quater* S *Dispositions devenues sans objet (L. n° 2000-1208 du 13 déc. 2000, art. 167-1).*

CHAPITRE VII

Art. 111 *quater* T *Devenu sans objet (L. n° 2003-1311 du 30 déc. 2003, art. 28-I-2° et II).*

CHAPITRE VIII REDEVANCE POUR L'AGRÉMENT DES ÉTABLISSEMENTS DU SECTEUR DE L'ALIMENTATION ANIMALE

(Décr. n° 2010-665 du 16 juin 2010)

Art. 111 *quater* U Tout établissement qui prépare, manipule, entrepose ou cède des substances et des produits destinés à l'alimentation des animaux et dont l'activité est soumise à agrément en application de l'article L. 235-1 du code rural et de la pêche maritime doit :

1° Déclarer et acquitter la redevance, selon le cas, sur l'annexe à la déclaration de taxe sur la valeur ajoutée relative au mois de mars ou du premier trimestre pour les redevables qui acquittent cette taxe selon les modalités prévues au 2 de l'article 287 du code général des impôts. Pour les redevables placés sous le régime simplifié d'imposition prévu à l'article 302 *septies* A du même code, la redevance est déclarée et acquittée lors du dépôt de la déclaration mentionnée au 3 de l'article 287 précité ;

2° Abrogé par Décr. n° 2014-1687 du 29 déc. 2014, art. 1er-III-2°.

CHAPITRE IX PRÉLÈVEMENTS SUR LES JEUX ET PARIS

(Décr. n° 2014-549 du 26 mai 2014)

Art. 111 *quater* V Le taux du prélèvement prévu à l'article 302 *bis* ZG du code général des impôts est fixé à 5,3 %.

TITRE DEUXIÈME *BIS* DISPOSITIONS COMMUNES AUX IMPÔTS DIRECTS ET AUX TAXES SUR LE CHIFFRE D'AFFAIRES

CHAPITRE PREMIER RÈGLES APPLICABLES AUX REPRÉSENTANTS FISCAUX *(Décr. n° 2018-1260 du 26 déc. 2018, art. 1er et 2, en vigueur le 1er janv. 2019).*

Art. 111 *quinquies* *(Décr. n° 2018-1260 du 26 déc. 2018, art. 1er et 2, en vigueur le 1er janv. 2019)* Dès lors qu'il est tenu d'accomplir, en application de l'article 1671 du code général des impôts, les obligations incombant à une personne représentée, le représentant unique prévu à l'article 302 *decies* du même code s'acquitte de l'ensemble des obligations incombant à cette même personne auprès du service des impôts des entreprises étrangères de la direction des impôts des non-résidents.

Art. 111 *sexies* à 111 *terdecies* *Devenus sans objet (L. nº 98-1266 du 30 déc. 1998, art. 7-I-1).*

CHAPITRE II RÉCÉPISSÉ DE CONSIGNATION

Art. 111 *quaterdecies* *(Devenu sans objet, Décr. nº 2021-744 du 9 juin 2021, art. 3)* ***Pour l'application de l'article 302 octies du code général des impôts sont considérées comme exerçant une activité lucrative les personnes qui se livrent à la vente d'objets ou marchandises quelconques ou qui effectuent à titre onéreux des prestations de service.***

Art. 111 *quindecies* *(Devenu sans objet, Décr. nº 2021-744 du 9 juin 2021, art. 3)* ***Les personnes visées à l'article 111 quaterdecies doivent, lorsqu'elles n'ont pas en France de domicile ou de résidence fixe depuis plus de six mois, verser au service des impôts de leur choix, avant tout exercice de leur activité, un dépôt non rémunéré dont le montant est fixé par arrêté.*** *— V. Ann. IV, art. 50 quindecies.*

Ce dépôt ouvre droit à la délivrance d'un récépissé qui mentionne l'identité du déposant, sa commune de rattachement, la nature de l'activité qu'il exercera, les moyens d'exploitation ainsi que les identités et domiciles de ses préposés. En outre, il est délivré à chaque préposé une attestation spéciale.

La question de l'adaptation de ces dispositions se pose à la suite de la suppression du titre de circulation (L. nº 69-3 du 3 janv. 1969 abrogée par L. nº 2017-86 du 27 janv. 2017, art. 195).

Art. 111 *sexdecies* *(Devenu sans objet, Décr. nº 2021-744 du 9 juin 2021, art. 3)* ***Les personnes qui demandent la délivrance d'un récépissé de consignation doivent fournir une photographie récente d'elles-mêmes et de leurs préposés. Elles sont tenues de justifier de leur identité et du lieu de leur commune de rattachement ainsi que de l'identité et du domicile ou du lieu de la commune de rattachement de leurs préposés. Lorsque le demandeur est un ressortissant étranger, il doit être en possession d'un titre de séjour valable sur le territoire national.***

V. note ss. art. 111 quindecies.

Art. 111 *septdecies* *(Devenu sans objet, Décr. nº 2021-744 du 9 juin 2021, art. 3)* ***Le récépissé est valable pendant un délai de trois mois à compter de son établissement. Il ne peut être utilisé que par son titulaire, et pour les conditions d'exploitation qui y sont mentionnées.***

Le renouvellement du récépissé donne lieu à dépôt d'une nouvelle consignation.

V. note ss. art. 111 quindecies.

Art. 111 *octodecies* *(Devenu sans objet, Décr. nº 2021-744 du 9 juin 2021, art. 3)* ***Le dépôt prévu à l'article 111 quindecies est restituable aux personnes qui justifient du paiement, de l'exonération ou de la non-exigibilité, pour la totalité de la période de validité du récépissé, de la contribution économique territoriale, de la taxe sur la valeur ajoutée et des taxes assimilées et de l'impôt sur le revenu.***

La demande de restitution est adressée au service des impôts visé à l'article 111 novodecies.

V. note ss. art. 111 quindecies.

Art. 111 *novodecies* *(Devenu sans objet, Décr. nº 2021-744 du 9 juin 2021, art. 3)* ***Les personnes qui n'ont pas en France de domicile ni de résidence fixe depuis plus de six mois doivent accomplir leurs obligations fiscales auprès du service des impôts dont relève la commune à laquelle elles se trouvent rattachées conformément à l'article 7 de la loi nº 69-3 du 3 janvier 1969.***

Lorsque, pour une même commune, il existe plusieurs services des impôts à compétence territoriale déterminée, les obligations fiscales sont accomplies auprès du service désigné par l'administration des impôts.

V. note ss. art. 111 quindecies.

TITRE TROISIÈME CONTRIBUTIONS INDIRECTES ET TAXES DIVERSES

CHAPITRE 0I ALCOOLS, BOISSONS ALCOOLIQUES ET TABACS MANUFACTURÉS

SECTION 0I ENTREPOSITAIRES AGRÉÉS ET OPÉRATEURS AGRÉÉS

Art. 111-00 A (*Abrogé par Décr. n° 2017-1284 du 9 août 2017, art. 1er*) ***Les déchets ou pertes physiquement constatés en cours de fabrication, de transformation et de stockage d'alcools et de boissons alcooliques doivent être inscrits par l'entrepositaire agréé dans la colonne "sorties" de sa comptabilité matières au moment où ils sont constatés, par tarif d'imposition et par produit concerné tel que défini*** (*Décr. n° 2017-698 du 2 mai 2017, art. 3*) ***« aux articles 286 I et 286 J » de l'annexe II au code général des impôts.***

Si ces déchets ou pertes se situent, pour les opérations de fabrication ou de transformation, dans la limite du volume de déduction résultant de l'application du taux annuel prévu à l'article 111-00 B et pour les opérations de stockage, dans la limite du volume de déduction résultant de l'application du taux annuel prévu à l'article 111-00 C, ils ne donnent pas lieu à la perception de droits. La déduction ainsi attribuée s'applique par entrepôt fiscal suspensif de droits d'accises, par type d'opération et selon les distinctions prévues (*Décr. n° 2017-698 du 2 mai 2017, art. 3*) ***« aux articles 286 I et 286 J » de l'annexe II au code général des impôts. Elle ne peut concerner que des déchets et pertes physiquement constatés par l'entrepositaire agréé. Si l'entrepositaire agréé ne constate physiquement aucun déchet ou aucune perte, il ne peut bénéficier de cette déduction.***

Les pertes accidentelles doivent être signalées immédiatement à l'administration. Elles sont inscrites en sorties dans la comptabilité matières. Ces pertes ne font pas l'objet d'une taxation dès lors qu'elles sont admises par l'administration après examen de la demande d'admission en décharge présentée par l'entrepositaire agréé. *— V. App., Décr. n° 2014-1281 du 23 oct. 2014.*

Art. 111-00 B (*Abrogé par Décr. n° 2017-1284 du 9 août 2017, art. 1er*) ***I. — Pour les pertes et déchets physiquement constatés lors des opérations de fabrication ou de transformation d'alcools et de boissons alcooliques antérieures au stockage, l'entrepositaire agréé bénéficie d'une déduction dans la limite des taux annuels figurant au tableau ci-après.***

CATÉGORIES DE PRODUITS	TAUX ANNUEL DE PERTES ou de déchets à l'élaboration	TAUX ANNUEL DE PERTES ou de déchets au conditionnement, à l'exception des vins mousseux élaborés selon la méthode traditionnelle
Vins finis (après fermentation) et cidre (après dépectinisation).	*1,5 % sur les volumes de produits alcooliques mis en œuvre.*	*0,7 % sur les quantités conditionnées.*
Spiritueux : *– élaboration par distillation, macération, infusion... ;* *– opérations liées à la transformation.*	*5 % sur les volumes de produits alcooliques mis en œuvre.* *1 % sur les volumes de produits alcooliques mis en œuvre.*	*0,7 % sur les quantités conditionnées.*

CATÉGORIES DE PRODUITS	TAUX ANNUEL DE PERTES ou de déchets à l'élaboration	TAUX ANNUEL DE PERTES ou de déchets au conditionnement, à l'exception des vins mousseux élaborés selon la méthode traditionnelle
Produits intermédiaires :		
– élaboration par mutage ;	*1,5 % sur les volumes de produits alcooliques mis en œuvre.*	*0,7 % sur les quantités conditionnées.*
– opérations liées à la transformation.	*1 % sur les volumes de produits alcooliques mis en œuvre.*	
Alcools :		
– élaboration par distillation ;	*3,25 % sur les volumes de produits alcooliques mis en œuvre.*	*0,7 % sur les quantités conditionnées.*
– opérations liées à la transformation ;	*1 % sur les volumes de produits alcooliques mis en œuvre.*	
– dénaturation ;	*1,25 % sur les volumes de produits alcooliques mis en œuvre.*	
– déshydratation.	*0,7 % sur les volumes de produits alcooliques mis en œuvre.*	

II. – Par dérogation au I, et à l'exclusion des taux prévus en raison des opérations liées à la transformation, un entrepositaire agréé peut proposer à l'administration des taux de pertes ou de déchets supérieurs si son processus de fabrication, de transformation ou de conditionnement le justifie.

Dans ce cas, il soumet au directeur régional des douanes et droits indirects dans le ressort territorial duquel se trouve l'entrepôt fiscal d'accises concerné le taux de pertes ou de déchets réel encouru selon les modalités fixées ci-après. Cette mesure s'applique en outre aux entrepositaires agréés producteurs d'arômes alcooliques et aux régénérateurs d'alcools. L'entrepositaire agréé transmet au directeur régional des douanes et droits indirects une demande de fixation d'un taux annuel de pertes ou de déchets qui comporte les renseignements suivants :

a) Nom ou raison sociale et adresse du requérant ;

b) Activité économique de la société du requérant ;

c) Numéro d'accises ou d'identification du requérant ;

d) Adresse des entrepôts fiscaux d'accises ;

e) Estimation des quantités, espèces et qualités des matières premières mises en œuvre, entre deux arrêtés annuels de la comptabilité matières, pour la fabrication, la transformation ou le conditionnement d'alcools et de boissons alcooliques et quantités de ces produits obtenues ou conditionnées exprimées en volume d'alcool pur, s'il s'agit d'alcool, ou en volume effectif, s'il s'agit de produits intermédiaires ou de produits mentionnés à l'article 438 du code général des impôts, ou en volume effectif par degré alcoométrique, s'il s'agit de bières ;

f) Description détaillée des procédés et techniques de fabrication, de transformation ou de conditionnement d'alcools et de boissons alcooliques ;

g) Proposition d'un taux annuel de pertes ou de déchets pour chaque alcool ou boisson alcoolique fabriqué, transformé ou conditionné permettant d'évaluer la quantité d'alcool ou de boisson alcoolique effectivement obtenue ou effectivement conditionnée à partir d'une quantité déterminée de matières premières ;

h) Date et lieu d'établissement de la demande et signature du requérant appuyée du cachet de son entreprise.

Le directeur régional des douanes et droits indirects statue sur la demande après avoir reçu, le cas échéant, l'avis du laboratoire des douanes et droits indirects compétent. Si cela s'avère nécessaire, ledit laboratoire fait prélever contradictoirement trois échantillons représentatifs des alcools ou boissons alcooliques fabriqués, transformés ou conditionnés aux fins d'analyse et se déplace dans les entrepôts fiscaux d'accises du requérant pour expertiser les conditions de fabrication, de transformation ou de conditionnement.

La décision du directeur régional des douanes et droits indirects fixant un taux annuel de pertes ou de déchets est transmise au requérant. Si le directeur régional des douanes et droits indirects fixe un taux annuel de pertes ou de déchets différent de celui figurant dans la demande, sa décision doit être motivée. Ce taux est reconduit pour l'exercice suivant si les conditions de fabrication, de transformation ou de conditionnement dans l'entrepôt fiscal d'accises de l'entrepositaire agréé sont inchangées.

III. — Si les conditions de fabrication, de transformation ou de conditionnement mentionnées au II sont modifiées, le taux annuel de pertes ou de déchets peut être révisé chaque année par le directeur régional des douanes et droits indirects qui l'a fixé. La demande est effectuée dans les mêmes conditions que pour la fixation du taux initial. La révision est effectuée à l'issue de l'arrêté annuel de la comptabilité matières du déclarant.

IV. — Tout changement ou toute modification des procédés de fabrication, de transformation ou de conditionnement, susceptible d'avoir des conséquences sur le taux annuel de pertes ou de déchets, doit être porté sans délai à la connaissance du directeur régional des douanes et droits indirects mentionné au II par l'entrepositaire agréé.

V. — Sur les alcools employés au mutage, il est accordé aux entrepositaires agréés fabriquant des mistelles une déduction maximum fixée à 3 % pour la fabrication des mistelles blanches et 5 % pour la fabrication de mistelles rouges, pour couvrir les déchets de fabrication. — V. App., Décr. n° 2014-1281 du 23 oct. 2014.

Art. 111-00 C (Abrogé par Décr. n° 2017-1284 du 9 août 2017, art. 1er) *Pour les pertes et déchets physiquement constatés lors des opérations de stockage d'alcools et de boissons alcooliques, l'entrepositaire agréé bénéficie d'une déduction dans la limite des taux annuels figurant au tableau ci-après. La déduction est calculée et appliquée par produit concerné tel que défini* (Décr. n° 2017-698 du 2 mai 2017, art. 3) *« aux articles 286 I et 286 J » de l'annexe II au code général des impôts et par type de stockage identifié en tant que tel.*

	STOCKAGE SOUS BOIS	STOCKAGE en cuves étanches	STOCKAGE après conditionnement
Vins et cidres	*4,5 % sur le stock moyen*	*0,7 % sur le stock moyen*	*0,3 % sur les quantités sorties*
Produits intermédiaires	*5 % sur le stock moyen*	*0,7 % sur le stock moyen*	*0,3 % sur les quantités sorties*
Spiritueux	*6 % sur le stock moyen*	*1,5 % sur le stock moyen*	*0,3 % sur les quantités sorties*
Rhums (DOM)	*8 % sur le stock moyen*	*3 % sur le stock moyen*	*0,3 % sur les quantités sorties*
Alcools	*6 % sur le stock moyen*	*1,5 % sur le stock moyen*	*0,3 % sur les quantités sorties*

Pour les vins mousseux élaborés selon la méthode traditionnelle, l'entrepositaire agréé applique un taux de pertes global maximum de 1,5 % aux volumes de vin élaboré en bouteilles.

Pour les eaux-de-vie de fruits stockées en cuves étanches ouvertes, le taux annuel de pertes maximum est fixé à 2,5 % sur le stock moyen.

Pour la bière, le taux annuel de pertes maximum est fixé à 1 % sur les quantités sorties.

Pour les arômes, le taux annuel de pertes maximum est fixé à 1,25 % sur les quantités sorties.

Le stock moyen est obtenu en additionnant les résultats des balances journalières des comptes des entrées et des sorties. Ce stock peut être aussi obtenu en additionnant les soldes mensuels reportés chaque mois dans la comptabilité matières depuis le dernier arrêté annuel. Ces résultats sont éventuellement corrigés de ceux des recensements réalisés par l'administration et reportés dans la comptabilité matières. Le solde moyen est alors obtenu en divisant ce total par le nombre de mois écoulés depuis le dernier arrêté annuel.

Art. 111-00 D Les destructions d'alcool et de boissons alcooliques en suspension de droits doivent faire l'objet d'une demande préalable de l'entrepositaire agréé. La demande est formulée par écrit et doit parvenir au service des douanes au plus tard trois jours ouvrables avant la date de réalisation de l'opération. La demande précise la date, l'heure, le motif justifiant la destruction et le lieu de la destruction ou de l'envoi sur un site de destruction ainsi que la nature et le volume des produits par tarif d'imposition et par produit concerné tel que défini *(Décr. nº 2017-698 du 2 mai 2017, art. 3)* « aux articles 286 I et 286 J » de l'annexe II du code général des impôts. L'exonération des droits d'accises est acquise pour les produits et volumes reconnus par l'administration. En l'absence de réponse de l'administration ou en l'absence du service lors de l'opération de destruction ou lors de l'envoi sur le site de destruction, l'exonération des droits d'accises est acquise pour les produits et volumes repris sur la demande de destruction. Les produits détruits sont inscrits en sortie dans la comptabilité matières.

Art. 111-0 A Sans préjudice des dispositions de l'article 502 du code général des impôts, les niveaux mentionnés au 3° du I de l'article 302 G dudit code sont égaux ou supérieurs à :

a) 10 litres pour les alcools et les boissons spiritueuses ;

b) 20 litres pour les produits intermédiaires ;

c) 90 litres pour les vins et autres produits fermentés, dont 60 litres pour les vins mousseux ;

d) 60 litres pour les vins mousseux ;

e) 110 litres pour les bières.

Art. 111-0 B I. – Les entrepositaires agréés mentionnés à l'article 302 G du code général des impôts et les destinataires enregistrés mentionnés à l'article 302 H *ter* du même code bénéficient respectivement de la dispense de caution prévue au 2 du III de l'article 302 D et au premier alinéa du I de l'article 302 H *ter* du code précité lorsque les droits d'accise dont ils sont redevables n'excèdent pas un montant annuel de *(Décr. nº 2021-744 du 9 juin 2021, art. 3)* « 21 344 € *[ancienne rédaction : 21 154 €]* ». Ce montant est relevé au 1er janvier de chaque année dans une proportion égale au taux de croissance de l'indice des prix à la consommation hors tabac de l'avant-dernière année. Il est arrondi à l'euro le plus proche, la fraction d'euro égale à 0,50 est comptée pour 1. Ce relèvement ne peut excéder 1,75 %.

Le montant annuel mentionné au premier alinéa s'entend de la moyenne annuelle des opérations taxables réalisées au cours des deux dernières années civiles par les entrepositaires agréés et les destinataires enregistrés. Pour les entrepositaires agréés acquittant les droits en une échéance annuelle unique, la moyenne annuelle s'entend des opérations taxables réalisées au cours des deux dernières années à la date de l'échéance fixée au 4 du III de l'article 302 D du code général des impôts.

Lorsque les entrepositaires agréés et les destinataires enregistrés justifient d'une période limitée d'exercice de leur profession comprise entre huit et vingt trois mois inclus, ce montant s'entend de la moyenne annuelle des opérations taxables établie en prenant en compte la période d'activité écoulée au terme de la dernière année civile. Dans cette hypothèse, le montant des opérations taxables, arrêté au 31 décembre de l'année écoulée, est converti en base annuelle. Lorsque cette période d'exercice est inférieure à huit mois, ce montant est estimé par l'administration fiscale à partir des opérations taxables qu'elles envisagent de réaliser sur une période de douze mois à compter du démarrage de leur activité, information qu'elles communiquent à l'administration.

II. — Les entrepositaires agréés qui détiennent, en régime de suspension de droits d'accise, dans un entrepôt suspensif de ces droits, les produits mentionnés au 1° du I de l'article 302 G du code général des impôts bénéficient de la dispense de caution prévue au 3° du deuxième alinéa du V de ce même article, lorsque les droits d'accise suspendus, appréciés sur la base du stock mensuel maximal enregistré au cours de la dernière année civile, n'excèdent pas le montant mentionné au premier alinéa du I. Ce montant est relevé dans les mêmes conditions que celles mentionnées au premier alinéa du I.

Lorsque ces personnes ne peuvent justifier d'une année d'exercice de leur profession, ce montant est estimé par l'administration fiscale à partir du stock mensuel maximal des produits fiscalisés qu'elles envisagent de détenir sur une période de douze mois à compter du démarrage de leur activité, information qu'elles communiquent à l'administration.

Ancien art. 111-0 B *Les entrepositaires agréés et les destinataires enregistrés mentionnés respectivement aux articles 302 G et 302 H ter du code général des impôts bénéficient de la dispense de caution prévue au 2 du III de l'article 302 D et au premier alinéa du I de l'article 302 H ter du code précité à condition que les droits d'accise dont ils sont redevables n'excèdent pas, en valeur annuelle, deux fois et demie le montant du droit de consommation fixé au 2° du I de l'article 403 du même code.*

La valeur mentionnée au premier alinéa s'entend de la moyenne annuelle des opérations taxables réalisées par les entrepositaires agréés et les destinataires enregistrés au cours des deux dernières années civiles.

Lorsque les personnes citées au premier alinéa ne peuvent justifier de deux années d'exercice de leur profession, la valeur s'entend de la moyenne annuelle des opérations taxables, établie en prenant en compte la période d'activité écoulée au terme de la dernière année civile. Toutefois, lorsque cette période est inférieure à huit mois, aucune dispense de caution ne peut être accordée.

Art. 111-0 C La décision autorisant la dispense de caution est notifiée à l'entrepositaire agréé ou au destinataire enregistré par le comptable des douanes.

Les entrepositaires agréés et les destinataires enregistrés qui ne remplissent plus les conditions d'obtention de la dispense de caution prévue au I de l'article 111-0 B sont tenus de fournir, dans le délai d'un mois suivant la fin de l'année en cours, une caution solidaire garantissant le paiement des droits dus, conformément au 2 du III de l'article 302 D et au premier alinéa du I de l'article 302 H *ter* du code général des impôts.

Pour les entrepositaires agréés qui acquittent les droits en une échéance annuelle unique, le délai d'un mois court à compter de la date de l'échéance fixée au 4 du III de l'article 302 D du code général des impôts.

Les entrepositaires agréés qui ne remplissent plus les conditions d'obtention de la dispense de caution prévue au II de l'article 111-0 B sont tenus de fournir, dans le délai d'un mois à compter du dépassement du seuil de la dispense, une caution solidaire garantissant le paiement des droits dus, conformément au premier alinéa du V de l'article 302 G du code général des impôts.

L'inobservation des dispositions des deuxième, troisième et quatrième alinéas est passible du retrait de l'agrément prévu au sixième alinéa du V de l'article 302 G et au quatrième alinéa du I de l'article 302 H *ter* du code précité.

Ancien art. 111-0 C *La décision autorisant la dispense de caution est notifiée à l'entrepositaire agréé ou au destinataire enregistré par le receveur des douanes territorialement compétent.*

Les personnes mentionnées au premier alinéa qui ne remplissent plus les conditions d'obtention de la dispense prévue à l'article 111-0 B sont tenues, dans le délai d'un mois, de fournir une caution solidaire garantissant le paiement des droits dus, conformément aux dispositions du 2 du III de l'article 302 D et du premier alinéa du I de l'article 302 H ter du code général des impôts.

L'inobservation des dispositions du deuxième alinéa entraîne le retrait de l'agrément prévu aux articles 302 G et 302 H ter du code précité.

Art. 111-0 D I. — La dispense de caution prévue au 2° du deuxième alinéa du V de l'article 302 G du code général des impôts s'applique aux producteurs de vin qui, cumulativement, et en moyenne calculée sur une période de trois ans, produisent moins de 1 000 hectolitres de vin par an et expédient en régime de suspension de droits à destination d'un autre État membre moins de 1 000 hectolitres de vin par an.

La période mentionnée au premier alinéa s'entend des trois années d'activité de vin écoulées à la date du dépôt de la déclaration annuelle de récolte prévue par l'article 407 du code général des impôts. Lorsque cette période est inférieure à trois ans, aucune dispense de caution ne peut être accordée.

II. – Le producteur de vin dispensé de caution dans les conditions fixées au I doit justifier de la qualité d'entrepositaire agréé prévue au 1° du I de l'article 302 G du code général des impôts. Il est en outre tenu au paiement des droits exigibles en cas de non-apurement des documents d'accompagnement qu'il a souscrits, en application de l'article 302 P du même code.

III. – La décision autorisant la dispense de caution est notifiée au producteur de vin par le comptable des douanes.

IV. – Le producteur de vin qui ne remplit plus les conditions de la dispense prévue au I est tenu, dans le délai d'un mois suivant la date de dépôt de sa dernière déclaration annuelle de récolte, de fournir une caution solidaire garantissant le paiement des droits dus, conformément aux dispositions du premier alinéa du V de l'article 302 G du code général des impôts.

L'inobservation par les producteurs de vin concernés des dispositions du premier alinéa est passible du retrait de l'agrément prévu au sixième alinéa du V de l'article 302 G.

V. – Les entrepositaires agréés mentionnés à l'article 302 G du code général des impôts qui expédient sur le territoire national en régime de suspension de droits d'accise des produits mentionnés au 1° du I de cet article bénéficient de la dispense de caution prévue au 3° du deuxième alinéa du V de ce même article, lorsque les droits d'accise suspendus n'excèdent pas le montant mentionné au premier alinéa du I de l'article 111-0 B. Ce montant est relevé dans les mêmes conditions que celles mentionnées au premier alinéa du I du même article.

Le montant annuel mentionné au premier alinéa s'entend de la moyenne annuelle des droits suspendus appréciés à partir des expéditions nationales réalisées en régime de suspension de droits par les entrepositaires agréés au cours des deux dernières années civiles.

Lorsque les entrepositaires agréés justifient d'une période limitée d'exercice de leur profession comprise entre huit et vingt-trois mois inclus, ce montant s'entend de la moyenne annuelle des droits suspendus appréciés à partir des expéditions nationales réalisées en régime de suspension de droits établie en prenant en compte la période d'activité écoulée au terme de la dernière année civile. Dans cette hypothèse, le montant des droits suspendus, arrêté au 31 décembre de l'année écoulée, est converti en base annuelle. Lorsque cette période d'exercice est inférieure à huit mois, ce montant est estimé par l'administration fiscale à partir des expéditions nationales qu'elles envisagent de réaliser en régime de suspension de droits sur une période de douze mois à compter du démarrage de leur activité, information qu'elles communiquent à l'administration.

VI. – La décision autorisant la dispense de caution est notifiée à l'entrepositaire agréé par le comptable des douanes.

L'entrepositaire agréé qui ne remplit plus les conditions d'obtention de la dispense prévue au V est tenu, dans le délai d'un mois suivant la fin de l'année en cours, de *fournir une caution* solidaire garantissant le paiement des droits dus, conformément au premier alinéa du V de l'article 302 G du code général des impôts.

L'inobservation des dispositions du deuxième alinéa est passible du retrait de l'agrément prévu au sixième alinéa du V de l'article 302 G.

SECTION 01 *BIS* MODALITÉS D'EXONÉRATION DES DROITS D'ACCISES SUR LES ALCOOLS ET LES BOISSONS ALCOOLIQUES

(Décr. n° 2005-758 du 4 juill. 2005)

Art. 111-0 E I. – Pour l'application des I et II de l'article 302 D *bis* du code général des impôts, le fournisseur d'alcools et de boissons alcooliques, ci-après dénommé "fournisseur", à savoir la personne qui fabrique, importe, réalise des acquisitions intracommunautaires ou détient ces produits qu'elle a reçus ou achetés et qui sont destinés à la réexpédition ou à la revente en l'état, doit :

1° Exercer son activité en tant qu'entrepositaire agréé, dans les conditions prévues à l'article 302 G du code général des impôts ;

2° Conserver, selon le cas, la copie de l'exemplaire de la déclaration préalable de profession des intermédiaires mentionnés au 2° du II ou des utilisateurs d'alcools et de boissons alcooliques définis à l'article 111-0 F, que ces intermédiaires ou utilisateurs lui ont transmise, pour être présentée à toute réquisition des agents des douanes et droits indirects ;

3° Tenir une liste récapitulative des personnes auxquelles il livre des alcools et des boissons alcooliques, dénommée "liste clients". Le fournisseur doit justifier, à toute réquisition des agents des douanes et droits indirects et par tout moyen ou document, que les livraisons qu'il a réalisées sous le régime de l'exonération de droits d'accises ont été effectuées à destination d'une personne dûment autorisée ;

4° Expédier les alcools et les boissons alcooliques sous couvert, selon le cas, du document d'accompagnement mentionné à l'article 302 M du code général des impôts ou d'un document économique ci-après mentionné aux *a* et *c* :

a. Le fournisseur établit à l'attention des utilisateurs définis à l'article 111-0 F le document d'accompagnement mentionné au II de l'article 302 M du code général des impôts ou un document économique. Outre le numéro d'identification de l'utilisateur figurant sur la déclaration préalable de profession mentionnée au 2° et les informations prescrites par le règlement (CEE) n° 3649/92 de la Commission du 17 décembre 1992, le fournisseur indique :

— lorsqu'il utilise le formulaire type figurant en annexe du règlement susmentionné, la mention : "Produits exonérés (art. 302 D *bis* du CGI)" ;

— lorsqu'il utilise le document commercial en lieu et place du formulaire type tel que prévu par ledit règlement, en intitulé, les mentions : "Communauté européenne" et "Document commercial simplifié d'accompagnement pour le contrôle fiscal des produits soumis à accises en régime d'exonération de droits" ;

b. Le numéro d'identification figurant sur la déclaration préalable de profession mentionnée au 2° ci-dessus doit être indiqué sur le document d'accompagnement mentionné au I de l'article 302 M du code général des impôts destiné à un intermédiaire mentionné au 2° du II ;

c. Lorsqu'il utilise un document économique, outre le numéro d'identification de l'utilisateur ou de l'intermédiaire figurant sur la déclaration préalable de profession mentionnée au 2°, le fournisseur indique la mention : "Produits exonérés (art. 302 D *bis* du CGI)" ainsi que la nature du produit qui justifie l'exonération ;

d. Le document d'accompagnement n'est pas exigé lors du transport, au sein du territoire fiscal de la France métropolitaine et des départements d'outre-mer, des échantillons visés au *e* du II de l'article 302 D *bis* du même code, sous réserve qu'il puisse être justifié de leur situation régulière au moyen d'une marque spécifique, comportant l'indication "ÉCHANTILLON" portée sur les récipients contenant les produits ou sur les documents économiques les accompagnant ;

5° Conserver les documents visés aux 2° à 4° et les pièces justificatives, selon les modalités fixées à l'article L. 102 B du livre des procédures fiscales.

II. — S'agissant des cas visés au *d* du II de l'article 302 D *bis* du code général des impôts propres au secteur des préparations alimentaires à usage humain, outre les formalités et obligations fixées au I du présent article :

1° Le fournisseur qui fabrique, importe ou réalise des acquisitions intracommunautaires d'alcools et de boissons alcooliques doit revêtir les récipients d'une marque comportant l'une des deux indications suivantes :

"Usage réservé aux professionnels pour les préparations alimentaires » ou « Destiné à la fabrication de denrées alimentaires et non à la vente au détail".

La marque doit être indélébile, facilement lisible et visible dans les conditions habituelles de présentation. L'apposition de cette marque doit être effectuée de telle manière que son retrait éventuel ou sa réutilisation soit impossible ;

2° Le fournisseur qui reçoit ou achète des alcools et des boissons alcooliques dans des récipients revêtus de la marque visée au 1° ci-dessus et qui sont destinés à la réexpédition ou à la revente en l'état, dénommé "intermédiaire", doit faire une déclaration

préalable de profession en justifiant de son identité et de son activité auprès du service des douanes et droits indirects dont il dépend afin que celui-ci lui attribue un numéro d'identification.

Tout refus d'attribution d'un numéro d'identification par l'administration des douanes et droits indirects est motivé et notifié au déclarant.

L'intermédiaire communique au fournisseur défini au I une copie de l'exemplaire de la déclaration préalable de profession.

L'intermédiaire est tenu de faire savoir au service des douanes et droits indirects dont il dépend tout changement ou modification intervenant dans son activité, en établissant une nouvelle déclaration préalable de profession.

Il appartient à l'intermédiaire d'informer son fournisseur de l'attribution d'un nouveau numéro d'identification, en cas de changement ou modification de son activité, et de lui transmettre, le cas échéant, une copie de l'exemplaire de la déclaration préalable de profession.

Un arrêté du ministre de l'économie, des finances et de l'industrie et du ministre chargé du budget fixe les modèles, les conditions et modalités d'application du 3° du I et du 2° du II de l'art. 111-0 E, du 1° du I de l'art. 111-0 F, du 2° de l'art. 111-0 G et des 1° et 2° de l'art. 111-0 H de l'annexe III (Décr. n° 2005-758 du 4 juill. 2005, art. 2).

V. Ann. IV, art. 50-0 G à 50-0 I : modalités et conditions de tenue de la liste clients par les fournisseurs, d'établissement de la déclaration préalable de profession par les intermédiaires et les utilisateurs et de tenue de la comptabilité matières pour certains d'entre eux dans le cadre du dispositif d'exonération des droits d'accises sur les alcools et les boissons alcooliques.

Art. 111-0 F **I. – Pour l'application du III de l'article 302 D *bis* du code général des impôts, l'opérateur qui veut bénéficier des exonérations prévues au I et au II de cet article ou qui veut se livrer au commerce des alcools totalement dénaturés mentionnés au *a* du I dudit article, dénommé « utilisateur », doit :**

1° Faire une déclaration préalable de profession en justifiant de son identité et de son activité auprès du service des douanes et droits indirects territorialement compétent afin que celui-ci attribue un numéro d'identification.

Tout refus d'attribution d'un numéro d'identification par l'administration des douanes et droits indirects est motivé et notifié au déclarant.

L'utilisateur est tenu de faire savoir au service des douanes et droits indirects dont il dépend tout changement ou modification intervenant dans son activité, en établissant une nouvelle déclaration préalable de profession ;

2° Communiquer, selon le cas, au fournisseur ou à l'intermédiaire défini à l'article 111-0 E, une copie de l'exemplaire de la déclaration préalable de profession indiquant le numéro d'identification mentionné au 1° ci-dessus ;

3° Conserver les documents d'accompagnement mentionnés au 4° du I de l'article 111-0 E et les pièces justificatives, selon les modalités fixées à l'article L. 102 B du livre des procédures fiscales.

Le numéro d'identification est retiré par l'administration des douanes et droits indirects qui l'a délivré, en cas de manquements de son titulaire aux dispositions législatives et réglementaires concernant l'exonération des droits sur l'alcool et les boissons alcooliques dans les cas prévus à l'article 302 D *bis* du code général des impôts ou de changement de son activité ne permettant plus le bénéfice de cette exonération. La décision de retrait du numéro d'identification est motivée et notifiée à l'intéressé.

***Il appartient à l'utilisateur* d'informer ses fournisseurs du retrait de son numéro d'identification ou de l'attribution d'un nouveau numéro d'identification, en cas de changement ou modification de son activité, et de leur transmettre, le cas échéant, une copie de l'exemplaire de la déclaration préalable de profession.**

II. – L'utilisateur d'alcools et de boissons alcooliques, à savoir la personne qui reçoit ces produits pour les utiliser aux fins et dans les cas prévus au *b* du I et au II de l'article 302 D *bis* du code général des impôts, et outre les formalités et obligations prévues au I, doit :

1° Produire à l'appui de la déclaration préalable de profession mentionnée au 1° du I, lorsqu'il utilise des alcools et des boissons alcooliques dans les conditions fixées au *b* du I et aux *a* à *d*, *h* et *i* du II de l'article 302 D *bis* du code général des impôts, selon le cas, tout document sur la nature et la composition détaillée des produits fabriqués,

les procédés et techniques de fabrication, une estimation des taux moyens de déchets ainsi que le procédé de dénaturation utilisé ;

2° Justifier que les quantités d'alcools et de boissons alcooliques qu'il a reçues correspondent effectivement aux besoins réels et normaux de sa profession ou de son activité économique et de l'utilisation de ces quantités aux fins et dans les conditions prévues à l'article 302 D *bis* du code général des impôts, par tout moyen ou document et notamment par la production d'échantillons de produits obtenus à partir d'alcools et de boissons alcooliques ou de notices décrivant ces produits, par la communication des procédés et techniques de fabrication ou par la présentation de ses procédures et de ses méthodes de contrôle interne de la qualité ;

3° S'il est débitant de boissons, stocker les récipients revêtus de la marque visée au 1° du II de l'article 111-0 E de manière distincte de ceux qu'il reçoit dans le cadre de son activité de débitant de boissons.

Art. 111-0 G Dans les cas prévus au *b* du I et aux *b* à *i* du II de l'article 302 D *bis* du code général des impôts, en plus des formalités et obligations fixées à l'article 111-0 F, et dès lors qu'ils reçoivent annuellement dans des quantités supérieures ou égales pour les alcools à 100 litres et 500 litres pour des boissons alcooliques, quantités exprimées en volume effectif, les utilisateurs doivent tenir une comptabilité matières des produits qu'ils reçoivent et qu'ils utilisent.

1° La comptabilité matières est constituée :

a. D'un compte principal décrivant les réceptions et les détentions d'alcool et de boissons alcooliques ;

b. D'un compte de fabrication de produits.

2° Les quantités d'alcools et boissons alcooliques sont exprimées en volume d'alcool pur, s'il s'agit d'alcools, en volume effectif, s'il s'agit de produits intermédiaires ou de produits mentionnés à l'article 438 du code général des impôts, ou en volume effectif par degré alcoométrique, s'il s'agit de bières.

La comptabilité matières comprend les renseignements suivants :

a. Dans la colonne "Entrées" du compte principal doivent figurer les quantités d'alcool ou de boissons alcooliques reçues et détenues par l'utilisateur ;

b. Dans la colonne "Sorties" du compte principal, doivent figurer les quantités d'alcool ou de boissons alcooliques destinées à être mises en œuvre ;

c. Dans la colonne "Entrées" du compte de fabrication et pour chaque produit fabriqué doivent figurer les quantités d'alcools et de boissons alcooliques mises en œuvre ;

d. Dans la colonne "Sorties" du compte de fabrication doivent figurer les quantités de produits fabriqués et la teneur en alcool de ces produits.

3° La comptabilité matières est tenue, par exercice comptable, sur un livre aux pages numérotées, jour par jour, sans blanc ni rature, ou selon une procédure informatisée, dans les conditions et selon les modalités prévues à l'article 50-00 D de l'annexe IV au code général des impôts.

Les inscriptions sur la comptabilité matières doivent être faites au plus tard le jour ouvrable qui suit le jour de la réalisation de l'opération constituant une entrée ou une sortie selon les dispositions du 2°.

4° La comptabilité matières et les pièces justificatives doivent être conservées selon les modalités prévues à l'article L. 102 B du livre des procédures fiscales, pour être présentées à toute réquisition des agents des douanes et droits indirects.

Art. 111-0 H S'agissant du cas prévu au *a* du II de l'article 302 D *bis* du code général des impôts, les personnes qui produisent du vinaigre en tant qu'utilisateurs doivent, en plus des formalités et obligations fixées à l'article 111-0 F :

1° Tenir une comptabilité matières des alcools et boissons alcooliques qu'elles reçoivent et qu'elles mettent en œuvre, comptabilité matières constituée d'un compte principal retraçant les réceptions et les détentions de produits ainsi que les produits issus de leur *transformation en dilutions* acéto-alcooliques.

La comptabilité matières des fabricants de vinaigre doit contenir une colonne "Entrées" et une colonne "Sorties", comme ci-après :

a. Dans la colonne "Entrées" du compte principal doivent figurer les quantités de produits ou de toutes autres matières premières et leur richesse alcoolique effective, reçues et détenues par l'utilisateur ;

b. Dans la colonne "Sorties" du compte principal doivent figurer les quantités de produits qui ont été mises en œuvre pour la fabrication de vinaigre ;

2° Pour les fabricants de vinaigre qui reçoivent et utilisent des produits vitivinicoles régis par le règlement (CE) n° 1493/1999 du Conseil du 17 mai 1999 portant organisation commune du marché vitivinicole, transmettre au service des douanes et droits indirects territorialement compétent, au plus tard le dixième jour de chaque mois, une déclaration récapitulant :

a. Les quantités de produits vitivinicoles qui ont été mises en œuvre pour la fabrication de vinaigre au cours du mois précédent ;

b. Le total des quantités de produits vitivinicoles qui ont été mises en œuvre depuis le début de la campagne, excepté les quantités définies au *a* ;

c. Le total des quantités de produits vitivinicoles définies au *a* et au *b* ;

3° La comptabilité matières est tenue, par exercice comptable, sur un livre aux pages numérotées, jour par jour, sans blanc ni rature, ou selon une procédure informatisée, dans les conditions et selon les modalités prévues à l'article 50-00 D de l'annexe IV au code général des impôts.

Les inscriptions sur la comptabilité matières doivent être faites au plus tard le jour ouvrable qui suit le jour de la réalisation de l'opération constituant une entrée ou une sortie selon les dispositions du 1°.

Art. 111-0 HA Les alcools, boissons alcooliques et tabacs manufacturés ne peuvent être réintroduits sur le territoire de l'Union européenne par les voyageurs que dans les limites et conditions qui leur sont applicables.

Les voyageurs sont tenus de déclarer ces produits à l'administration des douanes et droits indirects lors de leur importation. Ils acquittent les droits d'accises afférents à ces produits pour la part excédant les limites mentionnées ci-dessus.

Art. 111-0 HB I. – Les voyageurs qui se rendent par la voie aérienne ou maritime à destination d'un autre État membre de l'Union européenne peuvent acquérir, en droits acquittés, des alcools, boissons alcooliques et tabacs manufacturés dans les comptoirs de vente.

A l'occasion de leur achat dans un comptoir de vente, les voyageurs présentent leur titre de transport indiquant leur destination finale.

II. – Les membres d'équipage de l'aéronef ou du navire peuvent acquérir des produits exonérés de droits d'accises vendus dans les comptoirs de vente sous réserve de présenter, lors de leur achat, un ordre de mission attestant que le lieu de destination se situe en dehors du territoire de l'Union européenne. Les membres d'équipage d'un moyen de transport à destination d'un État membre de l'Union européenne acquièrent les produits soumis à accises en droits acquittés.

III. – Lors de la vente, l'entrepositaire agréé établit un document commercial, dont un exemplaire est remis à l'acheteur. Ce document comporte notamment la nature et le volume des produits vendus, l'identité de l'acheteur et sa destination finale ainsi que le statut fiscal des produits vendus mentionnant le paiement ou non des droits d'accises.

Les informations devant figurer sur ce document commercial sont précisées par arrêté du ministre chargé du budget. – *V. Ann. IV, art. 50-0 BC.*

Ce document commercial est conservé dans les conditions et selon les modalités fixées à l'article L. 102 B du livre des procédures fiscales.

Art. 111-0 HC *Les voyageurs* à destination d'un État membre de l'Union européenne peuvent acquérir les alcools, boissons alcooliques et tabacs manufacturés en droits acquittés dans les boutiques de vente à bord.

La vente à bord en exonération des droits d'accises n'a lieu que pendant la navigation.

A l'occasion des ventes à bord, le responsable de la boutique de vente à bord établit un document commercial, dont un exemplaire est remis à l'acheteur. Ce document comporte la nature et le volume des produits vendus ainsi que leur statut fiscal.

Les informations devant figurer sur ce document commercial sont précisées par arrêté du ministre chargé du budget. – *V. Ann. IV, art. 50-0 BC.*

Pour les produits vendus en droits acquittés à bord des navires n'effectuant que des navigations intracommunautaires, le document commercial peut ne pas spécifier le nom du voyageur et le lieu de destination figurant sur son titre de transport. Il précise la liaison maritime en cause.

Ce document commercial est conservé dans les conditions et selon les modalités fixées à l'article L. 102 B du livre des procédures fiscales.

Art. 111-0 HD Pour l'application du 3° de l'article 302 F *bis* du code général des impôts, la navigation maritime est entendue comme une navigation effectuée en dehors des eaux intérieures au sens de la Convention des Nations unies sur le droit de la mer et d'une durée supérieure ou égale à six heures ou une navigation incluant une sortie des eaux territoriales.

Lorsque la consommation de tabacs à bord des aéronefs est interdite, l'exonération des droits d'accises prévue au 3° de l'article 302 F *bis* du code général des impôts n'est pas applicable aux tabacs manufacturés.

SECTION PREMIÈRE

Art. 111 A à 111 G *Dispositions périmées (conséquence de la péremption de l'art. 302 F du CGI).*

SECTION II TITRES DE MOUVEMENT

Art. 111 H *Disposition devenue sans objet (L. n° 95-1347 du 30 déc. 1995, art. 2 A-4).*

Art. 111 H *bis* I. — Les documents d'accompagnement mentionnés au II de l'article 302 M du code général des impôts utilisés exclusivement pour des mouvements au sein du territoire fiscal de la France métropolitaine et *(Décr. n° 2018-408 du 29 mai 2018, art. 1er-I)* « dans les territoires ultramarins mentionnés à l'article 302 C *[ancienne rédaction : des départements d'outre-mer]* » peuvent être établis sans les informations prévues dans les cases 3, 6, 9 et 13 de ces documents, à l'exception de ceux établis au moyen du service de suivi informatique des mouvements de marchandises soumises à accise mentionné au III de l'article 302 M précité.

II. — 1° Les entrepositaires agréés mentionnés à l'article 302 G du code général des impôts et les débitants de boissons mentionnés à l'article 502 du même code peuvent être autorisés par le directeur interrégional des douanes et droits indirects à utiliser leurs factures ou tout autre document commercial, en lieu et place des documents d'accompagnement mentionnés à l'article 302 M du code précité à l'exception de ceux établis au moyen du service de suivi informatique des mouvements de marchandises soumises à accise mentionné au III de cet article.

Ces documents commerciaux doivent contenir les mêmes informations que celles contenues dans le document administratif d'accompagnement prévu par le règlement (CEE) n° 2719/92 de la Commission du 11 septembre 1992 modifié par le règlement (CEE) n° 2225/93 de la Commission du 27 juillet 1993 et dans le document simplifié d'accompagnement prévu par le règlement (CEE) n° 3649/92 de la Commission du 17 décembre 1992.

La nature de ces informations doit pouvoir être identifiée par le numéro correspondant aux codes des cases figurant sur ces mêmes documents.

2° Les entrepositaires agréés, qui optent pour le ou les documents commerciaux au lieu et place du ou des documents d'accompagnement mentionnés à l'article 302 M du code général des impôts, informent l'administration de la teneur de ceux-ci, préalablement à la mise en service des documents, et en déposent un spécimen auprès du service des douanes et droits indirects dont ils dépendent.

Art. 111 H *ter* I. — Pour l'application *(Décr. n° 2019-559 du 6 juin 2019, art. 3)* « de l'article 614 » du code général des impôts, la validation des documents d'accompagnement mentionnés à l'article 302 M du même code est assurée avant l'expédition des produits selon le cas :

1° Au moyen du visa du service des douanes et droits indirects ;

2° Au moyen de la marque fiscale apposée sur les documents susmentionnés, numérotés dans une série séquentielle continue, dits "documents prévalidés" ;

3° Sur délégation de l'administration des douanes et droits indirects, au moyen d'un matériel ou logiciel de validation informatique sécurisé, d'une machine à timbrer ou de tout autre matériel mécanique ; — *V. Ann. IV, art. 164 AM.*

4° Au moyen du service de suivi informatique des mouvements de marchandises soumises à accise mentionné au III de l'article 302 M du code précité.

La validation des documents d'accompagnement mentionnés au I de l'article 302 M du code précité est assurée, à la réception des produits, au moyen du visa du service des douanes et droits indirects ou sur délégation de l'administration des douanes et droits indirects au moyen des différents matériels de validation mentionnés au 3°.

La validation des documents d'accompagnement mentionnés au II de l'article 302 M dudit code est obligatoire à la réception si les produits sont remis sous le régime de la suspension des droits lors de leur prise en charge dans un entrepôt fiscal suspensif des droits d'accises, dans les conditions déterminées par l'administration des douanes et droits indirects.

II. — Le directeur interrégional des douanes et droits indirects territorialement compétent peut attribuer à une personne des documents prévalidés mentionnés au 2° du I, ou l'autoriser à valider les documents mentionnés à l'article 302 M du code général des impôts au moyen des différents matériels de validation mentionnés au 3° du I, si cette personne justifie d'une bonne moralité fiscale et fournit un cautionnement pour l'utilisation des documents d'accompagnement concernés.

Les conditions dans lesquelles l'administration des douanes et droits indirects fournit les documents prévalidés mentionnés à l'article 302 M du code général des impôts sont fixées par arrêté du ministre chargé des douanes.

Les conditions et les modalités d'utilisation des documents prévalidés, d'un matériel ou logiciel de validation informatique sécurisé, d'une machine à timbrer ou de tout autre matériel mécanique sont fixées par arrêté du ministre chargé des douanes.

III. — Le directeur interrégional des douanes et droits indirects territorialement compétent peut autoriser des groupements d'entrepositaires agréés, des syndicats et des organismes professionnels représentant des entrepositaires agréés :

1° A valider pour le compte des entrepositaires agréés des documents d'accompagnement mentionnés à l'article 302 M du code général des impôts, au moyen des différents matériels de validation mentionnés au 3° du I, pour les leur remettre ;

2° A délivrer des documents d'accompagnement prévalidés mentionnés au 2° du I, ou à les prévalider pour les remettre aux entrepositaires agréés.

Afin de bénéficier des autorisations mentionnées au 1° et au 2°, les groupements d'entrepositaires agréés, les syndicats et les organismes professionnels représentant des entrepositaires agréés doivent justifier d'une bonne moralité fiscale, fournir un cautionnement pour l'utilisation des documents d'accompagnement concernés et présenter une liste des entrepositaires agréés bénéficiaires.

IV. — Le directeur interrégional des douanes et droits indirects territorialement compétent peut autoriser les entrepositaires agréés, selon le cas, à faire valider les documents mentionnés à l'article 302 M du code général des impôts ou à se faire remettre ces documents prévalidés par un groupement d'entrepositaires agréés, un syndicat ou un organisme professionnel représentant les entrepositaires agréés, si ces entrepositaires agréés justifient d'une bonne moralité fiscale et fournissent un cautionnement pour l'utilisation des documents d'accompagnement concernés.

V. — Les entrepositaires agréés, les groupements d'entrepositaires agréés, les syndicats et organismes professionnels représentant les entrepositaires agréés autorisés à valider les documents mentionnés à l'article 302 M du code général des impôts au moyen des différents matériels de validation mentionnés au 3° du I, ainsi que ceux *auxquels ont été remis* des documents d'accompagnement prévalidés mentionnés au 2 du I, informent l'administration des douanes et droits indirects des réceptions et des expéditions de produits.

Les entrepositaires agréés précisent, sur la déclaration récapitulative mensuelle prévue aux articles 286 I et 286 J de l'annexe II du même code, qu'ils doivent transmettre au service des douanes et droits indirects territorialement compétent les numéros d'empreinte ou les numéros des documents d'accompagnement prévalidés utilisés au cours de la période de référence de cette déclaration. Cette information est donnée, par catégorie d'opérations, sur la base des numéros de début et de fin de période.

Les groupements d'entrepositaires agréés, les syndicats et les organismes professionnels représentant les entrepositaires agréés transmettent, au plus tard le dixième jour de chaque mois, un état récapitulatif par entrepositaire agréé autorisé, précisant selon le cas les numéros d'empreinte, les numéros et les catégories de documents prévalidés mentionnés à l'article 302 M dudit code remis par leurs soins au cours du mois précédent.

VI. — Les entrepositaires agréés auxquels ne sont pas attribués de documents prévalidés mentionnés à l'article 302 M du code général des impôts ou auxquels n'est pas déléguée la possibilité de valider ces documents d'accompagnement au moyen d'un des matériels de validation mentionnés au 3° du I informent l'administration des douanes et droits indirects :

1° Des mouvements de produits expédiés ou reçus sous le régime de la suspension des droits d'accises. Lors de chaque opération, ils déposent un exemplaire supplémentaire du document mentionné au I de l'article 302 M dudit code. Ils peuvent également informer cette administration par tout autre moyen comportant les mêmes informations, y compris par voie électronique, dans les conditions déterminées par l'administration des douanes et droits indirects ;

2° Des mouvements de produits expédiés sous le régime des droits acquittés, de l'exemption ou de l'exonération des droits d'accises. Lors de chaque opération, ils déposent un exemplaire supplémentaire du document mentionné au II de l'article 302 M du code général des impôts. Ils peuvent également informer cette administration par tout autre moyen comportant les mêmes renseignements, y compris par voie électronique, dans les conditions déterminées par l'administration des douanes et droits indirects.

Ces entrepositaires agréés sont dispensés de déposer au service des douanes et droits indirects territorialement compétent un exemplaire supplémentaire du document mentionné au II de l'article 302 M du code général des impôts, pour chaque réception effectuée sous le régime des droits acquittés, de l'exemption ou de l'exonération des droits d'accises.

VII. — Abrogé par Décr. nº 2010-631 du 9 juin 2010.

VIII. — Les autorisations accordées en vertu du III de l'article 302 M du code précité et celles accordées en vertu des II, III et IV du présent article peuvent être suspendues ou révoquées par le directeur interrégional des douanes et droits indirects territorialement compétent :

1° En cas de manquements du bénéficiaire aux obligations fixées aux I à VI ainsi qu'aux articles 302 D à 302 V *bis*, 406, 440 *bis*, 441, 442 et 570 du code général des impôts ;

2° En cas d'infraction fiscale ou économique à caractère frauduleux au titre de la réglementation des contributions indirectes commise par le bénéficiaire ;

3° En cas de modification de la réglementation entraînant la suppression de l'usage des matériels ou logiciels de validation informatiques sécurisés, des machines à timbrer, de tout autre matériel mécanique ou des documents d'accompagnement prévalidés mentionnés à l'article 302 M du même code.

IX. — Les conditions d'utilisation des machines à timbrer et des matériels ou logiciels informatiques sécurisés pour les documents d'accompagnement mentionnés au I et au II de l'article 302 M du code général des impôts sont fixées par arrêté.

Art. 111 H *quater* I. — Pour les opérations réalisées sous le régime de suspension de droits d'accise sous couvert du document mentionné au I de l'article 302 M du code général des impôts, la justification de l'apurement des expéditions prévue *(Décr. nº 2019-559 du 6 juin 2019, art. 3)* « à l'article 302 P » du code précité doit être apportée par les destinataires des produits ou, pour les exportations, par les expéditeurs eux-mêmes ou leurs mandataires soit au coup par coup, soit de façon globalisée, en fin de mois.

L'apurement de chaque opération est dans tous les cas attesté par le destinataire des produits ou par les autorités compétentes des États membres de l'Union européenne sur le certificat de réception ou d'exportation en case C des documents d'accompagnement mentionnés au I de l'article 302 M du code précité, dans les conditions et modalités déterminées par l'administration. — *V. Ann. IV, art. 50-00 G-III.*

1° L'apurement est admis sur la base du renvoi :

a) De l'exemplaire nº 3 du document d'accompagnement précité ;

b) D'un état global établi et signé par le destinataire des produits mentionnant les références des documents d'accompagnement et attestant des réceptions des opérations d'un même expéditeur au cours d'un mois donné ; les exemplaires n° 3 des documents d'accompagnement sont dans ce cas conservés par le destinataire des produits. Cette procédure n'est pas applicable aux opérations effectuées avec les autres États membres de l'Union européenne.

2° L'apurement est admis sur la base du renvoi par télécopie des documents visés au 1°.

L'exemplaire n° 3 du document d'accompagnement et le rapport d'émission de la télécopie sont conservés par le destinataire des produits.

L'expéditeur des produits joint la télécopie qu'il a reçue à l'exemplaire du document correspondant à l'envoi, qu'il a conservé.

Cette procédure n'est pas applicable aux opérations effectuées avec les autres États membres de l'Union européenne.

II. – Pour les opérations réalisées sous le régime de suspension de droits d'accise au moyen du service de suivi informatique des mouvements de marchandises soumises à accise mentionné au III de l'article 302 M du code général des impôts, la justification de l'apurement des expéditions, prévue à l'article 302 P du code précité, doit être apportée par les destinataires ou, pour les exportations, par les expéditeurs eux-mêmes.

L'apurement de chaque opération est attestée :

1° Pour les expéditions, par l'accusé de réception mentionné au I de l'article 111 H *quaterdecies* ou en cas d'indisponibilité du service de suivi informatique des mouvements de marchandises soumises à accise par le document papier contenant les mêmes données et attestant de la réception des produits conformément aux dispositions de l'article 111 H *quindecies* ;

2° Pour les exportations, par le rapport d'exportation mentionné au II de l'article 111 H *quaterdecies* ou en cas d'indisponibilité du service de suivi informatique des mouvements de marchandises soumises à accise par le document papier contenant les mêmes données et attestant de la sortie effective du territoire fiscal de l'Union européenne des produits conformément aux dispositions de l'article 111 H *quindecies*.

III. – Un état des opérations n'ayant pas fait l'objet d'un apurement dans les délais prévus à l'article 302 P du code général des impôts doit être adressé au service des douanes et droits indirects par les expéditeurs des produits, au plus tard le 10 du troisième mois suivant celui des expéditions, sur la base d'une déclaration mensuelle dont les modalités, le modèle et le contenu sont déterminés par arrêté du ministre chargé du budget.

Art. 111 H *quinquies* *Abrogé par Décr. n° 2010-631 du 9 juin 2010.*

Art. 111 H *sexies* *Devenu sans objet (Décr. n° 2009-389 du 7 avr. 2009).*

Art. 111 H *septies* Les mentions d'appellation d'origine, signes de qualité et autres mentions prévues par les accords interprofessionnels étendus ne sont indiqués sur les documents d'accompagnement mentionnés aux articles 302 M et 302 M *ter* du code général des impôts que si les vins, produits intermédiaires ou eaux-de-vie sont produits, élaborés ou détenus conformément à la réglementation communautaire et nationale.

En outre, les appellations d'origine contrôlée "Armagnac", "Cognac", "Martinique" et "Calvados" ne peuvent être certifiées sur le document d'accompagnement que par les entrepositaires agréés détenant un certificat émis par le bureau interprofessionnel compétent. Ce document est annexé à la comptabilité matières pour valoir justificatif de la mention apposée sur ledit document d'accompagnement.

Les rhums traditionnels des départements d'outre-mer soumis au tarif d'imposition prévu au 1° du I de l'article 403 du code général des impôts sont désignés sur le document d'accompagnement, sous couvert d'une rubrique intitulée "Rhums des DOM, article 403 (I, 1°)", subdivisée, selon le cas, par appellation d'origine ou par dénomination économique ou géographique. Sans préjudice des règles communautaires, le document d'accompagnement récapitule, pour ces rhums, les volumes d'alcool pur transportés.

Art. 111 H *octies* Le document d'accompagnement mentionné au II de l'article 302 M du code général des impôts n'est pas exigé lors du transport en France d'alcools ou de boissons alcooliques par des particuliers qui les ont reçus ou acquis en France pour leurs besoins personnels, sous réserve qu'il puisse être justifié de leur situation régulière au regard du paiement de l'impôt au moyen d'un document commercial ou économique.

Ces dispositions s'appliquent aux produits transportés dans les conditions suivantes :

a) Les vins, mentionnés au 1° et aux *a* et *a bis* du 2° de l'article 438 du même code, contenus dans des récipients, autres que des bouteilles, de volumes inférieurs ou égaux à 33 litres et dans la limite de 90 litres ;

b) Les autres boissons, mentionnées aux *b* et *c* du 2° de l'article 438 dudit code, contenues dans des récipients et des bouteilles de volumes inférieurs ou égaux à 33 litres et dans la limite de 90 litres ;

c) Les produits intermédiaires, définis au *a* du I de l'article 401 dudit code, contenus dans des récipients de volumes inférieurs ou égaux à 5 litres et dans la limite de 20 litres ;

d) Les alcools, définis au *b* du I de l'article 401 dudit code, contenus dans des récipients de volumes inférieurs ou égaux à 4,5 litres et dans la limite de 10 litres.

Les entrepositaires agréés qui fournissent aux particuliers ces alcools et boissons alcooliques indiquent dans leur comptabilité matières la date, le numéro de référence du document commercial ou économique des expéditions réalisées, la nature et les quantités de produits sortis du stock de l'entrepôt fiscal suspensif de droits d'accises.

Le particulier transporteur conserve le document commercial ou économique délivré par l'entrepositaire agréé pour justifier de la détention régulière du produit et de l'acquittement des droits indirects. Ce document indique le nom et l'adresse de l'entrepositaire agréé, le numéro de référence et la date d'établissement du document, les quantités, la nature et la désignation des produits transportés avec leur dénomination ou, le cas échéant, leur appellation d'origine et, selon le cas, le titre alcoométrique acquis ou volumique des boissons. Ce document est présenté à toute réquisition des agents de l'administration.

Les limites quantitatives et la détention d'un document commercial ou économique ne sont pas applicables en cas de changement de domicile des particuliers non récoltants.

Art. 111 H *nonies* Les alcools et boissons alcooliques acquis ou reçus en France, transportés par un particulier et destinés à son usage personnel dans des conditions excédant les limites fixées à l'article 111 H *octies*, sont accompagnés d'un document commercial comportant le nom et l'adresse de l'entrepositaire agréé, le nom et l'adresse du particulier, le numéro de référence et la date d'établissement du document, les quantités, la nature et la désignation des produits transportés avec leur dénomination ou, le cas échéant, leur appellation d'origine et, selon le cas, le titre alcoométrique acquis ou volumique des boissons. Ce document est présenté à toute réquisition des agents de l'administration.

Art. 111 H *decies* Pour l'application du III de l'article 302 M et de l'article 302 M *ter* du code général des impôts, l'expéditeur soumet un projet de document administratif électronique par l'intermédiaire du service de suivi informatique des mouvements de marchandises soumises à accise mentionné au III de l'article 302 M du code général des impôts.

Après vérification des données, le service de suivi informatique des mouvements de marchandises soumises à accise attribue au document un code de référence administratif unique et le communique à l'expéditeur.

Le service de suivi informatique des mouvements de marchandises soumises à accise transmet, pour les opérations d'expéditions, le document administratif électronique sans délai au destinataire ou, pour les exportations, aux autorités compétentes de *l'État membre* de l'Union européenne auprès duquel la déclaration d'exportation est déposée, si cet État membre est différent de l'État membre d'expédition.

Art. 111 H *undecies* L'expéditeur fournit à la personne accompagnant les produits soumis à accise une version imprimée du document administratif électronique mentionné à l'article 302 M *ter* du code général des impôts ou tout autre document commercial mentionnant de façon clairement identifiable et sans rature ni surcharge le code de référence administratif unique mentionné à l'article 111 H *decies*. Ce document est présenté aux autorités compétentes à toute réquisition des services de contrôle.

Art. 111 H *duodecies* L'expéditeur peut annuler le document administratif électronique mentionné à l'article 302 M *ter* du code général des impôts avant l'expédition des produits soumis à accise.

Art. 111 H *terdecies* Pendant le mouvement effectué en suspension de droits d'accise, l'expéditeur peut, par l'intermédiaire du service de suivi informatique des mouvements de marchandises soumises à accise mentionné au III de l'article 302 M du code général des impôts, modifier le document administratif électronique mentionné à l'article 302 M *ter* du même code pour indiquer soit un nouveau destinataire qui doit être un entrepositaire agréé ou un destinataire enregistré, soit une exportation.

Art. 111 H *quaterdecies* I. – Au plus tard cinq jours ouvrables après la réception des produits soumis à accise, un document dénommé "Accusé de réception" est établi par l'entrepositaire agréé ou le destinataire enregistré par l'intermédiaire du service de suivi informatique des mouvements de marchandises soumises à accise mentionné au III de l'article 302 M du code général des impôts.

Le service de suivi informatique des mouvements de marchandises soumises à accise vérifie et confirme au destinataire l'enregistrement de l'accusé de réception et le transmet à l'expéditeur.

II. – En cas d'exportation, un rapport d'exportation est établi soit par les autorités compétentes de l'État membre d'exportation, sur la base du visa du bureau de douane de sortie visé à l'article 793, paragraphe 2, du règlement (CEE) n° 2454/93 de la Commission du 2 juillet 1993, soit par le bureau où sont accomplies les formalités à destination d'un État ou d'un territoire exclu du territoire de l'Union européenne tel que défini à l'article 302 C du code général des impôts, attestant que les produits soumis à accise ont quitté le territoire de l'Union.

Les données provenant du visa sont vérifiées par voie électronique et le rapport d'exportation est transmis à l'expéditeur.

Art. 111 H *quindecies* I. – Lorsque le service de suivi informatique des mouvements de marchandises soumises à accise mentionné au III de l'article 302 M du code général des impôts est indisponible, des produits peuvent être expédiés en suspension de droits d'accise sous les conditions suivantes :

1° L'expéditeur informe l'administration des douanes et droits indirects avant l'expédition des marchandises, dans les conditions et les modalités qu'elle détermine ;

2° Les produits sont accompagnés d'un document papier contenant les mêmes données que le projet de document administratif électronique mentionné à l'article 302 M *ter* du code précité.

Il en est de même lorsque l'expéditeur ne peut se connecter au service suite à une indisponibilité de son propre système informatique. Dans ce cas, il informe également le service des douanes et droits indirects territorialement compétent des motifs de cette indisponibilité.

Lorsque l'expéditeur peut à nouveau se connecter au service de suivi informatique des mouvements de marchandises soumises à accise, il présente un projet de document administratif électronique, conformément aux dispositions de l'article 111 H *decies*.

Dès que les données figurant dans le document administratif électronique sont validées, ce document remplace le document papier. Le document administratif électronique est transmis dans les conditions fixées à l'article 111 H *decies* et la réception des produits est attestée dans les conditions fixées à l'article 111 H *quaterdecies*.

Tant que les données figurant dans le document administratif électronique ne sont pas validées, le mouvement est considéré comme ayant lieu en suspension de droits d'accise sous couvert du document papier. Une copie de ce document est conservée par l'expéditeur à l'appui de sa comptabilité matières.

Lorsque les produits circulent en application de cette procédure, l'expéditeur peut changer la destination des marchandises conformément à l'article 111 H *terdecies*. A cet effet, il informe l'administration des douanes et droits indirects avant que le changement de destination soit effectué. Lorsque l'expéditeur peut à nouveau se connecter au service de suivi informatique des mouvements de marchandises soumises à accise, le projet de document administratif électronique présenté doit tenir compte du changement de destination effectué.

II. — Si le service de suivi informatique des mouvements de marchandises soumises à accise est indisponible au moment de la réception des produits soumis à accise ou s'il était indisponible au moment de l'expédition des produits, et si le destinataire n'est pas en mesure d'établir l'accusé de réception mentionné à l'article 111 H *quaterdecies* dans les cinq jours ouvrables, il présente au service des douanes et droits indirects territorialement compétent un document papier contenant les mêmes données que l'accusé de réception mentionné audit article et attestant de la réception des produits soumis à accise.

Il en est de même lorsque l'expéditeur ne peut se connecter au service suite à une indisponibilité de son propre système informatique. Dans ce cas, il informe également le service des douanes et droits indirects territorialement compétent des motifs de cette indisponibilité.

Lorsque l'expéditeur a présenté un projet de document administratif électronique conformément aux dispositions du I ou lorsque le destinataire peut à nouveau se connecter au service de suivi informatique des mouvements de marchandises soumises à accise, il établit un accusé de réception par voie électronique conformément aux dispositions du présent article 111 H *quaterdecies*.

Art. 111 H *sexdecies* Un entrepositaire agréé ou un expéditeur enregistré établi dans un autre État membre de l'Union européenne peut livrer directement en France *(Décr. n° 2018-408 du 29 mai 2018, art. 1er-II)* « métropolitaine » en suspension de droits d'accise des produits, sous couvert du document administratif électronique mentionné à l'article 302 M *ter* du code général des impôts, un opérateur autre qu'un particulier désigné par un destinataire enregistré établi en France *(Décr. n° 2018-408 du 29 mai 2018, art. 1er-II)* « métropolitaine », sans que ces produits soient préalablement réceptionnés dans les locaux de ce dernier.

La livraison est limitée, par expédition, à un lieu dont les coordonnées doivent figurer dans le document administratif électronique.

Le destinataire enregistré exerce son activité et acquitte les droits d'accise des produits reçus en France *(Décr. n° 2018-408 du 29 mai 2018, art. 1er-II)* « métropolitaine » par l'opérateur qu'il a désigné conformément au I de l'article 302 H *ter* du code précité.

Le destinataire enregistré doit justifier, par tout moyen, de la prise en charge de la nature et des quantités réelles de produits soumis à accise réceptionnés. Il doit être en mesure de présenter ces justifications à toute réquisition des services de contrôle. Il établit l'accusé de réception dans les conditions et selon les modalités fixées aux articles 111 H *quaterdecies* et 111 H *quindecies*. — *V. Ann. IV, art. 50-00 I.*

Art. 111 H *septdecies* *(Décr. n° 2020-338 du 26 mars 2020, art. 1er)* I. — Pour l'application de l'article 302 M *quater*, le document commercial comporte les mentions suivantes lorsqu'il est utilisé lors d'un échange au sein du territoire fiscal de la France métropolitaine et dans les territoires ultramarins mentionnés à l'article 302 C :

1° Le nom, la dénomination ou la raison sociale et l'adresse de l'expéditeur ;

2° Le nom et l'adresse du destinataire des produits soumis à accise ;

3° L'adresse du lieu de livraison des produits si différente de l'adresse du destinataire repris au 2° ;

4° La nature et les quantités des produits transportés ;

5° L'indication "ventes à distance de produits soumis à accise".

II. — Dans les autres cas, le document commercial comporte, en plus des mentions reprises au I, les mentions suivantes :

1° Le numéro d'identification, le nom, la dénomination ou la raison sociale et l'adresse du représentant fiscal de l'expéditeur, lorsque le recours à ce dernier est exigé par l'État membre de destination des produits soumis à accise ;

2° Le bureau compétent dans l'État membre de destination auprès duquel les droits d'accise ont été garantis préalablement à l'expédition ;

3° Le numéro de référence ou tout autre élément identifiant de manière claire la garantie constituée par l'expéditeur ou son représentant fiscal dans l'État membre de destination.

SECTION III **CAPSULES REPRÉSENTATIVES DE DROITS**

Art. 111 I Les opérateurs des États membres de la Communauté européenne autres que la France désirant recevoir, détenir et apposer des capsules représentatives de droits sur les bouteilles ou les récipients de vin tranquille, vin mousseux et de boissons fiscalement assimilées aux vins destinés à être mis à la consommation en France métropolitaine doivent en faire la demande *(Décr. n° 2020-22 du 13 janv. 2020, art. 1er, en vigueur le 1er févr. 2020)* « à la direction interrégionale des douanes et droits indirects compétente », afin que leur soit livré, sur justification de leur qualité d'entrepositaire agréé, un numéro d'agrément.

Art. 111 J Avant mise en fabrication des capsules, le fabricant agréé fait viser par l'administration des douanes et droits indirects les bons de commande établis par l'entrepositaire agréé.

Art. 111 K Les capsules représentatives de droits sont expédiées par le fabricant à l'entrepositaire agréé établi dans un État membre de la Communauté européenne autre que la France sous couvert d'un document mentionné au I de l'article 302 M du code général des impôts qui est déchargé au vu de l'accusé de réception rempli par le destinataire. A défaut d'apurement dans les quatre mois après l'émission du document, le droit représenté par les capsules est perçu auprès du fabricant.

Art. 111 L Les capsules représentatives de droits destinées à être apposées dans les États membres de la Communauté européenne autres que la France sont conformes aux couleurs et mentions définies par arrêté du ministre chargé du budget.

Art. 111 M Les bouteilles ou récipients revêtus de capsules représentatives de droits apposées dans les États membres de la Communauté européenne autres que la France circulent, à destination des personnes définies aux articles 302 G et 302 H *ter* du code général des impôts établies en France métropolitaine, sous couvert du document administratif électronique mentionné à l'article 302 M *ter* du code précité dans les conditions et selon les modalités fixées aux articles 111 H *decies* à 111 H *sexdecies*.

Le destinataire des produits repris au premier alinéa les allotit séparément des autres boissons. Les droits indirects sur les boissons relevant du régime fiscal du vin sont exigibles et recouvrés dans les conditions fixées par les articles 302 D à 302 U *bis* du code général des impôts.

Art. 111 N Les conditions d'application des articles 111 I, 111 J et 111 L sont déterminées par arrêté du ministre chargé du budget. — *V. Ann. IV, art. 50-0 C à 50-F.*

CHAPITRE PREMIER **BOISSONS**

SECTION PREMIÈRE **ALCOOLS**

A ***PRODUCTION***

I

Art. 112 à 117 *Abrogés par Décr. n° 76-1329 du 31 déc. 1976.*

II DÉDUCTION SPÉCIALE ACCORDÉE AUX FABRICANTS DE MISTELLES

Art. 118 Pour l'application de la déduction de 3 % ou de 5 % prévue par *(Décr. n° 2018-500 du 20 juin 2018, art. 4)* « le IV de l'article 50-0 O de l'annexe IV au code général des impôts », sont considérées :

1° Comme mistelles blanches, celles fabriquées, soit avec des raisins blancs dont le mutage est effectué sur la vendange même, soit avec des moûts de raisins quelconques mutés avant toute fermentation et après séparation, par pressurage immédiat, des pulpes, pellicules et rafles ;

2° Comme mistelles rouges, celles qui sont fabriquées dans d'autres conditions.

Art. 119 à 124 *Abrogés par Décr. n° 2001-649 du 16 juill. 2001, art. 3.*

III

Art. 125 à 129 *Dispositions devenues sans objet (Ord. n° 2004-281 du 25 mars 2004, art. 15-I).*

Art. 130 *Transféré ss. l'art. R. 33-1 LPF.*

Art. 131 à 143 *Dispositions devenues sans objet (Ord. n° 2004-281 du 25 mars 2004, art. 15-I).*

B *RÉGIME ÉCONOMIQUE*

I ORGANISATION DE L'ÉCONOMIE CIDRICOLE

Art. 143 A La production des fruits à cidre et à poiré est réservée en priorité à la fabrication de produits alimentaires destinés tant au marché national qu'à l'exportation.

Sont considérés comme produits cidricoles alimentaires pour l'application de cette disposition :

a) Les cidres, poirés et boissons alcooliques similaires répondant aux définitions et caractéristiques figurant aux titre II et annexes du décret n° 53-978 du 30 septembre 1953, modifié par le décret n° 87-600 du 29 juillet 1987 ;

b) Les boissons alcoolisées aromatisées à base de pomme répondant à la définition donnée par les articles 3 et 4 du décret n° 87-599 du 29 juillet 1987 ;

c) Les jus de pomme ou de poire et les concentrés de jus de pomme ou de poire ;

d) Les calvados et eaux-de-vie de cidre ou de poiré ayant reçu une appellation d'origine dans les conditions prévues par les textes applicables en la matière ;

e) Les apéritifs à base de cidre et de poiré répondant à la définition donnée par les articles 1er et 2 du décret n° 86-208 du 11 février 1986.

Art. 143 A 1 Les objectifs de production, les conditions de transformation et de commercialisation des fruits à cidre et à poiré et des produits énumérés à l'article 143 A sont fixés par des accords interprofessionnels, des conventions de campagne et des contrats types dans les conditions prévues par les titres II, III et IV de la loi n° 64-678 du 6 juillet 1964, dont les modalités d'application sont précisées par les articles suivants.

Art. 143 A 2 Outre les mesures permanentes prévues par les articles 4 et 5 de la loi n° 64-678 du 6 juillet 1964, l'accord interprofessionnel à long terme détermine notamment :

a) Le prix moyen proposé comme objectif pour les fruits de qualité courante destinés aux produits cidricoles alimentaires ;

b) Les modalités d'établissement du prix de campagne des fruits, des moûts, des jus, des cidres et des poirés ;

c) Les conditions de livraison et de transport ;

d) L'assiette des cotisations professionnelles.

Art. 143 A 3 Outre les stipulations prévues par l'article 9, 1er alinéa, de la loi n° 64-678 du 6 juillet 1964, la convention de campagne fixe notamment le taux des cotisations annuelles.

Le produit de ces cotisations doit être utilisé exclusivement pour les actions d'intérêt commun et en particulier pour les dépenses administratives d'application des accords et les études de marchés.

Art. 143 A 4 et 143 B *Abrogés par Décr. n° 85-1319 du 12 déc. 1985.*

Art. 143 C et 143 D *Devenus sans objet (L. n° 85-695 du 11 juill. 1985, art. 19).*

Art. 143 E et 143 F *Abrogés.*

Art. 143 F 1 *Disposition périmée.*

Art. 143 G Tout réceptionnaire de fruits à cidre ou à poiré, quelle que soit leur destination, doit tenir un registre spécial coté et paraphé par un agent du service des douanes et droits indirects, ou tout autre document agréé par l'administration. Ces documents portent, pour chaque opération : l'indication du nom et de l'adresse du vendeur, du tonnage livré, du prix pratiqué, du mode de règlement employé et l'émargement du vendeur. Le paiement par chèque dispense de cet émargement.

Ces documents doivent être tenus à la disposition des agents du service des douanes et droits indirects.

Art. 143 H Tout chef, directeur ou gérant d'un établissement industriel, commercial, artisanal ou coopératif ou tout exportateur qui ne se conformera pas aux obligations prévues à l'article 143 Z sera puni d'une amende de 22 € à 90 € et pourra en outre être condamné à un emprisonnement de huit jours au plus.

Art. 143 I *Abrogé par Décr. n° 66-760 du 11 oct. 1966, art. 16.*

Art. 143 J à 143 L *Devenus sans objet (L. n° 85-695 du 11 juill. 1985, art. 19).*

Art. 143 M *Transféré ss. l'art. 143 S, al. 1er (devenu sans objet).*

Art. 143 N à 143 P *Abrogés.*

Art. 143 Q *Devenu sans objet (L. n° 85-695 du 11 juill. 1985, art. 19).*

Art. 143 R *Disposition périmée.*

Art. 143 S *Devenu sans objet (L. n° 85-695 du 11 juill. 1985, art. 19).*

Art. 143 T à 143 W *Abrogés par Décr. n° 66-760 du 11 oct. 1966, art. 16.*

Art. 143 X *Devenu sans objet (L. n° 85-695 du 11 juill. 1985, art. 19).*

Art. 143 Y *Abrogé.*

Art. 143 Z Tout négociant, coopérative, établissement industriel ou exportateur achetant ou utilisant des fruits à cidre ou des produits cidricoles est tenu d'effectuer au cours de chaque campagne deux déclarations faisant connaître l'une au 1er mars, l'autre au 31 août :

a) Le tonnage des fruits à cidre ou à poiré achetés au cours des différentes périodes de commercialisation de la campagne et le montant des sommes versées aux producteurs, aux coopératives et aux négociants de fruits à cidre ou à poiré ;

b) La nature et l'importance de ses propres fabrications ;

c) Le volume des produits cidricoles achetés à des tiers et le montant total de ces achats par nature de produit ;

d) La nature et l'importance des stocks ;

e) Le tonnage des pommes et poires achetées ou utilisées par eux et ne provenant pas des départements cidricoles.

Ces déclarations, certifiées conformes aux renseignements figurant dans les documents prévus à l'article 143 G, sont adressées en double exemplaire à la recette locale des douanes et droits indirects, la première avant le 15 mars et la seconde avant le 15 septembre de chaque année. Un de ces exemplaires est adressé, après visa par le service des douanes et droits indirects, au comité des fruits à cidre et des productions cidricoles.

II

Art. 144 *Abrogé.*

II *BIS* RÉGIME ÉCONOMIQUE DU RHUM

Art. 144 *bis* I. — Les soumissions cautionnées des rhums et tafias hors contingent établies sous l'emprise du décret n° 51-77 du 10 janvier 1951 continuent d'être régies par les dispositions de ce décret.

II. — La réexportation ou la réexpédition vers un autre État membre de la Communauté européenne de rhums traditionnels des départements d'outre-mer imputés sur le contingent prévu à l'article 362 du code général des impôts et préalablement importés en France métropolitaine ouvrent droit à un abondement à due concurrence du contingent d'origine. Cette augmentation est sans influence sur l'évolution du contingent attribué à la distillerie. – *Disposition en vigueur le 1er juin 1997.*

III. – Les certificats d'exportation préalable relatifs à des livraisons à l'étranger de rhums traditionnels des départements d'outre-mer sous l'emprise du décret n° 48-1590 du 8 octobre 1948 continuent d'être régis par les dispositions de ce décret.

IV. – Les conditions d'application du présent article sont fixées par arrêté du ministre chargé du budget. – *V. Ann. IV, art. 52 quater.*

III

1°

Art. 144 A *Devenu sans objet depuis le 1er sept. 1991.*

Art. 144 B *Disposition périmée.*

Art. 144 C *Devenu sans objet depuis le 1er sept. 1991.*

2°

Art. 145 *Devenu sans objet (L. n° 98-1266 du 30 déc. 1998, art. 47-A-I).*

Art. 146 *Devenu sans objet (L. n° 98-1266 du 30 déc. 1998, art. 47-A-I).*

Art. 147 *Abrogé par Décr. n° 85-1319 du 12 déc. 1985.*

Art. 148 à 168 *Devenus sans objet ou abrogés.*

C *RÉGIME FISCAL*

Art. 169 *Dispositions devenues sans objet (L. n° 95-1346 du 30 déc. 1995, art. 25-I).*

Art. 169-0 A Le certificat permettant d'attester que le rhum traditionnel des départements d'outre-mer répond à la définition établie par le 1° du I de l'article 403 du code général des impôts est conforme au modèle fixé par l'administration et reprend, notamment, les informations suivantes :

a) Les noms de l'expéditeur et du destinataire, la période contingentaire, le département d'origine, le pays de destination, la désignation des marchandises et les quantités expédiées ;

b) L'engagement de l'exportateur relatif au respect des règles en vigueur et l'attestation de qualité et d'origine visée par l'autorité compétente.

Il peut être délivré par l'administration ou par un organisme agréé par elle. Cet agrément est publié au *Bulletin officiel des douanes.*

Art. 169 A *Devenu sans objet (L. n° 98-1266 du 30 déc. 1998, art. 47-A-I).*

SECTION II VINS, CIDRES, BIÈRES ET AUTRES BOISSONS FERMENTÉES

A *PRODUCTION*

DÉCLARATIONS

Art. 169 *bis* *(Abrogé par Décr. n° 2015-1577 du 2 déc. 2015, art. 5) 1. Outre les énonciations prévues aux articles 407 et 408 du code général des impôts, à l'article 267 octies de l'annexe II audit code et à l'article 12 du code du vin, les déclarations prévues auxdits articles doivent indiquer :*

1° Si l'exploitant désire commercialiser tout ou partie de sa production ou, au contraire, si celle-ci doit être réservée entièrement à la consommation familiale ;

2° Les modifications de structure, autres que celles résultant d'arrachages ou de plantations, intervenues dans le vignoble depuis la précédente déclaration ;

3° Pour les vins autres que ceux pour lesquels une appellation d'origine contrôlée est revendiquée, les titres alcoométriques volumiques ainsi que les quantités de vin obtenues correspondant à ces richesses alcooliques ;

4° Les quantités pour lesquelles le bénéfice de la dénomination « vin de pays » suivie du nom du département ou de la zone de production est revendiqué dans les conditions prévues aux décrets n° 79-755 et n° 79-756 du 4 septembre 1979 modifié.

Dans ce cas, une déclaration donnant la consistance de l'encépagement de l'exploitation est annexée à la déclaration prévue à l'article 407 du code général des impôts.

2. En application des dispositions de l'article 33 du décret n° 64-902 du 31 août 1964, la délivrance des titres de mouvement peut être refusée au producteur en cas d'infraction aux prescriptions du 1.

Art. 170 *Transféré ss. l'art. 171 (Décr. n° 2006-356 du 24 mars 2006).*

B *RÉGIME FISCAL*

DÉFINITION

Art. 171 Pour l'application du 2° des I et II de l'article 435 du code général des impôts, les vins, les boissons ou les produits fermentés mousseux sont ceux qui sont présentés dans des bouteilles fermées par un bouchon "champignon" maintenu à l'aide d'attaches ou de liens ou ceux qui ont une surpression due à l'anhydride carbonique en solution égale ou supérieure à 3 bars.

ADMISSION EN DÉCHARGE DES DÉCHETS RÉSULTANT DE LA CONCENTRATION PAR LE FROID

Art. 172 Quels que soient le lieu où elle est effectuée, la qualité de l'opérateur *(viticulteur, cave coopérative ou négociant)*, les pourcentages d'enrichissement alcoolique des boissons et de réduction du volume initial de ces dernières, toute opération de congélation de vins, en vue de leur concentration partielle, doit être déclarée, au préalable, au bureau de déclarations de la direction générale des douanes et droits indirects dont dépend l'atelier de concentration.

Art. 173 La déclaration doit mentionner :

1° Les nom, prénoms et domicile du déclarant ;

2° La quantité, la couleur et la richesse alcoolique totale *(richesse acquise et richesse en puissance)* des vins à concentrer ;

3° La nature des vins *(vins de coupage, vins de pays, vins bénéficiant d'une appellation d'origine simple ou contrôlée)* et l'indication, le cas échéant, du nom de pays ou de l'appellation d'origine des vins ;

4° Le lieu, le jour et l'heure du commencement et la durée probable des opérations.

Art. 174 A la fin des travaux ou, si ceux-ci durent plus de cinq jours, à la fin de chaque journée, la déclaration prévue à l'article 173 est complétée par l'indication du volume et de la richesse alcoolique totale des vins obtenus après concentration.

Lorsque la concentration doit porter successivement sur des vins de coupage, des vins de pays et des vins déclarés sous une appellation d'origine, le préparateur est tenu d'inscrire ses opérations sur un registre conforme au modèle établi par l'administration et coté et paraphé par le chef de service local. Il mentionne séparément pour les vins de coupage, pour les vins de pays et pour les vins déclarés sous une appellation d'origine le volume et la richesse alcoolique totale des vins mis en œuvre et également des vins obtenus après concentration. Le cas échéant, à l'égard des vins déclarés sous appellation d'origine, l'inscription doit distinguer, appellation par appellation, les lots de vins en traitement.

Les diverses catégories de vins, en instance de traitement ou déjà traités, doivent être logées dans des cuves, foudres ou vaisseaux distincts, revêtus d'étiquettes libellées en caractères indélébiles et permettant de les identifier.

Art. 175 A partir du moment où la déclaration de concentration a été souscrite et jusqu'à l'expiration d'un délai de quinze jours compté de la date de cessation des travaux, le préparateur est soumis, dans ses ateliers, magasins, caves et celliers, aux vérifications des agents du service des douanes et droits indirects et du service de la répression des fraudes. Il est tenu de leur représenter tous les vins en instance ou en cours de traitement, ou déjà traités, existant en sa possession. Les agents peuvent prélever gratuitement des échantillons de ces vins.

Art. 176 Les concentrateurs munis d'une autorisation personnelle accordée par le service des douanes et droits indirects peuvent être dispensés de souscrire la déclaration prévue à l'article 172, à condition de consigner, avant toute fabrication, les éléments de cette déclaration sur un registre fourni par eux, coté et paraphé par le chef de service local de l'administration des douanes et droits indirects. Ce registre doit être représenté à toute réquisition des agents du service des douanes et droits indirects ou du service de la répression des fraudes. L'autorisation prévue au présent article peut être retirée en cas d'abus.

Art. 177 *Devenu sans objet (Règl. Conseil CEE n° 822/87 du 16 mars 1987, art. 18 et 19).*

Art. 178 Quand la concentration de vins est déclarée et opérée régulièrement et dans les limites fixées, la perte de volume subie par les vins traités est admise en décharge pour l'assiette du droit de circulation.

Art. 178-0 *bis* Les entrepositaires agréés, les destinataires enregistrés, les expéditeurs enregistrés, les importateurs et les personnes qui réalisent des acquisitions intracommunautaires, redevables du droit de circulation dans les conditions visées à l'article 302 D du code général des impôts, ne peuvent bénéficier du tarif prévu pour les vins visés au *a bis* du 2° de l'article 438 du même code obtenus conformément aux dispositions prévues par le règlement (CE) n° 1234/2007 du Conseil du 22 octobre 2007 qu'après justification auprès du bureau de déclaration de la direction générale des douanes et droits indirects que l'alcool contenu dans le produit résulte entièrement d'une fermentation et que le produit n'a fait l'objet d'aucun enrichissement, même si celui-ci est autorisé dans les conditions prévues aux A et B de l'annexe XV *bis* du règlement (CE) n° 1234/2007 précité.

Est considéré comme justificatif tout document attestant du respect des conditions précitées, émanant d'une autorité administrative chargée du contrôle des modes de production et d'élaboration des produits viti-vinicoles dans l'État de production.

Art. 178-0 *bis* A Pour l'application des taux réduits du droit spécifique mentionnés du cinquième au huitième alinéa du *a* du I de l'article 520 A du code général des impôts, une petite brasserie indépendante s'entend d'une brasserie établie dans un État membre de la Communauté européenne qui respecte cumulativement les critères suivants :

1° elle produit annuellement moins de 200 000 hectolitres de bière ;

2° elle est juridiquement et économiquement indépendante de toute autre brasserie ;

3° elle utilise des installations physiquement distinctes de celles de toute autre brasserie ;

4° elle ne produit pas sous licence.

Lorsque deux ou plusieurs petites brasseries coopèrent et que leur production annuelle additionnée ne dépasse pas 200 000 hectolitres, ces brasseries peuvent être traitées comme une seule petite brasserie indépendante.

BIBL. Pilczer, *BFL 2015, p. 649* (précisions sur les conditions d'application des taux d'accises réduits à la production de bière par des petites brasseries indépendantes : commentaire de l'arrêt CJUE du 4 juin 2015, Brasserie Bouquet). ♦ Une brasserie n'est pas indépendante lorsqu'elle fabrique sa bière conformément à un accord de vente qui permet l'utilisation de la marque et des procédés de fabrication d'un tiers. • CJUE 4 juin 2015, *Brasserie Bouquet*, n° 285/14.

Art. 178-0 *bis* B I. — La production annuelle d'une petite brasserie indépendante s'entend de la production de bière réalisée par cette brasserie au cours des douze mois de son exercice commercial après déduction du taux annuel forfaitaire de pertes mentionné à l'article *(Décr. n° 2018-500 du 20 juin 2018, art. 4)* « 50-0 L de l'annexe IV au code général des impôts ».

Pour l'application des taux réduits du droit spécifique prévus du cinquième au huitième alinéa du *a* du I de l'article 520 A du code général des impôts, le volume de bière à prendre en compte est celui effectivement produit au cours des douze mois de l'exercice commercial précédent.

II. — Les brasseries concernées transmettent au service des douanes et droits indirects territorialement compétent, au plus tard le dixième jour du mois qui suit la clôture de la comptabilité matières relative à l'exercice commercial écoulé, une déclaration de production reprenant les quantités produites, au sens du premier alinéa du I.

III. – Pour les brasseries nouvellement créées, les taux réduits du droit spécifique mentionnés du cinquième au huitième alinéa du *a* du I de l'article 520 A du code général des impôts s'appliquent sur la base d'une déclaration prévisionnelle des quantités qu'elles envisagent de produire transmise au service des douanes territorialement compétent.

Le montant du droit spécifique acquitté au titre du premier exercice est, le cas échéant, réajusté à l'issue de cet exercice au moment du dépôt de la déclaration prévue au II.

IV. – En cas de demande de compensation ou de remboursement mentionnée à l'article 286 M de l'annexe II au *[même]* code, l'entrepositaire agréé doit présenter au service des douanes et droits indirects compétent tout justificatif attestant du taux du droit spécifique acquitté ou supporté pour les bières faisant l'objet de la demande.

Art. 178-0 *bis* C *(Abrogé par Décr. n° 2018-866 du 8 oct. 2018, art. 1er)* ***Les personnes qui mettent à la consommation des bières brassées par des petites brasseries indépendantes doivent, pour bénéficier des taux réduits du droit spécifique prévus du cinquième au huitième alinéa du a du I de l'article 520 A du code général des impôts, produire, à l'appui de la déclaration de mise à la consommation, une attestation certifiée par l'autorité administrative compétente du lieu de production que les bières en cause ont bien été produites par une brasserie qui respecte les conditions fixées par l'article 4, paragraphe 2, de la directive 92/83/CEE du 19 octobre 1992.***

C

Art. 178 *bis* *Abrogé par Décr. n° 93-1340 du 27 déc. 1993, art. 1er.*

D

Art. 178 *ter* à 178 *octies* *Abrogés.*

SECTION III

Art. 178 *octies* A à 178 *nonies* *Devenus sans objet (L. n° 99-1173 du 30 déc. 1999, art. 18-I C-16).*

SECTION IV

Art. 178 *decies* *Devenu sans objet (L. n° 99-1173 du 30 déc. 1999, art. 18-I C-16).*

SECTION V RÉGIMES PARTICULIERS

I *RÉGLEMENTATION DES ESSENCES D'ABSINTHE ET PRODUITS ASSIMILÉS OU SUSCEPTIBLES DE LES SUPPLÉER*

Art. 178 A Sont soumis à la réglementation édictée par l'article 514 *bis* du code général des impôts les essences d'absinthe et produits assimilés, les essences d'hysope, d'anis, de badiane, de fenouil et l'anéthol, que ces substances soient en nature ou en mélange, concentrées ou non, sous quelque forme qu'elles soient présentées, à l'exclusion :

1° Des médicaments composés qui figurent à la pharmacopée française ou au formulaire national, ou qui ont obtenu un visa du ministère des affaires sociales ;

2° Des plantes médicinales ou mélanges de plantes médicinales dont la vente par les herboristes est autorisée.

(Devenu sans objet, Décr. n° 2017-698 du 2 mai 2017, art. 3) ***« Les contestations qui peuvent s'élever sur la nature de ces différents produits sont déférées à la commission visée à l'article 343 du code général des impôts. »*** *– Dispositions devenues sans objet en conséquence de la L. n° 2016-1918 du 29 déc. 2016, art. 88-III.*

Art. 178 B A l'exception de celles prévues aux articles *(Abrogé par Décr. n° 2019-1383 du 18 déc. 2019, art. 5-1°)* ***« 178 C, »*** 178 D et 178 AB les prescriptions édictées par les articles 178 A et 178 E à 178 AA ne s'appliquent pas aux pharmaciens d'officine.

Art. 178 C *(Abrogé par Décr. nº 2019-1383 du 18 déc. 2019, art. 5-2º)* ***Sauf autorisation spéciale du ministre des affaires sociales, l'emploi de l'anéthol est interdit dans la fabrication des médicaments.***

Art. 178 D Il est interdit à tout importateur ou fabricant de produits visés à l'article 178 A de procéder à la vente ou à l'offre à titre gratuit desdits produits à toute autre personne que les négociants en gros en faisant le commerce sous le contrôle du service des douanes et droits indirects, les fabricants de boissons ayant qualité d'entrepositaire vis-à-vis de ce service, les pharmaciens d'officine, les parfumeurs, les fabricants dont l'industrie comporte l'utilisation de telles substances et les négociants exportateurs directs.

La revente de ces produits, en nature, sur le marché intérieur est interdite à ces catégories d'acheteurs, exception faite :

1º Des négociants en gros visés ci-dessus, qui peuvent les céder uniquement aux personnes habilitées à les recevoir ;

2º Des pharmaciens d'officine sous les réserves indiquées à l'article 178 AB.

Art. 178 E Dans les déclarations, sur les titres de mouvement et dans les écritures tenues par le service des douanes et droits indirects, les produits visés à l'article 178 A sont inscrits et suivis en poids. Les produits renfermant de l'alcool sont soumis à la réglementation des spiritueux et leur teneur globale en essences est exprimée en poids, par litre.

Art. 178 F Quelle que soit leur provenance ou leur destination, les produits visés à l'article 178 A doivent être accompagnés de documents mentionnés au I de l'article 302 M du code général des impôts énonçant le numéro et le poids total de chacun des fûts, bidons, caisses, boîtes ou flacons composant le chargement ainsi que la nature et le poids des produits contenus dans ces récipients.

L'importateur de ces mêmes produits ne peut obtenir de l'administration des douanes mainlevée de la marchandise que sur présentation d'un document mentionné au I de l'article 302 M du code précité.

Art. 178 G Tout expéditeur de graines d'anis, de badiane et de fenouil, par quantités supérieures à 10 kg, est tenu de se munir au bureau de déclarations de la direction générale des douanes et droits indirects d'un document mentionné au I de l'article 302 M du code général des impôts indiquant le poids des produits expédiés et l'adresse du destinataire.

Art. 178 H Aucune quantité d'essence d'absinthe ou produits assimilés ne peut circuler autrement que dans des colis, caisses, boîtes ou récipients revêtus du plomb des contributions indirectes.

L'intervention du service pour l'apposition des plombs sur les colis expédiés doit être réclamée par une déclaration faite au bureau de déclarations de la direction générale des douanes et droits indirects au moins quarante-huit heures à l'avance.

Aucune expédition ne peut être faite avant l'apposition des plombs.

Le prix des plombs apposés est remboursé à l'administration par l'expéditeur.

Art. 178 I Les dispositions des articles 451, 454 et 455 du code général des impôts et des articles L. 24 et L. 25 du Livre des procédures fiscales sont applicables aux transports des produits visés aux articles 178 A et 178 G.

En outre, pour les expéditions d'essences d'absinthe ou produits assimilés, les transporteurs sont tenus de représenter les scellements intacts, à toute réquisition des personnes habilitées à verbaliser, à l'instant même de la réquisition.

Art. 178 J Dès l'arrivée des chargements, les destinataires sont tenus de souscrire au bureau de déclarations de la direction générale des douanes et droits indirects une déclaration d'arrivée et de déposer les documents mentionnés au I de l'article 302 M du code général des impôts ayant accompagné les produits. Ils doivent conserver les colis intacts, et éventuellement sous plombs, jusqu'à la reconnaissance du service des douanes et droits indirects. Si, après le dépôt des documents au bureau susvisé, le service ne s'est pas présenté dans les vingt-quatre ou les quarante-huit heures, selon qu'il existe ou non un poste d'agents dans la localité, les destinataires peuvent disposer des produits.

Art. 178 K *Disjoint (V. not. LPF, art. L. 26).*

Art. 178 L Toute personne qui veut se livrer à la fabrication ou à la transformation sous une forme quelconque des produits visés à l'article 178 A doit, huit jours au moins avant le commencement des travaux, faire au bureau de déclarations de la direction générale des douanes et droits indirects une déclaration indiquant :

1° La situation de la fabrique et des locaux où sont emmagasinés les produits ;

2° Le régime de la fabrique quant aux jours et heures de travail ;

3° Les espèces et quantités respectives desdits produits en sa possession ;

4° La nature, la capacité et le numéro de poinçonnement des alambics utilisés.

Art. 178 M Les fabricants d'essences d'absinthe ou de produits assimilés, d'hysope, de badiane, de fenouil et d'anis doivent inscrire sur un registre conforme au modèle agréé par le service des douanes et droits indirects et préalablement coté et paraphé par le chef de service local :

1° La nature et le poids des matières premières introduites dans l'établissement ou obtenues sur place, avec éventuellement indication du nom de l'expéditeur et du titre de mouvement qui a accompagné la marchandise ;

2° Avant chaque distillation, la date et l'heure du commencement des travaux, la nature et le poids des matières premières mises en œuvre ;

3° Dès le déchargement de l'alambic, et en tout cas, à la fin de chaque fabrication, la date et l'heure de la cessation des travaux, les espèces et quantités de produits obtenus.

Art. 178 N Les fabricants sont comptables des quantités d'essences fabriquées sur place ou reçues du dehors. Ils sont tenus d'inscrire à un compte spécial sur le registre visé à l'article 178 M :

1° Dès la fin de la fabrication ou dès la réception, les espèces et quantités de produits fabriqués obtenus dans l'usine ou reçus du dehors en indiquant, pour ces derniers, le nom de l'expéditeur et l'analyse du titre de mouvement qui a accompagné la marchandise ;

2° Par nature de produits, les quantités expédiées avec les noms et adresses des destinataires, les dates et numéros des titres de mouvement ;

3° S'il y a lieu, par espèces, les quantités utilisées sur place avec indication de la nature de cette utilisation ;

4° Par nature, celles soumises à rectification ou épuration.

Art. 178 O Il est tenu par le service des douanes et droits indirects pour les fabricants un compte d'entrées et de sorties par nature de produits.

Ce compte est chargé :

a) Des quantités existant dans l'usine lors de l'ouverture ou de la reprise des comptes ;

b) Des quantités fabriquées sur place ou reçues de l'extérieur ;

c) Des excédents constatés aux inventaires.

Ce compte est déchargé :

a) Des quantités dont la remise en fabrication a été déclarée ;

b) Des quantités utilisées sur place à la préparation de boissons alcooliques, de produits alcooliques, alimentaires ou industriels ;

c) Des quantités enlevées à la fabrique sous couvert de titres de mouvement réguliers ;

d) Des quantités additionnées de substances rendant les préparations à obtenir impropres à la consommation de bouche ;

e) Des quantités reconnues manquantes aux inventaires.

Art. 178 P Les procédés de dénaturation doivent être agréés par la direction générale des douanes et droits indirects après avis du service des laboratoires. — *V. le 7 de l'art. 289 de l'Ann. II.*

Les produits additionnés de substances dénaturantes doivent être emmagasinés à part.

Art. 178 Q Les agents peuvent, à toute époque, procéder à l'inventaire et arrêter la situation du compte.

Le fabricant est tenu, à cet effet, de fournir *(Décr. n° 2021-489 du 21 avr. 2021, art. 1er)* « gratuitement » les échantillons *(Abrogé par Décr. n° 2021-489 du 21 avr. 2021, art. 1er)* « *dans les conditions fixées à l'article 516 du code général des impôts* ».

Si la vérification fait ressortir un excédent ou un manquant, l'excédent est ajouté aux charges et le manquant est porté en décharge. Si l'excédent ou le manquant dépasse 1 % des quantités prises en charge depuis le dernier inventaire, et sauf justifications probantes fournies par l'industriel, il est réputé provenir de manœuvres irrégulières et il est établi un procès-verbal en vue de l'application des pénalités encourues.

Art. 178 R Les industriels qui déterpènent ou rectifient des essences d'anis, de badiane ou de fenouil pour obtenir des produits dont le point de congélation est inférieur à vingt degrés centigrades peuvent obtenir décharge des déchets de fabrication. Ces déchets sont fixés d'un commun accord avec les intéressés, compte tenu des points de congélation respectifs des essences de base et des produits achevés. A cet effet, les intéressés sont tenus de mentionner lesdits points de congélation sur le registre spécial prévu à l'article 178 M.

Art. 178 S Pour l'application des dispositions des articles 178 A à 178 R et 178 T à 178 AB, peut seulement être considéré comme anéthol le produit obtenu par l'épuration des essences de badiane, de fenouil et d'anis et dont le point de congélation est au moins égal à vingt degrés centésimaux.

Art. 178 T Les fabricants d'anéthol doivent inscrire sur le registre spécial visé à l'article 178 M, au fur et à mesure des arrivages, le poids et le degré de congélation des essences d'anis, de badiane ou de fenouil reçues du dehors et la référence au titre de mouvement qui a accompagné la marchandise.

Les mêmes indications doivent être portées sur le registre pour les essences obtenues sur place et destinées à être transformées en anéthol.

Art. 178 U Les fabricants sont comptables, en anéthol, des essences de badiane, de fenouil ou d'anis introduites ou fabriquées dans leurs établissements.

Le rendement minimal en anéthol des produits susvisés est fixé forfaitairement à 80 % pour la badiane, à 75 % pour le fenouil et à 72 % pour l'anis, avec tolérance de 2 % en moins pour tenir compte des incidents de fabrication et des pertes en magasin.

Tout manquant constaté, supérieur aux limites de cette tolérance, est réputé provenir de manœuvres irrégulières et il est établi un procès-verbal en vue de l'application des pénalités encourues. Toutefois, les déchets réels de fabrication peuvent, sur justification de l'industriel, être admis en décharge.

Les excédents de fabrication sont déclarés et pris en charge au compte visé à l'article 178 V.

Art. 178 V Il est tenu par le service, à l'égard des fabricants et sous les mêmes sanctions, un compte d'entrées et de sorties d'anéthol analogue à celui prévu à l'article 178 O. Ce compte peut être arrêté à toute époque. Les fabricants doivent à la demande du service fournir les échantillons dans les conditions fixées à l'article 178 Q.

Art. 178 W Les importateurs et les négociants en gros de produits visés à l'article 178 A, qui livrent lesdits produits d'achat aux industriels ou aux utilisateurs autorisés par l'article 178 D à les recevoir, sont tenus de souscrire la déclaration prévue à l'article 178 L.

Ils sont comptables des quantités reçues.

Ils sont tenus d'inscrire toutes leurs réceptions, leurs expéditions et les utilisations sur place sur le registre spécial visé à l'article 178 M.

Il est tenu aux intéressés, dans les conditions indiquées à l'article 178 O, un compte d'entrées et de sorties identique à celui tenu chez les fabricants.

Ce compte est vérifié et réglé dans les conditions fixées à l'article 178 Q.

Art. 178 X A l'exception des fabricants, des importateurs et des négociants en gros, *respectivement visés* aux articles 178 L et 178 W, peuvent seuls recevoir et détenir les produits énumérés à l'article 178 A, les utilisateurs visés à l'article 178 D. Ces utilisateurs sont tenus de souscrire la déclaration prévue à l'article 178 L.

Art. 178 Y Il est ouvert aux utilisateurs un compte d'entrée et de sortie par nature de produits.

Ce compte est chargé :

a) Des quantités existant dans l'usine lors de l'ouverture ou de la reprise des comptes ;

b) Des quantités reçues de l'extérieur ;

c) Des excédents constatés aux inventaires.

Il est déchargé :

a) Des quantités utilisées sur place et ayant fait l'objet de déclarations de mise en œuvre ;

b) De celles additionnées de substances rendant les préparations à obtenir impropres à la consommation de bouche ;

c) De celles reconnues manquantes aux inventaires.

Le compte prévu au présent article est suivi et réglé dans les conditions indiquées aux articles 178 O et 178 Q.

Art. 178 Z Toute mise en œuvre de produits visés à l'article 178 A doit être précédée d'une déclaration souscrite au moins une heure à l'avance et énonçant la nature et le poids des matières de base et la préparation à obtenir.

Les utilisateurs qui souscrivent tous les jours des déclarations de fabrication peuvent être autorisés à les consigner, dans les conditions fixées par le service, sur des registres fournis par eux et conformes au modèle agréé par l'administration. Ces registres sont préalablement cotés et paraphés par le chef de service local.

Art. 178 AA L'administration peut, sur la demande des fabricants, des importateurs, des négociants en gros ou des utilisateurs d'essence de badiane, d'anis, de fenouil, d'hysope ou d'anéthol, et après avis du service des laboratoires de la direction générale des douanes et des droits indirects, dispenser des formalités à la circulation prévues à l'article 178 F les essences additionnées de substances dénaturantes et les préparations composées destinées à la fabrication de confiserie, d'extraits alimentaires, de dentifrices, de produits de parfumerie et de toilette et d'autres produits similaires, dans lesquelles les essences visées ne constituent pas l'élément dominant ou sont additionnées de substances rendant la préparation impropre à la fabrication d'une boisson anisée. — *V. le 8 de l'art. 289 de l'Ann. II.*

Art. 178 AB Les pharmaciens d'officine sont tenus de déposer au bureau de déclarations de la direction générale des douanes et droits indirects, dès l'arrivée des chargements, les documents mentionnés au I de l'article 302 M du code général des impôts ayant accompagné les produits visés à l'article 178 A.

Ils peuvent délivrer ces produits seulement aux conditions suivantes :

1° Sous forme de préparations magistrales ou de préparations composées inscrites à la pharmacopée ou au formulaire national ;

2° En nature, dans les conditions fixées à l'article L. 3322-5 du code de la santé publique.

Les pharmaciens d'officine doivent tenir, sur un registre préalablement coté et paraphé par le pharmacien inspecteur de santé publique, un compte d'entrées et de sorties par nature de produits.

Ce compte fait apparaître, d'une part :

a) Les quantités existant dans l'officine lors de l'ouverture ou de la reprise du compte ;

b) Les quantités reçues de l'extérieur ;

c) Les excédents constatés aux inventaires ;

et, d'autre part :

a) Les quantités utilisées sur place ou vendues en nature ;

b) Les quantités reconnues manquantes aux inventaires.

Les quantités reçues et les utilisations qui ne donnent pas lieu à inscription à l'ordonnancier sont immédiatement portées au compte. Les utilisations et les ventes qui donnent lieu à inscription à l'ordonnancier peuvent n'être transcrites que mois par mois.

Les pharmaciens inspecteurs de santé publique contrôlent l'utilisation qui est faite des essences, et éventuellement de l'anéthol, dans les officines et dans les établissements pharmaceutiques.

Le ministre des affaires sociales informe le ministre de l'économie et des finances de tout abus constaté, en vue de permettre l'application, le cas échéant, des dispositions répressives prévues en la matière.

II

Art. 179 à 182 *Devenus sans objet (Décr. nº 2009-389 du 7 avr. 2009).*

CHAPITRE PREMIER *BIS*

Art. 182 A *Transféré ss. l'art. 65 A.*

Art. 182 B *Transféré ss. l'art. 104-2 (depuis abrogé).*

Art. 182 C *Abrogé.*

Art. 182 D I. — *Abrogé.*
II. — *Transféré ss. l'art. 65 B devenu sans objet.*

Art. 182 E à 182 AT *Abrogés.*

CHAPITRE PREMIER *TER*

Art. 182 *bis* *Abrogé.*

CHAPITRE II GARANTIE DES MATIÈRES D'OR, D'ARGENT ET DE PLATINE

SECTION PREMIÈRE FORME ET APPOSITION DES POINÇONS ET DES MARQUAGES AU LASER *(Décr. nº 2013-411 du 17 mai 2013).*

Art. 183 **Les poinçons de maître et de responsabilité, les poinçons de garantie utilisés par les professionnels habilités par une convention conclue avec l'administration des douanes et droits indirects dans les conditions prévues au deuxième alinéa du I de l'article 535 du code général des impôts, par les organismes de contrôle agréés dans les conditions prévues au II de cet article et par les services de la garantie doivent être conformes aux modèles fixés par décret. Les marquages au laser sont soumis à la même obligation.**

Les poinçons ou les marquages au laser sont apposés sur les ouvrages dans les conditions que l'administration détermine. — *V. Décr. nº 90-180 du 27 févr. 1990 : poinçons de garantie (D. et ALD 1990. 167 ; JO 28 févr.) ; Décr. nº 2000-745 du 1er août 2000 : création et suppression de poinçons de garantie d'État du titre des ouvrages en métaux précieux.*

Art. 184 **Les poinçons de garantie métalliques utilisés par les professionnels habilités, par les organismes de contrôle agréés et par les bureaux de garantie portent un signe caractéristique particulier, déterminé par la Monnaie de Paris. Ce signe est changé toutes les fois qu'il est nécessaire.**

Art. 185 *Abrogé par Décr. nº 84-623 du 16 juill. 1984, art. 9.*

Art. 186 **Tous les poinçons de garantie métalliques sont fabriqués par la Monnaie de Paris, qui les fait parvenir aux bureaux de garantie, aux professionnels habilités et aux organismes de contrôle agréés et en conserve les matrices.**

Art. 186 *bis* **Les ouvrages d'or aux titres légaux de 585 millièmes et 375 millièmes sont revêtus respectivement des poinçons de titre ou du marquage au laser conformes au tableau annexé au décret nº 95-612 du 5 mai 1995.**

Les fabricants d'ouvrages d'or aux titres légaux de 585 millièmes et 375 millièmes *peuvent, en outre, y faire* figurer une indication du titre en millièmes, sans préjudice de l'apposition du poinçon de garantie ou du marquage au laser, qui seul fait foi du titre.

Art. 186 *ter* **Pour l'application du *b* de l'article 524 *bis* du code général des impôts, les seuils de dispense d'attestation de la garantie du titre sont fixés à un poids infé-**

rieur à 3 grammes pour les ouvrages contenant de l'or ou du platine et à 30 grammes pour les ouvrages contenant de l'argent.

SECTION II ORGANISATION DES BUREAUX DE GARANTIE

Art. 187 La garantie du titre est attestée, hors les cas où le professionnel bénéficie d'une délégation de poinçon de garantie, par le bureau de garantie du ressort dont relève le professionnel ou par un organisme de contrôle agréé.

Le nombre et les circonscriptions des bureaux de garantie sont fixés par le ministre chargé du budget.

Art. 188 *Abrogé par Décr. nº 94-433 du 24 mai 1994, art. 2.*

Art. 189 L'essai est effectué au touchau. Il peut également être procédé à un essai à la coupelle ou à un essai par la voie humide ou à un essai par toute autre méthode en vigueur assurant un niveau de sécurité et de fiabilité équivalent, auprès du service commun des laboratoires du ministère de l'économie, des finances et de l'industrie lorsque le bureau de garantie l'estime nécessaire.

Art. 190 L'essai peut porter également sur des prélèvements de métal opérés par le service des douanes et droits indirects au cours de la fabrication.

Art. 191 Les professionnels peuvent faire déterminer, par les bureaux de garantie, le titre des lingots, apprêts ou composants, entrant dans leurs fabrications. La rémunération du bureau est fixée par arrêté du ministre chargé des finances. *— V. Ann. IV, art. 56 J bis.*

Art. 192 à 196 *Abrogés.*

SECTION III FONCTIONNEMENT DES BUREAUX DE GARANTIE

Art. 197 à 202 *Abrogés.*

Art. 203 Les ouvrages d'or, d'argent et de platine qui, sans être au-dessous du plus bas des titres fixés par la loi, ne sont pas exactement à l'un d'eux, sont marqués au titre légal immédiatement inférieur à celui trouvé par l'essai ou sont brisés ou exportés si le propriétaire le souhaite. Toutefois, il peut être demandé un nouvel essai par le propriétaire.

Art. 204 En cas de contestation sur le titre, une prise d'essai sur l'ouvrage peut être effectuée et envoyée au service commun des laboratoires du ministère de l'économie, des finances et de l'industrie.

Art. 205 En fonction des résultats de l'essai du service commun des laboratoires du ministère de l'économie, des finances et de l'industrie, l'ouvrage est définitivement titré et, s'il y a lieu, marqué conformément à ce résultat ou est brisé ou exporté s'il est inférieur au titre minimum légal.

Art. 206 *Abrogé par Décr. nº 2006-908 du 21 juill. 2006.*

Art. 207 Tout propriétaire d'un ouvrage d'or, de platine ou d'argent portant le poinçon de la garantie peut exercer une action contre le fabricant ou l'importateur si le titre réel ne correspond pas à celui indiqué par le poinçon. En cas de doute, il peut demander au directeur interrégional des douanes et droits indirects territorialement compétent ou, en Guadeloupe, en Guyane, à La Réunion et à Mayotte, au directeur régional des douanes et droits indirects un nouvel essai. *— V. App., Décr. nº 2014-1281 du 23 oct. 2014.*

Art. 208 Dans tous les cas, les cornets et boutons d'essai sont remis au propriétaire de la pièce.

SECTION III *BIS*

Art. 208 A *Abrogé par Décr. nº 94-433 du 24 mai 1994, art. 2.*

SECTION IV OBLIGATIONS DES REDEVABLES

Art. 209-0 A La déclaration prévue à l'article 527 du code général des impôts mentionne le nombre des ouvrages en platine, en or et en argent poinçonnés le mois précédent par le bureau de garantie, la date de l'apport à la marque et le montant de la contribution correspondant. Elle doit être accompagnée des fiches d'apport à la marque de ces ouvrages, établies par l'opérateur et visées par le bureau de garantie lors du dépôt des ouvrages en métaux précieux auprès de ce bureau pour être marqués des poinçons de titre légaux. Cette déclaration est envoyée ou déposée auprès de la recette des douanes et droits indirects territorialement compétente dans le ressort de laquelle est établi le bureau de garantie dont dépend le redevable. Lorsque les redevables paient la contribution au comptant, les ouvrages en métaux précieux ne leur sont restitués que sur présentation de la quittance de paiement. La forme et le contenu des fiches d'apport à la marque sont définis par arrêté du ministre chargé du budget. — *V. Ann. IV, art. 56 J vicies. — Ces dispositions entrent en vigueur le 1er juill. 2004.*

Art. 209-0 B Les professionnels peuvent faire livrer leurs ouvrages au bureau de garantie pour y être essayés et marqués dès lors que ces professionnels supportent l'intégralité des formalités et des frais afférents à l'expédition des ouvrages vers le bureau de garantie.

Art. 209-0 C Dès réception des paquets contenant les ouvrages, le bureau de garantie en adresse l'inventaire aux professionnels.

Après accomplissement des formalités de garantie, le bureau de garantie tient les ouvrages à disposition des professionnels.

Au moment de la restitution des ouvrages et après inventaire contradictoire, les ouvrages sont pris en charge par les professionnels qui en assument dès lors tant la réexpédition physique que la responsabilité matérielle.

Art. 209 En cas de décès d'un fabricant ou d'un importateur, son poinçon de maître ou de responsabilité est remis par son dépositaire, dans un délai de trois mois, au bureau de garantie ou au bureau de douane dont il dépendait.

Art. 210 En cas de cessation d'activité, le fabricant ou l'importateur remet son poinçon de maître ou de responsabilité au bureau de garantie ou au bureau de douane dans un délai de trente jours.

Art. 211 Les personnes qui fabriquent ou mettent en vente des objets d'or, d'argent ou de platine soumis à la réglementation en matière de garantie et qui fabriquent ou mettent en vente, en même temps, et dans le même local, des objets en métaux divers, doublés, plaqués, dorés, argentés, platinés ou non, sont tenues d'indiquer, de façon apparente, dans les vitrines d'exposition, sur les catalogues et emballages, ainsi que sur les factures qu'elles délivrent aux acheteurs, la nature réelle de ces derniers objets. Les détaillants doivent placer dans un lieu visible de l'extérieur de leur magasin un tableau ou une affiche représentant les différents modèles de poinçons du service de la garantie, les titres auxquels ils correspondent.

Art. 211 A *(Décr. no 2021-632 du 21 mai 2021, art. 5 et 12, en vigueur le 1er nov. 2021)* « Le dépôt d'une déclaration de profession mentionnée à l'article 533, à l'article 534 ou à l'article 550 du code général des impôts doit être accompagné du numéro unique d'identification. »

Lors de l'enregistrement de la déclaration, le bureau de garantie doit s'assurer de l'identité et de la qualité du déclarant. Il lui en est délivré une copie.

La déclaration reprend le nom du professionnel ou de la société, la désignation exacte de l'activité et de l'adresse du siège social et du lieu d'exercice. Elle est datée et signée.

SECTION IV *BIS* EXPORTATIONS OU LIVRAISONS À DESTINATION D'UN AUTRE ÉTAT MEMBRE DE L'UNION EUROPÉENNE

Art. 211 AA *Abrogé par Décr. no 2004-588 du 21 juin 2004, art. 1er-I et 3, à compter du 1er juill. 2004.*

Art. 211 AB *Devenu sans objet (L. n° 94-6 du 4 janv. 1994, art. 17).*

Art. 211 AC **La déclaration prévue à l'article 545 du code général des impôts est déposée au bureau de garantie quarante-huit heures avant la mise en fabrication.**

SECTION V OUVRAGES DORÉS, ARGENTÉS OU PLATINÉS

Art. 212 *Abrogé par Décr. n° 84-623 du 16 juill. 1984, art. 9.*

Art. 212 A **L'épaisseur minimale de la couche de métal précieux recouvrant les ouvrages mentionnés à l'article 551 du code général des impôts doit :**

1° Pour les ouvrages recouverts de platine ou d'or :

Permettre qu'une ou plusieurs coquilles homogènes du métal précieux, gardant les formes de l'objet, subsistent après dissolution du métal commun ou de la matière de support ;

Atteindre 5 microns pour les articles d'horlogerie et 3 microns pour les ouvrages autres que ceux d'horlogerie, sans tolérance de dispersion ;

2° Pour les ouvrages d'orfèvrerie recouverts d'argent, être conforme aux dispositions de la norme NF D. 29004 ;

3° Pour les ouvrages recouverts d'argent, autres que ceux d'orfèvrerie, atteindre 10 microns.

Lorsque la couche de métal précieux ne répond pas à ces conditions, les ouvrages recouverts de platine ou d'or ne peuvent être vendus que sous la dénomination platiné ou doré ; de même les ouvrages recouverts d'argent ne peuvent recevoir l'appellation de "métal argenté".

La couche d'or recouvrant les ouvrages en argent à un titre légal doit atteindre 5 microns pour donner droit à l'appellation "vermeil".

Les fabricants, importateurs et marchands d'ouvrages en vermeil ou doublés ou plaqués de platine, d'or ou d'argent font connaître au service de la garantie la composition du substrat et le titre du métal précieux utilisé pour son revêtement.

SECTION VI FRAPPE DES MÉDAILLES

Art. 213 **Les personnes autorisées à frapper des médailles munies ou non de bélière sont tenues d'apposer sur celles-ci leur poinçon de maître. Ce poinçon a, suivant le cas, l'une des formes indiquées ci-après :**

– Losange, pour les médailles en platine, or ou argent ;

– Carré parfait pour les médailles en métal commun doublé ou plaqué d'or ou d'argent ou bien en métal commun doré ou argenté ;

– Triangle pour les médailles en métal commun.

Chaque poinçon de maître doit porter la lettre initiale du nom du fabricant ou de l'industriel avec un symbole.

Le mot "doublé" en toutes lettres doit être apposé sur les médailles en métal commun doublé ou plaqué d'or ou d'argent.

Le poinçon de maître doit être apposé dès l'achèvement de la fabrication.

Art. 214 **Indépendamment des sanctions édictées par la réglementation en vigueur, toute contravention aux dispositions de l'article 213 peut motiver le retrait de l'autorisation de frapper ou de faire frapper des médailles.**

CHAPITRE III

Art. 215 à 219 *Devenus sans objet (L. n° 98-1266 du 30 déc. 1998, art. 47-B-I).*

CHAPITRE III *BIS*

Art. 219 A à 219 F *Devenus sans objet (Décr. n° 2007-484 du 30 mars 2007).*

Art. 219 G *Abrogé par Règl. CEE n° 1009 du 18 déc. 1967.*

Art. 219 H à 219 K *Devenus sans objet (Décr. n° 2007-484 du 30 mars 2007).*

Art. 219 L et 219 M *Abrogés par Décr. n° 69-186 du 26 févr. 1969, art. 7.*

Art. 219 N et 219 O *Devenus sans objet (Décr. n° 2007-484 du 30 mars 2007).*

CHAPITRE III *TER*

Art. 219 P à 219 U *Devenus sans objet (Décr. n° 2007-484 du 30 mars 2007).*

Art. 219 V *Devenu sans objet (L. n° 94-1163 du 29 déc. 1994, art. 18-I, II et III).*

CHAPITRE III *TER* A

Art. 219 V *bis* à 219 V *septies* *Devenus sans objet (Décr. n° 2007-484 du 30 mars 2007).*

CHAPITRE III *QUATER*

Art. 219 W et 219 X *Abrogés (en conséquence de l'abrogation de l'art. 564 octies).*

CHAPITRE IV

SECTIONS PREMIÈRE *à* IV

Art. 220 à 244 *Abrogés par Ord. n° 59-80 du 7 janv. 1959, art. 2.*

CHAPITRE V

Art. 244 *bis* à 244 *quinquies* *Abrogés par Décr. n° 2000-785 du 24 août 2000, art. 2.*

CHAPITRE VI

V. Ann. IV, art. 57 C à 57 W.

Art. 244 *sexies* à 244 *vicies* *Abrogés par Décr. n° 2007-906 du 15 mai 2007, art. 28-I.*

TITRE QUATRIÈME **ENREGISTREMENT, PUBLICITÉ FONCIÈRE, TIMBRE**

CHAPITRE PREMIER **DROITS D'ENREGISTREMENT ET TAXE DE PUBLICITÉ FONCIÈRE**

SECTION PREMIÈRE **DISPOSITIONS GÉNÉRALES**

I *DES FORMALITÉS*

A CHAMP D'APPLICATION RESPECTIF DE LA FORMALITÉ DE L'ENREGISTREMENT ET DE LA FORMALITÉ FUSIONNÉE – DÉLAIS

1 ACTES ET MUTATIONS SOUMIS À LA FORMALITÉ DE L'ENREGISTREMENT – ACTES PUBLICS ET SOUS SEINGS PRIVÉS

Art. 245 Les actes notariés dont la liste est fixée par arrêté du ministre de l'économie et des finances, ainsi que les testaments olographes déposés en l'étude d'un notaire, sont dispensés de la formalité de l'enregistrement, sous les conditions indiquées audit arrêté *[Ann. IV, art. 60]*. Le cas échéant, les droits dus sur ces actes sont payés sur états, suivant les modalités prévues aux articles 263 et 384 *bis* A.

Art. 246 *(Abrogé par Décr. n° 2021-6 du 5 janv. 2021, art. 1er-1°)* ***A l'exclusion des actes auxquels sont annexés des écrits en contravention aux lois d'enregistrement ou de timbre, ou qui ont été rédigés en conséquence de tels écrits, les exploits et autres actes du ministère des huissiers de justice sont dispensés de la formalité de l'enregistrement lorsqu'ils sont exonérés de tout droit d'enregistrement.***

Art. 247 *Abrogé.*

Art. 248 Les dispositions *(Décr. n° 2021-6 du 5 janv. 2021, art. 1er-2°)* « de l'article 245 » ne sont pas applicables aux actes assujettis à la formalité fusionnée instituée par l'article 647 du code général des impôts.

2 ACTES SOUMIS À LA FORMALITÉ FUSIONNÉE DE L'ENREGISTREMENT ET DE LA PUBLICITÉ FONCIÈRE

Art. 249 Les actes visés à l'article 647 du code général des impôts, pour lesquels il est impossible de procéder à la formalité fusionnée, sont :

1° Les actes portant sur des immeubles situés en totalité dans les départements de la Moselle, du Bas-Rhin ou du Haut-Rhin ;

2° Ceux qui ont fait l'objet d'un refus de publier et dont la régularisation ne peut être opérée.

3 RÉGIME PARTICULIER AUX DÉPARTEMENTS DE LA MOSELLE, DU BAS-RHIN ET DU HAUT-RHIN

Art. 250 I. — La formalité fusionnée n'est applicable aux actes portant sur des immeubles situés en partie dans les départements de la Moselle, du Bas-Rhin et du Haut-Rhin que si leur rédacteur réside en dehors de ces trois départements.

II. — Les actes et conventions concernant des immeubles situés en totalité dans les départements de la Moselle, du Bas-Rhin et du Haut-Rhin, ou des droits portant sur ces immeubles, sont assujettis en toute hypothèse à la formalité et aux droits d'enregistrement.

B ACCOMPLISSEMENT DES FORMALITÉS

1 BUREAUX COMPÉTENTS

a *ENREGISTREMENT*

Art. 250 A La déclaration prévue à l'article 638 A du code général des impôts doit être déposée :

— s'il s'agit de la formation d'une société ou d'un groupement économique, à l'un des services des impôts dans le ressort desquels les biens apportés sont situés ou, si ces biens n'ont pas une assiette matérielle fixe, au service des impôts du siège social ou du domicile de l'un des apporteurs et, à défaut de siège social ou de domicile en France, auprès de celle désignée par l'administration *[Ann. IV, art. 60 A]* ;

— s'il s'agit des autres opérations visées audit article, au service des impôts dans le ressort duquel sont situés soit le siège statutaire, soit celui de la direction effective, soit le principal établissement de la société ou du groupement économique.

b *FORMALITÉ FUSIONNÉE*

Art. 251 Lorsqu'un acte concerne des immeubles ou droits immobiliers situés dans le ressort de plusieurs services de la publicité foncière, la formalité fusionnée est exécutée au service où la publicité est requise en premier lieu. Ce service est l'un quelconque des services intéressés, au choix du requérant ; il est indiqué dans chacune des expéditions présentées à la formalité.

2 *MODALITÉS D'EXÉCUTION*

a *ENREGISTREMENT*

Art. 251 A I. — La déclaration prévue à l'article 638 A du code général des impôts doit préciser la nature et la date de l'opération qui a été réalisée par une société ou un groupement d'intérêt économique sans avoir donné lieu à l'établissement d'un acte.

Lorsque l'opération comporte des apports, cette déclaration doit en outre indiquer :

a) La désignation et le régime fiscal, d'une part, des apporteurs, d'autre part, de la société ou du groupement bénéficiaire des apports ;

b) La consistance et l'origine de propriété de ces apports ;

c) Leur caractère pur et simple ou à titre onéreux ;

d) La valeur réelle de chacun des éléments apportés et, le cas échéant, le montant du capital nominal créé.

II. — Cette déclaration doit être produite par la société ou le groupement dans le mois de la réalisation des opérations en cause.

Son dépôt est accompagné du paiement des droits ou taxes exigibles.

Art. 252 *(Abrogé par Décr. n° 2021-6 du 5 janv. 2021, art. 1er-1°)* ***I. — Les actes du ministère des huissiers de justice sont dispensés de la présentation matérielle à la formalité de l'enregistrement lorsqu'ils sont soumis à la taxe forfaitaire prévue au 1 de l'article 302 bis Y du code général des impôts.***

II. — Sans objet (L. n° 93-1352 du 30 déc. 1993, art. 16).

III. — Les dispositions du I ne sont pas applicables :

1° Sans objet (L. n° 93-1352 du 30 déc. 1993, art. 16) ;

2° Aux actes soumis à l'enregistrement en débet ;

3° Aux actes auxquels sont annexés des écrits en contravention aux lois d'enregistrement ou de timbre, ou qui ont été rédigés en conséquence de tels écrits ;

4° Abrogé ;

5° Aux actes soumis à la formalité fusionnée prévue à l'article 647 du code général des impôts.

b FORMALITÉ FUSIONNÉE

Art. 253 I. — La formalité fusionnée est exécutée au vu de deux expéditions intégrales de l'acte à publier, établies dans les conditions fixées par l'article 67-3 modifié introduit dans le décret n° 55-1350 du 14 octobre 1955 par l'article 12 du décret n° 67-1252 du 22 décembre 1967.

II. — Lorsqu'un acte concerne des immeubles ou droits immobiliers situés dans le ressort de plusieurs services de la publicité foncière, la formalité fusionnée est opérée au vu d'une expédition intégrale de l'acte et d'un extrait établi dans les conditions fixées par l'article 67-3 précité. Les dispositions du 1 modifié de l'article 68 du décret n° 55-1350 du 14 octobre 1955 sont applicables à la publicité requise dans les autres services de la publicité foncière compétents ; pour son exécution, les requérants disposent du délai supplémentaire global d'un mois prévu à l'article 33 modifié du décret n° 55-22 du 4 janvier 1955.

Le service où la formalité fusionnée est exécutée perçoit la totalité des droits et taxes exigibles ainsi que, le cas échéant, les pénalités de retard encourues. Par dérogation à la disposition qui précède, la contribution de sécurité immobilière prévue à l'article 879 du code général des impôts est également due dans chacun des autres services.

L'extrait prévu à l'article 860 du code général des impôts est déposé en double exemplaire au service où la formalité fusionnée est requise ; un exemplaire supplémentaire est remis à chacun des autres services concernés.

L'autorité compétente de l'État mentionnée aux premier et deuxième alinéas de l'article 860 du code général des impôts est le directeur général des finances publiques.

III. — Quand la formalité fusionnée est applicable à des actes portant sur des immeubles situés en partie dans les départements de la Moselle, du Bas-Rhin et du Haut-Rhin, elle est exécutée dans les conditions fixées au II, au service ou à l'un des services compétents qui perçoit la totalité des droits et taxes exigibles sur l'acte. Les dispositions du même paragraphe sont applicables à la publicité requise dans les autres services de la publicité foncière en ce qui concerne les immeubles situés en dehors des trois départements visés ci-dessus.

IV. — Une réquisition de formalité fusionnée est obligatoire en cas de présentation à cette formalité d'actes qui y sont soumis facultativement.

Art. 254 Pour l'exécution de la formalité fusionnée, les requérants doivent remettre au service de la publicité foncière, en même temps que les pièces visées à l'article 253, l'ensemble des documents dont le dépôt était prescrit en matière d'enregistrement et de publicité foncière au moment de l'entrée en vigueur du décret n° 70-548 du 22 juin 1970. Ces documents sont aménagés, s'il y a lieu, suivant des modalités fixées par le directeur général des finances publiques.

Art. 255 L'extrait d'acte prévu à l'article 860 du code général des impôts est complété par un projet de liquidation détaillée des droits exigibles. Il comprend, le cas

échéant, les mentions prévues au III de l'article 150 VG, à la deuxième phrase du deuxième alinéa du IV de l'article 1529 et à la deuxième phrase du deuxième alinéa du V de l'article 1605 *nonies* du code général des impôts.

Art. 256 **Les pièces visées aux articles 253 et 254 et l'extrait d'acte prévu à l'article 860 du code général des impôts peuvent être :**
– soit remis au service de la publicité foncière compétent ;
– soit adressés directement à ce service par pli postal, ordinaire ou recommandé.

Art. 257 **La formalité est refusée :**
– dans les cas où une telle sanction est prévue par la réglementation en vigueur en matière de publicité foncière ou d'enregistrement ;
– en cas d'inobservation des dispositions des articles 253, 254 et 255.

Art. 258 **Malgré la notification d'une cause de rejet de la formalité l'acte est réputé enregistré à la date du dépôt et les droits sont perçus en conséquence. La publication de l'acte, après régularisation, ne donne pas lieu au versement d'une nouvelle taxe.**

Art. 259 *Abrogé par Décr. nº 2012-1463 du 26 déc. 2012, art. 4.*

C *INTERDICTIONS*

Art. 260 **Sous réserve des dispositions du 2º de l'article 249, il est fait défense aux comptables de la direction générale des finances publiques chargés de la formalité de l'enregistrement d'enregistrer les actes obligatoirement soumis à la formalité fusionnée.**

II ***DES IMPOSITIONS***

ASSIETTE ET LIQUIDATION

Art. 261 *Abrogé par L. nº 98-546 du 2 juill. 1998, art. 26.*

Art. 262 *Abrogé.*

Art. 263 **Sur chaque acte, non exempt d'impôt, entrant dans le champ d'application de l'article 245, il est porté la mention suivante, à la diligence du notaire :**
"Droits d'enregistrement sur état ... € (montant global des droits, en chiffres)".
Cette mention peut être apposée, en tout ou en partie, au moyen d'une griffe ; elle est reproduite sur toutes les expéditions ou copies de l'acte.

Art. 264 *Sans objet (L. nº 93-1352 du 30 déc. 1993, art. 16).*

SECTION II **LES TARIFS ET LEUR APPLICATION**

I ***MUTATIONS DE PROPRIÉTÉ À TITRE ONÉREUX D'IMMEUBLES OU DE MEUBLES***

1

Art. 265 et 266 *Abrogés par L. nº 89-936 du 29 déc. 1989, art. 20-I et II.*

2 OPÉRATIONS CONCOURANT À LA PRODUCTION OU À LA LIVRAISON D'IMMEUBLES

Art. 266 *bis* **I. – La justification de l'exécution des travaux prévus au I du A de l'article 1594-0 G du code général des impôts résulte :**
1º Dans les cas indiqués au I de l'article 244 de l'annexe II au même code, du dépôt de la déclaration spéciale qui y est mentionnée ;
2º Dans les autres cas, du dépôt en mairie de la déclaration attestant de l'achèvement des travaux et de la conformité des travaux de construction ou d'aménagement au permis délivré ou de la déclaration préalable, mentionnée à l'article L. 462-1 du code de l'urbanisme.
II. – Lorsque l'engagement mentionné au I du A de l'article 1594-0 G du code général des impôts porte sur la construction de maisons individuelles et que la superficie du terrain acquis excède celle pour laquelle l'exonération est applicable aux termes du

premier alinéa du III du A de l'article précité, l'exonération s'applique à une fraction du prix d'acquisition égale au rapport entre la superficie pour laquelle elle est applicable et celle du terrain acquis.

Lorsque l'engagement mentionné à l'alinéa précédent porte sur la surélévation d'un immeuble bâti existant, l'exonération s'applique à une fraction du prix d'acquisition égale au rapport entre, d'une part, la surface de plancher des locaux résultant de la surélévation et, d'autre part, la somme de cette dernière surface et de la surface de plancher de l'immeuble acquis.

III. — L'engagement mentionné au I du A de l'article 1594-0 G du code général des impôts précise l'objet et la consistance des travaux sur lesquels il porte. La demande de prorogation du délai prévue au IV du A de l'article précité doit être formulée au plus tard dans le mois qui suit l'expiration du délai précédemment imparti. Elle doit être adressée par pli recommandé avec demande d'avis de réception postale, être motivée et préciser la consistance des travaux prévus dans l'engagement primitif sur lesquels porte la prorogation demandée ainsi que le montant des droits dont l'exonération est subordonnée à leur exécution.

L'autorité compétente de l'État mentionnée aux IV et IV *bis* du A de l'article 1594-0 G précité est le directeur départemental ou, le cas échéant, régional des finances publiques.

IV. — La demande de prorogation du délai prévue au IV *bis* du A de l'article 1594-0 G du code général des impôts doit être formulée au plus tard dans le mois qui suit l'expiration du délai précédemment imparti. Elle doit être adressée par pli recommandé avec demande d'avis de réception postale, être motivée et préciser la consistance des immeubles sur lesquels porte la prorogation demandée ainsi que le montant des droits dont l'exonération est subordonnée à leur revente.

V. — La substitution d'un engagement de construire à un engagement de revendre telle que prévue au troisième alinéa du II du A de l'article 1594-0 G du code général des impôts résulte de l'envoi au service des impôts par pli recommandé avec demande d'avis de réception postale d'une déclaration faisant référence à la date et au numéro d'enregistrement et de publication de l'acte de mutation comportant l'engagement de revendre auquel se substitue le nouvel engagement. La déclaration précise l'objet et la consistance des travaux prévus par cet engagement ainsi que le montant des droits dont l'exonération est subordonnée à leur exécution.

VI. — La substitution d'un engagement de revendre à un engagement de construire telle que prévue au deuxième alinéa du II du A de l'article 1594-0 G du code général des impôts résulte de l'enregistrement dans les conditions mentionnées au 1° du 1 de l'article 635 du code précité d'un acte complémentaire à l'acte de mutation comportant l'engagement d'origine auquel se substitue le nouvel engagement. Cet acte précise l'objet et la consistance des travaux auxquels il est renoncé ainsi que la valeur de l'acquisition pour laquelle est sollicité le bénéfice des dispositions de l'article 1115 du même code.

2 BIS à 2 QUATER

Art. 266 *ter* à 266 *octies* *Devenus sans objet (L. n° 98-1266 du 30 déc. 1998, art. 39-I-4).*

3 RÉGIME PARTICULIER AUX DÉPARTEMENTS DE LA MOSELLE, DU BAS-RHIN ET DU HAUT-RHIN

Art. 267 I. — Les droits dus en application de l'article 250 sont perçus aux taux et selon les modalités prévus au chapitre Ier, section II, et au chapitre IV du titre IV de la première partie du livre Ier du code général des impôts, ainsi qu'aux articles 1584, 1595 et 1595 *bis* dudit code.

II. — *Devenu sans objet.*

II *MUTATIONS À TITRE GRATUIT*

A *ASSIETTE DES DROITS* : DISPOSITIONS SPÉCIALES AUX SUCCESSIONS — RÈGLES D'ÉVALUATION

1°

Art. 268 à 279 *Périmés.*

2° BIENS FRAPPÉS D'INDISPONIBILITÉ HORS DE FRANCE

Art. 280 I. — Les titres, sommes, valeurs ou avoirs quelconques dépendant d'une succession et frappés d'indisponibilité hors de France par suite de mesures prises par un Gouvernement étranger sont portés pour mémoire dans la déclaration souscrite en vue de la perception des droits de mutation par décès.

II. — Les biens visés au I font l'objet d'une déclaration complémentaire qui doit être souscrite dans le délai de neuf mois à compter de la date à laquelle lesdits biens ou leur représentation sont devenus disponibles ou ont fait l'objet d'une vente, d'une cession ou d'un transfert volontaire ou forcé. Ils sont évalués à cette dernière date, abstraction faite des fruits, intérêts, dividendes ou autres produits échus postérieurement à l'ouverture de la succession.

Les droits sont liquidés selon le tarif et d'après les règles applicables à la date d'ouverture de la succession et doivent être acquittés au moment du dépôt de la déclaration complémentaire.

III. — Lorsque les biens visés au I ou leur représentation ne deviennent disponibles ou ne font l'objet d'une vente, d'une cession ou d'un transfert que pour partie, les dispositions du II ne sont applicables qu'à concurrence de la fraction devenue ainsi disponible ou de celle vendue, cédée ou transférée.

3° FONDS COMMUNS DE PLACEMENT

Art. 280 A Le gérant ou le dépositaire des actifs d'un fonds commun de placement agissant pour le compte du gérant doit, en cas de décès d'un propriétaire de parts du fonds :

1° Déposer dans le délai prévu au I de l'article 806 du code général des impôts, auprès de la direction départementale ou, le cas échéant, régionale des finances publiques désignée au premier alinéa de l'article 41 *sexdecies* A, une déclaration rédigée sur les formules imprimées visées au II de l'article 806 du même code et mentionnant :

— la dénomination du fonds, le nom ou la raison sociale et l'adresse du gérant ;

— les nom, prénoms, date de naissance, date de décès et domicile fiscal du défunt ;

— le nombre de parts du fonds dont le défunt était titulaire lors de son décès ;

— le montant de la valeur de rachat de la part au jour du décès ou, à défaut de valeur de rachat déterminée à cette date, la date et le montant de la dernière valeur de rachat dégagée avant le décès et de celle dégagée immédiatement après ;

2° Se conformer aux prescriptions des premier et deuxième alinéas du III de l'article 806 du même code vis-à-vis des héritiers, légataires ou donataires domiciliés hors de France.

4° FONDS COMMUNS DE PLACEMENT À RISQUES

Art. 280 B Le gérant d'un fonds commun de placement à risques, d'un fonds professionnel spécialisé relevant de l'article L. 214-37 du code monétaire et financier dans sa rédaction antérieure à l'ordonnance n° 2013-676 du 25 juillet 2013 modifiant le cadre juridique de la gestion d'actifs ou d'un fonds professionnel de capital investissement, ou le dépositaire des actifs de ce fonds agissant pour le compte du gérant est soumis aux obligations définies à l'article 280 A.

Art. 281 *Abrogé.*

B RÉGIMES SPÉCIAUX ET EXONÉRATIONS

Art. 281 *bis* I. — Les héritiers, donataires ou légataires qui demandent à bénéficier des dispositions des premier et deuxième alinéas de l'article 795 A du code général des impôts doivent remettre au service des impôts compétent pour enregistrer l'acte de donation ou la déclaration de succession, dans les délais prévus pour cet enregistrement, une copie de la demande de convention ou d'adhésion à une convention existante, certifiée par *(Décr. n° 2021-979 du 23 juill. 2021, art. 2-I et II)* « les services de l'État chargés des monuments historiques ».

Le recouvrement des droits exigibles sur les biens en cause est différé jusqu'à ce qu'il soit statué sur la demande.

II. – Les ayants droit disposent d'un mois à compter de la signature de la convention conclue avec l'État pour déposer la copie certifiée conforme de cette convention au service des impôts compétent.

A défaut d'accord ou à défaut de dépôt de la convention conclue dans le délai imparti, les droits dont le paiement a été différé sont exigibles dans les conditions de droit commun.

Demande de convention. Ne peuvent pas bénéficier de l'exonération de droits de succession les héritiers qui n'ont pas déposé auprès du service des impôts compétent, dans le délai de six mois fixé par l'art. 641, une copie de la demande de convention certifiée conforme par la direction régionale des affaires culturelles compétente. La circonstance que la déclaration de succession n'ait été déposée que postérieurement à l'expiration de ce délai est sans incidence sur l'obligation du respect de cette formalité. • TA Montpellier, 25 sept. 2007, n° 03-2900 : *RJF 2008. 1023.*

Art. 281 *ter* I. – Les héritiers, donataires ou légataires de parts de sociétés civiles propriétaires de monuments historiques, qui demandent à bénéficier des dispositions des troisième à *(Décr. n° 2020-897 du 22 juill. 2020, art. 3)* « septième » alinéas de l'article 795 A du code général des impôts, doivent remettre au service des impôts compétent pour enregistrer l'acte de donation ou la déclaration de succession, dans les délais prévus pour cet enregistrement, les documents suivants :

1. Une copie des statuts de la société civile propriétaire du monument historique, éventuellement modifiés et mis à jour, établis conformément aux dispositions de l'article 1835 du code civil et la liste de ses associés à la date de la demande ;

2. Une copie, certifiée par *(Décr. n° 2021-979 du 23 juill. 2021, art. 2-I et II)* « les services de l'État chargés des monuments historiques », de la convention signée entre la société civile et l'État et de la demande d'adhésion du bénéficiaire de la mutation à titre gratuit à ladite convention ;

3. Une copie des actes de souscription ou d'acquisition des parts transmises lorsque celles-ci ont été acquises à titre onéreux par le donateur ou le défunt ;

4. Une copie des actes de donation ou des déclarations de succession lorsque le donateur ou le défunt a reçu les parts de la société civile à titre gratuit.

II. – Les héritiers, donataires ou légataires cités au I doivent, en outre, fournir une estimation au jour du décès ou de la donation :

1. De la valeur des parts de la société civile ;

2. De la fraction de la valeur nette des parts, correspondant aux biens objet de la convention, dans la valeur des parts de la société civile.

III. – Le recouvrement des droits exigibles sur les biens en cause est différé jusqu'à ce qu'il soit statué sur la demande d'adhésion des bénéficiaires de la mutation à titre gratuit à la convention.

Les ayants droit disposent d'un mois à compter de la signature de l'avenant pour en déposer une copie conforme au service des impôts compétent.

A défaut d'accord ou de dépôt de l'avenant dans le délai imparti, les droits de mutation, dont le paiement a été différé, sont exigibles dans les conditions de droit commun.

Art. 281 A Lorsqu'une donation comprend des biens visés au 4° du 1 ou au 3° du 2 de l'article 793 du code général des impôts, les parties indiquent dans l'acte, en plus des renseignements énumérés à l'article 784 du même code, si de tels biens ont fait l'objet de donations antérieures consenties par le même donateur au même donataire.

Art. 281 B Dans toute déclaration de succession comprenant des biens visés au 4° du 1 ou au 3° du 2 de l'article 793 du code général des impôts, les héritiers indiquent, dans le cadre de l'affirmation de sincérité prévue à l'article 802 du même code et en plus des renseignements énumérés à l'article 784 du code précité, si de tels biens ont *fait l'objet de donations* antérieures à leur profit.

Art. 281 C En cas d'application des dispositions des articles 281 A et 281 B, les actes de donation et les déclarations de succession doivent indiquer, en ce qui concerne l'ensemble des donations antérieures, le montant des biens mentionnés au 4° du 1 ou au 3° du 2 de l'article 793 du code général des impôts transmis à chaque bénéficiaire, l'identité de chacun d'eux ainsi que les nom et résidence des officiers ministériels qui ont reçu les actes de donation et leur date d'enregistrement.

Art. 281 D *Périmé.*

Art. 281 E I. – L'obligation déclarative prévue à l'article 635 A du code général des impôts est accomplie par la souscription, en double exemplaire, d'un formulaire conforme au modèle fixé par l'administration.

Ce formulaire est déposé au service des impôts du lieu du domicile du donataire.

II. – La déclaration prévue au I indique les éléments utiles :

a) A l'identification du don manuel et des parties concernées ;

b) Au rappel des donations antérieures ;

c) A la liquidation des droits.

(Décr. n° 2019-1565 du 30 déc. 2019, art. 1er et 4, en vigueur le 1er janv. 2020) « III. – Le I n'est pas applicable lorsque l'obligation déclarative prévue à l'article 635 A du code général des impôts est accomplie par voie dématérialisée au moyen d'un téléservice mis à disposition par l'administration depuis une plateforme dédiée. »

Art. 281 F En matière d'exonération partielle des droits de mutation à titre gratuit, prévue au *b* du 3° du 1 et au *b* du 2° du 2 de l'article 793 du code général des impôts, la demande de certificat est adressée :

1° Pour les sociétés, à la direction départementale des territoires ou à la direction départementale des territoires et de la mer du département où est située la plus grande surface des terrains, soit par le gérant du groupement forestier, soit par le représentant habilité de la société de gestion de la société d'épargne forestière ;

2° Dans les autres cas, à la direction départementale des territoires ou à la direction départementale des territoires et de la mer du ou des départements du lieu de situation des bois et forêts.

Lorsqu'une propriété est située sur deux ou plusieurs départements contigus, la demande portant sur l'ensemble des parcelles est adressée à la direction départementale des territoires ou à la direction départementale des territoires et de la mer où est située la plus grande surface des terrains.

La demande de certificat comporte l'identité et l'adresse du bénéficiaire de l'exonération mentionnée au premier alinéa ou du groupement forestier ou de la société d'épargne forestière lorsque cette exonération concerne des parts d'une de ces sociétés. Elle comporte également, avec l'indication de leurs contenances, des numéros des sections et lieux-dits, la liste des parcelles cadastrales concernées par l'exonération ou, lorsque cette dernière concerne des parts de groupement forestier ou de société d'épargne forestière, la liste des parcelles cadastrales susceptibles d'ouvrir droit à cette exonération, dont la société concernée est propriétaire.

La demande doit être accompagnée des documents suivants pour les propriétés concernées :

1° Un plan de situation des propriétés du demandeur ou du groupement forestier ou de la société d'épargne forestière, lorsque la demande concerne une mutation de parts de groupement forestier ou de société d'épargne forestière, extrait d'une carte de situation à l'échelle 1/25 000 ;

2° La ou les feuilles du plan cadastral comportant les limites et l'indication des références des parcelles cadastrales et un extrait daté et certifié de matrice cadastrale, contenant les parcelles désignées.

Art. 281 G En matière d'exonération partielle des droits de mutation à titre gratuit prévue au 7° du 2 de l'article 793 du code général des impôts, la demande de certificat est adressée à la direction départementale des territoires ou à la direction départementale des territoires et de la mer du département où est située la plus grande surface des terrains. Lorsqu'une propriété est située sur deux ou plusieurs départements contigus, la demande portant sur l'ensemble des parcelles est adressée à la direction départementale des territoires ou à la direction départementale des territoires et de la mer où est située la plus grande surface des terrains.

La demande de certificat comporte :

1° L'identité et l'adresse du bénéficiaire de l'exonération ;

2° La liste des parcelles cadastrales concernées par l'exonération, l'indication de leurs contenances, des numéros des sections et lieux-dits ;

3° L'engagement de gestion conforme aux objectifs de conservation de l'espace naturel délimité en application des articles L. 331-2, L. 332-2 à L. 332-2-2 ou L. 414-1 du code de l'environnement ;

4° L'engagement de ne pas modifier l'affectation du sol des parcelles situées dans un site classé en application de l'article L. 341-2 du même code, sauf autorisation spéciale prévue par l'article L. 341-10 du même code ;

5° L'engagement de ne pas modifier l'affectation du sol et de ne pas altérer le caractère naturel des parcelles situées dans un espace remarquable du littoral au sens de l'article L. 121-23 du code de l'urbanisme, délimité par un plan local d'urbanisme ou un document d'urbanisme en tenant lieu.

La demande doit être accompagnée des documents suivants pour les propriétés concernées :

1° Une copie de la décision administrative permettant d'établir que les parcelles sont incluses dans un espace protégé mentionné au *b* du 7° du 2 de l'article 793 du code général des impôts ;

2° Un plan de situation des propriétés du demandeur, extrait d'une carte de situation à l'échelle de 1/25 000 ;

3° La ou les feuilles du plan cadastral comportant les limites et l'indication des références des parcelles cadastrales et un extrait daté et certifié de matrice cadastrale, contenant les parcelles désignées ;

4° L'avis du directeur de l'établissement public du parc national sur la conformité de l'engagement de gestion avec les objectifs et mesures de protection et les modalités d'application de la réglementation des activités agricoles, pastorales et forestières figurant dans la charte du parc national, lorsque les propriétés concernées sont situées dans un cœur de parc national classé en application de l'article L. 331-2 du code de l'environnement ;

5° L'avis du préfet sur la conformité de l'engagement de gestion avec les objectifs figurant dans le plan de gestion de la réserve naturelle, lorsque les propriétés concernées sont situées dans une réserve naturelle nationale classée en application de l'article L. 332-2 du même code ;

6° L'avis du président du conseil régional sur la conformité de l'engagement de gestion avec les objectifs figurant dans le plan de gestion de la réserve naturelle, lorsque les propriétés concernées sont situées dans une réserve naturelle régionale classée en application de l'article L. 332-2-1 du même code ;

7° L'avis du président du conseil exécutif de Corse sur la conformité de l'engagement de gestion avec les objectifs figurant dans le plan de gestion de la réserve naturelle, lorsque les propriétés concernées sont situées dans une réserve naturelle de Corse classée en application de l'article L. 332-2-2 du même code ;

8° Une copie du formulaire d'adhésion à la charte Natura 2000 signé, mentionné à l'article R. 414-12 du même code, lorsque les propriétés concernées sont situées dans un site désigné en application de l'article L. 414-1 du même code.

Lorsque les parcelles non boisées concernées par la demande sont désignées en application de l'article L. 414-1 du même code et d'une autre législation, l'engagement est pris au titre du site Natura 2000.

Lorsque les parcelles non boisées concernées par la demande sont classées en application des articles L. 331-2 ou L. 332-2 à L. 332-2-2 du même code, en même temps qu'au titre d'une autre législation, à l'exclusion d'une désignation en application de l'article L. 414-1 du même code, l'engagement est pris dans le cadre des objectifs et mesures de gestion du cœur du parc national ou de la réserve naturelle.

Art. 281 H I. — Le certificat mentionné au *a* du 3° du 1, au *a* du 2° du 2 et au *a* du *7° du 2 de l'article 793* du code général des impôts est établi par le directeur départemental des territoires ou le directeur départemental des territoires et de la mer après, en tant que de besoin, reconnaissance des biens concernés par l'autorité administrative chargée de l'application de la législation concernée.

Il est adressé au demandeur, par courrier simple ou par tout moyen télématique homologué, dans les deux mois de la réception de la demande.

Le certificat, qui comporte les coordonnées du demandeur et la liste des parcelles concernées par commune, avec l'indication de la surface concernée, peut être délivré en plusieurs exemplaires originaux lorsque la demande émane d'un groupement.

II. – Le certificat mentionné au I est joint à l'acte de donation ou la déclaration de succession, lors du dépôt auprès du service des impôts.

Il ne doit pas être établi depuis plus de six mois lors du dépôt de la déclaration de succession ou de l'enregistrement de l'acte de donation auprès du service des impôts. Pour les mutations à titre gratuit de parts de groupement ou de société, il ne doit pas être établi depuis plus de deux ans.

En cas de modification substantielle dans la consistance des propriétés boisées du groupement ou de la société intervenant entre la date de délivrance du certificat et le dépôt de la déclaration de succession, une nouvelle demande de certificat doit être effectuée. Ne sont pas considérées comme substantielles au regard du présent II les modifications de consistance résultant des opérations prévues aux *a*, *b* et *c* de l'article 4 du décret nº 2003-82 du 29 janvier 2003, dès lors qu'elles portent sur une surface inférieure à 1 % détenue par le groupement ou la société et dans la limite maximale de 10 hectares par an. Dans ces cas, un plan situant les parcelles échangées ou aliénées et un descriptif précisant les références cadastrales est adressé à la direction départementale des territoires ou à la direction départementale des territoires et de la mer, qui met à jour le certificat et l'adresse du demandeur.

Art. 281 H *bis* Le bénéficiaire de l'exonération partielle prévue au 3° du 1 ou au 2° du 2 de l'article 793 du code général des impôts produit tous les dix ans, à compter du jour de la signature de l'acte de donation ou de dépôt de la déclaration de succession, un bilan de la mise en œuvre du document de gestion durable mentionné à l'article L. 122-3 du code forestier, répondant au modèle fixé par arrêté du ministre chargé de la forêt.

Ce bilan comporte les éléments suivants :

1° L'identité et l'adresse du bénéficiaire de l'exonération ou du groupement forestier dont les membres bénéficient des exonérations ;

2° La liste des parcelles cadastrales concernées par l'exonération, l'indication de leurs contenances, des numéros des sections et lieudits ;

3° La liste des coupes et travaux prévus sur les dix dernières années dans le ou les documents de gestion durable applicables sur cette même période ;

4° La liste des coupes et travaux réalisés sur la période mentionnée au 3°.

Les bénéficiaires disposent de six mois à compter de la date d'échéance du délai de dix ans pour adresser ce bilan à la direction départementale chargée de la forêt. – *Le bilan mentionné ci-dessus est produit selon le modèle enregistré sous le nº CERFA 14350-01 (Arr. du 23 févr. 2011).*

Art. 281 I La direction départementale ou, le cas échéant, régionale des finances publiques où a été déposé l'acte de donation ou la déclaration de succession adresse tous les six mois à la direction départementale des territoires ou à la direction départementale des territoires et de la mer ayant délivré le certificat mentionné au *a* du 3° du 1, au *a* du 2° du 2 et au *a* du 7° du 2 de l'article 793 du code général des impôts la liste des mutations qui ont fait l'objet d'une exonération partielle de droits de mutation, précisant la date de signature de l'acte de donation ou la date de la déclaration de succession et la référence du certificat.

Art. 281 J Les engagements prévus au *b* du 3° du 1, au *b* du 2° du 2 et au *b* du 7° du 2 de l'article 793 du code général des impôts prennent effet à compter du jour de la signature de l'acte de donation ou du dépôt de la déclaration de succession.

Art. 281 K La demande d'agrément mentionnée au I de l'article 795-0 A du code général des impôts est présentée en langue française sur papier libre, conformément à un modèle fixé par arrêté du ministre chargé du budget, auprès des services centraux de la direction générale des finances publiques par la personne morale ou l'organisme constitué sur le fondement d'un droit étranger et ayant son siège dans un État membre de l'Union européenne ou dans un État partie à l'accord sur l'Espace économique européen ayant conclu avec la France une convention d'assistance administrative en vue de lutter contre la fraude et l'évasion fiscales.

Sont jointes à la demande les pièces justificatives dont la liste est fixée par arrêté du ministre chargé du budget ainsi que leur traduction en langue française, attestant que la personne morale ou l'organisme poursuit des objectifs et présente des caractéristiques similaires à ceux des personnes morales ou organismes dont le siège est situé en France et qui répondent aux conditions prévues aux articles 794 et 795 du code général des impôts.

Les demandes de renouvellement d'agrément sont présentées selon les mêmes modalités. *— V. Ann. IV, art. 121 Z sexies et, pour le modèle de demande et l'adresse du service destinataire, Arr. du 28 févr. 2011 (JO 2 mars), mod. par Arr. du 17 avr. 2015 (JO 19 avr.).*

Art. 281 L I. — La décision est prise par le ministre chargé du budget et notifiée à la personne morale ou à l'organisme ; elle est motivée en cas de refus.

II. — L'agrément accordé au titre d'une première demande porte sur la période comprise entre la date de la notification et le 31 décembre de la troisième année qui suit cette date.

Les demandes de renouvellement sont présentées, au plus tard, le 30 juin de la dernière année couverte par l'agrément. En cas de renouvellement, l'agrément est accordé pour une période de trois ans courant à compter du 1er janvier suivant. En cas de refus de renouvellement d'agrément, l'agrément en cours produit ses effets jusqu'à son terme.

III. — La liste des personnes morales et organismes agréés est publiée sur le site internet de l'administration fiscale. Cette liste est actualisée à chaque décision d'agrément.

IV. — L'agrément peut être retiré par décision motivée du ministre chargé du budget lorsqu'il est établi que la personne morale ou l'organisme, en totalité ou en partie, ne poursuit plus d'objectifs ou ne présente plus de caractéristiques similaires à ceux des personnes morales ou organismes dont le siège est situé en France et qui répondent aux conditions prévues aux articles 794 et 795 du code général des impôts. Cette décision est notifiée à la personne morale ou à l'organisme. La liste mentionnée au III est actualisée en conséquence.

Art. 281 M I. — La valeur des dons ou legs aux personnes morales ou organismes mentionnés au I de l'article 795-0 A du code général des impôts est indiquée distinctement sur la déclaration de succession prévue au I de l'article 800 du même code ou sur la déclaration de don mentionnée à l'article 757 du même code ou sur l'acte authentique constatant la donation.

II. — Pour l'application du II de l'article 795-0 A du code général des impôts, les pièces à fournir dans le délai de dépôt de la déclaration de succession, de don ou de l'acte de donation sont celles mentionnées au deuxième alinéa de l'article 281 K.

C OBLIGATIONS DÉCLARATIVES *(Décr. n° 2019-1565 du 30 déc. 2019, art. 2 et 4, en vigueur le 1er janv. 2020).*

Art. 281 N *(Décr. n° 2019-1565 du 30 déc. 2019, art. 2 et 4, en vigueur le 1er janv. 2020)* I. — L'obligation déclarative prévue à l'article 790 G du code général des impôts est accomplie par la souscription en deux exemplaires d'un formulaire conforme au modèle fixé par l'administration.

II. — Le I n'est pas applicable lorsque l'obligation déclarative prévue à l'article 790 G du code général des impôts est accomplie par voie dématérialisée au moyen d'un téléservice mis à disposition par l'administration depuis une plateforme dédiée.

Art. 281 O *(Décr. n° 2019-1565 du 30 déc. 2019, art. 3 et 4, en vigueur le 1er janv. 2020)* I. — L'obligation déclarative prévue à l'article 800 du code général des impôts est accomplie par la souscription en deux exemplaires d'un formulaire conforme au modèle fixé par l'administration.

II. — Le I n'est pas applicable lorsque l'obligation déclarative prévue à l'article 800 du code général des impôts est accomplie par voie dématérialisée au moyen d'un téléservice mis à disposition par l'administration depuis une plateforme dédiée.

SECTION III OBLIGATIONS DIVERSES

I OBLIGATIONS DES OFFICIERS PUBLICS ET MINISTÉRIELS

RÉPERTOIRE DES NOTAIRES, HUISSIERS ET AUTORITÉS ADMINISTRATIVES

Art. 282 Sur le répertoire dont la tenue est prescrite par l'article 867 du code général des impôts, les notaires et les huissiers de justice portent, en regard des indications relatives à chaque acte dispensé de la formalité de l'enregistrement, ou de la présentation matérielle à cette formalité, et donnant lieu à paiement des droits sur état, la mention "paiement sur état", suivie du total des droits, en chiffres. Toutefois, le montant des droits est seul indiqué lorsque ceux-ci sont portés dans une colonne spéciale du répertoire, intitulée "droits d'enregistrement sur état".

Art. 283 Les huissiers de justice peuvent également tenir, en deux parties, le répertoire visé à l'article 867 du code général des impôts :

– la première est réservée aux actes dispensés de la présentation matérielle à la formalité de l'enregistrement ;

– la seconde comprend les actes qui continuent à être soumis à la formalité de l'enregistrement au service des impôts.

Art. 284 I. – Les actes soumis à la formalité fusionnée sont portés sur le répertoire visé à l'article 867 du code général des impôts. Lorsqu'il est fait usage de la faculté prévue à l'article 283 qui précède, ils sont portés sur la partie du répertoire visée au troisième alinéa dudit article.

II. – Sur ces documents, la relation de la formalité fusionnée est constituée par sa date, suivie de la lettre "C" ; la relation de l'enregistrement est constituée par la date de cette formalité, suivie de la lettre "R".

III. – Les documents désignés au I ne sont plus soumis au visa périodique des comptables de la direction générale des finances publiques chargés de la formalité de l'enregistrement.

II OBLIGATIONS DES AGENTS DE L'ADMINISTRATION : SALAIRES DES CONSERVATEURS

Art. 285 à 299 *Abrogés par Décr. n° 2012-1463 du 26 déc. 2012, art. 4.*

CHAPITRE PREMIER *BIS* IMPÔT DE SOLIDARITÉ SUR LA FORTUNE

(Décr. n° 2006-799 du 5 juill. 2006)

Art. 299 *bis* *(Abrogé par Décr. n° 2018-404 du 29 mai 2018, art. 1er-6°) **I. – 1. La personne qui demande le bénéfice pour la première fois des dispositions du 1 du I de l'article 885 I ter du code général des impôts au titre d'une souscription au capital d'une société donnée joint à sa déclaration d'impôt de solidarité sur la fortune, ou fournit dans les trois mois suivant la date limite de dépôt de ladite déclaration une attestation émanant de cette société précisant :***

1° Son siège de direction effective et la nature de ses activités au 1er janvier de l'année d'imposition ainsi que le nombre et la nature des titres détenus à la même date par le demandeur et reçus en contrepartie de la souscription satisfaisant les conditions prévues par l'article 885 I ter du code général des impôts. Pour le dénombrement des titres, les cessions et transmissions de titres postérieures à la souscription mentionnée au premier alinéa sont réputées porter en priorité sur les titres que la personne n'a pas reçus en contrepartie d'une souscription satisfaisant les conditions prévues par l'article 885 I ter précité ;

2° La date à laquelle les titres ont été souscrits et le nombre de titres reçus à cette occasion ;

3° Lorsqu'elle a déjà clôturé un exercice à la date mentionnée au 2°, l'ensemble des éléments permettant d'établir qu'elle répond, à cette date, à la définition des petites et moyennes entreprises mentionnée au I de l'article 885 I ter du code général des impôts ;

4° En cas de souscription en nature, la désignation et la valeur retenue des biens éligibles, ainsi que leur affectation.

2. Les années suivant celle mentionnée au 1, la personne qui entend bénéficier des dispositions du 1 de l'article 885 I ter du code général des impôts joint à sa déclaration d'impôt de solidarité sur la fortune une attestation de la société au capital de laquelle il a été souscrit précisant les informations mentionnées au 1° du 1.

Lorsque la personne entend bénéficier du régime de faveur pour des titres reçus en contrepartie d'une nouvelle souscription satisfaisant aux conditions prévues par l'article 885 I ter précité, l'attestation comprend en outre pour ces titres les précisions mentionnées aux 2°, 3° et 4° du 1.

Lorsque les éléments mentionnés au 3° du 1 n'ont pu être fournis la première année, la personne mentionnée au même 1 produit l'année suivant celle au titre de laquelle le bénéfice des dispositions de l'article 885 I ter précité a été demandé pour la première fois une attestation de la société au capital de laquelle il a été souscrit comprenant ces éléments.

II. — 1. La personne qui demande le bénéfice pour la première fois des dispositions du 2 du I de l'article 885 I ter du code général des impôts au titre d'une souscription au capital d'une société donnée joint à sa déclaration d'impôt de solidarité sur la fortune ou fournit dans les trois mois suivant la date limite de dépôt de ladite déclaration une attestation de la société au capital de laquelle elle a souscrit précisant les éléments mentionnés aux 1° à 3° du 1 du I. Elle produit en outre une attestation de cette société précisant, pour chacune des souscriptions de cette société au capital de sociétés satisfaisant aux conditions du 1 du I de l'article 885 I ter précité, les éléments mentionnés aux 1° à 3° du 1 du I ainsi que le détail de la fraction mentionnée au quatrième alinéa du 2 du I de l'article 885 I ter précité.

2. Les années suivant celle mentionnée au 1, la personne qui entend bénéficier des dispositions du 2 du I de l'article 885 I ter précité joint à sa déclaration d'impôt de solidarité sur la fortune une attestation de la société au capital de laquelle elle a souscrit précisant les informations mentionnées au 1° du 1 du I. Elle produit en outre une attestation de cette société précisant, pour chacune des souscriptions de cette société au capital de sociétés satisfaisant aux conditions du 1 du I de l'article 885 I ter précité, les éléments mentionnés au 1° du 1 du I ainsi que le détail de la fraction mentionnée au quatrième alinéa du 2 du I de l'article 885 I ter précité.

III. — 1. La personne qui demande le bénéfice pour la première fois des dispositions du 3 ou du 4 du I de l'article 885 I ter du code général des impôts au titre d'une souscription de parts d'un fonds donné joint à sa déclaration d'impôt de solidarité sur la fortune, ou fournit dans les trois mois suivant la date limite de dépôt de ladite déclaration, une attestation émanant de la société de gestion du fonds ou du dépositaire des actifs du fonds précisant :

1° L'objet pour lequel elle est établie : application du 3 ou du 4 du I de l'article 885 I ter précité ;

2° Les éléments mentionnés aux b à d du 2 du I de l'article 299 octies ;

3° Le respect par le fonds des conditions mentionnées, selon la nature du fonds concerné, aux articles L. 214-28, L. 214-160, L. 214-30 ou L. 214-31 du code monétaire et financier et au 3 ou au 4 du I de l'article 885 I ter précité ;

4° Le détail de la fraction mentionnée au second alinéa du 4 du I de l'article 885 I ter précité.

2. Les années suivant celle mentionnée au 1, la personne qui entend bénéficier des dispositions du 3 ou du 4 du I de l'article 885 I ter du code général des impôts joint à sa déclaration d'impôt de solidarité sur la fortune une attestation émanant de la société de gestion du fonds ou du dépositaire des actifs du fonds précisant :

1° Le nombre de parts détenues par le demandeur au 1er janvier de l'année d'imposition reçues en contrepartie de souscriptions satisfaisant aux conditions prévues par l'article 885 I ter précité ;

2° Le respect par le fonds des conditions mentionnées, selon la nature du fonds concerné, aux articles L. 214-28, L. 214-160, L. 214-30 ou L. 214-31 du code monétaire et financier et au 3 ou au 4 du I de l'article 885 I ter précité.

A compter du 1er janv. 2018, l'impôt sur la fortune immobilière (IFI) remplace l'ISF.

Art. 299 ter *(Abrogé par Décr. n° 2018-404 du 29 mai 2018, art. 1er-6°) Les dispositions de l'article 281 F et du I de l'article 281 H s'appliquent en cas d'exonération partielle d'impôt de solidarité sur la fortune prévue à l'article 885 H du code général des impôts.*

V. note ss. art. 299 bis.

Art. 299 *quater* (*Abrogé par Décr. n° 2018-404 du 29 mai 2018, art. 1er-6°*) ***En cas d'exonération partielle d'impôt de solidarité sur la fortune prévue à l'article 885 H du code général des impôts, le certificat mentionné au a du 3° du 1 et au a du 2° du 2 de l'article 793 du code général des impôts doit être produit lors du dépôt de la déclaration souscrite au titre de l'impôt de solidarité sur la fortune comportant des biens entrant dans le champ d'application de l'exonération partielle et pour lesquels le bénéfice de ces dispositions est demandé pour la première fois.***

Le certificat ne doit pas être établi depuis plus de six mois lors du dépôt de la déclaration d'impôt de solidarité sur la fortune auprès du service des impôts. Pour les parts de groupement forestier ou de société d'épargne forestière, il ne doit pas être établi depuis plus de deux ans.

Un nouveau certificat doit être produit tous les dix ans ainsi qu'un bilan de la mise en œuvre du document de gestion durable dans les conditions prévues à l'article 281 H bis. A défaut, les biens correspondant ne bénéficient plus de l'exonération partielle précitée pour les années restant à courir. — *Le bilan mentionné ci-dessus est produit selon le modèle enregistré sous le n° CERFA 14350-01 (Arr. du 23 févr. 2011).*

V. note ss. art. 299 bis.

Art. 299 *quinquies* (*Abrogé par Décr. n° 2018-404 du 29 mai 2018, art. 1er-6°*) ***La direction départementale ou, le cas échéant, régionale des finances publiques adresse la liste des redevables de l'impôt de solidarité sur la fortune avant la fin de l'année d'imposition au titre de laquelle l'exonération partielle prévue à l'article 885 H du code général des impôts est demandée pour la première fois, précisant la situation des biens et la référence du certificat mentionné au a du 3° du 1 et au a du 2° du 2 de l'article 793 du code général des impôts à la direction départementale des territoires ou à la direction départementale des territoires et de la mer ayant délivré le certificat.***

V. note ss. art. 299 bis.

Art. 299 *sexies* (*Abrogé par Décr. n° 2018-404 du 29 mai 2018, art. 1er-6°*) ***Dans le cas de l'exonération d'impôt de solidarité sur la fortune prévue à l'article 885 H du code général des impôts, les engagements prévus au b du 3° du 1 et au b du 2° du 2 de l'article 793 du même code prennent effet à compter du 1er janvier de l'année pour laquelle le bénéfice de l'exonération partielle est demandé pour la première fois.***

V. note ss. art. 299 bis.

Art. 299-0 *septies* (*Abrogé par Décr. n° 2018-404 du 29 mai 2018, art. 1er-6°*) ***Pour l'application du troisième alinéa du d du 1 bis du I de l'article 885-0 V bis du code général des impôts, le seuil de chiffre d'affaires de l'entreprise caractérisant la première vente commerciale est fixé à 250 000 € hors taxe sur la valeur ajoutée. Ce montant s'entend de celui constaté à la clôture de l'exercice.***

La durée de sept ans prévue au même alinéa court à compter de la date d'ouverture de l'exercice suivant celui au titre duquel le chiffre d'affaires de l'entreprise excède pour la première fois le seuil de 250 000 €.

A compter du 1er janv. 2018, l'impôt sur la fortune immobilière (IFI) remplace l'ISF.

Pour l'application du C du IX de l'article 31 de la L. n° 2017-1837 du 30 décembre 2017, les articles 299-0 septies à 299 duodecies de la présente annexe, dans leur rédaction applicable jusqu'à l'entrée en vigueur du Décr. n° 2018-404 du29 mai 2018 (31 mai 2018), demeurent applicables aux dons et versements ouvrant droit aux avantages fiscaux prévus aux articles 885-0 V bis, 885-0 V bis B du présent code, dans leur rédaction en vigueur au 31 décembre 2017, effectués jusqu'au décembre 2017 (Décr. préc., art. 3). — V. L. n° 2017-1837 du 30 décembre 2017, art. 31-IX-C.

Art. 299 *septies* (*Abrogé par Décr. n° 2018-404 du 29 mai 2018, art. 1er-6°*) ***I. — 1. Lorsqu'un contribuable souscrit au capital d'une société dans les conditions prévues aux 1 et 1 bis ou au 2 du I de l'article 885-0 V bis du code général des impôts et dont les titres ne sont pas admis aux négociations sur un marché d'instruments financiers français ou étranger, cette société lui délivre un état individuel qui mentionne :***

a. L'objet pour lequel il est établi : application de l'article 885-0 V bis du code précité ;

b. La raison sociale, le numéro d'identité défini au premier alinéa de l'article R. 123-221 du code de commerce, l'objet social et le siège social de la société ;

c. L'identité et l'adresse du souscripteur ;

d. Le nombre des titres souscrits, le montant et la date de leur souscription ;

e. La date et le montant des versements effectués au titre de la souscription au capital initial ou aux augmentations de capital.

Cet état doit préciser, pour chacune des conditions mentionnées au 1 bis du I de l'article 885-0 V bis du code (Décr. n° 2017-698 du 2 mai 2017, art. 3) *« général des impôts » [,] si elles sont ou non satisfaites.*

2. Les dispositions du 1 s'appliquent également en cas de souscription au capital d'une société mentionnée au premier alinéa du 3 du I de l'article 885-0 V bis du code précité et dont les titres ne sont pas admis aux négociations sur un marché d'instruments financiers français ou étranger.

Dans ce cas, outre les informations prévues au 1, cette société mentionne également sur l'état individuel précité, pour chacun des versements effectués au titre de ses souscriptions au capital de sociétés mentionnées au 1 et correspondant aux capitaux qu'elle a reçus à raison de la constitution de son capital initial ou de l'augmentation de son capital :

a. La raison sociale, l'objet social et le siège social de la société bénéficiaire de la souscription ;

b. Le nombre de titres souscrits, le montant et la date de leur souscription ;

c. La date et le montant des versements effectués au titre de la souscription au capital initial ou aux augmentations de capital ;

d. Le détail de la fraction mentionnée au deuxième alinéa du f du 3 du I de l'article 885-0 V bis du code précité.

3. Afin de permettre au contribuable de bénéficier de la réduction d'impôt de solidarité sur la fortune prévue au 1, au 2 et au 3 du I de l'article 885-0 V bis du code précité, la société au capital de laquelle il a souscrit et dont les titres sont admis, dans les conditions prévues au g du 1 bis du I de l'article 885-0 V bis du code précité, sur un système multilatéral de négociation s'engage, dans le prospectus prévu par la directive 2003/71/CE du Parlement européen et du Conseil du 4 novembre 2003, à satisfaire, selon le cas, aux conditions prévues au 1 bis, au 2 ou au 3 du I de l'article 885-0 V bis du code précité. A défaut de prospectus, elle délivre au contribuable l'état individuel mentionné au premier alinéa du 1.

4. Lorsqu'un contribuable souscrit au capital d'une société satisfaisant aux conditions prévues au premier alinéa du 3 du I de l'article 885-0 V bis du code précité et dont les titres sont admis sur un système multilatéral de négociation mentionné au 3, il informe la société afin qu'elle lui délivre un état individuel.

La société indique sur cet état, pour chacun des versements effectués au titre de ses souscriptions au capital de sociétés satisfaisant aux conditions prévues au 1 bis de l'article 885-0 V bis précité et correspondant aux capitaux qu'elle a reçus, au titre de la constitution de son capital initial ou de l'augmentation de son capital auquel le contribuable a souscrit, les mentions prévues au 2.

II. — 1. En cas de souscription au capital d'une société dont les titres ne sont pas admis sur un système multilatéral de négociation mentionné au 3 du I, le contribuable joint à sa déclaration d'impôt de solidarité sur la fortune, ou fournit dans les trois mois suivant la date limite de dépôt de ladite déclaration, l'état individuel qui lui est remis conformément au I.

2. En cas de souscription au capital d'une société dont les titres sont admis sur un système multilatéral de négociation mentionné au 3 du I, le contribuable joint à sa déclaration d'impôt de solidarité sur la fortune, ou fournit dans les trois mois suivant la date limite de dépôt de ladite déclaration, les documents suivants :

a. L'avis d'opéré remis par l'établissement financier teneur de son compte sur lequel sont inscrits les titres souscrits ;

b. La copie de l'information publique publiée par un prestataire de services d'investissement ou l'entreprise de marché concernés ou tout autre organisme similaire étranger, indiquant le ratio de titres de capital correspondant à des titres nouvellement émis ;

c. Et, le cas échéant, les états individuels prévus au 3 et au 4 du I.

Le contribuable précise par ailleurs le nombre de titres mentionnés sur l'avis d'opéré pour lesquels il entend bénéficier de la réduction d'impôt de solidarité sur la fortune prévue au I de l'article 885-0 V bis du code précité.

Le contribuable justifie de l'éligibilité de son investissement à la réduction d'impôt de solidarité sur la fortune par la production, sur demande de l'administration fiscale, du prospectus prévu au 3 du I.

III. — 1. Le contribuable produit à l'administration fiscale, sur sa demande, tout document de nature à justifier :

a. De la durée de détention des titres dont la souscription par celui-ci a ouvert droit à la réduction d'impôt de solidarité sur la fortune prévue au I de l'article 885-0 V bis du code précité ;

b. De la durée de détention par la société mentionnée au premier alinéa du 3 du I de l'article 885-0 V bis du code précité des titres reçus en contrepartie des souscriptions qu'elle a effectuées au capital de sociétés vérifiant l'ensemble des conditions prévues au 1 bis du même article 885-0 V bis du code précité et prises en compte pour le bénéfice de la réduction d'impôt de solidarité sur la fortune.

2. En cas de cession mentionnée au deuxième alinéa du 2 du II de l'article 885-0 V bis du code précité, le contribuable joint à sa déclaration d'impôt de solidarité sur la fortune devant être souscrite au titre de l'année d'imposition suivant la cession une attestation de la société dont il a cédé les titres, indiquant :

a. Le nombre des titres cédés ;

b. Le montant et la date de la cession.

Cette attestation doit préciser le caractère obligatoire de la cession, au sens du deuxième alinéa du 2 du II de l'article 885-0 V bis du code précité.

Le contribuable joint également à sa déclaration d'impôt de solidarité sur la fortune, ou fournit dans les trois mois suivant la date limite de dépôt de ladite déclaration, devant être souscrite au titre de l'année suivant la cession une attestation de la société dont il a souscrit les titres en remploi du prix de cession des titres dont la souscription avait ouvert droit à la réduction d'impôt de solidarité sur la fortune prévue au I de l'article 885-0 V bis du code précité. Cette attestation mentionne les informations prévues au 1 du I.

Lorsque le remploi intervient après la date limite de dépôt de la déclaration d'impôt de solidarité sur la fortune devant être souscrite au titre de l'année suivant la cession, l'attestation de la société est jointe à la déclaration d'impôt de solidarité sur la fortune devant être souscrite au titre de l'année suivant ce remploi.

Le contribuable produit à l'administration fiscale, sur sa demande, tout document de nature à justifier de la durée de détention des titres souscrits en remploi du prix de cession des titres dont la souscription avait ouvert droit à la réduction d'impôt de solidarité sur la fortune prévue au I de l'article 885-0 V bis du code précité.

V. note ss. art. 299-0 septies.

Art. 299 *octies* (*Abrogé par Décr. n° 2018-404 du 29 mai 2018, art. 1er-6°*) *I. — 1. La société de gestion d'un fonds d'investissement de proximité mentionné à l'article L. 214-31 du code monétaire et financier ou d'un fonds commun de placement dans l'innovation mentionné à l'article L. 214-30 du même code ou le dépositaire des actifs de ces fonds agissant pour le compte de la société de gestion est soumis aux obligations définies aux I à III de l'article 46 AI ter lorsque les souscripteurs des parts de ce fonds entendent bénéficier de la réduction d'impôt de solidarité sur la fortune prévue au III de l'article 885-0 V bis du code général des impôts.*

2. La société de gestion du fonds ou le dépositaire des actifs du fonds délivre, au plus tard dans les trois mois suivant la date limite de la déclaration d'impôt de solidarité sur la fortune suivant la souscription des parts, aux souscripteurs qui entendent bénéficier de la réduction d'impôt de solidarité sur la fortune prévue au III de l'article 885-0 V bis du code précité, un état individuel qui mentionne :

a. L'objet pour lequel il est établi : application du III de l'article 885-0 V bis du code précité ;

b. La dénomination du fonds, la raison sociale et l'adresse de la société de gestion ;

c. L'identité et l'adresse du souscripteur ;

d. Le nombre de parts souscrites, le montant et la date de leur souscription ;

e. La date et le montant des versements effectués au titre de leur souscription.

Cet état précise que les conditions mentionnées aux articles L. 214-31 ou L. 214-30 du code monétaire et financier et au 1 du III de l'article 885-0 V bis du code général des impôts sont satisfaites.

3. La société de gestion du fonds ou le dépositaire des actifs du fonds isole dans un compte spécial les parts dont la souscription ouvre droit au bénéfice de la réduction d'impôt de soli-

darité sur la fortune. Il tient ce compte jusqu'à l'expiration de la cinquième année qui suit celle de la souscription.

4. Lorsque, au cours des cinq années qui suivent leur souscription, les parts du fonds sont cédées ou rachetées ou lorsque, dans ce même délai, l'une des conditions prévues aux articles L. 214-31 ou L. 214-30 du code monétaire et financier et au III de l'article 885-0 V bis du code général des impôts cesse d'être satisfaite, la société de gestion du fonds ou le dépositaire des actifs de ce fonds adresse, au souscripteur et à la direction départementale ou, le cas échéant, régionale des finances publiques dans le ressort de laquelle est souscrite sa déclaration de résultat, un état individuel qui comprend, outre les informations mentionnées au 2, le nombre des parts cédées ou rachetées, le montant et la date de la cession ou du rachat ainsi que, le cas échéant, la nature de la condition qui cesse d'être satisfaite.

Cet état doit être délivré avant la date limite de dépôt de la déclaration d'impôt de solidarité sur la fortune suivant la cession ou le rachat des parts ou le non-respect de l'une des conditions prévues aux articles L. 214-31 ou L. 214-30 du code monétaire et financier.

II. — A chaque inventaire semestriel, la société de gestion d'un fonds d'investissement de proximité ou d'un fonds commun de placement dans l'innovation ou le dépositaire des actifs du fonds agissant pour le compte de la société de gestion s'assure que les sociétés dont les titres ou avances en compte courant sont retenus pour le calcul des proportions mentionnées aux articles L. 214-31 ou L. 214-30 du code monétaire et financier satisfont, à la date de clôture de leur dernier exercice précédant l'inventaire, aux conditions mentionnées à ces articles.

Il s'assure également que les sociétés dont les titres sont retenus pour le calcul du pourcentage mentionné au c du 1 du III de l'article 885-0 V bis du code général des impôts satisfont aux conditions mentionnées au 1 bis du I de l'article 885-0 V bis du code précité.

La société de gestion du fonds ou le dépositaire de ses actifs adresse, à la clôture de chaque exercice, à la direction départementale ou, le cas échéant, régionale des finances publiques dont il relève, un état de chacun des inventaires semestriels de l'actif du fonds mentionnés au premier alinéa, à l'appui du bilan et du compte de résultats.

III. — 1. L'engagement de conservation des parts prévu au 1 du III de l'article 885-0 V bis du code précité est constaté par un document, établi en double exemplaire à l'occasion de chaque souscription, qui précise le nombre de parts, la date et le montant total de la souscription réalisée.

2. Pour bénéficier de la réduction d'impôt prévue au III de l'article 885-0 V bis du code précité, le contribuable joint à sa déclaration d'impôt de solidarité sur la fortune, ou fournit dans les trois mois suivant la date limite de dépôt de ladite déclaration, l'état individuel qui lui est remis conformément au 2 du I ainsi qu'une copie de l'engagement de conservation mentionné au 1.

V. note ss. art. 299 bis.

Art. 299 *octies* A (Abrogé par Décr. n° 2018-404 du 29 mai 2018, art. 1er-6°) *I. — Le prélèvement de frais et commissions supportés par les souscripteurs des titres de capital ou donnant accès au capital de sociétés mentionnées au 3° du I de l'article 199 terdecies-0 A du code général des impôts ainsi qu'au 3 du I de l'article 885-0 V bis du code précité est autorisé sous réserve du respect des conditions prévues à l'article D. 214-80 du code monétaire et financier, adaptées comme suit :*

1. Lorsque les statuts de la société prévoient une durée maximale de détention des titres de capital ou donnant accès au capital de la société par le souscripteur, la durée mentionnée à la première phrase du 2° de l'article D. 214-80 du code monétaire et financier ne peut excéder cette durée, hors éventuelles prorogations. Si les statuts de ces sociétés ne prévoient aucune durée maximale, le nombre d'années mentionné au 4° du I de l'article D. 214-80-2 du code monétaire et financier ne peut excéder huit ans ;

2. Le respect des plafonds mentionnés aux 3° et 4° de l'article D. 214-80 du code monétaire et financier s'apprécie, en moyenne annuelle, sur la durée maximale de détention des titres de capital ou donnant accès au capital de la société par le souscripteur prévue dans les statuts de la société, si ces derniers prévoient une durée maximale. Au-delà de cette durée, il s'apprécie chaque année. Si les statuts de ces sociétés ne prévoient aucune durée maximale de détention des titres de capital ou donnant accès au capital par le souscripteur, le respect de ce plafond s'apprécie chaque année.

II. — 1. Le document d'information prévu au premier alinéa du f du 3 du I de l'article 885-0 V bis du code général des impôts, rédigé en vue de la commercialisation des titres de capital ou donnant accès au capital de sociétés mentionnées au I du présent article, comporte les éléments prévus au I de l'article D. 214-80-2 du code monétaire et financier.

2. Si les statuts de la société mentionnée au I du présent article prévoient que les titres de capital ou donnant accès au capital peuvent donner lieu à des droits différents sur les distributions et le boni de liquidation de la société, le bulletin de souscription mentionné au 3 du présent II et le document d'information mentionné au 1 du même II comportent les éléments mentionnés au II de l'article D. 214-80-2 du code monétaire et financier.

3. Le souscripteur fait figurer dans le bulletin de souscription aux titres de capital ou donnant accès au capital mentionnés au I du présent article les éléments prévus au III de l'article D. 214-80-2 du code monétaire et financier, dans les conditions prévues à ce même III.

III. — Le document d'information mentionné au 1 du II du présent article explicite les prestations que rémunèrent les frais et commissions consentis par le souscripteur au titre de la commercialisation et du placement desdits titres.

Dans ce document d'information, les frais de commercialisation et de placement sont identifiés de manière clairement séparée des frais de gestion prélevés par les sociétés mentionnés au I du présent article.

Ce document d'information présente les informations prévues à l'article D. 214-80-3 du code monétaire et financier, sous réserve des adaptations suivantes :

1. Le taux maximal de frais annuel moyen total tel que prévu au i) du b du 1° de l'article D. 214-80-3 du code monétaire et financier est calculé, en moyenne annuelle, sur la durée maximale de détention des titres de capital ou donnant accès au capital de la société par le souscripteur mentionnée au I du présent article, lorsque cette durée existe. Lorsque cette durée n'existe pas, le taux maximal de frais annuel total constitue un plafond applicable chaque année.

2. Les éléments prévus au 2° ainsi qu'au iii) du b du 3° de l'article D. 214-80-3 du code monétaire et financier sont ceux relatifs aux modalités spécifiques de partage de la plus-value, dès lors que les statuts de la société prévoient que les titres de capital ou donnant accès au capital peuvent donner lieu à des droits différents sur les distributions et le boni de liquidation de la société, tels que mentionnés au 2 du II du présent article.

IV. — Le document d'information mentionné au 1 du II du présent article présente les informations prévues à l'article D. 214-80-4 du code monétaire et financier, sous réserve de l'adaptation suivante : les règles de calcul et de plafonnement des frais et commissions mentionnées au iv) du b du 1° de l'article D. 214-80-4 du code monétaire et financier sont celles prévues dans le document d'information mentionné au présent IV.

V. — Dans les mêmes délais que ceux applicables à la mise à disposition du rapport annuel, les sociétés mentionnées au I du présent article adressent au souscripteur une lettre d'information qui présente les informations prévues à l'article D. 214-80-5 du code monétaire et financier, sous réserve des adaptations suivantes :

1. Les termes : "millésime antérieur de fonds" sont remplacés par les termes : "millésime antérieur de souscription à des titres de capital ou donnant accès au capital de société" ;

2. Les termes : "parts de fonds" sont remplacés par les termes : "titres de capital ou donnant accès au capital de société" ;

3. Les termes : "création du fonds" sont remplacés par les termes : "création de la société".

VI. — Les informations prévues à l'article D. 214-80-6 du même code, présentées sous forme de tableau, sont mentionnées dans le rapport de gestion des sociétés mentionnées au I du présent article.

VII. — Le manquement aux dispositions du présent article est passible des sanctions prévues aux cinquième et septième alinéas de l'article 1763 C du code général des impôts.

V. note ss. art. 299-0 septies.

Ancien art. 299 octies A *I. — Le prélèvement de frais et commissions supportés par les souscripteurs des titres de capital ou donnant accès au capital de sociétés mentionnées au 3 du I de l'article 199 terdecies-0 A du code général des impôts ainsi qu'au 3 du I de l'article 885-0 V bis du même code est autorisé sous réserve du respect des conditions prévues à l'article D. 214-80 du code monétaire et financier, adaptées comme suit :*

1. Lorsque les statuts de la société prévoient une durée maximale de détention des titres de capital ou donnant accès au capital de la société par le souscripteur, la durée mentionnée à la première phrase du 3° de l'article D. 214-80 du code monétaire et financier ne peut excéder cette durée, hors éventuelles prorogations. Si les statuts de ces sociétés ne prévoient aucune durée maximale, le nombre d'années mentionné à la première phrase du 3° de l'article D. 214-80 du code monétaire et financier ne peut excéder huit ans ;

2. Le respect du plafond mentionné au 5° de l'article D. 214-80 du code monétaire et financier s'apprécie, en moyenne annuelle, sur la durée maximale de détention des titres de capital ou donnant accès au capital de la société par le souscripteur prévue dans les statuts de la société, si ces derniers prévoient une durée maximale. Au-delà de cette durée, il s'apprécie chaque année. Si les statuts de ces sociétés ne prévoient aucune durée maximale de détention des titres de capital ou donnant accès au capital par le souscripteur, le respect de ce plafond s'apprécie chaque année.

II. — 1. Le document d'information prévu au e du 3 du I de l'article 199 terdecies-0 A du code général des impôts et au f du 3 du I de l'article 885-0 V bis du même code, rédigé en vue de la commercialisation des titres de capital ou donnant accès au capital de sociétés mentionnées au I du présent article, comporte les éléments prévus au I de l'article D. 214-80-3 du code monétaire et financier.

2. Si les statuts de la société mentionnée au I du présent article prévoient que les titres de capital ou donnant accès au capital peuvent donner lieu à des droits différents sur les distributions et le boni de liquidation de la société, le bulletin de souscription mentionné au 3 du présent II et le document d'information mentionné au 1 du même II comportent les éléments mentionnés au II de l'article D. 214-80-3 du code monétaire et financier.

3. Le souscripteur fait figurer dans le bulletin de souscription aux titres de capital ou donnant accès au capital mentionnés au I du présent article les éléments prévus au III de l'article D. 214-80-3 du code monétaire et financier, dans les conditions prévues à ce même III.

III. — Le document d'information mentionné au 1 du II du présent article explicite les prestations que rémunèrent les frais et commissions consentis par le souscripteur au titre de la commercialisation et du placement desdits titres.

Dans ce document d'information, les frais de commercialisation et de placement sont identifiés de manière clairement séparée des frais de gestion prélevés par les sociétés mentionnés au I du présent article.

Ce document d'information présente les informations prévues à l'article D. 214-80-5 du code monétaire et financier, sous réserve des adaptations suivantes :

1. Le taux de frais annuel moyen maximum total tel que prévu au i) du b du 1° de l'article D. 214-80-5 du code monétaire et financier est calculé, en moyenne annuelle, sur la durée maximale de détention des titres de capital ou donnant accès au capital de la société par le souscripteur mentionnée au I du présent article, lorsque cette durée existe. Lorsque cette durée n'existe pas, le taux de frais annuel moyen maximum global constitue un plafond applicable chaque année.

2. Les éléments prévus au 2° ainsi qu'au v) du b du 3° de l'article D. 214-80-5 du code monétaire et financier sont ceux relatifs aux modalités spécifiques de partage de la plus-value, dès lors que les statuts de la société prévoient que les titres de capital ou donnant accès au capital peuvent donner lieu à des droits différents sur les distributions et le boni de liquidation de la société, tels que mentionnés au 2 du II du présent article.

IV. — Le document d'information mentionné au 1 du II du présent article présente les informations prévues à l'article D. 214-80-6 du code monétaire et financier, sous réserve de l'adaptation suivante : les règles de calcul et de plafonnement des frais et commissions mentionnées au iv) du b du 1° de l'article D. 214-80-6 du code monétaire et financier sont celles prévues dans le document d'information mentionné au présent IV.

V. — Dans les mêmes délais que ceux applicables à la mise à disposition du rapport annuel, les sociétés mentionnées au I du présent article adressent au souscripteur une lettre d'information qui présente les informations prévues à l'article D. 214-80-7 du code monétaire et financier, sous réserve des adaptations suivantes :

1. Les termes "millésime antérieur de fonds" s'entendent comme "millésime antérieur de souscription à des titres de capital ou donnant accès au capital de société" ;

2. Les termes "parts de fonds" s'entendent comme "titres de capital ou donnant accès au capital de société" ;

3. Les termes "création du fonds" s'entendent comme "création de la société".

VI. — Les informations prévues à l'article D. 214-80-8 du même code, présentées sous forme de tableau, sont mentionnées dans le rapport de gestion des sociétés mentionnées au I du présent article. — Les informations mentionnées ci-dessus figureront dans l'annexe des comptes des fonds ou sociétés, à compter de la date d'entrée en vigueur d'un règlement de l'Autorité des normes comptables (Décr. n° 2011-924 du 1er août 2011, art. 3-I).

VII. — Le manquement aux dispositions du présent article est passible des sanctions prévues aux cinquième et septième alinéas de l'article 1763 C du code général des impôts.

Art. 299 *nonies* (*Abrogé par Décr. n° 2018-404 du 29 mai 2018, art. 1er-6°*) ***Les pièces justificatives mentionnées à l'article 885-0 V bis A du code général des impôts s'entendent des attestations délivrées par les organismes bénéficiaires des dons, répondant à un modèle fixé par arrêté du ministre chargé du budget et comportant les éléments suivants :***

1° Les nom et adresse de l'organisme bénéficiaire ;

2° L'objet de l'organisme bénéficiaire ;

3° Les nom, prénoms et adresse du donateur ;

4° La nature, la forme, le mode de versement, la date et le montant du don. — *Modèle : V. Arr. du 26 juin 2008, JO 28 juin.*

V. note ss. art. 299-0 septies.

Art. 299 *decies* (*Abrogé par Décr. n° 2018-404 du 29 mai 2018, art. 1er-6°*) ***La demande d'agrément mentionnée au douzième alinéa du I de l'article 885-0 V bis A du code général des impôts est présentée en langue française sur papier libre, conformément à un modèle fixé par arrêté des ministres chargés de l'économie et du budget, auprès des services centraux de la direction générale des finances publiques par l'organisme ayant son siège dans un État membre de l'Union européenne ou dans un État partie à l'accord sur l'Espace économique européen ayant conclu avec la France une convention d'assistance administrative en vue de lutter contre la fraude et l'évasion fiscales.*** — *V. Ann. IV, art. 121 Z sexies et, pour le modèle de demande et l'adresse du service destinataire, Arr. du 28 févr. 2011 (JO 2 mars), mod. par Arr. du 17 avr. 2015 (JO 19 avr.).*

Sont jointes à la demande les pièces justificatives dont la liste est fixée par arrêté des ministres chargés de l'économie et du budget et leur traduction en langue française, attestant que l'organisme poursuit des objectifs et présente des caractéristiques similaires aux organismes dont le siège est situé en France répondant aux conditions prévues à l'article 885-0 V bis A du code général des impôts.

Les demandes de renouvellement d'agrément sont présentées selon les mêmes modalités.

V. note ss. art. 299-0 septies.

Art. 299 *undecies* (*Abrogé par Décr. n° 2018-404 du 29 mai 2018, art. 1er-6°*) ***I. — La décision d'agrément est prise par le ministre chargé du budget. Sa décision est notifiée à l'organisme, elle est motivée en cas de refus.***

II. — L'agrément accordé au titre d'une première demande porte sur la période comprise entre la date de sa notification et le 31 décembre de la troisième année qui suit cette date.

Les demandes de renouvellement doivent être présentées au plus tard le 30 juin de la dernière année couverte par l'agrément. En cas de renouvellement, l'agrément est accordé pour une période de trois ans courant à compter du 1er janvier suivant. En cas de refus de renouvellement d'agrément, l'agrément en cours produit ses effets jusqu'à son terme.

III. — La liste des organismes agréés est publiée sur le site internet de l'administration fiscale. Cette liste est actualisée à chaque décision d'agrément.

IV. —L'agrément peut être retiré par décision motivée du ministre chargé du budget lorsqu'il est établi que l'organisme, en totalité ou en partie, ne poursuit plus d'objectifs ou ne présente plus de caractéristiques similaires aux organismes dont le siège est situé en France répondant aux conditions prévues au I de l'article 885-0 V bis A du code général des impôts. Cette décision est notifiée à l'organisme et la liste mentionnée au III est actualisée.

Art. 299 *duodecies* (*Abrogé par Décr. n° 2018-404 du 29 mai 2018, art. 1er-6°*) ***I. — Le montant des dons aux organismes mentionnés aux douzième et treizième alinéas du I de l'article 885-0 V bis A du code général des impôts est mentionné distinctement sur la déclaration d'impôt de solidarité sur la fortune prévue au 1 du I de l'article 885 W du même code.***

II. — Pour l'application du treizième alinéa du I de l'article 885-0 V bis A du code général des impôts, les pièces à fournir dans le délai de dépôt de la déclaration sont celles mentionnées au deuxième alinéa de l'article 299 decies.

V. note ss. art. 299-0 septies.

CHAPITRE II DROITS DE TIMBRE

SECTION PREMIÈRE DROITS DE TIMBRE PROPREMENT DITS

I *TIMBRE DE DIMENSION*

Art. 300 *Devenu sans objet (L. nº 86-1318 du 30 déc. 1986, art. 25-I).*

Art. 301 **Le droit de timbre de dimension peut être acquitté :**
– par l'emploi de machines à timbrer ;
– par l'apposition de timbres mobiles ;
– sur la production d'états.

Les modalités d'application du présent article sont précisées par arrêté du ministre de l'économie et des finances *[Ann. IV, art. 93 A à 93 H quinquies]*.

Art. 302 et 303 *Abrogés par L. nº 77-1468 du 30 déc. 1977, art. 10.*

II

Art. 304 *Devenu sans objet (L. nº 96-1181 du 30 déc. 1996, art. 38-I).*

III

Art. 305 à 307 *Abrogés.*

Art. 308 *Devenu sans objet (Décr. nº 2007-484 du 30 mars 2007).*

Art. 309 à 313 E *Abrogés par L. nº 80-30 du 18 janv. 1980, art. 17-I.*

IV *et* V

Art. 313 F à 313 AQ *Devenus sans objet ou abrogés.*

SECTION II DROITS DE DÉLIVRANCE DE DOCUMENTS ET PERCEPTIONS DIVERSES

I

Art. 313 AR *Devenu sans objet (L. nº 2005-1720 du 30 déc. 2005, art. 112-I et II ; Décr. nº 2006-356 du 24 mars 2006).*

II *et* III

Art. 313 AS à 313 AU *Devenus sans objet ou abrogés.*

IV *DROITS D'INSCRIPTION À CERTAINS EXAMENS*

Art. 313 AV *(Abrogé par Décr. nº 2018-1301 du 26 déc. 2018, art. 1er, à compter du 1er janv. 2019)* ***Les droits d'inscription aux examens pour lesquels un tel mode de paiement est prévu sont acquittés uniquement par apposition de timbres mobiles.***

V *FORMALITÉS ADMINISTRATIVES (V. art. 313 BG).*

Art. 313 AW **L'apposition de timbres mobiles constitue le seul mode de paiement admis pour tous les renouvellements d'autorisations donnant ouverture au timbre.**

Art. 313 AX *Abrogé.*

Art. 313 AY *Devenu sans objet (L. nº 99-1172 du 30 déc. 1999, art. 31-I).*

VI *NAVIGATION INTÉRIEURE ET NAVIGATION MARITIME DE PLAISANCE*

Art. 313 AZ *(Décr. nº 2017-971 du 9 mai 2017, art. 1er)* **Les droits de timbre mentionnés à l'article 963 du code général des impôts** *(Décr. nº 2018-419 du 30 mai 2018, art. 1er)* **« sont payés » par la voie électronique au moyen d'un timbre dématérialisé.**

Ancien art. 313 AZ *Les droits de timbre mentionnés à l'article 963 du code général des impôts sont payés uniquement par l'apposition de timbres mobiles.*

VII *PASSEPORTS ET TITRES DE VOYAGE (V. art. 313 BG).*

Art. 313 BA Le droit de timbre exigible sur les passeports et pièces assimilées mentionnés aux articles 953 et 954 du code général des impôts *(Décr. n° 2018-1302 du 27 déc. 2018, art. 1er, en vigueur le 1er janv. 2019)* « est acquitté, en métropole, par la voie électronique au moyen d'un timbre dématérialisé et, en Guadeloupe, en Guyane, en Martinique, à La Réunion et à Mayotte » soit par l'apposition de timbres mobiles, soit par la voie électronique au moyen d'un timbre dématérialisé.

VIII

Art. 313 BB et 313 BC *Abrogés.*

IX *VÉHICULES À MOTEUR*

PERMIS DE CONDUIRE ET CERTIFICATS D'IMMATRICULATION *(V. art. 313 BG).*

Art. 313 BD *Devenu sans objet (L. n° 99-1173 du 30 déc. 1999, art. 31-I).*

Art. 313 BE *(Devenu sans objet, Décr. n° 2020-897 du 22 juill. 2020, art. 3) (Décr. n° 2017-1238 du 4 août 2017, art. 1er)* ***La taxe mentionnée à l'article 1599 terdecies du code général des impôts est payée soit sur état au moyen de formules sans valeur fiscale revêtues de la mention "Taxe payée sur état", soit par la voie électronique au moyen d'un timbre dématérialisé.***

Art. 313 BF *(Devenu sans objet, Décr. n° 2021-744 du 9 juin 2021, art. 3)* ***Les droits et taxes exigibles sur les certificats d'immatriculation des véhicules à moteur, y compris ceux des séries W et WW, sont acquittés sur état, dans les conditions fixées par arrêté conjoint du ministre de l'économie et des finances et du ministre de l'intérieur.*** *— Ann. IV, art. 198 sexies.*

La taxe sur les certificats d'immatriculation des véhicules est désormais recouvrée comme en matière de créances étrangères à l'impôt et au domaine et non plus comme un droit de timbre. — V. art. 1599 quindecies.

X *RÉGIES DE RECETTES DES PRÉFECTURES ET SOUS-PRÉFECTURES*

Art. 313 BG L'emploi des machines à timbrer est autorisé, dans les conditions fixées par arrêté du ministre de l'économie et des finances *[Ann. IV, art. 121 KA à 121 KL]*, pour le timbrage des documents donnant lieu à la perception des droits de timbre dans les régies de recettes des préfectures et sous-préfectures.

XI *FORMULES DE CHÈQUES*

Art. 313 BG *bis* Le droit de timbre prévu par l'article 916 A du code général des impôts auquel sont soumises les formules de chèques ne répondant pas aux caractéristiques de barrement d'avance et de non-transmissibilité par voie d'endossement est acquitté sur la production d'états, dans les conditions fixées par arrêté du ministre du budget.

Art. 313 BG *ter* La perception du droit de timbre est constatée par l'apposition très apparente, sur chaque formule de chèque qui y est soumise, de la mention : "Droit de timbre payé sur état".

XII *AIDE MÉDICALE DE L'ÉTAT*

(Décr. n° 2011-273 du 15 mars 2011)

Art. 313 BG *quater* *Devenu sans objet (Décr. n° 2013-463 du 3 juin 2013).*

SECTION III DISPOSITIONS COMMUNES AUX SECTIONS I ET II

Art. 313 BH Sans préjudice des dispositions de l'article 313 BI, les droits de timbre exigibles sur les écrits en provenance de l'étranger sont acquittés uniquement par l'apposition de timbres mobiles.

Art. 313 BI Peuvent être acquittés au moyen du visa pour timbre au comptant les droits de timbre dus sur :

1° Les écrits rédigés en contravention aux lois sur le timbre, présentés spontanément par les parties ou annexés à des actes soumis à l'enregistrement ;

2° Les photocopies et reproductions obtenues par un moyen photographique ;

3° Les actes passés ou rédigés en dehors des départements français et pour lesquels le droit de timbre devient exigible ;

4° *Devenu sans objet (L. n° 96-1181 du 30 déc. 1996, art. 38-I) ;*

5° Les actes sous seing privé présentés à la formalité de l'enregistrement.

Art. 313 BJ Toutes les fois qu'un document administratif ou un visa normalement soumis au droit de timbre sont délivrés gratuitement par l'autorité compétente, en vertu de textes édictant une immunité d'impôt en cette matière, le motif de la gratuité est expressément mentionné.

A défaut de cette mention, l'écrit est considéré comme non timbré.

Art. 313 BK *(Décr. n° 2018-404 du 29 mai 2018, art. 1er-1°)* L'article 281 F et le I de l'article 281 H s'appliquent en cas d'exonération partielle d'impôt sur la fortune immobilière prévue à l'article 976 du code général des impôts.

Art. 313 BL *(Décr. n° 2018-404 du 29 mai 2018, art. 1er-1°)* En cas d'exonération partielle d'impôt sur la fortune immobilière prévue à l'article 976 du code général des impôts, le certificat mentionné au *a* du 3° du 1 et au *a* du 2° du 2 de l'article 793 du même code est produit lors du dépôt de la déclaration souscrite au titre de l'impôt sur la fortune immobilière comportant des biens entrant dans le champ d'application de l'exonération partielle et pour lesquels le bénéfice de ces dispositions est demandé pour la première fois.

Le certificat ne doit pas être établi depuis plus de six mois lors du dépôt de la déclaration d'impôt sur la fortune immobilière auprès du service des impôts. Pour les parts de groupement forestier ou de société d'épargne forestière, il ne doit pas être établi depuis plus de deux ans.

Un nouveau certificat est produit tous les dix ans ainsi qu'un bilan de la mise en œuvre du document de gestion durable dans les conditions prévues à l'article 281 H *bis*. A défaut, les biens correspondant ne bénéficient plus de l'exonération partielle précitée pour les années restant à courir.

Art. 313 BM *(Décr. n° 2018-404 du 29 mai 2018, art. 1er-1°)* Avant la fin de l'année d'imposition au titre de laquelle l'exonération partielle prévue à l'article 976 du code général des impôts est demandée pour la première fois, la direction départementale ou, le cas échéant, régionale des finances publiques adresse la liste des redevables de l'impôt sur la fortune immobilière, précisant la situation des biens et la référence du certificat mentionné au *a* du 3° du 1 et au *a* du 2° du 2 de l'article 793 du code général des impôts, à la direction départementale des territoires ou à la direction départementale des territoires et de la mer ayant délivré le certificat.

Art. 313 BN *(Décr. n° 2018-404 du 29 mai 2018, art. 1er-1°)* Dans le cas de l'exonération d'impôt sur la fortune immobilière prévue à l'article 976 du code général des impôts, les engagements prévus au *b* du 3° du 1 et au *b* du 2° du 2 de l'article 793 du même code prennent effet à compter du 1er janvier de l'année pour laquelle le bénéfice de l'exonération partielle est demandé pour la première fois.

Art. 313 BN *bis* *(Décr. n° 2018-404 du 29 mai 2018, art. 1er-1°)* Pour l'application des articles 199 *terdecies*-0 A et 885-0 V *bis* du code général des impôts, les articles 299-0 *septies* et 299 *octies* A continuent de s'appliquer dans leur rédaction en vigueur au 31 décembre 2017.

Art. 313 BO *(Décr. n° 2018-404 du 29 mai 2018, art. 1er-1°)* Les pièces justificatives mentionnées à l'article 978 du code général des impôts s'entendent des attestations délivrées par les organismes bénéficiaires des dons, répondant à un modèle fixé par arrêté et comportant les éléments suivants :

1° Les nom et adresse de l'organisme bénéficiaire ;

2° L'objet de l'organisme bénéficiaire ;

3° Les nom, prénoms et adresse du donateur ;

4° La nature, la forme, le mode de versement, la date et le montant du don.

Art. 313 BP *(Décr. n° 2018-404 du 29 mai 2018, art. 1er-1°)* La demande d'agrément mentionnée au douzième alinéa du I de l'article 978 du code général des impôts est présentée en langue française sur papier libre, conformément à un modèle fixé par arrêté des ministres chargés de l'économie et du budget, auprès des services centraux de la direction générale des finances publiques par l'organisme ayant son siège dans un État membre de l'Union européenne ou dans un État partie à l'Espace économique européen ayant conclu avec la France une convention fiscale contenant une clause d'assistance administrative en vue de lutter contre la fraude et l'évasion fiscales.

Sont jointes à la demande les pièces justificatives dont la liste est fixée par arrêté et leur traduction en langue française, attestant que l'organisme poursuit des objectifs et présente des caractéristiques similaires aux organismes dont le siège est situé en France répondant aux conditions prévues à l'article 978 du code général des impôts.

Les demandes de renouvellement d'agrément sont présentées selon les mêmes modalités.

Art. 313 BQ *(Décr. n° 2018-404 du 29 mai 2018, art. 1er-1°)* I. — La décision d'agrément est prise par le ministre chargé du budget. Sa décision est notifiée à l'organisme ; elle est motivée en cas de refus.

II. — L'agrément accordé au titre d'une première demande porte sur la période comprise entre la date de sa notification et le 31 décembre de la troisième année qui suit cette date.

Les demandes de renouvellement sont présentées au plus tard le 30 juin de la dernière année couverte par l'agrément. En cas de renouvellement, l'agrément est accordé pour une période de trois ans courant à compter du 1er janvier suivant. En cas de refus de renouvellement d'agrément, l'agrément en cours produit ses effets jusqu'à son terme.

III. — La liste des organismes agréés est publiée sur le site internet de la direction générale des finances publiques. Cette liste est actualisée à chaque décision d'agrément.

IV. — L'agrément peut être retiré par décision motivée du ministre chargé du budget lorsqu'il est établi que l'organisme, en totalité ou en partie, ne poursuit plus d'objectifs ou ne présente plus de caractéristiques similaires aux organismes dont le siège est situé en France répondant aux conditions prévues au I de l'article 978 du code général des impôts. Cette décision est notifiée à l'organisme et la liste mentionnée au III est actualisée.

Art. 313 BQ *bis* *(Décr. n° 2018-404 du 29 mai 2018, art. 1er-1°)* I. — Le montant des dons aux organismes mentionnés aux douzième et treizième alinéas du I de l'article 978 du code général des impôts est mentionné distinctement sur la déclaration d'impôt sur la fortune immobilière prévue à l'article 982 du même code.

II. — Pour l'application du treizième alinéa du I de l'article 978 précité, les pièces à fournir dans le délai de dépôt de la déclaration sont celles mentionnées au deuxième alinéa de l'article 313 BP.

CHAPITRE 0II *BIS* IMPÔT SUR LA FORTUNE IMMOBILIÈRE

(Décr. n° 2018-391 du 25 mai 2018, art. 1er)

Art. 313 BQ *ter* Le redevable indique sur les annexes mentionnées à l'article 982 du code général des impôts les informations suivantes :

1° Membres du foyer fiscal et leur situation de famille ;

2° Actifs exonérés, notamment en application de l'article 975 du code général des impôts ;

3° Biens et droits immobiliers imposables ;

4° Parts ou actions représentatives en tout ou partie de biens ou droits immobiliers imposables ;

5° Valeur de rachat imposable des contrats d'assurance et des bons ou contrats de capitalisation ;

6° Dettes déductibles de l'assiette de l'impôt ;

7° Plafonnement de l'impôt prévu à l'article 979 du code général des impôts ;

8° Impôts étrangers acquittés hors de France dont les caractéristiques sont similaires à celles de l'impôt sur la fortune immobilière et qui font l'objet d'une imputation sur ce dernier ;

9° Montant des sommes versées ouvrant droit à une réduction d'impôt.

Art. 313 BQ *quater* I. – 1. Pour l'application de l'article 982 du code général des impôts, les sociétés ou organismes dont le redevable détient directement et, le cas échéant, indirectement, seul ou conjointement avec les personnes mentionnées au 1° de l'article 965 du code général des impôts, des parts ou actions imposables en application des articles 965 à 972 *ter* du même code communiquent, eux-mêmes ou, le cas échéant, s'agissant des organismes de placement collectif, par l'intermédiaire de leurs sociétés de gestion, sur demande du redevable, les informations suivantes :

1° La raison sociale, le numéro d'identité défini au premier alinéa de l'article R. 123-221 du code de commerce et le siège social de la société ou de l'organisme ou la dénomination de l'organisme de placement collectif et, le cas échéant, la raison sociale et l'adresse de sa société de gestion ;

2° La valeur des parts ou actions mentionnées au premier alinéa, déterminée conformément au I de l'article 973 du code général des impôts ;

3° La fraction de la valeur mentionnée au 2° représentative de biens ou droits immobiliers détenus directement ou indirectement imposables conformément aux dispositions des articles 965 à 972 *ter* du code général des impôts.

2. Aux fins de déterminer la fraction mentionnée au 3° du 1, les sociétés, organismes ou sociétés de gestion mentionnés au 1 obtiennent, sur demande, auprès des sociétés et organismes dont ils détiennent directement des parts ou actions ou, le cas échéant, auprès des sociétés de gestion des organismes de placement collectif dont ils détiennent directement des parts ou actions, communication de la fraction de la valeur de ces parts ou actions représentative de biens ou droits immobiliers, détenus directement ou indirectement, imposables.

Pour la détermination de cette fraction, le présent 2 s'applique, dans les mêmes conditions, à chaque société ou organisme dans la chaîne de participation détenue par la société ou l'organisme mentionné au 1.

II. – 1. Pour l'application de l'article 982 du code général des impôts, les organismes d'assurance et assimilés qui commercialisent des contrats mentionnés à l'article 972 du même code communiquent au redevable, sur sa demande, les informations suivantes :

1° Le type et numéro des contrats d'assurance rachetables et des bons ou contrats de capitalisation souscrits par le redevable ou l'une des personnes mentionnées au 1° de l'article 965 du code général des impôts dont une au moins des unités de compte est constituée d'actifs imposables ;

2° Pour chaque contrat ou bon mentionné au 1°, leur valeur de rachat et la fraction de cette valeur représentative des actifs imposables constituant les unités de compte.

2. Pour déterminer la fraction mentionnée au 2° du 1, les organismes d'assurance ou assimilés obtiennent, sur demande auprès des sociétés ou organismes ou, le cas échéant, auprès des sociétés de gestion des organismes de placement collectif, dans les mêmes conditions qu'au 2 du I, communication des informations mentionnées à ce même 2 du I.

III. – 1. Les sociétés ou organismes mentionnés au I qui ont contracté une dette entrant dans les prévisions du II de l'article 973 du code général des impôts ou, le cas échéant, leur société de gestion communiquent, sur demande du redevable faisant état *de cette dette, les informations* suivantes :

1° La valeur de chaque part ou action de la société ou de l'organisme mentionné au premier alinéa et le nombre de parts ou actions qui composent son capital ;

2° La valeur vénale des biens et droits immobiliers imposables que la société ou l'organisme détient directement ou indirectement ;

3° La valeur vénale de l'ensemble des actifs de la société ou l'organisme.

Le cas échéant, si la dette mentionnée au II de l'article 973 du code général des impôts est contractée par une société ou un organisme dont l'une des personnes mentionnées au 1° de l'article 965 du même code détient indirectement des parts ou actions, les sociétés ou organismes mentionnés au premier alinéa du présent 1 ou, le cas échéant, leur société de gestion communiquent également au redevable, sur sa demande, les informations mentionnées aux 1° à 3° pour la société ou l'organisme qui a contracté la dette et pour chaque société ou organisme interposé, ainsi que les taux de détention entre chacune des sociétés ou organismes de la chaîne de participation constituée entre la société ou l'organisme dont le redevable détient directement les parts ou actions et la société ou l'organisme qui a contracté la dette.

Pour l'application de l'alinéa précédent, les sociétés et organismes composant la chaîne de participation ou, le cas échéant, les sociétés de gestion des organismes de placement collectif communiquent les informations mentionnées à l'alinéa précédent sur demande d'une société ou d'un organisme qui détient tout ou partie de leur capital.

2. Lorsque les parts ou actions de sociétés ou d'organismes mentionnés au premier alinéa du 1 constituent des unités de compte de contrats mentionnés au II, les informations mentionnées au présent III sont communiquées par les organismes d'assurance au redevable dans les mêmes conditions.

IV. — Les informations mentionnées aux I à III sont communiquées au redevable et, le cas échéant, aux sociétés et organismes mentionnés aux mêmes I à III, dans des délais compatibles avec la déclaration par le redevable des informations requises sur les annexes mentionnées à l'article 982 du code général des impôts.

V. — Sur demande du redevable, l'administrateur d'un trust défini à l'article 792-0 *bis* du code général des impôts ou le fiduciaire en cas de transfert d'actifs dans un patrimoine fiduciaire dans les conditions prévues à l'article 969 du même code obtient, dans les mêmes conditions que le redevable, les informations mentionnées aux I à III relatives aux actifs imposables placés dans le trust ou la fiducie.

VI. — Les sociétés ou organismes mentionnés aux I à III produisent à la direction générale des finances publiques, sur sa demande et dans un délai de trente jours, les informations mentionnées aux I à III ainsi que tout élément de nature à les justifier.

VII. — Les dispositions des I à III relatives à des parts ou actions de sociétés ou d'organismes s'appliquent également aux droits démembrés afférents à de telles parts ou actions.

CHAPITRE II *BIS* TAXE SUR LA VALEUR VÉNALE DES IMMEUBLES POSSÉDÉS EN FRANCE PAR DES PERSONNES MORALES

Art. 313-0 BR La déclaration prévue aux *d* et *e* du 3° de l'article 990 E du code général des impôts doit être déposée avant le 16 mai de chaque année.

Art. 313-0 BR *bis* L'engagement prévu au *d* du 3° de l'article 990 E du code général des impôts est déposé :

1. Pour les entités juridiques qui ont leur siège en France, et pour les autres entités juridiques qui exercent leur activité en France dans un ou plusieurs établissements, au service des impôts du lieu du principal établissement.

2. Pour les entités juridiques, autres que celles visées au 1, qui, directement ou par entité juridique interposée, possèdent un ou plusieurs immeubles situés en France ou sont titulaires de droits réels portant sur ces biens, au service des impôts *(Décr. n° 2021-791 du 21 juin 2021, art. 1er)* « compétent pour les obligations déclaratives relatives aux impôts autres que les impôts locaux et taxes assimilées. En l'absence de telles obligations déclaratives, l'engagement est déposé au service des impôts des entreprises étrangères de la direction des impôts des non-résidents. »

CHAPITRE II *TER* TAXES SUR LES VÉHICULES À MOTEUR *(Décr. n° 2020-1207 du 30 sept. 2020, art. 7-I-1°).*

(Décr. n° 2009-616 du 3 juin 2009)

Art. 313-0 BR *ter-0* *(Décr. n° 2020-1207 du 30 sept. 2020, art. 7-I-2°)* Les véhicules de la catégorie N1 de la carrosserie "camion pick-up" comprenant au moins cinq places et exclus de la définition des véhicules de tourisme conformément au *b* du 5° de l'article 1007 du code général des impôts répondent aux conditions fixées par l'article 84 A. — *Les dispositions du b du 5° de l'art. 1007 CGI ont été transférées ss. le a du 2° de l'art. L. 421-2 CIBS.*

Art. 313-0 BR *ter* *(Devenu sans objet, Décr. n° 2021-744 du 9 juin 2021, art. 3) I. — La réduction des tarifs de la taxe additionnelle à la taxe sur les certificats d'immatriculation prévue au III de l'article 1011 bis du code général des impôts est accordée à raison d'un seul véhicule par foyer lorsqu'il est justifié, au moyen de la production d'un document délivré par la caisse d'allocations familiales, du livret de famille, du dernier avis d'impôt sur le revenu, ou, à défaut, par tout autre moyen, qu'à la date de la première immatriculation en France d'un véhicule ce foyer comprend au moins trois enfants à charge.*

II. — La demande de remboursement mentionnée au troisième alinéa du a du III de l'article 1011 bis du code général des impôts est conforme au modèle fixé par l'administration.

Outre les justifications prévues au I, elle doit être accompagnée d'une copie du certificat d'immatriculation du véhicule soumis à la taxe.

Elle est déposée ou adressée à la trésorerie dont les coordonnées figurent sur l'avis d'impôt sur le revenu de la personne qui demande le remboursement.

III. — La demande de remboursement est recevable jusqu'au 31 décembre de la deuxième année qui suit celle de l'immatriculation du véhicule soumis à la taxe.

Art. 313-0 BR *quater* *(Devenu sans objet, Décr. n° 2021-744 du 9 juin 2021, art. 3) Les titres de perception de la taxe prévue à l'article 1011 ter du code général des impôts sont émis par le préfet du département du domicile du redevable, au plus tard le 31 octobre de l'année d'imposition.*

CHAPITRE III DROIT FIXE DÛ PAR LES OPÉRATEURS AGRÉÉS DE JEUX OU DE PARIS EN LIGNE

(Décr. n° 2010-494 du 14 mai 2010)

Art. 313 BR *(Devenu sans objet, Décr. n° 2019-559 du 6 juin 2019, art. 3) I. — Le droit mentionné au 1° du I de l'article 1012 du code général des impôts est de :*

1° 5 000 € si la demande porte sur un seul agrément ;

2° 8 000 € si la demande porte sur deux agréments ;

3° 10 000 € si la demande porte sur trois agréments.

II. — Le droit mentionné au 2° du I de l'article 1012 du code général des impôts est de :

1° 20 000 € lorsque l'opérateur n'est titulaire que d'un seul agrément ;

2° 30 000 € lorsque l'opérateur est titulaire de deux agréments ;

3° 40 000 € lorsque l'opérateur est titulaire de trois agréments.

III. — Le droit mentionné au 3° du I de l'article 1012 du code général des impôts est de :

1° 2 500 € si la demande de renouvellement porte sur un seul agrément ;

2° 4 000 € si la demande de renouvellement porte sur deux agréments ;

3° 5 000 € si la demande de renouvellement porte sur trois agréments.

IV. — Pour l'application des I et III, une demande est considérée comme portant sur plusieurs agréments lorsque les dossiers y afférents sont réceptionnés par l'Autorité de régulation des jeux en ligne de manière simultanée.

Art. 313 BRA *(Devenu sans objet, Décr. n° 2019-559 du 6 juin 2019, art. 3) I. — Les redevables établis en France acquittent le droit mentionné à l'article 1012 du code général des impôts auprès du comptable du service des impôts du siège de la direction de l'entreprise, ou, à défaut, du principal établissement. Toutefois, les redevables mentionnés à l'article 344-0 A acquittent le droit fixe au service chargé des grandes entreprises.*

II. — Les redevables établis dans un autre État membre de l'Union européenne acquittent le droit fixe auprès du service des impôts des entreprises étrangères. — *Adresse du service : Pôle de recouvrement — DRESG, 10, rue du Centre, 93465 Noisy-le-Grand Cedex — France.*

III. — Les redevables non établis dans l'Union européenne acquittent le droit fixe auprès du service des impôts des entreprises dont dépend le lieu d'imposition du représentant désigné en application de l'article 289 A du code général des impôts, ou à défaut, de l'article 302 bis ZN du même code.

Art. 313 BRB *(Devenu sans objet, Décr. n° 2019-559 du 6 juin 2019, art. 3) I. — L'Autorité de régulation des jeux en ligne adresse à la direction générale des finances publi-*

ques les renseignements lui permettant de procéder au recouvrement du droit fixe : la personne débitrice, la nature du droit fixe, son fondement et le montant du droit dû.

II. — Une convention entre l'Autorité de régulation des jeux en ligne et la direction générale des finances publiques détermine les modalités et les conditions dans lesquelles s'effectue l'information prévue au I.

CHAPITRE IV

Art. 313 BR *bis* *Devenu sans objet (Ord. nº 2003-1235 du 22 déc. 2003, art. 2-I et IV).*

TITRE CINQUIÈME

Art. 313 BS à 313 BU *Abrogés.*

DEUXIÈME PARTIE IMPOSITIONS PERÇUES AU PROFIT DES COLLECTIVITÉS LOCALES ET DE DIVERS ORGANISMES

TITRE PREMIER IMPOSITIONS COMMUNALES

CHAPITRE PREMIER IMPÔTS DIRECTS ET TAXES ASSIMILÉES

SECTION PREMIÈRE TAXES FONCIÈRES SUR LES PROPRIÉTÉS BÂTIES ET NON BÂTIES

a *EXONÉRATIONS TEMPORAIRES*

1º HABITATIONS À LOYER MODÉRÉ

Art. 314 La demande d'exonération de taxe foncière sur les propriétés bâties, visée au II de l'article 1384 du code général des impôts, doit être déposée à la mairie de la commune où seront effectués les travaux et indiquer la nature du bâtiment, sa destination et la désignation, d'après les documents cadastraux, du terrain sur lequel il doit être construit.

2º CONSTRUCTIONS FINANCÉES AU MOYEN DES PRÊTS AIDÉS PAR L'ÉTAT

Art. 315 Pour bénéficier de l'exonération prévue à l'article 1384 B du code général des impôts, le redevable de la taxe foncière sur les propriétés bâties doit adresser au service des impôts du lieu de situation des biens une déclaration comportant tous les éléments d'identification.

La déclaration doit être accompagnée des documents justifiant que le bail a pris effet dans les conditions prescrites par l'article L. 252-3 du code de la construction et de l'habitation.

La déclaration doit être conforme à un modèle établi par l'administration.

Art. 315-0 *bis* Pour bénéficier de l'exonération prévue à l'article 1384 C du code général des impôts, le redevable de la taxe foncière sur les propriétés bâties doit adresser au service des impôts du lieu de situation des biens une déclaration conforme au *modèle établi par l'administration* comportant tous les éléments permettant leur identification.

Pour les immeubles mentionnés aux 3º et 5º de l'article *(Décr. nº 2019-772 du 24 juill. 2019, art. 12-1º et 34-II, en vigueur le 1er sept. 2019)* « L. 831-1 » du code de la construction et de l'habitation, la déclaration doit indiquer le mode de financement de l'acquisition ou des travaux d'amélioration de l'immeuble et être accompagnée des pièces justificatives correspondantes.

Pour les immeubles mentionnés au 4º de l'article *(Décr. nº 2019-772 du 24 juill. 2019, art. 12-1º et 34-II, en vigueur le 1er sept. 2019)* « L. 831-1 » du code de la construction et de l'habitation, la déclaration doit préciser la date d'acquisition de l'immeuble, la date de décision et de versement de la subvention par l'Agence nationale de l'habitat ainsi que la date d'achèvement des travaux d'amélioration. Elle doit être accompagnée des pièces justificatives ainsi que d'une copie de l'agrément accordé à l'organisme propriétaire par le représentant de l'État dans le département.

Pour l'application du premier alinéa du II de l'article 1384 C du code général des impôts, la convention conclue avec l'État mentionnée à cet article est celle prévue au 4° de l'article *(Décr. n° 2019-772 du 24 juill. 2019, art. 12-1° et 34-II, en vigueur le 1er sept. 2019)* « L. 831-1 » du code de la construction et de l'habitation.

Art. 315-0 *bis* A Les locaux entrant dans le champ d'application de l'article 1384 D du code général des impôts s'entendent des locaux suivants :

1° Locaux affectés à l'hébergement temporaire ou d'urgence des personnes défavorisées visées au II de l'article L. 301-1 du code de la construction et de l'habitation relevant :

a) Des centres d'hébergement et de réinsertion sociale prévus au 8° du I de l'article L. 312-1 du code de l'action sociale et des familles ;

b) Des structures dénommées "lits halte soins santé" prévues au 9° du I de l'article L. 312-1 du code de l'action sociale et des familles ;

c) Des centres d'hébergement d'urgence destinés aux personnes sans domicile visés à l'article L. 322-1 du code de l'action sociale et des familles.

2° Acquis ou construits à compter du 1er janvier 1999 ou qui ont fait l'objet de travaux d'aménagement achevés à compter du 1er janvier 1999 en vue soit de les affecter à l'hébergement temporaire ou d'urgence conformément au 1°, soit de réhabiliter totalement des structures existantes.

Art. 315-0 *bis* B Les locaux mentionnés à l'article 315-0 *bis* A doivent faire l'objet d'une convention signée par le propriétaire ou le gestionnaire des locaux et le représentant de l'État dans le département. Cette convention doit mentionner la durée d'affectation du local à l'hébergement temporaire ou d'urgence des personnes citées au 1° de l'article 315-0 *bis* A et contenir un projet social formalisé relatif notamment aux modalités d'accueil et de gestion, à la situation et à l'accompagnement social des personnes accueillies.

Art. 315-0 *bis* C Pour bénéficier de l'exonération prévue à l'article 1384 D du code général des impôts, le redevable de la taxe foncière sur les propriétés bâties doit adresser au service des impôts du lieu de situation des biens une déclaration conforme au modèle établi par l'administration comportant tous les éléments permettant leur identification, accompagnée de la convention mentionnée à l'article 315-0 *bis* B.

Pour les immeubles acquis ou construits, la déclaration doit indiquer la date de décision et de versement par l'État ou le délégataire de l'aide à la création d'hébergements temporaire ou d'urgence et être accompagnée des pièces justificatives correspondantes.

Pour les immeubles ayant fait l'objet de travaux d'aménagement, la déclaration doit préciser la date d'achèvement des travaux ainsi que la date de décision et de versement par l'État, le délégataire ou l'Agence nationale pour l'habitat de l'aide à la création d'hébergements temporaire ou d'urgence. Elle doit être accompagnée des pièces justificatives.

Art. 315 *bis* Les déclarations mentionnées aux articles 315, 315-0 *bis* et 315-0 *bis* C doivent être souscrites avant le 1er janvier de la première année à compter de laquelle le redevable de la taxe foncière sur les propriétés bâties peut, au titre de l'immeuble concerné, bénéficier des dispositions des articles 1384 B, 1384 C ou 1384 D du code général des impôts.

Art. 315 *ter* Lorsque les déclarations mentionnées aux articles 315, 315-0 *bis* et 315-0 *bis* C sont souscrites après l'expiration du délai prévu à l'article 315 *bis*, l'exonération ne s'applique que pour la période restant à courir après le 31 décembre de l'année de la souscription.

3° ZONES FRANCHES URBAINES

Art. 315 *quater* *(Périmé, Décr. n° 2020-897 du 22 juill. 2020, art. 3) Pour les immeubles mentionnés à l'article 1383 B du code général des impôts, susceptibles d'être exonérés à compter du 1er janvier 1997, le redevable de la taxe foncière sur les propriétés bâties doit souscrire une déclaration au plus tard le 31 mars 1997.*

Cette déclaration, comportant tous les éléments d'identification des immeubles concernés, doit être adressée au centre des impôts fonciers du lieu de situation des biens.

Elle doit être formulée sur un imprimé fourni par l'administration et indiquer l'activité exercée, le nombre de salariés de l'entreprise exploitante et, le cas échéant, l'importance du chiffre d'affaires total hors taxes afférent aux livraisons intracommunautaires et à l'exportation pour la période du 1er janvier 1994, ou de la date de début d'activité si elle est postérieure, au 31 décembre 1996.

Art. 315 *quinquies* (*Périmé, Décr. n° 2020-897 du 22 juill. 2020, art. 3*) ***Pour les immeubles mentionnés à l'article 1383 B du code général des impôts, susceptibles d'être exonérés à compter du 1er janvier 1998 ou postérieurement, la déclaration doit être souscrite avant le 1er janvier de la première année à compter de laquelle le redevable de la taxe foncière sur les propriétés bâties peut, au titre de l'immeuble concerné, bénéficier des dispositions de l'article précité.***

Art. 315 *sexies* (*Périmé, Décr. n° 2020-897 du 22 juill. 2020, art. 3*) ***Pour les immeubles mentionnés à l'article 1383 B du code général des impôts, susceptibles d'être exonérés de taxe foncière, tout changement relatif à l'exploitant ou à l'activité exercée doit être porté à la connaissance de l'administration dans les conditions prévues à l'article 315 quinquies.***

Art. 315 *septies* (*Périmé, Décr. n° 2020-897 du 22 juill. 2020, art. 3*) ***I. — Pour les immeubles mentionnés à l'article 1383 C du code général des impôts susceptibles d'être exonérés à compter du 1er janvier 2004, le redevable de la taxe foncière sur les propriétés bâties désirant bénéficier de l'exonération prévue à l'article 1383 C précité doit souscrire une déclaration, comportant tous les éléments d'identification des immeubles concernés, sur un imprimé fourni par l'administration. Cette déclaration doit être adressée au centre des impôts foncier du lieu de situation des biens et indiquer :***

a) L'activité exercée ;

b) Le nombre de salariés de l'entreprise exploitante au 1er janvier 2004 ou à la date de sa création si elle est postérieure ;

c) Le cas échéant, l'option entre les exonérations prévues aux articles 1383 A, 1383 C et 1383 D du code général des impôts ;

d) Le montant du chiffre d'affaires annuel hors taxes réalisé au cours de la période de référence retenue pour l'imposition de taxe professionnelle établie au titre de l'année 2004 pour l'établissement exploité dans l'immeuble susceptible de bénéficier de l'exonération ;

e) Le total de bilan, au terme de la même période.

Ces informations doivent être accompagnées d'une déclaration sur l'honneur de l'entreprise exploitante que ni son capital, ni ses droits de vote ne sont détenus, directement ou indirectement, pour 25 % ou plus, par une ou plusieurs entreprises ne répondant pas aux conditions prévues aux premier et deuxième alinéas du I quinquies de l'article 1466 A du code général des impôts.

En cas de création de l'entreprise exploitante postérieure au 1er janvier 2004, les conditions mentionnées aux d et e s'apprécient au titre de la première année d'activité.

II. — La déclaration mentionnée au I doit être souscrite avant le 1er janvier de la première année à compter de laquelle le redevable de la taxe foncière sur les propriétés bâties peut, au titre de l'immeuble concerné, bénéficier des dispositions de l'article 1383 C du code général des impôts.

Tout changement au cours d'une année relatif à l'exploitant ou à l'activité exercée doit être porté à la connaissance de l'administration avant le 1er janvier de l'année suivante.

Art. 315 *septies* A I. — Pour bénéficier de l'exonération prévue à l'article 1383 C *bis* du code général des impôts, le redevable de la taxe foncière sur les propriétés bâties adresse au service des impôts du lieu de situation des immeubles une déclaration conforme à un modèle établi par l'administration comportant tous les éléments d'identification des immeubles concernés ainsi que les informations suivantes : — *L'art. 1383 C bis CGI est abrogé par la L. n° 2021-1900 du 30 déc. 2021, art. 35-I-27°.*

a) L'activité exercée à titre principal dans l'immeuble ;

b) Le nombre de salariés de l'entreprise exploitante au 1er janvier 2006 ou à la date de sa création ou de son début d'activité dans l'immeuble, si elle est postérieure ;

c) Le cas échéant, l'option pour le régime d'exonération prévu à l'article 1383 C *bis* du code général des impôts ; — *V. note ci-dessus.*

d) Le montant du chiffre d'affaires annuel hors taxes réalisé au cours de la période de référence retenue pour l'imposition de taxe professionnelle établie au titre de l'année 2006 pour l'établissement exploité dans l'immeuble susceptible de bénéficier de l'exonération ;

e) Le total de bilan, au terme de la même période.

En cas de création de l'entreprise exploitante postérieure au 1er janvier 2006 ou si l'entreprise a débuté son activité dans l'immeuble concerné après cette même date, les conditions mentionnées aux *d* et *e* s'apprécient au titre de la première année d'activité.

Ces informations sont accompagnées d'une déclaration sur l'honneur de l'entreprise exploitante que la condition mentionnée au 2° du I *sexies* de l'article 1466 A du code général des impôts est satisfaite.

II. — La déclaration mentionnée au I est souscrite avant le 1er janvier de la première année à compter de laquelle le redevable de la taxe foncière sur les propriétés bâties peut, au titre de l'immeuble concerné, bénéficier des dispositions de l'article 1383 C *bis* du code général des impôts. — *V. note ci-dessus.*

Tout changement au cours d'une année relatif à l'exploitant ou à l'activité exercée doit être porté à la connaissance de l'administration avant le 1er janvier de l'année suivante.

4° TERRAINS BOISÉS

Art. 315 *octies* Pour bénéficier de l'exonération totale ou partielle de taxe foncière sur les propriétés non bâties prévue respectivement aux 1° *bis* et 1° *ter* de l'article 1395 du code général des impôts, le propriétaire ou l'Office national des forêts pour les forêts domaniales adresse au service des impôts du lieu de situation des bois une déclaration conforme au modèle établi par l'administration comportant les éléments suivants :

1° L'identité et l'adresse du redevable de la taxe ;

2° Les références cadastrales des parcelles pour lesquelles l'exonération est demandée et l'indication, pour chacune des parcelles, de la superficie concernée par la demande d'exonération ;

3° La catégorie d'exonération : régénération naturelle ou futaie irrégulière ; pour les régénérations naturelles, le type d'essence majoritaire (feuillu ou résineux) et la date d'achèvement de la coupe définitive doivent être précisés pour chaque parcelle cadastrale ;

4° L'attestation de la réussite de la régénération naturelle ou de l'état de futaie irrégulière en équilibre de régénération au regard des critères définis aux articles 2 et 3 ainsi que, le cas échéant, à l'article 4 du décret n° 2006-353 du 23 mars 2006.

5° BASSINS D'EMPLOI À REDYNAMISER

(*Décr. n° 2007-472 du 28 mars 2007*)

Art. 315 *nonies* I. — Pour bénéficier de l'exonération prévue à l'article 1383 H du code général des impôts, le redevable de la taxe foncière sur les propriétés bâties doit souscrire auprès du service des impôts du lieu de situation des immeubles concernés une déclaration conforme à un modèle établi par l'administration, comportant tous les éléments d'identification de ces immeubles ainsi que les informations suivantes :

a) L'activité exercée à titre principal dans l'immeuble ;

b) Le cas échéant, l'option pour l'un des régimes d'exonération prévus au sixième alinéa de l'article 1383 H du code précité.

II. — La déclaration mentionnée au I doit être souscrite avant le 1er janvier de la première année à compter de laquelle le redevable de la taxe foncière sur les propriétés bâties peut, au titre de l'immeuble concerné, bénéficier des dispositions de l'article 1383 H du code général des impôts.

Tout changement au cours d'une année relatif à l'exploitant ou à l'activité exercée doit être porté à la connaissance de l'administration avant le 1er janvier de l'année suivante.

6° PARCS NATIONAUX SITUÉS DANS LES DÉPARTEMENTS D'OUTRE-MER

Art. 315 *decies* (*Devenu sans objet, Décr. n° 2017-698 du 2 mai 2017, art. 3*) ***L'engagement de gestion prévu à l'article 1395 F du code général des impôts porte sur :***

1° Le respect des objectifs de protection définis par la charte du parc national prévue par l'article L. 331-2 du code de l'environnement ;

2° Le respect de la réglementation relative aux activités agricoles, pastorales et forestières dont les modalités d'application sont définies par la charte mentionnée au 1°.

Art. devenu sans objet en conséquence de la L. n° 2013-1278 du 29 déc. 2013, art. 26-I z duodecies et XI-6.

Art. 315 *undecies* *(Devenu sans objet, Décr. nº 2017-698 du 2 mai 2017, art. 3)* ***L'engagement de gestion prévu par l'article 1395 F du code général des impôts comporte les éléments suivants :***

1º L'identité et l'adresse du redevable de la taxe foncière sur les propriétés non bâties mentionné à l'article 1400 du même code et, le cas échéant, du preneur des parcelles faisant l'objet de l'engagement de gestion ;

2º Les références cadastrales, les natures de culture et de propriété définies dans l'instruction ministérielle du 31 décembre 1908 et la contenance cadastrale des parcelles sur laquelle l'exonération de taxe foncière sur les propriétés non bâties est demandée ;

3º Les mesures de conservation à mettre en œuvre en vue de respecter les engagements mentionnés à l'article 315 decies. Ces mesures de conservation sont définies pour chaque parcelle ou chaque groupe de parcelles pour lesquelles les objectifs de protection et les modalités d'application de la réglementation, respectivement mentionnés aux 1º et 2º de ce même article, sont identiques.

Art. devenu sans objet en conséquence de la L. nº 2013-1278 du 29 déc. 2013, art. 26-I z duodecies et XI-6.

Art. 315 *duodecies* *(Devenu sans objet, Décr. nº 2017-698 du 2 mai 2017, art. 3)* ***Le directeur de l'établissement public du parc national s'assure du respect des engagements souscrits dans le cadre de l'engagement de gestion. A cet effet, les agents des services de l'État et de ses établissements publics habilités à constater les infractions conformément à la réglementation en vigueur peuvent procéder à des vérifications sur place. Ils informent le propriétaire et, le cas échéant, le preneur des parcelles faisant l'objet de l'engagement de gestion et leur proposent d'assister au contrôle.***

Si, lors du contrôle, l'une des obligations prévues par l'engagement de gestion n'est pas respectée, ce constat fait l'objet d'un signalement au service des impôts du lieu de situation de la parcelle avant le 1er janvier de l'année suivant celle de la réalisation du contrôle.

Art. devenu sans objet en conséquence de la L. nº 2013-1278 du 29 déc. 2013, art. 26-I z duodecies et XI-6.

7º ZONES DE RESTRUCTURATION DE LA DÉFENSE

(Décr. nº 2009-472 du 27 avr. 2009)

Art. 315 *terdecies* **I. — Pour bénéficier de l'exonération prévue à l'article 1383 I du code général des impôts, le redevable de la taxe foncière sur les propriétés bâties souscrit auprès du service des impôts du lieu de situation des immeubles concernés une déclaration conforme à un modèle établi par l'administration, comportant tous les éléments d'identification de ces immeubles ainsi que les informations suivantes :**

***a.* L'activité exercée à titre principal dans l'immeuble ;**

***b.* Le cas échéant, l'option pour le régime d'exonération prévu à l'article 1383-I du code précité.**

II. — La déclaration mentionnée au I doit être souscrite avant le 1er janvier de la première année à compter de laquelle le redevable de la taxe foncière sur les propriétés bâties peut, au titre de l'immeuble concerné, bénéficier des dispositions de l'article 1383-I précité.

Tout changement au cours d'une année relatif à l'exploitant ou à l'activité exercée doit être porté à la connaissance de l'administration avant le 1er janvier de l'année suivante.

8º HABITATIONS À HAUT NIVEAU DE PERFORMANCE ÉNERGÉTIQUE

(Décr. nº 2009-1529 du 9 déc. 2009)

Art. 315 *quaterdecies* **Les logements mentionnés à l'article 1383-0 B *bis* du code général des impôts s'entendent de ceux qui sont titulaires du label "bâtiment basse consommation énergétique, BBC 2005" mentionné au 5º de l'article 2 de l'arrêté du 3 mai 2007 relatif au contenu et aux conditions d'attribution du label "haute performance énergétique".**

9° ZONES FRANCHES D'ACTIVITÉ DES DÉPARTEMENTS D'OUTRE-MER

(Décr. n° 2009-1777 du 30 déc. 2009, art. 2)

Art. 315 *quindecies* *(Devenu sans objet, Décr. n° 2019-559 du 6 juin 2019, art. 3)* ***La liste des communes qui satisfont aux critères définis au 2° du III de l'article 1388 quinquies du code général des impôts est celle fixée à l'article 49 ZA.***

10° QUARTIERS PRIORITAIRES DE LA POLITIQUE DE LA VILLE

(Décr. n° 2015-643 du 9 juin 2015)

Art. 315 *quindecies* A **I. — Pour bénéficier de l'exonération prévue à l'article 1383 C *ter* du code général des impôts, le redevable de la taxe foncière sur les propriétés bâties adresse au service des impôts du lieu de situation des immeubles une déclaration conforme à un modèle établi par l'administration comportant tous les éléments d'identification des immeubles concernés ainsi que les informations suivantes :**

_a)_ L'activité exercée à titre principal dans l'immeuble ;

_b)_ Le nombre de salariés de l'entreprise exploitante au 1er janvier 2015 ou à la date de sa création ou de son début d'activité dans l'immeuble, si elle est postérieure ;

_c)_ Le cas échéant, l'option pour le régime d'exonération prévu à l'article 1383 C *ter* du code général des impôts ;

_d)_ Le montant du chiffre d'affaires annuel hors taxes réalisé au cours de la période de référence retenue pour l'imposition de cotisation foncière des entreprises établie au titre de l'année 2015 pour l'établissement exploité dans l'immeuble susceptible de bénéficier de l'exonération ;

_e)_ Le total de bilan, au terme de la même période.

En cas de création de l'entreprise exploitante postérieure au 1er janvier 2015 ou si l'entreprise a débuté son activité dans l'immeuble concerné après cette même date, les conditions mentionnées aux *d* et *e* s'apprécient au titre de la première année d'activité.

Ces informations sont accompagnées d'une déclaration sur l'honneur de l'entreprise exploitante que la condition mentionnée au 3° du I *septies* de l'article 1466 A du code général des impôts est satisfaite.

II. — La déclaration mentionnée au I est souscrite avant le 1er janvier de la première année à compter de laquelle le redevable de la taxe foncière sur les propriétés bâties peut, au titre de l'immeuble concerné, bénéficier des dispositions de l'article 1383 C *ter* du code général des impôts.

Tout changement au cours d'une année relatif à l'exploitant ou à l'activité exercée est porté à la connaissance de l'administration avant le 1er janvier de l'année suivante.

b *LIEU D'IMPOSITION*

ENTREPRISES HYDRAULIQUES CONCÉDÉES OU D'UNE PUISSANCE SUPÉRIEURE À 500 KILOWATTS

Art. 315 *sexdecies* Les activités éligibles aux dispositions du 3° du III de l'article 1388 *quinquies* du code général des impôts sont celles mentionnées à l'article 49 ZC.

Art. 316 Pour l'assiette de la taxe foncière sur les propriétés bâties due par les entreprises hydrauliques concédées ou d'une puissance supérieure à 500 kilowatts, la valeur locative de la force motrice des chutes d'eau et de leurs aménagements utilisés par ces entreprises est répartie entre les communes sur le territoire desquelles sont situés les ouvrages définitifs de génie civil et celles sur le territoire desquelles coulent les cours d'eau utilisés, compte tenu des éléments ci-après :

Importance des ouvrages définitifs de génie civil ;

Importance des retenues d'eau ;

Puissance hydraulique moyenne devenue indisponible dans la limite de chaque commune du fait de l'usine.

Cette répartition est effectuée par l'ingénieur en chef du contrôle conformément aux règles fixées par les articles 317 à 320.

Art. 317 Pour chaque commune intéressée, l'importance des ouvrages définitifs de génie civil est estimée en prenant en considération les ouvrages ou parties d'ouvrages situés sur le territoire de la commune, et compte tenu du prix des terrains occupés par ces ouvrages ou parties d'ouvrages.

En ce qui concerne les retenues, le total des éléments entrant en compte – importance du barrage, des ouvrages annexes et prix des terrains – est réparti uniformément sur la superficie totale constituée par la surface d'emprise du barrage et la surface globale des terrains submergés à la cote normale de retenue.

La répartition entre les communes intéressées est faite proportionnellement à la partie du territoire de chacune d'elles occupée par le barrage et les ouvrages annexes, ou submergée par les eaux à la cote normale de retenue.

Art. 318 La puissance hydraulique moyenne devenue indisponible est, pour chaque section des cours d'eau intéressés par l'aménagement, le produit du débit moyen prélevé par la dénivellation du cours d'eau dans la section considérée.

Pour toute section de cours d'eau située entièrement sur le territoire d'une seule commune, le produit est compté à cette commune ; pour toute section de cours d'eau séparant deux communes, le produit est partagé par moitié entre ces deux communes.

Pour chaque commune, la puissance hydraulique moyenne devenue indisponible est la somme de produits ou demi-produits qui lui sont comptés en application du deuxième alinéa ; il n'est pas tenu compte de la puissance hydraulique moyenne devenue indisponible pour une commune lorsque le débit moyen prélevé est inférieur à 10 % du débit moyen annuel du cours d'eau sur la commune considérée.

Art. 319 Le pourcentage fixant la répartition, entre les communes intéressées par l'aménagement, de la valeur locative visée à l'article 316 sera déterminé comme suit :

Un premier calcul des pourcentages a_1, a_2, a_3..., a_n sera effectué suivant les dispositions mentionnées aux articles 316 et 317 en ce qui concerne le prix des terrains et l'importance des ouvrages définitifs de génie civil ;

Un deuxième calcul des pourcentages b_1, b_2, b_3..., b_n sera effectué proportionnellement à la puissance devenue indisponible dans chaque commune déterminée comme il est dit à l'article 318 ;

Le pourcentage final de répartition sera obtenu, pour chaque commune, par la formule : $p = 0{,}5\ (a + b)$.

Art. 320 Les pourcentages fixant la répartition de la valeur locative entre les communes intéressées sont, dans le mois qui suit la date de la mise en service, notifiés par l'ingénieur en chef du contrôle à la direction départementale ou, le cas échéant, régionale des finances publiques du département dans lequel se trouve l'usine qui utilise la force motrice.

Les pourcentages notifiés avant le 1er novembre d'une année sont retenus à partir de l'année suivante pour l'assiette de la taxe foncière sur les propriétés bâties. Il est également fait état de ces pourcentages pour établir les impositions dues au titre de l'année de la mise en service.

Art. 321 Dans le cas où la notification prévue à l'article 320 n'a pas été faite avant le 1er novembre, la valeur locative des installations définies à l'article 316 est imposée en totalité dans la commune où est située l'usine utilisant la force motrice et il est procédé à la répartition des cotisations correspondantes entre les communes visées audit article.

Si ces communes sont situées dans le même département, la répartition est réglée par arrêté du préfet rendu sur les propositions du directeur départemental ou, le cas échéant, régional des finances publiques et après avis de l'ingénieur en chef du contrôle, dans les trois mois suivant celui de la mise en recouvrement du rôle.

Si les communes intéressées sont situées dans des départements différents, la répartition est réglée par arrêté du ministre de l'économie et des finances, du ministre de l'intérieur sur les propositions du directeur général des finances publiques et après avis du ministre de l'industrie.

L'arrêté préfectoral ou ministériel fixe notamment les conditions de l'attribution, à chacune des collectivités bénéficiaires, de la part lui revenant dans le produit des cotisations dont il s'agit.

Les impositions dues au titre de l'année de la mise en service sont établies et réparties selon la procédure définie aux premier à quatrième alinéas.

Art. 321 A *Périmé.*

Art. 321 B Les pourcentages de répartition visés aux articles 320 et 321 sont inscrits dans le cahier des charges de la concession ou dans l'acte d'autorisation, ou mention-

nés dans un additif au cahier des charges ou à l'acte d'autorisation et se substituent, le cas échéant, à ceux qui ont été primitivement fixés.

Ils sont révisés, s'il y a lieu, en cas de modification de la consistance de la concession ou de l'autorisation entraînant l'établissement d'un avenant au cahier des charges ou à l'acte d'autorisation. Cet avenant indique les nouveaux pourcentages de répartition applicables.

Art. 321 C *et* 321 D *Abrogés.*

C *DÉCLARATION DES CONSTRUCTIONS NOUVELLES AINSI QUE DES CHANGEMENTS DE CONSISTANCE OU D'AFFECTATION*

Art. 321 E *(Décr. n° 2018-536 du 28 juin 2018, art. 1er)* **« Les constructions nouvelles, les changements de consistance ou d'affectation des propriétés bâties et non bâties ainsi que les changements d'utilisation des locaux professionnels mentionnés au I de l'article 1498 du code général des impôts sont déclarés par les propriétaires sur des imprimés conformes à des modèles établis par l'administration. »** *— V. Arr. du 6 mars 1970 (JO 20 mars), mod. par Arr. du 12 déc. 1990 (JO 29 déc.), Arr. du 20 déc. 2002 (JO 1er janv. 2003) et Arr. du 29 janv. 2014 (JO 7 févr.).*

Il en est de même pour la déclaration mentionnée au I *bis* de l'article 1406 du code général des impôts.

Art. 321 F **Les déclarations de constructions nouvelles ainsi que les déclarations produites sur demande de l'administration fiscale afin de procéder à la mise à jour des valeurs locatives sont souscrites dans les conditions prévues à l'article 324 AI.**

Lorsqu'elles ont pour objet un changement de consistance, d'affectation ou d'utilisation, les déclarations sont limitées à la partie de l'immeuble touchée par la modification.

En cas de lotissement, le changement d'affectation est définitivement réalisé à la date de publication de l'arrêté préfectoral portant autorisation du lotissement.

Art. 321 G **Les déclarations mentionnées aux I et I *bis* de l'article 1406 du code général des impôts sont produites auprès du service des impôts du lieu de situation des biens.**

Art. 321 G *bis* **La déclaration mentionnée au I *bis* de l'article 1406 du code général des impôts est déposée par le propriétaire dans les trente jours suivant la réception de la demande de l'administration fiscale.**

Art. 321 H **I. — Pour l'application de la majoration prévue par l'article 1396 du code général des impôts, la valeur forfaitaire moyenne au mètre carré est fixée à** *(Décr. n° 2021-744 du 9 juin 2021, art. 3)* **« 215 €** *[ancienne rédaction : 214 €]* **» en zone A,** *(Décr. n° 2021-744 du 9 juin 2021, art. 3)* **« 111 €** *[ancienne rédaction : 110 €]* **» en zone B1,** *(Décr. n° 2020-897 du 22 juill. 2020, art. 3)* **« 80 €** *[ancienne rédaction : 79 €]* **» en zone B2 et 38 € en zone C.** *— Montants applicables pour l'année 2021.*

Pour l'application du présent article, les zones A, B1, B2 et C sont celles prévues pour l'application des articles 2 *terdecies* B et 2 *terdecies* C et définies par arrêté des ministres chargés du budget et du logement.

II. — Les valeurs définies au I sont indexées, chaque année, en fonction de l'indice des prix à la consommation hors tabac, tel qu'il est estimé dans le rapport économique, social et financier, présenté en annexe au projet de loi de finances établi pour cette même année.

SECTION II **TAXE D'HABITATION**

Art. 322 **Pour bénéficier des dégrèvements prévus au II de l'article 1414 du code général des impôts, le redevable de la taxe d'habitation doit adresser au service des impôts du lieu de situation des biens une déclaration conforme au modèle établi par l'administration précisant au 1er janvier de l'année d'imposition la liste des locaux concernés, leur adresse et leurs caractéristiques, ainsi qu'une copie du contrat type d'occupation et, le cas échéant, du règlement intérieur.**

Cette déclaration doit **être assortie de toutes les justifications nécessaires pour apprécier si les conditions d'octroi des dégrèvements sont satisfaites.**

Pour les organismes visés au 2° du II de l'article 1414 déjà cité, la déclaration doit être accompagnée *(Abrogé par Décr. n° 2021-744 du 9 juin 2021, art. 3)* ***« , selon le cas, d'une copie de la décision d'agrément pour les organismes agréés dans les conditions de l'article 92 L du code général des impôts ou »*** **d'une copie de la convention pour les orga-**

nismes ayant conclu une convention avec l'État conformément à l'article L. 851-1 du code de la sécurité sociale.

Art. 322 *bis* La déclaration doit être souscrite avant le 1er mars de chaque année au titre de laquelle le redevable de la taxe d'habitation peut bénéficier des dispositions du II de l'article 1414 du code général des impôts.

Art. 322 *ter* Pour l'application des dispositions du 5° du II de l'article 1407 du code général des impôts, les organismes autres que les centres régionaux des œuvres universitaires et scolaires doivent adresser aux services des impôts du lieu de situation de la résidence un imprimé conforme au modèle établi par l'administration *[disponible sur : www.impôts.gouv.fr]* permettant de justifier que les logements sont mis à la disposition des étudiants dans des conditions financières et d'occupation analogues à celles retenues par les centres régionaux des œuvres universitaires et scolaires.

L'organisme doit ainsi justifier par la production des tarifs pratiqués, des critères d'attribution des logements, du règlement intérieur de la résidence, du ou des contrats types de location ou d'hébergement et de tout autre document édité par l'organisme que :

1° Les tarifs de location avant imputation de l'allocation de logement sociale *(Décr. nº 2019-772 du 24 juill. 2019, art. 12-2° et 34-II, en vigueur le 1er sept. 2019)* « ou de l'aide personnalisée au logement prévues à l'article L. 821-1 du code de la construction et de l'habitation » n'excèdent pas de 10 % ceux pratiqués par les centres régionaux des œuvres universitaires et scolaires ;

2° La résidence n'est occupée que par des étudiants inscrits dans l'un des établissements suivants agréés au régime de sécurité sociale des étudiants : établissements d'enseignement supérieur, écoles techniques supérieures, grandes écoles et classes du second degré préparatoires à ces écoles ;

3° L'admission dans la résidence doit concerner en priorité les étudiants bénéficiaires d'une bourse d'enseignement supérieur sur critères sociaux attribuée dans les conditions prévues chaque année par circulaire du ministre chargé de l'enseignement supérieur en application du décret du 9 janvier 1925 portant attribution de bourses aux étudiants et élèves des établissements d'enseignement supérieur et du décret nº 54-544 du 26 mai 1954 modifié relatif aux bourses d'enseignement supérieur ; *— Le Décr. du 9 janv. 1925 a été abrogé par le Décr. nº 2015-652 du 10 juin 2015, art. 3-1°.*

4° La résidence doit être ouverte à tous les étudiants quel que soit l'établissement mentionné au 2° dans lequel ils poursuivent leurs études ;

5° L'occupation du logement est soumise au respect d'un règlement intérieur de la résidence.

Art. 322 *quater* L'imprimé mentionné au premier alinéa de l'article 322 *ter*, accompagné des pièces justificatives, doit être produit avant le 1er mars de la première année au titre de laquelle les dispositions du 5° du II de l'article 1407 du code général des impôts sont applicables.

En cas de modification apportée aux modalités financières et d'occupation des logements par les étudiants, l'organisme doit produire cet imprimé, accompagné des pièces justificatives, avant le 1er mars de l'année suivant ce changement.

Art. 322 *quinquies* *(Décr. nº 2020-1767 du 30 déc. 2020, art. 1er)* Pour l'application du 1° du II de l'article 1408 du code général des impôts, les établissements mentionnés aux I et II de l'article L. 313-12 du code de l'action sociale et des familles, ou leurs groupements, ne se livrant pas à une exploitation ou à des opérations à caractère lucratif adressent au service des impôts du lieu de situation des biens, avant le 1er mars de chaque année, une déclaration conforme au modèle établi par l'administration précisant au 1er janvier de l'année d'imposition la liste des locaux concernés, leur adresse et leurs caractéristiques.

SECTION III **COTISATION FONCIÈRE DES ENTREPRISES** *(Décr. nº 2012-1015 du 3 sept. 2012).*

I *EXONÉRATION DES GÎTES RURAUX*

Art. 322 A à 322 F *Abrogés par Décr. nº 92-1325 du 15 déc. 1992\.*

Art. 322 FA *Devenu sans objet (L. nº 2015-1785 du 29 déc. 2015, art. 91-I-4º et 91-IV ; Décr. nº 2016-775 du 10 juin 2016, art. 4)*

I BIS *EXONÉRATION TEMPORAIRE ACCORDÉE DANS LE CADRE DE L'AMÉNAGEMENT DU TERRITOIRE*

Art. 322 G Le bénéfice de l'exonération temporaire de cotisation foncière des entreprises prévue par l'article 1465 du code général des impôts est subordonné aux conditions suivantes lorsqu'un agrément n'est pas nécessaire :

I. — Réalisation d'un investissement minimal de 1 000 000 €. A défaut, les conditions prévues aux II, III, IV et V sont applicables.

II. — En cas de création d'un établissement industriel :

a) Dans les départements d'outre-mer et de la Corse ainsi que pour les opérations réalisées à compter du 1er janvier 1995, dans les zones de revitalisation rurale délimitées par décret : *— V. Décr. nº 2013-548 du 26 juin 2013 et Arr. du 16 mars 2017 (JO 29 mars).*

1º Dans les communes situées dans une unité urbaine d'au moins 50 000 habitants : réalisation d'un investissement minimal de 122 000 € et création d'au moins trente emplois ;

2º Dans les communes situées dans une unité urbaine d'au moins 15 000 habitants et de moins de 50 000 habitants : réalisation d'un investissement minimal de 76 000 € et création d'au moins quinze emplois ;

3º Dans les autres communes : réalisation d'un investissement minimal de 46 000 € et création d'au moins six emplois ;

b) Dans les autres zones où s'applique l'exonération temporaire :

1º Dans les communes situées dans une unité urbaine d'au moins 15 000 habitants : réalisation d'un investissement minimal de 122 000 € et création d'au moins trente emplois ;

2º Dans les autres communes : réalisation d'un investissement minimal de 46 000 € et création d'au moins dix emplois.

III. — En cas d'extension d'un établissement industriel :

a) Dans les départements d'outre-mer et de la Corse ainsi que, pour les opérations réalisées à compter du 1er janvier 1995, dans les zones de revitalisation rurale délimitées par décret. *— V. Décr. nº 2013-548 du 26 juin 2013 et Arr. du 16 mars 2017 (JO 29 mars).*

1º Dans les communes situées dans une unité urbaine d'au moins 50 000 habitants :

Réalisation d'un investissement minimal de 122 000 €, et :

— soit création d'au moins trente emplois se traduisant par un accroissement net d'au moins 25 % du nombre des emplois ;

— soit création d'au moins 120 emplois ;

2º Dans les communes situées dans une unité urbaine d'au moins 15 000 habitants et de moins de 50 000 habitants :

Réalisation d'un investissement minimal de 76 000 €, et :

— soit création d'au moins quinze emplois se traduisant par un accroissement net d'au moins 20 % du nombre des emplois ;

— soit création d'au moins cinquante emplois se traduisant par un accroissement net d'au moins 10 % du nombre des emplois ;

— soit création d'au moins 120 emplois ;

3º Dans les autres communes :

Réalisation d'un investissement minimal de 46 000 €, et :

— soit création d'au moins six emplois se traduisant par un accroissement net d'au moins 20 % du nombre des emplois ;

— soit création d'au moins cinquante emplois se traduisant par un accroissement net d'au moins 10 % du nombre des emplois ;

— soit création d'au moins 120 emplois ;

b) Dans les autres zones où s'applique l'exonération temporaire :

1º Dans les *communes situées* dans une unité urbaine d'au moins 15 000 habitants :

Réalisation d'un investissement minimal de 122 000 €, et :

— soit création d'au moins trente emplois se traduisant par un accroissement net d'au moins 25 % du nombre des emplois ;

— soit création d'au moins 120 emplois ;

2º Dans les autres communes :

Réalisation d'un investissement minimal de 46 000 €, et :

– soit création d'au moins dix emplois se traduisant par un accroissement net d'au moins 25 % du nombre des emplois ;

– soit création d'au moins cinquante emplois se traduisant par un accroissement net d'au moins 10 % du nombre des emplois ;

– soit création d'au moins 120 emplois.

IV. – En cas de création d'un établissement de recherche scientifique ou technique : Réalisation d'un investissement minimal de 15 000 € et création d'au moins dix emplois.

V. – En cas d'extension d'un établissement de recherche scientifique ou technique : Réalisation d'un investissement minimal de 15 000 €, et :

– soit création d'au moins dix emplois se traduisant par une augmentation d'au moins 25 % du nombre des emplois ;

– soit création d'au moins cinquante emplois.

Pour la définition des zones d'économie rurale dominante et des zones d'économie montagnarde ainsi que des zones de revitalisation rurale mentionnées aux II-a et III-a ci-dessus, V. respectivement : Ann. IV, art. 121 quinquies DB ter, et Décr. nº 2005-1435 du 21 nov. 2005 (JO 22 nov.).

Art. 322 H Pour l'application de l'article 322 G :

– les emplois créés à prendre en considération sont les emplois permanents ; ceux-ci s'entendent de ceux qui sont confiés par l'entreprise à des salariés bénéficiant de contrats de travail à durée indéterminée ; les emplois à temps partiel sont comptés au prorata du temps de travail ;

– le nombre des emplois permanents créés et le montant de l'investissement réalisé sont calculés déduction faite des emplois permanents et des immobilisations supprimés au cours de la même période ;

– le montant de l'investissement est apprécié abstraction faite des biens meubles ou immeubles pris en location, mais comprend les biens pris en crédit-bail ;

– l'unité urbaine est celle définie par l'institut national de la statistique et des études économiques en vue du recensement de la population.

Art. 322 I En cas d'extension d'établissement, les seuils d'emplois et d'investissement mentionnés à l'article 322 G s'apprécient par rapport à la dernière année précédant l'opération ou par rapport à la moyenne des trois dernières années si elle est supérieure.

Art. 322 J La réalisation des conditions prévues à l'article 322 G s'apprécie au 31 décembre de la première année au cours de laquelle l'entreprise a procédé à l'une des opérations mentionnées à cet article. Toutefois, lorsque la période de référence servant à la détermination des bases de cotisation foncière des entreprises correspondantes ne coïncide pas avec l'année civile, la réalisation de ces conditions s'apprécie, en ce qui concerne les investissements, à la date de clôture de l'exercice retenu comme période de référence.

Art. 322 K Lorsque, aux dates fixées à l'article 322 J, l'entreprise ne remplit pas les conditions requises, elle peut néanmoins demander à bénéficier provisoirement de l'exonération temporaire de cotisation foncière des entreprises. A l'appui de cette demande, elle doit indiquer les réalisations déjà effectuées et exposer les conditions dans lesquelles elle compte atteindre les seuils réglementaires. L'exonération ne sera définitivement acquise que si l'entreprise justifie au 31 décembre de la troisième année de l'opération qu'elle remplit désormais les conditions exigées pour en bénéficier. Lorsque l'exercice ne coïncide pas avec l'année civile, cette date est remplacée, pour les seules immobilisations, par celle de l'expiration de l'exercice de douze mois clos au cours de cette troisième année. Cette échéance ne peut en aucun cas être reportée.

Art. 322 L Lorsque, au cours d'une année donnée, l'investissement net ou le nombre net des emplois créés deviennent inférieurs aux seuils fixés à l'article 322 G, l'exonération cesse de s'appliquer à compter du 1er janvier suivant.

Art. 322 M *Périmé.*

Art. 322 N La demande d'exonération de cotisation foncière des entreprises doit être formulée dans les conditions prévues à l'article 1477 du code général des impôts.

Art. 322 O Lorsque, dans une même commune, une entreprise exploite plusieurs établissements situés dans et hors de la zone franche urbaine – territoire entrepreneur,

elle doit déclarer séparément les éléments passibles de la cotisation foncière des entreprises pour chacun des établissements qui sont situés dans la zone.

Art. 322 P *Abrogé par Décr. n° 2012-1015 du 3 sept. 2012.*

Art. 322 Q *(Devenu sans objet, Décr. n° 2019-559 du 6 juin 2019, art. 3)* ***La liste des communes qui satisfont aux critères définis au 2° du III de l'article 1466 F du code général des impôts est celle fixée à l'article 49 ZA.***

Art. 322 R Les activités éligibles aux dispositions du 3° du III de l'article 1466 F du code général des impôts sont celles mentionnées à l'article 49 ZC.

II *LIEU D'IMPOSITION DES ENTREPRISES HYDRAULIQUES CONCÉDÉES OU D'UNE PUISSANCE SUPÉRIEURE À 500 KILOWATTS*

Art. 323 Pour l'assiette de la cotisation foncière des entreprises due par les entreprises hydrauliques concédées ou d'une puissance supérieure à 500 kilowatts, la valeur locative de la force motrice des chutes d'eau et de leurs aménagements utilisés par ces entreprises est répartie entre les communes sur le territoire desquelles sont situés les ouvrages définitifs de génie civil et celles sur le territoire desquelles coulent les cours d'eau utilisés, dans les conditions fixées par les articles 316 à 321 B.

III *CRÉDIT DE TAXE EN FAVEUR DES ENTREPRISES IMPLANTÉES DANS DES ZONES D'EMPLOI EN GRANDE DIFFICULTÉ*

Art. 324 et 324-0 A *Abrogés par Décr. n° 2012-1015 du 3 sept. 2012.*

SECTION III *BIS* RÈGLES D'ÉVALUATION DE LA VALEUR LOCATIVE DES BIENS IMPOSABLES

I *DISPOSITIONS COMMUNES À TOUTES LES CATÉGORIES DE LOCAUX*

Art. 324 A Pour l'application de l'article 1494 du code général des impôts, on entend :

1° Par propriété normalement destinée à une utilisation distincte :

***a)* En ce qui concerne les biens autres que les établissements industriels, l'ensemble des sols, terrains et bâtiments qui font partie du même groupement topographique et sont normalement destinés à être utilisés par un même occupant en raison de leur agencement ;**

***b)* En ce qui concerne les établissements industriels, l'ensemble des sols, terrains, bâtiments et installations qui concourent à une même exploitation et font partie du même groupement topographique ;**

2° Par fraction de propriété normalement destinée à une utilisation distincte, lorsqu'ils sont situés dans un immeuble collectif ou un ensemble immobilier :

***a)* Le local normalement destiné, à raison de son agencement, à être utilisé par un même occupant ;**

***b)* L'établissement industriel dont les éléments concourent à une même exploitation.**

Est également considéré comme une fraction de propriété l'ensemble des sols, terrains, bâtiments et parties de bâtiment réservés à l'usage commun des occupants.

L'immeuble collectif s'entend de toute propriété bâtie normalement aménagée pour recevoir au moins deux occupants.

1. Valeur législative des art. 324 A à 324 C. Les art. 324 AB et 324 AC de l'annexe III qui fixent les modalités de la méthode d'évaluation par voie d'appréciation directe prévue par l'art. 1498-3 ne font que reprendre les règles et principes tracés par l'Instr. du 1er oct. 1941 à laquelle l'acte dit L. du 15 mars 1942 relatif à la contribution foncière des propriétés bâties a donné une valeur législative. • CE 9 juill. 2010, n° 317086, *Sté Genefim : RJF 2011. 1043.*

2. Silos. L'ensemble des silos de stockage de céréales regroupés sur un même site et utilisés par le même occupant doit faire l'objet d'une évaluation unique. • CAA Bordeaux, 27 juin 2000, n° 98BX252 : *Dr. fisc. 2000. 789.*

3. Aéroports. Une piste d'atterrissage située sur le territoire d'une autre commune ne peut pas être considérée comme une fraction de propriété normalement destinée à une utilisation distincte de celle des autres installations de l'aéroport justifiant de lui appliquer des règles d'évaluation distinctes. • CAA Lyon, 29 déc. 2005, n° 00LY2367, *CCI de Lyon : RJF 2006. 728.*

4. Si, dans le cas d'une propriété s'étendant sur

le territoire de plusieurs communes, la valeur locative de cette dernière doit, une fois évaluée, être répartie entre elles, la définition des propriétés et fractions de propriétés à prendre en compte pour la détermination de la méthode d'évaluation applicable doit intervenir en fonction du seul critère de leur utilisation distincte, conformément aux règles posées par l'art. 324 A de l'annexe III, sans que la circonstance que ces propriétés ou fractions de propriétés soient situées sur plusieurs territoires communaux ait une incidence. Il suit de là que l'Administration n'a pas à apprécier séparément, pour chacune des communes d'implantation d'un aéroport, les installations techniques, matériels et outillages à prendre en considération pour retenir la qualification d'établissement industriel. • CE 7 juill. 2006, n° 286307, *CCI de Clermont-Ferrand-Issoire : RJF 2007. 452 ; concl. Vallée au BDCF 4/07, n° 48.*

Art. 324 B I. — Pour l'application de l'article 1495 du code général des impôts, la date de l'évaluation s'entend du jour de clôture du procès-verbal des opérations de révision dans la commune.

II. — Pour l'appréciation de la consistance, il est tenu compte de tous les travaux, équipements ou éléments d'équipement existant au jour de l'évaluation.

III. — Lorsqu'une propriété ou un local a reçu plusieurs affectations principales, chaque fraction est évaluée d'après son affectation particulière.

(Décr. n° 2018-536 du 28 juin 2018, art. 1er) « Toutefois, un même élément affecté à plusieurs usages est évalué selon les règles prévues à l'article 1498 du code général des impôts lorsqu'il est utilisé à la fois pour l'exercice d'une activité commerciale ou artisanale et pour un autre usage ou lorsqu'il est utilisé à la fois pour l'exercice d'une profession sans caractère agricole, commercial, artisanal, ou industriel et pour l'habitation. »

IV. — Lorsqu'une propriété ou un local n'a reçu qu'une affectation principale, un même élément utilisé à plusieurs usages est évalué suivant les règles propres à la partie principale de la propriété ou du local.

1. Équipements concourant à caractériser la consistance d'un bâtiment. Ces équipements ou éléments d'équipement s'entendent de ceux qui ne peuvent être matériellement dissociés de ce bâtiment. Dès lors, des installations de « circuit de froid » d'hypermarchés, de nature essentiellement démontable et mobile, ne peuvent être regardées comme prises en compte dans le calcul de la valeur locative des bâtiments retenus pour l'assiette de la taxe foncière. • CE 23 mars 2005, n° 260897 : *RJF 2005. 565.*

2. Un dispositif mural « Corolam » dans un commerce ayant pour fonction principale de servir de support à des étagères de rangement ou de présentation de la marchandise ne peut être pris en compte dans le calcul de la valeur locative des bâtiments retenus pour l'assiette de la taxe foncière, dès lors qu'il serait possible de le démonter et de le réinstaller dans un autre magasin. • CE (na) 14 nov. 2007, n° 298442 : *RJF 2008. 154.*

Art. 324 C I. — Sous réserve des dispositions du 1 du III de l'article 1496 du code général des impôts, les actes de location à retenir pour l'évaluation des propriétés ou fractions de *(Décr. n° 2018-536 du 28 juin 2018, art. 1er)* « propriétés mentionnées au I de l'article 1498 ainsi qu'aux articles 324 D à 324 Y » s'entendent des baux écrits ou locations verbales en cours à la date de référence et conclus librement à des conditions de prix normales.

II. — Le prix du loyer stipulé dans le bail écrit ou la location verbale est modifié, en tant que de besoin, pour tenir compte :

D'une part, en diminution, de la fraction de valeur locative afférente à des éléments non imposables à la taxe foncière des propriétés bâties et compris dans la location, des charges incombant normalement au locataire et supportées par le propriétaire ainsi que des dépenses diverses payées par ce dernier lorsqu'elles sont la contrepartie de prestations fournies aux occupants ;

D'autre part, en augmentation, des dépenses qui incombent normalement au propriétaire et sont supportées par le locataire ainsi que de la plus-value résultant des travaux d'amélioration effectués par ce dernier.

II ***LOCAUX D'HABITATION*** *(Décr. n° 2018-536 du 28 juin 2018, art. 1er).*

A DÉCOMPOSITION DE CHAQUE PROPRIÉTÉ OU FRACTION DE PROPRIÉTÉ

Art. 324 D I. — Dans une propriété affectée à l'habitation *(Abrogé par Décr. n° 2018-536 du 28 juin 2018, art. 1er)* *« ou à un usage professionnel »* et normalement destinée à une utilisation distincte, on distingue :

La maison ;

Les dépendances bâties ;

Les dépendances non bâties.

II. — La maison, qui constitue la partie principale, s'entend de l'ensemble des éléments situés à l'intérieur des gros murs du corps de bâtiment principal ou qui s'y trouvent reliés par une communication intérieure.

III. — Les dépendances bâties sont des constructions accessoires au bâtiment principal, sans communication intérieure avec celui-ci.

IV. — Les dépendances non bâties comprennent les cours, passages et, en général, tous les terrains formant une dépendance indispensable et immédiate des constructions et servant à celles-ci de voies d'accès ou de dégagement.

Art. 324 E I. — Dans une fraction de propriété affectée à l'habitation *(Abrogé par Décr. n° 2018-536 du 28 juin 2018, art. 1er)* *« ou à un usage professionnel »* et normalement destinée à une utilisation distincte, on distingue :

La partie principale ;

Les éléments bâtis formant dépendances ;

Une quote-part des dépendances non bâties.

(Décr. n° 2018-536 du 28 juin 2018, art. 1er) « II. — Dans les immeubles collectifs, la partie principale est constituée par l'ensemble des éléments d'un seul tenant formant à l'intérieur des gros murs du même bâtiment une unité d'habitation telle qu'un logement ou un appartement. »

III. — Dans ces mêmes immeubles, les éléments bâtis formant dépendances comprennent :

D'une part, les éléments situés hors du bâtiment dans lequel se trouve la partie principale ;

D'autre part, les éléments qui, bien que situés dans le même bâtiment que la partie principale à laquelle ils se rattachent, ne sont pas d'une seule tenue avec celle-ci.

Art. 324 F Les constructions accessoires isolées pour lesquelles il n'existe aucune partie principale de rattachement sur la même propriété sont considérées dans tous les cas comme des dépendances bâties.

B CLASSIFICATION COMMUNALE DES LOCAUX

Art. 324 G I. — La classification communale consiste à rechercher et à définir, par nature de construction (maisons individuelles, immeubles collectifs, dépendances bâties isolées), les diverses catégories de locaux d'habitation *(Abrogé par Décr. n° 2018-536 du 28 juin 2018, art. 1er)* *« ou à usage professionnel »* existant dans la commune.

II. — Pour la classification communale, sont assimilés aux dépendances bâties isolées les dépendances bâties et les éléments bâtis formant dépendances qui doivent faire l'objet d'une évaluation distincte en raison de leur nature particulière, notamment les éléments de pur agrément ainsi que, dans les immeubles collectifs, les garages et les emplacements individuels aménagés pour le stationnement des véhicules automobiles.

Art. 324 H I. — Pour les maisons individuelles et les locaux situés dans un immeuble collectif, la classification communale est établie à partir d'une nomenclature type comportant huit catégories, en adaptant aux normes locales de construction les critères généraux mentionnés au tableau ci-après.

II. — Pour les dépendances bâties isolées et les divers éléments visés au II de l'article 324 G, la classification communale est établie à partir d'une nomenclature type spéciale comportant quatre catégories, en adaptant aux normes locales de construction les critères généraux décrits au tableau ci-après.

III. — Dans les deux cas prévus aux I et II, il peut toutefois être procédé à la création de catégories intermédiaires combinant, dans des proportions simples, deux catégories types.

IV. — Les caractéristiques physiques afférentes à chaque nature et catégorie de locaux retenus lors de la classification communale sont inscrites au procès-verbal des opérations de la révision.

CRITÈRES à considérer	CARACTÉRISTIQUES GÉNÉRALES PROPRES À CHAQUE CATEGORIE DE LOCAUX							
	1re catégorie	2e catégorie	3e catégorie	4e catégorie	5e catégorie	6e catégorie	7e catégorie	8e catégorie
1. Caractère architectural de l'immeuble	Nettement somptueux	Particulièrement soigné	Belle apparence		Sans caractère particulier			Aspect délabré
2. Qualité de la construction	Excellente		Très bonne	Bonne		Courante	Médiocre	Particulièrement défectueuse
	Matériaux de tout premier ordre ou d'excellente qualité. Parfaite habitabilité		Matériaux assurant une très bonne habitabilité.	Mais construction d'une classe et d'une qualité inférieures aux précédentes catégories.		Matériaux utilisés habituellement dans la région, assurant des conditions d'habitabilité normales mais une durée d'existence limitée pour les immeubles récents.	Construction économique en matériaux bon marché présentant souvent certains vices.	Ne présente pas ou ne présente plus les caractères élémentaires d'habitabilité en raison de la nature des matériaux utilisés, de la vétusté, etc.
3. Distribution du local :	Très large conception des diverses parties du local.	Large conception des diverses parties du local.	Moins d'ampleur que dans les catégories précédentes.		Faible développement des pièces, dégagements, entrées, etc..	Faible développement des pièces, dégagements, entrées, etc.	Logement souvent exigu.	
Conception générale	(Largeur des baies supérieure à la normale. Dans les immeubles collectifs, accès et escaliers communs de larges dimensions).	(Largeur des baies supérieure à la normale. Dans les immeubles collectifs, accès et escaliers communs de larges dimensions).	Les diverses parties du local restent cependant assez spacieuses. Dans les immeubles collectifs, accès communs faciles.		Paliers souvent communs à plus de deux logements.	Dimensions réduites, même en ce qui concerne les pièces d'habitation, notamment dans les constructions récentes.	Dégagements généralement sacrifiés dans les immeubles collectifs (accès communs sombres et étroits).	
Pièces de réception	Présence obligatoire de pièces de réception spacieuses.		Présence obligatoire de pièces de réception dans les locaux comportant un certain nombre de pièces.		Existence, en général, d'une pièce de réception : – dans les locaux anciens dès qu'il y a quatre pièces, – dans les locaux modernes, quel que soit le nombre de pièces.	En général, absence de pièces de réception.		

CRITÈRES à considérer	CARACTÉRISTIQUES GÉNÉRALES PROPRES À CHAQUE CATEGORIE DE LOCAUX							
	1re catégorie	2e catégorie	3e catégorie	4e catégorie	5e catégorie	6e catégorie	7e catégorie	8e catégorie
Locaux d'hygiène	Nombreux locaux d'hygiène bien équipés.		En général, plusieurs salles d'eau.	Présence nécessaire d'une salle de bains ou de douches ou d'un cabinet de toilette avec eau courante.	Présence, au minimum, d'un cabinet de toilette avec eau courante.	En général : – absence de locaux d'hygiène dans les immeubles anciens, – présence d'une salle d'eau dans les immeubles récents.	Absence très fréquente de locaux d'hygiène.	
4. Équipement :								
Équipements usuels :								
Eau	Nombreux postes d'eau courante intérieurs au local.				Un ou plusieurs postes d'eau intérieurs.		En général, eau à l'extérieur.	
WC	Un ou plusieurs éléments par local.				WC particuliers généralement intérieurs.	WC particuliers parfois extérieurs.	WC Généralement extérieurs.	
Chauffage central	Présence habituelle.			Présence fréquente dans les immeubles anciens, habituelle dans les immeubles récents.	Présence exceptionnelle dans les immeubles anciens, fréquente dans les immeubles récents.	–	–	Absence habituelle de tout équipement, notamment des WC.
Ascenseur	Présence habituelle.			Absence fréquente dans les immeubles anciens : présence habituelle dans les immeubles récents de plus de quatre étages.	Absence de fréquence dans les immeubles anciens : présence habituelle dans les immeubles récents de plus de quatre étages.	Absence habituelle dans les immeubles anciens : présence habituelle dans les immeubles récents de plus de quatre étages.	–	–
Tapis d'escalier, escalier de service	Présence habituelle (surtout dans les immeubles anciens).			Absence fréquente.	–	–	–	–
Impression d'ensemble (Caractère général de l'habitation)	Grand luxe	Luxe	Très confortable	Confortable	Assez confortable	Ordinaire	Médiocre	Très médiocre

CRITÈRES à considérer	CARACTÉRISTIQUES GÉNÉRALES PROPRES À CHAQUE CATÉGORIE			
	A	B	C	D
Qualité de la construction (à titre principal) :				
– murs	Matériaux de bonne qualité	Matériaux ordinaires utilisés habituellement dans la région, le plus souvent mis en œuvre sans recherche et d'une façon économique	Matériaux bon marché, légers, présentant souvent certains défauts	Matériaux de qualité médiocre, parfois même, absence quasi totale de murs (hangars, etc)
– toiture	Habituellement, couverture en matériaux courants		Le plus souvent, couverture légère	
Équipement (à titre accessoire) :				
– électricité	présence habituelle	Présence assez fréquente	Présence peu fréquente	
– eau	Idem	Idem	Idem	
– chauffage	Présence assez peu fréquente	Présence exceptionnelle	Absence habituelle	
– divers	Selon la nature de l'élément, présence occasionnelle de bac à laver, de fosse de visite pour voiture automobile, etc	Absence habituelle	Idem	Absence habituelle
Qualité du service rendu	Bonne protection : fermeture complète et solide	Protection suffisante ; fermeture complète et encore satisfaisante	Protection sommaire, parfois abris, partiellement clos	Protection des plus rudimentaires
Impression d'ensemble	Bonne	Passable	Médiocre	Mauvaise

Note – Pour le choix de la catégorie, il convient de prendre en considération le fait que les dépendances bâties ne présentent pas, d'une manière générale, une finition aussi complète que celle des locaux d'habitation *(Abrogé par Décr. n° 2018-536 du 28 juin 2018, art. 1er)* *« ou à usage professionnel »*.

Tableaux mod. par Décr. n° 2018-536 du 28 juin 2018, art. 1er.

Art. 324 I I. – La classification communale des maisons individuelles et des locaux situés dans un immeuble collectif est établie en fonction des caractéristiques générales de leur partie principale.

II. – Lorsqu'ils sont situés sur la même propriété que la partie principale dont ils constituent l'accessoire, les dépendances bâties et les éléments bâtis formant dépendances autres que ceux visés au II de l'article 324 G sont rangés dans la catégorie à laquelle appartient la partie principale.

Lorsqu'ils sont à usage commun, ils sont rangés dans la catégorie à laquelle appartient la majorité des parties principales des locaux qu'ils desservent.

Art. 324 J Des locaux de référence sont choisis par nature de construction pour illustrer chacune des catégories de la classification communale et servir de termes de comparaison. Le choix porte, pour chaque catégorie, sur un ou plusieurs locaux particulièrement représentatifs de la catégorie, comprenant, le cas échéant, des dépendances bâties et non bâties d'importance moyenne par rapport à la généralité des locaux de même nature de la catégorie.

La liste des locaux de référence est inscrite au procès-verbal des opérations de la révision.

C TARIFS D'ÉVALUATION

1 MODALITÉS D'ÉTABLISSEMENT

Art. 324 K I. – Sous réserve des travaux d'homogénéité prévus au premier alinéa du II de l'article 1496 du code général des impôts, les tarifs d'évaluation sont obtenus, pour chaque nature et catégorie de locaux d'habitation *(Abrogé par Décr. nº 2018-536 du 28 juin 2018, art. 1er)* *« ou à usage professionnel »*, en tenant compte des loyers annuels des locaux loués librement à des conditions de prix normales et des surfaces pondérées desdits locaux, déterminées dans les conditions fixées aux articles 324 L à 324 V.

II. – A défaut d'un nombre suffisant de locations répondant, pour une catégorie donnée, aux conditions prévues au I, le tarif est établi, pour ladite catégorie, par comparaison avec les tarifs qui ont été fixés soit pour les catégories voisines de la même commune, soit pour les mêmes catégories ou les catégories voisines d'autres communes présentant du point de vue économique des conditions analogues à celles de la commune en cause.

2 DÉTERMINATION DE LA SURFACE PONDÉRÉE

Art. 324 L I. – Dans la maison ou la partie principale des locaux des immeubles collectifs, on distingue, le cas échéant :

a) Les pièces, telles que salles à manger, pièces de réception diverses, chambres, pièces à usage professionnel, cuisines, et leurs annexes, telles que salles d'eau (salles de bains, de douches ou cabinets de toilette avec eau courante), cabinets d'aisance, entrée, couloirs, antichambre, à l'exclusion des éléments énumérés au *b* ;

b) Les garages, buanderies, caves, greniers, celliers, bûchers et autres éléments de même nature, ainsi que les terrasses et toitures-terrasses accessibles.

(Décr. nº 2018-536 du 28 juin 2018, art. 1er) « Les pièces à usage professionnel sont évaluées selon les règles prévues à l'article 1498 du code général des impôts, ainsi qu'aux articles 324 A, 324 B, 324 X et, s'agissant du calcul de leur surface pondérée, à l'article 324 Z. »

II. – Parmi les dépendances bâties et les éléments bâtis formant dépendances, on distingue, outre des éléments de même nature que ceux énumérés au I :

Des éléments de pur agrément, tels que piscines privées, terrains de jeux ;

Et, dans les immeubles collectifs, des emplacements individuels aménagés pour le stationnement des véhicules automobiles.

Une piscine en kit constitue une dépendance bâtie soumise à la taxe foncière dès lors que son installation a nécessité des travaux de terrassement et de scellement. • TA Dijon, 19 janv. 1999, nº 97-842 : *RJF 1999. 583.*

Art. 324 M La surface pondérée des locaux de référence est déterminée en appliquant à leur surface réelle, mesurée au sol entre murs ou séparations et arrondie au mètre carré inférieur, les correctifs prévus aux articles 324 N à 324 S.

Lorsque le local est affecté à la fois à l'habitation et à usage professionnel, la surface est calculée distinctement en fonction de l'affectation.

(Décr. nº 2018-536 du 28 juin 2018, art. 1er) « Il est fait application des règles mentionnées au quatrième alinéa du I de l'article 324 L pour le calcul de la surface affectée à l'usage professionnel. »

1. Valeur locative d'un logement. La surface à retenir pour le calcul de la valeur locative servant de base à la taxe foncière sur les propriétés bâties est définie par l'art. 324 M de l'annexe III. Est par suite sans incidence sur l'application de la loi fiscale la circonstance qu'au regard de la loi Carrez, la superficie du logement dont le contribuable est propriétaire serait inférieure à celle calculée par application de l'art. 324 M préc. • CE 27 mars 2015, nº 4460 : *RJF 2015. 497.*

2. Pièces mansardées. La surface servant au calcul de la valeur locative d'un local d'habitation est la surface mesurée au sol ou plancher entre murs ou séparations, y compris pour les pièces mansardées. Ainsi la surface cadastrale retenue, au sens de la législation fiscale actuelle, est différente de la surface au plancher définie par le code de l'urbanisme (surface « Carrez »), qui est égale à la somme des surfaces de plancher closes et couvertes, sous une hauteur de plafond supérieure à 1,80 m. * Rép. min. nº 90586 : *JOAN Q, 19 avr. 2016, p. 3465.*

Art. 324 N La surface des éléments de la maison visés au *b* du I de l'article 324 L et celle des éléments, autres que les pièces et leurs annexes, visés au II du même article sont affectées d'un coefficient de pondération variable de 0,2 à 0,6 pour tenir compte du service rendu par chaque élément dans le cadre de la valeur d'usage du local.

La surface pondérée brute ainsi obtenue est arrondie au mètre carré inférieur.

Toutefois, cette disposition ne s'applique pas aux éléments sus-indiqués qui relèvent de la classification spéciale prévue au II de l'article 324 H.

Coefficient de pondération. Le coefficient maximum de 0,6 prévu par l'art. 324 N pour calculer la surface pondérée des dépendances est valablement appliqué à un garage situé en secteur pavillonnaire d'une zone péri-urbaine, directement relié à l'habitation et construit avec des matériaux de même qualité, permettant la remise de deux véhicules alors que le stationnement devant la maison n'est pas autorisé. • CAA Bordeaux, 19 déc. 2005, nº 02BX585 : *RJF 2006. 876.*

Art. 324 O *(Décr. nº 2018-536 du 28 juin 2018, art. 1er)* « La surface totale des pièces et annexes de la maison ou de la partie principale des locaux des immeubles collectifs mentionnées au I de l'article 324 L, autres que les pièces à usage professionnel, sont affectées d'un coefficient tenant compte de leur importance, fixé pour chacune des catégories mentionnées aux articles 324 G et 324 H conformément au barème suivant :

CATÉGORIES foncières	MAISONS INDIVIDUELLES				LOCAUX DES IMMEUBLES COLLECTIFS			
	1re tranche (les 20 premiers mètres carrés)	2e tranche		3e tranche (les 20 premiers mètres carrés)	1re tranche (les 20 premiers mètres carrés)	2e tranche		3e tranche (les 20 premiers mètres carrés)
	— Coefficient	De 20 mètres carrés à :	Coefficient	— Coefficient	— Coefficient	De 20 mètres carrés à :	Coefficient	— Coefficient
		m²				m²		
1re catégorie	3,00	400			2,60	350		
2e catégorie	2,50	320			2,20	260		
3e catégorie	2,10	240			1,90	200		
4e catégorie	1,70	160	0,90	0,75	1,60	140	0,90	0,75
5e catégorie	1,45	110			1,35	90		
6e catégorie	1,30	80			1,25	70		
7e catégorie	1,20	60			1,15	50		
8e catégorie	1,10	40			1,05	30		

La surface ainsi déterminée, arrondie au mètre carré inférieur, est dénommée surface pondérée comparative de la partie principale.

Art. 324 P **La surface pondérée comparative de la partie principale augmentée, le cas échéant, en ce qui concerne la maison, de la surface pondérée brute des éléments visés au *b* du I de l'article 324 L, est affectée d'un correctif d'ensemble destiné à tenir compte, d'une part, de l'état d'entretien de la partie principale en cause, d'autre part, de sa situation. Ce correctif est égal à la somme algébrique des coefficients définis aux articles 324 Q et 324 R.**

La surface pondérée nette ainsi obtenue est arrondie au mètre carré inférieur.

Art. 324 Q **Le coefficient d'entretien est déterminé conformément au barème ci-dessous :**

ÉTAT D'ENTRETIEN	COEFFICIENT
Bon – Construction n'ayant besoin d'aucune réparation	1,20
Assez bon – Construction n'ayant besoin que de petites réparations	1,10
Passable – Construction présentant, malgré un entretien régulier, des défauts permanents dus à la vétusté, sans que ceux-ci compromettent les conditions élémentaires d'habitabilité	1
Médiocre – Construction ayant besoin de réparations d'une certaine importance, encore que localisées	0,90
Mauvais – Construction ayant besoin de grosses réparations dans toutes ses parties	0,80

1. Coefficient d'entretien. L'appréciation de l'état d'entretien d'un immeuble pour le choix du coefficient d'entretien prévu à l'art. 324 Q se fait en tenant compte non seulement de défauts dûs à la vétusté mais également d'éventuelles malfaçons commises lors de la construction de l'immeuble. • CE 10 oct. 1979, n° 14383 : *RJF 1979. 652, chron. Verny, p. 369.*

2. Le besoin de réparations qui détermine le coefficient d'entretien applicable peut être évalué par référence aux travaux exécutés entre la date d'imposition et celle du jugement. • CE 14 nov. 2001, n° 215284 : *RJF 2002.174 ; Dr. fisc. 2002. 521, concl. Bachelier.* ♦ ... Ou aux travaux projetés mais non encore exécutés à la date du jugement dès lors que leur nécessité est établie. • CE 13 juill. 2006, n° 267557 : *RJF 2006. 1534.*

Art. 324 R **Le coefficient de situation est égal à la somme algébrique de deux coefficients destinés à traduire, le premier, la situation générale dans la commune, le second, l'emplacement particulier :**

APPRÉCIATION DE LA SITUATION (générale ou particulière)	COEFFICIENT de situation générale	COEFFICIENT de situation particulière
Situation excellente, offrant des avantages notoires sans inconvénients marquants	+ 0,10	+ 0,10
Situation bonne, offrant des avantages notoires en partie compensés par certains inconvénients	+ 0,05	+ 0,05
Situation ordinaire, n'offrant ni avantages ni inconvénients ou dont les uns et les autres se compensent	0	0
Situation médiocre, présentant des inconvénients notoires en partie compensés par certains avantages	– 0,05	– 0,05
Situation mauvaise, présentant des inconvénients notoires sans avantages particuliers	– 0,10	– 0,10

Le coefficient de situation particulière tient compte notamment de la présence ou de l'absence de dépendances non bâties.

1. Insécurité et climat social. L'insécurité, la détérioration du climat social et la commission d'actes de vandalisme ne peuvent être prises en compte pour la détermination du coefficient de situation générale lequel est destiné à traduire la situation générale de l'immeuble dans la commune. • CE 14 nov. 2001, n° 215284 : *Dr. fisc. 2002. 521, concl. Bachelier.* ♦ Mais ces éléments justifient l'application du coefficient de situation particulière le plus bas prévu par la réglementation (– 0,10). • Même arrêt.

2. Éoliennes. Les nuisances visuelles et sonores spécifiques à l'habitation résultant de l'installation d'éoliennes sont prises en compte pour fixer le coefficient de situation prévu par l'art. R. 324 de l'Ann. III. La détermination de la valeur du coefficient de situation particulière nécessite donc une appréciation au cas par cas. * Rép. min. n° 24294 : *JO Sénat, 2 sept. 2021*. ♦ Un immeuble situé à proximité d'éoliennes présentant des inconvénients notoires justifie l'application d'un coefficient de situation générale de – 0, 05 correspondant à une situation médiocre. Est également justifiée l'application d'un coefficient de situation particulière de – 0, 05 si l'immeuble subit des nuisances visuelles et sonores spécifiques résultant de la proximité immédiate d'éoliennes. • TA Nantes, 18 févr. 2020, n° 1803960 : *RJF 2021. 490.*

Art. 324 S **Dans les immeubles collectifs, le correctif d'ensemble applicable à la surface pondérée comparative de la partie principale est modifié, le cas échéant, par un correctif destiné à traduire la présence ou l'absence d'ascenseur, conformément au barème suivant :**

NIVEAU DU LOCAL	COEFFICIENT Immeuble avec ascenseur	COEFFICIENT Immeuble sans ascenseur
6e et au-dessus	+ 0,05	– 0,15
5^e^		– 0,10
4^e^		– 0,05
3^e^		0
2^e^		0
1er	0	0
Rez-de-chaussée	0	0

Pour l'application de ce coefficient, l'entresol est compté pour un étage.

Art. 324 T **I. – La surface pondérée totale de la partie principale est obtenue en ajoutant à sa surface pondérée nette les surfaces représentatives des éléments d'équipement en état de fonctionnement. Ces équivalences superficielles sont déterminées conformément au barème suivant :**

Eau courante : 4 mètres carrés ;

Gaz (en cas d'installation fixe) : 2 mètres carrés ;

Électricité (par installation, quelle que soit l'utilisation du courant) : 2 mètres carrés ;

Installation sanitaire (éviers et w-c exclus) :

Par baignoire : 5 mètres carrés ;

Par receveur de douches ou bac à laver : 4 mètres carrés ;

Par lavabo et autre appareil sanitaire : 3 mètres carrés ;

W-C particulier (par unité) : 3 mètres carrés ;

Égout (raccordement au réseau d'), par local : 3 mètres carrés ;

Vide-ordures (que celui-ci soit particulier au local ou commun à l'étage) : 3 mètres carrés ;

Chauffage central, par pièce et annexe d'hygiène (que l'installation soit particulière au local ou commune aux différents locaux de l'immeuble) : 2 mètres carrés.

(Décr. n° 2018-536 du 28 juin 2018, art. 1er) **« II. – Lorsqu'un local est affecté à la fois à l'habitation et à un usage professionnel, la partie du local affectée à l'habitation est évaluée en prenant en compte la surface représentative des éléments d'équipement proportionnellement à la surface totale des pièces et annexes utilisées pour cet usage sur la surface pondérée totale du local. »**

Art. 324 U I. – La surface pondérée nette des dépendances bâties et celle des éléments bâtis formant dépendances sont déterminées en affectant leur surface réelle, ou leur surface pondérée brute s'il s'agit d'éléments visés à l'article 324 N, du correctif d'ensemble prévu à l'article 324 P.

Le résultat est arrondi au mètre carré inférieur.

II. – La surface pondérée des dépendances bâties et celle des éléments bâtis formant dépendances sont obtenues en ajoutant à leur surface pondérée nette les surfaces représentatives des éléments d'équipement ci-après énumérés, sous réserve que ceux-ci soient en état de fonctionnement.

Ces équivalences superficielles sont déterminées conformément au barème ci-après :

Installation sanitaire (éviers et w-c exclus) :

Par baignoire : 5 mètres carrés ;

Par receveur de douches et bac à laver : 4 mètres carrés ;

Par lavabo et autre appareil sanitaire : 3 mètres carrés ;

W-C particulier (par unité) : 3 mètres carrés ;

Chauffage central, par pièce et annexe d'hygiène (que l'installation soit particulière à l'élément en cause ou commune aux différents locaux de l'immeuble) : 2 mètres carrés.

et, seulement lorsque la dépendance bâtie ou l'élément bâti formant dépendance doit faire l'objet d'une évaluation distincte ;

Eau courante : 2 mètres carrés ;

Électricité (quelle que soit l'utilisation du courant) : 2 mètres carrés.

Art. 324 V I. – La surface pondérée totale de la propriété ou fraction de propriété est obtenue en ajoutant à la surface pondérée totale de la partie principale celle des dépendances bâties et des éléments bâtis formant dépendances.

II. – La surface pondérée totale des pièces indépendantes, dans les immeubles collectifs, et celle des éléments visés au II de l'article 324 G donnent lieu, en toute hypothèse, à l'établissement d'un décompte distinct.

D ÉVALUATIONS INDIVIDUELLES

1 ÉVALUATION DES LOCAUX DE RÉFÉRENCE

Art. 324 W Sous réserve de l'harmonisation prévue au deuxième alinéa du I de l'article 1503 du code général des impôts, la valeur locative des locaux de référence visés à l'article 324 J est déterminée en appliquant à leur surface pondérée totale, calculée conformément aux règles définies aux articles 324 L à 324 V, le tarif correspondant établi dans les conditions fixées à l'article 324 K.

2 ÉVALUATION DES AUTRES LOCAUX

Art. 324 X I. – En vue de leur évaluation, les locaux d'habitation *(Abrogé par Décr. n° 2018-536 du 28 juin 2018, art. 1er)* *« ou à usage professionnel »* autres que les locaux de référence sont classés par comparaison avec les locaux de référence représentatifs des diverses catégories existantes.

II. – La valeur locative cadastrale assignée aux locaux classés dans une même catégorie est déterminée, en respectant l'égalité proportionnelle des évaluations, par comparaison avec la valeur locative du local ou des locaux choisis pour représenter ladite catégorie.

III *LOCAUX PROFESSIONNELS PASSIBLES DE LA TAXE FONCIÈRE SUR LES PROPRIÉTÉS BÂTIES* (*Décr. n° 2018-536 du 28 juin 2018, art. 1er*).

A ÉVALUATION D'APRÈS LES BAUX ÉCRITS OU LES LOCATIONS VERBALES

Art. 324 Y Lorsque les actes visés à l'article 324 C portent sur des locaux dont chacune des parties a reçu une affectation différente, la fraction desdits locaux affectée à l'habitation *(Abrogé par Décr. n° 2018-536 du 28 juin 2018, art. 1er)* *« ou à l'exercice d'une profession »* est évaluée selon les règles prévues par les articles 324 D à 324 X ; la valeur locative ainsi obtenue est imputée sur le montant global du bail écrit ou de la location verbale pour déterminer la valeur locative du surplus du local.

B DÉTERMINATION DE LA SURFACE PONDÉRÉE DES LOCAUX PROFESSIONNELS *(Décr. n° 2018-536 du 28 juin 2018, art. 1er).*

Art. 324 Z *(Décr. n° 2018-536 du 28 juin 2018, art. 1er)* **Pour l'application du C du II de l'article 1498 du code général des impôts, la surface pondérée d'un local est la somme, le cas échéant arrondie au mètre carré inférieur, des superficies de ses différentes parties, affectées, le cas échéant, du coefficient mentionné au troisième alinéa.**

La superficie des différentes parties d'un local, y compris celle des dégagements et sanitaires, est la superficie réelle, mesurée au sol, entre murs ou séparations et arrondie au mètre carré inférieur.

Lorsque l'une de ces parties a une valeur d'utilisation réduite par rapport à l'affectation principale du local, la superficie de cette partie est réduite par application d'un coefficient fixé à 0,5 lorsque cette partie est couverte et à 0,2 dans le cas contraire.

Coefficient de pondération. L'Administration peut appliquer un coefficient de pondération uniforme de 0,5 pour l'évaluation des surfaces commerciales extérieures d'un magasin de grande surface, sans distinction entre les surfaces sous auvent et celles non couvertes. • CE (na) 9 juin 2021, n° 447534 : *RJF 2021. 945.*

Ancien art. 324 Z *I. — L'évaluation par comparaison consiste à attribuer à un immeuble ou à un local donné une valeur locative proportionnelle à celle qui a été adoptée pour d'autres biens de même nature pris comme types.*

II. — Les types dont il s'agit doivent correspondre aux catégories dans lesquelles peuvent être rangés les biens de la commune visés aux articles 324 Y à 324 AC, au regard de l'affectation, de la situation, de la nature de la construction, de son importance, de son état d'entretien et de son aménagement.

Ils sont inscrits au procès-verbal des opérations de la révision.

Art. 324 AA *(Abrogé par Décr. n° 2018-536 du 28 juin 2018, art. 1er)* ***La valeur locative cadastrale des biens loués à des conditions anormales ou occupés par leur propriétaire, occupés par un tiers à un titre autre que celui de locataire, vacants ou concédés à titre gratuit est obtenue en appliquant aux données relatives à leur consistance — telles que superficie réelle, nombre d'éléments — les valeurs unitaires arrêtées pour le type de la catégorie correspondante. Cette valeur est ensuite ajustée pour tenir compte des différences qui peuvent exister entre le type considéré et l'immeuble à évaluer, notamment du point de vue de la situation, de la nature de la construction, de son état d'entretien, de son aménagement, ainsi que de l'importance plus ou moins grande de ses dépendances bâties et non bâties si ces éléments n'ont pas été pris en considération lors de l'appréciation de la consistance.***

C ÉVALUATION PAR VOIE D'APPRÉCIATION DIRECTE

Art. 324 AB *(Abrogé par Décr. n° 2018-536 du 28 juin 2018, art. 1er)* ***Lorsque les autres moyens font défaut, il est procédé à l'évaluation directe de l'immeuble en appliquant un taux d'intérêt à sa valeur vénale, telle qu'elle serait constatée à la date de référence si l'immeuble était libre de toute location ou occupation.***

Le taux d'intérêt susvisé est fixé en fonction du taux des placements immobiliers constatés dans la région à la date de référence pour des immeubles similaires.

Art. 324 AC *(Abrogé par Décr. n° 2018-536 du 28 juin 2018, art. 1er)* ***En l'absence d'acte et de toute autre donnée récente faisant apparaître une estimation de l'immeuble à évaluer susceptible d'être retenue, sa valeur vénale à la date de référence est appréciée d'après la valeur vénale d'autres immeubles d'une nature comparable ayant fait l'objet de transactions récentes, situés dans la commune même ou dans une localité présentant du point de vue économique une situation analogue à celle de la commune en cause.***

La valeur vénale d'un immeuble peut également être obtenue en ajoutant à la valeur vénale du terrain, estimée par comparaison avec celle qui ressort de transactions récentes relatives à des terrains à bâtir situés dans une zone comparable, la valeur de reconstruction au 1er janvier 1970 dudit immeuble, réduite pour tenir compte, d'une part, de la dépréciation immédiate et, d'autre part, du degré de vétusté de l'immeuble et de son état d'entretien, ainsi que de la nature, de l'importance, de l'affectation et de la situation de ce bien.

IV *ÉTABLISSEMENTS INDUSTRIELS*

Art. 324 AD *Abrogé par L. n° 75-678 du 29 juill. 1975, art. 1er-I.*

Art. 324 AE Le prix de revient visé à l'article 1499 du code général des impôts s'entend de la valeur d'origine pour laquelle les immobilisations doivent être inscrites au bilan en conformité de l'article 38 *quinquies*.

Aucune rectification n'est apportée auxdites valeurs au titre des taxes sur le chiffre d'affaires (taxe sur la valeur ajoutée) supportées par l'entreprise.

La valeur d'origine à prendre en considération est le prix de revient intégral, avant application des déductions exceptionnelles et des amortissements spéciaux autorisés en matière fiscale.

Il en est de même pour les immobilisations partiellement réévaluées ou amorties en tout ou en partie.

1. Prix symbolique. L'achat d'un terrain industriel à une commune pour un prix symbolique ne peut être regardé comme une acquisition à titre onéreux au sens de l'art. 38 *quinquies* de l'annexe III, que si l'acquéreur est contraint à une contrepartie réelle et quantifiable à l'égard de la commune. Tel n'est pas le cas lorsque l'acte de vente ne comporte aucun engagement de l'acquéreur vis-à-vis de la commune de construire sur le terrain en cause un bâtiment à usage industriel. Par suite, la valeur vénale est substituée au prix d'acquisition pour le calcul de la valeur locative du terrain. • CAA Lyon, 10 juill. 2008, n° 06LY1210 : *RJF 2009. 44.*

2. Prix inférieur à l'évaluation des domaines. Pour la détermination de la valeur locative des immobilisations d'un établissement industriel, dans le cas où le prix de l'acquisition d'une immobilisation est inférieur à sa valeur vénale, l'Administration est fondée à corriger la valeur d'origine de l'immobilisation comptabilisée par l'entreprise acquéreuse pour son prix d'acquisition, pour y substituer sa valeur vénale. Lorsque la collectivité qui cède les terrains à bâtir s'engage, par l'acte de vente, à réaliser divers aménagements sur les terrains cédés, le prix de revient de ces terrains doit tenir compte des travaux que la collectivité s'est engagée à réaliser. • CE 26 juill. 2011, *Sté Toyota motor manufacturing France*, n° 322655 : *RJF 2011. 1320.*

3. Valeur d'origine. La valeur d'origine des immobilisations industrielles acquises à titre onéreux correspond à la totalité du coût d'acquisition, sans qu'il y ait lieu de déduire de celui-ci la participation d'une collectivité publique à leur financement accordée en contrepartie de l'engagement de l'entreprise de maintenir pendant une période déterminée une activité économique et des emplois sur le territoire de la collectivité publique. • CE 5 févr. 2009, nos 291627 et 30765 :*RJF 2009. 463.*

Art. 324 AF Lorsqu'il ne résulte pas des énonciations du bilan, le prix de revient est déterminé, en tant que de besoin, à partir de tous documents comptables ou autres pièces justificatives et, à défaut, par voie d'évaluation, sous réserve du droit de contrôle de l'administration.

Art. 324 AG L'année à retenir pour dégager le prix de revient est celle de la création ou de l'acquisition de l'immobilisation.

Lorsque l'exercice comptable ne coïncide pas avec l'année civile et que la date exacte de l'acquisition ou de la création n'est pas connue, l'année à retenir est celle de la clôture dudit exercice.

Dans le cas où l'année d'acquisition de certaines immobilisations n'est pas connue comme dans le cas où une ventilation année par année des dépenses afférentes aux immobilisations créées ne peut être effectuée, la référence à retenir est la période au cours de laquelle les immobilisations ont été acquises ou créées. Le coefficient de réévaluation est alors déterminé en divisant le total des coefficients afférents aux années comprises dans ladite période par le nombre de ces années. Ce procédé de réévaluation est applicable, notamment en ce qui concerne les immobilisations édifiées ou créées par l'entreprise, lorsque les dépenses nécessitées par cette édification ou cette création se sont étendues sur plusieurs années.

V *DÉCLARATIONS À SOUSCRIRE POUR CHAQUE RÉVISION*

Art. 324 AH I. — Les déclarations prévues à l'article 1502 du code général des impôts sont souscrites par les débiteurs de la taxe foncière sur les propriétés bâties, au sens de l'article 1400 de ce code.

II. – Lorsqu'il s'agit d'un établissement industriel dont les biens appartiennent à plusieurs personnes, chacune d'elles est soumise aux obligations de l'article 1502 précité à raison de l'ensemble des éléments imposables dont elle est propriétaire.

Art. 324 AI I. – Les redevables visés à l'article 1502 du code général des impôts sont tenus de souscrire :

a) Une déclaration par propriété ou fraction de propriété au sens de l'article 324 A, à l'exception des biens réservés à l'usage commun des occupants dans les immeubles collectifs ou ensembles immobiliers et qui doivent être déclarés sur la formule récapitulative visée au *b* ;

b) Une déclaration récapitulative rédigée, suivant le cas, pour les immeubles collectifs ou ensembles immobiliers :

Par bâtiment principal, les constructions accessoires ne formant pas dépendances d'un bâtiment principal donné étant rattachées au premier de ces bâtiments ;

Par construction accessoire, si l'immeuble collectif ne comporte aucun bâtiment principal de rattachement.

II. – Dans les immeubles collectifs placés sous le régime de la copropriété ou appartenant aux sociétés civiles immobilières dont l'objet est visé à l'article 1655 *ter* du code général des impôts, la déclaration particulière à chacun des locaux des services communs – tels que loge de concierge, bureau du syndic – faisant l'objet d'une occupation distincte et la déclaration récapitulative prévue au I sont souscrites selon le cas par le syndic de copropriété ou la société.

III. – Lorsqu'une propriété ou une fraction de propriété normalement destinée à une utilisation distincte autre qu'un établissement industriel est affectée pour partie à l'habitation *(Abrogé par Décr. n° 2018-536 du 28 juin 2018, art. 1er) « ou à un usage professionnel »* et pour le surplus à un autre usage, il est souscrit une déclaration pour la partie affectée à l'habitation *(Abrogé par Décr. n° 2018-536 du 28 juin 2018, art. 1er) « ou à un usage professionnel »* et une déclaration pour le surplus.

IV. – Lorsqu'un établissement industriel comprend des locaux affectés à l'habitation, il est souscrit une déclaration particulière pour chacun d'eux.

Art. 324 AJ *(Décr. n° 2018-536 du 28 juin 2018, art. 1er)* Les déclarations sont établies conformément à un modèle fixé par la direction générale des finances publiques.

Ancien art. 324 AJ *Les déclarations sont établies sur des formules spéciales fournies par l'administration. Les modèles et la teneur de ces formules sont fixés par arrêté du ministre de l'économie et des finances [V. Arr. du 6 mars 1970, JO 20 mars.]*

VI *DISPOSITIONS RELATIVES À L'EXÉCUTION DE LA PREMIÈRE RÉVISION QUINQUENNALE DES ÉVALUATIONS FONCIÈRES DES PROPRIÉTÉS BÂTIES AUTRES QUE LES LOCAUX PROFESSIONNELS MENTIONNÉS À L'ARTICLE 1498* *(Décr. n° 2018-536 du 28 juin 2018, art. 1er)*.

Art. 324 AK La date de référence de la première révision quinquennale des évaluations foncières des propriétés bâties est fixée au 1er janvier 1970.

Art. 324 AL I. – Les formules visées à l'article 324 AJ comportent, à la date de leur souscription, les renseignements utiles à l'évaluation de chaque propriété ou fraction de propriété définies à l'article 324 A.

Toutefois, en cas de location, le montant annuel du loyer est celui en vigueur au 1er janvier 1970, date à retenir également pour l'évaluation des charges.

II. – Par dérogation aux dispositions du I, premier alinéa, les renseignements utiles à l'évaluation des établissements industriels dont les immobilisations figurent à l'actif d'une entreprise industrielle ou commerciale astreinte aux obligations définies à l'article 53 A du code général des impôts sont tirés du bilan du dernier exercice clos antérieurement à la date de souscription des déclarations.

SECTION IV AUTRES TAXES COMMUNALES

(Décr. n° 2012-103 du 27 janv. 2012, art. 1er)

Art. 325 *Abrogé par Décr. n° 2014-1687 du 29 déc. 2014, art. 2.*

Art. 325 *bis* *Dispositions devenues sans objet (Décr. n° 2015-608 du 3 juin 2015).*

Art. 326 *(Abrogé par Décr. nº 2019-517 du 24 mai 2019, art. 1er) Pour l'application de l'article 1528 du code général des impôts :*

1º La direction générale des finances publiques transmet à la commune, ou, le cas échéant, à l'établissement public de coopération intercommunale à fiscalité propre les informations suivantes sur les parcelles et les locaux situés sur son territoire :

a. Leur adresse ;

b. Leur référence cadastrale ;

c. Les nom et adresse de leurs propriétaires.

2º La commune, ou, le cas échéant, l'établissement public de coopération intercommunale à fiscalité propre transmet à la direction générale des finances publiques les informations nécessaires à l'établissement de la taxe de balayage, à l'édition des avis d'imposition et au recouvrement des impositions émises. La nature des informations et le support sur lequel elles sont transmises sont fixés par arrêté du ministre chargé du budget.

CHAPITRE II

SECTION 0I

1 *et* 2

Art. 326 *bis* à 326 *quinquies* *Transférés ss. art. 333 bis A à 333 bis D.*

Art. 326 *sexies* à 326 *decies* *Abrogés par L. nº 69-1161 du 24 déc. 1969, art. 20-I.*

SECTION PREMIÈRE

Art. 327 et 328 *Périmés.*

SECTION II

Art. 328 A à 328 D *Abrogés par Décr. nº 67-784 du 15 sept. 1967, art. 3.*

CHAPITRE III ENREGISTREMENT

SECTION UNIQUE TAXE LOCALE D'ÉQUIPEMENT

Art. 328 D *bis* à 328 D *quater* *Abrogés par Décr. nº 2012-88 du 25 janv. 2012, art. 3 et 4, à compter du 1er mars 2012.*

Art. 328 D *quinquies* *Disjoint.*

TITRE PREMIER *BIS* IMPOSITIONS DÉPARTEMENTALES

CHAPITRE PREMIER IMPÔTS DIRECTS ET TAXES ASSIMILÉES *(Décr. nº 2010-893 du 29 juill. 2010 ; Décr. nº 2011-645 du 9 juin 2011).*

I *TAXE FONCIÈRE SUR LES PROPRIÉTÉS BÂTIES*

Art. 328 E *(Devenu sans objet, Décr. nº 2021-744 du 9 juin 2021, art. 3) Pour bénéficier des exonérations ou prolongations d'exonération prévues aux articles 1586 A et 1586 B du code général des impôts, le redevable de la taxe foncière sur les propriétés bâties doit adresser au service des impôts du lieu de situation des biens une déclaration comportant tous les éléments d'identification.*

La déclaration doit être accompagnée des documents justifiant que le bail a pris effet dans les conditions prescrites par l'article L. 252-3 du code de la construction et de l'habitation.

La déclaration doit être conforme à un modèle établi par l'administration.

Art. 328 F *(Devenu sans objet, Décr. nº 2021-744 du 9 juin 2021, art. 3) La déclaration doit être souscrite avant le 1er janvier de la première année à compter de laquelle le redevable de la taxe foncière sur les propriétés bâties peut, au titre de l'immeuble concerné, bénéficier des dispositions de l'article 1586 A ou de l'article 1586 B du code général des impôts.*

Art. 328 G *(Devenu sans objet, Décr. nº 2021-744 du 9 juin 2021, art. 3) Lorsque la déclaration est souscrite après l'expiration du délai prévu à l'article 328 F, l'exonération ou* *la prolongation d'exonération ne s'applique que pour la période restant à courir après le 31 décembre de l'année de la souscription.*

II COTISATION SUR LA VALEUR AJOUTÉE DES ENTREPRISES

(*Décr. n° 2010-627 du 9 juin 2010*)

Art. 328 G *bis* La déclaration mentionnée au II de l'article 1586 *octies* du code général des impôts est effectuée dans les conditions suivantes :

Le salarié exerçant son activité dans plusieurs établissements ou lieux d'emploi est déclaré dans celui où la durée d'activité est la plus élevée.

Le salarié n'est déclaré au lieu d'emploi que dans l'hypothèse où il y exerce son activité plus de trois mois, y compris si l'entreprise ne dispose pas de locaux dans ce lieu d'emploi.

Dans l'hypothèse où le salarié exerce son activité dans plusieurs établissements ou lieux d'emploi pour des durées d'activité identiques, le salarié est déclaré au lieu du principal établissement.

Lorsque le salarié exerce son activité dans un ou plusieurs lieux d'exercice d'activité hors de l'entreprise pendant des durées d'au plus trois mois, il est déclaré au niveau de l'établissement retenu pour la déclaration annuelle des données sociales transmise selon le procédé informatique mentionné à l'article 89 A du code général des impôts et dans lequel la durée d'activité est la plus élevée. En l'absence de recours au procédé informatique mentionné à l'article 89 A du code précité, le salarié est déclaré au niveau de l'établissement qui aurait été retenu si ce procédé avait été utilisé et dans lequel la durée d'activité est la plus élevée.

La notion d'établissement s'entend au sens de la cotisation foncière des entreprises telle que mentionnée à l'article 310 HA de l'annexe II au code général des impôts.

Art. 328 G *ter* La déclaration de cotisation sur la valeur ajoutée des entreprises mentionnée au 1 du II de l'article 1586 *octies* du code général des impôts comporte :

1. Les informations suivantes relatives à l'entreprise :

a. La dénomination de l'entreprise ;

b. Le numéro d'identité attribué à l'établissement principal dans les conditions du second alinéa de l'article R. 123-221 du code de commerce ;

c. L'adresse de l'entreprise ;

d. L'activité de l'entreprise ;

e. La période de référence mentionnée à l'article 1586 *quinquies* du code général des impôts ;

f. Le chiffre d'affaires réalisé et la valeur ajoutée produite au cours de la période de référence mentionnée à l'article 1586 *quinquies* du code précité.

2. Pour les entreprises ayant plusieurs établissements, la liste du ou des établissements et les précisions suivantes :

a. Les cinq derniers caractères du numéro d'identité attribué dans les conditions du second alinéa de l'article R. 123-221 du code de commerce ;

b. Le numéro du département ;

c. La ou les communes de localisation ;

d. Le code INSEE de la commune ;

e. Le nombre de salariés.

3. Pour les entreprises employant des salariés devant être déclarés dans des lieux d'emploi en application de l'article 328 G *bis*, la liste des lieux d'emploi et les précisions les concernant, c'est-à-dire l'ensemble des précisions mentionnées au 2, à l'exception des cinq derniers caractères du numéro d'identité attribué dans les conditions du second alinéa de l'article R. 123-221 du code de commerce.

4. Pour les contribuables qui n'emploient aucun salarié en France et ne disposent d'aucun établissement en France mais qui exercent une activité de location d'immeubles ou de vente d'immeubles, la liste et la valeur locative foncière des immeubles loués ou vendus.

Art. 328 G *quater* 1. Les salariés s'entendent de ceux qui sont titulaires d'un contrat de travail à durée déterminée ou indéterminée ou d'un contrat de mission mentionné à l'article L. 1251-1 du code du travail conclu avec l'entreprise de travail temporaire assujettie à la cotisation sur la valeur ajoutée des entreprises si le contrat de travail ou le contrat de mission est conclu pour une durée supérieure ou égale à un mois.

2. Les salariés doivent être déclarés par l'employeur assujetti ayant conclu le contrat de travail ou le contrat de mission.

Toutefois, les assujettis doivent déclarer les salariés détachés par un employeur établi hors de France dans les conditions mentionnées aux articles L. 1261-1 à L. 1261-3 du code du travail.

3. Ne doivent pas être déclarés :

a. Les apprentis ;

b. Les titulaires d'un contrat initiative-emploi ;

c. Les titulaires d'un contrat insertion-revenu minimum d'activité ;

d. Les titulaires d'un contrat d'accompagnement dans l'emploi ;

e. Les titulaires d'un contrat d'avenir ;

f. Les titulaires d'un contrat de professionnalisation ;

g. Les salariés expatriés ;

h. Les salariés qui n'ont exercé aucune activité au cours de la période de référence mentionnée à l'article 1586 *quinquies* du code général des impôts.

Art. 328 G *quinquies* 1. Lorsque l'entreprise n'emploie aucun salarié en France, la valeur ajoutée est répartie selon les mêmes modalités que celles prévues lorsque la déclaration des salariés par établissement mentionnée au 1 du II de l'article 1586 *octies* du code général des impôts fait défaut.

2. Par exception aux dispositions du 1 :

1° La valeur ajoutée des contribuables qui n'emploient aucun salarié en France et ne disposent d'aucun établissement en France mais qui exercent une activité de location d'immeubles ou de vente d'immeubles est répartie entre les lieux de situation de chaque immeuble donné en location ou vendu au prorata de la valeur locative foncière de chacun de ces immeubles ;

2° La valeur ajoutée des entreprises qui sont soumises aux dispositions du 1 ou du 2 du II de l'article 1647 D du code général des impôts est déclarée et, en l'absence d'effectif salarié employé par l'entreprise, imposée au lieu d'imposition à la cotisation minimum prévu au II de cet article.

Art. 328 G *sexies* Pour l'application des dispositions du quatrième alinéa du III de l'article 1586 *octies* du code général des impôts, la valeur ajoutée afférente à l'ensemble des établissements de l'entreprise comprenant des installations de production d'électricité mentionnées à l'article 1519 E du code précité ou des installations de production d'électricité d'origine hydraulique mentionnées à l'article 1519 F du code précité s'entend de la valeur ajoutée totale de l'entreprise, déterminée conformément au I de l'article 1586 *sexies* du code précité, multipliée :

1. Par le rapport entre :

a. D'une part, la somme des charges afférentes à l'activité de production d'électricité, non déductibles de la valeur ajoutée, telle qu'elle est définie au I de l'article 1586 *sexies* du code précité. Ces charges, qui s'entendent de celles engagées au cours de la période de référence définie à l'article 1586 *quinquies* du code précité, comprennent :

1° Les charges d'exploitation afférentes aux charges de personnel, aux impôts et taxes et aux dotations aux amortissements pour dépréciation, à l'exclusion des dotations aux provisions ;

2° Le cas échéant, la charge financière liée à la désactualisation de la provision pour coûts de démantèlement des installations de production d'électricité ;

b. Et, d'autre part, le montant total de ces mêmes charges déterminées au niveau de l'entreprise au cours de la même période.

2. Puis par le rapport entre, d'une part, la puissance électrique installée totale des seuls établissements mentionnés au premier alinéa et, d'autre part, la puissance électrique installée totale de l'ensemble des établissements de l'entreprise.

Art. 328 G *septies* La valeur ajoutée déterminée conformément aux dispositions de l'article 328 G *sexies* est répartie entre les établissements mentionnés au premier alinéa du même article au prorata de la puissance électrique installée.

Lorsque l'un de ces établissements est situé sur le territoire de plusieurs communes, la fraction de la valeur ajoutée calculée selon les modalités définies au premier alinéa est répartie entre les communes d'implantation de l'établissement au prorata des bases de cotisation foncière des entreprises de cet établissement rattachées à chaque commune et imposables au titre de l'année d'imposition à la cotisation sur la valeur ajoutée des entreprises.

Toutefois, la fraction de la valeur ajoutée déterminée conformément au premier alinéa pour un ouvrage hydroélectrique concédé ou d'une puissance supérieure à 500 kilowatts mentionné à l'article 1475 du code général des impôts est répartie entre les communes mentionnées par ce même article et selon la règle fixée par ce même article.

Art. 328 G *octies* Les redevables mentionnés au quatrième alinéa du III de l'article 1586 *octies* du code général des impôts doivent déclarer au service des impôts dont relève leur principal établissement :

1. Le ratio défini au 1 de l'article 328 G *sexies*, le ratio défini au 2 du même article ainsi que les termes de ce dernier ratio, le montant de la fraction de la valeur ajoutée telle qu'elle est définie au même article et la puissance électrique installée par établissement. Les ratios sont exprimés avec deux décimales après la virgule, le deuxième chiffre après la virgule est augmenté d'une unité si le chiffre suivant est égal ou supérieur à 5.

2. Les lieux de situation des établissements comprenant des installations de production d'électricité visées au premier alinéa de l'article précité afin de permettre la répartition par établissement de la valeur ajoutée.

3. Les communes d'implantation pour chaque établissement situé sur plusieurs communes.

Ces éléments sont déclarés sur un formulaire conforme au modèle de l'administration annexé à la déclaration de la valeur ajoutée et des effectifs salariés.

Art. 328 G *nonies* La différence entre la valeur ajoutée totale de l'entreprise visée par les dispositions du quatrième alinéa du III de l'article 1586 *octies* du code général des impôts et la valeur ajoutée afférente aux seuls établissements visés à l'article 328 G *sexies* est répartie conformément aux dispositions des articles 328 G *bis* à 328 G *quinquies*.

Les salariés de l'entreprise affectés exclusivement dans les établissements mentionnés au premier alinéa de l'article 328 G *sexies* ne sont pas pris en compte pour opérer cette répartition.

Lorsque, au cours de la période de référence mentionnée à l'article 1586 *quinquies* du code précité, un salarié est affecté dans plusieurs établissements de l'entreprise ou dans plusieurs communes, seule la durée de travail qui correspond à l'affectation hors des établissements accueillant des installations visées au premier alinéa de l'article 328 G *sexies* est retenue pour opérer cette répartition.

Art. 328 G *nonies* A Pour l'application des dispositions du cinquième alinéa du III de l'article 1586 *octies* du code général des impôts, la valeur ajoutée afférente à l'ensemble des établissements de l'entreprise comprenant des installations de production d'électricité utilisant l'énergie mécanique du vent mentionnées à l'article 1519 D du même code ou des installations de production d'électricité d'origine photovoltaïque mentionnées à l'article 1519 F de ce code s'entend de la valeur ajoutée totale de l'entreprise déterminée conformément au I de l'article 1586 *sexies* du code précité multipliée :

1. Par le rapport entre :

a. D'une part, la somme des charges afférentes à l'activité de production d'électricité, non déductibles de la valeur ajoutée, telle qu'elle est définie au I de l'article 1586 *sexies* précité. Ces charges, qui s'entendent de celles engagées au cours de la période de référence définie à l'article 1586 *quinquies* du code général des impôts, comprennent les charges d'exploitation afférentes aux charges de personnel, aux impôts et taxes et aux dotations aux amortissements pour dépréciation, à l'exclusion des dotations aux provisions ;

b. Et, d'autre part, le montant total de ces mêmes charges déterminées au niveau de l'entreprise au cours de la même période.

2. Puis par le rapport entre, d'une part, la puissance électrique installée totale des seuls établissements mentionnés au premier alinéa et, d'autre part, la puissance électrique installée totale de l'ensemble des établissements de l'entreprise.

Art. 328 G *nonies* B La valeur ajoutée déterminée conformément aux dispositions de l'article 328 G *nonies* A est répartie entre les établissements mentionnés au premier alinéa du même article au prorata de la puissance électrique installée au 1er janvier.

Lorsqu'un établissement de production d'électricité d'origine photovoltaïque mentionné à l'article 1519 F du code général des impôts est situé sur le territoire de plusieurs communes, la fraction de la valeur ajoutée calculée selon les modalités définies au premier alinéa est répartie entre les communes d'implantation de l'établissement au prorata de la puissance électrique installée sur chaque commune.

Art. 328 G *nonies* C Les redevables mentionnés au cinquième alinéa du III de l'article 1586 *octies* du code général des impôts doivent déclarer au service des impôts dont relève leur principal établissement :

1. Le ratio défini au 1 de l'article 328 G *nonies* A, le ratio défini au 2 du même article ainsi que les termes de ce dernier ratio, le montant de la fraction de la valeur ajoutée telle qu'elle est définie au même article et la puissance électrique installée par établissement. Les ratios sont exprimés avec deux décimales après la virgule, le deuxième chiffre après la virgule est augmenté d'une unité si le chiffre suivant est égal ou supérieur à 5 ;

2. Les lieux de situation des établissements comprenant des installations de production d'électricité visées au premier alinéa de l'article précité afin de permettre la répartition par établissement de la valeur ajoutée ;

3. Les communes d'implantation pour chaque établissement situé sur plusieurs communes ainsi que la puissance électrique installée sur chaque commune.

Ces éléments sont déclarés sur un formulaire conforme au modèle de l'administration annexé à la déclaration de la valeur ajoutée et des effectifs salariés.

Art. 328 G *nonies* D La différence entre la valeur ajoutée totale de l'entreprise visée par les dispositions du cinquième alinéa du III de l'article 1586 *octies* du code général des impôts et la valeur ajoutée afférente aux seuls établissements visés à l'article 328 G *nonies* A est répartie conformément aux dispositions du III de l'article 1586 *octies* précité et selon les modalités prévues aux articles 328 G *bis* à 328 G *quinquies*.

Les salariés de l'entreprise affectés exclusivement dans les établissements mentionnés au premier alinéa de l'article 328 G *nonies* A ne sont pas pris en compte pour opérer cette répartition.

CHAPITRE II ENREGISTREMENT

(Décr. nº 2010-893 du 29 juill. 2010)

I *DROITS D'ENREGISTREMENT ET TAXE DE PUBLICITÉ FONCIÈRE*

Art. 328 G *decies* Pour l'application des dispositions de l'article 1594 I *ter* du code général des impôts, le prix de cession au mètre carré doit être inférieur à 6 400 €.

TITRE PREMIER TER IMPOSITIONS PERÇUES AU PROFIT DES RÉGIONS ET DE LA COLLECTIVITÉ TERRITORIALE DE CORSE

CHAPITRE UNIQUE TAXE D'APPRENTISSAGE *(Décr. nº 2014-549 du 26 mai 2014).*

Art. 328 H à 328 J *Devenus sans objet (Décr. nº 2014-549 du 26 mai 2014).*

Art. 328 J *bis* et 328 J *ter* *Dispositions devenues sans objet (Décr. nº 2015-608 du 3 juin 2015).*

TITRE PREMIER *QUATER* AUTRES IMPOSITIONS PERÇUES AU PROFIT DES COLLECTIVITÉS TERRITORIALES ET DE LEURS ÉTABLISSEMENTS PUBLICS DE COOPÉRATION INTERCOMMUNALE

(Décr. n° 2010-714 du 28 juin 2010)

CHAPITRE UNIQUE IMPOSITION FORFAITAIRE SUR LES ENTREPRISES DE RÉSEAUX

Art. 328 K Pour l'application des articles 1519 D, 1519 E, 1519 F, 1519 G, 1519 H, 1519 HA et 1599 *quater* B du code général des impôts, les entreprises déposent, au moyen d'un support papier, auprès du service des impôts dont relève l'installation imposée une déclaration conforme à un modèle établi par l'administration.

Art. 328 L *Abrogé par Décr. n° 2011-369 du 4 avr. 2011, pour les impositions établies au titre de l'année 2011 et des années suivantes.*

Art. 328 M Pour l'application de l'article 1599 *quater* A du code général des impôts, les entreprises transmettent une déclaration au service des impôts dont relève leur établissement principal, au moyen d'un support papier ou dématérialisé dont les caractéristiques sont fixées par l'administration. En l'absence d'établissement sur le territoire national, ces entreprises demandent leur immatriculation auprès du service des impôts des entreprises de la *(Décr. n° 2017-1197 du 26 juill. 2017, art. 1er et 3, en vigueur le 4 sept. 2017)* « direction des impôts des non-résidents *[ancienne rédaction : direction des résidents à l'étranger et des services généraux (DRESG)]* » et transmettent une déclaration au service des impôts dont relève l'établissement principal de *(Décr. n° 2020-897 du 22 juill. 2020, art. 3)* « la société » SNCF Réseau.

Art. 328 N *(Décr. n° 2020-897 du 22 juill. 2020, art. 3)* « La société » SNCF Réseau dépose auprès du service de fiscalité directe locale dont relève son établissement principal, au plus tard le 31 mars de chaque année, la déclaration prévue à l'article 1649 A *ter* du code général des impôts au moyen d'un support papier ou dématérialisé dont les caractéristiques sont fixées par l'administration.

Cette déclaration mentionne :

1° L'identification des entreprises de transport ferroviaire ayant réservé des sillons-kilomètres pour des opérations de transport de voyageurs l'année précédente : dénomination sociale, adresse complète et numéro d'identité attribué, le cas échéant, conformément aux dispositions du second alinéa de l'article R. 123-221 du code de commerce ;

2° Le nombre de sillons-kilomètres réservés l'année précédente pour des opérations de transport de voyageurs et répartis par région.

Art. 328 O Pour l'application de l'article 1599 *quater* A *bis* du code général des impôts, les redevables transmettent une déclaration au service des impôts dont relève leur établissement principal, au moyen d'un support papier ou dématérialisé dont les caractéristiques sont fixées par l'administration.

Art. 328 P Le propriétaire de transformateurs électriques mentionnés au III de l'article 1519 G du code général des impôts qui font l'objet d'un contrat de concession dépose auprès du service des impôts des entreprises dont relève l'installation, au plus tard le deuxième jour ouvré suivant le 1er mai de chaque année, la déclaration prévue à l'article 1649 A *quater* du même code au moyen d'un support papier ou dématérialisé dont les caractéristiques sont fixées par l'administration.

Cette déclaration mentionne :

1° L'identification du concessionnaire : dénomination sociale, adresse complète et numéro d'identité attribué, le cas échéant, conformément aux dispositions du second alinéa de l'article R. 123-221 du code de commerce ;

2° Le nombre de transformateurs électriques par commune qui font l'objet d'un contrat de concession ;

3° La tension en amont de chaque transformateur qui fait l'objet d'un contrat de concession.

Art. 328 Q (*Devenu sans objet, Décr. n° 2019-559 du 6 juin 2019, art. 3*) ***I. — Pour l'application de l'article 1599 quater B du code général des impôts, une unité de raccordement d'abonnés s'entend comme tout élément du réseau téléphonique commuté avec des équipements en service comportant des accès aux lignes d'abonnés et relié directement à un commutateur à autonomie d'acheminement par un faisceau de circuit.***

Le réseau téléphonique commuté désigne le réseau téléphonique classique incluant uniquement le service téléphonique, par opposition :

1° Au service téléphonique inclus dans les offres haut débit sur internet qui implique l'utilisation d'un autre réseau mais l'utilisation de la même boucle locale cuivre ;

2° Aux locations de lignes téléphoniques à des entreprises qui ne relèvent pas en tant que telles du service téléphonique.

II. — Pour l'application du même article, une carte d'abonné s'entend d'une carte enfichée dans une unité de raccordement d'abonnés et comportant au moins un équipement de raccordement d'abonné.

TITRE DEUXIÈME IMPOSITIONS PERÇUES AU PROFIT DE CERTAINS ÉTABLISSEMENTS PUBLICS ET D'ORGANISMES DIVERS

CHAPITRE PREMIER IMPÔTS DIRECTS ET TAXES ASSIMILÉES

SECTION 0I PRÉLÈVEMENTS SOCIAUX PERÇUS AU PROFIT DE LA CAISSE NATIONALE DE L'ASSURANCE MALADIE DES TRAVAILLEURS SALARIÉS

(*Décr. n° 2012-381 du 19 mars 2012, art. 1er-I*)

Art. 329-0 (*Devenu sans objet, Décr. n° 2017-698 du 2 mai 2017, art. 3*) ***Le montant de la taxe annuelle mentionnée au I de l'article 1600-0 R du code général des impôts est fixé à 540 €.***

Art. devenu sans objet en conséquence de la L. n° 2016-1917 du 29 déc. 2016, art. 83-II-1° et IV-C.

SECTION PREMIÈRE TAXE POUR FRAIS DE CHAMBRES DE COMMERCE ET D'INDUSTRIE

Art. 329 *Abrogé par L. n° 63-156 du 23 févr. 1963, art. 90.*

Art. 330 Pour bénéficier de l'exonération de la taxe pour frais de chambres de commerce et d'industrie prévue à l'article 1600 du code général des impôts, les artisans qui exerçaient leur profession à la date de publication du décret du 24 avril 1940 sont tenus de justifier, dans la forme prévue à l'article 331, qu'ils sont inscrits au répertoire des métiers et qu'ils ne sont pas portés sur la liste électorale de la chambre de commerce et d'industrie territoriale.

Les artisans qui ont entrepris l'exercice de leur profession après la publication dudit *décret sont* tenus seulement de justifier, dans la forme prévue à l'article 331, de leur inscription au répertoire des métiers. Ils doivent produire cette justification, au plus tard le 31 janvier de l'année suivant celle de leur installation.

Art. 331 Les justifications prévues à l'article 330 sont fournies au service des impôts dans la circonscription duquel sont situés les établissements, boutiques ou magasins à raison desquels les intéressés sont passibles de la cotisation foncière des entreprises.

La justification de l'inscription au répertoire des métiers est constituée par la production d'une copie sur papier libre, certifiée conforme par le maire ou par le commissaire de police, du récépissé de la demande d'immatriculation visé à l'article 10 de l'arrêté du 30 août 1983, relatif à l'organisation et à la tenue du répertoire des métiers. — *L'Arr. du 30 août 1983 a été abrogé par le Décr. n° 2017-861 du 9 mai 2017, art. 39.*

La justification de la non-inscription sur la liste électorale de la chambre de commerce et d'industrie territoriale consiste en une attestation délivrée par le greffe du tribunal de commerce.

SECTION PREMIÈRE A

Art. 331-0 A à 331-0 C *Abrogés par L. n° 68-1172 du 27 déc. 1968, art. 63-III.*

SECTION PREMIÈRE B

Art. 331-0 D *Devenu sans objet (L. n° 98-1266 du 30 déc. 1998, art. 48).*

SECTION PREMIÈRE *BIS*

Art. 331 *bis* et 331 *ter* *Transférés ss. art. 53 bis et 53 ter.*

Art. 331 *quater* *Disposition périmée.*

Art. 331 *quinquies* *Abrogé par L. n° 66-10 du 6 janv. 1966, art. 52-2, b.*

Art. 331 *sexies* *Transféré ss. l'art. 53 quater.*

SECTION II CONTRIBUTION ADDITIONNELLE À L'IMPOSITION FORFAITAIRE SUR LES ENTREPRISES DE RÉSEAUX APPLICABLE AUX STATIONS RADIOÉLECTRIQUES

Art. 331 A *(Devenu sans objet, Décr. n° 2019-559 du 6 juin 2019, art. 3) Le pourcentage du montant de l'imposition mentionné au troisième alinéa de l'article 1609 decies du code général des impôts est fixé à 4 %.*

SECTION III

Art. 331 B à 331 J *Abrogés.*

Art. 331 K *Transféré ss. l'art. 58 J [lui-même abrogé à compter du 11 mai 2012].*

SECTION IV TAXE SUR LA CESSION À TITRE ONÉREUX DE TERRAINS NUS RENDUS CONSTRUCTIBLES

(Décr. n° 2011-2066 du 30 déc. 2011)

Art. 331 K *bis* La déclaration mentionnée au V de l'article 1605 *nonies* du code général des impôts est signée par le cédant ou par son mandataire. Dans ce dernier cas, le mandat doit figurer dans l'acte de cession ou être joint à l'appui de la déclaration. Il comporte, outre l'acceptation du mandataire, l'indication des nom, prénoms et adresse du mandant, l'habilitation du mandataire à signer les déclarations et, le cas échéant, à verser l'impôt correspondant à celles-ci ainsi que la reconnaissance, par le mandant, qu'il demeurera personnellement responsable de l'impôt, et notamment des suppléments de droits et pénalités qui pourraient être réclamés à la suite d'un contrôle.

Art. 331 K *ter* I. — Pour l'application du deuxième alinéa du V de l'article 1605 *nonies* du code général des impôts, l'accomplissement de la formalité de l'enregistrement ou de la formalité fusionnée est subordonné, pour tout acte constatant la cession à titre onéreux d'un terrain nu ou de droits relatifs à un tel terrain, à la mention, selon le cas, dans l'acte :

1° Que le terrain nu n'est pas situé dans une zone constructible ;

2° Que le terrain n'est pas constructible, alors même qu'il est situé dans une des zones mentionnées au premier alinéa du I de l'article 1605 *nonies* du code général des impôts ;

3° Que la date du classement du terrain par un plan local d'urbanisme ou par un *autre document d'urbanisme* en tenant lieu en zone urbaine ou à urbaniser ouverte à l'urbanisation ou par une carte communale dans une zone où les constructions sont autorisées ou par application des articles L. 111-3 à L. 111-5 du code de l'urbanisme est antérieure au 14 janvier 2010 ;

4° Que le terrain se situe dans la partie urbanisée de la commune au sens des articles L. 111-3 à L. 111-5 du code de l'urbanisme ;

5° Que la plus-value réalisée par le cédant est exonérée de la taxe en application, selon le cas, des dispositions :

a) Du second alinéa du II de l'article 1605 *nonies* du code général des impôts ;

b) Du 1° ou du 2° du III de l'article précité.

6° Que le terrain a fait l'objet, depuis la date à laquelle il a été rendu constructible, d'une cession à titre onéreux antérieure à la mutation constatée dans l'acte.

II. — Les éléments mentionnés aux 1° et 2° du I sont justifiés par le cédant au moyen du certificat d'urbanisme mentionné à l'article L. 410-1 du code de l'urbanisme, précisant que le terrain ne peut faire l'objet, du fait de sa localisation, de sa desserte ou de ses caractéristiques, d'aucune autorisation de construction.

III. — Les éléments mentionnés au 3° du I sont justifiés par le cédant au moyen du certificat d'urbanisme mentionné à l'article L. 410-1 du code de l'urbanisme, ou d'une attestation, établie par la commune ou, le cas échéant, par l'établissement public de coopération intercommunale compétent pour l'élaboration des documents locaux d'urbanisme, précisant la date à laquelle le terrain est devenu constructible ou, à défaut, que cet événement est intervenu antérieurement au 14 janvier 2010.

IV. — Les éléments mentionnés au 4° du I sont justifiés par le cédant au moyen d'un certificat d'urbanisme mentionné à l'article L. 410-1 du code de l'urbanisme, précisant que le terrain se situe dans la partie actuellement urbanisée de la commune.

V. — Les éléments mentionnés au *a* du 5° du I sont justifiés par le cédant au moyen d'un certificat d'urbanisme ou d'une attestation, établie par la commune ou, le cas échéant, par l'établissement public de coopération intercommunale compétent pour l'élaboration des documents locaux d'urbanisme, précisant la date à laquelle le terrain est devenu constructible ou, à défaut, que cet événement est intervenu depuis plus de dix-huit ans à compter du 14 janvier 2010.

CHAPITRE PREMIER *BIS* TAXES SUR LE CHIFFRE D'AFFAIRES ET TAXES DIVERSES ASSIMILÉES

SECTION PREMIÈRE TAXE SUR L'ÉDITION DES OUVRAGES DE LIBRAIRIE

Art. 331 L (Devenu sans objet, *Décr. n° 2019-559 du 6 juin 2019, art. 3*) *La taxe sur l'édition des ouvrages de librairie prévue par l'article 1609 undecies du code général des impôts est établie et perçue selon les modalités ci-après.*

Pour l'appréciation de la limite d'exonération de 76 300 €, les éditeurs déclarent chaque année au service des impôts dont ils relèvent le montant du chiffre d'affaires qu'ils ont réalisé l'année précédente dans leur branche d'activité « édition ». Cette déclaration est souscrite au plus tard à la date prévue aux quatrième et cinquième alinéas pour le paiement de la première échéance annuelle.

Pour les personnes physiques ou morales assimilées à des éditeurs en vertu de l'article 1609 duodecies du code précité, le chiffre d'affaires de la branche d'activité « édition » s'entend de la valeur, tous droits et taxes compris, des ouvrages de librairie dédouanés l'année précédente par l'intermédiaire de leur représentant agréé.

La taxe est liquidée et acquittée semestriellement en même temps que les taxes sur le chiffre d'affaires afférentes aux opérations de juin et décembre ou, s'il y a lieu, du deuxième et du quatrième trimestres.

A l'importation, elle est assise et recouvrée par le service des douanes, dans les conditions définies par l'article 66 bis du code des douanes et par l'arrêté du directeur général des douanes et droits indirects en date du 5 septembre 1969 modifié par l'arrêté du 23 décembre 1975, comme en matière de taxe sur la valeur ajoutée perçue à l'importation.

La taxe sur l'édition des ouvrages de librairie est supprimée depuis le 1er janv. 2019 (L. n° 2018-1317 du 28 déc. 2018, art. 26-III-25°).

SECTION II TAXE SUR L'EMPLOI DE LA REPROGRAPHIE

Art. 331 M (Devenu sans objet, *Décr. n° 2019-559 du 6 juin 2019, art. 3*) *Les entreprises qui commercialisent ou se livrent à elles-mêmes des appareils de reproduction ou d'impression sont considérées comme fabricants de ces appareils, lorsqu'en vue de leur donner leur forme définitive ou d'en assurer la présentation commerciale, elles les ont façonnés,*

transformés ou montés ou ont fait effectuer l'une de ces opérations par des tiers. *– V. Ann. IV, art. 159 AD.*

Les entreprises soumises à la taxe doivent faire apparaître sur leurs factures, d'une manière distincte, pour chaque appareil, le prix net de celui-ci et le montant correspondant de la taxe. Elles doivent également y mentionner que la taxe facturée est reversée par leurs soins au Trésor.

Toute personne qui facture la taxe s'en constitue redevable de ce seul fait.

En ce qui concerne les appareils de reproduction ou d'impression importés, la taxe est exigible au moment de la déclaration pour la consommation dans le territoire douanier français : elle est due par le déclarant et recouvrée par le service des douanes comme en matière de douane.

La taxe sur les appareils de reproduction ou d'impression est supprimée depuis le 1er janv. 2019 (L. n° 2018-1317 du 28 déc. 2018, art. 26-III-25°).

SECTION II *BIS* TAXE SUR LES VENTES ET LES LOCATIONS DE VIDÉOGRAMMES DESTINÉS À L'USAGE PRIVÉ DU PUBLIC

Les art. 331 M bis et 331 M ter ci-dessous résultent du transfert des anciens art. 102 et 103 (Décr. n° 2009-389 du 7 avr. 2009).

Art. 331 M *bis* La taxe prévue à l'article 1609 *sexdecies* B du code général des impôts est due au taux de 10 % lorsque les opérations portent sur :

a) Des œuvres et documents cinématographiques qui figurent sur la liste prévue au quatrième alinéa de l'article L. 311-2 du code du cinéma et de l'image animée ;

b) Des œuvres et documents audiovisuels dont la diffusion à un public mineur constitue une infraction au sens de l'article 227-24 du code pénal.

Art. 331 M *ter* Les redevables de la taxe prévue à l'article 1609 *sexdecies* B du code général des impôts qui procèdent aux opérations mentionnées à l'article 331 M *bis* doivent faire apparaître distinctement dans leur comptabilité le chiffre d'affaires qu'ils réalisent au titre de ces opérations.

SECTION III TAXE SPÉCIALE SUR LES HUILES

Art. 331 N *(Devenu sans objet, Décr. n° 2020-897 du 22 juill. 2020, art. 3)* ***Toute personne qui intervient dans la fabrication ou la distribution des huiles végétales, fluides ou concrètes, des huiles d'animaux marins ou des produits dans lesquels sont incorporées ces huiles est astreinte à la tenue d'une comptabilité matières d'un modèle agréé par l'administration chargée de l'assiette et du recouvrement de la taxe spéciale visée à l'article 1609 vicies du code général des impôts.***

La comptabilité matières devra permettre de suivre, chronologiquement et par produit, en quantité et en valeur, les huiles taxables et les huiles exonérées ou exclues du champ d'application de la taxe spéciale, les huiles utilisées dans la fabrication de produits alimentaires et de produits non destinés à l'alimentation humaine ainsi que la provenance et la destination de ces marchandises.

Cette comptabilité devra, le cas échéant, contenir tous les éléments permettant de déterminer le rendement des graines, fruits oléagineux et autres matières premières utilisées dans la fabrication des huiles mentionnées au premier alinéa, brutes ou consommables ou utilisables en l'état ainsi que, par catégorie, les quantités d'huiles incorporées dans tous produits alimentaires.

Art. 331 O *(Devenu sans objet, Décr. n° 2020-897 du 22 juill. 2020, art. 3)* ***Toute personne qui vend des huiles mentionnées à l'article 331 N, non consommables ou non utilisables en l'état, est tenue de mentionner explicitement sur la facture ou tout document accompagnant la livraison, la nature et la destination du produit justifiant la non-application de la taxe spéciale.***

Art. 331 P *(Devenu sans objet, Décr. n° 2020-897 du 22 juill. 2020, art. 3)* ***Toute personne qui vend à une destination autre que l'alimentation humaine des huiles végétales, fluides ou concrètes, et des huiles d'animaux marins, consommables en l'état ou directement utilisables dans la fabrication de tous produits alimentaires, doit joindre à l'appui de sa comptabilité une attestation de l'acheteur comportant l'engagement d'acquitter la taxe spé-***

ciale et, le cas échéant, les pénalités y afférentes, si les produits étaient, en fait, destinés à l'alimentation humaine soit en l'état, soit après transformation.

Toute personne qui reçoit des huiles mentionnées au premier alinéa est tenue de joindre à l'appui de sa comptabilité une facture ou tout autre document délivré par le vendeur ou le livrancier certifiant que la taxe spéciale a été acquittée par la personne qui y est nommément désignée.

Art. 331 Q (Devenu sans objet, Décr. n° 2020-897 du 22 juill. 2020, art. 3) *Les factures établies par les personnes redevables de la taxe spéciale doivent obligatoirement faire apparaître d'une manière distincte, par catégorie d'huiles ou de produits, le montant de la taxe spéciale et les quantités taxables.*

Toute personne qui mentionne la taxe, soit sur une facture, soit sur tout document accompagnant la livraison, soit sur une attestation, en est redevable du seul fait de cette mention.

Art. 331 R (Devenu sans objet, Décr. n° 2020-897 du 22 juill. 2020, art. 3) *Les huiles taxables exportées ou qui font l'objet d'une livraison exonérée en vertu du I de l'article 262 ter du code général des impôts ou d'une livraison dans un lieu situé dans un autre État membre de la Communauté européenne en application de l'article 258 A du code précité, en l'état ou après incorporation dans des produits destinés à l'alimentation humaine, ouvrent droit à remboursement de la taxe spéciale.*

Les déclarations d'exportation relatives à des produits destinés à l'alimentation humaine dans lesquels ont été incorporées des huiles végétales fluides ou concrètes ou des huiles d'animaux marins doivent mentionner expressément la proportion des différentes catégories d'huiles utilisées.

Le remboursement est accordé aux personnes qui en font la demande et apportent toutes les justifications nécessaires, notamment en ce qui concerne la réalité de l'exportation ou de l'expédition à destination d'un autre État membre de la Communauté européenne, la destination des produits, les quantités d'huiles taxables contenues dans les produits exportés ou expédiés, le paiement antérieur de la taxe afférente auxdites quantités.

Ces personnes sont autorisées à recevoir ou à importer en franchise de taxe spéciale, dans les conditions définies à l'article 275 du code général des impôts, les huiles qu'elles destinent à une livraison à l'exportation, à une livraison exonérée en vertu du I de l'article 262 ter du même code ou à une livraison dont le lieu est situé sur le territoire d'un autre État membre de la Communauté européenne en application des dispositions de l'article 258 A du code précité.

Art. 331 S (Devenu sans objet, Décr. n° 2020-897 du 22 juill. 2020, art. 3) *Les déclarations d'importation relatives aux huiles végétales fluides ou concrètes ou aux huiles d'animaux marins doivent mentionner expressément s'il s'agit ou non de produits destinés à l'alimentation humaine en l'état ou à être incorporés en l'état dans tous produits destinés à l'alimentation humaine.*

Dans l'affirmative, la taxe spéciale doit être acquittée auprès du service des douanes au moment de la mise à la consommation des produits et, dans le cas de revente en France desdits produits, il est fait mention sur les factures de ce paiement.

Dans la négative, la taxe spéciale n'est pas perçue à l'importation, mais le destinataire réel doit s'engager à l'acquitter auprès du service des douanes dans le cas où il livrerait en l'état les produits qu'il a reçus destinés à l'alimentation humaine ou les incorporerait en l'état dans tous produits destinés à l'alimentation humaine.

Art. 331 T (Devenu sans objet, Décr. n° 2020-897 du 22 juill. 2020, art. 3) *Pour les huiles taxables lors de l'acquisition intracommunautaire, il est fait mention du paiement de la taxe sur les factures en cas de vente en France des produits.*

Art. 331 U (Devenu sans objet, Décr. n° 2020-897 du 22 juill. 2020, art. 3) *L'administration chargée de l'assiette et du recouvrement de la taxe spéciale pourra dispenser certaines personnes, notamment les commerçants détaillants, de tout ou partie des obligations et formalités prévues aux articles 331 N à 331 T.*

Art. 331 V (Devenu sans objet, Décr. n° 2020-897 du 22 juill. 2020, art. 3) *La taxe spéciale ayant grevé les huiles qui ont effectivement été utilisées pour un usage autre qu'alimentaire ou qui ont été incorporées à des produits non destinés à l'alimentation humaine peut faire l'objet d'un remboursement.*

Ce remboursement est accordé mensuellement aux personnes astreintes aux obligations énoncées à l'article 331 N.

A cet effet, les intéressés doivent souscrire une demande et apporter toutes les justifications nécessaires, notamment en ce qui concerne la destination des produits, les quantités utilisées et le paiement antérieur de la taxe afférente à ces quantités.

SECTION IV

Art. 331 V *bis* *Devenu sans objet (Décr. n° 2007-484 du 30 mars 2007).*

Art. 331 V *ter* *Devenu sans objet (L. n° 2001-1276 du 28 déc. 2001, art. 52-I).*

Art. 331 V *quater* à 331 V *undecies* *Devenus sans objet (Décr. n° 2007-484 du 30 mars 2007).*

SECTION V REDEVANCE SUR LES PARIS HIPPIQUES EN LIGNE PERÇUE AU PROFIT DES SOCIÉTÉS DE COURSES

(Décr. n° 2011-645 du 9 juin 2011)

Art. 331 W Le taux de la redevance mentionnée à l'article 1609 *tertricies* du code général des impôts est de *(Décr. n° 2018-500 du 20 juin 2018, art. 4)* « 6,3 % *[ancienne rédaction : 6,7 %]* ».

Taux 2017. Le taux de la redevance est de 6,5 % à compter du 1er janv. 2017. Décr. n° 2016-1935 du 28 déc. 2016.

CHAPITRE II CONTRIBUTIONS INDIRECTES

SECTION PREMIÈRE

Art. 332 et 332 *bis* *Sans objet (L. n° 90-1168 du 29 déc. 1990, art. 36-I et II).*

Art. 333 *Disposition périmée.*

SECTION PREMIÈRE *BIS*

Art. 333-0 A *Abrogé par L. n° 80-1094 du 30 déc. 1980, art. 16.*

Art. 333 A à 333 G *bis* *Transférés ss. art. 331 N à 331 V.*

SECTION PREMIÈRE *TER*

Art. 333 H *Devenu sans objet (L. n° 90-1169 du 29 déc. 1990, art. 50 ; Décr. n° 91-866 du 4 sept. 1991, art. 5).*

SECTION PREMIÈRE *TER* A TAXE DESTINÉE AU FINANCEMENT DES PRESTATIONS D'ASSURANCE MALADIE, INVALIDITÉ ET MATERNITÉ DU RÉGIME DE PROTECTION SOCIALE DES NON-SALARIÉS AGRICOLES

Cette taxe dite « sur les farines » est supprimée depuis le 1er janv. 2019 (L. n° 2018-1317 du 28 déc. 2018, art. 26-III-28°).

Art. 333 H *bis* *(Devenu sans objet, Décr. n° 2019-559 du 6 juin 2019, art. 3)* ***A compter de la campagne 1993-1994, la taxe prévue à l'article 1618 septies du code général des impôts est liquidée sur production d'une déclaration conforme au modèle fixé par l'administration.***

Cette déclaration est produite par les meuniers ou les opérateurs qui introduisent des farines, semoules et gruaux de blé tendre et produits dérivés à base de farine de blé tendre sur le marché national en provenance d'un autre État membre de la Communauté européenne.

Cette déclaration est déposée, par les meuniers, auprès du service des douanes et droits indirects territorialement compétent.

Dans le cas des livraisons en provenance d'un autre État membre de la Communauté européenne, l'opérateur responsable de l'introduction sur le territoire national présente la déclaration prévue au premier alinéa auprès du bureau de la direction générale des douanes et droits indirects du lieu d'implantation de l'établissement.

La déclaration est, dans tous les cas, déposée au plus tard le 10 du mois suivant celui au titre duquel la taxe est applicable. La taxe doit être acquittée avant le 26 du mois de dépôt de la déclaration.

Art. 333 H *ter* (*Devenu sans objet, Décr. n° 2019-559 du 6 juin 2019, art. 3*) *La taxe due par les meuniers au titre des mois de juillet et août est liquidée respectivement sur la base de 30 % et 70 % des quantités de farines, semoules et gruaux de blé tendre livrées ou mises en œuvre en vue de la consommation humaine. Les compléments de taxe sont liquidés en même temps que la taxe due au titre du mois de novembre.*

Art. 333 H *quater* (*Devenu sans objet, Décr. n° 2019-559 du 6 juin 2019, art. 3*) *Pour chaque opération d'importation, les importateurs produisent une déclaration conforme au modèle fixé par l'administration auprès du bureau de déclarations de la direction générale des douanes et droits indirects du lieu d'importation et acquittent immédiatement la taxe exigible. Le service des douanes donne mainlevée de la marchandise au vu d'un récépissé délivré par le bureau de déclarations précité.*

Art. 333 H *quinquies* (*Devenu sans objet, Décr. n° 2019-559 du 6 juin 2019, art. 3*) *Pour les farines, semoules et gruaux de blé tendre et les produits dérivés à base de farine de blé tendre destinés à l'exportation, il appartient aux bénéficiaires de l'exonération de la taxe de justifier de l'exportation réelle des produits.*

Pour ces mêmes produits expédiés vers les autres États membres de la Communauté européenne, il appartient aux bénéficiaires de l'exonération de justifier de leur livraison réelle.

Pour les exportations et les expéditions de ces produits vers les autres États membres de la Communauté européenne, l'Établissement national des produits de l'agriculture et de la mer (FranceAgriMer) procède pour le compte du Trésor à la mise en œuvre de l'exonération de la taxe selon la procédure prévue par cet établissement.

SECTION PREMIÈRE *QUATER*

Art. 333 I *Dispositions devenues sans objet (L. n° 95-1346 du 30 déc. 1995, art. 41-II).*

SECTION II

Art. 333 *bis* à 333 *septies* *Transférés ss. art. 331 V bis à 331 V undecies.*

SECTION III

Art. 333 *octies* à 333 *duodecies* *Devenus sans objet (L. n° 84-1208 du 29 déc. 1984, art. 84-II et L. n° 85-1403 du 30 déc. 1985, art. 30-III).*

CHAPITRE III ENREGISTREMENT

SECTION PREMIÈRE CONTRIBUTION POUR L'ALIMENTATION DU FONDS COMMUN DES ACCIDENTS DU TRAVAIL AGRICOLE

Art. 334 à 336 *Devenus sans objet (L. n° 2001-1276 du 28 déc. 2001, art. 68-I).*

BIS *TAXES À PERCEVOIR POUR L'ALIMENTATION DU FONDS COMMUN DES ACCIDENTS DE TRAVAIL AGRICOLE*

Art. 336 *bis* I. – La déclaration mentionnée au (*Décr. n° 2018-500 du 20 juin 2018, art. 4*) « troisième » alinéa de l'article 1622 du code général des impôts est adressée à la Caisse des dépôts et consignations.

II. – Pour l'application du 2° de l'article 1622 précité :

a. La déclaration annuelle effectuée par la Caisse centrale de la mutualité sociale agricole mentionne le nombre de personnes affiliées au régime d'assurance des non-salariés agricoles contre les accidents du travail et des maladies professionnelles, auprès de chaque caisse départementale et pluridépartementale de mutualité sociale agricole ;

b. *Devenu sans objet (Décr. n° 2014-549 du 26 mai 2014).*

Art. 336 *ter* **Au vu du budget prévisionnel annuel du fonds commun des accidents du travail agricole que la Caisse des dépôts et consignations établit et des déclarations qu'elle reçoit conformément aux dispositions de l'article 336 *bis*, les ministres chargés du budget et de l'agriculture fixent par arrêté, avant le 15 septembre de chaque année, le montant total des contributions nécessaires au financement du fonds en le répartissant entre les organismes concernés.**

Les contributions dues sont notifiées à chacun des organismes, par la Caisse des dépôts et consignations, avant le 30 septembre de chaque année.

Art. 336 *quater* *Devenu sans objet (L. nº 2002-1276 du 30 déc. 2002, art. 64).*

II *et* III

Art. 337 à 340 *Abrogés ou devenus sans objet.*

SECTIONS PREMIÈRE *BIS* et PREMIÈRE *TER*

Art. 340 *bis* à 340 *quater* *Abrogés par L. nº 56-780 du 4 août 1956, art. 89.*

SECTION PREMIÈRE *QUATER*

Art. 340 *quinquies* et 340 *sexies* *Abrogés par Décr. nº 94-1023 du 29 nov. 1994, art. 8 et 9.*

SECTION II

Art. 341 à 344 *Abrogés par Décr. nº 55-486 du 30 avr. 1955, art. 49-8.*

SECTION III

Art. 344 *bis* à 344 *quater* *Abrogés par Décr. nº 2009-2 du 2 janv. 2009, art. 2.*

Art. 344 *quinquies* et 344 *quinquies* A *Devenus sans objet (Décr. nº 2009-389 du 7 avr. 2009).*

SECTION IV

Art. 344 *sexies* à 344 *decies* *Abrogés.*

SECTION V **FONDS NATIONAL DE GARANTIE DES CALAMITÉS AGRICOLES**

(Décr. nº 2007-484 du 30 mars 2007)

Art. 344 *undecies* **Les conventions d'assurance couvrant à titre principal les dommages aux biens mentionnés à l'article L. 361-2 du code rural et de la pêche maritime et dont les primes ou cotisations sont soumises aux contributions prévues par l'article 1635 *bis* A du code général des impôts sont définies par l'article D. 361-2 du code rural et de la pêche maritime.**

SECTION VI **DROITS PERÇUS AU PROFIT DE LA CAISSE NATIONALE DE L'ASSURANCE MALADIE** *(Décr. nº 2020-621 du 22 mai 2020, art. 3-VI-1º-a).*

(Décr. nº 2012-381 du 19 mars 2012, art. 1er-II)

Art. 344 undecies A **Le montant des droits prévus à l'article 1635 bis AE du code général des impôts est fixé comme suit :**

I. — Au titre du 1º du I de l'article 1635 *bis* AE précité, pour les demandes d'enregistrement mentionnées aux articles L. 5121-13 et L. 5121-14 du code de la santé publique, de modification ou de renouvellement de cet enregistrement relatives à un médicament homéopathique ou une série de médicaments homéopathiques obtenus à

partir de la ou des mêmes souches homéopathiques, les montants sont fixés comme suit :

1° Demande d'enregistrement :

a) Médicament homéopathique unitaire ou série de médicaments homéopathiques obtenus à partir de la même souche homéopathique ...	1 768 €
b) Médicament homéopathique complexe ou série de médicaments homéopathiques obtenus à partir de deux à cinq souches homéopathiques	2 478 €
c) Médicament homéopathique complexe ou série de médicaments homéopathiques obtenus à partir de six souches homéopathiques ou plus	7 600 €

2° Par dérogation au 1° du présent I, pour toute demande d'enregistrement d'un médicament homéopathique ou d'une série de médicaments homéopathiques obtenus à partir de la ou des mêmes souches homéopathiques relative aux médicaments homéopathiques autorisés et mis sur le marché avant le 18 janvier 1994 :

a) Médicaments homéopathiques unitaires ou série de médicaments homéopathiques obtenus à partir de la même souche homéopathique ...	760 €
b) Médicaments homéopathiques complexes ou série de médicaments homéopathiques obtenus à partir de deux à cinq souches homéopathiques	1 256 €
c) Médicaments homéopathiques complexes ou série de médicaments homéopathiques obtenus à partir de six souches homéopathiques ou plus	3 800 €

3° Demande de modification du dossier d'enregistrement : 496 €.

4° Demande de renouvellement d'enregistrement : 1 500 €.

II. – Au titre du 2° du I de l'article 1635 *bis* AE précité, pour les demandes d'enregistrement, de modification ou de renouvellement de cet enregistrement relatives à un médicament traditionnel à base de plantes, les montants sont fixés comme suit :

1° Demande d'enregistrement mentionnée à l'article R. 5121-97 du code de la santé publique :

DEMANDE EFFECTUÉE AU TITRE du 1° de l'article R. 5121-51-3 *du code de la santé publique* (procédure décentralisée et France État de référence)	**DEMANDE EFFECTUÉE AU TITRE de l'article R. 5121-51-2 ou du 2° de l'article R. 5121-51-3 du code de la santé publique (procédure décentralisée et procédure de reconnaissance mutuelle autre État de référence)**	**DEMANDE QUI N'EST PAS EFFECTUÉE au titre de l'article R. 5121-51-2 ou de l'article R. 5121-51-3 du code de la santé publique (procédure nationale)**
21 000 €	14 000 €	14 000 €

2° Demande de modification de l'enregistrement prévue aux articles R. 5121-100, R. 5121-107-8, R. 5121-107-11 et R. 5121-107-13 du code de la santé publique : 1 400 €.

3° Demande de renouvellement de l'enregistrement présentée dans les conditions fixées à l'article R. 5121-99 du code de la santé publique : 5 000 €.

III. — Au titre du 3° du I de l'article 1635 *bis* AE précité, pour les demandes d'autorisation de mise sur le marché, de renouvellement ou de modification de cette autorisation :

	DEMANDE EFFECTUÉE au titre du 1° de l'article R. 5121-51-3 du code de la santé publique (procédure décentralisée et France État de référence)	**DEMANDE EFFECTUÉE au titre de l'article R. 5121-51-2 ou du 2° de l'article R. 5121-51-3 du code de la santé publique (procédure décentralisée et procédure de reconnaissance mutuelle autre État de référence)**	**DEMANDE QUI N'EST PAS effectuée au titre de l'article R. 5121-51-2 ou de l'article R. 5121-51-3 du code de la santé publique (procédure nationale)**
1° Demande d'autorisation de mise sur le marché relative à une spécialité pharmaceutique ou à un autre médicament mentionné à l'article L. 5121-8 du code de la santé publique présentée conformément aux articles R. 5121-21 et R. 5121-25 du même code	55 000 €	35 700 €	35 700 €
Pour chaque dosage ou forme pharmaceutique supplémentaire de la même spécialité ou d'un autre médicament mentionné à l'article L. 5121-8 du code de la santé publique présenté simultanément à la première demande d'autorisation	27 500 €	17 850 €	17 850 €
2° Demande d'autorisation de mise sur le marché ou d'extension relative à :			
a) Une spécialité pharmaceutique ou à un autre médicament mentionné à l'article L. 5121-8 du code de la santé publique, présentée conformément au 2° de l'article R. 5121-26 du même code contenant une nouvelle association	38 500 €	24 150 €	24 150 €
b) Une spécialité pharmaceutique ou à un autre médicament mentionné à l'article L. 5121-8 du code de la santé publique, présentée conformément au 3° de l'article R. 5121-26 ou au 2° de l'article R. 5121-28 du code précité et relative à une voie d'administration différente de celle de la demande initiale	38 500 €	24 150 €	24 150 €
c) Une spécialité pharmaceutique ou à un autre médicament mentionné à l'article L. 5121-8 du code de la santé publique, présentée conformément au 1° de l'article R. 5121-26 du code précité et relative à une référence à une documentation bibliographique	38 500 €	24 150 €	24 150 €
d) Une *spécialité pharmaceutique ou* autre médicament mentionné à l'article L. 5121-8 du code de la santé publique, présentée conformément au 2° de l'article R. 5121-28 du code précité et relative à une ou des indications thérapeutiques différentes	38 500 €	24 150 €	24 150 €

	DEMANDE EFFECTUÉE au titre du 1° de l'article R. 5121-51-3 du code de la santé publique (procédure décentralisée et France État de référence)	**DEMANDE EFFECTUÉE au titre de l'article R. 5121-51-2 ou du 2° de l'article R. 5121-51-3 du code de la santé publique (procédure décentralisée et procédure de reconnaissance mutuelle autre État de référence)**	**DEMANDE QUI N'EST PAS effectuée au titre de l'article R. 5121-51-2 ou de l'article R. 5121-51-3 du code de la santé publique (procédure nationale)**
Pour chaque dosage ou forme pharmaceutique supplémentaire de la même spécialité ou autre médicament mentionné à l'article L. 5121-8 du code de la santé publique présenté simultanément à la première demande d'autorisation relevant des *a, b, c* ou *d* du présent 2°	19 250 €	12 075 €	12 075 €
3° Demande d'autorisation de mise sur le marché ou d'extension relative à :			
a) Une spécialité pharmaceutique ou à un autre médicament mentionné à l'article L. 5121-8 du code de la santé publique, présentée conformément au 3° de l'article R. 5121-26 ou au 2° de l'article R. 5121-28 du code précité et relative à un dosage différent de celui de la demande initiale sans modification ni de la voie d'administration ni de l'indication thérapeutique	23 100 €	14 700 €	14 700 €
b) Une spécialité pharmaceutique ou à un autre médicament mentionné à l'article L. 5121-8 du code de la santé publique, présentée conformément au 1°, au 3° ou au 4° de l'article R. 5121-28 ou à l'article R. 5121-29-1 du même code	23 100 €	14 700 €	14 700 €
c) Une spécialité pharmaceutique ou à un autre médicament mentionné à l'article L. 5121-8 du code de la santé publique, présentée conformément au 3° de l'article R. 5121-26 ou au 2° de l'article R. 5121-28 relative à une nouvelle forme pharmaceutique sans modification ni de la voie d'administration ni de l'indication thérapeutique	23 100 €	14 700 €	14 700 €
d) Une spécialité pharmaceutique ou à un autre médicament mentionné à l'article L. 5121-8 du code de la santé publique, présentée conformément au 2° de l'article R. 5121-28 du code précité et concernant des différences relatives à la substance active ou lorsque la bioéquivalence par rapport à la spécialité de référence n'a pu être démontrée par des études de biodisponibilité et que la spécialité ne répond pas aux conditions prévues par l'article R. 5121-29-1 du code précité	23 100 €	14 700 €	14 700 €

	DEMANDE EFFECTUÉE au titre du 1° de l'article R. 5121-51-3 du code de la santé publique (procédure décentralisée et France État de référence)	**DEMANDE EFFECTUÉE au titre de l'article R. 5121-51-2 ou du 2° de l'article R. 5121-51-3 du code de la santé publique (procédure décentralisée et procédure de reconnaissance mutuelle autre État de référence)**	**DEMANDE QUI N'EST PAS effectuée au titre de l'article R. 5121-51-2 ou de l'article R. 5121-51-3 du code de la santé publique (procédure nationale)**
e) Une spécialité pharmaceutique ou à un autre médicament mentionné à l'article L. 5121-8 du code de la santé publique, présentée conformément au 3° de l'article R. 5121-26 du code précité et concernant des différences relatives à la substance active ou le changement de la biodisponibilité ou de la pharmacocinétique	**23 100 €**	**14 700 €**	**14 700 €**
f) Une spécialité pharmaceutique ou à un autre médicament mentionné à l'article L. 5121-8 du code de la santé publique consistant en allergène, par famille de produits	**23 100 €**	**14 700 €**	**14 700 €**
g) Une spécialité pharmaceutique ou à un autre médicament mentionné à l'article L. 5121-8 du code de la santé publique consistant en un médicament homéopathique :			
– médicament homéopathique autorisé et mis sur le marché après le 18 janvier 1994	**23 100 €**	**14 700 €**	**14 700 €**
– médicament homéopathique autorisé et mis sur le marché avant le 18 janvier 1994	**2 310 €**	**1 470 €**	**1 470 €**
4° Toute demande de modification de type II au sens du règlement (CE) n° 1234/2008 de la Commission du 24 novembre 2008 concernant l'examen des modifications des termes d'une autorisation de mise sur le marché de médicaments à usage humain et de médicaments vétérinaires d'une autorisation de mise sur le marché relative à une spécialité pharmaceutique ou autre médicament mentionné à l'article L. 5121-8 du code de la santé publique et relative à l'ajout d'une indication thérapeutique ou à la modification d'une indication existante	**Quelle que soit la procédure : 22 000 €**		
5° Toute demande de modification ou de notification de modification des termes d'une autorisation de mise sur le marché en application du règlement (CE) n° 1234/2008 de la Commission du 24 novembre 2008 concernant l'examen des modifications des termes d'une autorisation de mise sur le marché de médicaments à usage humain et de médicaments vétérinaires, à l'exception des modifications visées au 4°. La taxe est perçue par modification présentée, qu'elle soit demandée ou notifiée.			
a) Pour les modifications de type IA **ne bénéficiant pas de l'exonération prévue au 3° et 4° du I de l'article 1635 *bis* AE, et pour celles de type IB mentionnées au 5° de l'article 2 du règlement (CE) n° 1234/2008 de la Commission du 24 novembre 2008**	**Quelle que soit la procédure : 2 500 €**		

	DEMANDE EFFECTUÉE au titre du 1° de l'article R. 5121-51-3 du code de la santé publique (procédure décentralisée et France État de référence)	**DEMANDE EFFECTUÉE au titre de l'article R. 5121-51-2 ou du 2° de l'article R. 5121-51-3 du code de la santé publique (procédure décentralisée et procédure de reconnaissance mutuelle autre État de référence)**	**DEMANDE QUI N'EST PAS effectuée au titre de l'article R. 5121-51-2 ou de l'article R. 5121-51-3 du code de la santé publique (procédure nationale)**
b) Pour les modifications de type II au sens du règlement précité, à l'exception du cas prévu au 4° du III du présent article.	Quelle que soit la procédure : 3 500 €		
6° Toute demande de modification d'une autorisation de mise sur le marché sollicitée en application des articles R. 5121-41 et R. 5121-46 du code de la santé publique. Le droit n'est perçu qu'une fois lorsque la modification consiste en un changement de nom ou d'adresse de l'exploitant quel que soit le nombre d'autorisations de mise sur le marché.	Quelle que soit la procédure : 2 500 €		
7° Toute demande de renouvellement relative à une autorisation de mise sur le marché d'une spécialité pharmaceutique ou autre médicament mentionné à l'article L. 5121-8 du code de la santé publique	Quelle que soit la procédure : 7 000 €		

Tableau issu du Décr. n° 2012-381 du 19 mars 2012, art. 1er-II, mod. par Décr. n° 2013-103 du 29 janv. 2013, art. 1er, Décr. n° 2015-608 du 3 juin 2015, art. 3, Décr. n° 2019-389 du 30 avr. 2019, art. 1er, Décr. n° 2019-1189 du 15 nov. 2019, art. 1er et Décr. n° 2020-897 du 22 juill. 2020, art. 3.

IV. – Au titre du 4° du I de l'article 1635 *bis* AE précité, pour les demandes de reconnaissance par au moins un autre État membre de l'Union européenne ou partie à l'accord sur l'Espace économique européen d'une autorisation de mise sur le marché délivrée par le directeur général de l'agence mentionnée à l'article L. 5311-1 du code de la santé publique :

1° Demande adressée à l'agence mentionnée à l'article L. 5311-1 du code de la santé publique concernant la reconnaissance, en application de l'article R. 5121-51-1 du même code, d'une autorisation de mise sur le marché présentée conformément aux articles R. 5121-21 et R. 5121-25 du même code délivrée par le directeur général de l'agence mentionnée à l'article L. 5311-1 du même code	**17 600 €**
Pour chaque dosage ou forme pharmaceutique supplémentaire de la même spécialité ou d'un autre médicament mentionné à l'article L. 5121-8 du même code présenté simultanément à la première demande	**8 800 €**
2° Demande concernant la reconnaissance, en application de l'article R. 5121-51-1 du code de la santé publique, d'une autorisation de mise sur le marché délivrée par le directeur général de l'agence mentionnée à l'article L. 5311-1 du code de la santé publique relative à :	

a) Une spécialité pharmaceutique ou à un autre médicament mentionné à l'article L. 5121-8 du code de la santé publique, présentée conformément au 2° de l'article R. 5121-26 du même code contenant une nouvelle association	13 200 €
b) Une spécialité pharmaceutique ou à un autre médicament mentionné à l'article L. 5121-8 du code de la santé publique, présentée conformément au 3° de l'article R. 5121-26 ou au 2° de l'article R. 5121-28 du même code et relative à une voie d'administration différente de celle de la demande initiale	12 000 €
c) Une spécialité pharmaceutique ou à un autre médicament mentionné à l'article L. 5121-8 du code de la santé publique, présentée conformément au 1° de l'article R. 5121-26 du même code, et relative à une référence à une documentation bibliographique	13 200 €
Pour chaque dosage ou forme pharmaceutique supplémentaire de la même spécialité ou autre médicament mentionné à l'article L. 5121-8 du code de la santé publique présenté simultanément à la première demande d'autorisation relevant des a, b ou c	6 600 €
3° Demande concernant la reconnaissance, en application de l'article R. 5121-51-1 du code de la santé publique, d'une autorisation de mise sur le marché délivrée par le directeur général de l'agence mentionnée à l'article L. 5311-1 du même code relative à une autorisation de mise sur le marché relative à une spécialité pharmaceutique ou autre médicament mentionné à l'article L. 5121-8 du même code, présentée conformément au 2° de l'article R. 5121-28 du code de la santé publique et relative à une ou des indications thérapeutiques différentes	13 200 €
Pour chaque dosage ou forme pharmaceutique supplémentaire de la même spécialité ou autre médicament mentionné à l'article L. 5121-8 du code de la santé publique présenté simultanément à la première demande d'autorisation	6 600 €
4° Demande concernant la reconnaissance, en application de l'article R. 5121-51-1 du code de la santé publique, d'une autorisation de mise sur le marché relative à :	
a) Une spécialité pharmaceutique ou à un autre médicament mentionné à l'article L. 5121-8 du code de la santé publique, présentée conformément au 3° de l'article R. 5121-26 ou au 2° de l'article R. 5121-28 du même code et relative à un dosage différent de celui de la demande initiale sans modification ni de la voie d'administration ni de l'indication thérapeutique	7 700 €
b) Une spécialité pharmaceutique ou à un autre médicament mentionné à l'article L. 5121-8 du code de la santé publique, présentée conformément au 1°, au 3° ou au 4° de l'article R. 5121-28 ou à l'article R. 5121-29-1 du même code	7 700 €

c) Une spécialité pharmaceutique ou à un autre médicament mentionné à l'article L. 5121-8 du code de la santé publique, présentée conformément au 3° de l'article R. 5121-26 ou au 2° de l'article R. 5121-28 relative à une nouvelle forme pharmaceutique sans modification ni de la voie d'administration ni de l'indication thérapeutique	7 700 €
d) Une spécialité pharmaceutique ou à un autre médicament mentionné à l'article L. 5121-8 du code de la santé publique, présentée conformément au 2° de l'article R. 5121-28 du code de la santé publique et concernant des différences relatives à la substance active ou lorsque la bioéquivalence par rapport à la spécialité de référence n'a pu être démontrée par des études de biodisponibilité et que la spécialité ne répond pas aux conditions prévues par l'article R. 5121-29-1 du même code	7 700 €
e) Une spécialité pharmaceutique ou à un autre médicament mentionné à l'article L. 5121-8 du code de la santé publique, présentée conformément au 3° de l'article R. 5121-26 du même code et concernant des différences relatives à la substance active ou le changement de la biodisponibilité ou de la pharmacocinétique	7 700 €
f) Une spécialité pharmaceutique ou à un autre médicament mentionné à l'article L. 5121-8 du code de la santé publique consistant en allergène, par famille de produits	7 700 €
5° Toute demande de modification de type II au sens du règlement (CE) n° 1234/2008 de la Commission du 24 novembre 2008 concernant l'examen des modifications des termes d'une autorisation de mise sur le marché de médicaments à usage humain et de médicaments vétérinaires d'une autorisation de mise sur le marché relative à une spécialité pharmaceutique ou autre médicament mentionné à l'article L. 5121-8 du code de la santé publique bénéficiant de la reconnaissance par au moins un autre État membre de l'Union européenne ou partie à l'accord sur l'Espace économique européen mentionnée au 4° de l'article 1635 *bis* AE du code général des impôts relative à l'ajout d'une indication thérapeutique ou à la modification d'une indication existante	22 000 €
6° Toute demande de modification ou de notification de modification des termes d'une autorisation de mise sur le marché bénéficiant de la reconnaissance par au moins un autre État membre de l'Union européenne ou partie à l'accord sur l'Espace économique européen mentionnée au 4° de l'article 1635 *bis* AE du code général des impôts, en application du règlement (CE) n° 1234/2008 de la Commission du 24 novembre 2008 concernant l'examen des modifications des termes d'une autorisation de mise sur le marché de médicaments à usage *humain et* de médicaments vétérinaires, à l'exception du cas prévu au 4°) du III du présent article. La taxe est perçue par modification présentée, qu'elle soit demandée ou notifiée.	
a) Pour les modifications de type IA ne bénéficiant pas de l'exonération prévue au 3° et 4° du I de l'article 1635 *bis* AE *[du code général des impôts]*, et pour celles de type IB mentionnées au 5° de l'article 2 du règlement (CE) n° 1234/2008 de la Commission du 24 novembre 2008	2 500 €
b) Pour les modifications de type II au sens du règlement précité, à l'exception du cas prévu au 4°) du III du présent article.	3 500 €

7° Toute demande de modification d'une autorisation de mise sur le marché bénéficiant de la reconnaissance par au moins un autre État membre de l'Union européenne ou partie à l'accord sur l'Espace économique européen mentionnée au 4° de l'article 1635 *bis* AE du code général des impôts, sollicitée en application des articles 61 (3) de la Directive 2001/83/CE du 6 novembre 2001 instituant un code communautaire relatif aux médicaments à usage humain, R. 5121-41 et R. 5121-46 du code de la santé publique. Le droit n'est perçu qu'une fois lorsque la modification consiste en un changement de nom ou d'adresse de l'exploitant quel que soit le nombre d'autorisations de mise sur le marché.	2 500 €
8° Toute demande de renouvellement relative à une autorisation de mise sur le marché d'une spécialité pharmaceutique ou autre médicament mentionné à l'article L. 5121-8 du code de la santé publique bénéficiant de la reconnaissance par au moins un autre État membre de l'Union européenne ou partie à l'accord sur l'Espace économique européen mentionnée au 4° de l'article 1635 *bis* AE du code général des impôts	7 000 €

Tableau issu du Décr. n° 2012-381 du 19 mars 2012, art. 1er-II, mod. par Décr. n° 2013-103 du 29 janv. 2013, art. 1er, Décr. n° 2015-608 du 3 juin 2015, art. 3, Décr. n° 2019-389 du 30 avr. 2019, art. 1er, Décr. n° 2019-1189 du 15 nov. 2019, art. 1er et Décr. n° 2020-897 du 22 juill. 2020, art. 3.

V. — Au titre du 5° du I de l'article 1635 *bis* AE précité, pour les demandes d'importation parallèle, les modifications ou les renouvellements d'importation parallèle :

– pour toute demande d'autorisation d'importation parallèle mentionnée à l'article R. 5121-120 du code de la santé publique : 5 000 € ;

– pour toute demande de modification d'autorisation d'importation parallèle : 500 € ;

– pour toute demande de renouvellement quinquennal d'autorisation d'importation parallèle mentionnée à l'article R. 5121-125 du code de la santé publique : 674 €.

VI. — Au titre du 6° du I de l'article 1635 *bis* AE précité, pour toute demande de visa ou de renouvellement de visa de publicité mentionné aux articles L. 5122-8 et L. 5122-9 du code de la santé publique : 510 €.

VII. — Au titre du 7° du I de l'article 1635 *bis* AE précité, pour toute demande d'autorisation ou de renouvellement d'autorisation de publicité mentionnée aux articles L. 5213-4 et L. 5223-3 du code de la santé publique : 510 €.

VIII. — La quittance obtenue de l'administration fiscale après versement d'un des droits mentionnés aux I à VII est produite à l'appui de la demande déposée auprès de l'agence mentionnée à l'article L. 5311-1 du code de la santé publique, conformément au III de l'article 1635 *bis* AE du code général des impôts.

TITRE TROISIÈME DISPOSITIONS COMMUNES AUX TITRES Ier À II

CHAPITRE PREMIER COTISATION SUR LA VALEUR AJOUTÉE DES ENTREPRISES

(Décr. n° 2011-1232 du 3 oct. 2011, art. 1er)

Art. 344 *duodecies* L'État verse chaque année aux collectivités territoriales et aux établissements publics de coopération intercommunale à fiscalité propre existant au 1er janvier le produit correspondant à la somme des fractions de cotisation sur la valeur ajoutée des entreprises acquittées au cours de l'année civile précédente qui leur reviennent en application de l'article 344 *quaterdecies*.

Ce produit leur est versé mensuellement à raison d'un douzième de son montant.

Art. 344 *terdecies* I. — Pour l'application de l'article 344 *duodecies*, la cotisation acquittée par chaque contribuable au cours d'une année civile s'entend du montant total de cotisation sur la valeur ajoutée payé au cours de cette année, corrigé conformément au II du présent article.

II. – Le montant payé par chaque contribuable est :

1. Majoré :

1° Du montant des dégrèvements accordés la même année en application de l'article 1586 *quater* du code général des impôts, sous réserve :

a. Pour les entreprises soumises à la cotisation sur la valeur ajoutée des entreprises en application du I de l'article 1586 *ter* du code général des impôts et visées au a du I de l'article 1586 *quater* du même code : d'avoir dûment renseigné le montant de la valeur ajoutée sur la déclaration prévue au II de l'article 1586 *octies* du même code souscrite au cours de la même année civile ou, pour les entreprises qui en sont dispensées, sur la dernière déclaration de résultat exigée ;

b. Pour les entreprises visées aux I et I *bis* de l'article 1586 *quater* du code général des impôts, à l'exception de celles visées au a du I de cet article : d'avoir dûment renseigné le montant de la valeur ajoutée sur la déclaration prévue au dernier alinéa de l'article 1679 *septies* du même code souscrite au cours de la même année civile ou sur l'un des deux relevés d'acompte acquittés au cours de cette même année ;

2° Du montant de la fraction des dégrèvements accordés la même année en application de l'article 1647 C *quinquies* B du code général des impôts imputée sur la cotisation sur la valeur ajoutée des entreprises.

2. Minoré :

a. Du montant des frais de gestion prévus au XV de l'article 1647 du code général des impôts perçus par l'État sur les cotisations de valeur ajoutée acquittées la même année ;

b. Des restitutions de cotisation sur la valeur ajoutée des entreprises prévues au dernier alinéa de l'article 1679 *septies* du code général des impôts, avant déduction des autres impôts directs dus par le redevable, accordées au cours de la même année.

3. Et corrigé de la différence entre :

a. Le dégrèvement prévu à l'article 1586 *quater* du code général des impôts calculé en tenant compte des conséquences des impositions supplémentaires acquittées au cours de la même année ;

b. Et le dégrèvement prévu à l'article 1586 *quater* du code général des impôts déterminé avant prise en compte des impositions supplémentaires acquittées au cours de la même année.

Art. 344 *quaterdecies* I. – Pour chaque contribuable, la cotisation sur la valeur ajoutée des entreprises définie à l'article 344 *terdecies* acquittée au cours d'une année civile est répartie l'année suivante entre les collectivités territoriales et les établissements publics de coopération intercommunale à fiscalité propre selon les modalités suivantes :

1. Une fraction est attribuée à chaque commune sur le territoire de laquelle, en application du III de l'article 1586 *octies* du code général des impôts, la valeur ajoutée produite par le contribuable a été imposée à la cotisation sur la valeur ajoutée des entreprises établie au titre de l'année précédente :

1° Pour les communes non membres d'un établissement public de coopération intercommunale, cette fraction correspond à la cotisation acquittée par le contribuable multipliée par :

a. La fraction définie au 5° du I de l'article 1379 du code général des impôts ;

b. Et le rapport défini au 1° du 2 du II du présent article.

Les dispositions du présent 1° s'appliquent également aux communes membres d'un établissement public de coopération intercommunale ayant opté pour le régime fiscal prévu au II de l'article 1609 *quinquies* C du code général des impôts pour les cotisations afférentes aux installations de production d'électricité utilisant l'énergie mécanique du vent ;

2° Pour les communes membres d'un établissement public de coopération intercommunale mentionné au II de l'article 1379-0 *bis* du code général des impôts, cette fraction correspond à la cotisation acquittée par le contribuable multipliée par :

a. La fraction définie au 5° du I de l'article 1379 du même code ;

b. La fraction complémentaire définie à l'article 1609 *quinquies* BA de ce code ;

c. Et le rapport défini au 1° du 2 du II du présent article.

Les dispositions du présent 2° s'appliquent également aux communes membres d'un établissement public de coopération intercommunale ayant opté pour le régime fiscal prévu au I de l'article 1609 *quinquies* C du code général des impôts pour la cotisation sur la valeur ajoutée acquittée par les contribuables établis hors de la zone d'activité économique.

2. Une fraction est attribuée à chaque établissement public de coopération intercommunale mentionné au I de l'article 1379-0 *bis* du code général des impôts dont le périmètre comprend au moins une commune sur le territoire de laquelle, en application du III de l'article 1586 *octies* du même code, la valeur ajoutée produite par le contribuable a été imposée à la cotisation sur la valeur ajoutée des entreprises établie au titre de l'année précédente.

Cette fraction correspond à la cotisation acquittée par le contribuable multipliée par :

1° La fraction définie au 5° du I de l'article 1379 du code général des impôts ;

2° Et le rapport défini au 1° du 2 du II du présent article.

3. Une fraction est attribuée à chaque établissement public de coopération intercommunale mentionné au II de l'article 1379-0 *bis* du code général des impôts dont le périmètre comprend au moins une commune sur le territoire de laquelle, en application du III de l'article 1586 *octies* du même code, la valeur ajoutée produite par le contribuable a été imposée à la cotisation sur la valeur ajoutée des entreprises établie au titre de l'année précédente.

Cette fraction correspond à la cotisation acquittée par le contribuable multipliée par :

1° La fraction définie au 5° du I de l'article 1379 du code général des impôts ;

2° La fraction définie à l'article 1609 *quinquies* BA du même code ;

3° Et le rapport défini au 1° du 2 du II du présent article.

Toutefois, les dispositions du présent 3 ne s'appliquent pas aux établissements publics de coopération intercommunale ayant opté pour le régime fiscal prévu au II de l'article 1609 *quinquies* C du code général des impôts pour les cotisations afférentes aux installations de production d'électricité utilisant l'énergie mécanique du vent.

4. Une fraction est attribuée à chaque établissement public de coopération intercommunale ayant opté pour le régime fiscal prévu au I de l'article 1609 *quinquies* C du code général des impôts dont le périmètre comprend au moins une commune sur le territoire de laquelle, en application du III de l'article 1586 *octies* du même code, la valeur ajoutée produite par le contribuable a été imposée à la cotisation sur la valeur ajoutée des entreprises établie au titre de l'année précédente.

1° Lorsque le contribuable est implanté dans la zone d'activité économique, cette fraction correspond à la cotisation qu'il a acquittée multipliée par :

a. La fraction définie au 5° du I de l'article 1379 du code général des impôts ;

b. Et le rapport défini au 2° du 2 du II du présent article ;

2° Lorsque le contribuable est implanté hors de la zone d'activité économique, cette fraction est déterminée conformément aux 1° à 3° du 3 du présent I.

5. Une fraction est attribuée à chaque département dont le périmètre comprend au moins une commune sur le territoire de laquelle, en application du III de l'article 1586 *octies* du code général des impôts, la valeur ajoutée produite par le contribuable a été imposée à la cotisation sur la valeur ajoutée des entreprises établie au titre de l'année précédente.

Cette fraction correspond à la cotisation acquittée par le contribuable multipliée par :

1° La fraction définie au 6° du I de l'article 1586 du code général des impôts ;

2° Et le rapport défini au 1° du 2 du II du présent article.

(Abrogé par Décr. n° 2021-1513 du 22 nov. 2021, art. 1er) ***« 6. Une fraction est attribuée à chaque région dont le périmètre comprend au moins une commune sur le territoire de laquelle, en application du III de l'article 1586 octies du code général des impôts, la valeur ajoutée produite par le contribuable a été imposée à la cotisation sur la valeur ajoutée des entreprises au titre de l'année précédente.***

« Cette fraction correspond à la cotisation acquittée par le contribuable multipliée par :

« 1° La fraction définie au 3° de l'article 1599 bis du code général des impôts ;

« 2° Et le rapport défini au 1° du 2 du II du présent article. »

II. — Pour l'application du présent article :

1. La situation des collectivités territoriales et des établissements publics de coopération intercommunale s'apprécie au 1er janvier de l'année au cours de laquelle la cotisation sur la valeur ajoutée des entreprises leur est reversée.

Les fractions définies à l'article 1609 *quinquies* BA du code général des impôts sont celles applicables au 1er janvier de la même année.

2. 1° Pour l'application des 1 à 3, du 2° du 4 *(Décr. nº 2021-1513 du 22 nov. 2021, art. 1er)* « et du 5 » du I, le rapport comprend :

a. Au numérateur : la valeur ajoutée imposable dans la commune concernée en application du III de l'article 1586 *octies* du code général des impôts nette des exonérations appliquées dans la collectivité territoriale ou dans l'établissement public de coopération intercommunale bénéficiaire conformément à l'article 1586 *nonies* de ce code ;

b. Au dénominateur : la valeur ajoutée imposable globale du contribuable nette des exonérations appliquées conformément à l'article 1586 *nonies* du code général des impôts ;

2° Pour l'application du 1° du 4 du I, le rapport comprend :

a. Au numérateur : la valeur ajoutée imposable dans la commune concernée en application du III de l'article 1586 *octies* du code général des impôts nette des exonérations appliquées dans la zone d'activité économique de l'établissement public de coopération intercommunale conformément à l'article 1586 *nonies* du même code ;

b. Au dénominateur : la valeur ajoutée imposable globale du contribuable nette des exonérations appliquées conformément à l'article 1586 *nonies* du code général des impôts ;

3° Pour l'application du présent 2 :

a. La valeur ajoutée s'entend de celle imposable au titre de l'année civile précédant celle au cours de laquelle la cotisation sur la valeur ajoutée a été acquittée ;

b. Les exonérations s'entendent de celles applicables au titre de l'année précédant celle mentionnée au 1 du présent II.

3. Sont pris en compte pour l'application du III de l'article 1586 *octies* du code général des impôts :

a. Les valeurs locatives imposées à la cotisation foncière des entreprises situées sur le territoire de chaque commune au 1er janvier de l'année précédant celle mentionnée au 1 du présent II ;

b. Les effectifs déclarés au titre de l'année précédant celle au cours de laquelle la cotisation sur la valeur ajoutée a été acquittée.

CHAPITRE II ABATTEMENT SUR LES BASES D'IMPOSITIONS DIRECTES LOCALES

Art. 344 *quindecies* Conformément au 3° du II de l'article 1635 *sexies* du code général des impôts, les taux des abattements dont bénéficie La Poste sont fixés, pour l'année *(Décr. nº 2021-1786 du 23 déc. 2021, art. 1er)* « 2021 *[ancienne rédaction : 2020]* », à :

a. *(Décr. nº 2020-1829 du 31 déc. 2020, art. 1er-2°)* « 99 % *[ancienne rédaction : 95 %]* » des bases d'imposition pour la cotisation foncière des entreprises et pour les taxes foncières ;

b. *(Décr. nº 2020-1829 du 31 déc. 2020, art. 1er-2°)* « 99 % *[ancienne rédaction : 95 %]* » de la valeur ajoutée retenue pour l'application de l'article 1586 *ter* pour ce qui concerne la cotisation sur la valeur ajoutée des entreprises.

CHAPITRE III *[ABROGÉ]* PARTICIPATION AU FINANCEMENT DU PLAFONNEMENT EN FONCTION DE LA VALEUR AJOUTÉE

(Abrogé par Décr. nº 2016-775 du 10 juin 2016, art. 4)

Art. 344 *sexdecies* *La participation mentionnée au I de l'article 1647-0 B septies du code général des impôts est due par :*

a) Les établissements publics de coopération intercommunale, soumis à l'article 1609 nonies C du même code, au 1er janvier de l'année au titre de laquelle elle est calculée ;

b) Les communes qui ne sont pas membres d'un tel établissement au 1er janvier de la même année.

Art. 344 septdecies *I. — Pour l'application du a du II de l'article 1647-0 B septies du code général des impôts, le montant total du dégrèvement s'entend de la somme des dégrèvements de contribution économique territoriale en fonction de la valeur ajoutée accordés, au titre de la deuxième année précédant celle mentionnée à l'article 344 sexdecies, aux entreprises bénéficiaires de ce dégrèvement depuis au moins deux ans consécutifs et ordonnancés jusqu'au 30 juin de l'année mentionnée à l'article précité.*

II. — Pour l'application du b du II de l'article 1647-0 B septies du code précité, le montant total du dégrèvement s'entend de la somme des dégrèvements de contribution économique territoriale en fonction de la valeur ajoutée accordés, au titre de l'année 2010, aux entreprises également bénéficiaires au titre de l'année 2009 du dégrèvement prévu par l'article 1647 B sexies du même code dans sa rédaction en vigueur au 31 décembre 2009, et ordonnancés jusqu'au 30 juin 2012.

Art. 344 octodecies *I. — Pour l'application du III de l'article 1647-0 B septies du code général des impôts :*

1. Les entreprises s'entendent de celles bénéficiaires du dégrèvement mentionné à l'article 1647 B sexies du code général des impôts au titre de la deuxième année précédant celle mentionnée à l'article 344 sexdecies et bénéficiaires de ce dégrèvement pour la deuxième année consécutive au moins.

2. Les bases sont celles des entreprises mentionnées au 1, issues des rôles généraux établis au titre de la deuxième année précédant celle mentionnée à l'article 344 sexdecies et s'entendent :

a) Pour les communes mentionnées à l'article précité, des bases communales ou, à défaut, des bases intercommunales situées sur le territoire de la commune ;

b) Pour les établissements publics de coopération intercommunale mentionnés à l'article précité, des bases intercommunales ou, à défaut, des bases communales situées sur le territoire de l'établissement.

Pour l'application des deux alinéas précédents les bases tiennent compte, le cas échéant, des bases syndicales.

II. — Pour l'application du a du IV de l'article 1647-0 B septies du code général des impôts, les bases s'entendent des bases communales ou intercommunales telles qu'issues des rôles généraux au titre de la deuxième année précédant celle mentionnée à l'article 344 sexdecies.

III. — Pour répartir la participation mentionnée à l'article 344 sexdecies, le produit mentionné au premier alinéa du III de l'article 1647-0 B septies du code précité calculé sur le territoire de la commune ou de l'établissement public est rapporté à ce même produit défini au niveau national, obtenu en additionnant les produits calculés conformément à ce même III.

IV. — Chaque année, l'administration des finances publiques notifie aux communes et aux établissements publics mentionnés à l'article 344 sexdecies, au plus tard au moment de la communication des informations indispensables à l'établissement de leur budget, telle qu'elle est prévue aux articles L. 1612-2 et L. 1612-3 du code général des collectivités territoriales, un montant prévisionnel de la participation mise à leur charge au titre de l'année.

A l'issue des opérations d'ordonnancement des dégrèvements, il est procédé, au second semestre de l'année, à la notification du montant définitif de participation.

Art. 344 novodecies *Pour l'application du V de l'article 1647-0 B septies du code général des impôts :*

a) La valeur ajoutée s'entend de celle ayant servi de base à la cotisation sur la valeur ajoutée des entreprises acquittée par le redevable et afférente au territoire de la commune ou de l'établissement public et qui a été imposée au titre de la deuxième année précédant celle mentionnée à l'article 344 sexdecies ;

b) Les bases mentionnées au dernier alinéa s'entendent de celles issues des rôles généraux établis au titre de cette même année.

Art. 344 vicies *Pour l'application du VII de l'article 1647-0 B septies du code général des impôts, les produits communaux et intercommunaux de cotisation foncière des entreprises* *s'entendent des produits tels qu'issus des rôles généraux établis au titre de l'année précédant celle mentionnée à l'article 344 sexdecies.*

Lorsque l'établissement public de coopération intercommunale mentionné au VII précité est issu d'une fusion prenant fiscalement effet au 1er janvier de l'année au titre de laquelle la participation est calculée, le produit intercommunal de cotisation foncière des entreprises de l'année précédente s'entend des produits intercommunaux des établissements préexistants et afférents au territoire de la commune.

TROISIÈME PARTIE DISPOSITIONS COMMUNES AUX PREMIÈRE ET DEUXIÈME PARTIES

TITRE PREMIER ASSIETTE ET CONTRÔLE DE L'IMPÔT

CHAPITRE 01 PLAFONNEMENT DES IMPÔTS

(Décr. no 2006-1602 du 14 déc. 2006)

Art. 344-00 A *Devenu sans objet (Décr. no 2013-463 du 3 juin 2013).*

CHAPITRE PREMIER OBLIGATIONS DES CONTRIBUABLES

001 *DÉCLARATIONS SOUSCRITES AUPRÈS DE LA DIRECTION DES GRANDES ENTREPRISES*

Art. 344-0 A Le lieu de dépôt des déclarations fiscales est fixé au service chargé des grandes entreprises créé par arrêté pour : — *V. Arr. du 23 déc. 2013 (JO 27 déc.).*

1° Les personnes physiques ou morales ou groupements de personnes de droit ou de fait dont, à la clôture de l'exercice, le chiffre d'affaires hors taxes ou le total de l'actif brut figurant au bilan est supérieur ou égal à 400 millions d'euros ;

2° Les personnes physiques ou morales ou groupements de personnes de droit ou de fait détenant à la clôture de l'exercice, directement ou indirectement, plus de la moitié du capital ou des droits de vote d'une personne morale ou d'un groupement mentionné au 1° ;

3° Les personnes morales ou groupements de personnes de droit ou de fait dont plus de la moitié du capital ou des droits de vote est détenue à la clôture de leur exercice, directement ou indirectement, par une personne ou un groupement mentionné au 1° ;

4° *Devenu sans objet (Décr. no 2013-463 du 3 juin 2013).*

5° Les personnes morales qui appartiennent à un groupe relevant du régime fiscal prévu à l'article 223 A du code général des impôts lorsque celui-ci comprend au moins une personne mentionnée aux 1°, 2°, 3° et 4°.

Art. 344-0 B Les dispositions de l'article 344-0 A s'appliquent :

1° Aux déclarations de résultat mentionnées aux articles 172 et 223 du code général des impôts et aux déclarations et documents devant y être annexés ;

2° *Abrogé.*

3° A la déclaration dont l'article 102 Z de l'annexe II du code général des impôts prévoit la production pour les entreprises ou personnes morales qui sont dans le champ d'application de l'article 209 B du même code ;

4° Aux déclarations de taxe sur la valeur ajoutée et taxes assimilées prévues à l'article 287 du même code, ainsi qu'aux déclarations et documents se rapportant aux taxes, contributions et redevances assises et contrôlées comme en matière de taxe sur la valeur ajoutée ;

5° Aux déclarations de taxes et participations assises sur les salaires prévues *(Décr. no 2017-698 du 2 mai 2017, art. 3)* « à l'article R. 313-2 du code de la construction et de l'habitation, à l'article R. 716-28 du code rural et de la pêche maritime et à l'article 369 de la présente annexe » ;

6° A la déclaration prévue au II de l'article 1586 *octies* du *(Décr. no 2017-698 du 2 mai 2017, art. 3)* « code général des impôts » ;

7° A la déclaration des sociétés immobilières mentionnée *(Décr. no 2017-698 du 2 mai 2017, art. 3)* « à l'article » 172 *bis* du même code et *(Décr. no 2017-698 du 2 mai 2017, art. 3)* « à l'article » 46 C ;

8° A la déclaration de taxe sur les excédents de provisions des entreprises d'assurances de dommages prévue à l'article 235 *ter* X du même code ;

9° *Sans objet (L. nº 2002-1575 du 30 déc. 2002, art. 15-II)* ;

10° A la déclaration de taxe sur la valeur vénale des immeubles possédés en France prévue à l'article 990 F du code général des impôts ;

11° A la déclaration de contribution au fonds commun des accidents du travail agricole prévue à l'article 336 *bis* ;

12° A la déclaration de taxe sur les conventions d'assurance prévue à l'article 991 du même code ;

13° *Devenu sans objet (Décr. nº 2008-294 du 1er avr. 2008)* **;**

14° A la déclaration de taxe sur les véhicules de tourisme des sociétés prévue à l'article 1010 du code général des impôts ;

15° *(Décr. nº 2019-1072 du 21 oct. 2019, art. 1er)* **« Aux déclarations de taxe annuelle sur les locaux à usage de bureaux, les locaux commerciaux, les locaux de stockage et les surfaces de stationnement perçue dans la région Ile-de-France prévue à l'article 231 *ter* du code général des impôts et de taxe annuelle sur les surfaces de stationnement prévue à l'article 1599 *quater* C du même code, en cas d'option pour le paiement des taxes foncières prévue au second alinéa du II de l'article 406 *terdecies*** *[ancienne rédaction : Sur option, à la déclaration de taxe annuelle sur les locaux à usage de bureaux, les locaux commerciaux et de stockage dans la région Île-de-France prévue à l'article 231* ter *du code général des impôts. L'option ne peut être exercée que si l'entreprise a opté pour le paiement des taxes foncières auprès du comptable du service des grandes entreprises mentionné au premier alinéa de l'article 344-0 A. Elle est formulée dans les mêmes conditions que celles prévues pour l'option mentionnée à l'article 406* terdecies*]* **» ;** *— Le présent 15° est applicable aux options pour le paiement des taxes foncières prévues à l'art. 406* terdecies *de l'Ann. III au CGI formulées antérieurement au 24 oct. 2019 (Décr. nº 2019-1072 du 21 oct. 2019, art. 2).*

(Décr. nº 2017-866 du 9 mai 2017, art. 2-6° et 6, applicable aux revenus perçus ou réalisés à compter du 1er janv. 2019) **« 16° A la déclaration prévue à l'article 87-0 A du code général des impôts. »**

V. Décr. nº 2017-866 du 9 mai 2017, art. 6, mod. par Décr. nº 2017-1676 du 7 déc. 2017, art. 3.

Les dispositions du présent 16° s'appliquent aux revenus perçus ou réalisés à compter du 1er janv. 2019 (Décr. nº 2017-1676 du 7 déc. 2017, art. 3).

Art. 344-0 C I. **— Les dispositions des articles 344-0 A et 344-0 B s'appliquent aux déclarations qui doivent être souscrites à compter du 1er février de la deuxième année suivant celle au cours de laquelle l'une au moins des conditions prévues aux 1° à 4° de l'article 344-0 A est remplie à la clôture de l'exercice.**

Les sociétés qui entrent dans un groupe ayant opté pour le régime fiscal prévu à l'article 223 A du code général des impôts dont les membres relèvent du service des grandes entreprises mentionné au premier alinéa de l'article 344-0 A doivent elles-mêmes satisfaire à leurs obligations déclaratives auprès de ce service à compter du 1er février de la première année suivant celle de leur entrée dans ce groupe.

Les dispositions des articles 344-0 A et 344-0 B continuent à s'appliquer jusqu'au 31 janvier de la quatrième année suivant celle au cours de laquelle les conditions ont cessé d'être remplies à la clôture de l'exercice. Par dérogation au premier alinéa, si, au cours de cette période, les conditions sont à nouveau remplies à la clôture d'un exercice, les dispositions des articles 344-0 A et 344-0 B s'appliquent à compter du début du premier exercice suivant.

II. **— Les personnes morales ou groupements de personnes de droit ou de fait qui ont bénéficié d'une transmission de patrimoine d'une entreprise relevant du service chargé des grandes entreprises au titre du 1° de l'article 344-0 A dans le cadre d'une opération de fusion, de scission ou de confusion de patrimoine en application de l'article 1844-5 du code civil peuvent déposer leurs déclarations fiscales auprès de ce service à compter de la date de l'opération en cause. A cet effet, elles doivent en informer le service chargé des grandes entreprises dès le dépôt de la première déclaration concernée et au plus tard 30 jours après la date de l'opération.**

Les dispositions prévues à l'article 406 *terdecies* leur sont alors applicables.

L'option s'applique jusqu'au 31 janvier de la quatrième année suivant celle au cours de laquelle l'opération a eu lieu. Par dérogation au premier alinéa du I, si, au cours de cette période, les conditions prévues aux 1° à 4° de l'article 344-0 A sont remplies à la clôture d'un exercice, les dispositions des articles 344-0 A et 344-0 B s'appliquent à compter du début de l'exercice suivant.

Les dispositions des art. 340-0 A à 340-0 C s'appliquent à compter du 1er janv. 2002 aux personnes physiques ou morales ou groupements de personnes de droit ou de fait qui remplissent l'une au moins des conditions prévues aux 1° à 5° de l'art. 344-0 A à la clôture du dernier exercice clos avant le 1er mai 2001.

0I *DÉCLARATIONS DES COMPTES OUVERTS, UTILISÉS OU CLOS À L'ÉTRANGER*

Art. 344 A I. — Les comptes à déclarer en application du deuxième alinéa de l'article 1649 A du code général des impôts sont ceux ouverts auprès de toute personne de droit privé ou public qui reçoit habituellement en dépôt des valeurs mobilières, titres ou *(Décr. n° 2020-118 du 12 févr. 2020, art. 15)* **« fonds ».**

II. — Les personnes physiques joignent la déclaration de compte à la déclaration annuelle de leurs revenus. Chaque compte à usage privé, professionnel ou à usage privé et professionnel doit être mentionné distinctement.

Les associations et sociétés n'ayant pas la forme commerciale joignent leur déclaration de compte à la déclaration annuelle de leur revenu ou de leur résultat.

III. — La déclaration de compte mentionnée au II porte sur le ou les comptes ouverts, *(Décr. n° 2018-1267 du 26 déc. 2018, art. 1er-1°, en vigueur le 1er janv. 2019)* **« détenus, » utilisés ou clos, au cours de l'année ou de l'exercice par le déclarant, l'un des membres de son foyer fiscal ou une personne rattachée à ce foyer.**

(Décr. n° 2018-1267 du 26 déc. 2018, art. 1er-1°, en vigueur le 1er janv. 2019) **« Un compte est réputé être détenu par l'une des personnes visées au premier alinéa dès lors que celle-ci en est titulaire, co-titulaire, bénéficiaire économique ou ayant droit économique. »**

Un compte est réputé avoir été utilisé par l'une des personnes visées au premier alinéa dès lors que celle-ci a effectué au moins une opération de crédit ou de débit pendant la période visée par la déclaration, qu'elle soit titulaire du compte ou qu'elle ait agi par procuration, soit pour elle-même, soit au profit d'une personne ayant la qualité de résident.

Art. 344 B I. — La déclaration de compte visée à l'article 344 A mentionne :

— la désignation et l'adresse de la personne dépositaire ou gestionnaire auprès de laquelle le compte est ouvert ;

— la désignation du compte : numéro, nature, usage et type du compte ;

— la date d'ouverture et/ou de clôture du compte au cours de la période au titre de laquelle la déclaration est effectuée ;

— les éléments d'identification du déclarant. Ce dernier précise les éléments d'identification du titulaire du compte, lorsqu'il agit en qualité de bénéficiaire d'une procuration dans les conditions visées au *(Décr. n° 2019-559 du 6 juin 2019, art. 3)* **« troisième » alinéa du III de l'article 344 A de représentant d'un tel bénéficiaire ou du titulaire du compte. Lorsque le déclarant agit en tant que représentant du bénéficiaire de la procuration, il indique également les éléments d'identification de ce dernier.**

II. — Les éléments d'identification prévus au I sont, pour chaque compte, les suivants :

1. Pour les personnes physiques :

***a*) Les nom, prénoms, date et lieu de naissance et adresse lorsqu'elles agissent en qualité de particulier ou comme représentant du titulaire du compte ou du bénéficiaire d'une procuration dans les conditions visées au** *(Décr. n° 2018-1267 du 26 déc. 2018, art. 1er-2°, en vigueur le 1er janv. 2019)* **« troisième » alinéa du III de l'article 344 A ;**

***b*) Lorsqu'elles agissent en qualité d'exploitant d'une activité donnant lieu à une déclaration spécifique de résultats, elles précisent, en sus des éléments visés au *a*, l'adresse du lieu d'activité et, s'il y a lieu, le numéro SIRET et l'appellation sous laquelle est exercée l'activité.**

2. Pour les personnes morales : leur dénomination ou raison sociale, leur forme juridique, leur numéro SIRET et l'adresse de leur siège social ou de leur principal établissement.

La déclaration de compte comporte également l'adresse du ou des titulaires ainsi que l'adresse du ou des bénéficiaires d'une procuration qui a été communiquée au dépositaire ou gestionnaire du compte étranger lorsque cette adresse diffère de celle qui doit être indiquée en application des dispositions précédentes.

Art. 344 C I. — Les contribuables doivent joindre à la déclaration prévue au 1 de l'article 170 du code général des impôts une déclaration spéciale mentionnant le ou les contrats *(Décr. n° 2021-184 du 18 févr. 2021, art. 1er-1°)* « de capitalisation ou placements de même nature, notamment les contrats d'assurance vie, » qu'ils ont souscrits auprès des organismes mentionnés à l'article 1649 AA du code général des impôts.

II. — La déclaration spéciale mentionnée au I porte sur le ou les contrats *(Décr. n° 2021-184 du 18 févr. 2021, art. 1er-2°-a)* « de capitalisation ou placements de même nature, notamment les contrats d'assurance vie, » souscrits hors de France *(Abrogé par Décr. n° 2021-184 du 18 févr. 2021, art. 1er-2°-b)* « *, modifiés ou dénoués au cours de l'année civile,* » par le déclarant ou une personne à charge du déclarant, au sens des articles 196 à 196 B du code général des impôts.

III. — Cette déclaration *(Abrogé par Décr. n° 2021-184 du 18 févr. 2021, art. 1er-3°-a)* « *, établie sur papier libre,* » doit indiquer pour chaque contrat *(Décr. n° 2021-184 du 18 févr. 2021, art. 1er-3°-a)* « ou placement » :

a) L'identification du souscripteur : nom, prénom, adresse, date et lieu de naissance ;

b) L'adresse du siège de l'organisme d'assurance ou assimilé et, le cas échéant, de la succursale qui accorde la couverture ;

c) La désignation du contrat *(Décr. n° 2021-184 du 18 févr. 2021, art. 1er-3°-b)* « ou placement », ses références et la nature des risques garantis ;

d) Le moment à partir duquel le risque est garanti et la durée de cette garantie ;

e) Les dates d'effet des avenants *(Abrogé par Décr. n° 2021-184 du 18 févr. 2021, art. 1er-3°-c)* « *et des opérations de dénouement total ou partiel,* » survenus au cours de l'année *(Décr. n° 2021-184 du 18 févr. 2021, art. 1er-3°-c et d)* « concernée ;

« *f)* La date d'effet et le montant de chaque opération de dénouement total ou partiel effectuée au cours de l'année concernée ;

« *g)* Le montant total des opérations de versement des primes effectuées au cours de l'année concernée ;

« *h)* Le cas échéant, la valeur de rachat ou le montant du capital garanti, y compris sous forme de rente, au 1er janvier de l'année de la déclaration. »

Art. 344 D à 344 G *Abrogés par Décr. n° 67-784 du 15 sept. 1967, art. 3.*

0I *BIS* ***DÉCLARATION DES AVANCES REMBOURSABLES NE PORTANT PAS D'INTÉRÊT*** *(Décr. n° 2006-1277 du 18 oct. 2006).*

Art. 344 G *bis* et 344 G *ter* *Devenus sans objet (L. n° 2005-1719 du 30 déc. 2005, art. 31-II et III ; Décr. n° 2006-356 du 24 mars 2006).*

Art. 344 G *quater* Les personnes visées à l'article 1649 A *bis* du code général des impôts produisent au plus tard le 31 mars de chaque année la déclaration des avances remboursables ne portant pas intérêt octroyées au cours de l'année précédente prévues par les articles 244 *quater* J et 244 *quater* U du code général des impôts.

Les déclarations sont déposées au service des grandes entreprises ou à la direction départementale ou, le cas échéant, régionale des finances publiques du lieu de résidence ou du principal établissement du déclarant lorsque ce dernier ne relève pas de la compétence de ce service.

Art. 344 G *quinquies* *La déclaration* prévue à l'article 334 G *quater* comprend :

1° L'identification du déclarant : dénomination sociale, adresse complète et numéro SIRET lorsqu'il a été attribué par l'Institut national de la statistique et des études économiques (INSEE) ;

2° L'identification du bénéficiaire de l'avance remboursable ne portant pas intérêt et, le cas échéant, de son cocontractant : nom de famille, nom marital, prénoms, date et lieu de naissance, adresse du dernier domicile connu au 1er janvier de l'année de souscription de la déclaration ;

3° Les caractéristiques de l'avance consentie : numéro et date du contrat, montant de l'avance, durée du remboursement. Cette déclaration peut être souscrite soit par la communication d'un support informatique, soit par l'envoi de formulaires normalisés, dont les caractéristiques et le modèle sont fixés par l'administration.

0I TER *OBLIGATION DÉCLARATIVE RELATIVE AUX DISPOSITIFS TRANSFRONTIÈRES*

(Décr. n° 2020-270 du 17 mars 2020, art. 1er et 2, en vigueur le 1er juill. 2020).

(Décr. n° 2012-1050 du 14 sept. 2012, art. 1er)

Art. 344 G *sexies* *(Abrogé par Décr. n° 2019-584 du 13 juin 2019, art. 2)* ***La déclaration mentionnée aux premier et*** *(Décr. n° 2017-698 du 2 mai 2017, art. 3)* ***« deuxième » alinéas de l'article 1649 AB du code général des impôts est déposée au service des impôts des entreprises étrangères dans le mois qui suit la constitution, la modification ou l'extinction d'un trust défini à l'article 792-0 bis du même code.***

Cette déclaration est souscrite en langue française sur un imprimé conforme à un modèle établi par l'administration et comporte les indications suivantes :

1° L'identification du ou des constituants ou bénéficiaires réputés constituants : nom et prénom ou raison sociale, numéro SIREN, adresse et, le cas échéant, date et lieu de naissance et, s'il y a lieu, de décès ;

2° L'identification du ou des bénéficiaires : nom et prénom ou raison sociale, numéro SIREN, adresse et, le cas échéant, date et lieu de naissance et, s'il y a lieu, de décès ;

3° L'identification de l'administrateur du trust : nom et prénom ou dénomination sociale, numéro SIREN et adresse ;

4° L'identification du trust : dénomination et adresse ;

5° Le contenu des termes du trust : contenu de l'acte de trust et des éventuelles stipulations complémentaires régissant son fonctionnement, notamment l'indication de sa révocabilité ou de son irrévocabilité, de son caractère discrétionnaire ou non et des règles régissant l'attribution des biens ou droits mis en trust ainsi que de leurs produits ;

6° La nature et la date de survenance de l'événement qui a généré l'obligation déclarative ;

7° Le cas échéant, la consistance, appréciée au jour de l'événement mentionné au 6°, des biens ou droits mis en trust, et celle des biens, droits ou produits transmis, attribués ou sortis du trust du fait de cet événement ;

8° Pour chaque bien ou droit mis en trust mentionné dans la déclaration conformément au 7°, les nom et prénom ou raison sociale, l'adresse et, le cas échéant, les date et lieu de naissance et, s'il y a lieu, de décès, des personnes les mettant en trust ;

9° Pour chaque bien, droit ou produit transmis, attribué ou sorti du trust mentionné dans la déclaration conformément au 7°, les nom et prénom ou la raison sociale, l'adresse et, le cas échéant, les date et lieu de naissance des personnes auxquelles ce bien, droit ou produit est transmis, attribué ou sorti du trust concerné.

Pour l'application du présent article, on entend par modification du trust tout changement dans ses termes, mode de fonctionnement, constituant, bénéficiaire réputé constituant, bénéficiaire, administrateur, tout décès de l'un d'entre eux, toute nouvelle mise en trust ou toute sortie du trust de biens ou droits, toute transmission ou attribution de biens, droits ou produits du trust et, plus généralement, toute modification de droit ou de fait susceptible d'affecter l'économie ou le fonctionnement du trust concerné.

Art. 344 G *septies* *(Abrogé par Décr. n° 2019-584 du 13 juin 2019, art. 2)* ***L'administrateur d'un trust défini à l'article 792-0 bis du code général des impôts dépose au service des impôts des entreprises étrangères, au plus tard le 15 juin de chaque année, la déclaration mentionnée au*** *(Décr. n° 2017-698 du 2 mai 2017, art. 3)* ***« troisième » alinéa de l'article 1649 AB du même code.***

Cette déclaration est souscrite en langue française sur un imprimé conforme à un modèle établi par l'administration et comporte les indications suivantes :

1° L'identification du ou des constituants ou bénéficiaires réputés constituants : nom et prénom ou raison sociale, numéro SIREN, adresse et, le cas échéant, date et lieu de naissance et, s'il y a lieu, de décès ;

2° L'identification du ou des bénéficiaires : nom et prénom ou raison sociale, numéro SIREN, adresse et, le cas échéant, date et lieu de naissance et, s'il y a lieu, de décès ;

3° L'identification de l'administrateur du trust : nom et prénom ou dénomination sociale, numéro SIREN et adresse ;

4° L'identification du trust : dénomination et adresse ;

5° Le contenu des termes du trust : contenu de l'acte de trust et des éventuelles stipulations complémentaires régissant son fonctionnement, notamment l'indication de sa révocabilité ou de son irrévocabilité, de son caractère discrétionnaire ou non et des règles régissant l'attribution des biens ou droits mis en trust ainsi que de leurs produits ;

6° Si l'un au moins des constituants, bénéficiaires réputés constituants ou bénéficiaires a son domicile fiscal en France, l'inventaire détaillé des biens, droits (Décr. n° 2018-404 du 29 mai 2018, art. 1er-2°) « , parts ou actions mentionnés aux articles 965 à 972 ter du code général des impôts », situés en France ou hors de France et placés dans le trust ainsi que leur valeur vénale au 1er janvier de l'année ;

7° Si aucun des constituants, bénéficiaires réputés constituants ou bénéficiaires n'a son domicile fiscal en France, l'inventaire détaillé des biens, droits (Décr. n° 2018-404 du 29 mai 2018, art. 1er-2°-b) « , parts ou actions mentionnés au 2° de l'article 964 du code général des impôts placés dans le trust, ainsi que leur valeur vénale au 1er janvier de l'année. »

L'administrateur du trust est dispensé d'indiquer les informations mentionnées au 5° si la déclaration prévue au premier alinéa de l'article 1649 AB du code précité a été précédemment déposée.

La déclaration mentionnée au premier alinéa est accompagnée, le cas échéant, du paiement du montant correspondant au prélèvement prévu à l'article 990 J du code précité.

Art. 344 G octies *(Abrogé par Décr. n° 2019-584 du 13 juin 2019, art. 2) Pour l'application de l'article 1649 AB du code général des impôts, le domicile fiscal est apprécié au 1er janvier de chaque année.*

Art. 344 G octies A *(Décr. n° 2020-270 du 17 mars 2020, art. 1er et 2, en vigueur le 1er juill. 2020)* La déclaration mentionnée à l'article 1649 AD du code général des impôts contient les indications suivantes :

a) L'identification des intermédiaires et des contribuables concernés : nom, date et lieu de naissance ou raison sociale, ainsi que résidence fiscale, numéro d'identification fiscale et, le cas échéant, identification des personnes qui sont des entreprises associées au contribuable concerné ;

b) Les informations détaillées sur les marqueurs mentionnés à l'article 1649 AH du code général des impôts selon lesquels le dispositif transfrontière doit faire l'objet d'une déclaration ;

c) Un résumé du contenu du dispositif transfrontière devant faire l'objet d'une déclaration, y compris, le cas échéant, une référence à la dénomination par laquelle il est communément connu, et une description des activités commerciales ou dispositifs pertinents, présentée de manière abstraite, sans que cette description puisse donner lieu à la divulgation d'un secret commercial, industriel ou professionnel, d'un procédé commercial ou d'informations dont la divulgation serait contraire à l'ordre public ;

d) La date à laquelle la première étape de la mise en œuvre au sens du III de l'article 1649 AG du code général des impôts du dispositif transfrontière devant faire l'objet d'une déclaration a été accomplie ou sera accomplie ;

e) Les informations détaillées sur les dispositions nationales sur lesquelles se fonde le dispositif transfrontière devant faire l'objet d'une déclaration ;

f) La valeur du dispositif transfrontière devant faire l'objet d'une déclaration ;

g) L'identification de l'État membre dont relève le ou les contribuables concernés ainsi que de tout autre État membre susceptible d'être concerné par le dispositif transfrontière devant faire l'objet d'une déclaration ;

h) L'identification, dans les États membres, de toute autre personne susceptible d'être concernée par le dispositif transfrontière devant faire l'objet d'une déclaration en indiquant à quels États membres cette personne est liée.

Cette déclaration est complétée par les déclarants énumérés à l'article 1649 AE du code général des impôts sur la base des informations dont ils ont connaissance, qu'ils possèdent ou qu'ils contrôlent concernant les dispositifs transfrontières devant faire l'objet d'une déclaration.

Art. 344 G octies B *(Décr. n° 2020-1769 du 30 déc. 2020, art. 1er et 2, en vigueur le 1er janv. 2021)* Les mises à jour prévues au 4° du I de l'article 1649 AG du code général des impôts des informations mentionnées à l'article 344 G *octies* A sont communiquées par voie dématérialisée au plus tard les 31 mars, 30 juin, 30 septembre et 31 décembre de chaque année.

Par dérogation aux dispositions du présent art., la première mise à jour doit être communiquée à l'administration fiscale au plus tard le 30 avr. 2021 (L. n° 2020-935 du 30 juill. 2020, art. 53).

0I *QUATER* ***OBLIGATIONS DÉCLARATIVES SE RAPPORTANT AUX AVOIRS EN DÉSHÉRENCE***

(Décr. n° 2015-1092 du 28 août 2015, art. 5, en vigueur le 1er janv. 2016)

Art. 344 G *nonies* I. — La Caisse des dépôts et consignations, lorsqu'elle reverse les sommes qui entrent dans le champ d'application du I *ter* de l'article 990 I et de l'article 990 I *bis* du code général des impôts, adresse au comptable de la direction générale des finances publiques, au plus tard dans les quinze jours qui suivent la fin du mois au cours duquel les sommes sont versées au bénéficiaire ou au notaire chargé d'établir l'actif successoral en vue du règlement de la succession pour laquelle il a été mandaté, une déclaration contenant les informations suivantes pour chaque bénéficiaire des sommes :

1° Pour les sommes issues de chaque contrat mentionné au I *ter* de l'article 990 I et au I de l'article 990 I *bis* du code général des impôts, les informations mentionnées à l'article R. 132-5-5 du code des assurances et à l'article R. 223-11 du code de la mutualité ;

2° Pour chaque compte mentionné au II de l'article 990 I *bis* du code général des impôts, les informations mentionnées à l'article R. 312-20 du code monétaire et financier ;

3° Pour les sommes issues de chaque contrat mentionné au I *ter* de l'article 990 I et au I de l'article 990 I *bis* du code général des impôts et pour chaque compte mentionné au II de l'article 990 I *bis* du code précité :

a) L'identification de l'établissement mentionné au I de l'article L. 312-19 du code monétaire et financier, de l'entreprise d'assurance, institution de prévoyance ou union mentionnée à l'article L. 132-9-3-1 du code des assurances ou de la mutuelle ou union mentionnée à l'article L. 223-25-4 du code de la mutualité ;

b) L'assiette et la nature du prélèvement ;

c) Le montant des intérêts versés par la Caisse des dépôts et consignations ;

d) Le montant de l'abattement appliqué ;

e) Le montant du prélèvement acquitté au titre des sommes, rentes ou valeurs dues à chaque bénéficiaire.

II. — Les déclarations mentionnées au I sont établies sur des formules imprimées délivrées sans frais par le service des impôts.

0I QUINQUIES ***DÉCLARATIONS DES COMPTES D'ACTIFS NUMÉRIQUES OUVERTS, DÉTENUS, UTILISÉS OU CLOS À L'ÉTRANGER***

(Décr. n° 2019-656 du 27 juin 2019, art. 2 et 3, applicable aux déclarations déposées à compter du 1er janv. 2020)

Art. 344 G *decies* I. — Les comptes à déclarer en application de l'article 1649 *bis* C du code général des impôts sont ceux ouverts auprès de toute personne de droit privé ou public qui reçoit habituellement en dépôt des actifs numériques mentionnés à l'article 150 VH *bis* du code général des impôts.

II. — Les personnes physiques joignent la déclaration de compte à la déclaration annuelle de leurs revenus. Chaque compte d'actifs numériques à usage privé, professionnel ou à usage privé et professionnel doit être mentionné distinctement.

Les associations et sociétés n'ayant pas la forme commerciale joignent leur déclaration de compte d'actifs numériques à la déclaration annuelle de leur revenu ou de leur résultat.

III. — La déclaration de compte mentionnée au II porte sur le ou les comptes d'actifs numériques ouverts, détenus, utilisés ou clos, au cours de l'année ou de l'exercice, par le déclarant, l'un des membres de son foyer fiscal ou une personne rattachée à ce foyer.

Un compte est réputé être détenu par l'une des personnes mentionnées au premier alinéa dès lors que celle-ci en est titulaire, co-titulaire, bénéficiaire économique ou ayant droit économique.

Un compte est réputé avoir été utilisé par l'une des personnes mentionnées au premier alinéa dès lors que celle-ci a effectué au moins une opération de crédit ou de débit pendant la période mentionnée par la déclaration, qu'elle soit titulaire du compte ou qu'elle ait agi par procuration, soit pour elle-même, soit au profit d'une personne ayant la qualité de résident.

Art. 344 G *undecies* I. – La déclaration de compte mentionnée à l'article 344 G *decies* mentionne :

1° la désignation et l'adresse de la personne dépositaire ou gestionnaire auprès de laquelle le compte est ouvert ;

2° la désignation du compte : numéro, nature, usage et type du compte ;

3° la date d'ouverture du compte si celle-ci intervient au cours de la période au titre de laquelle la déclaration est effectuée ;

4° la date de clôture du compte si celle-ci intervient au cours de la période au titre de laquelle la déclaration est effectuée ;

5° les éléments d'identification du déclarant. Ce dernier précise les éléments d'identification du titulaire du compte, lorsqu'il agit en qualité de bénéficiaire d'une procuration dans les conditions visées au dernier alinéa du III de l'article 344 G *decies*, de représentant d'un tel bénéficiaire ou du titulaire du compte. Lorsque le déclarant agit en tant que représentant du bénéficiaire de la procuration, il indique également les éléments d'identification de ce dernier.

II. – Les éléments d'identification prévus au I sont, pour chaque compte, les suivants :

1° pour les personnes physiques :

a) leurs nom, prénoms, date et lieu de naissance et adresse lorsqu'elles agissent en qualité de particulier ou comme représentant du titulaire du compte ou du bénéficiaire d'une procuration dans les conditions prévues au dernier alinéa du III de l'article 344 G *decies* ;

b) lorsqu'elles agissent en qualité d'exploitant d'une activité donnant lieu à une déclaration spécifique de résultats, en sus des éléments prévus au *a*, l'adresse du lieu d'activité et, s'il y a lieu, le numéro SIRET et l'appellation sous laquelle est exercée l'activité ;

2° pour les personnes morales :

a) leur dénomination ou raison sociale ;

b) leur forme juridique ;

c) leur numéro SIRET ;

d) l'adresse de leur siège social ou de leur principal établissement.

La déclaration de compte comporte également l'adresse du ou des titulaires ainsi que l'adresse du ou des bénéficiaires d'une procuration qui a été communiquée au dépositaire ou gestionnaire du compte étranger lorsque cette adresse diffère de celle qui doit être indiquée en application des dispositions précédentes.

I DÉCLARATIONS DES VERSEMENTS EFFECTUÉS AU TITRE DE LA PUBLICITÉ PAR PANNEAUX-RÉCLAME, PAR AFFICHES ET PAR ENSEIGNES

Art. 344 GA La déclaration prévue à l'article 1649 B du code général des impôts doit comporter les indications suivantes :

a) Le nom ou la raison sociale, la profession et l'adresse du déclarant ;

b) Les nom et prénoms ou la raison sociale et l'adresse du bénéficiaire des versements ;

c) Le montant total des sommes qui lui ont été versées durant l'année civile précédente en exécution des contrats de publicité.

Art. 344 GB Lorsqu'elle est à la charge d'un syndic de copropriété, la déclaration mentionnée à l'article 344 GA n'est pas exigée pour les sommes figurant déjà sur les déclarations produites en application de l'article 46 C et de l'article 374 de l'annexe II au code général des impôts.

Art. 344 GC La déclaration mentionnée à l'article 344 GA est souscrite avant le 1er mars de l'année qui suit celle du paiement de la publicité par le loueur. Elle est établie sur une formule délivrée par l'administration. Elle est adressée à la direction départementale ou, le cas échéant, régionale des finances publiques du domicile ou du principal établissement du déclarant.

I *BIS* DÉCLARATION DE LA REDEVANCE ET DES PRÉLÈVEMENTS DUS PAR LES OPÉRATEURS DE JEUX OU DE PARIS

(*Décr. n° 2010-859 du 23 juill. 2010*)

Art. 344 GD I. — Les redevables établis en France déposent la déclaration prévue à l'article L. 137-26 du code de la sécurité sociale ainsi qu'aux articles 302 *bis* ZL, 1609 *untricies* et 1609 *tertricies* du code général des impôts et nécessaire à l'établissement de l'assiette du prélèvement mentionné à l'article 1609 *novovicies* du même code auprès du service des impôts des entreprises du siège de la direction de l'entreprise ou, à défaut, du principal établissement. — *V. Arr. du 6 août 2010 fixant le modèle de la déclaration mensuelle relative aux prélèvements sur les jeux et paris et à la redevance sur les jeux et paris hippiques (JO 26 août).*

II. — Les redevables établis dans un autre État membre de la Communauté européenne souscrivent la déclaration précitée auprès du service des impôts des entreprises étrangères de la « direction des impôts des non-résidents [*ancienne rédaction : des résidents à l'étranger et des services généraux*] ».

Toutefois les redevables établis dans un autre État membre de la Communauté européenne, qui ont désigné en France, avant le 1er janvier 2002, un représentant mentionné à l'article 289 A du code général des impôts, déposent leur déclaration auprès du service des impôts des entreprises dont dépend le lieu d'imposition de ce représentant.

III. — Les redevables établis dans un autre État partie à l'accord sur l'Espace économique européen ayant conclu avec la France une convention contenant une clause d'assistance en vue de lutter contre la fraude et l'évasion fiscales déposent la déclaration précitée auprès du service des impôts des entreprises dont dépend le lieu d'imposition du représentant désigné en application de l'article 289 A du code général des impôts, ou, à défaut, de l'article 302 *bis* ZN du même code.

IV. — Pour les redevables mentionnés au II et au III, la déclaration prévue à l'article 302 *bis* ZL du code général des impôts est déposée par l'intermédiaire du représentant mentionné à l'article 302 *bis* ZN du même code.

I *TER* DÉCLARATION D'ACHAT AU DÉTAIL DE MÉTAUX FERREUX ET NON FERREUX

(*Décr. n° 2012-1322 du 28 nov. 2012, en vigueur le 1er janv. 2013*)

Art. 344 GE La déclaration mentionnée à l'article 1649 *bis* du code général des impôts doit comporter les indications suivantes :

1° Concernant le déclarant, ses nom, prénoms ou raison sociale, adresse et, pour les entreprises, le numéro SIRET ;

2° Concernant chaque vendeur de métaux ferreux et non ferreux :

a. Son identification : nom de famille, le cas échéant, nom de l'époux, prénoms, sexe, date et lieu de naissance et, pour les entreprises, la raison sociale et le numéro SIRET ;

b. L'adresse de son domicile ou siège social ;

c. Le montant total des achats effectués auprès de lui au titre de l'année.

La déclaration est souscrite auprès de la direction départementale des finances publiques du lieu du domicile de la personne ou du siège de l'établissement qui a effectué l'acquisition, soit par la communication d'un support informatique, soit par l'envoi de formulaires normalisés, dont les caractéristiques et le modèle sont fixés par l'administration.

II DÉCLARATION DES VENTES AUTRES QUE LES VENTES AU DÉTAIL

Art. 344 H Sur demande de l'administration formulée par lettre recommandée avec avis de réception et dans un délai de trente jours, les commerçants et artisans sont tenus, à compter du 1er janvier 1963, d'adresser un relevé des ventes autres que les ventes au détail, faites à ceux de leurs clients nommément désignés dans la demande susvisée au cours d'une ou plusieurs périodes fixées par l'administration. Pour chacune de ces demandes, les périodes ainsi fixées ne peuvent, en aucun cas, excéder pour chaque client douze mois au total.

Art. 344 I Le relevé prévu à l'article 344 H doit fournir les mentions relatives à la date et au montant de chaque opération réalisée pendant la ou les périodes indiquées, quel que soit le mode de règlement de ces ventes.

III *DATE DE DÉPÔT DES DÉCLARATIONS*

(Décr. n° 2009-316 du 20 mars 2009)

Art. 344 I-0 *bis* La date mentionnée dans le code général des impôts à la troisième phrase du premier alinéa de l'article 175, au deuxième alinéa du 1 de l'article 223, à la première et à la cinquième phrases du 1° du I de l'article 298 *bis*, *(Abrogé par Décr. n° 2020-897 du 22 juill. 2020, art. 3)* ***« au quatrième alinéa de l'article 302 bis KD, »*** au I de l'article 1477, et à la première phrase du troisième alinéa de l'article 1679 *septies* est fixée au deuxième jour ouvré suivant le premier mai.

CHAPITRE PREMIER *BIS* DÉCLARATION DES TRANSFERTS DE SOMMES, TITRES OU VALEURS

Art. 344 I *bis* *Devenu sans objet (Décr. n° 2014-549 du 26 mai 2014).*

CHAPITRE PREMIER *TER* TRANSMISSION DES DÉCLARATIONS PROFESSIONNELLES PAR VOIE ÉLECTRONIQUE

Art. 344 I *ter* I. — Pour l'application des articles 1649 *quater* B *bis* et 1649 *quater* B *quater* du code général des impôts, les déclarations professionnelles, leurs annexes et tout document les accompagnant sont transmis par voie électronique à la direction générale des finances publiques, soit par l'intermédiaire d'un organisme relais, partenaire de la direction générale des finances publiques pour les échanges de données informatisées, dénommé "partenaire EDI" et choisi par les contribuables, soit par les contribuables eux-mêmes s'ils ont acquis cette qualité. Le "partenaire EDI" est habilité à agir pour le compte des contribuables dans les conditions fixées soit par le contrat d'adhésion qui lie l'administration et le contribuable, lorsque la transmission par voie électronique est facultative, soit par arrêté du ministre chargé du budget, lorsque la transmission par voie électronique est obligatoire en application de l'article 1649 *quater* B *quater* du code précité.

II. — Pour chaque catégorie de déclaration*[s]* professionnelle*[s]*, les modalités de transmission et de traitement dont elle fait l'objet, notamment celles prévues dans le contrat d'adhésion, sont définies par un arrêté du ministre chargé du budget pris après avis de la Commission nationale de l'informatique et des libertés.

Art. 344 I *quater* Pour effectuer des transmissions de déclarations professionnelles par voie électronique vers la direction générale des finances publiques, l'émetteur doit posséder la qualité de "partenaire EDI".

Est "partenaire EDI" au sens de l'article 344 I *ter* toute personne qui conclut avec la direction générale des finances publiques une convention conforme au modèle défini par arrêté du ministre chargé du budget *(Abrogé par Décr. n° 2018-12 du 8 janv. 2018, art. 1er)* ***« , pris après avis de la Commission nationale de l'informatique et des libertés ».*** Seules peuvent conclure une telle convention les personnes qui *(Décr. n° 2018-12 du 8 janv. 2018, art. 1er)* « respectent leurs obligations déclaratives et de paiement en matière fiscale ». — *V. Arr. du 29 juin 2018 (JO 11 juill.).*

Cette convention prévoit les modalités de transmission et les mesures et systèmes destinés à assurer la sécurité des transmissions et traitements. Elle précise les conditions dans lesquelles il est recouru au chiffrement des informations transmises. — *V. Décr. n° 2000-1036 du 23 oct. 2000 (JO 25 oct.) et Arr. du 23 oct. 2000 (JO 25 oct.), mod. par Arr. du 1er août 2014 (JO 10 août) et par Arr. du 10 avr. 2015 (JO 17 avr.).*

CHAPITRE II CENTRES DE GESTION AGRÉÉS

Art. 344 IA à 344 ID *Périmés (Décr. n° 2014-549 du 26 mai 2014).*

CHAPITRE III

Art. 344 J *Transféré ss. art. R. 62-1 à R. 62-3 LPF.*

CHAPITRE IV AGRÉMENT

Art. 344 K Les arrêtés prévus au II de l'article 1649 *nonies* du code général des impôts sont pris, lorsqu'il s'agit d'agrément pour l'octroi d'allégements fiscaux prévus en faveur de

l'aménagement du territoire, après avis du comité interministériel des aides à la localisation des activités institué par l'article 9 du décret n° 82-379 du 6 mai 1982.

Art. 344 L *Périmé (Décr. n° 2014-549 du 26 mai 2014).*

CHAPITRE V FIDUCIE

(Décr. n° 2007-725 du 7 mai 2007)

Art. 344 M **La déclaration d'existence de la fiducie prévue à l'article 238 *quater* L du code général des impôts est déposée dans les quinze jours de sa création auprès du service des impôts des entreprises du siège ou du lieu du principal établissement du fiduciaire ou, en cas de pluralité de fiduciaires, de celui expressément désigné dans le contrat de fiducie pour agir pour le compte de la fiducie. Lorsque le fiduciaire n'est pas domicilié en France, la déclaration d'existence est déposée auprès du service des impôts des non-résidents.**

La déclaration d'existence est établie sur un formulaire homologué *(Décr. n° 2021-300 du 18 mars 2021, art. 34-1° et 48, applicable à compter du 1er janv. 2023)* **« par l'autorité désignée à l'article 3 du décret n° 98-1083 du 2 décembre 1998 relatif aux simplifications administratives ». Elle comporte la dénomination exacte de la fiducie, les nom et adresse du fiduciaire ou, en cas de pluralité de fiduciaires, de celui expressément désigné dans le contrat de fiducie pour agir pour le compte de la fiducie, les noms et adresses des constituants de la fiducie, l'objet de la fiducie, et la date d'effet de l'événement objet de la formalité.**

La déclaration est signée par le fiduciaire ou, en cas de pluralité de fiduciaires, par celui expressément désigné dans le contrat de fiducie pour agir pour le compte de la fiducie ou de son mandataire.

(Décr. n° 2021-300 du 18 mars 2021, art. 34-2° et 48, applicable à compter du 1er janv. 2023) **« Le deuxième alinéa, dans sa rédaction issue du décret n° 2021-300 du 18 mars 2021, peut être modifié par décret. »**

TITRE DEUXIÈME DISPOSITIONS DIVERSES

CHAPITRE PREMIER COMMISSIONS ADMINISTRATIVES DES IMPÔTS

I *COMMISSION COMMUNALE DES IMPÔTS DIRECTS*

Art. 345 **La commission communale des impôts directs prévue à l'article 1650 du code général des impôts se réunit à la demande du directeur départemental ou, le cas échéant, régional des finances publiques ou de son délégué et sur convocation du maire ou de l'adjoint délégué ou, à défaut, du plus âgé des commissaires titulaires.**

Les membres de la commission délibèrent en commun, à la majorité des suffrages. Ils ne peuvent prendre aucune détermination s'ils ne sont au nombre de cinq, au moins, présents. En cas de partage égal des voix, la voix du président est prépondérante.

I *BIS* COMMISSION INTERCOMMUNALE DES IMPÔTS DIRECTS

(Décr. n° 2009-303 du 18 mars 2009)

Art. 346 **Pour l'application du 2 de l'article 1650 A du code général des impôts, lorsque le périmètre de l'établissement public de coopération intercommunale se situe sur le territoire de plusieurs départements, le directeur départemental ou, le cas échéant, régional des finances publiques compétent est celui du département dans lequel l'établissement public de coopération intercommunale a son siège tel qu'il a été déterminé dans les statuts de cet établissement.**

Art. 346 A **La désignation des membres de la commission intercommunale des impôts directs intervient dans les deux mois à compter de l'installation de l'organe délibérant de l'établissement public de coopération intercommunale suivant le renouvellement général des conseils municipaux.**

A défaut de liste de présentation des contribuables prévue au 2 de l'article 1650 A du code général des impôts, les membres de la commission sont désignés d'office par le directeur départemental ou, le cas échéant, régional des finances publiques un mois

après mise en demeure de délibérer adressée à l'organe délibérant de l'établissement public de coopération intercommunale. Le directeur départemental ou, le cas échéant, régional des finances publiques mentionné à l'article 346 peut, sans mise en demeure, procéder à des désignations d'office si la liste de présentation ci-dessus mentionnée ne contient pas quarante noms dont quatre domiciliés en dehors du périmètre du groupement, ou contient des noms de personnes ne remplissant pas les conditions exigées au 1 de l'article 1650 A du code général des impôts.

En cas de décès, de démission ou de révocation de cinq au moins des membres de la commission, il est procédé dans les mêmes conditions à de nouvelles désignations.

Le mandat des commissaires ainsi désignés prend fin avec celui des commissaires choisis lors du renouvellement des délégués de l'organe délibérant de l'établissement public de coopération intercommunale.

Art. 346 B La commission intercommunale des impôts directs mentionnée à l'article 1650 A du code général des impôts se réunit à la demande du directeur départemental ou, le cas échéant, régional des finances publiques du département du siège de l'établissement public de coopération intercommunale ou de son délégué et sur convocation du président de l'établissement public de coopération intercommunale ou du vice-président délégué ou à défaut du plus âgé des commissaires titulaires dans un délai de deux mois à compter de cette demande. En cas de défaut de réunion de la commission dans ce délai, il est considéré qu'elle refuse de prêter son concours.

Si le directeur départemental ou, le cas échéant, régional des finances publiques n'a pas invité, avant le 31 janvier de l'année au titre de laquelle les modifications relatives aux évaluations foncières doivent être intégrées dans les rôles, le président de l'établissement public de coopération intercommunale à réunir la commission, ce dernier peut prendre l'initiative de la convoquer, après en avoir informé le directeur départemental ou, le cas échéant, régional des finances publiques.

Les membres de la commission délibèrent en commun à la majorité des suffrages. Ils ne peuvent prendre aucune décision s'ils ne sont au nombre de neuf au moins présents. En cas de partage égal des voix, la voix du président est prépondérante.

II COMMISSION DÉPARTEMENTALE DES IMPÔTS DIRECTS ET DES TAXES SUR LE CHIFFRE D'AFFAIRES

Art. 347 I. — 1. Sous réserve des dispositions des deuxième et troisième alinéas ci-après, les représentants des contribuables sont désignés par *(Décr. n° 2017-769 du 4 mai 2017, art. 2-I-1° et 5, en vigueur le 1er sept. 2017)* « chaque organisation ou organisme représentatif au niveau départemental, compétent dans le ressort du tribunal administratif *[ancienne rédaction : les organisations ou organismes représentatifs au niveau départemental]* ».

Les organisations ou organismes à compétence interdépartementale désignent les représentants des contribuables parmi les professionnels exerçant dans le ressort de la commission.

Le représentant salarié visé à l'article 1651 B du code général des impôts est désigné par les organisations ou organismes nationaux représentatifs des ingénieurs et cadres supérieurs.

2. Les membres de la commission doivent être de nationalité française, âgés de vingt-cinq ans au moins et jouir de leurs droits civils.

L'expert-comptable visé à l'article 1651 du code général des impôts doit être inscrit au tableau régional de l'ordre et exercer son activité dans le ressort de la commission.

3. Les organisations ou organismes représentatifs adressent la liste des représentants qu'ils désignent au secrétariat de la commission le 1er décembre au plus tard, pour l'année suivante.

Les représentants des contribuables sont désignés pour une année. Leur mandat est renouvelable par tacite reconduction.

(Décr. n° 2017-769 du 4 mai 2017, art. 2-I-2° et 5, en vigueur le 1er sept. 2017) « Lorsqu'il existe dans le ressort du tribunal administratif compétent plusieurs organisations ou organismes ayant vocation à désigner des membres, le titulaire et les suppléants représentants des contribuables sont désignés par le président de la commission au vu des propositions de ces organisations ou organismes *[ancienne rédaction : Lorsqu'il existe dans un même département plusieurs organisations ou organismes ayant vocation à désigner des membres, et à défaut d'accord entre*

eux, les représentants des contribuables sont désignés par le préfet au vu des propositions de ces organisations ou organismes]. » — *Par dérogation aux dispositions du présent al., et pour la désignation des représentants des contribuables appelés à siéger à compter du 1er sept. 2017, les organisations ou organismes représentatifs adressent la liste des représentants qu'ils entendent désigner, conformément aux dispositions du présent art. dans la rédaction résultant du Décr. n° 2017-769 susvisé, au secrétariat de la commission établie au chef-lieu du département du siège du tribunal administratif le 1er août 2017 au plus tard (Décr. n° 2017-769 du 4 mai 2017, art. 5).*

En cas de retard, d'empêchement ou d'absence de désignation des représentants des contribuables, la commission est valablement constituée.

4. Les organismes consulaires doivent consulter les organisations patronales interprofessionnelles avant d'établir la liste des représentants qu'ils désignent.

II. — 1. Pour l'application du deuxième alinéa du I de l'article 1651 A du code général des impôts, les représentants des contribuables sont choisis parmi les propriétaires ruraux et exploitants agricoles, passibles de l'impôt sur le revenu au titre des bénéfices de l'exploitation agricole.

2. Pour l'application de l'article 1651 C du code général des impôts, les membres désignés par les fédérations départementales des syndicats d'exploitants agricoles *(Décr. n° 2017-769 du 4 mai 2017, art. 2-I-3° et 5, en vigueur le 1er sept. 2017)* **« compétentes dans le ressort du tribunal administratif » sont choisis parmi les propriétaires ruraux passibles de l'impôt sur le revenu dans la catégorie des bénéfices agricoles.**

3. Pour l'application de l'article 1651 D du code général des impôts, les membres désignés représentent les différentes régions agricoles *(Décr. n° 2017-769 du 4 mai 2017, art. 2-I-4° et 5, en vigueur le 1er sept. 2017)* **« comprises dans le ressort du tribunal administratif compétent** *[ancienne rédaction : du département]* **».**

Les représentants des contribuables désignés par *(Décr. n° 2017-769 du 4 mai 2017, art. 2-I-5°-a et 5, en vigueur le 1er sept. 2017)* **« les chambres d'agriculture compétentes dans le ressort du tribunal administratif** *[ancienne rédaction : la chambre d'agriculture]* **» sont choisis moitié parmi les propriétaires ruraux sur proposition des fédérations départementales des syndicats de la propriété agricole et des fédérations départementales des syndicats d'exploitants agricoles** *(Décr. n° 2017-769 du 4 mai 2017, art. 2-I-5°-b et 5, en vigueur le 1er sept. 2017)* **« compétentes dans le ressort du même tribunal » et moitié parmi les exploitants agricoles passibles de l'impôt sur le revenu au titre des bénéfices de l'exploitation agricole, sur proposition des fédérations départementales des syndicats d'exploitants agricoles** *(Décr. n° 2017-769 du 4 mai 2017, art. 2-I-5°-b et 5, en vigueur le 1er sept. 2017)* **« compétentes dans le ressort du même tribunal ».**

Lorsque la commission se prononce sur les tarifs d'évaluation ou les coefficients d'actualisation des valeurs locatives des bois et forêts, un des représentants des contribuables doit être propriétaire de bois et forêts ; il est appelé à siéger.

III. — Il est désigné deux suppléants pour un titulaire. Le nombre de suppléants peut toutefois être modifié dans les conditions et limites fixées par arrêté du ministre chargé du budget. — *V. Ann. IV, art. 170 undecies.*

IV. — Lorsqu'en matière de taxes sur le chiffre d'affaires la commission est saisie d'un litige intéressant un contribuable qui relève de l'administration des douanes et des droits indirects au regard desdites taxes, l'un des représentants de la direction générale des finances publiques peut être remplacé par un fonctionnaire de la direction générale des douanes et des droits indirects.

Art. 348 *I. — 1. Un agent de la direction* **générale des finances publiques remplit les fonctions de secrétaire de la commission, avec voix consultative. Un ou plusieurs agents de la même direction générale peuvent assister aux séances de la commission, en qualité de secrétaires adjoints. Ils ont également voix consultative.**

Lorsqu'en matière de taxes sur le chiffre d'affaires, la commission est saisie d'un litige intéressant un redevable qui relève de l'administration des douanes et des droits indirects au regard desdites taxes, l'un des secrétaires adjoints peut être un agent de la direction générale des douanes et des droits indirects.

2. Les secrétaires et secrétaires adjoints agissent pour ordre et par délégation du président de la commission.

II. — 1. Lorsque la commission est appelée à connaître des matières prévues aux articles 1651 A et 1651 C du code général des impôts, le secrétaire de la commission

informe le contribuable qu'il peut demander que l'un des représentants des contribuables soit désigné par une organisation ou un organisme professionnel de son choix. Le contribuable dispose alors d'un délai de trente jours pour faire connaître sa réponse.

Lorsque le contribuable est à la fois inscrit au répertoire des métiers et immatriculé au registre du commerce et des sociétés, il est invité par le secrétaire de la commission à faire connaître son activité principale dans un délai de trente jours à compter de la réception de la demande. Les représentants des contribuables correspondant à l'activité principale exercée par l'intéressé sont appelés à siéger.

2. La commission se réunit sur convocation de son président, qui arrête, pour chaque affaire, sa composition.

III. – Lorsque la commission se réunit en application des articles 1503, 1510 et 1518 du code général des impôts, les personnes concernées sont invitées à se faire entendre ou à faire parvenir leurs observations écrites. A cette fin, elles sont convoquées dix jours au moins avant la réunion de la commission.

Elles peuvent y déléguer un mandataire dûment habilité. – *V. LPF, art. L. 60 et R.* 60-1 à R.* 60-3.*

IV. – 1. La commission *(Abrogé par Décr. n° 2017-769 du 4 mai 2017, art. 2-II-1° et 5, à compter du 1er sept. 2017)* ***« départementale »*** **peut se réunir en sections, comprenant, outre un magistrat du tribunal administratif, président, un représentant de l'administration et deux représentants des contribuables.**

Le président de la commission arrête la composition des sections.

Les sections connaissent des affaires qui leur sont envoyées par le président de la commission.

(Abrogé par Décr. n° 2017-769 du 4 mai 2017, art. 2-II-2° et 5, à compter du 1er sept. 2017) ***« 2. Le président du tribunal administratif peut, sur requête du directeur départemental ou, le cas échéant, régional des finances publiques et lorsque le nombre d'affaires le justifie, faire fonctionner plusieurs commissions dans un même département. »***

(Décr. n° 2017-769 du 4 mai 2017, art. 2-II-3° et 5, en vigueur le 1er sept. 2017) **« 2. La commission est installée au chef-lieu du département du siège du tribunal administratif. »**

V. – Le quorum est égal à la moitié du nombre des membres appelés à siéger, quelle que soit la formation.

Art. 348 A 1. *Transféré ss. art. R. 1-3 LPF.*

2. *Transféré ss. art. R.* 1-2 LPF.*

Art. 348 B **I. – 1. Les membres de la commission sont âgés de vingt-cinq ans au moins et jouissent de leurs droits civils.**

L'expert-comptable mentionné à l'article 1651 H du code général des impôts est inscrit au tableau de l'ordre et exerce son activité en France.

2. Les organisations ou organismes représentatifs mentionnés aux articles 1651 J et 1651 K du code général des impôts adressent la liste des représentants qu'ils désignent au secrétariat de la commission le 1er décembre au plus tard, pour l'année suivante.

Les représentants des contribuables sont désignés pour une année. Leur mandat est renouvelable par tacite reconduction.

Lorsqu'il existe plusieurs organisations ou organismes ayant vocation à désigner des membres, et à défaut d'accord entre eux, les représentants des contribuables sont désignés par le président de la commission au vu des propositions de ces organisations ou organismes.

3. CCI France consulte les organisations patronales interprofessionnelles avant d'établir la liste des représentants qu'elle désigne.

II. – Il est désigné deux suppléants pour un titulaire. Le nombre de suppléants peut toutefois être modifié dans les conditions et limites fixées par arrêté du ministre ***chargé du budget.***

III. – Lorsqu'en matière de taxes sur le chiffre d'affaires la commission est saisie d'un litige intéressant un contribuable qui relève de l'administration des douanes et droits indirects au regard desdites taxes, l'un des représentants de la direction générale des finances publiques peut être remplacé par un fonctionnaire de la direction générale des douanes et droits indirects.

Art. 348 C I. — 1. Un agent de la direction générale des finances publiques remplit les fonctions de secrétaire de la commission, avec voix consultative. Un ou plusieurs agents de la même direction générale peuvent assister aux séances de la commission, en qualité de secrétaires adjoints. Ils ont également voix consultative.

Lorsqu'en matière de taxes sur le chiffre d'affaires la commission est saisie d'un litige intéressant un redevable qui relève de l'administration des douanes et droits indirects au regard desdites taxes, l'un des secrétaires adjoints peut être un agent de la direction générale des douanes et droits indirects.

2. Les secrétaires et secrétaires adjoints agissent pour ordre et par délégation du président de la Commission nationale des impôts directs et des taxes sur le chiffre d'affaires.

II. — Lorsque la commission est saisie d'un litige prévu aux articles 1651 I et 1651 K du code général des impôts, le secrétaire informe le contribuable qu'il peut demander que l'un des représentants des contribuables soit désigné par une organisation ou un organisme professionnel de son choix. Le contribuable dispose alors d'un délai de trente jours pour faire connaître sa réponse.

III. — 1. La commission se réunit sur convocation de son président, qui arrête, pour chaque affaire, sa composition.

2. La commission réside à Paris.

3. Les représentants de l'administration appelés à siéger au sein de la commission sont désignés par le directeur chargé de *(Décr. n° 2019-559 du 6 juin 2019, art. 3)* « la direction régionale des finances publiques d'Île-de-France et de Paris ».

IV. — Le quorum est égal à la moitié du nombre des membres appelés à siéger, quelle que soit la formation.

III *COMMISSION DÉPARTEMENTALE DE CONCILIATION*

Art. 349 *Abrogé par Décr. n° 2012-431 du 29 mars 2012.*

Art. 350 *Abrogé par L. n° 63-1316 du 27 déc. 1963, art. 14.*

Art. 350 A 1. Dans les départements de la Corse-du-Sud et de la Haute-Corse et dans les départements d'outre-mer, les fonctionnaires de la direction générale des finances publiques ayant au moins le grade d'inspecteur divisionnaire appelés à faire partie de la commission départementale de conciliation instituée par l'article 1653 A du code général des impôts peuvent être remplacés par des inspecteurs des finances publiques.

2. A défaut de chambre de notaires et d'organismes professionnels ou syndicaux visés au 4° et au 5° du I de l'article 1653 A précité, le notaire et les représentants des contribuables à la commission départementale de conciliation sont désignés par le préfet.

Art. 350 B *Transféré ss. art. R. 59 B-2 LPF.*

Art. 350 C Les membres non fonctionnaires des commissions départementales de conciliation bénéficient, s'il y a lieu, d'indemnités journalières pour frais de mission dans les conditions et sur la base des taux prévus par les dispositions réglementaires concernant les indemnités de frais de mission allouées aux fonctionnaires et agents de l'État classés dans le groupe II.

Ils obtiennent le remboursement de leurs frais réels de transport aux tarifs appliqués d'après ce classement.

IV *COMITÉ CONSULTATIF DU CRÉDIT D'IMPÔT POUR DÉPENSES DE RECHERCHE*

(Décr. n° 2016-766 du 9 juin 2016, art. 1er)

Art. 350 CA Les représentants de l'administration fiscale appelés à siéger au sein du comité prévu à l'article 1653 F du code général des impôts sont désignés par le directeur régional des finances publiques d'Île-de-France et du département de Paris.

Les représentants du ministère chargé de la recherche appelés à siéger au sein du comité sont désignés par le directeur général de la recherche et de l'innovation.

Les représentants du ministère chargé de l'innovation appelés à siéger au sein du comité sont désignés par le directeur général des entreprises.

Un agent appartenant à un corps de catégorie A de la direction générale des finances publiques remplit les fonctions de secrétaire auprès du comité. Un ou plusieurs agents de la même direction générale peuvent assister aux séances du comité en qualité de secrétaires adjoints. Le secrétaire et, le cas échéant, les secrétaires adjoints ont voix consultative. Ils agissent pour ordre et par délégation du président du comité.

Le comité siège à Paris. Il se réunit sur convocation de son président qui arrête, pour chaque affaire, sa composition.

Avec l'accord du président, les membres du comité peuvent participer aux débats au moyen d'une conférence téléphonique ou audiovisuelle.

Le quorum est atteint lorsque la moitié au moins des membres du comité sont présents, y compris les membres prenant part aux débats au moyen d'une conférence téléphonique ou audiovisuelle.

CHAPITRE II RÉGIME DE CERTAINS ORGANISMES ET SOCIÉTÉS *(Décr. nº 2012-398 du 22 mars 2012).*

SECTION PREMIÈRE SOCIÉTÉS DE PERSONNES, SOCIÉTÉS EN PARTICIPATION, GROUPEMENTS D'INTÉRÊT PUBLIC, SOCIÉTÉS À RESPONSABILITÉ LIMITÉE, EXPLOITATIONS AGRICOLES À RESPONSABILITÉ LIMITÉE ET SOCIÉTÉS CIVILES PROFESSIONNELLES

(Décr. nº 2019-654 du 27 juin 2019, art. 1er-I)

Art. 350 D et 350 E *Transférés ss. art. 38 sexdecies S et 38 sexdecies T.*

Art. 350 F I. – La notification de l'option prévue à l'article 239 du code général des impôts est adressée au service des impôts du lieu du principal établissement de la société ou du groupement qui souhaite exercer cette option.

La notification indique la désignation de la société ou du groupement et l'adresse du siège social, les nom, prénoms et adresse de chacun des associés, membres ou participants, ainsi que la répartition du capital social ou des droits entre ces derniers. Elle est signée dans les conditions prévues par les statuts ou, à défaut, par tous les associés, membres ou participants.

II. – La renonciation à l'option pour le régime des sociétés de capitaux prévue au dernier alinéa du 1 et au 3 de l'article 239 du code précité est adressée au service des impôts auprès duquel est souscrite la déclaration de résultats.

Cette renonciation contient la dénomination sociale de la société ou du groupement, le lieu du siège et, s'il est différent, du principal établissement de la société ou du groupement, ainsi que l'indication de l'exercice auquel elle s'applique.

Pour les sociétés de personnes qui ont opté avant le 1er janvier 1981 pour leur assujettissement à l'impôt sur les sociétés et qui peuvent renoncer à leur option dans les conditions mentionnées au 3 de l'article 239 du code précité, la renonciation doit intervenir avant la date d'ouverture du premier exercice auquel elle s'applique. Elle précise les liens de parenté entre les associés. En cas de renonciation à l'option, ces sociétés n'ont plus la possibilité de demander à être de nouveau assujetties à l'impôt sur les sociétés.

SECTION II ENTREPRENEUR INDIVIDUEL À RESPONSABILITÉ LIMITÉE *(Décr. nº 2012-398 du 22 mars 2012).*

(Décr. nº 2012-398 du 22 mars 2012)

Art. 350 *bis* *(Décr. nº 2019-654 du 27 juin 2019, art. 1er-II)* « I. – » Pour l'exercice de l'option prévue à l'article 1655 *sexies* du code général des impôts, l'entreprise individuelle à responsabilité limitée adresse une notification au service des impôts du lieu de son principal établissement.

La notification de l'option indique la dénomination et l'adresse de l'entreprise individuelle à responsabilité limitée, ainsi que les nom, prénom, l'adresse et la signature de l'entrepreneur individuel qui exerce son activité dans le cadre d'une entreprise individuelle à responsabilité limitée. *(Abrogé par Décr. nº 2019-654 du 27 juin 2019, art. 1er-II-2º) « Le service des impôts en délivre un récépissé. »*

L'option est notifiée avant la fin du troisième mois de l'exercice au titre duquel l'entrepreneur individuel, qui exerce son activité dans le cadre d'une entreprise individuelle à responsabilité limitée, souhaite être assimilé à une entreprise unipersonnelle à responsabilité limitée ou à une exploitation agricole à responsabilité limitée.

En cas de transformation d'une entreprise individuelle en une entreprise individuelle à responsabilité limitée, l'option est notifiée dans les trois mois suivant cette transformation. — *L'entrepreneur individuel exerçant son activité dans le cadre d'une entreprise individuelle à responsabilité limitée créée ou résultant d'une transformation d'une entreprise individuelle intervenue entre le 30 juill. 2011 et le 25 mars 2012 peut opter pour le régime de l'art. 1655 sexies dans les trois mois suivant cette dernière date (Décr. nº 2012-398 du 22 mars 2012, art. 2).*

(Décr. nº 2019-654 du 27 juin 2019, art. 1er-II-3º) **« II. — La renonciation à l'option pour l'impôt sur les sociétés prévue à l'article 1655 *sexies* du code général des impôts est adressée au service des impôts auprès duquel est souscrite la déclaration de résultats dans le délai prévu au troisième alinéa du 1 de l'article 239 du même code.**

« Cette renonciation contient l'indication de la dénomination de l'entreprise individuelle à responsabilité limitée, son adresse et, s'il est différent, le lieu de son principal établissement, ainsi que l'indication de l'exercice auquel elle s'applique. »

Art. 350 *ter* *Périmé.*

CHAPITRE III LES COMPÉTENCES DE LA DIRECTION GÉNÉRALE DES DOUANES ET DROITS INDIRECTS EN MATIÈRE DE CONTRIBUTIONS INDIRECTES ET DE RÉGLEMENTATIONS ASSIMILÉES

Art. 350 *quater* **I. La direction générale des douanes et droits indirects exerce les compétences prévues :**

1º Aux articles 306, 321, 412, 450, 454, 1562, 1565 *septies* du code général des impôts ;

2º Au premier alinéa de l'article 444 du code général des impôts ;

3º *Devenu sans objet (Ord. nº 2001-766 du 29 août 2001, art. 15-XI) ;*

4º A l'article 570 du code général des impôts ;

5º A l'article 625 du code général des impôts.

Les préfets ou sous-préfets désignent les fonctionnaires publics habilités à coter et parapher les registres prévus au premier alinéa du même article.

II. La direction générale des douanes et droits indirects exerce :

1º Les attributions prévues à l'article 319 du code général des impôts ;

2º *Devenu sans objet (L. nº 99-1173 du 30 déc. 1999, art. 18-IC-16) ;*

3º Le monopole de vente au détail mentionné au premier alinéa de l'article 568 du code général des impôts.

III. La direction générale des douanes et droits indirects est compétente :

1º Pour consulter le registre spécial dont la présentation peut être exigée en application de l'article 304 du code général des impôts ;

2º Pour requérir la représentation du registre mentionné à l'article 330 du code général des impôts ;

3º *Disposition devenue sans objet (Ord. nº 2004-281 du 25 mars 2004, art. 15-I).*

Art. 350 *quinquies* **La direction générale des douanes et droits indirects reçoit :**

1º La déclaration et les renseignements mentionnés à l'article 303 du code général des impôts ;

2º *Devenu sans objet (L. nº 98-1266 du 30 déc. 1998, art. 47) ;*

3º Les déclarations prévues aux articles 312, 327, 329 *(Décr. nº 2016-775 du 10 juin 2016, art. 4)* **« et 511 » du code général des impôts ;**

4º *Devenu sans objet (Décr. nº 2009-389 du 7 avr. 2009) ;*

5º *Devenu sans objet (Ord. nº 2004-281 du 25 mars 2004, art. 21-IV) ;*

6º Abrogé par Décr. nº 2016-775 du 10 juin 2016, art. 4 ;

7º *Devenu sans objet (L. nº 99-1173 du 30 déc. 1999, art. 18-IC-9 et 16) ;*

8º La déclaration mentionnée au premier alinéa de l'article 571 du code général des impôts et effectue les contrôles prescrits au deuxième alinéa du même article ;

9º Les déclarations et exerce les compétences mentionnées aux articles 308, 343, 455, 502 et 1565 du code général des impôts ;

10º *Devenu sans objet (Décr. nº 2007-484 du 30 mars 2007) ;*

11º *Devenu sans objet (L. nº 2002-1575 du 30 déc. 2002, art. 27).*

Art. 350 *sexies* Les conditions de délivrance et de retrait des dérogations à la règle posée par l'article 311 *bis* du code général des impôts sont fixées par arrêté du ministre chargé du budget.

Ces dérogations peuvent être accordées par arrêté du préfet sur proposition du directeur interrégional des douanes et droits indirects ou, en Guadeloupe, en Guyane, à La Réunion et à Mayotte, du directeur régional des douanes et droits indirects.

Art. 350 *septies* *(Abrogé par Décr. nº 2016-775 du 10 juin 2016, art. 4)* ***Les registres ou documents mentionnés au deuxième alinéa de l'article 425 doivent être représentés sur réquisition à la direction générale des douanes et droits indirects.***

Art. 350 *octies* *Devenu sans objet (L. nº 99-1173 du 30 déc. 1999, art. 18-IC-16).*

Art. 350 *nonies* *(Devenu sans objet, Décr. nº 2021-744 du 9 juin 2021, art. 3)* ***« La direction générale des douanes et droits indirects : »***

1° *Devenu sans objet (Ord. nº 2004-281 du 25 mars 2004, art. 12-II) ;*

(Devenu sans objet, Décr. nº 2021-744 du 9 juin 2021, art. 3) ***« 2° délivre les documents mentionnés au II de l'article 302 M du code général des impôts en application de l'article 468 du même code ; »***

3° *Devenu sans objet ;*

4° *Devenu sans objet (L. nº 99-1173 du 30 déc. 1999, art. 18-III-3°) ;*

5° *Abrogé (Décr. nº 2015-608 du 3 juin 2015).*

Art. 350 *decies* *(Devenu sans objet, Décr. nº 2019-559 du 6 juin 2019, art. 3)* ***Le service de la direction générale des douanes et droits indirects dont dépend le redevable est compétent pour recevoir le relevé prévu au deuxième alinéa du II de l'article 520 A du code général des impôts et pour liquider au vu de ce relevé le droit spécifique sur les bières et boissons non alcoolisées mentionné à ce même article.***

Art. 350 *undecies* La direction générale des douanes et droits indirects est compétente pour constater les manquants mentionnés au deuxième alinéa de l'article 575 D du code général des impôts et prescrire les mentions prévues au troisième alinéa du même article.

Art. 350 *duodecies* *(Abrogé par Décr. nº 2016-775 du 10 juin 2016, art. 4)* ***La direction générale des douanes et droits indirects est l'administration auprès de laquelle doivent être remboursés les frais d'exercice mentionnés à l'article 631 du code général des impôts.***

CHAPITRE IV COMPÉTENCES DES FONCTIONNAIRES DE LA DIRECTION GÉNÉRALE DES IMPÔTS

Art. 350 *terdecies* I. — Sous réserve des dispositions des articles 409 et 410 de l'annexe II au code général des impôts, seuls les fonctionnaires de la direction générale des finances publiques appartenant à des corps des catégories A et B peuvent fixer les bases d'imposition et liquider les impôts, taxes et redevances ainsi que proposer les rectifications. — *V. App., Décr. nº 2006-1723 du 23 déc. 2006.*

Les fonctionnaires mentionnés au premier alinéa peuvent se faire assister pour les opérations de contrôle par des fonctionnaires stagiaires et par tout autre fonctionnaire de la direction générale des finances publiques affecté ou non dans le même service déconcentré ou service à compétence nationale.

II. — *(Décr. nº 2021-1474 du 10 nov. 2021, art. 1er)* « 1. » Les fonctionnaires mentionnés au premier alinéa du I peuvent exercer les attributions que ces dispositions leur confèrent à l'égard des personnes physiques ou morales ou groupements de personnes de droit ou de fait qui ont déposé ou auraient dû déposer dans le ressort territorial du service déconcentré ou du service à compétence nationale dans lequel ils sont affectés une déclaration, un acte ou tout autre document ainsi qu'à l'égard des personnes ou groupements qui, en l'absence d'obligation déclarative, y ont été ou auraient dû y être imposés ou qui y ont leur résidence principale, leur siège ou leur principal établissement.

(Décr. nº 2021-1474 du 10 nov. 2021, art. 1er) « Ils sont également compétents dans le ressort territorial de leur service d'affectation pour dresser les procès-verbaux prévus au *d* de l'article L. 212 et à l'article L. 213 du même livre.

« 2. Les fonctionnaires territorialement compétents en application du 1 pour contrôler les déclarations de revenus, les déclarations de bénéfices ou de résultat d'une personne physique ou morale ou d'un groupement peuvent exercer les attributions définies au premier alinéa du I pour l'ensemble des impositions, taxes et redevances dues par ce contribuable, quel que soit le lieu d'imposition ou de dépôt des déclarations ou actes relatifs à ces impositions, taxes et redevances.

« 3. Les fonctionnaires mentionnés au premier alinéa du I peuvent exercer les attributions que ces dispositions leur confèrent à l'égard des personnes physiques ou morales et des groupements liés aux personnes ou groupements qui relèvent de leur compétence en application du 1.

« Les liens existant entre les personnes ou groupements s'entendent de l'appartenance ou du rattachement à un même foyer fiscal, de l'exercice d'un rôle de direction de droit ou de fait, d'une relation d'association, de subordination ou d'interposition, ou de l'appartenance à un même groupe d'intérêts. Les arrêtés d'attributions des services déconcentrés et des services à compétence nationale définissent, s'il y a lieu, la compétence des agents au regard des personnes unies par ces liens.

« III. — Par dérogation au II, les fonctionnaires mentionnés au premier alinéa du I peuvent exercer les attributions que ces dispositions leur confèrent à l'égard des actes et déclarations déposés au service national de l'enregistrement lorsque le défunt, s'agissant des déclarations de succession, ou les personnes physiques ou morales ou groupements de personne*[s]* de droit ou de fait, dans les autres cas, sont domiciliés dans le ressort territorial de leur service d'affectation. »

(Abrogé par Décr. n° 2021-1474 du 10 nov. 2021, art. 1er) *« IV. — Sans préjudice des dispositions des II et III, les fonctionnaires mentionnés au premier alinéa du I sont compétents pour contrôler et liquider les droits d'enregistrement, la taxe de publicité foncière, l'impôt (Décr. n° 2018-404 du 29 mai 2018, art. 1er-3°) « sur la fortune immobilière », les droits de timbre et taxes assimilées, lorsque est situé dans le ressort territorial de leur service d'affectation soit le lieu de dépôt des actes ou déclarations, soit le lieu de situation ou d'immatriculation du bien servant à la base des impositions, taxes et redevances ou, s'agissant de titres, le lieu de souscription de la déclaration de résultats par la société émettrice ou le lieu de situation des biens servant à la détermination de la valeur de ces titres.*

« Ils sont également compétents dans le ressort territorial de leur service d'affectation pour dresser, en vertu de l'article R. 213-4 du Livre des procédures fiscales, les procès-verbaux prévus au d de l'article L. 212 et à l'article L. 213 de ce livre.

« V. — Sans préjudice des dispositions des II, III et IV, les fonctionnaires mentionnés au premier alinéa du I peuvent exercer leurs attributions à l'égard des personnes physiques ou morales et des groupements liés aux personnes ou groupements qui relèvent de leur compétence.

« Les liens existant entre les personnes ou groupements s'entendent de l'appartenance ou du rattachement à un même foyer fiscal, de l'exercice d'un rôle de direction de droit ou de fait, d'une relation d'association, de subordination ou d'interposition, ou de l'appartenance à un même groupe d'intérêts. Les arrêtés d'attributions des services déconcentrés et des services à compétence nationale définissent, s'il y a lieu, la compétence des agents au regard des personnes unies par ces liens. »

VI. — Sans préjudice des dispositions du I, les fonctionnaires de la direction générale des finances publiques appartenant à des corps de catégorie C sont également compétents pour procéder au contrôle et proposer des rectifications de la taxe prévue au I de l'article 1605 du code général des impôts.

VII. — Par dérogation aux dispositions du II, les fonctionnaires compétents pour procéder au contrôle et proposer des rectifications de la taxe prévue au I de l'article 1605 précité exercent leurs attributions dans le ressort territorial de la région dans laquelle est situé le service auquel ils sont affectés ou, s'il est plus étendu, dans le ressort territorial de ce service.

(Décr. n° 2017-1295 du 21 août 2017) « VIII. — Par dérogation au II, les fonctionnaires mentionnés au premier alinéa du I peuvent exercer les attributions que cet alinéa leur confère pour le contrôle :

« 1° Des déclarations qui doivent être souscrites ainsi que des impôts, droits, taxes et sommes, quelle qu'en soit la nature, dus par :

« *a)* Les personnes physiques ou morales, les groupements de personnes de fait ou de droit et toutes entités, quelle que soit leur nature juridique, de nationalité française ou étrangère, non domiciliés ou établis fiscalement en France mais disposant de revenus de source française ou disposant, à quelque titre que ce soit, directement ou indirectement, d'une ou de plusieurs habitations ou biens immobiliers dans ce pays ;

« *b)* Les personnes physiques ou morales, les groupements de personnes de fait ou de droit et toutes entités, quelle que soit leur nature juridique, de nationalité française ou étrangère, n'ayant pas en France le lieu de leur domicile, établissement ou siège social, imposables ou taxables en France en application des dispositions du code général des impôts ou des stipulations d'une convention internationale ;

« *c)* Tout assujetti n'ayant pas le siège de son activité en France mais y réalisant des opérations taxables ;

« *d)* Les fonctionnaires et agents de l'État en service à l'étranger ou les fonctionnaires et autres agents au service de la Commission européenne, qu'ils disposent ou non d'une habitation en France, à l'exception de ceux qui y ont conservé leur foyer fiscal ;

« *e)* Les personnes transférant leur domicile hors de France, imposables en France en vertu des articles 167 ou 167 *bis* du code général des impôts ;

« 2° Des déclarations souscrites et des retenues et perceptions à la source dues par les établissements payeurs et débiteurs divers à raison des rémunérations, revenus et gains de toute nature versés à des personnes physiques ou morales, groupements ou entités domiciliés ou établis en France ou hors de France ;

« 3° Des exonérations, abattements, remboursements ou restitutions, quelle qu'en soit la nature, qui bénéficient aux personnes, groupements ou entités domiciliés ou établis en France ou hors de France ainsi qu'aux organisations internationales établies dans ce pays. »

1. Service territorialement compétent. Les agents des impôts compétents pour procéder aux rectifications des droits de mutation portant sur des actes ayant fait l'objet d'une formalité fusionnée et mettre en recouvrement les impositions qui en résultent sont ceux affectés au lieu de situation de l'immeuble. • Com. 23 sept. 2008, n° 07-16.627 • 11 mars 2008, n° 06-19.751. ♦ Dès lors, le critère de la compétence de l'agent tel qu'établi par la jurisprudence antérieure fondé sur le siège du bureau des hypothèques est abandonné. * BOI-CF-DG-30 n° 160 du 21 déc. 2017.

2. L'art. 350 *terdecies*-I et II, de l'Annexe III prévoit que les fonctionnaires de la DGI (actuellement DGFiP) compétents pour fixer les bases d'imposition, liquider l'ISF et proposer des rectifications peuvent exercer ces attributions à l'égard des personnes physiques qui ont déposé ou auraient dû déposer une déclaration dans le ressort territorial de leur service. Si le IV de cet art. dispose que les fonctionnaires susvisés sont compétents pour contrôler et liquider l'ISF lorsque le bien servant à la base des impositions est situé dans le ressort territorial de leur service d'affectation, cette disposition ne permet pas à ces mêmes fonctionnaires de proposer les rectifications envisagées, de sorte qu'une telle notification relève exclusivement des fonctionnaires du service dans le ressort territorial duquel la déclaration a été déposée ou aurait dû être déposée. • Com. 27 mars 2019, n° 17-18.696.

3. En application de l'art. 350 *terdecies*-II de l'annexe III, l'inspecteur d'une direction départe*mentale* des services fiscaux, compétent, pour contrôler les déclarations de revenu global d'une personne physique domiciliée dans le ressort territorial de cette direction, peut également contrôler la situation de la société dont celui-ci est le gérant, alors même que le siège de cette société est situé dans un autre département, ainsi que, le cas échéant, lui infliger des amendes résultant des constatations de fait opérées lors de ce contrôle. • CAA Lyon, 9 févr. 2017, *SCI 3 ME*, n° 15LY03379 : *RJF 2017. 458.*

4. En application du « droit de suite » prévu par l'art. 350 *terdecies*-III de l'annexe III : le service compétent pour procéder au contrôle des comptes d'une société dont le siège est situé dans son ressort territorial l'est également pour prononcer la déchéance du régime de faveur des marchands de biens prévu par l'art. 1115 pour un immeuble inscrit en comptabilité mais situé en dehors de son ressort territorial. • Com. 19 janv. 2010, n° 09-65.679 : *RJF 2010. 546.* ♦ Le service compétent pour contrôler les déclarations de chiffre d'affaires déposées pour une entreprise étrangère par son représentant fiscal devenu mandataire est compétent pour étendre son contrôle aux bases imposables à la taxe professionnelle due par l'entreprise étrangère à raison de ses activités professionnelles exercées en France, alors même que son siège social se situait au Royaume-Uni, ainsi que pour notifier d'éventuels redressements ou rectifications, quel que fut le lieu d'imposition ou de dépôt des déclarations ou actes relatifs à cette taxe. • CAA Nantes, 16 juin 2011, *Sté Greenbank Holidays LTD*, n° 09NT03086 : *RJF 2011. 1309.*

5. Les agents de catégorie A ou B d'une direction de contrôle fiscal (Dircofi) sont compétents pour effectuer le contrôle des déclarations souscrites par les contribuables domiciliés dans le ressort de cette direction, sans avoir à mettre en œuvre le « droit de suite » résultant des dispositions combinées des I, II et V de l'art. 350 *terdecies* de l'annexe III qui les autorise à exercer leurs attributions à l'égard des personnes physiques liées aux personnes morales devant souscrire leurs déclarations dans le ressort de la direction de contrôle fiscal à laquelle ils sont affectés. • CAA Versailles, 14 janv. 2017, n° 16VE03433 : *RJF 2018. 378.*

6. Le service des impôts de Menton est compétent, en application de l'art. 350 *terdecies* de l'annexe III, pour établir les impositions supplémentaires assignées à un résident fiscal de France qui, se croyant à tort résident de Monaco, a déposé ses déclarations auprès de ce centre en application de l'art. 121 Z *quinquies* de l'annexe IV. • CE 25 oct. 2010, n° 328533 : *RJF 2011. 37 ; Dr. fisc. 2011. 275, note Dieu.* ♦ Sur le contrôle d'une SCI de location dont l'immeuble est situé dans les Alpes-Maritimes et le siège social à Monaco, V. • TA Montreuil, 2 mars 2021, n° 1804109 : *RJF 2021. 622.*

Art. 350 *quaterdecies* Peuvent consulter sur place les registres et documents de toute nature, dans les conditions prévues au IV de l'article L. 16-0 BA du livre des procédures fiscales, les fonctionnaires de catégories A et B qui ont compétence pour :

1° Fixer les bases d'imposition, liquider les impôts, taxes et redevances et proposer les rectifications au sens de l'article 350 *terdecies* ;

2° Rechercher les manquements aux règles de facturation dans les conditions prévues aux articles R. 80 F-1 à R. 80 F-3 du livre des procédures fiscales.

Art. 350 *quindecies* I. — L'autorité compétente de l'État mentionnée au second alinéa de l'article 716, au premier alinéa de l'article 805, à l'article 808, à la seconde phrase du second alinéa du II de l'article 1066, au second alinéa du II de l'article 1384 A, à la première phrase du second alinéa du II de l'article 1518 et au 2 de l'article 1960 du code général des impôts est le directeur départemental ou, le cas échéant, régional des finances publiques.

II. — Les comptables publics mentionnés *(Abrogé par Décr. n° 2021-6 du 5 janv. 2021, art. 1er-3°)* *« au 1° du c du 1 de l'article 302 bis Y et »* au douzième alinéa de l'article 1018 A du code général des impôts sont les comptables de la direction générale des finances publiques.

Les comptables publics mentionnés au cinquième alinéa du II *ter* de l'article 208 C du même code sont les comptables de la direction générale des finances publiques du lieu d'imposition défini à l'article 218 A du code général des impôts.

LIVRE DEUXIÈME RECOUVREMENT DE L'IMPÔT

CHAPITRE PREMIER PAIEMENT DE L'IMPÔT

SECTION PREMIÈRE IMPÔTS DIRECTS ET TAXES ASSIMILÉES

I *RÔLE ET AVIS D'IMPOSITION*

(Décr. n° 2016-1116 du 11 août 2016, art. 1er et 2)

1 ÉTABLISSEMENT ET MISE EN RECOUVREMENT DES RÔLES

(Décr. n° 2016-1116 du 11 août 2016, art. 1er et 2)

Art. 351 *(Décr. n° 2016-1116 du 11 août 2016, art. 1er et 2, applicable aux rôles émis à compter du 9 sept. 2016)* En application de l'article 1658 du code général des impôts, les rôles d'impôts directs et taxes assimilées sont rendus exécutoires :

1° Par arrêté du directeur général des finances publiques, s'agissant des rôles généraux d'impôt sur le revenu et de prélèvements sociaux recouvrés comme en matière d'impôt sur le revenu ;

2° Par arrêté du préfet, s'agissant des autres rôles.

Art. 352 *Abrogé par Décr. n° 79-227 du 13 mars 1979.*

II *EXIGIBILITÉ DE L'IMPÔT*

Art. 353 *Abrogé.*

Art. 354 à 357 *Transférés ss. art. R. 277-3 à R. 277-6 LPF.*

2 IMPÔT SUR LE REVENU

Art. 357 A *(Abrogé par Décr. n° 2017-975 du 10 mai 2017, art. 2-2° et 3, mod. par Décr. n° 2017-1750 du 22 déc. 2017, art. 2, à compter du 1er janv. 2019)* ***Donnent lieu aux versements d'acomptes prévus par l'article 1664 du code général des impôts les impositions à l'impôt sur le revenu pour lesquelles le contribuable a été compris dans les rôles de l'année précédente et qui ont été mises en recouvrement au cours de ladite année.***

La L. n° 71-505 du 29 juin 1971 a prévu, au choix du contribuable, le paiement mensuel de l'impôt sur le revenu. — V. art. 1681 A à 1681 E du code.

Art. 357 B *(Abrogé par Décr. n° 2017-975 du 10 mai 2017, art. 2-2° et 3, mod. par Décr. n° 2017-1750 du 22 déc. 2017, art. 2, à compter du 1er janv. 2019)* ***Le montant des versements à effectuer est calculé d'après le montant des impositions correspondantes de l'année précédente, compte tenu du montant des dégrèvements accordés jusqu'au 31 décembre de ladite année et des cotisations au paiement desquelles le contribuable est, à la même date, en droit de surseoir en vertu d'une disposition légale.***

Art. 357 C *(Abrogé par Décr. n° 2017-975 du 10 mai 2017, art. 2-2° et 3, mod. par Décr. n° 2017-1750 du 22 déc. 2017, art. 2, à compter du 1er janv. 2019)* ***La succession de tout contribuable qui, compris dans les rôles de l'année précédente, sera décédé avant le 1er janvier de l'année courante, est dispensée des versements prévus à l'article 1664 du code général des impôts.***

Art. 357 D *Abrogé.*

Art. 357 E *(Décr. n° 2017-975 du 10 mai 2017, art. 1er-1° et 3, mod. par Décr. n° 2017-1750 du 22 déc. 2017, art. 2, en vigueur le 1er janv. 2019)* **Le recouvrement des acomptes prévus au 2° du 2 de l'article 204 A du code général des impôts et à l'article L. 136-6-1 du code de la sécurité sociale, en application du 7 de l'article 1663 C du code général des impôts, ainsi que le recouvrement du complément de retenue à la source prévu au 2 du IV de l'article 204 H du même code, en application du dernier alinéa de ce 2, sont assurés par le comptable chargé du recouvrement des impôts directs détenteur des rôles servant de base au calcul desdits acomptes.**

Ancien art. 357 E *Les versements effectués en vertu des articles 357 A à 357 C sont encaissés par le comptable chargé du recouvrement des impôts directs détenteur des rôles servant de base auxdits versements ou pour son compte, dans les conditions prévues par l'article 1680 du code général des impôts. Le débiteur est tenu, au moment du versement, d'indiquer les numéros des rôles et des articles dont le montant sert de base au calcul du versement et de fournir toutes précisions utiles sur l'origine des déductions que ledit montant aurait pu subir en vertu des dispositions de l'article 357 B — premier alinéa.*

Le montant des versements sera ultérieurement imputé en l'acquit des impositions à l'impôt sur le revenu établies, au cours de l'année pendant laquelle les versements auront été effectués, à raison des revenus réalisés par le contribuable pendant l'année précédente.

Si, par suite d'un changement de domicile, les rôles de l'année courante sont pris en charge par un autre comptable chargé du recouvrement des impôts directs, le contribuable est tenu de justifier de ses versements au nouveau comptable. Faute par lui de satisfaire à cette obligation, le contribuable supportera à sa charge les frais afférents aux poursuites exercées pour le recouvrement des impôts en l'acquit desquels auraient dû être imputés les versements.

Art. 357 F *(Abrogé par Décr. n° 2017-975 du 10 mai 2017, art. 2-2° et 3, mod. par Décr. n° 2017-1750 du 22 déc. 2017, art. 2, à compter du 1er janv. 2019)* ***Les poursuites visées au 2 de l'article 1664 du code général des impôts seront exercées en vertu des rôles servant de base au calcul du versement.***

Art. 357 G **La majoration, établie par l'article 1730 du code général des impôts, pourra faire l'objet de remises ou de modérations, dans les conditions qui ont été prévues pour la remise ou la modération des frais de poursuites, en application du 2° bis de l'article L. 247 du livre des procédures fiscales.**

Art. 357 H *(Abrogé par Décr. n° 2017-975 du 10 mai 2017, art. 2-2° et 3, mod. par Décr. n° 2017-1750 du 22 déc. 2017, art. 2, à compter du 1er janv. 2019)* ***I. — Les contribuables qui perçoivent des revenus entrant dans la catégorie des traitements, salaires, indem-***

nités, pensions et rentes viagères mentionnés au septième alinéa de l'article 1 A du code général des impôts bénéficient, sur leur demande, de délais de paiement pour l'impôt sur le revenu dû par le foyer fiscal au titre de l'année précédente.

Les comptables de la direction générale des finances publiques sont tenus d'accorder ces délais de paiement si une baisse de plus de 30 % est constatée entre le montant des revenus mentionnés au premier alinéa et perçus au titre du mois où est formulée la demande et un montant de référence égal à la moyenne de ces mêmes revenus perçus par le foyer fiscal au cours des trois derniers mois précédents.

Si le foyer fiscal dispose d'autres catégories de revenus, la baisse constatée au deuxième alinéa est rapportée au montant de référence majoré du montant mensuel moyen des autres revenus déclarés l'année précédente pour apprécier si le taux de 30 % est atteint.

II. — Pour bénéficier des délais de paiement mentionnés au I, les contribuables doivent produire à l'appui de leur demande les pièces justifiant le montant des revenus.

Les contribuables qui ont fait l'objet d'une procédure d'imposition d'office en ce qui concerne l'impôt sur le revenu faisant l'objet de la demande de délais de paiement ne peuvent bénéficier des dispositions du I.

III. — Les délais de paiement prévus au I courent à compter du mois de la demande et jusqu'au 31 mars de l'année suivant celle de la mise en recouvrement de l'imposition.

Le comptable de la direction générale des finances publiques établit un contrat en double exemplaire qui fixe l'échéancier accordé au contribuable.

1. Des délais de paiement sont accordés aux particuliers chaque fois que ceux-ci justifient de circonstances exceptionnelles indépendantes de leur volonté, à l'appui de leur demande de délai de paiement. Le comptable examine avec soin les motifs de retard invoqués par le débiteur faisant ressortir de graves difficultés (maladie, décès, situation personnelle, etc.). Les demandes présentées par les contribuables qui sont sortis du système de paiement mensuel de l'impôt à la suite de difficultés financières justifiées sont examinées avec bienveillance. De plus, l'art. 357 H ouvre à certains contribuables touchés par une baisse soudaine et significative de leurs revenus le droit de bénéficier de délais de paiement de l'impôt sur les revenus perçus au cours de l'année précédente jusqu'au 31 mars de l'année suivante. Les contribuables qui ont fait l'objet d'une procédure d'imposition d'office ne peuvent bénéficier de cette disposition. * BOI-REC-PREA-20-10-10 n° 50 du 6 mai 2015.

2. Pour le cas particulier des baisses brutales de revenus, V. * BOI-REC-PART-10-30 du 12 sept. 2012. ♦ Dans les autres cas, lorsque des délais de paiement sont accordés, s'ils sont courts et exceptionnels, ils sont, pour la plupart, accompagnés par une remise totale de la majoration de retard de 10 %. * Rép. min. n° 66330 : *JOAN Q, 20 sept. 2016, p. 8438.*

2 *BIS* PRÉLÈVEMENT À LA SOURCE DE L'IMPÔT SUR LE REVENU

(Décr. n° 2017-866 du 9 mai 2017, art. 2-7° et 6, applicable aux revenus perçus ou réalisés à compter du 1er janv. 2018)

Art. 357 H *bis* 1. La demande d'accréditation du représentant fiscal prévue au 1 de l'article 1671 du code général des impôts mentionne :

a) Les nom ou raison sociale et adresse ou lieu du siège social du débiteur établi hors de France et du représentant fiscal ;

b) Sa date d'effet ;

c) Sa désignation par le débiteur établi hors de France ainsi que l'acceptation de cette désignation et son engagement d'accomplir les formalités incombant au débiteur et d'acquitter la retenue à la source exigible ;

2. Le représentant fiscal adresse sa demande d'accréditation au service des impôts des entreprises étrangères.

Ce service notifie au représentant l'octroi ou le refus de l'accréditation ;

3. Pour être accrédité, le représentant fiscal doit, au cours des douze derniers mois, avoir déposé dans les délais ses déclarations de résultats et de taxe sur la valeur ajoutée et s'être acquitté, dans les délais, du paiement de la taxe sur la valeur ajoutée et de l'impôt sur le revenu ou de l'impôt sur les sociétés. Après la délivrance de l'accréditation, la moralité fiscale du représentant est appréciée au regard du respect des obligations pour son compte et en qualité de représentant ;

4. L'accréditation est retirée :

a) Sur demande du débiteur établi hors de France ou du représentant fiscal ;

b) A l'issue de la période pour laquelle elle a été donnée ;

c) Lorsque le représentant fiscal ne remplit pas ses obligations fiscales personnelles ou les obligations auxquelles il est tenu au titre de sa désignation.

Les dispositions du présent art. s'appliquent aux revenus perçus ou réalisés à compter du 1er janv. 2019 (Décr. n° 2017-866 du 9 mai 2017, art. 6, mod. par Décr. n° 2017-1676 du 7 déc. 2017, art. 3).

Art. 357 H *ter* **Le versement prévu au 2 de l'article 1671 du code général des impôts est effectué :**

1° Pour les personnes entrant dans le champ de l'article L. 133-5-3 du code de la sécurité sociale, dans les mêmes délais que ceux prévus à l'article R. 243-6 du même code ;

2° Pour les personnes n'entrant pas dans le champ de l'article L. 133-5-3 du code de la sécurité sociale, au plus tard le 10 du mois suivant celui au cours duquel les sommes ont été précomptées.

V. note ss. art. 357 H bis.

Art. 357 H *quater* **1° L'employeur entrant dans le champ de l'option prévue à l'article R. 243-6-1 du code de la sécurité sociale ne peut exercer l'option prévue au quatrième alinéa du 2 de l'article 1671 du code général des impôts sans exercer l'option prévue à l'article R. 243-6-1 du code de la sécurité sociale. L'option pour le paiement trimestriel des cotisations vaut option pour le paiement trimestriel du prélèvement à la source, qui prend effet dans les mêmes conditions que celles mentionnées à l'article R. 243-6-1 précité, et la dénonciation de l'option pour le paiement trimestriel des cotisations vaut dénonciation de l'option pour le paiement trimestriel du prélèvement à la source ;**

2° L'employeur ayant un effectif de moins de onze salariés et n'entrant pas dans le champ de l'option prévue à l'article R. 243-6-1 du code de la sécurité sociale qui veut exercer l'option prévue au 2 de l'article 1671 du code général des impôts au titre d'une année civile en informe le service des impôts dont il relève avant le 31 décembre de l'année précédente ou au moment de l'emploi de son premier salarié. L'option est valable pour une durée de douze mois. A défaut de dénonciation avant le 31 décembre, elle est reconduite pour l'année suivante ;

3° L'option pour le paiement trimestriel du prélèvement à la source est sans incidence sur l'obligation déclarative mensuelle prévue à l'article 87-0 A du code général des impôts.

V. note ss. art. 357 H bis.

Art. 357 H *quinquies* **Le paiement est effectué par télérèglement par l'établissement collecteur des retenues à la source. Le télérèglement peut toutefois être effectué par un autre établissement du débiteur.**

V. note ss. art. 357 H bis.

3 IMPÔT SUR LES SOCIÉTÉS

Art. 358 **1. Les acomptes mentionnés au 1 de l'article 1668 du code général des impôts sont calculés par le redevable et versés spontanément au comptable de la direction générale des finances publiques du lieu d'imposition défini à l'article 218 A du même code.**

2. Chaque versement est accompagné d'un relevé fourni par l'administration, daté et signé de la partie versante et indiquant la nature du versement, son échéance, les montants à payer ainsi que la désignation et l'adresse du principal établissement de l'entreprise.

Art. 359 **1. Sous réserve des dispositions des cinquième à neuvième alinéas du 1 de l'article 1668 du code général des impôts, chacun des acomptes est égal au quart de *l'impôt liquidé* par application aux éléments de résultats mentionnés au premier alinéa du 1 du même article des taux correspondants fixés à l'article 219 du même code.**

Les résultats servant de base au calcul de chacun des acomptes sont ceux afférents au plus récent exercice ou, le cas échéant, à la dernière période d'imposition prévue à l'article 37 du code précité, clos à la date de son échéance et dont le délai de déclaration fixé au deuxième alinéa du 1 de l'article 223 du même code est expiré.

Le montant de l'acompte dont l'échéance est comprise entre la date de clôture d'un exercice ou la fin d'une période d'imposition et l'expiration du délai de déclaration fixé au deuxième alinéa du 1 de l'article 223 précité est régularisé sur la base des résultats de ce dernier exercice ou de cette dernière période d'imposition lors du versement de l'acompte suivant.

En cas d'exercice d'une durée inférieure ou supérieure à un an, les acomptes sont calculés sur la base des bénéfices rapportés à une période de douze mois.

2. Pour les sociétés en commandite simple et les sociétés en participation passibles de l'impôt sur les sociétés en application du 4 de l'article 206 du code général des impôts, les acomptes sont calculés en fonction de la part de bénéfices correspondant soit aux droits des commanditaires, soit à ceux des associés dont les noms et adresses n'ont pas été indiqués à l'administration.

3. Sont dispensés de verser des acomptes, les redevables pour lesquels le montant de l'impôt de référence mentionné aux alinéas précédents n'excède pas 3 000 €.

Art. 360 La liquidation de l'impôts sur les sociétés mentionnée au 2 de l'article 1668 du code général des impôts est réalisée par le redevable et détaillée sur un relevé de solde dont le modèle est fourni par l'administration, daté et signé de la partie versante et indiquant la nature du versement, son échéance, les éléments de liquidation, ainsi que la désignation et l'adresse du principal établissement de l'entreprise.

Le relevé de solde accompagné le cas échéant du complément d'impôt résultant de cette liquidation est adressé au comptable de la direction générale des finances publiques du lieu d'imposition défini à l'article 218 A du même code.

Les demandes de restitution de créances remboursables sont formulées sur ce relevé.

Art. 360 *bis* Les versements d'acomptes effectués au titre d'un exercice le sont au plus tard aux dates fixées ci-après en fonction des dates de clôture de l'exercice précédent :

DATE DE CLÔTURE COMPRISE ENTRE	1er ACOMPTE	2e ACOMPTE	3e ACOMPTE	4e ACOMPTE
Le 20 novembre et le 19 février inclus	15 mars	15 juin	15 septembre	15 décembre
Le 20 février et le 19 mai inclus	15 juin	15 septembre	15 décembre	15 mars
Le 20 mai et le 19 août inclus	15 septembre	15 décembre	15 mars	15 juin
Le 20 août et le 19 novembre inclus ..	15 décembre	15 mars	15 juin	15 septembre

Le dépôt du relevé de solde est effectué au plus tard le 15 du quatrième mois qui suit la clôture de l'exercice ou, si aucun exercice n'est clos en cours d'année, le 15 mai de l'année suivante.

Art. 361 Les versements effectués au titre de la seconde phrase du quatrième alinéa du 2 de l'article 1663 du code général des impôts sont accompagnés d'un relevé daté et signé, établi sur papier libre ou par voie électronique, indiquant la désignation, l'adresse, le numéro d'identité tel que défini au premier alinéa de l'article R. 123-221 du code de commerce de la société versante, la nature et le montant du versement, l'échéance à laquelle il se rapporte ainsi que la base de calcul.

Les versements effectués au titre du prélèvement mentionné au II *ter* de l'article 208 C du code général des impôts sont accompagnés d'un relevé établi dans les conditions prévues au premier alinéa. Le relevé détaille, en outre, l'identité et l'adresse des associés bénéficiaires des distributions soumises à ce prélèvement.

Art. 362 L'impôt dû par les organismes soumis à l'impôt sur les sociétés au titre des revenus visés au 5 de l'article 206 du code général des impôts et selon les modalités prévues à l'article 219 *bis* du même code est calculé sur la déclaration de résultat et versé spontanément dans le délai fixé pour le dépôt de cette déclaration au comptable de la direction générale des finances publiques du lieu d'imposition défini à l'article 218 A du même code.

Art. 363 à 366 AA *Abrogés par Décr. n° 2004-1152 du 29 oct. 2004, art. 1er-P, à compter du 1er nov. 2004.*

03 *BIS* IMPOSITION FORFAITAIRE ANNUELLE DES SOCIÉTÉS

Art. 366 A *bis* *Devenu sans objet (Décr. n° 2014-549 du 26 mai 2014).*

3 *BIS*

Art. 366 B et 366 C *Devenus sans objet (L. n° 2004-1484 du 30 déc. 2004, art. 25-III ; Décr. n° 2006-356 du 24 mars 2006).*

Art. 366 D à 366 I *Abrogés par Décr. n° 2004-1152 du 29 oct. 2004, art. 1er-P, à compter du 1er nov. 2004.*

3 *TER* CONTRIBUTION TEMPORAIRE SUR L'IMPÔT SUR LES SOCIÉTÉS

Art. 366 J et 366 K *Dispositions périmées.*

3 *QUATER* CONTRIBUTION SOCIALE SUR L'IMPÔT SUR LES SOCIÉTÉS

Art. 366 L Les versements anticipés prévus au I de l'article 1668 D du code général des impôts sont calculés et versés dans les conditions fixées à l'article 358.

Chaque versement anticipé est égal à 0,825 % du montant de l'impôt sur les sociétés calculé sur les résultats imposables aux taux mentionnés au I de l'article 219 du code général des impôts du plus récent exercice clos ou de la dernière période d'imposition arrêtée à la date de son échéance et diminué du montant de l'abattement défini au premier alinéa du I de l'article 235 *ter* ZC du code précité. Lorsque cet exercice ou cette période d'imposition est supérieur ou inférieur à douze mois, l'impôt de référence ainsi calculé est, en tant que de besoin, rapporté à une période de douze mois.

Le versement anticipé dont l'échéance est comprise entre la date de clôture d'un exercice ou la fin d'une période d'imposition et l'expiration du délai de déclaration fixé au deuxième alinéa du 1 de l'article 223 du code général des impôts est calculé et régularisé, au taux de 0,825 %, dans les conditions fixées au troisième alinéa du 1 de l'article 359.

Sont dispensées des versements anticipés les sociétés pour lesquelles le montant de la contribution sociale calculée sur l'impôt sur les sociétés de référence n'excède pas 3 000 €.

Art. 366 M Les dispositions prévues au 2 de l'article 359 et aux articles 360 et 360 *bis* s'appliquent à la contribution sociale et aux versements anticipés auxquels elle donne lieu.

Art. 366 N *Abrogé par Décr. n° 2004-1152 du 29 oct. 2004, art. 1er-P, à compter du 1er nov. 2004.*

4 *et* 5

Art. 367 à 368 *quater* *Abrogés.*

6 TAXE SUR LES SALAIRES

a *REMISE AU TRÉSOR DE LA TAXE SUR LES SALAIRES*

Art. 369 *1. Sous* réserve des dispositions de l'article 406 *terdecies*, les sommes dues au titre de la taxe sur les salaires sont versées au comptable chargé du service des impôts des entreprises du lieu dont relève le siège de l'entreprise ou le principal établissement ou le domicile de l'employeur, ou, pour les entreprises qui relèvent des dispositions de l'article 344-0 A, le comptable de la direction des grandes entreprises.

Lorsque le montant total de la taxe sur les salaires acquittée l'année précédente :

a) Est inférieur à 4 000 €, les employeurs versent les sommes dues au titre de la taxe sur les salaires à raison des rémunérations payées pendant l'année en cours dans les quinze premiers jours de l'année suivante ;

b) Est compris entre 4 000 € et 10 000 €, les employeurs versent les sommes dues au titre de la taxe sur les salaires à raison des rémunérations payées pendant un trimestre déterminé dans les quinze premiers jours du trimestre suivant ;

c) Est supérieur à 10 000 €, les employeurs versent les sommes dues au titre de la taxe sur les salaires à raison des rémunérations payées pendant un mois déterminé dans les quinze premiers jours du mois suivant.

2. Chaque versement, mensuel ou trimestriel, est accompagné d'un relevé dont le modèle est fixé par l'administration, daté et signé par l'employeur et indiquant notamment sa désignation, sa profession et son adresse, la période à laquelle s'applique ce versement et le montant de la taxe sur les salaires versés.

3. Une déclaration annuelle permettant la liquidation et la régularisation de la taxe sur les salaires, dont le modèle est fixé par l'administration, est déposée, datée et signée par l'employeur, au lieu fixé au 1 au plus tard le 15 janvier de l'année qui suit celle au titre de laquelle la taxe est due.

Cette déclaration indique, notamment, la désignation, la profession et l'adresse de l'employeur, le montant des rémunérations versées au cours de l'année concernée, le montant de la taxe correspondante, le montant des sommes restant dues ou devant être restituées après déduction, le cas échéant, des sommes déjà versées mensuellement ou trimestriellement au titre de la même année.

Elle est accompagnée, le cas échéant, de l'impôt ou du complément d'impôt exigible au titre de cette même année.

4. En cas de :

a) Transfert du siège, du principal établissement ou du domicile, les versements s'effectuent auprès du comptable du service des impôts des entreprises dont dépend la nouvelle adresse ;

b) Cession ou de cessation d'activité, l'employeur est tenu de souscrire dans les soixante jours, et au plus tard le 15 janvier de l'année suivante, la déclaration prévue au 3 accompagnée du paiement y afférent ;

c) Décès de l'employeur, la déclaration visée au 3 s'effectue dans les six mois du décès et au plus tard le 15 janvier de l'année suivante accompagnée du versement y afférent.

5. Les redevables qui estiment que le montant annuel de leur taxe sur les salaires n'excédera pas celui de la franchise en impôt prévue au deuxième alinéa de l'article 1679 du code général des impôts ou de l'abattement mentionné à l'article 1679 A du même code ne sont pas tenus de déposer chaque mois ou trimestre le relevé mentionné au 2. Les redevables dont le montant annuel de taxe sur les salaires n'excède pas ces mêmes franchise ou abattement sont dispensés du dépôt de la déclaration mentionnée au 3.

b

Art. 370 *Abrogé par Décr. n° 2003-1388 du 31 déc. 2003, art. 1er-C.*

c

Art. 371 à 373 *Abrogés par L. n° 59-1472 du 28 déc. 1959, art. 1er ; L. n° 63-1316 du 27 déc. 1963, art. 36 s., 44 et 57.*

d *TAXE SUR LES SALAIRES AFFÉRENTE AUX TRAITEMENTS À LA CHARGE DE L'ÉTAT ET DES COLLECTIVITÉS PUBLIQUES*

Art. 374 1. Les sommes dues au titre de la taxe sur les salaires pour des rémunérations à la charge de l'État et des collectivités ou établissements publics sont versées trimestriellement au comptable compétent mentionné à l'article 369.

Lorsque les rémunérations sont imputées sur le budget général de l'État ou sur les budgets annexes, le montant de la taxe sur les salaires est déterminé à raison de 4,25 % du montant des crédits ouverts pour le paiement de ces rémunérations.

En ce qui concerne les offices et établissements publics autonomes de l'État, ainsi que les établissements publics départementaux et communaux redevables de la taxe sur les salaires, le montant de la taxe est déterminé dans les conditions fixées à l'article 51.

2. *Abrogé.*

7 CONTRIBUTION ANNUELLE SUR LES REVENUS LOCATIFS

Art. 375 Lorsque la contribution mentionnée à l'article 234 *nonies* du code général des impôts est due par une personne morale ou un organisme visé au I de l'article 234 *duodecies* du même code, y compris les sociétés en commandite simple et les sociétés en participation passibles de l'impôt sur les sociétés en application du 4 de l'article 206 du code général des impôts, elle est recouvrée dans les conditions prévues aux articles 376 et 377.

Art. 376 L'acompte prévu au III de l'article 234 *duodecies* du code général des impôts est calculé par l'entreprise et acquitté spontanément lors du versement du quatrième acompte d'impôt sur les sociétés dans le délai prévu par l'article 360 *bis*. Pour les sociétés membres d'un groupe au sens de l'article 223 A du code général des impôts, ce délai correspond à celui qui aurait été fixé pour le versement du quatrième acompte d'impôt sur les sociétés si ces sociétés n'avaient pas donné l'accord ou exercé l'option mentionnés respectivement aux quatrième et cinquième alinéas de cet article.

Le versement correspondant est accompagné du relevé d'acompte mentionné au 2 de l'article 358.

L'entreprise est dispensée du versement de l'acompte lorsqu'il n'excède pas 100 €. — *Ces dispositions s'appliquent à compter du 1er nov. 2004.*

Art. 377 La liquidation de la contribution est réalisée par le redevable et détaillée sur le relevé de solde mentionné à l'article 360.

Ce relevé de solde est accompagné, le cas échéant, du complément d'impôt résultant de cette liquidation. — *Ces dispositions s'appliquent à compter du 1er nov. 2004.*

Art. 378 Lorsque la contribution mentionnée à l'article 234 *nonies* du code général des impôts est due par une société ou un groupement mentionné à l'article 234 *terdecies* du même code, à l'exception des sociétés en commandite simple et des sociétés en participation visées à l'article 375, elle est recouvrée dans les conditions prévues aux articles 379 et 380. — *Ces dispositions s'appliquent à compter du 1er nov. 2004.*

Art. 379 Le montant de l'acompte prévu au deuxième alinéa de l'article 234 *terdecies* du code général des impôts est calculé par l'entreprise et versé spontanément, au plus tard le 15 du dernier mois de l'exercice, au comptable de la direction générale des finances publiques du lieu d'imposition défini à l'article 218 A du même code.

Le versement est accompagné d'un relevé fourni par l'administration, daté et signé par le redevable et indiquant la nature du versement, son échéance, sa base de calcul et son montant ainsi que la désignation et l'adresse du principal établissement de l'entreprise.

L'entreprise est dispensée du versement de l'acompte lorsqu'il n'excède pas 100 €.

Art. 380 La liquidation de la contribution est réalisée et détaillée sur une déclaration fournie par l'administration, datée et signée par le redevable et indiquant la nature du versement, son échéance, les éléments de liquidation ainsi que la désignation et l'adresse du principal établissement de l'entreprise.

Le complément d'impôt résultant, le cas échéant, de cette liquidation est adressé spontanément, au plus tard à la date fixée pour le dépôt de la déclaration de résultat, au comptable de la direction générale des finances publiques mentionné au 1 de l'article 358.

Art. 381 Lorsque la contribution mentionnée à l'article 234 *nonies* du code général des impôts est due par une personne morale ou un organisme de droit public ou privé mentionné au premier alinéa de l'article 234 *quaterdecies* du même code, elle est recouvrée dans les conditions prévues aux articles 381 *bis* et 381 *ter*. — *Ces dispositions s'appliquent à compter du 1er nov. 2004.*

Art. 381 *bis* La contribution donne lieu au versement spontané d'un acompte déterminé selon les modalités définies au troisième alinéa de l'article 234 *quaterdecies* du code général des impôts, à effectuer au plus tard le 15 octobre de l'année de la perception des revenus soumis à la contribution. La somme ainsi calculée est versée au comptable de la direction générale des finances publiques mentionné au 1 de l'article 358.

L'entreprise est dispensée du versement de l'acompte lorsqu'il n'excède pas 100 €.

Art. 381 *ter* La liquidation de la contribution est réalisée au plus tard le 15 octobre de l'année qui suit celle de la perception des revenus soumis à la contribution ; elle est détaillée sur une déclaration datée et signée par le redevable et indiquant son échéance, les éléments de liquidation, la désignation et l'adresse du principal établissement de l'entreprise.

Cette déclaration est accompagnée, le cas échéant, du complément d'impôt résultant de cette liquidation après déduction de l'acompte acquitté l'année précédente au titre de l'année d'imposition, et du versement de l'acompte prévu à l'article 381 *bis*. Le montant et l'échéance de ce dernier y sont indiqués. *— Ces dispositions s'appliquent à compter du 1er nov. 2004.*

Art. 381 *quater* La contribution annuelle sur les revenus locatifs due par une personne morale ou un organisme mentionné au quatrième alinéa de l'article 234 *quaterdecies* du code général des impôts est calculée sur la déclaration de résultat et versée spontanément dans le délai fixé pour le dépôt de cette déclaration auprès du comptable de la direction générale des finances publiques du lieu d'imposition défini à l'article 218 A du même code.

Art. 381 *quinquies* à 381 *decies* *Abrogés par Décr. no 2004-1152 du 29 oct. 2004, art. 1er-P, à compter du 1er nov. 2004.*

8 RETENUE À LA SOURCE AFFÉRENTE AUX REVENUS DES ACTIONS ET PARTS, AUX REVENUS ASSIMILÉS ET AUX INTÉRÊTS ET PRODUITS DES OBLIGATIONS ET TITRES PARTICIPATIFS

Art. 381 A I. — La retenue à la source prévue au 2 de l'article 119 *bis* du code général des impôts prélevée par un établissement payeur dans les conditions du 2 de l'article 1672 du même code fait l'objet, dans les quinze premiers jours du mois suivant celui au titre duquel elle est due, d'un versement au service des impôts désigné *(Décr. no 2018-756 du 28 août 2018, art. 1er-1o)* « par arrêté du » ministre chargé du budget. *— V. Ann. IV, art. 188-0 H.*

II. — Chaque versement est accompagné du dépôt d'une déclaration établie sur une formule délivrée par l'administration.

III. — Un arrêté *(Décr. no 2018-756 du 28 août 2018, art. 1er-1o)* « du ministre chargé du budget » détermine la nature et le contenu des documents que les établissements payeurs doivent établir et conserver à la disposition de l'administration en vue du contrôle ; il fixe les conditions dans lesquelles la retenue *(Décr. no 2018-756 du 28 août 2018, art. 1er-1o)* « prévue au I fait » l'objet de versements globaux. *— V. Ann. IV, art. 17, 17 A et 188 H*

Ancien art. 378 de l'Annexe II.

Les dispositions issues de l'art. 1er du Décr. no 2018-756 du 28 août 2018, s'appliquent aux déclarations souscrites au titre des revenus, produits et gains dont le fait générateur d'imposition intervient à compter du 1er sept. 2018 (Décr. préc., art. 2).

Art. 381 A *bis* I. — La retenue à la source prévue au 2 de l'article 119 *bis* du code général des impôts acquittée dans les conditions du 3 de l'article 1672 du même code fait l'objet, dans les quinze premiers jours du mois suivant celui au titre duquel elle est due, d'un versement au service des impôts mentionné au I de l'article 381 A.

II. — Chaque versement est accompagné du dépôt d'une déclaration établie sur un formulaire normalisé délivré par l'administration fiscale. Elle comporte notamment, par taux de retenue à la source appliqué :

a. Le montant des produits soumis à la retenue à la source prévue au 2 de l'article 119 *bis* du code général des impôts ;

b. Le montant de la retenue à la source opérée.

Art. 381 B à 381 J *Abrogés.*

Art. 381 K En ce qui concerne les emprunts à revenu fixe visés aux articles 118 et 119 du code général des impôts, l'impôt, avancé sur les produits courus pendant chaque mois, conformément à l'article 1673 *(Décr. nº 2019-559 du 6 juin 2019, art. 3)* « du même code », est versé dans les quinze premiers jours du mois suivant au service des impôts désigné par le ministre chargé du budget. – *V. Ann. IV, art. 188 J.*

L'impôt est versé aux mêmes dates et au même service pour les lots et primes de remboursement mis en paiement au cours du mois précédent.

La retenue à la source est payée aux dates et lieux prévus au premier alinéa sur le montant couru de l'annuité d'intérêt ou de prime de remboursement définie au I de l'article 238 *septies* B du code précité.

(Décr. nº 2018-756 du 28 août 2018, art. 1er-2º) « Il est tenu à disposition de l'administration : »

a) Un état indiquant :

1º Le nombre des titres amortis ;

2º Le taux d'émission de ces titres déterminé conformément aux dispositions des articles 41 *octies* à 41 *duodecies* *(Abrogé par Décr. nº 2019-559 du 6 juin 2019, art. 3)* « *ci-dessus* » ;

3º Le cas échéant, le prix de rachat en bourse de ces mêmes titres ;

4º Le montant des lots et des primes revenant aux titres amortis ;

5º La somme sur laquelle la retenue à la source est exigible ;

b) Et, s'il y a lieu, une copie du procès-verbal de tirage au sort des titres amortis.

CODEVI : Retenue à la source afférente aux obligations faisant l'objet d'une gestion collective.

Art. 381 KA à 381 KE *Abrogés par Décr. nº 2008-1266 du 4 déc. 2008, art. 2-I.*

Art. 381 L à 381 P *Abrogés.*

Art. 381 Q Les dispositions relatives au recouvrement prévues au titre IV du Livre des procédures fiscales pour les impôts recouvrés par les comptables de la direction générale des finances publiques sont applicables au recouvrement de la retenue à la source perçue en vertu de l'article 119 *bis* du code général des impôts.

9 RETENUE À LA SOURCE SUR LES SALAIRES, DROITS D'AUTEUR ET RÉMUNÉRATIONS VERSÉS AUX AUTEURS, ARTISTES ET SPORTIFS DOMICILIÉS FISCALEMENT EN FRANCE

Art. 381 R *(Devenu sans objet, Décr. nº 2018-500 du 20 juin 2018, art. 4) Les sommes retenues en application de l'article 182 C du code général des impôts sont versées à la recette générale des finances de Paris accompagnées d'une déclaration conforme au modèle fixé par l'administration et comportant les indications suivantes :*

1º Les nom, prénoms ou raison sociale, adresse et numéro de Siret du déclarant ;

2º La date de versement des revenus et leur montant ainsi que le montant de la retenue prélevée ;

3º Le nom de famille, le cas échéant le nom de l'époux et le pseudonyme, et prénoms du titulaire des revenus ainsi que ses date et lieu de naissance et son principal établissement.

Pour leur imputation sur l'impôt sur le revenu, les sommes versées au Trésor sont considérées comme des versements effectués au titre de l'article 1664 du code général des impôts.

10 PRÉLÈVEMENT SUR LES PRODUITS DE PLACEMENTS À REVENU FIXE

Art. 381 S 1. Les sommes retenues, au cours de chaque mois, au titre du prélèvement prévu par l'article 125 A du code général des impôts sont versées au Trésor dans les quinze premiers jours du mois suivant.

Le versement est fait au service des impôts désigné (*Décr.* nº 2018-756 du 28 *août 2018, art. 1er-3º*) « par arrêté du » ministre chargé du budget. – *V. Ann. IV, art. 188-0 I.*

2. Chaque versement est accompagné du dépôt d'une déclaration établie sur une formule délivrée par l'administration.

3. Un arrêté *(Décr. nº 2018-756 du 28 août 2018, art. 1er-3º)* « du ministre chargé du budget » détermine la nature et le contenu des documents que les établissements

payeurs doivent établir et conserver à la disposition de l'administration en vue du contrôle. – *V. Ann. IV, art. 17 B et 17 C.*

Il fixe les conditions dans lesquelles le prélèvement opéré par ces établissements *(Décr. n° 2018-756 du 28 août 2018, art. 1er-3°)* « fait » l'objet de versements globaux. *– V. Ann. IV, art. 188 I.*

4. Les dispositions des 1 à 3 ne sont pas applicables au prélèvement dû à raison des revenus, produits et gains mentionnés à l'article 125 D du code précité.

10 *BIS* PRÉLÈVEMENT SUR LES DIVIDENDES

Art. 381 S *bis* I. – Pour l'application du II de l'article 117 *quater* du code général des impôts, le versement des sommes retenues au cours de chaque mois au titre du prélèvement prévu au I du même article est effectué au service des impôts désigné par arrêté du ministre chargé du budget.

Chaque versement est accompagné du dépôt d'une déclaration établie sur une formule délivrée par l'administration.

II. – Pour l'application du III de l'article 117 *quater* du code général des impôts, la déclaration mentionnée au dernier alinéa du 1 de ce même III est souscrite sur un formulaire normalisé. Elle comporte :

a) Le montant des revenus distribués pour lesquels l'option est exercée ;

b) Le montant du prélèvement forfaitaire dû ;

c) Le montant des contributions et prélèvements sociaux dus.

Lorsqu'elle est déposée par la personne qui assure le paiement des revenus distribués, cette déclaration mentionne en outre la dénomination et l'adresse de ladite personne, qui est mandatée par le contribuable pour effectuer, en son nom et pour son compte, les formalités déclaratives et de paiement dudit prélèvement, ainsi que son numéro d'identification en cas de conclusion de la convention prévue au 3 du III de l'article 117 *quater* du code général des impôts.

11

Art. 381 T *Abrogé par Décr. n° 2004-1422 du 23 déc. 2004, art. 5 et 6, pour les distributions mises en paiement à compter du 1er janv. 2005.*

12

Art. 381 U à 381 X *Dispositions devenues sans objet (Décr. n° 2015-608 du 3 juin 2015).*

13 TAXE D'APPRENTISSAGE

Art. 381 XA *(Devenu sans objet, Décr. n° 2019-559 du 6 juin 2019, art. 3) I. – Le bordereau mentionné au III de l'article 1678 quinquies du code général des impôts est déposé auprès du comptable du service des impôts des entreprises :*

a) Du lieu du siège de la direction de l'entreprise ou, à défaut, du principal lieu d'exercice de la profession ou du lieu du principal établissement ;

b) Pour les exploitants agricoles, du lieu de l'exploitation, ou du siège de la direction en cas de pluralité d'exploitations.

II. – Le bordereau mentionné au I indique, outre la désignation et l'adresse de l'entreprise, la nature et les montants des sommes restant dues augmentés de la majoration qui leur est applicable.

III *PAIEMENT DE L'IMPÔT*

1 DISPOSITIONS COMMUNES

(Décr. n° 2017-975 du 10 mai 2017, art. 1er et 3, mod. par Décr. n° 2017-1750 du 22 déc. 2017, art. 2, en vigueur le 1er janv. 2019)

Art. 382-0 Lorsque la date limite de paiement ou de prélèvement des impôts directs et taxes assimilées prévus dans le code général des impôts ainsi que des impôts recouvrés selon les mêmes règles que ces impositions coïncide avec un samedi, un dimanche ou un jour férié, celle-ci est prorogée jusqu'au premier jour ouvrable suivant.

Art. 382 Le paiement des impôts directs et taxes assimilées ainsi que des impôts recouvrés selon les mêmes règles que ces impositions peut être fait au moyen :

1° De chèques barrés à l'ordre du Trésor public, dont les modalités de transmission et de traitement sont fixées par l'administration fiscale ; — *Paiement par chèque : V. Ann. IV, art. 199 à 202 et 204.*

2° D'une carte bancaire au guichet d'un centre des finances publiques équipé d'un terminal électronique de paiement ;

3° D'un mandat cash acquitté dans les bureaux de poste.

Ne sont pas réclamés au contribuable les frais des actes de poursuites signifiés à une date postérieure à celle du mandat qui solde la dette exigible.

Ancien art. 382 *Les contributions directes et les taxes assimilées peuvent être acquittées dans les bureaux de poste au moyen d'un mandat spécial appelé mandat-contributions. Le reçu de la poste est libératoire s'il est délivré en échange d'un mandat-contributions régulièrement établi. — Paiement par chèque : V. Ann. IV, art. 199 à 202 et 204.*

Ne sont pas réclamés au contribuable les frais des actes de poursuites signifiés à une date postérieure à celle du mandat qui solde la dette exigible.

Art. 382 A Les contribuables ont la faculté *(Décr. n° 2017-975 du 10 mai 2017, art. 1er et 3, mod. par Décr. n° 2017-1750 du 22 déc. 2017, art. 2, en vigueur le 1er janv. 2019)* « , selon les modalités fixées par l'administration fiscale, » d'acquitter leurs *(Décr. n° 2017-975 du 10 mai 2017, art. 1er et 3, mod. par Décr. n° 2017-1750 du 22 déc. 2017, art. 2, en vigueur le 1er janv. 2019)* « impôts *[ancienne rédaction : contributions]* » et taxes assimilées à la caisse d'un comptable de la direction générale des finances publiques chargé du recouvrement des impôts directs autre que celui de la commune d'imposition.

Ces versements sont admis sur la présentation d'un avis d'imposition, d'un extrait du rôle, d'un acte de poursuites ou d'une autre pièce officielle constatant la dette du contribuable.

Art. 382 B Les contribuables restent débiteurs des frais de poursuites exposés par le comptable public chargé du recouvrement des impôts directs du lieu de l'imposition avant la réception de l'avis de recouvrement que le comptable public qui a reçu les fonds est tenu de lui transférer sans délai.

2 IMPÔTS DIRECTS LOCAUX ET TAXES ASSIMILÉES

(Décr. n° 2017-975 du 10 mai 2017, art. 1er et 3, mod. par Décr. n° 2017-1750 du 22 déc. 2017, art. 2, en vigueur le 1er janv. 2019)

Art. 382-0 C L'option pour le prélèvement mensuel mentionnée aux articles 1681 *ter* et 1681 *quater* A du code général des impôts est formulée, par le contribuable, selon les modalités fixées par l'administration fiscale.

L'option prend fin de plein droit dans le cas où aucun ordre de prélèvement n'a été présenté pendant une période de trente-six mois.

Art. 382-0 C *bis* I. — Si l'option mentionnée à l'article 382-0 C est formulée entre le 1er janvier et le 30 juin, les prélèvements mensuels sont effectués à compter du mois qui suit celui de l'exercice de l'option ou, au choix du contribuable, à compter du 1er janvier de l'année suivante.

Si l'option est formulée après le 30 juin, les prélèvements mensuels sont effectués à compter du 1er janvier de l'année suivante. Toutefois, lorsque l'option est formulée entre le 16 et le 31 décembre, la mensualité due au titre du mois de janvier de l'année suivante est perçue avec le prélèvement effectué au mois de février de ladite année.

II. — *(Décr. n° 2017-1750 du 22 déc. 2017, art. 1er)* « Lorsque l'option pour le prélèvement mensuel mis en place en application de l'article 1681 *quater* A du code général des impôts » est formulée avant la date limite de paiement de l'acompte prévu à l'article 1679 *quinquies* du code précité, celui-ci n'est pas dû.

III. — L'option est valable pour l'année au cours de laquelle sont effectués les premiers prélèvements et, sous réserve des dispositions de l'article 382-0 C *quater*, l'option est tacitement reconduite.

Art. 382-0 C *ter* Pour les impositions mentionnées à l'article 1681 *quater* A du code général des impôts, si les prélèvements mensuels sont effectués l'année au cours de laquelle l'option est formulée et si, à la date du premier prélèvement, les sommes versées au titre de l'acompte sont inférieures au montant cumulé des mensualités dues depuis le 1er janvier, le complément est acquitté avec le premier prélèvement mensuel. Pour les contribuables non soumis à un acompte obligatoire, le paiement des mensualités dues depuis le 1er janvier ou de l'excédent de ces mensualités sur l'acompte versé est réparti en parts égales sur les trois premiers prélèvements mensuels.

Si les sommes versées au titre de l'acompte sont supérieures au montant cumulé des mensualités dues depuis le 1er janvier, l'excédent est remboursé avant la fin du mois qui suit l'option.

Art. 382-0 C *quater* Le contribuable peut dénoncer son option selon les modalités fixées par l'administration fiscale avant le 30 juin pour les impositions mentionnées à l'article 1681 *ter* du code général des impôts et avant le 30 septembre pour les impositions mentionnées à l'article 1681 *quater* A du même code. La dénonciation prend effet le premier mois qui suit celui au cours duquel le contribuable formule sa demande.

Lorsque la dénonciation est exercée entre le 1er juillet et le 15 décembre inclus pour les impositions mentionnées à l'article 1681 *ter* précité et entre le 1er octobre et le 15 décembre inclus pour les impositions mentionnées à l'article 1681 *quater* A précité, elle prend effet à compter du mois de janvier de l'année suivante. Lorsqu'elle est exercée entre le 16 et le 31 décembre, elle prend effet à compter du mois de février de l'année suivante.

Art. 382-0 C *quinquies* Sous réserve de l'article 382-0, les prélèvements mensuels sont effectués le 15 de chaque mois.

Art. 382-0 C *sexies* Pour l'application du premier alinéa du B de l'article 1681 *quater* A du code général des impôts, le montant du dégrèvement attendu en application de l'article 1647 B *sexies* du même code est celui qui figure dans la déclaration prévue au huitième alinéa de l'article 1679 *quinquies* dudit code et déposée au titre de l'année précédente ou, s'il y a lieu, du dégrèvement déjà prononcé.

Quand un dégrèvement est prononcé à raison de l'impôt dû au titre de l'année précédente pour un montant inférieur au dégrèvement attendu, le complément résultant de la régularisation de la base des prélèvements est acquitté avec le prélèvement suivant. Quand un dégrèvement est prononcé pour un montant supérieur au dégrèvement attendu, l'excédent résultant de la même régularisation est remboursé dans le délai d'un mois.

Art. 382-0 C *septies* I. — Lorsqu'un contribuable perd le bénéfice de l'option pour le règlement de l'impôt par prélèvements mensuels en application des dispositions de l'article 1724 *quinquies* du code général des impôts, sa situation au regard des majorations prévues par l'article 1730 du même code est appréciée globalement à la date de l'échéance impayée ayant entraîné l'exclusion.

II. — L'administration notifie au contribuable les majorations et déchéances encourues en application de l'article 1724 *quinquies* précité.

Art. 382-0 C *octies* Le montant des prélèvements mensuels mentionnés à l'article 1681 *ter* du code général des impôts et les recouvrements effectués dans les conditions prévues au A de l'article 1681 *quater* A du même code sont imputés en l'acquit de l'impôt direct local établi au cours de l'année pendant laquelle les versements ont été effectués.

Art. 382 C 1. Le paiement des impôts *(Décr. n° 2017-975 du 10 mai 2017, art. 1er et 3, mod. par Décr. n° 2017-1750 du 22 déc. 2017, art. 2, en vigueur le 1er janv. 2019)* « mentionnés aux articles 1679 *quinquies* et 1681 *ter* du code général des impôts *[ancienne rédaction : directs]* » peut s'effectuer, sur option du contribuable, par prélèvement à l'échéance opéré à l'initiative de la direction générale des finances publiques sur l'un des comptes mentionnés à l'article *(Décr. n° 2017-975 du 10 mai 2017, art. 1er et 3, mod. par Décr. n° 2017-1750 du 22 déc. 2017, art. 2, en vigueur le 1er janv. 2019)* « 1680 A du même code *[ancienne rédaction : 1681 D du code général des impôts]* ».

2. L'option est formulée *(Décr. n° 2017-975 du 10 mai 2017, art. 1er et 3, mod. par Décr. n° 2017-1750 du 22 déc. 2017, art. 2, en vigueur le 1er janv. 2019)* **« par le contribuable selon les modalités fixées par l'administration fiscale** *[ancienne rédaction : dans les conditions prévues à l'article 376 ter de l'annexe II au code général des impôts]* **». Elle peut être exercée jusqu'à la fin du mois qui précède la date limite de paiement.**

3. Le contribuable peut *(Décr. n° 2017-975 du 10 mai 2017, art. 1er et 3, mod. par Décr. n° 2017-1750 du 22 déc. 2017, art. 2, en vigueur le 1er janv. 2019)* **« dénoncer son option** *[ancienne rédaction : renoncer à son option en adressant, au comptable public chargé du recouvrement, une dénonciation]* **» jusqu'à la fin du mois qui précède la date limite de paiement de l'impôt concerné.**

4. Les prélèvements sont effectués dix jours après les dates limites de paiement fixées à l'article 1730 du code général des impôts et à la date limite de paiement fixée à l'article 1731 B du même code pour la cotisation foncière des entreprises et l'imposition forfaitaire sur les entreprises de réseaux.

Art. 382 D **1. Le paiement** *(Abrogé par Décr. n° 2017-975 du 10 mai 2017, art. 1er-2°-f et 3, mod. par Décr. n° 2017-1750 du 22 déc. 2017, art. 2, en vigueur le 1er janv. 2019)* ***« des acomptes et du solde de l'impôt sur le revenu, des contributions sociales recouvrées comme en matière d'impôt sur le revenu, de l'impôt*** *(Décr. n° 2018-404 du 29 mai 2018, art. 1er-4°)* ***« sur la fortune immobilière*** *[ancienne rédaction : de solidarité sur la fortune émis par voie de rôle]* **», » des taxes foncières, de la taxe d'habitation et de la contribution à l'audiovisuel public, ainsi que des impositions recouvrées selon les mêmes règles que ces impositions, peut être effectué par télérèglement, sur option du contribuable, qui ordonne l'opération sur l'un des comptes mentionnés à l'article** *(Décr. n° 2017-975 du 10 mai 2017, art. 1er et 3, mod. par Décr. n° 2017-1750 du 22 déc. 2017, art. 2, en vigueur le 1er janv. 2019)* **« 1680 A** *[ancienne rédaction : 1681 D]* **» du code général des impôts.**

2. L'option est exercée expressément à chaque échéance d'impôt.

3. Pour l'application du 5 de l'article 1730 du code précité, l'option du contribuable pour le télérèglement de ses impôts dans les conditions mentionnées aux 1, 2 et 4 du présent article peut être exercée, sans majoration, jusqu'au cinquième jour, à minuit, qui suit la date limite de paiement pour les impôts mentionnés au 1 du présent article.

4. Les prélèvements sont effectués dix jours après les dates limites de paiement fixées à l'article 1730 précité.

Art. 382 E **1. Le télérèglement de la cotisation foncière des entreprises et de l'imposition forfaitaire sur les entreprises de réseaux en application des 1 et 6 de l'article 1681 *septies* du code général des impôts et le télérèglement sur option des taxes foncières sur les propriétés bâties et non bâties et de leurs taxes additionnelles et annexes en application du 2 du même article sont ordonnés par l'entreprise sur l'un des comptes mentionnés à l'article** *(Décr. n° 2017-975 du 10 mai 2017, art. 1er et 3, mod. par Décr. n° 2017-1750 du 22 déc. 2017, art. 2, en vigueur le 1er janv. 2019)* **« 1680 A** *[ancienne rédaction : 1681 D]* **du même code.**

2. Le télérèglement peut être ordonné jusqu'aux dates limites, à minuit, fixées à l'article 1731 B du code précité pour le paiement de l'acompte et du solde de la cotisation foncière des entreprises et de l'imposition forfaitaire sur les entreprises de réseaux et au *a* du 2 de l'article 1730 du même code pour le paiement des taxes foncières sur les propriétés bâties et non bâties et de leurs taxes additionnelles et annexes.

3. Les prélèvements sont effectués le lendemain des dates limites de paiement fixées à l'article 1731 B et au *a* du 2 de l'article 1730 précités. Le délai d'exécution des prélèvements est éventuellement majoré du délai de présentation interbancaire.

3 *[IMPÔT SUR LA FORTUNE IMMOBILIÈRE]*

(Décr. n° 2017-975 du 10 mai 2017, art. 1er et 3, mod. par Décr. n° 2017-1750 du 22 déc. 2017, art. 2, en vigueur le 1er janv. 2019)

Art. 382 F **L'impôt** *(Décr. n° 2018-404 du 29 mai 2018, art. 1er-5°)* **« sur la fortune immobilière** *[ancienne rédaction : de solidarité sur la fortune]* **» peut être réglé par télérèglement dans les conditions fixées à l'article 382 D.**

4 IMPÔT SUR LE REVENU ET IMPOSITIONS FIGURANT SUR LE MÊME ARTICLE DE RÔLE

(Décr. n° 2017-975 du 10 mai 2017, art. 1er et 3, mod. par Décr. n° 2017-1750 du 22 déc. 2017, art. 2, en vigueur le 1er janv. 2019)

Art. 383-0 I. – Le contribuable communique à l'administration fiscale les coordonnées d'un compte ou d'un livret mentionné à l'article 1680 A du code général des impôts, qui est utilisé pour :

1° Procéder aux restitutions et aux remboursements d'excédents de versement d'impôt sur le revenu et des autres impositions figurant sur le même article de rôle ;

2° Opérer les prélèvements mentionnés à l'article 1663 B du code précité ;

3° Opérer les prélèvements mentionnés à l'article 1663 C du code précité pour l'encaissement des sommes prévues au 2° du 2 de l'article 204 A du code précité et à l'article L. 136-6-1 du code de la sécurité sociale ainsi qu'au 2 du IV de l'article 204 H du code général des impôts.

II. – La communication des coordonnées bancaires prévue au I est effectuée par le contribuable :

1° Soit lors de la souscription de sa déclaration de revenus ;

2° Soit par voie électronique sur le site internet de l'administration fiscale.

III. – La communication des coordonnées bancaires mentionnées au I, selon les modalités prévues au II, emporte de plein droit au profit de l'administration fiscale le consentement du payeur mentionné aux articles L. 133-6 et L. 133-7 du code monétaire et financier.

Art. 383-0 *bis* Les prélèvements mentionnés aux 2 et 3 de l'article 1663 B du code général des impôts sont effectués le 25 du mois.

Art. 383-0 *ter* Pour le paiement du solde de l'impôt sur le revenu et des autres impositions figurant sur le même article de rôle mentionné à l'article 1663 B du code général des impôts, le contribuable pour lequel un prélèvement a été rejeté ou n'a pas pu être effectué en raison de l'absence de communication de ses coordonnées bancaires à l'administration est soumis aux dispositions des articles 1663 et 1730 du même code.

Sa situation au regard des majorations prévues à l'article 1730 précité est appréciée globalement à la date de l'échéance impayée.

Art. 383-0 *quater* 1. Sans préjudice du 3 de l'article 1663 B du code général des impôts, l'exercice de l'option prévue au 2 de cet article s'exerce expressément chaque année lors de la souscription de la déclaration de revenus.

2. En cas d'exercice de cette option, le paiement du solde de l'impôt sur le revenu et des autres impositions figurant sur le même article de rôle prévu à l'article 1663 B précité peut être effectué par télérèglement dans les conditions prévues à l'article 382 D.

Art. 383-0 *quinquies* Pour le paiement des sommes prévues au 2° du 2 de l'article 204 A du code général des impôts et à l'article L. 136-6-1 du code de la sécurité sociale ainsi qu'au 2 du IV de l'article 204 H du code général des impôts, un prélèvement n'ayant pas pu être effectué en raison de l'absence de communication par le contribuable de ses coordonnées bancaires à l'administration fiscale *[,]* dans les conditions prévues à l'article 383-0, est considéré comme impayé, au même titre que les prélèvements rejetés.

Les prélèvements impayés ou rejetés sont réglés par télérèglement dans les trente jours suivant la demande de régularisation de l'administration fiscale.

Art. 383 *Abrogé par Décr. n° 2011-1303 du 14 oct. 2011, art. 13.*

Art. 383 *bis* 1. Dans le cas de cession soit d'une entreprise industrielle, commerciale, artisanale ou minière, soit d'une charge ou d'un office, d'une entreprise ou du droit d'exercer une profession non commerciale, le cessionnaire est solidairement responsable avec le cédant, dans les conditions et limites fixées par les 1, 2 et 4 de l'article 1684 du code général des impôts, du paiement de l'impôt sur le revenu afférent aux bénéfices ou revenus réalisés par ce dernier redevable.

2. Le propriétaire d'un fonds de commerce est solidairement responsable avec l'exploitant, dans les conditions fixées par les 3 et 4 de l'article 1684 du code précité, du paiement de l'impôt sur le revenu afférent aux bénéfices provenant de l'exploitation de ce fonds.

Art. 383 *ter* Le montant de l'impôt dont le paiement peut être réclamé au cessionnaire ou au propriétaire en vertu de l'article 383 *bis* est déterminé forfaitairement en appliquant à la cotisation assignée au cédant ou à l'exploitant le rapport existant entre le montant des bénéfices ou revenus visés audit article et le montant du revenu global ayant servi de base à la cotisation considérée, augmenté, le cas échéant, des charges déduites de ce revenu en application de l'article 156 du code général des impôts.

Art. 383 *quater* à 383 *septies* *Dispositions périmées.*

SECTION II TAXES SUR LE CHIFFRE D'AFFAIRES ET TAXES ASSIMILÉES

I

Art. 384 *Dispositions devenues sans objet (Ord. n° 2004-281 du 25 mars 2004, art. 15-I).*

II

Art. 384 A *Devenu sans objet (L. n° 98-1266 du 30 déc. 1998, art. 7-I-1).*

II *BIS* *DISPOSITIONS PARTICULIÈRES À CERTAINS TRANSPORTS*

Art. 384 A *bis* Pour les transports maritimes, par route ou par voies d'eau intérieures, la perception de la taxe exigible est opérée lors du passage en douane, lorsque le transport est effectué par des entreprises qui ne sont pas établies dans un État membre de la Communauté européenne et qui n'ont pas désigné un représentant fiscal en France.

1. Procédure simplifiée. L'imposition à la TVA, auprès de l'administration des douanes, des transports de voyageurs effectués par des taxis et des entreprises de transports sanitaires établis en dehors de la Communauté européenne peut être opérée selon une procédure simplifiée instituée par un arrêté du 18 nov. 2004 *(JO 30 nov. 2004).*

2. Perception de la TVA par les douanes. Transports maritimes, par route ou par voies d'eau intérieures effectués par des entreprise étrangères. * DA douanes, 11 janv. 2005, n° 05-07 : *BO douanes n° 6616.*

Art. 384 A *ter* Dans les ports où la direction générale des douanes et des droits indirects perçoit le droit de port exigible à raison des opérations commerciales ou des séjours qui y sont effectués, les comptables de cette administration sont habilités à accepter, pour le compte du port et sur la base de la liquidation effectuée par ce dernier, les paiements relatifs à la taxe sur la valeur ajoutée due, le cas échéant, sur le droit de port.

Les paiements reçus sont versés aux ports suivant les mêmes modalités que le droit de port auquel ils se rapportent. — *Ces dispositions sont applicables à compter du 1er juill. 2006.*

III *et* IV

Art. 384 B *Transféré ss. art. R. 277-3 à R. 277-6 LPF.*

Art. 384 C *Disposition périmée.*

V *CONSOLIDATION AU SEIN D'UN GROUPE DU PAIEMENT DE LA TAXE SUR LA VALEUR AJOUTÉE ET DES TAXES ASSIMILÉES*

Art. 384 D Le redevable mentionné au 1 de l'article 1693 *ter* du code général des impôts adresse au service mentionné au 2 du même article :

1° Lors de la notification de l'option :

a. La liste des personnes morales membres du groupe. Cette liste indique, pour chaque société membre du groupe, sa désignation, l'adresse de son siège social et la répartition de son capital ;

b. Lorsque l'option mentionnée au premier alinéa de l'article 1693 *ter* du code général des impôts est exercée par un organe central ou une caisse départementale ou interdépartementale, la liste des personnes morales membres du groupe. Cette liste indique, pour chaque membre du groupe, sa désignation, l'adresse de son siège et la nature du lien qui l'unit à l'entité tête du groupe formé en application du cinquième alinéa du I de l'article 223 A du même code ;

c. Les attestations par lesquelles les membres du groupe font connaître leur accord pour que le redevable mentionné au 1 de l'article 1693 *ter* du code général des impôts acquitte à leur place la taxe sur la valeur ajoutée et les taxes, contributions et redevances déclarées sur l'annexe à la déclaration prévue au 2 de l'article 287 du même code.

2° Au plus tard à la date de clôture de chacun des exercices arrêtés au cours de la période de validité de l'option :

a. La liste mentionnée au *a* ou au *b* du 1, mise à jour pour l'exercice suivant ;

b. Les attestations mentionnées au *c* du 1 produites par les entités devenant membres du groupe à compter de cet exercice.

SECTION II *BIS*

Art. 384 *bis* *Abrogé.*

SECTION III ENREGISTREMENT, PUBLICITÉ FONCIÈRE, TIMBRE

0I *PAIEMENT SUR ÉTATS*

ACTES NOTARIÉS

Art. 384 *bis* A Les droits éventuellement exigibles sur les actes visés à l'article 245 sont versés au service des impôts compétent dans les vingt premiers jours du mois suivant celui de la rédaction des actes. A l'appui de ce versement, les notaires déposent, en double exemplaire, un état comportant les indications suivantes :

Mois auquel se rapporte le versement ;

Pour chaque taux ou nature de droits, nombre d'actes rédigés pendant le mois considéré et total des droits correspondants ;

Montant global des droits payés sur états.

L'un des exemplaires de l'état est conservé au bureau ; l'autre est rendu au déposant après avoir été revêtu des références de la recette.

Art. 384 *bis* B et 384 *bis* C *Abrogés par L. n° 77-1468 du 30 déc. 1977, art. 6, 7 et 9.*

Art. 384 *ter* *Transféré ss. art. 246 et 252.*

Art. 384 *quater* *Transféré ss. art. 283 nouveau.*

Art. 384 *quinquies* *Devenu sans objet (L. n° 93-1352 du 30 déc. 1993, art. 16).*

0II *FORMALITÉ FUSIONNÉE*

Art. 384 *quinquies* A L'expédition rendue au déposant après accomplissement de la formalité fusionnée est revêtue par le service de la publicité foncière d'une mention attestant l'exécution de la formalité ainsi que le paiement des sommes dues. Il y est exprimé la date de la formalité ainsi que la référence du dépôt, le volume et le numéro du registre où le document se trouve enliassé. Le total des sommes perçues est inscrit en toutes lettres.

Art. 384 *sexies* *Repris ss. art. 867-II et 869 du code.*

Art. 384 *septies* *Transféré ss. art. 264.*

I *TAXE SPÉCIALE SUR LES CONVENTIONS D'ASSURANCES*

V. art. 991 s. du CGI.

Art. 385 Pour les conventions conclues avec des assureurs français ou avec des assureurs étrangers ayant en France un établissement, une agence, une succursale ou un représentant responsable, la taxe est perçue, pour le compte du Trésor, par l'assureur ou par son représentant responsable, ou par l'apériteur de la police si le contrat est souscrit par plusieurs assureurs, et versée par lui au service des impôts du lieu de son principal établissement.

La taxe est liquidée sur le montant des primes et autres sommes stipulées au profit de l'assureur qui font l'objet d'une émission de quittance au cours de chaque mois, déduction faite des annulations et remboursements constatés au cours du même mois. Elle est versée dans les quinze jours qui suivent la fin du mois considéré.

Toutefois, dans le même délai, les entreprises peuvent verser la taxe provisoirement liquidée sur le montant des primes et autres sommes stipulées au profit de l'assureur qui ont fait l'objet d'une émission de quittance au cours du mois précédant le mois considéré, déduction faite des annulations et remboursements constatés au cours du même mois. Le solde qui, le cas échéant, reste dû est perçu le 15 du deuxième mois suivant le mois considéré. Si la taxe provisoirement liquidée est supérieure à la taxe due, l'excédent est reporté.

Un arrêté du ministre de l'économie et des finances précise les documents à fournir par les assureurs à l'appui de leurs versements *[Ann. IV, art. 196 A]*.

Art. 386 *Abrogé.*

Art. 387 Pour les sociétés ou compagnies d'assurances maritimes ayant plusieurs agences, chaque agence est considérée, pour l'application de l'article 385, comme étant un redevable distinct, à moins que la société ou compagnie n'ait indiqué, dans les déclarations prévues à l'article 1003, deuxième alinéa, du code général des impôts, qu'elle entend se soumettre au régime habituel des autres sociétés ou compagnies.

Art. 388 Pour les conventions avec des assureurs étrangers n'ayant en France ni établissement, ni agence, ni succursale, ni représentant responsable, conclues par l'intermédiaire d'un courtier ou de toute autre personne qui, résidant en France, prête habituellement ou occasionnellement son entremise pour des opérations d'assurances, la taxe est perçue, pour le compte du Trésor, par l'intermédiaire, pour toute la durée ferme de la convention, et versée par lui au service des impôts de sa résidence, sauf, s'il y a lieu, son recours contre l'assureur ; le versement est effectué dans les quinze premiers jours du mois qui suit celui au cours duquel la convention est conclue, sur production du relevé du répertoire prévu à l'article 1002 du code général des impôts.

Toutefois, pour les conventions qui, ayant une durée ferme excédant une année, comportent la stipulation, au profit de l'assureur, de sommes ou accessoires venant à l'échéance au cours des années autres que la première, la taxe peut être fractionnée par année, si, les parties l'ayant requis, il est fait mention de cette réquisition sur le répertoire prévu à l'article 1002 du code général des impôts et sur le relevé dudit répertoire. L'intermédiaire n'est alors tenu au paiement que de la taxe afférente aux sommes stipulées en faveur de l'assureur et de leurs accessoires qui viennent à échéance au cours de la première année.

Art. 389 *Devenu sans objet (L. n° 89-935 du 29 déc. 1989, art. 17).*

Art. 390 Dans les autres cas que ceux visés aux articles 385 à 388, ainsi que pour les années ou périodes pour lesquelles, dans les cas visés à l'article 388, l'intermédiaire n'est pas tenu au paiement de la taxe, la taxe est versée par l'assuré au service des impôts du lieu de son domicile ou de sa résidence, ou du lieu de la situation matérielle ou présumée du risque suivant les distinctions résultant de l'article 1000 du code général des impôts, dans les quinze premiers jours du mois qui suit celui où se place chaque échéance des sommes stipulées au profit de l'assureur, sur déclaration faisant connaître la date, la nature et la durée de la convention, l'assureur, le montant du capital assuré, celui des sommes stipulées au profit de l'assureur et de leurs accessoires et la date de leurs échéances.

II

Art. 391 et 392 *Périmés.*

Art. 393 *Abrogé par Ord. n° 58-1374 du 30 déc. 1958, art. 58.*

Art. 394 *Périmé.*

III ***PAIEMENT FRACTIONNÉ OU DIFFÉRÉ DES DROITS***

A

Art. 395 à 395 *quater* *Devenus sans objet (L. n° 98-1267 du 30 déc. 1998, art. 12).*

B MUTATIONS DE PROPRIÉTÉ OU APPORTS EN SOCIÉTÉ

1 CHAMP D'APPLICATION

Art. 396 Le crédit de paiement fractionné prévu à l'article 1717 du code général des impôts est applicable aux droits d'enregistrement, à la taxe de publicité foncière et aux taxes additionnelles exigibles en raison :

1° Des mutations par décès ;

2° Des apports en société prévus au 3° du I et au II de l'article 809 du code précité ;

3° Des acquisitions effectuées dans le cadre des dispositions des articles L. 626-1, L. 631-22 et L. 642-1 du code de commerce ;

4° Des paiements d'indemnités entre officiers publics et ministériels par suite de suppression d'offices ;

5° Des acquisitions effectuées par des Français rapatriés d'outre-mer à l'aide des prêts de reclassement prévus à l'article 30 du décret n° 62-261 du 10 mars 1962 modifié et de celles effectuées par des migrants agricoles à l'aide de prêts consentis dans le cadre des dispositions de l'article R. 341-5 du code rural et de la pêche maritime au profit d'agriculteurs dont la qualité de migrant a été reconnue par le ministre de l'agriculture ;

6° *Abrogé.*

Art. 397 Le crédit de paiement différé prévu par l'article 1717 du code général des impôts est applicable aux droits d'enregistrement exigibles en raison des mutations par décès :

1° Qui comportent dévolution de biens en nue-propriété ;

2° Qui donnent lieu à l'attribution préférentielle prévue à l'article 832 du code civil ou à la réduction prévue à l'article 924-3 du même code, dans les conditions fixées par l'article 1722 *bis* du code général des impôts ;

TRANSMISSIONS D'ENTREPRISES

Art. 397 A Le paiement des droits de mutation à titre gratuit peut être différé pendant cinq ans à compter de la date d'exigibilité des droits et, à l'expiration de ce délai, fractionné pendant dix ans lorsque les mutations portent :

a) Sur l'ensemble des biens meubles et immeubles, corporels ou incorporels affectés à l'exploitation d'une entreprise individuelle ayant une activité industrielle, commerciale, artisanale, agricole ou libérale et exploitée par le donateur ou le défunt ;

b) Sur les parts sociales ou les actions d'une société ayant une activité industrielle, commerciale, artisanale, agricole ou libérale, non cotée en bourse, à condition que le bénéficiaire reçoive au moins 5 % du capital social.

2 DISPOSITIONS GÉNÉRALES

Art. 398 Le crédit de paiement fractionné ou différé des impositions exigibles en raison des opérations mentionnées aux articles 396, 397 et 397 A porte sur le principal des droits à l'exclusion des indemnités de retard qui peuvent être encourues ainsi que de tous droits et pénalités susceptibles d'être réclamés du fait d'insuffisances ou d'omissions.

La mise en œuvre de la procédure de taxation d'office à l'encontre d'un légataire n'ayant pas déposé de déclaration de succession ne s'oppose pas à ce qu'il bénéficie du paiement fractionné des droits. • Poitiers, 16 nov. 2016, *DDFiP de Charente-Maritime*, n° 15/04505 : *RJF 2017.187.*

Art. 398 A *à* 398 *bis* *Abrogés.*

Art. 399 La demande de crédit doit être soit formulée au pied de l'acte ou de la déclaration soumis à formalité, soit jointe à l'un ou l'autre de ces documents.

Elle doit contenir une offre de garanties suffisantes que le débiteur de l'impôt s'engage à constituer à ses frais et dans les conditions et délais fixés à l'article 400.

Art. 399 A *Abrogé.*

Art. 400 Les garanties peuvent notamment consister en des sûretés réelles d'une valeur au moins égale au montant des sommes au paiement desquelles il est sursis ou en un engagement solidaire souscrit par une ou plusieurs personnes physiques ou morales agréées comme caution par le comptable compétent de la direction générale des finances publiques.

Les biens qui servent à la liquidation des droits de mutation à titre gratuit sont admis en garantie, à la condition que le débiteur fournisse au comptable compétent de la direction générale des finances publiques en même temps que sa demande de crédit tous les éléments que l'administration juge nécessaire à la mise à jour de l'évaluation des biens.

Les garanties doivent être constituées dans un délai de quatre mois à compter de la date de la demande d'admission au crédit. Le comptable compétent de la direction générale des finances publiques statue sur cette demande dans le même délai.

Les éléments mentionnés au deuxième alinéa sont mis à jour et adressés au comptable compétent de la direction générale des finances publiques, pour lui permettre d'apprécier la consistance de la garantie, chaque année dans le mois de la date anniversaire de la demande de crédit.

Le comptable compétent de la direction générale des finances publiques peut, à tout moment, si cela lui paraît nécessaire, exiger un complément de garanties. Ces garanties complémentaires doivent être constituées par le bénéficiaire du crédit dans un délai d'un mois compté de la demande qui lui est adressée à cet effet, par lettre recommandée avec avis de réception.

Art. 401 Sous réserve des dispositions des articles 404 GA et 404 GC, les droits et taxes dont le paiement est fractionné ou différé donnent lieu au versement d'intérêts dont le taux est égal à celui du taux effectif moyen pratiqué par les établissements de crédit pour des prêts à taux fixe aux particuliers entrant dans le champ d'application des articles L. 312-1 à L. 312-36 du code de la consommation, au cours du quatrième trimestre de l'année précédant celle de la demande de paiement fractionné ou différé, réduit d'un tiers. Toutefois, seule la première décimale est retenue. Ce taux est applicable pendant toute la durée du crédit.

Les intérêts sont acquittés :

— s'il s'agit d'un paiement fractionné, lors du versement de chaque fraction, à laquelle ils s'ajoutent ;

— s'il s'agit d'un paiement différé, annuellement, le premier terme venant à échéance un an après l'expiration du délai imparti pour souscrire la déclaration de succession.

Pour les demandes de paiement fractionné ou différé formulées en 2022, le taux d'intérêt est de 1,2 %. En ce qui concerne le taux réduit, V. Ann. III, art. 404 GA.

Paiement anticipé. Le paiement anticipé peut être total ou partiel. En cas de paiement anticipé partiel, le versement s'impute ainsi à due concurrence sur les échéances suivantes. Un nouvel échéancier est alors adressé au bénéficiaire du crédit. Dès lors, les intérêts sont recalculés, en tenant compte des droits restant dus suite au paiement. Le taux d'intérêt appliqué reste néanmoins celui de l'intérêt légal au jour de la demande de crédit initiale. Par conséquent, les paiements par anticipation sont sans incidence sur le taux de l'intérêt légal appliqué. * BOI-ENR-DG-50-20-40 n° 440 du 3 avr. 2015.

Art. 402 Sous réserve des dispositions de l'article 404 GB, le premier versement des droits dont le paiement fractionné est autorisé doit être effectué au moment de l'accomplissement de la formalité fusionnée ou de l'enregistrement.

Les fractions suivantes sont exigibles selon un échéancier établi, pour chacun des droits concernés, dans les conditions fixées aux articles 404 A à 404 F.

Leur paiement doit intervenir dans le mois suivant chaque échéance.

Art. 403 Le redevable est déchu du bénéfice du crédit :

En cas de défaut de constitution des garanties ou du complément de garanties dans les délais respectivement impartis à l'article 400 ;

En cas de retard dans le paiement de l'un quelconque des termes échus.

En cas de défaut de transmission au comptable des éléments mentionnés au quatrième alinéa de l'article 400.

La déchéance entraîne l'exigibilité immédiate des droits en suspens, majorés des pénalités prévues à l'article 1731 du code général des impôts. Ces pénalités sont exclusives de l'intérêt prévu à l'article 401.

Déchéance du crédit. Lorsque des héritiers n'ont pas constitué dans le délai fixé la garantie à laquelle le receveur principal des impôts a subordonné l'autorisation de différer le paiement des droits de succession, il y a déchéance de plein droit du crédit de paiement différé entraînant l'exigibilité immédiate des droits en suspens. Le délai de reprise de l'Administration court à compter de la date de cette déchéance, à savoir la date à laquelle la garantie aurait dû être constituée, peu important qu'un nouveau crédit de paiement différé ait ensuite été accordé aux héritiers. • Com. 9 oct. 2007, n° 05-14.142 (n° 1084 FS-PB) : *RJF 2008. 88 ; Dr. fisc. 2008. 175.*

Art. 404 Les droits ayant fait l'objet de l'octroi du crédit peuvent être acquittés par anticipation. Dans cette hypothèse, les intérêts ne sont dus que jusqu'au jour du paiement des droits.

Art. 404 *bis* et 404 *ter* *Abrogés.*

3 DISPOSITIONS PARTICULIÈRES

1° MUTATIONS PAR DÉCÈS

Art. 404 A I. — Les garanties fournies en contrepartie du fractionnement prévu au 1° de l'article 396 peuvent, outre les formes énumérées à l'article 400, revêtir celle de l'hypothèque légale prévue au 2 de l'article 1929 du code général des impôts.

Les droits sont acquittés en plusieurs versements égaux, dont le premier a lieu dans les conditions fixées à l'article 402 et le dernier au plus tard un an après l'expiration du délai imparti pour souscrire la déclaration de succession.

Les versements, à intervalle de six mois au plus, ne peuvent être supérieurs à trois.

Le délai maximal prévu au deuxième alinéa est porté à trois ans, et le nombre des versements ne peut dépasser sept, lorsque l'actif héréditaire comprend, à concurrence de 50 % au moins, des biens non liquides énumérés ci-après :

Brevets d'invention ;

Clientèles ;

Créances non exigibles au décès ;

Droits d'auteur ;

Fonds de commerce, y compris le matériel et les marchandises qui en dépendent ;

Immeubles ;

Matériels agricoles, bestiaux et récoltes ;

Offices ministériels ;

Parts sociales dans des sociétés dont le capital n'est pas divisé en actions ;

Valeurs mobilières non cotées en bourse ;

Objets d'antiquité, d'art ou de collection.

II. — Abrogé.

Art. 404 B Le paiement différé prévu à l'article 397 est limité à la fraction des droits correspondant :

Soit à la valeur imposable de la nue-propriété s'il s'agit du cas prévu au 1° de cet article ;

Soit au montant des soultes ou récompenses payables à terme s'il s'agit des cas prévus au 2° du même article.

Les dispositions du premier alinéa de l'article 404 A sont applicables.

Par dérogation à l'article 401, le bénéficiaire du paiement différé peut, dans le cas prévu au 1° de l'article 397, être dispensé du paiement des intérêts, à la condition que les droits de mutation par décès soient assis sur la valeur imposable, au jour de l'ouverture de la succession, de la propriété entière des biens qu'il a recueillis.

Le paiement des droits peut être différé jusqu'à l'expiration d'un délai qui ne peut excéder six mois comptés :

Soit de la date de la réunion de l'usufruit à la nue-propriété ou de la cession totale ou partielle de cette dernière ;

Soit du terme du délai imparti à l'attributaire, le légataire ou le donataire pour le paiement des sommes dont il est débiteur envers ses cohéritiers.

La cession totale ou partielle par le légataire, le donataire ou l'attributaire du bien qui lui a été légué, donné ou attribué entraîne l'exigibilité immédiate des droits en suspens.

1. Déchéance du terme. Il résulte de la combinaison des art. 1315 C. civ. et 6 et 9 C. pr. civ. que c'est à la partie qui invoque la déchéance du terme de rapporter la preuve de l'événement la justifiant. Par conséquent, il incombe à l'Administration de prouver l'existence de l'événement fondant la déchéance du régime du paiement différé des droits de succession prévu à l'art. 404 B, sans que cette preuve puisse résulter de l'absence de production, par les héritiers nus-propriétaires, des relevés du portefeuille-titres compris dans la succession au 31 déc. de chaque année depuis l'octroi du paiement différé. • Paris, 20 sept. 2001 : *BOI-ENR-DG-50-20-30 n° 260 du 12 sept. 2012.*

2. Cessions de titres. S'agissant des portefeuilles de valeurs mobilières, il est précisé que le bénéfice du régime de paiement différé pourra être conservé dès lors que le produit de la cession de valeurs mobilières est destiné à être réinvesti dans d'autres valeurs. * BOI-ENR-DG-50-20-30 n° 260 du 6 déc. 2017. ♦ Cela étant, il peut être considéré qu'un portefeuille de valeurs mobilières constitue une universalité que l'usufruitier est autorisé à gérer en cédant les titres dans la mesure où ceux-ci sont intégralement remplacés. Dès lors, afin de prendre en compte la particularité de la gestion des portefeuilles de valeurs mobilières faisant l'objet d'un démembrement, l'Administration admet désormais que les héritiers nus-propriétaires d'un portefeuille de valeurs mobilières continuent à bénéficier du crédit de paiement différé des droits de succession, même si l'usufruitier procède à des cessions de titres. Le bénéfice de cette disposition est subordonné à l'utilisation effective de l'intégralité du produit des cessions de titres à l'acquisition de nouvelles valeurs dans le cadre de ce portefeuille. * Rép. min. n° 4145 : *JOAN Q, 31 mars 2003, p. 2474.*

2° APPORTS EN SOCIÉTÉ

Art. 404 C Les droits et taxes exigibles sur les apports en société et dont le paiement est fractionné en application des dispositions de l'article 396 sont acquittés :

– en trois annuités égales lorsqu'il s'agit d'opérations prévues au II de l'article 809 du code général des impôts ;

– en cinq annuités égales lorsqu'il s'agit d'apports prévus au 3° du I de l'article 809 du même code.

Art. 404 CA *Abrogé.*

3° ACQUISITIONS EFFECTUÉES DANS LE CADRE DES PROCÉDURES DE SAUVEGARDE, DE REDRESSEMENT OU DE LIQUIDATION JUDICIAIRES

Art. 404 D Les droits et taxes dont le paiement est fractionné en application des dispositions du 3° de l'article 396 sont acquittés en cinq annuités égales.

L'aliénation, autrement qu'à titre gratuit, des biens acquis avec le bénéfice du fractionnement entraîne l'exigibilité immédiate des droits en suspens.

4° OFFICES MINISTÉRIELS

Art. 404 E Les droits et taxes dont le paiement est fractionné en application du 4° de l'article 396 sont acquittés en cinq annuités égales.

La cession ou la suppression de l'office attributaire, ainsi que la démission ou la destitution de son titulaire entraînent l'exigibilité immédiate des droits et taxes en suspens

5° RAPATRIÉS D'OUTRE-MER ET MIGRANTS RURAUX

Art. 404 F Le fractionnement prévu au 5° de l'article 396 est limité aux droits et taxes exigibles sur la partie de la valeur imposable correspondant au montant du prêt consenti à l'acquéreur.

L'acquéreur doit, à l'appui de sa demande d'admission au crédit, produire une attestation de l'établissement prêteur indiquant la nature et le montant du prêt consenti.

Par dérogation aux dispositions de l'article 401, le fractionnement ne donne pas lieu au versement d'intérêts.

Les droits et taxes exigibles sont acquittés en cinq annuités égales.

Les dispositions de l'article 404 D, deuxième alinéa, sont applicables.

Art. 404 G *Abrogé par Décr. n° 96-616 du 10 juill. 1996, art. 2 et 4 (pour les crédits de paiement accordés à compter du 15 juill. 1996).*

6° TRANSMISSIONS D'ENTREPRISES

Art. 404 GA Les droits dont le paiement est différé et fractionné en application des dispositions de l'article 397 A donnent lieu au versement d'un intérêt au taux prévu par l'article 401.

Ce taux est applicable pendant toute la durée du crédit. Il est réduit des deux tiers *[application aux crédits de paiement accordés à compter du 15 juill. 1996]* lorsque la valeur de l'entreprise ou la valeur nominale des titres comprise dans la part taxable de chaque héritier, donataire ou légataire est supérieure à 10 % de la valeur de l'entreprise ou du capital social ou lorsque, globalement, plus du tiers du capital social est transmis. Il est déterminé en ne retenant que la première décimale.

Art. 404 GB Les droits dont le paiement est fractionné, en application de l'article 397 A, sont exigibles par parts égales à intervalle de six mois. Le premier versement est effectué à l'expiration du délai de paiement différé. Le paiement des autres fractions intervient dans le mois suivant chaque échéance.

Art. 404 GC Les intérêts sont acquittés :

a. S'agissant du paiement différé, annuellement, le premier terme venant à échéance un an après la date d'exigibilité des droits ;

b. S'agissant du paiement fractionné, lors du versement de chaque fraction autre que la première. Ils sont alors calculés sur le montant des droits restant dus après le versement de la précédente échéance.

Art. 404 GD La cession de plus du tiers des biens bénéficiant du paiement différé et fractionné prévu à l'article 397 A entraîne pour le cédant l'exigibilité immédiate des droits en suspens. Pour le calcul de cette proportion, la valeur des biens est appréciée au jour de la cession.

L'apport à une société des biens visés ci-dessus n'entraîne pas l'exigibilité des droits lorsque le bénéficiaire prend dans l'acte d'apport l'engagement de conserver les titres reçus en contrepartie de son apport jusqu'à l'échéance du dernier terme du paiement fractionné.

Lorsque l'engagement n'est pas respecté, les dispositions du premier alinéa s'appliquent.

IV

Art. 405 *Abrogé par Décr. n° 63-652 du 6 juill. 1963, art. 22.*

V ***DROITS DE TIMBRE***

A

Art. 405 A *Abrogé.*

B PAIEMENT PAR EMPLOI DE MACHINES À TIMBRER

Art. 405 B Les machines destinées à apposer les empreintes représentatives des divers droits de timbre perçus par le service compétent de la direction générale des finances

publiques doivent être agréées par le directeur général des finances publiques dans les conditions fixées par arrêté du ministre chargé du budget. – *V. Ann. IV, art. 71 à 74.*

Les empreintes doivent être apposées dans les mêmes délais et aux mêmes emplacements que les timbres mobiles qu'elles remplacent.

C PAIEMENT PAR APPOSITION DE TIMBRES MOBILES

Art. 405 C *Devenu sans objet (L. nº 98-546 du 2 juill. 1998, art. 87-VI ; L. nº 2005-1719 du 30 déc. 2005, art. 60-I ; Décr. nº 2006-356 du 24 mars 2006).*

Art. 405 D Les timbres sont apposés, sous la responsabilité des redevables de l'impôt ou des personnes auxquelles incombe la remise des documents administratifs soumis au timbre, dans les délais ci-après :

***a*) S'il s'agit de documents administratifs, au plus tard au moment de leur remise ;**

***b*) Lorsqu'ils sont destinés à constater le paiement des droits dus sur des copies d'actes d'huissier de justice, avant toute signification de ces copies ;**

***c*) S'il s'agit d'écrits créés hors de France, au moment où l'impôt devient exigible en France ;**

***d*) Dans les autres cas, au plus tard au moment de la signature des écrits.**

Ils sont immédiatement oblitérés.

Art. 405 E *Devenu sans objet (L. nº 96-1181 du 30 déc. 1996, art. 38-I).*

Art. 405 F Lorsqu'elle est manuscrite, l'oblitération s'effectue par l'apposition à l'encre indélébile, en travers de chaque timbre, de la date de l'oblitération et de la signature de l'un quelconque des redevables ou de l'autorité administrative.

Cette oblitération manuscrite peut être remplacée par l'apposition à l'encre grasse :

– soit d'un cachet faisant connaître le nom ou la raison sociale du contribuable et la date de l'oblitération ;

– soit du cachet réglementaire à date de l'autorité ou du fonctionnaire compétent.

Dans tous les cas, l'oblitération est faite de telle manière qu'elle figure partie sur le timbre mobile et partie sur le papier ou le document passible du droit.

D PAIEMENT AU MOYEN DU VISA POUR TIMBRE

Art. 405 G Le visa pour timbre est donné au comptant ou en débet.

Il est effectué par le comptable de la direction générale des finances publiques chargé du droit de timbre. Pour le visa du timbre au comptant, le comptable peut y suppléer au moyen de l'apposition de timbres mobiles.

E PAIEMENT DE L'IMPÔT SUR ÉTATS

Art. 405 H Lorsqu'il est facultatif, le paiement sur états est subordonné à une autorisation de l'administration, essentiellement révocable, et qui prend fin de plein droit à chaque changement d'exploitant.

La demande est présentée au service des impôts dont dépend le domicile, le siège social ou le principal établissement du redevable. Elle indique le lieu où sont tenus les documents que celui-ci doit conserver, dans les conditions fixées par les arrêtés d'application, en vue du contrôle de l'administration. Lorsque ces documents sont établis et conservés dans des établissements distincts, l'administration peut inviter l'intéressé à déposer une demande auprès du service des impôts du lieu de chacun de ces établissements.

Cette demande doit également comporter :

– l'engagement par le demandeur de se soumettre aux conditions imposées par les articles 405 I et 406, les arrêtés d'application ou l'autorisation elle-même ;

– pour les pouvoirs, l'engagement par la société demanderesse d'acquitter pour le compte des mandants les droits de timbre exigibles.

Art. 405 I Les droits sont perçus par les redevables bénéficiant de l'autorisation, sous leur responsabilité et à leurs risques et périls.

La perception de l'impôt est constatée par l'apposition, très apparente, d'une formule comprenant :

– la mention "droit de timbre payé sur état" ;

– la date de l'autorisation, lorsque celle-ci est nécessaire.

Art. 406 **1. Dans tous les cas où le droit de timbre est payé sur états, le recouvrement, à défaut de versement dans les délais et dans les formes prescrites, est poursuivi comme en matière de timbre.**

2. Dans cette même hypothèse, si le redevable découvre des erreurs ou omissions, les droits se rapportant à ces erreurs ou omissions font l'objet d'un état spécial détaillé, en double exemplaire, indiquant les différences en plus ou en moins. Cet état est fourni avec celui du mois pendant lequel ces erreurs ou omissions ont été constatées. *– La SNCF fournit cet état en triple exemplaire.*

Si des vérifications effectuées par l'administration, il résulte un complément de droits au profit du Trésor, ce complément est acquitté immédiatement. Dans le cas où la vérification ferait ressortir un excédent dans les versements effectués, cet excédent serait imputé sur le montant du plus prochain versement.

VI *TAXES SUR LES VÉHICULES À MOTEUR*

TAXE SUR LES VÉHICULES DES SOCIÉTÉS

Art. 406 *bis* *(Décr. n° 2018-500 du 20 juin 2018, art. 4)* **« I. — L'impôt exigible est acquitté, lors du dépôt de la déclaration prévue à l'article 1010 du code général des impôts, par les moyens de paiement ordinaires. »**

II. — *Périmé.*

(Devenu sans objet, Décr. n° 2018-500 du 20 juin 2018, art. 4) ***« III. — Pour chaque période annuelle d'imposition, la taxe est liquidée par trimestre, en fonction du nombre et du taux d'émission de dioxyde de carbone ou de la puissance fiscale des véhicules possédés par la personne morale au premier jour du trimestre ou utilisés par celle-ci au cours de ce trimestre, qu'il s'agisse de véhicules pris en location ou mis à sa disposition ou encore pour lesquels elle a procédé au remboursement des frais kilométriques à ses salariés ou dirigeants.***

« En ce qui concerne toutefois les véhicules loués, la taxe n'est due que si la durée de la location excède une période d'un mois civil ou de trente jours consécutifs. Elle est due au titre d'un seul trimestre si la durée de la location n'excède pas trois mois civils consécutifs ou quatre-vingt-dix jours consécutifs.

« IV. — Le montant de la taxe due pour un trimestre et au titre d'un véhicule est égal au quart du taux annuel fixé à l'article 1010 du code général des impôts.

« V. — La taxe est payable en une seule fois, dans les conditions prévues au I, à l'expiration de la période d'imposition définie à l'article 310 E de l'annexe II au code général des impôts. »

VII *TAXE LOCALE D'ÉQUIPEMENT*

Art. 406 *ter* *Abrogé par Décr. n° 2012-88 du 25 janv. 2012, art. 3 et 4, à compter du 1er mars 2012.*

Art. 406 *quater* à 406 *octies* *Abrogés.*

Art. 406 *nonies* *Abrogé par Décr. n° 2012-88 du 25 janv. 2012, art. 3 et 4, à compter du 1er mars 2012.*

VIII

Art. 406 *decies* *Abrogé.*

SECTION IV CONTRIBUTIONS INDIRECTES, DROITS, TAXES, REDEVANCES ET IMPOSITIONS OBÉISSANT AUX MÊMES RÈGLES ET DROIT SPÉCIFIQUE SUR LES OUVRAGES D'OR OU CONTENANT DE L'OR, D'ARGENT OU DE PLATINE

Art. 406 *undecies* La direction générale des douanes et droits indirects est compétente pour percevoir :

(Devenu sans objet, Décr. nº 2020-897 du 22 juill. 2020, art. 3) ***« 1º Les cotisations mentionnées à l'article 564 quinquies du code général des impôts ; »***

2º Le droit de consommation sur les tabacs dans les conditions prévues à l'article 575 C du code général des impôts ;

3º et 4º *Dispositions devenues sans objet (L. nº 95-1346 du 30 déc. 1995, art. 41-II)* ;

5º Abrogé par Décr. nº 2015-608 du 3 juin 2015.

Art. 406 *undecies* A *(Devenu sans objet, Décr. nº 2019-559 du 6 juin 2019, art. 3)* ***L'option pour le paiement au comptant de la contribution sur les ouvrages mentionnés à l'article 522 du code général des impôts lors de l'apposition du poinçon de garantie par les bureaux de garantie, prévu par l'article 527 du code précité, doit être exercée par les redevables, avant le 15 décembre de l'année précédant celle au titre de laquelle elle est sollicitée, par lettre recommandée avec avis de réception adressée au receveur des douanes et droits indirects territorialement compétent. Cette option est reconduite tacitement, sauf avis contraire notifié audit receveur dans les mêmes conditions.***

Toutefois, les receveurs des douanes et droits indirects ont la faculté d'autoriser un redevable à opter, en cours d'année, pour le paiement au comptant de la contribution en suite d'une demande dûment motivée.

SECTION V DISPOSITIONS COMMUNES

Art. 406 *duodecies* Les comptables publics mentionnés à l'article 1724 A du code général des impôts sont les comptables de la direction générale des finances publiques et ceux de la direction générale des douanes et droits indirects en ce qui concerne, pour ces derniers, les contributions indirectes, droits, taxes, redevances et impositions obéissant aux mêmes règles *(Devenu sans objet, Décr. nº 2019-559 du 6 juin 2019, art. 3)* ***« et la contribution mentionnée à l'article 527 du code général des impôts ».***

Art. 406 *terdecies* I. – Les impôts et taxes dus par les personnes et groupements mentionnés à l'article 344-0 A sont payés au comptable du service chargé des grandes entreprises mentionné au premier alinéa de l'article 344-0 A.

II. – Les dispositions du I s'appliquent *(Décr. nº 2017-866 du 9 mai 2017, art. 2-8º et 6, applicable aux revenus perçus ou réalisés à compter du 1er janv. 2019)* « à la retenue à la source prévue au 1º du 2 de l'article 204 A du code général des impôts, » à l'impôt sur les sociétés, à la contribution sur les revenus locatifs, à la contribution sociale sur l'impôt sur les sociétés prévues respectivement aux articles 234 *nonies* et 235 *ter* ZC du code général des impôts, à la taxe prévue par l'article 235 *ter* ZD du code général des impôts, à la cotisation sur la valeur ajoutée des entreprises et à la cotisation foncière des entreprises de même qu'aux taxes additionnelles et annexes à cette cotisation ainsi qu'aux impôts et taxes mentionnés aux 3º à 5º et 7º à 15º de l'article 344-0 B. *– V. Décr. nº 2017-866 du 9 mai 2017, art. 6, mod. par Décr. nº 2017-1676 du 7 déc. 2017, art. 3.*

Elles s'appliquent en outre, sur option de l'entreprise, aux taxes foncières sur les propriétés bâties et non bâties et à leurs taxes additionnelles et annexes recouvrées dans les mêmes conditions. L'option s'applique à l'ensemble des impositions dues à ce titre. Formulée par écrit avant le 30 novembre d'une année, l'option prend effet le 1er janvier de l'année suivante, pour une durée de cinq ans, renouvelable par tacite reconduction à défaut de dénonciation, trente jours au moins avant l'expiration de la période, par pli recommandé avec demande d'avis de réception postal auprès du comptable du service chargé des grandes entreprises. Toutefois, en cas d'opération d'absorption, l'option prend fin le 31 décembre de la deuxième année qui suit celle au cours de laquelle l'entreprise a été absorbée.

III. – Les dispositions des I et II s'appliquent aux paiements dans les mêmes conditions que celles prévues à l'article 344-0 C. Toutefois, les impositions mentionnées au

II dues au titre d'une période antérieure à la date à compter de laquelle le redevable relève du service chargé des grandes entreprises peuvent être établies et recouvrées par ce même service.

IV. — Par exception aux dispositions des articles 344-0 A à 344-0 C et des I et II, les rôles, autres que ceux relatifs aux impôts locaux et à leurs taxes additionnelles et annexes, ou avis de mise en recouvrement émis en vue du recouvrement des impositions qui ont fait l'objet, ou auraient dû faire l'objet, d'une déclaration ou d'un paiement auprès du service chargé des grandes entreprises, sont établis soit par ce service, soit par le service déconcentré dans le ressort duquel est situé le lieu d'imposition. Ces dispositions s'appliquent également au rôle ou à l'avis de mise en recouvrement émis par le service chargé des grandes entreprises en vue du recouvrement d'une imposition qui aurait dû faire l'objet d'une déclaration ou d'un paiement auprès du service déconcentré dans le ressort duquel est situé le lieu d'imposition.

CHAPITRE PREMIER *BIS* PÉNALITÉS

SECTION PREMIÈRE

Art. 406 A à 406 J *Transférés ss. les art. 406 A17 à 406 A26, depuis abrogés.*

SECTION PREMIÈRE *BIS* CONTRIBUTIONS INDIRECTES, DROITS, TAXES, REDEVANCES ET IMPOSITIONS OBÉISSANT AUX MÊMES RÈGLES ET DROIT SPÉCIFIQUE SUR LES OUVRAGES D'OR OU CONTENANT DE L'OR, D'ARGENT OU DE PLATINE

Art. 406 K La direction générale des douanes et droits indirects exerce les compétences prévues à l'article 1798 du code général des impôts.

Art. 406 L Le directeur interrégional des douanes et droits indirects ou, en Guadeloupe, en Guyane, à La Réunion et à Mayotte, le directeur régional des douanes et droits indirects est compétent pour proposer la fermeture d'établissement dans le cadre de l'application de l'article 1825 du code général des impôts.

SECTION II DISPOSITIONS COMMUNES

I

Art. 406 A 1 à 406 A 11 *Abrogés.*

II *INFRACTIONS AUX RÈGLES DE LA FACTURATION*

MISE SOUS SÉQUESTRE DE L'ENTREPRISE DE L'AUTEUR DU DÉLIT

Art. 406 A 12 La mise sous séquestre, totale ou partielle, des biens des personnes à l'encontre desquelles des poursuites sont exercées pour des *(Décr. n° 2020-897 du 22 juill. 2020, art. 3)* « manquements visés » au 2 de l'article 1751 du code général des impôts est prononcée, dans les conditions fixées par cet article, à la demande du chef de service départemental de l'administration pour le compte de laquelle sont engagées ces poursuites.

Art. 406 A 13 Les règles fixées par les articles 1er à 5, 7 à 9, 11 et 12 de l'arrêté validé du 23 novembre 1940 modifié par l'arrêté du 14 septembre 1942 et l'arrêté du 11 janvier 1946 sont applicables aux séquestres ordonnés en application de l'article 1751 du code général des impôts dans la mesure où elles ne sont pas contraires aux dispositions de cet article.

Art. 406 A 14 La requête présentée par le service des domaines pour obtenir l'autorisation, prévue à l'article 9 de l'arrêté du 23 novembre 1940, de continuer l'exploitation d'établissements commerciaux, industriels ou agricoles, doit obligatoirement faire état de l'avis du chef de service départemental de l'administration qui a provoqué la mise sous séquestre.

Art. 406 A 15 La mainlevée du séquestre peut être ordonnée par le juge d'instruction ou par le tribunal correctionnel, saisis, en tout état de la procédure, sur réquisitions du procureur de la République ou à la demande de l'intéressé. Elle peut l'être également, hors le cas de saisine du juge d'instruction ou du tribunal correctionnel, par le président du tribunal, statuant en référé dans les conditions prévues aux articles 485 et 486 du code de procédure civile.

Les réquisitions du parquet sont prises à la demande du directeur départemental de l'administration qui a provoqué la mise sous séquestre, dans le cas où aucune décision définitive n'est intervenue sur l'action publique, et à la demande du directeur départemental des finances publiques ou du responsable du service à compétence nationale, dans le cas de décision définitive, jusqu'à et après l'exécution de cette décision.

Art. 406 A 16 La clôture des opérations de séquestre est prononcée dans tous les cas par le président du *(Décr. nº 2019-966 du 18 sept. 2019, art. 8 et 9, en vigueur le 1er janv. 2020)* « tribunal judiciaire *[ancienne rédaction : tribunal de grande instance]* » du domicile ou du siège social de la personne physique ou morale intéressée.

III *INTÉRÊTS EXCÉDENTAIRES*

Art. 406 A 16 A *Disjoint (Décr. nº 2006-356 du 24 mars 2006).*

Art. 406 A 16 B *Devenu sans objet (Ord. nº 2005-429 du 6 mai 2005, art. 49-II ; Décr. nº 2006-356 du 24 mars 2006).*

Art. 406 A 16 C *Abrogé.*

Art. 406 A 16 D et 406 A 16 E *Devenus sans objet (Décr. nº 2005-1007 du 2 août 2005, art. 5-I-28º ; Décr. nº 2006-356 du 24 mars 2006).*

Art. 406 A 16 F *Disjoint (Décr. nº 2006-356 du 24 mars 2006).*

SECTION III **DISPOSITIONS PARTICULIÈRES**

I et II

Art. 406 A 16 *bis* *Dispositions périmées.*

Art. 406 A 17 *à* 406 A 26 *Abrogés.*

III *DROITS D'ENREGISTREMENT*

Art. 406 A 27 Lorsqu'un acte a fait l'objet d'un refus de publier et que la régularisation ne peut être opérée, aucune pénalité sanctionnant le retard dans l'exécution de la formalité de l'enregistrement n'est exigible si celle-ci est requise dans le délai prévu pour la formalité fusionnée.

Pour le calcul de ce délai, il est fait abstraction de la période comprise entre le dépôt de l'acte refusé au service de la publicité foncière et sa présentation à l'enregistrement lorsque celle-ci intervient dans le mois de la notification du refus.

CHAPITRE II **PROCÉDURES**

SECTIONS PREMIÈRE *à* III

Art. 407 *Abrogé par Décr. nº 64-989 du 17 sept. 1964, art. 1er.*

Art. 407 *bis* et 407 *ter* *Abrogés.*

Art. 408 *Transféré ss. art. R. 247-5 LPF.*

Art. 408 *bis* *Abrogé par L. nº 63-1316 du 27 déc. 1963, art. 1er s.*

Art. 409 à 413 *Transférés ss. art. 349 à 350 C.*

Art. 414 *Abrogé par Décr. nº 64-989 du 17 sept. 1964, art. 1er.*

SECTION IV **DISPOSITIONS COMMUNES AUX IMPOSITIONS DONT LE RECOUVREMENT INCOMBE AUX COMPTABLES DE LA DIRECTION GÉNÉRALE DES FINANCES PUBLIQUES ET À CEUX DE LA DIRECTION GÉNÉRALE DES DOUANES ET DROITS INDIRECTS** *(Décr. n° 2011-276 du 16 mars 2011).*

Art. 415 Sont à la charge des redevables poursuivis les frais accessoires ci-après :

a) Frais d'ouverture des portes ;

b) Notification au saisi en cas de saisie-vente hors de son domicile et en son absence ;

c) Notification au maire, au parquet ou par procès-verbal dans les cas prévus par les articles 656, 659, 660, 684 et 691 du code de procédure civile ;

d) Remise des actes sous enveloppe ;

e) Levée des états d'inscriptions grevant les fonds de commerce ;

f) Dénonciation de la saisie-vente aux créanciers inscrits sur les fonds de commerce ;

g) Frais demandés par le greffe du tribunal de commerce suite à l'établissement d'un état des créanciers nantis ;

h) Dénonciation d'une opposition à un créancier premier saisissant ;

i) Sommation au créancier premier saisissant de procéder aux formalités de la mise en vente forcée dans un délai de huit jours ;

j) Frais de garde des meubles ou récoltes saisis ;

k) Frais de transport ou d'enlèvement des objets saisis ;

l) Honoraires de l'officier ministériel sur le produit de la vente ;

m) Allocation due, en dehors du cas de saisie interrompue, lorsque, après déplacement de l'agent de poursuites, l'acte de poursuites n'est pas effectué à raison d'un incident provenant du fait de la partie qui devait être poursuivie ;

n) Ensemble des frais de saisie dans le cas où la saisie immobilière a été interrompue avant la vente ;

o) Frais d'immobilisation, d'enlèvement et de garde d'un véhicule terrestre à moteur ;

p) Commissions du prestataire de services d'investissement en cas de vente de valeurs mobilières admises à la cote officielle ou à celle du second marché ;

q) Honoraires du notaire chargé de l'adjudication de valeurs mobilières non admises à la cote officielle ou à celle du second marché ;

r) Frais de publicité provisoire et définitive des sûretés judiciaires.

Ces frais sont comptés aux redevables en conformité du tarif des huissiers de justice, des agents des finances publiques chargés des fonctions d'huissier, des commissaires-priseurs judiciaires, des notaires, ou des règles de rémunérations applicables aux avocats.

Art. 416 Les autres frais accessoires, tels que frais de transport de l'huissier, salaires des afficheurs, frais d'insertion dans les journaux sont supportés par le Trésor, les communes ou les établissements publics au profit desquels les poursuites sont exercées.

Art. 416-0 *bis* *Abrogé par Décr. n° 2011-276 du 16 mars 2011.*

CHAPITRE II *BIS* **SÛRETÉS ET PRIVILÈGES**

(Décr. n° 2007-1356 du 13 sept. 2007)

Art. 416 *bis* Le seuil de publicité obligatoire mentionné au premier alinéa du 4 de l'article 1929 *quater* du code général des impôts est fixé à *(Décr. n° 2019-683 du 28 juin 2019, art. 1er et 3, en vigueur le 1er juill. 2019)* « 200 000 € *[ancienne rédaction : 15 000 €]* ».

Art. 416 *ter* Le comptable de la direction générale des finances publiques ou de la direction générale des douanes et des droits indirects met fin au plan d'apurement échelonné mentionné au *(Décr. n° 2020-897 du 22 juill. 2020, art. 3)* « 1° » du 4 de l'article 1929 *quater* du code général des impôts par lettre recommandée avec accusé de réception et procède à l'inscription du privilège du Trésor dans le délai prévu au *(Décr. n° 2020-897 du 22 juill. 2020, art. 3)* « 1° » du 4 de l'article précité. Le délai court à compter de la réception de cette dénonciation par le redevable.

CHAPITRE III DÉGRÈVEMENTS ET RESTITUTIONS D'IMPÔTS

SECTION PREMIÈRE JURIDICTION CONTENTIEUSE

A

Art. 416 A à 416 D *Transférés respectivement ss. art. R. 277-3, R. 277-6, R. 277-4 et R. 277-5 LPF.*

B DISPOSITION PARTICULIÈRE AUX DROITS D'ENREGISTREMENT

Art. 416 E Le rejet définitif de la formalité de publicité foncière ne constitue pas une cause de restitution des droits d'enregistrement régulièrement perçus.

SECTION II JURIDICTION GRACIEUSE

A *et* B

Art. 417 à 421 *Transférés respectivement ss. art. R. 247-1, R. 247-2, R. 247-4, R. 247-5, R. 247-6, R. 247-7 et R. 247-8 LPF.*

Art. 422, 422 A et 423 *Disjoints.*

Art. 424 et 425 *Transférés ss. art. R. 247-10 et R. 247-11 LPF.*

C PROPOSITIONS DES COMPTABLES SECONDAIRES DE LA DIRECTION GÉNÉRALE DES FINANCES PUBLIQUES CHARGÉS DU RECOUVREMENT DES CRÉANCES DE NATURE FISCALE *(Décr. n° 2012-371 du 16 mars 2012).*

1 *[CRÉANCES IRRÉCOUVRABLES]*

Art. 426 Les comptables secondaires de la direction générale des finances publiques peuvent proposer l'admission en non-valeur des créances de nature fiscale qu'ils estiment irrécouvrables.

Art. 427 *Abrogé par Décr. n° 99-889 du 21 oct. 1999, art. 2.*

Art. 428 Le pouvoir de statuer sur les propositions d'admission en non-valeur appartient au directeur départemental des finances publiques ou au responsable d'un service à compétence nationale.

Les décisions prises sur les propositions d'admission en non-valeur sont notifiées aux comptables secondaires de la direction générale des finances publiques.

Toutefois, lorsque le montant des créances mentionnées à l'article 426 dont l'admission en non-valeur est proposée n'excède pas cinq mille euros, l'absence de réponse du directeur départemental des finances publiques ou du responsable d'un service à compétence nationale dans un délai de trois mois à compter de la réception de la proposition vaut acceptation de celle-ci.

2 DISPENSE DE VERSEMENT, REMISE GRACIEUSE ET CONSTATATION DE LA FORCE MAJEURE

(Décr. n° 2011-1138 du 20 sept. 2011, en vigueur le 1er janv. 2012)

Art. 429 Les comptables publics secondaires de la direction générale des finances publiques doivent justifier, auprès du comptable principal dont ils relèvent, du recouvrement des impôts, droits, taxes, pénalités, intérêts de retard et frais de poursuite y afférents :

1° Au 31 décembre de la quatrième année suivant celle de leur mise en recouvrement, pour les créances fiscales dont ils ont pris en charge les rôles ;

2° Au 31 décembre de la quatrième année suivant celle au cours de laquelle ils ont eu connaissance de leur exigibilité, pour les autres créances fiscales régulièrement liquidées.

A défaut, la responsabilité des comptables secondaires est engagée et ils sont tenus de verser les montants correspondant aux créances non recouvrées.

Art. 430 La responsabilité des comptables prévue à l'article 429 n'est pas mise en jeu par le comptable principal dont ils relèvent lorsque :

1° Les créances ont été admises en non-valeur ;

2° Le recouvrement des créances a été empêché par des circonstances constitutives de la force majeure ;

3° Les créances sont devenues irrécouvrables au cours d'exercices pour lesquels la responsabilité du comptable principal ne peut plus être mise en jeu.

Art. 431 A l'occasion de l'examen des restes à recouvrer, le comptable principal prend une décision accordant la dispense de versement, la refusant ou constatant la force majeure.

Pour l'exercice de cette compétence, le comptable principal peut déléguer sa signature aux administrateurs des finances publiques placés sous son autorité.

Art. 432 La dispense de versement mentionnée à l'article 431 est accordée pour une année. Elle est susceptible d'être renouvelée chaque année à l'occasion de l'examen des états des restes à recouvrer.

Lorsque les comptables secondaires ne peuvent justifier du recouvrement des sommes mentionnées à l'article 429, le comptable principal refuse la dispense de versement et les invite à verser les sommes correspondantes. Cette décision vaut ordre de versement.

Art. 433 Les comptables secondaires peuvent demander la remise gracieuse des sommes mises à leur charge dans les conditions prévues au second alinéa de l'article 432. Cette demande a un effet suspensif de paiement jusqu'à la date de notification de la décision.

Art. 434 Le comptable principal statue sur les demandes de remise gracieuse des comptables secondaires relatives à des décisions leur refusant la dispense de versement, dont le montant n'excède pas un seuil fixé par arrêté du ministre chargé du budget. Au-delà de ce seuil, ces demandes relèvent de la compétence du ministre chargé du budget, qui se prononce au vu de l'avis émis par le comptable principal.

Pour les sanctions, V. art. 1821.

Est délégué aux directeurs des finances publiques (...) le pouvoir de se prononcer sur les demandes en remise gracieuse des sommes qu'ils ont mises à la charge des comptables secondaires au titre du recouvrement des produits fiscaux, lorsque ces sommes sont inférieures à 15 000 € (Arr. du 12 févr. 2015, JO 20 févr.).

Art. 435 Les décisions accordant la dispense de versement, la refusant, constatant la force majeure ou celles relatives à une demande de remise gracieuse, mentionnées aux articles 429 à 434, sont notifiées par le comptable principal au comptable secondaire concerné soit par lettre recommandée avec demande d'avis de réception, soit dans la forme administrative. Dans ce dernier cas, le comptable secondaire concerné donne récépissé de cette notification. A défaut, il est dressé procès-verbal de la notification par l'agent qui y a procédé.

Art. 436 Lorsque le comptable secondaire n'a pas acquitté la somme réclamée à la suite de la décision refusant la dispense de versement ou n'a pas sollicité la remise gracieuse, un arrêté de débet est pris immédiatement à son encontre par le ministre chargé du budget.

Art. 437 à 444 *Abrogés par Décr. nº 2011-1138 du 20 sept. 2011.*

C *BIS*

Art. 444 A *Transféré ss. art. R. 247-9 LPF.*

D DISPOSITIONS PARTICULIÈRES AUX IMPÔTS DIRECTS

Art. 445 En matière d'impôts directs recouvrés par les comptables du Trésor, les remises et modérations d'impôts accordées à titre gracieux ainsi que les cotes ou portions de cotes pour lesquelles le comptable a obtenu la décharge ou l'atténuation de sa responsabilité font l'objet de certificats qui sont établis par le directeur des services fiscaux pour servir de pièces justificatives aux agents du service du recouvrement.

Les cotes ou portions de cotes allouées en non-valeur font l'objet de certificats qui sont établis par le trésorier-payeur général, ou le receveur des finances pour les comptables de son arrondissement financier, pour servir de pièces justificatives aux comptables du Trésor.

Art. 446 *Disjoint.*

Art. 446 *bis* *Abrogé par L. n° 63-1316 du 27 déc. 1963, art. 1er, 3 et 57.*

CHAPITRE III *BIS* RESTITUTION DE LA PRIME POUR L'EMPLOI

Art. 446 *ter* à 446 *ter* C *Devenus sans objet (Décr. n° 2010-421 du 27 avr. 2010).*

CHAPITRES III *TER* et IV

Art. 446 *quater* *Dispositions périmées.*

Art. 447 *Transféré ss. art. R. 107-1 LPF.*

Art. 448 *Transféré ss. art. R. 106-1 LPF.*

ANNEXE IV : DISPOSITIONS REVÊTANT LA FORME D'ARRÊTÉ

Codification des textes d'application

LIVRE PREMIER ASSIETTE ET LIQUIDATION DE L'IMPÔT

PREMIÈRE PARTIE IMPÔTS D'ÉTAT

TITRE PREMIER IMPÔTS DIRECTS ET TAXES ASSIMILÉES

CHAPITRE PREMIER IMPÔT SUR LE REVENU

SECTION 0I DISPOSITIONS GÉNÉRALES. LIEU D'IMPOSITION

Art. 01 *(Arr. du 21 sept. 2020, art. 1er)* Le lieu d'imposition des personnes physiques qui n'ont pas leur domicile fiscal en France et celui des personnes mentionnées au 2 de l'article 4 B du code général des impôts est fixé au service des impôts des non-résidents, à l'exception des personnes physiques mentionnées à l'article 121 Z *quinquies* de la présente annexe.

SECTION 0I *BIS* REVENUS FONCIERS

(Arr. du 5 mai 2017, art. 1er)

Art. 01 *bis* I. — Pour l'application du A du 1 du *o* du 1° du I de l'article 31 du code général des impôts, les communes se caractérisant par un déséquilibre *(Arr. du 10 nov. 2020, art. 1er-1°-a)* « important entre l'offre et la demande de logements s'entendent de celles classées dans les zones A bis, A et B1 telles qu'elles sont définies à l'article D. 304-1 » du code de la construction et de l'habitation.

II. — Pour l'application du B du 1 du *o* du 1° du I de l'article 31 du code général des impôts, les communes *(Arr. du 10 nov. 2020, art. 1er-1°-b-i)* « se caractérisant par un déséquilibre entre l'offre et la demande de logements », autres que celles mentionnées au A du 1 du même *o*, s'entendent de celles classées dans la *(Arr. du 10 nov. 2020, art. 1er-1°-b-ii)* « zone B2 » telle qu'elle est définie à l' article *(Arr. du 10 nov. 2020, art. 1er-1°-b-iii)* « D. 304-1 » du code de la construction et de l'habitation.

(Arr. du 10 nov. 2020, art. 1er-1°-c) « III. — Pour l'application du C du 1 du *o* du 1° du I de l'article 31 du code général des impôts, les communes, autres que celles mentionnées aux A et B du 1 du même *o*, s'entendent de celles classées dans la zone C telle qu'elle est définie à l'article D. 304-1 du code de la construction et de l'habitation. »

Art. 01 *ter* *(Arr. du 10 nov. 2020, art. 1er-2°)* I. — Pour l'application du 3 du *o* du 1° du I de l'article 31 du code général des impôts en France métropolitaine, le contribuable justifie d'une consommation conventionnelle en énergie primaire du logement inférieure à 331 $kWhm^2$/an.

Cette consommation énergétique est évaluée sur les usages de l'énergie pour le chauffage, la production d'eau chaude sanitaire et le refroidissement.

Le contribuable justifie du respect de cette exigence dans des conditions fixées au II.

II. — La justification du respect des exigences de performance énergétique mentionnées au I est apportée par la fourniture d'une évaluation énergétique établie selon une méthode de calcul conventionnel satisfaisant les dispositions des arrêtés du 15 septembre 2006 modifiés relatifs respectivement aux méthodes et procédures applicables au diagnostic de performance énergétique pour les bâtiments existants proposés à la vente en France métropolitaine et au diagnostic de performance énergétique pour les bâtiments proposés à la vente en France métropolitaine, quels que soient l'année de construction et le type du bâtiment. Cette évaluation est réalisée par une personne répondant soit aux conditions prévues par l'article L. 271-6 du code de la construction et de l'habitation, soit aux conditions prévues par le décret n° 2018-416 du 30 mai 2018 relatif aux conditions de qualification des auditeurs réalisant l'audit énergétique éligible au crédit d'impôt sur le revenu pour la transition énergétique prévues au dernier alinéa du 2 de l'article 200 *quater* du code général des impôts.

L'évaluation énergétique visée au premier alinéa doit être en cours de validité à la date de dépôt de la demande de convention auprès de l'Agence nationale de l'habitat.

Art. 01 *quater* *(Arr. du 10 nov. 2020, art. 1er-2°)* I. — Pour l'application du 3 du *o* du 1° du I de l'article 31 du code général des impôts en Guadeloupe, en Martinique, en Guyane, à La Réunion et à Mayotte, le contribuable justifie que le logement respecte au moins une des améliorations de la performance énergétique mentionnées à l'article 2 de l'arrêté du 25 mai 2011 modifié relatif à l'application en outre-mer de dispositions concernant les avances remboursables sans intérêts destinées au financement de travaux de rénovation afin d'améliorer la performance énergétique des logements anciens, satisfaisant les exigences mentionnées aux articles 3 à 6 du même arrêté.

II. — Le contribuable produit sur simple demande toutes les factures ou notes émises par les entreprises prestataires ou tout autre moyen de preuve compatible avec les règles de la procédure écrite de nature à établir que le logement satisfait les conditions prévues au I.

SECTION PREMIÈRE BÉNÉFICES INDUSTRIELS ET COMMERCIAUX

0I *AMORTISSEMENT DÉGRESSIF OU EXCEPTIONNEL DES MATÉRIELS DESTINÉS À ÉCONOMISER L'ÉNERGIE ET DES ÉQUIPEMENTS DE PRODUCTION D'ÉNERGIES RENOUVELABLES*

Art. 02 I. — Pour bénéficier de l'amortissement dégressif accéléré mentionné au 2° de l'article 39 AA du code général des impôts ou de l'amortissement exceptionnel mentionné à l'article 39 AB du même code, les matériels destinés à économiser l'énergie et les équipements de production d'énergies renouvelables mentionnés sur la liste donnée au 2 doivent pouvoir être séparés des appareils auxquels ils ont été adjoints sans être rendus définitivement inutilisables.

II. — La liste des matériels est fixée ainsi qu'il suit :

1. Matériels de récupération de force ou de chaleur produite par l'emploi d'hydrocarbures liquides ou gazeux, de combustibles minéraux solides ou d'électricité :

1° *a.* matériel permettant directement la récupération d'énergie et le transport de l'énergie récupérée :

— chaudière à vapeur, à eau chaude, à fluide thermique, à haut rendement (soit supérieur à 90 % PCS) ;

— chaudière de récupération sur effluents thermiques ou gaz pauvre de procédé ;

b. échangeurs thermiques récupérateurs sur fluides liquides, gazeux ou de refroidissement : échangeurs tubulaires, échangeurs à plaques, à caloducs, par fluide caloporteur, rotatifs, lorsque ces matériels sont destinés à la production d'eau chaude ou de vapeur, de fluide thermique, d'air, l'énergie échangée étant utilisée pour le préchauffage d'air de combustion, de produits, de combustibles ou de fluides utilisés dans des cycles binaires, la récupération de frigories sur des fluides détendus ;

c. installation de préchauffage de produits par échange direct avec des rejets thermiques ;

d. incinérateurs de sous-produits de fabrication ou de déchets, avec récupération d'énergie et installations annexes de stockage, de manutention et de préparation ;

e. hottes et dispositifs de captation de la chaleur de refroidissement de solides après une opération nécessitant une élévation de température ;

f. matériel permettant la récupération, le transport, le stockage, la préparation et la *valorisation énergétique* de gaz fatals, issus comme sous-produits de procédés industriels ;

g. dispositifs mécaniques ou électromécaniques permettant la récupération de l'énergie mécanique potentielle de fluides sous pression : turbines, turboalternateurs mus par la détente de gaz ou de fluides sous pression destinés à (ou provenant d') un procédé de fabrication ;

h. pompes à chaleur à recompression mécanique de vapeur dont le coefficient de performance est supérieur ou égal à 4 et matériels permettant la thermocompression directe de fluides avec recyclage de l'énergie ainsi récupérée ;
i. turbine à condensation pour la production d'électricité dans le cas où la vapeur est produite pour l'essentiel lors de l'incinération de déchets industriels ou ménagers ou par récupération sur un procédé de fabrication excédentaire en énergie ;
2° Matériel de cogénération permettant la production simultanée, dans un seul processus, d'énergie thermique et électrique et/ou mécanique :
a. turbine de détente de vapeur en contre-pression ;
b. turbine de détente de fluides utilisés dans des cycles binaires de production d'électricité à partir de rejets thermiques à bas niveau ;
c. turbine de détente de haute pression utilisée en place de vanne de laminage ou de détente ;
d. turbine à gaz et moteur thermique avec équipements de récupération de l'énergie sur les gaz d'échappement et/ou les fluides de refroidissement ;
3° Matériel permettant la transformation en énergie électrique ou en énergie mécanique de l'énergie cinétique des turbines mentionnées ci-dessus ;
4° Générateur électrochimique à usage stationnaire.
2. Matériels destinés à l'amélioration du rendement énergétique d'appareils ou d'installations consommant de l'énergie :
a. matériel de combustion performant acquis en remplacement d'un matériel de combustion classique : brûleurs autorécupérateurs, brûleurs régénératifs ;
b. matériel de régulation améliorant les performances énergétiques des matériels suivants : fours, chaudières, séchoirs, moteurs ou machines-outils ;
c. matériel permettant une chauffe en surface ou dans la masse en remplacement d'un chauffage global classique : chauffage infrarouge (gaz ou électricité), à haute fréquence, par rayonnement ultraviolet, micro-ondes ;
d. matériel de mesure ou enregistreurs permettant un meilleur contrôle du rendement énergétique des installations, à l'exception des appareils de contrôle prévus par les articles R. 224-26 et R. 224-27 du code de l'environnement ;
e. matériel de séparation performant en substitution d'un système de séparation par voies thermiques : membranes polymères, membranes minérales, membranes cryogéniques ;
f. matériel permettant de réaliser des économies d'énergie par l'optimisation et la commande centralisée de la gestion d'un ensemble de dispositifs consommateurs d'énergie et affecté exclusivement à cet usage : système informatique centralisé de mesure et de commande ou système réparti par microprocesseurs ;
g. matériel permettant la réduction des pertes sur les réseaux de fluides énergétiques (réseau de condensats, réseau de vapeur, réseau d'air comprimé, réseau de vide, réseau de fluide frigorigène) tels que les purgeurs de vapeur ;
h. matériel d'isolation utilisé dans le secteur tertiaire et industriel permettant de limiter les déperditions thermiques des matériels utilisant ou transportant de l'énergie ;
i. matériel permettant de diminuer la consommation d'énergie réactive d'installations électriques : batteries de condensateurs ;
j. matériel variateur de vitesse permettant d'adapter la consommation énergétique d'un moteur ou d'une machine à sa charge instantanée ;
k. moteur électrique à rendement amélioré (classe de rendement EFF1 dont la valeur d'efficacité est définie suivant la norme EN 60034-2) ;
l. presse hydraulique électrique ;
3. Matériels de captage et d'utilisation de sources d'énergie autres que les hydrocarbures liquides ou gazeux, les combustibles minéraux solides et l'électricité :
a. matériel permettant la récupération d'énergie solaire pour le préchauffage de fluide, la préparation d'eau de chaudière, d'eau de procédé, d'eau chaude sanitaire et son stockage, pour la production d'électricité, son stockage et son raccordement au réseau ;
b. matériel permettant l'utilisation d'énergie hydraulique, éolienne ou géothermique, son stockage et son raccordement au réseau électrique ou de chaleur ;
c. matériel d'exploitation de la biomasse : chaudières avec ses auxiliaires et ses équipements de stockage et d'alimentation en combustible, équipements sylvicoles utilisés

exclusivement pour la production et le conditionnement de bois à des fins énergétiques, digesteurs et équipements de production thermiques ou électriques associés à une utilisation du biogaz ;

d. réseaux de récupération et collecte de biogaz en vue de son utilisation énergétique ;

e. matériel permettant l'utilisation de l'énergie marémotrice, houlomotrice et thermique des mers et son stockage ;

f. matériel de raccordement à un réseau de chaleur classé au sens *[des deuxième et troisième alinéas de l'article 5]* de la loi n° 80-531 du 15 juillet 1980 modifiée relative aux économies d'énergie et à l'utilisation de la chaleur *[et du chapitre II du titre Ier du livre VII du code de l'énergie]* ; *— V. Arr. du 3 juin 2013 portant incorporation à l'annexe IV au code général des impôts de divers textes [...], qui modifie par erreur l'art. 2 (au lieu de 02) de ladite annexe.*

g. matériel de raccordement à un réseau de chaleur utilisant majoritairement de l'énergie géothermale ;

h. autres matériels de transformation thermochimique de la biomasse ;

i. autres types d'équipements de valorisation thermique et électrique des biocombustibles ;

4. *a.* matériels permettant le stockage d'énergie quand la réutilisation ultérieure de cette énergie permet des économies globales d'énergie primaire ;

b. matériel permettant le stockage d'énergie sous forme d'énergie mécanique potentielle (matériels permettant par pompage sur les ouvrages hydroélectriques la remontée d'eau de l'aval vers la retenue) ou cinématique (volants d'inertie de grande puissance) ;

c. batterie d'accumulateurs permettant le stockage d'électricité quand ce stockage permet l'arrêt permanent de matériels générateurs d'électricité exclusivement affectés à la fourniture instantanée d'énergie électrique en secours ;

d. matériel permettant le stockage de froid pour le lissage de la demande d'électricité afin de réduire les tensions sur les réseaux électriques ;

5. matériels utilisant un procédé à haut rendement énergétique pour le chauffage et le conditionnement des bâtiments :

a. systèmes de climatisation réversible dont le coefficient de performance, à + 7° C, est supérieur ou égal à 3 ;

b. chaudière à condensation ;

c. matériel de régulation améliorant les performances énergétiques des appareils de chauffage, de climatisation ou de ventilation ;

d. matériel de chauffage permettant de favoriser les concentrations énergétiques dans des espaces limités en remplacement d'un chauffage classique : génératers d'air chaud, aérothermes directs, générateurs de ventilation tempérée ;

e. système de pompes à chaleur géothermale ou air/eau dont le coefficient de performance machine en mode chauffage est supérieur ou égal à 3 ;

f. système d'optimisation énergétique en fonction des programmes de production et/ou des données climatiques ;

g. matériaux d'isolation thermique des parois opaques :

— plancher bas sur sous-sol, sur vide sanitaire ou sur passage ouvert, toiture-terrasse, mur en façade ou en pignon, possédant une résistance supérieure ou égale à 2,4 mètres carrés kelvin par watt (m^2 K/W) ;

— toiture sur comble possédant une résistance thermique supérieure ou égale à 4,5 m^2 K/W ;

h. système de ventilation mécanique contrôlée dont l'efficacité de la récupération d'énergie de l'échangeur est supérieure à 65 % sur l'air humide et dont la puissance par ventilateur est inférieure à 0,30 W/m^3/h, soit 0,70 W/m^3/h pour la centrale double flux.

Art. 02 *bis* *Abrogé par Arr. du 14 juin 2001, art. 2.*

Art. 03 *Dispositions périmées.*

0II

Art. 04 et 05 *Dispositions périmées.*

0III *AMORTISSEMENT EXCEPTIONNEL DES MATÉRIELS DESTINÉS À RÉDUIRE LE NIVEAU ACOUSTIQUE D'INSTALLATIONS*

Art. 06 1. Pour bénéficier de l'amortissement exceptionnel prévu au premier alinéa de l'article 39 *quinquies* DA du code général des impôts, les matériels destinés à réduire le bruit mentionnés sur la liste qui figure au 2 doivent pouvoir être séparés des matériels auxquels ils ont été adjoints sans les rendre définitivement inutilisables.

2. La liste des matériels mentionnée au 1 est la suivante :

A. *Matériels et dispositifs de protection contre le bruit*

1. Capotage et système prêt à monter d'insonorisation destinés à limiter le niveau sonore émis par des machines et appareils tels que presses, compresseurs, tours automatiques, ventilateurs, pompes, surpresseurs, fraiseuses, raboteuses.
2. Cabines d'insonorisation destinées à isoler une machine du reste de l'atelier.
3. Écrans mobiles modulables ou démontables destinés à isoler une ou plusieurs machines bruyantes du reste d'un atelier durant leur fonctionnement, sans empêcher leur approvisionnement ou leur maintenance.
4. Silencieux pour les dispositifs d'aspiration, de détente de gaz sous pression, de turbine à gaz, pour pièges à son, résonateurs.
5. Dispositifs de contrôle actif du bruit employés sur les cheminées et les tuyauteries.
6. Amortisseurs, pièces antivibratiles : tous dispositifs installés sous les machines destinés à amortir les vibrations émises pour empêcher la transmission du bruit par les sols et parois.
7. Protecteurs individuels actifs ou passifs : casque antibruit.

B. *Matériels et dispositifs pour améliorer l'acoustique*

Panneaux et baffles acoustiques spécifiquement conçus pour réduire ou absorber le bruit et pour être disposés sur les parois opaques et les plafonds.

C. *Matériels destinés à contrôler ou à limiter les niveaux sonores*

1. Sonomètres, sonomètres intégrateurs.
2. Appareils destinés à mesurer la dose de bruit reçu par un travailleur en milieu bruyant pour éviter de dépasser la durée d'exposition fixée en fonction du niveau sonore : dosimètres, exposimètres.
3. Régulateurs et limiteurs de bruit.

I *PROVISIONS POUR FLUCTUATION DES COURS*

Art. 1er Les entreprises de transformation de matières premières visées à l'article 4 de l'annexe III au code général des impôts et dont les cours en monnaie étrangère sont publiés par l'institut national de la statistique et des études économiques doivent, lorsqu'elles optent, en vue du calcul des provisions pour fluctuation des cours, pour le mode prévu à l'article 9 de ladite annexe, faire état, quelle que soit la qualité des matières dont il s'agit, comprises dans leur stock de base, des cours publiés par le *Bulletin mensuel de la statistique générale de la France* et se rapportant aux matières types correspondantes ci-après désignées :

Cuivre électrolytique, New York ;
Étain standard, Royaume-Uni ;
Plomb, en saumons, New York ;
Zinc, en plaques, East Saint-Louis ;
Coton middling, Galveston ;
Laine lavée indigène, Royaume-Uni ;
Soie brute, au Japon, double extra, New York ;
Caoutchouc, feuilles fumées, Royaume-Uni ;
Pétrole brut, 36-36,9 aux puits Kansas-Oklahoma.

II *PROVISIONS POUR RISQUES AFFÉRENTS AUX OPÉRATIONS DE CRÉDIT À MOYEN ET À LONG TERME*

Art. 2 et 2 bis *Devenus sans objet (Arr. du 26 mai 2014).*

Art. 3 *Disposition périmée.*

Art. 3 *bis* *Devenu sans objet (Arr. du 26 mai 2014).*

Art. 4 *Disposition périmée.*

II *BIS* *PROVISIONS POUR RISQUES AFFÉRENTS AUX CRÉDITS À MOYEN TERME RÉSULTANT DE VENTES OU DE TRAVAUX EFFECTUÉS À L'ÉTRANGER*

Art. 4 *bis* et 4 *ter* *Devenus sans objet (Arr. du 26 mai 2014).*

II *TER*

Art. 4 *quater* à 4 *septies* *Dispositions devenues sans objet.*

II *QUATER* *PROVISIONS DES ENTREPRISES DE PRESSE*

Art. 4 *octies* Les publications définies au premier alinéa du 1 *bis* B de l'article 39 *bis* et au deuxième alinéa du 2 de l'article 39 *bis* A du code général des impôts sont assimilées à des quotidiens, pour l'application de ces articles, lorsqu'elles remplissent les conditions de diffusion et de prix fixées ci-après :

1° Leur zone de diffusion normale ne doit couvrir qu'une partie restreinte du territoire national, caractérisant ainsi leur vocation départementale ou régionale ;

2° Leur prix de vente ne doit pas excéder de 75 % celui de la majorité des quotidiens. La réalisation de cette condition est appréciée par comparaison des prix de vente au numéro ou, lorsque la publication considérée est vendue exclusivement par abonnement, par comparaison des prix d'abonnement annuel, compte tenu du nombre respectif d'exemplaires dont les abonnements impliquent la livraison.

III *PROVISIONS POUR RECONSTITUTION DES GISEMENTS*

a

Art. 4 A et 4 B *Dispositions devenues sans objet (L. n° 2000-1352 du 30 déc. 2000, art. 11-I).*

b *ENTREPRISES PRODUISANT CERTAINES SUBSTANCES MINÉRALES SOLIDES*

Art. 4 C *Disposition périmée.*

Art. 4 C *bis* *Devenu sans objet (Arr. du 26 mai 2014).*

III *BIS*

Art. 4 C *ter* à 4 C *septies* *Devenus sans objet.*

IV *PROVISION POUR IMPLANTATION COMMERCIALE À L'ÉTRANGER*

Art. 4 D La provision prévue au I *bis* de l'article 39 *octies* A du code général des impôts peut être égale au montant de l'investissement lorsque l'implantation est réalisée, dans les conditions prévues à cet article, dans un État qui n'est pas membre de la Communauté européenne.

Art. 4 E *Abrogé.*

V à VII

Art. 4 F à 4 I *Abrogés.*

VIII *CONTRÔLE DES FRAIS GÉNÉRAUX – OBLIGATIONS DES ENTREPRISES*

Art. 4 J Les entreprises exerçant une activité industrielle ou commerciale et soumises à l'impôt sur le revenu d'après leur bénéfice réel ainsi que les entreprises passibles de l'impôt sur les sociétés sont tenues de fournir, à l'appui de la déclaration des résultats de chaque exercice, le relevé détaillé des catégories de frais généraux prévu à l'arti-

cle 54 *quater* du code général des impôts lorsque ces frais excèdent, pour une ou plusieurs desdites catégories, l'un des chiffres suivants :

1° 300 000 € ou 150 000 € pour l'ensemble des rémunérations directes ou indirectes versées aux dix ou cinq personnes les mieux rémunérées, suivant que l'effectif du personnel dépasse ou non 200 salariés, ou 50 000 € pour l'une d'entre elles prise individuellement ;

2° 15 000 € pour les frais de voyage et de déplacement exposés par ces personnes ;

3° 30 000 € pour le total, d'une part, des dépenses et charges afférentes aux véhicules et autres biens dont elles peuvent disposer en dehors des locaux professionnels et, d'autre part, des dépenses et charges de toute nature afférentes aux immeubles qui ne sont pas affectés à l'exploitation ;

4° 3 000 € pour les cadeaux de toute nature, à l'exception des objets spécialement conçus pour la publicité et dont la valeur unitaire ne dépasse pas *(Arr. du 9 juin 2021, art. 1er, applicable à compter du 1er janv. 2021)* **« 73 €** *[ancienne rédaction : 69 €]* **», toutes taxes comprises, par bénéficiaire » ;** *— Le montant de la valeur unitaire mentionné ci-dessus évolue de la même manière que les montants mentionnés aux art. 23 N et 28-00 A de l'Ann. IV quand ceux-ci sont réévalués (Arr. du 10 mai 2010, art. 2). Au 1er janv. 2011, il est fixé à 65 € toutes taxes comprises, par objet et par année pour un même bénéficiaire (Instr. du 26 juill. 2011 — BOI 3 D-1-11).*

5° 6 100 € pour les frais de réception, y compris les frais de restaurant et de spectacles.

Art. 4 K **Pour l'application de l'article 4 J, les diverses catégories de frais généraux s'entendent :**

***a)* En ce qui concerne les rémunérations visées au 1°, du montant total des rémunérations de toute nature, fixes ou proportionnelles, qui sont admises en déduction des bénéfices imposables de l'employeur, des indemnités et allocations diverses, des remboursements de frais autres que ceux qui se rattachent directement à un acte de gestion de l'entreprise et des avantages en nature alloués aux personnes les mieux rémunérées, à l'exclusion de celles qui relèvent de l'impôt sur le revenu dans la catégorie des bénéfices industriels et commerciaux en raison de leur activité dans l'entreprise ;**

***b)* Pour les frais visés au 2°, des frais de voyage et de déplacement qui sont engagés par les personnes les mieux rémunérées dans le cadre de la gestion de l'entreprise et dont la charge incombe normalement à cette dernière ;**

***c)* Pour les dépenses et charges énumérées au 3°, de celles qui sont afférentes aux véhicules et autres biens, y compris les immeubles non affectés à l'exploitation, que l'entreprise met à la disposition des personnes les mieux rémunérées. Toutefois, le montant des dépenses et charges dont il s'agit est diminué, le cas échéant, des dépenses qui, incombant à ces mêmes personnes, ont été prises en charge par l'entreprise sous forme de rémunérations indirectes ;**

d) *Al. abrogé par Arr. du 10 mai 2010, art. 1er-2° et 3, pour les exercices clos à compter du 31 déc. 2010.*

***e)* Pour les frais visés au 5°, des frais de réception, y compris les frais de restaurant et de spectacles, qui se rattachent à la gestion de l'entreprise et dont la charge lui incombe normalement.**

Art. 4 L **Les entreprises relevant de l'impôt sur le revenu dans la catégorie des bénéfices industriels et commerciaux, à l'exclusion de toute société, sont dispensées de produire les renseignements concernant les catégories de frais énumérés sous les rubriques 1° à 3° de l'article 4 J.**

IX *ÉVALUATION DES STOCKS ET DES TRAVAUX EN COURS*

Art. 4 LA **1. Les entreprises qui tiennent une comptabilité super-simplifiée peuvent déterminer :**

***a)* Le coût de revient des marchandises et des produits en stock en appliquant sur le prix de vente de ces biens à la date du bilan un abattement correspondant à la marge pratiquée ;**

***b)* Le coût de revient des travaux en cours,** *[égal]* **au montant des acomptes réclamés au client avant facturation.**

2. La méthode d'évaluation retenue doit être conservée tant que les conditions d'activité de l'entreprise ne subissent pas une modification substantielle.

SECTION PREMIÈRE *BIS* BÉNÉFICE DE L'EXPLOITATION AGRICOLE

1° IMPOSITION D'APRÈS LE BÉNÉFICE RÉEL

Art. 4 M **Peuvent bénéficier des dispositions du troisième alinéa de l'article 38 *sexdecies* A de l'annexe III au code général des impôts les élevages effectués en série et énumérés ci-après :**

1° Élevages de volailles :

Comportant au moins, en moyenne annuelle, 1 000 sujets en état de pondre ;

Ou ayant une production annuelle commercialisée d'au moins 5 000 volailles de chair ;

2° Élevages de porcs de charcuterie effectués principalement à partir de porcelets achetés, lorsque la production annuelle commercialisée est d'au moins 300 sujets ;

3° Élevages de bovins à partir d'animaux achetés, dont la production annuelle commercialisée est d'au moins 100 têtes pour les veaux de boucherie ou 40 têtes pour les autres bovins, à la condition que les animaux :

Soient élevés en stabulation permanente,

Et soient revendus :

Au plus tard à l'âge d'un an, ou moins de neuf mois après leur achat s'ils sont nourris principalement avec des aliments achetés ;

Au plus tard à l'âge de dix-huit mois s'ils sont nourris exclusivement avec des aliments achetés.

2° [ABROGÉ] DÉNONCIATION DU FORFAIT PAR LE SERVICE DES IMPÔTS *(Abrogé par Arr. du 10 juin 2016, art. 1er).*

Art. 4 N *(Abrogé par Arr. du 10 juin 2016, art. 1er et par Décr. no 2016-1415 du 20 oct. 2016, art. 1er-II)* ***Le droit de dénonciation du service des impôts ne peut s'exercer qu'à l'égard des productions suivantes :***

1° culture de la chicorée industrielle ;

2° culture des éricacées (myrtilles) ;

3° vergers de châtaigniers ;

4° culture de mûres ;

5° vergers de coings ;

6° culture des plantes et des fleurs à parfum autres que lavande, lavandin, jasmin, rose de mai, fleur d'oranger, mimosa ;

7° culture de boutures d'œillets ;

8° culture de fleurs comestibles ;

9° forceries de lilas ;

10° culture en vue de l'obtention ou de l'édition de variétés végétales nouvelles ;

11° pépinières de camélias ;

12° pépinières viticoles sous serres ;

13° riziculture ;

14° élevage des animaux de laboratoire ;

15° élevage des animaux à fourrure, sauf visons et chinchillas ;

16° élevage du gibier (aussi bien en vue du peuplement des chasses que pour l'abattage en vue de la consommation) autre que cailles, faisans, faisandeaux, perdrix, perdreaux, lièvres ;

17° élevage des animaux, y compris les oiseaux, d'appartement ou d'agrément ;

18° élevage des poissons et autres espèces vivantes d'aquarium ;

19° élevage de toutes espèces vivantes pour la pratique d'un sport ou d'un agrément ;

20° élevage de chevaux de course ;

21° exploitation de plants de chênes truffiers ;

22° production de mycélium ;

23° production de gelée royale ;

24° élevage de ratites ;

25° lombriculture ;

26° élevage de ver à soie ;

27° élevage de coqs de pêche ;
28° élevage de teignes ;
29° production de gazon en tapis ;
30° culture de plantes aquatiques ;
31° élevages de crevettes et écrevisses ;
32° élevage de grenouilles ;
33° culture de fleurs et feuillages ornementaux (sauf asparagus et feuillages décoratifs sous abris) ;
34° culture de fleurs pour la confection de fleurs séchées ;
35° élevage de taurillons hors sol ;
36° élevage d'ovins en plein air intégral ;
37° production de volailles démarrées autres que poussins et poulettes ;
38° élevage de poussins en pension pour livraison aux producteurs de poulets engraissés ;
39° élevage de coqs de reproduction ;
40° production d'œufs de couvaison de dinde ;
41° production d'œufs de perdrix ;
42° élevage de poulinières ou poulains au sol ;
43° production de vin ou de confiture de fruits du verger de l'exploitant ;
44° production de lait de jument.

3° PASSAGE DU RÉGIME DU FORFAIT À UN RÉGIME DE BÉNÉFICE RÉEL

Art. 4 O *(Abrogé par Décr. n° 2016-1415 du 20 oct. 2016, art. 1er-II) En cas de passage d'un exploitant agricole du régime du forfait à un régime d'imposition d'après le bénéfice réel, les produits de la viticulture en stock à la date de ce changement de régime sont évalués en appliquant au cours du jour du vin en vrac à la même date une décote calculée comme suit :*

1° Décote applicable aux vins :

Vins provenant de la dernière récolte levée à la date du changement de régime : 0 % ;

Vins provenant de la deuxième et de la troisième récolte antérieure au changement de régime : 8 % ;

Vins provenant de la quatrième, de la cinquième et de la sixième récolte antérieure au changement de régime : 20 % ;

Vins provenant d'une récolte plus ancienne : 30 %.

2° Décote applicable aux eaux-de-vie :

Eaux-de-vie provenant de la dernière récolte levée à la date du changement de régime : 0 % ;

Eaux-de-vie provenant de la deuxième et de la troisième récolte antérieure au changement de régime : 5 % ;

Eaux-de-vie provenant de la quatrième récolte antérieure au changement de régime : 10 % ;

Eaux-de-vie provenant de la cinquième récolte antérieure au changement de régime : 15 % ;

Eaux-de-vie provenant d'une récolte plus ancienne : 20 %.

4°

Art. 4 P *Périmé (Arr. du 24 mars 2006).*

SECTION II **TRAITEMENTS ET SALAIRES**

Art. 5 et 5 A *Devenus sans objet (L. n° 97-1269 du 30 déc. 1997, art. 10).*

Art. 6 *Abrogé.*

TITRES RESTAURANT

Art. 6 A La contribution de l'employeur visée au 19° de l'article 81 du code général des impôts ne peut excéder 60 %, ni être inférieure à 50 % de la valeur libératoire des titres-restaurant.

[ÉVALUATION DES FRAIS DE DÉPLACEMENT]

Art. 6 B *(Arr. du 15 févr. 2021, art. 1er-1° et 2, applicable à compter de l'imposition des revenus de l'année 2020)* « I. — » Le barème forfaitaire mentionné au 3° de l'article 83 du code général des impôts est fixé comme suit : »

TARIF APPLICABLE AUX AUTOMOBILES			
Puissance administrative	**Jusqu'à 5 000 km**	**De 5 001 à 20 000 km**	**Au-delà de 20 000 km**
3 CV et moins	d * 0,502	(d *0, 3) + 1007	d * 0,35
4 CV	d * 0,575	(d * 0,323) + 1262	d * 0,387
5 CV	d * 0,603	(d * 0,339) + 1320	d * 0,405
6 CV	d * 0,631	(d * 0,355) + 1382	d * 0,425
7 CV et plus	d * 0,661	(d *0, 374) + 1435	d * 0,446
d représente la distance parcourue en kilomètres			

TARIF APPLICABLE AUX MOTOCYCLETTES			
Puissance administrative	**Jusqu'à 3 000 km**	**De 3 001 à 6 000 km**	**Au-delà de 6 000 km**
1 ou 2 CV	d * 0,375	(d * 0,094) +845	d * 0,234
3,4 ou 5 CV	d * 0,444	(d * 0,078) + 1099	d * 0,261
plus de 5 CV	d * 0,575	(d * 0,075) + 1502	d * 0,325
d représente la distance parcourue en kilomètres			

TARIF APPLICABLE AUX CYCLOMOTEURS		
Jusqu'à 3 000 km	**De 3 001 km à 6 000 km**	**Au-delà de 6 000 km**
d * 0,299	(d * 0,07) + 458	d * 0,162
d représente la distance parcourue en kilomètres		

Tableau mod. par Arr. du 1er févr. 2022, art. 1er .

(Arr. du 15 févr. 2021, art. 1er-2° et 2, applicable à compter de l'imposition des revenus de l'année 2020) **« II. – Pour les véhicules électriques, le montant des frais de déplacement calculés en application du I est majoré de 20 %. »**

SECTION II *BIS* RETENUE À LA SOURCE

(Arr. du 9 mai 2017, art. 1er et 5, en vigueur le 1er janv. 2018)

Art. 6 C **En application du 2° de l'article 87 A du code général des impôts, la déclaration** ***mentionnée à l'article 87-0 A*** **du même code souscrite par les redevables n'entrant pas dans le champ de l' article L. 133-5-3 du code de la sécurité sociale est déposée au plus tard le 10** *(Arr. du 22 déc. 2017, art. 1er)* **« de chaque mois** *[ancienne rédaction : du mois suivant celui au cours duquel les sommes ont été précomptées]* **».**

Si le délai imparti pour effectuer la déclaration expire un jour férié ou non ouvré, il est prorogé jusqu'au jour ouvrable suivant.

SECTION III REVENUS DES CAPITAUX MOBILIERS

I

Art. 6 *bis* *Disposition périmée.*

I *BIS*

Art. 6 *ter* *Devenus sans objet (L. n° 95-1346 du 30 déc. 1995, art. 5-I).*

I *TER* *PRÉLÈVEMENT OPÉRÉ D'OFFICE SUR LES PRODUITS DE CERTAINS PLACEMENTS*

Art. 6 *quater* Pour les catégories de titres ou de dépôts désignés à l'article 6 *quinquies*, les organismes émetteurs ou dépositaires peuvent offrir au public des placements dont les produits sont, dans tous les cas, soumis au prélèvement institué par l'article 125 A du code général des impôts sauf, si le créancier est une personne physique, option expresse de sa part pour l'imposition de droit commun.

Art. 6 *quinquies* Les placements visés à l'article 6 *quater* comprennent :

Les bons du Trésor sur formules ;

Les bons d'épargne des PTT ou de La Poste ;

Les bons de l'organe central du Crédit agricole ;

Les bons à cinq ans de participation au développement du marché hypothécaire émis par le Crédit foncier de France ;

Les bons émis par les groupements régionaux d'épargne et de prévoyance ;

Les versements en comptes sur livrets.

II *CONTRÔLE DES REVENUS MOBILIERS*

Art. 7 Les dispositions de l'article 57 de l'annexe II au code général des impôts doivent être appliquées par toutes les personnes, sociétés ou établissements visés audit article, ainsi que par les caisses publiques, conformément aux dispositions des articles ci-après.

1 JUSTIFICATIONS D'IDENTITÉ ET DE DOMICILE

Art. 8 Aucune pièce justificative n'est demandée lorsque l'identité ainsi que le domicile ou le siège du présentateur des coupons ou des titres ou du bénéficiaire des revenus sont connus du payeur. Ce dernier annote de la lettre « C » (connu) les pièces de paiement et éventuellement le relevé de coupons visé à l'article 57 de l'annexe II au code général des impôts.

Art. 9 1. Les personnes inconnues des payeurs doivent justifier de leur identité ainsi que de leur domicile ou siège social, par la production de l'une des pièces de la liste figurant à l'article 13.

L'indication de la pièce produite, ou son numéro de référence à la liste visée au premier alinéa, est portée sur les pièces de paiement.

2. Lorsque le domicile ou le siège social indiqué par le présentateur ou le bénéficiaire diffère de celui qui figure sur la pièce produite, l'intéressé doit souscrire une déclaration de changement de domicile dont le modèle est fixé par l'administration.

Toutefois, si le domicile ou le siège social indiqué est situé en France alors que la pièce produite mentionne une adresse située hors de France, la justification du nouveau domicile ou du nouveau siège ne peut résulter que de l'attestation prévue au n° 19 de la liste visée au 1. Cette attestation doit dater de moins d'un an.

Les personnes présentant un passeport ou une carte d'identité officielle délivré par un État membre de la Communauté européenne qui déclarent être résidentes d'un pays tiers produisent l'attestation de résidence fiscale prévue au dernier alinéa de l'article 13. A défaut, elles sont considérées comme résidentes fiscales de l'État membre qui délivre le passeport ou la carte d'identité officielle. — *Ces dispositions entrent en vigueur pour l'identification des présentateurs et des bénéficiaires de revenus de capitaux mobiliers à compter du 1er janv. 2004, en application des dispositions du II de l'art. 24 de la L. n° 2003-1312 du 30 déc. 2003 de finances rectificative pour 2003 (Arr. du 15 févr. 2005, art. 2).*

Art. 10 Si le présentateur, étant l'employé d'une personne ou société soumise aux dispositions du 1 de l'article 57 de l'annexe II au code général des impôts, justifie que les coupons sont présentés pour le compte de cette dernière, la pièce de paiement doit être établie au nom de la personne ou société faisant procéder à l'encaissement.

Art. 11 Lorsque le présentateur déclare encaisser des coupons pour le compte de tiers qu'il désigne, il doit produire les justifications visées à l'article 9, pour chacun des bénéficiaires non connus du payeur. Dans cette hypothèse, le payeur établit au nom de chaque bénéficiaire une pièce de paiement, ainsi que le relevé prévu à l'article 14 et le certificat de crédit d'impôt ; il conserve, le cas échéant, comme pièce justificative la liste prévue au 2 de l'article 57 de l'annexe II au code général des impôts qui lui a été remise par le présentateur.

Si la présentation est faite par une personne ou société soumise aux dispositions du 1 de l'article 57 susvisé et tenue, par conséquent, de déclarer à l'administration les coupons payés par elle, ces coupons peuvent faire l'objet d'une pièce distincte de paiement établie au nom de la personne ou société requérante, comme il est dit ci-dessus, mais sans production de liste annexe, et portant la mention "PC tiers" (pour le compte de tiers).

Art. 12 Les femmes mariées peuvent produire une pièce d'identité au nom de leur mari. Dans ce cas, les coupons sont considérés comme présentés pour le compte du mari et la pièce de paiement libellée au nom de "Mme X..., pour compte de M. X..." (nom, prénoms, ou prénom usuel, et adresse du mari).

La pièce de paiement est libellée de la même façon lorsque la femme, bien que produisant une pièce d'identité personnelle, a déclaré présenter les coupons pour le compte de son mari.

Par contre, la pièce de paiement doit être établie uniquement au nom de la femme dans le cas où cette dernière, ayant produit une pièce d'identité à son propre nom, n'a pas fait la déclaration ci-dessus.

Art. 13 L'identité des présentateurs et des bénéficiaires de revenus ainsi que leur domicile ou leur siège social sont valablement établis à l'égard du payeur par la production des pièces suivantes :

I. — Personnes physiques

1° Carte nationale d'identité
ou carte d'identité officielle délivré par un autre État que la France accompagné si nécessaire de tout document probant comportant l'adresse ou le numéro d'identification fiscale ;

2° Carte photographique d'identité non périmée, délivrée aux membres des familles nombreuses pour les voyages en chemin de fer ;

3° Carte photographique d'abonnement, non périmée, sur les chemins de fer ;

4° Permis de chasse ;

5° Livret d'identité à coupons pour le paiement des pensions et retraites civiles et militaires de l'État, portant la photographie du bénéficiaire ;

6° Carte d'identité professionnelle à l'usage des voyageurs de commerce ;

7° Carte photographique d'invalidité, non périmée, délivrée par les comités départementaux des mutilés et réformés de guerre ;

8° Carte d'identité délivrée par les préfectures aux grands mutilés pour les voyages à tarif réduit ;

9° Carte photographique de priorité dans les voitures de transport en commun, non périmée, délivrée aux mutilés de guerre par la préfecture ;

10° *Carte photographique* d'identité des officiers de l'armée active ;

11° Livret de solde pour officier marinier et marin ;

12° Livret professionnel maritime ;

13° Passeport français non périmé, ou périmé depuis moins de cinq ans ;

14° Passeport étranger non périmé accompagné si nécessaire de tout document probant comportant l'adresse ou le numéro d'identification fiscale ;

15° Carte photographique d'identité, non périmée, instituée pour tous les étrangers résidant en France.

II. — Personnes morales ou organismes sans personnalité morale

1° Exemplaire des statuts ou tous documents constitutifs certifié par le représentant légal de la société ou de l'organisme ;

2° Récépissé de la déclaration à la préfecture ou sous-préfecture (associations) ;

3° Récépissé de la déclaration d'existence visée à l'article 23 A, ou de la déclaration modificative visée à l'article 23 B.

III. — Personnes physiques ou morales ou organismes sans personnalité morale

Attestation délivrée par le service des impôts ou par l'autorité administrative compétente du lieu de résidence fiscale et mentionnant le domicile ou siège social ainsi que le lieu d'imposition de la personne qui y est désignée. — *Ces dispositions entrent en vigueur pour l'identification des présentateurs et des bénéficiaires de revenus de capitaux mobiliers à compter du 1er janv. 2004, en application des dispositions du II de l'art. 24 de la L. n° 2003-1312 du 30 déc. 2003 de finances rectificative pour 2003 (Arr. du 15 févr. 2005, art. 2).*

Art. 13 *bis* Les dispositions des articles 8 à 13 sont également applicables aux établissements payeurs visés aux articles 75 et 76 de l'annexe II au code général des impôts.

2 RELEVÉS À FOURNIR À L'ADMINISTRATION

Art. 14 Les relevés à adresser à la direction départementale ou, le cas échéant, régionale des finances publiques en exécution des dispositions de l'article 57 de l'annexe II au code général des impôts concernent :

1° Les coupons, instruments représentatifs de coupons et arrérages payés en espèces, à présentation, aux guichets soit des caisses publiques, soit des personnes ou sociétés visées au 1 de l'article 57 de l'annexe II au code général des impôts ;

2° Les sommes portées à un compte de passage sur remise aux guichets de coupons et instruments représentatifs de coupons ou sur présentation des titres ;

3° Les coupons et arrérages que les sociétés payent par correspondance (chèque ordinaire, chèque postal, mandat-poste, etc.) aux porteurs de leurs propres titres.

En ce qui concerne les chèques-dividendes émis par des sociétés ayant leur siège en France métropolitaine, les relevés sont fournis par les sociétés émettrices.

Pour les chèques-dividendes émis par des sociétés ayant leur siège hors de France métropolitaine, les relevés sont produits par l'établissement qui en effectue le paiement.

Art. 15 1° Les relevés sont établis sous forme de fiches individuelles conformes aux modèles ci-après :

Modèle de relevé de coupons crédités en compte

<table>
<tr><td>Désignation et adresse de l'établissement payeur ou cachet du comptable public :
....
....
........................</td><td colspan="6">REVENUS DE VALEURS MOBILIÈRES
Relevé des coupons crédités en compte et de l'avoir fiscal correspondant.

Désignation du titulaire du compte.
M. ....
Prénoms : ....
Domicile .... n° ....
à .... Département ....
(Pour Paris, n° de l'arrondissement)</td></tr>
<tr><td>NUMÉRO DU COMPTE</td><td>ANNÉE</td><td colspan="4"></td><td>................ ...</td></tr>
<tr><td rowspan="2">REVENUS NON SOUMIS À DÉCLARATION (Net payé)</td><td rowspan="2">...................</td><td colspan="3">REVENUS À DÉCLARER</td><td rowspan="2">NET PAYÉ au titre des revenus à déclarer</td><td rowspan="2">AVOIR FISCAL</td></tr>
<tr><td>ouvrant droit à l'abattement
Obligations</td><td>Actions</td><td>n'ouvrant pas droit à abattement</td></tr>
<tr><td>........................</td><td></td><td>........................</td><td>........................</td><td>........................</td><td>........................</td><td></td></tr>
</table>

(Format maximum après rognage : 210 mm × 100 mm.)

Modèle de relevé de coupons encaissés au guichet

Désignation et adresse de l'établissement payeur ou cachet du comptable public ;
....
....
....

REVENUS DE VALEURS MOBILIÈRES
Relevé des coupons payés aux guichets (ou par correspondance) et de l'avoir fiscal correspondant.

N° ....

BÉNÉFICIAIRE DES REVENUS

JUSTIFICATION D'IDENTITÉ

Suivant le cas, porter dans le cadre, soit la mention C (connu), soit la nature de la pièce d'identité présentée ou simplement son numéro de référence.
....
....
....

Suivant le cas, porter ci-contre :
- Soit les nom, prénoms et adresse :
- du présentateur, s'il est en même temps le bénéficiaire ;
- du tiers pour le compte duquel les coupons sont présentés ;
- du mari, si la présentation est faite par une femme produisant une pièce d'identité de son mari ou déclarant présenter les coupons pour le compte de ce dernier ;

M. ....
Prénoms : ....
Domicile .... n° ....
à .... Département ....
(Pour Paris, n° de l'arrondissement)

Le ....
(Désignation et signature du payeur.)

- Soit la mention « PC tiers » : ....

COUPONS PRÉSENTÉS PAR UN TIERS

Identité du présentateur
M. ....
Prénoms : ....
Domicile .... n° ....
à .... Département ....
(Pour Paris, n° de l'arrondissement)

REVENUS NON SOUMIS À DÉCLARATION (Net payé)	DATE DE PAIEMENT	REVENUS À DÉCLARER – ouvrant droit à l'abattement – Obligations	REVENUS À DÉCLARER – ouvrant droit à l'abattement – Actions	REVENUS À DÉCLARER – n'ouvrant pas droit à abattement	NET PAYÉ au titre des revenus à déclarer	AVOIR FISCAL
....	....	....	....	....	....	....

(Format maximum après rognage : 210 mm × 100 mm.).

Toutefois, les établissements qui peuvent présenter les renseignements que comportent ces modèles au moyen de fiches mécanographiques ont la faculté de substituer l'usage de ces fiches à l'emploi du modèle officiel pourvu que la dimension de ces fiches ne dépasse pas 21 cm x 13 cm.

2° Les relevés visés à l'article 14 (coupons payés aux guichets ou par correspondance) portent :

a) La désignation et l'adresse de l'établissement payeur ou le cachet du comptable public ;

b) La date de paiement ;

c) Le numéro de la pièce de paiement correspondante si celle-ci est numérotée ;

d) Selon le cas, l'une des mentions suivantes :

Les nom et prénoms ou raison sociale du bénéficiaire des revenus, ainsi que l'adresse de son domicile ou de son siège social ;

La mention "PC tiers" ;

e) Les nom, prénoms et adresse du domicile réel du présentateur, s'il est différent du bénéficiaire des revenus ;

f) Suivant le cas, soit la mention "C" (connu), soit l'indication de la pièce justificative présentée ou son numéro de référence à la liste figurant à l'article 13 ;

3° *Disposition devenue sans objet* ;

4° Les relevés visés au 2° comportent en outre :

a) Le montant imposable à l'impôt sur le revenu, d'une part, des produits de valeurs mobilières à revenu fixe ouvrant droit à l'abattement prévu au troisième alinéa du 3 de l'article 158 du code général des impôts, d'autre part, des dividendes susceptibles de bénéficier de ce même abattement ;

b) Le montant imposable à l'impôt sur le revenu, déterminé comme ci-dessus, des revenus des valeurs autres que celles visées au *a ;*

c) Le montant net payé au titre des revenus visés aux *a* et *b*, après déduction, le cas échéant :

De la retenue à la source prévue à l'article 119 *bis* du code général des impôts ;

De l'impôt étranger, s'il s'agit de revenus de valeurs mobilières étrangères ;

Des frais d'encaissement des coupons ;

d) Le crédit d'impôt attaché à la perception des revenus visés aux *a* et *b ;*

e) Le montant net payé des revenus non imposables à l'impôt sur le revenu, les intérêts des emprunts 4,25 % 1963 et 4,25 % – 4,75 % 1963 étant, le cas échéant, mentionnés à part.

Pour les produits payés en monnaie étrangère, les sommes figurant sur les relevés de coupons doivent être indiquées pour leur contre-valeur en euros au jour du paiement.

Art. 15 *bis* *Abrogé.*

Art. 16 Les relevés visés à l'article 14 et afférents aux paiements faits dans le courant de chaque mois sont envoyés à la direction départementale ou, le cas échéant, régionale des finances publiques, dans les dix premiers jours du mois suivant, avec un bordereau indiquant la désignation et l'adresse de l'établissement payeur, le mois auquel s'appliquent les relevés et le nombre de ces derniers. Il en est accusé réception.

3

Art. 16 *bis* *Devenu sans objet (Arr. du 10 janv. 1977, art. 2).*

III *DOCUMENTS À TENIR À LA DISPOSITION DE L'ADMINISTRATION*

Art. 17 Les payeurs doivent s'organiser de façon que l'administration puisse vérifier dans leurs écritures l'exactitude des diverses mentions figurant sur les relevés par eux fournis. Ils doivent conserver, selon les modalités prévues au I de l'article L. 102 B du *Livre des procédures fiscales*, les pièces, livres ou documents qui ne seraient pas soumis à un délai de conservation plus étendu en vertu des dispositions légales en vigueur.

Art. 17 A 1. Toute opération portant sur des coupons ou instruments représentatifs de coupons d'actions et parts sociales de sociétés françaises, qui fait l'objet du relevé prévu à l'article 57 de l'annexe II au code général des impôts, donne lieu à l'établissement d'un document comportant l'indication de l'identité et du domicile réel ou du siège social du bénéficiaire ainsi que de la pièce éventuellement présentée pour en justifier, la désignation des valeurs mobilières dont procèdent les revenus payés et le décompte des sommes mises en paiement avec l'indication, le cas échéant, de la retenue opérée au profit du Trésor.

2. *Devenu sans objet.*

3. Les pièces établies sont réunies en deux liasses relatives, l'une aux paiements faits à des personnes ayant en France leur domicile réel ou leur siège social et l'autre aux paiements faits à des personnes domiciliées ou ayant leur siège hors de France.

4. Ces liasses ainsi que l'état visé à l'article 188 H sont conservés à la disposition de l'administration selon les modalités prévues au I de l'article L. 102 B du Livre des procédures fiscales.

Art. 17 B 1. Les personnes et organismes visés à l'article 41 *duodecies* A de l'annexe III au code général des impôts qui payent des intérêts, arrérages et autres produits de fonds d'État, obligations françaises et autres valeurs assimilées doivent établir les documents prévus au 1 de l'article 17 A.

L'indication sur ces documents du prélèvement visé à l'article 125 A du code général des impôts est alors substituée à celle de la retenue à la source prévue au 2 de l'article 119 *bis* dudit code.

2. Les documents visés au 1, qui constatent le paiement de revenus ayant supporté le prélèvement à des personnes domiciliées ou ayant leur siège social hors de France, ne doivent pas mentionner simultanément des revenus ayant donné lieu à la retenue à la source.

3. Les pièces établies en exécution de l'article 17 A et du présent article sont réunies pour constituer deux liasses relatives, l'une aux paiements faits à des personnes ayant en France leur domicile réel ou leur siège social et l'autre aux paiements faits à des personnes domiciliées ou ayant leur siège hors de France.

Les documents sont groupés séparément :

– à l'intérieur de la première liasse, selon qu'ils mentionnent ou non des revenus ayant supporté le prélèvement ;

– à l'intérieur de la deuxième liasse, selon que les paiements qu'ils retracent ont été assujettis à la retenue à la source ou au prélèvement. Lorsqu'ils mentionnent simultanément des revenus ayant donné lieu, les uns à la retenue à la source et les autres au prélèvement, les relevés individuels font l'objet d'un classement spécial au sein de cette liasse.

Art. 17 C Les personnes et organismes visés à l'article 17 B qui paient des intérêts, arrérages et produits de toute nature de bons et autres titres de créances, dépôts, cautionnements et comptes courants doivent établir, pour chaque versement, une pièce de paiement sur laquelle ils indiquent :

– le montant et la date des sommes payées ;

– l'identité et le domicile du débiteur lorsque celui-ci n'est pas l'établissement payeur ;

– le montant du prélèvement opéré ou, à défaut, l'identité et le domicile réel ou le siège social du bénéficiaire des revenus ainsi que la pièce éventuellement présentée pour en justifier.

Art. 17 C *bis* Les personnes mentionnées au II de l'article 117 *quater* du code général des impôts, qui assurent le paiement de revenus sur lesquels est opéré le prélèvement forfaitaire prévu au I du même article, produisent à l'administration, sur sa demande, les documents justifiant du paiement des revenus concernés ainsi que du prélèvement opéré.

Art. 17 D Les documents, états et pièces tenus ou établis en application des articles 17 B, 17 C (*Arr. du 6 juin 2019, art. 1er*) « et 17 C *bis* » sont conservés à la disposition de l'administration selon les modalités prévues au I de l'article L. 102 B du Livre des procédures fiscales.

SECTION III *BIS* REVENU GLOBAL

0I *PRIMES D'ASSURANCES SUR LA VIE*

Art. 17 E I. – Les assureurs auprès desquels ont été souscrits des contrats ou des avenants d'augmentation d'assurance en cas de vie ou d'assurance en cas de décès, dont les primes peuvent ouvrir droit à la réduction d'impôt prévue à l'article 199 *septies* du code général des impôts, sont tenus de délivrer chaque année aux souscripteurs de ces contrats ou avenants un certificat permettant aux intéressés de bénéficier de la réduction d'impôt prévue ci-dessus.

II. – Le certificat prévu au I comporte, selon un modèle publié par l'administration, les indications suivantes :

– désignation de l'assureur ;
– nom, prénoms et adresse du souscripteur ;
– numéro du contrat ;
– date d'effet et durée du contrat ou de l'avenant ;
– montant des primes venues à échéance au cours de l'année civile.

Il précise en outre :

1. Pour les contrats ou avenants visés au 1° de l'article 199 *septies* susvisé :

a) la nature du contrat : contrat à "primes périodiques", à "prime unique" ou "à versements libres" ;

b) le montant des primes représentatif de l'opération d'épargne en distinguant :

1° le montant correspondant aux primes payées au titre de contrats à primes périodiques conclus ou prorogés avant le 20 septembre 1995 ;

2° le montant correspondant aux primes payées au titre des contrats à primes périodiques conclus ou prorogés du 20 septembre 1995 au 31 décembre 1995 ;

3° le montant correspondant aux primes payées au titre de contrats à primes périodiques conclus ou prorogés du 1er janvier 1996 au 4 septembre 1996 ;

2. Pour les contrats ou avenants prévus au 2° de l'article 199 *septies*, les nom et prénoms du bénéficiaire du capital ou de la rente viagère.

III. – Lorsque les contrats d'assurance en cas de décès visés au 2° de l'article 199 *septies* sont souscrits sous la forme de contrats collectifs, l'organisme souscripteur délivre à ses adhérents le certificat décrit au II.

IV. – *(Arr. du 10 juin 2014)* « Pour bénéficier de la réduction d'impôt sur le revenu, le contribuable doit être en mesure de présenter, à la demande de l'administration, le certificat décrit au II. »

Défaut de certificat. Le défaut de production du certificat (de déductibilité fiscale) prévu à l'art. 17 E ne saurait avoir pour effet de priver le contribuable du droit à la réduction d'impôt du seul fait que son assureur s'est abstenu de lui délivrer ce certificat. • CE 2 juill. 2003, n° 244960 : *RJF 2003. 1076 ; Dr. fisc. 2003. 800.*

0II, 0III et I

Art. 17 F à 17 *bis* *Périmés ou abrogés.*

II *MONUMENTS HISTORIQUES – CHARGES DÉDUCTIBLES*

Art. 17 *ter* Sont réputés ouverts à la visite, au sens de l'article 41 I de l'annexe III au code général des impôts, les immeubles que le public est admis à visiter au moins :

Soit cinquante jours par an, dont vingt-cinq jours non ouvrables, au cours des mois d'avril à septembre inclus ;

Soit quarante jours pendant les mois de juillet, août et septembre.

La durée minimale d'ouverture au public prévue au deuxième et au troisième alinéas peut être réduite lorsqu'une ou plusieurs conventions portant sur l'organisation de visites de l'immeuble par des groupes d'élèves de l'enseignement primaire ou secondaire, des groupes d'enfants mineurs encadrés par des structures d'accueil collectif à caractère éducatif mentionnées à l'article L. 227-4 du code de l'action sociale et des familles ou des groupes d'étudiants de l'enseignement supérieur sont conclues entre le propriétaire et les établissements d'enseignement publics ou privés sous contrat d'association avec l'État ou les structures précitées, dans la limite de dix jours par année civile, du nombre de jours au cours desquels l'immeuble fait l'objet, entre le 1er septembre de l'année précédente et le 31 août suivant, de telles visites, sous réserve que celles-ci comprennent chacune au moins vingt participants.

Art. 17 *quater* *(Arr. du 31 déc. 2020, art. 1er)* I. — Les conditions d'ouverture de l'immeuble sont déclarées, avant le 1er février de chaque année, auprès du service des impôts des particuliers dont dépend sa résidence principale :

a) Par la personne physique propriétaire de l'immeuble ou par l'une des personnes physiques titulaires de droits réels, agissant au nom et pour le compte des autres titulaires de tels droits ;

b) A défaut, par l'une des personnes physiques associées de la société propriétaire de l'immeuble, agissant en son nom et pour son compte.

II. — La déclaration prévue au I comporte les informations suivantes :

1° L'identité du propriétaire de l'immeuble :

a) Les nom, prénoms, date et lieu de naissance du propriétaire ou des titulaires de droits réels immobiliers, ainsi que, le cas échéant, le numéro fiscal s'il s'agit de personnes physiques ;

b) La raison sociale et le numéro SIRET s'il s'agit d'une personne morale ;

2° Le nom, les adresses physique et électronique du déclarant, et son numéro de téléphone ;

3° Le nom de l'immeuble, lorsqu'il en possède un, l'adresse et les références cadastrales ;

4° Les conditions d'ouverture de l'immeuble : horaires et dates d'ouverture au public, zones ouvertes au public et nombre total de jours d'ouverture, en précisant les jours non ouvrables ;

5° Le cas échéant, le tarif des visites individuelles en fonction des publics ;

6° Les manifestations ou ouvertures particulières du monument ;

7° Les moyens de communication utilisés pour l'information du public.

La déclaration est datée et signée par le déclarant.

III. — Lorsqu'il est fait application des dispositions prévues au dernier alinéa de l'article 17 *ter*, la déclaration est accompagnée de la copie de la ou des conventions conclues entre le propriétaire et les établissements ou structures concernés.

IV. — La déclaration donne lieu à la délivrance d'un récépissé au déclarant.

V. — Les personnes mentionnées au I assurent la diffusion au public des conditions d'ouverture de l'immeuble par tous moyens appropriés.

Production du récépissé de déclaration d'ouverture au public. Eu égard aux art. 156 et 41 F de l'annexe III, les Arr. dont procèdent les art. 17 *quater* et *quinquies* de l'annexe IV ne peuvent légalement prescrire l'obligation de déclaration et de production du récépissé à peine de refus de l'avantage fiscal sollicité. L'omission de la déclaration d'ouverture au public auprès du délégué régional au tourisme et l'absence de production du récépissé de cette déclaration lors de la déclaration de revenus ne peuvent avoir pour effet de priver le propriétaire d'un monument historique du droit qu'il tient de l'art. 156-II-1° *ter* et de l'art. 41 F de l'annexe III de déduire la totalité des charges exposées pour la réparation de l'immeuble, dès lors qu'il établit avoir fait diligence pour ouvrir le monument au public pendant une durée au moins égale à celle exigée par les art. 41 I de l'annexe III et 17 *ter* de l'annexe IV. • CE 24 janv. 2011, n° 308519 : *RJF 2011. 403 ; Dr. fisc. 2011. 411, note Di Malta.* ♦ Confirmant • CAA Paris, 14 juin 2007, n° 05PA2753 : *RJF 2007. 1192 ; concl. Bataille au BDCF 11/07, n° 117.*

Art. 17 *quinquies* *(Arr. du 26 mai 2014)* Pour l'application des dispositions du I de l'article 41 F de l'annexe III au code général des impôts, le récépissé de la déclaration mentionnée à l'article 17 *quater* est joint à la déclaration des revenus de l'année considérée.

Production du récépissé de déclaration d'ouverture au public. V. note ss. art. 17 *quater*.

Art. 17 *quinquies* A *Devenu sans objet (Arr. du 26 mai 2014).*

II *BIS*

Art. 17 *quinquies* B *Devenu sans objet (Arr. du 23 nov. 1987).*

III *ENGAGEMENTS D'ÉPARGNE À LONG TERME*

Art. 17 *sexies* 1. La durée minimale de la période pendant laquelle les personnes physiques qui prennent les engagements d'épargne à long terme doivent effectuer les versements prévus à l'article 41 L de l'annexe III au code général des impôts est fixée à cinq ans.

2. La disposition du 1 est applicable aux engagements d'épargne à long terme déjà souscrits à la date d'entrée en vigueur de l'arrêté du 28 décembre 1967.

Art. 17 *septies* Les établissements de crédit visés à l'article 41 N de l'annexe III au code général des impôts peuvent ouvrir des comptes d'épargne s'ils justifient d'un capital au moins égal à celui fixé par l'article L. 511-11 du code monétaire et financier.

Art. 17 *octies* Pour l'application de l'article 17 *septies*, les établissements de crédit constitués sous forme de sociétés à responsabilité limitée sont assimilés aux établissements de crédit constitués sous forme de sociétés par actions.

IV

Art. 17 *nonies* *Devenu sans objet (L. nº 99-1173 du 30 déc. 1999, art. 12-I et II).*

SECTION IV CALCUL DE L'IMPÔT

Art. 18-0 *Liste des équipements mentionnés au 1 de l'art. 200 quater du CGI : V. Arr. du 17 févr. 2000, JO 23 févr.*

RETENUE À LA SOURCE DE L'IMPÔT SUR LE REVENU

Art. 18 *(Devenu sans objet, Arr. du 9 juin 2021, art. 1er)* ***Pour l'année** (L. nº 2020-1721 du 29 déc. 2020, art. 2) « 2021 [ancienne rédaction : 2020] », **les limites de chaque tranche du tarif de la retenue à la source applicable aux traitements, salaires, pensions et rentes viagères servis à des personnes qui ne sont pas fiscalement domiciliées en France sont fixées comme suit :***

TAUX APPLICABLES	***LIMITE DES TRANCHES SELON LA PÉRIODE À LAQUELLE SE RAPPORTENT LES PAIEMENTS***				
	Année (en euros)	***Trimestre (en euros)***	***Mois (en euros)***	***Semaine (en euros)***	***Jour ou fraction de jour (en euros)***
0 % – inférieure ou égale à	*15 018*	*3 755*	*1 252*	*259*	*48*
12 % – au-delà de	*15 018*	*3 755*	*1 252*	*289*	*48*
– jusqu'à	*43 563*	*10 891*	*3 630*	*838*	*140*
20 % – au-delà de	*43 563*	*10 891*	*3 630*	*838*	*140*

Tableau mod. par Arr. du 6 juin 2019, art. 1er et L. nº 2020-1721 du 29 déc. 2020, art. 2.

Pour 2020, les seuils d'application ci-dessus des taux de 12 % et 20 % étaient, respectivement, de (en €) 14 988 ; 3 747 ; 1 249 ; 288 ; 48 (taux de 12 %) et de 43 477 ; 10 869 ; 3 623 ; 836 ; 139 (taux de 20 %).

Barème calculé par nos soins. En attente de publication de l'arrêté (L. nº 2020-1721 du 29 déc. 2020, art. 2).

RÉDUCTION D'IMPÔT ACCORDÉE POUR DÉPENSES D'ÉQUIPEMENTS DE PRODUCTION D'ÉNERGIE RÉALISÉES OUTRE-MER ET UTILISANT UNE SOURCE D'ÉNERGIE RENOUVELABLE

Art. 18-0 *bis* **La liste des équipements mentionnés au huitième alinéa du 6 de l'article 199 *undecies* A du code général des impôts est fixée comme suit :**

1. Équipements de chauffage et de fourniture d'eau chaude fonctionnant à l'énergie solaire ;

2. Systèmes de fourniture d'électricité à partir d'énergie solaire, éolienne, hydraulique ou de biomasse ;

3. Pompes à chaleur ;

4. Équipements de chauffage ou de production d'eau chaude fonctionnant au bois ou autres biomasses tels que les poêles, les foyers fermés, les inserts des cheminées intérieures et les chaudières.

RÉDUCTION D'IMPÔT POUR L'ACQUISITION DE CERTAINS VÉHICULES DE TOURISME OUTRE-MER

Art. 18-0 *bis* A *(Abrogé par Arr. du 25 août 2015)* ***Les véhicules de tourisme au sens de l'article 1010 du code général des impôts strictement indispensables à l'activité de l'exploitant, mentionnés à la deuxième phrase du quinzième alinéa du I de l'article 199 undecies B du code général des impôts, s'entendent des véhicules neufs, acquis dans le cadre de l'exercice d'une activité ouvrant droit à la réduction d'impôt prévue à cet article, sans lesquels l'entreprise ne pourrait poursuivre son activité.***

RÉDUCTION D'IMPÔT ACCORDÉE AU TITRE D'UNE OPÉRATION D'INVESTISSEMENT LOCATIF

Art. 18-0 *bis* B I. — Pour l'application de l'article 199 *septvicies* et du dernier alinéa du *h* du 1° du I de l'article 31 du code général des impôts, les communes se caractérisant par un déséquilibre entre l'offre et la demande de logements s'entendent de celles classées dans les zones A, B1 et B2 délimitées conformément à l'annexe à l'arrêté du 29 avril 2009 relatif au classement des communes par zone applicable à certaines aides au logement.

II. — Pour l'application du III de l'article 199 *septvicies* du code général des impôts, les plafonds de loyer applicables sont ceux mentionnés à l'article 2 *terdecies* B de l'annexe III au même code.

III. — Pour l'application du V de l'article 199 *septvicies* du code général des impôts, les plafonds de loyer et les plafonds de ressources des locataires applicables sont ceux mentionnés à l'article 2 *terdecies* C de l'annexe III au même code. — *Pour l'entrée en application des dispositions ci-dessus de l'Arr. du 29 avr. 2009, V. ci-dessous ledit Arr., art. 3. — Pour la détermination des zones, V. Arr. du 29 avr. 2009, Ann. (JO 3 mai).*

Art. 18-0 *bis* C Pour l'application *(Abrogé par Arr. du 20 juin 2018)* ***« du premier alinéa »*** **du IV de l'article 199 *novovicies* du code général des impôts, les communes se caractérisant par un déséquilibre important entre l'offre et la demande de logements s'entendent de celles classées dans les zones A et B1 telles qu'elles sont définies à l'article** *(Arr. du 22 juill. 2020, art. 1er)* **« D. 304-1 » du code de la construction et de l'habitation.**

Art. 18-0 *bis* D *(Abrogé par Arr. du 10 avr. 2020, art. 1er) (Arr. du 26 mars 2019)* ***Pour l'application du IV bis de l'article 199 novovicies du code général des impôts, le centre des communes dont le besoin de réhabilitation de l'habitat en centre-ville est particulièrement marqué ou qui ont conclu une convention d'opération de revitalisation de territoire s'entend, dans la limite du territoire de ces communes, des zones de bâti continu de la commune.***

[CRÉDIT D'IMPÔT POUR LA TRANSITION ÉNERGÉTIQUE]

Art. 18 *bis* *(Arr. du 30 déc. 2017, art. 1er)* **« I. — » La liste des équipements, matériaux et appareils mentionnés au 1 de l'article 200 *quater* du code général des impôts est fixée comme suit :**

1. *Abrogé par Arr. du 18 juin 2009.*

2. Acquisition des équipements et matériaux suivants :

(Abrogé par Arr. du 13 févr. 2020, art. 1er-I-A-1°) (Arr. du 1er mars 2019, art. 1er) ***« a) Chaudières à très haute performance énergétique autres que celles utilisant le fioul comme source d'énergie, dans la limite d'un plafond de dépenses fixé à 3 350 €, toutes taxes comprises, par logement, et respectant les conditions suivantes :***

« 1° Lorsque la puissance est inférieure ou égale à 70 kW, une efficacité énergétique saisonnière pour le chauffage, définie selon le règlement (UE) n° 813/2013 de la Commission du 2 août 2013 portant application de la directive 2009/125/CE du Parlement européen et du Conseil en ce qui concerne les exigences d'écoconception applicables aux dispositifs de chauffage des locaux et aux dispositifs de chauffage mixtes, supérieure ou égale à 92 % ;

« 2° Lorsque la puissance est supérieure à 70 kW, chaudières à condensation présentant une efficacité utile pour le chauffage, définie selon le règlement (UE) n° 813/2013 de la Commission du 2 août 2013 précité, supérieure ou égale à :

« – 87 %, mesurée à 100 % de la puissance thermique nominale ; et

« – 95,5 %, mesurée à 30 % de la puissance thermique nominale ; »

(Abrogé par Arr. du 1er mars 2019, art. 1er) ***« a) bis Chaudières à très haute performance énergétique utilisant le fioul comme source d'énergie et respectant les conditions suivantes :***

« 1° Lorsque la puissance est inférieure ou égale à 70 kW, une efficacité énergétique saisonnière pour le chauffage, définie selon le règlement (UE) n° 813/2013 de la Commission du 2 août 2013 précité, supérieure ou égale à 91 % ;

« 2° Lorsque la puissance est supérieure à 70 kW, une efficacité utile pour le chauffage, définie selon le règlement (UE) n° 813/2013 de la Commission du 2 août 2013 précité, supérieure ou égale à :

« – 88 %, mesurée à 100 % de la puissance thermique nominale ; et

« – 96,5 %, mesurée à 30 % de la puissance thermique nominale ; »

b) (Abrogé par Arr. du 30 déc. 2015, art. 1er) ***« Acquisition de »*** Matériaux d'isolation thermique :

1° *(Arr. du 27 févr. 2015)* « Pour les logements situés en métropole, matériaux *[ancienne rédaction : Matériaux]* » d'isolation thermique des parois opaques, *(Arr. du 30 déc. 2015, art. 1er)* « dont la résistance thermique "R" est évaluée selon la norme NF EN 12664, la norme NF EN 12667 ou la norme NF EN 12939 pour les isolants non réfléchissants ou la norme NF EN 16012 pour les isolants réfléchissants » *(Abrogé par Arr. du 13 févr. 2020, art. 1er-I-A-2°-a-i)* ***« , dans la limite d'un plafond de dépenses fixé respectivement à 150 € et 100 €, toutes taxes comprises, par mètre carré de parois isolées par l'extérieur et par mètre carré de parois isolées par l'intérieur » :***

(Abrogé par Arr. du 13 févr. 2020, art. 1er-I-A-2°-a-ii) ***« Planchers bas sur sous-sol, sur vide sanitaire ou sur passage ouvert, possédant une résistance*** *(Arr. du 27 févr. 2015)* ***« thermique » supérieure ou égale à 3 mètres carrés Kelvin par watt (m².K/W) ; »***

Murs en façade ou en pignon, possédant une résistance *(Arr. du 27 févr. 2015)* « thermique » supérieure ou égale à 3,7 mètres carrés Kelvin par watt (m².K/W) ;

Toitures-terrasses possédant une résistance *(Arr. du 27 févr. 2015)* « thermique » supérieure ou égale à 4,5 m².K/W ;

(Abrogé par Arr. du 13 févr. 2020, art. 1er-I-A-2°-a-ii) ***« Planchers de combles perdus possédant une résistance thermique supérieure ou égale à 7 m².K/W ; »***

Rampants de toiture et plafonds de combles possédant une résistance thermique supérieure ou égale à 6 m².K/W.

(Arr. du 13 févr. 2020, art. 1er-I-A-2°-a-iii) « Lorsqu'il est nécessaire de protéger les matériaux d'isolation thermique mentionnés au présent 1° contre les transferts d'humidité pour garantir la performance de l'ouvrage, leur pose est accompagnée de l'installation d'un pare-vapeur ou de tout autre dispositif permettant d'atteindre un résultat équivalent. »

(Arr. du 27 févr. 2015) « 1° *bis* Pour les logements situés en Guadeloupe, en Guyane, en Martinique, à Mayotte et à La Réunion, matériaux d'isolation thermique des parois opaques, *(Arr. du 30 déc. 2015)* « dont la résistance thermique "R" est évaluée selon la norme NF EN 12664, la norme NF EN 12667 ou la norme NF EN 12939 pour les isolants non réfléchissants ou la norme NF EN 16012 pour les isolants réfléchissants » *(Abrogé par Arr. du 13 févr. 2020, art. 1er-I-A-2°-b-i)* ***« , dans la limite d'un plafond de***

dépenses fixé respectivement à 150 € et 100 €, toutes taxes comprises, par mètre carré de parois isolées par l'extérieur et par mètre carré de parois isolées par l'intérieur » :

(Abrogé par Arr. du 13 févr. 2020, art. 1er-I-A-2°-b-ii) « Planchers bas sur sous-sol, sur vide sanitaire ou sur passage ouvert, possédant une résistance thermique supérieure ou égale à 3 mètres carrés Kelvin par watt (m^2.K/W) ; »

« Murs en façade ou en pignon, possédant une résistance thermique supérieure ou égale à 0,5 mètre carré Kelvin par watt (m^2.K/W) ;

« Toitures-terrasses, *(Abrogé par Arr. du 13 févr. 2020, art. 1er-I-A-2°-b-iii) « planchers de combles perdus, »* rampants de toiture et plafonds de combles possédant une résistance thermique supérieure ou égale à 1,5 mètre carré Kelvin par watt m^2.K/W). »

(Arr. du 13 févr. 2020, art. 1er-I-A-2°-b-iv) « Lorsqu'il est nécessaire de protéger les matériaux d'isolation thermique mentionnés au présent 1° *bis* contre les transferts d'humidité pour garantir la performance de l'ouvrage, leur pose est accompagnée de l'installation d'un pare-vapeur ou de tout autre dispositif permettant d'atteindre un résultat équivalent. »

2° Matériaux d'isolation thermique des parois vitrées *(Abrogé par (Arr. du 13 févr. 2020, art. 1er-I-A-2°-c) (Arr. du 1er mars 2019, art. 1er) « , dans la limite d'un plafond de dépenses par équipement fixé à 670 €, toutes taxes comprises, un équipement s'entend d'une menuiserie et des parois vitrées qui lui sont associées »* :

Fenêtres ou porte-fenêtres *[portes-fenêtres]* avec un coefficient de transmission thermique (Uw) inférieur ou égal à 1,3 watt par mètre carré Kelvin (W/m^2.K) et un facteur de transmission solaire (Sw) supérieur ou égal à 0,3 ou un coefficient de transmission thermique (Uw) inférieur ou égal à 1,7 watt par mètre carré Kelvin (W/m^2.K) et un facteur de transmission solaire (Sw) supérieur ou égal à 0,36 *(Arr. du 30 déc. 2015)* « . Les facteurs de transmission solaire Sw sont évalués selon la norme XP P 50-777 et les coefficients de transmission thermique des fenêtres ou porte-fenêtres *[portes-fenêtres]* Uw selon la norme NF EN 14351-1 » ;

Fenêtres en toitures avec un coefficient de transmission thermique (Uw) inférieur ou égal à 1,5 watt par mètre carré Kelvin (W/m^2.K) et un facteur de transmission solaire (Sw) inférieur ou égal à 0,36 *(Arr. du 30 déc. 2015)* « . Le facteur de transmission solaire Sw est évalué selon la norme XP P 50-777 et le coefficient de transmission thermique Uw selon la norme NF EN 14351-1 » ;

(Abrogé par Arr. du 1er mars 2019, art. 1er) « Vitrages de remplacement à isolation renforcée dénommés également vitrages à faible émissivité, installés sur une menuiserie existante et dont le coefficient de transmission thermique du vitrage (Ug) est inférieur ou égal à 1,1 W/m^2.K (Arr. du 30 déc. 2015, art. 1er) « . Le coefficient de transmission thermique des vitrages Ug est évalué selon la norme NF EN 1279 » ; »

Doubles fenêtres, consistant en la pose sur la baie existante d'une seconde fenêtre à double vitrage renforcé, dont le coefficient de transmission thermique (Uw) est inférieur ou égal à 1,8 W/m^2.K et le facteur de transmission solaire (Sw) supérieur ou égal à 0,32 *(Arr. du 30 déc. 2015, art. 1er)* « . Le facteur de transmission solaire Sw est évalué selon la norme XP P 50-777 et le coefficient de transmission thermique Uw selon la norme NF EN 14351-1 » ;

(Abrogé par Arr. du 1er mars 2019, art. 1er) « 3° Volets isolants : volets isolants caractérisés par une résistance thermique additionnelle apportée par l'ensemble volet-lame d'air ventilé supérieure à 0,22 m^2.K/W ; »

(Abrogé par Arr. du 13 févr. 2020, art. 1er-I-A-2°-d) « 4° Calorifugeage de tout ou partie d'une installation de production ou de distribution de chaleur ou d'eau chaude sanitaire avec (Arr. du 30 déc. 2015, art. 1er) « un isolant de classe supérieure ou égale à 3 selon la norme NF EN 12828 » ; »

(Abrogé par Arr. du 1er mars 2019, art. 1er) « 5° Portes d'entrée donnant sur l'extérieur présentant un coefficient Ud inférieur ou égal à 1,7 W/m^2.K (Arr. du 30 déc. 2015, art. 1er) « . Le coefficient de transmission thermique Ud des portes d'entrée donnant sur l'extérieur est évalué selon la norme NF EN 14351-1 » ; »

(Abrogé par Arr. du 13 févr. 2020, art. 1er-I-A-3°) « c) Acquisition d'appareils de régulation de chauffage permettant le réglage manuel ou automatique et la programmation des équipements de chauffage ou de production d'eau chaude sanitaire :

« 1° Appareils installés dans une maison individuelle : systèmes permettant la régulation centrale des installations de chauffage (Arr. du 30 déc. 2015) « prenant en compte l'évolu-

tion de la température d'ambiance de la pièce ou de la température extérieure », avec horloge de programmation ou programmateur mono ou multizone, systèmes permettant les régulations individuelles terminales des émetteurs de chaleur, systèmes de limitation de la puissance électrique du chauffage électrique en fonction de la température extérieure ; systèmes gestionnaires d'énergie ou de délestage de puissance du chauffage électrique (Arr. du 30 déc. 2015) *« lorsqu'ils permettent un arrêt temporaire des appareils concernés dans le cas où la puissance appelée est amenée à dépasser la puissance souscrite » ;*

« 2° Appareils installés dans un immeuble collectif : outre les systèmes énumérés au 1°, matériels nécessaires à l'équilibrage des installations de chauffage permettant une répartition correcte de la chaleur délivrée à chaque logement, matériels permettant la mise en cascade de chaudières, à l'exclusion de l'installation de nouvelles chaudières, systèmes de télégestion de chaufferie assurant les fonctions de régulation et de programmation du chauffage, systèmes permettant la régulation centrale des équipements de production d'eau chaude sanitaire dans le cas de production combinée d'eau chaude sanitaire et d'eau destinée au chauffage, (Abrogé par Arr. du 27 févr. 2015) *« , compteurs individuels d'énergie thermique et répartiteurs de frais de chauffage » ; »*

3. Acquisition :

(Arr. du 13 févr. 2020, art. 1er-I-B-1°-a) « *a)* D'équipements de chauffage ou de fourniture d'eau chaude sanitaire fonctionnant au bois ou autres biomasses, ou à l'énergie solaire thermique » :

(Arr. du 13 févr. 2020, art. 1er-I-B-1°-b) « 1° Équipements de production de chauffage ou de fourniture d'eau chaude sanitaire fonctionnant à l'énergie solaire et dotés de capteurs solaires, installés avec appoint intégré, et dispositifs solaires installés sur appoint séparé, neuf ou existant, pour la production de chauffage ou d'eau chaude sanitaire. Les capteurs utilisés, qui disposent d'une certification CSTBat ou Solar Keymark ou équivalente, peuvent être thermiques à circulation de liquide ou d'air, ou hybrides thermiques et électriques à circulation de liquide. La surface hors tout de capteurs installés est supérieure ou égale à 1 m^2.

« *a.* Pour les équipements de production de chauffage fonctionnant à l'énergie solaire et les dispositifs solaires installés sur appoint séparé, neuf ou existant, pour la production de chauffage : une efficacité énergétique saisonnière, définie selon le règlement (UE) n° 813/2013 de la commission du 2 août 2013 portant application de la directive 2009/125/CE du Parlement européen et du Conseil en ce qui concerne les exigences d'écoconception applicables aux dispositifs de chauffage des locaux et aux dispositifs de chauffage mixtes, supérieure ou égale à :

« – 82 % dans le cas où l'efficacité énergétique saisonnière de l'appoint séparé est inférieure à 82 % ;

« – 90 % dans le cas où l'efficacité énergétique saisonnière de l'appoint est inférieure à 90 % ;

« – 98 % dans le cas où l'efficacité énergétique saisonnière de l'appoint est supérieure ou égale à 90 % et inférieure à 98 % ;

« – supérieure d'au moins 5 points de pourcentage à l'efficacité énergétique saisonnière de l'appoint dans les autres cas.

« *b.* Pour les équipements de fourniture d'eau chaude sanitaire fonctionnant à l'énergie solaire et les dispositifs solaires installés sur appoint séparé, neuf ou existant, pour la production d'eau chaude sanitaire : une efficacité énergétique pour le chauffage de l'eau, définie par le règlement (UE) n° 814/2013 de la commission du 2 août 2013 portant application de la directive 2009/125/CE du Parlement européen et du Conseil en ce qui concerne les exigences d'écoconception applicables aux chauffe-eau et aux ballons d'eau chaude, supérieure ou égale à :

Énergie de l'appoint	Profil de soutirage			
	M	L	XL	XXL
Électrique à effet Joule	36 %	37 %	38 %	40 %
Autre	95 %	100 %	110 %	120 %

« L'efficacité énergétique saisonnière mentionnée au *a* et l'efficacité énergétique pour le chauffage de l'eau mentionnée au *b* sont appréciées dans les conditions climatiques moyennes au sens du règlement (UE) n° 813/2013 de la commission du 2 août 2013 précité.

« Pour les dispositifs solaires mentionnés au *a* et au *b*, l'efficacité énergétique saisonnière ou l'efficacité énergétique pour le chauffage de l'eau sont calculées par l'installateur à l'aide d'un logiciel dont les références sont rendues publiques sur le site internet du ministère chargé de l'énergie. L'installateur utilise les données communiquées par le fabricant ou le distributeur, ou les données indiquées sur les composants séparés, pour calculer l'efficacité énergétique saisonnière ou l'efficacité énergétique pour le chauffage de l'eau. Il remet au contribuable la fiche de résultats éditée par le logiciel.

« Pour le calcul de l'efficacité énergétique saisonnière mentionnée au *a* comme pour le calcul de l'efficacité énergétique pour le chauffage de l'eau mentionnée au *b*, l'installateur renseigne dans le logiciel l'efficacité énergétique saisonnière de l'appoint lorsque l'appoint assure à la fois la fonction de chauffage des locaux et celle de chauffage de l'eau sanitaire. Il se réfère pour cela à la valeur indiquée sur la fiche produit pour les appoints soumis à la directive 2009/125/CE du Parlement européen et du Conseil du 21 octobre 2009 établissant un cadre pour la fixation d'exigences en matière d'écoconception applicables aux produits liés à l'énergie, à la directive 2010/30/UE du Parlement européen et du Conseil du 19 mai 2010 concernant l'indication, par voie d'étiquetage et d'informations uniformes relatives aux produits, de la consommation en énergie et en autres ressources des produits liés à l'énergie dans sa version antérieure à son abrogation par le règlement (UE) 2017/1369 du Parlement européen et du Conseil du 4 juillet 2017 établissant un cadre pour l'étiquetage énergétique et abrogeant la directive 2010/30/UE ou au règlement (UE) 2017/1369 du Parlement européen et du Conseil du 4 juillet 2017 établissant un cadre pour l'étiquetage énergétique et abrogeant la directive 2010/30/UE. Pour les appoints pour lesquels l'efficacité énergétique saisonnière n'est pas connue, l'installateur se réfère aux valeurs conventionnelles indiquées ci-dessous :

Type d'appoint	Technologie	Date de fabrication	Efficacité énergétique saisonnière
Chaudière fonctionnant au gaz	Chaudière standard ou basse température	En 2004 ou avant	68 %
		En 2005 ou après	75 %
	Chaudière à condensation	En 2004 ou avant	85 %
		En 2005 ou après	91 %
Chaudière fonctionnant au fioul	Chaudière standard ou basse température	En 1999 ou avant	68 %
		En 2000 ou après	75 %
	Chaudière à condensation	Toutes	85 %
Pompes à chaleur	Toutes	Toutes	91 %
Émetteurs électriques à effet Joule	Toutes	Toutes	37 %

« Pour les chaudières fonctionnant au bois ou autres biomasses utilisées comme appoint, le critère requis s'applique à l'indice d'efficacité énergétique au sens du règlement délégué (UE) 2015/1187 de la Commission du 27 avril 2015 complétant la directive 2010/30/UE du Parlement européen et du Conseil en ce qui concerne l'étiquetage énergétique des chaudières à combustible solide et des produits combinés constitués d'une chaudière à combustible solide, de dispositifs de chauffage d'appoint, de régulateurs de température et de dispositifs solaires. Lorsque l'indice d'efficacité énergétique de cet appoint n'est pas connu, la valeur conventionnelle utilisée est de 98 %.

« Pour les équipements mentionnés au *a*, et installés sur planchers chauffants, l'efficacité énergétique saisonnière est calculée grâce à un logiciel en utilisant les valeurs conventionnelles suivantes pour le ballon de stockage : volume de 2 000 litres, classe d'efficacité énergétique A+. Les références du logiciel sont rendues publiques sur le site internet du ministère chargé de l'énergie. »

2° Abrogé par Arr. du 29 déc. 2013.

(Abrogé par Arr. du 13 févr. 2020, art. 1er-I-B-1°-c) « *3° Équipements de chauffage ou de fourniture d'eau chaude sanitaire fonctionnant à l'énergie hydraulique ;*

« *4° Systèmes de fourniture d'électricité à partir de l'énergie (Abrogé par Arr. du 30 déc. 2015)* « *éolienne,* » *hydraulique ou de biomasse ;* »

(Arr. du 13 févr. 2020, art. 1er-I-B-1°-d) « 5° Équipements de chauffage ou de production d'eau chaude indépendants fonctionnant au bois ou autres biomasses, qui respectent les conditions suivantes :

« *a.* Pour les appareils à granulés ou à plaquettes :

« – l'émission de monoxyde de carbone rapportée à 13 % d'O_2 est inférieure ou égale à 300 mg/Nm^3 ;

« – l'émission de particules rapportée à 13 % d'O_2 est inférieure ou égale à 30 mg/Nm^3 ;

« – le rendement énergétique est supérieur ou égal à 87 %.

« *b.* Pour les appareils à bûches ou autres biomasses :

« – l'émission de monoxyde de carbone rapportée à 13 % d'O_2 est inférieure ou égale à 1 500 mg/Nm^3 ;

« – l'émission de particules rapportée à 13 % d'O_2 est inférieure ou égale à 40 mg/Nm^3 ;

« – le rendement énergétique est supérieur ou égal à 75 %.

« Pour l'application des *a* et *b*, l'émission de monoxyde de carbone et le rendement énergétique sont mesurés selon les référentiels des normes en vigueur :

« – pour les poêles : norme NF EN 13240 ou NF EN 14785 ou NF EN 15250 ;

« – pour les foyers fermés et les inserts de cheminées intérieures, pour l'acquisition et la pose desquels il est appliqué un montant de crédit d'impôt égal à 600 € toutes taxes comprises : norme NF EN 13229 ;

« – pour les cuisinières utilisées comme mode de chauffage : norme NF EN 12815.

« L'émission de particules est exprimée en mg/Nm^3 et mesurée selon la méthode A1 annexe A de la norme CEN/TS 15883 ou une norme équivalente.

« – pour les appareils de masse artisanaux de conception unitaire, les valeurs d'émissions et de rendement sont exprimées selon le référentiel de la norme NF EN 15544. L'appareil (dont la chambre de combustion, l'accumulateur de chaleur et le conduit de fumée) est dimensionné sur le fondement d'une note de calcul détaillée, réalisée à l'aide d'un logiciel de dimensionnement dont les références sont rendues publiques sur le site internet du ministère chargé de l'énergie. »

(Arr. du 13 févr. 2020, art. 1er-I-B-1°-e) « 6° Chaudières fonctionnant au bois ou autres biomasses, respectant les seuils de rendement énergétique et d'émissions de polluants de la classe 5 de la norme NF EN 303.5, dont la puissance est inférieure à 300 kW et qui sont équipées d'un régulateur relevant de l'une des classes IV, V, VI, VII ou VIII telles que définies au paragraphe 6.1 de la communication de la Commission du 3 juillet 2014 dans le cadre du règlement (UE) n° 813/2013 de la Commission portant application de la directive 2009/125/CE du Parlement européen et du Conseil en ce qui concerne les exigences d'écoconception applicables aux dispositifs de chauffage des locaux et aux dispositifs de chauffage mixtes et du règlement délégué (UE) n° 811/2013 de la Commission complétant la directive 2010/30/UE du Parlement européen et du Conseil en ce qui concerne l'étiquetage énergétique des dispositifs de chauffage des locaux, des dispositifs de chauffage mixtes, des produits combinés constitués d'un dispositif de chauffage des locaux, d'un régulateur de température et d'un

dispositif solaire et des produits combinés constitués d'un dispositif de chauffage mixte, d'un régulateur de température et d'un dispositif solaire (2014/C 207/02) :

« *a.* Chaudière à alimentation automatique, associée à un silo d'un volume minimal de 225 litres, neuf ou existant ;

« *b.* Chaudière à alimentation manuelle, associée à un ballon tampon, neuf ou existant. »

b) De pompes à chaleur spécifiques, sous réserve qu'elles respectent une intensité maximale au démarrage de 45 A en monophasé ou de 60 A en triphasé *(Arr. du 30 déc. 2015)* « lorsque leur puissance est inférieure à 25 kW », telles que :

(Arr. du 30 déc. 2015) « *(Arr. du 30 déc. 2016, art. 1er-2o-b-i)* « 1o Les pompes à chaleur suivantes, y compris si elles intègrent un appoint, ayant une efficacité énergétique saisonnière pour le chauffage supérieure ou égale à 126 % pour celles à basse température ou à 111 % pour celles à moyenne et haute température ; »

« *a.* Pompes à chaleur géothermiques eau/eau et pompes à chaleur air/eau *(Arr. du 30 déc. 2016, art. 1er-2o-b-ii)* « pour lesquelles l'efficacité énergétique saisonnière pour le chauffage est calculée selon le règlement (UE) no 813/2013 de la Commission du 2 août 2013 précité » ;

« *(Arr. du 30 déc. 2016, art. 1er-2o-b-iii)* « *b.* Pompes à chaleur géothermiques sol/eau, pour lesquelles l'efficacité énergétique saisonnière pour le chauffage est calculée selon le règlement (UE) no 813/2013 de la Commission du 2 août 2013 précité pour une température de 4°C du bain d'eau glycolée, conformément à la norme EN 15879-1 et une température de condensation de 35°C ; »

« *c.* Pompes à chaleur géothermiques sol/sol pour lesquelles l'efficacité énergétique saisonnière *(Arr. du 30 déc. 2016, art. 1er-2o-b-iv)* « pour le chauffage » est calculée selon le règlement *(Arr. du 30 déc. 2016, art. 1er-2o-b-iv)* « (UE) no 813/2013 de la Commission du 2 août 2013 » précité pour une température d'évaporation fixe de –5°C et une température de condensation de 35°C.

« *(Abrogé par Arr. du 30 déc. 2016, art. 1er-2o-b-iv)* « ***Pour l'application du présent 1o, lorsque les pompes à chaleur fournissent également de l'eau chaude sanitaire, elles doivent respecter une efficacité énergétique pour le chauffage de l'eau, définie selon le règlement délégué (UE) no 811/2013 précité, supérieure ou égale à :***

(Tableau issu de l'Arr. du 17 févr. 2016 et abrogé par Arr. du 30 déc. 2016, art. 1er-2o-b-iv)

PROFIL DE SOUTIRAGE	***M***	***L***	***XL***	***XXL***
Efficacité énergétique	*65 %*	*75 %*	*80 %*	*85 %*

« 2o Les pompes à chaleur dédiées à la production d'eau chaude sanitaire *(Abrogé par Arr. du 13 févr. 2020, art. 1er-I-B-2o) (Arr. du 30 déc. 2017, art. 1er)* « ***, dans la limite d'un plafond de dépenses fixé à*** » *(Arr. du 1er mars 2019, art. 1er)* « ***4 000 €, toutes taxes comprises, pour les ménages remplissant la condition de revenus mentionnée au 4 bis de l'article 200 quater du code général des impôts, et à 3 000 €, toutes taxes comprises, pour les autres ménages,*** » pour lesquelles l'efficacité énergétique pour le chauffage de l'eau, définie selon le règlement délégué (UE) no 812/2013 *(Arr. du 13 févr. 2020, art. 1er-I-B-2o)* « de la Commission du 18 février 2013 complétant la directive 2010/30/UE du Parlement européen et du Conseil en ce qui concerne l'étiquetage énergétique des chauffe-eau, des ballons d'eau chaude et des produits combinés constitués d'un chauffe-eau et d'un dispositif solaire », est supérieure ou égale à :

PROFIL DE SOUTIRAGE	M	L	XL
Efficacité énergétique	95 %	100 %	110 %

c) *(Arr. du 13 févr. 2020, art. 1er-I-B-3o)* « D'équipements » de raccordement à un réseau de chaleur *(Arr. du 13 févr. 2020, art. 1er-I-B-3o)* « ou de froid », alimenté majoritairement par des énergies renouvelables ou par une installation de cogénération, qui s'entendent des éléments suivants :

Branchement privatif composé de tuyaux et de vannes qui permet de raccorder le réseau de chaleur *(Arr. du 13 févr. 2020, art. 1er-I-B-3o)* « ou de froid » au poste de livraison de l'immeuble ;

Poste de livraison ou sous-station qui constitue l'échangeur entre le réseau de chaleur *(Arr. du 13 févr. 2020, art. 1er-I-B-3o)* « ou de froid » et l'immeuble ;

Matériels nécessaires à l'équilibrage et à la mesure de la chaleur *(Arr. du 13 févr. 2020, art. 1er-I-B-3o)* « ou de froid » qui visent à opérer une répartition correcte de celle-ci. Ces matériels peuvent être installés, selon le cas, avec le poste de livraison, dans les parties communes de l'immeuble collectif ou dans le logement ;

(Abrogé par Arr. du 13 févr. 2020, art. 1er-I-B-4o) « *(Arr. du 1er mars 2019, art. 1er)* *« d) Chaudières à micro-cogénération gaz d'une puissance apparente de production électrique inférieure ou égale à 3 kilovolt-ampères par logement, dans la limite d'un plafond de dépenses fixé à 3350 €, toutes taxes comprises ; »*

(Arr. du 27 févr. 2015) *« e) D'appareils installés dans un immeuble collectif permettant d'individualiser les frais de chauffage ou d'eau chaude sanitaire dans un bâtiment équipé d'une installation centrale ou alimenté par un réseau de chaleur : répartiteurs électroniques placés sur chaque radiateur ou compteurs d'énergie thermique placés à l'entrée du logement conformes à la réglementation résultant du décret no 2001-387 du 3 mai 2001 relatif au contrôle des instruments de mesure ; »*

(Arr. du 27 févr. 2015) « *f)* De systèmes de charge pour véhicule électrique qui s'entendent des bornes de recharge pour véhicules électriques et dont les types de prise respectent la norme IEC 62196-2 ainsi que la directive 2014/94/UE du Parlement européen et du Conseil du 22 octobre 2014 sur le déploiement d'une infrastructure pour carburants alternatifs ; »

(Arr. du 13 févr. 2020, art. 1er-I-B-5o) « *g)* D'équipements de ventilation mécanique contrôlée double flux autoréglable en installation individuelle ou collective, ou modulé avec bouches d'extraction hygroréglables en installation individuelle seulement.

« Pour les installations individuelles (un seul logement desservi par le système de ventilation), le caisson de ventilation relève de la classe d'efficacité énergétique A ou supérieure selon le règlement délégué (UE) no 1254/2014 de la Commission du 11 juillet 2014 complétant la directive 2010/30/UE du Parlement européen et du Conseil en ce qui concerne l'étiquetage énergétique des unités de ventilation résidentielles. L'échangeur présente une efficacité thermique, mesurée selon la norme NF EN 13141-7, supérieure à 85 % et certifiée par un organisme établi dans l'Espace économique européen et accrédité selon la norme NF EN ISO/CEI 17065 par le comité français d'accréditation (COFRAC) ou tout autre organisme d'accréditation signataire de l'accord européen multilatéral pertinent dans le cadre de la coordination européenne des organismes d'accréditation. Est réputé satisfaire cette exigence d'efficacité thermique, un caisson de ventilation certifié NF 205 ou équivalent.

« Pour les installations collectives (plusieurs logements desservis) :

« – le caisson double flux est collectif ;

« – l'échangeur statique est collectif et a une efficacité supérieure ou égale à 75 % selon les normes NF EN 308 ou NF EN 51-763. Est réputé satisfaire cette exigence d'efficacité, un échangeur statique collectif certifié Eurovent Certified Performance Échangeurs à plaques air-air (AAHE) ou Échangeur régénératif (AARE) ou possédant des caractéristiques de performance et de qualité équivalentes établies par un organisme établi dans l'Espace économique européen et accrédité selon la norme NF EN ISO/CEI 17065 par le comité français d'accréditation (COFRAC) ou tout autre organisme d'accréditation signataire de l'accord européen multilatéral pertinent pris dans le cadre de la coordination européenne des organismes d'accréditation. »

(Arr. du 1er mars 2019, art. 1er) « **3 *bis*.** Dépose d'une cuve à fioul, d'un réservoir de fioul ou d'un stockage de fioul, au sens de l'arrêté du 1er juillet 2004 fixant les règles techniques et de sécurité applicables au stockage de produits pétroliers dans les lieux non visés par la législation des installations classées ni la réglementation des établissements recevant du public :

« *a)* Non enterré en plein air, mentionné au titre IV de l'arrêté du 1er juillet 2004 précité ;

« *b)* A rez-de-chaussée ou en sous-sol d'un bâtiment, mentionné au titre V du même arrêté ;

« *c)* Enterré, mentionné au titre VI du même arrêté ;
« *d)* Autre, mentionné au titre VII du même arrêté ;
« Les modalités d'abandon de la cuve, du réservoir ou du stockage de fioul respectent les exigences définies à l'article 28 du même arrêté. »
(Arr. du 27 févr. 2015) « 4. Pour les logements situés en Guadeloupe, en Guyane, en Martinique, à Mayotte et à La Réunion, acquisition :
(Abrogé par Arr. du 13 févr. 2020, art. 1er-I-C) « a) D'équipements de raccordement à un réseau de froid, alimenté majoritairement par du froid d'origine renouvelable ou de récupération, qui s'entendent des éléments suivants :
« Branchement privatif composé de tuyaux et de vannes qui permet de raccorder le réseau de froid au poste de livraison de l'immeuble ;
« Poste de livraison ou sous-station, qui constitue l'échangeur entre le réseau de froid et l'immeuble ;
« Matériels nécessaires à l'équilibrage et à la mesure de la quantité de froid qui visent à opérer une répartition correcte de celle-ci. Ces matériels peuvent être installés, selon le cas, avec le poste de livraison, dans les parties communes de l'immeuble collectif ou dans le logement ; »
« *b)* D'équipements ou de matériaux de protection des parois opaques ou vitrées contre les rayonnements solaires :
« 1° Systèmes de protection des parois opaques pour ce qui concerne la toiture :
« a. Sur-toiture ventilée définie au deuxième alinéa de l'article 3 de l'arrêté du 25 mai 2011 relatif à l'application en outre-mer de dispositions concernant les avances remboursables sans intérêts destinées au financement de travaux de rénovation afin d'améliorer la performance énergétique des logements anciens ;
« b. Systèmes de protection de la toiture définis aux quatrième et cinquième alinéas de l'article 3 de l'arrêté du 25 mai 2011 précité ;
« 2° Systèmes de protection des parois opaques pour ce qui concerne les murs donnant sur l'extérieur :
« a. Bardage ventilé ;
« b. Pare-soleil horizontaux,
« définis respectivement aux deuxième et troisième alinéas de l'article 4 de l'arrêté du 25 mai 2011 précité ;
« 3° Systèmes de protection des parois vitrées pour ce qui concerne les baies donnant sur l'extérieur :
« a. Pare-soleil horizontaux ;
« b. Brise-soleil verticaux ;
« c. Protections solaires mobiles extérieures dans le plan de la baie ;
« d. Lames orientables opaques ;
« e. Films réfléchissants sur lames transparentes,
« définis respectivement aux deuxième à sixième alinéas de l'article 5 de l'arrêté du 25 mai 2011 précité.
(Abrogé par Arr. du 13 févr. 2020, art. 1er-I-C) « c) D'équipements ou de matériaux visant à l'optimisation de la ventilation naturelle, notamment les brasseurs d'air fixes : ventilateurs de plafond. » — Pour les dispositions antérieures à l'Arr. du 29 déc. 2013, V. **CGI, éd. 2013.**
(Arr. du 30 déc. 2017, art. 1er) « II. — Les modalités de réalisation et le contenu de l'audit énergétique mentionné au l du 1 de l'article 200 *quater* du code général des impôts sont fixés comme suit :
« 1. L'audit énergétique comprend des propositions de travaux dont l'une au moins permet d'atteindre un très haut niveau de performance énergétique du bâtiment, s'appuyant sur les simulations réalisées pour les bâtiments à usage principal d'habitation en copropriété ou pour les maisons individuelles et définies ci-après.
« *a)* Les propositions de travaux comprennent :
« 1° Un scénario, en une seule étape, visant une baisse d'au moins 30 % des consommations d'énergie primaire et une consommation après travaux inférieure à 330 kWhEP/m²/an si la consommation d'énergie primaire avant travaux est supérieure à cette valeur. Les travaux préconisés dans ce scénario doivent être compatibles avec l'atteinte à plus long terme du niveau BBC rénovation défini au 2° de l'article 2 de l'arrêté DEVU0917396A du 29 septembre 2009 relatif au contenu et aux conditions d'attribution du label "haute performance énergétique rénovation" ;

« 2° Et un scénario permettant d'atteindre le niveau BBC rénovation précité, en quatre étapes au maximum, selon un ordonnancement visant à maximiser l'économie d'énergie lors des premières étapes sans compromettre la faisabilité technique ou économique des étapes suivantes, en tenant compte des éventuelles pathologies du bâtiment.

« *b)* L'audit énergétique précise pour chaque étape des scénarios de travaux mentionnés aux 1° et 2° du *a* du présent 1 :

« 1° La consommation annuelle d'énergie primaire du bâtiment après travaux rapportée à sa surface hors œuvre nette exprimée en kWhEP/m^{2}SHON/an pour chaque usage suivant de l'énergie : le chauffage, le refroidissement, la production d'eau chaude sanitaire, la ventilation et l'éclairage ;

« 2° La consommation annuelle totale d'énergie primaire du bâtiment après travaux pour l'ensemble des usages de l'énergie précités exprimée en kWhEP/an et en kWhEP/m^{2}SHON/an ;

« 3° L'émission annuelle totale de gaz à effet de serre du bâtiment après travaux pour l'ensemble des usages de l'énergie précités exprimée en kgCO2/m^{2}SHON/an ;

« 4° Le nouveau classement énergétique du bâtiment ;

« 5° Le nouveau classement en gaz à effet de serre du bâtiment ;

« 6° L'estimation des économies d'énergie en énergie primaire, puis en euros par rapport à la situation de référence modélisée conformément au 3 du présent II pour les bâtiments à usage principal d'habitation en copropriété et au 4 du présent II pour les maisons individuelles ;

« 7° L'estimation du coût des travaux détaillé par action ;

« 8° Les aides financières mobilisables.

« *c)* Il décrit, pour chaque type de travaux proposés, les critères de performances minimales des équipements, matériaux ou appareils nécessaires aux entreprises pour la réalisation des travaux ;

« 2. L'audit énergétique donne lieu à un rapport de synthèse par la personne chargée de sa réalisation comprenant :

« *a)* Une synthèse des constats et des préconisations ;

« *b)* L'état des lieux des différents postes de consommation d'énergie et des principaux défauts identifiés (situation et état du bâti, mode de chauffage et production de chaleur, gestion du chauffage et régulation, ventilation et étanchéité à l'air, coûts annuels d'exploitation) incluant le résultat du calcul énergétique prévu au 3 du présent II pour les bâtiments à usage principal d'habitation en copropriété et au 4 du présent II pour les maisons individuelles ;

« *c)* Les propositions de travaux décrites au 1 du présent II, en précisant pour chaque scénario les coûts prévisionnels, les économies d'énergie attendues, le temps de retour sur investissement et leur cohérence globale ;

« *d)* L'ensemble des éléments mentionnés au 1 du présent II ;

« *e)* Une liste de préconisations visant à améliorer la performance et la gestion des équipements. Ces actions concernent notamment l'équilibrage de l'installation, le désembouage des réseaux de distribution ou la purge des émetteurs de chaleur. Chaque préconisation proposée est accompagnée d'une estimation du coût de mise en œuvre et des économies attendus ;

« *f)* Des recommandations visant à inciter les occupants à développer des comportements sobres en énergie ;

« *g)* Une annexe explicitant les différentes notions techniques ;

« *h)* Un renvoi vers les différents dispositifs locaux et nationaux d'accompagnement de la rénovation énergétique.

« Le rapport de synthèse est transmis au commanditaire de l'audit dans un délai d'un mois à compter de la date de visite du bâtiment prévue au 3 du présent II pour les bâtiments à usage principal d'habitation en copropriété et au 4 du présent II pour *les maisons individuelles* ;

« 3. Pour les bâtiments à usage principal d'habitation en copropriété, l'audit est réalisé en respectant les modalités :

« *a)* De recueil des informations prévues aux articles 2, 3, 4 et 5 de l'arrêté du 28 février 2013 relatif au contenu et aux modalités de réalisation d'un audit énergétique ;

« *b)* De recueil des données prévues aux articles 6 et 7 de l'arrêté du 28 février 2013 précité ;

« *c)* De modélisation du bâtiment prévues à l'article 8 du même arrêté ;

« 4. Pour les maisons individuelles, l'audit est réalisé en respectant les modalités suivantes :

« *a)* Le propriétaire fournit à la personne qui réalise l'audit, les factures des travaux le cas échéant réalisés, les devis des travaux éventuellement envisagés et le diagnostic de performance énergétique s'il en dispose ;

« *b)* L'auditeur réalise une visite du site, en saison de chauffe si possible, accompagné du propriétaire. La visite s'accompagne d'un descriptif des modes constructifs, des principales caractéristiques thermiques et géométriques du logement et de ses équipements énergétiques. Les occupants sont interrogés sur leurs habitudes d'utilisation et de gestion des différents équipements du logement (notamment les ouvertures de fenêtres, le puisage d'eau chaude et d'eau froide et la régulation des émetteurs), sur les dépenses annuelles liées à ces équipements et sur l'appréciation de leur confort thermique ;

« *c)* L'audit énergétique comprend l'estimation de la consommation annuelle d'énergie de la maison liée au chauffage, au refroidissement, à la production d'eau chaude sanitaire, à l'éclairage et à la ventilation.

« Cette estimation s'appuie sur les factures énergétiques, transmises par le commanditaire de l'audit. Elle intègre des redressements climatiques et s'accompagne d'une analyse, sur les trois dernières années, de l'évolution des consommations énergétiques ;

« *d)* L'audit énergétique comprend un diagnostic des qualités architecturales et thermiques préexistantes de la maison et de ses défauts nécessitant des travaux d'amélioration de la performance énergétique ;

« *e)* L'audit énergétique comprend la modélisation de la maison au moyen d'un logiciel de simulation énergétique. Les données d'entrée du modèle sont ajustées aux conditions réellement observées. Les conditions d'occupation des logements modélisés dans la simulation sont notamment conformes aux conditions observées lors de la visite du site.

« Cette modélisation aboutit à des consommations énergétiques simulées approchant les consommations réelles. En outre, elle permet d'émettre des propositions pertinentes d'actions d'amélioration de la performance énergétique de la maison en simulant la réalisation de travaux portant sur les éléments constitutifs de l'enveloppe du bâtiment ainsi que sur les équipements de production d'eau chaude sanitaire, de ventilation et d'éclairage. »

(Arr. du 13 févr. 2020, art. 1er-II) « III. — Les modalités de réalisation du bouquet de travaux mentionné au *o* du 1 de l'article 200 *quater* du code général des impôts sont fixées comme suit :

« 1. Le bouquet de travaux combine au moins deux des quatre catégories de travaux ci-après : chauffage, production d'eau chaude sanitaire, ventilation et isolation de l'enveloppe de la maison.

« 2. La conception, la réalisation et le suivi du projet de rénovation globale sont réalisés par une ou plusieurs entreprises certifiées "offre globale" conformément *(Arr. du 3 juin 2020, art. 4 et 6-III, en vigueur le 1er janv. 2021)* « au troisième alinéa du I » de l'article 1er et à l'annexe II de l'arrêté du 1er décembre 2015 relatif aux critères de qualifications requis pour le bénéfice du crédit d'impôt pour la transition énergétique et des avances remboursables sans intérêt destinées au financement de travaux de rénovation afin d'améliorer la performance énergétique des logements anciens.

« 3. Les émissions annuelles de gaz à effet de serre après rénovation, rapportées à la surface habitable de la maison, doivent être inférieures ou égales à la valeur initiale de ces émissions avant travaux.

« 4. Pour justifier du respect des exigences relatives aux consommations conventionnelles annuelles en énergie primaire avant et après travaux mentionnées au *o* du 1 de l'article 200 *quater* précité :

« *a)* Un audit énergétique, tel que défini au II, est réalisé préalablement aux travaux par une personne répondant aux conditions prévues par le décret n° 2018-416 du 30 mai 2018 relatif aux conditions de qualification des auditeurs réalisant l'audit éner-

gétique éligible au crédit d'impôt sur le revenu pour la transition énergétique prévues au dernier alinéa du 2 de l'article 200 quater du code général des impôts ;

« *b)* Une liste des travaux préconisés par l'audit énergétique, avec leurs niveaux de performance et la correspondance avec la liste des travaux réalisés, datée et signée par le bénéficiaire et le maître d'œuvre, est établie ;

« *c)* Lorsque les travaux mis en œuvre diffèrent des travaux préconisés, l'audit énergétique est mis à jour sur la base des travaux effectivement réalisés. »

Les dispositions issues de l'Arr. du 30 déc. 2016 s'appliquent aux dépenses payées à compter du 1er janv. 2017, à l'exception de celles pour lesquelles le contribuable peut justifier de l'acceptation d'un devis et du versement d'un acompte avant cette date.

Ancien art. 18 *bis* *(Arr. du 30 déc. 2017, art. 1er)* ***« I. — » La liste des équipements, matériaux et appareils mentionnés au 1 de l'article 200 quater du code général des impôts est fixée comme suit :***

***1.** Abrogé par Arr. du 18 juin 2009.*

2. Acquisition des équipements et matériaux suivants :

(Arr. du 1er mars 2019, art. 1er) ***« a) Chaudières à très haute performance énergétique autres que celles utilisant le fioul comme source d'énergie, dans la limite d'un plafond de dépenses fixé à 3 350 €, toutes taxes comprises, par logement, et respectant les conditions suivantes :***

« 1° Lorsque la puissance est inférieure ou égale à 70 kW, une efficacité énergétique saisonnière pour le chauffage, définie selon le règlement (UE) n° 813/2013 de la Commission du 2 août 2013 portant application de la directive 2009/125/CE du Parlement européen et du Conseil en ce qui concerne les exigences d'écoconception applicables aux dispositifs de chauffage des locaux et aux dispositifs de chauffage mixtes, supérieure ou égale à 92 % ;

« 2° Lorsque la puissance est supérieure à 70 kW, chaudières à condensation présentant une efficacité utile pour le chauffage, définie selon le règlement (UE) n° 813/2013 de la Commission du 2 août 2013 précité, supérieure ou égale à :

« – 87 %, mesurée à 100 % de la puissance thermique nominale ; et

« – 95,5 %, mesurée à 30 % de la puissance thermique nominale ; »

(Abrogé par Arr. du 1er mars 2019, art. 1er) ***« a) bis Chaudières à très haute performance énergétique utilisant le fioul comme source d'énergie et respectant les conditions suivantes :***

« 1° Lorsque la puissance est inférieure ou égale à 70 kW, une efficacité énergétique saisonnière pour le chauffage, définie selon le règlement (UE) n° 813/2013 de la Commission du 2 août 2013 précité, supérieure ou égale à 91 % ;

« 2° Lorsque la puissance est supérieure à 70 kW, une efficacité utile pour le chauffage, définie selon le règlement (UE) n° 813/2013 de la Commission du 2 août 2013 précité, supérieure ou égale à :

« – 88 %, mesurée à 100 % de la puissance thermique nominale ; et

« – 96,5 %, mesurée à 30 % de la puissance thermique nominale ; »

b) *(Abrogé par Arr. du 30 déc. 2015, art. 1er)* ***« Acquisition de » Matériaux d'isolation thermique :***

1° *(Arr. du 27 févr. 2015)* ***« Pour les logements situés en métropole, matériaux*** *[ancienne rédaction : Matériaux]* ***» d'isolation thermique des parois opaques,*** *(Arr. du 30 déc. 2015, art. 1er)* ***« dont la résistance thermique "R" est évaluée selon la norme NF EN 12664, la norme NF EN 12667 ou la norme NF EN 12939 pour les isolants non réfléchissants ou la norme NF EN 16012 pour les isolants réfléchissants, » dans la limite d'un plafond de dépenses fixé respectivement à 150 € et 100 €, toutes taxes comprises, par mètre carré de parois isolées par l'extérieur et par mètre carré de parois isolées par l'intérieur :***

Planchers bas sur sous-sol, sur vide sanitaire ou sur passage ouvert, possédant une résistance *(Arr. du 27 févr. 2015)* ***« thermique » supérieure ou égale à 3 mètres carrés Kelvin par watt (m^2.K/W) ;***

Murs en façade ou en pignon, possédant une résistance *(Arr. du 27 févr. 2015)* ***« thermique » supérieure ou égale à 3,7 mètres carrés Kelvin par watt (m^2.K/W) ;***

Toitures-terrasses possédant une résistance *(Arr. du 27 févr. 2015)* ***« thermique » supérieure ou égale à 4,5 m^2.K/W ;***

Planchers de combles perdus possédant une résistance thermique supérieure ou égale à 7 m^2.K/W ;

Rampants de toiture et plafonds de combles possédant une résistance thermique supérieure ou égale à 6 m^2.K/W ;

(Arr. du 27 févr. 2015) ***« 1° bis Pour les logements situés en Guadeloupe, en Guyane, en Martinique, à Mayotte et à La Réunion, matériaux d'isolation thermique des parois opaques,*** *(Arr. du 30 déc. 2015)* ***« dont la résistance thermique "R" est évaluée selon la norme NF EN 12664, la norme NF EN 12667 ou la norme NF EN 12939 pour les isolants non réfléchissants***

ou la norme NF EN 16012 pour les isolants réfléchissants, » dans la limite d'un plafond de dépenses fixé respectivement à 150 € et 100 €, toutes taxes comprises, par mètre carré de parois isolées par l'extérieur et par mètre carré de parois isolées par l'intérieur :

« Planchers bas sur sous-sol, sur vide sanitaire ou sur passage ouvert, possédant une résistance thermique supérieure ou égale à 3 mètres carrés Kelvin par watt (m².K/W) ;

« Murs en façade ou en pignon, possédant une résistance thermique supérieure ou égale à 0,5 mètre carré Kelvin par watt (m².K/W) ;

« Toitures-terrasses, planchers de combles perdus, rampants de toiture et plafonds de combles possédant une résistance thermique supérieure ou égale à 1,5 mètre carré Kelvin par watt m².K/W). »

2° Matériaux d'isolation thermique des parois vitrées (Arr. du 1er mars 2019, art. 1er) *« , dans la limite d'un plafond de dépenses par équipement fixé à 670 €, toutes taxes comprises, un équipement s'entend d'une menuiserie et des parois vitrées qui lui sont associées : »*

Fenêtres ou porte-fenêtres [portes-fenêtres] *avec un coefficient de transmission thermique (Uw) inférieur ou égal à 1,3 watt par mètre carré Kelvin (W/m².K) et un facteur de transmission solaire (Sw) supérieur ou égal à 0,3 ou un coefficient de transmission thermique (Uw) inférieur ou égal à 1,7 watt par mètre carré Kelvin (W/m².K) et un facteur de transmission solaire (Sw) supérieur ou égal à 0,36* (Arr. du 30 déc. 2015) *« . Les facteurs de transmission solaire Sw sont évalués selon la norme XP P 50-777 et les coefficients de transmission thermique des fenêtres ou porte-fenêtres* [portes-fenêtres] *Uw selon la norme NF EN 14351-1 » ;*

Fenêtres en toitures avec un coefficient de transmission thermique (Uw) inférieur ou égal à 1,5 watt par mètre carré Kelvin (W/m².K) et un facteur de transmission solaire (Sw) inférieur ou égal à 0,36 (Arr. du 30 déc. 2015) *« . Le facteur de transmission solaire Sw est évalué selon la norme XP P 50-777 et le coefficient de transmission thermique Uw selon la norme NF EN 14351-1 » ;*

(Abrogé par Arr. du 1er mars 2019, art. 1er) *« Vitrages de remplacement à isolation renforcée dénommés également vitrages à faible émissivité, installés sur une menuiserie existante et dont le coefficient de transmission thermique du vitrage (Ug) est inférieur ou égal à 1,1 W/m².K* (Arr. du 30 déc. 2015, art. 1er) *« . Le coefficient de transmission thermique des vitrages Ug est évalué selon la norme NF EN 1279 » ; »*

Doubles fenêtres, consistant en la pose sur la baie existante d'une seconde fenêtre à double vitrage renforcé, dont le coefficient de transmission thermique (Uw) est inférieur ou égal à 1,8 W/m².K et le facteur de transmission solaire (Sw) supérieur ou égal à 0,32 (Arr. du 30 déc. 2015, art. 1er) *« . Le facteur de transmission solaire Sw est évalué selon la norme XP P 50-777 et le coefficient de transmission thermique Uw selon la norme NF EN 14351-1 » ;*

(Abrogé par Arr. du 1er mars 2019, art. 1er) *« 3° Volets isolants : volets isolants caractérisés par une résistance thermique additionnelle apportée par l'ensemble volet-lame d'air ventilé supérieure à 0,22 m².K/W ; »*

4° Calorifugeage de tout ou partie d'une installation de production ou de distribution de chaleur ou d'eau chaude sanitaire avec (Arr. du 30 déc. 2015, art. 1er) *« un isolant de classe supérieure ou égale à 3 selon la norme NF EN 12828 » ;*

(Abrogé par Arr. du 1er mars 2019, art. 1er) *« 5° Portes d'entrée donnant sur l'extérieur présentant un coefficient Ud inférieur ou égal à 1,7 W/m².K* (Arr. du 30 déc. 2015, art. 1er) *« . Le coefficient de transmission thermique Ud des portes d'entrée donnant sur l'extérieur est évalué selon la norme NF EN 14351-1 » ; »*

c) Acquisition d'appareils de régulation de chauffage permettant le réglage manuel ou automatique et la programmation des équipements de chauffage ou de production d'eau chaude sanitaire :

1° Appareils installés dans une maison individuelle : systèmes permettant la régulation centrale des installations de chauffage (Arr. du 30 déc. 2015) *« prenant en compte l'évolution de la température d'ambiance de la pièce ou de la température extérieure », avec horloge de programmation ou programmateur mono ou multizone, systèmes permettant les régulations individuelles terminales des émetteurs de chaleur, systèmes de limitation de la puissance électrique du chauffage électrique en fonction de la température extérieure ; systèmes gestionnaires d'énergie ou de délestage de puissance du chauffage électrique* (Arr. du 30 déc. 2015) *« lorsqu'ils permettent un arrêt temporaire des appareils concernés dans le cas où la puissance appelée est amenée à dépasser la puissance souscrite » ;*

2° Appareils installés dans un immeuble collectif : outre les systèmes énumérés au 1°, matériels nécessaires à l'équilibrage des installations de chauffage permettant une répartition correcte de la chaleur délivrée à chaque logement, matériels permettant la mise en cascade de chaudières, à l'exclusion de l'installation de nouvelles chaudières, systèmes de télégestion de chaufferie assurant les fonctions de régulation et de programmation du chauffage, systèmes permettant la régulation centrale des équipements de production d'eau chaude sanitaire dans le cas de production combinée d'eau chaude sanitaire et d'eau destinée au chauffage, (Abrogé par Arr. du 27 févr. 2015) *« , compteurs individuels d'énergie thermique et répartiteurs de frais de chauffage » ;*

3. Acquisition :

a) Équipements de production d'énergie utilisant une source d'énergie renouvelable :

(Arr. du 30 déc. 2015, art. 1er) ***« 1° Équipements de production de chauffage ou de fourniture d'eau chaude sanitaire fonctionnant à l'énergie solaire et dotés de capteurs solaires, disposant d'une certification CSTBat ou Solar Keymark ou équivalente, dans la limite d'un plafond de dépenses par mètre carré hors tout de capteurs, fixé à : »***

Type de capteur solaire	Plafonds de dépenses par mètre carré hors tout de capteur	
	Ménages remplissant la condition de revenus mentionnée au 4 *bis* de l'article 200 *quater* du code général des impôts	Autres ménages
Thermique à circulation de liquide	1 300 € TTC	1 000 € TTC
Thermique à air	520 € TTC	400 € TTC
Hybride thermique et électrique à circulation de liquide, dans la limite de 10 m^2	520 € TTC	400 € TTC
Hybride thermique et électrique à air, dans la limite de 20 m^2	260 € TTC	200 € TTC

(Arr. du 30 déc. 2015, art. 1er) ***« a. Pour les équipements de production de chauffage fonctionnant à l'énergie solaire : une efficacité énergétique saisonnière, définie selon le règlement*** *(Arr. du 30 déc. 2016, art. 1er-2°-a-i)* ***« (UE) n° 813/2013 de la commission du 2 août 2013 » précité, supérieure ou égale à 90 % ;***

« b. Pour les équipements de fourniture d'eau chaude sanitaire seule ou associés à la production de chauffage, fonctionnant à l'énergie solaire : une efficacité énergétique pour le chauffage de l'eau, définie respectivement par le règlement *(Arr. du 30 déc. 2016, art. 1er-2°-a-ii)* ***« (UE) n° 814/2013 de la commission du 2 août 2013 portant application de la directive 2009/125/CE du Parlement européen et du Conseil en ce qui concerne les exigences d'écoconception applicables aux chauffe-eau et aux ballons d'eau chaude et le règlement (UE) n° 813/2013 de la Commission du 2 août 2013 » précité, supérieure ou égale à :***

PROFIL DE SOUTIRAGE	M	L	XL	XXL
Efficacité énergétique	65 %	75 %	80 %	85 %

« c. Pour les *(Arr. du 30 déc. 2016, art. 1er-2°-a-iii)* ***« équipements fonctionnant à l'énergie solaire, autres que ceux mentionnés aux a) et b) du présent 1° » : une productivité, selon le type de capteurs, supérieure ou égale à :***

TYPE DE CAPTEUR SOLAIRE	PRODUCTIVITÉ EN W/M² de surface d'entrée du capteur calculé avec un rayonnement (G) de 1 000 W/m² supérieure ou égale à :
Thermique à circulation de liquide	600 W/m²
Thermique à air	500 W/m²
Hybride thermique et électrique à circulation de liquide	500 W/m²
Hybride thermique et électrique à air	250 W/m²

« Lorsque ces (Arr. du 30 déc. 2016, art. 1er-2°-a-iii) « équipements » sont associés à un ballon d'eau chaude dont la capacité de stockage est inférieure ou égale à (Arr. du 30 déc. 2016, art. 1er-2°-a-iii) « 2 000 » litres, ce dernier doit respecter un coefficient de pertes statiques, dénommé "S" et exprimé en watts, défini selon le règlement (Arr. du 30 déc. 2016, art. 1er-2°-a-iii) « (UE) n° 814/2013 de la Commission du 2 août 2013 » précité pour les chauffe-eau et les ballons d'eau chaude, inférieur à 16,66 + 8,33 × $V^{0,4}$, "V" étant la capacité de stockage du ballon exprimée en litres. »

2° Abrogé par Arr. du 29 déc. 2013 ;

3° Équipements de chauffage ou de fourniture d'eau chaude sanitaire fonctionnant à l'énergie hydraulique ;

4° Systèmes de fourniture d'électricité à partir de l'énergie (Abrogé par Arr. du 30 déc. 2015) « éolienne, » hydraulique ou de biomasse ;

(Arr. du 30 déc. 2015) « 5° Équipements de chauffage ou de production d'eau chaude indépendants fonctionnant au bois ou autres biomasses, qui respectent les quatre conditions suivantes :

« a. La concentration moyenne de monoxyde de carbone rapportée à 13 % d'O_2, dénommée "CO", est inférieure ou égale à 0,3 % ;

« b. L'émission de particules rapportée à 13 % d'O_2, dénommée "PM", est inférieure ou égale à 90 mg/Nm^3 ;

« c. Le rendement énergétique, dénommé « π », est supérieur ou égal à 70 % ;

« d. L'indice de performance environnemental, dénommé "I'", est inférieur ou égal à 1.

« L'indice de performance environnemental est défini par le calcul suivant :

« a. Pour les appareils à bûches : $I' = 101\,532{,}2 \times \log(1{,}0 + E')/\pi^2$;

« b. Pour les appareils à granulés : $I' = 92\,573{,}5 \times \log(1{,}0 + E')/\pi^2$.

« Où "E'" est défini par le calcul suivant : $E' = (CO + 0{,}002 \times PM)/2$ et "log" désigne le logarithme décimal.

« La concentration moyenne de monoxyde de carbone et le rendement énergétique sont exprimés en %, et mesurés selon les référentiels des normes en vigueur :

« a. Pour les poêles : norme NF EN 13240 ou NF EN 14785 ou NF EN 15250 ;

« b. Pour les foyers fermés et les inserts de cheminées intérieures : norme NF EN 13229 ;

« c. Pour les cuisinières utilisées comme mode de chauffage : norme NF EN 12815.

« L'émission de particules est exprimée en mg/Nm^3 et mesurée selon la méthode A1 annexe A de la norme CEN/TS 15883 ou une norme équivalente. »

6° Chaudières autres que celles mentionnées au a du 2, fonctionnant au bois ou autres biomasses, respectant les seuils de rendement énergétique et d'émissions de polluants de la classe 5 de la norme NF EN 303.5, dont la puissance est inférieure à 300 kW ;

b) De pompes à chaleur spécifiques, sous réserve qu'elles respectent une intensité maximale au démarrage de 45 A en monophasé ou de 60 A en triphasé (Arr. du 30 déc. 2015) « lorsque leur puissance est inférieure à 25 kW », telles que :

(Arr. du 30 déc. 2015) « (Arr. du 30 déc. 2016, art. 1er-2°-b-i) « 1° Les pompes à chaleur suivantes, y compris si elles intègrent un appoint, ayant une efficacité énergétique saisonnière pour le chauffage supérieure ou égale à 126 % pour celles à basse température ou à 111 % pour celles à moyenne et haute température ; »

« a. Pompes à chaleur géothermiques eau/eau et pompes à chaleur air/eau (Arr. du 30 déc. 2016, art. 1er-2°-b-ii) « pour lesquelles l'efficacité énergétique saisonnière pour le chauffage est calculée selon le règlement (UE) n° 813/2013 de la Commission du 2 août 2013 précité » ;

« (Arr. du 30 déc. 2016, art. 1er-2°-b-iii) « b. Pompes à chaleur géothermiques sol/eau, pour lesquelles l'efficacité énergétique saisonnière pour le chauffage est calculée selon le règlement (UE) n° 813/2013 de la Commission du 2 août 2013 précité pour une température de 4°C du bain d'eau glycolée, conformément à la norme EN 15879-1 et une température de condensation de 35°C ; »

« c. Pompes à chaleur géothermiques sol/sol pour lesquelles l'efficacité énergétique saisonnière (Arr. du 30 déc. 2016, art. 1er-2°-b-iv) « pour le chauffage » est calculée selon le règlement (Arr. du 30 déc. 2016, art. 1er-2°-b-iv) « (UE) n° 813/2013 de la Commission du 2 août 2013 » précité pour une température d'évaporation fixe de – 5°C et une température de condensation de 35°C.

« (Abrogé par Arr. du 30 déc. 2016, art. 1er-2°-b-iv) « Pour l'application du présent 1°, lorsque les pompes à chaleur fournissent également de l'eau chaude sanitaire, elles doivent respecter

une efficacité énergétique pour le chauffage de l'eau, définie selon le règlement délégué (UE) n° 811/2013 précité, supérieure ou égale à :
(Tableau issu de l'Arr. du 17 févr. 2016 et abrogé par Arr. du 30 déc. 2016, art. 1er-2°-b-iv)

PROFIL DE SOUTIRAGE	***M***	***L***	***XL***	***XXL***
Efficacité énergétique	*65 %*	*75 %*	*80 %*	*85 %*

« 2° Les pompes à chaleur dédiées à la production d'eau chaude sanitaire *(Arr. du 30 déc. 2017, art. 1er)* ***« , dans la limite d'un plafond de dépenses fixé à »*** *(Arr. du 1er mars 2019, art. 1er)* ***« 4 000 €, toutes taxes comprises, pour les ménages remplissant la condition de revenus mentionnée au 4 bis de l'article 200 quater du code général des impôts, et à 3 000 €, toutes taxes comprises, pour les autres ménages, » pour lesquelles l'efficacité énergétique pour le chauffage de l'eau, définie selon le règlement délégué (UE) n° 812/2013 précité, est supérieure ou égale à :***

PROFIL DE SOUTIRAGE	**M**	**L**	**XL**
Efficacité énergétique	95 %	100 %	110 %

c) Équipements de raccordement à un réseau de chaleur, alimenté majoritairement par des énergies renouvelables ou par une installation de cogénération, qui s'entendent des éléments suivants :

Branchement privatif composé de tuyaux et de vannes qui permet de raccorder le réseau de chaleur au poste de livraison de l'immeuble ;

Poste de livraison ou sous-station qui constitue l'échangeur entre le réseau de chaleur et l'immeuble ;

Matériels nécessaires à l'équilibrage et à la mesure de la chaleur qui visent à opérer une répartition correcte de celle-ci. Ces matériels peuvent être installés, selon le cas, avec le poste de livraison, dans les parties communes de l'immeuble collectif ou dans le logement ;

(Arr. du 1er mars 2019, art. 1er) ***« d) Chaudières à micro-cogénération gaz d'une puissance apparente de production électrique inférieure ou égale à 3 kilovolt-ampères par logement, dans la limite d'un plafond de dépenses fixé à 3350 €, toutes taxes comprises ; »***

(Arr. du 27 févr. 2015) ***« e) D'appareils installés dans un immeuble collectif permettant d'individualiser les frais de chauffage ou d'eau chaude sanitaire dans un bâtiment équipé d'une installation centrale ou alimenté par un réseau de chaleur : répartiteurs électroniques placés sur chaque radiateur ou compteurs d'énergie thermique placés à l'entrée du logement conformes à la réglementation résultant du décret n° 2001-387 du 3 mai 2001 relatif au contrôle des instruments de mesure ;***

« f) De systèmes de charge pour véhicule électrique qui s'entendent des bornes de recharge pour véhicules électriques et dont les types de prise respectent la norme IEC 62196-2 ainsi que la directive 2014/94/UE du Parlement européen et du Conseil du 22 octobre 2014 sur le déploiement d'une infrastructure pour carburants alternatifs ;

(Arr. du 1er mars 2019, art. 1er) ***« 3 bis. Dépose d'une cuve à fioul, d'un réservoir de fioul ou d'un stockage de fioul, au sens de l'arrêté du 1er juillet 2004 fixant les règles techniques et de sécurité applicables au stockage de produits pétroliers dans les lieux non visés par la législation des installations classées ni la réglementation des établissements recevant du public :***

« a) Non enterré en plein air, mentionné au titre IV de l'arrêté du 1er juillet 2004 précité ;

« b) A rez-de-chaussée ou en sous-sol d'un bâtiment, mentionné au titre V du même arrêté ;

« c) Enterré, mentionné au titre VI du même arrêté ;

« d) Autre, mentionné au titre VII du même arrêté ;

« Les modalités d'abandon de la cuve, du réservoir ou du stockage de fioul respectent les exigences définies à l'article 28 du même arrêté. »

(Arr. du 27 févr. 2015) ***« 4. Pour les logements situés en Guadeloupe, en Guyane, en Martinique, à Mayotte et à La Réunion, acquisition :***

« a) D'équipements de raccordement à un réseau de froid, alimenté majoritairement par du froid d'origine renouvelable ou de récupération, qui s'entendent des éléments suivants :

« Branchement privatif composé de tuyaux et de vannes qui permet de raccorder le réseau de froid au poste de livraison de l'immeuble ;

« Poste de livraison ou sous-station, qui constitue l'échangeur entre le réseau de froid et l'immeuble ;

« Matériels nécessaires à l'équilibrage et à la mesure de la quantité de froid qui visent à opérer une répartition correcte de celle-ci. Ces matériels peuvent être installés, selon le cas, avec le poste de livraison, dans les parties communes de l'immeuble collectif ou dans le logement ;

« b) D'équipements ou de matériaux de protection des parois opaques ou vitrées contre les rayonnements solaires :

« 1° Systèmes de protection des parois opaques pour ce qui concerne la toiture :

« a. Sur-toiture ventilée définie au deuxième alinéa de l'article 3 de l'arrêté du 25 mai 2011 relatif à l'application en outre-mer de dispositions concernant les avances remboursables sans intérêts destinées au financement de travaux de rénovation afin d'améliorer la performance énergétique des logements anciens ;

« b. Systèmes de protection de la toiture définis aux quatrième et cinquième alinéas de l'article 3 de l'arrêté du 25 mai 2011 précité ;

« 2° Systèmes de protection des parois opaques pour ce qui concerne les murs donnant sur l'extérieur :

« a. Bardage ventilé ;

« b. Pare-soleil horizontaux,

« définis respectivement aux deuxième et troisième alinéas de l'article 4 de l'arrêté du 25 mai 2011 précité ;

« 3° Systèmes de protection des parois vitrées pour ce qui concerne les baies donnant sur l'extérieur :

« a. Pare-soleil horizontaux ;

« b. Brise-soleil verticaux ;

« c. Protections solaires mobiles extérieures dans le plan de la baie ;

« d. Lames orientables opaques ;

« e. Films réfléchissants sur lames transparentes,

« définis respectivement aux deuxième à sixième alinéas de l'article 5 de l'arrêté du 25 mai 2011 précité ;

« c) D'équipements ou de matériaux visant à l'optimisation de la ventilation naturelle, notamment les brasseurs d'air fixes : ventilateurs de plafond. » — Pour les dispositions antérieures à l'Arr. du 29 déc. 2013, V. **CGI, éd. 2013**.

(Arr. du 30 déc. 2017, art. 1er) *« II. — Les modalités de réalisation et le contenu de l'audit énergétique mentionné au 1 du 1 de l'article 200 quater du code général des impôts sont fixés comme suit :*

« 1. L'audit énergétique comprend des propositions de travaux dont l'une au moins permet d'atteindre un très haut niveau de performance énergétique du bâtiment, s'appuyant sur les simulations réalisées pour les bâtiments à usage principal d'habitation en copropriété ou pour les maisons individuelles et définies ci-après.

« a) Les propositions de travaux comprennent :

« 1° Un scénario, en une seule étape, visant une baisse d'au moins 30 % des consommations d'énergie primaire et une consommation après travaux inférieure à 330 kWhEP/m²/an si la consommation d'énergie primaire avant travaux est supérieure à cette valeur. Les travaux préconisés dans ce scénario doivent être compatibles avec l'atteinte à plus long terme du niveau BBC rénovation défini au 2° de l'article 2 de l'arrêté DEVU0917396A du 29 septembre 2009 relatif au contenu et aux conditions d'attribution du label "haute performance énergétique rénovation" ;

« 2° Et un scénario permettant d'atteindre le niveau BBC rénovation précité, en quatre étapes au maximum, selon un ordonnancement visant à maximiser l'économie d'énergie lors des premières étapes sans compromettre la faisabilité technique ou économique des étapes suivantes, en tenant compte des éventuelles pathologies du bâtiment.

« b) L'audit énergétique précise pour chaque étape des scénarios de travaux mentionnés aux 1° et 2° du a du présent 1 :

« 1° La consommation annuelle d'énergie primaire du bâtiment après travaux rapportée à sa surface hors œuvre nette exprimée en kWhEP/m²SHON/an pour chaque usage suivant de l'énergie : le chauffage, le refroidissement, la production d'eau chaude sanitaire, la ventilation et l'éclairage ;

« 2° La consommation annuelle totale d'énergie primaire du bâtiment après travaux pour l'ensemble des usages de l'énergie précités exprimée en kWhEP/an et en kWhEP/m²SHON/an ;

« 3° L'émission annuelle totale de gaz à effet de serre du bâtiment après travaux pour l'ensemble des usages de l'énergie précités exprimée en kgCO2/m²SHON/an ;

« 4° Le nouveau classement énergétique du bâtiment ;

« 5° Le nouveau classement en gaz à effet de serre du bâtiment ;

« 6° L'estimation des économies d'énergie en énergie primaire, puis en euros par rapport à la situation de référence modélisée conformément au 3 du présent II pour les bâtiments à usage principal d'habitation en copropriété et au 4 du présent II pour les maisons individuelles ;

« 7° L'estimation du coût des travaux détaillé par action ;

« 8° Les aides financières mobilisables.

« c) Il décrit, pour chaque type de travaux proposés, les critères de performances minimales des équipements, matériaux ou appareils nécessaires aux entreprises pour la réalisation des travaux ;

« 2. L'audit énergétique donne lieu à un rapport de synthèse par la personne chargée de sa réalisation comprenant :

« a) Une synthèse des constats et des préconisations ;

« b) L'état des lieux des différents postes de consommation d'énergie et des principaux défauts identifiés (situation et état du bâti, mode de chauffage et production de chaleur, gestion du chauffage et régulation, ventilation et étanchéité à l'air, coûts annuels d'exploitation) incluant le résultat du calcul énergétique prévu au 3 du présent II pour les bâtiments à usage principal d'habitation en copropriété et au 4 du présent II pour les maisons individuelles ;

« c) Les propositions de travaux décrites au 1 du présent II, en précisant pour chaque scénario les coûts prévisionnels, les économies d'énergie attendues, le temps de retour sur investissement et leur cohérence globale ;

« d) L'ensemble des éléments mentionnés au 1 du présent II ;

« e) Une liste de préconisations visant à améliorer la performance et la gestion des équipements. Ces actions concernent notamment l'équilibrage de l'installation, le désembouage des réseaux de distribution ou la purge des émetteurs de chaleur. Chaque préconisation proposée est accompagnée d'une estimation du coût de mise en œuvre et des économies attendus ;

« f) Des recommandations visant à inciter les occupants à développer des comportements sobres en énergie ;

« g) Une annexe explicitant les différentes notions techniques ;

« h) Un renvoi vers les différents dispositifs locaux et nationaux d'accompagnement de la rénovation énergétique.

« Le rapport de synthèse est transmis au commanditaire de l'audit dans un délai d'un mois à compter de la date de visite du bâtiment prévue au 3 du présent II pour les bâtiments à usage principal d'habitation en copropriété et au 4 du présent II pour les maisons individuelles ;

« 3. Pour les bâtiments à usage principal d'habitation en copropriété, l'audit est réalisé en respectant les modalités :

« a) De recueil des informations prévues aux articles 2, 3, 4 et 5 de l'arrêté du 28 février 2013 relatif au contenu et aux modalités de réalisation d'un audit énergétique ;

« b) De recueil des données prévues aux articles 6 et 7 de l'arrêté du 28 février 2013 précité ;

« c) De modélisation du bâtiment prévues à l'article 8 du même arrêté ;

« 4. Pour les maisons individuelles, l'audit est réalisé en respectant les modalités suivantes :

« a) Le propriétaire fournit à la personne qui réalise l'audit, les factures des travaux le cas échéant réalisés, les devis des travaux éventuellement envisagés et le diagnostic de performance énergétique s'il en dispose ;

« b) L'auditeur réalise une visite du site, en saison de chauffe si possible, accompagné du propriétaire. La visite s'accompagne d'un descriptif des modes constructifs, des principales caractéristiques thermiques et géométriques du logement et de ses équipements énergétiques. Les occupants sont interrogés sur leurs habitudes d'utilisation et de gestion des différents équipements du logement (notamment les ouvertures de fenêtres, le puisage d'eau chaude et d'eau froide et la régulation des émetteurs), sur les dépenses annuelles liées à ces équipements et sur l'appréciation de leur confort thermique ;

« c) L'audit énergétique comprend l'estimation de la consommation annuelle d'énergie de la maison liée au chauffage, au refroidissement, à la production d'eau chaude sanitaire, à l'éclairage et à la ventilation.

« Cette estimation s'appuie sur les factures énergétiques, transmises par le commanditaire de l'audit. Elle intègre des redressements climatiques et s'accompagne d'une analyse, sur les trois dernières années, de l'évolution des consommations énergétiques ;

« d) L'audit énergétique comprend un diagnostic des qualités architecturales et thermiques préexistantes de la maison et de ses défauts nécessitant des travaux d'amélioration de la performance énergétique ;

« e) L'audit énergétique comprend la modélisation de la maison au moyen d'un logiciel de simulation énergétique. Les données d'entrée du modèle sont ajustées aux conditions réellement observées. Les conditions d'occupation des logements modélisés dans la simulation sont notamment conformes aux conditions observées lors de la visite du site.

« Cette modélisation aboutit à des consommations énergétiques simulées approchant les consommations réelles. En outre, elle permet d'émettre des propositions pertinentes d'actions d'amélioration de la performance énergétique de la maison en simulant la réalisation de travaux portant sur les éléments constitutifs de l'enveloppe du bâtiment ainsi que sur les équipements de production d'eau chaude sanitaire, de ventilation et d'éclairage. »

Les dispositions issues de l'Arr. du 30 déc. 2016 s'appliquent aux dépenses payées à compter du 1er janv. 2017, à l'exception de celles pour lesquelles le contribuable peut justifier de l'acceptation d'un devis et du versement d'un acompte avant cette date.

Art. 18 *ter* La liste des équipements spécialement conçus pour les personnes âgées ou handicapées, mentionnés au 1 de l'article 200 *quater* A du code général des impôts, est fixée comme suit :

1. Équipements sanitaires attachés à perpétuelle demeure : éviers et lavabos à hauteur réglable ; baignoires à porte ; surélévateur de baignoire ; siphon dévié ; cabines de douche intégrales ; bacs et portes de douche ; sièges de douche muraux, w.-c. pour personnes handicapées ; surélévateurs de w.-c. ;

2. Autres équipements de sécurité et d'accessibilité attachés à perpétuelle demeure : appareils élévateurs verticaux comportant une plate-forme aménagée en vue du transport d'une personne handicapée et les élévateurs à déplacements inclinés spécialement conçus pour le déplacement d'une personne handicapée, définis à l'article 30-0 C ; mains courantes ; barres de maintien ou d'appui ; appui ischiatique ; poignées de rappel de portes ; poignées ou barre de tirage de porte adaptée ; barre métallique de protection ; rampes fixes ; systèmes de commande, de signalisation ou d'alerte ; dispositifs de fermeture, d'ouverture ou systèmes de commande des installations électriques, d'eau, de gaz et de chauffage ; mobiliers à hauteur réglable ; revêtement de sol antidérapant ; revêtement podotactile ; nez de marche ; protection d'angle ; revêtement de protection murale basse ; boucle magnétique ; système de transfert à demeure ou potence au plafond.

5° *BIS* CRÉDIT D'IMPÔT POUR ACQUISITION ET POSE DE SYSTÈMES DE CHARGE POUR VÉHICULE ÉLECTRIQUE

(*Arr. du 27 mai 2021, art. 1er*)

Art. 18 *ter* A Les systèmes de charge pour véhicule électrique mentionnés au 1 de l'article 200 *quater* C du code général des impôts s'entendent des bornes de recharge pour véhicule électrique dont les types de prise respectent la norme NF EN 62196-2 ainsi que le décret n° 2017-26 du 12 janvier 2017 relatif aux infrastructures de recharge pour véhicules électriques et portant diverses mesures de transposition de la directive 2014/94/UE du Parlement européen et du Conseil du 22 octobre 2014 sur le déploiement d'une infrastructure pour carburants alternatifs.

Art. 18 *quater* I. – Sont prises en compte pour l'application du 6° du I de l'article 199 *undecies* C du code général des impôts les dépenses relatives à l'acquisition, à l'installation et à la pose :

1. De dispositifs constructifs, d'équipements ou de matériaux d'isolation thermique, dont la finalité essentielle est la protection contre le rayonnement solaire des parois opaques, en contact avec l'extérieur, et/ou des baies, en contact avec l'extérieur, ou la ventilation naturelle de confort thermique, visant à limiter le recours à la climatisation :

a) En Guadeloupe, en Martinique, en Guyane et à La Réunion, respectant les exigences des articles 5 (1°), 6 (*Arr. du 2 mai 2017, art. 1er*) « et 10 » de l'arrêté du 17 avril 2009 définissant les caractéristiques thermiques minimales des bâtiments d'habitation neufs dans les départements de la Guadeloupe, de la Martinique, de la Guyane et de La Réunion ;

b) A Mayotte, respectant les exigences définies au 1 de la partie B de l'annexe 1 de l'arrêté préfectoral n° 192 PM/SG/DE/08 du 15 octobre 2008 relatif aux subventions par l'État pour la construction, l'acquisition et l'amélioration de logements locatifs sociaux ;

c) En Nouvelle-Calédonie, en Polynésie française, à Saint-Martin, à Saint-Barthélemy et dans les îles Wallis-et-Futuna, tels que :

1° Surtoiture ventilée ;

2° Isolation thermique ;
3° Bardage ventilé ;
4° Pare-soleil horizontaux ;
5° Brise-soleil verticaux ;
6° Protections solaires mobiles extérieures dans le plan des baies ;
7° Ventilateurs de plafond ;

2. De matériaux d'isolation thermique, visant à maîtriser les besoins en chauffage :

a) **Pour les bâtiments d'habitation construits à La Réunion à une altitude supérieure à 800 mètres, respectant les exigences de l'article 5 (2°) de l'arrêté du 17 avril 2009 définissant les caractéristiques thermiques minimales des bâtiments d'habitation neufs dans les départements de la Guadeloupe, de la Martinique, de la Guyane et de La Réunion ;**

b) **A Saint-Pierre-et-Miquelon, visés aux 1°** *(Arr. du 22 juill. 2020, art. 1er)* **« , 2° et 4° » du *b* du 2** *(Arr. du 30 déc. 2017, art. 1er)* **« du I » de l'article 18 *bis*** *(Arr. du 13 févr. 2020, art. 2-I)* **« dans sa rédaction en vigueur au 31 décembre 2019 » ;**

3. D'appareils de régulation de chauffage, visés au *c* du 2 *(Arr. du 30 déc. 2017, art. 1er)* **« du I » de l'article 18 *bis*** *(Arr. du 13 févr. 2020, art. 2-I)* **« dans sa rédaction en vigueur au 31 décembre 2019 » ;**

4. D'équipements de production d'énergie utilisant une source d'énergie renouvelable, visés au *a* du 3 *(Arr. du 30 déc. 2017, art. 1er)* **« du I » de l'article 18 *bis*** *(Arr. du 13 févr. 2020, art. 2-I)* **« dans sa rédaction en vigueur au 31 décembre 2019 », sous réserve, en ce qui concerne les systèmes de fourniture d'électricité à partir de l'énergie solaire, pour la Guadeloupe, la Martinique, la Guyane, La Réunion, Mayotte, Saint-Pierre-et-Miquelon, Saint-Martin et Saint-Barthélemy, que les installations ne soient pas reliées au réseau du service public d'électricité ;**

5. De pompes à chaleur, autres que air/air, dont la finalité essentielle est la production de chaleur ou d'eau chaude sanitaire, ainsi qu'au coût de la pose de l'échangeur souterrain des pompes à chaleur géothermiques, visées au *b* du 3 *(Arr. du 30 déc. 2017, art. 1er)* **« du I » de l'article 18 *bis*** *(Arr. du 13 févr. 2020, art. 2-I)* **« dans sa rédaction en vigueur au 31 décembre 2019 » ;**

6. D'équipements de raccordement à un réseau de chaleur, alimenté majoritairement par des énergies renouvelables ou par une installation de cogénération, visés au *c* du 3 *(Arr. du 30 déc. 2017, art. 1er)* **« du I » de l'article 18 *bis*** *(Arr. du 13 févr. 2020, art. 2-I)* **« dans sa rédaction en vigueur au 31 décembre 2019 ».**

Pour l'application du présent article, le terme baie en contact avec l'extérieur s'entend d'une ouverture ménagée dans une paroi extérieure au logement servant à l'éclairage, au passage ou à l'aération.

II. — Les dépenses mentionnées au I doivent être justifiées par une facture détaillée précisant leur nature exacte, leur coût et leur conformité aux critères techniques exigés.

Art. 19 à 21 *Abrogés par L. n° 59-1472 du 28 déc. 1959, art. 1er et 3.*

CHAPITRE II IMPÔT SUR LES SOCIÉTÉS

SECTION PREMIÈRE CHAMP D'APPLICATION

1° RÉGIME FISCAL DES SOCIÉTÉS DE PERSONNES, DES SOCIÉTÉS EN PARTICIPATION, DES GROUPEMENTS D'INTÉRÊT PUBLIC, DES SOCIÉTÉS À RESPONSABILITÉ LIMITÉE, DES EXPLOITATIONS AGRICOLES À RESPONSABILITÉ LIMITÉE ET DES SOCIÉTÉS CIVILES PROFESSIONNELLES. OPTION POUR LE RÉGIME FISCAL DES SOCIÉTÉS DE CAPITAUX

Art. 22 *(Abrogé par Arr. du 27 juin 2019, art. 1er)* ***La notification de l'option prévue à l'article 239 du code général des impôts est adressée au service des impôts du lieu du principal établissement de la société ou du groupement qui souhaite exercer cette option.***

La notification indique la désignation de la société ou du groupement et l'adresse du siège social, les nom, prénoms et adresse de chacun des associés, membres ou participants, ainsi que la répartition du capital social ou des droits entre ces derniers. Elle est signée dans les conditions prévues par les statuts ou, à défaut, par tous les associés, membres ou participants. Il en est délivré récépissé.

L'option ainsi exercée est irrévocable.

Toutefois, les sociétés de personnes qui ont opté avant le 1er janvier 1981 pour leur assujettissement à l'impôt sur les sociétés peuvent renoncer à leur option si elles sont formées entre personnes parentes en ligne directe ou entre frères et sœurs ainsi que les conjoints. La renonciation doit être adressée au service des impôts auprès duquel est souscrite la déclaration de résultats avant la date d'ouverture du premier exercice auquel elle s'applique.

Pour les exercices ou périodes d'imposition ouverts en 1981, la renonciation peut être effectuée jusqu'à la date d'expiration du délai de déclaration des résultats de ces exercices ou périodes d'imposition et, si ce délai expire après le 31 décembre 1981, au plus tard jusqu'à cette date.

La renonciation à l'option est effectuée selon les modalités prévues au deuxième alinéa du présent article. Elle précise les liens de parenté entre les associés.

Les sociétés qui ont renoncé à l'option n'ont plus la possibilité de demander à être de nouveau assujetties à l'impôt sur les sociétés.

Option auprès du centre de formalités des entreprises (CFE). L'option par une société de personnes pour son assujettissement à l'IS expressément formulée dans la déclaration déposée auprès du centre de formalités des entreprises vaut notification et est opposable à l'administration fiscale. • CE 30 déc. 2011, *SARL Distribur,* n° 342566 : *RJF 2012. 227 ; BDCF 3/12, n° 30, concl. Escaut.*

Art. 23 *(Abrogé par Arr. du 27 juin 2019, art. 1er)* ***Pour l'application du 2 de l'article 119 bis du code général des impôts, un double de la notification visée à l'article 22 devra être déposé au service des impôts du siège social de la collectivité.***

2° EXONÉRATIONS ET RÉGIMES PARTICULIERS. SOCIÉTÉS AGRÉÉES POUR LE FINANCEMENT DES TÉLÉCOMMUNICATIONS

Art. 23 *bis* Sont assimilés aux bénéfices provenant des contrats de crédit-bail conclus avec l'exploitant public avant le 1er janvier 1993 pour l'application du 3° *quinquies* de l'article 208 du code général des impôts :

1° Les profits retirés par les sociétés agréées pour le financement des télécommunications, du placement à vue ou à court terme des sommes en instance d'emploi, dans la mesure où ce placement peut être regardé comme une opération de trésorerie accessoire. Cette condition est réputée remplie pour la fraction des placements qui n'excède pas, en valeur nominale, pour chaque exercice, la moitié des dépenses annuelles de gestion augmentée du montant des dividendes mis en paiement au cours de l'exercice ainsi que du montant de l'augmentation de capital libérée par les actionnaires pendant le même exercice et l'exercice précédent ;

2° Les intérêts versés par l'exploitant public, à raison des avances sur marchés consenties par les sociétés agréées aux constructeurs, fournisseurs et autres ayants droit, avant la livraison des immeubles et équipements.

SECTION PREMIÈRE *BIS*

Art. 23 *bis* A et 23 *bis* B *Dispositions périmées (Arr. du 3 juin 2013).*

SECTION II LIEU D'IMPOSITION

LIEU D'IMPOSITION DES PERSONNES MORALES QUI EXERCENT DES ACTIVITÉS EN FRANCE OU Y POSSÈDENT DES BIENS, SANS Y AVOIR LEUR SIÈGE SOCIAL

Art. 23 *ter* Le lieu d'imposition des personnes morales désignées au 2 de l'article 218 A du code général des impôts est fixé :

– pour les sociétés ou personnes morales dont l'activité s'exerce en France dans un ou plusieurs établissements, au lieu du principal établissement ;

– pour les sociétés ou personnes morales qui exercent une activité en France sans y avoir d'établissement, au service des impôts des entreprises étrangères ;

– pour les sociétés et personnes morales qui sans exercer en France d'activité autre qu'immobilière y disposent de propriétés immobilières données ou non en location, au lieu de situation de ces biens. Si l'application de cette règle conduit à une pluralité de lieux d'imposition, l'imposition est établie au service des impôts des entreprises étrangères. – *Ces dispositions entrent en vigueur le 1er sept. 2004 pour toutes les déclarations que les sociétés mentionnées au 2 de l'art. 218 A et aux art. 990 D à 990 F CGI sont tenues de souscrire à compter de cette date.*

SECTION III **OBLIGATIONS DES PERSONNES MORALES**

1° DÉCLARATION D'EXISTENCE, DE MODIFICATION DU PACTE SOCIAL ET DES CONDITIONS D'EXERCICE DE LA PROFESSION

Art. 23 A Les sociétés visées à l'article 206 du code général des impôts sont tenues de déposer, dans le mois de leur constitution définitive ou, le cas échéant, du jour où elles deviennent passibles de l'impôt sur les sociétés, une déclaration indiquant :

1° La raison sociale, la forme juridique, l'objet principal, la durée, le siège de la société, ainsi que le lieu de son principal établissement ;

2° La date de l'acte constitutif ;

3° Les nom, prénoms et domicile des dirigeants ou gérants et, pour les sociétés dont le capital n'est pas divisé en actions, les nom, prénoms et domicile de chacun des associés ;

4° La nature et la valeur des biens mobiliers et immobiliers constituant les apports ;

5° Le nombre, la forme et le montant :

***a)* Des titres négociables émis, en distinguant les actions des obligations et en précisant, pour les premières, la somme dont chaque titre est libéré et, pour les secondes, la durée de l'amortissement et le taux de l'intérêt ;**

***b)* Des parts sociales (parts de capital) non représentées par des titres négociables ;**

***c)* Des autres droits de toute nature attribués aux associés dans le partage des bénéfices ou de l'actif social, que ces droits soient ou non constatés par des titres.**

Art. 23 B En cas de modification de la raison sociale, de la forme juridique, de l'objet, de la durée, du siège de la société ou du lieu de son principal établissement, d'augmentation, de réduction ou d'amortissement du capital, de libération totale ou partielle des actions, d'émission, de remboursement ou d'amortissement d'emprunts représentés par des titres négociables, de remplacement d'un ou plusieurs dirigeants ou gérants ou, dans les sociétés dont le capital n'est pas divisé en actions, d'un ou plusieurs associés, les sociétés visées à l'article 23 A doivent en faire la déclaration, dans le délai d'un mois.

Art. 23 C Pour l'application du 3° de l'article 23 A et de l'article 23 B, les dirigeants s'entendent notamment, dans les sociétés anonymes, du président du conseil d'administration, du directeur général, qu'il soit ou non administrateur et, le cas échéant, de l'administrateur provisoirement délégué pour exercer les fonctions de président.

Art. 23 D Les sociétés qui, sans avoir leur siège social en France, y exercent une activité les rendant passibles de l'impôt sur les sociétés doivent indiquer, en outre, dans la déclaration prévue à l'article 23 A, le lieu de leur principal établissement en France, ainsi que les nom, prénoms et adresse de leur représentant en France.

En cas de remplacement de ce représentant ou de changement du lieu de l'établissement susvisé, lesdites sociétés doivent en faire la déclaration dans les conditions fixées à l'article 23 B.

Portée de l'obligation. L'art. 23 D de l'annexe IV ne s'applique qu'au paiement de l'IS par les sociétés n'ayant pas leur siège social en France, et non au paiement de la taxe de 3 % sur les immeubles de certaines personnes morales prévue par l'art. 990 D CGI. • Com. 24 mai 2016, n° 14-24.476 : *RJF 2016. 902.*

Art. 23 E Lorsqu'ils sont passibles de l'impôt sur les sociétés, les établissements et organismes publics et les personnes morales de toute nature visés à l'article 206 du code général des impôts autres que les sociétés, doivent produire les déclarations prévues aux articles précédents, dans la mesure où les renseignements qu'elles comportent sont compatibles avec la forme ou le statut de la collectivité intéressée.

Sont toutefois dispensés de cette obligation les établissements publics, associations et collectivités visés au 5 de l'article 206 précité.

Art. 23 F *Disposition périmée.*

Art. 23 G Les déclarations prévues par les articles 23 A et suivants doivent être adressées ou remises au service dont la personne morale relève pour l'assiette de l'impôt sur les sociétés.

2° DÉCLARATION DES BÉNÉFICES RÉPARTIS AUX ASSOCIÉS, ACTIONNAIRES OU PORTEURS DE PARTS

Art. 23 H L'état que les personnes morales et associations visées à l'article 223 du code général des impôts doivent joindre à leur déclaration de bénéfice ou de déficit, en ce qui concerne les bénéfices répartis aux associés, actionnaires ou porteurs de parts, ainsi que les sommes ou valeurs mises à leur disposition au cours de la période retenue pour l'assiette de l'impôt sur les sociétés et présentant le caractère de revenus distribués au sens des articles 108 et suivants du code général des impôts, doit comporter :

1° L'indication du montant global des distributions correspondant aux intérêts, dividendes, revenus et autres produits des actions et parts sociales payables aux associés, actionnaires ou porteurs de parts sur présentation ou remise de coupons ou d'instruments représentatifs de coupons ;

2° L'indication du montant des distributions, correspondant à des rémunérations ou avantages occultes ;

2° *bis* L'indication du montant des revenus distribués aux associés, actionnaires ou porteurs de parts suivant qu'ils sont éligibles ou non à l'abattement de 40 % mentionné au 2° du 3 de l'article 158 du code général des impôts ;

3° Un relevé des bénéficiaires de distributions autres que celles visées aux 1° et 2°, indiquant les noms, prénoms, qualités et domiciles des intéressés, la nature et le montant des sommes versées à chacun d'eux et l'année au cours de laquelle les versements ont été effectués.

Art. 23 I L'état visé à l'article 23 H est établi sur des imprimés fournis par l'administration.

3°

Art. 23 I *bis* *Devenu sans objet (Ord. n° 2004-281 du 25 mars 2004, art. 15-I).*

CHAPITRE II *BIS*

Art. 23 I *ter* *Devenu sans objet.*

CHAPITRE III DISPOSITIONS COMMUNES À L'IMPÔT SUR LE REVENU ET À L'IMPÔT SUR LES SOCIÉTÉS

SECTION PREMIÈRE REMPLOI DES PLUS-VALUES RÉALISÉES PAR LES ENTREPRISES À L'OCCASION DE LA CONSTRUCTION ET DE LA VENTE D'IMMEUBLES AFFECTÉS PRINCIPALEMENT À L'HABITATION

Art. 23 J Les plus-values visées au I de l'article 238 *octies* du code général des impôts peuvent bénéficier des dispositions de l'article 40 du même code, lorsque le remploi est effectué dans la souscription au capital initial ou aux augmentations de capital des sociétés énumérées ci-après :

– sociétés immobilières d'investissement et sociétés immobilières de gestion qui satisfont aux conditions prévues à l'article 33 de la loi n° 63-254 du 15 mars 1963 ;

– sociétés en nom collectif ayant pour objet la construction, en vue de la vente, d'immeubles affectés à l'habitation pour les trois quarts au moins de leur superficie totale ;

– sociétés civiles ayant le même objet et entrant dans les prévisions de l'article 239 *ter* du code précité.

Art. 23 K Aucun pourcentage minimal de participation n'est exigé pour la réalisation du remploi défini à l'article 23 J.

SECTION II CONTRATS DE PRÊTS DISPENSÉS DE LA DÉCLARATION PRÉVUE À L'ARTICLE 49 B DE L'ANNEXE III AU CODE GÉNÉRAL DES IMPÔTS

Art. 23 L Sont dispensés de la déclaration prévue à l'article 49 B de l'annexe III au code général des impôts :

1° Les contrats de prêts dont le montant en principal n'excède pas *(Arr. du 23 sept. 2020, art. 1er)* « 5 000 € *[ancienne rédaction : 760 €]* », sous réserve de l'application des dispositions du *b* du 2 de l'article 49 B susvisé ;

2° *Abrogé par Arr. du 8 juill. 1970, art. 2 ;*

3° Les contrats de prêts conclus par l'État, les établissements publics et les collectivités locales ;

4° Les contrats de prêts dans la conclusion desquels les établissements de crédit enregistrés par l'Autorité de contrôle prudentiel et de résolution interviennent en qualité de prêteurs ou d'emprunteurs ;

5° Les contrats de prêts réalisés sous la forme d'émission de bons de caisse par des banques ou d'émission publique d'obligations.

Toutefois, la dispense de déclaration des contrats de prêts prévue aux 1° à 5° ne s'applique pas aux bons ou titres mentionnés au 2° du III *bis* de l'article 125 A du code général des impôts lorsque leur détenteur communique son identité et son domicile fiscal à l'établissement qui assure le paiement des intérêts ou le remboursement de ces bons ou titres.

SECTION III RÉÉVALUATION DES IMMOBILISATIONS AMORTISSABLES

Art. 23 L *bis* I. – Les coefficients correspondant aux indices représentatifs de l'évolution des prix mentionnés au I de l'article 238 *bis* J du code général des impôts sont, pour la réévaluation des immobilisations amortissables situées en France métropolitaine et dans les départements de la Guadeloupe, de la Guyane et de la Martinique, respectivement fixés aux chiffres ci-après :

a) En ce qui concerne les constructions immobilières :

Années	1914 et antérieures	676	Année	1943	49,5
Année	1915	472,9	Année	1944	45,3
Année	1916	360,3	Année	1945	22,5
Année	1917	247,7	Année	1946	14,2
Année	1918	202,7	Année	1947	11,1
Année	1919	195,7	Année	1948	6,4
Année	1920	135,1	Année	1949	5,3
Année	1921	202,7	Année	1950	4,4
Année	1922	218,2	Année	1951	3,48
Année	1923	169,0	Année	1952	3,20
Année	1924	144,0	Année	1953	3,34
Année	1925	128,2	Année	1954	3,48
Année	1926	98,7	Année	1955	3,48
Année	1927	108,1	Année	1956	3,34
Année	1928	108,1	Année	1957	3,20
Année	1929	110,1	Année	1958	2,92
Année	1930	124,0	Année	1959	2,78
Année	1931	135,1	Année	1960	2,75
Année	1932	157,9	Année	1961	2,64
Année	1933	173,5	Année	1962	2,55
Année	1934	180,1	Année	1963	2,37
Année	1935	202,7	Année	1964	2,24
Année	1936	169,0	Année	1965	2,17
Année	1937	119,5	Année	1966	2,07
Année	1938	105,6	Année	1967	2,04
Année	1939	101,5	Année	1968	2,04
Année	1940	81,5	Année	1969	1,91
Année	1941	74,5	Année	1970	1,82
Année	1942	67,6	Année	1971	1,72

Année	1972	1,63	Année	1975	1,13
Année	1973	1,47	Année	1976	1,00
Année	1974	1,26			

b) En ce qui concerne les autres immobilisations amortissables :

Années	1914 et antérieures	513	Année	1946	10,8
Année	1915	358,9	Année	1947	8,4
Année	1916	273,5	Année	1948	4,9
Année	1917	188,0	Année	1949	4,0
Année	1918	153,8	Année	1950	3,4
Année	1919	148,5	Année	1951	2,64
Année	1920	102,5	Année	1952	2,43
Année	1921	153,8	Année	1953	2,53
Année	1922	165,6	Année	1954	2,64
Année	1923	128,3	Année	1955	2,64
Année	1924	109,3	Année	1956	2,53
Année	1925	97,3	Année	1957	2,43
Année	1926	74,9	Année	1958	2,22
Année	1927	82,1	Année	1959	2,11
Année	1928	82,1	Année	1960	2,04
Année	1929	83,6	Année	1961	1,98
Année	1930	94,1	Année	1962	1,92
Année	1931	102,5	Année	1963	1,85
Année	1932	119,8	Année	1964	1,82
Année	1933	131,7	Année	1965	1,79
Année	1934	136,7	Année	1966	1,75
Année	1935	153,8	Année	1967	1,72
Année	1936	128,3	Année	1968	1,80
Année	1937	90,7	Année	1969	1,74
Année	1938	80,2	Année	1970	1,61
Année	1939	77,0	Année	1971	1,55
Année	1940	61,8	Année	1972	1,48
Année	1941	56,5	Année	1973	1,40
Année	1942	51,3	Année	1974	1,22
Année	1943	37,6	Année	1975	1,10
Année	1944	34,4	Année	1976	1,00
Année	1945	17,1			

II. — Les coefficients de réévaluation applicables dans le département de La Réunion sont fixés aux chiffres ci-après :

a) En ce qui concerne les constructions immobilières :

Années	1914 et antérieures	337,8	Année	1932	79,0
Année	1915	236,3	Année	1933	86,5
Année	1916	180,4	Année	1934	90,1
Année	1917	124,0	Année	1935	101,5
Année	1918	101,5	Année	1936	84,5
Année	1919	98,1	Année	1937	59,8
Année	*1920*	67,6	Année	1938	52,8
Année	1921	101,5	Année	1939	50,9
Année	1922	109,3	Année	1940	40,6
Année	1923	84,5	Année	1941	37,3
Année	1924	72,0	Année	1942	33,6
Année	1925	64,2	Année	1943	24,7
Année	1926	49,5	Année	1944	22,5
Année	1927	54,2	Année	1945	19,2
Année	1928	54,2	Année	1946	12,2
Année	1929	55,3	Année	1947	9,7
Année	1930	62,0	Année	1948	6,4
Année	1931	67,6	Année	1949	5,3

Année	1950	4,4	Année	1964	2,24
Année	1951	3,48	Année	1965	2,17
Année	1952	3,20	Année	1966	2,07
Année	1953	3,34	Année	1967	2,04
Année	1954	3,48	Année	1968	2,04
Année	1955	3,48	Année	1969	1,91
Année	1956	3,34	Année	1970	1,82
Année	1957	3,20	Année	1971	1,72
Année	1958	2,92	Année	1972	1,63
Année	1959	2,78	Année	1973	1,47
Année	1960	2,75	Année	1974	1,26
Année	1961	2,64	Année	1975	1,13
Année	1962	2,55	Année	1976	1,00
Année	1963	2,37			

b) En ce qui concerne les autres immobilisations amortissables :

Années	1914 et antérieures	256,4	Année	1946	9,3
Année	1915	179,4	Année	1947	7,4
Année	1916	136,9	Année	1948	4,9
Année	1917	94,1	Année	1949	4,0
Année	1918	77,0	Année	1950	3,4
Année	1919	74,5	Année	1951	2,64
Année	1920	51,3	Année	1952	2,43
Année	1921	77,0	Année	1953	2,53
Année	1922	82,9	Année	1954	2,64
Année	1923	64,1	Année	1955	2,64
Année	1924	54,6	Année	1956	2,53
Année	1925	48,7	Année	1957	2,43
Année	1926	37,6	Année	1958	2,22
Année	1927	41,1	Année	1959	2,11
Année	1928	41,1	Année	1960	2,04
Année	1929	42,0	Année	1961	1,98
Année	1930	47,1	Année	1962	1,92
Année	1931	51,3	Année	1963	1,85
Année	1932	59,9	Année	1964	1,82
Année	1933	65,6	Année	1965	1,79
Année	1934	68,4	Année	1966	1,75
Année	1935	77,0	Année	1967	1,72
Année	1936	64,1	Année	1968	1,80
Année	1937	45,4	Année	1969	1,74
Année	1938	40,1	Année	1970	1,61
Année	1939	38,6	Année	1971	1,55
Année	1940	30,8	Année	1972	1,48
Année	1941	28,3	Année	1973	1,40
Année	1942	25,5	Année	1974	1,22
Année	1943	18,8	Année	1975	1,10
Année	1944	17,1	Année	1976	1,00
Année	1945	14,6			

SECTION IV **DÉDUCTIONS FISCALES, RÉDUCTIONS D'IMPÔT OU CRÉDITS D'IMPÔT ACCORDÉS AU TITRE DE CERTAINS INVESTISSEMENTS OUTRE-MER**

(Arr. du 29 juin 2015).

Art. 23 L *ter* *(Abrogé par Arr. du 25 août 2015)* ***Sont assimilées à des activités industrielles pour l'application des articles 217 undecies et 217 duodecies du code général des impôts :***

1. L'extraction des substances suivantes : chromite, phosphorite, kaolin, columbo-tantalite, minerais aurifères ;

2. L'exploitation de gîtes géothermiques au sens de l'article 3 du code minier.

Art. 23 L *quater* *(Arr. du 25 août 2015)* Les véhicules de tourisme soumis à la taxe prévue à l'article 1010 du code général des impôts strictement indispensables à l'activité de l'exploitant, mentionnés à la deuxième phrase du quinzième alinéa du I de l'article 199 *undecies* B, au troisième alinéa du I de l'article 217 *undecies* et au *a* du 2 du I de l'article 244 *quater* W du code général des impôts, s'entendent des véhicules neufs, acquis dans le cadre de l'exercice d'une activité ouvrant droit à la réduction d'impôt, à la déduction fiscale ou au crédit d'impôt prévus à ces articles, sans lesquels l'entreprise ne pourrait pas poursuivre son activité.

Art. 23 L *quinquies* *(Arr. du 25 août 2015)* Sont prises en compte pour l'application du *e* du 1 du I de l'article 244 *quater* X du code général des impôts, les dépenses mentionnées au I de l'article 18 *quater*. Ces dépenses sont justifiées selon les modalités prévues au II de cet article.

SECTION V OBLIGATIONS DES OPÉRATEURS DE PLATEFORME EN LIGNE

(Arr. du 27 déc. 2018, art. 1er)

Art. 23 L *sexies* I. — Pour l'application du 1° de l'article 242 *bis* du code général des impôts, à l'occasion de chaque transaction réalisée par l'intermédiaire d'une plateforme de mise en relation par voie électronique, l'entreprise mentionnée au premier alinéa du même article communique au vendeur, au prestataire ou aux parties à l'échange ou au partage d'un bien ou d'un service, lorsque ceux-ci ont perçu des sommes à l'occasion des transactions, les informations relatives aux régimes fiscaux et à la réglementation sociale applicables à ces sommes, aux obligations déclaratives et de paiement qui en résultent auprès de l'administration fiscale et des organismes de recouvrement des cotisations sociales ainsi qu'aux sanctions encourues en cas de manquement à ces obligations.

II. — Les sites internet édités par l'entreprise mentionnée au I indiquent les liens hypertexte directs ou indirects vers les sites de l'administration fiscale et des organismes de sécurité sociale permettant d'accéder aux informations mentionnées au I. L'obligation prévue au I est réputée satisfaite si les messages envoyés aux parties aux transactions mentionnées au I incluent de manière lisible ces liens hypertexte.

La liste de ces liens est publiée au *Bulletin officiel* des finances publiques-impôts (BOFiP-Impôts).

Art. 23 L *septies* Les éléments d'identification de l'opérateur de plateforme prévus au *a* du 2° de l'article 242 *bis* du code général des impôts comprennent :

1° Sa raison sociale ;

2° Son lieu d'établissement au 1er janvier de l'année de la transmission du document mentionné ;

(Arr. du 30 déc. 2019, art. 1er-1°) « 3° Son numéro d'identité mentionné au premier alinéa de l'article R 123-221 du code de commerce. »

Art. 23 L *octies* Les éléments d'identification de l'utilisateur prévus au *b* du 2° de l'article 242 *bis* du code général des impôts comprennent :

1. Pour les personnes physiques :

a) Le nom de famille ou d'usage ;

b) Les prénoms ;

c) L'adresse de résidence ;

d) Le numéro de téléphone ;

e) L'adresse électronique ;

f) La date de naissance ;

g) Lorsque le montant total brut des transactions réalisées par l'utilisateur *[,]* au titre de l'année considérée, est supérieur ou égal à 1 000 euros, l'opérateur de plateforme :

(Arr. du 6 juin 2019, art. 1er) « 1° » Soit vérifie les *(Arr. du 6 juin 2019, art. 1er)* « noms » de famille ou d'usage, prénoms, date de naissance de l'utilisateur, notamment sur présentation par l'utilisateur d'une copie d'une pièce d'identité ;

(Arr. du 6 juin 2019, art. 1er) « 2° » Soit indique à l'administration le numéro d'inscription au fichier de simplification des procédures d'imposition (SPI) de l'utilisateur, après en avoir vérifié la structure, le format et l'algorithme.

2. Pour une personne morale ou une personne physique agissant à titre professionnel :

a) La raison sociale ;

(Arr. du 30 déc. 2019, art. 1er-2°-a et 2, applicable aux transactions réalisées à compter du 1er janv. 2020) « *a) bis* Le nom commercial de l'utilisateur ou le nom d'utilisateur tel que communiqué sur la plateforme en ligne ; »

b) Le lieu d'établissement connu de l'opérateur à la date de transmission du document ;

c) Le numéro de taxe sur la valeur ajoutée intracommunautaire ou, si elle en est dépourvue, ses numéros d'identité définis à l'article R. 123-221 du code de commerce ou, pour une entreprise non résidente, son numéro d'immatriculation auprès de l'administration fiscale de son pays de résidence ;

d) L'adresse électronique ;

(Arr. du 30 déc. 2019, art. 1er-2°-b et 2, applicable aux transactions réalisées à compter du 1er janv. 2020) « *e)* L'adresse de localisation de la ressource internet de l'utilisateur professionnel ou, à défaut, l'identifiant fourni par l'opérateur de plateforme en ligne. »

Art. 23 L *nonies* L'opérateur de plateforme peut préciser le montant total brut prévu au *d* du 2° de l'article 242 *bis* du code général des impôts en indiquant, de manière distincte, le montant des transactions mentionnées au deuxième alinéa du 3° du même article et celui des autres transactions.

Art. 23 L *nonies* A *(Arr. du 30 déc. 2019, art. 1er-3° et 2, applicable aux transactions réalisées à compter du 1er janv. 2020)* L'opérateur de plateforme précise le montant total brut prévu au *d* du 2° de l'article 242 *bis* du code général des impôts en indiquant, de manière distincte, le montant des transactions imposables en France au sens des articles 258 à 259 D du même code.

Art. 23 L *decies* Les coordonnées bancaires mentionnées au *e* du 2° de l'article 242 *bis* du code général des impôts sont au format du code d'identification des banques (BIC) et du numéro de compte bancaire international (IBAN).

Ces coordonnées sont réputées connues de l'entreprise dès lors que cette dernière procède directement au versement des sommes auprès de l'utilisateur, ou lorsqu'elle a recours, à cette fin, à un prestataire de services.

Art. 23 L *undecies* Pour l'application du troisième alinéa du 3° de l'article 242 *bis* du code général des impôts :

1. Le total annuel des montants perçus par un même utilisateur sur une plateforme est fixé à 3 000 euros.

2. Le nombre annuel des transactions réalisées par un même utilisateur sur une plateforme est fixé à 20.

SECTION IV *[VI]* CRÉDIT D'IMPÔT POUR DÉPENSES DE RECHERCHE EFFECTUÉES PAR LES ENTREPRISES INDUSTRIELLES ET COMMERCIALES OU AGRICOLES

(Arr. du 18 juin 2021, art. 1er)

Art. 23 L *duodecies* La demande d'agrément mentionnée au I de l'article 49 *septies* H de l'annexe III au code général des impôts est accompagnée des pièces justificatives suivantes :

a) Une fiche de présentation de l'organisme et de l'opération de recherche et développement qu'il a réalisée lors de l'année précédant la demande, selon le format établi par l'administration ;

b) La photocopie des diplômes et *curriculum vitae* de cinq chercheurs au maximum parmi ceux affectés à l'opération de recherche et développement présentée ;

c) Un extrait d'immatriculation au registre du commerce et des sociétés ou tout autre document justifiant de l'existence de l'organisme demandeur de l'agrément.

CHAPITRE IV

Art. 23 M *Transféré ss. l'art. 6 A.*

CHAPITRE V TAXES DIVERSES

(Arr. du 29 juill. 2011)

SECTION UNIQUE TAXE SUR LE RÉSULTAT DES ENTREPRISES FERROVIAIRES

Art. 23 M *bis* Conformément aux dispositions du III de l'article 235 *ter* ZF du code général des impôts, le taux de la taxe sur le résultat des entreprises ferroviaires est fixé à *(Arr. du 16 déc. 2021, art. 1er)* « 5,00 % pour l'année 2021 *[ancienne rédaction : 11,01201 % pour l'année 2020]* ».

TITRE DEUXIÈME TAXES SUR LE CHIFFRE D'AFFAIRES ET TAXES ASSIMILÉES

CHAPITRE PREMIER TAXE SUR LA VALEUR AJOUTÉE

SECTION PREMIÈRE CHAMP D'APPLICATION

I *OPÉRATIONS OBLIGATOIREMENT IMPOSABLES*

Art. 23 N La limite visée au 1° du 1 du II de l'article 257 du code général des impôts est fixée à *(Arr. du 9 juin 2021, art. 1er, applicable à compter du 1er janv. 2021)* « 73 € *[ancienne rédaction : 69 €]* » toutes taxes comprises. — *La limite mentionnée ci-dessus fait l'objet d'une réévaluation tous les cinq ans (réévaluation précédente le 1er janv. 2011), proportionnellement à la variation de l'indice mensuel des prix à la consommation, hors tabac, de l'ensemble des ménages, et est arrondie à l'euro supérieur. Au 1er janv. 2011, elle est fixée à 65 € toutes taxes comprises, par objet et par année pour un même bénéficiaire (Instr. du 26 juill. 2011 — BOI 3 D-1-11). — Incidence de cette réévaluation en matière de BIC : V. note ss. Ann. IV, art. 4 J-4°.*

I *BIS* *OPÉRATIONS EXCLUES DE L'IMPOSITION SUR OPTION*

Art. 23 O La liste des rémunérations assimilables à des intérêts ou agios pour l'application des dispositions du 5° de l'article 260 C du code général des impôts est établie comme suit :

— commission du plus fort découvert ;
— commission d'endos ;
— commission d'attente, d'engagement, d'ouverture ou de confirmation de crédit ;
— commission de caution, d'aval ou de ducroire ;
— commission d'acceptation ;
— commission de garantie de placement d'obligations ou de bonne fin d'augmentation de capital ;
— commission de garantie de bonne fin d'opérations immobilières ;
— frais de gestion réglementés perçus par les sociétés de crédit différé ;
— rémunération perçue par l'intermédiaire placeur d'emprunts émis par voie d'adjudication.

Art. 23 P La liste des opérations bancaires afférentes au financement d'exportations, de livraisons exonérées en vertu du I de l'article 262 *ter* du code général des impôts ou d'opérations situées hors de France, prévue au 9° de l'article 260 C de ce code, est établie comme suit :

1° Escompte d'effets de commerce ou de moyens de paiement représentant des créances sur l'étranger ;

2° Mobilisation des créances sur l'étranger ;

3° Préfinancement d'exportations ou de livraisons exonérées en vertu du I de l'article 262 *ter* du code général des impôts, réalisé sous forme de crédits mobilisables auprès de la Banque de France ;

4° Cautions, avals et confirmations de crédits documentaires fournis en France et se rapportant à des exportations ou à des livraisons exonérées en vertu du I de l'article 262 *ter* dudit code ;

5° Prêts consentis aux acheteurs étrangers de biens d'équipement et autres produits français ;

6° Achats fermes aux entreprises françaises réalisant des exportations ou des livraisons exonérées en vertu du I de l'article 262 *ter* du même code, de créances sur clients étrangers.

II *OPÉRATIONS EXONÉRÉES*

Art. 24 *Devenu sans objet (L. nº 89-935 du 29 déc. 1989, art. 31-I-1 à 3).*

1° EXONÉRATIONS DES LIVRAISONS DE BIENS À EMPORTER DANS LES BAGAGES PERSONNELS DES VOYAGEURS

Art. 24 *bis* En application du *d* du 2° du I de l'article 262 du code général des impôts, est exonérée la livraison qui porte sur des biens acquis dans un magasin ou acquis *(Arr. du 10 oct. 2019, art. 1er et 2, en vigueur le 1er janv. 2020)* « dans un délai de trois jours calendaires *[ancienne rédaction : le même jour]* » dans plusieurs magasins disséminés dans une même ville et identifiés sous le même numéro de taxe sur la valeur ajoutée intracommunautaire, et dont la valeur globale, taxe sur la valeur ajoutée comprise, excède *(Arr. du 23 juill. 2020, art. 1er et 2, en vigueur le 1er janv. 2021)* « 100 € *[ancienne rédaction : 175 €]* ».

Art. 24 *ter* *(Arr. du 3 juin 2015)* La preuve de l'exportation est apportée au moyen du bordereau de vente à l'exportation dûment visé par le service douanier de sortie de l'Union européenne.

Ancien art. 24 ter *La preuve de l'exportation est apportée au moyen (Arr. du 16 déc. 2014, art. 1er) « du bordereau de vente à l'exportation dûment visé par le service douanier de sortie de l'Union européenne. » — Le bordereau de vente à l'exportation mentionné au premier al. de l'art. 75 de l'annexe III au CGI est établi sur le formulaire CERFA nº 15021*01 (Arr. du 16 déc. 2014, art. 2).*

A compter du 1er janv. 2014, le bordereau de vente à l'exportation est édité par voie informatique dans le cadre du téléservice PABLO (programme d'apurement des bordereaux de vente à l'exportation par lecture optique), prévu par l'arrêté du 31 oct. 2007 susvisé [autorisant la mise en œuvre de l'application PABLO ; JO 29 nov. 2007]. La procédure de secours décrite aux articles 9 et suivants du présent arrêté [recours au formulaire CERFA mentionné plus haut] constitue la seule exception à ce principe (Arr. du 14 août 2013, art. 1er, al. 2 ; JO 28 août).

Bordereaux de vente à l'exportation. Nouveau modèle de bordereau. * DA douanes 5 oct. 2004 : *BO douanes nº 6608.*

2° TRANSPORTS DE VOYAGEURS PAR TRAINS INTERNATIONAUX

Art. 24 A La liste des transports de voyageurs effectués par trains internationaux mentionnée au 9° du II de l'article 262 du code général des impôts est fixée comme suit :

(Arr. du 16 août 2017) « 1° Transports empruntant l'une des sections-frontières du réseau ferré national suivantes :

« Calais-Fréthun-Fréthun-tunnel ;
« Tourcoing-Mouscron ;
« Baisieux-Tournai ;
« Wannehain-Antoing ;
« Haumont-Quevy le Petit ;
« Jeumont-Erquelinnes ;
« Thionville (Zoufftgen)-Bettembourg ;
« Forbach-Saarbrücken ;
« Wissembourg-Winden ;
« Lauterbourg-Wörth (Berg (Pfaltz) ;
« Strasbourg Port du Rhin-Kehl ;
« Bantzenheim (Chalampé)-Neuenburg (Baden) ;
« Saint-Louis-Basel ;
« Delle-Boncourt ;
« Pontarlier-Les Verrières ;
« Les Longevilles-Rochejean-Vallorbe ;
« Longeray Léaz (Fort l'Ecluse)-La Plaine ;

« Annemasse-Genève Eaux-Vives (Chêne-Bourg) ;
« Vallorcine-le-Buet-Le Châtelard ;
« Modane-Bardonecchia ;
« Breil-sur-Roya-Coni ;
« Menton-Vintimille ;
« Cerbère-Port-Bou ;
« Hendaye-Irùn ;
« Perpignan-Figueras ; »

2° Transports de groupes en trafic international dont l'effectif correspond au moins à la capacité d'une voiture-lits ou d'une voiture du chemin de fer, au départ et à destination de localités desservies par des aérodromes ouverts au trafic des passagers ;

3° Transports effectués dans le cadre de la liaison fixe transmanche.

3°

Art. 24 B *Dispositions périmées.*

SECTION II

Art. 25 à 28 *Abrogés.*

SECTION III LIQUIDATION DE LA TAXE

0I *LIMITATION DU DROIT À DÉDUCTION CONCERNANT CERTAINS BIENS OU SERVICES*

Art. 28-00 A Les biens de très faible valeur mentionnés au 3° du 2 du IV de l'article 206 de l'annexe II au code général des impôts s'entendent de ceux dont la valeur unitaire n'excède pas *(Arr. du 9 juin 2021, art. 1er, applicable à compter du 1er janv. 2021)* « 73 € *[ancienne rédaction : 69 €]* » toutes taxes comprises par objet et par an pour un même bénéficiaire. — *La limite mentionnée ci-dessus fait l'objet d'une réévaluation tous les cinq ans (réévaluation précédente le 1er janv. 2011), proportionnellement à la variation de l'indice mensuel des prix à la consommation, hors tabac, de l'ensemble des ménages, et est arrondie à l'euro supérieur. Au 1er janv. 2011, elle est fixée à 65 € (Instr. du 26 juill. 2011 — BOI 3 D-1-11). — Incidence de cette réévaluation en matière de BIC : V. note ss. Ann. IV, art. 4 J-4°.*

I

Art. 28-0 A *Devenu sans objet (Décr. n° 2003-1266 du 26 déc. 2003, art. 1er-I et 2).*

Art. 28 A *Abrogé par Décr. n° 2002-273 du 20 févr. 2002, art. 2.*

II *RÉGIME SUSPENSIF*

Art. 29 et 29 bis *Devenus sans objet (L. n° 90-1168 du 29 déc. 1990, art. 33).*

Art. 29 A La liste des biens négociés sur un marché à terme international pouvant être stockés dans un entrepôt fiscal mentionné au *d* du 2° du I de l'article 277 A du code général des impôts est fixée ainsi qu'il suit :

Code NC	Description des biens
8001	Étain.
7402	Cuivre.
7403	
7405	
7408	
7901	Zinc.

Code NC	Description des biens
7502	Nickel.
7601	Aluminium.
7801	Plomb.
(Arr. du 12 nov. 2010) « Ex-8112.92 »	Indium.
Ex-8112.99	
1001 à 1005	Céréales.
1006 : uniquement le riz brut	
1007 à 1008	
1201 à 1207	Graines et fruits oléagineux.
0801	Noix de coco, noix du Brésil et noix de cajou.
0802	Autres fruits à coques.
0711.20	Olives.
1201 à 1207	Graines et semences (y compris les graines de soya).
0901.11.00	Café non torréfié.
0901.12.00	
0902	Thé.
1801	Cacao, en fèves et brisures de fèves, brut ou torréfié.
1701.11	Sucre brut.
1701.12	
4001	Caoutchouc, sous formes primaires ou en plaques, feuilles ou bandes.
4002	
5101	Laine.
Chapitres 28 et 29	Produits chimiques en vrac.
7106	Argent.
7110.11.00	Platine (palladium, rhodium).
7110.21.00	
7110.31.00	
0701	Pommes de terre.
1507 à 1515	Graisses et huiles végétales et leurs fractions, brutes, raffinées, mais non chimiquement modifiées.

Art. 29 B Il est statué sur les demandes d'autorisation d'ouverture de régime suspensif présentées en application du 2° du I de l'article 277 A du code général des impôts :

1° Pour les entrepôts destinés à la fabrication de biens réalisée en commun par des entreprises, dont l'une au moins n'a pas d'établissement en France, en exécution d'un contrat international fondé sur le partage de cette fabrication et la propriété indivise des biens produits entre les entreprises contractantes, par le ministre chargé du budget ;

2° Pour les entrepôts de stockage de biens négociés sur un marché à terme international, par le directeur général des finances publiques ;

3° Pour le régime fiscal suspensif visé au *a* du 2° du I de l'article 277 A du code général des impôts :

a) Par le directeur régional des douanes compétent, lorsque les lieux de stockage ou de mise en œuvre de ce régime relèvent du ressort territorial de sa seule circonscription ;

b) Par le directeur régional des douanes compétent pour le lieu de tenue de la comptabilité-matières ou des registres, lorsque les lieux de stockage ou de mise en œuvre de ce régime relèvent de plusieurs circonscriptions douanières.

Art. 29 C Le registre des stocks et des mouvements de biens prévu au 1° du III de l'article 277 A du code général des impôts comporte les mentions suivantes :

a) Désignation du bien ;

b) Quantité exprimée en masse nette, volume ou unité ;

c) Éléments nécessaires à l'identification et au suivi du bien pendant la durée du placement ;

d) Date d'entrée du bien sous le régime ;

e) Adresse complète du lieu de provenance du bien ;

f) Date de sortie du bien du régime ;

g) Adresse complète du lieu de destination du bien à la sortie du régime.

h) La fonction utilisée, lorsque l'assujetti qui a obtenu l'ouverture d'un régime fiscal suspensif mentionné au *a* du 2° du I de l'article 277 A du code général des impôts a sollicité l'application de plusieurs des fonctions visées aux *a* à *e* de l'article 85 E de l'annexe III.

A l'issue de ces opérations, ce registre indique, pour chaque bien, les stocks détenus sous le régime suspensif, le cas échéant par fonction mentionnée sur la déclaration d'ouverture d'un régime mentionné au *a* du 2° du I de l'article 277 A du code général des impôts.

Pour les régimes suspensifs mentionnés aux *a* et *e* du 2° du I de l'article 277 A du code général des impôts, le registre doit contenir également les indications nécessaires au suivi et à l'identification des biens qui font l'objet de prestations de services.

Art. 29 D Le registre relatif aux opérations réalisées sous l'un des régimes suspensifs prévu au 1° du III de l'article 277 A du code général des impôts indique, pour chaque bien, par livraison, importation ou acquisition intracommunautaire :

a) La date de l'opération ;

b) Le montant de l'opération avec sa contre-valeur en euros, lorsque ce montant est exprimé en devises ;

c) Les nom et adresse complète et, s'il y a lieu, le numéro d'identification à la TVA du fournisseur ;

d) Les nom et adresse complète et, s'il y a lieu, le numéro d'identification à la TVA du client ;

e) La désignation du bien et la référence dans le registre visé à l'article 29 C.

f) La fonction utilisée, lorsque l'assujetti qui a obtenu l'ouverture d'un régime fiscal suspensif mentionné au *a* du 2° du I de l'article 277 A du code général des impôts a sollicité l'application de plusieurs des fonctions visées aux *a* à *e* de l'article 85 E de l'annexe III.

Pour les prestations de services, le registre contient, outre les mentions prévues aux *a, b, c, d* et *f*, la nature de l'opération et, s'il y a lieu, la désignation du bien auquel est afférente la prestation ainsi que la référence dans le registre visé à l'article 29 C.

Art. 29 E Les registres visés aux articles 29 C et 29 D sont tenus sur support papier ou informatique. Ils doivent être identifiés. Ils retracent les mentions exigées dans l'ordre chronologique des opérations.

Ces informations sont conservées dans leur contenu originel.

Les registres sont conservés au lieu de situation ou d'utilisation des biens ou des installations mentionné sur la demande d'autorisation d'ouverture du régime suspensif.

Leur conservation est assurée selon les modalités et dans les délais prévus à l'article L. 102 B du Livre des procédures fiscales.

Art. 29 F Les registres visés aux articles 29 C et 29 D doivent être présentés à toute demande d'un agent de l'administration qui peut s'en faire délivrer copie. Les registres doivent être présentés de manière à pouvoir identifier et isoler chaque fonction utilisée lorsque l'assujetti qui a obtenu l'ouverture d'un régime fiscal suspensif mentionné au *a* du 2° du I de l'article 277 A du code général des impôts a sollicité l'application de plusieurs des fonctions visées aux *a* à *e* de l'article 85 E de l'annexe III.

Si l'administration le demande, les registres tenus sur support informatique sont restitués sur support papier.

Art. 29 G Lorsque l'assujetti qui a obtenu l'ouverture d'un régime fiscal suspensif mentionné au *a* du 2° du I de l'article 277 A du code général des impôts a sollicité l'application de plusieurs des fonctions visées aux *a* à *e* de l'article 85 E de l'annexe III au code général des impôts, la comptabilité-matières qu'il a été autorisé à tenir conformément aux dispositions du 1° du III de l'article 277 A du code général des impôts retrace distinctement les informations concernant les biens pour chaque fonction utilisée.

SECTION IV CALCUL DE LA TAXE

0I *TAUX NORMAL*

Art. 30-00 A La liste des gros équipements mentionnés au 1 de l'article 279-0 *bis* du code général des impôts est fixée comme suit :

1. Système de chauffage : équipements collectifs suivants situés dans un immeuble comportant plusieurs locaux : chaudière utilisée comme mode de chauffage ou de production d'eau chaude, cuve à fioul, citerne à gaz et pompe à chaleur ;
2. Ascenseur ;
3. Installations sanitaires : cabine hammam ou sauna prête à poser.
4. Système de climatisation : tous les systèmes de climatisation, ainsi que les pompes à chaleur de type air/air.

I *TAUX RÉDUIT*

A

Art. 30-0 A *(Arr. du 18 févr. 2015, art. 1er et 3, en vigueur le 1er mars 2015)* La liste des appareillages pris en charge au titre des prestations définies aux articles L. 162-22-6 et L. 162-22-7 du code de la sécurité sociale, soumis au taux de 5,5 % de la taxe sur la valeur ajoutée en application du *b* du 2° du A de l'article 278-0 *bis* du code général des impôts est fixée comme suit :

– accès vasculaire implantable composé d'un réservoir sans septum et de cathéter(s), quels que soient le nombre de réservoirs et celui des cathéters ;
– anneaux valvulaires cardiaques ;
– armature valvulaire cardiaque pour autogreffe ;
– barrières antiadhérences d'origine synthétique ;
– chambre à cathéter implantable, double chambre, pour abord veineux ;
– chambre à cathéter implantable, monochambre, pour abord artériel ;
– chambre à cathéter implantable, monochambre, pour abord intrarachidien, intrathécal ou péridural ;
– chambre à cathéter implantable, monochambre, pour abord péritonéal ;
– chambre à cathéter implantable, monochambre, pour abord veineux ;
– *défibrillateurs cardiaques* implantables avec stimulation atrio-bi-ventriculaire pour resynchronisation dits "triple chambre" ;
– défibrillateurs cardiaques implantables simple et double chambre ;
– greffon tendineux ;
– greffons cornéens d'origine humaine ;
– greffons valvulaires cardiaques, conduits valvulaires ou fragments valvulaires ;

– implant digestif annulaire anastomotique biodégradable ;
– implant digestif de dérivation péritonéo-veineuse ;
– implant exovasculaire de gainage;
– implant exovasculaire de ligature interne (CLIP) pour anévrisme cérébral;
– implant neurologique de drainage totalement interne, sous-dural ;
– implant neurologique de ponction de kystes arachnoidiens ;
– implant neurologique de réfection, de suspension ou d'enveloppement, inférieur ou égal à 20 cm^2 ;
– implant neurologique de réfection, de suspension ou d'enveloppement, supérieur à 20 cm^2 ;
– implant neurologique pour valve, connecteur, raccord, adaptateur ;
– implant neurologique, valve d'hydrocéphalie préréglée, régulation de pression ;
– implant neurologique, valve d'hydrocéphalie préréglée, régulation de débit ;
– implant neurologique, valve d'hydrocéphalie programmable ;
– implant neurologique, valve d'hydrocéphalie standard et dérivation périphérique ;
– implant neurologique, valve d'hydrocéphalie, cathéter de drainage ;
– implant neurologique, valve d'hydrocéphalie, réservoir ;
– implant ophtalmologique cornéen ou kératoprothèse à support colonisable ;
– implant ophtalmologique de reconstruction orbitaire ;
– implant ophtalmologique intraoculaire de drainage antiglaucomateux ;
– implant ophtalmologique intraoculaire, aniridien ;
– implant ophtalmologique intraoculaire, anneau capsulaire ;
– implant ophtalmologique intraorbitaire, bille ;
– implant ophtalmologique intraorbitaire, bille réhabitable ;
– implant ophtalmologique intraorbitaire, bille réhabitable enveloppée ;
– implant ophtalmologique intraorbitaire, entraîneur pour œil artificiel ;
– implant ophtalmologique lacrymal, bouchon ou clou-trou méatique ;
– implant ophtalmologique lacrymal, canaliculo-nasal ; implant pour traitement des larmoiements et implant pour lacorhinostomie ;
– implant ophtalmologique lacrymal, supplément, traitement hydrophilisant ;
– implant ophtalmologique, cristallinien, monofocal ;
– implant ophtalmologique, cristallinien, multifocal ;
– implant ophtalmologique, palpébral, de suspension, pour traitement du ptosis ;
– implant ophtalmologique, palpébral, plaque pour rétraction ;
– implant ophtalmologique, palpébral, prothèse pour lagophtalmie ;
– implant ophtalmologique, scléral ou vitréen, colonisable pour indentation ; implant (type bande, corde, rail et roue) pour indentation sclérale ;
– implant ophtalmologique, scléral ou vitréen, éponge et bande pour cerclage, pli ; éponge et bande large ;
– implant ophtalmologique, scléral ou vitréen, huile de silicone, flacon/seringue ;
– implant ophtalmologique, scléral ou vitréen, non colonisable pour indentation ; implant (type bande, corde, rail et roue) pour indentation sclérale ;
– implant ORL, oreille ;
– implant pleuropulmonaire, de renfort, d'agrafage, résection parenchymateuse ;
– implant pour colposuspension, péri ou uréthrocervical ;
– implant testiculaire ne comportant aucun dérivé ou tissu d'origine biologique ou n'étant pas issu de tels dérivés ;
– *implant urétéral double crosse* ;
– implant urétéral simple crosse ;
– implants cristalliniens monofocaux issus de dérivés de tissus d'origine animale non viables ou en comportant ;
– implants d'expansion cutanée gonflable ne comportant aucun dérivé ou tissu d'origine biologique ou n'étant pas issus de tels dérivés ;
– implants d'origine synthétique pour chirurgie endoscopique avec ou sans fixation intégrée ;
– implants d'ostéosynthèse divers et supplément : supplément pour traitement ostéoconducteur ; fiche pour fixateur externe ; agrafe, sauf pour main ou pied ; câble de cerclage à fils torsadés ; système d'ancrage tendineux ou ligamentaire résorbable ou non ; système de fixation type agrafe, à crémaillère pour sternotomie ;

– implants d'ostéosynthèse sur mesure : lame plaque, plaque et clou centromédullaire sur mesure ;

– implants d'ostéosynthèse, broches : broche classique ; broche filetée ou cannelée, autosécable ; broche résorbable ; embout de broche antimigration ;

– implants d'ostéosynthèse, clou plaque : lisse ; adhérent ou à crénage ; adhérent ou à crénage sur la face osseuse ;

– implants d'ostéosynthèse, clous centromédullaires ;

– implants d'ostéosynthèse, implants pour chirurgie des extrémités des membres, mains et pieds : plaque à petits fragments ; vis perforée ; vis (cheville) sécable ; agrafe ;

– implants d'ostéosynthèse, lames plaques ou lames coudées lisses : lisse ; lisse et perforée ; adhérente ou à crénage ; adhérente ou à crénage sur la face osseuse ; adhérente ou à crénage, perforée ; adhérente ou à crénage sur la face osseuse, perforée ;

– implants d'ostéosynthèse, plaques (sécable ou non) : plaque diaphysaire ; plaque épiphysaire ; plaque à cotyle ou basin ; plaque à agrafe ronde, endocéphalique, extrémité supérieure humérus ; plaque-crochet trochantérienne ;

– implants d'ostéosynthèse, vis et contre-vis : vis corticale et spongieuse, non autotaraudeuse ; vis à pas différents et autocompressive ; vis avec sa contre-vis adaptable sur un trou fileté ; vis perforée ; vis autotaraudeuse ; vis autocompressive ; vis résorbable ; vis adaptable sur un trou fileté d'un implant ;

– implants d'ostéosynthèse, vis plaque : lisse ; avec système de blocage, lisse ; adhérente ou à crénage ; avec système de blocage, adhérente ou à crénage ;

– implants de drainage pour traitement du glaucome issus de dérivés de tissus d'origine animale non viables ou en comportant ;

– implants de pontage ne comportant aucun dérivé ou tissu d'origine biologique ou n'étant pas issus de tels dérivés ;

– implants de pontage issus de dérivés, de tissus d'origine animale non viables ou en comportant ;

– implants de réfection de paroi d'origine synthétique, non tricotés et non tissés ;

– implants de réfection de paroi d'origine synthétique, tricotés ou tissés, enduits ou non enduits, non résorbables ;

– implants de réfection de paroi d'origine synthétique, tricotés ou tissés, enduits ou non enduits, résorbables ;

– implants de réfection de paroi, issus de dérivés d'origine animale ;

– implants de soutènement sous-urétral ;

– implants de suture et de ligature internes, mécaniques, résorbables ou non, pour la chirurgie conventionnelle ou l'endochirurgie : agrafage pour fixation d'implants avec système de pose (chargeur d'agrafes) non restérilisable, rechargeable ou non ; agrafage pour suture et anastomose linéaires ; agrafage pour suture circulaire avec système de pose, non restérilisable non rechargeable, ligature interne ou clips des vaisseaux ou des conduits excréteurs avec système de pose (chargeur de clips), non restérilisable, rechargeable ou non avec ou sans section ;

– implants digestifs pour gastroplastie ;

– plaques d'obturation et patchs, résorbables ou non résorbables, quelle que soit la surface, ne comportant aucun dérivé ou tissu d'origine biologique ou n'étant pas issus de tels dérivés ;

– plaques d'obturation et patchs, résorbables ou non résorbables, quelle que soit la surface, issus de dérivés, de tissus d'origine animale non viables ou en comportant ;

– produit visco-élastique utilisé en ophtalmologie pour la pose d'implants cristalliniens ne comportant aucun dérivé ou tissu d'origine biologique ou n'étant pas issus de tels dérivés ;

– produits visco-élastiques utilisés en ophtalmologie pour la pose d'implants cristalliniens issus de dérivés de tissus d'origine animale non viables ou en comportant ;

– *sources radioactives implantables dites* "Grains d'iode 125" ;

– valves cardiaques à bille, à disque ou à double ailette ;

– valves fabriquées à partir de tissu d'origine animale autre que valvulaire cardiaque montées ou non sur armature ;

– valves fabriquées à partir de valves cardiaques d'origine animale, montées ou non sur armature.

A *BIS* ÉQUIPEMENTS SPÉCIAUX POUR PERSONNES HANDICAPÉES

Art. 30-0 B La liste des équipements spéciaux soumis au taux réduit de la taxe sur la valeur ajoutée en application *(Arr. du 26 mai 2014)* « du *c* du 2° du A de l'article 278-0 *bis* » du code général des impôts » est fixée comme suit :

1. Pour les handicapés moteurs :

commandes adaptées pour le contrôle de l'environnement et la communication : au souffle, linguales, joysticks, défilement, contacteurs, casques et licornes ;

appareils de communication à synthèse vocale et désigneurs ;

cartes électroniques et logiciels spécifiques de communication ;

claviers spéciaux pour ordinateurs et machines à écrire ;

aides mécaniques ou électriques aux mouvements des bras, tourne-pages automatiques ;

matériels de transfert : élévateurs et releveurs hydrauliques ou électriques, lève-personnes ;

systèmes de douche et de bain incorporant les éléments indispensables à leur accessibilité par des handicapés, à l'exclusion des équipements médicaux ou à finalité thérapeutique ;

lorsqu'ils ont une vitesse inférieure ou égale à dix kilomètres par heure les fauteuils roulants et les scooters médicaux ;

appareils modulaires de verticalisation ;

appareils de soutien partiel de la tête ;

casques de protection pour enfants handicapés.

2. Pour aveugles et malvoyants :

appareils ou objets à lecture, écriture ou reproduction de caractères ou signes en relief (braille) ;

téléagrandisseurs et systèmes optiques télescopiques ;

cartes électroniques et logiciels spécialisés.

3. Pour sourds et malentendants :

vibrateurs tactiles ;

orthèses vibratoires (amplificateurs de voix) ;

implants cochléaires ;

logiciels spécifiques.

4. Pour d'autres handicapés :

filtres respiratoires et protection trachéales pour laryngectomisés ;

appareils de photothérapie ;

appareils de recueil de saignées.

5. Pour l'ensemble des handicapés afin de faciliter la conduite ou l'accès des véhicules :

siège orthopédique (siège pivotant, surélevé...) ;

treuils, rampes et autres dispositifs pour l'accès des personnes handicapées en fauteuil roulant ;

commande d'accélérateur à main (cercle, arc de cercle, secteur, manette, poignée tournante...) ;

sélecteur de vitesses sur planche de bord ;

modification de la position ou de la commande du frein principal ou du frein de secours ;

modification de la position ou de la commande des commutateurs de feux, de clignotants, d'avertisseur sonore, d'essuie-glace ;

dispositif de commande groupée (frein principal, accélérateur...) ;

permutation ou modification de la position des pédales : pédales d'embrayage et de frein rapprochées ou communes, pédales surélevées, faux planchers ;

modification de la colonne de direction ;

dispositif de maintien du tronc par sangle ou par harnais ;

dispositifs d'ancrage des fauteuils roulants à l'intérieur du véhicule.

Art. 30-0 C Les ascenseurs et matériels assimilés soumis au taux réduit de la taxe sur la valeur ajoutée en application *(Arr. du 26 mai 2014)* « du *f* du 2° du A de l'article 278-0 *bis* » du code général des impôts sont les matériels suivants, spécialement conçus pour le déplacement d'une personne handicapée :

1. Les appareils élévateurs verticaux, installés à demeure, comportant une plate-forme aménagée en vue du transport d'une personne handicapée, debout ou en fauteuil roulant, avec ou sans accompagnateur, qui répondent aux conditions suivantes :

a) Ils permettent le déplacement entre deux niveaux définis, avec éventuellement un ou plusieurs niveaux intermédiaires ;

b) Leur vitesse n'excède pas 0,15 mètre par seconde ;

c) Ils comportent un frein de sécurité ou autre dispositif d'arrêt d'urgence, et un dispositif protégeant l'accès de la gaine à chaque palier ;

d) Leur charge nominale minimale est de 200 kilogrammes, à l'exception des appareils élévateurs manuels, pour lesquels la charge nominale ne doit pas excéder 200 kilogrammes.

2. Les élévateurs à déplacements inclinés spécialement conçus pour le déplacement d'une personne handicapée accompagnée ou non, installés à demeure, se déplaçant le long de guides inclinés, desservant des niveaux définis, circulant ou non le long d'une ou de plusieurs parois ou éléments de parois, qui répondent aux conditions suivantes :

a) Ils circulent le long d'un escalier ou d'un plan incliné ;

b) Ils comportent un plateau accessible au fauteuil roulant ou un siège ;

c) Leur inclinaison par rapport à l'horizontale n'excède pas 45° ;

d) Leur vitesse n'excède pas 0,15 mètre par seconde ;

e) Ils comportent un frein de sécurité ou autre dispositif d'arrêt d'urgence, et un dispositif de maintien des personnes lors du fonctionnement de l'appareil ;

f) Leur charge nominale n'excède pas 200 kilogrammes.

A *TER* TRAVAUX D'AMÉLIORATION DE LA QUALITÉ ÉNERGÉTIQUE DES LOCAUX D'HABITATION

(Arr. du 9 sept. 2014)

Art. 30-0 D Les caractéristiques techniques et les critères de performances minimales des matériaux et équipements mentionnés au 1 de l'article 278-0 *bis* A du code général des impôts sont ceux fixés par l'article 18 *bis*. *(Arr. du 13 févr. 2020, art. 2-II)* « Pour les matériels ou équipements qui ne sont plus mentionnés à cet article, sont retenus les caractéristiques techniques et critères de performances minimales fixés par cet article dans sa dernière rédaction qui mentionne ces matériels ou équipements. »

A *QUATER* PRODUITS ADAPTÉS À LA LUTTE CONTRE LA PROPAGATION DU VIRUS COVID-19

(Arr. du 7 mai 2020, art. 1er et 2)

Art. 30-0 E Les masques de protection mentionnés au K *bis* de l'article 278-0 *bis* du code général des impôts répondent aux caractéristiques techniques suivantes :

1° Pour les masques à usage sanitaire :

a) S'agissant de ceux destinés à la protection du porteur contre l'inhalation de gouttelettes : celles définies par la norme EN 149+A1 : 2009 pour les classes d'efficacité FFP1, FFP2 ou FFP3 ou par une norme étrangère reconnue comme équivalente pour ces classes, sous réserve qu'ils ne comportent pas de valve expiratoire ;

b) S'agissant de ceux destinés à la protection de l'environnement du porteur en évitant la projection de gouttelettes émises par ce dernier : celles définies par la norme EN 14683+AC : 2019 ou par une norme étrangère reconnue comme équivalente ;

2° Pour les masques réservés à des usages non sanitaires :

a) Les niveaux de performances suivants :

(i) L'efficacité de filtration des particules de 3 micromètres est supérieure à 70 % ;

(ii) La respirabilité permet un port pendant un temps de quatre heures ;

(iii) La perméabilité à l'air est supérieure à 96 litres par mètre carré et par seconde, pour une dépression de 100 pascal ;

b) La forme permet un ajustement sur le visage avec une couverture du nez et du menton et ne comprend pas de couture sagittale ;

c) Lorsqu'ils sont réutilisables, les niveaux de performances mentionnés au *a* sont maintenus après au moins cinq lavages ;

d) Les caractéristiques listées aux *a* et *c* sont vérifiées dans les conditions précisées en annexe au présent article ;

e) **La commercialisation intervient dans les conditions précisées en annexe au présent article.**

Les produits visés au présent art. bénéficient du taux réduit prévu à l'art. 278-0 bis-K bis CGI lorsqu'ils font l'objet de livraisons et acquisitions intracommunautaires dont le fait générateur intervient à compter du 24 mars 2020 et jusqu'au 31 déc. 2022, et d'importations réalisées à compter du 27 avr. 2020 et jusqu'au 31 déc. 2022.

Art. 30-0 F **Les produits destinés à l'hygiène corporelle mentionnés au K *ter* de l'article 278-0 *bis* du code général des impôts répondent aux caractéristiques cumulatives suivantes :**

1° Ils relèvent du type de produits 1 au sens de l'annexe V au règlement (UE) n° 528/2012 du 22 mai 2012 concernant la mise à disposition sur le marché et l'utilisation des produits biocides ;

2° Ils sont destinés à l'inactivation rapide et efficace de virus présents sur la peau ;

3° Ils respectent l'une des conditions suivantes :

a) **Le produit répond à la norme EN 14476 ;**

b) **Le produit contient, en concentration exprimée en volume supérieure ou égale à 60 % dans le produit final, l'une des substances actives suivantes : éthanol, propan-1-ol ou propan-2-ol.**

Les produits visés au présent art. bénéficient du taux réduit prévu à l'art. 278-0 bis-K ter CGI lorsqu'ils font l'objet de livraisons et acquisitions intracommunautaires dont le fait générateur intervient à compter du 1er mars 2020 et jusqu'au 31 déc. 2022, et d'importations réalisées à compter du 27 avr. 2020 et jusqu'au 31 déc. 2022.

Art. 30-0 G *(Arr. du 23 juill. 2020, art. 1er)* **Les tenues de protection mentionnées au K *bis* de l'article 278-0 *bis* du code général des impôts comprennent :**

1° Les lunettes et visières de protection, ainsi que les composants interchangeables de ces produits, qui répondent aux caractéristiques suivantes :

a) **Soit celles définies par la norme EN 166 : 2001, avec un marquage 3 pour l'essai de projections liquides ;**

b) **Soit, pour les visières, celles définies au *a* du présent 1° avec les adaptations suivantes :**

(i) **Les spécifications relatives à la résistance au vieillissement, à la corrosion et à l'inflammation ne sont pas requises ;**

(ii) **La classe optique est 2 au minimum ;**

(iii) **Le marquage et les informations fournies par le fabricant font état d'une application limitée à la protection contre le covid-19 ;**

c) **Soit celles définies par une norme étrangère reconnue comme équivalente à la norme mentionnée au a du présent 1° ;**

2° Les dispositifs médicaux, au sens du 1 de l'article 2 du règlement (UE) 2017/745 du Parlement européen et du Conseil du 5 avril 2017 relatif aux dispositifs médicaux, modifiant la directive 2001/83/CE, le règlement (CE) n° 178/2002 et le règlement (CE) n° 1223/2009 et abrogeant les directives du Conseil 90/385/ CEE et 93/42/CEE, revêtus du marquage CE, conformes aux exigences permettant ce marquage et qui sont listés ci-dessous :

a) **Les gants médicaux d'examen relevant de la classe I et les gants chirurgicaux relevant de la classe IIa ;**

b) **Les casaques, blouses, surblouses et tabliers relevant de la classe I ;**

c) **Les charlottes et surchaussures relevant de la classe I.**

Les produits visés au présent art. bénéficient du taux réduit prévu à l'art. 278-0 bis-K bis CGI lorsqu'ils font l'objet de livraisons et acquisitions intracommunautaires dont le fait générateur intervient à compter du 24 mars 2020 et jusqu'au 31 déc. 2022, et d'importations réalisées à compter du 27 juill. 2020 et jusqu'au 31 déc. 2022.

B HÔTELS DE TOURISME ET VILLAGES DE VACANCES

Art. 30 **1. Pour l'application du *a* de l'article 279 du code général des impôts, la base d'imposition au taux réduit de la taxe sur la valeur ajoutée est constituée par les trois quarts du prix de pension ou de demi-pension.**

2. Pour l'application du 1, les prix de pension et de demi-pension sont diminués, le cas échéant, de la fraction représentative de prestations autres que la nourriture et le logement.

Les dispositions du a de l'art. 279 CGI prévoyant l'application du taux intermédiaire aux prestations relatives aux 3/4 du prix de pension ou de demi-pension dans les établissements d'hébergement sont abrogées depuis le 1er janv. 2021 (L. n° 2020-1721 du 29 déc. 2020, art. 44).

C ALIMENTS POUR LE BÉTAIL, LES ANIMAUX DE BASSE-COUR, LES POISSONS D'ÉLEVAGE ET LES ABEILLES

Art. 31 *(Devenu sans objet, Arr. du 22 juill. 2020, art. 1er)* ***La liste des produits entrant dans la composition des aliments utilisés pour la nourriture du bétail, des animaux de basse-cour, des poissons d'élevage destinés à l'alimentation humaine et des abeilles et soumis à la taxe sur la valeur ajoutée au taux réduit est fixée ainsi qu'il suit :***

Sels minéraux ;
Acides aminés ;
Vitamines ;
Lécithines.

Suppléments nutritionnels. V. note ss. CGI, art. 278 *bis*.

D

Art. 31 A *Transféré ss. l'art. 30-0 A.*

II

Art. 31 *bis* *Transféré ss. l'art. 30-0 A.*

III

Art. 31 *ter* et 31 *quater* *Devenus sans objet (L. n° 91-716 du 26 juill. 1991, art. 11-VII et XI ; L. n° 92-655 du 15 juill. 1992, art. 1er).*

SECTION V OBLIGATIONS DES REDEVABLES

I *OBLIGATIONS GÉNÉRALES*

A DÉCLARATIONS D'EXISTENCE ET COMPTABILITÉ – DÉCLARATIONS DE RECETTES

Art. 32 ***a)*** **Sous réserve des dispositions propres aux entreprises étrangères qui n'ont pas d'établissement en France et des dérogations prévues à l'article 33, les déclarations prescrites par l'article 286 et le 1 de l'article 287 du code général des impôts doivent être souscrites par les redevables de la taxe sur la valeur ajoutée, pour l'ensemble des opérations qu'ils réalisent, autres que** *(Abrogé par Arr. du 22 déc. 2021, art. 1er-1°)* ***« les importations et »*** **les opérations visées au 2° du 3 du I de l'article 257 du code général des impôts, auprès du service des impôts auquel doit parvenir leur déclaration de bénéfice ou de revenu.**

b) Abrogé par Arr. du 8 avr. 2011.
c) Al. 3 et 4 devenus sans objet (Arr. du 1er avr. 2008).

Art. 33 **Les dispositions de l'article 32 ne sont pas applicables aux personnes physiques propriétaires d'immeubles loués ou de monuments historiques ouverts au public dont les loyers ou les recettes sont imposés à l'impôt sur le revenu dans la catégorie des revenus fonciers : les déclarations prévues par les articles 286 et 287 du code général des impôts sont déposées auprès du service des impôts du lieu de situation de l'immeuble. En cas de pluralité d'immeubles, les obligations déclaratives sont remplies auprès du service des impôts du lieu de situation du bien générateur du chiffre d'affaires le plus élevé.**

Art. 34 *Abrogé par Décr. n° 48-689 du 16 avr. 1948.*

Art. 35 Les déclarations prévues aux 1° et 2° du I de l'article 286 du code général des impôts doivent être souscrites par les redevables de la taxe sur la valeur ajoutée lors de toute modification substantielle des conditions d'exercice de leur activité.

Il en est ainsi notamment :

Lors de l'ouverture d'un établissement secondaire, d'une agence ou d'une succursale. Dans ce cas, déclaration doit en être faite également au service dans le ressort duquel se trouve cet établissement, cette agence ou cette succursale ;

Lors de toute modification de la forme juridique de l'entreprise.

Art. 36 Les redevables de la taxe sur la valeur ajoutée qui cessent d'exercer leur activité doivent, dans les trente jours, en faire la déclaration au service qui a reçu les déclarations visées à l'article 32.

Art. 37 La comptabilité ou le livre spécial dont la tenue est prescrite par le 3° du I de l'article 286 du code général des impôts doit notamment faire apparaître d'une manière distincte :

Les opérations non soumises à la taxe sur la valeur ajoutée ;

Les opérations faites en suspension de ladite taxe ;

Pour chaque acquisition de biens, services et travaux, l'indication de son montant, de la taxe sur la valeur ajoutée correspondante, ainsi que le nom et l'adresse du fournisseur ;

Pour chaque opération ayant donné lieu à l'émission d'une facture ou d'un document en tenant lieu comportant mention de la taxe sur la valeur ajoutée, le montant net de l'opération, le montant de la taxe sur la valeur ajoutée au taux exigible facturé, ainsi que le nom et l'adresse du client.

Art. 38 *Abrogé par Arr. du 29 déc. 2014, à compter du 1er janv. 2015.*

Art. 39 1. 1° La date limite à laquelle les redevables sont tenus de remettre ou d'envoyer au service des impôts la déclaration ou le paiement mentionnés aux 1 et 3 de l'article 287 du code général des impôts est fixée comme suit :

a) Pour les taxes dues au titre du trimestre civil précédent par les redevables placés sous le régime simplifié de l'agriculture, au plus tard le 5 des mois de mai, août, novembre et février.

b) Pour les taxes dues au titre du mois par les redevables placés sous le régime simplifié de l'agriculture, ou, selon le cas, au titre du mois ou du trimestre par les redevables placés sous le régime de la déclaration et dont le lieu d'imposition est situé à Paris ainsi que dans les départements des Hauts-de-Seine, de la Seine-Saint-Denis et du Val-de-Marne :

— Entreprises individuelles, selon que le nom de famille de l'exploitant commence par l'une ou l'autre des lettres ci-après :

A, B, C, D, E, F, G, H : au plus tard le 15 du mois suivant ;

I, J, K, L, M, N, O, P, Q R, S, T, U, V, W, X, Y, Z : au plus tard le 17 du mois suivant.

— Sociétés, selon que le numéro d'identification attribué par l'institut national des statistiques commence par l'un ou l'autre des groupes de deux chiffres ci-après :

Toutes sociétés autres que les sociétés anonymes :

00, 01, 02 ... jusqu'à 68 inclus : au plus tard le 19 du mois suivant ;

69, 70, 71 ... jusqu'à 78 inclus : au plus tard le 20 du mois suivant ;

79, 80, 81 ... jusqu'à 99 : au plus tard le 21 du mois suivant.

Sociétés anonymes :

00, 01, 02 ... jusqu'à 74 inclus : au plus tard le 23 du mois suivant ;

75, 76, 77 ... jusqu'à 99 : au plus tard le 24 du mois suivant.

— Autres redevables : au plus tard le 24 du mois suivant.

c) Pour les taxes dues au titre du mois par les redevables placés sous le régime simplifié de l'agriculture, ou, selon le cas, au titre du mois ou du trimestre par les redevables placés sous le régime de la déclaration et dont le lieu d'imposition est situé dans les autres départements :

— Entreprises individuelles, selon que le nom de famille de l'exploitant commence par l'une ou l'autre des lettres ci-après :

A, B, C, D, E, F, G, H : au plus tard le 16 du mois suivant ;

I, J, K, L, M, N, O, P, Q R, S, T, U, V, W, X, Y, Z : au plus tard le 19 du mois suivant.

— Sociétés, selon la forme juridique :

Toutes sociétés autres que les sociétés anonymes : au plus tard le 21 du mois suivant ;

Sociétés anonymes : au plus tard le 24 du mois suivant.

— Autres redevables : au plus tard le 24 du mois suivant.

d) Pour les redevables placés sous le régime simplifié d'imposition et tenus de verser des acomptes en *(Abrogé par Arr. du 29 déc. 2014)* « *avril,* » juillet *(Abrogé par Arr. du 29 déc. 2014)* « *, octobre* » et décembre, en application du 3 de l'article 287 du code général des impôts, les jours limites de paiement au cours de ces mois sont ceux prévus aux *b*, *c* et *e*.

e) Pour les taxes dues, selon le cas, au titre du mois ou du trimestre par les redevables visés au premier alinéa du I de l'article 95 de l'annexe III et placés sous le régime de la déclaration : au plus tard le 19 du mois suivant.

f) Pour les déclarations déposées par les assujettis membres du groupe désignés au 3 de l'article 1693 *ter* du code général des impôts : aux dates prévues aux *b* et *c* du 1° ;

Pour la déclaration récapitulative mentionnée au *a* du 3 de l'article 1693 *ter* du même code déposée par le redevable mentionné au 1 de l'article 1693 *ter* de ce code : au plus tard le 24 du mois suivant.

(Arr. du 11 janv. 2021, art. 1er et 2, applicable à compter des déclarations déposées au titre du mois de janv. 2021) « *g)* Pour les déclarations des redevables placés sous le régime réel normal mensuel ou trimestriel mentionné au 2 de l'article 287 du code général des impôts et qui sont assujettis à la taxe sur la valeur ajoutée applicable aux produits pétroliers au sens du tableau B du 1 de l'article 265 du code des douanes, à l'exception du gaz naturel selon les dispositions prévues au 1° du 1 de l'article 298 du code général des impôts : au plus tard le 24 du mois suivant le mois ou le trimestre au cours duquel la taxe est devenue exigible. »

(Arr. du 22 déc. 2021, art. 1er-2°) « 2°. Par dérogation au 1°, la date limite à laquelle les redevables sont tenus de remettre ou d'envoyer au service des impôts les déclarations mentionnées au 1 de l'article 287 du code général des impôts faisant apparaître des importations mentionnées à l'article 291 du même code est fixée au plus tard le 24 du mois suivant le mois ou le trimestre au cours duquel la taxe est devenue exigible. »

3° La date limite mentionnée au présent article est reportée dans les conditions prévues par l'article 199-0.

4° En cas d'utilisation de la voie postale, le cachet de la poste fait foi de la date d'expédition.

2. *Dispositions devenues sans objet (L. nº 98-1266 du 30 déc. 1998, art. 9-I et III).*

Art. 39 *bis* 1. L'autorisation, prévue au 2 de l'article 287 du code général des impôts, de disposer d'un délai supplémentaire de un mois pour déposer la déclaration mensuelle de taxe sur la valeur ajoutée est subordonnée aux conditions suivantes :

a) Le redevable doit présenter une demande motivée au service des impôts dont il dépend pour le paiement de la taxe sur la valeur ajoutée ;

b) Il doit justifier qu'en raison de la nature de ses activités ou de la structure particulière de son entreprise il n'est pas en mesure d'établir ses déclarations dans le délai prévu à l'article 39.

2. L'autorisation peut être rapportée à tout moment lorsque les conditions prévues au 1 ne se trouvent plus remplies.

Art. 40 1. Les assujettis à la taxe sur la valeur ajoutée doivent mentionner, sur la déclaration prévue au 1 de l'article 287 du code général des impôts, le coefficient de taxation calculé dans les conditions prévues au 3 du III de l'article 206 de l'annexe II *au code général des impôts qu'ils* appliquent durant l'année en cours.

2. Les entreprises soumises aux dispositions du 2° du 3 du III de l'article 206 de l'annexe II au code général des impôts doivent, dans les quinze jours, en faire la déclaration au service des impôts.

Les entreprises assujetties à la taxe sur la valeur ajoutée doivent, dans les mêmes conditions, déclarer les modifications aboutissant à la création d'un secteur exonéré.

Art. 41 A l'appui de la déclaration visée au 1 de l'article 287 du code général des impôts, qu'elles déposent avant le 25 du mois qui suit celui de leur création ou de leur prise de position d'assujetties, les entreprises doivent déclarer le coefficient de taxation retenu à titre provisoire pour les biens et services mentionnés au 3 du III de l'article 206 de l'annexe II au code général des impôts.

Les entreprises nouvellement assujetties doivent, pour les biens soumis à amortissement qu'elles détiennent, mentionner également sur cette déclaration la taxe sur la valeur ajoutée déterminée dans les conditions fixées à l'article 226 de l'annexe susvisée, ainsi que la valeur correspondante, taxe comprise, des mêmes biens.

B TENUE DES REGISTRES

Art. 41 *bis* Le registre des biens prévu au *(Arr. du 31 mai 2021, art. 1er)* « 1 du » I de l'article 286 *quater* du code général des impôts comporte les mentions nécessaires à l'identification de l'expédition ou du transport de biens sur le territoire d'un autre État membre de la Communauté européenne et destinés dans cet État à être utilisés à titre temporaire ou à faire l'objet de travaux dans les conditions prévues aux *a* et *b* du III de l'article 256 du code général des impôts :

a) Désignation des biens ou matériaux ;

b) Quantité exprimée en poids, volume ou unité ;

c) Lieu de destination ;

d) Date de l'expédition ou du transport ;

e) Date du retour ;

f) Nature de l'opération ;

g) S'il y a lieu, désignation par son numéro d'assujetti à la taxe sur la valeur ajoutée du prestataire établi dans un autre État membre, auquel les biens ont été expédiés en vue de travaux.

Art. 41 *bis* A *(Arr. du 31 mai 2021, art. 1er)* Le registre des biens, prévu au 2 du I de l'article 286 *quater* du code général des impôts dans le cadre du régime des stocks sous contrat de dépôt, comprend les informations suivantes :

1° Pour celui tenu par l'assujetti qui transfère les biens :

a) L'information que le bien est expédié ou transporté à partir du territoire métropolitain et la date de cette expédition ou de ce transport ;

b) Le numéro d'identification à la taxe sur la valeur ajoutée de l'assujetti auquel les biens sont destinés attribué par l'État membre vers lequel les biens sont expédiés ou transportés ;

c) L'État membre vers lequel les biens sont expédiés ou transportés, le numéro d'identification à la taxe sur la valeur ajoutée de l'entrepositaire attribué par cet État, la date d'arrivée des biens dans l'entrepôt et l'adresse de l'entrepôt où les biens sont stockés à l'arrivée ;

d) La valeur, la description et la quantité des biens arrivés dans l'entrepôt ;

e) Le cas échéant, le numéro d'identification à la taxe sur la valeur ajoutée de l'assujetti remplaçant l'assujetti auquel les biens sont destinés, dans les conditions énoncées au 4 du III *bis* de l'article 256 du code général des impôts, attribué par l'État membre vers lequel les biens sont expédiés ou transportés ;

f) Le montant imposable, la description des biens livrés et leur quantité, la date à laquelle la livraison des biens mentionnés au 3° du I de l'article 262 *ter* du même code a été effectuée et le numéro d'identification à la taxe sur la valeur ajoutée de l'acquéreur ;

g) Le montant imposable, la description des biens et leur quantité, la date de survenance de l'une des conditions mentionnées au 5 du III *bis* de l'article 256 du code général des impôts et la justification correspondante ;

h) La valeur, la description et la quantité des biens renvoyés et la date du renvoi des biens mentionnés au 3 du III *bis* du même article 256 ;

2° Pour celui tenu par l'assujetti à qui les biens sont destinés à être livrés :

a) Le numéro individuel d'identification à la taxe sur la valeur ajoutée, mentionné à l'article 286 *ter* du code général des impôts, de l'assujetti qui transfère les biens sous le régime des stocks sous contrat de dépôt ;

b) La description et la quantité des biens qui lui sont destinés ;

c) La date à laquelle les biens qui lui sont destinés arrivent dans l'entrepôt ;

d) Le montant imposable, la description et la quantité des biens qui lui sont livrés et la date à laquelle l'acquisition intracommunautaire des biens a été réalisée, conformément aux dispositions du deuxième alinéa du 3° du I de l'article 256 *bis* du même code ;

e) La description et la quantité des biens, et la date à laquelle les biens sont enlevés de l'entrepôt sur ordre de l'assujetti qui transfère les biens sous le régime des stocks sous contrat de dépôt ;

f) La description et la quantité des biens détruits ou manquants et la date de destruction, de perte ou de vol des biens précédemment arrivés à l'entrepôt ou la date à laquelle il a été constaté que les biens étaient détruits ou manquants.

Lorsque les biens sont expédiés ou transportés sous le régime des stocks sous contrat de dépôt chez un entrepositaire autre que l'assujetti auquel les biens sont destinés à être livrés, le registre de cet assujetti ne doit pas contenir les informations mentionnées aux *c, e* et *f* du présent 2° ;

3° Pour celui tenu par l'entrepositaire des biens autre que l'assujetti auquel les biens sont destinés à être livrés :

a) L'État membre à partir duquel les biens ont été expédiés ou transportés ;

b) La date à laquelle les biens destinés à être livrés à l'assujetti arrivent dans l'entrepôt ;

c) Le numéro individuel d'identification à la taxe sur la valeur ajoutée, mentionné à l'article 286 *ter* du code général des impôts, de l'assujetti auquel les biens sont destinés, attribué par l'État membre vers lequel les biens sont expédiés ou transportés ;

d) La description et la quantité des biens arrivés dans l'entrepôt, et la date à laquelle ces biens en sont enlevés sur ordre de l'assujetti qui transfère les biens sous le régime des stocks sous contrat de dépôt ;

e) La description et la quantité des biens détruits ou manquants et la date de destruction, de perte ou de vol des biens précédemment arrivés à l'entrepôt ou la date à laquelle il a été constaté que les biens étaient détruits ou manquants.

Art. 41 *ter* La nature et les quantités de matériaux et de produits transformés, mentionnées au 1 du II de l'article 286 *quater* du code général des impôts relatif au registre spécial des façonniers sont appréciées, pour chaque donneur d'ordre, à la date d'entrée et de sortie de ces matériaux et produits. A l'issue de ces opérations, ce registre indique les stocks détenus.

Lorsque des biens destinés à faire l'objet d'un travail à façon sont expédiés à partir d'un autre État membre de la Communauté européenne par ou pour le compte d'un assujetti identifié à la taxe sur la valeur ajoutée dans cet État, le registre mentionné au premier alinéa comporte le numéro d'identification à la taxe sur la valeur ajoutée du donneur d'ouvrage.

Art. 41 *quater* Les registres visés au 3 du II de l'article 286 *quater* du code général des impôts et aux articles 41 *bis* et 41 *ter* sont tenus sur support papier ou informatique. Ils doivent être identifiés. Ils retracent les mouvements de biens, de matériaux et de produits transformés dans l'ordre chronologique des opérations.

Ces informations sont conservées dans leur contenu originel.

Les registres sont conservés dans chaque établissement, lieu de dépôt ou lieu de stockage des biens, matériaux ou produits transformés.

Leur conservation est assurée selon les modalités et dans les délais prévus à l'article L. 102 B du Livre des procédures fiscales.

Art. 41 *quinquies* Les registres visés au 3 du II de l'article 286 *quater* du code général des impôts et aux articles 41 *bis* et 41 *ter* doivent être présentés à toute demande d'un agent de l'administration qui peut s'en faire délivrer copie.

Si l'administration le demande, les registres tenus sur support informatique sont restitués sur support papier.

(Abrogé par Arr. du 31 mai 2021, art. 1er et 2, applicable aux opérations pour lesquelles le fait générateur de la TVA intervient à compter du 1er juill. 2021) (Arr. du 30 déc. 2014) ***« Le registre prévu au 9 de l'article 298 sexdecies F et au V de l'article 298 sexdecies G du code général des impôts comporte, pour chaque prestation, les informations suivantes :***

« a) Le nom de l'État membre de consommation ;

« b) La nature du service fourni ;

« c) La date à laquelle la prestation de service est rendue ;

« d) Le prix hors taxe, avec indication de la devise de facturation ;

« e) Toute augmentation ou réduction ultérieure du prix hors taxe ;

« f) Le taux de taxe sur la valeur ajoutée appliqué ;

« g) Le montant de taxe sur la valeur ajoutée dû, avec indication de la devise utilisée ;

« h) Le montant des paiements reçus et la date à laquelle ils l'ont été ;

« i) Le montant de tout acompte versé avant que la prestation de services ne soit rendue ;

« j) Lorsqu'une facture est émise, les informations autres que celles déjà mentionnées au présent article et figurant sur la facture ;

« k) Le nom du client, lorsque cette information est connue de l'assujetti ;

« l) Les informations utilisées pour déterminer le lieu où le client est établi ou à [a] son domicile ou sa résidence habituelle. »

Art. 41 *quinquies* A *(Arr. du 31 mai 2021, art. 1er et 2, applicable aux opérations pour lesquelles le fait générateur de la TVA intervient à compter du 1er juill. 2021)* Les registres prévus au 9 de l'article 298 *sexdecies* F et au X de l'article 298 *sexdecies* G du code général des impôts comportent, pour chaque opération, les informations suivantes :

a) L'État membre de consommation dans lequel les livraisons de biens sont effectuées ou les prestations de services sont fournies ;

b) Le type de services prestés ou la description et la quantité des biens livrés ;

c) La date de la livraison des biens ou de la prestation des services ;

d) La base d'imposition, avec indication de la devise utilisée ;

e) Toute augmentation ou réduction ultérieure de la base d'imposition ;

f) Le taux de la taxe sur la valeur ajoutée appliqué ;

g) Le montant de la taxe sur la valeur ajoutée dû, avec indication de la devise utilisée ;

h) La date et le montant des paiements reçus ;

i) Tout acompte reçu avant la livraison des biens ou la prestation des services ;

j) Lorsqu'une facture est émise, les informations figurant sur la facture ;

k) En ce qui concerne les services, les informations utilisées pour déterminer le lieu où le preneur est établi ou a son domicile ou sa résidence habituelle et, en ce qui concerne les biens, les informations utilisées pour déterminer le lieu de départ et le lieu d'arrivée de l'expédition ou du transport des biens à destination de l'acquéreur ;

l) Tout élément de preuve concernant un retour possible des biens, y compris la base d'imposition et le taux de la taxe sur la valeur ajoutée appliqué.

Ces registres sont transmis à l'administration par voie électronique dans un délai de vingt jours à compter de la date de la demande. Si la transmission par l'assujetti n'est pas intervenue dans le délai de vingt jours, l'administration lui rappelle par voie électronique son obligation de présenter lesdits registres.

Art. 41 *quinquies* B *(Arr. du 31 mai 2021, art. 1er et 2, applicable aux opérations pour lesquelles le fait générateur de la TVA intervient à compter du 1er juill. 2021)* Le registre prévu au X de l'article 298 *sexdecies* H du code général des impôts comporte, pour chaque opération, les informations suivantes :

a) L'État membre de consommation dans lequel les livraisons de biens sont effectuées ;

b) La description et la quantité des biens livrés ;

c) La date de la livraison des biens ;

d) La base d'imposition, avec indication de la devise utilisée ;

e) Toute augmentation ou réduction ultérieure de la base d'imposition ;

f) Le taux de la taxe sur la valeur ajoutée appliqué ;

g) Le montant de la taxe sur la valeur ajoutée dû, avec indication de la devise utilisée ;

h) La date et le montant des paiements reçus ;

i) Lorsqu'une facture est émise, les informations figurant sur la facture ;

j) Les informations utilisées pour déterminer le lieu de départ et le lieu d'arrivée de l'expédition ou du transport des biens à destination de l'acquéreur ;

k) Une preuve concernant un retour possible des biens, y compris la base d'imposition et le taux de la taxe sur la valeur ajoutée appliqué ;

l) Le numéro de commande ou le numéro unique de l'opération ;

m) Le numéro unique de l'envoi lorsque cet assujetti intervient directement à la livraison.

Ce registre est transmis à l'administration par voie électronique dans un délai de vingt jours à compter de la date de la demande. Si la transmission par l'assujetti des registres demandés n'est pas intervenue dans le délai de vingt jours, l'administration lui rappelle par voie électronique son obligation de présenter ledit registre.

Art. 41 *quinquies* C *(Arr. du 31 mai 2021, art. 1er et 2, applicable aux opérations pour lesquelles le fait générateur de la TVA intervient à compter du 1er juill. 2021)* Le registre prévu à l'article 286 *quinquies* du code général des impôts comporte, pour chaque opération, les informations suivantes :

1° Le nom, l'adresse postale et l'adresse électronique ou le site internet du fournisseur dont les opérations sont facilitées par l'utilisation de l'interface électronique et, si ces données sont disponibles :

a) Le numéro individuel d'identification à la taxe sur la valeur ajoutée mentionné à l'article 286 *ter* du code général des impôts, ou, à défaut d'une telle identification, le numéro fiscal national du fournisseur ou prestataire ;

b) Le numéro de compte bancaire ou le numéro de compte virtuel du fournisseur ou prestataire ;

2° Une description des biens, leur valeur, le lieu d'arrivée de l'expédition ou du transport des biens, ainsi que le moment de la livraison et, si ces données sont disponibles, le numéro de commande ou le numéro unique de l'opération ;

3° Une description des services, leur valeur, les informations permettant d'établir le lieu et le moment de la prestation et, si ces données sont disponibles, le numéro de commande ou le numéro unique de l'opération.

Art. 41 *quinquies* D *(Arr. du 31 mai 2021, art. 1er et 2, applicable aux opérations pour lesquelles le fait générateur de la TVA intervient à compter du 1er juill. 2021)* Le registre prévu au VI de l'article 298 *sexdecies* I du code général des impôts comporte, pour chaque opération, les informations suivantes :

a) Le nom et l'adresse de la personne physique destinataire des biens ;

b) La description et la quantité des biens livrés ;

c) La date de la livraison des biens ;

d) La base d'imposition telle que définie par l'article 292 du code général des impôts, avec indication de la devise utilisée ;

e) Toute augmentation ou réduction ultérieure de la base d'imposition ;

f) Une preuve concernant un retour possible des biens ;

g) Le montant de la taxe sur la valeur ajoutée dû, avec indication de la devise utilisée ;

h) La date du reversement de la taxe sur la valeur ajoutée réalisé ;

i) Le numéro de la déclaration en douane de mise en libre pratique concernée.

C DÉCLARATION DES ÉCHANGES DE BIENS ENTRE ÉTATS MEMBRES DE LA COMMUNAUTÉ EUROPÉENNE

Art. 41 *sexies* *Abrogé par Arr. du 16 déc. 2010, à compter du 1er janv. 2011.*

Art. 41 *sexies* A *(Abrogé par Arr. du 27 janv. 2022, art. 1er) I. — La position spécifique de la nomenclature combinée mentionnée au b du 3 de l'article 96 L de l'annexe III au code général des impôts est identifiée par le code 99500000.*

II. — Le montant en valeur du seuil de transaction mentionné au b du 3 de l'article 96 L précité est fixé à 200 €.

III. — Le montant total figurant sous la nomenclature spécifique prévue au I ne peut dépasser 2 000 € par déclaration mensuelle.

Art. 41 *sexies* B *(Abrogé par Arr. du 27 janv. 2022, art. 1er) I. — Le montant annuel en valeur du seuil statistique mentionné à l'article 96 L de l'annexe III au code général des impôts est fixé à 460 000 € hors taxes à l'introduction comme à l'expédition.*

II. — Le seuil statistique est atteint pour l'année en cours et pour le flux considéré lorsque l'assujetti se trouve dans l'une des deux situations suivantes :

a. l'assujetti a réalisé au cours de l'année civile précédente des expéditions ou des introductions d'un montant hors taxes supérieur à 460 000 € ;

b. l'assujetti dépasse le seuil de 460 000 € en cours d'année.

D FACTURES TRANSMISES PAR VOIE TÉLÉMATIQUE

Art. 41 *septies* Les systèmes de télétransmission des factures utilisés par les entreprises dans les conditions prévues par l'article 96 G de l'annexe III au code général des impôts doivent respecter les spécifications suivantes :

I. — Sont considérés comme utilisateurs les entreprises, fournisseurs ou clients qui émettent des factures télétransmises par eux-mêmes, ou par un tiers ou un client mandaté à cet effet, ou qui reçoivent des factures télétransmises, et ce quelle que soit la personne qui les a reçues en son nom et pour son compte.

II. — Le système de télétransmission utilisé doit assurer au minimum les fonctions suivantes :

a) La vérification en émission et en réception de la conformité de la structure du message par rapport aux mentions obligatoires devant figurer sur une facture ;

b) La constitution quotidienne et l'archivage d'une liste récapitulative séquentielle et exhaustive des messages émis et/ou reçus et des anomalies éventuelles détectées lors des contrôles ;

c) L'archivage des factures émises et reçues ;

d) La restitution sur écran ou tout support informatique, en langage clair, à la demande de l'administration, de la facture et de la liste récapitulative.

e) L'accessibilité immédiate aux données dématérialisées en cas de demande de l'administration.

III. — 1. Les logiciels de télétransmission des factures peuvent mettre en œuvre une ou plusieurs structures de messages et ne doivent ni les modifier ni les altérer.

Le message doit comporter l'ensemble des mentions obligatoires constitutives d'une facture prévues par les textes législatifs ou réglementaires en vigueur.

L'utilisation de codes stables désignant, par exemple, des produits ou des personnes est possible si la codification est déchiffrée automatiquement à l'aide d'une table de correspondance intégrée à la fonction de restitution.

2. Les messages factures doivent être restituables sur écran, sur support informatique ou sur papier à la demande de l'administration. La restitution porte sur l'intégralité des informations émises et reçues, qu'elles soient obligatoires ou facultatives.

La restitution doit pouvoir être opérée de manière sélective, notamment en fonction des informations que la liste récapitulative doit comporter.

Les données sont restituées lisiblement en mode caractères, en langage clair et intelligible.

3. Le système doit contrôler, en émission et en réception, la conformité de la structure du message par rapport aux mentions obligatoires.

En phase d'émission, en cas d'anomalie, le message rejeté ne sera ni émis, ni archivé, ni tracé sur la liste récapitulative.

En phase de réception, toute anomalie sera retracée dans la liste récapitulative, et les messages concernés seront archivés.

IV. — 1. La liste récapitulative mentionnée au III de l'article 96 G de l'annexe III au code général des impôts est constituée sous forme informatique au fur et à mesure lors de l'émission ou de la réception de chaque message.

Elle comprend au minimum les informations suivantes :

a) Le numéro et la date de la facture ;

b) La date et l'heure de constitution du message ;

c) Les montants hors taxes et toutes taxes de la transaction ainsi que le code monnaie lorsque la facture n'est pas libellée en euros ;

d) Les éléments d'identification de l'émetteur ou du récepteur donnés par le système de télétransmission (code, nom ou dénomination sociale, numéro SIRET, adresse, qualité de fournisseur ou de client) ;

e) Les libellés des éventuelles anomalies intervenues lors de chaque transmission ;

f) La version du logiciel utilisé.

2. Abrogé par Arr. du 25 avr. 2013.

V. — Les entreprises, fournisseurs et clients doivent constituer un fichier des partenaires avec lesquels elles échangent des factures par voie télématique.

Pour chaque partenaire, le fichier comporte les informations suivantes :

a) La qualité d'émetteur et/ou de récepteur ;

b) L'archivage des factures dématérialisées ou l'archivage des factures papier ;

c) La (les) date(s) d'entrée en phase de dématérialisation avec le partenaire, et, le cas échéant, la (les) date(s) de sortie.

VI. — 1. Les messages factures émis par l'entreprise, par un tiers ou un client mandaté à cet effet ainsi que la liste récapitulative et le fichier des partenaires doivent être accessibles et conservés dans leur*[s]* forme et contenu originels et dans l'ordre chronologique de leur émission.

Les messages factures reçus, quelle que soit la personne qui les a reçus en son nom et pour son compte, ainsi que la liste récapitulative et le fichier des partenaires doivent être accessibles et conservés dans leur*[s]* forme et contenu originels et dans l'ordre chronologique de leur réception.

2. Les fichiers informatiques dans lesquels sont conservés les messages factures, la liste récapitulative et le fichier des partenaires doivent être alimentés automatiquement par le système de télétransmission des seules informations qui en sont directement issues.

3. La documentation relative aux conditions d'utilisation (guide utilisateur) du logiciel de télétransmission doit être conservée par l'entreprise et consultable par les agents de l'administration sur le lieu de la dématérialisation.

En outre, l'entreprise doit prendre toutes dispositions pour garantir aux agents de l'administration l'accès à la documentation informatique concernant notamment le développement de son architecture, de son analyse fonctionnelle et organique et l'exploitation du logiciel de télétransmission.

Art. 41 *octies* *Périmé (Arr. du 9 juin 2011).*

Art. 41 *nonies* *(Arr. du 31 mai 2021, art. 1er et 2, applicable aux opérations pour lesquelles le fait générateur de la TVA intervient à compter du 1er juill. 2021)* « La déclaration mentionnée au 5 de l'article 298 *sexdecies* F, au V de l'article 298 *sexdecies* G ou au V de l'article 298 *sexdecies* H du code général des impôts est déposée avant la fin du mois qui suit l'expiration de la période imposable couverte *[ancienne rédaction : La déclaration de taxe sur la valeur ajoutée visée au 5 de l'article 298 sexdecies F et au IV de l'article 298 sexdecies G du code général des impôts doit être déposée dans les vingt jours qui suivent l'expiration de la période imposable visée par cette déclaration]*. »

Cette déclaration doit être libellée en euros conformément au 6 de l'article 298 *sexdecies* F *(Arr. du 31 mai 2021, art. 1er et 2, applicable aux opérations pour lesquelles le fait générateur de la TVA intervient à compter du 1er juill. 2021)* « , au VII de l'article 298 *sexdecies* G et au VII de l'article 298 *sexdecies* H *[ancienne rédaction : et au V de l'article 298 sexdecies G]* » du code général des impôts. Si d'autres monnaies ont été utilisées pour les *(Arr. du 31 mai 2021, art. 1er et 2, applicable aux opérations pour lesquelles le fait générateur de la TVA intervient à compter du 1er juill. 2021)* « opérations concernées *[ancienne rédaction : prestations de services visées à l'article 259 D]* », le taux de change en vigueur le dernier jour de la période imposable déclarée sera appliqué. Le change est effectué par application des taux de change publiés par la Banque centrale européenne pour le jour en question ou, si aucune publication n'a été faite ce jour-là, pour le jour de publication suivant.

(Arr. du 31 mai 2021, art. 1er et 2, applicable aux opérations pour lesquelles le fait générateur de la TVA intervient à compter du 1er juill. 2021) « Lorsqu'aucune *[Lorsque aucune]* opération n'a été réalisée dans un État membre de consommation au cours d'une période de déclaration, la déclaration le précise. »

Lorsqu'un assujetti n'a effectué aucune prestation de services dans un État membre de consommation au cours d'une période de déclaration, il dépose une déclaration indiquant qu'aucune prestation n'a été effectuée au cours de cette période.

Lorsqu'un assujetti n'a pas déposé de déclaration, une relance lui est notifiée par voie électronique. La relance est émise au plus tard le dixième jour suivant la date à laquelle la déclaration aurait dû être déposée. De même, lorsqu'un assujetti a déposé une déclaration mais qu'aucun paiement n'a été effectué ou que le paiement est inférieur à celui prévu dans la déclaration, une relance est notifiée à l'assujetti, par voie électronique, au plus tard le dixième jour suivant la date à laquelle le paiement aurait dû être effectué.

E SERVICES FOURNIS PAR VOIE ÉLECTRONIQUE

Art. 41 *decies* I. – La demande de remboursement mentionnée à l'article 242-0 T de l'annexe II au code général des impôts comporte les informations suivantes :

1° Le nom et l'adresse complète du requérant ;

2° Une adresse de contact par voie électronique ;

3° Une description des activités professionnelles du requérant pour lesquelles les biens ou les services ont été acquis ;

4° La période de remboursement couverte par la demande ;

5° Une déclaration spéciale de l'assujetti selon laquelle il n'a effectué au cours de la période du remboursement aucune livraison de biens ni aucune prestation de services réputée avoir eu lieu en France, à l'exception des opérations visées au 2° de l'article 242-0 O de l'annexe II au code général des impôts ;

6° Son numéro d'identification à la taxe sur la valeur ajoutée ou son numéro d'enregistrement fiscal ;

7° Ses données bancaires, y compris le numéro de compte bancaire international (IBAN) et le code d'identification des banques (BIC).

II. – Outre les informations mentionnées au I, pour chaque facture ou document d'importation, la demande de remboursement comprend les informations suivantes :

1° Le nom et l'adresse complète du fournisseur ou du prestataire ;

2° Sauf en cas d'importation, le numéro d'identification à la taxe sur la valeur ajoutée du fournisseur ou du prestataire ou son numéro d'enregistrement fiscal ;

3° Sauf en cas d'importation, le préfixe de l'État membre de remboursement ;

4° La date et le numéro de la facture ou du document d'importation ;

5° La base d'imposition et le montant de la taxe sur la valeur ajoutée, libellés en euros ;

6° Le montant déductible de la taxe sur la valeur ajoutée calculé conformément aux dispositions de l'article 242-0 N et du II de l'article 242-0 Q de l'annexe II au code général des impôts, libellé en euros ;

7° Le cas échéant, la proportion déductible calculée conformément aux dispositions de l'article 242-0 Q de l'annexe II au même code, exprimée sous forme de pourcentage ;

8° La nature des biens et des services acquis, ventilée selon les codes et sous-codes mentionnés à l'article 41 *undecies*.

Art. 41 *undecies* I. – Dans la demande de remboursement, la nature des biens et des services acquis est ventilée selon les codes suivants :

CODES	NATURE DES BIENS ET SERVICES
1	Carburant
2	Location de moyens de transport
3	Dépenses liées aux moyens de transport autres que les biens et services *visés aux codes* 1 et 2
4	Péages routiers et taxes de circulation
5	Dépenses de voyage telles que frais de taxi, frais de transport public
6	Hébergement
7	Denrées alimentaires, boissons et services de restauration
8	Droits d'entrée aux foires et expositions
9	Dépenses de luxe, de divertissement et de représentation
10	Autres

Lorsque le code 10 est utilisé, la nature des biens livrés et des services fournis doit être indiquée.

II. – Dans la demande de remboursement, des sous-codes spécifiques sont attribués aux dépenses suivantes :

CODES principaux	SOUS-CODES
Code 1 Carburant	1.1.1 Essence destinée aux moyens de transport d'une masse supérieure à 3,5 tonnes, à l'exclusion des moyens de transport pour passagers payants 1.1.2 Gazole destiné aux moyens de transport d'une masse supérieure à 3,5 tonnes, à l'exclusion des moyens de transport pour passagers payants 1.1.3 Gaz de pétrole liquéfié (GPL) destiné aux moyens de transport d'une masse supérieure à 3,5 tonnes, à l'exclusion des moyens de transport pour passagers payants 1.1.4 Gaz naturel destiné aux moyens de transport d'une masse supérieure à 3,5 tonnes, à l'exclusion des moyens de transport pour passagers payants 1.1.5 Biocarburant destiné aux moyens de transport d'une masse supérieure à 3,5 tonnes, à l'exclusion des moyens de transport pour passagers payants
	1.2.1 Essence destinée aux moyens de transport d'une masse inférieure ou égale à 3,5 tonnes, à l'exclusion des moyens de transport pour passagers payants 1.2.2 Gazole destiné aux moyens de transport d'une masse inférieure ou égale à 3,5 tonnes, à l'exclusion des moyens de transport pour passagers payants 1.2.3 Gaz de pétrole liquéfié (GPL) destiné aux moyens de transport d'une masse inférieure ou égale à 3,5 tonnes, à l'exclusion des moyens de transport pour passagers payants 1.2.4 Gaz naturel destiné aux moyens de transport d'une masse inférieure ou égale à 3,5 tonnes, à l'exclusion des moyens de transport pour passagers payants 1.2.5 Biocarburant destiné aux moyens de transport d'une masse inférieure ou égale à 3,5 tonnes, à l'exclusion des moyens de transport pour passagers payants 1.3.1 Essence destinée aux moyens de transport pour passagers payants 1.3.2 Gazole destiné aux moyens de transport pour passagers payants 1.3.3 Gaz de pétrole liquéfié (GPL) destiné aux moyens de transport pour passagers payants 1.3.4 Gaz naturel destiné aux moyens de transport pour passagers payants 1.3.5 Biocarburant destiné aux moyens de transport pour passagers payants
	1.4 Carburant destiné spécifiquement aux véhicules d'essai
	1.5 Produits pétroliers utilisés pour la lubrification des moyens de transport ou des moteurs
	1.7 Carburant destiné aux moyens de transport de marchandises

CODES principaux	SOUS-CODES
	1.10 Carburant destiné aux machines et tracteurs agricoles
Code 2 Location de moyens de transport	2.1 Location de moyens de transport d'une masse supérieure à 3,5 tonnes, exception faite des moyens de transport pour passagers payants 2.2 Location de moyens de transport d'une masse inférieure ou égale à 3,5 tonnes, exception faite des moyens de transport pour passagers payants 2.3 Location de moyens de transport pour passagers payants 2.4 Location de moyens de transport de marchandises 2.5 Location de voitures particulières et de véhicules polyvalents
Code 3 Dépenses relatives aux moyens de transport (à l'exclusion des marchandises et biens relevant des codes 1 et 2)	3.1 Dépenses relatives aux moyens de transport d'une masse supérieure à 3,5 tonnes, à l'exclusion des moyens de transport pour passagers payants
	3.2 Dépenses relatives aux moyens de transport d'une masse inférieure ou égale à 3,5 tonnes, à l'exclusion des moyens de transport pour passagers payants
	3.3 Dépenses relatives aux moyens de transport pour passagers payants
	3.4 Dépenses relatives aux moyens de transport de marchandises
	3.5 Entretien des voitures particulières et véhicules polyvalents
	3.7 Dépenses relatives aux voitures particulières et véhicules polyvalents à l'exclusion des frais d'entretien, de garage et de stationnement
Code 4 Péages routiers et taxes de circulation	
Code 5 Frais de voyage, tels que les frais de taxi et les frais de transport en commun	5.1 Frais de voyage, tels que les frais de taxi et les frais de transport en commun pour l'assujetti ou un employé de l'assujetti
	5.2 Frais de voyage, tels que les frais de taxi et les frais de transport en commun pour une personne autre que l'assujetti ou un employé de l'assujetti
Code 6 Hébergement	6.1 Dépenses d'hébergement pour l'assujetti ou un employé de l'assujetti
	6.2 Dépenses d'hébergement pour une personne autre que l'assujetti ou un employé de l'assujetti

CODES principaux	SOUS-CODES
Code 7 Alimentation, boissons et services de restauration	7.1.1 Produits alimentaires et boissons fournis par les hôtels, bars, restaurants et pensions, y compris le petit déjeuner pour l'assujetti ou un employé de l'assujetti
	7.1.2 Produits alimentaires et boissons fournis par les hôtels, bars, restaurants et pensions, y compris le petit déjeuner pour une personne autre que l'assujetti ou un employé de l'assujetti
Code 8 Droits d'entrée aux foires et expositions	
Code 9 Dépenses de luxe, de divertissement et de représentation	9.3 Dépenses de réception et de représentation
	9.4 Dépenses d'entretien d'un bateau de plaisance
	9.5 Dépenses relatives à des œuvres d'art, des articles de collection et des antiquités
Code 10 Autres	

II *OBLIGATIONS PARTICULIÈRES*

A BÂTIMENTS DE MER – BATEAUX – PÊCHE MARITIME – AÉRONEFS

Art. 42 Les personnes qui réalisent des opérations de vente portant sur des bâtiments utilisés par des compagnies de navigation de la marine marchande ou par des pêcheurs professionnels, qui sont destinés à la navigation maritime et soumis à la formalité de la francisation, ainsi que sur des bateaux utilisés à la navigation de commerce sur les fleuves internationaux et inscrits en douane comme tels, doivent tenir à l'appui de leur comptabilité :

Soit l'indication du numéro et de la date de l'acte de francisation ou d'inscription dans un bureau de douane ;

Soit, si ce titre n'a pas encore été délivré, le duplicata de la demande de francisation (formule 300 A ou 300 B, selon le cas) ou de l'inscription en douane visé par le service des douanes et qu'il leur appartient de réclamer à leurs acheteurs.

Art. 43 *a)* Les personnes qui réalisent des opérations de réparation ou de transformation portant sur les bâtiments et bateaux visés à l'article 42 doivent tenir leur comptabilité de façon à faire apparaître distinctement les fournitures d'articles que ces opérations nécessitent.

b) Elles sont tenues d'indiquer sur leurs factures : le nom du bâtiment ou du bateau, les numéros et date de francisation ou d'inscription correspondants.

Art. 44 Les personnes qui effectuent des ventes, soit de produits destinés à être incorporés dans les bâtiments visés à l'article 42, soit d'engins et filets de pêche pour la pêche maritime, sont soumises aux obligations prévues à l'article 43-*b*.

Art. 45 Les personnes qui effectuent des opérations mentionnées au *[aux]* 2° à 7° du II de l'article 262 du code général des impôts sont tenues d'indiquer sur leurs factures la qualité de leurs acheteurs justifiant la franchise.

Art. 46 Lorsqu'un bateau destiné à une navigation privilégiée telle qu'elle a été définie à l'article 42 cesse d'y être affecté, ce changement d'affectation doit être déclaré au service des douanes auprès duquel la francisation ou l'inscription a été effectuée.

Une déclaration préalable doit être également déposée dans un bureau de douane lorsque des articles d'équipement ou de gréement, y compris les engins et filets de pêche, doivent être débarqués en vue de recevoir une affectation non privilégiée.

B EXPORTATEURS

Art. 47 *Abrogé.*

C

Art. 48 *Abrogé.*

D CAUTIONNEMENT DES ENTREPRISES BÉNÉFICIAIRES DU RÉGIME DE LA SUSPENSION DE TAXE

Art. 49 Les dispositions de l'article 276 du code général des impôts sont rendues applicables aux personnes ou sociétés mentionnées au I de l'article 284 de ce code ou susceptibles de bénéficier des dispositions prévues :

1° Au 10° du 4 de l'article 261 dudit code ;

2° A l'article 275 du même code, lorsqu'elles réalisent des exportations, des livraisons exonérées en vertu du I de l'article 262 *ter* dudit code ou des livraisons dont le lieu est situé sur le territoire d'un autre État membre de *(Arr. du 31 mai 2021, art. 1er et 2, applicable aux opérations pour lesquelles le fait générateur de la TVA intervient à compter du 1er juill. 2021)* « l'Union européenne en application du 1° du I *[ancienne rédaction : la Communauté européenne en application]* » de l'article 258 A du code précité ;

3° A l'article 277 A du même code.

Art. 50 Les droits et pénalités susceptibles d'être mis à la charge des redevables visés à l'article 49 s'entendent de la taxe sur la valeur ajoutée et des impositions additionnelles à celle-ci éventuellement exigibles sur la vente, en l'état ou après transformation, à des destinations non exonérées, de matières ou produits reçus en franchise et des pénalités prévues au chapitre II du livre II du code général des impôts.

Art. 50 *bis* Les redevables définis à l'article 49 peuvent recourir aux divers modes de cautionnement admis en matière de taxes sur le chiffre d'affaires.

S'il s'agit de cautionnement personnel, la garantie demandée peut être fournie par une société de cautionnement constituée par un groupement professionnel ou interprofessionnel et spécialement agréé.

E

Art. 50 *ter* à 50 *quinquies* *Abrogés par Arr. du 26 oct. 1979 (JO 3 nov.).*

F OPÉRATIONS IMMOBILIÈRES

Art. 50 *sexies* et 50 *sexies* A *Abrogés par Arr. du 8 avr. 2011.*

G ENTREPRISES DE SPECTACLES

Art. 50 *sexies* B I. — Toute entrée sur les lieux où sont organisés des spectacles visés au I de l'article 290 *quater* du code général des impôts doit être constatée par la remise d'un billet extrait d'un carnet à souches ou d'un distributeur automatique ou, à défaut de remise d'un billet, être enregistrée et conservée dans un système informatisé, avant l'accès au lieu du spectacle.

II. — Les exploitants de spectacles qui utilisent des systèmes de billetterie informatisée comportant ou non l'impression de billets doivent se conformer aux obligations prévues au cahier des charges annexé à l'arrêté du 8 mars 1993. — *V. Arr. du 5 oct. 2007, Ann. (JO 7 oct.). — V. égal., pour un « cahier des charges minima », Arr. du 2 janv. 2004, Ann. (JO 15 janv.), mod. par Arr. du 16 oct. 2009 (JO 18 oct.) et Arr. du 14 déc. 2011 (JO 18 déc.).*

III. – L'entrée doit faire l'objet d'un contrôle manuel ou électronique. Lorsqu'un billet est imprimé, il doit rester entre les mains du spectateur. Si ce billet comporte deux parties, l'une reste entre les mains du spectateur et l'autre est retenue au contrôle.

Chaque partie du billet, ainsi que la souche dans le cas d'utilisation de carnets, doit porter de façon apparente ou sous forme d'informations codées :

1° Le nom de l'exploitant ;

2° Le numéro d'ordre du billet ;

3° La catégorie de la place à laquelle celui-ci donne droit ;

4° Le prix global payé par le spectateur ou s'il y a lieu la mention de gratuité ;

5° Le nom du fabricant ou de l'importateur si l'exploitant a eu recours à des carnets ou à des fonds de billets préimprimés.

Si les billets comportent des mentions codées, le système doit permettre de restituer les informations en clair.

Les billets provenant d'un carnet à souches ou émis sur des fonds de billets préimprimés doivent être numérotés suivant une série ininterrompue et utilisés dans leur ordre numérique.

Les billets pris en abonnement ou en location doivent comporter, outre les mentions prévues ci-dessus, l'indication de la séance pour laquelle ils sont valables.

Les billets émis par le biais de systèmes informatisés doivent comporter un identifiant unique mémorisé dans le système informatisé.

Chaque billet ne peut être utilisé que pour la catégorie de places qui y est indiquée.

IV. – Les obligations concernant les mentions à porter sur les billets d'entrée dans les établissements de spectacles cinématographiques, la fourniture et l'utilisation de ces billets sont fixées par la réglementation de l'industrie cinématographique.

Art. 50 *sexies* C Les exploitants de spectacles peuvent employer des carnets spéciaux pour chaque représentation comprenant, par catégorie de places, un nombre de billets égal à celui des places susceptibles d'être occupées.

Chaque billet ainsi que sa souche doivent indiquer, en dehors des énonciations prévues à l'article 50 *sexies* B, aux deuxième à septième alinéas du III, le numéro de la place à laquelle il donne droit et la séance pour laquelle il est valable. Les billets qui correspondent aux places gratuites ou à prix réduit sont annulés et restent attachés à la souche. Les carnets afférents à chaque représentation doivent contenir les billets non délivrés ; ils sont enliassés et conservés par l'exploitant.

Art. 50 *sexies* D Pour les représentations occasionnelles, il peut être fait usage de cartes d'entrée. Celles-ci doivent être munies d'un coupon détachable ; la carte et le coupon comportent les mentions prévues pour les billets et sont utilisés dans les mêmes conditions que ceux-ci.

Art. 50 *sexies* E Si, après la délivrance d'un billet, un spectateur désire changer de place et que ce changement entraîne une augmentation de prix, le complément doit être constaté par la délivrance d'un billet supplémentaire établi dans les mêmes conditions que les autres billets et portant le montant du supplément encaissé.

La mention du supplément de prix ne concerne pas les billets d'entrée dans les établissements de spectacles cinématographiques.

Si, après la délivrance d'un billet imprimé par une caisse automatisée dans les conditions prévues à l'article 50 *sexies* B, un spectateur désire changer de catégorie de place *[places]*, il doit être procédé à l'annulation de son billet et à la délivrance d'un nouveau billet correspondant à la place qu'il souhaite occuper.

Art. 50 *sexies* F I. – Les fabricants, importateurs ou marchands doivent déclarer leurs livraisons de billets ou cartes d'entrée aux exploitants de spectacles, en précisant :

1° Les noms et adresses des exploitants destinataires ;

2° Le nombre et les numéros des fonds de billets livrés.

II. – Les détenteurs ou les propriétaires de logiciels de billetterie doivent déclarer leurs livraisons de billets ou de cartes d'entrée aux exploitants de spectacles utilisant leur logiciel, en précisant :

1° Les noms et adresses des exploitants de spectacles destinataires ;

2° Le nombre des billets ou cartes d'entrée livrés, par catégorie de places, ainsi que les numéros des billets.

Les personnes soumises aux déclarations prévues au présent article doivent les adresser au service des impôts dont elles dépendent dans les huit jours qui suivent les livraisons.

Les exploitants de spectacles qui achètent leurs billets directement à l'étranger sont considérés comme importateurs et astreints aux déclarations prévues au présent article.

Art. 50 *sexies* G Les exploitants de spectacles sont comptables des billets qu'ils ont reçus ou imprimés ; ils doivent présenter les coupons de contrôle et les billets non utilisés à toute réquisition des agents des impôts.

Les agents des impôts ont accès aux lieux où sont organisés des spectacles pour toutes vérifications utiles.

Les caisses automatisées et les systèmes informatisés sont pourvus de dispositifs qui permettent aux agents des impôts, chargés du contrôle, de vérifier à tout moment que l'utilisation des matériels est conforme aux cahiers des charges et de s'assurer du respect de la réglementation en vigueur. — *Pour les caisses automatisées des exploitants de spectacle cinématographique, V. Arr. du 2 janv. 2004 (JO 15 janv.), et, concernant les systèmes informatisés, V. les Arr. des 8 mars 1993 mod. (JO 24 mars) et 5 oct. 2007 (JO 7 oct.).*

Art. 50 *sexies* H Les exploitants de spectacles sont tenus d'établir, dès la fin de chaque journée ou représentation, un relevé comportant, pour chaque catégorie de places : le nombre de billets émis, le prix de la place et la recette correspondante.

Dans le cas des billets qui ne sont pas émis par le biais de systèmes informatisés, le relevé doit comporter, en outre, pour chaque catégorie de places, les numéros des premiers et derniers billets délivrés.

Tous registres ou documents présentant les indications prévues ci-dessus tiennent lieu de relevé.

Les relevés doivent être tenus à la disposition des agents des impôts et conservés par les exploitants selon les modalités prévues au I de l'article L. 102 B du Livre des procédures fiscales.

Art. 50 *sexies* I I. — Tout utilisateur d'un système de billetterie informatisée doit se conformer au cahier des charges annexé à l'arrêté du 8 mars 1993 modifié. — *V. Arr. du 5 oct. 2007, Ann. (JO 7 oct.).*

II. — Les utilisateurs susmentionnés déclarent à la direction des services fiscaux dont ils dépendent la mise en service d'un système informatisé de billetterie ou de caisse enregistreuse au plus tard lors de la première utilisation.

Cette déclaration comporte les mentions suivantes nécessaires à la description du système utilisé :

1° Le nom du logiciel, son numéro de version et, le cas échéant, sa date ainsi que l'identité de son concepteur ou le nom du progiciel ;

2° La configuration informatique ;

3° Le système d'exploitation ;

4° Le langage de programmation ;

5° Le format du logiciel source ou exécutable fourni par le concepteur ;

6° La description fonctionnelle du système ;

7° Le fac-similé d'un billet, d'un coupon de gestion et d'un relevé de recettes ;

8° *Les sécurités* mises en œuvre.

Les modifications du système sont portées à la connaissance de l'administration dans les conditions prévues au premier alinéa.

H OPÉRATIONS RELEVANT DU COMMERCE ÉLECTRONIQUE *(Arr. du 31 mai 2021, art. 1er et 2, applicable aux opérations pour lesquelles le fait générateur de la TVA intervient à compter du 1er juill. 2021).*

Art. 50 *sexies* J Les informations prévues au 2 de l'article 298 *sexdecies* F *(Arr. du 30 déc. 2014)* « et au *(Arr. du 31 mai 2021, art. 1er et 2, applicable aux opérations pour lesquelles le fait générateur de la TVA intervient à compter du 1er juill. 2021)* « II *[ancienne rédaction : V]* » de l'article 298 *sexdecies* G » du code général des impôts sont les suivantes :

a. Raison sociale ;
b. Adresses physique et postale (si différentes) ;
c. Adresse(s) électronique(s) ;
d. Nom de la personne physique à contacter dans l'entreprise ;
e. Numéro de téléphone et adresse électronique du contact ;
f. Description de l'activité ;
g. Numéro d'identification fiscal national ;
h. Déclaration attestant, le cas échéant, que l'entreprise *(Arr. du 28 nov. 2018, en vigueur le 1er janv. 2019)* « n'a pas établi le siège de son activité économique sur le territoire de l'Union européenne et qu'elle n'y dispose pas d'un établissement stable *[ancienne rédaction : n'est pas identifiée dans un État membre de la Communauté européenne aux fins de la taxe sur la valeur ajoutée]* ».

Art. 50 *sexies* K *(Arr. du 31 mai 2021, art. 1er et 2, applicable aux opérations pour lesquelles le fait générateur de la TVA intervient à compter du 1er juill. 2021)* Les informations prévues au II de l'article 298 *sexdecies* H du code général des impôts relatives à l'assujetti ou à l'intermédiaire mentionné à ce même II et fournies par cet assujetti ou cet intermédiaire sont les suivantes :
a) Raison sociale ;
b) Adresses physique et postale (si différentes) ;
c) Adresse(s) électronique(s) et *[sic]* sauf pour les intermédiaires *[du]* site internet ;
d) Nom de la personne physique à contacter dans l'entreprise ;
e) Numéro de téléphone et adresse électronique du contact ;
f) Description de l'activité, sauf pour les intermédiaires ;
g) Numéro individuel d'identification à la taxe sur la valeur ajoutée mentionné à l'article 286 *ter* du code général des impôts ou, à défaut d'une telle identification, le numéro fiscal national.

Pour chaque assujetti qu'il représente, l'intermédiaire transmet également, avant que cet assujetti ne commence à bénéficier du régime particulier, le numéro individuel d'identification de taxe sur la valeur ajoutée mentionné au 3 du III du même article 298 *sexdecies* H du code général des impôts.

Ancien art. 50 sexies K *Lorsque l'assujetti cesse ou modifie son activité au point de ne plus se prévaloir du régime spécial prévu à l'article 298 sexdecies F du code général des impôts (Arr. du 30 déc. 2014) « et du régime particulier prévu à l'article 298 sexdecies G du même code », il en informe l'administration par voie électronique.*

I OPÉRATEURS DE DÉTAXE

(Arr. du 13 janv. 2018, art. 1er-I)

Art. 50 *sexies* L *(Arr. du 13 janv. 2018, art. 1er-II)* 1. L'audit mené par l'administration des douanes s'effectue sur la base des grilles d'audit définies au 3. du présent article, dans les locaux du demandeur.

2. Lorsque toute ou partie des locaux du demandeur se situent hors du territoire français, ce dernier doit apporter la preuve, par tout moyen, que les conditions figurant dans les grilles d'audit sont remplies.

3. Les grilles d'audit énoncées à l'article 202 G de l'annexe II du code général des impôts permettant à l'administration des douanes de vérifier le respect des critères pour devenir opérateur de détaxe et de prononcer sa décision d'agrément figurent en annexe au présent arrêté. — *V. Ann. de l'Arr. du 13 janv. 2018 (JO 26 janv.), abrogée et remplacée, à compter du 29 janv. 2021, par l'Ann. de l'Arr. du 18 janv. 2021 (JO 28 janv.).*

J BIENS TRANSITANT PAR UN ENTREPÔT OU UNE PLATEFORME LOGISTIQUE DE STOCKAGE

(Arr. du 24 mars 2020, art. 1er)

Art. 50 *sexies* M Les informations prévues au III de l'article 298 *sexdecies* J sont les suivantes :
a) la raison sociale du propriétaire du bien ;
b) les adresses physique et postale (si différentes) du propriétaire du bien ;
c) le numéro d'identification fiscal national du propriétaire du bien ;

d) le numéro de taxe sur la valeur ajoutée intracommunautaire du propriétaire du bien ou celui de son représentant fiscal au sein de l'Union européenne ;

e) la date à laquelle le propriétaire du bien a été informé de ses obligations en matière de taxe sur la valeur ajoutée ;

f) l'identifiant douanier EORI du propriétaire du bien ou de l'opérateur économique ayant procédé aux formalités douanières d'importation ;

g) le numéro de référence inscrit sur la déclaration en douane d'importation du bien ;

h) l'État ou le territoire de provenance du bien ;

i) la nature et la quantité numéraire du bien ;

j) la durée de détention du bien ;

k) le lieu et date de livraison du bien.

SECTION VI IMPORTATIONS

I *FRANCHISES FISCALES À L'IMPORTATION*

(Arr. du 18 juin 2009)

Art. 50 *septies* L'exonération de taxe sur la valeur ajoutée mentionnée au 2° du II de l'article 291 du code général des impôts et relative aux biens importés définitivement dans le cadre des franchises fiscales communautaires s'applique dans les cas et selon les modalités prévues aux articles 50 *octies* à 50 *octies* C.

Pour l'application des dispositions correspondantes on entend par :

1° Biens personnels :

Les biens affectés à l'usage personnel des intéressés ou aux besoins de leur foyer qui ne traduisent ni par leur nature, ni par leur quantité une préoccupation d'ordre commercial et ne sont pas destinés à l'exercice d'une activité économique au sens de l'article 256 A du code général des impôts.

2° Résidence normale :

Le lieu où une personne demeure habituellement, c'est-à-dire pendant au moins 185 jours par année civile, en raison d'attaches personnelles et professionnelles, ou dans le cas d'une personne sans attaches professionnelles, en raison d'attaches personnelles révélant des liens étroits entre elle-même et l'endroit où elle habite.

Toutefois, la résidence normale d'une personne dont les attaches professionnelles sont situées dans un lieu différent de celui de ses attaches personnelles, et qui, de ce fait, est amenée à séjourner alternativement dans des pays différents, se situe au lieu de ses attaches personnelles, à condition qu'elle y retourne régulièrement. Cette dernière condition n'est pas requise lorsque la personne effectue un séjour dans le territoire de la Communauté pour l'exécution d'une mission d'une durée déterminée. La fréquentation d'une université ou d'une école n'implique pas le transfert de la résidence normale ;

3° Alcools et boissons alcooliques :

Les produits soumis aux droits d'accises mentionnés aux articles 402 *bis*, 403, 438 et au *a* du I de l'article 520 A du code général des impôts ;

4° Tabacs manufacturés :

L'ensemble des produits définis aux articles 275 A à 275 G de l'annexe II au code général des impôts.

Art. 50 *octies* *Les biens désignés ci-après* sont admis en exonération de la taxe sur la valeur ajoutée exigible lors de leur importation dans les conditions et selon les limites prévues par le règlement (CEE) n° 918/83 du 28 mars 1983, modifié par le règlement (CE) n° 274/2008 du Conseil du 17 mars 2008 et par l'arrêté du 16 septembre 2004 et, le cas échéant, dans les conditions particulières prévues au présent article pour les besoins de la taxe sur la valeur ajoutée : – *Arr. du 16 sept. 2004 mentionné ci-dessus : abrogé par Arr. du 16 juill. 2009 fixant les conditions d'application du règlement n° 918/83 du 28 mars 1983 modifié..., art. 6 (JO 18 août 2009).*

1° Les biens personnels appartenant à des personnes physiques transférant leur résidence normale située en dehors de la Communauté européenne en France ;

2° Les biens personnels importés à l'occasion d'un mariage et ceux offerts à cette occasion ;

3° Les biens personnels recueillis dans le cadre d'une succession ;

4° Les biens constituant les trousseaux, requis d'études et autres objets mobiliers d'élèves ou d'étudiants ;

(Arr. du 31 mai 2021, art. 1er et 2, applicable aux opérations pour lesquelles l'exigibilité de la TVA intervient à compter du 1er juill. 2021) « 5° Les biens compris dans un envoi d'une valeur intrinsèque qui n'excède pas 22 €, lorsque l'importation est réalisée en Guadeloupe, à La Réunion ou en Martinique *[ancienne rédaction : 5° Les envois d'une valeur qui n'excède pas 22 €, à l'exclusion des biens importés dans le cadre d'une vente par correspondance]* » ;

6° Les envois adressés de particulier à particulier, dans la limite d'une valeur globale n'excédant pas 45 € ou, pour les marchandises désignées ci-après dans les limites quantitatives suivantes par envoi :

a. Produits du tabac : 50 cigarettes ou 25 cigarillos ou 10 cigares ou 50 grammes de tabacs à fumer ;

b. Alcools et boissons alcooliques : 1 litre pour les boissons distillées et boissons spiritueuses ayant un titre alcoométrique de plus de 22 % volume, alcool éthylique non dénaturé ayant un titre alcoométrique de plus de 80 % volume ; ou

1 litre pour les boissons distillées, boissons spiritueuses, apéritifs à base de vin ou d'alcool, tafia, saké ou boissons similaires, ayant un titre alcoométrique de 22 % volume ou moins, les vins mousseux, vins de liqueur ; ou

2 litres pour les vins tranquilles ;

c. Parfums : 50 grammes ou 0,25 litre pour les eaux de toilette ;

Les marchandises mentionnées aux a à c contenues dans un envoi excédant en quantités les seuils ci-avant sont soumises en totalité à la taxe sur la valeur ajoutée lors de leur importation ;

7° Les biens d'investissement et autres biens d'équipements importés en France à l'occasion d'un transfert d'activités par les entreprises qui ont déclaré, au préalable, le commencement de leur activité dans les conditions prévues à l'article 286 du code général des impôts.

Pour l'application de la taxe sur la valeur ajoutée, ne bénéficient pas de l'exonération les biens d'investissement et d'équipement qui sont :

a. Exclus du droit à déduction en application de l'article 273 du code général des impôts et des textes pris pour son application ;

b. Destinés à l'exercice d'une activité exonérée au titre des articles 261 à 261 E du code général des impôts ;

c. La propriété de personnes exerçant une profession libérale et des personnes morales qui exercent une activité sans but lucratif.

Le non-respect des conditions d'application de l'article 37 du règlement (CEE) n° 918/83 du 28 mars 1983 demeure sans incidence sur l'application de l'exonération de la taxe ;

8° Les produits obtenus sur des biens fonds situés dans un pays tiers à la Communauté européenne, à proximité immédiate de la France, par des producteurs agricoles dont le siège de l'exploitation est situé en France, ainsi que les chevaux de race pure n'ayant pas plus de 6 mois d'âge nés dans un pays tiers d'un animal sailli en France puis exporté temporairement pour mettre bas et, pour ce qui concerne les produits de l'élevage, sous réserve qu'ils proviennent d'animaux élevés, acquis ou importés aux conditions générales d'imposition en vigueur en France ;

9° Les semences, engrais et produits pour le traitement du sol et des végétaux importés par des producteurs agricoles, dont le siège de l'exploitation se trouve dans un pays tiers à la Communauté européenne situé à proximité immédiate de la France, pour être utilisés sur des biens fonds situés en France ;

10° Les marchandises contenues dans les bagages personnels des voyageurs, en provenance des pays tiers, dans les conditions suivantes :

1. – *Pour les marchandises* autres que celles mentionnées au 2, la franchise s'applique aux biens dont la valeur totale n'excède pas 430 € par personne pour les voyageurs qui empruntent la voie aérienne ou maritime et 300 € par personne pour les autres voyageurs.

Pour les personnes de moins de 15 ans, les seuils indiqués à l'alinéa précédent n'excèdent pas 150 €.

La franchise ne s'applique que lorsque la valeur d'une même marchandise est inférieure ou égale aux seuils mentionnés ci-dessus ;

2. – Pour les produits du tabac, les alcools et boissons alcooliques, dans les limites quantitatives suivantes :

a. Produits du tabac :

200 cigarettes ;

100 cigarillos ;

50 cigares ;

250 grammes de tabac à fumer ;

b. Alcools et boissons alcooliques autres que le vin tranquille et la bière :

1 litre d'alcool et de boissons alcooliques ayant un titre alcoométrique de plus de 22 % volume, ou d'alcool éthylique non dénaturé de 80 % volume et plus ;

2 litres d'alcool et de boissons alcooliques ayant un titre alcoométrique n'excédant pas 22 % volume ;

c. Vin tranquille et bière :

4 litres de vin tranquille ; et

16 litres de bière.

Pour chaque catégorie mentionnée au a ou au b ci-dessus, chaque quantité indiquée représente 100 % de la franchise applicable aux produits du tabac, d'une part, ou aux alcools et boissons alcooliques, d'autre part. Pour chacune de ces catégories de produits, la franchise s'applique à tout assortiment de produits du tabac ou à tout assortiment d'alcools et boissons alcooliques, et la somme des pourcentages afférents aux produits d'une même catégorie ne doit pas être supérieure à 100 % ;

Les franchises visées aux a, b et c ci-dessus ne s'appliquent pas aux voyageurs âgés de moins de 17 ans ;

3. – Pour l'application du présent 10° sont considérés comme bagages personnels l'ensemble des bagages que le voyageur est en mesure de présenter au service des douanes lors de son arrivée, ainsi que ceux qu'il présente ultérieurement, à condition qu'ils aient été enregistrés auprès de la compagnie de transport comme bagages accompagnés au moment du départ du pays tiers de provenance ;

4. – Les dispositions des 1 et 2 s'appliquent aux travailleurs frontaliers, aux personnes ayant leur résidence dans une zone frontalière avec un pays tiers à l'Union européenne et aux personnels des moyens de transport utilisés pour voyager à partir d'un pays tiers dans les conditions suivantes :

a. Pour les marchandises autres que le tabac, les alcools et boissons alcooliques, la franchise s'applique aux biens dont la valeur totale n'excède pas 75 € par personne âgée de 15 ans ou plus, et 40 € par personne âgée de moins de 15 ans ;

b. Pour les produits du tabac, dans les limites quantitatives suivantes :

40 cigarettes ;

20 cigarillos ;

10 cigares ;

50 grammes de tabac à fumer ;

c. Pour les alcools et boissons alcooliques, autres que le vin tranquille et la bière, dans les limites quantitatives suivantes :

0,25 litre d'alcool et de boissons alcooliques ayant un titre alcoométrique de plus de 22 % volume, ou d'alcool éthylique non dénaturé de 80 % volume et plus ;

0,5 litre d'alcool et de boissons alcooliques ayant un titre alcoométrique n'excédant pas 22 % volume ;

d. Pour le vin tranquille et la bière, dans les limites quantitatives suivantes :

0,5 litre de vin tranquille ; et

4 litres de bière ;

Les franchises visées aux a, b et c ci-dessus ne s'appliquent pas aux personnes âgées de moins de 17 ans ;

10° *bis* Le carburant contenu dans les réservoirs normaux des moyens de transport à moteur et une quantité de carburant n'excédant pas 10 litres contenue dans un réservoir portatif ;

11° Les animaux de laboratoire et les substances biologiques ou chimiques destinés à la recherche, sous réserve que les animaux ou substances soient adressés à titre gratuit ;

12° Les substances thérapeutiques d'origine humaine et réactifs pour la détermination des groupes sanguins et tissulaires, sans préjudice des exonérations mentionnées au *a* du 3° du II de l'article 291 du code général des impôts ;

13° Les substances de référence pour le contrôle de la qualité des médicaments ;

14° Les produits pharmaceutiques utilisés à l'occasion de manifestations sportives internationales ;

15° a. Les biens adressés à titre gratuit à des organismes à caractère charitable ou philanthropique pour la réalisation d'objectifs généraux dans la limite de 13 000 € pour les biens destinés à la collecte de fonds au cours de manifestations occasionnelles de bienfaisance au profit de personnes nécessiteuses et dans la limite de 6 000 € pour les matériels d'équipement et de bureau utilisés exclusivement pour les besoins de leur fonctionnement ;

b. Les biens de première nécessité adressés à titre gratuit à des organismes à caractère charitable ou philanthropique et destinés à être distribués gratuitement à des personnes nécessiteuses ;

16° Les biens importés par des organismes à caractère charitable ou philanthropique au profit des victimes de catastrophes ;

17° Les décorations et récompenses décernées à titre honorifique ;

18° Les cadeaux reçus dans le cadre des relations internationales ;

19° Les biens destinés à l'usage des souverains et des chefs d'État ;

20° Les échantillons de valeur négligeable ;

21° Les imprimés et objets à caractère publicitaire ;

22° Les biens utilisés ou consommés lors d'une exposition ou d'une manifestation similaire ;

23° Les biens importés pour examens, analyses ou essais ;

24° Les envois destinés aux organismes compétents en matière de protection des droits d'auteur ou de protection de la propriété industrielle ou commerciale ;

25° La documentation à caractère touristique ;

26° Les documents et articles divers énumérés à l'article 109 du règlement (CEE) n° 918/83 du 28 mars 1983 modifié par le règlement (CE) n° 274/2008 du Conseil du 17 mars 2008, à l'exclusion des timbres fiscaux et analogues attestant l'acquittement de taxes dans des pays tiers à la Communauté européenne, ainsi que les importations des publications officielles constituant le moyen d'expression de l'autorité publique du pays d'exportation, des organismes internationaux, des collectivités publiques et organismes de droit public, établis dans le pays d'exportation, ainsi que des imprimés diffusés à l'occasion des élections au Parlement européen, ou à l'occasion d'élections nationales organisées à partir du pays d'origine, par les organisations politiques étrangères officiellement reconnues comme telles dans la Communauté, pour autant que ces publications et imprimés aient été soumis à la taxe dans le pays d'exportation et n'aient pas fait l'objet de détaxation à l'exportation ;

27° Les matériaux ou accessoires d'arrimage et de protection des marchandises au cours de leur transport en France, sous réserve que leur montant soit inclus dans la base d'imposition telle que définie par les articles 292 et 293 du code général des impôts ;

28° Les litières, fourrages et aliments destinés aux animaux au cours de leur transport en France ;

29° Les carburants et lubrifiants à bord des véhicules à moteur terrestres et dans les conteneurs à usage spécial ;

30° Les biens destinés à la construction, l'entretien ou la décoration de monuments commémoratifs ou de cimetières de victimes de guerre ;

31° Les cercueils, urnes funéraires et objets d'ornement funéraire ;

32° Les matériels visuels et auditifs de caractère éducatif, scientifique ou culturel indiqués au B de l'annexe I du règlement (CEE) du 28 mars 1983 susmentionné, quel *que soit l'usage auquel ils sont* destinés ;

33° Les objets de collection et objets d'art de caractère éducatif, scientifique ou culturel, non destinés à la vente et importés par des musées, galeries et autres établissements agréés par l'administration des douanes et droits indirects pour recevoir ces objets en exonération. L'exonération n'est accordée que lorsque les objets sont importés à titre gratuit ou, s'ils sont importés à titre onéreux, lorsqu'ils ne sont pas livrés par un assujetti ou une personne agissant comme tel, sans préjudice des exonérations mentionnées au 8° du II de l'article 291 du code général des impôts. — *V. App., Décr. n° 2014-1280 du 23 oct. 2014.*

Art. 50 *octies* A I. — Sont également admis en exonération les biens spécialement conçus pour l'éducation, l'emploi ou la promotion sociale des aveugles et des autres personnes physiquement ou mentalement handicapées, sous réserve qu'ils soient :

1° Importés par des institutions ou organisations ayant pour activité principale l'éducation des personnes handicapées ou l'assistance à ces personnes et qui sont agréées par l'administration des douanes et droits indirects pour recevoir ces objets en exonération ; et

2° Adressés à titre gratuit et sans aucune intention d'ordre commercial de la part du donateur à une telle institution ou organisation.

II. — L'exonération est applicable aux pièces de rechange, éléments ou accessoires spécifiques, s'adaptant aux objets considérés ainsi qu'aux outils à utiliser pour l'entretien, le contrôle, le calibrage ou la réparation desdits objets, pour autant que ces pièces de rechange, éléments, accessoires ou outils soient importés en même temps que ces objets ou, s'ils sont importés ultérieurement, qu'ils soient reconnaissables comme étant destinés à des objets admis précédemment en exonération ou qui seraient susceptibles de bénéficier de l'exonération au moment où celle-ci est demandée pour les pièces de rechange, éléments, accessoires spécifiques ou outils considérés.

III. — Les biens admis en exonération ne peuvent pas être utilisés à des fins autres que l'éducation, l'emploi ou la promotion sociale des aveugles et autres personnes handicapées.

IV. — Les dispositions prévues aux articles 77 et 78 du règlement (CEE) n° 918/83 du 28 mars 1983 modifié par le règlement (CE) n° 274/2008 du Conseil du 17 mars 2008 mentionné à l'article 50 *octies* s'appliquent en matière de taxe sur la valeur ajoutée aux biens admis en exonération au titre du présent article.

Art. 50 *octies* B Dans tous les cas où l'octroi de l'exonération est subordonné au respect de limites ou conditions, la preuve que ces limites ou conditions ont été respectées doit être apportée par l'intéressé, à la satisfaction de l'administration des douanes et droits indirects.

Art. 50 *octies* C Les dispositions précitées ne font pas obstacle au maintien des exonérations, privilèges et immunités accordés à l'importation par la France dans le cadre des accords internationaux mentionnés à l'article 143 sous f à i) de la directive (CE) n° 2006/112 du 28 novembre 2006 du Conseil des communautés européennes et à l'article 91 de la directive (CEE) n° 83/181 modifiée du Conseil du 28 mars 1983.

II ŒUVRES D'ART ORIGINALES, TIMBRES ET OBJETS DE COLLECTION OU D'ANTIQUITÉ

Art. 50 *nonies* *Devenu sans objet (L. n° 91-716 du 26 juill. 1991, art. 5-IV et VII).*

Art. 50 *decies* 1. L'exonération de la taxe sur la valeur ajoutée est applicable sous réserve des dispositions du 2 aux œuvres d'art originales, timbres, objets de collection ou d'antiquité repris aux numéros 97-04, 97-05 et 97-06 du tarif des droits de douane d'importation lorsqu'ils sont destinés :

1° A l'Établissement public de la Réunion des musées nationaux et du Grand Palais des Champs-Élysées ;

2° Aux musées de l'État, des départements et des communes ;

3° Aux fondations, associations et autres établissements justifiant de leur agrément par le ministre chargé des affaires culturelles.

2. L'exonération est subordonnée à la production, à l'appui de la déclaration d'importation, d'une attestation signée par le directeur de l'établissement certifiant que les objets importés sont destinés audit établissement et comportant l'engagement :

1° De ne pas céder, à titre onéreux ou gratuit, lesdits objets sans avoir au préalable acquitté auprès du service des douanes la taxe sur la valeur ajoutée ;

2° De présenter au bureau des douanes d'importation, dans un délai de trente jours, un certificat de prise en charge desdits objets dans l'inventaire de l'établissement destinataire.

3. La taxe sur la valeur ajoutée n'est pas due si la cession est faite au bénéfice de l'un des établissements visés au 1.

SECTION VII RÉGIMES SPÉCIAUX

I *DÉPARTEMENTS D'OUTRE-MER*

Art. 50 *undecies* 1. La liste des matériels d'équipement destinés à l'industrie hôtelière et touristique, dont l'importation dans les départements de la Guadeloupe, de la Martinique et de La Réunion peut avoir lieu en franchise de la taxe sur la valeur ajoutée, est fixée ainsi qu'il suit :

NUMÉROS du tarif des droits de douane d'importation	DÉSIGNATION DES PRODUITS
40-06 à 40-07	Tous produits de ces positions.
40-10	Courroies transporteuses ou de transmission, en caoutchouc vulcanisé.
Ex-42-05	Articles de maroquinerie n'ayant pas le caractère de contenant (sous-mains, signets, etc.) en cuir naturel ou reconstitué.
Ex-44-16	Futailles, cuves, baquets et autres ouvrages de tonnellerie et leurs parties en bois.
44-19	Articles en bois pour la table et la cuisine.
44-20	Ouvrages de tabletterie et de petite ébénisterie (boîtes, coffrets, étuis, écrins, plumiers, portemanteaux, lampadaires et autres appareils d'éclairage, etc.), objets d'ornement, d'étagère et article de parure en bois ; parties en bois de ces ouvrages ou objets.
Ex-44-21-90	Ustensiles de ménage en bois.
46-01-20	Nattes, paillassons et claies en matières végétales.
46-02	Ouvrages de vannerie obtenus directement en forme à partir de matières à tresser ou confectionnés à l'aide des articles du n° 4601 ; ouvrages en luffa.
Ex-48-14	Papiers peints et revêtements muraux similaires.
49-10	Calendriers de tous genres, imprimés, y compris les blocs de calendriers à effeuiller.
50-07	Tissus de soie ou de déchets de soie.
51-11 à 51-13	Tous produits de ces positions.
52-08 à 52-12	Tous produits de ces positions.
53-09 à 53-11	Tous produits de ces positions.
54-07 à 54-08	Tous produits de ces positions.
52-12 à 55-15	Tous produits de ces positions.
55-16	Tissus de fibres artificielles discontinues.
56-04	Fils et cordes de caoutchouc, recouverts de textiles, fils textiles, lames et formes similaires des n°s 5404 ou 5405, imprégnés, enduits, recouverts ou gainés de caoutchouc ou de matière plastique.
57-01 à 57-03	*Tous* produits de ces positions.
57-06	Autres tapis et revêtements de sol en matières textiles, même confectionnés.
58-01 à 58-05	Tous produits de ces positions.
58-09 à 58-11	Tous produits de ces positions.

NUMÉROS du tarif des droits de douane d'importation	DÉSIGNATION DES PRODUITS
59-02	Nappes tramées pour pneumatiques obtenues à partir de fils à haute ténacité de nylon ou d'autres polyamides de polyesters ou de rayonne viscose.
59-04 à 59-07	Tous produits de ces positions.
59-09	Tuyaux pour pompes et tuyaux similaires en matières textiles, même avec armatures ou accessoires en autres matières.
Ex-59-11	Produits et articles textiles pour usages techniques visés à la note 7 du présent chapitre, à l'exclusion des gazes et toiles à bluter, même confectionnées.
Ex-63-01	Couvertures autres que les couvertures chauffantes électriques.
63-02 à 63-04	Tous produits de ces positions.
63-06	Bâches, voiles pour embarcations, planches à voile ou chars à voile, stores d'extérieur, tentes et articles de campement.
63-08	Assortiments composés de pièces de tissus et de fils, même avec accessoires, pour la confection de tapis, de tapisseries, de nappes de table ou de serviettes brodées, ou d'articles textiles similaires, en emballages pour la vente au détail.
66-01	Parapluies, ombrelles ou parasols (y compris les parapluies cannes, les parasols de jardin et articles similaires).
Ex-66-03	Parties, garnitures et accessoires pour articles du n° 66-01.
68-06	Laines de laitier, de scories, de roche et laines minérales similaires ; vermiculite expansée, argiles expansées, mousse de scories et produits minéraux similaires expansés ; mélanges et ouvrages en matières minérales à usage d'isolants thermiques ou sonores ou pour l'absorption du son, à l'exclusion de ceux des n°s 6811, 6812 ou du chapitre 69.
69-09	Appareils et articles pour usages chimiques ou autres usages techniques, en céramique ; auges, bacs et récipients similaires pour l'économie rurale, en céramique ; cruchons et récipients similaires de transport ou d'emballage en céramique.
69-11 et 69-12	Tous produits de ces positions.
70-07	Verre de sécurité consistant en verres trempés ou formes de feuilles contrecollées.
70-09	Miroirs en verre, même encadrés, y compris les miroirs rétroviseurs.
70-10-90	Bonbonnes, bouteilles, flacons, bocaux, pots, emballages tubulaires, autres récipients de transport ou d'emballage, en verre ; bocaux à conserves, en verre ; bouchons, couvercles et autres dispositifs de fermeture, en verre.
70-13	Objets en verre pour le service de la table, pour la cuisine, la toilette, le bureau, l'ornementation des appartements ou usages similaires, autres que ceux des n°s 7010 ou 7018.
Ex-71-14	Articles d'orfèvrerie et leurs parties, plaques ou doubles de métaux précieux.
73-10	Tous produits de cette position.
73-21 et 73-22	Tous produits de ces positions.
Ex-73-23	Articles de ménage ou d'économie domestique et leurs parties, en fonte, fer ou acier.

NUMÉROS du tarif des droits de douane d'importation	DÉSIGNATION DES PRODUITS
73-28	Autres ouvrages en fer ou en acier.
74-17 à 74-19	Tous produits de ces positions.
75-08	Autres ouvrages en nickel.
76-12	Réservoirs, fûts, tambours, bidons, boîtes et récipients similaires en aluminium (y compris les étuis tubulaires rigides ou souples) pour toutes matières (à l'exception des gaz comprimés ou liquéfiés) d'une contenance n'excédant pas 300 litres, sans dispositifs mécaniques ou thermiques, même avec revêtement intérieur ou calorifuge.
76-15 et 76-16	Tous produits de ces positions.
78-04	Tables, feuilles et bandes en plomb ; poudres et paillettes de plomb.
80-03	Barres, profilés et fils en étain.
Ex-80-07	Articles de ménage, d'hygiène, d'économie domestique et leurs parties en étain.
82-01-50	Sécateurs (y compris les cisailles à volailles) maniés à une main.
82-05 à 82-06	Tous produits de ces positions.
82-10	Appareils mécaniques actionnés à la main, d'un poids de 10 kg ou moins, utilisés pour préparer, conditionner ou servir les aliments ou les boissons.
Ex-82-11	Couteaux (autres que ceux du n° 8208) à lame tranchante ou dentelée.
82-12 et 82-13	Tous produits de ces positions.
Ex-82-14	Autres articles de coutellerie (tondeuses, fendoirs, couperets, hachoirs de boucher ou de cuisine et coupe-papier, par exemple).
82-15	Cuillers, fourchettes, louches, écumoires, pelles à tarte, couteaux spéciaux à poisson ou à beurre, pinces à sucre et articles similaires.
83-03 et 83-04	Tous produits de ces positions.
83-06	Cloches, sonnettes, gongs et articles similaires, non électriques, en métaux communs ; statuettes et autres objets d'ornements en métaux communs ; cadres pour photographies, gravures ou similaires en métaux communs ; miroirs en métaux communs.
83-10	Plaques indicatrices, plaques-enseignes, plaques-adresses et plaques similaires, chiffres, lettres et enseignes diverses en métaux communs à l'exclusion de ceux du n° 9405.
84-03 à 84-04	Tous produits de ces positions.
84-18	Réfrigérateurs, congélateurs-conservateurs et autres matériels, machines et appareils pour la reproduction du froid, à équipement électrique ou autre ; pompes à chaleur autres que les machines et appareils pour le conditionnement de l'air *du n° 8415*.
84-19-81	Percolateurs.
Ex-84-22	Machines à laver la vaisselle.

NUMÉROS du tarif des droits de douane d'importation	DÉSIGNATION DES PRODUITS
Ex-84-23	Appareils et instruments de pesage, à l'exclusion des bascules et balances compteuses de pièces, bascules et balances ensacheuses ou doseuses et autres bascules ou balances à usages spéciaux, poids et parties de ces appareils.
84-50	Machines à laver le linge, même avec dispositif de séchage.
Ex-84-51	Machines et appareils (autres que les machines du n° 8450) pour le lavage, l'essorage, le séchage, le repassage, le pressage (y compris les presses à fixer), le blanchiment, la teinture, l'apprêt, le finissage.
84-52	Machines à coudre, autres que les machines à coudre les feuillets du n° 8440, meubles, embases et couvercles spécialement conçus pour machines à coudre ; aiguilles pour machines à coudre.
84-69 à 84-70	Tous produits de ces positions.
84-72	Autres machines et appareils de bureau (duplicateurs hectographiques ou à stencils, machines à imprimer les adresses, distributeurs automatiques de billets de banque, machines à trier, à compter ou à encartoucher les pièces de monnaie, appareils à tailler les crayons, appareils à perforer ou à agrafer, par exemple).
Ex-84-73	Parties et accessoires (autres que les coffrets, housses et similaires) reconnaissables comme étant exclusivement ou principalement destinés aux machines ou appareils des n°s 8469, 8470, 8472.
84-76	Machines automatiques de vente de produits (timbres-poste, cigarettes, denrées alimentaires, boissons, par exemple), y compris les machines pour changer la monnaie.
85-02	Groupes électrogènes.
85-09	Appareils électromécaniques à moteur électrique incorporé, à usage domestique.
85-16	Chauffe-eau et thermoplongeurs électriques ; appareils électriques pour le chauffage des locaux, du sol ou pour usages similaires ; appareils électrothermiques pour la coiffure (sèche-cheveux, appareils à friser, chauffe-fers à friser, par exemple) ou pour sécher les mains ; fers à repasser électriques ; autres appareils électrothermiques pour usages domestiques, résistances chauffantes, autres que celles du n° 8545.
Ex-85-17	Appareils électriques pour la téléphonie ou la télégraphie par fil, à l'exception des appareils de télécommunication par courant porteur.
85-18 à 85-20	Tous produits de ces positions.
85-27	Appareils récepteurs pour la radiotéléphonie, la radiotélégraphie ou la radiodiffusion, même combinés, sous une même enveloppe, à un appareil d'enregistrement ou de reproduction du son ou à un appareil d'horlogerie.
85-28	Appareils récepteurs de télévision.
Ex-85-29	Parties reconnaissables comme étant exclusivement ou principalement destinées aux appareils du n° 8527.

NUMÉROS du tarif des droits de douane d'importation	DÉSIGNATION DES PRODUITS
Ex-87-03	Voitures de tourisme et autres véhicules automobiles principalement conçus pour le transport de personnes (autres que ceux du n° 8702) y compris les voitures du type " break ", comportant un minimum de sept places assises.
87-15	Landaus, poussettes et voitures similaires pour le transport des enfants et leurs parties.
87-16-80 Ex-87-16-90	Autres véhicules non automobiles et leurs parties.
89-01	Paquebots, bateaux de croisières, transbordeurs, cargos, péniches et bateaux similaires pour le transport de personnes et de marchandises.
89-03	Yachts et autres bateaux et embarcations de plaisance ou de sport ; bateaux à rames et canoës.
Ex-89-06	Bateaux de sauvetage.
91-05 à 91-06	Tous produits de ces positions.
92-01	Pianos, même automatiques ; clavecins et autres instruments à cordes à clavier.
92-02-90	Harpes.
92-07	Instruments de musique dont le son est produit ou doit être amplifié par des moyens électriques (orgues, guitares, accordéons, par exemple).
94-01 à 94-05	Tous produits de ces positions.
95-04	Articles pour jeux de société, y compris les jeux à moteur ou à mouvement, les billards, les tables spéciales pour jeux de casino et les jeux de quilles automatiques (bowling par exemple).
95-06-40	Articles et matériel pour le tennis de table.
96-17	Bouteilles isolantes et autres récipients isothermiques montés, dont l'isolation est assurée par le vide, ainsi que leurs parties (à l'exclusion des ampoules en verre).

2. L'exonération dont sont susceptibles de bénéficier les voitures pour le transport des personnes comportant un minimum de sept places assises, reprises au paragraphe ci-dessus (n° Ex 87-02 Ex A) est subordonnée à l'affectation exclusive de ces véhicules au service de la clientèle et limitée en outre à un véhicule par hôtel de 20 à 100 chambres et à deux véhicules par hôtel de plus de 100 chambres.

3. Pour bénéficier de la franchise de la taxe sur la valeur ajoutée, les importateurs doivent :

1° En faire la demande sur la déclaration d'importation ;

2° Déposer à l'appui de la déclaration d'importation une attestation en double exemplaire indiquant les nom, prénoms, profession ou raison sociale et adresse du destinataire, ainsi que la nature, la quantité et la valeur des produits importés.

Cette attestation devra porter l'engagement, pour le cas où les produits ne recevraient pas l'affectation justifiant l'exonération de la taxe sur la valeur ajoutée, d'acquitter au service des impôts, la taxe devenue exigible, sans préjudice des pénalités prévues aux articles 1727, 1729, 1731 et 1784 à 1786 du code général des impôts.

Art. 50 *duodecies* I. – La liste des produits, matériaux de construction, engrais et outillages industriels et agricoles dont l'importation dans les départements de la Guadeloupe, de la Martinique et de La Réunion peut avoir lieu en franchise de la taxe sur la valeur ajoutée, est fixée ainsi qu'il suit :

NUMÉROS du tarif des droits de douane d'importation	**DÉSIGNATION DES PRODUITS**
15-15-11-00 15-15-19-10 15-15-19-90	Huile de lin et ses fractions.
25-05	Sables naturels de toute espèce, même colorés, à l'exclusion des sables métallifères du chapitre 26.
(Arr. du 13 nov. 2019, art. 1er) « 25-13-10 [ancienne rédaction : 25-13-11] »	Pierre ponce.
(Abrogé par Arr. du 13 nov. 2019, art. 1er) « 25-13-19	*Autre pierre ponce. »*
25-14 à 25-17	Tous produits de ces positions.
25-20 à 25-23	Tous produits de ces positions.
27-06	Tous produits de cette position.
27-08-10	Brai.
Ex 27-15	Mastics bitumineux.
Ex 28-17	Oxyde de zinc.
(Abrogé par Arr. du 13 nov. 2019, art. 1er) « 28-24-20	*Minium et mine orange. »*
Chapitre 31	Engrais.
32-06	Tous produits de cette position.
32-08 à 32-11	Tous produits de ces positions.
(Abrogé par Arr. du 13 nov. 2019, art. 1er) « 32-12-90-11	*Tous produits de ces positions. »*
(Abrogé par Arr. du 13 nov. 2019, art. 1er) « 32-12-90-19	*Tous produits de ces positions. »*
32-14	Mastic de vitrier, ciments de résine et autres mastics ; enduits utilisés en peinture ; enduits non réfractaires des types utilisés en maçonnerie.
38-05-10-10	Essence de térébenthine.
38-16	Ciments, mortiers, bétons et compositions similaires réfractaires autres que les produits du n° 3801
38-23	Produits chimiques non dénommés à usage de peinture pour la construction.
39-01 à 39-21	Matériaux des numéros ci-contre destinés à la construction (éléments fixes uniquement).
Ex 39-22	Tous produits de cette position destinés à la construction et éléments fixes uniquement.
Ex 39-25	Articles d'équipement pour la construction en matières plastiques, non dénommés ni compris ailleurs (éléments fixes uniquement).
(Abrogé par Arr. du 13 nov. 2019, art. 1er) « 40-11	*Chambres à air et pneumatiques, pour véhicules à traction animale. »*

NUMÉROS du tarif des droits de douane d'importation	**DÉSIGNATION DES PRODUITS**
40-12 40-13 44-03	Bois bruts, même écorcés, désaubiérés ou équarris.
Ex 44-04	Pieux et piquets en bois appointés, non sciés longitudinalement.
Ex 44-05	Laine (paille) de bois destinée à la construction.
44-06 à 44-08	Tous produits de ces positions.
Ex 44-09	Bois (y compris les lames ou frises pour parquets, non assemblées) rabotés, rainés, bouvetés, languetés, feuillurés, chanfreinés ou similaires.
44-10 à 44-13	Tous produits de ces positions.
44-18	Tous produits de cette position.
44-20-90-10	Bois marquetés et bois incrustés.
(Arr. du 13 nov. 2019, art. 1er) « Ex-44-21-91 *[ancienne rédaction : Ex 44-21-90]* »	Lattis en bois ou roseau (dits ″ lattis armés ″) ; treillage de clôture.
Ex 45-04	Panneaux, plaques, briques, douelles, carreaux et dalles, en liège aggloméré, mi-ouvré.
48-11-10	Papiers et cartons goudronnés, bitumes ou asphaltes.
48-14-20	Papiers peints et revêtements muraux similaires, constitués par du papier enduit ou recouvert sur l'endroit d'une couche de matière plastique grainée, gaufrée, coloriée, imprimée de motifs ou autrement décorée.
68-01 à 68-02	Tous produits de ces positions.
Ex 68-03	Ardoises pour toitures ou pour façades.
68-07	Chappes d'étanchéité du numéro ci-contre.
68-08 à 68-11	Tous produits de ces positions.
(Abrogé par Arr. du 13 nov. 2019, art. 1er) *« 68-12-90*	*Carreaux de revêtement à base d'amiante. »*
69-01 à 69-02	Tous produits de ces positions.
69-04 à 69-08	Tous produits de ces positions.
69-10	Éviers, lavabos, colonnes de lavabo, baignoires, bidets, cuvettes d'aisance, réservoirs de chasse, urinoirs et appareils fixes similaires pour usages sanitaires, en céramique.
70-03-11-90 Ex 70-03-19-90 70-03-20-10 Ex 70-03-20-90	Verre coulé ou laminé, non travaillé (même armé ou plaqué en cours de fabrication), en plaques ou en feuilles de forme carrée ou rectangulaire.
Ex 70-04	Verre étiré ou soufflé, en feuilles, même à couche absorbante ou réfléchissante, mais non autrement travaillé, autre que le verre optique.
Ex 70-05 Ex 70-06	Verre coulé ou laminé et ″ verre à vitres ″ (même armés ou plaqués en cours de fabrication) simplement doucis ou polis sur une ou deux faces en plaques ou en feuilles de forme carrée ou rectangulairePlaques en verre.

NUMÉROS du tarif des droits de douane d'importation	DÉSIGNATION DES PRODUITS
70-16-90-30 70-16-90-90	Pavés, briques, carreaux, tuiles et autres articles en verre coulé ou moulé, même armé, pour le bâtiment et la construction ; verre dit multicellulaire ou verre mousse en blocs, panneaux, plaques et coquilles.
Ex 70-19-32-00 Ex 70-19-39-10 Ex 70-19-39-30 Ex 70-19-39-50 Ex 70-19-39-90	Fibres non textiles (verrofibre) destinées à la construction.
Ex chapitre 72	Fonte, fer et acier Tous produits de ce chapitre destinés uniquement à la construction.
73-01-10	Palplanches en fer ou en acier destinées uniquement à la construction.
Ex 73-02 à 73-06	Produits de ces positions uniquement destinés à la construction.
73-07 à 73-09	Tous produits de ces positions.
Ex 73-10	Réservoirs, fûts, tambours, bidons, boîtes et récipients similaires, pour toutes matières (à l'exception des gaz comprimés ou liquéfiés), en fonte, fer ou acier, d'une contenance n'excédant pas 300 litres, sans dispositifs mécaniques ou thermiques, même avec revêtement intérieur ou calorifuge destinés à la construction (éléments fixes uniquement).
73-12 à 73-15	Tous produits de ces positions.
73-17 à 73-18	Tous produits de ces positions.
Ex 73-24 à 73-26	Produits de ces positions destinés à la construction (éléments fixes uniquement).
Ex 74-07 à 74-08	Produits de ces positions destinés à la construction ou à l'équipement de lignes et centrales électriques.
74-11 à 74-14	Tous produits de ces positions.
Ex 74-19	Autres ouvrages en cuivre destinés à la construction.
Ex 75-05	Barres, profilés et fils en nickel destinés à la construction ou à l'équipement des lignes et centrales électriques.
75-07	Tubes, tuyaux et accessoires de tuyauterie (raccords, coudes, manchons, par exemple), en nickel.
Ex 75-08	Toiles et tissus, grillages, treillis, y compris les treillis d'une seule pièce exécutés à l'aide d'une tôle ou d'une bande incisée et déployée en nickel.
Ex 76-04 à 76-06	Produits de ces positions en aluminium allié.
76-08-20	Tubes et tuyaux en aluminium allié.
76-09 à 76-11	Tous produits de ces positions.
76-14	Torons, câbles, tresses et similaires en aluminium, non isolés pour l'électricité.
76-16-91 à 76-16-99	Autres ouvrages en aluminium, autres.
(Arr. du 13 nov. 2019, art. 1er) « Ex-78-06	Autres ouvrages en plomb (barres creuses, tubes, tuyaux et accessoires de tuyauterie uniquement). »
(Abrogé par Arr. du 13 nov. 2019, art. 1er) « Ex 78-03	*Barres creuses en plomb. »*

NUMÉROS du tarif des droits de douane d'importation	DÉSIGNATION DES PRODUITS
(Abrogé par Arr. du 13 nov. 2019, art. 1er) *« 78-05*	*Tubes, tuyaux et accessoires de tuyauterie (raccords, coudes, manchons, par exemple), en plomb. »*
Ex 79-04	Barres creuses en zinc.
Ex 79-05	Tôles, feuilles et bandes en zinc pour la construction.
(Arr. du 13 nov. 2019, art. 1er) « Ex-79-07	Autres ouvrages en zinc (tubes, tuyaux et accessoires de tuyauterie, gouttières, faîtages, lucarnes et autres ouvrages façonnés pour le bâtiment uniquement). »
(Abrogé par Arr. du 13 nov. 2019, art. 1er) *« 79-06*	*Tubes, tuyaux et accessoires de tuyauterie (raccords, coudes, manchons, par exemple), en zinc. »*
(Abrogé par Arr. du 13 nov. 2019, art. 1er) *« 79-07-10*	*Gouttières, faîtages, lucarnes et autres ouvrages façonnés, en zinc pour le bâtiment. »*
Ex 79-07-90	Toiles, tissus, grillages, treillis, y compris les treillis d'une seule pièce exécutés à l'aide d'une tôle ou d'une bande incisée ou déployée ; autres ouvrages en zinc, destinés à la construction, réservoirs, cuves et autres récipients analogues, pour toutes matières, en zinc.
Ex 80-03	Barres creuses en étain.
(Arr. du 13 nov. 2019, art. 1er) « Ex-80-07	Autres ouvrages en étain (tubes, tuyaux et accessoires de tuyauterie uniquement). »
(Abrogé par Arr. du 13 nov. 2019, art. 1er) *« 80-06*	*Tubes, tuyaux et accessoires de tuyauterie (raccords, coudes, manchons, par exemple), en étain. »*
82-07-13 82-07-19	Outils de forage ou de sondage.
Ex 83-01 à 83-02	Produits de ces positions utilisés dans la construction.
84-02	Chaudières à vapeur (générateurs de vapeur) autres que les chaudières pour le chauffage central conçues pour produire à la fois de l'eau chaude et de la vapeur à basse pression ; chaudières dites "à eau surchauffée"
Ex 84-04	Appareils auxiliaires pour chaudières du n° 8402
84-05 à 84-10	Tous produits de ces positions.
84-11	Turbines à gaz.
84-12	Autres moteurs et machines motrices.
Ex 84-13	Pompes pour liquides même comportant un dispositif mesureur, élévateurs à liquides à usage industriel ou agricole.
Ex 84-14	Pompes, moto-pompes et turbo-pompes à air et à vide, compresseurs, moto-compresseurs et turbo-compresseurs d'air et d'autres gaz, à usage industriel ou agricole.
84-14-51 84-14-59	Ventilateurs.
84-15 à 84-17	Tous produits de ces positions.

NUMÉROS du tarif des droits de douane d'importation	DÉSIGNATION DES PRODUITS
Ex 84-18	Réfrigérateurs, congélateurs, conservateurs et autres appareils pour la production du froid à équipement électrique ou autre à l'exclusion des appareils frigorifiques de 500 kilogrammes et moins ; pompes à chaleur autres que les machines et appareils pour le conditionnement de l'air du n° 8415
84-19-11 84-19-19	Chauffe-eau non électrique, à chauffage instantané ou à accumulation.
84-19-31 84-19-32 84-19-39	Séchoirs.
84-19-40	Appareils de distillation ou de rectification.
84-19-50	Échangeurs de chaleur.
84-19-60	Appareils et dispositifs pour la liquéfaction de l'air et des gaz
84-19-81	Appareils et dispositifs pour la préparation de boissons chaudes ou la cuisson des aliments.
84-19-89	Autres.
84-19-90	Parties de ces appareils à l'exclusion de celles des appareils du n° 8419-20
84-20 à 84-21	Tous produits de ces positions.
Ex 84-22	Machines et appareils servant à nettoyer ou à sécher les bouteilles ou autres récipients ; machines et appareils à remplir, fermer, capsuler ou étiqueter les bouteilles, boîtes, sacs et autres contenants ; machines et appareils à empaqueter ou emballer les marchandises ; machines et appareils à gazéifier les boissons ; et leurs parties.
84-23-20	Bascules à pesage continu sur transporteurs.
84-23-82	Autres appareils et instruments de pesage d'une portée excédant 30 kg mais n'excédant pas 5 000 kg.
84-23-89	Autres appareils et instruments de pesage.
Ex 84-23-90	Parties et poids des appareils de la position 8423-20, 8423-82, 8423-89
Ex 84-24	Appareils mécaniques (même à main) à projeter, disperser ou pulvériser des matières liquides ou en poudre ; pistolets aérographes et appareils similaires ; machines et appareils à jet de sable, à jet de vapeur et appareils à jet similaires et leurs parties.
84-25 à 84-48	Tous produits de ces positions.
Ex 84-49 à 84-53	Tous produits de ces positions à usage industriel à l'exclusion de ceux à usage domestique.
84-54 à 84-68	Tous produits de ces positions.
84-71	Tous produits de cette position.
Ex 84-73	Parties et accessoires (autres que les coffrets, housses et similaires) reconnaissables comme étant exclusivement ou principalement destinés aux machines ou appareils du n° 8471
84-74 à 84-75	Tous produits de ces positions.

NUMÉROS du tarif des droits de douane d'importation	DÉSIGNATION DES PRODUITS
84-77 à 84-78	Tous produits de ces positions.
Ex 84-79	Machines et appareils mécaniques ayant une fonction propre, non dénommée ni compris ailleurs dans le présent chapitre à usage industriel ou agricole.
84-80 à 84-82	Tous produits de ces positions.
Ex 84-83	Arbres de transmission (y compris les arbres à cames et vilebrequins) et manivelles ; paliers et coussinets, engrenages et roues de friction ; broches filetées à billes ″ vis à billes ″ ; réducteurs, multiplicateurs et variateurs de vitesse, y compris les convertisseurs de couple ; volants et poulies, y compris les poulies à moufles ; embrayages et organes d'accouplement, y compris les joints d'articulation pour moteurs des véhicules repris aux n°s 8701, 8702, 8704, 8705
84-84	Joints métalloplastiques, jeux et assortiments de joints de composition différente pour moteurs de véhicules repris aux n°s 8701, 8702, 8704, 8705
84-85	Parties de machines ou d'appareils, non dénommées ni comprises ailleurs dans le présent chapitre, ne comportant pas de connexions électriques, de parties isolées électriquement, de bobinages, de contacts ou d'autres caractéristiques électriques.
85-01 85-02	Moteurs et machines génératrices électriques à l'exclusion des groupes électrogènes Groupe électrogène et convertisseurs rotatifs électriques.
85-03	Parties reconnaissables comme étant exclusivement ou principalement destinées aux machines des n°s 8501 ou 8502
85-04	Transformateurs électriques, convertisseurs électriques statiques (redresseurs, par exemple bobines de réactance et selfs).
85-05	Tous produits de cette position.
85-07	Tous produits de cette position.
(Abrogé par Arr. du 13 nov. 2019, art. 1er) *« 85-08*	*Tous produits de cette position. »*
85-14 à 85-15	Tous produits de ces positions.
(Arr. du 13 nov. 2019, art. 1er) « 85-17-12	Téléphones pour réseaux cellulaires et autres réseaux sans fil. »
(Arr. du 13 nov. 2019, art. 1er) « 85-25-50 *[ancienne rédaction : 85-25-10]* »	Appareils d'émission pour la radiotéléphonie, la radiotélégraphie, la radiodiffusion ou la télévision, même incorporant un appareil de réception ou un appareil d'enregistrement ou de reproduction du son.
(Abrogé par Arr. du 13 nov. 2019, art. 1er) *« 85-25-20*	*Tous produits de cette position. »*
85-26	Appareils de radiodétection et de radiosondage (radar), appareils de radionavigation et appareils de radiotélécommande.
Ex 85-29	Parties reconnaissables comme étant exclusivement ou principalement destinées aux appareils des n°s 8525-10, 8525-20, 8526

NUMÉROS du tarif des droits de douane d'importation	DÉSIGNATION DES PRODUITS
85-30	Tous produits de cette position.
Ex 85-31	Appareils électriques de signalisation acoustique ou visuelle (sonneries, sirènes, tableaux annonciateurs, appareils avertisseurs pour la protection contre le vol ou l'incendie, par exemple), à usage public, autres que ceux des n°s 85-12 ou 85-30
85-32 à 85-38	Tous produits de ces positions.
85-41-40	Dispositifs photosensibles à semi-conducteur, y compris les cellules photovoltaïques même assemblées en modules ou constituées en panneaux ; diodes émettrices de lumière.
85-44 à 85-48	Tous produits de ces positions.
Chapitre 86	Tous les produits repris aux positions de ce chapitre.
87-01 à 87-02	Tous produits de ces positions.
87-03-21-10 87-03-21-90 87-03-22-19 87-03-22-90	Ambulances.
87-03-23-19 Ex 87-03-31 à 33	Ambulances à moteurs à piston à allumage par compression (diesel ou semi-diesel).
87-04 à 87-05	Tous produits de ces positions.
Ex 87-06	Châssis des véhicules automobiles des n°s 8701, 8702, 8704, 8705
Ex 87-07	Carrosseries des véhicules automobiles des n°s 8701, 8702, 8704, 8705 y compris les cabines.
87-09	Chariots de manutention automobiles, leurs parties et leurs pièces détachées.
Ex 87-16	Remorques pour le transport de marchandises.
88-02	Autres véhicules aériens ; véhicules spatiaux et leurs véhicules lanceurs.
Ex 88-03	Parties des appareils du n° 8802
89-07	Autres engins flottants.
90-14 à 90-15	Tous produits de ces positions.
Ex 90-16	Balances sensibles à un poids de 5 cg ou moins avec ou sans poids électriques ou électroniques.
90-24	Tous produits de cette position.
Ex 90-25	Densimètres, aéromètres, pèse-liquides et instruments flottants similaires, thermomètres, pyromètres, baromètres, hygromètres et psychromètres, enregistreurs ou non, même combinés entre eux, électriques et électroniques.
90-26	Tous les produits de cette position.
90-28	Compteurs de gaz, de liquides ou d'électricité, y compris les compteurs pour leur étalonnage.
Ex 90-29 à 90-31	Tous produits de ces positions électriques ou électroniques.
90-32	Instruments et appareils pour la régulation ou le contrôle automatique.
Ex 94-01-80	Autres sièges en pierre.

NUMÉROS du tarif des droits de douane d'importation	DÉSIGNATION DES PRODUITS
Ex *(Arr. du 13 nov. 2019, art. 1er)* « 94-03-89 *[ancienne rédaction : 94-03-80]* »	Meubles en pierre.
Ex 94-05	Appareils d'éclairage (y compris les projecteurs) et leurs parties non dénommés ni compris ailleurs (éléments fixes uniquement destinés à la construction).
94-06	Constructions préfabriquées.

Tableau mod. par Arr. du 13 nov. 2019, art. 1er.

II. — La liste des produits cités au I est complétée par le pain (Ex 19-05) et le riz (10-06).

Art. 50 *duodecies* 1 *Devenu sans objet (Arr. du 27 avr. 2010).*

II CORSE

Art. 50 *duodecies* A 1. La liste des matériels agricoles visée au *b* du 5° du 1 et au 2 du I de l'article 297 du code général des impôts est fixée ainsi qu'il suit :

a) Tracteurs agricoles, y compris les tracteurs-treuils, voitures automobiles conçues pour le transport exclusif des marchandises et remorques susceptibles d'être attelées à ces véhicules ;

b) Matériels à traction animale ou mécanique, utilisés pour les usages suivants :

Préparation des surfaces cultivées ;

Fertilisation ;

Semis et plantation ;

Entretien des cultures ;

Récoltes ;

c) Matériels de traitement antiparasitaire ;

d) Matériels mécaniques de manutention et matériels de conservation des produits agricoles (autres que les bâches) ;

e) Matériels d'irrigation, à l'exception des tuyaux d'arrosage en matière souple ;

f) Matériels nécessaires à l'élevage du bétail (à l'exclusion des fils, piquets et accumulateurs utilisés pour l'électrification des clôtures), à l'aviculture et à l'apiculture ;

g) Matériels utilisés pour la préparation des aliments du bétail ;

h) Matériels de laiterie, vinification et cidrerie ; matériels utilisés pour l'élaboration des jus de fruits ;

i) Moteurs à explosion et à combustion interne, moteurs électriques de plus de 10 kg et groupes électrogènes ; générateurs à air chaud à usage agricole et matériels de ventilation ;

j) Pièces de rechange destinées aux matériels énumérés ci-dessus aux *b, c, d, e, f, g* et *h* ;

k) Roues de rechange des véhicules visés au *a.*

2. Le bénéfice du taux prévu au *b* du 5° du 1 du I de l'article 297 du code précité est subordonné à l'affectation permanente des matériels aux besoins de l'exploitation agricole.

CHAPITRE 0I *BIS* TAXE DE L'AVIATION CIVILE ET TAXE DE SOLIDARITÉ SUR LES BILLETS D'AVION

(Arr. du 29 déc. 2020, art. 1er)

Art. 50 *duodecies*-0 B I. — Au sens du 1 du II et du 1 du VI de l'article 302 *bis* K du code général des impôts, les États situés à moins de 1 000 km de la France sont :

a) la Principauté d'Andorre ;
b) la Principauté de Monaco ;
c) le Royaume-Uni de Grande-Bretagne et d'Irlande du Nord ;
d) la République de Saint-Marin.

II. — Le tarif de la taxe de solidarité sur les billets d'avion prévue au 1 du VI de l'article 302 *bis* K du code général des impôts est fixé ainsi qu'il suit :

Destination finale du passager	Passager pouvant bénéficier, sans supplément de prix, de services à bord auxquels l'ensemble des passagers ne peut accéder gratuitement	Autre passager
– la France, un autre État membre de l'Union européenne, un autre État partie à l'accord sur l'Espace économique européen, la Confédération suisse, États situés à moins de 1 000 km de la France	20,27 €	2,63 €
– autres États	63,07 €	7,51 €

CHAPITRE PREMIER *BIS* CONTRIBUTION DUE PAR LES ENTREPRISES DE TRANSPORT AÉRIEN EFFECTUANT DES VOLS AU DÉPART DE LA FRANCE EXONÉRÉES DE TAXE DE L'AVIATION CIVILE EN VERTU D'UN ACCORD INTERNATIONAL

(Arr. du 23 mars 2020, art. 1er et 3, en vigueur pour les opérations taxables effectuées à compter du 1er avr. 2020)

Art. 50 *duodecies* B Le tarif mentionné au premier alinéa du 3 du VII de l'article 302 *bis* K du code général des impôts est fixé à *(Arr. du 17 mai 2021, art. 1er et 2, en vigueur le 1er juill. 2021)* « 1, 75 € *[ancienne rédaction : 1,34 €]* ».

CHAPITRE 0II TAXE SUR LE CHIFFRE D'AFFAIRES DES EXPLOITANTS AGRICOLES

Art. 50 *terdecies*-0 Le montant de la partie forfaitaire de la taxe sur le chiffre d'affaires des exploitants agricoles mentionné au III de l'article 302 *bis* MB du code général des impôts, est fixé à 90 €.

CHAPITRE II REDEVANCE SANITAIRE D'ABATTAGE

Art. 50 *terdecies* Le tarif de la redevance sanitaire d'abattage s'établit comme suit (par carcasse abattue) :

	EN EUROS Par carcasse abattue
A. — Ongulés domestiques	
Pour les bovins adultes	5
Pour les jeunes bovins, au sens de l'annexe VI *ter* point 1 *b* du règlement (CE) n° 2074/2005, c'est-à-dire les bovins de moins de 8 mois (usuellement appelés veaux)	2
Pour les solipèdes et équidés	3

Pour les ovins et caprins : – d'un poids carcasse inférieur à 12 kilogrammes – d'un poids carcasse de 12 kilogrammes ou plus	 0,15 0,25
Pour les porcins : – d'un poids carcasse inférieur à 25 kilogrammes – d'un poids carcasse de 25 kilogrammes ou plus	 0,50 1
B. — Volailles et lagomorphes	
Pour les volailles de l'espèce *Gallus* et les pintades	0,005
Pour les canards et les oies	0,01
Pour les dindes	0,025
Pour les lapins d'élevage	0,005
C. — Gibier ongulé d'élevage et gibier sauvage	
Pour le petit gibier à plumes	0,005
Pour le petit gibier à poils	0,01
Pour les ratites (autruche, émeu, nandou)	0,5
Pour le sanglier	1,5
Pour les ruminants	0,5

CHAPITRE III REDEVANCE SANITAIRE DE DÉCOUPAGE

Art. 50 *quaterdecies* Le tarif de la redevance sanitaire de découpage s'établit comme suit (par tonne) :

	EN EUROS Par tonne
Pour les viandes d'ongulés domestiques Pour les viandes de volailles et de lapin d'élevage Pour les viandes de gibier d'élevage et sauvage : – petit gibier à plumes, petit gibier à poils – ratites (autruche, émeu, nandou) – sanglier et ruminants	2 1,5 1,5 3 2

CHAPITRE III *BIS* REDEVANCE SANITAIRE SUR LES PRODUITS DE LA PÊCHE ET DE L'AQUACULTURE

Art. 50 *quaterdecies*-0 A Le tarif de la redevance sanitaire de première mise sur le *marché des produits de la pêche* et de l'aquaculture s'établit comme suit (par tonne) :

Pour les 50 premières tonnes dans le mois	1 €
Pour les tonnes suivantes	0,50 €

Le tarif de la redevance sanitaire pour les opérations de première vente réalisées dans les halles à marée s'établit comme suit (par tonne) :

Pour les 50 premières tonnes dans le mois	0,50 €
Pour les tonnes suivantes	0,25 €

Le tarif majoré de la redevance sanitaire pour les opérations de première vente réalisées en cas d'absence ou d'insuffisance de classement ou de calibrage (par tonne) :

Pour les 50 premières tonnes dans le mois	1 €
Pour les tonnes suivantes	0,50 €

Le montant maximum perçu par lot de poissons des espèces visées au II de l'article 267 *quater* F de l'annexe II au code général des impôts est fixé à 50 €.

Art. 50 *quaterdecies-0 A bis* Le tarif de la redevance sanitaire de transformation des produits de la pêche et de l'aquaculture est fixé à 0,50 € par tonne.

CHAPITRE III *TER* REDEVANCE SANITAIRE POUR LE CONTRÔLE DE CERTAINES SUBSTANCES ET DE LEURS RÉSIDUS

Art. 50 *quaterdecies-0 A ter* Le tarif de la redevance sanitaire pour le contrôle de certaines substances et de leurs résidus s'établit comme suit :

Pour le lait	0,02 € par mètre cube
Pour les ovoproduits	0,46 € par tonne d'œufs en coquille

CHAPITRE IV TAXES DUES PAR LES CONCESSIONNAIRES D'AUTOROUTES *(Arr. du 10 déc. 2020, art. 1er)*.

Art. 50 *quaterdecies A* *(Arr. du 10 déc. 2020, art. 1er)* Le taux de la taxe prévue à l'article 302 *bis* ZB *bis* du code général des impôts est fixé à 0,363 ‰.

CHAPITRE V CONTRIBUTION DE SOLIDARITÉ TERRITORIALE

(Arr. du 13 avr. 2011)

Art. 50 *quaterdecies B* Le taux de la contribution de solidarité territoriale prévu à l'article 302 *bis* ZC du code général des impôts est fixé à *(Arr. du 16 déc. 2021, art. 1er)* « 0,66938 % pour l'année 2021 *[ancienne rédaction : 0,32057 % pour l'année 2020]* ».

TITRE DEUXIÈME *BIS* DISPOSITIONS COMMUNES AUX IMPÔTS DIRECTS ET AUX TAXES SUR LE CHIFFRE D'AFFAIRES

CHAPITRE PREMIER RÉCÉPISSÉ DE CONSIGNATION

Art. 50 *quindecies* *(Devenu sans objet, Arr. du 9 juin 2021, art. 1er) Le montant de la somme à déposer en vue de la délivrance du récépissé de consignation prévu à l'article 302 octies du code général des impôts est fixé aux chiffres indiqués ci-après :*

CARACTÉRISTIQUES DE L'ACTIVITÉ	MONTANT de la somme à consigner (en euros)
Activité de vente de marchandises ou de prestations deservices exercée sans véhicule	*150 €*
Majoration pour utilisation d'un véhicule	*76 €*
Majoration pour l'utilisation de deux véhicules	*150 €*
Majoration pour utilisation de plus de deux véhicules	*300 €*

TITRE TROISIÈME CONTRIBUTIONS INDIRECTES

CHAPITRE 0I ALCOOLS, BOISSONS ALCOOLIQUES ET TABACS MANUFACTURÉS

1° COMPTABILITÉ MATIÈRES DES ENTREPOSITAIRES AGRÉÉS

Art. 50-00 A Pour l'application des dispositions du *a* du 1° du I de l'article 286 J de l'annexe II au code général des impôts, la comptabilité matières des entrepositaires agréés n'est pas soumise à l'agrément du directeur régional des douanes et droits indirects lorsqu'elle est constituée par les documents repris en annexe de l'arrêté du 25 août 2000 *[JO 31 août 2000]*.

Dans ce cas, chacun des comptes de la comptabilité matières est tenu sous forme de colonnes, qui reprennent, au titre des renseignements particuliers prévus au IX de l'article 286 J précité, les informations visées à l'article 50-00 C.

Pour la déclaration récapitulative mensuelle, les comptes doivent faire apparaître, outre les informations prévues à l'article 50-00 G :

a) Une ligne "stock début de période" et une ligne "stock fin de période" ;

b) Une ligne "total" ;

c) Une ligne "solde".

Art. 50-00 B I. – Le site d'exploitation mentionné à l'article 286 H de l'annexe II au code général des impôts est constitué de tout ou partie des chais ou locaux désignés :

a) Par les entrepositaires agréés produisant des produits viti-vinicoles, situés dans un même arrondissement ou les cantons limitrophes ;

b) Par les autres entrepositaires agréés, situés dans une même commune de moins de 30 000 habitants.

II. – L'entrepositaire agréé désigne au service des douanes et droits indirects le lieu, dénommé "siège du site d'exploitation", où est tenue la comptabilité matières, ainsi que tout ou partie des chais ou locaux concernés par cette comptabilité.

III. – Le directeur régional des douanes et droits indirects ayant dans le ressort territorial de sa circonscription le siège du site d'exploitation peut autoriser les entrepositaires agréés qui en font la demande à rattacher un ou plusieurs chais ou locaux au site d'exploitation lorsqu'ils sont situés en dehors des limites fixées au I.

Art. 50-00 C En application de l'article 286 I et de l'article 286 J de l'annexe II au code général des impôts, et en fonction de l'activité des entrepositaires agréés concernés, chacun des comptes de la comptabilité matières doit reprendre notamment les informations suivantes :

1° La nature, le numéro et la date de départ ou de réception du document d'accompagnement mentionné aux articles 302 M et 302 M *ter* dudit code ou des pièces justificatives des productions, des transformations, des détentions, des entrées et sorties de produits des chais ou locaux du site d'exploitation ;

2° La date des déclarations de mise en production d'alcool, de fabrication de mistelles, vermouths, vins de liqueur ou apéritifs à base de vin, de cidre ou de poiré, de fabrication de vins mousseux et de fabrication de vins doux naturels, prévues aux articles 312, 343 et 416 dudit code ;

3° La date des déclarations de récolte, des stocks et de production prévues à l'article 407 dudit code ;

4° La date de la prise en charge des produits alcooligènes visés à l'article 338 du même code ;

5° La nature et la date de toute autre opération constituant une "entrée" ou une "sortie" selon le B du IX de l'article 286 J de l'annexe II au code général des impôts ;

6° La date de la déclaration récapitulative mensuelle mentionnée au IV de l'article 286 J précité ;

7° L'espèce, la qualité et la nature des produits mentionnés au III de l'article 302 G dudit code et, le cas échéant :

a) Les mentions relatives aux comptes d'âge ou de vieillissement ;

b) Les références aux contrats d'achat soumis au visa de l'établissement mentionné à l'article L. 621-1 du code rural et de la pêche maritime, pour les transactions soumises à cette procédure ;

c) Les références aux déclarations de revendication des produits bénéficiant d'un signe d'origine telles que prévues par la réglementation en vigueur ;

d) Les numéros d'enregistrement des contrats d'achat et les numéros des déclarations de transactions soumis préalablement aux interprofessions tels que prévus dans les accords interprofessionnels étendus ;

e) L'avis de blocage, l'engagement de garantie ou la mainlevée du porteur de warrant agricole ou du porteur de l'engagement de garantie ;

8° La référence aux rhums traditionnels des départements d'outre-mer, soumis au tarif d'imposition prévu au 1° du I de l'article 403 du code général des impôts, sous couvert d'une rubrique intitulée « Rhums des DOM, article 403 (I, 1°) », subdivisée, selon le cas, par appellation d'origine ou par dénomination économique ou géographique.

Art. 50-00 D Pour la tenue de la comptabilité matières notamment sous la forme de registres viti-vinicoles, selon une procédure informatisée, le système informatique doit répondre aux prescriptions ci-après :

1° Tenue de la comptabilité matières et des registres viti-vinicoles.

La comptabilité matières et les registres viti-vinicoles informatisés sont tenus selon une ou plusieurs suites chronologiques ininterrompues.

Le système informatique doit être pourvu d'un compteur d'enregistrement des entrées d'informations dans la comptabilité matières et dans les registres viti-vinicoles.

Ce compteur affecte à chaque entrée d'informations dans la comptabilité matières et dans les registres viti-vinicoles un numéro suivant une série croissante ininterrompue, ainsi que la date à laquelle est effectuée ladite entrée d'informations. Ce numéro et cette date doivent être reproduits dans la comptabilité matières et les registres viti-vinicoles.

Ce compteur doit être inaccessible à l'utilisateur. Sa remise à zéro par l'utilisateur est interdite.

Après validation par l'utilisateur de la saisie des informations sur la machine émettrice, leur annulation ou modification devient impossible.

2° Enregistrement des entrées d'information.

Le système informatique doit également enregistrer automatiquement et chronologiquement dans un fichier chacune des entrées d'informations dans la comptabilité matières et dans les registres viti-vinicoles pour en conserver la trace.

Le numéro affecté par le compteur d'enregistrement à chaque entrée d'informations, conformément au troisième alinéa du 1°, correspond à celui de l'opération mémorisée par le système.

3° Dispositions en vue de l'exercice des contrôles.

Le système informatique doit comporter des fonctions d'interrogation en temps réel afin de permettre aux agents des douanes et droits indirects de visualiser et/ou d'éditer à tout moment les informations nécessaires à la vérification de la cohérence entre les deux éléments suivants :

a) Les fichiers informatiques se rapportant au traitement mis en œuvre pour l'application des dispositions du présent article ;

b) L'édition de la comptabilité matières et des registres viti-vinicoles.

Si les transmissions ou réceptions d'informations comportent des mentions codées, le système doit permettre de restituer les informations en clair.

4° Sécurités.

Toutes les opérations gérées par le système informatique doivent être assorties de procédures permettant d'en garantir l'authenticité dans les conditions prévues par un arrêté du ministre chargé du budget.

5° Conservation des informations.

En cas de changement d'un élément matériel ou logiciel du système informatique, toutes les mesures utiles doivent être prises pour permettre la conservation et la restitution des informations.

Les entrepositaires agréés doivent, à toute réquisition des agents des douanes et droits indirects, permettre à ces agents de vérifier à tout moment que les systèmes informatiques sont conformes aux prescriptions fixées par le présent article et comportent les sécurités prévues par ces prescriptions.

Art. 50-00 E Pour l'application du V de l'article 286 I de l'annexe II au code général des impôts les registres viti-vinicoles, tenant lieu de comptabilité matières, peuvent être constitués par des annotations au verso des déclarations de récolte et des stocks visées à l'article 407 dudit code sous réserve :

1° De l'inscription des mentions requises par la réglementation communautaire et des informations mentionnées au 1° du II de l'article 286 I précité ;

2° Que ces annotations soient lisibles ;

3° Qu'elles reprennent la totalité des opérations réalisées par l'entrepositaire agréé.

Art. 50-00 F Pour l'application du VII de l'article 286 I de l'annexe II au code général des impôts les registres viti-vinicoles peuvent être regroupés sur un seul document à la condition :

1° Que les opérations réalisées par l'entrepositaire agréé au cours d'une campagne viticole soient limitées de telle sorte que, pour chaque type d'opérations, elles puissent être enregistrées sur un seul feuillet ;

2° Que la page de garde du registre précise le nombre de feuillets affecté à chaque type d'opérations.

Art. 50-00 G I. – Pour l'application du III de l'article 286 I et du IV de l'article 286 J de l'annexe II au code général des impôts, l'entrepositaire agréé établit une déclaration récapitulative mensuelle distincte pour chacun de ses entrepôts fiscaux suspensifs des droits d'accises.

A défaut d'opération de production, de transformation, d'entrée et de sortie de produits de l'entrepôt fiscal suspensif des droits d'accises, l'entrepositaire agréé adresse au service des douanes et droits indirects la déclaration mensuelle en y indiquant le stock théorique en début de période, le stock théorique en fin de période, annotée de la mention "Néant".

1° La déclaration récapitulative mensuelle comporte, pour chaque compte de la comptabilité matières, les renseignements suivants :

a) Les noms, dénomination ou raison sociale et adresse du siège social ou du principal établissement ;

b) Le numéro d'identification de l'entrepôt fiscal suspensif des droits d'accises ;

c) L'adresse de l'entrepôt fiscal suspensif des droits d'accises pour lequel est établie la déclaration mensuelle ;

d) Le lieu où est tenue la comptabilité matières ;

e) L'année au titre de laquelle la déclaration est établie ;

f) Le mois au titre duquel la déclaration est établie ;

g) Les date et lieu d'établissement de la déclaration et la signature du déclarant appuyée du cachet de son entreprise ;

h) La raison sociale de la caution ou, le cas échéant, la mention "Dispense".

2° *La déclaration récapitulative* mensuelle indique, le cas échéant :

a) Les mentions relatives aux comptes d'âge ou de vieillissement ;

b) Les références aux contrats d'achat soumis au visa de l'établissement mentionné à l'article L. 621-1 du code rural et de la pêche maritime, pour les transactions soumises à cette procédure ;

c) Abrogé par Arr. du 28 juill. 2011.

d) Les numéros d'enregistrement des contrats d'achat et les numéros des déclarations de transactions soumis préalablement aux interprofessions tels que prévus dans les accords interprofessionnels étendus ;

e) L'avis de blocage, l'engagement de garantie ou la mainlevée du porteur de warrant agricole ou du porteur de l'engagement de garantie.

3° La déclaration récapitulative mensuelle indique le stock début de période, le stock fin de période, le total des entrées et sorties de produits du mois précédent et le solde :

a) Pour les entrepositaires agréés produisant des alcools, des produits intermédiaires et des produits visés à l'article 438 du code général des impôts, par appellation d'origine ou dénomination de produits ;

b) Pour les autres entrepositaires agréés par nature de produit et/ou par tarif d'imposition, sous réserve des règlements ou accords interprofessionnels prévus notamment en application des articles L. 632-1 à L. 632-7 du code rural et de la pêche maritime.

II. – 1° Conformément au III de l'article 302 D du code général des impôts, l'entrepositaire agréé liquide l'impôt sur la déclaration récapitulative mensuelle prévue au I. Outre les renseignements prévus au 1° du I, la déclaration comporte les informations suivantes nécessaires à la liquidation et au paiement de l'impôt :

a) Le régime fiscal assigné à la déclaration, soit la lettre A pour accises au titre de l'article 302 D précité ou la lettre D pour douane en cas d'option pour le régime de l'article 1698 C dudit code ;

b) La désignation commerciale des produits imposables, nombre et type de récipients, volume nominal des récipients, titre alcoométrique volumique (% vol.) et degré alcoométrique (pour les bières) et, pour les déclarations d'apposition de capsules, empreintes, vignettes, ou marques représentatives de droits indirects, leur nature et leur nombre ;

c) Les quantités imposables par nature de produits ;

d) Les tarifs d'imposition ;

e) Le montant des droits à acquitter par nature de produits et tarif d'imposition, ainsi que le montant global de l'ensemble de ces droits ;

f) Le moyen de paiement utilisé (numéraire, chèque, virement ou obligation cautionnée) ;

g) Pour les utilisateurs de matériels de validation mentionnés au 3° du I de l'article 111 H *ter* de l'annexe III au code général des impôts, les numéros d'empreintes de début et de fin de période.

h) Pour les utilisateurs de documents prévalidés mentionnés au 2° du I de l'article 111 H *ter* précité, les numéros de documents de début et de fin de période.

2° Deux cases et une colonne réservées à l'administration font référence aux codes taxes, à la réception de la déclaration de liquidation (date et numéro) et à sa prise en recette (montant, date et numéro de caisse, visa du service des douanes et droits indirects et nature de la garantie dont bénéficie l'entrepositaire agréé).

3° Lorsque le bénéfice de la compensation est demandé au titre de l'article 286 M de l'annexe II au code général des impôts, une sous-rubrique est créée au regard de chaque catégorie de produit concerné. Cette compensation se traduit par l'inscription, d'une part, des quantités de produits ayant préalablement supporté l'impôt et replacées en suspension de droits dans l'entrepôt fiscal suspensif des droits d'accises et, d'autre part, par une écriture négative du montant des droits qui s'y rattache.

4° Lorsque la compensation n'a pas été possible au terme des trois mois qui suivent le dépôt de la demande, le crédit d'impôt subsistant est alors remboursé au bénéficiaire, sur sa demande.

III. – Pour l'application du III de l'article 111 H *quater* de l'annexe III au code général des impôts, aux termes du délai d'information prévu par l'article 302 P du code général des impôts, l'entrepositaire agréé établit un relevé des documents d'accompagnement non apurés mentionnés au I de l'article 302 M et à l'article 302 M *ter* dudit code, dénommé ci-après "relevé de non-apurement".

Le relevé de non-apurement est conforme au modèle repris à l'annexe I de l'arrêté du 28 juillet 2011 (JO 6 août 2011).

Le relevé de non-apurement est établi de manière distincte pour chacun des entrepôts fiscaux suspensifs des droits d'accises de l'entrepositaire agréé.

Ce relevé est transmis par l'entrepositaire agréé au service des douanes et droits indirects dont il dépend selon les mêmes modalités et dans les conditions prévues pour la déclaration récapitulative mensuelle.

Un exemplaire de chaque document d'accompagnement non apuré est annexé au relevé de non-apurement, lorsque ce document est établi sous format papier.

Outre les renseignements prévus au 1° du I, le relevé de non-apurement comporte les renseignements suivants :

a) Le numéro du document d'accompagnement ;

b) La date de départ du document ;

c) Les nom ou raison sociale et l'adresse du destinataire ;

d) Le numéro d'identification du destinataire.

Si toutes les opérations réalisées par l'entrepositaire agréé ont fait l'objet d'un apurement, ce dernier annote la déclaration récapitulative mensuelle de la mention "Pas de défaut d'apurement".

Art. 50-00 H Les dispositions prévues aux articles 50-00 C à 50-00 G relatives aux registres viti-vinicoles peuvent également être mises en œuvre par les agents de la direction générale de la concurrence, de la consommation et de la répression des fraudes.

Art. 50-00 I I. – Conformément au I de l'article 302 H *ter* du code général des impôts, le destinataire enregistré établit une déclaration comportant :

a. Au titre des renseignements généraux :

1° Le nom, la dénomination ou la raison sociale et l'adresse du destinataire enregistré ;

2° Le numéro d'identification qui lui a été attribué par l'administration des douanes et droits indirects lors de son agrément ;

3° L'année et le mois au titre duquel la déclaration est établie ;

4° La date, le lieu d'établissement de la déclaration et la signature du déclarant complétée du cachet de son entreprise ;

5° Le nom, la dénomination ou la raison sociale de la caution ou, le cas échéant, la mention "Dispense" ;

6° Le moyen de paiement utilisé (numéraire, chèque, virement ou autre).

La déclaration comporte en outre deux cases réservées à l'administration qui font référence à la réception de la déclaration (date et numéro) et à sa prise en recette (montant, date, références internes et visa du service des douanes et droits indirects).

b. Outre les renseignements prévus au *a*, s'agissant de la réception d'alcool ou de boissons alcooliques, la déclaration indique :

1° La désignation des produits soumis à accise par catégorie fiscale ;

2° Les quantités imposables par catégorie fiscale de produits, exprimées, selon le cas, en volume d'alcool pur ou en volume effectif et par degré alcoométrique pour les bières ;

3° Les tarifs d'imposition ;

4° Le montant des droits d'accise à acquitter par nature de produit et par tarif d'imposition, ainsi que le montant global de ces droits ;

La déclaration comporte en outre une colonne réservée à l'administration qui fait référence aux codes taxes. Elle est conforme au modèle repris à l'annexe I de l'arrêté du 30 août 2011 (*JO* du 1er septembre 2011) relatif aux déclarations et à l'attestation prévues aux articles 302 H *ter*, 302 U *bis* et 302 V *bis* du code général des impôts concernant les mouvements de produits soumis à accise dans l'Union européenne.

c. Outre les renseignements prévus au *a*, s'agissant de la réception de tabacs manufacturés, la déclaration indique :

1° Le numéro d'identification qui lui a été attribué par l'administration des douanes *et droits indirects lors de son* agrément en tant que fournisseur agréé ;

2° La désignation des produits soumis à accise par catégorie fiscale ;

3° Selon le cas, le nombre d'unités ou de grammes de produit ;

4° Le montant des droits d'accise à acquitter par nature de produit en distinguant les droits dus au titre du taux normal et, le cas échéant, au titre du minimum de perception, ainsi que le montant global de ces droits ;

La déclaration est conforme au modèle repris à l'annexe II de l'arrêté du 30 août 2011 (JO du 1er septembre 2011) relatif aux déclarations et à l'attestation prévues aux articles 302 H *ter*, 302 U *bis* et 302 V *bis* du code général des impôts concernant les mouvements de produits soumis à accise dans l'Union européenne.

II. – Pour l'application de l'article 111 H *sexdecies* de l'annexe III au code général des impôts, le destinataire enregistré mentionné au I de l'article 302 H *ter* du code précité joint à la déclaration mentionnée au I un état récapitulatif, par opérateur, des livraisons mensuelles effectuées. Il indique, pour chaque opérateur livré, leurs nom, dénomination ou raison sociale, numéro d'assujetti à la taxe sur la valeur ajoutée et adresse. Il récapitule pour chacun d'entre eux par nature de produit et par tarif d'imposition les quantités réceptionnées, exprimées, selon le cas, en volume d'alcool pur ou en volume effectif pour les alcools ou les boissons alcooliques et par degré alcoométrique pour les bières et en nombre d'unités ou en grammes pour les tabacs manufacturés.

III. – Les déclarations et l'état récapitulatif prévus au I et au II, les pièces justificatives nécessaires à leur établissement et à la tenue de la comptabilité des livraisons de produits soumis à accise prévue au I de l'article 302 H *ter* et la comptabilité des livraisons elle-même sont conservés dans les conditions et selon les modalités fixées à l'article L. 102 B du livre des procédures fiscales.

Art. 50-00 J I. – Conformément au II de l'article 302 H *ter* du code général des impôts, le destinataire enregistré recevant à titre occasionnel des produits soumis à accise en suspension de droits en provenance d'un autre État membre de l'Union européenne établit, préalablement à l'expédition, une déclaration comportant notamment les informations suivantes :

1° Le nom, la dénomination ou la raison sociale, le numéro d'assujetti à la taxe sur la valeur ajoutée et l'adresse du destinataire des produits ;

2° Le nom, la dénomination ou la raison sociale, l'adresse et, le cas échéant, le numéro d'accise de l'expéditeur des produits soumis à accise établi dans un autre État membre de l'Union européenne ;

3° La désignation des marchandises par catégorie fiscale, l'espèce, le titre alcoométrique volumique, le volume effectif et le volume d'alcool pur pour les alcools et les boissons alcooliques, le nombre d'unités ou de grammes pour les tabacs manufacturés ;

4° La date, le lieu d'établissement et la signature du destinataire complétée du cachet de son entreprise ;

5° L'adresse et le visa du service des douanes et droits indirects territorialement compétent ;

6° Les références de la consignation ;

7° La période de validité de l'autorisation ;

8° Le numéro d'identification attribué par l'administration des douanes et droits indirects lors de son agrément en tant que destinataire enregistré et, le cas échéant, en tant que fournisseur agréé.

Cette déclaration est transmise au service des douanes et droits indirects territorialement compétent et est établie conformément aux modèles repris aux annexes III et IV de l'arrêté du 30 août 2011 (JO du 1er septembre 2011) relatif aux déclarations et à l'attestation prévues aux articles 302 H *ter*, 302 U *bis* et 302 V *bis* du code général des impôts concernant les mouvements de produits soumis à accise dans l'Union européenne.

II. – Le destinataire enregistré à titre occasionnel transmet au service des douanes et droits indirects territorialement compétent une déclaration de réception des produits soumis à accise en indiquant notamment la date de réception et les quantités reçues. Cette déclaration reprend les informations requises au I.

La déclaration est conforme aux modèles repris aux annexes III et IV de l'arrêté du 30 août 2011 (JO du 1er septembre 2011) relatif aux déclarations et à l'attestation prévues aux articles 302 H *ter*, 302 U *bis* et 302 V *bis* du code général des impôts concernant les mouvements de produits soumis à accise dans l'Union européenne.

III. – Les déclarations prévues au I et au II et les pièces justificatives nécessaires à leur établissement sont conservées dans les conditions et selon les modalités fixées à l'article L. 102 B du livre des procédures fiscales.

1° BIS ATTESTATION DE CONSIGNATION

Art. 50-0 A I. – Conformément au I de l'article 302 U *bis* du code général des impôts, la personne qui effectue la livraison de produits soumis à accise déjà mis à la consommation dans un autre État membre de l'Union européenne, celle qui détient les produits ou celle à qui sont destinés les produits établit, préalablement à l'expédition, une déclaration comportant notamment les informations suivantes :

1° Le nom, la dénomination ou la raison sociale et l'adresse du déclarant ;

2° Le nom, la dénomination ou la raison sociale, le numéro d'assujetti à la taxe sur la valeur ajoutée, l'adresse du destinataire des produits et, le cas échéant, le numéro d'identification qui lui a été attribué par l'administration des douanes et droits indirects lors de son agrément en tant que fournisseur agréé ;

3° Le nom, la dénomination ou la raison sociale, l'adresse et le numéro d'assujetti à la taxe sur la valeur ajoutée du fournisseur des produits soumis à accise établi dans un autre État membre de l'Union européenne ;

4° La désignation des marchandises par catégorie fiscale, l'espèce, le titre alcoométrique volumique, le volume effectif et le volume d'alcool pur pour les alcools et les boissons alcooliques, le nombre d'unités ou de grammes pour les tabacs manufacturés ;

5° La date, le lieu d'établissement et la signature du déclarant complétée, le cas échéant, du cachet de son entreprise.

Cette déclaration est établie conformément aux modèles repris aux annexes V et VI de l'arrêté du 30 août 2011 (*JO* du 1er septembre 2011) relatif aux déclarations et à l'attestation prévues aux articles 302 H *ter*, 302 U *bis* et 302 V *bis* du code général des impôts concernant les mouvements de produits soumis à accise dans l'Union européenne.

II. – L'attestation de consignation des droits dus par un opérateur mentionné au I de l'article 302 U *bis*, pour la réception en France de produits déjà mis à la consommation dans un autre État membre de l'Union européenne, est établie par le service des douanes et droits indirects conformément aux modèles repris aux annexes V et VI de l'arrêté du 30 août 2011 (*JO* du 1er septembre 2011) relatif aux déclarations et à l'attestation prévues aux articles 302 H *ter*, 302 U *bis* et 302 V *bis* du code général des impôts concernant les mouvements de produits soumis à accise dans l'Union européenne.

L'attestation comporte notamment les informations suivantes :

1° Le nom, la dénomination ou la raison sociale et l'adresse du déclarant ;

2° Le nom, la dénomination ou la raison sociale, le numéro d'assujetti à la taxe sur la valeur ajoutée, l'adresse du destinataire des produits et, le cas échéant, le numéro d'identification qui lui a été attribué par l'administration des douanes et droits indirects lors de son agrément en tant que fournisseur agréé ;

3° Le nom, la dénomination ou la raison sociale, l'adresse et le numéro d'assujetti à la taxe sur la valeur ajoutée du fournisseur des produits soumis à accise établi dans un autre État membre de l'Union européenne ;

4° La désignation des marchandises par catégorie fiscale, l'espèce, le titre alcoométrique volumique, le volume effectif et le volume d'alcool pur pour les alcools et les boissons alcooliques, le nombre d'unités ou de grammes pour les tabacs manufacturés ;

5° L'adresse du service des douanes et droits indirects certifiant la consignation préalable des droits dus ;

6° La date et les références de la consignation ;

7° La date, le lieu d'établissement et le visa du service des douanes et droits indirects territorialement compétent.

Cette attestation est établie en deux exemplaires. Un exemplaire est destiné à l'opérateur mentionné au I de l'article 302 U *bis* qui l'adresse à l'expéditeur, fournisseur des produits soumis à accise établi dans un autre État membre de l'Union européenne. Ce dernier doit joindre l'attestation au document accompagnant les produits.

III. – La personne qui a effectué la déclaration préalable mentionnée au I transmet au service des douanes et droits indirects territorialement compétent une déclaration de réception des produits soumis à accise en indiquant notamment la date de réception et les quantités reçues par le destinataire. Cette déclaration reprend les informations requises au I.

La déclaration est conforme aux modèles repris aux annexes V et VI de l'arrêté du 30 août 2011 (*JO* du 1er septembre 2011) relatif aux déclarations et à l'attestation prévues aux articles 302 H *ter*, 302 U *bis* et 302 V *bis* du code général des impôts concernant les mouvements de produits soumis à accise dans l'Union européenne.

IV. – Les déclarations et l'attestation prévues du I au III et les pièces justificatives nécessaires à leur établissement sont conservées dans les conditions et selon les modalités fixées à l'article L. 102 B du livre des procédures fiscales.

1° TER REPRÉSENTANT FISCAL

Art. 50-0 A *bis* (*Arr. du 20 déc. 2019, art. 1er et 3, en vigueur le 1er janv. 2020*) I. – Pour obtenir la qualité de représentant fiscal, la demande d'agrément est transmise au directeur interrégional des douanes et droits indirects ayant dans le ressort territorial de sa circonscription le lieu de la tenue de la comptabilité des livraisons du représentant fiscal.

Cette demande est accompagnée d'un modèle de la comptabilité des livraisons et de toute pièce justifiant de l'existence de la caution prévue à l'article 302 V *bis* du code général des impôts.

Le directeur interrégional des douanes et droits indirects accorde la qualité de représentant fiscal et lui attribue un numéro d'identification.

II. – La désignation d'un représentant fiscal par le vendeur conformément à l'article 302 V *bis* donne lieu à l'établissement d'un mandat. Ce mandat doit être exclusif, rédigé en langue française, signé par une personne habilitée à engager la personne du représentant fiscal et accepté du vendeur. Il doit obligatoirement faire apparaître les informations suivantes :

1° Le nom, la dénomination ou la raison sociale et l'adresse du représentant fiscal ;

2° Le numéro d'identification qui lui a été attribué par l'administration des douanes et droits indirects lors de son agrément ;

3° Le nom, la dénomination ou la raison sociale et l'adresse du vendeur ;

4° La période de validité du mandat ;

5° Le caractère exclusif du mandat ;

6° Les formalités que le représentant fiscal est habilité à accomplir au nom du vendeur.

Le représentant fiscal adresse l'original du mandat au service des douanes et droits indirects compétent préalablement à toute démarche concernant le vendeur.

III. – Conformément à l'article 302 V *bis* du code général des impôts, le représentant fiscal établit, pour chaque vendeur représenté, une déclaration comportant :

a) Au titre des renseignements généraux :

1° Le nom, la dénomination ou la raison sociale et l'adresse du représentant fiscal ;

2° Le numéro d'identification qui lui a été attribué par l'administration des douanes et droits indirects lors de son agrément ;

3° Le nom, la dénomination ou la raison sociale et l'adresse du vendeur ;

4° L'année et le mois au titre duquel la déclaration est établie ;

5° La date, le lieu d'établissement de la déclaration et la signature du déclarant.

La déclaration comporte en outre deux cases réservées à l'administration qui contiennent les informations relatives à la réception de la déclaration (date et numéro) et à la liquidation des droits.

b) Outre les renseignements prévus au a, la déclaration indique :

1° La désignation des produits soumis à accise par catégorie fiscale ;

2° Les quantités imposables par catégorie fiscale de produits, exprimées, selon le cas, en volume d'alcool pur ou en volume effectif et par degré alcoométrique pour les bières ;

3° Les tarifs d'imposition ;

4° Le montant des droits d'accise à acquitter par nature de produit et par tarif d'imposition, ainsi que le montant global de ces droits ;

La déclaration comporte en outre une colonne réservée à l'administration qui fait référence aux codes taxes.

Cette déclaration est établie conformément au modèle repris à l'annexe VII de l'arrêté du 30 août 2011 relatif aux déclarations et à l'attestation prévues aux articles 302 H *ter*, 302 U *bis* et 302 V *bis* du code général des impôts concernant les mouvements de produits soumis à accise dans l'Union européenne.

IV. — La déclaration prévue au III et la comptabilité des livraisons des produits soumis à accise prévue à l'article 302 V *bis* ainsi *(Arr. du 22 juill. 2020, art. 1er)* « que » les pièces justificatives nécessaires à leur établissement, sont conservées dans les conditions et selon les modalités fixées à l'article L. 102 B du livre des procédures fiscales.

Ancien art. 50-0 A *bis* *I. — Conformément à l'article 302 V bis du code général des impôts, le représentant fiscal établit, préalablement à l'expédition, une déclaration comportant notamment les informations suivantes :*

1° Le nom, la dénomination ou la raison sociale et l'adresse du représentant fiscal ;

2° Le nom, la dénomination ou la raison sociale, l'adresse et le numéro d'assujetti à la taxe sur la valeur ajoutée, s'il existe, du fournisseur des produits soumis à accise établi dans un autre État membre de l'Union européenne ;

3° Le nom et l'adresse du destinataire des produits ;

4° Le lieu de livraison des produits, si l'adresse est différente de celle du destinataire ;

5° La désignation des marchandises par catégorie fiscale, l'espèce, le titre alcoométrique volumique, le volume effectif et le volume d'alcool pur ;

6° La date, le lieu d'établissement et la signature du représentant fiscal complétée, le cas échéant, du cachet de son entreprise ;

7° L'adresse et le visa du service des douanes et droits indirects territorialement compétent ;

8° Les références de la consignation.

Cette déclaration est établie conformément au modèle repris à l'annexe VII de l'arrêté du 30 août 2011 (JO du 1er septembre 2011) relatif aux déclarations et à l'attestation prévues aux articles 302 H ter, 302 U bis et 302 V bis du code général des impôts concernant les mouvements de produits soumis à accise dans l'Union européenne.

II. — Le représentant fiscal transmet au service des douanes et droits indirects territorialement compétent une déclaration de réception des produits soumis à accise en indiquant notamment la date de réception et les quantités reçues par le destinataire. Cette déclaration reprend notamment les informations requises au I.

La déclaration est conforme au modèle repris à l'annexe VII de l'arrêté du 30 août 2011 (JO du 1er septembre 2011) relatif aux déclarations et à l'attestation prévues aux articles 302 H ter, 302 U bis et 302 V bis du code général des impôts concernant les mouvements de produits soumis à accise dans l'Union européenne.

III. — Les déclarations prévues au I et au II et les pièces justificatives nécessaires à leur établissement sont conservées dans les conditions et selon les modalités fixées à l'article L. 102 B du livre des procédures fiscales.

2° MODALITÉS D'EXONÉRATION DES DROITS D'ACCISES

(Arr. du 13 mai 2015)

Art. 50-0 B I. — En application de l'article 285 A de l'annexe II au code général des impôts, la demande d'agrément au statut d'acheteur-revendeur est effectuée auprès de la direction régionale des douanes et droits indirects territorialement compétente sur un formulaire conforme au modèle établi par l'administration, lequel comporte les mentions suivantes :

a la dénomination ou raison sociale du demandeur ou de son représentant légal ;

b la désignation du siège social du demandeur ;

c la mention de l'autorisation d'exploitation d'un comptoir de vente ;

d l'engagement du demandeur de se conformer aux obligations conditionnant l'octroi et le maintien du statut d'acheteur-revendeur sous peine de se voir retirer le bénéfice dudit statut ;

e la date et la signature du demandeur ;

f la décision d'octroi par l'administration du statut d'acheteur-revendeur de tabacs manufacturés datée et signée ;

g la désignation détaillée et la localisation des lieux de vente ainsi que les modalités d'ouverture et de fonctionnement ; le plan des lieux de vente est annexé au formulaire et toute modification des plans, localisation, modalités d'ouverture et de fonctionnement des lieux de vente doit être signalée à la direction régionale des douanes et droits indirects territorialement compétente. — *Sur le modèle de demande d'agrément, V. Arr. du 13 mai 2015, annexe I (JO 24 mai).*

II. — Si l'acheteur-revendeur cesse de remplir les conditions d'agrément requises ou en cas de manquements à ses obligations ou en cas d'infraction aux dispositions du code général des impôts, son agrément peut lui être retiré par le directeur régional des douanes et droits indirects à l'expiration d'un délai de trente jours à compter de la date figurant sur l'avis de réception du courrier recommandé priant l'intéressé de bien vouloir présenter ses observations sur le retrait d'agrément envisagé.

Pour sa part, le titulaire du statut d'acheteur-revendeur peut mettre fin à tout moment à son activité par l'envoi d'une lettre recommandée avec demande d'avis de réception adressée à la direction régionale des douanes et droits indirects compétente, avec effet huit jours francs à compter de la réception par l'administration de cette lettre.

Art. 50-0 BA En application de l'article 286 O de l'annexe II au code général des impôts, la déclaration est effectuée auprès de la direction régionale des douanes et droits indirects territorialement compétente sur le formulaire selon un modèle fixé par l'administration et figurant en annexe, lequel comprend les mentions suivantes :

a la dénomination ou raison sociale de l'entrepositaire agréé ;

b les adresses du siège ou du principal établissement, de l'entrepôt fiscal suspensif des droits d'accises et, le cas échéant, l'adresse à laquelle est conservée la comptabilité-matières ;

c les numéros de registre du commerce, d'accises ainsi que d'identification à la TVA ;

d la nature des marchandises réceptionnées, détenues, expédiées ;

e le type d'activité réalisée ;

f la désignation détaillée et la localisation des lieux de vente ainsi que les modalités d'ouverture et de fonctionnement ; le plan des lieux de vente est annexé au formulaire et toute modification des plans, localisation, modalités d'ouverture et de fonctionnement des lieux de vente doit être signalée à la direction régionale des douanes et droits indirects territorialement compétente ;

g les dates et signatures de l'exploitant du comptoir de vente ou de la boutique de vente à bord. — *Sur le modèle de déclaration, V. Arr. du 13 mai 2015, annexe II (JO 24 mai).*

Art. 50-0 BB En application de l'article 286 P de l'annexe II au code général des impôts, le document d'avitaillement et livraisons à emporter qui accompagne les produits soumis à accises livrés aux boutiques de vente à bord et dans le cadre de l'avitaillement, entre l'entrepôt suspensif et le navire ou l'aéronef ou entre la zone de mise à bord et l'aéronef, comporte les mentions obligatoires suivantes :

a le numéro du justificatif constitué par l'opérateur selon le schéma suivant : caractère *[caractères]* 1 et 2 : quantième de l'année, caractère *[caractères]* 3 à 15 : numéro d'accises de l'entrepositaire agréé, caractère *[caractères]* 16 à 20 : numéro de séquence annuel propre à l'opérateur ;

b la dénomination ou raison sociale, les coordonnées de l'entrepositaire agréé qui expédie les produits ;

c la dénomination ou raison sociale, les coordonnées du destinataire des produits ;

d la dénomination commerciale précise des produits ;

e les quantités livrées, en litres ou en kilogrammes selon le cas, avec l'unité de conditionnement ;

f le nombre de contenants et les numéros de scellés (si le scellement est utilisé) ;

g le titre alcoométrique pour les alcools et boissons alcooliques ;

h la destination, le nom du navire et de la compagnie maritime, le numéro de vol et la compagnie aérienne pour les aéronefs ;

Le document d'avitaillement et de livraisons à bord est conservé sous format papier ou dématérialisé et peut être remplacé par tout document équivalent comportant l'ensemble des mentions précitées.

Art. 50-0 BC Le document commercial mentionné aux articles 111-0 HB et 111-0 HC de l'annexe III au code général des impôts comprend les informations suivantes :

a la nature, la valeur unitaire, le nombre des articles achetés et vendus ;

b l'identité de l'acquéreur ;

c le numéro de vol ou la liaison maritime concernée ;

d le lieu de destination figurant sur le titre de transport ;

e la date de la transaction ;

f l'indication "ventes en exonération des droits et taxes" ou "ventes en droits acquittés", selon le cas.

Pour les boutiques de vente à bord d'aéronefs, les informations reprises aux points *b*, *d* et *f* ne sont pas exigées.

Pour les boutiques de vente à bord de navires qui n'effectuent que des ventes en droits acquittés à des passagers à destination d'un autre État membre de l'Union européenne, les informations reprises aux points *b*, *d* et *f* sont facultatives.

3° CAPSULES REPRÉSENTATIVES DE DROITS

Art. 50-0 C Les capsules représentatives de droits destinées à être apposées, dans les autres États membres de la Communauté européenne, sur les bouteilles et récipients doivent comporter les mentions suivantes :

a) Le numéro d'agrément délivré par *(Arr. du 13 janv. 2020, art. 1er-1° et 11, en vigueur le 1er févr. 2020)* « la direction interrégionale des douanes et droits indirects territorialement compétente ou, en Guadeloupe, en Guyane, à La Réunion et à Mayotte, par la direction régionale des douanes et droits indirects » précédé du sigle du pays (DE pour Allemagne, IT pour Italie, FI pour Finlande, SE pour Suède, AT pour Autriche, BE pour Belgique, DK pour Danemark, EL pour Grèce, ES pour Espagne, GB pour Grande-Bretagne, IE pour Irlande, LU pour Luxembourg, NL pour Pays-Bas et PT pour Portugal) ;

b) La marque du fabricant des capsules ou, le cas échéant, celle du fabricant des marques fiscales servant à la fabrication des capsules.

Ces mentions sont apposées conformément à la description qui en est faite au II de l'article 164 AM.

Les indications reprises au *a* doivent concorder avec celles figurant soit sur les étiquettes apposées sur les bouteilles ou récipients, soit sur les bouteilles ou récipients eux-mêmes.

Ces indications doivent être apposées avant leur livraison à l'utilisateur.

Art. 50-0 D Les capsules visées à l'article 50-0 C sont conformes à la description qui en est faite à l'article 54-0 D.

Art. 50-0 E Le bon de commande mentionné à l'article 111 J de l'annexe III, établi en double exemplaire, est daté et visé par l'administration des douanes et droits indirects. Il comporte notamment :

a) Le nom et l'adresse du fournisseur des marques fiscales ou des capsules ;

b) Le nom et l'adresse de l'entrepositaire agréé destinataire ainsi que ses numéros d'accise et d'agrément ;

c) Le nombre de marques fiscales ou de capsules commandées, par catégorie (volume net exprimé en centilitres, couleur des capsules, pour les vins, vin tranquille ou vin mousseux et, le cas échéant, titre alcoométrique volumique).

L'un des exemplaires est remis au fabricant, l'autre est conservé au dossier ouvert au nom du commanditaire.

Art. 50-0 F Les caractéristiques et obligations prévues aux articles 54-0 A à 54-0 AC *[54-0 C]* relatives aux entrepositaires agréés sont applicables aux entrepositaires agréés d'autres États membres de la Communauté européenne.

4° MODALITÉS D'EXONÉRATION DES DROITS D'ACCISES SUR LES ALCOOLS ET LES BOISSONS ALCOOLIQUES

Art. 50-0 G Pour l'application des dispositions du 3° du I de l'article 111-0 E de l'annexe III au code général des impôts, la liste récapitulative comporte les renseignements suivants :

a. Le nom ou la raison sociale, l'adresse et l'activité professionnelle des personnes définies au 2° du II de l'article 111-0 E et à l'article 111-0 F de la même annexe ;

b. Le numéro d'identification porté sur la déclaration préalable de profession, numéro fixé par l'administration des douanes et droits indirects dans les conditions définies à l'article 50-0 H.

Art. 50-0 H Pour l'application des dispositions du 2° du II de l'article 111-0 E, les opérateurs établissent une déclaration préalable de profession conforme au modèle repris à l'annexe I de l'arrêté du 4 juillet 2005 (JO du 6 juillet 2005). Pour l'application des dispositions du 1° du I de l'article 111-0 F de l'annexe III au code général des impôts, les opérateurs établissent, selon le cas, une déclaration préalable de profession conforme aux modèles repris aux annexes II et III de l'arrêté du 4 juillet 2005 (JO du 6 juillet 2005) :

1° La déclaration préalable de profession peut être déposée ou transmise au service des douanes et droits indirects par tout moyen, en l'accompagnant :

a. Selon le cas, d'un extrait du registre du commerce et des sociétés, d'un document justifiant de l'inscription au répertoire des métiers ou d'une pièce justificative de la qualité professionnelle ;

b. D'un justificatif d'identité, si le déclarant est une personne physique ;

c. D'un justificatif d'identité du déclarant et d'une procuration, s'il s'agit d'une personne morale ;

2° La déclaration préalable de profession comprend deux exemplaires. Le premier exemplaire de la déclaration est destiné au déclarant, qui le conserve, pour être présenté à toute réquisition des agents des douanes et droits indirects. Le deuxième exemplaire est destiné au service des douanes et droits indirects territorialement compétent ;

3° La déclaration comporte un numéro d'identification composé de sept caractères numériques précédés des lettres "IN" (pour les intermédiaires définis au 2° du II de l'article 111-0 E de l'annexe III au même code) ou "UT" (pour les utilisateurs définis au 1° du I de l'article 111-0 F de la même annexe), sous la forme : IN ou UT/XXX/XXXX :

a. Les trois premiers caractères après "IN" ou "UT" identifient le service des douanes et droits indirects visant la déclaration préalable de profession ;

b. Les quatre derniers, correspondant au numéro de la déclaration préalable, sont tirés d'une série chronologique gérée par ledit service des douanes et droits indirects.

Le numéro d'identification est attribué par le service des douanes et droits indirects recevant la déclaration préalable de profession. Il est délivré à titre personnel. Les personnes morales obtiennent ce numéro d'identification pour elles-mêmes et pour les personnes physiques habilitées, sur procuration, à les représenter ;

4° La déclaration préalable de profession comporte les renseignements suivants :

a. Les nom et prénoms usuels du déclarant ;

b. Les date et lieu d'établissement de la déclaration et la signature du déclarant appuyée du cachet de son entreprise ;

c. Le cas échéant, les nom et prénoms du représentant légal de la personne morale ou physique mentionnée au *b* qui a donné procuration au déclarant et la date à laquelle cette procuration a été délivrée ;

d. Une case réservée à l'usage de l'administration des douanes et droits indirects comportant la date de prise en charge de la déclaration, le numéro d'identification du déclarant ainsi que l'adresse et le visa du service ;

5° Outre les renseignements prévus au 4°, la déclaration préalable de profession comporte les informations suivantes :

a. Pour les intermédiaires définis au 2° du II de l'article 111-0 E de l'annexe III au code général des impôts :

1. Le nom ou la raison sociale, l'adresse et le numéro d'accises attribué à l'intermédiaire par le service des douanes et droits indirects dans le cadre de son activité d'entrepositaire agréé ;

2. L'adresse du lieu de réception et de détention des alcools et boissons alcooliques, qui est également l'adresse du lieu de tenue de la liste clients ;

b. Pour les utilisateurs définis au 1° du I de l'article 111-0 F de la même annexe :

1. Le nom ou la raison sociale, l'adresse, le numéro SIRET et l'activité de l'opérateur qui veut bénéficier des exonérations prévues à l'article 302 D *bis* du code général des impôts ;

2. L'adresse du lieu de réception et d'utilisation des alcools et des boissons alcooliques qui est également le lieu de tenue de la comptabilité matières pour les utilisateurs qui sont soumis à cette obligation ;

3. Le ou les cas d'utilisation prévus à l'article 302 D *bis* du code général des impôts.

Art. 50-0 I I. – Pour l'application des dispositions du 2° de l'article 111-0 G et du 1° de l'article 111-0 H de l'annexe III au code général des impôts, la comptabilité matières doit reprendre notamment les renseignements suivants :

a. La nature, le numéro et la date de réception du document d'accompagnement mentionné à l'article 302 M dudit code, du document économique ou des pièces justificatives des entrées ou des fabrications ;

b. La nature et la date de toute autre opération constituant une "entrée" ou une "sortie" selon le 2° de l'article 111-0 G de la même annexe ;

c. L'espèce, la qualité et la nature des produits mentionnés à l'article 302 D *bis* du code général des impôts et des produits issus de la fabrication.

II. – Pour l'application des dispositions du 2° de l'article 111-0 H de l'annexe III au code général des impôts, la déclaration mensuelle récapitulant les quantités de produits vitivinicoles comporte les renseignements suivants :

a. La campagne vitivinicole au cours de laquelle sont mis en œuvre les produits vitivinicoles ;

b. Le nom ou la raison sociale du fabricant de vinaigre ;

c. Le numéro d'identification attribué par le service des douanes et droits indirects dans les conditions fixées à l'article 50-0 H ;

d. L'adresse du lieu d'utilisation des produits vitivinicoles ;

e. Le mois au titre duquel la déclaration est établie ;

f. Les date et lieu d'établissement de la déclaration ;

g. La qualité et la signature du déclarant appuyée du cachet de l'entreprise.

A défaut d'opération de fabrication, l'utilisateur adresse au service des douanes et droits indirects la déclaration mensuelle annotée de la mention « néant ».

5° TAUX ANNUELS DE PERTES ET DÉCHETS LORS DE L'ÉLABORATION, DE LA TRANSFORMATION ET DU STOCKAGE D'ALCOOLS ET DE BOISSONS ALCOOLIQUES

(Arr. du 9 août 2017)

Art. 50-0 J Les pertes ou déchets constatés en cours d'élaboration, de transformation et de stockage d'alcools et de boissons alcooliques, doivent être inscrits par l'entrepositaire agréé dans la colonne "sorties" de sa comptabilité matières, par tarif d'imposition et par produit concerné tel que défini aux articles 286 I et 286 J de l'annexe II au code général des impôts. L'exonération attribuée s'applique par entrepôt fiscal suspensif de droits d'accises, par type d'opération et selon les distinctions prévues aux articles *(Arr. du 20 juin 2018)* « 286 I et 286 J » de l'annexe II au code général des impôts.

Les pertes accidentelles doivent être signalées immédiatement à l'administration. Elles sont inscrites en sorties dans la comptabilité matières. Ces pertes ne font pas l'objet d'une taxation dès lors qu'elles sont admises par l'administration après examen de la demande d'admission en décharge présentée par l'entrepositaire agréé.

Art. 50-0 K Pour les pertes et déchets dûment retracés en comptabilité matières lors de l'élaboration ou du conditionnement d'alcools et de boissons alcooliques antérieurs au stockage, l'entrepositaire agréé bénéficie d'une exonération de droits dans la limite des taux annuels suivants :

CATÉGORIES DE PRODUITS	TAUX ANNUEL DE DÉCHETS OU PERTES à l'élaboration	TAUX ANNUEL DE DÉCHETS OU PERTES au conditionnement
Vins finis (après fermentation), **cidre** (après dépectinisation) et autres boissons alcooliques reprises à l'article 438 du CGI	1,5 % sur les volumes de produits alcooliques mis en œuvre.	0,7 % sur les quantités conditionnées.
Spiritueux :		
élaboration par distillation, macération, infusion ... ;	5 % sur les volumes de produits alcooliques mis en œuvre.	0,7 % sur les quantités conditionnées.

CATÉGORIES DE PRODUITS	TAUX ANNUEL DE DÉCHETS OU PERTES à l'élaboration	TAUX ANNUEL DE DÉCHETS OU PERTES au conditionnement
opérations liées à la transformation.	1 % sur les volumes de produits alcooliques mis en œuvre.	
Produits intermédiaires :		
élaboration par mutage ;	1,5 % sur les volumes de produits alcooliques mis en œuvre.	0,7 % sur les quantités conditionnées.
opérations liées à la transformation.	1 % sur les volumes de produits alcooliques mis en œuvre.	
Alcools :		
élaboration par distillation ;	3,25 % sur les volumes de produits alcooliques mis en œuvre.	0,7 % sur les quantités conditionnées.
opérations liées à la transformation ;	1 % sur les volumes de produits alcooliques mis en œuvre	
dénaturation ;	1,25 % sur les volumes de produits alcooliques mis en œuvre.	

Art. 50-0 L **Pour les pertes et déchets en cours de stockage d'alcools et de boissons alcooliques, l'entrepositaire agréé bénéficie d'une exonération des droits, dans la limite des taux annuels suivants :**

	STOCKAGE SOUS BOIS	STOCKAGE EN CUVES ÉTANCHES	STOCKAGE APRÈS CONDITIONNEMENT
Vins, cidres et autres boissons alcooliques reprises à l'article 438 du CGI	4,5 % sur le stock moyen	0,7 % sur le stock moyen	0,3 % sur les quantités sorties
Produits intermédiaires	5 % sur le stock moyen	0,7 % sur le stock moyen	0,3 % sur les quantités sorties
Spiritueux	6 % sur le stock moyen	1,5 % sur le stock moyen	0,3 % sur les quantités sorties
Rhums (DOM)	8 % sur le stock moyen	3 % sur le stock moyen	0,3 % sur les quantités sorties
Alcools	6 % sur le stock moyen	1,5 % sur le stock moyen	0,3 % sur les quantités sorties

L'exonération est calculée et appliquée par produit concerné tel que défini aux articles 286 I et 286 J de l'annexe II au code général des impôts et par type de stockage ***identifié en tant que tel.***

Pour les vins mousseux élaborés selon la méthode traditionnelle, l'entrepositaire agréé applique un taux de pertes global maximum de 1,5 % aux volumes de vin élaboré en bouteilles.

Pour les eaux-de-vie de fruits stockées en cuves étanches ouvertes, le taux annuel de pertes maximum est fixé à 2,5 % sur le stock moyen.

Pour la bière, le taux annuel de pertes maximum est fixé à 1 % sur les quantités sorties.

Pour les arômes, le taux annuel de pertes maximum est fixé à 1,25 % sur les quantités sorties.

Le stock moyen est obtenu en additionnant les résultats des balances journalières des comptes des entrées et des sorties. Ce stock peut être aussi obtenu en additionnant les

soldes mensuels reportés chaque mois dans la comptabilité matières depuis le dernier arrêté annuel. Ces résultats sont éventuellement corrigés de ceux des recensements réalisés par l'administration et reportés dans la comptabilité matières. Le solde moyen est alors obtenu en divisant ce total par le nombre de mois écoulés depuis le dernier arrêté annuel.

Art. 50-0 M Pour les vins tranquilles et les vins mousseux (autres que ceux élaborés selon la méthode traditionnelle), et en lieu et place des taux cités aux articles 50-0 K et 50-0 L, l'entrepositaire agréé récoltant vinificateur ou négociant vinificateur, et la cave coopérative ayant le même type d'activité, peuvent opter pour un taux annuel de pertes global (comprenant l'élaboration, le stockage, le conditionnement et le stockage après conditionnement) de 3,5 % sur le stock moyen si le stockage s'effectue en cuves étanches ou de 6 % sur le stock moyen si le stockage s'effectue sous bois.

(Arr. du 15 juin 2018) « Pour les vins doux naturels à appellation d'origine contrôlée et les vins de liqueur mentionnés à l'article 417 *bis* du code général des impôts, et en lieu et place des taux cités aux articles 50-0 K et 50-0 L, l'entrepositaire agréé récoltant vinificateur peut opter pour un taux annuel de pertes global (comprenant l'élaboration, le stockage, le conditionnement et le stockage après conditionnement) de 3,5 % sur le stock moyen si le stockage s'effectue en cuves étanches ou de 6 % sur le stock moyen si le stockage s'effectue sous bois. »

L'opérateur qui souhaite bénéficier de cette option, doit en faire la déclaration auprès de l'administration des douanes et droits indirects, avant le début de la campagne viticole. Cette déclaration se fait par voie informatique, mais il peut être accepté, à titre exceptionnel, qu'elle se fasse sur support papier si l'opérateur est dans l'incapacité de la dématérialiser. L'option sera renouvelée chaque année par tacite reconduction sauf si l'opérateur indique renoncer à cette option.

Art. 50-0 N Pour les alcools produits à partir d'unités agréées sous le régime général des distilleries industrielles, tel que prévu aux articles 311 *bis* et 57 à 77 de l'annexe I au *(Arr. du 20 juin 2018)* « code général des impôts », l'entrepositaire agréé peut opter pour un taux annuel de pertes global de 1,5 % sur les quantités expédiées.

L'opérateur qui souhaite bénéficier de cette option doit en faire la demande auprès de l'administration des douanes et droits indirects, avant le début de son exercice commercial.

Art. 50-0 O I. – Par dérogation aux taux annuels prévus aux articles 50-0 K et 50-0 L, un entrepositaire agréé, ou un groupement d'entrepositaires agréés, qui élabore le même produit dans les mêmes conditions, peut proposer à l'administration, un taux global de pertes ou de déchets personnalisé comprenant toutes ses opérations d'élaboration, de stockage et conditionnement, dès lors que les taux prévus aux articles précités ne couvrent pas lesdites opérations, ou si son processus d'élaboration, de conditionnement ou de stockage le justifie.

Dans ce cas, il soumet à l'administration des douanes et droits indirects, dans le ressort territorial duquel se trouve l'entrepôt fiscal d'accises concerné, le taux global annuel de pertes ou de déchets réel encouru, en précisant :

a) Nom ou raison sociale et adresse du ou des requérants ;

b) Activité économique de la société du ou des requérants ;

c) Numéro d'accises ou d'identification du ou des requérants ;

d) Adresse des entrepôts fiscaux d'accises ;

e) Estimation des quantités, espèces et qualités des matières premières mises en œuvre, entre deux arrêtés annuels de la comptabilité matières, pour la fabrication, la transformation, le stockage ou le conditionnement d'alcools et de boissons alcooliques et quantités de ces produits obtenues ou conditionnées exprimées en volume d'alcool pur, s'il s'agit d'alcool, ou en volume effectif, s'il s'agit de produits intermédiaires ou ***de produits mentionnés*** à l' article 438 du code général des impôts, ou en volume effectif par degré alcoométrique, s'il s'agit de bières ;

f) Description détaillée des procédés et techniques de fabrication, de transformation, de conditionnement ou de stockage d'alcools et de boissons alcooliques ;

g) Proposition d'un taux global annuel de pertes ou de déchets pour chaque alcool ou boisson alcoolique fabriqué, transformé, stocké ou conditionné permettant d'évaluer la quantité d'alcool ou de boisson alcoolique effectivement obtenue ou effectivement stockée ou conditionnée à partir d'une quantité déterminée de matières premières ;

h) Date et lieu d'établissement de la demande et signature du ou des requérants appuyée du cachet de son entreprise ou en cas de groupement d'entrepositaires agréés, du cachet de leurs entreprises.

L'administration des douanes et droits indirects statue sur la demande après avoir reçu, le cas échéant, l'avis du laboratoire des douanes et droits indirects compétent. Si cela s'avère nécessaire, ledit laboratoire fait prélever contradictoirement trois échantillons représentatifs des alcools ou boissons alcooliques fabriqués, transformés, stockés ou conditionnés aux fins d'analyse et se déplace dans les entrepôts fiscaux d'accises du requérant pour expertiser les conditions de fabrication, de transformation, de stockage ou de conditionnement.

La décision de l'administration des douanes et droits indirects fixant un taux global annuel de pertes ou de déchets est transmise au requérant. Si l'administration des douanes et droits indirects fixe un taux annuel de pertes ou de déchets différent de celui figurant dans la demande, sa décision doit être motivée. Ce taux est reconduit pour l'exercice suivant si les conditions de fabrication, de transformation, de stockage ou de conditionnement dans l'entrepôt fiscal d'accises de l'entrepositaire agréé sont inchangées.

Cette mesure s'applique, en outre, aux entrepositaires agréés producteurs d'arômes alcooliques et aux régénérateurs d'alcools.

II. – Si les conditions de fabrication, de transformation, de conditionnement ou de stockage mentionnées au I sont modifiées, le taux annuel global de pertes ou de déchets peut être révisé chaque année par l'administration des douanes et droits indirects qui l'a fixé. La demande est effectuée dans les mêmes conditions que pour la fixation du taux initial. La révision est effectuée à l'issue de l'arrêté annuel de la comptabilité matières du déclarant.

III. – Tout changement ou toute modification des procédés de fabrication, de transformation, de conditionnement ou de stockage, susceptible d'avoir des conséquences sur le taux annuel global de pertes ou de déchets, doit être porté sans délai à la connaissance de l'administration des douanes et droits indirects mentionnée au I par l'entrepositaire agréé.

IV. – Sur les alcools employés au mutage, il est accordé aux entrepositaires agréés fabriquant des mistelles une exonération fixée à un taux maximum de 3 % pour la fabrication des mistelles blanches et de 5 % pour la fabrication de mistelles rouges, pour couvrir les déchets de fabrication.

CHAPITRE PREMIER BOISSONS

SECTION PREMIÈRE ALCOOLS

I *PRODUCTION*

A ALAMBICS

Art. 50 A Quiconque désire importer, acquérir à titre gratuit ou onéreux, obtenir en location, faire réparer ou transformer un ou plusieurs appareils ou portions d'appareils propres à la distillation, à la fabrication ou au repassage d'eaux-de-vie ou d'esprits doit en faire la demande écrite à la direction régionale des douanes et droits indirects du lieu de destination ou d'implantation desdits appareils ou portions d'appareils.

Art. 50 B Cette demande doit mentionner :

En ce qui concerne le requérant : ses nom et prénoms (ou raison sociale), profession et adresse ;

En ce qui concerne les appareils ou portions d'appareils faisant l'objet de la demande :

a) Leur nombre, leur nature exacte et leurs caractéristiques ;

b) S'ils sont déjà poinçonnés, les numéros de poinçonnement propres à chacun d'eux ;

c) L'usage auquel ils doivent être affectés ou la nature des réparations ou transformations à leur faire subir ;

d) Le cas échéant, le lieu où ils doivent être utilisés, réparés ou transformés.

Art. 50 C Si les garanties morales offertes par le requérant sont jugées suffisantes, l'administration accorde l'autorisation sollicitée. Celle-ci est valable pendant une période de six mois à compter de sa date.

Art. 50 D En ce qui concerne les appareils ou portions d'appareils devant être importés, le destinataire doit remettre une copie de l'autorisation délivrée, certifiée conforme par le service des douanes et droits indirects de sa résidence, au bureau de déclarations de la direction générale des douanes et droits indirects du lieu de dédouanement, afin d'obtenir le document indispensable mentionné au I de l'article 302 M du code général des impôts.

Ce document doit être ensuite présenté au bureau de douane à l'appui de la déclaration d'importation.

Art. 50 E Le titulaire d'une autorisation est tenu de fournir une copie de celle-ci, certifiée conforme par le service des douanes et droits indirects de sa résidence, au cédant, au loueur, au réparateur ou au transformateur des appareils ou portions d'appareils.

Art. 51 Sont considérés comme alambics d'essai les appareils à chargement intermittent, dépourvus de tout organe de rectification ou de rétrogradation, dont la capacité n'excède pas un litre.

B RACHAT DES ALAMBICS PAR L'ÉTAT

Art. 51 A Peuvent notamment souscrire une demande de rachat par l'État des alambics dont ils sont détenteurs :

Les bouilleurs de cru qui ne peuvent plus ou ne désirent plus utiliser lesdits appareils ;

Les loueurs d'alambics ambulants auxquels l'autorisation prévue par l'article 311 *bis* du code général des impôts a été refusée ou retirée.

En ce qui concerne les loueurs d'alambics ambulants frappés d'un retrait temporaire de l'autorisation précitée, la demande de rachat comporte une déclaration par laquelle l'intéressé renonce définitivement à exercer la profession.

Art. 51 B La demande de rachat doit être motivée et mentionner :

En ce qui concerne le requérant : ses nom et prénoms (ou raison sociale), profession et adresse, ainsi que la date de son entrée en possession du ou des alambics faisant l'objet de la demande ;

En ce qui concerne le ou les appareils :

a) Leur nombre, leur nature (marque et type), les caractéristiques de leurs différents éléments, ainsi que leur état de marche ;

b) Leurs numéros de poinçonnement ;

c) Le prix de rachat unitaire proposé.

La demande doit être adressée à la direction régionale des douanes et droits indirects du lieu d'immatriculation du ou des appareils par lettre recommandée avec demande d'avis de réception.

Art. 51 C à 51 E *Devenus sans objet (Décr. n° 82-389 du 10 mai 1982, art. 28).*

Art. 51 F Après instruction, au cours de laquelle le requérant peut être entendu, le directeur régional des douanes et droits indirects statue sur la demande.

Sa décision est notifiée à l'intéressé au plus tard dans les quatre mois suivant la réception de la demande.

Art. 51 G Lorsque l'administration refuse le rachat, le requérant ne peut déposer aucune nouvelle demande avant un an, compté à partir de la date de notification de la décision.

Art. 51 H Lorsque l'administration accepte le rachat, la décision mentionne expressément :

Le prix proposé au requérant, prix qui ne peut en aucun cas être inférieur à la valeur de récupération des matières dont sont composés les organes principaux des appareils ;

Les conditions de paiement ;

Les conditions de livraison ou de gardiennage du ou des appareils.

Le requérant dispose d'un délai d'un mois à compter de la date de notification de la décision pour donner son accord ou refuser le bénéfice du rachat au prix fixé.

En cas d'accord, il doit livrer le ou les appareils (ou en conserver la garde) aux conditions qui lui ont été notifiées.

En cas de refus, il ne peut déposer de nouvelle demande de rachat avant un an, compté à partir de la date de son refus.

C DISPOSITIONS GÉNÉRALES – CONDITIONS D'EXERCICE DE LA PROFESSION DE DISTILLATEUR

Art. 51 *bis* Quiconque désire obtenir l'autorisation d'exercer la profession de loueur d'alambic ambulant doit en faire la demande écrite à chaque direction régionale des douanes et droits indirects dans le ressort de laquelle se situe le lieu d'utilisation de son ou ses appareils.

Art. 51 *ter* Cette demande doit mentionner :

a) Les nom et prénoms (ou la raison sociale) et l'adresse du domicile du requérant ;

b) Le nombre, la nature, la capacité et le débit du ou des alambics devant être employés ;

c) Éventuellement, la date et la nature des autorisations obtenues par le requérant dans d'autres départements.

Art. 51 *quater* Le directeur régional des douanes et droits indirects examine les demandes qui lui sont présentées.

Il prononce une décision de rejet si les garanties offertes par le requérant ne lui paraissent pas suffisantes.

Dans le cas contraire, il propose au préfet l'octroi de l'autorisation demandée.

Art. 51 *quinquies* Après examen des propositions qui lui sont faites par le directeur régional des douanes et droits indirects, le préfet prend, soit un arrêté accordant l'autorisation, soit une décision de rejet.

Art. 51 *sexies* Lorsque le titulaire d'une autorisation a commis une infraction aux dispositions des articles 303 à 520 du code général des impôts ou à celles des textes pris pour leur application, le préfet peut, sur proposition du directeur régional des douanes et droits indirects, prononcer par voie d'arrêté le retrait de ladite autorisation pour une période n'excédant pas la campagne au cours de laquelle l'infraction a été commise et les deux campagnes suivantes.

Le retrait est obligatoire lorsque l'infraction relevée est passible de l'une des sanctions prévues aux articles 1746, 1810 et 1815 du code général des impôts. Il en est de même lorsque le titulaire de l'autorisation est convaincu d'avoir facilité la fraude commise par ses clients, ou sciemment procuré les moyens de la commettre.

Dans le cas, prévu au deuxième alinéa, d'infraction punie des sanctions édictées par l'article 1810 du code général des impôts, le retrait doit être prononcé pour une période au moins égale à trois campagnes, y compris celle au cours de laquelle l'infraction a été commise, sans pouvoir excéder six campagnes. Toutefois, le retrait de l'autorisation d'exercer la profession de loueur d'alambic ambulant est définitif dans le cas d'infractions punies des sanctions prévues par les articles 1746 et 1815 du code général des impôts ou lorsque, antérieurement ou postérieurement à la date de l'arrêté du préfet l'ayant prononcé, une nouvelle infraction passible des sanctions prévues à l'article 1810 du code précité est relevée à la charge du contrevenant.

D RÈGLEMENT DES DISTILLERIES

1° RÉGIME GÉNÉRAL

Art. 51 *septies* Un numéro distinctif est attribué par l'exploitant à chaque appareil, cuve, bac, foudre, réservoir fixe destiné à contenir des matières et des alcools. Ce numéro ainsi que l'indication de la contenance doivent être peints en caractères d'au moins cinq centimètres de haut sur chacun des récipients. Ils sont reportés sur les plans remis à l'administration à l'appui de la déclaration générale d'exploitation prévue à l'article 58 de l'annexe I au code général des impôts.

Les tuyaux dans lesquels circule l'alcool doivent être parfaitement identifiables et visibles sur tout leur parcours.

Art. 51 *septies* A L'exploitant est tenu d'entretenir en bon état d'usage les marques, jauges et tubes de niveau réglementaires.

L'accès aux points des installations où les agents du service des douanes et droits indirects doivent normalement intervenir lors de leurs opérations de contrôle et de reconnaissance doit offrir des conditions de sécurité et d'éclairage conformes à la réglementation en vigueur.

Art. 51 *septies* B L'exploitant est tenu de réserver aux agents du service des douanes et droits indirects, dans la distillerie, un emplacement convenable agréé par l'administration.

Art. 51 *septies* C *Devenu sans objet (Décr. n° 2000-739 du 1er août 2000, art. 4-XLII).*

Art. 51 *septies* D L'intérieur des bacs ou récipients de stockage doit être maintenu en état de propreté. Les agents du service des douanes et droits indirects peuvent exiger, sans entraver l'activité de la distillerie, que les fonds de ces bacs ou récipients soient débarrassés des dépôts susceptibles de fausser l'échelle des contenances.

Art. 51 *septies* E L'exploitant qui constate un incident ou une anomalie de fonctionnement d'un compteur doit en faire immédiatement la déclaration aux agents habilités par l'administration des douanes et droits indirects et consigner sur le registre prévu à cet effet :

La nature de l'incident ou de l'anomalie ;

La date et l'heure de la constatation ;

Les index du compteur à ce moment ;

Le moyen utilisé pour aviser les agents habilités par l'administration des douanes et droits indirects.

Si l'incident affecte l'écoulement normal de l'alcool, l'exploitant utilise le circuit de secours et les bacs de réserve.

Les agents habilités par l'administration des douanes et droits indirects procèdent à la remise en ordre de l'installation dans les meilleurs délais et mentionnent leur intervention sur le registre indiqué au premier alinéa.

Art. 51 *septies* F Les compteurs font l'objet de relevés périodiques dont la fréquence est fixée en fonction du modèle de l'appareil installé et des circonstances particulières à la distillerie. Ces relevés sont effectués par les agents habilités par l'administration des douanes et droits indirects et l'exploitant est tenu d'y assister ou de s'y faire représenter.

Les résultats des relevés sont consignés par les mêmes agents sur un registre spécial déposé à la distillerie.

Art. 51 *septies* G *Devenu sans objet (Décr. n° 2000-739 du 1er août 2000, art. 4-XLII).*

Art. 51 *septies* H Les huiles essentielles ou de fusel sont suivies à un compte d'ordre.

Lorsqu'ils sont expédiés à destination d'une distillerie, ces produits circulent obligatoirement sous le lien d'un titre de mouvement comportant l'indication de leur volume et de l'alcool qu'ils renferment correspondant au degré apparent.

Art. 51 *septies* I Le bilan de fabrication prévu à l'article 73 de l'annexe I au code général des impôts enregistre :

En charges, les quantités d'alcools :

Restant dans les appareils à rectifier ou à déshydrater et leurs circuits de fabrication à la reprise des comptes de la campagne ;

Produites sur place ;

Restant en magasin à la reprise des comptes de la campagne ;

Introduites dans la distillerie durant la campagne, sous le couvert de titres de mouvement, et prises aux charges du compte de magasin ;

Dégagées en excédent lors des inventaires de magasin en cours de campagne ;

En décharges, les quantités d'alcool :

Expédiées de la distillerie au cours de la campagne, sous le couvert de titres de mouvement, et portées aux décharges du compte de magasin ;

Dont la perte accidentelle ou la destruction a été régulièrement constatée ;

Dénaturées en présence du service.

Et, en restes, les quantités d'alcool :

Reconnues en magasin à l'inventaire général de clôture de la campagne ;

Contenues dans les appareils à rectifier ou à déshydrater et leurs circuits de fabrication lors de l'inventaire général de clôture de la campagne.

Art. 51 *septies* J Le registre mis à la disposition de l'exploitant pour l'enregistrement des déclarations des mises en distillation de matières à traiter suivies en compte, des repassages de produits imparfaits, des rectifications de flegmes ou de produits défectueux et des déshydratations d'alcool achevé, prévues à l'article 75 de l'annexe I au code général des impôts, doit indiquer au fur et à mesure de leur déroulement :

La nature de l'opération ;

La nature des matières à traiter ;

Le récipient d'où sont extraites ces matières ;

La date et l'heure du début de l'opération ;

La date et l'heure de la fin de l'opération ;

Le volume et, pour les produits à repasser, rectifier ou déshydrater, le titre alcoolique et l'alcool pur qu'ils renferment.

Quand l'opération se fait en continu, les deux dernières indications peuvent être portées seulement en fin de journée, à une heure convenue entre l'exploitant et les agents du service des douanes et droits indirects ou, à défaut d'accord, fixée par ces derniers.

2° RÉGIME SPÉCIAL

Art. 51 *octies* Pour les distilleries soumises au régime spécial prévu à l'article 57 de l'annexe I au code général des impôts, il est fait application de plein droit des dispositions des articles 51 *septies*, 51 *septies* A et 51 *septies* B ainsi que des dispositions particulières ci-après.

Art. 51 *octies* A L'intérieur des bacs ou récipients de coulage et de stockage doit être maintenu en état de propreté.

Les agents du service des douanes et droits indirects peuvent exiger, sans entraver la marche de la distillerie, que les fonds des bacs ou récipients soient débarrassés des dépôts susceptibles de fausser l'échelle des contenances.

Art. 51 *octies* B Les registres mis à la disposition de l'exploitant en vue de l'enregistrement des déclarations prévues aux articles 82 et 85 de l'annexe I au code général des impôts doivent indiquer au fur et à mesure du déroulement des opérations :

a) Pour les fabrications ou préparations de matières susceptibles de produire de l'alcool :

La nature de l'opération ;

La date et l'heure du début et de la fin de celle-ci ;

L'espèce et le poids ou le volume des matières mises en œuvre ;

Le numéro des bacs ou récipients dans lesquels sont recueillis les produits obtenus ;

Les quantités en volume ou en poids de ces produits et, le cas échéant, la quantité d'alcool pur qu'ils renferment.

b) Pour les mises en fermentation en vue de la production de boissons ou l'obtention de matières susceptibles d'être mises en distillation :

La nature de l'opération ;

La date et l'heure du commencement de l'opération ;

Le numéro des bacs ou récipients dans lesquels celle-ci est effectuée ;

L'espèce et la quantité des moûts, jus ou matières mises en œuvre ;

La date et l'heure de la fin de l'opération ;

Les quantités en volume ou en poids des matières fermentées et, pour les boissons et dilutions alcooliques, la quantité d'alcool pur qu'elles renferment.

c) Pour les mises en distillation :

La nature de l'opération ;

La date et l'heure du commencement et de la fin du chargement de l'appareil ;

Le numéro de celui-ci ;

La nature des matières mises en œuvre ;

Le volume ou le poids de ces matières ainsi que leur titre alcoolique et l'alcool pur qu'elles renferment ;

Le numéro des bacs ou récipients d'où elles sont extraites ;

Le volume, le degré et l'alcool pur des alcools achevés ou imparfaits soumis à repasse seuls ou ajoutés à des matières fermentées et, dans ce cas, la quantité totale d'alcool mise en distillation ;

Le volume, le degré et l'alcool pur des produits effectivement obtenus en distinguant les produits achevés des produits imparfaits ;

Le numéro des bacs ou récipients dans lesquels ces produits sont recueillis.

Art. 51 *octies* C à 51 *octies* E *Dispositions devenues sans objet (Décr. n° 2000-739 du 1er août 2000, art. 4-XLII).*

E TENEUR EN ALCOOL DES PRODUITS DE PARFUMERIE ET DE TOILETTE

Art. 52 Peuvent présenter une richesse alcoolique inférieure à 50 % volumique les produits de parfumerie et de toilette, visés à l'article 349 du code général des impôts, compris sous l'une des dénominations génériques suivantes :

Lotions au pétrole ;

Lotions détersives ;

Lotions toniques pour les soins du visage et du corps ;

Teintures ;

Fixateurs pour les cheveux ;

Brillantines deux corps ;

Shampooings ;

Produits de beauté (crèmes, laits, etc., pour les soins de l'épiderme) ;

Vernis ;

Rouges liquides ;

Dépilatoires ;

Fards ;

Eaux dentifrices ;

Produits de permanente pour cheveux ;

Produits pour l'entretien de la chevelure (l'hygiène et les soins de la chevelure).

II *RÉGIME ÉCONOMIQUE*

1° RÉPARTITION DU CONTINGENT DES RHUMS

Art. 52 *bis* *Disposition devenue sans objet (L. n° 95-1347 du 30 déc. 1995, art. 21-I).*

Art. 52 *ter* *(Arr. du 17 déc. 2021, art. 1er et 3, en vigueur le 1er janv. 2022)* Le contingent annuel d'exportation de 153 000 hectolitres d'alcool pur fixé par l'article 362 du code général des impôts est réparti, d'une part, entre rhum traditionnel agricole et rhum traditionnel de sucrerie et, d'autre part, entre les départements d'outre-mer et entre les distilleries, à compter du 1er janvier 2022 conformément au tableau ci-après :

Département	Groupe	Nom ou raison sociale de la distillerie	Contingent de rhum (en hectolitre*[s]* d'alcool pur) Rhum traditionnel agricole	Rhum traditionnel de sucrerie
Martinique			**56313,236**	**11410,855**
	COFEPP	Distillerie Depaz à Saint-Pierre	14414,239	
	COFEPP	Distillerie des rhums martiniquais St James SA à Sainte-Marie	15186,721	
	/	Distillerie Bellonie et Bourdillon à Rivière-Pilote	12559,402	
	/	Distillerie du Simon à Le François	9409,725	
	/	Distillerie SCA Héritiers Crassous à Macouba	3713,257	
	/	Distillerie Neisson au Carbet	452,852	
	/	Distillerie La Favorite à Fort-de-France	539,523	
	/	SARL Rex à le François	37,517	
	/	SAEM du Galion à la Trinité		11410,855
Guadeloupe			**18390,391**	**36497,649**
	/	Distillerie Bielle à Grand-Bourg	658,926	
	/	Distillerie Bologne à Basse-Terre	3028,491	
	/	Distillerie Bellevue au Moule	7204,278	
	/	Distillerie Espérance à Capesterre-Belle-Eau	704,958	
	/	Distillerie Montebello à Petit Bourg	1211,103	
	/	Distillerie Poisson à Grand Bourg (MG)	694,645	
	/	Distillerie Bellevue à Sainte-Rose	996,243	
	/	Distillerie de Bellevue-MG	3891,747	
	/	SA des sucreries et rhumeries MG à Grand Bourg		7518,183
	/	Sucrerie de Gardel au Moule		7773,024
	/	Société industrielle de sucrerie à Bonne-mère		21206,442
La Réunion			**0,000**	**29876,696**

			Contingent de rhum (en hectolitre*[s]* d'alcool pur)	
	/	Distillerie Isautier à St Pierre		3140,186
	/	Distillerie de Savanna SA à St André		9236,930
	/	Distillerie rivière du Mât SA à Ste Suzanne		17499,580
Guyane			**511,173**	**0,000**
	/	SARL Rhums Saint-Maurice, à Saint-Laurent-du-Maroni	511,173	

L'Arr. du 15 nov. 2021 portant répartition entre les départements et les distilleries du contingent d'exportation de rhum traditionnel est abrogé (Arr. du 17 déc. 2021, art. 2).

Ancien art. 52 ter *(Arr. du 13 juin 2018, art. 1er)* ***Le contingent annuel d'exportation de 144 000 hectolitres d'alcool pur fixé par l'article 362 du code général des impôts est réparti, d'une part, entre rhum traditionnel agricole et rhum traditionnel de sucrerie et, d'autre part, entre les départements d'outre-mer, conformément au tableau ci-après :***

	Rhum traditionnel agricole	**Rhum traditionnel de sucrerie**
Martinique	52 789,1 hectolitres d'alcool pur	11 327,78 hectolitres d'alcool pur
Guadeloupe	17 007,36 hectolitres d'alcool pur	34 522,76 hectolitres d'alcool pur
La Réunion	0 hectolitres *[hectolitre]* d'alcool pur	27 353 hectolitres d'alcool pur
Guyane	1 000 hectolitres d'alcool pur	0 hectolitres *[hectolitre]* d'alcool pur

2° RÉGIME DE L'EXPORTATION PRÉALABLE

Art. 52 *quater* I. — Pour obtenir le bénéfice du régime de l'exportation préalable prévu à l'article 144 *bis* de l'annexe III au code général des impôts, les personnes qui expédient depuis la France métropolitaine à destination de l'étranger des rhums traditionnels des départements d'outre-mer doivent se faire délivrer par le bureau de la direction générale des douanes et droits indirects ayant constaté la sortie du territoire national un certificat énonçant la quantité, la qualité et l'origine du ou des rhums traditionnels des départements d'outre-mer ainsi que le volume d'alcool pur correspondant.

II. — Ne peuvent donner lieu à délivrance de certificats d'exportation préalable que les expéditions accompagnées de titres de mouvement attestant qu'il s'agit de rhums traditionnels des départements d'outre-mer. Le cas échéant, il est émis autant de certificats que de qualités et d'origines de rhums portées sur la déclaration mensuelle d'assemblage du mois correspondant aux expéditions.

Les certificats d'exportation préalable sont extraits d'un carnet à souches et ne sont pas cessibles. Ils sont valables six mois à compter du jour de leur délivrance et doivent, dans ce délai, être imputés en charge, selon les qualités y indiquées, sur les contingents des opérateurs du département d'origine du rhum. Les certificats non imputés dans le délai fixé ci-dessus sont caducs.

III

Art. 53 et 54 *Devenus sans objet (L. n° 98-1266 du 30 déc. 1998, art. 47 A-I).*

SECTION PREMIÈRE *BIS* CIRCULATION

L'emploi des capsules du modèle fixé par l'arrêté du 4 janv. 1993 ne sera plus autorisé au-delà du 31 déc. 2002 (Arr. du 22 sept. 2000, art. 14).

I CAPSULES REPRÉSENTATIVES DE DROITS

Art. 54-0 A Les dispositions de l'article 444 du code général des impôts relatives à l'apposition sur les récipients de capsules représentatives des droits indirects sont rendues applicables aux vins, aux cidres et aux spiritueux dans les conditions précisées aux articles 54-0 B à 54-0 BX.

L'apposition de ces capsules se substitue au document mentionné au II de l'article 302 M du code précité.

A CAPSULES REPRÉSENTATIVES DES DROITS SUR LES VINS ET LES CIDRES

1 CARACTÉRISTIQUES DES CAPSULES

Art. 54-0 B Les capsules représentatives de droits visées au II de l'article 302 M du code général des impôts sont conformes à la description des marques fiscales faite au 2° du II de l'article 164 AM.

Au sens des articles 50-0 C à 50-0 F, 54-0 A à 54-0 BX et 164 AM à 164 AW, le terme "capsules" recouvre les marques fiscales imprimées directement sur celles-ci, qui se composent d'une jupe ou d'une coiffe et d'une tête. Il désigne également les marques fiscales imprimées en séries sur des feuilles métalliques ou en autres matières, ou à l'unité sur des vignettes ou timbres, et destinées à être apposées soit sur les têtes ou des coiffes, soit directement sur les systèmes de fermeture des bouteilles et récipients.

Art. 54-0 C Sur les capsules doivent figurer les mentions ci-après :

a) Le numéro d'agrément de la personne responsable de l'embouteillage du produit. Ce numéro d'agrément, délivré par le directeur régional des douanes et droits indirects territorialement compétent, se compose du mot "Récoltant" ou "Non récoltant", qui peut être remplacé respectivement par les lettres "R" (*récoltant*), ou "N" ou "E" (*non récoltant*), encadré, à gauche, du numéro du département de la personne agréée et, à droite, d'un numéro d'ordre d'enregistrement de l'administration. Les récoltants dont les syndicats viticoles, les groupements professionnels, les caves coopératives et leurs unions embouteillant leur récolte pour leur compte ou pour leurs adhérents bénéficient du mot "Récoltant" ou de la lettre "R".

b) La marque du fabricant des capsules.

Les mentions indiquées au *a* sont apposées dans la couronne de la capsule décrite au 2° du II de l'article 164 AM. La mention indiquée au *b* est apposée, au choix du fabricant, sur la jupe ou la coiffe, ou dans cette couronne.

Les indications reprises au *a* doivent concorder avec celles figurant soit sur les étiquettes apposées sur les bouteilles ou récipients, soit sur les bouteilles ou récipients eux-mêmes. Ces indications doivent être apposées avant leur livraison à l'utilisateur.

Dans le cas où un négociant est autorisé à embouteiller des boissons alcooliques pour le compte d'un ou plusieurs autres entrepositaires agréés, les bouteilles ou récipients doivent être revêtus, par le soin de l'embouteilleur, d'étiquettes mentionnant obligatoirement le nom et l'adresse de l'entrepositaire agréé pour le compte duquel l'embouteillage a été réalisé.

Art. 54-0 D Le numéro d'agrément du responsable de l'embouteillage figurant sur la couronne, la marque fiscale, l'indication de la contenance et, le cas échéant, le titre alcoométrique volumique figurant au centre de la couronne sont indiqués sur fond :

a) Vert (Pantone 340 C) pour les vins tranquilles ou mousseux à appellation d'origine contrôlée et les vins doux naturels à appellation d'origine contrôlée. Pour les vins mousseux à appellation d'origine contrôlée "Champagne", ce nom d'appellation doit figurer sur la couronne ; pour les vins doux naturels bénéficiant d'une appellation d'origine contrôlée, la mention "VDN" doit figurer sur la couronne ;

b) Bleu (Pantone 285 C) pour tous les autres vins, y compris les boissons fiscalement assimilées au vin. Pour les boissons fiscalement assimilées au vin, la mention BFAV doit figurer sur la couronne ;

c) Orange (Pantone 021 C) pour les produits intermédiaires bénéficiant d'une appellation d'origine contrôlée ;

d) Gris (Pantone 402 C) pour les autres produits intermédiaires ;

e) Les opérateurs peuvent substituer une capsule générique de couleur lie-de-vin (Pantone 209 C) aux capsules de couleur verte ou bleue. Cette possibilité ne concerne pas les vins mousseux à appellation d'origine contrôlée "Champagne", les vins doux naturels à appellation d'origine contrôlée, ni les boissons fiscalement assimilées au vin (cas prévus aux *a* et *b*) ;

f) Jaune d'or (Pantone 1225 C) pour le cognac et l'armagnac ;

g) Blanc (Pantone Gris 1C) pour les alcools.

Les couleurs du fond et de ces indications doivent être suffisamment contrastées pour en permettre une lecture aisée.

Art. 54-0 E Les couleurs citées à l'article 54-0 D ne peuvent être employées pour les capsules et supports portant un timbre d'une autre couleur.

Art. 54-0 F *Abrogé par Arr. du 22 sept. 2000, art. 13.*

2 FABRICATION DES CAPSULES

Art. 54-0 G Chaque fabricant doit, préalablement à la première mise en fabrication d'un type de capsule, le faire agréer par l'administration des douanes et droits indirects. Cet agrément n'est possible que si l'ouverture de la bouteille ou du récipient empêche la réutilisation de la capsule. Cet agrément vaut pour tous les utilisateurs de ce type de capsule.

Art. 54-0 H Quel que soit le support, la marque fiscale ne peut être fabriquée qu'après déclaration de profession du fabricant.

Cette déclaration de profession est accompagnée d'un état présentant la description des locaux et indiquant le type et le nombre des machines pouvant servir à la fabrication des marques fiscales ou des capsules.

Le fabricant doit fournir une caution garantissant le paiement des droits correspondant aux marques fiscales ou aux capsules produites.

Art. 54-0 I Le service des douanes et droits indirects a libre accès dans toutes les parties de l'établissement pour l'exercice de ses contrôles.

Les travaux relatifs aux marques fiscales ne peuvent avoir lieu que sur des machines munies de compteurs agréés par l'administration des douanes et droits indirects en application de l'article 164 AP.

Art. 54-0 J Les clichés, matrices, cylindres et autres matériels servant à la confection des marques fiscales sont conservés dans un magasin spécial, sous la responsabilité du fabricant, dans des conditions de sécurité qui empêchent leur utilisation frauduleuse.

Art. 54-0 K *Abrogé par Arr. du 22 sept. 2000, art. 13.*

Art. 54-0 L Après confection, les marques fiscales sont déposées dans un magasin spécial.

Elles sont inscrites dans une comptabilité matières, tenue sur place, au fur et à mesure des mouvements. Sont repris dans cette comptabilité matières :

a) En entrée, le nombre de marques fiscales déposées dans le magasin spécial et, par destinataire et catégorie (volume net exprimé en centilitres, couleur, pour les vins, vin tranquille ou vin mousseux, et, le cas échéant, titre alcoométrique volumique...), le nombre de capsules qu'elles représentent ;

b) En sortie, par destinataire et par catégorie, le nombre de marques fiscales utilisées et expédiées, avec les références au document mentionné au I de l'article 302 M du code général des impôts.

Cette comptabilité matières ainsi que les marques fiscales détenues par le fabricant sont tenues à la disposition des agents des douanes et droits indirects à fin de contrôle.

Le fabricant effectue mensuellement la balance des entrées et sorties de la comptabilité matières et transmet ce document au service des douanes et droits indirects dont il dépend, au plus tard le cinquième jour du mois suivant.

Art. 54-0 M Les marques fiscales reçues par les fabricants de capsules sont conservées dans un magasin spécial.

Elles sont inscrites dans une comptabilité matières, tenue sur place, au fur et à mesure des mouvements. Sont repris dans cette comptabilité matières :

a) En entrée, le nombre de marques fiscales reçues dans le magasin spécial, y compris les retours, et, par destinataire et catégorie (volume net exprimé en centilitres, couleur, pour les vins, vin tranquille ou vin mousseux, et, le cas échéant, titre alcoométrique volumique...), le nombre de capsules qu'elles représentent ;

b) En sortie, par destinataire et par catégorie, le nombre de capsules expédiées, avec les références au document mentionné au I de l'article 302 M du code général des impôts.

Cette comptabilité matières ainsi que les marques fiscales détenues par le fabricant sont tenues à la disposition des agents des douanes et droits indirects à fin de contrôle.

Le fabricant effectue mensuellement la balance des entrées et sorties de la comptabilité matières et transmet ce document au service des douanes et droits indirects dont il dépend, au plus tard le cinquième jour du mois suivant.

Cet article s'applique également à toute personne qui détient des capsules dans le cadre des livraisons à destination des entrepositaires agréés et personnes habilitées définies à l'article 54-0 BW.

Art. 54-0 N Les capsules fabriquées sont conservées dans un magasin spécial.

La comptabilité matières est annotée :

a) Du nombre des capsules fabriquées, par destinataire et par catégorie, soit au vu du duplicata du bon de sortie, soit, en cas de fabrication continue, au vu d'une déclaration d'introduction ;

b) Du nombre de capsules mises au rebut et détruites.

Le fabricant informe, par tout moyen, le service des douanes et droits indirects dont il dépend des destructions de capsules afin qu'il puisse en contrôler les conditions de mise en œuvre.

Art. 54-0 O Doivent figurer dans la comptabilité matières du fabricant de capsules, avec référence au document mentionné au I de l'article 302 M du code général des impôts, les quantités de capsules expédiées à destination des entrepositaires agréés utilisateurs et des personnes habilitées citées à l'article 54-0 BW. La comptabilité matières est tenue à disposition des agents des douanes et droits indirects lors de leurs contrôles. Elle est transmise au service des douanes et droits indirects dont dépend le fabricant, au plus tard le cinquième jour du mois suivant.

Art. 54-0 P à 54-0 R *Abrogés par Arr. du 22 sept. 2000, art. 13.*

Art. 54-0 S Les marques fiscales et les capsules ne sont fabriquées qu'après réception d'un bon de commande visé à l'article 54-0 AB. Elles sont expédiées aux seuls entrepositaires agréés et personnes habilitées citées à l'article 54-0 BW.

Art. 54-0 T Les marques fiscales et les capsules circulent sous couvert du document mentionné au I de l'article 302 M du code général des impôts.

Elles sont expédiées par le fabricant au destinataire, dans des contenants en assurant la sécurité.

Le document mentionné au premier alinéa indique le numéro d'ordre, le nombre et la catégorie des marques fiscales, avec le nombre de capsules qu'elles représentent, ou des capsules que le ou les contenants renferment ainsi que les noms du fabricant et du destinataire.

Les dispositions qui précèdent s'appliquent dans les mêmes conditions à la circulation des capsules en retour auprès des fournisseurs.

3 UTILISATION DES CAPSULES

Art. 54-0 U (*Abrogé par Arr. du 12 juin 2018, art. 1er, à compter du 1er juin 2019*) *« Les entrepositaires agréés de boissons, tels qu'ils sont définis à l'article 302 G du code général des impôts, doivent utiliser obligatoirement les capsules prévues par l'article 444 du même code pour toutes leurs livraisons de vins en bouteilles ou en récipients de trois litres au plus.*

« Pour des raisons d'ordre économique ou technique, l'administration peut accorder des dérogations à l'emploi obligatoire des capsules fiscales pour le conditionnement des vins visés au premier alinéa [V. le 18 de l'art. 289 de l'Annexe II]. *»*

Sous réserve des dispositions prévues à l'article 54-0 BV pour ce qui concerne le vin, les entrepositaires agréés fournissent une caution garantissant le paiement des droits correspondant aux capsules reçues, utilisées ou ressortant en manquants aux inventaires ou à la comptabilité matières visée à l'article 54-0 Y.

Art. 54-0 V Les capsules ou les feuilles métalliques ou en autres matières, revêtues de marques fiscales, sont fournies aux intéressés dans les conditions prévues à l'article 54-0 AB.

Les entrepositaires agréés peuvent toutefois être autorisés à apposer eux-mêmes, sur les capsules qu'ils utilisent, la marque fiscale et les autres mentions visées au 2° du II de l'article 164 AM. Il est procédé à cette apposition par impression à l'aide de machines agréées par l'administration enregistrant, par tarif d'imposition, le volume et, le cas échéant, le titre alcoométrique volumique des boissons mises en bouteilles ou en récipients revêtus de capsules.

Art. 54-0 W *Abrogé par Arr. du 22 sept. 2000, art. 13.*

Art. 54-0 X Les appareils utilisés par les entrepositaires agréés doivent assurer un sertissage ou une apposition efficace de la capsule, tel que l'ouverture de la bouteille ou du récipient rende impossible le réemploi de ladite capsule.

Art. 54-0 Y Les entrepositaires agréés sont comptables des droits représentés par les capsules reçues.

Ils intègrent dans la comptabilité matières prévue aux articles 286 I et 286 J de l'annexe II au code général des impôts, ainsi que dans la déclaration mensuelle mentionnée auxdits articles, les mouvements des capsules qu'ils détiennent, reçoivent, utilisent et expédient avec les bouteilles et récipients sur lesquels elles sont apposées.

Art. 54-0 Z En aucun cas il n'est fait remise des droits représentés par les marques fiscales et les capsules perdues ou volées et détériorées ou détruites sans constatation du service des douanes et droits indirects.

Seule peut être autorisée la restitution ou la remise des droits afférents aux bouteilles ou récipients défectueux ou cassés. Cette restitution ou cette remise a lieu sur présentation au service des douanes et droits indirects, par l'entrepositaire agréé, des bouteilles, goulots ou récipients revêtus de capsules intactes. Après vérification, les capsules correspondantes sont détruites.

Sont réputées détruites les capsules représentatives de droits des bouteilles et récipients de vin expédiées hors de France. La restitution ou la remise des droits est accordée après constatation par le service des douanes et droits indirects de la preuve de la sortie du produit de la Communauté européenne ou présentation d'un des documents mentionnés à l'article 302 M du code général des impôts, pris en charge par le destinataire.

Art. 54-0 AA Les entrepositaires agréés et les personnes habilitées visées à l'article 54-0 BW ne peuvent détenir dans leurs entrepôts des capsules autres que celles établies à leur nom ou au nom des personnes pour lesquelles ils embouteillent. La vente, la cession ou l'échange de capsules sont interdits.

Art. 54-0 AB Les marques fiscales et les capsules représentatives de droits sont fabriquées et livrées aux entrepositaires agréés et aux personnes habilitées visées à l'article 54-0 BW sur présentation d'un bon de commande établi en double exemplaire et comportant notamment :

1° Le nom et l'adresse du fournisseur des marques fiscales ou des capsules ;

2° Le nom, l'adresse et le numéro d'agrément du client ;

3° Le nombre de marques fiscales ou de capsules commandées, par volume net exprimé en centilitres, couleur des capsules, pour les vins, vin tranquille ou vin mousseux et, le cas échéant, titre alcoométrique volumique.

Ce bon de commande doit être visé et daté par le service local des douanes et droits indirects dont dépend l'entrepositaire agréé ou la personne habilitée visée à l'article 54-0 BW. L'un des exemplaires est remis à l'entrepositaire agréé ou à la personne habilitée, qui l'adresse à son fournisseur, l'autre est conservé par le service.

Le bon de commande est apuré en une ou plusieurs livraisons dans les douze mois suivant son visa.

Art. 54-0 AC Il est interdit aux fabricants, aux entrepositaires agréés, aux personnes habilitées visées à l'article 54-0 BW et aux débitants de boissons de reprendre à leurs clients ou d'utiliser des capsules ayant déjà servi.

Art. 54-0 AD à 54-0 AF *Abrogés par Arr. du 22 sept. 2000, art. 13.*

Art. 54-0 AG Les bouteilles ou récipients de boissons destinés à l'exportation ou à la livraison vers un autre État membre de la Communauté européenne peuvent être revêtus de capsules représentatives de droits.

B et C

Art. 54-0 AH à 54-0 BU *Abrogés.*

D EMPLOI DES CAPSULES REPRÉSENTATIVES DES DROITS PAR LES RÉCOLTANTS

Art. 54-0 BV Les entrepositaires agréés ayant la qualité de récoltant sont admis :

a) D'une part, à détenir en droits acquittés les capsules destinées à être apposées sur les bouteilles ou récipients de vin, commandées collectivement par l'intermédiaire des personnes habilitées visées à l'article 54-0 BW ;

b) D'autre part, à acquitter le droit de consommation ainsi que, le cas échéant, la cotisation sur les boissons alcooliques prévue à l'article L. 245-7 du code de la sécurité sociale et toute autre taxe exigible, à la première mise en circulation des bouteilles et récipients de produits intermédiaires et d'alcools munis de capsules représentatives de droits. Ils doivent, dans cette hypothèse, fournir une caution garantissant le paiement des droits correspondant aux capsules sorties des chais.

1 CAPSULES PERSONNALISÉES

Art. 54-0 BW La répartition des capsules collectives représentatives des droits destinées aux récoltants ne peut être réalisée que par les personnes habilitées après agrément du directeur régional des douanes et droits indirects territorialement compétent. Ne peuvent être habilités que les syndicats viticoles ou les groupements professionnels.

Les personnes habilitées à détenir des capsules représentatives de droits sont comptables des droits représentés par les marques fiscales détenues. Elles fournissent un cautionnement garantissant le paiement des droits correspondant aux capsules détenues ainsi qu'aux droits sur les capsules expédiées aux récoltants sous le couvert du document mentionné au I de l'article 302 M du code général des impôts.

Une personne habilitée peut être autorisée par le directeur régional des douanes et droits indirects à percevoir le droit de circulation lors de la répartition des capsules à ses seuls adhérents. Ces droits sont reversés mensuellement à la recette des douanes et droits indirects dont dépend la personne habilitée.

Ces personnes doivent tenir une comptabilité matières dans laquelle sont repris :

a) En entrée, avec les références au document mentionné au I de l'article 302 M du code général des impôts, le nombre de capsules reçues, par catégorie (volume net exprimé en centilitres, couleur, pour les vins, vin tranquille ou vin mousseux, et, le cas échéant, titre alcoométrique volumique...) ;

b) En sortie, par destinataire et par catégorie, le nombre de capsules expédiées ou livrées, avec les références, selon le cas, au document mentionné au I ou au II de l'article 302 M du code général des impôts.

Cette comptabilité matières ainsi que les capsules détenues sont tenues à la disposition des agents des douanes et droits indirects à fin de contrôle.

La personne habilitée effectue mensuellement la balance des entrées et sorties de la comptabilité matières et transmet ce document au service des douanes et droits indirects dont elle dépend au plus tard le cinquième jour du mois suivant.

2 CAPSULES BANALISÉES

Art. 54-0 BX Les capsules visées à l'article 54-0 BW doivent répondre aux caractéristiques fixées par les articles 54-0 B à 54-0 E à l'exception du numéro d'agrément de la personne responsable de l'embouteillage, qui est remplacé par celui attribué à la personne habilitée.

Les bouteilles et récipients portant ces capsules doivent être revêtus par le récoltant d'étiquettes mentionnant obligatoirement ses nom et adresse.

L'emploi des capsules du modèle fixé par l'Arr. du 4 janv. 1993 ne sera plus autorisé au-delà du 31 déc. 2002.

Art. 54-0 BY à 54-0 CD *Abrogés par Arr. du 22 sept. 2000, art. 13.*

II FACTURES-CONGÉS

Art. 54 A I. – Sans préjudice des dispositions prévues à l'article 302 M *ter* du code général des impôts, pour tenir lieu de document d'accompagnement, les documents mentionnés aux I et II de l'article 302 M du code précité ou les documents commerciaux utilisés en lieu et place de ces documents doivent être validés préalablement au début du mouvement des produits conformément aux dispositions des 1° à 3° de l'article 111 H *ter* de l'annexe III au code précité ou, le cas échéant, revêtus d'une vignette ou d'une marque fiscale comportant :

a) L'effigie de la République française ;

b) La mention "Direction générale des douanes et droits indirects" ou "DGDDI" et "République française" ou "RF" entourant l'effigie ;

c) L'identification de l'utilisateur de la vignette ou de la marque fiscale par son numéro d'agrément attribué par l'administration.

Le visa du service des douanes et droits indirects prévu par les dispositions de l'article 111 H *ter* de l'annexe III au code général des impôts peut être remplacé par le visa des trésoreries de la direction générale de la comptabilité publique exerçant les compétences requises, déterminées par décret, et dont la liste est fixée par arrêté du ministre chargé du budget. – *V. Décr. n° 97-192 du 26 févr. 1997 (JO 5 mars), mod. par Décr. n° 2001-68 du 24 janv. 2001 (JO 27 janv.). – V. Arr. du 26 févr. 1997 (JO 5 mars) et Arr. du 23 juill. 1998 (JO 23 août).*

II. – Le directeur régional des douanes et droits indirects peut autoriser l'emploi d'empreintes fiscales imprimées par les matériels ou logiciels de validation mentionnés à l'article 164 L ou au I de l'article 164 AM en lieu et place des vignettes. Les empreintes doivent comporter les mentions requises au II du même article.

III. – Sans préjudice des dispositions des articles 164 AL, 164 AT et 164 AU, tout usager est tenu, pour chaque vignette ou empreinte manquante ou en cas de discontinuité dans la série des numéros des documents prévalidés mentionnés au 2° du I de l'article 111 H *ter* précité ou d'empreintes devant être apposées sur les documents d'accompagnement mentionnés à l'article 302 M du code général des impôts et les autres documents de circulation prévus par la réglementation des contributions indirectes dans le code général des impôts, d'acquitter une indemnité. Cette indemnité est égale au montant du droit au tarif le plus élevé, correspondant à la quantité moyenne par titre de mouvement des expéditions réalisées au cours des trois mois précédents.

Art. 54 B I. – Outre les informations mentionnées à l'article 111 H *bis* de l'annexe III au code général des impôts, le document d'accompagnement prévu au II de l'article 302 M du code général des impôts doit comporter en case 1 le numéro d'identification de l'expéditeur des produits ; ce numéro est selon le cas celui d'entrepositaire agréé, de récoltant ou de débitant de boisson attribué par l'administration. Lorsque ce document est utilisé pour la livraison de produits exemptés ou exonérés de droits, il doit en outre comporter en case 4 les références à l'agrément du destinataire par l'indication du numéro d'opérateur qui lui a été attribué par l'administration, avec la mention "livraison en exonération".

II. – La fourniture et l'impression des factures et documents commerciaux qui tiennent lieu de documents d'accompagnement incombent aux utilisateurs.

III. – L'empreinte apposée sur chaque document doit :

a) En cas d'utilisation d'un matériel mécanique, être reproduite en original sur l'*exemplaire n° 2 des documents* d'accompagnement administratifs ou commerciaux (DAA/DAC) et des documents simplifiés d'accompagnement administratifs ou commerciaux (DSA/DSAC) et par décalque sur les autres exemplaires de ces documents ;

b) En cas d'utilisation d'un système informatisé, par impression ou marquage sur tous les exemplaires. Toutefois, les exemplaires n° 2 doivent, dans ce cas, être annotés de la mention "original" et les autres exemplaires de la mention "copie".

IV. – Les entrepositaires agréés sont tenus de conserver pendant un délai de six ans, à compter de leur date, les duplicata des documents, certificats et bons mentionnés au présent article émis par eux et de les représenter au service des douanes et droits indirects à toute réquisition.

Art. 54 C Lorsque les alcools et boissons alcooliques sont transportés dans des bouteilles et récipients revêtus de capsules représentatives de droits, par des professionnels ou pour leur compte, les produits circulent sous couvert d'un document commercial comportant l'identité de l'expéditeur, le nom et l'adresse du destinataire, le numéro de référence et la date d'établissement du document, la nature et la désignation des produits transportés avec leur dénomination et, le cas échéant, leur appellation d'origine, les quantités et, selon le cas, le titre alcoométrique volumique acquis des boissons. Ce document commercial est présenté aux agents des douanes à première réquisition.

Le document commercial mentionné au premier alinéa n'est pas applicable pour les livraisons à destination des personnes situées hors du territoire fiscal de la France. Ces livraisons doivent être effectuées sous couvert des documents d'accompagnement mentionnés à l'article 302 M du code général des impôts.

Art. 54 D à 54 J *Abrogés par Arr. du 22 sept. 2000, art. 6.*

Art. 54 K *Abrogé.*

III *EXEMPTION DES FORMALITÉS À LA CIRCULATION*

Art. 54 *bis* Bénéficient des dispositions du 5° de l'article 458 du code général des impôts les cidres et poirés libérés des droits indirects et livrés en récipients portant, de manière apparente, l'indication du nom et de l'adresse du fabricant ou de l'embouteilleur *[dénominations modifiées par Décr. n° 87-600 du 29 juill. 1987].*

Art. 54 *ter* à 54 *terdecies* *Abrogés par Arr. du 22 sept. 2000, art. 6.*

SECTION II

Art. 55 à 55 D *Devenus sans objet (L. n° 99-1173 du 30 déc. 1999, art. 18-I).*

SECTION III

Art. 55 E *Abrogé.*

SECTION IV MISE SUR LE MARCHÉ DES VINS DOUX NATURELS À APPELLATION D'ORIGINE CONTRÔLÉE

Art. 55 F L'authentification par l'instance compétente ou par les expéditeurs des mentions relatives à l'appellation d'origine des vins doux naturels à appellation d'origine contrôlée figurant sur les documents d'accompagnement est effectuée au vu d'une attestation établie par le comité interprofessionnel des vins doux naturels constatant que le produit a fait l'objet d'un agrément par l'Institut national de l'origine et de la qualité et précisant, s'il y a lieu, les comptes d'âge.

CHAPITRES PREMIER *BIS*, PREMIER *BIS* A *et* PREMIER *TER*

Art. 56 à 56 L, 56 *bis* à 56 *octies* et 56 A *bis* à 56 I *bis* *Abrogés.*

CHAPITRE PREMIER *TER* A GARANTIE DES MATIÈRES D'OR OU CONTENANT DE L'OR, D'ARGENT ET DE PLATINE

1° ORGANISATION DES BUREAUX DE GARANTIE

Art. 56 J *bis* La rémunération due par les professionnels, en application de l'article 191 de l'annexe III au code général des impôts, pour la détermination par les bureaux de garantie du titre des lingots, apprêts ou composants entrant dans leurs fabrications, est fixée, par opération à 38 € pour l'or et le platine et à 15 € pour l'argent.

La rémunération est perçue par les bureaux de douane ; les recettes correspondantes sont comptabilisées aux produits divers du budget.

2°

Art. 56 J *ter* et 56 J *quater* *Abrogés par Arr. du 8 juill. 2004 (JO 17 juill.), à compter du 1er juill. 2004.*

3° LES COMMISSIONNAIRES EN GARANTIE

Art. 56 J *quinquies* Les personnes physiques ou morales qui veulent exercer la profession de commissionnaire en garantie prévue au I de l'article 535 du code général des impôts doivent déposer auprès de la *(Arr. du 13 janv. 2020, art. 1er-2° et 11, en vigueur le 1er févr. 2020)* « direction interrégionale des douanes et droits indirects territorialement compétente ou, en Guadeloupe, en Guyane, à La Réunion et à Mayotte, de la direction régionale des douanes et droits indirects » une demande écrite en vue de leur agrément indiquant leurs nom et adresse et le ou les bureaux de garantie auprès desquels ils désirent exercer leur activité.

La demande est accompagnée, pour les personnes physiques, de l'extrait du casier judiciaire ou, à défaut, toute pièce en tenant lieu, et d'un justificatif d'identité, pour les personnes morales, de l'extrait du registre du commerce et des sociétés. — *V. App., Décr. n° 2014-1280 du 23 oct. 2014.*

Art. 56 J *sexies* *(Arr. du 13 janv. 2020, art. 1er-3° et 11, en vigueur le 1er févr. 2020)* « La direction interrégionale ou régionale mentionnée à l'article 56 J *quinquies* » accuse réception de la demande et procède sans délai à une enquête.

(Arr. du 13 janv. 2020, art. 1er-3° et 11, en vigueur le 1er févr. 2020) « La direction interrégionale ou régionale mentionnée à l'article 56 J *quinquies* » peut se faire présenter toute pièce complémentaire nécessaire à l'instruction de la demande et statue dans le délai de deux mois suivant la date de réception de la demande.

Art. 56 J *septies* L'agrément en tant que commissionnaire en garantie est délivré à titre personnel.

Les personnes morales obtiennent cet agrément pour elles-mêmes et pour les personnes physiques nommément désignées habilitées à les représenter. Ces personnes physiques doivent justifier de leur appartenance au personnel de la personne morale et présenter les documents visés au deuxième alinéa de l'article 56 J *quinquies* en tant qu'ils concernent les personnes physiques.

Art. 56 J *octies* L'agrément est accordé par *(Arr. du 13 janv. 2020, art. 1er-4°-a et 11, en vigueur le 1er févr. 2020)* « décision du directeur interrégional ou régional territorialement compétent au sens de l'article 56 J *quinquies* », pour une durée indéterminée, pour un ou plusieurs bureaux de garantie.

Les décisions d'agrément sont notifiées aux bénéficiaires *(Abrogé par Arr. du 13 janv. 2020, art. 1er-4°-b et 11, à compter du 1er févr. 2020)* ***« et publiées au Bulletin officiel des douanes »***.

Les décisions rejetant les demandes d'agrément sont motivées et notifiées aux requérants.

Art. 56 J *nonies* Le commissionnaire en garantie est tenu de porter à la connaissance de *(Arr. du 13 janv. 2020, art. 1er-5° et 11, en vigueur le 1er févr. 2020)* « l'autorité administrative désignée à l'article 56 J *quinquies* » tout changement affectant les justificatifs visés à l'article 56 J *quinquies* ainsi que tout changement relatif aux personnes physiques habilitées à représenter les personnes morales agréées.

Art. 56 J *decies* Le commissionnaire en garantie agit dans le cadre de mandats écrits qui lui sont confiés et qu'il présente à toute réquisition du service des douanes et droits indirects.

Le commissionnaire en garantie conserve tous les documents justificatifs de ses activités pendant un délai de trois ans à compter de la date de l'accomplissement des formalités pour le compte des fabricants ou des marchands visés au I de l'article 535 du code général des impôts. Ces documents sont tenus à la disposition du service des douanes et droits indirects.

Art. 56 J *undecies* En cas de manquement aux dispositions légales ou réglementaires applicables en matière de garantie des métaux précieux, l'agrément est retiré par décision motivée du *(Arr. du 13 janv. 2020, art. 1er-6°-a et 11, en vigueur le 1er févr. 2020)* « directeur interrégional ou régional compétent au sens de l'article 56 J *quinquies* » *(Abrogé par Arr. du 13 janv. 2020, art. 1er-6°-b et 11, à compter du 1er févr. 2020)* *« et mention du retrait de l'agrément est faite au Bulletin officiel des douanes »*.

Le *(Arr. du 13 janv. 2020, art. 1er-6°-a et 11, en vigueur le 1er févr. 2020)* « directeur interrégional ou régional compétent au sens de l'article 56 J *quinquies* » peut, sans délai, à titre conservatoire, suspendre l'agrément d'une personne morale ou physique qui ne respecte pas ses obligations.

4° GARANTIE D'ÉTAT CONVENTION D'HABILITATION

Art. 56 J *duodecies* Le cahier des charges prévu à l'article 275 *bis* C de l'annexe II au code général des impôts comprend la description des moyens et des méthodes de contrôles et essais ainsi que des méthodes d'attestation de la garantie du titre mis en œuvre par les professionnels habilités par une convention.

L'autorisation de procéder au marquage au laser pour attester la garantie du titre doit être demandée au *(Arr. du 13 janv. 2020, art. 1er-7° et 11, en vigueur le 1er févr. 2020)* « directeur interrégional des douanes et droits indirects territorialement compétent ou, en Guadeloupe, en Guyane, à La Réunion et à Mayotte, au directeur régional des douanes et droits indirects ». Elle est accordée après vérification de la conformité du protocole de sécurité par des organismes agréés mentionnés à l'article 275 *bis* F de l'annexe II au code général des impôts. *— V. App., Décr. nos 2014-1280 et 2014-1281 du 23 oct. 2014.*

La direction régionale des douanes et droits indirects de rattachement approuve le cahier des charges préalablement à l'habilitation du professionnel.

Le cahier des charges mentionné au premier alinéa est composé notamment :

1° D'une documentation, relative à l'entreprise, fournissant :

a) La description de l'entreprise quant à ses structures juridiques et ses locaux ;

b) La description de l'organisation et des responsabilités de la direction de l'entreprise ;

2° D'une documentation relative aux obligations de contrôle du titre des ouvrages indiquant :

a) Les sources d'approvisionnement des alliages, apprêts pour les fabricants, ainsi que les méthodes de contrôle des métaux précieux mises en œuvre depuis leur acquisition jusqu'aux produits finis ;

b) Les méthodes d'analyses internes quand le contractant habilité a son laboratoire situé dans son entreprise ou externes des produits dans les autres cas ;

c) La méthode de gestion des échantillons lors des essais des ouvrages ;

d) La méthode de gestion des produits non conformes au titre légal prévu ;

e) La mise en œuvre des actions correctives pour les ouvrages aux titres non légaux ;

3° D'une documentation relative aux méthodes utilisées pour attester la garantie du titre et à la mise en place du protocole de sécurité informatique en cas de marquage au laser, indiquant :

a) L'installation et la configuration du poste informatique ;

b) La sécurisation des accès au poste de pilotage de la machine à graver au laser ;

c) Les modalités de sauvegarde et d'archivage des données informatiques relatives au journal de suivi des ouvertures de session et des modifications des comptes d'utilisateurs ;

4° De l'indication des obligations en matière de marquage des ouvrages, précisant :

a) La conservation de la documentation relative à la délégation de poinçons ;

b) En cas de marquage au laser, la description du dessin de l'empreinte du poinçon à apposer sur l'ouvrage en or, argent et platine et le respect des profondeurs de gravure ;

c) Le respect des règles de marque ;

d) La tenue d'une comptabilité matières mentionnant le nombre et le poids des ouvrages essayés, détaillant les ouvrages marqués par type de métal, précisant la modalité d'attestation de la garantie du titre parmi celles prévues à l'article 523 du code général des impôts et recensant les ouvrages reconnus aux titres non légaux.

4° BIS ORGANISMES DE CONTRÔLE AGRÉÉS

Art. 56 J *terdecies* Le cahier des charges prévu à l'article 275 *ter* B de l'annexe II au code général des impôts comprend la description des moyens et des méthodes de contrôles et essais ainsi que des méthodes d'attestation de la garantie du titre mis en œuvre par les organismes de contrôle agréés.

L'autorisation de procéder au marquage au laser pour attester la garantie du titre doit être demandée au *(Arr. du 13 janv. 2020, art. 1er-8°-a et 11, en vigueur le 1er févr. 2020)* « directeur interrégional des douanes et droits indirects territorialement compétent ou, en Guadeloupe, en Guyane, à La Réunion et à Mayotte, au directeur régional des douanes et droits indirects ». Elle est accordée après vérification de la conformité du protocole de sécurité par des organismes agréés mentionnés à l'article 275 *ter* G de l'annexe II au code général des impôts. *— V. App., Décr. nos 2014-1280 et 2014-1281 du 23 oct. 2014.*

La *(Arr. du 13 janv. 2020, art. 1er-8°-b et 11, en vigueur le 1er févr. 2020)* « direction interrégionale ou régionale compétente mentionnée au deuxième alinéa approuve » le cahier des charges préalablement à l'agrément de l'organisme de contrôle.

Le cahier des charges mentionné au premier alinéa est composé notamment :

1° D'une documentation, relative à l'organisme de contrôle agréé, fournissant :

a) La description de l'organisme quant à ses structures juridiques et ses locaux ;

b) La description de l'organisation et des responsabilités de la direction de l'entreprise ainsi que la compétence du personnel chargé de la détermination du titre des ouvrages ;

2° D'une documentation relative à la procédure d'analyse des ouvrages en métaux précieux qui reprend :

a) Les normes utilisées sur les méthodes de dosage des métaux précieux ;

b) Les moyens et les méthodes de contrôle et d'essai des ouvrages des professionnels habilités par une convention et des ouvrages des professionnels non habilités ;

c) La méthode de gestion des échantillons lors des essais des ouvrages et la procédure mise en place en cas de découverte de produits non conformes au titre légal ;

3° D'une documentation relative aux méthodes utilisées pour attester la garantie du titre et à la mise en place du protocole de sécurité informatique en cas de marquage au laser, indiquant :

a) L'installation et la configuration du poste informatique ;

b) La sécurisation des accès au poste de pilotage de la machine à marquer au laser ;

c) Les modalités de sauvegarde et d'archivage des données informatiques relatives au journal de suivi des ouvertures de session et des modifications des comptes d'utilisateurs ;

4° D'une documentation relative aux obligations des organismes de contrôles agréés qui marquent éventuellement les ouvrages pour le compte des professionnels, précisant :

a) En cas du marquage au laser, la description du dessin de l'empreinte du poinçon à apposer sur l'ouvrage en or, argent et platine et le respect des profondeurs de gravure ;

b) Le respect des règles de marque ;

c) La tenue d'une comptabilité matières mentionnant le nombre et le poids des ouvrages essayés, détaillant les ouvrages marqués par type de métal, précisant la modalité d'attestation de la garantie du titre parmi celles prévues à l'article 523 du code général des impôts et recensant les ouvrages reconnus aux titres non légaux.

4° TER ORGANISMES AGRÉÉS

(Arr. du 17 mai 2013)

Art. 56 J *terdecies* A Tout organisme qui souhaite obtenir l'agrément mentionné *aux articles* 275 *bis* F et 275 *ter* G de l'annexe II au code général des impôts doit déposer auprès de la *(Arr. du 13 janv. 2020, art. 1er-9°-a et 11, en vigueur le 1er févr. 2020)* « direction interrégionale ou régionale compétente au sens de l'article 56 J *terdecies* » un dossier attestant de sa compétence, de son expérience et de son honorabilité. Le dossier comprend un engagement à respecter le cahier des charges mentionné à l'article 56 J *terdecies* B.

En outre, l'organisme intéressé doit justifier être à jour de ses obligations sociales et fiscales.

La *(Arr. du 13 janv. 2020, art. 1er-9°-b et 11, en vigueur le 1er févr. 2020)* « direction mentionnée au premier alinéa » peut se faire présenter toute pièce complémentaire nécessaire à l'instruction du dossier. — *V. App., Décr. n° 2014-1280 du 23 oct. 2014.*

L'agrément est accordé par *(Arr. du 13 janv. 2020, art. 1er-9°-c et 11, en vigueur le 1er févr. 2020)* « la direction mentionnée au premier alinéa » pour une durée de cinq ans.

Art. 56 J *terdecies* B Le cahier des charges mentionné aux articles 275 *bis* C, 275 *bis* F et 275 *ter* G de l'annexe II au code général des impôts comprend :

1° La définition des missions de l'organisme agréé par le *(Arr. du 13 janv. 2020, art. 1er-10°-a et 11, en vigueur le 1er févr. 2020)* « directeur interrégional des douanes et droits indirects territorialement compétent ou, en Guadeloupe, en Guyane, à La Réunion et à Mayotte, par le directeur régional des douanes et droits indirects » :

a) La réalisation de la version dématérialisée des poinçons attestant la garantie du titre ;

b) L'élaboration, la vente et le transfert des fichiers comportant la version dématérialisée des poinçons aux professionnels habilités et aux organismes de contrôle agréés qui demandent l'autorisation d'attester la garantie du titre par marquage au laser d'un poinçon ;

c) La vérification de la mise en place et de la conformité du protocole de sécurité informatique imposé aux professionnels habilités et aux organismes de contrôle agréés qui demandent l'autorisation d'attester la garantie du titre par marquage au laser d'un poinçon ;

2° Une documentation relative aux conditions d'exercice des missions mentionnées au 1° comportant :

a) Les modalités d'élaboration de la version dématérialisée des poinçons attestant la garantie du titre à partir des agrandissements photographiques des poinçons en acier détenus par la Monnaie de Paris et transmis par l'intermédiaire de *(Arr. du 13 janv. 2020, art. 1er-10°-b et 11, en vigueur le 1er févr. 2020)* « l'administration » des douanes et droits indirects ;

b) Les modalités de conception et de gestion des fichiers comportant la version dématérialisée des poinçons attestant la garantie du titre par marquage au laser ;

c) Les modalités de transfert des fichiers comportant la version dématérialisée des poinçons aux professionnels habilités et aux organismes de contrôle agréés qui demandent l'autorisation d'attester la garantie du titre par marquage au laser. Ce transfert a lieu au moyen d'un support amovible en ayant recours à un procédé de cryptage. Une clef de décryptage est fournie par l'organisme agréé ;

d) La description de la sécurisation du poste informatique afin de garantir l'inviolabilité des fichiers comportant la version dématérialisée des poinçons attestant la garantie du titre par marquage au laser d'un poinçon et indiquant :

L'installation et la configuration du poste informatique ;

La sécurisation des accès au poste de travail, étant précisé que le local sécurisé de l'entreprise mentionné à l'article 275 *bis* C de l'annexe II au code général des impôts doit s'entendre, dans le cas des équipements dédiés à la gravure au laser, comme le lieu sécurisé destiné à garantir l'inviolabilité des fichiers cryptés et de la clef de décryptage mentionnés au *c* du 2° ;

Les modalités de sauvegarde et d'archivage des données ;

e) Les modalités de vérification de la mise en place et de la conformité du protocole de sécurité informatique imposé aux professionnels habilités et aux organismes de contrôle agréés qui demandent l'autorisation d'attester la garantie du titre par marquage au laser d'un poinçon, à savoir :

La réalisation, en présence d'un représentant de la direction régionale des douanes et droits indirects, d'un audit des professionnels habilités et des organismes de contrôle agréés préalablement à la délivrance de l'autorisation de marquage au laser ;

La transmission, par la direction régionale des douanes et droits indirects, du rapport d'audit signé conjointement par le représentant de la direction régionale des douanes et droits indirects et par l'organisme agréé *(Abrogé par Arr. du 13 janv. 2020, art. 1er-*

10°-c et 11, à compter du 1er févr. 2020) **« , à la direction générale des douanes et droits indirects ».**

Art. 56 J *terdecies* C Les services de la direction régionale des douanes et droits indirects de rattachement procèdent à un audit annuel de l'organisme agréé afin de vérifier le respect des prescriptions fixées par le cahier des charges.

L'organisme agréé conserve toutes les pièces justifiant de l'exercice de ses activités pendant un délai de trois ans. Ces pièces justificatives sont tenues à la disposition de *(Arr. du 13 janv. 2020, art. 1er-11° et 11, en vigueur le 1er févr. 2020)* « l'administration » des douanes et droits indirects *(Abrogé par Arr. du 13 janv. 2020, art. 1er-11° et 11, à compter du 1er févr. 2020)* **« et de la direction générale des entreprises ».**

Art. 56 J *terdecies* D L'agrément est suspendu à titre conservatoire en cas de manquement constaté de l'organisme agréé :

1° Aux obligations résultant des articles 275 *bis* F et 275 *ter* G de l'annexe II au code général des impôts ;

2° Aux dispositions législatives et réglementaires applicables en matière de garantie des métaux précieux.

La suspension de l'agrément est prononcée à la diligence *(Arr. du 13 janv. 2020, art. 1er-12° et 11, en vigueur le 1er févr. 2020)* « du directeur interrégional ou régional des douanes et droits indirects compétent mentionné au 1° de l'article 56 J *terdecies* B ».

Art. 56 J *terdecies* E L'agrément est retiré :

1° Soit à la demande de l'organisme agréé. Lorsqu'il ne remplit plus les conditions prévues par les articles 275 *bis* F et 275 *ter* G de l'annexe II au code général des impôts, l'organisme est tenu de cesser sans délai ses activités ;

2° Soit d'office par l'administration lorsque l'organisme agréé a manqué :

a) Aux obligations résultant des articles 275 *bis* F et 275 *ter* G de l'annexe II au code général des impôts ;

b) Aux dispositions législatives et réglementaires applicables en matière de garantie des métaux précieux.

Le retrait de l'agrément est prononcé par le *(Arr. du 13 janv. 2020, art. 1er-13° et 11, en vigueur le 1er févr. 2020)* « directeur interrégional ou régional des douanes et droits indirects compétent mentionné au 1° de l'article 56 J *terdecies* B ».

Il entraîne la cessation immédiate des activités exercées par l'organisme.

5° OBLIGATIONS DES REDEVABLES

Art. 56 J *quaterdecies* Les personnes physiques ou morales désignées à l'article 537 du code général des impôts doivent tenir un registre de leurs achats, ventes, réceptions et livraisons (même si ces réceptions et ces livraisons ne sont pas consécutives à des achats ou à des ventes) de matières d'or, d'argent ou de platine ou d'ouvrages contenant ces matières.

Le registre doit se trouver sur le lieu où sont détenus les ouvrages. Toutefois, un établissement principal peut tenir ce registre pour l'ensemble de ses magasins. Dans ce cas, ce registre doit distinguer les ouvrages qu'il détient directement et ceux détenus par chacun des établissements secondaires n'ayant aucune personnalité juridique propre. Les ouvrages neufs livrés par l'établissement principal aux différents magasins doivent être munis d'étiquettes d'identification et accompagnés d'une fiche de livraison ou de tout document en tenant lieu avec la dénomination commerciale de l'établissement principal permettant de les identifier. Ces documents doivent en particulier préciser la référence, la désignation de l'ouvrage, la marque, le poids, la quantité, le prix hors taxes. Les ventes réalisées par les magasins doivent être inscrites sur des états de vente *établis quotidiennement, reprenant* au moins la référence des ouvrages et retournés en fin de journée à l'établissement principal. Les magasins doivent être en mesure de communiquer leur situation de stock à tout moment, par le biais de l'établissement principal, à la demande du service.

Les dispositions du I de l'article L. 102 B du livre des procédures fiscales sont applicables.

Art. 56 J *quindecies* A l'exception des cas prévus par la loi, et sans préjudice des articles 56 J *sexdecies* à 56 J *octodecies*, le registre prévu à l'article 56 J *quaterdecies* indique, sur justification de leur identité, les noms, prénoms et adresses des personnes ayant vendu ou ayant confié les matières ou les ouvrages repris à l'article 56 J *quaterdecies.*

Il comporte également la nature, le nombre, le poids, le titre, la date d'entrée et de sortie et l'origine de ces matières ou de ces ouvrages afin de permettre leur identification individuelle.

Art. 56 J *sexdecies* Le registre prévu à l'article 56 J *quaterdecies* peut prendre, au choix de l'opérateur, les formes suivantes :

1. Pour les ouvrages neufs :

a) Un registre coté et paraphé par l'administration municipale territorialement compétente qui peut :

1° Soit ne comporter que des renvois aux documents comptables, notamment les factures et bordereaux d'expédition, relatifs aux matières ou ouvrages repris à l'article 56 J *quaterdecies*. Dans ce cas, les indications reprises à l'article 56 J *quindecies* devront y figurer. Toutefois, l'indication du poids et du titre des ouvrages n'est pas exigée si leur identification est possible soit par le numéro de série individuel ou la référence commerciale de l'ouvrage mentionnée dans un catalogue ou tout document de nature comptable ;

2° Soit renvoyer à des fiches de stock et d'inventaire numérotées en continu, appuyées de tout document probant reprenant la désignation complète et détaillée des ouvrages et des matières confiées telle qu'énoncée à l'article 56 J *quindecies ;*

3° Soit comporter une inscription globale pour les ouvrages strictement identiques, notamment quant à leur référence et à leur poids, à condition que la référence renvoie à une facture. La facture peut ne pas indiquer le titre et le poids des objets si l'identification reste possible par le numéro de série individuel ou la référence commerciale de l'ouvrage mentionnée dans un catalogue ou tout document de nature comptable.

b) Ou une comptabilité conforme, suivant le cas, aux prescriptions des articles L. 123-12 à L. 123-23 du code de commerce ou aux spécifications du 3° du I de l'article 286 du code général des impôts si les documents prévus à cet article sont accompagnés de fiches de stock ou d'un inventaire permanent ;

c) Ou un registre établi au moyen d'un logiciel assurant une gestion permanente des stocks, par référence de produits, permettant l'identification des ouvrages et offrant toutes garanties en matière de preuve. Tout logiciel doit comporter les indications reprises à l'article 56 J *quindecies*. Toutefois, l'indication du poids et du titre des ouvrages n'est pas exigée si leur identification est possible soit par le numéro de série individuel, soit par la référence commerciale de l'ouvrage mentionnée dans un catalogue ou tout document de nature comptable.

L'opérateur doit être en mesure d'apporter la preuve de la fiabilité du système informatique utilisé et de la chronologie des écritures présentées sous forme de listes. Les feuillets informatiques doivent être identifiés, numérotés et datés sans possibilité de modifications afin d'assurer la chronologie des opérations enregistrées. Les modifications éventuelles doivent être justifiées par création d'un nouvel enregistrement informatique avec indication de son motif.

L'opérateur doit être en mesure d'éditer quotidiennement les informations relatives *aux seuls ouvrages* en métaux précieux. Les enregistrements informatiques ou listages doivent pouvoir être présentés à toute réquisition du service dans les conditions précisées à l'article 56 J *quaterdecies*.

2. Pour les ouvrages d'occasion :

a) Un registre coté et paraphé par l'administration municipale territorialement compétente ;

b) Ou le registre prévu à l'article 321-7 du code pénal sur lequel les ouvrages contenant des métaux précieux doivent être portés individuellement, quelle que soit leur valeur, avec une encre de couleur différente de celle utilisée pour les autres objets ;

c) Ou le registre établi au moyen du logiciel assurant la gestion permanente des stocks prévu au *c* du 1, sous réserve que les enregistrements informatiques créés pour les ouvrages d'occasion ne puissent être modifiés que par création d'un nouvel enregistrement avec indication de son motif et que le répertoire contenant ces informations soit spécifique et comprenne un système d'identification des pages par chiffre de contrôle, contenant un algorithme ou un système fondé notamment sur la date de l'opération, reporté en fin et en tête des pages imprimées quotidiennement.

L'opérateur doit être en mesure d'éditer quotidiennement les informations relatives aux seuls ouvrages en métaux précieux.

Art. 56 J *septdecies* Les ouvrages neufs et d'occasion confiés à quelque titre que ce soit et notamment pour réparation peuvent faire l'objet, en fin de journée, d'une inscription globale des entrées et des sorties sur le registre prévu à l'article 56 J *quaterdecies* à condition que leur situation puisse être justifiée à tout moment par tout document probant tel qu'étiquettes, sachets individualisés, carnets à souche, indiquant le nom du client, la nature de l'objet et la date du dépôt.

De même, la présentation des documents comptables tels que les livres comptables, livre d'inventaire permanent, fiches de stocks et d'inventaire intégrées dans la comptabilité, comptabilité matières assortie de factures, bons de livraisons ou bons ou bordereaux ou fiches de confiés, tenant lieu de registre, est autorisée pour de tels ouvrages. Dans ce cas, les indications reprises à l'article 56 J *quindecies* devront y figurer.

Le registre prévu à l'article 56 J *quaterdecies*, pour les ouvrages confiés pour réparation peut être remplacé par un contrat de dépôt ou par des fiches "réparation-facture-horlogerie". Ce contrat et ces fiches doivent indiquer le nom et l'adresse du déposant et du dépositaire, la date et le numéro de contrat ou de la fiche dans une série continue, la désignation complète et détaillée des objets confiés et, en particulier, la nature, le poids, le métal et le titre des ouvrages. Ce registre peut être établi au moyen d'un logiciel reprenant la désignation complète et détaillée des ouvrages et des matières confiées telle qu'énoncée à l'article 56 J *quindecies*.

Art. 56 J *octodecies* Les officiers ministériels qui effectuent des ventes publiques sont dispensés de la tenue du registre prévu à l'article 537 du code général des impôts sous réserve que les opérations soient inscrites sur le registre des salles de vente ou sur le registre des commissaires-priseurs judiciaires, conformément aux dispositions du 2 de l'article 56 J *sexdecies* relatives aux ouvrages d'occasion.

Les caisses de crédit municipal n'inscrivent sur leur registre que les ouvrages mis en vente, à l'exclusion des ouvrages détenus en gage.

Les chirurgiens-dentistes et les prothésistes dentaires sont dispensés de registre pour les matières qu'ils détiennent au titre de leur profession.

Les représentants de commerce ne réalisant que des commandes sur présentation d'échantillons qui leur sont confiés et n'effectuant aucune livraison d'ouvrage sont également dispensés de registre.

Les personnes physiques ou morales désignées à l'article 537 du code général des impôts sont dispensées de la tenue du registre pour les ouvrages plaqués ou doublés d'or, d'argent et de platine sur du métal commun, les ouvrages de bijouterie, de joaillerie qui ne sont pas en métal précieux, à l'exception de leurs fermoirs en or et en platine d'un poids inférieur à trois grammes et en argent d'un poids inférieur à trente grammes, et les ouvrages avec des décorations de métal précieux ou avec incrustation de métal précieux accessoire non poinçonnés. La dispense ne concerne que les ouvrages neufs.

Les personnes qui vendent au détail des ouvrages en argent d'un poids inférieur ou égal à cinq grammes sont dispensées d'inscrire ces ouvrages sur le registre prévu à l'article 56 J *quaterdecies*.

Art. 56 J *novodecies* 1. La direction générale des douanes et droits indirects reçoit les déclarations prévues à l'article 533 du code général des impôts.

2. En cas de changement d'organisme de contrôle agréé, le fabricant doit joindre à sa déclaration désignant le nouvel organisme de contrôle agréé qu'il choisit, l'accusé de réception de la dénonciation du contrat avec le précédent organisme de contrôle agréé, la copie de cette dénonciation et le quitus de cet organisme valant décharge de toutes ses obligations.

Art. 56 J *vicies* Pour l'application de l'article 209-0 A de l'annexe III au code général des impôts, la fiche d'apport à la marque, conforme à un modèle fixé par l'administration, reprend le nombre d'ouvrages en or, argent et platine apportés par les opérateurs au bureau de garantie ou à l'organisme de contrôle agréé pour y être essayés et marqués. Ce document est préalablement rempli par l'opérateur. Il est annoté par le bureau de garantie ou par l'organisme de contrôle agréé au fur et à mesure des opérations de marquage et de restitution des ouvrages. Lorsque les ouvrages sont poinçonnés par le bureau de garantie, une copie de la fiche d'apport, annotée par le service, doit accompagner la déclaration de paiement de la contribution.

CHAPITRE PREMIER *QUATER*

Art. 56 A *ter* à 56 C *ter* *Devenus sans objet (Arr. du 30 mars 2007).*

Art. 56 D *ter* *Transféré ss. art. A. 27-1 LPF.*

CHAPITRE PREMIER *QUINQUIES*

Art. 56 D *quater* *Abrogé par Arr. du 22 sept. 2000, art. 6.*

CHAPITRE II TABACS

Art. 56 AA La vente au détail des tabacs manufacturés est effectuée dans les départements français métropolitains par les débitants préposés par l'administration des douanes et droits indirects pour gérer un débit du monopole. Ces gérants sont tenus de se faire approvisionner en fonction de leurs possibilités de ventes par les fournisseurs pourvus d'un numéro d'identification et de céder tous les produits reçus au prix fixé par arrêté du ministre de l'économie et des finances.

Art. 56 AB Chaque fournisseur est tenu de livrer à ses frais toute commande passée par un débitant, dès lors que cette dernière correspond au moins à la valeur au prix de détail de deux mille cigarettes de la classe de prix la plus demandée au sens de l'article 575 du code général des impôts.

Art. 56 AC Chaque fournisseur recouvre auprès des débitants la valeur au prix de détail des tabacs livrés, déduction faite de la remise nette. La remise nette s'entend de la remise mentionnée au 3° du I de l'article 570 du code général des impôts moins le précompte défini à l'article 281 de l'annexe II au code général des impôts.

Art. 56 AD Chaque fournisseur est tenu de consentir à tous les débitants les crédits prévus par l'article 282 de l'annexe II au code général des impôts, pour lesquels ceux-ci justifient d'une caution solidaire agréée expressément à cet effet par l'administration des douanes et droits indirects. Cette caution est valable à l'égard de tous les fournisseurs d'un même débitant. La liste des organismes de cautionnement agréés est communiquée par l'administration à tous les fournisseurs sur leur demande.

Art. 56 AE Le crédit à la livraison autorise le débitant à ne régler chaque livraison d'un fournisseur qu'au moment de la plus prochaine livraison à crédit effectuée par ledit fournisseur et au plus tard dans un délai de trente jours.

Art. 56 AF Le crédit de stock permet à tout débitant bénéficiant du crédit à la livraison d'obtenir de chaque fournisseur en sus de ce crédit un crédit permanent d'un montant égal à un pourcentage de la valeur moyenne des livraisons à crédit effectuées par ce *fournisseur au cours* de l'année précédente. Ce pourcentage est fixé par décision du ministre de l'économie et des finances.

Le montant du crédit de stock ainsi déterminé est révisé chaque année, au mois de janvier. Il est également révisé en cas de changement de tarif, proportionnellement à l'évolution du prix moyen, lorsque cette évolution, calculée selon les dispositions prévues au troisième alinéa du présent article, excède 2 %.

L'évolution du prix est calculée en comparant le prix moyen du kilogramme poids-vente du mois suivant le changement de prix à celui du mois précédant la dernière révision. Si le changement de tarif intervient au cours des deux premiers mois de l'année civile, l'évolution du prix moyen est calculée en comparant le prix moyen du kilogramme poids-vente du mois suivant le changement des prix à celui du mois précédant ce changement.

Le prix moyen est égal au chiffre d'affaires tabac total divisé par les quantités vendues par le fournisseur aux débitants pour le mois considéré, 1 000 cigarettes étant retenues pour 1 kilogramme et, par convention, 1 000 cigares pour 1 kilogramme.

La révision est effectuée par le fournisseur le deuxième mois suivant l'entrée en vigueur des nouveaux prix.

Art. 56 AG Le crédit saisonnier est consenti aux débitants n'exerçant leur activité qu'une partie de l'année et aux débitants qui, exerçant l'année entière, connaissent une activité saisonnière telle que la valeur totale des livraisons reçues pendant quatre mois consécutifs au cours de la période de douze mois précédant la demande de crédit est au moins égale à celle des livraisons afférentes aux huit autres mois de cette période. Le crédit saisonnier n'est accordé qu'aux débitants bénéficiant des crédits de livraison et de stock.

Le montant du crédit saisonnier consenti par un fournisseur correspond à la valeur d'une livraison de ce fournisseur choisie par le débitant parmi celles effectuées soit au cours du mois précédant la période d'activité saisonnière, soit pendant ladite période.

Les sommes correspondantes sont réglées en deux fractions égales : la première, lors de la livraison à crédit suivante et, au plus tard, trente jours après la livraison bénéficiant du crédit saisonnier ; la seconde, au plus tard quatre-vingt-dix jours après la date d'exigibilité de la première moitié.

Art. 56 AH Toute demande de crédit adressée par un débitant à un fournisseur doit être accompagnée d'une attestation de la caution agréée indiquant les types de crédit pour lesquels le cautionnement est accordé à ce débitant.

Art. 56 AI En cas de retrait de sa garantie à un débitant, la caution agréée doit en informer, par lettre recommandée avec demande d'avis de réception, l'administration des douanes et droits indirects et tous les fournisseurs pourvus d'un numéro d'identification, dont la liste lui est communiquée par cette administration.

Pour chaque fournisseur, le retrait de la garantie prend effet cinq jours francs après réception de la lettre recommandée et rend immédiatement exigibles les sommes dues par le gérant.

Art. 56 AJ *(Arr. du 8 nov. 2019, art. 1er et 3, en vigueur le 1er janv. 2020)* 1° Pour les tabacs manufacturés mis à la consommation au cours du mois précédent, la déclaration des quantités mises à la consommation visée au deuxième alinéa de l'article 575 C du code général des impôts permettant la liquidation du droit de consommation, ainsi que la déclaration des quantités livrées reprise au *(Arr. du 22 juill. 2020, art. 1er)* « dixième » alinéa de l'article 568 du même code liquidant le droit de licence, sont transmises par le fournisseur agréé par voie électronique. Le paiement des droits le mois suivant celui de la liquidation est effectué par télérèglement auprès de la recette interrégionale des douanes située dans le ressort territorial de l'entrepôt fiscal suspensif des droits d'accises d'où sont issues les mises à la consommation.

2° La déclaration des quantités de tabacs manufacturés livrées aux débitants au cours du mois précédent, mentionnée au *(Arr. du 22 juill. 2020, art. 1er)* « douzième » alinéa de l'article 2 du décret n° 63-1104 du 30 octobre 1963 et liquidant la cotisation au régime d'allocation viagère des gérants de débits de tabac, est transmise par le fournisseur agréé par voie électronique. Le paiement le mois suivant celui de la liquidation est effectué par télérèglement auprès du trésorier général des douanes.

3° La déclaration mensuelle des livraisons effectuées par le fournisseur agréé à chaque débitant le mois précédent, mentionnée à l'article 568 du code général des impôts, est datée et transmise par voie informatique au centre informatique douanier. Elle comporte les informations suivantes :

a) Nom ou raison sociale et adresse du fournisseur ;

b) Matricule du débit ;

c) Code débitant (numéro d'ordre du gérant) ;

d) Type de mouvement : livraisons de cigares et cigarillos, livraisons des autres produits du tabac, reprises de cigares et cigarillos, reprises des autres produits du tabac, corrections de livraisons de cigares et cigarillos, corrections de livraisons des autres produits du tabac, corrections de reprises de cigares et cigarillos, corrections de reprises des autres produits du tabac ;

e) **Montant du mouvement pour les cigares et cigarillos et montant du mouvement pour les autres produits du tabac ;**

f) **Montant de la remise nette allouée pour les cigares et cigarillos et montant de la remise nette allouée pour les autres produits du tabac.**

4° Pour la déclaration du droit de licence, de la cotisation au régime d'allocation *(Arr. du 22 juill. 2020, art. 1er)* **« viagère » des gérants de débits de tabac ainsi que la déclaration au centre informatique douanier, les livraisons de tabacs manufacturés sont déclarées en tenant compte des corrections de livraisons et après diminution des reprises.**

5° Pour les déclarations susmentionnées, les taux permettant les différentes liquidations et calculs de rémunération des débitants, exprimés par rapport au montant total des livraisons de tabacs manufacturés, sont fixés conformément aux tableaux ci-après :

(Abrogé par Arr. du 4 oct. 2021, art. 1er et 2, à compter du 1er janv. 2022) ***« Du 1er janvier au 31 décembre 2020 : »***

	France continentale	***Corse***
Remise brute due aux débitants (toutes catégories fiscales de tabacs manufacturés)	*9,94 %*	*13,253 %*
Remise nette due aux débitants (toutes catégories fiscales de tabacs manufacturés)	*7,90 %*	*10,533 %*
Droit de licence	*1,88 %*	*2,507 %*
Cotisation au R. A. V. G. D. T.	*0,16 %*	*0,213 %*

A partir du 1er janvier *(Arr. du 4 oct. 2021, art. 1er et 2, en vigueur le 1er janv. 2022)* **« 2022** *[ancienne rédaction : 2021]* **» :**

	France continentale	**Corse**
Remise brute due aux débitants (toutes catégories fiscales de tabacs manufacturés)	10,04 %	12,550 %
Remise nette due aux débitants (toutes catégories fiscales de tabacs manufacturés)	8,10 %	10,125 %
Droit de licence	1,78 %	2,225 %
Cotisation au R. A. V. G. D. T.	0,16 %	0,200 %

Du 1er janv. au 31 déc. 2021, les taux du tableau ci-dessus s'élevaient, respectivement, à : col. 2 : 9,94 %, 8,00 %, 1,78 %, 0,16 % ; col. 3 : 13,253 %, 10,667 %, 2,373 %, 0,213 %.

Art. 56 AK Le document utilisé pour accompagner chaque livraison à un débitant doit porter, imprimées, les mentions suivantes :

En caractères très apparents : ″Document de livraison″ ;

Nom ou raison sociale, adresse et numéro d'identification du fournisseur ;

ainsi que les indications ci-après :

Un numéro d'ordre ;

Le nom du débitant destinataire ;

Le numéro et l'adresse du débit ;

L'identification des produits avec l'indication des quantités pour chacun d'eux ;

L'échéance du règlement ;

La valeur au prix de détail de la livraison ;

Le lieu d'enlèvement des produits ;

Le mode et la durée du transport.

Art. 56 AL Le document de livraison doit être revêtu de la marque du monopole par l'apposition, dans le cadre réservé à cet effet, d'une vignette spéciale fournie par le service des douanes et droits indirects.

Les vignettes sont délivrées par le receveur des douanes et droits indirects qui y appose au préalable le timbre du fournisseur. A cet effet, le fournisseur remet au receveur local un timbre humide de forme ronde ayant 20 millimètres de diamètre et portant le nom ou la raison sociale et le numéro d'identification de l'intéressé. Les vignettes sont apposées dans l'ordre de leur numérotation sur les documents de livraison avant l'enlèvement des produits. Elles doivent être complétées par l'inscription en toutes lettres dans les cadres prévus, du numéro d'ordre du document de livraison ainsi que des date et heure d'enlèvement.

Art. 56 AM Le document de livraison est remis au débitant. Le fournisseur est tenu d'en conserver un duplicata comportant les indications figurant sur la vignette dont il a été muni, y compris le numéro de cette vignette.

Les duplicata doivent être tenus à la disposition des agents du service des douanes et droits indirects selon les modalités prévues au I de l'article L. 102 B du Livre des procédures fiscales.

Art. 56 AN *Abrogé par Arr. du 22 sept. 2000, art. 6.*

Art. 56 AO En l'absence de document douanier, les transports de tabacs manufacturés doivent être effectués sous le couvert d'un document mentionné au I de l'article 302 M du code général des impôts lorsqu'ils sont réalisés en suspension ou en exonération du droit de consommation. Lorsque ce droit a été acquitté, pour les livraisons à destination d'un entrepôt, les transports de tabacs sont effectués sous le couvert d'un document mentionné au II du même article.

Art. 56 AP Les dispositions des articles 56 AA à 56 AO ne s'appliquent pas dans les départements d'outre-mer.

Art. 56 AQ Chaque unité de conditionnement pour la vente au détail des tabacs manufacturés doit porter de façon apparente les indications suivantes :

1. Appellation du produit telle qu'elle figure dans l'arrêté fixant son prix de vente au détail ;

2. *a)* Pays de fabrication, pour les produits fabriqués dans un pays tiers ;

b) Pays de fabrication, ou mention : "fabriqué en Union européenne", ou mention : "fabriqué en UE", pour les produits fabriqués dans un État membre de l'Union

3. Désignation du fournisseur ;

4. Nombre de pièces pour les cigares ou cigarillos et cigarettes ou poids net en grammes pour les tabacs à fumer, à priser ou à mâcher ; ces mentions doivent être données en chiffres ;

5. *a)* Vente en France pour les produits vendus dans les départements continentaux ;

b) Vente en France (Corse) pour les produits vendus dans les départements de la Corse ;

c) Vente en France (DOM) pour les produits vendus dans les départements d'outre-mer ;

d) Devenu sans objet ;

e) Exportation ou la désignation du pays de destination pour les produits destinés à l'exportation.

6. Le numéro du lot ou un équivalent permettant d'identifier le lieu et le moment de la fabrication.

Art. 57 à 57 T *Abrogés par Arr. du 27 juill. 2007, art. 13.*

CHAPITRE III

Art. 59 *Abrogé par Arr. du 22 sept. 2000, art. 6.*

TITRE QUATRIÈME ENREGISTREMENT, PUBLICITÉ FONCIÈRE, TIMBRE

CHAPITRE PREMIER DROITS D'ENREGISTREMENT ET TAXE DE PUBLICITÉ FONCIÈRE

SECTION PREMIÈRE DISPOSITIONS GÉNÉRALES DES FORMALITÉS

1° ACTES DISPENSÉS DE LA FORMALITÉ DE L'ENREGISTREMENT

Art. 60 Les dispositions de l'article 245 de l'annexe III au code général des impôts s'appliquent à ceux des actes énumérés ci-après qui donnent ouverture à un droit fixe d'enregistrement ou sont dispensés de droits :

Actes concernant l'état des personnes et leur régime matrimonial, à l'exclusion des contrats de mariage contenant des donations actuelles entre vifs ;

Baux de biens meubles autres que les fonds de commerce, et tous actes modifiant de tels baux ou des baux à durée limitée d'immeubles urbains ;

Procurations, substitutions de pouvoirs, et tous actes relatifs aux obligations, privilèges et hypothèques ;

Inventaires ;

Actes relatifs au règlement des successions ;

Actes de dépôts de documents ou pièces déjà enregistrés ou dispensés de cette formalité ;

(Abrogé par Arr. du 9 nov. 2018, art. 1er) ***« Règlements de copropriété, états descriptifs de division et leurs modificatifs. »***

Actes emportant abandon de biens par héritier bénéficiaire, abandon d'usufruit, abandon de quotité disponible ;

Baux de carrière ou de mines ;

Certificats de propriété ;

Consentements à exercer une profession ;

Consentements à exécution de testaments ou donations ;

Délivrances de legs mobiliers ;

Dépôts d'objets, de valeurs ou de sommes ;

Notoriétés après décès modifiant la dévolution légale ;

Promesses de bail mobilier ;

Renonciations pures et simples à successions et legs ;

Déclarations pures et simples d'apport ou de fortune ;

Déclarations de mobilier pour éviter une confusion ;

Testaments et codicilles ;

Donations entre époux ;

Actes d'option par le conjoint survivant ;

Cahiers des charges établis en vue d'une adjudication non réalisée ou infructueuse ;

Ventes de cheptel ;

Ventes de meubles à l'amiable ;

Promesses unilatérales de ventes ;

Promesses unilatérales d'achat ;

(Arr. du 18 déc. 2019, art. 1er) « Affirmations sacramentelles ;

« Attestations immobilières après décès, règlements de copropriété, états descriptifs de division et leurs modificatifs exclus de la formalité fusionnée en application du 1° de l'article 249 de l'annexe 3 au présent code. »

2° BUREAUX COMPÉTENTS

Art. 60 A Le service des impôts des entreprises étrangères est désigné pour recevoir les déclarations relatives à des apports de biens n'ayant pas d'assiette matérielle fixe, effectués au profit de sociétés ou groupements d'intérêt économique et non constatés par un acte, lorsque le siège social ou le domicile des apporteurs n'est pas situé en France.

SECTION II OBLIGATIONS DIVERSES

I

Art. 61 à 65 *Devenus sans objet (L. nº 98-1267 du 30 déc. 1998, art. 12).*

II *OBLIGATIONS DES AGENTS DE L'ADMINISTRATION*

Art. 66 *Devenu sans objet (Décr. nº 82-389 du 10 mai 1982, art. 31).*

SALAIRES DES CONSERVATEURS DES HYPOTHÈQUES

Art. 67 *Disjoint (Arr. du 1er avr. 2008).*

Art. 68 et 69 *Abrogés par Décr. nº 85-842 du 5 août 1985, art. 11.*

Art. 70 *Abrogé.*

CHAPITRE II DROITS DE TIMBRE

SECTION PREMIÈRE DROITS DE TIMBRE PROPREMENT DITS

I *MACHINES À TIMBRER*

Art. 71 Est autorisée l'utilisation des machines à timbrer qui, suivant les prévisions de l'article 301 de l'annexe III au code général des impôts, sont destinées respectivement au timbrage :

a) Des actes soumis au timbre de dimension ;
b) Devenu sans objet (L. nº 96-1181 du 30 déc. 1996, art. 38-I) ;
c) Devenu sans objet (L. nº 98-546 du 2 juill. 1998, art. 87-VI) ;
d) Devenu sans objet (Arr. du 24 mars 2006) ;
e) Devenu sans objet (Ord. nº 2003-1235 du 22 déc. 2003, art. 2-I et IV).

Art. 72 Les empreintes fournies par les machines à timbrer doivent comporter les mentions particulières suivantes :

La quotité du timbre ;

Un numéro propre à chaque empreinte suivant l'ordre de numération, ainsi que :
– la date de l'apposition ;
– le nom et l'adresse de l'utilisateur ;
– la désignation du service des impôts auquel l'utilisateur est rattaché.

Art. 73 Les documents revêtus d'empreintes de machines à timbrer sont soumis aux mêmes règles que ceux revêtus de timbres mobiles. Spécialement, les empreintes afférentes à une nature de timbre ne peuvent être utilisées pour la perception d'un droit de timbre différent, alors même que la quotité serait identique. Toutefois, les usagers peuvent pour la perception d'un droit de timbre déterminé apposer plusieurs empreintes sur le même document.

Art. 74 Sans préjudice des dispositions de l'article 164 AD, tout usager est tenu pour chaque machine à timbrer mise à sa disposition :

De constituer d'avance au service des impôts dont il relève sous la forme, soit d'une provision, soit d'un engagement solidaire contracté par une personne physique ou morale agréée comme caution par le comptable des impôts, une garantie dont le montant est fixé par le directeur des services fiscaux et de maintenir constamment cette garantie, à une somme au moins égale à la valeur des timbres consommés pendant un délai d'un mois ;

De relever au début et à la fin de chaque mois ainsi qu'à la fin de chaque semaine sur un carnet d'emploi conforme au modèle agréé par l'administration des impôts et paraphé par le service des impôts désigné à cet effet, l'index du compteur de la machine et de représenter ce carnet à ce service à toute réquisition ;

De remettre ou d'adresser chaque mois, à une date fixée entre le 1er et le 20 par la direction des services fiscaux, au service des impôts désigné à cet effet, une fiche extraite du carnet d'emploi, présentant la situation des empreintes consommées au cours du mois précédent et revêtue d'une empreinte à zéro ;

De verser simultanément à ce service les droits exigibles correspondant à ce relevé.

La remise de 0,50 % concédée aux usagers sur le montant des droits dont la perception est constatée au moyen de machines à timbrer est payée deux fois par an, lors du dépôt des fiches de liquidation des mois de juin et décembre.

Art. 75 *Périmé.*

Art. 76 à 93 *Abrogés.*

I *BIS* *TIMBRE DE DIMENSION*

A

Art. 93 A *Devenu sans objet.*

Art. 93 B *Abrogé.*

Art. 93 C à 93 F *Devenus sans objet.*

Art. 93 G et 93 H *Abrogés.*

B BULLETINS DE SOUSCRIPTION D'ACTIONS

Art. 93 H *bis* Les autorisations de payer sur états le droit de timbre de dimension afférent aux bulletins de souscriptions d'actions peuvent être accordées soit aux sociétés émettrices, soit aux banques chargées de centraliser les émissions ; elles ne sont valables que pour une seule constitution de société ou augmentation de capital. Toutefois, les établissements de crédit chargés de centraliser les émissions d'actions peuvent obtenir, dans le cadre de l'article 93 H *quater*, des autorisations permanentes.

Art. 93 H *ter* Lorsque la demande est présentée par la société elle-même, elle doit comporter l'engagement exprès :

1° D'acquitter les droits exigibles pour le compte des souscripteurs ;

2° De porter sur les bulletins de souscription la formule visée à l'article 405 I de l'annexe III au code général des impôts ;

3° D'effectuer le versement des droits au service des impôts compétent pour accorder l'autorisation, dans les vingt jours suivant la clôture des opérations de centralisation de l'émission et, en tout état de cause, avant la déclaration de souscription et de versement prévue à l'article L. 225-6 du code de commerce ;

4° De mentionner, dans cette déclaration de souscription et de versement, le nombre de bulletins souscrits, le montant des droits de timbre versés au Trésor, le service des impôts auquel ces droits ont été payés ainsi que la date et le numéro de la recette ;

5° De déposer, à l'appui du versement de l'impôt, un état succinct faisant connaître le montant du capital émis, la date de la clôture des opérations de centralisation de l'émission, le nombre de bulletins souscrits et le montant de l'impôt exigible.

Lorsqu'il s'agit de bulletins émis à l'occasion de la constitution d'une société nouvelle, il faut, en outre, que :

— l'engagement des fondateurs soit assorti d'un engagement solidaire d'un établissement de crédit ou du notaire appelé à recevoir la déclaration de souscription et de versement ;

— la formule d'engagement désigne le service des impôts, en principe celui du futur siège social, où seront versés les droits qui devront être acquittés, en tout état de cause, dans les six mois du dépôt des statuts au greffe.

Art. 93 H *quater* Lorsque la demande est présentée par l'établissement de crédit chargé de centraliser l'émission, elle doit être appuyée de toutes justifications utiles quant à la qualité des pouvoirs du signataire et comporter l'engagement exprès, pour l'établissement requérant :

1° De tenir un registre spécial donnant pour chaque émission ainsi centralisée par l'établissement de crédit les indications suivantes :

a. Le numéro d'ordre qui lui est spécialement affecté dans le registre, cette numérotation étant faite dans une série ininterrompue à partir de la date de l'autorisation ;

b. Le nom ou la raison sociale et le siège social de la société émettrice ;
c. La date d'ouverture de la souscription ;
d. Le montant du capital émis ;
e. Le numéro du compte au crédit duquel figurent les sommes reçues des souscripteurs ;
f. Le nombre de bulletins souscrits ;
g. Le montant global des droits exigibles ;
h. La date de clôture de la souscription ;
i. La date du versement des droits au Trésor.

2° De se porter fort, pour le compte des souscripteurs auxquels l'impôt incombe légalement, des droits et amendes de timbre exigibles sur les bulletins de souscription, et d'acquitter, sans conditions ni réserves, lesdits droits et amendes.

3° D'effectuer le versement dans le délai prévu au 3° de l'article 93 H *ter*.

4° De déposer, à l'appui de ce versement, un état en double exemplaire reproduisant les indications portées sur le registre spécial pour l'émission considérée, en précisant en outre le nom et l'adresse du notaire chargé de recevoir la déclaration de souscription et de versement.

5° De porter ou faire porter sur les bulletins de souscription la formule visée à l'article 405 I de l'annexe III au code général des impôts complétée par la mention « N° (particulier à la souscription) du registre spécial tenu par (nom de l'établissement bancaire autorisé) ».

6° De faire mentionner dans la déclaration de souscription et de versement les indications prévues au 4° de l'article 93 H *ter*.

B *BIS*

Art. 93 H *quater* A et 93 H *quater* B *Abrogés.*

B *TER* AUTRES ACTES (PAIEMENT SUR ÉTATS)

Art. 93 H *quater* C I. – Les redevables qui demandent à payer sur états le droit de timbre de dimension exigible sur les écrits autres que les bulletins de souscription d'actions doivent s'engager à tenir, jour par jour, un registre fournissant, pour chaque acte, les renseignements suivants :

a. Le numéro d'ordre spécialement affecté à l'acte dans le registre, cette numérotation étant faite dans une série ininterrompue ;
b. La date de l'acte ;
c. Sa nature ;
d. Les noms et prénoms usuels des parties ;
e. S'il s'agit d'actes sous seings privés, le nombre des originaux créés, abstraction faite, le cas échéant, de ceux dispensés du droit de timbre de dimension ;
f. Le nombre de feuillets du format de la demi-feuille de papier normal utilisés pour la rédaction des minutes, brevets ou originaux soumis au droit de timbre ;
g. Le montant de l'impôt correspondant ;
h. Le nombre des expéditions, copies ou extraits soumis au droit de timbre ;
i. Le nombre des feuillets, du format de la demi-feuille de papier normal, utilisés pour ces expéditions, copies ou extraits ;
j. Le montant de l'impôt correspondant.

Ce registre, qui peut être fusionné avec les répertoires prévus par le code général des impôts pour certaines catégories de redevables, est présenté, au cours du mois de février de chaque année, au visa de l'agent chargé de la perception des droits de timbre.

Chaque acte porté sur le registre doit être annoté de son numéro d'ordre. Les colonnes correspondant aux indications mentionnées aux *f*, *g*, *i* et *j* font l'objet d'une totalisation mensuelle.

II. – *Devenu sans objet (Ord. n° 2003-1235 du 22 déc. 2003, art. 2-I et IV).*

Art. 93 H *quater* D Le montant des droits est versé au comptable des impôts qui a accordé l'autorisation de paiement sur états, à l'expiration de chaque mois et dans les vingt premiers jours du mois suivant.

A l'appui de ce versement, il est produit un état faisant connaître :

a) Les numéros des premier et dernier actes inscrits sur le registre a cours du mois considéré ;

b) Le nombre de ces actes ;

c) Le total mensuel des colonnes correspondant aux indications ment ées aux *f, g, i*, et *j* du I de l'article 93 H *quater* C.

Cet état, certifié conforme aux écritures, est fourni en double exemplair premier est rendu au déposant, après avoir été revêtu de l'acquit du comptable de second est conservé par le service à l'appui de la recette des droits de timbres ; le

Art. 93 H *quater* E Les registres prescrits par l'article 93 H *quater* C et documents nécessaires à la vérification de l'état fourni à l'appui du vers tres droits de timbre doivent être conservés selon les modalités prévues au I des L. 102 B du Livre des procédures fiscales. – *V. aussi LPF, le 2° de l'art. A. 37-1.*

C PAIEMENT PAR TIMBRES MOBILES

Art. 93 H *quinquies* Les timbres mobiles destinés à constater le paiement d de timbre de dimension exigible sur les copies d'exploits sont apposés par l'o ministériel en marge de la première page de l'original de l'exploit à conserv minute.

Ceux employés pour le paiement du droit de timbre de dimension afférent à autres actes ou écrits sont collés sur la première page de chaque feuille.

D

Art. 93 I *Devenu sans objet (L. n° 2004-1485 du 30 déc. 2004, art. 95-I-D-1-a ; Arr. du 24 mars 2006).*

I *TER*

Art. 93 J à 93 L *Devenus sans objet (L. n° 96-1181 du 30 déc. 1996, art. 38-I).*

II

Art. 94 à 98 *Abrogés.*

III

Art. 99 à 101 *Devenus sans objet (Arr. du 30 mars 2007).*

Art. 102 à 111 H *Abrogés.*

IV

Art. 113 à 121 A *bis* *Devenus sans objet ou abrogés.*

Art. 121 A *ter* et 121 A 1 à 121 A 4 *Abrogés.*

SECTION II DROITS DE DÉLIVRANCE DE DOCUMENTS ET PERCEPTIONS DIVERSES

I

Art. 121 B *Devenu sans objet (L. n° 2005-1720 du 30 déc. 2005, art. 112-I et II ; Arr. du 24 mars 2006).*

II à II *TER*

Art. 121 C à 121 F *sexies* *Abrogés.*

III

Art. 121 G à 121 J *Abrogés.*

Art. 121 K *Transféré ss. l'art. 159 sexies B.*

IV RÉGIES DE RECETTES DES PRÉFECTURES ET SOUS-PRÉFECTURES

Art. 121 K Nonobstant toute disposition contraire, l'emploi des machines à timbrer est autori pour le timbrage de tous documents donnant lieu à la perception des droits de ibre dans les régies de recettes des préfectures et sous-préfectures.

Peuv otamment être timbrés par ce procédé :

1° *Devenus sans objet ;*

é par L. n° 69-3 du 3 janv. 1969, art. 13 ;

3° passeports et les titres de voyages délivrés aux réfugiés ou apatrides (art. 953 du code général des impôts) ;

venu sans objet ;

enu sans objet, Arr. du 22 juill. 2020, art. 1er) « 6° Les permis de conduire les véhi automobiles, les motocyclettes d'une cylindrée supérieure à 125 cm³ et tous autres véhi à moteur (art. 1599 terdecies du code général des impôts) ; »

Devenu sans objet, Arr. du 9 juin 2021, art. 1er) « 7° Les certificats d'immatriculation s véhicules automobiles et de tous autres véhicules à moteur (art. 1599 quindecies du code éral des impôts). »

Art. 121 KB Toute machine destinée au timbrage des documents donnant lieu à la perception des droits de timbre dans les régies de recettes des préfectures et sous-préfectures doit être agréée par le directeur général des impôts.

La demande d'agrément, qui doit spécifier que l'appareil est exclusivement proposé pour le recouvrement des droits de timbre perçus par les régies de recettes des préfectures et sous-préfectures, est adressée au directeur général des impôts, à Paris.

Le directeur général des impôts statue après avis du conseil technique des postes et télécommunications à l'examen duquel l'appareil est obligatoirement soumis.

La mise en vente de ladite machine est subordonnée à cet agrément préalable.

Art. 121 KC Les machines mises en service doivent, dans toutes leurs parties, être conformes aux modèles agréés par l'administration ; les clichés donnant les empreintes de timbrage doivent être conformes aux types fixés par une instruction prise sous le double timbre du ministre de l'intérieur et du ministre de l'économie et des finances *[Instr. du 23 juill. 1969, JO 26 juill.]*.

Un spécimen complet de chaque type de machine avec ses accessoires est déposé par le constructeur au service des recherches et du contrôle technique des télécommunications, 3, avenue de la République, à Issy-les-Moulineaux. Ce dépôt ne donne lieu à aucune rétribution.

Art. 121 KD L'administration des postes et télécommunications fera procéder, au cours de la fabrication des machines, à toutes vérifications et à tous essais qu'elle jugera utiles, notamment en vue de s'assurer de la qualité des métaux employés dans la construction des divers organes de la machine (cémentation, trempe, etc.).

Art. 121 KE Avant d'être mises en service, les machines doivent être présentées au service des recherches et du contrôle technique des télécommunications pour y être individuellement essayées, éprouvées, poinçonnées. Ce contrôle est signalé par l'apposition d'un poinçon millésimé sur chaque machine conférant autorisation de mise en service dans un délai de deux ans. Le service des recherches et du contrôle technique délivre pour chaque machine, après vérification et poinçonnement, un bulletin de contrôle indiquant que les compteurs ont été ramenés à zéro.

Art. 121 KF Toute installation de machine dans une régie de recettes de préfecture ou de sous-préfecture fait l'objet après avis du ministère de l'intérieur d'une décision du préfet dont celui-ci donne notification préalablement à l'installation de la machine, au directeur des services fiscaux du lieu d'utilisation en indiquant les éléments d'identification définis dans l'instruction interministérielle prévue à l'article 121 KC.

Cette installation ne peut avoir lieu qu'en présence du représentant de ce directeur qui doit sceller le capot et s'assurer de la mise à zéro des compteurs de la machine. Le représentant du trésorier-payeur général arrête simultanément la comptabilité du régisseur.

Art. 121 KG Le retrait d'une machine dont le fonctionnement est signalé comme défectueux et son remplacement ne peuvent avoir lieu qu'en présence d'un représentant du service des impôts seul compétent pour procéder aux opérations de descellement de cette machine et de scellement de la nouvelle machine. Le poinçonnage après retrait et réparation est effectué par les agents techniques de l'administration des postes et télécommunications, seuls qualifiés pour estimer si les réparations indispensables ont été effectuées et pour délivrer le bulletin de contrôle visé à l'article 121 KE.

Art. 121 KH Les documents revêtus d'empreintes de machines à timbrer sont soumis aux mêmes règles que ceux revêtus de timbres mobiles ou timbrés à l'extraordinaire.

Art. 121 KI Sera réputé non timbré tout document portant une empreinte de timbrage non conforme aux types fixés par l'instruction interministérielle précitée.

Art. 121 KJ Dans un délai de cinq jours à compter de la date de chaque arrêté mensuel de ses écritures comptables, chaque régisseur autorisé à employer une ou plusieurs machines adresse au service des impôts du lieu d'utilisation une fiche indiquant pour chacune d'elles :

1° La désignation de la régie de recettes ;

2° Les éléments d'identification de la machine prévus dans l'instruction interministérielle ;

3° Le montant total et éventuellement par catégorie à verser audit service des droits de timbre représentés par les empreintes apposées à l'aide de la machine depuis le précédent arrêté.

Art. 121 KK Les régisseurs de recettes des préfectures et sous-préfectures doivent être présents lors de toute installation ou retrait de machines. Ils ne peuvent effectuer ni accepter que soient effectuées à une machine en service des réparations ayant une répercussion sur le mécanisme des compteurs ou sur celui d'apposition des empreintes. Ils ne peuvent modifier, d'une façon quelconque, aucune des parties du mécanisme ou des compteurs. Ils doivent signaler toute machine dont le fonctionnement est défectueux au constructeur ainsi qu'au service des impôts auquel la machine se trouve rattachée, en vue de son retrait.

Art. 121 KL Toutes facilités doivent être données aux agents des impôts ainsi qu'à ceux du Trésor pour procéder, sans avis préalable, à l'inspection des machines, au relevé des compteurs et à la consultation des bandes de contrôle.

IV *BIS* FORMULES DE CHÈQUES

Art. 121 KL *bis* Les organismes qui délivrent à leurs clients des formules de chèques ne répondant pas aux caractéristiques de barrement d'avance et de non-transmissibilité par voie d'endossement mentionnées à l'article 85 de la loi n° 78-1239 du 29 décembre 1978, ou, s'il y a lieu, les organismes centralisateurs auxquels ils sont rattachés, doivent, dans les quarante-cinq jours du trimestre suivant celui de cette délivrance, déposer au service des impôts dont ils relèvent un état en double exemplaire indiquant le nombre des formules de chèques soumises au droit de timbre et délivrées au cours du trimestre précédent ainsi que le total des droits exigibles.

Le montant des droits est versé au service compétent lors du dépôt de l'état mentionné ci-dessus.

L'un des exemplaires de l'état, certifié conforme aux écritures de l'organisme intéressé, est rendu au déposant après avoir été revêtu de l'acquit du comptable des impôts ; l'autre exemplaire est conservé par le service à l'appui de la recette des droits de timbre.

Art. 121 KL *ter* Les organismes mentionnés à l'article 121 KL *bis* doivent relever l'identité des personnes auxquelles les formules ont été délivrées ainsi que les numéros de ces dernières. Ces renseignements doivent être conservés selon les modalités prévues au I de l'article L. 102 B du Livre des procédures fiscales.

V *DÉBITE DES TIMBRES MOBILES ET DES TIMBRES DÉMATÉRIALISÉS* *(Arr. du 2 oct. 2015, art. 1er)*.

Art. 121 KM Les débitants de tabac *(Arr. du 25 juin 2019, art. 1er)* « et les distributeurs auxiliaires établis en Guadeloupe, en Guyane, en Martinique, à La Réunion et à

Mayotte » perçoivent sur le prix de vente des timbres mobiles de toute nature dont ils assurent la débite une remise uniforme de 5 %.

La remise est liquidée et payée au fur et à mesure des versements opérés par les débitants de tabac *(Arr. du 25 juin 2019, art. 1er)* « et les distributeurs auxiliaires établis en Guadeloupe, en Guyane, en Martinique, à La Réunion et à Mayotte auprès des comptables de la direction générale des finances publiques » à la condition qu'elle atteigne au moins 15 €.

Les débitants de tabac *(Arr. du 25 juin 2019, art. 1er)* « et les distributeurs auxiliaires établis en Guadeloupe, en Guyane, en Martinique, à La Réunion et à Mayotte » participant à l'encaissement des *(Abrogé par Arr. du 2 oct. 2015, art. 1er) « amendes forfaitaires par »* timbres dématérialisés perçoivent une remise uniforme de 6 % sur le prix de vente de ceux-ci.

La remise est liquidée et payée dans les conditions prévues par un protocole d'agrément conclu entre *(Arr. du 25 juin 2019, art. 1er)* « la direction générale des finances publiques et les débitants de tabac ou les distributeurs auxiliaires établis en Guadeloupe, en Guyane, en Martinique, à La Réunion et à Mayotte ».

(Abrogé par Arr. du 25 juin 2019, art. 1er) « Les dispositions du présent article s'appliquent dans les départements de la Corse. »

Art. 121 KM *bis* Les comptables directs du Trésor sont habilités à vendre les timbres mobiles fiscaux de la série unique.

Art. 121 KM *ter* Les recettes des douanes et droits indirects sont habilitées à vendre les timbres fiscaux suivants :

a. Timbres mobiles de la série unique ;

b. Timbres travailleurs étrangers ;

c. Devenu sans objet (L. no 98-546 du 2 juill. 1998, art. 87-VI ; Arr. du 24 mars 2006) ;

d. Timbres-amendes.

SECTION III IMPÔT SUR LES OPÉRATIONS DE BOURSE

Art. 121 KN *Devenu sans objet (Arr. du 1er avr. 2008).*

CHAPITRE III AUTRES DROITS ET TAXES

Art. 121 K *bis* *Disposition périmée.*

I *TAXE SUR LA VALEUR VÉNALE DES IMMEUBLES POSSÉDÉS EN FRANCE PAR DES PERSONNES MORALES*

Art. 121 K *ter* La déclaration relative à la taxe prévue à l'article 990 D du code général des impôts est déposée :

1. Pour les entités juridiques qui ont leur siège en France et pour les autres entités juridiques qui exercent leurs activités en France dans un ou plusieurs établissements, au service des impôts du lieu du principal établissement ;

2. Pour les entités juridiques, autres que celles visées au 1, qui, directement ou par entité juridique interposée, possèdent un ou plusieurs immeubles situés en France ou sont titulaires de droits réels portant sur ces biens, au service des impôts *(Arr. du 21 juin 2021, art. 1er)* « compétent pour les obligations déclaratives relatives aux impôts autres que les impôts locaux et taxes assimilées. En l'absence de telles obligations déclaratives, la déclaration est déposée au service des impôts des entreprises étrangères de la direction des impôts des non-résidents. »

II

Art. 121 L à 121 V *Transférés ss. les art. 155 C à 155 M et 155 bis.*

Art. 121 V 1 à 121 V 5 *Abrogés.*

Les dispositions concernant la taxe différentielle ont été transférées ss. les art. 155 C à 155 M pour les départements autres que les départements corses et ss. l'art. 155 bis pour la Corse.

CHAPITRE IV RÉGIMES SPÉCIAUX ET EXONÉRATIONS DE PORTÉE GÉNÉRALE

INSTITUTIONS À CARACTÈRE SOCIAL

Art. 121 VA Les dispositions du II de l'article 1066 du code général des impôts sont susceptibles d'être appliquées aux établissements ou organismes dont la liste suit :
– Caisse des dépôts et consignations ;
– caisses d'épargne ;
– caisses d'épargne du Bas-Rhin, du Haut-Rhin et de la Moselle ;
– fonds social juif unifié ;
– sociétés mutualistes, unions de sociétés mutualistes et fédérations d'unions de sociétés mutualistes.

TITRE CINQUIÈME DISPOSITIONS COMMUNES AUX IMPÔTS DIRECTS ET TAXES ASSIMILÉES, À L'ENREGISTREMENT, À LA PUBLICITÉ FONCIÈRE ET AU TIMBRE

CHAPITRE PREMIER ENTREPRISES EXERÇANT LEUR ACTIVITÉ DANS LES DÉPARTEMENTS D'OUTRE-MER

Art. 121 V *bis* Dans chacun des départements de la Guadeloupe, de la Guyane, de la Martinique, de La Réunion et dans la collectivité territoriale de Saint-Pierre-et-Miquelon, la commission locale instituée par l'article 18 du décret n° 52-152 du 13 février 1952 est composée comme suit :

Le préfet du département, le préfet représentant de l'État dans la collectivité territoriale de Saint-Pierre-et-Miquelon ou leur représentant, président ;

Le trésorier-payeur général ;

Le secrétaire général des affaires économiques ou le fonctionnaire en tenant lieu ;

Le directeur des services fiscaux ;

Le directeur général de la concurrence, de la consommation et de la répression des fraudes ;

Le chef du service dont relève l'activité à encourager ;

Le directeur local de la SOCREDOM ;

Le directeur régional des douanes et des droits indirects, ou leurs représentants ;

Le représentant local du ministère de l'industrie ;

Le représentant local de l'INSEE, membre de la commission à titre consultatif.

Le secrétariat de la commission est assuré par un agent de la direction générale des impôts désigné par le préfet du département ou le préfet représentant de l'État dans la collectivité territoriale de Saint-Pierre-et-Miquelon, sur proposition du directeur des services fiscaux.

La commission se réunit sur la convocation du préfet du département ou du préfet représentant l'État dans la collectivité territoriale de Saint-Pierre-et-Miquelon. Sauf en cas d'urgence dûment motivé, ses membres sont convoqués dix jours au moins avant la date fixée pour la réunion. Elle délibère valablement à condition qu'il y ait au moins six membres présents. En cas de partage égal des voix, la voix du président est prépondérante.

La commission entend, à titre consultatif, les personnalités et experts dont elle estime utile de prendre l'avis.

Les membres de la commission, ainsi que les personnalités ou experts entendus à titre consultatif, sont tenus au secret professionnel.

Les avis sont émis par la commission en présence uniquement des membres ayant voix délibérative, ainsi que du représentant de l'INSEE.

Art. 121 V *ter* La commission centrale instituée par l'article 18 du décret n° 52-152 du 13 février 1952 est composée comme suit :

Le représentant des ministres de l'économie et du budget, président ;

Le représentant du secrétaire d'État auprès du ministre de l'intérieur (DOM-TOM) ;

Le représentant du ministre dont relève l'activité à encourager ;

(Arr. du 26 mai 2014) « Le commissaire général à la stratégie et à la prospective » ;
L'inspecteur général des finances chargé de la division des départements d'outre-mer ;
Le directeur général des impôts ;
Le directeur du budget ;
Le directeur général du Trésor ou son représentant ;
Le directeur de la comptabilité publique ;
Le directeur général des douanes et des droits indirects ;
Le directeur général de la concurrence, de la consommation et de la répression des fraudes ;
Le directeur général de la SOCREDOM,
ou leurs représentants.

Le secrétariat de la commission centrale est assuré par les services de la direction des affaires économiques, sociales et culturelles du secrétariat d'État auprès du ministre de l'intérieur (DOM-TOM).

La commission se réunit sur la convocation du président. Sauf en cas d'urgence dûment motivée, ses membres sont convoqués dix jours au moins avant la date fixée pour la réunion. Elle délibère valablement à condition qu'il y ait au moins sept membres présents. En cas de partage égal des voix, la voix du président est prépondérante.

La commission peut entendre, à titre consultatif, les personnalités et experts dont elle estime utile de prendre l'avis.

Les membres de la commission, ainsi que les personnalités ou experts entendus à titre consultatif, sont tenus au secret professionnel.

Les avis sont émis par la commission en présence uniquement des membres ayant voix délibérative.

Art. 121 V *quater* *Abrogé par L. n° 80-30 du 18 janv. 1980, art. 79-V.*

Art. 121 V *quinquies* Les demandes d'agrément présentées au titre de l'article 208 *quater* du code général des impôts sont établies en quatre exemplaires, conformément à un modèle fixé par la commission centrale, et adressées, préalablement à la constitution de la société, ou à la création d'une activité nouvelle, au directeur des services fiscaux du département où sera réalisé l'investissement. Ce dernier en accuse réception et en effectue la transmission au secrétariat de la commission locale.

Art. 121 V *sexies* *Abrogé par L. n° 70-1199 du 21 déc. 1970, art. 66-I-3.*

Art. 121 V *septies* *Périmé.*

Art. 121 V *octies* Les commissions locales émettent des avis motivés sur les demandes d'agrément visées à l'article 208 *quater* du code général des impôts.

Dans les départements de la Guadeloupe, de la Guyane, de la Martinique et de La Réunion, la décision est prise et notifiée par le directeur des services fiscaux lorsque, lui-même et le trésorier-payeur général partageant l'avis de la commission locale, le montant du programme d'investissement n'excède pas 610 000 €.

Lorsque la décision ne peut être prise par le directeur des services fiscaux en vertu des dispositions du deuxième alinéa, l'avis de la commission locale est transmis, accompagné d'un exemplaire de la demande, au secrétaire de la commission centrale et aux services centraux de la direction générale des impôts.

Art. 121 V *nonies* La commission centrale donne un avis motivé :

1° Sur les demandes d'agrément présentées au titre de l'article 208 *quater* du code général des impôts lorsque le montant du programme d'investissement excède la limite de délégation de pouvoir prévue par l'article 121 V *octies*, ainsi que lorsque le directeur des services fiscaux ou le trésorier-payeur général ne partage pas l'avis émis par la commission locale.

2° *Périmé.*

Le ministre du budget statue sur les demandes d'agrément fiscal de la compétence de la commission centrale. Sa décision est notifiée par le directeur des services fiscaux du département intéressé.

La commission centrale d'agrément peut également formuler des observations sur les avis émis par les commissions locales et entrant dans les limites de la compétence départementale.

Art. 121 V *decies* *Abrogé.*

Art. 121 V *undecies* *Périmé.*

CHAPITRE II

Art. 121 W à 121 Z *Abrogés.*

Art. 121 Z *bis* *Devenu sans objet (L. nº 98-1267 du 30 déc. 1998, art. 12).*

Art. 121 Z *ter* et 121 Z *quater* *Abrogés.*

CHAPITRE III DÉCLARATIONS DES PERSONNES PHYSIQUES RÉSIDANT EN PRINCIPAUTÉ DE MONACO

Art. 121 Z *quinquies* *(Arr. du 13 oct. 2017, art. 1er, en vigueur le 1er nov. 2017)* I. – Les personnes physiques qui résident habituellement dans la Principauté de Monaco, qu'elles soient ou non fiscalement domiciliées en France, souscrivent au service des impôts de Menton les déclarations :

1° d'impôt sur le revenu ;

2° d'impôt *(Arr. du 29 mai 2018, art. 1er)* « sur la fortune immobilière *[ancienne rédaction : de solidarité sur la fortune]* ».

Les personnes physiques dont le domicile fiscal est situé ou est réputé se situer en France et qui exercent une activité professionnelle dans la Principauté de Monaco déposent également les déclarations spéciales prévues par les articles 53 A et 97 du code général des impôts auprès de ce service.

II. – Les personnes physiques qui résident habituellement dans la Principauté de Monaco, qu'elles soient ou non fiscalement domiciliées en France, souscrivent au service départemental de l'enregistrement de Nice les déclarations :

1° de don manuel ;

2° de succession.

Ancien art. 121 Z *quinquies* *Les personnes physiques qui résident habituellement dans la Principauté de Monaco, qu'elles soient ou non fiscalement domiciliées en France, souscrivent au service des impôts de Menton les déclarations :*

1° D'impôt sur le revenu ;

2° D'impôt de solidarité sur la fortune ;

3° De dons manuels ;

4° De droits de succession.

Les personnes physiques dont le domicile fiscal est situé ou est réputé se situer en France et qui exercent une activité professionnelle dans la Principauté de Monaco déposent également les déclarations spéciales prévues par les articles 53 A et 97 du code général des impôts auprès de ce service.

CHAPITRE IV RÉDUCTIONS D'IMPÔTS AU TITRE DES DONS AUX ORGANISMES DONT LE SIÈGE EST SITUÉ DANS UN ÉTAT MEMBRE DE L'UNION EUROPÉENNE OU PARTIE À L'ESPACE ÉCONOMIQUE EUROPÉEN

(Arr. du 28 févr. 2011)

Art. 121 Z *sexies* *(Arr. du 17 avr. 2015)* Les demandes d'agrément mentionnées aux 4 *bis* des articles 200 et 238 *bis*, au I de l'article 795-0 A et au douzième alinéa du I de l'article *(Arr. du 29 mai 2018, art. 1er)* « 978 *[ancienne rédaction : 885-0 V bis A]* » du code général des impôts sont adressées par les personnes morales ou organismes dont le siège est situé dans un État membre de l'Union européenne ou partie à l'accord sur l'Espace économique européen au *(Arr. du 15 juill. 2020, art. 6-I et 8, en vigueur le 1er oct. 2020)* « service de la sécurité juridique et du contrôle fiscal *[ancienne rédaction : service juridique de la fiscalité]* » de la direction générale des finances publiques qui instruit les demandes. – *Modèle de demande et adresse du service destinataire : V. Arr. du 28 févr. 2011 (JO 2 mars), mod. par Arr. du 17 avr. 2015 (JO 19 avr.).*

DEUXIÈME PARTIE IMPOSITIONS PERÇUES AU PROFIT DES COLLECTIVITÉS LOCALES ET DE DIVERS ORGANISMES

TITRE PREMIER IMPOSITIONS COMMUNALES

CHAPITRE PREMIER IMPÔTS DIRECTS ET TAXES ASSIMILÉES

SECTION 0I TAXES FONCIÈRES

Art. 121-0 AA I. – Pour l'application du *a* du 4° de l'article 310-0 H de l'annexe II au code général des impôts, les énergies renouvelables prises en compte sont :

a. L'énergie solaire, la biomasse, la géothermie, l'énergie éolienne ;

b. L'énergie issue des systèmes thermodynamiques ou de production combinée de chaleur et d'énergie ;

c. L'énergie issue des réseaux de distribution de chaleur bénéficiant du classement visé par les deuxième et troisième alinéas de l'article 5 de la loi n° 80-531 du 15 juillet 1980 relative aux économies d'énergie et à l'utilisation de la chaleur et de l'article L. 712-1 du code de l'énergie.

II. – Pour l'application du *b* du 4° de l'article 310-0 H de l'annexe II au code général des impôts, les matériaux renouvelables pris en compte sont le bois et les matériaux d'origine végétale et animale.

III. – Pour l'application du *a* du 5° de l'article 310-0 H de l'annexe II au code général des impôts, les matériels économes en eau pris en compte sont les réservoirs de w.-c. d'une contenance inférieure à six litres d'eau avec système de chasse à double commande ou à interruption.

SECTION PREMIÈRE

Art. 121 AA à 121 *quinquies* DA *Abrogés par L. n° 74-645 du 18 juill. 1974, art. 8.*

SECTION II COTISATION FONCIÈRE DES ENTREPRISES

Art. 121 *quinquies* DB *Abrogé par Arr. du 28 déc. 1976, art. 7.*

1° EXONÉRATION TEMPORAIRE ACCORDÉE DANS LE CADRE DE L'AMÉNAGEMENT DU TERRITOIRE

Art. 121 *quinquies* DB *bis* *Dispositions périmées (Arr. du 3 juin 2013).*

Art. 121 *quinquies* DB *ter* *Devenu sans objet (Arr. du 3 juin 2013).*

Art. 121 *quinquies* DB *quater* L'exonération de cotisation foncière des entreprises prévue à l'article 1465 du code général des impôts peut être accordée sur agrément dans les conditions définies aux articles 121 *quinquies* DB *quinquies* à 121 *quinquies* DB *septies*, 170 *quinquies* et 170 *octies*, sous réserve de l'appréciation des modalités techniques et financières des programmes présentés et dans la mesure où les entreprises intéressées n'ont commis aucune infraction fiscale exclusive de bonne foi dans les quatre ans précédant l'opération, ont produit leurs déclarations de résultat dans les délais légaux et sont dans une situation régulière vis-à-vis des services de recouvrement.

Art. 121 *quinquies* DB *quinquies* L'agrément ouvrant droit à l'exonération temporaire de cotisation foncière des entreprises prévue à l'article 1465 du code général des impôts peut être accordé aux entreprises qui réalisent les opérations suivantes :

1° Reprise des moyens de production d'établissements industriels en difficulté susceptible de permettre la poursuite durable de l'activité et le soutien de l'emploi. L'agrément ne peut être accordé qu'à la condition qu'il y ait eu examen du plan de reprise et de sauvegarde ou de redressement et du plan de financement correspondant par le comité départemental d'examen des problèmes de financement des entreprises (CODEFI) ou par le comité interministériel de restructuration industrielle (CIRI). Si la reprise prend la forme d'une location-gérance, celle-ci doit être assortie d'un engagement ferme de rachat des actifs dans un délai de trois ans ; les reprises effectuées par des personnes physiques ou morales qui contrôlent directement ou indirectement l'établissement en difficulté ne peuvent être agréées ;

2° Reconversion d'installation industrielle dépendant d'un secteur d'activité en déclin. La reconversion doit correspondre à une modification importante de la nature des productions entraînant un effort particulier d'investissement. Les investissements susceptibles de bénéficier de l'exonération sont les seuls investissements nécessaires à cette modification ;

3° Création ou extension de services de direction, d'études, d'ingénierie et d'informatique.

Art. 121 *quinquies* DB *sexies* Pour bénéficier sur agrément de l'exonération temporaire de cotisation foncière des entreprises prévue à l'article 1465 du code général des impôts les conditions d'emploi suivantes, appréciées selon les modalités prévues à l'article 322 H de l'annexe III à ce code, doivent être remplies :

1° Les établissements faisant l'objet d'une reprise ou d'une reconversion doivent comporter :

a) Dans les départements d'outre-mer, en Corse, dans les zones d'économie rurale dominante et les zones montagnardes figurant en annexe II de l'arrêté du 12 juin 1990 (JO 29 juin) :

Trente emplois au moins dans les communes situées dans une unité urbaine d'au moins 50 000 habitants ;

Quinze emplois au moins dans les communes situées dans une unité urbaine de moins de 50 000 habitants et 15 000 habitants au moins ;

Six emplois au moins dans les autres communes ;

b) Dans les autres zones où s'applique l'exonération temporaire :

Trente emplois au moins dans les communes situées dans une unité urbaine d'au moins 15 000 habitants ;

Dix emplois au moins dans les autres communes.

Dans toutes les zones où s'applique l'exonération temporaire, les opérations de reprise doivent permettre le maintien de l'effectif permanent au niveau justifié par les plans de sauvegarde ou de redressement de l'entreprise. Si l'effectif initial n'est pas maintenu, l'exonération peut être limitée à une fraction de la valeur locative des installations. En cas de reconversion, l'effectif doit être au moins maintenu.

Les conditions d'emploi ci-dessus définies doivent être remplies durant toute la période d'exonération à peine de retrait de l'agrément dans les conditions prévues à l'article 1649 *nonies* A du code général des impôts ;

2° En cas de création de services de direction, d'études, d'ingénierie et d'informatique, création d'au moins vingt emplois ; en cas d'extension de ces mêmes services, création d'au moins dix emplois supplémentaires, l'effectif total de l'établissement devant alors atteindre au moins vingt emplois. L'extension doit en outre entraîner une progression d'au moins 25 % de l'effectif total de l'établissement, sauf s'il est créé au moins cinquante emplois supplémentaires.

La création d'un nombre d'emplois permanents supérieur aux minima fixés ci-dessus peut être exigée en raison du montant des investissements envisagés.

Les dispositions des articles 322 I à 322 L de l'annexe III au code général des impôts sont applicables aux créations et extensions de services de direction, d'études, d'ingénierie et d'informatique.

Art. 121 *quinquies* DB *septies* L'exonération temporaire de cotisation foncière des entreprises accordée sur agrément peut être subordonnée à la réalisation d'un montant minimum *[minimal]* d'investissements.

L'exonération ne peut être accordée lorsque l'opération entraîne une suppression d'emplois dans les autres établissements de l'entreprise.

2° RÉDUCTION DE LA VALEUR LOCATIVE DE MATÉRIELS AGRICOLES

Art. 121 *quinquies* DB *octies* *Devenu sans objet (Arr. du 27 avr. 2010).*

3° EXONÉRATION TEMPORAIRE DE LA VALEUR LOCATIVE DE CERTAINS OUTILLAGES, ÉQUIPEMENTS ET INSTALLATIONS SPÉCIFIQUES DE MANUTENTION PORTUAIRE

Art. 121 *quinquies* DB *nonies* et 121 *quinquies* DB *decies* *Périmés (Arr. du 1er avr. 2008).*

SECTION II *BIS* ÉVALUATION DE LA VALEUR LOCATIVE DES LOCAUX PROFESSIONNELS *(Arr. du 28 juin 2018, art. 1er).*

(Arr. du 3 avr. 2015)

Art. 121 *quinquies*-0 DC Pour l'application de l'article 1498 *bis* du code général des impôts, le contribuable déclare le montant du loyer annuel, charges et taxes non comprises, pour l'année au cours de laquelle intervient le dépôt de la déclaration.

SECTION III COMMISSION CONSULTATIVE DÉPARTEMENTALE DES ÉVALUATIONS FONCIÈRES

Art. 121 *quinquies* DC *(Arr. du 28 juin 2018, art. 1er)* Il est institué au chef-lieu de chaque département une commission consultative des évaluations foncières chargée de donner un avis sur la quotité des coefficients fixés conformément à l'article 1518 du code général des impôts pour l'actualisation des évaluations des propriétés bâties et non bâties mentionnées à ce même article.

Ancien art. 121 *quinquies* DC *Il est institué au chef-lieu de chaque département une commission consultative des évaluations foncières chargée de donner un avis sur la quotité des coefficients fixés lors des actualisations des évaluations des propriétés bâties et non bâties prévues par l'article 1518 du code général des impôts.*

Art. 121 *quinquies* DD Cette commission comprend :

(Arr. du 28 juin 2018, art. 1er) « 1° Le directeur départemental ou, le cas échéant, régional des finances publiques président ou son représentant ; »

2° Deux fonctionnaires de la direction générale des *(Arr. du 28 juin 2018, art. 1er)* « finances publiques » ayant au moins le grade d'inspecteur principal ;

3° Deux représentants des collectivités locales ou de leurs groupements (communautés urbaines ou districts) désignés par le préfet ;

4° Des membres titulaires et des membres suppléants représentants des contribuables concernés par l'actualisation, savoir :

a) Le président de la chambre départementale d'agriculture ou son représentant ;

b) Deux titulaires et deux suppléants représentant la fédération départementale des syndicats d'exploitants agricoles ;

c) Deux titulaires et deux suppléants représentant la fédération départementale des syndicats de la propriété agricole, dont un titulaire et un suppléant propriétaires de bois affiliés au syndicat départemental des propriétaires forestiers sylviculteurs ;

d) Trois titulaires et trois suppléants désignés par les organismes représentatifs des propriétaires d'immeubles bâtis du département à raison d'un titulaire et d'un suppléant choisis respectivement parmi les propriétaires de locaux d'habitation *(Abrogé par Arr. du 28 juin 2018, art. 1er) « ou à usage professionnel ordinaires, les propriétaires de locaux à usage commercial »* et les propriétaires d'établissements industriels situés dans le département ;

e) Deux titulaires et deux suppléants désignés par les organismes représentatifs des locataires dans le département.

A défaut de désignation par les fédérations ou syndicats départementaux mentionnés aux *b* et *c* du 4°, les représentants des exploitants et des propriétaires agricoles sont désignés d'office par la chambre départementale d'agriculture sur requête du directeur *(Arr. du 28 juin 2018, art. 1er)* « départemental ou, le cas échéant, régional des finances publiques ».

Lorsqu'il existe plusieurs organismes représentatifs pour les propriétaires ou les locataires d'immeubles bâtis dans le département, et à défaut d'accord entre eux, les membres de la commission sont désignés par le préfet sur proposition de ces organismes.

Les membres non fonctionnaires de la commission sont nommés pour un an et leur mandat est renouvelable par tacite reconduction.

Le secrétariat de la commission est assuré par un inspecteur des *(Arr. du 28 juin 2018, art. 1er)* **« finances publiques ».**

Art. 121 *quinquies* DE **La commission siège en deux formations spécialisées, respectivement, dans l'examen des coefficients d'actualisation des valeurs locatives des propriétés non bâties** *(Arr. du 28 juin 2018, art. 1er)* **« mentionnées à l'article 1518 du code général des impôts » et dans celui des mêmes coefficients afférents aux propriétés bâties** *(Arr. du 28 juin 2018, art. 1er)* **« mentionnées à ce même article ».**

La formation compétente en matière d'actualisation des valeurs locatives des propriétés non bâties comprend, outre les membres fonctionnaires désignés aux 1° et 2° de l'article 121 *quinquies* DD et les représentants des collectivités locales ou de leurs groupements, le représentant de la chambre départementale d'agriculture ainsi que les représentants des fédérations départementales de syndicats d'exploitants et de propriétaires agricoles.

La formation compétente en matière d'actualisation des valeurs locatives des propriétés bâties *(Arr. du 28 juin 2018, art. 1er)* **« mentionnées à l'article 1518 du code général des impôts » rassemble, outre les fonctionnaires susvisés et les représentants des collectivités locales ou de leurs groupements, les membres désignés par les organismes représentatifs des propriétaires d'immeubles bâtis et des locataires.**

Art. 121 *quinquies* DF **Chaque formation spécialisée de la commission se réunit sur la convocation du président. Elle peut désigner des rapporteurs et constituer des sous-commissions chargées d'examiner certaines questions spécifiques aux propriétés bâties ou non bâties.**

La commission entend les fonctionnaires ainsi que toutes les personnalités dont elle désire connaître l'avis.

SECTION IV **AUTRES IMPOSITIONS**

I *REDEVANCE COMMUNALE DES MINES*

Art. 121 *sexies* **Pour l'application des dispositions de l'article 312 de l'annexe II au code général des impôts, les exploitants de mine sont tenus de faire parvenir chaque année à la préfecture, dans le courant de janvier, un relevé nominatif des ouvriers et employés occupés par eux à la date du 1er dudit mois, avec l'indication de la commune du domicile de chacun de ces ouvriers. Les relevés ainsi dressés sont communiqués aux maires des communes intéressées, qui doivent les renvoyer dans un délai de quinze jours, en y joignant leurs observations, s'il y a lieu. Ces relevés sont ensuite, après avis des services des mines et des impôts, rectifiés, éventuellement, et arrêtés définitivement par le préfet pour servir de base à la répartition afférente à l'année suivant celle au cours de laquelle ils ont été établis.**

II

Art. 122 et 123 *Abrogés.*

CHAPITRE II **CONTRIBUTIONS INDIRECTES**

SECTION UNIQUE **IMPÔT SUR LES SPECTACLES, JEUX ET DIVERTISSEMENTS**

I *DISPOSITIONS GÉNÉRALES*

1° DÉCLARATION D'EXISTENCE

Art. 124 **La déclaration visée à l'article 1565 du code général des impôts doit indiquer la nature de l'établissement ou le genre de réunion ou de représentation. Cette déclaration doit être renouvelée, en ce qui concerne les établissements ambulants, dans chaque commune où des représentations sont données.**

Une nouvelle déclaration doit également être effectuée dans le cas où un changement dans le caractère de l'établissement ou la nature du spectacle doit entraîner une modification du taux de l'impôt applicable.

Art. 124 *bis*, 124 A et 124 B *Devenus sans objet (Arr. du 30 mars 2007).*

2° CLASSEMENTS DES SPECTACLES

Art. 125 *Abrogé par L. n° 70-1199 du 21 déc. 1970, art. 17-I.*

Art. 126 Sont considérés, en principe, comme jeux de hasard tous les jeux d'argent qu'il s'agisse de jeux de cartes ou d'autres jeux.

Toutefois, le caractère de "jeux de commerce" peut être reconnu exceptionnellement à des jeux d'argent à condition qu'aucune personne ne puisse parier sur les chances d'un joueur, que la perception au profit de la cagnotte soit réduite à un droit fixe, obligatoire, par joueur et par séance, et qu'aucun jeu de hasard ne soit pratiqué dans le même établissement. Le caractère propre à chaque jeu de commerce doit avoir été déclaré par le cercle ou la maison de jeux conformément aux prescriptions du ministre de l'intérieur et n'avoir pas été contesté par celui-ci.

Les cercles de jeux sont les associations régies par la loi du 1er juillet 1901 dont les membres ont été autorisés par le ministre de l'intérieur à pratiquer les jeux de hasard ainsi que les associations régies par la loi de 1901, dont les membres ont fait au ministre de l'intérieur la déclaration prévue pour les jeux de commerce.

Les maisons de jeux sont celles où sont pratiqués les jeux d'argent et qui n'entrent dans aucune des catégories ci-dessus.

3°

Art. 126 A et 126 B *Abrogés par Arr. du 31 mars 1998, art. 4.*

Art. 126 C *Abrogé par Décr. n° 82-71 du 22 janv. 1982, art. 2.*

Art. 126 D et 126 E *Devenus sans objet (Arr. du 30 mars 2007).*

4° RÉUNIONS SPORTIVES

Art. 126 F L'exemption totale de l'impôt sur les spectacles prévue au premier alinéa du *b* du 3° de l'article 1561 du code général des impôts est applicable aux compétitions relevant des activités sportives ci-après : aïkido, athlétisme, aviron, badminton, balle au tambourin, ballon au poing, ball-trap, base-ball, boxe française, canne, canoë-kayak, char à voile, escalade, escrime, football américain, gymnastique, haltérophilie, handball, hockey sur gazon, javelot-tir sur cible, jeu de paume, judo, karaté, kendo, longue paume, lutte, motonautisme, natation, parachutisme, patinage à roulettes, pelote basque, pentathlon, pétanque et jeu provençal, skate-board, ski, squash-raquettes, sports de boules, sports de quilles, surf, taekwondo, tennis de table, tir, tir à l'arc, trampoline, triathlon, twirling-bâton et volley-ball.

Art. 126 G et 126 *bis* *Abrogés par L. n° 70-1199 du 21 déc. 1970, art. 17-I.*

5° CONTRÔLE DES ENTRÉES DANS LES SALLES – BILLETS

Art. 127 Chaque entrée payante, gratuite ou à un prix réduit, est constatée par la remise d'un billet, extrait d'un carnet à souches, délivré à la caisse au moment du paiement de la place et avant l'entrée dans la salle de spectacle. Ce billet comporte deux parties dont l'une reste entre les mains du spectateur et dont l'autre est retenue au contrôle. Chacune de ces parties ainsi que la souche restant attachée au carnet doit porter d'une façon apparente et imprimée : le nom de l'établissement, le numéro d'ordre du billet, la catégorie de la place à laquelle il donne droit et le prix global payé par le spectateur ou, s'il y a lieu, la mention de gratuité.

Art. 128 Chaque carnet de billets à place entière, à prix réduits ou gratuits ne peut être utilisé que pour la catégorie de places qui y est indiquée et, sauf pour les loges, avant-scènes, baignoires, lorsque celles-ci ne sont pas divisées, un billet doit être délivré pour chaque spectateur.

Les carnets de billets doivent être numérotés suivant une série ininterrompue et utilisée dans l'ordre numérique ; lorsque, exceptionnellement, cet ordre n'est pas suivi, ou que la série est achevée, l'agent de perception doit être prévenu ; à défaut de quoi, les droits sont exigibles sur tous les billets manquants.

Les règles prévues ci-dessus pour la délivrance des billets aux entrées sont applicables aux billets pris en abonnement ou en location pour lesquels des carnets spéciaux doivent être utilisés. Une série de carnets doit être affectée pour la location afférente à chaque représentation (matinée ou soirée) donnée aux différents jours de la semaine, ceux utilisés un jour ne pouvant servir que pour le même jour de la semaine suivante.

Les billets pris en abonnement ou en location doivent indiquer la date pour laquelle ils sont valables et cette date doit être inscrite à la souche et au coupon de contrôle. Une feuille de location ou un plan servant uniquement à la location et indiquant les places louées doit être remis, à l'ouverture des bureaux, à l'agent de perception.

La partie du billet réservée au spectateur est annotée du numéro de la place et, au passage dans la salle, le coupon de contrôle adhérant est retenu ; les coupons doivent être classés séance tenante, par catégorie et numéro, et remis à l'agent de perception au moment de l'arrêté des comptes.

Si, après la délivrance d'un billet, un spectateur désire changer de place et que ce changement entraîne une augmentation de prix, le complément doit être constaté par la délivrance, à la caisse, d'un billet supplémentaire extrait d'un carnet numéroté, établi dans les mêmes conditions que les autres carnets et portant imprimé, tant à la souche qu'au volant et au coupon de contrôle, le montant du supplément encaissé.

Sur leur demande, les établissements peuvent être autorisés à faire usage, pour la délivrance des billets, de distributeurs automatiques, l'administration restant seule juge de l'admission des demandes et des conditions auxquelles, dans chaque espèce, est subordonnée l'autorisation, toujours révocable en cas d'abus. — *V. le 30 de l'art. 289 de l'Annexe II.*

Art. 129 Les établissements qui en font la demande peuvent être autorisés à employer des carnets journaliers, comprenant, par catégorie de places, un nombre de billets égal à celui des places susceptibles d'être occupées. — *V. le 31 de l'art. 289 de l'Annexe II.*

Les établissements qui emploient ce système de billets doivent préalablement fournir au service des douanes et droits indirects un relevé certifié présentant l'indication exacte du nombre des places disponibles.

Chaque billet destiné au spectateur doit indiquer la catégorie et le numéro de la place à laquelle il donne droit, la date d'emploi et le prix global payé par le spectateur. Ces indications sont reproduites à la souche et au coupon de contrôle.

La même série journalière ne peut être simultanément utilisée pour la location et pour le bureau lorsque les prix de location et de bureau sont différents.

Les entrées gratuites ou à tarifs réduits ne peuvent donner lieu à la délivrance de billets extraits de carnets journaliers affectés aux places à tarif normal. Pour ces entrées, on doit utiliser des billets extraits de carnets ordinaires, à série ininterrompue, établis dans les conditions fixées à l'article 128. Il en est de même des billets de petite recette et des suppléments provenant de changements de places. Les billets qui, dans la série journalière, correspondent aux places gratuites ou à tarif réduit doivent être annulés et rester attachés à la souche. Après chaque représentation, les carnets afférents à cette représentation, qui doivent renfermer les billets non délivrés, sont enliassés et conservés par l'établissement.

Art. 130 Les fabricants, importateurs ou marchands de tous carnets ou rouleaux de billets d'entrée, dans les salles de spectacles, sont tenus de souscrire une déclaration de profession au bureau de déclarations de la direction générale des douanes et droits indirects.

Les fabricants, importateurs ou marchands doivent, en outre, déclarer leurs livraisons de billets aux exploitants de spectacles, en précisant :

1° Les noms et adresses des établissements destinataires ;

2° Le nombre des billets livrés par catégorie de places, ainsi que les numéros et la couleur des billets et le prix des places.

Ces déclarations doivent être adressées, dans les huit jours qui suivent les livraisons, à la direction régionale des douanes et droits indirects dans le ressort de laquelle sont exploitées les salles de spectacles. Les livraisons faites à des exploitants de spectacles forains doivent être signalées à la direction régionale des douanes et droits indirects des départements où se trouve situé le domicile de ces derniers, ainsi qu'à la direction régionale de ceux où s'exerce leur activité.

Les exploitants de spectacles qui achètent leurs billets directement à l'étranger sont considérés comme importateurs et astreints aux déclarations prévues au présent article.

Les billets doivent porter l'indication lisible, soit du nom du fabricant, s'ils sont fabriqués en France, soit du nom de l'importateur, s'ils proviennent de l'étranger.

Tout défaut de déclaration ou toute fausse déclaration rend le vendeur ou l'importateur passible des droits afférents aux recettes représentées par les billets non déclarés.

Les exploitants de spectacles sont comptables des recettes représentées par les billets reçus.

Art. 131 Pour les représentations occasionnelles, il ne peut être dérogé aux règles fixées par les articles 127, 128 et 129 qu'après autorisation du service. Dans tous les cas, il doit être fait déclaration des cartes d'entrée établies. Celles-ci doivent porter un numéro, le prix d'entrée et être munies d'un coupon détachable portant imprimés le numéro de la carte, la catégorie et le prix. Ce coupon doit être retenu au contrôle. L'impôt est perçu d'après le nombre de cartes émises, déduction faite des cartes invendues qui sont représentées.

Art. 131 A I. – Pour l'application de l'article 1564 du code général des impôts, les organisateurs de réunions sportives et les exploitants de spectacles peuvent utiliser un système informatisé dont les caractéristiques et le fonctionnement doivent être conformes au cahier des charges annexé à l'arrêté du 8 mars 1993 modifié. – *V. Arr. du 5 oct. 2007, Ann. (JO 7 oct.).*

II. – Les organisateurs de réunions sportives et les exploitants de spectacles mentionnés à l'article 1559 du code précité déclarent à la direction régionale des douanes et droits indirects dont ils dépendent la mise en service d'un système informatisé de billetterie au plus tard lors de la première utilisation.

Cette déclaration comporte les mentions suivantes nécessaires à la description du système utilisé :

1° Le nom du logiciel, son numéro de version et, le cas échéant, sa date ainsi que l'identité de son concepteur ou le nom du progiciel ;

2° La configuration informatique ;

3° Le système d'exploitation ;

4° Le langage de programmation ;

5° Le format du logiciel source ou exécutable fourni par le concepteur ;

6° La description fonctionnelle du système ;

7° Le fac-similé d'un billet, d'un coupon de gestion et d'un relevé de recettes ;

8° Les sécurités mises en œuvre.

Les modifications du système sont portées à la connaissance de l'administration dans les conditions prévues au premier alinéa.

Art. 132 à 136 *Abrogés.*

6° ASSIETTE ET CONTRÔLE DE LA TAXE

Art. 137 Les différents documents – coupons de contrôle, souches de carnets, feuilles de location, d'abonnement, bordereaux des guichets de vente et plan sur lequel sont marquées les places occupées – établis par les organisateurs et entrepreneurs de spectacles pour l'assiette et le contrôle de l'impôt doivent être conservés par la direction de l'établissement jusqu'à la vérification des comptes par un agent des douanes et droits indirects sans que ce délai puisse excéder celui prévu au premier alinéa du I de l'article L. 102 B du livre des procédures fiscales. – *V. aussi LPF, art. A. 26-1 et A. 26-2.*

Art. 138 Dans tous les établissements de spectacles ainsi que pour toute séance isolée ou représentation exceptionnelle, l'impôt est perçu à l'entrée, en même temps que le prix des places, par les soins des directeurs ou des organisateurs. Il doit être versé par eux dans les conditions fixées à l'article 1565 *bis* du code général des impôts.

Art. 139 Les directeurs des établissements ou organisateurs de réunions et séances exceptionnelles peuvent, sur leur demande, et si l'administration y acquiesce, être dispensés des formalités et obligations prévues aux articles 127 à 129, moyennant paiement d'une somme forfaitaire payable par abonnement.

Le taux de l'abonnement est fixé d'après une évaluation de la recette moyenne correspondant au nombre de places, en se basant soit sur les résultats d'une période pendant laquelle les entrées ont été contrôlées, soit sur un comptage des spectateurs opéré par épreuve, soit, enfin, sur le nombre des places occupées, de manière à se rapprocher le plus possible des constatations faites à l'effectif.

Le montant de l'abonnement est payable d'avance et par mois ou par décade, au gré de l'administration.

Les établissements abonnés restent soumis à la surveillance du service.

Art. 140 *Abrogé.*

7° FERMETURE DES ÉTABLISSEMENTS

Art. 141 La fermeture des établissements ordonnée par l'administration dans les conditions prévues à l'article 1822 du code général des impôts doit être effective vingt-quatre heures après la notification qui en est faite aux intéressés par écrit, et la réouverture ne peut avoir lieu qu'après les délais fixés par l'administration.

II DISPOSITIONS PARTICULIÈRES

Art. 142 à 144 *Abrogés.*

1° ÉTABLISSEMENTS OÙ IL EST D'USAGE DE CONSOMMER

Art. 145 Les établissements visés au troisième alinéa de l'article 1563 du code général des impôts sont tenus de se conformer aux prescriptions des articles 127, 128 et 129 lorsqu'un prix spécial est établi pour l'entrée. Ils doivent, en outre, dans tous les cas, qu'il y ait prix d'entrée ou non, tenir un livre spécial, aux pages numérotées, sur lequel ils inscrivent jour par jour, sans blanc ni rature :

a) Chacune des ventes de denrées, marchandises, fournitures ou objets qu'ils ont effectuées ;

b) Chacun des prix encaissés de location, vestiaire, programme, etc. La tenue du livre spécial peut ne pas être prescrite lorsque la comptabilité habituelle de l'établissement permet de déterminer le chiffre des recettes dont il s'agit.

Le produit de la vente des billets d'entrée ne doit pas être confondu avec les autres recettes de l'établissement qui toutes, sans exception et de quelque nature qu'elles soient, doivent figurer sur le registre dont il est question ci-dessus. Les opérations au comptant pour des valeurs inférieures à 0,02 € peuvent être inscrites globalement à la fin de chaque journée. Le montant des opérations inscrites sur le livre est totalisé chaque jour et arrêté par décade ou par mois.

Les directeurs, entrepreneurs, propriétaires des établissements visés au premier alinéa sont tenus en outre de remettre dans les trois premiers jours de chaque décade ou de chaque mois, selon les indications qu'ils reçoivent à ce sujet, au service des douanes et droits indirects qui leur est désigné un relevé indiquant le montant total du chiffre des recettes effectuées pendant la décade ou le mois précédent et d'acquitter, dans les trois jours suivants, le montant de l'impôt exigible d'après ce relevé. — *V. LPF, art. A 85-1, en ce qui concerne les obligations relatives au contrôle.*

Le livre prescrit par le présent article, ainsi que la comptabilité et les pièces justificatives des opérations effectuées par les établissements soumis à l'impôt, doivent être conservés par l'établissement selon les modalités prévues au I de l'article L. 102 B du Livre des procédures fiscales pour être représentés à tout vérificateur.

Lorsqu'un établissement, par la nature de ses opérations, n'est assujetti à l'impôt sur les spectacles qu'à certaines heures de la journée, ou pour des salles spéciales, les opérations à inscrire sur le carnet visé au présent article ne concernent que celles pour lesquelles l'impôt sur les spectacles est dû. Il y a lieu d'opérer dans ce cas comme s'il y avait, en fait, deux établissements entièrement distincts.

2° CERCLES ET MAISONS DE JEUX

Art. 146 Dans les cercles et maisons de jeux, la déclaration visée à l'article 124 doit être souscrite selon les formes prescrites par le service des douanes et droits indirects.

Les signataires doivent, notamment, prendre le double engagement de se soumettre à toutes les mesures de contrôle prévues par les articles 149 à 154 et par l'article A. 26-3 du Livre des procédures fiscales et de permettre aux agents du service des douanes et droits indirects l'accès des établissements qu'ils dirigent comme s'ils étaient membres du cercle ou clients de la maison de jeux.

Art. 147 Les recettes annuelles passibles de l'impôt au titre *(Abrogé par Arr. du 3 juin 2015)* ***« de la quatrième catégorie prévue au I »*** de l'article 1560 du code général des impôts sont constituées par le montant intégral de la cagnotte des jeux d'argent pratiqués dans les cercles et maisons de jeux.

La cagnotte comprend le produit brut des jeux, c'est-à-dire le montant total des droits fixes, prélèvements ou redevances encaissés au profit du cercle ou de la maison de jeux à l'occasion des parties engagées.

Art. 148 *Transféré ss. art. A. 26-3 et A. 26-4 LPF.*

Art. 149 Les cercles et maisons de jeux sont astreints à la tenue d'une comptabilité générale en partie double selon les règles habituelles propres à la comptabilité commerciale.

Les uns et les autres sont, en outre, astreints, en ce qui concerne les jeux, à la tenue d'une comptabilité annexe, conformément aux prescriptions indiquées dans les articles suivants.

Le tarif de la cagnotte, avec l'indication des règles adoptées dans les différents cas, doit être affiché en permanence et d'une manière très apparente dans les salles de jeux des cercles et maisons de jeux.

Art. 150 Dans les cercles autorisés à pratiquer les jeux de hasard, tout prélèvement au profit de la cagnotte est assuré, en présence des joueurs, par un croupier ou un employé spécialement chargé d'opérer les encaissements.

Ce prélèvement donne lieu à la délivrance de tickets d'égale somme, détachés séance tenante et ostensiblement d'un carnet à souches, par un préposé du cercle qui en proclame en même temps le montant à haute voix.

S'il s'agit d'un prélèvement sur le montant soit des enjeux, soit du bénéfice réalisé, les billets sont, après leur délivrance, laissés quelques instants sur la table de jeux de manière que les joueurs puissent les contrôler. Les tickets sont déchirés dès que le coup est réglé et avant que le coup suivant ait été engagé.

Dans le cas où, au contraire, ils servent à constater le paiement d'un droit dû par le joueur, les tickets sont remis à celui-ci. Ils sont alors annotés au verso du jour et de l'heure de leur délivrance et doivent être représentés à toute réquisition.

Chaque table de jeux porte un numéro d'ordre indiqué d'une façon apparente et inaltérable ; elle est en outre munie d'une caisse ou boîte tirelire dans laquelle le croupier introduit les sommes prélevées ou les jetons représentatifs de ces sommes.

Toute cagnotte est fermée par un système à trois clés différentes confiées l'une au croupier, l'autre au caissier, la troisième à un membre du comité de direction des jeux.

Chaque cagnotte est ouverte autant de fois que le préposé qui la détient quitte la table de jeux momentanément ou définitivement.

A chaque table de jeux sont affectés :

Un carnet de tickets portant sur la couverture le numéro de la table et la date de la mise en service ;

Un carnet d'enregistrement des tickets et des cagnottes conforme au modèle prescrit par l'administration. Ce carnet est folioté par le service des douanes et droits indirects.

Au début de la séance le caissier indique sur le carnet d'enregistrement des tickets et des cagnottes le jour, la date et l'heure, ainsi que le numéro du dernier ticket détaché.

Les comptes de jeux sont tenus par table. A chaque ouverture de la cagnotte, le caissier inscrit au carnet sus-indiqué les numéros et la valeur des tickets détachés depuis l'ouverture précédente.

La somme contenue dans la cagnotte est comptée en présence des trois personnes qui en détiennent les clés. Si cette somme représente une valeur supérieure à celle des tickets détachés, la différence est mentionnée et retenue pour l'imposition.

La somme imposable est reportée en lettres avec indication de l'heure à laquelle le relevé est effectué.

Chaque inscription est certifiée conforme par les signatures du croupier, du caissier et du membre du comité des jeux.

Les inscriptions sont totalisées en fin de journée et le total obtenu pour chaque carnet d'enregistrement des cagnottes est reporté à un registre récapitulatif du produit brut des jeux.

Le registre récapitulatif du produit brut des jeux, coté et paraphé par le service des douanes et droits indirects, est additionné en fin de journée de façon à faire apparaître, d'une part la recette totale de la journée, d'autre part le montant total du produit brut des jeux depuis le début de l'année.

Le total des recettes réalisées depuis le début de l'année est reporté chaque jour en toutes lettres et certifié exact par le caissier.

Le 1er de chaque mois, la recette totale du mois écoulé est déclarée par le président du comité de direction des jeux ou son suppléant, conformément aux prescriptions de l'administration. – *Effet pour les recettes perçues à compter du 1er févr. 1991.*

Art. 151 Pendant les séances, les préposés restent personnellement responsables concurremment avec le cercle, tant du détachement régulier des tickets que de la concordance entre les sommes trouvées dans la cagnotte et la valeur des tickets détachés.

Dans le cas où, sans qu'il y ait soupçon de fraude, un préposé n'arriverait pas à assurer d'une manière satisfaisante cette concordance nécessaire, le service des douanes et droits indirects mettrait le comité de direction des jeux en demeure de ne pas maintenir ce préposé dans son emploi. – *V. le 32 de l'art. 289 de l'Annexe II.*

Les carnets de tickets, dont le modèle est fixé par l'administration, sont commandés par les cercles et maisons de jeu aux imprimeurs déclarés auprès de la direction générale des douanes et droits indirects, qui les livrent directement et les facturent selon un tarif librement négocié.

A chaque livraison de carnets, les imprimeurs sont tenus de transmettre au bureau de douane territorialement compétent un état reprenant les quantités de carnets livrés ainsi que leur valeur faciale. La notification des livraisons est faite sur une déclaration dont le modèle est fixé par l'administration.

Après réception, les cercles et les maisons de jeux présentent les carnets de tickets au bureau de douane territorialement compétent, accompagnés de la facture acquittée, pour contrôle des livraisons et apposition du cachet du bureau. Les souches des carnets de tickets de jeux sont restituées au service des douanes de rattachement au fur et à mesure de leur épuisement.

En cas de perte ou de détournement, le cercle serait tenu, sans préjudice des sanctions prévues par les articles 1791 et 1797 du code général des impôts, de payer l'impôt correspondant à la valeur nominale des tickets non représentés.

A titre d'essai, les cercles peuvent être autorisés à remplacer les carnets de tickets par un appareil enregistreur présentant des garanties au moins équivalentes à celles qui résultent de l'emploi des carnets.

L'autorisation dont il s'agit est toujours révocable par simple décision du directeur régional des douanes et droits indirects.

A partir d'une date qui sera fixée par arrêté, le prélèvement opéré dans les cercles, au profit de la cagnotte des jeux dits de cercle, sera enregistré sur une machine automatique de l'un des modèles agréés par le ministre de l'intérieur et le ministre de l'économie et des finances.

Les modalités d'emploi de la machine enregistreuse feront l'objet d'un arrêté ultérieur. – *V. Arr. du 18 déc. 2014 (JO 20 déc.), en vigueur le 1er avr. 2015.*

Art. 152 Dans les cercles où sont pratiqués seulement les jeux de commerce et dans les maisons de jeux où la cagnotte est alimentée soit par un droit fixe exigé de chaque joueur avant la partie, soit par une rémunération quelconque perçue à l'occasion des jeux, un plan de la salle est affiché près de la caisse, avec indication de l'emplacement des tables de jeux et du numéro d'ordre attribué à chacune d'elles.

Le tarif de la cagnotte dont l'affichage est prévu à l'article 149 est complété par l'indication de la durée des séances et du montant du droit fixe ou de la rémunération correspondante.

Le préposé chargé des encaissements est muni d'un carnet relié conforme au modèle prescrit par l'administration et destiné à l'enregistrement des sommes perçues par séance et par table de jeux.

Le carnet ci-dessus est folioté et paraphé par le service des douanes et droits indirects.

Au début de chaque séance, le préposé chargé de la tenue du carnet d'enregistrement de la cagnotte indique sur celui-ci le jour, la date et l'heure ainsi que son nom.

Les encaissements sont totalisés en fin de journée. La recette est inscrite en chiffres et en lettres et certifiée exacte par le caissier.

Le 1er de chaque mois, la recette totale du mois écoulé est déclarée par le président du comité de direction des jeux ou son suppléant, conformément aux prescriptions de l'administration.

En outre, dans les cercles désignés au présent article et dans les maisons de jeux, des abonnements peuvent être consentis selon les conditions prévues par l'article 1700 du code général des impôts pour la généralité des établissements de spectacles.

Art. 153 Tous les carnets et registres visés aux articles 149 à 152 sont servis sans rature ni surcharge. — *V. égal. LPF, art. A. 26-4.*

Art. 154 L'impôt exigible doit être acquitté auprès du service des douanes et droits indirects dans le délai maximal de deux jours à dater de l'établissement de la déclaration des recettes mensuelles.

Art. 155 *Abrogé.*

CHAPITRE III ENREGISTREMENT

SECTION UNIQUE TAXE LOCALE D'ÉQUIPEMENT

Art. 155 A et 155 B *Devenus sans objet (Arr. du 3 juin 2013).*

TITRE PREMIER *BIS* IMPOSITIONS DÉPARTEMENTALES

CHAPITRE PREMIER

Art. 155 C *Devenu sans objet (Arr. du 30 mars 2007).*

Art. 155 D à 155 I *Abrogés par Arr. du 13 mai 2005, art. 1er-B, à compter du 1er mars 2005.*

Art. 155 J *Abrogé par Arr. du 19 déc. 2001, art. 1er-4°.*

Art. 155 K à 155 M *Devenus sans objet (Arr. du 30 mars 2007).*

CHAPITRE II DROITS D'ENREGISTREMENT ET TAXE DE PUBLICITÉ FONCIÈRE

RÉDUCTION ACCORDÉE DANS LE CADRE DE L'AMÉNAGEMENT DU TERRITOIRE

Art. 155 N *Devenu sans objet (Arr. du 7 avr. 2009).*

Art. 155 O à 155 Q *Abrogés par L. n° 89-936 du 29 déc. 1989, art. 20-I et II.*

TITRE PREMIER *TER* IMPOSITIONS PERÇUES AU PROFIT DES RÉGIONS ET DE LA COLLECTIVITÉ TERRITORIALE DE CORSE *(Arr. du 9 juin 2011).*

CHAPITRE UNIQUE IMPÔTS DIRECTS ET TAXES ASSIMILÉES

(Arr. du 9 juin 2011)

SECTION PREMIÈRE IMPOSITION FORFAITAIRE SUR LES ENTREPRISES DE RÉSEAUX

Art. 155-0 *bis* I. — Pour l'application des dispositions de l'article 1599 *quater* A du code général des impôts, sont considérés comme des engins à moteur thermique les matériels roulants qui circulent par combustion d'un carburant, à l'exclusion des engins mentionnés au III.

Les matériels roulants relevant de cette catégorie comprennent :

1° Les automoteurs qui sont les caisses motrices d'une rame indéformable à moteur thermique et qui peuvent accueillir des voyageurs ;

2° Les locomotives Diesel qui sont des matériels roulants à moteur thermique et qui ne peuvent pas accueillir de voyageurs ;

3° Les remorques pour le transport de voyageurs qui sont des matériels roulants non motorisés et qui peuvent accueillir des voyageurs ;

4° Pour le décompte des matériels roulants d'une rame indéformable à moteur thermique composée de trois caisses motrices ou plus, la rame est réputée composée de deux automoteurs et d'autant de remorques que de caisses, motorisées ou non motorisées, composant la rame et pouvant accueillir des voyageurs, à l'exclusion des deux caisses réputées automoteurs *[automotrices]*.

II. – Pour l'application des dispositions de l'article 1599 *quater* A du code général des impôts, sont considérés comme des engins à moteur électrique les matériels roulants qui peuvent circuler par captation de courant électrique.

Les matériels roulants relevant de cette catégorie comprennent :

1° S'agissant des matériels à grande vitesse, les matériels pouvant circuler à une vitesse égale ou supérieure à 250 kilomètres par heure. Ces matériels sont composés des motrices et des remorques suivantes :

a. les motrices de matériel à grande vitesse qui sont des matériels roulants à moteur électrique, utilisés sur les lignes à grande vitesse et qui ne peuvent pas accueillir de voyageurs ;

b. les remorques pour le transport de voyageurs à grande vitesse qui sont des matériels roulants non motorisés, utilisés sur les lignes à grande vitesse et qui peuvent accueillir des voyageurs ;

c. pour le décompte des matériels roulants d'une rame indéformable à grande vitesse composée de trois caisses motrices ou plus, la rame est réputée composée de deux motrices et d'autant de remorques que de caisses, motorisées ou non motorisées, composant la rame et pouvant accueillir des voyageurs, à l'exclusion des deux caisses réputées motrices ;

2° S'agissant des matériels tram-trains, les matériels dont la vitesse limite est inférieure ou égale à 100 kilomètres par heure et qui sont aptes à circuler à la fois sur le réseau ferré national et sur les voies urbaines et ce dans le respect des différentes réglementations. Ces matériels sont composés des automotrices et des remorques suivantes :

a) Les automotrices tram-trains qui sont des caisses motrices d'une rame indéformable apte à circuler à la fois sur le réseau ferré national et sur les voies urbaines et qui peuvent accueillir des voyageurs ;

b) Les remorques tram-trains qui sont des matériels roulants non motorisés, aptes à circuler à la fois sur le réseau ferré national et sur les voies urbaines et qui peuvent accueillir des voyageurs ;

c) Pour le décompte des matériels roulants d'une rame indéformable de type tram-train composée de trois caisses motrices ou plus, la rame est réputée composée de deux automotrices tram-trains et d'autant de remorques que de caisses, motorisées ou non motorisées, composant la rame et pouvant accueillir des voyageurs, à l'exclusion des deux caisses réputées automotrices.

3° S'agissant des autres matériels :

a. les automotrices qui sont les caisses motrices d'une rame indéformable à moteur électrique et qui peuvent accueillir des voyageurs ;

b. les locomotives électriques qui sont des matériels roulants à moteur électrique et qui ne peuvent pas accueillir de voyageurs ;

c. les remorques pour le transport de voyageurs qui sont des matériels roulants non motorisés et qui peuvent accueillir des voyageurs ;

d. pour le décompte des matériels roulants d'une rame indéformable à moteur électrique composée de trois caisses motrices ou plus, la rame est réputée composée de deux automotrices et d'autant de remorques que de caisses, motorisées ou non motorisées, composant la rame et pouvant accueillir des voyageurs, à l'exclusion des deux caisses réputées automotrices.

III. – Un engin à moteur pouvant circuler à la fois par combustion d'un carburant et par captation de courant électrique est considéré comme un engin à moteur électrique au sens du II.

SECTION II AUTRES IMPOSITIONS

Art. 155 *bis* *Devenu sans objet (Arr. du 30 mars 2007).*

Art. 155 *bis* A *(Arr. du 21 juill. 2014)* Les tarifs de la taxe minière sur l'or en Guyane applicables en *(Arr. du 15 oct. 2021, art. 1er)* « 2021 *[ancienne rédaction : 2020]* » sont fixés comme suit :

CATÉGORIES D'ENTREPRISES	PAR KILOGRAMME EXTRAIT (en euros)
Petites et moyennes entreprises	*(Arr. du 15 oct. 2021, art. 1er-2o)* « 498,06 *[ancienne rédaction : 400,35]* »
Autres entreprises	*(Arr. du 15 oct. 2021, art. 1er-2o)* « 996,13 *[ancienne rédaction : 800,71]* »

Ces tarifs ne comprennent pas les frais d'assiette et de recouvrement, de dégrèvement et de non-valeurs perçus au profit de l'État en application des articles 1641 et 1644 du code général des impôts.

TITRE DEUXIÈME IMPOSITIONS PERÇUES AU PROFIT DE CERTAINS ÉTABLISSEMENTS PUBLICS ET D'ORGANISMES DIVERS

CHAPITRE 0I IMPÔTS DIRECTS ET TAXES ASSIMILÉES

(Arr. du 9 juin 2011)

SECTION UNIQUE IMPOSITION FORFAITAIRE SUR LES ENTREPRISES DE RÉSEAUX

Art. 155-00 *ter* Pour l'application des dispositions de l'article 1599 *quater* A *bis* du code général des impôts, sont considérés comme des matériels roulants relevant de la catégorie "Métro" les matériels roulants de transport public guidé de voyageurs qui circulent sur les lignes mentionnées aux articles L. 2142-1 et L. 2142-2 du code des transports et dont la captation d'énergie s'effectue par un système d'alimentation électrique par troisième rail.

Les matériels roulants relevant de cette catégorie comprennent :

1° Les motrices qui sont les caisses motrices d'une rame et qui accueillent des voyageurs ;

2° Les remorques qui sont des caisses non motorisées et qui accueillent des voyageurs.

Art. 155-0 *ter* Pour l'application des dispositions de l'article 1599 *quater* A *bis* du code général des impôts, sont considérés comme des matériels roulants relevant de la catégorie "Autre matériel" les matériels roulants de transport public ferroviaire de voyageurs qui circulent sur les lignes du réseau express régional mentionnées à l'article L. 2142-3 du code des transports.

Les matériels roulants relevant de cette catégorie comprennent :

1° Les automotrices et motrices qui sont les caisses motrices d'une rame et qui accueillent des voyageurs ;

2° Les remorques qui sont des caisses non motorisées et qui accueillent des voyageurs.

CHAPITRE PREMIER **DROITS D'ENREGISTREMENT**

1° TAXE COMPLÉMENTAIRE À LA TAXE LOCALE D'ÉQUIPEMENT AU PROFIT DE LA RÉGION D'ÎLE-DE-FRANCE

Art. 155 *ter* *Devenu sans objet (Arr. du 3 juin 2013).*

2° TAXE SUR LES CERTIFICATS D'IMMATRICULATION DES VÉHICULES

Art. 155 *quater* *(Devenu sans objet, Arr. du 9 juin 2021, art. 1er)* ***Pour l'application de la réduction de tarif édictée par le 3 du I de l'article 1599 sexdecies du code général des impôts, l'âge du véhicule se détermine à partir de la date de la première mise en circulation.***

Art. 155 *quinquies* et 155 *sexies* *[...]*

CHAPITRE II **TAXES SUR LE CHIFFRE D'AFFAIRES ET TAXES DIVERSES ASSIMILÉES**

SECTION PREMIÈRE

Art. 156 *à* 157 *bis* *Sans objet (L. nº 90-1168 du 29 déc. 1990, art. 36-II).*

SECTION PREMIÈRE *BIS* **TAXE SUR LES NUISANCES SONORES AÉRIENNES**

(Arr. du 15 mai 2020, art. 1er)

Art. 158 **Les tarifs de la taxe sur les nuisances sonores aériennes applicables sur les aérodromes relevant du premier groupe sont les suivants :**

AÉRODROMES	TARIF (en euros)
Nantes-Atlantique	27,00
Paris-Charles de Gaulle	21,90
Paris-Le Bourget	71,90
Paris-Orly	26,60

Tableau mod. par Arr. du 24 mars 2022, art. 1er, en vigueur le 1er avr. 2022. Jusqu'au 31 mars 2022, les tarifs ci-dessus étaient fixés, respectivement, à 20,00 €, 27,00 €, 40,00 € et 33,00 €.

Art. 159 **Le tarif de la taxe sur les nuisances sonores aériennes applicable sur l'aérodrome relevant du deuxième groupe est le suivant :**

AÉRODROME	TARIF (en euros)
Toulouse-Blagnac	17,70

Tableau mod. par Arr. du 24 mars 2022, art. 2, en vigueur le 1er avr. 2022. Jusqu'au 31 mars 2022, le tarif ci-dessus était fixé à 20,00 €.

Art. 159 *bis* *(Arr. du 15 mai 2020, art. 2, en vigueur le 1er juill. 2020)* **Les tarifs de la taxe sur les nuisances sonores aériennes applicables sur les aérodromes relevant du troisième groupe sont les suivants :**

AÉRODROMES	TARIF (en euros)
Beauvais-Tillé	2,90
Bordeaux-Mérignac	4,45

AÉRODROMES	TARIF (en euros)
Lille-Lesquin	0,80
Lyon-Saint-Exupéry	0,00
Marseille-Provence	4,70
Nice-Côte d'Azur	0,50

Tableau mod. par Arr. du 24 mars 2022, art. 3, en vigueur le 1er avr. 2022. Jusqu'au 31 mars 2022, les tarifs ci-dessus étaient fixés, respectivement, à 4,50 €, 5,00 €, 1,00 €, 0,00 €, 6,00 € et 0,50 €.

Ancien art. 159 *bis* ***Les tarifs de la taxe sur les nuisances sonores aériennes applicables sur les aérodromes relevant du troisième groupe sont les suivants :***

AÉRODROMES	*TARIF (en euros)*
Beauvais-Tillé	*4,50*
Bordeaux-Mérignac	*5,00*
Lyon-Saint-Exupéry	*0,00*
Marseille-Provence	*6,00*
Nice-Côte d'Azur	*0,50*

SECTION II ÉTABLISSEMENT DE GESTION DU FONDS DE FINANCEMENT DES PRESTATIONS SOCIALES DES NON-SALARIÉS AGRICOLES

I

Art. 159 *bis* *Devenu sans objet (L. n° 90-1168 du 29 déc. 1990, art. 36-II).*

II

Art. 159 *ter* *Abrogé par L. n° 66-10 du 6 janv. 1966, art. 52-1.*

III *HUILES*

Art. 159 *ter* A *(Devenu sans objet, Arr. du 22 juill. 2020, art. 1er)* ***« 1. La taxe instituée par l'article 1609 vicies du code général des impôts est perçue en fonction du poids net des huiles végétales et des huiles d'animaux marins incorporées.***

« Les taux de la taxe sont fixés par arrêté. *— V. Arr. du 26 nov. 2015 (JO 4 déc.), Arr. du 4 déc. 2017 (JO 28 déc.) et Arr. du 19 déc. 2018, art. 1er (JO 22 déc.).*

« Le tarif forfaitaire dont le redevable peut demander l'application est fixé par arrêté. » *— Al. 2 et 3, V. note ss. art. 1609 vicies-II. — V. Arr. du 25 avr. 2012 (JO 8 mai).*

2. *Disjoint.*

SECTION III TAXE D'ABATTAGE

Art. 159 A *Devenu sans objet (Arr. du 26 mai 2014).*

SECTION IV FONDS NATIONAL DU LIVRE

I *REDEVANCE SUR L'ÉDITION DES OUVRAGES DE LIBRAIRIE*

Art. 159 AA *(Devenu sans objet, Arr. du 6 juin 2019, art. 1er)* ***Tout éditeur désirant bénéficier de l'exonération prévue à l'article 1609 duodecies du code général des impôts doit adresser au fonds national du livre, pour chaque ouvrage, une demande en double exemplaire***

comportant tous renseignements sur la nature, le contenu et les caractéristiques de la publication et accompagnée, le cas échéant, d'un exemplaire de l'ouvrage.

Art. 159 AB et 159 AC *Devenus sans objet (L. n° 81-1160 du 30 déc. 1981, art. 24).*

II ***TAXE SUR LES APPAREILS DE REPRODUCTION OU D'IMPRESSION***

Art. 159 AD *(Devenu sans objet, Arr. du 6 juin 2019, art. 1er)* ***Sont soumis à la taxe prévue à l'article 1609 terdecies du code général des impôts les appareils mentionnés ci-après :***

Machines à imprimer offset de 500 kilogrammes ou moins ;

Duplicateurs ;

Appareils de photocopie à système optique ou par contact et appareils de thermocopie ;

Appareils de reprographie de bureautique utilisant la technique du scanner ;

Imprimantes, machines à copier et machines à télécopier, même combinées entre elles.

Art. 159 AE *et* 159 AF *Abrogés.*

SECTION V

Art. 159 AG *Devenu sans objet.*

SECTIONS VI *et* VII

Art. 159 AH à 159 AL *Abrogés ou périmés.*

SECTION VII *BIS*

Art. 159 AL *bis* *Périmé.*

Art. 159 AL *ter* *Abrogé.*

Art. 159 AL *quater* *Disjoint.*

SECTION VII *QUATER* A

Art. 159 AL *quater*-0 A à 159 AL *quater*-0 C *Devenus sans objet.*

SECTION VII *QUINQUIES*

Art. 159 AL *quater* A *Disjoint.*

SECTION VIII

Art. 159 AL *quinquies* *Abrogé.*

SECTION IX

Art. 159 AL *sexies* *Disjoint.*

SECTION X

Art. 159 AL *septies* *Périmé [Décr. n° 2002-1545 du 24 déc. 2002, art. 3 et 14].*

CHAPITRE II *BIS*

SECTION PREMIÈRE

Art. 159 AM *Périmé.*

SECTION PREMIÈRE *BIS*

Art. 159 AM *bis* *Devenu sans objet (L. n° 2001-692 du 1er août 2001, art. 63).*

SECTION II

Art. 159 AN *Dispositions périmées.*

SECTION III

Art. 159 AO *Transféré ss. l'art. 159 AL quater 0A (Décr. n° 91-470 du 14 mai 1991, art. 1er).*

SECTIONS IV *à* VII

Art. 159 AP à 159 AS *Dispositions devenues sans objet (L. n° 2002-1576 du 30 déc. 2002, art. 43 C et I).*

SECTION VIII

Art. 159 AT *Périmé.*

CHAPITRE III ENREGISTREMENT

SECTION PREMIÈRE FONDS NATIONAL DE GARANTIE DES CALAMITÉS AGRICOLES

Art. 159 *quater* **Sont considérés comme véhicules utilitaires affectés aux exploitations agricoles et à ce titre assujettis à la contribution additionnelle prévue au 1° de l'article L. 361-2 du code rural et de la pêche maritime cité à l'article 1635 *bis* A du code général des impôts les véhicules suivants assurés par des exploitants agricoles :**

a) Les camions, camionnettes et fourgonnettes ;

b) Tous les engins automoteurs agricoles par destination, tels que tracteurs, moissonneuses-batteuses, récolteuses et leurs remorques, y compris les engins visés aux 5 à 5.4 de l'article R. 311-1 du code de la route ;

c) Tout autre véhicule automoteur, à l'exception des voitures particulières, utilisé pour les besoins, même partiels, des exploitations agricoles.

SECTION PREMIÈRE *BIS*

Art. 159 *quater* A *Devenu sans objet (L. n° 2001-1276 du 28 déc. 2001, art. 68-I).*

SECTION II FONDS DE GARANTIE CONTRE LES ACCIDENTS DE CIRCULATION ET DE CHASSE

Art. 159 *quinquies* *Devenu sans objet (Décr. n° 94-1023 du 29 nov. 1994, art. 8).*

A ACCIDENTS DE LA CIRCULATION

Art. 159 *quinquies*-0 A *Devenu sans objet (Arr. du 26 mai 2014).*

B ACCIDENTS DE CHASSE

Art. 159 *quinquies*-0 B *Devenu sans objet (Arr. du 26 mai 2014).*

SECTION II *BIS*

Art. 159 *quinquies* A *Disjoint.*

Art. 159 *quinquies* B et 159 *quinquies* C *[...].*

SECTION III

Art. 159 *sexies* *Devenu sans objet (L. n° 88-1149 du 23 déc. 1988, art. 38).*

SECTIONS III *BIS* et III *TER*

Art. 159 *sexies* A et 159 *sexies* B *Transférés ss. art. 155 ter et 155 quater.*

SECTION IV

Art. 159 *septies* *Devenu sans objet (L. n° 2001-629 du 1er août 2001, art. 63).*

SECTION V TAXE AU PROFIT DE L'ASSOCIATION POUR LE DÉVELOPPEMENT DE LA FORMATION PROFESSIONNELLE DANS LES TRANSPORTS ROUTIERS

Art. 159 *octies* Les montants de la taxe fiscale instituée par l'article 1635 *bis* M du code général des impôts sont fixés ainsi qu'il suit :

DÉSIGNATION	À COMPTER du 1er février 2008 (en euros) *(Arr. 7 avr. 2009)*
Véhicules automobiles de transport de marchandises dont le PTAC (1) est inférieur ou égal à 3,5 tonnes ...	34
Véhicules automobiles de transport de marchandises dont le PTAC (1) est supérieur à 3,5 tonnes et inférieur à 6 tonnes	127
Véhicules automobiles de transport de marchandises dont le PTAC (1) est égal ou supérieur à 6 tonnes et inférieur à 11 tonnes	189
Véhicules automobiles de transport de marchandises dont le PTAC (1) est égal ou supérieur à 11 tonnes, tracteurs routiers et véhicules de transport en commun de personnes	285
(1) PTAC : poids total autorisé en charge.	

TITRE TROISIÈME FRAIS D'ASSIETTE ET DE PERCEPTION

SECTION PREMIÈRE

Art. 160 *et* 161 *Abrogés.*

SECTION PREMIÈRE *BIS*

Art. 161 A *Devenu sans objet (L. n° 87-1060 du 30 déc. 1987, art. 42).*

Art. 161 B *Devenu sans objet (L. n° 88-1149 du 23 déc. 1988, art. 38).*

SECTION II CONTRIBUTIONS INDIRECTES

Art. 162 *à* 164 *Devenus sans objet (L. n° 2002-1575 du 30 déc. 2002, art. 27-I-1°).*

Art. 164 A *à* 164 F *Abrogés.*

TROISIÈME PARTIE DISPOSITIONS COMMUNES AUX PREMIÈRE ET DEUXIÈME PARTIES

TITRE PREMIER ASSIETTE ET CONTRÔLE DE L'IMPÔT

CHAPITRE PREMIER OBLIGATIONS DÉCLARATIVES

I *DÉCLARATION DES COMPTES FINANCIERS*

Art. 164 FA *Abrogé.*

Art. 164 FB Les déclarations d'ouverture, de clôture ou de modification des comptes de toute nature *(Arr. du 24 avr. 2020, art. 1er-1° et 2, en vigueur le 1er sept. 2020)* « et de location des coffres-forts » incombent aux établissements, personnes physiques ou

morales, qui gèrent ces comptes *(Arr. du 24 avr. 2020, art. 1er-1o et 2, en vigueur le 1er sept. 2020)* **« ou ces coffres** *(Arr. du 9 juin 2021, art. 1er)* **« - » forts ».**

Art. 164 FC **Les déclarations d'ouverture, de modification et de clôture de comptes** *(Arr. du 24 avr. 2020, art. 1er-2o et 2, en vigueur le 1er sept. 2020)* **« et de location des coffres-forts » visées à l'article 164 FB sont souscrites dans le mois suivant les ouvertures,** *(Arr. du 24 avr. 2020, art. 1er-2o et 2, en vigueur le 1er sept. 2020)* **« modifications, clôtures et locations de coffres-forts** *[ancienne rédaction : modifications et clôtures]* **» de comptes auprès du centre de services informatiques compétent.**

Ces déclarations font l'objet d'un traitement informatisé dénommé gestion du fichier des comptes bancaires et assimilés qui recense, sur support magnétique, l'existence des comptes *(Arr. du 24 avr. 2020, art. 1er-2o et 2, en vigueur le 1er sept. 2020)* **« et coffres-forts » et porte à la connaissance des services autorisés à consulter ce fichier la liste de ceux qui sont détenus par une ou plusieurs personnes physiques ou morales.**

Les informations ne peuvent être communiquées qu'aux personnes ou organismes bénéficiant d'une habilitation législative et dans la limite fixée par la loi. *(Arr. du 23 août 2021, art. 1er)* **« Des mesures techniques et organisationnelles en garantissent la sécurité, conformément à des normes technologiques élevées. »** *— V. Arr. du 14 juin 1982 (JO 21 juin), mod.*

Art. 164 FD **Les déclarations d'ouverture, de clôture ou de modification de comptes** *(Arr. du 24 avr. 2020, art. 1er-3o et 2, en vigueur le 1er sept. 2020)* **« et de location des coffres-forts » mentionnées à l'article 164 FB doivent comporter les renseignements suivants :**

La désignation et l'adresse de l'établissement qui gère ce compte *(Arr. du 24 avr. 2020, art. 1er-3o et 2, en vigueur le 1er sept. 2020)* **« ou ce coffre-fort » ;**

La désignation du compte *(Arr. du 24 avr. 2020, art. 1er-3o et 2, en vigueur le 1er sept. 2020)* **« ou du coffre-fort », numéro,** *(Arr. du 24 avr. 2020, art. 1er-3o et 2, en vigueur le 1er sept. 2020)* **« et, s'il est différent, numéro international de compte bancaire (IBAN), » nature, type et caractéristique ;**

La date et la nature de l'opération déclarée : ouverture, clôture ou modification en distinguant si celle-ci affecte le compte lui-même ou son titulaire *(Arr. du 24 avr. 2020, art. 1er-3o et 2, en vigueur le 1er sept. 2020)* **« , éventuelle durée de location pour les coffres-forts » ;**

Pour les personnes physiques, *(Arr. du 24 avr. 2020, art. 1er-3o et 2, en vigueur le 1er sept. 2020)* **« les » nom, prénoms, date et lieu de naissance, adresse** *(Arr. du 24 avr. 2020, art. 1er-3o et 2, en vigueur le 1er sept. 2020)* **« du titulaire du compte ou du locataire du coffre-fort ainsi que les nom, prénom, date et lieu de naissance du ou des mandataires, le cas échéant » et numéro SIRET pour les entrepreneurs individuels ;**

Par dérogation à l'alinéa précédent, pour les comptes bancaires exclusivement dédiés à une activité professionnelle à laquelle un patrimoine a été affecté par une personne conformément au statut d'entrepreneur individuel à responsabilité limitée défini aux articles L. 526-6 à L. 526-21 du code de commerce, la dénomination de l'EIRL, la forme juridique et l'adresse à laquelle l'activité professionnelle est exercée ;

Pour les personnes morales, leur dénomination ou raison sociale, forme juridique, numéro SIRET et adresse *(Arr. du 24 avr. 2020, art. 1er-3o et 2, en vigueur le 1er sept. 2020)* **« ainsi que les nom, prénom, date et lieu de naissance du mandataire ou des mandataires et de leur bénéficiaire effectif au sens de l'article L. 561-2-2 du code monétaire et financier ».**

Art. 164 FE *(Arr. du 26 oct. 2020, art. 4)* **Le droit d'accès aux informations figurant dans l'application FICOBA concernant le titulaire des comptes spécifiés s'exerce auprès de la Commission nationale de l'informatique et des libertés dans les conditions prévues à l'article 118 de la loi du 6 janvier 1978 modifiée, en application de l'article 52 de la loi précitée, sauf en ce qui concerne les données d'identification pour lequel le droit d'accès s'exerce auprès du centre des finances publiques du domicile du requérant.**

Ancien art. 164 FE *Le droit d'accès aux informations figurant dans l'application FICOBA2 concernant le titulaire des comptes spécifiés s'exerce auprès de la Commission nationale de l'informatique et des libertés dans les conditions de l'article 42 de la loi no 78-17 du 6 janvier 1978*

modifiée relative à l'informatique, aux fichiers et aux libertés, sauf en ce qui concerne les données d'identification pour lesquelles le droit d'accès s'exerce auprès du** (Arr. du 2 mai 2017, art. 1er) **« centre des finances publiques** [ancienne rédaction : service des impôts] **» du domicile du requérant.

Le droit de rectification prévu par la loi du 6 janvier 1978 précitée s'exerce, en application de son article 40, par le titulaire ou ses héritiers auprès du** (Arr. du 2 mai 2017, art. 1er) **« centre des finances publiques** [ancienne rédaction : service des impôts] **» du domicile du requérant.

Lorsque des rectifications sont à apporter, la demande doit ensuite en être faite par le titulaire ou ses héritiers directement auprès de l'établissement bancaire de domiciliation du ou des comptes concernés.

En outre, le droit d'opposition prévu par l'article 38 de la loi du 6 janvier 1978 précitée ne s'applique pas au traitement mis en œuvre.

Art. 164 FF Il est satisfait aux obligations résultant des articles 164 FB à 164 FE par la communication des informations sur un support informatique ou par réseau ou par l'envoi des imprimés normalisés.

Les établissements n'assurant pas la gestion des comptes à l'aide d'un moyen informatique de traitement de l'information sont tenus d'en informer le centre de services informatiques avant tout envoi de déclaration à ce service.

Art. 164 FG *(Arr. du 23 août 2021, art. 1er)* **Le responsable du traitement mentionné à l'article 2 veille à ce que chaque accès aux informations traitées soit consigné dans des journaux. Ces journaux mentionnent notamment les éléments suivants :**

1° La référence du compte consulté ;

2° La date et l'heure de la requête ou de la recherche ;

3° Les données utilisées pour lancer la requête ou la recherche ;

4° L'identifiant unique des résultats ;

5° Le nom de l'autorité compétente désignée qui a consulté le registre ;

6° L'identifiant d'utilisateur unique de l'agent qui a introduit la requête ou qui a effectué la recherche et, le cas échéant, celui de l'agent qui a ordonné la requête ou la recherche et, lorsqu'il est connu, l'identifiant d'utilisateur unique du destinataire des résultats de la requête ou de la recherche.

Ils sont uniquement utilisés pour veiller à la protection des informations qui font l'objet du traitement, notamment pour vérifier la recevabilité des demandes de consultation et la sécurité des données.

Ils sont protégés par des mesures appropriées empêchant tout accès non autorisé et sont effacés cinq ans après leur création, sauf s'ils sont nécessaires à des procédures de contrôle en cours.

Ils sont régulièrement contrôlés par le délégué à la protection des données.

Lorsque l'autorité mentionnée à l'article 8 de la loi n° 78-17 du 6 janvier 1978 relative à l'informatique, aux fichiers et aux libertés en fait la demande, ces journaux sont mis à sa disposition.

Le responsable du traitement mentionné ci-dessus prend des mesures appropriées pour que ses agents soient informés du droit de l'Union et des dispositions nationales applicables, notamment des règles applicables en matière de protection des données. Des programmes de formation spécialisés sont mis en œuvre à cette fin.

II

Art. 164 F *bis* à 164 F *novodecies* *Abrogés par L. n° 87-1060 du 30 déc. 1987, art. 97.*

CHAPITRE 01 *BIS* DÉCLARATION DES TRANSFERTS DE SOMMES, TITRES OU VALEURS

Art. 164 F *novodecies* A et 164 F *novodecies* B *Devenus sans objet (Arr. du 26 mai 2014).*

CHAPITRE PREMIER *BIS* CENTRES DE GESTION AGRÉÉS ET ASSOCIATIONS AGRÉÉES DES PROFESSIONS LIBÉRALES

SECTION PREMIÈRE CENTRES DE GESTION AGRÉÉS

Art. 164 F *vicies* *Devenu sans objet (Arr. du 7 avr. 2009).*

Art. 164 F *unvicies* *Disjoint par Arr. du 7 avr. 2009.*

TENUE DES DOCUMENTS COMPTABLES DE CERTAINS ADHÉRENTS

Art. 164 F *unvicies* A à 164 F *unvicies* F *Périmés (Arr. du 26 mai 2014).*

SECTION II ASSOCIATIONS AGRÉÉES DES PROFESSIONS LIBÉRALES

Art. 164 F *duovicies* *Devenu sans objet (Arr. du 7 avr. 2009).*

Art. 164 F *tervicies* *Disjoint par Arr. du 7 avr. 2009.*

Art. 164 F *quatervicies* Pour la mise en œuvre des recommandations relatives à l'amélioration de la connaissance des revenus, adressées à leurs ressortissants par les ordres et organisations professionnels de membres de professions libérales en application de l'article 1649 *quater* F du code général des impôts et du 4° de l'article 371 Y de l'annexe II audit code, la clientèle est informée de la qualité d'adhérent d'une association agréée et de ses conséquences en ce qui concerne l'acceptation du paiement des honoraires par chèque, selon les modalités fixées par les articles 164 F *quinvicies* et 164 F *sexvicies.*

Art. 164 F *quinvicies* L'information mentionnée à l'article 164 F *quatervicies* s'opère conjointement :

1° Par apposition dans les locaux destinés à recevoir la clientèle d'un document écrit reproduisant de façon apparente le texte mentionné à l'article 164 F *sexvicies* et placé de manière à pouvoir être lu sans difficulté par cette clientèle ;

2° Par la reproduction dans la correspondance et sur les documents professionnels adressés ou remis aux clients du texte mentionné au 1° ; ce texte doit être placé de manière à n'engendrer aucune confusion avec les titres ou qualités universitaires et professionnels.

Art. 164 F *sexvicies* Le texte prévu à l'article 164 F *quinvicies* est le suivant :

1° Pour le document mentionné au 1° de cet article : "Membre d'une association agréée par l'administration fiscale, acceptant à ce titre le règlement des honoraires par chèques libellés à son nom" ;

2° Pour les correspondances et documents mentionnés au 2° du même article : "Membre d'une association agréée. — Le règlement des honoraires par chèque est accepté".

Art. 164 F *septvicies* Les associations agréées portent les obligations définies aux articles 164 F *quinvicies* et 164 F *sexvicies* à la connaissance de leurs adhérents. Ceux-ci doivent informer par écrit l'association agréée à laquelle ils appartiennent de l'exécution de ces obligations. L'association s'assure de leur exécution effective.

Art. 164 F *octovicies* En cas de manquements graves et répétés aux dispositions des articles 164 F *quinvicies* et 164 F *septvicies*, les adhérents sont exclus de l'association dans les conditions prévues à l'article 8 du décret n° 77-1519 du 31 décembre 1977.

CHAPITRE II

Art. 164 G à 164 K *Devenus sans objet (Arr. du 7 oct. 1986).*

CHAPITRE III RÉGLEMENTATION DES MACHINES À TIMBRER

I DÉFINITIONS

Art. 164 L Sont désignés :

1° Sous le nom de "machines à timbrer", des appareils imprimant des empreintes qui sont destinées :

a) Soit à attester le paiement ou la constatation des droits en remplacement de timbres, vignettes ou marques dont l'apposition est prévue par la réglementation fiscale ;

b) Soit à valider les titres de mouvement et autres documents de circulation prévus par les réglementations dont l'application incombe à l'administration des impôts ;

2° Sous le nom de "supports", les actes et écrits de toute nature soumis à un droit de timbre, les documents destinés à légitimer le transport des produits dont la circulation est soumise à formalité ainsi que les éléments de conditionnement de ces produits, sur lesquels sont apposées les empreintes des machines à timbrer.

II *DISPOSITIONS COMMUNES*

A CARACTÉRISTIQUES GÉNÉRALES DES MACHINES

Art. 164 M Sauf autorisation de l'administration des impôts, les empreintes fournies par les machines à timbrer doivent comporter exclusivement, selon une disposition fixée pour chacun des usages autorisés :

a) L'emblème, timbre, sigle ou indicatif officiel prescrit ;

b) Le numéro d'immatriculation attribué à chaque machine dans les conditions prévues à l'article 164 O ;

c) Ainsi qu'une ou plusieurs mentions particulières à l'usage autorisé et défini à l'article 71.

Les empreintes doivent être nettes, sans maculatures d'aucune sorte, ne jamais être recouvertes par des mentions manuscrites ou imprimées ni ne jamais recouvrir de telles mentions.

Elles doivent être imprimées à l'encre indélébile de couleur rouge.

Art. 164 N Les machines à timbrer doivent être munies d'un dispositif de comptage qui totalise les valeurs exprimées par les empreintes apposées ou le nombre de ces empreintes.

Les organes de fonctionnement, à l'exception du dispositif de commande et d'encrage des clichés, doivent être enveloppés par un capot permettant d'assurer l'inviolabilité de ces organes par scellement.

Art. 164 O Chaque machine à timbrer doit porter un numéro d'immatriculation composé du numéro d'identification du département d'utilisation et d'un numéro d'ordre qui est pris dans une série continue pour chaque catégorie d'usage autorisé et attribué par le service des impôts territorialement compétent.

Tout changement dans les conditions d'utilisation de la machine ou de l'identité de l'usager entraîne l'attribution d'un nouveau numéro d'immatriculation.

En cas de remplacement d'une machine à timbrer par une autre destinée au même usage, la seconde machine reçoit le numéro d'immatriculation attribué à la première.

B AGRÉMENT DES MACHINES

Art. 164 P La fabrication de machines à timbrer est subordonnée à l'agrément préalable d'un prototype par le ministre de l'économie, des finances et de l'industrie. Cet agrément ne peut être sollicité que par un constructeur installé en France, sauf dérogation résultant de conventions internationales.

Art. 164 Q La demande d'agrément est adressée à l'administration des impôts.

Elle doit spécifier l'usage auquel l'appareil est destiné et être accompagnée d'une notice sur ses caractéristiques techniques.

L'administration statue sur la demande présentée après examen de l'appareil opéré conjointement par un de ses représentants et par le conseil technique de l'administration des postes et télécommunications.

Art. 164 R L'agrément est accordé au constructeur à titre personnel et les droits et avantages qui s'y attachent ne peuvent être cédés sans l'accord de l'administration des impôts.

Art. 164 S Un spécimen complet de chaque machine agréée avec ses accessoires est déposé par le constructeur au centre national d'études des télécommunications (groupement de mécanisation postale). Ce dépôt ne donne lieu à aucune rétribution.

C AUTORISATION DE PLACER LES MACHINES CHEZ LES USAGERS

Art. 164 T La concession au constructeur du droit de placer chez les usagers des machines du modèle agréé fait l'objet d'une convention entre ce constructeur et l'administration des impôts.

Art. 164 U Le concessionnaire est tenu de satisfaire à toutes les demandes de location de machines formulées par les usagers de la France métropolitaine dûment autorisés à utiliser ces appareils par le service des impôts.

Aucune remise ou indemnité n'est allouée par l'administration au concessionnaire.

Art. 164 V Les machines à timbrer mises à la disposition des usagers autorisés doivent appartenir en toute propriété au concessionnaire et ne peuvent être vendues.

La mise à disposition est opérée exclusivement sous la forme d'un contrat de location qui est obligatoirement assorti de clauses par lesquelles le concessionnaire s'engage à assurer l'entretien du matériel pendant toute la durée de la location.

L'administration des impôts n'intervient pas dans la fixation des prix de location et des tarifs d'entretien, mais ces prix et tarifs doivent lui être notifiés par le concessionnaire à titre d'information.

D OBLIGATIONS DES CONCESSIONNAIRES

Art. 164 W Les machines à timbrer mises en service doivent, dans toutes leurs parties, être conformes aux modèles agréés dans les conditions prévues à l'article 164 Q.

Art. 164 X Les concessionnaires sont tenus :

1° Au cours de la fabrication des appareils, de se soumettre à toutes vérifications et à tous essais auxquels l'administration des postes et télécommunications jugera utile de procéder, notamment en vue de s'assurer de la qualité des métaux employés dans la construction des divers organes de la machine (cémentation, trempe, etc.) ;

2° Avant la mise en service des machines à timbrer chez les usagers, de les présenter au centre national d'études des télécommunications (groupement de mécanisation postale) pour y être individuellement essayées, éprouvées et poinçonnées. Ce contrôle est signalé par l'apposition sur chaque machine d'un poinçon dateur (mois et année) conférant autorisation de mise en service dans un délai de deux ans. Il donne lieu à la délivrance d'un billet de contrôle sur lequel est indiqué le chiffre marqué par le compteur.

Art. 164 Y Toute installation d'une machine à timbrer chez un usager ne peut avoir lieu qu'en présence d'un représentant du service des impôts, qui doit procéder au scellement du capot.

Art. 164 Z Le concessionnaire doit immédiatement réparer sur place ou retirer du lieu d'utilisation et remplacer toute machine à timbrer dont le fonctionnement lui est signalé comme défectueux.

La réparation ou le retrait et le remplacement ne peuvent avoir lieu qu'en présence du représentant du service des impôts qualifié pour procéder aux opérations de descellement et de scellement du capot des appareils.

Avant d'être mise à nouveau en service, toute machine à timbrer ayant donné lieu à un retrait en vue de sa réparation est soumise aux formalités prévues au 2° de l'article 164 X.

Art. 164 AA Le concessionnaire doit, sans pouvoir prétendre à une indemnité, procéder à l'enlèvement de toute machine à timbrer lorsque l'administration des impôts, lui notifie la révocation de l'autorisation accordée à un usager. Les dispositions du deuxième alinéa de l'article 164 Z sont alors applicables.

Art. 164 AB Sauf autorisation du ministre de l'économie, des finances et de l'industrie, *il est interdit* au concessionnaire :

De livrer des machines ou des pièces détachées en remplacement ou non d'une pièce déjà fournie ;

D'effectuer ou de tolérer que soient effectuées chez l'usager des réparations ayant une répercussion sur le mécanisme des compteurs ou sur celui d'apposition des empreintes ;

De modifier d'une façon quelconque une des parties du mécanisme des machines en service.

Art. 164 AC En cas de modification soit des modèles d'empreintes, soit des tarifs des droits qu'elles expriment, les concessionnaires sont tenus d'effectuer gratuitement le remplacement des clichés pour mettre les empreintes en concordance avec les nouveaux modèles ou les nouveaux tarifs.

E OBLIGATIONS DES USAGERS

Art. 164 AD Toute personne qui désire être autorisée à utiliser les machines à timbrer doit présenter toutes garanties d'honorabilité et de solvabilité et en faire la demande, sur un imprimé fourni par l'administration, au directeur des services fiscaux du lieu d'utilisation, en précisant l'usage auquel est destinée la machine. Une demande séparée est faite par appareil.

Elle doit prendre l'engagement de ne pas rétrocéder à des tiers la ou les machines louées, de ne les utiliser que pour son usage personnel, de ne pas déplacer ou laisser déplacer les machines en dehors de l'établissement désigné comme lieu d'exploitation sans l'autorisation du service des impôts et de se conformer strictement aux règles en vigueur. – *V. le 34 de l'art. 289 de l'Annexe II.*

Art. 164 AD *bis* Toute personne qui désire être autorisée à utiliser les machines à timbrer, au titre d'une activité soumise à la réglementation des contributions indirectes, et donc n'entrant pas dans le champ d'application de l'article 164 AD, doit présenter toutes garanties d'honorabilité et de solvabilité et en faire la demande, sur un imprimé fourni par l'administration, auprès de l'administration des douanes et droits indirects en précisant l'usage auquel est destinée la machine.

Une demande séparée est faite par appareil. Le demandeur doit être titulaire de l'autorisation d'employer des empreintes visée à l'article 54 A. Il doit prendre l'engagement de ne pas rétrocéder à des tiers la ou les machines louées, de ne les utiliser que pour son usage personnel ou des personnes agréées et nommément désignées auprès de l'administration, de ne pas déplacer ou laisser déplacer les machines en dehors de l'établissement désigné comme lieu d'exploitation sans l'autorisation du service des douanes et droits indirects et de se conformer strictement aux règles en vigueur.

En cas d'utilisation collective, la personne autorisée doit être en mesure pour chaque utilisateur de préciser les nom, adresse et numéro d'agrément mentionné au quatrième alinéa de l'article 286 K de l'annexe II au code général des impôts, à toute réquisition du service. Ces utilisateurs doivent être titulaires de l'autorisation mentionnée à l'article 54 A pour employer les empreintes fiscales de la machine à timbrer mentionnée au premier alinéa du présent article à laquelle ils sont rattachés.

Art. 164 AE Seront réputés non timbrés :

Les supports dont les empreintes auront été apposées par une personne non autorisée ;

Les supports qui auront été revêtus d'empreintes ne correspondant pas à leur nature ou à la quotité des droits dont ils sont passibles.

Art. 164 AF L'usager ne peut effectuer ni tolérer que soient effectuées à une machine en service des réparations ayant une répercussion sur le mécanisme des compteurs ou sur celui d'apposition des empreintes. Il ne peut modifier, d'une façon quelconque, aucune des parties du mécanisme ou des compteurs.

Toute machine dont le fonctionnement est devenu défectueux doit être immédiatement signalée au concessionnaire ainsi qu'au service des impôts dont dépend l'usager.

Art. 164 AG Toutes facilités doivent être données aux agents des impôts pour inspecter les machines et pour relever les chiffres des compteurs, sans avis préalable.

A cette occasion, les agents visés au premier alinéa ont la faculté de procéder au descellement et au rescellement des machines. Ces interventions, qui ne doivent comporter aucune action sur les mécanismes ou organes des appareils, peuvent être opérées en l'absence d'un représentant du concessionnaire, la présence de l'utilisateur étant toujours requise.

F RESPONSABILITÉS ATTACHÉES À L'UTILISATION DES MACHINES

Art. 164 AH Les concessionnaires sont pécuniairement responsables vis-à-vis de l'administration des impôts du paiement des droits ou des pénalités exigibles sur les timbres fiscaux obtenus par les usagers à l'aide de machines à timbrer mises ou maintenues à leur disposition dans des conditions irrégulières.

Il en est de même, ainsi que, le cas échéant, à l'égard des cautions des utilisateurs, en cas de timbres fiscaux obtenus irrégulièrement par les usagers, par suite d'une imperfection technique de la machine.

Art. 164 AI Les concessionnaires sont garants envers l'administration des impôts des dommages qui pourraient résulter de toutes revendications, saisies, poursuites ou autres actions judiciaires ou extrajudiciaires susceptibles d'être intentées par des tiers pour quelque motif que ce soit, notamment pour contrefaçon des systèmes d'organes ou pièces brevetées.

Art. 164 AJ Les locataires de machines à timbrer sont pécuniairement responsables vis-à-vis de l'administration des impôts du paiement des droits ou des pénalités exigibles sur les timbres fiscaux qui auraient été obtenus par des tiers auxquels ils auraient rétrocédé ces machines.

Art. 164 AK L'administration n'encourt aucune responsabilité en raison du non-fonctionnement ou du fonctionnement défectueux des machines louées par les concessionnaires.

G RÉVOCATION DES AUTORISATIONS DE PLACER ET D'UTILISER LES MACHINES

Art. 164 AL Les autorisations accordées aux concessionnaires et aux usagers sont révocables de plein droit et sans indemnité :

1° Dans le cas de modifications apportées à la législation entraînant la suppression de l'usage des machines ;

2° Dans le cas de manquement grave à l'une des obligations indiquées aux articles 164 U à 164 AG ;

3° Dans le cas d'infraction fiscale de caractère frauduleux commise par les bénéficiaires.

H COMPÉTENCE DES AGENTS DE LA DIRECTION GÉNÉRALE DES DOUANES ET DES DROITS INDIRECTS

Art. 164 AL *bis* Les dispositions prévues aux articles 164 L à 164 AL relatives aux machines à timbrer peuvent également être mises en œuvre par les agents de la direction générale des douanes et droits indirects.

CHAPITRE IV SYSTÈMES INFORMATIQUES SÉCURISÉS ET MATÉRIELS DE VALIDATION

Art. 164 AM I. Au sens du 3° *[du I]* de l'article 111 H *ter* de l'annexe III au code général des impôts :

1° Sont désignés sous le nom de "système informatique sécurisé" tous les matériels et logiciels informatiques permettant de mémoriser les données saisies par l'entremise de ces matériels ou logiciels, d'imprimer ces données et d'apposer, le cas échéant, par une fonction spécifique de ces matériels ou logiciels ou un logiciel distinct des empreintes ou marques destinées à :

a) Valider, au sens de l'article 111 H *ter* précité, les documents, bons et certificats de circulation ou de livraison prévus par les réglementations dont l'application incombe à l'administration des douanes et droits indirects ;

b) Attester le paiement ou la constatation des droits en remplacement des vignettes ou timbres fiscaux représentatifs des droits indirects, dont l'apposition est prévue par la réglementation fiscale.

2° Sont désignés sous le nom de : "matériel mécanique" tous les matériels et machines imprimant de façon mécanique ou digitale des empreintes destinées à valider les documents d'accompagnement mentionnés à l'article 302 M du code général des impôts et les documents, bons et certificats ou à attester le paiement ou la constatation des droits.

II. Sauf autorisation de l'administration des douanes et droits indirects, les marques fiscales ou empreintes fournies par les matériels ou logiciels désignés au I doivent :

1° Pour la validation des documents d'accompagnement mentionnés aux I et II de l'article 302 M du code général des impôts, bons et certificats de circulation ou de livraison, et pour les attestations de paiement ou de constatation des droits sur ces documents, comporter :

a) L'effigie de la République française conforme au modèle agréé par l'administration des douanes ;

b) La mention : *"Direction générale des douanes et droits indirects"* ou *"DGDDI"* et *"République française"* ou *"RF"* entourant l'effigie ;

c) Le numéro d'identification attribué à chaque matériel dans les conditions prévues à l'article 164 AO ;

d) Une lettre identifiant le constructeur ou le concepteur du matériel ;

e) L'identification de l'utilisateur de la marque fiscale, par son numéro d'agrément attribué par l'administration ;

f) Un numéro particulier affecté à chaque empreinte dans une série séquentielle continue ;

g) La date et l'heure d'enlèvement ou de réception des produits exprimés en chiffres ;

h) Pour les systèmes informatiques sécurisés ou les logiciels de validation et d'attestation des paiements, une signature électronique ou numérique et une ou plusieurs informations complémentaires, correspondant à chacun des usages autorisés, à savoir selon les cas l'indication :

1. Des mots : "en droits acquittés", "en exonération" ou "en suspension de droits" pour distinguer les livraisons et réceptions effectuées en droits acquittés, en exonération ou en suspension des droits ;

2. Des mots : "titre émis par anticipation" pour distinguer, dans la comptabilité matières, les opérations effectuées sous couvert d'un document d'accompagnement prévalidé par l'entrepositaire agréé effectuant l'enlèvement des produits.

Les empreintes doivent être nettes, sans maculatures d'aucune sorte, ne jamais être recouvertes par des mentions manuscrites ou imprimées et ne jamais recouvrir de telles mentions.

2° Pour l'impression des marques fiscales représentatives des droits indirects attestant du paiement ou de la constatation des droits indirects sur les vins, autres boissons fermentées, produits intermédiaires et alcools, sur les capsules ou sur les dispositifs de fermeture, non récupérables, des récipients contenant ces boissons, ces marques fiscales doivent comporter :

a) Une couronne d'un diamètre d'au moins 23 millimètres dont le fond est conforme aux normes déterminées par arrêté du ministre chargé du budget et dans laquelle sont inscrits :

1. Le numéro d'agrément du responsable de l'embouteillage, selon les normes déterminées par arrêté du ministre chargé du budget ;

2. La marque d'identification du fabricant des capsules, selon les normes déterminées par arrêté du ministre chargé du budget.

b) Au centre de la couronne, une surface circulaire d'un diamètre de 15 millimètres dont le fond est conforme aux normes déterminées par arrêté du ministre chargé du budget et dans laquelle sont inscrits :

1. L'effigie de la République française conforme au modèle agréé par l'administration des douanes ;

2. La mention : *"Direction générale des douanes et droits indirects"* ou *"DGDDI"* et *"République française"* ou *"RF"* entourant l'effigie ;

3. Le volume net exprimé en centilitres et, pour les alcools, le titre alcoométrique volumique du liquide renfermé dans les bouteilles ou récipients sur lesquels sont apposées les capsules.

Un spécimen des marques fiscales ou empreintes agréées par l'administration est déposé auprès du service des douanes et droits indirects.

Art. 164 AN Les matériels doivent intégrer un dispositif permettant de comptabiliser les opérations et doivent être assortis de procédures permettant de garantir l'authenticité des données et des marques fiscales apposées.

Pour les matériels informatiques, des protections doivent être mises en place de façon que seules les personnes chargées de la maintenance ou de la réparation, les utilisateurs dûment habilités et les agents des douanes et droits indirects aient accès au système. Divers degrés d'habilitation peuvent être définis en tant que de besoin en fonction de la qualité de l'utilisateur.

Ces habilitations ne sont pas opposables aux agents des douanes et droits indirects qui ont accès à toutes les informations.

Le système informatique doit comporter des procédures de sauvegarde et de reprise afin de préserver les informations en cas d'incident, de panne, de dysfonctionnement d'un élément du système ou de rupture de l'alimentation électrique.

Art. 164 AO Chaque matériel désigné à l'article 164 AM doit être identifié par un numéro composé du numéro d'identification d'entrepositaire agréé mentionné au quatrième alinéa de l'article 286 K de l'annexe II au code général des impôts, ou du numéro d'identification des opérateurs mentionnés à l'article 111 H *ter* de l'annexe III au même code, complété par une lettre majuscule attribuée par le service des douanes et droits indirects.

Art. 164 AP I. – Les matériels mécaniques et les logiciels de validation et d'attestation des paiements désignés à l'article 164 AM sont subordonnés à l'agrément préalable par l'administration d'un prototype ou, le cas échéant, des matériels eux-mêmes.

II. – Cet agrément ne peut être sollicité que par un fournisseur installé en France ou dans la Communauté européenne, sauf dérogation résultant de conventions internationales.

III. – La mise en place ou l'installation des matériels ou logiciels chez les utilisateurs est soumise à autorisation du directeur régional des douanes compétent pour le lieu d'utilisation.

Tout changement de l'identité de l'utilisateur entraîne l'attribution d'un nouveau numéro d'immatriculation.

En cas de remplacement d'un matériel ou d'un logiciel par un autre destiné au même usage, le second matériel ou logiciel reçoit le numéro d'identification attribué au premier.

Art. 164 AQ I. – La demande d'agrément prévue à l'article 164 AP est adressée à l'administration des douanes et droits indirects. Elle doit spécifier l'usage auquel le matériel ou le logiciel est destiné et être accompagnée d'une notice sur ses caractéristiques techniques.

L'administration statue sur la demande présentée après examen du matériel ou du logiciel.

II. – L'agrément est accordé au fournisseur à titre personnel et les droits et avantages qui s'y rattachent ne peuvent être cédés sans l'accord de l'administration des douanes et droits indirects.

III. – Un spécimen complet de chaque matériel ou logiciel agréé avec ses accessoires est déposé par le fournisseur auprès de l'administration des douanes et droits indirects. Ce dépôt ne donne lieu à aucune rétribution.

Art. 164 AR I. – L'agrément prévu à l'article 164 AP n'est accordé que si le fournisseur s'engage aux obligations suivantes :

a) Ne placer que des matériels ou des logiciels des modèles agréés ;

b) N'effectuer le placement que sur la base de l'autorisation du directeur régional des douanes et droits indirects accordée aux utilisateurs des matériels ou des logiciels en application des dispositions de l'article 164 AU ;

c) Utiliser les matériels ou les logiciels affectés à son usage suivant les mêmes règles ;

d) Satisfaire à toutes les demandes de location de matériels ou logiciels formulées par les usagers de la France métropolitaine et des départements d'outre-mer dûment autorisés à utiliser ces matériels ou logiciels par le service des douanes et droits indirects.

II. – Les matériels ou logiciels mis à la disposition des usagers autorisés doivent appartenir en toute propriété au fournisseur et ne peuvent être vendus.

La mise à disposition est opérée exclusivement, sous la forme d'un contrat de location qui est obligatoirement assorti de clauses par lesquelles le fournisseur s'engage à assurer l'entretien du matériel pendant toute la durée de la location.

Cette obligation de location ne s'applique pas aux matériels ou logiciels destinés au timbrage des capsules représentatives des droits d'accises et aux matériels ou logiciels utilisés par les fournisseurs agréés mentionnés au 1 de l'article 565 du code général des impôts pour la validation des documents d'accompagnement mentionnés au II de l'article 302 M dudit code.

Art. 164 AS I. – Les matériels ou logiciels mis en service doivent, dans toutes leurs parties, être conformes aux modèles agréés dans les conditions prévues à l'article 164 AQ.

II. – Les fournisseurs sont tenus :

a) De soumettre les matériels ou logiciels à toutes vérifications et à tous essais auxquels l'administration jugera utile de procéder ;

b) Avant la mise en service des matériels ou logiciels chez les usagers, de les essayer, de les éprouver et de les poinçonner. Ce contrôle est signalé par l'apposition sur chaque machine d'un poinçon dateur (mois et année) conférant autorisation de mise en service. Il donne lieu à la délivrance d'un billet de contrôle sur lequel est indiqué le ou les chiffres marqués par le compteur.

III. – Les matériels mécaniques installés chez un usager doivent être scellés par le fournisseur, afin de rendre inaccessibles les éléments constituant le dispositif de validation ou d'apposition de l'empreinte ou de la vignette. Toute installation, tout enlèvement et réparation des machines et matériels doivent faire l'objet d'un certificat d'intervention de la part du fournisseur. Une copie de ce document est adressée au service des douanes dont dépend l'utilisateur des machines et matériels.

Les matériels ou logiciels de validation et d'attestation des paiements intégrés ou connectés aux systèmes informatiques sécurisés doivent comporter des protections garantissant leur inviolabilité et l'unicité des empreintes et marques qu'ils apposent.

IV. – Le fournisseur doit sans délai réparer sur place ou retirer du lieu d'utilisation et remplacer toute machine dont le fonctionnement lui est signalé comme défectueux.

Avant d'être mis à nouveau en service, tout matériel ou logiciel ayant donné lieu à un retrait en vue de sa réparation est soumis aux formalités prévues aux II et III.

V. – Le fournisseur doit, sans pouvoir prétendre à une indemnité, procéder à l'enlèvement de toute machine sur demande de l'administration des douanes et droits indirects.

VI. – En cas de modification des modèles d'empreintes, les fournisseurs sont tenus d'effectuer gratuitement le remplacement des clichés pour mettre les empreintes en concordance avec les nouveaux modèles.

Art. 164 AT Le non-respect des engagements prévus aux articles 164 AR et 164 AS entraîne le retrait de l'agrément. Dans cette situation, le fournisseur doit impérativement reprendre l'ensemble des machines, matériels et logiciels mis à disposition des utilisateurs dans un délai d'un mois suivant la date de notification du retrait de l'agrément.

Art. 164 AU I. – Toute personne qui désire être autorisée à utiliser les matériels ou logiciels de validation doit présenter toutes garanties d'honorabilité et de solvabilité et en faire la demande, sur un imprimé fourni par l'administration, au directeur régional des douanes et droits indirects du lieu d'utilisation, en précisant l'usage auquel ils sont destinés. Une *demande séparée est* faite par matériel ou logiciel de validation. Le demandeur doit être titulaire de l'autorisation d'employer des empreintes mentionnée à l'article 54 A. Il doit prendre l'engagement de ne pas rétrocéder à des tiers le ou les matériels ou logiciels de validation loués, de ne les utiliser que pour son usage personnel ou des personnes agréées nommément désignées auprès de l'administration, de ne pas déplacer ou laisser déplacer les matériels ou logiciels de validation en dehors de l'établissement désigné comme lieu d'exploitation sans l'autorisation du service des douanes et droits indirects et de se conformer strictement aux règles en vigueur.

En cas d'utilisation collective, la personne autorisée doit être en mesure pour chaque utilisateur de préciser les nom, adresse et numéro d'agrément mentionné au quatrième alinéa de l'article 286 K de l'annexe II au code général des impôts, à toute réquisition du service. Ces utilisateurs doivent être titulaires de l'autorisation mentionnée à l'article 54 A pour employer les empreintes fiscales des matériels et logiciels de validation mentionnés au premier alinéa auxquels ils sont rattachés.

II. – Seront réputés non timbrés les documents et marques fiscales dont les empreintes auront été apposées par une personne non autorisée.

III. – L'usager ne peut modifier, d'une façon quelconque, aucune des parties des matériels, des logiciels, du mécanisme d'apposition des empreintes ou des compteurs. Tout matériel ou logiciel dont le fonctionnement est devenu défectueux doit être immédiatement signalé au concessionnaire ainsi qu'au service des douanes et droits indirects dont dépend l'usager.

IV. – Toutes facilités doivent être données aux agents du service des douanes et droits indirects pour inspecter les matériels ou logiciels et pour relever les chiffres des compteurs, sans avis préalable.

A cette occasion, les agents visés au premier alinéa ont la faculté de procéder, si nécessaire, au descellement et au rescellement des matériels. Ces interventions, qui ne doivent comporter aucune action sur les mécanismes ou organes des matériels ou logiciels, peuvent être opérées en l'absence d'un représentant du concessionnaire, la présence de l'utilisateur étant toujours requise.

V. – Tout usager est tenu :

a) De justifier de la mise en place d'un cautionnement garantissant le paiement des droits d'accises pour toutes les opérations validées par les empreintes ou impressions enregistrées au compteur ;

b) De satisfaire, suivant la nature des produits, aux obligations prévues par les articles 54-0 B à 54-0 BX et les articles 302 D, 302 G et 302 M à 302 P du code général des impôts et 286 L de l'annexe II audit code, dont les dispositions sont applicables aux capsules et aux marques fiscales qui ont été imprimées à l'aide des matériels ou logiciels mentionnés à l'article 164 AM.

VI. – Par dérogation à l'engagement prévu au I, les usagers sont habilités à apposer, à l'aide de leurs matériels ou logiciels, les marques fiscales sur des capsules dont ils font usage pour le compte de personnes pour lesquelles ils sont autorisés à embouteiller les vins, autres boissons fermentées, produits intermédiaires et alcools.

Art. 164 AV I. – Les fournisseurs sont pécuniairement responsables, vis-à-vis de l'administration des douanes et droits indirects, du paiement des droits ou des pénalités exigibles sur les timbres fiscaux obtenus par les usagers à l'aide de matériels ou logiciels mis ou maintenus à leur disposition dans des conditions irrégulières.

Il en est de même pour les utilisateurs et, le cas échéant, leurs cautions en cas d'apposition de timbres fiscaux obtenus irrégulièrement du fait d'une utilisation anormale ou détournée des matériels ou logiciels.

II. – Les fournisseurs sont garants envers l'administration des douanes et droits indirects, des dommages qui pourraient résulter de toutes revendications, saisies, poursuites ou autres actions judiciaires ou extrajudiciaires susceptibles d'être intentées par des tiers pour quelque motif que ce soit, notamment pour contrefaçon des systèmes d'organes ou pièces brevetées.

III. – Les locataires de matériels ou logiciels sont pécuniairement responsables, vis-à-vis de l'administration des douanes et droits indirects, du paiement des droits ou des pénalités exigibles sur les timbres fiscaux qui auraient été obtenus en cas de manquement aux dispositions du I de l'article 164 AU.

IV. – L'administration n'encourt aucune responsabilité en raison du non-fonctionnement ou du fonctionnement défectueux des matériels ou logiciels loués par les fournisseurs.

Art. 164 AW Les autorisations accordées aux fournisseurs et aux usagers, chacun pour ce qui le concerne, sont révocables de plein droit et sans indemnité :

a) Dans le cas de modifications apportées à la législation entraînant la suppression de l'usage des matériels ou logiciels ;

b) Dans le cas de manquement grave à l'une des obligations indiquées aux articles 164 AR à 164 AT ;

c) Dans le cas d'infraction fiscale de caractère frauduleux commise par les bénéficiaires.

Art. 164 AX Les matériels ou logiciels agréés avant la date de publication de l'arrêté du 22 septembre 2000 *[JO du 5 oct. 2000]*, en application des dispositions des articles 164 L à 164 AL, peuvent être remplacés par les matériels mentionnés au I de l'article 164 AM.

Art. 164 AY Les dispositions prévues aux articles 164 L à 164 AL relatives aux machines à timbrer peuvent également être mises en œuvre par les agents de la direction générale des douanes et droits indirects.

TITRE DEUXIÈME DISPOSITIONS DIVERSES

SECTION PREMIÈRE IMPÔTS DIRECTS ET TAXES ASSIMILÉES

Art. 165 1. Nonobstant toutes dispositions contraires, les établissements publics ayant un caractère industriel ou commercial sont passibles de tous les impôts directs et taxes assimilées applicables aux entreprises privées similaires.

Le même régime est appliqué à tous les organismes de l'État, des départements ou des communes ayant un caractère industriel ou commercial, s'ils bénéficient de l'autonomie financière, à l'exception, en ce qui concerne l'impôt sur les sociétés, des régies de services publics des départements, communes et syndicats de communes, qui sont exonérées de cet impôt.

2. S'ils ne bénéficient pas de l'autonomie financière, les organismes de l'État visés au 1 sont passibles de tous les impôts directs et taxes assimilées applicables aux entreprises privées similaires, à l'exception de l'impôt sur les sociétés, dont ils sont exonérés.

Art. 166 1. Les établissements publics sans caractère industriel ou commercial sont, sous réserve des dispositions du 2, passibles de l'impôt sur les sociétés dans les conditions prévues au 5 de l'article 206 du code général des impôts.

Ils sont également passibles de la taxe foncière et des taxes annexes pour les immeubles leur appartenant, ainsi que de la taxe d'habitation pour les locaux meublés qu'ils occupent.

2. Sont exceptés des dispositions du 1 les établissements publics scientifiques, d'enseignement et d'assistance.

Sont, d'autre part, exonérés de l'impôt sur les sociétés, ainsi que de la taxe foncière et des taxes annexes, les immeubles nommément désignés au 1° de l'article 1382 et au 2° de l'article 1394 du code général des impôts, à l'exception des manufactures de l'État et des arsenaux.

Art. 167 1. Sont notamment soumis au régime prévu au 1 de l'article 165 :

Voies navigables de France ;

La caisse nationale du crédit agricole ;

Les chambres de commerce et d'industrie territoriales et ports autonomes ;

Le comité national interprofessionnel des viandes ;

L'entreprise de recherches et d'activités pétrolières (ERAP) ;

Al. devenu sans objet (Arr. du 3 juin 2013).

Les régies municipales, intercommunales et départementales exploitant des services à caractère industriel et commercial ;

2. Sont notamment soumis au régime prévu au 2 de l'article 165 :

Les manufactures *nationales* ;

La Monnaie de Paris ;

Les arsenaux, poudreries et usines mécaniques de l'État.

3. Sont notamment soumis au régime prévu au 1 de l'article 166 :

L'établissement national des invalides de la marine ;

La caisse des retraites des inscrits maritimes ;

La caisse des retraites des agents du service général ;

La caisse de prévoyance des marins français ;

La caisse générale de garantie des assurances sociales ;

La caisse de retraite des ouvriers mineurs ;

La caisse de compensation pour la décentralisation de l'industrie aéronautique ;

Les chambres d'agriculture ;

Les chambres de métiers et de l'artisanat de région ;
Les sections de l'office de répartition des produits industriels ;
L'Établissement national des produits de l'agriculture et de la mer (FranceAgriMer) ;
L'office national des anciens combattants et victimes de guerre.

SECTION II

Art. 168 *Transféré ss. art. 50 quaterdecies.*

SECTION III ENREGISTREMENT, PUBLICITÉ FONCIÈRE ET TIMBRE

Art. 169 Sont assimilés, au point de vue de la perception des droits d'enregistrement et de timbre, à ceux des entreprises privées les actes passés :

1° Par les établissements publics de l'État, des régions, des départements et des communes, à l'exception des établissements publics scientifiques, d'enseignement, d'assistance et de bienfaisance ;

2° Par les régies municipales, intercommunales, départementales et régionales exploitant des services à caractère industriel ou commercial.

Art. 170 Entrent notamment dans les prévisions du deuxième alinéa du I de l'article 1040 du code général des impôts :

La Caisse des dépôts et consignations ;
L'établissement national des invalides de la marine ;
La caisse des retraites des inscrits maritimes ;
La caisse des retraites des agents du service général ;
La caisse de prévoyance des marins français ;
La caisse autonome des retraites des ouvriers mineurs ;
La caisse générale de garantie des assurances sociales ;
La caisse de compensation pour la décentralisation de l'industrie aéronautique ;
Les chambres de commerce et d'industrie territoriales et ports autonomes ;
Les chambres d'agriculture ;
Les chambres de métiers et de l'artisanat de région ;
Le comité national interprofessionnel des viandes ;
L'entreprise de recherches et d'activités pétrolières (ERAP) ;
Al. devenu sans objet (Arr. du 3 juin 2013).
Les sections de l'office central de répartition des produits industriels ;
L'office national des anciens combattants et victimes de guerre ;
Voies navigables de France ;
L'Établissement national des produits de l'agriculture et de la mer (FranceAgriMer) ;
Les offices publics de l'habitat ;
Les régies municipales, intercommunales et départementales exploitant des services à caractère industriel ou commercial.

SECTION IV DISPOSITIONS COMMUNES

Art. 170 *bis* *Abrogé.*

OCTROI DE CERTAINS AGRÉMENTS FISCAUX

Art. 170 *ter* *(Arr. du 24 avr. 2019, art. 1er et 2, applicable aux demandes de convention ou d'adhésion à des conventions existantes reçues par l'administration fiscale à compter du 1er juin 2019)* L'avis conforme prévu à l'article 795 A du code général des impôts est délivré par le directeur départemental ou, le cas échéant, régional des finances publiques du département de situation du bien.

Art. 170 *quater* *Devenu sans objet.*

Art. 170 *quinquies* Il est statué sur les demandes d'agrément présentées pour l'application de l'article 1465 du code général des impôts :

1° Par le ministre chargé du budget, après avis du comité interministériel des aides à la localisation des activités institué par l'article 1er de l'arrêté du 10 juillet 1982 :

a. pour les opérations concernant des programmes industriels prévoyant la réalisation de plus de *(Arr. du 14 mai 2019, art. 1er-1°-a)* « 15 millions d'euros d'investisse-

ments hors taxes ou engagés par une personne morale mentionnée à l'article 344-0 A de l'annexe III au code général des impôts *[ancienne rédaction : 7 600 000 € d'investissements hors taxes ou engagés par des entreprises réalisant un chiffre d'affaires supérieur à 150 000 € ou dont le capital est détenu à plus de 50 % par une entreprise dont le chiffre d'affaires consolidé dépasse 150 000 000 €]* **» ;**

***b.* pour les créations et extensions de services de direction, d'études, d'ingénierie et d'informatique ;**

***c.* pour les opérations liées à celles mentionnées aux *a* et *b* ;**

d. Abrogé.

2° Dans les autres cas, par le *(Arr. du 14 mai 2019, art. 1er-1°-b)* **« directeur départemental ou, le cas échéant, régional des finances publiques » du département au chef-lieu duquel est localisée la direction de contrôle fiscal dans le ressort de laquelle est situé l'établissement.**

Les dispositions issues de l'art. 1er de l'Arr. du 14 mai 2019 sont applicables aux demandes d'agrément reçues par l'administration fiscale à compter du 1er juin 2019.

Art. 170 *sexies* **Il est statué sur les demandes d'agrément présentées pour l'application du II de l'article 209 du code général des impôts :**

***a)* Par le ministre chargé du budget :**

1° Lorsque la demande est présentée par une société tête de groupe au sens de l'article 223 A du code général des impôts *(Arr. du 26 oct. 2015, art. 1er-1°)* **« ou par un établissement public industriel et commercial tête de groupe au sens de l'article 223 A *bis* du même code », à raison d'un déficit d'ensemble au sens de l'article 223 C ou sur une créance de report en arrière des déficits d'ensemble au sens de l'article 223 G, quel que soit leur montant ;**

(Arr. du 16 déc. 2016, art. 1er-2, applicable aux demandes d'agrément reçues par l'administration fiscale à compter du 1er janv. 2017) **« 2° Ou lorsque la demande est présentée par une personne morale mentionnée à l'article 344-0 A de l'annexe III au code général des impôts** *[ancienne rédaction : 2° Ou lorsque la demande est présentée par une entreprise réalisant un chiffre d'affaires supérieur à 150 000 000 € ou qui est détenue à plus de 50 % par une entreprise réalisant elle-même un tel chiffre d'affaires]* **; »**

3° Ou lorsque la demande porte, pour une même opération, sur des déficits dont le montant global est supérieur à *(Arr. du 14 mai 2019, art. 1er-2°)* **« 10 millions** *[ancienne rédaction : 1,5 million]* **» d'euros ;**

4° Ou lorsque l'opération présente des difficultés particulières ou est évoquée par le ministre ;

***b)* Dans les autres cas, par le directeur** *(Arr. du 26 oct. 2015, art. 1er-2°)* **« départemental ou, le cas échéant, régional des finances publiques » du département au chef-lieu duquel est localisée la direction de contrôle fiscal dans le ressort de laquelle l'entreprise a son siège.**

V. ndlr ss. art. 170 quinquies.

Art. 170 *septies* *Devenu sans objet (Ord. nº 2004-281 du 25 mars 2004, art. 5-I).*

Art. 170 *septies* A *Devenu sans objet (L. nº 90-1168 du 29 déc. 1990, art. 27-I).*

Art. 170 *septies* B *Périmé.*

Art. 170 *septies* C *Périmé.*

Art. 170 *septies* D *Devenu sans objet (L. nº 87-571 du 23 juill. 1987, art. 2-IV).*

Art. 170 *septies* E *Périmé.*

Art. 170 *septies* F **I. — Il est statué par le** *(Arr. du 14 mai 2019, art. 1er-3°-a)* **« directeur départemental ou, le cas échéant, régional des finances publiques » du département au chef-lieu duquel est localisée la direction de contrôle fiscal dans le ressort de laquelle l'entreprise a son siège sur les demandes d'agrément présentées en application de l'article 44 *septies* du code général des impôts.**

II. — Toutefois, la décision prévue au I est prise par le ministre chargé du budget :

1. Pour les opérations concernant des programmes industriels prévoyant la réalisation de plus de *(Arr. du 14 mai 2019, art. 1er-3°-b)* **« 15 millions d'euros d'investisse-**

ments hors taxes ou engagés par une personne morale mentionnée à l'article 344-0 A de l'annexe III au code général des impôts *[ancienne rédaction : 7 600 000 € d'investissements hors taxes ou engagés par des entreprises réalisant un chiffre d'affaires supérieur à 150 000 000 € ou dont le capital est détenu à plus de 50 % par une entreprise dont le chiffre d'affaires consolidé dépasse 150 000 000 €]* » ;

2. Pour les opérations présentant des difficultés particulières ou évoquées par le ministre.

V. ndlr ss. art. 170 quinquies.

Art. 170 *septies* G *Périmé (Arr. du 26 mai 2014).*

Art. 170 *septies* H Il est statué par le directeur des services fiscaux du département au chef-lieu duquel est localisée la direction de contrôle fiscal dans le ressort de laquelle est situé le siège de l'organisme sur les demandes d'agrément présentées en application du 4 de l'article 238 *bis* du code général des impôts. – *Application aux demandes présentées à compter du 1er sept. 2001.*

Art. 170 *septies* I *(Abrogé par Arr. du 15 juin 2018, art. 1er) Les agréments prévus aux II et V de l'article 156 bis du code général des impôts sont délivrés par le directeur régional des finances publiques d'Auvergne-Rhône-Alpes et du département du Rhône.*

L'agrément est délivré par le directeur général des finances publiques lorsque l'affaire est évoquée en administration centrale.

Art. 170 *octies* Les compétences attribuées aux directeurs *(Arr. du 14 mai 2019, art. 1er-4°-a)* « départementaux ou, le cas échéant, régionaux des finances publiques » du département au chef-lieu duquel est localisée une direction de contrôle fiscal par les articles 170 *quinquies* à 170 *septies* F et 170 *septies* H sont exercées pour la région d'Île-de-France par le directeur *(Arr. du 14 mai 2019, art. 1er-4°-b)* « régional des finances publiques d'Île-de-France et de Paris » et dans les départements d'outre-mer par le directeur *(Arr. du 14 mai 2019, art. 1er-4°-c)* « régional des finances publiques » territorialement compétent.

V. ndlr ss. art. 170 quinquies.

Art. 170 *nonies* *Devenu sans objet (L. n° 97-1269 du 30 déc. 1997, art. 18-II-2°, VI et VII).*

Art. 170 *decies* I. – L'agrément prévu aux II *quater* et III de l'article 217 *undecies* du code général des impôts est délivré par le directeur départemental ou le directeur régional des finances publiques du département dans lequel le programme d'investissement est réalisé lorsque son montant total n'excède pas *(Arr. du 13 janv. 2020, art. 1er-14° et 11, en vigueur le 1er févr. 2020)* « 10 millions d'euros *[ancienne rédaction : 5 millions d'euros]* », à l'exception du secteur du logement.

La décision est prise par le ministre du budget lorsque le programme d'investissement est d'un montant supérieur à *(Arr. du 13 janv. 2020, art. 1er-14° et 11)* « 10 millions d'euros *[ancienne rédaction : 5 millions d'euros]* » ou qu'il est réalisé dans plus d'un département d'outre-mer, *(Arr. du 16 mai 2018, art. 1er)* « à Saint-Martin, à Saint-Barthélemy, » en Polynésie française, aux îles Wallis-et-Futuna, dans les Terres australes et antarctiques françaises, en Nouvelle-Calédonie *(Arr. du 13 oct. 2014)* « ou à » Saint-Pierre-et-Miquelon ou bien lorsque l'affaire est évoquée par le ministre.

I *bis*. – Dans le secteur du logement, l'agrément prévu au 4 de l'article 199 *undecies* A, au VII de l'article 199 *undecies* C *(Arr. du 25 août 2015)* « , aux II *quater* et III de l'article 217 *undecies* » *(Arr. du 2 mai 2017, art. 1er)* « et au VII de l'article 244 *quater* W » du code général des impôts, est délivré par le directeur départemental ou le directeur régional des finances publiques du département dans lequel les logements sont réalisés, lorsque le montant total du programme immobilier est inférieur ou égal à 20 millions d'euros.

L'agrément est délivré par le ministre du budget lorsque ce montant est supérieur à 20 millions d'euros ou lorsque le programme immobilier est évoqué par le ministre.

I *ter*. – Les montants mentionnés au I et au I *bis* s'apprécient toutes taxes, frais et commissions compris, par programme *(Abrogé par Arr. du 25 août 2015)* « *et, le cas échéant, par exercice, lorsque le programme d'investissement est réalisé sur plusieurs exercices* ».

II. — Les demandes d'agrément mentionnées au premier alinéa des I et I *bis*, sont adressées au directeur départemental ou au directeur régional des finances publiques du département où sera réalisé le programme d'investissement.

Les demandes d'agrément mentionnées au second alinéa du I et au second alinéa du I *bis* sont adressées à la direction générale des finances publiques.

III. — Pour les programmes d'investissement placés sous le régime de la copropriété ou réalisés par l'une des sociétés ou groupements visés aux articles 8 ou 239 *quater* du code général des impôts, la demande d'agrément est faite par un représentant unique, promoteur de l'opération, gérant ou associé, qui doit remettre une copie de la décision obtenue aux investisseurs, copropriétaires ou associés.

IV. — *Dispositions devenues sans objet (L. n° 97-1269 du 30 déc. 1997, art. 18-II-2°, VI et VII).*

Les dispositions issues de l'Arr. du 16 déc. 2016 s'appliquent aux demandes d'agrément reçues par l'administration fiscale à compter du 4 févr. 2017 (Arr. préc., art. 2).

V. Arr. du 29 nov. 1996 (JO 14 déc.), mod. par Décr. n° 2010-986 du 26 août 2010, art. 49 : conditions dans lesquelles les directeurs des services fiscaux des DOM sont autorisés à déléguer leur signature pour la délivrance des agréments prévus à l'art. 238 bis HA CGI.

SECTION V COMMISSIONS ADMINISTRATIVES DES IMPÔTS

Art. 170 *undecies* En application du III de l'article 347 de l'annexe III au code général des impôts, si le président de la commission *(Abrogé par Arr. du 1er juin 2017, art. 1er-1° et 2, à compter du 1er sept. 2017) « départementale »* des impôts directs et des taxes sur le chiffre d'affaires instituée aux articles 1651 et suivants du code général des impôts le juge utile, le nombre de suppléants peut être augmenté :

1. Pour la ville de Paris :

a) Jusqu'à cent cinquante, en ce qui concerne les représentants des contribuables désignés par la chambre de commerce et d'industrie territoriale ;

b) Jusqu'à cinquante, en ce qui concerne les représentants des contribuables désignés par la chambre des métiers et de l'artisanat et par les organisations ou organismes professionnels regroupant les titulaires de revenus non commerciaux ;

2. Pour les départements de plus de 600 000 habitants *(Arr. du 1er juin 2017, art. 1er-1° et 2, en vigueur le 1er sept. 2017)* « dans le ressort du tribunal administratif » dans les mêmes conditions qu'au 1, le nombre de suppléants peut être porté respectivement à soixante et à trente.

LIVRE DEUXIÈME RECOUVREMENT DE L'IMPÔT

CHAPITRE PREMIER PAIEMENT DE L'IMPÔT

SECTION PREMIÈRE IMPÔTS DIRECTS ET TAXES ASSIMILÉES

1 et 2

Art. 171 à 172 A *Abrogés (conséquence de l'abrogation de l'art. 352 Ann. II).*

Art. 173 à 186 *Transférés ss. les art. A. 277-1 à A. 277-10 LPF.*

3 PAIEMENT DE L'IMPÔT

Art. 187 *(Abrogé par Décr. n° 2015-1136 du 14 sept. 2015, art. 4)* ***Les contribuables ont la faculté d'acquitter leurs contributions et taxes assimilées à la caisse d'un comptable du Trésor chargé du recouvrement des impôts directs autre que celui de la commune d'imposition.***

Ces versements sont admis sur la présentation d'un avis d'imposition, d'un extrait du rôle, d'un acte de poursuites ou d'une autre pièce officielle constatant la dette du contribuable.

Art. 188 *(Abrogé par Décr. n° 2015-1136 du 14 sept. 2015, art. 4)* ***Les contribuables restent débiteurs des frais de poursuites exposés par le comptable du Trésor chargé du recouvrement des impôts directs du lieu de l'imposition avant la réception de l'avis de recouvrement que le comptable du Trésor qui a reçu les fonds est tenu de transmettre sans retard par la poste.***

Art. 188 *bis* *(Abrogé par Décr. n° 2015-1136 du 14 sept. 2015, art. 4)* ***1. Le paiement des impôts directs peut s'effectuer, sur option du contribuable, par prélèvement opéré à l'initiative du Trésor public sur un compte visé à l'article 1681 D du code général des impôts.***

2. L'option est formulée dans les conditions prévues à l'article 376 ter de l'annexe II au code général des impôts. Elle peut être exercée jusqu'à la date limite de paiement ou dans le délai spécifique fixé par arrêté pour chaque échéance d'impôt. Elle est valable sans limitation de durée.

3. Le contribuable peut renoncer à son option en adressant, au comptable chargé du recouvrement, une dénonciation dix jours ouvrés au moins avant la date limite de paiement de l'impôt concerné.

4. Les prélèvements sont effectués dix jours après les dates limites de paiement fixées à l'article 1730 du code général des impôts.

TÉLÉRÈGLEMENT DES IMPÔTS DIRECTS

Art. 188 *ter* *(Abrogé par Décr. n° 2015-1136 du 14 sept. 2015, art. 4)* ***Pour l'application du 5 de l'article 1730 du code général des impôts, le télérèglement des impôts directs s'effectue sur option du contribuable, qui ordonne l'opération sur l'un des comptes mentionnés à l'article 1681 D du même code.***

Cette option peut être exercée, sans majoration, jusqu'au cinquième jour, à minuit, qui suit la date limite de paiement pour les acomptes et le solde de l'impôt sur le revenu, la taxe foncière, la taxe d'habitation, les contributions sociales et la taxe sur les logements vacants.

Les prélèvements sont effectués dix jours après les dates limites de paiement fixées à l'article 1730 du code général des impôts.

L'option est exercée expressément à chaque échéance d'impôt.

4

Art. 188 A *Abrogé.*

SECTION PREMIÈRE *BIS* INTÉRÊTS DES BONS DE CAISSE

Art. 188 B Sont soumis au régime fiscal prévu à l'article 1678 *bis* du code général des impôts, les intérêts des bons nominatifs, à ordre ou au porteur, comportant ou valant engagement de payer et délivrés en contrepartie d'un prêt, par les entreprises industrielles et commerciales et, quel que soit leur objet, par les personnes morales visées à l'article 108 de ce code.

Dans l'hypothèse où ces bons seraient cotés en bourse ou susceptibles de l'être, le régime susvisé leur demeurerait applicable si le paiement des intérêts n'avait pas lieu sur présentation ou remise de coupons ou d'instruments représentatifs de coupons.

N'entrent pas dans les prévisions du premier alinéa, dans le cas où le prêt a fait l'objet d'un contrat préalable, les écrits créés à seule fin de faciliter le recouvrement ou la mobilisation de la créance.

Art. 188 C Les personnes morales visées à l'article 108 du code général des impôts versent l'impôt afférent aux intérêts *(Arr. du 28 août 2018, art. 1er-1°)* « des bons de caisse au service des impôts auquel doit parvenir leur déclaration de résultat ou, à défaut d'une telle déclaration, au service des impôts dont relève leur siège social. »

Les dispositions issues de l'art. 1er de l'Arr. du 28 août 2018 s'appliquent aux déclarations souscrites au titre des revenus, produits et gains dont le fait générateur d'imposition intervient à compter du 1er sept. 2018 (Arr. préc., art. 2).

Art. 188 D L'impôt frappant les intérêts payés au cours de chaque mois est acquitté dans les quinze premiers jours du mois suivant.

Art. 188 E Les entreprises qui assurent le paiement des intérêts des bons de caisse sont tenues de souscrire la déclaration visée au 1 de l'article 242 *ter* du code général des impôts.

Art. 188 F Les entreprises doivent fournir, au moment du paiement de l'impôt, toutes les précisions nécessaires sur les caractéristiques de chaque catégorie de bons émis, sur le montant de l'intérêt stipulé et sur les époques et le mode de paiement de cet intérêt.

Art. 188 G *Périmé.*

SECTION PREMIÈRE *TER* RETENUE À LA SOURCE SUR LES DIVIDENDES ET LES REVENUS ASSIMILÉS DES ACTIONS ET PARTS SOCIALES DES SOCIÉTÉS FRANÇAISES

Art. 188-0 H La retenue à la source prévue au 2 de l'article 119 *bis* du code général des impôts est versée *(Arr. du 28 août 2018, art. 1er-2°)* « au service des impôts auquel doit parvenir la déclaration de résultat du redevable ou, à défaut d'une telle déclaration, au service des impôts dont relève son siège social. »

V. note ss. art. 188 C.

Art. 188 H 1. La retenue opérée par les agences ou succursales des établissements de crédit *(Arr. du 28 août 2018, art. 1er-3°)* « ou des entreprises fait » l'objet de versements globaux. *(Abrogé par Arr. du 28 août 2018, art. 1er-3°) « Dans ce cas, »* L'organisme centralisateur dresse et conserve pour chaque versement un état faisant apparaître le montant des sommes versées pour le compte de chacune des agences ou succursales. Les liasses visées au 3 de l'article 17 A sont conservées soit par l'organisme centralisateur, soit par l'agence ou succursale.

(Abrogé par Arr. du 28 août 2018, art. 1er-3°) ***« 2. La possibilité d'effectuer des versements globaux est subordonnée au dépôt d'une déclaration à la direction des impôts des non-résidents. Cette déclaration, établie sur papier libre, est signée de la personne habilitée à engager l'établissement, justifiant de son identité et de l'étendue de ses pouvoirs, et contient la désignation de chacune des agences ou succursales pour le compte desquelles les versements seront effectués ainsi que du lieu où seront conservées les liasses visées au 1. Toute modification des indications qu'elle comporte fait l'objet d'une nouvelle déclaration souscrite dans les mêmes formes. Chaque déclaration prend effet dès le versement afférent au mois au cours duquel elle intervient. »***

V. note ss. art. 188 C.

SECTION PREMIÈRE *QUATER* PRÉLÈVEMENT SUR LES PRODUITS DE PLACEMENTS À REVENU FIXE

Art. 188-0 I I. — Le prélèvement sur les produits de placements à revenu fixe prévu à l'article 125 A du code général des impôts est versé *(Arr. du 28 août 2018, art. 1er-4°)* « au service des impôts auquel doit parvenir la déclaration de résultat du redevable ou, à défaut d'une telle déclaration, au service des impôts dont il relève, » lorsqu'il est dû à raison de revenus, produits et gains mentionnés aux articles 125-0 A et 125 A du code précité.

II. — Le prélèvement mentionné au I dû à raison des revenus, produits et gains visés aux I et II de l'article 125 D du code général des impôts est versé :

1° A la recette des impôts des non-résidents de la *(Décr. n° 2017-1197 du 26 juill. 2017, art. 1er et 3)* « direction des impôts des non-résidents », lorsqu'il est acquitté par la personne qui assure le paiement desdits revenus, produits et gains et qu'elle est mandatée à cet effet par le contribuable ;

2° Au service des impôts du domicile du contribuable, lorsque ce dernier effectue lui-même le paiement dudit prélèvement.

(Abrogé par Arr. du 28 août 2018, art. 1er-4°) (Arr. du 20 nov. 2017, en vigueur le 1er janv. 2018) ***« III. — Le prélèvement mentionné au I sur les intérêts dus par les offices notariaux au titre des produits de compte de consignation, de dépôt spécifique et de titres consignés est versé au service des impôts auquel doit parvenir la déclaration de résultat du redevable ou, à défaut d'une telle déclaration, au service des impôts dont il relève. »***

V. note ss. art. 188 C.

Art. 188 I Le prélèvement opéré par les agences et succursales des établissements de crédit, par les caisses publiques et par les caisses d'épargne *(Arr. du 28 août 2018, art. 1er-5°)* « ou par les succursales des entreprises fait » l'objet de versements globaux dans les conditions prévues à l'article 188 H.

(Abrogé par Arr. du 28 août 2018, art. 1er-5°) ***« La déclaration préalable qui doit être adressée à la direction des impôts des non-résidents peut viser à la fois le versement de la retenue à la source prévue audit article et celui du prélèvement. »***

Ces dispositions ne sont pas applicables au prélèvement dû à raison des revenus, produits et gains mentionnés à l'article 125 D du code général des impôts.

V. note ss. art. 188 C.

Art. 188 J Le service des impôts compétent pour recouvrer l'impôt mentionné à l'article 381 K de l'annexe III au code général des impôts est *(Arr. du 28 août 2018, art. 1er-6o)* « le service des impôts auquel doit parvenir la déclaration de résultat ou, à défaut d'une telle déclaration, au *[le]* service des impôts dont relève le siège social » de la collectivité émettrice.

V. note ss. art. 188 C.

SECTION PREMIÈRE *QUINQUIES* PRÉLÈVEMENT SUR LES DIVIDENDES

Art. 188 K Le prélèvement prévu à l'article 117 *quater* du code général des impôts est versé :

1° A la recette des impôts des non-résidents de la *(Décr. no 2017-1197 du 26 juill. 2017, art. 1er et 3)* « direction des impôts des non-résidents, » lorsqu'il est opéré par la personne mentionnée au *(Arr. du 28 août 2018, art. 1er-7o)* « *b* du III de l'article 117 *quater* précité » et mandatée par le contribuable à cet effet ;

2° *(Abrogé par Arr. du 28 août 2018, art. 1er-7o)* ***« Par exception au 1°, au »*** *(Arr. du 6 juin 2019, art. 1er)* « Au » service des impôts auquel doit parvenir la déclaration de résultat de la personne mentionnée au II de l'article 117 *quater* précité ou, à défaut d'une telle déclaration, au service des impôts dont relève son siège social, lorsque le prélèvement est opéré par cette personne *(Abrogé par Arr. du 28 août 2018, art. 1er-7o)* ***« et que celle-ci est, à la date de paiement dudit prélèvement, redevable uniquement de ce prélèvement ou des prélèvements sociaux dus en application du 1° du I de l'article L. 136-7 du code de la sécurité sociale »*** ;

3° Au service des impôts du domicile du contribuable, lorsque ce dernier effectue lui-même le paiement dudit prélèvement.

V. note ss. art. 188 C.

Art. 188 L Le prélèvement prévu à l'article 117 *quater* du code général des impôts opéré par les agences et succursales des établissements de crédit, par les caisses publiques *(Arr. du 28 août 2018, art. 1er-8o)* « , par les caisses d'épargne et par les entreprises fait » l'objet de versements globaux dans les conditions prévues à l'article 188 H.

(Abrogé par Arr. du 28 août 2018, art. 1er-8o) ***« La déclaration préalable qui doit être adressée à la direction des impôts des non-résidents peut viser à la fois le versement de la retenue prévue au 2 de l'article 119 bis du code général des impôts et celui des prélèvements mentionnés aux articles 125 A et 117 quater du même code. »***

Ces dispositions ne sont pas applicables lorsque le prélèvement est acquitté dans les conditions du III de l'article 117 *quater* précité.

V. note ss. art. 188 C.

SECTION II TAXES SUR LE CHIFFRE D'AFFAIRES ET TAXES ASSIMILÉES

Art. 189 Pour l'application des articles 1692 à 1696 du code général des impôts, le redevable peut, sauf disposition contraire, se libérer soit en numéraire, soit au moyen de chèque bancaire ou postal suivant les modalités fixées aux articles 199 à 204, soit par virement opéré au compte de chèques postaux du receveur des impôts compétent.

Il peut également se libérer au moyen d'un mandat compte émis au profit de ce même receveur.

Art. 190 *(Arr. du 30 déc. 2019, art. 1er et 2, en vigueur le 1er janv. 2020)* I. — Pour l'application du II de l'article 283 *bis* et du II de l'article 293 A *ter* du code général des impôts, le signalement effectué par l'administration auprès de l'opérateur de plateforme en ligne comprend les informations suivantes :

1° Les éléments d'identification de l'assujetti concerné par le signalement, définis au II du présent article ;

2° Une description des obligations fiscales pour lesquelles la défaillance de l'assujetti est présumée par l'administration ;

3° Les périodes concernées par la défaillance présumée de l'assujetti ;

4° Les mesures à mettre en œuvre par l'opérateur de plateforme en ligne, définies au III du présent article ;

5° Une information sur les conséquences en matière de responsabilité solidaire pour l'opérateur de plateforme en ligne en cas d'absence de mise en œuvre de ces mesures.

II. – Les éléments d'identification de l'assujetti prévus au 1° du I comprennent, s'ils sont connus de l'administration :

1° Sa raison sociale ;

2° Son nom commercial ou son nom d'utilisateur tel que communiqué sur la plateforme en ligne ;

3° Son identifiant fourni par l'opérateur de plateforme en ligne ;

4° Son lieu d'établissement à la date du signalement ;

5° Son numéro de taxe sur la valeur ajoutée intracommunautaire ou, s'il en est dépourvu, ses numéros d'identité définis à l'article R. 123-221 du code de commerce ou, pour une entreprise non résidente, son numéro d'immatriculation auprès de l'administration fiscale de son pays de résidence.

III. – Les mesures à mettre en œuvre par l'opérateur de plateforme en ligne prévues au 4° du I sont :

1° Un rappel de l'information fournie au titre du 1° de l'article 242 *bis* du code général des impôts ;

2° Une demande à l'assujetti de prendre contact avec l'administration en vue de régulariser sa situation fiscale ;

3° Le cas échéant, une demande à l'assujetti de fournir son numéro de taxe sur la valeur ajoutée intracommunautaire ;

4° Le cas échéant, une vérification de la validité du numéro de taxe sur la valeur ajoutée intracommunautaire de l'assujetti et, en cas d'invalidité de ce numéro, une demande à l'assujetti de régulariser sa situation ;

5° Le cas échéant, une demande à l'assujetti de désigner un représentant fiscal en France en application de l'article 289 A du code général des impôts.

En complément des mesures précédentes, l'opérateur de plateforme en ligne peut prendre toute autre mesure qu'il estime utile.

Art. 191 *(Arr. du 30 déc. 2019, art. 1er et 2, en vigueur le 1er janv. 2020)* A compter de la réception du signalement effectué par l'administration en application du II de l'article 283 *bis* ou du II de l'article 293 A *ter* du code général des impôts, l'opérateur de plateforme en ligne dispose d'un délai d'un mois pour notifier à l'administration les mesures mises en œuvre à la suite à *[de]* ce signalement.

Cette notification comprend les informations suivantes :

1° Les éléments d'identification de l'assujetti, prévus au II de l'article 190, qui ne sont pas connus de l'administration et dont dispose l'opérateur de plateforme ;

2° La nature des mesures mises en œuvre ;

3° La date à laquelle ces mesures ont été mises en œuvre ;

4° Tout élément permettant de démontrer que les mesures ont été effectivement mises en œuvre par l'opérateur de plateforme en ligne ;

5° Le cas échéant, tout élément à la disposition de l'opérateur de plateforme en ligne susceptible de permettre à l'administration de vérifier que l'assujetti a régularisé sa *situation.*

Art. 192 *(Arr. du 30 déc. 2019, art. 1er et 2, en vigueur le 1er janv. 2020)* I. – Pour l'application du III de l'article 283 *bis* et du III de l'article 293 A *ter* du code général des impôts, la mise en demeure effectuée par l'administration auprès de l'opérateur de plateforme en ligne comprend les informations suivantes :

1° La date et la référence du signalement effectué en application du II de l'article 283 *bis* ou du II de l'article 293 A *ter* du code précité ;

2° Une description des motifs pour lesquels la présomption de défaillance de l'assujetti persiste ;

3° Les mesures supplémentaires à mettre en œuvre par l'opérateur de plateforme en ligne ou la demande d'exclusion de l'assujetti ;

4° Une information sur les conséquences en matière de responsabilité solidaire pour l'opérateur de plateforme en ligne en cas d'absence de mise en œuvre de ces mesures supplémentaires ou d'exclusion de l'assujetti.

II. — Les mesures supplémentaires prévues au 3° du I sont :

1° Toutes mesures prévues au III de l'article 190 ;

2° Toute mesure permettant de suspendre l'activité de l'assujetti concerné en lien avec des transactions imposables à la taxe sur la valeur ajoutée en France.

Art. 192 *bis* *(Arr. du 30 déc. 2019, art. 1er et 2, en vigueur le 1er janv. 2020)* A compter de la réception de la mise en demeure effectuée par l'administration en application du III de l'article 283 *bis* ou du III de l'article 293 A *ter* du code général des impôts, l'opérateur de plateforme en ligne dispose d'un délai d'un mois pour notifier à l'administration la mise en œuvre des mesures supplémentaires définies au II de l'article 192 ou l'exclusion de l'assujetti.

Cette notification comprend les informations suivantes :

1° La nature des mesures supplémentaires mises en œuvre ;

2° La date à laquelle ces mesures supplémentaires ont été mises en œuvre ou la date à laquelle l'exclusion est effective ;

3° Tout élément permettant de démontrer que les mesures supplémentaires ou l'exclusion de l'assujetti concerné ont été effectivement mises en œuvre ;

4° Le cas échéant, tout élément à la disposition de l'opérateur de plateforme en ligne susceptible de permettre à l'administration de vérifier que l'assujetti a régularisé sa situation.

SECTION III CONTRIBUTIONS INDIRECTES

Art. 193 Le redevable peut se libérer dans les conditions prévues à l'article 189.

Art. 194 *Devenu sans objet (Ord. n° 2004-281 du 25 mars 2004, art. 26-II).*

SECTION IV ENREGISTREMENT, PUBLICITÉ FONCIÈRE ET TIMBRE

1 TAXE SPÉCIALE SUR LES CONVENTIONS D'ASSURANCES

Art. 195 *Al. 1er abrogé. — Al. 2 transféré ss. art. 159 quater A.*

Art. 196 *Transféré ss. l'art. 159 quater A.*

Art. 196 A A l'appui de chacun des versements mensuels effectués au titre de la taxe sur les conventions d'assurances, les assureurs doivent fournir une déclaration rédigée sur des formules mises à leur disposition par l'administration.

Art. 197 *Devenu sans objet (L. n° 89-935 du 29 déc. 1989, art. 17).*

2

Art. 198 *Disposition périmée.*

Art. 198 *bis* *Devenu sans objet.*

Art. 198 *ter* *Périmé.*

3

Art. 198 *quater* *Abrogé.*

4 RECOUVREMENT DES DROITS ET TAXES EXIGIBLES EN CAS DE CADUCITÉ DU RÉGIME FISCAL DE FAVEUR APPLIQUÉ À DES MUTATIONS À TITRE ONÉREUX DE TERRAINS À BÂTIR ET D'IMMEUBLES ASSIMILÉS

Art. 198 *quinquies* Le recouvrement des droits et taxes d'enregistrement, des taxes assimilées, ainsi que de la taxe hypothécaire ou de la taxe de publicité foncière exigibles en cas de caducité du régime fiscal de faveur appliqué à des mutations à titre onéreux de terrains à bâtir et d'immeubles assimilés, est confié au comptable des impôts chargé du bureau dans le ressort duquel lesdits terrains et immeubles sont situés.

5 RECOUVREMENT DES DROITS ET TAXES EXIGIBLES SUR LES CERTIFICATS D'IMMATRICULATION DES VÉHICULES À MOTEUR

Art. 198 *sexies* *(Devenu sans objet, Arr. du 9 juin 2021, art. 1er)* ***Les droits et taxes exigibles sur les certificats d'immatriculation des véhicules à moteur, y compris ceux des séries W et WW, sont acquittés sur état au moyen de formules sans valeur fiscale revêtues d'une mention faisant apparaître la nature et le montant desdits droits et taxes.***

6 RECOUVREMENT DU PRODUIT PROVENANT DES LOCATIONS ET DES CESSIONS D'IMMEUBLES DOMANIAUX BÂTIS

Art. 198 *septies* Les receveurs des impôts sont chargés de recouvrer les produits (y compris les charges et taxes correspondantes) provenant des locations des immeubles domaniaux bâtis ainsi que ceux provenant de la cession d'immeubles réalisée conformément aux articles R. 3211-32 du code général de la propriété des personnes publiques et 6 du décret n° 2011-1612 du 22 novembre 2011.

7 DISPOSITIONS COMMUNES AUX IMPOSITIONS AYANT LE PERMIS DE CONSTRUIRE POUR FAIT GÉNÉRATEUR

Art. 198 *octies* La fiche de liquidation des impositions dont la délivrance du permis de construire constitue le fait générateur est transmise par l'autorité administrative au trésorier-payeur général et au titulaire du permis de construire.

Une fiche modificative est également transmise en cas de modification apportée au permis de construire ou à l'autorisation tacite de construire lorsque cette modification a une incidence sur l'assiette d'une taxe.

La fiche de liquidation de la TLE communiquée au redevable par le directeur départemental de l'équipement constitue un simple document d'information. Les irrégularités qui entacheraient son établissement sont sans influence sur la régularité ou le bien-fondé des impositions. • CAA Bordeaux, 2 juill. 2002, n° 99BX506 : *Dr. fisc. 2003. 151 ; RJF 2003. 303.*

SECTION V **DISPOSITIONS COMMUNES**

1° DATE LIMITE DE PAIEMENT OU DE PRÉLÈVEMENT

Art. 199-0 Lorsque la date limite de paiement ou de prélèvement des impôts, droits, taxes et redevances prévus dans le code général des impôts coïncide avec un samedi, un dimanche ou un jour férié, celle-ci est prorogée jusqu'au premier jour ouvrable suivant.

2° PAIEMENT PAR CHÈQUES

Art. 199 Sous réserve des dispositions spéciales prévues aux articles suivants et de toutes autres mesures que pourrait prescrire l'administration, le paiement des droits, taxes, redevances, soultes, produits des monopoles et autres sommes dues au Trésor peut être fait au moyen de chèques.

Art. 200 Les chèques sont remis directement ou adressés par la poste au comptable chargé du recouvrement ; ils sont datés du jour ou de la veille de leur remise et, s'ils sont transmis par la poste, du jour même de leur expédition.

Un contribuable ne peut s'acquitter par chèque d'une imposition dont il est redevable qu'auprès du comptable du Trésor qui, détenteur du rôle par la voie duquel cette imposition lui a été assignée, est chargé de son recouvrement. • CAA Paris, 18 juin 1996, n° 95PA2900 : *Dr. fisc. 1997. 325.*

Art. 201 Les chèques doivent être émis à l'ordre du Trésor public et barrés.

Faute de se conformer à cette prescription, les contribuables s'exposent aux conséquences de droit qui peuvent résulter d'un encaissement frauduleux.

Art. 202 En cas d'envoi par la poste, les chèques sont accompagnés des actes, déclarations, avis d'imposition, sommations ou de toutes autres pièces nécessaires à la liquidation de l'impôt ou à l'imputation du versement.

Art. 203 *Périmé.*

Art. 204 **En échange du chèque, le comptable délivre, s'il y a lieu, un reçu, sous forme de quittance ou d'extrait de quittance, d'ampliation de titre de mouvement ou de facture, suivant le cas.**

La mention que le versement est fait en un chèque doit être portée au volant comme au talon de la pièce délivrée.

La simple constatation, assortie de la mention « sous réserve d'encaissement », du dépôt de chèques au guichet du Trésorier ne peut tenir lieu de quittance libératoire. • CAA Paris, 7 oct. 1999, n° 98PA75 : *RJF 2000. 122.*

Art. 205 à 207 *Dispositions périmées.*

CHAPITRE PREMIER *BIS* PÉNALITÉS

I *IMPÔTS DIRECTS ET TAXES ASSIMILÉES*

Art. 207 *bis* à 207 *quater* *Abrogés par Ord. n° 58-1374 du 30 déc. 1958, art. 29.*

Art. 207 *quater* A **En ce qui concerne les impositions comprises dans les rôles d'impôt sur le revenu mis en recouvrement au cours du mois de décembre, la date d'application de la majoration de 10 % pour paiement tardif est fixée au 15 mars de l'année suivante.**

II *TAXES SUR LE CHIFFRE D'AFFAIRES ET TAXES ASSIMILÉES*

Art. 207 *quater* A *bis* **L'amende prévue au 4 du I de l'article 1737 du code général des impôts est recouvrée par les comptables de la direction générale des impôts.**

Art. 207 *quater* B *Transféré ss. art. A. 225 A-1 LPF.*

CHAPITRE PREMIER *BIS* A SÛRETÉS ET PRIVILÈGES

PUBLICITÉ DU PRIVILÈGE DU TRÉSOR

Art. 207 *quinquies* *Devenu sans objet (L. n° 94-475 du 10 juin 1994, art. 1er).*

Art. 207 *sexies* **Par application du 10 de l'article 396 *bis* de l'annexe II au code général des impôts, le contenu des bordereaux d'inscription, attestations de contestation, attestations de paiement de certificats de subrogation prévus aux 3, 5, 6 et 7 de cet article est fixé conformément aux modèles annexés à l'arrêté du 17 avril 2007 (*JO* du 19 avril 2007).**

CHAPITRES PREMIER *TER* et II

Art. 207 A à 207 N *Transférés ss. art. A. 277-1 à A. 277-10 LPF.*

Art. 208 *Disjoint.*

Art. 209 à 211 *Transférés ss. art. A. 97-1 à A. 97-3 LPF.*

[CHAPITRE III COMPÉTENCE DES FONCTIONNAIRES DE LA DIRECTION GÉNÉRALE DES FINANCES PUBLIQUES OU DE LA DIRECTION GÉNÉRALE DES DOUANES ET DROITS INDIRECTS]

Art. 212 **I. — Les délégations de signature accordées sur le fondement de l'article 408 de l'annexe II au code général des impôts peuvent habiliter l'ensemble des agents :**

1° A prendre, en matière contentieuse, des décisions de décharge, réduction, restitution ou rejet ;

2° A prendre, en matière gracieuse, des décisions de remise, modération, transaction ou rejet ;

3° A statuer sur les demandes de dégrèvement de taxe foncière pour pertes de récoltes ;

4° A signer les documents nécessaires à l'exécution comptable des décisions gracieuses et contentieuses ;

5° A accorder les prorogations de délai prévues aux IV et IV *bis* de l'article 1594-0 G du code général des impôts.

II. — Les agents exerçant leurs fonctions dans les services de direction peuvent en outre recevoir une délégation de signature à l'effet :

1° De présenter devant les juridictions administratives ou judiciaires des requêtes, mémoires, conclusions ou observations ;

2° De statuer sur les contestations relatives au recouvrement prévues par les articles L. 281 et L. 283 du livre des procédures fiscales ;

3° De statuer sur les demandes de décharge de responsabilité solidaire présentées en application de l'article 1691 *bis* du code général des impôts ou de l'article L. 247 du livre des procédures fiscales.

Art. 213 I. — Les directeurs mentionnés au I de l'article 408 de l'annexe II au code général des impôts relevant de la direction générale des finances publiques peuvent déléguer leur signature :

1° Aux agents exerçant leurs fonctions dans les services de direction, dans des limites qu'ils fixent eux-mêmes, à l'effet de prendre l'ensemble des actes et décisions mentionnés à l'article 212 ;

2° Aux autres agents, à l'effet de prendre :

a) Les décisions mentionnées aux 1° et 2° du I de l'article 212, dans la limite de 76 000 € pour les cadres ayant au moins le grade d'administrateur des finances publiques et de 60 000 € pour les autres agents de catégorie A titulaires d'un grade supérieur à celui d'inspecteur des finances publiques, dans la limite de 15 000 € pour les inspecteurs des finances publiques, dans la limite de 10 000 € pour les agents de catégorie B et dans la limite de 2 000 € pour les agents de catégorie C ;

b) Sans limitation de montant, les actes et décisions mentionnés aux 3°, 4° et 5° du I de l'article 212.

(Arr. du 29 déc. 2017, art. 1er) « II. — Les directeurs mentionnés au I de l'article 408 de l'annexe II au code général des impôts relevant de la direction générale des douanes et droits indirects peuvent déléguer leur signature :

« 1° Aux agents de catégories A et B exerçant leurs fonctions dans les services de direction, dans des limites qu'ils fixent eux-mêmes, à l'effet de prendre l'ensemble des actes et décisions mentionnés aux 1°, 2° et 4° du I et au II de l'article 212 ;

« 2° Aux autres agents, à l'effet de prendre les actes et décisions mentionnées aux 1°, 2° et 4° du I de l'article 212 :

« *a)* Dans les limites qu'ils fixent eux-mêmes pour les agents de catégorie A titulaires d'un grade supérieur à celui d'inspecteur des douanes ;

« *b)* Dans la limite de 40 000 € pour les inspecteurs des douanes placés sous leur autorité ;

« *c)* Dans la limite de 30 000 € pour les agents de catégorie B placés sous leur autorité ;

« *d)* Dans la limite de 20 000 € pour les agents de catégorie C placés sous leur autorité. »

Art. 214 I. — 1° Bénéficient de la délégation automatique de signature prévue au III de l'article 408 de l'annexe II au code général des impôts les agents de la direction générale des finances publiques exerçant les fonctions de responsable d'un service opérationnel rattaché, selon le cas, à une direction départementale des finances publiques ou à une direction spécialisée en matière de contrôle fiscal :

a) Dans la limite de 76 000 € pour les agents ayant au moins le grade d'administrateur des finances publiques et de 60 000 € pour les autres cadres, s'agissant des décisions mentionnées aux 1° et 2° du I de l'article 212 ;

b) Dans la limite de 100 000 €, s'agissant des demandes de remboursement de crédit de taxe sur la valeur ajoutée ;

c) Quel que soit le montant, s'agissant des demandes de plafonnement en fonction de la valeur ajoutée de contribution économique territoriale présentées par une entreprise dont tous les établissements sont situés dans le ressort territorial d'un service des impôts des entreprises et des actes et demandes mentionnés aux 3°, 4° et 5° du I de l'article 212.

2° Lorsque plusieurs services sont regroupés sur un même site, la délégation de signature dont disposent, en application du 1°, les responsables de service est étendue au ressort territorial de l'ensemble des services de ce site.

(Arr. du 19 janv. 2017, art. 1er-2°) « II. – Bénéficient de la délégation automatique de signature prévue au troisième alinéa du III de l'article 408 de l'annexe II au code général des impôts les directeurs régionaux et les chefs des services spécialisés des douanes et droits indirects, à l'effet de prendre l'ensemble des actes et décisions mentionnés aux 1°, 2° et 4° du I et au II de l'article 212, dans les limites de la compétence du directeur mentionné au I de l'article 408 de l'annexe II au code général des impôts. »

III. – Par acte publié dans les conditions prévues au V de l'article 408 de l'annexe II au code général des impôts, le directeur mentionné au I de ce même article peut, en tant que de besoin, en excluant certaines affaires ou en fixant des plafonds inférieurs à ceux prévus au présent article, réduire l'étendue de la délégation dont bénéficient les responsables placés sous son autorité telle qu'elle résulte du I ou du II.

IV. – Par acte publié dans les conditions prévues au V de l'article 408 de l'annexe II au code général des impôts, les directeurs régionaux ou départementaux des finances publiques peuvent, en tant que de besoin, relever jusqu'à 100 000 € le plafond de la délégation de signature prévue au 1° du I dont bénéficient les responsables de service placés sous leur autorité en ce qui concerne les demandes de remboursement de crédit d'impôt.

Les plafonds de délégation de signature de 100 000 € prévus au b du 1° du I et au IV sont relevés à 500 000 € à compter du 22 mars 2020 et jusqu'à la fin du deuxième mois suivant la fin des mesures de limitation des déplacement et d'interdiction de rassemblements, réunions ou de certaines activités prises pour ralentir la propagation du virus covid-19 (Arr. du 18 mars 2020 (JO 22 mars)).

Art. 215 I. – *(Arr. du 19 janv. 2017, art. 1er-3°-a-i)* « 1. » Les responsables de service mentionnés *(Arr. du 19 janv. 2017, art. 1er-3°-a-i)* « au I de l'article 214 » peuvent subdéléguer la signature du directeur à l'effet de prendre les décisions et actes mentionnés au I de l'article 212 :

1° A leurs adjoints, quel que soit leur grade, dans les limites qu'ils fixent eux-mêmes, sans toutefois pouvoir excéder la délégation dont ils disposent ;

2° Aux autres agents de catégorie A placés sous leur autorité, dans la limite de 15 000 € ;

3° Aux autres agents de catégorie B placés sous leur autorité, dans la limite de 10 000 € ;

4° Aux agents de catégorie C placés sous leur autorité, dans la limite de 2 000 €.

(Arr. du 29 déc. 2017, art. 1er) « 2. Les directeurs régionaux et les chefs des services spécialisés des douanes et droits indirects, mentionnés au II de l'article 214, peuvent subdéléguer la signature du directeur mentionné au I de l'article 408 de l'annexe II au code général des impôts :

« 1° Aux agents de catégories A et B exerçant leurs fonctions dans les services de direction, dans des limites qu'ils fixent eux-mêmes, à l'effet de prendre l'ensemble des actes et décisions mentionnés aux 1°, 2° et 4° du I et au II de l'article 212, sans toutefois pouvoir excéder la délégation dont ils disposent ;

« 2° Aux autres agents, à l'effet de prendre les actes et décisions mentionnées aux 1°, 2° et 4° du I de l'article 212 :

« *a)* Dans les limites qu'ils fixent eux-mêmes, sans toutefois pouvoir excéder la délégation dont ils disposent, pour les agents de catégorie A titulaires d'un grade supérieur à celui d'inspecteur des douanes ;

« *b)* Dans la limite de 40 000 € pour les inspecteurs des douanes placés sous leur autorité ;

« *c)* Dans la limite de 30 000 € pour les agents de catégorie B placés sous leur autorité ;

« d) Dans la limite de 20 000 € pour les agents de catégorie C placés sous leur autorité. »

II. – Par acte publié dans les conditions prévues au V de l'article 408 de l'annexe II au code général des impôts, le directeur mentionné au I de ce même article peut, en tant que de besoin, réduire l'étendue des délégations que peuvent donner les responsables de service *(Arr. du 19 janv. 2017, art. 1er-3°-b)* « mentionnés au I de l'article 214, ainsi que les directeurs régionaux et les chefs des services spécialisés, mentionnés au II de cet article, » telle qu'elle résulte du I du présent article.

Le directeur mentionné au I de l'article 408 précité peut en outre s'opposer à l'octroi de délégations, en limiter l'étendue ou les retirer en tout ou partie.

Art. 216 Le montant à prendre en compte pour déterminer si une décision entre dans les limites de la délégation dont bénéficie un agent, en application des articles 213, 214, 215 ou 218, est celui sur lequel porte la demande de l'usager ou celui du dégrèvement s'agissant des décisions prises d'office.

En matière contentieuse, ce montant s'apprécie en distinguant les droits des pénalités, par impôt, puis par cote, année, exercice ou affaire.

En matière gracieuse, ce montant s'apprécie en faisant masse des droits et des pénalités, par impôt, puis par cote, année, exercice ou affaire.

S'agissant des demandes portant sur les frais de poursuite prévus à l'article 1912 du code général des impôts et des demandes portant sur les intérêts moratoires prévus à l'article L. 209 du livre des procédures fiscales, le seuil de compétence de l'agent délégataire s'apprécie au regard du montant de l'affaire.

En cas d'erreur manifeste commise par le contribuable lors de l'établissement de sa déclaration ou par le service lors de l'intégration d'une déclaration dans le système d'informations de l'administration, les agents de catégories A et B peuvent prononcer le dégrèvement contentieux correspondant, quel que soit son montant.

Art. 217 I. — Un agent délégataire relevant de la direction générale des finances publiques ne peut statuer :

a) Sur une demande pour laquelle les services de direction ou ceux de l'administration centrale doivent être consultés ou sont déjà saisis ;

b) Sur une demande portant sur une imposition dont il est lui-même redevable ou qui est due par un descendant, un ascendant, un parent collatéral, son conjoint ou une personne avec laquelle il est lié par un pacte civil de solidarité ou vit en concubinage ;

c) Sur une demande portant sur une imposition dont est redevable un autre agent appartenant au même service que le sien, sauf dans le cas où il exerce lui-même les fonctions de responsable dudit service ;

d) Sur une demande qui porte sur une imposition consécutive à une proposition de rectification qu'il a signée ou sur laquelle il a apposé son visa ;

e) Sur une demande contentieuse qui porte sur une imposition faisant suite à une procédure de contrôle dont il a eu à connaître dans le cadre d'un recours hiérarchique, de premier ou de deuxième niveau, ou en visant le rapport à la commission *(Abrogé par Arr. du 1er juin 2017, art. 1er-2° et 2, à compter du 1er sept. 2017) « départementale »* des impôts directs et des taxes sur le chiffre d'affaires, à la Commission nationale des impôts directs et des taxes sur le chiffre d'affaires ou à la commission départementale de conciliation, prévues respectivement aux articles 1651, 1651 H et 1653 A du code général des impôts.

II. — Un agent délégataire relevant de la direction générale des douanes et droits indirects ne peut statuer :

a) Sur une demande pour laquelle les services de direction ou ceux de l'administration centrale doivent être consultés ou sont déjà saisis ;

b) Sur une demande portant sur une imposition dont il est lui-même redevable ou qui est due par un descendant, un ascendant, un parent collatéral, son conjoint ou une personne avec laquelle il est lié par un pacte civil de solidarité ou vit en concubinage ;

c) Sur une demande portant sur une imposition dont est redevable un autre agent appartenant au même service que le sien, sauf dans le cas où il exerce lui-même les fonctions de responsable dudit service.

Art. 218 I. — Par dérogation à l'article 213, le directeur chargé de la direction des grandes entreprises peut donner délégation à l'effet de signer en son nom les décisions contentieuses de décharge, réduction, restitution ou rejet ainsi que les documents d'exécution correspondants :

a) Aux inspecteurs divisionnaires responsables d'un service interlocuteur fiscal unique, dans la limite de 8 millions d'euros ;

b) Aux inspecteurs appartenant à un service interlocuteur fiscal unique, dans la limite de 1,5 million d'euros ;

c) Aux contrôleurs appartenant à un service interlocuteur fiscal unique, dans la limite de 500 000 €.

II. – Par dérogation aux dispositions des articles 212 et 213, le directeur chargé de la direction des grandes entreprises peut donner délégation, dans les limites qu'il fixe lui-même, à l'effet de signer en son nom :

a) Les décisions prises sur les contestations relatives au recouvrement prévues par les articles L. 281 et L. 283 du livre des procédures fiscales ainsi que les requêtes, mémoires, conclusions ou observations adressés aux juridictions dans les litiges afférents à ces contestations, au comptable secondaire, à son adjoint ainsi qu'aux autres agents de catégorie A titulaires d'un grade supérieur à celui d'inspecteur des finances publiques et placées sous l'autorité hiérarchique du comptable secondaire ;

b) Les décisions gracieuses de rejet, remise, modération ou transaction ainsi que les documents d'exécution comptable correspondants, au comptable secondaire et à son adjoint. – *Les dispositions du II ci-dessus entrent en vigueur à la date d'effet de la nomination du directeur placé à la tête de la direction des grandes entreprises (Arr. du 23 déc. 2013, art. 8).*

Ancien art. 218 *I. – Par dérogation à l'article 213, le directeur chargé de la direction des grandes entreprises peut donner délégation à l'effet de signer en son nom les décisions contentieuses de décharge, réduction, restitution ou rejet ainsi que les documents d'exécution correspondants :*

a) Aux inspecteurs divisionnaires responsables d'un service interlocuteur fiscal unique, dans la limite de 8 millions d'euros ;

b) Aux inspecteurs appartenant à un service interlocuteur fiscal unique, dans la limite de 1,5 million d'euros ;

c) Aux contrôleurs appartenant à un service interlocuteur fiscal unique, dans la limite de 500 000 €.

II. – Par dérogation aux dispositions de l'article 213, le directeur chargé de la direction des grandes entreprises peut, dans des limites qu'il fixe librement, donner délégation au comptable de la direction des grandes entreprises et à son adjoint à l'effet de signer en son nom :

a) En matière contentieuse, les décisions de décharge, réduction, restitution ou rejet ;

b) En matière gracieuse, les décisions de transaction, remise, modération ou rejet ;

c) Les documents nécessaires à l'exécution comptable des décisions contentieuses et gracieuses.

Art. 219 *(Arr. du 27 juin 2018, art. 1er)* Par dérogation aux dispositions de l'article 213, le directeur chargé de la direction des impôts des non-résidents peut déléguer sa signature aux agents de cette direction exerçant leurs fonctions au sein du service des impôts des entreprises étrangères, à l'effet de signer les décisions de restitution ou de rejet s'agissant des demandes de remboursement de crédit de taxe sur la valeur ajoutée :

a. dans la limite de 300 000 €, pour les agents de catégorie A titulaires d'un grade supérieur à celui d'inspecteur des finances publiques ;

b. dans la limite de 80 000 €, pour les inspecteurs des finances publiques ;

c. dans la limite de 30 000 €, pour les agents de catégorie B ;

d. dans la limite de 5 000 €, pour les agents de catégorie C.

CODE DES IMPOSITIONS SUR LES BIENS ET SERVICES

Ordonnance n° 2021-1843 du 22 décembre 2021,

Portant partie législative du code des impositions sur les biens et services et transposant diverses normes du droit de l'Union européenne.

CHAPITRE Ier. *CONSTITUTION DU CODE DES IMPOSITIONS SUR LES BIENS ET SERVICES*

....

Art. 4 Les références dans les textes législatifs ou réglementaires, dans les délibérations des collectivités territoriales ou dans les contrats en cours, relatives aux impositions ou fractions d'imposition mentionnées à la première colonne du tableau du second alinéa du présent article s'entendent des références aux impositions du code des impositions sur les biens et services mentionnées à la deuxième colonne du même tableau, ou aux fractions de ces impositions mentionnées à la troisième colonne.

<table>
<tr><th>Anciennes dénominations</th><th>Nouvelles dénominations</th><th>Fraction correspondante</th></tr>
<tr><td colspan="3">Énergies</td></tr>
<tr><td>Taxe intérieure de consommation sur les produits énergétiques prévue à l'article 265 du code des douanes</td><td rowspan="5">Accise sur les énergies mentionnée à l'article L. 312-1</td><td>Fraction perçue en métropole sur les produits énergétiques autres que les gaz naturels et les charbons</td></tr>
<tr><td>Taxe spéciale de consommation prévue à l'article 266 quater du code des douanes</td><td>Fraction perçue en outre-mer sur les produits énergétiques autres que les gaz naturels et les charbons</td></tr>
<tr><td>Taxe intérieure de consommation sur le gaz naturel et le méthane prévue à l'article 266 quinquies du code des douanes</td><td>Fraction perçue sur les gaz naturels</td></tr>
<tr><td>Taxe intérieure de consommation sur les houilles, lignites et coques prévue à l'article 266 quinquies B du code des douanes</td><td>Fraction perçue sur les charbons</td></tr>
<tr><td>Taxe intérieure sur la consommation finale d'électricité prévue à l'article 266 quinquies C du code des douanes</td><td>Fraction perçue sur l'électricité</td></tr>
</table>

Anciennes dénominations	Nouvelles dénominations	Fraction correspondante
	Alcools	
Droit de circulation sur les vins prévu à l'article 438 du code général des impôts	Accise sur les alcools mentionnée à l'article L. 313-1	Fraction perçue sur les vins
Droit de consommation sur les produits intermédiaires prévu à l'article 402 *bis* du code général des impôts		Fraction perçue sur les produits intermédiaires
Droit de consommation sur les alcools prévu à l'article 403 du code général des impôts		Fraction perçue sur les alcools, à l'exception de la majoration applicable en outre-mer
Droit spécifique sur les bières prévu à l'article 520 A du code général des impôts		Fraction perçue sur les bières
Droits assimilés à l'octroi de mer perçus sur les alcools prévus à l'article 3 de la loi n° 62-879 du 31 juillet 1962 portant divers aménagements du régime économique et fiscal des rhums dans les départements d'outre-mer		Majoration applicable en outre-mer
	Tabacs	
Droit de consommation sur les tabacs manufacturés en France continentale prévu à l'article 575 du code général des impôts	Accise sur les tabacs mentionnée à l'article L. 314-1	Fraction perçue en France continentale
Droit de consommation sur les tabacs manufacturés dans les territoires ultramarins prévu à l'article 575 E du code général des impôts		Fraction perçue en outre-mer
Droit de consommation sur les tabacs en Corse prévu à l'article 575 E *bis* du code général des impôts		Fraction perçue en Corse
	Déplacements routiers	
Taxe fixe à l'immatriculation prévue au 1° du I de l'article 1011 du code général des impôts	Taxe sur l'immatriculation des véhicules, taxe fixe prévue au 1° de l'article L. 421-30	–
Taxe régionale à l'immatriculation prévue au 2° du I de l'article 1011 du code général des impôts	Taxe sur l'immatriculation des véhicules, taxe régionale sur les véhicules à moteur prévue au 2° de l'article L. 421-30	–

Anciennes dénominations	Nouvelles dénominations	Fraction correspondante
Majoration à l'immatriculation des véhicules de transport routier prévue au 4° du I de l'article 1011 du code général des impôts	Taxe sur l'immatriculation, taxe sur les véhicules de transport prévue au 3° de l'article L. 421-30	–
Malus à l'immatriculation sur les émissions de dioxyde de carbone des véhicules de tourisme prévu au 3° du I de l'article 1011 du code général des impôts	Taxes sur l'immatriculation des véhicules, taxe sur les émissions de dioxyde de carbone des véhicules de tourisme prévue au *a* du 4° de l'article L. 421-30	–
Taxe à l'immatriculation sur la masse en ordre de marche des véhicules de tourisme prévue au 3° du I de l'article 1011 du code général des impôts	Taxes sur l'immatriculation des véhicules, taxe sur la masse en ordre de marche des véhicules de tourisme prévue au *b* du 4° de l'article L. 421-30	–
Taxe annuelle à l'utilisation des véhicules de tourisme sur les émissions de dioxyde de carbone prévue au *a* du 1° de l'article 1010 du code général des impôts	Taxes sur l'affectation des véhicules à des fins économiques, taxe annuelle sur les émissions de dioxyde de carbone des véhicules de tourisme prévue au *a* du 1° de l'article L. 421-94	–
Taxe annuelle à l'utilisation des véhicules de tourisme relative aux émissions de polluants atmosphériques prévue au *b* du 1° de l'article 1010 du code général des impôts	Taxes sur l'affectation des véhicules à des fins économiques, taxe annuelle sur l'ancienneté des véhicules de tourisme prévue au *b* du 1° de l'article L. 421-94	–
Taxe annuelle à l'essieu sur les véhicules lourds de transport de marchandises prévue au 2° de l'article 1010 du code général des impôts	Taxes sur l'affectation des véhicules à des fins économiques, taxe annuelle sur les véhicules lourds de transport de marchandises prévue au 2° de l'article L. 421-94	–
Droit de timbre en cas de non-présentation du permis de conduire en vue de son renouvellement prévu à l'article 1628 *ter* du code général des impôts	Taxe sur le renouvellement du permis de conduire mentionnée à l'article L. 421-168	–
Taxe due par les concessionnaires d'autoroutes prévue à l'article 302 *bis* ZB du code général des impôts dite « taxe d'aménagement du territoire »	Taxe sur la distance parcourue sur le réseau autoroutier concédé mentionnée à l'article L. 421-175	–
Taxe annuelle pour frais de contrôle due par les concessionnaires d'autoroutes prévue à l'article 302 *bis* ZB *bis* du code général des impôts	Taxe sur les recettes de l'exploitation du réseau autoroutier concédé mentionnée à l'article L. 421-181	–

Anciennes dénominations	Nouvelles dénominations	Fraction correspondante
	Transport aérien	
Taxe de l'aviation civile prévue au 1 du I de l'article 302 *bis* K du code général des impôts, perçue sur les embarquements de passagers	Taxe sur le transport aérien de passagers mentionnée à l'article L. 422-13	Tarif de l'aviation civile prévu au 1° de l'article L. 422-20
Taxe de solidarité sur les billets d'avions prévue au 1 du VI de l'article 302 *bis* K du code général des impôts		Tarif de solidarité prévu au 2° de l'article L. 422-20
Taxe d'aéroport prévue au I de l'article 1609 *quatervicies* du code général des impôts, perçue sur les embarquements de passagers		Tarif de sûreté et de sécurité prévu au 3° prévu de *[à]* l'article L. 422-20
Majoration de la taxe d'aéroport prévue au IV *bis* de l'article 1609 *quatervicies* du code général des impôts		Tarif de péréquation aéroportuaire prévu au 4° prévu de *[à]* l'article L. 422-20
Contribution destinée à couvrir certains coûts générés par l'utilisation d'aérodromes où ne s'applique pas la taxe de l'aviation civile prévue au 1 du VII de l'article 302 *bis* K du code général des impôts		Tarif unique de l'aéroport de Bâle-Mulhouse prévu à l'article L. 422-26
Taxe due par les entreprises de transport public aérien prévue à l'article 1599 *vicies* du code général des impôts		Majoration en Corse prévue à l'article L. 422-29
Taxe due par les entreprises de transport public aérien prévue à l'article 285 *ter* du code des douanes		Majoration en outre-mer prévue à l'article L. 422-30
Contribution spéciale CDG-Express prévue au I de l'article 1609 *tervicies* du code général des impôts		Majoration à l'aéroport Roissy-Charles de Gaulle prévue à l'article L. 422-26-1, dans sa rédaction en vigueur à compter du 1er avril 2026
Taxe de l'aviation civile prévue au 1 du I de l'article 302 *bis* K du code général des impôts, perçue sur les embarquements de courrier ou de fret	Taxe sur le transport aérien de marchandises mentionnée à l'article L. 422-41	Tarif de l'aviation civile prévu au 1° de l'article L. 422-45
Taxe d'aéroport prévue au I de l'article 1609 *quatervicies* du code général des impôts, perçue sur les embarquement*[s]* de courrier ou de fret		Tarif de sûreté et de sécurité prévu au 2° de l'article L. 422-45

Anciennes dénominations	Nouvelles dénominations	Fraction correspondante
Taxe sur les nuisances sonores aériennes prévue au I de l'article 1609 *quatervicies* A du code général des impôts	Taxe sur les nuisances sonores aériennes prévue à l'article L. 422-49	–
	Navigations	
Droit annuel de francisation et de navigation prévu à l'article 223 du code des douanes	Taxe annuelle sur les engins maritimes à usage personnel mentionnée à l'article L. 423-4	Fraction perçue sur les engins battant pavillon français
Droit de passeport prévu à l'article 238 du code des douanes		Fraction perçue sur les engins ne battant pas pavillon français
Droit fixe sur la délivrance du permis de conduire les bateaux de plaisance à moteur prévu au IV de l'article 963 du code général des impôts	Taxe sur le permis de conduire des bateaux de plaisance à moteur mentionnée à l'article L. 423-38	Fraction perçue sur les délivrances du titre
Droit d'examen prévu au V de l'article 963 du code général des impôts		Fraction perçue sur les candidatures aux examens
Taxe sur les entreprises de transport public maritime prévue à l'article 285 *quater* du code des douanes	Taxe sur le transport maritime de passagers à destination d'espaces naturels protégés mentionnée à l'article L. 423-47	–
Taxe due par les entreprises de transport public maritime prévue à l'article 1599 *vicies* du code général des impôts	Taxe sur le transport maritime de passagers dans certains territoires côtiers mentionnée à l'article L. 423-57	–
	Industrie et artisanat	
Taxe pour le développement des industries de l'horlogerie, bijouterie, joaillerie et orfèvrerie ainsi que des arts de la table prévue au I du C de l'article 71 de la loi n° 2003-1312 du 30 décembre 2003 de finances rectificative pour 2003	Taxes sur les produits de l'industrie et de l'artisanat	Fraction perçue sur les biens des industries de l'horlogerie, de la bijouterie-joaillerie, de l'orfèvrerie et des arts de la table au sens de l'article L. 471-4
Taxe pour le développement des *industries du cuir, de la maroquinerie*, de la ganterie et de la chaussure prévue au I du B de l'article 71 de la loi n° 2003-1312 du 30 décembre 2003 de finances rectificative pour 2003		Fraction perçue sur les biens des industries du cuir, de la chaussure et de la maroquinerie au sens de l'article L. 471-5
Taxe pour le développement des industries de l'habillement prévue au I du D de l'article 71 de la loi n° 2003-1312 du 30 décembre 2003 de finances rectificative pour 2003		Fraction perçue sur les biens des industries de l'habillement au sens de l'article L. 471-6

Anciennes dénominations	Nouvelles dénominations	Fraction correspondante
Taxe pour le développement des industries de l'ameublement ainsi que des industries du bois prévue au I du A de l'article 71 de la loi n° 2003-1312 du 30 décembre 2003 de finances rectificative pour 2003, perçue sur le secteur des industries de l'ameublement		Fraction perçue sur les biens des industries de l'ameublement au sens de l'article L. 471-7
Taxe pour le développement des industries de l'ameublement ainsi que des industries du bois prévue au I du A de l'article 71 de la loi n° 2003-1312 du 30 décembre 2003 de finances rectificative pour 2003, perçue sur le secteur des industries du bois		Fraction perçue sur les biens des industries du bois au sens de l'article L. 471-8
Taxe pour le développement des industries des matériaux de construction regroupant les industries du béton, de la terre cuite, des roches ornementales et de construction prévue au I du F de l'article 71 de la loi n° 2003-1312 du 30 décembre 2003 de finances rectificative pour 2003, perçue sur le secteur de l'industrie du béton		Fraction perçue sur les biens des industries du béton au sens de l'article L. 471-9
Taxe pour le développement des industries des matériaux de construction regroupant les industries du béton, de la terre cuite, des roches ornementales et de construction prévue au I du F de l'article 71 de la loi n° 2003-1312 du 30 décembre 2003 de finances rectificative pour 2003, perçue sur le secteur de la terre cuite		Fraction perçue sur les biens des industries des matériaux de construction en terre cuite au sens de l'article L. 471-10
Taxe pour le développement des industries des matériaux de construction regroupant les industries du béton, de la terre cuite, des roches ornementales et de construction prévue au I du F de l'article 71 de la loi n° 2003-1312 du 30 décembre 2003 de finances rectificative pour 2003, perçue sur le secteur des roches ornementales et de construction		Fraction perçue sur les biens des industries des roches ornementales et de construction au sens de l'article L. 471-11
Taxe pour le développement des industries de fabrication du papier, du carton et de la pâte de cellulose prévue au premier alinéa du I *bis* de l'article 71 de la loi n° 2003-1312 du 30 décembre 2003 de finances rectificative pour 2003		Fraction sur les biens des industries du papier au sens de l'article L. 471-12

Anciennes dénominations	Nouvelles dénominations	Fraction correspondante
Taxe pour le développement des industries de la transformation des matières plastiques et des composites à matrice organique prévue au premier alinéa du I de l'article 71 de la loi n° 2003-1312 du 30 décembre 2003 de finances rectificative pour 2003		Fraction perçue sur les industries de la plasturgie et des composites au sens de l'article L. 471-13
Taxe pour le développement des industries de la fonderie au premier alinéa du H de l'article 71 de la loi n° 2003-1312 du 30 décembre 2003 de finances rectificative pour 2003		Fraction perçue sur les biens des industries de la fonderie au sens de l'article L. 471-14
Taxe pour le développement des industries des matériels et consommables de soudage prévue au 2° du I du E de l'article 71 de la loi n° 2003-1312 du 30 décembre 2003 de finances rectificative pour 2003		Fraction perçue sur les biens des industries de la soudure au sens de l'article L. 471-15
Taxe pour le développement des industries des matériels aérauliques et thermiques prévue au 5° du I du E de l'article 71 de la loi n° 2003-1312 du 30 décembre 2003 de finances rectificative pour 2003		Fraction perçue sur les biens des industries aérauliques et thermiques au sens de l'article L. 471-16
Taxe pour le développement des industries de la construction métallique prévue au 4° du I du E de l'article 71 de la loi n° 2003-1312 du 30 décembre 2003 de finances rectificative pour 2003		Fraction perçue sur les biens des industries de la construction métallique au sens de l'article L. 471-17
Taxe pour le développement des industries de la mécanique et du décolletage prévue au 1° du I du E de l'article 71 de la loi n° 2003-1312 du 30 décembre 2003 de finances rectificative pour 2003		Fraction perçue sur les biens des industries mécaniques au sens de l'article L. 471-18
Taxe pour le développement des industries des corps gras prévue *au premier alinéa* du G de l'article 71 de la loi n° 2003-1312 du 30 décembre 2003 de finances rectificative pour 2003		Fraction perçue sur les biens des industries des corps gras au sens de l'article L. 471-19

....

CHAPITRE IV. *DISPOSITIONS FINALES*

....

Art. 39 Les dispositions du chapitre Ier, des articles 10, 11 et 18 et du chapitre III de la présente ordonnance sont applicables à Saint-Barthélemy, à Saint-Martin, à Saint-Pierre-et-

Miquelon[,] en Nouvelle-Calédonie, en Polynésie française, à Wallis-et-Futuna et dans les Terres australes et antarctiques françaises.

Toutefois, les dispositions des textes abrogés par les dispositions des chapitres II et III intervenues dans une matière relevant désormais de la compétence des autorités d'une collectivité d'outre-mer ou de la Nouvelle-Calédonie et applicables localement y demeurent en vigueur tant qu'elles n'ont pas été modifiées ou abrogées par l'autorité locale compétente.

Art. 40 Les dispositions de la présente ordonnance entrent en vigueur le 1er janvier 2022, à l'exception des dispositions suivantes, qui entrent en vigueur aux dates qu'elles prévoient ou, à défaut, le lendemain de la publication de l'ordonnance :

1° Les *g* et *i* du 8° de l'article 7 ;

2° Le *b* du 7° et le *c* du 32° de l'article 10 ;

3° Le 2° de l'article 18 ;

4° Les 20° à 22° de l'article 36 ;

5° L'article 37.

Art. 41 Les dispositions de la présente ordonnance sont applicables aux impositions pour lesquelles le fait générateur intervient à compter de leur date d'entrée en vigueur.

Toutefois, pour les impositions relevant du régime général d'accises mentionné au 1° de l'article L. 300-1 du code des impositions sur les biens et services, autres que les impositions sur les charbons, les gaz naturels et l'électricité, elles s'appliquent aux impositions pour lesquelles l'exigibilité intervient à compter de cette même date.

Décret n° 2021-1914 du 30 décembre 2021,

Portant diverses mesures d'application de l'ordonnance n° 2021-1843 du 22 décembre 2021 portant partie législative du code des impositions sur les biens et services et transposant diverses normes du droit de l'Union européenne.

TITRE Ier. DISPOSITIONS D'APPLICATION RELATIVES À CERTAINES IMPOSITIONS SUR LES BIENS ET SERVICES

CHAPITRE Ier. *ACCISES*

SECTION I. *Dispositions applicables aux accises sur les énergies, les alcools et les tabacs*

SOUS-SECTION 1. *Dispositions relatives au régime général et à la circulation des produits soumis à accise*

Art. 1er Les articles 2 à 22 s'appliquent aux produits mentionnés à l'article L. 312-100 du code des impositions sur les biens et services.

§ 1er. *Identification des expéditeurs et destinataires certifiés*

Art. 2 Lorsqu'ils sont mis à la consommation préalablement à leur mise en circulation, les produits soumis à accises mentionnés à l'article 1er sont déplacés entre la France et un autre État membre de l'Union européenne dans les conditions suivantes :

1° Ils sont expédiés par un expéditeur certifié agissant dans le cadre de l'exercice de sa profession ;

2° Ils sont destinés à un destinataire certifié agissant dans le cadre de l'exercice de sa profession.

Art. 3 L'expéditeur certifié mentionné au 1° de l'article 2 est identifié par un numéro fiscal, attribué par l'administration à sa demande, nonobstant son identification en tant qu'entrepositaire agréé ou expéditeur enregistré.

Art. 4 Les personnes identifiées comme expéditeurs certifiés ne sont pas autorisées à produire, transformer, détenir, stocker et expédier, sous cette identification, des produits en suspension de l'accise.

Art. 5 Le destinataire certifié mentionné au 2° de l'article 2 est identifié par un numéro fiscal attribué par l'administration à sa demande, nonobstant son identification en tant qu'entrepositaire agréé ou expéditeur enregistré.

Art. 6 L'identification en tant que destinataire certifié est accordée aux personnes qui s'engagent à :

1° Constituer, préalablement à l'expédition des produits, une garantie couvrant les risques inhérents au non-paiement des droits qui peut survenir au cours du mouvement sur le territoire des États membres de transit et sur le territoire de la France métropolitaine ;

2° Acquitter l'accise sur le territoire de la France métropolitaine à l'issue du mouvement ;

3° Se prêter à tout contrôle de l'administration permettant de s'assurer de la réception effective des produits et du paiement de l'accise.

Art. 7 Les personnes identifiées comme destinataires certifiés ne sont pas autorisées à recevoir, détenir, stocker les produits soumis à accise en suspension de l'accise sous cette identification.

§ 2. *Expéditeurs et destinataires certifiés occasionnels*

Art. 8 Lorsque les activités d'expédition ou de réception des personnes qui ont été identifiées en tant qu'expéditeurs certifiés ou en tant que destinataires certifiés ne revêtent qu'un caractère occasionnel, la portée de l'identification fiscale qui leur a été délivrée est limitée :

1° A un seul mouvement et pour une quantité déterminée de produits ;

2° A une durée au plus égale au temps nécessaire à l'acheminement et à la réception des produits par le destinataire certifié.

§ 3. *Règles de circulation*

SOUS-§ 1er. Document administratif électronique simplifié

Art. 9 Les produits soumis à accises mentionnés à l'article 1 circulent accompagnés d'un document administratif électronique simplifié, établi par l'expéditeur certifié dans l'État membre de l'Union européenne de départ :

1° Lorsqu'ils sont expédiés vers un destinataire certifié situé dans un État membre de l'Union européenne autre que celui de leur mise à la consommation ;

2° Lorsque le lieu de départ et le lieu d'arrivée de l'expédition des produits mentionnés au premier alinéa de l'article 22 se situent sur le territoire de la France métropolitaine.

Art. 10 Lorsque des produits mentionnés à l'article 1 doivent être déplacés dans les conditions mentionnées à l'article 9, l'expéditeur certifié soumet un projet de document administratif électronique simplifié par l'intermédiaire du système d'informatisation du suivi des mouvements et des contrôles des produits soumis à accise.

A réception du projet prévu au premier alinéa, l'administration :

1° Attribue au document un code de référence administratif unique simplifié qu'elle communique à l'expéditeur certifié ;

2° Transmet sans délai le document administratif électronique simplifié à l'autorité compétente de l'État membre de destination.

Art. 11 Le code de référence mentionné au 1° de l'article 10 est communiqué par l'expéditeur certifié à la personne qui accompagne les produits ou, à défaut, au transporteur. Il peut être mentionné sur un document commercial sans rature ni surcharge.

Art. 12 Le code de référence mentionné au 1° de l'article 10 est présenté à toute demande des services de contrôle.

Art. 13 Pendant la circulation des produits, l'expéditeur certifié peut, par l'intermédiaire du système d'informatisation mentionné au premier alinéa de l'article 10, indiquer un nouveau lieu de livraison géré par le même destinataire certifié à l'intérieur de l'État membre de destination ou un lieu d'expédition. Il présente alors à l'administration un projet de document électronique de changement de destination.

Art. 14 Le destinataire certifié qui réceptionne des produits soumis à accise sur le territoire de la France métropolitaine présente à l'administration, dans un délai de cinq jours ouvrables, un accusé de réception par l'intermédiaire du système d'informatisation mentionné au premier alinéa de l'article 10.

Art. 15 Lorsque les données de l'accusé de réception sont reconnues valides par l'administration, l'accusé de réception est réputé constituer une preuve suffisante de l'issue régulière de la circulation des produits soumis à accise.

L'administration adresse au destinataire certifié ainsi qu'aux autorités compétentes de l'État membre de l'Union européenne d'expédition une confirmation de l'enregistrement de l'accusé de réception.

SOUS-§ 2. Procédure de secours

Art. 16 En cas d'indisponibilité du système d'informatisation mentionné au premier alinéa de l'article 10, l'expéditeur certifié :

1° Établit un document de secours reprenant les mêmes données que le projet de document administratif électronique simplifié prévu à l'article 10 ;

2° Informe l'administration préalablement à l'expédition et lui adresse une copie du document de secours.

Art. 17 Dès que le système d'informatisation mentionné au premier alinéa de l'article 10 redevient disponible, l'expéditeur certifié présente un projet de document administratif électronique simplifié conformément à l'article 10, qui, après vérification et validation de l'administration, se substitue au document de secours.

Une copie du document de secours est conservée par l'expéditeur certifié dans ses registres.

Les dispositions de l'article 13 s'appliquent également au document de secours en cas d'indisponibilité du système d'informatisation.

Art. 18 Lorsque l'accusé de réception mentionné à l'article 14 ne peut être présenté, le destinataire certifié présente à l'administration un document de secours contenant les mêmes données que l'accusé de réception et attestant que le mouvement a pris fin.

Sauf dans le cas où l'accusé de réception peut lui être présenté à brève échéance par le destinataire certifié au moyen du système d'informatisation mentionné au premier alinéa de l'article 10, l'administration envoie une copie du document de secours prévu au premier alinéa aux autorités compétentes de l'État membre d'expédition.

Lorsque l'administration reçoit une copie du document de secours prévu au premier alinéa, elle le transmet à l'expéditeur certifié ou tient à sa disposition une copie de ce document.

Art. 19 Dès que le système d'informatisation redevient disponible, le destinataire certifié présente un accusé de réception, conformément à l'article 14.

SOUS-§ 3. Attestation

Art. 20 L'expéditeur certifié joint au document d'accompagnement électronique simplifié l'attestation transmise par le destinataire certifié occasionnel et établie par l'autorité compétente de l'État membre de l'Union européenne de destination certifiant que l'accise y a été acquittée ou qu'une garantie de son paiement a été acceptée.

Le destinataire certifié occasionnel transmet à l'expéditeur certifié l'attestation mentionnée au premier alinéa établie par l'administration.

SOUS-§ 4. Preuves alternatives à l'accusé de réception

Art. 21 En l'absence d'accusé de réception ou de rapport d'exportation permettant de justifier de l'issue régulière d'une circulation de produits soumis à accises, d'autres éléments de preuve permettant de justifier de l'issue régulière du mouvement peuvent être apportés tels que :

1° Un visa des autorités compétentes de l'État membre de l'Union européenne de destination indiquant que les produits ont bien été réceptionnés à destination et que le destinataire certifié à accompli toutes les formalités requises ;

2° Le document de secours mentionné à l'article 16.

SOUS-§ 5. Certificat d'exonération

Art. 22 Lorsqu'ils circulent sous un régime de suspension de l'accise, les produits exonérés de l'accise en application des dispositions des articles L. 311-9 à L. 311-11 du code des impositions sur les biens et services sont accompagnés d'un certificat d'exonération conforme au modèle fixé par l'administration.

Ce certificat comprend les mentions suivantes :

1° La nature, la quantité et la valeur des produits ;

2° L'identité du destinataire ;

3° L'État membre de l'Union européenne qui a certifié l'exonération.

SOUS-SECTION 2. *Certification des petits producteurs*

Art. 23 La certification des petits producteurs indépendants prévue à l'article L. 313-40 du code des impositions sur les biens et services est réalisée au moyen de la délivrance d'un certificat sur demande préalable du producteur.

Art. 24 Une déclaration annuelle de production, conforme au modèle fixé par l'administration, est transmise à l'appui de la demande mentionnée à l'article 23. La déclaration annuelle de production mentionne les quantités effectivement produites par le producteur au cours des douze mois de l'exercice commercial précédent ou, en cas d'activité nouvellement créée, le volume prévisionnel de production envisagé par le producteur.

Art. 25 L'administration délivre le certificat mentionné à l'article 23 dans un délai de quatre mois à compter de la réception de la demande. Le silence gardé par l'administration à l'issue de ce délai vaut acceptation.

Art. 26 Le certificat mentionné à l'article 24 est délivré pour une durée d'un an et peut porter sur un ou plusieurs produits taxables relevant de catégories fiscales différentes.

Art. 27 Est porté sur le document administratif accompagnant la circulation :

1° La référence du certificat délivré par l'administration ou ;

2° Le niveau de sa production annuelle ainsi que la mention par laquelle il atteste qu'il respecte les critères d'indépendance prévus à l'article L. 313-22 du code des impositions sur les biens et services.

SECTION II. *Accises sur l'électricité, le gaz naturel et les charbons*

SOUS-SECTION 1. *Obligations déclaratives des redevables*

Art. 28 L'accise applicable aux fournitures ou, selon le cas, aux consommations de gaz naturel, de charbons et d'électricité est recouvrée par le service des impôts dont dépend le redevable.

Art. 29 Les redevables de l'accise, identifiés par leur numéro SIREN, déclarent la taxe au moyen d'une déclaration conforme au modèle fixé par l'administration, adressée par voie dématérialisée au service mentionné à l'article 28.

Art. 30 L'accise sur le gaz naturel, les charbons et l'électricité fait l'objet d'une déclaration unique.

Art. 31 La déclaration prévue à l'article 30 comprend les éléments suivants :

1° Les quantités fournies à compter du 1er janvier 2022 au cours de la période couverte par la déclaration ainsi que les quantités estimées correspondant à chaque échéance d'un échéancier souscrit par un consommateur à compter du 1er janvier 2022 ;

2° Les montants suivants, ventilés par tarifs et par catégorie de régularisation :

a) Les sommes reçues à compter du 1er janvier 2022, au titre de la période couverte par la déclaration concernée et afférentes aux fournitures mentionnées au 1° pour lesquelles la taxe sur la valeur ajoutée est devenue exigible au cours de la même période au titre d'une livraison, d'un acompte ou d'encaissements successifs lorsque, dans ce dernier cas, le redevable a exercé l'option prévue au second alinéa du *a* du 2 de l'article 269 du code général des impôts ;

b) Les sommes correspondant aux montants de l'accise ainsi que ceux relatifs à la taxe départementale sur la consommation finale d'électricité mentionnés au 2° du I de l'article 42 de l'ordonnance n° 2021-1843 du 22 décembre 2021 portant partie législative du code des impositions sur les biens et services et transposant diverses normes du droit de l'Union européenne ;

c) A compter du 1er janvier 2023, les sommes correspondant à la taxe communale sur la consommation finale d'électricité mentionnées au 2° du II de l'article 42 de l'ordonnance n° 2021-1843 du 22 décembre 2021 portant partie législative du code des impositions sur les biens et services et transposant diverses normes du droit de l'Union européenne ;

3° Pour les redevables qui consomment l'électricité qu'ils produisent ou qui importent ou extraient eux-mêmes le gaz naturel ou les charbons qu'ils consomment, au titre de chaque période concernée :

a) Les quantités de produits consommées ventilées entre les usages de ces produits soumis au tarif normal de l'accise et ceux soumis à un tarif réduit ;

b) Les régularisations éventuelles des informations portées sur les précédentes déclarations dès lors que les produits n'ont pas été effectivement affectés à l'usage soumis au tarif mentionné sur ces déclarations.

Art. 32 Les paiements relatifs à l'accise sur le gaz naturel, les charbons et l'électricité sont souscrits par voie dématérialisée.

Art. 33 La déclaration mentionnée à l'article 30 est adressée au plus tard le 25 du mois suivant le trimestre civil auquel elle se rapporte.

Art. 34 Par dérogation aux dispositions de l'article 33 :

1° La déclaration de l'accise sur l'électricité est adressée au plus tard le 25 du mois suivant celui auquel elle se rapporte, lorsque le redevable a fourni ou consommé plus de quarante térawattheures d'électricité au titre de l'année civile précédente ;

2° La déclaration afférente aux fournitures de charbons est déposée au plus tard le 31 janvier de l'année qui suit celle à laquelle la déclaration se rapporte, lorsque les opérations effectuées par les redevables, au titre de l'année civile précédente, consistent exclusivement en des fournitures de charbons destinées à des clients domestiques et n'excédant pas mille mégawattheures par an.

Art. 35 Par dérogation aux dispositions des articles 33 et 34, en cas de cession ou cessation d'activité, de redressement ou de liquidation judiciaire, la déclaration est déposée :

1° Dans les 30 jours suivant la survenue de l'évènement, pour les redevables soumis tenus au dépôt d'une déclaration mensuelle ou trimestrielle ;

2° Dans les 60 jours suivant la survenue de l'évènement, pour les redevables tenus au dépôt d'une déclaration annuelle.

Art. 36 Lorsqu'il apparaît au cours de l'année que les conditions mentionnées au 2° de l'article 34 ne sont plus remplies, le redevable déclare et acquitte la taxe dans les conditions prévues à l'article 33.

SOUS-SECTION 2. *Remboursement*

Art. 37 Les demandes de remboursement d'accise sur l'électricité, le gaz naturel ou les charbons au titre d'une année civile sont adressées en une fois au service mentionné à l'article premier, à compter du 1er janvier suivant.

SOUS-SECTION 3. *[Application outre-mer]*

Art. 38 *Application outre-mer [sic].* Les articles 28 à 37 du présent décret sont applicables pour les taxes dues à raison des fournitures et des consommations d'électricité réalisées sur les territoires de Saint-Pierre-et-Miquelon et des îles Wallis-et-Futuna.

CHAPITRE II. *AUTRES IMPOSITIONS SECTORIELLES*

SECTION I. *Mobilités*

SOUS-SECTION 1. *Taxes sur l'immatriculation des véhicules*

Conditions de mise œuvre du remboursement prévu à l'article L. 421-88 du code des impositions sur les biens et services

Art. 39 La personne qui détient le véhicule demande le bénéfice du remboursement mentionné à l'article L. 421-88 du code des impositions sur les biens et services au moyen d'un formulaire conforme au modèle fixé par l'administration, accompagné des pièces justificatives suivantes :

1° Lorsque les enfants dont elle assume la charge effective et permanente répondent à l'une des conditions prévues aux 1° ou 2° de l'article L. 512-3 du code de la sécurité sociale, soit un document attestant que cette condition est remplie, délivré par l'organisme débiteur des prestations familiales, soit le livret de famille et le dernier avis d'imposition à l'impôt sur le revenu, sous réserve de l'application du 1° du II de l'article D. 113-14 du code des relations entre le public et l'administration ;

2° Lorsque les enfants dont elle assume la charge effective et permanente font l'objet d'un placement à son domicile au sens de l'article L. 421-2 du code de l'action sociale et des familles, un document délivré par son employeur justifiant du nombre d'enfants accueillis à ce titre ;

3° La copie du certificat d'immatriculation du véhicule.

Art. 40 La demande mentionnée à l'article 39 est adressée, par voie électronique, au service des impôts dont les coordonnées figurent sur l'avis d'imposition à l'impôt sur le revenu du demandeur.

Lorsque le demandeur n'a pas accès à un moyen de communication électronique, la demande est adressée par voie postale.

Art. 41 La demande de remboursement mentionnée à l'article 39 est recevable jusqu'au 31 décembre de la deuxième année qui suit celle de l'immatriculation du véhicule soumis à la taxe.

SOUS-SECTION 2. *Taxe sur le transport aérien de passagers*

Art. 42 Pour les besoins de la détermination du tarif de solidarité prévu à l'article L. 422-22 du code des impositions sur les biens et services, la Confédération suisse fait partie des destinations assimilées à une destination européenne au sens du 1° de l'article L. 422-15 du même code.

SOUS-SECTION 3. *Taxe annuelle sur les engins maritimes à usage personnel*

Art. 43 Le décret n° 2007-1262 du 21 août 2007 susvisé est ainsi modifié :

1° Dans l'intitulé, les mots : "définissant certaines exonérations du droit annuel de francisation et de navigation" sont remplacés par les mots : "relatif à la délivrance du label "bateau d'intérêt patrimonial" ;

2° Le début de la première phrase de l'article 1er est ainsi rédigé : "Pour l'application du 2° de l'article L. 423-18 du code des impositions sur les biens et services, l'intérêt patrimonial d'un bateau est reconnu par le label "bateau d'intérêt patrimonial", délivré par arrêté du ministre chargé de la mer... (le reste sans changement)" ;

3° A l'article 5 :

a) Le troisième alinéa est supprimé ;

b) A l'avant-dernier alinéa, les mots : "des douanes" sont remplacés par les mots : "de la mer" ;

4° A la seconde phrase de l'article 10, les mots : "des douanes," sont supprimés ;

5° L'article 12 est ainsi rédigé :

Art. 12 **Le label est valable pour une durée de cinq ans à compter du 1er janvier suivant l'année de son obtention.**

Au cours de l'année 2022, des labels valables pour une durée de cinq ans à compter du 1er janvier de cette année sont également octroyés.

6° La seconde phrase de l'article 13 est supprimée ;

7° Le second alinéa de l'article 14 est supprimé ;

8° Les deuxième et troisième alinéas de l'article 15 sont supprimés ;

9° L'article 16 est abrogé ;

10° A l'article 18, les mots : "Le ministre d'État, ministre de l'écologie, du développement et de l'aménagement durables, la ministre de la culture et de la communication, le ministre du budget, des comptes publics et de la fonction publique et le secrétaire d'État chargé des transports" sont remplacés par les mots : "Le ministre chargé de la culture et le ministre chargé de la mer"*[.]*

Art. 44 Pour l'application des articles L. 113-2 et L. 423-21 du code des impositions sur les biens et services, la collectivité de Corse fait connaître, avant le 1er novembre, au service compétent du ministre chargé de la mer la délibération applicable à la taxe due à compter du 1er janvier suivant. A défaut, le montant de la taxe est calculé selon la dernière délibération transmise.

Art. 45 Le redevable justifie du respect de la condition prévue au 2° de l'article L. 423-21 du code des impositions sur les biens et services en transmettant à l'administration tout document permettant d'attester de sa situation, au plus tard le dernier jour du deuxième mois suivant celui au cours duquel l'exigibilité de la taxe est intervenue.

Toutefois, pour l'année 2022, un arrêté du ministre chargé de la mer peut fixer cette date de transmission au dernier jour du troisième mois suivant celui au cours duquel l'exigibilité de la taxe est intervenue.

Par dérogation au premier alinéa, lorsque le redevable est une société de crédit-bail, il transmet à l'administration la liste des engins taxables satisfaisant à la condition susmentionnée et conserve jusqu'à la fin du délai mentionné à l'article L. 5112-1-25 du code des transports tout document attestant, pour chaque bateau, du respect de cette condition.

Art. 46 Le document mentionné au premier alinéa de l'article 45 comporte les mentions suivantes :

1° L'identité de l'engin taxable ;

2° Le nom complet du redevable, ou à défaut du locataire en crédit-bail ;

3° Sa date d'émission.

Un arrêté du ministre chargé de la mer peut préciser les conditions de recevabilité de ce document.

Art. 47 Le service de la direction des affaires maritimes chargé de la fiscalité de la plaisance :

1° Est compétent pour constater la taxe annuelle sur les engins maritimes à usage personnel mentionnée à l'article L. 423-4 du code des impositions sur les biens et services en application de l'article L. 423-32 du même code, contrôler les éléments sur la base desquels elle est établie, instruire les réclamations et suivre les contentieux ;

2° Met à la disposition du redevable, par voie dématérialisée, les éléments sur la base desquels la taxe est établie ;

3° Lorsque la taxe n'est pas acquittée dans le délai mentionné à l'article 48, émet un titre de perception portant sur le montant de la taxe et, le cas échéant des majorations afférentes prévues aux articles L. 5112-1-26 et L. 5112-1-27 du code des transports. Ce titre est recouvré dans les conditions prévues aux articles 112 à 116, 119 à 122 et 124 du décret n° 2012-1246 du 7 novembre 2012 relatif à la gestion budgétaire et comptable publique, sous réserve des dispositions de l'article L. 247 du livre des procédures fiscales. Les contestations de ce titre sont adressées dans les conditions prévues aux articles 117 et 118 du décret n° 2012-1246 du 7 novembre 2012 précité.

Art. 48 Le redevable s'acquitte spontanément des sommes dues au titre de la taxe annuelle sur les engins maritimes à usage personnel mentionnée à l'article L. 423-4 du code des impositions sur les biens et services au plus tard le dernier jour du deuxième mois suivant celui au cours duquel son exigibilité est intervenue.

Toutefois, cette date est fixée au dernier jour du troisième mois suivant celui au cours duquel son exigibilité est intervenue lorsque les conditions suivantes sont satisfaites :

1° Le redevable est une société de crédit-bail ;

2° La taxe est due au titre de la première année de réalisation de la formalité mentionnée à l'article L. 423-12 du code susmentionné.

Art. 49 Le redevable s'acquitte des sommes dues au titre de la taxe au moyen d'une procédure de paiement dématérialisée en ligne, par carte bancaire ou au moyen d'une autorisation unique de prélèvement bancaire.

Les sociétés de crédit-bail peuvent également payer la taxe par virement bancaire sur accord du service compétent mentionné à l'article 47, à condition d'en avoir formulé la demande avant la date d'exigibilité de la taxe.

Art. 50 L'article 49 n'est pas applicable lorsque les conditions suivantes sont remplies :

1° Le redevable ne peut matériellement pas recourir à la procédure de paiement en ligne ;

2° Le redevable en informe l'administration avant la fin du délai de paiement mentionné à l'article 48.

La taxe est acquittée sur la base du titre de perception mentionné au 3° de l'article 47. Ce dernier peut être émis dès la réception de l'information mentionnée au 2°.

Art. 51 Les I et II de l'article 26 du décret n° 2017-974 du 10 mai 2017 relatif à la francisation des navires et aux hypothèques maritimes sont respectivement complétés par les mots : "dans leur rédaction résultant du décret n° 2021-1914 du 30 décembre 2021 comportant diverses mesures d'application de l'ordonnance n° 2021-1843 du 22 décembre 2021 portant partie législative du code des impositions sur les biens et services et transposant diverses normes du droit de l'Union européenne".

Art. 52 Sont abrogés :

1° Les articles 1 à 3, 8 et 20 du décret n° 2017-974 du 10 mai 2017 relatif à la francisation des navires et aux hypothèques maritimes ;

2° Le décret n° 2018-498 du 19 juin 2018 pris en application de l'article 33 de la loi n° 2017-1837 du 30 décembre 2017 de finances pour 2018 et portant sur la répartition entre *les organismes mentionnés* à l'article L. 742-9 du code de la sécurité intérieure du droit annuel de francisation et de navigation et du droit de passeport ;

3° Le décret n° 2019-271 du 3 avril 2019 relatif aux modalités de versement de la quote-part du droit annuel de francisation et de navigation aux éco-organismes agréés qui opèrent dans le cadre de la filière définie à l'article L. 541-10-10 du code de l'environnement pour la gestion de la fin de vie des navires de plaisance ou de sport.

SECTION II. *Taxes sur les produits de l'artisanat et de l'industrie*

Art. 53 Les modalités de déclaration prévues aux articles 54 à 61 s'appliquent aux taxes dues à raison des opérations mentionnées aux 1°, 2° et 4° de l'article L. 471-22 du code des impositions sur les biens et services.

Art. 54 Les taxes sur les produits de l'industrie et de l'artisanat mentionnées à l'article L. 471-2 du code des impositions sur les biens et services font l'objet de déclarations établies sur des formulaires conformes à des modèles fixés par l'administration.

Art. 55 Les déclarations mentionnées à l'article 54 sont adressées :

1° Au titre de la première année d'activité du redevable, le 25 janvier de l'année suivant l'année de cette création ;

2° En cas de cession ou de cessation d'activité du redevable, dans les 30 jours suivant cet évènement.

Art. 56 Dans les cas autres que ceux mentionnés à l'article 55, les déclarations sont adressées :

1° Lorsque le montant de la taxe dû au titre de l'année précédente est supérieur à 1 000 euros, au plus tard le 25 du mois suivant celui durant lequel la taxe est devenue exigible ;

2° Lorsque le montant de la taxe dû au titre de l'année précédente est compris entre 200 et 1 000 euros, au plus tard le 25 du mois suivant la fin du trimestre durant lequel la taxe est devenue exigible ;

3° Lorsque le montant de la taxe dû au titre de l'année précédente est inférieur à 200 euros, au plus tard le 25 janvier de l'année suivant celle durant laquelle la taxe est devenue exigible.

Art. 57 Par dérogation à l'article 56, lorsqu'elles portent sur les biens des industries du béton, des matériaux de construction en terre cuite et des roches ornementales et de construction, les déclarations sont adressées :

1° Lorsque le montant de la taxe dû au titre de l'année précédente était supérieur ou égal à 450 euros, au plus tard le 25 du mois suivant la fin du trimestre durant lequel la taxe est devenue exigible ;

2° Lorsque le montant de la taxe dû au titre de l'année précédente était inférieur à 450 euros, au plus tard le 25 janvier de l'année suivant celle durant laquelle la taxe est devenue exigible.

Art. 58 Par dérogation à l'article 56, les déclarations sont adressées au plus tard le 25 du mois suivant l'expiration du semestre durant lequel la taxe est devenue exigible lorsqu'elles portent sur :

1° Les biens des industries de fabrication du papier, du carton et de la pâte à papier ;

2° Les biens de la plasturgie et des composites ;

3° Les biens des industries de la soudure ;

4° Les biens des industries aérauliques et thermiques ;

5° Les biens des industries de la construction métallique ;

6° Les biens des industries mécaniques ;

7° Les biens des industries de la fonderie.

Art. 59 Par dérogation à l'article 56, lorsqu'elles portent sur les biens des industries des corps gras, les déclarations sont adressées au plus tard le 25 janvier de l'année suivant celle durant laquelle la taxe est devenue exigible.

Art. 60 Les déclarations peuvent être transmises par voie dématérialisée.

Par dérogation au premier alinéa, les déclarations sont transmises par voie dématérialisée lorsqu'elles portent sur les biens des industries de l'horlogerie, de la bijouterie-joaillerie, de l'orfèvrerie et des arts de la table.

Art. 61 Lorsqu'un titre de perception est émis pour le recouvrement des taxes sur les biens des industries et de l'artisanat conformément à l'article L. 256 D du livre des procédures fiscales, le montant porté sur ce titre inclut la majoration afférente prévue au B du III de l'article 55 de la loi n° 2010-1658 du 29 décembre 2010 de finances rectificative pour 2010.

Le titre de perception mentionné au premier alinéa est recouvré dans les conditions prévues aux articles 112 à 116, 119 à 122 et 124 du décret n° 2012-1246 du 7 novembre 2012 relatif à la gestion budgétaire et comptable publique, sous réserve des dispositions de l'article L. 247 du livre des procédures fiscales. Les contestations de ce titre sont adressées dans les conditions prévues aux articles 117 et 118 du même décret.

Art. 62 Les taxes sur les biens des industries et de l'artisanat dues à raison des opérations mentionnées au 3° de l'article L. 471-22 du code des impositions sur les biens et services sont constatées sur la déclaration d'importation mentionnée au dernier alinéa de l'article L. 112-6 du même code.

....

TITRE IV. DISPOSITIONS FINALES

Art. 69 Les articles 23 à 68 entrent en vigueur au *[le]* 1er janvier 2022.
Les articles 1 à 22 entrent en vigueur le 13 février 2023.

LIVRE PREMIER DISPOSITIONS GÉNÉRALES

(Ord. n° 2021-1843 du 22 déc. 2021)

Art. L. 100-1 Les dispositions du présent livre s'appliquent aux impositions prévues par le présent code, sous réserve des dispositions propres à chacune d'entre elles.

Art. L. 100-2 Ne donnent lieu à aucune consultation les dispositions réglementaires prises en application du présent code et qui constatent les éléments suivants :

1° Les correspondances entre les champs de biens, services et activités définis par la loi ou le règlement et les nomenclatures en vigueur ;

2° Les montants des indices, quantités ou autres données sur lesquels la loi ou le règlement prévoit que des paramètres sont indexés ;

3° Le résultat des formules et autres règles de calcul intégralement déterminées par la loi ou le règlement.

TITRE PREMIER ÉLÉMENTS TAXABLES ET TERRITOIRES

CHAPITRE PREMIER ÉLÉMENTS TAXABLES

Art. L. 111-1 Les activités économiques s'entendent de celles mentionnées au cinquième alinéa de l'article 256 A du code général des impôts.

Art. L. 111-2 Les entreprises s'entendent des personnes assujetties à la taxe sur la valeur ajoutée en application des dispositions des articles 256 A et 256 B du code général des impôts, dans la mesure où elles agissent en tant qu'assujetties.

Art. L. 111-3 Les dénominations utilisées dans le présent code pour désigner les biens, produits ou marchandises ou les catégories de biens, produits ou marchandises s'entendent de celles des positions et sous-positions de la nomenclature combinée définie par le règlement (CEE) n° 2658/87 du Conseil du 23 juillet 1987 relatif à la nomenclature tarifaire et statistique et au tarif douanier commun, dans sa rédaction en vigueur.

Le premier alinéa est également applicable lorsque, dans le présent code, sont employés des termes définis dans les notes complémentaires de sections ou de chapitres ou dans les notes de bas de page se rapportant aux sous-positions, y compris lorsqu'ils sont utilisés à d'autres fins que pour se référer au classement au sein de cette nomenclature.

Art. L. 111-4 Par dérogation à l'article L. 111-3 :

1° Les boissons comprennent les jus de fruits et de légumes ;

2° Les boissons alcooliques s'entendent des boissons dont le titre alcoométrique volumique acquis excède 1,2 % vol ou, pour les bières de malt et mélanges de bières de malt et de boissons non alcooliques, 0,5 % vol.

Art. L. 111-5 Des arrêtés du ministre chargé du budget peuvent constater les codes de la nomenclature combinée relatifs aux dénominations mentionnées aux articles L. 111-3 et L. 111-4 qui sont utilisées pour une imposition donnée.

Art. L. 111-6 Le code des douanes de l'Union s'entend du règlement (UE) n° 952/2013 du Parlement européen et du Conseil du 9 octobre 2013 établissant le code des douanes de l'Union, dans sa rédaction en vigueur.

Lorsqu'il est renvoyé à ce code pour une imposition donnée, les références aux droits de douane ou à la dette douanière s'entendent de références à cette imposition ou aux *dettes qui s'y rapportent.*

Art. L. 111-7 Les marchandises de l'Union et les marchandises non Union s'entendent au sens des points respectivement 23 et 24 de l'article 5 du code des douanes de l'Union.

CHAPITRE II TERRITOIRES

SECTION PREMIÈRE TERRITOIRE DOUANIER, TERRITOIRES TIERS ET TERRITOIRES DES AUTRES ÉTATS

Art. L. 112-1 Le territoire douanier européen s'entend du territoire défini à l'article 4 du code des douanes de l'Union.

La partie française du territoire douanier européen comprend la métropole, les territoires des collectivités régies par l'article 73 de la Constitution et de Saint-Martin ainsi que, conformément à la convention douanière signée à Paris le 18 mai 1963, le territoire de Monaco défini par cette convention.

Art. L. 112-2 Les territoires tiers s'entendent :

1° Des territoires qui ne sont pas compris dans le territoire douanier européen, y compris lorsqu'ils relèvent du territoire français ;

2° Des territoires, autres que ceux des collectivités régies par l'article 73 de la Constitution, qui sont exclus du champ d'application de la taxe sur la valeur ajoutée en application du paragraphe 1 de l'article 6 de la directive 2006/112/CE du 28 novembre 2006 du Conseil relative au système commun de la taxe sur la valeur ajoutée, dans sa rédaction en vigueur, y compris le territoire de Saint-Martin.

Art. L. 112-3 Les territoires des autres États membres de l'Union européenne s'entendent de la partie du territoire douanier européen qui n'est pas la partie française et qui ne comprend pas les territoires tiers définis à l'article L. 112-2.

SECTION II TERRITOIRES DE TAXATION

Art. L. 112-4 Pour l'application de chaque imposition, les territoires suivants sont regardés soit comme formant un territoire unique, soit comme formant cinq territoires distincts :

1° Celui de la métropole ;

2° Celui constitué des territoires de la Guadeloupe et de la Martinique ;

3° Celui de la Guyane ;

4° Celui de La Réunion ;

5° Celui de Mayotte.

Art. L. 112-5 Lorsque les cinq territoires mentionnés à l'article L. 112-4 sont regardés comme distincts pour une imposition donnée, sont assimilés à des territoires tiers au sens de l'article L. 112-2 :

1° Chacun de ces territoires vis-à-vis des autres ;

2° Les territoires des autres États membres de l'Union européenne vis-à-vis des territoires mentionnés aux 2° à 5° de l'article *(Ord. n° 2021-1843 du 22 déc. 2021, rect., 9°-a)* « L. 112-4 ».

SECTION III MOUVEMENTS DE BIENS ENTRE TERRITOIRES

Art. L. 112-6 Pour une imposition donnée, l'importation d'un bien sur le territoire de taxation s'entend de l'entrée, y compris irrégulière, sur ce territoire, de ce bien en provenance d'un territoire tiers, constatée dans les conditions suivantes :

1° Lorsque ce bien est une marchandise non Union :

a) La mise en libre pratique de ce bien au sens de l'article 201 du code des douanes de l'Union ;

b) L'admission temporaire en exonération partielle de droit à l'importation au sens de l'article 250 du même code ;

c) En l'absence des évènements mentionnés au *a* ou au *b*, par suite de l'inobservation de l'une des obligations ou conditions mentionnées aux *a* à *c* du 1 de l'article 79 du même code ;

2° Lorsque ce bien est une marchandise de l'Union, par les formalités ou évènements équivalents à ceux mentionnés au 1° et résultant des articles 114, 134 et 188 du règlement délégué (UE) 2015/2446 de la Commission du 28 juillet 2015 complétant le règlement (UE) n° 952/2013 du Parlement européen et du Conseil au sujet des modalités de certaines dispositions du code des douanes de l'Union, dans sa rédaction en vigueur.

La déclaration d'importation d'un bien s'entend de la déclaration en douane au sens du 12 de l'article 5 du code des douanes de l'Union qui a pour objet d'assigner ce bien à l'un des régimes mentionnés aux *a* et *b* du 1° ou aux régimes équivalents mentionnés au 2°.

Art. L. 112-7 La personne qui, pour une imposition donnée, réalise l'importation s'entend de :

1° Toute personne qui dépose en son nom propre la déclaration d'importation, y compris lorsqu'elle agit en tant que représentant pour le compte d'une autre personne ;

2° Toute personne pour le compte de laquelle un représentant dépose, au nom de cette personne ou en son nom propre, la déclaration d'importation ;

3° Toute autre personne qui, au titre des formalités et évènements constatant cette importation, répond aux conditions pour être qualifié de débiteur de la dette douanière par le second alinéa du 3 de l'article 77 ou les 3 ou 4 de l'article 79 du code des douanes de l'Union.

L'importateur s'entend de toute personne qui réalise l'importation.

Art. L. 112-8 Pour l'application d'une imposition donnée sur le territoire de taxation, les biens importés sur le territoire de Monaco sont réputés avoir été importés sur le territoire métropolitain.

Art. L. 112-9 Lorsque, pour une imposition donnée, les cinq territoires mentionnés à l'article L. 112-4 sont regardés comme distincts, les dispositions du présent code relatives aux mouvements de biens entre le territoire de taxation et le territoire des autres États membres de l'Union européenne sont applicables uniquement aux mouvements entre le territoire métropolitain et le territoire de ces autres États.

CHAPITRE III COMPÉTENCES TERRITORIALES

Art. L. 113-1 Pour l'exercice des compétences dévolues par le présent code aux collectivités territoriales les références au département ou à la région s'entendent également de références aux collectivités suivantes :

1° La collectivité de Corse ;

2° Le Département *[département]* de Mayotte ;

3° La collectivité territoriale de Guyane ;

4° La collectivité territoriale de Martinique.

Art. L. 113-2 Lorsque l'administration est compétente pour constater une imposition ou pour recevoir les déclarations des personnes qui la constatent, un décret détermine les éléments suivants :

1° Les conditions dans lesquelles lui sont communiquées les décisions des collectivités territoriales ou des autres organismes portant sur cette imposition ;

2° Les dates auxquelles les décisions mentionnées au 1° entrent en vigueur ou avant lesquelles elles ne peuvent entrer en vigueur. Ces dates ne peuvent être postérieures au premier jour de la deuxième année qui suit l'intervention de la décision ou, le cas échéant, de la communication mentionnée au 1°.

Pour l'application du présent art., la collectivité de Corse fait connaître, avant le 1er nov., au service compétent du ministre chargé de la mer la délibération applicable à la taxe due à compter du 1er janv. suivant. A défaut, le montant de la taxe est calculé selon la dernière délibération transmise (Décr. n° 2021-1914 du 30 déc. 2021, art. 44 et 69).

TITRE DEUXIÈME FAIT GÉNÉRATEUR

Art. L. 120-1 Le fait générateur s'entend de l'évènement au titre duquel l'imposition est établie.

Art. L. 120-2 Lorsque le fait générateur est déterminé par la loi, les éléments nécessaires à l'établissement de l'imposition sont déterminés à la date à laquelle ce fait générateur intervient.

Art. L. 120-3 *Lorsque le fait générateur n'est pas déterminé par la loi, il intervient à la date à laquelle sont déterminés les éléments nécessaires à l'établissement de l'imposition.*

Art. L. 120-4 Sous réserve de l'article L. 284 du livre des procédures fiscales, les dispositions applicables pour une imposition donnée sont celles en vigueur à la date de son fait générateur.

Art. L. 120-5 L'exemption s'entend de l'absence de fait générateur, notamment du fait de l'exclusion du champ d'application d'une imposition de certains biens, prestations de services, activités ou personnes.

La personne qui bénéficie d'une exemption n'est pas, pour cette dernière, soumise aux obligations s'imposant au redevable.

TITRE TROISIÈME MONTANT DE L'IMPÔT

CHAPITRE PREMIER RÈGLES D'ARRONDIS

Art. L. 131-1 Les bases des impositions, lorsqu'elles sont des valeurs exprimées en euros, sont arrondies dans les conditions prévues à l'article 1649 *undecies* du code général des impôts.

Art. L. 131-2 Lorsque des éléments relatifs au montant de l'imposition *(Ord. n° 2021-1843 du 22 déc. 2021, rect., 9°-b)* « , » autres que les bases des impositions qui sont des valeurs en euros *(Ord. n° 2021-1843 du 22 déc. 2021, rect., 9°-b)* « , » sont arrondis, il est recouru à la valeur la plus proche, la moitié étant comptabilisée pour une unité.

CHAPITRE II INDEXATIONS

Art. L. 132-1 Lorsque le paramètre d'une imposition est indexé sur un indice, une quantité, une valeur ou toute autre variable, un arrêté du ministre chargé du budget constate le montant de ce paramètre.

Art. L. 132-2 Lorsque le paramètre d'une imposition est indexé sur l'inflation, ce paramètre est révisé au 1er janvier de chaque année en fonction de l'évolution annuelle de l'indice des prix à la consommation de l'ensemble des ménages en France sur l'ensemble hors tabac.

Cette variation est appréciée entre la troisième et la deuxième année précédant celle de la révision.

CHAPITRE III RÈGLES PARTICULIÈRES

Art. L. 133-1 Lorsqu'un même fait générateur donne lieu, pour une imposition donnée, à plusieurs exigibilités, le montant de l'imposition résulte du cumul des sommes exigibles mentionnées à l'article L. 141-1, comptabilisées positivement s'agissant des obligations de paiements et négativement s'agissant des droits à remboursement.

Art. L. 133-2 L'application de règles particulières de détermination du montant d'une imposition ne dispense pas le redevable de ses obligations, notamment en cas d'exonération ou pour toute autre règle qui conduit à annuler ce montant.

Art. L. 133-3 L'exonération s'entend de la situation dans laquelle, par dérogation aux règles normales de détermination du montant d'une imposition, ce montant est nul.

L'application d'un taux ou d'un tarif nul est assimilée à une exonération.

Art. L. 133-4 Aux fins de l'éligibilité au bénéfice des règles particulières de détermination du montant d'une imposition constitutives d'une aide d'État :

1° Le règlement général d'exemption par catégorie s'entend du règlement (UE) n° 651/2014 de la Commission du 17 juin 2014 déclarant certaines catégories d'aides compatibles avec le marché intérieur en application des articles 107 et 108 du traité, dans sa rédaction en vigueur ;

2° Le règlement d'exemption par catégorie pour les petites et moyennes entreprises dans le secteur de la pêche et de l'aquaculture s'entend du règlement (UE) n° 1388/2014 de la Commission du 16 décembre 2014 déclarant certaines catégories d'aides aux entreprises actives dans la production, la transformation et la commercialisation des produits de la pêche et de l'aquaculture compatibles avec le marché intérieur en application des articles 107 et 108 du traité sur le fonctionnement de l'Union européenne, dans sa rédaction en vigueur ;

3° Le règlement général *de minimis* s'entend du règlement (UE) n° 1407/2013 de la Commission du 18 décembre 2013 relatif à l'application des articles 107 et 108 du traité sur le fonctionnement de l'Union européenne aux aides *de minimis*, dans sa *rédaction en vigueur ;*

4° Le règlement *de minimis* dans le secteur agricole s'entend du règlement (UE) n° 1408/2013 de la Commission du 18 décembre 2013 relatif aux aides *de minimis* dans le secteur de l'agriculture, dans sa rédaction en vigueur ;

5° Le règlement *de minimis* dans le secteur de la pêche et de l'aquaculture s'entend du règlement (UE) n° 717/2014 de la Commission du 27 juin 2014 concernant l'application des articles 107 et 108 du traité sur le fonctionnement de l'Union européenne aux aides *de minimis* dans le secteur de la pêche et de l'aquaculture, dans sa rédaction en vigueur.

TITRE QUATRIÈME EXIGIBILITÉ

CHAPITRE PREMIER DISPOSITIONS GÉNÉRALES

Art. L. 141-1 L'exigibilité d'une imposition s'entend de la naissance de l'obligation de paiement ou du droit au remboursement d'une somme constituant le montant de l'imposition.

Art. L. 141-2 L'exigibilité est concomitante du fait générateur.

Art. L. 141-3 Sont sans incidence sur l'exigibilité :

1° La circonstance que le montant de l'imposition soit nul du fait des règles qui régissent sa détermination ou dépende d'éléments incertains ou non connus au moment de l'exigibilité ;

2° La circonstance que la date ou les dates auxquelles le redevable doit effectivement réaliser le paiement ou les paiements, ou obtenir un remboursement, lui soient antérieures ou postérieures ;

3° Lorsqu'il est dérogé à l'article L. 141-2 pour une imposition donnée, la circonstance que le fait générateur soit postérieur à l'exigibilité.

CHAPITRE II SUSPENSION

Art. L. 142-1 Le régime de suspension d'une imposition s'entend de l'ensemble des règles attachées à des biens ainsi que, le cas échéant, à un lieu et à des opérations réalisées sur ces biens, dont le respect reporte l'exigibilité de l'imposition à l'achèvement, régulier ou irrégulier, de la suspension.

Art. L. 142-2 Les règles de détermination du montant de l'imposition exigible à l'achèvement de la suspension ne peuvent conduire à un montant différent de celui qui aurait été déterminé en l'absence de suspension.

Art. L. 142-3 Mettent fin à la suspension la consommation, y compris la destruction, ou toute opération qui n'est pas autorisée, d'un bien placé en suspension.

Art. L. 142-4 Tout bien placé en suspension dont le maintien sous ce régime ne peut être attesté, dans des conditions déterminées par décret, est réputé en être sorti.

Art. L. 142-5 Les modalités d'application du présent chapitre sont déterminées par décret en Conseil d'État.

TITRE CINQUIÈME PERSONNES SOUMISES AUX OBLIGATIONS FISCALES

CHAPITRE PREMIER REDEVABLES

Art. L. 151-1 Le redevable s'entend de toute personne soumise à l'obligation d'acquitter les sommes mentionnées à l'article L. 141-1 ou au bénéfice de laquelle les sommes mentionnées au même article sont remboursées.

Art. L. 151-2 *Lorsque plusieurs personnes sont* redevables d'une même imposition, au titre d'une même exigibilité, sans que la loi ne définisse leurs obligations respectives, chacune est tenue à l'ensemble des obligations s'imposant au redevable.

Toutefois, des décrets peuvent préciser la ou les personnes, à l'exclusion des autres, à laquelle ou auxquelles s'appliquent les obligations relatives aux déclarations, aux autorisations, à la conservation de documents, à la tenue de registres ou de comptabilités particulières ou à toute autre règle de suivi ou de gestion des biens, services ou transactions.

CHAPITRE II REPRÉSENTANTS FISCAUX

Art. L. 152-1 Les dispositions du présent chapitre sont applicables lorsque la loi prévoit une obligation de représentation fiscale.

Art. L. 152-2 L'obligation de représentation s'impose au redevable qui n'est pas établi dans l'un des États suivants :

1° Un État membre de l'Union européenne ;

2° Un État mentionné au 1° du I de l'article 289 A du code général des impôts.

Art. L. 152-3 Le redevable dispose d'un représentant fiscal unique pour l'ensemble des impositions relevant du présent code et des obligations qui en résultent.

Le cas échéant, ce représentant est le même que celui désigné par le redevable en application de l'article 302 *decies* du code général des impôts.

Art. L. 152-4 Le représentant fiscal est une entreprise qui remplit les conditions suivantes :

1° Elle est désignée, avec son accord, par le redevable sur autorisation de l'administration délivrée dans les conditions prévues au IV de l'article 289 A du code général des impôts ;

2° Elle est établie en métropole ou sur le territoire de l'une des collectivités régies par l'article 73 de la Constitution ;

3° Elle est identifiée en application des dispositions combinées des articles 286 *ter* et 286 *ter* A du code général des impôts.

Art. L. 152-5 Le représentant fiscal est tenu à l'ensemble des obligations s'imposant au redevable. Notamment, il acquitte les impositions, intérêts et pénalités exigibles et les sommes mentionnées à l'article L. 141-1 lui sont remboursées.

Il réalise l'ensemble des formalités qui en résultent au nom et pour le compte du redevable.

CHAPITRE III PERSONNES SUPPORTANT L'IMPOSITION

Art. L. 153-1 Les dispositions du présent chapitre sont applicables lorsqu'une exemption ou une règle de détermination du montant de l'imposition est mise en œuvre au moyen d'un remboursement partiel ou total de montants préalablement devenus exigibles.

Art. L. 153-2 Une personne supporte une imposition à hauteur des montants dont elle est redevable et de ceux qui lui ont été répercutés par d'autres personnes, déduction faite des montants qu'elle a répercutés auprès d'autres personnes.

Art. L. 153-3 Sont bénéficiaires du remboursement mentionné à l'article L. 153-1 les personnes qui ont supporté l'imposition, dans la limite de la fraction effectivement supportée.

Art. L. 153-4 Lorsque le montant d'une imposition supporté par un vendeur figure sur la facture en tant qu'élément du prix de vente, il est présumé être répercuté auprès de l'acheteur.

Un décret peut déterminer des éléments alternatifs ou complémentaires de preuve.

Art. L. 153-5 Le vendeur est redevable du montant de l'imposition qui figure sur une facture et qu'il n'a pas supporté.

TITRE SIXIÈME CONSTATATION DE L'IMPÔT

CHAPITRE PREMIER DISPOSITIONS GÉNÉRALES

Art. L. 161-1 Les impositions sont constatées par le redevable au moyen d'une déclaration, sans préjudice, le cas échéant, des procédures d'établissement particulières applicables lorsqu'il méconnaît ses obligations et mentionnées à l'article L. 180-1.

Art. L. 161-2 *La périodicité* des échéances déclaratives est déterminée par décret sur une base au moins annuelle et au plus hebdomadaire.

Cette périodicité peut être adaptée en fonction du régime de taxe sur la valeur ajoutée dont relève le déclarant, des montants à payer ou des montants dus au titre d'une période précédente ou de tout critère représentatif de la taille de l'entreprise ou de son volume d'activité.

Les dates des échéances déclaratives sont déterminées par arrêté du ministre ayant autorité ou tutelle sur le service ou l'organisme chargé de la gestion des déclarations au plus tard au dernier jour de l'année civile qui suit celle où l'exigibilité est intervenue.

Art. L. 161-3 Les modalités selon lesquelles le redevable transmet les déclarations au service ou à l'organisme chargé de la gestion des déclarations ou les met à sa disposition sont déterminées par décret.

CHAPITRE II RÉGIME SIMPLIFIÉ DE DÉCLARATION

SECTION PREMIÈRE EFFETS DU RÉGIME

Art. L. 162-1 Le régime simplifié de déclaration permet de déclarer à une date commune, dans des conditions déterminées par décret, l'ensemble des impositions déclarées auprès de l'administration fiscale qui deviennent exigibles au cours d'un exercice comptable et auxquelles s'appliquent les dispositions mentionnées à l'article L. 180-1.

Il s'applique de plein droit lorsque les conditions prévues à la section II sont remplies.

Il peut y être renoncé dans les conditions déterminées par décret.

Art. L. 162-2 Par dérogation au deuxième alinéa de l'article L. 162-1, pour les entreprises qui réalisent des travaux de construction, de réparation, de nettoyage, d'entretien, de transformation et de démolition d'un immeuble, le régime simplifié de déclaration est applicable sur option lorsque les conditions prévues à la section II sont remplies.

L'option est exercée, dans des conditions déterminées par décret, au plus tôt pour le premier exercice suivant une année civile complète au cours de laquelle le déclarant a réalisé ses déclarations selon le régime normal d'imposition à la taxe sur la valeur ajoutée mentionné au 2 de l'article 287 du code général des impôts.

Il peut y être renoncé dans les conditions déterminées par décret.

SECTION II CONDITIONS DU RÉGIME

Art. L. 162-3 Le régime simplifié de déclaration s'applique lorsque les conditions prévues par la présente section sont remplies.

Un décret détermine les modalités selon lesquelles le régime cesse de produire ses effets lorsque ces conditions ne sont plus remplies.

Art. L. 162-4 Si le déclarant a exercé une activité au cours de l'année civile précédant l'exercice comptable, le montant des opérations qu'il a réalisées au cours de cette année est inférieur ou égal à l'un des seuils suivants, déterminé en fonction de son activité principale :

1° 818 000 € pour les activités de vente de biens corporels, de restauration ou de mise à disposition de logement ;

2° 247 000 € pour les autres activités.

Les valeurs mentionnées au *[aux]* 1° et 2° sont celles de l'année 2021. Elles sont indexées dans les conditions prévues par le chapitre II du titre III, avec une évolution tous les trois ans. Les valeurs révisées sont arrondies au millier d'euros.

Les références aux seuils prévus au présent article s'entendent de références aux seuils prévus aux 1° et 2° après application de l'indexation prévue au quatrième alinéa.

Art. L. 162-5 Au cours de l'exercice comptable, le montant des opérations réalisées par le déclarant depuis le début de l'année civile est inférieur ou égal à l'un des seuils suivants, déterminé en fonction de son activité principale :

1° 901 000 € pour les activités de vente de biens corporels, de restauration ou de mise à disposition de logements ;

2° 279 000 € pour les autres activités.

Les valeurs mentionnées au*[x]* 1° et 2° sont celles de l'année 2021. Elles sont indexées dans les conditions prévues par le chapitre II du titre III, avec une évolution tous les trois ans. Les valeurs révisées sont arrondies au millier d'euros.

Les références aux seuils prévus au présent article s'entendent de références aux seuils mentionnés aux 1° et 2° après application de l'indexation.

Art. L. 162-6 Les seuils mentionnés aux articles L. 162-4 et L. 162-5 sont appréciés déduction faite des recettes à caractère exceptionnel et du montant des impositions relevant du régime simplifié devenues exigibles au cours de l'année civile.

En cas de création ou de cessation d'activité, les seuils sont corrigés à proportion de la durée d'exploitation, évaluée en jours, au cours de l'année civile. A cette fin, l'arrêt temporaire ou la reprise résultant du caractère saisonnier de l'activité ne constituent pas une création ou une cessation.

Art. L. 162-7 Au cours de l'année civile précédant l'exercice comptable, le montant de taxe sur la valeur ajoutée devenu exigible n'excède pas 15 000 €.

Toutefois, lorsque le déclarant relève du régime simplifié au cours de l'exercice comptable précédent, le seuil est apprécié au titre de cet exercice.

Art. L. 162-8 Au cours de l'exercice, le déclarant :

1° Ne réalise aucune acquisition intracommunautaire au sens du 3° du I de l'article 256 *bis* du code général des impôts, importation ou sortie des régimes suspensifs mentionnés au 2° du I de l'article 277 A du même code ;

2° Ne bénéficie pas de la franchise mentionnée à l'article 293 B du même code ;

3° N'est pas placé sous le régime du remboursement forfaitaire agricole mentionné au premier alinéa du I de l'article 298 *bis* du même code et ses opérations ne sont pas intégralement déclarées selon le régime simplifié agricole prévu au même article.

Art. L. 162-9 Au cours de l'exercice :

1° Aucun procès-verbal de flagrance fiscale au sens de l'article L. 16-0 BA du livre des procédures fiscales n'est dressé à l'encontre du déclarant ;

2° Le déclarant n'exerce aucune activité occulte au sens du deuxième alinéa de l'article L. 169 du même livre.

CHAPITRE III RÉGIMES DE MUTUALISATION DES DÉCLARATIONS

Art. L. 163-1 Des décrets déterminent les conditions dans lesquelles plusieurs redevables peuvent mutualiser leurs déclarations relatives à une ou plusieurs impositions. Ces décrets déterminent notamment les modalités de recueil de l'accord de l'ensemble des redevables concernés.

Lorsqu'il est recouru à cette faculté, un déclarant unique de référence assume l'ensemble des obligations déclaratives et est passible des sanctions y afférentes en cas de manquement.

TITRE SEPTIÈME PAIEMENT DE L'IMPÔT

CHAPITRE PREMIER DISPOSITIONS GÉNÉRALES

Art. L. 171-1 Les modalités selon lesquelles les sommes dues au titre des impositions sont acquittées ou remboursées sont déterminées par décret.

Art. L. 171-2 Les montants dus au titre des impositions constatées par déclaration sont acquittés par le déclarant lors du dépôt de cette dernière.

Art. L. 171-3 Les règles d'arrondis des montants acquittés, du montant des prélèvements opérés à l'initiative de l'administration fiscale et des montants minimaux de perception sont déterminées respectivement par les dispositions des articles 1724, 1724 *bis* et 1724 A du code général des impôts.

CHAPITRE II ACOMPTES

Art. L. 172-1 Les dispositions du présent chapitre sont applicables lorsque la loi prévoit un paiement par acompte pour une imposition constatée par déclaration.

Art. L. 172-2 Les acomptes sont régularisés au moment de la déclaration dans des conditions déterminées par décret.

Art. L. 172-3 Des décrets déterminent, pour chaque imposition :

1° Les catégories de redevables concernés ;

2° Les échéances des acomptes, qui ne peuvent être antérieures au premier jour de l'année civile qui précède la déclaration ;
3° Le nombre des acomptes, qui ne peut excéder douze ;
4° Les règles de détermination des acomptes et, le cas échéant, les conditions dans lesquelles les redevables peuvent y déroger.

Art. L. 172-4 Lorsque les redevables minorent le montant d'un acompte en application des dérogations mentionnées au 4° de l'article L. 172-3, l'intérêt de retard prévu à l'article 1727 du code général des impôts et la majoration prévue à l'article 1731 du même code sont applicables lorsque le montant de la taxe finalement dû est supérieur de plus de 20 % au montant des acomptes versés.

L'intérêt de retard et la majoration mentionnés au premier alinéa sont appliqués à la différence positive entre, d'une part, la somme du montant des acomptes qui auraient été versés en l'absence de minoration et, d'autre part, la somme du montant de chacun des acomptes effectivement versés.

CHAPITRE III RÉGIMES DE MUTUALISATION DU PAIEMENT

Art. L. 173-1 Des décrets déterminent les conditions dans lesquelles des redevables peuvent mutualiser les paiements relatifs à une ou plusieurs impositions. Ces décrets déterminent notamment les modalités de recueil de l'accord de l'ensemble des redevables concernés.

Lorsqu'il est recouru à ce régime un payeur unique de référence assume l'ensemble des obligations relatives au paiement des impositions concernées.

Il acquitte également les intérêts de retard et les pénalités en cas de manquement à leurs obligations par les autres redevables.

CHAPITRE IV SOLIDARITÉS DE PAIEMENT

Art. L. 174-1 Lorsque plusieurs personnes sont redevables d'une même dette fiscale, elles sont tenues solidairement au paiement.

Art. L. 174-2 Les personnes recourant à la faculté de mutualisation des déclarations mentionnée à l'article L. 163-1 sont solidairement tenues au paiement des pénalités applicables en cas de manquement aux obligations déclaratives, à hauteur des montants qu'elles devraient acquitter en l'absence de recours au régime.

Art. L. 174-3 Les personnes recourant à la faculté de mutualisation du paiement mentionnée à l'article L. 173-1 sont solidairement tenues au paiement des impositions, intérêts et pénalités à hauteur des montants qu'elles devraient acquitter en l'absence de recours au régime.

TITRE HUITIÈME CONTRÔLE, RECOUVREMENT ET CONTENTIEUX

Art. L. 180-1 Les règles relatives aux pouvoirs des personnes chargées du contrôle, aux procédures de contrôle, aux procédures d'établissement de l'impôt en cas de méconnaissance par le redevable de ses obligations, au recouvrement autre que le paiement spontané par le redevable, aux sanctions et au contentieux sont déterminées par les dispositions du livre II du code général des impôts et du livre des procédures fiscales qui sont propres à l'imposition concernée et par celles qui sont applicables aux taxes sur le chiffre d'affaires.

TITRE NEUVIÈME AFFECTATION

Le présent titre ne comprend pas de dispositions législatives.

....

LIVRE TROISIÈME ÉNERGIES, ALCOOLS ET TABACS

(Ord. nº 2021-1843 du 22 déc. 2021)

Art. L. 300-1 La taxation des énergies, des alcools et des tabacs comprend :

1º Le régime général d'accise prévu au titre Ier du présent livre ;

2º Les autres taxes sur les produits relevant du régime général d'accise ou sur des activités relatives à ces produits et prévues au titre II du présent livre.

Pour les impositions relevant du régime général d'accises mentionné au 1º du présent art., autres que les impositions sur les charbons, les gaz naturels et l'électricité, les dispositions de l'Ord. nº 2021-1843 du 22 déc. 2021 s'appliquent aux impositions pour lesquelles l'exigibilité intervient à compter de leur date d'entrée en vigueur (Ord. préc., art. 41).

TITRE PREMIER RÉGIME GÉNÉRAL D'ACCISE

CHAPITRE PREMIER DISPOSITIONS GÉNÉRALES

SECTION PREMIÈRE ÉLÉMENTS TAXABLES ET TERRITOIRES

Art. L. 311-1 Les produits soumis à accise s'entendent des produits suivants :

1º Les produits énergétiques au sens de l'article L. 312-3 et l'électricité ;

2º Les boissons alcooliques et l'alcool au sens de l'article L. 313-2 ;

3º Les produits du tabac susceptibles d'être fumés au sens de l'article L. 314-4, à l'exception des produits de la catégorie fiscale des autres tabacs à fumer au sens de l'article L. 314-16 pour lesquels la condition prévue au 1º de l'article L. 314-15 n'est pas remplie.

Art. L. 311-2 Pour l'application du régime général d'accise, les cinq territoires mentionnés à l'article L. 112-4 sont regardés comme des territoires de taxation distincts.

Art. L. 311-3 Par dérogation au 2º de l'article L. 112-2, pour l'application du régime général d'accise, ne sont pas considérés comme des territoires tiers vis-à-vis de la métropole les territoires suivants :

1º Le Mont Athos ;

2º Celui de la commune Campione d'Italie et les eaux italiennes du lac de Lugano.

SECTION II FAIT GÉNÉRATEUR

Art. L. 311-4 Le fait générateur de l'accise est constitué par la production ou l'importation d'un produit sur le territoire de taxation ou sur le territoire des autres États membres de l'Union européenne.

L'extraction est assimilée à la production.

Art. L. 311-5 Par dérogation à l'article L. 120-2, les éléments nécessaires à l'établissement de l'accise sont appréciés à la date à laquelle elle devient exigible dans les cas prévus aux 1º et 2º de l'article L. 311-12.

Art. L. 311-6 Par dérogation à l'article L. 120-4, les dispositions du présent titre sont applicables dans leur rédaction en vigueur à la date à laquelle l'accise devient exigible dans les cas mentionnés aux 1º et 2º de l'article L. 311-12.

SECTION III MONTANT DE L'ACCISE

SOUS-SECTION 1 CONSOMMATION DANS LES TERRITOIRES TIERS

Art. L. 311-7 Sont exonérés de l'accise les produits directement expédiés vers un territoire tiers à la sortie d'un régime de suspension de l'accise.

Nouvel art. L. 311-7 *(Ord. nº 2021-1843 du 22 déc. 2021, art. 37-4º-a, en vigueur le 13 févr. 2023) Sont exonérés les produits qui sortent d'un régime de suspension de l'accise dans l'une des conditions suivantes :*

1º Ils quittent le territoire de taxation à destination d'un territoire tiers ;

2º Ils sont placés sous le régime du transit externe au sens de l'article 226 du code des douanes de l'Union.

Art. L. 311-8 Sont exonérés de l'accise les produits qui sont fournis à des voyageurs qui les emportent dans leurs bagages personnels et se rendent dans un territoire tiers par voie maritime, aérienne ou ferroviaire lorsque la fourniture intervient en sortie du régime de suspension de l'accise dans l'un des lieux suivants :

1° L'enceinte des ports, des aéroports ou de la partie du terminal ferroviaire de Coquelles réservée aux passagers se rendant au Royaume-Uni de Grande-Bretagne et d'Irlande du Nord ;

2° A bord des navires et aéronefs au cours d'un trajet à destination d'un territoire tiers.

SOUS-SECTION 2 CONSOMMATION DANS LE CADRE DE CERTAINES RELATIONS INTERNATIONALES

Art. L. 311-9 Sont exonérés de l'accise, dans la limite des contingents attribués par l'administration, les produits consommés dans le cadre des relations diplomatiques et consulaires.

Art. L. 311-10 Peuvent être exonérés de l'accise, dans les conditions prévues par les conventions qui s'y rapportent, les produits consommés dans les conditions suivantes :

1° Par les organismes internationaux reconnus par la France et par leurs membres ;

2° Dans le cadre des accords internationaux autorisés en application de l'article 396 de la directive 2006/112/CE du 28 novembre 2006 relative au système commun de la taxe sur la valeur ajoutée, dans sa rédaction en vigueur.

Art. L. 311-11 ***[Al. 1er en vigueur jusqu'au 30 juin 2022]***

Sont exonérés de l'accise les produits consommés par les forces armées non françaises de tout État partie au traité de l'Atlantique Nord.

[Al. 1er à 3 en vigueur le 1er juill. 2022]

(Ord. n° 2021-1843 du 22 déc. 2021, art. 37-2°) « Sont exonérés de l'accise les produits consommés par les forces armées autres que françaises suivantes :

« 1° Celles de tout État partie au traité de l'Atlantique Nord ;

« 2° Celles de tout État membre de l'Union européenne lorsqu'elles sont affectées à un effort de défense mené en vue de la mise en œuvre d'une activité de l'Union dans le cadre de la politique de sécurité et de défense commune. »

Cette exonération s'applique également aux produits consommés par le personnel civil qui accompagne ces forces et pour l'approvisionnement de leurs services de restauration.

SECTION IV EXIGIBILITÉ

Art. L. 311-12 Par dérogation à l'article L. 141-2, l'accise devient exigible lors de l'intervention, sur le territoire de taxation, de l'un des évènements suivants :

1° La mise à la consommation du produit au sens de l'article L. 311-15 ;

2° Pour les produits préalablement mis à la consommation sur le territoire d'un autre État membre de l'Union européenne :

[a) en vigueur jusqu'au 12 févr. 2023]

a) La détention du produit à des fins commerciales au sens de l'article L. 311-18 ;

[a) en vigueur le 13 févr. 2023]

a) (Ord. n° 2021-1843 du 22 déc. 2021, art. 37-4°-b) « Le déplacement du produit à des fins commerciales entre deux États membres de l'Union européenne » au sens de l'article L. 311-18 ;

b) La réception du produit à la suite d'une vente à distance d'un autre État membre de l'Union européenne vers la France au sens de l'article L. 311-21 ;

3° Pour les produits pour lesquels l'un des évènements mentionnés aux 1° ou 2° du présent article est préalablement intervenu, le changement d'utilisation au sens de l'article L. 311-23.

L'intervention d'une irrégularité au sens de l'article L. 311-24 ne fait pas obstacle à l'exigibilité de l'accise.

Art. L. 311-13 ***[Al. 1er en vigueur jusqu'au 12 févr. 2023]***

L'accise supportée lors de la mise à la consommation sur le territoire de taxation est remboursée lorsque le produit est détenu à des fins commerciales sur le territoire d'un

autre État membre de l'Union européenne ou fait l'objet d'une vente à distance à destination du territoire d'un autre État membre de l'Union européenne.

[Al. 1er en vigueur le 13 févr. 2023]

L'accise supportée lors de la mise à la consommation sur le territoire de taxation est remboursée lorsque le produit *(Ord. nº 2021-1843 du 22 déc. 2021, art. 37-4º-c)* **« est déplacé à des fins commerciales vers un autre État membre de l'Union européenne ou fait l'objet d'une vente à distance à destination du territoire d'un autre État membre de l'Union européenne. »**

Ce remboursement est subordonné au constat que l'accise qui y est applicable est devenue exigible et a été acquittée ainsi que, en cas de vente à distance vers un autre État membre de l'Union européenne, au respect des obligations mentionnées à l'article L. 311-41.

Art. L. 311-14 **Par dérogation à l'article L. 311-12, l'accise n'est pas exigible pour le produit rendu inutilisable en tant que produit soumis à accise pour une cause inhérente à sa nature ou pour un cas fortuit ou de force majeure.**

Ces causes inhérentes à la nature du produit sont réputées être intervenues notamment lorsque les pertes et destructions n'excèdent pas des taux de tolérance déterminés par arrêté du ministre chargé du budget en fonction des caractéristiques de chaque produit, des opérations auxquelles il est soumis, de son conditionnement et des conditions dans lesquelles il est transporté.

Les pertes sont présumées intervenir à l'endroit où elles sont constatées.

Nouvel art. L. 311-14 *(Ord. nº 2021-1843 du 22 déc. 2021, art. 37-4º-d, en vigueur le 13 févr. 2023)* ***Par dérogation à l'article L. 311-12, l'accise n'est pas exigible :***

1º Lorsqu'un produit est rendu inutilisable en tant que produit soumis à accise à la suite d'un évènement imprévisible, d'un cas de force majeure ou d'une autorisation de destruction de l'autorité administrative ;

2º Lorsqu'un produit fait l'objet de pertes du fait de causes inhérentes à sa nature, dans les limites fixées par arrêté du ministre chargé du budget en fonction des caractéristiques de chaque produit, des opérations auxquelles il est soumis, de son conditionnement et des conditions du transport.

SOUS-SECTION 1 MISE À LA CONSOMMATION

Art. L. 311-15 **La mise à la consommation d'un produit s'entend** *(Ord. nº 2021-1843 du 22 déc. 2021, art. 37-4º-e, en vigueur le 13 févr. 2023)* **« , sous réserve de l'article L. 311-15-1, » de :**

1º L'intervention du fait générateur de l'accise mentionné à l'article L. 311-4 en dehors d'un régime de suspension de l'accise ;

2º La sortie d'un régime de suspension de l'accise ;

[3º en vigueur jusqu'au 12 févr. 2023]

3º La détention du produit en dehors d'un régime de suspension de l'accise alors que l'accise n'a été acquittée ni sur le territoire de taxation ni sur celui des autres États membres de l'Union européenne en application des dispositions qui y sont applicables et qui transposent la directive 2008/118/CE du 16 décembre 2008 relative au régime général d'accise et abrogeant la directive 92/12/CEE, dans sa rédaction en vigueur, ainsi que les directives mentionnées à son article premier, dans leur rédaction en vigueur.

[3º en vigueur le 13 févr. 2023]

3º La détention *(Ord. nº 2021-1843 du 22 déc. 2021, art. 37-4º-e)* **« ou le stockage » du produit en dehors d'un régime de suspension de l'accise alors que l'accise n'a été acquittée ni sur le territoire de taxation ni sur celui des autres États membres de l'Union européenne en application des dispositions qui y sont applicables et qui transposent la directive** *(Ord. nº 2021-1843 du 22 déc. 2021, art. 37-4º-e)* **« (UE) 2020/262 du Conseil du 19 décembre 2019 établissant le régime général d'accise », dans sa rédaction en vigueur, ainsi que les directives mentionnées à son article premier, dans leur rédaction en vigueur.**

(Abrogé par Ord. nº 2021-1843 du 22 déc. 2021, art. 37-4º-e, à compter du 13 févr. 2023) ***« Toutefois, les évènements mentionnés à l'article L. 311-14 ne constituent pas des mises à la consommation. »***

Art. L. 311-15-1 *(Ord. nº 2021-1843 du 22 déc. 2021, art. 37-4º-f, en vigueur le 13 févr. 2023)* **Ne constituent pas des mises à la consommation :**

1º L'importation régulière d'un bien à l'issue de laquelle il est immédiatement placé en suspension de l'accise ;

2º Les évènements mentionnés à l'article L. 311-14 ;

3º L'entrée irrégulière du bien dans les situations entraînant l'extinction de la dette douanière mentionnées aux *e*, *f*, *g* et *k* du 1 de l'article 124 du code des douanes de l'Union, y compris lorsque le bien n'est pas passible de droits de douane.

Art. L. 311-16 **L'accise est suspendue dans les conditions prévues au chapitre II du titre IV du livre Ier et à l'article L. 311-40 ainsi que dans celles prévues par les dispositions transposant, dans les autres États membres de l'Union européenne, la directive 2008/118/CE du Conseil du 16 décembre 2008 relative au régime général d'accise et abrogeant la directive 92/12/CEE, dans sa rédaction en vigueur.**

Nouvel art. L. 311-16 ***L'accise est suspendue dans les conditions prévues au chapitre II du titre IV du livre Ier et à l'article L. 311-40 ainsi que dans celles prévues par les dispositions transposant, dans les autres États membres de l'Union européenne, la directive*** *(Ord. nº 2021-1843 du 22 déc. 2021, art. 37-4º-g, en vigueur le 13 févr. 2023)* ***« (UE) 2020/262 du Conseil du 19 décembre 2019 établissant le régime général d'accise », dans sa rédaction en vigueur.***

Art. L. 311-17 **Lorsque les règles prises en application du chapitre II du titre IV du livre Ier permettent le placement en suspension d'un produit pour lequel l'accise est déjà devenue exigible dans les cas mentionnés aux 1º et 2º de l'article L. 311-12, les montants d'accise supportés pour ce produit sont remboursés dans les conditions prévues au chapitre III du titre V du livre Ier.**

SOUS-SECTION 2 DÉTENTION À DES FINS COMMERCIALES *[nouvelle rédaction issue de l'Ord. nº 2021-1843 du 22 déc. 2021, art. 37-4º-h, en vigueur le 13 févr. 2023 : DÉPLACEMENT À DES FINS COMMERCIALES]*

Art. L. 311-18 **La détention à des fins commerciales d'un produit s'entend de toute détention de ce produit dans un État membre de l'Union européenne autre que celui dans lequel il a préalablement été mis à la consommation, sauf lorsqu'elle intervient dans les conditions prévues aux articles L. 311-19 ou L. 311-20 ou qu'elle résulte d'une vente à distance entre États membres de l'Union européenne au sens de l'article L. 311-21.**

Elle intervient sur le territoire de taxation lors de la réception des produits par le destinataire ou, si les règles mentionnées à L. 311-41 ne sont pas respectées, dès l'introduction sur ce territoire.

Nouvel art. L. 311-18 *(Ord. nº 2021-1843 du 22 déc. 2021, art. 37-4º-i, en vigueur le 13 févr. 2023)* ***Le déplacement d'un produit à des fins commerciales d'un État membre de l'Union européenne vers un autre État membre de l'Union européenne s'entend de tout déplacement de ce produit, après qu'il a été mis à la consommation, depuis le territoire du premier de ces États à destination du territoire du second, à l'exception des situations suivantes :***

1º Le déplacement est réalisé par un particulier pour ses besoins propres déterminés dans les conditions prévues à l'article L. 311-19 ;

2º Le produit est détenu à bord d'un navire ou d'un aéronef dans les conditions prévues à l'article L. 311-20 ;

3º Le produit fait l'objet d'une vente à distance entre ces deux États membres de l'Union européenne au sens de l'article L. 311-21.

Art. L. 311-19 **Ne sont pas détenus à des fins commerciales les produits acquis par un particulier sur le territoire d'un État membre de l'Union européenne pour ses besoins propres et qu'il transporte, par ses propres moyens, sur le territoire d'un autre État membre de l'Union européenne.**

Un décret détermine les éléments pris en compte pour établir si les produits sont acquis pour les besoins propres de l'acquéreur. Il peut déterminer des seuils quantitatifs au-delà desquels cette condition est présumée ne pas être remplie et les moyens de transport dont le recours exclut que cette condition soit remplie.

Nouvel art. L. 311-19 *(Abrogé par Ord. nº 2021-1843 du 22 déc. 2021, art. 37-4º-j, à compter du 13 févr. 2023)* ***« Ne sont pas détenus à des fins commerciales les produits acquis par un particulier sur***

le territoire d'un État membre de l'Union européenne pour ses besoins propres et qu'il transporte, par ses propres moyens, sur le territoire d'un autre État membre de l'Union européenne. »

(Ord. n° 2021-1843 du 22 déc. 2021, art. 37-4°-i, en vigueur le 13 févr. 2023) *« Un décret détermine les éléments pris en compte pour établir si les produits acquis par un particulier dans un autre État membre de l'Union européenne et qu'il transporte sur le territoire de taxation le sont pour ses besoins propres. » Il peut déterminer des seuils quantitatifs au-delà desquels cette condition est présumée ne pas être remplie et les moyens de transport dont le recours exclut que cette condition soit remplie.*

Art. L. 311-20 **Ne sont pas détenus à des fins commerciales, lorsqu'ils ne sont pas disponibles à la vente, les produits détenus à bord des navires et aéronefs qui réalisent des trajets entre les territoires de deux États membres de l'Union européenne.**

Nouvel art. L. 311-20 *Ne sont pas* (Ord. n° 2021-1843 du 22 déc. 2021, art. 37-4°-k, en vigueur le 13 févr. 2023) *« déplacés à des fins commerciales entre États membres de l'Union européenne » à des fins commerciales, lorsqu'ils ne sont pas disponibles à la vente, les produits détenus à bord des navires et aéronefs qui réalisent des trajets entre les territoires de deux États membres de l'Union européenne.*

La modification du présent art. par l'Ord. n° 2021-1843 du 22 déc. 2021 semble être erronée. Nous proposons la lecture suivante : Ne sont pas détenus à des fins commerciales, lorsqu'ils ne sont pas disponibles à la vente, les produits (Ord. n° 2021-1843 du 22 déc. 2021, art. 37-4°-k, en vigueur le 13 févr. 2023) « déplacés à des fins commerciales entre États membres de l'Union européenne » à bord des navires et aéronefs qui réalisent des trajets entre les territoires de deux États membres de l'Union européenne.

SOUS-SECTION 3 VENTE À DISTANCE ENTRE ÉTATS MEMBRES DE L'UNION EUROPÉENNE

Art. L. 311-21 ***[Al. 1er en vigueur jusqu'au 12 févr. 2023]***

La vente à distance d'un État membre de l'Union européenne vers un autre État membre de l'Union européenne s'entend de la vente à une personne qui n'est pas une entreprise d'un produit déjà mis à la consommation et expédié ou transporté depuis le territoire du premier de ces États à destination du territoire du second, directement ou indirectement, par le vendeur ou pour son compte.

[Al. 1er en vigueur le 13 févr. 2023]

La vente à distance d'un État membre de l'Union européenne vers un autre État membre de l'Union européenne s'entend de la vente (Ord. n° 2021-1843 du 22 déc. 2021, art. 37-4°-l) **« par une entreprise à une personne agissant en tant que particulier au sens de l'article L. 311-22 » d'un produit déjà mis à la consommation et expédié ou transporté depuis le territoire du premier de ces États à destination du territoire du second, directement ou indirectement, par le vendeur ou pour son compte.**

Elle intervient sur le territoire de taxation lors de la réception des produits par le destinataire sur ce territoire.

Art. L. 311-22 **N'est pas une vente à distance entre États membres de l'Union européenne :**

1° La vente à des personnes établies dans l'État membre de l'Union européenne à partir duquel les produits sont expédiés ;

2° La vente à des personnes autorisées, en application du 2° de l'article L. 311-39, à recevoir des produits qui circulent en suspension de l'accise.

Nouvel art. L. 311-22 (Ord. n° 2021-1843 du 22 déc. 2021, art. 37-4°-m, en vigueur le 13 févr. 2023) ***Pour l'application de l'article L. 311-21, une personne agissant en tant que particulier s'entend de toute personne qui répond aux conditions cumulatives suivantes :***

1° Elle n'est pas une entreprise ;

2° Elle ne dispose pas, dans l'État membre de l'Union européenne de destination, de l'autorisation de recevoir des produits qui circulent entre les territoires des États membres de l'Union européenne mentionnée au 2° de l'article L. 311-39 ou prévue par les dispositions équivalentes transposant, dans les autres États membres de l'Union européenne, la directive 2020/262 du Conseil du 19 décembre 2019 établissant le régime général d'accise.

SOUS-SECTION 4 CHANGEMENT D'UTILISATION

Art. L. 311-23 ***[Al. 1er en vigueur jusqu'au 12 févr. 2023]***

Le changement d'utilisation s'entend de l'affectation, de la mise en vente ou de la consommation du produit pour un usage autre que celui sur la base duquel les montants exigibles lors de la mise à la consommation, la détention à des fins commer-

ciales, la vente à distance entre États membres de l'Union européenne ou un changement d'utilisation antérieur ont été établis.

[Al. 1er en vigueur le 13 févr. 2023]

Le changement d'utilisation s'entend de l'affectation, de la mise en vente ou de la consommation du produit pour un usage autre que celui sur la base duquel les montants exigibles lors de la mise à la consommation, *(Ord. n° 2021-1843 du 22 déc. 2021, art. 37-4°-n)* « le déplacement à des fins commerciales entre deux États membres de l'Union européenne », la vente à distance entre États membres de l'Union européenne ou un changement d'utilisation antérieur ont été établis.

Il intervient sur le territoire de taxation lorsque le bien est situé sur ce territoire au moment de ce changement.

SOUS-SECTION 5 DISPOSITIONS PARTICULIÈRES EN CAS D'IRRÉGULARITÉ

Art. L. 311-24 L'irrégularité s'entend :

1° Du non-respect des règles relatives à la production, à la détention *(Ord. n° 2021-1843 du 22 déc. 2021, art. 37-4°-o, en vigueur le 13 févr. 2023)* « , au stockage » ou à la transformation des produits sous un régime de suspension de l'accise ;

2° De toute situation dans laquelle les mouvements de produits mentionnés aux articles L. 311-40 et L. 311-41 ne prennent pas fin dans les conditions prévues au 5° de l'article L. 311-39, y compris pour une fraction de ces produits.

(Ord. n° 2021-1843 du 22 déc. 2021, art. 37-4°-o, en vigueur le 13 févr. 2023) « 3° En cas de mouvements de produits déjà mis à la consommation entre État membres de l'Union européenne :

« *a)* De tout manquement par les personnes qui participent au mouvement aux obligations d'autorisations ou de déclarations préalables mentionnées au 2° de l'article L. 311-39 ;

« *b)* De l'obligation prévue en application de l'article L. 313-42 d'établir le document mentionné au 4° du même article L. 311-39 sous le couvert duquel ce mouvement est réalisé. »

Art. L. 311-25 En cas d'irrégularité, l'exigibilité de l'accise intervient sur le territoire de taxation lorsque cette irrégularité s'y produit.

Lorsqu'une irrégularité est constatée sur le territoire de taxation lors du mouvement d'un produit soumis à accise sans qu'il soit possible d'en déterminer le lieu, elle est présumée intervenir sur ce territoire au moment où elle y a été constatée.

Lorsqu'un produit circulant en suspension de l'accise et expédié depuis le territoire de taxation n'arrive pas à destination sans qu'aucune irrégularité ait été constatée, une irrégularité est présumée s'être produite au début du mouvement et être intervenue sur le territoire de taxation.

Les présomptions mentionnées aux deuxième et troisième alinéas sont irréfragables à compter de trois ans à partir de la date de début du mouvement en cas de mise à la consommation, et à partir de la date d'acquisition en cas de détention à des fins commerciales ou de vente à distance entre États membres de l'Union européenne.

SECTION V PERSONNES SOUMISES AUX OBLIGATIONS FISCALES

SOUS-SECTION 1 REDEVABLES

§ 1er MISE À LA CONSOMMATION

Art. L. 311-26 Est redevable de l'accise devenue exigible lors de la mise à la consommation :

1° Dans le cas mentionné au 1° de l'article L. 311-15, la personne qui réalise la production ou l'importation sur le territoire de taxation ;

2° Dans le cas mentionné au 2° de l'article L. 311-15, celui qui procède à la sortie du régime suspensif de l'accise ;

3° Dans le cas mentionné au 3° de l'article L. 311-15, celui qui détient le produit.

Art. L. 311-27 En cas de sortie d'un régime de suspension de l'accise, est également redevable de l'accise devenue exigible lors de la mise à la consommation toute personne autorisée mentionnée au 2° de l'article L. 311-39.

Art. L. 311-28 En cas de détention *(Ord. nº 2021-1843 du 22 déc. 2021, art. 37-4º-p, en vigueur le 13 févr. 2023)* « ou de stockage » en dehors d'un régime de suspension de l'accise, est également redevable toute personne ayant participé à la détention *(Ord. nº 2021-1843 du 22 déc. 2021, art. 37-4º-p, en vigueur le 13 févr. 2023)* « ou au stockage ».

§ 2 DÉTENTION À DES FINS COMMERCIALES

Art. L. 311-29 Sont redevables de l'accise devenue exigible lors de la détention à des fins commerciales au sens de l'article L. 311-18 l'expéditeur, le destinataire et la personne qui détient les produits.

Nouvel art. L. 311-29 *(Ord. nº 2021-1843 du 22 déc. 2021, art. 37-4º-q, en vigueur le 13 févr. 2023) **Est redevable de l'accise devenue exigible lors du déplacement à des fins commerciales entre deux États membres de l'Union européenne au sens de l'article L. 311-18 la personne autorisée à recevoir les produits en application du 2º de l'article L. 311-39.***

§ 3 VENTE À DISTANCE ENTRE ÉTATS MEMBRES DE L'UNION EUROPÉENNE

Art. L. 311-30 Est redevable de l'accise devenue exigible lors de la vente à distance entre États membres de l'Union européenne au sens des articles L. 311-21 et L. 311-22 la personne qui réalise la vente.

Toutefois, le destinataire est redevable lorsque le vendeur a méconnu ses obligations de déclaration ou de garantie préalables mentionnées respectivement aux 2º et 7º de l'article L. 311-39.

§ 4 CHANGEMENT D'UTILISATION

Art. L. 311-31 Sous réserve de l'article L. 153-3, est redevable de l'accise devenue exigible en cas de changement d'utilisation au sens de l'article L. 311-23 la personne qui réalise ce changement, le vendeur ou l'utilisateur.

§ 5 DISPOSITIONS PARTICULIÈRES EN CAS D'IRRÉGULARITÉ

Art. L. 311-32 En cas d'irrégularité au sens de l'article L. 311-24 est également redevable toute personne qui y a participé.

Si l'irrégularité intervient lors du mouvement d'un produit en suspension de l'accise, le premier alinéa n'est applicable qu'aux personnes qui ont connaissance, ou auraient raisonnablement dû avoir connaissance, du caractère irrégulier de la sortie du régime.

Art. L. 311-33 En cas d'irrégularité lors du mouvement d'un produit déjà mis à la consommation entre le territoire de taxation et le territoire d'un autre État membre de l'Union européenne, est également redevable toute personne ayant garanti l'accise exigible en application du 7º de l'article L. 311-39.

SOUS-SECTION 2 REPRÉSENTANTS FISCAUX

Art. L. 311-34 *(Abrogé par Ord. nº 2021-1843 du 22 déc. 2021, art. 37-4º-r, à compter du 13 févr. 2023) **« Par dérogation à l'article L. 152-2, les obligations de représentation fiscale relatives à l'accise s'appliquent lorsque le redevable n'est pas établi en France. »***

L'article L. 152-3 n'est pas applicable.

Art. L. 311-35 Est soumise à une obligation de représentation fiscale toute personne qui réalise, à destination du territoire de taxation, une vente à distance entre États membres de l'Union européenne au sens de l'article L. 311-21.

Nouvel art. L. 311-35 *(Ord. nº 2021-1843 du 22 déc. 2021, art. 37-4º-s, en vigueur le 13 févr. 2023) **Toute personne qui réalise, à destination du territoire de taxation, une vente à distance au sens de l'article L. 311-21 peut désigner un représentant fiscal, autorisé par l'administration, dans des conditions déterminées par décret.***

Les articles L. 152-4 et L. 152-5 s'appliquent à ce représentant.

SECTION VI CONSTATATION DE L'ACCISE

SOUS-SECTION 1 CONSTATATION DU MONTANT DE L'ACCISE

Art. L. 311-36 Pour chaque produit, le montant à constater par le redevable est minoré des montants qui, pour ce même produit, ont déjà été constatés sur le territoire de taxation.

Si le montant constaté est négatif, le remboursement intervient dans les conditions prévues au chapitre III du titre V du livre Ier.

Art. L. 311-37 Lorsque le montant à constater dépend d'un évènement postérieur à l'exigibilité, il y a lieu de retenir le montant le plus élevé parmi ceux qui résultent des destinations ou usages possibles du produit.

Il peut être dérogé aux dispositions du premier alinéa dans des conditions déterminées par décret pour les produits qui, en application de l'article L. 311-42, sont soumis à des mesures de suivi et gestion, ainsi que pour ceux qui sont directement fournis par le redevable à la personne qui les consomme sur la base d'une attestation de ce dernier portant sur leur utilisation.

SOUS-SECTION 2 CONSTATATION D'UNE EXEMPTION POSTÉRIEUREMENT À L'EXIGIBILITÉ

Art. L. 311-38 Lorsque les conditions d'une exemption sont remplies postérieurement à l'exigibilité de l'accise, le remboursement intervient dans les conditions prévues à l'article L. 153-3.

SOUS-SECTION 3 SUIVI ET GESTION DES PRODUITS

Art. L. 311-39 Les mesures de suivi et de gestion des produits soumis à accise au sens de l'article L. 311-1 et des autres produits qui sont dans le champ de l'accise s'entendent des dispositions relatives :

1° Aux autorisations préalables, par l'administration, des lieux de production, de détention, de stockage et de transformation de ces produits ;

2° Aux autorisations ou déclarations préalables des personnes pouvant produire, détenir, stocker, transformer, commercialiser, expédier ou recevoir ces produits ;

3° Aux lieux entre lesquels ces produits peuvent circuler ;

4° Aux documents sous le couvert desquels ces produits circulent ;

5° Aux procédures à suivre préalablement à la réalisation d'opérations concernant ces produits, ou au cours de la réalisation de ces opérations ou à l'issue de ces dernières ;

6° A la tenue de comptabilités des stocks, mouvements, transferts de propriété et consommations de ces produits ;

7° Aux garanties préalables, y compris les cautions et consignations, relatives aux montants d'accise susceptibles d'être dus sur ces produits ;

8° A l'apposition de marques distinctives ou à l'incorporation de traceurs permettant d'identifier les produits pour lesquels l'accise a été constatée ou pour lesquels un tarif réduit ou une exemption d'accise a été appliqué.

(Ord. n° 2021-1843 du 22 déc. 2021, art. 37-4°-t, en vigueur le 13 févr. 2023) « *Les mesures de suivi et de gestion mentionnées aux 1° à 7° ne s'appliquent pas aux marchandises non Union.* »

Les mesures de suivi et de gestion sont déterminées, dans les conditions prévues aux articles L. 311-40, L. 311-41 et L. 311-42, par décret en Conseil d'État pour celles mentionnées aux 1° à 3° et 7° et par décret pour celles mentionnées aux 4° à 6° et 8°.

Art. L. 311-40 Les produits placés en suspension de l'accise sont soumis, y compris lorsqu'ils circulent entre le territoire de taxation et celui des autres États membres de l'Union européenne, aux mesures de suivi et de gestion mentionnées aux 1° à 7° de l'article L. 311-39.

Art. L. 311-41 Les produits déjà mis à la consommation sur le territoire d'un État-membre de l'Union européenne et qui circulent entre le territoire de taxation et celui

des autres États membres de l'Union européenne sont soumis aux mesures de suivi et de gestion mentionnées aux 3° à 7° de l'article L. 311-39.

Art. L. 311-42 **Les produits pour lesquels l'accise est devenue exigible dans les cas mentionnés au 1° ou au 2° de l'article L. 311-12 peuvent être soumis jusqu'à leur consommation ou leur sortie du territoire de taxation :**

1° Pour les produits susceptibles de faire l'objet d'un changement d'utilisation au sens de l'article L. 311-23 impliquant le paiement d'un complément d'accise, à toute mesure de suivi ou de gestion mentionnée à l'article L. 311-39 ;

2° Pour les produits destinés à faire l'objet de ventes en gros, caractérisées par des niveaux quantitatifs minimaux par acquéreur ou destinataire, aux mesures de suivi et de gestion mentionnées aux 2°, 4°, 5° et 6° de l'article L. 311-39 ;

3° Pour tous les produits, aux mesures de suivi et de gestion mentionnées au 8° du même article L. 311-39.

SECTION VII PAIEMENT DE L'ACCISE

Art. L. 311-43 **Par dérogation à l'article L. 171-2, le paiement de l'accise intervient à des échéances déterminées par arrêté du ministre chargé du budget et intervenant au plus tard à la fin de l'année civile qui suit la déclaration.**

CHAPITRE II ÉNERGIES

Pour les obligations déclaratives, le remboursement et l'application outre-mer des accises sur l'électricité, le gaz naturel et les charbons, V. supra (avant l'art. L. 100-1), Décr. n° 2021-1914 du 30 déc. 2021, art. 28 à 38, 69.

SECTION PREMIÈRE ÉLÉMENTS TAXABLES ET TERRITOIRES

Art. L. 312-1 **Les règles relatives aux éléments taxables et aux territoires pour l'accise sur les énergies sont déterminées par les dispositions du titre Ier du livre Ier, par celles de la section I du chapitre Ier du présent titre et par celles de la présente section.**

SOUS-SECTION 1 PRODUITS TAXABLES

Art. L. 312-2 **Sont soumis à l'accise :**

1° En tant que carburant :

***a)* Les produits énergétiques au sens de l'article L. 312-3, utilisés comme carburant au sens de l'article L. 312-7 ;**

***b)* Les autres produits utilisés comme carburant, à l'exception des produits mentionnés à l'article L. 312-9 ;**

***c)* Les produits autres que ceux mentionnés aux *a* et *b* et mélangés à ces derniers, à l'exception des produits mentionnés à l'article L. 312-9 ;**

2° En tant que combustible :

***a)* Les produits énergétiques au sens de l'article L. 312-3, utilisés comme combustible au sens de l'article L. 312-8 ;**

***b)* Les autres hydrocarbures utilisés comme combustible, à l'exception de la tourbe ;**

3° L'électricité.

Art. L. 312-3 **Les produits énergétiques s'entendent, indépendamment de leur utilisation effective et, sous réserve du dernier alinéa, de leur destination finale, des produits suivants :**

1° Les combustibles minéraux, à l'exception de la tourbe, les huiles minérales et produits de leur distillation, les cires bitumineuses et les cires minérales ;

2° Les hydrocarbures de constitution chimique définie présentés isolément et leurs mélanges d'isomères, autres que ceux relevant du 1° et à l'exclusion de leurs dérivés halogénés, sulfonés, nitrés ou nitrosés ;

3° Les préparations, autres que celles relevant des 1° ou 2°, à base d'huile ou de graisse pour le traitement des matières textiles, du cuir, des pelleteries ou d'autres matières similaires ;

4° Les additifs préparés pour huiles minérales ou pour autres liquides utilisés aux mêmes fins ;

5° Les alkybenzènes en mélange et les alkynaphtalènes en mélange ;

6° Les graisses et huiles animales ou végétales, à l'exclusion des graisses et huiles animales non chimiquement modifiées et non mélangées à d'autres graisses, du glycérol et des eaux et lessives glycérineuses, des cires végétales et d'insectes, du dégras et des résidus provenant du traitement de ces produits ;

7° Le méthanol d'origine non synthétique ;

8° Les biodiesels et ses mélanges autres que ceux relevant du 1° ;

9° Les autres produits chimiques et préparations des industries chimiques ou des industries connexes déterminés par arrêté du ministre chargé du budget et qui répondent aux conditions cumulatives suivantes :

a) Ils sont susceptibles d'être utilisés comme carburant ou combustible ou d'être mélangés à des produits destinés à être utilisés à de telles fins ;

b) Il ne s'agit ni de préparations antirouilles contenant des amines comme éléments actifs ni de solvants ou diluants composites inorganiques pour vernis et produits similaires.

Toutefois, les produits mentionnés aux 6° à 9° détenus en amont de leur utilisation finale ne sont qualifiés de produits énergétiques que lorsqu'il ressort de leur composition, de leur état, de leur conditionnement ou de tout autre élément pertinent qu'ils sont destinés à être utilisés comme carburant ou combustible ou à être mélangés à un produit destiné à être utilisé comme tel.

Art. L. 312-4 Les charbons s'entendent des produits énergétiques suivants :

1° Les houilles et combustibles solides obtenus à partir de la houille ;

2° Les lignites ;

3° Les cokes et semi-cokes de houille, de lignite ou de tourbe et le charbon de cornue.

Art. L. 312-5 Les gaz naturels s'entendent des produits énergétiques suivants :

1° Le gaz naturel, à l'état liquide ou gazeux ;

2° Les autres hydrocarbures gazeux fournis dans cet état et mélangés à du gaz naturel.

Art. L. 312-6 Les produits assimilés aux produits énergétiques s'entendent des produits mentionnés aux *b* et *c* du 1° et au *b* du 2° de l'article L. 312-2.

Art. L. 312-7 L'utilisation d'un produit comme carburant s'entend de sa combustion en vue de produire directement de l'énergie mécanique, y compris lorsque cette énergie est par la suite transformée.

Art. L. 312-8 L'utilisation d'un produit comme combustible s'entend de sa combustion en vue de produire directement de l'énergie thermique, y compris lorsque cette énergie est par la suite transformée.

Art. L. 312-9 Ne sont pas soumis à l'accise sur les énergies :

1° Le bois de chauffage en rondins, bûches, ramilles, fagots ou sous formes similaires, le bois en plaquettes ou en particules, les sciures, déchets et débris de bois et le charbon de bois ;

2° L'alcool qui n'est pas dénaturé dans les conditions prévues à l'article L. 313-7 ou à l'article L. 313-8.

SOUS-SECTION 2 TERRITOIRES DE TAXATION

Art. L. 312-10 Dans les collectivités régies par l'article 73 de la Constitution, seuls sont soumis à l'accise :

1° Pour les produits utilisés comme carburant, ceux relevant des catégories fiscales des gazoles et des essences définies à l'article L. 312-22, à l'exception de l'essence d'aviation ;

2° Pour les produits utilisés comme combustible, les charbons et les gaz naturels définis respectivement aux articles L. 312-4 et L. 312-5 ;

3° L'électricité.

Art. L. 312-11 Par dérogation à l'article L. 311-2, pour les charbons, les gaz naturels et l'électricité, les cinq territoires mentionnés à l'article *(Ord. n° 2021-1843 du 22 déc. 2021, rect., 9°-c)* « L. 112-4 » sont regardés comme un territoire de taxation unique.

Pour l'électricité, le territoire de taxation comprend également le territoire de Saint-Pierre-et-Miquelon et des îles Wallis-et-Futuna. Les dispositions du présent code relatives à l'accise sur l'électricité sont applicables dans ces collectivités.

SECTION II FAIT GÉNÉRATEUR

Art. L. 312-12 Les règles relatives au fait générateur de l'accise sur les énergies sont déterminées par les dispositions du titre II du livre Ier, par celles de la section II du chapitre Ier du présent titre et par celles de la présente section.

SOUS-SECTION 1 CHARBONS, GAZ NATURELS ET ÉLECTRICITÉ

Art. L. 312-13 Par dérogation à l'article L. 311-4, pour les charbons, les gaz naturels et l'électricité, le fait générateur de l'accise est constitué par :

1° La fourniture sur le territoire de taxation du produit par une personne à une autre personne qui le consomme. Ne sont pas considérées comme consommées les quantités d'électricité dont la perte est inhérente au transport et à la distribution de l'électricité jusqu'à l'utilisateur ;

2° La consommation sur le territoire de taxation du produit par une personne qui l'a produit ou importé sur le territoire de taxation ou sur le territoire d'un autre État membre de l'Union européenne.

Art. L. 312-14 Par dérogation à l'article L. 311-5, pour les charbons, les gaz naturels et l'électricité, les éléments nécessaires à l'établissement de l'accise sont appréciés dans les conditions prévues à l'article L. 120-2.

SOUS-SECTION 2 PRODUITS ASSIMILÉS À DES PRODUITS ÉNERGÉTIQUES

Art. L. 312-15 Pour les produits assimilés aux produits énergétiques, le fait générateur est constitué par celui des évènements suivants qui intervient en premier :

1° L'affectation à une utilisation comme carburant ou combustible ou comme produit destiné à être ajouté à un carburant ;

2° La mise en vente comme carburant ou combustible ou comme produit destiné à être ajouté à un carburant ;

3° L'utilisation comme carburant ou combustible ou l'adjonction à un produit destiné à être utilisé comme carburant.

SOUS-SECTION 3 SIMPLIFICATIONS ADMINISTRATIVES

Art. L. 312-16 Par dérogation à l'article L. 311-4, ne constitue pas un fait générateur de l'accise la production de produits énergétiques qui intervient dans l'une des situations suivantes :

1° De faibles quantités sont obtenues lors d'opérations n'ayant pas pour objet une telle production ;

2° Un produit consommé par une entreprise est modifié ou traité afin de pouvoir être utilisé à nouveau, lorsque cette réutilisation est réalisée par cette même entreprise pour un usage pour lequel le montant de l'accise n'est pas supérieur à celui dont relève la première consommation ;

3° Le mélange de produits à l'extérieur d'un entrepôt de production ou d'un site où l'accise est suspendue, sous réserve que le montant cumulé de l'accise sur ces produits ne soit pas inférieur à celui de l'accise sur ce mélange.

Art. L. 312-17 Par dérogation au 2° de l'article L. 312-13, ne constitue pas le fait générateur de l'accise la consommation d'électricité par la personne qui l'a produite lorsque les conditions suivantes sont cumulativement remplies :

1° Cette personne consomme l'intégralité de la production pour ses propres besoins ;

2° Les quantités produites ou susceptibles d'être produites, appréciées par site de production et selon le mode de production, n'excèdent pas des seuils déterminés par décret.

SECTION III MONTANT DE L'ACCISE

Art. L. 312-18 Les règles relatives au montant de l'accise sur les énergies sont déterminées par les dispositions du titre III du livre Ier, par celles de la section III du chapitre Ier du présent titre du présent livre et par celles de la présente section.

SOUS-SECTION 1 RÈGLES DE CALCUL

§ 1er BASE D'IMPOSITION

Art. L. 312-19 La base d'imposition de l'accise est, selon le produit ou son état physique, constituée par l'une des grandeurs suivantes, exprimée dans l'unité indiquée :

1° Pour les produits à l'état solide, le fioul lourd et les gaz de pétrole liquéfiés, la masse *(Ord. nº 2021-1843 du 22 déc. 2021, rect., 9º-d)* « nette exprimée » en kilogrammes ;

2° Pour les charbons, les gaz naturels et l'électricité, la quantité d'énergie exprimée en mégawattheures. Pour les gaz naturels, est retenue la quantité d'énergie dégagée lors de la combustion totale du produit, y compris l'énergie thermique de la vapeur d'eau produite ;

3° Pour les autres produits à l'état liquide, le volume à 15 degrés Celsius et sous une pression de 101 325 Pascals, exprimé en litres ;

4° Pour les autres produits à l'état gazeux, le volume à 0 degré Celsius et sous une pression de 101 325 Pascals, *(Ord. nº 2021-1843 du 22 déc. 2021, rect., 9º-d)* « exprimé » en mètres cubes.

L'état physique des produits mentionné au présent article est leur état à 15 degrés Celsius sous une pression de 101 325 Pascals.

Art. L. 312-20 La base d'imposition est arrondie à l'unité, sauf pour l'électricité.

§ 2 CATÉGORIES FISCALES

Art. L. 312-21 Les produits taxables et les consommations d'électricité sont répartis au sein de catégories fiscales.

Les catégories fiscales de produits taxables en tant que carburant ou en tant que combustible sont identifiées chacune par un produit de référence.

Art. L. 312-22 Les catégories fiscales des produits taxables en tant que carburant, leur produit de référence et les produits qu'elles contiennent sont les suivants :

CATÉGORIE FISCALE (CARBURANT)	PRODUIT DE RÉFÉRENCE	PRODUITS DE LA CATÉGORIE
Gazoles	Gazole B7	Gazoles classés en huiles lourdes contenant ou non du biodiesel
Carburéacteurs	Jet A1	Pétroles lampants classés en huiles moyennes et ne contenant pas de biodiesel
Essences	Essence SP95-E5	Essences pour moteur classées en huiles légères et préparations et ne contenant pas de biodiesel
Gaz de pétrole liquéfiés carburant	Mélange contenant 50 % de propane et 50 % de butane	Gaz de pétrole et autres hydrocarbures gazeux liquéfiés, à l'exception du gaz naturel
Gaz naturels carburant	Gaz naturel de type H	Gaz naturel*[s]* liquéfiés ou à l'état gazeux

Tout produit utilisé comme carburant qui n'est pas mentionné dans ce tableau relève de la même catégorie fiscale que celui des produits qui y sont mentionnés auquel il se substitue effectivement dans son utilisation ou, à défaut, que celui qui, par ses propriétés et sa destination, lui est le plus proche.

Tout produit qui, n'étant pas utilisé comme carburant, est mélangé à un produit utilisé comme carburant relève de la même catégorie fiscale que ce produit.

Art. L. 312-23 Les catégories fiscales des produits taxables en tant que combustible, leur produit de référence et les produits qu'elles contiennent sont les suivants :

CATÉGORIE FISCALE (COMBUSTIBLE)	PRODUIT DE RÉFÉRENCE	PRODUITS DE LA CATÉGORIE
Charbons	Anthracite	Charbons au sens de l'article L. 312-4
Fiouls lourds	Fioul lourd	Fuel oils classés en huiles lourdes contenant ou non du biodiesel
Fiouls domestiques	Fioul domestique	Gazoles classés en huiles lourdes contenant ou non du biodiesel
Pétroles lampants	Pétrole lampant	Pétroles lampants classés en huiles moyennes et ne contenant pas de biodiesel
Gaz de pétrole liquéfiés combustible	Mélange comprenant 90 % de propane et 10 % de butane	Gaz de pétrole et autres hydrocarbures gazeux liquéfiés, à l'exception du gaz naturel
Gaz naturels combustible	Gaz naturel de type H	Gaz naturel*[s]* liquéfié*[s]* ou à l'état gazeux

Tout produit utilisé comme combustible qui n'est pas mentionné dans ce tableau relève de la même catégorie fiscale que celui des produits qui y est mentionné auquel il se substitue effectivement dans son utilisation ou, à défaut, de celui qui, par ses propriétés et sa destination, lui est le plus proche.

Art. L. 312-24 Les catégories fiscales de l'électricité sont définies, en fonction de la nature des activités pour les besoins desquelles elle est consommée et de la puissance sous laquelle elle est fournie, exprimée en kilovoltampères, par le tableau suivant :

CATÉGORIE FISCALE (ÉLECTRICITÉ)	ACTIVITÉS POUR LES BESOINS DESQUELLES L'ÉLECTRICITÉ EST CONSOMMÉE	PUISSANCE SOUS LAQUELLE L'ÉLECTRICITÉ EST FOURNIE
Ménages et assimilés	Activités non économiques	Inférieure ou égale à 250 kVA
	Activités économiques	Inférieure ou égale à 36 kVA
Petites et moyennes entreprises	Activités économiques	Supérieure à 36 kVA et inférieure ou égale à 250 kVA
Haute puissance	Toutes	Supérieure à 250 kVA

§ 3 TARIFS

Art. L. 312-25 Les tarifs appliqués aux produits taxables sont exprimés en euro par unité de la base d'imposition déterminée dans les conditions prévues à l'article L. 312-19.

Ils résultent, lorsque cette unité n'est pas le mégawattheure, de la conversion des tarifs exprimés en euros par mégawattheure prévus à la sous-section 2 de la présente section.

Cette conversion est réalisée, pour les tarifs normaux des catégories fiscales et les tarifs réduits propres à certains usages, sur la base du contenu énergétique du produit de référence ou d'une moyenne des contenus énergétiques des produits les plus représentatifs de la catégorie fiscale et, pour les tarifs particuliers propres à un produit, sur la base du contenu énergétique de ce produit.

Lorsque la composition d'un produit n'est pas entièrement déterminée par ses spécifications techniques, la conversion est réalisée sur la base du contenu énergétique théorique maximum qui résulte de ses spécifications. Si les spécifications techniques sont modulées au cours d'une année civile, le contenu énergétique retenu résulte de la moyenne des contenus énergétiques théoriques maximum au cours de l'année civile.

Art. L. 312-26 Le tarif de l'accise d'un produit est le tarif normal assigné à la catégorie fiscale dont il relève. Lorsque les grandeurs mentionnées à l'article L. 312-19 sont différentes pour ce produit et le produit de référence de cette catégorie fiscale, le tarif appliqué résulte de la conversion en euro par unité de la base d'imposition du produit taxé du tarif normal assigné à cette catégorie fiscale.

Art. L. 312-27 Lorsqu'un tarif réduit est prévu pour un usage donné et pour une ou plusieurs catégories fiscales, il se substitue au tarif normal pour les produits de cette catégorie ou de ces catégories lorsque ces produits sont effectivement consommés pour les besoins d'un tel usage.

Lorsque plusieurs tarifs réduits sont susceptibles de s'appliquer, le moins élevé est retenu.

Si un produit est consommé concurremment pour des usages relevant de tarifs différents, chaque tarif s'applique à due proportion des quantités de produits consommées pouvant être rattachées à chacun de ces usages.

Art. L. 312-28 Lorsqu'un tarif particulier est prévu pour un produit donné d'une catégorie fiscale, il se substitue au tarif normal pour ce seul produit de cette catégorie.

Toutefois, lorsque le produit est consommé pour les besoins d'un usage permettant l'application d'un tarif réduit mentionné à l'article L. 312-27, ce tarif réduit s'applique s'il est moins élevé.

Art. L. 312-29 Des arrêtés conjoints du ministre chargé du budget et du ministre chargé de l'énergie déterminent les coefficients des conversions mentionnées aux articles L. 312-25 et L. 312-26 et constatent les tarifs qui en résultent.

Art. L. 312-30 Des arrêtés conjoints du ministre chargé du budget et du ministre chargé de l'énergie déterminent, en tant que de besoin, les méthodes de conversion entre les grandeurs dans lesquelles les quantités de produits sont physiquement mesurées et celles de la base d'imposition mentionnée à l'article L. 312-19.

§ 4 RÈGLES PARTICULIÈRES

SOUS-§ 1er *LIMITATION DES TAXATIONS EN CHAÎNE*

Art. L. 312-31 *Sont* exonérés de l'accise les produits taxables consommés pour les besoins de la production des produits énergétiques et des produits assimilés.

Le premier alinéa ne s'applique ni aux produits consommés en dehors de l'enceinte des établissements de production de produits énergétiques et produits assimilés, ni aux produits consommés pour produire de l'électricité elle-même utilisée pour les besoins de la production de produits énergétiques et produits assimilés.

Art. L. 312-32 Sont exonérés de l'accise les produits taxables consommés pour les besoins de la production d'électricité ainsi que l'électricité consommée pour maintenir la capacité de production de l'électricité.

Le premier alinéa n'est pas applicable lorsque l'électricité produite est exemptée de l'accise en application de l'article L. 312-17.

SOUS-§ 2 *CHANGEMENTS DE TARIFS*

Art. L. 312-33 **Les quantités de gaz naturels ou d'électricité fournis ou consommés pendant une période continue au cours de laquelle les tarifs de l'accise évoluent sont, lorsque les dates de fourniture ou de consommation ne peuvent raisonnement être connues, réparties entre ces différents tarifs à due proportion de leur durée respective d'application.**

La période mentionnée au premier alinéa du présent article ne peut excéder une année.

Un décret détermine les modalités d'application du présent article en fonction, pour chaque produit, des conditions de la fourniture ou de la consommation et des techniques et méthodes disponibles permettant de mesurer ou d'évaluer les quantités fournies ou consommées.

SOUS-§ 3 *NEUTRALITÉ TECHNOLOGIQUE DES PROCESSUS DE COGÉNÉRATION*

Art. L. 312-34 **Par dérogation à l'article L. 312-26, pour les besoins de la production combinée de chaleur et d'électricité, un produit taxable en tant que carburant est taxé au tarif applicable pour la taxation en tant que combustible**

SOUS-SECTION 2 NIVEAUX DE TAXATION

§ 1er TARIFS NORMAUX

Art. L. 312-35 **Les tarifs normaux, exprimés en euros par mégawattheure, des catégories fiscales des produits taxables en tant que carburant sont les suivants :**

CATÉGORIE FISCALE (CARBURANT)	TARIF NORMAL À COMPTER DE 2022 (€/MWh)
Gazoles	59,40
Carburéacteurs	42,131
Essences	76,826
Gaz de pétrole liquéfiés carburant	16,208
Gaz naturels carburant	5,23

(Abrogé par Ord. no 2021-1843 du 22 déc. 2021, art. 37-3o-a, à compter du 1er janv. 2023) ***« Toutefois, le tarif normal est porté à 18,82 € par mégawattheure pour les produits de la catégorie fiscale des gazoles consommés pour les besoins des moteurs qui réalisent des travaux statiques aux fins de la réalisation d'activités économiques et des moteurs de propulsion des engins qui ne circulent pas habituellement sur les voies ouvertes à la circulation publique. Un arrêté du ministre chargé du budget détermine les caractéristiques physiques et chimiques des produits concernés, la liste des engins éligibles et les conditions auxquelles s'applique le tarif pour les moteurs pouvant alternativement être utilisés pour des travaux statiques et la propulsion d'engins. »***

Art. L. 312-36 **Les tarifs normaux, exprimés en euros par mégawattheure, des catégories fiscales des produits taxables en tant que combustible sont, le cas échéant avant application des dispositions du troisième alinéa, les suivants :**

CATÉGORIE FISCALE (COMBUSTIBLE)	TARIF NORMAL À COMPTER DE 2022 (€/MWh)
Charbons	14,62
Fiouls lourds	12,555

CATÉGORIE FISCALE (COMBUSTIBLE)	TARIF NORMAL À COMPTER DE 2022 (€/MWh)
Fiouls domestiques	15,62
Pétroles lampants	15,686
Gaz de pétrole liquéfiés combustible	5,189
Gaz naturels combustible	8,45

Pour les gaz naturels, le tarif normal de la catégorie fiscale est égal au résultat, arrondi au centième de mégawattheure, de la minoration du tarif mentionné dans ce tableau à hauteur du quotient entre, d'une part, la quantité d'hydrocarbures à l'état gazeux, autres que le gaz naturel, produits à partir de la biomasse au sens du troisième alinéa de l'article L. 211-2 du code de l'énergie injectée en France dans les réseaux de gaz naturel et, d'autre part, la consommation de gaz fournie en France par les réseaux de gaz naturel. Ces quantités sont exprimées dans les conditions prévues au 2° de l'article L. 312-19 et évaluée au cours de la deuxième année précédant celle de l'application du tarif. Le tarif résultant de cette minoration est constaté par arrêté conjoint du ministre chargé du budget et du ministre chargé de l'énergie.

Art. L. 312-37 Les tarifs normaux de l'accise, exprimés en euros par mégawattheure, sont, en 2015, pour chacune des catégories fiscales de l'électricité, les suivants :

[Tableau en vigueur jusqu'au 31 déc. 2022]

CATÉGORIE FISCALE (ÉLECTRICITÉ)	TARIF NORMAL EN 2015 (€/MWh)
Ménages et assimilés	25,6875
Petites et moyennes entreprises	23,5625
Haute puissance	22,5

[Tableau en vigueur le 1er janv. 2023 (Ord. n° 2021-1843 du 22 déc. 2021, art. 37-3°-b)]

CATÉGORIE FISCALE (Électricité)	TARIF NORMAL EN 2015 (€/ MWh)
Ménages et assimilés	32,0625
Petites et moyennes entreprises	25,6875
Haute puissance	22,5

La fraction du tarif supérieure à 22,5 € par mégawattheure est indexée sur l'inflation dans les conditions prévues par le chapitre II du titre III du livre Ier. Le tarif révisé est arrondi au centième d'euro par mégawattheure. La révision ultérieure est réalisée à partir du tarif non arrondi.

Pour 2022, les tarifs ci-dessus sont portés à 25,8291 €/MWh pour la catégorie Ménages et assimilés, et à 23,6097 €/MWh pour la catégorie Petites et moyennes entreprises (Ord. n° 2021-1843 du 22 déc. 2021, art. 42-III).

Toutefois, par dérogation au III de l'art. 42 de l'Ord. préc., les tarifs de l'accise sur l'électricité mentionnés au présent art. et résultant de l'application de la minoration prévue au A du I de l'art. 29 de la L. n° 2021-1900 du 30 déc. 2021 sont ramenés, pour la période du 1er févr. 2022 au 31 janv. 2023, à 1 €/MWh pour la catégorie Ménages et assimilés et à 0,5 €/MWh pour les autres catégories. Pour le mois de janv. 2023, ces tarifs s'entendent avant application de la majoration prévue au 2d al. du C du I du même art. 29 de la L. préc. (Décr. n° 2022-84 du 28 janv. 2022, art. 1er).

Pour les dispositions du présent art. qui s'appliquent à compter du 1er janv. 2023, V. Ord. n° 2021-1843 du 22 déc. 2021, art. 37-3°-b.

§ 2 MODULATIONS GÉOGRAPHIQUES

Art. L. 312-38 **Par dérogation à l'article L. 312-35, dans les collectivités régies par l'article 73 de la Constitution, la région détermine les tarifs normaux des catégories fiscales des gazoles et des essences, sans pouvoir excéder les montant** *[montants]* **prévus au même article L. 312-35.**

Elle détermine également les tarifs réduits et les tarifs particuliers pour les produits relevant de ces catégories fiscales.

Art. L. 312-39 **Les tarifs normaux font l'objet, dans les collectivités autres que celles régies par l'article 73 de la Constitution, de majorations régionales dans les limites suivantes :**

1° 1,35 € par mégawattheure pour la catégorie fiscale des gazoles ;

2° 0,821 € par mégawattheure pour la catégorie fiscale des essences.

Le montant de la majoration est déterminé par la région sur le territoire de laquelle les produits sont vendus à la personne qui les consomme.

Art. L. 312-40 **Les tarifs normaux des produits vendus en région d'Ile-de-France à la personne qui les consomme font l'objet, sans préjudice de l'article L. 312-39, de majorations dans les limites suivantes :**

1° 1,89 € par mégawattheure pour la catégorie fiscale des gazoles ;

2° 1,148 € par mégawattheure pour la catégorie fiscale des essences.

Le montant de la majoration est déterminé par l'établissement "Ile-de-France Mobilité" mentionné à l'article L. 1241-1 du code des transports.

Art. L. 312-41 **Pour les produits de la catégorie fiscale des essences vendus en Corse à la personne qui les consomme, le tarif normal est, sans préjudice de l'article L. 312-39, minoré de 1,125 € par mégawattheure.**

Le présent article est applicable jusqu'à la première des échéances mentionnées à l'article 2 de la décision d'exécution (UE) 2019/372 du Conseil du 5 mars 2019 autorisant la France à appliquer un taux d'imposition réduit à l'essence sans plomb utilisée comme carburant et mise à la consommation dans les départements de Corse, conformément à l'article 19 de la directive 2003/96/CE, dans sa rédaction en vigueur.

§ 3 TARIFS RÉDUITS APPLICABLES AUX CONSOMMATIONS DE CERTAINES ACTIVITÉS ÉCONOMIQUES

SOUS-§ 1er *DISPOSITIONS COMMUNES*

SOUS-SOUS-§ 1er ÉLIGIBILITÉ AUX TARIFS CONSTITUTIFS D'AIDES D'ÉTAT

Art. L. 312-42 **Le bénéfice des tarifs réduits constitutifs d'une aide d'État prévus par le présent paragraphe est subordonné au respect des conditions suivantes :**

1° Pour les activités ne relevant pas du secteur de la pêche et de l'aquaculture, celles prévues à l'article 44 du règlement général d'exemption par catégorie ;

2° Pour les activités relevant du secteur de la pêche et de l'aquaculture :

***a)* S'agissant des petites et moyennes entreprises, celles prévues à l'article 45 du règlement d'exemption par catégorie pour les petites et moyennes entreprises dans le secteur de la pêche et de l'aquaculture ;**

***b)* S'agissant des autres entreprises, celles prévues par le règlement *de minimis* dans le secteur de la pêche et de l'aquaculture.**

SOUS-SOUS-§ 2 INTENSITÉ ÉNERGÉTIQUE

Art. L. 312-43 Lorsqu'un tarif réduit pour certains produits est conditionné au respect d'un niveau minimum d'intensité énergétique au sens de l'article L. 312-44, le périmètre des produits pris en compte pour déterminer le niveau d'intensité énergétique est apprécié dans les conditions prévues à l'article L. 312-45, indépendamment du périmètre des produits éligibles au tarif réduit.

Seules sont éligibles à ce tarif réduit les consommations réalisées pour les besoins des activités sur le périmètre desquelles ce niveau d'intensité énergétique est apprécié dans les conditions prévues à l'article L. 312-46.

Art. L. 312-44 Pour l'application du présent paragraphe :

1° Le niveau d'intensité énergétique en valeur de production s'entend du quotient entre :

a) Au numérateur, le coût total d'acquisition, toute taxe comprise à l'exception de la taxe sur la valeur ajoutée déductible, des produits taxables et de la chaleur ;

b) Au dénominateur, le chiffre d'affaires, y compris les subventions directement liées au prix du produit, corrigé de la variation des stocks de produits finis, les travaux en cours et les biens ou les services achetés à des fins de revente, diminué des acquisitions de biens et services destinés à la revente ;

2° Le niveau d'intensité énergétique en valeur ajoutée s'entend du quotient entre :

a) Au numérateur, le montant total de l'accise sur les produits utilisés, en appliquant le tarif normal. Pour l'électricité, le tarif normal pour les consommations haute puissance est retenu ;

b) Au dénominateur, le chiffre d'affaires total soumis à la taxe sur la valeur ajoutée diminué de la totalité des achats soumis à la taxe sur la valeur ajoutée.

Art. L. 312-45 Pour la détermination des niveaux d'intensité énergétique mentionnés à l'article L. 312-44 sont seuls pris en compte en tant que produits taxables les produits suivants :

1° Ceux utilisés comme carburant pour les besoins suivants :

a) Le fonctionnement des moteurs stationnaires ;

b) Le fonctionnement des installations et machines utilisées dans la construction, le génie civil et les travaux publics ;

2° Ceux utilisés comme combustible ;

3° L'électricité.

Toutefois, ils peuvent être appréciés sur un sous-ensemble restreint de ces produits. Lorsque le niveau mentionné au 2° de l'article L. 312-44 est apprécié uniquement sur l'électricité, il est dénommé niveau d'électro-intensité.

Art. L. 312-46 Les niveaux d'intensité énergétique mentionnés à l'article L. 312-44 sont appréciés pour l'ensemble des activités d'une entreprise ou, si cette entreprise en décide autrement, d'une ou plusieurs de ses subdivisions dont chacune, du point de vue de l'organisation, constitue une exploitation indépendante.

SOUS-SOUS-§ 3 DÉSIGNATION DES ACTIVITÉS ÉCONOMIQUES

Art. L. 312-47 Pour l'application du présent paragraphe, la nomenclature statistique des activités économiques s'entend de la nomenclature établie par le règlement (CE) n° 1893/2006 du Parlement européen et du Conseil du 20 décembre 2006 établissant la nomenclature statistique des activités économiques NACE Rév. 2 et modifiant le règlement (CEE) n° 3037/90 du Conseil ainsi que certains règlements (CE) relatifs à des domaines statistiques spécifiques, dans sa rédaction en vigueur.

SOUS-§ 2 *TRANSPORTS*

Art. L. 312-48 Les tarifs réduits dans le secteur des transports, exprimés en euros par mégawattheure, les produits auxquels ils s'appliquent et les articles prévoyant leurs conditions d'application sont les suivants :

[Tableau en vigueur jusqu'au 31 déc. 2022]

CONSOMMATIONS	CATÉGORIES FISCALES	CONDITIONS D'APPLICATION	TARIF RÉDUIT À COMPTER DE 2022 (€/MWh)
Transport guidé de personnes et de marchandises	Gazoles	L. 312-49	18,82
	Électricité	L. 312-50	0,5
Transport collectif routier de personnes	Gazoles	L. 312-51	39,19
	Électricité	L. 312-51	0,5
Transport de personnes par taxi	Gazoles	L. 312-52	30,02
	Essences	L. 312-52	40,388
Transport routier de marchandises	Gazoles	L. 312-53	45,19
Navigation intérieure à des fins commerciales ou pour les besoins des autorités publiques	Toutes sauf électricité	L. 312-54	0
Navigation maritime à des fins commerciales ou pour les besoins des autorités publiques	Toutes sauf électricité	L. 312-55	0
Alimentation à quai des engins flottants utilisés à des fins commerciales ou pour les besoins des autorités publiques	Électricité	L. 312-56	0,5
Production à bord des navires et bateaux	Électricité	L. 312-57	0
Navigation aérienne pour les besoins des prestations de services et ceux des autorités publiques	Toutes sauf électricité	L. 312-58	0
Exploitation des aérodromes ouverts à la circulation aérienne publique	Électricité	L. 312-59	7,5

Par dérogation au III de l'art. 42 de l'Ord. n° 2021-1843 du 22 déc. 2021, le tarif de l'accise sur l'électricité mentionné à la dernière ligne du présent tableau et résultant de l'application de la minoration prévue au A du I de l'art. 29 de la L. n° 2021-1900 du 30 déc. 2021 est ramené, pour la période du 1er févr. 2022 au 31 janv. 2023, à 0,5 €/MWh.

[Tableau en vigueur le 1er janv. 2023 (Ord. nº 2021-1843 du 22 déc. 2021, art. 37-3º-c)]

CONSOMMATIONS	CATÉGORIES FISCALES	CONDITIONS D'APPLICATION	TARIF RÉDUIT À COMPTER DE 2022 (€/ MWh)
Transport guidé de personnes et de marchandises	Gazoles	L. 312-49	18,82
	Électricité	L. 312-50	0,5
Transport collectif routier de personnes	Gazoles	L. 312-51	39,19
	Électricité	L. 312-51	0,5
Transport de personnes par taxi	Gazoles	L. 312-52	30,2
	Essences	L. 312-52	40,388
Transport routier de marchandises	Gazoles	L. 312-53	45,19
Navigation intérieure à des fins commerciales ou pour les besoins des autorités publiques	Toutes sauf électricité	L. 312-54	0
Navigation maritime à des fins commerciales ou pour les besoins des autorités publiques	Toutes sauf électricité	L. 312-55	0
Alimentation à quai des engins flottants utilisés à des fins commerciales ou pour les besoins des autorités publiques	Électricité	L. 312-56	0,5
Production à bord des navires et bateaux	Électricité	L. 312-57	0
Manutention portuaire	Gazoles	L. 312-57-1	3,86
	Électricité	L. 312-57-2	0,5
Navigation aérienne pour les besoins des prestations de services et ceux des autorités publiques	Toutes sauf électricité	L. 312-58	0
Exploitation des aérodromes ouverts à la circulation aérienne publique	Électricité	L. 312-59	7,5

Pour le mois de janv. 2023, ces tarifs s'entendent avant application de la majoration prévue au 2d al. du C du I du même art. 29 de la L. nº 2021-1900 du 30 déc. 2021 préc. (Décr. nº 2022-84 du 28 janv. 2022, art. 1er).

Art. L. 312-49 Relèvent d'un tarif réduit de l'accise les gazoles consommés pour les besoins de la traction des engins transportant des personnes ou des marchandises sur le réseau ferroviaire au sens de l'article L. 2122-1 du code des transports.

Art. L. 312-50 Relève d'un tarif réduit de l'accise l'électricité consommée pour les besoins des usages suivants dans la mesure où ils se rapportent au transport guidé de personnes ou de marchandises :

1° La traction des engins guidés ;

2° Le fonctionnement des équipements, installations et infrastructures destinés à la circulation, à la réparation et à l'entretien des engins guidés.

Art. L. 312-51 Relèvent d'un tarif réduit de l'accise les gazoles et l'électricité consommés pour les besoins de la propulsion des véhicules routiers utilisés pour le transport public collectif routier de personnes qui répondent aux conditions cumulatives suivantes :

1° Ils relèvent des catégories M2 ou M3 au sens du 1° de l'article L. 421-1 ou répondent aux caractéristiques des petits trains touristiques déterminées par arrêté du ministre chargé des transports ;

2° Ils sont immatriculés dans l'Union européenne et sont utilisés par des personnes établies sur le territoire de l'Union européenne et en Irlande du Nord.

Art. L. 312-52 Relèvent d'un tarif réduit de l'accise les gazoles et les essences consommés pour les besoins de la propulsion des taxis au sens de l'article L. 3121-1 du code des transports.

L'article L. 312-42 n'est pas *(Ord. n° 2021-1843 du 22 déc. 2021, rect., 9°-e)* « applicable au tarif » réduit mentionné au premier alinéa dont relève le gazole.

Art. L. 312-53 Relèvent d'un tarif réduit de l'accise les gazoles consommés pour les besoins de la propulsion des véhicules routiers qui sont utilisés pour le transport de marchandises par des entreprises et qui répondent aux conditions cumulatives suivantes :

1° Ils relèvent des catégories N2 ou N3 au sens du 1° de l'article L. 421-1 ;

2° Leur masse en charge maximale techniquement admissible est supérieure ou égale à 7,5 tonnes. Pour les véhicules tracteurs, il est tenu compte de la masse en charge maximale techniquement admissible de l'ensemble ;

3° Ils sont immatriculés dans l'Union européenne et sont utilisés par des personnes établies sur le territoire de l'Union européenne ou de l'Irlande du Nord.

Art. L. 312-54 Relèvent d'un tarif réduit de l'accise les produits taxables en tant que carburant ou combustible et consommés pour les besoins de la navigation intérieure au sens de l'article L. 4000-2 du code des transports, lorsque le déplacement est inhérent à la réalisation, par l'utilisateur de l'engin flottant, d'une activité économique ou à l'exercice par les autorités publiques d'activités non économiques.

Relèvent également d'un tarif réduit les produits taxables en tant que carburant ou combustible destinés à l'avitaillement des bateaux au sens du 1° de l'article L. 4000-3 du même code navigant sur les cours d'eau ou parties de cours d'eau internationaux dans les conditions déterminées par décret.

Pour les tarifs réduits prévus par le présent article, l'article L. 312-42 n'est applicable qu'au pétrole lampant et au gaz de pétrole liquéfié combustible. Pour les autres produits, ces tarifs réduits sont subordonnés, au titre du droit européen des aides d'État, au respect des conditions prévues, selon le cas, par le règlement général *de minimis* ou le règlement *de minimis* dans le secteur de la pêche et de l'aquaculture.

Art. L. 312-55 Relèvent d'un tarif réduit de l'accise les produits taxables en tant que carburant ou combustible et consommés pour les besoins de la navigation maritime au sens de l'article L. 5000-1 du code des transports, lorsque le déplacement est inhérent à la réalisation, par l'utilisateur de l'engin flottant, d'une activité économique ou à l'exercice par les autorités publiques d'activités non économiques.

L'article L. 312-42 n'est pas applicable au tarif réduit prévu au premier alinéa du présent article.

Relèvent également d'un tarif réduit les produits taxables en tant que carburant ou combustible destinés à l'avitaillement des engins flottants armés pour un usage professionnel mentionné à l'article L. 5231-2 du code des transports.

Pour le tarif réduit prévu au troisième alinéa du présent article, l'article L. 312-42 n'est applicable qu'au pétrole lampant et au gaz de pétrole liquéfié combustible. Pour les autres produits, ces tarifs réduits sont subordonnés, au titre du droit européen des aides d'État, au respect des conditions prévues, selon le cas, par le règlement général *de minimis* ou le règlement *de minimis* dans le secteur de la pêche et de l'aquaculture.

Art. L. 312-56 Relève d'un tarif réduit de l'accise l'électricité fournie lors du stationnement à quai dans les ports pour les besoins des engins mentionnés au premier alinéa de l'article L. 312-54 et au premier alinéa de l'article L. 312-55.

Le premier alinéa est applicable jusqu'à la première des échéances mentionnées à l'article 2 de la décision d'exécution (UE) 2020/1629 du Conseil du 29 octobre 2020 autorisant la France à appliquer un taux réduit de taxation à l'électricité directement fournie aux navires se trouvant à quai dans un port, conformément à l'article 19 de la directive 2003/96/CE, dans sa rédaction en vigueur.

Art. L. 312-57 Relève d'un tarif réduit de l'accise, sans préjudice de l'article L. 312-17, l'électricité produite à bord des engins flottants suivants :

1° Les bateaux au sens du 1° de l'article L. 4000-3 du code des transports. Par dérogation à l'article L. 312-42, le bénéfice de ce tarif réduit est subordonné, au titre du droit européen des aides d'État, au respect des conditions prévues, selon le cas, par le règlement général *de minimis* ou le règlement *de minimis* dans le secteur de la pêche et de l'aquaculture ;

2° Les engins flottant armés pour la navigation maritime au sens de l'article L. 5000-1 du code des transports.

L'article L. 312-42 n'est pas applicable à ce tarif réduit.

Art. L. 312-57-1 *(Ord. n° 2021-1843 du 22 déc. 2021, art. 37-3°-d, en vigueur le 1er janv. 2023)* Relèvent d'un tarif réduit de l'accise les gazoles qui répondent aux conditions cumulatives suivantes :

1° Le produit est consommé pour les besoins de la réalisation de travaux statiques, à l'exclusion du déplacement des engins réalisant ces travaux, ou de travaux de terrassement ;

2° Ces travaux sont réalisés pour les besoins de la manutention portuaire dans l'enceinte des ports suivants :

a) Les ports maritimes mentionnés à l'article L. 5311-1 du code des transports ;

b) Les ports fluviaux composant le réseau transeuropéen de transport défini à l'article 2 du règlement (UE) n° 1315/2013 du Parlement européen et du Conseil du 11 décembre 2013 sur les orientations de l'Union pour le développement du réseau transeuropéen de transport et abrogeant la décision n° 661/2010/UE, dans sa rédaction en vigueur ;

c) Les ports fluviaux, autres que ceux mentionnés au *b* du présent 2°, qui sont situés sur un itinéraire du réseau transeuropéen de transport mentionné au même *b* et dont tout ou partie de l'activité est dédiée au transport international de marchandises ;

3° Le produit est utilisé par une entreprise dont le niveau d'intensité énergétique est au moins égal à 3 % en valeur de production ou 0,5 % en valeur ajoutée.

Art. L. 312-57-2 *(Ord. n° 2021-1843 du 22 déc. 2021, art. 37-3°-d, en vigueur le 1er janv. 2023)* Relève d'un tarif réduit de l'accise l'électricité qui répond aux conditions cumulatives suivantes :

1° Elle est consommée pour les besoins de la manutention portuaire dans l'enceinte des ports mentionnés au 2° de l'article L. 312-57-1 ;

2° Elle est consommée par une entreprise dont le niveau d'électro-intensité est au moins égal à 0,5 %.

Art. L. 312-58 Relèvent d'un tarif réduit de l'accise les produits taxables en tant que carburant ou combustible et consommés pour les besoins de la navigation aérienne lorsque le déplacement est inhérent à la réalisation, par l'utilisateur de l'aéronef, d'une prestation de services à titre onéreux ou à l'exercice par les autorités publiques d'activités non économiques.

L'article L. 312-42 n'est pas applicable pour ce tarif réduit.

Art. L. 312-59 Relève d'un tarif réduit de l'accise l'électricité consommée pour les besoins de l'exploitation d'aérodromes ouverts à la circulation aérienne publique par les exploitants de ces aérodromes dont le niveau d'électro-intensité est au moins égal à 0,5 %.

SOUS-§ 3 *ACTIVITÉS AGRICOLES, FORESTIÈRES ET MONTAGNARDES*

Art. L. 312-60 Les tarifs réduits pour les activités agricoles, forestières et montagnardes, exprimés en euros par mégawattheure, les produits auxquels ils s'appliquent et les articles prévoyant leur*[s]* conditions d'application sont les suivants :

CONSOMMATIONS	CATÉGORIES FISCALES	CONDITIONS D'APPLICATION	TARIF RÉDUIT À COMPTER DE 2022 (€/MWh)
Travaux agricoles et forestiers	Gazoles	L. 312-61	3,86
	Fiouls lourds	L. 312-61	0,167
	Gaz de pétrole liquéfiés combustible	L. 312-61	0,712
	Gaz naturels carburant ou combustible	L. 312-61	0,54
Déshydratation de légumes et *[de]* plantes aromatiques	Gaz naturels combustible	L. 312-62	1,6
Aménagement et entretien des pistes et *[des]* routes dans les massifs montagneux	Gazoles	L. 312-63	18,82

Art. L. 312-61 Relèvent d'un tarif réduit de l'accise les fiouls lourds, gazoles, gaz de pétrole liquéfiés combustible et gaz naturels carburant ou combustible consommés pour les besoins de travaux agricoles au sens de l'article L. 722-2 du code rural et de la pêche maritime ou de travaux forestiers au sens de l'article L. 722-3 du même code.

Par dérogation à l'article L. 312-42, pour les gaz naturel*[s]* carburant et les fiouls lourds, le bénéfice du tarif réduit est subordonné, au titre du droit européen des aides d'État, au respect des conditions prévues, selon le cas, par le règlement *de minimis* dans le secteur agricole ou le règlement *de minimis* dans le secteur de la pêche et de l'aquaculture.

Art. L. 312-62 Relèvent d'un tarif réduit de l'accise les gaz naturels combustible consommés, pour les besoins de la déshydratation des légumes et plantes aromatiques, autres que les pommes de terres *[terre]*, par les entreprises dont le niveau d'intensité énergétique en valeur ajoutée, apprécié sur ces seules consommations, est au moins égal à 0,6744 %.

Art. L. 312-63 Relèvent d'un tarif réduit de l'accise les gazoles consommés dans les massifs mentionnés à l'article 5 de la loi n° 85-30 du 9 janvier 1985 relative au développement et à la protection de la montagne pour les besoins des activités suivantes :

1° Aménagement et préparation des parcours sur neige en extérieur réservés à la pratique des activités de glisse autorisées par des engins spécialement conçus à cet effet ;

2° *(Ord. n° 2021-1843 du 22 déc. 2021, rect., 9°-f)* « Déneigement des » voies ouvertes à la circulation publique par des engins équipés d'outils spécifiques destinés à lutter contre le verglas ou la neige.

SOUS-§ 4 *PROCÉDÉS ET ACTIVITÉS INDUSTRIELS*

Art. L. 312-64 Les tarifs réduits pour les procédés et activités industriels, exprimés en euros par mégawattheure, les produits auxquels ils s'appliquent et les articles prévoyant leur conditions d'application sont les suivants :

[Tableau en vigueur jusqu'au 31 déc. 2022]

CONSOMMATIONS	CATÉGORIES FISCALES	CONDITIONS D'APPLICATION	TARIF RÉDUIT À COMPTER DE 2022 (€/MWh)
Doubles usages	Toutes	L. 312-66	0
Fabrication de produits minéraux non métalliques	Toutes	L. 312-67	0
Production de biens très intensive en électricité	Électricité	L. 312-68	0
Secteurs aéronautique et naval	Toutes sauf électricité	L. 312-69	0
Centres de stockage de données	Électricité	L. 312-70	12
Consommations de certaines entreprises industrielles électro-intensives	Électricité	Se référer à l'article L. 312-65	

Par dérogation, le tarif de l'accise sur l'électricité mentionné à l'avant-dernière ligne du présent tableau et résultant de l'application de la minoration prévue au A du I de l'art. 29 de la L. n° 2021-1900 du 30 déc. 2021 est ramené, pour la période du 1er févr. 2022 au 31 janv. 2023, à 0,5 €/MWh.

[Tableau en vigueur le 1er janv. 2023 (Ord. n° 2021-1843 du 22 déc. 2021, art. 37-3°-e]

CONSOMMATIONS	CATÉGORIES FISCALES	CONDITIONS D'APPLICATION	TARIF RÉDUIT À COMPTER DE 2022 (€/MWh)
Doubles usages	Toutes	L. 312-66	0
Fabrication de produits minéraux non métalliques	Toutes	L. 312-67	0
Production de biens très intensive en électricité	Électricité	L. 312-68	0
Secteurs aéronautique et naval	Toutes sauf électricité	L. 312-69	0
Centres de stockage de données	Électricité	L. 312-70	12
Extraction de minéraux industriels	Gazoles	L. 312-70-1	3,86
Consommations de certaines entreprises industrielles électro-intensives	Électricité	Se référer à l'article L. 312-65	

Pour le mois de janv. 2023, ces tarifs s'entendent avant application de la majoration prévue au 2d al. du C du I de l'art. 29 de la L. n° 2021-1900 du 30 déc. 2021 (Décr. n° 2022-84 du 28 janv. 2022, art. 1er).

Art. L. 312-65 **Les tarifs réduits de l'électricité consommée par certaines entreprises industrielles électro-intensives mentionnés à l'article L. 312-64, exprimés en euros par mégawattheure, les niveaux minimaux d'électro-intensité et les articles prévoyant leurs conditions d'application sont les suivants :**

CONSOMMATIONS D'ÉLECTRICITÉ	NIVEAU MINIMAL D'ÉLECTRO-INTENSITÉ	CONDITIONS D'APPLICATION	TARIF RÉDUIT À COMPTER DE 2022 (€/MWh)
Consommations des entreprises ayant une activité industrielle	0,5 %	L. 312-71	7,5
	3,375 %	L. 312-71	5
	6,75 %	L. 312-71	2
Consommations des installations industrielles relevant de certains secteurs d'activité exposés à la concurrence internationale	0,5 %	L. 312-72	5,5
	3,375 %	L. 312-72	2,5
	6,75 %	L. 312-72	1
	13,5 %	L. 312-73	0,5

Par dérogation au III de l'art. 42 de l'Ord. n° 2021-1843 du 22 déc. 2021, les tarifs de l'accise sur l'électricité mentionnés à la dernière colonne du présent tableau et résultant de l'application de la minoration prévue au A du I de l'art. 29 de la L. n° 2021-1900 du 30 déc. 2021 sont ramenés, pour la période du 1er févr. 2022 au 31 janv. 2023, à 0,5 €/MWh.

Pour le mois de janv. 2023, ces tarifs s'entendent avant application de la majoration prévue au 2d al. du C du I du même art. 29 de la L. du 30 déc. 2021 préc. (Décr. n° 2022-84 du 28 janv. 2022, art. 1er).

Art. L. 312-66 **Relèvent d'un tarif réduit de l'accise les produits consommés spécifiquement pour réaliser directement l'une des opérations suivantes :**

1° La réduction chimique ;

2° L'électrolyse ;

3° Les procédés métallurgiques ;

4° Pour les produits taxables en tant que combustible et consommés pour les besoins d'un processus déterminé, la génération d'une substance indispensable à la réalisation de ce processus et ne pouvant être générée qu'à partir de ces produits.

L'article L. 312-42 n'est pas applicable à ce tarif réduit.

Art. L. 312-67 **Relèvent d'un tarif réduit de l'accise les produits taxables consommés pour les besoins des procédés suivants :**

1° La fabrication de verre et d'articles en verre ;

2° La fabrication de produits réfractaires, de matériaux de construction en terre cuite et de produits en céramique et en porcelaine ;

3° La fabrication de ciment, chaux et plâtre ainsi que d'ouvrages en béton, en ciment ou en plâtre ;

4° *La taille, le façonnage* et le finissage de pierres ;

5° La fabrication de produits abrasifs et d'autres produits minéraux non métalliques.

Les activités auxquelles se rapportent ces procédés sont celles classées sous les groupes correspondants de la nomenclature statistique des activités économiques mentionnée à l'article L. 312-47.

L'article L. 312-42 n'est pas applicable à ce tarif réduit.

Art. L. 312-68 Relève d'un tarif réduit de l'accise l'électricité consommée par une entreprise pour fabriquer un produit lorsque le rapport entre le coût de l'électricité et le coût du produit excède 50 %.

Le coût de l'électricité est égal à la somme des achats d'électricité par l'entreprise et des coûts de production de l'électricité utilisée au sein de l'entreprise, à l'exception de la taxe sur la valeur ajoutée déductible.

Le coût du produit est égal à la somme des achats de biens et services et des dépenses de personnel, augmentée de la consommation de capital fixe, à l'exception de la taxe sur la valeur ajoutée déductible.

Seuls sont pris en compte les coûts nécessaires à la production.

L'accise sur l'électricité est prise en compte au tarif normal de la catégorie fiscale considérée.

Le rapport mentionné au premier alinéa est apprécié sur une année civile ou sur un cycle de production pertinent. L'article L. 312-42 n'est pas applicable à ce tarif réduit.

Art. L. 312-69 Relèvent d'un tarif réduit de l'accise les produits consommés par les moteurs des aéronefs et des navires pour les besoins de la construction, du développement, de la mise au point, des essais et de l'entretien de ces engins ou de leurs moteurs.

Art. L. 312-70 Relève d'un tarif réduit de l'accise, pour la fraction qui excède un gigawattheure sur une année civile, l'électricité consommée pour les besoins des infrastructures immobilières qui répondent aux conditions cumulatives suivantes :

1° Elles sont consacrées au stockage physique, au traitement, au transport et à la diffusion de données numériques ;

2° Leur accès est sécurisé ;

3° Elles comprennent des dispositifs spécifiques et dédiés de contrôle de leur environnement thermique, de la qualité de leur air, de leur alimentation en énergie et de prévention des incendies ;

4° Elles intègrent un système de management de l'énergie conforme aux critères prévus au second alinéa de l'article L. 233-2 du code de l'énergie ;

5° L'exploitant adhère à un programme, reconnu par une autorité publique, nationale ou internationale, de mutualisation des bonnes pratiques de gestion énergétique des centres de données incluant :

a) L'écoconception des centres de stockage de données ;

b) L'optimisation de l'efficacité énergétique ;

c) Le suivi de la consommation énergétique et la réalisation de comptes rendus périodiques y afférents ;

d) La mise en œuvre de technologies de refroidissement qui répondent à des critères de performance.

Art. L. 312-70-1 *(Ord. n° 2021-1843 du 22 déc. 2021, art. 37-3°-f, en vigueur le 1er janv. 2023)* Relèvent d'un tarif réduit de l'accise les gazoles qui répondent aux conditions cumulatives suivantes :

1° Le produit est consommé pour les besoins de la réalisation de travaux statiques, à l'exclusion du déplacement des engins réalisant ces travaux, ou de travaux de terrassement ;

2° *Ces travaux sont réalisés pour* les besoins de l'extraction des produits suivants :

a) Roches destinées à la transformation en pierre ornementale et de construction ;

b) Gypse et anhydrite ;

c) Pierre calcaire destinée à la production de chaux calcique et dolomitique pour l'industrie ;

d) Roches et minéraux suivants, dans la mesure où leurs caractéristiques sont compatibles avec une utilisation dans l'industrie : andalousite, carbonates de calcium comprenant 95 % de calcite, sables et roches siliceux comprenant 95 % de silice, talc, micas, feldspaths, bauxite, argiles kaoliniques, diatomite, kaolin, phonolite, dolomie comprenant 85 % de dolomite, pouzzolanes ;

3° Le produit est utilisé par une entreprise dont le niveau d'intensité énergétique est au moins égal à 3 % en valeur de production ou 0,5 % en valeur ajoutée.

Art. L. 312-71 Relève d'un tarif réduit de l'accise l'électricité consommée par les entreprises qui répondent aux conditions cumulatives suivantes :

1° Le niveau d'électro-intensité, apprécié, sans préjudice des dispositions de l'article L. 312-46, à l'échelle de l'établissement où l'électricité est consommée ou à une échelle supérieure, est au moins égal au niveau minimal mentionné à l'article L. 312-65 ;

2° L'activité principale de l'entreprise, appréciée à l'échelle retenue en application du 1°, relève de l'une des catégories suivantes :

a) Industries extractives ;

b) Industrie manufacturière ;

c) Production et distribution d'électricité, de gaz, de vapeur ou d'air conditionné ;

d) Production et distribution d'eau, assainissement, gestion des déchets et dépollution.

Les activités relevant des catégories mentionnées au 2° sont celles qui sont classées sous les sections correspondantes de la nomenclature statistique des activités économiques mentionnée à l'article L. 312-47.

Art. L. 312-72 Relève d'un tarif réduit de l'accise l'électricité consommée pour les besoins des installations qui répondent aux conditions cumulatives suivantes :

1° Le niveau d'électro-intensité de l'entreprise qui les exploite est au moins égal au niveau minimal mentionné à l'article L. 312-65 ;

2° Y sont réalisées une ou plusieurs des activités suivantes :

a) Extraction de minerais de fer, de minéraux pour l'industrie chimique et d'engrais naturels, ainsi que les activités de soutien à ces activités ;

b) Métallurgie du fer, de l'aluminium, du cuivre, du plomb, du zinc ou de l'étain, ainsi que la fabrication des tubes, tuyaux et raccords de tubes et tuyaux en ces métaux, des barres, tiges, profilés et fils en plomb et des plaques, feuilles et bandes en zinc ;

c) Fabrication de produits chimiques de base, organiques et inorganiques, autres que les gaz industriels, les colorants et pigments et l'alcool éthylique dénaturé, à l'exception de l'enrichissement de l'uranium et de la production d'alcool éthylique à partir de matériaux fermentés ;

d) Fabrication de produits azotés et d'engrais ainsi que production de compost par traitement et élimination de déchets organiques ;

e) Fabrication des matières plastiques de base suivantes : polyéthylène à basse densité, à basse densité linéaire et à haute densité, polypropylène, chlorure de polyvinyle et polycarbonate ;

f) Filature du coton, fabrication de fibres artificielles ou synthétiques et fabrication de vêtements en cuir, ainsi que des vêtements résistants au feu et de protection en cette matière ;

g) Fabrication de papier, de carton et de pâtes à papier mécaniques.

Les activités relevant des catégories mentionnées au présent article sont, sous réserve des adaptations que cet article prévoit, celles classées sous les divisions, groupes, classes et sous-classes correspondantes de la nomenclature statistique des activités économiques mentionnée à l'article L. 312-47.

Art. L. 312-73 Relève d'un tarif réduit de l'accise l'électricité consommée pour les besoins des installations qui répondent aux conditions cumulatives suivantes :

1° Elles sont exploitées par une entreprise dont le niveau d'électro-intensité, évalué sur le périmètre de cette installation, est au moins égal au niveau minimal mentionné à l'article L. 312-65 ;

2° Y sont réalisées une ou plusieurs des activités qui répondent aux conditions cumulatives suivantes :

a) Elles relèvent des catégories listées en annexe à la décision 2014/746/UE de la *Commission du 27 octobre* 2014 établissant, conformément à la directive 2003/87/CE du Parlement européen et du Conseil, la liste des secteurs et sous-secteurs considérés comme exposés à un risque important de fuite de carbone, pour la période 2015-2019, dans sa rédaction en vigueur au 31 décembre 2020 ;

b) L'intensité des échanges avec les pays tiers évaluée pour les besoins de la décision mentionnée au *a* est au moins égale à 25 %.

SOUS-§ 5 *ACTIVITÉS RELEVANT DU SYSTÈME D'ÉCHANGE DE QUOTAS DE GAZ À EFFET DE SERRE DANS L'UNION*

Art. L. 312-74 **Pour l'application du présent sous-paragraphe, le système d'échange de quotas de gaz à effet de serre dans l'Union ou SEQE de l'UE, s'entend du système établi par la directive 2003/87/CE du Parlement européen et du Conseil du 13 octobre 2003 établissant un système d'échange de quotas d'émission de gaz à effet de serre dans l'Union et modifiant la directive 96/61/CE du Conseil, dans sa rédaction en vigueur.**

Art. L. 312-75 **Les tarifs réduits pour les activités relevant du système d'échange de quotas de gaz à effet de serre dans l'Union, exprimés en euros par mégawattheure, les produits auxquels ils s'appliquent et les articles prévoyant leurs conditions d'application sont les suivants :**

CONSOMMATIONS	CATÉGORIES FISCALES	CONDITIONS D'APPLICATION	TARIF RÉDUIT À COMPTER DE 2022 (€/MWh)
Installations intensives en énergie soumises au SEQE de l'UE	Charbons	L. 312-76	1,19
	Fiouls lourds	L. 312-76	1,665
	Fiouls domestiques	L. 312-76	5,66
	Pétroles lampants	L. 312-76	5,822
	Gaz de pétroles *[pétrole]* liquéfiés combustible	L. 312-76	0
	Gaz naturels combustible	L. 312-76	1,52
Installations intensives en énergie exposées à la concurrence internationale non soumises au SEQE de l'UE mais relevant d'activités soumises au SEQE de l'UE	Charbons	L. 312-77	2,29
	Fiouls lourds	L. 312-77	1,971
	Fiouls domestiques	L. 312-77	5,66
	Pétroles lampants	L. 312-77	5,822
	Gaz de pétroles *[pétrole]* liquéfiés combustible	L. 312-77	0
	Gaz naturels combustible	L. 312-77	1,6
Installations de valorisation de la biomasse	Charbons	L. 312-78	0

Art. L. 312-76 **Relèvent d'un tarif réduit de l'accise les produits taxables en tant que combustible et consommés pour les besoins des installations qui répondent aux conditions cumulatives suivantes :**

1° Elles sont exploitées par des entreprises dont l'intensité énergétique est au moins égale à 3 % en valeur de production ou 0,5 % en valeur ajoutée ;

2° Elles sont soumises au système communautaire d'échange de quotas de gaz à effet de serre dans l'Union.

Art. L. 312-77 Relèvent d'un tarif réduit de l'accise les produits taxables en tant que combustible et consommés pour les besoins des installations qui répondent aux conditions cumulatives suivantes :

1° Elles sont exploitées par des entreprises dont l'intensité énergétique est au moins égale à 3 % en valeur de production ou 0,5 % en valeur ajoutée ;

2° Elles ne sont pas soumises au système communautaire d'échange de quotas de gaz à effet de serre dans l'Union ;

3° Y sont réalisées une ou plusieurs des activités listées en annexe à la décision 2014/746/UE de la Commission, du 27 octobre 2014, établissant, conformément à la directive 2003/87/CE du Parlement européen et du Conseil, la liste des secteurs et sous-secteurs considérés comme exposés à un risque important de fuite de carbone, pour la période 2015-2019, dans sa rédaction en vigueur au 31 décembre 2020.

Art. L. 312-78 Relèvent d'un tarif réduit de l'accise les charbons consommés pour les besoins de la valorisation de la biomasse dans les installations qui répondent aux conditions cumulatives suivantes :

1° Elles sont exploitées par des entreprises dont le niveau d'intensité énergétique, apprécié sur les seules consommations mentionnées au premier alinéa, est au moins égal à 3 % en valeur de production ;

2° Elles sont soumises au système communautaire d'échange de quotas de gaz à effet de serre dans l'Union ou à des dispositions d'un accord conclu avec l'autorité administrative permettant d'atteindre des objectifs équivalents en matière de protection de l'environnement ou d'efficacité énergétique.

§ 4 TARIFS PARTICULIERS POUR CERTAINS PRODUITS

Art. L. 312-79 Les tarifs particuliers, exprimés en euros par mégawattheure, les produits auxquels ils s'appliquent et les articles prévoyant leur conditions d'application figurent dans le tableau suivant :

PRODUIT	CONDITIONS D'APPLICATION	TARIF PARTICULIER À COMPTER DE 2022 (€/MWh)
Éthanol-diesel ED95	L. 312-80	12,157
Gazole B100	L. 312-81	12,905
Essence d'aviation	L. 312-82	71,248
Essence SP95-E10	L. 312-83	74,576
Superéthanol E85	L. 312-84	17,894
Grisou et gaz assimilés combustible	L. 312-85	0
Biogaz combustible non injecté dans le réseau	L. 312-86	0
Électricité d'origine renouvelable produite par de petites installations et consommée par le producteur	L. 312-87	0

Par dérogation au III de l'art. 42 de l'Ord. n° 2021-1843 du 22 déc. 2021, les tarifs de l'accise sur l'électricité mentionnés à la dernière colonne du présent tableau et résultant de l'application de la minoration prévue au A du I de l'art. 29 de la L. n° 2021-1900 du 30 déc. 2021 sont ramenés, pour la période du 1er févr. 2022 au 31 janv. 2023, à 0,5 €/MWh. Pour le mois de janv. 2023, ces tarifs s'entendent avant application de la majoration prévue au 2e al. du C du I du même art. 29 de la L. du 30 déc. 2021 préc. (Décr. n° 2022-84 du 28 janv. 2022, art. 1er).

Art. L. 312-80 **Relève d'un tarif particulier de l'accise le mélange d'éthanol, d'eau et d'additifs autorisé à la carburation en application du 1 de l'article 265 *ter* du code des douanes pour l'alimentation des moteurs thermiques à allumage par compression des véhicules routiers.**

Art. L. 312-81 **Relève d'un tarif particulier de l'accise le mélange d'esters méthyliques d'acides gras autorisé à la carburation en application du 1 de l'article 265 *ter* du code des douanes pour l'alimentation de moteurs thermiques à allumage par compression des véhicules routiers.**

Art. L. 312-82 **L'essence d'aviation relève d'un tarif particulier de l'accise.**

Art. L. 312-83 **Relève d'un tarif particulier de l'accise le mélange d'hydrocarbures et, le cas échéant, de composés oxygénés organiques et d'éthanol, avec une teneur volumique maximale en éthanol d'au moins 10 %, autorisé à la carburation en application du 1 de l'article 265 *ter* du code des douanes pour l'alimentation de moteurs thermiques à allumage commandé des véhicules routiers.**

Art. L. 312-84 **Relève d'un tarif particulier de l'accise le mélange de supercarburant sans plomb et d'éthanol, comprenant au moins 65 % en volume d'éthanol et d'alcools supérieurs et autorisé à la carburation en application du 1 de l'article 265 *ter* du code des douanes pour l'alimentation de moteurs thermiques à allumage commandé.**

Art. L. 312-85 **Relèvent d'un tarif particulier de l'accise, lorsqu'ils sont taxables en tant que combustible, les gaz de houille, gaz à l'eau, gaz pauvres et gaz similaires, autres que les gaz de pétrole et hydrocarbures gazeux.**

Art. L. 312-86 **Relèvent d'un tarif particulier de l'accise, lorsqu'ils sont taxables en tant que combustible, les hydrocarbures gazeux à l'état gazeux produits à partir de la biomasse et non mélangés à d'autres produits.**

Art. L. 312-87 **Relève d'un tarif particulier de l'accise l'électricité qui répond aux conditions cumulatives suivantes :**

1° Elle est produite à partir d'énergie éolienne, solaire thermique ou photovoltaïque, géothermique, marine, hydroélectrique, d'énergie ambiante, de la biomasse, des gaz de décharge, des gaz des stations d'épuration d'eaux usées ou de gaz produit à partir de la biomasse ;

2° La puissance installée sur le site de production est inférieure à un mégawatt. Pour l'énergie solaire photovoltaïque, cette puissance s'entend de la puissance crête ;

3° Elle est consommée pour les besoins des activités de la personne qui l'a produite.

SECTION IV **EXIGIBILITÉ**

Art. L. 312-88 **Les règles relatives à l'exigibilité de l'accise sur les énergies sont *déterminées par les dispositions* du titre IV du livre Ier, par celles de la section IV du chapitre Ier du présent titre et par celles de la présente section.**

SOUS-SECTION 1 **CHARBONS, GAZ NATURELS ET ÉLECTRICITÉ**

Art. L. 312-89 **Par dérogation à l'article L. 311-12, pour les charbons, les gaz naturels et l'électricité et pour les produits assimilés à des produits énergétiques, l'accise devient exigible :**

1° Lors du fait générateur mentionné à l'article L. 312-13 ;

2° Lorsque le produit est consommé pour un usage autre que celui sur la base duquel les montants acquittés lors de l'exigibilité mentionnée au 1° ont été établis, lors de cette consommation.

SOUS-SECTION 2 CARBURANTS CONTENUS DANS LES RÉSERVOIRS DES VÉHICULES ET DES CONTENEURS

Art. L. 312-90 ***[Al. 1er en vigueur jusqu'au 12 févr. 2023]***

Par dérogation à l'article L. 311-18, ne constitue pas une détention à des fins commerciales, la détention des produits utilisés à bord des véhicules routiers ou des caissons conçus pour le transport de marchandises dans les conditions cumulatives suivantes :

[Al. 1er en vigueur le 13 févr. 2023]

Par dérogation à l'article L. 311-18, ne constitue pas *(Ord. n° 2021-1843 du 22 déc. 2021, art. 37-4°-h, en vigueur le 13 févr. 2023)* **« *[un]* déplacement » à des fins commerciales,** *(Ord. n° 2021-1843 du 22 déc. 2021, art. 37-4°-h, en vigueur le 13 févr. 2023)* **« *[le]* déplacement » des produits utilisés à bord des véhicules routiers ou des caissons conçus pour le transport de marchandises dans les conditions cumulatives suivantes :**

1° Ils sont consommés pour les besoins de la propulsion du véhicule ou du fonctionnement, pendant le transport, des systèmes dont est équipé le véhicule ou le caisson ;

2° Ils sont contenus dans un réservoir qui répond aux conditions cumulatives suivantes :

***a)* Il est fixé à demeure par le constructeur du véhicule ou du caisson sur l'ensemble des véhicules ou caissons du même type ;**

***b)* Il est conçu et installé pour permettre la consommation directe du produit au cours du transport pour les usages mentionnés au 1°.**

Par dérogation à l'article L. 312-89, l'accise ne devient pas exigible lors de la consommation des produits assimilés à des produits énergétiques dans les conditions prévues au présent article.

SOUS-SECTION 3 CHANGEMENTS DES TARIFS DE L'ACCISE POUR LES PRODUITS ÉNERGÉTIQUES

Art. L. 312-91 **En cas de changement d'un tarif d'accise existant, l'accise devient exigible pour les produits énergétiques, autres que les charbons et les gaz naturels, détenus en dehors d'un régime de suspension de l'accise par une personne qui ne les destine pas à sa consommation propre.**

Le premier alinéa n'est pas applicable aux produits contenus dans les cuves des stations-service ou lorsque le montant total dû par un même redevable est inférieur à 300 €.

SECTION V PERSONNES SOUMISES AUX OBLIGATIONS FISCALES

Art. L. 312-92 **Les règles relatives aux personnes soumises aux obligations fiscales pour l'accise sur les énergies sont déterminées par les dispositions du titre V du livre Ier, par celles de la section V du chapitre Ier du présent titre et par celles de la présente section.**

SOUS-SECTION 1 CHARBONS, GAZ NATURELS ET ÉLECTRICITÉ

Art. L. 312-93 Est redevable de l'accise sur les charbons, les gaz naturels et l'électricité :

1° Lorsque l'accise devient exigible en application du 1° de l'article L. 312-89 :

a) Dans le cas mentionné au 1° de l'article L. 312-13, la personne qui fournit le produit à la personne qui le consomme ;

b) Dans le cas mentionné au 2° du même article L. 312-13, la personne qui consomme le produit ;

2° Lorsque l'accise devient exigible en application du 2° de l'article L. 312-89, la personne qui consomme le produit.

Art. L. 312-94 Le redevable mentionné au *a* du 1° de l'article L. 312-93 est soumis à une obligation de représentation fiscale.

Art. L. 312-95 Pour les gaz naturels et l'électricité, lorsque le redevable mentionné au *a* du 1° de l'article L. 312-96 ne dispose pas de l'autorisation prévue, selon les produits, à l'article L. 443-1 ou à l'article L. 333-1 du code de l'énergie, l'ensemble des obligations s'imposant au redevable est transféré à la personne qui lui a fourni les produits.

Il peut être renoncé à ce transfert selon des modalités déterminées par décret.

SOUS-SECTION 2 PRODUITS ASSIMILÉS AUX PRODUITS ÉNERGÉTIQUES

Art. L. 312-96 Est redevable de l'accise sur les produits assimilés à des produits énergétique*[s]* la personne qui réalise l'évènement qui constitue le fait générateur mentionné à l'article L. 312-15.

SOUS-SECTION 3 CHANGEMENTS DES TARIFS DE L'ACCISE SUR LES PRODUITS ÉNERGÉTIQUES

Art. L. 312-97 Est redevable de l'accise lors du changement de tarif mentionné à l'article L. 312-94 la personne qui possède le produit.

SECTION VI CONSTATATION DE L'ACCISE

Art. L. 312-98 Les règles de constatation de l'accise sur les énergies sont déterminées par les dispositions du titre VI du livre Ier, par celles de la section VI du chapitre Ier du présent titre et par celles de la présente section.

SOUS-SECTION 1 CHARBONS, GAZ NATURELS ET ÉLECTRICITÉ

Art. L. 312-99 Par dérogation à l'article L. 161-2, lorsque les charbons, les gaz naturels ou l'électricité sont fournis lors d'une opération soumise à la taxe sur la valeur ajoutée, les échéances déclaratives relatives à l'accise peuvent être déterminées à partir de l'exigibilité de la taxe sur la valeur ajoutée.

SOUS-SECTION 2 SUIVI ET GESTION DES PRODUITS

Art. L. 312-100 L'article L. 311-41 s'applique aux seuls produits énergétiques suivants :

1° Parmi les produits mentionnés au 1° de l'article L. 312-3 :

a) Le benzol, le toluol, le xylol, et les mélanges d'hydrocarbures aromatiques ayant les caractéristiques des huiles légères et préparation et des huiles moyennes ;

b) Lorsqu'ils ne contiennent pas de biodiesel, les huiles légères et préparations, les huiles moyennes, les gazoles et les *fuels oils*. Toutefois, les produits suivants ne sont concernés que lorsqu'ils sont transportés en vrac : les essences spéciales et les huiles moyennes, autres que le pétrole lampant, qui ne sont destinées à subir ni un traitement défini, ni une transformation chimique par traitement ;

c) Lorsqu'ils contiennent du biodiesel, les gazoles et, s'ils sont transportés en vrac, les huiles moyennes ;

d) Les gaz de pétrole et autres hydrocarbures gazeux, à l'état liquide, à l'exception du gaz naturel ;

2° Parmi les produits mentionnés au 2° du même article L. 312-3, les hydrocarbures acycliques saturés, le benzène, le toluène et les xylènes ;

3° Les produits mentionnés aux 6° à 9° du même article L. 312-3.

Pour l'application du présent art., V. supra (avant l'art. L. 100-1), Décr. n° 2021-1914 du 30 déc. 2021, art. 1er à 22, 69.

Art. L. 312-101 Sous réserve des dispositions de l'article L. 312-103, les dispositions de la sous-section 3 de la section VI du chapitre Ier sont applicables aux produits énergétiques qui ne sont pas taxables en tant que carburant ou combustible et aux produits assimilés à des produits énergétiques.

Art. L. 312-102 Les mesures de suivi et de gestion relatives aux éléments mentionnés au 6° de l'article L. 311-39 peuvent également être imposées aux entreprises qui acquièrent des travaux réalisés au moyen d'engins pour les besoins desquels les produits taxables sont consommés.

Art. L. 312-103 Pour les charbons, les gaz naturels et l'électricité, des décrets déterminent les obligations des redevables mentionnés au 1° de l'article L. 312-93 et relatives aux éléments suivants :

1° Les obligations de déclaration auprès de l'administration intervenant avant l'intervention du fait générateur ;

2° La tenue de comptabilités dédiées relatives aux produits taxés ;

3° La communication à l'administration d'informations sur les personnes auxquelles ils ont fourni les produits taxés.

Les dispositions de la sous-section 3 de la section VI du chapitre Ier ne sont pas applicables.

SECTION VII PAIEMENT DE L'ACCISE

Art. L. 312-104 Les règles relatives au paiement de l'accise sur les énergies sont déterminées par les dispositions du titre VII du livre Ier et par celles de la section VII du chapitre Ier du présent titre.

SECTION VIII CONTRÔLE, RECOUVREMENT ET CONTENTIEUX

Art. L. 312-105 Les règles relatives au contrôle, au recouvrement et au contentieux de l'accise sur les énergies sont déterminées par les dispositions du titre VIII du livre Ier et par celles de la présente section.

Pour les dispositions du présent art. qui s'appliqueront à compter du 1er janv. 2024, V. Ord. n° 2021-1843 du 22 déc. 2021, art. 37-5°-a-i.

Art. L. 312-106 Sauf s'agissant des charbons, des gaz naturels et de l'électricité, l'accise sur les énergies est, pour les éléments mentionnés à l'article L. 180-1, régie par les dispositions du code des douanes.

Les dispositions du présent art. seront abrogées à compter du 1er janv. 2024 (Ord. n° 2021-1843 du 22 déc. 2021, art. 37-5°-a-ii).

SECTION IX AFFECTATION

Art. L. 312-107 L'affectation du produit de l'accise sur les énergies est déterminée par les dispositions suivantes :

1° S'agissant de l'accise perçue sur les gazoles et les essences en métropole, le IX de l'article 60 de la loi n° 2019-1479 du 28 décembre 2019 de finances pour 2020 et celles mentionnées au 1° de son A ;

2° S'agissant de l'accise perçue sur les gazoles et les essences dans les collectivités régies par l'article 73 de la Constitution, les articles L. 4434-2 à L. 4434-4 du code général des collectivités territoriales ;

3° S'agissant de l'accise perçue sur l'électricité, les articles L. 2333-2 et L. 3333-2 du même code.

CHAPITRE III ALCOOLS

SECTION PREMIÈRE ÉLÉMENTS TAXABLES ET TERRITOIRES

Art. L. 313-1 Les règles relatives aux éléments taxables et aux territoires pour l'accise sur les alcools sont déterminées par les dispositions du titre Ier du livre Ier, par celles de la section I du chapitre Ier du présent titre et par celles de la présente section.

Art. L. 313-2 Sont soumis à l'accise, même lorsqu'ils sont contenus dans d'autres produits ou contiennent d'autres produits :

1° Les boissons alcooliques au sens du 2° de l'article L. 111-4 ;

2° L'alcool éthylique d'un titre au sens de l'article L. 313-3 qui excède 1,2 % vol, lorsqu'il n'est pas contenu dans une boisson alcoolique.

Art. L. 313-3 Le titre d'un produit s'entend du titre alcoométrique volumique acquis.

SECTION II FAIT GÉNÉRATEUR

Art. L. 313-4 Les règles relatives au fait générateur de l'accise sur les alcools sont déterminées par les dispositions du titre II du livre Ier et par celles de la section II du chapitre Ier du présent titre.

SECTION III MONTANT DE L'ACCISE

Art. L. 313-5 Les règles relatives au montant de l'accise sur les alcools sont déterminées par les dispositions du titre III du livre Ier, par celles de la section III du chapitre Ier du présent titre et par celles de la présente section.

SOUS-SECTION 1 RÈGLES DE CALCUL

Art. L. 313-6 Par dérogation à l'article L. 111-3, pour l'application de la présente section, une boisson mousseuse s'entend d'une boisson qui répond à l'une des deux conditions suivantes :

1° Elle est présentée dans une bouteille fermée par un bouchon champignon maintenu à l'aide d'attaches ou de liens ;

2° Elle a une surpression due à l'anhydride carbonique en solution égale ou supérieur à 3 bars.

§ 1er EXONÉRATIONS DES ALCOOLS UTILISÉS AUTREMENT QUE COMME BOISSON

SOUS-§ 1er *ALCOOLS DÉNATURÉS*

Art. L. 313-7 Sont exonérés de l'accise les produits taxables dont l'alcool est dénaturé totalement selon les règles propres à l'État membre de l'Union européenne de mise à la consommation mentionnées par le règlement (CE) n° 3199/93 de la Commission du 22 novembre 1993 relatif à la reconnaissance mutuelle des procédés pour la dénaturation complète de l'alcool en vue de l'exonération du droit d'accise, dans sa rédaction en vigueur.

Art. L. 313-8 Sont exonérés de l'accise les produits taxables utilisés pour les besoins de la fabrication d'un produit non destiné à la consommation humaine et dont l'alcool répond aux conditions cumulatives suivantes :

1° Il est incorporé à ce produit ou utilisé pour l'entretien ou le nettoyage du matériel de fabrication utilisé pour les besoins du procédé de fabrication de ce produit ;

2° Il est dénaturé conformément à l'un des procédés autorisés, dans des conditions déterminées par décret, pour l'utilisation à laquelle il est employé.

SOUS-§ 2 *ALCOOLS UTILISÉS DANS L'ALIMENTATION HUMAINE*

Art. L. 313-9 Sont exonérés de l'accise les produits taxables utilisés dans la fabrication d'aliments destinés à la consommation humaine, sous réserve que cet aliment comprenne au plus 5 centilitres d'alcool pur par kilogramme.

Le seuil de 5 centilitres mentionné au premier alinéa est porté à 8,5 centilitres pour la fabrication de chocolats.

Art. L. 313-10 Sont exonérés de l'accise les produits taxables utilisés pour les besoins de la *fabrication de vinaigres comestibles* et de leurs succédanés obtenus à partir d'acide acétique.

Art. L. 313-11 Sont exonérés de l'accise les produits taxables utilisés pour les besoins de la fabrication d'arômes destinés à la préparation de denrées alimentaires ou de boissons lorsque le titre de ces denrées ou boissons n'excède pas 1,2 % vol.

Art. L. 313-12 Sont exonérés de l'accise les produits taxables utilisés pour les besoins de la production des compléments alimentaires au sens de la directive 2002/46/CE du Parlement européen et du Conseil du 10 juin 2002 relative au rapprochement des législations des États membres concernant les compléments alimentaires, dans sa rédaction en vigueur, lorsqu'ils répondent aux conditions cumulatives suivantes :

a) Ils contiennent de l'alcool éthylique ;

b) L'unité de conditionnement n'excède pas 0,15 litre ;

c) Ils sont mis sur le marché en France dans le respect de la procédure déterminée par voie réglementaire relative à l'information de l'administration sur le modèle de l'étiquetage utilisé.

SOUS-§ 3 *ALCOOLS UTILISÉS À DES FINS SCIENTIFIQUES, MÉDICALES OU DE FABRICATION*

Art. L. 313-13 Sont exonérés de l'accise les produits taxables utilisés :

1° Pour les besoins de la production de médicaments au sens de l'article L. 5111-1 du code de la santé publique ;

2° A des fins médicales dans les hôpitaux et les pharmacies ;

3° Pour les besoins de la recherche scientifique ;

4° Comme échantillon pour des analyses, pour des tests nécessaires aux processus de production ou à des fins scientifiques.

Art. L. 313-14 Sont exonérés de l'accise les produits taxables utilisés pour les besoins de la fabrication :

1° De produits finis qui ne contiennent pas d'alcool ;

2° De composants des produits finis, lorsque ces composants ne sont pas des produits taxables.

§ 2 CATÉGORIES FISCALES

Art. L. 313-15 Les produits taxables sont répartis, selon leurs caractéristiques organoleptiques et leur titre, exprimé en pourcentage volumique, au sein des catégories fiscales suivantes :

CATÉGORIE FISCALE	PRODUITS DE LA CATÉGORIE ET LEURS CARACTÉRISTIQUES	TITRE (% VOL)
Bières faiblement alcoolisées	Bières de malt et mélanges de bières de malt et de boissons non alcooliques	Supérieur à 0,5 et inférieur ou égal à 2,8
Autres bières		Supérieur à 2,8
Vins tranquilles	Vins de raisin frais, moûts de raisin, vermouths et autres vins de raisins frais préparés à l'aide de plantes ou de substances aromatiques, lorsque l'alcool contenu dans le produit fini résulte entièrement d'une fermentation	Supérieur à 1,2 et inférieur ou égal à 15
Vins mousseux		
Autres boissons fermentées non mousseuses	Boissons fermentées et mélanges de boissons fermentées et de boissons non alcooliques, y compris lorsque l'alcool contenu dans le produit ne résulte pas entièrement d'une fermentation, à l'exception des produits relevant des catégories fiscales des bières et des vins	
Autres boissons fermentées mousseuses		
Produits intermédiaires		Supérieur à 15 et inférieur ou égal à 22
Alcools	Tout produit qui comprend de l'alcool éthylique, sauf lorsque cet alcool est contenu dans une boisson relevant de l'une des autres catégories fiscales du présent tableau	Supérieur à 1,2

Art. L. 313-16 Par dérogation à l'article L. 313-15, les produits dont le titre excède 15 % vol relèvent de la catégorie fiscale des vins tranquilles, et non de celle des produits intermédiaires, lorsqu'ils répondent aux conditions cumulatives suivantes :

1° Leur titre est inférieur ou égal à 18 % vol ;

2° Leurs caractéristiques, autres que le titre, sont celles des produits de la catégorie fiscale des vins tranquilles mentionnées à ce même article L. 313-15 ;

3° Leur alcool ne résulte d'aucun enrichissement.

Art. L. 313-17 Par dérogation à l'article L. 313-15, les produits dont le titre n'excède pas 15 % vol relèvent de la catégorie fiscale des produits intermédiaires, et non de celle des autres boissons fermentées mousseuses ou non mousseuses, lorsqu'ils répondent aux conditions cumulatives suivantes :

1° Leur titre est supérieur à 5,5 % vol pour les boissons non mousseuses ou 8,5 % vol pour les boissons mousseuses ;

2° Leurs caractéristiques, autres que le titre, sont celles des produits de la catégorie fiscale des produits intermédiaires mentionnées à ce même article L. 313-15 ;

3° Leur alcool ne résulte pas entièrement d'une fermentation.

§ 3 BASE D'IMPOSITION

Art. L. 313-18 La base d'imposition de l'accise est constituée par les volumes suivants, exprimés en hectolitres et mesurés à 20 degrés Celsius :

1° Pour les produits relevant des catégories fiscales des bières, le volume de produit fini multiplié par la valeur du titre, exprimée en pourcentage ;

2° Pour les produits relevant des catégories fiscales des vins, des autres boissons fermentées et des produits intermédiaires, le volume de produit fini ;

3° Pour les produits relevant de la catégorie fiscale des alcools, le volume d'alcool pur contenu dans le produit.

SOUS-SECTION 2 TARIFS NORMAUX ET TARIFS RÉDUITS

Art. L. 313-19 Les tarifs de l'accise sont indexés sur l'inflation dans les conditions prévues par le chapitre II du titre III du livre Ier.

Toutefois, l'évolution annuelle ne peut ni être négative ni excéder 1,75 %.

Le tarif révisé est arrondi au centième d'euro par unité de la base d'imposition.

Art. L. 313-20 Les tarifs normaux des catégories fiscales sont, en 2022, les suivants :

CATÉGORIE FISCALE	UNITÉ DANS LAQUELLE LE TARIF EST EXPRIMÉ	TARIF EN 2022
Bières faiblement alcoolisées	Euros par hectolitre de produit fini et par pourcentage de titre	3,85
Autres bières		7,70
Vins tranquilles	Euros par hectolitre de produit fini	3,92
Vins mousseux		9,70
Autres boissons fermentées non mousseuses		3,92
Autres boissons fermentées mousseuses		3,92
Produits intermédiaires		195,86
Alcools	Euros par hectolitre d'alcool pur contenu dans le produit	1 806,28

Art. L. 313-21 Les tarifs réduits applicables à certains *(Ord. n° 2021-1843 du 22 déc. 2021, rect., 9°-h)* « produits exprimés » en euros par hectolitre, sont, en 2022, les suivants :

PRODUITS ET LEURS CARACTÉRISTIQUES	TARIF RÉDUIT EN 2022 (€/hL)
Cidres, poirés, hydromels et produits relevant de la catégorie "vin pétillant" des produits de la vigne, lorsque le titre n'excède pas 8,5 % vol	1,37
Produits intermédiaires relevant de l'une des catégories des produits de la vigne	48,97

Les produits relevant des catégories des produits de la vigne s'entendent de ceux qui répondent aux conditions cumulatives suivantes :

1° Ils relèvent des catégories mentionnées à la partie II de l'annexe VII du règlement (UE) n° 1308/2013 du Parlement européen et du Conseil du 17 décembre 2013 portant organisation commune des marchés des produits agricoles et abrogeant les règlements (CEE) n° 922/72, (CEE) n° 234/79, (CE) n° 1037/2001 et (CE) n° 1234/2007 du Conseil, dans sa rédaction en vigueur ;

2° Leurs caractéristiques répondent aux prescriptions du règlement délégué (UE) 2019/934 de la Commission du 12 mars 2019 complétant le règlement (UE) n° 1308/2013 du Parlement européen et du Conseil en ce qui concerne les zones viticoles où le titre alcoométrique peut être augmenté, les pratiques œnologiques autorisées et les restrictions applicables à la production et à la conservation de produits de la vigne, le pourcentage minimal d'alcool pour les sous-produits et leur élimination, et la publication des fiches de l'OIV, dans sa rédaction en vigueur.

SOUS-SECTION 3 TARIFS PARTICULIERS

§ 1er PETITS PRODUCTEURS INDÉPENDANTS

Art. L. 313-22 Pour l'application du présent paragraphe, un producteur de produits taxables est regardé comme un petit producteur indépendant lorsque les conditions suivantes sont cumulativement remplies :

1° Il n'existe aucune relation de dépendance économique ou juridique, directe ou indirecte, avec un autre producteur ;

2° Les installations de production ne sont pas partagées avec un autre producteur ;

3° Les procédés de production et l'exploitation commerciale ne font l'objet d'aucune coordination avec d'autres producteurs ;

4° Le producteur est certifié dans les conditions prévues par les dispositions prises en application de l'article L. 313-40 ou par celles transposant, dans les autres États membres de l'Union européenne, l'article 23 *bis* de la directive 92/83/CEE du Conseil du 19 octobre 1992 concernant l'harmonisation des structures des droits d'accises sur l'alcool et les boissons alcooliques.

Lorsque plusieurs petits producteurs indépendants de tout autre producteur coopèrent, ils peuvent être assimilés à un petit producteur indépendant unique.

Art. L. 313-23 Par dérogation à l'article L. 313-20, pour les produits de la catégorie fiscale des autres bières, le tarif de l'accise est celui prévu pour les produits de la catégorie fiscale des bières faiblement alcoolisées lorsque les produits sont fabriqués par un petit producteur indépendant dont la production, au cours de l'exercice comptable précédant l'année civile de l'exigibilité, n'excède pas 200 000 hectolitres.

§ 2 RHUMS TRADITIONNELS D'OUTRE-MER CONSOMMÉS EN MÉTROPOLE

Art. L. 313-24 Pour l'application du présent paragraphe, le rhum traditionnel d'outre-mer s'entend de tout produit de la catégorie fiscale des alcools qui répond aux conditions cumulatives suivantes :

1° Il répond à l'ensemble des conditions mentionnées au point 1 de l'annexe I du règlement (UE) 2019/787 du parlement européen et du conseil du 17 avril 2019 concernant la définition, la désignation, la présentation et l'étiquetage des boissons spiritueuses, l'utilisation des noms de boissons spiritueuses dans la présentation et l'étiquetage d'autres denrées alimentaires, la protection des indications géographiques relatives aux boissons spiritueuses, ainsi que l'utilisation de l'alcool éthylique et des distillats d'origine agricole dans les boissons alcoolisées, et abrogeant le règlement (CE) n° 110/2008, dans sa rédaction en vigueur ;

2° Il est produit en Guadeloupe, en Guyane, en Martinique ou à La Réunion à partir de canne à sucre récoltée sur le territoire de cette collectivité ;

3° Sa teneur en substances volatiles autres que les alcools éthylique et méthylique est égale ou supérieure à 225 grammes par hectolitre d'alcool pur ;

4° Son titre est égal ou supérieur à 40 %.

1. *A compter d'une date fixée par décret ne pouvant être postérieure de plus d'un mois à celle de l'acte pris en application de l'art. 203 TFUE et permettant de considérer ces dispositions conformes au droit de l'UE, au 2° du présent art., les mots : « ou La Réunion » sont remplacés par les mots : « , La Réunion, Saint-Barthélemy, Saint-Pierre-et-Miquelon, les îles Wallis-et-Futuna et la Polynésie française » (Ord. n° 2021-1843 du 22 déc. 2021, art. 37-9°a).*

2. *A compter d'une date fixée par décret ne pouvant être postérieure de plus d'un mois à la date la plus tardive entre celle mentionnée au 5° de l'art. 37 de l'Ord. n° 2021-1843 du 22 déc. 2021 et celle de la réception par le Gouvernement de la réponse de la Commission européenne permettant de considérer ces dispositions comme conformes au droit de l'UE en matière d'aides d'État, au 2° du présent art., après les mots : « Saint-Barthélemy, », sont insérés les mots : « Saint-Martin, » (Ord. préc., art. 37-10°-a).*

Art. L. 313-25 Les rhums traditionnels d'outre-mer mis à la consommation sur le territoire métropolitain relèvent, dans la limite annuelle prévue à l'article L. 313-26, d'un tarif particulier égal à 903,64 € par hectolitre d'alcool pur contenu dans le produit.

Nouvel art. L. 313-25 *(Ord. n° 2021-1843 du 22 déc. 2021 art. 37-9°-b)* ***Les rhums traditionnels d'outre-mer mis à la consommation sur le territoire métropolitain relèvent, dans la limite annuelle prévue à l'article L. 313-26, de tarifs particuliers. Ces tarifs particuliers, en 2022, exprimés en euro par hectolitre d'alcool pur et déterminés en fonction de la collectivité sur le territoire de laquelle ils sont produits, figurent dans le tableau suivant :***

COLLECTIVITÉ DE PRODUCTION	TARIF EN 2022 (€/ hL)
Guadeloupe, Guyane, Martinique ou La Réunion	903,64
Saint-Barthélemy, Saint-Pierre-et-Miquelon, îles Wallis-et-Futuna ou Polynésie française	1 342,87

1. Les dispositions du présent art. s'appliquent à compter d'une date fixée par décret ne pouvant être postérieure de plus d'un mois à celle de l'acte pris en application de l'art. 203 TFUE et permettant de considérer ces dispositions conformes au droit de l'UE (Ord. n° 2021-1843 du 22 déc. 2021 art. 37-9°-b).

2. A compter d'une date fixée par décret ne pouvant être postérieure de plus d'un mois à la date la plus tardive entre celle mentionnée au 5° de l'art. 37 de l'Ord. n° 2021-1843 du 22 déc. 2021 et celle de la réception par le Gouvernement de la réponse de la Commission européenne permettant de considérer ces dispositions comme conformes au droit de l'UE en matière d'aides d'État, à la troisième ligne du tableau du second al. du présent art., après les mots : "Saint-Barthélemy,", sont insérés les mots : "Saint-Martin," (Ord. préc., art. 37-10°-b).

Art. L. 313-26 **Le tarif particulier prévu à l'article L. 313-25 s'applique, sans préjudice de la mise en œuvre de la soulte mentionnée à l'article 362 du code général des impôts, aux 144 000 premiers hectolitres de rhum traditionnel d'outre-mer mis à la consommation sur le territoire métropolitain au cours de chaque année civile.**

Le nombre 144 000 est remplacée par le nombre 153 000 à compter d'une date fixée par Décr., qui ne peut être postérieure de plus de six mois à la date de réception par le Gouvernement de la réponse de la Commission européenne permettant de considérer le dispositif législatif lui ayant été notifié comme conforme au droit de l'UE en matière d'aides d'État (L. n° 2021-1900 du 30 déc. 2021, art. 170, et Ord. n° 2021-1843 du 22 déc. 2021, art. 4).

§ 3 SPIRITUEUX CONSOMMÉS OUTRE-MER

Art. L. 313-27 **Par dérogation à l'article L. 313-20 et à l'article L. 313-34, relèvent des tarifs particuliers prévus au présent paragraphe les produits qui répondent aux conditions cumulatives suivantes :**

1° Ils sont mis à la consommation en Guadeloupe, en Guyane, en Martinique et à La Réunion ;

2° Ils sont fabriqués sur le territoire où ils sont mis à la consommation à partir d'alcool issu de matières premières récoltées sur ce même territoire.

Par dérogation à l'article L. 313-19, les tarifs particuliers prévus au présent paragraphe ne sont pas indexés.

Art. L. 313-28 **Les tarifs particuliers applicables aux rhums et autres eaux-de-vie provenant de la distillation, après fermentation, de produits de cannes à sucre, exprimés en euros par hectolitre d'alcool pur et déterminés en fonction du territoire où ces produits sont mis à la consommation, figurent dans le tableau suivant :**

COLLECTIVITÉ DE MISE À LA CONSOMMATION	TARIF PARTICULIER À COMPTER DE 2022 (€/hL)
Guadeloupe	12,5
Guyane	7,32
Martinique	12,5
La Réunion	38,11

Art. L. 313-29 **Les tarifs particuliers applicables aux eaux de vies, liqueurs et autres boissons spiritueuses ne relevant pas de l'article L. 313-28, exprimés en euros par hectolitre d'alcool pur et déterminés en fonction du territoire où ces produits sont mis à la consommation, figurent dans le tableau suivant :**

COLLECTIVITÉ DE MISE À LA CONSOMMATION	TARIF PARTICULIER À COMPTER DE 2022 (€/hL)
Guadeloupe	34,3
Guyane	11,43
Martinique	34,3
La Réunion	54,73

Art. L. 313-30 Les tarifs particuliers prévus par le présent paragraphe font l'objet d'une majoration dont le montant est au moins égal à 18,29 € par hectolitre d'alcool pur et n'excède pas les limites suivantes :

1° 152,45 € par hectolitre d'alcool pur pour La Réunion ;

2° 76,23 € par hectolitre d'alcool pur pour les autres collectivités.

Ce montant est déterminé par la région sur le territoire de laquelle les produits sont mis à la consommation.

§ 4 ALCOOLS CONSOMMÉS PAR LE PRODUCTEUR

Art. L. 313-31 Les tarifs particuliers prévus par le présent paragraphe s'appliquent aux produits qui répondent aux conditions cumulatives suivantes :

1° Ils sont fabriqués par un particulier ;

2° Ils sont consommés par ce particulier, les membres de sa famille ou ses invités ;

3° Ils ne sont pas vendus.

Art. L. 313-32 Sont exonérés de l'accise les produits des catégories fiscales des bières qui ne sont pas fabriqués dans le cadre d'une activité économique.

Art. L. 313-33 Sont exonérés de l'accise les produits des catégories fiscales des vins, ceux relevant du premier des tarifs réduits prévus à l'article L. 313-21 et l'hydromel dont le titre excède 8,5 % et n'excède pas 15 %.

Art. L. 313-34 Relèvent d'un tarif particulier égal à la moitié du tarif normal de la catégorie fiscale des alcools, arrondi au centième, dans la limite de 10 litres d'alcool pur fabriqués par le bouilleur de cru pendant la campagne de distillation, les produits de cette catégorie fiscale qui répondent aux conditions suivantes :

1° Ils sont fabriqués à partir de fruits détenus par le bouilleur de cru et récoltés sur un terrain qu'il a le droit de cultiver ;

2° La distillation est réalisée par le bouilleur de cru, ou par une autre personne à sa demande, et l'alcool est déplacé dans le respect des mesures de surveillance administrative prises en application des articles L. 311-40 à L. 311-42.

La cession des produits par un métayer au propriétaire du terrain sur lequel les fruits ont été cultivés est réputée ne pas constituer une vente au sens du 3° de l'article L. 313-31, dans la limite de 10 litres d'alcool pur par campagne de distillation et par propriétaire.

Pour l'application du présent article, la campagne de distillation s'entend de la période débutant le 1er septembre et s'achevant le 31 août de l'année civile suivante.

Art. L. 313-35 Sont exonérés de l'accise, dans la limite de 10 litres d'alcool pur fabriqué par le bouilleur de cru pendant la campagne de distillation, les produits qui répondent aux conditions cumulatives suivantes :

1° L'alcool est produit exclusivement à partir de raisins, de pommes, de poires, de cerises, de prunes, de prunelles ou de marcs ou lies de tout fruit ;

2° Le bouilleur de cru ou son conjoint répond à l'un des critères alternatifs suivants :

a) Il remplissait, pendant la campagne de distillation 1959-1960, les conditions d'octroi de l'allocation en franchise prévue en faveur des bouilleurs de cru par l'article 3 de la loi du 28 février 1923 relative à la modification de la réglementation applicable aux bouilleurs de cru, dans sa rédaction en vigueur pendant cette compagne ;

b) Il n'a pu bénéficier de l'allocation mentionnée au *a* pendant la campagne de distillation 1959-1960 du fait de sa présence sous les drapeaux en tant que militaire.

A cette fin, les deux derniers alinéas de l'article L. 313-34 sont applicables.

Les quantités exonérées en application du présent article viennent en déduction des limites de 10 litres prévues pour le bouilleur de cru ou le propriétaire de terrain au même article L. 313-34.

§ 5 AVITAILLEMENT DES NAVIRES ET AÉRONEFS

Art. L. 313-36 Sont exonérés de l'accise les produits d'avitaillement consommés à bord :

1° Des engins flottants armés pour un usage professionnel mentionné à l'article L. 5231-1 du code des transports lors de la réalisation d'une navigation maritime au

sens de l'article L. 5000-1 du même code d'une durée d'au moins six heures ou d'une navigation incluant une sortie des eaux territoriales nationales ;

2° Des aéronefs réalisant des prestations de transport.

SECTION IV EXIGIBILITÉ

Art. L. 313-37 **Les règles relatives à l'exigibilité de l'accise sur les alcools sont déterminées par les dispositions du titre IV du livre Ier et par celles de la section IV du chapitre Ier du présent titre.**

SECTION V PERSONNES SOUMISES AUX OBLIGATIONS FISCALES

Art. L. 313-38 **Les règles relatives aux personnes soumises aux obligations fiscales pour l'accise sur les alcools sont déterminées par les dispositions du titre V du livre Ier et par celles de la section V du chapitre Ier du présent titre.**

SECTION VI CONSTATATION DE L'ACCISE

Art. L. 313-39 **Les règles de constatation de l'accise sur les alcools sont déterminées par les dispositions du titre VI du livre Ier, par celles de la section VI du chapitre Ier du présent titre et par celles de la présente section.**

Art. L. 313-40 **Un décret détermine les conditions dans lesquelles l'administration certifie, à la demande d'un producteur de produits taxables établi sur la partie française du territoire douanier européen :**

1° Son indépendance au sens de l'article L. 313-22 ;

2° Sa production annuelle.

Ce décret peut également déterminer les conditions dans lesquelles le producteur certifie ou fait certifier ces éléments.

V. supra (avant l'art. L. 100-1), Décr. n° 2021-1914 du 30 déc. 2021, art. 23 à 27, 69.

SECTION VII PAIEMENT DE L'ACCISE

Art. L. 313-41 **Les règles relatives au paiement de l'accise sur les alcools sont déterminées par les dispositions du titre VII du livre Ier et par celles de la section VII du chapitre Ier du présent titre.**

SECTION VIII CONTRÔLES, RECOUVREMENT ET CONTENTIEUX

Art. L. 313-42 **Les règles relatives au contrôle, au recouvrement et au contentieux de l'accise sur les alcools sont, par dérogation aux dispositions du titre VIII du livre Ier, déterminées par celles de la présente section.**

Art. L. 313-43 **Sous réserve de l'article L. 313-44, l'accise est, pour les éléments mentionnés à l'article L. 180-1, régie par les dispositions du livre II du code général des impôts et du livre des procédures fiscales qui lui sont propres ou qui sont applicables aux contributions indirectes.**

Pour les dispositions du présent art. qui s'appliquent à compter du 1er janv. 2024, V. Ord. n° 2021-1843 du 22 déc. 2021, art. 37-5°-b-i.

Art. L. 313-44 **Pour les éléments mentionnés à l'article L. 180-1, l'accise exigible lors de l'importation est régie par les dispositions figurant au code des douanes.**

Pour les dispositions du présent art. qui s'appliquent à compter du 1er janv. 2024, V. Ord. n° 2021-1843 du 22 déc. 2021, art. 37-5°-b-ii.

Art. L. 313-44-1 *(Ord. n° 2021-1843 du 22 déc. 2021, art. 37-5°-b-iii, en vigueur le 1er janv. 2024)* **Le recouvrement de l'accise est régi par les dispositions du livre II du code général des impôts et du titre IV du livre des procédures fiscales applicables aux taxes sur le chiffre d'affaires.**

SECTION IX AFFECTATION

Art. L. 313-45 **L'affectation du produit de l'accise sur les alcools est déterminée par les dispositions suivantes :**

1° Le 5° de l'article L. 731-2 du code rural et de la pêche maritime ;

2° Le 3° de l'article L. 731-3 du même code ;

3° Le troisième alinéa de l'article L. 732-58 du même code.

Toutefois, l'affectation de la majoration applicable outre-mer et prévue à l'article L. 313-30 est déterminée par l'article L. 4434-1 du code général des collectivités territoriales.

CHAPITRE IV TABACS

SECTION PREMIÈRE ÉLÉMENTS TAXABLES ET TERRITOIRES

Art. L. 314-1 Les règles relatives aux éléments taxables et aux territoires pour l'accise sur les tabacs sont déterminées par les dispositions du titre Ier du livre Ier, par celles de la section I du chapitre Ier du présent titre et par celles de la présente section.

Art. L. 314-2 Sont soumis à l'accise les produits du tabac au sens de l'article L. 314-3 susceptibles d'être fumés au sens de l'article L. 314-4, mâchés au sens de l'article L. 314-5 ou prisés au sens de l'article L. 314-6.

Art. L. 314-3 Les produits du tabac s'entendent des produits qui contiennent l'une des substances suivantes :

1° Du tabac ;

2° Des substances mélangées au tabac et susceptibles d'être fumées, prisées ou mâchées avec le tabac ;

3° Des substances autres que le tabac susceptibles d'être fumées et qui ne sont pas à usage médical.

Art. L. 314-4 Un produit est susceptible d'être fumé lorsqu'il peut être fumé par le consommateur final en l'état ou après une manipulation ou une transformation autre qu'industrielle.

Art. L. 314-5 Un produit est susceptible d'être mâché par le consommateur final lorsqu'il répond aux conditions cumulatives suivantes :

1° Il est présenté en rouleaux, en barres, en lanières, en cubes ou en plaques ;

2° Il est conditionné pour la vente au détail ;

3° Il est spécialement préparé pour être mâché.

Art. L. 314-6 Un produit est susceptible d'être prisé par le consommateur final lorsqu'il répond aux conditions cumulatives suivantes :

1° Il est présenté en poudre ou en grains ;

2° Il est conditionné pour la vente au détail ;

3° Il est spécialement préparé pour être prisé.

SECTION II FAIT GÉNÉRATEUR

Art. L. 314-7 Les règles relatives au fait générateur de l'accise sur les tabacs sont déterminées par les dispositions du titre II du livre Ier et par celles de la section II du chapitre Ier du présent titre.

SECTION III MONTANT DE L'ACCISE

Art. L. 314-8 Les règles relatives au montant de l'accise sur les tabacs sont déterminées par les dispositions du titre III du livre Ier, par celles de la section III du chapitre Ier du présent titre et par celles de la présente section.

SOUS-SECTION 1 RÈGLES DE CALCUL

§ 1er EXONÉRATION DES TABACS NON FUMÉS, NON PRISÉS OU NON MÂCHÉS

Art. L. 314-9 L'application d'une exonération prévue par la présente sous-section est subordonnée à l'information de l'administration préalablement à l'utilisation au titre de laquelle elle s'applique.

Art. L. 314-10 Sont exonérés de l'accise les produits qui répondent aux conditions cumulatives suivantes :

1° Ils sont dénaturés ;

2° Ils sont utilisés à des fins industrielles ou horticoles.

Art. L. 314-11 Sont exonérés de l'accise les produits détruits sous la surveillance de l'administration.

Art. L. 314-12 Sont exonérés de l'accise les produits utilisés pour les besoins de la réalisation de tests :

1° Poursuivant des fins scientifiques ;

2° Permettant d'évaluer la qualité des produits.

§ 2 CATÉGORIES FISCALES

Art. L. 314-13 La catégorie fiscale des cigares et cigarillos comprend :

1° Les cigares et cigarillos, qui sont les produits qui répondent aux conditions cumulatives suivantes :

a) Ils peuvent être fumés en l'état et, compte tenu de leurs caractéristiques et des attentes normales des consommateurs, sont exclusivement destinés à l'être ;

b) Ils sont constitués d'un rouleau de tabac et d'une cape extérieure en tabac naturel ou reconstitué ;

c) Lorsque la cape est en tabac reconstitué, les critères suivants sont cumulativement remplis :

– la cape extérieure est de la couleur normale des cigares et couvre entièrement le produit à l'exception, le cas échéant, de l'embout ;

– le rouleau est rempli d'un mélange battu ;

– la masse unitaire, sans filtre ni embout, est au moins égale à 2,3 grammes et n'excède pas 10 grammes ;

– la circonférence est, sur un tiers de la longueur ou plus, au moins égale à 34 millimètres ;

2° Les produits assimilés aux cigares et cigarillos, qui sont les produits constitués partiellement d'autres substances que le tabac et qui répondent aux autres conditions mentionnées au 1°.

Art. L. 314-14 La catégorie fiscale des cigarettes comprend les produits suivants, autres que ceux relevant de la catégorie fiscale des cigares et cigarillos :

1° Les cigarettes, qui sont des rouleaux de tabacs susceptibles d'être fumés :

a) En l'état ;

b) Après avoir été glissés dans des tubes à cigarettes par une simple manipulation non industrielle ;

c) Après avoir été enveloppés dans des feuilles de papier à cigarettes par une simple manipulation non industrielle ;

2° Les produits assimilés aux cigarettes, qui sont les produits constitués partiellement ou exclusivement de substances autres que le tabac et qui répondent aux autres conditions mentionnées au 1°.

Art. L. 314-15 La catégorie fiscale des tabacs fine coupe destinés à rouler les cigarettes comprend les produits, autres que ceux relevant des catégories fiscales des cigares et cigarillos et des cigarettes, qui répondent aux conditions cumulatives suivantes :

1° Ils remplissent l'un des deux critères suivants :

a) Ils sont constitués de feuilles de tabac fractionnées, filées ou pressées en plaque et sont susceptibles d'être fumés après une simple manipulation non industrielle ;

b) Ils sont constitués de restes de feuilles de tabac ou de sous-produits obtenus dans le cadre du traitement du tabac ou de la fabrication de produits du tabac et sont conditionnés pour la vente au détail ;

2° Plus de 25 % en poids des particules de tabac présentent une largeur de coupe inférieure à 1,5 millimètre.

Art. L. 314-16 La catégorie fiscale des autres tabacs à fumer comprend les produits du tabac susceptibles d'être fumés par le consommateur final au sens de l'article

L. 314-4 qui ne relèvent d'aucune des trois catégories fiscales définies respectivement aux articles L. 314-13, L. 314-14, L. 314-15.

Art. L. 314-17 La catégorie fiscale des tabacs à mâcher comprend les produits du tabac susceptibles d'être mâchés par le consommateur final au sens de l'article L. 314-5 et qui ne sont pas susceptibles d'être fumés par ce dernier au sens de l'article L. 314-4.

Art. L. 314-18 La catégorie fiscale des tabacs à priser comprend les produits du tabac susceptibles d'être prisés par le consommateur final au sens de l'article L. 314-6 et qui ne sont pas susceptibles d'être fumés par ce dernier au sens de l'article L. 314-4.

§ 3 CALCUL DE L'ACCISE

Art. L. 314-19 L'unité de taxation de l'accise s'entend :

1° Pour les produits relevant des catégories fiscales des cigares et cigarillos et des cigarettes, du millier d'unités comptabilisées dans les conditions prévues à l'article L. 314-20 ;

2° Pour les produits relevant des catégories fiscales des tabacs fine coupe destinés à rouler les cigarettes, des autres tabacs à fumer, des tabacs à mâcher et des tabacs à priser, de la *(Ord. n° 2021-1843 du 22 déc. 2021, rect., 9°-j)* « masse de tabac et » des substances à fumer exprimée en milliers de grammes.

Art. L. 314-20 Chaque rouleau de tabac relevant des catégories fiscales des cigares et cigarillos ou des cigarettes est compté comme une unité.

Pour les rouleaux de tabac relevant de la catégorie fiscale des cigarettes et d'une longueur supérieure à 8 centimètres, s'ajoutent à la première unité autant d'unités que de tranches de 3 centimètres entamées au-delà de 8 centimètres.

Les filtres et embouts ne sont pas pris en compte pour déterminer ces longueurs.

Art. L. 314-21 Le montant de l'accise, exprimé en euros par unité de taxation, est égal au plus grand des deux montants suivants :

1° La somme des deux termes suivants :

a) Le produit du taux de l'accise par le prix de vente au sens de l'article L. 314-22 ;

b) Le tarif de l'accise ;

2° Le minimum de perception.

Art. L. 314-22 Pour l'application du présent chapitre, le prix de vente, exprimé en euro par unité de taxation, s'entend du montant suivant :

1° Si l'accise est exigible en métropole, le prix homologué mentionné à l'article 572 du code général des impôts ;

2° Par dérogation au 1°, pour un produit fourni à la vente au détail en Corse, le prix fixé par les personnes mentionnées à ce même article 572 dans les conditions prévues au II de l'article 575 E *bis* du même code ;

3° Si l'accise est exigible sur le territoire de l'une des collectivités régies par l'article 73 de la Constitution, un montant déterminé par le département et compris entre *66 % et 110 % du prix suivant* :

a) Lorsqu'un produit identique est mis à la consommation en métropole, celui mentionné au 1° ;

b) A défaut, la moyenne des prix homologués des produits de la catégorie fiscale dont il relève, déterminée dans les conditions prévues à l'article 575 du code général des impôts.

SOUS-SECTION 2 TAUX, TARIFS ET MINIMA DE PERCEPTION

Art. L. 314-23 Lorsque le montant d'un tarif, d'un taux ou d'un minima de perception n'est pas précisé, il est nul.

Art. L. 314-24 Les tarifs, taux et minima de perception de l'accise exigible en métropole, pour chaque catégorie fiscale sont, en 2022, les suivants :

CATÉGORIE FISCALE	PARAMÈTRES DE L'ACCISE	MONTANT EN 2022
Cigares et cigarillos	Taux (%)	36,3
	Tarif (€/1 000 unités)	48,7
	Minimum de perception (€/1 000 unités)	268,9
Cigarettes	Taux (%)	55
	Tarif (€/1 000 unités)	63,6
	Minimum de perception (€/1 000 unités)	336,7
Tabacs fine coupe destinés à rouler les cigarettes	Taux (%)	49,1
	Tarif (€/1 000 grammes)	83,5
	Minimum de perception (€/1 000 grammes)	305,3
Autres tabacs à fumer	Taux (%)	51,4
	Tarif (€/1 000 *grammes)*	31,4
	Minimum de perception (€/1 000 grammes)	135,5
Tabacs à priser	Taux (%)	58,1
Tabacs à mâcher	Taux (%)	40,7

Ces tarifs et minima de perception sont indexés sur l'inflation dans les conditions prévues au chapitre II du titre III du livre Ier, le pourcentage d'évolution étant arrondi au dixième. L'arrêté mentionné à l'article L. 132-1 est également signé par le ministre chargé de la santé.

Toutefois, l'évolution annuelle ne peut ni être négative ni excéder 1,8 %.

Art. L. 314-25 Par dérogation à l'article L. 314-24, pour les produits fournis à la vente au détail en Corse, les tarifs et taux de l'accise, pour chaque catégorie fiscale, sont les suivants :

CATÉGORIE FISCALE	PARAMÈTRES DE L'ACCISE	MONTANT EN 2022	MONTANT EN 2023	MONTANT EN 2024	MONTANT EN 2025
Cigares et cigarillos	Taux (%)	28,1	30,2	32,4	34,5
	Tarif (€/1 000 unités)	45,8	45,9	46,1	46,2

CATÉGORIE FISCALE	PARAMÈTRES DE L'ACCISE	MONTANT EN 2022	MONTANT EN 2023	MONTANT EN 2024	MONTANT EN 2025
Cigarettes	Taux (%)	50,4	51,5	52,7	53,8
	Tarif (€/1 000 unités)	50,8	53,7	56,8	58,9
Tabacs fine coupe destinés à rouler les cigarettes	Taux (%)	38,3	41,0	43,7	46,4
	Tarif (€/1 000 grammes)	63,3	68,0	72,8	77,5
Autres tabacs à fumer	Taux (en %)	43,3	45,4	47,5	50,0
	Tarif (€/1 000 grammes)	20,0	22,3	24,7	27,0
Tabacs à priser	Taux (%)	46,2	49,3	52,3	55,4
Tabacs à mâcher	Taux (%)	32,8	34,9	36,9	39,0

Pour les produits relevant de la catégorie fiscale des cigarettes, le présent article s'applique aux seules 1 200 premières tonnes fournies chaque année civile.

Les dispositions du présent art. sont abrogées à compter du 1er janv. 2026 (Ord. n° 2021-1843 du 22 déc. 2021, art. 37-7°).

Art. L. 314-26 Pour l'accise exigible sur le territoire des collectivités régies par l'article 73 de la Constitution et pour chaque catégorie fiscale :

1° Le taux est déterminé par département dans la limite du rapport, calculé pour le produit théorique de référence de la catégorie fiscale, entre le montant de l'accise exigible en métropole et le prix homologué. Le produit théorique de référence d'une catégorie fiscale est un produit de cette catégorie dont le prix homologué est égal à la moyenne des prix homologués de cette catégorie, déterminée dans les conditions prévues à l'article 575 du code général des impôts ;

2° Le tarif est nul ;

3° Un minimum de perception peut être déterminé par le département dans les cas et limites suivants :

a) Pour les produits relevant de la catégorie fiscale des cigarettes, le produit du taux mentionné au *1° par la moyenne des prix* homologués des produits de la catégorie fiscale des cigarettes déterminée dans les conditions prévues à l'article 575 du code général des impôts ;

b) Pour les produits relevant de la catégorie fiscale des tabacs fine coupe destinés à rouler les cigarettes, les deux tiers du montant mentionné au *a*.

Art. L. 314-27 Sont exonérés de l'accise les produits d'avitaillement consommés à bord des engins flottants armés pour un usage professionnel mentionné à l'article L. 5231-1 du code des transports lors de la réalisation d'une navigation maritime au sens de l'article L. 5000-1 du même code d'une durée d'au moins six heures ou d'une navigation incluant une sortie des eaux territoriales nationales, lorsqu'une telle consommation est autorisée.

SECTION IV **EXIGIBILITÉ**

Art. L. 314-28 Les règles relatives à l'exigibilité de l'accise sur les tabacs sont déterminées par les dispositions du titre IV du livre Ier, par celles de la section IV du chapitre Ier du présent titre et par celles de la présente section.

Art. L. 314-29 En cas de changement d'un taux, tarif ou minimum de perception mentionné à l'article L. 314-21, l'accise devient exigible pour les produits détenus en dehors d'un régime de suspension de l'accise par une personne qui ne les destine pas à sa consommation propre.

Cette disposition ne s'applique pas aux changements de tarifs et de minima de perception résultant des deux derniers alinéas de l'article L. 314-24.

SECTION V **PERSONNES SOUMISES AUX OBLIGATIONS FISCALES**

Art. L. 314-30 Les règles relatives aux personnes soumises aux obligations fiscales pour l'accise sur les tabacs sont déterminées par les dispositions du titre V du livre Ier, par celles de la section V du chapitre Ier du présent titre et par celles de la présente section.

Art. L. 314-31 Est redevable de l'accise lors du changement mentionné à l'article L. 314-29 la personne redevable de l'accise préalablement devenue exigible pour le même produit.

SECTION VI **CONSTATATION DE L'ACCISE**

Art. L. 314-32 Les règles de constatation de l'accise sur les tabacs sont déterminées par les dispositions du titre VI du livre Ier et par celles de la section VI du chapitre Ier du présent titre.

SECTION VII **PAIEMENT DE L'ACCISE**

Art. L. 314-33 Les règles relatives au paiement de l'accise sur les tabacs sont déterminées par les dispositions du titre VII du livre Ier et par celles de la section VII du chapitre Ier du présent titre.

SECTION VIII **CONTRÔLE, RECOUVREMENT ET CONTENTIEUX**

Art. L. 314-34 Les règles relatives au contrôle, au recouvrement et au contentieux de l'accise sur les tabacs sont déterminées, par dérogation aux dispositions du titre VIII du livre Ier, par les dispositions de la présente section.

Art. L. 314-35 Sous réserve de l'article L. 314-36, l'accise est, pour les éléments mentionnés à l'article L. 180-1, régie par les dispositions du livre II du code général des impôts et du livre des procédures fiscales qui lui sont propres ou qui sont applicables aux contributions indirectes.

Pour les dispositions du présent art. qui s'appliquent à compter du 1er janv. 2024, V. Ord. no 2021-1843 du 22 déc. 2021, art. 37-5o-c-i.

Art. L. 314-36 Pour les éléments mentionnés à l'article L. 180-1, l'accise exigible lors de l'importation est régie par les dispositions figurant au code des douanes.

Pour les dispositions du présent art. qui s'appliquent à compter du 1er janv. 2024, V. Ord. no 2021-1843 du 22 déc. 2021, art. 37-5o-c-ii.

Art. L. 314-36-1 *(Ord. no 2021-1843 du 22 déc. 2021, art. 37-5o-c-iii, en vigueur le 1er janv. 2024)* Le recouvrement de l'accise est régi par les dispositions du livre II du code général des impôts et du titre IV du livre des procédures fiscales applicables aux taxes sur le chiffre d'affaires.

SECTION IX AFFECTATION

Art. L. 314-37 L'affectation du produit de l'accise sur les tabacs est déterminée par les dispositions suivantes :

1° S'agissant de la fraction perçue en métropole, le 7° de l'article L. 131-8 du code de la sécurité sociale ;

2° S'agissant de la fraction perçue en Corse, le 4° *bis* de l'article L. 4425-22 du code général des collectivités territoriales ;

3° S'agissant de la fraction perçue en outre-mer, le 5° du *b* de l'article L. 3332-1 du code général des collectivités territoriales.

LIVRE QUATRIÈME AUTRES IMPOSITIONS SECTORIELLES

(Ord. n° 2021-1843 du 22 déc. 2021)

TITRE PREMIER DISPOSITIONS GÉNÉRALES

CHAPITRE UNIQUE ÉLÉMENTS TAXABLES ET TERRITOIRES

SECTION PREMIÈRE LIVRAISONS DE BIENS TAXABLES

Art. L. 411-1 Pour l'application du présent livre, la livraison d'un bien s'entend du transfert du droit d'en disposer comme un propriétaire, y compris lorsque ce transfert n'implique aucune contrepartie ou lorsqu'il intervient dans le cadre de la fourniture de prestations de service ou d'autres biens.

Lorsque la livraison porte sur un bien constitué de plusieurs éléments, les transferts du droit de disposer de chacun ces éléments, pris isolément, ne constituent pas des livraisons.

Art. L. 411-2 La livraison d'un bien est réputée intervenir à l'endroit où ce bien est situé.

Toutefois, en cas de transport du bien, elle est réputée intervenir au lieu de départ pour les livraisons à des entreprises et au lieu de destination pour les livraisons à des personnes autres que des entreprises.

Art. L. 411-3 Pour l'application du présent livre, les utilisations sur le territoire de taxation à des fins économiques d'un bien taxable s'entendent des évènements suivants lorsqu'ils interviennent sur le territoire de taxation :

1° Les livraisons du bien taxable par des entreprises ;

2° Les affectations du bien taxable par des entreprises à des besoins autres que sa livraison ;

3° La consommation du bien taxable par une entreprise, y compris son incorporation à un autre bien ;

4° Les livraisons par des entreprises d'un autre bien au sein duquel le bien taxable est incorporé.

Art. L. 411-4 Lorsqu'une imposition est appliquée sur le territoire de Monaco en application des conventions fiscales ou douanières signées à Paris le 18 mai 1963, les utilisations à des fins économiques sur ce territoire sont réputées intervenir sur le territoire métropolitain.

SECTION II TERRITOIRES DE TAXATION

Art. L. 411-5 Pour l'application du présent livre, les cinq territoires mentionnés à l'article L. 112-4 sont regardés comme un territoire de taxation unique.

TITRE DEUXIÈME MOBILITÉS

CHAPITRE PREMIER DÉPLACEMENTS ROUTIERS

SECTION PREMIÈRE DISPOSITIONS GÉNÉRALES

SOUS-SECTION UNIQUE ÉLÉMENTS TAXABLES ET TERRITOIRES

§ 1er VÉHICULES ET CATÉGORIES DE VÉHICULES

Art. L. 421-1 Les catégories, sous-catégories, dénominations et carrosseries de véhicules s'entendent au sens des dispositions suivantes :

1° Les articles 3 et 4 ainsi que les annexes I et XI du règlement (UE) 2018/858 du Parlement européen et du Conseil du 30 mai 2018 relatif à la réception et à la surveillance du marché des véhicules à moteur et de leurs remorques, ainsi que des systèmes, composants et entités techniques distinctes destinés à ces véhicules, modifiant les règlements (CE) n° 715/2007 et (CE) n° 595/2009 et abrogeant la directive 2007/46/CE, dans sa rédaction en vigueur ;

2° L'article 4 et les annexes I et IX du règlement (UE) n° 168/2013 du Parlement européen et du Conseil du 15 janvier 2013 relatif à la réception et à la surveillance du marché des véhicules à deux ou trois roues et des quadricycles, dans sa rédaction en vigueur ;

3° L'article 4 et l'annexe III du règlement (UE) n° 167/2013 du Parlement européen et du Conseil du 5 février 2013 relatif à la réception et à la surveillance du marché des véhicules agricoles et forestiers, dans sa rédaction en vigueur.

Art. L. 421-2 Les véhicules de tourisme s'entendent des véhicules suivants :

1° Parmi les véhicules de la catégorie M1 :

a) Ceux qui ne sont pas des véhicules à usage spécial ;

b) Ceux qui sont accessibles en fauteuil roulant ;

2° Parmi les véhicules de la catégorie N1 :

a) Ceux dont la carrosserie est "Camion pick-up" et qui répondent aux conditions cumulatives suivantes :

– ils comportent au moins cinq places assises ;

– ils ne sont pas exclusivement affectés à l'exploitation des remontées mécaniques et des domaines skiables.

Les conditions dans lesquelles l'exploitation exclusive est constatée sont déterminées par décret ;

b) Ceux dont la carrosserie est "Camionnette" et qui répondent aux conditions cumulatives suivantes :

– ils comportent, ou sont susceptibles de comporter après une manipulation aisée, au moins deux rangs de places assises ;

– ils sont affectés au transport de personnes.

Art. L. 421-3 Le véhicule de collection s'entend du véhicule identifié comme tel sur le certificat d'immatriculation et qui répond aux conditions cumulatives suivantes :

1° Il a été construit ou immatriculé pour la première fois au moins trente ans auparavant ;

2° Il relève d'un type qui n'est plus produit ;

3° Il est préservé sur le plan historique et maintenu dans son état d'origine, aucune modification essentielle n'ayant été apportée aux caractéristiques techniques de ses composants principaux.

§ 2 RÉCEPTION ET IMMATRICULATION DES VÉHICULES

Art. L. 421-4 Un véhicule ayant fait l'objet d'une réception européenne s'entend d'un véhicule qui, au sens de l'un des règlements mentionnés à l'article L. 421-1 ou de tout autre règlement ou directive régissant sa réception antérieurement à ces textes, répond à l'une des conditions suivantes :

1° Il est complet ou complété à l'issue d'une réception UE ou CE, par type ou individuelle ;

2° Il est complété à l'issue d'une réception nationale à partir d'un véhicule relevant du 1°.

Art. L. 421-5 La première immatriculation d'un véhicule s'entend de la première autorisation pour la mise en circulation routière de ce véhicule.

Elle est réputée intervenir en France lorsqu'elle est délivrée par les autorités françaises de l'État, à titre permanent ou dans le cadre d'un transit temporaire, pour la mise en circulation routière en métropole ou dans les collectivités régies par l'article 73 de la Constitution.

Art. L. 421-6 Les véhicules immatriculés en recourant à la méthode dite WLTP s'entendent des véhicules des catégories M1, M2, N1 et N2 qui remplissent les deux conditions cumulatives suivantes :

1° Leurs émissions de dioxyde de carbone ont été déterminées, pour les besoins de leur réception, selon la méthode dite WLTP mentionnée au 1° de l'article L. 421-9 ou selon une méthode de substitution mentionnée au 2° du même article ;

2° Leur première immatriculation en France est intervenue à compter des dates mentionnées à l'article L. 421-7.

Art. L. 421-7 Les véhicules sont immatriculés en France en recourant à la méthode dite WLTP à compter des dates suivantes, déterminées en fonction des caractéristiques de ce véhicule constatées lors de la première immatriculation en France :

CARACTÉRISTIQUES DU VÉHICULE LORS DE LA PREMIÈRE IMMATRICULATION EN FRANCE	DATE DE PREMIÈRE IMMATRICULATION EN FRANCE
1. Véhicules complets des catégories M1 et N1, autres que les véhicules à usage spécial, dont la première immatriculation intervient en France	À partir du 1er mars 2020
2. Véhicules complets des catégories M1 et N1 à usage spécial, autres que les véhicules accessibles en fauteuil roulant, dont la première immatriculation intervient en France	À partir du 1er juillet 2020
3. Véhicules complets des catégories M1 et N1, autres que les véhicules accessibles en fauteuil roulant, dont la première immatriculation intervient hors de France à compter du 1er mars 2020	À partir du 1er janvier 2021
4. Véhicules complétés, véhicules accessibles en fauteuil roulant et véhicules des catégories M2 et N2	À partir de dates déterminées par décret, au plus tard le 1er janvier 2024

§ 3 ÉMISSIONS DE DIOXYDE DE CARBONE DES VÉHICULES

Art. L. 421-8 Les émissions de dioxyde de carbone d'un véhicule à moteur s'entendent de la quantité de dioxyde de carbone rapportée à la distance parcourue, arrondie au gramme par kilomètre, et déterminée selon l'une des méthodes mentionnées à l'article L. 421-9.

Art. L. 421-9 Les méthodes de détermination des émissions de dioxyde de carbone des véhicules des catégories M1, M2, N1 et N2 comprennent :

1° La méthode recourant à la procédure d'essai mondiale harmonisée pour les véhicules légers, dite méthode WLTP, définie à l'annexe XXI du règlement (UE) 2017/1151 de la Commission du 1er juin 2017 complétant le règlement (CE) n° 715/2007 du Parlement européen et du Conseil relatif à la réception des véhicules à moteur au regard des émissions des véhicules particuliers et utilitaires légers (Euro 5 et Euro 6) et aux informations sur la réparation et l'entretien des véhicules, modifiant la directive 2007/46/CE du Parlement européen et du Conseil, le règlement (CE) n° 692/2008 de la Commission et le règlement (UE) n° 1230/2012 de la Commission et abrogeant le règlement (CE) n° 692/2008, dans sa rédaction applicable lors de la réception du véhicule ;

2° Les méthodes de substitution, qui s'entendent de méthodes équivalentes à la méthode dite WLTP déterminées au cas par cas par l'administration sur la base des données disponibles ;

3° Les méthodes recourant au nouveau cycle européen de conduite, dites méthodes NEDC, qui s'entendent de celles au moyen desquelles les émissions ont été déterminées pour les *besoins de la* réception des véhicules par les versions successives de la directive 70/220/CEE du Conseil, du 20 mars 1970 concernant le rapprochement des législations des États membres relatives aux mesures à prendre contre la pollution de l'air par les émissions des véhicules à moteur ;

4° La méthode alternative dite NEDC-c, qui s'entend de la méthode de corrélation appliquée au véhicule L, ou à défaut, au véhicule H, et définie par le règlement d'exécution (UE) 2017/1153 de la Commission du 2 juin 2017 établissant une méthode de détermination des paramètres de corrélation nécessaires pour tenir compte de la modification de la procédure d'essai réglementaire et modifiant le règlement (UE) n° 1014/2010, dans sa rédaction en vigueur.

Art. L. 421-10 Pour les véhicules ayant fait l'objet d'une réception européenne, les émissions de dioxyde de carbone sont celles qui sont déterminées pour les besoins de la réception du véhicule en recourant aux méthodes dites WLTP et NEDC mentionnées respectivement aux 1° et 3° de l'article L. 421-9.

Lorsque le véhicule est complété à l'issue d'une réception nationale, il est tenu compte des caractéristiques du véhicule complété.

Art. L. 421-11 Par dérogation à l'article L. 421-10, les émissions de dioxyde de carbone sont déterminées selon la méthode alternative dite NEDC-c mentionnée au 4° de l'article L. 421-9 pour les véhicules qui répondent aux conditions cumulatives suivantes :

1° Les émissions de dioxyde de carbone déterminées pour les besoins de leur réception l'ont été selon la méthode dite WLTP mentionnée au 1° de l'article L. 421-9 ;

2° La condition tenant à leur date de première immatriculation en France mentionnée au 2° de l'article L. 421-7 n'est pas remplie.

Art. L. 421-12 Pour les véhicules n'ayant pas fait l'objet d'une réception européenne, les émissions de dioxyde de carbone sont déterminées, lorsque cela est possible, selon l'une des méthodes de substitution mentionnées au 2° de l'article L. 421-9.

Art. L. 421-13 Les émissions de dioxyde de carbone d'un véhicule ou l'impossibilité de les déterminer selon les dispositions du présent paragraphe sont constatées par l'autorité administrative.

La valeur figurant sur le certificat d'immatriculation est réputée conforme aux dispositions du présent paragraphe.

§ 4 PUISSANCE ADMINISTRATIVE DES VÉHICULES

Art. L. 421-14 La puissance administrative d'un véhicule à moteur immatriculé pour la première fois en France à compter du 1er janvier 2021 s'entend de la grandeur, exprimée en chevaux administratifs et arrondie à l'unité, déterminée à partir des caractéristiques techniques constatées lors de la réception du véhicule dans les conditions prévues par les dispositions suivantes :

1° Pour les véhicules de tourisme mentionnés au 1° de l'article L. 421-2, l'article L. 421-16 ;

2° Pour les véhicules de la catégorie L propulsés par un moteur thermique, l'article L. 421-17 ;

3° Pour les véhicules des catégories C et T propulsés par un moteur thermique, l'article L. 421-18 ;

4° Pour les véhicules autres que ceux relevant des 1° à 3° et propulsés par un moteur thermique, l'article L. 421-19 ;

5° Pour les véhicules autres que ceux relevant du 1° et propulsés par un moteur électrique, l'article L. 421-20.

Art. L. 421-15 Pour les véhicules immatriculés pour la première fois en France jusqu'au 31 décembre 2020, la puissance administrative s'entend de la grandeur que les normes applicables jusqu'à cette date prévoient d'inscrire sur le certificat d'immatriculation.

Un arrêté conjoint du ministre chargé du budget et du ministre chargé de l'environnement constate les règles de détermination de la puissance administrative qui résultent de ces normes.

Art. L. 421-16 Pour les véhicules de tourisme mentionnés au 1° de l'article L. 421-2, la puissance administrative (PA), exprimée en chevaux administratifs, est déterminée à partir de la puissance nette maximale du moteur (PM), exprimée en kilowatts, au moyen de la formule suivante :

$PA = 1{,}80 \times (PM/100)^2 + 3{,}87 \times (PM/100) + 1{,}34$.

Art. L. 421-17 Pour les véhicules de la catégorie L propulsés par un moteur thermique, la puissance administrative, exprimée en chevaux administratifs, est déterminée à partir de la cylindrée du moteur (C), exprimée en litres, dans les conditions suivantes :

CYLINDRÉE (L)	PUISSANCE ADMINISTRATIVE (CV)
Inférieure ou égale à 0,125	1
Supérieure à 0,125 et inférieure ou égale à 0,175	2
Supérieure à 0,175 et inférieure ou égale à 0,25	3
Supérieure à 0,25 et inférieure ou égale à 0,35	4
Supérieure à 0,35 et inférieure ou égale à 0,5	5
Supérieure à 0,5	5 + 8 × (C-0,5)

Par dérogation à l'article L. 131-2, l'arrondi est réalisé à l'unité supérieure.

Art. L. 421-18 Pour les véhicules des catégories C et T propulsés par un moteur thermique, la puissance administrative, exprimée en chevaux administratifs, est égale au produit des facteurs suivants :

1° La cylindrée du moteur, exprimée en litres ;

2° Un coefficient représentant forfaitairement la puissance susceptible d'être dégagée par le moteur et modulé entre 2 et 6 en fonction de la technologie d'allumage, des caractéristiques du cycle de rotation et de la source d'énergie, compte tenu, le cas échéant, de la présence d'une alimentation de secours. Un arrêté conjoint du ministre chargé du budget et du ministre chargé de l'environnement détermine ce coefficient.

Pour les machines agricoles automotrices, dont les caractéristiques sont déterminées par arrêté du ministre chargé des transports, la puissance administrative est égale à 1 cheval administratif.

Art. L. 421-19 Pour les véhicules propulsés par un moteur thermique autres que les véhicules mentionnés aux articles L. 421-16 à L. 421-18, la puissance administrative, exprimée en chevaux administratifs, est égale au produit des facteurs suivants :

1° La cylindrée du moteur, exprimée en litres ;

2° Un coefficient représentant forfaitairement la puissance susceptible d'être dégagée par le moteur et modulé entre 2 et 12 en fonction de la masse du châssis, du type de carrosserie, de la technologie d'allumage, des caractéristiques du cycle de rotation et de la source d'énergie, compte tenu, le cas échéant, de la présence d'une alimentation de secours. Un arrêté conjoint du ministre chargé du budget et du ministre chargé de l'environnement détermine ce coefficient.

Art. L. 421-20 Pour les véhicules propulsés par un moteur électrique autres que les véhicules mentionnés à l'article L. 421-16, la puissance administrative (PA), exprimée en chevaux administratifs, est déterminée à partir de la puissance nette maximale du moteur (PM), exprimée en kilowatts, au moyen de la formule suivante :

PA = 1 + 0,136 × PM.

Art. L. 421-21 Par dérogation aux articles L. 421-16 à L. 421-20, pour les véhicules à moteur n'ayant pas fait l'objet d'une réception européenne ou pour lesquels les données techniques nécessaires ne sont pas connues, la puissance administrative est déterminée à partir des données disponibles selon une méthode équivalente à celles résultant des dispositions des articles L. 421-14 à L. 421-20 déterminée au cas par cas par l'administration.

Art. L. 421-22 La puissance administrative d'un véhicule est constatée par les autorités compétentes en matière de réception.

La valeur figurant sur le certificat d'immatriculation est réputée conforme aux dispositions du présent paragraphe.

§ 5 MASSES DES VÉHICULES

Art. L. 421-23 La masse en ordre de marche et la masse en charge maximale techniquement admissible s'entendent des grandeurs définies aux points 4, 7 et 8 de l'article 2 du règlement (UE) n° 1230/2012 de la
Commission du 12 décembre 2012 portant application du règlement (CE) n° 661/2009 du Parlement européen et du Conseil en ce qui concerne les prescriptions pour la réception par type relatives aux masses et dimensions des véhicules à moteur et de leurs remorques et modifiant la directive 2007/46/CE du Parlement européen et du Conseil, dans sa rédaction en vigueur.

§ 6 DÉTENTION D'UN VÉHICULE

Art. L. 421-24 Les formules locatives de longue durée s'entendent des contrats par lesquels une personne met un véhicule à la disposition d'un preneur, soit pendant une durée de deux ans ou plus, soit dans le cadre d'une opération de crédit.

Art. L. 421-25 La personne qui détient un véhicule s'entend :

1° Lorsque le véhicule ne fait pas l'objet d'une formule locative de longue durée, du propriétaire ;

2° Lorsque le véhicule fait l'objet d'une formule locative de longue durée, du preneur qui ne le met pas à disposition d'un tiers dans le cadre d'une telle formule.

Art. L. 421-26 Un véhicule affecté à une activité professionnelle exercée par une personne physique en son nom propre est assimilé à un véhicule détenu par une personne morale.

§ 7 INFRASTRUCTURES ROUTIÈRES

Art. L. 421-27 Les autoroutes s'entendent au sens de l'article L. 122-1 du code de la voirie routière.

Art. L. 421-28 Une autoroute concédée s'entend d'une autoroute pour laquelle les missions du service public autoroutier font l'objet du contrat de concession défini à l'article L. 1121-1 du code de la commande publique.

Le concessionnaire s'entend au sens de ce même article.

SECTION II TAXES SUR L'IMMATRICULATION DES VÉHICULES

SOUS-SECTION 1 ÉLÉMENTS TAXABLES ET TERRITOIRES

Art. L. 421-29 Les règles relatives aux éléments taxables et aux territoires pour les taxes sur l'immatriculation des véhicules sont déterminées par les dispositions du titre Ier du livre Ier, par celles de la section I du présent chapitre et par celles de la présente sous-section.

Art. L. 421-30 L'immatriculation d'un véhicule en France au sens de l'article L. 421-5 est soumise :

1° Pour tous les véhicules, à une taxe fixe ;

2° Pour tous les véhicules à moteur, à une taxe régionale ;

3° Pour les véhicules des catégories N, M2 et M3, à une taxe sur les véhicules de transport ;

4° Pour les véhicules de tourisme au sens de l'article L. 421-2, à :

a) Une taxe sur les émissions de dioxyde de carbone ;

b) Une taxe sur la masse en ordre de marche.

Art. L. 421-31 Le territoire de taxation est celui défini à l'article L. 411-5.

SOUS-SECTION 2 FAIT GÉNÉRATEUR

Art. L. 421-32 Les règles relatives au fait générateur des taxes sur l'immatriculation des véhicules sont déterminées par les dispositions du titre II du livre Ier et par celles de la présente sous-section.

Art. L. 421-33 Le fait générateur des taxes sur l'immatriculation des véhicules est constitué :

1° Pour la taxe fixe prévue au 1° de l'article L. 421-30, par toute délivrance d'un certificat d'immatriculation ;

2° Pour la taxe régionale et la taxe sur les véhicules de transport prévues respectivement aux 2° et 3° du même article L. 421-30, par la délivrance d'un certificat d'immatriculation résultant d'un changement de propriétaire ou de l'une des circonstances assimilées à un tel changement au sens de l'article L. 421-34 et qui n'est pas exemptée en application de l'article L. 421-35 ;

3° Pour la taxe sur les émissions de dioxyde de carbone des véhicules de tourisme et la taxe sur la masse en ordre de marche des véhicules de tourisme prévues respectivement aux *a* et *b* du 4° du même article L. 421-30, par la délivrance d'un certificat d'immatriculation résultant de la première immatriculation en tant que véhicule de tourisme en France au sens de l'article L. 421-36.

Art. L. 421-34 Est assimilée à un changement de propriétaire :

1° La première immatriculation en France du véhicule au sens de l'article L. 421-5 ;

2° En cas de copropriété du véhicule, toute modification du régime de celle-ci ;

3° La mise à disposition du véhicule au profit d'un preneur dans le cadre d'une formule locative de longue durée au sens de l'article L. 421-24.

Art. L. 421-35 Ne constitue pas un fait générateur de la taxe régionale et de la taxe sur les véhicules de transports prévues respectivement aux 2° et 3° de l'article L. 421-30 la délivrance du certificat d'immatriculation d'un véhicule utilisé pour l'exercice d'une compétence de l'État, des collectivités territoriales, de leurs groupements ou des établissements publics de coopération intercommunale lorsque cette délivrance résulte du transfert ou du retrait de cette compétence.

Art. L. 421-36 La première immatriculation en tant que véhicule de tourisme en France s'entend de :

1° La première immatriculation en France au sens de l'article L. 421-5 d'un véhicule qui répond, lors de cette immatriculation, à la définition d'un véhicule de tourisme ;

2° L'immatriculation en France postérieure à la première qui répond aux conditions cumulatives suivantes :

a) Elle porte sur un véhicule qui, lors de sa première immatriculation en France au sens de l'article L. 421-5 ne répondait pas à la condition mentionnée au 1° ;

b) Elle résulte de la première modification des caractéristiques techniques du véhicule qui le fait répondre à la condition mentionnée au 1° ;

3° Lorsque, lors de la première immatriculation en France, le véhicule a été exonéré en application des articles L. 421-65 et L. 421-76, l'immatriculation postérieure à cette première immatriculation qui résulte de la première modification des caractéristiques techniques du véhicule qui lui fait perdre le bénéfice de ces exonérations.

SOUS-SECTION 3 MONTANT DES TAXES

§ 1er TAXE FIXE

Art. L. 421-37 Les règles relatives au montant de la taxe fixe prévue au 1° de l'article L. 421-30 sont déterminées par les dispositions du titre III du livre Ier et par celles du présent paragraphe.

Art. L. 421-38 Le montant de la taxe est égal à 11 €.

Art. L. 421-39 Est exonérée de la taxe la délivrance de certificats d'immatriculation ayant uniquement un ou plusieurs des objets suivants :

1° *Mettre à jour l'adresse y figurant* ;

2° Corriger une erreur de saisie lors d'une opération d'immatriculation ;

3° Tirer les conséquences d'une usurpation du numéro d'immatriculation du véhicule ;

4° Convertir le numéro d'immatriculation d'un véhicule au système d'immatriculation mis en œuvre à compter du 1er janvier 2009.

Art. L. 421-40 Est exonérée de la taxe la délivrance des certificats d'immatriculation suivants :

1° La première édition du certificat d'immatriculation d'un véhicule acquis en remplacement d'un véhicule détruit lors d'intempéries ;

2° La réédition d'un certificat d'immatriculation détruit lors d'intempéries.

§ 2 TAXE RÉGIONALE

Art. L. 421-41 Les règles relatives au montant de la taxe régionale prévue au 2° de l'article L. 421-30 sont déterminées par les dispositions du titre III du livre Ier et par celles du présent paragraphe.

SOUS-§ 1er *RÈGLES DE CALCUL ET TARIF RÉGIONAL*

Art. L. 421-42 Le montant de la taxe est égal au produit d'un tarif régional, dans la limite de 60 €, par la puissance administrative du véhicule.

Le tarif régional est déterminé par la région sur le territoire de laquelle la délivrance du certificat d'immatriculation est réputée intervenir au sens des articles L. 421-43 ou L. 421-44.

Art. L. 421-43 La délivrance d'un certificat d'immatriculation non provisoire est réputée intervenir sur le territoire de la région suivante :

1° Lorsque la personne qui détient le véhicule au sens de l'article L. 421-25 est une personne physique, celle où cette personne a son domicile habituel ;

2° Lorsque la personne qui détient le véhicule est une personne morale, celle où se situe l'établissement auquel le véhicule est affecté à titre principal. Lorsque le véhicule est affecté à la location pour des durées de moins de deux ans, cet établissement est celui où le véhicule est mis à la disposition du locataire au titre du premier contrat de location.

Art. L. 421-44 La délivrance d'un certificat d'immatriculation provisoire est réputée intervenir sur le territoire de la région où est adressée la demande.

Art. L. 421-45 Le tarif régional est identique pour tous les véhicules, sous réserve des dispositions des sous-paragraphes 2 et suivants du présent paragraphe.

Il est réduit de moitié lorsque la première immatriculation du véhicule est antérieure de dix années ou plus et que ce véhicule ne bénéficie pas d'un tarif particulier en application des dispositions mentionnées au premier alinéa.

SOUS-§ 2 *TARIFS PARTICULIERS POUR CERTAINES CATÉGORIES DE VÉHICULES*

Art. L. 421-46 Le tarif régional est nul pour les véhicules des catégories L1e et L2e. Il est réduit de moitié pour les véhicules des catégories L3e et L4e.

Art. L. 421-47 Le tarif régional est réduit de moitié pour les véhicules suivants :

1° Les tracteurs routiers de la catégorie N1 ;

2° Les véhicules des catégories M2, M3, N2 et N3.

Art. L. 421-48 Sont exonérés les véhicules suivants :

1° Les véhicules des catégories C, T, R et S ;

2° Les machines agricoles automotrices n'ayant pas fait l'objet d'une réception européenne.

SOUS-§ 3 *TARIFS PARTICULIERS POUR CERTAINES SOURCES D'ÉNERGIE*

Art. L. 421-49 Est exonéré tout véhicule dont la source d'énergie est exclusivement l'électricité, l'hydrogène ou une combinaison des deux.

Art. L. 421-50 Pour le véhicule autre que celui mentionné à l'article L. 421-49 et dont la source d'énergie comprend l'électricité, l'hydrogène, le gaz naturel, le gaz de pétrole liquéfié ou le superéthanol E85, le tarif régional est, sur délibération régionale, réduit de moitié ou porté à 0 €.

Lorsque la source d'énergie a été modifiée depuis la dernière délivrance de certificat soumise à la taxe régionale pour inclure le superéthanol E85, le bénéfice du tarif nul mentionné au premier alinéa est plafonné à une réduction de 750 € du montant de la taxe.

SOUS-§ 4 *TARIFS PARTICULIERS PROPRES À CERTAINES SITUATIONS*

Art. L. 421-51 Est exonérée la délivrance de la première édition du certificat d'immatriculation d'un véhicule acquis en remplacement d'un véhicule détruit lors d'intempéries.

Art. L. 421-52 Est exonérée la délivrance d'un certificat d'immatriculation ayant pour seul objet, consécutivement à un mariage, à un divorce, au décès de l'un des époux, à la conclusion d'un pacte civil de solidarité, à la dissolution d'un tel pacte ou au décès de l'un des partenaires d'un tel pacte, d'ajouter ou de supprimer le nom de l'un des époux ou partenaires.

SOUS-§ 5 *TARIFS PARTICULIERS POUR CERTAINES PERSONNES ET ACTIVITÉS*

Art. L. 421-53 Est exonérée toute délivrance d'un certificat d'immatriculation portant sur un véhicule détenu par l'État au sens de l'article L. 421-25.

Art. L. 421-54 Est exonérée la première immatriculation du véhicule qui remplit les conditions cumulatives suivantes :

1° Sa masse en charge maximale techniquement admissible n'excède pas 3,5 tonnes ;

2° Il est exclusivement affecté, pendant une période comprise entre trois mois et un an, à la démonstration par une personne morale en vue de sa vente ou de la vente de véhicules analogues.

§ 3 TAXE SUR LES VÉHICULES DE TRANSPORT

Art. L. 421-55 Les règles relatives au montant de la taxe sur les véhicules de transport prévue au 3° de l'article L. 421-30 sont déterminées par les dispositions du titre III du livre Ier et par celles du présent paragraphe.

Art. L. 421-56 Le montant de la taxe est déterminé par arrêté du ministre chargé du budget, dans les limites inférieures et supérieures suivantes, en fonction de la masse en charge maximale techniquement admissible exprimée en tonnes :

MASSE EN CHARGE MAXIMALE TECHNIQUEMENT ADMISSIBLE (t)	MINIMUM (€)	MAXIMUM (€)
Inférieure ou égale à 3,5	30	38
Supérieure à 3,5 et inférieure ou égale à 6	125	135
Supérieure à 6 et inférieure ou égale à 11	180	200
Supérieure à 11	280	305

Art. L. 421-57 Tout véhicule de collection est exonéré.

§ 4 TAXE SUR LES ÉMISSIONS DE DIOXYDE DE CARBONE DES VÉHICULES DE TOURISME

Art. L. 421-58 Les règles relatives au montant de la taxe sur les émissions de dioxyde de carbone des véhicules de tourisme prévue au *a* du 4° de l'article L. 421-30 sont déterminées par les dispositions du titre III du livre Ier et par celles du présent paragraphe.

SOUS-§ 1er *RÈGLES GÉNÉRALES DE CALCUL*

Art. L. 421-59 Le montant de la taxe est égal à un tarif par véhicule déterminé en fonction de ses émissions de dioxyde de carbone au moyen du barème de l'année de première immatriculation du véhicule au sens de l'article L. 421-5 parmi les barèmes suivants :

1° Pour les véhicules immatriculés en recourant à la méthode dite WLTP au sens de l'article L. 421-6, les barèmes WLTP mentionnés à l'article L. 421-62 ;

2° Pour les autres véhicules ayant fait l'objet d'une réception européenne, les barèmes NEDC mentionnés à l'article L. 421-63 ;

3° Pour les autres véhicules n'ayant pas fait l'objet d'une réception européenne, les barèmes en puissance administrative mentionnés à l'article L. 421-64.

Art. L. 421-60 Le montant de la taxe est réduit de 10 % pour chaque période de douze mois entamée depuis la date de première immatriculation au sens de l'article L. 421-5.

Pour l'application du premier alinéa, la première période de douze mois est réputée n'être entamée qu'à compter du premier jour du sixième mois.

Cette réduction est appliquée, le cas échéant, après les règles particulières prévues par les dispositions du présent paragraphe, à l'exception de celle mentionnée à l'article L. 421-61.

Art. L. 421-61 Pour les véhicules dont la première immatriculation est intervenue à compter du 1er janvier 2022, le montant de la taxe est plafonné à 50 % du prix d'acquisition du véhicule toutes taxes comprises.

Ce plafond est appliqué, le cas échéant, après la règle mentionnée à l'article L. 421-60 et après les autres règles particulières prévues par les dispositions du présent paragraphe.

SOUS-§ 2 *BARÈMES*

Art. L. 421-62 Les barèmes en émissions de dioxyde de carbone (CO2), exprimées en grammes par kilomètre, de la méthode dite WLTP sont, pour chaque année de première immatriculation du véhicule depuis 2020, les suivants :

BARÈME CO_2, MÉTHODE DITE WLTP, POUR LES ANNÉES À COMPTER DE 2023

Émissions de CO_2 (g/km)	Tarif (€)	Émissions de CO_2 (g/km)	Tarif (€)	Émissions de CO_2 (g/km)	Tarif (€)
Inférieures à 123	0	157	2 544	192	16 149
123	50	158	2 726	193	16 810
124	75	159	2 918	194	17 490
125	100	160	3 119	195	18 188
126	125	161	3 331	196	18 905
127	150	162	3 552	197	19 641
128	170	163	3 784	198	20 396
129	190	164	4 026	199	21 171
130	210	165	4 279	200	21 966
131	230	166	4 543	201	22 781

BARÈME CO_2, MÉTHODE DITE WLTP, POUR LES ANNÉES À COMPTER DE 2023					
Émissions de CO_2 (g/km)	**Tarif (€)**	**Émissions de CO_2 (g/km)**	**Tarif (€)**	**Émissions de CO_2 (g/km)**	**Tarif (€)**
132	240	167	4 818	202	23 616
133	260	168	5 105	203	24 472
134	280	169	5 404	204	25 349
135	310	170	5 715	205	26 247
136	330	171	6 039	206	27 166
137	360	172	6 375	207	28 107
138	400	173	6 724	208	29 070
139	450	174	7 086	209	30 056
140	540	175	7 462	210	31 063
141	650	176	7 851	211	32 094
142	740	177	8 254	212	33 147
143	818	178	8 671	213	34 224
144	898	179	9 103	214	35 324
145	983	180	9 550	215	36 447
146	1 074	181	10 011	216	37 595
147	1 172	182	10 488	217	38 767
148	1 276	183	10 980	218	39 964
149	1 386	184	11 488	219	41 185
150	1 504	185	12 012	220	42 431
151	1 629	186	12 552	221	43 703
152	1 761	187	13 109	222	45 000
153	1 901	188	13 682	223	46 323
154	2 049	189	14 273	224	47 672
155	2 205	190	14 881	225	49 047
156	2 370	191	15 506	Supérieures à 225	50 000

BARÈME CO_2, MÉTHODE DITE WLTP, POUR L'ANNÉE 2022					
Émissions de CO_2 (g/km)	**Tarif (€)**	**Émissions de CO_2 (g/km)**	**Tarif (€)**	**Émissions de CO_2 (g/km)**	**Tarif (€)**
Inférieures à 128	0	160	2 205	193	13 682
128	50	161	2 370	194	14 273
129	75	162	2 544	195	14 881
130	100	163	2 726	196	15 506
131	125	164	2 918	197	16 149
132	150	165	3 119	198	16 810
133	170	166	3 331	199	17 490
134	190	167	3 552	200	18 188
135	210	168	3 784	201	18 905
136	230	169	4 026	202	19 641
137	240	170	4 279	203	20 396
138	260	171	4 543	204	21 171
139	280	172	4 818	205	21 966
140	310	173	5 105	206	22 781
141	330	174	5 404	207	23 616
142	360	175	5 715	208	24 472
143	400	176	6 039	209	25 349
144	450	177	6 375	210	26 247
145	540	178	6 724	211	27 166
146	650	179	7 086	212	28 107
147	740	180	7 462	213	29 070
148	818	181	7 851	214	30 056
149	898	182	8 254	215	31 063
150	983	183	8 671	216	32 094
151	1 074	184	9 103	217	33 147
152	1 172	185	9 550	218	34 224
153	1 276	186	10 011	219	35 324
154	1 386	187	10 488	220	36 447
155	1 504	188	10 980	221	37 595

BARÈME CO_2, MÉTHODE DITE WLTP, POUR L'ANNÉE 2022					
Émissions de CO_2 (g/km)	**Tarif (€)**	**Émissions de CO_2 (g/km)**	**Tarif (€)**	**Émissions de CO_2 (g/km)**	**Tarif (€)**
156	1 629	189	11 488	222	38 767
157	1 761	190	12 012	223	39 964
158	1 901	191	12 552	Supérieures à 223	40 000
159	2 049	192	13 109		

BARÈME CO_2, MÉTHODE DITE WLTP, POUR L'ANNÉE 2021					
Émissions de CO_2 (g/km)	**Tarif (€)**	**Émissions de CO_2 (g/km)**	**Tarif (€)**	**Émissions de CO_2 (g/km)**	**Tarif (€)**
Inférieures à 133	0	162	1 761	192	10 488
133	50	163	1 901	193	10 980
134	75	164	2 049	194	11 488
135	100	165	2 205	195	12 012
136	125	166	2 370	196	12 552
137	150	167	2 544	197	13 109
138	170	168	2 726	198	13 682
139	190	169	2 918	199	14 273
140	210	170	3 119	200	14 881
141	230	171	3 331	201	15 506
142	240	172	3 552	202	16 149
143	260	173	3 784	203	16 810
144	280	174	4 026	204	17 490
145	310	175	4 279	205	18 188
146	330	176	4 543	206	18 905
147	360	177	4 818	207	19 641
148	400	178	5 105	208	20 396
149	450	179	5 404	209	21 171
150	540	180	5 715	210	21 966
151	650	181	6 039	211	22 781
152	740	182	6 375	212	23 616

BARÈME CO_2, MÉTHODE DITE WLTP, POUR L'ANNÉE 2021					
Émissions de CO_2 (g/km)	**Tarif (€)**	**Émissions de CO_2 (g/km)**	**Tarif (€)**	**Émissions de CO_2 (g/km)**	**Tarif (€)**
153	818	183	6 724	213	24 472
154	898	184	7 086	214	25 349
155	983	185	7 462	215	26 247
156	1 074	186	7 851	216	27 166
157	1 172	187	8 254	217	28 107
158	1 276	188	8 671	218	29 070
159	1 386	189	9 103	Supérieures à 218	30 000
160	1 504	190	9 550		
161	1 629	191	10 011		

BARÈME CO_2, MÉTHODE DITE WLTP, POUR L'ANNÉE 2020					
Émissions de CO_2 (g/km)	**Tarif (€)**	**Émissions de CO_2 (g/km)**	**Tarif (€)**	**Émissions de CO_2 (g/km)**	**Tarif (€)**
Inférieures à 138	0	163	1 276	189	7 086
138	50	164	1 386	190	7 462
139	75	165	1 504	191	7 851
140	100	166	1 629	192	8 254
141	125	167	1 761	193	8 671
142	150	168	1 901	194	9 103
143	170	169	2 049	195	9 550
144	190	170	2 205	196	10 011
145	210	171	2 370	197	10 488
146	230	172	2 544	198	10 980
147	240	173	2 726	199	11 488
148	260	174	2 918	200	12 012
149	280	175	3 119	201	12 552
150	310	176	3 331	202	13 109
151	330	177	3 552	203	13 682
152	360	178	3 784	204	14 273

BARÈME CO_2, MÉTHODE DITE WLTP, POUR L'ANNÉE 2020					
Émissions de CO_2 (g/km)	Tarif (€)	Émissions de CO_2 (g/km)	Tarif (€)	Émissions de CO_2 (g/km)	Tarif (€)
153	400	179	4 026	205	14 881
154	450	180	4 279	206	15 506
155	540	181	4 543	207	16 149
156	650	182	4 818	208	16 810
157	740	183	5 105	209	17 490
158	818	184	5 404	210	18 188
159	898	185	5 715	211	18 905
160	983	186	6 039	212	19 641
161	1 074	187	6 375	Supérieures à 212	20 000
162	1 172	188	6 724		

Art. L. 421-63 Les barèmes en émissions de dioxyde de carbone (CO2), exprimées en grammes par kilomètre, des méthodes dites NEDC sont, pour chaque année de première immatriculation du véhicule depuis 2013, les suivants :

BARÈME CO_2, MÉTHODES DITES *[MÉTHODE DITE]* NEDC, POUR LES ANNÉES À COMPTER DE 2020					
Émissions de CO_2 (g/km)	Tarif (€)	Émissions de CO_2 (g/km)	Tarif (€)	Émissions de CO_2 (g/km)	Tarif (€)
Inférieures à 110	0	135	1 276	161	7 086
110	50	136	1 386	162	7 462
111	75	137	1 504	163	7 851
112	100	138	1 629	164	8 254
113	125	139	1 761	165	8 671
114	150	140	1 901	166	9 103
115	170	141	2 049	167	9 550
116	190	142	2 205	168	10 011
117	210	143	2 370	169	10 488
118	230	144	2 544	170	10 980
119	240	145	2 726	171	11 488
120	260	146	2 918	172	12 012
121	280	147	3 119	173	12 552

BARÈME CO_2, MÉTHODES DITES *[MÉTHODE DITE]* NEDC, POUR LES ANNÉES À COMPTER DE 2020					
Émissions de CO_2 (g/km)	**Tarif (€)**	**Émissions de CO_2 (g/km)**	**Tarif (€)**	**Émissions de CO_2 (g/km)**	**Tarif (€)**
122	**310**	**148**	**3 331**	**174**	**13 109**
123	**330**	**149**	**3 552**	**175**	**13 682**
124	**360**	**150**	**3 784**	**176**	**14 273**
125	**400**	**151**	**4 026**	**177**	**14 881**
126	**450**	**152**	**4 279**	**178**	**15 506**
127	**540**	**153**	**4 543**	**179**	**16 149**
128	**650**	**154**	**4 818**	**180**	**16 810**
129	**740**	**155**	**5 105**	**181**	**17 490**
130	**818**	**156**	**5 404**	**182**	**18 188**
131	**898**	**157**	**5 715**	**183**	**18 905**
132	**983**	**158**	**6 039**	**184**	**19 641**
133	**1 074**	**159**	**6 375**	**Supérieures à 184**	**20 000**
134	**1 172**	**160**	**6 724**		

BARÈME CO_2, MÉTHODES DITES *[MÉTHODE DITE]* NEDC, POUR L'ANNÉE 2019					
Émissions de CO_2 (g/km)	**Tarif (€)**	**Émissions de CO_2 (g/km)**	**Tarif (€)**	**Émissions de CO_2 (g/km)**	**Tarif (€)**
Inférieures à 117	**0**	**142**	**860**	**168**	**4 460**
117	**35**	**143**	**953**	**169**	**4 673**
118	**40**	**144**	**1 050**	**170**	**4 890**
119	**45**	**145**	**1 101**	**171**	**5 113**
120	**50**	**146**	**1 153**	**172**	**5 340**
121	**55**	**147**	**1 260**	**173**	**5 573**
122	**60**	**148**	**1 373**	**174**	**5 810**
123	**65**	**149**	**1 490**	**175**	**6 053**
124	**70**	**150**	**1 613**	**176**	**6 300**
125	**75**	**151**	**1 740**	**177**	**6 553**
126	**80**	**152**	**1 873**	**178**	**6 810**

BARÈME CO_2, MÉTHODES DITES *[MÉTHODE DITE]* NEDC, POUR L'ANNÉE 2019					
Émissions de CO_2 (g/km)	**Tarif (€)**	**Émissions de CO_2 (g/km)**	**Tarif (€)**	**Émissions de CO_2 (g/km)**	**Tarif (€)**
127	85	153	2 010	179	7 073
128	90	154	2 153	180	7 340
129	113	155	2 300	181	7 613
130	140	156	2 453	182	7 890
131	173	157	2 610	183	8 173
132	210	158	2 773	184	8 460
133	253	159	2 940	185	8 753
134	300	160	3 113	186	9 050
135	353	161	3 290	187	9 353
136	410	162	3 473	188	9 660
137	473	163	3 660	189	9 973
138	540	164	3 756	190	10 290
139	613	165	3 853	Supérieures à 190	10 500
140	690	166	4 050		
141	773	167	4 253		

BARÈME CO_2, MÉTHODES DITES *[MÉTHODE DITE]* NEDC, POUR L'ANNÉE 2018					
Émissions de CO_2 (g/km)	**Tarif (€)**	**Émissions de CO_2 (g/km)**	**Tarif (€)**	**Émissions de CO_2 (g/km)**	**Tarif (€)**
Inférieures à 120	0	142	1 260	165	5 113
120	50	143	1 373	166	5 340
121	53	144	1 490	167	5 573
122	60	145	1 613	168	5 810
123	73	146	1 740	169	6 053
124	90	147	1 873	170	6 300
125	113	148	2 010	171	6 553
126	140	149	2 153	172	6 810
127	173	150	2 300	173	7 073

BARÈME CO_2, MÉTHODES DITES *[MÉTHODE DITE]* NEDC, POUR L'ANNÉE 2018					
Émissions de CO_2 (g/km)	**Tarif (€)**	**Émissions de CO_2 (g/km)**	**Tarif (€)**	**Émissions de CO_2 (g/km)**	**Tarif (€)**
128	210	151	2 453	174	7 340
129	253	152	2 610	175	7 613
130	300	153	2 773	176	7 890
131	353	154	2 940	177	8 173
132	410	155	3 113	178	8 460
133	473	156	3 290	179	8 753
134	540	157	3 473	180	9 050
135	613	158	3 660	181	9 353
136	690	159	3 853	182	9 660
137	773	160	4 050	183	9 973
138	860	161	4 253	184	10 290
139	953	162	4 460	Supérieures à 184	10 500
140	1 050	163	4 673		
141	1 153	164	4 890		

BARÈME CO_2, MÉTHODES DITES *[MÉTHODE DITE]* NEDC, POUR L'ANNÉE 2017					
Émissions de CO_2 (g/km)	**Tarif (€)**	**Émissions de CO_2 (g/km)**	**Tarif (€)**	**Émissions de CO_2 (g/km)**	**Tarif (€)**
Inférieures à 127	0	148	1 153	170	4 673
127	50	149	1 260	171	4 890
128	53	150	1 373	172	5 113
129	60	151	1 490	173	5 340
130	73	152	1 613	174	5 573
131	90	153	1 740	175	5 810
132	113	154	1 873	176	6 053
133	140	155	2 010	177	6 300
134	173	156	2 153	178	6 553
135	210	157	2 300	179	6 810

BARÈME CO_2, MÉTHODES DITES *[MÉTHODE DITE]* NEDC, POUR L'ANNÉE 2017					
Émissions de CO_2 (g/km)	**Tarif (€)**	**Émissions de CO_2 (g/km)**	**Tarif (€)**	**Émissions de CO_2 (g/km)**	**Tarif (€)**
136	253	158	2 453	180	7 073
137	300	159	2 610	181	7 340
138	353	160	2 773	182	7 613
139	410	161	2 940	183	7 890
140	473	162	3 113	184	8 173
141	540	163	3 290	185	8 460
142	613	164	3 473	186	8 753
143	690	165	3 660	187	9 050
144	773	166	3 853	188	9 353
145	860	167	4 050	189	9 660
146	953	168	4 253	190	9 973
147	1 050	169	4 460	Supérieures à 190	10 000

BARÈME CO_2, MÉTHODES DITES *[MÉTHODE DITE]* NEDC, POUR LES ANNÉES 2014 À 2016	
Émissions de CO_2 (g/km)	**Tarif (€)**
Inférieures à 131	0
De 131 à 135	150
De 136 à 140	250
De 141 à 145	500
De 146 à 150	900
De 151 à 155	1600
De 156 à 175	2200
De 176 à 180	3000
De 181 à 185	3600
De 186 à 190	4000
De 191 à 200	6500
Supérieures à 200	8000

BARÈME CO_2, MÉTHODES DITES *[MÉTHODE DITE]* NEDC, POUR L'ANNÉE 2013	
Émissions de CO_2 (g/km)	**Tarif (€)**
Inférieures à 136	0
De 136 à 140	100
De 141 à 145	300
De 146 à 150	400
De 151 à 155	1000
De 156 à 175	1500
De 176 à 180	2000
De 181 à 185	2600
De 186 à 190	3000
De 191 à 200	5000
Supérieures à 200	6000

Art. L. 421-64 Les barèmes en puissance administrative, exprimée en chevaux administratifs, sont, pour chaque année de première immatriculation du véhicule depuis 2013, les suivants :

BARÈME EN PUISSANCE ADMINISTRATIVE POUR LES ANNÉES À COMPTER DE 2023	
Puissance administrative (CV)	**Tarif (€)**
Inférieure à 4	0
4	500
5	2 250
6	3 500
7	4 750
8	6 500
9	8 000
10	9 500
11	11 500
12	12 750
13	14 500

BARÈME EN PUISSANCE ADMINISTRATIVE POUR LES ANNÉES À COMPTER DE 2023	
14	16 000
15	18 750
16	20 500
17	23 000
18	25 500
19	28 000
20	30 500
21	33 000
22	35 500
23	38 000
24	40 000
25	42 500
26	45 000
27	47 500
Supérieure à 27	50 000

BARÈME EN PUISSANCE ADMINISTRATIVE POUR L'ANNÉE 2022	
Puissance administrative (CV)	**Tarif (€)**
Inférieure à 5	0
5	1 000
6	3 000
7	4 000
8	6 000
9	7 000
10	9 250
11	10 500
12	12 500
13	13 500
14	15 625
15	16 500

BARÈME EN PUISSANCE ADMINISTRATIVE POUR L'ANNÉE 2022	
16	19 250
17	21 000
18	23 500
19	26 000
20	28 500
21	31 000
22	33 500
23	36 000
24	38 500
Supérieure à 24	40 000

BARÈME EN PUISSANCE ADMINISTRATIVE POUR L'ANNÉE 2021	
Puissance administrative (CV)	**Tarif (€)**
Inférieure à 4 *[5]*	0
5	250
6	2 825
7	3 425
8	5 950
9	6 550
10	9 075
11	9 675
12	12 200
13	12 800
14	15 325
15	15 925
16	18 450
17	19 150
18	22 500
19	25 000
20	27 500

BARÈME EN PUISSANCE ADMINISTRATIVE POUR L'ANNÉE 2021	
Supérieure à 20	30 000

BARÈME EN PUISSANCE ADMINISTRATIVE POUR L'ANNÉE 2020	
Puissance administrative (CV)	**Tarif (€)**
Inférieure à 6	0
6 et 7	3 125
8 et 9	6 250
10 et 11	9 375
12 et 13	12 500
14 et 15	15 625
16 et 17	18 750
Supérieure à 17	20 000

BARÈME EN PUISSANCE ADMINISTRATIVE POUR LES ANNÉES 2019 ET 2018	
Puissance administrative (CV)	**Tarif (€)**
Inférieure à 6	0
6 et 7	3 000
8 et 9	5 000
10 et 11	8 000
De 12 et 16	9 000
Supérieure à 16	10 500

BARÈME EN PUISSANCE ADMINISTRATIVE POUR L'ANNÉE 2017	
Puissance administrative (CV)	**Tarif (€)**
Inférieure à 6	0
6 et 7	2 000
8 et 9	3 000
10 et 11	7 000

BARÈME EN PUISSANCE ADMINISTRATIVE POUR L'ANNÉE 2017	
De 12 et 16	8 000
Supérieure à 16	10 000

BARÈME EN PUISSANCE ADMINISTRATIVE POUR LES ANNÉES 2014 À 2016	
Puissance administrative (CV)	**Tarif (€)**
Inférieure à 6	0
6 et 7	1 500
8 et 9	2 000
10 et 11	3 600
De 12 et 16	6 000
Supérieure à 16	8 000

BARÈME EN PUISSANCE ADMINISTRATIVE POUR L'ANNÉE 2013	
Puissance administrative (CV)	**Tarif (€)**
Inférieure à 6	0
6 et 7	800
8 et 9	1 400
10 et 11	2 600
De 12 à 16	4 600
Supérieure à 16	6 000

SOUS-§ 3 *EXONÉRATIONS ET ABATTEMENTS POUR CERTAINS VÉHICULES*

Art. L. 421-65 Est exonéré tout véhicule accessible en fauteuil roulant.

Art. L. 421-66 Pour le véhicule qui comporte au moins huit places assises et qui est détenu au sens de l'article L. 421-25 par une personne morale, est appliqué l'un des abattements suivants :

1° 80 grammes par kilomètre pour les émissions de dioxyde de carbone ;

2° 4 chevaux administratifs pour la puissance administrative.

Lorsque l'abattement prévu à l'article L. 421-70 est également applicable, il est retenu le plus élevé des deux.

SOUS-§ 4 *EXONÉRATIONS ET ABATTEMENTS POUR CERTAINES SOURCE D'ÉNERGIE*

Art. L. 421-67 Est exonéré tout véhicule dont la source d'énergie est exclusivement l'électricité, l'hydrogène ou une combinaison des deux.

Art. L. 421-68 Lorsque la source d'énergie du véhicule comprend le superéthanol E85, sont appliqués les abattements suivants :

1° 40 % des émissions de dioxyde de carbone, sauf lorsque ces émissions excèdent 250 grammes par kilomètre ;

2° 2 chevaux administratifs pour la puissance administrative, sauf lorsque cette dernière excède 12 chevaux administratifs.

Ces abattements sont appliqués, le cas échéant, avant les autres abattements prévus par le présent paragraphe.

SOUS-§ 5 *EXONÉRATIONS ET ABATTEMENTS POUR CERTAINES PERSONNES*

Art. L. 421-69 Est exonéré, dans la limite d'un véhicule par bénéficiaire, tout véhicule détenu au sens de l'article L. 421-25 par l'une des personnes suivantes :

1° Les personnes titulaires de la carte "mobilité inclusion" portant la mention "invalidité" mentionnée à l'article L. 241-3 du code de l'action sociale et des familles ;

2° Les personnes titulaires d'une carte d'invalidité militaire ;

3° Les personnes qui assument la charge effective et permanente d'un enfant titulaire de l'une des cartes mentionnées au 1° ou au 2° et relevant du même foyer.

Pour le véhicule faisant l'objet d'une formule locative de longue durée au sens de l'article L. 421-24, la condition prévue au premier alinéa est appréciée au moment de la mise à disposition du véhicule au bénéfice du preneur.

Art. L. 421-70 Lorsque la personne qui détient le véhicule assume la charge effective et permanente d'au moins trois enfants qui, soit répondent à l'une des conditions prévues au 1° ou 2° de l'article L. 512-3 du code de la sécurité sociale, soit font l'objet d'un placement à son domicile dans le cadre de l'article L. 421-2 du code de l'action sociale et des familles, est appliqué l'un des abattements suivants :

1° 20 grammes par kilomètre par enfant pour les émissions de dioxyde de carbone ;

2° 1 cheval administratif par enfant pour la puissance administrative.

Ces abattements s'appliquent dans la limite d'un seul véhicule d'au moins cinq places par foyer.

Pour le véhicule faisant l'objet d'une formule locative de longue durée au sens de l'article L. 421-24, la condition prévue au premier alinéa est appréciée au moment de la mise à disposition du véhicule au bénéfice du preneur.

Lorsque l'abattement prévu à l'article L. 421-66 est également applicable, il est retenu le plus élevé des deux.

§ 5 TAXE SUR LA MASSE EN ORDRE DE MARCHE DES VÉHICULES DE TOURISME

Art. L. 421-71 Les règles relatives au montant de la taxe sur la masse en ordre de marche des véhicules de tourisme prévue au *b* du 4° de l'article L. 421-30 sont déterminées par les dispositions du titre III du livre Ier et par celles du présent paragraphe.

SOUS-§ 1er *RÈGLES GÉNÉRALES DE CALCUL ET BARÈMES*

Art. L. 421-72 Le montant de la taxe est égal au produit d'un tarif unitaire par la fraction de la masse en ordre de marche mentionnée à l'article L. 421-23 excédant un seuil minimal.

Ce tarif unitaire et ce seuil minimal sont ceux de l'année de la date de première immatriculation du véhicule au sens de l'article L. 421-5 parmi les seuils et tarifs mentionnés à l'article L. 421-75.

Art. L. 421-73 Le montant de la taxe est réduit de 10 % pour chaque période de douze mois entamée depuis la date de première immatriculation au sens de l'article L. 421-5.

Pour l'application du premier alinéa, la première période de douze mois est réputée n'être entamée qu'à compter du premier jour du *(Ord. n° 2021-1843 du 22 déc. 2021, rect., 9°-n)* « sixième » mois.

Cette réduction est appliquée, le cas échéant, après les règles particulières prévues par les dispositions du présent paragraphe, à l'exception de celle mentionnée à l'article L. 421-74.

Art. L. 421-74 Le montant de la taxe est minoré de manière à ne pas excéder un seuil égal à la différence entre les termes suivants résultant de l'application au véhicule de la taxe sur les émissions de dioxyde de carbone prévue au *a* du 4° de l'article L. 421-30 :

1° Le tarif maximal figurant dans le barème dont le véhicule relève parmi ceux mentionnés aux articles L. 421-62 et L. 421-64, auquel est appliquée, le cas échéant, la réduction mentionnée à l'article L. 421-60 ;

2° Le montant de la taxe sur les émissions de dioxyde de carbone résultant des dispositions du paragraphe 4 de la présente sous-section.

Le présent article est appliqué, le cas échéant, après les autres règles particulières prévues par les dispositions du présent paragraphe.

Art. L. 421-75 Le tarif unitaire, exprimé en euros par kilogramme, et le seuil minimal, exprimé en kilogrammes, sont, pour chaque année de première immatriculation du véhicule, les suivants :

ANNÉE DE PREMIÈRE IMMATRICULATION	TARIF UNITAIRE (€/kg)	SEUIL MINIMAL (kg)
Années à compter de 2022	10	1 800
2021 et années antérieures	0	0

SOUS-§ 2 *EXONÉRATIONS ET ABATTEMENTS POUR CERTAINS VÉHICULES*

Art. L. 421-76 Est exonéré tout véhicule accessible en fauteuil roulant.

Art. L. 421-77 Pour le véhicule qui comporte au moins huit places assises et qui est détenu, au sens de l'article L. 421-25, par une personne morale, la masse en ordre de marche fait l'objet d'un abattement de 400 kilogrammes.

Lorsque l'abattement prévu à l'article L. 421-81 est également applicable, il est retenu le plus élevé des deux.

SOUS-§ 3 *EXONÉRATIONS ET ABATTEMENTS POUR CERTAINES SOURCES D'ÉNERGIE*

Art. L. 421-78 Est exonéré tout véhicule dont la source d'énergie est exclusivement l'électricité, l'hydrogène ou une combinaison des deux.

Art. L. 421-79 Est exonéré tout véhicule hybride électrique rechargeable de l'extérieur dont l'autonomie équivalente en mode tout électrique en ville, déterminée lors de la réception, est supérieure à 50 kilomètres.

Pour l'application du premier alinéa, sont retenues les définitions et méthodes de détermination du règlement (UE) 2017/1151 de la Commission du 1er juin 2017 complétant le règlement (CE) n° 715/2007 du Parlement européen et du Conseil relatif à la réception des véhicules à moteur au regard des émissions des véhicules particuliers et utilitaires légers (Euro 5 et Euro 6) et aux informations sur la réparation et l'entretien des véhicules, modifiant la directive 2007/46/CE du Parlement européen et du Conseil, le règlement (CE) n° 692/2008 de la Commission et le règlement (UE) n° 1230/2012 de la Commission et abrogeant le règlement (CE) n° 692/2008, dans sa rédaction en vigueur, ainsi que, s'agissant des véhicules qui ne relèvent pas de ce règlement, de définitions et méthodes équivalentes déterminées par arrêté du ministre chargé de l'environnement.

SOUS-§ 4 *EXONÉRATIONS ET ABATTEMENTS POUR CERTAINES PERSONNES*

Art. L. 421-80 Est exonéré, dans la limite d'un véhicule par bénéficiaire, tout véhicule détenu au sens de l'article L. 421-25 par l'une des personnes suivantes :

1° Les personnes titulaires de la carte "mobilité inclusion" portant la mention "invalidité" mentionnée à l'article L. 241-3 du code de l'action sociale et des familles ;

2° Les personnes titulaires d'une carte d'invalidité militaire ;

3° Les personnes qui assument la charge effective et permanente d'un enfant titulaire de l'une des cartes mentionnées au 1° ou 2° et relevant du même foyer.

Pour le véhicule faisant l'objet d'une formule locative de longue durée au sens de l'article L. 421-24, la condition prévue au premier alinéa est appréciée au moment de la mise à disposition du véhicule au bénéfice du preneur.

Art. L. 421-81 Lorsque la personne qui détient le véhicule assume la charge effective et permanente d'au moins trois enfants qui, soit répondent à l'une des conditions prévues au 1° ou 2° de l'article L. 512-3 du code de la sécurité sociale, soit font l'objet d'un placement à son domicile dans le cadre de l'article L. 421-2 du code de l'action sociale et des familles, la masse en ordre de marche fait l'objet d'un abattement de 200 kilogrammes par enfant.

Cet abattement s'applique dans la limite d'un seul véhicule d'au moins cinq places par foyer.

Pour le véhicule faisant l'objet d'une formule locative de longue durée au sens de l'article L. 421-24, la condition prévue au premier alinéa est appréciée au moment de la mise à disposition du preneur.

Lorsque l'abattement prévu à l'article L. 421-77 est également applicable, il est retenu le plus élevé des deux.

SOUS-SECTION 4 EXIGIBILITÉ

Art. L. 421-82 Les règles relatives à l'exigibilité des taxes sur l'immatriculation des véhicules sont déterminées par les dispositions du titre IV du livre Ier.

SOUS-SECTION 5 PERSONNES SOUMISES AUX OBLIGATIONS FISCALES

Art. L. 421-83 Les règles relatives aux personnes soumises aux obligations fiscales pour les taxes sur l'immatriculation des véhicules sont déterminées par les dispositions du titre V du livre Ier et par celles de la présente sous-section.

Art. L. 421-84 Le redevable est, sous réserve de l'article L. 421-85, le propriétaire du véhicule.

Art. L. 421-85 Le remboursement mentionné à l'article L. 421-88 est réalisé au bénéfice de la personne qui détient le véhicule au sens de l'article L. 421-25.

SOUS-SECTION 6 CONSTATATION DES TAXES

Art. L. 421-86 Les règles relatives à la constatation des taxes sur l'immatriculation des véhicules sont, par dérogation aux dispositions du titre VI du livre Ier, déterminées par les dispositions de la présente sous-section.

Art. L. 421-87 Les taxes sont constatées par l'administration.

Art. L. 421-88 Les abattements mentionnés aux articles L. 421-70 et L. 421-81 sont appliqués, dans des conditions déterminées par décret, au moyen d'un remboursement postérieur à la délivrance du certificat d'immatriculation.

V. supra (avant l'art. L. 100-1), Décr. n° 2021-1914 du 30 déc. 2021, art. 39 à 41, 69.

SOUS-SECTION 7 PAIEMENT DES TAXES SUR L'IMMATRICULATION DES VÉHICULES

Art. L. 421-89 Les règles relatives au paiement des taxes sur l'immatriculation des véhicules sont déterminées par les dispositions du titre VII du livre Ier.

SOUS-SECTION 8 CONTRÔLE, RECOUVREMENT ET CONTENTIEUX

Art. L. 421-90 Les règles relatives au contrôle, au recouvrement et au contentieux des taxes à l'immatriculation sont déterminées, par dérogation aux dispositions du titre VIII du livre Ier, par les dispositions de la présente sous-section.

Art. L. 421-91 Les règles relatives au contrôle, au recouvrement et au contentieux des taxes sur l'immatriculation des véhicules sont déterminées par les dispositions suivantes :

1° S'agissant des pouvoirs des personnes chargées du contrôle, des procédures de contrôle et des sanctions, celles figurant au livre II du code général des impôts et au titre II du livre des procédures fiscales qui leurs sont propres ou qui sont applicables aux droits d'enregistrement ;

2° S'agissant des procédures d'établissement de l'impôt en cas de méconnaissance par le redevable de ses obligations, du recouvrement autre que le paiement spontané et du contentieux :

a) Les dispositions du livre II du code général des impôts et des titres III et IV du livre des procédures fiscales qui leur sont propres ou qui sont applicables aux impôts directs ; – *V. LPF, art. L. 190, L. 247 et L. 256 B.*

b) Le B du III de l'article 55 de la loi n° 2010-1658 du 29 décembre 2010 de finances rectificative pour 2010.

SOUS-SECTION 9 AFFECTATION

Art. L. 421-92 L'affectation du produit des taxes sur l'immatriculation des véhicules est déterminée par les dispositions suivantes :

1° S'agissant de la taxe fixe prévue au 1° de l'article L. 421-30, le 2° du *a* de l'article L. 4331-2 du code général des collectivités territoriales et le 1° de l'article 46-1 de la loi n° 2011-1977 du 28 décembre 2011 de finances pour 2012 ;

2° S'agissant de la taxe régionale prévue au 2° de l'article L. 421-30, le 3° du *a* de l'article L. 4331-2 du code général des collectivités territoriales ;

3° S'agissant de la taxe sur les véhicules de transport prévue au 3° de l'article L. 421-30, l'article L. 3314-4 du code des transports.

SECTION III TAXES SUR L'AFFECTATION DES VÉHICULES À DES FINS ÉCONOMIQUES

SOUS-SECTION 1 ÉLÉMENTS TAXABLES ET TERRITOIRES

Art. L. 421-93 Les règles relatives aux éléments taxables et aux territoires pour les taxes sur l'affectation des véhicules à des fins économiques sont déterminées par les dispositions du titre Ier du livre Ier, par celles de la section I du présent chapitre et par celles de la présente sous-section.

Art. L. 421-94 Tout véhicule affecté à des fins économiques sur le territoire de taxation au sens du paragraphe 1 de la présente section est soumis :

1° Pour les véhicules de tourisme au sens de l'article L. 421-2, à :

a) Une taxe annuelle sur les émissions de dioxyde de carbone ;

b) Une taxe annuelle sur l'ancienneté ;

2° Pour les véhicules lourds de transport de marchandises au sens de l'article L. 421-100, à une taxe annuelle.

§ 1er AFFECTATION DES VÉHICULES À DES FINS ÉCONOMIQUES SUR LE TERRITOIRE DE TAXATION

Art. L. 421-95 Un véhicule est affecté à des fins économiques sur le territoire de taxation mentionné à l'article L. 411-5 lorsqu'il est autorisé à circuler sur ce territoire et que l'une des conditions suivantes est remplie :

1° Il est détenu au sens de l'article L. 421-25 par une entreprise, immatriculé en France au sens du second alinéa de l'article L. 421-5 et les conditions mentionnées au 2° ne sont pas remplies ;

2° Il circule sur les voies ouvertes à la circulation publique du territoire de taxation et une entreprise prend à sa charge, totalement ou partiellement, les frais engagés par une personne physique pour son acquisition ou son utilisation ;

3° Dans les situations autres que celles mentionnées aux 1° et 2°, il circule sur les voies ouvertes à la circulation publique du territoire de taxation pour les besoins de la réalisation d'une activité économique.

Art. L. 421-96 Par dérogation à l'article L. 421-95, le véhicule immobilisé ou mis en fourrière à la demande des pouvoirs publics est réputé ne pas être affecté à des fins économiques.

Art. L. 421-97 Par dérogation à l'article L. 421-95, est réputé ne pas être affecté à des fins économiques le véhicule qui répond aux conditions cumulatives suivantes :

1° Il est autorisé à circuler pour les seuls besoins de la construction, de la commercialisation, de la réparation ou du contrôle technique automobiles ;

2° Il ne réalise effectivement aucune opération de transport autre que celles strictement nécessaires pour les besoins mentionnés au 1°.

§ 2 ENTREPRISES AFFECTATAIRES DES VÉHICULES

Art. L. 421-98 L'entreprise affectataire d'un véhicule s'entend :

1° Lorsque le véhicule est affecté à des fins économiques dans les conditions mentionnées au 1° ou au 3° de l'article L. 421-95, de la personne qui le détient au sens de l'article L. 421-25 ;

2° Lorsque le véhicule est affecté à des fins économiques dans les conditions mentionnées au 2° du même article L. 421-95, de l'entreprise qui prend en charge les frais mentionnés à ce même 2°.

§ 3 DISPOSITIONS PROPRES AUX VÉHICULES DE TOURISME

Art. L. 421-99 Par dérogation au 1° de l'article L. 421-98 et sous réserve du 2° du même article, l'entreprise affectataire du véhicule de tourisme loué ou mis autrement à disposition d'une entreprise s'entend de l'entreprise qui dispose du véhicule dans le cadre de cette location ou mise à disposition.

§ 4 DISPOSITIONS PROPRES AUX VÉHICULES LOURDS DE TRANSPORT DE MARCHANDISES

Art. L. 421-100 Les véhicules lourds de transport de marchandises s'entendent des véhicules suivants, lorsque leur masse en charge maximale techniquement admissible est au moins égale à 12 tonnes :

1° Les véhicules des catégories N2 et N3 dont la conception permet le transport de marchandises sans remorque ou semi-remorque ;

2° Les ensembles constitués d'un véhicule de catégorie N2 ou N3 couplé à une ou plusieurs semi-remorques de la catégorie O ;

3° Les remorques de la catégorie O4 d'une masse en charge techniquement admissible au moins égale à 16 tonnes, lorsqu'elles sont tractées par un véhicule de catégorie N2 ou N3 ou un ensemble relevant du 2° ;

4° Les autres véhicules ou ensembles de véhicules utilisés pour réaliser des opérations de transport de marchandises analogues à celles pour lesquelles les véhicules mentionnés aux 1° à 3° sont conçus.

Art. L. 421-101 Pour l'application de la présente section aux ensembles de véhicules :

1° Les tracteurs et semi-remorques composant un ensemble sont considérés comme un véhicule unique dont les caractéristiques sont les suivantes :

a) Sa masse en charge maximale techniquement admissible est celle de l'ensemble ;

b) Son nombre d'essieux est celui de la semi-remorque ayant le plus grand nombre d'essieux ;

c) L'entreprise affectataire est celle qui affecte le véhicule tracteur ;

2° Les remorques de la catégorie O4 qui les composent, autres que les semi-remorques, sont considérées comme des véhicules indépendants.

Art. L. 421-102 Ne sont pas soumis à la taxe mentionnée au 2° de l'article L. 421-94 les véhicules lourds de transport de marchandises suivants :

1° Les véhicules immatriculés dans un autre État membre de l'Union européenne ;

2° Les ensembles de véhicules dont l'un des éléments est immatriculé dans un autre État membre de l'Union européenne, lorsque cet ensemble a été soumis, dans cet État membre, à la taxe prévue par cet État membre et mentionnée à l'article 3 de la directive 1999/62/CE du Parlement européen et du Conseil du 17 juin 1999 relative à la taxation des poids lourds pour l'utilisation de certaines infrastructures, dans sa rédaction en vigueur ;

3° Les véhicules immatriculés dans un État tiers à l'Union européenne avec lequel la France a conclu un accord d'exonération réciproque, ou les ensembles de véhicules dont l'un des éléments est immatriculé dans un tel État.

Art. L. 421-103 Les véhicules lourds de transport de marchandises ne sont pas soumis à la taxe mentionnée au 2° de l'article L. 421-94 lorsqu'ils sont situés dans le territoire de l'une des collectivités régies par l'article 73 de la Constitution.

SOUS-SECTION 2 FAIT GÉNÉRATEUR

Art. L. 421-104 Les règles relatives au fait générateur des taxes sur l'affectation des véhicules à des fins économiques sont déterminées par les dispositions du titre II du livre Ier et par celles de la présente sous-section.

Art. L. 421-105 Le fait générateur est constitué par toute affectation du véhicule à des fins économiques sur le territoire de taxation au sens des dispositions de la sous-section 1 de la présente section.

SOUS-SECTION 3 MONTANT DES TAXES

Art. L. 421-106 Les règles relatives au montant des taxes sur l'affectation des véhicules à des fins économiques sont déterminées par les dispositions du titre III du livre Ier et par celles de la présente sous-section.

§ 1er RÈGLE GÉNÉRALE DE CALCUL

Art. L. 421-107 Le montant de chacune des taxes est égal, pour chaque véhicule, chaque entreprise affectataire et chaque année civile, au produit des facteurs suivants :

1° Le quotient entre, au numérateur, la durée de l'affectation du véhicule en France à des fins économiques, en jours, et, au dénominateur, le nombre de jours de l'année civile ;

2° Le tarif annuel déterminé dans les conditions prévues respectivement pour chacune des taxes aux paragraphes 3, 4 et 5 de la présente sous-section.

Art. L. 421-108 Lorsque, pour une même taxe, différents tarifs s'appliquent successivement au cours de la même année civile pour un même véhicule et une même entreprise, le tarif annuel mentionné au 2° de l'article L. 421-107 est remplacé par la moyenne des tarifs applicables au cours de la période d'affectation du véhicule en France à des fins économiques, chacun étant pondéré par la durée, en nombre de jours, de sa période d'application. Lorsque plusieurs tarifs sont susceptibles de s'appliquer au cours d'une même journée, le plus élevé est retenu.

§ 2 *RÈGLES PARTICULIÈRES DE CALCUL*

SOUS-§ 1er *VÉHICULES DONT LES FRAIS SONT PRIS EN CHARGE PAR DES ENTREPRISES*

Art. L. 421-109 Le présent sous-paragraphe est applicable aux véhicules détenus au sens de l'article L. 421-25 par des personnes physiques et affectés à des fins économiques sur le territoire de taxation par une entreprise dans les conditions mentionnées au 2° de l'article L. 421-95.

Art. L. 421-110 Lorsque les frais pris en charge par l'entreprise affectataire sont déterminés en fonction de la distance parcourue par le véhicule pour les déplacements professionnels, le facteur mentionné au 1° de l'article L. 421-107 est multiplié par le pourcentage suivant, déterminé en fonction de cette distance, exprimée en kilomètres sur une année :

DISTANCE ANNUELLE PARCOURUE (km)	POURCENTAGE (%)
De 0 à 15 000	0
De 15 001 à 25 000	25
De 25 001 à 35 000	50
De 35 001 à 45 000	75
Supérieure à 45 000	100

Lorsqu'une même personne physique recourt successivement à plusieurs véhicules au cours d'une même année civile, ce pourcentage est, déterminé, pour chacun de ces véhicules, à partir de la somme des distances relatives à tous ces véhicules.

Art. L. 421-111 Le montant cumulé des taxes pour l'ensemble des véhicules de tourisme affectés à des fins économiques sur le territoire de taxation par une même entreprise fait l'objet d'une minoration de 15 000 €.

Le bénéfice de cette minoration est subordonné, au titre du droit européen des aides d'État, au respect des conditions prévues, selon le cas, par le règlement général *de minimis*, le règlement *de minimis* dans le secteur agricole ou le règlement *de minimis* dans le secteur de la pêche et de l'aquaculture.

SOUS-§ 2 *OPTION FORFAITAIRE TRIMESTRIELLE POUR LES VÉHICULES DE TOURISME*

Le présent sous-§ 2 est abrogé à compter du 1er janv. 2025 (Ord. no 2021-1843 du 22 déc. 2021, art. 37-6o-b).

Art. L. 421-112 Le redevable peut opter pour un calcul forfaitaire sur une base trimestrielle du facteur mentionné au 1° de l'article L. 421-107.

Art. L. 421-113 L'option mentionnée à l'article L. 421-112 est exercée par le redevable conjointement pour la taxe annuelle sur les émissions de dioxyde de carbone et pour la taxe annuelle sur l'ancienneté prévues respectivement aux *a* et *b* du 1° de l'article L. 421-94, au plus tard au moment où il constate ces taxes.

L'option s'applique à l'ensemble des véhicules de tourisme affectés par le redevable à des fins économiques sur le territoire de taxation.

Art. L. 421-114 En cas de recours à l'option mentionnée à l'article L. 421-112, le facteur mentionné au 1° de l'article L. 421-107 est égal au produit du pourcentage 25 % par le nombre de périodes de trois mois d'affectation du véhicule au sens de l'article L. 421-115.

Art. L. 421-115 Pour l'application du présent sous-paragraphe une période de trois mois d'affectation d'un véhicule s'entend :

1° D'un trimestre civil au premier jour duquel l'entreprise détient au sens de l'article L. 421-25 un véhicule qu'elle affecte à des fins économiques sur le territoire de taxation ;

2° De toute période au premier jour de laquelle l'entreprise affecte un véhicule à des fins économiques sur le territoire de taxation sans le détenir et qui s'achève :

a) A la fin du trimestre civil lorsque cette période débute au premier jour d'un trimestre civil ;

b) A défaut, à l'issue de quatre-vingt-dix jours consécutifs. Si une telle période s'achève l'année suivant celle durant laquelle elle a débuté, les affectations réalisées au cours de cette période sont réputées être intervenues au cours de l'année durant laquelle débute cette période.

Art. L. 421-116 Lorsqu'au cours d'une période de trois mois, différents tarifs s'appliquent successivement pour un même véhicule, par dérogation à l'article L. 421-108, il est retenu un seul tarif, qui est celui le plus élevé.

Art. L. 421-117 Lorsqu'au cours d'une période de trois mois d'affectation, un véhicule vient en remplacement d'un véhicule dont le redevable peut démontrer qu'il a le même usage, l'affectation de ces véhicules est, sur l'ensemble des deux périodes d'affectation successives, assimilée à l'affectation d'un véhicule unique.

Art. L. 421-118 Lorsque, dans les cas mentionnés au sous-paragraphe 1 du présent paragraphe, une même personne physique recourt successivement à plusieurs véhicules au cours d'une même période de trois mois d'affectation, l'entreprise est réputée n'avoir affecté que celui des véhicules pour lequel la distance prise en charge au titre de cette période est la plus élevée.

§ 3 TARIFS DE LA TAXE ANNUELLE SUR LES ÉMISSIONS DE DIOXYDE DE CARBONE DES VÉHICULES DE TOURISME

Art. L. 421-119 Les tarifs de la taxe annuelle sur les émissions de dioxyde de carbone des véhicules de tourisme prévue au *a* du 1° de l'article L. 421-94 sont déterminés conformément au présent paragraphe.

SOUS-§ 1er *BARÈMES*

Art. L. 421-120 Pour les véhicules immatriculés en recourant à la méthode de détermination des émissions de dioxyde de carbone dite WLTP au sens de l'article L. 421-6, le tarif annuel, fonction des émissions de dioxyde de carbone (CO2) exprimées en grammes par kilomètre, est le suivant :

Émissions de CO_2 (g/km)	Tarif annuel (€)	Émissions de CO_2 (g/km)	Tarif annuel (€)	Émissions de CO_2 (g/km)	Tarif annuel (€)	Émissions de CO_2 (g/km)	Tarif annuel (€)	Émissions de CO_2 (g/km)	Tarif annuel (€)
0 à 20	0	71	57	122	195	173	1 938	224	4 682
21	17	72	58	123	197	174	2 001	225	4 725
22	18	73	58	124	198	175	2 065	226	4 769
23	18	74	59	125	200	176	2 130	227	4 812
24	19	75	60	126	202	177	2 195	228	4 880
25	20	76	61	127	203	178	2 261	229	4 924
26	21	77	62	128	218	179	2 327	230	4 968
27	22	78	117	129	232	180	2 394	231	5 036
28	22	79	119	130	247	181	2 480	232	5 081
29	23	80	120	131	249	182	2 548	233	5 150
30	24	81	122	132	264	183	2 617	234	5 218
31	25	82	123	133	266	184	2 686	235	5 288
32	26	83	125	134	295	185	2 757	236	5 334
33	26	84	126	135	311	186	2 827	237	5 404
34	27	85	128	136	326	187	2 899	238	5 474
35	28	86	129	137	343	188	2 970	239	5 521
36	29	87	131	138	359	189	3 043	240	5 592

Émissions de CO_2 (g/km)	Tarif annuel (€)	Émissions de CO_2 (g/km)	Tarif annuel (€)	Émissions de CO_2 (g/km)	Tarif annuel (€)	Émissions de CO_2 (g/km)	Tarif annuel (€)	Émissions de CO_2 (g/km)	Tarif annuel (€)
37	30	88	132	139	375	190	3 116	241	5 664
38	30	89	134	140	392	191	3 190	242	5 735
39	31	90	135	141	409	192	3 264	243	5 783
40	32	91	137	142	426	193	3 300	244	5 856
41	33	92	138	143	443	194	3 337	245	5 929
42	34	93	140	144	461	195	3 374	246	6 002
43	34	94	141	145	479	196	3 410	247	6 052
44	35	95	143	146	482	197	3 448	248	6 126
45	36	96	144	147	500	198	3 485	249	6 200
46	37	97	146	148	518	199	3 522	250	6 250
47	38	98	147	149	551	200	3 580	251	6 325
48	38	99	149	150	600	201	3 618	252	6 401
49	39	100	150	151	664	202	3 676	253	6 477
50	40	101	162	152	730	203	3 735	254	6 528
51	41	102	163	153	796	204	3 774	255	6 605
52	42	103	165	154	847	205	3 813	256	6 682
53	42	104	166	155	899	206	3 852	257	6 733
54	43	105	168	156	952	207	3 892	258	6 811
55	44	106	170	157	1 005	208	3 952	259	6 889
56	45	107	171	158	1 059	209	3 992	260	6 968
57	46	108	173	159	1 113	210	4 032	261	7 047
58	46	109	174	160	1 168	211	4 072	262	7 126
59	47	110	176	161	1 224	212	4 113	263	7 206
60	48	111	178	162	1 280	213	4 175	264	7 286
61	49	112	179	163	1 337	214	4 216	265	7 367
62	50	113	181	164	1 394	215	4 257	266	7 448
63	50	114	182	165	1 452	216	4 298	267	7 529
64	51	115	184	166	1 511	217	4 340	268	7 638
65	52	116	186	167	1 570	218	4 404	269	7 747
66	53	117	187	168	1 630	219	4 446		
67	54	118	189	169	1 690	220	4 488		
68	54	119	190	170	1 751	221	4 531		
69	55	120	192	171	1 813	222	4 573		
70	56	121	194	172	1 875	223	4 638		

Lorsque les émissions sont supérieures à 269 grammes par kilomètre, le tarif est égal au produit du tarif unitaire de 29 € par gramme par kilomètre par les émissions de dioxyde de carbone, exprimées en grammes par kilomètre.

Art. L. 421-121 **Pour les véhicules autres que ceux mentionnés à l'article L. 421-120, lorsqu'ils ont fait l'objet d'une réception européenne, ont été immatriculés pour la première fois à compter du 1er juin 2004 et n'étaient pas affectés à des fins économiques sur le territoire de taxation par l'entreprise affectataire avant le 1er janvier 2006, le tarif annuel est égal au produit des émissions de dioxyde de carbone (CO2), exprimées en grammes par kilomètre, par le tarif unitaire suivant, exprimé en euros par gramme par kilomètre et fonction de ces mêmes émissions :**

ÉMISSIONS DE DIOXYDE DE CARBONE (g/km)	TARIF UNITAIRE ANNUEL (€/g/km)
Inférieures à 21	0
De 21 à 60	1
De 61 à 100	2
De 101 à 120	4,5
De 121 à 140	6,5
De 141 à 160	13
De 161 à 200	19,5
De 201 à 250	23,5
Supérieures à 250	29

Art. L. 421-122 **Pour les véhicules autres que ceux mentionnés aux articles L. 421-120 et L. 421-121, le tarif annuel, en fonction de la puissance administrative exprimée en chevaux administratifs, est le suivant :**

PUISSANCE ADMINISTRATIVE (CV)	TARIF ANNUEL (€)
Inférieure à 4	750
De 4 à 6	1 400
De 7 à 10	3 000
De 11 à 15	3 600
Supérieure à 15	4 500

SOUS-§ 2 *EXONÉRATIONS POUR CERTAINS VÉHICULES*

Art. L. 421-123 **Est exonéré tout véhicule accessible en fauteuil roulant.**

SOUS-§ 3 *EXONÉRATIONS POUR CERTAINES SOURCES D'ÉNERGIE*

Art. L. 421-124 **Est exonéré tout véhicule dont la source d'énergie est exclusivement l'électricité, l'hydrogène ou une combinaison des deux.**

Art. L. 421-125 Est exonéré tout véhicule qui répond aux conditions cumulatives suivantes :

1° La source d'énergie combine :

a) Soit, d'une part, l'électricité ou l'hydrogène et, d'autre part, le gaz naturel, le gaz de pétrole liquéfié, l'essence ou le superéthanol E85 ;

b) Soit, d'une part, le gaz naturel ou le gaz de pétrole liquéfié et, d'autre part, l'essence ou le superéthanol E85 ;

2° L'un des deux critères suivants est rempli :

a) Les émissions de dioxyde de carbone n'excèdent pas, pour les véhicules mentionnés à l'article L. 421-120, 60 grammes par kilomètre ou, pour les véhicules mentionnés à l'article L. 421-121, 50 grammes par kilomètre et, pour les véhicules mentionnés à l'article L. 421-122, la puissance administrative n'excède pas 3 chevaux administratifs ;

b) Les émissions de dioxyde de carbone ou la puissance administrative n'excèdent pas le double des seuils mentionnés au *a* et l'ancienneté du véhicule, déterminée à partir de sa date de première immatriculation, n'excède pas trois années.

SOUS-§ 4 *EXONÉRATION POUR CERTAINES FORMES D'EXPLOITATION*

Art. L. 421-126 Est exonéré tout véhicule affecté aux besoins des opérations exonérées de taxe sur la valeur ajoutée mentionnées au 9° du 4 et au 7 de l'article 261 du code général des impôts.

Art. L. 421-127 Est exonéré tout véhicule affecté à des fins économiques sur le territoire de taxation par une personne physique exerçant son activité professionnelle en nom propre.

Le bénéfice de cette exonération est subordonné, au titre du droit européen des aides d'État, au respect des conditions prévues, selon le cas, par le règlement général *de minimis*, le règlement *de minimis* dans le secteur agricole ou le règlement *de minimis* dans le secteur de la pêche et de l'aquaculture.

SOUS-§ 5 *EXONÉRATIONS POUR LA LOCATION*

Art. L. 421-128 Est exonéré tout véhicule exclusivement affecté par l'entreprise affectataire aux activités suivantes :

1° La location ;

2° La mise à disposition temporaire de ses clients en remplacement de leur véhicule immobilisé.

Art. L. 421-129 Est exonéré tout véhicule pris en location sur une période d'au plus un mois civil ou trente jours consécutifs par l'entreprise affectataire.

SOUS-§ 6 *EXONÉRATIONS POUR CERTAINES ACTIVITÉS ÉCONOMIQUES*

Art. L. 421-130 Est exonéré tout véhicule affecté au transport public de personnes.

Art. L. 421-131 Est exonéré tout véhicule affecté à des activités agricoles ou forestières.

Le bénéfice de cette exonération est subordonné, au titre du droit européen des aides d'État, au respect des conditions prévues par le règlement *de minimis* dans le secteur agricole.

Art. L. 421-132 Est exonéré tout véhicule affecté aux activités suivantes :

1° L'enseignement de la conduite ou du pilotage ;

2° Les compétitions sportives.

§ 4 TARIFS DE LA TAXE ANNUELLE SUR L'ANCIENNETÉ DES VÉHICULES DE TOURISME

Art. L. 421-133 Les tarifs de la taxe annuelle sur l'ancienneté des véhicules de tourisme prévue au *b* du 1° de l'article L. 421-94 sont déterminés conformément au présent paragraphe.

SOUS-§ 1er *BARÈMES*

Art. L. 421-134 Le tarif annuel, fonction de l'année de la première immatriculation du véhicule au sens de l'article L. 421-5 et de sa source d'énergie au sens de l'article L. 421-135, est le suivant :

ANNÉE DE PREMIÈRE IMMATRICULATION DU VÉHICULE	TARIF ANNUEL LORSQUE LA SOURCE D'ÉNERGIE EST ASSIMILÉE AU GAZOLE (€)	TARIF ANNUEL LORSQUE LA SOURCE D'ÉNERGIE N'EST PAS ASSIMILÉE AU GAZOLE (€)
À partir de 2015	40	20
De 2011 à 2014	100	45
De 2006 à 2010	300	45
De 2001 à 2005	400	45
Jusqu'à 2000	600	70

Art. L. 421-135 Pour l'application de l'article L. 421-134, la source d'énergie du véhicule est assimilée au gazole lorsque l'une des conditions suivantes est remplie :

1° La source d'énergie est exclusivement le gazole ;

2° Elle combine le gazole et un autre produit et le critère suivant est rempli :

a) Pour les véhicules immatriculés en recourant à la méthode de détermination des émissions de dioxyde de carbone dite WLTP au sens de l'article L. 421-6, les émissions de dioxyde de carbone excèdent 120 grammes par kilomètre ;

b) Pour les véhicules autres que ceux mentionnés au *a*, ayant fait l'objet d'une réception européenne, immatriculés pour la première fois à compter du 1er juin 2004 et qui n'étaient pas utilisés par le redevable avant le 1er janvier 2006, les émissions de dioxyde de carbone excèdent 100 grammes par kilomètre ;

c) Pour les véhicules autres que ceux mentionnés au *a* ou *b*, la puissance administrative excède 6 chevaux administratifs.

SOUS-§ 2 *EXONÉRATIONS POUR CERTAINS VÉHICULES*

Art. L. 421-136 Est exonéré tout véhicule accessible en fauteuil roulant.

SOUS-§ 3 *EXONÉRATIONS POUR CERTAINES SOURCES D'ÉNERGIE*

Art. L. 421-137 Est exonéré tout véhicule dont la source d'énergie est exclusivement l'électricité, l'hydrogène ou une combinaison des deux.

SOUS-§ 4 *EXONÉRATIONS POUR CERTAINES FORMES D'EXPLOITATION*

Art. L. 421-138 Est exonéré tout véhicule affecté aux besoins des opérations exonérées de taxe sur la valeur ajoutée et mentionnées au 9° du 4 et au 7 de l'article 261 du code général des impôts.

Art. L. 421-139 Est exonéré tout véhicule affecté à des fins économiques sur le territoire de taxation par une personne physique exerçant son activité professionnelle en nom propre.

Le bénéfice de cette exonération est subordonné, au titre du droit européen des aides d'État, au respect des conditions prévues, selon le cas, par le règlement général *de minimis*, le règlement *de minimis* dans le secteur agricole ou le règlement *de minimis* dans le secteur de la pêche et de l'aquaculture.

SOUS-§ 5 *EXONÉRATIONS POUR LA LOCATION*

Art. L. 421-140 Est exonéré tout véhicule exclusivement affecté par l'entreprise affectataire aux activités suivantes :

1° La location ;

2° La mise à disposition temporaire de ses clients en remplacement de leur véhicule immobilisé.

Art. L. 421-141 Est exonéré tout véhicule pris en location sur une période d'au plus un mois civil ou trente jours consécutifs par l'entreprise affectataire.

SOUS-§ 6 *EXONÉRATIONS POUR CERTAINES ACTIVITÉS ÉCONOMIQUES*

Art. L. 421-142 Est exonéré tout véhicule affecté au transport public de personnes.

Art. L. 421-143 Est exonéré tout véhicule affecté aux activités agricoles ou forestières.

Le bénéfice de cette exonération est subordonné, au titre du droit européen des aides d'État, au respect des conditions prévues par le règlement *de minimis* dans le secteur agricole.

Art. L. 421-144 Est exonéré tout véhicule affecté aux activités suivantes :

1° L'enseignement de la conduite ou du pilotage ;

2° Les compétitions sportives.

§ 5 TARIFS DE LA TAXE ANNUELLE SUR LES VÉHICULES LOURDS DE TRANSPORT DE MARCHANDISES

Art. L. 421-145 Les tarifs de la taxe annuelle sur les véhicules lourds de transport de marchandises prévue au 2° de l'article L. 421-94 sont déterminés conformément au présent paragraphe.

SOUS-§ 1er *BARÈMES*

Art. L. 421-146 Le tarif annuel, fonction du nombre d'essieux, de la masse en charge maximale techniquement admissible, exprimée en tonnes, et de la présence ou non d'un système de suspension pneumatique, est le suivant :

TYPE DE VÉHICULE	NOMBRE D'ESSIEUX	MASSE EN CHARGE MAXIMALE TECHNIQUEMENT ADMISSIBLE DU VÉHICULE OU DE L'ENSEMBLE (t)	TARIF ANNUEL EN PRÉSENCE D'UN SYSTÈME DE SUSPENSION PNEUMATIQUE (€)	TARIF ANNUEL EN L'ABSENCE D'UN SYSTÈME DE SUSPENSION PNEUMATIQUE (€)
Véhicule à *moteur isolé*	2	Supérieure ou égale à 12	124	276
	3	Supérieure ou égale à 12	224	348
	4 et plus	Supérieure ou égale à 12 et inférieure à 27	148	228
		Supérieure ou égale à 27	364	540

TYPE DE VÉHICULE	NOMBRE D'ESSIEUX	MASSE EN CHARGE MAXIMALE TECHNIQUEMENT ADMISSIBLE DU VÉHICULE OU DE L'ENSEMBLE (t)	TARIF ANNUEL EN PRÉSENCE D'UN SYSTÈME DE SUSPENSION PNEUMATIQUE (€)	TARIF ANNUEL EN L'ABSENCE D'UN SYSTÈME DE SUSPENSION PNEUMATIQUE (€)
Ensemble constitué d'un tracteur et d'une ou de plusieurs semi-remorques	1	Supérieure ou égale à 12 et inférieure à 20	16	32
		Supérieure ou égale à 20	176	308
	2	Supérieure ou égale à 12 et inférieure à 27	116	172
		Supérieure ou égale à 27 et inférieure à 33	336	468
		Supérieure ou égale à 33 et inférieure à 39	468	708
		Supérieure ou égale à 39	628	932
	3 et plus	Supérieure ou égale à 12 et inférieure à 38	372	516
		Supérieure ou égale à 38	516	700
Remorque de la catégorie 04		Supérieure ou égale à 16	120	120

Tableau mod. par Ord. n° 2021-1843 du 22 déc. 2021, rect., 9°-o.

Pour l'application du présent article, sont assimilées à un système de suspension pneumatique les suspensions reconnues comme équivalentes dans les conditions définies à l'annexe III au règlement (UE) n° 1230/2012 de la Commission du 12 décembre 2012 portant application du règlement (CE) n° 661/2009 du Parlement européen et du Conseil en ce qui concerne les prescriptions pour la réception par type relatives aux *masses et dimensions des* véhicules à moteur et de leurs remorques et modifiant la directive 2007/46/CE du Parlement européen et du Conseil, dans sa rédaction en vigueur.

SOUS-§ 2 *EXONÉRATIONS POUR CERTAINS VÉHICULES*

Art. L. 421-147 Tout véhicule de collection est exonéré.

Art. L. 421-148 Est exonéré tout véhicule constitué d'un châssis routier sur lequel sont installés à demeure, dans le cadre de travaux publics et industriels sur le territoire de taxation, les équipements suivants et qui est exclusivement utilisé pour le transport de ces équipements :

1° Engins de levage et de manutention ;

2° Pompes et stations de pompage ;
3° Groupes moto-compresseurs mobiles ;
4° Bétonnières et pompes à béton, à l'exception des bétonnières à tambour utilisées pour le transport de béton ;
5° Groupes générateurs mobiles ;
6° Engins de forage mobiles.

SOUS-§ 3 *EXONÉRATION POUR CERTAINS SERVICES PUBLICS*

Art. L. 421-149 Est exonéré tout véhicule affecté aux besoins de la défense nationale, de la protection civile, des services de lutte contre les incendies, des services publics de secours, des forces de police, de gendarmerie et de la douane.

Art. L. 421-150 Est exonéré tout véhicule affecté à l'entretien des voies de circulation.

SOUS-§ 4 *EXONÉRATION POUR CERTAINES ACTIVITÉS ÉCONOMIQUES*

Art. L. 421-151 Est exonéré tout véhicule affecté aux transports intérieurs aux enceintes des chantiers ou des entreprises, même si ces transports conduisent à traverser les voies ouvertes à la circulation publique.

Art. L. 421-152 Est exonéré tout véhicule affecté au transport des marchandises des cirques ainsi qu'à la restauration et au logement des personnels des cirques.

Art. L. 421-153 Est exonéré tout véhicule affecté au transport des jeux, manèges forains et autres marchandises utilisées dans les fêtes foraines.

Art. L. 421-154 Est exonéré tout véhicule affecté aux activités des centres équestres.

Le bénéfice de cette exonération est subordonné, au titre du droit européen des aides d'État, au respect des conditions prévues par le règlement général *de minimis*.

Art. L. 421-155 Est exonéré tout véhicule affecté par les exploitants agricoles au transport de leurs récoltes.

Le bénéfice de cette exonération est subordonné, au titre du droit européen des aides d'État, au respect des conditions prévues par le règlement *de minimis* dans le secteur agricole.

SOUS-§ 5 *TARIF PARTICULIER POUR LE TRANSPORT COMBINÉ*

Art. L. 421-156 Le tarif est minoré de 75 % pour les véhicules acheminés en transport combiné au sens de l'article 1er de la directive 92/106/CEE du Conseil du 7 décembre 1992 relative à l'établissement de règles communes pour certains transports combinés de marchandises entre États membres, dans sa rédaction en vigueur.

SOUS-SECTION 4 EXIGIBILITÉ

Art. L. 421-157 Les règles relatives à l'exigibilité des taxes sur l'affectation des véhicules à des fins économiques sont déterminées par les dispositions du titre IV du livre Ier.

SOUS-SECTION 5 PERSONNES SOUMISES AUX OBLIGATIONS FISCALES

Art. L. 421-158 Les règles relatives aux personnes soumises aux obligations fiscales pour les taxes sur l'affectation des véhicules à des fins économiques sont déterminées par les dispositions du titre V du livre Ier et par celles de la présente sous-section.

Art. L. 421-159 Est redevable l'entreprise affectataire du véhicule au sens des dispositions de la sous-section 1 de la présente section.

Art. L. 421-160 Les personnes qui détiennent au sens de l'article L. 421-25 les véhicules formant un ensemble de véhicules relevant de l'article L. 421-100, peuvent, par dérogation à l'article L. 421-159, conjointement désigner parmi elles, pour tout ou partie d'une période d'affectation, un redevable autre que l'entreprise affectataire du véhicule tracteur.

A cette fin, elles établissent une attestation datée au plus tard à la fin du trimestre civil qui suit l'échéance de cette période, et au plus tard le 15 janvier de l'année qui suit celle au cours de laquelle la taxe est devenue exigible. L'attestation reprend l'identification et les caractéristiques des véhicules composant l'ensemble, la dénomination des entreprises affectataires et du redevable désigné ainsi que la période concernée.

Lorsqu'il est recouru à la faculté prévue au présent article, l'ensemble des personnes qui détiennent les éléments de l'ensemble sont solidairement tenues au paiement de la taxe.

Art. L. 421-161 Les redevables sont soumis à une obligation de représentation fiscale dans les conditions prévues par le chapitre II du titre V du livre Ier.

SOUS-SECTION 6 CONSTATATION DES TAXES

Art. L. 421-162 Les règles de la constatation des taxes sur l'affectation des véhicules à des fins économiques sont déterminées par les dispositions du titre VI du livre Ier et par celles de la présente sous-section.

Art. L. 421-163 Par dérogation à l'article L. 161-1, lorsque le montant de l'une des taxes est nul, l'absence de déclaration vaut constatation de cette taxe.

Art. L. 421-164 Toute entreprise tient, pour chacune des taxes dont elle est redevable, un état récapitulatif annuel des véhicules qu'elle affecte à son activité et qui sont dans le champ de la taxe.

Cet état fait apparaître, pour chaque véhicule, les paramètres techniques intervenant dans la détermination du tarif, la date de première immatriculation et la date de première immatriculation en France, les conditions de l'affectation parmi celles définies à l'article L. 421-95, ainsi que les périodes d'affectation. Les véhicules exonérés sont présentés distinctement par motif d'exonération.

L'état récapitulatif est à jour au plus tard à la date de la déclaration. Il est tenu à la disposition de l'administration et lui est communiqué à sa première demande.

SOUS-SECTION 7 PAIEMENT DES TAXES

Art. L. 421-165 Les règles relatives au paiement des taxes sur l'affectation des véhicules à des fins économiques sont déterminées par les dispositions du titre VII du livre Ier.

SOUS-SECTION 8 CONTRÔLE, RECOUVREMENT ET CONTENTIEUX

Art. L. 421-166 Les règles relatives au contrôle, au recouvrement et au contentieux des taxes sur l'affectation des véhicules à des fins économiques sont déterminées par les dispositions du titre VIII du livre Ier.

SOUS-SECTION 9 AFFECTATION

Art. L. 421-167 L'affectation du produit de la taxe annuelle sur les émissions de dioxyde de carbone sur les véhicules de tourisme et de la taxe annuelle sur l'ancienneté des véhicules de tourisme est déterminée par le 2° de l'article L. 131-8 du code de la sécurité sociale.

SECTION IV TAXE SUR LE RENOUVELLEMENT DU PERMIS DE CONDUIRE

Art. L. 421-168 Les règles relatives à la taxe sur le renouvellement du permis de conduire sont déterminées par les dispositions du livre Ier et par celles de la présente section.

Art. L. 421-169 Le fait générateur est constitué par la délivrance par l'administration d'un permis de conduire les véhicules routiers à moteur en remplacement d'un permis déjà délivré, lorsque ce dernier n'a pas été présenté ou a été détérioré.

Art. L. 421-170 Les délivrances de permis de conduire à Saint-Pierre-et-Miquelon sont exemptées de taxe.

Art. L. 421-171 Le tarif est égal à 25 €.

Son montant est réduit de moitié en Guyane.

Art. L. 421-172 Le redevable est le titulaire du permis de conduire à renouveler.

Art. L. 421-173 Par dérogation à l'article L. 180-1, les règles relatives au contrôle, au recouvrement et au contentieux de la taxe sont déterminées par les dispositions suivantes :

1° S'agissant des pouvoirs des personnes chargées du contrôle, des procédures de contrôle, des procédures d'établissement de l'impôt en cas de méconnaissance par le redevable de ses obligations, du recouvrement autre que le paiement spontané et des sanctions, celles du livre II du code général des impôts et du livre des procédures fiscales qui sont applicables aux droits de timbre ;

2° S'agissant du contentieux de l'assiette, celles du titre III du livre des procédures fiscales applicables aux taxes sur le chiffre d'affaires.

Art. L. 421-174 L'affectation du produit de la taxe est déterminée par le 2° de l'article 46-1 de la loi n° 2011-1977 du 28 décembre 2011 de finances 2012.

SECTION V TAXES SUR LES AUTOROUTES CONCÉDÉES

SOUS-SECTION 1 TAXE SUR LA DISTANCE PARCOURUE SUR LE RÉSEAU AUTOROUTIER CONCÉDÉ

Art. L. 421-175 Les règles relatives à la taxe sur la distance parcourue sur le réseau autoroutier concédé sont déterminées par les dispositions du livre Ier, par celles de la section I du présent chapitre et par celles de la présente sous-section.

Art. L. 421-176 Le fait générateur est constitué par la réalisation d'un trajet par un usager sur une autoroute concédée au sens de l'article L. 421-28 située sur le territoire de taxation mentionné à l'article L. 411-5.

Art. L. 421-177 Le montant de la taxe est égal au produit du tarif unitaire mentionné à l'article L. 421-178 par la distance parcourue par l'usager telle qu'elle résulte du système de péage.

Lorsque, pour une section du réseau, le système de péage ne permet pas de déterminer cette distance, chaque usager est réputé avoir parcouru une distance égale à la moyenne des trajets possibles sur cette section.

Art. L. 421-178 Le tarif unitaire de la taxe est égal à 7,32 € par 1 000 kilomètres parcourus en 2019.

A compter de 2020, ce tarif est indexé sur 70 % de l'inflation dans les conditions prévues au chapitre II du titre III du livre Ier.

Toutefois, l'inflation est déterminée à partir de l'évolution de l'indice mentionné à l'article L. 132-2 du mois de novembre entre la deuxième année précédant la révision et l'année précédant la révision.

Le tarif révisé est arrondi au centième d'euro par 1 000 kilomètres. La révision ultérieure est réalisée à partir du tarif non arrondi.

Art. L. 421-179 Le redevable de la taxe est le concessionnaire mentionné à l'article L. 421-28.

Art. L. 421-180 L'affectation du produit de la taxe est déterminée par l'article L. 1512-20 du code des transports.

SOUS-SECTION 2 TAXE SUR LES RECETTES DE L'EXPLOITATION DU RÉSEAU AUTOROUTIER CONCÉDÉ

Art. L. 421-181 Les règles relatives à la taxe sur les recettes de l'exploitation du réseau autoroutier concédé sont déterminées par les dispositions du livre Ier, par celles de la section I du présent chapitre et par celles de la présente sous-section.

Art. L. 421-182 Le fait générateur de la taxe est constitué par la clôture de l'exercice comptable du concessionnaire mentionné à l'article L. 421-28 relatif aux autoroutes concédées qu'il exploite et qui sont situées sur le territoire de taxation mentionné à l'article L. 411-5.

Art. L. 421-183 Le montant de la taxe est égal au produit du taux mentionné à l'article L. 421-184 par les sommes perçues par le concessionnaire, au titre de l'exercice comptable, en contrepartie de l'exploitation du service public autoroutier, minorées de 200 millions d'euros.

Art. L. 421-184 Le taux de la taxe est compris entre 0,15 ‰ et 0,4 ‰ et déterminé par arrêté conjoint du ministre chargé du budget et du ministre chargé des transports.

Art. L. 421-185 Le redevable de la taxe est le concessionnaire.

CHAPITRE II TRANSPORT AÉRIEN

SECTION PREMIÈRE DISPOSITIONS GÉNÉRALES

SOUS-SECTION 1 ÉLÉMENTS TAXABLES ET TERRITOIRES

§ 1er AÉRONEFS ET AÉRODROMES

Art. L. 422-1 Les aéronefs s'entendent au sens du premier alinéa de l'article L. 6100-1 du code des transports.

Art. L. 422-2 Les aérodromes, groupements d'aérodromes et classes d'aérodromes et de groupements d'aérodromes s'entendent au sens respectivement des articles L. 6300-1, L. 6328-1 et L. 6328-2 du code des transports.

§ 2 PERSONNES ET MARCHANDISES À BORD DES AÉRONEFS

Art. L. 422-3 Un passager s'entend de toute personne âgée d'au moins deux ans embarquée à bord d'un aéronef et dont la présence n'est pas justifiée par le bon déroulement du vol ou l'exécution des opérations inhérentes au vol.

Art. L. 422-4 Les marchandises s'entendent du fret et du courrier, à l'exclusion des bagages des passagers et des unités de chargement.

§ 3 MOUVEMENTS DES AÉRONEFS

Art. L. 422-5 Le vol commercial de transport aérien s'entend de tout mouvement d'un aéronef exploité dans le cadre d'une activité économique et ayant pour objet d'acheminer, pour le compte d'autrui, des passagers ou des marchandises d'un point d'origine à un point de destination différent de ce point d'origine.

Toutefois, ne sont pas des vols commerciaux les mouvements d'aéronefs réalisés aux fins d'une évacuation sanitaire d'urgence.

Art. L. 422-6 Le débarquement et l'embarquement en transit direct d'un passager ou d'une marchandise s'entendent de ceux résultant des événements suivants :

1° Une escale de courte durée de l'aéronef, ce dernier étant identifié au décollage et à l'atterrissage par le même numéro de vol ;

2° La reprise du vol à la suite d'un atterrissage d'urgence en cas de force majeure.

Art. L. 422-7 La correspondance s'entend de toute situation, autre que le transit direct, où un passager ou une marchandise est, sur un même aérodrome, débarqué d'un aéronef puis embarqué à bord d'un aéronef lorsque les conditions suivantes sont cumulativement remplies :

1° Cette situation intervient au cours de l'acheminement du passager ou de la marchandise par la voie aérienne ;

2° L'aérodrome de destination finale et l'aérodrome de provenance initiale sont distincts et ne font pas partie du même système aéroportuaire constitué des aérodromes de Paris-Le Bourget, Paris-Orly et Paris-Charles de Gaulle ;

3° Le délai entre les heures programmées de l'atterrissage et du décollage de l'aéronef n'excède pas vingt-quatre heures.

Art. L. 422-8 Est assimilé à un embarquement en transit l'embarquement en correspondance intervenant au cours d'un service aérien intérieur à la Polynésie française ou à la Nouvelle-Calédonie.

SOUS-SECTION 2 MONTANT DES TAXES

Art. L. 422-9 Lorsque le paramètre d'une imposition prévue par le présent chapitre est indexé sur un indice, un arrêté conjoint du ministre chargé du budget et du ministre chargé de l'aviation civile constate la valeur de ce paramètre.

Art. L. 422-10 Lorsque le paramètre d'une imposition prévue par le présent chapitre est indexé sur l'inflation, ce paramètre est révisé au 1er avril de chaque année civile dans une proportion égale au taux prévisionnel de croissance de l'indice des prix à la consommation hors tabac annexée au projet de loi de finances de cette même année civile.

Cette évolution ne peut être négative.

SOUS-SECTION 3 PERSONNES SOUMISES AUX OBLIGATIONS FISCALES

Art. L. 422-11 Les redevables sont soumis à une obligation de représentation fiscale dans les conditions prévues par le chapitre II du titre V du livre Ier.

Par dérogation à l'article L. 152-3, le représentant unique pour les taxes prévues par le présent chapitre peut être différent de celui désigné pour les autres impositions prévues par le présent code ou de celui mentionné à l'article 302 *decies* du code général des impôts.

SOUS-SECTION 4 CONTRÔLE, RECOUVREMENT ET CONTENTIEUX

Art. L. 422-12 Pour les impositions prévues par le présent chapitre, les règles relatives aux compétences des agents de l'administration sont déterminées par les dispositions suivantes :

1° L'article L. 6431-6 du code des transports ;

2° Le IV de l'article 125 de la loi n° 90-1168 du 29 décembre 1990 de finances pour 1991.

SECTION II TAXE SUR LE TRANSPORT AÉRIEN DE PASSAGERS

SOUS-SECTION 1 ÉLÉMENTS TAXABLES ET TERRITOIRES

Art. L. 422-13 Les règles relatives au*[x]* éléments taxables et aux territoires de la taxe sur le transport aérien de passagers sont déterminées par les dispositions du titre Ier du livre Ier, par celles de la sous-section 1 de la section I du présent chapitre et par celles de la présente sous-section.

Art. L. 422-14 Est soumis à la taxe tout embarquement sur le territoire de taxation mentionné à l'article L. 422-16 de passagers à bord d'un aéronef réalisant un vol commercial, à l'exception de ceux en transit direct.

En Corse, est également soumis à la taxe tout débarquement de passagers d'un aéronef réalisant un vol commercial, autre qu'en transit direct.

Pour les dispositions du présent art. qui s'appliquent à compter du 1er avr. 2026, V. Ord. n° 2021-1843 du 22 déc. 2021, art. 37-8°-a.

Art. L. 422-15 Les destinations finales des passagers sont regroupées en deux catégories :

1° Les destinations européennes et assimilées, qui comprennent :

a) Le territoire métropolitain et les territoires mentionnés à l'article 72-3 de la Constitution ;

b) Les territoires des autres États membres de l'Union européenne, y compris, par dérogation à l'article L. 112-3, la partie qui n'est pas comprise dans le territoire douanier européen ;

c) Les territoires des États parties à l'accord sur l'Espace économique européen ;

d) Les territoires des autres États dont le principal aérodrome desservant sa capitale est situé à une distance inférieure à 1 000 kilomètres de l'aéroport Paris-Charles de Gaulle. La liste de ces États est constatée par arrêté du ministre chargé de l'aviation civile ;

2° Les destinations tierces, qui comprennent celles qui ne relèvent pas du 1° du présent article.

A cette fin, le lieu de destination finale du passager s'entend du premier débarquement programmé, au cours du service aérien, qui n'est ni en transit, ni en correspondance.

Art. L. 422-16 Le territoire de taxation comprend, outre le territoire unique mentionné à l'article L. 411-5, les territoires des collectivités suivantes :

1° Saint-Barthélemy ;

2° Saint-Martin ;

3° Nouvelle-Calédonie ;

4° Polynésie française.

Les dispositions du présent code relatives à la taxe sur transport aérien de passagers sont applicables dans les collectivités mentionnées aux 1° à 4°.

SOUS-SECTION 2 FAIT GÉNÉRATEUR

Art. L. 422-17 Les règles relatives au fait générateur de la taxe sur le transport aérien de passagers sont déterminées par les dispositions du titre Ier du livre Ier et par celles de la présente sous-section.

Art. L. 422-18 Le fait générateur est constitué par tout embarquement ou débarquement mentionné à l'article L. 422-14.

Il est réputé intervenir, selon le cas, au moment du décollage ou de l'atterrissage de l'aéronef.

SOUS-SECTION 3 MONTANT DE LA TAXE

Art. L. 422-19 Les règles relatives au montant de la taxe sur le transport aérien de passagers sont déterminées par les dispositions du titre III du livre Ier et par celles de la présente sous-section.

§ 1er RÈGLES GÉNÉRALES

Art. L. 422-20 Le montant de la taxe est égal, pour chaque embarquement constitutif d'un fait générateur, à la somme des tarifs suivants :

1° Le tarif de l'aviation civile déterminé dans les conditions prévues à l'article L. 422-21 ;

2° Le tarif de solidarité déterminé dans les conditions prévues à l'article L. 422-22 ;

3° Le tarif de sûreté et de sécurité déterminé dans les conditions prévues à l'article L. 422-23 ;

4° Le tarif de péréquation aéroportuaire déterminé dans les conditions prévues à l'article L. 422-24.

Art. L. 422-21 Le tarif de l'aviation civile prévu au 1° de l'article L. 422-20 est égal, *pour l'année 2021, aux montants suivants* :

DESTINATION FINALE	TARIF EN 2021 (€)
Européenne ou assimilée	4,66
Tierce	8,37

A compter de 2022, ce tarif est indexé sur l'inflation dans les conditions prévues par la sous-section 2 de la section I du présent chapitre.

Art. L. 422-22 **Le tarif de solidarité prévu au 2° de l'article L. 422-20 est déterminé par arrêté conjoint du ministre chargé du budget et du ministre chargé de l'aviation civile dans les limites inférieures et supérieures suivantes, qui sont fonction de la destination finale du passager et des services additionnels dont le passager bénéficie à bord, sans supplément de prix par rapport à d'autres passagers :**

DESTINATION FINALE	SERVICES ADDITIONNELS À BORD DONT BÉNÉFICIE LE PASSAGER, SANS SUPPLÉMENT DE PRIX, PAR RAPPORT À D'AUTRES PASSAGERS	MINIMUM (€)	MAXIMUM (€)
Européenne ou assimilée	Aucun service additionnel	1,13	2,63
	Présence de services additionnels	11,27	20,27
Tierce	Aucun service additionnel	4,51	7,51
	Présence de services additionnels	45,07	63,07

Le passager est réputé bénéficier des services additionnels mentionnés au premier et deuxième alinéa du présent article lorsqu'il peut bénéficier, sur au moins l'un des tronçons compris entre le point d'embarquement initial et le point de débarquement terminal, sans supplément par rapport au prix initialement convenu, de services à bord auxquels l'ensemble des passagers ne peut accéder sans un tel supplément. A cette fin, les points d'embarquement initial et de débarquement final s'entendent respectivement du premier et du dernier d'entre eux qui ne sont ni en correspondance, ni en transit.

Pour les besoins de la détermination du tarif de solidarité prévu au présent art., la Confédération suisse fait partie des destinations assimilées à une destination européenne au sens du 1° de l'art. L. 422-15 (Décr. n° 2021-1914 du 30 déc. 2021, art. 42 et 69).

Art. L. 422-23 **Le tarif de sûreté et de sécurité prévu au 3° de l'article L. 422-20 est déterminé, pour chaque aérodrome ou groupement d'aérodrome des classes 1 à 3 au sens de l'article L. 6328-2 du code des transports, de manière à ce que le produit qui en résulte couvre, en complément du produit de la taxe sur le transport aérien de marchandises mentionnée à l'article L. 422-41 et compte tenu des besoins en financement de son exploitation, les coûts mentionnés à l'article L. 6328-3 du code des transports. Il est déterminé par arrêté conjoint du ministre chargé du budget et du ministre chargé de l'aviation civile entre les limites inférieures et supérieures suivantes, en fonction de la classe dont relève l'aérodrome ou le groupement d'aérodromes :**

[Tableau en vigueur jusqu'au 31 mars 2022]

CLASSE DE L'AÉRODROME OU DU GROUPEMENT D'AÉRODROMES	MINIMUM (€)	MAXIMUM (€)
1	4,3	10,8
2	3,5	9,5
3	2,6	14

[Tableau en vigueur le 1er avr. 2022 (L. nº 2021-1900 du 30 déc. 2021, art. 117, et Ord. nº 2021-1843 du 22 déc. 2021, art. 4)]

CLASSE DE L'AÉRODROME OU DU GROUPEMENT D'AÉRODROMES	MINIMUM (€)	MAXIMUM (€)
1	4,3	10,8
2	3,5	9,5
3	2,6	15

Ce tarif est nul pour les aérodromes ou groupements d'aérodromes de la classe 4.

Art. L. 422-24 Le tarif de péréquation aéroportuaire prévu au 4º de l'article L. 422-20 est identique pour l'ensemble des aérodromes et groupements d'aérodromes des classes 1 à 3. Il est déterminé par arrêté conjoint du ministre chargé du budget et du ministre chargé de l'aviation civile dans la limite supérieure de 1,25 €.

Ce tarif est nul pour les aérodromes ou groupements d'aérodromes de la classe 4.

§ 2 RÈGLES PROPRES À CERTAINS MOUVEMENTS AÉRIENS

Art. L. 422-25 Tout embarquement en correspondance au sens de l'article L. 422-7 fait l'objet :

1º D'une exonération des tarifs de l'aviation civile et de solidarité prévus respectivement aux 1º et 2º du même article L. 422-20 ;

2º D'une minoration comprise entre 40 % et 65 % du tarif de sûreté et de sécurité prévu au 3º de l'article L. 422-20. Le taux de la minoration est déterminé par arrêté conjoint du ministre chargé du budget et du ministre chargé de l'aviation civile.

Art. L. 422-25-1 *(Ord. nº 2021-1843 du 22 déc. 2021, art. 37-11º)* Le tarif de solidarité prévu au 2º de l'article L. 422-20 est, par dérogation à l'article L. 422-22, égal à la limite inférieure prévue à ce même article L. 422-22 pour les embarquements au départ des services aériens suivants :

1º Ceux reliant la Corse et la France continentale ;

2º Ceux reliant la métropole et l'un des territoires mentionnés à l'article 72-3 de la Constitution ou reliant ces mêmes territoires entre eux ;

3º Ceux soumis à une obligation de service public en application de l'article 16 du règlement (CE) nº 1008/2008 du Parlement européen et du Conseil du 24 septembre 2008 établissant des règles communes pour l'exploitation de services aériens dans la Communauté, dans sa rédaction en vigueur.

Le présent art. entre en vigueur à compter d'une date fixée par arrêté conjoint du ministre chargé du budget et du ministre chargé de l'aviation civile qui ne peut être postérieure de plus d'un mois à la date de réception par le Gouvernement de la réponse de la Commission européenne permettant de considérer ce dispositif législatif comme conforme au droit de l'UE (Ord. nº 2021-1843 du 22 déc. 2021, art. 37-11º).

§ 3 RÈGLES PROPRES À CERTAINS AÉRODROMES ET CERTAINES PARTIES DU TERRITOIRE

Art. L. 422-26 Pour tout embarquement au départ de l'aéroport de Bâle-Mulhouse à bord d'aéronefs exploités sous couvert d'une autorisation de trafic délivrée par la Confédération suisse, les tarifs de l'aviation civile et de solidarité prévus respectivement aux 1º et 2º de l'article L. 422-20 sont remplacés par un tarif unique.

Ce tarif est égal au quotient entre, d'une part, le montant des coûts déterminés dans les conditions constatées par l'arrêté prévu à l'article L. 6324-2 du code des transports et, d'autre part, le nombre total de passagers embarqués sur des vols au départ de cet aéroport. Il ne peut excéder le montant du tarif de l'aviation civile prévu à l'article L. 422-21 pour les destinations européennes et assimilées.

Un arrêté conjoint du ministre chargé du budget et du ministre chargé de l'aviation civile détermine, après avis de l'organe délibérant compétent de la personne morale gestionnaire de l'aérodrome, ce tarif et les méthodes d'évaluation des paramètres à partir desquelles il est calculé.

Art. L. 422-26-1 *(Ord. nº 2021-1843 du 22 déc. 2021, art. 37-8º-b, en vigueur le 1er avr. 2026)* Tout embarquement ou débarquement à l'aéroport Paris-Charles de Gaulle et constitutif d'un fait générateur fait l'objet, lorsqu'il ne s'agit pas d'un embarquement ou débarquement en correspondance au sens de l'article L. 422-7, d'une majoration d'un montant fixé par arrêté conjoint des ministres chargés du budget et de l'aviation civile dans la limite supérieure de 1,4 euro.

§ 4 RÈGLES PROPRES À CERTAINES COLLECTIVITÉS

Art. L. 422-27 Les embarquements à Saint-Barthélemy et à Saint-Martin sont exonérés du tarif de solidarité prévu au 2º de l'article L. 422-20.

Art. L. 422-28 Les embarquements en Nouvelle-Calédonie et en Polynésie française sont exonérés des tarifs de l'aviation civile et de solidarité prévus respectivement au 2º de l'article L. 422-20.

Art. L. 422-29 Tout embarquement ou débarquement en Corse constitutif d'un fait générateur fait l'objet d'une majoration lorsqu'un billet a été émis à titre onéreux.

Le montant de la majoration est déterminé par la collectivité de Corse dans la limite de 4,57 €. Il peut être modulé selon la distance du vol.

Art. L. 422-30 Tout embarquement en Guadeloupe, en Guyane, en Martinique, à Mayotte ou à La Réunion constitutif d'un fait générateur fait l'objet d'une majoration lorsqu'un billet a été émis à titre onéreux.

Le montant de la majoration est déterminé par la région où se produit l'embarquement dans la limite de 4,57 €. Il peut être modulé selon la distance du vol.

SOUS-SECTION 4 EXIGIBILITÉ

Art. L. 422-31 Les règles relatives à l'exigibilité de la taxe sur le transport aérien de passagers sont déterminées par les dispositions du titre 4 du livre Ier.

SOUS-SECTION 5 PERSONNES SOUMISES AUX OBLIGATIONS FISCALES

Art. L. 422-32 Les règles relatives aux personnes soumises aux obligations fiscales pour la taxe sur le transport aérien de passagers sont déterminées par les dispositions du titre IV du livre Ier, par celles de la sous-section 2 *[il s'agit, à notre avis, de la sous-section 3]* de la section I du présent chapitre et par celles de la présente sous-section.

Art. L. 422-33 Est redevable la personne qui exploite l'aéronef à bord duquel sont réalisés les embarquements et débarquements constitutifs d'un fait générateur.

Art. L. 422-34 L'article L. 422-11 n'est applicable ni au tarif unique de l'aéroport de Bâle-Mulhouse prévu à l'article L. 422-26, ni aux majorations en Corse et en outre-mer prévues respectivement aux articles L. 422-29 et L. 422-30.

SOUS-SECTION 6 CONSTATATION DE LA TAXE

Art. L. 422-35 Les règles relatives à la constatation de la taxe sur le transport aérien de passagers sont déterminées par les dispositions du titre VI du livre Ier.

SOUS-SECTION 7 PAIEMENT DE LA TAXE

Art. L. 422-36 Les règles relatives au paiement de la taxe sur le transport aérien de passagers sont déterminées par les dispositions du titre VII du livre Ier.

SOUS-SECTION 8 CONTRÔLE, RECOUVREMENT ET CONTENTIEUX

Art. L. 422-37 Les règles relatives au contrôle, au recouvrement et au contentieux de la taxe sur le transport aérien de passagers sont déterminées par les dispositions du titre VIII du livre Ier, par celles de la sous-section 3 *[il s'agit, à notre avis, de la sous-section 4]* de la section I du présent chapitre et par celles de la présente sous-section.

Art. L. 422-38 L'article L. 422-12 n'est applicable ni au tarif propre à l'aéroport de Bâle-Mulhouse prévu à l'article L. 422-26, ni aux majorations en Corse et en outre-mer prévues respectivement aux articles L. 422-29 et L. 422-30.

Art. L. 422-39 Par dérogation à l'article L. 180-1, pour les éléments mentionnés à cet article, la majoration en outre-mer prévue à l'article L. 422-30 est régie par les dispositions du code des douanes.

SOUS-SECTION 9 AFFECTATION

Art. L. 422-40 L'affectation du produit de la taxe sur le transport aérien de passagers est déterminée par les dispositions suivantes :

1° S'agissant du tarif de l'aviation civile prévu au 1° de l'article L. 422-20 et du tarif unique de l'aéroport de Bâle-Mulhouse prévu à l'article L. 422-26, le a du 1° du III de l'article 125 de la loi n° 90-1168 du 29 décembre 1990 de finances pour 1991 ;

2° S'agissant du tarif de solidarité prévu au 2° du même article L. 422-20 :

a) Le troisième alinéa du I de l'article 22 de la loi n° 2005-1720 du 30 décembre 2005 de finances rectificative pour 2005 ;

b) Le 1° de l'article L. 1512-20 du code des transports ;

c) Le *b* du 1° du III de l'article 125 de la loi n° 90-1168 du 29 décembre 1990 de finances pour 1991 ;

3° S'agissant du tarif de sûreté et de sécurité prévu au 3° du même article L. 422-20, le *a* du 1° de l'article L. 6328-4 du code des transports ;

(Ord. n° 2021-1843 du 22 déc. 2021, art. 37-8°-c, en vigueur le 1er avr. 2026) « 3° *bis* S'agissant de la majoration à l'aéroport Paris-Charles de Gaulle prévue à l'article L. 422-26-1, l'article L. 2111-3-2 du code des transports. »

4° S'agissant du tarif de péréquation aéroportuaire prévu au 4° du même article L. 422-20, le 2° du même article L. 6328-4 du code des transports ;

5° S'agissant de la majoration en Corse prévue à l'article L. 422-29, le 2° de l'article L. 4425-22 du code général des collectivités territoriales ;

6° S'agissant de la majoration en outre-mer prévue à l'article L. 422-30 :

a) Le 6° du *a* de l'article L. 4331-2 du code général des collectivités territoriales ;

b) Le 1° de l'article L. 2563-1-1 du même code.

SECTION III TAXE SUR LE TRANSPORT AÉRIEN DE MARCHANDISES

Art. L. 422-41 Les règles relatives à la taxe sur le transport aérien de marchandises sont déterminées par les dispositions du livre Ier, par celles de la section I du présent chapitre et par celles et de la présente section.

Art. L. 422-42 Est soumis à la taxe tout embarquement sur le territoire de taxation mentionné à l'article L. 422-43 de marchandises à bord d'un aéronef réalisant un vol commercial, à l'exception de ceux en transit direct.

Art. L. 422-43 Le territoire de taxation comprend, outre le territoire unique mentionné à l'article L. 411-5, les territoires des collectivités suivantes :

1° Saint-Barthélemy ;

2° Saint-Martin ;

3° Nouvelle-Calédonie ;

4° Polynésie française.

Les dispositions du présent code relatives à la taxe sur transport aérien de passagers sont applicables dans les collectivités mentionnées aux 1° à 4°.

Art. L. 422-44 Le fait générateur est constitué par tout embarquement mentionné à l'article L. 422-42. Il est réputé intervenir au moment du décollage de l'aéronef.

Art. L. 422-45 Le montant de la taxe est égal au produit de la masse mensuelle des marchandises, exprimée en tonnes, par la somme des termes suivants :

1° Un tarif de l'aviation civile fixé, pour l'année 2021, à 1,38 € par tonne. A compter de 2022, ce tarif est indexé sur l'inflation dans les conditions prévues à la sous-section 2 de la section I du présent chapitre ;

2° Un tarif de sûreté et de sécurité égal à 1 € par tonne et propre aux aérodromes et groupements d'aérodromes des classes 1 à 3 au sens de l'article L. 6328-2 du code des transports.

La masse prise en compte est, pour chaque redevable, arrondie à l'unité inférieure sur une base mensuelle.

Art. L. 422-46 Est exonéré du tarif unitaire mentionné au 1° de l'article L. 422-45 tout embarquement au départ des lieux suivants :

1° L'aéroport de Bâle-Mulhouse ;

2° Les territoires des collectivités de Polynésie française et de Nouvelle Calédonie.

Art. L. 422-47 Est redevable la personne qui exploite l'aéronef à bord duquel sont réalisés les embarquements constitutifs d'un fait générateur.

Art. L. 422-48 L'affectation du produit de la taxe sur le transport aérien de marchandises est déterminée par les dispositions suivantes :

1° S'agissant du tarif de l'aviation civile prévu au 1° de l'article L. 422-45, le 2° du III de l'article 125 de la loi n° 90-1168 du 29 décembre 1990 de finances pour 1991 ;

2° S'agissant du tarif de sûreté et de sécurité prévu au 2° du même article L. 422-45, le *b* du 1° de l'article L. 6328-4 du code des transports.

SECTION IV TAXE SUR LES NUISANCES SONORES AÉRIENNES

Art. L. 422-49 Les règles applicables à la taxe sur les nuisances sonores aériennes sont déterminées par les dispositions du livre Ier, par celles de la section I du présent chapitre et par celles de la présente section.

Art. L. 422-50 Est soumis à la taxe le décollage au départ des aérodromes des groupes 1 à 3 au sens de l'article L. 6360-1 du code des transports d'un aéronef d'une masse maximale au décollage supérieure ou égale à 2 tonnes.

Art. L. 422-51 Le fait générateur est constitué par le décollage de l'aéronef. — *Anc. art. L. 422-52.*

Art. L. 422-52 Est exempté :

1° Le décollage d'un aéronef d'État au sens du *b* de l'article 3 de la convention relative à l'aviation civile internationale conclue à Chicago le 7 décembre 1944 ;

2° Le décollage d'un aéronef exploité aux fins de missions de protection civile ou de lutte contre les incendies. — *Anc. art. L. 422-53.*

Art. L. 422-53 Le montant de la taxe est égal au produit des facteurs suivants :

1° Un tarif propre à chaque aérodrome déterminé dans les conditions prévues à l'article *(Ord. n° 2021-1843 du 22 déc. 2021, rect., 9°-p)* « L. 422-54 » ;

2° Un coefficient propre à chaque aéronef déterminé dans les conditions prévues à l'article *(Ord. n° 2021-1843 du 22 déc. 2021, rect., 9°-p)* « L. 422-55 » ;

3° Le logarithme décimal, arrondi au centième, de la masse maximale au décollage de l'aéronef, exprimée en tonnes et arrondie à l'unité, telle que constatée par arrêté du ministre chargé de l'aviation civile. — *Anc. art. L. 422-54.*

Art. L. 422-54 Le tarif propre à chaque aérodrome mentionné au 1° de l'article *(Ord. n° 2021-1843 du 22 déc. 2021, rect., 9°-p)* « L. 422-53 » est déterminé de manière à ce que le produit qui en résulte couvre les besoins de financement de l'aérodrome résultant de l'article L. 571-17 du code de l'environnement, compte tenu notamment de l'évolution prévisionnelle des plans de gênes sonores mentionnés à l'article L. 571-16 du même code et de celle des coûts d'insonorisation. Il est compris entre les limites inférieures et supérieures suivantes en fonction du groupe de l'aérodrome au sens de l'article L. 6360-1 du code des transports :

[Tableau en vigueur jusqu'au 31 mars 2022]

GROUPE DE L'AÉRODROME	MINIMUM (€)	MAXIMUM (€)
Groupe 1	20	40
Groupe 2	10	20
Groupe 3	0	10

[Tableau en vigueur le 1er avr. 2022 (L. no 2021-1900 du 30 déc. 2021, art. 48, et Ord. no 2021-1843 du 22 déc. 2021, art. 4)]

GROUPE DE L'AÉRODROME	MINIMUM (€)	MAXIMUM (€)
Groupe 1	20	75
Groupe 2	10	20
Groupe 3	0	10

Ce tarif est déterminé par arrêté conjoint du ministre chargé du budget, du ministre chargé de l'aviation civile et du ministre chargé de l'environnement. – *Anc. art. L. 422-55.*

Art. L. 422-55 Le coefficient propre à chaque aéronef mentionné au 2o de l'article *(Ord. no 2021-1843 du 22 déc. 2021, rect., 9o-p)* **« L. 422-53 » est modulé, entre** *(L. no 2021-1900 du 30 déc. 2021, art. 48, en vigueur le 1er avr. 2022 ; Ord. no 2021-1843 du 22 déc. 2021, art. 4)* **« 0,25** *[ancienne rédaction : 0,5]* **» et** *(L. no 2021-1900 du 30 déc. 2021, art. 48, en vigueur le 1er avr. 2022 ; Ord. no 2021-1843 du 22 déc. 2021, art. 4)* **« 60** *[ancienne rédaction : 120]* **», en fonction de l'heure de décollage et du groupe de l'aéronef.**

Ce coefficient est déterminé par arrêté conjoint du ministre chargé du budget, du ministre chargé de l'aviation civile et du ministre chargé de l'environnement.

Le groupe de l'aéronef est déterminé, selon ses caractéristiques acoustiques, par arrêté du ministre chargé de l'aviation civile. – *Anc. art. L. 422-56.*

Art. L. 422-56 Est redevable la personne qui exploite l'aéronef au moment du décollage. Le propriétaire de l'aéronef est présumé en être l'exploitant. – *Anc. art. L. 422-57.*

Art. L. 422-57 L'affectation du produit de la taxe sur les nuisances sonores aériennes est déterminée par l'article L. 6360-2 du code des transports. – *Anc. art. L. 422-58.*

CHAPITRE III NAVIGATIONS

SECTION PREMIÈRE DISPOSITIONS GÉNÉRALES

SOUS-SECTION UNIQUE ÉLÉMENTS TAXABLES ET TERRITOIRES

Art. L. 423-1 Pour l'application du présent chapitre, la navigation maritime s'entend au sens de l'article L. 5000-1 du code des transports.

Art. L. 423-2 L'armement d'un engin flottant s'entend au sens de l'article L. 5000-4 du code des transports.

Art. L. 423-3 Les usages professionnel et personnel d'un engin flottant armé pour la navigation maritime s'entendent des usages mentionnés respectivement à l'article L. 5232-1 et à l'article L. 5234-1 du code des transports.

L'usage professionnel ou personnel est établi dans des conditions déterminées par arrêté conjoint du ministre chargé du budget et du ministre chargé des transports compte tenu de l'armement de l'engin flottant.

SECTION II TAXE ANNUELLE SUR LES ENGINS MARITIMES À USAGE PERSONNEL

SOUS-SECTION 1 ÉLÉMENTS TAXABLES ET TERRITOIRES

Art. L. 423-4 Les règles relatives aux éléments taxables et aux territoires pour la taxe annuelle sur les engins maritimes à usage personnel sont déterminées par les disposi-

tions du titre Ier du livre Ier, par celles de la sous-section unique de la section I du présent chapitre et par celles de la présente sous-section.

V. supra (avant l'art. L. 100-1), Décr. n° 2021-1914 du 30 déc. 2021, art. 47 à 50, 69.

Art. L. 423-5 **Est soumis à la taxe tout engin flottant, y compris les drones maritimes au sens de l'article L. 5000-2-2 du code des transports, qui répond aux conditions cumulatives suivantes :**

1° Il est armé pour la navigation maritime à usage personnel ;

2° Il a le caractère d'un navire taxable au sens de l'article L. 423-6 ou d'un véhicule nautique à moteur taxable au sens de l'article L. 423-7 ;

3° Il est rattaché au territoire de taxation mentionné à l'article L. 411-5 dans les conditions prévues, selon qu'il bat pavillon français ou non, à l'article L. 423-10 ou à l'article L. 423-11.

Art. L. 423-6 **Un navire taxable s'entend de :**

1° Tout engin flottant, autre qu'un véhicule nautique à moteur taxable au sens de l'article L. 423-7, dont la puissance administrative au sens de l'article L. 423-8 est supérieure ou égale à 22 chevaux administratifs ;

2° Tout autre engin flottant dont la longueur de coque est supérieure ou égale à 7 mètres, sauf à ce qu'il s'agisse d'un engin non ponté principalement propulsé à l'aviron et dont le gréement et la mâture peuvent être montés et démontés par l'équipage sans aide extérieure.

Art. L. 423-7 **Un véhicule nautique à moteur taxable s'entend de tout engin flottant dont les caractéristiques sont les suivantes :**

1° La longueur de sa coque est inférieure à 4 mètres ;

2° Sa principale source de propulsion est constituée d'un moteur à combustion interne entraînant une turbine ;

3° Sa puissance propulsive au sens de l'article L. 423-8 est supérieure ou égale à 90 kilowatts ;

4° Il est conçu pour être manœuvré par une ou plusieurs personnes assises, debout ou agenouillées sur la coque plutôt qu'à l'intérieur de celle-ci.

Art. L. 423-8 **Pour l'application de la présente section :**

1° La puissance propulsive d'un engin flottant s'entend du cumul des puissances nettes maximales de ses moteurs utilisés directement ou indirectement à des fins de propulsion ;

2° La puissance administrative d'un engin flottant s'entend du cumul des puissances administratives de ses moteurs au sens de l'article L. 423-9 utilisés directement ou indirectement à des fins de propulsion.

Art. L. 423-9 **Pour l'application de la présente section, la puissance administrative d'un moteur, exprimée en unité de chevaux administratifs, s'entend de la grandeur suivante, arrondie à l'unité :**

1° Pour les moteurs exclusivement alimentés par l'énergie électrique, le quotient entre la puissance propulsive nette maximale, exprimée en kilowatts, et une constante égale à 5,14895 ;

2° Pour les moteurs autres que ceux mentionnés au 1°, le produit des facteurs suivants :

***a)* Une constante égale à** *(Ord. n° 2021-1843 du 22 déc. 2021, rect., 9°-q)* **« 4,009 » pour les moteurs thermiques à allumage commandé à quatre temps et à** *(Ord. n° 2021-1843 du 22 déc. 2021, rect., 9°-q)* **« 5,727 » pour les autres moteurs ;**

***b)* La cylindrée du moteur, exprimée en litres.**

Art. L. 423-10 **Est rattaché au territoire de taxation tout engin flottant qui bat pavillon français, sauf à ce qu'il soit soumis à l'immatriculation en dehors du territoire de taxation.**

Art. L. 423-11 Est rattaché au territoire de taxation tout engin flottant qui ne bat pas pavillon français et dont le propriétaire ou la personne qui en a la disposition est l'une des personnes suivantes :

1° Une personne physique ayant sa résidence principale dans le territoire de taxation ;

2° Une personne morale ayant son siège social dans ce même territoire ;

3° Une personne morale contrôlée directement ou indirectement par une ou plusieurs personnes mentionnées aux 1° ou 2°.

Toutefois, n'est pas rattaché au territoire de taxation l'engin qui ne bat pas pavillon français mis à disposition, au moyen d'un crédit-bail ou d'une location avec option d'achat, d'une personne qui n'est pas mentionnée aux 1° à 3°.

Art. L. 423-12 La formalité propre à un engin taxable s'entend :

1° S'il bat pavillon français, de l'enregistrement mentionné à l'article L. 5112-1-11 du code des transports ;

2° S'il ne bat pas pavillon français, de l'obtention d'un passeport mentionnée à l'article L. 5112-1-18 du même code.

Cette formalité est réputée accomplie, selon le cas, à la date de délivrance du certificat d'enregistrement ou du passeport, y compris en cas de modification d'un certificat ou d'un passeport existant.

SOUS-SECTION 2 FAIT GÉNÉRATEUR

Art. L. 423-13 Les règles relatives au fait générateur de la taxe annuelle sur les engins maritimes à usage personnel sont déterminées par les dispositions du titre II du livre Ier et par celles de la présente sous-section.

Art. L. 423-14 Le fait générateur de la taxe intervient, au titre de chaque année civile et pour chaque engin flottant taxable, le premier jour de cette année où l'ensemble des conditions mentionnées à l'article L. 423-5 sont réunies.

Lorsqu'ont été régulièrement engagées les démarches visant à accomplir la formalité mentionnée à l'article L. 423-12 constatant que ces conditions sont remplies alors qu'elles ne l'étaient pas auparavant, le fait générateur est réputé intervenir au moment où cette formalité est accomplie.

SOUS-SECTION 3 MONTANT

Art. L. 423-15 Les règles relatives au montant de la taxe annuelle sur les engins maritimes à usage personnel sont déterminées par les dispositions du titre III du livre Ier et par celles de la présente sous-section.

§ 1er RÈGLES DE CALCUL

Art. L. 423-16 Le montant de la taxe au titre d'une année civile est égal à un tarif annuel déterminé, pour chaque engin flottant relevant de l'article L. 423-5, dans les conditions prévues par les paragraphes 2 et 3 de la présente sous-section.

Art. L. 423-17 Au titre de la première année de réalisation de la formalité mentionnée à l'article L. 423-12 pour un engin flottant en tant qu'engin armé pour un usage personnel, le montant de la taxe est diminué d'un douzième pour chaque mois révolu entre le début de l'année civile et cette formalité.

Art. L. 423-18 Est exonéré de la taxe tout engin flottant qui :

1° Est classé comme monument historique en application des articles L. 622-1 du code du patrimoine ;

2° Sans relever du 1°, présente un intérêt du point de vue de la mémoire attachée aux personnes, à la technique, à la conception ou aux évènements et dont l'intérêt patrimonial est constaté dans des conditions déterminées par décret.

Art. L. 423-19 Pour l'engin flottant construit avant le 1er janvier 2008, le montant de la taxe fait l'objet de la minoration suivante, déterminée en fonction de la date de construction :

DATE DE CONSTRUCTION	MINORATION
Avant le 1er janvier 1993	80 %
Entre le 1er janvier 1993 et le 31 décembre 1997	55 %
Entre le 1er janvier 1998 et le 31 décembre 2007	33 %

Pour l'engin flottant autre qu'un véhicule nautique à moteur et dont la puissance administrative excède 100 CV, cette minoration s'applique uniquement au terme mentionné au 1° de l'article L. 423-22.

Art. L. 423-20 Le montant de la taxe est majoré pour l'engin taxable battant pavillon des États ou territoires suivants :

1° Les États et territoires considérés comme non coopératifs en application de l'article 238-0 A du code général des impôts ;

2° Les États non membres de l'Union européenne et les territoires, autres que ceux mentionnés au 1°, qui n'ont pas conclu avec la France de convention fiscale comportant une clause d'échange de renseignements ou d'accord d'échange de renseignements.

A cette fin, le tarif est multiplié par un coefficient trois pour les engins d'une longueur de coque inférieure à 15 mètres et par un coefficient cinq pour ceux d'une longueur de coque supérieure ou égale à 15 mètres.

Art. L. 423-21 Le montant de la taxe est minoré d'un pourcentage compris entre 10 % et 50 % pour l'engin taxable qui répond aux conditions cumulatives suivantes :

1° Le port d'enregistrement au sens du 2° de l'article L. 5111-1 du code des transports, est situé en Corse ou le passeport mentionné à l'article L. 5112-1-18 du même code a été délivré en Corse ;

2° Il a stationné au moins une fois dans un port de Corse au cours de l'année précédant le fait générateur. Le pourcentage mentionné au premier alinéa est déterminé par la collectivité de Corse.

Pour l'application du présent art., V. supra (avant l'art. L. 100-1), Décr. n° 2021-1914 du 30 déc. 2021, art. 44 à 46, 69.

§ 2 NAVIRES TAXABLES

Art. L. 423-22 Pour les navires taxables au sens de l'article L. 423-6, le tarif annuel de la taxe est égal à la somme des termes suivants :

1° Un terme déterminé en fonction de la longueur de coque dans les conditions prévues à l'article L. 423-23 ;

2° Un terme égal au produit du tarif unitaire prévu à l'article L. 423-24 par la puissance administrative au sens du 2° de l'article L. 423-8. Lorsque la puissance administrative est inférieure à 100 CV, elle fait l'objet d'un abattement de 5 CV.

Art. L. 423-23 Le terme mentionné au 1° de l'article L. 423-22, fonction de la longueur de la coque, exprimée en mètres, est le suivant :

LONGUEUR DE COQUE (m)	TARIF (€)
Inférieure à 7	0
Supérieure ou égale à 7 et inférieure à 8	77
Supérieure ou égale à 8 et inférieure à 9	105

LONGUEUR DE COQUE (m)	TARIF (€)
Supérieure ou égale à 9 et inférieure à 10	178
Supérieure ou égale à 10 et inférieure à 11	240
Supérieure ou égale à 11 et inférieure à 12	274
Supérieure ou égale à 12 et inférieure à 15	458
Supérieure ou égale à 15	886

Art. L. 423-24 Le tarif unitaire mentionné au 2° de l'article L. 423-22, exprimé en euros par chevaux administratifs et fonction de la puissance administrative, en chevaux administratifs, est le suivant :

PUISSANCE ADMINISTRATIVE (CV)	TARIF UNITAIRE (€/CV)
Jusqu'à 5	0
De 6 à 8	14
De 9 à 10	16
De 11 à 20	35
De 21 à 25	40
De 26 à 50	44
De 51 à 99	50
À partir de 100	64

Art. L. 423-25 Par dérogation aux autres articles du présent paragraphe, pour le navire taxable d'une longueur de coque supérieure ou égale à 30 mètres et d'une puissance propulsive nette maximale supérieure ou égale à 750 kilowatts dits : "de grande plaisance", les tarifs, fonction de la longueur de coque en mètres et de la puissance propulsive nette maximale en kilowatts, sont les suivants :

LONGUEUR DE COQUE (m)	PUISSANCE PROPULSIVE NETTE MAXIMALE (kW)			
	Supérieure ou égale à 750 et inférieure à 1 000	Supérieure ou égale à 1 000 et inférieure à 1 200	Supérieure ou égale à 1 200 et inférieure à 1 500	Supérieure ou égale à 1 500
Supérieure ou égale à 30 et inférieure à 40	30 000 €	30 000 €	30 000 €	30 000 €
Supérieure ou égale à 40 et inférieure à 50	30 000 €	30 000 €	30 000 €	75 000 €

Supérieure ou égale à 50 et inférieure à 60	Le présent article n'est pas applicable	30 000 €	75 000 €	100 000 €
Supérieure ou égale à 60 et inférieure à 70		30 000 €	75 000 €	150 000 €
Supérieure ou égale à 70		75 000 €	150 000 €	200 000 €

Les articles L. 423-19 et L. 423-21 ne sont pas applicables aux engins relevant du présent article.

§ 3 VÉHICULES NAUTIQUES À MOTEUR TAXABLES

Art. L. 423-26 Pour les véhicules nautiques à moteur taxables au sens de l'article L. 423-7, le tarif de la taxe est déterminé par application à la puissance propulsive nette maximale, exprimée en kilowatts et arrondie au kilowatt supérieur, des tarifs unitaires suivants, exprimés en euros par kilowatt et fonction de cette même puissance :

PUISSANCE PROPULSIVE NETTE MAXIMALE (kW)	TARIF UNITAIRE (€/kW)
De 90 à 159	3
À partir de 160	4

SOUS-SECTION 4 EXIGIBILITÉ

Art. L. 423-27 Les règles relatives à l'exigibilité de la taxe annuelle sur les engins maritimes à usage personnel sont déterminées par les dispositions du titre IV du livre Ier et par celles de la présente sous-section.

SOUS-SECTION 5 PERSONNES SOUMISES AUX OBLIGATIONS FISCALES

Art. L. 423-28 Les règles relatives aux personnes soumises aux obligations fiscales pour la taxe annuelle sur les engins maritimes à usage personnel sont déterminées par les dispositions du titre V du livre Ier et par celles de la présente sous-section.

Art. L. 423-29 Est redevable de la taxe toute personne propriétaire de l'engin flottant.

Art. L. 423-30 Est également redevable de la taxe toute personne qui a la disposition de l'engin ne battant pas pavillon français.

SOUS-SECTION 6 CONSTATATION DE LA TAXE

Art. L. 423-31 Les règles de constatation de la taxe annuelle sur les engins maritimes à usage personnel sont, par dérogation aux dispositions du titre VI du livre Ier, déterminées par les dispositions de la présente sous-section.

Art. L. 423-32 La taxe est constatée par l'administration dans des conditions déterminées par décret.

SOUS-SECTION 7 PAIEMENT DE LA TAXE

Art. L. 423-33 Les règles relatives au paiement de la taxe annuelle sur les engins maritimes à usage personnel sont déterminées par les dispositions du titre VII du livre Ier et par celles de la présente sous-section.

Art. L. 423-34 La taxe n'est pas acquittée lorsque, pour un engin flottant, son montant est inférieur à 76 €.

SOUS-SECTION 8 CONTRÔLE, RECOUVREMENT ET CONTENTIEUX DE LA CONTRIBUTION

Art. L. 423-35 Les règles relatives au contrôle, au recouvrement et au contentieux de la taxe annuelle sur les engins maritimes à usage personnel sont déterminées, par dérogation aux dispositions du titre VIII du livre Ier, par les dispositions de la présente section.

Art. L. 423-36 Les règles relatives au contrôle, au recouvrement et au contentieux de la taxe sont déterminées par les dispositions suivantes :

1° S'agissant des pouvoirs des personnes chargées du contrôle, des procédures de contrôle et des sanctions, les dispositions des sections V et VI du chapitre II du titre Ier du livre Ier de la cinquième partie du code des transports ;

2° S'agissant des procédures d'établissement de l'impôt en cas de méconnaissance par le redevable de ses obligations, du recouvrement autre que le paiement spontané et du contentieux :

a) Les dispositions du livre II du code général des impôts et des titres III et IV du livre des procédures fiscales qui lui sont propres ou qui sont applicables aux impôts directs ;

b) Le B du III de l'article 55 de la loi n° 2010-1658 du 29 décembre 2010 de finances rectificative pour 2010.

V. LPF, art. L. 190, L. 247 et L. 256 B.

SOUS-SECTION 9 AFFECTATION

Art. L. 423-37 L'affectation du produit de la taxe annuelle sur les engins maritimes à usage personnel est déterminée par les dispositions suivantes :

1° Pour les engins battant pavillon français autres que ceux relevant du tarif propre à la Corse prévu à l'article L. 423-21 :

a) Le 1° de l'article L. 322-15 du code de l'environnement ;

b) L'article L. 541-10-25-1 du même code ;

c) Le 1° de l'article *(Ord. n° 2021-1843 du 22 déc. 2021, rect., 9°-r)* « L. 741-11-2 » du code de la sécurité intérieure ;

2° Pour les engins relevant du tarif propre à la Corse prévu à l'article L. 423-21, le 5° de l'article L. 4425-22 du code général des collectivités territoriales ;

3° Pour les engins ne battant pas pavillon français et relevant du tarif propre à la grande plaisance prévu à l'article L. 423-25, le 2° de l'article *(Ord. n° 2021-1843 du 22 déc. 2021, rect., 9°-r)* « L. 741-11-2 » du code de la sécurité intérieure.

SECTION III TAXE SUR LE PERMIS DE CONDUIRE DES BATEAUX DE PLAISANCE À MOTEUR

Art. L. 423-38 Les règles relatives à la taxe sur le permis de conduire des bateaux de plaisance à moteur sont déterminées par les dispositions du livre Ier, par celles de la section I du présent chapitre et par celles de la présente section.

Art. L. 423-39 Est soumis à la taxe le titre de conduite mentionné à l'article L. 5271-1 du code des transports.

Art. L. 423-40 La présente section est applicable aux titres délivrés et aux examens réalisés en vue de la navigation sur le territoire de taxation mentionné à l'article L. 411-5.

Art. L. 423-41 Le fait générateur de la taxe est constitué par :

1° La délivrance du titre taxable ;

2° La candidature aux examens dont la réussite permet d'attester de l'aptitude du candidat à l'une des catégories de navigation couvertes par un titre taxable.

Art. L. 423-42 Sont exemptées les candidatures aux examens déterminés par arrêté conjoint du ministre chargé du budget et du ministre chargé des transports qui sont les moins exigeants parmi ceux attestant de l'aptitude du candidat aux catégories du titre taxable mentionnées à l'article L. 5271-1 du code des transports.

Art. L. 423-43 Le montant de la taxe est égal à :

1° *(Ord. n° 2021-1843 du 22 déc. 2021, art. 37-1°, en vigueur le 1er juin 2022)* « 78 € *[ancienne rédaction : 70 €]* » pour la délivrance d'un titre taxable ;

2° 38 € pour la candidature taxable.

Son montant est réduit de moitié pour les titres délivrés en Guyane et les examens organisés en Guyane.

Art. L. 423-44 Est redevable de la taxe :

1° Pour la délivrance d'un titre taxable, la personne au nom de laquelle il est délivré ;

2° Pour la candidature taxable, le candidat.

Art. L. 423-45 Par dérogation à l'article L. 161-1, la taxe est constatée par l'administration.

Art. L. 423-46 Par dérogation à l'article L. 180-1, les règles relatives au contrôle, au recouvrement et au contentieux de la taxe sont déterminées par les dispositions suivantes :

1° S'agissant des pouvoirs des personnes chargées du contrôle, des procédures de contrôle, des procédures d'établissement de l'impôt, du recouvrement et des sanctions celles figurant au livre II du code général des impôts et au livre des procédures fiscales qui sont applicables aux droits de timbre ;

2° S'agissant du contentieux de l'assiette, celles du titre III du livre des procédures fiscales applicables aux taxes sur le chiffre d'affaires.

SECTION IV TAXE SUR LE TRANSPORT MARITIME DE PASSAGERS À DESTINATION D'ESPACES NATURELS PROTÉGÉS

Art. L. 423-47 Les règles relatives à la taxe sur le transport maritime de passagers à destination d'espaces naturels protégés sont déterminées par les dispositions du livre Ier, par celles de la section I du présent chapitre et par celles de la présente section.

Art. L. 423-48 Est soumis à la taxe tout embarquement d'un passager à bord d'un navire armé pour un usage professionnel et à destination des espaces naturels protégés au sens de l'article L. 423-49.

Art. L. 423-49 Pour l'application de la présente section, les espaces naturels protégés s'entendent des espaces déterminés par décret parmi :

1° Les sites du domaine relevant du Conservatoire de l'espace littoral et des rivages lacustres mentionné à l'article L. 322-9 du code de l'environnement et les sites sur lesquels cet établissement a instauré une servitude de protection ;

2° Les parcs nationaux créés en application de l'article L. 331-1 du même code ;

3° Les réserves naturelles classées créées en application de l'article L. 332-1 du même code ;

4° Sur demande des communes sur les territoires desquels ils sont situés, les sites naturels inscrits sur la liste mentionnée à l'article L. 341-1 du même code ;

5° Les sites classés en application de l'article L. 341-2 du même code.

Est assimilé à un embarquement à destination d'un espace naturel protégé l'embarquement à destination des ports déterminés par décret qui, sans être inclus dans l'un des espaces mentionnés aux 1° à 4°, desservent exclusivement ou principalement l'un de ces espaces.

Art. L. 423-50 Le fait générateur de la taxe est constitué par l'embarquement mentionné à l'article L. 423-48.

Il est réputé intervenir au moment du départ programmé du navire.

Art. L. 423-51 Le montant de la taxe est égal à 6,542 % du prix hors taxe sur la valeur ajoutée du transport entre le lieu d'embarquement et l'espace naturel protégé, dans la limite, en 2021, de 1,71 euro par passager.

La limite mentionnée au premier alinéa est indexée sur l'inflation dans les conditions prévues au chapitre III du titre III du livre Ier.

Art. L. 423-52 Le montant de la taxe est réduit de 50 % pour chacun des embarquements taxables d'un même passager réalisés au cours de la même journée postérieurement au premier d'entre eux.

Art. L. 423-53 Est exonéré tout embarquement d'un passager aux fins, pour ce dernier, de rejoindre sa résidence principale ou son lieu de travail.

Art. L. 423-54 Est redevable de la taxe l'entreprise qui arme le navire mentionné à l'article L. 423-48.

Art. L. 423-55 Par dérogation à l'article L. 180-1, la taxe est régie par les dispositions du code des douanes.

Art. L. 423-56 L'affectation du produit de la taxe est déterminée par l'article L. 321-12 du code de l'environnement.

SECTION V **TAXE SUR LE TRANSPORT MARITIME DE PASSAGERS DANS CERTAINS TERRITOIRES CÔTIERS**

Art. L. 423-57 Les règles relatives à la taxe sur le transport maritime de passagers dans certains territoires côtiers sont déterminées par les dispositions du livre Ier, par celles de la section I du présent chapitre et par celles de la présente section.

Art. L. 423-58 Est soumis à la taxe tout embarquement en Corse d'un passager à bord d'un navire armé pour un usage professionnel et pour lequel un billet a été émis à titre onéreux.

Sont également soumis à la taxe les débarquements en Corse réalisés dans les mêmes conditions.

Art. L. 423-59 Sont exemptés les embarquements et débarquements de passagers en escale temporaire.

Art. L. 423-60 Le fait générateur de la taxe est constitué par l'embarquement ou le débarquement mentionné à l'article L. 423-58.

Il est réputé intervenir au moment du départ ou de l'arrivée du navire.

Art. L. 423-61 Le montant de la taxe est égal, pour chaque embarquement et débarquement constitutif du fait générateur, à un tarif ne pouvant excéder 4,57 €, pouvant être modulé selon la distance du trajet maritime et déterminé par la région du lieu d'embarquement ou de débarquement.

Art. L. 423-62 Est redevable l'entreprise qui arme le navire mentionné à l'article L. 423-58.

Art. L. 423-63 L'affectation du produit de la taxe est déterminée par le 3° de l'article L. 4425-22 du code général des collectivités territoriales.

TITRE SEPTIÈME **ACTIVITÉS INDUSTRIELLES ET ARTISANALES**

CHAPITRE PREMIER **TAXES SUR LES PRODUITS DE L'INDUSTRIE ET DE L'ARTISANAT**

SECTION PREMIÈRE **ÉLÉMENTS TAXABLES ET TERRITOIRES**

Art. L. 471-1 Les règles relatives aux éléments taxables et aux territoires pour les taxes sur les produits de l'industrie et de l'artisanat sont déterminées par les dispositions du titre Ier du livre Ier et par celles de la présente section.

SOUS-SECTION 1 **BIENS TAXABLES**

Art. L. 471-2 Sont soumis aux taxes sur les produits de l'industrie et de l'artisanat les biens suivants :

1° Les biens des industries de l'horlogerie, de la bijouterie-joaillerie, de l'orfèvrerie et des arts de la table au sens de l'article L. 471-4 ;

2° Les biens des industries du cuir, de la chaussure et de la maroquinerie au sens de l'article L. 471-5 ;
3° Les biens des industries de l'habillement au sens de l'article L. 471-6 ;
4° Les biens des industries de l'ameublement au sens de l'article L. 471-7 ;
5° Les biens des industries du bois au sens de l'article L. 471-8 ;
6° Les biens des industries du béton au sens de l'article L. 471-9 ;
7° Les biens des industries des matériaux de construction en terre cuite au sens de l'article L. 471-10 ;
8° Les biens des industries des roches ornementales et de construction au sens de l'article L. 471-11 ;
9° Les biens des industries du papier au sens de l'article L. 471-12 ;
10° Les biens des industries de la plasturgie et des composites au sens de l'article L. 471-13 ;
11° Les biens des industries de la fonderie au sens de l'article L. 471-14 ;
12° Les biens des industries de la soudure au sens de l'article L. 471-15 ;
13° Les biens des industries aérauliques et thermiques au sens de l'article L. 471-16 ;
14° Les biens des industries de la construction métallique au sens de l'article L. 471-17 ;
15° Les biens des industries mécaniques au sens de l'article L. 471-18 ;
16° Les biens des industries des corps gras au sens de l'article L. 471-19.

Pour l'application du présent art., V. supra (avant l'art. L. 100-1), Décr. n° 2021-1914 du 30 déc. 2021, art. 54 à 61, 69.

Art. L. 471-3 L'article L. 111-3 n'est pas applicable.

Art. L. 471-4 Les biens des industries de l'horlogerie, de la bijouterie-joaillerie, de l'orfèvrerie et des arts de la table s'entendent des *(Ord. n° 2021-1843 du 22 déc. 2021, rect., 9°-s)* « biens déterminés » par arrêté du ministre chargé de l'économie au sein des catégories suivantes :
1° Les articles d'horlogerie ;
2° Les articles de joaillerie, bijouterie et orfèvrerie ;
3° Les articles de bijouterie fantaisie et articles similaires ;
4° Les articles pour la table.

Art. L. 471-5 Les biens des industries du cuir, de la chaussure et de la maroquinerie s'entendent des *(Ord. n° 2021-1843 du 22 déc. 2021, rect., 9-s)* « biens déterminés » par arrêté du ministre chargé de l'économie au sein des catégories suivantes :
1° Les cuirs et peaux destinés à la fabrication d'autre*[s]* cuirs et peaux ou d'articles pour la consommation finale ;
2° Les articles en cuir ;
3° Les chaussures et articles chaussants ;
4° Les articles de sellerie et de bourrellerie ainsi que les articles de voyage et de maroquinerie.

Art. L. 471-6 Les biens des industries de l'habillement s'entendent des *(Ord. n° 2021-1843 du 22 déc. 2021, rect., 9°-s)* « biens déterminés » par arrêté du ministre chargé de l'économie au sein des catégories suivantes :
1° Les pelleteries, articles en fourrures et imitations de fourrures ;
2° Les vêtements, articles d'habillement et parties de ces biens, à l'exception des vêtements en maille autres que les soutiens-gorge, corsets, gaines, bustiers, porte-jarretelles, jarretières et articles similaires ;
3° Les parapluies, cannes et articles similaires.

Art. L. 471-7 *Les biens des industries* de l'ameublement s'entendent des *(Ord. n° 2021-1843 du 22 déc. 2021, rect., 9°-s)* « biens déterminés » par arrêté du ministre chargé de l'économie au sein des catégories suivantes :
1° Les meubles et leurs parties ;
2° Les articles qui, par leurs caractéristiques physiques ou leur usage, sont similaires à ceux mentionnés au 1°.

Art. L. 471-8 Les biens des industries du bois s'entendent des éléments et articles, déterminés par arrêté du ministre chargé de l'économie, constitués totalement ou principalement de bois.

Art. L. 471-9 Les biens des industries du béton s'entendent des articles, éléments et ouvrages, déterminés par arrêté du ministre chargé de l'économie, obtenus par le durcissement d'un mélange constitué d'un liant et d'un ou plusieurs des produits suivants, qu'ils soient naturels ou artificiels :

1° Des granulats ;

2° Des fibres de tous calibres.

Art. L. 471-10 Les biens des industries des matériaux de construction en terre cuite s'entendent des matériaux de construction en terre cuite et des argiles et schistes expansés, déterminés par arrêté du ministre chargé de l'économie.

Art. L. 471-11 Les biens des industries des roches ornementales et de construction s'entendent des biens, déterminés par arrêté du ministre chargé de l'économie, qui répondent aux caractéristiques cumulatives suivantes :

1° Il s'agit soit de blocs bruts ou de tranches brutes soit de produits finis, taillés ou façonnés, en pierre ornementale ou de construction ;

2° Ils sont issus des roches sédimentaires, des roches métamorphiques ou des roches magmatiques ;

3° Ils relèvent des roches généralement utilisées en maçonnerie ou pour la construction des ouvrages de taille massive, les revêtements muraux ou des sols, la couverture de bâtiments, la voirie ou l'aménagement urbain, les activités funéraires ou la marbrerie de décoration.

Art. L. 471-12 Les biens des industries du papier s'entendent de la pâte à papier, du papier et du carton.

Art. L. 471-13 Les biens des industries de la plasturgie et des composites s'entendent des éléments, articles et parties d'articles en matières plastiques, déterminés par arrêté du ministre chargé de l'économie.

Pour l'application du présent article, les matières plastiques comprennent les composites à matrice organique, en résine thermoplastique ou thermodurcissable.

Art. L. 471-14 Les biens des industries de la fonderie s'entendent des biens, déterminés par arrêté du ministre chargé de l'économie, obtenus au moyen d'un procédé de formage des métaux consistant à couler un métal ou un alliage de métaux dans un moule pour reproduire, après refroidissement, un bien donné, y compris par centrifugation ou par coulée continue.

Toutefois, ne sont pas des biens des industries de la fonderie les biens fabriqués exclusivement à partir de métaux précieux ou d'alliages de métaux précieux.

Art. L. 471-15 Les biens des industries de la soudure s'entendent des biens, déterminés par arrêté du ministre chargé de l'économie, dont les propriétés les destinent au soudage, au soudobrasage, au brasage, au brasage tendre, à la métallisation ou au découpage des métaux et autres matériaux par procédés thermiques et qui relèvent des catégories suivantes :

1° Les fils et autres éléments d'apports de toutes formes ;

2° Les matériels et équipements de toute nature et leurs parties.

Art. L. 471-16 Les biens des industries aérauliques et thermiques s'entendent des biens, déterminés par arrêté du ministre chargé de l'économie, dont les principales propriétés ont pour objet d'assurer l'écoulement de l'air, le traitement de l'air, la génération d'énergie thermique ou frigorifique ou le transfert d'énergie thermique ou frigorifique.

Art. L. 471-17 Les biens des industries de la construction métallique s'entendent des éléments et articles, déterminés par arrêté du ministre chargé de l'économie, totalement ou principalement en métal, contribuant à la structure des bâtiments, des ouvrages de génie civil et des autres ouvrages.

Art. L. 471-18 Les biens des industries mécaniques s'entendent des biens manufacturés, déterminés par arrêté du ministre chargé de l'économie, dont les propriétés techniques et mécaniques constituent l'une des caractéristiques essentielles, indépendamment de leur usage ou de leur destination, à l'exception des biens des industries de la soudure au sens de l'article L. 471-15, des industries aérauliques et thermiques au sens de l'article L. 471-16 et des industries de la construction métallique au sens de l'article L. 471-17.

Art. L. 471-19 Les biens des industries des corps gras s'entendent des biens suivants :

1° Les huiles végétales vierges ou brutes qui ne sont pas destinées à être utilisées comme carburant ou combustible ;

2° Les huiles raffinées ;

3° Les margarines et matières grasses à tartiner.

SOUS-SECTION 2 TERRITOIRE DE TAXATION ET TERRITOIRES TIERS

Art. L. 471-20 Par dérogation à l'article L. 112-2, ne sont pas considérés comme des territoires tiers et sont assimilés à des territoires d'autres États membres de l'Union européenne :

1° Les territoires mentionnés aux 2° du même article L. 112-2 ;

2° Les territoires des États parties à l'accord sur l'Espace économique européen ;

3° Les territoires du Royaume-Uni de Grande-Bretagne et d'Irlande du Nord ;

4° Pour les biens relevant des industries mentionnées aux 1° à 8° de l'article L. 471-2, les territoires couverts par l'union douanière de l'Union européenne.

SECTION II FAIT GÉNÉRATEUR

Art. L. 471-21 Les règles relatives au fait générateur des taxes sur les produits de l'industrie et de l'artisanat sont déterminées par les dispositions du titre II du livre Ier et par celles de la présente section.

SOUS-SECTION 1 DISPOSITIONS GÉNÉRALES

Art. L. 471-22 Le fait générateur des taxes est, pour chacune des catégories mentionnées à l'article L. 471-2, constitué par :

1° L'utilisation d'un bien taxable sur le territoire de taxation mentionné à l'article L. 411-5 à des fins économiques au sens de l'article L. 411-3, par une personne ayant participé à la fabrication du bien sur le territoire de taxation au sens de l'article L. 471-23 ;

2° L'expédition en dehors du territoire de taxation d'un bien taxable qui n'y a pas fait l'objet d'une utilisation à des fins économiques, par une personne ayant participé à la fabrication du bien sur le territoire de taxation au sens de l'article L. 471-23 ;

3° L'importation d'un bien taxable sur le territoire de taxation ;

4° La réalisation de prestations de services déterminées par arrêté du ministre chargé de l'économie par lesquelles le bien est conçu, créé, fabriqué, assemblé ou transformé sur le territoire de taxation.

Les 1° et 2° ne sont pas applicables lorsque la personne qui y est mentionnée a précédemment importé ou utilisé le bien à des fins économiques sur le territoire de taxation et n'a, depuis cette opération, procédé à aucune intervention de nature à en modifier les caractéristiques essentielles.

Pour l'application du présent art., V. supra (avant l'art. L. 100-1), Décr. n° 2021-1914 du 30 déc. 2021, art. 53 à 62, 69.

Art. L. 471-23 Les personnes qui participent à la fabrication d'un bien sur le territoire de taxation s'entendent des personnes suivantes :

1° Les personnes qui produisent, fabriquent ou assemblent le bien sur le territoire de taxation ;

2° Les personnes établies sur le territoire de taxation qui répondent à l'une des conditions suivantes relatives à la production, la fabrication ou l'assemblage du bien, quel qu'en soit le lieu :

a) Elles font fabriquer le bien par un tiers et lui fournissent les matières premières ;

b) Elles prescrivent les brevets, procédés, formules, plans, dessins, modèles, techniques ou technologies utilisés ou les spécifications ou dimensionnements du bien ;

c) Elles apposent ou font apposer sur le bien des griffes ou marques dont elles ont la jouissance ou l'exclusivité ;

3° Les personnes qui réalisent les prestations de services mentionnées au 4° de l'article L. 471-22.

Pour les cuirs et peaux bruts, les personnes qui participent à la fabrication sur le territoire de taxation s'entendent de celles qui y produisent, collectent, conservent ou commercialisent ces biens.

Pour les biens des industries des corps gras, les personnes qui participent à la fabrication sur le territoire de taxation s'entendent de celles qui commercialisent les biens depuis le territoire de taxation.

Art. L. 471-24 Par dérogation aux 3° et 4° de l'article L. 411-3, lorsqu'un bien taxable est incorporé dans un autre bien, les règles suivantes s'appliquent :

1° L'incorporation ne constitue pas une utilisation à des fins économiques ;

2° La livraison du bien au sein duquel le bien taxable est incorporé constitue une utilisation à des fins économiques du bien incorporé uniquement dans les cas suivants :

a) Le bien livré ne relève d'aucune des catégories mentionnées à l'article L. 471-2 ;

b) Le bien livré relève d'une catégorie différente de celle du bien incorporé parmi celles mentionnées à l'article L. 471-2. A cette fin, les biens des industries de l'ameublement et des industries du bois sont réputés relever d'une même catégorie.

SOUS-SECTION 2 DISPOSITIONS PARTICULIÈRES

§ 1er REPORTS DE FAIT GÉNÉRATEUR

Art. L. 471-25 Pour l'application du 1° de l'article L. 471-22 aux biens des industries de l'habillement au sens de l'article L. 471-6 et par dérogation au 1° de l'article L. 411-3, ne constitue pas une utilisation à des fins économiques la livraison réalisée entre deux entreprises ayant participé, sur le territoire de taxation, à la fabrication du bien livré et dont l'une détient plus de la moitié de l'autre ou qui sont les deux détenues, à plus de la moitié, par une même entreprise.

Par dérogation au 4° du même article L. 471-22, les prestations de service réalisées entre ces entreprises et relatives aux mêmes biens ne constituent pas un fait générateur.

Art. L. 471-26 Pour l'application du 1° de l'article L. 471-22 aux pâtes à papier et par dérogation à l'article L. 411-3, ne constitue pas une utilisation à des fins économiques la livraison entre deux entreprises ayant participé, sur le territoire de taxation, à la fabrication du bien livré dont l'une détient l'autre, à titre exclusif, ou qui sont les deux détenues, à titre exclusif, par une même personne.

§ 2 AUTRES OPÉRATIONS TAXABLES

Art. L. 471-27 Pour les biens des industries de l'horlogerie, de la bijouterie-joaillerie, de l'orfèvrerie et des arts de la table au sens de l'article L. 471-4, autres que les articles de bijouterie fantaisie et articles similaires mentionnés au 3° du même article L. 471-4, la vente au détail par toute entreprise sur le territoire de taxation constitue également un fait générateur.

Art. L. 471-28 Les prestations de services déterminées par l'arrêté mentionné au 4° de l'article L. 471-22 comprennent également :

1° La réparation ou la restauration, pour les biens des industries de l'habillement au sens de l'article L. 471-6 ou de l'ameublement au sens de l'article L. 471-7 ;

2° La réparation, le montage ou l'installation pour les biens suivants :

a) Les biens des industries de la fonderie au sens de l'article L. 471-14 ;

b) Les biens des industries aérauliques et thermiques au sens de l'article L. 471-16 ;

c) Les biens des industries de la construction métallique au sens de l'article L. 471-17 ;

d) Les biens des industries mécaniques au sens de l'article L. 471-18 ;

3° Les prestations de services qui ont pour objet de conférer à des biens les propriétés techniques et mécaniques mentionnées à l'article L. 471-18, que ces biens relèvent ou non des biens des industries de la mécanique au sens de ce même article. Ces prestations sont taxées dans les mêmes conditions que celles portant sur les biens des industries mécaniques au sens de l'article L. 471-18.

Art. L. 471-29 Pour les biens suivants, la mise en location d'un bien par une personne ayant participé à sa fabrication sur le territoire de taxation constitue également un fait générateur :

1° Les biens des industries de la plasturgie et des composites au sens de l'article L. 471-13 ;

2° Les biens des industries de la fonderie au sens de l'article L. 471-14 ;

3° Les biens des industries de la soudure au sens de l'article L. 471-15 ;

4° Les biens des industries aérauliques et thermiques au sens de l'article L. 471-16 ;

5° Les biens des industries de la construction métallique au sens de l'article L. 471-17 ;

6° Les biens des industries mécaniques au sens de l'article L. 471-18.

Par dérogation au 2° de l'article L. 411-3, l'affectation par l'entreprise à la mise en location de ces biens ne constitue pas une utilisation à des fins économiques.

§ 3 EXEMPTIONS

Art. L. 471-30 Pour l'application du 1° de l'article L. 471-22 et par dérogation au 2° l'article L. 411-3, ne constitue pas une utilisation à des fins économiques l'affectation des biens suivants par une entreprise à des besoins autres que leur livraison :

1° Les biens des industries de la fonderie au sens de l'article L. 471-14 ;

2° Les biens des industries de la soudure au sens de l'article L. 471-15 ;

3° Les biens des industries aérauliques et thermiques au sens de l'article L. 471-16 ;

4° Les biens des industries de la construction métallique au sens de l'article L. 471-17 ;

5° Les biens des industries mécaniques au sens de l'article L. 471-18 ;

6° Les biens des industries des corps gras au sens de l'article L. 471-19.

Art. L. 471-31 Pour l'application du 1° de l'article L. 471-22 et par dérogation aux dispositions du 3° de l'article L. 411-3, ne constitue pas une utilisation à des fins économiques la transformation de pâtes à papier pour les besoins de l'entreprise qui participe à sa fabrication.

Art. L. 471-32 Par dérogation au 2° de l'article L. 471-24, ne constitue pas une utilisation à des fins économiques la livraison mentionnée à ce même 2°, lorsque le bien incorporé relève de l'une des catégories suivantes :

1° Les biens des industries de l'horlogerie, de la bijouterie-joaillerie, de l'orfèvrerie et des arts de la table au sens de l'article L. 471-4 ;

2° Les biens des industries du cuir, de la chaussure et de la maroquinerie au sens de l'article L. 471-5 ;

3° Les biens des industries de l'habillement au sens de l'article L. 471-6 ;

4° Les biens des industries de la plasturgie et des composites au sens de l'article L. 471-13 ;

5° Les biens des industries de la soudure au sens de l'article L. 471-15 ;

6° Les biens des industries aérauliques et thermiques au sens de l'article L. 471-16 ;

7° Les biens des industries de la construction métallique au sens de l'article L. 471-17 ;

8° Les biens des industries mécaniques au sens de l'article L. 471-18 ;

9° Les biens des industries des corps gras au sens de l'article L. 471-19.

Art. L. 471-33 Par dérogation aux 1° et 2° de l'article L. 471-22, ne constitue pas un fait générateur la livraison ou l'expédition des biens suivants lorsqu'ils sont transportés à destination de territoires tiers au sens des articles L. 112-2 et L. 471-20 :

1° Les biens des industries de l'horlogerie, de la bijouterie-joaillerie, de l'orfèvrerie et des arts de la table au sens de l'article L. 471-4 ;

2° Les biens des industries de l'habillement au sens de l'article L. 471-6 ;

3° Les biens des industries de l'ameublement au sens de l'article L. 471-7 ;

4° Les biens des industries du bois au sens de l'article L. 471-8.

Art. L. 471-34 Par dérogation au 3° de l'article L. 471-22, ne constitue pas un fait générateur l'importation des biens suivants :

1° Parmi les biens des industries des industries de l'horlogerie, de la bijouterie-joaillerie, de l'orfèvrerie et des arts de la table au sens de l'article L. 471-4, les articles d'horlogerie en provenance de la Confédération Suisse ;

2° Parmi les biens des industries du papier au sens de l'article L. 471-12 :

a) Les pâtes chimiques de bois autres qu'à dissoudre ;

b) Les pâtes mécaniques ou mi-chimiques de bois ;

c) Les pâtes d'autres matières fibreuses cellulosiques que le bois ;

3° Les biens des industries de la soudure au sens de l'article L. 471-15 ;

4° Les biens des industries aérauliques et thermiques au sens de l'article L. 471-16 ;

5° Les biens des industries de la construction métallique au sens de l'article L. 471-17.

Art. L. 471-35 Par dérogation au 4° de l'article L. 471-22, ne constituent pas un fait générateur les prestations de services portant sur les biens suivants :

1° Les biens des industries de l'horlogerie, de la bijouterie-joaillerie, de l'orfèvrerie et des arts de la table au sens de l'article L. 471-4 ;

2° Les biens des industries du cuir, de la chaussure et de la maroquinerie au sens de l'article L. 471-5 ;

3° Les biens des industries du béton au sens de l'article L. 471-9 ;

4° Les biens des industries des matériaux de construction en terre cuite au sens de l'article L. 471-10 ;

5° Les biens des industries des roches ornementales et de construction au sens de l'article L. 471-11 ;

6° Les biens des industries des corps gras au sens de l'article L. 471-19.

SECTION III **MONTANT**

Art. L. 471-36 Les règles relatives au montant des taxes sur les produits de l'industrie et de l'artisanat sont déterminées par les dispositions du titre III du livre Ier et par celles de la présente section.

SOUS-SECTION 1 **DISPOSITIONS GÉNÉRALES**

Art. L. 471-37 Le montant de la taxe à laquelle sont soumis les biens de chacune des catégories mentionnées à l'article L. 471-2 est égal au produit du taux mentionné à l'article L. 471-38 propre à cette catégorie par la valeur des opérations taxables déterminée dans les conditions prévues à l'article L. 471-39.

Toutefois, pour les biens des industries des corps gras au sens de l'article L. 471-19, il est égal au produit du tarif mentionné au même article L. 471-38 par la masse de ces biens.

Art. L. 471-38 Pour chacune des catégories de biens mentionnées à l'article L. 471-2, le taux, ou le tarif exprimé en euros par tonne, est déterminé par arrêté du ministre chargé de l'économie entre les limites minimales et maximales suivantes :

CATÉGORIE DONT RELÈVE *[RELÈVENT]* LES BIENS	TAUX OU TARIF MINIMUM	TAUX OU TARIF MAXIMUM
Horlogerie, bijouterie-joaillerie, orfèvrerie et arts de la table	0,16 %	0,2 %
Cuir, chaussure et maroquinerie	0,14 %	0,18 %
Habillement	0,05 %	0,07 %
Ameublement	0,15 %	0,2 %
Bois	0,05 %	0,1 %

CATÉGORIE DONT RELÈVE [RELÈVENT] LES BIENS	TAUX OU TARIF MINIMUM	TAUX OU TARIF MAXIMUM
Béton	0,3 %	0,35 %
Matériaux de construction en terre cuite	0,38 %	0,4 %
Roches ornementales et de construction	0,18 %	0,2 %
Papier	0,02 %	0,06 %
Plasturgie et composites	0,025 %	0,05 %
Fonderie	0,08 %	0,1 %
Soudure	0,08 %	0,1 %
Matériels aérauliques et thermiques	0,11 %	0,14 %
Construction métallique	0,24 %	0,3 %
Mécanique	0,08 %	0,1 %
Corps gras	-	0,5 €/tonne

Art. L. 471-39 La valeur des opérations taxables est égale :

1° Pour les livraisons de biens taxables et prestations de services, au prix de ces opérations, hors taxe sur la valeur ajoutée, tel qu'il est retenu pour déterminer le chiffre d'affaires de l'entreprise ;

2° Pour les importations de biens, à la valeur statistique définie à l'article 4 du règlement (UE) n° 113/2020 de la Commission du 9 février 2010 du 9 février 2010 mettant en œuvre le règlement (CE) n° 471/2009 du Parlement européen et du Conseil concernant les statistiques communautaires relatives au commerce extérieur avec les pays tiers, pour ce qui est des échanges visés, de la définition des données, de l'établissement de statistiques du commerce par caractéristiques des entreprises et par monnaie de facturation, et des biens ou mouvements particuliers, *(Ord. n° 2021-1843 du 22 déc. 2021, rect., 9°-t)* « dans » sa rédaction en vigueur ;

3° Dans tous les autres cas, à la valeur vénale du bien ou une valeur déterminée selon une autre méthode économiquement pertinente sur la base de la comptabilité de l'entreprise, hors taxe sur la valeur ajoutée.

SOUS-SECTION 2 DISPOSITIONS PARTICULIÈRES

Art. L. 471-40 Pour les livraisons au détail des biens des industries de l'habillement au sens de l'article L. 471-6, le montant de la taxe est minoré de 40 %.

Art. L. 471-41 Les entreprises dont l'activité dominante est la mise en œuvre de produits en bois de menuiserie, charpente ou agencement peuvent, pour les opérations mentionnées respectivement aux 1° et 4° de l'article L. 471-22 qui sont réalisées dans le cadre de cette mise en œuvre et qui sont relatives aux biens des industries de l'ameublement et du bois, retenir comme base d'imposition, le total des prix des ventes et services réalisés dans le cadre cette mise en œuvre, y compris la fourniture et la pose des biens, minoré de 60 %.

Lorsqu'une entreprise dont l'effectif salarié est inférieur à cinquante fait usage de la faculté mentionnée au premier alinéa, le taux appliqué est celui prévu pour les biens des industries du bois. Les règles de décompte des salariés et de franchissement du seuil d'effectifs sont celles prévues à l'article L. 130-1 du code de la sécurité sociale.

Art. L. 471-42 Sont exonérées les opérations relatives aux biens des industries des roches ornementales et de construction au sens de l'article L. 471-11, déterminés par arrêté du ministre chargé de l'économie, autres que les pierres en ardoise, et destinés à être directement utilisés pour l'entretien ou la réfection des immeubles suivants :

1° Ceux classés au titre des monuments historiques en application des articles L. 621-1 et L. 621-3 du code du patrimoine ;

2° Les édifices publics ou privés autres que ceux mentionnés au 1°, qui présentent un intérêt du point de vue de la mémoire attachée au cadre bâti des territoires ruraux ou de la préservation de savoir-faire ou qui abritent des objets ou décors protégés au titre des monuments historiques, situés dans des communes rurales et des zones urbaines de faible densité.

Art. L. 471-43 Par dérogation à l'article L. 471-38, pour les biens des industries de la plasturgie et des composites au sens de l'article L. 471-13, le montant de la taxe est déterminé par l'application de taux minorés aux fractions suivantes de la base imposable :

1° Celle supérieure à 100 millions d'euros et inférieure ou égale à 200 millions d'euros ;

2° Celle supérieure à 200 millions d'euros.

Pour l'application de ces dispositions, la base imposable est déterminée sur l'ensemble d'une année civile pour un même redevable.

Ces taux minorés sont déterminés par arrêté du ministre chargé de l'économie, s'agissant de la fraction mentionnée au 1°, entre 0,01 % et 0,02 % et, s'agissant de la fraction mentionnée au 2°, entre 0,005 % et 0,01 %.

Art. L. 471-44 Le montant de la taxe est minoré de 40 % pour les opérations, autres que les importations, relatives aux biens suivants, lorsque leur fabrication nécessite l'utilisation de produits métallurgiques à hauteur de la moitié de leur valeur :

1° Les biens des industries de la soudure au sens de l'article L. 471-15 ;

2° Les biens des industries mécaniques au sens de l'article L. 471-18.

La proportion mentionnée au premier alinéa est déterminée à partir du rapport entre le prix d'acquisition des produits métallurgiques, hors taxe sur la valeur ajoutée, et la valeur totale des opérations taxables relatives aux biens concernés déterminée dans les conditions prévues à l'article L. 471-40.

Pour l'application du présent article, les produits métallurgiques s'entendent des produits classés comme tels au sein de la classification statistique des produits associée aux activités définie par le règlement (CE) n° 451/2008 du Parlement européen et du Conseil du 23 avril 2008 établissant une nouvelle classification statistique des produits associée aux activités (CPA) et abrogeant le règlement (CEE) n° 3696/93 du Conseil, dans sa rédaction en vigueur.

Art. L. 471-45 Pour les biens des industries mécaniques au sens de l'article L. 471-18, sont exonérées les opérations, autres que les importations, réalisées par des entreprises dont l'effectif salarié est inférieur à onze.

Les règles de décompte des salariés et de franchissement du seuil d'effectifs sont celles prévues à l'article L. 130-1 du code de la sécurité sociale.

SECTION IV **EXIGIBILITÉ**

Art. L. 471-46 Les règles relatives à l'exigibilité des taxes sur les produits de l'industrie et de l'artisanat sont déterminées par les dispositions du titre IV du livre Ier et par celles de la présente section.

Art. L. 471-47 Par dérogation à l'article L. 141-2, l'exigibilité intervient au moment de la facturation :

1° Pour les livraisons relatives aux biens des industries de la fonderie au sens de l'article L. 471-14 ;

2° Pour les livraisons et prestations de services relatives aux biens suivants :

a) Les biens des industries de la soudure au sens de l'article L. 471-15 ;

b) Les biens des industries aérauliques et thermiques au sens de l'article L. 471-16 ;

c) Les biens des industries de la construction métallique au sens de l'article L. 471-17 ;

d) Les biens des industries mécaniques au sens de l'article L. 471-18.

Art. L. 471-48 Par dérogation à l'article L. 141-2, pour les prestations de service autres que celles mentionnées au 2° de l'article L. 471-47, l'exigibilité intervient au moment de l'encaissement du prix.

En cas de versements successifs, la taxe est exigible à chaque encaissement à hauteur du montant concerné.

SECTION V **PERSONNES SOUMISES À OBLIGATIONS FISCALES**

Art. L. 471-49 Les règles relatives aux personnes soumises à obligation fiscale pour les taxes sur les produits de l'industrie et de l'artisanat sont déterminées par les dispositions du titre V du livre Ier et par celles de la présente section.

Art. L. 471-50 Est redevable la personne réalisant l'opération qui constitue le fait générateur.

SECTION VI **CONSTATATION DES TAXES**

Art. L. 471-51 Les règles de constatation des taxes sur les produits de l'industrie et de l'artisanat sont déterminées par les dispositions du titre VI du livre Ier.

SECTION VII **PAIEMENT DES TAXES**

Art. L. 471-52 Les règles relatives au paiement des taxes sur les produits de l'industrie et de l'artisanat sont déterminées par les dispositions du titre VII du livre Ier et par celles de la présente section.

Art. L. 471-53 Les taxes ne sont pas acquittées pour les opérations autres que les importations pour lesquelles le montant n'excède pas les seuils suivants, appréciés par redevable et séparément pour chacun des ensembles de biens indiqués :

Ensemble de biens sur lequel le seuil est apprécié	Seuil
Horlogerie, bijouterie-joaillerie, orfèvrerie et arts de la table	20 € sur une année civile
Cuir, chaussure et maroquinerie	20 € sur une année civile
Habillement	20 € sur une année civile
Ameublement – Bois	20 € sur une année civile
Béton – Matériaux de construction en terre cuite – Roches ornementales et de construction	75 € sur une année civile
Papier	40 € sur un semestre civil
Plasturgie et composites	40 € sur un semestre civil
Fonderie	500 € sur un semestre civil
Soudure – Matériels aérauliques et thermiques – Construction métallique – Mécanique	40 € sur un semestre civil
Corps gras	20 € sur une année civile

Art. L. 471-54 L'article L. 171-3 n'est pas applicable.

SECTION VIII CONTRÔLE, RECOUVREMENT ET CONTENTIEUX

Art. L. 471-55 Les règles relatives au contrôle, au recouvrement et au contentieux des taxes sur les produits de l'industrie et de l'artisanat sont, par dérogation aux dispositions du titre VIII du livre Ier, déterminées par les dispositions de la présente section.

Art. L. 471-56 Sous réserve de l'article L. 471-57, les taxes sont, pour les éléments mentionnés à l'article L. 180-1, régies par les dispositions suivantes :

1° Les articles L. 521-8-3 à L. 521-8-5 du code de la recherche et les articles 5-3 et 5-4 de la loi n° 78-654 du 22 juin 1978 concernant les comités professionnels de développement économique ;

2° Les dispositions du code général des impôts et du livre des procédures fiscales qui leur sont propres ou qui sont applicables aux impôts directs ;

3° Le B du III de l'article 55 de la loi n° 2010-1658 du 29 décembre 2010 de finances rectificative pour 2010.

Art. L. 471-57 Pour les éléments mentionnés à l'article L. 180-1, les taxes exigibles lors de l'importation sont régies par le code des douanes.

SECTION IX AFFECTATION

Art. L. 471-58 L'affectation du produit des taxes sur les produits de l'industrie et de l'artisanat est déterminée par les dispositions suivantes :

1° Les article 5-1 et 5-5 de la loi n° 78-654 du 22 juin 1978 concernant les comités professionnels de développement économique pour les biens suivants :

a) Les biens des industries de l'horlogerie, de la bijouterie-joaillerie, de l'orfèvrerie et des arts de la table au sens de l'article L. 471-4 ;

b) Les biens des industries du cuir, de la chaussure et de la maroquinerie au sens de l'article L. 471-5 ;

c) Les biens des industries de l'habillement au sens de l'article L. 471-6 ;

d) Sans préjudice du *a* du 2°, les biens des industries de l'ameublement au sens de l'article L. 471-7 ;

e) Sans préjudice du *b* du 2°, les biens des industries du bois au sens de l'article L. 471-8 ;

2° Les articles L. 521-8-1 et L. 521-8-6 du code de la recherche pour les biens suivants :

a) Les biens des industries de l'ameublement au sens de l'article L. 471-7 ;

b) Les biens des industries du bois au sens de l'article L. 471-8 ;

c) Les biens des industries du béton au sens de l'article L. 471-9 ;

d) Les biens des industries des matériaux de construction en terre cuite au sens de l'article L. 471-10 ;

e) Les biens des industries des roches ornementales et de construction au sens de l'article L. 471-11 ;

f) Les biens des industries du papier au sens de l'article L. 471-12 ;

g) Les biens des industries de la plasturgie et des composites au sens de l'article L. 471-13 ;

h) Les biens des industries de la fonderie au sens de l'article L. 471-14 ;

i) Les biens des industries de la soudure au sens de l'article L. 471-15 ;

j) Les biens des industries aérauliques et thermiques au sens de l'article L. 471-16 ;

k) Les biens des industries de la construction métallique au sens de l'article L. 471-17 ;

l) Les biens des industries mécaniques au sens de l'article L. 471-18 ;

m) Les biens des industries des corps gras au sens de l'article L. 471-19.

APPENDICE

Loi nº 85-695 du 11 juillet 1985,

Portant diverses dispositions d'ordre économique et financier (JO 12 juill. ; Rect. JO 13 juill.).

Art. 1-1 *(L. nº 2011-1978 du 28 déc. 2011, art. 59-X)* Peuvent être autorisées à prendre et à conserver la dénomination de sociétés de capital-risque les sociétés françaises par actions qui satisfont aux conditions suivantes :

1º Avoir pour objet social la gestion d'un portefeuille de valeurs mobilières. Une société de capital-risque dont le total de bilan n'a pas excédé 10 millions d'euros au cours de l'exercice précédent peut également effectuer à titre accessoire des prestations de services dans le prolongement de son objet social. Le caractère accessoire de ces prestations de services est établi lorsque le montant du chiffre d'affaires hors taxes de ces prestations n'excède pas au cours de l'exercice 50 % des charges, autres que les dotations aux provisions et les charges exceptionnelles, admises en déduction sur le plan fiscal au cours du même exercice. Le bénéfice afférent aux prestations de services accessoires exonéré d'impôt sur les sociétés, en application du deuxième alinéa du 3º *septies* de l'article 208 du code général des impôts, ne doit pas excéder la limite de 38 120 € par période de douze mois. — *V. Ann. II, art. 171 AL à 171 AS.*

L'actif d'une société de capital-risque comprend exclusivement des valeurs mobilières françaises ou étrangères, négociées ou non sur un marché d'instruments financiers français ou étranger, dont le fonctionnement est assuré par une entreprise de marché ou un prestataire de services d'investissement ou tout autre organisme similaire étranger, des droits sociaux, des avances en compte courant, d'autres droits financiers et des liquidités. L'actif peut également comprendre les biens meubles et immeubles nécessaires à son fonctionnement.

La situation nette comptable d'une société de capital-risque doit en outre être représentée de façon constante à concurrence de 50 % au moins de titres participatifs ou parts ou titres de capital ou donnant accès au capital, qui ne sont pas admis aux négociations sur un marché mentionné au deuxième alinéa, émis par des sociétés ayant leur siège dans un État de l'Union européenne ou dans un autre État partie à l'accord sur l'Espace économique européen ayant conclu avec la France une convention d'assistance administrative en vue de lutter contre la fraude et l'évasion fiscales, qui exercent une activité mentionnée à l'article 34 du code général des impôts et qui sont soumises à l'impôt sur les sociétés dans les conditions de droit commun au taux normal ou qui y seraient soumises dans les mêmes conditions si l'activité était exercée en France.

Sont éligibles au quota d'investissement prévu au troisième alinéa, dans la limite de 20 % de la situation nette comptable de la société de capital-risque, les titres de capital ou donnant accès au capital, admis aux négociations sur un marché mentionné au deuxième alinéa d'un État partie à l'accord sur l'Espace économique européen, émis par des sociétés qui répondent aux conditions prévues au troisième alinéa précité, à l'exception de celle tenant à la non-cotation, et dont la capitalisation boursière est inférieure à 150 millions d'euros. La capitalisation boursière est évaluée selon la moyenne des cours d'ouverture des soixante jours de bourse précédant celui de l'investissement. Un décret en Conseil d'État détermine les modalités d'application de cette évaluation, notamment en cas de première cotation ou d'opération de restructuration d'entreprises. — *V. Ann. II, art. 171 AM ; C. mon. fin., art. L. 214-38. — Ces dispositions s'appliquent à compter de la date de suppression en France du nouveau marché.*

Sont également pris en compte pour le calcul de la proportion de 50 % :

a) Dans la limite de 15 % de la situation nette comptable, les avances en compte courant consenties, pour la durée de l'investissement réalisé, à des sociétés remplissant les conditions pour être retenues dans le quota de 50 % dans lesquelles la société de capital-risque détient au moins 5 % du capital ;

b) *Abrogé par L. nº 2005-1720 du 30 déc. 2005, art. 32-V-1º.*

c) *Abrogé par L. nº 2004-1484 du 30 déc. 2004, art. 38-III-5º et V.*

d) Les droits représentatifs d'un placement financier dans une entité constituée dans un État membre de la Communauté européenne, ou dans un autre État ou territoire ayant conclu avec la France une convention fiscale qui contient une clause d'assistance administrative en vue de lutter contre la fraude ou l'évasion fiscale, dont l'objet principal est d'investir dans des sociétés dont les titres de capital ne sont pas admis aux négociations sur

un marché mentionné au deuxième alinéa. Ces droits ne sont retenus dans le quota d'investissement de 50 % de la société de capital-risque et pour le calcul de la limite de 20 % prévue au quatrième alinéa qu'à proportion des investissements directs ou indirects, par l'intermédiaire de sociétés mentionnées à la première phrase du *f*, de l'actif de l'entité concernée dans des sociétés qui répondent aux conditions prévues au troisième alinéa du 1°. *— V. Ann. II, art. 171 AP bis ;*

Lorsque les titres d'une société détenus par une société de capital-risque sont admis aux négociations sur un marché d'instruments financiers français ou étranger, dont le fonctionnement est assuré par une entreprise de marché ou un prestataire de services d'investissement ou tout autre organisme similaire étranger, ils continuent à être pris en compte pour le calcul de la proportion de 50 % pendant une durée de cinq ans à compter de la date de l'admission. Le délai de cinq ans n'est toutefois pas applicable si les titres de la société admis à la cotation répondent aux conditions du quatrième alinéa à la date de cette cotation et si la société de capital-risque respecte, compte-tenu *(compte tenu)* **de ces titres, la limite de 20 % mentionnée au au même quatrième alinéa.**

La proportion de 50 % est atteinte dans un délai de deux ans à compter du début du premier exercice au titre duquel la société a demandé le bénéfice du régime fiscal de société de capital-risque. Pour le calcul de cette proportion, les augmentations de capital d'une société de capital-risque ne sont prises en compte qu'à compter du deuxième exercice suivant celui au cours duquel elles sont libérées.

Les participations prises en compte pour la proportion de 50 % ne doivent pas conférer directement ou indirectement à une société de capital-risque ou à l'un de ses actionnaires directs ou indirects la détention de plus de 40 % des droits de vote dans lesdites sociétés. Les modalités de détermination de cette proportion sont fixées par décret en Conseil d'État ;

e) *Abrogé par L. n° 2005-1720 du 30 déc. 2005, art. 32-V-1°.*

f) Les titres, mentionnés aux troisième ou quatrième alinéas du 1°, émis par des sociétés ayant leur siège dans un État membre de la Communauté européenne, ou dans un autre État ou territoire ayant conclu avec la France une convention fiscale qui contient une clause d'assistance administrative en vue de lutter contre la fraude ou l'évasion fiscale, qui sont passibles de l'impôt sur les sociétés dans les conditions de droit commun ou en seraient passibles dans les mêmes conditions si l'activité était exercée en France, et qui ont pour objet principal de détenir des participations financières. Ces titres sont retenus dans le quota d'investissement de 50 % et pour le calcul de la limite de 20 % prévue au quatrième alinéa du 1° à proportion des investissements directs ou indirects, par l'intermédiaire de sociétés mentionnées à la première phrase, de l'actif de la société émettrice de ces titres dans des sociétés qui répondent aux conditions prévues au troisième alinéa du 1°. Les modalités de détermination de cette proportion sont fixées par décret en Conseil d'État ; *— V. Ann. II, art. 171 AP.*

2° Ne pas procéder à des emprunts d'espèces au-delà de la limite de 10 % de son actif net ;

3° Une personne physique, son conjoint et leurs ascendants et descendants ne peuvent pas détenir ensemble, directement ou indirectement, plus de 30 % des droits dans les bénéfices d'une société de capital-risque ;

4° L'option pour le régime fiscal des sociétés de capital-risque est exercée avant la date d'ouverture de l'exercice au titre duquel ce régime s'applique, si la société exerce déjà une activité ou, dans le cas contraire, dans les six mois suivant celui de la création de son activité.

Décret n° 85-1102 du 9 octobre 1985,

Pris pour l'application de l'article 1er de la loi n° 85-695 du 11 juillet 1985 relative au régime fiscal des sociétés de capital-risque et de leurs actionnaires.

Art. 1er, 2 et 3 *Abrogés par Décr. n° 2002-1030 du 29 juill. 2002, art. 5.*

Les sociétés de capital-risque qui n'ont pas opté pour l'application des dispositions de l'art. 1er-I demeurent régies par les dispositions de l'art. 1er pendant la période prévue au V de l'art. 8 de la L. n° 2000-1352 du 30 déc. 2000, de finances pour 2001.

Art. 4 *(Décr. n° 91-1329 du 30 déc. 1991, art. 3)* **Le portefeuille exonéré mentionné au premier alinéa du I de l'article 1er de la loi du 11 juillet 1985 modifiée comprend les titres, cotés ou non cotés, ayant la nature de ceux qui peuvent entrer en compte pour le calcul de la proportion de 50 % visée au même I.**

Art. 5 *Abrogé par Décr. n° 91-1329 du 30 déc. 1991, art. 4.*

Art. 6 *Abrogé par Décr. nº 2002-1030 du 29 juill. 2002, art. 5.*

Art. 6-1 *(Décr. nº 2001-118 du 6 févr. 2001)* Constituent des titres entrant en compte dans le calcul du quota de 50 % mentionné au premier alinéa du I de l'article Ier de la loi du 11 juillet 1985 susvisée les parts de fonds communs de placement à risques mentionnés à l'article 163 *quinquies* B du code général des impôts. Ces parts ne sont prises en compte qu'à proportion de l'investissement de ces fonds dans des titres éligibles à ce quota de 50 % et à l'exclusion de parts d'autres fonds communs de placement à risques. Le quota de 50 % s'apprécie sur la base du dernier calcul de la valeur liquidative des fonds. – *Les dispositions de l'art. 6-1 s'appliquent également aux fonds communs de placement à risques mentionnés à l'art. 163 quinquies B du code général des impôts.*

Art. 6-2 *(Décr. nº 2001-118 du 6 févr. 2001)* Les 30 juin et 31 décembre de chaque année et à la clôture de son exercice, si celui-ci est clos à une date différente, la société de capital-risque s'assure que les sociétés dont les titres sont retenus pour le calcul du quota de 50 % remplissent, à la date de clôture de leur dernier exercice précédant les échéances précitées, les conditions posées à l'article 1er de la loi du 11 juillet 1985.

Loi nº 88-227 du 11 mars 1988,

Relative à la transparence financière de la vie politique.

Art. 11-4 *(L. nº 2017-1339 du 15 sept. 2017, art. 25)* « Une personne physique peut verser un don à un parti ou groupement politique si elle est de nationalité française ou si elle réside en France. » Les dons consentis et les cotisations versées en qualité d'adhérent d'un ou de plusieurs partis *(L. nº 2017-1339 du 15 sept. 2017, art. 25)* « ou groupements » politiques par *(L. nº 2013-907 du 11 oct. 2013, art. 15-1º-b)* « une personne physique dûment identifiée » à une ou plusieurs associations agréées en qualité d'association de financement ou à un ou plusieurs mandataires financiers d'un ou de plusieurs partis *(L. nº 2017-1339 du 15 sept. 2017, art. 25)* « ou groupements » politiques ne peuvent annuellement excéder 7 500 euros.

Par exception, les cotisations versées par les titulaires de mandats électifs nationaux ou locaux ne sont pas prises en compte dans le calcul du plafond mentionné au premier alinéa.

Les personnes morales à l'exception des partis ou groupements politiques ne peuvent contribuer au financement des partis ou groupements politiques, ni en consentant des dons, sous quelque forme que ce soit, à leurs associations de financement ou à leurs mandataires financiers, ni en leur fournissant des biens, services ou autres avantages directs ou indirects à des prix inférieurs à ceux qui sont habituellement pratiqués. *(L. nº 2017-1339 du 15 sept. 2017, art. 25)* « Les personnes morales, à l'exception des partis et groupements politiques ainsi que des établissements de crédit et sociétés de financement ayant leur siège social dans un État membre de l'Union européenne ou partie à l'accord sur l'Espace économique européen, ne peuvent ni consentir des prêts aux partis et groupements politiques ni apporter leur garantie aux prêts octroyés aux partis et groupements politiques. »

(L. nº 2017-1339 du 15 sept. 2017, art. 25) « L'association de financement ou le mandataire financier délivre au donateur un reçu pour chaque don ou cotisation. Un décret en Conseil d'État fixe les conditions d'établissement, d'utilisation et de transmission du reçu à la Commission nationale des comptes de campagne et des financements politiques. Dans les conditions fixées par un décret en Conseil d'État pris après avis de la Commission nationale de l'informatique et des libertés, le parti ou groupement bénéficiaire communique chaque année à la Commission nationale des comptes de campagne et des financements politiques la liste des personnes ayant consenti à lui verser un ou plusieurs dons ou cotisations, ainsi que le montant de ceux-ci. »

Tout don de plus de 150 *euros consenti* à une association de financement ou à un mandataire financier d'un parti *(L. nº 2017-1339 du 15 sept. 2017, art. 25)* « ou groupement » politique doit être versé à titre définitif et sans contrepartie, soit par chèque, soit par virement, prélèvement automatique ou carte bancaire.

Aucune association de financement ou aucun mandataire financier d'un parti *(L. nº 2017-1339 du 15 sept. 2017, art. 25)* « ou groupement » politique ne peut recevoir, directement ou indirectement, des contributions ou aides matérielles d'un État étranger ou d'une personne morale de droit étranger. *(L. nº 2017-1339 du 15 sept. 2017, art. 25)* « Ils ne peuvent recevoir des prêts d'un État étranger ou d'une personne morale de droit étranger, à l'exception des établissements de crédit ou sociétés de financement mentionnés au troisième alinéa. »

Les actes et documents émanant de l'association de financement ou du mandataire financier, destinés aux tiers, et qui ont pour objet de provoquer le versement de dons doivent

indiquer, selon le cas, la dénomination de l'association et la date de l'agrément ou le nom du mandataire et la date de la déclaration à la préfecture, ainsi que le parti ou groupement politique destinataire des sommes collectées *(L. n° 2017-286 du 6 mars 2017, art. 5)* **« et la mention des dispositions des premier et troisième alinéas du présent article et du premier alinéa de l'article 11-5 ».**

(Abrogé par L. n° 2017-286 du 6 mars 2017, art. 6) ***« Les montants prévus au présent article sont actualisés tous les ans par décret. Ils évoluent comme l'indice des prix à la consommation des ménages, hors tabac. »***

Loi n° 89-935 du 29 décembre 1989,

De finances pour 1990 (JO 30 déc. ; Rect. JO 14 avr. 1990, p. 4585).

L'art. 109 de cette loi est codifié ss. les art. L. 221-18 à L. 221-23 du code monétaire et financier.

Plan d'épargne populaire

Art. 109 *(Abrogé par Ord. n° 2000-916 du 19 sept. 2000, art. 5)* ***« I. — Il est institué un plan d'épargne populaire qui ouvre droit, moyennant des versements à un compte ouvert ou au titre d'un contrat d'assurance sur la vie conclu auprès d'un organisme mentionné à l'article 1er de la loi n° 87-416 du 17 juin 1987 sur l'épargne, au remboursement des sommes versées et de leurs produits capitalisés ou au paiement d'une rente viagère.***

« Le plan d'épargne populaire ouvre droit sous certaines conditions, à des avantages fiscaux et *[pour les plans ouverts avant le 22 sept. 1993]* ***à une prime d'épargne. »***

Il peut être ouvert un plan par contribuable ou par chacun des époux soumis à une imposition commune.

Les versements sont limités à 92 000 € par plan.

II. — Les versements effectués par le titulaire du plan dont le domicile fiscal est situé en France et dont la cotisation d'impôt *[au sens défini par l'art. 21 de la L. n° 90-1168 du 29 déc. 1990]* **au titre des revenus de l'avant-dernière année n'excède pas la limite mentionnée au I** ***bis*** **de l'article 1657 du code général des impôts ouvrent droit, pendant les** *(L. n° 96-1181 du 30 déc. 1996, art. 128-I)* **« sept premières années, ou pendant les dix premières années lorsqu'un contrat d'assurance vie à primes périodiques a été souscrit dans le cadre du plan d'épargne populaire avant le 5 septembre 1996 », à une prime égale au quart de leur montant annuel, sans pouvoir excéder 1 500 F par an.**

(L. n° 96-1181 du 30 déc. 1996, art. 128-II) **« Les versements effectués à compter du 1er janvier 1998 ouvrent droit à cette même prime à condition qu'au titre de l'avant-dernière année les revenus du titulaire du plan n'excèdent pas les limites prévues au I de l'article 1417 du code général des impôts.**

« La somme des primes et de leurs intérêts capitalisés est versée par l'État à l'issue de la septième année civile à compter de l'année d'ouverture du plan, ou à l'issue de la dixième année civile à compter de l'année d'ouverture du plan lorsqu'un contrat d'assurance vie à primes périodiques a été souscrit dans le cadre du plan d'épargne populaire avant le 5 septembre 1996.

« Toutefois, le titulaire d'un plan d'épargne populaire ayant souscrit un contrat d'assurance vie à primes périodiques dans le cadre de son plan avant le 5 septembre 1996 peut bénéficier du versement de la prime et de ses intérêts capitalisés à l'issue de la septième année civile à compter de l'année d'ouverture du plan à condition d'en faire la demande sur papier libre auprès de l'organisme gestionnaire du plan avant le 1er juillet de la huitième année à compter de l'année d'ouverture du plan. Dans ce cas et par dérogation au premier alinéa du présent paragraphe, les versements effectués sur le plan à partir du 1er janvier de la huitième année à compter de l'année d'ouverture du plan n'ouvrent pas droit à prime. »

Le versement après huit ans des produits capitalisés, de la rente viagère et de la prime d'épargne n'est pas soumis à l'impôt sur le revenu. *— V. CGI, art. 157-22°.*

Al. abrogé par L. n° 96-1181 du 30 déc. 1996, art. 128-V.

III. *(Abrogé par Ord. n° 2000-916 du 19 sept. 2000, art. 5)* ***« Tout retrait de fonds entraîne la clôture du plan. Le plan est clos au décès du titulaire. »***

En cas de retrait de fonds avant huit ans, les produits sont soumis à l'impôt sur le revenu et la prime n'est pas versée, sauf s'il intervient à la suite du décès du titulaire ou dans les deux ans du décès du conjoint soumis à imposition commune ou de l'un des événements suivants survenu à l'un d'entre eux :

— expiration des droits aux allocations d'assurance chômage prévues par le code du travail en cas de licenciement ;

– cessation d'activité non salariée à la suite d'un jugement de liquidation judiciaire en application des dispositions de la loi n° 85-98 du 25 janvier 1985 relative au redressement et à la liquidation judiciaires des entreprises *[C. com., art. L. 620-1 s.]* ;
– invalidité correspondant au classement dans les deuxième ou troisième catégories prévues à l'article L. 341-4 du code de la sécurité sociale.

En cas d'option pour le prélèvement prévu par l'article 125 A du code général des impôts, le taux est ramené à 15 % lorsque la durée du plan est égale ou supérieure à quatre ans.

IV. Au-delà de la dixième année, les retraits n'entraînent pas la clôture du plan. Toutefois, aucun versement n'est possible après le premier retrait. – *V. CGI, art. 125-0A.*

....

Décret n° 90-606 du 9 juillet 1990,

Pris pour l'application de la loi n° 90-55 du 15 janvier 1990 relative à la limitation des dépenses électorales et à la clarification du financement des activités politiques (JO 13 juill.).

....

Art. 9 La publication prévue au premier alinéa de l'article 11-1 de la loi *[n° 88-227]* du 11 mars 1988 susvisée indique, outre la date de l'agrément, la dénomination de l'association de financement, l'adresse de son siège social, la circonscription territoriale à l'intérieur de laquelle elle exerce ses activités ainsi que la dénomination du parti ou groupement politique qui a demandé son agrément.

(L. n° 88-227 du 11 mars 1998, art. 11-1 ; L. n° 90-55 du 15 janv. 1990 ; L. n° 95-65 du 19 janv. 1995) L'agrément en qualité d'association de financement d'un parti politique est donné par la Commission nationale des comptes de campagne et des financements politiques mentionnée à l'art. L. 52-14 du code électoral, sous réserve de la limitation de l'objet social de l'association au seul financement d'un parti politique et de la conformité de ses statuts aux dispositions des alinéas suivants du présent article. L'agrément est publié au Journal officiel.

Les statuts d'une association agréée en qualité d'association de financement d'un parti politique doivent comporter :

1° La définition de la circonscription territoriale à l'intérieur de laquelle l'association exerce ses activités ;

2° L'engagement d'ouvrir un compte bancaire ou postal unique pour y déposer tous les dons reçus en vue du financement d'un parti politique.]

Art. 10 *Abrogé Décr. n° 97-673 du 31 mai 1997, art. 3.*

Art. 11 *(Décr. n° 2017-1795 du 28 déc. 2017, art. 2)* « I. – Le mandataire prévu par l'article 11 de la loi du 11 mars 1988 précitée délivre aux donateurs et cotisants pour chaque don consenti ou cotisation versée, quels que soient son montant et son mode de versement, un reçu détaché d'une formule numérotée, éditée par la Commission nationale des comptes de campagne et des financements politiques.

« Lorsqu'un même donateur ou cotisant effectue plusieurs versements au même mandataire, celui-ci peut délivrer un seul reçu par type et mode de versement.

« Pour bénéficier de la réduction d'impôt sur le revenu prévue au 3 de l'article 200 du code général des impôts, le contribuable doit être en mesure de présenter à la demande de l'administration fiscale le reçu délivré par le mandataire.

« La souche et le reçu indiquent s'il s'agit d'un don ou d'une cotisation ; ils mentionnent le montant, la date et le mode de règlement par chèque, espèces, carte bancaire, virement *ou prélèvement automatique ainsi* que l'identité, la nationalité et l'adresse du domicile fiscal du donateur ou du cotisant. Le reçu comporte le nom et l'adresse du mandataire mentionné au premier alinéa. Il est signé par le donateur ou le cotisant.

« Lorsque la cotisation émane d'un titulaire d'un mandat électif national ou local, le reçu mentionne cette qualité. »

II. – Le reçu délivré par un mandataire d'un parti ou groupement politique au titre des fonds perçus l'année suivant le constat par la commission d'un manquement du parti ou groupement politique concerné aux obligations prévues à l'article 11-7 de la loi du 11 mars 1988 susvisée, précise que le don ou la cotisation consenti à son profit ne peut ouvrir droit à la réduction d'impôt prévue au 3 de l'article 200 du code général des impôts.

III. – La demande de formules numérotées de reçus est présentée à la Commission nationale des comptes de campagne et des financements politiques par les mandataires au plus tard le 15 février de l'année suivant l'exercice concerné.

Après délivrance des reçus, les souches sont renvoyées au plus tard le 15 mars de l'année suivant l'exercice concerné à la Commission nationale des comptes de campagne et des financements politiques, accompagnées d'une copie des justificatifs de recettes correspondants. Il en est de même, le cas échéant, des souches et des reçus non utilisés.

Cette date est reportée au 15 avril en cas de transmission des copies des justificatifs de recettes par voie électronique.

La délivrance des formules de reçus est subordonnée au respect de ces obligations.

S'il n'a pas présenté sa demande de formules numérotées de reçus avant le 15 février, le mandataire reste néanmoins tenu de transmettre la copie de ses justificatifs de recettes à la commission dans les conditions prévues au présent article.

La Commission nationale des comptes de campagne et des financements politiques peut mettre en cause la validité du reçu délivré par le mandataire et enregistré par elle si elle constate, lors de l'examen des souches des formules et de la copie des justificatifs de recettes, une irrégularité au regard des dispositions de la loi du 11 mars 1988 précitée.

IV. — Dans le cadre de la procédure de dématérialisation ouverte aux partis politiques qui en font la demande, les mandataires transmettent à la Commission nationale des comptes de campagne et des financements politiques, au plus tard le 15 avril de l'année suivant chaque exercice, dans des conditions fixées par arrêté du ministre de l'intérieur pris après avis de la commission, la copie de leurs justificatifs de recettes accompagnée des fichiers informatiques nécessaires à l'édition des reçus. — *Les dispositions des III et IV ci-dessus entrent en vigueur le 1er janv. 2015. Les dons et cotisations enregistrés au cours de l'année 2014 font l'objet des premières transmissions et communications prévues par ces dispositions (Décr. n° 2014-715 du 26 juin 2014, art. 4).*

Art. 11-1 I. — Les partis et groupements politiques relevant de tout ou partie des dispositions des articles 8 à 11-4 de la loi du 11 mars 1988 susvisée *(Décr. n° 2017-1795 du 28 déc. 2017, art. 2)* « transmettent » à la Commission nationale des comptes de campagne et des financements politiques, au plus tard le 15 avril de l'année suivant chaque exercice, la liste des donateurs et cotisants mentionnée audit article 11-4.

(Décr. n° 2017-1795 du 28 déc. 2017, art. 2) « II. — Les versements retracés par la liste sont les dons et cotisations versés aux mandataires prévus à l'article 11 de la loi du 11 mars 1988. »

III. — La liste indique l'identité et l'adresse du domicile fiscal du donateur ou du cotisant, le montant versé, le mode, la nature et la date du règlement ainsi que le titulaire du compte sur lequel les fonds ont été recueillis.

Le parti ou groupement politique disposant de plusieurs mandataires distingue les données propres à chaque mandataire. Celui bénéficiant des cotisations mentionnées au 1° du II distingue les données propres à chaque organisation territoriale ou spécialisée.

IV. — La liste est communiquée à la Commission nationale des comptes de campagne et des financements politiques, soit sur support informatique, soit par voie dématérialisée, dans les conditions fixées par le ministre de l'intérieur après avis de la commission.

Art. 12 La Commission nationale des comptes de campagne et des financements politiques conserve les informations mentionnées aux articles 11 et 11-1 jusqu'au 31 décembre de la troisième année qui suit celle au cours de laquelle elle les a reçues.

Ancien art. 12 *(Décr. n° 92-1300 du 14 déc. 1992, art. 3) La commission conserve les pièces mentionnées à l'article 11 jusqu'au 31 décembre de la troisième année qui suit celle au cours de laquelle le don a été recueilli.*

Art. 13 Tout dirigeant d'une association de financement ou tout mandataire financier d'un parti ou groupement politique qui enfreindra les dispositions du dernier alinéa de l'article 11-4 de la loi du 11 mars 1988 susvisée sera puni des peines d'amende prévues pour les contraventions de la 4e classe.

Art. 14 Les décisions de retrait de l'agrément d'une association de financement d'un parti ou groupement politique font l'objet d'une publication comportant, outre la date de retrait de l'agrément, les mêmes indications que celles qui sont prévues pour les décisions d'agrément.

Arrêté du 21 janvier 1992,

Fixant la liste des personnes morales visées au b du 2 de l'article 119 ter du code général des impôts (JO 15 févr.).

Art. 1er Les personnes morales visées au *b* du 2 de l'article 119 *ter* du code général des impôts sont les suivantes :

a) Les sociétés de droit belge dénommées "société anonyme" / "naamloze vennootschap", "société en commandite par actions" / "commanditaire vennootschap op aandelen", "société privée à responsabilité limitée" / "besloten vennootschap met beperkte aansprakelijkheid", ainsi que les entités de droit public qui opèrent sous le régime du droit privé ;

b) Les sociétés de droit danois dénommées "aktieselskab", "anpartsselskab" ;

c) Les sociétés de droit allemand dénommées "Aktiengesellschaft", "Kommanditgesellschaft auf Aktien", "Gesellschaft mit beschränkter Haftung", "bergrechtliche Gewerkschaft" ;

d) Les sociétés de droit hellénique dénommées ανώνυμηεταιρία ;

e) Les sociétés de droit espagnol dénommées "sociedad anónima", "sociedad comanditaria por acciones", "sociedad de responsabilidad limitada", ainsi que les entités de droit public qui opèrent sous le régime du droit privé ;

f) Les sociétés de droit français dénommées "société anonyme", "société en commandite par actions", "société à responsabilité limitée", ainsi que les établissements et entreprises publics à caractère industriel et commercial ;

g) Les sociétés de droit irlandais dénommées "public companies limited by shares or by guarantee", "private companies limited by shares or by guarantee", les établissements enregistrés sous le régime des "Industrial and Provident Societies Acts" ou les "building societies" enregistrées sous le régime des "Building Societies Acts" ;

h) Les sociétés de droit italien dénommées "società per azioni", "società in accomandita per azioni", "società a responsabilità limitata", ainsi que les entités publiques et privées qui exercent des activités industrielles et commerciales ;

i) Les sociétés de droit luxembourgeois dénommées "société anonyme", "société en commandite par actions", "société à responsabilité limitée" ;

j) Les sociétés de droit néerlandais dénommées "naamloze vennootschap", "besloten vennoostschap met beperkte aansprakelijkheid" ;

k) Les sociétés commerciales ou sociétés civiles de forme commerciale, ainsi que d'autres personnes morales exerçant des activités commerciales ou industrielles, qui sont constituées conformément au droit portugais ;

l) Les sociétés constituées conformément au droit du Royaume-Uni ;

m) (Arr. du 24 févr. 1997, art. 1er) "Les sociétés de droit autrichien dénommées "Aktiengesellschaft" et "Gesellschaft mit beschränkter Haftung" ;

n) Les sociétés de droit finlandais dénommées "Osakeyhtiö/aktiebolag", "Osuuskunta/andelslag", "Säästöpankki/sparbank" et "Vakuutusyhtiö/försäkringsbolag" ;

o) Les sociétés de droit suédois dénommées "Aktiebolag", "Bankaktiebolag" et "Försäkringsaktiebolag".

Décret n° 92-1362 du 29 décembre 1992,

Fixant les modalités et les conditions d'application de l'article 4, paragraphe III, de la loi n° 72-650 du 11 juillet 1972 relatif aux sociétés financières d'innovation (JO 30 déc. ; D. et ALD 1993. 76).

Art. 1er Les sociétés financières d'innovation qui désirent se placer sous le régime fiscal défini à l'article 4-III de la loi n° 72-650 du 11 juillet 1972 susvisée *[V. CGI, art. 39 quinquies A]* concluent à cet effet une convention avec le ministre de l'économie et des finances, après avis du ministre de la recherche et de l'espace.

Art. 2 Pour conclure une telle convention ou continuer d'en bénéficier, la société financière d'innovation doit avoir un capital social au moins égal à dix millions de francs ; la convention porte obligatoirement agrément de la totalité du capital et des primes d'émission éventuelles, à l'exception des augmentations de capital provenant d'incorporation de réserves.

Art. 3 Chaque tranche de capital agréé de la société doit être investie dans des opérations d'innovation — au sens de l'article 4-III-A de la loi n° 72-650 du 11 juillet 1972 susvisée — à hauteur de 60 % au moins dans les trois années qui suivent la date d'agrément, et à hauteur de 70 % au moins dans les cinq années qui suivent la date d'agrément.

Art. 4 Les investissements dans des opérations d'innovation doivent être réalisés au moins pour un tiers sous forme de souscription de capital en numéraire ou par des apports de droits de propriété industrielle ou sous forme de titres participatifs. Ils peuvent dans la limite maximum de deux tiers être réalisés sous la forme d'obligations convertibles, échangeables ou remboursables en actions, ou d'obligations à bon de souscription d'actions ou sous la forme de comptes courants d'actionnaires rémunérés bloqués pendant au moins trois ans, ou encore sous la forme de prêts participatifs à long terme ou d'obligations participantes dont le taux d'intérêt fixe n'est pas supérieur à la moitié du taux d'intérêt légal à la date de la réalisation de l'opération.

Ces conditions s'apprécient à la clôture de chaque exercice social.

Une société financière d'innovation ne peut investir plus de 25 % de son capital dans une même opération.

Art. 5 La société doit périodiquement renouveler ses investissements dans des opérations d'innovation. A cet effet, elle doit, à l'expiration de chaque période quinquennale ouverte à compter de la signature de la convention ou du dernier avenant, avoir désinvesti au minimum 33 % du montant de son capital agréé depuis cinq ans au moins à l'ouverture de la période.

Art. 6 La société doit communiquer au commissaire du Gouvernement nommé auprès d'elle toute information que celui-ci juge utile sur la nature et les résultats des investissements qu'elle a effectués dans des opérations d'innovation.

Le commissaire du Gouvernement fait rapport au ministre de l'économie et des finances sur le respect par la société des engagements qu'elle a contractés envers l'État.

Art. 7 Les dispositions du présent décret s'appliquent aux conventions conclues à compter de son entrée en vigueur.

Loi n° 94-1131 du 27 décembre 1994,

Portant statut fiscal de la Corse (JO 28 déc. ; D. et ALD 1995. 20).

TITRE PREMIER Mesures de soutien aux entreprises

Art. 3 I. – Les propriétés non bâties visées à l'article 1586 D du code général des impôts et qui sont situées en Corse sont, au titre de 1995 et des années suivantes, exonérées en totalité de la taxe foncière sur les propriétés non bâties perçue au profit des départements, des communes et de leurs groupements. – *V. CGI, art. 1394 B et 1586 E. – Art. 1586 D, abrogé par la L. n° 2010-1657 du 29 déc. 2010, art. 108-XIX-C-1, à compter des impositions établies au titre de 2011.*

(L. n° 2010-1657 du 29 déc. 2010, art. 51-II-B) « A compter de 2011, cette exonération totale porte sur la totalité de la taxe perçue au profit des communes et de leurs groupements pour les propriétés non bâties classées dans les première à sixième, huitième et neuvième catégories définies à l'article 18 de l'instruction ministérielle du 31 décembre 1908, non exonérées en application des articles 1395 à 1395 B du même code et qui sont situées en Corse. »

Loi n° 95-95 du 1er février 1995,

De modernisation de l'agriculture (JO 2 févr. ; D. et ALD 1995. 107).

....

Art. 78 I. – Il est accordé un dégrèvement sur la cotisation de taxe foncière sur les propriétés non bâties perçue au profit des communes et des groupements à fiscalité propre sur les propriétés non bâties classées dans les premier, deuxième, troisième, quatrième et cinquième groupes de propriétés définies au I de l'article 14 de la loi n° 90-669 du 30 juillet 1990 relative à la révision des évaluations des immeubles retenus pour la détermination des bases des impôts directs locaux.

Ce dégrèvement est égal au produit de la base communale d'imposition des propriétés non bâties définies ci-dessus, par le taux communal de 1994, multiplié par un taux égal à 10 % du rapport entre le taux communal et le taux moyen communal constaté au niveau national. Il s'applique avant tout autre dégrèvement et ne peut excéder 50 % de la cotisation globale de la commune et des groupements auxquels elle appartient.

Le taux communal s'entend du taux voté par la commune pour 1994, majoré des taux des groupements de communes auxquels elle appartient, corrigé en proportion inverse de la variation de base qui résulte, au niveau communal, de l'incorporation des résultats de la révision.

Le taux moyen communal constaté au niveau national s'entend du taux moyen constaté en 1994 pour l'ensemble des communes et groupements de communes corrigé en proportion inverse de la variation des bases communales qui résulte, au niveau national, de l'incorporation des résultats de la révision.

II. – Les dispositions du I sont applicables à compter de l'année au titre de laquelle les résultats de la révision des évaluations des immeubles retenus pour la détermination des

bases des impôts locaux sont incorporés dans les rôles d'imposition conformément à l'article 47 de la loi n° 90-669 du 30 juillet 1990 précitée.

....

Loi n° 95-115 du 4 février 1995,

D'orientation pour l'aménagement et le développement du territoire.

Art. 42 *[...] (L. n° 2014-173 du 21 févr. 2014, art. 27-2°-a)* **3. Les quartiers prioritaires de la politique de la ville sont définis à l'article 5 de la loi n° 2014-173 du 21 février 2014 de programmation pour la ville et la cohésion urbaine.**

A. *Abrogé par L. n° 2014-173 du 21 févr. 2014, art. 27-2°-b.*

B. Des zones franches urbaines-territoires entrepreneurs sont créées dans des quartiers de plus de 10 000 habitants particulièrement défavorisés. La liste de ces zones est annexée à la loi n° 96-987 du 14 novembre 1996 relative à la mise en œuvre du pacte de relance pour la ville. Leur délimitation est opérée par décret en Conseil d'État, en tenant compte des éléments de nature à faciliter l'implantation d'entreprises ou le développement d'activités économiques. Cette délimitation pourra prendre en compte des espaces situés à proximité du quartier, si ceux-ci sont de nature à servir le projet de développement d'ensemble dudit quartier. Ces espaces pourront appartenir, le cas échéant, à une ou plusieurs communes voisines qui ne seraient pas mentionnées dans ladite annexe. *— V. Décr. n° 96-1154 du 26 déc. 1996 (JO 28 déc.), mod. par Décr. n° 97-1323 du 31 déc. 1997 (JO 1er janv. 1998), Décr. n° 2001-706 du 31 juill. 2001 (JO 3 août), Décr. n° 2007-894 du 15 mai 2007 (JO 16 mai) et Décr. n° 2010-25 du 7 janv. 2010 (JO 9 janv. 2010).*

En outre, des zones franches urbaines-territoires entrepreneurs sont créées à compter du 1er août 2006 dans des quartiers de plus de 8 500 habitants particulièrement défavorisés. La liste de ces zones franches urbaines-territoires entrepreneurs est arrêtée par décret. Leur délimitation est opérée dans les mêmes conditions qu'au premier alinéa du présent B.

Les zones franches urbaines-territoires entrepreneurs des communes des départements d'outre-mer sont créées dans des quartiers particulièrement défavorisés des communes de ces départements. La liste de ces zones est annexée à la loi n° 96-987 du 14 novembre 1996 précitée. Leur délimitation est fixée par décret en Conseil d'État, en tenant compte des éléments de nature à faciliter l'implantation d'entreprises ou le développement d'activités économiques. *— V. Décr. n° 96-1155 du 26 déc. 1996 (JO 28 déc.), mod. par Décr. n° 97-1322 du 31 déc. 1997 (JO 1er janv. 1998) et Décr. n° 2007-895 du 15 mai 2007 (JO 16 mai).*

3 *bis*. Les bassins d'emploi à redynamiser sont reconnus par voie réglementaire parmi les territoires dans lesquels la majorité des actifs résident et travaillent et qui recouvrent en 2006 les zones caractérisées par :

1° Un taux de chômage au 30 juin 2006 supérieur de trois points au taux national ;

2° Une variation annuelle moyenne négative de la population entre les deux derniers recensements connus supérieure en valeur absolue à 0,15 % ;

3° Une variation annuelle moyenne négative de l'emploi total entre 2000 et 2004 supérieure en valeur absolue à 0,75 %.

Les références statistiques utilisées pour la détermination de ces bassins d'emploi sont fixées par voie réglementaire.

3 *ter*. Les zones de restructuration de la défense se répartissent en deux catégories :

1° Les territoires dans lesquels la majorité des actifs résident et travaillent, incluant une ou plusieurs communes, d'une part, caractérisées par une perte d'au moins cinquante emplois directs du fait de la réorganisation des unités militaires et établissements du ministère de la défense sur le territoire national et, d'autre part, dont le territoire est couvert par un contrat de redynamisation de site de défense. Ces territoires doivent satisfaire à l'un des critères suivants :

a) Un taux de chômage supérieur de trois points à la moyenne nationale ;

b) Une variation annuelle moyenne négative de la population entre les deux derniers recensements connus supérieure en valeur absolue à 0,15 % ;

c) Une variation négative de l'emploi total sur une période de quatre ans supérieure ou égale en valeur absolue à 0,65 % ;

d) Un rapport entre la perte locale d'emplois directs du fait de la réorganisation des unités militaires sur le territoire national et la population salariée d'au moins 5 %.

Les références statistiques utilisées pour la détermination de ces territoires sont fixées par voie réglementaire ; *— V. Décr. n° 2009-555 du 19 mai 2009 (JO 21 mai) ; Arr. du 1er sept. 2009 (JO 17 sept.), mod. par Arr. du 1er févr. 2013 (JO 14 févr.) et Arr. du 28 mai 2015 (JO 30 mai).*

2° Les communes, le cas échéant visées au 1°, caractérisées par une perte d'au moins cinquante emplois directs du fait de la réorganisation des unités militaires et établissements du

ministère de la défense sur le territoire national et dont le territoire est couvert par un contrat de redynamisation de site de défense.

Les contrats de redynamisation de site de défense sont conclus entre, d'une part, l'État et, d'autre part, les communes ou groupements de collectivités territoriales correspondant aux sites les plus affectés par la réorganisation du fait d'une perte nette de nombreux emplois directs et d'une grande fragilité économique et démographique. Ils sont d'une durée de trois ans, reconductible une fois pour deux ans.

Les zones de restructuration de la défense sont délimitées par un arrêté conjoint des ministres chargés de l'économie, du budget et de l'aménagement du territoire qui détermine, pour chaque zone, celle des années comprises entre 2009 et *(L. n° 2020-1721 du 29 déc. 2020, art. 223-II)* **« 2021 » au titre de laquelle elle est reconnue** *(L. n° 2020-1721 du 29 déc. 2020, art. 223-II)* **« Cet arrêté est pris au plus tard le 31 décembre 2021. »** *— V. l'Arr. du 1er sept. 2009 relatif à la délimitation des zones de restructuration de la défense (JO 17 sept.), mod. par l'Arr. du 1er févr. 2013 (JO 14 févr.), par l'Arr. du 28 mai 2015 (JO 30 mai), par l'Arr. du 8 févr. 2016 (JO 12 févr.) et par l'Arr. du 2 nov. 2016 (JO 11 nov.).*

4. Les régions ultrapériphériques françaises recouvrent les départements d'outre-mer.

Les dispositions ci-dessus de la L. n° 2014-173 du 21 févr. 2014 entrent en vigueur à la date fixée par le décret en Conseil d'État mentionné au I de l'art. 5 [V. App., L. préc.] et au plus tard le 1er janv. 2015 pour les 1° et a du 2° de l'art. 27. — le 1er janv. 2015 s'agissant des b et c du 2° du même art. 27 (L. préc., art. 30). — Pour les dispositions applicables antérieurement, V. ***CGI, éd. 2014****.*

Ordonnance n° 96-50 du 24 janvier 1996,

Relative au remboursement de la dette sociale.

Art. 14 ***[I. Applicable aux cotisations et contributions dues pour les périodes courant jusqu'au 31 août 2018]***

I. — Il est institué une contribution sur les revenus d'activité et de remplacement mentionnés aux articles L. 136-2 à L. 136-4 du code de la sécurité sociale perçus du 1er février 1996 jusqu'à l'extinction des missions prévues à l'article 2 par les personnes physiques désignées à l'article L. 136-1 du même code.

Cette contribution est assise sur les revenus visés et dans les conditions prévues aux articles L. 136-2 à L. 136-4 et au III de l'article L. 136-8 du code de la sécurité sociale.

[I. Applicable aux cotisations et contributions dues pour les périodes courant à compter du 1er sept. 2018]

(Ord. n° 2018-474 du 12 juin 2018, art. 3 et 16) **« I. — Il est institué une contribution assise sur les revenus d'activité et de remplacement mentionnés à la section 1 du chapitre 4 du titre 3 du livre 1 du code de la sécurité sociale perçus par les personnes physiques désignées à ce même article. Cette contribution est soumise aux conditions prévues aux articles L. 136-1-1 à L. 136-4 du même code.**

« Elle est due jusqu'à l'extinction des missions prévues à l'article 2 de la présente ordonnance. »

II. — Lorsqu'ils n'entrent pas dans le champ d'application du I, sont également soumis à la contribution dans les mêmes conditions et selon les mêmes modalités :

[…]

(Ord. n° 2019-770 du 17 juill. 2019, art. 20-II et 23-I, en vigueur le 1er sept. 2019) **« 7° Les aides personnelles au logement mentionnées à l'article L. 821-1 du code de la construction et de l'habitation ; »**

8° Les prestations visées à l'article L. 511-1 et au chapitre V du titre V du livre VII du code de la sécurité sociale, à l'exception de l'allocation d'éducation de l'enfant handicapé ;

9° La prime d'activité mentionnée à l'article L. 841-1 du code de la sécurité sociale.

III. — La contribution due sur les prestations visées aux 7°, 8° et 9° du II est précomptée par l'organisme débiteur dans les conditions prévues *(L. n° 2014-1554 du 22 déc. 2014, art. 7-V)* **« à l'article L. 131-1 du code de la sécurité sociale. »**

La contribution prévue au I est recouvrée et contrôlée dans les conditions et sous les garanties et sanctions visées à l'article L. 136-5 du code de la sécurité sociale.

IV. — Les prestations visées au 8° du II, à l'exception de l'allocation logement mentionnée aux articles L. 542-1 et L. 755-21 du code de la sécurité sociale, ne sont assujetties à la contribution qu'à compter du 1er janvier 1997.

Art. 15 **I. — Il est institué une contribution perçue à compter de 1996 et assise sur les revenus du patrimoine** *(L. n° 2018-1203 du 22 déc. 2018, art. 26-V-1°-a)* **« désignés aux I et I** ***bis*** **» de l'article L. 136-6 du code de la sécurité sociale perçus par les personnes** *(L. n° 2018-*

1203 du 22 déc. 2018, art. 26-V-1°-a) « redevables de la contribution prévue au même article L. 136-6 ». *(Abrogé par L. n° 2018-1203 du 22 déc. 2018, art. 26-V-1°-b) « Sont également soumis à cette contribution les revenus désignés au I bis de l'article L. 136-6 du code de la sécurité sociale. »*

Cette contribution est établie chaque année sur les revenus de l'année précédente, à l'exception de ceux ayant supporté la contribution prévue à l'article 16.

Toutefois, la contribution due sur les revenus de la première année d'imposition est assise sur les onze douzièmes des revenus de l'année 1995.

Elle est établie, recouvrée et contrôlée dans les conditions et selon les modalités prévues au III de l'article L. 136-6 du code de la sécurité sociale, à l'exception du troisième alinéa.

II. — La contribution est mise en recouvrement et exigible en même temps, le cas échéant, que la contribution sociale instituée par l'article L. 136-6 du code de la sécurité sociale. Il n'est pas procédé au recouvrement lorsque le montant total par article de rôle est inférieur à 61 euros.

III. — Sont également assujettis à la contribution dans les conditions et selon les modalités prévues aux I et II ci-dessus :

1° *Abrogé (L. n° 2011-1906 du 21 déc. 2011, art. 18-II-3° et III).*

2° Les sommes soumises à l'impôt sur le revenu en application des articles 168, 1649 A, 1649 AA, 1649 *quater* A, 1649 *quater*-0 B *bis* et 1649 *quater*-0 B *ter* du code général des impôts et L. 69 du livre des procédures fiscales ;

2° *bis* Les sommes soumises à l'impôt sur le revenu en application du 1° de l'article L. 66 du livre des procédures fiscales et qui ne sont pas assujetties à la contribution en vertu d'une autre disposition ;

3° Tous autres revenus perçus au titre des années définies au I, dont l'imposition est attribuée à la France par une convention internationale relative aux doubles impositions et qui n'ont pas supporté la contribution prévue à l'article 14.

Art. 16 I. — Il est institué, à compter du 1er février 1996, une contribution prélevée sur les produits de placement désignés aux I et I *bis* de l'article L. 136-7 du code de la sécurité sociale à l'exception de ceux ayant déjà supporté la contribution au titre des 3° et 4° du II de l'article L. 136-7 du code de la sécurité sociale *(L. n° 2018-1203 du 22 déc. 2018, art. 26-V-2°)* « et de ceux perçus par les personnes mentionnées au I *ter* du même article L. 136-7 ». Cette contribution est assise, recouvrée et contrôlée selon les modalités prévues aux V et VI du même article.

II. — Sont également soumis à la contribution mentionnée au I les produits de placement mentionnés au II de l'article L. 136-7 du code de la sécurité sociale pour la partie acquise à compter du 1er février 1996 et, le cas échéant, constatée à compter de la même date en ce qui concerne les placements visés *(L. n° 2013-1203 du 23 déc. 2013, art. 8-III-1° et V-A, en vigueur le 1er janv. 2014)* « au *a* du 3° et aux 4° à 9° du même II, *(L. n° 2014-1655 du 29 déc. 2014, art. 105-II)* « à compter du 1er janvier 1997 pour les placements mentionnés au *c* du 3° dudit II et, pour les faits générateurs intervenant à compter du 1er janvier 2014, pour les placements mentionnés au *b* du 3° du même II. » — *Le II de l'art. 105 de la L. n° 2014-1655 du 29 déc. 2014 s'applique aux prélèvements sociaux dus à raison des faits générateurs intervenant à compter du 1er janv. 2014 (L. préc., art. 105-V).*

Cette contribution est assise, recouvrée et contrôlée selon les modalités prévues aux III, III *bis* et V de l'article L. 136-7 du même code.

(L. n° 2013-1203 du 23 déc. 2013, art. 8-III-2°) « III. — Les III à VI du même article L. 136-7 sont applicables à la contribution mentionnée au I du présent article. » — *Les dispositions ci-dessus (III) de la L. n° 2013-1203 du 23 déc. 2013 s'appliquent aux faits générateurs intervenant à compter du 26 sept. 2013 (L. préc., art. 8-V). — Sur les modalités pratiques ainsi que sur l'application à Mayotte, V. L. n° 2013-1203 du 23 déc. 2013, art. 8-V-C et VI.*

L'assiette de la contribution définie à l'article 16 est celle définie au II de l'art. L. 136-7 du code de la sécurité sociale (L. n° 2013-1203 du 23 déc. 2013, art. 8-IV-1°).

Pour les plus-values réalisées à compter du 1er sept. 2013, V. égal. App., L. n° 2013-1278 du 29 déc. 2013, art. 27-III et IV.

V. égal. App., L. n° 2013-1279 du 29 déc. 2013, art. 9-III.

Art. 17 I. — Il est institué, à compter du 1er février 1996, une contribution à laquelle sont assujetties les ventes de métaux précieux, bijoux, objets d'art, de collection et d'antiquité soumises à la taxe prévue par l'article 150 VI du code général des impôts et réalisées par les personnes désignées au I de l'article 14.

II. — Cette contribution est assise, recouvrée et contrôlée dans les conditions et selon les modalités prévues aux articles 150 VI à 150 VK et 150 VM du code général des impôts.

Art. 18 *(L. n° 2019-486 du 22 mai 2019, art. 138-V-1° et VIII, en vigueur le 1er janv. 2020)* « I. – Il est institué une contribution sur le produit brut des jeux dans le cadre des jeux de loterie commercialisés en réseau physique de distribution et en ligne mentionnés au I de l'article 137 de la loi n° 2019-486 du 22 mai 2019 relative à la croissance et la transformation des entreprises. Cette contribution est assise sur le produit brut des jeux, constitué par la différence entre les sommes misées par les joueurs et les sommes versées ou à reverser aux gagnants. Les sommes engagées par les joueurs à compter du 1er janvier 2020 sont définies comme des sommes misées à compter de la date de réalisation du ou des événements sur lesquels repose le jeu, y compris celles apportées par l'opérateur à titre gracieux. Les sommes versées ou à reverser aux gagnants sont constituées de l'ensemble des gains en numéraire ou en nature versés ou à reverser aux joueurs à compter de la date de réalisation du ou des événements sur lesquels repose le jeu, à l'exclusion des sommes en numéraire ou en nature attribuées à titre gracieux à certains joueurs dans le cadre d'actions commerciales. »

(L. n° 2019-1479 du 28 déc. 2019, art. 28-IV-A et VI-A, en vigueur le 1er janv. 2020) « Pour le calcul de la contribution mentionnée au présent I, le montant du produit brut des jeux est multiplié par le rapport entre, d'une part, le montant des mises effectuées sur le jeu en France métropolitaine et dans les départements d'outre-mer et, d'autre part, le montant total des mises effectuées sur le jeu. »

Cette contribution est recouvrée et contrôlée selon les mêmes règles et sous les mêmes sûretés, privilèges et sanctions que *(L. n° 2019-486 du 22 mai 2019, art. 138-V-1° et VIII, en vigueur le 1er janv. 2020)* « le prélèvement prévu au I de l'article 138 de la loi n° 2019-486 du 22 mai 2019 relative à la croissance et la transformation des entreprises. »

II. – *Abrogé par L. n° 2010-476 du 12 mai 2010, art. 50-2°.*

III. – Sans préjudice des prélèvements existants, il est institué une contribution sur la totalité du produit brut des jeux réalisé à compter du 1er février 1996, dans les casinos régis par la loi du 15 juin 1907 relative aux casinos.

Cette contribution est recouvrée et contrôlée selon les mêmes règles et sous les mêmes sûretés, privilèges et sanctions que le prélèvement prévu à l'article 50 de la loi de finances pour 1991 (n° 90-1168 du 29 décembre 1990).

Ancien art. 18 *I. — Sans préjudice des prélèvements existants, il est institué une contribution sur une fraction des sommes misées, en France métropolitaine et dans les départements d'outre-mer, sur les jeux exploités par La Française des jeux pour les tirages et les émissions postérieurs au 1er février 1996. Cette fraction est égale à 25,5 % des sommes misées.*

Cette contribution est recouvrée et contrôlée selon les mêmes règles et sous les mêmes sûretés, privilèges et sanctions que le prélèvement prévu au I de l'article 48 de la loi de finances pour 1994 (n° 93-1352 du 30 décembre 1993).

II. — Abrogé par L. n° 2010-476 du 12 mai 2010, art. 50-2°.

III. — Sans préjudice des prélèvements existants, il est institué une contribution sur la totalité du produit brut des jeux réalisé à compter du 1er février 1996, dans les casinos régis par la loi du 15 juin 1907 relative aux casinos.

Cette contribution est recouvrée et contrôlée selon les mêmes règles et sous les mêmes sûretés, privilèges et sanctions que le prélèvement prévu à l'article 50 de la loi de finances pour 1991 (n° 90-1168 du 29 décembre 1990).

Art. 19 *(L. n° 2010-476 du 12 mai 2010, art. 50-3°)* Le taux des contributions instituées par les articles 14 à 17 est fixé à 0,5 %. *(L. n° 2019-1479 du 28 déc. 2019, art. 28-IV-B et VI-A, en vigueur le 1er janv. 2020)* « Le taux de la contribution instituée au I de l'article 18 est fixé à 2,2 %. Le taux de la contribution instituée au III de l'article 18 est fixé à 3 %. »

Loi n° 96-607 du 5 juillet 1996,

Relative à l'encouragement fiscal en faveur de la souscription de parts de copropriété de navires de commerce.

***Art. 2** I. –* Le fonds de placement quirataire est une copropriété qui a pour objet exclusif la souscription, conformément aux dispositions de l'article 238 *bis* HN du code général des impôts, des parts de copropriété de navires.

Ce fonds est autorisé à faire appel public à l'épargne dans les conditions prévues aux articles 37 à 40 de la loi n° 83-1 du 3 janvier 1983 sur le développement des investissements et la protection de l'épargne.

II. — Le fonds de placement quirataire est constitué à l'initiative d'une personne chargée de sa gestion et d'une société visée à l'article 36-1 de la loi n° 83-1 du 3 janvier 1983 précitée.

Cette société et cette personne établissent le règlement du fonds. La souscription ou l'acquisition de parts d'un fonds de placement quirataire emporte acceptation du règlement.

III. — Les dispositions du code civil relatives à l'indivision ne s'appliquent pas au fonds. Il en va de même des dispositions des articles 1871 à 1873 du code civil. Les porteurs de parts ou leurs ayants droit ne peuvent provoquer le partage du fonds. Les porteurs de parts ne sont tenus des dettes de la copropriété qu'à concurrence de l'actif du fonds et proportionnellement à leur quote-part.

Dans tous les cas où la législation des copropriétés maritimes exige l'indication des nom, prénoms et domicile des copropriétaires ainsi que pour toutes les opérations faites pour leur compte, la désignation du fonds de placement quirataire peut être valablement substituée à celle de tous les copropriétaires. Le gestionnaire du fonds représente le fonds à l'égard des tiers et peut agir en justice pour défendre ou faire valoir les droits ou intérêts des porteurs de parts.

IV. — Les sommes momentanément disponibles et en instance d'affectation peuvent être placées dans les conditions définies par décret.

Décret n° 97-237 du 14 mars 1997,

Relatif aux fonds communs de placement dans l'innovation (JO 16 mars). — V. CGI, Ann. III, art. 46 A I ter et 46 A I quater.

Art. 2 La proportion de 60 % mentionnée au premier alinéa de l'article 22-1 de la loi *[n° 88-1201]* du 23 décembre 1988 susvisée doit être atteinte au plus tard lors de la clôture de l'exercice suivant celui au cours duquel est souscrite la déclaration d'existence ou de transformation prévue au I de l'article 5. — *L'art. 22-1 mentionné ci-dessus est abrogé par l'art. 4 de l'Ord. n° 2000-1223 du 14 déc. 2000, et remplacé par l'art. L. 214-41 C. mon. fin.*

Lorsque les titres d'une société détenus par un fonds commun de placement dans l'innovation sont admis à la négociation sur un marché réglementé, ces titres continuent à être pris en compte pour le calcul de la proportion mentionnée au premier alinéa pendant une durée de cinq ans à compter de la date de l'admission.

Les augmentations de capital d'un fonds commun de placement dans l'innovation résultant de souscriptions nouvelles n'ayant pas été précédées d'annulations de parts ne sont prises en compte pour le calcul de la proportion mentionnée au premier alinéa qu'à compter de l'inventaire de clôture de l'exercice suivant celui au cours duquel elles sont réalisées.

Art. 3 *(Abrogé par Décr. n° 2005-1007 du 2 août 2005, art. 5-106°) « A chaque inventaire semestriel, la société de gestion d'un fonds commun de placement dans l'innovation ou le dépositaire des actifs de ce fonds agissant pour le compte de la société de gestion s'assure que les sociétés dont les titres ou avances en compte courant sont retenus pour le calcul de la proportion mentionnée à l'art. 2 remplissent, à la date de clôture de leur dernier exercice précédant l'inventaire, les conditions posées à l'art. L. 214-41 du code monétaire et financier. »*

Lorsqu'une de ces sociétés cesse de remplir l'une des conditions mentionnées à l'alinéa précédent, les titres de cette société ainsi que les avances en compte courant continuent à être pris en compte dans le calcul de la proportion mentionnée à l'article 2 pour l'établissement de l'inventaire semestriel de l'actif du fonds au titre duquel le non-respect de l'une de ces conditions a été constaté.

Loi n° 97-1051 du 18 novembre 1997,

D'orientation sur la pêche maritime et les cultures marines.

Art. 21 I. — La société de pêche artisanale est une société soumise au régime d'imposition des sociétés de personnes ou une société à responsabilité limitée et dont 100 % des droits sociaux et des droits de vote sont détenus par un ou des pêcheurs qui en assurent en droit la direction et sont embarqués sur le ou les deux navires dont la société est totalement propriétaire ou copropriétaire majoritaire, ou qu'elle détient en copropriété avec un armement coopératif ou une société visée à l'article 238 *bis* HP du code général des impôts agréés dans le cadre d'une accession progressive à la propriété dans un délai qui ne peut excéder dix ans. Pour l'application du présent article, les parts détenues par les ascendants, descendants ou conjoints des marins pêcheurs sont assimilées à celles détenues par ces derniers.

……………………………………………………………………………………………

Décret n° 98-584 du 9 juillet 1998,

Portant mise en œuvre de l'article 21-2 de la directive 92/12/CEE modifiée du Conseil du 25 février 1992 relative au régime général, à la détention, à la circulation et aux contrôles des produits soumis à accises.

Art. 1er Les opérateurs des États membres de la Communauté européenne autres que la France désirant recevoir, détenir et apposer des capsules représentatives de droits sur les bouteilles ou les récipients de vin tranquille, vin mousseux et boissons fiscalement assimilées aux vins destinés à être mis à la consommation en France métropolitaine doivent en faire la demande à la direction générale des douanes et droits indirects, afin que leur soit délivré, sur justification de leur qualité d'entrepositaire agréé, un numéro d'agrément dont les caractéristiques sont définies par arrêté du ministre chargé du budget.

Art. 2 Avant mise en fabrication des capsules, dont le modèle est agréé dans les conditions définies par arrêté du ministre du budget, le fabricant agréé fait viser par l'administration des douanes et droits indirects les bons de commande établis par l'entrepositaire agréé dans les conditions prévues par un arrêté du ministre chargé du budget. – *V. Arr. du 9 juill. 1998 (JO 11 juill.).*

Art. 3 Les capsules représentatives de droits sont expédiées par le fabricant à l'entrepositaire agréé établi dans un État membre de la Communauté européenne autre que la France sous couvert d'un acquit-à-caution qui est déchargé au vu de l'accusé de réception rempli par le destinataire. A défaut d'apurement dans les quatre mois après l'émission de l'acquit, le droit représenté par les capsules est perçu auprès du fabricant.

Art. 4 Les capsules représentatives de droits destinées à être apposées dans des États membres de la Communauté européenne autres que la France sont conformes aux couleurs et mentions définies par arrêté du ministre chargé du budget.

Art. 5 Les bouteilles ou récipients revêtus de capsules représentatives de droits apposées dans des États membres de la Communauté européenne autres que la France circulent, à destination des personnes définies aux articles 302 G à 302 I du code général des impôts établies en France métropolitaine, sous couvert d'un document d'accompagnement établi par l'expéditeur dont le modèle est fixé par le règlement (CEE) modifié n° 2719/92 de la Commission du 11 septembre 1992.

Le destinataire des produits repris au premier alinéa les allotit séparément des autres boissons. Les droits indirects sur les boissons relevant du régime fiscal du vin sont exigibles et recouvrés dans les conditions fixées par les articles 302 D à 302 V du code général des impôts.

Art. 6 Le présent décret entrera en application le 1er septembre 1998.

Loi n° 98-1267 du 30 décembre 1998,

De finances rectificative pour 1998 (JO 31 déc.).

Art. 18 I. – Sous réserve des décisions de justice passées en force de chose jugée, les impositions en matière d'impôts directs locaux et de taxes perçues sur les mêmes bases, calculées à partir de tarifs ou d'éléments d'évaluation arrêtés avant le 1er janvier 1999, sont réputées régulières en tant que leur légalité est contestée sur le fondement de l'absence de preuve de l'affichage en mairie de ces tarifs ou éléments d'évaluation.

II. – La publication de l'instruction générale du 31 décembre 1908 sur l'évaluation des propriétés non bâties au *Bulletin officiel* des contributions directes de 1909 a pour effet de la rendre opposable aux tiers.

Sous réserve des décisions de justice passées en force de chose jugée, ces dispositions s'appliquent aux litiges en cours.

....

Arrêté du 29 mars 1999,

Pris pour l'application de l'article 2 terdecies de l'annexe III au code général des impôts et relatif au classement des communes par zone.

Art. 1er Les zones mentionnées (*Arr. du 19 déc. 2003, art. 1er*) « à l'article 2 *terdecies* » de l'annexe III au code général des impôts sont définies comme suit :

1. La zone I *bis* est composée de Paris et de ses communes limitrophes. Ces communes sont : Aubervilliers, Bagnolet, Boulogne-Billancourt, Charenton-le-Pont, Clichy, Fontenay-sous-Bois, Gentilly, Issy-les-Moulineaux, Ivry-sur-Seine, Joinville-le-Pont, Le Kremlin-Bicêtre, Les Lilas, Le Pré-Saint-Gervais, Levallois-Perret, Malakoff, Montreuil, Montrouge, Neuilly-sur-Seine, Nogent-sur-Marne, Pantin, Puteaux, Saint-Cloud, Saint-Denis, Saint-Mandé, Saint-Maurice, Saint-Ouen, Suresnes, Vanves, Vincennes ;

2. La zone I est composée des communes appartenant à la zone I figurant en annexe à l'arrêté du 17 mars 1978 relatif au classement des communes par zones géographiques, à l'exception des communes mentionnées au 1 du présent arrêté ;

3. La zone II est composée des communes appartenant à la zone II figurant en annexe à l'arrêté du 17 mars 1978 précité ;

4. La zone III est composée des communes situées en France ou dans les départements d'outre-mer qui ne sont pas comprises dans les zones I *bis*, I ou II.

Les zones mentionnées à l'article 2 *terdecies* de l'annexe III au code général des impôts sont définies comme suit :

1. La zone I *bis* est composée de Paris et de ses communes limitrophes. Ces communes sont : Aubervilliers, Bagnolet, Boulogne-Billancourt, Charenton-le-Pont, Clichy, Fontenay-sous-Bois, Gentilly, Issy-les-Moulineaux, Ivry-sur-Seine, Joinville-le-Pont, Le Kremlin-Bicêtre, Les Lilas, Le Pré-Saint-Gervais, Levallois-Perret, Malakoff, Montreuil, Montrouge, Neuilly-sur-Seine, Nogent-sur-Marne, Pantin, Puteaux, Saint-Cloud, Saint-Denis, Saint-Mandé, Saint-Maurice, Saint-Ouen, Suresnes, Vanves, Vincennes ;

2. La zone I est composée des communes appartenant à la zone I figurant en annexe à l'arrêté du 17 mars 1978 relatif au classement des communes par zones géographiques, à l'exception des communes mentionnées au 1 du présent arrêté ;

3. La zone II est composée des communes appartenant à la zone II figurant en annexe à l'arrêté du 17 mars 1978 précité ;

4. La zone III est composée des communes situées en France ou dans les départements d'outre-mer qui ne sont pas comprises dans les zones I *bis*, I ou II.

V. Arr. du 19 déc. 2003 (JO 21 déc.), pris en application des art. 2 duodecies, 2 duodecies A, 2 terdecies A, 2 quindecies B et 2 quindecies C de l'annexe III au CGI et relatif au classement des communes par zones, aux rubriques des états descriptifs et aux performances techniques des logements acquis pour être réhabilités.

Arrêté du 31 août 2000,

Art. 1er à 6 *V. art. 17 quinquies A, 170 quinquies, 170 sexies, 170 septies, 170 septies F, 170 octies.*

Art. 7 Les directions de contrôle fiscal se substituent aux directions régionales des impôts de leur ressort dans leurs attributions de contrôle fiscal et de juridiction contentieuse et gracieuse. En région d'Île-de-France, la direction de contrôle fiscal d'Île-de-France Est et la direction de contrôle fiscal d'Île-de-France Ouest se substituent à la délégation régionale pour la région d'Île-de-France, à la direction des vérifications de la région d'Île-de-France Est et à la direction des vérifications de la région d'Île-de-France Ouest dans leurs attributions de contrôle fiscal et de juridiction contentieuse et gracieuse.

Art. 8 Les dispositions du présent arrêté s'appliquent aux demandes d'agrément déposées à compter du 1er septembre 2000 ainsi qu'aux demandes antérieures sur lesquelles il n'a pas encore été statué.

A compter de cette date, les directeurs des services fiscaux du département au chef-lieu duquel est localisée une direction de contrôle fiscal et le directeur chargé de la direction spécialisée des impôts pour la région d'Île-de-France et pour Paris sont respectivement compétents pour prononcer le retrait des agréments délivrés jusqu'au 31 août 2000 par les directeurs régionaux des impôts et par le directeur des services fiscaux de la Corse-du-Sud pour les départements de Corse et par le délégué régional pour la région d'Île-de-France.

Loi n° 2001-602 du 9 juillet 2001,

D'orientation sur la forêt (JO 11 juill.).

Art. 9 I. — Sont créés deux dispositifs financiers destinés à favoriser l'investissement forestier.

II. — Ouvrent droit à une réduction de l'impôt sur le revenu au titre du dispositif d'encouragement fiscal à l'investissement en forêt dans les conditions définies au III :

— l'acquisition de terrains en nature de bois ou de terrains nus à boiser ;

— l'acquisition ou la souscription de parts d'intérêt de groupements forestiers ;
— l'acquisition ou la souscription de parts de sociétés d'épargne forestière.

III., IV. et V *(paragraphes modificateurs)*.

VI. — *(L. n° 2006-1666 du 21 déc. 2006, art. 94)* « Il est créé un Fonds d'épargne forestière destiné aux collectivités territoriales, aux syndicats intercommunaux de gestion forestière, aux syndicats mixtes de gestion forestière, aux groupements syndicaux forestiers et aux sections de communes, propriétaires de forêts, qui décident de déposer des ressources de ventes de bois ou d'autres produits de leurs forêts sur un compte individualisé. » Le dépôt de ces sommes pour une période minimale ouvre droit à leur rémunération par des produits financiers, ainsi qu'à l'obtention d'un prêt. Les ressources tirées du fonds sont dédiées exclusivement à l'investissement forestier.

Directive 2003/49/CE du Conseil du 3 juin 2003

Concernant un régime fiscal commun applicable aux paiements d'intérêts et de redevances effectués entre des sociétés associées d'États membres différents (Journal officiel n° L 157 du 26/06/2003, p. 0049 - 0054).

Art. 1er *Champ d'application et procédure.*

1. Les paiements d'intérêts et de redevances échus dans un État membre sont exonérés de toute imposition, retenue à la source ou recouvrée par voie de rôle, dans cet État d'origine, lorsque le bénéficiaire des intérêts ou redevances est une société d'un autre État membre ou un établissement stable, situé dans un autre État membre, d'une société d'un État membre.

2. Un paiement effectué par une société d'un État membre ou par un établissement stable situé dans un autre État membre est réputé échu dans cet État membre, ci-après dénommé "État d'origine".

3. Un établissement stable n'est considéré comme payeur d'intérêts ou de redevances que si les paiements concernés constituent, dans l'État membre dans lequel il est situé, une charge fiscalement déductible pour cet établissement stable.

4. Une société d'un État membre n'est considérée comme bénéficiaire des intérêts ou des redevances que si elle les perçoit pour son compte propre et non comme représentant, par exemple comme administrateur fiduciaire ou signataire autorisé, d'une autre personne.

5. Un établissement stable n'est considéré comme bénéficiaire des intérêts ou des redevances que :

a) si la créance, le droit ou l'utilisation d'informations générateurs d'intérêts ou de redevances se rattachent effectivement à cet établissement, et

b) si les paiements d'intérêts et de redevances constituent des recettes auxquelles est applicable, dans l'État membre où cet établissement stable se situe, l'un des impôts mentionnés à l'article 3, point a) iii), ou, dans le cas de la Belgique, l'"impôt des non-résidents/belasting der niet-verblijfhouders" ou, dans le cas de l'Espagne, l'"*Impuesto sobre la Renta de no Residentes*", ou un impôt de nature identique ou analogue qui serait établi après la date d'entrée en vigueur de la présente directive et qui s'ajouterait à ces impôts actuels ou les remplacerait.

6. Lorsqu'un établissement stable d'une société d'un État membre est considéré comme payeur ou bénéficiaire d'intérêts ou de redevances, aucune autre partie de la société n'est considérée comme payeur ou bénéficiaire des intérêts ou redevances concernés au sens du présent article.

7. Le présent article n'est applicable que lorsque la société qui a payé les intérêts et les redevances ou la société dont l'établissement stable est considéré comme ayant payé les intérêts et les redevances est une société associée de la société qui est bénéficiaire des paiements en question ou dont l'établissement stable est considéré comme étant bénéficiaire des intérêts ou des redevances en question.

8. Le présent article n'est pas applicable lorsque des intérêts ou des redevances sont payés par ou à un établissement stable, situé dans un État tiers, d'une société d'un État membre et que l'activité de la société est exercée entièrement ou partiellement par cet établissement stable.

9. Le présent article n'empêche pas un État membre de tenir compte, lors de l'application de son droit fiscal, des intérêts et des redevances perçus par ses sociétés, les établissements stables de ses sociétés ou par des établissements stables situés dans cet État membre.

10. Un État membre a la faculté de ne pas appliquer la présente directive à une société d'un autre État membre ou à un établissement stable d'une société d'un autre État membre lorsque les conditions prévues à l'article 3, point b), n'ont pas été remplies pendant une période ininterrompue d'au moins deux ans.

11. L'État d'origine peut exiger que, au moment du paiement des intérêts ou des redevances, le respect des conditions définies dans le présent article et l'article 3 soit prouvé au

moyen d'une attestation. S'il n'est pas prouvé au moment du paiement que les conditions définies dans le présent article sont remplies, l'État membre est libre de demander une retenue à la source.

12. L'État membre d'origine peut subordonner l'exonération prévue par la présente directive au fait qu'il a rendu une décision qui accorde actuellement l'exonération à la suite d'une attestation certifiant que les conditions exigées dans le présent article et l'article 3 sont remplies. Une décision d'exonération est rendue au plus tard dans les trois mois suivant la production de l'attestation et des informations justificatives que l'État d'origine peut raisonnablement demander, et est valable pour une période d'un an au moins après qu'elle a été rendue.

13. Aux fins de l'application des paragraphes 11 et 12, l'attestation à fournir doit, pour chaque contrat de paiement, être valable pour une durée d'un an au moins mais de trois ans au maximum à compter de la date à laquelle elle a été établie et doit contenir les informations suivantes :

a) la preuve du lieu de résidence fiscal de la société bénéficiaire et, au besoin, la preuve de l'existence d'un établissement stable certifiée par l'administration fiscale de l'État membre dans lequel la société bénéficiaire a sa résidence fiscale ou dans lequel l'établissement stable est situé ;

b) l'indication de la qualité de bénéficiaire de la société en question conformément au paragraphe 4 ou une indication que les conditions visées au paragraphe 5 sont remplies lorsque le bénéficiaire du paiement est un établissement stable ;

c) l'indication que les conditions visées à l'article 3, point a) iii), sont remplies par la société bénéficiaire ;

d) l'indication de la détention d'une participation minimale ou d'un nombre minimal de droits de vote conformément à l'article 3, point b) ;

e) l'indication de la date depuis laquelle la participation visée au point d) existe.

Les États membres peuvent, en outre, demander la justification juridique des paiements effectués au titre du contrat (par exemple, contrat de prêt ou contrat de licence).

14. Si les conditions requises pour l'exonération ne sont plus remplies, la société bénéficiaire ou l'établissement stable en informe immédiatement la société ou l'établissement stable prestataire et, si l'État d'origine l'exige, l'autorité compétente de cet État.

15. Si la société ou l'établissement stable prestataire a retenu à la source un impôt devant faire l'objet d'une exonération au titre du présent article, une demande de remboursement peut être introduite pour ce prélèvement à la source. L'État membre peut réclamer les informations visées au paragraphe 13. La demande de remboursement doit être présentée dans le délai fixé. Ce délai est de deux ans au moins à partir de la date à laquelle les intérêts ou les redevances sont payés.

16. L'État d'origine rembourse l'excédent d'impôt retenu à la source dans un délai d'un an à compter de la réception de la demande et des informations justificatives qu'il peut raisonnablement demander. Si l'impôt retenu à la source n'a pas été remboursé dans ce délai, la société bénéficiaire ou l'établissement stable a droit, à l'expiration de ce délai d'un an, à des intérêts sur l'impôt qui est remboursé à un taux correspondant au taux d'intérêt national applicable dans des cas comparables en vertu de la législation nationale de l'État d'origine.

Art. 2 *Définition des intérêts et des redevances.*

Aux fins de la présente directive, on entend par :

a) "intérêts" : les revenus des créances de toute nature, assorties ou non de garanties hypothécaires ou d'une clause de participation aux bénéfices du débiteur, et notamment les revenus d'obligations ou d'emprunts, y compris les primes et lots attachés à ces obligations ou emprunts. Les pénalités pour paiement tardif ne sont pas considérées comme des intérêts ;

b) "redevances" : les paiements de toute nature reçus à titre de rémunération pour l'usage ou la concession de l'usage d'un droit d'auteur sur une œuvre littéraire, artistique ou scientifique, y compris les films cinématographiques et les logiciels informatiques, d'un brevet, d'une marque de fabrique ou de commerce, d'un dessin ou d'un modèle, d'un plan, d'une formule ou d'un procédé secret, ainsi que pour des informations ayant trait à une expérience acquise dans le domaine industriel, commercial ou scientifique. Les paiements reçus pour l'usage ou la concession de l'usage d'un droit concernant des équipements industriels, commerciaux ou scientifiques sont considérés comme des redevances.

Art. 3 *Définition d'une société associée d'une autre société et d'un établissement stable d'une société.*

Aux fins de la présente directive :

a) on entend par "société d'un État membre" toute société :

i) qui présente l'une des formes énumérées à l'annexe, et

ii) qui est considérée, en vertu de la législation fiscale d'un État membre, comme y ayant sa résidence fiscale et qui, aux termes d'une convention en matière de double imposition sur le revenu conclue avec un État tiers, n'est pas considérée comme ayant sa résidence fiscale en dehors de la Communauté, et

iii) qui est assujettie à l'un des impôts énumérés ci-dessous sans bénéficier d'une exonération, ou à tout impôt de nature identique ou analogue qui serait établi après la date d'entrée en vigueur de la présente directive et qui se substituerait à l'un des impôts existants ou qui s'y ajouterait :

– "impôt des sociétés/vennootschapsbelasting" en Belgique,
– "selskabsskat" au Danemark,
– "Körperschaftsteuer" en Allemagne,
– "φόβος εισοδήματος νομικών προσώπων" en Grèce,
– "impuesto sobre sociedades" en Espagne,
– "impôt sur les sociétés" en France,
(Dir. n° 2013/13/UE du 13 mai 2013) « – "porez na dobit" en Croatie, » – *Les présentes dispositions de la Dir. n° 2013/13/UE du 13 mai 2013 entrent en vigueur sous réserve et à la date d'entrée en vigueur du traité d'adhésion de la Croatie (Dir. préc., art. 3).*
– "corporation tax" en Irlande,
– "imposta sul reddito delle persone giuridiche" en Italie,
– "impôt sur le revenu des collectivités" au Luxembourg,
– "vennootschapsbelasting" aux Pays-Bas,
– "Körperschaftsteuer" en Autriche,
– "imposto sobre o rendimento das pessoas colectivas" au Portugal,
– "yhteisöjen tulovero/inkomstskatten för samfund" en Finlande,
– "statlig inkomstskatt" en Suède,
– "corporation tax" au Royaume-Uni ;
(Dir. n° 2004/66/CE du 26 avr. 2004) « – "Daň z příjmů právnických osob" dans la république tchèque,
« – "Tulumaks" en Estonie,
« – "φόρος εισοδήματος" à Chypre,
« – "Uzņēmumu ienākuma nodoklis" en Lettonie,
« – "Pelno mokestis" en Lituanie,
« – "Társasági adó" en Hongrie,
« – "Taxxa fuq l-income" à Malte,
« – "Podatek dochodowy od osób prawnych" en Pologne,
« – "Davek od dobička pravnih oseb" en Slovénie,
« – "Daň z prijmov právnických osôb" en Slovaquie,»
(Dir. n° 2006/98/CE du 20 nov. 2006) « – корпоративен данък en Bulgarie,
« – impozit pe profit, impozitul pe veniturile obţinute din România de nerezidenţi en Roumanie,»

b) la qualité de "société associée" d'une autre société est reconnue, au moins, à toute société

i) lorsqu'elle détient une participation directe d'au moins 25 % dans le capital de l'autre société, ou

ii) lorsque l'autre société détient une participation directe d'au moins 25 % dans son capital, ou

iii) lorsqu'une troisième société détient une participation directe d'au moins 25 % dans son capital et dans le capital de l'autre société.

Les participations ne peuvent concerner que des sociétés établies dans la Communauté.

Les États membres ont toutefois la faculté de remplacer le critère de la participation minimale dans le capital par un critère de détention minimale de droits de vote ;

c) on entend par "établissement stable" toute installation fixe d'affaires située dans un État membre dans laquelle l'activité d'une société d'un autre État membre est exercée en tout ou partie.

Art. 4 *Exclusion de certains paiements en tant qu'intérêts ou redevances.*

1. L'État membre d'origine n'est pas tenu de faire bénéficier des avantages de la présente directive dans les cas suivants :

a) les paiements assimilés à des distributions de bénéfices ou à un remboursement de capital en vertu de la législation de l'État d'origine ;

b) les paiements résultant de créances assorties d'une clause de participation aux bénéfices du payeur ;

c) les paiements résultant de créances habilitant le créancier à échanger son droit aux intérêts contre un droit de participation aux bénéfices du payeur ;

d) les paiements résultant de créances ne prévoyant pas le remboursement du principal ou pour lesquelles le remboursement est dû plus de 50 ans après la date d'émission.

2. Lorsqu'en raison des relations spéciales existant entre le payeur et le bénéficiaire effectif des intérêts ou des redevances, ou de celles que l'un et l'autre entretiennent avec un tiers, le montant des intérêts ou des redevances excède le montant dont seraient convenus le payeur et le bénéficiaire effectif en l'absence de telles relations, les dispositions de la présente directive ne s'appliquent qu'à ce dernier montant.

Art. 5 *Fraudes et abus.*

1. La présente directive ne fait pas obstacle à l'application des dispositions nationales ou des dispositions fondées sur des conventions, qui sont nécessaires pour prévenir les fraudes ou les abus.

2. Les États membres peuvent, dans le cas d'opérations dont l'objectif principal ou l'un des objectifs principaux est la fraude ou l'évasion fiscales ou les abus, retirer le bénéfice de la présente directive ou refuser d'appliquer celle-ci.

Art. 6 *(Dir. nº 2004/76/CE du 29 avr. 2004)* ***Mesures transitoires en faveur de la République tchèque, de la Grèce, de l'Espagne, de la Lettonie, de la Lituanie, de la Pologne, du Portugal et de la Slovaquie.***

1. La Grèce, la Lettonie, la Pologne et le Portugal sont autorisés à ne pas appliquer l'article 1er jusqu'à la date d'application indiquée à l'article 17, paragraphes 2 et 3, de la directive 2003/48/CE du Conseil du 3 juin 2003 en matière de fiscalité des revenus de l'épargne sous forme de paiements d'intérêt*. Pendant une période transitoire prenant fin huit ans à partir de cette date, le taux de l'impôt appliqué aux paiements d'intérêts ou de redevances effectués au profit d'une société associée d'un autre État membre ou d'unétablissement stable d'une société associée d'un État membre situé dans un autre État membre ne peut pas dépasser 10 % pendant les quatre premières années et 5 % pendant les quatre dernières années.

La Lituanie est autorisée à ne pas appliquer l'article 1er jusqu'à la date d'application indiquée à l'article 17, paragraphes 2 et 3, de la directive 2003/48/CE du Conseil du 3 juin 2003 en matière de fiscalité des revenus de l'épargne sous forme de paiements d'intérêts**. Pendant une période transitoire prenant fin six ans à partir de cette date, le taux de l'impôt appliqué aux paiements de redevances effectués au profit d'une société associée d'un autre État membre ou d'un établissement stable d'une société associée d'un État membre situé dans un autre État membre ne peut pas dépasser 10 %. Le taux de l'impôt appliqué aux paiements d'intérêts effectués au profit d'une société associée d'un autre État membre ou d'un établissement stable situé dans un autre État membre ne peut pas dépasser 10 % pendant les quatre premières années de la période de transition de six ans et, pendant les deux années suivantes, le taux de l'impôt sur ces paiements d'intérêts ne peut pas dépasser 5 %.

L'Espagne et la République tchèque sont autorisées, uniquement pour ce qui concerne les paiements de redevances, à ne pas appliquer l'article 1er jusqu'à la date d'application indiquée à l'article 17, paragraphes 2 et 3, de la directive 2003/48/CE. Pendant une période transitoire prenant fin six ans à partir de cette date, le taux de l'impôt appliqué aux paiements de redevances effectués au profit d'une société associée d'un autre État membre ou d'un établissement stable d'une société associée d'un État membre situé dans un autre État membre ne peut pas dépasser 10 %. La Slovaquie est autorisée, uniquement pour ce qui concerne les paiements de redevances, à ne pas appliquer les dispositions de l'article 1er pendant une période de transition de deux ans commençant le 1er mai 2004.

Ces mesures transitoires sont toutefois subordonnées à l'application durable de tout taux d'impôt inférieur à ceux indiqués aux premier, deuxième et troisième alinéas prévu par les conventions bilatérales conclues entre la République tchèque, la Grèce, l'Espagne, la Lettonie, la Lituanie, la Pologne, le Portugal ou la Slovaquie et d'autres États membres. Avant la fin des périodes transitoires visées au présent paragraphe, le Conseil peut décider à l'unanimité, sur proposition de la Commission, de proroger éventuellement les périodes transitoires prévues.

2. Lorsqu'une société d'un État membre ou un établissement stable, situé dans cet État membre, d'une société d'un État membre :

– reçoit des intérêts ou des redevances d'une société associée de Grèce, de Lettonie, de Lituanie, de Pologne ou du Portugal,

– reçoit des redevances d'une société associée de la République tchèque, d'Espagne ou de Slovaquie,

– reçoit des intérêts ou des redevances d'un établissement stable d'une société associée d'un État membre situé en Grèce, en Lettonie, en Lituanie, en Pologne ou au Portugal, ou

– reçoit des redevances d'un établissement stable d'une société associée d'un État membre situé en République tchèque, en Espagne ou en Slovaquie, le premier État membre accorde, sur l'impôt grevant le revenu de la société ou de l'établissement stable qui a reçu ces revenus, une réduction égale à l'impôt payé en République tchèque, en Grèce, en Espagne, en Lettonie, en Lituanie, en Pologne, au Portugal ou en Slovaquie sur ces revenus conformément au paragraphe 1.

3. La réduction d'impôt prévue au paragraphe 2 ne peut dépasser le plus faible des deux montants suivants :

a) l'impôt dû en République tchèque, en Grèce, en Espagne en Lettonie, en Lituanie, en Pologne, au Portugal ou en Slovaquie sur de tels revenus conformément au paragraphe 1, ou

b) la fraction de l'impôt dû par la société ou l'établissement stable bénéficiaire des intérêts ou des redevances, calculé avant la réduction d'impôt, correspondant à ces revenus selon la législation nationale de l'État membre dont relève la société ou dans lequel l'établissement stable est situé.

(* L 157 du 26.6.2003, p. 38.)

(** L 157 du 26.6.2003, p. 38.)

Dir. n° 2004/76/CE du 29 avr. 2004, art. 2 :

« 1. Les États membres mettent en vigueur les dispositions législatives, réglementaires et administratives nécessaires pour se conformer à la présente directive au plus tard à la date de son entrée en vigueur. Ils communiquent immédiatement le texte de ces dispositions à la Commission, ainsi qu'un tableau de concordance entre celles-ci et la présente directive. Lorsque les États membres adoptent ces dispositions, celles-ci contiennent une référence à la présente directive ou sont accompagnées d'une telle référence lors de leur publication officielle. Les modalités de cette référence sont arrêtées par les États membres.

« 2. Les États membres communiquent à la Commission le texte des dispositions essentielles de droit interne qu'ils adoptent dans le domaine régi par la présente directive. »

Art. 7 *Mise en œuvre.*

1. Les États membres mettent en vigueur les dispositions législatives, réglementaires et administratives nécessaires pour se conformer à la présente directive au plus tard le 1er janvier 2004. Ils en informent immédiatement la Commission.

Lorsque les États membres adoptent ces dispositions, celles-ci contiennent une référence à la présente directive ou sont accompagnées d'une telle référence lors de leur publication officielle. Les modalités de cette référence sont arrêtées par les États membres.

2. Les États membres communiquent à la Commission le texte des dispositions essentielles de droit interne qu'ils adoptent dans le domaine régi par la présente directive, ainsi qu'un tableau de correspondance entre les dispositions de la présente directive et les dispositions nationales adoptées.

Art. 8 *Réexamen.*

Au plus tard le 31 décembre 2006, la Commission fait rapport au Conseil sur l'application de la présente directive, notamment en vue d'en étendre le champ d'application à des sociétés ou à des entreprises autres que celles indiquées à l'article 3 et dans l'annexe.

Art. 9 *Clause de délimitation.*

La présente directive n'affecte pas l'application de dispositions nationales ou de dispositions fondées sur une convention, qui vont au-delà des dispositions de la présente directive et visent à éliminer ou à atténuer la double imposition des intérêts et des redevances dans l'État d'origine.

Art. 10 *Entrée en vigueur.* La présente directive entre en vigueur le jour de sa publication au *Journal officiel de l'Union européenne.*

Art. 11 *Destinataires de la directive.*

ANNEXE

LISTE DES SOCIÉTÉS VISÉES À L'ARTICLE 3, POINT A), DE LA DIRECTIVE

a) Les sociétés de droit belge dénommées "naamloze vennootschap"/"société anonyme", "commanditaire vennootschap op aandelen"/"société en commandite par action", "besloten vennootschap met beperkte aansprakelijkheid"/"société privée à responsabilité limitée", ainsi que les entités de droit public qui opèrent sous le régime du droit privé ;

(Dir. n° 2006/98/CE du 20 nov. 2006) « aa) les sociétés de droit bulgare dénommées : "ñúáèpàòåëíîò äpóæåñòâî", "командитното дружество", "дружеството с ограничена ограничена отговорност", "акционерното дружество", "командитното дружество с акции", "кооперадии", "кооперативни съюзи", "държавни предприятия" constituées conformément au droit bulgare et exerçant des activités commerciales ;

« ab) les sociétés de droit roumain dénommées : "societăţi pe acţiuni", "societăţi în comandită pe acţiuni", "societăi cu răspundere limitată". »

b) les sociétés de droit danois dénommées "aktieselskab" et "anpartsselskab" ;

c) les sociétés de droit allemand dénommées "Aktiengesellschaft", "Kommanditgesellschaft auf Aktien", "Gesellschaft mit beschränkter Haftung" et "bergrechtliche Gewerkschaft" ;

d) les sociétés de droit hellénique dénommées "ανώνυμη εταιρία" ;

e) les sociétés de droit espagnol dénommées "sociedad anónima", "sociedad comanditaria por acciones", "sociedad de responsabilidad limitada", ainsi que les entités de droit public qui opèrent sous le régime du droit privé ;

f) les sociétés de droit français dénommées "société anonyme", "société en commandite par actions", "société à responsabilité limitée", ainsi que les établissements et les entreprises publics à caractère industriel et commercial ;

g) les sociétés de droit irlandais dénommées "public companies limited by shares or by guarantee", "private companies limited by shares or by guarantee", les établissements enregistrés sous le régime des "Industrial and Provident Societies Acts", ou les "building societies" enregistrées sous le régime des "Building Societies Acts" ;

h) les sociétés de droit italien dénommées "società per azioni", "società in accomandita per azioni", "società a responsabilità limitata", ainsi que les entités publiques et privées qui exercent des activités industrielles et commerciales ;

i) les sociétés de droit luxembourgeois dénommées "société anonyme", "société en commandite par actions" et "société à responsabilité limitée" ;

j) les sociétés de droit néerlandais dénommées "naamloze vennootschap" et "besloten vennootschap met beperkte aansprakelijkheid" ;

k) les sociétés de droit autrichien dénommées "Aktiengesellschaft" et "Gesellschaft mit beschränkter Haftung" ;

l) les sociétés commerciales ou sociétés civiles de forme commerciale, ainsi que les coopératives et les entreprises publiques qui sont constituées conformément au droit portugais ;

m) les sociétés de droit finlandais dénommées "osakeyhtiö/aktiebolag", "osuuskunta/andelsbolag", "säästöpankki/sparbank" et "vakuutusyhtiö/försäkringsbolag" ;

n) les sociétés de droit suédois dénommées "aktiebolag" et "försäkringsaktiebolag" ;

o) les société constituées conformément au droit du Royaume-Uni.

(Dir. n° 2004/66 du 26 avr. 2004) « *p)* les sociétés de droit tchèque dénommées "akciová společnost", "společnost s ručením omezeným", "veřejná obchodní společnost", "komanditní společnost", "družstvo"

q) les sociétés de droit estonien dénommées "täisühing", "usaldusühing", "osaühing", "aktsiaselts", "tulundusühistu" ;

r) les sociétés de droit chypriote dénommées sociétés constituées conformément au droit des sociétés, organismes publics ainsi que tout autre organisme assimilé à une société par la législation relative à l'impôt sur le revenu ;

q) les sociétés de droit estonien dénommées "täisühing", "usaldusühing", "osaühing", "aktsiaselts", "tulundusühistu" ;

r) les sociétés de droit chypriote dénommées sociétés constituées conformément au droit des sociétés, organismes publics ainsi que tout autre organisme assimilé à une société par la législation relative à l'impôt sur le revenu ;

s) les sociétés de droit letton dénommées "akciju sabiedrība", "sabiedrība ar ierobežotu atbildību" ;

t) les sociétés constituées conformément au droit de la Lituanie ;

u) les sociétés de droit hongrois dénommées "közkereseti társaság", "betéti társaság", "közös vállalat", "korlátolt felelösségü társaság", "részvénytársaság", "egyesülés", "közhasznú társaság", "szövetkezet" ;

v) les sociétés de droit maltais dénommées "Kumpaniji ta'Responsabilita'Limitata", "Soċjetajiet in akkomandita li l-kapital tagħhom maqsum f'azzjonijiet";

w) les sociétés de droit polonais dénommées "spółka akcyjna", "spółka z ograniczoną odpowiedzialnością" ;

x) les sociétés de droit slovène dénommées "delniška družba», "komanditna delniška družba", "komanditna družba", "družba z omejeno odgovornostjo", "družba z neomejeno odgovornostjo" ;

y) les sociétés de droit slovaque dénommées "akciová spoločnos", "spoločnost's ručením obmedzeným", "komanditná spoločnos", "verejná obchodná spoločnos", "družtvo" "družtvo" ».

(Dir. n° 2013/13/UE du 13 mai 2013) « z) les sociétés de droit croate dénommées "dioničko društvo", "društvo s ograničenom odgovornošću" ainsi que les autres sociétés constituées conformément au droit croate et assujetties à l'impôt sur les bénéfices en Croatie. » *— Les présentes dispositions de la Dir. n° 2013/13/UE du 13 mai 2013 entrent en vigueur sous réserve et à la date d'entrée en vigueur du traité d'adhésion de la Croatie (Dir. préc., art. 3).*

Loi n° 2003-708 du 1er août 2003,

Relative à l'organisation et à la promotion des activités physiques et sportives (JO 2 août).

Art. 11 **L'accroissement d'actif résultant, pour les sociétés bénéficiaires mentionnées à l'article 11 de la loi n° 84-610 du 16 juillet 1984 précitée, de la cession des droits d'exploitation audiovisuelle prévue au II de l'article 18-1 de la même loi n'est pas pris en compte pour la détermination de leurs résultats imposables au titre de l'exercice où cette cession intervient. Les charges afférentes à l'accroissement d'actif de ces sociétés ne peuvent venir en déduction de leurs résultats imposables.**

La cession par les fédérations sportives de leurs droits d'exploitation audiovisuelle prévue au II du même article est également sans incidence sur les résultats qu'elles dégagent au titre de l'exercice au cours duquel intervient l'opération.

Loi n° 2003-1311 du 30 décembre 2003,

De finances pour 2004.

Art. 37 *[...]*

IV. — Sont exonérés de la redevance audiovisuelle mentionnée au I :

A. — Les personnes âgées d'au moins soixante-cinq ans au 1er janvier de l'année d'exigibilité de la redevance, qui remplissent simultanément les conditions suivantes :

1° Ne pas être imposé à l'impôt sur le revenu prévu à l'article 1er du code général des impôts, au titre de l'avant-dernière année précédant l'année d'exigibilité de la redevance ;

2° Ne pas avoir été passible de l'impôt annuel de solidarité sur la fortune prévu aux articles 885 A et suivants du code général des impôts au titre de la même année ;

3° Ne pas vivre sous le même toit qu'une personne ne remplissant pas elle-même les conditions énoncées aux 1° et 2°.

B. — Quel que soit leur âge, les mutilés et invalides civils ou militaires atteints d'une infirmité ou d'une invalidité au taux minimum de 80 % lorsque sont remplies simultanément les conditions suivantes :

1° Avoir bénéficié, l'année précédant l'année d'exigibilité de la redevance, d'un montant de revenus n'excédant pas les limites prévues au I de l'article 1417 du code général des impôts ;

2° Ne pas être passible de l'impôt de solidarité sur la fortune prévu aux articles 885 A et suivants du même code au titre de la même année ;

3° Vivre seul ou avec son conjoint et, le cas échéant, avec des personnes à charge au sens des articles 6, 196 et 196 A *bis* du code général des impôts, avec des personnes bénéficiant, l'année précédente, d'un montant de revenus n'excédant pas la limite prévue au I de l'article 1417 du même code, avec une tierce personne chargée d'une assistance permanente, ou avec ses parents en ligne directe si ceux-ci bénéficient eux-mêmes, l'année précédente, d'un montant de revenus n'excédant pas la limite prévue au I de l'article 1417 du même code.
[...]

Arrêté du 2 août 2005,

Relatif à l'instauration d'un crédit d'impôt en faveur des jeunes prenant un métier rencontrant des difficultés de recrutement (JO 3 août).

Art. 1er **Les métiers reconnus comme rencontrant des difficultés de recrutement au sens de l'ordonnance susvisée sont recensés en annexe 1.**

Art. 2 **Les jeunes de moins de vingt-six ans prenant un emploi dans l'un des métiers visé à l'article 1er et dans les conditions prévues par l'ordonnance susvisée bénéficient d'un crédit d'impôt de 1 000 €.**

ANNEXE I

FAMILLES PROFESSIONNELLES ÉLIGIBLES AU CRÉDIT D'IMPÔT

Agriculture
Maraîchers, jardiniers, viticulteurs.

Bâtiment, travaux publics
Ouvriers qualifiés des travaux publics, du béton et de l'extraction.
Ouvriers qualifiés du gros œuvre du bâtiment.
Techniciens du bâtiment et des travaux publics.
Mécanique, travail des métaux
Ouvriers qualifiés travaillant par formage de métal.
Techniciens, agents de maîtrise des industries mécaniques.
Commerce
Caissiers, employés de libre-service.
Hôtellerie, restauration, alimentation
Bouchers, charcutiers, boulangers.
Cuisiniers.
Employés et agents de maîtrise de l'hôtellerie.

Loi n° 2005-1720 du 30 décembre 2005,

De finances rectificative pour 2005 (JO 31 déc.).

Art. 28 *[...]*

C. I. Les dispositions des articles 150-0 A, 150 U, 150 UB et 244 *bis* A du code général des impôts ne sont pas applicables aux gains nets réalisés lors d'une opération de transformation d'une société civile de placement immobilier mentionnée à l'article 239 *septies* du même code en un fonds de placement immobilier mentionné à l'article 239 *nonies* du même code, ou en une société de placement à prépondérance immobilière à capital variable mentionnée au 3° *nonies* de l'article 208 du même code, réalisée dans les conditions mentionnées à l'article L. 214-84-2 du code monétaire et financier.

Les échanges avec soulte demeurent soumis aux dispositions des articles 150-0 A et 150 UB du code général des impôts lorsque le montant de la soulte reçue par le contribuable excède 10 % de la valeur nominale des titres reçus.

II. Les dispositions mentionnées au I sont applicables aux opérations de fusion, de scission, d'absorption, de partage ou d'apport de titres préalables, dont l'objet exclusif est l'opération de transformation d'une société civile de placement immobilier en organisme de placement collectif immobilier dans les conditions mentionnées à l'article L. 214-84-2 du code monétaire et financier.

III. En cas de vente ultérieure de biens, droits ou titres reçus à l'occasion d'une transformation mentionnée aux I et II, la plus-value imposable en application des articles 150-0 A, 150 UC et 244 *bis* A du code général des impôts est calculée par référence, le cas échéant, au prix ou à la valeur d'acquisition des biens, droits ou titres échangés, diminué de la soulte reçue ou majoré de la soulte versée lors de l'échange.

IV. Les transferts de biens, droits et obligations résultant de la transformation des sociétés civiles de placement immobilier en organismes de placement collectif immobilier, intervenant dans le délai visé à l'article L. 214-84-2 du code monétaire et financier, sont exonérés des droits d'enregistrement, de la taxe de publicité foncière *(Ord. n° 2010-638 du 10 juin 2010, art. 10-XXXV-1° et 18-1, en vigueur le 1er janv. 2013)* « et de la contribution prévue à l'article 879 du code général des impôts ».

V. 1. Les plus ou moins-values mentionnées au premier alinéa du II de l'article 202 *ter*, incluses dans l'actif des sociétés civiles de placement immobilier, ne sont pas imposées à l'occasion des opérations mentionnées aux I et II. Les plus ou moins-values dégagées lors d'une cession ultérieure de ces actifs sont déterminées par rapport à la valeur que ces actifs avaient du point de vue fiscal avant les opérations nécessitées par la transformation des sociétés civiles de placement immobilier en organismes de placement collectif.

2. Lorsque les parts de sociétés civiles de placement immobilier sont inscrites à l'actif d'une entreprise, les profits ou pertes réalisés par les porteurs à l'occasion des opérations précitées peuvent être compris dans les résultats de l'exercice au cours duquel les titres reçus à l'issue de l'opération de la transformation de ces sociétés en organismes de placement collectif sont cédés. Dans ce cas, le profit ou la perte résultant de la cession ultérieure des titres est déterminé par rapport à la valeur que les parts de la société civile de placement immobilier avaient du point de vue fiscal dans l'entreprise.

Ces dispositions ne sont pas applicables si la soulte dépasse 10 % de la valeur nominale des parts ou actions de l'organisme de placement collectif attribuées ou si la soulte excède le montant de la plus-value réalisée à l'occasion d'une des opérations mentionnées aux I et II.

3. Les personnes placées sous le régime prévu aux 1 ou 2 sont soumises aux obligations définies à l'article 54 *septies* du code général des impôts.

Les dispositions du présent V s'appliquent dans les conditions mentionnées à l'article L. 214-84-2 du code monétaire et financier.

....

Art. 32 *[V. L. n° 85-695 du 11 juill. 1985, art. 1er-1.]*

VI. 1. La société de gestion d'un fonds commun de placement à risques qui a porté sur la déclaration prévue au I de l'article 242 *quinquies* du code général des impôts des informations erronées ayant conduit à la dissimulation du non-respect du quota de 50 % prévu au 1° du II de l'article 163 *quinquies* B du même code est redevable d'une amende fiscale égale à 5 % de la valeur des investissements portés sur la déclaration précitée et retenus à tort dans le quota d'investissement de 50 % ou pour le calcul de la limite prévue au 3 de l'article L. 214-36 du code monétaire et financier. Le montant de cette amende est diminué d'un abattement égal à la proportion du montant des souscriptions réalisées par des personnes n'ayant pas, en France, leur domicile fiscal ou leur siège social sur le montant des souscriptions émises par le fonds. Cette proportion s'apprécie au premier jour de chaque exercice. Le montant de l'amende est plafonné, par déclaration, à la moitié du montant des sommes qui lui sont dues par le fonds au titre des frais de gestion pour l'exercice concerné.

La société de capital-risque qui a porté sur l'état prévu au II de l'article 242 *quinquies* du code général des impôts des informations erronées ayant conduit à la dissimulation du non-respect du quota de 50 % prévu au troisième alinéa du 1° de l'article 1er-1 de la loi n° 85-695 du 11 juillet 1985 portant diverses dispositions d'ordre économique et financier est redevable d'une amende fiscale égale à 5 % de la valeur des investissements portés sur la déclaration précitée et retenus à tort dans le quota d'investissement de 50 % ou pour le calcul de la limite prévue au quatrième alinéa du 1° de l'article 1er-1 précité. Le montant de cette amende est plafonné, par déclaration, à la moitié du montant des charges d'exploitation de la société de capital-risque au titre de l'exercice concerné.

2. A défaut de production de la déclaration ou de l'état prévu à l'article 242 *quinquies* du code général des impôts dans les délais prescrits, l'administration adresse, par pli recommandé avec accusé de réception, une mise en demeure d'avoir à déposer la déclaration ou l'état susmentionné dans un délai de trente jours.

En cas de non-production du document dans les trente jours suivant la réception de cette mise en demeure, la société de gestion du fonds ou la société de capital-risque est redevable d'une amende égale à la moitié du montant des sommes qui sont dues à la société de gestion par le fonds au titre des frais de gestion ou à la moitié du montant des charges d'exploitation de la société de capital-risque pour l'exercice concerné.

3. Le recouvrement et le contentieux des amendes prévues au 1 et au 2 sont assurés selon les règles applicables en matière de taxes sur le chiffre d'affaires.

VII. Lorsque l'administration établit qu'un fonds commun de placement à risques dont le règlement prévoit que les porteurs de parts pourront bénéficier des avantages fiscaux prévus aux articles 163 *quinquies* B, 150-0 A, 209-0 A et 219 du code général des impôts n'a pas respecté son quota d'investissement prévu au 1° du II de l'article 163 *quinquies* B du même code, la société de gestion du fonds est redevable d'une amende égale à 20 % du montant des investissements qui permettraient d'atteindre un quota d'investissement de 50 %. Le montant de cette amende est toutefois limité à la moitié du montant des sommes qui lui sont dues par le fonds au titre des frais de gestion pour l'exercice concerné.

Lorsque l'administration établit qu'un fonds commun d'investissements dans l'innovation ou qu'un fonds d'investissements de proximité n'a pas respecté son quota d'investissement prévu au I de l'article L. 214-41 du code monétaire et financier et au 1 de l'article L. 214-41-1 du même code, la société de gestion du fonds est redevable d'une amende égale à 20 % du montant des investissements qui permettraient d'atteindre un quota d'investissement de 60 %. Le montant de cette amende est toutefois limité à la moitié du montant des sommes qui lui sont dues par le fonds au titre des frais de gestion pour l'exercice concerné.

L'amende prévue aux précédents alinéas est exclusive de l'amende prévue au VI. Le montant de l'amende prévue aux précédents alinéas est diminué d'un abattement égal à la proportion du montant des souscriptions réalisées par des personnes n'ayant pas, en France, leur domicile fiscal ou leur siège social sur le montant des souscriptions émises par le fonds. Cette proportion s'apprécie au premier jour de l'exercice au cours duquel le quota d'investissement n'a pas été respecté.

Le recouvrement et le contentieux de l'amende prévue aux premier et deuxième alinéas sont assurés selon les règles applicables en matière de taxes sur le chiffre d'affaires.

VIII. A la date de publication des dispositions du présent article, les titres éligibles au quota d'investissement de 50 % ou de 60 % détenus par un fonds commun de placement à risques, une société de capital-risque ou un fonds commun de placement dans l'innovation, dans la mesure où ces derniers ne sont pas entrés dans la période de préliquidation, peuvent continuer à être pris en compte pour le calcul de ces quotas dans les conditions et délais prévus respectivement à l'article 163 *quinquies* B du code général des impôts, à l'article 1er-1 de la loi n° 85-695 du 11 juillet 1985 précitée et à l'article L. 214-41 du code monétaire et financier dans leur rédaction antérieure à la présente loi.

....

Art. 61 I. — Lorsque le contribuable a transféré son domicile hors de France dans un État membre de la Communauté européenne, ou dans un autre État partie à l'accord sur l'Espace économique européen ayant conclu avec la France une convention fiscale qui contient une clause d'assistance administrative en vue de lutter contre la fraude ou l'évasion fiscale, avant le 1er janvier 2005, l'impôt établi sur le fondement du 1 *bis* de l'article 167 du code général des impôts dans sa rédaction en vigueur avant le 1er janvier 2005 est dégrevé d'office pour la fraction correspondant aux titres qu'il détient au 1er janvier 2006. Les reports d'imposition des plus-values afférentes à ces titres existant à la date du transfert du domicile hors de France sont rétablis de plein droit.

II. — Les dispositions du I entrent en vigueur à compter du 1er janvier 2006.

Transfert du domicile dans un État européen avant 2005 : sort de l'exit tax sur les plus-values en report. Commentaire administratif de l'art. 61 de la loi n° 2005-1720 du 30 déc. 2005 qui a prévu, pour les contribuables qui ont transféré leur domicile hors de France dans un État de l'Espace économique européen (hors Liechtenstein) avant le 1er janv. 2005 et qui ont été soumis à cette occasion à l'*exit tax* sur leurs plus-values en report : d'une part, de dégrever d'office l'impôt afférent aux titres qui, au 1er janv. 2006, sont toujours dans le patrimoine du contribuable et, d'autre part, de rétablir le report d'imposition sur ces titres. * Instr. 13 mars 2006 : *BOI 5 C-1-06.*

Décret n° 2006-353 du 23 mars 2006,

Pris pour l'application des articles 1395 du code général des impôts et L. 45 G du livre des procédures fiscales et relatif aux modalités d'application et de contrôle des exonérations de taxe foncière sur les propriétés non bâties prévues en faveur des terrains boisés faisant l'objet d'une régénération naturelle ou présentant un état de futaie irrégulière en équilibre de régénération.

Art. 2 Satisfont à la condition de réussite de la régénération naturelle les parcelles qui étaient boisées en nature de futaie ou de taillis sous futaie avant les coupes de régénération et qui portent des semis naturels, éventuellement complétés par plantation, remplissant les conditions suivantes :

1° Être d'essences forestières en station inscrites sur la liste régionale des essences objectif éligibles aux aides forestières de l'État, ou d'essences secondaires associées ;

2° Avoir une hauteur comprise entre 1,5 mètre et 6 mètres ;

3° Avoir une densité minimale de 1 500 tiges par hectare d'essences forestières en station inscrites sur la liste régionale des essences objectif éligibles aux aides forestières de l'État, ou d'essences secondaires associées ;

4° Être également répartis sur au moins 70 % de la surface de la parcelle mise en régénération naturelle.

Art. 3 Sont considérées comme présentant un état de futaie irrégulière en équilibre de régénération les parcelles comportant au moins 100 tiges de franc pied à l'hectare, répondant aux conditions suivantes :

1° Être d'essences forestières en station inscrites sur la liste régionale des essences objectif éligibles aux aides forestières de l'État, ou d'essences secondaires associées ;

2° Avoir une hauteur comprise entre 3 et 10 mètres ;

3° Être réparties sur au moins le quart de la parcelle ;

4° Présenter une répartition spatiale cohérente avec la structure des classes de diamètre du peuplement.

Art. 4 I. — Pour bénéficier des dispositions applicables en cas de dégradations naturelles exceptionnelles, le propriétaire ou l'Office national des forêts pour les forêts domaniales doit établir que tout ou partie de ses parcelles faisaient l'objet d'une régénération naturelle ou comportaient une futaie irrégulière en équilibre de régénération et ont été endommagées :

1° Par une tempête, un ouragan ou un cyclone ;

2° Ou par des phénomènes naturels reconnus d'intensité anormale :

— soit par un arrêté ministériel de catastrophe naturelle ;

— soit par les services du ministère chargé des forêts compétents en matière de surveillance phytosanitaire certifiant, lorsqu'un agent biotique est en cause, que les dommages constatés ne relèvent pas, en nature et en intensité, de ce qui peut être normalement constaté sur un même type de peuplement dans des conditions écologiques comparables.

II. — Lorsque les conditions fixées au I sont réunies, le nombre de tiges d'essences objectif à l'hectare nécessaire pour bénéficier de l'exonération de taxe foncière sur les propriétés non bâties est le suivant :

1° Réussite de régénération naturelle : 1 000 tiges ;

2° État de futaie irrégulière en équilibre de régénération : 80 tiges.

Directive 2006/112/CE du Conseil du 28 novembre 2006,

Relative au système commun de taxe sur la valeur ajoutée.

La directive ci-dessous est complétée par le Règl. d'exécution (UE) nº 282/2011 du 15 mars 2011, portant mesures d'exécution de la directive 2006/112/CE relative au système commun de taxe sur la valeur ajoutée ; V. infra.

Les dispositions issues de la Dir. (UE) 2019/2235 du 16 déc. 2019 sont applicables à partir du 1er juill. 2022 (Dir. (UE) préc., art. 1er et 3).

TITRE PREMIER Objet et champ d'application

Art. 1er 1. La présente directive établit le système commun de taxe sur la valeur ajoutée (TVA).

2. Le principe du système commun de TVA est d'appliquer aux biens et aux services un impôt général sur la consommation exactement proportionnel au prix des biens et des services, quel que soit le nombre des opérations intervenues dans le processus de production et de distribution antérieur au stade d'imposition.

A chaque opération, la TVA, calculée sur le prix du bien ou du service au taux applicable à ce bien ou à ce service, est exigible déduction faite du montant de la taxe qui a grevé directement le coût des divers éléments constitutifs du prix.

Le système commun de TVA est appliqué jusqu'au stade du commerce de détail inclus.

Art. 2 1. Sont soumises à la TVA les opérations suivantes :

a) les livraisons de biens effectuées à titre onéreux sur le territoire d'un État membre par un assujetti agissant en tant que tel ;

b) les acquisitions intracommunautaires de biens effectuées à titre onéreux sur le territoire d'un État membre :

i) par un assujetti agissant en tant que tel, ou par une personne morale non assujettie, lorsque le vendeur est un assujetti agissant en tant que tel qui ne bénéficie pas de la franchise pour les petites entreprises prévue aux articles 282 à 292 et qui ne relève pas des dispositions prévues aux articles 33 et 36 ;

ii) lorsqu'il s'agit de moyens de transport neufs, par un assujetti ou par une personne morale non assujettie, dont les autres acquisitions ne sont pas soumises à la TVA en vertu de l'article 3, paragraphe 1, ou par toute autre personne non assujettie ;

iii) lorsqu'il s'agit de produits soumis à accises, au titre desquelles les droits d'accise sont exigibles sur le territoire de l'État membre en vertu de la directive 92/12/CEE, par un assujetti ou par une personne morale non assujettie, dont les autres acquisitions ne sont pas soumises à la TVA en vertu de l'article 3, paragraphe 1 ;

c) les prestations de services, effectuées à titre onéreux sur le territoire d'un État membre par un assujetti agissant en tant que tel ;

d) les importations de biens.

2. a) Aux fins du paragraphe 1, point b) ii), sont considérés comme "moyens de transport", les moyens de transport suivants, destinés au transport de personnes ou de marchandises :

i) les véhicules terrestres à moteur d'une cylindrée de plus de 48 centimètres cube ou d'une puissance de plus de 7,2 kilowatts ;

ii) les bateaux d'une longueur de plus de 7,5 mètres, à l'exception des bateaux affectés à la navigation en haute mer et assurant un trafic rémunéré de voyageurs ou à l'exercice d'une activité commerciale, industrielle ou de pêche, ainsi que des bateaux de sauvetage et d'assistance en mer et des bateaux affectés à la pêche côtière ;

iii) les aéronefs dont le poids total au décollage excède 1 550 kilogrammes, à l'exception *des aéronefs utilisés* par des compagnies de navigation aérienne pratiquant essentiellement un trafic international rémunéré.

b) Ces moyens de transport sont considérés comme "neufs" dans les cas suivants :

i) pour les véhicules terrestres à moteur, lorsque la livraison est effectuée dans les six mois après la première mise en service ou que le véhicule a parcouru un maximum de 6 000 kilomètres ;

ii) pour les bateaux, lorsque la livraison est effectuée dans les trois mois après la première mise en service ou que le bateau a navigué un maximum de 100 heures ;

iii) pour les aéronefs, lorsque la livraison est effectuée dans les trois mois après la première mise en service ou que l'aéronef a volé un maximum de 40 heures.

c) Les États membres fixent les conditions dans lesquelles peuvent être établies les données visées au point b).

3. Sont considérés comme "produits soumis à accises" les produits énergétiques, l'alcool et les boissons alcooliques et les tabacs manufacturés tels que définis par les dispositions communautaires en vigueur, à l'exception du gaz livré via un système de gaz naturel situé sur le territoire de la Communauté ou tout réseau connecté à un tel système.

Art. 3 1. Par dérogation aux dispositions de l'article 2, paragraphe 1, point b) i), ne sont pas soumises à la TVA les opérations suivantes :

a) les acquisitions intracommunautaires de biens dont la livraison serait exonérée sur le territoire de l'État membre en application des articles 148 et 151, effectuées par un assujetti ou par une personne morale non assujettie ;

b) les acquisitions intracommunautaires de biens, autres que celles visées au point a) et à l'article 4, et autres que les acquisitions de moyens de transport neufs et de produits soumis à accises, effectuées par un assujetti pour les besoins de son exploitation agricole, sylvicole ou de pêche, soumise au régime commun forfaitaire des producteurs agricoles, par un assujetti qui ne réalise que des livraisons de biens ou des prestations de services ne lui ouvrant aucun droit à déduction, ou par une personne morale non assujettie.

2. La disposition prévue au paragraphe 1, point b), ne s'applique que lorsque les conditions suivantes sont réunies :

a) le montant global des acquisitions intracommunautaires de biens ne dépasse pas, dans l'année civile en cours, un seuil à fixer par les États membres qui ne peut être inférieur à la somme de 10 000 € ou sa contre-valeur en monnaie nationale ;

b) le montant global des acquisitions intracommunautaires de biens n'a pas dépassé, au cours de l'année civile précédente, le seuil prévu au point a).

Le seuil qui sert de référence est constitué par le montant global, hors TVA due ou acquittée dans l'État membre de départ de l'expédition ou du transport des biens, des acquisitions intracommunautaires de biens telles que visées au paragraphe 1, point b).

3. Les États membres accordent aux assujettis et aux personnes morales non assujetties susceptibles de bénéficier des dispositions du paragraphe 1, point b), le droit d'opter pour le régime général prévu à l'article 2, paragraphe 1, point b) i).

Les États membres déterminent les modalités d'exercice de l'option visée au premier alinéa qui, en tout état de cause, couvre une période de deux années civiles.

Art. 4 Outre les opérations visées à l'article 3, ne sont pas soumises à la TVA les opérations suivantes :

a) les acquisitions intracommunautaires de biens d'occasion, d'objets d'art, de collection ou d'antiquité tels que définis à l'article 311, paragraphe 1, points 1) à 4), lorsque le vendeur est un assujetti-revendeur agissant en tant que tel et que le bien acquis a été soumis à la TVA dans l'État membre de départ de l'expédition ou du transport, conformément au régime de la marge bénéficiaire prévu aux articles 312 à 325 ;

b) les acquisitions intracommunautaires de moyens de transport d'occasion tels que définis à l'article 327, paragraphe 3, lorsque le vendeur est un assujetti-revendeur agissant en tant que tel et que le moyen de transport d'occasion acquis a été soumis à la TVA dans l'État membre de départ de l'expédition ou du transport, conformément au régime transitoire applicable aux moyens de transport d'occasion ;

c) les acquisitions intracommunautaires de biens d'occasion, d'objets d'art, de collection ou d'antiquité tels que définis à l'article 311, paragraphe 1, points 1) à 4), lorsque le vendeur est un organisateur de ventes aux enchères publiques agissant en tant que tel et que le bien acquis a été soumis à la TVA dans l'État membre de départ de l'expédition ou du transport, conformément au régime particulier des ventes aux enchères publiques.

TITRE II Champ d'application territorial

Art. 5 Aux fins de l'application de la présente directive, on entend par :

1) "Communauté" et "territoire de la Communauté", l'ensemble des territoires des États membres tel que définis au point 2) ;

2) "État membre" et "territoire d'un État membre", le territoire de chaque État membre de la Communauté auquel s'applique, conformément à son article 299, le traité instituant la

Communauté européenne, à l'exclusion du ou des territoires figurant à l'article 6 de la présente directive ; – *Concernant le site du tunnel routier du col de Tende, V. Décis. d'exécution du Conseil du 27 sept. 2010 (JOUE 30 sept.).*

3) "territoires tiers", les territoires qui figurent à l'article 6 ;

4) "pays tiers", tout État ou territoire auquel le traité ne s'applique pas.

Art. 6 1. La présente directive ne s'applique pas aux territoires suivants, faisant partie du territoire douanier de la Communauté :

a) Mont Athos ;

b) îles Canaries ;

c) *(Dir. nº 2013/61/UE du 17 déc. 2013, art. 1er, en vigueur le 1er janv. 2014)* « les territoires français visés à l'article 349 et à l'article 355, paragraphe 1, du traité sur le fonctionnement de l'Union européenne ; »

d) îles Åland ;

e) îles Anglo-Normandes ;

(Dir. (UE) 2019/475 du 18 févr. 2019, art. 1er et 4, applicable à partir du 1er janv. 2020) « f) Campione d'Italia ;

« g) les eaux italiennes du lac de Lugano. »

2. La présente directive ne s'applique pas aux territoires suivants, ne faisant pas partie du territoire douanier de la Communauté :

a) île d'Helgoland ;

b) territoire de Büsingen ;

c) Ceuta ;

d) Melilla ;

e) Livigno.

(Abrogé par Dir. (UE) 2019/475 du 18 févr. 2019, art. 1er et 3, à compter du 1er janv. 2020) *« f) Campione d'Italia ;*

« g) les eaux italiennes du lac de Lugano. »

Art. 7 1. Compte tenu des conventions et traités conclus respectivement avec la France, le Royaume-Uni et Chypre, la principauté de Monaco, l'île de Man et les zones de souveraineté du Royaume-Uni à Akrotiri et Dhekelia ne sont pas considérées, aux fins de l'application de la présente directive, comme des pays tiers.

2. Les États membres prennent les mesures nécessaires en vue d'assurer que les opérations effectuées en provenance ou à destination de la principauté de Monaco sont traitées comme des opérations effectuées en provenance ou à destination de la France, que les opérations effectuées en provenance ou à destination de l'île de Man sont traitées comme des opérations effectuées en provenance ou à destination du Royaume-Uni et que les opérations effectuées en provenance ou à destination des zones de souveraineté du Royaume-Uni à Akrotiri et Dhekelia sont traitées comme des opérations effectuées en provenance ou à destination de Chypre.

Art. 8 Si la Commission considère que les dispositions prévues aux articles 6 et 7 ne sont plus justifiées, notamment sur le plan de la neutralité concurrentielle ou sur celui des ressources propres, elle présente au Conseil les propositions appropriées.

TITRE III Assujettis

Art. 9 1. Est considéré comme "assujetti" quiconque exerce, d'une façon indépendante et quel qu'en soit le lieu, une activité économique, quels que soient les buts ou les résultats de cette activité.

Est considérée comme "activité économique" toute activité de producteur, de commerçant ou de prestataire de services, y compris les activités extractives, agricoles et celles des professions libérales ou assimilées. Est en particulier considérée comme activité économique, l'exploitation d'un bien corporel ou incorporel en vue d'en tirer des recettes ayant un caractère de permanence.

2. Outre les personnes visées au paragraphe 1, est considérée comme un assujetti toute *personne qui effectue à titre occasionnel* la livraison d'un moyen de transport neuf expédié ou transporté à destination de l'acquéreur par le vendeur, par l'acquéreur ou pour leur compte, en dehors du territoire d'un État membre mais dans le territoire de la Communauté.

Art. 10 La condition que l'activité économique soit exercée d'une façon indépendante visée à l'article 9, paragraphe 1, exclut de la taxation les salariés et autres personnes dans la mesure où ils sont liés à leur employeur par un contrat de louage de travail ou par tout autre rapport juridique créant des liens de subordination en ce qui concerne les conditions de travail et de rémunération et la responsabilité de l'employeur.

Art. 11 Après consultation du comité consultatif de la taxe sur la valeur ajoutée (ci-après dénommé "comité de la TVA"), chaque État membre peut considérer comme un seul assujetti les personnes établies sur le territoire de ce même État membre qui sont indépendantes du point de vue juridique mais qui sont étroitement liées entre elles sur les plans financier, économique et de l'organisation.

Un État membre qui fait usage de la faculté prévue au premier alinéa peut prendre toutes mesures utiles pour éviter que l'application de cette disposition rende la fraude ou l'évasion fiscales possibles.

Art. 12 1. Les États membres peuvent considérer comme assujetti quiconque effectue, à titre occasionnel, une opération relevant des activités visées à l'article 9, paragraphe 1, deuxième alinéa, et notamment une seule des opérations suivantes :

a) la livraison d'un bâtiment ou d'une fraction de bâtiment et du sol y attenant, effectuée avant sa première occupation ;

b) la livraison d'un terrain à bâtir.

2. Aux fins du paragraphe 1, point a), est considérée comme "bâtiment" toute construction incorporée au sol.

Les États membres peuvent définir les modalités d'application du critère visé au paragraphe 1, point a), aux transformations d'immeubles, ainsi que la notion de sol y attenant.

Les États membres peuvent appliquer d'autres critères que celui de la première occupation, tels que celui du délai écoulé entre la date d'achèvement de l'immeuble et celle de la première livraison, ou celui du délai écoulé entre la date de la première occupation et celle de la livraison ultérieure, pour autant que ces délais ne dépassent pas respectivement cinq et deux ans.

3. Aux fins du paragraphe 1, point b), sont considérés comme "terrains à bâtir" les terrains nus ou aménagés, définis comme tels par les États membres. — *A compter du 1er janv. 2017, sur la notion de « bien immeuble », V. App., Règl. d'exécution nº 282/2011 du 15 mars 2011, art. 13 ter. — V. également, Règl. d'exécution préc., art. 31 bis.*

Art. 13 1. Les États, les régions, les départements, les communes et les autres organismes de droit public ne sont pas considérés comme des assujettis pour les activités ou opérations qu'ils accomplissent en tant qu'autorités publiques, même lorsque, à l'occasion de ces activités ou opérations, ils perçoivent des droits, redevances, cotisations ou rétributions.

Toutefois, lorsqu'ils effectuent de telles activités ou opérations, ils doivent être considérés comme des assujettis pour ces activités ou opérations dans la mesure où leur non-assujettissement conduirait à des distorsions de concurrence d'une certaine importance.

En tout état de cause, les organismes de droit public ont la qualité d'assujettis pour les activités figurant à l'annexe I et dans la mesure où celles-ci ne sont pas négligeables.

2. Les États membres peuvent considérer comme activités de l'autorité publique les activités des organismes de droit public, lorsqu'elles sont exonérées en vertu des articles 132, 135, 136 et 371, des articles 374 à 377, de l'article 378, paragraphe 2, de l'article 379, paragraphe 2, ou des articles 380 à 390 *quater*.

TITRE IV Opérations imposables

CHAPITRE PREMIER *Livraisons de biens*

Art. 14 1. Est considéré comme "livraison de biens", le transfert du pouvoir de disposer d'un *bien corporel comme* un propriétaire.

2. Outre l'opération visée au paragraphe 1, sont considérées comme livraison de biens les opérations suivantes :

a) la transmission, avec paiement d'une indemnité, de la propriété d'un bien en vertu d'une réquisition faite par l'autorité publique ou en son nom ou aux termes de la loi ;

b) la remise matérielle d'un bien en vertu d'un contrat qui prévoit la location d'un bien pendant une certaine période ou la vente à tempérament d'un bien, assorties de la clause que la propriété est normalement acquise au plus tard lors du paiement de la dernière échéance ;

c) la transmission d'un bien effectuée en vertu d'un contrat de commission à l'achat ou à la vente.

3. Les États membres peuvent considérer comme livraison de biens la délivrance de certains travaux immobiliers.

Art. 15 1. Sont assimilés à des biens corporels l'électricité, le gaz, la chaleur ou le froid et les choses similaires.

2. Les États membres peuvent considérer comme biens corporels :

a) certains droits sur les biens immeubles ;

b) les droits réels donnant à leur titulaire un pouvoir d'utilisation sur les biens immeubles ;

c) les parts d'intérêts et actions dont la possession assure en droit ou en fait l'attribution en propriété ou en jouissance d'un bien immeuble ou d'une fraction d'un bien immeuble.

Art. 16 Est assimilé à une livraison de biens effectuée à titre onéreux le prélèvement, par un assujetti, d'un bien de son entreprise qu'il destine à ses besoins privés ou ceux de son personnel, qu'il transmet à titre gratuit ou, plus généralement, qu'il affecte à des fins étrangères à son entreprise, lorsque ce bien ou les éléments le composant ont ouvert droit à une déduction complète ou partielle de la TVA.

Toutefois, ne sont pas assimilés à une livraison de biens effectuée à titre onéreux les prélèvements effectués pour les besoins de l'entreprise pour donner des cadeaux de faible valeur et des échantillons.

Art. 17 1. Est assimilé à une livraison de biens effectuée à titre onéreux le transfert par un assujetti d'un bien de son entreprise à destination d'un autre État membre.

Est considéré comme "transfert à destination d'un autre État membre", toute expédition ou transport d'un bien meuble corporel effectué par l'assujetti ou pour son compte, en dehors du territoire de l'État membre dans lequel le bien se trouve, mais dans la Communauté, pour les besoins de son entreprise.

2. N'est pas considéré comme un transfert à destination d'un autre État membre l'expédition ou le transport d'un bien pour les besoins de l'une des opérations suivantes :

a) la livraison de ce bien effectuée par l'assujetti sur le territoire de l'État membre d'arrivée de l'expédition ou du transport dans les conditions prévues à l'article 33 ;

b) la livraison de ce bien qui doit faire l'objet d'une installation ou d'un montage par le fournisseur ou pour son compte, effectuée par l'assujetti sur le territoire de l'État membre d'arrivée de l'expédition ou du transport dans les conditions prévues à l'article 36 ;

c) la livraison de ce bien effectuée par l'assujetti à bord d'un bateau, d'un avion ou d'un train au cours d'un transport de passagers, dans les conditions prévues à l'article 37 ;

d) la livraison de gaz via un système de gaz naturel situé sur le territoire de la Communauté ou tout réseau connecté à un tel système, la livraison d'électricité ou la livraison de chaleur ou de froid via les réseaux de chauffage ou de refroidissement, dans les conditions prévues aux articles 38 et 39 ;

e) la livraison de ce bien effectuée par l'assujetti sur le territoire de l'État membre dans les conditions prévues aux articles 138, 146, 147, 148, 151 et 152 ;

f) la prestation d'un service effectué pour l'assujetti et ayant pour objet des expertises ou des travaux portant sur ce bien, matériellement exécutés sur le territoire de l'État membre d'arrivée de l'expédition ou du transport du bien, pour autant que le bien, après expertise ou travaux, soit réexpédié à destination de cet assujetti dans l'État membre à partir duquel il avait été initialement expédié ou transporté ;

g) l'utilisation temporaire de ce bien, sur le territoire de l'État membre d'arrivée de l'expédition ou du transport, pour les besoins de prestations de services effectuées par l'assujetti établi dans l'État membre de départ de l'expédition ou du transport du bien ;

h) l'utilisation temporaire de ce bien, pour une période qui ne peut excéder vingt-quatre mois, sur le territoire d'un autre État membre à l'intérieur duquel l'importation du même bien en provenance d'un pays tiers en vue d'une utilisation temporaire bénéficierait du régime de l'admission temporaire en exonération totale de droits à l'importation.

3. Lorsque l'une des conditions auxquelles est subordonné le bénéfice des dispositions du paragraphe 2 cesse d'être remplie, le bien est considéré comme étant transféré à destination d'un autre État membre. Dans ce cas, le transfert intervient au moment où cette condition cesse d'être remplie.

Art. 17 *bis* *(Dir. (UE) 2018/1910 du 4 déc. 2018, art. 1er et 2, applicable à partir du 1er janv. 2020)* 1. N'est pas assimilé à une livraison de biens effectuée à titre onéreux le transfert par *un assujetti d'un bien* de son entreprise sous un régime de stocks sous contrat de dépôt à destination d'un autre État membre.

2. Aux fins du présent article, un régime de stocks sous contrat de dépôt est réputé exister lorsque les conditions suivantes sont remplies :

a) les biens sont expédiés ou transportés par un assujetti, ou par un tiers pour le compte de celui-ci, vers un autre État membre afin que ces biens y soient livrés à un stade ultérieur et après leur arrivée, à un autre assujetti qui a le droit de devenir propriétaire de ces biens en vertu d'un accord existant entre les deux assujettis ;

b) l'assujetti qui expédie ou transporte les biens n'est pas établi ou ne dispose pas d'un établissement stable dans l'État membre vers lequel les biens sont expédiés ou transportés ;

c) l'assujetti auquel les biens sont destinés à être livrés est identifié aux fins de la TVA dans l'État membre vers lequel les biens sont expédiés ou transportés et tant son identité que le numéro d'identification TVA qui lui a été attribué par ledit État membre sont connus de l'assujetti visé au point b) au moment du départ de l'expédition ou du transport ;

d) l'assujetti qui expédie ou transporte les biens inscrit le transfert des biens dans le registre prévu à l'article 243, paragraphe 3, et indique l'identité de l'assujetti qui acquiert les biens et le numéro d'identification TVA qui lui a été attribué par l'État membre vers lequel les biens sont expédiés ou transportés dans l'état récapitulatif prévu à l'article 262, paragraphe 2.

3. Lorsque les conditions établies au paragraphe 2 sont remplies, les règles suivantes s'appliquent lors du transfert du pouvoir de disposer des biens comme un propriétaire à l'assujetti visé au paragraphe 2, point c), pour autant que le transfert ait lieu dans le délai visé au paragraphe 4 :

a) une livraison de biens, conformément à l'article 138, paragraphe 1, est réputée être effectuée par l'assujetti qui a soit expédié ou transporté les biens lui-même, soit les a fait expédier ou transporter par un tiers agissant pour son compte dans l'État membre à partir duquel les biens ont été expédiés ou transportés ;

b) une acquisition intracommunautaire de biens est réputée être effectuée par l'assujetti destinataire de la livraison de ces biens dans l'État membre vers lequel les biens ont été expédiés ou transportés.

4. Si, dans les douze mois suivant leur arrivée dans l'État membre vers lequel ils ont été expédiés ou transportés, les biens n'ont pas été livrés à l'assujetti auquel ils étaient destinés, tel qu'il est visé au paragraphe 2, point c), et au paragraphe 6, et qu'aucune des circonstances énoncées au paragraphe 7 ne s'est produite, un transfert au sens de l'article 17 est réputé avoir lieu le jour suivant celui de l'expiration de la période de douze mois.

5. Aucun transfert au sens de l'article 17 n'est réputé avoir lieu lorsque les conditions suivantes sont remplies :

a) le droit de disposer des biens n'a pas été transféré et ces biens sont renvoyés vers l'État membre à partir duquel ils ont été expédiés ou transportés, dans le délai visé au paragraphe 4 ; et

b) l'assujetti qui a expédié ou transporté les biens inscrit leur renvoi dans le registre prévu à l'article 243, paragraphe 3.

6. Lorsque, pendant la période visée au paragraphe 4, l'assujetti visé au paragraphe 2, point c), est remplacé par un autre assujetti, aucun transfert au sens de l'article 17 n'est réputé avoir lieu au moment du remplacement, pour autant que :

a) toutes les autres conditions applicables énoncées au paragraphe 2 soient remplies ; et

b) le remplacement soit inscrit par l'assujetti visé au paragraphe 2, point b), dans le registre prévu à l'article 243, paragraphe 3.

7. Lorsque, pendant le délai visé au paragraphe 4, l'une des conditions énoncées aux paragraphes 2 et 6 cesse d'être remplie, un transfert de biens au sens de l'article 17 est réputé avoir lieu au moment où la condition pertinente n'est plus remplie.

Si les biens sont livrés à une personne autre que l'assujetti visé au paragraphe 2, point c), ou au paragraphe 6, il est considéré que les conditions énoncées aux paragraphes 2 et 6 cessent d'être remplies immédiatement avant une telle livraison.

Si les biens sont expédiés ou transportés vers un pays autre que l'État membre à partir duquel ils ont été initialement déplacés, il est considéré que les conditions énoncées aux paragraphes 2 et 6 cessent d'être remplies immédiatement avant le début de cette expédition ou de ce transport.

En cas de destruction, de perte ou de vol des biens, il est considéré que les conditions énoncées aux paragraphes 2 et 6 cessent d'être remplies à la date à laquelle les biens ont effectivement été enlevés ou détruits ou, si cette date est impossible à déterminer, à la date à laquelle il a été constaté que les biens étaient détruits ou manquants.

Art. 18 Les États membres peuvent assimiler à une livraison de biens effectuée à titre onéreux les opérations suivantes :

a) l'affectation par un assujetti aux besoins de son entreprise d'un bien produit, construit, extrait, transformé, acheté ou importé dans le cadre de son entreprise dans le cas où l'acquisition d'un tel bien auprès d'un autre assujetti ne lui ouvrirait pas droit à la déduction complète de la TVA ;

b) l'affectation d'un bien par un assujetti à un secteur d'activité non imposé, lorsque ce bien a ouvert droit à une déduction complète ou partielle de la TVA lors de son acquisition ou de son affectation conformément au point a) ;

c) à l'exception des cas visés à l'article 19, la détention de biens par un assujetti ou par ses ayants droit en cas de cessation de son activité économique imposable, lorsque ces biens ont ouvert droit à une déduction complète ou partielle de la TVA lors de leur acquisition ou de leur affectation conformément au point a).

Art. 19 Les États membres peuvent considérer que, à l'occasion de la transmission, à titre onéreux ou à titre gratuit ou sous forme d'apport à une société, d'une universalité totale ou partielle de biens, aucune livraison de biens n'est intervenue et que le bénéficiaire continue la personne du cédant.

Les États membres peuvent prendre les dispositions nécessaires pour éviter des distorsions de concurrence dans le cas où le bénéficiaire n'est pas un assujetti total. Ils peuvent aussi prendre toutes mesures utiles pour éviter que l'application de cet article rende la fraude ou l'évasion fiscales possibles.

CHAPITRE II *Acquisitions intracommunautaires de biens*

Art. 20 Est considérée comme "acquisition intracommunautaire de biens" l'obtention du pouvoir de disposer comme un propriétaire d'un bien meuble corporel expédié ou transporté à destination de l'acquéreur, par le vendeur, par l'acquéreur ou pour leur compte, vers un État membre autre que celui de départ de l'expédition ou du transport du bien.

Lorsque des biens acquis par une personne morale non assujettie sont expédiés ou transportés à partir d'un territoire tiers ou d'un pays tiers et importés, par cette personne morale non assujettie, dans un État membre autre que celui d'arrivée de l'expédition ou du transport, les biens sont considérés comme expédiés ou transportés à partir de l'État membre d'importation. Cet État membre accorde à l'importateur désigné ou reconnu comme redevable de la taxe en vertu de l'article 201, le remboursement de la TVA acquittée au titre de l'importation, dans la mesure où l'importateur établit que son acquisition a été soumise à la taxe dans l'État membre d'arrivée de l'expédition ou du transport des biens.

Art. 21 Est assimilée à une acquisition intracommunautaire de biens effectuée à titre onéreux l'affectation par un assujetti aux besoins de son entreprise d'un bien expédié ou transporté, par l'assujetti ou pour son compte, à partir d'un autre État membre dans lequel le bien a été produit, extrait, transformé, acheté, acquis au sens de l'article 2, paragraphe 1, point b), ou importé par l'assujetti, dans le cadre de son entreprise, dans cet autre État membre.

Art. 22 *(Dir. (UE) 2019/2235 du 16 déc. 2019, art. 1er et 3, applicable à partir du 1er juill. 2022)* « Est assimilée à une acquisition intracommunautaire de biens effectuée à titre onéreux l'affectation par les forces armées d'un État membre qui sont affectées à un effort de défense mené en vue de la mise en œuvre d'une activité de l'Union dans le cadre de la politique de sécurité et de défense commune, à leur usage ou à l'usage de l'élément civil qui les accompagne, de biens qu'elles n'ont pas achetés aux conditions générales d'imposition du marché intérieur d'un État membre, lorsque l'importation de ces biens ne pourrait pas bénéficier de l'exonération prévue à l'article 143, paragraphe 1, point g *bis*). »

Est assimilée à une acquisition intracommunautaire de biens effectuée à titre onéreux l'affectation par les forces armées d'un État partie au traité de l'Atlantique Nord, à leur usage ou à l'usage de l'élément civil qui les accompagne, de biens qu'elles n'ont pas achetés aux conditions générales d'imposition du marché intérieur d'un État membre, lorsque l'importation de ces biens ne pourrait pas bénéficier de l'exonération prévue à l'article 143, paragraphe 1, point h).

Les États membres adoptent et publient, au plus tard le 30 juin 2022, les dispositions législatives, réglementaires et administratives nécessaires pour se conformer à la Dir. (UE) 2019/2235 du 16 déc. 2019. Ils communiquent immédiatement à la Commission le texte de ces dispositions.

Ils appliquent ces dispositions à partir du 1er juill. 2022.

Lorsque les États membres adoptent ces dispositions, celles-ci contiennent une référence à ladite directive ou sont accompagnées d'une telle référence lors de leur publication officielle. Les modalités de cette référence sont arrêtées par les États membres.

2. Les États membres communiquent à la Commission le texte des dispositions essentielles de droit interne qu'ils adoptent dans le domaine régi par ladite directive (Dir. préc., art. 3).

Art. 23 Les États membres prennent les mesures assurant que sont qualifiées d'acquisitions intracommunautaires de biens les opérations qui, si elles avaient été effectuées sur leur territoire par un assujetti agissant en tant que tel, auraient été qualifiées de livraisons de biens.

CHAPITRE III *Prestations de services*

Art. 24 1. Est considérée comme "prestation de services" toute opération qui ne constitue pas une livraison de biens.

2. Sont considérés comme "services de télécommunication" les services ayant pour objet la transmission, l'émission et la réception de signaux, écrits, images et sons ou informations de toute nature par fils, par radio, par moyens optiques ou par d'autres moyens électromagnétiques, y compris la cession et la concession y afférentes d'un droit d'utilisation de moyens pour une telle transmission, émission ou réception, y compris la fourniture d'accès aux réseaux d'information mondiaux. — *Sur la notion de « services de télécommunication », V. aussi App., Règl. d'exécution n° 282/2011 du 15 mars 2011, art. 6 bis et 6 ter.*

Art. 25 Une prestation de services peut consister, entre autres, en une des opérations suivantes :

a) la cession d'un bien incorporel représenté ou non par un titre ;

b) l'obligation de ne pas faire ou de tolérer un acte ou une situation ;

c) l'exécution d'un service en vertu d'une réquisition faite par l'autorité publique ou en son nom ou aux termes de la loi.

Art. 26 1. Sont assimilées à des prestations de services effectuées à titre onéreux les opérations suivantes :

a) l'utilisation d'un bien affecté à l'entreprise pour les besoins privés de l'assujetti ou pour ceux de son personnel ou, plus généralement, à des fins étrangères à son entreprise, lorsque ce bien a ouvert droit à une déduction complète ou partielle de la TVA ;

b) la prestation de services à titre gratuit effectuée par l'assujetti pour ses besoins privés ou pour ceux de son personnel ou, plus généralement, à des fins étrangères à son entreprise.

2. Les États membres peuvent déroger aux dispositions du paragraphe 1 à condition que cette dérogation ne conduise pas à des distorsions de concurrence.

Art. 27 Afin de prévenir des distorsions de concurrence et après consultation du comité de la TVA, les États membres peuvent assimiler à une prestation de services effectuée à titre onéreux la fourniture, par un assujetti, d'un service pour les besoins de son entreprise, dans le cas où la fourniture d'un tel service par un autre assujetti ne lui ouvrirait pas droit à la déduction complète de la TVA.

Art. 28 Lorsqu'un assujetti, agissant en son nom propre mais pour le compte d'autrui, s'entremet dans une prestation de services, il est réputé avoir reçu et fourni personnellement les services en question.

Art. 29 L'article 19 s'applique dans les mêmes conditions aux prestations de services.

CHAPITRE IV *Importations de biens*

Art. 30 Est considérée comme "importation de biens" l'introduction dans la Communauté d'un bien qui n'est pas en libre pratique au sens de l'article 24 du traité.

Outre l'opération visée au premier alinéa, est considérée comme importation de biens l'introduction dans la Communauté d'un bien en libre pratique en provenance d'un territoire tiers faisant partie du territoire douanier de la Communauté.

CHAPITRE V *Dispositions communes aux chapitres I et III*

Art. 30 *bis* Aux fins de la présente directive, on entend par :

1) "bon", un instrument qui est assorti d'une obligation de l'accepter comme contrepartie totale ou partielle d'une livraison de biens ou d'une prestation de services et pour lequel les biens à livrer ou les services à prester ou l'identité de leurs fournisseurs ou prestataires potentiels sont indiqués soit sur l'instrument même, soit dans la documentation correspondante, notamment dans les conditions générales d'utilisation de cet instrument ;

2) "bon à usage unique", un bon pour lequel le lieu de la livraison des biens ou de la prestation des services à laquelle le bon se rapporte et la TVA due sur ces biens ou services sont connus au moment de l'émission du bon ;

3) "bon à usages multiples", un bon autre qu'un bon à usage unique.

Art. 30 *ter* 1. Chaque transfert d'un bon à usage unique effectué par un assujetti agissant en son nom propre est considéré comme une livraison des biens ou une prestation des services auxquels le bon se rapporte. La remise matérielle des biens ou la prestation effective des services en échange d'un bon à usage unique accepté en contrepartie totale ou partielle par le fournisseur ou le prestataire n'est pas considérée comme une opération distincte.

Lorsqu'un transfert d'un bon à usage unique est effectué par un assujetti agissant au nom d'un autre assujetti, ce transfert est considéré comme une livraison des biens ou une prestation des services à laquelle le bon se rapporte, réalisée par l'autre assujetti au nom duquel l'assujetti agit.

Lorsque le fournisseur de biens ou le prestataire de services n'est pas l'assujetti qui a, en son nom propre, émis le bon à usage unique, ce fournisseur ou ce prestataire est néanmoins réputé avoir effectué à cet assujetti la livraison des biens ou la prestation des services en lien avec ce bon.

2. La remise matérielle des biens ou la prestation effective des services en échange d'un bon à usages multiples accepté en contrepartie totale ou partielle par le fournisseur ou le prestataire est soumise à la TVA en vertu de l'article 2, alors que tout transfert précédent d'un tel bon à usages multiples n'est pas soumis à la TVA.

Lorsque le bon à usages multiples est transféré par un assujetti autre que l'assujetti effectuant l'opération soumise à la TVA en vertu du premier alinéa, toute prestation de services pouvant être identifiée, tels que des services de distribution ou de promotion, est soumise à la TVA.

TITRE V Lieu des opérations imposables

CHAPITRE PREMIER *Lieu des livraisons de biens*

SECTION I *Livraisons de biens sans transport*

Art. 31 Dans le cas où le bien n'est pas expédié ou transporté, le lieu de la livraison est réputé se situer à l'endroit où le bien se trouve au moment de la livraison.

SECTION II *Livraisons de biens avec transport*

Art. 32 Dans le cas où le bien est expédié ou transporté soit par le fournisseur, soit par l'acquéreur, soit par une tierce personne, le lieu de la livraison est réputé se situer à l'endroit où le bien se trouve au moment du départ de l'expédition ou du transport à destination de l'acquéreur.

Toutefois, lorsque le lieu de départ de l'expédition ou du transport des biens se trouve dans un territoire tiers ou un pays tiers, le lieu de la livraison effectuée par l'importateur désigné ou reconnu comme redevable de la taxe en vertu de l'article 201 ainsi que le lieu d'éventuelles livraisons subséquentes sont réputés se situer dans l'État membre d'importation des biens.

Art. 33 1. Par dérogation à l'article 32, le lieu d'une livraison de biens expédiés ou transportés, par le fournisseur ou pour son compte, à partir d'un État membre autre que celui d'arrivée de l'expédition ou du transport est réputé se situer à l'endroit où les biens se trouvent au moment de l'arrivée de l'expédition ou du transport à destination de l'acquéreur, lorsque les conditions suivantes sont réunies :

a) la livraison de biens est effectuée pour un assujetti ou pour une personne morale non assujettie, dont les acquisitions intracommunautaires de biens ne sont pas soumises à la TVA en vertu de l'article 3, paragraphe 1, ou pour toute autre personne non assujettie ;

b) les biens livrés sont autres que des moyens de transport neufs et autres que des biens livrés après montage ou installation, avec ou sans essai de mise en service, par le fournisseur ou pour son compte.

2. Lorsque les biens livrés sont expédiés ou transportés à partir d'un territoire tiers ou d'un pays tiers et importés par le fournisseur dans un État membre autre que celui d'arrivée de l'expédition ou du transport à destination de l'acquéreur, ils sont considérés comme expédiés ou transportés à partir de l'État membre d'importation.

Art. 34 1. Les dispositions de l'article 33 ne s'appliquent pas aux livraisons de biens expédiés ou transportés à destination d'un même État membre d'arrivée de l'expédition ou du transport, lorsque les conditions suivantes sont réunies :

a) les biens livrés ne sont pas des produits soumis à accises ;

b) le montant global hors TVA des livraisons effectuées, dans les conditions prévues à l'article 33, dans l'État membre, ne dépasse pas la somme de 100 000 € ou sa contre-valeur en monnaie nationale au cours d'une même année civile ;

c) le montant global, hors TVA, des livraisons effectuées, dans les conditions prévues à l'article 33, dans l'État membre, de biens autres que des produits soumis à accises n'a pas dépassé la somme de 100 000 € ou sa contre-valeur en monnaie nationale au cours de l'année civile précédente.

2. L'État membre sur le territoire duquel les biens se trouvent au moment de l'arrivée de l'expédition ou du transport à destination de l'acquéreur peut limiter le seuil visé au paragraphe 1 à la somme de 35 000 € ou à sa contre-valeur en monnaie nationale dans le cas où cet État membre craint que le seuil de 100 000 € ne conduise à de sérieuses distorsions de concurrence.

Les États membres qui font usage de la faculté visée au premier alinéa prennent les mesures nécessaires pour en informer les autorités publiques compétentes de l'État membre à partir duquel les biens sont expédiés ou transportés.

3. La Commission présente au Conseil, dans les meilleurs délais, un rapport sur le fonctionnement du seuil spécial de 35 000 € visé au paragraphe 2, accompagné, le cas échéant, des propositions appropriées.

4. L'État membre sur le territoire duquel les biens se trouvent au moment du départ de l'expédition ou du transport accorde aux assujettis qui effectuent des livraisons de biens susceptibles de bénéficier des dispositions du paragraphe 1 le droit d'opter pour que le lieu de ces livraisons soit déterminé conformément à l'article 33.

Les États membres concernés déterminent les modalités d'exercice de l'option visée au premier alinéa qui, en tout état de cause, couvre une période de deux années civiles.

Art. 35 Les dispositions des articles 33 et 34 ne s'appliquent pas aux livraisons de biens d'occasion, d'objets d'art, de collection ou d'antiquité tels que définis à l'article 311, paragraphe 1, points 1) à 4), ainsi qu'aux livraisons de moyens de transport d'occasion tels que définis à l'article 327, paragraphe 3, soumises à la TVA conformément aux régimes particuliers applicables dans ces domaines.

Art. 36 Dans le cas où le bien expédié ou transporté soit par le fournisseur, soit par l'acquéreur, soit par une tierce personne fait l'objet d'une installation ou d'un montage avec ou sans essai de mise en service par le fournisseur ou pour son compte, le lieu de la livraison est réputé se situer à l'endroit où est fait l'installation ou le montage.

Lorsque l'installation ou le montage est effectué dans un État membre autre que celui du fournisseur, l'État membre sur le territoire duquel est effectué l'installation ou le montage prend les mesures nécessaires pour éviter une double imposition dans cet État membre.

Art. 36 *bis* *(Dir. (UE) 2018/1910 du 4 déc. 2018, art. 1er et 2, applicable à partir du 1er janv. 2020)* 1. Lorsque les mêmes biens font l'objet de livraisons successives et qu'ils sont expédiés ou transportés d'un État membre vers un autre État membre, directement du premier fournisseur au dernier client dans la chaîne, l'expédition ou le transport n'est imputé qu'à la livraison effectuée à l'opérateur intermédiaire.

2. Par dérogation au paragraphe 1, l'expédition ou le transport n'est imputé qu'à la livraison de biens effectuée par l'opérateur intermédiaire lorsque ce dernier a communiqué à son fournisseur le numéro d'identification TVA qui lui a été attribué par l'État membre à partir duquel les biens sont expédiés ou transportés.

3. Aux fins du présent article, il faut entendre par "opérateur intermédiaire" un fournisseur dans la chaîne autre que le premier fournisseur, qui expédie ou transporte les biens, *soit* lui-même, soit par l'intermédiaire d'un tiers agissant pour son compte.

4. Le présent article ne s'applique pas aux situations relevant de l'article 14 *bis*.

Art. 36 *ter* *(Dir. (UE) 2019/1995 du 21 nov. 2019, art. 1er et 2, applicable à partir du 1er janv. 2021)* Lorsqu'un assujetti est réputé avoir reçu et livré des biens conformément à l'article 14 *bis*, l'expédition ou le transport de ces biens est imputé à la livraison effectuée par ledit assujetti.

SECTION III *Livraisons de biens à bord d'un bateau, d'un avion ou d'un train*

Art. 37 1. Dans le cas où la livraison de biens est effectuée à bord d'un bateau, d'un avion ou d'un train, et au cours de la partie d'un transport de passagers effectuée dans la Communauté, le lieu de cette livraison est réputé se situer au lieu de départ du transport de passagers.

2. Aux fins du paragraphe 1, est considérée comme "partie d'un transport de passagers effectuée dans la Communauté", la partie d'un transport effectuée sans escale en dehors de la Communauté, entre le lieu de départ et le lieu d'arrivée du transport de passagers.

"Lieu de départ d'un transport de passagers" est le premier point d'embarquement de passagers prévu dans la Communauté, le cas échéant après escale en dehors de la Communauté.

"Lieu d'arrivée d'un transport de passagers" est le dernier point de débarquement, prévu dans la Communauté, pour des passagers ayant embarqué dans la Communauté, le cas échéant avant escale en dehors de la Communauté.

Dans le cas d'un transport aller-retour, le trajet de retour est considéré comme un transport distinct.

3. La Commission soumet au Conseil, dans les meilleurs délais, un rapport accompagné, le cas échéant, des propositions appropriées sur le lieu de taxation des livraisons de biens destinés à la consommation à bord et des prestations de services, y compris la restauration, fournies à des passagers à bord d'un bateau, d'un avion ou d'un train.

Jusqu'à l'adoption des propositions visées au premier alinéa, les États membres peuvent exonérer, ou continuer à exonérer, avec droit à déduction de la TVA payée au stade antérieur, les livraisons de biens destinés à être consommés à bord dont le lieu de taxation est déterminé conformément au paragraphe 1.

SECTION IV *Livraisons de gaz via un système de gaz naturel, d'électricité, et de chaleur ou de froid via les réseaux de chauffage et de refroidissement*

Art. 38 1. En cas de livraison de gaz via un système de gaz naturel situé sur le territoire de la Communauté ou tout réseau connecté à un tel système, de livraison d'électricité ou de livraison de chaleur ou de froid via les réseaux de chauffage ou de refroidissement à un assujetti-revendeur, le lieu de la livraison est réputé se situer à l'endroit où cet assujetti-revendeur a établi le siège de son activité économique ou dispose d'un établissement stable pour lequel les biens sont livrés ou, en l'absence d'un tel siège ou établissement stable, à l'endroit où il a son domicile ou sa résidence habituelle.

2. Aux fins du paragraphe 1, on entend par "assujetti-revendeur" un assujetti dont l'activité principale, en ce qui concerne l'achat de gaz, d'électricité et de chaleur ou de froid, consiste à revendre ces produits et dont la propre consommation de ces produits est négligeable.

Art. 39 En cas de livraison de gaz via un système de gaz naturel situé sur le territoire de la Communauté ou tout réseau connecté à un tel système, de livraison d'électricité ou de livraison de chaleur ou de froid via les réseaux de chauffage ou de refroidissement non couvertes par l'article 38, le lieu de la livraison est réputé se situer à l'endroit où l'acquéreur utilise et consomme effectivement les biens.

Lorsque la totalité ou une partie du gaz, de l'électricité ou de la chaleur ou du froid n'est pas effectivement consommée par l'acquéreur, ces biens non consommés sont réputés avoir été utilisés et consommés à l'endroit où l'acquéreur a établi le siège de son activité économique ou dispose d'un établissement stable pour lequel les biens sont livrés. En l'absence d'un tel siège ou établissement stable, l'acquéreur est réputé avoir utilisé et consommé lesdits biens à l'endroit où il a son domicile ou sa résidence habituelle.

CHAPITRE II *Lieu des acquisitions intracommunautaires de biens*

Art. 40 Le lieu d'une acquisition intracommunautaire de biens est réputé se situer à l'endroit où les biens se trouvent au moment de l'arrivée de l'expédition ou du transport à destination de l'acquéreur.

Art. 41 Sans préjudice des dispositions de l'article 40, le lieu d'une acquisition intracommunautaire de biens visée à l'article 2, paragraphe 1, point b) i), est réputé se situer sur le territoire de l'État membre qui a attribué le numéro d'identification TVA sous lequel l'acquéreur a effectué cette acquisition, dans la mesure où l'acquéreur n'établit pas que cette acquisition a été soumise à la TVA conformément à l'article 40.

Si, en application de l'article 40, l'acquisition est soumise à la TVA dans l'État membre d'arrivée de l'expédition ou du transport des biens après avoir été soumise à la taxe en application du premier alinéa, la base d'imposition est réduite à due concurrence dans l'État membre qui a attribué le numéro d'identification TVA sous lequel l'acquéreur a effectué cette acquisition.

Art. 42 L'article 41, premier alinéa, ne s'applique pas et l'acquisition intracommunautaire de biens est réputée avoir été soumise à la TVA conformément à l'article 40, lorsque les conditions suivantes sont réunies :

a) l'acquéreur établit avoir effectué cette acquisition pour les besoins d'une livraison subséquente, effectuée sur le territoire de l'État membre déterminé conformément à l'article 40, pour laquelle le destinataire a été désigné comme redevable de la taxe conformément à l'article 197 ;

b) l'acquéreur a rempli les obligations relatives au dépôt de l'état récapitulatif prévues à l'article 265.

CHAPITRE III *Lieu des prestations de services*

SECTION I *Définitions*

Art. 43 Aux fins de l'application des règles relatives au lieu des prestations de services :

1) un assujetti qui exerce également des activités ou effectue aussi des opérations qui ne sont pas considérées comme étant des livraisons de biens ou des prestations de services imposables conformément à l'article 2, paragraphe 1, est considéré comme assujetti pour tous les services qui lui sont fournis ;

2) une personne morale non assujettie qui est identifiée à la TVA est considérée comme assujettie.

SECTION II *Règles générales*

Art. 44 Le lieu des prestations de services fournies à un assujetti agissant en tant que tel est l'endroit où l'assujetti a établi le siège de son activité économique. Néanmoins, si ces services sont fournis à un établissement stable de l'assujetti situé en un lieu autre que l'endroit où il a établi le siège de son activité économique, le lieu des prestations de ces services est l'endroit où cet établissement stable est situé. A défaut d'un tel siège ou d'un tel établissement stable, le lieu des prestations de services est l'endroit où l'assujetti qui bénéficie de tels services a son domicile ou sa résidence habituelle.

Art. 45 Le lieu des prestations de services fournies à une personne non assujettie est l'endroit où le prestataire a établi le siège de son activité économique. Toutefois, si ces prestations sont effectuées à partir de l'établissement stable du prestataire situé en un lieu autre que l'endroit où il a établi le siège de son activité économique, le lieu des prestations de ces services est l'endroit où cet établissement stable est situé. À défaut d'un tel siège ou d'un tel établissement stable, le lieu des prestations de services est l'endroit où le prestataire a son domicile ou sa résidence habituelle.

SECTION III *Dispositions particulières*

SOUS-SECTION 1 *Prestations de services des intermédiaires*

Art. 46 Le lieu des prestations de services fournies à une personne non assujettie par un intermédiaire agissant au nom et pour le compte d'autrui est le lieu où l'opération principale est effectuée, conformément à la présente directive.

SOUS-SECTION 2 *Prestations de services rattachées à un bien immeuble*

Art. 47 Le lieu des prestations de services se rattachant à un bien immeuble, y compris les prestations d'experts et d'agents immobiliers, la fourniture de logements dans le cadre du secteur hôtelier ou de secteurs ayant une fonction similaire, tels que des camps de vacances ou des sites aménagés pour camper, l'octroi de droits d'utilisation d'un bien immeuble et les prestations tendant à préparer ou à coordonner l'exécution de travaux immobiliers, telles *que celles fournies par* les architectes et les entreprises qui surveillent l'exécution des travaux, est l'endroit où ce bien immeuble est situé.

SOUS-SECTION 3 *Prestations de transport*

Art. 48 Le lieu des prestations de transport de passagers est l'endroit où s'effectue le transport en fonction des distances parcourues.

Art. 49 Le lieu des prestations de transport de biens effectuées pour des personnes non assujetties autre que le transport intracommunautaire de biens est l'endroit où s'effectue le transport en fonction des distances parcourues.

Art. 50 Le lieu des prestations de transport intracommunautaire de biens effectuées pour des personnes non assujetties est le lieu de départ du transport.

Art. 51 On entend par "transport intracommunautaire de biens" tout transport de biens dont le lieu de départ et le lieu d'arrivée sont situés sur les territoires de deux États membres différents.

On entend par "lieu de départ" le lieu où commence effectivement le transport des biens, sans tenir compte des trajets effectués pour se rendre au lieu où se trouvent les biens, et par "lieu d'arrivée", le lieu où s'achève effectivement le transport des biens.

Art. 52 Les États membres peuvent ne pas soumettre à la TVA la partie du transport intracommunautaire de biens effectuée pour des personnes non assujetties qui correspond aux trajets effectués au-dessus des eaux qui ne font pas partie du territoire de la Communauté.

SOUS-SECTION 4 *Prestations de services culturels, artistiques, sportifs, scientifiques, éducatifs et de divertissement et manifestations similaires, services accessoires au transport, expertises de biens meubles et travaux portant sur ces biens*

Art. 53 Le lieu des prestations de services consistant à donner accès à des manifestations culturelles, artistiques, sportives, scientifiques, éducatives, de divertissement ou similaires, telles que les foires et les expositions, ainsi que des prestations de services accessoires à cet accès, fournies à un assujetti, est l'endroit où ces manifestations ont effectivement lieu.

Art. 54 1. Le lieu des prestations de services ayant pour objet des activités culturelles, artistiques, sportives, scientifiques, éducatives, de divertissement ou similaires, telles que les foires et les expositions, y compris des prestations de services des organisateurs de telles activités, ainsi que des prestations de services accessoires à ces activités, fournies à une personne non assujettie, est l'endroit où ces activités ont effectivement lieu.

2. Le lieu des prestations de services ci-après fournies à une personne non assujettie est l'endroit où ces prestations sont matériellement exécutées :

a) les activités accessoires au transport, telles que le chargement, le déchargement, la manutention et les activités similaires ;

b) les expertises ou les travaux portant sur des biens meubles corporels.

SOUS-SECTION 5 *Services de restaurant et de restauration*

Art. 55 Le lieu des prestations de services de restaurant et de restauration est le lieu où les prestations sont matériellement exécutées, à l'exception de celles qui sont exécutées matériellement à bord de navires, d'aéronefs ou de trains au cours de la partie d'un transport de passagers effectuée à l'intérieur de la Communauté.

SOUS-SECTION 6 *Locations de moyens de transport*

Art. 56 1. Le lieu des prestations de location de courte durée d'un moyen de transport est l'endroit où le moyen de transport est effectivement mis à la disposition du preneur.

2. Le lieu des prestations de services de location, autre que la location de courte durée, d'un moyen de transport fournies à une personne non assujettie est l'endroit où cette personne est établie ou a son domicile ou sa résidence habituelle. — *Sur le lieu d'établissement, V. également App., Règl. d'exécution n° 282/2011 du 15 mars 2011, art. 24 quater et 24 sexies.*

Toutefois, le lieu des prestations de services de location d'un bateau de plaisance, à l'exception de la location de courte durée, à une personne non assujettie est l'endroit où le bateau de plaisance est effectivement mis à la disposition du preneur, lorsque le service est effectivement fourni par le prestataire à partir du siège de son activité économique ou d'un établissement stable qui y est situé.

3. Aux fins des paragraphes 1 et 2, on entend par "courte durée" la possession ou l'utilisation continue du moyen de transport pendant une période ne dépassant pas trente jours, et, dans le cas d'un moyen de transport maritime, pendant une période ne dépassant pas quatre-vingt-dix jours.

SOUS-SECTION 7 *Services de restaurant et de restauration à des fins de consommation à bord de navires, d'aéronefs ou de trains*

Art. 57 1. Le lieu des prestations de services de restaurant ou de restauration qui sont matériellement exécutées à bord de navires, d'aéronefs ou de trains au cours de la partie d'un transport de passagers effectuée à l'intérieur de la Communauté est le lieu de départ du transport des passagers.

2. Aux fins du paragraphe 1, on entend par "partie d'un transport de passagers effectuée dans la Communauté" la partie d'un transport effectuée sans escale en dehors de la Communauté, entre le lieu de départ et le lieu d'arrivée du transport de passagers.

On entend par "lieu de départ d'un transport de passagers" le premier point d'embarquement de passagers prévu dans la Communauté, le cas échéant après escale en dehors de la Communauté.

On entend par "lieu d'arrivée d'un transport de passagers" le dernier point de débarquement, prévu dans la Communauté, pour des passagers ayant embarqué dans la Communauté, le cas échéant avant escale en dehors de la Communauté.

Dans le cas d'un transport aller-retour, le trajet de retour est considéré comme un transport distinct.

SOUS-SECTION 8 *Services de télécommunication, de radiodiffusion et de télévision et services fournis par voie électronique à des personnes non assujetties*

Art. 58 *(Dir. (UE) 2017/2455 du 5 déc. 2017, art. 1er, en vigueur le 1er janv. 2019)* 1. Le lieu des prestations de services ci-après fournies à une personne non assujettie est le lieu où cette personne est établie ou a son domicile ou sa résidence habituelle :

a) les services de télécommunication ;

b) les services de radiodiffusion et de télévision ;

c) les services fournis par voie électronique, notamment ceux visés à l'annexe II.

Lorsque le prestataire de services et le preneur communiquent par courrier électronique, cela ne signifie pas en soi que le service est un service fourni par voie électronique. — *Sur les différents « services » mentionnés aux a à c ci-dessus, V. également supra, art. 24, et App., Règl. d'exécution no 282/2011 du 15 mars 2011, art. 6 bis à 7, 9 bis, 24 bis, 24 ter, 24 quinquies et 24 septies.*

2. Le paragraphe 1 ne s'applique pas lorsque les conditions ci-après sont réunies :

a) le prestataire est établi ou, en l'absence d'établissement, a son domicile ou sa résidence habituelle dans un seul État membre ; et

b) les services sont fournis à des personnes non assujetties qui sont établies, ont leur domicile ou leur résidence habituelle dans un État membre autre que celui visé au point a) ; et

c) la valeur totale, hors TVA, des prestations visées au point b) ne dépasse pas, au cours de l'année civile en cours, 10 000 EUR, ou sa contre-valeur en monnaie nationale, et n'a pas dépassé ce seuil au cours de l'année civile précédente.

3. Lorsque, au cours d'une année civile, le seuil visé au paragraphe 2, point c), est dépassé, le paragraphe 1 s'applique à compter de ce moment.

4. L'État membre sur le territoire duquel les prestataires visés au paragraphe 2 sont établis ou, en l'absence d'établissement, ont leur domicile ou leur résidence habituelle, accorde à ces prestataires le droit d'opter pour que le lieu des prestations soit déterminé conformément au paragraphe 1, option qui, en tout état de cause, couvre une période de deux années civiles.

5. Les États membres prennent les mesures appropriées pour contrôler le respect par l'assujetti des conditions visées aux paragraphes 2, 3 et 4.

6. La contre-valeur en monnaie nationale du montant visé au paragraphe 2, point c), est calculée par application du taux de change publié par la Banque centrale européenne à la date d'adoption de la directive (UE) 2017/2455 du Conseil.

SOUS-SECTION 9 *Services fournis à des personnes non assujetties établies hors de la Communauté*

Art. 59 *Le* lieu des prestations de services suivantes, fournies à une personne non assujettie qui est établie ou a son domicile ou sa résidence habituelle hors de la Communauté, est l'endroit où cette personne est établie ou a son domicile ou sa résidence habituelle :

a) les cessions et concessions de droits d'auteurs, de brevets, de droits de licences, de marques de fabrique et de commerce, et d'autres droits similaires ;

b) les prestations de publicité ;

c) les prestations des conseillers, des ingénieurs, des bureaux d'études, des avocats, des experts comptables et autres prestations similaires, ainsi que le traitement de données et la fourniture d'informations ;

d) les obligations de ne pas exercer, entièrement ou partiellement, une activité professionnelle ou un droit visé au présent article ;

e) les opérations bancaires, financières et d'assurance, y compris celles de réassurance, à l'exception de la location de coffres-forts ;

f) la mise à disposition de personnel ;

g) la location de biens meubles corporels, à l'exception de tout moyen de transport ;

h) la fourniture d'un accès à un système de gaz naturel situé sur le territoire de la Communauté ou à un réseau connecté à un tel système, au système d'électricité ou aux réseaux de chauffage ou de refroidissement, ou le transport ou la distribution via ces systèmes ou réseaux, et la fourniture d'autres services qui y sont directement liés.

i) à k) Abrogés.

SOUS-SECTION 10 *Mesures visant à éviter la double imposition et la non-imposition*

Art. 59 *bis* Pour éviter les cas de double imposition, de non-imposition ou de distorsion de concurrence, les États membres peuvent, en ce qui concerne les services dont le lieu des prestations est régi par les articles 44, 45, 56, 58 et 59, considérer :

a) le lieu de prestation de tout ou partie de ces services, qui est situé sur leur territoire, comme s'il était situé en dehors de la Communauté, si l'utilisation ou l'exploitation effectives des services s'effectuent en dehors de la Communauté ;

b) le lieu de prestation de tout ou partie de ces services, qui est situé en dehors de la Communauté, comme s'il était situé sur leur territoire, si l'utilisation ou l'exploitation effectives des services s'effectuent sur leur territoire.

CHAPITRE IV *Lieu des importations de biens*

Art. 60 L'importation de biens est effectuée dans l'État membre sur le territoire duquel le bien se trouve au moment où il est introduit dans la Communauté.

Art. 61 Par dérogation à l'article 60, lorsqu'un bien qui n'est pas en libre pratique relève depuis son introduction dans la Communauté de l'un des régimes ou de l'une des situations visés à l'article 156 ou d'un régime d'admission temporaire en exonération totale de droits à l'importation ou de transit externe, l'importation de ce bien est effectuée dans l'État membre sur le territoire duquel le bien sort de ces régimes ou situations.

De même, lorsqu'un bien qui est en libre pratique relève depuis son introduction dans la Communauté de l'un des régimes ou de l'une des situations visés aux articles 276 et 277, l'importation de ce bien est effectuée dans l'État membre sur le territoire duquel le bien sort de ces régimes ou situations.

TITRE VI **Fait générateur et exigibilité de la taxe**

CHAPITRE PREMIER *Dispositions générales*

Art. 62 Aux fins de la présente directive sont considérés comme :

1) "fait générateur de la taxe" le fait par lequel sont réalisées les conditions légales nécessaires pour l'exigibilité de la taxe ;

2) "exigibilité de la taxe" le droit que le Trésor peut faire valoir aux termes de la loi, à partir d'un moment donné, auprès du redevable pour le paiement de la taxe, même si le paiement peut en être reporté.

CHAPITRE II *Livraisons de biens et prestations de services*

Art. 63 Le fait générateur de la taxe intervient et la taxe devient exigible au moment où la livraison de biens ou la prestation de services est effectuée.

Art. 64 1. Lorsqu'elles donnent lieu à des décomptes ou à des paiements successifs, les livraisons de biens, autres que celles ayant pour objet la location d'un bien pendant une certaine période ou la vente à tempérament d'un bien visées à l'article 14, paragraphe 2, point b), et les prestations de services sont considérées comme effectuées au moment de l'expiration des périodes auxquelles ces décomptes ou paiements se rapportent.

2. Les livraisons de biens effectuées de manière continue pendant une période de plus d'un mois civil et qui concernent des biens expédiés ou transportés vers un État membre autre *que celui de départ de l'*expédition ou du transport et livrés en exonération de la TVA ou transférés en exonération de la TVA vers un autre État membre par un assujetti pour les besoins de son entreprise, dans les conditions prévues à l'article 138, sont réputées effectuées à l'expiration de chaque mois civil, jusqu'à ce qu'il soit mis fin à la livraison.

Les prestations de services pour lesquelles la taxe est due par le preneur de services en application de l'article 196, qui ont lieu de manière continue sur une période supérieure à une année et qui ne donnent pas lieu à des décomptes ou des paiements durant cette période sont réputées effectuées à l'expiration de chaque année civile, jusqu'à ce qu'il soit mis fin à la prestation de services.

Les États membres peuvent prévoir que, dans certains cas autres que ceux visés aux premier et deuxième alinéas, les livraisons de biens et les prestations de services qui ont lieu de manière continue sur une certaine période sont réputées effectuées au moins à des intervalles d'un an.

Art. 65 En cas de versements d'acomptes avant que la livraison de biens ou la prestation de services ne soit effectuée, la taxe devient exigible au moment de l'encaissement, à concurrence du montant encaissé.

Art. 66 Par dérogation aux articles 63, 64 et 65, les États membres peuvent prévoir que la taxe devient exigible pour certaines opérations ou certaines catégories d'assujettis à un des moments suivants :

a) au plus tard lors de l'émission de la facture ;

b) au plus tard lors de l'encaissement du prix ;

c) en l'absence d'émission ou en cas d'émission tardive de la facture, dans un délai déterminé et au plus tard à l'expiration du délai d'émission des factures imposé par les États membres en application de l'article 222, deuxième alinéa, ou, si aucun délai n'a été imposé par l'État membre, dans un délai déterminé à compter de la date du fait générateur.

La dérogation prévue au premier alinéa ne s'applique pas, cependant, aux prestations de services pour lesquelles l'acquéreur ou preneur est redevable de la TVA en application de l'article 196 ni aux livraisons ou aux transferts de biens visés à l'article 67.

Art. 66 *bis* *(Dir. (UE) 2019/1995 du 21 nov. 2019, art. 1er et 2, applicable à partir du 1er janv. 2021)* Par dérogation aux articles 63, 64 et 65, pour la livraison de biens par un assujetti réputé avoir reçu et livré les biens conformément à l'article 14 *bis* et pour la livraison de biens à cet assujetti, le fait générateur intervient et la TVA devient exigible au moment où le paiement a été accepté.

Art. 67 Lorsque, dans les conditions prévues à l'article 138, des biens expédiés ou transportés dans un État membre autre que celui de départ de l'expédition ou du transport sont livrés en exonération de la TVA ou que des biens sont transférés en exonération de la TVA dans un autre État membre par un assujetti pour les besoins de son entreprise, la taxe devient exigible lors de l'émission de la facture ou à l'expiration du délai visé à l'article 222, premier alinéa, si aucune facture n'a été émise avant cette date.

L'article 64, paragraphe 1, l'article 64, paragraphe 2, troisième alinéa et l'article 65 ne s'appliquent pas à l'égard des livraisons et des transferts de biens visés au premier alinéa.

CHAPITRE III *Acquisitions intracommunautaires de biens*

Art. 68 Le fait générateur de la taxe intervient au moment où l'acquisition intracommunautaire de biens est effectuée.

L'acquisition intracommunautaire de biens est considérée comme effectuée au moment où la livraison de biens similaires sur le territoire de l'État membre est considérée comme effectuée.

Art. 69 Pour les acquisitions intracommunautaires de biens, la taxe devient exigible lors de l'émission de la facture, ou à l'expiration du délai visé à l'article 222, premier alinéa, si aucune facture n'a été émise avant cette date.

CHAPITRE IV *Importations de biens*

Art. 70 Le fait générateur intervient et la taxe devient exigible au moment où l'importation de biens est effectuée.

Art. 71 1. Lorsque des biens relèvent depuis leur introduction dans la Communauté de l'un des régimes ou de l'une des situations visés aux articles 156, 276 et 277, ou d'un régime d'admission temporaire en exonération totale de droits à l'importation ou de transit externe, le fait générateur et l'exigibilité de la taxe n'interviennent qu'au moment où les biens sortent de ces régimes ou situations.

Toutefois, lorsque les biens importés sont soumis à des droits de douane, à des prélèvements agricoles ou à des taxes d'effet équivalent établies dans le cadre d'une politique commune, le fait générateur intervient et la taxe devient exigible au moment où interviennent le fait générateur et l'exigibilité de ces droits.

2. Dans les cas où les biens importés ne sont soumis à aucun des droits visés au paragraphe 1, deuxième alinéa, les États membres appliquent les dispositions en vigueur en matière de droits de douane pour ce qui concerne le fait générateur et l'exigibilité de la taxe.

TITRE VII Base d'imposition

CHAPITRE PREMIER *Définition*

Art. 72 Aux fins de la présente directive, on entend par "valeur normale", le montant total qu'un acquéreur ou un preneur, se trouvant au stade de commercialisation auquel est effectuée la livraison de biens ou la prestation de services, devrait payer, dans des conditions de pleine concurrence, à un fournisseur ou prestataire indépendant sur le territoire de l'État membre dans lequel l'opération est imposable, pour se procurer à ce moment les biens ou les services en question.

Lorsqu'il n'est pas possible d'établir une livraison de biens ou une prestation de services comparables, on entend par la valeur normale les montants suivants :

1) lorsqu'il s'agit de biens, un montant qui n'est pas inférieur au prix d'achat des objets ou d'objets comparables ou, à défaut de prix d'achat, au prix de revient, déterminés au moment où s'effectuent ces opérations ;

2) lorsqu'il s'agit de services, un montant qui n'est pas inférieur aux dépenses engagées par l'assujetti pour l'exécution de la prestation de services.

CHAPITRE II *Livraisons de biens et prestations de services*

Art. 73 Pour les livraisons de biens et les prestations de services autres que celles visées aux articles 74 à 77, la base d'imposition comprend tout ce qui constitue la contrepartie obtenue ou à obtenir par le fournisseur ou le prestataire pour ces opérations de la part de l'acquéreur, du preneur ou d'un tiers, y compris les subventions directement liées au prix de ces opérations.

Art. 73 *bis* (*Dir. (UE) 2016/1065 du 27 juin 2016, art. 1er et 2, applicable à partir du 1er janv. 2019*) Sans préjudice de l'article 73, la base d'imposition de la livraison de biens ou de la prestation de services effectuée en lien avec un bon à usages multiples est égale à la contrepartie payée en échange du bon ou, en l'absence d'information sur cette contrepartie, à la valeur monétaire indiquée sur le bon à usages multiples ou dans la documentation correspondante, diminuée du montant de la TVA afférente aux biens livrés ou aux services prestés.

Art. 74 Pour les opérations de prélèvement ou d'affectation par un assujetti d'un bien de son entreprise ou de détention de biens par un assujetti ou par ses ayants droits en cas de cessation de son activité économique imposable, visées aux articles 16 et 18, la base d'imposition est constituée par le prix d'achat des biens ou de biens similaires ou, à défaut de prix d'achat, par le prix de revient, déterminés au moment où s'effectuent ces opérations.

Art. 75 Pour les prestations de services consistant en l'utilisation d'un bien affecté à l'entreprise pour des besoins privés et pour les prestations de services effectuées à titre gratuit, visées à l'article 26, la base d'imposition est constituée par le montant des dépenses engagées par l'assujetti pour l'exécution de la prestation de services.

Art. 76 Pour les livraisons de biens consistant en des transferts à destination d'un autre État membre, la base d'imposition est constituée par le prix d'achat des biens ou de biens similaires ou, à défaut de prix d'achat, par le prix de revient, déterminés au moment où s'effectuent ces opérations.

Art. 77 Pour les prestations de services effectuées par un assujetti pour les besoins de son entreprise visées à l'article 27, la base d'imposition est constituée par la valeur normale de l'opération en question.

Art. 78 *Sont à comprendre* dans la base d'imposition les éléments suivants :

a) les impôts, droits, prélèvements et taxes, à l'exception de la TVA elle-même ;

b) les frais accessoires, tels que les frais de commission, d'emballage, de transport et d'assurance demandés par le fournisseur à l'acquéreur ou au preneur.

Aux fins du premier alinéa, point b), les États membres peuvent considérer comme frais accessoires ceux faisant l'objet d'une convention séparée.

Art. 79 Ne sont pas à comprendre dans la base d'imposition les éléments suivants :

a) les diminutions de prix à titre d'escompte pour paiement anticipé ;

b) les rabais et ristournes de prix consentis à l'acquéreur ou au preneur et acquis au moment où s'effectue l'opération ;

c) les montants reçus par un assujetti de la part de son acquéreur ou de son preneur, en remboursement des frais exposés au nom et pour le compte de ces derniers et qui sont portés dans sa comptabilité dans des comptes de passage.

L'assujetti doit justifier le montant effectif des frais visés au premier alinéa, point c), et ne peut pas procéder à la déduction de la TVA qui les a éventuellement grevés.

Art. 80 1. Afin de prévenir la fraude ou l'évasion fiscales, les États membres peuvent prendre des mesures pour que, pour les livraisons de biens et les prestations de services à des bénéficiaires avec lesquels il existe des liens familiaux ou d'autres liens personnels étroits, des liens organisationnels, de propriété, d'affiliation, financiers ou juridiques tels que définis par l'État membre, la base d'imposition soit constituée par la valeur normale de l'opération dans les cas suivants :

a) lorsque la contrepartie est inférieure à la valeur normale et que le destinataire de la livraison ou de la prestation n'a pas le droit de déduire entièrement la TVA en vertu des articles 167 à 171 et des articles 173 à 177 ;

b) lorsque la contrepartie est inférieure à la valeur normale et que le fournisseur ou prestataire n'a pas le droit de déduire entièrement la TVA en vertu des articles 167 à 171 et des articles 173 à 177 et que la livraison ou la prestation fait l'objet d'une exonération en vertu des articles 132, 135, 136, 371, 375, 376 et 377, de l'article 378, paragraphe 2, de l'article 379, paragraphe 2, et des articles 380 à 390 *quater* ;

c) lorsque la contrepartie est supérieure à la valeur normale et que le fournisseur ou prestataire n'a pas le droit de déduire entièrement la TVA en vertu des articles 167 à 171 et des articles 173 à 177.

Aux fins du premier alinéa, les liens juridiques peuvent inclure la relation établie entre un employeur et un salarié, la famille du salarié ou d'autres personnes qui lui sont proches.

2. Lorsqu'ils font usage de la faculté prévue au paragraphe 1, les États membres peuvent définir les catégories de fournisseurs, prestataires, acquéreurs ou preneurs auxquelles les mesures s'appliquent.

3. Les États membres informent le comité de la TVA de l'introduction des mesures nationales adoptées en application des dispositions du paragraphe 1, dans la mesure où il ne s'agit pas de mesures qui ont fait l'objet d'une autorisation du Conseil avant le 13 août 2006 conformément à l'article 27, paragraphes 1 à 4, de la directive 77/388/CEE et qui sont maintenues en vertu du paragraphe 1 du présent article.

Art. 81 Les États membres qui, au 1er janvier 1993, ne faisaient pas usage de la faculté d'appliquer un taux réduit en vertu de l'article 98, peuvent, lorsqu'ils font usage de la faculté prévue à l'article 89, prévoir que, pour les livraisons d'objets d'art visées à l'article 103, paragraphe 2, la base d'imposition est égale à une fraction du montant déterminé conformément aux articles 73, 74, 76, 78 et 79.

La fraction visée au premier alinéa est déterminée de façon que la TVA ainsi due soit au moins égale à 5 % du montant déterminé conformément aux articles 73, 74, 76, 78 et 79.

Art. 82 Les États membres peuvent prévoir que, pour les livraisons de biens et les prestations de services, la base d'imposition inclut la valeur de l'or d'investissement exonéré au sens de l'article 346, qui a été fourni par l'acquéreur ou le preneur en vue de la transformation et qui perd en conséquence son statut d'or d'investissement exonéré de la TVA lors de la livraison de ces biens ou de la prestation de ces services. La valeur à prendre en compte est la valeur normale de l'or d'investissement au moment de la livraison de ces biens ou de la prestation de ces services.

CHAPITRE III *Acquisitions intracommunautaires de biens*

Art. 83 Pour les acquisitions intracommunautaires de biens, la base d'imposition est constituée par les mêmes éléments que ceux retenus pour déterminer, conformément au chapitre II, la base d'imposition de la livraison de ces mêmes biens sur le territoire de l'État membre. Notamment, pour les opérations assimilées aux acquisitions intracommunautaires de biens visées aux articles 21 et 22, la base d'imposition est constituée par le prix d'achat des biens ou de biens similaires ou, à défaut de prix d'achat, par le prix de revient, déterminés au moment où s'effectuent ces opérations.

Art. 84 1. Les États membres prennent les mesures nécessaires en vue d'assurer que les droits d'accise dus ou acquittés par la personne qui réalise l'acquisition intracommunautaire d'un produit soumis à accises sont compris dans la base d'imposition, conformément à l'article 78, premier alinéa, point a).

2. Lorsque, après le moment où s'effectue l'acquisition intracommunautaire de biens, l'acquéreur obtient le remboursement des droits d'accise acquittés dans l'État membre de départ de l'expédition ou du transport des biens, la base d'imposition est réduite à due concurrence dans l'État membre sur le territoire duquel l'acquisition est effectuée.

CHAPITRE IV *Importations de biens*

Art. 85 Pour les importations de biens, la base d'imposition est constituée par la valeur définie comme la valeur en douane par les dispositions communautaires en vigueur.

Art. 86 1. Sont à comprendre dans la base d'imposition, dans la mesure où ils n'y sont pas déjà compris, les éléments suivants :

a) les impôts, droits, prélèvements et autres taxes qui sont dus en dehors de l'État membre d'importation, ainsi que ceux qui sont dus en raison de l'importation, à l'exception de la TVA à percevoir ;

b) les frais accessoires, tels que les frais de commission, d'emballage, de transport et d'assurance intervenant jusqu'au premier lieu de destination des biens sur le territoire de l'État membre d'importation, ainsi que ceux découlant du transport vers un autre lieu de destination se trouvant dans la Communauté, si ce dernier lieu est connu au moment où intervient le fait générateur de la taxe.

2. Aux fins du paragraphe 1, point b), est considéré comme "premier lieu de destination" le lieu figurant sur la lettre de voiture ou tout autre document sous couvert duquel les biens entrent dans l'État membre d'importation. À défaut d'une telle indication, le premier lieu de destination est censé se trouver au lieu de la première rupture de charge dans l'État membre d'importation.

Art. 87 Ne sont pas à comprendre dans la base d'imposition les éléments suivants :

a) les diminutions de prix à titre d'escompte pour paiement anticipé ;

b) les rabais et ristournes de prix consentis à l'acquéreur et acquis au moment où s'effectue l'importation.

Art. 88 Pour les biens qui ont été exportés temporairement en dehors de la Communauté et qui sont réimportés après avoir fait l'objet en dehors de la Communauté de travaux de réparation, de transformation, d'adaptation, de façon ou d'ouvraison, les États membres prennent des mesures assurant que le traitement fiscal en matière de TVA afférent au bien obtenu est le même que celui qui aurait été appliqué au bien en question si lesdites opérations avaient eu lieu sur leur territoire.

Art. 89 Les États membres qui, au 1er janvier 1993, ne faisaient pas usage de la faculté d'appliquer un taux réduit en vertu de l'article 98, peuvent prévoir qu'à l'importation d'objets d'art, de collection ou d'antiquité tels que définis à l'article 311, paragraphe 1, points 2), 3) et 4), la base d'imposition est égale à une fraction du montant déterminé conformément aux articles 85, 86 et 87.

La fraction visée au premier alinéa est déterminée de façon que la TVA ainsi due à l'importation soit au moins égale à 5 % du montant déterminé conformément aux articles 85, 86 et 87.

CHAPITRE V *Dispositions diverses*

Art. 90 1. En cas d'annulation, de résiliation, de résolution, de non-paiement total ou partiel ou de réduction de prix après le moment où s'effectue l'opération, la base d'imposition est réduite à due concurrence dans les conditions déterminées par les États membres.

2. En cas de non-paiement total ou partiel, les États membres peuvent déroger au paragraphe 1.

Art. 91 1. Lorsque des éléments servant à déterminer la base d'imposition à l'importation sont exprimés dans une monnaie autre que celle de l'État membre où s'effectue l'évaluation, le taux de change est déterminé selon les dispositions communautaires en vigueur pour calculer la valeur en douane.

2. Lorsque des éléments servant à déterminer la base d'imposition d'une opération autre qu'une importation de biens sont exprimés dans une monnaie autre que celle de l'État mem-

bre où s'effectue l'évaluation, le taux de change applicable est le dernier taux vendeur enregistré, au moment où la taxe devient exigible, sur le ou les marchés des changes les plus représentatifs de l'État membre concerné, ou un taux déterminé par référence à ce ou ces marchés, selon les modalités déterminées par cet État membre.

Les États membres acceptent d'utiliser plutôt le dernier taux de change publié par la Banque centrale européenne au moment où la taxe devient exigible. La conversion entre des monnaies autres que l'euro se fonde sur le taux de change par rapport à l'euro de chaque monnaie considérée. Les États membres peuvent exiger d'être informés de l'usage de cette faculté par l'assujetti.

Toutefois, pour certaines des transactions visées au premier alinéa, ou pour certaines catégories d'assujettis, les États membres peuvent utiliser le taux de change établi conformément aux dispositions communautaires en vigueur régissant le calcul de la valeur en douane.

Art. 92 En ce qui concerne les montants des emballages à rendre, les États membres peuvent prendre l'une des dispositions suivantes :

a) les exclure de la base d'imposition en prenant les mesures nécessaires pour que cette base soit régularisée lorsque ces emballages ne sont pas rendus ;

b) les inclure dans la base d'imposition en prenant les mesures nécessaires pour que cette base soit régularisée lorsque ces emballages sont effectivement rendus.

TITRE VIII Taux

CHAPITRE PREMIER *Application des taux*

Art. 93 Le taux applicable aux opérations imposables est celui en vigueur au moment où intervient le fait générateur de la taxe.

Toutefois, dans les cas suivants, le taux applicable est celui en vigueur au moment où la taxe devient exigible :

a) les cas prévus aux articles 65 et 66 ;

b) les cas d'acquisition intracommunautaire de biens ;

c) les cas d'importation de biens visés à l'article 71, paragraphe 1, deuxième alinéa, et paragraphe 2.

Art. 94 1. Le taux applicable à l'acquisition intracommunautaire de biens est celui appliqué sur le territoire de l'État membre pour la livraison d'un même bien.

2. Sous réserve de la faculté prévue à l'article 103, paragraphe 1, d'appliquer un taux réduit à l'importation d'objets d'art, de collection ou d'antiquité, le taux applicable à l'importation de biens est celui appliqué sur le territoire de l'État membre pour la livraison d'un même bien.

Art. 95 En cas de modification des taux, les États membres peuvent, dans les cas prévus aux articles 65 et 66, procéder à une régularisation pour tenir compte du taux applicable au moment où la livraison de biens ou la prestation de services est effectuée.

Les États membres peuvent en outre adopter toutes les mesures transitoires appropriées.

CHAPITRE II *Structure et niveaux des taux*

SECTION I *Taux normal*

Art. 96 Les États membres appliquent un taux normal de TVA fixé par chaque État membre à un pourcentage de la base d'imposition qui est le même pour les livraisons de biens et pour les prestations de services.

Art. 97 *(Dir. (UE) 2018/912 du 22 juin 2018, art. 1er, en vigueur le 12 juill. 2018)* Le taux normal n'est pas inférieur à 15 %.

SECTION II *Taux réduits*

Art. 98 1. Les États membres peuvent appliquer soit un, soit deux taux réduits.

2. Les taux réduits s'appliquent uniquement aux livraisons de biens et aux prestations de services des catégories figurant à l'annexe III.

(Dir. (UE) 2018/1713 du 6 nov. 2018, art. 1er et 2, en vigueur le 26 nov. 2018) « Les taux réduits ne sont pas applicables aux services fournis par voie électronique, à l'exception des services relevant du point 6) de l'annexe III. »

3. En appliquant les taux réduits prévus au paragraphe 1 aux catégories qui se réfèrent à des biens, les États membres peuvent recourir à la nomenclature combinée pour délimiter avec précision la catégorie concernée.

Art. 99 1. Les taux réduits sont fixés à un pourcentage de la base d'imposition qui ne peut être inférieur à 5 %.

2. Chaque taux réduit est fixé de façon telle que le montant de la TVA résultant de l'application de ce taux permette normalement de déduire la totalité de la taxe pour laquelle le droit à déduction est accordé conformément aux articles 167 à 171 et aux articles 173 à 177.

(Dir. (UE) 2018/1713 du 6 nov. 2018, art. 1er et 2, en vigueur le 26 nov. 2018) « 3. Par dérogation aux paragraphes 1 et 2 du présent article, et outre les taux visés à l'article 98, paragraphe 1, les États membres qui, au 1er janvier 2017, appliquaient, conformément au droit de l'Union, des taux réduits inférieurs au minimum fixé au présent article ou accordaient des exonérations avec droit à déduction de la TVA payée au stade antérieur à la fourniture de certains biens visés au point 6) de l'annexe III, peuvent également appliquer le même traitement en matière de TVA lorsque cette fourniture a lieu par voie électronique, conformément au point 6) de l'annexe III. »

Art. 100 Sur la base d'un rapport de la Commission, le Conseil réexamine tous les deux ans, à partir de 1994, le champ d'application des taux réduits.

Le Conseil peut, conformément à l'article 93 du traité, décider de modifier la liste des biens et des services figurant à l'annexe III.

Art. 101 Au plus tard le 30 juin 2007 et sur la base d'une étude menée par un groupe de réflexion économique indépendant, la Commission soumet au Parlement européen et au Conseil un rapport d'évaluation générale sur l'impact des taux réduits appliqués à des services fournis localement, y compris les services de restauration, notamment en termes de création d'emplois, de croissance économique et de bon fonctionnement du marché intérieur.

SECTION III *Dispositions particulières*

Art. 102 Après consultation du comité de la TVA, chaque État membre peut appliquer un taux réduit aux fournitures de gaz naturel, d'électricité ou de chauffage urbain.

Art. 103 1. Les États membres peuvent prévoir que le taux réduit, ou l'un des taux réduits, qu'ils appliquent conformément aux articles 98 et 99 s'applique également aux importations d'objets d'art, de collection ou d'antiquité tels que définis à l'article 311, paragraphe 1, points 2), 3) et 4).

2. Lorsqu'ils font usage de la faculté prévue au paragraphe 1, les États membres peuvent également appliquer le taux réduit aux livraisons suivantes :

a) les livraisons d'objets d'art effectuées par leur auteur ou par ses ayants droit ;

b) les livraisons d'objets d'art effectuées à titre occasionnel par un assujetti autre qu'un assujetti-revendeur, lorsque les objets d'art ont été importés par cet assujetti lui-même ou qu'ils lui ont été livrés par leur auteur ou par ses ayants droit ou qu'ils lui ont ouvert droit à déduction totale de la TVA.

Art. 104 L'Autriche peut appliquer, dans les communes de Jungholz et de Mittelberg (Kleines Walsertal), un deuxième taux normal, qui est inférieur au taux correspondant appliqué dans le reste de l'Autriche, sans être inférieur à 15 %.

Art. 104 *bis* Chypre peut appliquer un des deux taux réduits prévus à l'article 98 à la livraison de bouteilles de gaz de pétrole liquéfié (GPL).

Art. 105 1. Le Portugal peut appliquer un des deux taux réduits prévus à l'article 98 aux péages sur les ponts, dans les environs de Lisbonne.

2. Le Portugal peut appliquer aux opérations effectuées dans les régions autonomes des Açores et de Madère et aux importations effectuées directement dans ces régions des taux *inférieurs par rapport à ceux du continent.*

CHAPITRE III *[ABROGÉ]* ***Dispositions temporaires pour certains services à forte intensité de main-d'œuvre***

Art. 106 à 108 *Abrogés par Dir. 2009/47/CE du 5 mai 2009.*

CHAPITRE IV *Dispositions particulières applicables jusqu'à l'introduction du régime définitif*

Art. 109 Les dispositions du présent chapitre s'appliquent jusqu'à l'introduction du régime définitif visé à l'article 402.

Art. 110 Les États membres qui, au 1er janvier 1991, accordaient des exonérations avec droit à déduction de la TVA payée au stade antérieur ou appliquaient des taux réduits inférieurs au minimum fixé à l'article 99 peuvent continuer à les appliquer.

Les exonérations et les taux réduits visés au premier alinéa doivent être en conformité avec la législation communautaire et avoir été adoptés pour des raisons d'intérêt social bien définies et en faveur de consommateurs finaux.

Art. 111 Dans les conditions prévues à l'article 110, deuxième alinéa, des exonérations avec droit à déduction de la TVA payée au stade antérieur peuvent continuer à être appliquées dans les cas suivants :

a) par la Finlande aux livraisons de journaux et périodiques vendus par abonnement et à l'impression de publications diffusées aux membres d'associations d'intérêt public ;

b) par la Suède aux livraisons de journaux, y compris les journaux radiodiffusés et enregistrés sur cassettes pour malvoyants, de produits pharmaceutiques vendus aux hôpitaux ou sur ordonnance, ainsi qu'à la production, et aux services connexes, de périodiques publiés par des associations sans but lucratif.

c) par Malte aux fournitures de denrées alimentaires et de produits pharmaceutiques.

Art. 112 Au cas où les dispositions de l'article 110 créeraient pour l'Irlande des distorsions de concurrence en matière de fourniture de produits énergétiques destinés au chauffage et à l'éclairage, cet État membre peut, sur demande expresse, être autorisé par la Commission à appliquer un taux réduit à ces fournitures, conformément aux articles 98 et 99.

Dans le cas visé au premier alinéa, l'Irlande présente à la Commission une demande accompagnée de toutes les informations nécessaires. Si la Commission ne s'est pas prononcée dans les trois mois à partir de la réception de la demande, l'Irlande est réputée être autorisée à appliquer les taux réduits proposés.

Art. 113 Les États membres qui, au 1er janvier 1991, conformément à la législation communautaire, accordaient des exonérations avec droit à déduction de la TVA payée au stade antérieur ou appliquaient des taux réduits inférieurs au minimum fixé à l'article 99, en ce qui concerne des biens et services autres que ceux visés à l'annexe III, peuvent appliquer le taux réduit ou l'un des deux taux réduits prévus à l'article 98 à la livraison de tels biens ou à la prestation de tels services.

Art. 114 1. Les États membres qui, au 1er janvier 1993, ont été obligés d'augmenter de plus de 2 % leur taux normal en vigueur au 1er janvier 1991, peuvent appliquer un taux réduit inférieur au minimum fixé à l'article 99 aux livraisons de biens et aux prestations de services des catégories figurant à l'annexe III.

En outre, les États membres visés au premier alinéa peuvent appliquer un tel taux aux vêtements et aux chaussures pour enfants et au logement.

2. Les États membres ne peuvent introduire, en vertu du paragraphe 1, des exonérations avec droit à déduction de la TVA payée au stade antérieur.

Art. 115 Les États membres qui, au 1er janvier 1991, appliquaient un taux réduit aux vêtements et aux chaussures pour enfants et au logement peuvent continuer à appliquer un tel taux à la livraison de ces biens ou à la prestation de ces services.

Art. 116 et 117 *Abrogés par Dir. 2009/47/CE du 5 mai 2009.*

Art. 118 Les États membres qui, au 1er janvier 1991, appliquaient un taux réduit aux livraisons de biens et aux prestations de services autres que celles visées à l'annexe III peuvent appliquer le taux réduit ou l'un des deux taux réduits prévus à l'article 98 à ces livraisons ou prestations, à condition que ce taux ne soit pas inférieur à 12 %.

La disposition du premier alinéa ne s'applique pas aux livraisons de biens d'occasion, d'objets d'art, de collection ou d'antiquité tels que définis à l'article 311, paragraphe 1, points 1) à 4), soumises à la TVA conformément au régime de la marge bénéficiaire prévu aux articles 312 à 325 ou au régime des ventes aux enchères publiques.

Art. 119 Aux fins de l'application de l'article 118, l'Autriche peut appliquer un taux réduit aux vins produits dans une exploitation agricole par l'agriculteur producteur, à condition que ce taux ne soit pas inférieur à 12 %.

Art. 120 La Grèce peut appliquer des taux jusqu'à 30 % inférieurs aux taux correspondants appliqués en Grèce continentale dans les départements de Lesbos, de Chios, de Samos, du Dodécanèse, des Cyclades et dans les îles de Thassos, des Sporades du Nord, de Samothrace et de Skyros.

Art. 121 Les États membres qui, au 1er janvier 1993, considéraient le travail à façon comme une livraison de biens peuvent appliquer aux opérations de délivrance d'un travail à façon le taux applicable au bien obtenu après exécution du travail à façon.

Aux fins de l'application du premier alinéa, on entend par "délivrance d'un travail à façon" la remise par l'entrepreneur de l'ouvrage à son client d'un bien meuble qu'il a fabriqué ou assemblé au moyen de matières ou d'objets que le client lui a confiés à cette fin, que l'entrepreneur ait fourni ou non une partie des matériaux utilisés.

Art. 122 Les États membres peuvent appliquer un taux réduit aux livraisons de plantes vivantes et autres produits de la floriculture, y compris les bulbes, les racines et produits similaires, les fleurs coupées et les feuillages pour ornement, ainsi qu'aux livraisons de bois de chauffage.

CHAPITRE V *Dispositions temporaires*

Art. 123 La République tchèque peut continuer à appliquer un taux réduit d'au moins 5 %, jusqu'au 31 décembre 2010, à la fourniture de travaux de construction dans le domaine du logement privé ne relevant pas d'une politique sociale, à l'exclusion des matériaux de construction.

Art. 124 *Abrogé par Dir. 2007/75/CE du 20 déc. 2007.*

Art. 125 1. Chypre peut continuer à appliquer une exonération avec droit à déduction de la TVA payée au stade antérieur à la fourniture de produits pharmaceutiques et de produits alimentaires destinés à la consommation humaine, à l'exception de la crème glacée, des sucettes de glace, des yaourts glacés, des sorbets et autres produits similaires ainsi que des produits alimentaires salés (chips ou bâtonnets de pommes de terre, feuilletés ou produits similaires conditionnés en vue de la consommation humaine sans autre préparation), jusqu'au 31 décembre 2010.

2. *Abrogé par Dir. n° 2009/47/CE du 5 mai 2009.*

Art. 126 *Abrogé par Dir. 2007/75/CE du 20 déc. 2007.*

Art. 127 *Abrogé par Dir. 2009/47/CE du 5 mai 2009.*

Art. 128 1. La Pologne peut appliquer une exonération avec droit à déduction de la TVA payée au stade antérieur aux livraisons de certains livres et périodiques spécialisés jusqu'au 31 décembre 2010.

2. *Abrogé par Dir. 2009/47/CE du 5 mai 2009.*

3. La Pologne peut continuer à appliquer un taux réduit d'au moins 3 % aux livraisons de produits alimentaires visées au point 1) de l'annexe III jusqu'au 31 décembre 2010.

4. La Pologne peut continuer à appliquer un taux réduit d'au moins 7 % à la prestation de services de construction, de rénovation et de transformation des habitations non fournis dans le cadre d'une politique sociale, à l'exclusion des matériaux de construction, et à la livraison, avant la première occupation, de bâtiments résidentiels ou de parties de bâtiments résidentiels visés à l'article 12, paragraphe 1, point *a)*, jusqu'au 31 décembre 2010.

Art. 129 1. *Abrogé par Dir. 2009/47/CE du 5 mai 2009.*

2. La Slovénie peut continuer à appliquer un taux réduit d'au moins 5 % à la fourniture de travaux de construction, de rénovation ou d'entretien pour les bâtiments d'habitation qui ne relèvent pas d'une politique sociale, à l'exclusion des matériaux de construction, jusqu'au 31 décembre 2010.

Art. 130 *Abrogé par Dir. 2007/75/CE du 20 déc. 2007.*

TITRE IX **Exonérations**

CHAPITRE PREMIER *Dispositions générales*

Art. 131 Les exonérations prévues aux chapitres II à IX s'appliquent sans préjudice d'autres dispositions communautaires et dans les conditions que les États membres fixent en vue d'assurer l'application correcte et simple desdites exonérations et de prévenir toute fraude, évasion et abus éventuels.

CHAPITRE II *Exonérations en faveur de certaines activités d'intérêt général*

Art. 132 1. Les États membres exonèrent les opérations suivantes :

a) les prestations de services et les livraisons de biens accessoires à ces prestations, à l'exception des transports de personnes et des télécommunications, effectuées par les services publics postaux ;

b) l'hospitalisation et les soins médicaux ainsi que les opérations qui leur sont étroitement liées, assurés par des organismes de droit public ou, dans des conditions sociales comparables à celles qui valent pour ces derniers, par des établissements hospitaliers, des centres de soins médicaux et de diagnostic et d'autres établissements de même nature dûment reconnus ;

c) les prestations de soins à la personne effectuées dans le cadre de l'exercice des professions médicales et paramédicales telles qu'elles sont définies par l'État membre concerné ;

d) les livraisons d'organes, de sang et de lait humains ;

e) les prestations de services effectuées dans le cadre de leur profession par les mécaniciens-dentistes, ainsi que les fournitures de prothèses dentaires effectuées par les dentistes et les mécaniciens-dentistes ;

f) les prestations de services effectuées par des groupements autonomes de personnes exerçant une activité exonérée ou pour laquelle elles n'ont pas la qualité d'assujetti, en vue de rendre à leurs membres les services directement nécessaires à l'exercice de cette activité, lorsque ces groupements se bornent à réclamer à leurs membres le remboursement exact de la part leur incombant dans les dépenses engagées en commun, à condition que cette exonération ne soit pas susceptible de provoquer des distorsions de concurrence ;

g) les prestations de services et les livraisons de biens étroitement liées à l'aide et à la sécurité sociales, y compris celles fournies par les maisons de retraite, effectuées par des organismes de droit public ou par d'autres organismes reconnus comme ayant un caractère social par l'État membre concerné ;

h) les prestations de services et les livraisons de biens étroitement liées à la protection de l'enfance et de la jeunesse, effectuées par des organismes de droit public ou par d'autres organismes reconnus comme ayant un caractère social par l'État membre concerné ;

i) l'éducation de l'enfance ou de la jeunesse, l'enseignement scolaire ou universitaire, la formation ou le recyclage professionnel, ainsi que les prestations de services et les livraisons de biens qui leur sont étroitement liées, effectués par des organismes de droit public de même objet ou par d'autres organismes reconnus comme ayant des fins comparables par l'État membre concerné ;

j) les leçons données, à titre personnel, par des enseignants et portant sur l'enseignement scolaire ou universitaire ;

k) la mise à disposition de personnel par des institutions religieuses ou philosophiques pour les activités visées aux points b), g), h) et i), et dans un but d'assistance spirituelle ;

l) les prestations de services, ainsi que les livraisons de biens qui leur sont étroitement liées, fournies à leurs membres dans leur intérêt collectif, moyennant une cotisation fixée conformément aux statuts, par des organismes sans but lucratif poursuivant des objectifs de nature politique, syndicale, religieuse, patriotique, philosophique, philanthropique ou civique, à condition que cette exonération ne soit pas susceptible de provoquer des distorsions de concurrence ;

m) certaines prestations de services ayant un lien étroit avec la pratique du sport ou de l'éducation physique, fournies par des organismes sans but lucratif aux personnes qui pratiquent le sport ou l'éducation physique ;

n) certaines prestations de services culturels, ainsi que les livraisons de biens qui leur sont étroitement liées, effectuées par des organismes de droit public ou par d'autres organismes culturels reconnus par l'État membre concerné ;

o) les prestations de services et les livraisons de biens effectuées par les organismes dont les opérations sont exonérées conformément aux points b), g), h), i), l), m) et n), à l'occasion de manifestations destinées à leur apporter un soutien financier et organisées à leur profit exclusif, à condition que cette exonération ne soit pas susceptible de provoquer des distorsions de concurrence ;

p) le transport de malades ou de blessés à l'aide de véhicules spécialement aménagés à cet effet effectué par des organismes dûment autorisés ;

q) les activités des organismes publics de radiotélévision autres que celles ayant un caractère commercial.

2. Aux fins du paragraphe 1, point o), les États membres peuvent introduire toutes les restrictions nécessaires, notamment en limitant le nombre de manifestations ou l'importance des recettes ouvrant droit à l'exonération.

Art. 133 Les États membres peuvent subordonner, au cas par cas, l'octroi, à des organismes autres que ceux de droit public, de chacune des exonérations prévues à l'article 132, paragraphe 1, points b), g), h), i), l), m) et n), au respect de l'une ou plusieurs des conditions suivantes :

a) les organismes en question ne doivent pas avoir pour but la recherche systématique du profit, les bénéfices éventuels ne devant jamais être distribués mais devant être affectés au maintien ou à l'amélioration des prestations fournies ;

b) ces organismes doivent être gérés et administrés à titre essentiellement bénévole par des personnes n'ayant, par elles-mêmes ou par personnes interposées, aucun intérêt direct ou indirect dans les résultats de l'exploitation ;

c) ces organismes doivent pratiquer des prix homologués par les autorités publiques ou n'excédant pas de tels prix ou, pour les opérations non susceptibles d'homologation des prix, des prix inférieurs à ceux exigés pour des opérations analogues par des entreprises commerciales soumises à la TVA ;

d) les exonérations ne doivent pas être susceptibles de provoquer des distorsions de concurrence au détriment des entreprises commerciales assujetties à la TVA.

Les États membres qui, en vertu de l'annexe E de la directive *77/ 388/CEE*, appliquaient, au 1er janvier 1989, la TVA aux opérations visées à l'article 132, paragraphe 1, points m) et n), peuvent également appliquer les conditions prévues au premier alinéa, point d), du présent article, lorsque lesdites livraisons de biens ou prestations de services effectuées par des organismes de droit public sont exonérées.

Art. 134 Les livraisons de biens et les prestations de services sont exclues du bénéfice de l'exonération prévue à l'article 132, paragraphe 1, points b), g), h), i), l), m) et n), dans les cas suivants :

a) lorsqu'elles ne sont pas indispensables à l'accomplissement des opérations exonérées ;

b) lorsqu'elles sont essentiellement destinées à procurer à l'organisme des recettes supplémentaires par la réalisation d'opérations effectuées en concurrence directe avec celles d'entreprises commerciales soumises à la TVA.

CHAPITRE III *Exonérations en faveur d'autres activités*

Art. 135 1. Les États membres exonèrent les opérations suivantes :

a) les opérations d'assurance et de réassurance, y compris les prestations de services afférentes à ces opérations effectuées par les courtiers et les intermédiaires d'assurance ;

b) l'octroi et la négociation de crédits ainsi que la gestion de crédits effectuée par celui qui les a octroyés ;

c) la négociation et la prise en charge d'engagements, de cautionnements et d'autres sûretés et garanties ainsi que la gestion de garanties de crédits effectuée par celui qui a octroyé les crédits ;

d) les opérations, y compris la négociation, concernant les dépôts de fonds, comptes courants, paiements, virements, créances, chèques et autres effets de commerce, à l'exception du recouvrement de créances ;

e) les opérations, y compris la négociation, portant sur les devises, les billets de banque et les monnaies qui sont des moyens de paiement légaux, à l'exception des monnaies et billets de collection, à savoir les pièces en or, en argent ou en autre métal, ainsi que les billets, qui ne sont pas normalement utilisés dans leur fonction comme moyen de paiement légal ou qui présentent un intérêt numismatique ;

f) les opérations, y compris la négociation mais à l'exception de la garde et de la gestion, portant sur les actions, les parts de sociétés ou d'associations, les obligations et les autres titres, à l'exclusion des titres représentatifs de marchandises et des droits ou titres visés à l'article 15, paragraphe 2 ;

g) la gestion de fonds communs de placement tels qu'ils sont définis par les États membres ;

h) les livraisons, à leur valeur faciale, de timbres-poste ayant valeur d'affranchissement sur leur territoire respectif, de timbres fiscaux et d'autres valeurs similaires ;

i) les paris, loteries et autres jeux de hasard ou d'argent, sous réserve des conditions et limites déterminées par chaque État membre ;

j) les livraisons de bâtiments ou d'une fraction de bâtiment et du sol y attenant autres que ceux visés à l'article 12, paragraphe 1, point a) ;

k) les livraisons de biens immeubles non bâtis autres que celles des terrains à bâtir visés à l'article 12, paragraphe 1, point b) ;

l) l'affermage et la location de biens immeubles.

2. Sont exclues de l'exonération prévue au paragraphe 1, point l), les opérations suivantes :

a) les opérations d'hébergement telles qu'elles sont définies dans la législation des États membres qui sont effectuées dans le cadre du secteur hôtelier ou de secteurs ayant une fonction similaire, y compris les locations de camps de vacances ou de terrains aménagés pour camper ;

b) les locations d'emplacements pour le stationnement des véhicules ;

c) les locations d'outillages et de machines fixés à demeure ;

d) les locations de coffres-forts.

Les États membres peuvent prévoir des exclusions supplémentaires au champ d'application de l'exonération prévue au paragraphe 1, point l).

Art. 136 Les États membres exonèrent les opérations suivantes :

a) les livraisons de biens qui étaient affectés exclusivement à une activité exonérée en vertu des articles 132, 135, 371, 375, 376 et 377, de l'article 378, paragraphe 2, de l'article 379, paragraphe 2, et des articles 380 à 390 *quater*, si ces biens n'ont pas fait l'objet d'un droit à déduction ;

b) les livraisons de biens dont l'acquisition ou l'affectation avait fait l'objet de l'exclusion du droit à déduction de la TVA conformément à l'article 176.

Art. 136 *bis* *(Dir. (UE) 2019/1995 du 21 nov. 2019, art. 1er et 2, applicable à partir du 1er janv. 2021)* Lorsqu'un assujetti est réputé avoir reçu et livré des biens conformément à l'article 14 *bis*, paragraphe 2, les États membres exonèrent la livraison de ces biens à cet assujetti.

Art. 137 1. Les États membres peuvent accorder à leurs assujettis le droit d'opter pour la taxation des opérations suivantes :

a) les opérations financières visées à l'article 135, paragraphe 1, points b) à g) ;

b) les livraisons de bâtiments ou d'une fraction de bâtiment et du sol y attenant autres que celles visées à l'article 12, paragraphe 1, point a) ;

c) les livraisons de biens immeubles non bâtis autres que celles des terrains à bâtir visés à l'article 12, paragraphe 1, point b) ;

d) l'affermage et la location de biens immeubles.

2. Les États membres déterminent les modalités de l'exercice du droit d'option prévu au paragraphe 1.

Les États membres peuvent restreindre la portée de ce droit.

CHAPITRE IV *Exonérations liées aux opérations intracommunautaires*

SECTION I *Exonérations des livraisons de biens*

Art. 138 *(Dir. (UE) 2018/1910 du 4 déc. 2018, art. 1er et 2, applicable à partir du 1er janv. 2020)* « 1. Les États membres exonèrent les livraisons de biens expédiés ou transportés en dehors de leur territoire respectif mais dans la Communauté par le vendeur, par l'acquéreur ou pour leur compte, lorsque les conditions suivantes sont remplies :

« a) les biens sont livrés à un autre assujetti ou à une personne morale non assujettie, agissant en tant que tel dans un État membre autre que celui du départ de l'expédition ou du transport des biens ;

« b) l'assujetti ou la personne morale non assujettie destinataire de la livraison de biens *est identifié(e) aux* fins de la TVA dans un État membre autre que celui du départ de l'expédition ou du transport des biens et a communiqué son numéro d'identification TVA au fournisseur.

« 1 *bis*. L'exonération prévue au paragraphe 1 ne s'applique pas lorsque le fournisseur n'a pas satisfait à l'obligation prévue aux articles 262 et 263 de déposer un état récapitulatif, ou lorsque l'état récapitulatif qu'il a soumis ne contient pas les informations correctes concernant sa livraison, comme l'exige l'article 264, à moins que le fournisseur ne puisse dûment justifier son manquement, à la satisfaction des autorités compétentes. »

2. Outre les livraisons visées au paragraphe 1, les États membres exonèrent les opérations suivantes :

a) les livraisons de moyens de transport neufs expédiés ou transportés en dehors de leur territoire respectif mais dans la Communauté à destination de l'acquéreur, par le vendeur, par l'acquéreur ou pour leur compte, effectuées pour des assujettis ou pour des personnes morales non assujetties, dont les acquisitions intracommunautaires de biens ne sont pas soumises à la TVA en vertu de l'article 3, paragraphe 1, ou pour toute autre personne non assujettie ;

b) les livraisons de produits soumis à accises expédiés ou transportés en dehors de leur territoire respectif mais dans la Communauté à destination de l'acquéreur, par le vendeur, par l'acquéreur ou pour leur compte, effectuées pour des assujettis ou pour des personnes morales non assujetties, dont les acquisitions intracommunautaires de biens autres que des produits soumis à accises ne sont pas soumises à la TVA en vertu de l'article 3, paragraphe 1, lorsque l'expédition ou le transport de ces produits est effectué conformément à l'article 7, paragraphes 4 et 5, ou à l'article 16, de la directive 92/12/CEE ;

c) les livraisons de biens consistant en des transferts à destination d'un autre État membre, qui bénéficieraient des exonérations prévues au paragraphe 1 et aux points a) et b) si elles étaient effectuées pour un autre assujetti.

Art. 139 1. L'exonération prévue à l'article 138, paragraphe 1, ne s'applique pas aux livraisons de biens effectuées par des assujettis qui bénéficient de la franchise pour les petites entreprises prévue aux articles 282 à 292.

L'exonération ne s'applique pas non plus aux livraisons de biens effectuées pour des assujettis ou pour des personnes morales non assujetties, dont les acquisitions intracommunautaires de biens ne sont pas soumises à la TVA en vertu de l'article 3, paragraphe 1.

2. L'exonération prévue à l'article 138, paragraphe 2, point b), ne s'applique pas aux livraisons de produits soumis à accises effectuées par des assujettis qui bénéficient de la franchise pour les petites entreprises prévue aux articles 282 à 292.

3. L'exonération prévue à l'article 138, paragraphe 1, et paragraphe 2, points b) et c), ne s'applique pas aux livraisons de biens soumises à la TVA conformément au régime particulier de la marge bénéficiaire prévu aux articles 312 à 325 ou au régime particulier des ventes aux enchères publiques.

L'exonération prévue à l'article 138, paragraphe 1, et paragraphe 2, point c), ne s'applique pas aux livraisons de moyens de transport d'occasion tels que définis à l'article 327, paragraphe 3, soumises à la TVA conformément au régime transitoire applicable aux moyens de transport d'occasion.

SECTION II *Exonérations des acquisitions intracommunautaires de biens*

Art. 140 Les États membres exonèrent les opérations suivantes :

a) les acquisitions intracommunautaires de biens dont la livraison par des assujettis est, en tout état de cause, exonérée sur leur territoire respectif ;

b) les acquisitions intracommunautaires de biens dont l'importation est, en tout état de cause, exonérée en vertu des dispositions de l'article 143, paragraphe 1, points a), b), c) et e) à l).

c) les acquisitions intracommunautaires de biens pour lesquelles, en vertu des articles 170 et 171, l'acquéreur des biens bénéficie, en tout état de cause, du droit au remboursement total de la TVA qui serait due en vertu des dispositions prévues à l'article 2, paragraphe 1, point b).

Art. 141 Chaque État membre prend des mesures particulières afin de ne pas soumettre à la TVA les acquisitions intracommunautaires de biens effectuées sur son territoire, en vertu de l'article 40, lorsque les conditions suivantes sont réunies :

a) l'acquisition de biens est effectuée par un assujetti qui n'est pas établi dans cet État membre, mais identifié à la TVA dans un autre État membre ;

b) l'acquisition de biens est effectuée pour les besoins d'une livraison subséquente de ces biens, effectuée dans ce même État membre par l'assujetti visé au point a) ;

c) les biens ainsi acquis par l'assujetti visé au point a) sont directement expédiés ou transportés à partir d'un État membre autre que celui à l'intérieur duquel il est identifié à la TVA et à destination de la personne pour laquelle il effectue la livraison subséquente ;

d) le destinataire de la livraison subséquente est un autre assujetti, ou une personne morale non assujettie, identifiés à la TVA dans ce même État membre ;

e) le destinataire visé au point d) a été désigné, conformément à l'article 197, comme *redevable de la taxe due au titre* de la livraison effectuée par l'assujetti qui n'est pas établi dans l'État membre dans lequel la taxe est due.

SECTION III *Exonérations de certaines prestations de transport*

Art. 142 Les États membres exonèrent les prestations de transport intracommunautaire de biens effectuées à destination ou en provenance des îles qui composent les régions auto-

nomes des Açores et de Madère, ainsi que les prestations de transport de biens effectuées entre lesdites îles.

CHAPITRE V *Exonérations à l'importation*

Art. 143 1. **Les États membres exonèrent les opérations suivantes :**

a) les importations définitives de biens dont la livraison par des assujettis est, en tout état de cause, exonérée sur leur territoire respectif ;

b) les importations définitives de biens régies par les directives 69/169/CEE, 83/181/CEE et 2006/79/CE du Conseil ; — *V. Dir. 2009/132/CE du 19 oct. 2009 déterminant le champ d'application de l'article 143, points b et c (JOUE 10 nov.).*

c) les importations définitives de biens en libre pratique en provenance d'un territoire tiers faisant partie du territoire douanier de la Communauté, qui seraient susceptibles de bénéficier de l'exonération visée au point b) s'ils étaient importés au sens de l'article 30, premier alinéa ; — *V. ndlr ci-dessus.*

d) les importations de biens expédiés ou transportés à partir d'un territoire tiers ou d'un pays tiers dans un État membre autre que celui d'arrivée de l'expédition ou du transport, dans le cas où la livraison de ces biens, effectuée par l'importateur désigné ou reconnu comme redevable de la taxe en vertu de l'article 201, est exonérée conformément à l'article 138 ;

e) les réimportations de biens en l'état dans lequel ils ont été exportés, par la personne qui les a exportés, et qui bénéficient d'une franchise douanière ;

f) les importations de biens effectuées dans le cadre des relations diplomatiques et consulaires, qui bénéficient d'une franchise douanière ;

f *bis*) les importations de biens effectuées par la Communauté européenne, la Communauté européenne de l'énergie atomique, la Banque centrale européenne, la Banque européenne d'investissement ou les organismes créés par les Communautés auxquels s'applique le protocole du 8 avril 1965 sur les privilèges et immunités des Communautés européennes, dans les limites et conditions fixées par ce protocole et les accords relatifs à sa mise en œuvre ou par les accords de siège et en particulier dans la mesure où cela n'engendre pas de distorsions de concurrence ;

g) les importations de biens effectuées par les organismes internationaux, autres que ceux visés au point f *bis*), reconnus comme tels par les autorités publiques de l'État membre d'accueil, ou par les membres de ces organismes, dans les limites et conditions fixées par les conventions internationales instituant ces organismes ou par les accords de siège ;

(Dir. (UE) 2019/2235 du 16 déc. 2019, art. 1er et 3, applicable à partir du 1er juill. 2022) **« g *bis*) les importations de biens effectuées dans les États membres par les forces armées des autres États membres pour l'usage de ces forces ou de l'élément civil qui les accompagne ou pour l'approvisionnement de leurs mess ou cantines lorsque ces forces sont affectées à un effort de défense mené en vue de la mise en œuvre d'une activité de l'Union dans le cadre de la politique de sécurité et de défense commune ; »**

h) les importations de biens effectuées dans les États membres parties au traité de l'Atlantique Nord par les forces armées des autres États parties à ce traité pour l'usage de ces forces ou de l'élément civil qui les accompagne ou pour l'approvisionnement de leurs mess ou cantines lorsque ces forces sont affectées à l'effort commun de défense ;

i) les importations de biens effectuées par les forces armées du Royaume-Uni stationnées sur l'île de Chypre conformément au traité établissant la République de Chypre, en date du 16 août 1960, pour l'usage de ses forces ou du personnel civil qui les accompagne ou pour l'approvisionnement de leurs mess ou cantines ;

j) les importations, dans des ports, effectuées par des entreprises de pêche maritime, de produits de la pêche en l'état ou ayant fait l'objet d'opérations destinées à les préserver en vue de leur commercialisation et n'ayant pas encore fait l'objet d'une livraison ;

k) les importations d'or effectuées par les banques centrales ;

l) les importations de gaz via un système de gaz naturel ou tout réseau connecté à un tel système ou introduit depuis un navire transporteur de gaz dans un système de gaz naturel ou un réseau de gazoducs en amont, d'électricité ou de chaleur ou de froid via des réseaux de chauffage ou de refroidissement. — *V. Dir. 2007/74/CE du 20 déc. 2007, concernant les franchises de la taxe sur la valeur ajoutée et des accises perçues à l'importation de marchandises par des voyageurs en provenance de pays tiers.*

2. L'exonération prévue au paragraphe 1, point d), ne s'applique, dans les cas où les importations de biens sont suivies de livraisons de biens exonérées en vertu de l'article 138, paragraphe 1, et paragraphe 2, point c), que si, au moment de l'importation, l'importateur a

fourni aux autorités compétentes de l'État membre d'importation au moins les informations suivantes :

a) le numéro d'identification TVA qui lui a été attribué dans l'État membre d'importation ou le numéro d'identification TVA qui a été attribué à son représentant fiscal dans l'État membre d'importation, lequel est redevable du paiement de la TVA ;

b) le numéro d'identification TVA attribué dans un autre État membre au client auquel les biens sont livrés conformément à l'article 138, paragraphe 1, ou son propre numéro d'identification TVA attribué dans l'État membre d'arrivée de l'expédition ou du transport des biens lorsque ces derniers font l'objet d'un transfert, conformément à l'article 138, paragraphe 2, point c) ;

c) la preuve que les biens importés sont destinés à être transportés ou expédiés à partir de l'État membre d'importation vers un autre État membre.

Toutefois, les États membres peuvent prévoir que la preuve visée au point c) ne doit être fournie qu'à la demande des autorités compétentes.

Art. 144 Les États membres exonèrent les prestations de services se rapportant à l'importation de biens et dont la valeur est incluse dans la base d'imposition conformément à l'article 86, paragraphe 1, point b).

Art. 145 1. La Commission soumet au Conseil, si nécessaire, dans les meilleurs délais, des propositions en vue de préciser le champ d'application des exonérations prévues aux articles 143 et 144 et les modalités pratiques de leur mise en œuvre.

2. Jusqu'à l'entrée en vigueur des dispositions visées au paragraphe 1, les États membres peuvent continuer à appliquer leurs dispositions nationales en vigueur.

Les États membres peuvent adapter leurs dispositions nationales afin de réduire les distorsions de concurrence et en particulier afin d'éviter des cas de non-imposition ou de double imposition dans la Communauté.

Les États membres peuvent utiliser les procédures administratives qu'ils jugent les plus appropriées pour parvenir à l'exonération.

3. Les États membres notifient à la Commission, qui en informe les autres États membres, les dispositions nationales en vigueur dans la mesure où elles n'ont pas déjà fait l'objet d'une notification et celles qu'ils adoptent en vertu du paragraphe 2.

CHAPITRE VI *Exonérations à l'exportation*

Art. 146 1. Les États membres exonèrent les opérations suivantes :

a) les livraisons de biens expédiés ou transportés par le vendeur, ou pour son compte, en dehors de la Communauté ;

b) les livraisons de biens expédiés ou transportés par l'acquéreur non établi sur leur territoire respectif, ou pour son compte, en dehors de la Communauté, à l'exclusion des biens transportés par l'acquéreur lui-même et destinés à l'équipement ou à l'avitaillement de bateaux de plaisance et d'avions de tourisme ou de tout autre moyen de transport à usage privé ;

c) les livraisons de biens à des organismes agréés qui exportent ces biens en dehors de la Communauté dans le cadre de leurs activités humanitaires, charitables ou éducatives en dehors de la Communauté ;

d) les prestations de services consistant en travaux portant sur des biens meubles acquis ou importés en vue de faire l'objet de ces travaux dans la Communauté et expédiés ou transportés en dehors de la Communauté par le prestataire de services ou par le preneur non établi sur leur territoire respectif, ou pour leur compte ;

e) les prestations de services, y compris les transports et les opérations accessoires, à l'exception des prestations de services exonérées conformément aux articles 132 et 135, lorsqu'elles sont directement liées aux exportations ou importations de biens bénéficiant des dispositions prévues à l'article 61 et à l'article 157, paragraphe 1, point a).

2. Le bénéfice de l'exonération prévue au paragraphe 1, point c), peut être accordé selon une procédure de remboursement de la TVA.

Art. 147 1. *Dans le* cas où la livraison visée à l'article 146, paragraphe 1, point b), porte sur des biens à emporter dans les bagages personnels de voyageurs, l'exonération ne s'applique que lorsque les conditions suivantes sont réunies :

a) le voyageur n'est pas établi dans la Communauté ;

b) les biens sont transportés en dehors de la Communauté avant la fin du troisième mois suivant celui au cours duquel la livraison est effectuée ;

c) la valeur globale de la livraison, TVA incluse, excède la somme de 175 € ou sa contre-valeur en monnaie nationale, fixée une fois par an, en appliquant le taux de conversion du premier jour ouvrable du mois d'octobre avec effet au 1er janvier de l'année suivante.

Toutefois, les États membres peuvent exonérer une livraison dont la valeur globale est inférieure au montant prévu au premier alinéa, point c).

2. Aux fins du paragraphe 1, on entend par "voyageur qui n'est pas établi dans la Communauté" le voyageur dont le domicile ou la résidence habituelle n'est pas situé dans la Communauté. Dans ce cas on entend par "domicile ou résidence habituelle" le lieu mentionné comme tel sur le passeport, la carte d'identité ou tout autre document reconnu comme valant pièce d'identité par l'État membre sur le territoire duquel la livraison est effectuée.

La preuve de l'exportation est apportée au moyen de la facture, ou d'une pièce justificative en tenant lieu, revêtue du visa du bureau de douane de sortie de la Communauté.

Chaque État membre communique à la Commission un spécimen des cachets qu'il utilise pour délivrer le visa mentionné au deuxième alinéa. La Commission communique cette information aux autorités fiscales des autres États membres.

CHAPITRE VII *Exonérations liées aux transports internationaux*

Art. 148 Les États membres exonèrent les opérations suivantes :

a) les livraisons de biens destinés à l'avitaillement des bateaux affectés à la navigation en haute mer et assurant un trafic rémunéré de voyageurs ou à l'exercice d'une activité commerciale, industrielle ou de pêche, ainsi que des bateaux de sauvetage et d'assistance en mer et des bateaux affectés à la pêche côtière sauf, pour ces derniers, les provisions de bord ;

b) les livraisons de biens destinés à l'avitaillement de navires de guerre, couverts par le code de la nomenclature combinée (NC) 8906 10 00, quittant leur territoire à destination d'un port ou d'un mouillage situé en dehors de l'État membre ;

c) les livraisons, transformations, réparations, entretien, affrètements et locations des bateaux visés au point a), ainsi que les livraisons, locations, réparations et l'entretien des objets, y compris l'équipement de pêche, incorporés à ces bateaux ou servant à leur exploitation ;

d) les prestations de services, autres que celles visées au point c), effectuées pour les besoins directs des bateaux visés au point a) et de leur cargaison ;

e) les livraisons de biens destinés à l'avitaillement des aéronefs utilisés par des compagnies de navigation aérienne, pratiquant essentiellement un trafic international rémunéré ;

f) les livraisons, transformations, réparations, entretien, affrètements et locations des aéronefs visés au point e), ainsi que les livraisons, locations, réparations et l'entretien des objets incorporés à ces aéronefs ou servant à leur exploitation ;

g) les prestations de services, autres que celles visées au point f), effectuées pour les besoins directs des aéronefs visés au point e) et de leur cargaison. – *V. Dir. 2007/74/CE du Conseil du 20 déc. 2007, concernant les franchises de la taxe sur la valeur ajoutée et des accises perçues à l'importation de marchandises par des voyageurs en provenance de pays tiers.*

Art. 149 Le Portugal peut assimiler au transport international les transports maritimes et aériens entre les îles qui composent les régions autonomes des Açores et de Madère et entre celles-ci et le continent.

Art. 150 1. La Commission soumet au Conseil, si nécessaire, dans les meilleurs délais, des propositions en vue de préciser le champ d'application des exonérations prévues à l'article 148 et les modalités pratiques de leur mise en œuvre.

2. Jusqu'à l'entrée en vigueur des dispositions visées au paragraphe 1, les États membres peuvent limiter la portée des exonérations prévues à l'article 148, points a) et b).

CHAPITRE VIII *Exonérations concernant certaines opérations assimilées aux exportations*

Art. 151 1. Les États membres exonèrent les opérations suivantes :

a) les livraisons de biens et les prestations de services effectuées dans le cadre des relations diplomatiques et consulaires ;

a *bis*) les livraisons de biens et les prestations de services destinées à la Communauté européenne, à la Communauté européenne de l'énergie atomique, à la Banque centrale européenne, à la Banque européenne d'investissement ou aux organismes créés par les Communautés auxquels s'applique le protocole du 8 avril 1965 sur les privilèges et immunités des Communautés européennes, dans les limites et conditions fixées par ce protocole et les accords relatifs à sa mise en œuvre ou par les accords de siège et en particulier dans la mesure où cela n'engendre pas de distorsions de concurrence ;

b) les livraisons de biens et les prestations de services destinées aux organismes internationaux autres que ceux visés au point a *bis*), reconnus comme tels par les autorités publiques de l'État membre d'accueil, ainsi qu'aux membres de ces organismes, dans les limites et conditions fixées par les conventions internationales instituant ces organismes ou par les accords de siège ;

(Dir. (UE) 2019/2235 du 16 déc. 2019, art. 1er et 3, applicable à partir du 1er juill. 2022) « b *bis*) les livraisons de biens et les prestations de services effectuées dans un État membre et destinées aux forces armées des autres États membres pour l'usage de ces forces ou de l'élément civil qui les accompagne, ou pour l'approvisionnement de leurs mess ou cantines lorsque ces forces sont affectées à un effort de défense mené en vue de la mise en œuvre d'une activité de l'Union dans le cadre de la politique de sécurité et de défense commune ;

« b *ter*) les livraisons de biens et les prestations de services effectuées à destination d'un autre État membre et destinées aux forces armées de tout État membre autre que l'État membre de destination lui-même, pour l'usage de ces forces ou de l'élément civil qui les accompagne, ou pour l'approvisionnement de leurs mess ou cantines lorsque ces forces sont affectées à un effort de défense mené en vue de la mise en œuvre d'une activité de l'Union dans le cadre de la politique de sécurité et de défense commune ; » — *V. ndlr ss. art. 22.*

c) les livraisons de biens et les prestations de services effectuées dans les États membres parties au traité de l'Atlantique Nord et destinées aux forces armées des autres États parties à ce traité pour l'usage de ces forces ou de l'élément civil qui les accompagne, ou pour l'approvisionnement de leurs mess ou cantines lorsque ces forces sont affectées à l'effort commun de défense ;

d) les livraisons de biens et les prestations de services effectuées à destination d'un autre État membre et destinées aux forces armées de tout État partie au traité de l'Atlantique Nord, autre que l'État membre de destination lui-même, pour l'usage de ces forces ou de l'élément civil qui les accompagne, ou pour l'approvisionnement de leurs mess ou cantines lorsque ces forces sont affectées à l'effort commun de défense ;

e) les livraisons de biens et les prestations de services destinés aux forces armées du Royaume-Uni stationnées sur l'île de Chypre conformément au traité établissant la République de Chypre, en date du 16 août 1960, pour l'usage de ses forces ou du personnel civil qui les accompagne ou pour l'approvisionnement de leurs mess ou cantines.

Les exonérations prévues au premier alinéa s'appliquent dans les limites fixées par l'État membre d'accueil jusqu'à ce qu'une réglementation fiscale uniforme soit arrêtée.

2. Dans les cas où les biens ne sont pas expédiés ou transportés en dehors de l'État membre où la livraison de ces biens est effectuée, de même que pour les prestations de services, le bénéfice de l'exonération peut être accordé selon une procédure de remboursement de la TVA.

Art. 152 Les États membres exonèrent les livraisons d'or aux banques centrales.

CHAPITRE IX *Exonérations des prestations de services effectuées par des intermédiaires*

Art. 153 Les États membres exonèrent les prestations de services effectuées par les intermédiaires qui agissent au nom et pour compte d'autrui, lorsqu'ils interviennent dans les opérations visées aux chapitres 6, 7 et 8 ou dans des opérations qui sont réalisées en dehors de la Communauté.

L'exonération visée au premier alinéa ne s'applique pas aux agences de voyages lorsqu'elles fournissent, au nom et pour le compte du voyageur, des prestations qui sont effectuées dans d'autres États membres.

CHAPITRE X *Exonérations des opérations liées au trafic international de biens*

SECTION I *Entrepôts douaniers, entrepôts autres que douaniers et régimes similaires*

Art. 154 Aux fins de la présente section, sont considérés comme "entrepôts autres que douaniers", pour les produits soumis à accises, les endroits définis comme entrepôts fiscaux par l'article 4, point b), de la directive 92/12/CEE et, pour les biens non soumis à accises, les endroits définis comme tels par les États membres.

Art. 155 Sans préjudice des autres dispositions fiscales communautaires et après consultation du comité de la TVA, les États membres peuvent prendre des mesures particulières afin d'exonérer les opérations visées à la présente section ou certaines d'entre elles, à la condition qu'elles ne visent pas à une utilisation ou à une consommation finales et que le montant de la TVA due lors de la sortie des régimes ou situations visés à la présente section corresponde au montant de la taxe qui aurait été due si chacune des opérations avait été taxée sur leur territoire.

Art. 156 1. Les États membres peuvent exonérer les opérations suivantes :

a) les livraisons de biens destinés à être conduits en douane et placés, le cas échéant, en dépôt temporaire ;

b) les livraisons de biens destinés à être placés dans une zone franche ou un entrepôt franc ;

c) les livraisons de biens destinés à être placés sous un régime d'entrepôt douanier ou sous un régime de perfectionnement actif ;

d) les livraisons de biens destinés à être admis dans la mer territoriale pour être incorporés dans les plates-formes de forage ou d'exploitation, aux fins de leur construction, réparation, entretien, transformation ou équipement, ou pour relier ces plates-formes de forage ou d'exploitation au continent ;

e) les livraisons de biens destinés à être admis dans la mer territoriale pour l'avitaillement des plates-formes de forage ou d'exploitation.

2. Les endroits visés au paragraphe 1 sont ceux définis comme tels par les dispositions douanières communautaires en vigueur.

Art. 157 1. Les États membres peuvent exonérer les opérations suivantes :

a) les importations de biens destinés à être placés sous un régime d'entrepôt autre que douanier ;

b) les livraisons de biens destinés à être placés, sur leur territoire, sous un régime d'entrepôt autre que douanier.

2. Les États membres ne peuvent pas prévoir de régime d'entrepôt autre que douanier pour les biens non soumis à accises lorsque ces biens sont destinés à être livrés au stade du commerce de détail.

Art. 158 1. Par dérogation à l'article 157, paragraphe 2, les États membres peuvent prévoir un régime d'entrepôt autre que douanier dans les cas suivants :

a) lorsque les biens sont destinés à des comptoirs de ventes hors taxes, pour les besoins des livraisons de biens à emporter dans les bagages personnels d'un voyageur se rendant dans un territoire tiers ou un pays tiers, par un vol ou par une traversée maritime, et qui sont exonérées conformément à l'article 146, paragraphe 1, point b) ;

b) lorsque les biens sont destinés à des assujettis pour les besoins de livraisons qu'ils effectuent pour des voyageurs à bord d'un avion ou à bord d'un bateau, au cours d'un vol ou d'une traversée maritime dont le lieu d'arrivée est situé en dehors de la Communauté ;

c) lorsque les biens sont destinés à des assujettis pour les besoins de livraisons qu'ils effectuent en exonération de la TVA conformément à l'article 151.

2. Lorsqu'ils font usage de la faculté de l'exonération prévue au paragraphe 1, point a), les États membres prennent les mesures nécessaires pour assurer l'application correcte et simple de cette exonération et prévenir toute fraude, évasion et abus éventuels.

3. Aux fins du paragraphe 1, point a), on entend par "comptoir de ventes hors taxes", tout établissement situé dans l'enceinte d'un aéroport ou d'un port et satisfaisant aux conditions prévues par les autorités publiques compétentes.

Art. 159 Les États membres peuvent exonérer les prestations de services afférentes aux livraisons de biens visées à l'article 156, à l'article 157, paragraphe 1, point b), et à l'article 158.

Art. 160 1. Les États membres peuvent exonérer les opérations suivantes :

a) les livraisons de biens et les prestations de services effectuées dans les endroits visés à l'article 156, paragraphe 1, avec maintien, sur leur territoire, d'une des situations visées au même paragraphe ;

b) les livraisons de biens et les prestations de services effectuées dans les endroits visés à l'article 157, paragraphe 1, point b), et à l'article 158, avec maintien, sur leur territoire, d'une des situations visées respectivement au paragraphe 1, point b), et au paragraphe 1 desdits articles.

2. Lorsqu'ils font usage de la faculté prévue au paragraphe 1, point a), pour les opérations effectuées dans des entrepôts douaniers, les États membres prennent les mesures nécessaires

pour prévoir des régimes d'entrepôts autres que douaniers permettant l'application du paragraphe 1, point b), aux mêmes opérations portant sur des biens figurant à l'annexe V et effectuées dans ces entrepôts autres que douaniers.

Art. 161 Les États membres peuvent exonérer les livraisons de biens suivantes ainsi que les prestations de services y afférentes :

a) les livraisons de biens visés à l'article 30, premier alinéa, avec maintien des régimes d'admission temporaire en exonération totale de droits à l'importation ou de transit externe ;

b) les livraisons de biens visés à l'article 30, deuxième alinéa, avec maintien de la procédure du transit communautaire interne visée à l'article 276.

Art. 162 Lorsqu'ils font usage de la faculté prévue à la présente section, les États membres prennent les mesures nécessaires en vue d'assurer que les acquisitions intracommunautaires de biens destinés à relever de l'un des régimes ou de l'une des situations visés à l'article 156, à l'article 157, paragraphe 1, point b), et à l'article 158 bénéficient des mêmes dispositions que les livraisons de biens effectuées sur leur territoire dans les mêmes conditions.

Art. 163 Lorsque la sortie des biens des régimes ou situations visés à la présente section donne lieu à une importation au sens de l'article 61, l'État membre d'importation prend les mesures nécessaires pour éviter une double imposition.

SECTION II *Opérations exonérées en vue de l'exportation et dans le cadre des échanges entre les États membres*

Art. 164 1. Après consultation du comité de la TVA, les États membres peuvent exonérer les opérations suivantes effectuées par ou destinées à un assujetti, dans la limite du montant des exportations qu'il a effectuées au cours des douze mois précédents :

a) les acquisitions intracommunautaires de biens effectuées par l'assujetti et les importations et les livraisons de biens destinés à l'assujetti en vue d'être exportés en dehors de la Communauté, en l'état ou après transformation ;

b) les prestations de services afférentes à l'activité d'exportation de cet assujetti.

2. Lorsqu'ils font usage de la faculté de l'exonération prévue au paragraphe 1, et après consultation du comité de la TVA, les États membres accordent également le bénéfice de cette exonération aux opérations afférentes aux livraisons effectuées par l'assujetti dans les conditions prévues à l'article 138, dans la limite du montant de celles qu'il a effectuées dans les mêmes conditions au cours des douze mois précédents.

Art. 165 Les États membres peuvent fixer une limite commune au montant des exonérations qu'ils accordent en vertu de l'article 164.

SECTION III *Disposition commune aux sections I et II*

Art. 166 La Commission soumet au Conseil, si nécessaire, dans les meilleurs délais, des propositions concernant les modalités communes d'application de la TVA aux opérations visées aux sections 1 et 2.

TITRE X **Déductions**

CHAPITRE PREMIER *Naissance et étendue du droit à déduction*

Art. 167 Le droit à déduction prend naissance au moment où la taxe déductible devient exigible.

Art. 167 *bis* Les États membres peuvent prévoir, dans le cadre d'un régime facultatif, que le droit à déduction des assujettis dont la TVA devient exigible uniquement conformément à l'article 66, point b), est reporté jusqu'à ce que la taxe sur les biens ou services qui lui sont fournis ait été payée au fournisseur de biens ou prestataire de services.

Les États membres qui appliquent le régime facultatif visé au premier alinéa fixent, pour les assujettis utilisant le régime sur leur territoire, un seuil fondé sur le chiffre d'affaires annuel de l'assujetti, calculé conformément à l'article 288. Ce seuil ne peut dépasser 500 000 € ou sa contre-valeur en monnaie nationale. Les États membres peuvent toutefois relever ce seuil jusqu'à 2 000 000 € ou sa contre-valeur en monnaie nationale après consultation du comité de la TVA. Toutefois, cette consultation n'est pas nécessaire pour les États membres qui appliquaient un seuil supérieur à 500 000 € ou sa contre-valeur en monnaie nationale au 31 décembre 2012.

Les États membres informent le comité de la TVA des mesures nationales adoptées en vertu du premier alinéa.

Art. 168 Dans la mesure où les biens et les services sont utilisés pour les besoins de ses opérations taxées, l'assujetti a le droit, dans l'État membre dans lequel il effectue ces opérations, de déduire du montant de la taxe dont il est redevable les montants suivants :

a) la TVA due ou acquittée dans cet État membre pour les biens qui lui sont ou lui seront livrés et pour les services qui lui sont ou lui seront fournis par un autre assujetti ;

b) la TVA due pour les opérations assimilées aux livraisons de biens et aux prestations de services conformément à l'article 18, point a), et à l'article 27 ;

c) la TVA due pour les acquisitions intracommunautaires de biens conformément à l'article 2, paragraphe 1, point b) i) ;

d) la TVA due pour les opérations assimilées aux acquisitions intracommunautaires conformément aux articles 21 et 22 ;

e) la TVA due ou acquittée pour les biens importés dans cet État membre.

Art. 168 *bis* 1. Dans le cas d'un bien immeuble faisant partie du patrimoine de l'entreprise d'un assujetti et utilisé par l'assujetti à la fois aux fins des activités de l'entreprise et pour son usage privé ou celui de son personnel ou, plus généralement, à des fins autres que celles de son entreprise, la TVA sur les dépenses liées à ce bien ne doit être déductible, conformément aux principes énoncés aux articles 167, 168, 169 et 173, qu'à proportion de son utilisation aux fins des activités de l'entreprise de l'assujetti.

Par dérogation à l'article 26, les changements dans la proportion de l'utilisation d'un bien immobilier visé au premier alinéa sont pris en compte, dans le respect des principes énoncés aux articles 184 à 192, tels qu'ils sont appliqués dans l'État membre concerné.

2. Les États membres peuvent également appliquer le paragraphe 1 à la TVA sur les dépenses liées à d'autres biens faisant partie du patrimoine de l'entreprise, selon ce qu'ils spécifieront.

Art. 169 Outre la déduction visée à l'article 168, l'assujetti a le droit de déduire la TVA y visée dans la mesure où les biens et les services sont utilisés pour les besoins des opérations suivantes :

a) ses opérations relevant des activités visées à l'article 9, paragraphe 1, deuxième alinéa, effectuées en dehors de l'État membre dans lequel cette taxe est due ou acquittée, qui ouvriraient droit à déduction si ces opérations étaient effectuées dans cet État membre ;

b) ses opérations exonérées conformément aux articles *(Dir. (UE) 2019/1995 du 21 nov. 2019, art. 1er et 2, applicable à partir du 1er janv. 2021)* « 136 *bis* », 138, 142 et 144, aux articles 146 à 149, aux articles 151, 152, 153 et 156, à l'article 157, paragraphe 1, point b), aux articles 158 à 161 et à l'article 164 ;

c) ses opérations exonérées conformément à l'article 135, paragraphe 1, points a) à f), lorsque le preneur est établi en dehors de la Communauté ou lorsque ces opérations sont directement liées à des biens qui sont destinés à être exportés en dehors de la Communauté.

Art. 170 Tout assujetti qui, au sens de l'article 1er de la directive 86/560/CEE, de l'article 2, point 1), et de l'article 3, de la directive 2008/9/CE et de l'article 171 de la présente directive, n'est pas établi dans l'État membre dans lequel il effectue des achats de biens et de services ou des importations de biens grevés de TVA a le droit d'obtenir le remboursement de cette taxe dans la mesure où les biens et les services sont utilisés pour les opérations suivantes :

a) les opérations visées à l'article 169 ;

b) les opérations pour lesquelles la taxe est uniquement due par l'acquéreur ou le preneur *conformément* aux articles 194 à 197 et à l'article 199.

Art. 171 1. Le remboursement de la TVA en faveur des assujettis qui ne sont pas établis dans l'État membre dans lequel ils effectuent des achats de biens et de services ou des importations de biens grevés de taxe, mais qui sont établis dans un autre État membre, est effectué selon les modalités prévues par la directive 2008/9/CE.

2. Le remboursement de la TVA en faveur des assujettis qui ne sont pas établis sur le territoire de la Communauté est effectué selon les modalités d'application déterminées par la directive 86/ 560/CEE.

Les assujettis visés à l'article 1er de la directive 86/560/CEE et qui n'ont effectué dans l'État membre dans lequel ils effectuent les achats de biens et services ou des importations de biens grevés de taxe que des livraisons de biens ou des prestations de services pour lesquelles le destinataire de ces opérations a été désigné comme redevable de la taxe, conformément aux articles 194 à 197 et à l'article 199, sont également considérés pour l'application de ladite directive comme des assujettis qui ne sont pas établis dans la Communauté.

3. La directive 86/560/CEE ne s'applique pas :

a) aux montants de TVA qui, conformément à la législation de l'État membre du remboursement, ont été facturés par erreur ;

b) aux montants de TVA facturés pour des livraisons de biens qui sont exonérées, ou qui peuvent l'être, en vertu de l'article 138 ou de l'article 146, paragraphe 1, point b).

Art. 171 *bis* Au lieu d'accorder un remboursement de la TVA selon les modalités prévues par les directives 86/560/CEE ou 2008/9/CE pour les livraisons de biens et les prestations de services à un assujetti pour lesquelles cet assujetti est tenu d'acquitter la TVA conformément aux articles 194 à 197 ou 199, les États membres peuvent autoriser la déduction de cette TVA conformément à la procédure établie à l'article 168. Les restrictions qui sont déjà en vigueur conformément à l'article 2, paragraphe 2, et à l'article 4, paragraphe 2, de la directive 86/560/CEE peuvent être maintenues.

A cet effet, les États membres peuvent exclure l'assujetti qui est tenu d'acquitter la TVA de la procédure de remboursement en vertu des directives 86/560/CEE ou 2008/9/CE.

Art. 172 1. Toute personne considérée comme un assujetti du fait qu'elle effectue à titre occasionnel une livraison d'un moyen de transport neuf dans les conditions prévues à l'article 138, paragraphe 1, et paragraphe 2, point a), a le droit de déduire, dans l'État membre dans lequel la livraison est effectuée, la TVA comprise dans le prix d'achat ou acquittée au titre de l'importation ou de l'acquisition intracommunautaire de ce moyen de transport, dans la limite ou à concurrence du montant de la taxe dont elle serait redevable si la livraison n'était pas exonérée.

Le droit à déduction prend naissance et ne peut être exercé qu'au moment de la livraison du moyen de transport neuf.

2. Les États membres déterminent les modalités d'application du paragraphe 1.

CHAPITRE II *Prorata de déduction*

Art. 173 1. En ce qui concerne les biens et les services utilisés par un assujetti pour effectuer à la fois des opérations ouvrant droit à déduction visées aux articles 168, 169 et 170 et des opérations n'ouvrant pas droit à déduction, la déduction n'est admise que pour la partie de la TVA qui est proportionnelle au montant afférent aux premières opérations.

Le prorata de déduction est déterminé, conformément aux articles 174 et 175, pour l'ensemble des opérations effectuées par l'assujetti.

2. Les États membres peuvent prendre les mesures suivantes :

a) autoriser l'assujetti à déterminer un prorata pour chaque secteur de son activité, si des comptabilités distinctes sont tenues pour chacun de ces secteurs ;

b) obliger l'assujetti à déterminer un prorata pour chaque secteur de son activité et à tenir des comptabilités distinctes pour chacun de ces secteurs ;

c) autoriser ou obliger l'assujetti à opérer la déduction suivant l'affectation de tout ou partie des biens et services ;

d) autoriser ou obliger l'assujetti à opérer la déduction, conformément à la règle prévue au paragraphe 1, premier alinéa, pour tous les biens et services utilisés pour toutes les opérations y visées ;

e) prévoir, lorsque la TVA qui ne peut être déduite par l'assujetti est insignifiante, qu'il n'en sera pas tenu compte.

Art. 174 1. Le prorata de déduction résulte d'une fraction comportant les montants suivants :

a) au numérateur, le montant total, déterminé par année, du chiffre d'affaires, hors TVA, afférent aux opérations ouvrant droit à déduction conformément aux articles 168 et 169 ;

b) au dénominateur, le montant total, déterminé par année, du chiffre d'affaires, hors TVA, afférent aux opérations figurant au numérateur ainsi qu'aux opérations qui n'ouvrent pas droit à déduction.

Les États membres peuvent inclure dans le dénominateur le montant des subventions autres que celles directement liées au prix des livraisons de biens ou des prestations de services visées à l'article 73.

2. Par dérogation au paragraphe 1, il est fait abstraction, pour le calcul du prorata de déduction, des montants suivants :

a) le montant du chiffre d'affaires afférent aux livraisons de biens d'investissement utilisés par l'assujetti dans son entreprise ;

b) le montant du chiffre d'affaires afférent aux opérations accessoires immobilières et financières ;

c) le montant du chiffre d'affaires afférent aux opérations visées à l'article 135, paragraphe 1, points b) à g), lorsqu'il s'agit d'opérations accessoires.

3. Lorsqu'ils font usage de la faculté prévue à l'article 191 de ne pas exiger la régularisation pour les biens d'investissement, les États membres peuvent inclure le produit de la cession de ces biens dans le calcul du prorata de déduction.

Art. 175 1. Le prorata de déduction est déterminé sur une base annuelle, fixé en pourcentage et arrondi à un chiffre qui ne dépasse pas l'unité supérieure.

2. Le prorata provisoirement applicable pour une année est celui calculé sur la base des opérations de l'année précédente. Lorsqu'une telle référence fait défaut ou n'est pas significative, le prorata est estimé provisoirement, sous contrôle de l'administration, par l'assujetti, d'après ses prévisions.

Toutefois, les États membres peuvent continuer à appliquer leur réglementation en vigueur soit au 1er janvier 1979 soit, pour les États membres ayant adhéré à la Communauté après cette date, à la date de leur adhésion.

3. La fixation du prorata définitif, qui est déterminé pour chaque année au cours de l'année suivante, entraîne la régularisation des déductions opérées suivant le prorata appliqué provisoirement.

CHAPITRE III *Limitations du droit à déduction*

Art. 176 Le Conseil, statuant à l'unanimité sur proposition de la Commission, détermine les dépenses n'ouvrant pas droit à déduction de la TVA. En tout état de cause, seront exclues du droit à déduction les dépenses n'ayant pas un caractère strictement professionnel, telles que les dépenses de luxe, de divertissement ou de représentation.

Jusqu'à l'entrée en vigueur des dispositions visées au premier alinéa, les États membres peuvent maintenir toutes les exclusions prévues par leur législation nationale soit au 1er janvier 1979 soit, pour les États membres ayant adhéré à la Communauté après cette date, à la date de leur adhésion.

Art. 177 Après consultation du comité de la TVA, chaque État membre peut, pour des raisons conjoncturelles, exclure partiellement ou totalement du régime des déductions les ou certains biens d'investissement ou d'autres biens.

Afin de maintenir des conditions de concurrence identiques, les États membres peuvent, au lieu de refuser la déduction, taxer les biens fabriqués par l'assujetti lui-même ou qu'il a achetés à l'intérieur de la Communauté ou importés, de manière que cette taxation ne dépasse pas le montant de la TVA qui grèverait l'acquisition de biens similaires.

CHAPITRE IV *Modalités d'exercice du droit à déduction*

Art. 178 Pour pouvoir exercer le droit à déduction, l'assujetti doit remplir les conditions suivantes :

a) pour la déduction visée à l'article 168, point a), en ce qui concerne les livraisons de biens et les prestations de services, détenir une facture établie conformément aux dispositions du titre XI, chapitre III, sections III à VI ;

b) pour la déduction visée à l'article 168, point b), en ce qui concerne les opérations assimilées aux livraisons de biens et aux prestations de services, remplir les formalités qui sont établies par chaque État membre ;

c) pour la déduction visée à l'article 168, point c), en ce qui concerne les acquisitions intracommunautaires de biens, avoir fait figurer sur la déclaration de TVA prévue à l'article 250 toutes les données nécessaires pour constater le montant de la TVA due au titre de ses acquisitions et détenir une facture établie conformément aux dispositions du titre XI, chapitre III, sections III à V ;

d) pour la déduction visée à l'article 168, point d), en ce qui concerne les opérations assimilées aux acquisitions intracommunautaires de biens, remplir les formalités qui sont établies par chaque État membre ;

e) pour la déduction visée à l'article 168, point e), en ce qui concerne les importations de biens, détenir un document constatant l'importation qui le désigne comme destinataire ou importateur et qui mentionne ou permet de calculer le montant de la TVA due ;

f) lorsqu'il est tenu d'acquitter la taxe en tant que preneur ou acquéreur en cas d'application des articles 194 à 197 et de l'article 199, remplir les formalités qui sont établies par chaque État membre.

Art. 179 La déduction est opérée globalement par l'assujetti par imputation, sur le montant de la taxe due pour une période imposable, du montant de la TVA pour laquelle le droit à déduction a pris naissance et est exercé en vertu de l'article 178, au cours de la même période.

Toutefois, les États membres peuvent obliger les assujettis qui effectuent des opérations occasionnelles visées à l'article 12 à n'exercer le droit à déduction qu'au moment de la livraison.

Art. 180 Les États membres peuvent autoriser un assujetti à procéder à une déduction qui n'a pas été effectuée conformément aux articles 178 et 179.

Art. 181 Les États membres peuvent autoriser un assujetti qui ne détient pas de facture établie conformément aux dispositions du titre XI, chapitre III, sections III à V, à procéder à la déduction visée à l'article 168, point c), en ce qui concerne ses acquisitions intracommunautaires de biens.

Art. 182 Les États membres déterminent les conditions et modalités d'application des articles 180 et 181.

Art. 183 Lorsque le montant des déductions dépasse celui de la TVA due pour une période imposable, les États membres peuvent soit faire reporter l'excédent sur la période suivante, soit procéder au remboursement selon les modalités qu'ils fixent.

Toutefois, les États membres peuvent refuser le report ou le remboursement lorsque l'excédent est insignifiant.

CHAPITRE V *Régularisation des déductions*

Art. 184 La déduction initialement opérée est régularisée lorsqu'elle est supérieure ou inférieure à celle que l'assujetti était en droit d'opérer.

Art. 185 1. La régularisation a lieu notamment lorsque des modifications des éléments pris en considération pour la détermination du montant des déductions sont intervenues postérieurement à la déclaration de TVA, entre autres en cas d'achats annulés ou en cas de rabais obtenus.

2. Par dérogation au paragraphe 1, il n'y a pas lieu à régularisation en cas d'opérations totalement ou partiellement impayées, en cas de destruction, de perte ou de vol dûment prouvés ou justifiés et en cas de prélèvements effectués pour donner des cadeaux de faible valeur et des échantillons visés à l'article 16.

En cas d'opérations totalement ou partiellement impayées et en cas de vol, les États membres peuvent toutefois exiger la régularisation.

Art. 186 Les États membres déterminent les modalités d'application des articles 184 et 185.

Art. 187 1. En ce qui concerne les biens d'investissement, la régularisation est opérée pendant une période de cinq années, dont celle au cours de laquelle le bien a été acquis ou fabriqué.

Toutefois, les États membres peuvent, lors de la régularisation, se baser sur une période de cinq années entières à compter du début de l'utilisation du bien.

En ce qui concerne les biens d'investissement immobiliers, la durée de la période servant de base au calcul des régularisations peut être prolongée jusqu'à vingt ans.

2. Chaque année, la régularisation ne porte que sur le cinquième ou, dans le cas où la période de régularisation a été prolongée, sur la fraction correspondante de la TVA dont les biens d'investissement ont été grevés.

La régularisation visée au premier alinéa est effectuée en fonction des modifications du droit à déduction intervenues au cours des années suivantes, par rapport à celui de l'année au cours de laquelle le bien a été acquis, fabriqué ou, le cas échéant, utilisé pour la première fois.

Art. 188 1. En cas de livraison pendant la période de régularisation, le bien d'investissement est considéré comme s'il était resté affecté à une activité économique de l'assujetti jusqu'à l'expiration de la période de régularisation.

L'activité économique est présumée être entièrement taxée pour le cas où la livraison du bien d'investissement est taxée.

L'activité économique est présumée être entièrement exonérée pour le cas où la livraison du bien d'investissement est exonérée.

2. La régularisation prévue au paragraphe 1 se fait en une seule fois pour tout le temps de la période de régularisation restant à courir. Toutefois, lorsque la livraison du bien d'investissement est exonérée, les États membres peuvent ne pas exiger une régularisation dans la mesure où l'acquéreur est un assujetti qui utilise le bien d'investissement en question uniquement pour des opérations pour lesquelles la TVA est déductible.

Art. 189 Pour l'application des articles 187 et 188, les États membres peuvent prendre les mesures suivantes :

a) définir la notion de biens d'investissement ;

b) préciser quel est le montant de TVA qui est à prendre en considération pour la régularisation ;

c) prendre toutes dispositions utiles afin de garantir que les régularisations ne procurent aucun avantage injustifié ;

d) autoriser des simplifications administratives.

Art. 190 Aux fins des articles 187, 188, 189 et 191, les États membres peuvent considérer comme biens d'investissement les services qui présentent des caractéristiques similaires à celles normalement associées à des biens d'investissement.

Art. 191 Si l'application des articles 187 et 188 donne un résultat négligeable dans un État membre, ce dernier peut, après consultation du comité de la TVA, ne pas les appliquer compte tenu de l'incidence globale de la TVA dans l'État membre concerné et de la nécessité de simplifications administratives, et sous réserve qu'il n'en résulte pas de distorsions de concurrence.

Art. 192 En cas de passage d'un régime normal d'imposition à un régime particulier ou inversement, les États membres peuvent prendre les dispositions nécessaires afin d'éviter que l'assujetti concerné ne bénéficie d'avantages injustifiés ou ne subisse un préjudice injustifié.

TITRE XI Obligations des assujettis et de certaines personnes non assujetties

CHAPITRE PREMIER *Obligation de paiement*

SECTION I *Redevables de la taxe envers le Trésor*

Art. 192 *bis* Aux fins de la présente section, un assujetti qui dispose d'un établissement stable sur le territoire de l'État membre dans lequel la taxe est due est considéré comme un assujetti qui n'est pas établi sur le territoire de cet État membre lorsque les conditions ci-après sont réunies :

a) il effectue une livraison de biens ou une prestation de services imposable sur le territoire de cet État membre ;

b) un établissement que le fournisseur ou le prestataire possède sur le territoire de cet État membre ne participe pas à la livraison de ces biens ou à la prestation de ces services.

Art. 193 La TVA est due par l'assujetti effectuant une livraison de biens ou une prestation de services imposable, sauf dans les cas où la taxe est due par une autre personne en application des articles 194 à 199 *ter* et de l'article 202.

Art. 194 1. Lorsque la livraison de biens ou la prestation de services imposable est effectuée par un assujetti qui n'est pas établi dans l'État membre dans lequel la TVA est due, les États membres peuvent prévoir que le redevable de la taxe est le destinataire de la livraison de biens ou de la prestation de services.

2. Les États membres déterminent les conditions d'application du paragraphe 1.

Art. 195 La TVA est due par les personnes qui sont identifiées à la TVA dans l'État membre dans lequel la taxe est due et auxquelles sont livrés les biens dans les conditions prévues aux articles 38 et 39 si les livraisons sont effectuées par un assujetti qui n'est pas établi dans cet État membre.

Art. 196 La TVA est due par l'assujetti ou la personne morale non assujettie identifiée à la TVA, à qui sont fournis les services visés à l'article 44, si ces services sont fournis par un assujetti qui n'est pas établi dans cet État membre.

Art. 197 1. La TVA est due par le destinataire de la livraison de biens, lorsque les conditions suivantes sont réunies :

a) l'opération imposable est une livraison de biens effectuée dans les conditions prévues à l'article 141 ;

b) le destinataire de cette livraison de biens est un autre assujetti, ou une personne morale non assujettie, identifiés à la TVA dans l'État membre dans lequel la livraison est effectuée ;

c) la facture émise par l'assujetti non établi dans l'État membre du destinataire est établie conformément aux dispositions du chapitre III, sections III à V.

2. Lorsqu'un représentant fiscal est désigné comme redevable de la taxe en application des dispositions de l'article 204, les États membres peuvent prévoir une dérogation au paragraphe 1 du présent article.

Art. 198 1. Lorsque des opérations spécifiques concernant l'or d'investissement entre un assujetti qui opère sur un marché de l'or réglementé et un autre assujetti qui n'opère pas sur ce marché sont taxées conformément à l'article 352, les États membres désignent l'acquéreur comme redevable de la taxe.

Si l'acquéreur qui n'opère pas sur un marché de l'or réglementé est un assujetti et est tenu de s'identifier à la TVA dans l'État membre dans lequel la taxe est due uniquement pour les opérations visées à l'article 352, le vendeur s'acquitte des obligations fiscales au nom de l'acquéreur conformément aux dispositions de cet État membre.

2. Lorsqu'une livraison d'or sous forme de matière première ou de produits semi-ouvrés d'une pureté égale ou supérieure à 325 millièmes, ou qu'une livraison d'or d'investissement tel que défini à l'article 344, paragraphe 1, est effectuée par un assujetti ayant fait usage d'une des options prévues aux articles 348, 349 et 350, les États membres peuvent désigner l'acquéreur comme redevable de la taxe.

3. Les États membres fixent les procédures et conditions d'application des paragraphes 1 et 2.

Art. 199 1. Les États membres peuvent prévoir que le redevable de la taxe est l'assujetti destinataire des opérations suivantes :

a) les travaux de construction, y compris les travaux de réparation, de nettoyage, d'entretien, de transformation et de démolition effectués en relation avec des biens immeubles, ainsi que la délivrance de travaux immobiliers considérée comme étant une livraison de biens en vertu de l'article 14, paragraphe 3 ;

b) la mise à disposition de personnel participant à des activités visées au point a) ;

c) les livraisons de biens immeubles, au sens de l'article 135, paragraphe 1, points j) et k), lorsque le fournisseur a opté pour la taxation de l'opération conformément à l'article 137 ;

d) les livraisons de matériaux usagés, de matériaux usagés ne pouvant pas être réutilisés en l'état, de déchets industriels et non industriels, de déchets de récupération, de déchets en partie transformés, de débris et les livraisons de certains biens et les prestations de certains services spécifiques, figurant à l'annexe VI ;

e) les livraisons de biens donnés en garantie par un assujetti au profit d'un autre assujetti en exécution de cette garantie ;

f) les livraisons de biens effectuées après la cession d'un droit de réserve de propriété à un cessionnaire qui exerce ce droit ;

g) les livraisons d'un bien immeuble vendu par le débiteur d'une créance exécutoire dans le cadre d'une procédure de vente forcée.

2. Lorsqu'ils appliquent l'option prévue au paragraphe 1, les États membres peuvent définir les livraisons de biens et les prestations de services couvertes et les catégories de fournisseurs, prestataires, acquéreurs ou preneurs auxquelles ces mesures peuvent s'appliquer.

3. Aux fins du paragraphe 1, les États membres peuvent prendre les mesures suivantes :

a) prévoir qu'un assujetti exerçant aussi des activités ou exécutant aussi des opérations qui ne sont pas considérées comme des livraisons de biens ou des prestations de services imposables au sens de l'article 2, est considéré comme un assujetti pour ce qui concerne les livraisons de biens ou les prestations de services qui lui sont destinées tel que prévu au paragraphe 1 du présent article ;

b) prévoir qu'un organisme public non assujetti est considéré comme un assujetti pour ce qui concerne les livraisons qui lui sont destinées tel que prévue au paragraphe 1, points e), f) et g).

4. Les États membres informent le comité de la TVA de l'introduction des mesures nationales adoptées en application des dispositions du paragraphe 1, dans la mesure où il ne s'agit pas de mesures qui ont fait l'objet d'une autorisation du Conseil avant le 13 août 2006 conformément à l'article 27, paragraphes 1 à 4, de la directive 77/388/CEE et qui sont maintenues en vertu du paragraphe 1 du présent article.

Art. 199 *bis* 1. *(Dir. (UE) 2018/1695 du 6 nov. 2018, art. 1er, en vigueur le 26 nov. 2018)* **« Jusqu'au 30 juin 2022, les États membres peuvent prévoir que le redevable de la TVA est l'assujetti destinataire des livraisons et prestations suivantes : »**

a) transfert de quotas autorisant à émettre des gaz à effet de serre au sens de l'article 3 de la directive 2003/87/CE du Parlement européen et du Conseil du 13 octobre 2003 établissant un système d'échange de quotas d'émission de gaz à effet de serre dans la Communauté transférables conformément à l'article 12 de ladite directive ;

b) transfert d'autres unités pouvant être utilisées par les opérateurs en vue de se conformer à ladite directive ;

c) les livraisons de téléphones mobiles, à savoir des dispositifs conçus ou adaptés pour être utilisés en connexion avec un réseau sous licence fonctionnant à des fréquences spécifiques, qu'ils aient ou non une autre utilisation ;

d) les livraisons de circuits intégrés comme les microprocesseurs et les unités de traitement centrales, avant leur incorporation dans des produits destinés à l'utilisateur final ;

e) les livraisons de gaz et d'électricité à un assujetti-revendeur tel qu'il est défini à l'article 38, paragraphe 2 ;

f) les livraisons de certificats de gaz et d'électricité ;

g) les livraisons de services de télécommunication définis à l'article 24, paragraphe 2 ;

h) les livraisons de consoles de jeu, de tablettes informatiques et d'ordinateurs portables ;

i) les livraisons de céréales et de plantes industrielles, y compris les oléagineux et les betteraves sucrières, qui ne sont, en principe, pas destinés en l'état aux consommateurs finaux ;

j) les livraisons de métaux bruts ou semi-finis, y compris les métaux précieux, lorsqu'ils ne sont pas par ailleurs couverts par l'article 199, paragraphe 1, point d), par les régimes particuliers applicables dans le domaine des biens d'occasion, des objets d'art, de collection ou d'antiquité, établis aux articles 311 à 343, ou par le régime particulier applicable à l'or d'investissement, établi aux articles 344 à 356.

1 *bis*. Les États membres peuvent définir les conditions d'application du mécanisme prévu au paragraphe 1.

1 *ter*. L'application du mécanisme prévu au paragraphe 1 à la fourniture des biens et des services dont la liste figure aux points c) à j) dudit paragraphe s'accompagne de l'instauration d'obligations appropriées et efficaces en matière de communication d'informations dont devront s'acquitter les assujettis qui fournissent des biens ou des services auxquels s'applique le mécanisme prévu au paragraphe 1.

2. Les États membres informent le comité de la TVA de l'application du mécanisme prévu au paragraphe 1 lors de l'introduction de celui-ci et lui communiquent les éléments d'information suivants :

a) le champ d'application de la mesure mettant en œuvre le mécanisme et le type et les caractéristiques de la fraude, ainsi qu'une description détaillée des mesures d'accompagnement, y compris les obligations applicables aux assujettis en matière de communications d'informations et les mesures de contrôle ;

b) les mesures prises pour informer les assujettis concernés de la mise en application du mécanisme ;

c) les critères d'évaluation permettant une comparaison, avant et après l'application du mécanisme, des activités frauduleuses portant sur les biens et services énumérés au paragraphe 1, des activités frauduleuses concernant d'autres biens et services ainsi que de l'augmentation d'autres types d'activités frauduleuses ;

d) la date à laquelle l'instrument mettant en œuvre le mécanisme devient opérationnel ainsi que la période couverte par cet instrument.

3. Sur la base des critères d'évaluation prévus au paragraphe 2, point *c)*, les États membres appliquant le mécanisme prévu au paragraphe 1 transmettent un rapport à la Commis*sion au plus* tard le 30 juin 2017. Le rapport mentionne clairement les informations confidentielles et celles qui peuvent être publiées.

Le rapport contient une évaluation détaillée de l'efficacité globale du mécanisme, notamment en ce qui concerne :

a) l'incidence sur les activités frauduleuses liées aux livraisons de biens ou prestations de services couvertes par la mesure ;

b) l'éventuel déplacement des activités frauduleuses vers des biens ou vers d'autres services ;

c) les coûts de conformité supportés par les assujettis du fait du mécanisme.

4. Tout État membre qui décèle un déplacement d'activités frauduleuses sur son territoire en ce qui concerne les biens ou les services énumérés au paragraphe 1 à partir de la date d'entrée en vigueur du présent article en ce qui concerne lesdits biens ou services, présente un rapport à la Commission sur ce sujet au plus tard le 30 juin 2017.

5. Avant le 1er janvier 2018, la Commission présente au Parlement européen et au Conseil un rapport d'évaluation générale des effets du mécanisme prévu au paragraphe 1 sur la lutte contre la fraude.

Art. 199 *ter* *(Dir. (UE) 2018/1695 du 6 nov. 2018, art. 1er, en vigueur le 26 nov. 2018)* 1. Un État membre peut, en cas d'urgence impérieuse et conformément aux paragraphes 2 et 3, désigner le destinataire en tant que redevable de la TVA due sur certaines livraisons de biens et prestations de services, par dérogation à l'article 193, en recourant à la mesure particulière du mécanisme de réaction rapide (MRR) visant à lutter contre la fraude fiscale soudaine et massive susceptible d'entraîner des pertes financières considérables et irréparables.

La mesure particulière du MRR fait l'objet de mesures de contrôle appropriées par l'État membre en ce qui concerne les assujettis qui effectuent les livraisons de biens ou les prestations de services auxquelles cette mesure s'applique, et sa durée n'excède pas neuf mois.

2. L'État membre qui souhaite introduire une mesure particulière du MRR prévue au paragraphe 1 envoie une notification à la Commission au moyen du formulaire type établi conformément au paragraphe 4, qu'il communique simultanément aux autres États membres. L'État membre communique à la Commission des informations indiquant le secteur concerné, le type et les caractéristiques de la fraude, l'existence de raisons d'urgence impérieuses, le caractère soudain et massif de la fraude et ses répercussions en termes de pertes financières considérables et irréparables. Si la Commission considère qu'elle ne dispose pas de toutes les données nécessaires, elle prend contact avec l'État membre concerné dans les deux semaines suivant la réception de la notification et précise quelles sont les données complémentaires dont elle a besoin. Toute information complémentaire fournie par l'État membre concerné à la Commission est communiquée simultanément aux autres États membres. Si les informations complémentaires fournies ne sont pas suffisantes, la Commission en informe l'État membre concerné dans un délai d'une semaine.

L'État membre qui souhaite introduire la mesure particulière du MRR prévue au paragraphe 1 du présent article envoie simultanément une demande à la Commission conformément à la procédure établie à l'article 395, paragraphes 2 et 3.

Dans les cas d'urgence impérieuse visés au paragraphe 1 du présent article, la procédure établie à l'article 395, paragraphes 2 et 3, doit être close dans un délai de six mois à compter de la réception de la demande par la Commission.

3. Dès que la Commission dispose de toutes les données qu'elle considère utiles pour évaluer la notification visée au paragraphe 2, premier alinéa, elle en informe les États membres. Si elle soulève des objections à l'égard de la mesure particulière du MRR, elle rend un avis négatif dans un délai d'un mois à compter de ladite notification et en informe l'État membre concerné et le comité de la TVA. Lorsque la Commission ne soulève pas d'objections à l'égard de la mesure, elle confirme sa position par écrit à l'État membre concerné et au comité de la TVA dans le même délai. L'État membre peut adopter la mesure particulière du MRR à compter de la date de réception de cette confirmation. Lorsqu'elle procède à l'évaluation de la notification, la Commission tient compte de l'avis qui lui a été envoyé par écrit par tout autre État membre.

4. La Commission adopte un acte d'exécution établissant un formulaire type pour la soumission de la notification concernant la mesure particulière du MRR visée au paragraphe 2 et la communication des informations visées au paragraphe 2, premier alinéa. Cet acte d'exécution est adopté conformément à la procédure d'examen visée au paragraphe 5.

5. Lorsqu'il est fait référence au présent paragraphe, l'article 5 du règlement (UE) no 182/2011 du Parlement européen et du Conseil s'applique et, à cette fin, le comité compétent est le comité institué par l'article 58 du règlement (UE) no 904/2010 du Conseil.

6. La mesure particulière du MRR prévue au paragraphe 1 s'applique jusqu'au 30 juin 2022.

Art. 199 *quater* *(Dir. (UE) 2018/2057 du 20 déc. 2018, art. 1er et 2, en vigueur le 9 janv. 2019, applicable jusqu'au 30 juin 2022)* 1. Par dérogation à l'article 193, un État membre peut, jusqu'au 30 juin 2022, introduire un mécanisme d'autoliquidation généralisé (MALG) applicable aux livraisons et prestations non transfrontières, prévoyant que le redevable de la TVA est l'assujetti destinataire de l'ensemble des livraisons de biens et prestations de services dépassant un seuil de 17 500 € par opération.

L'État membre qui souhaite instaurer le MALG doit satisfaire à l'ensemble des conditions suivantes :

a) il présentait, en 2014, conformément à la méthode et aux chiffres figurant dans le rapport final de 2016 daté du 23 août 2016 sur l'écart de TVA, publié par la Commission, un écart de TVA, exprimé en pourcentage de la TVA totale exigible théorique, dépassant d'au moins 5 points de pourcentage l'écart de TVA médian de la Communauté ;

b) la fraude de type carrousel y représente, d'après l'analyse d'impact accompagnant la proposition législative relative au présent article, plus de 25 % de son écart de TVA total ;

c) il établit que d'autres mesures de contrôle ne suffisent pas pour lutter contre la fraude de type carrousel sur son territoire, notamment en précisant les mesures de contrôle appliquées et les raisons particulières de leur manque d'efficacité, ainsi que les raisons pour lesquelles la coopération administrative dans le domaine de la TVA s'est révélée insuffisante ;

d) il établit que les gains estimés en termes de respect des obligations fiscales et de recouvrement des impôts attendus à la suite de l'introduction du MALG sont supérieurs aux charges supplémentaires totales pour les entreprises et l'administration fiscale d'au moins 25 % ; et

e) il établit que l'introduction du MALG n'aura pas pour effet de faire supporter aux entreprises et à l'administration fiscale des frais supérieurs à ceux résultant de l'application d'autres mesures de contrôle.

L'État membre joint à la demande visée au paragraphe 3 le calcul de l'écart de TVA établi sur la base de la méthode et des chiffres disponibles dans le rapport sur l'écart de TVA publié par la Commission, tel qu'il est visé au deuxième alinéa, point a), du présent paragraphe.

2. Les États membres qui appliquent le MALG instaurent des obligations appropriées et efficaces en matière de communication d'informations par voie électronique dont devront s'acquitter tous les assujettis et, en particulier, les assujettis qui fournissent ou reçoivent des biens ou des services auxquels le MALG s'applique, afin d'assurer le bon fonctionnement et le suivi effectif de l'application du MALG.

3. Les États membres qui souhaitent appliquer le MALG introduisent une demande auprès de la Commission et communiquent les informations suivantes :

a) une justification détaillée montrant que les conditions visées au paragraphe 1 sont remplies ;

b) la date de début de l'application du MALG et la période qui sera couverte par le MALG ;

c) les actions à entreprendre pour informer les assujettis de l'introduction de l'application du MALG ; et

d) une description détaillée des mesures d'accompagnement visées au paragraphe 2.

Si la Commission estime qu'elle ne dispose pas de toutes les informations nécessaires, elle demande des informations supplémentaires, y compris les méthodes sous-jacentes, les hypothèses, les études et d'autres documents justificatifs, dans le mois qui suit la réception de la demande. L'État membre requérant communique les informations demandées dans le mois qui suit la réception de la notification.

4. Si la Commission estime qu'une demande satisfait aux exigences énoncées au paragraphe 3, elle soumet une proposition au Conseil, au plus tard trois mois après avoir reçu toutes les informations nécessaires. Le Conseil, statuant à l'unanimité sur cette proposition de la Commission, peut autoriser l'État membre requérant à appliquer le MALG. Si la Commission estime qu'une demande ne satisfait pas aux exigences énoncées au paragraphe 3, elle communique ses raisons à l'État membre requérant et au Conseil, et ce dans le même délai.

5. Lorsqu'une incidence négative considérable sur le marché intérieur a été établie conformément au second alinéa du présent paragraphe, la Commission, au plus tard trois mois après avoir reçu toutes les informations nécessaires, propose d'abroger l'ensemble des décisions d'exécution visées au paragraphe 4, au plus tôt six mois après l'entrée en vigueur de la première décision d'exécution autorisant un État membre à appliquer le MALG. Cette abrogation est réputée adoptée par le Conseil, à moins que le Conseil ne décide à l'unanimité de rejeter la proposition de la Commission dans un délai de trente jours à compter de son adoption par la Commission.

Une incidence négative considérable est réputée établie lorsque les conditions suivantes sont remplies :

a) au moins un État membre qui n'applique pas le MALG informe la Commission d'une hausse de la fraude à la TVA sur son territoire due à l'application du MALG ; et

b) la Commission établit, notamment sur la base des informations communiquées par les États membres visés au point a) du présent alinéa, que la hausse de la fraude à la TVA sur leur territoire est liée à l'application du MALG dans un ou plusieurs États membres.

6. Les États membres qui appliquent le MALG transmettent les informations suivantes, sous forme électronique, à tous les États membres :

a) les noms des personnes qui, au cours des douze mois précédant la date de début d'application du MALG, ont fait l'objet de poursuites, qu'elles soient pénales ou administratives, pour cause de fraude à la TVA ; et

b) les noms des personnes, y compris, dans le cas de personnes morales, les noms de leurs administrateurs, dont l'immatriculation à la TVA dans cet État membre a été close après l'introduction du MALG ; et

c) les noms des personnes, y compris, dans le cas des personnes morales, les noms de leurs administrateurs, qui n'ont pas présenté de déclaration de TVA pendant deux périodes d'imposition consécutives après l'introduction du MALG.

Les informations visées aux points a) et b) du premier alinéa sont présentées au plus tard trois mois après l'introduction du MALG et sont mises à jour tous les trois mois par la suite. Les informations visées au point c) du premier alinéa sont présentées au plus tard neuf mois après l'introduction du MALG et sont mises à jour tous les trois mois par la suite.

Les États membres qui appliquent le MALG présentent à la Commission un rapport intermédiaire au plus tard un an après le début de l'application du MALG. Ce rapport fournit une évaluation détaillée de l'efficacité du MALG. Trois mois après la fin de l'application du MALG, les États membres qui appliquent le MALG présentent un rapport final sur son incidence globale.

7. Les États membres qui n'appliquent pas le MALG transmettent à la Commission un rapport intérimaire concernant l'incidence, sur leur territoire, de l'application du MALG par d'autres États membres. Ce rapport est transmis à la Commission dans les trois mois qui suivent l'application du MALG depuis au moins un an dans un État membre.

Si au moins un État membre applique le MALG, les États membres qui n'appliquent pas le MALG transmettent à la Commission, au plus tard le 30 septembre 2022, un rapport final concernant l'incidence, sur leur territoire, de l'application du MALG par d'autres États membres.

8. Dans les rapports visés au paragraphe 6, les États membres déterminent l'incidence de l'application du MALG sur la base des critères d'évaluation suivants :

a) l'évolution de l'écart de TVA ;

b) l'évolution de la fraude à la TVA, notamment en ce qui concerne la fraude de type carrousel et la fraude au niveau du commerce de détail ;

c) l'évolution des charges administratives supportées par les assujettis ;

d) l'évolution des coûts administratifs pour l'administration fiscale.

9. Dans les rapports visés au paragraphe 7, les États membres déterminent l'incidence de l'application du MALG sur la base des critères d'évaluation suivants :

a) l'évolution de la fraude à la TVA, notamment en ce qui concerne la fraude de type carrousel et la fraude au niveau du commerce de détail ;

b) un déplacement de la fraude depuis ces États membres qui appliquent ou ont appliqué le MALG.

Art. 200 La TVA est due par la personne effectuant une acquisition intracommunautaire de biens imposable.

Art. 201 A l'importation, la TVA est due par la ou les personnes désignées ou reconnues comme redevables par l'État membre d'importation.

Art. 202 La TVA est due par la personne qui fait sortir les biens des régimes ou situations énumérés aux articles 156, 157, 158, 160 et 161.

Art. 203 La TVA est due par toute personne qui mentionne cette taxe sur une facture.

Art. 204 1. Lorsqu'en application des articles 193 à 197 et des articles 199 et 200, le redevable de la taxe est un assujetti qui n'est pas établi dans l'État membre dans lequel la TVA est due, les États membres peuvent lui permettre de désigner un représentant fiscal en tant que redevable.

En outre, lorsque l'opération imposable est effectuée par un assujetti qui n'est pas établi dans l'État membre dans lequel la TVA est due et qu'il n'existe, avec le pays du siège ou d'établissement de cet assujetti, aucun instrument juridique relatif à l'assistance mutuelle ayant une portée similaire à celle prévue par la directive 76/308/CEE et par le règlement (CE) n° 1798/2003, les États membres peuvent prendre des dispositions prévoyant que le redevable de la taxe est un représentant fiscal désigné par l'assujetti non établi.

[Al. applicable jusqu'au 31 déc. 2020]

Toutefois, les États membres ne peuvent pas appliquer l'option visée au deuxième alinéa aux assujettis non établis sur le territoire de la Communauté tels que définis à l'article 358 *bis*, point 1), qui ont choisi de relever du régime particulier applicable aux services de télécommunication, de radiodiffusion et de télévision ou aux services électroniques.

[Al. applicable à partir du 1er janv. 2021]

(Dir. (UE) 2019/1995 du 21 nov. 2019, art. 1er et 2, applicable à partir du 1er janv. 2021)

« Toutefois, les États membres ne peuvent pas appliquer l'option visée au deuxième alinéa aux assujettis au sens de l'article 358 *bis*, point 1), qui ont choisi de relever du régime particulier applicable aux services fournis par des assujettis non établis sur le territoire de la Communauté. »

2. L'option prévue au paragraphe 1, premier alinéa, est soumise aux conditions et modalités fixées par chaque État membre.

Art. 205 **Dans les situations visées aux articles 193 à 200 et aux articles 202, 203 et 204, les États membres peuvent prévoir qu'une personne autre que le redevable est solidairement tenue d'acquitter la TVA.**

SECTION II *Modalités de paiement*

Art. 206 **Tout assujetti qui est redevable de la taxe doit payer le montant net de la TVA lors du dépôt de la déclaration de TVA prévue à l'article 250. Toutefois, les États membres peuvent fixer une autre échéance pour le paiement de ce montant ou percevoir des acomptes provisionnels.**

Art. 207 **Les États membres prennent les mesures nécessaires pour que les personnes qui, conformément aux articles 194 à 197 et aux articles 199 et 204, sont considérées comme redevables de la taxe à la place d'un assujetti non établi sur leur territoire respectif remplissent les obligations de paiement prévues par la présente section.**

Les États membres prennent en outre les mesures nécessaires pour que les personnes qui, conformément à l'article 205, sont considérées comme solidairement tenues d'acquitter la TVA remplissent ces obligations de paiement.

Art. 208 **Lorsque les États membres désignent l'acquéreur d'or d'investissement comme redevable de la taxe due conformément à l'article 198, paragraphe 1, ou s'ils font usage de la faculté prévue à l'article 198, paragraphe 2, de désigner comme redevable de la taxe due l'acquéreur d'or sous forme de matière première ou de produits semi-ouvrés ou d'or d'investissement tel que défini à l'article 344, paragraphe 1, ils prennent les mesures nécessaires pour s'assurer que cette personne remplit les obligations de paiement prévues par la présente section.**

Art. 209 **Les États membres prennent les mesures nécessaires pour que les personnes morales non assujetties redevables de la taxe due au titre d'acquisitions intracommunautaires de biens visées à l'article 2, paragraphe 1, point b) i), remplissent les obligations de paiement prévues par la présente section.**

Art. 210 **Les États membres arrêtent les modalités de paiement au titre d'acquisitions intracommunautaires de moyens de transports neufs visées à l'article 2, paragraphe 1, point b) ii), ainsi qu'au titre d'acquisitions intracommunautaires de produits soumis à accises visées à l'article 2, paragraphe 1, point b) iii).**

Art. 211 **Les États membres arrêtent les modalités de paiement au titre d'importations de biens.**

Les États membres peuvent notamment prévoir que, pour les importations de biens effectuées par les assujettis ou les redevables ou par certaines catégories d'entre eux, la TVA due en raison de l'importation n'est pas payée au moment de l'importation, à condition qu'elle soit mentionnée comme telle dans la déclaration de TVA établie conformément à l'article 250.

Art. 212 **Les États membres peuvent dispenser les assujettis du paiement de la TVA due lorsque le montant de celle-ci est insignifiant.**

CHAPITRE II *Identification*

Art. 213 **1. Tout assujetti déclare le commencement, le changement et la cessation de son activité en qualité d'assujetti.**

Les États membres autorisent, et peuvent exiger, que la déclaration soit faite, dans les conditions qu'ils déterminent, par voie électronique.

2. Sans préjudice des dispositions du paragraphe 1, premier alinéa, tout assujetti, ou personne morale non assujettie, qui effectue des acquisitions intracommunautaires de biens non soumises à la TVA en vertu de l'article 3, paragraphe 1, doit déclarer qu'il effectue de telles

acquisitions lorsque les conditions pour ne pas les soumettre à la taxe, prévues audit article, ne sont plus remplies.

Art. 214 1. Les États membres prennent les mesures nécessaires pour que soient identifiées par un numéro individuel les personnes suivantes :

a) tout assujetti, à l'exception de ceux visés à l'article 9, paragraphe 2, qui effectue sur leur territoire respectif des livraisons de biens ou des prestations de services lui ouvrant droit à déduction, autres que des livraisons de biens ou des prestations de services pour lesquelles la TVA est due uniquement par le preneur ou le destinataire conformément aux articles 194 à 197 et à l'article 199 ;

b) tout assujetti, ou personne morale non assujettie, qui effectue des acquisitions intracommunautaires de biens soumises à la TVA conformément à l'article 2, paragraphe 1, point b), ou qui a exercé l'option prévue à l'article 3, paragraphe 3, de soumettre à la TVA ses acquisitions intracommunautaires ;

c) tout assujetti qui effectue sur leur territoire respectif des acquisitions intracommunautaires de biens pour les besoins de ses opérations qui relèvent des activités visées à l'article 9, paragraphe 1, deuxième alinéa, et qu'il effectue en dehors de ce territoire ;

d) tout assujetti qui reçoit, sur leur territoire respectif, des prestations de services pour lesquelles il est redevable de la TVA en vertu de l'article 196 ;

e) tout assujetti qui est établi sur leur territoire respectif et qui effectue, sur le territoire d'un autre État membre, des prestations de services pour lesquelles seul le preneur est redevable de la TVA en vertu de l'article 196.

2. Les États membres peuvent ne pas identifier certains assujettis qui effectuent des opérations à titre occasionnel telles que prévues à l'article 12.

Art. 215 Le numéro individuel d'identification TVA comporte un préfixe conforme au code ISO – 3166 alpha 2 – permettant d'identifier l'État membre par lequel il a été attribué.

Néanmoins, la Grèce est autorisée à utiliser le préfixe "EL".

Art. 216 Les États membres prennent les mesures nécessaires pour que leur système d'identification permette de distinguer les assujettis mentionnés à l'article 214 et assure ainsi l'application correcte du régime transitoire de taxation des opérations intracommunautaires visé à l'article 402.

CHAPITRE III *Facturation*

SECTION I *Définition*

Art. 217 Aux fins de la présente directive, on entend par "facture électronique" une facture qui contient les informations exigées dans la présente directive, qui a été émise et reçue sous une forme électronique, quelle qu'elle soit.

SECTION II *Notion de facture*

Art. 218 Pour les besoins de la présente directive, les États membres acceptent comme factures tous les documents ou messages sur papier ou sous format électronique qui remplissent les conditions déterminées par le présent chapitre.

Art. 219 Est assimilé à une facture tout document ou message qui modifie la facture initiale et y fait référence de façon spécifique et non équivoque.

SECTION III *Émission des factures*

Art. 219 *bis* *(Dir. (UE) 2017/2455 du 5 déc. 2017, art. 1er, en vigueur le 1er janv. 2019)* 1. La facturation est soumise aux règles applicables dans l'État membre dans lequel la livraison de biens ou la prestation de services est réputée être effectuée conformément aux dispositions du titre V.

2. Par dérogation au paragraphe 1, la facturation est soumise aux règles suivantes :

a) les règles applicables dans l'État membre dans lequel le fournisseur ou le prestataire a *établi le siège de son activité* économique ou dispose d'un établissement stable à partir duquel la livraison ou la prestation est effectuée, ou, en l'absence d'un tel siège ou d'un tel établissement stable, dans l'État membre dans lequel le fournisseur ou le prestataire a son domicile ou sa résidence habituelle, lorsque :

i) le fournisseur ou le prestataire n'est pas établi dans l'État membre dans lequel la livraison de biens ou la prestation de services est réputée être effectuée conformément aux dispositions du titre V, ou son établissement dans ledit État membre ne participe pas à la livraison ou prestation au sens de l'article 192 *bis*, point b), et le redevable de la TVA est le destinataire de la livraison de biens ou de la prestation de services, sauf si l'acquéreur ou le preneur émet la facture (autofacturation) ;

ii) la livraison de biens ou la prestation de services est réputée ne pas être effectuée dans la Communauté, conformément aux dispositions du titre V ;

b) les règles applicables dans l'État membre dans lequel le prestataire qui se prévaut de l'un des régimes particuliers prévus au titre XII, chapitre 6, est identifié.

3. Les paragraphes 1 et 2 du présent article s'appliquent sans préjudice des articles 244 à 248.

Art. 220 1. Tout assujetti doit s'assurer qu'une facture est émise, par lui-même, par l'acquéreur ou le preneur ou, en son nom et pour son compte, par un tiers, dans les cas suivants :

1) pour les livraisons de biens ou les prestations de services qu'il effectue pour un autre assujetti ou pour une personne morale non assujettie ;

2) pour les livraisons de biens visées à l'article 33 ;

3) pour les livraisons de biens effectuées dans les conditions prévues à l'article 138 ;

4) pour les acomptes qui lui sont versés avant que l'une des livraisons de biens visées aux points 1 et 2 ne soit effectuée ;

5) pour les acomptes qui lui sont versés par un autre assujetti ou par une personne morale non assujettie avant que la prestation de services ne soit achevée.

2. Par dérogation au paragraphe 1 et sans préjudice de l'article 221, paragraphe 2, l'émission d'une facture n'est pas exigée pour les prestations de services exonérées en vertu des points a) à g) de l'article 135, paragraphe 1.

Art. 220 *bis* 1. Les États membres autorisent l'assujetti à émettre une facture simplifiée dans les cas suivants :

a) lorsque le montant de la facture n'est pas supérieur à 100 EUR ou sa contre-valeur en monnaie nationale ;

b) lorsque la facture émise est un document ou message assimilé à une facture conformément à l'article 219.

2. Les États membres n'autorisent pas les assujettis à émettre une facture simplifiée lorsque les factures doivent être émises conformément à l'article 220, paragraphe 1, points 2 et 3, ou lorsque la livraison de biens imposable ou la prestation de services imposable est effectuée par un assujetti qui n'est pas établi dans l'État membre où la TVA est due ou dont l'établissement dans ledit État membre ne participe pas à la livraison ou prestation au sens de l'article 192 *bis* et que le redevable de la taxe est le destinataire de la livraison de biens ou de la prestation de services.

Art. 221 1. Les États membres peuvent imposer aux assujettis l'obligation d'émettre une facture comprenant les mentions prévues en vertu de l'article 226 ou de l'article 226 *ter* pour des livraisons de biens ou des prestations de services autres que celles visées à l'article 220, paragraphe 1.

2. Les États membres peuvent imposer aux assujettis qui sont établis sur leur territoire ou qui possèdent sur leur territoire un établissement stable depuis lequel la livraison est effectuée l'obligation d'émettre une facture comprenant les mentions prévues à l'article 226 ou à l'article 226 *ter* pour des prestations de services exonérées en vertu de l'article 135, paragraphe 1, points a) à g) que ces assujettis effectuent sur leur territoire ou en dehors de la Communauté.

3. Les États membres peuvent dispenser les assujettis de l'obligation prévue à l'article 220, *paragraphe 1, ou à l'article 220 bis d'émettre* une facture pour les livraisons de biens ou les prestations de services qu'ils effectuent sur leur territoire et qui sont exonérées, avec ou sans droit à déduction de la TVA payée au stade antérieur, conformément aux articles 110 et 111, à l'article 125, paragraphe 1, à l'article 127, à l'article 128, paragraphe 1, à l'article 132, à l'article 135, points h) à l), aux articles 136, 371, 375, 376 et 377, à l'article 378, paragraphe 2, à l'article 379, paragraphe 2, et aux articles 380 à 390 *quater*.

Art. 222 Pour les livraisons de biens effectuées dans les conditions prévues à l'article 138 ou pour les prestations de services pour lesquelles la TVA est due par le preneur conformément à l'article 196, une facture est émise au plus tard le quinzième jour du mois suivant celui au cours duquel est intervenu le fait générateur.

Pour les autres livraisons de biens ou prestations de services, les États membres peuvent imposer des délais aux assujettis pour l'émission des factures.

Art. 223 Les États membres autorisent les assujettis à émettre des factures périodiques reprenant plusieurs livraisons de biens ou prestations de services distinctes pour autant que la taxe relative aux différentes livraisons de biens ou prestations de services mentionnées dans les factures périodiques devienne exigible au cours du même mois civil.

Sans préjudice de l'article 222, les États membres peuvent autoriser que les factures périodiques incluent des livraisons de biens ou des prestations de services pour lesquelles la taxe est devenue exigible au cours d'une période excédant un mois civil.

Art. 224 L'établissement de factures par l'acquéreur ou le preneur pour les livraisons de biens ou les prestations de services qui lui sont fournies par un assujetti est autorisé, lorsqu'il existe un accord préalable entre les deux parties, et sous réserve que chaque facture fasse l'objet d'une procédure d'acceptation par l'assujetti effectuant la livraison de biens ou la prestation de services. Les États membres peuvent exiger que ces factures soient établies au nom et pour le compte de l'assujetti.

Art. 225 Les États membres peuvent imposer aux assujettis des conditions spécifiques dans le cas où le tiers ou l'acquéreur ou le preneur émettant les factures est établi dans un pays avec lequel il n'existe aucun instrument juridique relatif à l'assistance mutuelle ayant une portée similaire à celle prévue par la directive 2010/24/UE et par le règlement (CE) n° 1798/2003.

SECTION IV *Contenu des factures*

Art. 226 Sans préjudice des dispositions particulières prévues par la présente directive, seules les mentions suivantes doivent figurer obligatoirement, aux fins de la TVA, sur les factures émises en application des dispositions des articles 220 et 221 :

1) la date d'émission de la facture ;

2) un numéro séquentiel, basé sur une ou plusieurs séries, qui identifie la facture de façon unique ;

3) le numéro d'identification TVA, visé à l'article 214, sous lequel l'assujetti a effectué la livraison de biens ou la prestation de services ;

4) le numéro d'identification TVA de l'acquéreur ou du preneur, visé à l'article 214, sous lequel il a reçu une livraison de biens ou une prestation de services pour laquelle il est redevable de la taxe ou une livraison de biens visée à l'article 138 ;

5) le nom complet et l'adresse de l'assujetti et de l'acquéreur ou du preneur ;

6) la quantité et la nature des biens livrés ou l'étendue et la nature des services rendus ;

7) la date à laquelle est effectuée, ou achevée, la livraison de biens ou la prestation de services ou la date à laquelle est versé l'acompte visé à l'article 220, points 4) et 5), dans la mesure où une telle date est déterminée et différente de la date d'émission de la facture ;

7 bis) lorsque la TVA devient exigible à l'encaissement du prix conformément à l'article 66, point b), et que le droit à déduction prend naissance au moment où la taxe déductible devient exigible, la mention "Comptabilité de caisse" ;

8) la base d'imposition pour chaque taux ou exonération, le prix unitaire hors TVA, ainsi que les escomptes, rabais ou ristournes éventuels s'ils ne sont pas compris dans le prix unitaire ;

9) le taux de TVA appliqué ;

10) le montant de TVA à payer, sauf lorsqu'est appliqué un régime particulier pour lequel la présente directive exclut une telle mention ;

10 *bis)* lorsque le destinataire de la livraison de biens ou de la prestation de services émet la facture à la place du fournisseur ou du prestataire, la mention "Autofacturation" ;

11) En cas d'exonération, la référence à la disposition applicable de la présente directive, ou à la disposition nationale correspondante, ou à toute autre mention indiquant que la livraison de biens ou la prestation de services est exonérée ;

11 *bis)* lorsque l'acquéreur ou le preneur est redevable de la TVA, la mention "Autoliquidation" ;

12) en cas de livraison d'un moyen de transport neuf effectuée dans les conditions prévues à l'article 138, paragraphe 1, et paragraphe 2, point a), les données énumérées à l'article 2, paragraphe 2, point b) ;

13) en cas d'application du régime particulier des agences de voyage, la mention "Régime particulier – agences de voyage" ;

14) en cas d'application d'un des régimes particuliers applicables dans le domaine des biens d'occasion, des objets d'art, de collection ou d'antiquité, la mention "Régime particulier – Biens d'occasion" ; "Régime particulier – Objets d'art" ou "Régime particulier – Objets de collection et d'antiquité", respectivement ;

15) lorsque le redevable de la taxe est un représentant fiscal au sens de l'article 204, le numéro d'identification TVA de ce représentant fiscal, visé à l'article 214, ainsi que son nom complet et son adresse.

Art. 226 *bis* Lorsque la facture est émise par un assujetti qui n'est pas établi dans l'État membre où la taxe est due ou dont l'établissement dans ledit État membre ne participe pas à la livraison ou prestation au sens de l'article 192 *bis*, et qui effectue une livraison de biens ou une prestation de services auprès d'un acquéreur ou d'un preneur qui est redevable de la TVA, l'assujetti peut omettre les données prévues à l'article 226, points 8, 9 et 10, et indiquer à la place la base d'imposition des biens ou services concernés, en précisant leur quantité ou leur étendue ainsi que leur nature.

Art. 226 *ter* En ce qui concerne les factures simplifiées émises conformément aux articles 220 *bis* et 221, paragraphes 1 et 2, les États membres exigent au moins les mentions suivantes :

a) la date d'émission de la facture ;
b) l'identification de l'assujetti livrant les biens ou fournissant les services ;
c) l'identification du type de biens livrés ou de services fournis ;
d) le montant de TVA à payer ou les données permettant de le calculer ;
e) lorsque la facture émise est un document ou message assimilé à une facture conformément à l'article 219, une référence spécifique et non équivoque à cette facture initiale et les mentions spécifiques qui sont modifiées.

Ils ne peuvent pas exiger que figurent sur les factures d'autres mentions que celles visées aux articles 226, 227 et 230.

Art. 227 Les États membres peuvent imposer aux assujettis établis sur leur territoire et y effectuant des livraisons de biens ou des prestations de services l'obligation d'indiquer le numéro d'identification TVA de l'acquéreur ou du preneur, visé à l'article 214, dans les cas autres que ceux visés à l'article 226, point 4).

Art. 228 *Abrogé par Dir. 2010/45/UE du 13 juill. 2010.*

Art. 229 Les États membres n'imposent pas la signature des factures.

Art. 230 Les montants figurant sur la facture peuvent être exprimés dans toute monnaie, pour autant que le montant de TVA à payer ou à régulariser soit exprimé dans la monnaie nationale de l'État membre en utilisant le mécanisme du taux de conversion prévu à l'article 91.

Art. 231 *Abrogé par Dir. 2010/45/UE du 13 juill. 2010.*

SECTION V *Factures papier et factures électroniques*

Art. 232 L'utilisation d'une facture électronique est soumise à l'acceptation du destinataire.

Art. 233 1. L'authenticité de l'origine, l'intégrité du contenu et la lisibilité d'une facture, que celle-ci se présente sur papier ou sous forme électronique, sont assurées à compter du moment de son émission et jusqu'à la fin de sa période de conservation.

Chaque assujetti détermine la manière dont l'authenticité de l'origine, l'intégrité du contenu et la lisibilité de la facture sont assurées. Cela peut être réalisé par des contrôles de gestion qui établiraient une piste d'audit fiable entre une facture et une livraison de biens ou de services.

On entend par "authenticité de l'origine" l'assurance de l'identité du fournisseur ou de l'émetteur de la facture.

On entend par "intégrité du contenu" le fait que le contenu prescrit par la présente directive n'a pas été modifié.

2. Outre le type de contrôles de gestion décrits au paragraphe 1, les méthodes suivantes constituent des exemples de technologies permettant d'assurer l'authenticité de l'origine et l'intégrité du contenu d'une facture électronique :

a) une signature électronique avancée au sens de l'article 2, point 2, de la directive 1999/93/CE du Parlement européen et du Conseil du 13 décembre 1999 sur un cadre communautaire pour les signatures électroniques, fondée sur un certificat qualifié et créée par un dispositif sécurisé de création de signature au sens de l'article 2, points 6 et 10, de ladite directive ;

b) un échange de données informatisées (EDI) tel que défini à l'article 2 de l'annexe 1 de la recommandation 94/820/CE de la Commission du 19 octobre 1994 concernant les aspects juridiques de l'échange de données informatisées lorsque l'accord relatif à cet échange prévoit l'utilisation de procédures garantissant l'authenticité de l'origine et l'intégrité des données.

Art. 234 *Abrogé par Dir. 2010/45/UE du 13 juill. 2010.*

Art. 235 Les États membres peuvent fixer des conditions spécifiques pour l'émission de factures électroniques relatives à des livraisons de biens ou des prestations de services effectuées sur leur territoire, à partir d'un pays avec lequel il n'existe aucun instrument juridique relatif à l'assistance mutuelle ayant une portée similaire à celle prévue par la directive 2010/24/UE et le règlement (CE) n° 1798/2003.

Art. 236 Dans le cas de lots comprenant plusieurs factures transmises au même destinataire ou mises à sa disposition, les mentions communes aux différentes factures peuvent figurer une seule fois dans la mesure où, pour chaque facture, la totalité de l'information est accessible.

Art. 237 Au plus tard le 31 décembre 2016 et sur la base d'une étude économique indépendante, la Commission soumet au Parlement européen et au Conseil un rapport d'évaluation générale sur l'incidence des règles de facturation applicables à compter du 1er janvier 2013, notamment en ce qui concerne la mesure dans laquelle elles ont effectivement conduit à une diminution des charges administratives pour les entreprises, accompagné, le cas échéant, d'une proposition appropriée de modification des règles pertinentes.

SECTION VI *Mesures de simplification*

Art. 238 1. Après consultation du comité de la TVA et dans les conditions qu'ils fixent, les États membres peuvent prévoir que, sur les factures relatives à des livraisons de biens ou des prestations de services, ne figurent que les éléments prévus à l'article 226 *ter* dans les cas suivants :

a) lorsque le montant de la facture est supérieur à 100 € sans excéder 400 €, ou sa contre-valeur en monnaie nationale ;

b) lorsque les pratiques commerciales ou administratives du secteur d'activité concerné ou les conditions techniques d'émission de ces factures rendent particulièrement difficile le respect de toutes les obligations visées aux articles 226 ou 230.

2. *Abrogé.*

3. La simplification prévue au paragraphe 1 n'est pas appliquée lorsque les factures doivent être émises conformément à l'article 220, paragraphe 1, points 2 et 3, ou lorsque la livraison de biens ou la prestation de services imposable est effectuée par un assujetti qui n'est pas établi dans l'État membre où la TVA est due ou dont l'établissement dans ledit État membre ne participe pas à la livraison ou prestation au sens de l'article 192 *bis* et que le redevable de la TVA est le destinataire de la livraison de biens ou de la prestation de services.

Art. 239 Dans le cas où les États membres font usage de la faculté prévue à l'article 272, paragraphe 1, premier alinéa, point b), de ne pas attribuer de numéro d'identification TVA aux assujettis qui n'effectuent aucune des opérations visées aux articles 20, 21, 22, 33, 36, 138 et 141, il y a lieu de remplacer sur la facture, lorsqu'il n'a pas été attribué, ce numéro d'identification du fournisseur et de l'acquéreur ou du preneur par un autre numéro dit numéro d'enregistrement fiscal, tel que défini par les États membres concernés.

Art. 240 Les États membres faisant usage de la faculté prévue à l'article 272, paragraphe 1, premier alinéa, point b), peuvent, lorsque le numéro d'identification TVA a été attribué à l'assujetti, prévoir, en outre, que figurent sur la facture les éléments suivants :

1) pour les prestations de services visées aux articles 44, 47, 50, 53, 54 et 55, et pour les livraisons de biens visées aux articles 138 et 141, le numéro d'identification TVA et le numéro d'enregistrement fiscal du fournisseur ;

2) pour les autres livraisons de biens et prestations de services, le seul numéro d'enregistrement fiscal du fournisseur ou le seul numéro d'identification TVA.

CHAPITRE IV *Comptabilité*

SECTION I *Définition*

Art. 241 Aux fins du présent chapitre, on entend par "stockage d'une facture par voie électronique", le stockage de données effectué au moyen d'équipements électroniques de traitement (y compris la compression numérique) et de stockage, et en utilisant le fil, la radio, les moyens optiques ou d'autres moyens électromagnétiques.

SECTION II *Obligations générales*

Art. 242 Tout assujetti doit tenir une comptabilité suffisamment détaillée pour permettre l'application de la TVA et son contrôle par l'administration fiscale.

Art. 243 1. Tout assujetti tient un registre des biens qu'il a expédiés ou transportés, ou qui ont été expédiés ou transportés pour son compte, en dehors du territoire de l'État membre de départ, mais dans la Communauté, pour les besoins d'opérations consistant en des expertises ou des travaux portant sur ces biens ou en leur utilisation temporaire, visées à l'article 17, paragraphe 2, points f), g) et h).

2. Tout assujetti tient une comptabilité suffisamment détaillée pour permettre l'identification des biens qui lui ont été expédiés à partir d'un autre État membre par un assujetti identifié à la TVA dans cet autre État membre ou pour le compte de celui-ci et qui font l'objet d'une prestation de services consistant en des expertises ou des travaux portant sur ces biens.

(Dir. (UE) 2018/1910 du 4 déc. 2018, art. 1er et 2, applicable à partir du 1er janv. 2020) « 3. Chaque assujetti qui transfère des biens dans le cadre du régime des stocks sous contrat de dépôt visé à l'article 17 *bis* tient un registre qui permet aux autorités fiscales de vérifier l'application correcte dudit article.

« Chaque assujetti destinataire d'une livraison de biens dans le cadre du régime des stocks sous contrat de dépôt visé à l'article 17 *bis* tient un registre de ces biens. »

SECTION III *Obligations spécifiques relatives au stockage de toutes factures*

Art. 244 Tout assujetti doit veiller à ce que soient stockées des copies des factures émises par lui-même, par l'acquéreur ou le preneur ou, en son nom et pour son compte, par un tiers, ainsi que toutes les factures qu'il a reçues.

Art. 245 1. Aux fins de la présente directive, l'assujetti peut déterminer le lieu de stockage de toutes factures, à condition de mettre à la disposition des autorités compétentes, sans retard indu, à toute réquisition de leur part, toutes les factures ou informations stockées conformément à l'article 244.

2. Les États membres peuvent imposer aux assujettis établis sur leur territoire l'obligation de leur déclarer le lieu de stockage lorsque celui-ci est situé en dehors de leur territoire.

Les États membres peuvent, en outre, imposer aux assujettis établis sur leur territoire l'obligation d'y stocker les factures émises par eux-mêmes, par l'acquéreur ou le preneur ou, en leur nom et pour leur compte, par un tiers, ainsi que toutes les factures qu'ils ont reçues, lorsque ce stockage n'est pas effectué par une voie électronique garantissant un accès complet et en ligne aux données concernées.

Art. 246 *Abrogé par Dir. 2010/45/UE du 13 juill. 2010.*

Art. 247 1. Chaque État membre détermine la période durant laquelle les assujettis doivent veiller à ce que soient stockées les factures relatives à des livraisons de biens ou des prestations de services effectuées sur son territoire, ainsi que celles reçues par les assujettis établis sur son territoire.

2. Afin de garantir le respect des exigences visées à l'article 233, l'État membre visé au *paragraphe 1 peut imposer que* les factures soient stockées sous la forme originale, papier ou électronique, sous laquelle elles ont été transmises ou mises à disposition. Il peut également imposer que, lorsque les factures sont stockées par voie électronique, les données garantissant l'authenticité de l'origine et l'intégrité du contenu de chaque facture telles que prévues à l'article 233 soient également stockées sous forme électronique.

3. L'État membre visé au paragraphe 1 peut fixer des conditions spécifiques interdisant ou limitant le stockage des factures dans un pays avec lequel il n'existe aucun instrument juridique relatif à l'assistance mutuelle ayant une portée similaire à celle prévue par la directive 2010/24/UE et le règlement (CE) n° 1798/2003, ou au droit d'accès par voie électronique, de téléchargement et d'utilisation visé à l'article 249.

Art. 248 Les États membres peuvent, dans les conditions qu'ils fixent, prévoir une obligation de stockage des factures reçues par des personnes non assujetties.

SECTION IV *Droit d'accès aux factures stockées par voie électronique dans un autre État membre*

Art. 248 *bis* A des fins de contrôle, et en ce qui concerne les factures portant sur des livraisons de biens ou des prestations de services effectuées sur leur territoire et les factures reçues par des assujettis établis sur leur territoire, les États membres peuvent, pour certains assujettis ou dans certains cas, exiger une traduction dans leur(s) langue(s) officielle(s). Les États membres ne peuvent toutefois pas imposer l'obligation générale de traduire les factures.

Art. 249 A des fins de contrôle, lorsqu'un assujetti stocke, par une voie électronique garantissant un accès en ligne aux données concernées, les factures qu'il émet ou qu'il reçoit, les autorités compétentes de l'État membre dans lequel il est établi et, lorsque la TVA est due dans un autre État membre, les autorités compétentes de cet autre État membre ont le droit d'accéder à ces factures, de les télécharger et de les utiliser.

CHAPITRE V *Déclarations*

Art. 250 1. Tout assujetti doit déposer une déclaration de TVA dans laquelle figurent toutes les données nécessaires pour constater le montant de la taxe exigible et celui des déductions à opérer, y compris, et dans la mesure où cela est nécessaire pour la constatation de l'assiette, le montant global des opérations relatives à cette taxe et à ces déductions ainsi que le montant des opérations exonérées.

2. Les États membres autorisent, et peuvent exiger, que la déclaration visée au paragraphe 1 soit faite, dans les conditions qu'ils déterminent, par voie électronique.

Art. 251 Outre les données visées à l'article 250, figurent dans la déclaration de TVA concernant une période imposable donnée les informations suivantes :

a) le montant total, hors TVA, des livraisons de biens visées à l'article 138 et au titre desquelles la taxe est devenue exigible au cours de cette période imposable ;

b) le montant total, hors TVA, des livraisons de biens visées aux articles 33 et 36, effectuées sur le territoire d'un autre État membre et au titre desquelles la taxe est devenue exigible au cours de cette période imposable, lorsque le lieu de départ de l'expédition ou du transport des biens est situé dans l'État membre dans lequel la déclaration doit être déposée ;

c) le montant total, hors TVA, des acquisitions intracommunautaires de biens ainsi que des opérations assimilées visées aux articles 21 et 22, effectuées dans l'État membre dans lequel la déclaration doit être déposée et au titre desquelles la taxe est devenue exigible au cours de cette période imposable ;

d) le montant total, hors TVA, des livraisons de biens visées aux articles 33 et 36, effectuées dans l'État membre dans lequel la déclaration doit être déposée et au titre desquelles la taxe est devenue exigible au cours de cette période imposable, lorsque le lieu de départ de l'expédition ou du transport des biens est situé sur le territoire d'un autre État membre ;

e) le montant total, hors TVA, des livraisons de biens effectuées dans l'État membre dans lequel la déclaration doit être déposée pour lesquelles l'assujetti a été désigné comme redevable de la taxe conformément à l'article 197 et au titre desquelles la taxe est devenue exigible au cours de cette période imposable.

Art. 252 1. La déclaration de TVA doit être déposée dans un délai à fixer par les États membres. Ce délai ne peut dépasser de plus de deux mois le terme de chaque période imposable.

2. Les États membres fixent la durée de la période imposable à un, deux ou trois mois.

Les États membres peuvent toutefois fixer des durées différentes pour autant qu'elles n'excèdent pas un an.

Art. 253 La Suède peut appliquer aux petites et moyennes entreprises une procédure simplifiée prévoyant la remise de la déclaration de TVA trois mois après la fin de la période annuelle de taxation directe pour les assujettis effectuant uniquement des opérations imposables au niveau national.

Art. 254 Pour les livraisons de moyens de transport neufs effectuées dans les conditions prévues à l'article 138, paragraphe 2, point a), par un assujetti identifié à la TVA pour un acquéreur non identifié à la TVA, ou par un assujetti visé à l'article 9, paragraphe 2, les États membres prennent les mesures nécessaires pour que le vendeur communique toutes les informations nécessaires pour permettre l'application de la TVA et son contrôle par l'administration.

Art. 255 Lorsque les États membres désignent l'acquéreur d'or d'investissement comme redevable de la taxe due conformément à l'article 198, paragraphe 1, ou lorsqu'ils font usage de la faculté prévue à l'article 198, paragraphe 2, de désigner comme redevable de la taxe due l'acquéreur d'or sous forme de matière première ou de produits semi-ouvrés ou d'or d'investissement tel que défini à l'article 344, paragraphe 1, ils prennent les mesures nécessaires pour s'assurer que cette personne remplit les obligations de déclaration prévues par le présent chapitre.

Art. 256 Les États membres prennent les mesures nécessaires pour que les personnes qui, conformément aux articles 194 à 197 et à l'article 204, sont considérées comme redevables de la taxe à la place d'un assujetti qui n'est pas établi sur leur territoire remplissent les obligations de déclaration prévues par le présent chapitre.

Art. 257 Les États membres prennent les mesures nécessaires pour que les personnes morales non assujetties redevables de la taxe due au titre d'acquisitions intracommunautaires de biens visées à l'article 2, paragraphe 1, point b) i), remplissent les obligations de déclaration prévues par le présent chapitre.

Art. 258 Les États membres arrêtent les modalités de la déclaration en ce qui concerne les acquisitions intracommunautaires de moyens de transport neufs visées à l'article 2, paragraphe 1, point b) ii), ainsi qu'en ce qui concerne les acquisitions intracommunautaires de produits soumis à accise visées à l'article 2, paragraphe 1, point b) iii).

Art. 259 Les États membres peuvent demander aux personnes qui effectuent des acquisitions intracommunautaires de moyens de transport neufs visées à l'article 2, paragraphe 1, point b) ii), de fournir, lors du dépôt de la déclaration de TVA, toutes les informations nécessaires à l'application de la TVA et à son contrôle par l'administration.

Art. 260 Les États membres arrêtent les modalités de la déclaration en ce qui concerne les importations de biens.

Art. 261 1. Les États membres peuvent obliger l'assujetti à déposer une déclaration reprenant toutes les données visées aux articles 250 et 251 et concernant l'ensemble des opérations effectuées l'année précédente. Cette déclaration comporte toutes les informations nécessaires aux régularisations éventuelles.

2. Les États membres autorisent, et peuvent exiger, que la déclaration visée au paragraphe 1 soit faite, dans les conditions qu'ils déterminent, par voie électronique.

CHAPITRE VI *États récapitulatifs*

Art. 262 *(Dir. (UE) 2018/1910 du 4 déc. 2018, art. 1er et 2, applicable à partir du 1er janv. 2020)* 1. Tout assujetti identifié à la TVA doit déposer un état récapitulatif dans lequel figurent :

a) les acquéreurs identifiés à la TVA auxquels il a livré des biens dans les conditions prévues à l'article 138, paragraphe 1, et paragraphe 2, point c) ;

b) les personnes identifiées à la TVA auxquelles il a livré des biens qui lui ont été livrés par le biais d'acquisitions intracommunautaires visées à l'article 42 ;

c) les assujettis et les personnes morales non assujetties identifiées à la TVA auxquels il a fourni des services autres que des services exonérés de la TVA dans l'État membre où l'opération est imposable et pour lesquels le preneur est redevable de la taxe conformément à l'article 196.

2. Outre les informations visées au paragraphe 1, chaque assujetti communique les informations relatives au numéro d'identification TVA des assujettis auxquels sont destinés des biens, qui sont expédiés ou transportés sous le régime des stocks sous contrat de dépôt dans les conditions prévues à l'article 17 *bis*, ainsi que tout changement concernant les informations fournies.

Art. 263 1. Un état récapitulatif est établi pour chaque mois de calendrier dans un délai n'excédant pas un mois et selon des procédures qui devront être déterminées par les États membres.

1 *bis*. Toutefois, les États membres peuvent autoriser les assujettis, dans les conditions et limites qu'ils peuvent fixer, à déposer l'état récapitulatif pour chaque trimestre civil, dans un délai n'excédant pas un mois à partir de la fin du trimestre, lorsque le montant total trimestriel, hors TVA, des livraisons de biens visées à l'article 264, paragraphe 1, point d), et à l'article 265, paragraphe 1, point c), ne dépasse ni au titre du trimestre concerné, ni au

titre d'aucun des quatre trimestres précédents, la somme de 50 000 € ou sa contre-valeur en monnaie nationale.

La faculté prévue au premier alinéa cesse d'être applicable dès la fin du mois au cours duquel le montant total, hors TVA, des livraisons de biens visées à l'article 264, paragraphe 1, point d), et à l'article 265, paragraphe 1, point c), dépasse, pour le trimestre en cours, le montant de 50 000 € ou sa contre-valeur en monnaie nationale. Dans ce cas, un état récapitulatif est établi pour le ou les mois écoulé(s) depuis le début du trimestre, dans un délai n'excédant pas un mois.

1 *ter*. Jusqu'au 31 décembre 2011, les États membres peuvent fixer le montant prévu au paragraphe 1 *bis* à 100 000 € ou sa contre-valeur en monnaie nationale.

1 *quater*. Les États membres peuvent, dans les conditions et limites qu'ils peuvent fixer, autoriser les assujettis, s'agissant des prestations de services visées à l'article 264, paragraphe 1, point d), à déposer l'état récapitulatif pour chaque trimestre civil dans un délai n'excédant pas un mois à partir de la fin du trimestre.

Les États membres peuvent notamment exiger des assujettis réalisant des livraisons de biens et des prestations de services visées à l'article 264, paragraphe 1, point d), qu'ils déposent l'état récapitulatif dans le délai résultant de l'application des paragraphes 1 à 1 *ter*.

2. Les États membres autorisent et peuvent exiger que l'état récapitulatif visé au paragraphe 1 soit déposé par transfert électronique de fichier, dans les conditions qu'ils fixent.

Art. 264 1. Dans l'état récapitulatif figurent les informations suivantes :

a) le numéro d'identification TVA de l'assujetti dans l'État membre dans lequel l'état récapitulatif doit être déposé et sous lequel il a effectué des livraisons de biens dans les conditions prévues à l'article 138, paragraphe 1, ou des prestations de services dans les conditions prévues à l'article 44 ;

b) le numéro d'identification TVA de l'acquéreur des biens ou du preneur des services dans un État membre autre que celui dans lequel l'état récapitulatif doit être déposé et sous lequel les biens lui ont été livrés ou les services lui ont été fournis ;

c) le numéro d'identification TVA de l'assujetti dans l'État membre dans lequel l'état récapitulatif doit être déposé et sous lequel il a effectué un transfert à destination d'un autre État membre, visé à l'article 138, paragraphe 2, point c), ainsi que le numéro par lequel il est identifié dans l'État membre d'arrivée de l'expédition ou du transport ;

d) pour chaque acquéreur de biens ou preneur de services, le montant total des livraisons de biens et le montant total des prestations de services effectuées par l'assujetti ;

e) pour les livraisons de biens consistant en des transferts à destination d'un autre État membre visées à l'article 138, paragraphe 2, point c), le montant total de ces livraisons déterminé conformément à l'article 76 ;

f) le montant des régularisations effectuées en vertu de l'article 90.

2. Le montant visé au paragraphe 1, point d), est déclaré au titre de la période de dépôt établie conformément à l'article 263, paragraphes 1 à 1 *quater*, au cours de laquelle la taxe est devenue exigible.

Le montant visé au paragraphe 1, point f), est déclaré au titre de la période de dépôt établie conformément à l'article 263, paragraphes 1 à 1 *quater*, au cours de laquelle la régularisation est notifiée à l'acquéreur.

Art. 265 1. Dans les cas d'acquisitions intracommunautaires de biens visées à l'article 42, l'assujetti identifié à la TVA dans l'État membre qui lui a attribué le numéro TVA sous lequel il a effectué ces acquisitions doit mentionner de manière distincte sur l'état récapitulatif les informations suivantes :

a) son numéro d'identification TVA dans cet État membre, sous lequel il a effectué l'acquisition et la livraison subséquente de biens ;

b) le numéro d'identification TVA, dans l'État membre d'arrivée de l'expédition ou du transport des biens, du destinataire de la livraison subséquente effectuée par l'assujetti ;

c) pour chacun de ces destinataires, le montant total, hors TVA, des livraisons ainsi effectuées par l'assujetti dans l'État membre d'arrivée de l'expédition ou du transport des biens.

2. Le montant visé au paragraphe 1, point c), est déclaré au titre de la période de dépôt établie conformément à l'article 263, paragraphes 1 à 1 *ter*, au cours de laquelle la taxe est *devenue exigible*.

Art. 266 Par dérogation aux articles 264 et 265, les États membres peuvent prévoir que les états récapitulatifs contiennent davantage d'informations.

Art. 267 Les États membres prennent les mesures nécessaires pour que les personnes qui, conformément aux articles 194 et 204, sont considérées comme redevables de la taxe à la place d'un assujetti qui n'est pas établi sur leur territoire remplissent l'obligation de dépôt d'états récapitulatifs prévue par le présent chapitre.

Art. 268 Les États membres peuvent demander aux assujettis qui effectuent sur leur territoire des acquisitions intracommunautaires de biens ainsi que des opérations assimilées visées aux articles 21 et 22 de déposer des déclarations fournissant le détail de ces acquisitions, à la condition toutefois que de telles déclarations ne puissent être exigées pour des périodes inférieures à un mois.

Art. 269 Le Conseil peut, statuant à l'unanimité sur proposition de la Commission, autoriser tout État membre à introduire les mesures particulières prévues aux articles 270 et 271 afin de simplifier l'obligation de dépôt d'un état récapitulatif prévu au présent chapitre. Ces mesures ne peuvent pas porter préjudice à la sécurité du contrôle des opérations intracommunautaires.

Art. 270 En vertu de l'autorisation visée à l'article 269, les États membres peuvent autoriser les assujettis à déposer au titre d'une période d'un an un état récapitulatif indiquant le numéro d'identification TVA, dans un autre État membre, de chaque acquéreur auquel l'assujetti a livré des biens dans les conditions prévues à l'article 138, paragraphe 1, et paragraphe 2, point c), lorsque l'assujetti satisfait aux trois conditions suivantes :

a) le montant total annuel, hors TVA, de ses livraisons de biens et de ses prestations de services ne dépasse pas de plus de 35 000 € ou sa contre-valeur en monnaie nationale, le montant du chiffre d'affaires annuel qui sert de référence pour l'application de la franchise pour les petites entreprises prévue aux articles 282 à 292 ;

b) le montant total annuel, hors TVA, des livraisons de biens qu'il effectue dans les conditions prévues à l'article 138 ne dépasse pas la somme de 15 000 € ou sa contre-valeur en monnaie nationale ;

c) les livraisons de biens qu'il effectue dans les conditions prévues à l'article 138 sont autres que des livraisons de moyens de transport neufs.

Art. 271 En vertu de l'autorisation visée à l'article 269, les États membres qui fixent à plus de trois mois la durée de la période imposable au titre de laquelle un assujetti doit déposer la déclaration de TVA visée à l'article 250, peuvent autoriser cet assujetti à déposer l'état récapitulatif au titre de cette même période, lorsque l'assujetti satisfait aux trois conditions suivantes :

a) le montant total annuel, hors TVA, de ses livraisons de biens et de ses prestations de services s'élève au maximum à la somme de 200 000 € ou sa contre-valeur en monnaie nationale ;

b) le montant total annuel, hors TVA, des livraisons de biens qu'il effectue dans les conditions prévues à l'article 138 ne dépasse pas la somme de 15 000 € ou sa contre-valeur en monnaie nationale ;

c) les livraisons de biens qu'il effectue dans les conditions prévues à l'article 138 sont autres que des livraisons de moyens de transport neufs.

CHAPITRE VII *Dispositions diverses*

Art. 272 1. Les États membres peuvent dispenser les assujettis suivants de certaines obligations ou de toute obligation visées aux chapitres 2 à 6 :

a) les assujettis dont les acquisitions intracommunautaires de biens ne sont pas soumises à la TVA conformément à l'article 3, paragraphe 1 ;

b) les assujettis qui n'effectuent aucune des opérations visées aux articles 20, 21, 22, 33, 36, *(Dir. (UE) 2019/1995 du 21 nov. 2019, art. 1er et 2, applicable à partir du 1er janv. 2021)* ***« 136 bis »***, 138 et 141 ;

c) les assujettis qui n'effectuent que des livraisons de biens ou des prestations de services exonérées en vertu des articles 132, 135 et 136, des articles 146 à 149 et des articles 151, 152 et 153 ;

d) les assujettis qui bénéficient de la franchise pour les petites entreprises prévue aux articles 282 à 292 ;

e) les assujettis qui bénéficient du régime commun forfaitaire des producteurs agricoles.

Les États membres ne peuvent pas dispenser les assujettis visés au premier alinéa, point b), des obligations de facturation prévues au chapitre III, sections III à VI, et au chapitre IV, section III.

2. Lorsqu'ils font usage de la faculté prévue au paragraphe 1, premier alinéa, point e), les États membres prennent les mesures nécessaires à l'application correcte du régime transitoire de taxation des opérations intracommunautaires.

3. Les États membres peuvent dispenser les assujettis autres que ceux visés au paragraphe 1 de certaines des obligations comptables visées à l'article 242.

Art. 273 Les États membres peuvent prévoir d'autres obligations qu'ils jugeraient nécessaires pour assurer l'exacte perception de la TVA et pour éviter la fraude, sous réserve du respect de l'égalité de traitement des opérations intérieures et des opérations effectuées entre États membres par des assujettis, et à condition que ces obligations ne donnent pas lieu dans les échanges entre les États membres à des formalités liées au passage d'une frontière.

La faculté prévue au premier alinéa ne peut être utilisée pour imposer des obligations de facturation supplémentaires à celles fixées au chapitre 3.

CHAPITRE VIII *Obligations relatives à certaines opérations d'importation et d'exportation*

SECTION I *Opérations d'importation*

Art. 274 Les dispositions des articles 275, 276 et 277 s'appliquent aux opérations d'importation portant sur les biens en libre pratique qui sont introduits dans la Communauté en provenance d'un territoire tiers faisant partie du territoire douanier de la Communauté.

Art. 275 Les formalités afférentes à l'importation des biens visés à l'article 274 sont les mêmes que celles prévues par les dispositions douanières communautaires en vigueur relatives à l'importation de biens dans le territoire douanier de la Communauté.

Art. 276 Lorsque le lieu d'arrivée de l'expédition ou du transport des biens visés à l'article 274 est situé en dehors de l'État membre de leur introduction dans la Communauté, ils circulent dans la Communauté sous le régime du transit communautaire interne prévu par les dispositions douanières communautaires en vigueur, dans la mesure où ils ont fait l'objet d'une déclaration de mise sous ce régime dès le moment de leur introduction dans la Communauté.

Art. 277 Lorsque, au moment de leur introduction dans la Communauté, les biens visés à l'article 274 se trouvent dans l'une des situations qui leur permettrait, s'ils étaient importés au sens de l'article 30, premier alinéa, de relever de l'un des régimes ou de l'une des situations visés à l'article 156 ou d'un régime d'admission temporaire en exonération totale de droits à l'importation, les États membres prennent les mesures permettant de faire en sorte que ces biens puissent séjourner dans la Communauté dans les mêmes conditions que celles prévues pour l'application de ces régimes ou situations.

SECTION II *Opérations d'exportation*

Art. 278 Les dispositions des articles 279 et 280 s'appliquent aux opérations d'exportation des biens en libre pratique expédiés ou transportés à partir d'un État membre et à destination d'un territoire tiers faisant partie du territoire douanier de la Communauté.

Art. 279 Les formalités afférentes à l'exportation des biens visés à l'article 278 en dehors du territoire de la Communauté sont les mêmes que celles prévues par les dispositions douanières communautaires en vigueur relatives à l'exportation de biens en dehors du territoire douanier de la Communauté.

Art. 280 Pour les biens qui sont temporairement exportés en dehors de la Communauté en vue d'être réimportés, les États membres prennent les mesures permettant d'assurer que, lors de leur réimportation dans la Communauté, ces biens puissent bénéficier des mêmes dispositions que s'ils avaient été temporairement exportés en dehors du territoire douanier de la Communauté.

TITRE XII **Régimes particuliers**

CHAPITRE PREMIER *Régime particulier des petites entreprises*

SECTION I *Modalités simplifiées d'imposition et de perception*

Art. 281 Les États membres qui rencontreraient des difficultés pour l'assujettissement des petites entreprises au régime normal de la TVA, en raison de leur activité ou de leur structure, peuvent, dans les limites et les conditions qu'ils fixent, et après consultation du comité de la TVA, appliquer des modalités simplifiées d'imposition et de perception de la taxe, notamment des régimes de forfait, sans qu'il puisse en résulter un allégement de l'impôt.

SECTION II *Franchises ou atténuations dégressives*

Art. 282 Les franchises et les atténuations prévues à la présente section s'appliquent aux livraisons de biens et aux prestations de services effectuées par les petites entreprises.

Art. 283 1. Sont exclues du bénéfice du régime prévu à la présente section les opérations suivantes :

a) les opérations effectuées à titre occasionnel visées à l'article 12 ;

b) les livraisons de moyens de transport neufs effectuées dans les conditions prévues à l'article 138, paragraphe 1, et paragraphe 2, point a) ;

c) les livraisons de biens et les prestations de services effectuées par un assujetti qui n'est pas établi dans l'État membre dans lequel la TVA est due.

2. Les États membres peuvent exclure du régime prévu à la présente section d'autres opérations que celles visées au paragraphe 1.

Art. 284 1. Les États membres qui ont usé de la faculté prévue à l'article 14 de la directive 67/228/CEE du Conseil du 11 avril 1967, en matière d'harmonisation des législations des États membres relatives aux taxes sur le chiffre d'affaires — Structure et modalités d'application du système commun de taxe sur la valeur ajoutée pour introduire des franchises ou des atténuations dégressives de la taxe peuvent les maintenir ainsi que leurs modalités d'application, si elles sont conformes au système de la TVA.

2. Les États membres qui, au 17 mai 1977, appliquaient une franchise de taxe aux assujettis dont le chiffre d'affaires annuel était inférieur à la contre-valeur en monnaie nationale de 5 000 unités de compte européennes au taux de conversion de ladite date, peuvent l'augmenter jusqu'à 5 000 €.

Les États membres qui appliquaient une atténuation dégressive de la taxe ne peuvent ni relever la limite supérieure de cette atténuation, ni rendre plus favorables les conditions de son octroi.

Art. 285 Les États membres qui n'ont pas usé de la faculté prévue à l'article 14 de la directive 67/228/CEE peuvent octroyer une franchise de taxe aux assujettis dont le chiffre d'affaires annuel est au maximum égal à 5 000 € ou à la contre-valeur en monnaie nationale de cette somme.

Les États membres visés au premier alinéa peuvent appliquer une atténuation dégressive de la taxe aux assujettis dont le chiffre d'affaires annuel excède le plafond qu'ils ont fixé pour l'application de la franchise.

Art. 286 Les États membres qui, au 17 mai 1977, appliquaient une franchise de taxe aux assujettis dont le chiffre d'affaires annuel était égal ou supérieur à la contre-valeur en monnaie nationale de 5 000 unités de compte européennes au taux de conversion de ladite date peuvent l'augmenter afin de maintenir sa valeur réelle.

Art. 287 Les États membres ayant adhéré après le 1er janvier 1978 peuvent octroyer une franchise de taxe aux assujettis dont le chiffre d'affaires annuel est au maximum égal à la contre-valeur en monnaie nationale des montants suivants au taux du jour de leur adhésion :

1) la Grèce : 10 000 unités de compte européennes ;
2) l'Espagne : 10 000 écus ;
3) le Portugal : 10 000 écus ;
4) l'Autriche : 35 000 écus ;
5) la Finlande : 10 000 écus ;
6) la Suède : 10 000 écus ;
7) la République tchèque : 35 000 € ;
8) l'Estonie : 16 000 € ;
9) Chypre : 15 600 € ;
10) la Lettonie : 17 200 € ;
11) la Lituanie : 29 000 € ;
12) la Hongrie : 35 000 € ;
13) Malte : 37 000 € lorsque l'activité économique consiste principalement en la fourniture de biens, 24 300 € lorsque l'activité économique consiste principalement en la fourniture de services ayant une valeur ajoutée faible (intrants élevés) et 14 600 € dans d'autres cas, à savoir des fournitures de services ayant une valeur ajoutée élevée (intrants faibles) ;

14) la Pologne : 10 000 € ;
15) la Slovénie : 25 000 € ;
16) la Slovaquie : 35 000 € ;
17) la Bulgarie : 25 600 € ;
18) la Roumanie : 35 000 € ;
19) la Croatie : 35 000 €.

Art. 288 Le chiffre d'affaires qui sert de référence pour l'application du régime prévu à la présente section est constitué par les montants hors TVA suivants :

1) le montant des livraisons de biens et des prestations de services, pour autant qu'elles soient imposées ;

2) le montant des opérations exonérées avec droit à déduction de la TVA payée au stade antérieur en vertu des articles 110 et 111, de l'article 125, paragraphe 1, de l'article 127 et de l'article 128, paragraphe 1 ;

3) le montant des opérations exonérées en vertu des articles 146 à 149 et des articles 151, 152 et 153 ;

4) le montant des opérations immobilières, des opérations financières visées à l'article 135, paragraphe 1, points b) à g), et des prestations d'assurance, à moins que ces opérations n'aient le caractère d'opérations accessoires.

Toutefois, les cessions de biens d'investissement corporels ou incorporels de l'entreprise ne sont pas prises en considération pour la détermination du chiffre d'affaires.

Art. 289 Les assujettis qui bénéficient de la franchise de taxe n'ont pas le droit de déduire la TVA conformément aux articles 167 à 171 et aux articles 173 à 177 ni de la faire apparaître sur leurs factures.

Art. 290 Les assujettis susceptibles de bénéficier de la franchise de taxe peuvent opter soit pour le régime normal d'application de la TVA, soit pour l'application des modalités simplifiées visées à l'article 281. Dans ce cas, ils bénéficient des atténuations dégressives de la taxe prévues éventuellement par la législation nationale.

Art. 291 Les assujettis qui bénéficient de l'atténuation dégressive sont considérés comme des assujettis soumis au régime normal de la TVA, sous réserve de l'application de l'article 281.

Art. 292 Le régime prévu à la présente section s'applique jusqu'à une date arrêtée par le Conseil, conformément à l'article 93 du traité, qui ne peut être postérieure à la date d'entrée en vigueur du régime définitif visé à l'article 402.

SECTION III *Rapport et réexamen*

Art. 293 Tous les quatre ans à partir de l'adoption de la présente directive, la Commission présente au Conseil, sur la base des informations obtenues des États membres, un rapport sur l'application des dispositions du présent chapitre, accompagné, si nécessaire, et en tenant compte de la nécessité d'assurer la convergence à terme des réglementations nationales, de propositions ayant pour objet les points suivants :

1) les améliorations à apporter au régime particulier des petites entreprises ;

2) l'adaptation des régimes nationaux en matière de franchises et d'atténuations dégressives de la taxe ;

3) l'adaptation des seuils prévus à la section 2.

Art. 294 Le Conseil décide, conformément à l'article 93 du traité, si un régime particulier pour les petites entreprises est nécessaire dans le cadre du régime définitif et, le cas échéant, statue sur les limites et conditions d'application communes dudit régime particulier.

CHAPITRE II *Régime commun forfaitaire des producteurs agricoles*

Art. 295 1. Aux fins du présent chapitre, sont considérés comme :

1) "producteur agricole", l'assujetti qui exerce son activité dans le cadre d'une exploitation agricole, sylvicole ou de pêche ;

2) "exploitation agricole, sylvicole ou de pêche", les exploitations qui sont considérées comme telles par chaque État membre dans le cadre des activités de production figurant à l'annexe VII ;

3) "agriculteur forfaitaire", le producteur agricole auquel s'applique le régime forfaitaire prévu au présent chapitre ;

4) "produit agricole", les biens résultant des activités figurant à l'annexe VII qui sont produits par les exploitations agricoles, sylvicoles ou de pêche de chaque État membre ;

5) "prestations de services agricoles", les prestations de services, notamment celles figurant à l'annexe VIII, qui sont accomplies par un producteur agricole en utilisant ses moyens en main-d'œuvre ou l'équipement normal de son exploitation agricole, sylvicole ou de pêche et qui contribuent normalement à la réalisation de la production agricole ;

6) "charge de TVA en amont", la charge globale de TVA ayant grevé les biens et les services achetés par l'ensemble des exploitations agricoles, sylvicoles et de pêche de chaque État membre soumises au régime forfaitaire, dans la mesure où cette taxe serait déductible, conformément aux articles 167, 168 et 169 et aux articles 173 à 177, chez un producteur agricole soumis au régime normal d'application de la TVA ;

7) "pourcentages forfaitaires de compensation", les pourcentages que les États membres fixent, conformément aux articles 297, 298 et 299, et qu'ils appliquent dans les cas visés à l'article 300, afin de permettre aux agriculteurs forfaitaires de bénéficier de la compensation forfaitaire de la charge de TVA en amont ;

8) "compensation forfaitaire", le montant résultant de l'application du pourcentage forfaitaire de compensation au chiffre d'affaires de l'agriculteur forfaitaire dans les cas visés à l'article 300.

2. Sont assimilées aux activités de production agricole figurant à l'annexe VII les activités de transformation qu'effectue un producteur agricole sur les produits émanant essentiellement de sa production agricole avec les moyens normalement utilisés dans les exploitations agricoles, sylvicoles ou de pêche.

Art. 296 1. Les États membres peuvent appliquer aux producteurs agricoles pour lesquels l'assujettissement au régime normal de la TVA ou, le cas échéant, au régime particulier prévu au chapitre 1 se heurterait à des difficultés, un régime forfaitaire visant à compenser la charge de la TVA payée sur les achats de biens et services des agriculteurs forfaitaires, conformément au présent chapitre.

2. Chaque État membre peut exclure du régime forfaitaire certaines catégories de producteurs agricoles, ainsi que les producteurs agricoles pour lesquels l'application du régime normal de la TVA ou, le cas échéant, des modalités simplifiées prévues à l'article 281 ne présente pas de difficultés administratives.

3. Tout agriculteur forfaitaire a le droit d'opter pour l'application du régime normal de la TVA ou, le cas échéant, des modalités simplifiées prévues à l'article 281, suivant les modalités et conditions établies par chaque État membre.

Art. 297 Les États membres fixent, pour autant que de besoin, des pourcentages forfaitaires de compensation. Ils peuvent fixer des pourcentages forfaitaires de compensation différenciés pour la sylviculture, les diverses sous-branches de l'agriculture et la pêche.

Les États membres notifient à la Commission les pourcentages forfaitaires de compensation fixés en vertu du premier alinéa avant leur mise en application.

Art. 298 Les pourcentages forfaitaires de compensation sont déterminés sur la base des données macroéconomiques relatives aux seuls agriculteurs forfaitaires des trois dernières années.

Les pourcentages peuvent être arrondis au demi-point inférieur ou supérieur. Les États membres peuvent aussi réduire ces pourcentages jusqu'au niveau zéro.

Art. 299 Les pourcentages forfaitaires de compensation ne peuvent avoir pour effet de procurer à l'ensemble des agriculteurs forfaitaires des remboursements supérieurs aux charges de TVA en amont.

Art. 300 Les pourcentages forfaitaires de compensation sont appliqués au prix hors TVA des biens et services suivants :

1) les produits agricoles que les agriculteurs forfaitaires ont livrés à des assujettis autres que ceux qui bénéficient, dans l'État membre dans lequel ces livraisons sont effectuées, du présent régime forfaitaire ;

2) les produits agricoles que les agriculteurs forfaitaires ont livrés, dans les conditions prévues à l'article 138, à des personnes morales non assujetties dont les acquisitions intracommunautaires de biens sont soumises à la TVA, dans l'État membre d'arrivée de l'expédition ou du transport des produits agricoles ainsi livrés, conformément à l'article 2, paragraphe 1, point b) ;

3) les services agricoles que les agriculteurs forfaitaires ont fournis à des assujettis autres que ceux qui bénéficient, dans l'État membre dans lequel ces prestations sont fournies, du présent régime forfaitaire.

Art. 301 1. Pour les livraisons de produits agricoles et les prestations de services visées à l'article 300, les États membres prévoient que le versement des compensations forfaitaires est effectué soit par l'acquéreur ou le preneur, soit par les pouvoirs publics.

2. Pour les livraisons de produits agricoles et les prestations de services agricoles autres que celles visées à l'article 300, le versement des compensations forfaitaires est réputé être effectué par l'acquéreur ou le preneur.

Art. 302 Lorsqu'un agriculteur forfaitaire bénéficie d'une compensation forfaitaire, il n'a pas de droit à déduction pour des activités soumises au présent régime forfaitaire.

Art. 303 1. Lorsque l'acquéreur ou le preneur assujetti verse une compensation forfaitaire conformément à l'article 301, paragraphe 1, il a le droit, dans les conditions prévues aux articles 167, 168 et 169 et aux articles 173 à 177 et selon les modalités fixées par les États membres, de déduire de la TVA dont il est redevable dans l'État membre dans lequel il effectue ses opérations taxées le montant de ladite compensation.

2. Les États membres accordent à l'acquéreur ou au preneur le remboursement du montant de la compensation forfaitaire qu'il a versé au titre de l'une des opérations suivantes :

a) les livraisons de produits agricoles effectuées dans les conditions prévues à l'article 138, lorsque l'acquéreur est un assujetti, ou une personne morale non assujettie, agissant en tant que tel dans un autre État membre sur le territoire duquel ses acquisitions intracommunautaires de biens sont soumises à la TVA conformément à l'article 2, paragraphe 1, point b) ;

b) les livraisons de produits agricoles effectuées dans les conditions prévues aux articles 146, 147, 148 et 156, à l'article 157, paragraphe 1, point b), et aux articles 158, 160 et 161 pour un acquéreur assujetti établi en dehors de la Communauté, dans la mesure où ces produits agricoles sont utilisés par l'acquéreur pour les besoins de ses opérations visées à l'article 169, points a) et b), ou de ses prestations de services réputées se situer sur le territoire de l'État membre dans lequel le preneur est établi et pour lesquelles la taxe est due uniquement par le preneur conformément à l'article 196 ;

c) les prestations de services agricoles effectuées pour un preneur assujetti établi dans la Communauté mais dans un autre État membre, ou pour un preneur assujetti établi en dehors de la Communauté, dans la mesure où ces services sont utilisés par le preneur pour les besoins de ses opérations visées à l'article 169, points a) et b), ou de ses prestations de services réputées se situer sur le territoire de l'État membre dans lequel le preneur est établi et pour lesquelles la taxe est due uniquement par le preneur conformément à l'article 196.

3. Les États membres déterminent les modalités selon lesquelles sont effectués les remboursements prévus au paragraphe 2. Ils peuvent notamment faire application des dispositions des directives 79/1072/CEE et 86/560/CEE.

Art. 304 Les États membres prennent toutes dispositions utiles pour pouvoir efficacement contrôler les versements des compensations forfaitaires aux agriculteurs forfaitaires.

Art. 305 Lorsqu'ils appliquent le présent régime forfaitaire, les États membres prennent toutes dispositions utiles afin d'assurer que les livraisons de produits agricoles entre États membres effectuées dans les conditions visées à l'article 33 soient imposées de manière identique, que la livraison soit effectuée par un agriculteur forfaitaire ou par un autre assujetti.

CHAPITRE III *Régime particulier des agences de voyages*

Art. 306 1. Les États membres appliquent un régime particulier de la TVA aux opérations des agences de voyages conformément au présent chapitre, dans la mesure où ces agences agissent en leur propre nom à l'égard du voyageur et lorsqu'elles utilisent, pour la réalisation du voyage, des livraisons de biens et des prestations de services d'autres assujettis.

Le présent régime particulier n'est pas applicable aux agences de voyages qui agissent uniquement en qualité d'intermédiaire et auxquelles s'applique, pour calculer la base d'imposition, l'article 79, premier alinéa, point c).

2. Aux fins du présent chapitre, les organisateurs de circuits touristiques sont considérés comme agences de voyages.

Art. 307 Les opérations *effectuées*, dans les conditions prévues à l'article 306, par l'agence *de voyages* pour la réalisation du voyage sont considérées comme une prestation de services unique de l'agence de voyages au voyageur.

La prestation unique est imposée dans l'État membre dans lequel l'agence de voyages a établi le siège de son activité économique ou un établissement stable à partir duquel elle a fourni la prestation de services.

Art. 308 Pour la prestation de services unique fournie par l'agence de voyages, est considérée comme base d'imposition et comme prix hors TVA, au sens de l'article 226, point 8), la marge de l'agence de voyages, c'est-à-dire la différence entre le montant total, hors TVA, à payer par le voyageur et le coût effectif supporté par l'agence de voyages pour les livraisons de biens et les prestations de services d'autres assujettis, dans la mesure où ces opérations profitent directement au voyageur.

Art. 309 Si les opérations pour lesquelles l'agence de voyages a recours à d'autres assujettis sont effectuées par ces derniers en dehors de la Communauté, la prestation de services de l'agence est assimilée à une activité d'intermédiaire exonérée en vertu de l'article 153.

Si les opérations visées au premier alinéa sont effectuées tant à l'intérieur qu'à l'extérieur de la Communauté, seule doit être considérée comme exonérée la partie de la prestation de services de l'agence de voyages qui concerne les opérations effectuées en dehors de la Communauté.

Art. 310 Les montants de la TVA qui sont portés en compte à l'agence de voyages par d'autres assujettis pour les opérations qui sont visées à l'article 307 et qui profitent directement au voyageur ne sont ni déductibles, ni remboursables dans aucun État membre.

CHAPITRE IV *Régimes particuliers applicables dans le domaine des biens d'occasion, des objets d'art, de collection ou d'antiquité*

SECTION I *Définitions*

Art. 311 1. Aux fins du présent chapitre, et sans préjudice d'autres dispositions communautaires, sont considérés comme :

1) "biens d'occasion", les biens meubles corporels susceptibles de remploi, en l'état ou après réparation, autres que des objets d'art, de collection ou d'antiquité et autres que des métaux précieux ou des pierres précieuses tels que définis par les États membres ;

2) "objets d'art", les biens figurant à l'annexe IX, partie A ;

3) "objets de collection", les biens figurant à l'annexe IX, partie B ;

4) "objets d'antiquité", les biens figurant à l'annexe IX, partie C ;

5) "assujetti-revendeur", tout assujetti qui, dans le cadre de son activité économique, achète ou affecte aux besoins de son entreprise ou importe, en vue de leur revente, des biens d'occasion, des objets d'art, de collection ou d'antiquité, que cet assujetti agisse pour son compte ou pour le compte d'autrui en vertu d'un contrat de commission à l'achat ou à la vente ;

6) "organisateur d'une vente aux enchères publiques", tout assujetti qui, dans le cadre de son activité économique, propose un bien aux enchères publiques en vue de le remettre au mieux disant des enchérisseurs ;

7) "commettant d'un organisateur d'une vente aux enchères publiques", toute personne qui transmet un bien à un organisateur d'une vente aux enchères publiques en vertu d'un contrat de commission à la vente.

2. Les États membres peuvent ne pas considérer comme objets d'art, les objets figurant à l'annexe IX, partie A, points 5), 6) et 7).

3. Le contrat de commission à la vente visé au paragraphe 1, point 7), doit prévoir que l'organisateur de la vente propose le bien aux enchères publiques, en son nom, mais pour le compte de son commettant, et qu'il remet le bien, en son nom, mais pour le compte de son commettant, au mieux disant des enchérisseurs auquel le bien est adjugé en vente publique.

SECTION II *Régime particulier des assujettis-revendeurs*

SOUS-SECTION 1 *Régime de la marge bénéficiaire*

Art. 312 Aux fins de la présente sous-section, on entend par :

1) "prix de vente", tout ce qui constitue la contrepartie obtenue ou à obtenir par l'assujetti-revendeur de la part de l'acquéreur ou d'un tiers, y compris les subventions directement liées à l'opération, les impôts, droits, prélèvements et taxes, les frais accessoires tels que les frais de commission, d'emballage, de transport et d'assurance demandés par l'assujetti-revendeur à l'acquéreur mais à l'exclusion des montants visés à l'article 79 ;

2) "prix d'achat", tout ce qui constitue la contrepartie définie au point 1), obtenue ou à obtenir de la part de l'assujetti-revendeur par son fournisseur.

Art. 313 1. Les États membres appliquent aux livraisons de biens d'occasion, d'objets d'art, de collection ou d'antiquité effectuées par des assujettis-revendeurs un régime particulier d'imposition de la marge bénéficiaire réalisée par l'assujetti-revendeur, conformément aux dispositions de la présente sous-section.

2. Jusqu'à l'introduction du régime définitif visé à l'article 402, le régime prévu au paragraphe 1 du présent article ne s'applique pas aux livraisons de moyens de transports neufs effectuées dans les conditions prévues à l'article 138, paragraphe 1, et paragraphe 2, point a).

Art. 314 Le régime de la marge bénéficiaire s'applique aux livraisons de biens d'occasion, d'objets d'art, de collection ou d'antiquité, effectuées par un assujetti-revendeur, lorsque ces biens lui sont livrés dans la Communauté par une des personnes suivantes :

a) une personne non assujettie ;

b) un autre assujetti, dans la mesure où la livraison du bien par cet autre assujetti est exonérée conformément à l'article 136 ;

c) un autre assujetti, dans la mesure où la livraison du bien par cet autre assujetti bénéficie de la franchise pour les petites entreprises prévue aux articles 282 à 292, et porte sur un bien d'investissement ;

d) un autre assujetti-revendeur, dans la mesure où la livraison du bien par cet autre assujetti-revendeur a été soumise à la TVA conformément au présent régime particulier.

Art. 315 La base d'imposition des livraisons de biens visées à l'article 314 est constituée par la marge bénéficiaire réalisée par l'assujetti-revendeur, diminuée du montant de la TVA afférente à la marge bénéficiaire elle-même.

La marge bénéficiaire de l'assujetti-revendeur est égale à la différence entre le prix de vente demandé par l'assujetti-revendeur pour le bien et le prix d'achat.

Art. 316 1. Les États membres accordent aux assujettis-revendeurs le droit d'opter pour l'application du régime de la marge bénéficiaire aux livraisons de biens suivants :

a) les objets d'art, de collection ou d'antiquité qu'ils ont eux-mêmes importés ;

b) les objets d'art qui leur ont été livrés par l'auteur ou par ses ayants droit ;

c) les objets d'art qui leur ont été livrés par un assujetti autre qu'un assujetti-revendeur, lorsque la livraison par cet autre assujetti a été soumise au taux réduit en vertu de l'article 103.

2. Les États membres déterminent les modalités d'exercice de l'option prévue au paragraphe 1 qui, en tout état de cause, couvre une période au moins égale à deux années civiles.

Art. 317 Lorsqu'un assujetti-revendeur exerce l'option prévue à l'article 316, la base d'imposition est déterminée conformément à l'article 315.

Pour les livraisons d'objets d'art, de collection ou d'antiquité que l'assujetti-revendeur a lui-même importés, le prix d'achat à prendre en compte pour le calcul de la marge bénéficiaire est égal à la base d'imposition à l'importation, déterminée conformément aux articles 85 à 89, augmentée de la TVA due ou acquittée à l'importation.

Art. 318 1. Afin de simplifier la perception de la taxe, et après consultation du comité de la TVA, les États membres peuvent prévoir, pour certaines opérations ou pour certaines catégories d'assujettis-revendeurs, que la base d'imposition des livraisons de biens soumises au régime de la marge bénéficiaire est déterminée pour chaque période imposable au titre de laquelle l'assujetti-revendeur doit déposer la déclaration de TVA visée à l'article 250.

Dans le cas visé au premier alinéa, la base d'imposition pour les livraisons de biens auxquelles un même taux de TVA est appliqué, est constituée par la marge bénéficiaire globale réalisée par l'assujetti-revendeur diminuée du montant de la TVA afférente à cette même marge bénéficiaire.

2. La marge bénéficiaire globale est égale à la différence entre les deux montants suivants :

a) le montant total des livraisons de biens soumises au régime de la marge bénéficiaire et qui ont été effectuées par l'assujetti-revendeur au cours de la période imposable visée par la déclaration, c'est-à-dire le montant total des prix de vente ;

b) le montant total des achats de biens visés à l'article 314 et effectués, au cours de la période imposable visée par la déclaration, par l'assujetti-revendeur, c'est-à-dire le montant total des prix d'achat.

3. Les États membres prennent les mesures nécessaires en vue d'assurer que les assujettis visés au paragraphe 1 ne bénéficient pas d'avantages injustifiés ou ne subissent pas de préjudices injustifiés.

Art. 319 Pour chaque livraison relevant du régime de la marge bénéficiaire, l'assujetti-revendeur peut appliquer le régime normal de la TVA.

Art. 320 1. Lorsque l'assujetti-revendeur applique le régime normal de la TVA à la livraison d'un objet d'art, de collection ou d'antiquité qu'il a lui-même importé, il a le droit de déduire du montant de la taxe dont il est redevable la TVA due ou acquittée à l'importation de ce bien.

Lorsque l'assujetti-revendeur applique le régime normal de la TVA à la livraison d'un objet d'art qui lui a été livré par son auteur ou par ses ayants droit ou par un assujetti autre qu'un assujetti-revendeur, il a le droit de déduire du montant de la taxe dont il est redevable la TVA due ou acquittée pour l'objet d'art qui lui a été livré.

2. Le droit à déduction prend naissance au moment où devient exigible la taxe due pour la livraison au titre de laquelle l'assujetti-revendeur opte pour le régime normal de la TVA.

Art. 321 Lorsqu'elles sont effectuées dans les conditions prévues aux articles 146, 147, 148 et 151, les livraisons de biens d'occasion, d'objets d'art, de collection ou d'antiquité soumises au régime de la marge bénéficiaire sont exonérées.

Art. 322 Dans la mesure où les biens sont utilisés pour les besoins de ses livraisons soumises au régime de la marge bénéficiaire, l'assujetti-revendeur ne peut pas déduire du montant de la taxe dont il est redevable les montants suivants :

a) la TVA due ou acquittée pour les objets d'art, de collection ou d'antiquité qu'il a lui-même importés ;

b) la TVA due ou acquittée pour les objets d'art qui lui sont ou lui seront livrés par leur auteur ou par ses ayants droit ;

c) la TVA due ou acquittée pour les objets d'art qui lui sont ou lui seront livrés par un assujetti autre qu'un assujetti-revendeur.

Art. 323 L'assujetti ne peut pas déduire de la taxe dont il est redevable, la TVA due ou acquittée pour les biens qui lui sont ou lui seront livrés par un assujetti-revendeur, dans la mesure où la livraison de ces biens par l'assujetti-revendeur est soumise au régime de la marge bénéficiaire.

Art. 324 L'assujetti-revendeur qui applique à la fois le régime normal de la TVA et le régime de la marge bénéficiaire, doit faire apparaître séparément dans sa comptabilité les opérations relevant de chacun de ces régimes, suivant les modalités fixées par les États membres.

Art. 325 L'assujetti-revendeur ne peut pas faire apparaître séparément sur la facture qu'il délivre la TVA afférente aux livraisons de biens qu'il soumet au régime de la marge bénéficiaire.

SOUS-SECTION 2 *Régime transitoire applicable aux moyens de transport d'occasion*

Art. 326 Les États membres qui, au 31 décembre 1992, appliquaient un régime particulier d'imposition autre que le régime de la marge bénéficiaire aux livraisons de moyens de transport d'occasion effectuées par des assujettis-revendeurs peuvent continuer à appliquer ce régime jusqu'à l'introduction du régime définitif visé à l'article 402, dans la mesure où il respecte, ou est adapté de manière à respecter, les conditions prévues à la présente sous-section.

Le Danemark est autorisé à introduire le régime prévu au premier alinéa.

Art. 327 1. Le présent régime transitoire s'applique aux livraisons de moyens de transport d'occasion, effectuées par des assujettis-revendeurs et qui sont soumises au régime de la marge bénéficiaire.

2. Le présent régime transitoire ne s'applique pas aux livraisons de moyens de transport neufs, effectuées dans les conditions prévues à l'article 138, paragraphe 1, et paragraphe 2, point a).

3. Aux fins du paragraphe 1, sont considérés comme "moyens de transport d'occasion" les véhicules terrestres, les bateaux et les aéronefs visés à l'article 2, paragraphe 2, point a), lorsque ce sont des biens d'occasion qui ne remplissent pas les conditions pour être considérés comme des moyens de transport neufs.

Art. 328 La TVA due pour chacune des livraisons visées à l'article 327 est égale au montant de la taxe qui serait due si cette livraison avait été soumise au régime normal de la TVA, diminué du montant de la TVA considérée comme étant incluse dans le prix d'achat du moyen de transport par l'assujetti-revendeur.

Art. 329 La TVA considérée comme étant incluse dans le prix d'achat du moyen de transport par l'assujetti-revendeur est calculée selon la méthode suivante :

a) le prix d'achat à prendre en compte est le prix d'achat au sens de l'article 312, point 2) ;

b) ce prix d'achat par l'assujetti-revendeur est réputé inclure la TVA qui aurait été due si le fournisseur de l'assujetti-revendeur avait soumis sa livraison au régime normal de la TVA ;

c) le taux à prendre en compte est le taux applicable, en vertu de l'article 93, dans l'État membre sur le territoire duquel le lieu de la livraison à l'assujetti-revendeur, déterminé conformément aux articles 31 et 32, est réputé se situer.

Art. 330 La TVA due pour chacune des livraisons de moyens de transport visées à l'article 327, paragraphe 1, déterminée conformément à l'article 328, ne peut être inférieure au montant de la TVA qui serait dû si cette livraison avait été soumise au régime de la marge bénéficiaire.

Les États membres peuvent prévoir que si la livraison avait été soumise au régime de la marge bénéficiaire, cette marge bénéficiaire ne peut pas être inférieure à 10 % du prix de vente au sens de l'article 312, point 1).

Art. 331 L'assujetti ne peut pas déduire de la taxe dont il est redevable la TVA due ou acquittée pour les moyens de transport d'occasion qui lui sont livrés par un assujetti-revendeur, dans la mesure où la livraison de ces biens par l'assujetti-revendeur est soumise à la taxe conformément au présent régime transitoire.

Art. 332 L'assujetti-revendeur ne peut pas faire apparaître séparément sur la facture qu'il émet, la TVA afférente aux livraisons qu'il soumet au présent régime transitoire.

SECTION III *Régime particulier des ventes aux enchères publiques*

Art. 333 1. Les États membres peuvent appliquer un régime particulier d'imposition de la marge bénéficiaire réalisée par un organisateur de ventes aux enchères publiques conformément aux dispositions de la présente section, en ce qui concerne les livraisons de biens d'occasion, d'objets d'art, de collection ou d'antiquité effectuées par ledit organisateur, agissant en son nom propre et pour le compte des personnes visées à l'article 334, en vertu d'un contrat de commission à la vente de ces biens aux enchères publiques.

2. Le régime prévu au paragraphe 1 ne s'applique pas aux livraisons de moyens de transports neufs, effectuées dans les conditions prévues à l'article 138, paragraphe 1, et paragraphe 2, point a).

Art. 334 Le présent régime particulier s'applique aux livraisons effectuées par un organisateur de ventes aux enchères publiques, agissant en son nom propre pour le compte d'une des personnes suivantes :

a) une personne non assujettie ;

b) un autre assujetti, dans la mesure où la livraison du bien par cet assujetti, effectuée en vertu d'un contrat de commission à la vente, est exonérée conformément à l'article 136 ;

c) un autre assujetti, dans la mesure où la livraison du bien par cet assujetti, effectuée en vertu d'un contrat de commission à la vente, bénéficie de la franchise pour les petites entreprises prévue aux articles 282 à 292 et porte sur un bien d'investissement ;

d) un assujetti-revendeur, dans la mesure où la livraison du bien par cet assujetti-revendeur, effectuée en vertu d'un contrat de commission à la vente, est soumise à la TVA conformément au régime de la marge bénéficiaire.

Art. 335 La livraison d'un bien à un assujetti organisateur de ventes aux enchères publiques est considérée comme effectuée au moment où la vente de ce bien aux enchères publiques est elle-même effectuée.

Art. 336 La base d'imposition de chaque livraison de biens visée à la présente section est constituée par le montant total facturé, conformément à l'article 339, à l'acquéreur par l'organisateur de la vente aux enchères publiques, diminué des montants suivants :

a) le montant net payé ou à payer par l'organisateur de la vente aux enchères publiques à son commettant déterminé conformément à l'article 337 ;

b) le montant de la TVA due par l'organisateur de la vente aux enchères publiques au titre de sa livraison.

Art. 337 Le montant net payé ou à payer par l'organisateur de la vente aux enchères publiques à son commettant est égal à la différence entre le prix d'adjudication du bien aux enchères publiques et le montant de la commission obtenue ou à obtenir par l'organisateur de la vente aux enchères publiques de la part de son commettant, en vertu du contrat de commission à la vente.

Art. 338 Les organisateurs de ventes aux enchères publiques qui livrent des biens dans les conditions prévues aux articles 333 et 334 sont tenus de porter dans leur comptabilité, dans des comptes de passage, les montants suivants :

a) les montants obtenus ou à obtenir de la part de l'acquéreur du bien ;

b) les montants remboursés ou à rembourser au vendeur du bien.

Les montants visés au premier alinéa doivent être dûment justifiés.

Art. 339 L'organisateur de la vente aux enchères publiques doit délivrer à l'acquéreur une facture mentionnant de manière distincte les éléments suivants :

a) le prix d'adjudication du bien ;

b) les impôts, droits, prélèvements et taxes ;

c) les frais accessoires, tels que les frais de commission, d'emballage, de transport et d'assurance demandés par l'organisateur à l'acquéreur du bien.

La facture émise par l'organisateur de la vente aux enchères publiques ne doit mentionner séparément aucune TVA.

Art. 340 1. L'organisateur de la vente aux enchères publiques à qui le bien a été transmis en vertu d'un contrat de commission à la vente aux enchères publiques doit délivrer un compte rendu à son commettant.

Le compte rendu délivré par l'organisateur de la vente aux enchères publiques doit faire apparaître de manière distincte le montant de l'opération, c'est-à-dire le prix d'adjudication du bien diminué du montant de la commission obtenue ou à obtenir de la part du commettant.

2. Le compte rendu établi dans les conditions visées au paragraphe 1 tient lieu de facture que le commettant, lorsqu'il est un assujetti, doit délivrer à l'organisateur de la vente aux enchères publiques conformément à l'article 220.

Art. 341 Les États membres qui appliquent le régime prévu à la présente section l'appliquent également aux livraisons de moyens de transport d'occasion tels que définis à l'article 327, paragraphe 3, effectuées par un organisateur de ventes aux enchères publiques agissant en son nom propre, en vertu d'un contrat de commission à la vente de ces biens aux enchères publiques, pour le compte d'un assujetti-revendeur, dans la mesure où ces mêmes livraisons par cet assujetti-revendeur seraient soumises à la TVA conformément au régime transitoire applicable aux moyens de transport d'occasion.

SECTION IV *Mesures de prévention de distorsions de concurrence et de la fraude fiscale*

Art. 342 Les États membres peuvent prendre des mesures relatives au droit à déduction de la TVA afin d'éviter que les assujettis concernés par l'un des régimes prévus à la section 2 ne bénéficient d'avantages injustifiés ou ne subissent de préjudices injustifiés.

Art. 343 Le Conseil peut, statuant à l'unanimité sur proposition de la Commission, autoriser tout État membre à introduire des mesures particulières, aux fins de lutter contre la fraude fiscale, prévoyant que la TVA due en vertu du régime de la marge bénéficiaire ne peut être inférieure au montant de la taxe qui serait due si la marge bénéficiaire était égale à un certain pourcentage du prix de vente.

Le pourcentage du prix de vente est fixé compte tenu des marges bénéficiaires normales réalisées par les opérateurs économiques dans le secteur concerné.

CHAPITRE V *Régime particulier applicable à l'or d'investissement*

SECTION I *Dispositions générales*

Art. 344 1. Aux fins de la présente directive, et sans préjudice d'autres dispositions communautaires, sont considérés comme "or d'investissement" :

1) l'or, sous la forme d'une barre ou d'une plaquette, d'un poids accepté sur les marchés de l'or, d'une pureté égale ou supérieure à 995 millièmes, représenté ou non par des titres ;

2) les pièces en or d'une pureté égale ou supérieure à 900 millièmes et frappées après 1800, ayant ou ayant eu cours légal dans le pays d'origine et qui sont habituellement vendues à un prix qui ne dépasse pas de plus de 80 % la valeur sur le marché libre de l'or que contient la pièce.

2. Les États membres peuvent exclure du présent régime particulier les petites barres ou plaquettes d'un poids égal ou inférieur à un gramme.

3. Aux fins de la présente directive, ne sont pas considérées comme vendues pour leur intérêt numismatique les pièces visées au paragraphe 1, point 2).

Art. 345 A partir de 1999, chaque État membre communique à la Commission, avant le 1er juillet de chaque année, les pièces conformes aux critères figurant à l'article 344, paragraphe 1, point 2), qui sont commercialisées dans cet État membre. Avant le 1er décembre de chaque année, la Commission publie la liste complète de ces pièces dans la partie "C" du *Journal officiel de l'Union européenne*. Les pièces figurant dans la liste publiée sont réputées répondre à ces critères pour l'ensemble de l'année pour laquelle la liste est publiée.

SECTION II *Exonération de la taxe*

Art. 346 Les États membres exonèrent de la TVA la livraison, l'acquisition intracommunautaire et l'importation d'or d'investissement, y compris l'or d'investissement représenté par des certificats pour l'or alloué ou non alloué, ou négocié sur des comptes-or et y compris, notamment, les prêts et les swaps sur l'or qui comportent un droit de propriété ou de créance sur l'or d'investissement, ainsi que les opérations sur l'or d'investissement consistant en des contrats "futurs" ou des contrats "forward" donnant lieu à une transmission du droit de propriété ou de créance sur l'or d'investissement.

Art. 347 Les États membres exonèrent les services rendus par des agents agissant au nom et pour le compte d'autrui lorsqu'ils interviennent dans la livraison d'or d'investissement pour leur mandant.

SECTION III *Option de taxation*

Art. 348 Les États membres accordent aux assujettis qui produisent de l'or d'investissement ou transforment de l'or en or d'investissement le droit d'opter pour la taxation des livraisons d'or d'investissement à un autre assujetti, lesquelles seraient, autrement, exonérées en vertu de l'article 346.

Art. 349 1. Les États membres peuvent accorder aux assujettis qui, dans le cadre de leur activité économique, fournissent normalement de l'or destiné à des usages industriels le droit d'opter pour la taxation des livraisons de barres ou de plaquettes d'or visées à l'article 344, paragraphe 1, point 1), à un autre assujetti, lesquelles, autrement, seraient exonérées en vertu de l'article 346.

2. Les États membres peuvent restreindre la portée de l'option prévue au paragraphe 1.

Art. 350 Lorsque le fournisseur a exercé le droit d'opter pour la taxation prévu aux articles 348 et 349, les États membres accordent à l'agent le droit d'opter pour la taxation des services visés à l'article 347.

Art. 351 Les États membres déterminent les modalités d'exercice des droits d'option prévus à la présente section et en informent la Commission.

SECTION IV *Opérations sur un marché de l'or réglementé*

Art. 352 Chaque État membre peut, après consultation du comité de la TVA, soumettre à la TVA les opérations spécifiques concernant l'or d'investissement qui ont lieu dans cet État membre entre des assujettis qui opèrent sur un marché de l'or réglementé par l'État membre concerné ou entre un tel assujetti et un autre assujetti qui n'opère pas sur ce marché. Toutefois, l'État membre ne peut pas soumettre à la taxe les livraisons effectuées dans les conditions visées à l'article 138 ni les exportations concernant l'or d'investissement.

Art. 353 Les États membres qui, en vertu de l'article 352, taxent les opérations entre des assujettis qui opèrent sur un marché de l'or réglementé, autorisent à des fins de simplification, la suspension de la taxe à percevoir et dispensent les assujettis des exigences comptables relatives à la TVA.

SECTION V *Droits et obligations particulières des négociants en or d'investissement*

Art. 354 Lorsque la livraison ultérieure de l'or d'investissement qu'il effectue est exonérée en vertu du présent chapitre, l'assujetti a le droit de déduire les montants suivants :

a) la TVA due ou acquittée pour l'or d'investissement qui lui est fourni par une personne qui a fait usage du droit d'option visé aux articles 348 et 349 ou qui lui est fourni conformément à la section 4 ;

b) la TVA due ou acquittée pour la livraison qui lui est faite, l'acquisition intracommunautaire ou l'importation par lui, d'or autre que l'or d'investissement qui est transformé ensuite, par lui ou en son nom, en or d'investissement ;

c) la TVA due ou acquittée pour des services qui lui ont été fournis et consistant en un changement de forme, de poids ou de pureté de l'or, y compris l'or d'investissement.

Art. 355 Les assujettis qui produisent de l'or d'investissement ou transforment de l'or en or d'investissement ont le droit de déduire la TVA due ou acquittée par eux pour la livraison, l'acquisition intracommunautaire ou l'importation de biens ou la prestation de services liés à la production ou à la transformation de cet or, comme si la livraison ultérieure de l'or exonéré en vertu de l'article 346 était taxée.

Art. 356 1. Les États membres veillent à ce que les négociants en or d'investissement tiennent au minimum une comptabilité de toutes les opérations importantes effectuées sur l'or d'investissement et conservent les documents permettant d'identifier les clients de ces opérations.

Les négociants conservent les informations visées au premier alinéa pendant une période d'au moins cinq ans.

2. Les États membres peuvent accepter des obligations équivalentes au titre de mesures adoptées en application d'une autre législation communautaire, telle que la directive 2005/60/CE du Parlement européen et du Conseil du 26 octobre 2005 relative à la prévention de l'utilisation du système financier aux fins du blanchiment de capitaux et du financement du terrorisme, pour se conformer aux exigences du paragraphe 1.

3. Les États membres peuvent arrêter des obligations plus strictes, notamment en ce qui concerne la tenue de registres particuliers ou des exigences comptables spéciales.

CHAPITRE VI *Régimes particuliers applicables aux assujettis qui fournissent des services à des personnes non assujetties ou qui effectuent des ventes à distance de biens ou certaines livraisons intérieures de biens* (Dir. (UE) *2019/1995 du 21 nov. 2019, art. 1er et 2, applicable à partir du 1er janv. 2021).*

[Ancienne rédaction : Régimes particuliers applicables aux assujettis non établis qui fournissent des services de télécommunication, de radiodiffusion et de télévision ou des services électroniques à des personnes non assujetties]

SECTION I *Dispositions générales*

Art. 357 *Abrogé par Dir. 2008/8/CE du 12 févr. 2008, art. 5.*

Art. 358 Aux fins du présent chapitre, et sans préjudice d'autres dispositions communautaires, on entend par :

1) "services de télécommunication" et "services de radiodiffusion et de télévision" les services visés à l'article 58, premier alinéa, points a) et b) ;

2) "services électroniques" et "services fournis par voie électronique" les services visés à l'article 58, premier alinéa, point c) ;

3) "État membre de consommation" l'État membre dans lequel, conformément à l'article 58, la prestation des services de télécommunication, de radiodiffusion et de télévision ou des services électroniques est réputée avoir lieu ;

4) "déclaration de TVA" la déclaration comportant les renseignements nécessaires pour établir le montant de la TVA qui est due dans chaque État membre.

SECTION II *Régime particulier applicable aux services de télécommunication, de radiodiffusion et de télévision ou aux services électroniques fournis par des assujettis non établis sur le territoire de la Communauté*

Art. 358 *bis* Aux fins de la présente section, et sans préjudice d'autres dispositions communautaires, on entend par :

1) *(Dir. (UE) 2017/2455 du 5 déc. 2017, art. 1er, avec effet au 1er janv. 2019)* « "assujetti non établi sur le territoire de la Communauté" un assujetti qui n'a pas établi le siège de son activité économique sur le territoire de la Communauté et n'y dispose pas d'un établissement stable ; »

2) "État membre d'identification" l'État membre auquel l'assujetti non établi dans la Communauté choisit de notifier le moment où il commence son activité en qualité d'assujetti sur le territoire de la Communauté conformément aux dispositions de la présente section.

Art. 359 Les États membres autorisent à se prévaloir du présent régime particulier tout assujetti non établi sur le territoire de la Communauté qui fournit des services de télécommunication, de radiodiffusion et de télévision ou des services électroniques à une personne non assujettie qui est établie dans un État membre, y a son domicile ou sa résidence habituelle. Ce régime est applicable à tous les services ainsi fournis dans la Communauté.

Art. 360 L'assujetti non établi sur le territoire de la Communauté doit informer l'État membre d'identification du moment où il commence son activité en qualité d'assujetti, la cesse ou la modifie de telle manière qu'il ne remplit plus les conditions requises pour pouvoir se prévaloir du présent régime particulier. Il communique cette information par voie électronique.

Art. 361 1. Les informations que l'assujetti non établi sur le territoire de la Communauté fournit à l'État membre d'identification lorsqu'il commence une activité imposable comportent les éléments d'identification suivants :

a) nom ;

b) adresse postale ;

c) adresses électroniques, y compris les sites internet ;

d) numéro fiscal national, le cas échéant ;

(Dir. (UE) 2017/2455 du 5 déc. 2017, art. 1er, avec effet au 1er janv. 2019) « e) une déclaration indiquant qu'il n'a pas établi le siège de son activité économique sur le territoire de la Communauté et qu'il n'y dispose pas d'un établissement stable. »

2. L'assujetti non établi sur le territoire de la Communauté notifie à l'État membre d'identification toute modification concernant les informations fournies.

Art. 362 L'État membre d'identification attribue à l'assujetti non établi sur le territoire de la Communauté un numéro individuel d'identification TVA et informe celui-ci par voie électronique du numéro d'identification qui lui a été attribué. Sur la base des informations qui ont servi à cette identification, les États membres de consommation peuvent utiliser leurs propres systèmes d'identification.

Art. 363 L'État membre d'identification radie l'assujetti non établi sur le territoire de la Communauté du registre d'identification dans les cas suivants :

a) si celui-ci l'informe qu'il ne fournit plus de services de télécommunication, de radiodiffusion et de télévision ou de services électroniques ;

b) si l'on peut présumer, par d'autres moyens, que ses activités imposables ont pris fin ;

c) si l'assujetti ne remplit plus les conditions requises pour pouvoir se prévaloir du présent régime particulier ;

d) si, de manière systématique, il ne se conforme pas aux règles relatives au présent régime particulier.

Art. 364 Pour chaque trimestre civil, l'assujetti non établi sur le territoire de la Communauté adresse, par voie électronique, une déclaration de TVA à l'État membre d'identification, que des services de télécommunication, de radiodiffusion et de télévision ou des services électroniques aient été fournis ou non. La déclaration doit parvenir dans les vingt jours qui suivent l'expiration de la période imposable visée par cette déclaration.

Art. 365 La déclaration de TVA comporte le numéro d'identification et, pour chaque État membre de consommation dans lequel la TVA est due, la valeur totale, hors TVA, des prestations de services de télécommunication, de radiodiffusion et de télévision et de services électroniques effectuées pendant la période imposable, ainsi que le montant total de la taxe correspondante ventilé par taux d'imposition. Les taux d'imposition applicables et le montant total de la taxe due doivent également figurer sur la déclaration.

Art. 366 1. La déclaration de TVA est libellée en euros.

Les États membres qui n'ont pas adopté l'euro peuvent demander que la déclaration de TVA soit libellée dans leur monnaie nationale. Si d'autres monnaies ont été utilisées pour la prestation de services, l'assujetti non établi sur le territoire de la Communauté applique, pour remplir la déclaration de TVA, le taux de change en vigueur le dernier jour de la période imposable déclarée.

2. Le change est effectué par application des taux de change publiés par la Banque centrale européenne pour le jour en question ou, si aucune publication n'a été faite ce jour-là, pour le jour de publication suivant.

Art. 367 L'assujetti non établi sur le territoire de la Communauté acquitte la TVA, en mentionnant la déclaration de TVA sur laquelle se fonde la taxe, lorsqu'il dépose sa déclaration, au plus tard à l'expiration du délai dans lequel la déclaration doit être déposée.

Le paiement est effectué sur un compte bancaire libellé en euros, désigné par l'État membre d'identification. Les États membres qui n'ont pas adopté l'euro peuvent demander que le règlement soit effectué sur un compte bancaire libellé dans leur propre monnaie.

Art. 368 L'assujetti non établi sur le territoire de la Communauté qui se prévaut du présent régime particulier ne déduit aucun montant de TVA au titre de l'article 168 de la présente directive. Nonobstant l'article 1er, point 1), de la directive 86/560/CEE, cet assujetti bénéficie d'un remboursement de TVA conformément à ladite directive. L'article 2, paragraphes 2 et 3, et l'article 4, paragraphe 2, de ladite directive ne s'appliquent pas au remboursement lié aux services de télécommunication, de radiodiffusion et de télévision ou aux services électroniques relevant de ce régime particulier.

Art. 369 1. L'assujetti non établi sur le territoire de la Communauté tient un registre des opérations relevant du présent régime particulier. Ce registre doit être suffisamment détaillé pour permettre à l'administration fiscale de l'État membre de consommation de vérifier l'exactitude de la déclaration de TVA.

2. Le registre visé au paragraphe 1 doit, sur demande, être mis par voie électronique à la disposition de l'État membre d'identification et de l'État membre de consommation.

Le registre doit être conservé pendant dix ans à compter du 31 décembre de l'année de l'opération.

SECTION III ***Régime particulier applicable aux ventes à distance intracommunautaires de biens, aux livraisons de biens effectuées dans un État membre par des interfaces électroniques facilitant ces livraisons et aux services fournis par des assujettis établis sur le territoire de la Communauté, mais non dans l'État membre de consommation*** *(Dir. (UE) 2019/1995 du 21 nov. 2019, art. 1er et 2, applicable à partir du 1er janv. 2021).*

[Ancienne rédaction : Régime particulier applicable aux services de télécommunication, de radiodiffusion et de télévision ou aux services électroniques fournis par des assujettis établis sur le territoire de la Communauté, mais non dans l'État membre de consommation]

Art. 369 *bis* *(Dir. (UE) 2019/1995 du 21 nov. 2019, art. 1er et 2, applicable à partir du 1er janv. 2021)* Aux fins de la présente section, et sans préjudice d'autres dispositions communautaires, on entend par :

1) "assujetti non établi dans l'État membre de consommation", un assujetti qui a établi le siège de son activité économique dans la Communauté ou qui y dispose d'un établissement stable, mais qui n'a pas établi le siège de son activité économique sur le territoire de l'État membre de consommation et qui n'y dispose pas d'un établissement stable ;

2) "État membre d'identification", l'État membre dans lequel l'assujetti a établi le siège de son activité économique ou, s'il n'a pas établi le siège de son activité économique dans la Communauté, l'État membre où il dispose d'un établissement stable.

Lorsqu'un assujetti n'a pas établi le siège de son activité économique dans la Communauté, mais y dispose de plusieurs établissements stables, l'État membre d'identification est l'État membre avec un établissement stable auquel l'assujetti notifie sa décision de se prévaloir du présent régime particulier. L'assujetti est lié par cette décision pour l'année civile concernée et les deux années civiles suivantes.

Lorsqu'un assujetti n'a pas établi le siège de son activité économique dans la Communauté et n'y dispose pas d'un établissement stable, l'État membre d'identification est l'État membre à partir duquel les biens sont expédiés ou transportés. Lorsqu'il existe plusieurs États membres à partir desquels les biens sont expédiés ou transportés, l'assujetti indique lequel de ces États membres est l'État membre d'identification. L'assujetti est lié par cette décision pour l'année civile concernée et les deux années civiles suivantes ;

3) "État membre de consommation" :

a) en cas de prestation de services, l'État membre dans lequel la prestation est réputée avoir lieu conformément au titre V, chapitre 3 ;

b) en cas de ventes à distance intracommunautaires de biens, l'État membre d'arrivée de l'expédition ou du transport des biens à destination de l'acquéreur ;

c) en cas de livraison de biens effectuée par un assujetti qui facilite ces livraisons conformément à l'article 14 bis, paragraphe 2, lorsque le lieu de départ et le lieu d'arrivée de l'expédition ou du transport des biens livrés se situent dans le même État membre, ledit État membre.

Art. 369 *ter* *(Dir. (UE) 2019/1995 du 21 nov. 2019, art. 1er et 2, applicable à partir du 1er janv. 2021)* Les États membres autorisent les assujettis ci-après à se prévaloir du présent régime particulier :

a) un assujetti qui effectue des ventes à distance intracommunautaires de biens ;

b) un assujetti qui facilite la livraison de biens conformément à l'article 14 *bis*, paragraphe 2, lorsque le lieu de départ et le lieu d'arrivée de l'expédition ou du transport des biens livrés se situent dans le même État membre ;

c) un assujetti non établi dans l'État membre de consommation qui fournit des services à une personne non assujettie.

Le présent régime particulier est applicable à tous les biens et services ainsi fournis dans la Communauté par l'assujetti concerné.

Art. 369 *quater* L'assujetti non établi dans l'État membre de consommation informe l'État membre d'identification du moment où il commence, en qualité d'assujetti, l'activité soumise au présent régime particulier, la cesse ou la modifie de telle manière qu'il ne remplit plus les conditions requises pour pouvoir se prévaloir du présent régime particulier. Il communique cette information par voie électronique.

Art. 369 *quinquies* Un assujetti qui se prévaut du régime particulier n'est identifié, pour les opérations imposables dans le cadre dudit régime, que dans l'État membre d'identification. A cette fin, l'État membre utilise le numéro individuel d'identification TVA déjà attribué à l'assujetti pour ce qui concerne les obligations qui lui incombent en vertu du système interne.

Sur la base des informations qui ont servi à cette identification, les États membres de consommation peuvent conserver leur propre système d'identification.

Art. 369 *sexies* L'État membre d'identification exclut du présent régime particulier l'assujetti non établi dans l'État membre de consommation dans les cas suivants :

[a) applicable jusqu'au 31 déc. 2020]

a) si celui-ci l'informe qu'il ne fournit plus de services de télécommunication, de radiodiffusion et de télévision ou de services électroniques ;

[a) applicable à partir du 1er janv. 2021]

(Dir. (UE) 2019/1995 du 21 nov. 2019, art. 1er et 2, applicable à partir du 1er janv. 2021) « a) si celui-ci l'informe qu'il n'effectue plus de livraisons de biens ni de prestations de services couvertes par le présent régime particulier ; »

b) si l'on peut présumer, par d'autres moyens, que ses activités imposables soumises au présent régime particulier ont pris fin ;

c) si l'assujetti ne remplit plus les conditions requises pour pouvoir se prévaloir du présent régime particulier ;

d) si, de manière systématique, il ne se conforme pas aux règles relatives au présent régime particulier.

Art. 369 *septies* *(Dir. (UE) 2019/1995 du 21 nov. 2019, art. 1er et 2, applicable à partir du 1er janv. 2021)* Pour chaque trimestre civil, l'assujetti qui se prévaut du présent régime particulier adresse, par voie électronique, une déclaration de TVA à l'État membre d'identification, que des livraisons de biens et des prestations de services couvertes par le présent régime particulier aient été effectuées ou non. La déclaration de TVA doit être déposée avant la fin du mois qui suit l'expiration de la période imposable couverte par cette déclaration.

Art. 369 *octies* *(Dir. (UE) 2019/1995 du 21 nov. 2019, art. 1er et 2, applicable à partir du 1er janv. 2021)* 1. La déclaration de TVA comporte le numéro d'identification TVA visé à l'article 369 *quinquies* et, pour chaque État membre de consommation dans lequel la TVA est due, la valeur totale, hors TVA, les taux de TVA applicables, le montant total de la taxe correspondante ventilé par taux d'imposition et le montant total de la TVA due pour les livraisons et prestations ci-après couvertes par le présent régime particulier effectuées pendant la période imposable :

a) les ventes à distance intracommunautaires de biens ;

b) les livraisons de biens conformément à l'article 14 *bis*, paragraphe 2, lorsque le lieu de départ et le lieu d'arrivée de l'expédition ou du transport de ces biens se situent dans le *même État membre* ;

c) les prestations de services.

La déclaration de TVA comprend également des modifications relatives aux périodes imposables écoulées, comme prévu au paragraphe 4 du présent article.

2. Lorsque les biens sont expédiés ou transportés à partir d'États membres autres que l'État membre d'identification, la déclaration de TVA comporte également la valeur totale,

hors TVA, les taux de TVA applicables, le montant total de la taxe correspondante ventilé par taux d'imposition et le montant total de la TVA due pour les livraisons ci-après couvertes par le présent régime particulier, pour chaque État membre à partir duquel ces biens sont expédiés ou transportés :

a) les ventes à distance intracommunautaires de biens autres que celles effectuées par un assujetti conformément à l'article 14 *bis*, paragraphe 2 ;

b) les ventes à distance intracommunautaires de biens et les livraisons de biens, lorsque le lieu de départ et le lieu d'arrivée de l'expédition ou du transport de ces biens se situent dans le même État membre, qui sont effectuées par un assujetti conformément à l'article 14 *bis*, paragraphe 2.

En ce qui concerne les livraisons visées au point a), la déclaration de TVA comporte également le numéro individuel d'identification TVA ou le numéro d'enregistrement fiscal attribué par chaque État membre à partir duquel ces biens sont expédiés ou transportés.

En ce qui concerne les livraisons visées au point b), la déclaration de TVA comprend également le numéro individuel d'identification TVA ou le numéro d'enregistrement fiscal attribué par chaque État membre à partir duquel ces biens sont expédiés ou transportés, le cas échéant.

La déclaration de TVA comporte les informations visées au présent paragraphe, ventilées par État membre de consommation.

3. Lorsque l'assujetti fournissant des services couverts par le présent régime particulier dispose d'un ou de plusieurs établissements stables, ailleurs que dans l'État membre d'identification, à partir desquels les services sont fournis, la déclaration de TVA comporte également la valeur totale, hors TVA, les taux de TVA applicables, le montant total de la taxe correspondante ventilé par taux d'imposition et le montant total de la TVA due pour ces services ventilés par État membre de consommation, pour chaque État membre dans lequel il dispose d'un établissement, ainsi que le numéro individuel d'identification TVA ou le numéro d'enregistrement fiscal de cet établissement.

Art. 369 *nonies* 1. La déclaration de TVA est libellée en euros.

Les États membres qui n'ont pas adopté l'euro peuvent demander que la déclaration de TVA soit libellée dans leur monnaie nationale. Si d'autres monnaies ont été utilisées pour la prestation de services, l'assujetti non établi dans l'État membre de consommation applique, pour remplir la déclaration de TVA, le taux de change en vigueur le dernier jour de la période imposable déclarée.

2. Le change est effectué par application des taux de change publiés par la Banque centrale européenne pour le jour en question ou, si aucune publication n'a été faite ce jour-là, pour le jour de publication suivant.

Art. 369 *decies* L'assujetti non établi dans l'État membre de consommation acquitte la TVA, en mentionnant la déclaration de TVA sur laquelle se fonde la taxe, lorsqu'il dépose sa déclaration, au plus tard à l'expiration du délai dans lequel la déclaration doit être déposée.

Le paiement est effectué sur un compte bancaire libellé en euros, désigné par l'État membre d'identification. Les États membres qui n'ont pas adopté l'euro peuvent demander que le règlement soit effectué sur un compte bancaire libellé dans leur propre monnaie.

Art. 369 *undecies* L'assujetti non établi dans l'État membre de consommation qui se prévaut du présent régime particulier ne déduit aucun montant de TVA au titre de l'article 168 de la présente directive en ce qui concerne les taxes payées en amont se rapportant à des activités relevant du présent régime particulier. Nonobstant l'article 2, point 1, et l'article 3, de la directive 2008/9/CE, cet assujetti bénéficie à cet égard d'un remboursement conformément à ladite directive.

Un assujetti non établi dans l'État membre de consommation se prévalant du présent régime particulier, qui mène également dans l'État membre de consommation des activités non soumises à ce régime particulier pour lesquelles il est tenu de se faire identifier aux fins de la TVA, déduit, dans le cadre de la déclaration de TVA obligatoire prévue à l'article 250, les montants de TVA qui sont liés à des activités soumises au présent régime particulier.

Art. 369 *duodecies* 1. L'assujetti non établi dans l'État membre de consommation tient un registre des opérations relevant du présent régime particulier. Ce registre doit être suffisamment détaillé pour permettre à l'administration fiscale de l'État membre de consommation de vérifier l'exactitude de la déclaration de TVA.

2. Le registre visé au paragraphe 1 doit, sur demande, être mis par voie électronique à la disposition de l'État membre d'identification et de l'État membre de consommation.

Le registre doit être conservé pendant dix ans à partir du 31 décembre de l'année de l'opération.

TITRE XIII Dérogations

CHAPITRE PREMIER *Dérogations applicables jusqu'à l'introduction du régime définitif*

SECTION I *Dérogations pour les États faisant partie de la Communauté au 1er janvier 1978*

Art. 370 Les États membres qui, au 1er janvier 1978, taxaient les opérations dont la liste figure à l'annexe X, partie A, peuvent continuer à les taxer.

Art. 371 Les États membres qui, au 1er janvier 1978, exonéraient les opérations dont la liste figure à l'annexe X, partie B, peuvent continuer à les exonérer, dans les conditions qui existaient dans chaque État membre concerné à cette même date.

Art. 372 Les États membres qui, au 1er janvier 1978, appliquaient des dispositions dérogeant au principe de la déduction immédiate prévue à l'article 179, premier alinéa, peuvent continuer à les appliquer.

Art. 373 Les États membres qui, au 1er janvier 1978, appliquaient des dispositions dérogeant à l'article 28 et à l'article 79, premier alinéa, point c), peuvent continuer à les appliquer.

Art. 374 Par dérogation aux articles 169 et 309, les États membres qui, au 1er janvier 1978, exonéraient sans droit à déduction de la TVA payée au stade antérieur les prestations de services des agences de voyages visées à l'article 309 peuvent continuer à les exonérer. Cette dérogation est également applicable aux agences de voyages qui agissent au nom et pour le compte du voyageur.

SECTION II *Dérogations pour les États ayant adhéré à la Communauté après le 1er janvier 1978*

Art. 375 La Grèce peut continuer à exonérer les opérations figurant à l'annexe X, partie B, points 2), 8), 9), 11) et 12), dans les conditions qui existaient dans cet État membre au 1er janvier 1987.

Art. 376 L'Espagne peut continuer à exonérer les prestations de services fournies par les auteurs figurant à l'annexe X, partie B, point 2), et les opérations figurant à l'annexe X, partie B, points 11) et 12), dans les conditions qui existaient dans cet État membre au 1er janvier 1993.

Art. 377 Le Portugal peut continuer à exonérer les opérations figurant à l'annexe X, partie B, points 2), 4), 7), 9), 10) et 13), dans les conditions qui existaient dans cet État membre au 1er janvier 1989.

Art. 378 1. L'Autriche peut continuer à taxer les opérations figurant à l'annexe X, partie A, point 2).

2. Aussi longtemps que les mêmes exonérations sont appliquées dans l'un des États membres faisant partie de la Communauté au 31 décembre 1994, l'Autriche peut, dans les conditions qui existaient dans cet État membre à la date de son adhésion, continuer à exonérer les opérations suivantes :

a) les opérations figurant à l'annexe X, partie B, points 5) et 9) ;

b) avec droit à déduction de la TVA payée au stade antérieur, toutes les parties des transports internationaux de personnes effectuées par air, par mer ou par voie navigable, autres que le transport de personnes sur le lac de Constance.

Art. 379 1. La Finlande peut continuer à taxer les opérations figurant à l'annexe X, partie A, point 2), aussi longtemps que les mêmes opérations sont taxées dans l'un des États membres faisant partie de la Communauté au 31 décembre 1994.

2. La *Finlande peut, dans les conditions* qui existaient dans cet État membre à la date de son adhésion, continuer à exonérer les prestations de services effectuées par les auteurs, artistes et interprètes d'œuvres d'art figurant à l'annexe X, partie B, point 2), ainsi que les opérations figurant à l'annexe X, partie B, points 5), 9) et 10), aussi longtemps que les mêmes exonérations sont appliquées dans l'un des États membres faisant partie de la Communauté au 31 décembre 1994.

Art. 380 La Suède peut, dans les conditions qui existaient dans cet État membre à la date de son adhésion, continuer à exonérer les prestations effectuées par les auteurs, artistes et interprètes d'œuvres d'art, figurant à l'annexe X, partie B, point 2), ainsi que les opérations figurant à l'annexe X, partie B, points 1), 9) et 10), aussi longtemps que les mêmes exonérations sont appliquées dans l'un des États membres faisant partie de la Communauté au 31 décembre 1994.

Art. 381 La République tchèque peut, dans les conditions qui existaient dans cet État membre à la date de son adhésion, continuer à exonérer les transports internationaux de personnes figurant à l'annexe X, partie B, point 10), aussi longtemps que la même exonération est appliquée dans l'un des États membres faisant partie de la Communauté au 30 avril 2004.

Art. 382 L'Estonie peut, dans les conditions qui existaient dans cet État membre à la date de son adhésion, continuer à exonérer les transports internationaux de personnes figurant à l'annexe X, partie B, point 10), aussi longtemps que la même exonération est appliquée dans l'un des États membres faisant partie de la Communauté au 30 avril 2004.

Art. 383 Chypre peut, dans les conditions qui existaient dans cet État membre à la date de son adhésion, continuer à exonérer les opérations suivantes :

a) la livraison de terrains à bâtir, figurant à l'annexe X, partie B, point 9), jusqu'au 31 décembre 2007 ;

b) les transports internationaux de personnes figurant à l'annexe X, partie B, point 10), aussi longtemps que la même exonération est appliquée dans l'un des États membres faisant partie de la Communauté au 30 avril 2004.

Art. 384 Aussi longtemps que les mêmes exonérations sont appliquées dans l'un des États membres faisant partie de la Communauté au 30 avril 2004, la Lettonie peut, dans les conditions qui existaient dans cet État membre à la date de son adhésion, continuer à exonérer les opérations suivantes :

a) les prestations de services des auteurs, artistes et interprètes d'œuvres d'art figurant à l'annexe X, partie B, point 2) ;

b) les transports internationaux de personnes figurant à l'annexe X, partie B, point 10).

Art. 385 La Lituanie peut, dans les conditions qui existaient dans cet État membre à la date de son adhésion, continuer à exonérer les transports internationaux de personnes figurant à l'annexe X, partie B, point 10), aussi longtemps que la même exonération est appliquée dans l'un des États membres faisant partie de la Communauté au 30 avril 2004.

Art. 386 La Hongrie peut, dans les conditions qui existaient dans cet État membre à la date de son adhésion, continuer à exonérer les transports internationaux de personnes figurant à l'annexe X, partie B, point 10), aussi longtemps que la même exonération est appliquée dans l'un des États membres faisant partie de la Communauté au 30 avril 2004.

Art. 387 Aussi longtemps que les mêmes exonérations sont appliquées dans l'un des États membres faisant partie de la Communauté au 30 avril 2004, Malte peut, dans les conditions qui existaient dans cet État membre à la date de son adhésion, continuer à exonérer les opérations suivantes :

a) sans droit à déduction de la TVA payée au stade antérieur, la fourniture d'eau par un organisme de droit public figurant à l'annexe X, partie B, point 8) ;

b) sans droit à déduction de la TVA payée au stade antérieur la livraison de bâtiments et de terrains à bâtir figurant à l'annexe X, partie B, point 9) ;

c) avec *droit à déduction de la* TVA payée au stade antérieur, le transport intérieur de personnes, le transport international de personnes et le transport maritime interinsulaire de personnes figurant à l'annexe X, partie B, point 10).

Art. 388 La Pologne peut, dans les conditions qui existaient dans cet État membre à la date de son adhésion, continuer à exonérer les transports internationaux de personnes figurant à l'annexe X, partie B, point 10), aussi longtemps que la même exonération est appliquée dans l'un des États membres faisant partie de la Communauté au 30 avril 2004.

Art. 389 La Slovénie peut, dans les conditions qui existaient dans cet État membre à la date de son adhésion, continuer à exonérer les transports internationaux de personnes figurant à l'annexe X, partie B, point 10), aussi longtemps que la même exonération est appliquée dans l'un des États membres faisant partie de la Communauté au 30 avril 2004.

Art. 390 La Slovaquie peut, dans les conditions qui existaient dans cet État membre à la date de son adhésion, continuer à exonérer les transports internationaux de personnes figurant à l'annexe X, partie B, point 10), aussi longtemps que la même exonération est appliquée dans l'un des États membres faisant partie de la Communauté au 30 avril 2004.

Art. 390 *bis* La Bulgarie peut, dans les conditions qui existaient dans cet État membre à la date de son adhésion, continuer à exonérer les transports internationaux de personnes visés à l'annexe X, partie B, point 10), aussi longtemps que la même exonération est appliquée dans l'un des États membres faisant partie de la Communauté au 31 décembre 2006.

Art. 390 *ter* La Roumanie peut, dans les conditions qui existaient dans cet État membre à la date de son adhésion, continuer à exonérer les transports internationaux de personnes figurant à l'annexe X, partie B, point 10), aussi longtemps que la même exonération est appliquée dans l'un des États membres faisant partie de la Communauté au 31 décembre 2006.

Art. 390 *quater* La Croatie peut, dans les conditions qui existaient dans cet État membre à la date de son adhésion, continuer à exonérer les opérations suivantes :

a) la livraison de terrains à bâtir, avec ou sans immeubles construits, figurant à l'article 135, paragraphe 1, point j), et à l'annexe X, partie B, point 9), non renouvelable, jusqu'au 31 décembre 2014 ;

b) les transports internationaux de personnes figurant à l'annexe X, partie B, point 10), aussi longtemps que la même exonération est appliquée dans l'un des États membres faisant partie de l'Union avant l'adhésion de la Croatie.

SECTION III *Dispositions communes aux sections I et II*

Art. 391 Les États membres qui exonèrent les opérations visées aux articles 371, 375, 376 et 377, à l'article 378, paragraphe 2, à l'article 379, paragraphe 2, et aux articles 380 à 390 *quater*, peuvent accorder aux assujettis la faculté d'opter pour la taxation desdites opérations.

Art. 392 Les États membres peuvent prévoir que, pour les livraisons de bâtiments et de terrains à bâtir achetés en vue de la revente par un assujetti qui n'a pas eu droit à déduction à l'occasion de l'acquisition, la base d'imposition est constituée par la différence entre le prix de vente et le prix d'achat.

Art. 393 1. En vue de faciliter le passage vers le régime définitif visé à l'article 402, le Conseil, sur la base d'un rapport de la Commission, réexamine la situation en ce qui concerne les dérogations prévues aux sections 1 et 2 et statue, conformément à l'article 93 du traité, sur la suppression éventuelle de certaines ou de toutes ces dérogations.

2. En régime définitif, les transports de personnes seront taxés dans l'État membre de départ pour le trajet effectué dans la Communauté, selon des modalités à arrêter par le Conseil, conformément à l'article 93 du traité.

CHAPITRE II *Dérogations octroyées par autorisation*

SECTION I *Mesures de simplification et de prévention des fraudes ou évasions fiscales*

Art. 394 Les États membres appliquant, au 1er janvier 1977, des mesures particulières afin de simplifier la perception de la taxe ou d'éviter certaines fraudes ou évasions fiscales peuvent les maintenir, à la condition de les avoir notifiées à la Commission avant le 1er janvier 1978 et sous réserve que les mesures de simplification soient conformes au critère défini à l'article 395, paragraphe 1, deuxième alinéa.

Art. 395 1. Le Conseil, statuant à l'unanimité sur proposition de la Commission, peut autoriser tout État membre à introduire des mesures particulières dérogatoires à la présente directive, afin de simplifier la perception de la taxe ou d'éviter certaines fraudes ou évasions fiscales.

Les mesures destinées à simplifier la perception de la taxe ne peuvent influer, sauf de façon négligeable, sur le montant global des recettes fiscales de l'État membre perçues au stade de la consommation finale.

2. L'État membre qui souhaite introduire les mesures visées au paragraphe 1 envoie une demande à la Commission et lui fournit toutes les données nécessaires. Si la Commission considère qu'elle ne dispose pas de toutes les données nécessaires, elle prend contact avec

l'État membre concerné dans un délai de deux mois à compter de la réception de la demande et précise quelles sont les données complémentaires dont elle a besoin.

Dès que la Commission dispose de toutes les données d'appréciation qu'elle considère utiles, elle en informe l'État membre requérant dans un délai d'un mois et transmet la demande, dans sa langue d'origine, aux autres États membres.

3. Dans les trois mois suivant l'envoi de l'information visée au paragraphe 2, deuxième alinéa, la Commission présente au Conseil une proposition appropriée ou, lorsque la demande de dérogation soulève des objections de sa part, une communication exposant lesdites objections.

4. La procédure fixée aux paragraphes 2 et 3 doit, en tout état de cause, être achevée dans un délai de huit mois à compter de la réception de la demande par la Commission.

(Abrogé par Dir. (UE) 2018/1695 du 6 nov. 2018, art. 1er, à compter du 26 nov. 2018) « *5. Dans les cas d'urgence impérieuse visés à l'article 199 ter, paragraphe 1, la procédure visée aux paragraphes 2 et 3 doit être menée à bien dans un délai de six mois à compter de la réception de la demande par la Commission.* »

SECTION II *Accords internationaux*

Art. 396 1. Le Conseil, statuant à l'unanimité sur proposition de la Commission, peut autoriser tout État membre à conclure avec un pays tiers ou un organisme international un accord pouvant contenir des dérogations à la présente directive.

2. L'État membre désireux de conclure un accord tel que visé au paragraphe 1 envoie une demande à la Commission et lui fournit toutes les données nécessaires. Si la Commission considère qu'elle ne dispose pas de toutes les données nécessaires, elle prend contact avec l'État membre concerné dans un délai de deux mois à compter de la réception de la demande et précise quelles sont les données complémentaires dont elle a besoin.

Dès que la Commission dispose de toutes les données d'appréciation qu'elle considère utiles, elle en informe l'État membre requérant dans un délai d'un mois et transmet la demande, dans sa langue d'origine, aux autres États membres.

3. Dans les trois mois suivant l'envoi de l'information visée au paragraphe 2, deuxième alinéa, la Commission présente au Conseil une proposition appropriée ou, lorsque la demande de dérogation soulève des objections de sa part, une communication exposant lesdites objections.

4. La procédure fixée aux paragraphes 2 et 3 doit, en tout état de cause, être achevée dans un délai de huit mois à compter de la réception de la demande par la Commission.

TITRE XIV Dispositions diverses

CHAPITRE PREMIER *Mesures d'application*

Art. 397 Le Conseil, statuant à l'unanimité sur proposition de la Commission, arrête les mesures nécessaires à l'application de la présente directive.

CHAPITRE II *Comité de la TVA*

Art. 398 1. Il est institué un comité consultatif de la taxe sur la valeur ajoutée, dénommé "comité de la TVA".

2. Le comité de la TVA est composé de représentants des États membres et de la Commission.

Le comité est présidé par un représentant de la Commission.

Le secrétariat du comité est assuré par les services de la Commission.

3. Le comité de la TVA établit son règlement intérieur.

4. Outre les points faisant l'objet de la consultation en vertu de la présente directive, le comité de la TVA examine les questions évoquées par son président, soit à l'initiative de celui-ci, soit à la demande du représentant d'un État membre, et portant sur l'application des dispositions communautaires en matière de TVA.

La mise en œuvre de la procédure de taxation d'office à l'encontre d'un légataire n'ayant pas déposé de déclaration de succession ne s'oppose pas à ce qu'il bénéficie du paiement fractionné des droits. • Poitiers, 16 nov. 2016, *DDFiP de Charente-Maritime*, n° 15/04505 : *RJF 2017. 187.*

CHAPITRE III *Taux de conversion*

Art. 399 Sans préjudice d'autres dispositions particulières, la contre-valeur en monnaies nationales des montants en euros prévus par la présente directive est déterminée selon le taux de conversion de l'euro applicable le 1er janvier 1999. Les États membres ayant adhéré à l'Union européenne après cette date qui n'ont pas adopté l'euro en tant que monnaie unique utilisent le taux de conversion de l'euro applicable à la date de leur adhésion.

Art. 400 Lors de la conversion des montants visés à l'article 399 en monnaies nationales, les États membres peuvent arrondir, jusqu'à 10 % vers le haut ou vers le bas, les montants résultant de cette conversion.

CHAPITRE IV *Autres taxes, droits et impôts*

Art. 401 Sans préjudice d'autres dispositions communautaires, les dispositions de la présente directive ne font pas obstacle au maintien ou à l'introduction par un État membre de taxes sur les contrats d'assurance et sur les jeux et paris, d'accises, de droits d'enregistrement, et, plus généralement, de tous impôts, droits et taxes n'ayant pas le caractère de taxes sur le chiffre d'affaires, à condition que la perception de ces impôts, droits et taxes ne donne pas lieu dans les échanges entre États membres à des formalités liées au passage d'une frontière.

TITRE XV Dispositions finales

CHAPITRE PREMIER *Régime transitoire de taxation des échanges entre les États membres*

Art. 402 1. Le régime de taxation des échanges entre les États membres prévu par la présente directive est transitoire et sera remplacé par un régime définitif reposant en principe sur la base de l'imposition, dans l'État membre d'origine, des livraisons de biens et des prestations de services.

2. Après examen du rapport prévu à l'article 404, ayant constaté que les conditions pour le passage au régime définitif sont réunies, le Conseil adopte, conformément à l'article 93 du traité, les dispositions nécessaires à l'entrée en vigueur et au fonctionnement du régime définitif.

Art. 403 *(Abrogé par Dir. (UE) 2018/1910 du 4 déc. 2018, art. 1er et 2, à compter du 1er janv. 2020) Le Conseil adopte, conformément à l'article 93 du traité, les directives appropriées en vue de compléter le système commun de TVA et, notamment, de restreindre progressivement ou de supprimer les dérogations à ce système.*

Art. 404 *(Abrogé par Dir. (UE) 2018/1910 du 4 déc. 2018, art. 1er et 2, à compter du 1er janv. 2020) Tous les quatre ans à partir de l'adoption de la présente directive, la Commission présente au Parlement européen et au Conseil, sur la base des informations obtenues des États membres, un rapport sur le fonctionnement du système commun de TVA dans les États membres, et, en particulier, le fonctionnement du régime transitoire de taxation des échanges entre les États membres, accompagné, le cas échéant, de propositions sur le régime définitif.*

CHAPITRE II *Mesures de transition applicables dans le cadre de l'adhésion à l'Union européenne*

Art. 405 Aux fins du présent chapitre, on entend par :

1) "Communauté", le territoire de la Communauté tel que défini à l'article 5, point 1), avant l'adhésion de nouveaux États membres ;

2) "nouveaux États membres", le territoire des États membres ayant adhéré à l'Union européenne après le 1er janvier 1995, tel que défini pour chacun de ces États membres à l'article 5, point 2) ;

3) "Communauté élargie", le territoire de la Communauté tel que défini à l'article 5, point 1), après l'adhésion de nouveaux États membres.

Art. 406 Les dispositions en vigueur au moment où le bien relevait, soit d'un régime d'admission temporaire en exonération totale des droits à l'importation ou d'un des régimes ou d'une des situations visés à l'article 156, soit d'un régime ou d'une situation analogues à l'un de ces régimes ou situations dans l'un des nouveaux États membres, continuent de s'appliquer jusqu'à la sortie du bien de ce régime ou de cette situation après la date de l'adhésion lorsque les conditions suivantes sont réunies :

a) le bien a été introduit avant la date de l'adhésion dans la Communauté ou dans l'un des nouveaux États membres ;

b) le bien relevait depuis son introduction dans la Communauté ou dans l'un des nouveaux États membres de ce régime ou de cette situation ;

c) le bien n'est pas sorti de ce régime ou cette situation avant la date de l'adhésion.

Art. 407 Les dispositions en vigueur au moment où le bien a été placé sous un régime de transit douanier continuent de s'appliquer jusqu'à la sortie du bien de ce régime après la date de l'adhésion lorsque les conditions suivantes sont réunies :

a) le bien a été placé avant la date de l'adhésion, sous un régime de transit douanier ;

b) le bien n'est pas sorti de ce régime avant la date de l'adhésion.

Art. 408 1. Sont assimilés à une importation d'un bien à l'égard duquel il est démontré qu'il se trouvait en libre pratique dans l'un des nouveaux États membres ou dans la Communauté les cas suivants :

a) toute sortie, y compris irrégulière, d'un bien d'un régime d'admission temporaire sous lequel le bien a été placé avant la date de l'adhésion dans les conditions prévues à l'article 406 ;

b) toute sortie, y compris irrégulière, d'un bien soit d'un des régimes ou d'une des situations visés à l'article 156 soit d'un régime analogue à l'un de ces régimes ou à l'une de ces situations, dont le bien relevait avant la date de l'adhésion dans les conditions prévues à l'article 406 ;

c) la fin de l'un des régimes visés à l'article 407, engagé avant la date de l'adhésion sur le territoire de l'un des nouveaux États membres, pour les besoins d'une livraison de biens effectuée à titre onéreux avant cette date sur le territoire de cet État membre par un assujetti agissant en tant que tel ;

d) toute irrégularité ou infraction commise au cours d'un régime de transit douanier, engagé dans les conditions visées au point c).

2. Outre le cas visé au paragraphe 1, est assimilée à une importation d'un bien l'affectation après la date de l'adhésion, sur le territoire d'un État membre, par un assujetti, ou par un non assujetti, de biens qui lui ont été livrés, avant la date de l'adhésion, sur le territoire de la Communauté ou de l'un des nouveaux États membres, lorsque les conditions suivantes sont réunies :

a) la livraison de ces biens a été exonérée, ou était susceptible d'être exonérée, soit en vertu de l'article 146, paragraphe 1, points a) et b), soit en vertu d'une disposition analogue dans les nouveaux États membres ;

b) les biens n'ont pas été importés dans l'un des nouveaux États membres ou dans la Communauté avant la date de l'adhésion.

Art. 409 Dans les cas visés à l'article 408, paragraphe 1, l'importation est considérée comme effectuée, au sens de l'article 61, dans l'État membre sur le territoire duquel le bien sort du régime ou situation dont il relevait avant la date de l'adhésion.

Art. 410 1. Par dérogation à l'article 71, l'importation d'un bien, au sens de l'article 408, est effectuée sans qu'il y ait fait générateur de la taxe, lorsque l'une des conditions suivantes est remplie :

a) le bien importé est expédié ou transporté en dehors de la Communauté élargie ;

b) le bien importé, au sens de l'article 408, paragraphe 1, point a), est autre qu'un moyen de transport et est réexpédié ou transporté à destination de l'État membre à partir duquel il a été exporté et à destination de celui qui l'a exporté ;

c) le bien importé, au sens de l'article 408, paragraphe 1, point a), est un moyen de transport qui a été acquis ou importé, avant la date de l'adhésion, aux conditions générales d'imposition du marché intérieur de l'un des nouveaux États membres ou de l'un des États membres de la Communauté, ou n'a pas bénéficié, au titre de son exportation, d'une exonération ou d'un remboursement de la TVA.

2. La condition visée au paragraphe 1, point c), est réputée remplie dans les cas suivants :

a) lorsque le délai écoulé entre la date de première mise en service du moyen de transport et la date de l'adhésion à l'Union européenne est de plus de huit ans ;

b) lorsque le montant de la taxe qui serait due au titre de l'importation est insignifiant.

CHAPITRE II *BIS* *Mesures transitoires concernant l'application de la nouvelle législation*

(Dir. (UE) 2016/1065 du 27 juin 2016, art. 1er et 2, applicable à partir du 1er janv. 2019)

Art. 410 *bis* Les articles 30 *bis*, 30 *ter* et 73 *bis* s'appliquent uniquement aux bons émis après le 31 décembre 2018.

Art. 410 *ter* Au plus tard le 31 décembre 2022, la Commission, sur la base des informations obtenues de la part des États membres, présente au Parlement européen et au Conseil un rapport d'évaluation sur l'application des dispositions de la présente directive en ce qui concerne le traitement TVA des bons et, plus particulièrement, la définition des bons, les règles de TVA applicables à l'imposition des bons dans le circuit de distribution et aux bons non échangés, accompagné, au besoin, d'une proposition appropriée de modification des règles correspondantes.

CHAPITRE III *Transposition et entrée en vigueur*

Art. 411 1. La directive 67/227/CEE et la directive 77/388/CEE sont abrogées, sans préjudice des obligations des États membres concernant les délais de transposition et d'application desdites directives figurant à l'annexe XI, partie B.

2. Les références faites aux directives abrogées s'entendent comme faites à la présente directive et sont à lire selon le tableau de correspondance figurant à l'annexe XII.

Art. 412 1. Les États membres mettent en vigueur les dispositions législatives, réglementaires et administratives nécessaires pour se conformer à l'article 2, paragraphe 3, à l'article 44, à l'article 59, paragraphe 1, à l'article 399 et à l'annexe III, point 18), avec effet au 1er janvier 2008. Ils communiquent immédiatement à la Commission le texte de ces dispositions ainsi qu'un tableau de correspondance entre ces dispositions et la présente directive.

Lorsque les États membres adoptent ces dispositions, celles-ci contiennent une référence à la présente directive ou sont accompagnées d'une telle référence lors de leur publication officielle. Les modalités de cette référence sont arrêtées par les États membres.

2. Les États membres communiquent à la Commission le texte des dispositions essentielles de droit interne qu'ils adoptent dans le domaine régi par la présente directive.

Art. 413 La présente directive entre en vigueur le 1er janvier 2007.

Art. 414 Les États membres sont destinataires de la présente directive.

ANNEXE I

LISTE DES ACTIVITÉS VISÉES À L'ARTICLE 13, PARAGRAPHE 1, TROISIÈME ALINÉA

1) Les services de télécommunication ;
2) la distribution d'eau, de gaz, d'électricité et d'énergie thermique ;
3) le transport de biens ;
4) les prestations de services portuaires et aéroportuaires ;
5) le transport de personnes ;
6) les livraisons de biens neufs fabriqués en vue de la vente ;
7) les opérations des organismes d'intervention agricoles portant sur les produits agricoles et effectuées en application des règlements portant organisation commune du marché de ces produits ;
8) l'exploitation des foires et des expositions à caractère commercial ;
9) les entreposages ;
10) les activités des bureaux commerciaux de publicité ;
11) les activités des agences de voyages ;
12) les opérations des cantines d'entreprises, économats, coopératives et établissements similaires ;
13) les activités des organismes de radio-télévision dans la mesure où elles ne sont pas exonérées en vertu de l'article 132, paragraphe 1, point q).

ANNEXE II

LISTE INDICATIVE DES SERVICES FOURNIS PAR VOIE ÉLECTRONIQUE VISÉS À L'ARTICLE 58, PREMIER ALINÉA, POINT c)

1) La fourniture et l'hébergement de sites informatiques, maintenance à distance de programmes et d'équipement ;
2) la fourniture de logiciels et mise à jour de ceux-ci ;

3) la fourniture d'images, de textes et d'informations, et mise à disposition de bases de données ;

4) la fourniture de musique, de films et de jeux, y compris les jeux de hasard ou d'argent, et d'émissions ou de manifestations politiques, culturelles, artistiques, sportives, scientifiques ou de divertissement ;

5) la fourniture de services d'enseignement à distance.

ANNEXE III

Liste des livraisons de biens et des prestations de services pouvant faire l'objet des taux réduits visés à l'article 98

1) Les denrées alimentaires (y compris les boissons, à l'exclusion, toutefois, des boissons alcooliques) destinées à la consommation humaine et animale, les animaux vivants, les graines, les plantes et les ingrédients normalement destinés à être utilisés dans la préparation des denrées alimentaires ; les produits normalement utilisés pour compléter ou remplacer des denrées alimentaires ;

2) la distribution d'eau ;

3) les produits pharmaceutiques normalement utilisés pour les soins de santé, la prévention de maladies et le traitement à des fins médicales et vétérinaires, y compris les produits utilisés à des fins de contraception et de protection hygiénique féminine ;

4) les équipements médicaux, le matériel auxiliaire et les autres appareils normalement destinés à soulager ou traiter des handicaps, à l'usage personnel et exclusif des handicapés, y compris la réparation de ces biens, ainsi que la livraison de sièges d'enfant pour voitures automobiles ;

5) le transport des personnes et des bagages qui les accompagnent ;

(Dir. (UE) 2018/1713 du 6 nov. 2018, art. 1er, en vigueur le 26 nov. 2018) « 6) la fourniture, y compris en location dans les bibliothèques, de livres, journaux et périodiques, que ce soit sur un support physique ou par voie électronique, ou les deux (y compris les brochures, dépliants et imprimés similaires, les albums, livres de dessin ou de coloriage pour enfants, les partitions imprimées ou en manuscrit, les cartes et les relevés hydrographiques ou similaires), à l'exclusion des publications consacrées entièrement ou d'une manière prédominante à la publicité et à l'exclusion des publications consistant entièrement ou d'une manière prédominante en un contenu vidéo ou une musique audible ; »

7) le droit d'admission aux spectacles, théâtres, cirques, foires, parcs d'attraction, concerts, musées, zoos, cinémas, expositions et manifestations et établissements culturels similaires ;

8) la réception de services de radiodiffusion et de télévision ;

9) les prestations de services fournies par les écrivains, compositeurs et interprètes et les droits d'auteur qui leur sont dus ;

10) la livraison, construction, rénovation et transformation de logements fournis dans le cadre de la politique sociale ;

10 *bis)* la rénovation et la réparation de logements privés, à l'exclusion des matériaux qui représentent une part importante de la valeur du service fourni ;

10 *ter)* le lavage de vitres et le nettoyage de logements privés ;

11) les livraisons de biens et les prestations de services d'un type normalement destiné à être utilisé dans la production agricole, à l'exclusion, toutefois, des biens d'équipement, tels que les machines ou les bâtiments ;

12) l'hébergement fourni dans des hôtels et établissements similaires, y compris la fourniture d'hébergement de vacances et la location d'emplacements de camping et d'emplacements pour caravanes ;

12 *bis)* les services de restaurant et de restauration, la fourniture de boissons (alcooliques et/ou non alcooliques) pouvant être exclue ;

13) le droit d'admission aux manifestations sportives ;

14) le droit d'utilisation d'installations sportives ;

15) *la livraison de biens et la prestation* de services par des organismes reconnus comme ayant un caractère social par les États membres et engagés dans des œuvres d'aide et de sécurité sociales, dans la mesure où ces opérations ne sont pas exonérées en vertu des articles 132, 135 et 136 ;

16) les prestations de services fournies par les entreprises de pompes funèbres et de crémation ainsi que la livraison de biens qui s'y rapportent ;

17) la fourniture de soins médicaux et dentaires ainsi que les cures thermales, dans la mesure où ces prestations ne sont pas exonérées en vertu de l'article 132, paragraphe 1, points b) à e) ;

18) les prestations de services fournies dans le cadre du nettoyage des voies publiques, de l'enlèvement des ordures ménagères et du traitement des déchets, autres que les services fournis par les organismes visés à l'article 13 ;

19) les petits services de réparation des bicyclettes, chaussures et articles en cuir, vêtements et du linge de maison (y compris les travaux de réparation et de modification) ;

20) les services de soins à domicile, tels que l'aide à domicile et les soins destinés aux enfants, aux personnes âgées, aux personnes malades ou aux personnes handicapées ;

21) la coiffure.

ANNEXE IV

Liste des services visés à l'article 106

Annexe abrogée, à compter du 1er juin 2009, par Dir. 2009/47/CE du 5 mai 2009.

ANNEXE V

Catégories de biens faisant l'objet des régimes d'entrepôts autres que douaniers selon l'article 160, paragraphe 2

	Code NC	Description des biens
1)	0701	Pommes de terre
2)	0711 20	Olives
3)	0801	Noix de coco, noix du Brésil et noix de cajou
4)	0802	Autres fruits à coques
5)	0901 11 00 0901 12 00	Café, non torréfié
6)	0902	Thé
7)	1001 à 1005 1007 à 1008	Céréales
8)	1006	Riz brut
9)	1201 à 1207	Graines, fruits oléagineux et semences (y compris les graines de soja)
10)	1507 à 1515	Graisses et huiles végétales et leurs fractions, brutes, raffinées, mais non chimiquement modifiées
11)	1701 11 1701 12	Sucre brut
12)	1801	Cacao, en fèves et brisures de fèves, bruts ou torréfiés
13)	2709 2710 2711 12 2711 13	Huiles minérales (contient le propane et le butane ; contient également les huiles brutes de pétrole)
14)	Chapitres 28 et 29	Produits chimiques en vrac
15)	4001 4002	Caoutchouc, sous formes primaires ou en plaques, feuilles ou bandes
16)	5101	Laine
17)	7106	Argent
18)	7110 11 00 7110 21 00 7110 31 00	Platine (Palladium, Rhodium)
19)	7402 7403 7405 7408	Cuivre
20)	7502	Nickel
21)	7601	Aluminium
22)	7801	Plomb
23)	7901	Zinc

	Code NC	Description des biens
24)	8001	Étain
25)	ex 8112 92 ex 8112 99	Indium

ANNEXE VI

LISTE DES LIVRAISONS DE BIENS ET DES PRESTATIONS DE SERVICES VISÉES À L'ARTICLE 199, PARAGRAPHE 1, POINT D)

1) Les livraisons de déchets, débris et matériaux usagés ferreux ou non ferreux, notamment ceux de produits semi-finis résultant de la transformation, de l'élaboration ou de la fonte de métaux ferreux ou non ferreux ou de leurs alliages ;

2) les livraisons de produits semi-finis ferreux ou non ferreux et les prestations de certains services de transformation associés ;

3) les livraisons de résidus et autres matériaux de récupération constitués de métaux ferreux ou non ferreux ou de leurs alliages, de scories, laitiers, cendres, écailles et résidus industriels contenant des métaux ou des alliages de métaux, et les prestations de services consistant en la sélection, la coupe, la fragmentation ou le pressage de ces produits ;

4) les livraisons de déchets ferreux et de ferrailles, ainsi que de rognures, débris et déchets, et de matériaux usagés et de récupération en calcin, verre, papier, papier cartonné et carton, chiffons, os, cuir naturel, cuir artificiel, parchemin, cuirs et peaux bruts, tendons et nerfs, ficelles, cordes et cordages, caoutchouc et plastique, ainsi que certaines prestations de services de transformation associées ;

5) les livraisons de matériaux visés à la présente annexe après transformation sous la forme d'une opération de nettoyage, polissage, sélection, coupe, fragmentation, compression ou fonte en lingots ;

6) les livraisons de débris et déchets provenant de la transformation de matériaux de base.

ANNEXE VII

LISTE DES ACTIVITÉS DE PRODUCTION AGRICOLE VISÉES À L'ARTICLE 295, PARAGRAPHE 1, POINT 4)

1) La culture :

a) agriculture générale, y compris la viticulture ;

b) arboriculture fruitière (y compris l'oléiculture) et horticulture maraîchère, florale et ornementale, même en serres ;

c) production de champignons et d'épices, production de semences et de plants ;

d) exploitation de pépinières ;

2) l'élevage en liaison avec l'exploitation du sol :

a) élevage d'animaux ;

b) aviculture ;

c) cuniculiculture ;

d) apiculture ;

e) sériciculture ;

f) héliciculture ;

3) la sylviculture ;

4) la pêche :

a) pêche en eau douce ;

b) pisciculture ;

c) mytiliculture, ostréiculture et élevage des autres mollusques et crustacés ;

d) élevage des grenouilles.

ANNEXE VIII

LISTE INDICATIVE DES PRESTATIONS DE SERVICES AGRICOLES VISÉES À L'ARTICLE 295, PARAGRAPHE 1, POINT 5)

1) Les travaux de culture, de moissonnage, de battage, de pressage, de ramassage et de récolte, y compris l'ensemencement et les plantations ;

2) l'emballage et le conditionnement, tels que le séchage, le nettoyage, le concassage, la désinfection et l'ensilage de produits agricoles ;

3) le stockage de produits agricoles ;

4) le gardiennage, l'élevage ou l'engraissement d'animaux ;

5) la location, à des fins agricoles, des moyens normalement utilisés dans les exploitations agricoles, sylvicoles ou de pêche ;

6) l'assistance technique ;

7) la destruction des plantes et animaux nuisibles, le traitement des plantes et des terres par pulvérisation ;

8) l'exploitation d'installations d'irrigation et de drainage ;

9) la taille des arbres, le coupage du bois et autres services de la sylviculture.

ANNEXE IX

Objets d'art, de collection ou d'antiquité visés à l'article 311, paragraphe 1, points 2), 3) et 4)

PARTIE A

Objets d'art

1) Tableaux, collages et tableautins similaires, peintures et dessins, entièrement exécutés à la main par l'artiste, à l'exclusion des dessins d'architectes, d'ingénieurs et autres dessins industriels, commerciaux, topographiques ou similaires, des articles manufacturés décorés à la main, des toiles peintes pour décors de théâtres, fonds d'ateliers ou usages analogues (code NC 9701) ;

2) gravures, estampes et lithographies originales ; il s'agit d'épreuves tirées en nombre limité directement en noir ou en couleurs, d'une ou plusieurs planches entièrement exécutées à la main par l'artiste quelle que soit la technique ou la matière employée, à l'exception de tout procédé mécanique ou photomécanique (code NC 9702 00 00) ;

3) productions originales de l'art statuaire ou de la sculpture en toutes matières dès lors que les productions sont exécutées entièrement par l'artiste ; fontes de sculptures à tirage limité à huit exemplaires et contrôlé par l'artiste ou ses ayants droit (code NC 9703 00 00) ; à titre exceptionnel, dans des cas déterminés par les États membres, pour des fontes de sculptures antérieures au 1er janvier 1989, la limite de huit exemplaires peut être dépassée ;

4) tapisseries (code NC 5805 00 00) et textiles muraux (code NC 6304 00 00) faits à la main sur la base de cartons originaux fournis par les artistes, à condition qu'il n'existe pas plus de huit exemplaires de chacun d'eux ;

5) exemplaires uniques de céramique, entièrement exécutés par l'artiste et signés par lui ;

6) émaux sur cuivre, entièrement exécutés à la main, dans la limite de huit exemplaires numérotés et comportant la signature de l'artiste ou de l'atelier d'art, à l'exclusion des articles de bijouterie, d'orfèvrerie et de joaillerie ;

7) photographies prises par l'artiste, tirées par lui ou sous son contrôle, signées et numérotées dans la limite de trente exemplaires, tous formats et supports confondus.

PARTIE B

Objets de collection

1) Timbres-poste, timbres fiscaux, marques postales, enveloppes premier jour, entiers postaux et analogues, oblitérés, ou bien non oblitérés mais n'ayant pas cours et n'étant pas destinés à avoir cours (code NC 9704 00 00) ;

2) collections et spécimens pour collections de zoologie, de botanique, de minéralogie, d'anatomie, ou présentant un intérêt historique, archéologique, paléontologique, ethnographique ou numismatique (code NC 9705 00 00).

PARTIE C

Objets d'antiquité

Biens, autres que des objets d'art et des objets de collection, ayant plus de cent ans d'âge (code NC 9706 00 00).

ANNEXE X

Liste des opérations faisant l'objet des dérogations visées aux articles 370 et 371 et aux articles 375 à 390 *quater*

PARTIE A

Opérations que les États membres peuvent continuer à taxer

1) Les prestations de services effectuées dans le cadre de leur profession par les mécaniciens-dentistes, ainsi que les livraisons de prothèses dentaires effectuées par les dentistes et les mécaniciens-dentistes ;

2) les activités des organismes publics de radiotélévision autres que celles ayant un caractère commercial ;

3) les livraisons de bâtiments ou d'une fraction de bâtiment et du sol y attenant autres que ceux visés à l'article 12, paragraphe 1, point a), lorsqu'elles sont effectuées par des assujettis ayant eu droit à déduction des taxes payées en amont pour le bâtiment en question ;

4) les prestations de services des agences de voyages visées à l'article 306, ainsi que celles des agences de voyages qui agissent au nom et pour le compte du voyageur, pour des voyages effectués en dehors de la Communauté.

PARTIE B

Opérations que les États membres peuvent continuer à exonérer

1) La perception de droits d'entrée aux manifestations sportives ;

2) les prestations de services des auteurs, artistes et interprètes d'œuvres d'art, avocats et autres membres des professions libérales, autres que les professions médicales et paramédicales à l'exception des prestations suivantes :

a) les cessions de brevets, de marques de fabrique et de commerce et d'autres droits similaires, ainsi que les concessions de licences concernant ces droits ;

b) les travaux autres que la délivrance d'un travail à façon, portant sur des biens meubles corporels et exécutés pour un assujetti ;

c) les prestations tendant à préparer ou à coordonner l'exécution de travaux immobiliers comme, par exemple, les prestations fournies par les architectes et les bureaux de surveillance de travaux ;

d) les prestations de publicité commerciale ;

e) le transport de biens et le magasinage de biens, ainsi que les prestations accessoires ;

f) la location de biens meubles corporels à un assujetti ;

g) la fourniture de personnel à un assujetti ;

h) les prestations fournies par les conseillers, les ingénieurs, les bureaux de planning et les prestations similaires, dans les domaines technique, économique ou scientifique ;

i) l'exécution d'une obligation de ne pas exercer, entièrement ou partiellement, une activité professionnelle ou un droit visé aux points a) à h) et j) ;

j) les prestations des expéditeurs, courtiers, agents d'affaires et autres intermédiaires autonomes, pour autant qu'elles portent sur des livraisons ou importations de biens ou sur les prestations de services visés aux points a) à i) ;

3) les prestations de services de télécommunication et les livraisons de biens accessoires auxdites prestations effectuées par les services publics postaux ;

4) les prestations de services effectuées par les entreprises de pompes funèbres et de crémation, ainsi que les livraisons de biens accessoires auxdites prestations ;

5) les opérations effectuées par des aveugles ou des ateliers d'aveugles à condition que leur exonération n'entraîne pas de distorsions importantes de la concurrence ;

6) les livraisons de biens et les prestations de services faites aux organismes chargés de la construction, de l'aménagement et de l'entretien des cimetières, des sépultures et des monuments commémoratifs des victimes de la guerre ;

7) les opérations effectuées par les établissements hospitaliers non visés par l'article 132, paragraphe 1, point b) ;

8) la fourniture d'eau par un organisme de droit public ;

9) les livraisons de bâtiments ou de fractions de bâtiments et du sol y attenant, effectuées avant leur première occupation ainsi que les livraisons de terrains à bâtir visés à l'article 12 ;

10) le transport de personnes et le transport de biens, tels que les bagages et les voitures automobiles, accompagné des voyageurs, ou les prestations de services liées au transport de personnes, dans la mesure où le transport de ces personnes est exonéré ;

11) les livraisons, transformations, réparations, entretien, affrètements et locations d'aéronefs utilisés par des institutions de l'État ainsi que des objets incorporés dans ces aéronefs ou qui servent à leur exploitation ;

12) les livraisons, transformations, réparations, entretien, affrètements et locations de navires de guerre ;

13) les prestations de services des agences de voyages visées à l'article 306, ainsi que celles des agences de voyages qui agissent au nom et pour le compte du voyageur, pour des voyages effectués dans la Communauté.

ANNEXE XI

PARTIE A

Directives abrogées avec leurs modifications successives

1) Directive 67/227/CEE (JO 71 du 14.4.1967, p. 1301)
Directive 77/388/CEE

2) Directive 77/388/CEE (JO L 145 du 13.6.1977, p. 1)
Directive 78/583/CEE (JO L 194 du 19.7.1978, p. 16)
Directive 80/368/CEE (JO L 90 du 3.4.1980, p. 41)
Directive 84/386/CEE (JO L 208 du 3.8.1984, p. 58)
Directive 89/465/CEE (JO L 226 du 3.8.1989, p. 21)
Directive 91/680/CEE (JO L 376 du 31.12.1991, p. 1) (à l'exclusion de l'article 2)
Directive 92/77/CEE (JO L 316 du 31.10.1992, p. 1)
Directive 92/111/CEE (JO L 384 du 30.12.1992, p. 47)
Directive 94/4/CE (JO L 60 du 3.3.1994, p. 14) (uniquement l'article 2)
Directive 94/5/CE (JO L 60 du 3.3.1994, p. 16)
Directive 94/76/CE (JO L 365 du 31.12.1994, p. 53)
Directive 95/7/CE (JO L 102 du 5.5.1995, p. 18)
Directive 96/42/CE (JO L 170 du 9.7.1996, p. 34)
Directive 96/95/CE (JO L 338 du 28.12.1996, p. 89)
Directive 98/80/CE (JO L 281 du 17.10.1998, p. 31)
Directive 1999/49/CE (JO L 139 du 2.6.1999, p. 27)
Directive 1999/59/CE (JO L 162 du 26.6.1999, p. 63)
Directive 1999/85/CE (JO L 277 du 28.10.1999, p. 34)
Directive 2000/17/CE (JO L 84 du 5.4.2000, p. 24)
Directive 2000/65/CE (JO L 269 du 21.10.2000, p. 44)
Directive 2001/4/CE (JO L 22 du 24.1.2001, p. 17)
Directive 2001/115/CE (JO L 15 du 17.1.2002, p. 24)
Directive 2002/38/CE (JO L 128 du 15.5.2002, p. 41)
Directive 2002/93/CE (JO L 331 du 7.12.2002, p. 27)
Directive 2003/92/CE (JO L 260 du 11.10.2003, p. 8)
Directive 2004/7/CE (JO L 27 du 30.1.2004, p. 44)
Directive 2004/15/CE (JO L 52 du 21.2.2004, p. 61)
Directive 2004/66/CE (JO L 168 du 1.5.2004, p. 35) (uniquement le point V de l'annexe)
Directive 2005/92/CE (JO L 345 du 28.12.2005, p. 19)
Directive 2006/18/CE (JO L 51 du 22.2.2006, p. 12)
Directive 2006/58/CE (JO L 174 du 28.6.2006, p. 5)
Directive 2006/69/CE (JO L 221 du 12.8.2006, p. 9) (uniquement l'article 1er)
Directive 2006/98/CE (JO L 363 du 20.12.2006, p. 129) (uniquement le point 2 de l'annexe)

PARTIE B

Délais de transposition en droit national

(visés à l'article 411)

Directive	Date limite de transposition
Directive 67/227/CEE	1er janvier 1970
Directive 77/388/CEE	1er janvier 1978
Directive 78/583/CEE	1er janvier 1979
Directive 80/368/CEE	1er janvier 1979
Directive 84/386/CEE	1er janvier 1985
Directive 89/465/CEE	1er janvier 1990
	1er janvier 1991
	1er janvier 1992
	1er janvier 1993
	1er janvier 1994 pour le Portugal
Directive 91/680/CEE	1er janvier 1993
Directive 92/77/CEE	31 décembre 1992
Directive 92/111/CEE	1er *janvier* 1993
	1er janvier 1994
	1er octobre 1993 pour l'Allemagne
Directive 94/4/CE	1er avril 1994
Directive 94/5/CE	1er janvier 1995

Directive	Date limite de transposition
Directive 94/76/CE	1er janvier 1995
Directive 95/7/CE	1er janvier 1996 1er janvier 1997 pour l'Allemagne et le Luxembourg
Directive 96/42/CE	1er janvier 1995
Directive 96/95/CE	1er janvier 1997
Directive 98/80/CE	1er janvier 2000
Directive 1999/49/CE	1er janvier 1999
Directive 1999/59/CE	1er janvier 2000
Directive 1999/85/CE	–
Directive 2000/17/CE	–
Directive 2001/65/CE	31 décembre 2001
Directive 2001/4/CE	1er janvier 2001
Directive 2001/115/CE	1er janvier 2004
Directive 2002/38/CE	1er juillet 2003
Directive 2002/93/CE	–
Directive 2003/92/CE	1er janvier 2005
Directive 2004/7/CE	–
Directive 2004/66/CE	1er mai 2004
Directive 2005/92/CE	1er janvier 2006
Directive 2006/18/CE	–
Directive 2006/58/CE	1er juillet 2006
Directive 2006/69/CE	1er janvier 2008

ANNEXE XII

TABLEAU DE CORRESPONDANCE

V. JOUE 11 déc. 2006, L. 347 (rect. JOUE 20 déc. 2007, L 335/60).

Décret n° 2006-1723 du 23 déc. 2006,

Relatif à l'extension à titre expérimental de la compétence territoriale en matière d'assiette et de contrôle, et d'exercice du droit de communication des fonctionnaires de la direction générale des impôts.

Art. 1er Sans préjudice des dispositions de l'article 2 du décret du 1er août 2000 susvisé et du II de l'article 350 *terdecies* de l'annexe III au code général des impôts, à titre expérimental et dérogatoire, les fonctionnaires mentionnés au premier alinéa du I de ce dernier article et affectés dans l'une des directions des services fiscaux désignées par arrêté du ministre chargé du budget *[V. Arr. du 23 déc. 2006 (JO 30 déc.)]* peuvent exercer, dans le ressort territorial d'une ou plusieurs autres directions désignées par ce même arrêté, à l'égard des personnes physiques, les attributions prévues aux articles L. 10 et L. 168 du livre des procédures fiscales en matière d'assiette et de contrôle.

Les dispositions du premier alinéa ne s'appliquent pas aux contrôles mentionnés aux articles L. 12, L. 13, L. 13 C et L. 16 D du livre des procédures fiscales.

Art. 2 Dans le cadre des attributions mentionnées à l'article 1er, ces fonctionnaires peuvent, par dérogation à l'article R.* 81-1 du livre des procédures fiscales, exercer le droit de communication prévu à l'article L. 81 du même livre à l'égard de toute personne ou organisme soumis à l'exercice de ce droit.

Art. 3 Les dispositions des articles 1er et 2 s'appliquent aux contrôles pour lesquels la proposition de rectification est adressée au contribuable au plus tard le 31 décembre 2008.

Décret n° 2007-566 du 16 avril 2007,

Relatif aux modalités de déduction de la taxe sur la valeur ajoutée et modifiant l'annexe II au code général des impôts.

Art. 3 *[...]*

II. – A la date mentionnée au I *[1er janv. 2008]*, pour les biens immobilisés en cours d'utilisation, les coefficients de référence mentionnés au 2 du V de l'article 207 de l'annexe II au code général des impôts dans sa rédaction issue du présent décret prennent les valeurs suivantes :

1° Pour les coefficients d'assujettissement et d'admission, la valeur qui aurait résulté de l'application du présent décret à la date de l'acquisition, de l'importation, de la livraison, de la première utilisation ou du transfert entre secteurs d'activité ;

2° Pour le coefficient de taxation, la valeur qui résulte du rapport entre, au numérateur, la taxe effectivement déduite lors de l'acquisition, de l'importation, de la livraison, de la première utilisation ou du transfert entre secteurs d'activité et, au dénominateur, le produit de la taxe initiale mentionnée au IV de l'article 210 de l'annexe II au code général des impôts, dans sa rédaction antérieure à l'entrée en vigueur du présent décret, et du coefficient d'assujettissement déterminé au 1°.

Loi n° 2007-1824 du 25 décembre 2007,

De finances rectificative pour 2007.

Art. 38 *[...]*

(Abrogé par L. n° 2015-1786 du 29 déc. 2015, art. 24) « III. – 1. Lorsque les conditions prévues par les f, g et h du 1 du I de l'article 885-0 V bis du code général des impôts sont satisfaites par les sociétés bénéficiaires des versements mentionnées au 1 du I de cet article, le bénéfice des I à III de cet article n'est pas subordonné au respect du règlement (CE) n° 1998/2006 de la Commission du 15 décembre 2006 précité. »

....

Art. 45 *[...]*

XLIX. – Lorsque l'entreprise exerce l'option au titre de l'un des dispositifs prévus aux articles 44 *duodecies* ou 1383 H ou au I *quinquies* A de l'article 1466 A du code général des impôts, cette option vaut pour l'ensemble des dispositifs précités.

Lorsque aucune option n'a été formulée dans les délais requis au titre d'un des dispositifs d'exonération prévus aux articles 44 *duodecies* ou 1383 H ou au I *quinquies* A de l'article 1466 A du même code, l'exercice ultérieur d'options portant sur un de ces dispositifs n'est pas recevable.

Directive 2008/7/CE du Conseil du 12 février 2008,

Concernant les impôts indirects frappant les rassemblements de capitaux.

CHAPITRE PREMIER *Objet et champ d'application*

Art. 1er *Objet.* La présente directive réglemente la perception d'impôts indirects :

a) sur les apports aux sociétés de capitaux ;

b) sur les opérations de restructuration de sociétés de capitaux ;

c) sur l'émission de certains titres et obligations.

Art. 2 *Société de capitaux.* 1. Aux fins de la présente directive, on entend par "société de capitaux" :

a) toute société revêtant une des formes énumérées à l'annexe I ;

b) toute société, association ou personne morale dont les parts représentatives du capital ou de l'avoir social sont susceptibles d'être négociées en Bourse ;

c) toute société, association ou personne morale poursuivant des buts lucratifs, dont les membres ont le droit de céder sans autorisation préalable leurs parts sociales à des tiers et ne sont responsables des dettes de la société, association ou personne morale qu'à concurrence de leur participation.

2. Est assimilée à une société de capitaux, aux fins de la présente directive, toute autre société, association ou personne morale poursuivant des buts lucratifs.

Art. 3 *Apports de capital.* Aux fins de la présente directive, sous réserve des dispositions de l'article 4, sont considérées comme des apports de capital les opérations suivantes :

a) la constitution d'une société de capitaux ;

b) la transformation en une société de capitaux d'une société, association ou personne morale qui n'est pas une société de capitaux ;

c) l'augmentation du capital social d'une société de capitaux au moyen de l'apport d'actifs de toute nature ;

d) l'augmentation de l'avoir social d'une société de capitaux au moyen de l'apport d'actifs de toute nature rémunéré, non par des parts représentatives du capital ou de l'avoir social, mais par des droits de même nature que ceux d'associés, tels que droit de vote, participation aux bénéfices ou au boni de liquidation ;

e) le transfert, d'un pays tiers dans un État membre, du siège de direction effective d'une société de capitaux dont le siège statutaire se trouve dans un pays tiers ;

f) le transfert, d'un pays tiers dans un État membre, du siège statutaire d'une société de capitaux dont le siège de direction effective se trouve dans un pays tiers ;

g) l'augmentation du capital social d'une société de capitaux par incorporation de bénéfices, de réserves ou de provisions ;

h) l'augmentation de l'avoir social d'une société de capitaux au moyen de prestations effectuées par un associé qui n'entraînent pas une augmentation du capital social, mais qui trouvent leur contrepartie dans une modification des droits sociaux ou bien qui sont susceptibles d'augmenter la valeur des parts sociales ;

i) l'emprunt que contracte une société de capitaux, si le créancier a droit à une quote-part des bénéfices de la société ;

j) l'emprunt que contracte une société de capitaux auprès d'un associé, du conjoint ou d'un enfant d'un associé, ainsi que celui contracté auprès d'un tiers, lorsqu'il est garanti par un associé, à la condition que ces emprunts aient la même fonction qu'une augmentation du capital social.

Art. 4 *Opérations de restructuration.* 1. Aux fins de la présente directive, ne sont pas considérées comme des apports de capital les opérations de restructuration suivantes :

a) l'apport, par une ou plusieurs sociétés de capitaux, de la totalité de leur patrimoine ou bien d'une ou de plusieurs branches de leur activité à une ou à plusieurs sociétés de capitaux en voie de création ou préexistantes, pour autant que cet apport soit rémunéré au moins en partie par des titres représentatifs du capital de la société acquérante ;

b) l'acquisition, par une société de capitaux en voie de création ou préexistante, de parts représentant la majorité des droits de vote d'une autre société de capitaux, pour autant que les parts acquises soient rémunérées au moins en partie par des titres représentatifs du capital de la première société. Lorsque la majorité des droits de vote est obtenue à la suite de plusieurs opérations, ne sont considérées comme des opérations de restructuration que l'opération grâce à laquelle la majorité des droits de vote est obtenue ainsi que toute opération ultérieure.

2. Les opérations de restructuration concernent également l'apport à une société de capitaux de la totalité du patrimoine d'une autre société de capitaux entièrement détenue par la première société.

CHAPITRE II *Dispositions générales*

Art. 5 *Opérations non soumises à la fiscalité indirecte.* 1. Les États membres exonèrent les sociétés de capitaux de toute forme d'imposition indirecte :

a) sur les apports de capital ;

b) sur les prêts ou prestations effectués dans le cadre d'apports de capital ;

c) sur l'immatriculation ou toute autre formalité préalable à l'exercice d'une activité, à laquelle une société de capitaux peut être soumise en raison de sa forme juridique ;

d) sur la modification de l'acte constitutif ou des statuts d'une société de capitaux et notamment :

i) la transformation d'une société de capitaux en une société de capitaux d'un type différent ;

ii) le transfert, d'un État membre dans un autre État membre, du siège de direction effective ou du siège statutaire d'une société de capitaux ;

iii) le changement de l'objet social d'une société de capitaux ;

iv) la prorogation de la durée d'une société de capitaux ;

e) sur les opérations de restructuration visées à l'article 4.

2. Les États membres ne soumettent à aucune imposition indirecte, sous quelque forme que ce soit :

a) la création, l'émission, l'admission en Bourse, la mise en circulation ou la négociation d'actions, de parts ou autres titres de même nature, ainsi que de certificats représentatifs de ces titres, quel qu'en soit l'émetteur ;

b) les emprunts, y compris les rentes, contractés sous forme d'émission d'obligations ou autres titres négociables, quel qu'en soit l'émetteur, et toutes les formalités y afférentes, ainsi que la création, l'émission, l'admission en Bourse, la mise en circulation ou la négociation de ces obligations ou autres titres négociables.

Art. 6 *Droits et taxe sur la valeur ajoutée.* 1. Nonobstant l'article 5, les États membres peuvent percevoir les droits et taxes suivants :

a) taxes sur la transmission des valeurs mobilières, perçues forfaitairement ou non ;

b) droits de mutation, y compris taxes de publicité foncière, sur l'apport à une société de capitaux, de biens immeubles ou de fonds de commerce situés sur son territoire ;

c) droits de mutation sur les actifs de toute nature qui font l'objet d'un apport à une société de capitaux, dans la mesure où le transfert de ces biens est rémunéré autrement que par des parts sociales ;

d) droits frappant la constitution, l'inscription ou la mainlevée des privilèges et des hypothèques ;

e) droits ayant un caractère rémunératoire ;

f) taxe sur la valeur ajoutée.

2. Le montant des droits et des taxes énumérés au paragraphe 1, points b) à e), reste inchangé, que le siège de direction effective ou le siège statutaire de la société de capitaux se trouve ou non sur le territoire de l'État membre percevant l'imposition. Ce montant ne peut dépasser celui des droits et des taxes qui sont applicables aux opérations similaires dans l'État membre percevant l'imposition.

CHAPITRE III *Dispositions particulières*

Art. 7 *Perception du droit d'apport dans certains États membres.* 1. Nonobstant l'article 5, paragraphe 1, point a), les États membres qui percevaient un droit sur les apports à des sociétés de capitaux, ci-après dénommé "droit d'apport", au 1er janvier 2006, peuvent continuer à percevoir ce droit, pour autant qu'ils se conforment aux dispositions des articles 8 à 14.

2. Si un État membre cesse de percevoir le droit d'apport à tout moment ultérieur au 1er janvier 2006, il ne peut rétablir ce droit.

3. Si un État membre cesse de percevoir le droit d'apport sur les apports de capital visés à l'article 3, points g) à j), à tout moment ultérieur au 1er janvier 2006, il ne peut rétablir ce droit sur les apports de capital considérés, nonobstant l'article 10, paragraphe 2.

4. Si un État membre cesse de percevoir le droit d'apport sur la mise à disposition, en faveur d'une succursale, de capitaux investis ou de capitaux d'exploitation à tout moment ultérieur au 1er janvier 2006, il ne peut rétablir ce droit sur les apports de capital considérés, nonobstant l'article 10, paragraphe 4.

5. Si un État membre autorise des exonérations en vertu de l'article 13, à tout moment ultérieur au 1er janvier 2006, il ne peut percevoir à nouveau le droit d'apport sur les apports de capital considérés.

Art. 8 *Taux du droit d'apport.* 1. Le droit d'apport est perçu à un taux unique.

2. Le taux du droit d'apport appliqué par un État membre ne peut dépasser le taux appliqué par cet État membre au 1er janvier 2006.

Lorsque l'État membre réduit après cette date le taux appliqué, il ne peut rétablir un taux plus élevé.

3. Le taux du droit d'apport ne peut en aucun cas être supérieur à 1 %.

Art. 9 *Exclusion de certaines entités du champ d'application.* Aux fins de la perception du droit d'apport, il est loisible aux États membres de ne pas considérer les entités visées à l'article 2, paragraphe 2, comme des sociétés de capitaux.

Art. 10 *Opérations soumises au droit d'apport et répartition des droits d'imposition.* 1. Lorsqu'un État membre continue de percevoir le droit d'apport en vertu de l'article 7, paragraphe 1, il soumet au droit d'apport les apports de capital visés à l'article 3, points a) à d), si le siège de direction effective de la société de capitaux est situé sur son territoire au moment où intervient l'apport de capital.

Il soumet également au droit d'apport les apports de capital visés à l'article 3, points e) et f).

2. Lorsqu'un État membre continue de percevoir le droit d'apport, il peut percevoir ce droit sur les apports de capital visés à l'article 3, points g) à j), si le siège de direction effective de la société de capitaux est situé sur son territoire au moment où intervient l'apport de capital.

3. Lorsque le siège de direction effective d'une société de capitaux se trouve dans un pays tiers et son siège statutaire dans un État membre qui continue de percevoir le droit d'apport, les apports de capital sont soumis au droit d'apport dans cet État membre.

4. Lorsque le siège statutaire et le siège de direction effective d'une société de capitaux se trouvent dans un pays tiers, la mise à disposition, en faveur d'une succursale située dans un État membre qui continue de percevoir le droit d'apport, de capitaux investis ou de capitaux d'exploitation peut être soumise au droit d'apport dans cet État membre.

Art. 11 *Base imposable du droit d'apport.* 1. Dans le cas des apports de capital visés à l'article 3, points a), c) et d), la base imposable du droit d'apport est la valeur réelle des actifs de toute nature apportés ou à apporter par les associés, après déduction des obligations assumées et des charges supportées par la société du fait de chaque apport.

Il est possible de ne percevoir le droit d'apport qu'au fur et à mesure des libérations effectives.

2. Dans le cas des apports de capital visés à l'article 3, points b), e) et f), la base imposable du droit d'apport est la valeur réelle des actifs de toute nature appartenant à la société au moment de la transformation ou du transfert, après déduction des obligations et des charges qui pèsent sur elle à ce moment.

3. Dans le cas des apports de capital visés à l'article 3, point g), la base imposable du droit d'apport est le montant nominal de l'augmentation.

4. Dans le cas des apports de capital visés à l'article 3, point h), la base imposable du droit d'apport est la valeur réelle des prestations effectuées, après déduction des obligations assumées et des charges supportées par la société du fait de ces prestations.

5. Dans le cas des apports de capital visés à l'article 3, points i) et j), la base imposable du droit d'apport est le montant nominal de l'emprunt contracté.

6. Dans les cas visés aux paragraphes 1 et 2, la valeur réelle des parts sociales attribuées ou appartenant à chaque associé peut être utilisée comme base imposable du droit d'apport, sauf lorsque seuls des apports en numéraire sont à effectuer.

Le montant sur lequel le droit est liquidé ne peut en aucun cas être inférieur au montant nominal des parts sociales attribuées ou appartenant à chaque associé.

Art. 12 *Exclusion de la base imposable du droit d'apport.* 1. Dans le cas d'une augmentation de capital, la base imposable du droit d'apport ne comprend pas :

a) le montant des avoirs propres de la société de capitaux qui sont affectés à l'augmentation du capital social et qui ont déjà été soumis au droit d'apport ;

b) le montant des prêts contractés par la société de capitaux qui sont convertis en parts sociales et qui ont déjà été soumis au droit d'apport.

2. Un État membre peut exclure de la base imposable du droit d'apport le montant de l'apport qu'effectue un associé indéfiniment responsable des obligations d'une société de capitaux, ainsi que la quote-part d'un tel associé dans l'avoir social.

Si un État membre fait usage de cette faculté, toute opération par laquelle la responsabilité d'un associé est limitée à sa participation dans le capital social, notamment lorsque la limitation de la responsabilité résulte d'une transformation de la société de capitaux en une société de capitaux d'un type différent, est soumise au droit d'apport.

Le droit d'apport est liquidé dans tous ces cas sur la valeur de la quote-part qui, dans l'avoir social, appartient aux associés indéfiniment responsables des obligations de la société de capitaux.

3. Dans le cas des apports de capital visés à l'article 3, point c), faisant suite à une réduction du capital social effectuée en raison de pertes subies, la partie de l'apport de capital correspondant à la réduction du capital peut être exclue de la base imposable, à la condition que l'apport de capital intervienne dans les quatre ans suivant la réduction du capital.

Art. 13 *Exonération des apports de capital en faveur de certaines sociétés de capitaux.* Les États membres peuvent exonérer du droit d'apport les apports de capital effectués en faveur :

a) des sociétés de capitaux qui fournissent des services d'utilité publique, telles que les entreprises de transport public, les entreprises portuaires ou de fourniture d'eau, de gaz ou d'électricité, dans le cas où l'État ou d'autres collectivités territoriales possèdent au moins la moitié du capital social ;

b) des sociétés de capitaux qui, conformément à leurs statuts et en pratique, poursuivent uniquement et directement des objectifs culturels, sociaux, d'assistance ou d'éducation.

Les États membres qui exonèrent les apports de capital susvisés du droit d'apport exonèrent également la mise à disposition, en faveur d'une succursale située sur leur territoire, de capitaux investis ou de capitaux d'exploitation, visée à l'article 10, paragraphe 4.

Art. 14 *Procédure de dérogation.* Certaines catégories d'apports de capital ou de sociétés de capitaux peuvent faire l'objet d'exonérations ou de réductions de taux pour des motifs d'équité fiscale ou d'ordre social, ou pour mettre un État membre en mesure de faire face à des situations particulières.

L'État membre qui envisage de prendre une telle mesure en saisit la Commission en temps utile et aux fins de l'application de l'article 97 du traité.

CHAPITRE IV *Dispositions finales*

Art. 15 *Transposition.* 1. Les États membres mettent en vigueur les dispositions législatives, réglementaires et administratives nécessaires pour se conformer aux articles 3, 4, 5, 7, 8, 12, 13 et 14, au plus tard le 31 décembre 2008. Ils communiquent immédiatement à la Commission le texte de ces dispositions ainsi qu'un tableau de correspondance entre ces dispositions et la présente directive.

Lorsque les États membres adoptent ces dispositions, celles-ci contiennent une référence à la présente directive ou sont accompagnées d'une telle référence lors de leur publication officielle. Elles contiennent également une mention précisant que les références faites, dans les dispositions législatives, réglementaires et administratives en vigueur, aux directives abrogées par la présente directive s'entendent comme faites à la présente directive. Les modalités de cette référence et la formulation de cette mention sont arrêtées par les États membres.

2. Les États membres communiquent à la Commission le texte des dispositions essentielles de droit interne qu'ils adoptent dans le domaine régi par la présente directive.

Art. 16 *Abrogation.* La directive 69/355/CE, telle que modifiée par les directives visées à l'annexe II, partie A, est abrogée avec effet au 1er janvier 2009, sans préjudice des obligations des États membres en ce qui concerne les délais de transposition en droit national des directives indiqués à l'annexe II, partie B.

Les références faites à la directive abrogée s'entendent comme faites à la présente directive et sont à lire selon le tableau de correspondance figurant à l'annexe III.

Art. 17 *Examen.* Tous les trois ans, la Commission fait rapport au Conseil sur l'application de la présente directive, notamment en vue de supprimer le droit d'apport. Pour contribuer à l'examen effectué par la Commission, les États membres lui fournissent des informations concernant les recettes tirées du droit d'apport.

Art. 18 *Entrée en vigueur.* La présente directive entre en vigueur le vingtième jour suivant celui de sa publication au *Journal officiel de l'Union européenne.*

Les articles 1er, 2, 6, 9, 10 et 11 s'appliquent à compter du 1er janvier 2009.

Art. 19 *Destinataires.* Les États membres sont destinataires de la présente directive.

ANNEXE I

LISTE DES SOCIÉTÉS VISÉES À L'ARTICLE 2, PARAGRAPHE 1, POINT A)

1. Sociétés constituées conformément au règlement (CE) n° 2157/2001 du Conseil du 8 octobre 2001 relatif au statut de la société européenne (SE) *[JO L 294 du 10.11.2001, p. 1. Règlement modifié en dernier lieu par le règlement (CE) n° 1791/2006 (JO L 363 du 20.12.2006, p. 1).]* ;

2. Sociétés de droit belge, dénommées :
i) société anonyme/naamloze vennootschap
ii) société en commandite par actions/commanditaire vennootschap op aandelen
iii) société privée à responsabilité limitée/besloten vennootschap met beperkte aansprakelijkheid ;

3. Sociétés de droit bulgare, dénommées :
i) акциоиерио дружество
ii) командитно дружество с акции
iii) дружество с ограничена отговорност ;

4. Sociétés de droit tchèque, dénommées :
i) akciová spolecnost
ii) komanditní spolecnost
iii) spolecnost s rucením omezeným ;

5. Sociétés de droit danois, dénommées :
i) aktieselskab
ii) kommandit-aktieselskab ;

6. Sociétés de droit allemand, dénommées :
i) Aktiengesellschaft

ii) Kommanditgesellschaft auf Aktien
iii) Gesellschaft mit beschränkter Haftung ;
7. Sociétés de droit estonien, dénommées :
i) täisühing
ii) usaldusühing
iii) osaühing
iv) aktsiaselts
v) tulundusühistu ;
8. Sociétés de droit irlandais, dénommées : companies incorporated with limited liability ;
9. Sociétés de droit grec, dénommées :
i) Ανώνυμος Εταιρία
ii) Ετερόρρυθμος κατά μετοχάς Εταιρία
iii) Εταιρία Περιωρισμένης Ευθύνης;
10. Sociétés de droit espagnol, dénommées :
i) sociedad anónima
ii) sociedad comanditaria por acciones
iii) sociedad de responsabilidad limitada ;
11. Sociétés de droit français, dénommées :
i) société anonyme
ii) société en commandite par actions
iii) société à responsabilité limitée ;
(Dir. n° 2013/13/UE du 13 mai 2013, en vigueur le 1er juill. 2013) « 11 *bis*) Sociétés de droit croate, dénommées :
« i) dioničko društvo
« ii) društvo s ograničenom odgovornošću »
12. Sociétés de droit italien, dénommées :
i) società per azioni
ii) società in accomandita per azioni
iii) società a responsabilità limitata ;
13. Sociétés de droit chypriote, dénommées :
12. Sociétés de droit italien, dénommées :
i) società per azioni
ii) società in accomandita per azioni
iii) società a responsabilità limitata ;
13. Sociétés de droit chypriote, dénommées : εταιρείες περιορισμένης ευθύνης ;
14. Sociétés de droit letton, dénommées : kapitalsabiedriba ;
15. Sociétés de droit lituanien, dénommées :
i) akcine bendrove
ii) uždaroji akcine bendrove;
16. Sociétés de droit luxembourgeois, dénommées :
i) société anonyme
ii) société en commandite par actions
iii) société à responsabilité limitée ;
17. Sociétés de droit hongrois, dénommées :
i) részvénytársaság
ii) korlátolt felelosségu társaság ;
18. Sociétés de droit maltais, dénommées :
i) Kumpaniji ta'Responsabilità Limitata
ii) Socjetajiet in akkomandita li l-kapital taghhom jkun maqsum f'azzjonijiet ;
19. Sociétés de droit néerlandais, dénommées :
i) naamloze vennootschap
ii) besloten vennootschap met beperkte aansprakelijkheid
iii) open commanditaire vennootschap ;
20. Sociétés de droit autrichien, dénommées :
i) Aktiengesellschaft
ii) Gesellschaft mit beschränkter Haftung ;
21. Sociétés de droit polonais, dénommées :
i) spólka akcyjna
ii) spólka z ograniczona odpowiedzialnoscia ;
22. Sociétés de droit portugais, dénommées :
i) sociedade anónima
ii) sociedade em comandita por acções

iii) sociedade por quotas ;
23. Sociétés de droit roumain, dénommées :
i) societăti în nume colectiv
ii) societăti în comandită simplă
iii) societăti pe actiuni
iv) societăti în comandită pe actiuni
v) societăti cu răspundere limitată;
24. Sociétés de droit slovène, dénommées :
i) delniška družba
ii) komanditna delniška družba
iii) družba z omejeno odgovornostjo;
25. Sociétés de droit slovaque, dénommées :
i) akciová spolocnost
ii) spolocnost s rucením obmedzeným
iii) komanditná spolocnost ;
26. Sociétés de droit finlandais, dénommées :
i) osakeyhtiö – aktiebolag
ii) osuuskunta – andelslag
iii) säästöpankki – sparbank
iv) vakuutusyhtiö – försäkringsbolag ;
27. Sociétés de droit suédois, dénommées :
i) aktiebolag
ii) försäkringsaktiebolag ;
28. Sociétés de droit britannique, dénommées : companies incorporated with limited liability.

ANNEXE II

PARTIE A

Décision abrogée, avec ses modifications successives

(visées à l'article 16, paragraphe 1)

Directive 69/335/CEE du Conseil	(JO L 249 du 3.10.1969, p. 25).
Acte d'adhésion de 1972, point VI.1 de l'annexe I	(JO L 73 du 27.3.1972, p. 93).
Directive 73/79/CEE du Conseil	(JO L 103 du 18.4.1973, p. 13).
Directive 73/80/CEE du Conseil	(JO L 103 du 18.4.1973, p. 15).
Directive 74/553/CEE du Conseil	(JO L 303 du 13.11.1974, p. 9).
Acte d'adhésion de 1979, point VI.1 de l'annexe I	(JO L 291 du 19.11.1979, p. 95).
Directive 85/303/CEE du Conseil	(JO L 156 du 15.6.1985, p. 23).
Acte d'adhésion de 1985, point V.1 de l'annexe I	(JO L 302 du 15.11.1985, p. 167).
Acte d'adhésion de 1994, point XI.B.I.1 de l'annexe I	(JO C 241 du 29.8.1994, p. 196).
Acte d'adhésion de 2003, point 9.1 de l'annexe II	(JO L 236 du 23.9.2003, p. 555).

PARTIE B

Liste des délais de transposition en droit national

(visée à l'article 16, paragraphe 1)

Directive	Délais de transposition
Directive 69/335/CEE du Conseil	1er janvier 1972
Directive 73/79/CEE du Conseil	-
Directive 73/80/CEE du Conseil	-
Directive 74/553/CEE du Conseil	-
Directive 85/303/CEE du Conseil	1er janvier 1986

ANNEXE III

TABLEAU DE CORRESPONDANCE

V. JOUE 21 févr. 2008, L. 46/21.

Directive n° 2008/9/CE du Conseil du 12 février 2008,

Définissant les modalités du remboursement de la taxe sur la valeur ajoutée, prévu par la directive 2006/112/CE, en faveur des assujettis qui ne sont pas établis dans l'État membre du remboursement, mais dans un autre État membre.

Art. 1er La présente directive définit les modalités du remboursement de la taxe sur la valeur ajoutée (TVA), prévu à l'article 170 de la directive 2006/112/CE en faveur des assujettis non établis dans l'État membre du remboursement et qui remplissent les conditions prévues à l'article 3.

Art. 2 Aux fins de la présente directive, on entend par :

1) "assujetti non établi dans l'État membre du remboursement", tout assujetti au sens de l'article 9, paragraphe 1, de la directive 2006/112/CE qui n'est pas établi dans l'État membre du remboursement, mais sur le territoire d'un autre État membre ;

2) "État membre du remboursement", l'État membre dans lequel a été exigée de l'assujetti non établi dans l'État membre du remboursement la TVA ayant grevé les biens qui lui ont été livrés ou les services qui lui ont été fournis dans cet État membre par d'autres assujettis, ou ayant grevé l'importation de biens dans cet État membre ;

3) "période du remboursement", la période visée à l'article 16, couverte par la demande de remboursement ;

4) "demande de remboursement", la demande que l'assujetti non établi dans l'État membre du remboursement a introduite pour le remboursement de la TVA ayant grevé les biens qui lui ont été livrés ou les services qui lui ont été fournis dans cet État membre par d'autres assujettis, ou ayant grevé l'importation de biens dans cet État membre ;

5) "requérant", l'assujetti non établi dans l'État membre du remboursement, qui introduit la demande de remboursement.

Art. 3 La présente directive est applicable à tout assujetti non établi dans l'État membre du remboursement qui remplit les conditions suivantes :

a) au cours de la période sur laquelle porte la demande de remboursement, l'assujetti n'a eu dans l'État membre du remboursement ni le siège de son activité économique, ni un établissement stable à partir duquel les opérations sont effectuées, ni, à défaut d'un tel siège ou d'un tel établissement stable, son domicile ou sa résidence habituelle ;

b) au cours de la période sur laquelle porte la demande de remboursement, l'assujetti n'a effectué aucune livraison de biens ni prestation de services réputée avoir eu lieu dans l'État membre du remboursement, à l'exception des opérations suivantes :

i) les prestations de services de transports et les opérations accessoires qui sont exonérées conformément aux articles 144, 146, 148, 149, 151, 153, 159 ou 160 de la directive 2006/112/CE ;

ii) les livraisons de biens et prestations de services pour lesquelles le destinataire est le redevable de la TVA conformément aux articles 194 à 197 et à l'article 199 de la directive 2006/112/CE.

Art. 4 La présente directive ne s'applique pas :

a) aux montants de TVA qui, conformément à la législation de l'État membre du remboursement, ont été facturés par erreur ;

b) aux montants de TVA facturés pour des livraisons de biens qui sont exonérées, ou peuvent l'être, en vertu de l'article 138 ou de l'article 146, paragraphe 1, point b), de la directive 2006/112/CE.

Art. 5 Chaque État membre rembourse à tout assujetti non établi dans l'État membre du remboursement la TVA ayant grevé les biens qui lui ont été livrés ou les services qui lui ont été fournis dans cet État membre par d'autres assujettis, ou ayant grevé l'importation de biens dans cet État membre, dans la mesure où ces biens et services sont utilisés pour les besoins des opérations suivantes :

a) les opérations visées à l'article 169, points a) et b), de la directive 2006/112/CE ;

b) les opérations dont le destinataire est redevable de la TVA conformément aux articles 194 à 197 et à l'article 199 de la directive 2006/112/CE, tels qu'ils sont appliqués dans l'État membre du remboursement.

Sans préjudice de l'article 6, aux fins de la présente directive, le droit au remboursement de la TVA payée en amont est déterminé en vertu de la directive 2006/112/CE, telle qu'appliquée dans l'État membre du remboursement.

Art. 6 Pour bénéficier d'un remboursement dans l'État membre du remboursement, un assujetti non établi dans l'État membre du remboursement doit effectuer des opérations ouvrant droit à déduction dans l'État membre d'établissement.

Lorsqu'un assujetti non établi dans l'État membre du remboursement effectue dans l'État membre où il est établi à la fois des opérations ouvrant droit à déduction et des opérations n'ouvrant pas droit à déduction dans cet État membre, le remboursement, par l'État membre du remboursement, du montant remboursable en vertu de l'article 5 n'est admis que pour la partie de la TVA qui est proportionnelle au montant afférent aux premières opérations, conformément à l'article 173 de la directive 2006/112/CE, telle qu'elle est appliquée par l'État membre d'établissement.

Art. 7 Pour bénéficier d'un remboursement de la TVA dans l'État membre du remboursement, l'assujetti non établi dans l'État membre du remboursement adresse à cet État membre une demande de remboursement électronique, qu'il introduit auprès de l'État membre dans lequel il est établi, via le portail électronique qui est mis à disposition par ce même État membre.

Art. 8 1. La demande de remboursement comporte les informations suivantes :

a) le nom et l'adresse complète du requérant ;

b) une adresse de contact par voie électronique ;

c) une description des activités professionnelles du requérant pour lesquelles les biens ou les services sont acquis ;

d) la période du remboursement couverte par la demande ;

e) une déclaration du requérant selon laquelle il n'a effectué au cours de la période du remboursement aucune livraison de biens ni prestation de services réputée avoir eu lieu dans l'État membre du remboursement, à l'exception des opérations visées à l'article 3, point b), i) et ii) ;

f) le numéro d'identification TVA ou le numéro d'enregistrement fiscal du requérant ;

g) ses données bancaires, y compris l'IBAN et le BIC.

2. Outre les informations visées au paragraphe 1, pour chaque État membre du remboursement et pour chaque facture ou document d'importation, la demande de remboursement inclut les informations suivantes :

a) le nom et l'adresse complète du fournisseur ou du prestataire ;

b) sauf en cas d'importation, le numéro d'identification TVA du fournisseur ou du prestataire ou son numéro d'enregistrement fiscal, tel qu'attribué par l'État membre du remboursement conformément aux articles 239 et 240 de la directive 2006/112/CE ;

c) sauf en cas d'importation, le préfixe de l'État membre du remboursement, conformément à l'article 215 de la directive 2006/112/CE ;

d) la date et le numéro de la facture ou du document d'importation ;

e) la base d'imposition et le montant de la TVA, libellés dans la devise de l'État membre du remboursement ;

f) le montant déductible de la TVA calculé conformément à l'article 5 et à l'article 6, deuxième alinéa, libellé dans la devise de l'État membre du remboursement ;

g) le cas échéant, la proportion déductible calculée conformément à l'article 6, exprimée sous forme de pourcentage ;

h) la nature des biens et des services acquis ventilée selon les codes visés à l'article 9.

Art. 9 1. Dans la demande de remboursement, la nature des biens et services acquis est ventilée selon les codes suivants :

1 = carburant ;

2 = location de moyens de transport ;

3 = dépenses liées aux moyens de transport autres que les biens et services visés aux codes 1 et 2 ;

4 = péages routiers et taxes de circulation ;

5 = dépenses de voyage tels que frais de taxi, frais de transport public ;

6 = hébergement ;

7 = denrées alimentaires, boissons et services de restauration ;

8 = droits d'entrée aux foires et expositions ;

9 = dépenses de luxe, de divertissement et de représentation ;

10 = autres.

Lorsque le code 10 est utilisé, la nature des biens livrés et des services fournis doit être indiquée.

2. L'État membre du remboursement peut demander au requérant de fournir des informations complémentaires sous forme de codes électroniques pour chaque code énoncé au paragraphe 1, dans la mesure où de telles informations sont nécessaires en raison d'une restriction au droit à déduction en vertu de la directive 2006/112/CE, telle qu'elle est appliquée dans l'État membre du remboursement, ou aux fins de la mise en œuvre d'une dérogation correspondante accordée par l'État membre du remboursement en vertu des articles 395 ou 396 de ladite directive.

Art. 10 Sans préjudice des demandes d'informations en vertu de l'article 20, l'État membre du remboursement peut demander au requérant de joindre par voie électronique à la demande de remboursement une copie de la facture ou du document d'importation, lorsque la base d'imposition figurant sur la facture ou le document d'importation est égale ou supérieure à un montant de 1 000 € ou à sa contre-valeur en monnaie nationale. Toutefois, lorsque la facture a trait à du carburant, ce seuil est de 250 € ou la contre-valeur en monnaie nationale.

Art. 11 L'État membre du remboursement peut demander au requérant de fournir la description de ses activités professionnelles au moyen des codes déterminés conformément à l'article 34 *bis*, paragraphe 3, deuxième alinéa, du règlement (CE) n° 1798/2003 du Conseil *[JO L 264 du 15.10.2003, p. 1.]*.

Art. 12 L'État membre du remboursement peut spécifier la langue ou les langues qui doivent être utilisées par le requérant pour la fourniture d'informations dans la demande de remboursement ou d'informations complémentaires éventuelles.

Art. 13 Si, après l'introduction de la demande de remboursement, la proportion déductible est corrigée en vertu de l'article 175 de la directive 2006/112/CE, le requérant rectifie le montant demandé ou déjà remboursé.

La correction s'effectue moyennant une demande de remboursement durant l'année civile qui suit la période du remboursement en question ou, si le requérant ne fait aucune demande de remboursement durant cette année civile, en transmettant une déclaration spéciale via le portail électronique mis à disposition par l'État membre dans lequel il est établi.

Art. 14 1. La demande de remboursement concerne :

a) l'achat de biens ou de services qui a été facturé au cours de la période du remboursement, à condition que la taxe soit devenue exigible avant ou au moment de la facturation, ou pour lesquels la taxe est devenue exigible au cours de la période du remboursement, à condition que l'achat ait été facturé avant que la taxe ne soit devenue exigible ;

b) l'importation de biens effectuée au cours de la période du remboursement.

2. Outre les transactions visées au paragraphe 1, la demande de remboursement peut concerner des factures ou des documents d'importation qui ne font pas l'objet de demandes de remboursement antérieures pour autant qu'ils portent sur des opérations effectuées au cours de l'année civile en question.

Art. 15 1. La demande de remboursement est introduite auprès de l'État membre d'établissement au plus tard le 30 septembre de l'année civile qui suit la période du remboursement. La demande de remboursement est réputée introduite uniquement lorsque le requérant a fourni toutes les informations exigées aux articles 8, 9 et 11.

(Dir. n° 2010/66/UE du 14 oct. 2010, en vigueur le 1er oct. 2010) « Les demandes de remboursement concernant une période de l'année 2009 sont introduites auprès de l'État membre d'établissement, au plus tard le 31 mars 2011. »

2. L'État membre d'établissement accuse, par voie électronique, réception de la demande dans les meilleurs délais.

Art. 16 La période du remboursement n'est ni supérieure à une année civile ni inférieure à trois mois civils. La demande de remboursement peut toutefois porter sur une période de moins de trois mois lorsque cette période constitue le solde d'une année civile.

Art. 17 Si la demande de remboursement a trait à une période d'une durée inférieure à une année civile mais égale ou supérieure à trois mois, le montant de la TVA auquel elle se rapporte ne peut être inférieur à la somme de 400 € ou à sa contre-valeur en monnaie nationale.

Si la période du remboursement correspond à une année civile ou au solde d'une année civile, le montant de la TVA ne peut être inférieur à la somme de 50 € ou à sa contre-valeur en monnaie nationale.

Art. 18 1. L'État membre d'établissement ne transmet pas la demande à l'État membre du remboursement lorsque, au cours de la période du remboursement, le requérant, dans l'État membre d'établissement :

a) n'est pas assujetti à la TVA ;

b) n'effectue que des livraisons de biens ou des prestations de service exonérées sans droit à déduction de la TVA payée à un stade antérieur en vertu des articles 132, 135, 136 et 371, des articles 374 à 377, de l'article 378, paragraphe 2, point a), de l'article 379, paragraphe 2, ou des articles 380 à 390 de la directive 2006/112/CE ou des dispositions d'exonération de même teneur figurant dans l'acte d'adhésion de 2005 ;

c) bénéficie de la franchise pour les petites entreprises prévue aux articles 284, 285, 286 et 287 de la directive 2006/112/CE ;

d) bénéficie du régime commun forfaitaire des producteurs agricoles prévu aux articles 296 à 305 de la directive 2006/112/CE ;

2. L'État membre d'établissement notifie au requérant, par voie électronique, la décision qu'il a prise en vertu du paragraphe 1.

Art. 19 1. L'État membre du remboursement notifie dans les meilleurs délais au requérant, par voie électronique, la date à laquelle la demande a été reçue.

2. L'État membre du remboursement notifie au requérant sa décision d'accepter ou de rejeter la demande de remboursement dans un délai de quatre mois à compter de sa réception par l'État membre du remboursement.

Art. 20 1. Lorsque l'État membre du remboursement estime ne pas être en possession de toutes les informations qui lui permettraient de statuer sur la totalité ou une partie de la demande de remboursement, il peut demander, par voie électronique, des informations complémentaires, notamment auprès du requérant ou des autorités compétentes de l'État membre d'établissement, dans la période de quatre mois visée à l'article 19, paragraphe 2. Lorsque ces informations complémentaires sont demandées auprès d'une personne autre que le requérant ou que les autorités compétentes d'un État membre, la demande doit être transmise par voie électronique uniquement, si le destinataire de la demande est équipé en conséquence.

Si nécessaire, l'État membre du remboursement peut demander d'autres informations complémentaires.

Les informations demandées conformément au présent paragraphe peuvent aussi comprendre, si l'État membre du remboursement a des raisons de douter de la validité ou de l'exactitude d'une créance particulière, l'original ou une copie de la facture ou du document d'importation concerné. Les seuils visés à l'article 10 ne s'appliquent pas dans ce cas.

2. Les informations exigées conformément au paragraphe 1 doivent être fournis à l'État membre du remboursement dans un délai d'un mois à compter de la date de réception de la demande d'informations par le destinataire.

Art. 21 Lorsque l'État membre du remboursement demande des informations complémentaires, il notifie au requérant sa décision d'accepter ou de rejeter la demande de remboursement dans un délai de deux mois à partir de la date de réception des informations demandées ou, s'il n'a pas reçu de réponse à sa demande, dans un délai de deux mois à partir de l'expiration du délai visé à l'article 20, paragraphe 2. Toutefois, le délai dont il dispose pour décider d'accorder un remboursement total ou partiel à partir de la date de réception de la demande dans l'État membre du remboursement est toujours de six mois minimum.

Lorsque l'État membre du remboursement demande d'autres informations complémentaires, il informe le requérant, dans un délai de huit mois à partir de la réception de la demande de remboursement dans cet État membre, de la manière dont il a statué sur la totalité ou une partie de la demande de remboursement.

Art. 22 1. Lorsque la demande de remboursement est acceptée, le remboursement du montant accepté est effectué par l'État membre du remboursement au plus tard dans un délai de dix jours ouvrables à partir de l'expiration du délai visé à l'article 19, paragraphe 2, ou, si des informations complémentaires ou d'autres informations complémentaires ont été demandées, à l'expiration des délais visés à l'article 21.

2. Le remboursement est effectué dans l'État membre du remboursement ou, à la demande du requérant, dans tout autre État membre. Dans ce dernier cas, les frais bancaires exigés pour le virement correspondant sont déduits par l'État membre du remboursement du montant à payer au requérant.

Art. 23 1. Lorsque la demande de remboursement est rejetée en totalité ou en partie, les motifs du rejet sont notifiés au requérant par l'État membre du remboursement en même temps que la décision de rejet.

2. Des recours contre une décision de rejet d'une demande de remboursement peuvent être formés par le requérant auprès des autorités compétentes de l'État membre du remboursement, dans les formes et les délais prévus pour les réclamations relatives aux remboursements demandés par des personnes établies dans cet État membre.

Si l'absence de décision concernant la demande de remboursement dans les délais prévus par la présente directive ne vaut ni acceptation ni rejet dans la législation de l'État du remboursement, le requérant doit avoir accès à toute procédure administrative ou judiciaire à laquelle ont accès les assujettis établis dans cet État membre lorsqu'ils se trouvent dans la même situation. En l'absence de telles procédures, l'absence de décision concernant la demande de remboursement dans les délais impartis vaut rejet de la demande.

Art. 24 1. Dans les cas où un remboursement a été obtenu de façon frauduleuse ou d'une autre manière incorrecte, les autorités compétentes de l'État membre du remboursement procèdent directement à la mise en recouvrement des sommes indûment versées, ainsi que des amendes et intérêts éventuels selon la procédure applicable dans l'État membre du remboursement, sans préjudice des dispositions relatives à l'assistance mutuelle pour le recouvrement de la TVA.

2. Lorsqu'une amende administrative ou des intérêts ont été imposés mais n'ont pas été payés, l'État membre du remboursement peut suspendre tout remboursement supplémentaire à l'assujetti concerné à concurrence du montant non payé.

Art. 25 L'État membre du remboursement prend en compte à titre de majoration ou de diminution du montant à rembourser ou, en cas de transmission d'une déclaration spéciale, au moyen d'un paiement ou d'un recouvrement séparé, toute correction apportée concernant une demande de remboursement antérieure, conformément à l'article 13.

Art. 26 L'État membre du remboursement est redevable au requérant d'intérêts calculés sur le montant à rembourser au requérant si le remboursement est effectué après la dernière date de paiement en vertu de l'article 22, paragraphe 1.

Le premier alinéa ne s'applique pas lorsque le requérant ne fournit pas à l'État membre du remboursement dans les délais impartis les informations complémentaires ou d'autres informations complémentaires qui ont été exigées. Il en va de même jusqu'à la réception, par l'État membre du remboursement, des documents à transmettre par voie électronique en vertu de l'article 10.

Art. 27 1. Les intérêts sont calculés depuis le jour qui suit le dernier jour du remboursement en vertu de l'article 22, paragraphe 1, jusqu'au jour où le remboursement est effectivement intervenu.

2. Le taux d'intérêt est égal au taux applicable aux remboursements de la TVA en faveur des assujettis établis dans l'État membre du remboursement en vertu de la législation nationale de cet État membre.

Si aucun intérêt n'est payable en vertu de la législation nationale en ce qui concerne les remboursements en faveur d'assujettis établis, l'intérêt à verser correspond à l'intérêt ou aux frais équivalents appliqués par l'État membre du remboursement aux retards de paiement de la TVA.

Art. 28 1. La présente directive est applicable aux demandes de remboursement introduites après le 31 décembre 2009.

2. La directive 79/1072/CEE est abrogée avec effet au 1er janvier 2010. Toutefois, ses dispositions demeurent applicables aux demandes de remboursement introduites avant le 1er janvier 2010.

Les références à la directive abrogée s'entendent comme faites à la présente directive, sauf en ce qui concerne les demandes de remboursement introduites avant le 1er janvier 2010.

Art. 29 1. Les États membres mettent en vigueur les dispositions législatives, réglementaires et administratives nécessaires pour se conformer à la présente directive avec effet au 1er janvier 2010. Ils en informent immédiatement la Commission.

Lorsque les États membres adoptent ces dispositions, celles-ci contiennent une référence à la présente directive ou sont accompagnées d'une telle référence lors de leur publication officielle. Les modalités de cette référence sont arrêtées par les États membres.

2. Les États membres communiquent à la Commission le texte des dispositions essentielles de droit interne qu'ils adoptent dans le domaine régi par la présente directive.

Art. 30 La présente directive entre en vigueur le jour de sa publication au *Journal officiel de l'Union européenne.*

Art. 31 Les États membres sont destinataires de la présente directive.

Loi n° 2008-1258 du 3 décembre 2008,

En faveur des revenus du travail.

Art. 2 *[...]*
V. – Les I à IV s'appliquent au crédit d'impôt calculé au titre des primes d'intéressement dues en application d'un accord d'intéressement ou d'un avenant à un accord d'intéressement en cours à la date de publication de la présente loi *[4 déc. 2008]* modifiant les modalités de calcul de l'intéressement, conclus à compter de la date de publication de la présente loi et au plus tard le 31 décembre 2014. Pour le calcul du crédit d'impôt en cas d'avenant à un accord en cours à la date de publication de la présente loi, l'accord précédent s'entend de la période couverte par l'accord en cours jusqu'à la date d'effet de l'avenant.

VI. – Dans les entreprises ayant conclu un accord d'intéressement, ou un avenant à un accord en cours, à compter de la publication de la présente loi et au plus tard le 30 juin 2009, et applicable dès cette même année, l'employeur peut verser à l'ensemble de ses salariés une prime exceptionnelle.

Cette prime est répartie uniformément entre les salariés ou selon des modalités de même nature que celles prévues par cet accord ou cet avenant. Son montant est plafonné, après répartition, à 1 500 € par salarié. Elle est prise en compte pour l'application de l'article L. 3314-8 du code du travail.

Cette prime ne peut se substituer à des augmentations de rémunération et à des primes conventionnelles prévues par l'accord salarial ou par le contrat de travail. Elle ne peut se substituer à aucun des éléments de rémunération au sens de l'article L. 242-1 du code de la sécurité sociale et de l'article L. 741-10 du code rural versés par l'employeur ou qui deviennent obligatoires en vertu de règles légales ou contractuelles.

Cette prime est exonérée de toutes cotisations et contributions d'origine légale ou conventionnelle rendue obligatoire par la loi, à l'exception des contributions définies aux articles L. 136-2 du code de la sécurité sociale et 14 de l'ordonnance n° 96-50 du 24 janvier 1996 relative au remboursement de la dette sociale.

Dans le cas où un salarié qui a adhéré à un plan d'épargne salariale au sens du titre III du livre III de la troisième partie du code du travail affecte à la réalisation de ce plan tout ou partie des sommes qui lui sont versées au titre de cette prime exceptionnelle, ces sommes sont exonérées d'impôt sur le revenu, dans les conditions prévues par l'article L. 3332-27 du même code.

Le versement de la prime doit intervenir le 30 septembre 2009 au plus tard.

VII. – La prime exceptionnelle prévue au VI est ajoutée à la base de calcul du crédit d'impôt prévu à l'article 244 *quater* T du code général des impôts relatif à l'exercice au titre duquel elle est versée.

VIII. – Avant le 30 juin 2014, le Parlement évalue les dispositifs institués par les I à VII sur la base d'un rapport remis par le Gouvernement au plus tard le 31 décembre 2012.

Loi n° 2008-1425 du 27 décembre 2008,

De finances pour 2009.

Art. 3 I. – Les prestations d'avantages en nature qui continuent d'être attribuées aux ayants droit de l'Agence nationale pour la garantie des droits des mineurs, relevant du statut du mineur, en application des contrats de capitalisation de ces prestations, jusqu'à l'âge retenu pour le calcul du capital, sont considérées comme ayant été mises à disposition du contribuable au sens de l'article 12 du code général des impôts, avant leur retenue par l'organisme chargé de leur gestion. Ces contrats de capitalisation se substituent, à titre définitif, aux prestations viagères visées au statut du mineur.

II. – Pour ces mêmes ayants droit de l'Agence nationale pour la garantie des droits des *mineurs, relevant du statut du* mineur, sont validés, sous réserve des décisions ayant définitivement acquis force de la chose jugée, les prélèvements fiscaux et sociaux effectués correspondant aux prestations versées avant l'âge de référence ayant servi de base au calcul du capital dans le cadre des contrats de capitalisation des prestations d'avantages en nature conclus jusqu'à la date d'entrée en vigueur de la présente loi, en tant que leur validité serait contestée par le moyen tiré de ce que le revenu correspondant n'était pas disponible.

(L. n° 2009-1673 du 30 déc. 2009, art. 22, applicable à compter de l'imposition des revenus de l'année 2009) « III. – Les I et II sont applicables aux prestations d'avantages en nature de chauffage et de logement prévues par le statut du mineur et attribuées, en application des contrats de capitalisation de ces prestations, aux salariés et anciens salariés des organismes chargés du régime de sécurité sociale des mines prévus par l'article 10 du décret n° 46-2769 du 27 novembre 1946 portant organisation de la sécurité sociale dans les mines. »

Loi n° 2009-323 du 25 mars 2009,

De mobilisation pour le logement et la lutte contre l'exclusion.

Art. 52 *[...]*

III. – Le prix de vente ou de construction des logements visés aux 3 *octies* et 6 du I de l'article 278 *sexies* du code général des impôts ne peut excéder les plafonds prévus pour les opérations mentionnées au 3 *ter* du même I.

IV. – Le III est applicable aux logements ayant fait l'objet d'un dépôt de demande de permis de construire à compter du lendemain de la date de publication de la présente loi *[JO 27 mars]*.

Arrêté du 29 avril 2009,

Relatif au classement des communes par zone applicable à certaines aides au logement.

Art. 3 Les dispositions du présent arrêté s'appliquent :

1° Pour l'application des dispositions de l'article 199 *septvicies* du code général des impôts, aux acquisitions de logements à compter du lendemain de la date de publication du présent arrêté ou aux constructions de logements que le contribuable fait construire et qui font l'objet d'une demande de permis de construire à compter du lendemain de la date de publication du présent arrêté ;

2° Pour l'application des dispositions du *h* du 1° du I de l'article 31 du code général des impôts, aux acquisitions et constructions de logements ayant fait l'objet d'un dépôt de demande de permis de construire à compter du lendemain de la date de la publication du présent arrêté ;

3° Pour l'application des dispositions du *m* du 1° du I de l'article 31 du code général des impôts, aux conventions signées à compter du premier jour du deuxième mois suivant la date de publication du présent arrêté ;

4° Pour le bénéfice des aides de l'Agence nationale de l'habitat, aux aides accordées à compter du premier jour du deuxième mois suivant la date de publication du présent arrêté ;

5° Pour le bénéfice de l'avance remboursable sans intérêt mentionnée à l'article 244 *quater* J du code général des impôts et des prêts garantis par l'État au titre du troisième alinéa de l'article L. 312-1 du code de la construction et de l'habitation, aux offres de prêts émises à compter du premier jour du deuxième mois suivant la date de publication du présent arrêté ;

6° Pour l'application du 3 *octies* de l'article 278 *sexies* du code général des impôts, aux décisions d'octroi du Pass-foncier accordées à compter du premier jour du deuxième mois suivant la date de publication du présent arrêté ;

7° Pour l'application de l'article R. 331-76-5-1 et de l'article R. 391-1 du code de la construction et de l'habitation, aux décisions d'agrément accordées à compter du premier jour du deuxième mois suivant la date de publication du présent arrêté.

Directive 2009/133/CE du Conseil du 19 octobre 2009,

Concernant le régime fiscal commun applicable aux fusions, scissions, scissions partielles, apports d'actifs et échanges d'actions intéressant des sociétés d'États membres différents, ainsi qu'au transfert du siège statutaire d'une SE ou d'une SCE d'un État membre à un autre.

CHAPITRE PREMIER *Dispositions générales*

Art. 1er Chaque État membre applique la présente directive aux opérations suivantes :

a) opérations de fusion, de scission, de scission partielle, d'apport d'actifs et d'échange d'actions qui concernent des sociétés de deux ou plusieurs États membres ;

b) transfert du siège statutaire, d'un État membre à un autre, d'une société européenne (Societas Europaea ou SE), créée par le règlement (CE) n° 2157/2001 du Conseil du 8 octobre 2001 relatif au statut de la société européenne (SE) et d'une société coopérative européenne (SCE), créée par le règlement (CE) n° 1435/2003 du Conseil du 22 juillet 2003 relatif au statut de la société coopérative européenne (SEC).

Art. 2 Aux fins de l'application de la présente directive, on entend par :

a) "fusion", l'opération par laquelle :

i) une ou plusieurs sociétés transfèrent, par suite et au moment de leur dissolution sans liquidation, l'ensemble de leur patrimoine, activement et passivement, à une autre société préexistante, moyennant l'attribution à leurs associés de titres représentatifs du capital social de l'autre société et, éventuellement, d'une soulte en espèces ne dépassant pas 10 % de la valeur nominale ou, à défaut de valeur nominale, du pair comptable de ces titres ;

ii) deux ou plusieurs sociétés transfèrent, par suite et au moment de leur dissolution sans liquidation, l'ensemble de leur patrimoine, activement et passivement, à une société qu'elles constituent, moyennant l'attribution à leurs associés de titres représentatifs du capital social de la société nouvelle et, éventuellement, d'une soulte en espèces ne dépassant pas 10 % de la valeur nominale ou, à défaut de valeur nominale, du pair comptable de ces titres ;

iii) une société transfère, par suite et au moment de sa dissolution sans liquidation, l'ensemble de son patrimoine, activement et passivement, à la société qui détient la totalité des titres représentatifs de son capital social ;

b) "scission", l'opération par laquelle une société transfère, par suite et au moment de sa dissolution sans liquidation, l'ensemble de son patrimoine, activement et passivement, à deux ou plusieurs sociétés préexistantes ou nouvelles, moyennant l'attribution à ses associés, selon une règle proportionnelle, de titres représentatifs du capital social des sociétés bénéficiaires de l'apport et, éventuellement, d'une soulte en espèces ne dépassant pas 10 % de la valeur nominale ou, à défaut de valeur nominale, du pair comptable de ces titres ;

c) "scission partielle", l'opération par laquelle une société transfère, sans être dissoute, une ou plusieurs branches d'activité à une ou plusieurs sociétés préexistantes ou nouvelles, en laissant au moins une branche d'activité dans la société apporteuse, en échange de l'attribution à ses associés, au prorata, de titres représentatifs du capital social des sociétés qui bénéficient des éléments d'actif et de passif et, éventuellement, d'une soulte en espèces ne dépassant pas 10 % de la valeur nominale ou, à défaut de valeur nominale, du pair comptable de ces titres ;

d) "apport d'actifs", l'opération par laquelle une société apporte, sans être dissoute, l'ensemble ou une ou plusieurs branches de son activité à une autre société, moyennant la remise de titres représentatifs du capital social de la société bénéficiaire de l'apport ;

e) "échange d'actions", l'opération par laquelle une société acquiert, dans le capital social d'une autre société, une participation ayant pour effet de lui conférer la majorité des droits de vote de cette société, ou, si elle détient déjà une telle majorité, acquiert une nouvelle participation moyennant l'attribution aux associés de l'autre société, en échange de leurs titres, de titres représentatifs du capital social de la première société et, éventuellement, d'une soulte en espèces ne dépassant pas 10 % de la valeur nominale ou, à défaut de valeur nominale, du pair comptable des titres qui sont remis en échange ;

f) "société apporteuse", la société qui transfère son patrimoine, activement et passivement, ou qui apporte l'ensemble ou une ou plusieurs branches de son activité ;

g) "société bénéficiaire", la société qui reçoit le patrimoine, activement et passivement, ou l'ensemble ou une ou plusieurs branches d'activité de la société apporteuse ;

h) "société acquise", la société dans laquelle une autre société acquiert une participation, moyennant un échange de titres ;

i) "société acquérante", la société qui acquiert une participation, moyennant un échange de titres ;

j) "branche d'activité", l'ensemble des éléments d'actif et de passif d'une division d'une société qui constituent, du point de vue de l'organisation, une exploitation autonome, c'est-à-dire un ensemble capable de fonctionner par ses propres moyens ;

k) "transfert du siège statutaire", l'opération par laquelle, sans liquidation ou création d'une nouvelle personne morale, une SE ou une SCE transfère son siège statutaire d'un État membre à un autre.

Art. 3 Aux fins de l'application de la présente directive, on entend par "société d'un État membre" toute *société* :

a) qui revêt une des formes énumérées à l'annexe I, partie A ;

b) qui, selon la législation fiscale d'un État membre, est considérée comme ayant dans cet État membre son domicile fiscal et, aux termes d'une convention en matière de double imposition conclue avec un pays tiers, n'est pas considérée comme ayant son domicile fiscal hors de la Communauté ; et

c) qui est assujettie, sans possibilité d'option et sans en être exonérée, à l'un des impôts figurant à l'annexe I, partie B, ou à tout autre impôt qui viendrait se substituer à l'un de ces impôts.

CHAPITRE II *Règles applicables aux fusions, scissions, scissions partielles, à l'apport d'actifs et à l'échange d'actions*

Art. 4 1. La fusion, la scission ou la scission partielle n'entraîne aucune imposition des plus-values qui sont déterminées par la différence entre la valeur réelle des éléments d'actif et de passif transférés et leur valeur fiscale.

2. Aux fins du présent article, on entend par :

a) "valeur fiscale", la valeur qui aurait été retenue pour le calcul d'un profit ou d'une perte entrant en compte pour l'assiette de l'impôt frappant le revenu, les bénéfices ou les plus-values de la société apporteuse si ces éléments d'actif et de passif avaient été vendus lors de la fusion, de la scission ou de la scission partielle, mais indépendamment d'une telle opération ;

b) "éléments d'actif et de passif transférés", les éléments d'actif et de passif de la société apporteuse qui, par suite de la fusion, de la scission ou de la scission partielle, sont effectivement rattachés à un établissement stable de la société bénéficiaire situé dans l'État membre de la société apporteuse et qui concourent à la formation des profits ou des pertes pris en compte pour l'assiette des impôts.

3. Lorsque le paragraphe 1 s'applique et qu'un État membre considère une société apporteuse non résidente comme fiscalement transparente, sur la base de l'évaluation par cet État membre des caractéristiques juridiques de la société au titre de la législation en vertu de laquelle elle a été constituée, et qu'il impose, par conséquent, les associés au titre de leur part des bénéfices de la société apporteuse au moment où naissent ces bénéfices, l'État membre en question n'impose pas les revenus, les bénéfices ou les plus-values déterminés par la différence entre la valeur réelle des éléments d'actif et de passif transférés et leur valeur fiscale.

4. Les paragraphes 1 et 3 ne s'appliquent que si la société bénéficiaire calcule les nouveaux amortissements et les plus-values ou moins-values afférentes aux éléments d'actif et de passif transférés dans les mêmes conditions que l'auraient fait la ou les sociétés apporteuses si la fusion, la scission ou la scission partielle n'avait pas eu lieu.

5. Dans le cas où, selon la législation de l'État membre de la société apporteuse, la société bénéficiaire est admise à calculer les nouveaux amortissements ou les plus-values ou moins-values afférentes aux éléments d'actif et de passif transférés dans des conditions différentes de celles prévues au paragraphe 4, le paragraphe 1 ne s'applique pas aux éléments d'actif et de passif pour lesquels la société bénéficiaire a usé de cette faculté.

Art. 5 Les États membres prennent les mesures nécessaires pour que les provisions ou réserves régulièrement constituées en franchise partielle ou totale d'impôt par la société apporteuse, sauf celles qui proviennent d'établissements stables à l'étranger, soient reprises, dans les mêmes conditions de franchise d'impôt, par les établissements stables de la société bénéficiaire situés dans l'État membre de la société apporteuse, la société bénéficiaire se substituant alors aux droits et obligations de la société apporteuse.

Art. 6 Dans la mesure où les États membres appliquent, lorsque les opérations visées à l'article 1er, point a), interviennent entre sociétés de l'État membre de la société apporteuse, des dispositions permettant la reprise, par la société bénéficiaire, des pertes de la société apporteuse non encore amorties du point de vue fiscal, ils étendent le bénéfice de ces dispositions à la reprise, par les établissements stables de la société bénéficiaire situés sur leur territoire, des pertes de la société apporteuse non encore amorties du point de vue fiscal.

Art. 7 1. Lorsque la société bénéficiaire détient une participation dans le capital de la société apporteuse, la plus-value obtenue par la société bénéficiaire à l'occasion de l'annulation de sa participation ne donne lieu à aucune imposition.

2. Les États membres ont la faculté de déroger au paragraphe 1 lorsque la participation détenue par la société bénéficiaire dans le capital de la société apporteuse est inférieure à 15 %.

A partir du 1er janvier 2009, le pourcentage minimal de participation est de 10 %.

Art. 8 1. L'attribution, à l'occasion d'une fusion, d'une scission ou d'un échange d'actions, de titres représentatifs du capital social de la société bénéficiaire ou acquérante à un associé de la société apporteuse ou acquise, en échange de titres représentatifs du capital social de cette dernière société, ne doit, par elle-même, entraîner aucune imposition sur le revenu, les bénéfices ou les plus-values de cet associé.

2. L'attribution, à l'occasion d'une scission partielle, de titres représentatifs du capital social de la société bénéficiaire à un associé de la société apporteuse ne doit, par elle-même, entraîner aucune imposition sur le revenu, les bénéfices ou les plus-values de cet associé.

3. Lorsqu'un État membre considère un associé comme fiscalement transparent sur la base de l'évaluation par cet État membre des caractéristiques juridiques de l'associé au titre de la législation en vertu de laquelle il a été constitué, et qu'en conséquence, il impose les personnes ayant des intérêts dans l'associé au titre de leur part des bénéfices de l'associé au moment où naissent ces bénéfices, l'État membre en question n'impose pas ces personnes au titre des revenus, des bénéfices ou des plus-values résultant de l'attribution à l'associé de titres représentatifs du capital social de la société bénéficiaire ou acquérante.

4. Les paragraphes 1 et 3 ne s'appliquent que si l'associé n'attribue pas aux titres reçus en échange une valeur fiscale supérieure à la valeur que les titres échangés avaient immédiatement avant la fusion, la scission ou l'échange des actions.

5. Les paragraphes 2 et 3 ne s'appliquent que si l'associé n'attribue pas à la somme des titres reçus et des titres détenus dans le capital de la société apporteuse une valeur fiscale supérieure à la valeur que les titres détenus dans le capital de la société apporteuse avaient immédiatement avant la scission partielle.

6. L'application des paragraphes 1, 2 et 3 n'empêche pas les États membres d'imposer le profit résultant de la cession ultérieure des titres reçus de la même manière que le profit qui résulte de la cession des titres existant avant l'acquisition.

7. Aux fins du présent article, on entend par « valeur fiscale » la valeur qui servirait de base pour le calcul éventuel d'un profit ou d'une perte prise en compte pour déterminer l'assiette d'un impôt frappant les revenus, les bénéfices ou les plus-values de l'associé de la société.

8. Lorsqu'en vertu de la législation de l'État membre dont il est résident, un associé a la faculté d'opter pour un régime fiscal différent de celui défini aux paragraphes 4 et 5, les paragraphes 1, 2 et 3 ne s'appliquent pas aux titres pour lesquels cet associé aura exercé cette faculté.

9. Les paragraphes 1, 2 et 3 n'empêchent pas un État membre de prendre en compte, pour la taxation des associés, la soulte en espèces qui leur est éventuellement attribuée à l'occasion de la fusion, de la scission, de la scission partielle ou de l'échange d'actions.

Art. 9 Les articles 4, 5 et 6 s'appliquent aux apports d'actifs.

CHAPITRE III *Cas particulier de l'apport d'un établissement stable*

Art. 10 1. Lorsque parmi les biens apportés à l'occasion d'une fusion, d'une scission, d'une scission partielle ou d'un apport d'actifs figure un établissement stable de la société apporteuse situé dans un État membre autre que celui de cette société, l'État membre dans lequel se trouve la société apporteuse renonce à tout droit d'imposer cet établissement stable.

L'État membre de la société apporteuse peut réintégrer dans les bénéfices imposables de celle-ci les pertes antérieures de l'établissement stable qui ont éventuellement été déduites du bénéfice imposable de la société dans cet État membre et qui n'ont pas été compensées.

L'État membre dans lequel est situé l'établissement stable et l'État membre de la société bénéficiaire appliquent à cet apport les dispositions de la présente directive comme si l'État membre dans lequel se trouve l'établissement stable était celui de la société apporteuse.

Le présent paragraphe s'applique aussi dans le cas où l'établissement stable est situé dans le même État membre que celui dont la société bénéficiaire est résidente.

2. Par dérogation au paragraphe 1, lorsque l'État membre de la société apporteuse applique un régime d'imposition des bénéfices réalisés au niveau mondial, cet État membre a le droit d'imposer les bénéfices ou les plus-values réalisés par l'établissement stable à la suite de la fusion, de la scission, de la scission partielle ou de l'apport d'actif, à condition d'admettre la déduction de l'impôt, qui, n'étaient les dispositions de la présente directive, aurait été réclamé au titre de ces bénéfices ou de ces plus-values dans l'État membre où est situé l'établissement stable, de la même manière et pour le même montant que cela aurait été le cas *si cet impôt avait véritablement été exigé* et acquitté.

CHAPITRE IV *Cas particulier des entités transparentes*

Art. 11 1. Lorsqu'un État membre considère une société apporteuse ou acquise non résidente comme fiscalement transparente, sur la base de l'évaluation par cet État membre des caractéristiques juridiques de la société au titre de la législation en vertu de laquelle elle a été constituée, il a le droit de ne pas appliquer les dispositions de la présente directive lorsqu'il impose un associé direct ou indirect de cette société en ce qui concerne le revenu, les bénéfices ou les plus-values de cette société.

2. Un État membre qui exerce le droit visé au paragraphe 1 admet la déduction de l'impôt qui, n'étaient les dispositions de la présente directive, aurait été réclamé à la société fiscalement transparente pour son revenu, ses bénéfices ou ses plus-values, de la même manière et pour le même montant que cet État membre l'aurait fait si cet impôt avait véritablement été exigé et acquitté.

3. Lorsqu'un État membre considère une société bénéficiaire ou acquérante non résidente comme fiscalement transparente, sur la base de l'évaluation par cet État membre des caractéristiques juridiques de la société au titre de la législation en vertu de laquelle elle a été constituée, il a le droit de ne pas appliquer l'article 8, paragraphes 1, 2 et 3.

4. Lorsqu'un État membre considère une société bénéficiaire non résidente comme fiscalement transparente, sur la base de l'évaluation par cet État membre des caractéristiques juridiques de la société au titre de la législation en vertu de laquelle elle a été constituée, cet État membre peut appliquer aux associés directs ou indirects le même traitement fiscal qu'il appliquerait si la société bénéficiaire était résidente dans cet État membre.

CHAPITRE V *Règles applicables au transfert du siège statutaire d'une SE ou d'une SCE*

Art. 12 1. Lorsque :

a) une SE ou une SCE transfère son siège statutaire d'un État membre à un autre ; ou

b) à la suite du transfert de son siège statutaire d'un État membre à un autre État membre, une SE ou une SCE qui est résidente dans le premier État membre cesse d'être résidente dans cet État membre et devient résidente dans un autre État membre,

ce transfert du siège statutaire ou la cessation de résidence n'entraîne pas d'imposition des plus-values, calculées conformément à l'article 4, paragraphe 1, dans l'État membre duquel le siège statutaire a été transféré, résultant des éléments d'actif et de passif de la SE ou de la SCE qui, à la suite de ce transfert ou de cette cessation, restent effectivement rattachés à un établissement stable de la SE ou de la SCE dans l'État membre duquel le siège statutaire a été transféré et qui concourent à la formation des profits ou des pertes pris en compte aux fins de la fiscalité.

2. Le paragraphe 1 ne s'applique que si la SE ou la SCE calcule les nouveaux amortissements et les plus-values ou moins-values afférentes aux éléments d'actif et de passif qui restent effectivement rattachés à cet établissement stable dans les mêmes conditions que si le transfert du siège statutaire n'avait pas eu lieu ou que si la SE ou la SCE n'avait pas cessé d'être résidente fiscale.

3. Lorsque, en vertu de la législation de l'État membre duquel le siège statutaire a été transféré, la SE ou la SCE est autorisée à calculer les nouveaux amortissements et les plus-values ou moins-values afférentes aux éléments d'actif et de passif restant dans cet État membre dans des conditions différentes de celles visées au paragraphe 2, le paragraphe 1 ne s'applique pas aux éléments d'actif et de passif pour lesquels la SE ou la SCE a usé de cette faculté.

Art. 13 1. Lorsque :

a) une SE ou une SCE transfère son siège statutaire d'un État membre à un autre ; ou

b) à la suite du transfert de son siège statutaire d'un État membre à un autre, une SE ou une SCE qui est résidente dans le premier État membre cesse d'être résidente dans cet État membre et devient résidente dans un autre État membre,

les États membres prennent les mesures nécessaires pour que, lorsque des provisions ou réserves dûment constituées par la SE ou la SCE avant le transfert du siège statutaire sont partiellement ou totalement exemptées de l'impôt et ne proviennent pas d'établissements stables à l'étranger, ces provisions ou réserves puissent être reportées, en bénéficiant de la même exonération d'impôt, par un établissement stable d'une SE ou d'une SCE qui est situé sur le territoire de l'État membre duquel le siège statutaire a été transféré.

2. Dans la mesure où une société qui transfère son siège statutaire sur le territoire d'un État membre serait autorisée à reporter les pertes non amorties du point de vue fiscal ou à les imputer à un exercice antérieur, cet État membre autorise l'établissement stable, situé sur son territoire, de la SE ou de la SCE qui transfère son siège statutaire à reprendre les pertes non amorties du point de vue fiscal de la SE ou de la SCE, pour autant que le report des pertes ou l'imputation de celles-ci à un exercice antérieur aurait été possible dans des

circonstances comparables pour une société qui continue d'avoir son siège statutaire ou qui continue d'avoir sa résidence fiscale dans cet État membre.

Art. 14 1. Le transfert du siège statutaire d'une SE ou d'une SCE n'entraîne pas en soi d'imposition des revenus, bénéfices ou plus-values des associés.

2. L'application du paragraphe 1 n'empêche pas les États membres d'imposer le profit résultant de la cession ultérieure des titres représentatifs du capital social de la SE ou de la SCE qui transfère son siège statutaire.

CHAPITRE VI *Dispositions finales*

Art. 15 1. Un État membre peut refuser d'appliquer tout ou partie des dispositions des articles 4 à 14 ou d'en retirer le bénéfice lorsqu'une des opérations visées à l'article 1er :

a) a comme objectif principal ou comme un de ses objectifs principaux la fraude ou l'évasion fiscales ; le fait que l'opération n'est pas effectuée pour des motifs économiques valables, tels que la restructuration ou la rationalisation des activités des sociétés participant à l'opération, peut constituer une présomption que cette opération a comme objectif principal ou comme un de ses objectifs principaux la fraude ou l'évasion fiscales ;

b) a pour effet qu'une société, que celle-ci participe ou non à l'opération, ne remplit plus les conditions requises pour la représentation des travailleurs dans les organes de la société selon les modalités applicables avant l'opération en question.

2. Le paragraphe 1, point b), s'applique aussi longtemps que et dans la mesure où aucune réglementation communautaire comportant des dispositions équivalentes en matière de représentation des travailleurs dans les organes de la société n'est applicable aux sociétés faisant l'objet de la présente directive.

Art. 16 Les États membres communiquent à la Commission le texte des dispositions essentielles de droit interne qu'ils adoptent dans le domaine régi par la présente directive.

Art. 17 La directive 90/434/CEE, telle que modifiée par les actes visés à l'annexe II, partie A, est abrogée, sans préjudice des obligations des États membres en ce qui concerne les délais de transposition en droit national et d'application des directives indiqués à l'annexe II, partie B.

Les références faites à la directive abrogée s'entendent comme faites à la présente directive et sont à lire selon le tableau de correspondance figurant à l'annexe III.

Art. 18 La présente directive entre en vigueur le vingtième jour suivant celui de sa publication au *Journal officiel de l'Union européenne* *[soit le 15 déc. 2009]*.

Art. 19 Les États membres sont destinataires de la présente directive.

ANNEXE I
PARTIE A

LISTE DES SOCIÉTÉS VISÉES À L'ARTICLE 3, POINT A)

a) Les sociétés (SE) constituées conformément au règlement (CE) n° 2157/2001 et à la directive 2001/86/CE du Conseil du 8 octobre 2001 complétant le statut de la société européenne pour ce qui concerne l'implication des travailleurs et les sociétés coopératives (SCE) constituées conformément au règlement (CE) n° 1435/2003 et à la directive 2003/72/CE du Conseil du 22 juillet 2003 complétant le statut de la société coopérative européenne pour ce qui concerne l'implication des travailleurs ;

b) les sociétés de droit belge dénommées "société anonyme"/"naamloze vennootschap", "société en commandite par actions"/"commanditaire vennootschap op aandelen", "société privée à responsabilité limitée"/"besloten vennootschap met beperkte aansprakelijkheid", "société coopérative à responsabilité limitée"/"coöperatieve vennootschap met beperkte aansprakelijkheid", "société coopérative à responsabilité illimitée"/"coöperatieve vennootschap met onbeperkte aansprakelijkheid", "société en nom collectif"/"vennootschap onder firma", "société en commandite simple"/"gewone commanditaire vennootschap", les entités de droit public qui ont adopté une des formes juridiques mentionnées ci-dessus, ainsi que les autres sociétés constituées conformément au droit belge et assujetties à l'impôt sur les sociétés en Belgique ;

c) les sociétés de droit bulgare dénommées « Събирателното дружество », « командитното дружество », « дружеството с ограничена отговорност », « акционерното дружество », « командитното дружество с акции », « кооперации », « кooперативн съюзи », et « държавнипредприятия » constituées conformément au droit bulgare et exerçant des activités commerciales ;

d) les sociétés de droit tchèque dénommées "akciová spolecnost" et "spolecnost s rucením omezeným" ;

e) les sociétés de droit danois dénommées "aktieselskab" et "anpartsselskab" ainsi que les autres sociétés assujetties à l'impôt en vertu de la législation sur l'imposition des sociétés, à condition que leurs revenus imposables soient calculés et imposés conformément à la législation fiscale générale applicable aux "aktieselskaber" ;

f) les sociétés de droit allemand dénommées "Aktiengesellschaft", "Kommanditgesellschaft auf Aktien", "Gesellschaft mit beschränkter Haftung", "Versicherungsverein auf Gegenseitigkeit", "Erwerbs- und Wirtschaftsgenossenschaft", "Betriebe gewerblicher Art von juristischen Personen des öffentlichen Rechts", ainsi que les autres sociétés constituées conformément au droit allemand et assujetties à l'impôt sur les sociétés en Allemagne ;

g) les sociétés de droit estonien dénommées "täisühing", "usaldusühing", "osaühing", "aktsiaselts" et "tulundusühistu" ;

h) les sociétés de droit irlandais ou existant conformément au droit irlandais, les établissements enregistrés sous le régime de l'"Industrial and Provident Societies Act", les "building societies" enregistrées sous le régime des "Building Societies ACTS" et les "trustee savings banks" au sens du "Trustee Savings Banks Act" de 1989 ;

i) les sociétés de droit grec dénommées « ανώνυμη εταιρεία » et « εταιρεία περιωρισμένης ευθύνης (Ε.Π.Ε.) » ;

j) les sociétés de droit espagnol dénommées "sociedad anónima", "sociedad comanditaria por acciones", "sociedad de responsabilidad limitada", et les entités de droit public qui opèrent sous le régime du droit privé ;

k) les sociétés de droit français dénommées "société anonyme", "société en commandite par actions", "société à responsabilité limitée", "société par actions simplifiée", "société d'assurance mutuelle", "caisses d'épargne et de prévoyance", "sociétés civiles" assujetties de plein droit à l'impôt sur les sociétés, "coopératives" et "unions de coopératives", les établissements et entreprises publics à caractère industriel et commercial, ainsi que les autres sociétés constituées conformément au droit français et assujetties à l'impôt sur les sociétés en France ;

(Dir. n° 2013/13/UE du 13 mai 2013, en vigueur le 1er juill. 2013) « *ka)* les sociétés de droit croate dénommées "dioničo društvo", "društvo s ograničenom odgovornošću" ainsi que les autres sociétés constituées conformément au droit croate et assujetties à l'impôt sur les bénéfices en Croatie ; »

l) les sociétés de droit italien dénommées "società per azioni", "società in accomandita per azioni", "società a responsabilità limitata", "società cooperative", "società di mutua assicurazione", et les entités privées et publiques qui exercent exclusivement ou principalement des activités commerciales ;

m) les sociétés (« εταιρείες ») de droit chypriote telles qu'elles sont définies dans la législation concernant l'impôt sur le revenu ;

n) les sociétés de droit letton dénommées « akciju sabiedrība» et « sabiedrība ar ierobežotu atbildību » ;

o) les sociétés constituées conformément au droit lituanien ;

p) les sociétés de droit luxembourgeois dénommées "société anonyme", "société en commandite par actions", "société à responsabilité limitée", "société coopérative", "société coopérative organisée comme une société anonyme", "association d'assurances mutuelles", "association d'épargne-pension", "entreprise de nature commerciale, industrielle ou minière de l'État, des communes, des syndicats de communes, des établissements publics et des autres personnes morales de droit public", ainsi que les autres sociétés constituées conformément au droit luxembourgeois et assujetties à l'impôt sur les sociétés au Luxembourg ;

q) les sociétés de droit hongrois dénommées "közkereseti társaság", "betéti társaság", "közös vállalat", "korlátolt felelősségűtársaság", "részvénytársaság", "egyesülés", "közhasznú társaság" et "szövetkezet" ;

r) les sociétés de droit maltais dénommées "Kumpaniji ta'Responsabilita 'Limitata" et "Socjetajlet en commandite li l-kapital taghhom maqsum f'azzjonijiet " ;

s) les sociétés de droit néerlandais dénommées "naamloze vennnootschap", "besloten vennootschap met beperkte aansprakelijkheid", "open commanditaire vennootschap", "coöperatie", "onderlinge waarborgmaatschappij", "fonds voor gemene rekening", "vereniging op coöperatieve grondslag" et "vereniging welke op onderlinge grondslag als verzekeraar of kredietinstelling optreedt", ainsi que les autres sociétés constituées conformément au droit néerlandais et assujetties à l'impôt sur les sociétés aux Pays-Bas ;

t) les sociétés de droit autrichien dénommées "Aktiengesellschaft", "Gesellschaft mit beschränkter Haftung" et "Erwerbs-und Wirtschaftsgenossenschaften" ;

u) les sociétés de droit polonais dénommées «spółka akcyjna» et «spółka z ograniczoną odpowiedzialnością» ;

v) les sociétés commerciales ou sociétés civiles de forme commerciale, ainsi que les autres personnes morales exerçant des activités commerciales ou industrielles qui sont constituées conformément au droit portugais ;

w) les sociétés de droit roumain dénommées « societăîl pe acíluni», «societăţi în comandită pe acţiluni» et «societăţi cu răspundere limitată » ;

x) les sociétés de droit slovène dénommées « delniška družba », « komanditna družba » et « družba z omejeno odgovornostjo » ;

y) les sociétés de droit slovaque dénommées « akciová spoločnost' », « spoločnost's ručením obmedzeným » et « komanditná spoločnost' » ;

z) les sociétés de droit finlandais dénommées "osakeyhtiö"/"aktiebolag", "osuuskunta"/"andelslag", "säästöpankki"/"sparbank" et "vakuutusyhtiö"/"försäkringsbolag" ;

aa) les sociétés de droit suédois dénommées "aktiebolag", "bankaktiebolag", "försäkringsaktiebolag", "ekonomiska föreningar", "sparbanker" et "ömsesidiga försäkringsbolag" ;

ab) les sociétés constituées conformément au droit du Royaume-Uni.

PARTIE B

LISTE DES IMPÔTS VISÉS À L'ARTICLE 3, POINT C)

— impôt des sociétés/vennootschapsbelasting en Belgique,
— корпоративен данък en Bulgarie,
— daň z příjmů právnických osob en République tchèque,
— selskabsskat au Danemark,
— Körperschaftssteuer en Allemagne,
— tulumaks en Estonie,
— corporation tax en Irlande,
— φόρος εισοδήματος νομιών ποσώπων κερδοκοπικού χαρακτήρα en Grèce,
— impuesto sobre sociedades en Espagne,
— impôt sur les sociétés en France,

(Dir. nº 2013/13/UE du 13 mai 2013) « — "porez na dobit" en Croatie, » *– Les présentes dispositions de la Dir. nº 2013/13/UE du 13 mai 2013 entrent en vigueur sous réserve et à la date d'entrée en vigueur du traité d'adhésion de la Croatie (Dir. préc., art. 3).*

— imposta sul reddito delle società en Italie,
— φόρος εισοδήματος à Chypre,
— uzņēmumu ienākuma nodoklis en Lettonie,
— pelno mokestis en Lituanie,
— impôt sur le revenu des collectivités au Luxembourg,
— társasági adó en Hongrie,
— taxxa fuq l-income à Malte,
— vennootschapsbelasting aux Pays-Bas,
— Körperschaftssteuer en Autriche,
— podatek dochodowy od osób prawnych en Pologne,
— imposto sobre o rendimento das pessoas colectivas au Portugal,
— impozit pe profit en Roumanie,
— davek od dobička pravnih oseb en Slovénie
— daň z príjmov právnických osôb en Slovaquie,
— yhteisöjen tulovero/inkomstskatten för samfund en Finlande,
— statlig inkomstskatt en Suède,
— corporation tax au Royaume-Uni.

ANNEXE II

Abrogation et délais de transposition : V. JOUE 25 nov. 2009, L 310/34.

ANNEXE III

Tableau de correspondance : V. JOUE 25 nov. 2009, L 310/34.

Loi nº 2009-1674 du 30 décembre 2009,

De finances rectificative pour 2009.

Art. 85 *[...]*

V. – Les titres transférés, conformément à la réglementation comptable, du compte de titres de transaction au compte de titres de placement ou d'investissement depuis le 1er juillet 2008 constituent des titres de placement ou d'investissement à compter de la date du transfert. Toutefois, lorsque leur valeur fiscale prise en compte pour la détermination du

résultat imposable du dernier exercice clos avant le 31 décembre 2009 diffère de leur valeur comptable, ces titres sont réputés avoir été inscrits à l'ouverture de l'exercice suivant pour cette valeur fiscale puis transférés ce même jour depuis le compte de titres de transaction pour leur valeur comptable.

Loi n° 2010-737 du 1er juillet 2010,

Portant réforme du crédit à la consommation.

Art. 28 *(Abrogé par L. n° 2016-1691 du 9 déc. 2016, art. 78-I)* ***Toute publicité relative à une opération d'acquisition de logement destiné à la location et susceptible de bénéficier des dispositions prévues*** *(Abrogé par L. n° 2014-344 du 17 mars 2014, art. 6-VII)* ***« aux articles 199 decies E à 199 decies G, » au b du 2 de l'article 199 undecies A, ainsi qu'aux articles 199 tervicies, 199 sexvicies et*** *(L. n° 2014-344 du 17 mars 2014, art. 6-VII)* ***« 199 novovicies*** *[ancienne rédaction : 199 septvicies]* ***» du code général des impôts doit comporter une mention indiquant que le non-respect des engagements de location entraîne la perte du bénéfice des incitations fiscales. Cette mention doit figurer dans une taille de caractères au moins aussi importante que celle utilisée pour indiquer toute autre information relative aux caractéristiques de l'investissement et s'inscrire dans le corps principal du texte publicitaire.***

(L. n° 2010-1249 du 22 oct. 2010, art. 88-III) ***« Le premier alinéa est également applicable aux contribuables bénéficiant des dispositions de l'article 199 undecies C du code général des impôts. »***

Loi n° 2010-1658 du 29 décembre 2010,

De finances rectificative pour 2010.

Art. 34

Champ d'application de la révision

(Abrogé par L. n° 2017-1775 du 28 déc. 2017, art. 30) ***« I. — Les conditions de la révision des valeurs locatives des propriétés bâties mentionnées à l'article 1498 du code général des impôts, de celles affectées à une activité professionnelle non commerciale au sens de l'article 92 du même code et de celles affectées à un usage professionnel spécialement aménagées pour l'exercice d'une activité particulière mentionnées à l'article 1497 dudit code retenues pour l'assiette des impositions directes locales et de leurs taxes additionnelles sont fixées par le présent article.***

« La valeur locative des propriétés bâties mentionnées au premier alinéa est déterminée à la date de référence du 1er janvier 2013.

« Modalités d'évaluation des locaux professionnels

« II. — La valeur locative de chaque propriété bâtie ou fraction de propriété bâtie mentionnée au I est déterminée en fonction de l'état du marché locatif ou, à défaut, par référence aux autres critères prévus par le présent article. Elle tient compte de la nature, de la destination, de l'utilisation, des caractéristiques physiques, de la situation et de la consistance de la propriété ou fraction de propriété considérée.

« Les propriétés mentionnées au I sont classées dans des sous-groupes, définis en fonction de leur nature et de leur destination. A l'intérieur d'un sous-groupe, les propriétés sont, le cas échéant, classées par catégories, en fonction de leur utilisation et de leurs caractéristiques physiques. Les sous-groupes et catégories de locaux sont déterminés par décret en Conseil d'État. *— V. Décr. n° 2011-1267 du 10 oct. 2011 (JO 12 oct.).*

« III. — La valeur locative des propriétés bâties mentionnées au I est obtenue par application d'un tarif par mètre carré déterminé conformément au B du IV à la surface pondérée du local définie au V ou, à défaut de tarif, par la voie d'appréciation directe mentionnée au VI.

« Al. abrogé par L. n° 2013-1279 du 29 déc. 2013, art. 47-2°.

« IV. — A. — Il est constitué, dans chaque département, un ou plusieurs secteurs d'évaluation qui regroupent les communes ou sections cadastrales de communes qui, dans le département, présentent un marché locatif homogène.

« (Ord. n° 2014-1335 du 6 nov. 2014, art. 5-1° et 43-II, en vigueur le 1er janv. 2015) ***« Pour l'application des dispositions du présent article, le territoire de la métropole de Lyon est, avec le territoire du département du Rhône, assimilé au territoire d'un département.***

« B. — Les tarifs par mètre carré sont déterminés sur la base des loyers moyens constatés dans chaque secteur d'évaluation par catégorie de propriétés à la date de référence mentionnée au I pour l'entrée en vigueur de la révision et au second alinéa du X pour les années suivantes.

« A défaut, lorsque les loyers sont en nombre insuffisant ou ne peuvent être retenus, ces tarifs sont déterminés par comparaison avec les tarifs fixés pour les autres catégories de locaux du même sous-groupe du même secteur d'évaluation.

« A défaut d'éléments suffisants ou pouvant être retenus au sein du même secteur d'évaluation, ces tarifs sont déterminés par comparaison avec ceux qui sont appliqués pour des propriétés de la même catégorie ou, à défaut, du même sous-groupe dans des secteurs d'évaluation présentant des niveaux de loyers similaires, dans le département ou dans un autre département.

« Les tarifs par mètre carré peuvent être majorés de 1,1 ou 1,15 ou minorés de 0,85 ou 0,9 par application d'un coefficient de localisation destiné à tenir compte de la situation de la parcelle d'assise de la propriété au sein du secteur d'évaluation.

« V. — La surface pondérée d'un local est obtenue à partir de la superficie de ses différentes parties, réduite, le cas échéant, au moyen de coefficients fixés par décret, pour tenir compte de leur utilisation et de leurs caractéristiques physiques respectives.

« VI. — Lorsque le IV n'est pas applicable, la valeur locative est déterminée par voie d'appréciation directe en appliquant un taux de 8 % à la valeur vénale de la propriété ou fraction de propriété au sens du I, telle qu'elle serait constatée à la date de référence définie au B du IV si cette propriété ou fraction de propriété était libre de toute location ou occupation.

« A défaut, la valeur vénale de la propriété ou fraction de propriété au sens du I est déterminée en ajoutant à la valeur vénale du terrain, estimée à la date de référence par comparaison avec celle qui ressort de transactions relatives à des terrains à bâtir situés dans une zone comparable, la valeur de reconstruction à la date de référence de la propriété.

« La valeur locative mentionnée au premier alinéa du présent VI est réduite de moitié pour tenir compte de l'impact de l'affectation de la propriété ou fraction de propriété au sens du I, partielle ou totale, à un service public ou d'utilité générale.

« Mise en œuvre de la révision des valeurs locatives

« Procédure d'évaluation

« VII. — A. — 1. La commission départementale des valeurs locatives des locaux professionnels prévue au VIII dispose d'un délai de deux mois à compter de la date à laquelle lui sont remis les avant-projets élaborés par l'administration fiscale pour établir des projets de :

« a) Délimitation des secteurs d'évaluation prévus au A du IV ;

« b) Tarifs déterminés en application du B du même IV ;

« c) Définition des parcelles auxquelles s'applique le coefficient de localisation mentionné au même B.

« 2. A l'expiration du délai de deux mois mentionné au 1, l'administration fiscale transmet les projets établis par la commission départementale des valeurs locatives des locaux professionnels ou, à défaut, les avant-projets mentionnés au même 1 :

« a) Aux commissions intercommunales des impôts directs prévues à l'article 1650 A du code général des impôts pour les établissements publics de coopération intercommunale soumis au régime fiscal prévu à l'article 1609 nonies C du même code ;

« b) Aux commissions communales des impôts directs prévues à l'article 1650 dudit code pour les communes isolées et les communes appartenant à un établissement public de coopération intercommunale mentionné au II de l'article 1379-0 bis du même code n'ayant pas opté pour le régime fiscal prévu à l'article 1609 nonies C dudit code.

« La situation des communes et des établissements publics de coopération intercommunale est appréciée au 1er janvier de l'année au cours de laquelle les commissions intercommunales et communales sont saisies.

« 3. A compter de la réception de ces projets ou de ces avant-projets, les commissions communales et intercommunales disposent d'un délai de trente jours pour transmettre leur avis à la commission départementale des valeurs locatives des locaux professionnels. Cet avis est réputé favorable si la commission ne s'est pas prononcée dans ce délai.

« S'il y a accord entre les commissions communales et intercommunales consultées et la commission départementale des valeurs locatives des locaux professionnels, cette dernière arrête les secteurs d'évaluation, les tarifs applicables et les coefficients de localisation. Ces décisions sont publiées et notifiées dans des conditions fixées par décret en Conseil d'État. — V. Décr. nº 2015-751 du 24 juin 2015, art. 1er, 2 et 4 à 6.

« 4. En cas de désaccord persistant pendant plus d'un mois après réception des avis mentionnés au premier alinéa du 3 entre la commission départementale des valeurs locatives des locaux professionnels et l'une des commissions communales et intercommunales consultées, ou lorsque la décision prévue au second alinéa du même 3 n'est pas conforme aux projets approuvés par les commissions communales et intercommunales consultées, l'administration fiscale saisit sans délai la commission départementale des impôts directs locaux.

« (Ord. nº 2014-1335 du 6 nov. 2014, art. 5-2° et 43-II, en vigueur le 1er janv. 2015) *« 5. Les projets de délimitation des secteurs d'évaluation et des tarifs élaborés par la commission des valeurs*

locatives des locaux professionnels du département du Rhône ou, le cas échéant, les avant-projets définis par l'administration fiscale conservent leurs effets sur le territoire de la métropole de Lyon.

« B. — Lorsqu'elle est saisie en application du 4 du A, la commission départementale des impôts directs locaux statue dans un délai de trente jours. A défaut de décision dans ce délai, les secteurs d'évaluation, les tarifs et les coefficients de localisation sont arrêtés par le représentant de l'État dans le département.

« Ces décisions sont publiées et notifiées dans des conditions fixées par décret en Conseil d'État.

« C. — Les modalités d'application des A et B sont fixées par décret en Conseil d'État.

« D. — Lorsque les décisions relatives aux tarifs prises par la commission départementale des valeurs locatives des locaux professionnels ou la commission départementale des impôts directs locaux ne sont manifestement pas conformes au B du IV, l'administration fiscale saisit, avant leur notification ou publication, la commission départementale des impôts directs locaux afin qu'elle élabore de nouveaux tarifs.

« A défaut de nouveaux tarifs conformes dans un délai de trente jours, le représentant de l'État dans le département arrête les tarifs. Si la décision du représentant de l'État dans le département s'écarte de celle de la commission départementale des impôts directs locaux, elle est assortie d'une motivation.

« Ces décisions sont publiées et notifiées dans des conditions fixées par décret en Conseil d'État.

« Création des commissions départementales des valeurs locatives des locaux professionnels

« VIII. — Il est institué dans chaque département une commission départementale des valeurs locatives des locaux professionnels comprenant deux représentants de l'administration fiscale, dix représentants des collectivités territoriales et des établissements publics de coopération intercommunale à fiscalité propre, ainsi que neuf représentants des contribuables désignés par le représentant de l'État dans le département.

« Les représentants de l'administration fiscale participent aux travaux de la commission avec voix consultative.

« (Ord. n° 2014-1335 du 6 nov. 2014, art. 5-3° et 43-II, en vigueur le 1er janv. 2015) *« Pour le département de Paris, les représentants des élus locaux sont dix membres en exercice du conseil de Paris.*

« La commission départementale des valeurs locatives des locaux professionnels du département du Rhône est compétente pour le département du Rhône et le territoire de la métropole de Lyon. Elle est dénommée commission départementale des valeurs locatives des locaux professionnels du département du Rhône et de la métropole de Lyon. Au sein de cette commission, à compter du 1er janvier de l'année d'intégration des résultats de la révision des valeurs locatives des locaux professionnels dans les bases des impôts directs locaux, les représentants des élus locaux sont : un membre en exercice du conseil départemental et trois membres du conseil de la métropole, deux maires en exercice représentant les communes du département du Rhône et deux maires en exercice représentant les communes situées sur le territoire de la métropole de Lyon et deux représentants en exercice des établissements publics de coopération intercommunale à fiscalité propre.

« Pour les autres départements, ces représentants comprennent deux membres en exercice du conseil départemental (Ord. n° 2016-1561 du 21 nov. 2016, art. 6 et 20, en vigueur le 1er janv. 2018) *« , ou, en Corse, deux conseillers à l'Assemblée de Corse élus en son sein », quatre maires en exercice et quatre représentants en exercice des établissements publics de coopération intercommunale à fiscalité propre.*

« Le président de la commission est élu parmi les représentants des collectivités territoriales et des établissements publics de coopération intercommunale à fiscalité propre. Il a voix prépondérante en cas de partage égal.

« Les modalités d'application du présent VIII sont fixées par décret en Conseil d'État. — V. Décr. n° 2013-993 du 7 nov. 2013 (JO 9 nov.).

« Création des commissions départementales des impôts directs locaux

« IX. — Il est institué dans chaque département une commission départementale des impôts directs locaux présidée par le président du tribunal administratif territorialement compétent ou un membre de ce tribunal délégué par lui. Cette commission comprend trois représentants de l'administration fiscale, six représentants des collectivités territoriales et des établissements publics de coopération intercommunale à fiscalité propre, ainsi que cinq représentants des contribuables désignés par le représentant de l'État dans le département.

« (Ord. n° 2014-1335 du 6 nov. 2014, art. 5-4° et 43-II, en vigueur le 1er janv. 2015) *« Pour le département de Paris, les représentants des élus locaux sont six membres en exercice du conseil de Paris.*

« La commission départementale des impôts directs locaux du département du Rhône est compétente pour le département du Rhône et le territoire de la métropole de Lyon. Elle est dénommée

commission des impôts directs locaux du département du Rhône et de la métropole de Lyon. A compter du 1er janvier 2015, les représentants des élus locaux au sein de cette commission sont : un membre en exercice du conseil départemental, deux membres en exercice du conseil de la métropole de Lyon, un maire en exercice représentant les communes du département du Rhône, un maire en exercice représentant les communes situées sur le territoire de la métropole de Lyon et un représentant en exercice des établissements publics de coopération intercommunale à fiscalité propre.

« Pour les autres départements, ces représentants comprennent un membre en exercice du conseil départemental (Ord. n° 2016-1561 du 21 nov. 2016, art. 6 et 20, en vigueur le 1er janv. 2018) *« , ou, en Corse, un conseiller à l'Assemblée de Corse élu en son sein », trois maires en exercice et deux représentants en exercice des établissements publics de coopération intercommunale à fiscalité propre.*

« Les modalités d'application du présent IX sont fixées par décret en Conseil d'État. — V. Décr. n° 2013-993 du 7 nov. 2013 (JO 9 nov.), mod. par Décr. n° 2014-745 du 30 juin 2014 (JO 2 juill.).

« Dispositif de mise à jour permanente

« X. — Les tarifs de chaque catégorie dans chaque secteur d'évaluation sont mis à jour par l'administration fiscale à partir de l'évolution des loyers constatés dans les déclarations prévues à l'article 1498 bis du code général des impôts chaque année à compter de l'année qui suit celle de la prise en compte des résultats de la révision pour l'établissement des bases. Lorsque ces loyers sont en nombre insuffisant ou ne peuvent, compte tenu de leur montant par rapport au montant du loyer moyen du secteur d'évaluation, être retenus, ces tarifs sont mis à jour dans les conditions prévues (Ord. n° 2014-1335 du 6 nov. 2014, art. 5-5° et 43-II, en vigueur le 1er janv. 2015) *« au deuxième alinéa ou, pour les propriétés situées sur le territoire de la métropole de Lyon, au troisième alinéa du XIII. Ces tarifs sont publiés et notifiés dans des conditions fixées par décret en Conseil d'État.* — V. Décr. n° 2015-751 du 24 juin 2015, art. 3 à 6.

« Lorsque de nouveaux tarifs sont créés, ils sont établis conformément aux modalités fixées au B du IV à la date de référence du 1er janvier de l'année précédant celle de la création du tarif et arrêtés conformément au VII du présent article. La date de référence retenue pour l'évaluation par appréciation directe de nouveaux locaux relevant de la méthode définie au VI est le 1er janvier de l'année de création du local.

« XI. — La commission départementale des valeurs locatives des locaux professionnels prévue au VIII peut modifier chaque année l'application des coefficients de localisation mentionnés au B du IV, après avis des commissions communales ou intercommunales des impôts directs prévues aux articles 1650 et 1650 A du code général des impôts. Les décisions de la commission sont publiées et notifiées dans des conditions fixées par décret en Conseil d'État et doivent être transmises à l'administration fiscale avant le 31 décembre de l'année précédant celle de leur prise en compte pour l'établissement des bases. Ces modifications pourront intervenir à compter des impositions établies au titre de l'année 2018. — Sur les modalités de publication des décisions, V. Décr. n° 2015-751 du 24 juin 2015, art. 1er et 4 à 6.

« XII. — Il est procédé à la délimitation des secteurs d'évaluation dans les conditions mentionnées au VII l'année qui suit le renouvellement général des conseils municipaux et au plus tôt quatre ans après la prise en compte des résultats de la révision pour l'établissement des bases prévue par le présent article.

« XIII. — La valeur locative des propriétés bâties mentionnées au I est mise à jour chaque année par application du tarif par mètre carré, déterminé conformément au X, à la surface pondérée du local définie au V.

« La valeur locative des propriétés bâties mentionnées au I évaluées par la voie d'appréciation directe prévue au VI du présent article et des immeubles relevant des articles 1500 et 1501 du code général des impôts est mise à jour, chaque année, par application d'un coefficient égal à celui de l'évolution, au niveau départemental, des loyers constatés dans les déclarations prévues à l'article 1498 bis du même code pour les locaux professionnels relevant des catégories qui regroupent le plus grand nombre de locaux et qui, ensemble, représentent au total plus de la moitié des locaux du département.

« La valeur locative des propriétés bâties mentionnées au deuxième alinéa situées sur le territoire de la métropole de Lyon est mise à jour par application d'un coefficient égal à celui de l'évolution des loyers constatés dans les déclarations prévues à l'article 1498 bis du même code pour les locaux professionnels relevant des catégories qui regroupent le plus grand nombre de locaux et qui, ensemble, représentent au total plus de la moitié des locaux du département du Rhône et de la métropole de Lyon.

« Voies de recours

« XIV. — Le tribunal administratif dispose d'un délai de trois mois à compter de sa saisine pour se prononcer sur les recours pour excès de pouvoir contre les décisions prises conformément aux VII

et VIII. Si le tribunal administratif n'a pas statué à l'issue de ce délai, l'affaire est transmise à la cour administrative d'appel territorialement compétente.

« XV. — Les décisions prises en application du VII autres que celles portant sur les coefficients de localisation ne peuvent pas être contestées à l'occasion d'un litige relatif à la valeur locative d'une propriété bâtie.

« Intégration des résultats de la révision des valeurs locatives des locaux professionnels dans les bases

« XVI. A. — Les résultats de la révision des valeurs locatives des locaux mentionnée au I sont pris en compte à compter :

« 1° De l'établissement des bases au titre de 2017, dans les conditions prévues aux B et C ;

« 2° De la cotisation sur la valeur ajoutée des entreprises reversée par l'État en 2018.

« B. — 1. En vue de l'établissement de la taxe foncière sur les propriétés bâties, de la cotisation foncière des entreprises, de la taxe d'habitation et de la taxe d'enlèvement des ordures ménagères, la valeur locative des propriétés bâties est corrigée par un coefficient de neutralisation.

« Ce coefficient est égal, pour chaque taxe et chaque collectivité territoriale, au rapport entre, d'une part, la somme des valeurs locatives non révisées au 1er janvier 2017 des propriétés bâties imposables au titre de cette année dans son ressort territorial, à l'exception de celles mentionnées au 2, et, d'autre part, la somme des valeurs locatives révisées de ces propriétés à la date de référence du 1er janvier 2013.

« Le coefficient de neutralisation déterminé pour chacune de ces taxes s'applique également pour l'établissement de leurs taxes annexes.

« Les coefficients déterminés pour une commune s'appliquent aux bases imposées au profit des établissements publics de coopération intercommunale dont elle est membre.

« 2. Par dérogation au 1 du présent B, le coefficient de neutralisation appliqué, pour chaque taxe, à la valeur locative des propriétés bâties prises en compte dans les bases d'imposition de La Poste dans les conditions prévues à l'article 1635 sexies du code général des impôts est égal au rapport entre, d'une part, la somme des valeurs locatives non révisées de ces propriétés au 1er janvier 2017 imposables au titre de cette année et, d'autre part, la somme des valeurs locatives révisées de ces propriétés à la date de référence du 1er janvier 2013.

« C. — Le B du présent XVI cesse de s'appliquer l'année de la prise en compte, pour l'établissement des bases, de la révision des valeurs locatives des locaux d'habitation et des locaux servant à l'exercice d'une activité salariée à domicile prévue au B du II de l'article 74 de la loi n° 2013-1279 du 29 décembre 2013 de finances rectificative pour 2013.

« D. — Pour les impositions dues au titre des années 2017 à 2025 :

« 1° Lorsque la différence entre la valeur locative non révisée au 1er janvier 2017 et la valeur locative résultant du B du présent XVI est positive, celle-ci est majorée d'un montant égal à la moitié de cette différence ;

« 2° Lorsque la différence entre la valeur locative non révisée au 1er janvier 2017 et la valeur locative résultant du même B est négative, celle-ci est minorée d'un montant égal à la moitié de cette différence.

« Le présent D n'est applicable ni aux locaux mentionnés au 2 dudit B, ni aux locaux ayant fait l'objet d'un des changements mentionnés au I de l'article 1406 du code général des impôts après le 1er janvier 2017. »

Obligations déclaratives et mesures de coordination

XVII. — Pour l'exécution de la révision des valeurs locatives des locaux commerciaux ainsi que des locaux affectés à une activité professionnelle non commerciale au sens de l'article 92 du code général des impôts, les propriétaires des biens mentionnés au I sont tenus de souscrire une déclaration précisant les informations relatives à chacune de leurs propriétés. Les modalités d'application du présent XVII sont fixées par arrêté des ministres chargés de l'économie et du budget. — *V. CGI, art. 1729 C.*

(Abrogé par L. n° 2017-1775 du 28 déc. 2017, art. 30) « XVIII à XXI. — Textes modificateurs et divers échus en 2011 (V. ss. art. 1729 C).

« XXII. — A. — Des exonérations partielles d'impôts directs locaux sont accordées au titre des années 2017 à 2025 lorsque la différence entre la cotisation établie au titre de l'année 2017 et la cotisation qui aurait été établie au titre de cette même année sans application du XVI est positive.

« Pour chaque impôt, l'exonération est égale aux neuf dixièmes de la différence définie au premier alinéa du présent A pour les impositions établies au titre de l'année 2017, puis réduite chaque année d'un dixième de cette différence. »

« L'exonération cesse d'être accordée à compter de l'année qui suit celle au cours de laquelle la propriété ou fraction de propriété fait l'objet d'un des changements mentionnés au I de l'article 1406 du code général des impôts.

« B. — Les impôts directs locaux établis au titre des années 2017 à 2025 sont majorés lorsque la différence entre la cotisation qui aurait été établie au titre de l'année 2017 sans application du XVI et la cotisation établie au titre de cette même année est positive.

« Pour chaque impôt, la majoration est égale aux neuf dixièmes de la différence définie au premier alinéa du présent B pour les impositions établies au titre de l'année 2017, puis réduite chaque année d'un dixième de cette différence. »

« Cette majoration est supprimée à compter de l'année qui suit celle au cours de laquelle la propriété ou fraction de propriété fait l'objet d'un des changements mentionnés au I de l'article 1406 du code général des impôts.

« C. — Pour l'application des A et B :

« 1° Les impôts directs locaux s'entendent de la taxe foncière sur les propriétés bâties, de la cotisation foncière des entreprises, de la taxe d'habitation et de leurs taxes annexes ;

« 2° La différence définie au premier alinéa des A et B s'apprécie pour chaque impôt en tenant compte de ses taxes annexes et des prélèvements prévus à l'article 1641 du code général des impôts.

« Elle s'apprécie par propriété ou fraction de propriété bâtie pour la taxe foncière sur les propriétés bâties » ;

« 3° Selon le cas, le coût de l'exonération ou la majoration est réparti entre les collectivités territoriales et, le cas échéant, les établissements publics de coopération intercommunale, les établissements publics fonciers, les chambres de commerce et d'industrie et les chambres de métiers et de l'artisanat au prorata de leur part dans la somme des variations positives de chaque fraction de cotisation leur revenant. »

Règlement d'exécution (UE) n° 282/2011 du Conseil du 15 mars 2011,

Portant mesures d'exécution de la directive 2006/112/CE relative au système commun de taxe sur la valeur ajoutée (refonte).

CHAPITRE PREMIER *Objet*

Art. 1er Le présent règlement porte mesures d'exécution de certaines dispositions des titres I à V et VII à XII de la directive 2006/112/CE.

CHAPITRE II *Champ d'application (titre I de la directive 2006/112/CE)*

Art. 2 Ne donnent pas lieu à des acquisitions intracommunautaires au sens de l'article 2, paragraphe 1, point b), de la directive 2006/112/CE :

a) le transfert d'un moyen de transport neuf effectué par une personne non assujettie à l'occasion d'un changement de résidence, pour autant que l'exonération prévue à l'article 138, paragraphe 2, point a), de la directive 2006/112/CE n'ait pas pu être appliquée au moment de la livraison ;

b) le renvoi d'un moyen de transport neuf effectué par une personne non assujettie vers l'État membre au départ duquel ce moyen de transport lui a été initialement fourni sous le couvert de l'exonération prévue à l'article 138, paragraphe 2, point a), de la directive 2006/112/CE.

Art. 3 Sans préjudice de l'article 59 *bis*, premier alinéa, point b), de la directive 2006/112/CE, la prestation des services suivants n'est pas soumise à la TVA, si le prestataire démontre que le lieu de cette prestation déterminé conformément aux sous-sections 3 et 4 de la section 4 du chapitre V du présent règlement est situé en dehors de la Communauté :

a) à partir du 1er janvier 2013, les services visés à l'article 56, paragraphe 2, premier alinéa, de la directive 2006/112/CE ;

b) à partir du 1er janvier 2015, les services énumérés à l'article 58 de la directive 2006/112/CE ;

c) les services énumérés à l'article 59 de la directive 2006/112/CE.

Art. 4 *L'assujetti pouvant bénéficier* de la non-imposition de ses acquisitions intracommunautaires de biens, conformément à l'article 3 de la directive 2006/112/CE, continue à pouvoir en bénéficier lorsque, conformément à l'article 214, paragraphe 1, point d) ou e) de ladite directive, un numéro d'identification TVA lui a été attribué aux fins des services qu'il reçoit et pour lesquels il est redevable de la TVA ou des services qu'il fournit sur le territoire d'un autre État membre et pour lesquels la TVA est due exclusivement par le bénéficiaire.

Toutefois, si cet assujetti communique ce numéro d'identification TVA à un fournisseur dans le cadre d'une acquisition intracommunautaire de biens, il est réputé avoir exercé l'option prévue à l'article 3, paragraphe 3, de ladite directive.

CHAPITRE III *Assujettis (titre III de la directive 2006/112/CE)*

Art. 5 Le groupement européen d'intérêt économique (GEIE) constitué conformément au règlement (CEE) n° 2137/85 qui effectue à titre onéreux des livraisons de biens ou des prestations de services en faveur de ses membres ou de tiers est un assujetti au sens de l'article 9, paragraphe 1, de la directive 2006/112/CE.

CHAPITRE IV *Opérations imposables (titre IV de la directive 2006/112/CE)* *(Règl. d'exécution (UE) 2019/2026 du 21 nov. 2019, art. 1er et 2, applicable à partir du 1er janv. 2021).*

SECTION I *Livraisons de biens (articles 14 à 19 de la directive 2006/112/CE)*

(Règl. d'exécution (UE) 2019/2026 du 21 nov. 2019, art. 1er et 2, applicable à partir du 1er janv. 2021)

Art. 5 *bis* Aux fins de l'application de l'article 14, paragraphe 4, de la directive 2006/112/CE, les biens sont considérés comme expédiés ou transportés par le fournisseur ou pour son compte, y compris lorsque le fournisseur intervient indirectement dans l'expédition ou le transport des biens, en particulier dans les cas suivants :

a) lorsque l'expédition ou le transport des biens est sous-traité par le fournisseur à un tiers qui livre les biens à l'acquéreur ;

b) lorsque l'expédition ou le transport des biens est effectué par un tiers mais que le fournisseur assume en tout ou en partie la responsabilité de la livraison des biens à l'acquéreur ;

c) lorsque le fournisseur facture les frais de transport à l'acquéreur et les perçoit auprès de celui-ci pour ensuite les reverser à un tiers qui assurera l'expédition ou le transport des biens ;

d) lorsque le fournisseur promeut par tout moyen les services de livraison d'un tiers auprès de l'acquéreur, met en relation l'acquéreur et un tiers ou communique à un tiers les informations nécessaires à la livraison des biens à l'acquéreur.

Les biens ne sont toutefois pas considérés comme expédiés ou transportés par le fournisseur ou pour son compte lorsque l'acquéreur transporte les biens lui-même ou lorsque l'acquéreur organise la livraison des biens avec un tiers et que le fournisseur n'intervient ni directement ni indirectement pour assurer ou aider à organiser l'expédition ou le transport des biens en question.

Art. 5 *ter* Aux fins de l'application de l'article 14 *bis* de la directive 2006/112/CE, le terme "facilite" désigne l'utilisation d'une interface électronique permettant à un acquéreur et à un fournisseur qui met des biens en vente au moyen de cette interface électronique d'entrer en contact, ce qui aboutit à une livraison de biens au moyen de cette interface électronique.

Toutefois, un assujetti ne facilite pas une livraison de biens lorsque toutes les conditions suivantes sont remplies :

a) cet assujetti ne fixe, que ce soit directement ou indirectement, aucune des conditions générales en vertu desquelles la livraison des biens est effectuée ;

b) cet assujetti n'intervient pas, que ce soit directement ou indirectement, dans l'autorisation de la facturation à l'acquéreur en ce qui concerne le paiement effectué ;

c) *cet assujetti n'intervient* pas, que ce soit directement ou indirectement, dans la commande ou dans la livraison des biens.

L'article 14 *bis* de la directive 2006/112/CE ne s'applique pas à un assujetti qui se charge uniquement d'un des aspects suivants :

a) le traitement de paiements en rapport avec la livraison de biens ;

b) le placement d'annonces concernant des biens ou la promotion de ceux-ci ;

c) le fait de rediriger ou de transférer des acquéreurs vers d'autres interfaces électroniques où des biens sont mis en vente, sans autre intervention dans la livraison.

Art. 5 *quater* Aux fins de l'application de l'article 14 *bis* de la directive 2006/112/CE, un assujetti réputé avoir reçu et livré les biens lui-même n'est pas redevable du paiement de la TVA excédant la TVA qu'il a déclarée et payée en rapport avec ces livraisons lorsque toutes les conditions suivantes sont remplies :

a) l'assujetti est tributaire des informations transmises par les fournisseurs qui vendent des biens au moyen d'une interface électronique ou par d'autres tiers afin de déclarer et d'acquitter correctement la TVA grevant ces livraisons ;

b) les informations visées au point a) sont erronées ;

c) l'assujetti peut démontrer qu'il ignorait et ne pouvait pas raisonnablement savoir que ces informations étaient incorrectes.

Art. 5 *quinquies* A moins qu'il ne dispose d'informations contraires, l'assujetti réputé avoir reçu et livré les biens en vertu de l'article 14 *bis* de la directive 2006/112/CE considère :

a) la personne qui vend des biens au moyen d'une interface électronique comme un assujetti ;

b) la personne qui acquiert ces biens comme une personne non assujettie.

SECTION II *Prestations de services (articles 24 à 29 de la directive 2006/112/CE)*

(Règl. d'exécution (UE) 2019/2026 du 21 nov. 2019, art. 1er et 2, applicable à partir du 1er janv. 2021).

Art. 6 1. Les services de restaurant et de restauration consistent en la fourniture d'aliments ou de boissons préparés ou non ou des deux, destinés à la consommation humaine, accompagnée par des services connexes suffisants permettant la consommation immédiate de ces aliments ou boissons. La fourniture d'aliments ou de boissons ou des deux n'est qu'une composante d'un ensemble dans lequel les services prédominent. Les services de restaurant couvrent les services de ce type fournis dans les installations du prestataire, alors que les services de restauration couvrent les services de ce type fournis en dehors desdites installations.

2. La fourniture d'aliments ou de boissons préparés ou non ou des deux, incluant ou non le transport mais sans aucun autre service connexe, n'est pas considérée comme un service de restaurant ou de restauration au sens du paragraphe 1.

Art. 6 *bis* 1. Les services de télécommunication au sens de l'article 24, paragraphe 2, de la directive 2006/112/CE couvrent notamment :

a) les services de téléphonie fixe et mobile pour la transmission et la commutation de la voix, de données et d'images, y compris les services téléphoniques comportant une composante d'imagerie (services de vidéophonie) ;

b) les services téléphoniques fournis sur l'internet, y compris le protocole de téléphonie vocale sur l'internet (VoIP) ;

c) la messagerie vocale, l'appel en instance, le transfert d'appel, l'identification de l'appelant, la conversation à trois et les autres services de gestion d'appels ;

d) les services de radiomessagerie ;

e) les services d'audiotexte ;

f) la télécopie, le télégraphe et le télex ;

g) l'accès à l'internet, y compris le World Wide Web ;

h) les connexions privées fournissant des liens de télécommunication à l'usage exclusif du preneur.

2. Les services de télécommunication au sens de l'article 24, paragraphe 2, de la directive 2006/112/CE ne couvrent pas :

a) les services fournis par voie électronique ;

b) les services de radiodiffusion et de télévision.

Art. 6 *ter* 1. Les services de radiodiffusion et de télévision comprennent les services consistant en la fourniture de contenus audio et audiovisuels tels que les programmes de radio ou de télévision fournis au grand public via des réseaux de communication par un fournisseur de services de médias et sous la responsabilité éditoriale de celui-ci, pour l'écoute ou le visionnage simultanés, sur la base d'une grille de programmes.

2. Le paragraphe 1 couvre notamment :

a) les programmes de radio ou de télévision transmis ou retransmis sur un réseau de radiodiffusion ou de télévision ;

*b) les programmes de radio ou de télé*vision diffusés via l'internet ou un réseau électronique analogue (IP), s'ils sont retransmis simultanément à leur transmission ou retransmission sur un réseau de radiodiffusion ou de télévision.

3. Le paragraphe 1 ne couvre pas :

a) les services de télécommunication ;

b) les services fournis par voie électronique ;

c) la fourniture d'informations sur des programmes particuliers à la demande ;

d) le transfert de droits de diffusion ou de transmission ;

e) le crédit-bail de matériel technique ou d'installations destinés à la réception d'un service de diffusion ;

f) les programmes de radio ou de télévision diffusés via l'internet ou un réseau électronique analogue (IP), à moins que les programmes ne soient diffusés simultanément à leur transmission ou retransmission sur un réseau de radiodiffusion ou de télévision.

Art. 7 1. Les "services fournis par voie électronique" visés par la directive 2006/112/CE comprennent les services fournis sur l'internet ou sur un réseau électronique et dont la nature rend la prestation largement automatisée, accompagnée d'une intervention humaine minimale, et impossible à assurer en l'absence de technologie de l'information.

2. Le paragraphe 1 couvre, notamment :

a) la fourniture de produits numériques en général, en ce compris les logiciels et leurs modifications ou leurs mises à jour ;

b) les services consistant à assurer ou à soutenir la présence d'entreprises ou de particuliers sur un réseau électronique, tels qu'un site ou une page internet ;

c) les services générés automatiquement par ordinateur sur l'internet ou sur un réseau électronique, en réponse à des données particulières saisies par le preneur ;

d) l'octroi, à titre onéreux, du droit de mettre en vente des biens ou des services sur un site internet opérant comme marché en ligne, où les acheteurs potentiels font leurs offres par un procédé automatisé et où les parties sont averties de la réalisation d'une vente par un courrier électronique généré automatiquement par ordinateur ;

e) les offres forfaitaires de services internet (ISP) dans lesquelles l'aspect télécommunications est auxiliaire et secondaire (c'est-à-dire forfaits allant au-delà du simple accès à l'internet et comprenant d'autres éléments comme des pages à contenu donnant accès aux actualités, à des informations météorologiques ou touristiques ; espaces de jeu ; hébergement de sites ; accès à des débats en ligne ; etc.) ;

f) les services énumérés à l'annexe I.

3. Le paragraphe 1 ne couvre pas :

a) les services de radiodiffusion et de télévision ;

b) les services de télécommunications ;

c) les biens pour lesquels la commande et le traitement de la commande se font par voie électronique ;

d) les CD-ROM, disquettes et supports matériels analogues ;

e) les imprimés tels que les livres, les lettres d'information, les journaux ou les périodiques ;

f) les CD et cassettes audio ;

g) les cassettes vidéo et DVD ;

h) les jeux sur CD-ROM ;

i) les services de professionnels tels que les juristes et les consultants financiers, qui conseillent leurs clients par courrier électronique ;

j) les services d'enseignement, lorsque le contenu des cours est fourni par un enseignant sur l'internet ou sur un réseau électronique (à savoir au moyen d'une connexion à distance) ;

k) les services de réparation matérielle hors ligne de l'équipement informatique ;

l) les services de stockage de données hors ligne ;

m) les services de publicité, notamment dans les journaux, sur des affiches et à la télévision ;

n) les services d'assistance téléphonique ;

o) les services d'enseignement exclusivement fournis par correspondance, utilisant notamment les services postaux ;

p) les services classiques de vente aux enchères reposant sur une intervention humaine directe, indépendamment de la façon dont les offres sont faites ;

q) à s) *Abrogés ;*

t) les billets d'accès à des manifestations culturelles, artistiques, sportives, scientifiques, éducatives, de divertissement ou autres manifestations similaires réservés en ligne ;

u) les services d'hébergement, de location de voiture, de restauration, de transport de passagers ou services similaires réservés en ligne.

Art. 8 Lorsqu'un assujetti ne fait qu'assembler les différentes parties d'une machine qui lui ont toutes été fournies par son client, cette opération est une prestation de services au sens de l'article 24, paragraphe 1, de la directive 2006/112/CE.

Art. 9 La vente d'une option relevant du champ d'application de l'article 135, paragraphe 1, point f), de la directive 2006/112/CE est une prestation de services au sens de l'article 24, paragraphe 1, de ladite directive. Cette prestation de services est distincte des opérations sous-jacentes auxquelles elle se rapporte.

Art. 9 *bis* 1. Aux fins de l'application de l'article 28 de la directive 2006/112/CE, lorsque des services fournis par voie électronique sont fournis par l'intermédiaire d'un réseau de télécommunication, d'une interface ou d'un portail tel qu'une plateforme de téléchargement pour des applications, l'assujetti qui s'entremet dans cette prestation est présumé agir en son nom propre mais pour le compte du fournisseur de ces services, à moins que ledit fournisseur ne soit explicitement reconnu comme étant le prestataire par ledit assujetti et que cela ressorte des accords contractuels entre les parties.

Afin de pouvoir considérer le fournisseur de services fournis par voie électronique comme étant explicitement désigné en tant que prestataire de ces services par l'assujetti, les conditions suivantes sont réunies :

a) la facture émise ou mise à disposition par chaque assujetti participant à la fourniture des services fournis par voie électronique doit préciser ces services ainsi que le prestataire de ceux-ci ;

b) la facture ou le reçu émis à l'intention du preneur ou mis à sa disposition doit préciser les services fournis par voie électronique et le prestataire de ceux-ci.

Aux fins du présent paragraphe, un assujetti qui, en ce qui concerne la fourniture de services fournis par voie électronique, autorise la facturation au preneur ou la fourniture des services, ou fixe les conditions générales de la fourniture, n'est pas autorisé à explicitement désigner une autre personne comme étant le prestataire de ces services.

2. Le paragraphe 1 s'applique également lorsque des services téléphoniques fournis sur l'internet, y compris le protocole de téléphonie vocale sur l'internet (VoIP), sont fournis par l'intermédiaire d'un réseau de télécommunication, d'une interface ou d'un portail tel qu'une plateforme de téléchargement pour des applications, et ce aux mêmes conditions que celles énoncées audit paragraphe.

3. Le présent article ne s'applique pas à un assujetti qui assure uniquement le traitement des paiements en rapport avec des services fournis par voie électronique ou des services téléphoniques fournis sur l'internet, y compris le protocole de téléphonie vocale sur l'internet (VoIP), et qui ne participe pas à la fourniture de ces services fournis par voie électronique ou de ces services téléphoniques.

CHAPITRE V *Lieu des opérations imposables*

SECTION I *Concepts*

Art. 10 1. Pour l'application des articles 44 et 45 de la directive 2006/112/CE, le "lieu où l'assujetti a établi le siège de son activité économique" est le lieu où sont exercées les fonctions d'administration centrale de l'entreprise.

2. Afin de déterminer le lieu visé au paragraphe 1, sont pris en considération le lieu où sont prises les décisions essentielles concernant la gestion générale de l'entreprise, le lieu de son siège statutaire et le lieu où se réunit la direction.

Lorsque ces critères ne permettent pas de déterminer avec certitude le lieu du siège de l'activité économique, le lieu où sont prises les décisions essentielles concernant la gestion générale de l'entreprise est le critère prépondérant.

3. La présence d'une adresse postale ne peut déterminer à elle seule le lieu où l'assujetti a établi le siège de son activité économique.

Art. 11 1. Pour l'application de l'article 44 de la directive 2006/112/CE, l'"établissement stable" désigne tout établissement, autre que le siège de l'activité économique visé à l'article 10 du présent règlement, qui se caractérise par un degré suffisant de permanence et une structure appropriée, en termes de moyens humains et techniques, lui permettant de recevoir et d'utiliser les services qui sont fournis pour les besoins propres de cet établissement.

2. Pour l'application des articles suivants, l'"établissement stable" désigne tout établissement, autre que le siège de l'activité économique visé à l'article 10 du présent règlement, qui *se caractérise par un degré* suffisant de permanence et une structure appropriée, en termes de moyens humains et techniques, lui permettant de fournir les services dont il assure la prestation :

a) article 45 de la directive 2006/112/CE ;

b) à partir du 1er janvier 2013, article 56, paragraphe 2, deuxième alinéa, de la directive 2006/112/CE ;

c) jusqu'au 31 décembre 2014, article 58 de la directive 2006/112/CE ;

d) article 192 *bis* de la directive 2006/112/CE.

3. Le fait de disposer d'un numéro d'identification TVA n'est pas en soi suffisant pour considérer qu'un assujetti a un établissement stable.

Art. 12 Pour l'application de la directive 2006/112/CE, le "domicile" d'une personne physique, assujettie ou non, est l'adresse figurant dans le registre national de la population ou un registre similaire, ou l'adresse donnée par cette personne aux autorités fiscales compétentes, à moins qu'il n'existe des preuves indiquant que cette adresse n'est pas conforme à la réalité.

Art. 13 La "résidence habituelle" d'une personne physique, assujettie ou non, visée par la directive 2006/112/CE est le lieu où cette personne physique réside habituellement en raison d'attaches personnelles et professionnelles.

Lorsque des attaches professionnelles existent dans un autre pays que celui des attaches personnelles ou lorsqu'il n'existe pas d'attaches professionnelles, le lieu de résidence habituelle est déterminé par des attaches personnelles révélant des liens étroits entre la personne physique concernée et un endroit où elle vit.

Art. 13 *bis* *(Règl. d'exécution (UE) n° 1042/2013 du 7 oct. 2013, art. 1er-2-a et 3, applicable à partir du 1er janv. 2015)* Le lieu d'établissement d'une personne morale non assujettie, visé à l'article 56, paragraphe 2, premier alinéa, et aux articles 58 et 59 de la directive 2006/112/CE, est :

a) l'endroit où les fonctions de l'administration centrale de ladite personne sont exercées ; ou

b) l'endroit où se situe tout autre établissement caractérisé par un degré suffisant de permanence et une structure appropriée en termes de moyens humains et techniques lui permettant de recevoir et d'utiliser les services qui sont fournis pour les besoins propres de cet établissement.

Art. 13 *ter* *(Règl. d'exécution (UE) n° 1042/2013 du 7 oct. 2013, art. 1er-2-a et 3, applicable à partir du 1er janv. 2017)* Pour l'application de la directive 2006/112/CE, est considéré comme "bien immeuble" :

a) toute partie déterminée de la terre, située à ou sous sa surface, à laquelle peuvent être attachés des droits de propriété et de possession ;

b) tout immeuble ou toute construction fixé(e) au sol ou dans le sol au-dessus ou au-dessous du niveau de la mer, qui ne peut être aisément démonté(e) ou déplacé(e) ;

c) tout élément installé et faisant partie intégrante d'un immeuble ou d'une construction sans lequel l'immeuble ou la construction est incomplet, tel que portes, fenêtres, toitures, escaliers et ascenseurs ;

d) tout élément, matériel ou machine, installé à demeure dans un immeuble ou une construction qui ne peut être déplacé sans destruction ou modification de l'immeuble ou de la construction.

SECTION II *Lieu des livraisons de biens (articles 31 à 39 de la directive 2006/112/CE)*

Art. 14 *(Abrogé par Règl. d'exécution (UE) 2019/2026 du 21 nov. 2019, art. 1er et 2, à compter du 1er janv. 2021) Lorsque, au cours d'une année civile, le seuil appliqué par un État membre conformément à l'article 34 de la directive 2006/112/CE est dépassé, l'article 33 de ladite directive ne modifie pas le lieu des livraisons de biens autres que des produits soumis à accise effectuées au cours de la même année civile avant que le seuil appliqué par l'État membre pour l'année civile en cours ne soit dépassé, pour autant que toutes les conditions suivantes soient remplies :*

a) le fournisseur n'a pas fait usage du droit d'option prévu à l'article 34, paragraphe 4, de ladite directive ;

b) la valeur de ses livraisons de biens n'a pas dépassé le seuil au cours de l'année civile précédente.

Cependant, l'article 33 de la directive 2006/112/CE modifie le lieu des livraisons suivantes effectuées dans l'État membre d'arrivée de l'expédition ou du transport :

a) la livraison de biens ayant entraîné, pour l'année civile en cours, le dépassement du seuil appliqué par l'État membre au cours de cette même année civile ;

b) toutes les livraisons de biens ultérieures effectuées dans cet État membre au cours de la même année civile ;

c) les livraisons de biens effectuées dans cet État membre durant l'année civile suivant celle au cours de laquelle l'événement visé au point a) s'est produit.

Art. 15 La partie d'un transport de passagers effectuée dans la Communauté, visée à l'article 37 de la directive 2006/112/CE, est déterminée par le parcours du moyen de transport et non par le parcours effectué par chacun des passagers.

SECTION III *Lieu des acquisitions intracommunautaires de biens (articles 40, 41 et 42 de la directive 2006/112/CE)*

Art. 16 Lorsqu'une acquisition intracommunautaire de biens, au sens de l'article 20 de la directive 2006/112/CE, a eu lieu, l'État membre d'arrivée de l'expédition ou du transport des biens exerce sa compétence de taxation, quel que soit le traitement TVA qui a été appliqué à l'opération dans l'État membre de départ de l'expédition ou du transport des biens.

Une demande éventuelle de correction par le fournisseur des biens de la TVA qu'il a facturée et qu'il a déclarée à l'État membre de départ de l'expédition ou du transport des biens est traitée par cet État membre conformément à ses propres dispositions nationales.

SECTION IV *Lieu des prestations de services (articles 43 à 59 de la directive 2006/112/CE)*

SOUS-SECTION 1 *Statut du preneur*

Art. 17 1. Lorsque le lieu des prestations de services dépend du statut d'assujetti ou non du preneur, le statut du preneur est déterminé sur la base des articles 9 à 13 et de l'article 43 de la directive 2006/112/CE.

2. Une personne morale non assujettie identifiée ou tenue d'être identifiée à la TVA en vertu de l'article 214, paragraphe 1, point b), de la directive 2006/112/CE parce que ses acquisitions intracommunautaires de biens sont soumises à la TVA ou qu'elle a exercé l'option de soumettre à la TVA ces opérations est un assujetti au sens de l'article 43 de ladite directive.

Art. 18 1. Sauf s'il dispose d'informations contraires, le prestataire peut considérer qu'un preneur établi dans la Communauté a le statut d'assujetti :

a) lorsque le preneur lui a communiqué son numéro individuel d'identification TVA et s'il obtient la confirmation de la validité de ce numéro d'identification ainsi que du nom et de l'adresse y associés, conformément à l'article 31 du règlement (CE) n° 904/2010 du Conseil du 7 octobre 2010 concernant la coopération administrative et la lutte contre la fraude dans le domaine de la taxe sur la valeur ajoutée ;

b) lorsque le preneur n'a pas encore reçu un numéro individuel d'identification TVA mais qu'il informe le prestataire qu'il en a fait la demande, et si le prestataire obtient tout autre élément de preuve attestant que le preneur est un assujetti ou une personne morale non assujettie tenue d'être identifiée à la TVA et s'il effectue des vérifications d'une ampleur raisonnable en ce qui concerne l'exactitude des informations fournies par le preneur, au moyen des procédures de sécurité commerciales normales telles que celles relatives aux contrôles d'identité ou de paiement.

2. Sauf s'il dispose d'informations contraires, le prestataire peut considérer qu'un preneur établi dans la Communauté a le statut de personne non assujettie lorsqu'il démontre que ce preneur ne lui a pas communiqué son numéro individuel d'identification TVA.

(Règl. d'exécution (UE) n° 1042/2013 du 7 oct. 2013, art. 1er-2-b et 3, applicable à partir du 1er janv. 2015) « Néanmoins, même en présence d'informations contraires, le prestataire de services de télécommunication, de services de radiodiffusion et de télévision ou de services fournis par voie électronique peut considérer qu'un preneur établi dans la Communauté a le statut de personne non assujettie tant que ce dernier ne lui a pas communiqué son numéro individuel d'identification TVA. »

3. Sauf s'il dispose d'informations contraires, le prestataire peut considérer qu'un preneur établi en dehors de la Communauté a le statut d'assujetti :

a) s'il obtient du preneur un certificat délivré par les autorités fiscales dont relève le preneur confirmant que ce dernier se livre à des activités économiques lui permettant d'obtenir un remboursement de la TVA au titre de la directive 86/560/CEE du Conseil du 17 novembre 1986 en matière d'harmonisation des législations des États membres relatives aux taxes *sur le chiffre d'affaires* – modalités de remboursement de la taxe sur la valeur ajoutée aux assujettis non établis sur le territoire de la Communauté ;

b) lorsque le preneur n'est pas en possession de ce certificat, s'il dispose du numéro de TVA du preneur, ou d'un numéro similaire attribué au preneur par le pays d'établissement de celui-ci et servant à identifier les entreprises ou tout autre élément de preuve attestant que le preneur est un assujetti et s'il effectue des vérifications d'une ampleur raisonnable en ce qui concerne l'exactitude des informations fournies par le preneur, au moyen des procédures de sécurité commerciales normales telles que celles relatives aux contrôles d'identité ou de paiement.

SOUS-SECTION 2 *Qualité du preneur*

Art. 19 Aux fins de l'application des règles relatives au lieu des prestations de services prévues aux articles 44 et 45 de la directive 2006/112/CE, un assujetti ou une personne morale non assujettie assimilée à un assujetti qui reçoit des services destinés exclusivement à un usage privé, en ce compris à celui de son personnel, est considéré comme une personne non assujettie.

Sauf s'il dispose d'informations contraires, telles que sur la nature des services fournis, le prestataire peut considérer que les services sont destinés aux fins de l'activité économique du preneur si, pour cette opération, il lui a communiqué son numéro individuel d'identification TVA.

Lorsqu'un seul et même service est destiné à la fois à un usage privé, en ce compris à celui du personnel du preneur, et aux fins de l'activité économique, la prestation de ce service relève exclusivement de l'article 44 de la directive 2006/112/CE, pour autant qu'il n'existe aucune pratique abusive.

SOUS-SECTION 3 *Lieu d'établissement du preneur*

Art. 20 Lorsqu'une prestation de services effectuée en faveur d'un assujetti ou d'une personne morale non assujettie assimilée à un assujetti relève de l'article 44 de la directive 2006/112/CE et que cet assujetti est établi dans un seul pays ou, en l'absence d'un siège d'activité économique ou d'un établissement stable, a son domicile et sa résidence habituelle dans un seul pays, cette prestation de services est imposable dans ce pays.

Le prestataire établit ce lieu sur la base des informations fournies par le preneur, qu'il vérifie au moyen des procédures de sécurité commerciales normales telles que celles relatives aux contrôles d'identité ou de paiement.

Ces informations peuvent inclure un numéro d'identification TVA attribué par l'État membre où le preneur est établi.

Art. 21 Lorsqu'une prestation de services effectuée en faveur d'un assujetti ou d'une personne morale non assujettie assimilée à un assujetti relève de l'article 44 de la directive 2006/112/CE et que l'assujetti est établi dans plus d'un pays, cette prestation est imposable dans le pays où cet assujetti a établi le siège de son activité économique.

Toutefois, lorsque la prestation de services est fournie à un établissement stable de l'assujetti situé en un lieu autre que l'endroit où il a établi le siège de son activité économique, cette prestation est imposable au lieu de l'établissement stable qui reçoit ce service et l'utilise pour ses propres besoins.

Lorsque l'assujetti ne dispose pas d'un siège d'activité économique ou d'un établissement stable, le service est imposable au lieu de son domicile ou de sa résidence habituelle.

Art. 22 1. Afin d'identifier l'établissement stable du preneur auquel le service est fourni, le prestataire examine la nature et l'utilisation du service fourni.

Lorsque la nature et l'utilisation du service fourni ne lui permettent pas d'identifier l'établissement stable auquel le service est fourni, le prestataire, pour identifier cet établissement stable, examine en particulier si le contrat, le bon de commande et le numéro d'identification TVA attribué par l'État membre du preneur et qui lui a été communiqué par le preneur identifient l'établissement stable comme preneur du service et si l'établissement stable est *l'entité qui paie pour le service.*

Lorsque l'établissement stable du preneur auquel le service est fourni ne peut pas être déterminé en vertu des alinéas 1 et 2 du présent paragraphe ou lorsque des services relevant de l'article 44 de la directive 2006/112/CE sont fournis à un assujetti dans le cadre d'un contrat couvrant un ou plusieurs services destinés à être utilisés, de manière non identifiable ou non quantifiable, le prestataire considère légitimement que les services sont fournis au lieu où le preneur a établi le siège de son activité économique.

2. L'application du présent article est sans préjudice des obligations du preneur.

Art. 23 1. A partir du 1er janvier 2013, lorsqu'en vertu de l'article 56, paragraphe 2, premier alinéa, de la directive 2006/112/CE, une prestation de services est imposable au lieu d'établissement du preneur ou, en l'absence d'établissement, au lieu où celui-ci a son domicile ou sa résidence habituelle, le prestataire établit ce lieu sur la base des informations factuelles fournies par le preneur, qu'il vérifie au moyen des procédures de sécurité commerciales normales telles que celles relatives aux contrôles d'identité ou de paiement.

2. Lorsqu'en vertu des articles 58 et 59 de la directive 2006/112/CE, une prestation de services est imposable au lieu d'établissement du preneur ou, en l'absence d'établissement, au lieu où celui-ci a son domicile ou sa résidence habituelle, le prestataire établit ce lieu sur la base des informations factuelles fournies par le preneur, qu'il vérifie au moyen des procédures de sécurité commerciales normales telles que celles relatives aux contrôles d'identité ou de paiement.

Art. 24 *(Règl. d'exécution (UE) n° 1042/2013 du 7 oct. 2013, art. 1er-2-c et 3, applicable à partir du 1er janv. 2015)* Lorsque des services relevant de l'article 56, paragraphe 2, premier alinéa, ou des articles 58 et 59 de la directive 2006/112/CE sont fournis à une personne non assujettie établie dans plus d'un pays ou ayant son domicile dans un pays et sa résidence habituelle dans un autre, la priorité est donnée :

a) dans le cas d'une personne morale non assujettie, au lieu visé au point a) de l'article 13 *bis* du présent règlement, sauf si des éléments de preuve indiquent que le service est utilisé sur le lieu d'établissement visé au point b) dudit article ;

b) dans le cas d'une personne physique, au lieu où elle a sa résidence habituelle, sauf si des éléments de preuve indiquent que le service est utilisé à son domicile.

SOUS-SECTION 3 *BIS* *Présomptions relatives à la localisation du preneur*

(Règl. d'exécution (UE) n° 1042/2013 du 7 oct. 2013, art. 1er-2-d et 3, applicable à partir du 1er janv. 2015)

Art. 24 *bis* 1. Pour l'application des articles 44, 58 et 59 *bis* de la directive 2006/112/CE, lorsqu'un prestataire de services de télécommunication, de services de radiodiffusion et de télévision ou de services fournis par voie électronique fournit ces services dans un lieu tel qu'une cabine téléphonique, une zone d'accès sans fil, un café internet, un restaurant ou le foyer d'un hôtel, où la présence physique à cet endroit du destinataire du service est requise pour que le service lui soit fourni par ce prestataire, il est présumé que le preneur est établi, a son domicile ou a sa résidence habituelle audit lieu et que le service y est effectivement utilisé ou exploité.

2. Si le lieu d'établissement visé au paragraphe 1 du présent article se situe à bord d'un bateau, d'un avion ou d'un train effectuant un transport de passagers à l'intérieur de la Communauté en application des articles 37 et 57 de la directive 2006/112/CE, le lieu de localisation est le pays de départ de l'opération de transport de passagers.

Art. 24 *ter* *(Règl. d'exécution (UE) 2017/2459 du 5 déc. 2017, art. 1er et 2, applicable à partir du 1er janv. 2019)* Pour l'application de l'article 58 de la directive 2006/112/CE, lorsque des services de télécommunication, des services de radiodiffusion et de télévision ou des services fournis par voie électronique sont fournis à une personne non assujettie :

a) par l'intermédiaire de sa ligne fixe, il est présumé que le preneur est établi, a son domicile ou a sa résidence habituelle au lieu d'installation de la ligne fixe ;

b) à partir de réseaux mobiles, il est présumé que le preneur est établi, a son domicile ou a sa résidence habituelle dans le pays identifié par le code mobile national de la carte SIM utilisée lorsqu'il reçoit les services en question ;

c) pour lesquels l'utilisation d'un décodeur ou d'un dispositif similaire ou d'une carte de décryptage est nécessaire et qui ne donnent pas lieu à l'utilisation d'une ligne fixe, il est présumé que le preneur est établi, a son domicile ou a sa résidence habituelle au lieu où se trouve ce décodeur ou ce dispositif similaire ou, si ce lieu n'est pas connu, au lieu où la carte de décryptage est envoyée en vue d'y permettre son utilisation ;

d) dans des conditions autres que celles qui sont visées à l'article 24 *bis* et aux points a), b) et c) du présent article, il est présumé que le preneur est établi, a son domicile ou a sa résidence habituelle au lieu identifié comme tel par le prestataire sur la base de deux éléments de preuve non contradictoires visés à l'article 24 *septies* du présent règlement.

Sans préjudice du premier alinéa, point d), pour les prestations de services relevant dudit point, lorsque la valeur totale de ces prestations, hors TVA, effectuées par un assujetti à partir du siège de son activité économique ou d'un établissement stable situé dans un État membre, ne dépasse pas 100 000 € ou sa contre-valeur en monnaie nationale, au cours de l'année civile en cours et de la précédente, il est présumé que le preneur est établi, a son domicile ou a sa résidence habituelle au lieu identifié comme tel par le prestataire sur la base d'un élément de preuve visé à l'article 24 *septies*, points a) à e), fourni par une personne participant à la prestation des services, autre que le prestataire ou le preneur.

Lorsque, au cours d'une année civile, le seuil prévu au deuxième alinéa a été dépassé, ledit alinéa ne s'applique plus à compter de ce moment et jusqu'à ce que les conditions énoncées dans ledit alinéa soient à nouveau remplies.

La contre-valeur du montant en monnaie nationale est calculée par application du taux de change publié par la Banque centrale européenne à la date d'adoption du règlement d'exécution (UE) 2017/2459 du Conseil. — *La date d'adoption est le 5 déc. 2017.*

Art. 24 *quater* Pour l'application de l'article 56, paragraphe 2, de la directive 2006/112/CE, lorsque la location, autre que la location de courte durée, de moyens de transport est fournie à une personne non assujettie, il est présumé que le preneur est établi, a son domicile ou a sa résidence habituelle au lieu identifié comme tel par le prestataire sur la base de deux éléments de preuve non contradictoires énumérés à l'article 24 *sexies* du présent règlement.

SOUS-SECTION 3 *TER* *Réfutation des présomptions*

(Règl. d'exécution (UE) n° 1042/2013 du 7 oct. 2013, art. 1er-2-d et 3, applicable à partir du 1er janv. 2015)

Art. 24 *quinquies* 1. Lorsqu'un prestataire fournit un service mentionné à l'article 58 de la directive 2006/112/CE, il peut réfuter une présomption visée à l'article 24 *bis* ou à l'article 24 *ter*, points a), b) ou c), du présent règlement sur la base de trois éléments de preuve non contradictoires indiquant que le preneur est établi ou a son domicile ou sa résidence habituelle à un autre endroit.

2. Une autorité fiscale peut réfuter des présomptions fondées sur l'article 24 *bis*, 24 *ter* ou 24 *quater* lorsqu'il existe des indications d'abus ou de fraude du prestataire.

SOUS-SECTION 3 *QUATER* *Éléments de preuve permettant de déterminer la localisation du preneur et de réfuter des présomptions*

(Règl. d'exécution (UE) n° 1042/2013 du 7 oct. 2013, art. 1er-2-d et 3, applicable à partir du 1er janv. 2015)

Art. 24 *sexies* Aux fins de l'application des règles prévues à l'article 56, paragraphe 2, de la directive 2006/112/CE et du respect des exigences prévues à l'article 24 *quater* du présent règlement, les éléments suivants font notamment office de preuve :

a) l'adresse de facturation du preneur ;

b) les coordonnées bancaires, telles que le lieu où est tenu le compte bancaire utilisé pour le paiement ou l'adresse de facturation du preneur connue par la banque ;

c) des informations détaillées sur l'immatriculation du moyen de transport loué par le preneur, si celle-ci est requise à l'endroit où le véhicule est utilisé, ou d'autres informations similaires ;

d) d'autres informations commerciales pertinentes.

Art. 24 *septies* Aux fins de l'application des règles prévues à l'article 58 de la directive 2006/112/CE et du respect des exigences prévues à l'article 24 *ter*, point d), ou à l'article 24 *quinquies*, paragraphe 1, du présent règlement, les éléments suivants font notamment office de preuve :

a) l'adresse de facturation du preneur ;

b) l'adresse IP (protocole internet) du dispositif utilisé par le preneur ou toute autre méthode de géolocalisation ;

c) les coordonnées bancaires, telles que le lieu où est tenu le compte bancaire utilisé pour le paiement ou l'adresse de facturation du preneur connue par la banque ;

d) le code mobile national (MCC) de l'identité internationale de l'abonné mobile (IMSI) enregistré sur la carte SIM (module d'identité de l'abonné) utilisée par le preneur ;

e) la localisation de la ligne fixe du preneur par l'intermédiaire de laquelle le service lui est fourni ;

f) d'autres informations commerciales pertinentes.

SOUS-SECTION 4 *Dispositions communes concernant la détermination du statut, de la qualité et du lieu d'établissement du preneur*

Art. 25 Pour l'application des règles relatives au lieu des prestations de services, seules les circonstances existant au moment du fait générateur sont prises en compte. Toute modification ultérieure de l'usage du service fourni est sans conséquence sur la détermination du lieu de prestation, pour autant qu'il n'existe aucune pratique abusive.

SOUS-SECTION 5 *Prestations de services couvertes par les règles générales*

Art. 26 Une opération par laquelle un organisme octroie des droits de retransmission télévisée de matchs de football à des assujettis relève de l'article 44 de la directive 2006/112/CE.

Art. 27 Les prestations de services qui consistent à demander ou à percevoir un remboursement de la TVA au titre de la directive 2008/9/CE du Conseil du 12 février 2008 définissant les modalités du remboursement de la taxe sur la valeur ajoutée, prévu par la directive 2006/112/CE, en faveur des assujettis qui ne sont pas établis dans l'État membre du remboursement, mais dans un autre État membre relèvent de l'article 44 de la directive 2006/112/CE.

Art. 28 Dans la mesure où elles constituent un seul et même service, les prestations de services effectuées dans le cadre de l'organisation d'obsèques relèvent des articles 44 et 45 de la directive 2006/112/CE.

Art. 29 Sans préjudice de l'article 41 du présent règlement, les prestations de services consistant en la traduction de textes relèvent des articles 44 et 45 de la directive 2006/112/CE.

SOUS-SECTION 6 *Prestations de services des intermédiaires*

Art. 30 Les prestations de services des intermédiaires visées à l'article 46 de la directive 2006/112/CE couvrent aussi bien les prestations de services effectuées par les intermédiaires qui agissent au nom et pour le compte du preneur de la prestation entremise que les prestations de services effectuées par les intermédiaires qui agissent au nom et pour le compte du prestataire de la prestation entremise.

Art. 31 Les services prestés par des intermédiaires agissant au nom et pour le compte d'autrui, et qui ont pour objet de s'entremettre dans un service d'hébergement dans le secteur hôtelier ou des secteurs ayant une fonction similaire relèvent :

a) de l'article 44 de la directive 2006/112/CE, s'ils sont fournis à un assujetti agissant en tant que tel ou à une personne morale non assujettie considérée comme un assujetti ;

b) de l'article 46 de ladite directive, s'ils sont fournis à une personne non assujettie.

SOUS-SECTION 6 *BIS Prestations de services se rattachant à un bien immeuble*

(Règl. d'exécution (UE) n° 1042/2013 du 7 oct. 2013, art. 1er-2-d et 3)

Art. 31 *bis* 1. Les services se rattachant à un bien immeuble, au sens de l'article 47 de la directive 2006/112/CE, ne comprennent que les services présentant un lien suffisamment direct avec le bien concerné. Les services sont considérés comme ayant un lien suffisamment direct avec un bien immeuble dans les cas suivants :

a) lorsqu'ils sont issus d'un bien immeuble, que ledit bien immeuble est un élément constitutif du service et qu'il est central et essentiel pour les services fournis ;

b) lorsqu'ils sont fournis ou destinés à un bien immeuble et ont pour objet de modifier le statut juridique ou les caractéristiques physiques dudit bien.

2. Le paragraphe 1 couvre notamment :

a) l'établissement de plans d'un immeuble ou de parties d'un immeuble destiné à être érigé sur une parcelle de terrain déterminée, indépendamment du fait que la construction ait lieu ou non ;

b) la prestation de services de surveillance ou de sécurité sur place ;

c) la construction d'un immeuble sur un terrain, ainsi que les travaux de construction et de démolition exécutés sur un immeuble ou des parties d'un immeuble ;

d) la construction de structures permanentes sur un terrain, ainsi que les travaux de construction et de démolition exécutés sur des structures permanentes telles que les réseaux de canalisations pour le gaz et l'eau, les égouts et les structures similaires ;

e) les travaux effectués sur des terrains, y compris des services agricoles tels que le labourage, l'ensemencement, l'irrigation et la fertilisation ;

f) l'étude et l'évaluation du risque et de l'intégrité du bien immeuble ;

g) l'évaluation du bien immeuble, y compris lorsque ces services sont nécessaires à des fins d'assurance, pour déterminer la valeur d'un bien immeuble comme garantie pour un prêt ou pour apprécier les risques et dommages dans des litiges ;

h) le crédit-bail ou la location d'un bien immeuble, dans les cas autres que ceux couverts par le paragraphe 3, point c), y compris l'entreposage de biens dans une partie spécifique du bien immeuble affectée à l'usage exclusif du preneur ;

i) les services d'hébergement dans le secteur hôtelier ou dans des secteurs ayant une fonction similaire, tels que les camps de vacances ou les terrains aménagés pour le camping, y compris le droit de séjourner dans un lieu spécifique résultant de la conversion de droits d'utilisation à temps partagé et les situations analogues ;

j) l'octroi ou le transfert de droits, autres que ceux visés aux points h) et i), relatifs à l'usage de l'ensemble ou de parties d'un bien immeuble, y compris l'autorisation d'utiliser une partie d'un bien, tels que l'octroi de droits de pêche ou de chasse, ou d'accès à des salons d'attente dans les aéroports, ou d'utiliser une infrastructure soumise au péage, comme les ponts ou les tunnels ;

k) l'entretien, la rénovation et la réparation d'un immeuble ou de parties d'un immeuble, y compris les travaux tels que le nettoyage, la pose de carrelage, de papier peint et de parquet ;

l) l'entretien, la rénovation et la réparation de structures permanentes telles que les réseaux de canalisations pour le gaz et l'eau, les égouts et les structures similaires ;

m) l'installation ou le montage de machines ou de matériel qui, après installation ou montage, sont considérés comme des biens immeubles ;

n) l'entretien et la réparation, l'inspection et le contrôle des machines ou du matériel si ces machines ou ce matériel sont considérés comme des biens immeubles ;

o) la gestion de propriété, autre que la gestion des portefeuilles d'investissements immobiliers visée au paragraphe 3, point g), consistant en l'exploitation de biens immobiliers commerciaux, industriels ou résidentiels, par le propriétaire ou pour le compte de celui-ci ;

p) les services d'intermédiaire concernant la vente, le crédit-bail ou la location de biens immeubles et l'octroi ou le transfert de certains droits sur un bien immeuble ou de droits réels immobiliers (qu'ils soient ou non assimilés à des biens corporels), autres que les services d'intermédiaire visés au paragraphe 3, point d) ;

q) les services juridiques relatifs au transfert d'un titre de propriété immobilière, à l'octroi ou au transfert de certains droits sur un bien immeuble ou de droits réels immobiliers (qu'ils soient ou non assimilés à des biens corporels), tels que les actes notariés, ou à l'établissement d'un contrat en vue de la vente ou de l'achat d'un bien immeuble, même si l'opération principale se traduisant par la modification du statut juridique desdits biens n'est pas menée à terme.

3. Le paragraphe 1 ne couvre pas :

a) l'établissement de plans d'un immeuble ou de parties d'un immeuble si l'immeuble n'est pas destiné à être érigé sur une parcelle de terrain déterminée ;

b) l'entreposage de biens dans un bien immeuble si aucune partie spécifique du bien immeuble n'est affectée à l'usage exclusif du preneur ;

c) les services de publicité, même s'ils impliquent l'usage de biens immeubles ;

d) les services d'intermédiaire dans la prestation de services d'hébergement dans le secteur hôtelier ou dans des secteurs ayant une fonction similaire, telles *[tels]* que les camps de vacances ou les terrains aménagés pour le camping, si l'intermédiaire agit au nom et pour le compte d'une autre personne ;

e) la mise à disposition d'un stand sur le site d'une foire ou d'une exposition, ainsi que d'autres services connexes permettant à l'exposant de présenter des objets, tels que la conception du stand, le transport et l'entreposage des objets, la mise à disposition de machines, le câblage, l'assurance et la publicité ;

f) l'installation ou le montage, l'entretien et la réparation, l'inspection ou le contrôle des machines ou du matériel qui ne font pas partie du bien immeuble ou n'en deviennent pas partie ;

g) la gestion des portefeuilles d'investissements immobiliers ;

h) les services juridiques relatifs à des contrats, autres que ceux visés au paragraphe 2, point q), y compris les conseils donnés sur les clauses d'un contrat de transfert d'un bien immeuble, ou l'exécution d'un tel contrat, ou visant à prouver l'existence d'un tel contrat, lorsque ces services ne sont pas spécifiques au transfert d'un titre de propriété sur un bien immeuble.

Art. 31 *ter* Lorsque du matériel est mis à la disposition d'un preneur en vue de l'exécution de travaux sur un bien immeuble, cette opération ne constitue une prestation de services se rattachant à un bien immeuble que si le prestataire assume la responsabilité de l'exécution des travaux.

Un prestataire qui fournit du matériel ainsi que du personnel en nombre suffisant pour son fonctionnement en vue de l'exécution de travaux est considéré comme ayant assumé la responsabilité de l'exécution des travaux concernés. Cette présomption selon laquelle le prestataire assume la responsabilité de l'exécution des travaux peut être réfutée par tout moyen pertinent de fait ou de droit.

Art. 31 *quater* Aux fins de la détermination du lieu de prestation de services de télécommunication, de services de radiodiffusion et de télévision ou de services fournis par voie électronique fournis par un assujetti agissant en son nom propre dans le cadre d'un service d'hébergement dans le secteur hôtelier ou dans des secteurs ayant une fonction similaire, tels que les camps de vacances ou les terrains aménagés pour le camping, ces services sont considérés comme étant fournis sur les lieux de prestation concernés.

SOUS-SECTION 7 *Prestations de services culturels, artistiques, sportifs, scientifiques, éducatifs et de divertissement et manifestations similaires*

Art. 32 1. Les services ayant pour objet l'accès à des manifestions culturelles, artistiques, sportives, scientifiques, éducatives, de divertissement ou similaires visés à l'article 53 de la directive 2006/112/CE comprennent les prestations de services dont les caractéristiques essentielles consistent à octroyer un droit d'accès à une manifestation en échange d'un billet ou d'une rémunération, y compris une rémunération sous forme d'un abonnement ou d'une cotisation périodique.

2. Le paragraphe 1 s'applique notamment :

a) au droit d'accès à des spectacles, représentations théâtrales, spectacles de cirques, foires, parcs d'attraction, concerts, expositions, ainsi qu'à d'autres manifestations culturelles similaires ;

b) au droit d'accès à des manifestations sportives telles que matches ou compétitions ;

c) au droit d'accès à des manifestations éducatives et scientifiques telles que des conférences et des séminaires.

3. Ne relève pas du paragraphe 1 l'utilisation d'installations, telles que des salles de gymnastique ou autres, en échange du paiement d'une cotisation.

Art. 33 Les services accessoires visés à l'article 53 de la directive 2006/112/CE comprennent les services qui sont en relation directe avec l'accès à des manifestations culturelles, artistiques, sportives, scientifiques, éducatives, de divertissement ou similaires et qui sont fournis séparément à la personne qui assiste à une manifestation, moyennant une contrepartie distincte.

De tels services accessoires comprennent notamment l'utilisation de vestiaires ou d'installations sanitaires, mais ne comprennent pas les simples services d'intermédiaires relatifs à la vente de billets.

Art. 33 *bis* *(Règl. d'exécution (UE) n° 1042/2013 du 7 oct. 2013, art. 1er-2-d et 3, applicable à partir du 1er janv. 2015)* La délivrance de billets d'accès à une manifestation culturelle, artistique, sportive, scientifique, éducative, de divertissement ou à une manifestation similaire par un intermédiaire agissant en son nom propre, mais pour le compte de l'organisateur, ou par un assujetti autre que l'organisateur, agissant en son nom propre, est couverte par l'article 53 et l'article 54, paragraphe 1, de la directive 2006/112/CE.

SOUS-SECTION 8 *Prestations de services accessoires au transport, expertises de biens meubles et travaux portant sur ces biens*

Art. 34 A l'exception du cas où les biens à assembler sont intégrés dans un bien immeuble, le lieu des prestations de services fournies à une personne non assujettie et consistant uniquement en l'assemblage, par un assujetti, de différentes parties d'une machine, dont la totalité a été fournie au prestataire par le preneur, est déterminé conformément à l'article 54 de la directive 2006/112/CE.

SOUS-SECTION 9 *Prestations de services de restaurant et de restauration à bord de moyens de transport*

Art. 35 La partie d'un transport de passagers effectuée dans la Communauté, visée à l'article 57 de la directive 2006/112/CE, est déterminée par le parcours du moyen de transport et non par le parcours effectué par chacun des passagers.

Art. 36 Les prestations de services de restaurant et de restauration fournies au cours de la partie d'un transport de passagers effectuée dans la Communauté relèvent de l'article 57 de la directive 2006/112/CE.

Les prestations de services de restaurant et de restauration fournies en dehors de la partie d'un transport de passagers effectuée dans la Communauté, mais sur le territoire d'un État membre ou d'un pays tiers ou d'un territoire tiers, relèvent de l'article 55 de ladite directive.

Art. 37 Le lieu de prestation d'un service de restaurant ou de restauration exécuté dans la Communauté partiellement au cours de la partie d'un transport de passagers effectuée dans la Communauté et partiellement en dehors de cette partie, mais sur le territoire d'un État membre, est déterminé dans sa totalité selon les règles utilisées pour déterminer le lieu de prestation au début de la prestation du service de restaurant ou de restauration.

SOUS-SECTION 10 *Location de moyens de transport*

Art. 38 1. Les "moyens de transport" visés à l'article 56 et à l'article 59, premier alinéa, point g), de la directive 2006/112/CE incluent les véhicules, motorisés ou non, et les autres dispositifs ou équipements destinés au transport de personnes ou de biens d'un endroit à l'autre, susceptibles d'être tirés, tractés ou poussés par des véhicules et qui sont normalement conçus pour être utilisés à des fins de transport et effectivement aptes à l'être.

2. Sont notamment des moyens de transport visés au paragraphe 1, les véhicules suivants :

a) les véhicules terrestres tels qu'automobiles, motocyclettes, bicyclettes, tricycles et caravanes ;

b) les remorques et semi-remorques ;

c) les wagons de chemin de fer ;

d) les bateaux ;

e) les aéronefs ;

f) les véhicules spécialement conçus pour le transport de personnes malades ou blessées ;

g) les tracteurs et autres véhicules agricoles ;

h) les véhicules à propulsion mécanique ou électronique pour personnes handicapées.

3. Ne sont pas des moyens de transport visés au paragraphe 1, les véhicules qui sont immobilisés en permanence et les conteneurs.

Art. 39 1. Pour l'application de l'article 56 de la directive 2006/112/CE, la durée de la possession ou de l'utilisation continue d'un moyen de transport qui fait l'objet d'une location est déterminée sur la base du contrat conclu entre les parties concernées.

Le contrat constitue une présomption qui peut être réfutée par tout moyen de fait ou de droit permettant d'établir la durée réelle de la possession ou de l'utilisation continue.

Le dépassement pour cause de force majeure de la durée contractuelle de la location de courte durée au sens de l'article 56 de la directive 2006/112/CE n'a pas d'incidence sur la détermination de la durée de la possession ou de l'utilisation continue du moyen de transport.

2. Lorsque la location d'un même moyen de transport est couverte par des contrats successifs conclus entre les mêmes parties, la durée est celle de la possession ou de l'utilisation continue du moyen de transport au titre de l'ensemble des contrats.

Aux fins du premier alinéa, un contrat et ses prorogations sont des contrats successifs.

Cependant, la durée du ou des contrats de location de courte durée qui précèdent le contrat qui est qualifié de longue durée n'est pas remise en question pour autant qu'il n'existe pas de pratique abusive.

3. Sauf pratique abusive, des contrats successifs entre les mêmes parties relatifs à des *moyens de transport* différents ne sont pas considérés comme des contrats successifs aux fins du paragraphe 2.

Art. 40 Le lieu où le moyen de transport est effectivement mis à la disposition du preneur tel que visé à l'article 56, paragraphe 1, de la directive 2006/112/CE est celui où le preneur ou un tiers agissant pour le compte de ce dernier en prend physiquement possession.

SOUS-SECTION 11 *Services fournis à des personnes non assujetties établies en dehors de la Communauté*

Art. 41 Les prestations de services consistant en la traduction de textes fournies à une personne non assujettie établie en dehors de la Communauté relèvent de l'article 59, premier alinéa, point c), de la directive 2006/112/CE.

CHAPITRE V *BIS* *Fait générateur et exigibilité de la taxe (titre VI de la directive 2006/112/CE)*

(Règl. d'exécution (UE) 2019/2026 du 21 nov. 2019, art. 1er et 2, applicable à partir du 1er janv. 2021)

Art. 41 *bis* Aux fins de l'application de l'article 66 *bis* de la directive 2006/112/CE, le moment où le paiement a été accepté désigne le moment où la confirmation du paiement, le message d'autorisation du paiement ou un engagement de paiement de la part de l'acquéreur est reçu par le fournisseur vendant les biens au moyen de l'interface électronique ou pour son compte, indépendamment du moment où le montant est effectivement versé, selon ce qui intervient en premier.

CHAPITRE VI *Base d'imposition (titre VII de la directive 2006/112/CE)*

Art. 42 Lorsqu'un fournisseur de biens ou un prestataire de services exige que, pour l'acceptation d'un paiement par carte de crédit ou de débit, le client paie un montant à lui-même ou à une autre entreprise, et lorsque le prix total à payer par ce client reste inchangé, quel que soit le mode de paiement, ce montant fait partie intégrante de la base d'imposition de la livraison de biens ou de la prestation de services conformément aux articles 73 à 80 de la directive 2006/112/CE.

CHAPITRE VII *Taux*

Art. 43 La "fourniture d'hébergement de vacances", visée à l'annexe III, point 12, de la directive 2006/112/CE, inclut la location de tentes, de caravanes ou de mobile homes qui sont installés sur des terrains de camping et utilisés à titre d'hébergement.

CHAPITRE VIII *Exonérations*

SECTION I *Exonérations en faveur de certaines activités d'intérêt général (articles 132, 133 et 134 de la directive 2006/112/CE)*

Art. 44 Les services de formation ou de recyclage professionnel dispensés dans les conditions de l'article 132, paragraphe 1, point i), de la directive 2006/112/CE comprennent l'enseignement directement lié à un secteur ou à une profession, ainsi que l'enseignement dispensé en vue de l'acquisition ou de l'entretien de connaissances dans un but professionnel. La durée d'une formation ou d'un recyclage professionnel n'a aucune incidence à cet effet.

SECTION II *Exonérations en faveur d'autres activités (articles 135, 136 et 137 de la directive 2006/112/CE)*

Art. 45 L'exonération prévue à l'article 135, paragraphe 1, point e), de la directive 2006/112/CE ne s'applique pas aux nobles de platine.

SECTION II *BIS* *Exonérations liées aux opérations intracommunautaires (articles 138 à 142 de la directive 2006/112/CE)*

(Règl. d'exécution (UE) 2018/1912 du 4 déc. 2018, art. 1er et 2, applicable à partir du 1er janv. 2020)

Art. 45 *bis* 1. Aux fins de l'application des exonérations prévues à l'article 138 de la directive 2006/112/CE, il est présumé que les biens ont été expédiés ou transportés à partir d'un État membre vers une destination située en dehors de son territoire mais dans la Communauté dans l'un des cas suivants :

a) le vendeur indique que les biens ont été expédiés ou transportés par lui ou par un tiers pour son compte, et soit le vendeur est en possession d'au moins deux éléments de preuve *non contradictoires visés au* paragraphe 3, point a), délivrés par deux parties différentes qui sont indépendantes l'une de l'autre, du vendeur et de l'acquéreur, soit le vendeur est en possession d'un seul élément de preuve visé au paragraphe 3, point a), en combinaison avec un seul élément de preuve non contradictoire visé au paragraphe 3, point b), confirmant l'expédition ou le transport, délivrés par deux parties différentes qui sont indépendantes l'une de l'autre, du vendeur et de l'acquéreur ;

b) le vendeur est en possession des documents suivants :

i) une déclaration écrite de l'acquéreur, attestant que les biens ont été expédiés ou transportés par lui, ou par un tiers pour son compte, et spécifiant l'État membre de destination des biens ; cette déclaration écrite mentionne : la date d'émission ; le nom et l'adresse de l'acquéreur ; la quantité et la nature des biens ; la date et le lieu d'arrivée des biens ; en cas de livraison de moyens de transport, le numéro d'identification du moyen de transport ; et l'identification de la personne qui accepte les biens au nom de l'acquéreur ; et

ii) au moins deux éléments de preuve non contradictoires visés au paragraphe 3, point a) délivrés par deux parties différentes qui sont indépendantes l'une de l'autre, du vendeur et de l'acquéreur ou un seul élément de preuve visé au paragraphe 3, point a), en combinaison avec un seul élément de preuve non contradictoire visé au paragraphe 3, point b), confirmant le transport ou l'expédition, délivrés par deux parties différentes qui sont indépendantes l'une de l'autre, du vendeur et de l'acquéreur.

L'acquéreur doit fournir au vendeur la déclaration écrite visée au point b) i) au plus tard le dixième jour du mois suivant la livraison.

2. Une autorité fiscale peut réfuter une présomption qui a été faite en vertu du paragraphe 1.

3. Aux fins du paragraphe 1, les éléments suivants sont acceptés comme preuve de l'expédition ou du transport :

a) des documents relatifs à l'expédition ou au transport des biens, tels qu'un document ou une lettre CMR signé, un connaissement, une facture de fret aérien ou une facture du transporteur des biens ;

b) les documents suivants :

i) une police d'assurance concernant l'expédition ou le transport des biens ou des documents bancaires prouvant le paiement de l'expédition ou du transport des biens ;

ii) des documents officiels délivrés par une autorité publique, telle qu'un notaire, confirmant l'arrivée des biens dans l'État membre de destination ;

iii) un récépissé délivré par un entrepositaire dans l'État membre de destination attestant l'entreposage des biens dans cet État membre.

SECTION III *Exonérations à l'importation (articles 143, 144 et 145 de la directive 2006/112/CE)*

Art. 46 L'exonération prévue à l'article 144 de la directive 2006/112/CE s'applique aux prestations de services de transport se rapportant à une importation de biens meubles à l'occasion d'un transfert de résidence.

SECTION IV *Exonérations à l'exportation (articles 146 et 147 de la directive 2006/112/CE)*

Art. 47 Les "moyens de transport à usage privé" visés à l'article 146, paragraphe 1, point b), de la directive 2006/112/CE comprennent les moyens de transport utilisés à des fins non professionnelles par des personnes autres que des personnes physiques, telles que des organismes de droit public au sens de l'article 13 de ladite directive et des associations.

Art. 48 Afin de déterminer, comme condition à l'exonération de la livraison de biens transportés dans les bagages personnels des voyageurs, si le seuil fixé par un État membre conformément à l'article 147, paragraphe 1, premier alinéa, point c), de la directive 2006/112/CE a été dépassé, le calcul nécessaire est effectué sur la base de la valeur de la facture. La valeur cumulée de plusieurs biens ne peut être utilisée que si l'ensemble de ces biens figure sur la même facture émise par le même assujetti fournissant les biens au même client.

SECTION V *Exonérations concernant certaines opérations assimilées aux exportations (articles 151 et 152 de la directive 2006/112/CE)*

Art. 49 L'exonération prévue à l'article 151 de la directive 2006/112/CE s'applique également aux services électroniques lorsque ceux-ci sont fournis par un assujetti bénéficiant du régime particulier applicable aux services fournis par voie électronique prévu aux articles 357 à 369 de ladite directive.

Art. 50 1. Pour être reconnu comme organisme international aux fins de l'article 143, paragraphe 1, point g) et de l'article 151, paragraphe 1, premier alinéa, point b), de la directive 2006/112/CE, un organisme devant être établi en tant que consortium pour une infrastructure européenne de recherche (ERIC), visé au règlement (CE) n° 723/2009 du

Conseil du 25 juin 2009 relatif à un cadre juridique communautaire applicable à un Consortium pour une infrastructure européenne de recherche (ERIC), remplit toutes les conditions suivantes :

a) il est doté de la personnalité juridique propre et dispose de la pleine capacité juridique ;

b) il est établi conformément au droit de l'Union européenne et relève de celui-ci ;

c) il compte parmi ses membres des États membres et, le cas échéant, des pays tiers et des organisations intergouvernementales, mais aucun organisme privé ;

d) il a des objectifs spécifiques et légitimes qui sont poursuivis conjointement et sont essentiellement de nature non commerciale.

2. L'exonération prévue à l'article 143, paragraphe 1, point g), et à l'article 151, paragraphe 1, premier alinéa, point b), de la directive 2006/112/CE s'applique à un ERIC visé au paragraphe 1, lorsqu'il est reconnu comme organisme international par l'État membre d'accueil.

Les limites et conditions de cette exonération sont fixées dans un accord entre les membres de l'ERIC conformément à l'article 5, paragraphe 1, point d), du règlement (CE) n° 723/2009. Lorsque les biens ne sont pas expédiés ou transportés en dehors de l'État membre où la livraison de ces biens est effectuée, de même que pour les prestations de services, le bénéfice de l'exonération peut être accordé selon une procédure de remboursement de la TVA, conformément à l'article 151, paragraphe 2, de la directive 2006/112/CE.

Art. 51 1. Lorsque le destinataire d'une livraison de biens ou d'une prestation de services est établi dans la Communauté mais en dehors de l'État membre dans lequel la livraison ou la prestation a lieu, le certificat d'exonération de la TVA et/ou des droits d'accise prévu à l'annexe II du présent règlement sert à confirmer que l'opération peut bénéficier de ladite exonération en vertu de l'article 151 de la directive 2006/112/CE, sous réserve des notes explicatives figurant à l'annexe dudit certificat.

En utilisant ce certificat, l'État membre où est établi celui qui reçoit la livraison de biens ou la prestation de services peut décider s'il utilise un certificat d'exonération commun TVA et accises ou s'il utilise deux certificats distincts.

2. Le certificat visé au paragraphe 1 est revêtu du cachet des autorités compétentes de l'État membre d'accueil. Toutefois, si les biens ou services sont destinés à un usage officiel, les États membres peuvent, dans les conditions qu'ils fixent, dispenser le destinataire de l'obligation de faire apposer le cachet sur le certificat. Cette dispense peut être retirée en cas d'abus.

Les États membres communiquent à la Commission quel est le point de contact désigné pour identifier les services chargés d'apposer le cachet sur le certificat et dans quelle mesure ils ont accordé une exemption de l'obligation de faire apposer le cachet sur le certificat. La Commission en informe les autres États membres.

3. Lorsqu'une exonération directe est appliquée dans l'État membre où la livraison de biens ou la prestation de services a lieu, le fournisseur ou le prestataire obtient le certificat visé au paragraphe 1 du présent article auprès du destinataire des biens ou des services et conserve ce certificat dans ses livres. Si l'exonération est accordée sous forme d'un remboursement de la TVA, conformément à l'article 151, paragraphe 2, de la directive 2006/112/CE, le certificat est joint à la demande de remboursement adressée à l'État membre concerné.

CHAPITRE IX *Déductions (titre X de la directive 2006/112/CE)*

Art. 52 Lorsque l'État membre d'importation a mis en place un système permettant l'accomplissement des formalités douanières par des procédés électroniques, les termes "document constatant l'importation" à l'article 178, point e), de la directive 2006/112/CE se rapportent aux versions électroniques de ces documents si celles-ci permettent de contrôler l'exercice du droit à déduction.

CHAPITRE X *Obligations des assujettis et de certaines personnes non assujetties (titre XI de la directive 2006/112/CE)*

SECTION I *Redevables de la taxe envers le Trésor (articles 192 bis à 205 de la directive 2006/112/CE)*

Art. 53 1. Pour l'application de l'article 192 *bis* de la directive 2006/112/CE, est pris en considération un établissement stable dont l'assujetti dispose, seulement lorsqu'il est caractérisé par un degré suffisant de permanence et une structure appropriée en termes de moyens humains et techniques, lui permettant d'effectuer la livraison de biens ou la prestation de services à laquelle il participe.

2. Lorsqu'un assujetti dispose d'un établissement stable sur le territoire de l'État membre dans lequel la TVA est due, cet établissement est considéré comme ne participant pas à la livraison de biens ou la prestation de services au sens de l'article 192 *bis*, point b), de la directive 2006/112/CE, à moins que les moyens techniques et humains de cet établissement stable ne soient utilisés par cet assujetti pour des opérations inhérentes à l'accomplissement de la livraison de ces biens ou de la prestation de ces services imposable effectuée dans cet État membre, avant ou pendant la réalisation de cette livraison ou prestation.

Lorsque les moyens de l'établissement stable sont utilisés uniquement pour des tâches de soutien administratif comme la comptabilité, la facturation et le recouvrement de créances, ils ne sont pas considérés comme étant utilisés aux fins de la livraison de biens ou la prestation de services.

Toutefois, si une facture est émise sous le numéro d'identification TVA attribué par l'État membre de l'établissement stable, cet établissement stable est réputé avoir participé à la livraison de biens ou à la prestation de services effectuée dans cet État membre, sauf preuve du contraire.

Art. 54 Lorsqu'un assujetti a établi le siège de son activité économique sur le territoire de l'État membre dans lequel la TVA est due, l'article 192 *bis* de la directive 2006/112/CE ne s'applique pas, que ce siège participe ou ne participe pas à la livraison de biens ou à la prestation de services qu'il réalise dans cet État membre.

SECTION I *BIS* *Obligations générales (articles 242 et 243 de la directive 2006/112/CE)*

(Règl. d'exécution (UE) 2018/1912 du 4 déc. 2018, art. 1er et 2, applicable à partir du 1er janv. 2020)

Art. 54 *bis* 1. Le registre visé à l'article 243, paragraphe 3, de la directive 2006/112/CE qui doit être tenu par tout assujetti qui transfère des biens sous le régime des stocks sous contrat de dépôt contient les informations suivantes :

a) l'État membre à partir duquel les biens ont été expédiés ou transportés, et la date d'expédition ou de transport des biens ;

b) le numéro d'identification TVA de l'assujetti auquel les biens sont destinés, attribué par l'État membre vers lequel les biens sont expédiés ou transportés ;

c) l'État membre vers lequel les biens sont expédiés ou transportés, le numéro d'identification TVA de l'entrepositaire, l'adresse de l'entrepôt où les biens sont stockés à l'arrivée et la date d'arrivée des biens dans l'entrepôt ;

d) la valeur, la description et la quantité des biens arrivés dans l'entrepôt ;

e) le numéro d'identification TVA de l'assujetti remplaçant la personne visée au point b), du présent paragraphe, dans les conditions énoncées à l'article 17 *bis*, paragraphe 6, de la directive 2006/112/CE ;

f) le montant imposable, la description des biens livrés et leur quantité, la date à laquelle la livraison des biens visés à l'article 17 *bis*, paragraphe 3, point a), de la directive 2006/112/CE a été effectuée et le numéro d'identification TVA de l'acquéreur ;

g) le montant imposable, la description des biens et leur quantité, et la date de survenance de l'une des conditions et la justification correspondante conformément à l'article 17 *bis*, paragraphe 7, de la directive 2006/112/CE ;

h) la valeur, la description et la quantité des biens renvoyés et la date du renvoi des biens visés à l'article 17 *bis*, paragraphe 5, de la directive 2006/112/CE.

2. Le registre visé à l'article 243, paragraphe 3, de la directive 2006/112/CE qui doit être tenu par tout assujetti auquel des biens sont livrés sous le régime des stocks sous contrat de dépôt contient les informations suivantes :

a) le numéro d'identification TVA de l'assujetti qui transfère les biens sous le régime des stocks sous contrat de dépôt ;

b) la description et la quantité des biens qui lui sont destinés ;

c) la date à laquelle les biens qui lui sont destinés arrivent dans l'entrepôt ;

d) le montant imposable, la description et la quantité des biens qui lui sont livrés et la date à laquelle l'acquisition intracommunautaire des biens visés à l'article 17 *bis*, paragraphe 3, point b), de la directive 2006/112/CE est effectuée ;

e) la description et la quantité des biens, et la date à laquelle les biens sont enlevés de l'entrepôt sur ordre de l'assujetti visée au point a) ;

f) la description et la quantité des biens détruits ou manquants et la date de destruction, de perte ou de vol des biens précédemment arrivés à l'entrepôt ou la date à laquelle il a été constaté que les biens étaient détruits ou manquants.

Lorsque les biens sont expédiés ou transportés sous le régime des stocks sous contrat de dépôt chez un entrepositaire autre que l'assujetti auquel les biens sont destinés à être livrés, le registre de cet assujetti ne doit pas contenir les informations visées aux points c), e) et f) du premier alinéa.

SECTION I *TER* ***Comptabilité (articles 241 à 249 de la directive 2006/112/CE)***

(Règl. d'exécution (UE) 2019/2026 du 21 nov. 2019, art. 1er et 2, applicable à partir du 1er janv. 2021)

Art. 54 *ter* 1. Aux fins de l'application de l'article 242 *bis* de la directive 2006/112/CE, le terme "facilite" désigne l'utilisation d'une interface électronique permettant à un acquéreur ou preneur et à un fournisseur ou prestataire, qui propose à la vente des services ou des biens au moyen de cette interface électronique, d'entrer en contact, ce qui aboutit à une livraison de biens ou prestation de services au moyen de cette interface électronique.

Le terme "facilite" ne couvre cependant pas la livraison de biens ou la prestation de services lorsque toutes les conditions suivantes sont remplies :

a) l'assujetti ne fixe, que ce soit directement ou indirectement, aucune des conditions générales en vertu desquelles la livraison ou la prestation est effectuée ;

b) l'assujetti n'intervient pas, que ce soit directement ou indirectement, dans l'autorisation de la facturation à l'acquéreur ou au preneur en ce qui concerne le paiement effectué ;

c) l'assujetti n'intervient pas, que ce soit directement ou indirectement, à la commande ou à la livraison de biens, ou à la prestation de services.

2. Aux fins de l'application de l'article 242 *bis* de la directive 2006/112/CE, le terme "facilite" ne couvre pas les cas dans lesquels un assujetti se charge uniquement d'un des aspects suivants :

a) le traitement de paiements en rapport avec la livraison de biens ou la prestation de services ;

b) le placement d'annonces concernant des biens ou des services ou leur promotion ;

c) le fait de rediriger ou de transférer des acquéreurs ou des preneurs vers d'autres interfaces électroniques où des biens ou des services sont proposés, sans autre intervention dans la livraison ou la prestation.

Art. 54 *quater* 1. L'assujetti visé à l'article 242 *bis* de la directive 2006/112/CE, dans le cas de livraisons pour lesquelles il est réputé avoir reçu et livré les biens lui-même conformément à l'article 14 *bis* de la directive 2006/112/CE ou lorsqu'il s'entremet dans une prestation de services fournis par voie électronique pour lesquels il est présumé agir en son nom propre conformément à l'article 9 *bis* du présent règlement, tient les registres suivants :

a) les registres visés à l'article 63 *quater* du présent règlement, lorsque l'assujetti a choisi d'appliquer l'un des régimes particuliers prévus au titre XII, chapitre VI, de la directive 2006/112/CE ;

b) les registres visés à l'article 242 de la directive 2006/112/CE, lorsque l'assujetti n'a pas choisi d'appliquer l'un des régimes particuliers prévus au titre XII, chapitre VI, de la directive 2006/112/CE.

2. L'assujetti visé à l'article 242 *bis* de la directive 2006/112/CE, dans le cas des opérations autres que celles visées au paragraphe 1, conserve les informations suivantes :

a) le nom, l'adresse postale et l'adresse électronique ou le site internet du fournisseur dont les opérations sont facilitées par l'utilisation de l'interface électronique et, si ces données sont disponibles :

i) le numéro d'identification TVA ou le numéro fiscal national du fournisseur ou prestataire ;

ii) le numéro de compte bancaire ou le numéro de compte virtuel du fournisseur ou prestataire ;

b) une description des biens, leur valeur, le lieu d'arrivée de l'expédition ou du transport des biens, ainsi que le moment de la livraison et, si ces données sont disponibles, le numéro de commande ou le numéro unique de l'opération ;

c) une description des services, leur valeur, des informations permettant d'établir le lieu et le moment de la prestation et, si ces données sont disponibles, le numéro de commande ou le numéro unique de l'opération.

SECTION II ***Dispositions diverses (articles 272 et 273 de la directive 2006/112/CE)***

Art. 55 Pour les opérations visées à l'article 262 de la directive 2006/112/CE, les assujettis à qui un numéro individuel d'identification TVA doit être attribué conformément à l'article 214 de ladite directive et les personnes morales non assujetties identifiées à la TVA sont tenus de communiquer, lorsqu'ils agissent en tant que tels, leur numéro d'identification TVA à leurs fournisseurs de biens ou à leurs prestataires de services dès qu'ils en disposent.

Les assujettis visés à l'article 3, paragraphe 1, point b) de la directive 2006/112/CE, qui bénéficient de la non-imposition de leurs acquisitions intracommunautaires de biens conformément à l'article 4, premier alinéa, du présent règlement ne sont pas tenus de communiquer leur numéro individuel d'identification TVA à leurs fournisseurs de biens lorsqu'ils sont identifiés à la TVA conformément à l'article 214, paragraphe 1, point d) ou e) de ladite directive.

CHAPITRE XI *Régimes particuliers*

SECTION I *Régime particulier applicable à l'or d'investissement (articles 344 à 356 de la directive 2006/112/CE)*

Art. 56 Les "poids acceptés sur les marchés de l'or" visés à l'article 344, paragraphe 1, point 1), de la directive 2006/112/CE couvrent au moins les unités et les poids commercialisés figurant à l'annexe III du présent règlement.

Art. 57 Pour établir la liste des pièces d'or visée à l'article 345 de la directive 2006/112/CE, le "prix" et la "valeur sur le marché libre" visés à l'article 344, paragraphe 1, point 2), de ladite directive correspondent au prix et à la valeur sur le marché libre au 1er avril de chaque année. Si le 1er avril ne coïncide pas avec un jour où ces valeurs sont fixées, les valeurs du jour suivant au cours duquel elles sont fixées sont utilisées.

SECTION II *Régimes particuliers applicables aux assujettis qui fournissent des services à des personnes non assujetties ou qui effectuent des ventes à distance de biens ou certaines livraisons intérieures de biens (articles 358 à 369 quinvicies de la directive 2006/112/CE)*

(Règl. d'exécution (UE) 2019/2026 du 21 nov. 2019, art. 1er et 2, applicable à partir du 1er janv. 2021)

SOUS-SECTION 1 *Définitions*

Art. 57 *bis* Aux fins de la présente section, on entend par :

1) "régime non-UE" : le régime particulier applicable aux services fournis par des assujettis non établis sur le territoire de la Communauté, prévu au titre XII, chapitre VI, section II, de la directive 2006/112/CE ;

2) "régime UE" : le régime particulier applicable aux ventes à distance intracommunautaires de biens, aux livraisons de biens effectuées dans un État membre par des interfaces électroniques facilitant ces livraisons et aux services fournis par des assujettis établis sur le territoire de la Communauté, mais non dans l'État membre de consommation, prévu au titre XII, chapitre VI, section III, de la directive 2006/112/CE ;

3) "régime d'importation" : le régime particulier applicable aux ventes à distance de biens importés de territoires tiers ou de pays tiers, prévu au titre XII, chapitre VI, section IV, de la directive 2006/112/CE ;

4) "régime particulier" : le "régime non-UE", le "régime UE" ou le "régime d'importation", selon les cas ;

5) "assujetti" : un assujetti visé à l'article 359 de la directive 2006/112/CE qui est autorisé à appliquer le régime non-UE, un assujetti visé à l'article 369 ter de ladite directive qui est autorisé à appliquer le régime UE ou un assujetti visé à l'article 369 *quaterdecies* de ladite directive qui est autorisé à appliquer le régime d'importation ;

6) "intermédiaire" : une personne telle que définie à l'article 369 terdecies, deuxième alinéa, point 2, de la directive 2006/112/CE.

SOUS-SECTION 2 *Application du régime UE*

Art. 57 *ter* *Abrogé par Règl. d'exécution (UE) 2019/2026 du 21 nov. 2019, art. 1er et 2, applicable à partir du 1er janv. 2021.*

SOUS-SECTION 3 *Champ d'application du régime UE*

Art. 57 *quater* Le régime UE ne s'applique pas aux services fournis dans un État membre où l'assujetti a établi le siège de son activité économique ou dans lequel il dispose d'un établissement stable. La prestation de ces services est déclarée aux autorités fiscales compétentes de cet État membre, dans la déclaration de TVA prévue à l'article 250 de la directive 2006/112/CE.

SOUS-SECTION 4 *Identification*

Art. 57 *quinquies* 1. Lorsqu'un assujetti informe l'État membre d'identification qu'il a l'intention d'appliquer le régime non-UE ou le régime UE, ce régime particulier s'applique à partir du premier jour du trimestre civil suivant.

Toutefois, lorsque la première livraison de biens ou prestation de services devant relever du régime non-UE ou du régime UE a lieu avant cette date, le régime particulier s'applique à partir de la date de la première livraison ou prestation, à condition que les informations relatives au commencement des activités devant relever dudit régime soient communiquées par l'assujetti à l'État membre d'identification au plus tard le dixième jour du mois suivant la première livraison ou prestation.

2. Lorsqu'un assujetti ou un intermédiaire agissant pour son compte informe l'État membre d'identification de son intention d'appliquer le régime d'importation, ce régime particulier s'applique à partir du jour où est attribué à l'assujetti ou à l'intermédiaire le numéro individuel d'identification TVA pour le régime d'importation, conformément à l'article 369 *octodecies*, paragraphes 1 et 3, de la directive 2006/112/CE.

Art. 57 *sexies* L'État membre d'identification identifie l'assujetti qui applique le régime UE au moyen de son numéro d'identification TVA visé aux articles 214 et 215 de la directive 2006/112/CE.

Le numéro individuel d'identification attribué à un intermédiaire en application de l'article 369 *octodecies*, paragraphe 2, de la directive 2006/112/CE lui permet d'agir en qualité d'intermédiaire pour le compte d'assujettis qui appliquent le régime d'importation. Ce numéro ne peut cependant pas être utilisé par l'intermédiaire pour déclarer la TVA grevant des opérations imposables.

Art. 57 *septies* 1. Lorsqu'un assujetti qui applique le régime UE ne satisfait plus aux conditions fixées dans la définition figurant à l'article 369 *bis*, point 2), de la directive 2006/112/CE, l'État membre dans lequel il a été identifié cesse d'être l'État membre d'identification.

Toutefois, si cet assujetti continue de remplir les conditions nécessaires pour appliquer ce régime particulier, et afin de pouvoir encore l'appliquer, il désigne en tant que nouvel État membre d'identification l'État membre dans lequel il a établi le siège de son activité économique ou, s'il n'a pas établi ce siège dans la Communauté, un État membre dans lequel il dispose d'un établissement stable. Si l'assujetti qui applique le régime UE pour des livraisons de biens n'est pas établi sur le territoire de la Communauté, il désigne comme nouvel État membre d'identification un État membre à partir duquel il expédie ou transporte des biens.

En cas de changement d'État membre d'identification conformément au deuxième alinéa, ce changement prend effet à partir de la date à laquelle l'assujetti cesse d'avoir le siège de son activité économique ou de disposer d'un établissement stable dans l'État membre précédemment désigné comme l'État membre d'identification ou à partir de la date à laquelle cet assujetti cesse d'expédier ou de transporter des biens au départ de cet État membre.

2. Lorsqu'un assujetti qui applique le régime d'importation ou un intermédiaire agissant pour son compte ne satisfait plus aux conditions fixées à l'article 369 *terdecies*, deuxième alinéa, points 3 b) à e), de la directive 2006/112/CE, l'État membre dans lequel l'assujetti ou son intermédiaire a été identifié cesse d'être l'État membre d'identification.

Toutefois, si cet assujetti ou son intermédiaire continue de remplir les conditions nécessaires pour appliquer ce régime particulier, et afin de pouvoir encore l'appliquer, il désigne en tant que nouvel État membre d'identification l'État membre dans lequel il a établi le siège de son activité économique ou, s'il n'a pas établi ce siège dans la Communauté, un État membre dans lequel il dispose d'un établissement stable.

En cas de changement d'État membre d'identification conformément au deuxième alinéa, ce changement prend effet à partir de la date à laquelle l'assujetti ou son intermédiaire cesse d'avoir le siège de son activité économique ou de disposer d'un établissement stable dans *l'État membre* précédemment désigné comme l'État membre d'identification.

Art. 57 *octies* 1. Un assujetti qui applique le régime non-UE ou le régime UE peut cesser d'appliquer ces régimes particuliers, même s'il continue d'effectuer des livraisons de biens ou des prestations de services qui peuvent relever de ces régimes particuliers. L'assujetti informe l'État membre d'identification de sa décision au moins quinze jours avant la fin du trimestre civil précédant celui à partir duquel il a l'intention de cesser d'appliquer le régime. La cessation prend effet à compter du premier jour du trimestre civil suivant.

Les obligations en matière de TVA pour les livraisons de biens et prestations de services nées après la date à laquelle la cessation est devenue effective sont réglées directement auprès des autorités fiscales de l'État membre de consommation concerné.

2. Un assujetti qui applique le régime d'importation peut cesser d'appliquer ce régime, même s'il continue d'effectuer des ventes à distance de biens importés de territoires tiers ou de pays tiers. L'assujetti ou l'intermédiaire agissant pour son compte informe l'État membre d'identification de sa décision au moins quinze jours avant la fin du mois précédant celui à partir duquel il a l'intention de cesser d'appliquer le régime. La cessation prend effet à partir du premier jour du mois suivant et l'assujetti n'est plus autorisé à appliquer le régime pour les livraisons effectuées à compter de cette date.

SOUS-SECTION 5 *Obligations de déclaration*

Art. 57 *nonies* 1. Un assujetti ou un intermédiaire agissant pour son compte informe, par voie électronique, l'État membre d'identification au plus tard le dixième jour du mois suivant l'une des situations suivantes :

a) lorsqu'il cesse ses activités relevant d'un régime particulier ;

b) lorsqu'il modifie ses activités relevant d'un régime particulier de manière telle qu'il ne remplit plus les conditions requises pour appliquer ce régime ;

c) en cas de modifications des informations précédemment fournies à l'État membre d'identification.

2. En cas de changement d'État membre d'identification conformément à l'article 57 *septies*, l'assujetti ou l'intermédiaire agissant pour son compte informe les deux États membres concernés du changement au plus tard le dixième jour du mois suivant ce changement. Il communique au nouvel État membre d'identification les données d'enregistrement requises lorsqu'un assujetti applique un régime particulier pour la première fois.

SOUS-SECTION 6 *Exclusion*

Art. 58 1. Lorsqu'un assujetti qui applique l'un des régimes particuliers remplit un ou plusieurs des critères d'exclusion prévus à l'article 369 *sexies* ou des critères de radiation du registre d'identification prévus à l'article 363 ou à l'article 369 *novodecies*, paragraphes 1 et 3, de la directive 2006/112/CE, l'État membre d'identification exclut cet assujetti du régime en question.

Seul l'État membre d'identification peut exclure un assujetti de l'un des régimes particuliers.

L'État membre d'identification fonde sa décision d'exclusion ou de radiation sur toute information disponible, y compris les informations fournies par tout autre État membre.

2. L'exclusion d'un assujetti du régime non-UE ou du régime UE prend effet le premier jour du trimestre civil suivant la date à laquelle la décision d'exclusion a été communiquée par voie électronique à l'assujetti. Toutefois, lorsque l'exclusion résulte d'un changement du siège de l'activité économique ou de l'établissement stable, ou du lieu de départ de l'expédition ou du transport, elle prend effet à la date à laquelle intervient ce changement.

3. L'exclusion d'un assujetti du régime d'importation prend effet le premier jour du mois suivant la date à laquelle la décision d'exclusion a été communiquée par voie électronique à l'assujetti, sauf dans les situations suivantes :

a) lorsque l'exclusion résulte d'un changement du siège de son activité économique ou de son établissement stable, auquel cas elle prend effet à la date à laquelle intervient ce changement ;

b) lorsque l'assujetti est exclu en raison d'une non-conformité systématique avec la réglementation relative à ce régime, auquel cas l'exclusion prend effet à compter du lendemain du jour où la décision d'exclusion a été communiquée par voie électronique à l'assujetti.

4. A l'exception de la situation visée au paragraphe 3, point b), le numéro individuel d'identification TVA attribué aux fins de l'application du régime d'importation demeure valable pendant la durée nécessaire pour l'importation des biens qui ont été livrés avant la date de l'exclusion, durée qui ne peut toutefois excéder deux mois à partir de cette date.

5. Lorsqu'un intermédiaire remplit l'un des critères de radiation définis à l'article 369 *novodecies*, paragraphe 2, de la directive 2006/112/CE, l'État membre d'identification radie cet intermédiaire du registre d'identification et exclut du régime d'importation les assujettis représentés par cet intermédiaire.

Seul l'État membre d'identification peut radier un intermédiaire du registre d'identification.

L'État membre d'identification fonde sa décision de radiation sur toute information disponible, y compris les informations fournies par tout autre État membre.

La radiation d'un intermédiaire du registre d'identification prend effet le premier jour du mois suivant la date à laquelle la décision de radiation a été communiquée par voie électronique à l'intermédiaire et aux assujettis qu'il représente, sauf dans les situations suivantes :

a) lorsque la radiation résulte d'un changement du siège de son activité économique ou de son établissement stable, auquel cas elle prend effet à la date à laquelle intervient ce changement ;

b) lorsque l'intermédiaire est radié en raison d'une non-conformité systématique avec la réglementation relative au régime d'importation, auquel cas la radiation prend effet à compter du lendemain du jour où la décision de radiation a été communiquée par voie électronique à l'intermédiaire et aux assujettis qu'il représente.

Art. 58 *bis* Lorsqu'un assujetti qui applique un régime particulier n'a effectué, pendant une période de deux ans, aucune livraison de biens ou prestation de services relevant de ce régime dans aucun État membre de consommation, il est réputé avoir cessé ses activités imposables au sens de l'article 363, point b), de l'article 369 *sexies*, point b), de l'article 369 *novodecies*, paragraphe 1, point b), ou de l'article 369 *novodecies*, paragraphe 3, point b), de la directive 2006/112/CE, selon le cas. Cette cessation ne l'empêche pas de pouvoir appliquer un régime particulier s'il reprend ses activités relevant de l'un de ces régimes.

Art. 58 *ter* 1. Lorsqu'un assujetti est exclu de l'un des régimes particuliers en raison d'une non-conformité systématique avec la réglementation relative à ce régime, il reste exclu de l'application à l'un quelconque des régimes particuliers dans tout État membre pendant une période de deux ans suivant la période de déclaration au cours de laquelle il a été exclu.

Le premier alinéa ne s'applique cependant pas en ce qui concerne le régime d'importation lorsque l'exclusion était due à une non-conformité systématique avec la réglementation de la part de l'intermédiaire agissant pour le compte de l'assujetti.

Lorsqu'un intermédiaire est radié du registre d'identification en raison d'une non-conformité systématique avec la réglementation relative au régime d'importation, il n'est pas autorisé à agir en qualité d'intermédiaire pendant les deux années qui suivent le mois au cours duquel il a été radié de ce registre.

2. Un assujetti ou un intermédiaire est réputé ne pas s'être conformé de manière systématique aux règles relatives à l'un des régimes particuliers, au sens de l'article 363, point d), de l'article 369 *sexies*, point d), de l'article 369 *novodecies*, paragraphe 1, point d), de l'article 369 *novodecies*, paragraphe 2, point c), ou de l'article 369 *novodecies*, paragraphe 3, point d), de la directive 2006/112/CE, dans au moins l'un des cas suivants :

a) des rappels au titre de l'article 60 bis ont été émis à son intention ou à l'intention de l'intermédiaire agissant pour son compte par l'État membre d'identification pour les trois périodes de déclaration immédiatement précédentes et la déclaration de TVA n'a pas été déposée pour chacune de ces périodes dans les dix jours suivant l'émission du rappel ;

b) des rappels au titre de l'article 63 bis ont été émis à son intention ou à l'intention de l'intermédiaire agissant pour son compte par l'État membre d'identification pour les trois périodes de déclaration immédiatement précédentes et l'assujetti ou l'intermédiaire agissant pour son compte n'a pas versé l'intégralité de la TVA déclarée pour chacune de ces périodes dans les dix jours suivant l'émission du rappel, sauf lorsque le solde impayé est inférieur à 100 € pour chaque période de déclaration ;

c) après une demande de l'État membre d'identification et un mois après un rappel ultérieur de l'État membre d'identification, l'assujetti ou l'intermédiaire agissant pour son compte n'a pas mis à disposition, par voie électronique, les registres visés aux articles 369, 369 *duodecies* et 369 *quinvicies* de la directive 2006/112/CE.

Art. 58 *quater* Lorsqu'un assujetti est exclu du régime non-UE ou du régime UE, il s'acquitte de toutes ses obligations en matière de TVA pour les livraisons de biens ou prestations de services, nées après la date à laquelle l'exclusion est devenue effective, directement auprès des autorités fiscales de l'État membre de consommation concerné.

SOUS-SECTION 7 *Déclaration de TVA*

Art. 59 1. Toute période de déclaration au sens des articles 364, 369 *septies* ou 369 *vicies* de la directive 2006/112/CE est une période de déclaration séparée.

2. Lorsque, conformément à l'article 57 *quinquies*, paragraphe 1, deuxième alinéa, le régime non-UE ou le régime UE s'applique à partir de la date de la première livraison ou prestation,

l'assujetti dépose une déclaration de TVA séparée pour le trimestre civil durant lequel la première livraison ou prestation a eu lieu.

3. Lorsqu'un assujetti est enregistré au titre du régime non-UE et du régime UE pendant une période de déclaration, il adresse les déclarations de TVA et les paiements correspondants aux États membres d'identification de chacun des régimes dont relèvent les livraisons ou prestations effectuées durant les périodes respectives couvertes par ces régimes.

4. Lorsque le changement d'État membre d'identification en application de l'article 57 *septies* intervient après le premier jour de la période de déclaration en question, l'assujetti ou l'intermédiaire agissant pour son compte adresse les déclarations de TVA et les paiements correspondants à l'ancien et au nouvel État membre d'identification pour les livraisons ou prestations effectuées pendant les périodes respectives durant lesquelles ces États membres ont été l'État membre d'identification.

Art. 59 *bis* Lorsqu'un assujetti qui applique un régime particulier n'a effectué aucune livraison de biens ou prestation de services dans un État membre de consommation au titre dudit régime au cours d'une période de déclaration et qu'il n'a pas de correction à apporter à des déclarations précédentes, cet assujetti ou l'intermédiaire agissant pour son compte dépose une déclaration de TVA indiquant qu'aucune livraison ou prestation n'a été effectuée au cours de cette période (déclaration TVA "néant").

Art. 60 Les montants des déclarations de TVA déposées au titre des régimes particuliers ne sont pas arrondis à l'unité monétaire la plus proche. C'est le montant de TVA exact qui est déclaré et versé.

Art. 60 *bis* Lorsqu'un assujetti ou l'intermédiaire agissant pour son compte n'a pas déposé de déclaration de TVA conformément aux articles 364, 369 *septies* ou 369 *vicies* de la directive 2006/112/CE, l'État membre d'identification lui rappelle, par voie électronique, l'obligation de déposer sa déclaration de TVA. Le rappel est émis le dixième jour suivant la date à laquelle la déclaration aurait dû être déposée et l'État membre d'identification informe, par ailleurs, les autres États membres, par voie électronique, de l'émission du rappel.

Tous les rappels ultérieurs et les mesures prises pour déterminer le montant de la taxe et percevoir la TVA relèvent de la responsabilité de l'État membre de consommation concerné.

Nonobstant les rappels émis, et autres mesures prises, par un État membre de consommation, l'assujetti ou l'intermédiaire agissant pour son compte dépose la déclaration de TVA auprès de l'État membre d'identification.

Art. 61 1. Dès lors qu'une déclaration de TVA relative à des périodes allant jusqu'à la dernière période de déclaration de 2020 incluse a été déposée, les éventuelles modifications apportées ultérieurement aux chiffres qui y figurent ne peuvent s'effectuer qu'au moyen de modifications de cette déclaration, et non par des ajustements opérés dans une déclaration ultérieure.

Dès lors qu'une déclaration de TVA relative à des périodes à compter de la première période de déclaration de 2021 a été déposée, les éventuelles modifications apportées ultérieurement aux chiffres qui y figurent ne peuvent s'effectuer qu'au moyen d'ajustements opérés dans une déclaration ultérieure.

2. Les modifications visées au paragraphe 1 sont soumises par voie électronique à l'État membre d'identification pendant une période de trois ans à compter de la date à laquelle l'assujetti était tenu de déposer la déclaration initiale.

Cependant, les règles de l'État membre de consommation en ce qui concerne les déterminations du montant de la taxe et les modifications restent inchangées.

Art. 61 *bis* 1. Un assujetti ou un intermédiaire agissant pour son compte dépose la déclaration de TVA finale et effectue toute communication tardive de déclarations précédentes, ainsi que les paiements correspondants, auprès de l'État membre qui était l'État membre d'identification au moment de la cessation, de l'exclusion ou du changement, lorsqu'il :

a) cesse d'appliquer l'un des régimes particuliers ;

b) est exclu de l'un des régimes particuliers ;

c) change d'État membre d'identification conformément à l'article 57 *septies*.

Toute correction à apporter à la déclaration finale et aux déclarations précédentes après le dépôt de la déclaration finale est réglée directement auprès des autorités fiscales de l'État membre de consommation concerné.

2. Pour tous les assujettis pour le compte desquels il agit, un intermédiaire dépose les déclarations de TVA finales et effectue tout dépôt tardif de déclarations précédentes ainsi que les paiements correspondants auprès de l'État membre qui était l'État membre d'identification au moment de la radiation ou du changement, lorsqu'il :

a) est radié du registre d'identification ;

b) change d'État membre d'identification conformément à l'article 57 *septies*, paragraphe 2.

Toute correction à apporter à la déclaration finale et aux déclarations précédentes après le dépôt de la déclaration finale est réglée directement auprès des autorités fiscales de l'État membre de consommation concerné.

SOUS-SECTION 7 *BIS* *Régime d'importation – Fait générateur*

Art. 61 *ter* Aux fins de l'application de l'article 369 *quindecies* de la directive 2006/112/CE, le moment où le paiement a été accepté désigne le moment où la confirmation du paiement, le message d'autorisation du paiement ou un engagement de paiement de la part de l'acquéreur est reçu par l'assujetti qui applique le régime d'importation ou pour son compte, indépendamment du moment où le montant est effectivement versé, selon ce qui intervient en premier.

SOUS-SECTION 8 *Devise*

Art. 61 *quater* Lorsqu'un État membre d'identification dont la devise n'est pas l'euro décide que les déclarations de TVA doivent être libellées dans sa monnaie nationale, cette décision s'applique aux déclarations de TVA de tous les assujettis qui appliquent les régimes particuliers.

SOUS-SECTION 9 *Paiements*

Art. 62 Sans préjudice de l'article 63 *bis*, troisième alinéa, et de l'article 63 *ter*, un assujetti ou l'intermédiaire agissant pour son compte effectue tout paiement auprès de l'État membre d'identification.

Les paiements de TVA effectués par l'assujetti ou l'intermédiaire agissant pour son compte au titre des articles 367, 369 *decies* ou 369 *tervicies* de la directive 2006/112/CE sont spécifiques à la déclaration de TVA déposée conformément aux articles 364, 369 *septies* ou 369 *vicies* de ladite directive. Tout ajustement ultérieur des montants versés ne peut être effectué par l'assujetti ou l'intermédiaire agissant pour son compte qu'en référence à cette déclaration et ne peut être imputé sur une autre déclaration ni faire l'objet d'un ajustement dans une déclaration ultérieure. Chaque paiement indique le numéro de référence de cette déclaration spécifique.

Art. 63 L'État membre d'identification qui perçoit une somme supérieure à celle qui résulte de la déclaration de TVA déposée conformément aux articles 364, 369 *septies* ou 369 *vicies* de la directive 2006/112/CE rembourse directement le trop-perçu à l'assujetti concerné ou à l'intermédiaire agissant pour son compte.

Lorsqu'un État membre d'identification a perçu un montant pour une déclaration de TVA qui s'est ensuite révélée erronée, et que cet État membre a déjà distribué ce montant aux États membres de consommation, ces États membres de consommation remboursent leur part respective du trop-perçu éventuel directement à l'assujetti ou à l'intermédiaire agissant pour son compte.

Toutefois, lorsque les trop-perçus concernent des périodes allant jusqu'à la dernière période de déclaration de 2018 incluse, l'État membre d'identification rembourse à due concurrence la part correspondante du montant conservé conformément à l'article 46, paragraphe 3, du règlement (UE) n° 904/2010 et l'État membre de consommation rembourse le trop-perçu, déduction faite du montant devant être remboursé par l'État membre d'identification.

Les États membres de consommation communiquent, par voie électronique, à l'État membre d'identification le montant de ces remboursements.

Art. 63 *bis* Lorsqu'un assujetti ou l'intermédiaire agissant pour son compte a déposé une déclaration de TVA conformément aux articles 364, 369 *septies* ou 369 *vicies* de la directive 2006/112/CE, mais qu'aucun paiement n'a été effectué ou que le paiement est inférieur à celui prévu dans la déclaration, l'État membre d'identification notifie à l'assujetti ou à l'intermédiaire agissant pour son compte, par voie électronique, tout montant de TVA restant dû le dixième jour suivant la date à laquelle le paiement aurait dû être effectué au plus tard, conformément aux articles 367, 369 *decies* ou 369 *tervicies* de la directive 2006/112/CE.

L'État membre d'identification informe par voie électronique les États membres de consommation de l'envoi de ce rappel.

Tous les rappels ultérieurs et les mesures prises pour percevoir la TVA relèvent de la responsabilité de l'État membre de consommation concerné. Si des rappels ultérieurs ont été émis par un État membre de consommation, la TVA correspondante est payée à cet État membre.

L'État membre de consommation informe, par voie électronique, l'État membre d'identification de l'émission d'un rappel.

Art. 63 *ter* Lorsque aucune déclaration de TVA n'a été déposée, ou lorsque la déclaration de TVA est tardive, incomplète ou inexacte, ou que le paiement de la TVA intervient tardivement, les intérêts, pénalités ou autres frais sont calculés et évalués par l'État membre de consommation. L'assujetti ou l'intermédiaire agissant pour son compte paie directement à l'État membre de consommation ces intérêts, pénalités ou autres frais.

SOUS-SECTION 10 *Registres*

Art. 63 *quater* 1. Pour être considérés comme suffisamment détaillés au sens des articles 369 et 369 *duodecies* de la directive 2006/112/CE, les registres tenus par l'assujetti contiennent les informations suivantes :

a) l'État membre de consommation dans lequel les livraisons de biens sont effectuées ou les prestations de services sont fournies ;

b) le type de services prestés ou la description et la quantité des biens livrés ;

c) la date de la livraison des biens ou de la prestation des services ;

d) la base d'imposition, avec indication de la devise utilisée ;

e) toute augmentation ou réduction ultérieure de la base d'imposition ;

f) le taux de TVA appliqué ;

g) le montant de TVA dû, avec indication de la devise utilisée ;

h) la date et le montant des paiements reçus ;

i) tout acompte reçu avant la livraison des biens ou la prestation des services ;

j) lorsqu'une facture est émise, les informations figurant sur la facture ;

k) en ce qui concerne les services, les informations utilisées pour déterminer le lieu où le preneur est établi ou a son domicile ou sa résidence habituelle et, en ce qui concerne les biens, les informations utilisées pour déterminer le lieu de départ et le lieu d'arrivée de l'expédition ou du transport des biens à destination de l'acquéreur ;

l) tout élément de preuve concernant un retour possible des biens, y compris la base d'imposition et le taux de TVA appliqué.

2. Pour être considérés comme suffisamment détaillés au sens de l'article 369 *quinvicies* de la directive 2006/112/CE, les registres tenus par l'assujetti ou l'intermédiaire agissant pour son compte contiennent les informations suivantes :

a) l'État membre de consommation dans lequel les livraisons de biens sont effectuées ;

b) la description et la quantité des biens livrés ;

c) la date de la livraison des biens ;

d) la base d'imposition, avec indication de la devise utilisée ;

e) toute augmentation ou réduction ultérieure de la base d'imposition ;

f) le taux de TVA appliqué ;

g) le montant de TVA dû, avec indication de la devise utilisée ;

h) la date et le montant des paiements reçus ;

i) lorsqu'une facture est émise, les informations figurant sur la facture ;

j) les informations utilisées pour déterminer le lieu de départ et le lieu d'arrivée de l'expédition ou du transport des biens à destination de l'acquéreur ;

k) une preuve concernant un retour possible des biens, y compris la base d'imposition et le taux de TVA appliqué ;

l) le numéro de commande ou le numéro unique de l'opération ;

m) le numéro unique de l'envoi lorsque cet assujetti intervient directement à la livraison.

3. Les informations visées aux paragraphes 1 et 2 sont enregistrées par l'assujetti ou l'intermédiaire agissant pour son compte de manière à pouvoir être mises à disposition par voie électronique sans délai et pour chaque livraison de biens ou prestation de services.

Lorsqu'un assujetti ou l'intermédiaire agissant pour son compte a été invité à transmettre, par voie électronique, les registres visés aux articles 369, 369 *duodecies* et 369 *quinvicies* de la directive 2006/112/CE, et qu'il a omis de les soumettre dans un délai de vingt jours à compter de la date de la demande, l'État membre d'identification rappelle à l'assujetti ou à l'intermédiaire agissant pour son compte qu'il doit présenter ces registres. L'État membre d'identification informe, par voie électronique, les États membres de consommation de l'envoi de ce rappel.

SECTION III *Régime particulier pour la déclaration et le paiement de la TVA à l'importation (articles 369 sexvicies à 369 septvicies ter de la directive 2006/112/CE)*

(Règl. d'exécution (UE) 2019/2026 du 21 nov. 2019, art. 1er et 2, applicable à partir du 1er janv. 2021)

Art. 63 *quinquies* L'application du paiement mensuel de la TVA à l'importation conformément au régime particulier pour la déclaration et le paiement de la TVA à l'importation prévu au titre XII, chapitre VII, de la directive 2006/112/CE peut être subordonnée aux conditions applicables au report de paiement des droits de douane conformément au règlement (UE) n° 952/2013 du Parlement européen et du Conseil.

Aux fins de l'application du régime particulier, les États membres peuvent considérer que la condition consistant à "présenter les biens en douane pour le compte de la personne destinataire des biens" est remplie si la personne qui présente les biens en douane déclare son intention d'appliquer les régimes particuliers et de percevoir la TVA auprès de la personne à qui les biens sont destinés.

CHAPITRE XII *Dispositions finales*

Art. 64 Le règlement (CE) n° 1777/2005 est abrogé.

Les références faites au règlement abrogé s'entendent comme faites au présent règlement et sont à lire selon le tableau de correspondance figurant à l'annexe IV.

Art. 65 Le présent règlement entre en vigueur le vingtième jour suivant celui de sa publication au *Journal officiel de l'Union européenne*.

Il est applicable à partir du 1er juillet 2011.

Cependant :

– l'article 3, point a), l'article 11, paragraphe 2, point b), l'article 23, paragraphe 1, et l'article 24, paragraphe 1, sont applicables à partir du 1er janvier 2013,

– l'article 3, point b), est applicable à partir du 1er janvier 2015,

– l'article 11, paragraphe 2, point c), est applicable jusqu'au 31 décembre 2014.

Le présent règlement est obligatoire dans tous ses éléments et directement applicable dans tout État membre.

ANNEXE I

Article 7 du présent règlement

1. Point 1 de l'annexe II de la directive 2006/112/CE :

a) fourniture et hébergement de sites internet ;

b) maintenance automatisée de programmes, à distance et en ligne ;

c) administration de systèmes à distance ;

d) entreposage de données en ligne, permettant le stockage et l'extraction de données particulières par voie électronique ;

e) fourniture en ligne d'espace disque sur demande.

2. Point 2 de l'annexe II de la directive 2006/112/CE :

a) logiciels utilisés en ligne ou téléchargés (notamment, programmes de passation des marchés/de comptabilité, logiciels antivirus) et leurs mises à jour ;

b) logiciels servant à empêcher l'apparition de bannières publicitaires, connus également comme filtres antibannières ;

c) pilotes à télécharger, tels que les logiciels d'interconnexion entre un ordinateur et des périphériques (tels que les imprimantes) ;

d) installation automatisée en ligne de filtres sur des sites internet ;

e) installation automatisée en ligne de pare-feu.

3. Point 3 de l'annexe II de la directive 2006/112/CE :

a) consultation ou téléchargement d'éléments servant à personnaliser le "bureau" de l'ordinateur ;

b) consultation ou téléchargement de photos, d'images ou d'économiseurs d'écran ;

c) contenu numérisé de livres et autres publications électroniques ;

d) abonnement à des journaux et à des périodiques en ligne ;

e) blogs et statistiques de fréquentation de sites internet ;

f) informations en ligne, informations routières et bulletins météorologiques en ligne ;

g) informations en ligne générées automatiquement par un logiciel, au départ de données saisies par le client, telles que des données juridiques ou financières (notamment, cours des marchés boursiers en temps réel) ;

h) fourniture d'espaces publicitaires, en ce compris de bannières sur un site ou une page internet ;

i) utilisation de moteurs de recherche et d'annuaires internet.

4. Point 4 de l'annexe II de la directive 2006/112/CE :

a) consultation ou téléchargement de musique sur les ordinateurs et les téléphones mobiles ;

b) consultation ou téléchargement de sonals, d'extraits, de sonneries ou d'autres sons ;

c) consultation ou téléchargement de films ;

d) téléchargement de jeux sur les ordinateurs et les téléphones mobiles ;

e) accès à des jeux automatisés en ligne qui sont dépendants de l'internet ou de réseaux électroniques analogues et où les différents joueurs sont géographiquement distants les uns des autres ;

(Règl. d'exécution (UE) n° 1042/2013 du 7 oct. 2013, art. 1er-3 et 3, applicable à partir du 1er janv. 2015) « f) réception d'émissions de radio ou de télévision diffusées via un réseau de radiodiffusion ou de télévision, l'internet ou un réseau électronique analogue, pour l'écoute ou la visualisation de programmes au moment choisi par l'utilisateur et à la demande individuelle de l'utilisateur, sur la base de la liste des programmes retenus par le fournisseur de services de médias, tels que des chaînes de télévision ou de vidéo à la demande ;

« g) réception d'émissions de radio ou de télévision diffusées via l'internet ou un réseau électronique analogue (IP), à moins qu'elles ne soient diffusées simultanément à leur transmission ou retransmission sur un réseau de radiodiffusion et de télévision ;

« h) la fourniture de contenus audio et audiovisuels via des réseaux de communication qui ne sont pas fournis par un prestataire de services de médias et sous la responsabilité éditoriale de celui-ci ;

« i) la fourniture ultérieure de la production audio et audiovisuelle d'un prestataire de services de médias, diffusée via des réseaux de communication par une personne autre que ledit prestataire. »

5. Point 5 de l'annexe II de la directive 2006/112/CE :

a) enseignement à distance automatisé dont le fonctionnement dépend de l'internet ou d'un réseau électronique analogue et dont la fourniture exige une intervention humaine limitée, voire nulle, y compris les classes virtuelles, sauf lorsque l'internet ou un réseau électronique analogue est utilisé comme simple moyen de communication entre l'enseignant et l'étudiant ;

b) cahiers d'exercices complétés en ligne par les élèves, avec notation automatique ne nécessitant aucune intervention humaine.

ANNEXE II

ARTICLE 51 DU PRÉSENT RÈGLEMENT

Annexe présentant le certificat d'exonération de TVA ou des droits d'accises mentionné à l'art. 51 du Règl.

ANNEXE III

ARTICLE 56 DU PRÉSENT RÈGLEMENT

Unité	Poids commercialisés
Kg	12,5/1
Gramme	500/250/100/50/20/10/5/2,5/2
Once (1 oz = 31,1035 g)	100/10/5/1/½/¼
Tael (1 tael = 1,193 oz.) (1)	10/5/1
Tola (10 tolas = 3,75 oz.) (2)	10

(1) Tael = unité de poids chinoise traditionnelle. Le titre nominal d'une barre tael de Hong Kong est égal à 990, mais à Taïwan, 5 et 10 barres tael peuvent titrer 999,9.

(2) Tola = unité de poids indienne traditionnelle pour l'or. La dimension de la barre la plus populaire est 10 tola, titrée à 999.

ANNEXE IV

TABLEAU DE CORRESPONDANCE

Annexe présentant un tableau de correspondance entre le Règl. (CE) n° 1777/2005 (abrogé) et le Règl (UE) n° 282/2011.

Loi n° 2011-525 du 17 mai 2011,

De simplification et d'amélioration de la qualité du droit.

Art. 101 La transformation de toute personne morale en groupement d'intérêt public, ou l'inverse, n'entraîne ni dissolution ni création d'une personne morale nouvelle au regard des dispositions fiscales et sociales.

Directive 2011/96/UE du Conseil du 30 novembre 2011,

Concernant le régime fiscal commun applicable aux sociétés mères et filiales d'États membres différents.

Art. 1er 1. Chaque État membre applique la présente directive :

a) aux distributions de bénéfices reçus par des sociétés de cet État membre et provenant de leurs filiales d'autres États membres ;

b) aux distributions de bénéfices effectuées par des sociétés de cet État membre à des sociétés d'autres États membres dont elles sont les filiales ;

c) aux distributions de bénéfices perçues par des établissements stables, situés dans cet État membre, de sociétés d'autres États membres, et provenant de leurs filiales situées dans un État membre autre que celui où est situé l'établissement stable ;

d) aux distributions de bénéfices effectuées par des sociétés de cet État membre à des établissements stables, situés dans un autre État membre, de sociétés du même État membre dont elles sont des filiales.

2. *(Dir. n° 2015/121/UE du 27 janv. 2015)* « Les États membres n'accordent pas les avantages de la présente directive à un montage ou à une série de montages qui, ayant été mis en place pour obtenir, à titre d'objectif principal ou au titre d'un des objectifs principaux, un avantage fiscal allant à l'encontre de l'objet ou de la finalité de la présente directive, n'est pas authentique compte tenu de l'ensemble des faits et circonstances pertinents. Un montage peut comprendre plusieurs étapes ou parties.

« 3. Aux fins du paragraphe 2, un montage ou une série de montages est considéré comme non authentique dans la mesure où ce montage ou cette série de montages n'est pas mis en place pour des motifs commerciaux valables qui reflètent la réalité économique.

« 4. La présente directive ne fait pas obstacle à l'application de dispositions nationales ou conventionnelles nécessaires pour prévenir la fraude fiscale ou les abus. » — *Les États membres mettent en vigueur les dispositions législatives, réglementaires et administratives nécessaires pour se conformer à la présente directive au plus tard le 31 déc. 2015 (Dir. n° 2015/121/UE du 27 janv. 2015, art. 2).*

Art. 2 Aux fins de l'application de la présente directive, on entend par :

a) "société d'un État membre" : toute société :

i) qui revêt une des formes énumérées à l'annexe I, partie A ;

ii) qui, selon la législation fiscale d'un État membre, est considérée comme ayant dans cet État membre son domicile fiscal et qui, aux termes d'une convention en matière de double imposition conclue avec un État tiers, n'est pas considérée comme ayant son domicile fiscal hors de l'Union ;

iii) qui, en outre, est assujettie, sans possibilité d'option et sans en être exonérée, à l'un des impôts énumérés à l'annexe I, partie B, ou à tout autre impôt qui viendrait se substituer à l'un de ces impôts.

b) "établissement stable" : toute installation fixe d'affaires située dans un État membre dans laquelle l'activité d'une société d'un autre État membre est exercée en tout ou en partie, dans la mesure où les bénéfices de cette installation d'affaires sont assujettis à l'impôt dans l'État membre dans lequel elle se situe en vertu du traité fiscal bilatéral applicable ou, en l'absence d'un tel traité, en vertu du droit national.

Art. 3 1. Aux fins de l'application de la présente directive :

a) la qualité de société mère est reconnue :

i) au moins à une société d'un État membre qui remplit les conditions énoncées à l'article 2 et qui détient, dans le capital d'une société d'un autre État membre remplissant les mêmes conditions, une participation minimale de 10 % ;

ii) dans les mêmes conditions, à une société d'un État membre qui détient une participation d'au moins 10 % dans le capital d'une société du même État membre, participation détenue en tout ou en partie par un établissement stable de la première société situé dans un autre État membre.

b) "société filiale" : une société dont le capital comprend la participation visée au point a).

2. Par dérogation au paragraphe 1, les États membres ont la faculté :

a) par voie d'accord bilatéral, de remplacer le critère de participation dans le capital par celui de détention des droits de vote ;

b) de ne pas appliquer la présente directive à celles de leurs sociétés qui ne conservent pas, pendant une période ininterrompue d'au moins deux ans, une participation donnant droit à la qualité de société mère, ni aux sociétés dans lesquelles une société d'un autre État membre ne conserve pas, pendant une période ininterrompue d'au moins deux ans, une telle participation.

Art. 4 1. Lorsqu'une société mère ou son établissement stable perçoit, au titre de l'association entre la société mère et sa filiale, des bénéfices distribués autrement qu'à l'occasion de la liquidation de cette dernière, l'État membre de la société mère et l'État membre de son établissement stable :

(Dir. n° 2014/86/UE du 8 juill. 2014, art. 1er-1) « a) soit s'abstiennent d'imposer ces bénéfices dans la mesure où ces derniers ne sont pas déductibles par la filiale, et les imposent dans la mesure où ils sont déductibles par la filiale ; » — *Les dispositions nationales nécessaires pour se conformer à la Dir. n° 2014/86/UE du 8 juill. 2014 doivent entrer en vigueur au plus tard le 31 déc. 2015 (Dir. préc., art. 2-1).*

b) soit les imposent tout en autorisant la société mère et l'établissement stable à déduire du montant de leur impôt la fraction de l'impôt sur les sociétés afférente à ces bénéfices et acquittée par la filiale et toute sous-filiale, à condition qu'à chaque niveau la société et sa sous-filiale relèvent des définitions de l'article 2 et respectent les exigences prévues à l'article 3, dans la limite du montant dû de l'impôt correspondant.

2. Rien dans la présente directive n'empêche l'État membre de la société mère de considérer une filiale comme fiscalement transparente sur la base de l'évaluation par cet État membre des caractéristiques juridiques de la filiale au titre de la législation en vertu de laquelle elle a été constituée et, par conséquent, d'imposer la société mère sur la part des bénéfices de la filiale qui lui revient au moment où naissent ces bénéfices. Dans ce cas, l'État membre de la société mère s'abstient d'imposer les bénéfices distribués de la filiale.

Lorsqu'il détermine la part des bénéfices de la filiale qui revient à la société mère au moment où naissent ces bénéfices, l'État membre de la société mère exonère ces bénéfices ou autorise la société mère à déduire du montant de l'impôt dû la fraction de l'impôt sur les sociétés afférente à la part des bénéfices de la société mère que sa filiale et toute sous-filiale ont acquittée, à condition qu'à chaque niveau la société et sa sous-filiale relèvent des définitions de l'article 2 et respectent les exigences prévues à l'article 3, dans la limite du montant dû de l'impôt correspondant.

3. Tout État membre garde la faculté de prévoir que des charges se rapportant à la participation et des moins-values résultant de la distribution des bénéfices de la société filiale ne sont pas déductibles du bénéfice imposable de la société mère.

Si, dans ce cas, les frais de gestion se rapportant à la participation sont fixés forfaitairement, le montant forfaitaire ne peut excéder 5 % des bénéfices distribués par la société filiale.

4. Les paragraphes 1 et 2 s'appliquent jusqu'à la date de mise en place effective d'un système commun d'imposition des sociétés.

5. Le Conseil, statuant à l'unanimité conformément à une procédure législative spéciale, et après consultation du Parlement européen et du Comité économique et social, adopte en temps utile les dispositions applicables à compter de la date de l'entrée en vigueur effective du système commun d'imposition des sociétés.

Art. 5 Les bénéfices distribués par une filiale à sa société mère sont exonérés de retenue à la source.

Art. 6 L'État membre dont relève la société mère ne peut percevoir de retenue à la source sur les bénéfices que cette société reçoit de sa filiale.

Art. 7 1. L'expression "retenue à la source" utilisée dans la présente directive ne comprend pas le paiement anticipé ou préalable (précompte) de l'impôt sur les sociétés à l'État membre où est située la filiale, effectué en liaison avec la distribution des bénéfices à la société mère.

2. La présente directive n'affecte pas l'application de dispositions nationales ou conventionnelles visant à supprimer ou à atténuer la double imposition économique des dividendes, en particulier les dispositions relatives au paiement de crédits d'impôt aux bénéficiaires de dividendes.

Art. 8 1. Les États membres mettent en vigueur les dispositions législatives, réglementaires et administratives nécessaires pour se conformer à la présente directive au plus tard le 18 janvier 2012. Ils en informent immédiatement la Commission.

Lorsque les États membres adoptent ces dispositions, celles-ci contiennent une référence à la présente directive ou sont accompagnées d'une telle référence lors de leur publication officielle.

Les modalités de cette référence sont arrêtées par les États membres.

2. Les États membres communiquent à la Commission le texte des dispositions essentielles de droit interne qu'ils adoptent dans le domaine régi par la présente directive, ainsi qu'un tableau de concordance entre celles-ci et la présente directive.

Art. 9 La directive 90/435/CEE, telle que modifiée par les actes visés à l'annexe II, partie A, est abrogée, sans préjudice des obligations des États membres en ce qui concerne les délais de transposition en droit national des directives indiqués à l'annexe II, partie B.

Les références faites à la directive abrogée s'entendent comme faites à la présente directive et sont à lire selon le tableau de correspondance figurant à l'annexe III.

Art. 10 La présente directive entre en vigueur le vingtième jour suivant celui de sa publication au *Journal officiel de l'Union européenne*.

Art. 11 Les États membres sont destinataires de la présente directive.

ANNEXE I

Partie A Liste des sociétés visées à l'article 2, point a) i)

a) les sociétés constituées conformément au règlement (CE) n° 2157/2001 du Conseil du 8 octobre 2001 relatif au statut de la société européenne (SE) *[JO L 294 du 10 nov. 2001, p. 1]*, et à la directive 2001/86/CE du Conseil du 8 octobre 2001 complétant le statut de la société européenne pour ce qui concerne l'implication des travailleurs *[JO L 294 du 10 nov. 2001, p. 22]* et les sociétés coopératives constituées conformément au règlement (CE) n° 1435/2003 du Conseil du 22 juillet 2003 relatif au statut de la société coopérative européenne (SEC) *[JO L 207 du 18 août 2003, p. 1]* et à la directive 2003/72/CE du Conseil du 22 juillet 2003 complétant le statut de la société coopérative européenne pour ce qui concerne l'implication des travailleurs *[JO L 207 du 18 août 2003, p. 25]* ;

b) les sociétés de droit belge dénommées "société anonyme"/"naamloze vennootschap", "société en commandite par actions"/"commanditaire vennootschap op aandelen", "société privée à responsabilité limitée"/"besloten vennootschap met beperkte aansprakelijkheid", "société coopérative à responsabilité limitée"/"coöperatieve vennootschap met beperkte aansprakelijkheid", "société coopérative à responsabilité illimitée"/"coöperatieve vennootschap met onbeperkte aansprakelijkheid", "société en nom collectif"/"vennootschap onder firma", "société en commandite simple"/"gewone commanditaire vennootschap", les entreprises publiques qui ont adopté l'une des formes juridiques susmentionnées, ainsi que les autres sociétés constituées conformément au droit belge et assujetties à l'impôt sur les sociétés en Belgique ;

c) les sociétés de droit bulgare dénommées « събирателно дружество », « командитно дружество », « дружество с ограничена отговорност », « акционерно дружество », « командитно дружество с акции », « неперсонифицирано дружество », « кооперации », « кооперативни съюзи », « държавни предприятия », constituées conformément au droit bulgare et exerçant des activités commerciales ;

d) les sociétés de droit tchèque dénommées "akciová spolecnost", "spolecnost s rucením omezeným" ;

e) les sociétés de droit danois dénommées "aktieselskab" et "anpartsselskab". Les autres sociétés soumises à l'impôt conformément à la loi sur l'impôt des sociétés, dans la mesure où leur revenu imposable est calculé et imposé selon les règles générales de la législation fiscale applicable aux "aktieselskaber" ;

f) les sociétés de droit allemand dénommées "Aktiengesellschaft", "Kommanditgesellschaft auf Aktien", "Gesellschaft mit beschränkter Haftung", "Versicherungsverein auf Gegenseitigkeit", "Erwerbs- und Wirtschaftsgenossenschaft", "Betriebe gewerblicher Art von juristischen Personen des öffentlichen Rechts", ainsi que les autres sociétés constituées conformément au droit allemand et assujetties à l'impôt sur les sociétés en Allemagne ;

g) les sociétés de droit estonien dénommées "täisühing", "usaldusühing", "osaühing", "aktsiaselts", "tulundusühistu" ;

h) les sociétés constituées ou existant conformément au droit irlandais, les établissements enregistrés sous le régime du "Industrial and Provident Societies Act", les "building societies" enregistrées sous le régime des "Building Societies ACTS" et les "trustee savings banks" au sens du "Trustee Savings Banks Act, 1989" ;

i) les sociétés de droit grec dénommées « ανώνυμη εταιρεία », « εταιρεία περιορισμένης ευθύνης (E.M.E.) », ainsi que les autres sociétés constituées conformément au droit grec et assujetties à l'impôt sur les sociétés en Grèce, ainsi que les autres sociétés constituées conformément au droit grec et assujetties à l'impôt sur les sociétés en Grèce ;

j) les sociétés de droit espagnol dénommées "sociedad anónima", "sociedad comanditaria por acciones", "sociedad de responsabilidad limitada", ainsi que les entités de droit public qui opèrent sous le régime du droit privé. Autres entités constituées conformément au droit espagnol et assujetties à l'impôt sur les sociétés en Espagne ("Impuesto sobre sociedades") ;

k) les sociétés de droit français dénommées "société anonyme", "société en commandite par actions", "société à responsabilité limitée", "société par actions simplifiée", "société d'assurance mutuelle", "caisses d'épargne et de prévoyance", "sociétés civiles" assujetties de plein droit à l'impôt sur les sociétés, "coopératives" et "unions de coopératives", les établissements et entreprises publics à caractère industriel et commercial, ainsi que les autres sociétés constituées conformément au droit français et assujetties à l'impôt sur les sociétés en France ;

(Dir. n° 2013/13/UE du 13 mai 2013) « ka) les sociétés de droit croate dénommées "dioničko društvo", "društvo s ograničenom odgovornošću", ainsi que les autres sociétés constituées conformément au droit croate et assujetties à l'impôt sur les bénéfices en Croatie ; » — *Les présentes dispositions de la Dir. n° 2013/13/UE du 13 mai 2013 entrent en vigueur sous réserve et à la date d'entrée en vigueur du traité d'adhésion de la Croatie (Dir. préc., art. 3).*

l) les sociétés de droit italien dénommées "società per azioni", "società in accomandita per azioni", "società a responsabilità limitata", "società cooperative", "società di mutua assicurazione", et les entités privées et publiques qui exercent exclusivement ou principalement des activités commerciales ;

m) en vertu du droit chypriote : "εταιρείες" telles qu'elles sont définies dans la législation concernant l'impôt sur le revenu ;

n) les sociétés de droit letton dénommées "akciju sabiedriba", "sabiedriba ar ierobežotu atbildibu" ;

o) les sociétés constituées selon le droit lituanien ;

p) les sociétés de droit luxembourgeois dénommées "société anonyme", "société en commandite par actions", "société à responsabilité limitée", "société coopérative", "société coopérative organisée comme une société anonyme", "association d'assurances mutuelles", "association d'épargne-pension", "entreprise de nature commerciale, industrielle ou minière de l'État, des communes, des syndicats de communes, des établissements publics et des autres personnes morales de droit public", ainsi que les autres sociétés constituées conformément au droit luxembourgeois et assujetties à l'impôt sur les sociétés au Luxembourg ;

q) les sociétés de droit hongrois dénommées "közkereseti társaság", "betéti társaság", "közös vállalat", "korlátolt felelosségu társaság", "részvénytársaság", "egyesülés", "szövetkezet" ;

r) les sociétés de droit maltais dénommées "Kumpaniji ta' Responsabilita' Limitata", "Socjetajiet en commandite li l-kapital taghhom maqsum f'azzjonijiet" ;

s) les sociétés de droit néerlandais dénommées "naamloze vennootschap", "besloten vennootschap met beperkte aansprakelijkheid", "open commanditaire vennootschap", "coöperatie", "onderlinge waarborgmaatschappij", "fonds voor gemene rekening", "vereniging op coöperatieve grondslag" et "vereniging welke op onderlinge grondslag als verzekeraar of keredietinstelling optreed", ainsi que les autres sociétés constituées conformément au droit néerlandais et assujetties à l'impôt sur les sociétés aux Pays-Bas ;

t) les sociétés de droit autrichien dénommées "Aktiengesellschaft", "Gesellschaft mit beschränkter Haftung", "Versicherungsvereine auf Gegenseitigkeit", "Erwerbs-und Wirtschaftsgenossenschaften", "Betriebe gewerblicher Art von Körperschaften des öffentlichen Rechts", "Sparkassen", ainsi que les autres sociétés constituées conformément au droit autrichien et assujetties à l'impôt sur les sociétés en Autriche ;

(Dir. n° 2014/86/UE du 8 juill. 2014, art. 1er-2) « u) les sociétés de droit polonais dénommées : "spółka akcyjna", "spółka z ograniczoną odpowiedzialnością", "spółka komandytowo-akcyjna" ; » — *Les dispositions nationales nécessaires pour se conformer à la directive 2014/86/UE du 8 juill. 2014 doivent entrer en vigueur au plus tard le 31 déc. 2015 (Dir. préc., art. 2-1).*

v) les sociétés commerciales ou sociétés civiles de forme commerciale et les coopératives et entreprises publiques qui sont constituées conformément au droit portugais ;

(Dir. n° 2014/86/UE du 8 juill. 2014, art. 1er-2) « w) les sociétés de droit roumain dénommées "societăţi pe acţiuni", "societăţi în comandită pe acţiuni", "societăţi cu răspundere limitată", "societăţi în nume colectiv", "societăţi în comandită simplă ; » — *V. note ss. le § u ci-dessus.*

x) les sociétés de droit slovène dénommées "delniška družba", "komanditna družba", "družba z omejeno odgovornostjo" ;

y) les sociétés de droit slovaque dénommées "akciová spolocnost", "spolocnost s rucením obmedzeným", "komanditná spolocnost" ;

z) les sociétés de droit finlandais dénommées "osakeyhtiö/aktiebolag", "osuuskunta"/"andelslag", "säästöpankki"/"sparbank" et "vakuutusyhtiö"/"försäkringsbolag";

aa) les sociétés de droit suédois dénommées "aktiebolag", "försäkringsaktiebolag", "ekonomiska föreningar", "sparbanker", "ömsesidiga försäkringsbolag", "försäkringsföreningar";

ab) les sociétés constituées conformément au droit du Royaume-Uni.

Partie B Liste des impôts visés à l'article 2, point a) iii)

— impôt des sociétés/vennootschapsbelasting en Belgique,
— корпоративен данък en Bulgarie,
— dan z príjmu právnických osob en République tchèque,
— selskabsskat au Danemark,
— Körperschaftssteuer en Allemagne,
— tulumaks en Estonie,
— corporation tax en Irlande,
— en Bulgarie,
— dan z príjmu právnických osob en République tchèque,
— selskabsskat au Danemark,
— Körperschaftssteuer en Allemagne,
— tulumaks en Estonie,
— corporation tax en Irlande,
— φόρος εισοδήματος νομικών προσώπων κερδοσκοπικού χαρακτήρα, en Grèce,
— impuesto sobre sociedades en Espagne,
— impôt sur les sociétés en France,
(Dir. n° 2013/13/UE du 13 mai 2013, en vigueur le 1er juill. 2013) « — "porez na dobit" en Croatie, »
— imposta sul reddito delle società en Italie,
— φόρος εισοδήματος, à Chypre,
— uznemumu ienakuma nodoklis en Lettonie,
— pelno mokestis en Lituanie,
— impôt sur le revenu des collectivités au Luxembourg,
— társasági adó, osztalékadó en Hongrie,
— taxxa fuq l-income à Malte,
— vennootschapsbelasting aux Pays-Bas,
— Körperschaftssteuer en Autriche,
— podatek dochodowy od osób prawnych en Pologne,
— imposto sobre o rendimento das pessoas colectivas au Portugal,
— impozit pe profit en Roumanie,
— davek od dobicka pravnih oseb en Slovénie,
— dan z príjmov právnických osôb en Slovaquie,
— yhteisöjen tulovero/inkomstskatten för samfund en Finlande,
— statlig inkomstskatt en Suède,
— corporation tax au Royaume-Uni.

ANNEXE II

Abrogation et délais de transposition : V. JOUE 29 déc. 2009, L 345/8.

ANNEXE III

Abrogation et délais de transposition : V. JOUE 29 déc. 2009, L 345/8.

Loi n° 2011-1978 du 28 décembre 2011,

De finances rectificative pour 2011.

Art. 35 I. — 1. Sur option, l'avoué membre d'une société visée à l'article 8 *ter* du code général des impôts qui perçoit une indemnisation en application de l'article 13 de la loi *n° 2011-94 du 25 janvier 2011* portant réforme de la représentation devant les cours d'appel bénéficie d'un report d'imposition pour la fraction de la plus-value imposable qui excède un montant égal à la quote-part de l'indemnité lui revenant minorée soit de la quote-part de la valeur du droit de présentation telle que mentionnée dans le registre des immobilisations correspondant à ses droits dans la société, soit, si elle est supérieure, de la valeur d'acquisition ou de souscription des parts sociales.

Le report d'imposition mentionné au premier alinéa prend fin en cas de cession, de rachat ou d'annulation des parts de la société dont l'avoué mentionné au même premier alinéa est membre ou de cessation de l'activité professionnelle de celui-ci ou d'assujettissement de la société à l'impôt sur les sociétés ou de transformation de celle-ci en société passible de l'impôt sur les sociétés. Ce report d'imposition peut bénéficier du dispositif de maintien du report prévu à l'article 151-0 *octies* du code général des impôts.

2. L'avoué mentionné au 1 doit joindre à la déclaration prévue à l'article 170 du code général des impôts au titre de chacune des années d'application du report un état conforme au modèle fourni par l'administration faisant apparaître le montant de la plus-value en report d'imposition ainsi que les éléments permettant le calcul de cette plus-value.

La production de l'état mentionné au premier alinéa du présent 2 au titre de l'année ou de l'exercice de perception de l'indemnité vaut option pour le présent report. Pour les années suivantes, le défaut de production de cet état entraîne l'application d'une amende égale à 1 % du montant de la plus-value placée en report d'imposition.

II. – *[...]*

Art. 36 *[...]*

II. – Les sociétés civiles de moyens, les groupements d'intérêt économique et les associations régies par la loi du 1er juillet 1901 relative au contrat d'association, ayant participé dès 2010 ou dès 2011 aux expérimentations portant sur les nouveaux modes de rémunération prévues à l'article 44 de la loi n° 2007-1786 du 19 décembre 2007 de financement de la sécurité sociale pour 2008 et qui se transforment en sociétés interprofessionnelles de soins ambulatoires mentionnées à l'article L. 4041-1 du code de la santé publique avant le 30 juin 2012, relèvent du régime fiscal des sociétés de personnes prévu à l'article 8 du code général des impôts pour l'imposition des résultats de leurs exercices au cours desquels ils ont participé à ces expérimentations.

III. – La transformation, avant le 30 juin 2012, des sociétés, des groupements ou des associations définis au II du présent article en sociétés interprofessionnelles de soins ambulatoires mentionnées à l'article L. 4041-1 du code de la santé publique n'entraîne pas les conséquences de la cessation d'entreprise prévues à l'article 202 *ter* du code général des impôts, sous réserve qu'aucune modification ne soit apportée aux écritures comptables.

Arrêté du 12 octobre 2012,

Relatif aux taux de modulation applicables à la redevance sanitaire d'abattage mentionnée à l'article 302 bis N du code général des impôts et modifiant les articles 50 terdecies et 50 quaterdecies de l'annexe IV au code général des impôts.

Art. 1er Pour la modulation de la redevance sanitaire d'abattage mentionnée à l'article 302 *bis* N du code général des impôts, on entend par "chaîne d'abattage" une unité de production par espèce ou, pour les bovins, par catégorie d'animaux.

Art. 2 Le montant de la redevance sanitaire d'abattage mentionnée à l'article 302 *bis* N du code général des impôts applicable aux abattoirs d'ongulés domestiques, de gibier ongulé d'élevage et de ratites est modulé comme suit :

– moins 20 % pour les établissements ou les chaînes d'abattage classés en catégorie A ;

– moins 15 % pour les établissements ou les chaînes d'abattage classés en catégorie B dans lesquels le fonctionnement est adapté pour permettre une réalisation optimale de l'inspection sanitaire ;

– moins 10 % pour les établissements ou les chaînes d'abattage classés en catégorie B dans lesquels le fonctionnement est adapté pour permettre une bonne réalisation de l'inspection sanitaire ;

– pas de modulation pour les établissements ou les chaînes d'abattage classés en catégorie C ;

– plus 10 % pour les établissements ou les chaînes d'abattage classés en catégorie D ;

– plus 15 % pour les établissements ou les chaînes d'abattage classés en catégorie E.

Art. 3 Le montant de la redevance sanitaire d'abattage mentionnée à l'article 302 *bis* N du code général des impôts applicable aux abattoirs de volailles et de lagomorphes est modulé comme suit :

– moins 20 % pour les établissements ou les chaînes d'abattage classés en catégorie A ;

– moins 15 % pour les établissements ou les chaînes d'abattage classés en catégorie B ;

– plus 15 % pour les établissements ou les chaînes d'abattage classés en catégorie C ;
– plus 20 % pour les établissements ou les chaînes d'abattage classés en catégorie D.

Art. 4 Le montant de la redevance sanitaire d'abattage mentionnée à l'article 302 *bis* N du code général des impôts applicable aux ateliers de traitement du gibier sauvage est modulé comme suit :
– moins 15 % pour les établissements classés en catégorie A ;
– moins 10 % pour les établissements classés en catégorie B ;
– plus 10 % pour les établissements classés en catégorie C ;
– plus 15 % pour les établissements classés en catégorie D.

Art. 5 *Art. modificateur (V. Ann. IV, art. 50 terdecies).*

Art. 6 *Art. modificateur (V. Ann. IV, art. 50 quaterdecies).*

Art. 7 Les dispositions du présent arrêté entrent en vigueur le 1er janvier 2013.

Loi n° 2012-1270 du 20 novembre 2012,

Relative à la régulation économique outre-mer et portant diverses dispositions relatives aux outre-mer.

Art. 18 En Guadeloupe, en Martinique, en Guyane, à Mayotte et à La Réunion ainsi que dans les collectivités d'outre-mer de Saint-Barthélemy, de Saint-Martin et de Saint-Pierre-et-Miquelon, lorsque les pouvoirs publics décident d'une baisse de la fiscalité pesant sur les opérateurs économiques aux fins de lutter contre la hausse ou le niveau des prix de détail, les opérateurs bénéficiant directement ou indirectement de cette baisse sont tenus d'apporter aux administrations concernées et au juge, à la demande de ces derniers, tout élément utile permettant d'établir la répercussion effective de cette baisse sur les prix.

Loi n° 2012-1509 du 29 décembre 2012,

De finances pour 2013.

Art. 10 I. – *[...]*

IV. – A. – Par dérogation au 2 de l'article 200 A du code général des impôts, les profits mentionnés aux articles 150 *ter* à 150 *undecies* du même code, les gains mentionnés à l'article 150 *duodecies* dudit code, les gains nets obtenus dans les conditions prévues à l'article 150-0 A du même code, à l'exception des gains mentionnés au 2 du II du même article, les distributions mentionnées à l'article 150-0 F dudit code et les distributions mentionnées au 1 du II de l'article 163 *quinquies* C du même code effectuées au profit d'un actionnaire personne physique fiscalement domicilié en France au sens de l'article 4 B dudit code, réalisés en 2012, sont imposables au taux forfaitaire de 24 %.

Les gains nets mentionnés à l'article 150-0 A du code général des impôts réalisés au titre de l'année 2012 peuvent, sur option du contribuable, être imposés dans les conditions prévues au 2 *bis* de l'article 200 A du même code, dans sa rédaction en vigueur à compter du 1er janvier 2013, lorsque l'ensemble des conditions prévues à ce même 2 *bis* sont remplies.

B. – Pour les transferts de domicile fiscal hors de France intervenus entre le 28 septembre 2012 et le 31 décembre 2012, les plus-values et créances mentionnées aux I et II de l'article 167 *bis* du code général des impôts sont imposées au taux forfaitaire de 24 % par dérogation au 4 du I du même article.

....

Art. 25 Les personnes mentionnées aux 1° à 6° du B du I de l'article L. 612-2 du code monétaire et financier qui, à la date de promulgation de la présente loi, exploitent une entreprise en France au sens du I de l'article 209 du code général des impôts, redevables de la taxe exceptionnelle sur la réserve de capitalisation définie à l'article 23 de la loi n° 2010-1657 du 29 décembre 2010 de finances pour 2011, sont assujetties à une contribution complémentaire à cette taxe. L'assiette de la contribution complémentaire est le montant de la réserve de capitalisation déterminé selon les modalités prévues au deuxième alinéa du I du même article 23 ou, s'il est inférieur, le montant de cette réserve constaté à l'ouverture de l'exercice en cours à la date de promulgation de la présente loi.

Le taux de la contribution complémentaire est fixé à 7 %. Le montant cumulé de la taxe exceptionnelle acquittée en application dudit article 23 et de la contribution complémentaire à cette taxe est plafonné à un montant égal à 5 % des fonds propres, y compris la réserve de capitalisation, des redevables mentionnés au premier alinéa du présent article à l'ouverture de l'exercice en cours à la date de promulgation de la présente loi.

Elle n'est pas admise en déduction du résultat imposable à l'impôt sur les sociétés.

La contribution complémentaire est constitutive d'une dette d'impôt inscrite au bilan de clôture de l'exercice en cours à la date de promulgation de la présente loi. Elle est prélevée sur le compte de report à nouveau.

La contribution complémentaire est exigible à la clôture de l'exercice en cours à la date de promulgation de la présente loi. Elle est déclarée et liquidée dans les quatre mois de son exigibilité sur une déclaration dont le modèle est fixé par l'administration ; elle est acquittée dans le même délai.

La contribution complémentaire est recouvrée et contrôlée selon les procédures et sous les mêmes sanctions, garanties et privilèges que la taxe sur la valeur ajoutée. Les réclamations sont présentées, instruites et jugées selon les règles applicables à cette même taxe.

Décret n° 2013-392 du 10 mai 2013,

Relatif au champ d'application de la taxe annuelle sur les logements vacants instituée par l'article 232 du code général des impôts.

Art. 1er La taxe annuelle sur les logements vacants instituée par l'article 232 du code général des impôts s'applique dans les communes dont la liste figure en annexe.

....

ANNEXE

LISTE DES COMMUNES DES DÉPARTEMENTS DANS LESQUELLES S'APPLIQUE LE PRÉSENT DÉCRET

AGGLOMÉRATIONS (unités urbaines au sens de l'INSEE)	DÉPARTEMENTS	COMMUNES
Agglomération d'Ajaccio	2A	Ajaccio
Agglomération d'Annecy	74	Annecy
	74	Annecy-le-Vieux
	74	Argonay
	74	Chavanod
	74	Chevaline
	74	Cran-Gevrier
	74	Doussard
	74	Duingt
	74	Épagny
	74	Lathuile
	74	Lovagny
	74	Metz-Tessy
	74	Meythet

AGGLOMÉRATIONS (unités urbaines au sens de l'INSEE)	DÉPARTEMENTS	COMMUNES
	74	Poisy
	74	Pringy
	74	Saint-Jorioz
	74	Sévrier
	74	Seynod
	74	Sillingy
Agglomération d'Arles	13	Arles
	30	Fourques
Agglomération de Bastia	2B	Bastia
	2B	Biguglia
	2B	Brando
	2B	Furiani
	2B	San-Martino-di-Lota
	2B	Santa-Maria-di-Lota
	2B	Ville-di-Pietrabugno
Agglomération de Bayonne	40	Saint-André-de-Seignanx
	40	Saint-Martin-de-Seignanx
	40	Tarnos
	64	Ahetze
	64	Anglet
	64	Arbonne
	64	Arcangues
	64	Ascain
	64	Bassussarry
	64	Bayonne
	64	Biarritz
	64	Bidart
	64	Biriatou
	64	Boucau
	64	Ciboure
	64	Guéthary
	64	Hendaye
	64	Jatxou
	64	Lahonce
	64	Larressore
	64	Mouguerre

AGGLOMÉRATIONS (unités urbaines au sens de l'INSEE)	DÉPARTEMENTS	COMMUNES
	64	Saint-Jean-de-Luz
	64	Saint-Pierre-d'Irube
	64	Urcuit
	64	Urrugne
	64	Ustaritz
	64	Villefranque
Agglomération de Beauvais	60	Allonne
	60	Beauvais
	60	Goincourt
	60	Tillé
Agglomération de Bordeaux	33	Ambarès-et-Lagrave
	33	Artigues-près-Bordeaux
	33	Arveyres
	33	Bassens
	33	Baurech
	33	Bègles
	33	Blanquefort
	33	Bonnetan
	33	Bordeaux
	33	Bouliac
	33	Le Bouscat
	33	Bruges
	33	Cadarsac
	33	Cadaujac
	33	Cambes
	33	Camblanes-et-Meynac
	33	Canéjan
	33	Carbon-Blanc
	33	Carignan-de-Bordeaux
	33	Cénac
	33	Cenon
	33	Cestas
	33	Eysines
	33	Fargues-Saint-Hilaire
	33	Floirac
	33	Gradignan

AGGLOMÉRATIONS (unités urbaines au sens de l'INSEE)	DÉPARTEMENTS	COMMUNES
	33	Le Haillan
	33	Izon
	33	Langoiran
	33	Latresne
	33	Léognan
	33	Lestiac-sur-Garonne
	33	Lignan-de-Bordeaux
	33	Lormont
	33	Martignas-sur-Jalle
	33	Martillac
	33	Mérignac
	33	Montussan
	33	Nérigean
	33	Paillet
	33	Parempuyre
	33	Pessac
	33	Le Pian-Médoc
	33	Pompignac
	33	Quinsac
	33	Saint-Aubin-de-Médoc
	33	Saint-Caprais-de-Bordeaux
	33	Sainte-Eulalie
	33	Saint-Jean-d'Illac
	33	Saint-Loubès
	33	Saint-Médard-d'Eyrans
	33	Saint-Médard-en-Jalles
	33	Saint-Quentin-de-Baron
	33	Saint-Sulpice-et-Cameyrac
	33	Saint-Vincent-de-Paul
	33	Salleboeuf
	33	Tabanac
	33	Le Taillan-Médoc
	33	Talence
	33	Le Tourne
	33	Tresses
	33	Vayres

AGGLOMÉRATIONS (unités urbaines au sens de l'INSEE)	DÉPARTEMENTS	COMMUNES
	33	Villenave-d'Ornon
	33	Yvrac
Agglomération de Draguignan	83	Les Arcs
	83	Draguignan
	83	Flayosc
	83	La Motte
	83	Le Muy
	83	Trans-en-Provence
	83	Vidauban
Agglomération de Fréjus	83	Fréjus
	83	Puget-sur-Argens
	83	Saint-Raphaël
Agglomération de Genève (SUI) – Annemasse	01	Ferney-Voltaire
	01	Ornex
	01	Prévessin-Moëns
	01	Saint-Genis-Pouilly
	01	Sergy
	01	Thoiry
	74	Ambilly
	74	Annemasse
	74	Archamps
	74	Arthaz-Pont-Notre-Dame
	74	Bonne
	74	Bossey
	74	Collonges-sous-Salève
	74	Contamine-sur-Arve
	74	Cranves-Sales
	74	Étrembières
	74	Faucigny
	74	Fillinges
	74	Gaillard
	74	Juvigny
	74	Lucinges
	74	Machilly
	74	Marcellaz
	74	Monnetier-Mornex

AGGLOMÉRATIONS (unités urbaines au sens de l'INSEE)	DÉPARTEMENTS	COMMUNES
	74	Nangy
	74	Neydens
	74	Pers-Jussy
	74	Saint-André-de-Boëge
	74	Saint-Cergues
	74	Saint-Julien-en-Genevois
	74	Vétraz-Monthoux
	74	Ville-la-Grand
Agglomération de Grenoble	38	Beaucroissant
	38	Biviers
	38	Bresson
	38	La Buisse
	38	Le Champ-près-Froges
	38	Champ-sur-Drac
	38	Charnècles
	38	Chirens
	38	Claix
	38	Corenc
	38	Coublevie
	38	Domène
	38	Échirolles
	38	Eybens
	38	Fontaine
	38	Fontanil-Cornillon
	38	Froges
	38	Gières
	38	Grenoble
	38	Jarrie
	38	Meylan
	38	Moirans
	38	Montbonnot-Saint-Martin
	38	La Murette
	38	Murianette
	38	Noyarey
	38	La Pierre
	38	Poisat

AGGLOMÉRATIONS (unités urbaines au sens de l'INSEE)	DÉPARTEMENTS	COMMUNES
	38	Pommiers-la-Placette
	38	Le Pont-de-Claix
	38	Réaumont
	38	Renage
	38	Rives
	38	Saint-Blaise-du-Buis
	38	Saint-Cassien
	38	Saint-Égrève
	38	Saint-Ismier
	38	Saint-Jean-de-Moirans
	38	Saint-Martin-d'Hères
	38	Saint-Martin-le-Vinoux
	38	Saint-Nazaire-les-Eymes
	38	Sassenage
	38	Seyssinet-Pariset
	38	Seyssins
	38	La Tronche
	38	Varces-Allières-et-Risset
	38	Venon
	38	Le Versoud
	38	Veurey-Voroize
	38	Villard-Bonnot
	38	Voiron
	38	Voreppe
	38	Vourey
Agglomération de La Rochelle	17	Angoulins
	17	Aytré
	17	Châtelaillon-Plage
	17	Dompierre-sur-Mer
	17	Lagord
	17	Nieul-sur-Mer
	17	Périgny
	17	Puilboreau
	17	La Rochelle
	17	Salles-sur-Mer
Agglomération de La Teste-de-Buch – Arcachon	33	Arcachon

AGGLOMÉRATIONS (unités urbaines au sens de l'INSEE)	DÉPARTEMENTS	COMMUNES
	33	Gujan-Mestras
	33	Le Teich
	33	La Teste-de-Buch
Agglomération de Lille	59	Villeneuve-d'Ascq
	59	Anstaing
	59	Avelin
	59	Baisieux
	59	Bondues
	59	Bousbecque
	59	Capinghem
	59	Chéreng
	59	Comines
	59	Croix
	59	Emmerin
	59	Englos
	59	Faches-Thumesnil
	59	Forest-sur-Marque
	59	Gruson
	59	Hallennes-lez-Haubourdin
	59	Halluin
	59	Haubourdin
	59	Hem
	59	Lambersart
	59	Lannoy
	59	Leers
	59	Lesquin
	59	Lezennes
	59	Lille
	59	Linselles
	59	Lompret
	59	Loos
	59	Lys-lez-Lannoy
	59	La Madeleine
	59	Marcq-en-Barœul
	59	Marquette-lez-Lille
	59	Mons-en-Barœul

AGGLOMÉRATIONS (unités urbaines au sens de l'INSEE)	DÉPARTEMENTS	COMMUNES
	59	Mouvaux
	59	Neuville-en-Ferrain
	59	Noyelles-lès-Seclin
	59	Pérenchies
	59	Prémesques
	59	Quesnoy-sur-Deûle
	59	Ronchin
	59	Roncq
	59	Roubaix
	59	Sailly-lez-Lannoy
	59	Saint-André-lez-Lille
	59	Santes
	59	Seclin
	59	Sequedin
	59	Templemars
	59	Toufflers
	59	Tourcoing
	59	Tressin
	59	Vendeville
	59	Verlinghem
	59	Wambrechies
	59	Wasquehal
	59	Wattignies
	59	Wattrelos
	59	Wervicq-Sud
	59	Willems
Agglomération de Lyon	01	Beauregard
	01	Beynost
	01	La Boisse
	01	Dagneux
	01	Fareins
	01	Frans
	01	Jassans-Riottier
	01	Massieux
	01	Messimy-sur-Saône
	01	Miribel

AGGLOMÉRATIONS (unités urbaines au sens de l'INSEE)	DÉPARTEMENTS	COMMUNES
	01	Misérieux
	01	Montluel
	01	Neyron
	01	Parcieux
	01	Reyrieux
	01	Saint-Bernard
	01	Saint-Didier-de-Formans
	01	Sainte-Euphémie
	01	Saint-Maurice-de-Beynost
	01	Toussieux
	01	Trévoux
	38	Chasse-sur-Rhône
	69	Albigny-sur-Saône
	69	Ambérieux
	69	Anse
	69	Arnas
	69	Belmont-d'Azergues
	69	Brignais
	69	Brindas
	69	Bron
	69	Cailloux-sur-Fontaines
	69	Caluire-et-Cuire
	69	Champagne-au-Mont-d'Or
	69	Chaponost
	69	Charbonnières-les-Bains
	69	Charly
	69	Charnay
	69	Chassagny
	69	Chasselay
	69	Chazay-d'Azergues
	69	Les Chères
	69	Civrieux-d'Azergues
	69	Cogny
	69	Collonges-au-Mont-d'Or
	69	Couzon-au-Mont-d'Or
	69	Craponne

AGGLOMÉRATIONS (unités urbaines au sens de l'INSEE)	DÉPARTEMENTS	COMMUNES
	69	Curis-au-Mont-d'Or
	69	Dardilly
	69	Denicé
	69	Dommartin
	69	Écully
	69	Fleurieu-sur-Saône
	69	Fontaines-Saint-Martin
	69	Fontaines-sur-Saône
	69	Francheville
	69	Givors
	69	Gleizé
	69	Grézieu-la-Varenne
	69	Grigny
	69	Irigny
	69	Jarnioux
	69	Lacenas
	69	Lachassagne
	69	Lentilly
	69	Liergues
	69	Limas
	69	Limonest
	69	Lissieu
	69	Loire-sur-Rhône
	69	Lozanne
	69	Lucenay
	69	Lyon
	69	Marcilly-d'Azergues
	69	Marcy
	69	Marcy-l'Étoile
	69	Messimy
	69	Millery
	69	Montagny
	69	Morancé
	69	La Mulatière
	69	Neuville-sur-Saône
	69	Orliénas

AGGLOMÉRATIONS (unités urbaines au sens de l'INSEE)	DÉPARTEMENTS	COMMUNES
	69	Oullins
	69	Pierre-Bénite
	69	Pommiers
	69	Pouilly-le-Monial
	69	Rochetaillée-sur-Saône
	69	Soucieu-en-Jarrest
	69	Sainte-Consorce
	69	Saint-Cyr-au-Mont-d'Or
	69	Saint-Didier-au-Mont-d'Or
	69	Saint-Fons
	69	Sainte-Foy-lès-Lyon
	69	Saint-Genis-Laval
	69	Saint-Genis-les-Ollières
	69	Saint-Jean-des-Vignes
	69	Saint-Romain-au-Mont-d'Or
	69	Saint-Romain-en-Gier
	69	Taluyers
	69	Tassin-la-Demi-Lune
	69	Thurins
	69	La Tour-de-Salvagny
	69	Vaugneray
	69	Vaulx-en-Velin
	69	Vénissieux
	69	Vernaison
	69	Villefranche-sur-Saône
	69	Villeurbanne
	69	Vourles
	69	Chaponnay
	69	Chassieu
	69	Communay
	69	Corbas
	69	Décines-Charpieu
	69	Feyzin
	69	Genas
	69	Genay
	69	Marennes

AGGLOMÉRATIONS (unités urbaines au sens de l'INSEE)	DÉPARTEMENTS	COMMUNES
	69	Meyzieu
	69	Mions
	69	Montanay
	69	Rillieux-la-Pape
	69	Saint-Priest
	69	Saint-Symphorien-d'Ozon
	69	Sathonay-Camp
	69	Sathonay-Village
	69	Sérézin-du-Rhône
	69	Simandres
	69	Solaize
	69	Ternay
Agglomération de Marseille – Aix-en-Provence	13	Aix-en-Provence
	13	Allauch
	13	Aubagne
	13	Auriol
	13	Beaurecueil
	13	Berre-l'Étang
	13	Bouc-Bel-Air
	13	La Bouilladisse
	13	Cabriès
	13	Cadolive
	13	Châteauneuf-le-Rouge
	13	Châteauneuf-les-Martigues
	13	La Destrousse
	13	Éguilles
	13	Fos-sur-Mer
	13	Fuveau
	13	Gardanne
	13	Gémenos
	13	Gignac-la-Nerthe
	13	Gréasque
	13	Istres
	13	Marignane
	13	Marseille
	13	Martigues

AGGLOMÉRATIONS (unités urbaines au sens de l'INSEE)	DÉPARTEMENTS	COMMUNES
	13	Meyreuil
	13	Mimet
	13	Miramas
	13	La Penne-sur-Huveaune
	13	Les Pennes-Mirabeau
	13	Peynier
	13	Peypin
	13	Plan-de-Cuques
	13	Port-de-Bouc
	13	Rognac
	13	Roquevaire
	13	Rousset
	13	Saint-Chamas
	13	Saint-Marc-Jaumegarde
	13	Saint-Mitre-les-Remparts
	13	Saint-Savournin
	13	Saint-Victoret
	13	Septèmes-les-Vallons
	13	Simiane-Collongue
	13	Le Tholonet
	13	Trets
	13	Velaux
	13	Venelles
	13	Vitrolles
	83	Saint-Zacharie
Agglomération de Meaux	77	Crégy-lès-Meaux
	77	Meaux
	77	Nanteuil-lès-Meaux
	77	Poincy
	77	Trilport
	77	Villenoy
Agglomération de Menton – Monaco	06	Beausoleil
	06	Cap-d'Ail
	06	Castellar
	06	Èze
	06	Gorbio

AGGLOMÉRATIONS (unités urbaines au sens de l'INSEE)	DÉPARTEMENTS	COMMUNES
	06	Menton
	06	Roquebrune-Cap-Martin
	06	Sainte-Agnès
	06	La Turbie
Agglomération de Montpellier	34	Assas
	34	Castelnau-le-Lez
	34	Clapiers
	34	Le Crès
	34	Fabrègues
	34	Grabels
	34	Jacou
	34	Juvignac
	34	Lattes
	34	Lavérune
	34	Montferrier-sur-Lez
	34	Montpellier
	34	Pérols
	34	Prades-le-Lez
	34	Saint-Clément-de-Rivière
	34	Saint-Gély-du-Fesc
	34	Saint-Jean-de-Védas
	34	Saint-Vincent-de-Barbeyrargues
	34	Saussan
	34	Teyran
	34	Vendargues
	34	Villeneuve-lès-Maguelone
Agglomération de Nantes	44	Basse-Goulaine
	44	Bouaye
	44	Bouguenais
	44	Carquefou
	44	La Chapelle-sur-Erdre
	44	Couëron
	44	Haute-Goulaine
	44	Indre
	44	La Montagne
	44	Nantes

AGGLOMÉRATIONS (unités urbaines au sens de l'INSEE)	DÉPARTEMENTS	COMMUNES
	44	Orvault
	44	Pont-Saint-Martin
	44	Port-Saint-Père
	44	Rezé
	44	Saint-Aignan-Grandlieu
	44	Saint-Herblain
	44	Saint-Jean-de-Boiseau
	44	Saint-Léger-les-Vignes
	44	Sainte-Luce-sur-Loire
	44	Saint-Sébastien-sur-Loire
	44	Sautron
	44	Les Sorinières
	44	Thouaré-sur-Loire
	44	Vertou
Agglomération de Nice	06	Antibes
	06	Aspremont
	06	Auribeau-sur-Siagne
	06	Le Bar-sur-Loup
	06	Beaulieu-sur-Mer
	06	Berre-les-Alpes
	06	Biot
	06	Cabris
	06	Cagnes-sur-Mer
	06	Cannes
	06	Le Cannet
	06	Cantaron
	06	Carros
	06	Castagniers
	06	Châteauneuf-Grasse
	06	Châteauneuf-Villevieille
	06	La Colle-sur-Loup
	06	Colomars
	06	Contes
	06	Drap
	06	Falicon
	06	Gattières

AGGLOMÉRATIONS (unités urbaines au sens de l'INSEE)	DÉPARTEMENTS	COMMUNES
	06	La Gaude
	06	Gourdon
	06	Grasse
	06	Mandelieu-la-Napoule
	06	Mouans-Sartoux
	06	Mougins
	06	Nice
	06	Opio
	06	Pégomas
	06	Peymeinade
	06	Roquefort-les-Pins
	06	La Roquette-sur-Siagne
	06	Le Rouret
	06	Saint-André-de-la-Roche
	06	Saint-Jean-Cap-Ferrat
	06	Saint-Jeannet
	06	Saint-Laurent-du-Var
	06	Saint-Paul
	06	Spéracèdes
	06	Théoule-sur-Mer
	06	Le Tignet
	06	Tourrette-Levens
	06	Tourrettes-sur-Loup
	06	La Trinité
	06	Valbonne
	06	Vallauris
	06	Vence
	06	Villefranche-sur-Mer
	06	Villeneuve-Loubet
Agglomération de Paris	75	Paris
	77	Boissise-le-Roi
	77	Brou-sur-Chantereine
	77	Bussy-Saint-Georges
	77	Bussy-Saint-Martin
	77	Carnetin
	77	Cesson

AGGLOMÉRATIONS (unités urbaines au sens de l'INSEE)	DÉPARTEMENTS	COMMUNES
	77	Chalifert
	77	Champs-sur-Marne
	77	Chanteloup-en-Brie
	77	Chelles
	77	Chessy
	77	Collégien
	77	Combs-la-Ville
	77	Conches-sur-Gondoire
	77	Courtry
	77	Croissy-Beaubourg
	77	Dammarie-les-Lys
	77	Dampmart
	77	Émerainville
	77	Ferrières-en-Brie
	77	Gouvernes
	77	Guermantes
	77	Lagny-sur-Marne
	77	Lésigny
	77	Lieusaint
	77	Livry-sur-Seine
	77	Lognes
	77	Le Mée-sur-Seine
	77	Melun
	77	Le Mesnil-Amelot
	77	Mitry-Mory
	77	Moissy-Cramayel
	77	Montévrain
	77	Nandy
	77	Noisiel
	77	Ozoir-la-Ferrière
	77	Pomponne
	77	Pontault-Combault
	77	Pringy
	77	La Rochette
	77	Roissy-en-Brie
	77	Rubelles

AGGLOMÉRATIONS (unités urbaines au sens de l'INSEE)	DÉPARTEMENTS	COMMUNES
	77	Saint-Fargeau-Ponthierry
	77	Saint-Thibault-des-Vignes
	77	Savigny-le-Temple
	77	Servon
	77	Thorigny-sur-Marne
	77	Torcy
	77	Vaires-sur-Marne
	77	Vaux-le-Pénil
	77	Vert-Saint-Denis
	77	Villeparisis
	78	Achères
	78	Andrésy
	78	Aubergenville
	78	Auffreville-Brasseuil
	78	Bazoches-sur-Guyonne
	78	Bois-d'Arcy
	78	Bougival
	78	Buc
	78	Buchelay
	78	Carrières-sous-Poissy
	78	Carrières-sur-Seine
	78	La Celle-Saint-Cloud
	78	Chambourcy
	78	Chanteloup-les-Vignes
	78	Chapet
	78	Chatou
	78	Le Chesnay
	78	Chevreuse
	78	Les Clayes-sous-Bois
	78	Coignières
	78	Conflans-Sainte-Honorine
	78	Croissy-sur-Seine
	78	Élancourt
	78	L'Étang-la-Ville
	78	Evecquemont
	78	Flins-sur-Seine

AGGLOMÉRATIONS (unités urbaines au sens de l'INSEE)	DÉPARTEMENTS	COMMUNES
	78	Follainville-Dennemont
	78	Fontenay-le-Fleury
	78	Fourqueux
	78	Gaillon-sur-Montcient
	78	Gargenville
	78	Guyancourt
	78	Hardricourt
	78	Houilles
	78	Issou
	78	Jouars-Pontchartrain
	78	Jouy-en-Josas
	78	Juziers
	78	Limay
	78	Les Loges-en-Josas
	78	Louveciennes
	78	Magnanville
	78	Magny-les-Hameaux
	78	Maisons-Laffitte
	78	Mantes-la-Jolie
	78	Mantes-la-Ville
	78	Mareil-Marly
	78	Marly-le-Roi
	78	Maurecourt
	78	Maurepas
	78	Médan
	78	Le Mesnil-le-Roi
	78	Le Mesnil-Saint-Denis
	78	Meulan
	78	Mézy-sur-Seine
	78	Montesson
	78	Montigny-le-Bretonneux
	78	Les Mureaux
	78	Neauphle-le-Château
	78	Neauphle-le-Vieux
	78	Orgeval
	78	Le Pecq

AGGLOMÉRATIONS (unités urbaines au sens de l'INSEE)	DÉPARTEMENTS	COMMUNES
	78	Plaisir
	78	Poissy
	78	Porcheville
	78	Le Port-Marly
	78	Rocquencourt
	78	Saint-Cyr-l'École
	78	Saint-Germain-en-Laye
	78	Saint-Rémy-lès-Chevreuse
	78	Saint-Rémy-l'Honoré
	78	Sartrouville
	78	Tessancourt-sur-Aubette
	78	Trappes
	78	Le Tremblay-sur-Mauldre
	78	Triel-sur-Seine
	78	Vaux-sur-Seine
	78	Vélizy-Villacoublay
	78	Verneuil-sur-Seine
	78	Vernouillet
	78	La Verrière
	78	Versailles
	78	Vert
	78	Le Vésinet
	78	Villennes-sur-Seine
	78	Villepreux
	78	Villiers-Saint-Fréderic
	78	Viroflay
	78	Voisins-le-Bretonneux
	91	Arpajon
	91	Athis-Mons
	91	Ballainvilliers
	91	Bièvres
	91	Bondoufle
	91	Boussy-Saint-Antoine
	91	Brétigny-sur-Orge
	91	Breuillet
	91	Breux-Jouy

AGGLOMÉRATIONS (unités urbaines au sens de l'INSEE)	DÉPARTEMENTS	COMMUNES
	91	Brunoy
	91	Bruyères-le-Châtel
	91	Bures-sur-Yvette
	91	Champlan
	91	Chilly-Mazarin
	91	Corbeil-Essonnes
	91	Le Coudray-Montceaux
	91	Courcouronnes
	91	Crosne
	91	Draveil
	91	Écharcon
	91	Égly
	91	Épinay-sous-Sénart
	91	Épinay-sur-Orge
	91	Étiolles
	91	Évry
	91	Fleury-Mérogis
	91	Fontenay-le-Vicomte
	91	Gif-sur-Yvette
	91	Gometz-le-Châtel
	91	Grigny
	91	Igny
	91	Juvisy-sur-Orge
	91	Leuville-sur-Orge
	91	Linas
	91	Lisses
	91	Longjumeau
	91	Longpont-sur-Orge
	91	Marcoussis
	91	Massy
	91	Mennecy
	91	Montgeron
	91	Montlhéry
	91	Morangis
	91	Morsang-sur-Orge
	91	Morsang-sur-Seine

AGGLOMÉRATIONS (unités urbaines au sens de l'INSEE)	DÉPARTEMENTS	COMMUNES
	91	La Norville
	91	Nozay
	91	Ollainville
	91	Ormoy
	91	Orsay
	91	Palaiseau
	91	Paray-Vieille-Poste
	91	Le Plessis-Pâté
	91	Quincy-sous-Sénart
	91	Ris-Orangis
	91	Saclay
	91	Saint-Aubin
	91	Sainte-Geneviève-des-Bois
	91	Saint-Germain-lès-Arpajon
	91	Saint-Germain-lès-Corbeil
	91	Saint-Michel-sur-Orge
	91	Saint-Pierre-du-Perray
	91	Saintry-sur-Seine
	91	Saint-Yon
	91	Saulx-les-Chartreux
	91	Savigny-sur-Orge
	91	Soisy-sur-Seine
	91	Varennes-Jarcy
	91	Vauhallan
	91	Verrières-le-Buisson
	91	Vigneux-sur-Seine
	91	Villabé
	91	Villebon-sur-Yvette
	91	La Ville-du-Bois
	91	Villejust
	91	Villemoisson-sur-Orge
	91	Villiers-le-Bâcle
	91	Villiers-sur-Orge
	91	Viry-Châtillon
	91	Wissous
	91	Yerres

AGGLOMÉRATIONS (unités urbaines au sens de l'INSEE)	DÉPARTEMENTS	COMMUNES
	91	Les Ulis
	92	Antony
	92	Asnières-sur-Seine
	92	Bagneux
	92	Bois-Colombes
	92	Boulogne-Billancourt
	92	Bourg-la-Reine
	92	Châtenay-Malabry
	92	Châtillon
	92	Chaville
	92	Clamart
	92	Clichy
	92	Colombes
	92	Courbevoie
	92	Fontenay-aux-Roses
	92	Garches
	92	La Garenne-Colombes
	92	Gennevilliers
	92	Issy-les-Moulineaux
	92	Levallois-Perret
	92	Malakoff
	92	Marnes-la-Coquette
	92	Meudon
	92	Montrouge
	92	Nanterre
	92	Neuilly-sur-Seine
	92	Le Plessis-Robinson
	92	Puteaux
	92	Rueil-Malmaison
	92	Saint-Cloud
	92	Sceaux
	92	Sèvres
	92	Suresnes
	92	Vanves
	92	Vaucresson
	92	Ville-d'Avray

AGGLOMÉRATIONS (unités urbaines au sens de l'INSEE)	DÉPARTEMENTS	COMMUNES
	92	Villeneuve-la-Garenne
	93	Aubervilliers
	93	Aulnay-sous-Bois
	93	Bagnolet
	93	Le Blanc-Mesnil
	93	Bobigny
	93	Bondy
	93	Le Bourget
	93	Clichy-sous-Bois
	93	Coubron
	93	La Courneuve
	93	Drancy
	93	Dugny
	93	Épinay-sur-Seine
	93	Gagny
	93	Gournay-sur-Marne
	93	L'Île-Saint-Denis
	93	Les Lilas
	93	Livry-Gargan
	93	Montfermeil
	93	Montreuil
	93	Neuilly-Plaisance
	93	Neuilly-sur-Marne
	93	Noisy-le-Grand
	93	Noisy-le-Sec
	93	Pantin
	93	Les Pavillons-sous-Bois
	93	Pierrefitte-sur-Seine
	93	Le Pré-Saint-Gervais
	93	Le Raincy
	93	Romainville
	93	Rosny-sous-Bois
	93	Saint-Denis
	93	Saint-Ouen
	93	Sevran
	93	Stains

AGGLOMÉRATIONS (unités urbaines au sens de l'INSEE)	DÉPARTEMENTS	COMMUNES
	93	Tremblay-en-France
	93	Vaujours
	93	Villemomble
	93	Villepinte
	93	Villetaneuse
	94	Ablon-sur-Seine
	94	Alfortville
	94	Arcueil
	94	Boissy-Saint-Léger
	94	Bonneuil-sur-Marne
	94	Bry-sur-Marne
	94	Cachan
	94	Champigny-sur-Marne
	94	Charenton-le-Pont
	94	Chennevières-sur-Marne
	94	Chevilly-Larue
	94	Choisy-le-Roi
	94	Créteil
	94	Fontenay-sous-Bois
	94	Fresnes
	94	Gentilly
	94	L'Haÿ-les-Roses
	94	Ivry-sur-Seine
	94	Joinville-le-Pont
	94	Le Kremlin-Bicêtre
	94	Limeil-Brévannes
	94	Maisons-Alfort
	94	Mandres-les-Roses
	94	Marolles-en-Brie
	94	Nogent-sur-Marne
	94	Noiseau
	94	Orly
	94	Ormesson-sur-Marne
	94	Périgny
	94	Le Perreux-sur-Marne
	94	Le Plessis-Trévise

AGGLOMÉRATIONS (unités urbaines au sens de l'INSEE)	DÉPARTEMENTS	COMMUNES
	94	La Queue-en-Brie
	94	Rungis
	94	Saint-Mandé
	94	Saint-Maur-des-Fossés
	94	Saint-Maurice
	94	Santeny
	94	Sucy-en-Brie
	94	Thiais
	94	Valenton
	94	Villecresnes
	94	Villejuif
	94	Villeneuve-le-Roi
	94	Villeneuve-Saint-Georges
	94	Villiers-sur-Marne
	94	Vincennes
	94	Vitry-sur-Seine
	95	Andilly
	95	Argenteuil
	95	Arnouville-lès-Gonesse
	95	Auvers-sur-Oise
	95	Beauchamp
	95	Bessancourt
	95	Bezons
	95	Bonneuil-en-France
	95	Bouffémont
	95	Butry-sur-Oise
	95	Cergy
	95	Champagne-sur-Oise
	95	Cormeilles-en-Parisis
	95	Courdimanche
	95	Deuil-la-Barre
	95	Domont
	95	Eaubonne
	95	Écouen
	95	Enghien-les-Bains
	95	Épiais-lès-Louvres

AGGLOMÉRATIONS (unités urbaines au sens de l'INSEE)	DÉPARTEMENTS	COMMUNES
	95	Éragny
	95	Ermont
	95	Ézanville
	95	Franconville
	95	Frépillon
	95	La Frette-sur-Seine
	95	Garges-lès-Gonesse
	95	Gonesse
	95	Goussainville
	95	Groslay
	95	Herblay
	95	L'Isle-Adam
	95	Jouy-le-Moutier
	95	Margency
	95	Mériel
	95	Méry-sur-Oise
	95	Montigny-lès-Cormeilles
	95	Montlignon
	95	Montmagny
	95	Montmorency
	95	Nesles-la-Vallée
	95	Neuville-sur-Oise
	95	Osny
	95	Parmain
	95	Pierrelaye
	95	Piscop
	95	Le Plessis-Bouchard
	95	Pontoise
	95	Puiseux-Pontoise
	95	Roissy-en-France
	95	Saint-Brice-sous-Forêt
	95	Saint-Gratien
	95	Saint-Leu-la-Forêt
	95	Saint-Ouen-l'Aumône
	95	Saint-Prix
	95	Sannois

AGGLOMÉRATIONS (unités urbaines au sens de l'INSEE)	DÉPARTEMENTS	COMMUNES
	95	Sarcelles
	95	Soisy-sous-Montmorency
	95	Taverny
	95	Le Thillay
	95	Valmondois
	95	Vaudherland
	95	Vauréal
	95	Villiers-Adam
	95	Villiers-le-Bel
Agglomération de Saint-Nazaire	44	Batz-sur-Mer
	44	Le Croisic
	44	Donges
	44	La Baule-Escoublac
	44	Guérande
	44	Montoir-de-Bretagne
	44	Pornichet
	44	Le Pouliguen
	44	Saint-André-des-Eaux
	44	Saint-Nazaire
	44	Trignac
Agglomération de Sète	34	Balaruc-les-Bains
	34	Balaruc-le-Vieux
	34	Frontignan
	34	Gigean
	34	Montbazin
	34	Poussan
	34	Sète
Agglomération de Strasbourg	67	Achenheim
	67	Bischheim
	67	Eckbolsheim
	67	Eschau
	67	Fegersheim
	67	Hoenheim
	67	Illkirch-Graffenstaden
	67	Lampertheim
	67	Lingolsheim

AGGLOMÉRATIONS (unités urbaines au sens de l'INSEE)	DÉPARTEMENTS	COMMUNES
	67	Lipsheim
	67	Mittelhausbergen
	67	Mundolsheim
	67	Niederhausbergen
	67	Oberhausbergen
	67	Oberschaeffolsheim
	67	Ostwald
	67	Plobsheim
	67	Reichstett
	67	Schiltigheim
	67	Souffelweyersheim
	67	Strasbourg
	67	Vendenheim
	67	Wolfisheim
Agglomération de Thonon-les-Bains	74	Allinges
	74	Anthy-sur-Léman
	74	Armoy
	74	Évian-les-Bains
	74	Excenevex
	74	Lugrin
	74	Margencel
	74	Marin
	74	Maxilly-sur-Léman
	74	Neuvecelle
	74	Publier
	74	Sciez
	74	Thonon-les-Bains
Agglomération de Toulon	13	Ceyreste
	13	La Ciotat
	83	Bandol
	83	Le Beausset
	83	Belgentier
	83	La Cadière-d'Azur
	83	Carqueiranne
	83	Le Castellet
	83	La Crau

AGGLOMÉRATIONS (unités urbaines au sens de l'INSEE)	DÉPARTEMENTS	COMMUNES
	83	Cuers
	83	Évenos
	83	La Farlède
	83	La Garde
	83	Hyères
	83	Ollioules
	83	Le Pradet
	83	Le Revest-les-Eaux
	83	Saint-Cyr-sur-Mer
	83	Sanary-sur-Mer
	83	La Seyne-sur-Mer
	83	Six-Fours-les-Plages
	83	Solliès-Pont
	83	Solliès-Toucas
	83	Solliès-Ville
	83	Toulon
	83	La Valette-du-Var
	83	Saint-Mandrier-sur-Mer
Agglomération de Toulouse	31	Aucamville
	31	Aussonne
	31	Auzeville-Tolosane
	31	Auzielle
	31	Balma
	31	Beaupuy
	31	Beauzelle
	31	Belberaud
	31	Blagnac
	31	Brax
	31	Bruguières
	31	Castanet-Tolosan
	31	Castelginest
	31	Castelmaurou
	31	Cépet
	31	Colomiers
	31	Cornebarrieu
	31	Cugnaux

AGGLOMÉRATIONS (unités urbaines au sens de l'INSEE)	DÉPARTEMENTS	COMMUNES
	31	Daux
	31	Deyme
	31	Eaunes
	31	Escalquens
	31	Fenouillet
	31	Fonbeauzard
	31	Frouzins
	31	Gagnac-sur-Garonne
	31	Gratentour
	31	Labarthe-sur-Lèze
	31	Labastide-Saint-Sernin
	31	Labège
	31	Lacroix-Falgarde
	31	Lapeyrouse-Fossat
	31	Launaguet
	31	Lauzerville
	31	Léguevin
	31	Lespinasse
	31	Mervilla
	31	Mondonville
	31	Montberon
	31	Montrabé
	31	Muret
	31	Péchabou
	31	Pechbonnieu
	31	Pechbusque
	31	Pibrac
	31	Pin-Balma
	31	Pinsaguel
	31	Pins-Justaret
	31	Plaisance-du-Touch
	31	Pompertuzat
	31	Portet-sur-Garonne
	31	Quint-Fonsegrives
	31	Ramonville-Saint-Agne
	31	Roques

AGGLOMÉRATIONS (unités urbaines au sens de l'INSEE)	DÉPARTEMENTS	COMMUNES
	31	Roquettes
	31	Rouffiac-Tolosan
	31	Saint-Alban
	31	Saint-Geniès-Bellevue
	31	Saint-Jean
	31	Saint-Jory
	31	Saint-Loup-Cammas
	31	Saint-Orens-de-Gameville
	31	Saint-Sauveur
	31	La Salvetat-Saint-Gilles
	31	Seilh
	31	Seysses
	31	Toulouse
	31	Tournefeuille
	31	L'Union
	31	Vieille-Toulouse
	31	Vigoulet-Auzil
	31	Villate
	31	Villeneuve-Tolosane

Ordonnance n° 2013-837 du 19 septembre 2013,

Relative à l'adaptation du code des douanes, du code général des impôts, du livre des procédures fiscales et d'autres dispositions législatives fiscales et douanières applicables à Mayotte.

Les dispositions reprises ci-dessous précisent les modalités d'entrée en vigueur du code général des impôts à Mayotte. A défaut de disposition expresse, le code s'applique à compter du 1er janv. 2014 (L. n° 2010-1487 du 7 déc. 2010, art. 11-I).

TITRE PREMIER Dispositions relatives à l'impôt sur le revenu

CHAPITRE PREMIER *Application de l'impôt sur le revenu et des prélèvements, impositions forfaitaires et retenues à la source libératoires ou imputables sur cet impôt*

Art. 1er I. – Sous réserve de dispositions particulières prévues au présent chapitre, sont applicables à Mayotte à compter de l'imposition des revenus perçus au cours de l'année 2013 :

1° L'impôt sur le revenu prévu au chapitre premier du titre premier de la première partie du livre premier du code général des impôts ;

2° Les dispositions relatives aux obligations déclaratives, à l'établissement, au contrôle, au contentieux, au recouvrement, *[aux]* garanties et sanctions de l'impôt sur le revenu prévues par le code général des impôts, le livre des procédures fiscales et les autres dispositions de nature législative ;

3° La contribution prévue à l'article 223 *sexies* du code général des impôts.

II. – Par exception au I, les prélèvements, impositions forfaitaires et retenues à la source libératoires ou imputables sur l'impôt sur le revenu s'appliquent à Mayotte à compter du 1er janvier 2014.

Art. 2 Les dispositions du code général des impôts de Mayotte relatives à l'impôt sur le revenu cessent de s'appliquer à compter de l'imposition des revenus de l'année 2013 à l'exception de celles relatives aux revenus soumis aux prélèvements, impositions forfaitaires, retenues ou contributions opérés à la source, libératoires ou imputables sur cet impôt qui s'appliquent jusqu'au 31 décembre 2013.

Ces prélèvements, impositions forfaitaires, retenues ou contributions opérés à la source sont, pour l'année 2013, libératoires de l'impôt sur le revenu prévu au premier alinéa.

Art. 3 *Dispositions modificatives.*

CHAPITRE II *Adaptation de la prime pour l'emploi aux spécificités de Mayotte*

Art. 4 *Dispositions modificatives.*

CHAPITRE III *Mesures transitoires*

Art. 5 Le montant des déficits reportables, des reports de réduction ou de crédit d'impôt sur le revenu et des revenus qui bénéficient d'un sursis, d'un report ou d'un différé d'imposition ou d'une mesure d'étalement à l'impôt sur le revenu, conformément aux dispositions du code général des impôts de Mayotte applicable aux revenus de l'année 2012, est pris en compte pour l'établissement de l'impôt sur le revenu dû au titre de 2013 et des années suivantes dans les limites et conditions prévues par ledit code.

Les amortissements et provisions pratiqués conformément aux dispositions du code général des impôts de Mayotte sont pris en compte pour l'établissement de l'impôt sur le revenu dû au titre de 2013 et des années suivantes et ne donnent pas lieu à une nouvelle déduction.

Art. 6 Pour les seuls revenus soumis à l'impôt sur le revenu dû au titre de l'année 2013 dans les conditions prévues à l'article 1er, la double imposition d'un même revenu est évitée de la manière suivante :

1° Les revenus soumis, au titre de l'impôt sur le revenu, à un prélèvement, une imposition forfaitaire ou une retenue imputable sur l'impôt sur le revenu, conformément aux dispositions du code général des impôts de Mayotte, ouvrent droit à un crédit d'impôt égal au montant du prélèvement, de l'imposition forfaitaire ou de la retenue ;

2° Les revenus soumis, au titre de l'impôt sur le revenu, à un prélèvement, une imposition forfaitaire ou une retenue imputable sur l'impôt sur le revenu, conformément aux dispositions du code général des impôts, ouvrent droit à un crédit d'impôt égal au montant du prélèvement, de l'imposition forfaitaire ou de la retenue ;

3° Le crédit d'impôt mentionné aux 1° et 2° est imputé sur l'impôt sur le revenu après imputation des réductions et crédits d'impôt et des prélèvements ou retenues non libératoires. S'il excède l'impôt dû, l'excédent est restitué. Ce crédit d'impôt n'est pas pris en compte pour l'application du plafonnement mentionné au 1 de l'article 200-0 A du code général des impôts ;

4° Les retenues libératoires en application du code général des impôts de Mayotte sont libératoires pour l'impôt sur le revenu prévu par le code général des impôts.

TITRE II **Dispositions relatives à l'impôt sur les sociétés, à ses contributions additionnelles et aux prélèvements et retenues libératoires de cet impôt**

CHAPITRE PREMIER *Application de l'impôt sur les sociétés, de ses contributions additionnelles et des prélèvements et retenues libératoires de cet impôt*

Art. 7 Sous réserve de dispositions particulières prévues au présent chapitre, pour les exercices clos à compter du 31 décembre 2013 et pour les bénéfices imposables dans les cas mentionnés aux 2 à 5 de l'article 221 du code général des impôts, lorsque le fait générateur de l'imposition intervient à compter du 31 décembre 2013, sont applicables à Mayotte :

1° L'impôt sur les bénéfices des sociétés et autres personnes morales prévu au chapitre II du titre premier de la première partie du livre premier du code général des impôts ;

2° Les contributions sur l'impôt sur les sociétés prévues aux articles 235 *ter* ZAA, *(L. n° 2017-1837 du 30 déc. 2017, art. 37)* « et 235 *ter* ZC » du code général des impôts *(L. n° 2017-1640 du 1er déc. 2017, art. 1er)* « ainsi qu'à l'article 1er de la loi n° 2017-1640 du 1er décembre 2017 de finances rectificative pour 2017 » ;

3° Les dispositions relatives aux obligations déclaratives, à l'établissement, au contrôle, au contentieux, au recouvrement, *[aux]* garanties et sanctions applicables à l'impôt sur les sociétés prévues par le code général des impôts, le livre des procédures fiscales et les autres dispositions de nature législative.

Art. 8 Les prélèvements et retenues libératoires de l'impôt sur les sociétés ou imputables sur cet impôt autres que ceux déjà applicables aux revenus de source française perçus par des contribuables dont le domicile fiscal est situé à Mayotte s'appliquent à Mayotte à compter du 31 décembre 2013.

Art. 9 Les dispositions du code général des impôts de Mayotte relatives à l'impôt sur les sociétés et aux contributions sur l'impôt sur les sociétés cessent de s'appliquer pour les exercices clos à compter du 31 décembre 2013 ainsi qu'aux bénéfices imposables dans les cas mentionnés aux 2 à 5 de l'article 221 du code général des impôts de Mayotte. Toutefois, les prélèvements, retenues ou contributions, prévues par le code général des impôts de Mayotte, libératoires de l'impôt sur les sociétés ou imputables sur cet impôt s'appliquent jusqu'au 30 décembre 2013.

Art. 10 *Dispositions modificatives.*

CHAPITRE II *Dispositions transitoires en matière d'impôt sur les sociétés*

Art. 11 I. – Pour l'établissement des impositions mentionnées à l'article 7 :

1° Les amortissements et provisions pratiqués conformément aux dispositions du code général des impôts de Mayotte au titre des exercices clos avant le 31 décembre 2013 sont pris en compte et ne donnent pas lieu à une nouvelle déduction ;

2° Les déficits restant à reporter en avant au titre du dernier exercice clos avant le 31 décembre 2013 sont déduits dans les conditions et limites prévues au I de l'article 209 du code général des impôts ;

3° Les réductions et crédits d'impôt sur les sociétés déterminés conformément aux dispositions du code général des impôts de Mayotte au titre des exercices clos avant le 31 décembre 2013, non encore imputés ou non encore restitués, sont utilisés au titre de l'imposition mentionnée à l'article 7 dans les conditions et limites prévues par le code général des impôts ;

4° Les éléments du bénéfice imposable qui bénéficient d'un sursis, d'un report, d'un différé d'imposition ou d'une mesure d'étalement à l'impôt sur les sociétés conformément aux dispositions du code général des impôts de Mayotte au titre des exercices clos avant le 31 décembre 2013 s'appliquent dans les conditions et limites prévues par le code général des impôts.

II. – Le déficit constaté au titre du premier exercice clos à compter du 31 décembre 2013 est, sur option, considéré comme une charge déductible du bénéfice de l'exercice précédent déterminé conformément au premier alinéa du I de l'article 220 *quinquies* du code général des impôts de Mayotte, dans les limites et les conditions prévues à l'article 220 *quinquies* du code général des impôts.

III. – L'application des dispositions mentionnées à l'article 7 à compter du 31 décembre 2013 n'entraîne pas la cessation des groupes de sociétés constitués conformément aux dispositions de l'article 223 A du code général des impôts de Mayotte, qui sont soumis à compter de cette date aux dispositions prévues aux articles 223 A à 223 U du code général des impôts.

IV. – Le montant des acomptes d'impôt sur les sociétés acquittés en application du code général des impôts de Mayotte au titre des exercices clos à compter du 31 décembre 2013 s'impute sur le solde de l'impôt sur les sociétés prévu à l'article 7 dû au titre de ce dernier exercice.

Art. 12 I. – Les retenues à la source et prélèvements opérés conformément aux dispositions du code général des impôts de Mayotte sur des revenus inclus dans le bénéfice imposable à l'impôt sur les sociétés d'une entreprise exploitée en France au sens de l'article 209 du code général des impôts au titre d'une imposition mentionnée à l'article 7 lui ouvrent droit à un crédit d'impôt égal au montant de ces retenues ou prélèvements, imputable sur l'impôt dû et restituable pour l'excédent.

II. – Les retenues à la source et prélèvements opérés conformément aux dispositions du code général des impôts sur des revenus inclus dans le bénéfice imposable à l'impôt sur les sociétés d'une entreprise exploitée à Mayotte au titre d'une imposition mentionnée à l'article 7 lui ouvrent droit à un crédit d'impôt égal au montant de ces retenues ou prélèvements, imputable sur l'impôt et restituable pour l'excédent.

III. — Les dispositions des I et II ne s'appliquent pas à la retenue à la source opérée conformément aux dispositions de l'article 1678 *bis* du code général des impôts de Mayotte et aux dispositions de l'article 1678 *bis* du code général des impôts.

Les dispositions de l'article 220 du code général des impôts sont applicables à la retenue à la source opérée conformément aux dispositions de l'article 1678 *bis* du code général des impôts de Mayotte.

IV. — Les imputations et restitutions prévues aux I et II sont subordonnées à la production par la société, l'organisme ou le groupement bénéficiaire des revenus concernés d'une déclaration spécifique dont le modèle est fourni par l'administration, jointe à la déclaration de résultat de l'exercice au titre duquel ces imputations et restitutions sont demandées.

TITRE III Dispositions relatives à la taxe sur la valeur ajoutée, à la taxe sur les salaires et à la taxe sur les conventions d'assurance

Art. 13 à 15 *Dispositions modificatives.*

TITRE IV Dispositions relatives à la fiscalité directe locale

CHAPITRE PREMIER *Transposition du régime applicable dans les départements d'outre-mer à Mayotte*

Art. 16 I. — *Dispositions modificatives.*

II. — Par exception au V de l'article 1466 F du même code, pour la cotisation foncière des entreprises due au titre de 2014, les contribuables sont dispensés du dépôt d'une déclaration et l'abattement sera accordé aux établissements remplissant les conditions pour en bénéficier.

CHAPITRE II *Adaptation de la fiscalité directe locale aux spécificités de Mayotte*

Art. 17 à 18 *Dispositions modificatives.*

Art. 19 *(Abrogé par L. n° 2015-1786 du 29 déc. 2015, art. 52-II)* I. — *Dispositions modificatives.*

II. — Pour l'application de l'article 1647-0 B septies du code général des impôts en 2017, le montant mentionné au a du II est minoré du montant du dégrèvement accordé au titre de l'année 2015 aux entreprises dont le principal établissement est situé dans le Département de Mayotte et qui ont bénéficié au titre de l'année 2014 du dégrèvement prévu par l'article 1647 B sexies dans sa rédaction en vigueur au 1er janvier 2014.

III. — Les III à VII de l'article 1647-0 B septies du code général des impôts s'appliquent aux communes et établissements publics de coopération intercommunale de Mayotte à compter de 2018.

IV. — Le I entre en vigueur le 1er janvier 2018.

Art. 20 *Dispositions modificatives.*

Art. 21 I. — Les entreprises dont le principal établissement est situé dans le Département de Mayotte et dont le chiffre d'affaires réalisé au cours de l'année 2013 est supérieur à 152 500 € doivent déclarer, dans les conditions prévues au II de l'article 1586 *octies* du code général des impôts et au plus tard le deuxième jour ouvré suivant le 1er mai 2014, le montant et les éléments de calcul de la valeur ajoutée produite au cours de l'année 2013 lorsque l'exercice coïncide avec l'année civile ou au cours de la période mentionnée au I de l'article 1586 *quinquies* du même code dans les autres cas ainsi que les effectifs salariés.

Le chiffre d'affaires réalisé et la valeur ajoutée produite s'entendent de ceux déterminés conformément aux articles 1586 *ter* à 1586 *sexies* du même code.

II. — Pour l'application de l'article 1679 *septies* du code général des impôts en 2014 aux entreprises mentionnées au I de l'article 1586 *ter* du même code dont le principal établissement est situé dans le Département de Mayotte, la condition relative au montant de la cotisation sur la valeur ajoutée des entreprises de l'année précédant celle de l'imposition mentionnée au premier alinéa du même article ne s'applique pas et l'article 53 A du code général des impôts s'entend de l'article 53 A du code général des impôts de Mayotte.

Toutefois, les entreprises mentionnées au précédent alinéa sont dispensées du paiement des acomptes de cotisation sur la valeur ajoutée des entreprises prévus à l'article 1679 *septies* du code général des impôts lorsque le montant de leur contribution des patentes régie par les articles 1389 et suivants du code général des impôts de Mayotte due au titre de 2013 est inférieur à 3 000 €.

Art. 22 Pour l'année 2014, et par exception aux dispositions de l'article 1639 A *bis* du code général des impôts, les délibérations des collectivités territoriales et des organismes compétents de Mayotte relatives à la fiscalité directe locale, autres que celles fixant soit les taux, soit les produits des impositions doivent être prises avant le 31 janvier 2014 pour être applicables la même année.

Art. 23 I. – 1° Au titre de l'année 2014 et par exception aux dispositions de l'article 1636 B *sexies* du code général des impôts, les conseils municipaux votent des taux de taxe d'habitation, de taxe foncière sur les propriétés bâties, de taxe foncière sur les propriétés non bâties et de cotisation foncière des entreprises compris entre 0,8 fois et 1,2 fois le taux de référence défini au 2° ;

2° Pour chaque taxe, le taux de référence est égal au rapport, exprimé en pourcentage, entre la moyenne par article des montants du rôle général émis au titre de 2012 perçus par les communes et les établissements publics de coopération intercommunale de Guadeloupe, de Guyane, de Martinique et de La Réunion et la moyenne par article des bases nettes notifiées à l'ensemble des communes de Mayotte au titre de 2014.

II. – 1° Au titre de l'année 2014, le conseil général de Mayotte vote un taux de taxe foncière sur les propriétés bâties compris entre 0,8 fois et 1,2 fois le taux de référence définis au 2° ;

2° Le taux de référence de taxe foncière sur les propriétés bâties est égal au rapport, exprimé en pourcentage, entre la moyenne par article des montants du rôle général de taxe foncière sur les propriétés bâties émis au titre de 2012 perçus par les départements de Guadeloupe, de Guyane, de Martinique et de La Réunion et la moyenne par article des bases nettes de taxe foncière sur les propriétés bâties notifiées au Département de Mayotte au titre de 2014.

III. – En l'absence de notification aux services fiscaux des décisions relatives aux taux dans les conditions prévues à l'article 1639 A du code général des impôts, les impositions sont recouvrées sur la base des taux de référence mentionnés au 2° du I et au 2° du II.

TITRE V Dispositions en matière de droits d'enregistrement et taxe de publicité foncière

Art. 24 Les droits d'enregistrement et la taxe de publicité foncière prévus au chapitre premier du titre IV de la première partie du livre premier du code général des impôts sont applicables à Mayotte pour les actes et mutations intervenant à compter du 1er janvier 2014.

Art. 25 Les dispositions du code général des impôts de Mayotte relatives aux droits d'enregistrement et à la taxe de publicité foncière cessent de s'appliquer pour les mutations intervenant à compter du 1er janvier 2014.

Art. 26 et 27 *Dispositions modificatives.*

TITRE VI Dispositions en matière de droits indirects et de législation douanière

CHAPITRE PREMIER *Dispositions en matière de droits indirects*

Art. 28 et 29 *Dispositions modificatives.*

CHAPITRE II *Dispositions en matière douanière*

Art. 30 à 32 *Dispositions modificatives.*

TITRE VII Dispositions relatives au contrôle fiscal

Art. 33 *Dispositions modificatives.*

TITRE VIII Dispositions diverses et finales

Art. 34 *Dispositions financières.*

Art. 35 I. – Les dispositions de l'article 13 s'appliquent à compter du 1er janvier 2014.

II. – Les dispositions du code général des impôts de Mayotte s'appliquent au contrôle des impositions dues au titre de périodes antérieures au 1er janvier 2014 et établies en application des dispositions de ce code.

III. – *(Abrogé par Ord. n° 2017-1491 du 25 oct. 2017, art. 30) « Pour l'application à Mayotte du code général des impôts et jusqu'à l'application à Mayotte du salaire minimum interprofes-*

sionnel de croissance mentionné à l'article L. 3231-2 du code du travail, la référence faite par les dispositions du code général des impôts au salaire minimum interprofessionnel de croissance est remplacée par la référence au salaire minimum interprofessionnel garanti mentionné à l'article L. 141-1 du code du travail applicable à Mayotte. »

Pour l'application à Mayotte du code général des impôts et jusqu'à l'application à Mayotte du plafond mentionné à l'article L. 241-3 du code de la sécurité sociale, la référence faite par les dispositions du code général des impôts au plafond est remplacée par la référence au plafond mentionné à l'article 28-1 de l'ordonnance n° 96-1122 du 20 décembre 1996 relative à l'amélioration de la santé publique, à l'assurance maladie, maternité, invalidité et décès, au financement de la sécurité sociale à Mayotte et à la caisse de sécurité sociale de Mayotte.

Art. 36 Les dispositions fiscales et douanières qui comportent des renvois à des dispositions non applicables à Mayotte sont remplacées par les dispositions correspondantes applicables localement.

Art. 37 *Mesures d'exécution.*

Règlement (UE) n° 1407/2013 de la Commission du 18 décembre 2013,

Relatif à l'application des articles 107 et 108 du traité sur le fonctionnement de l'Union européenne aux aides de minimis (JOUE 24 déc.).

Art. 7 *Dispositions transitoires.* 1. Le présent règlement s'applique aux aides accordées avant son entrée en vigueur si celles-ci remplissent toutes les conditions fixées dans le présent règlement. Toute aide ne remplissant pas lesdites conditions sera appréciée par la Commission conformément aux cadres, lignes directrices et communications applicables.

2. Toute aide *de minimis* individuelle octroyée entre le 2 février 2001 et le 30 juin 2007 et satisfaisant aux conditions du règlement (CE) n° 69/2001 est considérée comme ne remplissant pas toutes les conditions de l'article 107, paragraphe 1, du traité et est donc exemptée de l'obligation de notification prévue à l'article 108, paragraphe 3, du traité.

3. Toute aide *de minimis* individuelle octroyée entre le 1er janvier 2007 et le 30 juin 2014 et satisfaisant aux conditions du règlement (CE) n° 1998/2006 est considérée comme ne remplissant pas toutes les conditions de l'article 107, paragraphe 1, du traité et est donc exemptée de l'obligation de notification prévue à l'article 108, paragraphe 3, du traité.

4. A l'expiration de la durée de validité du présent règlement, les régimes d'aides *de minimis* remplissant les conditions fixées dans le présent règlement continuent de relever du présent règlement pendant six mois supplémentaires.

Art. 8 *Entrée en vigueur et durée d'application.* Le présent règlement entre en vigueur le 1er janvier 2014.

Il est applicable jusqu'au 31 décembre 2020.

Le présent règlement est obligatoire dans tous ses éléments et directement applicable dans tout État membre.

Loi n° 2013-1203 du 23 décembre 2013,

De financement de la sécurité sociale pour 2014.

Art. 20 I. – *[...]*

IV. – A. – Les embauches réalisées en contrat à durée déterminée en application de l'article L. 5132-15-1 du code du travail et ouvrant droit au versement de l'aide mentionnée à l'article L. 5132-2 du même code donnent lieu, sur la part de la rémunération inférieure ou égale au salaire minimum de croissance, pendant la durée d'attribution de cette aide, à une exonération :

1° *(L. n° 2018-1203 du 22 déc. 2018, art. 8-VIII)* « Pour les employeurs publics mettant en place des ateliers et chantiers d'insertion conventionnés par l'État en application de l'article *L. 5132-15 dudit code,* » des cotisations à la charge de l'employeur au titre des assurances sociales et des allocations familiales ;

2° De la taxe sur les salaires ;

3° De la taxe d'apprentissage ;

4° Des participations dues par les employeurs au titre de l'effort de construction.

B. – *[...]*

Loi n° 2013-1278 du 29 décembre 2013,

De finances pour 2014.

Art. 15 I. – Les entreprises individuelles, les personnes morales et les sociétés, groupements ou organismes non dotés de la personnalité morale qui exploitent une entreprise en France acquittent une taxe exceptionnelle sur les hautes rémunérations attribuées en 2013 et 2014.

II. – La taxe est assise sur la part des rémunérations individuelles qui excède un million d'euros.

A. – La rémunération individuelle s'entend de la somme des montants bruts suivants susceptibles d'être admis en déduction du résultat imposable, avant éventuelle application du second alinéa du 1° du 1 et du 5 *bis* de l'article 39 et des articles 154 et 210 *sexies* du code général des impôts :

a) Les traitements, salaires ou revenus assimilés ainsi que tous les avantages en argent ou en nature ;

b) Les jetons de présence mentionnés à l'article 117 *bis* du même code ;

c) Les pensions, compléments de retraite, indemnités, allocations ou avantages assimilés attribués en raison du départ à la retraite ;

d) Les sommes attribuées en application du livre III de la troisième partie du code du travail ;

e) Les attributions d'options de souscription ou d'achat d'actions en application des articles L. 225-177 à L. 225-186-1 du code de commerce ainsi que les attributions gratuites d'actions en application des articles L. 225-197-1 à L. 225-197-6 du même code ;

f) Les attributions de bons de souscription de parts de créateur d'entreprise mentionnées à l'article 163 *bis* G du code général des impôts ;

g) Les remboursements à d'autres entités d'éléments de rémunération mentionnés aux *a* à *f* du présent A.

B. – Les éléments de rémunération mentionnés au A sont pris en compte dans l'assiette de la taxe, quelle que soit l'année de leur versement :

1° Pour ceux mentionnés aux *a* à *d* et au *g*, l'année au cours de laquelle la charge est prise en compte pour la détermination du résultat de l'entreprise ;

2° Pour ceux mentionnés aux *e* et *f*, l'année de la décision d'attribution.

C. – Les éléments de rémunération mentionnés au A sont retenus dans l'assiette de la taxe à hauteur :

1° Lorsque la rémunération prend l'une des formes mentionnées aux *a*, *b*, *d* et *g* du même A, du montant comptabilisé par l'entreprise ;

2° Lorsque la rémunération prend l'une des formes mentionnées au *c* dudit A :

a) Du montant comptabilisé par l'entreprise lorsqu'elle est versée sous forme de rente annuelle ;

b) De 10 % du montant comptabilisé par l'entreprise lorsqu'elle est servie sous forme de capital ;

3° Lorsque la rémunération prend la forme d'options de souscription ou d'achat d'actions mentionnés au e du A, au choix de l'entreprise, soit de la juste valeur des options telle qu'elle est estimée pour l'établissement des comptes consolidés pour les sociétés appliquant les normes comptables internationales adoptées par le règlement (CE) n° 1606/2002 du Parlement européen et du Conseil du 19 juillet 2002 sur l'application des normes comptables internationales, soit de 25 % de la valeur des actions sur lesquelles portent ces options, à la date de décision d'attribution. Ce choix est exercé dans le délai prévu pour la liquidation de la taxe ;

4° Lorsque la rémunération prend la forme d'attribution gratuite d'actions mentionnée au *e* du A, au choix de l'entreprise, soit de la juste valeur des actions telle qu'elle est estimée pour l'établissement des comptes consolidés pour les sociétés appliquant les normes comptables internationales adoptées par le règlement (CE) n° 1606/2002 du Parlement européen et du Conseil du 19 juillet 2002 précité, soit de la valeur des actions à la date de la décision d'attribution par le conseil d'administration ou le directoire. Ce choix est exercé dans le délai prévu pour la liquidation de la taxe ;

5° Lorsque la rémunération prend la forme de bons de souscription de parts de créateur d'entreprise mentionnés au f du A, au choix de l'entreprise, soit de la valeur ou de la juste valeur des bons telle qu'elle est estimée pour l'établissement des comptes consolidés pour les sociétés appliquant les normes comptables internationales adoptées par le règlement (CE) n° 1606/2002 du Parlement européen et du Conseil du 19 juillet 2002 précité, soit de 25 %

de la valeur des titres sur lesquels portent ces bons, à la date de décision d'attribution. Ce choix est exercé dans le délai prévu pour la liquidation de la taxe.

III. — Le taux de la taxe est de 50 %.

IV. — Le montant de la taxe est plafonné à hauteur de 5 % du chiffre d'affaires réalisé l'année au titre de laquelle la taxe est due.

V. — A. — Pour les rémunérations prises en compte dans l'assiette de la taxe pour 2013, la taxe est exigible au 1er février 2014.

Pour les rémunérations prises en compte dans l'assiette de la taxe pour 2014, la taxe est exigible au 1er février 2015.

B. — La taxe est déclarée et liquidée sur une déclaration conforme au modèle établi par l'administration, déposée au plus tard le 30 avril de l'année de son exigibilité.

C. — Elle est acquittée lors du dépôt de cette déclaration.

VI. — La taxe est recouvrée et contrôlée selon les procédures et sous les mêmes sanctions, garanties et privilèges que la taxe sur la valeur ajoutée. Les réclamations sont présentées, instruites et jugées selon les règles applicables à cette même taxe.

VII. — La taxe n'est pas admise en déduction des résultats imposables pour le calcul de la contribution mentionnée à l'article 235 *ter* ZAA du code général des impôts.

....

Art. 21 I. — *[...]*

III. — *(L. n° 2014-1655 du 29 déc. 2014, art. 67-II)* « Le présent article est applicable aux investissements réalisés à compter du 1er janvier 2015.

« Toutefois, les articles 199 *undecies* B, 199 *undecies* C, 199 *undecies* D, 200-0 A, 217 *undecies* et 217 *duodecies* du code général des impôts restent applicables, dans les conditions prévues par les dispositions antérieures à la présente loi :

« 1° Aux investissements pour l'agrément desquels une demande est parvenue à l'administration avant le 1er janvier 2015 et :

« *a)* Pour les biens meubles, qui font l'objet d'une commande avant le 30 juin 2015 et pour lesquels des acomptes au moins égaux à 50 % de leur prix ont été versés à cette date ;

« *b)* Pour les travaux de réhabilitation d'immeubles, pour lesquels des acomptes au moins égaux à 50 % de leur prix ont été versés au plus tard le 30 juin 2015 ;

« *c)* Qui portent sur des biens immeubles dont l'achèvement des fondations intervient au plus tard le 30 juin 2016 ;

« 2° Aux acquisitions d'immeubles ayant fait l'objet d'une déclaration d'ouverture de chantier avant le 1er janvier 2015 ;

« 3° Aux acquisitions de biens meubles corporels commandés avant le 1er janvier 2015 et pour lesquels des acomptes au moins égaux à 50 % de leur prix ont été versés à cette date ;

« 4° Aux travaux de réhabilitation d'immeubles pour lesquels des acomptes au moins égaux à 50 % de leur prix ont été versés avant le 1er janvier 2015.

« Les entreprises qui réalisent les investissements mentionnés aux 1° à 4° du présent III peuvent opter, quel que soit leur chiffre d'affaires, pour l'application à ces investissements du crédit d'impôt prévu à l'article 244 *quater* W du code général des impôts, dans les conditions prévues au V de ce même article, ou, le cas échéant, pour l'application à ces investissements du crédit d'impôt prévu à l'article 244 *quater* X du même code, dans les conditions prévues au V de ce même article. »

IV. — Une évaluation des dispositifs prévus aux articles 244 *quater* W et 244 *quater* X du code général des impôts est réalisée annuellement à compter de *(L. n° 2014-1655 du 29 déc. 2014, art. 67-II-2°)* « 2017 ».

V. — Le Gouvernement remet au Parlement, avant le 1er octobre 2014, un rapport étudiant l'opportunité et les modalités de la mise en place d'un prêt bonifié servi par la Caisse des dépôts et consignations qui se substituerait au moins partiellement à l'aide fiscale à l'investissement outre-mer pour le secteur du logement social.

....

Art. 27 I. — *[...]*

III. — A. — Un abattement de 25 % est applicable sur les plus-values, déterminées dans les conditions prévues aux articles 150 V à 150 VD du code général des impôts, résultant de la cession de biens immobiliers ou de droits portant sur ces biens, autres que des terrains à *bâtir définis au 1° du 2 du I* de l'article 257 du même code ou de droits s'y rapportant, mentionnées à l'article 150 U ou au *a* du 3 du I de l'article 244 *bis* A dudit code lorsque lesdites plus-values sont réalisées, directement ou indirectement, par des personnes physiques soumises au prélèvement mentionné au même article 244 *bis* A.

L'abattement mentionné au premier alinéa du présent A est également applicable aux plus-values prises en compte pour la détermination de l'assiette des contributions prévues aux articles L. 136-7 du code de la sécurité sociale et 16 de l'ordonnance n° 96-50 du 24 janvier 1996 relative au remboursement de la dette sociale, des prélèvements prévus aux articles 1600-0 S du code général des impôts et L. 245-15 du code de la sécurité sociale, de la contribution additionnelle prévue à l'article L. 14-10-4 du code de l'action sociale et des familles et de la taxe mentionnée à l'article 1609 *nonies* G du code général des impôts.

B. — Le A ne s'applique pas aux plus-values résultant des cessions réalisées au profit d'un cessionnaire s'il s'agit :

1° D'une personne physique qui est le conjoint du cédant, son partenaire lié par un pacte civil de solidarité, son concubin notoire ou un ascendant ou descendant du cédant ou de l'une de ces personnes ;

2° D'une personne morale dont le cédant, son conjoint, son partenaire lié par un pacte civil de solidarité, son concubin notoire ou un ascendant ou descendant de l'une de ces personnes est un associé ou le devient à l'occasion de cette cession.

IV. — *[Dispositions déclarées non conformes à la Constitution par la décision du Conseil constitutionnel n° 2013-685 DC du 29 déc. 2013.]*

B. — Les 2° à 5° du A *[V. art. 150 VC]*, le B *[V. art. 150 VD]* du I et le II *[V. CSS, art. L. 136-7]* s'appliquent aux plus-values réalisées au titre des cessions intervenant à compter du 1er septembre 2013, à l'exception de celles réalisées au titre des cessions de terrains à bâtir définis au 1° du 2 du I de l'article 257 du code général des impôts ou de droits s'y rapportant *(L. n° 2014-1654 du 29 déc. 2014, art. 4-I et IV, en vigueur le 1er sept. 2014)* « intervenant entre le 1er septembre 2013 et le 31 août 2014 ».

C. — 1. Le III s'applique aux plus-values réalisées au titre des cessions intervenant entre le 1er septembre 2013 et le 31 août 2014.

2. Le même III s'applique également aux plus-values réalisées au titre des cessions portant sur des biens immobiliers situés dans des communes appartenant à une zone d'urbanisation continue de plus de 50 000 habitants, telle que définie à l'article 232 du code général des impôts, intervenant entre le 1er septembre et le 31 décembre 2014 et, à la condition qu'une promesse de vente ait acquis date certaine au plus tard le 31 décembre 2014, à celles réalisées au titre des mêmes cessions intervenant entre le 1er janvier 2015 et le 31 décembre 2016.

Pour l'application du premier alinéa du présent 2, le cessionnaire s'engage, par une mention portée dans l'acte authentique d'acquisition, à démolir les constructions existantes en vue de réaliser et d'achever des locaux destinés à l'habitation dont la surface de plancher est au moins égale à 90 % de *(L. n° 2014-891 du 8 août 2014, art. 7)* « la surface de plancher maximale autorisée en application des règles du plan local d'urbanisme ou du plan d'occupation des sols », dans un délai de quatre ans à compter de la date de l'acquisition.

En cas de manquement à cet engagement, le cessionnaire est redevable d'une amende d'un montant égal à 10 % du prix de cession mentionné dans l'acte.

En cas de fusion de sociétés, l'engagement souscrit par le cessionnaire n'est pas rompu lorsque la société absorbante s'engage, dans l'acte de fusion, à se substituer à la société absorbée pour le respect de l'engagement précité dans le délai restant à courir. Le non-respect par la société absorbante de cet engagement entraîne l'application de l'amende prévue pour le cessionnaire.

D. — *Dispositions modificatives.*

....

Art. 76 I. — *[...]*

II. — A. — Les délibérations prises, conformément au 1 du I de l'article 1647 D du code général des impôts, dans sa rédaction en vigueur au 31 décembre 2013, pour les assujettis n'exerçant leur activité professionnelle qu'à temps partiel ou pendant moins de neuf mois de l'année et pour les assujettis dont le montant hors taxes des recettes ou du chiffre d'affaires au cours de la période de référence définie à l'article 1467 A du même code est inférieur à 10 000 € continuent à s'appliquer. Toutefois, lorsque le montant de base minimum déterminé après l'application de la réduction fixée par délibérations excède la limite supérieure de la base minimum applicable aux tranches de chiffre d'affaires ou de recettes correspondantes mentionnées dans le tableau du deuxième alinéa du 1 de l'article 1647 D dudit code, il est ramené à cette limite. Ces délibérations peuvent être rapportées, dans les conditions prévues au I de l'article 1639 A *bis* du même code, à compter des impositions établies au titre de l'année 2015.

B. — Par exception aux dispositions du premier alinéa de l'article 1639 A *bis* du code général des impôts, les délibérations prévues à l'article 1647 D du même code au titre de l'exercice 2014 peuvent être prises ou modifiées jusqu'au 21 janvier 2014. Le maire ou le président de l'établissement public de coopération intercommunale transmet la délibération prise en application du présent B au comptable public assignataire de la commune ou de l'établissement public de coopération intercommunale au plus tard le deuxième jour ouvré suivant le 21 janvier 2014.

C. — Les contribuables ayant bénéficié d'une exonération de cotisation foncière des entreprises en application de l'article 1464 K du code général des impôts pour les impositions établies au titre de l'année 2013 et dont le terme n'est pas atteint continuent de bénéficier, pour la durée d'exonération restant à courir, et sous réserve que les conditions fixées à ce même article, dans sa rédaction en vigueur au 31 décembre 2013, demeurent satisfaites, de l'exonération dont ils bénéficiaient. — *V. également, infra, L. n° 2013-1279 du 29 déc. 2013, art. 55.*

III. — Les communes et les établissements publics de coopération intercommunale à fiscalité propre peuvent, par une délibération prise avant le 21 janvier 2014 et pour la part qui leur revient, prendre en charge, en lieu et place des redevables, tout ou partie de la cotisation minimum de cotisation foncière des entreprises due au titre de 2013 correspondant à la base minimum applicable sur leur territoire résultant d'une délibération prise en 2011 ou en 2012 et jusqu'au 21 janvier 2013 en application de l'article 1647 D du code général des impôts.

La délibération mentionne, pour chacune des trois catégories de redevables définies au 1 du I du même article 1647 D, dans sa rédaction antérieure au 1er janvier 2014, le montant individuel de la prise en charge, identique pour chaque redevable relevant d'une même catégorie.

Les établissements publics de coopération intercommunale à fiscalité additionnelle peuvent prévoir des montants de prise en charge différents pour chaque portion de leur territoire sur laquelle une base minimum différente s'applique en 2013.

Le montant de la prise en charge s'impute sur la cotisation foncière des entreprises due au titre de 2013. La réduction accordée, le cas échéant, en application de la troisième phrase du premier alinéa du 1 du I dudit article 1647 D est appliquée au montant de la prise en charge.

Loi n° 2013-1279 du 29 décembre 2013,

De finances rectificative pour 2013.

Art. 9 I. — *[...]*

III. — Pour les transformations mentionnées au 2° du I de l'article 125-0 A du code général des impôts, les produits inscrits sur les bons ou contrats, à la date de leur transformation, sont assimilés lors de leur affectation à des engagements exprimés en unités de compte, ou donnant lieu à la constitution d'une provision de diversification, à des primes versées pour l'application de l'article *(L. n° 2018-1203 du 22 déc. 2018, art. 26-VIII)* « 235 ter » du même code, des articles L. 136-6 *(L. n° 2018-1203 du 22 déc. 2018, art. 26-VIII)* « et L. 136-7 du code de la sécurité sociale et » des articles 15 et 16 de l'ordonnance n° 96-50 du 24 janvier 1996 relative au remboursement de la dette sociale *(Abrogé par L. n° 2018-1203 du 22 déc. 2018, art. 26-VIII) « et du 2° de l'article L. 14-10-4 du code de l'action sociale et des familles »*, lorsqu'en application de ces mêmes dispositions ces produits ont été soumis, lors de leur inscription en compte, aux prélèvements et contributions applicables à cette date.

(Abrogé par L. n° 2020-1721 du 29 déc. 2020, art. 64-XII) « IV. — Il est institué une taxe sur les sommes versées au titre de bons ou contrats mentionnés au 2° du I de l'article 125-0 A du code général des impôts, précédemment affectées à l'acquisition de droits qui ne sont pas exprimés en unités de compte mentionnés au deuxième alinéa de l'article L. 131-1 du code des assurances ni ne relèvent du chapitre II du titre IV du livre Ier du même code, et qui sont affectées à l'acquisition de droits investis en unités de compte mentionnés au I bis de l'article 990 I du code général des impôts ou de droits donnant lieu à la constitution d'une provision de diversification au titre de la transformation mentionnée au 2° du I de l'article 125-0 A du même code. (L. n° 2019-486 du 22 mai 2019, art. 72-VI). « Cette taxe ne s'applique pas aux transformations d'engagements déjà exprimés en provision de diversification mentionnées au c du même 2°. »

« Cette taxe est due par les entreprises d'assurance régies par le code des assurances, les mutuelles et unions régies par le livre II du code de la mutualité et les institutions de prévoyance régies par le titre III du livre IX du code de la sécurité sociale.

« Le taux de cette taxe est de 0,32 %.

« La taxe est exigible le premier jour du mois suivant chaque trimestre civil, au titre des sommes réaffectées définies au premier alinéa du présent IV au cours dudit trimestre. Elle est déclarée et liquidée dans le mois suivant son exigibilité sur une déclaration dont le modèle est fixé par l'auto-

rité administrative. Elle est recouvrée et contrôlée selon les procédures et sous les mêmes sanctions, garanties et privilèges que la taxe sur la valeur ajoutée. Les réclamations sont présentées, instruites et jugées selon les règles applicables à cette même taxe ».

....

Art. 42 I. et II. – *[...]*

III. – A l'exception des 2° du A, C, 3° à 5° du E et H du I *[V. art. 167 bis ci-dessus, §§ 2 du I, 1 du II bis, 1 du V et VIII bis]* qui s'appliquent aux transferts de domicile fiscal hors de France intervenus à compter du 1er janvier 2013, les I et II *[de l'article 42 de la L. n° 2013-1279 précitée]* s'appliquent aux mêmes transferts intervenus à compter du 1er janvier 2014.

[...]

V. – Lorsque le contribuable a transféré son domicile fiscal hors de France en 2013, les plus-values et les créances mentionnées aux I et II de l'article 167 *bis* du code général des impôts peuvent être, sur option du contribuable, imposées dans les conditions prévues au 2 *bis* de l'article 200 A du même code, dans sa rédaction antérieure à l'entrée en vigueur de la loi n° 2013-1278 du 29 décembre 2013 de finances pour 2014, lorsque les conditions prévues à ce même 2 *bis* sont remplies.

Pour l'application du premier alinéa du présent V, le transfert du domicile fiscal est assimilé à une cession à titre onéreux.

Les plus-values et créances mentionnées au même premier alinéa pour lesquelles l'option est exercée ne sont pas éligibles à l'abattement prévu au 1 de l'article 150-0 D du code général des impôts.

Le montant des garanties que le contribuable est tenu de constituer préalablement à son transfert de domicile fiscal hors de France pour bénéficier du sursis de paiement sur option est égal à 19 % du montant total des plus-values et créances pour lesquelles l'option prévue au premier alinéa du présent V est exercée.

....

Art. 55 I. – Les contribuables ayant bénéficié, au titre de l'année 2012, de l'exonération de cotisation foncière des entreprises en application de l'article 47 de la loi n° 2012-1510 du 29 décembre 2012 de finances rectificative pour 2012 ainsi que les contribuables ayant bénéficié, au titre des années 2011 et 2012, de l'exonération de cotisation foncière des entreprises prévue à l'article 1464 K du code général des impôts sont, dans les mêmes conditions, exonérés de cotisation foncière des entreprises au titre de l'année 2013.

Pour chaque contribuable, l'exonération accordée au titre de l'année 2013 est prise en charge par l'État à concurrence de 50 %.

La différence entre le montant de l'exonération accordée à chaque contribuable au titre de l'année 2013 et le montant pris en charge par l'État en application du deuxième alinéa est mise à la charge des communes et de leurs établissements publics de coopération intercommunale dotés d'une fiscalité propre concernés.

Le montant de l'exonération mise à la charge de chaque commune ou établissement public de coopération intercommunale doté d'une fiscalité propre concerné s'impute sur les attributions mentionnées à l'article L. 2332-2 du code général des collectivités territoriales.

II. – Les contribuables ayant créé leur entreprise en 2013 et opté pour le régime prévu à l'article L. 133-6-8 du code de la sécurité sociale sont exonérés de cotisation foncière des entreprises au titre de l'année 2014 s'ils remplissent les conditions fixées à l'article 1464 K du code général des impôts, dans sa rédaction en vigueur au 31 décembre 2013.

Art. 56 Pour les contribuables relevant du régime des micro-entreprises prévu à l'article 50-0 du code général des impôts ou du régime déclaratif spécial prévu à l'article 102 *ter* du même code qui sont imposés à la cotisation foncière des entreprises, au titre de l'année 2013, sur la base minimum prévue à l'article 1647 D dudit code et dont le montant du chiffre d'affaires ou des recettes hors taxes réalisé au cours de la période de référence définie à l'article 1467 A du même code est inférieur à 10 000 €, la somme de la cotisation foncière des entreprises et de ses taxes annexes dues au titre de l'année 2013 ne peut excéder le montant de 500 €.

Le dégrèvement résultant du plafonnement prévu au premier alinéa du présent article est calculé après prise en compte, le cas échéant, du montant pris en charge par la commune ou l'établissement public de coopération intercommunale à fiscalité propre dans les conditions prévues au III de l'article 76 de la loi n° 2013-1278 du 29 décembre 2013 de finances pour 2014.

....

Art. 58 *Le texte institue au profit de l'Agence nationale pour la gestion des déchets radioactifs une contribution spéciale due par les exploitants des installations nucléaires de base. La contribution est contrôlée et recouvrée dans les mêmes conditions et sous les mêmes procédures, garanties et sanctions que la taxe sur les installations nucléaires de base prévue à l'art. 43 de la loi de finances pour 2000 (nº 99-1172 du 30 déc.1999). Elle est recouvrée par l'Autorité de sûreté nucléaire.*

....

Art. 74 I. — Une expérimentation de la révision des valeurs locatives des locaux d'habitation et des locaux servant à l'exercice d'une activité salariée à domicile est menée, en 2015, selon les modalités et les principes définis aux III à IX, dans cinq départements représentatifs, désignés par arrêté du ministre chargé du budget. — *Les cinq départements visés ci-dessus sont : la Charente-Maritime, le Nord, l'Orne, Paris et le Val-de-Marne (Arr. du 18 déc. 2014 — JO 26 déc.).*

II. — A. — Le Gouvernement transmet au Parlement, au plus tard le 30 septembre 2015, un rapport sur l'expérimentation prévue au I.

Ce rapport retrace les conséquences de la révision pour les contribuables, les collectivités territoriales, les établissements publics de coopération intercommunale et l'État. *[...]*

III. — La valeur locative des propriétés bâties mentionnées au I du présent article est déterminée à la date de référence du 1er janvier 2015.

IV. — A. — La valeur locative de chaque propriété ou fraction de propriété mentionnée au I est déterminée en fonction de l'état du marché locatif. Elle tient compte de la nature, de la situation et de la consistance de la propriété ou de la fraction de propriété considérée.

La valeur locative des locaux présentant un caractère exceptionnel peut être déterminée par voie d'appréciation directe définie au VIII.

B. — Les propriétés du groupe constitué par les locaux mentionnés au I sont classées en fonction de leur nature dans les quatre sous-groupes suivants :

1° Les maisons individuelles et leurs dépendances ;

2° Les appartements situés dans les immeubles collectifs et leurs dépendances ;

3° Les locaux d'habitation qui présentent un caractère exceptionnel ;

4° Les dépendances isolées.

Les propriétés des sous-groupes mentionnés aux 1° à 3° sont classées par catégorie en fonction de leur consistance. Les dépendances du sous-groupe mentionné au 4° sont classées par catégorie en fonction de leur utilisation.

V. — La consistance des propriétés ou fractions de propriété relevant des sous-groupes mentionnés aux 1° à 3° du B du IV s'entend de la superficie des planchers des locaux clos et couverts, après déduction des surfaces occupées par les murs, cloisons, marches et cages d'escaliers, gaines, embrasures de portes et de fenêtres, excepté les planchers des parties de locaux d'une hauteur inférieure à 1,80 mètre, majorée de la superficie au sol de leurs dépendances affectée de coefficients.

Pour les propriétés ou fractions de propriété relevant du sous-groupe mentionné au 4° du même B, la consistance s'entend de la superficie au sol.

VI. — A. — Il est constitué, dans chaque département, un ou plusieurs secteurs d'évaluation qui regroupent les communes ou parties de commune qui, dans le département, présentent un marché locatif homogène.

B. — 1. Les tarifs par mètre carré sont déterminés à partir des loyers constatés dans chaque secteur d'évaluation par catégorie de propriétés à la date de référence mentionnée au III.

Pour la détermination de ces tarifs, il n'est pas tenu compte des loyers des locaux donnés en location, à la date de référence mentionnée au même III :

a) Par les organismes d'habitations prévus à l'article L. 411-2 du code de la construction et de l'habitation et attribués sous condition de ressources ;

b) Sous le régime de la réglementation des loyers, établie par la loi nº 48-1360 du 1er septembre 1948 précitée.

2. Lorsque les loyers sont en nombre insuffisant ou ne peuvent être retenus, ces tarifs sont déterminés par comparaison avec les tarifs fixés pour les autres catégories de locaux du même sous-groupe du même secteur d'évaluation.

A défaut d'éléments suffisants ou ne pouvant être retenus au sein du même secteur d'évaluation, ces tarifs sont déterminés par comparaison avec ceux qui sont appliqués pour des propriétés de la même catégorie ou, à défaut, du même sous-groupe dans des secteurs d'évaluation présentant des niveaux de loyer similaires dans le département ou dans un autre département.

VII. — La valeur locative des propriétés mentionnées au I est obtenue par application d'un tarif par mètre carré, déterminé conformément au B du VI, à la consistance du local définie au V ou, à défaut de tarif, par voie d'appréciation directe mentionnée au VIII.

VIII. — Lorsque le premier alinéa du A du IV n'est pas applicable, la valeur locative est déterminée par voie d'appréciation directe, en appliquant un taux, à définir dans le cadre de l'expérimentation, à la valeur vénale de l'immeuble, telle qu'elle serait constatée à la date de référence définie au III si l'immeuble était libre de toute location ou occupation.

A défaut, la valeur vénale d'un immeuble est déterminée en ajoutant à la valeur vénale du terrain, estimée à la date de référence prévue au même III par comparaison avec celle qui ressort de transactions relatives à des terrains à bâtir situés dans une zone comparable, la valeur de reconstruction à la date de référence précitée.

IX. — Les propriétaires des biens mentionnés au I sont tenus de souscrire une déclaration précisant les informations relatives à chacune des propriétés qu'ils détiennent dans les départements mentionnés au même I, dont notamment le montant annuel du loyer exigible au 1er janvier 2015 pour celles données en location. Cette déclaration est souscrite, le cas échéant, par voie dématérialisée pour les propriétaires des biens situés dans le département de Paris. — *Pour les sanctions, V. CGI, art. 1729 C.*

Loi n° 2014-173 du 21 février 2014,

De programmation pour la ville et la cohésion urbaine.

Art. 5 I. — Les quartiers prioritaires de la politique de la ville sont situés en territoire urbain et sont caractérisés par :

1° Un nombre minimal d'habitants ;

2° Un écart de développement économique et social apprécié par un critère de revenu des habitants. Cet écart est défini par rapport, d'une part, au territoire national et, d'autre part, à l'unité urbaine dans laquelle se situe chacun de ces quartiers, selon des modalités qui peuvent varier en fonction de la taille de cette unité urbaine.

Dans les départements et collectivités d'outre-mer, ces quartiers peuvent être caractérisés par des critères sociaux, démographiques, économiques ou relatifs à l'habitat, tenant compte des spécificités de chacun de ces territoires.

Un décret en Conseil d'État détermine les modalités d'application du présent I, qui entre en vigueur à une date qu'il fixe et au plus tard le 1er janvier 2015.

II. — La liste des quartiers prioritaires, établie par décret, fait l'objet d'une actualisation dans l'année du renouvellement général des conseils municipaux. Dans les départements et collectivités d'outre-mer, il est procédé, si la rapidité des évolutions observées le justifie, à cette actualisation tous les trois ans. — *Pour la liste des quartiers prioritaires de la politique de la ville, V. Décr. n° 2014-1750 (métropole) et n° 2014-1751 (outre-mer) du 30 déc. 2014 (JO 31 déc.), et Arr. du 29 avr. 2015 (JO 7 mai).*

Décret n° 2014-812 du 16 juillet 2014,

Pris pour l'application du second alinéa du 2 de l'article 200 quater du code général des impôts et du dernier alinéa du 2 du I de l'article 244 quater U du code général des impôts.

Art. 2 I. — Le signe de qualité mentionné au II de *(Décr. n° 2020-674 du 3 juin 2020, art. 2-2°)* « l'article 1er » répond à un référentiel d'exigences de moyens et de compétences et est délivré par un organisme ayant passé une convention avec l'État dans les conditions mentionnées au III du présent article et accrédité par le Comité français d'accréditation ou tout autre organisme d'accréditation signataire de l'accord multilatéral pris dans le cadre de la coordination européenne des organismes d'accréditation.

II. — Pour les travaux mentionnés au I de *(Décr. n° 2020-674 du 3 juin 2020, art. 2-2°)* « l'article 1er » et lorsque les compétences mentionnées au I du présent article sont acquises grâce à la formation continue, celle-ci est dispensée par un organisme de formation respectant un cahier des charges défini par un arrêté conjoint du ministre chargé de la construction et du ministre chargé de l'énergie. Le respect de ce cahier des charges est contrôlé par un organisme ayant passé une convention avec l'État dans les conditions définies au III.

III. — Pour l'application des I et II, les organismes passant une convention avec l'État adressent une demande de conventionnement en deux exemplaires, respectivement, au ministre chargé de la construction et au ministre chargé de l'énergie.

La demande de conventionnement reçoit une réponse conjointe du ministre chargé de la construction et du ministre chargé de l'énergie dans un délai de deux mois à compter de la date de réception du dossier complet de demande de conventionnement. Toute demande de complément formulée par le service instructeur suspend le délai d'instruction jusqu'à réception des éléments complémentaires demandés. — *V., infra, Décr. n° 2014-1299 du 23 oct. 2014.*

Les dispositions issues de l'art. 2 du Décr. n° 2020-674 du 3 juin 2020 entrent en vigueur le 1er janv. 2021. Toutefois, ces dispositions ne s'appliquent pas aux dépenses payées à compter de cette même date pour lesquelles le contribuable justifie de l'acceptation d'un devis et du versement d'un acompte avant cette même date (Décr. préc., art. 7-III).

………………………………………………………………………………………

Art. 4 *(Décr. n° 2020-674 du 3 juin 2020, art. 2-3° et 7-II, en vigueur le 1er sept. 2020)* I. — Un arrêté conjoint du ministre chargé de la construction et du ministre chargé de l'énergie précise les modalités techniques d'application de l'article 2.

II. — L'organisme ayant passé une convention avec l'État dans le cadre prévu à l'article 2 peut prononcer des sanctions à l'encontre des entreprises titulaires d'un signe de qualité mentionné à l'article 2 ayant contrevenu aux règles qui leur sont applicables, ayant réalisé des travaux présentant des non-conformités aux règles de l'art, se prévalant, sans en être titulaire, d'un signe de qualité ou prenant l'identité d'une autorité publique ou se présentant comme appartenant, directement ou indirectement, à l'un de ses services. Ces sanctions peuvent être la suspension du signe de qualité pour une durée maximale de deux ans, le retrait d'un ou plusieurs signes de qualité ou l'interdiction d'accès à un ou plusieurs signes de qualité pour une durée maximale de deux ans.

Les entreprises concernées sont mises en mesure de présenter leurs observations préalablement au prononcé des sanctions.

Art. 5 *(Abrogé par Décr. n° 2020-674 du 3 juin 2020, art. 2-4°) « Les dispositions de l'article 1er s'appliquent, en France métropolitaine, aux dépenses payées à compter du 1er janvier 2015, à l'exception des dépenses pour lesquelles le contribuable justifie de l'acceptation d'un devis et du versement d'un acompte à l'entreprise avant cette même date et (Décr. n° 2015-1262 du 9 oct. 2015, art. 1er) « à compter du 31 décembre 2015 » en Guadeloupe, en Martinique, en Guyane, à La Réunion, et à Mayotte, à l'exception des dépenses pour lesquelles le contribuable justifie de l'acceptation d'un devis et du versement d'un acompte à l'entreprise avant cette même date.*

« Les dispositions du II de l'article 2 s'appliquent à la date d'entrée en vigueur de l'arrêté mentionné au même II et au plus tard au 1er janvier 2015. »

Les dispositions de l'article 3 entrent en vigueur pour les offres de prêt émises à compter du 1er septembre 2014 en France métropolitaine et *(Décr. n° 2015-1262 du 9 oct. 2015, art. 1er)* « à compter du 31 décembre 2015 » en Guadeloupe, en Martinique, en Guyane, à La Réunion et à Mayotte.

Les dispositions issues de l'art. 2 du Décr. n° 2020-674 du 3 juin 2020 entrent en vigueur le 1er janv. 2021. Toutefois, ces dispositions ne s'appliquent pas aux dépenses payées à compter de cette même date pour lesquelles le contribuable justifie de l'acceptation d'un devis et du versement d'un acompte avant cette même date (Décr. préc., art. 7-III).

Décret n° 2014-1280 du 23 octobre 2014,

Relatif aux exceptions à l'application du principe « silence vaut acceptation » sur le fondement du II de l'article 21 de la loi n° 2000-321 du 12 avril 2000 relative aux droits des citoyens dans leurs relations avec les administrations (JO 1er nov.).

Art. 1er En application du II de l'article 21 de la loi du 12 avril 2000 susvisée, le silence gardé par l'administration vaut rejet pour les demandes dont la liste figure en annexe au présent décret.

Art. 2 Pour les demandes mentionnées à l'article 1er, l'annexe au présent décret fixe, lorsqu'il est différent du délai de deux mois, le délai à l'expiration duquel la décision de rejet est acquise.

Art. 3 Le délai à l'expiration duquel sont acquises les décisions implicites de rejet relatives aux demandes mentionnées à l'article 1er peut être modifié par décret en Conseil d'État.

Art. 4 Le présent décret est applicable en Nouvelle-Calédonie, en Polynésie française, dans les îles Wallis-et-Futuna et dans les Terres australes et antarctiques françaises pour les demandes mentionnées à l'article 1er qui s'inscrivent dans les procédures qui sont applicables en Nouvelle-Calédonie ou dans ces collectivités.

Art. 5 Les dispositions du présent décret s'appliquent aux demandes présentées à compter du 12 novembre 2014.

[...]

ANNEXE

OBJET DE LA DEMANDE	DISPOSITIONS APPLICABLES à la date du 12 novembre 2014	DÉLAI À L'EXPIRATION duquel la décision est acquise, lorsqu'il est différent du délai de deux mois
[...]		
Code général des impôts		
Agrément, suspension et retrait d'agrément des établissements privés autorisés à importer des biens en franchise de taxes	Article 50 *octies* de l'annexe IV	-
Habilitation des professionnels mentionnés à l'article 275 *bis* B de l'annexe II au code général des impôts et les organismes de contrôle mentionnés à l'article 275 *ter* de l'annexe II à ce même code à attester la garantie des ouvrages en métaux précieux	Articles 275 *bis* et 275 *ter* de l'annexe II	-
Agrément des commissionnaires en garantie	Article 535, articles 56 J *quinquies* à 56 J *undecies* de l'annexe IV	-
Conventions d'habilitation des professionnels visés à l'article 275 *bis* B de l'annexe II du code général des impôts	Article 535, articles 275 *bis* B à 275 *bis* L de l'annexe II, article 56 J *duodecies* de l'annexe IV	-
Agrément des organismes de contrôle agréés	Article 535, articles 275 *ter* à 275 P de l'annexe II et article 56 J *terdecies* de l'annexe IV	-
Agrément des organismes chargés de l'élaboration, de la vente et du transfert des fichiers informatiques supportant la version dématérialisée des poinçons de garantie	Articles 275 *bis* F et 275 *ter* G de l'annexe II et articles 56 J *terdecies* A à 56 J *terdecies* E de l'annexe IV	-
Agrément des entrepositaires agréés	Articles 302 G du CGI et 286 K de l'annexe II au CGI	-

Décret n° 2014-1281 du 23 octobre 2014,

Relatif aux exceptions à l'application du délai de deux mois de naissance des décisions implicites d'acceptation prévues au II de l'article 21 de la loi n° 2000-321 du 12 avril 2000 relative aux droits des citoyens dans leurs relations avec les administrations (JO 1er nov.).

Art. 1er En application du II de l'article 21 de la loi du 12 avril 2000 susvisée, et par exception à l'application du délai de deux mois prévu au premier alinéa du I de cet article, les délais à l'expiration desquels le silence gardé pendant deux mois par l'administration sur une demande vaut décision d'acceptation figurent en annexe au présent décret.

Art. 2 Le présent décret est applicable en Nouvelle-Calédonie, en Polynésie française, dans les îles Wallis-et-Futuna et dans les Terres australes et antarctiques françaises pour les

demandes mentionnées à l'article 1er qui s'inscrivent dans les procédures qui sont applicables en Nouvelle-Calédonie ou dans ces collectivités.

Art. 3 **Les dispositions du présent décret s'appliquent aux demandes présentées à compter du 12 novembre 2014.**

[...]

ANNEXE

OBJET DE LA DEMANDE	DISPOSITIONS APPLICABLES	DÉLAI À L'EXPIRATION DUQUEL la décision est acquise
[...]		
Code général des impôts		
Exercice de la mission de tiers de confiance.	Article 95 ZH de l'annexe II	3 mois en cas de difficultés
Autorisation et conventionnement du " visa fiscal " des professionnels de l'expertise comptable.	Article 1649 *quater* L et article 371 *bis* B de l'annexe II	4 mois
Autorisation de procéder à un second essai sur des objets marqués du poinçon de la garantie.	Article 207 de l'annexe III	6 mois
Autorisation d'attester la garantie du titre des ouvrages en métaux précieux par marquage au laser.	Article 523 ; articles 275 *bis* B à 275 *bis i* et 275 *ter* à 275 *ter* I de l'annexe II, articles 56 J *duodecies* et 56 J *terdecies* de l'annexe IV	6 mois
Fixation ou révision de taux annuels de déchets ou de pertes observés en cours de fabrication ou de transformation d'alcools et de boissons alcooliques accordés aux entrepositaires agréés par entrepôt suspensif de droits d'accises.	Article 302 D (premier alinéa du 2° du 1 du I) et article 111-00 B de l'annexe III	6 mois
Autorisation du procédé de dénaturation de l'alcool.	Article 302 D *bis* (*b* du I)	6 mois
Autorisation de décharges de manquants pour les pertes de marchandises constatées lors de livraisons d'alcool, de boissons alcooliques ou de tabacs manufacturés en suspension de droits d'accises, à destination d'un entrepositaire agréé, d'un opérateur enregistré ou d'un opérateur non enregistré.	Article 302 K	6 mois
Admission en décharge des quantités d'alcool ou de boissons alcooliques en cas de pertes accidentelles.	Article 111-00 A de l'annexe III (troisième alinéa)	6 mois

OBJET DE LA DEMANDE	DISPOSITIONS APPLICABLES	DÉLAI À L'EXPIRATION DUQUEL la décision est acquise
Attribution et révision du taux annuel de pertes ou de déchets.	Article 111-00 B de l'annexe III	6 mois
Agrément des acheteurs-revendeurs de tabacs manufacturés.	Article 568	4 mois
Agrément fournisseurs et des fabricants de tabacs manufacturés.	Article 570-III, article 276 de l'annexe II	4 mois
Autorisation d'attester la garantie du titre des ouvrages en métaux précieux par marquage au laser.	Article 523, articles 275 *bis* B à 275 *bis* L et 275 *ter* à 275 *ter* P de l'annexe II, articles 56 J *duodecies* et 56 J *terdecies* de l'annexe IV	6 mois

Décret n° 2014-1299 du 23 octobre 2014,

Relatif aux exceptions à l'application du principe « silence vaut acceptation » sur le fondement du II de l'article 21 de la loi n° 2000-321 du 12 avril 2000 relative aux droits des citoyens dans leurs relations avec les administrations ainsi qu'aux exceptions au délai de deux mois de naissance des décisions implicites sur le fondement du II de cet article (JO 1er nov.).

Art. 1er En application du II de l'article 21 de la loi du 12 avril 2000 susvisée, le silence gardé par l'administration vaut décision de rejet pour les demandes dont la liste figure en annexe du présent décret.

Art. 2 Pour les demandes mentionnées à l'article 1er du présent décret, l'annexe du présent décret fixe, lorsqu'il est différent du délai de deux mois, le délai à l'expiration duquel, en application du II de l'article 21 de la loi du 12 avril 2000 susvisée, la décision de rejet est acquise.

Art. 3 Le délai à l'expiration duquel sont acquises les décisions implicites de rejet mentionnées à l'article 1er du présent décret peut être modifié par décret en Conseil d'État.

Art. 4 Les dispositions du présent décret s'appliquent aux demandes présentées à compter du 12 novembre 2014.

[…]

ANNEXE

OBJET DE LA DEMANDE	DISPOSITIONS APPLICABLES	DÉLAI À L'EXPIRATION duquel la décision de rejet est acquise lorsqu'il est différent du délai de deux mois
Décret n° 2014-812 du 16 juillet 2014 pris pour l'application du second alinéa du 2 de l'article 200 *quater* du code général des impôts et du dernier alinéa du 2 du I de l'article 244 *quater* U du code général des impôts		
Conventionnement d'un organisme pour la délivrance d'un signe de qualité (" reconnu garant de l'environnement ")	Article 2	

Ordonnance n° 2014-1335 du 6 novembre 2014,

Relative à l'adaptation et à l'entrée en vigueur de certaines dispositions du code général des collectivités territoriales, du code général des impôts et d'autres dispositions législatives applicables à la métropole de Lyon (Ord. ratifiée par L. n° 2015-381 du 3 avr. 2015, art. 1er).

Art. 38 I. — Les délibérations prises en matière de droits d'enregistrement et de taxe sur la publicité foncière par le département du Rhône antérieurement à la création de la métropole de Lyon demeurent applicables sur le périmètre de celle-ci tant qu'elles n'ont pas été rapportées ou modifiées par délibération prise dans les conditions prévues par les dispositions de l'article 1594 E du code général des impôts ou par celles du III de l'article 77 de la loi de finances pour 2014 susvisée *[L. n° 2013-1278 du 29 déc. 2013. — V. ss. CGI, art. 1594 D]*.

II. — Pour l'application à la métropole de Lyon des dispositions de l'article 77 de la loi de finances pour 2014 susvisée, la référence au conseil général est remplacée par la référence au conseil de la métropole de Lyon. — *Ces dispositions s'appliquent à compter des impositions dues au titre de 2015 (Ord. n° 2014-1335 du 6 nov. 2014, art. 43-III).*

Art. 39 Pour l'application, au titre de 2015, du dernier alinéa du II de l'article 1609 *nonies* C, du VII de l'article 1636 B *septies* et du VI de l'article 1636 B *decies* du code général des impôts, les taux de référence relatifs à l'année 2014 sont déterminés comme suit :

1° Les taux de référence de la cotisation foncière des entreprises, de la taxe foncière sur les propriétés non bâties et de la taxe d'habitation sont les taux votés en 2014 par la communauté urbaine de Lyon ;

2° Le taux de référence de la taxe foncière sur les propriétés bâties correspond à la somme du taux voté en 2014 par la communauté urbaine de Lyon et du taux voté la même année par le département du Rhône. — *Ces dispositions s'appliquent au titre de l'année 2015 (Ord. n° 2014-1335 du 6 nov. 2014, art. 43-I).*

Art. 40 I. — Les délibérations, autres que celles relatives aux taux, prises en matière de taxes foncières et de taxe d'habitation par la communauté urbaine de Lyon et par le département du Rhône antérieurement à la création de la métropole de Lyon demeurent applicables pour les impositions dues au titre de 2015 perçues au profit de la métropole de Lyon et, tant qu'elles n'ont pas été rapportées ou modifiées par une délibération prise dans les conditions prévues à l'article 1639 A *bis* du code général des impôts, pour celles dues au titre des années suivantes.

II. — Les délibérations relatives à la cotisation foncière des entreprises, autres que celles relatives au taux, prises par l'organe délibérant de la communauté urbaine de Lyon ainsi que, dans les conditions prévues au II de l'article 1586 *nonies* du code général des impôts, celles relatives à la cotisation sur la valeur ajoutée des entreprises prises par le conseil général du département du Rhône demeurent applicables pour les impositions dues au titre de 2015 perçues au profit de la métropole de Lyon et, tant qu'elle n'ont pas été rapportées ou modifiées par une délibération prise dans les conditions prévues à cet article et à l'article 1639 A *bis* du même code, pour celles dues au titre des années suivantes.

Les délibérations uniquement applicables à la fraction de cotisation sur la valeur ajoutée des entreprises perçue au profit de la communauté urbaine de Lyon demeurent applicables, dans les conditions prévues au II de l'article 1586 *octies* du code général des impôts, à proportion de cette fraction pour les impositions dues au titre de 2015 perçues au profit de la métropole de Lyon et, tant qu'elles n'ont pas été rapportées ou modifiées par une délibération prise dans les conditions prévues à cet article et à l'article 1639 A *bis* du même code, pour celles dues au titre des années suivantes. — *Ces dispositions s'appliquent à compter des impositions dues au titre de 2015 (Ord. n° 2014-1335 du 6 nov. 2014, art. 43-III).*

Art. 41 I. — Par dérogation aux dispositions des premier et troisième alinéas de l'article L. 1612-1 du code général des collectivités territoriales et pour le seul exercice 2015 :

1° Le président du conseil de la métropole de Lyon a compétence, avant l'adoption du budget primitif de cet exercice, pour mettre en recouvrement les recettes ;

2° Jusqu'à l'adoption du budget primitif de cet exercice, il peut engager, liquider et mandater les dépenses de la section de fonctionnement dans la limite du montant résultant de l'addition de celles inscrites au budget de l'année précédente de la communauté urbaine de Lyon et de trois quarts de celles prévues au budget de l'année précédente du département du Rhône ;

3° Jusqu'à l'adoption du budget primitif ou jusqu'au 15 avril du même exercice, en l'absence d'adoption du budget avant cette date, il peut, sur autorisation de l'organe délibérant, engager, liquider et mandater les dépenses d'investissement, dans la limite du quart du montant résultant de l'addition des crédits ouverts au budget de l'exercice précédent de la

communauté urbaine de Lyon, non compris les crédits afférents au remboursement de la dette, et des trois quarts des crédits ouverts au budget de l'exercice précédent du département du Rhône, non compris les crédits afférents au remboursement de la dette. L'autorisation accordée par l'organe délibérant précise le montant et l'affectation des crédits.

II. — Par dérogation aux dispositions de l'article L. 1612-3 du code général des collectivités territoriales, la date limite d'adoption du budget primitif de la métropole de Lyon pour l'exercice 2015 est celle prévue par l'article L. 1612-2. Les dispositions de l'article L. 3661-2, celles du premier alinéa de l'article L. 3661-4 et celles du premier alinéa de l'article L. 3661-8 ne sont pas applicables pour l'année de création de la métropole de Lyon.

III. — Le conseil de la métropole de Lyon adopte, au plus tard le 30 juin 2015 et dans les conditions prévues par les articles L. 1612-12 et L. 1612-13 du code général des collectivités territoriales, le compte administratif de l'année précédente de la communauté urbaine de Lyon.

IV. — Le conseil général du Rhône adopte, au plus tard le 30 juin 2015 et dans les conditions prévues par les articles L. 1612-12 et L. 1612-13 du code général des collectivités territoriales, le compte administratif de l'année précédente du département du Rhône.

V. — La métropole de Lyon est subrogée dans les droits du département du Rhône pour les attributions du fonds de compensation pour la taxe sur la valeur ajoutée à percevoir au titre des dépenses d'investissement effectuées en 2014 et afférentes aux biens qui sont mis à sa disposition ou lui sont transférés en pleine propriété en application de l'article L. 3651-1.

VI. — La métropole de Lyon est subrogée dans les droits de la communauté urbaine de Lyon à laquelle elle succède pour les attributions du fonds de compensation pour la taxe sur la valeur ajoutée au titre de ses dépenses d'investissement. — *Ces dispositions s'appliquent au titre de l'année 2015 (Ord. n° 2014-1335 du 6 nov. 2014, art. 43-I).*

Art. 42 Pour l'application à la métropole de Lyon du livre des procédures fiscales et des dispositions législatives à caractère fiscal autres que celles du code général des impôts et du code général des collectivités territoriales :

1° Les dispositions relatives aux communautés urbaines sont applicables de plein droit à la métropole de Lyon ;

2° La référence au département est remplacée par la référence à la métropole de Lyon ;

3° La référence au conseil général est remplacée par la référence au conseil de la métropole de Lyon ;

4° La référence au président du conseil général est remplacée par la référence au président du conseil de la métropole. — *Ces dispositions s'appliquent à compter du 1er janv. 2015 (Ord. n° 2014-1335 du 6 nov. 2014, art. 43-II).*

Décret n° 2015-149 du 10 février 2015,

Relatif aux obligations déclaratives et à la mise en concurrence des intermédiaires en défiscalisation outre-mer.

[...]

ANNEXE

Charte de déontologie

I. Préambule

L'article 242 *septies* du code général des impôts (CGI) subordonne l'exercice, par une entreprise, de l'activité professionnelle consistant à obtenir pour autrui les avantages fiscaux prévus aux articles 199 *undecies* A, 199 *undecies* B, 199 *undecies* C, 217 *undecies* et 217 *duodecies* du même code à l'inscription sur un registre tenu par le représentant de l'État dans le département ou la collectivité dans lequel cette entreprise a son siège social.

Pour être inscrite à ce registre, une entreprise doit satisfaire aux conditions suivantes :

1° Justifier de l'aptitude professionnelle des dirigeants et associés ;

2° Être à jour de ses obligations fiscales et sociales ;

3° Contracter une assurance contre les conséquences pécuniaires de sa responsabilité civile professionnelle ;

4° Présenter, pour chacun des dirigeants et associés, un bulletin n° 3 du casier judiciaire vierge de toute condamnation ;

5° Justifier d'une certification annuelle de ses comptes par un commissaire aux comptes ;

6° Avoir signé une charte de déontologie.

La présente charte de déontologie fournit un cadre de référence pour l'exercice de l'activité professionnelle mentionnée au premier alinéa de l'article 242 *septies* précité. En tant que code de bonne conduite, elle précise les obligations déontologiques que toute entreprise exerçant cette activité doit respecter, en complément des dispositions légales et réglementaires qui lui sont applicables.

II. Définitions

Au sens de la présente charte de déontologie :

— un "**monteur en défiscalisation outre-mer**" est une entreprise exerçant l'activité professionnelle consistant à obtenir pour autrui les avantages fiscaux prévus par les articles 199 *undecies* A, 199 *undecies* B, 199 *undecies* C, 217 *undecies*, 217 *duodecies*, 244 *quater* W et 244 *quater* X du CGI ;

— un "**exploitant**" est une entreprise souhaitant réaliser et exploiter outre-mer un ou plusieurs investissements dans le cadre des dispositions d'aide fiscale à l'investissement précitées ;

— un "**programme d'investissement**" désigne le regroupement par une entreprise implantée outre-mer d'un ou plusieurs investissements au sein d'un même projet dont le schéma de financement comprend un recours à l'aide fiscale à l'investissement ;

— un "**investisseur fiscal**" est une personne physique ou morale participant au financement d'un programme d'investissement dans le but d'en retirer un avantage fiscal ;

— la "**syndication**" désigne l'opération consistant à regrouper et organiser l'intervention des investisseurs fiscaux dans les opérations d'investissement ;

— le "**véhicule d'investissement**" désigne la structure juridique ayant vocation à regrouper les investisseurs fiscaux désireux de prendre part à une opération éligible aux dispositions d'aide fiscale à l'investissement précitées.

III. Principes généraux

Le monteur en défiscalisation outre-mer exerce ses fonctions avec probité et intégrité, conformément à la loi et dans le respect des intérêts respectifs de l'exploitant et des investisseurs fiscaux.

Il exerce l'activité mentionnée au premier alinéa de l'article 242 *septies* du CGI à titre principal.

Le monteur en défiscalisation outre-mer veille à ne pas se trouver, directement ou par l'intermédiaire de ses dirigeants, en situation de conflit d'intérêts à l'occasion d'une opération dont il a la charge.

En particulier, il ne peut, directement ou indirectement :

— assurer la direction de droit ou de fait d'une entreprise exploitant un investissement dont il a organisé le financement ;

— détenir des intérêts dans une entreprise exploitant un investissement dont il a monté le financement ;

— percevoir, directement ou indirectement, au titre d'un investissement ou d'un programme d'investissement dont il a la charge, de rémunérations autres que celles relatives à ses prestations de montage, de syndication et de gestion d'opérations d'investissement outre-mer dans le cadre des dispositifs d'aide fiscale précités et notamment toute commission de la part des fournisseurs des biens objets des programmes d'investissement ;

— verser de rémunérations ou avantages quelconques à toute personne liée au projet dans le but d'obtenir un mandat pour réaliser le montage d'une opération, à l'exclusion des commissions versées aux apporteurs d'affaires dûment déclarés.

En ce qui concerne la sélection des opérations d'investissement, le monteur en défiscalisation outre-mer s'assure :

— que les projets présentés aux investisseurs fiscaux correspondent à une réalité économique et contribuent au développement économique du département ou de la collectivité d'outre-mer où ils sont situés ;

— de la validité des pouvoirs de ses cocontractants ;

— que l'exploitant est doté de moyens financiers et humains adaptés pour mener à bien le projet envisagé et est à jour de ses déclarations fiscales et sociales ;

— que, pour la part du financement provenant de l'exploitant, l'origine des fonds est justifiée ;

— le cas échéant, du respect des procédures de mise en concurrence.

S'agissant de la gestion des opérations dont il a la charge, et sans préjudice des règles énoncées aux points IV, V et VI, le monteur en défiscalisation outre-mer :

— s'assure du respect des obligations comptables, fiscales et sociales du véhicule d'investissement, lorsqu'il en est le mandataire social ;

— ne prélève des frais de gestion au niveau du véhicule d'investissement qu'au *prorata temporis de sa mission* ;

— vérifie que ses éventuels sous-traitants disposent des compétences professionnelles suffisantes pour l'accomplissement des missions qu'il leur confie.

IV. Relations avec les investisseurs fiscaux

Le monteur en défiscalisation outre-mer veille à fournir aux investisseurs fiscaux :

— une présentation claire et exhaustive des opérations fiscales proposées, notamment sur la nature de l'investissement, sa localisation, l'identité de l'exploitant et, le cas échéant, les termes de l'agrément fiscal obtenu ;

— une information claire sur les risques inhérents à leur participation, sur les obligations fiscales, notamment déclaratives, liées à l'opération d'investissement et conditionnant le bénéfice de l'avantage fiscal et sur les sanctions pénales auxquelles ils s'exposent en cas de fraude ;

— les éléments ainsi que l'assistance nécessaire leur permettant de calculer le montant de l'avantage fiscal auquel ouvre droit leur participation à l'opération d'investissement, compte tenu, le cas échéant, des règles de plafonnement. Lorsque l'opération d'investissement a été présentée aux investisseurs fiscaux par l'intermédiaire de prestataires en services d'investissements (PSI) ou de conseillers en investissements financiers (CIF), le monteur en défiscalisation outre-mer communique à ces professionnels les éléments nécessaires pour leur permettre d'apporter aux investisseurs fiscaux l'assistance nécessaire dans le calcul de l'avantage fiscal et du montant du plafonnement ;

— les informations demandées par les investisseurs fiscaux à l'occasion d'une demande d'information ou d'un contrôle de l'administration fiscale.

Dans l'hypothèse d'une défaillance de l'exploitant, le monteur en défiscalisation outre-mer :

— participe à la protection des intérêts du véhicule d'investissement au cours de la procédure collective suivie à l'égard de l'exploitant ;

— recherche un nouvel exploitant en vue de la remise en location des biens acquis par le véhicule d'investissement.

Dans l'hypothèse d'un sinistre affectant les biens loués, le monteur en défiscalisation outre-mer s'assure que l'exploitant procède à leur remise en état ou, s'il y a lieu, à leur remplacement par des biens similaires.

V. Relations avec les exploitants

Le monteur en défiscalisation outre-mer :

— soumet à l'exploitant une proposition financière claire, compréhensible et dépourvue d'ambiguïté ;

— formalise ses relations avec l'exploitant dans un cadre contractuel ;

— fournit à l'exploitant une information suffisante sur les règles applicables aux dispositifs d'aide fiscale à l'investissement outre-mer, notamment sur les seuils de déclenchement de la procédure d'agrément, les conditions d'exploitation des investissements et les sanctions pénales encourues en cas de fraude ;

— vérifie que l'exploitant est à jour de ses déclarations fiscales et sociales ;

— s'assure que, pour la part de financement provenant de l'exploitant, l'origine des fonds est justifiée ;

— rétrocède, le cas échéant, à l'exploitant les aides publiques perçues au titre de la réalisation des investissements.

VI. Relations avec l'administration

De manière générale, le monteur en défiscalisation outre-mer coopère loyalement avec les autorités administratives compétentes, de métropole et des départements ou collectivités d'outre-mer.

En particulier, il veille à répondre, dans les meilleurs délais, aux demandes de renseignements qui lui sont adressées.

Il s'assure de la véracité et de la cohérence des informations transmises à l'administration en vue de l'obtention d'un agrément préalable, en informant l'exploitant et ses éventuels fournisseurs des sanctions pénales encourues, en application de l'article 1743 (3°) du CGI, en cas de fourniture de renseignements inexacts.

Décret n° 2015-704 du 19 juin 2015,

Pris en application de l'article 50 de la loi n° 2014-1655 du 29 décembre 2014 de finances rectificative pour 2014 relatif au crédit d'impôt phonographique prévu à l'article 220 octies du code général des impôts.

Art. 1er **Le plafond de la rémunération du dirigeant mentionné aux *a ter* du 1° et a du 2° du III de l'article 220 *octies* du code susvisé est fixé à 45 000 € (quarante-cinq mille euros) par an.**

Art. 2 **Les dispositions du I de l'article 50 de la loi du 29 décembre 2014 de finances rectificative pour 2014 susvisée entrent en vigueur le lendemain de la publication du présent décret *[JO 21 juin]*.**

Ordonnance n° 2015-899 du 23 juillet 2015 *[ABROGÉE]*,

Relative aux marchés publics.

(Abrogée par Ord. n° 2018-1074 du 26 nov. 2018, art. 18)

Les dispositions issues de l'art. 18 de l'Ord. n° 2018-1074 du 26 nov. 2018 intervenues dans une matière relevant de la compétence des autorités d'une collectivité d'outre-mer mentionnée à l'art. 74 de la Const., de la Nouvelle-Calédonie ou de ses provinces et applicables localement, y demeurent en vigueur tant qu'elles n'ont pas été modifiées ou abrogées par l'autorité locale compétente (Ord. préc., art. 19).

Les dispositions issues de l'Ord. n° 2018-1074 du 26 nov. 2018 s'appliquent aux marchés publics ainsi qu'aux contrats relevant de l'Ord. n° 2015-899 du 23 juill. 2015 relative aux marchés publics pour lesquels une consultation est engagée ou un avis d'appel à la concurrence est envoyé à la publication à compter du 1er avr. 2019 (Ord. n° 2018-1074 du 26 nov. 2018, art. 20).

Art. 45 ***Sont exclues de la procédure de passation des marchés publics :***

1° Les personnes qui ont fait l'objet d'une condamnation définitive pour l'une des infractions prévues aux articles 222-34 à [...] du code pénal, aux articles 1741 à 1743, 1746 ou 1747 du code général des impôts [...], ou pour recel de telles infractions, ainsi que pour les infractions équivalentes prévues par la législation d'un autre État membre de l'Union européenne.

La condamnation définitive pour l'une de ces infractions ou pour recel d'une de ces infractions d'un membre de l'organe de gestion, d'administration, de direction ou de surveillance ou d'une personne physique qui détient un pouvoir de représentation, de décision ou de contrôle d'une personne morale entraîne l'exclusion de la procédure de passation des marchés publics de cette personne morale, tant que cette personne physique exerce ces fonctions.

Sauf lorsque la peine d'exclusion des marchés publics a été prononcée pour une durée différente par une décision de justice définitive, l'exclusion de la procédure de passation des marchés publics au titre du présent 1° s'applique pour une durée de cinq ans à compter du prononcé de la condamnation ;

2° Les personnes qui n'ont pas souscrit les déclarations leur incombant en matière fiscale ou sociale ou n'ont pas acquitté les impôts, taxes, contributions ou cotisations sociales exigibles dont la liste est fixée par voie réglementaire.

Toutefois, l'exclusion mentionnée au présent 2° n'est pas applicable aux personnes qui, avant la date à laquelle l'acheteur se prononce sur la recevabilité de leur candidature, ont, en l'absence de toute mesure d'exécution du comptable ou de l'organisme chargé du recouvrement, acquitté lesdits impôts, taxes, contributions et cotisations ou constitué des garanties jugées suffisantes par le comptable ou l'organisme chargé du recouvrement, ou, à défaut, conclu un accord contraignant avec les organismes chargés du recouvrement en vue de payer les impôts, taxes, contributions ou cotisations, ainsi que les éventuels intérêts échus, pénalités ou amendes, à condition qu'elles respectent cet accord ;

3° Les personnes : [...]

(L. n° 2016-1691 du 9 déc. 2016, art. 39-II-3°) ***« L'acheteur accepte, comme preuve suffisante attestant que le candidat ne se trouve pas dans un cas d'interdiction de soumissionner mentionné aux 1° et aux a et c du 4° du présent article, une déclaration sur l'honneur. »***

....

Art. 103 ***I. – La présente ordonnance entre en vigueur à une date fixée par voie réglementaire et au plus tard le 1er avril 2016.***

II. – Sous réserve de son entrée en vigueur dans les conditions prévues au I, la présente ordonnance s'applique aux marchés publics ainsi qu'aux contrats qui relèvent de cette ordonnance pour lesquels une consultation est engagée ou un avis d'appel public à la concurrence a été envoyé à la publication à compter du 1er janvier 2016.

Décret n° 2015-907 du 23 juillet 2015,

Relatif aux modalités de collecte et de transmission des informations par les institutions financières en application de l'accord entre le Gouvernement de la République française et le Gouvernement des États-Unis d'Amérique en vue de mettre en œuvre la loi relative au respect des obligations fiscales concernant les comptes étrangers (dite « loi FATCA ») et de l'article 1649 AC du code général des impôts.

Art. 1er I. – Les institutions financières mentionnées à l'article 1649 AC du code général des impôts souscrivent avant le 31 juillet de chaque année une déclaration mentionnant les informations requises pour l'application de l'accord FATCA. Les institutions financières déclarantes comprennent les établissements gérant des dépôts de titres, les établissements de dépôt, les entités d'investissement et les organismes d'assurance.

II. — La déclaration est souscrite par l'institution financière ou par un prestataire tiers qu'elle désigne pour s'acquitter de ses obligations déclaratives.

III. — Les institutions financières dispensées de déclaration ou réputées conformes en application de l'annexe II de l'accord FATCA ne produisent pas de déclaration.

Art. 2 I. — La déclaration prévue à l'article 1er comprend, pour chaque compte déclarable :

1° Les éléments d'identification du déclarant et, le cas échéant, ceux du prestataire tiers lorsqu'il est chargé par le déclarant de l'accomplissement de ses obligations déclaratives : raison sociale, adresse et numéro d'enregistrement attribué par les autorités fiscales américaines ;

2° L'identification du titulaire du compte déclarable :

a) Pour les personnes physiques américaines déterminées : le nom de famille, les prénoms, l'adresse, le numéro d'identification fiscal attribué par les autorités américaines (ci-après "NIF américain") ainsi que, pour les comptes ouverts au 30 juin 2014 et, à défaut du NIF américain, la date de naissance si elle figure dans les dossiers de l'institution financière déclarante ;

b) Pour les personnes morales américaines déterminées : le nom légal, l'adresse et le NIF américain ;

c) Pour les entités non américaines dont le contrôle est détenu par des personnes américaines déterminées : le nom légal, l'adresse et, le cas échéant, le NIF américain de l'entité ainsi que, pour chacune des personnes américaines déterminées :

1. Le nom de famille, les prénoms, l'adresse et le NIF américain ou, à défaut, pour les comptes ouverts au 30 juin 2014, la date de naissance si elle figure dans les dossiers de l'institution financière déclarante, pour les personnes physiques ;

2. Le nom légal, l'adresse et le NIF américain pour les personnes morales ;

3° Le numéro de compte ou du contrat ou, à défaut, le numéro d'identification unique utilisé pour identifier le titulaire du compte ou le bénéficiaire d'un contrat d'assurance ;

4° Les montants à déclarer suivants :

a) Le solde du compte ou la valeur portée sur le compte, y compris dans le cas d'un contrat d'assurance ou d'un contrat ou bon de capitalisation, la valeur de rachat, et dans le cas d'un contrat de rente, la valeur de capitalisation, au 31 décembre de l'année civile considérée ou immédiatement avant la clôture si le compte a été clos en cours d'année ;

b) Le montant brut total des intérêts, des dividendes ainsi que des autres revenus produits par les actifs détenus sur un compte, versés ou crédités au titre d'un tel compte, y compris le montant total de toutes les sommes remboursées ou rachetées au titulaire au cours de l'année civile ;

c) Le montant brut total de la cession ou du rachat d'un actif détenu sur un compte conservateur au cours de l'année civile.

II. — Les renseignements portent sur l'année précédant celle du dépôt de la déclaration.

Art. 3 Pour l'application du présent décret, les notions d'institutions financières, de compte déclarable, de personne américaine déterminée et d'entité non américaine s'entendent de celles définies à l'article 1er de l'accord FATCA.

Art. 4 Il est satisfait aux obligations résultant des articles 1er et 2 par la communication d'un support informatique dont les caractéristiques sont fixées par la direction générale des finances publiques.

Art. 5 I. — Les renseignements mentionnés au *a* du 4° du I de l'article 2 sont portés sur les déclarations déposées à compter du 1er janvier 2015.

II. — Les renseignements mentionnés au *b* du 4° du I du même article sont portés sur les déclarations déposées à compter du 1er janvier 2016.

III. — Les renseignements mentionnés au *c* du 4° du I du même article sont portés sur les déclarations déposées à compter du 1er janvier 2017.

Décret n° 2015-910 du 23 juillet 2015,

Fixant la liste des compétitions sportives internationales organisées en France bénéficiaires du régime fiscal prévu à l'article 1655 septies du code général des impôts.

Art. 1er Satisfont aux critères cumulatifs fixés au II et III de l'article 1655 *septies* du code général des impôts ouvrant droit pour leur organisateur au bénéfice du régime défini au I du même article les compétitions sportives internationales suivantes :

– le Championnat d'Europe de basket-ball masculin 2015 ;
– le Championnat d'Europe de football masculin 2016 ;
– le Championnat du monde de handball masculin 2017 ;
– le Championnat du monde de hockey sur glace masculin 2017 ;
– la Ryder Cup et la Ryder Cup Junior 2018 ;
– *(Décr. n° 2018-260 du 9 avr. 2018, art. 1er)* « la Coupe du monde féminine FIFA 2019 et la Coupe du monde féminine U-20 FIFA 2018 ;
« – la Coupe du monde de rugby à XV 2023. »

Loi n° 2015-991 du 7 août 2015,

Portant nouvelle organisation territoriale de la République.

Art. 59 *[...]* XV. – A. – 1° Par dérogation au I de l'article 1379-0 *bis* et à l'article 1656 *bis* du code général des impôts, dans le périmètre de la métropole du Grand Paris, la cotisation foncière des entreprises due au titre des années 2016 à *(L. n° 2020-1721 du 29 déc. 2020, art. 255-II)* « 2022 » est établie au profit des établissements publics territoriaux et de la *(Ord. n° 2018-75 du 8 févr. 2018, art. 4 et 18, applicable à compter des impositions établies au titre de 2019)* « Ville de Paris » ;

2° Pour l'application du 1° :

a) Les établissements publics territoriaux sont assimilés à des établissements publics de coopération intercommunale soumis à l'article 1609 *nonies* C du même code.

Toutefois les dispositions de l'article 1636 B *septies* de ce code ainsi que celles du III de l'article 1609 *nonies* C ne leur sont pas applicables ;

b) La référence au conseil communautaire est remplacée par la référence au conseil de territoire mentionné à l'article L. 5219-2 du code général des collectivités territoriales ;

c) Lorsque le périmètre d'un établissement public territorial correspondait, au 31 décembre 2015, à celui de plusieurs établissements publics de coopération intercommunale à fiscalité propre :

– les dispositions du III de l'article 1638-0 *bis* du code général des impôts sont applicables ;

– le taux de la cotisation foncière des entreprises applicable dans chaque commune membre est rapproché du taux de référence déterminé par le conseil de territoire mentionné à l'article L. 5219-2 du code général des collectivités territoriales, l'écart étant réduit par parts égales dont la quotité est déterminée sur une durée théorique de dix-sept ans à compter de l'année de création de l'établissement public territorial ;

d) Lorsque le périmètre d'un établissement public territorial correspondait, au 31 décembre 2015, à celui d'un seul établissement public de coopération intercommunale à fiscalité propre :

– les dispositions des I et II de l'article 1638 *quater* du code général des impôts continuent, le cas échéant, à produire leurs effets ;

– les dispositions des *b* et *c* du 1° du III de l'article 1609 *nonies* C du même code continuent, le cas échéant, à produire leurs effets ;

d bis) Lorsque le périmètre d'un établissement public territorial ne correspondait pas, au 31 décembre 2015, à celui d'un ou plusieurs établissements publics de coopération intercommunale à fiscalité propre, il est fait application du *c* du présent 2° ;

e) La *(Ord. n° 2018-75 du 8 févr. 2018, art. 4 et 18, applicable à compter des impositions établies au titre de 2019)* « Ville de Paris » n'est pas assimilée à une commune mentionnée au I de l'article 1636 B *decies* du code général des impôts.

A *bis*. – La métropole du Grand Paris est substituée aux communes situées dans son périmètre pour l'application des dispositions relatives à la taxe sur les surfaces commerciales prévue à l'article 3 de la loi n° 72-657 du 13 juillet 1972 instituant des mesures en faveur de certaines catégories de commerçants et artisans âgés et à la perception de son produit.

A *ter*. – Les 3 et 4 du I *bis* et le I *ter* de l'article 1609 *nonies* C du code général des impôts ne sont pas applicables aux établissements publics territoriaux et à la *(Ord. n° 2018-75 du 8 févr. 2018, art. 4 et 18, applicable à compter des impositions établies au titre de 2019)* « Ville de Paris » au titre des années 2016 à *(L. n° 2020-1721 du 29 déc. 2020, art. 255-II)* « 2022 ».

Loi n° 2015-1786 du 29 décembre 2015,

De finances rectificative pour 2015.

Art. 33 *[...]* IV. – Au titre des années 2016 et 2017 et sous réserve du troisième alinéa du I de l'article 64 *bis* du code général des impôts, le bénéfice imposable prévu à ce même arti-

cle, avant prise en compte des plus ou moins-values provenant de la cession des biens affectés à l'exploitation, est égal, respectivement :

1° A la moyenne des bénéfices forfaitaires agricoles de 2014 et de 2015 et des recettes de 2016 diminuées d'un abattement de 87 % ;

2° A la moyenne du bénéfice forfaitaire agricole de 2015 et des recettes de 2016 et de 2017 diminuées d'un abattement de 87 %.

Pour les agriculteurs concernés par une augmentation significative des cotisations sociales dues au titre *(L. n° 2017-1837 du 30 déc. 2017, art. 120)* **« de l'année 2017** *[ancienne rédaction : des années 2017 à 2021]* **», un fonds d'accompagnement de la réforme, exceptionnel et transitoire** *(Abrogé par L. n° 2017-1837 du 30 déc. 2017, art. 120)* ***« sur une durée de cinq ans de 2017 à 2021 »*****, est mis en œuvre par la Caisse centrale de la mutualité sociale agricole sur la base de crédits d'État délégués à cette dernière, à hauteur de 8 millions d'euros** *(L. n° 2017-1837 du 30 déc. 2017, art. 120)* **« pour l'année 2017 ». Les modalités d'utilisation de ce fonds sont précisées par décret.**

Décret n° 2016-1209 du 7 septembre 2016,

Relatif au crédit d'impôt au titre des dépenses de création, d'exploitation et de numérisation d'un spectacle vivant musical ou de variétés prévu à l'article 220 quindecies du code général des impôts.

Art. 1er **Pour le bénéfice du crédit d'impôt prévu à l'article 220 *quindecies* du code général des impôts, les spectacles vivants musicaux** *(Décr. n° 2020-1213 du 1er oct. 2020, art. 2)* **« ou de variétés » sont agréés par le** *(Décr. n° 2020-1795 du 30 déc. 2020, art. 3-1°)* **« président du Centre national de la musique au nom du » ministre chargé de la culture dans les conditions fixées aux chapitres Ier à III du présent décret.**

Les dispositions issues de l'art. 2 du Décr. n° 2020-1213 du 1er oct. 2020 s'appliquent aux demandes d'agréments provisoires prévues au VI de l'art. 220 quindecies CGI déposées à compter du 1er janv. 2020 (Décr. préc., art. 3).

CHAPITRE PREMIER *Dispositions relatives aux spectacles vivants musicaux ou de variétés* *(Décr. n° 2020-1213 du 1er oct. 2020, art. 2).*

Art. 2 *(Décr. n° 2019-607 du 18 juin 2019, art. 2)* **I. — Pour l'application de l'article 220 *quindecies* du code général des impôts, un spectacle vivant musical** *(Décr. n° 2020-1213 du 1er oct. 2020, art. 2)* **« ou de variétés » est défini comme une série de représentations présentant une continuité artistique et esthétique caractérisée par la réalisation des conditions suivantes :**

1° Une scénographie identique (décor, costumes, mise en lumière et mise en scène) ;

2° Un répertoire constant dans la limite d'une variation de 25 % ;

3° Une distribution stable de la majorité des interprètes à l'affiche ;

4° Des arrangements musicaux inchangés.

Le spectacle concerné est réputé constituer un nouveau spectacle dès lors que l'une des quatre conditions prévues aux 1° à 4° du présent I n'est pas remplie.

II. — Les catégories de spectacles vivants musicaux *(Décr. n° 2020-1213 du 1er oct. 2020, art. 2)* **« ou de variétés » concernés sont :**

1° Catégorie 1 : les concerts de musiques actuelles au sens de l'arrêté du 5 mai 2017 fixant le cahier missions et des charges relatif au label "Scène de Musiques Actuelles-SMAC" ;

2° Catégorie 2 : les comédies musicales ;

3° Catégorie 3 : les concerts vocaux et de musique de chambre interprétés par un effectif inférieur ou égal à 15 musiciens ou chanteurs, les spectacles lyriques ;

4° Catégorie 4 : les concerts vocaux et de musique de chambre interprétés par un effectif supérieur à 15 musiciens ou chanteurs, les concerts symphoniques y compris les concerts de forme oratorios ;

(Décr. n° 2020-1213 du 1er oct. 2020, art. 2) **« 5° Catégorie 5 : les spectacles d'humour entendus comme une suite de sketchs ou un récital parlé donnés par un ou plusieurs artistes non interchangeables. »**

III. — La jauge du lieu de présentation du spectacle musical *(Décr. n° 2020-1213 du 1er oct. 2020, art. 2)* **« ou de variétés » mentionnée au *c* du 2° du II de l'article 220 *quindecies* du code général des impôts ne peut être supérieure, pour chaque catégorie de spectacles définie au II du présent article, à :**

1° 2 100 personnes pour les spectacles de la catégorie 1 ;

2° 4 800 personnes pour les spectacles de la catégorie 2 ;

3° 1 700 personnes pour les spectacles de la catégorie 3 ;

4° 2 500 personnes pour les spectacles de la catégorie 4 ;

(Décr. n° 2020-1213 du 1er oct. 2020, art. 2) **« 5° 2 100 personnes pour les spectacles de la catégorie 5. »**

L'appréciation de ces plafonds prend en compte la jauge contractuelle déterminée entre le producteur et le diffuseur ou le propriétaire du lieu de présentation du spectacle.

La série de représentations peut comprendre, en complément du nombre de représentations prévu au *b* du 2° du II de l'article 220 *quindecies* du code général des impôts, la participation de l'artiste ou du groupe d'artistes à des premières parties de spectacle et à des festivals.

Dans le cas des premières parties, la jauge à retenir est la jauge du lieu de représentation de l'artiste principal qui ne peut être supérieure à 8 000 personnes.

Dans le cas des festivals, la jauge à retenir est égale au nombre d'entrées payantes journalières qui ne peut être supérieur à 80 000 personnes.

Les dispositions issues de l'art. 2 du Décr. n° 2019-607 du 18 juin 2019 s'appliquent aux demandes d'agréments provisoires prévues au VI de l'art. 220 quindecies déposées à compter du 1er janv. 2019 (Décr. préc., art. 3).

Les dispositions issues de l'art. 2 du Décr. n° 2020-1213 du 1er oct. 2020 s'appliquent aux demandes d'agréments provisoires prévues au VI de l'art. 220 quindecies CGI déposées à compter du 1er janv. 2020 (Décr. préc., art. 3).

Ancien art. 2 ***Pour l'application de l'article 220 quindecies du code général des impôts, peuvent bénéficier du crédit d'impôt les catégories de spectacles suivantes :***

— les concerts et tours de chant ;

— les spectacles d'humour entendus comme une suite de sketchs ou un récital parlé donné par un ou plusieurs artistes non interchangeables ;

— les comédies musicales et les spectacles lyriques.

Pour l'application de l'article 220 quindecies précité, un spectacle vivant musical ou de variétés est défini comme une série de représentations présentant une continuité artistique et esthétique caractérisée par la réalisation des conditions suivantes :

— une scénographie identique (décor, costumes, mise en lumière et mise en scène) ;

— un répertoire constant dans la limite d'une variation de 25 % ;

— une distribution stable de la majorité des interprètes à l'affiche ; et

— des arrangements musicaux inchangés.

Si l'une au moins des conditions prévues aux sixième à neuvième alinéas n'est pas remplie, le spectacle concerné est réputé constituer un nouveau spectacle.

CHAPITRE II *Délivrance des agréments*

SECTION I *Comité d'experts*

Art. 3 **Le comité d'experts prévu au VI de l'article 220 *quindecies* du code général des impôts comprend :**

(Décr. n° 2020-1795 du 30 déc. 2020, art. 3-2°-a) **« 1° Le président du Centre national de la musique ou son représentant, président ; »**

2° Le directeur général des médias et des industries culturelles ou son représentant ;

(Décr. n° 2020-1795 du 30 déc. 2020, art. 3-2°-b) **« 3° Le directeur général de la création artistique ou son représentant ; »**

4° Un représentant de la Société des auteurs, compositeurs et éditeurs de musique (SACEM) ;

5° Un représentant de l'Institut pour le financement du cinéma et des industries culturelles (IFCIC).

Les membres mentionnés aux 4° et 5° sont désignés par arrêté du ministre chargé de la culture sur proposition des organismes concernés, pour un mandat de trois ans renouvelable.

Le comité d'experts vérifie que l'entreprise qui sollicite le bénéfice de l'agrément remplit les critères d'éligibilité définis aux I et II de l'article 220 *quindecies* précité.

***Il ne peut délibérer valablement* et rendre son avis que si trois au moins de ses membres sont présents ou représentés.**

(Décr. n° 2020-1795 du 30 déc. 2020, art. 3-2°-c) **« En cas de partage égal des voix, celle du président est prépondérante. »**

Le comité peut, si l'ensemble de ses membres en sont d'accord, statuer sur une ou plusieurs demandes d'agrément provisoire ou définitif par voie électronique.

Les membres du comité exercent leurs fonctions à titre gratuit. Toutefois, ils peuvent être remboursés de leurs frais de transport et de séjour dans les conditions prévues par la réglementation applicable aux personnels civils de l'État.

(Abrogé par Décr. n° 2020-1795 du 30 déc. 2020, art. 3-2°-d) ***« Le secrétariat du comité est assuré par la direction générale de la création artistique. »***

SECTION II *Agrément provisoire* *(Décr. n° 2019-607 du 18 juin 2019, art. 2).*

Art. 4 La demande d'agrément *(Abrogé par Décr. n° 2019-607 du 18 juin 2019, art. 2)* ***« à titre »*** provisoire est déposée auprès du *(Décr. n° 2020-1795 du 30 déc. 2020, art. 3-3°)* « Centre national de la musique » par une entreprise exerçant l'activité d'entrepreneur de spectacle vivant mentionnée au I de l'article 220 *quindecies* du code général des impôts.

En cas de coproduction, la demande est présentée par chaque entreprise de production.

Art. 5 *(Décr. n° 2019-607 du 18 juin 2019, art. 2)* La demande d'agrément provisoire est accompagnée des pièces suivantes :

1° Une déclaration sur l'honneur attestant que l'entreprise est soumise à l'impôt sur les sociétés au moment du dépôt de la demande et qu'elle exerce l'activité d'entrepreneur de spectacles au sens de l'article L. 7122-2 du code du travail ;

2° Une déclaration sur l'honneur comprenant une liste prévisionnelle des dates de représentation du spectacle *(Abrogé par Décr. n° 2021-937 du 13 juill. 2021, art. 2)* ***« (au minimum quatre) »***, les lieux distincts *(Abrogé par Décr. n° 2021-937 du 13 juill. 2021, art. 2)* ***« (au minimum trois) »*** avec mention de la jauge dans lesquelles les artistes ou groupes d'artistes vont se produire, envisagés à la date du dépôt de la demande d'agrément provisoire, afin d'apprécier le respect des conditions prévues au 2° du II de l'article 220 *quindecies* du code général des impôts ;

3° Une déclaration sur l'honneur attestant que le projet de création, d'exploitation et de numérisation du spectacle vivant musical *(Décr. n° 2020-1213 du 1er oct. 2020, art. 2)* « ou de variétés » qui fait l'objet de la demande, remplit les conditions prévues au 1° du II de l'article 220 *quindecies* du code précité ;

4° Une déclaration sur l'honneur que l'entreprise respecte l'ensemble des obligations légales, fiscales et sociales ;

5° Un budget prévisionnel détaillant les dépenses de création, d'exploitation et de numérisation permettant notamment de vérifier que le producteur a la responsabilité du plateau artistique et qu'il supporte les coûts de création du spectacle. *(Abrogé par Décr. n° 2020-1213 du 1er oct. 2020, art. 2)* ***« Ce document est assorti des devis des prestataires techniques, de leur raison sociale et de leur siège social ; »***

6° La liste nominative des prestataires techniques pressentis.

Les dispositions issues de l'art. 2 du Décr. n° 2019-607 du 18 juin 2019 s'appliquent aux demandes d'agréments provisoires prévues au VI de l'art. 220 quindecies déposées à compter du 1er janv. 2019 (Décr. préc., art. 3).

Les dispositions issues de l'art. 2 du Décr. n° 2020-1213 du 1er oct. 2020 s'appliquent aux demandes d'agréments provisoires prévues au VI de l'art. 220 quindecies CGI déposées à compter du 1er janv. 2020 (Décr. préc., art. 3).

Ancien art. 5 ***La demande d'agrément à titre provisoire est accompagnée des pièces suivantes :***

1° Un extrait de K bis de moins de trois mois et tout autre justificatif nécessaire à la démonstration que l'entreprise répond aux conditions prévues au I de l'article 220 quindecies du code général des impôts ;

2° Pour apprécier le respect de la condition prévue au 3° du II de l'article 220 quindecies précité :

— une déclaration sur l'honneur ;

— une liste comprenant les dates, les fréquentations payantes et les salles dans lesquelles les artistes ou groupes d'artistes se sont produits au titre des trois années précédant la demande d'agrément ;

3° Une déclaration sur l'honneur attestant que le projet de création, d'exploitation et de numérisation d'un spectacle vivant musical ou de variétés remplit les conditions prévues au II de l'article 220 quindecies précité ;

4° Une déclaration sur l'honneur que l'entreprise respecte l'ensemble des obligations légales, fiscales et sociales ;

5° Un devis détaillant les dépenses de création, d'exploitation et de numérisation ;

6° La liste nominative des prestataires techniques pressentis ;

7° La liste prévisionnelle des dates et lieux de représentation du spectacle envisagés à la date du dépôt de la demande d'agrément.

Art. 6 L'agrément *(Abrogé par Décr. n° 2019-607 du 18 juin 2019, art. 2)* « *à titre* » provisoire est notifié à l'entreprise de production ou, en cas de coproduction, à chacune des entreprises de production.

Cette décision indique qu'au vu des renseignements et documents justificatifs mentionnés à l'article 5 le spectacle vivant considéré remplit les conditions prévues *(Décr. n° 2019-607 du 18 juin 2019, art. 2)* « aux I et II » de l'article 220 *quindecies* du code général des impôts et ouvre droit au bénéfice du crédit d'impôt pour les dépenses mentionnées au III du même article, sous réserve de la délivrance de l'agrément à titre définitif.

(Décr. n° 2019-607 du 18 juin 2019, art. 2) « Lorsque le dossier est incomplet, l'autorité compétente invite l'entreprise, dès réception de la demande, par tout moyen permettant de rapporter la preuve de sa date de réception, à fournir les pièces nécessaires dans un délai de trois mois à compter de la réception de la demande de régularisation. A l'expiration de ce délai, faute de régularisation, la demande d'agrément provisoire est réputée caduque. »

Les dispositions issues de l'art. 2 du Décr. n° 2019-607 du 18 juin 2019 s'appliquent aux demandes d'agréments provisoires prévues au VI de l'art. 220 quindecies déposées à compter du 1er janv. 2019 (Décr. préc., art. 3).

SECTION III ***Agrément définitif*** *(Décr. n° 2019-607 du 18 juin 2019, art. 2).*

Art. 7 La demande d'agrément *(Abrogé par Décr. n° 2019-607 du 18 juin 2019, art. 2)* « *à titre* » définitif est présentée au *(Décr. n° 2020-1795 du 30 déc. 2020, art. 3-4°)* « Centre national de la musique ».

(Décr. n° 2019-607 du 18 juin 2019, art. 2) « En cas » de coproduction, chaque entreprise ayant obtenu un agrément provisoire présente une demande d'agrément définitif. Seules les dépenses engagées au titre d'un spectacle ayant reçu un agrément provisoire peuvent être prises en compte.

Art. 8 La demande d'agrément *(Abrogé par Décr. n° 2019-607 du 18 juin 2019, art. 2)* « *à titre* » définitif est accompagnée des pièces justificatives suivantes :

1° Un document comptable certifié par un expert-comptable indiquant *(Décr. n° 2020-1795 du 30 déc. 2020, art. 3-5°)* « , selon le format établi par l'administration, » le coût effectif, à la date de la demande, du spectacle ayant bénéficié d'un agrément provisoire, les moyens de son financement *(Décr. n° 2019-607 du 18 juin 2019, art. 2)* « (billetterie, cession, subvention, aides privées, mécénat, et autres moyens de financement) » et le détail des dépenses engagées ;

2° Un justificatif attestant des dates et lieux de représentation du spectacle *(Décr. n° 2019-607 du 18 juin 2019, art. 2)* « et des jauges » ;

3° La liste nominative des personnels mentionnés aux *a* et *b* du 1° du III et des personnels employés par l'entreprise de production pour la réalisation des opérations de numérisation visées au 2° du III de l'article 220 *quindecies* du code général des impôts ;

(Décr. n° 2019-607 du 18 juin 2019, art. 2) « 4° Une déclaration sur l'honneur attestant du versement des cotisations de sécurité sociale ; »

5° La liste nominative des prestataires auxquels il a été fait appel ;

6° Les *(Décr. n° 2019-607 du 18 juin 2019, art. 2)* « copies » des contrats d'artiste permettant de justifier les dépenses définies au deuxième alinéa du *b* du 1° du III de l'article 220 *quindecies* précité.

Les dispositions issues de l'art. 2 du Décr. n° 2019-607 du 18 juin 2019 s'appliquent aux demandes d'agréments provisoires prévues au VI de l'art. 220 quindecies déposées à compter du 1er janv. 2019 (Décr. préc., art. 3).

Art. 9 L'agrément *(Abrogé par Décr. n° 2019-607 du 18 juin 2019, art. 2)* « *à titre* » définitif est notifié à l'entreprise de production, ou, en cas de coproduction à chaque entreprise de production.

Cette décision indique qu'au vu des renseignements et documents justificatifs mentionnés à l'article 8 le spectacle considéré a rempli les conditions prévues aux I et II de l'article 220 *quindecies* du code général des impôts et ouvre droit au bénéfice du crédit d'impôt pour les dépenses mentionnées au III du même article.

CHAPITRE III ***Dispositions relatives à l'assiette des dépenses éligibles au crédit d'impôt et aux obligations déclaratives***

Art. 10 *Dispositions modificatives. — V. Ann. III, art. 46 quater-0 ZY octies à 46 quater-0 ZY duodecies.*

Loi n° 2016-1917 du 29 décembre 2016,

De finances pour 2017.

Art. 2 *[...]* III. – En 2017, les acomptes prévus au 1 de l'article 1664 du code général des impôts et les prélèvements mensuels prévus à l'article 1681 B du même code sont réduits dans les mêmes proportions que celles prévues au *b* du 4 du I de l'article 197 dudit code pour les contribuables dont les revenus de l'année 2015, au sens du 1° du IV de l'article 1417 du même code, sont inférieurs à, respectivement, 18 482 € et 20 480 €, pour la première part de quotient familial des personnes célibataires, veuves ou divorcées, et à, respectivement, 36 964 € et 40 959 € pour les deux premières parts de quotient familial des personnes soumises à une imposition commune. Ces limites sont majorées de 3 696 € pour chacune des demi-parts suivantes et de la moitié de cette somme pour chacun des quarts de part suivants.

Le premier alinéa du présent III s'applique dès lors que le montant annuel total de la réduction des acomptes ou prélèvements mensuels ainsi déterminée est supérieur ou égal à 75 €.

....

Art. 60 *[...]* II. – A. – Les contribuables bénéficient, à raison des revenus non exceptionnels entrant dans le champ du prélèvement mentionné à l'article 204 A du code général des impôts, tel qu'il résulte de la présente loi, perçus ou réalisés en 2018, d'un crédit d'impôt modernisation du recouvrement destiné à assurer, pour ces revenus, l'absence de double contribution aux charges publiques en 2019 au titre de l'impôt sur le revenu.

B. – Le crédit d'impôt prévu au A du présent II est égal au montant de l'impôt sur le revenu dû au titre de l'année 2018 résultant de l'application des règles prévues aux 1 à 4 du I de l'article 197 du code général des impôts ou, le cas échéant, à l'article 197 A du même code multiplié par le rapport entre les montants nets imposables des revenus non exceptionnels mentionnés au 1 de l'article 204 A dudit code, les déficits étant retenus pour une valeur nulle, et le revenu net imposable au barème progressif de l'impôt sur le revenu, hors déficits, charges et abattements déductibles du revenu global. Le montant obtenu est diminué des crédits d'impôt prévus par les conventions fiscales internationales afférents aux revenus mentionnés au 1 du même article 204 A.

C. – Sont pris en compte au numérateur du rapport prévu au B du présent II, pour le calcul du crédit d'impôt prévu au A, les montants nets imposables suivant les règles applicables aux salaires, aux pensions ou aux rentes viagères, à l'exception :

1° Des indemnités versées à l'occasion de la rupture du contrat de travail, à l'exception des indemnités compensatrices de congé mentionnées à l'article L. 3141-28 du code du travail, des indemnités compensatrices de préavis mentionnées à l'article L. 1234-5 du même code, des indemnités de fin de contrat de travail à durée déterminée mentionnées à l'article L. 1243-8 dudit code et des indemnités de fin de mission mentionnées à l'article L. 1251-32 du même code ;

2° Des indemnités versées à l'occasion de la cessation des fonctions des mandataires sociaux et dirigeants ;

3° Des indemnités versées ou des avantages accordés en raison de la prise de fonction de mandataire social, mentionnés au troisième alinéa de l'article L. 225-102-1 du code de commerce ;

4° Des indemnités de clientèle, de cessation d'activité et de celles perçues en contrepartie de la cession de la valeur de la clientèle ;

5° Des indemnités, allocations et primes versées en vue de dédommager leurs bénéficiaires d'un changement de résidence ou de lieu de travail ;

6° Des prestations mentionnées à l'article 80 *decies* du code général des impôts ;

7° Des prestations de retraite servies sous forme de capital ;

8° Des aides et allocations capitalisées servies en cas de conversion ou de réinsertion ou pour la reprise d'une activité professionnelle ;

9° Des sommes perçues au titre de la participation ou de l'intéressement et non affectées à la réalisation de plans d'épargne constitués conformément au titre III du livre III de la troisième partie du code du travail, ainsi que des sommes mentionnées au *a* du 18° de l'article 81 du code général des impôts ;

10° Des sommes retirées par le contribuable d'un plan mentionné au 9° du présent C ;

11° Des sommes issues de la monétisation de droits inscrits sur un compte épargne-temps, pour celles correspondant à des droits excédant une durée de dix jours ;

12° Des primes de signature et des indemnités liées aux transferts des sportifs professionnels ;

13° Des gratifications surérogatoires, qui s'entendent des gratifications accordées sans lien avec le contrat de travail ou le mandat social ou allant au-delà de ce qu'ils prévoient, quelle que soit la dénomination retenue ;

14° Des revenus qui correspondent par leur date normale d'échéance à une ou plusieurs années antérieures ou postérieures ;

15° De tout autre revenu qui, par sa nature, n'est pas susceptible d'être recueilli annuellement.

L'employeur peut demander à l'administration de prendre formellement position sur le traitement fiscal applicable aux éléments de rémunérations versés. L'administration se prononce dans un délai de trois mois lorsqu'elle est saisie d'une demande écrite, précise et complète par un redevable de bonne foi. L'absence de réponse de l'administration dans un délai de trois mois vaut acceptation tacite de la demande de l'employeur. Un décret en Conseil d'État précise les modalités d'application du présent alinéa, notamment le contenu, le lieu ainsi que les modalités de dépôt de cette demande. – *V. Décr. n° 2017-802 du 5 mai 2017.*

D. – 1. Le montant net imposable du revenu foncier à retenir au numérateur du rapport prévu au B du présent II pour le calcul du crédit d'impôt prévu au A est déterminé, sous réserve des 2 et 3 du présent D, dans les conditions prévues aux articles 14 à 33 *quinquies* du code général des impôts, au 3° du I de l'article 156 du même code et au K du présent II.

Ce montant est retenu à proportion de la part des recettes foncières suivantes dans le total des recettes foncières de l'année 2018 :

1° Loyers et fermages perçus en 2018 directement ou indirectement par le contribuable et dont l'échéance est intervenue au titre de cette même année à raison de l'exécution normale des contrats ou conventions de toute nature conclus entre les propriétaires et les locataires.

Toutefois, les loyers et fermages échus en 2018 :

***a)* Consistant en la remise d'immeubles ou de titres donnant vocation à la propriété ou à la jouissance de tels immeubles, de constructions ou d'aménagements en sont exclus ;**

***b)* A raison de l'exécution des contrats ou conventions et couvrant une période de location supérieure à douze mois ne sont retenus que dans la limite d'un montant correspondant à douze mois ;**

2° Revenus des propriétés dont le propriétaire se réserve la jouissance, mentionnés à l'article 30 du code général des impôts.

2. En cas de rupture d'un engagement, les majorations du revenu net foncier effectuées au titre de l'année 2018 en application des *f* à *m* *(L. n° 2017-1775 du 28 déc. 2017, art. 11-III-3°)* **« et *o* » du 1° du I de l'article 31, de l'article 31 *bis* et du III de l'article 156 *bis* du code général des impôts ne sont pas prises en compte dans le montant net imposable du revenu foncier mentionné au 1 du présent D.**

3. Le montant de la régularisation effectuée au titre de l'année 2018 des provisions, mentionnées au *a quater* du 1° du I de l'article 31 du code général des impôts, déduites par le propriétaire en 2017 au titre des dépenses *(L. n° 2017-1775 du 28 déc. 2017, art. 11-III-3°)* **« prévues au I de » l'article 14-2 de la loi n° 65-557 du 10 juillet 1965 fixant le statut de la copropriété des immeubles bâtis et correspondant à des charges non déductibles n'est pas pris en compte dans le montant net imposable du revenu foncier mentionné au 1 du présent D.**

E. – 1. Le montant net imposable des bénéfices industriels et commerciaux, des bénéfices agricoles et des bénéfices non commerciaux à retenir au numérateur du rapport prévu au B du présent II pour le calcul du crédit d'impôt prévu au A est déterminé, pour chaque membre du foyer fiscal et pour chacune de ces catégories de revenus, dans les conditions prévues à l'article 204 G du code général des impôts, à l'exception du 6° du 2 et du 4 du même article 204 G.

2. Le montant défini au 1 du présent E, le cas échéant après application des abattements prévus aux articles 44 *sexies* à *(L. n° 2018-1317 du 28 déc. 2018, art. 135, en vigueur le 1er janv. 2019)* **« 44 *septdecies* » du code général des impôts, est retenu dans la limite du plus faible des deux montants suivants :**

1° Le bénéfice imposable au titre de l'année 2018, déterminé selon les règles prévues au 1 du présent E, avant application des éventuels abattements prévus aux mêmes articles 44 *sexies* à *(L. n° 2018-1317 du 28 déc. 2018, art. 135, en vigueur le 1er janv. 2019)* **« 44 *septdecies* » ;**

2° Le plus élevé des bénéfices imposables au titre des années 2015, 2016 ou 2017, déterminé selon les règles prévues au 1 du présent E, avant application des éventuels abattements prévus audits articles 44 *sexies* à *(L. n° 2018-1317 du 28 déc. 2018, art. 135, en vigueur le 1er janv. 2019)* **« 44 *septdecies* ».**

Le présent 2 n'est pas applicable lorsque le bénéfice imposable en 2018 est le premier bénéfice déclaré à la suite d'une création d'activité en 2018. Toutefois, lorsque le bénéfice réalisé en 2019 par le membre concerné du foyer, majoré le cas échéant des traitements et salaires, des bénéfices qu'il a réalisés relevant des autres catégories mentionnées au 1 du présent E et des revenus des gérants et associés mentionnés à l'article 62 du code général des impôts qu'il a perçus, imposables au titre de la même année 2019, est inférieur au bénéfice réalisé en 2018, majoré le cas échéant de ses revenus relevant des autres catégories précitées réalisés en 2018, le crédit d'impôt est remis en cause à hauteur de la différence constatée, dans la limite de la différence, lorsqu'elle est positive, entre le bénéfice réalisé en 2018 et le bénéfice réalisé en 2019, sauf si le contribuable justifie que la baisse de son bénéfice en 2019 résulte uniquement de la variation de son activité par rapport à 2018.

3. En cas d'application du 2° du 2 du présent E, le contribuable peut obtenir un crédit d'impôt complémentaire dans les conditions suivantes :

1° Lorsque le bénéfice imposable au titre de l'année 2019, déterminé selon les règles prévues au 1, est supérieur ou égal au bénéfice imposable au titre de l'année 2018, déterminé selon les mêmes règles, le contribuable bénéficie d'un crédit d'impôt complémentaire, lors de la liquidation du solde de l'impôt sur le revenu dû au titre de 2019, égal à la fraction du crédit d'impôt dont il n'a pas pu bénéficier en application du 2 ;

2° Lorsque le bénéfice imposable au titre de l'année 2019, déterminé selon les règles prévues au 1, est inférieur au bénéfice imposable au titre de l'année 2018, déterminé selon les mêmes règles, mais supérieur au plus élevé des bénéfices imposables au titre des années 2015, 2016 ou 2017 retenus en application du 2° du 2, le contribuable bénéficie, lors de la liquidation du solde de l'impôt sur le revenu au titre de 2019, d'un crédit d'impôt complémentaire égal à la différence entre :

a) Le crédit d'impôt calculé en retenant au numérateur du rapport prévu au B du présent II le bénéfice imposable au titre de l'année 2019, déterminé selon les règles prévues au 1 du présent E ;

b) Et le crédit d'impôt déjà obtenu en application du 2 du présent E ;

3° Lorsque le bénéfice imposable au titre de l'année 2019, déterminé selon les règles prévues au 1, est inférieur au bénéfice imposable au titre de l'année 2018, déterminé selon les mêmes règles, le contribuable peut bénéficier, par voie de réclamation, d'un crédit d'impôt complémentaire égal à la fraction du crédit d'impôt dont il n'a pas pu bénéficier en application du 2 ou du 2° du présent 3, s'il justifie que la hausse de son bénéfice déclaré en 2018 par rapport aux trois années précédentes et à l'année 2019 résulte uniquement d'un surcroît d'activité en 2018.

4. Pour l'application des 1 et 2, si le bénéfice imposable au titre des années 2015, 2016 et 2017 s'étend sur une période de moins de douze mois, il est ajusté *pro rata temporis* sur une année.

5. Les contribuables mentionnés à l'article 151-0 du code général des impôts qui ont dénoncé leur option en 2017 pour 2018 et qui ont exercé une nouvelle option pour le versement libératoire en 2018 pour 2019 ne bénéficient pas du crédit d'impôt prévu au A du présent II.

F. — 1. Les montants nets imposables suivant les règles applicables aux salaires perçus dans les conditions mentionnées au 2 du présent F à retenir au numérateur du rapport prévu au B du présent II pour le calcul du crédit d'impôt prévu au A, après application du C, sont retenus dans la limite du plus faible des deux montants suivants :

1° Leur montant net imposable au titre de l'année 2018 ;

2° Le plus élevé de ces revenus imposables au titre des années 2015, 2016 ou 2017.

2. Les dispositions du 1 du présent F sont applicables :

1° Aux rémunérations perçues par les personnes qui, au sens des *a* et *c* du 2° du III de l'article 150-0 B *ter* du code général des impôts, contrôlent en 2018 la société qui les leur verse au cours de cette même année ;

2° Aux rémunérations perçues par les conjoints, ascendants, descendants ou frères et sœurs des personnes qui, au sens du 1° du présent 2, contrôlent la société qui les leur verse en 2018 au cours de cette même année.

3. Ces dispositions ne s'appliquent pas lorsque l'année 2018 constitue la première année au titre de laquelle les personnes concernées perçoivent des rémunérations mentionnées au 2.

Toutefois, lorsque les rémunérations perçues en 2019 par ces personnes, majorées le cas échéant de leurs autres traitements et salaires, de leurs bénéfices relevant des catégories mentionnées au 1 du E du présent II et de leurs autres revenus de gérants et associés mentionnés à l'article 62 du code général des impôts imposables au titre de cette même année, sont inférieures à celles perçues en 2018 de la même société, majorées le cas échéant de ces mêmes autres revenus réalisés en 2018, le bénéfice du crédit d'impôt est remis en cause à hauteur de la différence constatée, dans la limite de la différence, lorsqu'elle est positive, entre les rémunérations perçues en 2018 et celles perçues en 2019.

4. En cas d'application du 2° du 1 du présent F, lorsque les rémunérations imposables suivant les règles applicables aux salaires perçues de la même société en 2019 sont supérieures ou égales à celles perçues en 2018, le contribuable peut demander, par voie de réclamation, la restitution de la fraction du crédit d'impôt dont il n'a pas pu bénéficier en application du 1.

Dans le cas où les rémunérations imposables suivant les règles applicables aux salaires perçues de la même société en 2019 sont inférieures à celles perçues en 2018 mais supérieures à la plus élevée des rémunérations perçues au titre des années 2015, 2016 ou 2017 retenues en application du 2° du 1 du présent F, le contribuable peut demander, par voie de réclamation, la restitution d'une partie de la fraction du crédit d'impôt dont il n'a pas pu bénéficier en application du 1, à hauteur de la différence constatée entre les rémunérations perçues en 2019 et, selon le cas, celles perçues en 2015, 2016 ou 2017.

A défaut, la restitution de la fraction du crédit d'impôt dont le contribuable n'a pas pu bénéficier en application du même 1 peut également être demandée, sous réserve qu'il justifie, d'une part, que la hausse des rémunérations déclarées en 2018 par rapport à celles perçues de la même société les trois années précédentes correspond à une évolution objective des responsabilités qu'il a exercées ou à la rémunération normale de ses performances au sein de cette société en 2018 et, d'autre part, que la diminution de cette même rémunération en 2019 est également justifiée.

G. — *(Abrogé par Ord. n° 2017-1390 du 22 sept. 2017, art. 2-11°) « Ne sont pas pris en compte au numérateur du rapport prévu au B du présent II, pour le calcul du crédit d'impôt prévu au A, les montants nets imposables des revenus soumis à la retenue prévue à l'article 182 C du code général des impôts. »*

H. — Le crédit d'impôt prévu au A et le crédit d'impôt complémentaire prévu au 3 du E du présent II accordés au titre de l'impôt sur le revenu dû au titre de l'année 2018 s'imputent sur l'impôt sur le revenu dû, respectivement, au titre des revenus 2018 ou 2019, après imputation de toutes les réductions d'impôt, de tous les crédits d'impôt et de tous les prélèvements ou retenues non libératoires.

L'excédent éventuel est restitué.

I. — En cas de transfert par le contribuable de son domicile fiscal hors de France au cours de l'année 2018 :

1° Le crédit d'impôt prévu au A du présent II est calculé en tenant compte, pour la détermination, d'une part, du montant d'impôt sur le revenu dû au titre de cette même année et, d'autre part, du dénominateur du rapport mentionnés au B du présent II, des seules plus-values et créances mentionnées aux I et II de l'article 167 *bis* du code général des impôts imposables suivant le barème progressif de l'impôt sur le revenu pour lesquelles il n'est pas sursis au paiement de l'impôt correspondant ;

2° Lors de la survenance de chaque événement prévu au VII du même article 167 *bis*, le crédit d'impôt prévu au A du présent II est, le cas échéant, rectifié en tenant compte, pour la détermination, d'une part, du montant d'impôt sur le revenu dû au titre de l'année 2018 et, d'autre part, du dénominateur du rapport mentionnés au B du présent II, de la plus-value ou créance définitive concernée par cet événement. Le montant de la rectification effectuée est imputé, le cas échéant, sur le montant de l'impôt sur le revenu dû ou à restituer à raison de la survenance de l'un des événements mentionné au VII dudit article 167 *bis*.

J. — Le crédit d'impôt prévu au A et le crédit d'impôt complémentaire prévu au 3 du E du présent II ne sont pas retenus pour l'application du plafonnement mentionné à l'article 200-0 A du code général des impôts.

K. — 1. Par dérogation aux articles 12, 13, 28 et 31 du code général des impôts, les charges de la propriété sont déductibles dans les conditions suivantes :

1° Celles mentionnées aux *a bis, a quater* et *c* à *e bis* du 1° du I de l'article 31 du code général des impôts, afférentes à des dettes dont l'échéance intervient en 2018, ne sont déductibles que pour la détermination du revenu net foncier imposable de l'année 2018 ;

2° Celles mentionnées aux *a, b* et *b bis* du 1° et aux *c* à *c quinquies* du 2° du I de l'article 31 du code général des impôts sont retenues, pour la détermination du revenu net foncier imposable de l'année 2019, à hauteur de la moyenne des montants respectivement supportés au titre de ces mêmes dépenses en 2018 et en 2019.

Toutefois, le 2° du présent 1 ne s'applique pas aux dépenses afférentes à des travaux d'urgence rendus nécessaires par l'effet de la force majeure ou décidés d'office par le syndic de copropriété en application de l'article 18 de la loi n° 65-557 du 10 juillet 1965 fixant le statut de la copropriété des immeubles bâtis, ni aux travaux effectués sur un immeuble acquis en 2019, ni aux dépenses afférentes à des immeubles classés ou inscrits *(L. n° 2017-*

1775 du 28 déc. 2017, art. 11-III-3°) « en 2019 » au titre des monuments historiques ou ayant reçu *(L. n° 2017-1775 du 28 déc. 2017, art. 11-III-3°)* « en 2019 » le label délivré par la Fondation du patrimoine en application de l'article L. 143-2 du code du patrimoine si ce label a été accordé après avis favorable du service départemental de l'architecture et du patrimoine.

2. Les provisions mentionnées au *a quater* du 1° du I de l'article 31 du code général des impôts supportées par le propriétaire en 2018 au titre des dépenses *(L. n° 2017-1775 du 28 déc. 2017, art. 11-III-3°)* « prévues au I de » l'article 14-2 de la loi n° 65-557 du 10 juillet 1965 précitée et correspondant à des charges déductibles ouvrent droit, à hauteur de 50 % de leur montant, à une déduction pour la détermination du revenu net foncier imposable de l'année 2019.

3. Pour la détermination du revenu net foncier imposable de l'année 2020, les provisions mentionnées au *a quater* du 1° du I de l'article 31 du code général des impôts sont diminuées à hauteur de 50 % du montant des provisions mentionnées au même *a quater* supportées par le propriétaire en 2019 au titre des dépenses *(L. n° 2017-1775 du 28 déc. 2017, art. 11-III-3°)* « prévues au I de » l'article 14-2 de la loi n° 65-557 du 10 juillet 1965 précitée et correspondant à des charges déductibles.

(L. n° 2017-1775 du 28 déc. 2017, art. 11-III-3°) « K *bis*. — Pour l'application du 1° *ter* du II de l'article 156 du code général des impôts, les charges foncières sont déductibles du revenu global annuel dans les mêmes conditions et selon les mêmes modalités que celles prévues au K du présent II pour la détermination des revenus nets fonciers imposables.

« K *ter*. — Pour l'imposition des revenus de l'année 2019, le montant des cotisations ou primes déductibles du revenu net global en application du 1 du I de l'article 163 *quatervicies* du code général des impôts *(Ord. n° 2019-766 du 24 juill. 2019, art. 3 et 9, en vigueur le 1er oct. 2019)* « dans sa rédaction antérieure à l'ordonnance n° 2019-766 du 24 juillet 2019 portant réforme de l'épargne retraite » est égal à la moyenne des mêmes cotisations ou primes versées en 2018 et en 2019, lorsque, d'une part, le montant versé en 2019 est supérieur à celui versé en 2018 et que, d'autre part, ce dernier montant est inférieur à celui versé en 2017. » — *La date d'entrée en vigueur des dispositions issues de l'Ord. n° 2019-766 du 24 juill. 2019 est fixée au 1er oct. 2019 par le Décr. n° 2019-807 du 30 juill. 2019.*

L. — 1. L'administration fiscale peut demander au contribuable des justifications sur tous les éléments servant de base à la détermination du montant du crédit d'impôt prévu au A ou du crédit d'impôt complémentaire prévu au 3 du E du présent II sans que cette demande constitue le début d'une procédure de vérification de comptabilité ou d'une procédure d'examen de situation fiscale personnelle.

Cette demande indique expressément au contribuable les points sur lesquels elle porte et lui fixe un délai de réponse qui ne peut être inférieur à deux mois.

Lorsque le contribuable a répondu de façon insuffisante à la demande de justifications, l'administration fiscale lui adresse une mise en demeure d'avoir à compléter sa réponse dans un délai de trente jours, en précisant les compléments de réponse qu'elle souhaite.

Lorsque le contribuable s'est abstenu de répondre à la demande de justifications ou de compléments, l'administration fiscale peut remettre en cause le montant du crédit d'impôt prévu au A ou du crédit d'impôt complémentaire prévu au 3 du E selon les procédures d'imposition d'office prévues aux articles L. 65 et suivants du livre des procédures fiscales.

Si la réponse fait apparaître que le contribuable a procédé à des opérations qui ont eu principalement pour objet et pour effet d'augmenter le montant du crédit d'impôt prévu au A ou du crédit d'impôt complémentaire prévu au 3 du E, l'administration peut remettre en cause le montant de ces crédits d'impôt selon les procédures prévues aux articles L. 55 à L. 61 du livre des procédures fiscales.

2. Pour l'impôt sur le revenu dû au titre de l'année 2018, le droit de reprise de l'administration fiscale s'exerce jusqu'à la fin de la quatrième année qui suit celle au titre de laquelle l'imposition est due.

3. Seuls les revenus déclarés spontanément par le contribuable sont pris en compte dans le calcul du montant du crédit d'impôt prévu au A et du crédit d'impôt complémentaire prévu au 3 du E.

M. — Les revenus de l'année 2018 mentionnés à l'article 204 C du code général des impôts, lorsqu'ils sont soumis à la contribution prévue à l'article L. 136-6 du code de la sécurité sociale, dans les conditions prévues au III du même article L. 136-6, *(Abrogé par L. n° 2017-1775 du 28 déc. 2017, art. 11-III-3°)* *« ou lorsqu'ils sont soumis à la contribution prévue à l'article L. 136-1 du même code, dans les conditions prévues au II bis de l'article L. 136-5 dudit code, »* ouvrent droit à un crédit d'impôt dans les mêmes conditions que celles prévues au A du présent II, ainsi qu'à un crédit d'impôt complémentaire dans les mêmes conditions que celles prévues au 3 du E.

Le montant du crédit d'impôt est calculé en appliquant au montant des revenus déterminés dans les conditions prévues *(L. n° 2017-1775 du 28 déc. 2017, art. 11-III-3°)* « au premier alinéa du 2 de l'article L. 136-6-1 du code de la sécurité sociale et » aux B à F du présent II le taux des contributions prévues *(L. n° 2017-1775 du 28 déc. 2017, art. 11-III-3°)* « à l'article » L. 136-6 du code de la sécurité sociale et *(L. n° 2017-1775 du 28 déc. 2017, art. 11-III-3°)* « à l'article » 15 de l'ordonnance n° 96-50 du 24 janvier 1996 relative au remboursement de la dette sociale *(L. n° 2018-1203 du 22 déc. 2018, art. 26-VII et XIV, applicable aux faits générateurs d'imposition intervenant à compter du 1er janv. 2019)* « et du prélèvement prévu au 1° du I de l'article 235 *ter* du code général des impôts », afférents à ces mêmes revenus.

Le crédit d'impôt prévu au premier alinéa du présent M et le crédit d'impôt complémentaire accordés au titre des revenus de l'année 2018 s'imputent sur les contributions et prélèvements mentionnés au deuxième alinéa et dus, respectivement, au titre des revenus 2018 ou 2019. S'il excède les contributions et prélèvements dus, l'excédent est restitué.

Le L du présent II est applicable au crédit d'impôt prévu au premier alinéa du présent M et au crédit d'impôt complémentaire.

....

Art. 67 *[...]* III. — Par dérogation au III de l'article 1458 *bis* du code général des impôts, dans sa rédaction résultant du I du présent article, pour bénéficier de l'exonération de cotisation foncière des entreprises au titre de 2017 et 2018, les entreprises en font la demande au service des impôts dont relève chacun de leurs établissements au plus tard le 31 décembre 2017. A défaut du dépôt de cette demande dans ce délai, l'exonération n'est pas accordée au titre des années concernées.

IV. — Les délibérations des collectivités territoriales et des établissements publics de coopération intercommunale à fiscalité propre prises en application de l'article 1464 L du code général des impôts, dans sa rédaction antérieure à la présente loi, et de l'article 1469 A *quater* du même code, dans sa rédaction antérieure à la loi n° 2013-1279 du 29 décembre 2013 de finances rectificative pour 2013, cessent de produire leurs effets à compter du 1er janvier 2017.

....

Art. 109 *(L. n° 2019-1479 du 28 déc. 2019, art. 175, en vigueur le 1er janv. 2020)* Chaque année, le ministre chargé du budget communique au Parlement un rapport sur l'application du dispositif d'indemnisation prévu à l'article L. 10-0 AC du livre des procédures fiscales. Ce rapport comporte notamment le nombre de mises en œuvre de ce dispositif et le montant des indemnisations versées.

Ancien art. 109 *I. — (Abrogé par L. n° 2018-898 du 23 oct. 2018, art. 21, à compter du 1er janv. 2019) « A titre expérimental et pour une durée de deux ans, » Le Gouvernement peut autoriser l'administration fiscale à indemniser toute personne étrangère aux administrations publiques, dès lors qu'elle lui a fourni des renseignements ayant amené à la découverte d'un manquement aux règles fixées à l'article 4 B, au 2 bis de l'article 39 ou aux articles 57, 123 bis, 155 A, 209, 209 B ou 238 A du code général des impôts ou d'un manquement aux obligations déclaratives prévues au deuxième alinéa de l'article 1649 A ou aux articles 1649 AA ou 1649 AB du même code.*

L'administration peut recevoir et exploiter les renseignements mentionnés au premier alinéa du présent I dans le cadre des procédures prévues au titre II de la première partie du livre des procédures fiscales, à l'exception de celle mentionnée à l'article L. 16 B du même livre lorsque ces renseignements n'ont pas été régulièrement obtenus par la personne les ayant communiqués à l'administration.

Les conditions et modalités de l'indemnisation sont déterminées par arrêté du ministre chargé du budget. — V. Arr. du 21 avr. 2017 (JO 23 avr.).

(L. n° 2018-898 du 23 oct. 2018, art. 21, en vigueur le 1er janv. 2019) « Tous les deux ans [ancienne rédaction : Chaque année] », le ministre chargé des finances communique au Parlement un rapport sur l'application de ce dispositif d'indemnisation. Il comporte notamment le nombre de mises en œuvre de ce dispositif et le montant des indemnisations versées.

Loi n° 2016-1918 du 29 décembre 2016,

De finances rectificative pour 2016.

Art. 34 *[...]* II. — Les plus-values mentionnées au I de l'article 150-0 B *ter* du code général des impôts, dans sa rédaction résultant du I du présent article, sont soumises aux contributions mentionnées à l'article L. 136-6 du code de la sécurité sociale et à l'article 15 de l'ordonnance n° 96-50 du 24 janvier 1996 relative au remboursement de la dette sociale, aux prélèvements prévus aux articles 1600-0 S du code général des impôts et L. 245-14 du code de la sécurité sociale et à la contribution additionnelle prévue au 2° de l'article L. 14-10-4 du code de l'action sociale et des familles selon leur taux en vigueur l'année de réalisation de ces plus-values.

....

Art. 40 *[...]* II. – A. – Les 1° et 4° du A, le B, le 2° du D, le 1° du F, le deuxième alinéa du *a* et le *b* du 2° du même F du I s'appliquent :

1° Aux dépenses de restauration immobilière réalisées par les contribuables et portant sur des immeubles bâtis pour lesquels une demande de permis de construire ou une déclaration préalable a été déposée à compter du 9 juillet 2016 ;

2° Aux souscriptions mentionnées au IV *bis* de l'article 199 *tervicies* du code général des impôts dont la date de clôture est intervenue à compter du 9 juillet 2016.

B. – Le 5° du A, le C, le 1° du D, le E, le dernier alinéa du *a* du 2° et le 3° du F et les G à I du I s'appliquent :

1° Aux dépenses de restauration immobilière réalisées par les contribuables et portant sur des immeubles bâtis pour lesquels une demande de permis de construire ou une déclaration préalable a été déposée à compter du 1er janvier 2017 ;

2° Aux souscriptions mentionnées au IV *bis* de l'article 199 *tervicies* du code général des impôts dont la date de clôture est intervenue à compter du 1er janvier 2017.

III. – L'article 199 *tervicies* du code général des impôts, dans sa rédaction résultant de la loi n° 2015-1785 du 29 décembre 2015 de finances pour 2016, s'applique :

1° Aux dépenses de restauration immobilière réalisées par les contribuables et portant sur des immeubles bâtis pour lesquels une demande de permis de construire ou une déclaration préalable a été déposée au plus tard le 8 juillet 2016 ;

2° Aux souscriptions mentionnées au IV *bis* du même article 199 *tervicies* dont la date de clôture est intervenue au plus tard le 8 juillet 2016.

TABLE CHRONOLOGIQUE

DES

TEXTES NON CODIFIÉS

OU POSTÉRIEURS À LA CODIFICATION

1982	30 déc.	Loi n° 82-1152. De finances rectificative pour 1982. – Art. 14. – V. note ss. CGI, art. 248 A.
1985	11 juill.	Loi n° 85-695. Sociétés de capital-risque. – Art. 1er, 1er-I, 32-V, **p. 3385.**
1985	9 oct.	Décret n° 85-1102. Sociétés de capital-risque. – Art. 4, 6-1, 6-2, **p. 3386.**
1988	11 mars	Loi n° 88-227. Transparence financière de la vie politique. – Art. 11-4. – V. ss. CGI, art. 200.
1989	29 déc.	Loi n° 89-935. De finances pour 1990. – Art. 109 *(plan d'épargne populaire)*, **p. 3388.**
1990	9 juill.	Décret n° 90-606. Financement des activités politiques. – Art. 9 à 15, **p. 3389.**
1992	21 janv.	Arrêté. Liste des personnes morales. – Art. 119 *ter*-2b, **p. 3390.**
1992	29 déc.	Décret n° 92-1362. Sociétés financières d'innovation, **p. 3391.**
1994	27 déc.	Loi n° 94-1131. Corse, exonération de taxe foncière sur les propriétés non bâties, **p. 3392.**
1995	1er févr.	Loi n° 95-95. Agriculture: dégrèvement. – Art. 78, **p. 3392.**
1995	4 févr.	Loi n° 95-115. D'orientation pour l'aménagement et le développement du territoire. – Art. 42-3 à 42-4. – V. note ss. CGI, art. 1466 A.
1996	24 janv.	Ordonnance n° 96-50. Remboursement de la dette sociale. – Art. 14 à 19. – V. note ss. CGI, art. 1600-0 J.
1996	5 juill.	Loi n° 96-607. Encouragement fiscal en faveur de la souscription de parts de copropriété de navires de commerce. – Art. 2 *(fonds de placement quirataire)*. – V. ss. CGI, art. 238 *bis* HN.
1998	9 juill.	Décret n° 98-584. Produits soumis à accises, **p. 3398.**
1998	30 déc.	Loi n° 98-1267. De finances rectificative pour 1998. – Art. 18. – V. App., **p. 3398.**
1999	29 mars	Arrêté. Classement des communes par zones. – V. App., **p. 3398.**
2000	31 août	Arrêté. Agréments fiscaux. – Art. 7 et 8. – V. ss. CGI, Annexe IV, art. 170 *octies*.

2001	9 juill.	Loi n° 2001-602. D'orientation sur la forêt. – Art. 9. – V. CGI, art. 199 *decies* H (avant l'article).
2003	3 juin	Directive n° 2003/49/CE. Régime fiscal commun applicable aux paiements d'intérêts et de redevances effectués entre des sociétés associées d'États membres différents, **p. 3400.**
2003	30 déc.	Loi n° 2003-1311. De finances pour 2004. – Art. 37-IV, **p. 3406.**
2003	30 déc.	Loi n° 2003-1312. De finances rectificative pour 2003. – Art. 44. – V. note ss. CGI, art. 1503, 1504.
2004	30 déc.	Loi n° 2004-1484. De finances pour 2005. – Art. 24-I. – V. note ss. CGI, art. 44 *undecies*.
2005	2 août	Arrêté. Jeunes en difficulté de recrutement: crédit d'impôt, **p. 3406.**
2005	30 déc.	Loi n° 2005-1720. De finances rectificative : – Art. 28-C, **p. 3407.** – Art. 32-VI, VII et VIII, **p. 3408.** – Art. 61. – V. note ss. CGI, art. 167.
2006	23 mars	Décret n° 2006-353. Exonérations de taxe foncière sur les propriétés non bâties. – V. CGI, Annexe III, art. 315 *octies*, **p. 3409.**
2006	28 nov.	Directive n° 2006/112/CE. Système commun de taxe sur la valeur ajoutée, App., **p. 3410.**
2006	23 déc.	Décret n° 2006-1723. Extension à titre expérimental de la compétence territoriale en matière d'assiette et de contrôle, et d'exercice du droit de communication des fonctionnaires de la direction générale des impôts, App., **p. 3493.**
2007	25 déc.	Loi n° 2007-1824. De finances rectificative pour 2007 : – Art 38. – V. ss. CGI, art. 885-0 V *bis*. – Art. 45-XLIX. – V. note ss. CGI, art. 44 *duodecies*.
2008	12 févr.	Directive n° 2008/7/CE. Impôts indirects frappant les rassemblements de capitaux, App., **p. 3494.**
2008	12 févr.	Directive n° 2008/9/CE. TVA, remboursement en faveur des assujettis qui ne sont pas établis dans l'État membre du remboursement, mais dans un autre État membre, App., **p. 3501.**
2008	4 août	Loi n° 2008-776. Modernisation de l'économie. – Art. 121-I. – V. note ss. CGI, art. 81 B.
2008	26 août	Décret n° 2008-850. Instituant une redevance destinée à couvrir les frais d'acheminement des certificats d'immatriculation des véhicules. – V. note ss. CGI, art. 1723 *ter*-0 B *(renvoi)*.
2008	3 déc.	Loi n° 2008-1258. En faveur des revenus du travail. – Art. 2-V à VII. – V. CGI, art. 244 *quater* T.
2008	8 déc.	Décret n° 2008-1283. Commissionnement des personnes auprès desquelles sont payées les taxes sur les certificats d'immatriculation des véhicules et aux modalités de recouvrement de la redevance destinée à couvrir les frais d'acheminement de ces certificats. – V. note ss. CGI, art. 1723 *ter*-0 B (renvoi).

2008	24 déc.	Loi n° 2008-1425. De finances pour 2009 : – Art. 68. – V. note ss. CGI, art. 1723 *ter*-0 B (renvoi). – Art. 84-II. – V. note ss. CGI, art. 156-I-3° (3e al.) 🏛.
2009	25 mars	Loi n° 2009-323. Mobilisation pour le logement et la lutte contre l'exclusion. – Art. 52-III et IV. – V. ss. CGI, art. 278 *sexies*.
2009	29 avr.	Arrêté. Classement des communes par zone applicable à certaines aides au logement. – Art. 3. – V. ss. CGI, Annexe IV, art. 18-0 *ter*.
2009	27 mai	Loi n° 2009-594. Développement économique des outre-mer. – Art. 15. – V. note ss. CGI, art. 199 *undecies* A, 199 *undecies* B, 199 *undecies* C, 217 *undecies*, 217 *duodecies*.
2009	19 oct.	Directive n° 2009/132/CE. Champ d'application de l'article 143, points b) et c), de la directive 2006/112/CE en ce qui concerne l'exonération de la taxe sur la valeur ajoutée de certaines importations définitives de biens. – V. note ss. Dir. n° 2006/112 du 28 nov. 2006, art. 143, App., **p. 3507.**
2009	19 oct.	Directive n° 2009/133/CE. Régime fiscal commun applicable aux fusions, scissions, scissions partielles, apports d'actifs et échanges d'actions intéressant des sociétés d'États membres différents, ainsi qu'au transfert du siège statutaire d'une SE ou d'une SCE d'un État membre à un autre, App., **p. 3507.**
2009	30 déc.	Loi n° 2009-1673. De finances pour 2010. – Art. 24 et 25-II et III. – V. note ss. CGI, art. 81 🏛.
2009	30 déc.	Loi n° 2009-1674. De finances rectificative pour 2009. – Art. 54-IV. – V. note ss. CGI, art. 151 *septies* A.
2010	10 juin	Ordonnance n° 2010-638. Suppression du régime des conservateurs des hypothèques. – Art. 18-II. – V. ss. CGI, art. 881.
2010	1er juill.	Loi n° 2010-737. Réforme du crédit à la consommation. – Art. 28. – V. App., **p. 3515.**
2010	3 août	Décret n° 2010-909. Fixation du taux de la redevance due par les opérateurs agréés de jeux ou de paris en ligne. – V. note ss. CGI, art. 1609 *tertricies*, 3e al.
2010	29 déc.	Loi n° 2010-1658. De finances rectificative pour 2010 : – Art. 34-I à XVII. – V. App., **p. 3515.** – Art. 55-III-B. – V. ss. CGI, art. 1730.
2011	23 févr.	Arrêté. Mise en œuvre du décret n° 2010-523 du 19 mai 2010 pris pour l'application du 3° du 1 et du 2° du 2 de l'article 793 et de l'article 885 H du code général des impôts et relatif à la mise en œuvre des documents de gestion durable prévus à l'article L. 4 du code forestier conformément à l'article L. 8 de ce code. – V. CGI, Annexe III, art. 281 H *bis*, 299 *quater*.
2011	15 mars	Règlement n° 282/2011 du Conseil. Mesures d'exécution de la directive 2006/112/CE relative au système commun de taxe sur la valeur ajoutée. – V. App., **p. 3520.**

2011	17 mai	Loi n° 2011-525. Simplification et amélioration de la qualité du droit. – Art. 101. – V. App., **p. 3548.**
2011	29 juill.	Loi n° 2011-900. De finances rectificative pour 2011 : – Art. 7-III. – V. note ss. CGI, art.784. – Art. 20. – V. note ss. CGI, art. 244 *quater* T.
2011	30 nov.	Directive n° 2011/96/UE du conseil. Régime fiscal commun applicable aux sociétés mères et filiales d'États membres différents. – V. App., **p. 3548.**
2011	28 déc.	Loi n° 2011-1977. De finances pour 2012. – Art. 156. – V. note ss. CGI, art. 879 🏛.
2011	28 déc.	Loi n° 2011-1978. De finances rectificative pour 2011 : – Art. 1er-I à IV. – V. note ss. CGI, art. 1658. – Art. 29. – V. notes ss. CGI, art. 150 VB à 150 VD. – Art. 31-II et III. – V. notes ss. CGI, art. 209-I, 220 *quinquies*, 223 I 1°-a. – Art. 35-I. – V. note ss. CGI, art. 93 🏛. – Art. 35-II. – V. note ss. CGI, art. 151 *septies* A.
2012	30 mars	Décret n° 2012-432. Exercice de l'activité d'expertise comptable : – Art. 151, al. 4. – V. note ss. CGI, art. 158-7-1°-b. – Art. 151, al. 5. – V. note ss. CGI, art. 170 *ter*-I.
2012	16 août	Loi n° 2012-958. De finances rectificative pour 2012. – Art. 6-II (al. 3). – V. ss. CGI, art. 235 *ter* ZCA-III (al. 2).
2012	12 oct.	Décret n° 2012-1150. Redevance sanitaire d'abattage. – Art. 1er. – V. CGI, Annexe III, art. 111 *quater* J.
2012	12 oct.	Arrêté. Taux de modulation applicables à la redevance sanitaire d'abattage mentionnée à l'article 302 *bis* N du code général des impôts : – Art. 1er à 4 et 7. – V. CGI, Annexe III, art. 111 *quater* J. – Art. 5 et 6. – V. CGI, Annexe IV, art. 50 *terdecies*, 50 *quaterdecies*.
2012	20 nov.	Loi n° 2012-1270. Régulation économique outre-mer et diverses dispositions relatives aux outre-mer : – Art. 17. – V. CGI, art. 568 *bis*. – Art. 18. – V. App., **p. 3554.**
2012	29 déc.	Loi n° 2012-1509. De finances pour 2013 : – Art. 10 IV et 25. – V. App., **p. 3554.** – Art. 81. – V. note 6 ss. CGI, art. 199 *septvicies* (report du délai d'acquisition).
2012	29 déc.	Loi n° 2012-1510. De finances rectificative pour 2012 : – Art. 36. – V. note ss. CGI, art. 235 *ter* ZCA (exo. 2013). – Art. 37-I-C. – V. note ss. CGI, art. 1647 D (pour 2013). – Art. 46. – V. note ss. CGI, art. 1476 (pour 2013). – Art. 47. – V. note ss. CGI, art. 1464 K (dégrèvement sur demande, pour 2013).
2013	10 mai	Décret n° 2013-392. Taxe annuelle sur logements vacants. – Art. 1er. – V. App., **p. 3555.**

2013	30 mai	Décret n° 2013-443. Règles de compétence et de délégation de signature applicables au traitement des réclamations contentieuses et des demandes à titre gracieux présentées par les contribuables. – Art. 12-II. – V. note ss. CGI, Annexe II, art. 408.
2013	19 juin	Décret n° 2013-517. Art. 199 *novodecies* du code général des impôts. – Art. 3 et 4. – V. ss. CGI, art. 199 *novodecies*-III et IV.
2013	14 août	Arrêté. Fixation de la forme, des conditions d'établissement et d'apurement du titre justificatif des exportations effectuées par les voyageurs résidant dans un pays tiers à l'Union européenne ou dans une collectivité d'outre-mer de la République. – V. note ss. Annexe IV, art. 24 *ter*.
2013	19 sept.	Ordonnance n° 2013-837. Adaptation du code des douanes, du code général des impôts, du livre des procédures fiscales et d'autres dispositions législatives fiscales et douanières applicables à Mayotte. – V. App., **p. 3587.**
2013	7 oct.	Règlement d'exécution (UE) n° 1042/2013. Modification du règlement d'exécution (UE) n° 282/2011 en ce qui concerne le lieu de prestation des services. – V. Règl. d'ex. (UE) n° 282/2011 du 15 mars 2011, art. 13 *bis*, 13 *ter*, 18, 24 à 24 *septies*, 31 *bis* à 31 *quater*, 33 *bis*, Ann. I, App., **p. 3525.**
2013	18 déc.	Règlement (UE) n° 1407/2013. Application des articles 107 et 108 du traité sur le fonctionnement de l'Union européenne aux aides *de minimis*. – Art. 7 et 8. – V. App., **p. 3592.**
2013	29 déc.	Loi n° 2013-1278. De finances pour 2014 : – Art. 10-II et III. – V. note ss. CGI, art. 1693 *bis* (pour 2014). – Art. 15, **p. 3593** (taxe sur les hautes rémunérations pour 2013 et 2014). – Art. 21-III, **p. 3594.** – Art. 26-I-i, *j, p, r, s*, et IX-5. – V. notes ss. CGI, art. 83 [2° *quater*, 2° *quinquies* et 3], 83 *bis*, 163 *bis* AA [al. 6], 199 *terdecies*-0 A [VI *quater*], 199 *terdecies*-0 B [III, al. 3], 885-0 V *bis* [V] (à compter de 2017). – Art. 26-I-*z duodecies, z terdecies, z quaterdecies* et IX-6. – V. note ss. CGI, art. 1395 F, 1395 G [II, al. 1er], 1395 H (à compter de 2017). – Art. 26-XI-3. – V. note ss. CGI, art. 31, 156, 156 *bis*, 199 *novovicies*, 239 *nonies* (pour 2014). – Art. 27-III et IV, **p. 3594.** – Art. 29-III. – V. notes ss. CGI, art. 278 *sexies*, 278 *sexies* A. – Art. 45-V-B. – V. note ss. CGI, art. 1601, 1601 A. – Art. 51-III-A. – V. note ss. CGI, art. 1600. – Art. 76-II et III, **p. 3595** (application spécifique de l'art. 1647 D). – Art. 77-II. – V. note ss. CGI, art. 1594 D. – Art. 82. – V. note ss. CGI, art. 1383 (exo. 2014). – Art. 84-III et IV. – V. note ss. CGI, art. 1396 (application et abrogation de l'art. 1647 D). – Art. 107. – V. note ss. CGI, art. 1604-II (1er al.).

2013	29 déc.	Loi n° 2013-1279. De finances rectificative pour 2013 : – Art. 9-III et IV, **p. 3596.** – Art. 21-1. – V. note ss. CGI, art. 279-0 *bis* (application du taux de TVA de 7%). – Art. 25-II. – V. note ss. CGI, art. 1469 A *quater*. – Art. 29-V et VI. – V. notes ss. CGI, art. 1383 H, 1466 A, 1466 E. – Art. 36-II. – V. note ss. CGI, art. 210 F. – Art. 52-III. – V. note ss. CGI, art. 1388 *quinquies* (application pour 2014). – Art. 55, **p. 3597** (abrogation de l'art. 1464 K). – Art. 56, **p. 3597** (application de l'art. 1647 D). – Art. 57. – V. note ss. CGI, art. 991. – Art. 58, **p. 3598** (industrie nucléaire). – Art. 74, **p. 3598** (révision des valeurs locatives).
2014	21 févr.	Loi n° 2014-173. De programmation pour la ville et la cohésion urbaine. – Art. 5 (quartiers prioritaires de la politique de la ville). – V. App., **p. 3599.**
2014	24 févr.	Arrêté. Application de l'article 278-0 *bis* du code général des impôts. – V. note ss. CGI, art. 278-0 *bis*.
2014	28 févr.	Décret n° 2014-277. Simplification des obligations déclaratives des entreprises en matière de participation des employeurs et des employeurs agricoles à l'effort de construction. – V. CGI, Annexe II, art. 161 à 163.
2014	4 mars	Décret n° 2014-283. Plan d'épargne en actions et plan d'épargne en actions destiné au financement des petites et moyennes entreprises et des entreprises de taille intermédiaire. – V. C. mon. fin., art. D. 221-113-7, note ss. CGI, Annexe II, art. 91 *quater* G.
2014	5 mars	Loi n° 2014-288. Formation professionnelle : – Art. 10-II et III. – V. CGI, art. 235 *ter* DA, 235 *ter* GA-0 *bis*, 235 *ter* H *ter*, 235 *ter* HA. – Art. 21-VII. – V. note ss. CGI, art. 879.
2014	7 mars	Arrêté. Tarif de la contribution prévue à l'article 1613 *bis* A du code général des impôts, pour 2014. – V. note ss. CGI, art. 1613 *bis* A.
2014	12 mars	Ordonnance n° 2014-326. Prévention des difficultés des entreprises et des procédures collectives. – V. note ss. CGI, art. 1586 *octies*.
2014	12 mars	Arrêté. Taxe d'aéroport. – V. note ss. CGI, art. 1609 *quatervicies*-IV.
2014	17 mars	Loi n° 2014-344. Consommation. – V. L. n° 2010-737 du 1er juill. 2010, art. 28, ss. CGI, art. 199 *decies* E.
2014	24 mars	Loi n° 2014-366. Pour l'accès au logement et un urbanisme rénové : – V. CGI, art. 31, 207, 244 *quater* U, 1384 C, 1607 *bis*, 1607 *ter*, 1608, 1609, 1609 F, 1647 B *sexies*. – V. notes ss. CGI, art. 879, 1051.
2014	25 mars	Arrêté. Tarifs de la taxe de l'aviation civile. – V. note ss. CGI, art. 302 *bis* K.

2014	15 mai	Arrêté. Minimum de perception majoré prévu par l'article 575 du code général des impôts. – V. note ss. CGI, art. 575 (avant-dern. al.).
2014	19 mai	Arrêté. Barème forfaitaire permettant l'évaluation des frais de déplacement relatifs à l'utilisation d'un véhicule par les bénéficiaires de traitements et salaires optant pour le régime des frais réels déductibles. – V. CGI, Annexe IV, art. 6 B.
2014	22 mai	Décret n° 2014-524. Règles relatives à l'organisation et au fonctionnement de Pôle emploi. – V. CGI, Annexe II, art. 74-0 A.
2014	26 mai	Décret n° 2014-549. Incorporation au code général des impôts de divers textes : – Art. 1er. – V. CGI, art. 5, 44 *sexies*-0 A, 44 *sexies* A, 44 *decies*, 44 *undecies*, 44 *duodecies*, 44 *terdecies*, 44 *quindecies*, 50-0, 80 *quater*, 81, 83, 96, 102 *ter*, 150-0 D, 150-0 D *ter*, 154 *bis*, 154 *bis*-0 A, 156, 157 *bis*, 158, 163 *quinquies* C, 163 *quatervicies*, 167 *bis*, 168, 170, 199 *ter* Q, 199 *ter* T, 199 *ter* U, 199 *decies* H, 199 *undecies* A, 200, 200 *sexies*, 200 *quindecies*, 207, 208 *quater* A, 212, 214, 217 *octies*, 217 *undecies*, 217 *sexdecies*, 220 V, 220 Z *quinquies*, 220 *quinquies*, 220 *terdecies*, 223 *quinquies* B, 223 A, 223 O, 230 H, 231, 231 *ter*, 234, 235 *ter* ZAA, 235 *ter* ZCA, 237 *bis* A, 244 *quater* B, 244 *quater* C, 244 *quater* E, 244 *quater* G, 244 *quater* H, 244 *quater* M, 244 *quater* O, 244 *quater* Q, 244 *quater* R, 244 *quater* T, 244 *quater* W, 244 *quater* X, 278-0 *ter*, 278 *sexies*, 279-0 *bis*, 279-0 *bis* A, 293 B, 302 *bis* K, 302 *bis* ZG, 302 *bis* ZI, 302 *septies* A, 302 *septies* A *bis*, 302 *nonies*, 402 *bis*, 403, 438, 520 A, 885 H, 1010, 1042 B, 1065, 1378 *nonies*, 1387 A, 1414 A, 1417, 1456, 1464 D, 1466 A, 1519, 1519 A, 1519 B, 1519 D, 1519 E, 1519 F, 1519 G, 1519 H, 1519 HA, 1586 *sexies*, 1586 *nonies*, 1587, 1599 *quater* A, 1599 *quater* A *bis*, 1599 *quater* B, 1600, 1605, 1609 C, 1609 D, 1609 *quinvicies*, 1613 *bis* A, 1613 *ter*, 1613 *quater*, 1635 *bis* AF, 1636 B *undecies*, 1640 D, 1647-00 *bis*, 1647 D, 1649 *quater* D, 1649 *quater* E-0 *bis*, 1664, 1679 A, 1723 *decies*, 1729 D, 1729 E, 1739, 1770 *undecies*, 1837. – Art. 2. – V. CGI, Annexe II, art. 50 *decies*, 74-0 F, 74-0 F *bis*, 74-0 I, 102 P, 140 *octies*, 140 K *quater*, 140 K *quinquies*, 143, 144, 167, 318, 318 A, 321 *quinquies* à 321 *octies*, 321 A, 322, 322 A, 323, 323 A, 333 J. – Art. 3. – V. CGI, Annexe III, art. 2 *duodecies*, 2 *terdecies*, 2 *terdecies* A, 2 *terdecies* B, 2 *terdecies* C, 2 *terdecies* D, 2 *terdecies* F, 10 C *quinquies*, 10 C *sexies*, 10 E, 10 F, 10 G, 10 GA, 10 *quaterdecies*, 38 B, 39, 41 *duovicies* G *bis*, 41 H, 41 I, 41 I *bis*, 41 J, 46 AG *duodecies*, 46 AW *quater*, 46 *quater*-00 A à 46 *quater*-00 A *quater*, 46 *quater*-0 ZA, 46 *quater*-0 ZB, 46 *quater*-0 ZD, 46 *quater*-0 ZI, 46 *quater*-0 ZK, 46 *quater*-0 ZL, 46 *quater*-0 ZS *ter*, 46 *quater*-0 ZZ *sexies*, 46 *quater*-0 ZZ *septies* à 46 *quater*-0 ZZ *nonies*, 46 *quindecies* E, 49 M, 49 Q à 49 T, 49 *septies* YJ, 49 *septies* ZV à 49 *septies* ZX, 49 *septies* ZZE *bis*, 50-0, 50-0 *bis*, 50-0 *ter*, 58 P, 99, 111-0 B, 111-0 D, 111 *quater* V, 315 *septies*, 321 H, 328 H à 328 J, 328 J *bis*, 328 J *ter*, 331 W, 336 *bis*, 344-0 B, 344 G *septies*, 344 I *bis*, 344 IA à 344 ID, 344 L, 366 A *bis*, 406 *terdecies*.
2014	26 mai	Arrêté. Incorporation à l'annexe IV au code général des impôts de divers textes. – V. CGI, Annexe IV, art. 2, 2 *bis*, 3 *bis*, 4 *bis*, 4 *ter*, 4 C

		bis, 17 *quinquies*, 17 *quinquies* A, 18, 23 L, 30-0 B, 30-0 C, 56 AJ, 121 V *ter*, 159 A, 159 *quinquies*-0 A, 159 *quinquies*-0 B, 164 F *novodecies* A, 164 F *novodecies* B, 164 F *unvicies* A à 164 F *unvicies* F, 170 *septies* G.
2014	10 juin	Arrêté. Suppression de l'obligation de joindre à la déclaration d'ensemble des revenus le certificat justifiant le bénéfice de la réduction d'impôt accordée au titre de certaines primes d'assurances. – V. CGI, Annexe IV, art. 17 E.
2014	13 juin	Loi n° 2014-617. Comptes bancaires inactifs et contrats d'assurance vie en déshérence. – V. CGI, art. 125-0 A, 150-0 A, 757 B, 990 I.
2014	16 juin	Décret n° 2014-621. Taxe sur les métaux précieux, les bijoux et les objets d'art, de collection et d'antiquité. – V. CGI, Annexe II, art. 74 S *ter*, 74 S *quater*, 74 S *quinquies*, 74 S *sexies*, 74 S *septies*.
2014	18 juin	Loi n° 2014-626. Artisanat, commerce et très petites entreprises. – V. CGI, art. 50-0, 102 *ter*, 151-0, 846 *bis*, 1600, 1600 A, 1601-0 A, 1609 *quatervicies* B.
2014	20 juin	Décision n° 2014-404 QPC. – V. note ss. CGI, art. 112 (6°).
2014	23 juin	Décret n° 2014-661. Liste des aéroports constituant un système aéroportuaire. – V. CGI, Annexe III, art. 99.
2014	26 juin	Ordonnance n° 2014-696. Contribution de l'assurance vie au financement de l'économie. – V. CGI, art. 38, 39 *duodecies* et note ss. art. 125-0 A.
2014	26 juin	Décret n° 2014-715. Limitation des dépenses électorales et clarification du financement des activités politiques : – V. note ss. CGI, art. 200 (3). – V. Décr. n° 90-606 du 9 juill. 1990, art. 11, 11-1, 12, **p. 3389.**
2014	1er juill.	Loi n° 2014-742. Activités privées de protection des navires. – V. CGI, art. 1609 *quintricies*.
2014	2 juill.	Décret n° 2014-758. Zones d'aide à finalité régionale et zones d'aide à l'investissement des petites et moyennes entreprises pour la période 2014-2020. – V. notes ss. CGI, art. 39, 44 *sexies*, 44 *septies*, 44 *duodecies*, 44 *terdecies*, 239 *sexies* D, 1383, 1383 H, 1465, 1465 A, 1465 B, 1466 A.
2014	8 juill.	Directive n° 2014/86/UE. Régime fiscal commun applicable aux sociétés mères et filiales d'États membres différents. – V. Dir. n° 2011/96/UE du Conseil du 30 nov. 2011, art. 4, et Annexe I, **p. 3549.**
2014	9 juill.	Décret n° 2014-794. Partie réglementaire du code du cinéma et de l'image animée. – V. notes ss. CGI, art. 220 *sexies*, 220 *terdecies*, 238 *bis* HM.
2014	*10 juill.*	*Loi n° 2014-788*. Développement, encadrement des stages et amélioration du statut des stagiaires. – V. CGI, art. 81 *bis*.
2014	29 juill.	Décret n° 2014-852. Obligations déclaratives des particuliers réalisant, directement, par personne interposée ou par l'intermédiaire d'une

		fiducie des opérations sur des instruments financiers à terme. – V. CGI, Annexe III, art. 41 *septdecies* H, 41 *septdecies* I, 41 *septdecies* J, 41 *septdecies* K, 41 *septdecies* L à 41 *septdecies* X.
2014	1er août	Arrêté. Application de l'article R. 304-1 du code de la construction et de l'habitation. – V. notes ss. CGI, Annexe III, art. 2 *duodecies*, 2 *terdecies*, 2 *quindecies* B, 2 *quindecies* C.
2014	1er août	Arrêté. Transfert de données fiscales. Convention type. – V. note ss. CGI, Annexe III, art. 344 I *quater*.
2014	4 août	Loi n° 2014-872. Réforme ferroviaire : – Art. 7. – V. CGPPP, art. L. 3114-2 ; note ss. CGI, art. 879. – Art. 29-III et 30-III. – V. note ss. CGI, art. 879.
2014	8 août	Loi n° 2014-891. De finances rectificative pour 2014 : – V. CGI, art. 39 C, 39 *quinquies* D, 39 *octies* D, 44 *octies*, 44 *octies* A, 44 *duodecies*, 44 *terdecies*, 44 *quaterdecies*, 57, 150-0 D, 150-0 D *ter*, 199 *ter* S, 200, 209-0 B, 209 B, 212, 212 *bis*, 214, 217 *nonies*, 219, 220 *septies*, 220 *nonies*, 223 A *bis*, 223 S, 235 *ter* ZAA, 235 *ter* ZC, 235 *ter* ZCA, 235 *ter* ZD, 238 *bis*-0A, 244 *quater* E, 244 *quater* H, 244 *quater* T, 569, 575, 726, 776 *quater*, 1019, 1379-0 *bis*, 1465 B, 1466 A, 1518 B, 1518 D, 1586 *quater*, 1599 *ter* A, 1601, 1609 *quinvicies*, 1628 *ter*, 1649 AC, 1649 *quater* B *quater*, 1651 G, 1651 L, 1668, 1668 B, 1727, 1729 D, 1729 E, 1731 A, 1731 A *bis*, 1736. – V. notes ss. CGI, art. 197, 200-0 A, 278 *sexies* (I-2°), 1605 *bis* (2°). – V. L. n° 2013-1278 du 29 déc. 2013, art. 27 (III), App., **p. 3594.**
2014	18 août	Décret n° 2014-914. Application de l'article 262-I (2°) du code général des impôts. Modalités d'émission des bordereaux de vente à l'exportation. – V. CGI, Annexe III, art. 75, 75 A.
2014	19 août	Décret n° 2014-932. Taxe d'enlèvement des ordures ménagères. Modalités de communication des données. – V. CGI, Annexe III, art. 325 *bis*.
2014	5 sept.	Décret n° 2014-1011. Contrats et placements mentionnés à l'article 990 I du code général des impôts bénéficiant d'un abattement proportionnel de 20 %. – V. CGI, Annexe II, art. 306-0 F *bis*.
2014	9 sept.	Arrêté. Taux de la taxe sur la valeur ajoutée applicable aux travaux d'amélioration de la qualité énergétique portant sur des locaux à usage d'habitation achevés depuis plus de deux ans. – V. CGI, Annexe IV, art. 30-0 D.
2014	11 sept.	Décret n° 2014-1036. Reconduction de la convention franco-saoudienne en vue d'éviter les doubles impositions en matière d'impôts sur le revenu et sur les successions. – V. note ss. CGI, art. 4 *bis*.
2014	15 sept.	Arrêté. Modification des arrêtés du 4 mai 2009 relatifs aux conditions d'application de dispositions concernant les avances remboursables

		sans intérêts destinées au financement de travaux de rénovation afin d'améliorer la performance énergétique des logements anciens. – V. note (référence) ss. CGI, art. 244 *quater* U-VII.
2014	19 sept.	Conseil constitutionnel, QPC n° 2014-413. Contribution économique territoriale. Plafonnement. – V. note ss. CGI, art. 1647 B *sexies*-II (dern. al.).
2014	19 sept.	Conseil constitutionnel, QPC n° 2014-417. Contribution perçue sur les boissons dites énergisantes. – V. note ss. CGI, art. 1613 *bis* A-I (1er al.).
2014	30 sept.	Décret n° 2014-1102. Plafonds de loyer, de prix et de ressources applicables au logement intermédiaire. – V. CGI, Annexe III, art. 2 *duodecies*.
2014	30 sept.	Décret n° 2014-1103. Prêts ne portant pas intérêt consentis pour financer la primo-accession à la propriété. – V. note ss. CGI, art. 244 *quater* V-I.
2014	30 sept.	Arrêté. Application du 1 de l'article 278-0 *bis* A du code général des impôts relatif au taux de la taxe sur la valeur ajoutée applicable aux travaux d'amélioration de la qualité énergétique portant sur des locaux à usage d'habitation achevés depuis plus de deux ans. – V. note ss. CGI, Annexe III, art. 2 *duodecies*.
2014	2 oct.	Décret n° 2014-1114. Obligations déclaratives attachées au crédit d'impôt mentionné à l'article 200 *quindecies* du code général des impôts. – V. CGI, Annexe III, art. 46 AGH à AGK.
2014	9 oct.	Décret n° 2014-1167. Application des articles 220 *octies* et 220 Q du code général des impôts. Agrément des productions phonographiques ouvrant droit au crédit d'impôt pour dépenses dans la production d'œuvres phonographiques. – V. note ss. CGI, art. 220 Q, 220 *octies*.
2014	13 oct.	Loi n° 2014-1170. Avenir pour l'agriculture, l'alimentation et la forêt : – Art. 31. – V. CGI, art. 1605 *nonies*. – Art. 64-VII et 95-II. – V. note ss. CGI, art. 879. – Art. 71. – V. CGI, art. 199 *decies* H. – Art. 78. – V. CGI, art. 1396.
2014	13 oct.	Décret n° 2014-1171. Report définitif de la date limite d'émission des titres de perception de la taxe annuelle sur les véhicules les plus polluants. – V. CGI, Annexe III, art. 313-0 BR *quater*.
2014	13 oct.	Arrêté. Investissements réalisés dans les départements d'outre-mer. Application à Mayotte de la procédure d'agrément déconcentrée. – V. CGI, Annexe IV, art. 170 *decies*.
2014	17 oct.	Arrêté. Modification de l'arrêté du 19 décembre 2002 pris en application du décret n° 2002-1449 du 12 décembre 2002 modifiant le décret n° 92-1429 du 30 décembre 1992 pris pour l'application des articles 32 et 109 de la loi n° 92-677 du 17 juillet 1992 relative à l'abolition des frontières fiscales à l'intérieur de la Communauté économique européenne en matière de taxe sur la valeur ajoutée et de droits indirects et de l'annexe III au code général des impôts. – V. CGI, Annexe III, note ss. art. 96 L (§ I-3-a-1°).

2014	21 oct.	Décret n° 2014-1223. Obligations déclaratives portant sur les gains nets de cession de valeurs mobilières et de droits sociaux des particuliers et sur les plus-values et créances imposables en cas de transfert du domicile fiscal hors de France : – V. CGI, Annexe II, art. 74-0 A, 74-0 B, 74-0 E *ter*, 74-0 F, 74-0 F *bis*, 74-0 I, 74-0 P, 74-0 Q, 91 *quater* J, 91 *undecies*, 91 *duodecies*, 91 *terdecies* A, 91 *terdecies* B, 91 *quaterdecies*, 91 *quindecies*, 91 *quindecies* A, 91 *septdecies*, 91 *octodecies*, 91 *novodecies*. – V. CGI, Annexe III, art. 41 *sexdecies* C, 41 *duovicies* G *bis*.
2014	22 oct.	Arrêté. Taux de la contribution de solidarité territoriale. – V. CGI, Annexe IV, art. 50 *quaterdecies* B.
2014	22 oct.	Arrêté. Taux de la taxe sur le résultat des entreprises ferroviaires. – V. CGI, Annexe IV, art. 23 M *bis*.
2014	23 oct.	Décret n° 2014-1280. Exceptions à l'application du principe « silence vaut acceptation » (ministère des Finances et des Comptes publics et ministère de l'Économie, de l'Industrie et du Numérique), App., **p. 3600.**
2014	23 oct.	Décret n° 2014-1281. Exceptions à l'application du principe « silence vaut acceptation » (ministère des Finances et des Comptes publics et ministère de l'Économie, de l'Industrie et du Numérique), App., **p. 3601.**
2014	23 oct.	Décret n° 2014-1299. Exceptions à l'application du principe « silence vaut acceptation » (ministère du Logement, de l'Égalité des territoires et de la Ruralité), App., **p. 3603.**
2014	30 oct.	Décret n° 2014-1270. Publication de la note verbale française portant dénonciation de la convention du 31 décembre 1953 entre la République française et la Confédération suisse en vue d'éviter les doubles impositions en matière d'impôts sur les successions. – V. note ss. CGI, art. 4 *bis*.
2014	3 nov.	Décret n° 2014-1315. Diverses dispositions d'adaptation au droit de l'Union européenne en matière financière et relatif aux sociétés de financement. – Art. 12. – V. CGI, Annexe II, art. 167.
2014	3 nov.	Décret n° 2014-1316. Diverses dispositions d'adaptation au droit de l'Union européenne en matière financière et relatif aux sociétés de financement. – Art. 10. – V. CGI, Annexe III, art. 10 GA, 41 *duodecies* C, 46 *quater*-0 U, 49 *septies* T, 49 *septies* YQ, 49 *septies* YS, 49 *septies* YT, 49 *septies* ZZB, 49 *septies* ZZD, 49 *septies* ZZE, 49 *septies* ZZG, 49 *septies* ZZH, 49 *septies* ZZJ, 49 *septies* ZZK.
2014	6 nov.	Ordonnance n° 2014-1335. Adaptation et entrée en vigueur de certaines dispositions du code général des collectivités territoriales, du code général des impôts et d'autres dispositions législatives applicables à la métropole de Lyon : – Art. 1er. – V. CGI, art. 1656. – Art. 2. – V. CGI, art. 1636 B *septies*. – Art. 3. – V. CGI, art. 1636 B *decies*. – Art. 4. – V. CGI, art. 1651, 1651 E.

		– Art. 5. – V. L. n° 2010-1658 du 29 déc. 2010, art. 34, App., **p. 3515.** – Art. 17. – V. CGI, art. 1001, 1396, 1407 *bis*, 1522 *bis*, 1582, 1599 L à 1599 P, 1636 B *octies*. – Art. 21-VIII. – V. CGI, art. 1586 B. – Art. 35-I. – V. CGI, art. 1648 A. – Art. 38 à 42, App., **p. 3106.**
2014	6 nov.	Ordonnance n° 2014-1345. Partie législative du code de l'expropriation pour cause d'utilité publique. – V. CGI, art. 1045.
2014	17 nov.	Décret n° 2014-1372. Obligations déclaratives des administrateurs de trusts. – V. CGI, Annexe III, art. 344 G *sexies*, 344 G *septies*.
2014	2 déc.	Décret n° 2014-1437. Avances remboursables sans intérêt destinées au financement de travaux de rénovation afin d'améliorer la performance énergétique des logements anciens. – Art. 2 *(modalités de calcul et de recouvrement de l'amende prévue au a du 1 du II de l'article 199 ter S du code général des impôts)*. – V. CGI, note ss. art. 199 *ter* S (§ II-1-a).
2014	16 déc.	Décret n° 2014-1520. Modalités d'application de la modulation des valeurs locatives des ports de plaisance. – V. CGI, Annexe II, art. 310 N à 310 P.
2014	16 déc.	Arrêté. Fixation de la forme, des conditions d'établissement et d'apurement du titre justificatif des exportations effectuées par les voyageurs résidant dans un pays tiers à l'Union européenne ou dans une collectivité d'outre-mer de la République. – V. CGI, Annexe IV, art. 24 *ter*.
2014	18 déc.	Arrêté. Liste des départements d'expérimentation de la révision des valeurs locatives des locaux d'habitation. – V. L. n° 2013-1279 du 29 déc. 2013, art. 74, note ss. § I, App., **p. 3598.**
2014	18 déc.	Arrêté. Fixation de la date à partir de laquelle la retenue opérée dans les cercles au profit de la cagnotte des jeux dits « de cercle » est enregistrée sur une machine automatique et des modalités d'emploi de cette machine. – V. note ss. CGI, Annexe IV, art. 151.
2014	19 déc.	Arrêté. Pour 2015 le tarif des droits d'accises sur les alcools et les boissons alcooliques. – V. CGI, art. 317, 402 *bis*, 403, 438, 520 A, 1613 *bis* A, 1613 *ter*, 1613 *quater*.
2014	19 déc.	Ordonnance n° 2014-1543. Diverses mesures relatives à la création de la métropole de Lyon. – Art. 9 (modifie: CGCT, art. L. 3651-2) et 38 (crée: CCH, art. L. 421-6-1). – V. CGI, note ss. art. 879.
2014	19 déc.	Décret n° 2014-1552. Fixation pour l'année 2014 du taux des abattements des bases d'impositions directes locales dont bénéficie La Poste au titre de sa mission d'aménagement du territoire. – V. CGI, Annexe III, art. 344 *quindecies*.
2014	20 déc.	Loi n° 2014-1545. Simplification de la vie des entreprises et diverses dispositions de simplification et de clarification du droit et des procédures administratives : – V. CGI, art. 119 *ter*, 235 *ter* ZD, 257, 266, 269, 270, 302 *bis* K, 635, 879 (note), 1522 *bis*, 1679 *bis* B.

		– V. CGI, art. 39 AA *quater*, 39 AH, 39 AK, 39 *octies* E, 39 *octies* F, 44 *sexies* A, 44 *octies*, 44 *octies* A, 44 *terdecies*, 99, 199 *terdecies*-0 A, 217 *quindecies*, 238 *bis*, 238 *sexdecies*, 244 *quater* B, 244 *quater* O, 244 *quater* Q, 244 *quater* T (note), 286, 302 *bis* ZA, 722 *bis*, 885-0 V *bis*, 885-0 V *bis* A, 1383 C à 1383 D, 1383 E *bis*, 1383 I (note), 1457, 1464 I, 1464 L, 1466 A, 1466 D, 1518 A *bis*, 1594 I *ter*, 1602 A, 1647 C *septies* (substitution des références à la Dir. n° 1407/2013 du 18 déc. 2013 aux références à Dir. n° 1998/2006 du 15 déc. 2006 - aides *de minimis*). – V. CGI, art. 199 *terdecies*-0 A, 200 *undecies*, 238 *bis*, 244 *quater* L, 885-0 V *bis*, 1395 G (substitution des références à la Dir. n° 1408/2013 du 18 déc. 2013 aux références à Dir. n° 1535/2007 du 20 déc. 2007 - aides *de minimis* dans le secteur de l'agriculture).
2014	22 déc.	Loi n° 2014-1554. Financement de la sécurité sociale pour 2015 : – V. CGI, art. 154 *quinquies*, 995, 1001, 1600-0 O, 1600-0 Q, 1613 *ter*, 1647. – Art. 7. – V. Ord. n° 96-50 du 24 janv. 1996, art. 14, ss. CGI, art. 1600-0 J.
2014	22 déc.	Ordonnance n° 2014-1555. Fusion de l'Agence française pour les investissements internationaux et d'UBIFRANCE, Agence française pour le développement international des entreprises. – V. CGI, note ss. art. 879.
2014	22 déc.	Décret n° 2014-1565. Paiement fractionné ou différé des droits d'enregistrement ou de la taxe de publicité foncière. – V. CGI, Annexe III, art. 401, 404 A.
2014	22 déc.	Arrêté. Gestion du timbre dématérialisé à la direction générale des finances publiques. – V. CGI, note ss. art. 887.
2014	22 déc.	Arrêté. Application en outre-mer de dispositions concernant les avances remboursables sans intérêts destinées au financement de travaux de rénovation afin d'améliorer la performance énergétique des logements anciens. – V. CGI, note ss. art. 244 *quater* U.
2014	24 déc.	Décret n° 2014-1610. Modalités d'application de la déduction pour aléas. – V. CGI, Annexe III, art. 38 *sexdecies* J.
2014	26 déc.	Décret n° 2014-1635. Partie réglementaire du code de l'expropriation pour cause d'utilité publique. – Art. 4-VIII. – V. CGI, Annexe II, art. 74 SC et Annexe III, art. 38 *sexdecies* GA *(substitution des références au nouveau code aux anciennes références)*.
2014	26 déc.	Décret n° 2014-1636. Composition et au fonctionnement de la commission des infractions fiscales. – V. CGI, Annexe II, art. 384 *septies*-0 A, 384 *septies*-0 B.
2014	26 déc.	BOI-IR-DOMIC-10-20-20-10. Actualisation des taux et limites de la retenue à la source sur les salaires et pensions pour 2015. – V. CGI, notes ss. art. 182 A et Annexe IV, art. 18.
2014	29 déc.	Loi n° 2014-1654. De finances pour 2015 : – Art. 4-II à IV. – V. ss. CGI, art. 150 V.

		– V. CGI, art. 5, 38, 39, 93, 150 U, 151-0, 154, 193, 196 B, 197, 199 *quater* B, 199 *undecies* B, 199 *undecies* F, 199 *terdecies*-0 A, 199 *sexdecies*, 199 *novovicies*, 200 *quater*, 200 *quater* A, 200 *undecies*, 200 *duodecies*, 200 *quaterdecies*, 200-0 A, 206, 210 F *(note)*, 212 *bis*, 234 *decies* A, 238 *octies* A, 244 *quater* B, 244 *quater* C, 244 *quater* L, 244 *quater* Q, 244 *quater* U, 244 *quater* V, 257, 261, 278-0 *bis*, 278 *sexies*, 278 *sexies* A, 278 *septies*, 284, 293 B, 302 *bis* Y, 302 *septies* A *ter* B, 564 *sexies*, 613 *ter* à 613 *duodecies*, 732, 793, 879 *(note)*, 885 H, 885-0 V *bis*, 1001, 1018 A, 1384 B, 1387 A, 1387 A *bis*, 1388 *bis*, 1414 A *(note actualisant les montants)*, 1417 *(note actualisant les montants)*, 1463 A, 1518 *bis*, 1559 à 1565 *bis*, 1565 *septies*, 1565 *octies*, 1566, 1586 B, 1594 D, 1599 *quater* C, 1599 *quater* D, 1600, 1601 B, 1604, 1605, 1607 *ter*, 1609 *nonies* F, 1635 *bis* P, 1727, 1735 *ter*, 1740 B, 1791, 1822. – V. CGI, art. 199 *unvicies*, 1384 A, 1384 C, 1384 D, 1609 *novovicies (Prorogation de la durée de vie des dispositifs concernés)*. – Art. 4-I et IV. – V. L. n° 2013-1278 du 29 déc. 2013, art. 27, App., **p. 3594.** – Art. 4-II à IV. – V. ss. CGI, art. 150 V, et notes ss. art. 1600-0 S, 1609 *nonies* G, 1840 G *ter*. – V. ss. CGI, art. 1594 D *(L. n° 2013-1278 du 29 déc. 2013, art. 77)*. – Art. 8-I. – V. CGI, art. 790 H, 790 I. – Art. 20-II. – V. CGI, art. 733, 1698 D. – Art. 21-I. – V. CGI, art. 1699, 1822 *bis*. – Art. 60-I. – V. CGI, art. 1586 *ter*. – Art. 64. – V. ss. CGI, art. 1647 D. – Art. 76-III *(dérogations, pour 2015, aux articles visés ci-contre)*. – V. ss. CGI, art. 1599 *quater* C, 1599 *quater* D. – Art. 100-I. – V. CGI, art. 1731 *bis*.
2014	29 déc.	Loi n° 2014-1655. De finances rectificative pour 2014 : – Art. 4-I. – V. ss. CGI, art. 235 *ter* ZF *(taxe additionnelle à la taxe sur le résultat des entreprises ferroviaires)*. – Art. 7. – V. Ord. n° 96-50 du 24 janv. 1996, art. 16, ss. CGI, art. 1600-0 J. – Art. 26. – V. CGI, art. 31. – Art. 32-III. – V. ss. CGI, art. 1496, 1498. – Art. 49-III. – V. ss. CGI, art. 1383 C *ter*, 1466 A et note ss. art. 1639 A *bis* (concerne les délibérations pour 2015). – V. ss. CGI, art. 39, 39 *bis* A, 39 *quinquies* D, 44 *sexies*, 44 *septies*, 44 *octies* A, 44 *duodecies*, 44 *quaterdecies*, 44 *quindecies*, 71, 72 D *bis*, 72 D *ter*, 93, 112, 119 *bis*, 120, 125-0 A, 125 *ter*, 145, 150-0 A, 150-0 D, 160 *quater*, 161, 164 D, 197 A, 199 *undecies* A à 199 *undecies* C, 199 *terdecies*-0 A, 200 *sexies*, 200 B, 208, 208 C, 208 C *bis*, 209, 209-0 B, 216, 217 *octies*, 217 *undecies*, 217 *duodecies*, 220 *sexies*, 220 *octies*, 220 *quaterdecies*, 223 *quinquies* A, 223 A à 223 B, 223 D à 223 F, 223 I,223 L, 223 R à 223 T, 231 *ter*, 235 *ter* X, 235 *ter* ZCA, 235 *ter* ZE *bis*, 235 *ter* ZF, 239 *sexies* D, 244 *bis* A, 244 *quater* E, 244 *quater* W, 244 *quater* X, 279, 279-0 *bis* A, 287, 297 G, 298 *sexies* A, 302 *septies*-0 AA, 302 *septies* B, 302 D *bis*, 568 *bis*, 568 *ter*, 575, 575 E *bis*, 726, 757 B, 777, 795-0 A, 795 B, 885 G *ter*, 885-0 V *bis*, 885 X, 990 F, 990 I, 990 I *bis*, 990 J, 1382, 1382 E, 1383 H, 1384 E, 1388 *quinquies*, 1395 H, 1396,

		1398 A, 1407 *ter*, 1465 à 1465 B, 1466 F, 1467, 1501, 1521, 1586 *nonies*, 1517, 1529, 1594-0 G, 1602 A, 1605 *nonies*, 1609 *quatervicies*, 1609 *quatervicies* A, 1609 *quinquies* BA, 1609 *quinquies* C, 1609 *nonies* C, 1609 *quintricies*, 1609 G, 1636 B *octies*, 1638, 1638-0 *bis*, 1638 *bis*, 1638 *quater*, 1640 C, 1655 *septies*, 1693 *ter*, 1695, 1723 *octies* à 1723 *quaterdecies*, 1734, 1757. – Art. 4 (*création d'une taxe additionnelle*). – V. ss. CGI, art. 235 *ter* ZF. – Art. 31-I et 33-II. – V. ss. CGI, art. 1382 E, 1639 A *bis*. – Art. 32-II. – V. App., L. n° 2010-1658 du 29 déc. 2010, art. 34, **p. 3515.** – Art. 32-III. – V. ss. CGI, art. 1496, 1498. – Art. 39 II et VI. – V. CGI, art. 261 E. – Art. 48-III. – V. CGI, art. 244 *quater* J. – Art. 67-II. – V. App., L. n° 2013-1278 du 29 déc. 2013, art. 21, **p. 3594.** – Art. 75-III. – V. ss. CGI, art. 209-0 B. – Art. 90-I. – V. CGI, art. 156 *bis*. – Art. 93-III. – V. CGI, art. 1811, 1817. – Art. 99. – V. CGI, art. 888, 899, 900, 900 A, 900 B.
2014	29 déc.	Décret n° 2014-1686. Modalités déclaratives en matière de taxe sur la valeur ajoutée applicables aux redevables soumis au régime simplifié d'imposition et en matière de redevances sanitaires. – V. CGI, Annexe II, art. 242-0 C, 242 *sexies*, 242 *septies* A, 242 *septies* J, 267 *quater* F, 267 *quater* H.
2014	29 déc.	Décret n° 2014-1687. Application de l'article 20 de la loi n° 2013-1279 de finances rectificative pour 2013 du 29 décembre 2013. – V. CGI, Annexe III, art. 111 *quater* G, 111 *quater* I, 111 *quater* U, 325.
2014	29 déc.	Arrêté. Suppression de l'obligation de dépôt en double exemplaire des déclarations de TVA et modification de la fréquence du paiement des acomptes pour les redevables relevant du régime simplifié d'imposition. – V. CGI, Annexe IV, art. 38, 39.
2014	30 déc.	Arrêté. Application des articles 298 *sexdecies* F et 298 *sexdecies* G du code général des impôts relatifs aux prestations de télécommunications, aux services de radiodiffusion et de télévision et aux services fournis par voie électronique. – V. CGI, Annexe IV, art. 41 *quinquies*, 41 *nonies*, 50 *sexies* J, 50 *sexies* K.
2014	30 déc.	Décret n° 2014-1692. Application des articles 298 *sexdecies* F et 298 *sexdecies* G du code général des impôts. Prestations de télécommunications, services de radiodiffusion et de télévision et services fournis par voie électronique. – V. CGI, Annexe III, art. 95 D, 97 *ter*.
2014	30 déc.	Décret n° 2014-1694. Fixation du taux de la redevance due par les opérateurs agréés de paris hippiques en ligne. – V. CGI, art. 1609 *tertricies* ; Annexe III, art. 331 W.
2015	9 janv.	Décret n° 2015-19. Modalités de remboursement de la taxe sur la valeur ajoutée aux assujettis non établis en France. – V. CGI, Annexe II, art. 242-0 O, 242-0 Z *sexies*.

2015	15 janv.	Décision n° 2014-436. – QPC. – V. CGI, art. 760.
2015	16 janv.	Décret n° 2015-34. Application de l'ordonnance n° 2013-837 du 19 septembre 2013 à Mayotte : – V. CGI, Annexe II, art. 95 K, 140 *quater*. – V. CGI, Annexe III, art. 2 *terdecies* B, 2 *terdecies* C, 38 *sexdecies* T, 42, 46 AG *duodecies*, 46 AG *sexdecies*.
2015	21 janv.	Arrêté. Fixation pour 2015 pour chaque groupe de produits du tabac du prix moyen pondéré de vente au détail et de la classe de prix de référence. – V. CGI, note ss. art. 575 (al. 6).
2015	10 févr.	Décret n° 2015-149. Obligations déclaratives et mise en concurrence des intermédiaires en défiscalisation outre-mer. – V. CGI, Annexe II, art. 171 BK, 171 BL.
2015	11 févr.	Décret n° 2015-158. Mise en place du timbre dématérialisé pour la délivrance des passeports. – V. CGI, Annexe III, art. 313 BA.
2015	12 févr.	Arrêté. Réhabilitation de la capsule représentative de droits de couleur jaune d'or. – V. CGI, Annexe IV, art. 54-0 D.
2015	16 févr.	Loi n° 2015-177. Modernisation et simplification du droit et des procédures dans les domaines de la justice et des affaires intérieures. – Art. 12-II. – V. CGI, art. 685, 733.
2015	17 févr.	Décret n° 2015-184. Conditions d'application de l'exonération de droits d'accises sur les ventes d'alcools, de boissons alcooliques et de tabacs manufacturés dans les comptoirs de vente, dans les boutiques de vente à bord et dans le cadre de l'avitaillement. – V. CGI, Annexe II, art. 285 A, 285 B, 286 O à 286 W, 289, et Annexe III, art. 111-0 HA à 111-0 HD.
2015	17 févr.	Décret n° 2015-185. Centres de gestion et associations agréés. – V. CGI, Annexe II, art. 371 A, 371 M.
2015	18 févr.	Arrêté. Fixation de la liste des dispositifs médicaux pris en charge au titre des prestations définies aux articles L. 162-22-6 et L. 162-22-7 du code de la sécurité sociale soumis à un taux réduit de taxe sur la valeur ajoutée en application du *b* du 2° du A de l'article 278-0 *bis* du code général des impôts. – V. CGI, Annexe IV, art. 30-0 A.
2015	26 févr.	Arrêté. Fixation du barème forfaitaire permettant l'évaluation des frais de déplacement relatifs à l'utilisation d'un véhicule par les bénéficiaires de traitements et salaires optant pour le régime des frais réels déductibles. – V. CGI, Annexe IV, art. 6 B.
2015	27 févr.	Arrêté. Application de l'article 200 *quater* du code général des impôts relatif au crédit d'impôt sur le revenu en faveur de la transition énergétique. – V. CGI, Annexe IV, art. 18 *bis*, 18 *quater*.
2015	*30 mars*	*Décret n° 2015-362*. Obligations déclaratives des entreprises d'assurance et organismes assimilés. – V. CGI, art. 292 B, 306-0 F, 370-C.
2015	3 avr.	Loi n° 2015-381. Ratification de l'ordonnance n° 2014-1335 du 6 novembre 2014 relative à l'adaptation et à l'entrée en vigueur de

		certaines dispositions du code général des collectivités territoriales, du code général des impôts et d'autres dispositions législatives applicables à la métropole de Lyon. – V. CGI, art. 1648 A.
2015	3 avr.	Arrêté. Fixation de la liste des informations mentionnée à l'article 1498 *bis* du code général des impôts nécessaires à la mise à jour des tarifs pour la détermination des valeurs locatives des locaux professionnels. – V. CGI, Annexe IV, art. 121 *quinquies*-0 DC.
2015	17 avr.	Loi n° 2015-433. Diverses dispositions tendant à la modernisation du secteur de la presse. – V. CGI, art. 199 *terdecies*-0 C, 200.
2015	17 avr.	Décret n° 2015-442. Exonération de droits de mutation à titre gratuit des dons et legs effectués au profit de personnes morales ou d'organismes dont le siège est situé dans un État membre de l'Union européenne ou partie à l'accord sur l'Espace économique européen. – V. CGI, Annexe III, art. 281 K à 281 M.
2015	17 avr.	Arrêté. Modification de l'arrêté du 28 février 2011 fixant les modalités d'application de la procédure d'agrément des organismes mentionnés aux 4 *bis* des articles 200 et 238 *bis* et au I de l'article 885-0 V *bis* A du code général des impôts dont le siège est situé dans un État membre de l'Union européenne ou partie à l'Espace économique européen. – V. CGI, Annexe IV, art. 121 Z *sexies*.
2015	23 avr.	Ordonnance 2015-459. Simplification des obligations déclaratives des entreprises en matière de prélèvements sur les jeux. – V. CGI, art. 302 *bis* ZL, 1609 *novovicies*, 1609 *tricies*, 1609 *untricies*, 1609 *tertricies*.
2015	4 mai	Décret n° 2015-503. Obligations déclaratives afférentes à l'article 199 *novovicies* du code général des impôts. – V. CGI, Annexe III, art. 46 AZA *octies*-0 AA, 46 AZA *undecies* à 46 AZA *quaterdecies*.
2015	12 mai	Décret n° 2015-531. Exercice du droit de communication des administrations fiscale et douanière. – V. CGI, Annexe II, art. 409.
2015	13 mai	Arrêté. Modification de l'annexe IV au code général des impôts et précision des modalités d'application de l'exonération des droits d'accises applicable aux alcools, boissons alcooliques et tabacs manufacturés dans le cadre des comptoirs de vente, de la vente à bord et de l'avitaillement. – V. CGI, Annexe IV, art. 50-0 B à 50-0 BC.
2015	15 mai	Décret n° 2015-536. Substitution de la dénomination « CCI France » à la dénomination « assemblée des chambres françaises de commerce et d'industrie ». – V. CGI, art. 1600, 1651 I à 1651 K et Annexe III, art. 348 B.
2015	3 juin	Décret n° 2015-608. Incorporation au code général des impôts de divers textes modifiant et complétant certaines dispositions de ce code : – Art. 1er. – V. CGI, art. 39 *ter*, 39 *ter* A, 44 *quaterdecies*, 50-0, 72 D *bis*, 81, 83, 93, 102 *ter*, 150 U, 156, 157 *bis*, 158, 168, 199 *novovicies*, 200, 206, 212 *bis*, 217 *sexies*, 217 *octies*, 220 *septies*, 231, 231 *bis* U, 231 *ter*, 234, 235 *bis*, 235 *ter* EB, 235 *ter* G, 235 *ter* J, 235 *ter* KL, 235 *ter* ZE *bis*, 244 *quater* B, 257, 261, 302 *bis* K, 302 *bis* ZG, 302 *bis* ZI,

		402 *bis*, 403, 438, 520 A, 553 *bis*, 716, 733, 776 *quater*, 1065, 1409, 1414 A, 1417, 1461, 1466 A, 1468, 1519, 1519 A, 1519 B, 1519 D, 1519 E, 1519 F, 1519 G, 1519 H, 1519 HA, 1584, 1586 *nonies*, 1586 B, 1587, 1599 *bis*, 1599 *ter* E, 1599 *ter* F, 1599 *quater* A, 1599 *quater* A *bis* (tableau), 1599 *quater* B (tableau), 1600 A, 1601-0 A, 1601 B, 1605, 1609 C, 1609 D, 1609 *tricies*, 1613 *bis* A, 1613 *ter*, 1613 *quater*, 1629, 1635 *bis* AE, 1647 D (tableau), 1649 A *ter*, 1664, 1679 A, 1679 *bis* A, 1929 *septies*. – Art. 2. – V. CGI, Annexe II, art. 91 *quater* E, 140 *decies*, 140 *undecies*, 140 *duodecies*, 143, 144, 163 *undecies* B, 163 *duodecies*, 163 *quaterdecies*, 163 *quaterdecies* A, 242 A, 275 *ter* B, 275 *ter* E, 318, 327, 371 L *bis*, 371 W *bis*, 376, 384 B à 384 F, 396 *bis* A. – Art. 3. – V. CGI, Annexe III, art. 2 *duodecies* à 2 *terdecies* D, 2 *terdecies* F, 2 *octodecies*, 10 D à 10 G, 39 C à 39 E, 46 AG *duodecies*, 49 ZB, 49 *septies* ZZG, 58 P, 73-0 A, 111-0 B, 321 H, 325 *bis*, 328 J *bis*, 328 J *ter*, 328 M, 328 N, 331 W, 344 *undecies* A, 344-0 B, 350 *quater*, 350 *nonies*, 381 U à 381 X, 406 *undecies*.
2015	3 juin	Arrêté. Incorporation à l'annexe IV au code général des impôts de divers textes modifiant et complétant certaines dispositions de cette annexe. – V. CGI, Annexe IV, art. 18, 24 *ter*, 56 J *terdecies*, 56 J *terdecies* C, 56 J *terdecies* D, 170 *decies*.
2015	8 juin	Décret n° 2015-638. Application du premier alinéa du *m* du 1° du I de l'article 31 du code général des impôts relatif à la déduction spécifique en faveur des locations conventionnées avec l'Agence nationale de l'habitat dans le secteur intermédiaire. – V. CGI, Annexe III, art. 2 *duodecies*.
2015	9 juin	Décret n° 2015-643. Obligations déclaratives des bénéficiaires des exonérations accordées en vertu de l'article 1383 C *ter* du code général des impôts. – V. CGI, Annexe III, art. 315 *quindecies* A.
2015	18 juin	Ordonnance n° 2015-681. Simplification des obligations déclaratives des entreprises en matière fiscale. – V. CGI, art. 54 *septies*, 150 VM, 175, 199 *ter*, 223, 242 *ter*, 258 A, 260 CA, 297 B, 298 *bis*, 302 *bis* KD, 1019, 1477, 1622, 1635 *bis* AE, 1671 A, 1673 *bis*, 1736.
2015	18 juin	Ordonnance n° 2015-682. Simplification des déclarations sociales des employeurs. – V. CGI, art. 87, 87 A, 88, 89, 240, 241.
2015	19 juin	Décret n° 2015-704. Application de l'article 50 de la loi n° 2014-1655 du 29 décembre 2014 de finances rectificative pour 2014 relatif au crédit d'impôt phonographique prévu à l'article 220 *octies* du code général des impôts. – V. App., **p. 3607.**
2015	24 juin	Décret n° 2015-725. Règles applicables en matière de taxe sur la valeur ajoutée aux opérations de revente de véhicules automobiles d'occasion *par un assujetti revendeur*. – V. CGI, Annexe II, art. 242 *terdecies*, 242 *quaterdecies*, 242 *sexdecies*.
2015	29 juin	Décret n° 2015-765. Application des articles 199 *undecies* B, 199 *undecies* C, 217 *undecies*, 244 *quater* W et 244 *quater* X du code général

		des impôts relatifs aux aides fiscales à l'investissement outre-mer. – V. CGI, Annexe III, art. 46 AG *sexdecies*, 46 *quater*-0 ZZ *ter* A, 46 *quaterdecies* Y, 49 *septies* ZZL à 49 *septies* ZZX.
2015	29 juin	Décret n° 2015-766. Taux de la réduction d'impôt applicable au secteur de la rénovation hôtelière à Saint-Martin. – V. note ss. CGI, art. 199 *undecies* B.
2015	29 juin	Arrêté. Application des articles 199 *undecies* B, 199 *undecies* C, 217 *undecies*, 244 *quater* W et 244 *quater* X du code général des impôts relatifs aux aides fiscales à l'investissement outre-mer. – V. CGI, Annexe IV, art. 18-0 *bis* A, 23 L *ter* à 23 L *quinquies*, 170 *decies*.
2015	30 juin	Décret n° 2015-793. Opérations concourant à la production ou à la livraison d'immeubles. – V. CGI, Annexe III, art. 266 *bis*.
2015	16 juill.	Décret n° 2015-876. Compétences des fonctionnaires de la direction générale des finances publiques. – V. CGI, Annexe III, art. 350 *terdecies*.
2015	22 juill.	Décret n° 2015-895. Obligations déclaratives afférentes à l'article 199 *terdecies*-0 C du code général des impôts. – V. CGI, Annexe III, art. 46 AI *septies*.
2015	23 juill.	Ordonnance n° 2015-899. Marchés publics. – Art. 45, 103. – V. ss. CGI, art. 1741.
2015	23 juill.	Décret n° 2015-907. Modalités de collecte et de transmission des informations par les institutions financières en application de l'accord entre le Gouvernement de la République française et le Gouvernement des États-Unis d'Amérique en vue de mettre en œuvre la loi relative au respect des obligations fiscales concernant les comptes étrangers (dite « loi FATCA ») et de l'article 1649 AC du code général des impôts. – V. CGI, ss. art. 1649 AC.
2015	23 juill.	Décret n° 2015-910. Liste des compétitions sportives internationales organisées en France bénéficiaires du régime fiscal prévu à l'article 1655 *septies* du code général des impôts. – V. CGI, ss. art. 1655 *septies*.
2015	27 juill.	Décret n° 2015-919. Application des articles 199 *undecies* B et 217 *undecies* du code général des impôts relatifs aux aides fiscales à l'investissement outre-mer. – V. CGI, Annexe II, art. 95 Q, 95 T, 95 U, 140 *octies*, 140 *quaterdecies*.
2015	28 juill.	Loi n° 2015-917. Actualisation de la programmation militaire pour les années 2015 à 2019 et diverses dispositions concernant la défense. – Art. 13. – V. CGI, art. 199 *quater* C.
2015	31 juill.	Décret n° 2015-965. Fiscalité des opérations concourant à la livraison d'immeubles à soi-même. – V. CGI, Annexe II, art. 174, 207, 209, 244.
2015	31 juill.	Décret n° 2015-966. Obligations déclaratives concernant les options de souscription ou d'achat d'actions, les actions gratuites et les bons

		de souscription de parts de créateur d'entreprise. – V. CGI, Annexe II, art. 91 *bis*, 91 *ter* ; Annexe III, art. 38-0 *septdecies*, 38 *septdecies*, 39, 41 V *bis*.
2015	6 août	Loi n° 2015-990. Croissance, Activité et Égalité des chances économiques. – Art. 107-IV, 135-I et VII, 141 à 145-IV, 178, 263, 276. – V. CGI, art. 39 *quinquies* D, 39 *decies*, 44 *sexies*-0 A, 44 *octies*, 44 *octies* A, 80 *quaterdecies*, 150-0 D, 151 *septies* A, 154 *quinquies*, 155 B, 163 *bis* G, 182 A *ter*, 199 *ter* B, 199 *ter* D, 199 *terdecies*-0 A, 200 A, 201, 223 A, 231 *bis* N, 235 *ter* ZC, 238 *quindecies*, 239 *bis* AB, 242 *ter* C, 242 *quinquies*, 244 *bis* B, 244 *quater* E, 244 *quater* H, 730 *quater*, 832, 885-0 V *bis*, 990 I, 1136, 1465 B, 1466 A, 1655 *sexies* A, 1763 B, 1763 C.
2015	7 août	Loi n° 2015-991. Nouvelle organisation territoriale de la République. – Art. 8-V, 18-V, 44-I et V, 57, 59-IV et XV, 63, 133-XIX. – V. CGI, art. 1379-0 *bis*, 1466, 1609 *quater*, 1609 *quater* A, 1609 *nonies* C, 1636 B *sexies*, 1636 B *septies*, 1636 B *decies*, 1636 B *undecies*, 1639 A *ter*, 1656 *bis*.
2015	17 août	Loi n° 2015-992. Transition énergétique pour la croissance verte. – Art. 39-I et II, 50-III et VI, 114, 115, 201-III-13°. – V. CGI, art. 81 (§ 19° *ter*), 199 *terdecies*-0 A, 220 *undecies* A, 885-0 V *bis*, 1519 HA.
2015	17 août	Loi n° 2015-994. Dialogue social et emploi : – Art. 59-VII, 60-I. – V. CGI, art. 81 (§ 9° *quinquies*). – Art. 59-XII, 60-I. – V. Ord. n° 96-50 du 24 janv. 1996, art. 14-II-9°, App., **p. 3394.**
2015	25 août	Décret n° 2015-1059. Application des articles 199 *undecies* B, 199 *undecies* C, 217 *undecies*, 244 *quater* W et 244 *quater* X du code général des impôts relatifs aux aides fiscales à l'investissement outre-mer. – V. CGI, Annexe III, art. 46 AG *sexdecies*, 46 *quater*-0 ZZ *ter* A, 46 *quaterdecies* Y, 49 *septies* ZZL, 49 *septies* ZZX.
2015	25 août	Arrêté. Application des articles 199 *undecies* B, 199 *undecies* C, 217 *undecies*, 244 *quater* W et 244 *quater* X du code général des impôts relatifs aux aides fiscales à l'investissement outre-mer. – V. CGI, Annexe IV, art. 18-0 *bis* A, 23 L *ter* à 23 L *quinquies*, 170 *decies*.
2015	28 août	Décret n° 2015-1092. Comptes bancaires inactifs et aux contrats d'assurance vie en déshérence. – V. CGI, Annexe III, art. 344 G *nonies*.
2015	31 août	Arrêté. Taux de la contribution de solidarité territoriale. – V. CGI, Annexe IV, art. 50 *quaterdecies* B.
2015	31 août	Arrêté. Taux de la taxe sur le résultat des entreprises ferroviaires. – V. CGI, Annexe IV, art. 23 M *bis*.
2015	14 sept.	Décret n° 2015-1136. Paiement des impôts recouvrés par voie de rôle : – V. CGI, Annexe II, art. 376 *ter*. – V. CGI, Annexe III, art. 382 A à 382 E. – V. CGI, Annexe IV, art. 187 à 188 *ter*.
2015	17 sept.	Arrêté. Tarifs de la taxe minière sur l'or en Guyane pour l'année 2015. – V. CGI, Annexe IV, art. 155 *bis* A.

2015	23 sept.	Ordonnance n° 2015-1174. Partie législative du livre Ier du code de l'urbanisme. – Art. 9-X. – V. CGI, art. 31, 199 *octovicies*, 257, 793, 1594 F *quinquies*, 1594-0 G, 1605 *nonies*.
2015	2 oct.	Arrêté. Mise en place du timbre dématérialisé pour la délivrance des passeports. – V. CGI, Annexe IV, art. 121 KM.
2015	7 oct.	Ordonnance n° 2015-1247. Produits de la vigne. – Art. 4. – V. CGI, art. 302 C, 302 D, 302 F *ter*, 302 H *ter*, 302 K, 302 L, 302 M, 302 P, 302 R, 302 U *bis*, 321, 324, 327, 336, 337, 402 *bis*, 407, 408, 410 *bis*, 414, 416, 417, 417 *bis*, 422, 442 *septies*, 423 à 427, 436, 458, 505, 520 A, 564, 626, 631, 1613 *bis*, 1794, 1798 *ter*, 1802, 1804.
2015	7 oct.	Ordonnance n° 2015-1248. Adaptation du code rural et de la pêche maritime au droit de l'Union européenne. – Art. 1er-III. – V. CGI, art. 200 *quindecies*, 208 *septies*.
2015	14 oct.	Loi n° 2015-1267. Deuxième dividende numérique et poursuite de la modernisation de la télévision numérique terrestre. – Art. 7. – V. CGI, art. 1019.
2015	20 oct.	Décret n° 2015-1315. Taux du crédit d'impôt pour la compétitivité et l'emploi au titre des rémunérations versées à des salariés affectés à des exploitations situées dans les départements d'outre-mer. – V. CGI, art. 244 *quater* C.
2015	22 oct.	Ordonnance n° 2015-1324. Plans de prévention des risques technologiques. – Art. 5-IV. – V. CGI, art. 200 *quater* A, 1383 G, 1391 D.
2015	26 oct.	Décret n° 2015-1356. Obligations déclaratives des sociétés et établissements publics industriels et commerciaux membres des groupes fiscaux en application des articles 223 A à 223 U du code général des impôts. – V. CGI, Annexe III, art. 46 *quater*-0 ZD, 46 *quater*-0 ZE, 46 *quater*-0 ZF, 46 *quater*-0 ZH, 46 *quater*-0 ZJ *bis*, 46 *quater*-0 ZK, 46 *quater*-0 ZL, 46 *quater*-0 ZM, 384 D.
2015	26 oct.	Arrêté. Application de l'article 223 A *bis* du code général des impôts relatif aux groupes fiscaux constitués entre plusieurs établissements publics industriels et commerciaux soumis à l'impôt sur les sociétés. – V. CGI, Annexe IV, art. 170 *sexies*.
2015	3 nov.	Décret n° 2015-1401. Renforcement des obligations de mutualisation régionale des fonctions administratives du réseau des chambres de métiers et de l'artisanat. – Art. 20. – V. CGI, Annexe II, art. 321 *bis*.
2015	13 nov.	Décret n° 2015-1469. Suppression de commissions administratives à caractère consultatif : – Art. 6. – V. CGI, Annexe II, art. 384 A *bis*. – Art. 13. – V. CGI, Annexe III, art. 41 DGA.
2015	27 nov.	Décret n° 2015-1548. Application de l'article 1717 du code général des impôts relatif au paiement fractionné ou différé des droits d'enregistrement ou de la taxe de publicité foncière. – V. CGI, Annexe III, art. 400, 404 A.
2015	10 déc.	Ordonnance n° 2015-1630. Règles financières et fiscales applicables à la métropole du Grand Paris, aux établissements publics territoriaux et

		aux communes situés dans ses limites territoriales. – Art. 1er, 2, 9, 11. – V. CGI, art. 1379-0 *bis*, 1411, 1519 I, 1609 *quater*, 1609 *nonies* C, 1636 B *sexies*, 1636 B *septies*, 1636 B *decies*, 1639 A *ter*, 1640 E, 1656 *bis*.
2015	17 déc.	Ordonnance n° 2015-1682. Simplification de certains régimes d'autorisation préalable et de déclaration des entreprises et des professionnels. – Art. 4, 21-I. – V. CGI, art. 273 *septies* C.
2015	18 déc.	Arrêté. Fixation pour 2016 du tarif des droits d'accises sur les alcools et les boissons alcooliques prévus aux articles 317, 402 *bis*, 403, 438 et 520 A du code général des impôts, du tarif des contributions prévues aux articles 1613 *bis* A, 1613 *ter* et 1613 *quater* du code général des impôts ainsi que du tarif de la cotisation prévue à l'article L. 245-9 du code de la sécurité sociale. – Art. 1er à 3, 5. – V. CGI, art. 317, 402 *bis*, 403, 438, 520 A, 1613 *bis* A, 1613 *ter*, 1613 *quater*.
2015	21 déc.	Loi n° 2015-1702. De financement de la sécurité sociale pour 2016. – Art. 24-II, 90. – V. CGI, art. 1084, 1600-0 S.
2015	24 déc.	Décret n° 2015-1763. Transfert du droit à déduction en matière de taxe sur la valeur ajoutée. – V. CGI, Annexe II, art. 207, 210.
2015	28 déc.	Décret n° 2015-1783. Partie réglementaire du livre Ier du code de l'urbanisme et à la modernisation du contenu du plan local d'urbanisme : – V. CGI, art. 2 *tervicies*, 281 G. – V. CGI, Annexe III, art. 331 K *ter*.
2015	29 déc.	Loi n° 2015-1785. De finances pour 2016 : – V. CGI, art. 31, 31-0 *bis*, 32, 39, 39 AH, 39 *decies*, 39 *decies* A, 44 *quindecies*, 50-0, 80 *duodecies*, 81, 83, 150 U, 154 *bis* A, 156, 156 *bis*, 157 *bis*, 158, 163-0 A *ter*, 168, 195, 196 B, 197, 197 A, 199 *undecies* A, 199 *undecies* B, 199 *undecies* C, 199 *tervicies*, 199 *novovicies*, 200, 200 *quater*, 214, 217 *undecies*, 217 *duodecies*, 219, 220 F, 220 S, 220 *sexies*, 220 *quindecies*, 223 *quinquies* B, 223 *quinquies* C, 223 O, 231, 235 *ter* D, 235 *ter* KA, 235 *ter* ZE *bis*, 237 *bis* A, 239 *bis* AB, 242 *bis*, 244 *quater* B, 244 *quater* Q, 244 *quater* T, 244 *quater* U, 244 *quater* W, 244 *quater* X, 258 B, 278-0 *bis*, 279-0 *bis* A, 302 *bis* K, 302 *bis* KH, 302 *bis* Y, 302 D, 302 G, 302 M, 302 M *bis*, 302 M *ter*, 302 O, 302 P, 307, 321, 441, 450, 455, 466, 468, 502, 569, 614 A, 990 I *bis*, 1001, 1010, 1018 A, 1382 C *bis*, 1383 C *ter*, 1383 E *bis*, 1384 B, 1384 F, 1387 A, 1390, 1391, 1391 B, 1391 B *bis*, 1407, 1409, 1411, 1413 *bis*, 1414, 1414 A, 1414 B, 1417, 1451, 1456, 1459, 1463 A, 1466 A, 1500, 1518 *bis*, 1518 A *ter*, 1518 A *quater*, 1519 C, 1519 H, 1586, 1586 B, 1599 *bis*, 1599 *sexdecies*, 1599 *novodecies* A, 1600-0 P, 1600-0 Q, 1600, 1605 *bis*, 1609 C, 1609 D, 1609 *nonies* C, 1609 *nonies* G, 1609 *quatervicies*, 1609 *novovicies*, 1609 *sextricies*, 1609 *septtricies*, 1619, 1635 *bis* A, 1639 A *quater*, 1647, 1647 C *septies*, 1649 *quater* B *bis*, 1649 *quater* B *quinquies*, 1658, 1679 A, 1681 D, 1681 *sexies*, 1729 F, 1731 *ter*, 1738, 1770 *duodecies*,1791 *ter*, 1798 *bis*, 1807. – V. CGI, Annexe IV, art. 18.

2015	29 déc.	Loi n° n° 2015-1786. De finances rectificative pour 2015 : – V. CGI, art. 14 A, 35 A, 35 *bis*, 39 AI, 39 *quinquies* FB, 39 *nonies*, 39 *decies*, 39 *duodecies*, 41 *bis*, 44 *sexies*, 44 *terdecies*, 44 *quindecies*, 50-0, 63, 64, 64 *bis*, 65, 65 A, 65 B, 69, 69 A, 69 B, 72 D *bis*, 76, 81, 115 *quinquies*, 119 *ter*, 119 *quinquies*, 120, 125-00 A, 145, 150-0 B *ter*, 150-0 B *quater*, 150-0 D, 150-0 D *ter*, 150 UC, 156, 158, 164 B, 164 C, 167 *bis*, 170, 197 A, 199 *ter* B, 199 *ter* C, 199 *ter* D, 199 *terdecies*-0 A, 199 *terdecies*-0 AA, 199 *terdecies*-0 B, 200, 200 *undecies*, 200 *quindecies*, 207, 212, 216, 217 *octies*, 220 *octies*, 223 B, 223 B *bis*, 223 I, 223 Q, 223 R, 223 S, 231 *bis* V, 235 *ter* ZCA, 238 *bis*, 238 *bis* HW, 238 *bis* K, 238 *quater*, 239 *bis* AB, 239 *nonies*, 242 *ter* B, 244 *bis* A, 244 *quater* B, 244 *quater* E, 244 *quater* L, 272, 278-0 *bis*, 278 *bis*, 283, 302 *bis* K, 302 *septies* B, 302 D, 568 *bis*, 575, 796, 796 *bis*, 885 I *ter*, 885-0 V *bis* à 885-0 V *bis* B, 1382, 1382 E, 1383 I, 1388 *septies*, 1394, 1396, 1411, 1417, 1451, 1460, 1464 I, 1464 L, 1465 A, 1466 A, 1519 I, 1520, 1521, 1522 *bis*, 1599 *quinquies* B, 1599 *sexies*, 1601, 1609 *nonies* C, 1609 *duodecies*, 1636 B *nonies*, 1638, 1638-0 *bis*, 1638 *bis*, 1639 A *bis*, 1640, 1647-00 *bis*, 1647-0 B *septies*, 1649 AC, 1649 *quater* B *quater*, 1649 *quater* E, 1649 *quater* E *bis*, 1649 *quater* F, 1649 *quater* H à 1649 *quater* K *quater*, 1649 *quater* L, 1649 *quater* N, 1649 *quater* O, 1653 F, 1681 F, 1684, 1698 D, 1729 C, 1754, 1755, 1763 C, 1798 *bis*. – V. L. n° 2010-1658 du 29 déc. 2010, art. 34, App., **p. 3515.** – V. Ord. n° 2013-837 du 19 sept. 2013, art. 19, App., **p. 3590.**
2015	29 déc.	Décret n° 2015-1813. Prêts ne portant pas intérêt consentis pour financer la primo-accession à la propriété. – V. CGI, Annexe IV, art. 49 *septies* ZZH.
2015	29 déc.	Décret n° 2015-1847. Fixation pour l'année 2015 du taux des abattements des bases d'impositions directes locales dont bénéficie La Poste au titre de sa mission d'aménagement du territoire. – V. CGI, Annexe III, art. 344 *quindecies*.
2015	30 déc.	Arrêté. Application de l'article 200 *quater* du code général des impôts relatif au crédit d'impôt sur le revenu pour la transition énergétique. – V. CGI, Annexe IV, art. 18 *bis*.
2016	26 janv.	Loi n° 2016-41. Modernisation de notre système de santé. – V. CGI, art. 151 *ter*, 569, 572, 573, 575, 1018 A.
2016	10 févr.	Ordonnance n° 2016-131. Réforme du droit des contrats, du régime général et de la preuve des obligations. – Art. 16. – V. CGI, art. 864, 1961.
2016	10 févr.	Arrêté. Déconcentration des procédures d'agrément prévues aux II et V de l'article 156 *bis* du code général des impôts. – Art. 1er, 2. – V. CGI, Annexe IV, art. 170 *septies* I.
2016	17 févr.	Arrêté. Application de l'article 200 *quater* du code général des impôts relatif au crédit d'impôt sur le revenu pour la transition énergétique. – V. CGI, Annexe IV, art. 18 *bis* (tableau).
2016	22 févr.	Décret n° 2016-177. Obligations déclaratives afférentes au régime du report d'imposition prévu à l'article 150-0 B *ter* du code général des impôts. – Art. 1er. – V. CGI, Annexe II, art. 74-0 K, 74-0 L, 74-0 L *bis*, 74-0 M, 74-0 N, 74-0 O.

2016	22 févr.	Arrêté. Modification de la liste des dispositifs médicaux soumis à un taux réduit de taxe sur la valeur ajoutée en application du *b* du 2° du A de l'article 278-0 *bis* du code général des impôts. – Art. 1er. – V. CGI, Annexe IV, art. 30-0 A.
2016	22 févr.	Décret n° 2016-179. Modalités d'application de la réduction d'impôt pour mise à disposition d'une flotte de vélos prévue à l'article 220 *undecies* A du code général des impôts. – V. CGI, Annexe III, art. 46 *quater*-0 YZE, 46 *quater*-0 YZF.
2016	1er mars	Décret n° 2016-235. Modification de l'article 46 AX de l'annexe III au code général des impôts relatif au crédit d'impôt pour la transition énergétique. – V. CGI, Annexe III, art. 46 AX.
2016	7 mars	Loi n° 2016-274. Droits des étrangers en France. – Art. 20. – V. CGI, art. 155 B.
2016	14 mars	Loi n° 2016-297. Protection de l'enfant. – V. CGI, art. 786.
2016	14 mars	Loi n° 2016-298. Réseaux des chambres de commerce et d'industrie et des chambres de métiers et de l'artisanat. – V. CGI, art. 1600.
2016	31 mars	Ordonnance n° 2016-391. Recodification des dispositions relatives à l'outre-mer du code rural et de la pêche maritime. – V. CGI, art. 295, 707 *bis*, 1025, 1028 *quater*, 1395 H, 1594 F *quinquies*, 1594-0 F *sexies*.
2016	31 mars	Décret n° 2016-395. Simplification des obligations déclaratives relatives à certains crédits et réduction d'impôt. – V. CGI, Annexe III, art. 46 *quater*-0 YP, 46 *quater*-0 YZB, 46 *quater*-0 ZY *septies*, 46 *quindecies* QC, 49 *septies* Q, 49 *septies* X, 49 *septies* YO, 49 *septies* ZH, 49 *septies* ZT, 49 *septies* ZU, 49 *septies* ZZ.
2016	8 avr.	Arrêté. Réhabilitation de la capsule représentative de droits de couleur blanche pour les alcools. – V. CGI, Annexe IV, art. 54-0 D.
2016	4 mai	Arrêté. Dispense d'enregistrement de certains actes notariés. – V. CGI, Annexe IV, art. 60.
2016	19 mai	Ordonnance n° 2016-623. Transposition de la directive 2014/40/UE sur la fabrication, la présentation et la vente des produits du tabac et des produits connexes. – Art. 2 et 3. – V. CGI, art. 569, 572.
2016	7 juin	Décret n° 2016-757. Procédure d'homologation du prix de vente au détail des tabacs manufacturés. – V. CGI, Annexe II, art. 284.
2016	9 juin	Décret n° 2016-766. Comité consultatif du crédit d'impôt pour dépenses de recherche. – V. CGI, Annexe III, art. 350 CA.
2016	10 juin	Arrêté. Incorporation à l'annexe IV au code général des impôts de divers textes modifiant et complétant certaines dispositions de cette annexe. – CGI, Annexe IV, art. 4 J, 4 N, 23 N, 28-00 A, 50-00 C, 50-00 E.
2016	10 juin	Décret n° 2016-775. Incorporation au code général des impôts de divers textes modifiant et complétant certaines dispositions de ce code : – V. CGI, art. 39, 157, 199 *undecies* A, 199 *novodecies*, 200, 201, 206, 210 B, 210 B *bis*, 231 *bis* N, 234, 242 *ter* C, 242 *quinquies*, 261, 302

		bis K, 302 *bis* ZA, 302 *bis* ZG, 302 *bis* ZI, 1042, 1417, 1468, 1519, 1519 B, 1519 E, 1586 *nonies*, 1587, 1599 *quater* A *bis* (tableau), 1599 *quater* C (tableau), 1605, 1605 *ter*, 1609 C, 1609 D, 1609 *duodecies*, 1638-0 *bis*, 1647 D (tableau), 1816. – V. CGI, Annexe I, art. 77, 79. – V. CGI, Annexe II, art. 91 *ter* A, 163 *quaterdecies* A, 206, 267 *octies*, 286 I, 286 P, 286 Q, 287, 289. – V. CGI, Annexe III, art. 2 *terdecies* C (tableau), 2 *terdecies* F (tableau), 2 *tervicies*, 46 AG *duodecies*, 46 *quater*-0 ZG, 46 *quater*-0 ZL, 46 *quater*-0 ZY *bis*, 49 I *ter*, 49 I *quater*, 49 I *quinquies*, 49 I *sexies*, 49 *septies* ZZE, 49 *septies* ZZN, 49 *septies* ZZT, 58 P, 111-0 B, 321 H, 322 FA, 331 W, 344 *sexdecies* à 344 *vicies*, 344 I-0 *bis*, 347, 350 *quater*, 350 *quinquies*, 350 *septies*, 350 *duodecies*.
2016	20 juin	Loi n° 2016-816. Économie bleue. – V. CGI, art. 1695.
2016	27 juin	Directive (UE) 2016/1065. Modification de la directive 2006/112/CE en ce qui concerne le traitement des bons. – V. Dir. n° 2006/112/CE du 28 nov. 2006, art. 30 *bis*, 30 *ter*, 73 *bis*, 410 *bis*, 410 *ter*, App., **p. 3417.**
2016	4 juill.	Décret n° 2016-918. Actifs relevant de l'économie sociale et solidaire des contrats et placements mentionnés au I *bis* de l'article 990 I du code général des impôts. – V. CGI, Annexe II, art. 306-0 F *bis*.
2016	7 juill.	Décret n° 2016-935. Modification du décret n° 97-1195 du 24 décembre 1997 pris pour l'application du 2° de l'article 2 du décret n° 97-34 du 15 janvier 1997 relatif à la déconcentration des décisions administratives individuelles relevant du ministre de l'économie, des finances et de l'industrie ainsi que *[de]* diverses dispositions relatives à la réglementation douanière et fiscale : – V. CGI, Annexe I, art. 54, 165, 167, 170, 180, 186, 188, 189, 190, 192, 208. – V. CGI, Annexe II, art. 275 *bis* C, 275 *bis* D, 275 *bis* K, 275 *ter* B, 286 I, 286 J, 286 K, 286 M, 289, 408. – V. CGI, Annexe III, art. 111 H *bis*, 111 H *ter*, 207, 350 *sexies*, 406 L.
2016	20 juill.	Décret n° 2016-991. Détermination du seuil de chiffre d'affaires caractérisant la première vente commerciale au sens de l'article 885-0 V *bis* du code général des impôts et la mise à jour des obligations déclaratives en matière de réduction d'impôt de solidarité sur la fortune prévue à ce même article. – V. CGI, Annexe III, art. 299-0 *septies*, 299 *septies*, 299 *octies*, 299 *octies* A.
2016	20 juill.	Décret n° 2016-992. Actualisation des obligations déclaratives relatives à la réduction d'impôt sur le revenu prévue à l'article 199 *terdecies*-0 A du code général des impôts. – V. CGI, Annexe III, art. 46 AI *bis*, 46 AI *quater*, 46 AI *quinquies*.
2016	26 juill.	Arrêté. Fixation du montant des contributions destinées à alimenter le Fonds commun des accidents du travail agricole (FCATA). – V. CGI, art. 1622.

2016	3 août	Décret n° 2016-1062. Modification de l'article 84 A de l'annexe III du code général des impôts. – V. CGI, Annexe III, art. 84 A.
2016	8 août	Loi n° 2016-1087. Reconquête de la biodiversité, de la nature et des paysages. – V. CGI, art. 795, 1395 B *bis*, 1530 *bis*.
2016	8 août	Loi n° 2016-1088. Travail, modernisation du dialogue social et sécurisation des parcours professionnels. – V. CGI, art. 39, 81, 163 A, 214, 244 quater G, 244 *quater* Q, 1042 B, 1417, 1601, 1601 B, 1609 *quatervicies* B.
2016	11 août	Décret n° 2016-1099. Réorganisation du traitement du contentieux juridictionnel fiscal au sein des services de la direction générale des finances publiques. – V. CGI, Annexe II, art. 408, 408 *bis*.
2016	11 août	Décret n° 2016-1116. Répartition de la compétence en matière d'homologation des rôles d'impôts directs et taxes assimilées. – V. CGI, Annexe III, art. 351.
2016	22 août	Arrêté. Désignation des directeurs régionaux des finances publiques habilités à représenter l'État dans les instances juridictionnelles fiscales d'assiette engagées devant les juridictions des premier et second degrés de l'ordre judiciaire. – V. CGI, Annexe II, art. 408.
2016	26 août	Décret n° 2016-1162. Obligations déclaratives afférentes au crédit d'impôt mentionné à l'art. 200 *quindecies* du code général des impôts. – V. CGI, art. 46 AGI, 46 AGJ.
2016	7 sept.	Décret n° 2016-1209. Crédit d'impôt au titre des dépenses de création, d'exploitation et de numérisation d'un spectacle vivant musical ou de variétés prévu à l'article 220 *quindecies* du code général des impôts : – V. CGI, Annexe III, art. 46 *quater*-0 ZY *octies* à 46 *quater*-0 ZY *duodecies*. – V. ce texte, App., **p. 3611.**
2016	29 sept.	Décret n° 2016-1288. Application de l'article 223 *quinquies* C du code général des impôts. – V. CGI, Annexe III, art. 46 *quater*-0 YE.
2016	4 oct.	Décret n° 2016-1310. Suppression de la commission relative à la procédure de la dation en paiement par remise d'immeubles en nature de bois et forêts ou espaces naturels pouvant être incorporés au domaine forestier de l'État. – V. CGI, Annexe II, art. 384 A *ter*.
2016	7 oct.	Loi n° 2016-1321. Pour une république numérique. – V. CGI, art. 39 *decies*, 150 U, 168 (tableau), 195, 196 A *bis*, 244 *quater* J, 1011 *bis*, 1011 *ter*, 1042 B, 1411.
2016	11 oct.	Décret n° 2016-1356. Centres de gestion, associations et organismes mixtes de gestion agréés, professionnels de l'expertise comptable et certificateurs à l'étranger. – V. CGI, Annexe II, art. 371 A, 371 B, 371 C, 371 D, 371 E, 371 EA, 371 F, 371 G, 371 H, 371 K, 371 K *bis*, 371 L, 371 LA, 371 LB, 371 LC, 371 M, 371 N, 371 O, 371 Q, 371 QA, 371 R, 371 V, 371 V *bis*, 371 W, 371 Y, 371 Z, 371 Z *bis* à 371 Z *sexdecies*, 371 *bis* A, 371 *bis* B, 371 *bis* C *bis*, 371 *bis* F, 371 *bis* G, 371 *bis* H, 371 *bis* K, 371 *bis* L, 371 *bis* M, 371 *bis* N, 371 *ter* A à 371 *ter* H.

2016	13 oct.	Ordonnance n° 2016-1360. Modification de la partie législative du code des juridictions financières. – V. CGI, art. 1378 *octies*.
2016	20 oct.	Ordonnance n° 2016-1408. Réorganisation de la collecte de la participation des employeurs à l'effort de construction. – V. CGI, art. 207, 279-0 *bis* A, 1461.
2016	20 oct.	Décret n° 2016-1415. Changements de régime d'imposition en matière de bénéfices agricoles : – V. CGI, Annexe III, art. 38 *sexdecies* B, 38 *sexdecies* GA, 38 *sexdecies* GB, 38 *sexdecies* H, 38 *sexdecies* JE, 38 *sexdecies* N, 38 *sexdecies* O à 38 *sexdecies* OD, 38 *sexdecies* QA. – V. CGI, Annexe IV, art. 4 N, 4 O.
2016	14 nov.	Loi n° 2016-1524. Renforcement de la liberté, de l'indépendance et du pluralisme des médias. – V. CGI, art. 199 *terdecies*-0 C, 201.
2016	15 nov.	Arrêté. Fixation des tarifs de la taxe minière sur l'or en Guyane pour l'année 2016. – V. CGI, Annexe IV, art. 155 *bis* A.
2016	18 nov.	Loi n° 2016-1547. Modernisation de la justice du XXIe siècle. – V. CGI, art. 199 *octodecies*, 1018 A, 1691 *bis*.
2016	21 nov.	Ordonnance n° 2016-1561. Règles budgétaires, financières, fiscales et comptables applicables à la collectivité de Corse : – V. CGI, art. 262, 297, 518, 568, 570, 572, 575 B, 575 E *bis*, 1586 *nonies*, 1586 B, 1599 *bis*, 1599 *quindecies*, 1599 *sexdecies*, 1599 *novodecies*, 1599 *novodecies* A, 1607 *bis*, 1609 *vicies*, 1618 *septies*, 1651 E, 1656 *ter*. – V. App., L. n° 2010-1658 du 29 déc. 2010, art. 34, **p. 3515.**
2016	24 nov.	Décret n° 2016-1584. Documents d'accompagnement requis pour la circulation des alcools, boissons alcooliques et tabacs manufacturés soumis à droits d'accise : – V. CGI, Annexe I, art. 49. – V. CGI, Annexe II, art. 286 I, 286 J, 286 P, 286 Q, 289.
2016	24 nov.	Décret n° 2016-1585. Jaugeage à des fins fiscales des récipients destinés à la production ou au stockage de certains alcools et boissons alcooliques : – V. CGI, Annexe I, art. 59. – V. CGI, Annexe II, art. 267 *nonies*.
2016	24 nov.	Décret n° 2016-1586. Abrogation de l'article 267 *octies* de l'annexe II au code général des impôts. – V. CGI, Annexe II, art. 267 *octies*.
2016	25 nov.	Décret n° 2016-1613. Modification de diverses dispositions, résultant de la recodification du livre Ier du code de l'urbanisme. – V. CGI, Annexe III, art. 2 *tervicies*, 331 K *ter*.
2016	1er déc.	Ordonnance n° 2016-1635. Renforcement du dispositif français de lutte contre le blanchiment et le financement du terrorisme. – V. CGI, art. 1649 AB.
2016	8 déc.	Ordonnance n° 2016-1687. Espaces maritimes relevant de la souveraineté ou de la juridiction de la République française. – V. CGI, art. 1519, 1587.

2016	9 déc.	Loi n° 2016-1691. Transparence, lutte contre la corruption et modernisation de la vie économique : – V. CGI, art. 50-0, 64 *bis*, 102 *ter*, 103, 157, 223 *quinquies* B, 235 *ter* ZD, 238-0 A, 242 *septies*, 828 *bis*, 1451, 1454, 1455, 1456, 1468, 1684. – V. App., L. n° 2010-737 du 1er juill. 2010, art. 28, **p. 3515** ; Ord. n° 2015-899 du 23 juill. 2015, art. 45, **p. 3608.**
2016	16 déc.	Arrêté. Déconcentration des procédures d'agrément prévues aux II *quater* et III de l'article 217 *undecies* du code général des impôts. – V. CGI, Annexe IV, art. 170 *decies*.
2016	21 déc.	Décret n° 2016-1810. Fixation pour l'année 2016 du taux des abattements des bases d'impositions directes locales dont bénéficie La Poste au titre de sa mission d'aménagement du territoire. – V. CGI, Annexe III, art. 344 *quindecies*.
2016	22 déc.	Ordonnance n° 2016-1823. Transposition de la directive 2014/26/UE du Parlement européen et du Conseil du 26 février 2014 concernant la gestion collective du droit d'auteur et des droits voisins et l'octroi de licences multiterritoriales de droits sur des œuvres musicales en vue de leur utilisation en ligne dans le marché intérieur. – V. CGI, art. 220 *quindecies*, 285 *bis*.
2016	23 déc.	Loi n° 2016-1827. De financement de la sécurité sociale pour 2017. – V. CGI, art. 1010, 1010 B, 1609 *vicies*, 1618 *septies*, 1622.
2016	28 déc.	Loi n° 2016-1888. Modernisation, développement et protection des territoires de montagne. – V. CGI, art. 1519 H.
2016	29 déc.	Loi n° 2016-1917. De finances pour 2017 : – V. CGI, art. 16, 39, 39 *bis* B, 39 *decies* A, 44 *terdecies*, 44 *quaterdecies*, 46, 64 *bis*, 69, 69 E, 71, 77, 80 *undecies*, 80 *undecies* A, 80 *undecies* B, 80 *quaterdecies*, 81, 81 B, 83, 87-0 A, 87 A, 89, 89 A, 150-0 D, 151-0, 155 B, 156, 157 *bis*, 158, 168, 170, 182 C, 196 B, 197, 199 *ter* N, 199 *ter* S, 199 *quater* B, 199 *decies* G *bis*, 199 *sexdecies*, 199 *unvicies*, 199 *sexvicies*, 199 *novovicies*, 200, 200 *quater*, 200 *nonies*, 200 *undecies*, 201, 202, 204-0 *bis*, 204 A à 204 N, 207, 209, 210 F, 219, 220 S, 220 *terdecies*, 220 *quaterdecies*, 231, 231 A, 231 *bis* Q, 235 *ter* ZD, 236, 238 *bis*, 242 *ter*, 244 *quater* C, 244 *quater* E, 244 *quater* O, 244 *quater* U, 278-0 *bis*, 278 *sexies*, 293 B, 298, 302 *bis* ZF, 302 *septies* A, 302 *septies* A *bis*, 568, 780, 781, 784, 786, 792-0 *bis*, 796, 796 *bis*, 885 V *bis*, 958, 1011 *bis*, 1383 D, 1384 B, 1384 C, 1384 G, 1387 A *bis*, 1388 *quinquies*, 1395 H, 1407 *bis*, 1407 *ter*, 1414 A, 1417, 1458 *bis*, 1463 A, 1464 A, 1466 A, 1466 D, 1466 F, 1518 *bis*, 1519 C, 1586 *ter*, 1586 *quater*, 1586 B, 1601, 1605 *bis*, 1609 B, 1609 *nonies* C, 1609 *quatervicies* B, 1609 *novovicies*, 1613 *bis* A, 1635 *bis* AE, 1635 *bis* M, 1639 A *ter*, 1639 A *quater*, 1640, 1647, 1647 C *septies*, 1648 A, 1663, 1663 A à 1663 C, 1664, 1665, 1665 *bis*, 1668, 1671, 1671 B, 1678 *quater*, 1679 A, 1679 *quinquies*, 1679 *septies*, 1680, 1680 A, 1681 A à 1681 E, 1681 *ter*, 1681 *ter* A, 1681 *ter* B, 1681 *quater* A, 1681 *sexies*, 1684, 1688, 1691 *ter*, 1723 *ter*-00 A, 1724 *quinquies*, 1729 B, 1729 G, 1730, 1731, 1731 A, 1734, 1736, 1753 *bis* C, 1756, 1759-0 A, 1771. – V. App., **p. 3615.**

2016	29 déc.	Loi n° 2016-1918. De finances rectificative pour 2016 : – V. CGI, art. 31, 32, 35, 39, 39 *quinquies* GF, 39 *decies*, 39 *duodecies*, 64 *bis*, 69 D, 77, 80 *quater*, 80 *duodecies*, 99, 125-00 A, 145, 150 *ter*, 150-0 A à 150-0 B *ter*, 150-0 B *quinquies*, 150-0 D, 150 U, 150 UB, 150 VB, 156, 158, 161, 167 *bis*, 187, 194, 197, 199 *terdecies*-0 A, 199 *tervicies*, 200, 200 A, 206, 207, 219, 223 *sexies*, 231, 235 *ter* ZCA, 235 *ter* ZF, 238 *bis*, 238 *septies* A, 242 *ter*, 242 *ter* B, 244 *quater* B, 244 *quater* C, 244 *quater* L, 244 *quater* X, 262-0 *bis*, 278-0 *bis*, 278 *sexies*, 284, 286, 287, 302 *bis* K, 302 G, 343, 743, 787 B, 793, 885 I *bis*, 885 I *quater*, 885 O *bis*, 885 O *ter*, 885-0 V *bis*, 885-0 V *bis* B, 1010, 1051, 1378 *ter*, 1382 F, 1383 C *ter*, 1388 *bis*, 1388 *ter*, 1388 *quinquies* B, 1388 *octies*, 1400, 1414 A, 1417, 1464 M, 1466 A, 1466 F, 1503, 1510, 1515, 1519 H, 1530 *bis*, 1586 *octies*, 1600, 1606, 1607 *bis*, 1607 *ter*, 1609 G, 1609 *quinquies* BA, 1609 *quinquies* C, 1609 *nonies* C, 1609 *sexdecies* B, 1609 *tervicies*, 1609 *tertricies*, 1628 *ter*, 1635 *bis* P, 1636 B *octies*, 1638, 1638-0 *bis*, 1638 *quater*, 1639 A *bis*, 1639 A *ter*, 1640, 1647, 1647 C *septies*, 1649 *quater* A *bis*, 1649 *quater* B *quater*, 1651 à 1651 G, 1651 M, 1653, 1672, 1673, 1678 *quater*, 1679 *septies*, 1681 *septies*, 1684, 1695, 1729-0 A, 1729 D, 1729 H, 1730, 1736, 1753, 1758 A, 1766, 1800. – V. App., **p. 3620**.
2016	30 déc.	Arrêté. Fixation du taux de la contribution de solidarité territoriale. – V. CGI, Annexe IV, art. 50 *quaterdecies* B.
2016	30 déc.	Arrêté. Fixation du taux de la taxe sur le résultat des entreprises ferroviaires. – V. CGI, Annexe IV, art. 23 M *bis*.
2016	30 déc.	Arrêté. Application de l'article 200 *quater* du code général des impôts relatif au crédit d'impôt sur le revenu pour la transition énergétique. – V. CGI, Annexe IV, art. 18 *bis*.
2017	12 janv.	Ordonnance n° 2017-31. Mise en cohérence des textes au regard des dispositions de la loi n° 2016-41 du 26 janvier 2016 de modernisation de notre système de santé. – V. CGI, art. 1043-0 A, 1382 C.
2017	16 janv.	Arrêté. Modèle de compte rendu de mission prévu aux articles 1649 *quater* E et 1649 *quater* H du code général des impôts et modalités de sa transmission aux services fiscaux : – V. CGI, art. 1649 *quater* E, 1649 *quater* H (renvois). – V. CGI, Annexe II, art. 371 C, 371 O (renvois).
2017	19 janv.	Arrêté. Règles de compétence et de délégation de signature en matière de contentieux et de gracieux fiscal. – V. CGI, Annexe IV, art. 213 à 215.
2017	27 janv.	Loi n° 2017-86. Égalité et citoyenneté. – V. CGI, art. 80, 261, 1388 *bis*, 1391 D, 1647 D.
2017	2 févr.	Décret n° 2017-126. Obligation d'information en matière fiscale et prélèvements sociaux des utilisateurs de plates-formes de mise en relation par voie électronique. – V. CGI, Annexe II, art. 171 AX, 171 AY.
2017	21 févr.	Loi n° 2017-203. Ratification des ordonnances n° 2016-301 du 14 mars 2016 relative à la partie législative du code de la consommation

		et n° 2016-351 du 25 mars 2016 sur les contrats de crédit aux consommateurs relatifs aux biens immobiliers à usage d'habitation et simplifiant le dispositif de mise en œuvre des obligations en matière de conformité et de sécurité des produits et services. – Art. 8. – V. CGI, art. 536.
2017	28 févr.	Loi n° 2017-256. Programmation relative à l'égalité réelle outre-mer et autres dispositions en matière sociale et économique. – V. CGI, art. 44 *quaterdecies*, 199 *undecies* A, 199 *undecies* B, 199 *undecies* C, 199 *terdecies*-0 A, 217 *undecies*, 217 *duodecies*, 232, 244 *quater* W, 244 *quater* X, 293 B, 302 *bis* K, 1051, 1388 *quinquies*, 1394, 1395 A *ter*, 1395 H, 1400, 1466 F, 1496, 1519 J, 1599 *quinquies* C.
2017	28 févr.	Loi n° 2017-257. Statut de Paris et aménagement métropolitain. – V. CGI, art. 150 U, 1042, 1396.
2017	1er mars	Décision du Conseil constitutionnel n° 2016-614 QPC. – V. CGI, art. 123 *bis*.
2017	6 mars	Loi n° 2017-285. Favorisation de l'assainissement cadastral et de la résorption du désordre de propriété. – Art. 3 à 5. – V. CGI, art. 750 *bis* B, 793, 1135 *bis*.
2017	6 mars	Loi n° 2017-286. Renforcement des obligations comptables des partis politiques et des candidats. – Art. 5 et 6. – V. L. n° 88-227 du 11 mars 1988, art. 11-4, App., **p. 3387.**
2017	20 mars	Loi n° 2017-348. Lutte contre l'accaparement des terres agricoles et développement du biocontrôle. – V. CGI, art. 793.
2017	29 mars	Décret n° 2017-456. Patrimoine mondial, monuments historiques et sites patrimoniaux remarquables. – V. CGI, Annexe II, art. 171 BG.
2017	6 avr.	Ordonnance n° 2017-484. Création d'organismes dédiés à l'exercice de l'activité de retraite professionnelle supplémentaire et adaptation des régimes de retraite supplémentaire en unités de rente. – V. CGI, art. 38, 38 *bis* B *bis*, 39 *quinquies* GB, 39 *quinquies* GC, 39 *quinquies* GE, 39 *duodecies*, 202 *ter* A, 209-0 A, 223, 1065, 1586 *sexies*.
2017	6 avr.	Décret n° 2017-487. Abrogation de l'article 654 *bis* du code général des impôts. – V. CGI, art. 654 *bis*.
2017	2 mai	Décret n° 2017-698. Incorporation au code général des impôts de divers textes modifiant et complétant certaines dispositions de ce code : – V. CGI, art. 31, 39 *quaterdecies*, 81, 158, 163 *unvicies*, 195, 199 *tervicies*, 206, 217 *nonies*, 231 *ter*, 238 *bis* HN, 238 *quaterdecies*, 261, 261 D, 302 *bis* K, 302 *bis* ZG, 302 *bis* ZI, 302 *septies* A, 724 *bis*, 796, 1036, 1382, 1394, 1394 D, 1414 A, 1417, 1466 A, 1519, 1519 B, 1587, 1595 *bis* A, 1599 *quater* B, 1599 *quater* C, 1600-0 R *bis*, 1605, 1609 *nonies* C, 1635 *quinquies*, 1636 B *octies*, 1636 B *decies*, 1636 C, 1639 A *ter*, 1640 B, 1647 D, 1649, 1698 D, 1736, 1756, 1840 J. – V. CGI, Annexe II, art. 95 ZN, 161, 171 AB à 171 AK, 178 *bis*, 283, 310-00 H à 310-00 H *ter*.

		– V. CGI, Annexe III, art. 2 *duodecies*, 2 *terdecies* à 2 *terdecies* C, 2 *terdecies* F, 2 *quindecies* A, 2 *octodecies*, 2 *vicies*, 2 *unvicies*, 10 K, 38 *sexdecies*-0 A, 38 *septdecies* A à 38 *septdecies* E, 41 DG *bis*, 46 AG *duodecies*, 49 *septies* S, 111-00 A, 111-00 C, 111-00 D, 178 A, 299 *septies*, 315 *decies*, 315 *undecies*, 315 *duodecies*, 321 H, 329-0, 331 W, 344-0 B, 344 G *sexies*, 344 G *septies*, .
2017	2 mai	Arrêté. Incorporation à l'annexe IV au code général des impôts de divers textes modifiant et complétant certaines dispositions de cette annexe. – V. CGI, Annexe IV, art. 18 *quater*, 164 FE, 170 *decies*.
2017	3 mai	Décret n° 2017-727. Abrogation des dispositions réglementaires relatives au régime des sociétés mères prévu aux articles 145 et 216 du code général des impôts. – V. CGI, Annexe II, art. 54 à 56, 301 C.
2017	4 mai	Décret n° 2017-761. Agrément et classement des communes pour l'application du quatrième alinéa du IV de l'article 199 *novovicies* du code général des impôts et à l'actualisation pour l'année 2017 des plafonds de loyer et de ressources des locataires prévus pour l'application du III du même article. – V. CGI, Annexe III, art. 2 *terdecies* D, 2 *terdecies* E.
2017	4 mai	Décret n° 2017-769. Commissions des impôts directs et des taxes sur le chiffre d'affaires : – V. CGI, Annexe II, art. 310 *ter*, 310 *quater*, 310 *quinquies*, 310 *sexies*, 310 *septies*, 310 *octies*, 310 *nonies*, 310 *decies*, 310 *undecies*, 310 *duodecies*, 310 *terdecies*, 310 *quaterdecies*, 310 *quindecies*, 310 *sexdecies*, 310 *septdecies*, 310 *octodecies*, 310 *novodecies*, 310 *vicies*. – V. CGI, Annexe III, art. 347, 348.
2017	5 mai	Décret n° 2017-839. Conventions portant sur un immeuble ou un logement conclues par l'Agence nationale de l'habitat en application des articles L. 321-4 et L. 321-8 du code de la construction et de l'habitation et aux plafonds de loyer et de ressources des locataires pour l'application de la déduction spécifique prévue au *o* du 1° du I de l'article 31 du code général des impôts. – V. CGI, Annexe III, art. 2 *terdecies* G, 2 *sexdecies*-0 A *quater*, 2 *septdecies*, 2 *octodecies*.
2017	5 mai	Arrêté. Classement des communes du territoire national par zones géographiques en fonction du déséquilibre entre l'offre et la demande de logements pour l'application de la déduction spécifique prévue au *o* du 1° du I de l'article 31 du code général des impôts. – V. CGI, Annexe IV, art. 01 *bis*.
2017	9 mai	Décret n° 2017-866. Modalités d'application de la retenue à la source de l'impôt sur le revenu prévue au 1° du 2 de l'article 204 A du code général des impôts : – V. CGI, Annexe II, art. 95 ZO. – V. CGI, Annexe III, art. 39 B à 39 G, 46 F, 47 A, 344-0 B, 357 H *bis* à 357 H *quinquies*, 406 *terdecies*.
2017	9 mai	Décret n° 2017-875. Accès des personnes handicapées aux services téléphoniques. – V. CGI, Annexe III, art. 357 A, art. 357 E.

2017	9 mai	Décret n° 2017-971. Mise en place du timbre dématérialisé pour l'obtention et la délivrance des permis de conduire les bateaux de plaisance à moteur pour la navigation intérieure et la navigation maritime de plaisance. – V. CGI, Annexe III, art. 313 AZ.
2017	9 mai	Arrêté. Modalités déclaratives du prélèvement à la source. – V. CGI, Annexe IV, art. 6 C.
2017	10 mai	Décret n° 2017-975. Application de l'article 60 de la loi n° 2016-1917 du 29 décembre 2016 de finances pour 2017 et modification des modes de paiement des impôts sur rôle : – V. CGI, Annexe II, art. 376 *bis* à 376 *sexies*, 376 *octies*, 384 *septies* A. – V. CGI, Annexe III, art. 357 A à 357 C, 357 E, 357 F, 357 H, 382-0 à 382 A, 382-0 C à 383-0 *quinquies*.
2017	1er juin	Arrêté. Commissions des impôts directs et des taxes sur le chiffre d'affaires. – V. CGI, Annexe IV, art. 170 *undecies*, 217.
2017	22 juin	Ordonnance n° 2017-1107. Marchés d'instruments financiers et séparation du régime juridique des sociétés de gestion de portefeuille de celui des entreprises d'investissement. – V. CGI, art. 125-0 A, 163 *bis* G, 208 D, 806, 885-0 V *bis*, 1672.
2017	6 juill.	Arrêté. Application du II de l'article 223 *quinquies* C du code général des impôts. – V. CGI, art. 223 *quinquies* C.
2017	4 août	Décret n° 2017-1238. Mise en place du timbre dématérialisé pour le paiement de la taxe régionale sur les permis de conduire. – V. CGI, Annexe III, art. 313 BE.
2017	9 août	Décret n° 2017-1284. Abrogation des dispositions relatives aux déchets et aux pertes lors de la fabrication, de la transformation et du stockage d'alcools et de boissons alcooliques. – V. CGI, Annexe III, art. 111-00 A, 111-00 B, 111-00 C.
2017	9 août	Arrêté. Taux annuels de déchets et de pertes lors de l'élaboration, de la transformation et du stockage d'alcools et de boissons alcooliques. – V. CGI, Annexe IV, art. 50-0 J à 50-0 O.
2017	16 août	Arrêté. Actualisation de la liste des liaisons ferroviaires internationales de voyageurs bénéficiant de l'exonération de TVA mentionnée au 9° du II de l'article 262 du code général des impôts. – V. CGI, Annexe IV, art. 24 A.
2017	21 août	Décret n° 2017-1295. Compétences des fonctionnaires de la direction générale des finances publiques. – V. CGI, Annexe III, art. 350 *terdecies*.
2017	6 sept.	Décret n° 2017-1324. Marchés d'instruments financiers et séparation du régime juridique des sociétés de gestion de portefeuille de celui des entreprises d'investissement. – V. CGI, Annexe III, art. 46 *ter* B, 65.
2017	15 sept.	Loi n° 2017-1339. Confiance dans la vie politique : – V. CGI, art. 80 *undecies*, 81. – V. L. n° 88-227 du 11 mars 1988, art. 11-4, App., **p. 3387.**

2017	22 sept.	Ordonnance n° 2017-1390. Décalage d'un an de l'entrée en vigueur du prélèvement à la source de l'impôt sur le revenu : – V. notes ss. CGI, art. 77, 87-0 A, 87 A, 89, 89 A, 151-0, 182 C, 201, 202, 204 A à 204 N, 1605 *bis*, 1663 à 1665 *bis*, 1671, 1671 B, 1679 *quinquies*, 1680, 1680 A, 1681 A, 1681 E, 1681 *ter* à 1681 *ter* B, 1681 *quater* A, 1681 *sexies*, 1684, 1688, 1723 *ter*-00 A, 1724 *quinquies*, 1729 B, 1729 G, 1730, 1731, 1736, 1753 *bis* C, 1756, 1759-0 A, 1771. – V. L. n° 2016-1917 du 29 déc. 2016, art. 60, App., **p. 3615.**
2017	13 oct.	Arrêté. Modification de l'article 121 Z *quinquies* de l'annexe IV au code général des impôts. – V. CGI, Annexe IV, art. 121 Z *quinquies*.
2017	25 oct.	Ordonnance n° 2017-1491. Extension et adaptation de la partie législative du code du travail, et de diverses dispositions relatives au travail, à l'emploi et à la formation professionnelle à Mayotte. – V. Ord. n° 2013-837 du 19 sept. 2013, art. 35, App., **p. 3591.**
2017	2 nov.	Décret n° 2017-1522. Personnes n'ayant en France ni domicile ni résidence fixe et application des articles 150, 194 et 195 de la loi n° 2017-86 du 27 janvier 2017 relative à l'égalité et à la citoyenneté. – V. CGI, Annexe II, art. 371.
2017	3 nov.	Arrêté. Fixation des tarifs de la taxe minière sur l'or en Guyane pour l'année 2017. – V. CGI, Annexe IV, art. 155 *bis* A.
2017	20 nov.	Arrêté. Transfert des obligations déclaratives et paiement des notaires en matière de retenue à la source sur les revenus de capitaux mobiliers. – V. CGI, Annexe IV, art. 188-0 I.
2017	1er déc.	Loi n° 2017-1640. De finances rectificative pour 2017. – Art. 1er. – V. Ord. n° 2013-837 du 19 sept. 2013, art. 7, App., **p. 3588.**
2017	5 déc.	Directive (UE) 2017/2455. Modification de la directive 2006/112/CE et de la directive 2009/132/CE en ce qui concerne certaines obligations en matière de taxe sur la valeur ajoutée applicables aux prestations de services et aux ventes à distance de biens. – V. Dir. n° 2006/112/CE du 28 nov. 2006, art. 58, 219 *bis*, 358 *bis*, 361, App., **p. 3423.**
2017	5 déc.	Règlement d'exécution (UE) 2017/2459. Modification du règlement d'exécution (UE) n° 282/2011 portant mesures d'exécution de la directive 2006/112/CE relative au système commun de taxe sur la valeur ajoutée. – V. Règl. d'ex. (UE) n° 282/2011 du 15 mars 2011, art. 24 *ter*, App., **p. 3528.**
2017	7 déc.	Décret n° 2017-1676. Modalités d'application de la retenue à la source de l'impôt sur le revenu prévue au 1° du 2 de l'article 204 A du code général des impôts : – V. CGI, Annexe II, art. 95 ZO. – V. CGI, Annexe III, art. 39 B, 39 C, 39 D, 39 E, 39 F, 39 G, 46 F, 47 A, 344-0 B, 357 H *bis*, 357 H *ter*, 357 H *quater*, 357 H *quinquies*, 406 *terdecies*.
2017	8 déc.	Décret n° 2017-1675. Règles de déductibilité de la taxe sur la valeur ajoutée grevant les essences utilisées comme carburants. – V. CGI, Annexe II, art. 206.

2017	22 déc.	Décret n° 2017-1750. Modification du décret n° 2017-975 du 10 mai 2017 portant application de l'article 60 de la loi n° 2016-1917 du 29 décembre 2016 de finances pour 2017 et modification des modes de paiement des impôts sur rôle : – V. CGI, Annexe II, art. 376 *bis*, 376 *ter*, 376 *quater*, 376 *quater* A, 376 *quinquies*, 376 *sexies*, 376 *octies*, 384 *septies* A. – V. CGI, Annexe III, art. 357 A à 357 C, 357 E, 357 F, 357 H, 382-0, 382, 382 A, 382-0 C à 383-0 *quinquies*.
2017	22 déc.	Arrêté. Fixation pour 2018 du tarif des droits d'accises sur les alcools et les boissons alcooliques prévus aux articles 317, 402 *bis*, 403, 438 et 520 A du code général des impôts, du tarif des contributions prévues aux articles 1613 *ter* et 1613 *quater* du code général des impôts, ainsi que du tarif de la cotisation prévue à l'article L. 245-9 du code de la sécurité sociale. – V. CGI, art. 402 *bis*, 403, 438, 520 A, 1613 *ter*, 1613 *quater*.
2017	22 déc.	Arrêté. Modification de l'arrêté du 9 mai 2017 relatif aux modalités déclaratives du prélèvement à la source. – V. CGI, Annexe IV, art. 66.
2017	27 déc.	Décret n° 2017-1777. Diverses mesures relatives à la collectivité de Corse et aux services d'incendie et de secours. – V. CGI, Annexe III, art. 2 *tervicies*.
2017	28 déc.	Loi n° 2017-1775. De finances rectificative pour 2017 : – V. CGI, art. 38, 38 *septies*, 39, 44 *sexies* A, 44 *octies* A, 44 *duodecies*, 44 *terdecies*, 44 *quaterdecies*, 44 *quindecies*, 44 *sexdecies*, 54 *septies*, 115, 123 *bis*, 145, 150 U, 154 *bis*, 154 *bis*-0 A, 156 *bis*, 163 *quatervicies*, 170, 199 *decies* H, 200 *quindecies*, 204 C, 204 D, 204 F, 204 G, 204 H, 208 C *bis*, 210-0 A, 210 B, 210 B *bis*, 210 C, 220 *quinquies*, 220 *octies*, 220 *terdecies*, 223 L, 244 *quater* B, 244 *quater* C, 244 *quater* E, 244 *quater* G, 244 *quater* H, 244 *quater* M, 244 *quater* O, 244 *quater* Q, 244 *quater* W, 261 E, 278-0 *bis*, 279, 302 *bis* KG, 302 *bis* ZC, 302 *nonies*, 302 *decies*, 302 C, 302 D, 302 E, 302 F *bis*, 302 F *ter*, 302 G, 302 H *ter*, 302 K, 302 L, 302 M, 302 M *bis*, 302 M *ter*, 302 P, 302 Q, 302 R, 302 U *bis*, 302 V *bis*, 362, 403, 519, 568 *bis*, 570, 572, 750 *bis* C, 806, 807, 1040, 1040 *bis*, 1043 B, 1135 *ter*, 1383 F, 1388 *bis*, 1388 *sexies*, 1396, 1396 *bis*, 1398 A, 1406, 1409, 1417, 1463 A, 1466 A, 1466 B, 1495, 1497, 1498, 1501, 1502, 1504, 1505, 1506, 1507, 1508, 1514, 1516, 1517, 1518, 1518 *bis*, 1518 *ter*, 1518 A *ter*, 1518 A *quinquies*, 1518 E, 1518 F, 1519, 1522, 1559, 1560, 1563, 1565, 1565 *septies*, 1566, 1586 *ter*, 1587, 1590, 1591, 1595 *bis*, 1599 *bis*, 1599 *quater* B, 1599 *quindecies*, 1609 *sexdecies* B, 1628-0 *bis*, 1635-0 *quinquies*, 1638, 1638-0 *bis*, 1638 *quater*, 1639 A *ter*, 1640, 1647-0 B *septies*, 1647 C *septies*, 1649 AC, 1649 *quater* B *quater*, 1650 B, 1650 C, 1651 E, 1654, 1680, 1723 *ter*-0 B, 1727, 1729 C *bis*, 1729 G, 1736, 1739, 1753 *bis* C, 1759-0 A, 1760 *bis*, 1768, 1771, 1771 A, 1791 *ter*, 1797, 1798 *bis*, 1822. – V. L. n° 2010-1658 du 29 déc. 2010, art. 34, App., **p. 3515.** – V. L. n° 2016-1917 du 29 déc. 2016, art. 60, App., **p. 3615.**
2017	*28 déc.*	Décret n° 2017-1795. Application des articles 25 et 26 de la loi n° 2017-1339 du 15 septembre 2017 pour la confiance dans la vie politique. – V. Décr. n° 90-606 du 9 juill. 1990, art. 11, 11-1, App., **p. 3389.**

2017	28 déc.	Décret n° 2017-1825. Exercice de l'activité d'opérateur de détaxe mentionnée à l'article 262-0 *bis* du code général des impôts. – V. CGI, Annexe II, art. 202 E à 202 O.
2017	29 déc.	Décret n° 2017-1817. Fixation pour l'année 2017 du taux des abattements des bases d'impositions directes locales dont bénéficie La Poste au titre de sa mission d'aménagement du territoire. – V. CGI, Annexe III, art. 344 *quindecies*.
2017	29 déc.	Arrêté. Fixation du taux de la contribution de solidarité territoriale. – V. CGI, Annexe IV, art. 50 *quaterdecies* B.
2017	29 déc.	Arrêté. Règles de compétence et de délégation de signature en matière de contentieux et de gracieux fiscal. – V. CGI, Annexe IV, art. 213, 215.
2017	30 déc.	Loi n° 2017-1836. De financement de la sécurité sociale pour 2018. – V. CGI, art. 39, 151-0, 154 *bis*, 156, 575 E *bis*, 1010, 1600-0 S, 1613 *ter*, 1613 *quater*, 1647.
2017	30 déc.	Loi n° 2017-1837. De finances pour 2018 : – V. CGI, art. 13, 39, 39 *bis* A, 39 *bis* B, 39 *decies* A, 39 *quindecies*, 44 *duodecies*, 44 *quindecies*, 50-0, 54 *ter*, 75-0 B, 75, 75 A, 80 *duodecies*, 81, 81 A, 83, 93-0 A, 102 *ter*, 117 *quater*, 119 *bis*, 122, 124 B, 124 C, 124 D, 125-0 A, 125 A, 125 D, 137 *bis*, 150 *ter*, 150 *duodecies*, 150-0 B *bis*, 150-0 B *ter*, 150-0 B *quinquies*, 150-0 D, 150-0 D *ter*, 150-0 F, 150 U, 150 VK, 151-0, 151-0, 151 *septies* A, 151 *nonies*, 154 *bis*-0 A, 154 *quinquies*, 156, 157, 157 *bis*, 158, 163 *bis* G, 163 *quinquies* C, 163 *quatervicies*, 167 *bis*, 170, 182 A *ter*, 182 B, 187, 196 B, 197, 197 C, 199 *ter* C, 199 *ter* G, 199 *undecies* A, 199 *undecies* B, 199 *undecies* C, 199 *terdecies*-0 A, 199 *terdecies*-0 AA, 199 *terdecies*-0 B, 199 *terdecies*-0 C, 199 *unvicies*, 199 *sexvicies*, 199 *novovicies*, 200, 200 *quater*, 200 *quater* A, 200 A, 201 *ter*, 206, 208 D, 209, 210 F, 212, 213, 219, 219 *bis*, 220 C, 220 I, 223 *ter*, 223 O, 223 *sexies*, 231, 231 A, 235 *ter* ZCA, 242 *ter*, 242 *quater*, 244 *bis*, 244 *bis* B, 244 *quater* B, 244 *quater* C, 244 *quater* D, 244 *quater* H, 244 *quater* L, 244 *quater* X, 257, 261, 270, 278-0 *bis*, 278-0 *bis* A, 278 *sexies*, 278 *sexies*-0 A, 278 *sexies* A, 279, 279-0 *bis* A, 284, 286, 298 *bis*, 298 *septies*, 757 C, 787 B, 885 A à 885 Z, 964 à 983, 990 A à 990 C, 990 I, 990 J, 995, 1010 *bis*, 1011 *bis*, 1383 H, 1384 A, 1384 B, 1384 C, 1384 D, 1388 *quinquies* C, 1391 B *ter*, 1391 E, 1407 *bis*, 1413 *bis*, 1414, 1414 A, 1414 B, 1414 C, 1414 D, 1417, 1465 A, 1466 A, 1499-00 A, 1586 *quater*, 1586 *sexies*, 1586 *octies*, 1586 B, 1600, 1601, 1601-0 A, 1601 A, 1604, 1605 *bis*, 1609 *nonies* C, 1609 *novovicies*, 1641, 1647 D, 1648 A, 1649 AB, 1649 *quater* B *quater*, 1653 B, 1664, 1678 *quater*, 1679 A, 1679 *ter*, 1681 *sexies*, 1691 *bis*, 1716 *bis*, 1723 *ter*-00 A, 1723 *ter*-00 B, 1727, 1728, 1729-0 A, 1730, 1731 *bis*, 1734, 1741, 1763 C, 1763 E, 1764, 1770 *duodecies*, 1840 C. – V. L. n° 2015-1786 du 29 déc. 2015, art. 33, App., **p. 3610.** – V. Ord. n° 2013-837 du 19 sept. 2013, art. 7, App., **p. 3588.**
2017	30 déc.	Arrêté. Application de l'article 200 *quater* du code général des impôts relatif au crédit d'impôt sur le revenu pour la transition énergétique. – V. CGI, Annexe IV, art. 18 *bis*, 18 *quater*.

2017	30 déc.	Arrêté. Taux de la taxe sur le résultat des entreprises ferroviaires. — V. CGI, Annexe IV, art. 23 M *bis*.
2018	5 janv.	Arrêté. Modification des taux applicables aux droits d'accises prévus aux articles 317 et 403 du code général des impôts de l'arrêté du 22 décembre 2017 fixant pour 2018 le tarif des droits d'accises sur les alcools et les boissons alcooliques prévus aux articles 317, 402 *bis*, 403, 438 et 520 A du code général des impôts, le tarif des contributions prévues aux articles 1613 *ter* et 1613 *quater* du code général des impôts, ainsi que le tarif de la cotisation prévue à l'article L. 245-9 du code de la sécurité sociale. — V. CGI, art. 403.
2018	8 janv.	Décret n° 2018-12. Convention passée entre l'administration et les partenaires pour les échanges de données informatisées (EDI). — V. CGI, Annexe III, art. 344 I *quater*.
2018	9 janv.	Décret n° 2018-15. Éléments devant figurer sur le justificatif à fournir par le contribuable pour bénéficier de la réduction d'impôt au titre des souscriptions au capital des sociétés de financement de l'industrie cinématographique et audiovisuelle au taux majoré de 48 % prévu à l'article 199 *unvicies* du code général des impôts. — V. CGI, Annexe III, art. 46 *quindecies* E.
2018	13 janv.	Arrêté. Application de l'article 202 G de l'annexe II au code général des impôts relatif aux grilles d'audit pour l'agrément d'opérateur de détaxe. — V. CGI, Annexe IV, art. 50 *sexies*.
2018	8 févr.	Ordonnance n° 2018-75. Règles budgétaires, financières, fiscales et comptables applicables à la Ville de Paris : — V. CGI, art. 1383, 1384 B, 1530 *bis*, 1586 B, 1599 *quater* D, 1609 G, 1636 B *septies*, 1636 B *octies*, 1640 F, 1656 *quater*. — V. L. n° 2015-991 du 7 août 2015, art. 59, App., **p. 3610.**
2018	13 avr.	Loi n° 2018-266. Simplification et meilleur encadrement du régime d'ouverture et de contrôle des établissements privés hors contrat. — V. CGI, art. 261.
2018	20 avr.	Décret n° 2018-292. Procédure d'homologation du prix de vente au détail des tabacs manufacturés. — V. CGI, Annexe II, art. 284.
2018	16 mai	Arrêté. Application de l'article 170 *decies* de l'annexe IV au code général des impôts. — V. CGI, Annexe IV, art. 170 *decies*.
2018	25 mai	Décret n° 2018-391. Obligations déclaratives incombant aux redevables et aux sociétés ou organismes dans le cadre de l'impôt sur la fortune immobilière. — V. CGI, Annexe III, art. 313 BQ *ter*, 313 BQ *quater*.
2018	29 mai	Décret n° 2018-404. Réduction d'impôt accordée au titre des dons effectués au profit de certains organismes d'intérêt général et exonération des bois et forêts et des parts de groupements forestiers en matière d'impôt sur la fortune immobilière. — V. CGI, Annexe III, art. 299 *bis* à 299 *duodecies*, 313 BK à 313 BQ *bis*, 344 G *septies*, 350 *terdecies*, 382 D, 382 F.

2018	29 mai	Décret n° 2018-408. Application des articles 302 M et 302 M *ter* du code général des impôts dans les territoires ultramarins. – V. CGI, Annexe III, art. 111 H *bis*, 111 H *sexdecies*.
2018	29 mai	Arrêté. Exonération d'impôt sur les bois et forêts et les parts de groupements forestiers et service compétent pour le dépôt des déclarations des résidents de Monaco en matière d'impôt sur la fortune immobilière. – V. CGI, Annexe IV, art. 121 Z *quinquies*.
2018	29 mai	Arrêté. Exonération d'impôt sur la fortune immobilière en raison des dons faits à certains organismes d'intérêt général. – V. CGI, Annexe IV, art. 121 Z *sexies*.
2018	30 mai	Décret n° 2018-416. Conditions de qualification des auditeurs réalisant l'audit énergétique éligible au crédit d'impôt sur le revenu pour la transition énergétique prévues au dernier alinéa du 2 de l'article 200 quater du code général des impôts. – V. CGI, Annexe III, art. 46 AZA *octies*-0 AA.
2018	30 mai	Décret n° 2018-419. Modification de l'article 313 AZ de l'annexe III au code général des impôts relatif au paiement des droits de timbre pour l'obtention et la délivrance des permis de conduire les bateaux de plaisance à moteur pour la navigation intérieure et la navigation maritime de plaisance. – V. CGI, Annexe III, art. 313 AZ.
2018	30 mai	Décret n° 2018-421. Fixation du contenu de la déclaration spéciale mentionnée au IV de l'article 210-0 A du code général des impôts. – V. CGI, Annexe III, art. 46 *quater*-0 ZS *ter*.
2018	11 juin	Arrêté. Application du deuxième alinéa du VII de l'article 199 *terdecies*-0 A du code général des impôts. – V. note ss. CGI, art. 199 *terdecies*-0 A.
2018	12 juin	Ordonnance n° 2018-470. Regroupement et mise en cohérence des dispositions du code de la sécurité sociale applicables aux travailleurs indépendants. – V. CGI, art. 39, 151-0, 154 *bis*, 1600 A, 1601-0 A, 1609 *quatervicies* B, 1613 *bis*, 1635 *bis* AE à 1635 *bis* AH.
2018	12 juin	Ordonnance n° 2018-474. Simplification et harmonisation des définitions des assiettes des cotisations et contributions de sécurité sociale : – V. CGI, art. 154 *quinquies*, 231. – V. Ord. n° 96-50 du 24 janv. 1996, art. 14, App., **p. 3394.**
2018	12 juin	Arrêté. Suppression de l'obligation d'utiliser une capsule représentative de droits pour les livraisons de vins en bouteille ou récipients de trois litres au plus. – V. CGI, Annexe IV, art. 54-0 U.
2018	13 juin	Arrêté. Répartition entre les départements d'outre-mer du contingent d'exportation de rhum traditionnel. – V. CGI, Annexe IV, art. 52 *ter*.
2018	15 juin	Arrêté. Taux annuels de déchets et de pertes globaux pour les vins doux naturels avec appellation d'origine contrôlée et les vins de liqueurs. – V. CGI, Annexe IV, art. 50-0 M.
2018	15 juin	Arrêté. Abrogation de l'article 170 *septies* I de l'annexe IV au code général des impôts. – V. CGI, Annexe IV, art. 170 *septies* I.

2018	20 juin	Décret n° 2018-500. Incorporation au code général des impôts et au code des douanes de divers textes modifiant et complétant certaines dispositions de ces codes : – V. CGI, art. 31, 39 *quinquies* H, 44 *sexdecies*, 75-0 A, 151 *nonies*, 154 *bis*-0 A, 156, 156 *bis*, 199 *undecies* A, 199 *undecies* B, 199 *duovicies*, 200 *quater*, 206, 231, 231 *ter*, 234, 235 *ter* F, 238 *bis*-0 AB, 248 D, 261, 302 *bis* K, 302 *bis* ZG, 302 *bis* ZI, 520 A, 963 A, 1010 *ter*, 1378 *octies*, 1378 *nonies*, 1466 A, 1519, 1519 A, 1519 B, 1519 D à 1519 HA, 1586 *nonies*, 1587, 1595 *bis*, 1599 *quater* A à 1599 *quater* C, 1605, 1647 B *sexies*, 1647 D, 1763 E, 1770 *duodecies*. – V. CGI, Annexe II, art. 1 B, 74-0 P, 74-0 Q, 91 *quater* K, 95 T, 95 V, 142 à 144, 163 *undecies*, 163 *undecies* C, 289, 294 *bis*, 301 G à 301 M, 310 E. – V. CGI, Annexe III, art. 2 *duodecies*, 2 *terdecies* A à 2 *terdecies* G, 2 *quindecies*, 41 DO, 46 A, 46 AG *duodecies*, 46 AG *sexdecies*, 46-0 B, 49 D, 49 F à 49 H, 49 I *bis*, 49 I *ter* à 49 I *sexies*, 49 *septies* YU à 49 *septies* YV, 58 P, 95, 95 D, 111-0 B, 118, 178-0 *bis* B, 321 H, 331 W, 336 *bis*, 381 R, 406 *bis*.
2018	20 juin	Arrêté. Incorporation à l'annexe IV au code général des impôts de divers textes modifiant et complétant certaines dispositions de cette annexe. – V. CGI, Annexe IV, art. 18-0 *bis* C, 50-0 J, 50-0 N.
2018	22 juin	Directive (UE) 2018/912. Modification de la directive 2006/112/CE relative au système commun de taxe sur la valeur ajoutée en ce qui concerne l'obligation de respecter un taux normal minimal. – V. Dir. n° 2006/112/CE du 28 nov. 2006, art. 97, App., **p. 3429.**
2018	27 juin	Arrêté. Règles de délégation de signature applicables aux demandes contentieuses relevant du service des impôts des entreprises étrangères de la direction des impôts des non-résidents. – V. CGI, Annexe IV, art. 219.
2018	28 juin	Décret n° 2018-535. Codification des dispositions relatives à la révision des valeurs locatives des locaux professionnels et aux commissions départementales des valeurs locatives des locaux professionnels. – V. CGI, Annexe II, art. 310 I, 310 Q, 330 A, 333, 333 A, 333 C, 333 G, 333 H, 371 *ter* I à 371 *ter* S.
2018	28 juin	Décret n° 2018-536. Codification des dispositions relatives à la révision des valeurs locatives des locaux professionnels et à leurs règles d'évaluation. – V. CGI, Annexe III, art. 321 E, 324 B à 324 E, 324 G, 324 H, 324 K à 324 M, 324 O, 324 T, 324 X, 324 Y, 324 Z, 324 AA, 324 AB, 324 AC, 324 AI, 324 AJ.
2018	28 juin	Arrêté. Adaptation des dispositions de l'annexe IV au code général des impôts à la révision des valeurs locatives des locaux professionnels. – V. CGI, Annexe IV, art. 121 *quinquies* DC à 121 *quinquies* DE.
2018	29 juin	Décret n° 2018-553. Application de l'article 210 F du code général des impôts. – V. CGI, Annexe III, art. 46 *quater*-0 ZZ *bis* D, 46 *quater*-0 ZZ *bis* E.
2018	30 juill.	Décret n° 2018-680. Dation en paiement en matière d'impôt sur la fortune immobilière. – V. CGI, Annexe II, art. 384 A, 384-0 A *bis*, 384 A *bis*, 384 A *ter*.

2018	2 août	Arrêté. Tarifs de la taxe minière sur l'or en Guyane pour l'année 2018. – V. CGI, Annexe IV, art. 155 *bis* A.
2018	10 août	Loi n° 2018-727. État au service d'une société de confiance. – V. CGI, art. 1649 *quater* B *quinquies*, 1727, 1736, 1738, 1753 *bis* C, 1763.
2018	28 août	Décret n° 2018-756. Obligation de souscrire par voie électronique les déclarations établies pour déclarer les prélèvements et retenues à la source dus en application des articles 117 *quater*, 119 *bis*, 125-0 A, 125 A et 1678 *bis* du code général des impôts et L. 138-21 du code de la sécurité sociale : – V. CGI, art. 1649 *quater* B *quater*. – V. CGI, Annexe III, art. 381 A, 381 K, 381 S.
2018	28 août	Arrêté. Taux de la taxe sur le résultat des entreprises ferroviaires. – V. CGI, Annexe IV, art. 23 M *bis*.
2018	28 août	Arrêté. Taux de la contribution de solidarité territoriale. – V. CGI, Annexe IV, art. 50 *quaterdecies* B.
2018	28 août	Arrêté. Transfert des obligations déclaratives et de paiement en matière de prélèvement et retenue à la source sur les revenus de capitaux mobiliers. – V. CGI, Annexe IV, art. 188 C, 188-0 H à 188 L.
2018	5 sept.	Loi n° 2018-771. Liberté de choisir son avenir professionnel. – V. CGI, art. 44 *quaterdecies*, 199 *ter* F, 220 H, 223 O, 231 *bis* T, 235 *ter* C à 235 *ter* KM, 237 *quinquies*, 244 *quater* G, 1599 *ter* C, 1609 *quinvicies*, 1678 *quinquies*, 1679 *bis* B.
2018	21 sept.	Décision n° 2018-733 QPC. Exonération de certaines parts de la cotisation foncière des entreprises. – V. CGI, art. 1449.
2018	8 oct.	Décret n° 2018-865. Fixation de la date limite de dépôt d'une demande de remboursement en France de crédit de taxe sur la valeur ajoutée par un assujetti établi dans un autre État membre de l'Union européenne. – V. CGI, Annexe II, art. 242-0 R.
2018	8 oct.	Décret n° 2018-866. Abrogation de l'article 178-0 *bis* C de l'annexe III au code général des impôts exigeant la production d'une attestation administrative certifiant la qualité de petite brasserie indépendante. – V. CGI, Annexe III, art. 178-0 *bis* C.
2018	12 oct.	Décision n° 2018-739 QPC. – Art. 1er. – V. CGI, art. 1740 A.
2018	23 oct.	Loi n° 2018-898. Lutte contre la fraude : – V. CGI, art. 39 *duodecies*, 39 *terdecies*, 119 *bis*, 125-0 A, 125 A, 145, 150 *ter*, 163 *quinquies* C, 163 *quinquies* C *bis*, 182 A *bis*, 182 A *ter*, 182 B, 187, 219, 238-0 A, 238 A, 242 *bis*, 244 *bis*, 244 *bis* B, 283 *bis*, 293 A *ter*, 575 I, 792-0 *bis*, 1649 A, 1649 *quater* A *bis*, 1729 A *bis*, 1731 *ter*, 1736, 1740 A *bis*, 1741, 1753, 1791 *ter*, 1795. – V. L. n° 2016-1917 du 29 déc. 2016, art. 109, App., **p. 3620.**
2018	23 oct.	Arrêté. Modification de l'arrêté du 26 décembre 2007 modifiant l'article 56 AJ de l'annexe IV au code général des impôts et fixant le contenu des déclarations de livraisons de tabac des fournisseurs aux débits de tabac. – V. CGI, Annexe IV, art. 56 AJ.

2018	6 nov.	Directive (UE) 2018/1695. Modification de la directive 2006/112/CE relative au système commun de taxe sur la valeur ajoutée en ce qui concerne la période d'application du mécanisme facultatif d'autoliquidation aux livraisons de certains biens et prestations de certains services présentant un risque de fraude et du mécanisme de réaction rapide contre la fraude à la TVA. – V. Dir. n° 2006/112/CE du 28 nov. 2006, art. 199 *bis*, 199 *ter*, 395, App., **p. 3449.**
2018	6 nov.	Directive (UE) 2018/1713. Modification de la directive 2006/112/CE en ce qui concerne les taux de taxe sur la valeur ajoutée appliqués aux livres, journaux et périodiques. – V. Dir. n° 2006/112/CE du 28 nov. 2006, art. 98, 99, Ann. III, App., **p. 3429.**
2018	9 nov.	Arrêté. Modification de l'article 60 de l'annexe IV au code général des impôts. – V. CGI, Annexe IV, art. 60.
2018	23 nov.	Loi n° 2018-1021. Évolution du logement, de l'aménagement et du numérique. – V. CGI, art. 31, 150 U, 156, 207, 210 E, 278 *sexies*, 881 L, 1042, 1396, 1594 H-0 *bis*, 1649 *quater*-0 B *bis*.
2018	26 nov.	Ordonnance n° 2018-1074. Partie législative du code de la commande publique. – V. Ord. n° 2015-899 du 23 juill. 2015, App., **p. 3608.**
2018	28 nov.	Arrêté. Application du régime spécial mentionné à l'article 298 *sexdecies* F du code général des impôts applicable aux prestations de télécommunications, aux services de radiodiffusion et de télévision et aux services fournis par voie électronique. – V. CGI, Annexe IV, art. 50 *sexies* J.
2018	4 déc.	Directive (UE) 2018/1910. Modification de la directive 2006/112/CE en ce qui concerne l'harmonisation et la simplification de certaines règles dans le système de taxe sur la valeur ajoutée pour la taxation des échanges entre les États membres. – V. Dir. n° 2006/112/CE du 28 nov. 2006, art. 17 *bis*, 36 *bis*, 138, 243, 262, 403, 404, App., **p. 3414.**
2018	4 déc.	Règlement d'exécution (UE) 2018/1912. Modification du règlement d'exécution (UE) n° 282/2011 en ce qui concerne certaines exonérations liées aux opérations intracommunautaires. – V. Règl. d'ex. (UE) n° 282/2011 du 15 mars 2011, art. 45 *bis*, 54 *bis*, App., **p. 3534.**
2018	5 déc.	Décret n° 2018-1092. Mise à jour annuelle des tarifs et des valeurs locatives des locaux professionnels pris pour l'application de l'article 1518 *ter* du code général des impôts. – V. CGI, Annexe II, art. 334 A.
2018	10 déc.	Arrêté. Fixation pour 2019 du tarif des droits d'accises sur les alcools et les boissons alcooliques prévus aux articles 317, 402 *bis*, 403, 438 et 520 A du code général des impôts, du tarif des contributions prévues aux articles 1613 *ter* et 1613 *quater* du code général des impôts, ainsi que du tarif de la cotisation prévue à l'article L. 245-9 du code de la sécurité sociale. – V. CGI, art. 317, 402 bis, 403, 438, 520 A, 1613 ter (tableau), 1613 *quater*.
2018	20 déc.	Directive (UE) 2018/2057. Modification de la directive 2006/112/CE relative au système commun de taxe sur la valeur ajoutée en ce qui

		concerne l'application temporaire d'un mécanisme d'autoliquidation généralisé pour les livraisons de biens et prestations de services dépassant un certain seuil. – V. Dir. n° 2006/112/CE du 28 nov. 2006, art. 199 *quater*, App., **p. 3450.**
2018	22 déc.	Loi n° 2018-1203. De financement de la sécurité sociale pour 2019 : – V. CGI, art. 150-0 B *quinquies*, 167 *bis*, 231, 235 *ter*, 1600-0 F *bis*, 1600-0 S, 1635 *bis* AE. – V. Ord. n° 96-50 du 24 janv. 1996, art. 15, 16, App., **p. 3394.** – V. L. n° 2013-1279 du 29 déc. 2013, art. 9, App., **p. 3596.**
2018	24 déc.	Loi n° 2018-1213. Mesures d'urgence économiques et sociales. – V. CGI, art. 81 *quater*, 154 *quinquies*, 1417.
2018	26 déc.	Décret n° 2018-1260. Application de l'article 302 *decies* du code général des impôts relatif à la désignation d'un représentant fiscal unique pour les professionnels non établis en France et débiteurs de la retenue à la source de l'impôt sur le revenu. – V. CGI, Annexe III, art. 111 *quinquies*.
2018	26 déc.	Décret n° 2018-1261. Fixation pour l'année 2018 du taux des abattements des bases d'impositions directes locales dont bénéficie La Poste au titre de sa mission d'aménagement du territoire. – V. CGI, Annexe III, art. 344 *quindecies*.
2018	26 déc.	Décret n° 2018-1267. Application du deuxième alinéa de l'article 1649 A du code général des impôts relatif à l'obligation de déclarer les comptes ouverts, détenus, utilisés ou clos à l'étranger. – V. CGI, Annexe III, art. 344 A, 344 B.
2018	26 déc.	Décret n° 2018-1301. Abrogation de l'article 313 AV de l'annexe III au code général des impôts relatif aux modalités d'acquittement des droits d'inscription à certains examens. – V. CGI, Annexe III, art. 313 AV.
2018	27 déc.	Loi n° 2018-1244. Facilitation de la sortie de l'indivision successorale et relancement de la politique du logement en outre-mer. – V. CGI, art. 750 *bis* C.
2018	27 déc.	Décret n° 2018-1302. Modification de l'article 313 BA de l'annexe III au code général des impôts relatif aux modalités d'acquittement du droit de timbre relatif à la délivrance des passeports. – V. CGI, Annexe III, art. 313 BA.
2018	27 déc.	Arrêté. Application de l'article 242 *bis* du code général des impôts. – V. CGI, Annexe IV, art. 23 L *sexies* à 23 L *undecies*.
2018	28 déc.	Loi n° 2018-1317. De finances pour 2019 : – V. CGI, art. 13, 38, 39, 39 A, 39 *quinquies* A, 39 *quinquies* H, 39 *decies* A à 39 *decies* D, 39 *terdecies*, 40 *sexies*, 44 *sexies*-0 A, 44 *sexies* A, 44 *octies* A, 44 *duodecies*, 44 *terdecies*, 44 *quaterdecies*, 44 *quindecies*, 44 *sexdecies*, 44 *septdecies*, 54 *septies*, 71, 72 B *bis*, 72 D, 72 D *bis*, 72 D *ter*, 72 D *quater*, 73, 73 B, 73 E, 75-0 C, 75, 80 *duodecies*, 80 *quindecies*, 81, 83, 93, 93 *quater*, 112, 119 *bis* A, 145, 150-0 A, 150-0 B *ter*, 150 U, 150 UA, 150 VH *bis*, 154, 154 *bis*, 154 *bis*-0 A, 155 B, 156, 157, 157 *bis*, 158, 163 *bis* G, 163 *quatervicies*, 167 *bis*, 168, 182 A, 182 A *bis*,

		196 B, 197, 197 A, 197 B, 199 *ter* B, 199 *ter* C, 199 *ter* D, 199 *undecies* B, 199 *undecies* C, 199 *undecies* E, 199 *terdecies*-0 A, 199 *terdecies*-0 C, 199 *sexvicies*, 199 *novovicies*, 200, 200 *quater*, 200 *undecies*, 200 A, 200 C, 201, 204 A, 204 G, 204 H, 204 J, 205 A, 207, 208 C, 209, 209-0 A, 209-0 B, 210 B, 212, 212 *bis*, 216, 217 *undecies*, 217 *duodecies*, 217 *terdecies*, 219, 219 *quater*, 220 C, 220 Z *quinquies*, 220 *quinquies*, 220 *octies*, 220 *nonies*, 220 *undecies* A, 220 *terdecies*, 220 *quaterdecies*, 220 *quindecies*, 221 *bis*, 223 B, 223 B *bis*, 223 C, 223 D, 223 F, 223 H, 223 I, 223 L, 223 O, 223 Q, 223 R, 223 S, 231, 231 *ter*, 235 *ter* ZD, 235 *ter* ZD *ter*, 238, 238 *bis*, 238 *bis* G, 239, 242 *sexies*, 242 *septies*, 244 *bis* A, 244 *quater* B, 244 *quater* C, 244 *quater* E, 244 *quater* M, 244 *quater* O, 244 *quater* Q, 244 *quater* U, 244 *quater* W, 244 *quater* X, 247, 256 *ter*, 259 D, 261, 266, 271, 277 A, 278-0 *bis*, 279, 284, 287, 289-0, 292, 295, 295 A, 296 *ter*, 298 nouv., 298 *bis*, 298 *sexdecies* F, 302 *bis* F, 302 *bis* KA, 302 *bis* KD, 302 *bis* KG, 302 *bis* ZG, 302 *nonies*, 302 *decies*, 422, 520 A, 527, 553, 568, 575 A, 575 C, 575 E *bis*, 787 B, 793 *bis*, 795, 795 A, 809, 810, 810 *bis*, 810 *ter*, 811, 812, 814 C, 816, 816 A, 825, 827, 828, 881 D, 973, 974, 978, 979, 981, 995, 1001, 1010, 1010 *ter*, 1011 *bis*, 1012, 1013, 1051, 1133 *bis*, 1379, 1379-0 *bis*, 1382, 1382 G, 1383 C *ter*, 1383 J, 1384 A, 1388 *bis*, 1388 *quinquies*, 1394, 1395 H, 1406, 1414 A, 1417, 1449, 1461, 1463 B, 1464 D, 1464 I, 1464 I *bis*, 1465 A, 1466 A, 1466 B *bis*, 1466 F, 1468, 1499-00 A, 1500, 1517, 1518, 1518 A *sexies*, 1519 H, 1520, 1528, 1530 *bis*, 1582, 1586 *ter*, 1591, 1594 I *quater*, 1599 *ter* A, 1599 *ter* D, 1599 *ter* E à 1599 *ter* M, 1599 *quater* B, 1599 *quater* C, 1600, 1601-0 A, 1605, 1606, 1609 *quinquies* C, 1609 *nonies* C, 1609 *decies*, 1609 *undecies*, 1609 *duodecies*, 1609 *terdecies* à 1609 *quindecies*, 1609 *vicies*, 1609 *quatervicies*, 1609 *quinvicies*, 1609 *novovicies*, 1609 *tricies*, 1609 *quintricies*, 1609 *sextricies*, 1613 *ter*, 1613 *quater*, 1618 *septies*, 1619, 1635 *sexies*, 1636 B *undecies*, 1639 A *ter*, 1640, 1641, 1647, 1647 C *septies*, 1647 D, 1648 A, 1649 AB, 1649 *bis* C, 1649 *quater* B *quater*, 1649 *quater* BA, 1649 *nonies* A, 1651, 1651 H, 1655 *sexies*, 1655 *septies*, 1663 C, 1665 *bis*, 1668, 1679 A, 1679 *septies*, 1680, 1681 F, 1681 *sexies*, 1693 *quinquies*, 1695, 1698 A, 1698 D, 1698 *quater*, 1727-0 A, 1729 B, 1731-0 A, 1731 A, 1731 *bis*, 1736, 1740, 1740-00 A, 1740-00 AB, 1740-0 A, 1740-0 C, 1740 A, 1763, 1790, 1804. — V. CGI, Annexe III, art. 331 L, 331 M. — V. CGI, Annexe IV, art. 18.
2019	30 janv.	Décret n° 2019-56. Substitution de la dénomination « CMA France » à la dénomination « assemblée permanente des chambres de métiers et de l'artisanat ». — V. CGI, art. 1601, 1601-0 A (tableau), 1602 A.
2019	11 févr.	Décret n° 2019-88. Fixation des conditions de ressources pour le bénéfice du crédit d'impôt pour la transition énergétique au titre des coûts de dépose de cuve à fioul et de pose d'équipements de chauffage et de production d'eau chaude sanitaire utilisant des énergies renouvelables. *— V. CGI, Annexe III,* art. 46 AX bis.
2019	18 févr.	Directive (UE) 2019/475. Modification des directives 2006/112/CE et 2008/118/CE en ce qui concerne l'inclusion de la municipalité italienne de Campione d'Italia et des eaux italiennes du lac de Lugano

		dans le territoire douanier de l'Union et dans le champ d'application territorial de la directive 2008/118/CE. – V. Dir. n° 2006/112/CE du 28 nov. 2006, art. 6, App., **p. 3412.**
2019	1er mars	Arrêté. Application de l'article 200 *quater* du code général des impôts relatif au crédit d'impôt sur le revenu pour la transition énergétique. – V. CGI, Annexe IV, art. 18 *bis*.
2019	11 mars	Arrêté. Fixation du barème forfaitaire permettant l'évaluation des frais de déplacement relatifs à l'utilisation d'un véhicule par les bénéficiaires de traitements et salaires optant pour le régime des frais réels déductibles. – V. CGI, Annexe IV, art. 6 B (tableaux).
2019	23 mars	Loi n° 2019-222. De programmation 2018-2022 et de réforme pour la justice. – V. CGI, art. 847 *bis*, 1119.
2019	26 mars	Décret n° 2019-232. Conditions d'application de la réduction d'impôt sur le revenu au titre de l'investissement locatif prévue au 5° du B du I de l'article 199 *novovicies* du code général des impôts. – V. CGI, Annexe III, art. 2 *quindecies* B, 46 AZA *octies*-0 A, 46 AZA *octies*-0 AA, 46 AZA *undecies*.
2019	26 mars	Arrêté. Liste des communes ouvrant droit à la réduction d'impôt prévue au 5° du B du I de l'article 199 *novovicies* du code général des impôts. – V. CGI, Annexe IV, art. 18-0 *bis* D.
2019	12 avr.	Décret n° 2019-316. Actualisation de la liste des récompenses internationales de niveau équivalent au prix Nobel pour l'application de l'article 92 A du code général des impôts. – V. CGI, Annexe II, art. 39 A.
2019	24 avr.	Arrêté. Déconcentration de la procédure prévue à l'article 795 A du code général des impôts. – V. CGI, Annexe IV, art. 170 *ter*.
2019	14 mai	Arrêté. Modification des critères de déconcentration des procédures d'agrément prévues à l'article 44 *septies*, au II de l'article 209 et à l'article 1465 du code général des impôts. – V. CGI, Annexe IV, art. 170 *quinquies*, 170 *sexies*, 170 *septies* F, 170 *octies*.
2019	22 mai	Loi n° 2019-486. Croissance et transformation des entreprises : – V. CGI, art. 39 *duodecies*, 44 *octies* A, 44 *quindecies*, 80 *sexdecies*, 81, 117 *bis*, 120, 125-0 A, 150-0 A, 150-0 D, 150 VH *bis*, 157, 163 *bis* AA, 163 *bis* G, 199 *novovicies*, 201, 210 *sexies*, 223 B, 235 *bis*, 239 *bis* AB, 244 *quater* E, 302 *bis* ZH, 302 *bis* ZJ, 302 *bis* ZK, 787 B, 797 A, 1417, 1451, 1464 E, 1466 A, 1609 *quinvicies*, 1609 *novovicies*, 1609 *tricies*, 1647 C *septies*, 1649 AB, 1765, 1929 *quater*. – V. CGI, Annexe II, art. 91 *quater* K (note). – V. Ord. n° 96-50 du 24 janv. 1996, art. 18 nouv., 19, App., **p. 3396.** – V. L. n° 2013-1279 du 29 déc. 2013, art. 9, App. **p. 3596.**
2019	24 mai	Décret n° 2019-517. Application de l'article L. 2333-97 du code général des collectivités territoriales. – V. CGI, Annexe III, art. 326.
2019	27 mai	Décret n° 2019-531. Modalités de transmission à l'administration fiscale sur un support électronique des informations relatives aux dons et

		versements effectués par une entreprise pour un montant de plus de 10 000 € au cours d'un exercice en application de l'article 149 de la loi n° 2018-1317 du 28 décembre 2018 de finances pour 2019. – V. CGI, Annexe III, art. 49 *septies* X.
2019	3 juin	Ordonnance n° 2019-552. Diverses dispositions relatives au groupe SNCF. – V. CGI, art. 1518 D.
2019	6 juin	Décret n° 2019-559. Incorporation au code général des impôts de divers textes modifiant et complétant certaines dispositions de ce code : – V. CGI, art. 39, 44 *octies*, 81, 83, 150-0 B *quinquies*, 156, 157 *bis*, 158, 167 *bis*, 168, 197, 199 *ter* C, 199 *ter* R, 199 *undecies* A, 199 *undecies* B, 200, 204 H, 206, 220 Y, 223 O, 231, 234, 242 *ter*, 244 *quater* T, 244 *quater* W, 261, 302 *bis* K, 302 *bis* ZG, 302 *bis* ZI, 402 *bis*, 403, 438, 520 A, 1052, 1414 A, 1417, 1466 A, 1518 *bis*, 1519, 1519 A, 1519 B, 1519 D à 1519 HA, 1586 *nonies*, 1587, 1599 *ter* A, 1599 *ter* K, 1599 *quater* A, 1599 *quater* A *bis*, 1600-00 C, 1609 *quinvicies*, 1613 *bis*, 1613 *ter*, 1613 *quater*, 1639 A *ter*, 1640, 1647 D, 1668, 1679 A, 1736, 1740-00 A, 1753. – V. CGI, Annexe II, art. 16, 46, 102 Z, 143, 144, 163 *undecies* A, 171 AX, 171 AY, 171 BL, 202 A, 286 I, 286 J, 294 *bis*. – V. CGI, Annexe III, art. 2 *duodecies*, 2 *terdecies*, 2 *terdecies* A, 2 *terdecies* B, 2 *terdecies* C, 2 *terdecies* D, 2 *terdecies* F, 2 *terdecies* G, 10 G *bis*, 10 G *ter*, 38 *quindecies*, 38 *sexdecies* J, 46 AG *duodecies*, 46 AI *septies*, 49 ZA, 49 ZB, 49 *septies* YJ à 49 *septies* YO, 49 *septies* ZD, 49 *septies* ZY, 49 *septies* ZZ, 58 P, 111-0 B, 111 H *ter*, 111 H *quater*, 313 BR à 313 BRB, 315 *quindecies*, 321 H, 322 Q, 328 Q, 331 A, 331 L, 331 M, 333 H *bis* à 333 H *quinquies*, 344 B, 348 C, 350 *decies*, 381 K, 381 XA, 406 *undecies* A, 406 *duodecies*.
2019	6 juin	Arrêté. Incorporation à l'annexe IV au code général des impôts de divers textes modifiant et complétant certaines dispositions de cette annexe. – V. CGI, Annexe IV, art. 01 *bis*, 17 D, 18, 23 L *octies*, 56 AJ, 159 AA, 159 AD, 188 K.
2019	13 juin	Décret n° 2019-583. Application des articles 199 *undecies* C, 217 *duodecies*, 220 Z *quinquies*, 242 *sexies* et 244 *quater* X du code général des impôts relatifs aux aides fiscales à l'investissement outre-mer dans le secteur du logement social. – V. CGI, Annexe III, art. 46 AG *sexdecies*, 46 *quaterdecies* Y, 49 *septies* ZZT, 49 *septies* ZZU, 49 *septies* ZZV, 49 *septies* ZZW.
2019	13 juin	Décret n° 2019-584. Obligations déclaratives des administrateurs de trusts : – V. CGI, Annexe II, art. 369, 369 A, 369 B. – V. CGI, Annexe III, art. 344 G *sexies* à 344 G *octies*.
2019	*14 juin*	*Décret n° 2019-594*. Application des articles 32 et 34 de la loi n° 2018-1317 du 28 décembre 2018 de finances pour 2019. – V. CGI, Annexe III, art. 46 *quater*-0 BA, 46 *quater*-0 ZD, 46 *quater*-0 ZG, 46 *quater*-0 ZH, 46 *quater*-0 ZL.

2019	18 juin	Décret n° 2019-607. Modification du décret n° 2016-1209 du 7 septembre 2016 relatif au crédit d'impôt au titre des dépenses de création, d'exploitation et de numérisation d'un spectacle vivant musical ou de variétés prévu à l'article 220 *quindecies* du code général des impôts : – V. CGI, Annexe III, art. 46 *quater*-0 ZY *nonies*. – V. Décr. n° 2016-1209 du 7 sept. 2016, art. 2, 4 à 9, App., **p. 3611.**
2019	25 juin	Arrêté. Modification de l'article 121 KM de l'annexe IV au code général des impôts. – V. CGI, Annexe IV, art. 121 KM.
2019	27 juin	Décret n° 2019-653. Obligations déclaratives en matière de transmission d'entreprises bénéficiant des exonérations partielles des droits de mutation à titre gratuit prévues aux articles 787 B et 787 C du code général des impôts. – V. CGI, Annexe II, art. 294 *bis*, 294 *ter*, 294 *quater*.
2019	27 juin	Décret n° 2019-654. Application du droit de renonciation à l'option pour l'impôt sur les sociétés prévu aux articles 239 et 1655 *sexies* du code général des impôts. – V. CGI, Annexe III, art. 350 F, 350 *bis*.
2019	27 juin	Décret n° 2019-656. Obligations déclaratives incombant aux redevables personnes physiques réalisant, directement ou par personnes interposées, à titre occasionnel, des cessions d'actifs numériques en application du B du V de l'article 150 VH *bis* du code général des impôts ainsi qu'aux détenteurs de comptes d'actifs numériques ouverts dans des établissements situés à l'étranger en application du dernier alinéa de l'article 1649 *bis* C du code général des impôts. – V. CGI, Annexe III, art. 41 *duovicies* J, 41 *duovicies* K, 344 G *decies*, 344 G *undecies*.
2019	27 juin	Arrêté. Abrogation des articles 22 et 23 de l'annexe IV au code général des impôts. – V. CGI, art. 239.
2019	28 juin	Décret n° 2019-683. Seuil de publicité obligatoire du privilège du Trésor pour les créances mentionnées à l'article 1929 *quater* du code général des impôts et aux articles 379 et 379 *bis* du code des douanes. – V. CGI, Annexe III, art. 416 *bis*.
2019	3 juill.	Ordonnance n° 2019-697. Régimes professionnels de retraite supplémentaire. – V. CGI, art. 81.
2019	3 juill.	Ordonnance n° 2019-698. Mise en cohérence des dispositions législatives des codes et lois avec celles du code de commerce dans leur rédaction résultant de l'ordonnance n° 2019-359 du 24 avril 2019 portant refonte du titre IV du livre IV du code de commerce relatif à la transparence, aux pratiques restrictives de concurrence et aux autres pratiques prohibées. – V. CGI, art. 237 *sexies*, 1751.
2019	17 juill.	Ordonnance n° 2019-770. Partie législative du livre VIII du code de la construction et de l'habitation : – V. CGI, art. 81, 150 U, 207, 210 F, 234 *nonies*, 278 *sexies*, 881 C, 1051, 1383 E, 1384 A, 1384 C, 1388 *bis*, 1586 B, 1609 *nonies* G. – V. Ord. n° 96-50 du 24 janv. 1996, art. 14, App., **p. 3394.**
2019	23 juill.	Arrêté. Tarifs de la taxe minière sur l'or en Guyane pour l'année 2019. – V. CGI, Annexe IV, art. 155 *bis* A, **p. 3210.**

2019	24 juill.	Loi n° 2019-759. Création d'une taxe sur les services numériques et modification de la trajectoire de baisse de l'impôt sur les sociétés. – V. CGI, art. 219, 299 à 300, 302 *decies*, 1693 *quater* à 1693 *quater* B.
2019	24 juill.	Ordonnance n° 2019-766. Réforme de l'épargne retraite : – V. CGI, art. 81, 83, 125-0 A, 150-0 A, 154 *bis*, 154 *bis*-0 A, 154 *bis* A, 154 *quinquies*, 158, 163 *bis*, 163 *bis* AA, 163 *bis* B, 163 *quatervicies*, 163 *quinvicies*, 204 D, 757 B, 990 I, 1417. – V. L. n° 2016-1917 du 29 déc. 2016, art. 60, App., **p. 3615.**
2019	24 juill.	Décret n° 2019-772. Partie réglementaire du livre VIII du code de la construction et de l'habitation. – V. CGI, Annexe III, art. 315-0 *bis*, 322 *ter*.
2019	24 juill.	Loi n° 2019-773. Création de l'Office français de la biodiversité et de la chasse, modification des missions des fédérations des chasseurs et renforcement de la police de l'environnement. – V. CGI, art. 1519 C, 1635 *bis* N.
2019	30 juill.	Décret n° 2019-807. Réforme de l'épargne retraite. – V. CGI, Annexe III, art. 41 ND *ter*, 41 ZZ *quater*.
2019	1er août	Loi n° 2019-809. Adaptation de l'organisation des communes nouvelles à la diversité des territoires. – V. CGI, art. 44 *sexdecies*, 302 *bis* ZG.
2019	4 août	Loi n° 2019-809. Adaptation de l'organisation des communes nouvelles à la diversité des territoires. – V. CGI, art. 44 *sexdecies*.
2019	19 août	Décret n° 2019-839. Avances remboursables sans intérêt destinées au financement de travaux de rénovation afin d'améliorer la performance énergétique des logements anciens. – V. CGI, Annexe III, art. 49 *septies* ZZB *bis*.
2019	21 août	Décret n° 2019-868. Modalités d'imposition des plus-values de cession de valeurs mobilières et de droits sociaux en cas de transfert du domicile hors de France : – V. CGI, Annexe II, art. 91 *undecies* à 91 *vicies*. – V. CGI, Annexe III, art. 41 *tervicies* à 41 *tervicies* L.
2019	26 août	Arrêté. Taux de la contribution de solidarité territoriale pour l'année 2019. – V. CGI, Annexe IV, art. 50 *quaterdecies* B.
2019	26 août	Arrêté. Taux de la taxe sur le résultat des entreprises ferroviaires pour l'année 2019. – V. CGI, Annexe IV, art. 23 M *bis*.
2019	16 sept.	Arrêté. Fixation pour 2019 du montant des contributions mentionnées à l'article 1622 du code général des impôts – V. CGI, art. 1622 (note).
2019	18 sept.	Ordonnance n° 2019-964. Application de la loi n° 2019-222 du 23 mars 2019 de programmation 2018-2022 et de réforme pour la jus*tice. – V.* CGI, art. 862, 1691 bis, 1894.
2019	18 sept.	Décret n° 2019-966. Substitution du tribunal judiciaire au tribunal de grande instance et au tribunal d'instance en application de l'article 95 de la loi n° 2019-222 du 23 mars 2019 de programmation 2018-2022

		et de réforme pour la justice et diverses dispositions relatives à l'organisation judiciaire et modifiant l'annexe du décret n° 2019-913 du 30 août 2019 pris en application de l'article 95 de la loi n° 2019-222 du 23 mars 2019 de programmation (2018-2022) et de réforme pour la justice : – V. CGI, Annexe II, art. 371 AI, 396 *bis*. – V. CGI, Annexe III, art. 406 A 16.
2019	2 oct.	Ordonnance n° 2019-1015. Réforme de la régulation des jeux d'argent et de hasard. – V. CGI, art. 302 *bis* ZN.
2019	10 oct.	Arrêté. Extension du délai d'émission du bordereau de vente à l'exportation (BVE). – V. CGI, Annexe IV, art. 24 *bis*.
2019	18 oct.	Loi n° 2019-1063. Modernisation de la distribution de la presse. – V. CGI, art. 199 *undecies* B, 298 *undecies*, 302 *bis* KH, 1458 *bis*, 1635 *sexies*.
2019	21 oct.	Ordonnance n° 2019-1067. Modification des dispositions relatives aux offres au public de titres. – V. CGI, art. 39, 199 *undecies* A, 210 E, 210 F, 239 *septies*.
2019	21 oct.	Ordonnance n° 2019-1068. Échange automatique et obligatoire d'informations dans le domaine fiscal en rapport avec les dispositifs transfrontières devant faire l'objet d'une déclaration. – V. CGI, art. 1649 AD à 1649 AH, 1729 C *ter*.
2019	21 oct.	Décret n° 2019-1072. Modification de l'article 344-0 B de l'annexe III au code général des impôts relatif au lieu de dépôt des déclarations fiscales pour les contribuables relevant de la direction des grandes entreprises de la direction générale des finances publiques. – V. CGI, Annexe III, art. 344-0 B.
2019	30 oct.	Loi n° 2019-1100. Création du Centre national de la musique. – V. CGI, art. 278-0 *bis*.
2019	7 nov.	Décret n° 2019-1142. Actualisation des obligations déclaratives afférentes au régime du report d'imposition prévu à l'article 150-0 B *ter* du code général des impôts : – V. CGI, Annexe II, art. 74-0 K à 74-0 L *bis*. – V. CGI, Annexe III, art. 41 *quatervicies* à 41 *quinvicies*.
2019	8 nov.	Loi n° 2019-1147. Énergie et climat. – V. CGI, art. 1519 HA.
2019	8 nov.	Arrêté. Modification de l'article 56 AJ de l'annexe IV au code général des impôts. – V. CGI, Annexe IV, art. 56 AJ.
2019	13 nov.	Ordonnance n° 2019-1169. Marques de produits ou de services. – V. CGI, art. 92, 182 B *bis*.
2019	13 nov.	Arrêté. Modification de la liste des produits repris à l'article 50 *duodecies* de l'annexe IV au code général des impôts. – V. CGI, Annexe IV, art. 50 *duodecies* (tableau).
2019	21 nov.	Directive (UE) 2019/1995. Modification de la directive 2006/112/CE en ce qui concerne les dispositions relatives aux ventes à distance de

		biens et à certaines livraisons intérieures de biens. – V. Dir. n° 2006/112/CE du 28 nov. 2006, art. 36 *ter*, 66 *bis*, 136 *bis*, 169, 204, 272, 369 *bis* nouv., 369 *ter* nouv., 369 *sexies* à 369 *octies* nouv., App., **p. 3419.**
2019	21 nov.	Règlement d'exécution (UE) 2019/2026. Modification du règlement d'exécution (UE) n° 282/2011 en ce qui concerne les livraisons de biens ou les prestations de services facilitées par des interfaces électroniques et les régimes particuliers applicables aux assujettis qui fournissent des services à des personnes non assujetties et effectuent des ventes à distance de biens et certaines livraisons intérieures de biens. – V. Règl. d'ex. (UE) n° 282/2011 du 15 mars 2011, art. 5 *bis* nouv. à 5 *quinquies* nouv., 14, 41 *bis*, 54 *ter*, 54 *quater*, 57 *bis* nouv. à 63 *quinquies*, App., **p. 3521.**
2019	27 nov.	Ordonnance n° 2019-1234. Rémunération des mandataires sociaux des sociétés cotées. – V. CGI, art. 39.
2019	28 nov.	Décret n° 2019-1255. Complément aux obligations déclaratives relatives à la réduction d'impôt sur le revenu prévue à l'article 199 *terdecies*-0 C du code général des impôts. – V. CGI, Annexe III, art. 46 AI *septies*.
2019	16 déc.	Directive (UE) 2019/2235. Modification de la directive 2006/112/CE relative au système commun de taxe sur la valeur ajoutée et de la directive 2008/118/CE relative au régime général d'accise en ce qui concerne l'effort de défense dans le cadre de l'Union. – Art. 1er et 3. – V. Dir. 2006/112/CE du 28 nov. 2006, art. 22, 143, 151, App., **p. 3416.**
2019	18 déc.	Décret n° 2019-1383. Déconcentration de décisions administratives individuelles dans le domaine des affaires sociales et de la santé. – V. CGI, Annexe III, art. 178 B, 178 C.
2019	18 déc.	Arrêté. Modification de l'article 60 de l'annexe IV au code général des impôts. – V. CGI, Annexe IV, art. 60.
2019	19 déc.	Arrêté. Fixation pour 2020 du tarif des droits d'accises sur les alcools et les boissons alcooliques prévus aux articles 317, 402 *bis*, 403, 438 et 520 A du code général des impôts, ainsi que le tarif de la cotisation prévue à l'article L. 245-9 du code de la sécurité sociale. – V. CGI, art. 402 *bis*, 403, 438, 520 A.
2019	20 déc.	Arrêté. Représentant fiscal pour la vente à distance de produits soumis à accise en provenance d'un autre État membre de l'Union européenne. – V. CGI, Annexe IV, art. 50-0 A *bis*.
2019	24 déc.	Loi n° 2019-1428. Orientation des mobilités. – V. CGI, art. 39 *decies* E, 81.
2019	*24 déc.*	Décret n° 2019-1445. Centre national de la musique. – V. Décr. n° 2016-1209 du 7 sept. 2016, art. 3, App., **p. 3612.**
2019	24 déc.	Loi n° 2019-1446. De financement de la sécurité sociale pour 2020. – V. CGI, art. 81, 1613 *bis*.

2019	27 déc.	Loi n° 2019-1461. Engagement dans la vie locale et à proximité de l'action publique. – V. CGI, art. 1609 *nonies* C, 1638 *quinquies*.
2019	28 déc.	Loi n° 2019-1479. De finances pour 2020 : – V. CGI, art. 4 B, 6, 31, 35 *bis*, 38, 39, 39 *decies* A, 39 *decies* C, 39 *decies* F, 39 *decies* G, 39 *duodecies*, 44 *sexies*-0 A, 44 *octies* A (note), 50-0, 54 *bis*, 64 *bis*, 69, 71, 72 E *bis*, 75-0 C, 76 *bis*, 80 *duodecies*, 80 *quindecies*, 81, 83, 87 A, 93, 93 A, 102 *ter*, 112, 115 *quinquies*, 119 *quinquies*, 125-0 A, 145, 150-0 A, 150-0 B *ter*, 150-0 D, 150 U, 155, 156, 157 *bis*, 158, 163 A, 163 *bis* G, 163 *quinquies*, 163 *quinquies* C, 168, 170, 170 *bis*, 171, 175, 182 A, 182 A *bis*, 182 A *ter*, 182 B, 187, 193, 195, 196 B, 197, 197 B, 199 *undecies* B, 199 *undecies* C, 199 *terdecies*-0 A, 199 *terdecies*-0 AA, 199 *terdecies*-0 AB, 199 *tervicies*, 199 *sexvicies*, 199 *novovicies*, 200,200 *quater*, 200-0 A, 200 A, 204 D, 204 H, 204 J, 205 B à 205 D, 206, 207, 209, 210-0 A, 210 F, 212, 212 *bis*, 217 *undecies*, 219, 220 *sexies*, 220 *octies*, 220 *quaterdecies*, 221, 223 B *bis*, 223 C, 223 I, 231, 231 *ter*, 234, 235 *quater*, 238, 238 *bis*, 238 *bis*-0 AB, 238 *bis* AB, 239 *bis* AB, 239 *octies*, 242 *ter* C, 244 *bis*, 244 *bis* A, 244 *bis* B, 244 *quater* B, 244 *quater* E, 244 *quater* M, 244 *quater* O, 244 *quater* U, 244 *quater* W, 244 *quater* X, 256, 256 *bis*, 257, 258, 258 A nouv., 258 B, 259 D, 261, 261 C, 262 *ter*, 269, 270, 271, 275, 277 A, 278-0 *bis*, 278 *bis*, 278 *sexies*, 278 *sexies*-0 A, 278 *sexies* A, 279, 279-0 *bis* A, 283, 283 *bis*, 284, 286 *ter*, 286 *ter* A, 286 *quater*, 286 *quinquies*, 287, 289-0, 289, 289 A, 289 B, 291, 291 *bis*, 292, 293 A, 293 A *ter*, 293 A *quater*, 293 B, 295, 296 *quater*, 298 nouv., 298 *sexdecies* F, 298 *sexdecies* G nouv., 298 *sexdecies* H, 298 *sexdecies* I, 298 *sexdecies* J, 298 *octodecies*, 302 *bis* K, 302 *bis* K *bis*, 302 *bis* S, 302 *bis* Y, 302 *bis* ZB, 302 *bis* ZB *bis*, 302 *bis* ZG, 302 *bis* ZJ à 302 *bis* ZL, 302 *septies* A, 302 *septies* A *bis*, 302 B, 302 C, 302 D *bis*, 302 K, 302 M *ter*, 302 M *quater*, 302 Q, 302 U *bis*, 302 V *bis*, 458, 514 *bis*, 564 *quinquies*, 568, 572, 575, 575 A, 575 B, 575 E, 575 E *bis*, 575 M, 635, 636, 637 *bis*, 638 A, 662, 730 *bis*, 732 *bis*, 733, 746, 790 G, 794, 800, 847, 848, 867, 953, 990 I (note), 991, 995, 1001, 1007 à 1008, 1010, 1010 *bis*, 1010 *ter*, 1011 nouv. à 1012 *quater* nouv., 1011 *bis*, 1011 *ter*, 1020, 1040, 1040 *bis*, 1052, 1080, 1087, 1379, 1379-0 *bis*, 1382-0, 1382, 1382 B à 1382 I, 1383 nouv., 1383-0 B, 1383-0 B *bis*, 1383 B, 1383 C à 1383 J, 1384 A, 1384 E, 1384 F, 1385, 1386, 1387, 1388-0, 1388 *ter*, 1388 *quinquies*, 1388 *quinquies* B, 1388 *quinquies* C, 1388 *sexies*, 1388 *octies*, 1391 A, 1391 B *ter*, 1391 C, 1391 E, 1396, 1406, 1407 à 1409, 1411, 1413 à 1414, 1414 B à 1414 D, 1415, 1417, 1418, 1458, 1461, 1463 A, 1463 B, 1464 F, 1464 G, 1465 A (note), 1466 A, 1466 D, 1466 F, 1468, 1494, 1496 (note), 1496 *ter*, 1497 (note), 1499-00 A, 1502, *1504*, *1507*, 1517, 1518 *bis* (note), 1518 *ter*, 1518 *quater*, 1518 A, 1518 A *ter*, 1518 A *quater*, 1518 A *quinquies*, 1518 A *sexies*, 1518 E, 1519 C, 1519 F, 1519 HA, 1519 HB, 1519 I, 1519 J, 1522, 1530 *bis*, 1585 I, 1586, 1586 *nonies*, 1586 A, 1586 B, 1599 *bis*, 1599 *ter* A, 1599 *ter* C, 1599 *ter* K, 1599 *quater* D, 1599 *quinquies* C, 1599 *terdecies*, 1599 *quaterdecies*, 1599 *quindecies* nouv., 1599 *sexdecies* à 1599 *novodecies* A, 1600-0 R *bis*, 1600, 1601 nouv., 1601-0 A, 1602 A, 1605, 1605 *bis*, 1607 *bis*, 1607 *ter*, 1609 B, 1609 C, 1609 D, 1609 G, 1609 *quater* (note), 1609 *nonies* C, 1609 *sexdecies* B, 1609 *tervicies*, 1609 *quatervicies*, 1609 *quatervicies* A, 1609 *quinvicies*, 1609 *sexvicies*, 1609

		octovicies, 1609 *novovicies*, 1609 *tricies*, 1609 *tertricies*, 1609 *sextricies*, 1609 *septricies*, 1628-0 *bis* nouv., 1635 *bis* M, 1635 *bis* N, 1635-0 *quinquies*, 1635 *sexies*, 1636 B *sexies*, 1636 B *sexies* nouv., 1636 B *sexies* A, 1636 B *septies*, 1636 B *octies*, 1636 B *octies* nouv., 1636 B *nonies*, 1636 B *decies*, 1638, 1638-0 *bis*, 1638 *quater*, 1639 A, 1639 A *bis* (note), 1639 A *ter*, 1639 A *quater*, 1640, 1640 D, 1640 G, 1640 H, 1641, 1647, 1648 A, 1649, 1649 *quater* B *quater*, 1650, 1650 A à 1650 C, 1654, 1656, 1656 *bis*, 1656 *quater*, 1657, 1665 *bis*, 1671, 1671 A, 1681 *ter*, 1681 *sexies*, 1681 *septies*, 1686, 1691 *bis*, 1691 *ter*, 1695, 1695 nouv., 1698 D, 1723 *ter*-0 B, 1723 *quindecies*, 1729 B, 1729 C, 1730, 1740 D, 1751 A, 1754, 1761 *bis*, 1770 *terdecies*, 1790, 1798 *bis*, 1816. — V. Ord. n° 96-50 du 24 janv. 1996, art. 18, 19, App., **p. 3396.**
2019	30 déc.	Décret n° 2019-1544. Fixation de la date d'entrée en vigueur du I de l'article 110 de la loi n° 2018-1317 du 28 décembre 2018 de finances pour 2019 modifiant l'article 220 *nonies* du code général des impôts. — V. CGI, art. 220 *nonies*.
2019	30 déc.	Décret n° 2019-1565. Modalités de déclaration en matière d'enregistrement. — V. CGI, art. 281 E, 281 N, 281 O.
2019	30 déc.	Arrêté. Application de l'article 242 *bis* du code général des impôts. — V. CGI, Annexe IV, art. 23 L *septies*, 23 L *octies*, 23 L *nonies* A.
2019	30 déc.	Arrêté. Application des articles 283 *bis* et 293 A *ter* du code général des impôts. — V. CGI, Annexe IV, art. 190 à 192 *bis*.
2020	13 janv.	Décret n° 2020-22. Mesure de déconcentration d'une décision administrative individuelle relevant d'un domaine de compétence du ministre de l'action et des comptes publics. — V. CGI, Annexe III, art. 111 I.
2020	13 janv.	Arrêté. Diverses mesures de déconcentration de décisions administratives individuelles dans les domaines de compétence du ministre de l'action et des comptes publics. — V. CGI, Annexe IV, art. 50-0 C, 56 J *quinquies*, 56 J *sexies*, 56 J *octies*, 56 J *nonies*, 56 J *undecies*, 56 J *duodecies*, 56 J *terdecies* à 56 J *terdecies* E, 170 *decies*.
2020	29 janv.	Ordonnance n° 2020-71. Réécriture des règles de construction et recodification du livre Ier du code de la construction et de l'habitation. — V. CGI, art. 31, 199 *septvicies*, 200 *quaterdecies*.
2020	30 janv.	Décret n° 2020-68. Déconcentration des décisions administratives individuelles dans les domaines de l'action et des comptes publics. — V. CGI, Annexe II, art. 202 E à 202 G, 202 L à 202 O, 275 *bis* F, 275 *ter* B à 275 *ter* E, 275 *ter* G, 289.
2020	31 janv.	Conseil constitutionnel, décision n° 2019-824 QPC. — V. CGI, art. 199 *octodecies*.
2020	10 févr.	Loi n° 2020-105. Lutte contre le gaspillage et économie circulaire. — V. CGI, art. 273 *septies* D.
2020	12 févr.	Ordonnance n° 2020-115. Renforcement du dispositif national de lutte contre le blanchiment de capitaux et le financement du terrorisme. — V. CGI, art. 1649 A, 1649 AB.

2020	12 févr.	Décret n° 2020-118. Renforcement du dispositif national de lutte contre le blanchiment de capitaux et le financement du terrorisme. – V. CGI, Annexe III, art. 344 A.
2020	13 févr.	Arrêté. Application des articles 199 *undecies* C, 200 *quater*, 244 *quater* U et 278-0 *bis* A du code général des impôts et de l'article 2 du décret n° 2020-26 du 14 janvier 2020 relatif à la prime de transition énergétique. – V. CGI, Annexe IV, art. 18 *bis*, 18 *quater*, 30-0 D.
2020	13 févr.	Décret n° 2020-122. Modification des obligations déclaratives relatives aux gains de cession de valeurs mobilières et de droits sociaux réalisés notamment dans le cadre d'un plan d'épargne en actions ou d'un plan d'épargne en actions destiné au financement des petites et moyennes entreprises et des entreprises de taille intermédiaire. – V. CGI, Annexe II, art. 74-0 E *bis*, 74-0 F, 74-0 J, 74-0 N, 74-0 Q, 91 *quater* G à 91 *quater* L.
2020	26 févr.	Arrêté. Fixation du barème forfaitaire permettant l'évaluation des frais de déplacement relatifs à l'utilisation d'un véhicule par les bénéficiaires de traitements et salaires optant pour le régime des frais réels déductibles. – V. CGI, Annexe IV, art. 6 B (tableaux).
2020	27 févr.	Décret n° 2020-169. Fixation d'une date à compter de laquelle les émissions de dioxyde de carbone utilisées pour les besoins de la fiscalité des véhicules de tourisme seront déterminées selon la procédure d'essai mondiale harmonisée - WLTP - pour les voitures particulières et véhicules utilitaires légers. – V. CGI, art. 39 (renvoi), 54 *bis* (renvoi), 93 (renvoi), 170 *bis* (renvoi), 199 *undecies* B, 217 *undecies* (renvoi), 244 *quater* W (renvoi), 1007 à 1008 (renvois), 1010 à 1010 *ter* (renvois), 1011 à 1012 *bis* (renvois).
2020	18 mars	Arrêté. Relèvement temporaire des plafonds de délégation de signature s'agissant des demandes de remboursement de crédit de taxe sur la valeur ajoutée et de remboursement de crédit d'impôt. – V. CGI, Annexe IV, art. 214.
2020	23 mars	Arrêté. Tarif de la contribution prévue au VII de l'article 302 *bis* K du code général des impôts. – V. CGI, Annexe IV, art. 50 *duodecies* B.
2020	24 mars	Arrêté. Application de l'article 298 *sexdecies* J du code général des impôts. – V. CGI, Annexe IV, art. 50 *sexies* M.
2020	25 mars	Ordonnance n° 2020-330. Mesures de continuité budgétaire, financière et fiscale des collectivités territoriales et des établissements publics locaux afin de faire face aux conséquences de l'épidémie de covid-19. – V. CGI, art. 1522 *bis*, 1594 E, 1639 A.
2020	26 mars	Décret n° 2020-338. Mentions obligatoires du document commercial pour la circulation des produits soumis à accise dans le cadre d'une vente à distance. – V. CGI, Annexe III, art. 111 H *septdecies*.

2020	10 avr.	Décret n° 2020-426. Conditions d'application de la réduction d'impôt sur le revenu au titre de l'investissement locatif prévue au 5° du B du I de l'article 199 *novovicies* du code général des impôts. – V. CGI, Annexe III, art. 2 *quindecies* B.
2020	10 avr.	Arrêté. Abrogation de l'article 18-0 *bis* D de l'annexe IV au code général des impôts. – V. CGI, Annexe IV, art. 18-0 *bis* D.
2020	24 avr.	Arrêté. Modification des articles 164 FB et suivants de l'annexe IV du code général des impôts. – V. CGI, Annexe IV, art. 164 FB à 164 FD.
2020	25 avr.	Loi n° 2020-473. De finances rectificative pour 2020. – V. CGI, art. 14 B, 39, 81 *quater*, 92 B, 93 A, 171, 200, 209, 278-0 *bis*, 900, 1635 *bis* N.
2020	27 avr.	Décret n° 2020-485. Cas dans lesquels l'administration ne met pas à la disposition des contribuables le document spécifique prévu au premier alinéa de l'article 171 du code général des impôts. – V. CGI, Annexe III, art. 46-0 A.
2020	28 avr.	Décret n° 2020-493. Liste des placements collectifs dont la gestion est exonérée de la taxe sur la valeur ajoutée en application de l'article 33 de la loi n° 2019-1479 du 28 décembre 2019. – V. CGI, Annexe III, art. 71.
2020	7 mai	Arrêté. Application du taux réduit de la taxe sur la valeur ajoutée aux masques de protection et produits destinés à l'hygiène corporelle adaptés à la lutte contre la propagation du virus covid-19. – V. CGI, Annexe IV, art. 30-0 E, 30-0 F.
2020	15 mai	Arrêté. Tarifs de la taxe sur les nuisances sonores aériennes applicables sur chaque aérodrome mentionné au IV de l'article 1609 *quatervicies* A du code général des impôts. – V. CGI, Annexe IV, art. 158 à 159 *bis* nouv.
2020	18 mai	Décret n° 2020-588. Modification des dispositions de l'article 41 DGA de l'annexe III au code général des impôts. – V. CGI, Annexe III, art. 41 DGA.
2020	22 mai	Décret n° 2020-621. Regroupement et mise en cohérence des dispositions du code de la sécurité sociale applicables aux travailleurs indépendants (décrets simples). – V. CGI, Annexe III, art. 41 DG *ter*.
2020	22 mai	Décret n° 2020-623. Application du régime spécial des fusions, scissions et apports partiels d'actif aux opérations entre certaines sociétés liées. – V. CGI, Annexe II, art. 301 F.
2020	3 juin	Décret n° 2020-674. Modification du décret n° 2014-812 du 16 juillet 2014 pris pour l'application du second alinéa du 2 de l'article 200 *quater* du code général des impôts et du dernier alinéa du 2 du I de *l'article 244 quater U* du code général des impôts. – V. CGI, Annexe III, art. 46 AX.
2020	3 juin	Arrêté. Modification de l'arrêté du 1er décembre 2015 relatif aux critères de qualifications requis pour le bénéfice du crédit d'impôt pour la

		transition énergétique et des avances remboursables sans intérêt destinées au financement de travaux de rénovation afin d'améliorer la performance énergétique des logements anciens. – V. CGI, Annexe IV, art. 18 *bis*.
2020	9 juin	Décret n° 2020-707. Procédure d'homologation du prix de vente au détail des tabacs manufacturés. – V. CGI, Annexe II, art. 284.
2020	10 juin	Loi n° 2020-699. Transparence de l'information sur les produits agricoles et alimentaires. – V. CGI, art. 407.
2020	15 juin	Décret n° 2020-731. Dispense de régularisation de la taxe sur la valeur ajoutée bénéficiant aux dons de biens invendus à des associations reconnues d'utilité publique. – V. CGI, Annexe III, art. 84 B.
2020	15 juill.	Arrêté. Modification de l'arrêté du 20 décembre 2019 portant organisation de la direction générale des finances publiques. – V. CGI, Annexe IV, art. 121 Z *sexies*.
2020	22 juill.	Décret n° 2020-897. Incorporation au code général des impôts de divers textes modifiant et complétant certaines dispositions de ce code : – V. CGI, art. 39 *decies* A, 42 *octies*, 50-0, 69, 71, 81, 83, 102 *ter*, 115 *quinquies*, 156, 157 *bis*, 158, 159 *quinquies*, 168, 197, 199 *undecies* A, 199 *undecies* C, 199 *septvicies*, 199 *novovicies*, 200, 208 *ter* B, 212 *bis*, 216, 217 *undecies*, 223 B *bis*, 231, 231 *ter*, 244 *quater* W, 244 *quater* X, 293 B, 296 *ter*, 302 *bis* K, 302 *bis* Z, 302 *bis* ZG, 302 *bis* ZI, 302 *bis* ZJ, 302 *septies* A, 302 *septies* A *bis*, 302 *decies*, 402 *bis*, 403, 438, 520 A, 1085, 1382, 1383, 1383 A, 1383 B, 1383 C, 1383 D, 1384 A, 1384 C, 1388 *quinquies*, 1389, 1417, 1466 A, 1519, 1519 A, 1519 B, 1519 D à 1519 HA, 1586 *nonies*, 1587, 1599 *bis*, 1599 *quater* A, 1599 *quater* A *bis*, 1599 *quater* B, 1599 *quater* C, 1600-00 C, 1613 *ter*, 1613 *quater*, 1639 A *quater*, 1640, 1647 D, 1649 A *ter*, 1679 A, 1764. – V. CGI, Annexe II, art. 39, 143, 144, 171 BE à 171 BH, 171 BK, 289, 294 *bis*, 306-0 F *bis*, 371 *ter* I à 371 *ter* K, 371 *ter* N à 371 *ter* S. – V. CGI, Annexe III, art. 2 *duodecies*, 2 *terdecies* à 2 *terdecies* E, 2 *terdecies* F, 2 *terdecies* G, 38 *sexdecies* S, 38 *sexdecies* T, 39, 41 *sexdecies* C, 41 DG *ter*, 41 ZZ *quater*, 46 AGL, 46 AG *duodecies*, 46 AG *sexdecies*, 46 AX *bis*, 46 AZA *octies*-0 A, 46 AZA *octies*-0 AA, 46 AZA *octies* A, 46-0 B *bis*, 46 *bis*, 46 *ter*, 46 *quater*-0 ZZ *bis* C, 46 *quater*-0 ZZ *bis* E, 46 *quater*-0 ZZ *quater*, 46 *quater*-0 ZZ *quinquies*, 46 *quindecies* QC, 49 *septies* ZZB, 49 *septies* ZZB *bis* (tableau), 49 *septies* ZZE, 49 *septies* ZZG, 49 *septies* ZZT, 58 P, 111-0 B, 281 *ter*, 313 BE, 315 *quater* à 315 *septies*, *321 H, 328 M*, 328 N, 331 N à 331 V, 344 undecies A (tableau), 344 I-0 *bis*, 406 *undecies*, 406 A 12, 416 *ter*.
2020	22 juill.	Arrêté. Incorporation à l'annexe IV au code général des impôts de divers textes modifiant et complétant certaines dispositions de cette annexe. – V. CGI, Annexe IV, art. 18-0 *bis* C, 18 *quater*, 31, 50-0 A *bis*, 56 AJ, 121 KA, 159 *ter* A.
2020	23 juill.	Arrêté. Application du taux réduit de la taxe sur la valeur ajoutée aux tenues de protection adaptées à la lutte contre la propagation du virus covid-19. – V. CGI, Annexe IV, art. 30-0 G.

2020	23 juill.	Arrêté. Abaissement du seuil des achats en détaxe. – V. CGI, Annexe IV, art. 24 *bis*.
2020	30 juill.	Loi n° 2020-935. De finances rectificative pour 2020. – V. CGI, art. 154 *bis* (renvoi), 154 *bis*-0 A (renvoi), 163 *quatervicies* (renvoi), 200 *sexdecies*, 220 F *bis*, 220 *quinquies* (renvoi), 220 *sexies* A, 220 *octies*, 220 *quindecies*, 223 O, 244 *quater* E, 302 D *bis* (renvoi), 575 I, 788, 790 A *bis*, 806, 1639 A *bis* (renvoi), 1649 AD (renvoi), 1649 AE, 1649 AF (renvoi), 1649 AG, 1649 AH (renvoi), 1650 (renvoi), 1798 *bis* (renvoi).
2020	7 août	Décret n° 2020-1012. Détermination du seuil du chiffre d'affaires caractérisant la première vente commerciale au sens de l'article 199 *terdecies*-0 AA du code général des impôts : – V. CGI, art. 199 *terdecies*-0 AA (renvoi). – V. CGI, Annexe III, art. 46 AI *quinquies* A.
2020	7 août	Décret n° 2020-1013. Liste des prestations et produits mentionnés au 2 de l'article 238 *bis* du code général des impôts en application de l'article 134 de la loi n° 2019-1479 du 28 décembre 2019 de finances pour 2020 : – V. CGI, art. 238 *bis* (renvoi). – V. CGI, Annexe III, art. 46 *quindecies* M, 46 *quindecies* O, 46 *quindecies* P, 49 *septies* XC.
2020	7 août	Décret n° 2020-1014. Date d'entrée en vigueur de certaines dispositions relatives à la réduction d'impôt pour souscription en numéraire au capital des petites et moyennes entreprises. – V. CGI, art. 199 *terdecies*-0 A (renvoi), 199 *terdecies*-0 AA (renvoi).
2020	18 août	Arrêté. Fixation pour l'année 2020 du montant des contributions mentionnées à l'article 1622 du code général des impôts. – V. CGI, art. 1622 (renvoi).
2020	28 août	Arrêté. Fixation du taux de la contribution de solidarité territoriale pour l'année 2020. – V. CGI, Annexe IV, art. 50 *quaterdecies* B.
2020	28 août	Arrêté. Fixation du taux de la taxe sur le résultat des entreprises ferroviaires pour l'année 2020. – V. CGI, Annexe IV, art. 23 M *bis*.
2020	8 sept.	Arrêté. Fixation des tarifs de la taxe minière sur l'or en Guyane pour l'année 2020. – V. CGI, Annexe IV, art. 155 *bis* A.
2020	16 sept.	Ordonnance n° 2020-1142. Création, au sein du code de commerce, d'un chapitre relatif aux sociétés dont les titres sont admis aux négociations sur un marché réglementé ou sur un système multilatéral de négociation. – V. CGI, art. 39, 80 *quaterdecies*, 150-0 D, 182 A *ter*, 217 *quinquies*, 223 A.
2020	16 sept.	Ordonnance n° 2020-1144. Harmonisation et simplification des polices des immeubles, locaux et installations. – V. CGI, art. 199 *undecies* A.
2020	21 sept.	Arrêté. Lieu d'imposition des agents des collectivités territoriales et de la fonction publique hospitalière qui exercent leurs fonctions ou sont chargés de mission dans un pays étranger. – V. CGI, Annexe IV, art. 01.

2020	23 sept.	Arrêté. Actualisation du seuil de dispense de l'obligation déclarative des contrats de prêts prévue à l'article 49 B de l'annexe III au code général des impôts. – V. CGI, Annexe IV, art. 23 L.
2020	29 sept.	Arrêté. Fraction minimale de personnes en situation de fragilité économique au sein des bénéficiaires des entreprises agréées « entreprise solidaire d'utilité sociale » recevant des souscriptions ouvrant droit à la réduction d'impôt prévue à l'article 199 *terdecies*-0 AB du code général des impôts et intervenant dans le secteur des services sociaux et d'insertion relatifs au logement social. – V. CGI, art. 199 *terdecies*-0 AB (renvoi).
2020	29 sept.	Arrêté. Fraction minimale de personnes en situation de fragilité économique au sein des bénéficiaires des entreprises agréées « entreprise solidaire d'utilité sociale » recevant des souscriptions ouvrant droit à la réduction d'impôt prévue à l'article 199 *terdecies*-0 AB du code général des impôts et intervenant dans le secteur des services sociaux relatifs à l'hébergement social de personnes âgées, dépendantes ou en perte d'autonomie. – V. CGI, art. 199 *terdecies*-0 AB (renvoi).
2020	29 sept.	Arrêté. Fraction minimale de personnes en situation de fragilité économique au sein des bénéficiaires des entreprises agréées « entreprise solidaire d'utilité sociale » recevant des souscriptions ouvrant droit à la réduction d'impôt prévue à l'article 199 *terdecies*-0 AB du code général des impôts et intervenant dans le secteur des services visant à installer ou maintenir des agriculteurs respectant les exigences des systèmes de production agro-écologiques. – V. CGI, art. 199 *terdecies*-0 AB (renvoi).
2020	29 sept.	Arrêté. Plafond du taux de rendement annuel du prix de cession des titres ou parts acquis lors des souscriptions ouvrant droit à la réduction d'impôt prévue à l'article 199 *terdecies*-0 AB du code général des impôts. – V. CGI, art. 199 *terdecies*-0 AB (renvoi).
2020	29 sept.	Décret n° 2020-1186. Application de l'article 199 *terdecies*-0 AB du code général des impôts relatif aux investissements effectués par des contribuables au capital de certaines entreprises agréées « entreprise solidaire d'utilité sociale ». – V. CGI, art. 199 *terdecies*-0 AB (renvoi).
2020	30 sept.	Décret n° 2020-1207. Suppression de taxes à faible rendement à compter de 2020. – V. CGI, Annexe III, art. 313-0 BR *ter*-0.
2020	1er oct.	Décret n° 2020-1213. Modification de l'article 46 *quater*-0 ZY *nonies* de l'annexe III au code général des impôts et du décret n° 2016-1209 du 7 septembre 2016 relatif au crédit d'impôt au titre des dépenses de création, d'exploitation et de numérisation d'un spectacle vivant musical ou de variétés prévu à l'article 220 *quindecies* du code général des impôts : – V. CGI, Annexe III, art. 46 *quater*-0 ZY *nonies*. – V. Décr. n° 2016-1209 du 7 sept. 2016, art. 1er, 2, 5, App., **p. 3611.**
2020	26 oct.	Arrêté. Modification de l'arrêté du 14 juin 1982 relatif à l'extension d'un système automatisé de gestion du fichier des comptes bancaires. – V. CGI, Annexe IV, art. 164 FE.

2020	30 oct.	Décret n° 2020-1321. Obligations déclaratives des administrateurs de trusts. – V. CGI, Annexe II, art. 369, 369 A.
2020	3 nov.	Décret n° 2020-1335. Actualisation des obligations déclaratives afférentes au régime du report d'imposition prévu à l'article 150-0 B *ter* du code général des impôts. – V. CGI, Annexe III, art. 41 *quatervicies* A, 41 *sexvicies*.
2020	10 nov.	Arrêté. Niveau de performance énergétique globale prévu au *o* du 1° du I de l'article 31 du code général des impôts. – V. CGI, Annexe IV, art. 01 *bis* à 01 *quater*.
2020	16 nov.	Décret n° 2020-1392. Date d'entrée en vigueur du I de l'article 12 de la loi n° 2020-473 du 25 avril 2020 de finances rectificative pour 2020 modifiant l'article 900 du code général des impôts. – V. CGI, art. 900.
2020	3 déc.	Loi n° 2020-1508. Portant diverses dispositions d'adaptation au droit de l'Union européenne en matière économique et financière. – V. CGI, art. 302 L, 302 M, 465 *bis*, 466, 468, 1649 *quater* A, 1794, 1798 *ter*.
2020	7 déc.	Loi n° 2020-1525. Accélération et simplification de l'action publique. – V. CGI, art. 302 *octies*, 795 A, 1510, 1511, 1512, 1513, 1515, 1647 D, 1652 *bis*, 1653, 1732, 1740 A *bis*, 1753, 1788.
2020	9 déc.	Décision n° 2020-868 QPC. – V. CGI, art. 150 VI.
2020	10 déc.	Arrêté. Fixation du taux de la taxe annuelle pour frais de contrôle due par les concessionnaires d'autoroutes. – V. CGI, Annexe IV, art. 50 *quaterdecies* A.
2020	14 déc.	Loi n° 2020-1576. De financement de la sécurité sociale pour 2021. – V. CGI, art. 281 *octies*.
2020	16 déc.	Ordonnance n° 2020-1733. Partie législative du code de l'entrée et du séjour des étrangers et du droit d'asile. – V. CGI, art. 278-0 *bis*, 958.
2020	17 déc.	Décret n° 2020-1616. Participation de membres des juridictions de l'ordre administratif et de l'ordre judiciaire au sein de certaines commissions administratives. – V. CGI, Annexe II, art. 384 *septies*-0 A, 384 *septies*-0 B, 396 *quater*.
2020	21 déc.	Décret n° 2020-1774. Modification du code de la sécurité intérieure et portant diverses dispositions relatives aux jeux d'argent et de hasard. – V. CGI, Annexe III, art. 49 ZC, 98 C.
2020	24 déc.	Décret n° 2020-1704. Obligations déclaratives incombant aux bénéficiaires de plans d'épargne retraite mentionnés à l'article L. 224-1 du code monétaire et financier et aux assureurs auprès desquels ces contrats ont été souscrits. – V. CGI, Annexe II, art. 292 A, 292 B.
2020	28 déc.	Arrêté. *Tarif pour 2021 des droits d'accises sur les alcools et les boissons alcooliques prévus aux articles 317, 402* bis*, 403, 438 et 520 A du code général des impôts, ainsi que le tarif de la cotisation prévue à l'article L. 245-9 du code de la sécurité sociale.* – V. CGI, art. 317 (renvoi).

2020	29 déc.	Loi n° 2020-1721. De finances pour 2021 : – V. CGI, art. 14 B, 38, 38 *bis*, 39, 39 *bis* A, 39 *bis* B, 39 *decies* A, 39 *decies* C, 39 *novodecies*, 44 *sexies*, 44 *septies*, 44 *octies* A, 44 *duodecies*, 44 *quindecies* à 44 *septdecies*, 69, 73, 80 *quater*, 81, 83, 150-0 D, 150 U, 150 VE, 156, 157 *bis*, 158, 168, 182 A, 182 A *bis*, 182 B, 195, 196 B, 197, 199 *decies* H, 199 *undecies* A, 199 *undecies* B, 199 *undecies* E, 199 *undecies* F, 199 *terdecies*-0 A, 199 *terdecies*-0 C, 199 *octodecies*, 199 *unvicies*, 199 *novovicies*, 200, 200 *quater* A, 200 *quater* C, 200 *quindecies*, 200 A, 204 H, 206, 208 C *bis*, 209, 210 F, 213, 217 *undecies*, 217 *duodecies*, 219, 220 T, 220 Z *sexies*, 220 *quinquies*, 220 *sexies*, 220 *octies*, 220 *undecies*, 220 *undecies* A, 220 *quaterdecies* à 220 *sexdecies*, 223 I, 223 O, 223 R, 231, 235, 235 *ter* M, 235 *ter* MB, 235 *ter* ZE, 238 B, 238 *bis*, 238 *bis* HF, 238 *bis* HG, 238 *bis* JB, 242 *quater*, 242 *sexies*, 242 *septies*, 244 *quater* B, 244 *quater* E, 244 *quater* L, 244 *quater* W à 244 *quater* Y, 256 C, 257 à 258, 258 A, 259 A, 259 D, 260 B, 261, 261 B, 261 E, 262-0 *bis*, 262 *bis*, 263, 266, 267, 268 *bis*, 269, 270, 278-0 à 278-0 B, 278-0 *bis*, 278 *bis* à 278 *quater*, 278 *sexies*, 278 *sexies* A, 279, 279-0 *bis* A, 281 *octies*, 283, 284, 286, 286 *ter*, 287, 289, 295, 298 *bis*, 298 *septies*, 298 *duodecies*, 298 *sexdecies* F, 298 *sexdecies* I, 299 *bis*, 302 *bis* F, 302 *bis* K, 302 *bis* Z, 302 *bis* ZB, 302 *septies* B, 302 *decies*, 403, 516, 520 B, 568, 575 A, 575 I, 635, 636, 638 A, 658, 732, 732 A, 795, 796, 849, 855, 862, 963, 995, 1001, 1007, 1007 *bis*, 1010, 1010-0 A, 1010 B, 1010 nouv. à 1010 *nonies* nouv., 1011, 1012 *ter*, 1012 *ter* A, 1012 *quater*, 1048 *ter*, 1090 D, 1133 *ter*, 1379, 1379-0 *bis*, 1382-0, 1382, 1382 D, 1383 H, 1384-0 A, 1388 *quinquies* B, 1388 *octies*, 1388 *nonies*, 1394 D, 1398 A, 1414, 1417, 1463 A, 1463 B, 1465 à 1465 B, 1466 A, 1468 *bis*, 1478 *bis*, 1499, 1499-00 A, 1501 *bis*, 1518 *ter*, 1518 *quater*, 1518 A *quinquies*, 1518 A *sexies*, 1522 *bis*, 1530 *bis*, 1586, 1586 *ter*, 1586 *quater*, 1586 *sexies* à 1586 *nonies*, 1599 *bis*, 1599 *ter* A, 1599 *quater* D, 1600, 1604, 1605 *bis*, 1605 *sexies* à 1605 *octies*, 1607 *bis*, 1607 *ter*, 1609 B à 1609 D, 1609 G, 1609 *quinvicies*, 1635 *bis* AD, 1636 B *octies*, 1636 B *octies* nouv., 1639 A *bis* à 1639 A *quater*, 1640, 1647 B *sexies*, 1647 C *septies*, 1648 A, 1649 *quater* B *quater*, 1658, 1659, 1671 A, 1679 A, 1679 *septies*, 1681 *sexies*, 1681 *septies*, 1729 C, 1740, 1740-00 A, 1740-0 A, 1743, 1764. – V. CGI, Annexe IV, art. 18.
2020	29 déc.	Arrêté. Liste des États situés à moins de 1 000 km de la France visée au II et au VI de l'article 302 *bis* K du code général des impôts et tarif de la taxe de solidarité sur les billets d'avion régie par le VI du même article. – V. CGI, Annexe IV, art. 50 *duodecies*-0 B.
2020	*30 déc.*	*Décret* n° 2020-1767. Application du 1° du II de l'article 1408 du code général des impôts. – V. CGI, Annexe III, art. 322 *quinquies*.
2020	30 déc.	Décret n° 2020-1769. Échéances déclaratives trimestrielles de mise à jour des informations contenues dans la déclaration des dispositifs transfrontières mentionnés aux articles 1649 AD à 1649 AH du code général des impôts. – V. CGI, Annexe III, art. 344 G *octies* B.
2020	30 déc.	Décret n° 2020-1795. Application de l'article 3 de la loi n° 2019-1100 du 30 octobre 2019 : – V. CGI, Annexe III, art. 46 *quater*-0 YT.

		– V. Décr. n° 2016-1209 du 7 sept. 2016, art. 1er, 3, 4, 7, 8, 10, App., **p. 3611.**
2020	30 déc.	Décret n° 2020-1796. Application de l'article 138 de la loi n° 2019-1479 du 28 décembre 2019 de finances pour 2020. – V. CGI, Annexe III, art. 46 *quater*-0 YM, 46 *quater*-0 ZY *ter*.
2020	30 déc.	Arrêté. Modification des modalités de déclaration des conditions d'ouverture au public des monuments historiques. – V. CGI, Annexe IV, art. 17 *quater*.
2020	31 déc.	Décret n° 2020-1829. Fixation pour l'année 2020 du taux des abattements des bases d'impositions directes locales dont bénéficie La Poste au titre de sa mission d'aménagement du territoire. – V. CGI, Annexe III, art. 344 *quindecies*.
2020	31 déc.	Arrêté. Modification des modalités de déclaration des conditions d'ouverture au public des monuments historiques. – V. CGI, Annexe IV, art. 17 *quater*.
2021	5 janv.	Décret n° 2021-6. Suppression de la taxe sur les actes des huissiers de justice et de la formalité d'enregistrement de ces actes. – V. CGI, Annexe III, art. 246, 248, 252, 350 *quindecies*.
2021	11 janv.	Arrêté. Uniformisation de la date limite de dépôt de la déclaration de TVA prévue à l'article 287-1 du code général des impôts applicable aux redevables soumis à la TVA applicable aux produits pétroliers. – V. CGI, Annexe IV, art. 39.
2021	28 janv.	Décret n° 2021-86. Modification de l'article 46-0 A de l'annexe III au code général des impôts. – V. CGI, Annexe III, art. 46-0 A.
2021	15 févr.	Arrêté. Barème forfaitaire permettant l'évaluation des frais de déplacement relatifs à l'utilisation d'un véhicule par les bénéficiaires de traitements et salaires optant pour le régime des frais réels déductibles. – V. CGI, Annexe IV, art. 6 B.
2021	18 févr.	Décret n° 2021-184. Modification de l'article 344 C de l'annexe III au code général des impôts. – V. CGI, Annexe III, art. 344 C.
2021	18 févr.	Décret n° 2021-185. Précision des modalités de la demande de prolongation du délai de transformation ou de construction de quatre ans mentionnée au III de l'article 210 F du code général des impôts. – V. CGI, Annexe III, art. 46 *quater*-0 ZZ *bis* E, 46 *quater*-0 ZZ *bis* F.
2021	16 mars	Décret n° 2021-290. Précision des modalités d'imputation des déficits et des obligations déclaratives des sociétés et établissements publics industriels et commerciaux membres de groupes fiscaux en application des articles 223 A à 223 U du code général des impôts. – V. CGI, Annexe III, art. 46 *quater*-0 ZJ *bis*, 46 *quater*-0 ZL.
2021	18 mars	Décret n° 2021-300. Application de l'article 1er de la loi n° 2019-486 *du 22 mai 2019* relative à la croissance et la transformation des entreprises et introduction de diverses mesures applicables aux formalités incombant aux entreprises : – V. CGI, Annexe II, art. 91 *quater* K, 371 AI à 371 AS. – V. CGI, Annexe III, art. 344 M.

2021	25 mars	Arrêté. Liste des aérodromes et groupements d'aérodromes et tarif de la taxe d'aéroport applicable sur chacun d'entre eux ainsi que le tarif de la majoration de la taxe d'aéroport. – V. CGI, art. 1609 *quatervicies* (renvois).
2021	15 avr.	Décret n° 2021-448. Taux de contribution des chambres d'agriculture au Fonds national de solidarité et de péréquation du réseau des chambres d'agriculture. – V. CGI, art. 1604 (renvois).
2021	21 avr.	Décret n° 2021-489. Modalités du prélèvement d'échantillons en matière de contributions indirectes prévu par l'article L. 40 du livre des procédures fiscales. – V. CGI, Annexe III, art. 178 Q.
2021	23 avr.	Décret n° 2021-499. Aménagement des obligations déclaratives relatives à la réduction d'impôt prévue à l'article 220 *undecies* du code général des impôts. – V. CGI, Annexe III, art. 46 *quater*-0 YZD.
2021	27 avr.	Décret n° 2021-507. Modification de l'article 242-0 Z *septies* de l'annexe II au code général des impôts relatif aux modalités de dépôt des demandes de remboursement de TVA pour les professionnels non établis dans un pays membre de l'Union européenne. – V. CGI, Annexe II, art. 242-0 Z *septies*.
2021	6 mai	Décret n° 2021-559. Fixation de la date d'entrée en vigueur des dispositions relatives à la réduction d'impôt pour souscription en numéraire au capital des petites et moyennes entreprises issues des articles 110, 112 et 113 de la loi n° 2020-1721 du 29 décembre 2020 de finances pour 2021. – V. CGI, art. 199 *terdecies*-0 A, 199 *terdecies*-0 AB, 200-0 A (renvois).
2021	7 mai	Décret n° 2021-560. Fixation de la date d'entrée en vigueur du crédit d'impôt sur le revenu pour le premier abonnement à un journal, à une publication périodique ou à un service de presse en ligne d'information politique et générale instauré par l'article 2 de la loi n° 2020-935 du 30 juillet 2020 de finances rectificative pour 2020. – V. CGI, art. 200 *sexdecies* (renvoi).
2021	12 mai	Ordonnance n° 2021-584. Communautés professionnelles territoriales de santé et maisons de santé. – V. CGI, art. 207, 1461 A.
2021	17 mai	Arrêté. Tarif de la contribution prévue au VII de l'article 302 *bis* K du code général des impôts. – V. CGI, Annexe IV, art. 50 *duodecies* B.
2021	19 mai	Ordonnance n° 2021-614. Fusion du port autonome de Paris et des grands ports maritimes du Havre et de Rouen en un établissement public unique. – V. CGI, art. 1382, 1382 E, 1388 *septies*, 1394, 1449, 1501 *bis* (renvoi).
2021	21 mai	Décret n° 2021-631. Suppression de l'exigence de présentation par les entreprises d'un extrait d'immatriculation au registre du commerce et des sociétés ou au répertoire des métiers dans leurs démarches administratives. – V. CGI, Annexe II, art. 202 E, 275 *ter* B.
2021	21 mai	Décret n° 2021-632. Suppression de l'exigence de présentation par les entreprises d'un extrait d'immatriculation au registre du commerce et des sociétés ou au répertoire des métiers dans leurs démarches administratives. – V. CGI, Annexe III, art. 211 A.

2021	26 mai	Ordonnance n° 2021-650. Transposition de la directive (UE) 2018/1972 du Parlement européen et du Conseil du 11 décembre 2018 établissant le code des communications électroniques européen et mesures d'adaptation des pouvoirs de l'Autorité de régulation des communications électroniques, des postes et de la distribution de la presse. – V. CGI, art. 302 *bis* KH.
2021	26 mai	Décret n° 2021-655. Crédit d'impôt en faveur des représentations théâtrales d'œuvres dramatiques prévu à l'article 220 *sexdecies* du code général des impôts : – V. CGI, art. 220 *sexdecies* (renvoi). – V. CGI, Annexe III, art. 46 *quater*-0 ZY *terdecies* à 46 *quater*-0 ZY *septdecies.*
2021	27 mai	Arrêté. Application de l'article 200 *quater* C du code général des impôts. – V. CGI, Annexe IV, art. 18 *ter* A.
2021	31 mai	Décret n° 2021-692. Précision des modalités de transmission des déclarations, de recouvrement et de radiation pour les personnes recourant aux guichets uniques européens de déclaration de la taxe sur la valeur ajoutée pour le commerce électronique. – V. CGI, Annexe III, art. 95 D, 97 *ter*.
2021	31 mai	Arrêté. Application des régimes particuliers de guichets uniques de déclaration et de paiement de la taxe sur la valeur ajoutée relatifs à certaines opérations du commerce électronique. – V. CGI, Annexe IV, art. 41 *quinquies* à 41 *quinquies* D, 41 *nonies*, 49, 50 *sexies* J, 50 *sexies* K.
2021	31 mai	Arrêté. Précision des informations à mentionner dans le registre tenu par tout assujetti se prévalant du régime des stocks sous contrat de dépôt de la taxe sur la valeur ajoutée. – V. CGI, Annexe IV, art. 41 *bis*, 41 *bis* A.
2021	31 mai	Arrêté. Limitation à la Guadeloupe, la Martinique et La Réunion de l'exonération de la taxe sur la valeur ajoutée applicable aux opérations d'importation résultant d'envois de biens de valeur négligeable. – V. CGI, Annexe IV, art. 50 *octies*.
2021	4 juin	Loi n° 2021-710. Modernisation des outils et de la gouvernance de la Fondation du patrimoine. – V. CGI, art. 39, 156, 239 *nonies*.
2021	9 juin	Décret n° 2021-744. Incorporation au code général des impôts de divers textes modifiant et complétant certaines dispositions de ce code : – V. CGI, art. 39 AG, 81, 83, 111, 156, 157 *bis*, 199 *undecies* A, 200, 220 *sexies*, 220 *sexies* A, 302 *bis* K, 302 *bis* ZG, 302 *bis* ZI, 402 *bis*, 403, 438, 520 A, 520 *bis*, 575 A, 790 A *bis*, 1136, 1382-0, 1466 A, 1466 C, 1466 D, 1519, 1519 B, 1587, 1639 A *ter*, 1647 C *septies*, 1647 D, 1649 *quater* A, 1753. – V. CGI, Annexe II, art. 91 A, 91 B, 143, 144, 159 A à 159 C, 202 G, 202 M, 208, 242-0 J, 242-0 K, 289, 310 F bis, 310 J bis, 310 K, 310 L, 318 A, 321 *bis*, 333 A, 333 I. – V. CGI, Annexe III, art. 41-0 *bis* A, 46 AG *duodecies*, 46 AZA *octies*-0 AA, 49 *septies* XC, 111 *quaterdecies* à 111 *novodecies*, 111-0 B, 313 BF, 313-0 BR *ter*, 313-0 BR *quater*, 321 H, 322, 328 E à 328 G, 350 *nonies*.

2021	9 juin	Arrêté. Incorporation à l'annexe IV au code général des impôts de divers textes modifiant et complétant certaines dispositions de cette annexe. – V. CGI, Annexe IV, art. 4 J, 18, 23 N, 28-00 A, 50 *quindecies*, 121 KA, 155 *quater*, 164 FB, 198 *sexies*.
2021	14 juin	Décret n° 2021-765. Nature des données transmises à l'Agence nationale de l'habitat par les organismes payeurs en charge de la liquidation des aides personnelles au logement et à leurs conditions de transmission et d'utilisation. – V. CGI, art. 220 *sexies* A (renvoi), 223 O (renvoi).
2021	15 juin	Décret n° 2021-764. Fixation de la date d'entrée en vigueur des dispositions du I de l'article 49 de la loi n° 2020-935 du 30 juillet 2020 de finances rectificative pour 2020 relatives au crédit d'impôt pour dépenses de création audiovisuelle et cinématographique, redevances versées aux organismes de gestion collective et rémunérations versées directement aux auteurs. – V. CGI, art. 220 F *bis* (renvoi), 220 *sexies* A (renvoi), 223 O.
2021	18 juin	Décret n° 2021-784. Agrément des organismes de recherche et des experts scientifiques ou techniques auxquels les entreprises peuvent confier la réalisation d'opérations de recherche en application du *d bis* du II de l'article 244 *quater* B du code général des impôts. – V. CGI, Annexe III, art. 49 *septies* F, 49 *septies* H, 49 *septies* I *quater*.
2021	18 juin	Arrêté. Application de l'article 49 *septies* H de l'annexe III *[IV]* au code général des impôts. – V. CGI, Annexe IV, art. 23 L *duodecies*.
2021	21 juin	Décret n° 2021-791. Modification de l'article 313-0 BR *bis* de l'annexe III au code général des impôts. – V. CGI, Annexe III, art. 313-0 BR *bis*.
2021	21 juin	Arrêté. Déclaration de la taxe sur la valeur vénale des immeubles possédés en France. – V. CGI, Annexe IV, art. 121 K *ter*.
2021	23 juin	Ordonnance n° 2021-797. Recouvrement, affectation et contrôle des contributions des employeurs au titre du financement de la formation professionnelle et de l'apprentissage. – V. CGI, art. 1599 *ter* A, 1599 *ter* B, 1599 *ter* C, 1599 *ter* J, 1599 *ter* K, 1609 *quinvicies*, 1647.
2021	30 juin	Décret n° 2021-872. Recodification de la partie réglementaire du livre Ier du code de la construction et de l'habitation et fixation des conditions de mise en œuvre des solutions d'effet équivalent : – V. CGI, Annexe II, art. 310-0 H. – V. CGI, Annexe III, art. 2 *duodecies*, 46 AG *terdecies*, 46 AG *sexdecies*, 46 AZA *octies*, 46 AZA *octies*-0 A, 46 AZA *octies*-0 AA.
2021	1er juill.	Loi n° 2021-874. En faveur de l'engagement associatif. – V. CGI, art. 150-0 A.
2021	13 juill.	Décret n° 2021-937. Application des articles 21 et 23 de la loi n° 2020-1721 du 29 décembre 2020 de finances pour 2021 : – V. CGI, Annexe III, art. 46 *quater*-0 YS. – V. Décr. n° 2016-1209 du 7 sept. 2016, art. 5, App., **p. 3613.**

2021	19 juill.	Loi n° 2021-953. De finances rectificative pour 2021. – V. CGI, art. 14 B, 39, 199 *terdecies*-0 A, 199 *terdecies*-0 AB (renvoi), 200 (renvoi), 220 *quinquies* (renvoi), 223 G (renvoi), 244 *bis* B, 302 F *bis*, 302 F *ter*, 1639 A *bis* (renvoi).
2021	21 juill.	Arrêté. Modification de l'arrêté du 9 janvier 2017 fixant la méthode de sélection des adhérents ou des clients, prévue aux articles 371 E, 371 Q, 371 Z *sexies* et 371 *bis* F de l'annexe II au code général des impôts, faisant l'objet, au titre d'une année donnée, d'un examen périodique de pièces justificatives par les centres de gestion agréés, les associations agréées, les organismes de gestion agréés et les professionnels de l'expertise comptable. – V. CGI, Annexe II, art. 371 E, 371 Q, 371 Z *sexies*, 371 *bis* F.
2021	23 juill.	Décret n° 2021-979. Procédure de déclassement de biens mobiliers culturels et déconcentration de décisions administratives individuelles dans le domaine de la culture : – V. CGI, Annexe II, art. 294 C. – V. CGI, Annexe III, art. 281 *bis*, 281 *ter*.
2021	30 juill.	Décret n° 2021-1021. Modification du décret n° 2009-707 du 16 juin 2009 relatif aux services déconcentrés de la direction générale des finances publiques. – V. CGI, Annexe II, art. 376.
2021	30 juill.	Décret n° 2021-1023. Modalités d'application de la réforme de l'épargne retraite. – V. CGI, Annexe III, art. 41 DN *ter*, 41 ZZ *quater*, 41 ZZ *quinquies*.
2021	30 juill.	Loi n° 2021-1024. Obligations déclaratives des redevables professionnels s'agissant de l'identification des associés et assimilés. – V. CGI, Annexe III, art. 48.
2021	2 août	Loi n° 2021-1017. Bioéthique. – V. CGI, art. 847 *bis*.
2021	22 août	Loi n° 2021-1104. Lutte contre le dérèglement climatique et renforcement de la résilience face à ses effets. – V. CGI, art. 31, 39 *decies* A, 81.
2021	23 août	Arrêté. Transposition de la directive 2019/1153 du Parlement européen et du Conseil du 20 juin 2019. – V. CGI, Annexe IV, art. 164 FC, 164 FG.
2021	23 août	Arrêté. Modalités de déclaration des informations relatives aux quais et terre-pleins des ports, à l'exception des ports de plaisance. – V. CGI, art. 1501 *bis*.
2021	24 août	Loi n° 2021-1109. Respect des principes de la République. – V. CGI, art. 222 *bis*, 238 *bis*, 1378 *octies*, 1729 B.
2021	27 août	Décret n° 2021-1127. Modalités de consultation des informations contenues dans les registres des trusts et des fiducies. – V. CGI, Annexe II, art. 368.
2021	1er sept.	Décret n° 2021-1141. Modalités d'application de l'article 362 du code général des impôts et modification de l'annexe II à ce code en ce qui concerne le régime contingentaire applicable aux rhums et tafias traditionnels. – V. CGI, Annexe II, art. 269 A.

2021	15 sept.	Ordonnance n° 2021-1189. Création du Registre national des entreprises. – V. CGI, art. 1468, 1600, 1600 A, 1601.
2021	15 sept.	Ordonnance n° 2021-1190. Généralisation de la facturation électronique dans les transactions entre assujettis à la taxe sur la valeur ajoutée et transmission des données de transaction. – V. CGI, art. 289, 289 *bis*, 290 à 290 B, 1737, 1788 D, 1788 E.
2021	15 sept.	Ordonnance n° 2021-1192. Réforme du droit des sûretés. – V. CGI, art. 876, 881 I, 881 J (renvoi), 1584, 1929 *quater*.
2021	7 oct.	Décret n° 2021-1303. Services fournis par les centres de gestion et associations agréés aux entreprises et professionnels non-adhérents et adhérents. – V. CGI, art. 371 A, 371 A *bis*, 371 M, 371 M *bis*.
2021	4 oct.	Arrêté. Modification de l'article 56 AJ de l'annexe IV au code général des impôts. – V. CGI, Annexe IV, art. 56 AJ.
2021	15 oct.	Arrêté. Tarifs de la taxe minière sur l'or en Guyane pour l'année 2021. – V. CGI, Annexe IV, art. 155 *bis* A.
2021	25 oct.	Loi n° 2021-1382. Régulation et protection de l'accès aux œuvres culturelles à l'ère numérique. – V. CGI, art. 219, 220 *sexies* A, 248 F, 1019.
2021	10 nov.	Décret n° 2021-1474. Règles de compétence territoriale des agents de la direction générale des finances publiques en matière de contrôle fiscal. – V. CGI, Annexe III, art. 350 *terdecies*.
2021	10 nov.	Arrêté. Majoration au 1er janvier 2022 de la part spécifique et du minimum de perception en matière de droit de consommation sur le tabac au sens de l'article 575 A du code général des impôts. – V. CGI, art. 575 A (tableau).
2021	15 nov.	Arrêté. Répartition entre les départements et les distilleries du contingent d'exportation de rhum traditionnel. – V. CGI, Annexe IV, art. 52 *ter*.
2021	22 nov.	Décret n° 2021-1513. Modification de l'article 344 *quaterdecies* de l'annexe III au code général des impôts relatifs *[relatif]* aux modalités de répartition et de reversement du produit de la cotisation sur la valeur ajoutée des entreprises aux collectivités territoriales. – V. CGI, Annexe III, art. 344 *quaterdecies*.
2021	24 nov.	Ordonnance n° 2021-1574. Partie législative du code général de la *fonction publique*. – V. CGI, art. 80 *duodecies*,1382, 1408.
2021	25 nov.	Loi n° 2021-1520. Consolidation de notre modèle de sécurité civile et valorisation du volontariat des sapeurs-pompiers et des sapeurs-pompiers professionnels. – V. CGI, art. 786, 787 A, 796.
2021	16 déc.	Arrêté. Taux de la taxe sur le résultat des entreprises ferroviaires pour l'année 2021. – V. CGI, Annexe IV, art. 23 M *bis*.
2021	16 déc.	Arrêté. Taux de la contribution de solidarité territoriale pour l'année 2021. – V. CGI, Annexe IV, art. 50 *quaterdecies* B.

2021	17 déc.	Arrêté. Répartition entre les départements et les distilleries du contingent d'exportation de rhum traditionnel. – V. CGI, Annexe IV, art. 52 *ter*.
2021	21 déc.	Décret n° 2021-1746. Modification du code des postes et des communications électroniques, du code général des impôts et du décret n° 2009-1340 du 29 octobre 2009 pris pour l'application de l'article 1er de la loi du 1er août 1986 portant réforme du régime juridique de la presse. – V. CGI, Annexe III, art. 72.
2021	22 déc.	Ordonnance n° 2021-1735. Modernisation du cadre relatif au financement participatif. – V. CGI, art. 125-00 A.
2021	22 déc.	Ordonnance n° 2021-1843. Partie législative du code des impositions sur les biens et services et transposition de diverses normes du droit de l'Union européenne : – V. CGI, art. 39, 39 AC, 39 AE, 39 *decies* G, 54 *bis*, 93, 99, 170 *bis*, 199 *undecies* B, 207, 213, 217 *undecies*, 244 *quater* W, 244 *quater* Y, 256 *bis*, 262 *ter*, 287, 295, 297, 298, 298 *bis*, 298 *quaterdecies*, 298 *octodecies*, 302 *bis* K, 302 *bis* K *bis*, 302 *bis* ZB, 302 *bis* ZB *bis*, 302 *septies* A, 302 *septies*-0 AA, 302 *septies* AA, 302 *septies* A *bis*, 302 *septies* A *ter* B, 302 *decies*, 302 A à 302 V *bis*, 307, 311 *bis*, 312, 315 à 318, 321, 322, 324, 329 à 332, 335, 338, 339, 343, 401, 402 *bis*, 403, 406, 406 *quinquies*, 412, 435, 438, 440 *bis* à 442, 442 *septies*, 444, 448, 450, 455, 456, 458, 494, 500, 502, 508, 513, 520 A, 520 *bis*, 564 *decies*, 564 *undecies*, 565, 568, 575, 575 A, 575 C, 575 D, 575 E, 575 E *bis*, 575 I, 575 M, 625, 627, 628, 963, 1007 à 1012 *quater*, 1582, 1599 *quindecies*, 1599 *vicies*, 1609 *tervicies* à 1609 *quatervicies* A, 1613 *bis*, 1613 *ter*, 1613 *quater*, 1628-0 *bis*, 1628 *ter*, 1635 *bis* M, 1647, 1649 *quater* B *quater*, 1651 L *bis*, 1651 M, 1694 *bis*, 1698 A, 1698 C, 1698 D, 1723 *ter*-0 B, 1740 B, 1798 *bis*, 1807, 1808, 1810, 1825 C, 1825 G, 1825 H, 1840 X. – V. CIBS, art. L. 112-5, L. 131-2, L. 311-7 nouv., L. 311-11 à L. 311-13, L. 311-14 nouv., L. 311-15, L. 311-15-1, L. 311-16 nouv., L. 311-18 nouv., L. 311-19 nouv., L. 311-20 nouv., L. 311-21, L. 311-22 nouv. à L. 311-24, L. 311-28, L. 311-29 nouv., L. 311-34, L. 311-35 nouv., L. 311-39, L. 312-11, L. 312-19, L. 312-35, L. 312-37, L. 312-48, L. 312-52, L. 312-57-1, L. 312-57-2, L. 312-63, L. 312-64, L. 312-70-1, L. 312-90, L. 313-20, L. 313-21, L. 313-28, L. 313-25 nouv., L. 313-44-1, L. 314-19, L. 314-24, L. 314-25, L. 314-36-1, L. 421-64, L. 421-73, L. 421-146, L. 422-23, L. 422-25-1, L. 422-26-1, L. 422-40, L. 422-51 à L. 422-57, L. 422-55, L. 422-56, L. 423-9, L. 423-37, L. 423-43, L. 471-4, L. 471-6, L. 471-7, L. 471-39.
2021	22 déc.	Arrêté. Uniformisation de la date limite de dépôt de la déclaration de taxe sur la valeur ajoutée prévue au 1 de l'article 287 du code général *des impôts applicable* aux redevables soumis à la taxe sur la valeur ajoutée à l'importation. – V. CGI, Annexe IV, art. 32, 39.
2021	23 déc.	Loi n° 2021-1754. De financement de la sécurité sociale pour 2022. – V. CGI, art. 83, 1665 *bis*, 1665 *ter*.

2021	23 déc.	Décret n° 2021-1786. Fixation pour l'année 2021 du taux des abattements des bases d'impositions directes locales dont bénéficie La Poste au titre de sa mission d'aménagement du territoire. – V. CGI, art. 344 *quindecies*.
2021	28 déc.	Décret n° 2021-1854. Application des articles 118 et 145 de la loi n° 2020-1721 du 29 décembre 2020 de finances pour 2021. – V. CGI, Annexe III, art. 46 *quater*-0 YM, 46 *quater*-0 YO.
2021	29 déc.	Décret n° 2021-1887. Registre des sûretés mobilières et autres opérations connexes. – V. CGI, Annexe II, art. 396 *bis* nouv.
2021	30 déc.	Loi n° 2021-1900. De finances pour 2022 : – V. CGI, art. 13, 31, 32, 38, 39, 39 *decies* C, 39 *duodecies*, 42 *septies*, 44 *sexies*, 44 *sexies*-0 A, 44 *sexies* A, 44 *septies*, 44 *octies*, 44 *octies* A, 44 *duodecies*, 44 *terdecies*, 44 *quaterdecies*, 44 *quindecies*, 44 *sexdecies*, 44 *septdecies*, 50-0, 54 *septies*, 63, 64 *bis*, 69, 73, 73 B, 73 E, 75-0 A à 75-0 C, 81, 83, 87 A, 88 nouv., 92, 102 *ter*, 112, 123 *bis*, 125-0 A, 131 *quater*, 135, 137 *bis*, 150-0 D, 150-0 D *ter* (note), 151 *septies* A, 151 *octies*, 151 *octies* A, 154 *bis* (note), 156, 157, 157 *bis*, 158, 163-0 A, 167 *bis* (note), 168, 182 A, 182 B, 196 B, 197, 199 *ter* B *bis*, 199 *ter* T (note), 199 *undecies* B, 199 *undecies* C, 199 *terdecies*-0 C, 199 *sexdecies*, 199 *sexvicies*, 199 *octovicies*, 199 *novovicies* à 200, 200 *undecies*, 200 *sexdecies*, 200 C, 202 *quater*, 204 H, 205 B, 206, 210 F (note), 217 *undecies*, 220 B *bis*, 220 Q *bis*, 220 S, 220 Z *septies*, 220 *quinquies*, 220 *terdecies*, 220 *septdecies*, 223 O, 231, 231 *bis* D (note), 232, 235 *ter* ZF, 235 *quater*, 235 *quinquies*, 238 *quindecies*, 242 *bis* nouv., 244 *bis* A, 244 *bis* B, 244 *quater* B à 244 *quater* C, 244 *quater* E, 244 *quater* L, 244 *quater* M, 244 *quater* O, 244 *quater* Q, 244 *quater* U, 244 *quater* V (note), 244 *quater* W, 244 *quater* X, 244 *quater* Y, 256, 256 *bis*, 260 B, 262-00 *bis*, 266, 269, 271, 278-0 *bis*, 278 *bis*, 278 *sexies*, 278 *sexies*-0 A, 278 *sexies* A, 279-0 *bis* A, 281 *octies*, 287, 289 A à 289 C, 291, 293 A, 293 A *quater*, 293 B, 298 *septies*, 298 *sexdecies* H, 300 *bis* à 300 *sexies*, 302 *bis* ZC, 302 *nonies*, 302 *decies*, 302 D *bis*, 362, 403, 568 *ter*, 644, 726, 794, 802 *bis*, 990 I, 1018 A, 1379, 1382, 1383 A, 1383 C *bis*, 1383 C *ter*, 1383 H, 1383 I, 1384-0 A, 1388 *bis*, 1388 *quinquies*, 1391 B *ter*, 1396, 1414, 1417, 1458 *bis*, 1463 A, 1463 B, 1464 B, 1465 à 1465 B, 1466 A, 1497 (note), 1519 B, 1519 C, 1530 *bis*, 1594-0 F *sexies*, 1599 *quater* D, 1604 (note), 1605 (note), 1609 G, 1609 H, 1609 *quater* A, 1609 *nonies* C, 1609 *nonies* G, 1609 *quatervicies*, 1609 *quatervicies* A, 1609 *sexvicies*, 1636 B *octies* nouv., 1647, 1647 B *sexies*, 1649 AC, 1649 *ter* A à 1649 *ter* E, 1653 F, 1655 *sexies* nouv., 1656, 1665 *bis*, 1671 A, 1679 A, 1681 *septies*, 1691 *bis*, 1695, 1727, 1731 *bis*, 1731 *ter*, 1735 *quater*, 1736, 1737, 1740 D, 1740 E, 1753, 1756, 1763, 1788 A, 1791 *ter*, 1920, 1923, 1924, 1926 à 1929 *ter*, 1929 *sexies*. – V. CGI, Annexe II, art. 95 ZN, 143, 144. – V. CGI, Annexe III, art. 41 *duodecies* C, 315 *septies* A (note). – V. CIBS, art. L. 422-23, L. 422-55, L. 422-56.
2022	27 janv.	Arrêté. Abrogation des dispositions relatives à la déclaration d'échanges de biens entre États membres de la Communauté européenne (DEB) prévues à l'annexe IV au code général des impôts. – V. CGI, Annexe IV, art. 41 *sexies* A, 41 *sexies* B.

2022	1er févr.	Arrêté. Barème forfaitaire permettant l'évaluation des frais de déplacement relatifs à l'utilisation d'un véhicule par les bénéficiaires de traitements et salaires optant pour le régime des frais réels déductibles. – V. CGI, Annexe IV, art. 6 B (tableau).
2022	4 févr.	Décret n° 2022-126. Modalités de dépôt des états récapitulatifs des clients. – V. CGI, Annexe II, art. 95 B, 96 J à 96 M.
2022	5 févr.	Décret n° 2022-127. Méthode applicable pour l'actualisation des paramètres collectifs d'évaluation des valeurs locatives des locaux professionnels. – V. CGI, Annexe II, art. 335 à 340.
2022	14 févr.	Loi n° 2022-172. En faveur de l'activité professionnelle indépendante. – V. CGI, art. 1653 C.
2022	18 févr.	Décret n° 2022-208. Modification de l'article 38 *sexies* de l'annexe III au code général des impôts relatif au traitement des dépréciations affectant certaines immobilisations pour la détermination de l'assiette de l'impôt. – V. CGI, Annexe III, art. 38 *sexies*.
2022	21 févr.	Loi n° 2022-217. Différenciation, décentralisation, déconcentration et diverses mesures de simplification de l'action publique locale. – V. CGI, art. 150 U, 199 *quindecies*, 199 *sexvicies*, 1391 B *bis*, 1395 E, 1414 B, 1651 E.
2022	23 févr.	Loi n° 2022-229. Reconnaissance de la Nation envers les harkis et les autres personnes rapatriées d'Algérie anciennement de statut civil de droit local et réparation des préjudices subis par ceux-ci et leurs familles du fait de l'indignité de leurs conditions d'accueil et de vie dans certaines structures sur le territoire français. – V. CGI, art. 81.
2022	28 févr.	Loi n° 2022-267. Modernisation de la régulation du marché de l'art. – V. CGI, art. 764.
2022	23 mars	Ordonnance n° 2022-408. Régime de responsabilité financière des gestionnaires publics. – V. CGI, art. 1649 *octies*, 1851.
2022	24 mars	Arrêté. Modification du tarif de la taxe sur les nuisances sonores aériennes applicable sur chaque aérodrome mentionné aux articles 158 à 159 *bis* de l'annexe IV au code général des impôts. – V. CGI, Annexe IV, art. 158 à 159 *bis*.

TABLE ALPHABÉTIQUE

NOTA. Les entrées de la table renvoient soit aux articles du Code général des impôts ou de l'une de ses Annexes, soit aux textes non codifiés réunis dans l'Appendice. Les entrées relatives au Code des impositions sur les biens et services figurent toutes sous l'entrée du même nom.
Les caractères italiques indiquent un mot de renvoi. Ceux de ces mots qui sont en caractères gras et précédés d'une flèche rouge renvoient à une autre entrée en caractères gras de la table ; les autres, en caractères maigres et sans flèche rouge, renvoient à une autre subdivision de la même entrée en caractères gras.
Les mots entre parenthèses constituent des subdivisions du mot qui précède ou des précisions concernant l'article indiqué.

A

Abandon,
– De créances,
• BIC – IS, 39-1-8°, 44 *sexies* A, 44 *octies*, 44 *octies* A, 44 *duodecies* à *terdecies*, 208 *quinquies*, 209-0 B, 216 A, 223 B, 223-I, 223 R, 1763.
• cotisation sur la valeur ajoutée des entreprises, 1586 *sexies*.
• TVA, 272-1.
– Du domicile conjugal, 6-4.
– De propriété,
• terres incultes, 1401.
– De résidence en France, 167.
– De revenus, 200.

Abattage,
– Animaux,
• redevances sanitaires, 302 *bis* N à 302 *bis* W, 302 *bis* WC.
• TVA, 298 *quinquies*.
– Arbres, 278 *bis* 3°.

Abattement,
– Auteur d'œuvres d'art, 93-9.
– Bénéfices agricoles,
• pour aléas, 72 D *bis*, 72 D *ter*.
• pour investissement, 72 D, 72 D *ter*.
• jeunes agriculteurs, 73 B.
• production d'électricité, 75 A.
– Bénéfices commerciaux,
• entreprises nouvelles, 44 *sexies* s.
• de pêche artisanale, 44 *nonies*.
• régime « micro », 50-0.
– Bénéfices non commerciaux,
• droits d'auteur, 93-9.
• inventeurs, 93-2, 93 *quater*.
• régime « micro », 102 *ter*.
– Charges de famille
► V. ***Charges de famille***.
– Contribuables,
• âgé ou invalide, 157 *bis* (IR).
• domicilié dans DOM, 197-1-3 (IR).
– Cotisation foncière des entreprises,
• abattement temporaire dégressif, 1466 F.
• valeur locative, 1499.
– Donations et successions, 779, 788, 790 à 795 A.
– Droits de mutation à titre gratuit,
• ayants droit infirmes, 764 *bis*, 779-II.
• collatéraux et non-parents, 788-III et IV, 796-0 *ter (exo.)*.
• personnel d'entreprise, 790 A.
• petits-enfants, 790 B.
• transmission,
* en faveur des neveux et nièces, 779-V.
* en ligne directe, 779-I.
* entre époux, 790 E.
* entre frères et sœurs, 779-IV.
* entre partenaires d'un PACS, 790 F.
– Enfant marié, rattachement, 196 B.
– Enregistrement (droits),
• ventes d'immeubles, 1055 *bis*, 1594 F *ter*.
V. *Donations et successions, Droits de mutation à titre gratuit*.
– Entreprise nouvelle (exploitation agricole), 73 B.
– Impôts locaux,
• sur bases de la taxe d'habitation, 1411 s.
• de la cotisation foncière des entreprises, 1466 F, 1499.
– Invalides, 157 *bis*.
– Inventeur, 93-2.
– Pêcheurs (artisans), 44 *nonies*.
– Pensions et retraites, 158-5.
– Personnes âgées, 157 *bis*.
– Plus-value,

Abattement *(suite)*
- de cession de biens ou droits mobiliers ou immobiliers, 150-VC I, 150 VE, 150-VF III.
- de cession de valeurs mobilières, droits sociaux et titres assimilés, 150-0 D *ter*.
- des particuliers, 150-VC, 150 VE.
- professionnelle, 151 *septies* B.

– Revenus de capitaux mobiliers, 158-3.
– Revenus fonciers, 31-1.
– Sur montant de l'impôt, 197-I 3.
– Sur revenu global,
- enfants à charge mariés, 196 B.
- personnes âgées ou invalides, 157 *bis*.

– Revenus mobiliers, 158-3.
– Salaires, pensions, rentes viagères, 158-5, 158-6.
- assistants maternels et les assistants familiaux, 80 *sexies*.
- domicile TOM, 83 A.

– Taxe,
- habitation, 1411, 1417.
- salaires, 1679 A.

▸ V. ***Déductions, Réduction, Collectivités, Départements d'outre-mer.***

Abattoirs
▸ V. ***Abattage.***

Abonnements,
– Gaz et électricité, 279 *b decies*, 283-2 *quinquies* (TVA).
– Services de communications électroniques, 283-2 *octies*, 302 *bis* KH.
– Services de télévision, 279 *b octies* (TVA).
– Spectacles, 1565 *bis* (assiette), 1700 (recouvrement).
– Transport (remboursement d'un abonnement), 81-19 *ter a* (IR).
– TVA (fait générateur, exigibilité), 269-1 *a* et 2 *a*.

Abris, 1382-7°.

Absence
▸ V. ***Succession (droits de mutation).***

Absinthe et similaires, 1802, 1812, 1816, 1817, 1825.
▸ V. ***Essence.***

Abus de droit,
– Comité de l'abus de droit fiscal, 1653 C s.
– Pénalités, 1729-3, 1754-V.

Acceptation,
– De succession, legs ou communauté, 635-2-2°, 673, 848-6 (Enr.).
– D'une promesse unilatérale de vente, 38 *ter*, 39-8, 39 *duodecies* A, 93 *quater* IV 3.

Accession à la propriété,
– Avance remboursable, 244 *quater* J, 244 *quater* U.
– Enregistrement/publicité foncière, 1594 F *quinquies*, 1594 G.
– Livraison d'immeubles, 278 *sexies*, 284-II, 295-1-4°, 1594 F *quinquies*.
– Location, 217 *undecies*, 217 *duodecies*.
– Pêche artisanale, 238 *bis* HP.
– Sociétés (pour l'), 145-9, 199 *undecies* C, 1378 *sexies*.
– Taxe foncière, 1384 A.

Accessoires (activités, recettes), 96 B, 155.
– Activités agricoles, 75, 75 A, 206-2.
– Agents d'assurance, 93-1 *ter*.
– Officiers publics ou ministériels, 100.
– Opérations de location, 50-0-2 *f*.
– Spectacles, jeux, 279 *b nonies*.

Accidents,
– Agricole, (travail) exemptions, 1033.
- fonds commun, alimentation, taxe, 1622, 1623.

– Cotisation, 83-1 *quater*, 154 *bis* I, 156-II 11°, 998.
– Enregistrement, 775 *bis*, 885 K, 1033, 1075.
– Indemnités et rentes, 81-8°, 157-4°, 775 *bis*, 885 K.
– Transport, 454, 456 (CI).
– Travail, 80 *quinquies*, 81-8°, 157-4°, 158-5 *a*, 195-1, 1033, 1622, 1623.

Accises,
– Champ d'application, 302 B.
– Document d'accompagnement, 302 M, 455.
– Entrepositaire agréé, 302 G, 302 J, 302 L, 302 O, 302 P.
– Exigibilité, 302 D, 302 P, 564 *undecies*.
– Exonération, 302 F *bis*, 302 F *ter*.
– Exportation, 302 E.
– Obligations déclaratives, 302 U *bis*.
– Opérateur enregistré, 302 J, 302 L, 302 O.
– Opérateur non enregistré, 302 J, 302 L, 302 O.
– Produits soumis (régime général, détention, circulation et contrôles), Décr. n° 98-584 du 9 juill. 1998, **p. 3398.**

Accises (suite)
- Recouvrement, 302 R.
- Régime suspensif, 302 G, 302 L, 302 M, 302 O, 302 P.
- Remboursement, 302 Q.
- Territoire communautaire, 302 C.
► V. ***Contributions indirectes, Douanes et droits indirects, Droits indirects.***

Accords COM, (répartition des bénéfices) 115 *ter*.

Accroissement (taxe),
- Clause d'accroissement, 754 A.
- Droit d'accroissement, 1005, 1006.

Accueil,
- A domicile, 80 *octies*.
- Des enfants des salariés, 244 *quater* F, 261-4-8° *bis*.
- Des gens du voyage, 279 *a*, 1013-X.
- Des handicapés, 31-1 *b bis*, 199 *sexvicies*, 244 *quater* Q II 1-5°.
- Lieux de vie et (d'), 279 *a*.

Accumulateurs (véhicules électriques), amortissement exceptionnel, 39 AD, 39 AF.

Achats,
- Déclaration, registre,
  • achat de métaux, 89 A, 1649 *bis*.
- Pour l'exploitation, 271.
- A exploitations agricoles, 290 *bis*.
- Facturation, 1786.
- Franchise, 275, 276.
- Groupements d'achats en commun, 257-2°.
- Immeubles et fonds de commerce, 35-I, 257-6°, 268, 1115.
- Régime micro, 50-0-5.
- Sans facture, 1786.
- TVA,
  • acquisition intracommunautaire, 256 *bis*.
    ► V. ***Acquisition intracommunautaire.***
  • base d'imposition, 266-1 *d*, 269-1, 286-3°.
  • opération imposable, 257-II 1-2°.

Acheteur-revendeur, 565, 568, 570, 572 *bis*, 575 H ; Annexe II, art. 258 A, 285 B, 286 O à 286 W, 289-56°.

Achèvement,
- Définition, 257, 269-1 *b*, 269-2 *a*, 1383 s.
- Garantie (d'), 1929.
- Immeuble (état futur d'achèvement), 151 *septies*, 199 *undecies* A, 199 *undecies* C, 199 *tervicies*, 199 *septvicies*, 199 *novovicies*, 200 *quater* A, 238 *octies*, 793-2-4°, 793 *ter*, 1055 *bis*.
- Justification, 1840 G *ter*.
- Immeubles inachevés (vente), 257-7°, 1594-0 G A.

Acomptes,
- Contribution annuelle sur les revenus locatifs, 234 *nonies*, 234 *duodecies* à 234 *quaterdecies*.
- Contribution économique territoriale, 1679 *quinquies*, 1679 *septies*.
- Contribution au fonds commun des accidents du travail agricole, 1622.
- Exploitants agricoles (TVA), 1693 *bis*.
- Facturation (obligation de), 289-I 1.
- Impôts directs,
  • sur les revenus, 1664, 1665, 1681 *sexies*.
  • sur les sociétés, 223 L 6, 223 N, 1668 à 1668 D, 1681 *septies* 4.
  • cotisation foncière des entreprises, 1679 *quinquies*, 1681 *sexies*, 1731 B.
  • cotisation sur la valeur ajoutée des entreprises, 1679 *septies*, 1731.
- Pénalités, 1730 à 1731 B, 1784, 1785.
- Provisionnels, 1664, 1668, 1693.
- Recouvrement, 1920.
- Taxe au profit de l'Association nationale pour la formation automobile, 1609 *sexvicies* IV.
- Taxe sur la publicité diffusée par les chaînes de télévision, 1693 *quinquies*.
- Taxe sur les services fournis par les opérateurs de communications électroniques, 1693 *quinquies*.
- TVA, 287-3, 1693, 1693 *bis*.
  • déclaration, 287-3.
  • exigibilité, 298 *nonies*.
  • facture, 289-I 1.
  • paiement, 1693, 1693 *bis*.
- Versés aux associés, 111 *a*.

Acoustique,
- Matériel,
  • amortissement, 39 *quinquies* DA.
  • réduction de valeur locative, 1518 A.
- Performance énergétique et, 1384 A.
- Taxe sur les nuisances sonores aériennes, 1609 *quatervicies* A.

Acquisition,
- Par établissements publics, 1040 *bis*, 1042.

Acquisition (*suite*)
– Par l'État, 1040.
• les collectivités locales, 1042.
– Par HLM, 1594 H, 1594 H-0 *bis*.
– Intracommunautaire
► V. *Acquisition intracommunautaire.*
– Mutuelles de retraites d'anciens combattants, 1594-I.
– Par SAFER, 261-5-1° *d*, 1028 *bis*.
– Outre-mer, 1594-I *bis*.
– Trésor national, 238 *bis* 0A, 238 *bis* 0 AB.
– Utilité publique, 1045.

Acquisition intracommunautaire,
– Contributions indirectes,
• boissons, 520 A, 1613 *bis*, 1613 *bis* A.
• contribution au poinçonnage, 527.
• contribution sur les boissons énergisantes, 1613 *bis* A.
– Redevance sanitaire de découpage, 302 *bis* S.
– Taxe sur les appareils de reproduction ou d'impression, 1609 *terdecies*.
– Taxe spéciale sur les huiles végétales, 1609 *vicies*.
– TVA,
• activités agricoles, 298 *quater*.
• assiette, 297 A, 297 B, 266.
• assujettissement, 256 *bis*, 257-II, 258 D, 260 CA, 298 *sexies*.
• biens meubles corporels, 256 *bis*, 266-1 *a*, 269-1 *a* 2 *d*, 286 *bis*.
* lieu d'imposition, 258 C, 258 D.
* option pour le paiement de la TVA, 260 CA.
* redevable de la taxe, 283-2 *bis* et 2 *ter*.
• biens d'occasion, 256 *bis* I 2° *bis*, 283-4 *ter*, 297 A, 297 G.
• Corse, 297-I 2.
• déclaration, 286 *bis*, 287-5.
• déductibilité, 271, 273 *septies* A, 273 *septies* C, 297 D, 298 *sexdecies* C.
• exigibilité, 269, 298 *nonies*.
• exonération, 262 *ter*, 298 *sexdecies* A.
• fait générateur, 269.
• immatriculation, 286 *ter*.
• lieu d'imposition, 258 A, 258 C.
• moyens de transport neufs, 298 *sexies*.
• objets de collection ou d'antiquité, 256 *bis* I 2° *bis*.
• œuvre d'art, 256 *bis* I 2° *bis*, 278 *septies*, *297 B, 297 D*.
• option, 260 CA.
• or, 298 *sexdecies* A, 298 *sexdecies* C.
• redevable, 283-2 à 2 *ter*, 260 CA.
• remboursement, 293 A *bis*, 298 *quinquies*.
• suspension de paiement, 277 A.
• taux réduits, 278 *quater*, 278-O *bis*, 279 O *bis*, 278 *septies*, 281 *octies*.
• territorialité, 258 C, 258 D.

Acquit
► V. *Chèque.*

Acquit-à-caution (document mentionné au I de l'art. 302 M),
– Alambics, 307.
– Alcools (circulation), 1821.
– Récolte personnelle (exemption), 441.
– Sucres, Ann. III, 216.
– Transport, suspension, 455.
– Vins, cidres et poirés, 441.
► V. *Caution, Titre de mouvement.*

Acte,
– Administratif, 635-1-3°, 4° et 2-6°, 1840 D.
– Annulation, 1961, 1961 *bis*.
– Bordereau récapitulatif, 853.
– De l'état civil,
• détruit, enregistrement, exemptions, 1119 à 1125 *bis*.
• indigents, 1072.
– Dépôt, 854, 1116, 1728.
– Destruction, 1122 à 1125 *bis*.
– Enregistré ou visé pour timbre en débet, 889.
– Enregistrement, 635 s.
– Étranger ou COM (passé à l'), 654, 655, 714, 1705-5°.
– Extrajudiciaire, 635-1-2°, 650, 658, 1705.
– Forme authentique (publicité), 660.
– Innomé, 678, 680.
– Judiciaire, 637, 650, 658, 1705 à 1707.
– Non déposé, 1728.
– Notarié, 635-1-1°, 637, 650, 664, 863 s., 870, 1705.
– De notoriété, 846 *bis*, 1072, 1119.
– Passé à l'étranger, 654, 714, 728-I 1°, 1705-5°.
– Passé en conséquence d'un autre, 862.
– Produit en justice, 857.
– Public, 853 s.
► V. *Huissier, Notaire.*
– Répertoire, 867 à 868.
– Sanctions,
• défaut ou retard de déclaration, 1728, 1729 A.
• dissimulation de prix, 1729, 1741, 1754-V.
• insuffisance, 1729, 1729 A.
– Secrétariats des juridictions, 1089 B.
– Sous seing privé, 635.

Acte ***(suite)***
- • désignation des immeubles, 870.
- • double de l'acte, 849.
- • formalité, 658.
- • étranger et COM, 714.
- • obligations des agents, 1703, 1704.
- • paiement, 1705-5°.
- • recette compétente, 652.
- • refus de formalité, 660.
- • service compétent, 654.
- • solidarité, 1840 E.
- – Sujets à publicité, 660.
- – Translatif d'immeubles à l'étranger, 714.
- – Visa spécial, 889 (timbre en débet).
- ▸ V. ***Enregistrement.***

Acte administratif,
- – Bordereau récapitulatif, 853.
- – Paiement de l'impôt, 1705-4°.
- • droits non consignés, 1840 D.
- – Répertoire, 867.
- – Service des impôts compétent, 650-3.
- – Soumis à la formalité fusionnée, 647.
- – Soumis obligatoirement à l'enregistrement, 635.

Acte notarié,
- – Bordereau récapitulatif, 853.
- – Défense d'agir, 862.
- – Information des parties de l'existence de sanctions, 863, 864.
- – Infractions des notaires,
- • affirmations, 1826.
- • défaut de présentation à la formalité, 1840 C.
- • dissimulation de prix, 1754, 1838.
- – Paiement des droits, 1705-1°, 1711 (Rec.), 1840 C.
- • paiement sur état, Ann. III 245, 263, 384 *bis* A ; Ann. IV 60.
- • service des impôts compétent, 650-1.
- – Soumis à la formalité fusionnée, 647.
- – Soumis obligatoirement à l'enregistrement, 150-VG, 635-1-1°.

Acte sous seing privé
- ▸ V. ***Acte.***

Actif,
- – Apport, 41, 809-I *bis*, 810.
- – Cession intragroupe, 223 F, 223 R.
- – Déclaration contrôlée, 99.
- – Définition de l'actif net, 38, 99.
- – Droit de licence et brevet, 39 *terdecies*, 219-I *a quater*.
- – Fusion, 210 A.
- – Immobilisé (actif), 39 *duodecies* s., 156-I, 199 *undecies* B, 210 A, 217 *undecies*, 238 *bis* AB, 238 *quater* K, 238 *octies* 1.
- • crédit-bail, 238 *quater* K.
- – Moins-values, 38-1, 39 *duodecies* s., 93-1, 209 *quater*.
- – Net, 38-2.
- – Œuvres d'art, 238 *bis* AB.
- – Patrimonial (actif)
- ▸ V. ***Impôt sur la fortune immobilière, Impôt de solidarité sur la fortune, Succession (droits de mutation).***
- – Plus-values, 38-1, 39 *duodecies* s., 41, 69-V, 70, 93, 93 *quater*, 151 *septies*, 209 *quater*, 210, 210 A s., 221 *bis*.
- ▸ V. ***Plus-values.***
- – Réinvestissement, 238 *octies*.
- – Subvention d'équipement, 42 *septies*.
- – Successoral (actif)
- ▸ V. ***Succession (droits de mutation).***
- – Transfert hors de France, 238 *bis*-0-I.

Action,
- – Acquisition en remploi, 40 *sexies*, 238 *octies*.
- • par les salariés, 81-17° *bis*, 217 *sexies*.
- – Actes de cession, 726, 729.
- – Annulation, 93 *quater*, 115, 115 A, 150 A *bis*, 150 UB, 151 *octies* à 151 *nonies*, 199 *terdecies*-0 B, 210 A.
- – Attribution gratuite, 115, 121, 210.
- – Attribution au personnel, 81-17 *bis*, 17 *ter*, 18 *bis* et 20°, 1126, 1127.
- – Biens professionnels (ISF), 885 O *bis* à 885 O *quinquies*.
- – Bulletin de souscription, Ann. IV 93 H *bis* à 93-H *quater*.
- – Cessions, 150-0 A à 150-0 F, 635-2-7°, 718, 718 *bis*, 726 à 730.
- – Compte d'épargne en actions
- ▸ V. ***Comptes.***
- – Dividende prioritaire, 145-6 *b ter*.
- – Échange, 38-7.
- – Excédent de cession (P-V reportée avant le 1er janv. 2000), 160.
- – Parts ou actions de sociétés (ISF), 885-I *bis*.
- – Rachat par la société, 112, 120, 150-0 A, 150-0 D, 151 *octies*, 151 *nonies*, 160 *bis*, 161, 164 B, 223 A (al. 4), 238 *bis* HK, 244 *bis* C, 814 C, 825.
- – Remploi, 40 *sexies*, 238 *octies*.
- – Société d'économie mixte, 1042-II.
- – Taxe sur les transactions financières, 235 *ter* ZD, 1736-VII, 1788 C.

Actionnariat,
- Air France, 81-25°.
- Attribution gratuite d'actions ou parts sociales, 81-20°, 25°, 150-0 A, 163 *bis* D, 163 *bis* E, 1126, 1127.
- Créateur d'entreprise,
  • bons de souscription de parts, 163 *bis* G.
- Intéressement, 81-18° *bis*, 158-5 *b*, 237 *ter* A.
- Option de souscription ou d'achat d'actions, 80 *bis*, 150-0 A, 160 A (BNC), 182 A *ter*, 217 *quinquies*.
- Plan d'épargne d'entreprise, 81-18° et 18° *bis*, 157-17°, 163 *bis* B, 237 *ter*.
- Plan d'épargne populaire (exonération des produits), 125 A III *bis*-1°, 157-22° ; Ann. II, 91 *quater* à 91 *quater* B.
- Plus-values, 150-0 A III 4.
- Réserve de participation, 237 *bis* A II 1.
- Sociétés d'investissement à capital variable d'actionnariat salarié (actions de), 885-I *quater*.
- Souscription ou achat en bourse d'actions, 81-17° *bis* et 17° *ter*, 81 *ter* ; 217 *sexies*.

Activité,
- A l'étranger, 4 B 2, 35-8°, 39-5° (15e al.), 39 *octies* A, 39 *octies* D, 81 B, 155 B, 173-2, 197 A, 199 *ter*, 635-7° *bis*, 1519, 1649 *quater* A, 1772.
- Illicite, 1649 *quater*-0 B *bis*, 1758.
- Occulte
  ▸ V. *Activité occulte.*
- Prime (d'), 81-9° *quinquies*.
- Reprise (d'-), 81-9° *quater*.

Activité occulte, 50-0-2 *i*, 102 *ter* 6 *b d*, 293 B I 1, 302 *septies* A *ter* B, 1728-3.

Activité saisonnière, 1478-V.

Activités culturelles, éducatives, etc.,
- Contribution économique territoriale, exemption, 1449-1°.
- Réduction d'impôt (exclusion), 199 *undecies* B, 199 *terdecies*-0 C.
- Taxe annuelle sur les locaux à usage de bureaux, 231 *ter* V 2.
- ▸ V. *Taxe sur la valeur ajoutée [TVA].*

Activités équestres, 63, 69 E.
▸ V. *Copropriété, Équidés.*

Activités polluantes,
- Aérodromes (taxe), 1609 *quatervicies* A.

Addition de construction
▸ V. *Construction.*

Adjudicataire,
- Droits communaux, 35-I 6°.
- Enchères publiques, 289-8-1-*d*, 297 A-I-2° (TVA), 635-2-6°, 685, 687, 733, 871 (Enr.), 1451 (CFE), 1584-1-2°, 1595, 1595 *ter*.

Adjudication,
- Déclaration d'adjudicataire, 687.
- Délai, 635-1 et 2.
- Droits communaux, 35-I 6°.
- Droits d'enregistrement, 1584-2.
- Folle enchère
  ▸ V. *Réitération des enchères.*
- Immeubles, 683 à 685, 761.
- Métaux précieux, 534.
- Meubles, 733.
  • procès-verbaux, 635-2-6°, 873.
- TVA, 289-I 1 *d* et II, 297 A 2°, 297 G.
- Valeur (prix), 684, 761.

Administrateur,
- Judiciaire, 261-4.
- Rachat d'une société, 220 *quater* I.
- De site, 220 *octies*.
- De sociétés,
  • allocation forfaitaire, 80 *ter*.
  • anonymes, 117 *bis*, 211 *bis*.
  • étrangères, 120-4°.
  • privilège du Trésor, 1923.
  • rémunérations, 117 *bis*, 211, 211 *bis*.

Admission,
- En franchise de droits de douane, 291-II 2°.
- En non-valeur des impôts directs, Ann. III 426 à 428.
- Temporaire, 262-II, 277 A, 291-I 2°, 291 *bis*, 302 D, 302 G II.
  • par assimilation, 256-III *a*, 256 *bis* II 2°.

Adoption,
- Calcul de l'impôt sur le revenu, 195-1 *e*, 196.
- Enregistrement, 786.
- Transmission à titre gratuit, 786.

Aéronef,
- Cession, 257-III 1°.
- Cotisation sur la valeur ajoutée des entreprises, 1586 *ter*.
- Droits d'accises, 302 F *bis*.
- Droits d'enregistrement, 1584-2-9°.
- Livraison de biens meubles à bord, 258-I *d*.

Aéronef *(suite)*
- Location, 262-II 4°.
- Prestations de service, 262-II 7°.
- Produits pétroliers, 298-4-1° *d*.
- Revenus exonérés, 246.
- Services aéroportuaires, 262-II 7°.
- Taxe sur les nuisances sonores, 1609 *quatervicies* A.
- Taxe spéciale sur les conventions d'assurances, 995.
- TVA, 262-II 4° à 6°, 291-II 5°, 298 *sexies*.

Aéroports,
- Droits d'accises, 302 F *bis*, 302 F *ter*.
- Nuisances (fonds de compensation), 1648 AC.
- Services, 256 B.
- Taxe d'aéroport, 1609 *quatervicies*.
- Taxe de l'aviation civile, 302 *bis* K.
- Taxe sur les nuisances sonores, 1609 *quatervicies* A.
- Valeur locative (réduction), 1518 A.

Affacturage,
- TVA, 260 B, 260 C, 261 C 1°.

Affaires (TVA),
- Exonérées, 261 à 263.
- Faites en France, 256, 258 s.
- Imposables, 256 s., 260 s.
- Résiliées, annulées ou impayées, 272.

Affectation,
- Bien de l'entreprise en France, 256 *bis* II 2°, 266-1 *c*.
- Changement, 38 *bis* C, 238 *bis* AB, 1386, 1406, 1517, 1518 A *ter*-II, 1729 C.
- Comptabilité auxiliaire (d'-), 38-11, 39 *duodecies* 6.
- Établissements financiers, 38-6, 38 *bis* A, 38 C.
- Principe, 271-II 1.
- Véhicules de tourisme, 54 *bis*.

Affichage,
- Contrats, déclaration, 1649 B.
- Droit d'affichage, 29, 261 D 3°, 1649 B.
- Droit, location, 29.
- Fermeture d'établissement, 1825.
- Fiscalité locale (délais de contestation),
  - locaux de référence, 1503.
  - tarifs d'évaluation, 1510 à 1512.
  - taxe d'enlèvement des ordures ménagères, 1521.
  - taxe foncière, 1381, 1383-III.
  - valeurs locatives, 1515, 1518.
- Jugement, 1741, 1776, 1789, 1818.
- Publicité, 1649 B.

Affineur de métaux précieux, 534.

Affirmation de sincérité,
- Déclaration de succession, 802.
- Frauduleuse, 1837.
- Mention sur actes, 850.
- Notaires, obligations, 863, 864.

Agencements, 1467.
- De locaux (distillerie), 320, 342.
- De locaux commerciaux, 244 *quater* E, 244 *quater* Q II 1.
- De terrains amortissables (PV), 210 A 3, 238 *quater* B, 238 *quater* K.

Agence,
- Compagnie d'assurance, 1003.
- De presse, 298 *octies*, 298 *decies* III, 1458.
- De voyage, 259 A, 262 *bis*, 263-II 2°, 267.

Agences,
- Centrale des organismes de sécurité sociale, 1613 *bis*.
- De développement, 235 *ter* ZE *bis*, 302 *bis* K.
- De développement agricole et rural, 302 *bis* MB.
- De financement des infrastructures de transport de France, 302 *bis* ZB, 1531, 1599 *quater* A *bis*.
- Française de sécurité sanitaire des produits de santé, 1635 *bis* AE, 1647-III *bis*.
- Pour la mise en valeur des espaces urbains, 1609 C, 1636 B *octies*, 1636 C.
- De service et de paiement, 1605 *nonies*.

Agences nationales,
- Des fréquences, 1519 H.
- Pour la garantie des droits des mineurs, L. n° 2008-1425 du 27 déc. 2008, art. 3, ss. art. 12.
- De l'habitat, 3-I-4° *m*, 232, 234 *nonies*, 1383 E, 1384 C.
- De la recherche, 885-0-V *bis* A.
- Pour la rénovation urbaine, 278 *sexies*, 1384 A.
- Des titres sécurisés, 1628-0 *bis*, 1628 *bis*.

Agence de voyages, 259 A, 262 *bis*, 263, 266-1 *e*.

Agent,
– D'affaires,
  • BIC, 34.
  • cotisation foncière des entreprises, 1467.
  • obligations, 806.
  • sanctions, 1743, 1767, 1772 à 1778.
– Compétence
  ▸ V. *Compétence.*
– Diplomatique ou consulaire, 5-3°, 1072, 1408-II 3°.
– Général d'assurances, 93-1 *ter*, 151 *septies* A V, 261 C 2°.
– Immobiliers, 259 A 2°.
– Des impôts ou des douanes et droits indirects,
  • commissions administratives, 1651 s., 1651 H s., 1652, 1652 *bis*, 1653, 1653 A.
  • compétence, Ann. II 408 à 410.
  • comptables, 1703.
  • décès dans l'exercice des fonctions, 796.
  • enregistrement, 1703, 1704.
  • entrepôt agréé, Ann. II, 286 H à 286 J.
  • entrave à fonctions, 1732, 1735 *ter*, 1746, 1747, 1798 (alcool), 1815, 1816 (CI), 1822.
  • participation à l'effort de construction, 235 *bis*.
– En service à l'étranger, 4 B 2.
– Judiciaire de l'État, 1090.

Agglomération nouvelle,
– Cotisation foncière des entreprises, 1379-0 *bis*, 1466.
– Évaluation des propriétés bâties, 1496 *bis*.
– Fixation des taux, 1636 B *decies* V, 1638 *bis*.
– Imposition perçue, 1379-0 *bis*, 1609 *quater*, 1609 *nonies* BA.
– Investissements immobiliers locatifs, 199 *decies* E.
– Péréquation, 1648 A.
– Résidences de tourisme, 199 *decies* E.
– Transformation, 1609 *nonies* C V 4°.

Agrément,
– Activités immobilières, 150 U II 7°, 207-1-4° *quater*, 210 E, 295, 1051, 1384 A III, 1384 C, 1531.
– Alambic, 310 *bis*, 311 *bis*, 320.
– Alcools, 302 G, 302 H *ter*, 302 H *quater*, 450.
– Amortissement exceptionnel (aménagement du territoire), 39 *quinquies* D.
– Annulation de titres, 115.
– Apport d'une entreprise individuelle, 151 *octies* II.
– Association de gestion agréée, 1649 *quater* F s., 1649 *quater* J, 1649 *quater* K.
– Avantages fiscaux, 1649 *octies* s., 1740, 1743.
– Bénéfice mondial ou consolidé, 1649 *quater* B *quater*.
– Biens culturels, 238 *bis* 0 AB.
– Centre de gestion agréé, 1649 *quater* C s., 1649 *quater* J, 1649 *quater* K.
– Cinéma et audiovisuel, 238 *bis* HE, 220 F, 220 Q, 220 Z *bis*, 220 *sexies*, 220 *octies*, 220 *quaterdecies*, 238 *bis* HF à 238 *bis* HM.
– Compétence, 1649 *nonies*.
– Contrats avec collectivités publiques, 1649 *octies*.
– Copropriété de navire, 238 *bis* HN.
– Corse,
  • PME, 244 *quater* E.
  • société ou activité nouvelle, 208 *quater* A.
– Cotisation foncière des entreprises (créations, extension d'activité), 1465 s.
– Création d'entreprise, 200 *octies*.
– Déclaration (vendange, délai), 407.
– Déficits (transfert de), 209, 223-I 5 à 7.
– Délivrance, 1649 *nonies* (retrait), 1649 *nonies* A.
– Départements d'outre-mer, 208 *quater*, 217 *undecies*, 217 *duodecies*.
  V. *Investissements outre-mer, Outre-mer.*
– Développement régional, 1465 à 1466.
– Distillation, 310 *bis*, 311 *bis*, 320.
– Dons, 200-4 *bis*, 238 *bis*, 888-0-V *bis* A-9°, 1131, 1840 G *bis*.
– Échanges extérieurs (équilibre), 39 *octies* A à 39 *octies* D.
– Économies d'énergie (amortissement du matériel), 39 AB.
– Électricité, 238 *bis* HV, 238 *bis* HW.
– Engagements (inexécution), 1649 *nonies* A.
– Entrepositaire agréé, 302 G, 302 J, 302 L, 302 O, 302 P.
– Entrepôt, 302 G, 302 H *ter*, 302 H *quater*.
– Entreprises en difficulté (reprise), 44 *septies*, 1465 s.
– Établissements de crédit, 223 A.
– État étranger, 131 *sexies*.
– Exemptions et régimes spéciaux, 39 *quinquies* A 2, 39 *quinquies* D, 39 *octies* A, 39 *quaterdecies*, 115, 209, 210, 210 B, 210 C, 1131, 1465, 1840 G *bis*, 1840 G *ter*.
– Exonérations fiscales, 1649 *octies* s.
– Exploitant agricole, 199 *unvicies*.
– Fusions, scissions, apports partiels d'actif, 115, 209-II et III, 210 B 1, 223 R, 817-I.
  • à sociétés étrangères, 210 C 2.

Agrément *(suite)*
- Gestion agréée
  ► V. ***Association de gestion agréée, Centre de gestion agréé.***
- Groupes, 223 A, 223-I 5 à 7, 223 R.
- Groupements professionnels, 42 *septies* 2.
- Handicap, 199 *sexvicies* 1°.
- Impatriés, 155 B.
- Implantation de services, 39 *octies* D IV.
- Ingénierie sociale, 207-1-4° *quater*.
- Installation à l'étranger, 39 *octies* A, 39 *octies* D.
- Institution internationale, 131 *sexies*.
- Intermédiation locative, 207-1-4° *quater*, 1384 C.
- Investissements à l'étranger, 39 *octies* A, 39 *octies* D.
- Investissements outre-mer, 199 *undecies* A à 199 *undecies* E, 200-0 A, 217 *undecies*.
- ISF, 888-0-V *bis* A-9°.
- Jardin (d'), 1409, 1519-I.
- Jeux en ligne, 302 *bis* ZG à 302 *bis* ZI, 1012, 1609 *tertricies*.
- Jeux vidéo, 220-X, 220 *terdecies*.
- Machine à timbrer, 633.
- Maîtrise d'ouvrage, 150 U II 7°, 207-1-4° *quater*, 210 E, 1531.
- Mécénat, 238 *bis* 0 AB.
- Monuments historiques,
  - charges foncières, 156-I 3° et II 1° *ter*, 156 *bis*, 239 *nonies*.
  - droits de mutation, 795 A.
  - réduction d'impôt, 238 *bis* 0 AB.
- Navire de commerce, 238 *bis* HN.
- Non-respect des engagements, 1649 *octies* s., 1740, 1743.
- Œuvres cinématographiques ou audiovisuelles
  V. *Cinéma et audiovisuel.*
- Opérateur de paris et jeux en ligne, 302 *bis* ZG à 302 *bis* ZI, 1012, 1609 *tertricies*.
- Opérations forestières, 199 *decies* H.
- Organisation internationale, 131 *sexies*.
- Outre-mer, 199 *undecies* A à 199 *undecies* E, 200-0 A, 208 *quater*, 217 *undecies*, 242 *septies*, 295, 1561-10°.
- Paiement,
  - par remise d'œuvres d'art, 1716 *bis* ; Ann. II 384 A s.
  - par remise d'immeubles, 1716 *bis* ; Ann. II 384 A *bis* s.
- Patrimoine artistique et culturel,
  - charge des immeubles, 156-I 3°, 156-II 1° *ter*.
  - dons et remises d'œuvres d'art, 1131, 1840 G *bis*.
  - droits de mutation à titre gratuit, 795 A.
- Pêche artisanale, 238 *bis* HO, 238 *bis* HP.
- Phonographie
  V. *Cinéma et audiovisuel.*
- Plus-values, 150 U II 7°, 151 *octies*, 210-3, 210 A, 210 B.
- Politique d'aide au logement, 31-I 1° *d.*
- Procédure, 1649 *nonies*.
- Quirat, 238 *bis* HN.
- Rachat par les salariés, 160 A, 220 *quater*.
- Recherche scientifique et technique, 39 *quinquies* A 2, 244 *quater* B.
- Reconversion d'activité, 39 *quaterdecies* 1 *bis*, 1465, 1465 B, 1466.
- Report déficitaire (fusions de sociétés), 209-II.
- Représentant fiscal, 1004.
- Reprise d'entreprise en difficulté, 44 *septies*, 1465, 1465 B, 1466.
- Retrait, 302 G, 302 H *ter*, 302 H *quater*, 570, 1649 *nonies* A.
- Revenus de capitaux mobiliers, 131 *sexies*.
- SAFER, 1028.
- Salariés, rachat d'entreprises, 220 *quater*, 220 *quater* B.
- Service à la personne, 199 *sexvicies* 1°.
- Souscription au capital de certaines sociétés, 217 *undecies*, 238 *bis* HE, 238 *bis* HV.
- Tabacs, 568 à 570.
- Taxe foncière, 1384 A III, 1384 C.
- Timbre, 633.
- Transfert de bien, 1051.
- Vendange (délai de déclaration), 407.
- Ventes (immeubles et fonds de commerce), 1028.
- Warrant agricole, 450.
- Zones d'aide à finalité régionale, 39 *quaterdecies*, 1465, 1466.

Agriculture,
- Accidents du travail, 1033, 1622, 1623.
- Acquéreur d'immeuble rural,
  - jeune agriculteur, 1594 F *quinquies* E, 1840 G *ter*.
  - titulaire d'un bail, 1594 F *quinquies* D.
- Activité accessoire (commerciale ou artisanale), 75, 206-2.
- Aménagement rural, 1021 à 1025.
  - aménagement foncier agricole et forestier, 1023.
  - irrigation, 1021 à 1022.
  - terres incultes. Mise en valeur, 1025.

Agriculture *(suite)*
- Animaux de boucherie et charcuterie, 69 C, 70.
- Apport d'immeuble rural à GFA ou EARL, 1594 F *quinquies* DH.
- Artisan pêcheur, 1600-11°.
- Associé d'exploitation, 77 A, 157-9° *ter*.
- Assurance contre accidents et maladies professionnelles, 1033.
- À-valoir de cotisations sociales, 72 F.
- Avances aux cultures, 72 A.
- Bail à long terme, 793-1-4°, 793-2-3°, 793 *bis*.
- Bâtiments d'exploitation, 31-I 2°, 1382-6° *a* et *b*.
- Baux ruraux, déclaration, 78.
- Bénéfices agricoles, 63 à 78.
  - associés d'exploitation, 77 A.
  - décès de l'exploitant, 77.
  - définition du bénéfice de l'exploitation agricole, 63.
  - départements d'outre-mer, 76 *bis*.
  - détermination du résultat imposable, 72 à 73 E.
  - dispositifs de lissage ou d'étalement, 75-0 A à 75 A.
  - évaluation forfaitaire, 64 à 65 B.
  - exploitations forestières, 76 à 76 A.
  - groupements agricoles d'exploitation en commun, 71.
  - imposition d'après le bénéfice réel, 69 à 74 B.
  - régimes d'imposition, 69 à 70.
  - régime simplifié, 74 à 74 B.
  - renseignements à fournir par le propriétaire, 78.
- Biens professionnels, 885 H, 885 Q.
- Biologique, 244 *quater* L, 1395 G.
- Calamités agricoles, 72 B, 1635 *bis* A, 1635 *bis* AA.
- Cession de cheptel ou de matériel, 732, 1584-2-1°, 1595 *ter*.
- Chambres de commerce ou d'agriculture, 1600, 1604.
- Commission centrale des impôts directs, 1652.
- Construction agricole (environnement), 39 *quinquies* FC.
- Contrat de travail à salaire différé, 81-3°, *774, 793-6°, 1037*.
- Coopératives agricoles, 130, 1600-10°. V. *Employeurs agricoles*.
- Cotisation foncière des entreprises,
  - exemption, 1450, 1451.
- Cotisation perçue au titre de la participation à l'effort de construction, 235 *bis*.
- Crédit agricole, 130, 1600-6° et 8°.
- Crédit d'impôt,
  - au titre des dépenses de remplacement pour congé, 200 *undecies*.
  - en faveur de l'agriculture biologique, 244 *quater* L.
  - pour dépenses de recherche, 244 *quater* B.
- Crédit mutuel et coopération agricoles, 130.
- Déclarations, 65 A, 72, 74 A.
- Déduction fiscale, 72 D à 72 D *ter*.
- Dégrèvement (Taxe foncière), 1647-00 *bis*.
- Départements d'outre-mer,
  - calamités agricoles, 1635 *bis* AA.
  - cultures agréées, 76 *bis*.
  - investissement, 199 *undecies* B, 217 *undecies*, 217 *duodecies*.
- Dépenses de remplacement pour congé de certains exploitants agricoles, 200 *undecies*.
- Dommages aux récoltes, 72 B.
- Dotation d'installation, 73 B à 73 C, 163-0 A, 1647-00 *bis*.
- Employeurs agricoles, 231, 235 *bis*, 1450, 1451, 1599 *ter* A s.
- Enregistrement,
  - aménagement foncier agricole et forestier, 1023.
  - cessions d'un fonds agricole ou de certains biens dépendant d'une exploitation agricole, 732.
  - irrigation, 1021 à 1022.
  - régimes spéciaux institués en faveur de l'agriculture, 707 *bis* à 708.
  - terres incultes. Mise en valeur, 1025.
- Entraide agricole, 81-15°, 261-2-3°.
- Espaces naturels (propriétés non bâties), 793-2-7°.
- Établissement national des produits de l'agriculture et de la mer V. *FranceAgrimer*.
- Exonération, 1395 A *bis*, 1398 A.
- Exploitant,
  - changement, 77, 157-9° *ter*.
  - décès, 77.
- Exploitation agricole (Transmission d'une -), 199 *vicies* A.
- Exploitation agricole à responsabilité limitée, 239.
- Expropriation, 151 *septies* II.
- Farines, 1618 *septies*.
- Fermage, 63, 64-4, 78.
- Fiducie, 69 E.
- Financement des prestations sociales agricoles, 1609 *vicies*, 1618 *septies*.

Agriculture *(suite)*
– Fonds,
• commun des accidents du travail agricole, 1622 à 1623.
• de garantie des calamités agricoles dans les départements d'outre-mer, 1635 *bis* AA.
• national de garantie des calamités agricoles, 1635 *bis* A.
– Forêts
► V. ***Bois et forêts.***
– FranceAgrimer, 1619.
– Gîte rural, 1459-3° *a.*
– Habitation (propriétaire exploitant, inscription au bilan), Ann. III 38 *sexdecies* D-I.
– Huiles, 1609 *vicies.*
– Immeubles ruraux (vente et acquisition), 1594 F *quinquies* E.
– Immobilisations, 72 D.
– Imposition,
• évaluation forfaitaire, 64 à 68 E.
• imposition d'après le bénéfice réel, 69 à 74 B.
• régimes d'imposition, 69 à 71.
• régime transitoire, 68 F à 68 G.
– Impôt sur les sociétés, 206, 207, 239.
– Impôts directs locaux, 1450, 1451, 1604.
– Indemnités, 72 B.
– Intéressement aux résultats, 77 A.
– Investissements DOM-TOM, 199 *undecies* B, 217 *undecies,* 217 *duodecies.*
– Jeune agriculteur, 1036, 1647-00 *bis.*
• acquisition d'immeuble rural, 1594 F *quinquies* E, 1840 G *ter.*
• dotation d'installation, 73 B à 73 C, 163-0 A, 1647-00 *bis.*
• prêts, 73 B, 1036.
– Location terres et bâtiments (option TVA), 260-6°.
– Maison d'habitation (exploitant, inscription au bilan), Ann. II 38 *sexdecies* D-I.
– Métayage, 63, 77, 78.
– Méthanisation, 1387 A *bis.*
– Mobilier (vente d'objet), 732.
– Mutations d'immeubles ruraux, 774, 793.
• exemptions, *1021, 1037.*
– Organismes agricoles,
• caisses de mutualité sociale agricole, 1027.
• sociétés d'aménagement foncier et d'établissement rural, 1028 à 1028 *quater.*
– Plus-values, terrains agricoles, 151 *sexies* s.
• opérations d'échange, 72 E, 150 U II 5°.
– Prestations (entraide agricole), 81-15°.
– Prêts aux jeunes, 1036.
– Récolte, perte, 1398.
– Réduction d'impôt, 199 *vicies* A.
– Risques agricoles, 995-12°, 1001, 1635 *bis* A.
– Société (associé, transmission ou rachat de droits), Ann. III 38 *sexdecies* U à 38 *sexdecies* W.
– Sociétés coopératives agricoles, 1029 à 1031.
– Sociétés d'intérêt collectif agricole, 1600-10°.
– Société de pêche artisanale, 34, 1600-11°.
– Stocks, 72 B.
– Syndicat agricole, 207-I 2° *bis,* 208 *septies,* 1451.
• atelier public de distillation, 319.
• représentation en commission, 1651 A, 1651 C, 1651 D, 1651 K, 1652, 1652 *bis,* 1653 A.
– Taxes diverses,
• affectée à l'établissement national des produits de l'agriculture et de la mer (FranceAgriMer), 1619.
• affectée au financement des prestations sociales agricoles, 1609 *vicies,* 1618 *septies.*
• affectée au fonds commun des accidents du travail agricole, 1622 à 1623.
• pour frais de chambres d'agriculture, 1604.
• spéciale d'équipement (exonération), 1607 A.
• spéciale sur les contrats d'assurance, 1001.
• sur les conventions d'assurance (exonération), 995-12°.
– Taxe foncière (exonération), 1382, 1395 A *bis.*
• association foncière pastorale, 1398 A.
– Taxe sur le CA des exploitants agricoles, 302 *bis* MB, 1693 *bis.*
– TVA,
• achat, attestation, 290 *bis.*
• location terres et bâtiments, 260-6°.
• option, 260.
• régime spécial, 1693 *bis.*
• remboursement forfaitaire, 298 *quater,* 298 *quinquies.*
► V. ***Appellations d'origine, Bénéfices, Bois et forêts, Crédit agricole (caisse nationale et caisses de crédit agricole mutuel), Succession (droits de mutation).***

Aide,
– A domicile, 199 *sexdecies,* 231 *bis* P, 279-I.
– A fonds perdus,
• construction, 39 *quinquies,* 210 *quinquies,* 211 *ter.*

Aide (suite)
- A la création ou reprise d'entreprise, 81-35°, 200 *octies*.
- Familiale, 157-9° *ter*.
- Industrie cinéma, 39 *sexies*.
- Juridictionnelle, 1090 A à 1090 D, 1635 *bis* P.
- Orphelin (pensions temporaires), 81-14°, 81-14° *bis*.
- Personnalisée au logement, 81-2° *bis*.
- Rapatriés (supplétifs), 81-27°.
- Règlements européens
  ► V. *Union européenne.*
- Scolarité, 81-2°.
- Service national technique, 81-17°.
- Sociale,
  • à l'enfance, 1067.
  • acquisitions immobilières, 1066.
  • centres d'action sociale, 794-I.
- Solidarité aux personnes âgées (de-),
  • impôt sur le revenu, 156-II 2° *ter*.
  • résidences mobiles terrestres, 1013-III.
  • taxe additionnelle à la cotisation foncière des entreprises, 1601.
  • taxe foncière, 1390.
  • taxe habitation, 1414.
- Supplémentaire d'invalidité, 1390, 1411-II 3 *bis*, 1414-I 1°, 1601.
► V. *Allocations.*

Aide juridictionnelle, 1090 A s.

Aide sociale,
- Actes et acquisitions immobilières, 1066.
- Bureau, exemption (donation ou succession), 794.
- Impôt sur les spectacles (répartition de l'), 1566.

Aides « *de minimis* »,
- Non agricoles, 39 AA *quater*, 39 AH, 39 AK, 39 *octies* E, 39 *octies* F, 39 *quinquies* D, 44 *sexies* à 44 *octies* A, 44 *duodecies* à 44 *terdecies*, 44 *quindecies*, 217 *quindecies*, 238 *sexdecies*, 239 *sexies* D, 244 *quater* B II *h* et *i*, 244 *quater* L, 244 *quater* O, 244 *quater* Q, 244 *quater* T, 302 *bis* ZA, 722 *bis*, 885-0-V *bis*, 885-0-V *bis* A, 1383 A, 1383 C, 1383 C *bis*, 1383 D, 1383 E *bis*, 1383 H, 1383-I, 1387 A, 1387 A *bis*, 1395 G, 1457, 1464 B, 1464-I, 1464 L, 1465, 1465 A, 1466 A, 1466 D, 1518 A *bis*, 1594-I *ter*, 1602 A, 1647 C *septies*.
- Agricoles, 199 *terdecies*-0 A, 200 *undecies*.

Aides familiaux, 157-9° *ter*.

Air France,
- Distribution d'actions aux salariés, 81-25° (TS), 163 *bis* E (IR).

Alambic,
- Achat, importation, 306.
- Bouilleur ambulant, 327 à 331, 1808.
- Compteurs, 314, 1794-2°, 1810-2°.
- D'essai, 309.
- Destruction d'alambics, 1825 B.
- Détention (d'),
  • obligations, 308 à 310.
- Formalité du scellement, 308, 309.
- Loueur (d'), 306, 307, 327, 329, 330, 331, 1808, 1825 C.
- Pénalités, 1794, 1807, 1809, 1810, 1817, 1825, 1825 C.
- Procès-verbaux, 433 A.
- Rachat par l'État, 310 *bis*.
- Situation irrégulière, 1825 B, 1825 C.

Alcools,
- Alambics, 303 à 311.
  ► V. *Alambic.*
- Alcool (définition), 401-I *b*.
- Alcools,
  • dénaturés, 508.
  • régime fiscal, 302 B à 302-V *bis* ; L. n° 2012-354 du 14 mars 2012, art. 27-III, ss. 302 D *bis*-II-*g*.
  • à usages industriels, 508.
- Allocation en franchise, 316, 317.
- Alsace-Moselle, 518.
- Assimilés, 401.
- Assise (champ d'application), 302 B.
- Attestation du récoltant-vendeur, 465 *bis*.
- Bières et boissons non alcoolisées, 520 A.
- Boissons warrantées, 450.
- Bouilleurs de cru, 315 à 326.
  • ambulants, 327 à 331.
  • définition, 315 à 317.
  • lieu d'exercice, 318 à 320.
- Carburants, 513.
- Cautionnement, 322.
- Cessation de commerce, 500.
- Cidres, 440 *bis*, 441.
- Circulation, 307.
  • capsules et vignettes, 444.
  • champ d'application, 442 *septies*.
  • déclaration, 448, 455.
  • droit (exonération), 440 *bis* à 442.
  • formalités, 302 M à 302 P, 450, 458.
  • permis de circulation, 327 à 328.

Alcools *(suite)*
• transport, 450, 451, 454, 455, 1798 *ter*.
– Commerce
V. *Débitants*.
– Communauté européenne, 302 C, 302 R, 412, 442 *septies*.
– Communication (intérieures ou entre immeubles), 504.
– Comptabilité matières, 494.
– Compteurs, 314.
– Contentieux, 433 A.
– Corse, 406 *quinquies*, 297-I, 518.
– Creux de route, 456.
– Débitants, 502.
• aménagements intérieurs, 504.
• récoltants, 465 *bis*.
– Déclarations, 312, 321, 329, 407, 422.
– Déclarations d'enlèvement, 448.
– Définition, 401.
– Dénaturés, 508.
– Désignation d'un représentant fiscal, 302 V *bis*.
– Détention, 500.
– Distillateurs de profession,
• comptabilité, 314.
• déclaration, 312.
• définition, 332.
• lieu d'exercice, 311 *bis*.
• obligations, 335.
– Document d'accompagnement, 465 *bis*.
– DOM, 519.
– Droit,
• de consommation, 402 *bis*, 403, 406, 1698 C.
• de circulation
V. *Circulation*.
– Droit spécifique, 520 A.
– Entrepositaire agréé, 302 G, 494, 500, 1798 *bis*.
– Essences, 514 *bis*.
– Éthyliques, 401 s.
– Exigibilité, 302 D.
– Exonérations, 302 D *bis* à 302 F *ter*.
– Exportés, 406.
– Formalités (circulation), 302 M à 302 P.
– Hydromels, 440 *bis*.
– Importés, 302 D, 520 ; Ann. II, 268.
– Infractions diverses, 1810-3° à 6°.
– Liquidation de l'impôt, 324.
– Marcs de raisins, 468.
– Mistelles, 343.
V. *Pertes et déchets (admissions en décharge)*.
– Non-recouvrement des accises, 302 R.
– Obligations déclaratives, 302 U *bis*.
– Obligations,
• des détenteurs, 308 à 310.
• des distillateurs, 335.
• des fabricants et marchands, 303, 304.
• des particuliers, 306.
• des transporteurs, 451, 454, 455.
– Opérateur enregistré, 302 H *ter*, 302 H *quater*.
– Permis de circulation, 327 à 328.
– Personnes morales de droit public, 302 J.
– Pertes et déchets (admissions en décharge), 302 D, 302 K.
– Pétillants, 440 *bis*.
– Piquettes et vins de sucre, 428, 431, 432.
– Prélèvements d'échantillons, 516.
– Produit intermédiaire, 401-I *a*.
– Produits de parfumerie et de toilette, 349.
– Provenant des départements d'outre-mer
V. *Importés*.
– Rachat des alambics par l'État, 310 *bis*.
– Raisins, 466.
• jus (de), 440 *bis*.
• marcs (de), 468.
– Recel, 504.
– Récolte (déclaration de), 407.
– Régime économique, 362, 1791.
– Régime suspensif, 302 L.
– Registre journal, 330 à 331.
– Remboursement des accises, 302 Q.
– Représentant fiscal, 302 V *bis*.
– Rhums et tafias, 362, 363.
– Sucre,
• quantité, 422.
• vin (de), 431, 432.
– Suspension de taxe, 302 H *ter*, 302 H *quater*, 302 L, 302 M à 302 P.
– Tarifs, 402 *bis* à 403, 438.
– Tenue des comptes, 338, 339.
– Territoire communautaire, 302 C.
– Titre alcoométrique, 401.
– Titres de mouvement, 444.
– Tolérances, 456, 494.
– TVA, 258 A, 258 B, 262 *ter*-I.
– Vendanges, 466.
– Vermouths, 343.
– Vin, 407 s.
• document d'accompagnement, 465 *bis*.
• doux naturels, 416 à 417 *bis*.
• normes, 434, 435.
• pétillants, 440 *bis*.
• de sucre, 428, 431, 432.
– Vinage, 412.
► V. ***Pénalités et sanctions.***
– Vinaigres, 278 *bis*, 297-I 1.

Algérie,
– Actes état civil, 1119.
– Allocations
▸ V. ***Allocations.***
– Rapatriés
▸ V. ***Rapatriés.***

Aliments,
– Aide alimentaire (dons aux organismes), 200.
– Animaux (nourriture), 278 *bis* 4°, 297-I 1.
– Humains, 278 *bis* 2°.
▸ V. ***Pension alimentaire.***

Allégements
▸ V. ***Abattement, Aides «de minimis», Agrément, Association de gestion agréée, Avantages fiscaux, Centre de gestion agréé, Dégrèvements, Entreprise nouvelle, Zone, Étalement, Exemptions et exonérations, Crédit d'impôt, Tiers de confiance.***

Allocations,
– Accidentés du travail, 81-8°, 157-4°.
– Adultes handicapés, 81-2°, 157-4°, 1411-II 3 *bis*, 1414-I 1° *bis*.
– Alcool en franchise
▸ V. ***Alcools.***
– Assistance à la famille (frais de garde, handicapés, orphelins, mère au foyer, salaire unique, etc.), 81-2° et 9°, 157-4°.
– Centre national du cinéma et de l'image animée, 39 *sexies*, 157-4°.
– Chômage, 81-9°, 158-5 *b*, 231 *bis* D.
– Contrat de volontariat, 81-17° c, 157-4°.
– D'assistance, 81-9°, 157-4°.
– Familiales (cotisations), 154 *bis*, 156-II 4°, 156-II 10°.
– Forfaitaires pour frais,
• aux dirigeants et cadres, 39-3, 80 *ter*, 87, 211 *bis*.
• aux dirigeants d'organismes à but non lucratif, 80 *terdecies*.
• aux dirigeants de sociétés, 81-1° *bis*, 231-1 *ter*.
– Frais d'emploi, 81-1°, 157-4°.
– Logement, 81-2° *bis*, 157-4°.
– Mère au foyer, 81-2°, 157-4°.
– Personnalisée d'autonomie, 81-2°, 157-4°.
– Prestations familiales, 81-2°, 157-4°.
– Rapatriés, 81-27°, 157-4°.
– Reconnaissance (Algérie), 81-4° b, 157-4°.
– Rémunération minimale, 158-5, 231 *bis* D.
– Sapeurs-pompiers volontaires (pension de réversion), 81-29°.
– Scolarité, 81-2°.
– Supplément de revenu familial, 81-2°, 157-4°.
– (de) Vétérance, 81-29°.
– Vieux travailleurs salariés, 79.
▸ V. ***Chômage.***

Alsace et Moselle,
– Alcool, 518.
– Culte, 1382-4°.
– Don aux œuvres, 200-1 *e*, 238 *bis* 1 *b*.
– Enregistrement et publicité foncière, Ann. III 249, 250.
– Taxe d'apprentissage, 1599 *ter* J.

Ambassade et consulat,
– Diplomates en service à l'étranger, 4 B 2.
– Diplomates étrangers, 5-3°, 1408-II 3°.
– Locaux, 1382.

Ambulances,
– Exonération,
• de contribution économique territoriale, 1453.
• de TVA, 261-4-3°.

Ambulantes (professions et ventes), 302 *octies* (contrôle), 1457-1°.
– Bouilleurs de cru, 327 à 331.

Amélioration,
– Avances remboursables, 244 *quater* U.
– Crédit d'impôt, 200 *quater*, 200 *quater* A, 244 *quater* U.
– Culturale, 732.
– Dépenses déductibles, 31-I.
– Enregistrement, 1054.
– Foncière permanente, 72.
– Réduction d'impôt, 199 *decies* F.
– Taxe foncière sur les propriétés bâties, 1383 E, 1384 C, 1388 *ter*.
– Travaux (d'),
• dépenses déductibles, 31-I.
• plus-value, 150-VB.
• qualité environnementale, 200 *quater*, 244 *quater* U.
• performance énergétique, 244 *quater* U.
– TVA,
• travaux d'amélioration, 278-0 *bis* A, 278 *bis*, 279-0 *bis*, 284.
• livraison à soi-même, 278 *bis*, 284.

Aménagement du territoire
▸ V. ***Développement.***

Amendes
▸ V. ***Pénalités et sanctions.***

Amendements calcaires, 278 *bis* 5° *a*, 297-I 1-2°.

Amiante,
- Dépenses déductibles, 31-I 1° *b bis*.
- Indemnité de cessation d'activité (salariés), 81-32° et 33°.
- Victimes (indemnités), 81-33° *bis*.

Amodiataire
▶ V. *Mines.*

Amortissement,
- Accumulateurs pour véhicules électriques, 39 AD, 39 AF.
- Action ou part de SI de copropriété, Ann. II 375.
- Acoustique (réduction du niveau), 39 *quinquies* DA.
- Assurance, 39 *quinquies* GB.
- Biens,
  • acquis à l'aide de primes, 39 *quinquies* FA.
  • acquis ou fabriqués du 15 avr. 2015 au 14 avr. 2016, 39 *decies*.
  • donnés en location, 39 C, 54 *octies*.
  • donnant droit à déduction TVA, 39-I 2° ; Ann. II 15.
- Biens d'équipement, 39 A à 39 AA *ter*, 39 *decies*.
- Cheval de course ou d'étalon (parts de copropriété), 39 F.
- Par composants, 237 *septies*.
- Comptabilité, 39 B, 223-3.
- Constructions,
  • sur sol d'autrui, 39 D.
  • installations agricoles, 39 *quinquies* FC.
- Continuation de l'exploitation par conjoint et héritiers, 41.
- Copropriétaires,
  • de navires, 39 E.
  • de cheval de course ou d'étalon, 39 F.
- Cyclomoteurs électriques, 39 AC, 39 AF.
- Déduction, 31-1 1°, 39-1-2°, 39 B, 39 G, 72 à 72 D *ter*, 93-1-2°.
- Dégressif, 39 A s., 39 *decies*.
  • matériel de production, de sciage et de valorisation des produits forestiers, 39 AA *quater*.
  • matériel destiné à économiser l'énergie, 39 AA 2°.
  • matériel de recherche, 39 AA *quinquies*.
  • satellites de télécommunication, 39 A 2-3°.
- Différé (exercices déficitaires), 39-1-2°, 39 B, 209-I.
- Économie d'énergie (énergies renouvelables), 39 AA 2°, 39 AB.
- Électricité (approvisionnement en), 217 *quindecies*, 238 *bis* HV à 238 *bis* HZ *bis*.
- Exceptionnels, 236-II.
  • économie d'énergie, 39 AB.
  • épuration des eaux, 39 *quinquies* E.
  • hôtels, cafés et restaurants, 39 AK.
  • lutte contre la pollution atmosphérique, 39 *quinquies* F.
  • recherche, 39 *quinquies* A s.
  • sécurité en matière nucléaire, 39 *quinquies* F.
  • sociétés financières d'innovation, 40 *sexies*.
  • véhicules non polluants, 39 AC.
- Exclusion, 39-4.
- Immeuble industriel ou commercial (zones urbaines et rurales défavorisées), 39 *quinquies* D.
- Immeuble réhabilité ou rénové, 39 G.
- Installations classées, 39 *quinquies* E, 39 *quinquies* F.
- Installation de charge des véhicules électriques, 39 AE, 39 AF.
- Installations de sécurité, 39 AI.
- Logements acquis neufs ou en état futur d'achèvement, 31-I f.
- Logiciel, 236-II.
- Minimum, 39 B.
- Mise en conformité dans le secteur des hôtels, cafés et restaurants, 39 AK.
- Navire (parts de copropriété), 39 E.
- Normaux, 39-1-2°.
- Pêche artisanale (souscription aux sociétés de financement), 217 *decies*.
- Plus-values réinvesties (affectation), 40-4 ; Ann. II 375.
- Pollution (lutte), 39 *quinquies* F.
- Presse, 39 *bis* 1 *ter*.
- Recherche sur certaines maladies, 39 AH.
- Recherche scientifique ou technique (immobilisations), 39 *quinquies* A, 40 *sexies*.
- Registre des immobilisations, 99.
- Relevé, 54, 223-2.
- Revenu, calcul,
  • foncier, 31.
  • professionnel, 39-1, 54, 93.
- Sociétés,
  • d'approvisionnement en électricité, 217 *quindecies*.
  • capital, 159.
  • civiles de placement immobilier (associé), 31 *bis*.
  • concessionnaires, 112-2°.

Amortissement *(suite)*
• conventionnées, 39 *quinquies* C.
• fusion, 210-3.
• financière d'innovation, 39 *quinquies* A 2, 40 *sexies*.
• épargne forestière, 217 *terdecies*.
• immobilières de copropriété (actions ou parts), Ann. II 375.
– Tableau, 53 A, 223-2.
– Taux, 39-1-2° (linéaire), 39 A (dégressif).
– Terminaux permettant l'accès à l'internet haut débit, 39 AJ.
– Véhicules,
• électriques, 39 AE, 39 AF.
• en bicarburation, 39 AC.
• au gaz, 39 AF.
– Voitures de tourisme, 39-4.
– Zones défavorisées,
• constructions à usage industriel ou commercial, 39 *quinquies* D.

Analyse médicale
► V. *Laboratoire d'analyses médicales.*

Anciens combattants,
– Impôt sur le revenu, 81-12°, 156-II 5°, 195-6.

Animaux,
– Abattage,
• redevance sanitaire, 302 *bis* N à 302 *bis* R, 302 *bis* WC.
• TVA, 298 *quinquies*.
– Abattoirs publics,
• cotisation foncière des entreprises, 1449.
• TVA (option), 260 A.
– Bénéfices agricoles, 69, 69 C.
– Cheptel, 732.
– Chiens, 63.
– De boucherie et charcuterie, 257-9°, 267 *bis* [Ann. IV 50 *duodecies*-0B], 298 *quater* 2°, 298 *quinquies* ; Ann. II 260 D (option).
• régime d'imposition, 69 C.
• définition des animaux (TVA), Ann. III, 65 A.
• remboursement forfaitaire, 298 *quinquies*.
• vente à des non-assujettis, 281 *sexies*, 296 *bis* b, 297-I 1-1.
– Découpage,
• *redevance sanitaire,* 302 *bis* S à 302 *bis* W, 302 *bis* WC.
– De grande valeur (TVA), 268 *ter* I.
– Pertes de bétail, 64-5, 1398.
– Ventes à un non-assujetti (TVA), 281 *sexies*, 296 *bis* b, 297-I 1-1°.
– Ventes publiques, 1595 *ter*.
– Viandes
► V. *Viandes.*

Anis, badiane, etc.,
– Essences, 514 *bis*.

Annualité de l'impôt direct, 1er A, 1415, 1447, 1478.

Annulation
► V. *Résolution, Rescision de contrat.*

Antiquités
► V. *Objet d'antiquité, d'art et de collection.*

Apéritifs,
– Régime fiscal, 343, 401.
► V. *Alcools.*

Appareils,
– TVA, 279 *b bis*.

Appareillage,
– Médical ou paramédical, 278-0 *bis*.

Appellations d'origine,
– Appellation contrôlée
► V. *Vin.*
– Eaux-de-vie, 1794-6°.
– Pénalités, 1794-6°.
– Transfert de biens vers un organisme de défense, 208 *septies*, 810.
– Vin, 407, 422.

Apport,
– Cotisation sur la valeur ajoutée des entreprises, 1586 *quater* III.
– Droit d'apport, 677-3°, 809 à 810 *bis*, 816 à 817 B.
– Échange de droits sociaux, 150 A *bis*.
– Fusion, 816, 816 A.
– A un groupement forestier, 810 *bis*.
– Immobiliers, 809, 810.
– En numéraire, 199 *terdecies*-0 A.
– Obligation de conservation des titres, 1768.
– Partiel d'actif, 817.
– Plus-values, 210 A à 210 B *bis*.
– Remboursement (d'), 112-1°.
– En société,
• enregistrement, 635-1-5°, 683 *bis*, 638 A, 677-3°, 810 *bis* à 811.
• plus-value, 151 *octies*.
– Titres d'un éditeur de service de communication, 1019.

Apport (suite)
► V. ***Association, Enregistrement, Restructuration (de sociétés), Société (en général).***

Apprenti,
– Centre de formation, 1609 *quinvicies*-V.
– Employeur, 231 *bis* I, 1452, 1468.
– Taxe sur les salaires, exonération, 231 *bis* I.
► V. ***Apprentissage.***

Apprentissage,
– Contribution supplémentaire à l'apprentissage, 230 H.
– Crédit d'impôt, 199 *ter* F, 220 H, 244 *quater* G.
– Taxe d'apprentissage, 1599 *ter* A à 1599 *ter* M, 1609 *quinvicies*, 1678 *quinquies* ; Ann. III 381 XA.

Arbitre, 92-2-6°, 93-10.
► V. ***Sports.***

Arbres fruitiers,
– Exonération, 1395 A *bis*.
– Terrain, 1395-3°.

Archéologie,
– Études préalables, 236 *ter*.
– Préventive,
• recouvrement, 1647.
• redevance, 1647.

Archives,
– Reconstitution, 1119 à 1125 *bis*.

Argent métal, Ann. III 4 s.
► V. ***Métaux précieux.***

Armagnac (eaux-de-vie), 422.

Armateurs,
– Exonération de TVA, 261-2-4°.

Armateur à la pêche, 261-2-4°.

Armement,
– Aéronefs, bateaux et navires (TVA), 257-13° et 15°, 262, 291-II.

Arrêt
► V. ***Jugement et arrêt.***

Arrondissement,
– A l'euro le plus proche, 1647-00 A, 1649 *undecies*.
– De l'impôt, 1657, 1724 ; Ann. III 357 B, 360, 365.
– Des bases de l'impôt, 193, 219-1, 270, 675, 1657 ; Ann. II 140 A, 310 HI ; Ann. III 261.
– Des taux, 160-I.
– Versement anticipé,
• contribution sur IS, 1668 B.
– Versements provisionnels, 1664, 1668, 1679 *quinquies*.

Arsenaux de l'État,
– Cotisation foncière des entreprises, 1447 *bis*.
– Taxe foncière, 1382-1°.

Art
► V. ***Artiste, Cinématographie, Donation, Mécénat, Métiers d'art.***

Article ou objet d'occasion
► V. ***Objet d'occasion.***

Artisan, Artisanat,
– Chambres de commerce et d'industrie (taxe), 1600.
– Chambres de métiers (taxe), 1601 à 1601 B, 1602 A, 1641.
– Contribution économique territoriale (exonération), 1452, 1465 A, 1468, 1601.
– Contribution à la formation professionnelle (de certains chefs d'entreprises artisanales), 1609 *quatervicies* B.
– Coopératives, 1053, 1454.
• crédit artisanal, Ann. IV 50 *quaterdecies*.
– Fonds de promotion et de communication (droit de 10 %), 1601 A, 1601 B.
– Indemnité de départ, 157-19°.
– Investissements DOM-TOM, 217 *undecies*, 217 *duodecies* ; Ann. III 46 *quaterdecies* BA à I, 46 *quaterdecies* V, 46 *quaterdecies* W.
– Locaux, 1052.
– Pêcheur, 34, 1455.
– Taxe d'apprentissage, 1599 *ter* A s.
– TVA, 279 *g*, 293 B à 293 G.

Artiste,
– Bénéfices (production artistique), 92, 100 *bis*, 260-1°, 261-4-4°, 1460-2°.
– Contribution économique territoriale, 1460-2°.
– Installation professionnelle ou domicile (absence en France), 182 A *bis*, 259 A 4°.
– Production (bénéfice), 92, 100 *bis*, 260-1°, 261-4-4°, 1460-2°.
– Revenus, 164 B g, 182 A *bis*.

Artiste *(suite)*

• retenue à la source, Ann. III 46 A, 381 R.
– Salarié, Ann. IV 5.
– Du spectacle, 79, 84 A, 259 A 4°, 1460-4° ; Ann. IV5.
– TVA, 293 B à 293 G (franchise en base).

Ascendant,
– Abattement (ascendant à charge), 1411-II 1 et III.
– Pension alimentaire, 79, 156-II 2°.

Ascenseurs,
– Crédit d'impôt, 200 *quater*.
– Évaluation des valeurs locatives, Ann. III, 324 J, 324 S.
– TVA taux réduit, 278-0 *bis*, 279-0 *bis*.

ASSEDIC
▸ V. ***Chômage.***

Assiette
▸ V. ***Frais.***

Assistance,
– A l'enfance, 1067.
– Juridictionnelle, 1090 A s.
▸ V. ***Allocations.***

Assistance publique,
– Pupilles, 1067.

Assistante maternelle,
– Aide pour l'emploi d'une assistante, 81-2°.
– Imposition (régime d'), 80 *sexies*.
– Formation continue (participation), 235 *ter* KA.
– Taxe sur salaires, 231 *bis* P.

Association,
– Activités lucratives accessoires (franchise), 206 (1 *bis*), 261 (7-1° *b*), 1447 (II), 1478 (VI), 1668 (I).
– Agréée des professions libérales, 1649 *quater* F à 1649 *quater* H, 1649 *quater* K ; Ann. II 371 M à 371 Z ; Ann. IV 164 F *duovicies* à 164 F *octovicies*.
• abattement, 158-4 *bis* ; Ann. II 371 W.
• agrément, Ann. II 371 R à 371-V.
• comptabilité, dépenses, 93-1-4°,1727-II.
• engagements, Ann. II 371 QA, 371-X, 371 Y ; Ann. IV 164 F *quatervicies* à 164 F *septvicies*.
• exclusion, Ann. II 371 Q 3° *e*, 371 Z ; Ann. IV 164 F *octovicies*.
• obligations, Ann. II 371 Q 3°, 371 Y.
• pénalités, 1755.
• salaire du conjoint, 154.
– Agricole ou d'intérêt rural, 1451-3°.
– Apports immobiliers, 677-3°, 809-I 2°.
– D'avocats, 151 *octies* C, 238 *bis* LA.
– Bienfaisance (impôt sur les spectacles), 1561-3°, 1562-4°.
– Castors, 207-1-7°, 261-5.
– Cercle privé, 1655.
– Coopérative de distillation, 318, 322 ; Ann. I, 55.
– Cultuelle, 795, 1382-4°.
– Dirigeants (responsabilité pénale), 1777.
– Dons et legs, 200 (réduction d'impôt), 238 *bis*, 795-4° et 5°.
– Enregistrement, 1039.
– Étudiants (enregistrement), exemption, 1089.
– Exportation (achats pour l'), 275-II.
– Foncières pastorales, 1394, 1398 A.
• foncières urbaines de restauration, 31 *b ter*, 261-5, 691 *bis*, 1055, 1594-0 G.
– Foncière urbaine,
• acquisition de terrain, 691 *bis*, 1594-0 G A V.
• frais d'adhésion, 156-1-3°.
• remembrement, 261-5-1° *bis*, 1055, 1056.
– Formation professionnelle,
• réparation automobile, 1609 *sexvicies*.
• transports, 1635 *bis* M.
– Impôt sur les sociétés (revenus immobiliers et autres), 206-5.
– D'intérêt public, 1039 *(Enr.)*.
– Intermédiaire, 206-5 *bis*, 261-7-1° *bis*.
– Mutilés de guerre et anciens combattants, 208-4°, 1462-2°.
– Mutilés de guerre ou de travail, 208-4°, 1382-5°, 1394-4°, 1461, 1462.
– Organismes divers, 261-4-9°.
– Propriétaires d'immeubles
▸ V. ***Impôt sur les sociétés (revenus immobiliers et autres).***
– Remembrement (foncières urbaines), 261-5-1° *bis*, 691 *bis*, 1055, 1056, 1594-0 G.
– Sans but lucratif, 206 (1 *bis*), 207-1-5° et 5° *bis*, 208 *ter*, 219 *bis*, 221-2 *ter*, 231 *bis* L, 239 *quater*, 261-7, 1447 (II), 1478 (VI), 1668, 1679 A ; Ann. II 242 B, 242 C, 242 *octies*.
– Sécurité des travailleurs, 261-7-2°.
– Services aux personnes, 206-5 *bis*.
– Syndicales, 691 *bis*, 1056, 1382-9°, 1394-5°, 1594-0 G.

Association (suite)
– Taxe d'apprentissage, 1599 *ter* A s.
– Taxe sur les salaires, 261-7-1° (*TVA*), 231 *bis* L, 1679 A.
– Taxe sur les voitures (exonération), 1010.
– Transferts de biens sans contrepartie, 1039.
– Transformation en GIE, 221-2 *ter*.

Association de gestion agréée,
– Convention, Ann. II 371 O.

Association en participation
► V. *Sociétés (particulières)*.

Association syndicale,
– Agricole,
• cotisation foncière des entreprises, 1451-3°.
• transfert de biens vers un organisme de défense, 208 *septies*, 810.
– Militaire, 199 *quater* C.
– Reconstruction, 1056.
– Remembrement, 1594-0 G A V.
– Sinistres,
• taxe foncière, 1382-9°, 1394-5°.

Associé,
– Avances, 111 *a* ; Ann. III 49 *bis* à 49 *sexies*.
– Comptes courants,
• intérêts (déduction), 39-1-3°, 212 (imposition) 124-4°, 125 A, 242 *quater*, 1740-0 B.
• incorporation au capital, 54 *sexies*.
– Copropriété,
• de cheval de course ou d'étalon, 8 *quinquies*, 238 *bis* K.
• de navires, 8 *quater*.
– Déclaration des rémunérations et parts de bénéfices, 242.
– Exploitation agricole, 77 A.
– Société civile professionnelle, 8 *ter*.
– Socété de fait, 238 *bis* I.
– Société en commandite simple,
• commanditaires, 108, 206-4.
• commandités, 1-A, 8, 13-3 et 4, 108, 162, 218 *bis*, 239.
– Société en participation, 8, 13-3 et 4, 218 *bis*.
– Société immobilière de copropriété, 8 *bis*, 1655 *ter*.

Associé d'exploitation, 77 A, 157-9° *ter*.

Associé en nom collectif,
– Impôt sur le revenu, 8, 60, 103, 162.
– Impôt sur les sociétés, 62, 211, 218 *bis*.

Associé de société civile professionnelle et de société transparente, 8 *ter*, 1476, 1655 *ter*.

Associé gérant,
– Commandite par actions, 62, 162, 211.
– Commandite simple, 206-3, 211, 239.
– SARL, 62, 211.

Associé unique (SARL), 8-4° et 5°, 62, 162, 206-3, 239.

Assujettis (TVA), 256 A.

Assurances,
– Agents et sous-agents, 93-1 *ter*, 261 C 2° ; Ann. II 310 HC.
– Agriculteurs non salariés,
• cotisations, 156-II 11°.
– Assurances,
• crédit, 39 *quinquies* GA.
• décès, 757 B.
• vie, 199 *septies*, 125-0 A, 806-III et IV, 990-I, 1649 AA ; Ann. II 306-0 F.
– Assurance dépendance, 260 C, 995-14°.
– Caisses autonomes mutualistes, caisse nationale de prévoyance, 995-13°, 998, 999.
– Centres de formation,
• taxe sur salaires, 237 *quinquies*.
– Comptes épargne d'assurance pour la forêt, 157-23°.
– Contrats (déclaration à l'Administration), 805.
– Contrats d'assurance maladie/retraite à gestion paritaire, 999.
– Conventions (taxe), 991.
• exonération, 999.
– Cotisations maladie et maternité, 154 *bis*, 156-II 10° et 11° ; Ann. III 41 DN *bis*, 41 DN *ter*.
– Courtiers et intermédiaires, 261 C 2°, 1002 s.
– Crédit,
• provisions, équilibrage, 39 *quinquies* GA ; Ann. II 16 E, 16 F.
– Décès,
• primes après 70 ans, 757-B, 806-III ; Ann. II 292 A, 292 B.
• primes avant 70 ans, 806-IV, 990-I ; Ann. II 306-0 F.
– Entreprises, 223-2.
– Entreprises d'assurance et de réassurance,
• obligations, 223-2-1°.

Assurances *(suite)*
• provisions spéciales, 39 *quinquies* G à 39 *quinquies* GC ; Ann. II 16 E à 16 G.
• TVA, 259 B, 259 C, 261 C 2°, 271-V.
• taxe sur excédent de provisions, 235 *ter* X.
• titres à revenu fixe, 38 *bis* B *bis*.
• titres d'OPCVM, 209-0 A.
– Étranger (assureur),
• représentant agréé, 1004 ; Ann. II 306 F.
– Fonds d'assurance-formation (versements), 237 *quinquies*.
– Frais, 83-2° *bis*, 267-I 2°.
• déduction forfaitaire (foncier), 31.
– frais de gestion et assurance, 31-I e.
– Groupe, 154 *bis* (Ann. III 41 DN *bis*, 41 DN *ter*), (cotisations déductibles), 998 (enregistrement).
– Indemnités, 39 *quaterdecies* 1 *ter*, 39 *quindecies*.
– Loyer impayé, 31-I 1° a *bis*.
– Obligations déclaratives, Ann. II, 370 C.
– Opérations d'assurances, 261 C 2°, 271-V *a*.
– Pénalités
► V. ***Pénalités et sanctions.***
– Portefeuille (transfert de), 1065.
– Primes assurance décès, 156-II.
• assurance groupe, 154 *bis*, 158-5-6 *bis*.
• assurance vie, 199 *septies* ; Ann. II 292 A.
– Produits de capitalisation, 260 C 4°.
– Provisions pour risques afférents à opérations d'assurances, 39 *quinquies* G, 39 *quinquies* GA ; Ann. II 16 E.
– Provisions techniques d'égalisation, 39 *quinquies* G.
– Représentant responsable (assureur étranger), 1002, 1003, 1004 ; Ann. II 306 F.
– Réserve de capitalisation (taxe sur les), 39 *quinquies* GE.
– Risques,
• atomique et pollution (provision),
► V. ***Provision.***
– Sociétés d'assurances mutuelles (droit d'adhésion), 209-IV.
– Sociétés d'assurances et de réassurances, 38 *bis* B *bis*, 39 *quinquies* G, 39 *quinquies* GA, 39 *quinquies* GB (provisions), 261 C 2°.
– Taxe annuelle, 991 à 1004, 1708.
• exemptions, 995 à 1000.
– Taxe d'apprentissage, 1599 *ter* A s.
– Taxe sur excédent de provisions, 235 *ter* X.
– Titres, acquisitions (pertes ou profits), 38 *bis* B *bis*.
– TVA, 259 B s., 261 C, 271.
– Vie,
• contrats (déclaration si organismes hors de France), 1649 AA ; Ann. III 344 C.
• primes, 156-II 7°.
• sommes dues au décès (prélèvement), 990-I.

Assurance vie,
– Capital-décès (imposition et prélèvement), 990-I.
– Compte d'investissement forestier et d'assurance (CIFA), 793, 885 H.
– Contrats (déclaration), 1649 AA, 1766 ; Ann. III 344 C.
– Présomption d'assujettissement, 755.
– Réduction d'impôt, 199 *septies*.

Attestation,
– D'achat (remboursement forfaitaire), 290 *bis* ; Ann. II 266 ; Ann. III 98 *bis*, 1784 (achat de biens ou de services en franchise), 275.
– D'exportation, 275.
– De propriété, 846 *bis*.
– Notariée (droits réels immobiliers), 846 *bis*, 1135.
– Transfert de droit à déduction de TVA, 275, 290 *bis* ; Ann. III 98 *bis*.

Attractions
► V. *Spectacles.*

Attribution gratuite d'actions ou de parts sociales, 81-16° et 20°, 115, 159, 210, 1126.

Attribution d'immeubles (sociétés de construction), 208-3°.

Aubergiste et hôtelier,
– Vente de boissons, 502.

Audiovisuel,
– Investissement (SOFICA), 163 *septdecies*.
– Paiement, 1681 *ter*, 1681 *ter* B.
– Redevance et abonnements, 257-18.
– Taxe sur la publicité diffusée par les chaînes de télévision, 302 *bis* KG, 1693 *quinquies*.

Augmentation de capital,
– Enregistrement, 635-I 5°, 638 A ; Ann. III 250 A, 251 A.
– Fusion de sociétés, 112-1° *b*.
– Incorporation,
• de bénéfices, 113, 812-I.

Augmentation de capital *(suite)*
- • de provisions, 812-I.
- • de réserves, 112-1° *a*, 121-I, 812-I.
- – Scission de sociétés, 112-1° *b*.
- – Société à capital variable, 825.
- – Société en difficulté, 217 *undecies* II *bis*.

Aulnaie, 76.

Auteur (droits d'), 293 B à 293 G.
- – Contribution économique territoriale, 1460-3°.
- – Déclaration, 241 ; Ann. III 47, 47 A.
- – ISF, 885-I.
- – Imposition, 1460-3°.
- • abattement, 92-2, 93-1 *quater*.
- • TVA,
- * franchise de base, 293 B s.
- * retenue, 279 *g*, 285 *bis*.
- * territorialité, 100 *bis*, 259, 259 B, 259 C.
- – Œuvre d'art (livraison), 278 *septies* 2°.
- – Revenus (retenue à la source), 182 C ; Ann. III 46 A, 381 R.

Auto-école, 273 *septies* A.

Automobile,
- – Accident
- ► V. ***Accidents.***
- – Acquisition intracommunautaire, 298 *sexies* ; Ann. II 242 *undecies* à 242 *quindecies*.
- – Amortissement, 39-4, 39 AC, 39 AF.
- – Certificats d'immatriculation,
- • taxe sur les certificats, 1599 *quindecies* à 1599 *novodecies* A, 1723 *ter*-0 B ; Ann. IV 155 *quater*.
- • taxe additionnelle, 1010 *bis*, 1010 *ter*.
- – Crédit d'impôt (acquisition ou location), 200 *quinquies*.
- – Dépréciation, 83-3°.
- – Énergie électrique, 273 *septies* B.
- – Enseignement de conduite, 273 *septies* B.
- – Taxe sur les véhicules de tourisme des sociétés, 1010.
- – TVA,
- • auto-écoles, 273 *septies* A.
- • véhicule d'occasion, 297 A, 297 G.
- – Taxe sur les voitures particulières les plus polluantes, 1011 *bis*, 1647-XIV.
- – Transport des personnes,
- • déduction, 273 *septies* A à 273 *septies* C.
- • handicapés, 278-0 *bis*-A-2-*d*.
- • malades, 261-4-3.
- • taux, 278.
- ► V. ***Véhicules.***

Autorisation ministérielle, 793-1.

Autorités administratives, 853.

Autoroutes,
- – Taxe au kilomètre, 302 *bis* ZB.
- – Taxe foncière, 1381, 1394, 1501.
- – Valeur locative, 1501-II.
- – Taxe sur la valeur ajoutée (voies de circulation à péages), 257-7° *ter*, 266-7, 270-II.

Auxiliaire médical,
- – Première année d'installation, 1464 D.

Avances,
- – Associés, 111 *a* ; Ann. III 49 *bis* à 49 *sexies*.
- – Aux clients, 38-2 *bis*.
- – Aux cultures, 72 A.
- – Remboursables sans intérêt, 1384 A (déclaration, Ann. II 310-0 H à 310-0 H *ter* ; Ann. IV 121-0 AA), 1649 A *bis*, 1736 ; Ann. III 344 G *bis* à 344 G *quinquies*.

Avantages en nature,
- – Déclaration annuelle, 87, 89 A ; Ann. III 39-0 A, 240-1 *bis*.
- – Déduction du revenu global, 156-II 2° et 2° *ter*.
- – Évaluation, 82.
- – Imposition, 82, 231-1, 235 *ter* D ; Ann. III 51-4.
- – Inscription en comptabilité, 54 *bis*, 223-3, 1763.
- – Matériel informatique (mise à disposition), 39-11.
- – Taxe d'apprentissage, 1599 *ter* A.
- – Taxe sur les salaires, 231-1.
- – Traitements et salaires (estimation), 82, 156-II 2° *ter*.
- – Transfert de la jouissance d'un bien par société, 239 *octies* ; Ann. III 4 *quaterdecies*.

Avantages fiscaux,
- – Conseil pour l'obtention (d'), 242 *septies*, 1740-00 AB.
- – Imputation, 1731 *bis*.
- – Plafonnement, 200-0 A.
- – Suspension, 1378 *octies*.

Aveugles,
- – Groupement, 261-7-3° ; Ann. II 195 B à 195 D.
- ► V. ***Invalide.***

Aviation civile (taxe d'), 302 *bis* K VI ; Ann. III 99.

Aviculteur, 63, 278 *bis*, 297-I 1.

Avion,
- De tourisme (train de vie), 168-1.

Avis,
- De mise en recouvrement, 1917 s.
- D'imposition (ou de non-), 170-3, 1506, 1514, 1659.
- ▸ V. *Commission.*

Avitaillement
- ▸ V. *Navire.*

Avocat,
- Aux Conseils, 92, 724, 859, 1684, 1838, 1840 B, 1964.
- Droits de plaidoirie, 680.
- Imposition,
  - • régime, 293 B s.
- Stagiaire, 1460.
- Tiers de confiance, 170 *ter.*
- TVA, 279 *f*, 293 B à 293 G.

Avoirs à l'étranger,
- Déclaration des revenus, 173-2.
- Droits de mutation, 714, 750 *ter*, 759, 766 s.
- En monnaies étrangères, 38-4.
- Revenus, détermination, 151.
- Transferts à l'étranger, 1649 A, 1649 AA, 1649 *quater* A.

Avoués d'appel,
- Fonds d'indemnisation (droit affecté au), 1635 *bis* P.
- Report d'imposition (plus-value), L. n° 2011-1978 du 28 déc. 2011, art. 35-I, ss. art. 93.
  - ▸ V. *Avocat.*

B

Bakchich
- ▸ V. *Corruption.*

Bagages personnels,
- Bulletin, Ann. IV 113.
- TVA, 262 ; Ann. IV 24 *bis*, 24 *ter.*

Bail,
- Bail à colonat partiaire, 77, 78.
- Bail à construction
  - ▸ V. *Bail à construction.*
- Bail à durée illimitée ou à vie,
  - • droit de bail, 744-1.
  - • formalité, 635-1-4°, 640, 652, 653.
- Bail à ferme, 77, 78.
- Bail à portions de fruits, 77, 78.
- Bail à réhabilitation, 33 *quinquies*, 1384 B, 1400-II, 1586 B, 1594 J.
- Bail de chasse ou de pêche,
  - • formalité, 640, 652.
- Bail de fonds de commerce ou de clientèle, 677-2°.
  - • formalité, 635-2-4°, 640, 652, 653.
- Bail d'immeubles, à durée limitée, 677-2°.
  - • baux de plus de douze ans, 742.
  - • déclaration des mutations verbales, 653.
  - • enregistrement volontaire, 739.
  - • immeubles ruraux,
    - * baux à long terme, 743.
    - * mutation à titre gratuit, 793 *bis.*
    - * publicité foncière, 793-2-3°.
  - • formalité, 652.
  - • option pour l'application de la TVA, 260-6° ; Ann. II 202.
- Bail emphytéotique, 1400.
- Cession de droit au bail ou promesse de bail,
  - • acte de cession, formalité et recette compétente, 635-2-5°, 652.
  - • affirmation de sincérité, 850.
  - • imposition, 677-2°, 725.
  - • mutation verbale, déclaration, 638, 653.
  - • taxes additionnelles, 1584-1-5°, 1595-5°, 1595 *bis* 5°.
- Cession, subrogation, rétrocession, 738.
  - • mention d'enregistrement du bail, 856.
- Contribution annuelle sur revenus locatifs, 234 *nonies* ; Ann. III 58-0 A, 376 à 381 *quater.*
  - • assiette et recouvrement, 234 *duodecies* à 234 *quaterdecies.*
  - • taux, 234 *quindecies.*
- Déclaration de droit de bail, Ann. IV 61 à 65.
- Droit de bail
  - ▸ V. *Droit de bail (contribution représentative).*
- Étudiant, Ann. II 74 T.
- Location verbale, 640, 662-3°.
- Personnes défavorisées, 35 *bis* ; Ann. II 74 T ; Ann. III 41 DC.
- Prorogation de bail, 640.

Bail à construction,
- Amortissement des constructions, 39 D.
- Droit de bail, 739.
- Enregistrement, 1378 *ter.*

Bail à construction ***(suite)***
- Mutations de droits, 1378 *ter*.
- Plus-values, 151 *quater*.
- Revenu imposable, 33 *bis*, 33 *ter*.
- Taxe foncière, 1400-II.
- Taxe de publicité foncière, exonération, 743-1°.
- Taxe sur la valeur ajoutée,
  • débiteur de l'impôt, 1400-II.
  • exonération, 261-5-4°.
  • option, 260-5°, 266-5 ; Ann. II 201 *quater* A à 201 *quater* C.
  • plus-values, 151 *quater*.

Bail à long terme de biens ruraux, 31-I 2° *d*, 793-2-3°, 793 *bis*, 885 P.
- Avances sur fermages, 163-0 A.

Bail à réhabilitation, 742, 1384 B, 1586 B.

Bail emphytéotique, 689, 742.

Bains-douches (sociétés de),
- Contribution économique territoriale, 1461.
- Enregistrement, timbre, 1052.

Balayage (taxe), 1528.

Banque,
- Bons de caisse, 125 A III *bis* 2°, 1678 *bis*.
- Centrale des États étrangers, 131 *quinquies* s., 244 *bis* A, 244 *bis* B (plus-values).
- Crédit d'impôt au titre des prêts ne portant pas intérêt, 199 *ter* T, 220 Z *ter*, 223 O z *bis*, 244 *quater* V, 1649 A *bis*.
- De France, 38 *quinquies* A, 1654.
- Emprunts obligataires, 136.
- Exportation (financement, emprunt), 136.
- Investissement à l'étranger, 39 *octies* A V, 39 *octies* D V ; Ann. III 10 GA *bis* à 10 GA *sexies*.
- Mutualiste (sociétés mères et filiales), 145-9.
- *Opérations entre banques françaises et* étrangères, 131 *quinquies*, 131 *sexies*.
- Populaire, 206-8.
- Provisions, 39-1-5°, al. 9.
- Règlements internationaux, 1060.
- Taxe,
  • d'apprentissage, 1599 *ter* A s.
  • de risque systémique, 235 *ter* ZE.
  • pour le financement du fonds de soutien aux collectivités territoriales, 235 *ter* ZE *bis*.
  • sur les transactions financières, 235 *ter* ZD, 1736-VII, 1788 C.
- Titres du portefeuille, 38 *bis* A, 38 *bis* B, 38-4, 93-1-5°, al. 15.
- TVA, 260 B, 260 C (option), 261 C 1° (exonération).

Barème,
- Éléments du train de vie, 168.
- Droits de mutation, 777.
- Impôt sur les jeux, 1560.
- Impôt sur le revenu, 197.

Barrages,
- Valeur locative (répartition), 1475.

Base d'imposition,
- Arrondissement
  ► V. ***Arrondissement.***
- Bénéfices agricoles, 64 77.
- Bénéfices industriels et commerciaux, 36 à 43 *bis*.
- Bénéfices non commerciaux, 93-107.
- Contribution économique territoriale, 1447-0 s.
- Revenus des capitaux mobiliers, 108, 146 *quater*.
- Revenu foncier, 28, 33.
- Revenu net global, 156, 163 *ter*.
- Salaires et pensions, 82, 85.
- Taxe,
  • d'apprentissage, 1599 *ter* B.
  • foncière bâtie, 1388, non bâtie 1396.
  • habitation, 1409 s.
  • sur les salaires, 231 s.
- TVA, 266 à 268 *ter*.

Bassins d'emploi à redynamiser, 1383 H ; Ann. III 315 *nonies*.

Bateau,
- Acquisition intracommunautaire (bateau neuf), 298 *sexies* ; Ann. II 242 *undecies* à 242 *quindecies*.
- Activité professionnelle (exercice), 291-III 3° ; Ann. IV 42 à 45 (TVA).
- Aménagement en point fixe, 14-1° *c*, 1381-3°.
- Carte mer, 963.
- Commission de visite, 1460-6°.
- Contribution économique territoriale,
  • armateurs, Ann. II 310 HM.
  • artisan, 1468-I 2°.
- Copropriétaires, 8 *quater*, 39 E, 61 A, 163 *vicies*, 163 *unvicies*, 217 *nonies*, 238 *bis* HN ; Ann. II 171 AB à 171 AR.

Bateau (*suite*)
- Multipropriété (sociétés), 239 *octies*, 261 A, 728 à 730.
- Permis,
  • de navigation, 963.
- De la navigation intérieure, 238 *sexdecies*.
- De plaisance, 39-4, 168-1, 223 *quater*, 111 *e*, 262-I 2°, 262-II 1°.
- Permis mer, 963.
- Revenu foncier, 14-1°.
- Services portuaires, 256 B, 262-II 7°.
- Taxation forfaitaire, 168.
- Taxe foncière, 1381-3°.
- TVA, 257-15°, 262, 291 ; Ann. III 73 B ; Ann. IV 46.
- Transports maritimes internationaux, 262-I, 262-II 8° à 11° *bis*, 262-II 14° ; Ann. III 73 A, 73 H.
- Utilisé en point fixe, 14-1° *c*, 1381-3°.

► V. ***Départements d'outre-mer, Pêche, Pêcheur, Navire.***

Batelier,
- Artisan, 1649 *quater* BA.
- Cotisation foncière des entreprises, 1454.

Batellerie artisanale, 260-2 *h*, 1454, 1649 *quater* B *quater*, 1649 *quater* BA.

Bâtiment,
- Amortissement, Ann. II 22 (dégressif) ; Ann. III 38 *sexdecies* E.
- De mer, 257-15°, 262, 291-II, 293.
- Destiné à être démoli, 257-7°, 1594-0 G A.
- Entreprises, 266-1 *f*, 269-2 *c* ; Ann. III 38 *sexdecies* E.
- Investissement DOM-TOM, 217 *undecies*, 217 *duodecies* ; Ann. III 46 *quaterdecies* BA, 46 *quaterdecies* V, 46 *quaterdecies* W.
- National, 1382-1°, 1382-10°.
- Provisoire, 1382-10°, 1523.
- Public, 1382, 1394.
- Rural, 31-1-2°, 1382-6° *a*, 1382 B, 1383-II, 1383-IV, 1383-V, 1407-II ; Ann. III 2 *undecies*, 38 *sexdecies* GA, 38 *sexdecies* QA.
- Sols et dépendances, 1381-4°, 1394-7°.
- Sur terrains loués par l'État, 1382-2°.
- Télécommunications (soc. agréée financement), 1382-2°.

Bénéfices,
- Agricoles, 8, 63 s., 155, 1649 *quater* D s., 1652.
  • abattage d'animaux (indemnités), 75-0 D, al. 1er.
  • activités équestres, 63, 69 E.
  * mode d'imposition, Décr. n° 2005-1 du 3 janv. 2005, ss. 69 E.
  • animaux de boucherie, 69 C.
  • associé (droits, transmission ou rachat), Ann. III 38 *sexdecies* U à 38 *sexdecies* W.
  • associés en nom, 77 A.
  • bénéfice réel, 69 à 70.
  * option, 69-II et III.
  • carburant, 74 al. 1er-c ; Ann. III 38 *sexdecies* RB *bis*.
  • compris dans le revenu global, 158-4.
  • décès de l'exploitant, 77.
  • déclarations, 78.
  • déduction pour aléas, 72 D, 72 D *bis*, 72 D *ter*.
  • départements d'outre-mer, cultures agréées, 76 *bis*.
  • DOM (cultures agréées), 76 *bis*.
  * entreposage de production, 38 *quinquies*.
  * étalement, 75-0 A.
  • exploitations forestières, 76.
  • fermage moyen, déduction, 64-4.
  • forfait, 64, 65 B.
  * dénonciation, 68.
  • imposition (régime simplifié), 74.
  • landes, terrains incultivables, 64-3.
  • pertes de récoltes, de bétail, 64-3.
  • polyculture, 64-2.
  • production d'électricité, 75 A.
  • propriétaire exploitant, 65.
  • recettes accessoires, 75.
  • stocks,
  * évaluation, 72 B *bis*.
  * spiritueux, 74 *b*.
- Dispositions communes, 151 *quater* à 155 B.
- Distribués, 109 s.
- Imposables, 38-1 et 2, 93 à 93 *quater*.
  • amortissement par composants, 237 *septies*.
- Impôt sur les sociétés, 209 à 217 *sexies*, 1655 *septies*.
- Incorporés au capital, 113, 219-I *f*, 812-1 ; Ann. III 46 *quater*-0 ZZ, 46 *quater*-0 ZZ *bis*.

  ► V. ***Plus-values, Revenu.***
- Industriels, commerciaux et artisanaux, 34 s.
  • allocations forfaitaires de frais, 39-3.
  • amortissements, 39-1-2°, 39 A, 39 D, 39 *quinquies* A, 39 *quinquies* FC.
  • amendes, pénalités, etc., 39-2.
  • artisans pêcheurs, 34, al. 3.
  • associés en nom, 60.
  • compétition sportive, 1655 *septies*.

Bénéfices (suite)
• compris dans le revenu global, 158-4.
• crédit d'impôt (réduction temps de travail), 244 *quater* E.
• déclarations, 54 *quater*.
• dépenses somptuaires (chasse, pêche, etc.), 39-4.
• dons et legs « électoraux » (déduction), 238 *bis* 1 (al. 2), 200-2 (al. 2).
• entreprises nouvelles créées, 44 *sexies*, 44 *septies* ; Ann. III 46 *quater*-0 ZT, 46 *quater*-0 ZU, 49 J.
* aménagement du régime, 44 *sexies* I, al. 2, 3 et 4.
• frais généraux, 39-1-1°, 39 *quinquies*.
• impôts déductibles, 39-1-4°.
• intérêts servis aux associés, 39-1-3°.
• jeunes entreprises innovantes, 44 *sexies*-0 A, 44 *sexies* A.
• opérations sur MATIF, 35-I 8°.
• plus-values
► V. *Plus-values.*
• plus-values d'actif, 38-1, 40, 41.
• provisions, 39-1-5°.
• réels, 53 à 59.
• régime simplifié allégé, 302 *septies* A *bis*.
• restructurations (régimes spéciaux), 38-7 *bis*, 39 *duodecies*, 93 *quater*, 112, 115, 150-0 B, 150-0 B *bis*, 167 *bis*, 209 (II), 223-I, 210-0 A, 210 B (1), 220 *quinquies* (II), 1768.
• révision des bilans, 45, 238 *bis* I, 238 *bis* J.
• transférés à l'étranger, 57.
– Non commerciaux, 92.
V. *Professions non commerciales.*
– Opérations de plusieurs catégories, 155.
– Paradis fiscal (bénéfices de sociétés y établies), 209 B, 1763 A.
– Professions non commerciales, 92 à 103.
• brevets d'invention, 92-2.
• charges et offices, 92-1, 100.
• contribuables sans installation permanente en France, 4 B.
• *déclaration contrôlée, 96 à 100 bis.*
• dépenses (exercice de la profession), 93 A ; Ann. III 41-0 *bis* A à 41-0 *bis* C.
• droits d'auteurs, 92-2, 93-1 *quater*.
• exonérations, 92 A.
• greffiers, 92-3.
• indemnités,
* cessation, transfert de clientèle, 93-1.
• inventeurs, 92-2.
• jeunes artistes de la création plastique, 93-9°.
• opérations de bourse, 92-2.
• plus-values d'actif, 93-1.
• plus-values de caractère professionnel, 93 *quater*, 94.
• production littéraire, artistique ou scientifique, 100 *bis*.
• régime des créances acquises et des dépenses engagées (option), 93 A.
• sociétés de personnes (associé : transmission ou rachat des droits), 93 B ; Ann. III 41-0 *bis* D à 41-0 *bis* F.
– Transfert à l'étranger, 57.

Besson (dispositif)
► V. ***Impôt sur le revenu.***

Bétail,
– Aliments, 278 *bis* 4° ; Ann. IV 31.
– Ventes, 64-5, 1398.

Bienfaisance,
– Manifestation (taxe sur spectacles), 1562-4°.
– TVA, 261-7-1°-*c*.
► V. ***Association, Bureau, Spectacles.***

Biens,
– Communaux, 1401.
– D'équipement,
• amortissement, 39 A, 39 AA *bis* ; Ann. II 22 à 25.
– Imposables à l'ISF, 885 D à 885 T *ter*.
– Indisponibles à l'étranger, 766.
– D'occasion
► V. ***Objet d'occasion.***
– Professionnels, 885 N à 885 R.
– Usagés, 261-3.
– TVA (déduction, biens et services), Ann. II 205, 208.
► V. ***Immeubles, Immobilisations.***

Bière,
– Droit spécifique, 520 A, 1698 A, 1698 C.

Bigornes
► V. ***Métaux précieux.***

Bijoutier
► V. ***Garantie des ouvrages d'or, d'argent et de platine.***

Bijoux,
– Contrats d'assurances, déclaration,
• par assureurs, 805.
• par héritiers et donataires, 798.
– Taxe forfaitaire, 1761.

Bijoux *(suite)*
- Transmission à titre gratuit (droits, assiette), 764-II, 776-II.
- ► V. ***Donation, Succession (droits de mutation).***

Bilan,
- Agricole, 72, 74 A.
- BIC, 37, 45, 238 *bis* I.
  - production, Ann. III 38.
- Immeubles, inscription, Ann. III 38 *sexdecies* D, 38 *sexdecies* JH, 38 *sexdecies*JI.
- Réévaluation, 238 *bis* I, 238 *bis* J.
- Régime simplifié d'imposition, 302 *septies* A *bis* VI.
- Règles d'évaluation, Ann. III 38 *quinquies* s.

Billet,
- De banque ou de collection, 256-IV 2°, 291-II 3°.
- Entrée spectacles, 290 *quater* ; Ann. IV 50 *sexies* B à *sexies* I.
- Fabricants, importateurs, marchands, 1824 ; Ann. IV 127 à 131, 137.
- Loterie nationale (de participations à la), 1462-2°.
- Négociable (ou non), 680.
- De trésorerie, 124 A à 124 E, 125 A III *bis* 1° *bis*.
- ► V. ***Bulletin.***

Billet à ordre ou au porteur
- ► V. ***Effets de commerce.***

Billetterie,
- Infractions, 1791.
- Système informatisé, Ann. IV 50 *sexies*.

Biomasse, 63.

Biologie médicale
- ► V. ***Laboratoire d'analyses médicales.***

Blé
- ► V. ***Bon, Société coopérative.***

Bois,
- De chauffage, 278 *bis* 3° *bis*.
- Industriels, 76-1.

Bois et forêts,
- Acquisition, 1137, 1840 G II et III.
  - hypothèques légales, 1929-3.
- Bénéfices agricoles, 63, 76.
- Cessions,
  - à certaines personnes publiques, 1929-3.
  - enregistrement, 793-1-3°.
- Chasse, 1509.
- Commission communale des impôts directs, 1650, al. 5.
- Compte épargne d'assurance pour la forêt, 157-23°.
- Compte d'investissement forestier et d'assurance (CIFA), 793, 885 H.
- Contribution économique territoriale, 1450.
- Droits de succession et de donation, 793.
- Épargne forestière (amortissement), 217 *terdecies*.
- Évaluation des propriétés bâties, 1509, 1512.
- Gardes forestiers, 31-I 1° *a* et 2° *a*.
- Groupements forestiers, 793, 810 *ter*, 1929-3.
  - ► V. ***Groupements.***
- Hypothèque légale, 1929-3.
- ISF, 885 H.
- Mutation à titre gratuit, 793, 1840 G.
- Plus-values, 76 A.
- Reboisement et gestion forestière, 793, 810 *ter*, 1137, 1395.
- Réduction d'impôt, 199 *decies* H.
- Revenus, 63, 76.
- Taxe foncière, 1395, 1406, 1517.
- Terrain de boisement, 1395-1°.
- TVA, 278 *bis* 3° *bis*.
- Valeur locative, 1509.

Boissons,
- Achat imposable, 257-10°-*b*.
- Alcooliques,
  - cotisation, 238 *bis* GA.
- A base d'alcools de céréales, 1928.
- BIC, 237.
- Bières et boissons non alcoolisées, 520 A, 1698 C.
- Capsules représentatives de droit, Ann. III 111-I à 111 N ; Ann. IV 50-0 C à 50-0 F.
- Contributions perçues au profit de la CNAM, 1613 *bis*, 1613 *bis* A.
- Déclarations,
  - circulation, 448, 455, 456.
  - commerce, 500, 502.
- Droits d'accises (modalités d'exonération), Ann. III 111-0 E à 111-0 H.
- Droit de circulation, 438 s., 1698 C.
- Droits indirects, 401 s.
- Eaux minérales, 520 A, 1587, 1698 C.
- Énergisantes, 1613 *bis* A.
- Essences, 514 *bis*, 1816.
- Hygiéniques, 434.
- Non alcoolisées (droit spécifique), 520 A, 1698 A s., 1698 C.

Boissons *(suite)*

- • TVA, 278 *bis* 1°.
- Production,
  - • déclarations, Ann. II 267 *octies*.
- Prohibées,
  - • pommes ou poires sèches, 1821.
- Raisins secs, 401.
- TVA,
  - • livraisons à soi-même, 257-10° ; Ann. III 70 *quinquies* A.
  - • manquants, 257-11°.

► V. ***Caution, Débitant de boissons, Débits, Déclaration, Droits indirects, Grossiste, Transporteur, Vin.***

Bon,

- Anonyme, 125-0 A, 125 A, 242 *quater*, (prélèvement spécial) 990 A à 990 C, 1740-0 B ; Ann. III 49-I *bis*.
- De caisse,
  - • intérêts, 125 A 3, 1678 *bis*, 242 *quater*, 1740-0 B ; Ann. IV 188 B à 188 F (retenue à la source).
- De la Caisse de crédit agricole, 125 A, 125 A II, 242 *quater*, 1740-0 B.
  - • des caisses d'épargne *(ibid.)*,
- De capitalisation, 125-0 A.
- ISF, 885 T *bis*.
- Des institutions financières spécialisées, 124 D à 124 E, 125 A III.
  - • des sociétés financières agréées, 124 D à 124 E, 125 A III.
- De souscription, 38-8.
  - • parts de créateur d'entreprise, 163 *bis* G ; Ann. III 41 V *bis*.
- Du Trésor et assimilé, 125 A, 125 A II, 157, 238 *septies* F, 242 *quater*, 1740-0 B ; Ann. IV 6 *quater*, 6 *quinquies*.
  - • séries spéciales, 131 *quinquies*.
- Opérations sur bons d'option,
  - • profits (imposition), 150 *decies*.
  - • réalisation,
    - * à l'étranger, 120-12°, 156-I 6°.
    - * à titre habituel, 92-2-5°.
    - * à titre *occasionnel*, 156-I 5°.
    - * par professionnels, 35-I 8°.
- D'option, 150 *decies*, 885 T *bis*.
- Prime de remboursement, 157.
- Produits (déclaration), 242 *ter*, 1649 AC, 1736 ; Ann. III 49 D à 49-I *bis*, 49-I *ter* à 49-I *quinquies*.
- PTT, 139-2°.
- De souscription, 38-8.
  - • de parts de créateur d'entreprise, 163 *bis* G.

Boni,

- Distribution, société coopérative de consommation, 214-1-1°, 5° et 7°.
- Liquidation de société, 161.
- Société d'intérêt collectif agricole, 214-1-5°.

Bonus

► V. ***Taxes perçues au profit de certains établissements et organismes.***

Bordereau,

- Avis de versement, 1668.
  - • impôt sur les sociétés, Ann. III 362.
  - • taxe sur les salaires, Ann. III 369-3.
- De dépôt (actes notariés et publics), 853.

Borloo (dispositif)

► V. ***Impôt sur le revenu.***

Bouilleur,

- Ambulant, 311 *bis*, 327 à 331, 1808, 1810-1°, 1813 ; Ann. IV 51 A, 51 B, 51 F à 51 H.
  - • retrait du permis, 1825.
- De cru, 315 à 322, 324, 326 ; Ann. I 37 à 42, 44 à 56.
  - • retrait du régime, 1825 A.

► V. ***Distillateur.***

Bourse de commerce,

- Opérations,
  - • gains en capital, 260 B, 260 C, 261 C 1°.
  - • produits, 92-2.
- Taxe pour frais, 1600.
- TVA, 261-I 4°.

Bourse d'études,

- Logement étudiants (location), 35 *bis* III.

Bourse de valeurs,

- Intermédiaires (obligations), Ann. IV 121 KN.
- Taxe sur les opérations à haute fréquence, 235 *ter* ZD *bis*.
- Taxe sur les transactions financières, 235 *ter* ZD.

► V. ***Valeurs mobilières.***

Brevet d'invention,

- Apport en société, 93 *quater* I *ter*.
- Cession, 39 *terdecies* 1, 92-2, 93-2, 93 *quater* I, 259 B, 259 C, 731.
- Concession de licence d'exploitation, 39-12, 39 *terdecies* 1 et 1 *bis*, 92-2, 93-2, 93 *quater* I, 259 B, 259 C, 738 ; Ann. III 358 à 360, 361 à 368.

Brevet d'invention *(suite)*
– Plus-values (exclusion), 39 *terdecies* I *bis*, 93 *quater* III.
– Redevances (bénéficiaire à l'étranger), 238 A.
• imposition et déduction, 93-I 8°.
• versements internes à un groupe, 39-12.
– TVA (cessions et concessions), 259 B s.

Brevets et certificats d'obtention végétale, 731.

Bruit,
– Matériels, amortissement, Ann. IV 06.

Brûleries (coopératives ou syndicales), 318, 322.

Bruyères, 1401.

Bulletin,
– D'achat, 290 *bis*, 1784 ; Ann. II 265 ; Ann. III 98 *bis*.
– D'échéance, 1693 *bis*.
– Du loto national, 261 E.
– De souscription d'actions, Ann. III 301 ; Ann. IV 93 H *bis* à 93 H *quater*.

Bureau,
– D'aide sociale
▸ V. *Aide sociale*.
– Création (redevance en Île-de-France), 231 *ter*.
– De déclaration (impôts), 303, 312, 329, 343, 422.
– D'enregistrement, 650 ; Ann. III 250 A.
– D'études, 259 B, 259 C, 39 *octies* A à 39 *octies* D (à l'étranger).
– Des hypothèques (formalité fusionnée), Ann. III 251.
– Île-de-France,
• création de bureaux ou de locaux de recherche, 302 *septies* B 1.
– Location, 1688.
– Machines et matériel, 39 A ; Ann. II 22.
– Meublé, location, 1688.
– Taxe annuelle (Île-de-France), 231 *ter*.
– Transformation en logements, 31-I 1° *f*.

Buvettes,
– Ouverture temporaire, 502.

C

Cabinet médical, 1464 D.

Cacao (fèves et beurre), 278 *bis*, 297-I (Corse).

Cadastre,
– Départements d'outre-mer, 1649 *decies*.
– Immeubles (désignation dans actes et jugements), 870.

Cadeaux et libéralités,
– Déduction de la TVA, Ann. IV 28-00 A.
– Livraison à soi-même (faible valeur), 257-8° ; Ann. IV 23 N.

Cadre,
– Allocation forfaitaire pour frais, 39-3, 87, 211 *bis*.

Café dansant,
– Exploitant, obligations, 290 *quater* ; Ann. III 96 B à 96 D.

Caisse,
– Amortissement de la dette sociale (contribution), 1600-0 G à 1600-0 J.
– Assurance maladie des travailleurs salariés, 1635 *bis* AE à 1635 *bis* AH.
– Assurances mutuelles agricoles, 1451-4°.
– Autonome de retraite des ouvriers mineurs, 1077.
• enregistrement, exemption, 998 s.
– Centrale de crédit hôtelier, commercial et industriel (provision), Ann. IV 3 *bis* I.
– Crédit agricole mutuel, 125 A II, 206-6, 208 *ter* A, 223 A ; Ann. II 102 H à 102 N.
– Crédit foncier, 125 A II.
– Crédit municipal, 206-10, 223 A, 1464.
– Crédit mutuel agricole et rural, 125 A II *bis*, 206-9, 223 A ; Ann. III 46 *quater*-0 Z à 46 *quater*-0 ZC.
• non agricole, 206-7, 125 A II *bis*, 208 *ter* B.
– Dépôts et consignations, Ann. IV 167-3, 170.
– Des écoles, 231-1.
– Enregistreuse, Ann. III 96 C, 96 D.
– Épargne,
• certificat de propriété et acte de notoriété, 1063.
• enregistrement, exemptions, 1062 s.
• livrets, intérêts, 157-7°, 208 *ter*.

Caisse *(suite)*
► V. *Épargne.*
– Mutualité sociale agricole, 1027.
– Mutuelles d'assurances agricoles, 1027, 1451-4°.
– Nationale des banques, 248 C.
– Nationale de crédit agricole, 206-6-1°.
– Nationale de l'industrie, 248 C.
– Nationale des marchés de l'État, 1654 ; Ann. IV 167.
– Nationale de prévoyance, 1654.
• de la fonction publique, 83-1° *bis*.
• des marins français, 794, 1074, 1075, 1654.
– Retraites,
• clercs de notaires, 1070.
• inscrits maritimes, 1074, 1654.
• ouvriers mineurs, 1077.
– Retraite et prévoyance, 219 *quater*.
► V. *Mines, Sécurité sociale.*

Calamité agricole,
– Bénéfice forfaitaire, 64-3, 64-5.
– Pertes de récoltes, 1398.

Calvados, Ann. II 364 s. ; Ann. IV 159 AN.

Campagne électorale,
– Dons manuels, 200.

Camping (terrain),
– Taxe ordures ménagères, 1520.
– TVA, 279 *a*.

Cantines d'entreprise,
– Taux de TVA, 279 *a-bis* ; Ann. III 85 *bis*.

Capital,
– Amortissement, 31 *bis*, 38, 39, 112, 217 *decies*, 217 *quaterdecies*, 217 *quindecies*.
– Apports
► V. *Société (en général).*
– Augmentation,
• *crédit d'impôt, 220 sexies.*
• réserves, distribution, 159.
► V. *Augmentation de capital, Société (en général).*
– Capital des sociétés, 112-1° et 3° *b*, 159-1.
• entreprise concessionnaire, 112-2° ; Ann. III 41 *bis* à 41 *quinquies*.
– Comité du capital-investissement, Ann. III 41 DGA.
– Divorce (versements en capital), 80 *quater*, 156-II 2°, 199 *octodecies*, 757 A.
– Enregistrement, 635-1-5°, 638 A ; Ann. III 250 A, 251 A.
– Euros (conversion), 834 *bis*.
– ISF, 885 O *bis*.
– Fusion de sociétés, 112-1° *b*, 816.
– Incorporation,
• bénéfices, 113, 219-I *f*, 812.
• fusion de sociétés, 112-1° *b*.
• primes d'émission, réserves, 112-1° *a*, 121-1, 812.
• société à capital variable, 825.
– ISF, 885 O *bis* (seuil de 25 %).
– Prestations de retraite (en), 79, 120, 158-5, 163 *bis*, 1417-IV.
– Réduction, 112-1°, 112-3°, 159-1, 635-I 5°, 680.
– Remboursement et amortissement, 112-2° et 3°.
– Sociétés de capital-risque,
• entreprise, 39 *terdecies* 4, 145-6 *g*.
• particulier, 163 *quinquies* C ; Ann. II 60 A.
• régime d'imposition, 208-3 *septies* ; Ann. II 140 *ter*.
• au capital des PME, 167 *bis*, 199 *terdecies*-0 A.
• par contribuable domicilié fiscalement en France, 199 *terdecies*-0 B.
– Taxe sur les opérations à haute fréquence, 235 *ter* ZD *bis*.

Capital risque (sociétés), 39 *terdecies* 4, 145-6, 163 *quinquies* C, 208-3° *septies* ; Ann. II 60 A ; L. n° 85-695 du 11 juill. 1985, art. 1er-1, **p. 3385.**
► V. *Capital.*

Capitalisation,
– Bons et contrats,
• déclaration des produits, 242 *ter*, 1649 AC, 1736.
• prélèvement, 125-0 A.
– Entreprise de capitalisation et d'épargne,
• obligations, 223-2-1°.
• portefeuilles de contrats, transfert, 1065.
• titres à revenu fixe, 38 *bis* B *bis*.
– Fonds de commerce,
• intérêts du prix de vente, 125.
– Produits de capitalisation (assurances), 260 C 14°.

Capitaux,
– Mobiliers (revenus), 108, 146 *quater*, 158-3.

Capsule représentative des droits indirects,
- Boissons, Ann. III 111-I à 111 N.
- Machines à timbrer, Ann. IV 164 L à 164 AL.
- ▸ V. *Vignette.*

Caravane (terrain stationnement), 1520.

Carburants,
- Alcools dénaturés, 513.
- Avances aux cultures, 72 A II 3°.
- Exploitation agricole, 72 A II 3°, 74 *c*.
- Frais (comptabilisation), 302 *septies* A *ter* A.
- Prise en charge par l'employeur, 81-19° *ter*.
- TVA, 298, 1695.

Carrière,
- Exploitation, 34, 56, 700, 1393.
- Revenus de location, 14-2°, 29, 261 D 3°.

Carry-back,
- Déficits (report en arrière), 220 *quinquies*.

Carte,
- Du combattant, 195-1 *f*.
- D'entrée dans les salles de spectacles, Ann. IV 50 *sexies* D, 50 *sexies* F.
- D'invalidité, 195-I *d bis*, 196 A *bis*.
- Grise, 1599 *quindecies*, 1723 *ter*-0 B.
  - • véhicules non polluants, 1599 *novodecies* A.
  - • véhicules polluants, 1011 *bis*.
  - ▸ V. *Certificat.*
- Mer, 963.

Carte nationale d'identité, 1628 *bis*.

Casier,
- Fiscal, 1649 *quinquies*.
- Judiciaire,
  - • bulletin n° 3, 868.
  - • rectification, 1100.

Casino,
- Établissements hôteliers ou thermaux (dépenses d'entretien), Ann. III 10 K.
- Jeux, 261 E 1°, 261 E 2°.
- Jeux en ligne, 1012, 1609 *novovicies*, 1609 *tricies*, 1609 *untricies*, 1609 *duotricies*.
- ▸ V. *Carte.*

Castors,
- Groupements « Castors », 207-1-7°, 261-5-1° *b*.

Caution,
- Alcool, distillation, 322, 335.
- Bancaire (paiement différé des droits), Ann. III 398, 399, 402.
- Distillateur, 322, 335.
- Enregistrement, 680.
- Entrepreneur de spectacles, 1565.
- Mutuelle (Sociétés de), 1454-9°.
- Obligations cautionnées, 1692.
- Produits en numéraire, 124-3°, 125 A, 242 *quater*, 1740-0 B.
- Spectacles, entreprise, 1565.
- TVA, 276, 298 *sexies* V *bis* ; Ann. II 242-0 J, 242-0 S ; Ann. IV 49 à 50 *bis*.
- ▸ V. *Acquit-à-caution (document mentionné au I de l'art. 302 M), Obligation cautionnée.*

Cautionnement,
- Intérêts, 124-3°, 125 A, 242 *quater*, 1740-0 B.

Cave et cellier, 1382-6°.

Caviar, 278 *bis* 2° *d*.

Célibataire,
- Enfants à charge, 6-3, 196, 196 B.
- Quotient familial, 194, 195-1.

Centre d'action sociale, 231-1, 717 ; Ann. III 50.

Centre de formalités des entreprises, Ann. II 371 AI à 371 AS.

Centre de gestion agréé, 158-4 *bis*, 199 *quater* B, 1649 *quater* C à 1649 *quater* E *bis*.
- Abattement sur bénéfice imposable, 158-4 *bis* ; Ann. II 371 L.
- Agrément, renouvellement, 1649 *quater* J, 1649 *quater* K.
- Dépenses de tenue de comptabilité, 39-7, 1727-II.
- Fonctionnement des centres de gestion agréés, 1649 *quater* C à 1649 *quater* E *bis*, 1649 *quater* I, 1649 *quater* K ; Ann. II 371 A à 371 EB.
  - • agrément, Ann. II 371 F à 371 K.
  - * renouvellement, 1649 *quater* J.
  - • convention, Ann. II 371 C.
  - • comptabilité des adhérents, 1649 *quater* D ; Ann. III 344-IA à 344-ID ; Ann. IV 164 F *unvicies* à 164 F *unvicies* F.
  - • exclusion des adhérents, Ann. II 371 E 3°, 371 LE.

Centre de gestion agréé *(suite)*
- nouveaux adhérents, 1755.
- obligations des adhérents, 1649 *quater* E *bis* ; Ann. II 371 E 3°, 371 LA à 371 LE.
- salaire du conjoint, 154.

Centre des impôts (non-résidents), 656.

Centre national du cinéma et de l'image animée,
- Agrément, 238 *bis* HF, 238 *bis* HG, 220 *terdecies*, 220 *quaterdecies*.
- Crédit d'impôt, 220 F, 220 Z *bis*, 220 *sexies*.

Centre technique,
- Horlogerie, Ann. II 345 à 349 ; Ann. IV 159 AL *bis*.

Centre de transfusion sanguine, 995-10°.

Cercles, maisons de jeux,
- Impôt spectacles, 1559 s.
- Jeux en ligne, 1012, 1609 *novovicies*, 1609 *tricies*, 1609 *untricies*, 1609 *duotricies*, 1609 *quatertricies*.
- Privés, 1655.
- Sanctions, 1797, 1802, 1822.
- TVA, 261 E.

Céréales,
- Cotisation de solidarité, 564 *quinquies*.
- Entreposage, 38 *quinquies*.
- Taxe,
  - exonération (ONIC), 1619-IV.
  - farines, semoules..., 1618 *septies* ; Ann. III 333 H *bis* à 333 H *quinquies*.
  - financement des actions du secteur céréalier, Ann. II 363 AE à 363 AI.

Certificat,
- Automobiles, immatriculation, 1599 *quindecies* à 1599 *novodecies* A, 1723 *ter*-0 A ; Ann. IV 155 *quater*, 198 *sexies*.
- Avoir fiscal, crédit d'impôt, Ann. II 77 à 82.
- *Bateau, navigation,* 963.
- Cyclomoteurs, 1599 *octodecies* 4.
- De dépôt, 124 B, 125 A III *bis* 1° *bis*, 158-3.
- Délivré par le juge, 1705-5°.
- D'investissement, 214-1-7°, 1454.
- D'obtentions végétales, 63, 238 *bis* G.
- De résidence, Ann. III 313 AX.
- De valeur garantie, 38-7.
- De vie, 1128.
- Non-imposition, V. *C. pr. fisc.*
- Offre publique d'échange, 38-7.
- Propriété, 635-2, 848-1°.
- TVA,
  - transfert de droit à déduction (produits pétroliers), 298-4-4°.
- Véhicules à moteur (immatriculation), 1599 *quindecies* à 1599 *novodecies* A, 1723 *ter*-0 A ; Ann. III 313 BF ; Ann. IV 155 *quater*, 198 *sexies*.
  - carte grise, exonération, 1599 *novodecies* A : véhicules non polluants.

Cessation d'entreprise ou d'activité,
- Cession d'entreprise, 271-III, 1684-1, 1684-2.
- Crédit de TVA (remboursement), Ann. II 242-0 G.
- Cotisation foncière des entreprises, 1478.
- Décès, 201-4, 202-2, 204, 1478-2°.
- Déclaration, 89, 201, 202, 286-I 1°, 287-4, 1727 ; Ann. II 242 *septies*, 242 *septies* L ; Ann. IV 36.
- Déclaration, établissement de l'impôt, 89, 201, 203, 221-2, 286, 287-4, 1727 ; Ann. II 242 *septies*, 242 *septies* L ; Ann. IV 36.
- Déficit, 156.
- Donation ou succession, 39-1-4° *quater*, 41, 93-1-7° ; Ann. III 397 A.
- Entreprise industrielle, commerciale, agricole, 201-1 à 3, 201 *ter*, 204.
- Exigibilité de l'impôt direct, 1663-2.
- Forfait, 201-2 ; Ann. III 111 *sexies*, 111 *undecies*.
- Imposition des bénéfices, 201-1 et 3, 201 *ter*, 202, 203.
  - régime du forfait, 201-2 ; Ann. III 111 *sexies*, 111 *undecies*.
- Indemnités, 93.
- Plus-values,
  - imposition, 39 *duodecies* s., 42, 201, 219, 1663 *bis*.
- Société d'exercice libéral, 1663 *bis*.
- Sociétés
  - ► V. ***Sociétés (particulières).***
- TVA, remboursement de crédits, Ann. II 242-0 G.

Cession,
- Biens immobiliers
  - ► V. ***Enregistrement, Fiscalité immobilière, Plus-values, Taxe sur la valeur ajoutée [TVA], Taxe.***
- Brevets, 731.
- Charges et offices, 93-1, 202.
- Échange des titres de rente, 42.

Cession (*suite*)
• plus-values, imposition, 38-I, 39 *duodecies* s., 93.
– Exigibilité de l'impôt, 1663 ; Ann. III 357 H.
– Matériel agricole, 732.
– Titres d'un éditeur de service de communication, 1019.
– Valeurs mobilières, 150-0 A s., 150-0 B *bis*, 167 *bis*.
▸ V. *Action, Bail, Cessation d'entreprise ou d'activité, Fiscalité immobilière, Société (en général).*

Cessionnaire,
– Responsabilité, 1684.

Chambre d'agriculture,
– Cotisation foncière des entreprises (exonération), 1451-3°.
– Régime fiscal, Ann. IV 166 s., 170.
– Taxe d'apprentissage, 1599 *ter* A s.
– Taxe pour frais de chambre..., 1604, 1641.
– Taxe sur les salaires, Ann. III 53 *bis*.
– TVA, 261-4-4° *a*.

Chambre de commerce et d'industrie,
– Chambre de commerce internationale, 81 D, 170-1, 1417-IV 1°.
– Régime fiscal, Ann. IV 165, 170.
– Taxe d'apprentissage, 1599 *ter* A s.
– Taxe pour frais, 1600, 1641 ; Ann. III 330, 331.
– TVA, 261-4-4° *a*.

Chambre de métiers,
– Régime fiscal, Ann. IV 166 s., 170.
– Taxe d'apprentissage, 1599 *ter* A s.
– Taxe pour frais, 1601, 1641-1 ; Ann. II 321 *bis*.

Chambre nationale de la batellerie artisanale
▸ V. *Batellerie artisanale.*

Champignonnière, 63, 1450.

Change,
– Bénéfices ou pertes, 38-4.
– Changeurs, 256-IV 2° *a*, 261 C 1°.
– Couverture de change, 38-6, 38 *bis* C.
– Déclarations, Ann. III 344-I *bis* 1 s.
– Écarts latents sur prêts (entreprises BIC/IS), 38-4, 39-5°, 235 *ter* XA.
– Opérations (de), 256-IV 2° *a*.

Changement,
– Acomptes provisionnels, Ann. III 357 E.
• lieu d'imposition, 11.
– D'activité, 221-5, 223 s.
– D'affectation, 257-13°, 257-15°.
– De consistance ou d'affectation de locaux, 1406.
– De domicile, 1663-2.
• acomptes provisionnels, Ann. III 357 E.
• lieu d'imposition, 11.
– D'exploitant,
• cotisation foncière des entreprises, 1768.
– De lieu d'activités, 1478.
– De régime fiscal,
• exploitant agricole, Ann. III 38 *sexdecies*-0 K à 38 *sexdecies*-0 J.
• soumise à impôt sur revenu, 202 *ter* ; Ann. III 46 E.
• à impôt sur sociétés, 111 *bis*.
– De résidence, 1413, 1663-2, 1664-3.

Chantier
▸ V. *Travaux publics.*

Chaptalisation
▸ V. *Sucrage (première cuvée).*

Charges déductibles,
– Bénéfices agricoles, 72 à 72 D *ter*, 75-0 C.
– Bénéfices industriels et commerciaux, 39, 237 *ter* A.
– Bénéfices non commerciaux, 93-1.
– Financières,
• cotisation sur la valeur ajoutée des entreprises, 1586 *sexies* IV.
• détermination du bénéfice, 39, 39 *quinquies* GC, 1655 *quater*.
• impôt sur les sociétés, 209-IX, 212 *bis*, 223 B, 223 B *bis*.
– Impôt sur les sociétés, 209, 211 à 214, 223 A à 223 B *bis*.
– Locatives, 31-1, 39-1-1°.
– Pénalités (paiement tardif de factures), 237 *sexies*.
– Pénalités (non déductibilité), 39-2.
– Prélèvement libératoire (loi fixant les orientations de la politique énergétique – non déductibilité), 39-2.
– Revenu global, 31, 32, 156, 238 *bis*, 238 A.

Charges de famille,
– Allocations, 81-2°, 157-4°.
– Ascendants et collatéraux, 788, 1411.
– Atténuation et abattements d'impôts, 193 à 199, 779 à 781, 783, 788, 1411 s.

Charges de famille *(suite)*
► V. *Donation, Succession (droits de mutation).*
– Déclaration, 170, 174.
– Enfants, 194 à 196, 199 *quater* F, 779 à 781, 786 s., 1411.

Charges locatives, 31-1, 39-1-1°.

Charges sociales,
– Conjoint de l'exploitant, 154.
– Cotisations, 83-1°, 83-2°, 83-2° *bis*, 83-2° *ter*.
– Déduction du revenu, 156-II 4°, 156-II 10°, 156-II 11°.
– Exploitant et associés (charges sociales personnelles), 154 *bis*, 154 *bis*-0A, 156-II 4°, 156-II 10° (Ann. III 41 DN *bis*, 41 DN *ter*).
– Taxe sur les salaires, Ann. III 5.

Charge et office
► V. *Office ministériel.*

Chasse,
– Dépenses (non déductibles), 39-4, 111, 223 *quater*.
– Droit de chasse (location), 29.
– Permis de chasser (droit de timbre), 1635 *bis* N ; Ann. II 326 *bis*.
– Terres (valeur locative), 1509-III.
– Train de vie, 168.

Châteaux historiques, 156-II 1° *ter*, 1498.

Chauffage
► V. *Dépenses.*

Chauffeur et cocher, 1453.

Chef de famille, 6.

Chemin de fer,
– Imposition, 1393, 1501.
– Taxe foncière, 1393, 1501-I ; Ann. II 310 M.

Chemins départementaux, communaux, 1394-1°.

Cheptel,
– Cession, 730 *bis*, 1584-2-1°, 1595 *ter*.

Chèque,
– Chèque-restaurant, 81-19°.
– Chèque-vacances, 81-19° *bis*.
– Formules non barrées, 1723 *ter*-0 A.
– Paiement des impôts, 1840 J ; Ann. IV 199 à 202, 204.
– Pénalités, 1840 J.
► V. *Paiement de l'impôt.*

Chevaux de course et de selle,
– Copropriété, 8 *quinquies*, 39 F, 61 A, 156-I 1° *bis*, 218 *bis*.
– Entraîneur-propriétaire, 257-19°, 289-IV.
– Pari mutuel, 302 *bis* ZG à 302 *bis* ZN, 1609 *tertricies*.
– Sociétés de course, 302 *bis* ZG à 302 *bis* ZN, 1451, 1609 *tertricies*.
– Train de vie, 168.
– TVA, 261 E 2°.

Chiens,
– Revenus agricoles, 83.

Chiffonnier au crochet, 1457-2°.

Chiffre d'affaires,
– Déclaration, 287.
– Forfait, maximum, 96 B.
– Régime simplifié, 302 *septies* A, 302 *septies*-0 AA, 1694 *bis*.
– Régimes d'imposition (chiffres limites), 50-0 (micro-BIC), 69, 96 s., 96 B, 302 *septies* A 1, 302 *septies* A *bis* III *b*, 1477.
– Supérieur à 250 millions €, 235 *ter* ZAA.

Chiropracteur, 261 (TVA).

Chocolat, 278 *bis*, 297-I.

Chômage,
– Allocation d'assurance et de solidarité, 158-5 *b*, 231 *bis* D.
– Assurance chômage (déduction des cotisations), 83-2° *bis*.
– Contribution,
• exceptionnelle de solidarité (secteur public), 83-2° *ter*.
• exploitants et associés (cotisations personnelles), 154 *bis*, 156-II 4°, 156-II 10° (Ann. III 41 DN *bis*, 41 DN *ter*).
• financement des allocations, 83-2° *bis*, 231 *bis* D.
► V. *Allocations.*

Chute d'eau,
– Taxes foncières, 1399-II ; Ann. III 316 à 321, 321 B.

Code des impositions sur les biens et services *(suite)*
• territoires, L. 312-1, L. 312-10, L. 312-11.
• transports, L. 312-48 s.
– Entreprises, L. 111-2.
– Exemption, L. 120-5.
• accise, L. 311-38.
– Exigibilité, L. 141-1 s.
• accise, L. 311-12 s., L. 312-88 s., L. 313-37.
• suspension, L. 142-1 s.
– Exonération,
• accise, L. 311-7 s.
– Fait générateur, L. 120-1 s.
• accise, L. 311-4 s.
* alcools, L. 313-4.
* charbon, gaz naturel, électricité, L. 312-13, L. 312-14.
* produits assimilés, L. 312-15.
* tabacs, L. 314-7.
• produits de l'industrie et de l'artisanat (taxes), L. 471-21 s.
• taxes sur l'immatriculation, L. 421-32 s.
• taxes sur les véhicules professionnels, L. 421-104, L. 421-105.
– Immatriculation des véhicules (taxes), L. 421-29 s.
• affectation, L. 421-92.
• constatation, L. 421-86 s.
• contrôle, L. 421-90, L. 421-91.
• éléments taxables, L. 421-29 s.
• exigibilité, L. 421-82.
• fait générateur, L. 421-32 s.
• montant, L. 421-37 s.
* dioxyde de carbone, L. 421-58 s.
* masses, L. 421-23, L. 421-71 s.
* taxe fixe, L. 421-37 s.
* taxe régionale, L. 421-41 s.
* véhicules de transport, L. 421-55 s.
• paiement, L. 421-89.
• redevables, L. 421-83 s.
• territoire de taxation, L. 421-31.
– Importation, L. 112-6 s.
– Indexation, L. 132-1, L. 132-2.
– Livraison de biens taxables, L. 411-1 s.
– Mise à la consommation,
• accise, L. 311-15 s., L. 311-26 s.
– Mobilités, L. 421-1 s.
• déplacement routier, L. 421-1 s.
• navigation, L. 423-1 s.
• transport aérien, L. 422-1 s.
– Montant de l'impôt,
• arrondis, L. 131-1, L. 131-2.
• indexation, L. 132-1, L. 132-2.
• règles particulières, L. 133-1 s.
– Navigation (taxes), L. 423-1 s.
• éléments taxables, L. 423-1 s.
• engin maritime à usage personnel, L. 423-4 s.
* affectation, L. 423-37.
* constatation, L. 423-31, L. 423-32.
* contrôle, L. 423-35, L. 423-36.
* éléments taxables, L. 423-4 s.
* exigibilité, L. 423-27.
* fait générateur, L. 423-13, L. 423-14.
* montant, L. 423-15 s.
* paiement, L. 423-33, L. 423-34.
* redevable, L. 423-28 s.
• permis de conduire, L. 423-38 s.
• transport maritime de passagers,
* espace naturel protégé, L. 423-47 s.
* territoires côtiers, L. 423-57 s.
– Nomenclature combinée, L. 111-5.
– Paiement, L. 171-1 s.
• accise, L. 311-43.
• acomptes, L. 172-1 s.
• mutualisation, L. 173-1 s.
• solidarités, L. 174-1 s.
– Permis de conduite,
• bateau, L. 423-38 s.
• véhicule, L. 421-168.
– Personnes assujetties, L. 151-1 s.
• personnes supportant l'impôt, L. 153-1 s.
• redevables, L. 151-1, L. 151-2.
• représentants fiscaux, L. 152-1.
– Produits de l'industrie et de l'artisanat (taxes), L. 471-1 s.
• affectation, L. 471-58.
• biens taxables, L. 471-2 s.
• constatation, L. 471-51.
• contrôle, L. 471-55 s.
• exigibilité, L. 471-46 s.
• fait générateur, L. 471-21 s.
• montant, L. 471-36 s.
• paiement, L. 471-52 s.
• redevables, L. 471-49, L. 471-50.
• territoire de taxation, L. 471-20.
– Recouvrement, L. 180-1.
– Redevables, L. 151-1, L. 151-2.
• accise, L. 312-92 s.
– Remboursement, L. 153-1 s.
– Représentation fiscale, L. 152-1 s., L. 311-34, L. 311-35.
– Suspension, L. 142-1 s.
– Tabacs (accise), L. 314-1 s.
• affectation, L. 314-37.
• calcul, L. 314-19 s.
• catégories fiscales, L. 314-13 s.
• contrôle, L. 314-34 s.

Code des impositions sur les biens et services *(suite)*
• éléments taxables, L. 314-1 s.
• exigibilité, L. 314-28, L. 314-29.
• exonération, L. 314-9 s.
• fait générateur, L. 314-7.
• montant, L. 314-8 s.
• paiement, L. 314-33.
• redevables, L. 314-30, L. 314-31.
• tarifs, L. 314-23 s.
– Territoires, L. 112-1 s., L. 311-2, L. 311-3, L. 411-1 s.
• de taxation, L. 112-4 s.
• douanier européen, L. 112-1.
• douanier français, L. 112-1.
• États membres de l'UE, L. 112-3.
• tiers, L. 112-2.
– Transport,
• accise, L. 312-48 s.
• aérien (taxes), L. 422-1 s.
* contrôle, L. 422-12.
* de marchandises, L. 422-41 s.
* de passagers, L. 422-13 s.
* éléments taxables, L. 422-1 s.
* montant des taxes, L. 422-9, L. 422-10.
* nuisance sonore, L. 422-49 s.
* redevables, L. 422-11.
• avitaillement, L. 313-36.
• navigation, L. 423-1.
– Véhicule,
• déplacements routiers, L. 421-1 s.
• taxe sur l'immatriculation
V. *Immatriculation des véhicules (taxes).*
• véhicules professionnels (taxes), L. 421-93 s.
* affectation, L. 421-167.
* constatation, L. 421-162 s.
* contrôle, L. 421-166.
* éléments taxables, L. 421-93 s.
* entreprise affectataire, L. 421-98, L. 421-99.
* exigibilité, L. 421-157.
* fait générateur, L. 421-104, L. 421-105.
* montant, L. 421-106 s.
* paiement, L. 421-165.
* redevable, L. 421-158 s.
– Vente à distance,
• accise, L. 311-21, L. 311-22, L. 311-30.

Codéveloppement
► V. *Comptes.*

Coefficient,
– Régime simplifié d'imposition, Ann. II 204 *ter*, 242 *septies* G.
– De réévaluation des bilans, Ann. III 21.

Coffres-forts (location), 259 B s.

Cognac (eaux-de-vie),
– Sucrage de première cuvée, 422.

Coke de pétrole, 298-4-1° *quater.*

Colis,
– Postal, 267-I 2°.

Collatéral,
– Droits de succession, 777, 788.
– A charge, 196.

Collection,
– Monnaie et billet, 256-IV 2°.
– Objet d'antiquité, d'art et de collection
► V. ***Objet d'antiquité, d'art et de collection.***

Collectivités,
– Impôt sur les sociétés, 206-5, 208 *ter*, 219 *bis.*
– Publiques,
• taxes, 1382, 1394.

Collectivités locales,
– Acquisition d'actions de société d'économie mixte, 1042-II.
– Acquisition d'immeuble et de fonds de commerce, 1042-I.
– Apport et cession de terrain à bâtir à des offices ou organismes d'HLM, 261-5-2°.
– Dons et legs, 794-I.
– Intérêt d'emprunt contracté par les collectivités, 133.
– Métropole, 1379-0 *bis.*
• Grand Paris (du -), 1609 *nonies* C.
• Lyon (- de), 1396, 1586 B, 1636 B *septies*, 1636 B *octies*-II, 1636 B *decies*-VI, 1648 A, 1651, 1651 E, 1656 ; App., L. n° 2010-1658 du 29 déc. 2010, art. 34-IV et VI à IX ; Ord. n° 2014-1335 du 6 nov. 2014, art. 38 à 42.
– Régime fiscal, 207-1-6°, 231-1, 256 B, 260 A, 1382-1° ; 1394-1° et 2°, 1449 ; Ann. II 201 *quinquies* à 201 *octies.*
– Terrains à bâtir (TVA), 257-7° 1 *a.*
– Transfert de propriété à titre gratuit effectué au nom d'organisme d'HLM ou de société d'économie mixte, 1050.
– Travaux immobiliers (option), Ann. III 78-3 *a* 1°.
► V. ***Collectivités, Départements d'outre-mer.***

Collectivité publique,
- Acquisition d'immeuble dans les zones à urbaniser, les zones d'aménagement différé et les zones d'intervention foncière, 1594-0 G B.
- Assujettissement à la TVA, 256 B.
- Cession aux collectivités,
  - de terrain à bâtir, 238 *nonies*, 238 *terdecies*.
  - de terrain classé, 261-5-6°, 1594 F *quinquies* C.
- Cotisation foncière des entreprises, 1449.
- Édition de publication, 298 *duodecies*.
- Élus locaux,
  - imposition, 204-0 *bis* (retenue à la source).
- Emprunts, 133.
- Enregistrement, 1594 F *quinquies* C, 794, 1040, 1040 *bis*, 1042, 1045, 1050, 1053, 1062 (immeubles et fonds de commerce), 795, 1041-1 (dons et legs).
- Exploitation ou opérations lucratives, 206-1, 1654.
- Impôt sur les sociétés, 206-1, 206-5, 207-1-5°, 207-1-6°, 207-1-6° *bis*, 208 *ter*, 219 *bis*, 1654.
- Subvention d'équipement, accordée, 42 *septies*.
- Taxe d'habitation, 1407, 1408, 1638.
- Taxe sur salaires, 231-1 ; Ann. III 369, 374.
- Taxes spéciales, 1607 *bis* s.
- TVA, 256 B, 257-6°, 257-7°, 260 A, 261-4-4° *a*, 261-5-1°, 261-5-2, 261-5-6°, 298 *duodecies* (rég. presse).
- Véhicules des sociétés (taxe), 1010.

Collectivités territoriales
- ▸ V. *Collectivités locales.*

Collectivités territoriales d'outre-mer,
- Agrément, Ann. IV 121-V *bis*.
- Assurances et risques, 1000.
- Contribuables, originaires (charges de famille), 199.
- Investissements, 199 *undecies* A à 199 *undecies* C, 217 *undecies*, 217 *duodecies*, 242 *sexies*, 242 *septies*, 257-1 C (16e al.), 1594-I *quater*, 1740 à 1740-00 AB.
- Investissement (aide fiscale), Ann. II 95 K à 95 W.
- Pension, débiteur en France, 83 A.
- Quotient familial, 199.
- Répartition de l'imposition des bénéfices entre la France et les territoires ou États, 115 *ter*.
- Revenus encaissés,
  - déclaration distincte, 173-2 ; Ann. III 42.
  - investis, 199 *undecies* 6.
- Successions, 783, 789.
- Taxe sur la valeur ajoutée,
  - transports aériens et maritimes, 262-II 4° et 8°.
  - titres émis, produits, 121-2.
- ▸ V. ***Départements d'outre-mer, Nouvelle-Calédonie, Terres australes et antarctiques françaises.***

Collège (d'enseignement),
- Contribution économique territoriale, 1460.
- TVA, 261-4-4°-*a*, 261-4-4° *b*.

Colonat partiaire,
- Bénéfices agricoles, 77, 78.
- TVA (option), 260-6°.

Colporteur
- ▸ V. ***Marchand.***

Combattant,
- Anciens combattants et veuves, 195-1, 195-6 (quotient familial).
- Mutuelles de retraite, 1594-I.
- Retraite, 81-12°, 156-II 5°.

Comité,
- De l'abus de droit fiscal, 1653 C à 1653 F.
- Consultatif du crédit d'impôt pour dépenses de recherche, 1653 F.
- Contentieux fiscal, Ann. II 396 *ter* A à 396 *septies*, 396 *undecies*, 396 *duodecies*, 396 *quindecies*.
- D'entreprise, 208 *ter* B II, 235 *ter* F.
- D'établissements de crédit, 1739.
- Des fruits à cidre et productions cidricoles, Ann. II 358 s. ; Ann. IV 159 AM.
- Du capital-investissement, Ann. III 41 DGA.
- National interprofessionnel des viandes, 1654.
- Professionnel de développement économique, 1039 A, 1378 *quater* A.
- Réglementation bancaire, 1739.

Command (élection ou déclaration), 686.

Commandement, 1912.

Commanditaire,
- Impôt,
  - sur le revenu, 108.
  - sur les sociétés, 206-4.

Commandité,
– Bénéfices industriels et commerciaux, 8.
– Impôt sur les sociétés, 218 *bis*, 239.

Commerce électronique, 259 B 11°, 298 *sexdecies* F.
– Délai de dépôt de la déclaration, Ann. IV 41 *nonies*.
– Information, Ann. IV 50 *sexies* J, 50 *sexies* K.
– Registre, Ann. IV 41 *quinquies*.

Commissaire aux comptes, 259 B 4°, 261-4.

Commissaire-priseur, 92, 289-I, 297 A I 2°, 724, 859.
– Enregistrement, 724, 859.
– Répertoire, 867-IV.
– Responsabilité (cessionnaire), 1684-2.
– Sanctions, 1826, 1840 D.
– TVA, 289-1, 297 A I 2°.

Commissariat général au plan (agrément ou avis), 210, 210 C.

Commission,
– Activité nouvelle en Corse, Ann. III 46 *quater*-00 A à 46 *quater*.
– Centrale,
  • des impôts directs, 1511, 1512, 1515, 1652, 1652 *bis*.
  • demandes des percepteurs, Ann. III 444.
– Communale des impôts directs, 1650, 1653 ; Ann. III 345.
  • évaluation des valeurs locatives, 1503 à 1505, 1510.
– Conciliation et expertise douanière, 343 ; Ann. III 142, 178 A.
– Consultative (éval. propr. non bâties),
  • départementale, 1515, 1518.
– Déclaration, 89 A, 240.
– Demande d'expertise, 1651-I, 1653 BA.
– Départementale,
  • de conciliation, 667, 1653 A, 1653 B ; Ann. III 350 à 350 C.
  • des impôts directs et des taxes sur le chiffre d'affaires, 1651 à 1651 F, 1651 G, 1651 M, 1653 ; Ann. III 347, 348 ; Ann. IV 170 *undecies*.
    * contestation des évaluations locatives, 1503-II.
    * tarifs d'évaluation, 1510, 1515-II 1.
  • des impôts directs locaux, L. n° 2010-1658 du 29 déc. 2010, art. 34-IX, **p. 3515.**
  • des valeurs locatives des locaux professionnels, L. n° 2010-1658 du 29 déc. 2010, art. 34-IX, **p. 3515.**
– Départementale technique d'orientation et de reclassement professionnel, Ann. II 294.
– Des infractions fiscales, 1741 A.
– Intercommunale des impôts directs, 1504, 1505, 1517, 1647 D, 1650 A, 1651 L, 1651 M, 1653 ; Ann. III, art. 346 à 346 B.
– Locale et centrale (DOM), 208 *quater* ; Ann. IV 121-V *bis*, 121-V *ter*, 121-V *quinquies*, 121-V *septies* à 121-V *nonies*.
– Nationale des impôts directs et des taxes sur le chiffre d'affaires, 1651 H à 1651 L.
– Participation (interdictions), 1753, 1732.
– Répartition prime de soutien des produits agricoles, Ann. IV 155 *bis*.
– Technique d'orientation et de reclassement, Ann. II 294.
– De visite des navires (membres), 1460-6°.

Commission (somme versée ou reçue),
– Agent général d'assurances, 93-1 *ter*.
– Déclaration, 89 A, 240 ; Ann. III 47, 47 A.
  • défaut, 1736.
– TVA (base d'imposition), 266-1 *b*.
► V. ***Intermédiaire.***

Commissionnaire,
– Exportateur, 262.
– Garantie, Ann. IV 56 J *quinquies* à 56 J *undecies*.
– Taxe sur les salaires (salarié payé à la commission), 79.
– TVA,
  • activités financières, 261 C 1°.
  • base d'imposition, 266-1 *b*, 267-II 2°.
  • champ d'application, 256-IV, 256-V, 256 *bis* III.
  • exonération, 263.
  • fait générateur et exigibilité, 269-2 *c*.
  • territorialité, 259 A 3°, 259 A 5°, 259 A 6°, 259 B 8°.

Communauté,
– D'agglomérations nouvelles, 1379, 1609 *nonies* BA, 1609 *nonies* C, 1638 *bis*.
– Conjugale,
  • acceptation ou renonciation, 635-2-2°, 848.
  • partage, 748.
– De communes, 1609 *quinquies* C.

Communauté *(suite)*
- Groupements substitués aux communes, 1609 *nonies* C.
- De villes (impôts directs locaux), 1609 *nonies* C, 1638 *quater*, 1639 A *ter*.
- Urbaine,
  - impôts directs locaux, 1638 *bis*.
  - transfert de biens, 1043.
  - ► V. *Collectivité publique.*

Communauté européenne, 115 *quinquies* 3, 119 *ter*, 143 *quater*, 256-0.
- Paiement d'intérêts, 199 *ter* 1, 242 *ter* I, 1649 AC, 1736.
- Sociétés associées (versement d'intérêts et redevances), 119 *quater*, 182 B *bis* ; Ann. III art. 46 *quater*-0 FB à 46 *quater*-0 FD.

Communauté urbaine, 1043.
- Impositions locales, 1638 *bis*.
  - transfert de biens, 1043.
- ► V. ***Établissement public de coopération intercommunale.***

Commune,
- Acquisitions d'utilité publique, 1042.
- Adjudicataire, concessionnaire de droits communaux, 35-6°.
- Apports et cession de terrain à bâtir, 261-5-2°.
- Bien communal, 1401.
- Communes et villes, 1609 *nonies* C.
- Commune sinistrée (POS), 1053.
- Coopération intercommunale, 1042 A.
- Distribution d'eau, 1382-3°.
- Dons et legs, 794-I.
- Emprunts, intérêts, 133.
- Enregistrement,
  - dispense, 1042, 1053.
- Fusion,
  - impôts locaux (taux), 1638, 1638-0 *bis* ; Ann. II 327.
  - scission, 1638-00 *bis*.
  - transfert de biens, 1042.
- Immeubles, 1382-1°, 1394-1° et 2°.
- Impôt sur les sociétés, exonération, 207-1, 5° et 6°.
  - reprise d'entreprise en difficulté, 44 *septies*.
- Lotissement et vente de terrains, 261-5-1°.
- Organismes à caractère lucratif, 206-1.
- Régies, 207-1, 6°, 261-6-3°.
- Retrait, 1638 *quinquies*.
- Syndicats, 1382-3°.
- Taxes additionnelles à droits d'enregistrement, 1584, 1595 *bis*.
- Terrains abandonnés, 1401.
- Transferts de propriété (organismes HLM ou sociétés d'économie mixte), 1050.

Communication,
- Abattement, 44 *quaterdecies*-III-3°-b.
- Fonds national (de promotion et de -), 1601 A.
- Communication électronique,
  - apport de titres d'un éditeur, 1019.
  - contribution à l'audiovisuel public, 1605 *ter*.
  - cession de droits de diffusion, 302 *bis* ZE.
  - cession de titres, 1019.
  - droit d'enregistrement, 1136.
  - échange de titres d'un éditeur, 1019.
  - imposition forfaitaire, 1635-0 *quinquies*, 1519 H-III.
  - matériel, 39 A-2-3°, 1605 *ter*.
  - réduction d'impôt, 238 *bis*-1-e *quater*.
  - taxes, 302 *bis* KG, 302 *bis* KH, 1019, 1609 *sexdecies* B.
  - TVA, 261-4-11°, 279-2°-b *octies*, 283-2 *octies*.
- Satellites de (-), 39 A-2-3°.
- Voies de (-), 1381.

Communication (droit de),
- Auprès des entreprises privées, 54, 99 s., 100, 1734, 1735, 1789.
  - officiers publics et ministériels, 100.
  - refus, sanctions, 1734.
- Des contribuables,
  - évaluations foncières, 1506, 1514.

Compagnon,
- Contribution économique territoriale, 1452.

Compétence,
- Agents des finances publiques, Ann. II 376, 408, 409 ; Ann. III 350 *terdecies*.
- Agents des finances publiques ou des douanes et droits indirects, Ann. II 289, 408 à 410.
- Directeurs régionaux (douanes et droits indirects), Ann. II 289.

Complicité, 1691, 1741 s.,1778, 1797, 1799, 1819, 1754, 1838.
- Complice de fraude fiscale,
  - paiement de l'impôt, 1691.
  - sanctions fiscales, 1754.
  - sanctions pénales, 1742, 1745, 1778, 1838.

Complicité *(suite)*
► V. ***Fraude fiscale, Solidarité. Paiement des droits et des pénalités.***

Compositeur, 92-2, 93-1 *quater*, 100 *bis*, 259 B, 259 C, 1460-3°.
► V. ***Auteur (droits d').***

Comptabilité,
- Analytique, 1729 E.
- Assujettis aux taxes sur le chiffre d'affaires, 286-3°.
- Centres de gestion agréés (adhérent, dépense de tenue de comptabilité), 39-7, 93-1, 158-4 *bis* (abattement), 1649 *quater* C s.
- Corrections comptables, 223 B (intégration fiscale).
- Déclaration de résultats, Ann. III 38-II et III.
- Destruction de documents, 1731 A, 1734, 1789.
- Droit de communication
  ► V. ***Communication (droit de).***
- En langue étrangère, 54.
- Entreprise,
  • agricole, 72 s. (régime réel), 74 (régime simplifié) ; Ann. III 38 *sexdecies* P s.
- Entreprises industrielles et commerciales, 54 (régime normal), 286-3° (TVA), 302 *septies* A *bis*, 302 *septies* A *ter* A (régime simplifié).
- Entreprise (profession) non commerciale, 97, 99.
- Exploitations agricoles, 72, 74 ; Ann. III 38 *sexdecies* P, 38 *sexdecies* RB, 38 *sexdecies* RD.
- Informatique (comptabilité –), 1729 E, 1735 *quater*, 1770 *undecies*.
- Infractions, 1729 E, 1735 *quater*, 1770 *undecies*, 1743-1°, 1772-3.
- Langue étrangère, 54.
- Livre de paie, 86.
- Plan comptable, 54, 1649 *quater* H.
- Professions non commerciales,
  • déclaration contrôlée, 96 à 100 *bis* ; Ann. III 40 A, 41-0 *bis*.
  • régime micro-BNC, 102 *ter*.
- Redevables de TVA, 286-3°, 1784 ; Ann. III 96 ; Ann. IV 37.
- Sanctions, 1763, 1767, 1772, 1775, 1778.
- Super-simplifiée, 302 *septies* A *ter* A ; Ann. III 38 *sexdecies*-00 A, 38 *sexdecies*-00 B ; Ann. IV 4 LA.
- Systèmes informatisés, 54.

Comptables
► V. ***Expert.***

Comptable du Trésor,
- Cotes irrécouvrables, Ann. III 426 à 428.
- Frais de poursuite,
  • admission en non-valeur, 1849.
- Responsabilité, 1851.
  • décharge, Ann. III 429 à 432, 444, 445.
- Sursis de versement, Ann. III 429 à 432, 439, 441.

Comptes,
- D'actifs numériques à l'étranger,
  • déclaration, 1649 *bis* C ; Ann. III, 344 G *decies*, 344 G *undecies*.
  • plus-values, 150 VH *bis*.
- D'associés,
  • compte bloqué, 158-3-6°.
  • compte courant, 39-1-3°, 54 *sexies*, 124-4°, 125 A, 212, 242 *quater*, 1740-0 B.
- D'épargne,
  • logement, 157-9° *bis*.
  • à long terme, 157-16°, 163 *bis* A ; Ann. III 41 K à 41-V ; Ann. IV 17 *sexies*.
  • sur livrets, 157-9° *ter*.
- A l'étranger,
  • contrôle, 151.
  • déclaration, 1649 A, 1758, 1736 ; Ann. III 344 A, 344 B.
  • sanctions, 1736.
- Déclarations relatives aux comptes financiers, aux contrats d'assurance-vie et aux trusts, 1649 A s.
- De développement industriel (CODEVI)
  ► V. ***Livret.***
- D'investissement forestier et d'assurance (CIFA), 793, 885 H.
- Épargne d'assurance pour la forêt, 157-23°.
- Financiers (déclarations), 1649 A, 1649 AA, 1729 B, 1754, 1738 ; Ann. IV 164 FB s.
- Sur livret, 125 A II ; Ann. IV 6 *quater*, 6 *quinquies*.
  • caisses de crédit mutuel, 125 A II *bis*, 208 *ter* B II.
- Valeurs mobilières et titres non cotés, 1649 *quater* 0B.

Compte bloqué d'associé,
- Intérêt, abattement, 158-3-6°.

Compte courant d'associé,
- Incorporation au capital, 54 *sexies*.
- Intérêts,
  • déduction, 39-1-3°, 212.

Compte courant d'associé *(suite)*
• imposition, 124-4°, 125 A, 242 *quater*, 1740-0 B.
• versements des associés, déduction, 39-1, 212.

Comptes rendus (sociétés), 223-2.

Comptes spéciaux sur livrets, 208 *ter* B.

Compteur
▸ V. *Distillerie.*

Concerts,
– Artistes non domiciliés en France, 182 A *bis*.
– TVA, 279 *b bis*.

Concepteur de logiciel comptable, 1770 *undecies*.

Concessionnaire,
– D'autoroutes, taxe, 302 *bis* ZB.
– De droits communaux, 35-I 6°.
– Équipements (renouvellement), 39-1-5°.
– TVA (droit à déduction : transfert), 210-2 et 3.
▸ V. *Commune, Mines.*

Concierge,
– Rémunérations, déduction, 31-1 1° et 2° *a*.

Concubinage,
– Notoire, 885 E (ISF).

Condition suspensive (mutation), 676 ; Ann. II 247.

Conduite,
– En douane, 262-II, 291-1.

Confiscation,
– Bénéfices, non-déduction, 39-2.
– Biens saisis, 1791, 1800, 1804.
– Pénalité, 1758, 1791, 1800, 1804, 1810, 1812.

Confiture, 278 *bis*.

Congé,
– Contrats de professionnalisation, 235 *ter* H *bis*, 235 *ter* H *ter*.
– De conversion, 231 *bis* D (taxe sur les salaires), 235 *ter* H *bis* (formation continue).
– Formation professionnelle continue, 235 *ter* H *bis*, 235 *ter* H *ter*.
– Indemnité de congés payés, 39-1-1° *bis* et 9.
– Titre de circulation, 444.

Congés payés,
– Indemnité, 39-1-1° *bis*, [39-9 (BIC)].
– Taxe sur les salaires, 79.

Congrégation,
– Contribution économique territoriale, 1447, 1478.
– Dons et legs, 795-10°.
– Impôt sur les sociétés, 206-1 *bis*.
– TVA, 261-7-1°.

Congrès (locaux), 231 *ter* VI *bis*.

Conjoint,
– Capacité fiscale des époux, 6.
– Communauté conjugale, 680, 784.
– Continuation de l'exploitation, 41.
– Décès, 6-6, 204-1.
• plus-values, 39 *terdecies* 2, 93-1 *bis*.
– Imposition séparée, 6-4, 196.
– Imposition par foyer, 6, 194, 885 A.
– Impôt sur le revenu, 6.
– Parts sociales,
• cession, 160.
• associé gérant, 211.
– Participant à la profession, 154, 154 *bis*-0 A.
– Poursuite d'exploitation, 41.
– Rémunération (conjoint d'exploitant ou des associés), 8, 62, 154.
– Salaire, 154.
– Succession (droits de), 777.

Conseil, conseiller,
– Activité (TVA), 259 C.
– Assistance, 1653 B.
– De communauté urbaine, 1650-4.
– De direction du fonds de développement économique, 39 *quinquies* D.
– D'ensemble urbain, 1650-4.
– De famille, indigents, 1072.
– Obtention pour autrui d'avantages fiscaux, 242 *septies*, 1740-00 AB.

Conseil d'administration ou de surveillance,
– Comptes rendus et délibérations, 223-2.
– Jetons de présence, 117 *bis*, 210 *sexies*.
– Rémunération des membres, 80 *ter*, 117 *bis*, 120, 210 *sexies*, 211 *bis*.
– Siège à l'étranger, 120-4°.

Conseil d'État
▸ V. ***Tribunal administratif.***

Conservatoire (espace littoral),
– Acquisition et échange, 1041.
– Dation (paiement par remise d'immeubles), 1716 *bis* ; Ann. II 384 A *bis*.
– Don et legs, 795-12°.

Conserves,
– Alimentaires, 257-10° *c*.

Consommation,
– Droits,
 • alcool, 403, 406, 1698 C.
 • tabacs, 575.
– Familiale,
 • bouilleur de cru, 317.

Constituant
▸ V. ***Fiducie.***

Construction,
– Aide à fonds perdus, 39 *quinquies*, 211 *ter* ; Ann. III 41 A, 41 B, 41 D.
– Amortissement, 31-I 1° *f*, 39-1-2°, 39 D ; Ann. II 22.
– Avance remboursable sans intérêt, 1384 A ; Ann. II 310-0 H à 310-0 H *ter* ; Ann. IV 121-0 AA.
– Avantages en faveur de la construction immobilière,
 • impôts sur le revenu, 42 *octies*, 43 *bis*, 207-1-4°.
 • enregistrement et timbre, 1594-0 G, 1594 F *quinquies*, 1049 s.
– Bail à construction
 ▸ V. ***Bail à construction.***
– Employeurs (participation à l'effort), 235 *bis* ; Ann. II 161 à 163.
– Immeuble ancien (transformation), 31-I 1° *b ter* et *f*.
– Navale et aéronautique, 39-1-4° *bis*, 262-II 2° et 4°.
– Nouvelle ou additionnelle, 31, 163 *bis*, *1383 à 1385, 1384 A, 1385, 1406*.
– Prime à la construction, 42 *octies*.
 • société immobilière d'investissement ou de gestion, 159 *quinquies* I ; Ann. II 83, 84.
– Profit de construction, 35, 210 E.
 • activité non exclusive, 219-II et III.
 • étranger, 244 *bis*.
 • exonération (si remploi), 209 *quater* D, 238 *octies* ; Ann. II 165 à 170 ; Ann. III 46 *quater*-0 R.
 • profit occasionnel, 238 *octies*.
– Provisoire,
 • édification par l'État, 1594 F *quinquies* J.
– Sociétés de construction, 206, 209 *quater* D, 239 *ter*, 244 *bis*.
– Sol d'autrui, 39 D.
– TVA,
– Valeur locative cadastrale, 1494 s., 1518-III, 1518 *bis*.
 ▸ V. ***Bail à construction, Taxe sur la valeur ajoutée [TVA].***

Consul et agent consulaire étrangers, 5-3°, 1408-II.
▸ V. ***Agent.***

Contingents,
– Alcool
 ▸ V. ***Alcools.***

Contrat,
– Assurance,
 • en cas de décès (déclaration), Ann. II 292 A.
 • prélèvement, Ann. II 306-0 F.
 • somme versée par assureur, 757 B, 806-III ; Ann. II 292 B.
 • en cas de vie ou de survie, 199 *septies*.
 • risques agricoles, 995-12° et 13°.
– Capitalisation, 120-6°, 122-2, 125-0 A, 125 D, 150-0 D-6, 238 *septies* E, 242 *ter* 1, 885 J, 990 A, 999, 1678 *quater*, 1736 ; L. n° 2008-1425 du 27 déc. 2008, art. 3, ss. art. 12.
– Emploi-solidarité, 231 *bis* N, 235 *ter* E.
– Exécution successive, 38-2 *bis*.
– Initiative emploi, 235 *ter* E.
– Location attribution et location vente, 261-5-7° ; 738.
– Mariage, 847.
– Prêt, 242 *ter* 3, 1783 B ; Ann. III 49 B, 49 D, 49-I *bis* à 49-I *quinquies* ; Ann. IV 23 L.
– Publicité, 1649 B ; Ann. III 344 GA à 344 GC.
– Retour à l'emploi, 235 *ter* E.
– Travail,
 • à salaire différé, 81-3°, 157-4°, 774, 793-1-6°.
 • initiative emploi, 235 *ter* E.
– Versements à fonds perdus, 39 *quinquies*, 211 *ter* ; Ann. III 41 A, 41 B, 41 D.

Contrat de partenariat, 39 *quinquies* I, 234 *nonies*, 677, 742, 846, 1048 *ter*.

Contrat de travail,
– Indemnités de rupture, 80 *duodecies*.

Contrat de ville, 1609 *nonies*-IV.

Contribuable,
- Agé,
  - de plus de 65 ans, 5-2° *bis*, 157 *bis*.
  - de plus de 75 ans, 1391, 1414.
  - infirme ou invalide, 157 *bis*, 1414.
- Rentier viager, 157 *bis* 6.
- Revenu inférieur au SMIG, 5-2° et 2° *bis*.
- Titulaire de l'allocation supplémentaire, 1390, 1414-I.

Contribution,
- Additionnelle à l'imposition forfaitaire sur les entreprises de réseaux, 1609 *decies*.
- Additionnelle à l'impôt sur les sociétés au titre des montants distribués, 235 *ter* ZCA.
- Annuelle sur les revenus locatifs, 234 *nonies* ; Ann. III 376 à 381 *quater*.
  - assiette et recouvrement, 234 *duodecies* à 234 *quatervicies*, 1657-1 *bis*, 1664.
  - taux, 234 *quindecies*.
  - ► V. ***Droit de bail (contribution représentative).***
- Aux charges du mariage, 80 *quater*, 156-II 2°.
- Caisse nationale de l'assurance maladie, 1613 *bis*.
- Contribution supplémentaire à l'apprentissage, 230 H.
- De solidarité, 39-1-6°.
- De supervision, 1647-XVI.
- Des chefs d'entreprise individuelle exerçant une activité artisanale et bénéficiant du régime prévu à l'article L. 133-6-8 du CSS, 1609 *quatervicies* B.
- Pour financer les allocations de chômage et le régime d'assurance des travailleurs privés d'emploi,
  - par les employeurs, 231 *bis* D.
  - par les salariés, 83-2° *bis*.
- Pour le remboursement de la dette sociale [CRDS], 1600-0 G à 1600-0 J ; Ann. III 42, 49 F.
- Sociale généralisée, 154 *quinquies*, 1600-00 C s., 1730-1 *ter*.
- Sur les activités privées de sécurité, 1609 *quintricies*.
- Sur les boissons et préparations liquides pour boissons destinées à la consommation humaine, 1613 *ter*, 1613 *quater*.
- Sur les boissons énergisantes, 1613 *bis* A.
- Sur les hauts revenus, 223 *sexies*.
- Sur l'impôt sur les sociétés, 235 *ter* ZAA, 1668 B, 1731 A *bis*.
  - sociale, 235 *ter* ZC, 1668 D ; Ann. III 366 L, 366 M.

Contribution à l'audiovisuel public, 1605 à 1605 *quater*.
- Abattement, 1605 *bis* a.
- Champ d'application, 1605, 1605 *ter*.
- Hôtel de tourisme, 1605 *ter* b, 1605 *ter* 4°.
- Déclaration,
  - acquisition de matériel, 1605 *quater*.
  - redevables non assujettis à la taxe d'habitation, 1605 *ter* 5° et 6°.
- Location, 1605 *bis* 5°.
- Tarif, 1605-III.
- Recouvrement, 1681 *ter* B.
- Sanctions, 1840 W *ter*, 1840 W *quater*.

Contributions directes (impôts directs)
- ► V. ***Apprentissage, Contribution économique territoriale, Taxe foncière, Taxe d'habitation, Taxes communales et départementales.***

Contribution économique territoriale, 1447-0, 1447-I, 1452.
- Dégrèvement (2010 à 2013), 1647 C *quinquies* B, 1647 C *quinquies* C.
- Plafonnement (valeur ajoutée), 1647 B *sexies*.
- ► V. ***Cotisation foncière des entreprises, Cotisation sur la valeur ajoutée des entreprises.***

Contributions exceptionnelles,
- Sur les hauts revenus, 223 *sexies*.
- Sur les sociétés (CA > 250 millions €), 235 *ter* ZAA.

Contributions indirectes,
- Boissons, 303, 520 A, 1698 C.
  - ► V. ***Alcools, Boissons.***
- Compétences,
  - ministre, Ann. II 288.
  - directeurs régionaux des douanes et droits indirects, Ann. II 289.
  - ► V. ***Compétence.***
- Dispositions communes, 614, 625 à 633 ; Ann. III 350 *quater* I 5°.
- Frais de surveillance, Ann. II 287.
- Garantie,
  - or, argent, platine, 521 à 553.
- Monopoles, 565, 585 C.
- Sanctions fiscales, 1791 s.
- Spectacles, 1559 s.
- Suspension de droits, 614 A.
  - transport de boissons, 455.
- ► V. ***Représentant fiscal.***

Contribution pour le remboursement de la dette sociale, Ord. n° 96-50 du 24 janv. 1996, ss. art. 1600-0 J.
- Assiette, Ord. n° 96-50 du 24 janv. 1996, art. 14.
- Sur produits de placements à revenu fixe, 1600-0 G.
- ... produits de placement à revenu fixe soumis au prélèvement libératoire, 1600-0-H.
- ... revenus du patrimoine, 1600-0 G.
- ... revenus taxés d'office à l'IR, Ord. n° 96-50 du 24 janv. 1996, art. 15-III.
- ... ventes de métaux précieux, etc., 1600-0 K.
- Taux, 1600-0 J.

Contribution sociale généralisée [CSG], 154 *quinquies*, 1600-00 C s..
► V. *Sécurité sociale.*

Contribution de solidarité territoriale, 302 *bis* ZC.

Contrôle,
- Déclarations, 55, 98, 175 A, 204.
- Mines et carrières, 56.
- Opposition à contrôle fiscal, 1746.

Contrôle des déclarations,
- Bénéfices non commerciaux, 98, 100.
- Charges, 39-4, 223 *quater*.
- Impôt sur les sociétés, 54, 55.
- Opposition à contrôle fiscal (sanctions), 1746.
- Rémunérations, 39-5, 54 *quater*.
- Revenus mobiliers, 242 *ter* 1, 1649 AC, 1736 (sanctions).
- Train de vie, 168, 1649 *quater*-0 B *ter*.

Convention,
- Avec l'État (déchéance des avantages fiscaux), 1649 *nonies* A.
- Internationale, 4 *bis* 2°, 165 *bis*, 170-4, 209-I.
  • réciprocité, 199.
- Liste des conventions fiscales, ss. art. 4 *bis*.
- Société financière d'innovation, 39 *quinquies* A 2, 40 *sexies*.
- De successeur, 720.
- Verbale
  ► V. *Mutation.*

Conversion,
- Obligations en actions, 38-7, 145-1 *c*.

Coopération (service national), 6-3, 196 B, 81-17°, 1663 A (paiement de l'impôt).
- Sanitaire (groupements), régime fiscal, 239 *quater* D.

Coopérative, 257-1° et 2° (TVA).
- Agricole, 207-1-2° et 3°, 1451-1° et 2°, 1468-I 1° ; Ann. III 53 *bis* (TS).
  • rétrocession aux agriculteurs, 267 *bis*.
- Artisans et bateliers, 207-1-3° *bis*, 1454.
- De consommation, 214-1-1°.
- De construction, 207-1-7° et 8°.
- Exonération, 207-1 *bis*.
- Intérêts aux associés, 212-2° ; Ann. III 46 *quater*-0 BA.
- Maritime et transport fluvial, 207-1-3° *bis*, 1455, 1468-I 3°.
- Ouvrière de production, 83-2° *quater*, 83-2° *quinquies*, 160 *quater*, 210 D, 214-1-2°, 1456.
  ► V. *CUMA (Soc. coop. d'utilisation de matériel agric.).*
- Transport (entreprises de), 207-1-3° *bis*.

Copies,
- D'actes et écrits, 658.
- Par comptables de la DGFiP, 1703.

Copropriété,
- Cheval de course ou étalon, 8 *quinquies*, 61 A, 156-I 1° *bis*, 218 *bis*.
  • parts, amortissement, 39 F.
- Copropriété dégradée, 1384 E.
- Déficit (déduction), 156-1-7°.
- Location d'appartement, 261 D 4°.
- Navires, 8 *quater*, 35-1-7°, 61 A, 163 *vicies*, 163 *unvicies*, 217 *nonies*, 218 *bis* ; Ann. III 41 ZQ à 41 ZU.
  • parts, amortissement, 39 E.
  * souscription, 238 *bis* HN ; Ann. II 171 AB à 171 AK.
  ► V. *Navire.*
- Société immobilière de copropriété, 1400-III, 1655 *ter* ; Ann. II 372 à 375.

Corruption,
- Agent public étranger (frais non déductibles), 39-2-2e al.

Corse,
- Alcools, 406 *quinquies*, 518.
- Contribution économique territoriale, 1466 C, 1472 A *ter*.
- Contributions indirectes, 362, 406 *quinquies*, 518, 574, 575 E.

Corse (*suite*)
- Crédit d'impôt (PME), 244 *quater* E, 199 *ter* D, 220 D.
  - • investissements, 244 *quater* E ; Ann. III 49 *septies* WB à 49 *septies* WH.
- Droits d'enregistrement (indivision successorale), 750 *bis* A, 1135.
- Droits de mutation par décès, 1135 *bis*.
- Entreprise,
  - • commission, Ann. III 46 *quater*-00 A.
  - • demandes d'agrément, Ann. IV 170 *septies* G.
  - • nouvelle, 208 *quater* A ; 208 *sexies* ; Ann. III 46 *quater* à 46 *quater*-00 A *quater*.
- Fonctionnaires (indemnité de transport), 81-23°.
- Indivision successorale, 750 *bis* A, 1135.
- Office foncier, 1607 *bis*.
- Succession, 750 *bis* A.
  - • déclaration, 641 *bis*, 1728.
  - • droits de mutation, 1135 *bis*.
- Tabac, 575 E *bis*.
- Taxe foncière, 1394 B.
- Transport, 1599 *vicies*.
- TVA,
  - • taux spécifiques, 297 ; Ann. IV 50 *duodecies* A.
  - • transport entre Corse et continent, 262-II 11°.

Cosmétique,
- Taxe annuelle, 1647-III *bis*.

Cote,
- Irrécouvrable, Ann. III 426 à 428.
- Mutation de cotes, 1404.

Cotisation foncière des entreprises, 1464 B à 1464 D, 1465, 1465 A, 1466 s., 1467, 1478, 1635 *sexies* II, 1640 B, 1640 C, 1647 *bis*.
- Champ d'application, 1447-I.
- Cotisation minimum, 1647 D.
- Corse, 1472 A *ter*.
- Exonérations,
  - • aide à l'investissement en Corse, 1466 C.
  - • artisans, 1452.
  - * batellerie, 1454.
  - * coopératives, 1454, 1455.
  - * artisans pêcheurs, 1455.
  - * photographes-auteurs, 1460-2° *bis*.
  - • artistes (peintres, sculpteurs...), 1460-2° et 4°.
  - • auteurs-compositeurs, 1460-3°.
  - • auxiliaires médicaux, 1464 D.
  - • avocats (jeunes), 1460-8°.
  - • chauffeurs propriétaires, 1453.
  - • diffuseurs de presse spécialistes, 1464 L.
  - • entreprises nouvelles, 1464 B.
  - • enseignement, 1460-1°.
  - • établissements de spectacles, 1464 A.
  - • garde-malades, 1460-5°.
  - • jeunes entreprises innovantes ou universitaires, 1466 D.
  - • librairies indépendantes de référence, 1464 I.
  - • locations en meublés, 1459.
  - • médecins, 1464 D.
  - • presse, 1458.
  - • quartier prioritaire de la politique de la ville, 1383 C *ter*, 1466 A.
  - • reprise des entreprises en difficulté, 1464 B.
  - • réserve sanitaire, 1460-9°.
  - • sages-femmes et les garde-malades, 1460-5°.
  - • sociétés coopératives de production, 1456.
  - • sportifs, 1460-7°.
  - • vendeur à domicile indépendant, 1457.
  - • vendeurs-colporteurs, 1458-4°.
  - • vétérinaires, 1464 D.
  - • zones AFR, 1465.
  - • zones d'aide à l'investissement des PME, 1465 B.
  - • zones de revitalisation rurale, 1464 B, 1465 A.
- Outre-mer, 1466 F.
- Paiement, 1679 *quinquies*.
- Plafonnement en fonction de la valeur ajoutée, 1647 B *sexies*.
- Sanctions, 1731 B.
  - ▸ V. ***Pénalités et sanctions.***
- Taxes additionnelles à la cotisation foncière des entreprises,
  - • au profit de la Région Île-de-France, 1599 *quater* D.
  - • au profit des chambres de commerce et d'industrie, 1600.
- Territorialité, 1447-III.
- Vente à domicile indépendante, 1457.
- Zones (ZFU, revitalisation...), 1465 A, 1466 A.

Cotisation sur la valeur ajoutée des entreprises, 1586 *ter* s.
- Abattement, 1586 *nonies* IV.
- Cotisation minimum, 1586 *septies*.
- Déclaration, 1586 *octies* II, 1770 *decies*.
- Dégrèvement, 1586 *quater*.
- Exonération, 1586 *nonies*.

Crédit d'impôt *(suite)*

- Avance remboursable ne portant pas intérêt, 244 *quater* J ; Ann. III 49 *septies* YP à 49 *septies* YT.
- Avoir fiscal et retenue à la source, 199 *ter* I ; Ann. II 80, 92 à 95, 135 à 140.
  • fonds commun de placement, 199 *ter* A.
  • obligations des établ. payeurs, Ann. II 75 à 79.
  • participation, intéressement, actionnariat salariés, Ann. II 81 *bis*, 82.
  • plan épargne retraite, 157-5°.
  • société d'investissement et de capital-risque, 199 *ter* II ; Ann. II 81.
- Cinéma et audiovisuel, 220 *sexies*, 220 *quaterdecies*, 220 F, 223 O ; Ann. III 46 *quater*-0 YL à 46 *quater*-0 YP.
- Comité consultatif du crédit d'impôt pour dépenses de recherche, 1653 F.
- Déménagement pour reprise d'une activité salariée, 200 *duodecies*.
- Dépenses d'adhésion à un groupement de prévention agréé, 244 *quater* D.
- Dépenses d'équipement, 200 *quater*.
  • production d'énergie renouvelable, 200 *quater* 1 al. 2.
- Dépenses de production d'œuvres phonographiques, 220 *octies*.
- Dépenses de prospection commerciale, 244 *quater* H ; Ann. III 49 *septies* YU à 49 *septies* YV.
- Dépenses de recherche, 199 *ter* B, 220 B, 244 *quater* B ; Ann. III 49 *septies* F à 49 *septies* N.
- Dépenses de remplacement pour congé de certains exploitants agricoles, 200 *undecies* ; Ann. III 46 AZA à 46 AZA *quinquies*.
- Développement durable, économies d'énergie
  V. *Développement, Habitation principale (crédit d'impôt)*.
- Étudiants (en vue du financement de leurs études supérieures), 200 *terdecies* ; Ann. III 46 AZ, 46 AZ *bis*.
- Famille, 244 *quater* F, 199 *ter* E, 220 G ; Ann. III 49 *septies* Y à 49 *septies* YC.
- Financement de l'amélioration de la compétitivité, 199 *ter* C, 220 C, 223 O 1 c, 244 *quater* C.
- Formation (à l'économie de l'entreprise), 220 Q, 223 O.
- Frais de garde des jeunes d'enfants, 200 *quater* B.
- Groupement de prévention agréé, 244 *quater* D.
- Habitation principale (crédit d'impôt), 200 *quater*, 200 *quater* A, 1727, 1740 A.
- Immeubles (performance énergétique), 199 *septvicies*, 199 *novovicies*.
- Imputation, 1731 *bis*.
- Intéressement, 244 *quater* T, 220-X, 199 *ter* R, 223 O 1 x.
- Investissements en Corse, 244 *quater* F ; Ann. III 49 *septies* WB à 49 *septies* WH.
- Jeux vidéo (création de), 220 *terdecies*, 220-X, 223 O ; Ann. III 46 *quater*-0 YZG à 46 *quater*-0 YZI.
- Métiers d'art, 244 *quater* O.
- Nouveaux talents, 220 *octies*.
- Nouvelles technologies, 223 O I *l*.
- Œuvres phonographiques, 220 *octies*.
- Plafonnement des avantages fiscaux, 199 *undecies* D, 200-0 A.
- Plus-values, 210 s.
- PME : prospection commerciale, 199 *ter* G, 244 *quater* H 220-I.
- Prêts ne portant pas intérêt, 199 *ter* T, 220 Z *ter*, 223 O z *bis*, 244 *quater* V, 1649 A *bis*.
- Rachat d'entreprise par salariés, 220 *quater*, 220 *quater* A I ; Ann. III 46 *quater*-0 RA à 46 *quater*-0 RG.
- Rachat d'une société par une société constituée en application d'un plan d'épargne entreprise, 220 *nonies*, 220 R, 726, 810 *ter*.
- Recherche, 199 *ter*, 199 *ter* B, 220 B, 223 O, 244 *quater* B.
- Relocalisation d'activité en France, 199 *ter*, 223 O I *j*.
- Réorganisation du travail, 199 *ter* D, 220 D, 244 *quater* E.
- Réserve spéciale, 209 *quater* ; Ann. II 101.
- Revenus mobiliers, 199 *ter* I, 220-1 (impôt sur les sociétés).
- Spectacles vivants, 220 *quindecies* ; Ann. III, 46 *quater*-0 ZY *octies*.
- Travaux dans logement, 200 *quater*, 1727, 1740 A.
- Véhicules automobiles (acquisition ou location), 200 *quinquies* ; Ann. III 46 AS, 46 AT.
- Véhicules « propres » : non polluants (GPL ou hybride), 200 *quinquies*.

Crédit municipal (caisse de), 223 A, 534, 537, 1464.

Crédit mutuel (caisses), 125 A II *bis*, 207-3, 223 A, 1600.

Crédit national, 131 ; Ann. IV 4.

Crédits de taxes sur chiffre d'affaires indus,
- Remboursement, 1729.

Crédirentier
▶ V. *Rente viagère.*

Crème,
- Cassis, 403-5°, 1698 C.
- Lait, 278 *bis*, 297-I.

Creux de route,
- Expéditeur de boissons, 456.

Croissance,
- Petites et moyennes de croissance, 199 *ter* B, 223 O I s.

Croix-Rouge,
- Bail, 1071.

CSG
▶ V. *Contribution sociale généralisée [CSG].*

Culte,
- Départements Bas-Rhin, Haut-Rhin et Moselle, Ann. II 317 *bis* 3°.
- Édifices affectés, 1382-4° ; Ann. III 78-3 *a* 4°.

Cultivateur,
- Cotisation foncière des entreprises, 1450.

Cultures,
- A façon, 69-V.
- Générales et spécialisées, 64-1, 64-2.
- Nature de culture,
  - changement, 1516.
  - contestation, 1512.
  - tarif, 1396, 1509.
- Spéciale, 64-2.

CUMA (Soc. coop. d'utilisation de matériel agric.),
- Enregistrement, 1031.

Curateur,
- Succession, déclaration, 800.

Cure médicale,
- Frais d'hébergement, 199 *quindecies*.

D

Dation en paiement,
- Remise d'immeubles, 1716 *bis* ; Ann. II 384 A *bis* s.
- Remise d'œuvres d'art, 1716 *bis* ; Ann. II 384 A s.

Déballeurs
▶ V. *Marchand.*

Débet,
- Liquidation (en), 1090 A, 1090 B, 1100.
- Paiement comptant substitué, 658-III.
- Visa spécial, 889.

Débirentier (déclarations), 88 s.
▶ V. *Étranger.*

Débitant de boissons, Débits,
- Licence, 1655 ; Ann. III 327, 328 ; Ann. IV 162 à 164.
- Obligations, 502.
- Pénalités, 1791, 1816.
- Réglementation économique, 502 à 504, 791, 1791, 1816.
- TVA (paiement d'après les débits), 269-2 c.

Débitant de tabacs,
- Débitants et revendeurs, 568 s. ; Ann. IV 57 à 57 T.
- Exonérations d'IR (avantages), 163 *bis* F.
- Timbres mobiles (débets), Ann. IV 121 KM.

Débours (remboursés aux intermédiaires), 267-II 2° (*TVA*).

Décentralisation d'établissements, 1465.

Décès,
- Conjoint, 6-8.
- Contribuable, 202, 203, 204.
- Cotisation sur la valeur ajoutée des entreprises, 1586 *octies*.
- Déclaration de bénéfices, salaires et revenus,
  - employeurs, 89.
  - héritiers, 201, 202-3, 204-2.
- Exploitation, continuation par conjoint ou héritier, 41.
- Impositions, établissement, 6-8, 77, 201-4, 202-3, 203 s., 1663.
  - déduction des impositions, 204.
- Plus-values, 41, 158-4, 201 s., 238 *decies*, 238 *undecies*.

Décharge de responsabilité,
- Comptables de la DGFiP, Ann. III 429, 433 à 445.

Déchets,
- Alcools, 302 D I, 324, al. 3.
- Bouilleur de cru, 324, al. 3.
- Chaleur (produite à partir de), 279 *b decies*.
- De bois destinés au chauffage, 278 *bis* 3° *bis-c*.
- De chantier, 1384 A I *bis b*.
- Enlèvement et traitement, 260 A, 279 *h*.
- Fiscalité locale, 1379-0 *bis*.
  V. *Taxe d'enlèvement des ordures ménagères*.
- Ménagers, 1520, 1609 *quater*, 1379-0 *bis* VI 1, 1636 B *undecies*.
- Neufs d'industrie, 283-2 *sexies*.
- Taxe d'enlèvement des ordures ménagères, 1520, 1609 *quater*, 1636 B *undecies*.
- TVA,
  • exonération, 261-3.
  • importations et acquisitions intracommunautaires, 262 *ter* II 2°, 291-II 3°.
  • métaux non ferreux, 89 A, 291-II 3° *d*, 1649 *bis*.
  • option, 260 A.
  • redevables, 283-2 *sexies*.
  • taux, 279 *b decies* et *h*.

Décision de justice, 1089 A.

Déclaration,
- Acquisition de la nationalité à raison du mariage, 958, 959.
- Accises
  ► V. ***Accises.***
- Achat de métaux ferreux et non ferreux, 89 A, 1649 *bis*.
- Associés, rémunération, 242.
  • produits distribués, 223-2.
- Avances remboursables sans intérêt, 244 *quater* J-IV, 244 *quater* U-IV, 1649 A *bis*, 1736-IV.
- Avantages en nature, 54 *bis*, 223-3.
- Bénéfices,
  • agricole, 74 A, 172.
  • distribués, 223-2.
  • industriels et commerciaux, 53 A, 54 *ter*, 172.
  • professions non commerciales, 97 s., 100 *bis*, 172-1.
  ► V. ***Télétransmission.***
- Boissons,
  • alcools, circulation, 448, 455 s.
  • commerce, 500 s.
  • production, 303, 312, 321, 329, 343.
  • sucrage vendanges, 422.
  • vins et cidres, 407, 1794, 1799, 1819.
- Cession, cessation d'entreprise ou décès, 89, 201 s., 286-1°.
- Changement d'affectation, propriétés, 1406, 1517.
- Charges de famille
  ► V. ***Charges de famille.***
- Chiffre d'affaires, 270, 287.
- Commerce,
  • armes à feu,
- Commissions, courtages, honoraires, vacation
  ► V. ***Commission.***
- Comptes financiers, 1649 A s.
- Comptes à l'étranger, 1649 A.
- Constructions nouvelles, 1406.
- Contrat d'assurance vie à l'étranger, 755, 1649 AA.
- Contrats de prêts, 242 *ter* 3, 1649 AC, 1736-I, 1783 B.
- Contrôlée, 97, 99.
- Cotisation foncière des entreprises, 1477.
- Culture, changement de nature, 1406.
- Décès, 89, 201 s., 204.
- Défaut, 1728.
- Déclaration fiscale, 248.
  • défaut dans délais, 1728, 1729 B.
  • transmission électronique,
  ► V. ***Télétransmission.***
- De fortune, 885 W.
- De fortune immobilière, 982 s.
- Délais, 87, 97, 175, 223-1, 286-1°, 287-1.
  V. *Enregistrement, estimations, délais*.
- Dépôt (lieu), Ann. III 344-0 A à 344-0 C.
- Direction des grandes entreprises, Ann. III 334-0 A à 344-0 C.
- Domicile (transfert à l'étranger), 167, 167 *bis*.
- Droit de garantie, 534.
- Échanges de biens entre États CEE, 289 C, 1754, 1788 A.
- Électronique, 1649 *quater* B *bis*.
  • grandes entreprises, 654 *bis*, 1649 *quater* B *quater*, 1695 *quater*, 1738 ; Ann. III 344-0 A à 344-0C.
- Éléments du train de vie, 168.
  • de richesse, 170 *bis*.
- Employeurs, 87 ; Ann. III 39-0 A, 89.
- Enregistrement, estimations, délais, 638, 648 760, 764, 798 s., 800, 802, 851.
- Entreprises

Déclaration *(suite)*
► V. *Grandes entreprises, Télétransmission.*
– Imputation, 1731 *bis.*
– Intérêts et arrérages, 173-1 ; Ann. III 43.
– Location verbale
► V. *Bail.*
– Métaux précieux, 534 s.
– Mutation verbale
► V. *Mutation.*
– Option
► V. *Option.*
– Particuliers (transmission électronique), 1649 *quater* B *ter.*
– Pays par pays, 223 *quinquies* C ; Ann. III, 46 *quater*-0 YE.
– Pensions et rentes viagères, 88, 89 A.
– Plus-values, 96 A.
– Prêts, 242 *ter* 3, 1649 AC, 1736.
– Produits de placements à revenu fixe, 242 *ter*, 1736.
– Profession (déclaration de),
• ouvrages d'or..., argent, platine, 533, 534, 550.
– Propriétaires, usufruitiers et principaux locataires, 1389-2, 1502.
– Redevance des mines, Ann. II 311 C.
– Relations intra-groupe
► V. *Groupe de sociétés.*
– Renouvellement de bail à ferme, 78.
– Résidence en France, abandon, 167.
– Retard, 1728.
– Retenues à la source, 1671 A.
– Revenus de capitaux mobiliers, 242 *ter*, 243 *ter*, 1649 AC, 1736 ; Ann. III 49 B s.
– Revenus encaissés hors de France, 173-2.
– Revenu global, 170, 170 *bis*, 173.
• infraction, 1760.
– Salaires, pensions, honoraires et droits d'auteur, 1736.
– Société, existence ou modification, 222.
• revenus, 223.
– Sociétés de transfert gratuit de biens à leurs membres, 239 *octies.*
– Sociétés de moyens, 261 B.
– Spectacles, 1565.
– Succession, 800 à 802.
• délai, 641, 642.
– Taxes diverses, éléments imposables
► V. *Taxes communales et départementales.*
– Traitements et salaires, 87 ; Ann. III 39-0 A.
– *Transferts à l'étranger*, 1649 *quater* A ; Ann. III 344-I *bis.*
– Travaux immobiliers (entrepreneurs) option, Ann. III 79, 83.
– Trust, 1649 AB, 1736-IV *bis.*
– Ventes autres qu'au détail, 1649 *bis* A.
• ventes publiques, 687.
– Voitures de tourisme, 54 *bis*, 223-3.

Décoration
► V. *Légion d'honneur, Médaille militaire.*

Décote,
– Impôt sur le revenu, 197-4.
– Organisme sans but lucratif, 219 *bis* II.
– Taxe sur les salaires, 1679.
– TVA, départements d'outre-mer, 296 *b* ; Ann. III 98.

Découpage
► V. *Viandes.*

Déductions,
– Abattements sur revenu global,
• enfants à charge, 196 B.
• personnes âgées ou invalides, 157 *bis.*
– Aide aux travailleurs sans emploi, 83-2° *bis.*
– Aléas, 71-4°, 72 D, 72 D *bis*, 72 D *ter.*
– Arrérages de rentes ; intérêts d'emprunts, 156-II 1°.
– Certificats, reçus, états ou attestations de complaisance, 1754 (solidarité).
– Copropriété de navire neuf, 163 *vicies*, 163 *unvicies*, 217 *nonies*, 238 *bis* HN ; Ann. II 171 AB à 171 AK.
– Contribution sociale généralisée, 154 *quinquies.*
– Corruption agent public étranger, 39-2-2ᵉ al.
– Cotisations de sécurité sociale, 83, 154 *bis*, 156-II 4° et 10°.
– Déficits d'exploitation, 156-I.
• impôt sur les sociétés, 209-1.
• report en arrière, 220 *quinquies.*
– Dons, 238 *bis.*
• réduction d'impôt, 220 E.
– Économies d'énergie, 156-II 1° *quater.*
– Extra-comptables, 216.
– Frais et charges professionnels, 13, 39, 72 à 72 D *ter*, 83, 93.
– Frais et charges des revenus fonciers, 13, 31.
• mobilité professionnelle, 31-I 1.
– Fondation d'entreprise,
• réduction d'impôt, 220 E.
• versements, 238 *bis.*
– Forfaitaire, 31, 33 *bis*, 39-1-1°, 83, 93-I, 159 *quinquies* II, 209-X.
– Frais de garde (enfants), 154 *ter.*
– Impôts, 31-I-1°-*c*, 39-1-4°, 156-II 3°, 204-1 *bis*, 213.

Déductions *(suite)*

– Investissement, 72 D, 72 D *bis*.
• outre-mer, 217 *undecies*, 217 *duodecies* ; Ann. II 140 *quater* à 140 *terdecies* ; Ann. III 46 *quaterdecies*, 46 *quaterdecies* V, 46 *quater*-0 ZZ *ter*.
– Investissement en actions, 163 *sexies* s.
• détaxation « Monory », 163 *sepdecies*.
– Mécénat d'entreprise, 220 E, 238 *bis* ; Ann. III 46 *quindecies* M à 46 *quindecies* Q.
– Œuvres d'art ou de collection, 238 *bis* 0A, 238 *bis* AB.
– Petits exploitants, 50-0, 102 *ter*.
– Placements immobiliers (SCPI),
• amortissement, 31.
– Remontées mécaniques et domaines skiables (véhicules tout terrain), 273 *septies* C.
– Retraite,
• cotisations ou primes, 163 *quatervicies* Ann. III 41 ZZ *bis* à 41 ZZ *quater*.
– Retraite mutuelle des combattants (versements), 156-II 5°.
– Revenu foncier (déduction forfaitaire), 31-I 1° *e* et I 2° *d*.
– Revenu global, 156.
• charges sur le revenu,
* arrérages de rentes, 156-II 2°.
* avantages en nature (personnes âgées), 156-II 2° *ter*.
* charges foncières relatives aux monuments historiques, 156-II 1° *ter*.
* cotisation : assurance de groupe (exploitants agricoles), 156-II 13°.
* cotisation : épargne retraite, 163 *quatervicies*.
* cotisation : retraite mutualiste du combattant, 156-II 5°.
* cotisation : sécurité sociale, 156-II 4° et 10°.
* intérêts d'emprunts, 156-II 1°.
* pension alimentaire, 156-II 2°.
* prestation compensatoire, 156-II 2°.
* travaux (nue-propriété), 156-II 2° *quater*.
• déficits, 156-I.
– Revenu imposable, 83.
– SOFIPÊCHE (souscriptions au capital), 163 *duovicies*, 217 *decies*, 238 *bis* HO, 238 *bis* HP.
– Sur le revenu des personnes âgées, 157 *bis*.
– TVA
► V. ***Charges déductibles, Déduction de la taxe sur la valeur ajoutée, Investissement, Pénalités et sanctions.***

Déduction de la taxe sur la valeur ajoutée,

– Acquisitions intracommunautaires, 271-II 2 et 3.
– Assujetti partiel, Ann. II 205, 206.
– Créances irrécouvrables, 272.
– Droits d'auteur, 285 *bis*.
– Entreprise devenant imposable, Ann. IV 41.
– Exclusions et restrictions, 273-2.
– Exportations de biens, 271-V.
– Facture inexacte, 272-2.
– Fait générateur, 271-I 2.
– Fraude, 272-3.
– Imputation, 271-I 3, 272.
– Justificatif, 271-II 2.
– Limitation du droit à déduction, Ann. II 206-IV.
– Modalités, 271-I 3, 273.
– Montant déductible, Ann. II 209.
– Obligation déclarative, 271-I 3.
– Opérations annulées, 272.
– Opérations d'assurances, 271-V.
– Opération exonérée, 271-V.
– Opérations occasionnelles, 271-I 2.
– Opération ouvrant droit à déduction, 271-1-V et VI.
– Opération en suspension de taxe, 271-V.
– Principes, 271.
– Produits pétroliers, 298-3 à 6.
– Rectification, 271-II 3.
– Régularisation, 271-II 3 et III.
– Remboursement, 271-IV.
– Secteur distinct d'activité, Ann. II 206-III 2-3°.
– Services bancaires et financiers exonérés, 271-V.
– Taxe déductible, 271-I 1, II 1 et V.
– Véhicules, 273 *septies* A à 273 *septies* C.
– Véhicules électriques, 273 *septies* B.

Déficit,

– Agricole, 156-I, 3ᵉ al.
– Déclaration, 223-1.
– Déduction, 13-2, 156-I, 209-I, 223 C.
• copropriété (de cheval de course), 156-1-1° *bis*.
• déficit :... agricole, 156-I 1°.
• foncier, 156-I 3°.
• inventeur, 156-I *bis*.
• loueur en meublé non prof, 156-I 1° *bis*.
• non commercial, 156-I 2°.
• non membre du foyer fiscal, 156-I, 1° *bis*.
– Fonciers, 156-I 3°.
– Impôt sur les sociétés, 209-I, 220 *quinquies*.
– Imputation ou report,

Déficit *(suite)*
- • fusion, 209-II.
- • impôt sur le revenu, 156-1.
- • intégration fiscale, 223 C, 223 G, 223-I s., 223 s.
- • règles particulières (IR), 156-I 1° s.
- – Inventeurs, 156-I *bis*.
- – Non commerciaux, 156-I 2°.
- – Report, 156-I et I *bis*, 209-I, 223 C.
- • report en arrière, 220 *quinquies* ; Ann. III 46 *quater*-0 S à 46 *quater*-0X.
- – Transfert de déficit, 209-II.

Degré alcoolique minimum (titre alcoométrique minimal), 349.

Dégrèvements, 1389 à 1391, 1397, 1398, 1647-00 *bis*, 1414, 1414 A, 1647 *bis*.
- – Association foncière pastorale (taxe foncière), 1398 A.
- – Contribuables âgés ou infirmes, 1390 s., 1414, 1414 A.
- – Cotes irrécouvrables (admission en non-valeur), Ann. III 428 (al. 2), 445 (al. 2).
- – Cotisation foncière des entreprises, 1647 *bis*.
- – D'office,
- • infirme ou invalide, 1414-I 3°.
- • personne âgée, 1414-I 2°.
- • revenus modestes, 1414 A.
- • titulaires ASS, 1414-I 1°.
- • veuf ou veuve, 1414-I 2°.
- – Impôt déduit, 39-1-4°.
- – Montant minimum, 1965 L.
- – Rapport aux bénéfices, 39-1-4.
- – Répression pour fausses indications, 1776 s.
- – Rétroactifs (foncier), 1513.

Délais,
- – Droits à déduction,
- • délai d'exercice, 271-I 3 (TVA).
- – Enregistrement des actes, 635, 648.
- – Mise en demeure, 1727-1°.
- – Paiement des impôts, 1663 s., 1692 s. ; Ann. III 357 H.
- – Réalisation des plus-values, 39 *duodecies*.
- ▸ V. *Déclaration.*

Délégation,
- – Exonérations contractuelles (agréments), 1649 *nonies*.
- – Signature des fonctionnaires, Ann. II 410.

Démantèlement (coûts), 39 *ter* C.

Déménagement,
- – Acomptes d'IR, Ann. III 357 E.
- – Impôts directs (exigibilité immédiate), 1663-2 ; Ann. III 357 H.
- – Propriétaire (responsabilité solidaire), 1686, 1687.
- – Taxe d'habitation, 1413.

Démolition d'immeuble, 31 *b*.
- – En vue de reconstruction, 257-7°, 691 *bis*, 1594-0 G A.
- – Restauration immobilière, 31-I 1° *b ter*, 31-I 1° *b quater*.

Dénaturation
- ▸ V. *Alcools.*

Dénonciation du forfait, 201-4.
- – bénéfices agricoles, 69-II, 69 A.

Département,
- – Acquisitions immobilières, 1042.
- – Dons et legs, 794-1.
- – Emprunts, intérêts, 133.
- – Immeubles, 1382-1°, 1394-1° et 2°.
- – Imposition, 1586 à 1589.
- – Organismes se livrant à une activité lucrative, 206-1.
- • exonérés, 207-1-6°.
- – Régies
- ▸ V. *Commune.*
- – Taxe additionnelle à certains droits d'enregistrement, 1595.
- – Transferts de propriété à titre gratuit, 1050.

Départements du Bas-Rhin, du Haut-Rhin et de la Moselle,
- – Alcool et boisson, 518.
- – Cercles privés, 1655.
- – Dons à associations, 238 *bis* 2.
- – Enregistrement, 649 ; Ann. III 250 à 267.
- – Impôts sur les revenus (dons), 238 *bis*.
- – Indirectes, régime spécial, 518.
- – Taxe d'apprentissage, 1599 *ter* J ; Ann. II 140 M.
- – Taxe pour frais de chambre de métiers, 1601.

Départements d'outre-mer,
- – Agrément,
- • accession à la propriété rurale, 295-1-4°.
- • commissions consultatives, 217 *undecies*.
- • culture agréée, 76 *bis*.
- • investissements, 217 *undecies*.

Départements d'outre-mer *(suite)*
• recherche et exploitation minière, Ann. IV 121-V *nonies*.
• société ou activité nouvelle, 208 *quater* ; Ann. IV 121-V *nonies*.
– Agriculture, 76 *bis* ; 295-1-3° et 4° ; 707 *bis*, 793-2-3° ; 1025, 1028, 1037 ; 1594 F *quinquies* D et F.
– Alcool, 519.
– Association agréée, Ann. II 371 N, 371 S.
– Cadastre, 1649 *decies*.
– Canne à sucre, 403, 1698 C.
– Centre de gestion agréé, Ann. II 371 B, 371 G.
– Commission départementale des impôts directs et des taxes sur le chiffre d'affaires, 1651.
– Conventions d'assurance, 1635 *bis* AA.
– Droit d'enregistrement, taxe de publicité foncière et timbre,
• agriculture, 707 *bis*, 1594 F *quinquies* D et F.
• délais de déclaration, 642.
• exonérations, 1594-I *bis* à 1594-I *quater*.
• hôtel, résidence de tourisme, 1594-I *bis*.
• lotissement agréé, 1594 F *quinquies* K.
• Mayotte, 1594-0 F *sexies*.
• SAFER, 1028.
• salaire différé, 1037.
• succession (biens situés dans un DOM), 789.
• tarifs (timbre), 1043 A.
– Entreprise ou activité nouvelle,
• exonération, 208 *quater*, 295-4.
– Fiscalité directe locale,
• cotisation foncière des entreprises, 1466 F.
• taxes foncières, 1388 *ter*, 1388 *quinquies*, 1388 *sexies*, 1594-0 F *sexies*, 1649 ; Ann. III 315 *decies* à 315 *duodecies*, 330 à 334.
• taxes d'habitation, 1411-II (note).
– Fonds de garantie des calamités agricoles, 1635 *bis* AA.
– *Formalité* à la circulation, 519.
– Garantie des matières d'or, d'argent et de platine, 527.
– Guadeloupe (cinquante pas géométriques en), 1609 C.
– Guyane (établissement public d'aménagement), 1609 B.
– Immobilisation acquise ou créée au moyen de certaines primes d'équipement, 39 *quinquies* FA.
– Importation,
• exonération, 295-1-2°, 5° et 6°, 295 A ; Ann. IV 50 *undecies*, 50 *duodecies*.
– Impôts,
• sur le revenu,
• bénéfices industriels et commerciaux, 39 *quinquies* FA, 44 *septies* II, 44 *quaterdecies*, 76 *bis*, 77 A (note), 208 *quater*, 217 *undecies*, 217 *duodecies*, 238 *bis* HP, 238 *bis* HR.
• bénéfices agricoles, 76 *bis*.
• calcul de l'IR, 197-3, 197 A.
• réduction d'impôt, 199 *undecies* A à 199 *undecies* C.
– Impôt sur les sociétés (calcul), 39 *quinquies* FA, 44 *septies* II, 44 *quaterdecies*, 76 *bis*, 77 A (note), 199 *undecies* A à 199 *undecies* C, 208 *quater*, 217 *undecies*, 217 *duodecies*, 238 *bis* HP, 238 *bis* HR.
– Impôt sur les spectacles, 1561-10°.
– Investissement dans les départements d'outre-mer, 199 *undecies* A à 199 *undecies* F, 208 *quater*, 217 *undecies*, 217 *duodecies*, 242 *sexies*, 242 *septies*, 1388 *quinquies*, 1594-I *quater*, 1740 à 1740-00 AB ; Ann. II 95 K à 95 W ; Ann. III 46 AG *bis* à 46 AG *quinquies* ; Ann. III 46 *quaterdecies* BA à 46 *quaterdecies* I, 46 *quaterdecies* V, 46 *quaterdecies* W.
– Logements évolutifs sociaux (TVA), 296 *ter*.
– Lotissement agréé, 1594 F *quinquies* K.
– Martinique (cinquante pas géométriques en), 1609 D.
– Participation des employeurs au développement de la formation professionnelle continue, Ann. II 163 *sexdecies*.
– Pêche artisanale, 238 *bis* HP, 238 *bis* HR.
– Personne non domiciliée en France, 197 A.
– Retenue à la source, 182 A.
– Tabac, 568 *bis*, 574, 575 B, 575 E.
– Taxe d'apprentissage, 1599 *ter* K ; Ann. III 50-0 s.
– Taxe sur les salaires,
• exonération, 231 *bis* N.
• taux, 231-2 *bis*, 231-5.
– Taxes spéciales d'équipement, 1609 B à 1609 D.
– Taxe sur la valeur ajoutée, 294 à 296 *ter*, 298 *sexdecies* ; Ann. IV 50 *undecies*, 50 *duodecies*.
• établissement hôtelier, village de vacances, 295-4.
• logements évolutifs sociaux (TVA), 296 *ter*.

Dépendance immédiate des constructions, 1381-4°.

Dépenses,
- Chasse, pêche, résidence d'agrément, 39-4, 111 *e*, 223 *quater*.
- Déductibles, 39-1, 83, 93, 156.
- Économies de chauffage ; pompes à chaleur ; d'énergie, 156-II 1° *quater*.
- Électorales, 238 *bis* 1.
- Engagées, 93 A.
- Études (installation à l'étranger), 39 *octies* A.
- Formation professionnelle, 235 *ter* G s.
- Personnel et main-d'œuvre, 39-1.
- Publicité prohibée pour boissons, 237.
- Ravalement, 156-II 1° *bis*.
- Recherche scientifique ou technique, 39 A, 236.
- Somptuaires, 39-4, 111 *e*, 223 *quater*.
- Tabac, 574.
- Taxe sur les loyers élevés des logements de petite surface, 234-V.
- Taxe sur les salaires (dépenses libératoires), 230 H, 235 *ter* H *bis* s.
- ► V. *Frais*.

Déplacement,
- Frais de, 83-3°.

Dépôt,
- D'acte, 854, 1116.
- En douane, 293-1°.
- Lieux, 1381-5°, 1383.
- Refus, 860, 1701 ; Ann. III 406 A27.
- Sommes d'argent, intérêts, 124-2°, 125 A, 242 *quater*, 1740-0 B.
- Stockage, 39 A ; Ann. II 22.
  - amortissement dégressif, 1381-1°.

Désistement, 635, 680.

Dessinateur, 1460-2°.

Détaxation (revenu),
- Développement industriel (compte), 157-9° *quater*.
- Investi en actions,
  - opération de nationalisation (subrogation), 248 C.
- Obligations reçues en échange d'actions (subrogation), 248 C.

Dettes,
- Devises, 38-4.
- ISF,
  - déduction, 885 D, 885 E .
  - non-déduction, 885 G *quater*.
- Reconnaissance, 680.
- Succession, 768 à 774.

Développement,
- Durable (livret de développement), 157-9° *quater*.
- Régional,
  - décentralisation, extension, création d'activité ou de service, reconversion d'activité, reprise d'établissement en difficulté, 39 *quinquies* D, 44 *septies* ; Ann. II 310 HB *quinquies* ; 1465, 1466 ; Ann. III 322 G à 322 L ; Ann. IV 121 *quinquies* DB *quater* à 121 *quinquies* DB *septies*.
  - procédure d'agrément, 1649 *nonies*.
- Zone prioritaire d'aménagement du territoire
  - ► V. *Zone*.

Devises,
- Contrats internationaux (libellés en devises), 266-1 *bis* (TVA).
- Créances et dettes (évaluation), 38-4.
- Importation, 291-II 3°.
- Intérêts des dépôts, 131 *sexies*.
- Opérations, 256-IV 2°, 261 C 1°.

Direction générale des finances publiques (DGFiP),
- Fonctionnaires (compétence), Ann. III 350 *terdecies*.

Directoire (membres), 80 *ter* *b*, 211 *bis*.

Dirigeant de société,
- Compte courant, 39-1-3°, 212 ; Ann. III 46 *quater*-0 BA.
- Frais (indemnités ou allocations forfaitaires), 39-3, 80 *ter*, 87, 211 *bis*, 231-1 *ter*.
- ISF (biens professionnels), 885 O à 885 O *quinquies*.
- Option sur actions, 80 *bis*, 80 *quaterdecies*, 182 A *ter*, 200 A 6.
- Responsabilité pénale, 1777.

Discothèque, 290 *quater* ; Ann. III 96 B à 96 D.

Disparition,
- D'immeuble non bâti, 1397.
- De marchandises, 271-III.

Dispositif « Besson »,

Dispositif « Besson » *(suite)*
- Avantages fiscaux (location à ascendant ou descendant), 31-I 1°.

Dispositions dépendantes ou indépendantes, 670, 672.

Dissimulation de prix,
- Complices, 1778, 1819, 1754, 1838.
- Enregistrement et timbre, 1727, 1729 (majoration), 1754 (solidarité).
- Officier ministériel, cession, 1840 B.
- Peines, 1728 s., 1741.

Dissolution
► V. *Sociétés (particulières).*

Distillateur,
- Bouilleur de cru, 315, 326.
  • ambulants, 327 à 331.
  • définition, 315 à 317.
  • lieu d'exercice, 318 à 320.
- Professionnel,
  • comptabilité, 314.
  • déclaration, 312.
  • définition, 332.
  • lieu d'exercice, 311 *bis*.
  • obligations, 335.
► V. *Alcools, Distillerie, Pénalités et sanctions.*

Distillerie, 311 *bis*, 314.
- Comptabilité, 314, 1794, 1810.
- Contentieux (sanctions), 1791 à 1794 s., 1799 s., 1804 A, 1810.
- Régime spécial, Ann. I 79 à 91 ; Ann. IV 51 *octies* à 51 *octies* E.
- Règlements, Ann. I 57 à 84 ; Ann. IV 51 *septies* à 51 *octies* E.
► V. *Distillateur.*

Distribution,
- Contribution additionnelle à l'impôt sur les sociétés au titre des montants distribués, 235 *ter* ZCA.
- *De bénéfices et de réserves*, 109-1°, 110, 143 *quater*.
  • fusion de sociétés, 159-2.
  • par société étrangère, 115 *quinquies* ; 1673 *bis*.
- Dividendes, 80 *quindecies*, 108 s., 117 *quater*, 159 *quinquies* II.
- Eau potable, 1382-3°.
- Occulte de revenu, 111 *c*, 117, 1759 (amende), 1754 (solidarité).
- Réserves, 109-2°, 112-1°, 162.
  • plus-values à long terme, 209 *quater* 2.
- Revenus occultes, 117, 1763.

District (imposition)
► V. *Commune.*

Dividendes,
- Contribution additionnelle à l'impôt sur les sociétés au titre des montants distribués, 235 *ter* ZCA.
- Distribué par société étrangère, 115 *quinquies*, 120-1°, 117 *quater*.
- Distribué par une société française, 108, 117 *quater*.
  • abattement, 158-3.
  • avoir fiscal,
  • retenue à la source, 119 *bis* 2, 187-1, 199 *ter*, 199 *quater* A ; 1672-2, 1672 *bis* ; Ann. II 378 ; Ann. IV 17, 17 A, 188 H.
- Groupe de sociétés, 223 B.
- Impôt sur les sociétés, 216 (société mère-filiale).
- Intégration fiscale, 223 A, 223 B.
- Mention des dividendes distribués dans rapports aux assemblées générales, 243 *bis*, (amende fiscale), 1767.
- Revenus mobiliers, 108, 115 *quinquies*, 120-1°.
- TVA, Ann. II 212-2 *b*.

Division de société
► V. *Société (en général).*

Divorce,
- Capital (versement en), 156-II 2°, 757 A ; Ann. II 91 *quinquies*.
- Communauté dissoute,
  • enregistrement, 680.
  • partage, 746, 748.
- Contribuables divorcés, imposition, 194 s.
- En cours d'année, 196 *bis* 2.
- Garde des enfants, 193 *bis*, 194.
- Instance en divorce, 6-4.
- Personne en instance de divorce, 6-4.
  • provision pour entretien, 158-5 *c*.
  • versement en capital, 156-II 2° ; 757 A ; Ann. II 91 *quinquies*.
- Pension alimentaire,
  • déduction, 156-II 2°.
  • reçue, 79, 80 *quater*, 158-5 *a*.
  • versement en capital, 757 A.
- Prestations compensatoires, 79, 80 *quater*, 156-II 2°, 158-5 *a*, 757 A.
  • réduction d'impôt, 199 *octodecies*.
  • versements en capital, 1133 *ter*.
- Quotient familial, 194, 195-1, 196 *bis* 2.

Divorce *(suite)*
– Rentes versées, 156-II 2°.

Document,
– D'accompagnement, 302 M, 302 O, 302 P, 455, 614 A ; Ann. III 111 H, 244 *bis* à 244 *quater V* ; Ann. IV 59.
– Comptables, 54, 72, 98 s., 220 Q, 1502, 1649 *quater* D, 1649 *quater* G, 1734, 1742, 1743, 1763.
– Joint à déclaration, 53 A, 54 *bis* à 54 *quater*, 54 *sexies*, 54 *septies*, 72-II, 74 A, 223-2 et 3 ; Ann. III 38-II à IV, 38 *quindecies*, 38 *sexdecies* Q, 38 *sexdecies* R à 38 *sexdecies* RC.
– A produire par sociétés immobilières, 172 *bis*.
– Paiement des salaires, honoraires, etc, 86.
– Pénalités,
• défaut de production ou tardive, 1729 B, 1763.
• destruction, 1734.
• document inexact ou incomplet, 1729 B, 1763.
• non-présentation, 1763.
• production (falsification), 1772-1-4°, 1774.
• refus, 1734, 1789.
– Reconstitution dans les greffes, 1125 *bis*.
– Refus de communication, 1740-1, 1789.

Domaine,
– Vente d'immeubles, 683-II.

Domicile,
– Abandon, 6-4 *c*.
– Changement, 1663 ; Ann. III 357 E.
– Transfert hors de France, 166, 167, 167 *bis*.
– Travailleur à domicile, 80, 256 A.

Domicile fiscal,
– Définition, 4 B.
– Incidence des, conventions internationales 4 *bis* 2°.
– Personne physique domiciliée en France, 4 A, 170-2, 750 *ter*.
• ISF, 885 A 1°.
• perception de traitements et salaires pour *activité à l'étranger, 81 A, 197 C.*
– Personne physique domiciliée hors de France,
• droits de mutation par décès, 750 *ter*.
• habitation en France, 197 A *b*.
• impôt sur le revenu, 4 A, 10, 164 A, 164 B, 182 A, 182 A *bis*, 197 A, 197 B ; Ann. IV 18 (retenue à la source).
• plus-value, 164 D, 244 *bis* à 244 *bis* C.
• profits immobiliers, 244 *bis* à 244 *bis* C.
• rémunération de services rendus par une personne domiciliée en France, 155 A.
• retenue à la source, 182 A, 182 A *bis*, 182 B.
• revenu non salarial, 182 A *bis*, 182 B, 1671 A.
• revenus de capitaux mobiliers, 119 *bis* 2, 125 A III, 199 *quater* A.
• taxe sur les conventions d'assurance, 1000.
• traitement, salaire et pension, 182 A, 182 A *bis*, 197 B, 1671 A.
– Placements financiers, 885 L (ISF).
– Représentant, 885-X (ISF).
– Transfert, 166, 167,167 *bis*, 1663-2.

Dommages,
– Causés par des calamités naturelles, 64-5, 1398.
– De guerre, 219 *ter*, 223 *bis*, 1056, 1058.
• autres, 1059.

Dommages et intérêts,
– ISF, 885 K.
– Exonération d'IR, 81-9° *bis*.

Don (et legs),
– Déductions des (dons aux associations, établissements d'enseignement, fonds et fondations, organismes d'intérêt général...),
• par entreprise, 238 *bis* 1 et 4.
• par particulier, 200.
– Enregistrement,
• associations de protection de l'environnement et des animaux, 795-4°, al. 1er.
• établissements publics, 777.
• pupilles (État ou nation), 787 A.
► V. ***Donation, Donation-partage, Don manuel.***
– Entreprises (aux), 200-2, 237 *quater*.
– Espèces
► V. ***Don manuel.***
– Gestion (des), 206-1 *bis*.
– Suspension de l'avantage fiscal, 1378 *octies*.

Donation,
– Abattement, 790 B à 790 I.
– Acte, 784.
• formalité unique, 647-I.
• mention de donation antérieure, 784 ; Ann. III 281 A à 281 C.

Donation (suite)
- Biens à l'étranger, 750 *ter*, 784 A.
- Bien mobilier, évaluation, 776-I.
- Bijou, objet d'art ou de collection, 776-II.
- Charges de familles, 779, 781, 783.
- Contrat de mariage, 790.
- Dettes du donateur, 776 *bis*.
- Donation-partage,
  - abattement petits-enfants, 790 B.
  - réduction de droits, 790.
- Don manuel, 635 A, 757, 790 G.
- Donation d'entreprise
  ▸ V. *Entreprise*.
- Donation aux petits-enfants, 790 B, 790 H, 790 I, 1840 G *ter*.
- Donation aux arrière-petits-enfants, 790 B, 790 H, 790 I, 1840 G *ter*.
- Donation d'œuvre d'art à l'État, 1131, 1840 G *bis*.
- Droits d'enregistrement, 750 *ter* s., 790.
- Droits de mutation, Ann. II 294 A, 294 B.
- Enfant unique, 790.
- Entreprise,
  - droits, paiement fractionné, Ann. III 397 A II, 404 GA à 404 GD.
- Évaluation,
  - créances, 760.
  - déclaration détaillée, 758, 764-I.
  - fonds de commerce, 758.
  - immeubles, 761.
  - insuffisance,
  - meubles, 764, 776.
  ▸ V. *Évaluation*.
- Exemptions, 793, 795, 1071.
  ▸ V. *Succession (droits de mutation)*.
- Frères et sœurs, 776 *bis*, 777, 779-IV, 790 H, 790 I, 795 A, 796-0 *ter*, 796-II, 1840 G *ter*.
- Immeubles, 156-II-2° *quater*, 750 *ter*, 751, 761, 776 *bis*, 787 C, 790, 790 H, 790 I, 793, 795 A, 800, 1131, 1840 G *ter*.
- Liquidation des droits,
  - abattements et réductions, justification, 748, 779.
  - *donations antérieures, 784.*
- Œuvre d'art à l'État, 1131, 1840 G *bis*.
- PACS, 779-II, 790 G.
- Paiement des droits, titres d'emprunt, Ann. III 392, 394.
- Partage d'ascendant, soulte, 748.
- Plus-value, inopposabilité,
  - bien venant d'une donation, 35-III, 244 *bis*.
- Pupilles de l'État, 787 A.
- Réduction de droits, 784 C, 790.
- Régimes spéciaux et exonérations de droits, Ann. II 294 A, 294 B.
- Tarif des droits, 777.
  - abattements, 790, 790 A, 790 B à 790 F.
  - donations par contrat de mariage, donations-partages, 790.
  - libéralités à certains enfants abandonnés, 778.
  - mutilés de guerre, 782.
  - maximum, 777.
  - réduction pour enfants, 780.
  - transmission entre adoptants et adoptés, 786.
  - au profit des mutilés de guerre, 782.
- Taxe de publicité foncière, 791.
- De titres au personnel, 790 A.
- De titres de société, 150 *duodecies*, 757 C.

Donation-partage,
- Réduction des droits, 790.

Don manuel, 757.
- Enregistrement, 635 A, 790 G ; Ann. III 281 E.
▸ V. *Donation*.

Données (Traitement de) (TVA), 259 B.

Donneur d'ordre,
- Paiement de la TVA, solidarité, 283-5.

Dotation pour pertes de recettes,
- Collectivités locales ou groupements, 1635 *sexies* II 6°.

Douanes,
- Biens sous régime suspensif,
  - importation, 291-II 1°, 291 *bis*.
  - livraison, 262-II 13° ; Ann. III 73 G, 73 H.
- Directeurs régionaux (compétence), Ann. II 289.
- Services rendus avant dédouanement, 262-II 14°.

Douanes et droits indirects,
- Contributions indirectes,
  - transfert de compétences, Ann. II 288, 289, 410 ; Ann. III 350 *terdecies*.

Doublé (or, argent, platine), 550 s.

Droit au bail, 728.

Droit d'affichage, 29, 261 D 3°.

Droit d'auteur,
- Déclaration, 241.
- Imposition, 92-2, 93-1 *quater*, 100 *bis*, 259, 259 C, 1460-3°.
- Retenue,
  - à la source, 182 C.
  - sur la TVA, 285 *bis* ; Ann. III 47 *bis*.

Droit de bail (contribution représentative), Ann. III 38, 42, 46 C, 58 A, 58 B, 375 s.
- Assiette et recouvrement, Ann. III 58 B, 375 s.
- Obligations déclaratives, Ann. III 38, 42, 46 C, 58 A.
- Contribution annuelle sur les revenus locatifs (CRL), 234 *nonies*, 234 *duodecies*, 234 *terdecies*, 234 *quaterdecies*.
  - ▸ V. *Contribution.*

Droit de circulation,
- Exemption, 440 *bis* à 442.
- Tarif, 438.
- Vendange et fruit, 466.
  - ▸ V. *Alcools.*

Droits civiques, civils et de famille,
- Privation, 1741, 1774.

Droit de communication, 1734, 1789.
- Répertoire national d'identification des personnes physiques (numéro), Ann. III 39, 39 A, 97 *bis*, 97 *ter*.
- Service par voie électronique (assujettis non établis dans la CE), Ann. III 97 *bis*, 97 *ter*.

Droit de consommation
▸ V. *Consommation.*

Droit de fabrication,
- Alcools, 406 *quinquies* (Corse).

Droit fixe de procédure, 1018 A, 1018 A *bis*, 1635 *bis* P.

Droit de garantie
▸ V. *Métaux précieux.*

Droits indirects,
- Suspension de droits, 614 A.

Droit de licence
▸ V. *Débitant de boissons, Débits.*

Droit de pêche
▸ V. *Pêche.*

Droit de préemption,
- Bail à ferme, 707 *bis*.
- Engagement de revendre (délai), 1115.
- Exonération, 1594-0 G-B.
- Outre-mer, 707 *bis*, 1594 F *quinquies* D.
- Taux, 1594 F *sexies*.
- Ventes par lots (immeubles locatifs), 1115, 1594 F *sexies*.

Droits sociaux,
- Cession,
  - acte et déclaration (formalité), 635-2-7°, 639, 653.
  - droit conférant propriété ou jouissance d'immeuble, 257-7° 1, 266-2 *b*, 728 à 730 ; Ann. II 248, 249, 292.
  - tarif général des droits, 726.
- Rachat, 160 *bis* à 161.
- ▸ V. *Société (en général).*

Droit spécifique
▸ V. *Bière, Eaux minérales, Jus.*

Droit de surélévation, 238 *octies* A.

Droit d'usage ou d'habitation
▸ V. *Usufruit et nue-propriété.*

Duflot (Dispositif) *(Rebaptisé « Pinel » à compter du 1er janv. 2015)*
▸ V. *Impôt sur le revenu.*

E

EARL
▸ V. *Exploitation agricole à responsabilité limitée (EARL).*

Eau,
- Distribution, taxe foncière, 1382-3°, 1499, 1501 ; Ann. II 310 M.
- Épuration (installation),
  - amortissement, 39 *quinquies* E.
  - valeur locative, 1518 A.
- Fourniture gratuite, 82.
- Minérale (droit spécifique), 520 A, 1698 C.
  - surtaxe, 1582, 1698 A.
- Ouvrages de distribution, 1382-3°, 1499, 1501 ; Ann. II 310 M.
- TVA,
  - collectivité locale, 256 B, 260 A, 269-2 *a* ; Ann. II 201 *quinquies* s.
  - taux, 278 *bis*-1°, 279 *b*, 297-I 1-2°.

Eaux-de-vie,
- Contributions indirectes, 401, 1810-5° et 6°.
- Régime fiscal, 401.
- Sanctions pénales, 1810-5° et 6°.
- Taxe parafiscale, Ann. II 364 s.

Eaux minérales,
- Droit spécifique, 520 A, 1698 A, 1698 C.
- Surtaxe, 1582, 1698 A.

Échange,
- Actions, 38-7.
- Fonds de commerce ou immeuble, 850.
- Immeubles, 684.
  • fait par l'État, les collectivités territoriales et leurs établissements,
  * enregistrement, 1040.
  * plus-values, 238 *octies* C.
  • ruraux, 72 E, 708, 1023 ; Ann. II 291 A.
  • retours et soultes, 684.
- Marchandises, Ann. III 76-1.
- Plus-values,
  • entreprises, 39 *duodecies*, 219, 238 *octies* C.
- Soultes et retours, 684.
- Titres,
  • fusion ou scission, 160-I *bis* et I *ter*.
  • fusion ou scission agréée, 38-7 *bis*, 145-1 *c*.
  • nationalisation ou privatisation, 248 A à 248 G.
  • offre publique d'échange, 38-7, 145-1 *c*.
- TVA,
  • base d'imposition, Ann. III 76-1.
  • échanges entre États membres CE, 289 C, 1740 A, 1788 A ; Ann. III 96 J à 96 M.
- Standard, Ann. III 76-1.

Échantillon, 1516.

Échelonnement (revenus différés ou exceptionnels), 163-0 A.
► V. *Étalement.*

Éclaircissements (demande d'), 204.

Écoles, 1382-1°, 1460-1°.

Économats, 256 B.

Économies d'énergie,
- Matériels,
  • amortissement exceptionnel, 39 AA 2°, 39 AB.
  • cotisation foncière des entreprises, 1518 A.
  • crédit d'impôt, 200 *quater*, 200 *quater* A.
  • TVA, 278-0 *bis* A, 279-0 *bis*-1.

► V. ***Énergie, SOFERGIE (Société agréée pour le financement d'installations ou de matériels destinés à économiser l'énergie).***

Écritures,
- Inexactes, fictives ou omises, 1743.

► V. *Document.*

Écrivain, 92, 93-1 *quater*, 100 *bis*, 1460-3°.
► V. *Droit d'auteur.*

Écuries, étables, 1382-6°.

Édifices du culte, 1382-4°.

Éditeur,
- De feuilles périodiques, 1458-1°.
  ► V. *Journaux, Presse.*
- De livres,
  • TVA, retenue à la source, 285 *bis*.
  • redevance, 1609 *undecies* s.
- De logiciel comptable, 1770 *undecies*.

Édition (redevance), 1609 *undecies* à 1609 *quindecies*.

Effets de commerce,
- Escompte d'effet, 269-2 *c*.
- Opérations, 260 B, 261 C 1°.
- Protêt, 661-2°.

Élections,
- Financement des campagnes, L. n° 88-227 du 11 mars 1988, art. 11-4, **p. 3387**.

Électricité,
- Cotisation foncière des entreprises (création d'établissement), 1478-III.
- Exemptions,
  • impôt sur le revenu, 35 *ter*.
  • enregistrement et timbre, 1045.
- Installations (valeur locative), 1501-I ; Ann. II 310 M.
- Production et distribution,
  • photovoltaïque, éolien, 75 A.
  • création d'établissement, 1478-III.
  • valeur locative, 1501-I ; Ann. II 310 M.
  ► V. *Imposition forfaitaire.*
- Servitude, établissement, 1045-II 3°.
- Société d'approvisionnement à long terme d'électricité, 238 *bis* HV à 238 *bis* HZ *bis* ; Ann. III 46 *quindecies* R à 46 *quindecies* W.

Électricité *(suite)*
- TVA, 256-II, 256 B, 269-1 *a bis*, 269-2 *a*.
  - abonnements, 279 *b decies*.
- Véhicules électriques (TVA), 273 *septies* B.
- Vente et livraison, 256-II, 256 B, 269-2 *a*, 297-I 1.

Élevage,
- Bénéfices agricoles, 63.
- A façon, 69-V.
- Cotisation foncière des entreprises, 1450, 1451.
- Industriel, 69-I ; Ann. III 38 *sexdecies* A, 38 *sexdecies* B.
- TVA, 298 *quater*, 298 *quinquies*.

Élu local,
- Indemnité de fonction, 204-0 *bis*.
- Retraite, 80 *undecies* B.

Emballages,
- Frais d'emballage, 267-I 2°, 292-2° et 3°.
- Location, 259 A 4°, 262-I, 291-III 2° ; Ann. III 73 G.
- Opérations, 262-I, 291-III 2°.
- TVA (base d'imposition), 267-III.

Emphytéose,
- Acte constitutif, 689.
- Impôts locaux, 1400-II.
- Mutation du droit du bailleur ou du preneur, 1378 *bis*.

Emploi,
- Contrat de solidarité, 231 *bis* N, 235 *ter* E.

Employé de maison,
- Aide à domicile, 199 *sexdecies*, 231 *bis* P.
- Cotisations sociales (non-déductibilité), 156-II 4°.
- Formation professionnelle, 235 *ter* KA.
- Réduction d'impôt, 199 *sexdecies*.
- Taxe sur les salaires, 231 *bis* P.
- Train de vie (élément), 168.

Employeurs,
- Déclaration des rémunérations, 87, 87 A, 89 ; Ann. III 39, 39-0 A, 39 B à 39 F.
- Formation professionnelle (participation au développement), 235 *ter* C à 235 *ter* KM, 1679 *bis* B ; Ann. II 163 *nonies* à 163 *sexdecies*.
- Effort de construction (participation), 235 *bis*.
- Groupements, 1450, 1599 *ter* A-3-3°.
- Investissement dans construction, 235 *bis*.
- Livre de paie, 86.
- Taxe sur les salaires, 231 s.

Empreinte (timbre), 894.

Emprisonnement
▸ V. *Pénalités et sanctions.*

Emprunts,
- Collectivités locales, 133.
- Crédit,
  - mutuel et de coopération agricole, 130.
  - national, 131.
- Émis,
  - à l'étranger, 131 *ter* 1, 131 *quater* ; Ann. III 41 *terdecies* à 41 *sexdecies*.
  - en France par organismes étrangers ou internationaux, 131 *ter* 2, 131 *ter* A ; Ann. II 51 à 53.
- État, 132 *bis*.
- Frais d'émission, 39-1-1° *quater*.
- Groupements d'emprunts (sinistrés), 1462-1° (exonération de TP).
- Intérêts, déduction, 156-II 1° ; Ann. III 38 *sexdecies* F.
  - habitation principale, 199.
  - souscription à capital de société nouvelle, 62, 83-2° *quater* et 2° *quinquies*.
- Négociables, 118, 119, 125 A, 242 *quater*, 1740-0 B.
- Non négociables, 124, 125.
- Obligataire, 260 C 12°.
- Opérations d'exportation, financement, 136.
- Organisme d'HLM, 138.
- Prélèvement sur coupons, 125 A, 242 *quater*, 1740-0 B.
- Public émis par l'État, 132 *bis*, 157-8° *bis*, 8° *ter*, 14° et 15°.
- Régions, 157-3° *ter*.
- Regroupement, primes de remboursement, 135.
- Retenue à la source, 1673.
- SNCF, 135.

Encéphalopathie spongiforme bovine,
- Indemnités (imposition étalée), 75-0 D.

Enchères publiques, 289-8-1-*d*, 297 A-I-2° (TVA), 635-2-6°, 685, 687, 733, 871 (Enr.), 1451 (CFE), 1584-1-2°, 1595, 1595 *ter*.

Énergie,
- Amélioration de la performance énergétique, 31-I 1° *h*, 199 *ter* S, 199 *septvicies*, 199 *novovicies*, 200 *quaterdecies*, 220 Z, 244 *quater* U, 1383-0 B *bis*.
- Énergies nouvelles,
  • investissement dans les DOM-TOM, 217 *undecies*, 217 *duodecies* ; Ann. III 46 *quaterdecies* BA (production audiovisuelle et cinématographique), 46 *quaterdecies* V, 46 *quaterdecies* W.
  • méthanisation, 1387 A, 1387 A *bis*.
- Gaz à effet de serre, 283-2 *septies*.
- Installations productrices, 39 A, 1387 A, 1387 A *bis*.
- Matériel destiné à économiser l'énergie (énergies renouvelables),
  • amortissement, 39 AA 2°, 39 AB ; Ann. IV 02, 02 *bis*.
  • réduction de valeur locative, 1518 A.
- Renouvelable (crédit d'impôt), 200 *quater* ; Ann. IV, 18 *bis*.
  • amortissement dégressif, 39 AA, 39 AB.
- Travaux d'amélioration, 278-0 *bis* A, 279-0 *bis*-1.
- Véhicules fonctionnant au moyen de l'énergie électrique (amortissement), 39 AC.
▸ V. ***Économies d'énergie, Électricité, Imposition forfaitaire.***

Énergie hydraulique (évaluation et lieu d'imposition), 1399-II, 1475.

Enfant,
- Adopté, 195-1 *e*, 786.
- Assistance à l'enfance, 1067.
- A charge, 6-3, 174, 193 *ter*, 194, 196, 196 B, 196 *bis*, 1411-III.
  • quotient familial, 194, 196 *bis*.
- Au service militaire national, 6-3, 1663 A.
- Décédé, 195-1 *b*.
- Droits de succession et de donation,
  • abattements, 790 B à 790 I.
  • enfants à l'aide sociale, 787 A.
  • *réductions, 780 s.*
  • tarifs et abattements, 770.
- Études, 199 *quater* F.
- Garde à domicile, 157-II.
- Imposition distincte, 6-2, 195-1 *a*.
- Infirme, 6-3, 195-2, 196-1°, 196 B.
- ISF, 885-V (réduction, jusqu'à l'ISF 2012).
- Majeur, 6-3, 195-1 *a*.
  • marié, 6-1 et 2*bis*, 156-II 2 *bis*, 196 B.
- Mutation à titre gratuit,
  • nombre d'enfants, 780, 781, 783.
- Pension alimentaire à descendants, 80 *septies*, 156-II 2°.
- Poursuivant ses études, 6-2 *bis*, 199 *quater* F.
- Recueilli, 196-2°, 1411.

Engagement,
- collectif de conservation
  ▸ V. ***Impôt de solidarité sur la fortune, Succession (droits de mutation).***
- d'épargne
  ▸ V. ***Epargne.***

Engrais, 278 *bis* 5° *b*, 297-I 1-2°.

Enlèvement (marchandises, produits, etc.), 614.

Enregistrement,
- Abattements,
  • droits de mutation à titre gratuit, 779 s., 788 s., 790 s.
  • ventes d'immeubles, 1055 *bis*.
- Actes mixtes, 647-I, al. 2.
- Apports partiels d'actifs et scissions, 817 B.
- Apports en société (conservation de titres), 809-I *bis*, 810-III, al. 5 et 6.
- Apports de titres à une société holding, 787 B *f*.
- En débet, 658-III.
- Défense, 661.
- Délais, 648.
- Droits,
  • actes divers, 846, 848.
  • actes judiciaires et extrajudiciaires,
  • actes non tarifés, 678, 680.
  • condition suspensive, 676.
  * convention verbale, 662.
  • droit fixe, 679 s., 1080.
  • droit proportionnel ou progressif, 677 s., 683, 684, 1594 F *quinquies* B, C et H, 707 *bis*, 719, 733, 777, 1020.
  • exemptions et régimes spéciaux, 1020, 1137.
  • minimum, 674.
  • payement, 1701, 1723 *ter*.
  • payement fractionné, 1717 ; Ann. III 396 s.
  * remise, prohibition, 1702.
  • taxes additionnelles, 1584, 1595.
- Droit d'enregistrement, 1594 A à 1594 E, 1594 F *quinquies* E.
- Exonération, 1594-0 G à 1594 J.
- Formalité, 635 à 637, dispense 637.
  • interdiction de différer, 1703.
  • présentation volontaire, 679.

Enregistrement (suite)
- • refus, 660 s., 851, 853, 867.
- • relation, 867.
- • sur la minute, 658 s.
- – Organismes collecteurs des fonds de la formation professionnelle (exo. 2012), L. n° 2011-1977 du 28 déc. 2011, art. 156, note ss. art. 879.
- – Parts de groupements et sociétés agricoles, 730 *bis*.
- – Prélèvement de 20 % sur les capitaux-décès, 990-I I.
- – Propriétés non bâties (transmissions à titre gratuit, sites « Natura », 793-2-7° ; Ann. III 281 F à 281 J.
- – Provisoirement gratis (formation de sociétés), 1717 *bis*.
- – Quittance, mention, 855, 1704.
- – Recette compétente, 650, 656.
- – Refus de formalité, 660, 661, 851, 853 ; Ann. III 260.
- – Régimes spéciaux et exonérations, Ann. II 294 A à 294 D *quater*.
- – Remise d'œuvres d'art ou d'immeubles, 1716 *bis* ; Ann. II 384 A à 384 A *ter*.
- – Sociétés (apports lors de la constitution), 810 *bis*.
- – Sociétés d'économie mixte (construction ou de gestion de logements sociaux), 1051.
- – Support de formalité, 658.

Enseignement, 261-4-4°, 1408, 1449, 1460-1°, 1460-3°.
- – Caisses des écoles, 231-1.
- – Cotisation foncière des entreprises (exonération), 1449, 1460, 1464 H.
- – Dons, 200, 238 *bis* C s.
- – TVA scolaire universitaire, technique..., 261-4 ; Ann. II 202 A à 202 D.
- ▸ V. ***Auto-école, Écoles, Étudiant, Examen (droits d'inscription), Apprentissage.***

Entraide agricole, 81-15°, 261-2-3°.

Entraîneur,
- – Propriétaire de chevaux de course, 257-19°, 289-IV IV.

Entraves à l'action des agents, 1746.

Entremise (TVA), 266-1, 273 *octies*.

Entreposage (TVA), 256 B.

Entrepositaire et opérateur agréé (de boissons), 257-10° *b*, 257-11°, 302 G, 500, 1821.
- – Comptabilité matière (défaut de présentation), 1798 *bis*.

Entrepôt,
- – D'importation, 291.
- – D'importation ou d'exportation, 262-II.
- – Fiscal, 277 A.
- • sanctions, 1788 A.
- • sortie, 1695.

Entreprise,
- – Activité libérale (restructuration et transformation), 151 *octies* A.
- – Activités occultes, 293 B I, al. 1er, 302 *septies* A *ter* B.
- – Concessionnaire de services publics, 1654.
- – Créateur,
- • bons de souscription de parts, 163 *bis* G.
- – Création,
- • intérêts d'emprunt (déduction), 62, 83-2° *quater* et 2° *quinquies*.
- – Création, extension, transfert, 1465 s.
- – Création d'emploi (crédit d'impôt), 220 *octies*.
- – Déclaration d'activité, 222, 223 *quinquies* B.
- ▸ V. ***Déclaration.***
- – Déclaration d'existence, 222, 286 ; Ann. II 371 AA à 371 AH ; Ann. IV 32 à 36.
- – De crédit différé, 1064.
- – En difficulté, 1383 A, 1464 B, 1464 C, 1465 s.
- • exonérations, 44 *septies*.
- • reprise, 44 *septies*.
- ▸ V. ***Liquidation judiciaire, Redressement judiciaire.***
- – Dépendante, 39 *terdecies* 1 *bis*, 57.
- – Étrangère, 289 A.
- – Exerçant,
- • partiellement à l'étranger, 1447 s.
- – Formalités (Centre de), Ann. II 371 AI à 371 AS.
- – Grandes entreprises
- ▸ V. ***Grandes entreprises.***
- – Hôtelière, 295-4.
- ▸ V. ***Hôtel.***
- – Hydraulique concédée
- ▸ V. ***Énergie hydraulique (évaluation et lieu d'imposition).***
- – Individuelle,
- • droits de mutation, 787 B.
- • provision pour investissement, 39 *octies* E.

Entreprise *(suite)*
• provision pour dépenses de mise en conformité, 39 *octies* F.
• transmission à titre gratuit, 41, 54 *septies* II, 151 *nonies* II.
► V. ***Micro-entreprises.***
– Industrielle nouvelle, 73 B.
– Micro-entreprises, 50-0.
– Minière et chimique, recherches pétrolières, 1654.
► V. ***Mines.***
– Nouvelle
► V. ***Entreprise nouvelle.***
– Petites et moyennes, financement, 157-9° *quater* ; L. n° 83-607 du 8 juill. 1983, art. 7 et 8, note ss. 157.
• impôt sur les sociétés, Ann. III 46 *quater*-0 ZZ *bis* A.
► V. ***Croissance.***
– De presse, 39 *bis*, 39 *bis* A, 54 *ter*, 201 *ter*, 223 *ter* ; Ann. III 46 *quater*-0 YZD ; Ann. II 17.
• anciennes, 81-13°, 238 *bis* B.
• information politique et générale, 220 *undecies*.
– Rachat par salariés,
• crédit d'impôt, 220 *nonies*.
• enregistrement, 726.
• impôt sur les sociétés, 220 *quater* à 220 *quater* B.
• plus-value, 160 A.
• prime, 157-9° *ter*.
• sanctions, 1757.
– Saisonnière, 50-0, 102 *ter*, 1459-3°, 1478 ; Ann. II 310 HS ; Ann. IV 39-2.
– Sinistrée (dons reçus), 237 *quater*.
► V. ***Dommages.***
– Transmission à titre gratuit, 41, 54 *septies* II, 151 *nonies* II.
– Transport maritime, 209-0 B.
• taxation au tonnage, Ann. III 46 *quater*-0 ZS *bis*.
– Travail temporaire (formation continue), 235 *ter* D.
► *V. **Établissement.***

Entreprise nouvelle,
– Imposition du bénéfice,
• exonération et abattement, 44 *sexies*, 44 *septies*, 73 B, 208 *quater* A, 208 *sexies*.
* détention du capital, 44 *septies*.
* obligations déclaratives, Ann. III 46 *quater*-0 ZU, 49 J.
• période d'imposition, 209-I.
– Impôts locaux,
• base, 1478-II.
• exonération, 1383 A, 1464 B, 1464 C, 1602 A.
– Régime d'exonération (reconduction), 44 *sexies*.
– Régime simplifié ou réel (délai d'option), 302 *septies* A *ter*.
– Reprise d'entreprise en difficulté, 44 *septies*.
– Souscription au capital de société en difficultés, 83-2° *quinquies*, 199 *undecies* B-II-2, 217 *undecies*.
– Taxe sur la valeur ajoutée,
• taxe déductible, Ann. II 225, 226.
– Transformation en (ou d'un) groupement d'intérêt public, L. n° 2011-525 du 17 mai 2011, art. 101, **p. 3548.**
– Versement provisionnel, 1668-1.

Entreprises de réseaux
► V. ***Imposition forfaitaire.***

Entreprise unipersonnelle à responsabilité limitée (EURL),
– Associé unique (régime fiscal), 8-4°.
– Option pour impôt sur les sociétés, 62, 162, 206-3, 239.

Enture (garantie), 526.

Environnement,
– Installations classées, 39 *quinquies* E s., 1518 A, 1609 *nonies* C III 3°.

Épalement des réservoirs, Ann. I 156.

Épargne,
– Artisans (livret), 157-9° *ter*.
– Bon d'épargne, 125 A II ; Ann. IV 6 *quater*, 6 *quinquies*.
– Communauté européenne,
• paiement d'intérêts, 199 *ter* 1, 1736.
– Compte,
• sur livret, 157-9° *ter*.
– Crédit (comptes), 157-9°, 208 *ter*.
– Engagement à long terme, 157-16°, 163 *bis* A ; Ann. III 41 K à 41-V ; Ann. IV 17 *sexies* à 17 *octies*.
– Epargne d'entreprise (plan)
► V. ***Plan.***
– Épargne-handicap, 199 *septies* 2°.
– Épargne logement, 157-9° *bis*.
– Épargne retraite, 163 *quatervicies* I 2 ; Ann. III 41 ZZ *bis* à 41 ZZ *quater*.
– Formation, 163 *bis*.
– Handicap, 199 *septies* 2°.
– Intérêts des comptes, 157.

Épargne *(suite)*
- Investissement,
  - dans construction, 163 *bis*.
  - en valeurs mobilières françaises, 163 *quinquies* D, 163 *sexies* s.
  - dans les DOM-TOM, 199 *undecies* A s.
- Livret, 157 ; L. n° 96-314 du 12 avr. 1996, art. 28, note ss. 157.
- Logement, 157-9° *bis*.
- Plan d'épargne en actions (PEA), 157-5° *bis* et 5° *ter*, 160-1, 163 *quinquies* D, 200 A s., 1765 ; Ann. III 41 ZV à 41 ZZ.
- Plan d'épargne d'entreprise, 81-18°, 157-17°, 163 *bis* B, 237 *ter* ; Ann. II 82.
- Plan d'épargne populaire (PEP), 125 A III *bis* 1°, 157-22° ; Ann. II 91 *quater* à 91 *quater* D.
  ► V. *Caisse*.
- Plan partenarial d'épargne salariale, 237 *bis* A.
- Sociétés d'épargne forestière (parts, amortissement exceptionnel), 217 *terdecies* ; Ann. III 46 *quater*-0 ZZ *quater*, 46 *quater*-0 ZZ *quinquies*.

Épizootie (pertes par), 64-5, 1398.

Équidés,
- Amortissement, Ann. III, 38 *sexdecies* D.
- Haras, 1382-1°.
- Remboursement forfaitaire, 267 *ter*, 298 *quinquies* I a.
- Provision pour fluctuation des cours (peau d'), 39-1-5°.

► V. *Copropriété*.

Équipement,
- Amortissement des biens (d'), 39 A ; Ann. II 22.
- Crédit d'impôt (gros équipements), 200 *quater* ; Ann. IV 18 *bis*.
- Subvention par État ou coll. publ, 42 *septies*.

► V. *Taxes d'équipement*.

Escompte,
- De caisse, 267-II 1°.
- Des effets de commerce, 260 B, 261 C 1°.

Espace littoral (conservatoire de), 795-12°, 1041.

Espaces verts (taxe), 302 *septies* B II.

Essai, Essayeur

► V. *Métaux précieux*.

Essence,
- Absinthe et boissons alcooliques, 514 *bis* ; Ann. III 178 A à 178 B ; 1816.

Établissement,
- Commercial (location), 35-1-5°.
- D'aménagement foncier, 207-1-6° *bis*.
- Cession, 1518 B.
- Création, 1478-II.
- D'enseignement, 206-5, 1408-II, 1040 *bis*.
- Hospitalier, 199 *quindecies*, 256 B, 261-4-1° *bis*.
- Hôtelier ou thermal, Ann. III 10 K.
- Industriel, 1382-11°, 1499 s., 1518 A, 1518 B, 1467.
- Industriel de l'État, 1654.
- Militaire, 1382-1°.
- National,
  - invalides marine, 1074, 1654.
  - produits de l'agriculture et de la mer, 1605 *nonies*.
- Payeur, 125 A 1, 242 *quater*, 1740-0 B ; Ann. II 75.
- Public, 206-1 et 5, 219 *bis*, 256 B, 260, 794 s., 1040, 1040 *bis*, 1042, 1382-1°, 1394-2°, 1449, 1453, 1654 ; Ann. IV 165 à 167, 169, 170.
- De santé (exonération), 1043-0A.
- Scientifique et culturel, 206-5, 1040 *bis*, 1382-1°, 1408-II.
- Secteur de l'alimentation animale, 302 *bis* WD à 302 *bis* WG.
- Stable (TVA), 259.
- Thermal, 199 *quindecies* ; Ann. III 10 K.
  - valeur locative, 1478-V.
  - TVA (prestations de soins), 279 *a quinquies*.
- Utilité publique, 1039.
  - don, 795-2°.

Établissements de crédit,
- Contrats,
  - d'échange de taux d'intérêts ou de devises, 38 *bis* C ; Ann. III 2 E.
  - de garantie de taux d'intérêt, 38 *bis* C.
- Exportation (emprunt pour financement), 136.
- Fonds et comptes d'aide publique (rémunération), 1739 ; Ann. III 406 A16 A, 406 A16B à 406 A16 F.
- Investissement à l'étranger, 39 *octies* A V, 39 *octies* D V ; Ann. III 10 GA *bis* à 10 GA *sexies*.
- Obligations,

Établissements de crédit *(suite)*
• comptes financiers (déclarations), 1649 A ; Ann. IV 164 FB à 164 FF.
• revenus de capitaux mobiliers,
* paiement, 1766, 1734 ; Ann. II 57, 60 ; Ann. III 41 *duodecies* B ; Ann. IV 17, 17 A.
* retenue à la source, 1672, 1783 A ; Ann. II 378 ; Ann. IV 188 H.
* prélèvement sur produits de placement à revenu fixe, 1678 *quater* ; Ann. III 381 K ; Ann. IV 17 B à 17 D, 188-I.
– Opération bancaire et financière,
• TVA, 261 C, 271-V *b*.
* option, 260 B, 260 C ; Ann. III 70 *sexies*, 70 *septies*.
* territorialité, 259 B, 259 C.
– Taxe d'apprentissage, 1599 *ter* A s.
– Titre à revenu fixe, 38 *bis* B.
– Transactions sur titres, 38 *bis* A.

Établissement public de coopération intercommunale,
– Commune (adhésion après, convention avec SAN) 1609 *nonies* BA 3.
– Enregistrement et timbre, 1043.
– Impôts directs locaux,
• cotisation foncière des entreprises, 1639 A *ter*.
* plafonnement, 1647 B *sexies*.
* taux, 1609 *nonies* C II 2°.
• rattachement d'une commune, 1638 *quater*.
• syndicats de communes, 1609 *quater*.
– Impôt sur les sociétés, 207-1-6°.
– Taux d'imposition, 1636 B *sexies*.
– Taxe foncière sur les propriétés bâties, 1382-1°, al. 2.
– Taxe sur la valeur ajoutée, 256 B, 260 A.

Établissement thermal,
– Cotisation foncière des entreprises, 1478-V.
– Dépenses d'équipement et d'entretien, Ann. III 10 K.
– *Prestations de soins, 279 a quinquies.*
– Réduction d'impôt, 199 *quindecies*.
– Valeur locative, 1478-V.

Étalement,
– Plus-value à court terme, 39 *quaterdecies*.
– Plus-value et profits de fusion, 210 A, 210 C.
– Revenus exceptionnels ou différés, 163-0 A.
– Revenus salariaux, 163 *quinquies*, 163-0 A, 163 A.

Étalement de certains revenus,
– Différés ou exceptionnels, 163-0 A.
– Délai congé, 163 *quinquies*.
– Option pour l'acquisition des actions visées à l'art. 80 *bis*, 80 *quaterdecies*.

Étalon
► V. *Copropriété*.

Étang, 14-2°, 1393, 1509.

État,
– Acquisitions, échanges, partages de biens, 1040, 1040 *bis*.
– Agent judiciaire de l'État, 1090.
– Exploitations industrielles et commerciales, 1654.
– Immeubles nationaux, 1382-1°.
– Non coopératif, 238-0 A.
• bénéfice imposable, 209 B I 5, 238 A.
• charges déductibles, 238 A.
• cession droits sociaux, 39 *duodecies* 2, 244 *bis* B.
• droits d'enregistrement, 792-0 *bis* II.
• impôt sur le revenu, 182 B II, 187-2, 244 *bis* A.
• impôt sur les sociétés, 39 *duodecies* 2, 123 *bis* et 4 *ter*, 125-0 A II *bis*, 145-6 *j*, 209 B I 5, 238 A.
• plus et moins-values, 39 *duodecies* 2, 119 *bis* 2, 125 A III, 219-I, 244 *bis* A, 244 *bis* B.
• profits immobiliers, 244 *bis*.
• régime fiscal des sociétés mères (exclusion), 145-6 *j*.
• retenue à la source, 182 B II, 187-2, 244 *bis* A.
• revenus des capitaux mobiliers, 123 *bis* et 4 *ter*, 125-0 A II *bis*, 145-6 *j*.
• sociétés de capital-risque, 39 *terdecies* 5.
– Organismes à autonomie financière, 206-1.
• non autonomes, 261.
– Propriétés, 1382-1°, 1394-1° et 2°.
– Usines mécaniques
► V. *Usines*.
– Ventes d'immeubles, 683-II.

État civil
► V. *Acte*.

Étranger,
– Actes passés à l'étranger, 654, 1705-5°.
– Artistes, 182 A s.
– Avoirs, 151.
– Bénéfices transférés, 57.
– Biens étrangers, transmission,

Étranger *(suite)*
- • immobiliers, 714.
- • mobiliers, 718.
- – Contribuable, 4 *bis* 2°, 164, 170, 199.
- – Domicile à l'étranger, 4 A, 4 *bis*, 167, 197 A.
- • résidant en France, 164, 170 *bis*.
- – Fonctionnaires en service à l'étranger, 4 B, 170.
- – Fonds de placement à l'étranger, 120-11°.
- – Français domiciliés à l'étranger, 170.
- – Immeuble à l'étranger, 714.
- – Implantation commerciale à l'étranger, 39 *octies* A à 39 *octies* D ; Ann. III 10 GA *bis* à 10 GA *sexies* ; Ann. IV 4 D.
- – Intermédiaire pour l'encaissement de revenus, 1743-2°.
- – Maison étrangère, 259 B, 266-1, 283-2.
- – Obligations émises à l'étranger ou étrangères émises en France, 131 *ter*.
- – Plus-values par non-domiciliés, 244 *bis* A s.
- – Quotient familial, 199.
- – Revenus encaissés à l'étranger, 158-1, 170-2, 173-2, 1757, 1772-1-2°, 1774.
- • exonération, 81 A.
- – Retenue à la source, Ann. IV 18.
- – Salariés détachés à l'étranger, 81 A, 197 C.
- – Société, siège à l'étranger, 115 *quinquies*, 1673 *bis* ; Ann. II 379 à 382.
- – Successions et donations, 750 *ter*.
- – Testament passé à l'étranger, 655.
- – Transfert,
- • de bénéfice, 57, 1754, 1735-II.
- • de domicile (à l'étranger), 167, 167 *bis*, 1663-2.
- • en France, 166.
- • de siège ou d'établissement, 221-2, 1763.
- • de titre et coupon, 1743-2°.
- – Transfert de siège ou d'établissement à l'étranger, 221-2, 1763.
- – Voyageurs (achats en France), 262-I 2°.

Étudiant,
- – A charge, 199 *quater* F.
- – Association, 1089.
- – Location à boursiers, 35 *bis* III.
- – Pension alimentaire, 156-II 2°.
- – Quotient familial (rattachement), 6-3, 196 B.

EURL, 8-4°, 62, 162, 206-3, 239, 1452.

Évaluation,
- – Administrative des bénéfices, 95, 151 *sexies*, 151 *septies*.
- – Avantages en nature, 82.
- – Biens successoraux, 758 à 766 ; Ann. III 268 à 280.
- – Créances et dettes, 38-4.
- – Cotisation foncière des entreprises, 1467.
- – D'office (pénalités), 1732.
- – Foncière, 1494 s., 1509 s.
- • actualisation, 1518, 1518 *bis*.
- – ISF, 885 S s.
- – Du portefeuille-titre, 39-I 5° ; Ann. III 38 *septies*.
- – Plus-values de cession de biens,
- • exonérations, 151 *sexies*.
- – Portefeuille-titre, 39-I 5° ; Ann. III *septies*.
- – Propriétés foncières bâties, 1494, 1508.
- • non bâties, 1509, 1514.
- • dispositions communes, 1516, 1518.
- – Stocks et productions en cours, 38-3, 74 ; Ann. III 38 *ter*, 38 *sexdecies* I, 38 *sexdecies* JC.
- – Titres d'OPCVM, 209-0 A.

Examen (droits d'inscription), 963 ; Ann. III 313 AV.

Exemptions et exonérations,
- – Cessation d'activité, 81-32° et 33°, 157-22°-*b*, 998-3°, 1605 *ter*-7-*b*.
- – Contrat de travail (indemnités de rupture), 80 *duodecies*.
- – Contributions,
- • indirectes, 406, 441 s., 458.
- – Droit de bail, 1028 *quater*.
- – Droits de succession et de donation, 757 B, 775 *bis*, 793 s., 1040-I, 1131, 1840 F, 1840 G *bis*.
- – Enregistrement, taxe de publicité foncière et timbre, 1020, 1137 ; 1594-0 G B, 1040, 1042, 1045, 1055 *bis*, 1594 G à 1594-I *bis*, 1840 G *ter*, 1962.
- – Impôts sur le revenu,
- • exercice temporaire d'activité professionnelle en France, 81 B, 83-1° et 2° *bis*.
- • personnes physiques, 5, 35 *bis*, 44 *sexies*, 44 *octies*, 76 *bis*, 81 s., 146 *quater*, 157, 157 *bis*.
- • débitants de tabac, 163 *bis* F.
- • journalistes, 81-1°.
- • sociétés, 207, 208 *quater*.
- • syndicats professionnels (activités), 207-1-1°, 1461-7°.
- – ISF, 885 H s.
- – Navigation (entreprises de), 246.
- – Taxes,
- • apprentissage, 230 H, 1599 *ter* A s.

Exemptions et exonérations *(suite)*
• chambres de commerce et d'industrie, 1600 ; conventions d'assurances 995, 1000.
• chambre des métiers, 1601 dern. al.
• cotisation foncière des entreprises
► V. *Cotisation foncière des entreprises.*
• foncières, 1382, 1394 s., 1406-II.
• habitation, 1408-II.
• ordures ménagères, 1521.
• spectacles, 1561.
• véhicules des sociétés, 1010.
– Timbre (droits de), 1069, 1083, 1089 B.
– TVA, 261, 261 A s., 297-III.
► V. *Zone.*

Exigibilité,
– Contributions directes, 1663, 1663 A.
• impôt sur le revenu, 1663 s.
• impôt sur les sociétés, 1668.
• paiement différé, Ann. III 357 H.
• prélèvements (placements à revenu fixe), 1678 *quater*.
• retenues à la source, 1671 A, 1672, 1673, 1673 *bis*.
• taxe d'apprentissage, 1678 *quinquies*.
• taxe sur les salaires, 1679.
– Contributions indirectes, 527, 1698, 1700.
– Enregistrement, publicité foncière et timbre, 1701, 1705.
– Taxes sur le chiffre d'affaires et assimilées, 1692, 1696.
– TVA, 269-2, 298 *nonies* ; Ann. IV 23 A à 23 G.
► V. *Recouvrement.*

Exonération contractuelle, 1649 *octies* s.

Expédition,
– D'actes, 658, 855.
– De biens, 258.

Expert,
– Comptable, 92, 259 B, complicité 1742, *1767, 1778*.
• indication des noms et adresses, Ann. III 38.
• responsabilité, 1767.
• tiers de confiance, 170 *ter*.
– TVA, 259 B s.
– Visiteurs de navires, 1460-6°.
► V. *Expertise.*

Expertise,
– Contributions indirectes, 343.
– Travaux (TVA), 259 A, 259 B, 260, 261-4, 283.
► V. *Expert.*

Expertise comptable, 158-1° 7, 1649 *quater* L, 1649 *quater* M.
– Certificateurs à l'étranger, 1649 *quater* N, 1649 *quater* O.

Exploit
► V. *Acte, Huissier.*

Exploitant,
– Agricole, 64, 78.
• changement, 77.
• TVA, 69 C, 290 *bis*, 298 *quater* s.
• société (rachat de droits), Ann. III 38 *sexdecies* U à 38 *sexdecies* W.
• taxe sur CA, 302 *bis* MB.
– Agriculteur migrant, Ann. III 396-5°.
– Cotisation foncière des entreprises, 1450.
– De carrière, 56.
► V. *Carrière.*
– Taxe sur le chiffre d'affaires, 302 *bis* MB II et III.

Exploitation agricole à responsabilité limitée (EARL),
– Apport d'immeuble, 1594 F *quinquies* D 1.
– Cession de parts, 730 *bis*.
– Enregistrement, 730 *bis*, 1594 F *quinquies* D.
– Option impôt sociétés, 62, 162, 206-3, 239.
– Régime fiscal associés, 8-5°, 72 D.

Exportation,
– Alcools, 406.
– Entrepôt, 277 A, 291 *bis*, 302 F *ter*.
– Ouvrages en métaux précieux, 543 à 547 ; Ann. I 204 à 211 ; Ann. III 211 AC.
– Services liés, 262-I 1°.
– Temporaire, 293.
– TVA,
• achat en franchise de taxe, 275, 276 ; Ann. IV 49 à 50 *bis*.
• exonération, 262 ; Ann. III 73 G, 73 H, 74 (document administratif unique) ; Ann. IV 24 *bis*, 24 *ter*.
• exportation temporaire, 293.
• imputation et remboursement, 271.
• réception en franchise, 275.
– Ventes à résidents à l'étranger, 262-I 2°.
– Vins, cidres, etc, 412.

Exposition, 207-1-5°, 256 B.

Exposition universelle, 238 *bis* 1° *ter*.

Expression radiophonique
▸ V. *Radiodiffusion, Taxes parafiscales.*

Expropriation,
– Enregistrement, timbre, exemption, 1045.
– Immeubles figurant à l'actif, 39 *quaterdecies* 1 *ter*, 39 *quindecies*.
– Indemnités reçues d'un gouvernement étranger, 238 *bis* C.
– Plus-values, 39 *quaterdecies* 1 *ter*, 39 *quindecies* I 1 ; Ann. II 74 F, 74 G, 74 P.
▸ V. *Fiscalité immobilière.*
– Utilité publique, 1045.

Extension d'entreprise ou d'activité, 722 *bis*, 1465 à 1466.

Extrait,
– Actes et écrits, 658, 860.
▸ V. *Rôle.*

F

Fabricant,
– Alambics, 303 s.
– Ouvrages en métaux précieux, 533, 535, 539, 1823.

Fabrication,
– Droit de fabrication, 257-10°.
– Objets plaqués ou doublés, 550.
– Produits divers, 343 s.

Fabrication (droits de)
▸ V. *Droit de fabrication.*

Façon (opérations), 256-IV 1°.

Façonnier,
– Registre, 286 *quater* II, 1788 B ; Ann. IV 41 *bis* à 41 *quinquies*.
– Cotisation foncière des entreprises, 1452-1°.
– TVA, 283-5.

Facturation de la TVA, 272, 283, 289.

Factures,
– Animaux de boucherie, Ann. II 267 *quater*.
– Complaisance (de), 283-4, 1737, 1740 A.
– Établissement des factures, 289, 290 *quinquies*, 1737 ; Ann. II 242 *nonies*.
– Facturation (infractions), 1737, 1741, 1786 ; Ann. III 406 A12 à 406 A16.
– Mention de la TVA, 271-II 1 *a*, 272-2, 289 ; Ann. II 242 *nonies*, 242 *nonies* A.
– Obligation, 289 s.
• organismes sans but lucratif, Ann. II 242 *nonies*.
• travaux immobiliers, 290 *quinquies*, 1737.
– Omissions ou inexactitudes, 1737.
– Rectification, 272-1 ; Ann. II 223.
– Télétransmission, 289 ; Ann. III 96 F à 96-I.
– Transmission par voie télématique, 289 ; Ann. III 96 F ; Ann. IV 41 *septies* à 41 *nonies*.

Faillite personnelle,
– Droits d'enregistrement, Ann. III 396, 404 D.
– TVA, 1926.
▸ V. *Redressement judiciaire.*

Fait générateur,
– Contributions indirectes, 527.
– TVA, 269, 298-1.

Famille,
– Charges, 81-2° *ter*, 194 s., 1411.
– Groupe familial (ISF), 885 O *bis*.

Farines, 1618 *septies* ; Ann. II 333 H.

Femme mariée,
– Décès, 6-6.
– Séparée de biens ou de corps, 6-4.
– Travail avec mari, 154, 1452-2°.

Fermage,
– Bénéfice forfaitaire agricole, 64-4.
– Impôt sur le revenu (modalités d'imposition), 163-0 A.
– TVA,
• exonération, 261 D 1°.
• option, 260-6°.

Fermeture d'établissement, 1816, 1822, 1825.

Fermier,
– Bénéfices agricoles, 63.
– Droits communaux, 35-I 6°.

Fichier,
– Comptes bancaires (FICOBA), 1649 A ; Ann. IV 164 FB s.
• immobilier, 1132.

Fiducie,
– Constituant, 238 *quater* A, 792-0 *bis*.

Fiducie (*suite*)
- Constitution du patrimoine fiduciaire, 238 *quater* B.
- Cotisation foncière des entreprises, 1476.
- Déclaration de résultats, 54 *septies*, 69 E.
- Dispositions applicables durant le contrat de fiducie,
  • résultat du patrimoine fiduciaire, 238 *quater* N à 238 *quater* Q.
  • situation du constituant, 238 *quater* H.
- Enregistrement et publicité foncière, 635, 668 *bis*, 668 *ter*, 776 *bis*, 792 *bis*, 1115, 1133 *quater*.
- Fin de la fiducie, 238 *quater* I à 238 *quater* K.
- Fiscalité directe locale, 1400-IV, 1467, 1476, 1518 C.
- Impôt sur la fortune immobilière, 969.
- Impôt de solidarité sur la fortune, 885 G *bis*.
- Obligations déclaratives incombant au fiduciaire ès qualités, 238 *quater* L.
- Pénalités, 1729.
- Plus-values, 150 UD, 150-VB, 150-VC.
- Taxe sur la valeur ajoutée, 256-IV 1°, 257, 266, 268, 285 A.
- Titre, 145-III.
- Transfert de biens dans le patrimoine de la fiducie, 238 *quater* A à 238 *quater* G.
- Trust, 792-0 *bis*.

► V. ***Trust.***

Filet de pêche

► V. ***Pêche.***

Filiale, 145-1, 216.
- Abandon de créances, 216 A.
- Commerciale à l'étranger, 39 *octies* D ; Ann. III 10 GA *bis* à 10 GA *sexies*.
- Entreprises dépendantes, 39 *terdecies* 1 *bis*, 57.
- Filiales à 95%, 223 A s.
- ISF (seuil de 25%), 885 O *bis*.
- Régime de groupe, 223 A à 223 Q.
- Régime des sociétés mères et filiales, 145, 146, 216, 216 A ; Ann. II 54 à 56.

► V. ***Sociétés (particulières).***

Films (pornographiques et de violence), 1605 *sexies* s.

Fioul,
- TVA (usage agricole), 298-4-1° *quater*.

Fiscalité immobilière,
- Bail à construction,
  • plus-value, 151 *quater*.
  ► V. ***Bail à construction.***
- Bureaux (Île-de-France), 231 *ter* (2° *bis*).
- Cession de droits sociaux, 257, 266-4, 728 s.
- Ensembles à réaliser par tranches, 1594-0 G IV.
- Immeubles neufs ou en état futur d'achèvement, 793-2-4°, 1055 *bis*.
- Lotissement, 35-I à III, 257-7° 1.
  • étranger, 244 *bis*.
  • donation entre vifs, 35-III, 244 *bis*.
  • déclaration, Ann. II 3.
  • terrain provenant de succession, 35-I à III.
- Opérations concourant à la production ou à la livraison d'immeubles,
  • affectation à l'habitation, 257-7°, 1840 G *ter*.
  • apports, 257-7°, 261-5, 266-2 et 3, 269, 810-IV ; 1594 F *quinquies* A.
  • cession de droits sociaux, 257, 266-4, 728 s.
  • collectivités locales, 261-5.
  • déduction (TVA), Ann. II 249, 256, 291.
  • délai de construction, 1594-0 G II.
  • enregistrement et formalité fusionnée, 1594 F *quinquies*, 1840 G *ter*.
  • fait générateur, 269-1.
  • HLM, 261-5.
  • indemnités, 266-2 et 3.
  • livraison à soi-même
    ► V. ***Livraison à soi-même (TVA).***
  • location (attribution, vente), 261-5-7° et 8°.
  • maisons individuelles, 266-3, 1594-0 G A.
  • obligations des redevables, 269-1 *d*, 1594-0 G A II.
  • TVA, 257-7°, 261-5, 266-2, 269, 1692.
- Plus-values,
  • cession d'immeubles, 93 *quater*, 238 *octies*, 1609 *nonies* G.
  • cessions successives, Ann. II 170.
  • droits portant sur des immeubles, 150 A *bis*.
  • profits de caractère spéculatif, 244 *bis*.
  • réalisées par les entreprises, 219-II, 238 *octies*.
  • réalisées par les particuliers, 150 U à 150-VH.
  • réalisées par les personnes physiques, 244 *quater* A.

Fiscalité immobilière *(suite)*
• sur terrains à bâtir et assimilés, 238 *decies* s., 1735.
– Prélèvement, 244 *bis*, 244 *quater* A (50 %).
– Profits réalisés par les étrangers, 244 *bis*, 244 *bis* A.
– Restauration immobilière, 156 ; Ann. III 41 DH.
– Société,
• civile de propriétaires, 828, coopérative de construction 827-I 2°.
• crédit immobilier, 261-5-7° et 8°.
• de capital risque,
• de construction, 828.
• d'économie mixte, 261-5.
• immobilière, conventionnée, 40 *sexies*, 43 *bis*, 216 *ter*.
• immobilière de copropriété, 8 *bis*, 206-1 et 4, 211-II, 211 *bis*, 218 *bis*, 239-1, 727, 729, 828, 1655 *ter*.
• de gestion, 139 *ter*, 145-7, 159 *quinquies*, 208-3° *ter*, 216-I.
• d'investissement, 139 *ter*, 145-7, 159 *quinquies*, 208-3° *ter*, 216-I.
• transformation en société de copropriété transparente, 221-2 *bis*.
– Terrains à bâtir, 238 *nonies*, 257-7°, 691 *bis*, 1594-0 G A I.
• attenants, 266-3.
• classés (cessions gratuites), 261-5-6°, 1594 F *quinquies*.

Fiscalité locale,
– Frais d'assiette, 1641 à 1647-00 A.
– Impositions communales, 1379.
• contribution économique territoriale, 1447-0, 1647 *bis* à 1647 C *septies*.
• cotisation foncière des entreprises, 1447 à 1478, 1494 à 1508, 1647 D.
• évaluation, 1494 à 1518 D.
• imposition forfaitaire sur les entreprises de réseaux, 1519 D à 1519 HA.
• imposition forfaitaire sur les pylônes, 1519 A.
• impôt sur les cercles et maisons de jeux, 1559 à 1566.
• perception par un groupement de communes, 1609 *nonies* C.
• redevance communale des mines, 1519.
• surtaxe sur les eaux minérales, 1582.
• taxe additionnelle à certains droits d'enregistrement, 1584 à 1584 *ter*.
• taxe additionnelle à la taxe foncière sur les propriétés non bâties, 1519 I.
• taxe de balayage, 1528.
• taxe d'enlèvement des ordures ménagères, 1520 à 1526.
• taxe d'habitation, 1407 à 1417.
• taxe foncière sur les propriétés bâties, 1380 à 1391 E, 1399 à 1406, 1415 à 1417.
* évaluation des propriétés bâties, 1494 à 1508, 1516 à 1518 D.
• taxe foncière sur les propriétés non bâties, 1393 à 1398 A, 1399 à 1406, 1415 à 1417,1647-00 *bis*.
* évaluation des propriétés non bâties, 1509 à 1515, 1516 à 1518 D.
• taxe perçue au profit des communes de Saint-Martin et Saint-Barthélemy, 1585 I.
• taxe pour la gestion des milieux aquatiques et la prévention des inondations, 1530 *bis*.
• taxe sur la cession de terrains devenus constructibles, 1529.
• taxe sur les éoliennes maritimes, 1519 B à 1519 C.
• taxe sur les friches commerciales, 1530.
– Impositions départementales, 1586, 1649.
• cotisation sur la valeur ajoutée des entreprises, 1586 *ter* à 1586 B.
• droit d'enregistrement et taxe de publicité foncière, 1594 A à 1595 *bis* A.
• redevance départementale des mines, 1587 à 1589.
• taxes additionnelles à certains droits d'enregistrement, 1595 *ter*.
• taxe foncière sur les propriétés bâties, 1380 à 1391 E, 1399 à 1406, 1415 à 1417.
* évaluation des propriétés bâties, 1494 à 1508, 1516 à 1518 D.
• taxe foncière sur les propriétés non bâties, 1393 à 1398 A, 1399 à 1406, 1415 à 1417, 1647-00 *bis*.
* évaluation des propriétés non bâties, 1509 à 1515, 1516 à 1518 D.
• taxe d'habitation, 1407 à 1417.
– Imposition des péages urbains (expérimentation), 1609 *quater* A.
– Impositions perçues au profit de certains établissements publics, 1607 A, 1609 *nonies* C.
• taxes spéciales d'équipement perçues au profit des établissements publics fonciers, 1607 *bis* à 1609 G.
– Impositions perçues au profit des communautés de communes et des établissements publics de coopération intercommunale, 1609 *quinquies* BA à 1609 *quinquies* C.

Fiscalité locale *(suite)*
- Impositions perçues au profit des syndicats de communes et des syndicats mixtes, 1609 *quater*.
- Impositions perçues par les communautés ou syndicats d'agglomérations nouvelles, 1609 *nonies* BA.
- Impositions régionales, 1599 *bis*.
  • imposition forfaitaire sur les entreprises de réseaux, 1599 *quater* A à 1599 *quater* B, 1635-0 *quinquies*.
  • taxe d'apprentissage, 1599 *ter* A à 1599 *ter* M.
  • taxe passager, 1599 *vicies*.
  • taxe perçue pour la région de Guyane, 1599 *quinquies* B.
  • taxe sur les certificats d'immatriculation des véhicules, 1599 *quindecies* à 1599 *novodecies* A.
  • taxe sur les permis de conduire, 1599 *terdecies* à 1599 *quaterdecies*.
  • taxes perçues au profit de la région d'Île-de-France,
    * taxe additionnelle spéciale annuelle, 1599 *quater* D.
    * taxe annuelle sur les surfaces de stationnement, 1599 *quater* C.
- Taux d'imposition, 1636 B *sexies* à 1640 D.

Flagrance fiscale, 293 B, 302 *septies* AA, 1740 B.

Fluctuation des cours
► V. ***Provision.***

Foires, 207-1-5°, 279 *b bis*.

Folle enchère
► V. ***Réitération des enchères.***

Foncier (revenu net), 31, 158-2.

Fonctionnaire,
- Bureaux des fonctionnaires, 1407-II 4°.
- Fonctionnaire de la DGI (compétence), Ann. III 350 *terdecies*.
- Logement gratuit, 1408-I, 1523.
- Orphelin (pension temporaire), 81-14° *bis*.
- Organisations internationales, 193 *bis*.
- Prime de délocalisation, 81-24°.
- Service,
  • en Corse, 81-23°.
  • à l'étranger, 4 B 2.

► V. ***Étranger.***

Fondation,
- D'entreprise, 238 *bis* I.
- Reconnue d'utilité publique,
  • dons, 200, 238 *bis* 2.
  • impôt sur les sociétés, 219 *bis* III.

Fondation du patrimoine, 31-1° *h*, 156-I 3°, 156-II 1° *ter*, 200-2, 238 *bis* 1 *f*, 239 *nonies* II 3.

Fondeur
► V. ***Métaux précieux.***

Fonds,
- Artisanal, 38 *ter*, 39-8.
- Communs de créances
  ► V. ***Fonds communs.***
- Communs de placement
  ► V. ***Fonds communs.***
- Fonds de compensation des nuisances aéroportuaires, 1648 AC.
- De dotation
  ► V. ***Fonds de dotation.***
- Départemental de péréquation en matière de,
  • taxe professionnelle (fonds existant en 2011), 1648 A.
  • taxes additionnelles aux droits d'enregistrement, 1595 *bis*.
- De garantie,
  • des calamités agricoles, 1635 *bis* A ; Ann. II 326 ; Ann. IV 159 *quater*.
- D'investissement de proximité (réduction d'impôt), Ann. III 46 AI *quinquies*.
- De modernisation de la restauration, 302 *bis* Z.
- National de garantie des calamités agricoles, 1635 *bis* A.
  • dans les DOM, 1635 *bis* AA.
- National du livre, 1609 *undecies* à 1609 *quindecies*.
- National de solidarité (dégrèvements), 1390, 1414, 1601.
- De placement ou d'investissement à l'étranger, 120-11°.
- Salariaux, Ann. III 41 DA.
  • prélèvement sur intérêts, 125 A III *bis* 1°, 158-3.
- De solidarité vieillesse, 1600-0 A s.
- De soutien aux collectivités territoriales, 235 *ter* ZE *bis*.
- Transfert à l'étranger, 1649 *quater* A.

Fonds d'appui aux expérimentations en faveur des jeunes, 44 *quaterdecies*.

Fonds de commerce,
- Acquisition par collectivité publique, 1042.
- Bail,
  - à vie ou à durée illimitée, 744.
- Cession,
  - bureau compétent, 652 s.
  - délai, 635-1, 638, 640.
  - évaluation, 719.
  - insuffisance, 1754.
  - mutation de propriété à titre onéreux, 719, 1584, 1595.
  - mutation de jouissance, 640.
  - payement fractionné des droits, 1717.
  - plus-value, 41.
  - présomption de mutation, 1882.
  - prorogation de jouissance, 640.
  - tarifs, 719.
- Location, 35-I 5°, 151 *septies*, 1684.
- Nantissement, 680.
- Opération sur fonds de commerce, 35-I 1°, 257-6°, 268, 1115.
- Paiement de l'impôt (solidarité), 1684.
- Plus-values de cessions, 41.
- Successions des non-résidents, 803.
- Vente contre rente, 156-6.

Fonds de dotation, 200, 206, 795, 1740 A.

Fonds communs,
- Des accidents du travail agricole, 1622 ; Ann. III 334 à 336 ; Ann. IV 159 *quater* A.
- De créances, 38 *bis* B *bis*, 120-12°, 124 B, 125 A, 208-3° *octies*, 238 *septies* B, 238 *septies* D, 238 *septies* E, 242 *quater*, 260 C 8°, 261 C 1° *f*, 995-9°, 1740-0 B.
- De placement, 38-5, 38-5 *bis*, 39 *terdecies* 5, 115 A, 120-11°, 125-0 A I *quinquies*, 137 *bis*, 150-0 A II, 163 *quinquies* B, 199 *terdecies*-0 A, 239 *bis* AB I, 242 *ter* 1, 242 *quinquies* I, 261 C *f*, 749, 799, 832, 885-I *ter*, 885-I *quater* I, 885-0-V *bis* III, 1649 AC, 1763 B 1, 1763 C ; Ann. II 171 AT à 171 AW ; Ann. III 41 *duovicies* D à 41 *duovicies* G, 41 *sexdecies* A à 41 *sexdecies* F ; Ann. III 280 A.
  - parts, impôt sur les sociétés, 209-0 A, sommes non réparties 137 *bis*.
- De placement dans l'innovation, Ann. III 46 AI *ter*, 46 AI *quater* ; Décr. n° 97-237 du 14 mars 1997, art. 2 et 3, **p. 3397.**
- De placements à risques,
  - déclarations, 242 *ter* C, 242 *quinquies*, 1763 B, 1763 C.
  - enregistrement, 730 *quater*.
  - ISF, 885 I *ter*, 885-0 V *bis*-I-3.
  - plus-values, 39 *terdecies*-5, 150-0 A, 150-0 D *ter*.
  - revenus, 38-5, 80 *quindecies*, 163 *quinquies* B.

Fonds de compensation des nuisances aéroportuaires, 1648 AC.

Fonds de financement des prestations des non-salariés agricoles, 1609 *vicies*.
- Taxe sur,
  - les farines, 1618 *septies* ; Ann. III 333 H *bis* à 333 H *quinquies*.
  - les huiles végétales, 1609 *vicies* ; Ann. III 331 N à 331-V ; Ann. IV 159 *ter* A.
  - les tabacs fabriqués, 1609 *unvicies*.

Fonds national du livre, 1609 *undecies* à 1609 *quindecies* ; Ann. III 331 L ; Ann. IV 159 AA, 159 AD.

Fonds professionnel de capital investissement
► V. *Fonds communs.*

Fonds publics
► V. *Rente, Valeurs mobilières.*

Footballeurs, 80 *decies*, 83-2°, 163-0 A *bis*.
► V. *Sports.*

Forain,
- Contrôle, 302 *octies*, 1788 ; Ann. III 111 *quaterdecies* à 111 *novodecies*.
- Jeu et manège, 279 *b bis*.
- Sanctions, 1788.
► V. *Marchand.*

Forêts
► V. *Bois et forêts.*

Forfait,
- Bénéfice agricole, 64 à 65 A.
  - dénonciation, 69 A.
  - option pour le passage au régime du forfait, 69 B.
  - plus-value, 151 *septies*.
- Entreprise et exploitation situées hors de France, 158-1.

Formalités,
- TVA (redevables), 298 *septdecies*.

Formalité fusionnée,
- Actes,
  - exclus, 647, 665, 681, 1020.

Formalité fusionnée *(suite)*
- non-assujettis, 647.
- soumis à la formalité, 647.
- en conséquence, 862.
– Affirmation de sincérité, 850.
– Bureau des hypothèques compétent, 657, 1702 *bis* ; Ann. III 251.
– Déclaration détaillée, 851.
– Délais, 647-III, 648.
– Exécution, 659, 661, 867 ; Ann. III 253 à 259, 384 *quinquies* A.
– Obligations des officiers publics, 860, 867.
– Pouvoirs des agents, 661, 851, 1701.
– Refus, 647-IV, 661, 860, 1701, 1728 ; Ann. III 257, 258.
– Relation, 867.

Formation professionnelle,
– Crédit d'impôt, 244 *quater* M.
– Chefs d'entreprise individuelle exerçant une activité artisanale et bénéficiant du régime prévu à l'article L. 133-6-8 du CSS, 1609 *quatervicies* B.
– Organismes collecteurs (Enreg. exo. 2012), L. n° 2011-1977 du 28 déc. 2011, art. 156, note ss. art. 879.
– Participation des employeurs, 235 *ter* C à 235 *ter* KM, 1679 *bis* B ; Ann. II 163 *nonies* à 163 *sexdecies*.
– Taxes,
- réparation automobile, 1609 *sexvicies*.
- transports, 1635 *bis* M.

Formules de fabrication,
– Cession ou concession, 92, 93.

Fortification, 1394-2°.

Fort-Mardyck (matelots et pêcheurs, privilège), 1047.

Foyer fiscal,
– Déclaration des personnes y vivant, Ann. III 41.
– Imposition par foyer, 6-3-2°, 13-4, 156, 158, 196 B.

Frais,
– Assiette, dégrèvements et non-valeurs, 1566, 1641, 1647, 1657 ; Ann. II 338 ; Ann. IV 163, 164.
– Contentieux, 1960.
– Contrôle et justification, 39-4, 39-5, 54 *quater*, 83-3°, 223 *quater*.
– Déductions forfaitaires, 31-I 1° *e*, 31-I 2° *d*, 83-3°, 93-1 *ter*, 93-1 *quater* ; Ann. III 51.
– Dépenses,
- excessives, 1763.
- d'hébergement (établ. de long séjour ou sect. de cure médicale), 199 *quindecies*.
- somptuaires, 39-4, 111 *e*, 223 *quater*.
– Emploi (d'), 80 *ter*, 81-1° et 1° *bis*, 83, 87, 157-4°, 231-1 *ter*.
– Funéraires, 775.
– Généraux, 39-1-1°, 39-5, 54 *quater*, 223 *quinquies*, 1763.
– Gérance, gestion, représentation, etc., d'immeuble, 31-I, 39-3.
– Mise à disposition du personnel d'une flotte de vélos, 220 *undecies* A.
– Poursuites, 1894, 1912 ; Ann. III 415, 416.
– Professionnels, 83.
– Recouvrement, 1641, 1657.
– Réels, 83-3°.
– Remboursement forfaitaire, 120-4°.
– Scolarisation, 199 *quater* F.
– Surveillance (contributions indirectes),
- remboursement, 343, 412 ; Ann. II 287.
– Taxe sur les loyers élevés des logements de petite surface, 234-V.

Franchisage, 208 *quater* II.

Franchise,
– Achat, acquisition intracommunautaire et importation en franchise, 275, 276, 284, 291-II 2° ; Ann. IV 49 à 50 *bis*.
– Franchise en base, 293 B à 293 G.
– Impôt sur le revenu, 1657-1 *bis*, 1671 A.
– TVA (livraisons de biens et prestations de services), 293 B à 293 G.
– Taxe sur les salaires, 1679.

Fraude,
– Contributions directes, 1771 à 1783 B.
– Contributions indirectes, 1791, 1825 F.
– Dispositions communes, 1729, 1741 s.
– Enregistrement, 1837, 1839.

Fraude fiscale,
– Agrément (déchéance), 1756-2.
– Délit général, 1741, 1742, 1745.
– État non coopératif, 238-0 A.
► V. ***Complicité, Contrôle, Train de vie.***

Frère ou sœur,
– Accueil à domicile, 156-II 2° *ter*.
– Handicapé, 196 A *bis*, 788-I.
– Mutation à titre gratuit (tarif), 777.
► V. ***Donation.***

Fruits,
- A cidre et à poiré, 257-10° *b*.
  • taxe parafiscale, Ann. II 358 à 361 ; Ann. IV 159 AM.
- A l'eau-de-vie, 401.
- TVA, 257-10° *b*.
  • oléagineux, 278 *bis*.
► V. ***Vendange.***

Funding (titres), 123.

Fusion,
- De communes, 1042 A, 1638 ; Ann. II 327.
- D'OPCVM, 38-5 *bis*, 115 A, 137 *bis* I.
- De sociétés
  ► V. ***Restructuration (de sociétés), Société (en général).***
- Apports (rémunération), Ann. II 301 F.
- Apports partiels d'actif, 121-I, 817-I, 817 A ; Ann. II 301 C.
- Attribution de titres, 115, 145-I, 159-2, 210 B, 210 C.
- Fonds communs de placement (FCP), 137 *bis*.
- Groupe (sortie ou cessation du régime de groupe), 223 R, 223 S.
- Impôt sur les sociétés (établissement), 221-2, 1763.
- Plus-values nettes et profits, 210 A à 210 C.
- Report de déficits, 209-II.
- SICAV, 115 A, 137 *bis*.
- Sociétés civiles professionnelles, 151 *octies* IV.
- Titres (échange), 38-5 *bis*, 38-7 *bis*, 93 *quater* V, 160-I *bis*, 160-I *ter*.
- Valeur locative des biens, 1499 A, 1518 B.

G

GAEC,
- Bénéfices agricoles, 71.
  • déduction pour investissement, 72 D.
- Enregistrement, 730 *bis*.
► V. ***Groupements.***

Garage,
- Acquisition de terrain, 257-7°, 1409, 1594-0 G A.
- Location, 261 D 2°.
- Multipropriété (location), 239 *octies*.

Garantie des ouvrages d'or, d'argent et de platine,
- Bijoux à tous titres, Ann. I 213 à 220.
- Bureau de garantie compétent, Ann. III 187.
- Droit de garantie, 521, 527.
  • déclaration et paiement du droit, 521 ; Ann. II 275 *bis* A ; Ann. III 188, 209-0 A.
  • recouvrement, 1698 *quater*, 1727-0 A.
- Envoi postal des ouvrages, Ann. III 209-0 B, 209-0 C.
- Essai des ouvrages, 530, 531 ; Ann. III 189, 190.
- Exportation, 543 à 547 ; Ann. I 204 à 211 ; Ann. III 211 AA à 211 AC.
- Importation, 548, 549.
- Objet doublé, plaqué, 550, 551 ; Ann. III 211, 212 A.
- Obligation des fabricants et des marchands, 534 à 539.
- Poinçons, 523 à 526 ; Ann. III 183 à 186, 186 *ter*, 209, 210.
- Redevables, 521.
- Titre,
  • contestation, Ann. II 204 à 208.
  • légal, 522, 522 *bis* (titre ne coïncidant pas avec un titre légal Ann. III 203).
  • des matières utilisées par les professionnels, Ann. III 191 ; Ann. IV 56 J *bis*.

Garantie de ressources, 81-21°.

Garde,
- Alternée (enfants), 80 *septies*, 193 *bis*, 194-I, 195.
- Chasse, pêche, forestier, 31-I 2° *a*.
- Enfants,
  • définition, 193 *bis*.
- Malade, 1460-5°.
► V. ***Assistante maternelle.***

Gardienne (d'enfants)
► V. ***Assistante maternelle.***

Garni,
- Taxe d'habitation (responsabilité), 1686.

Gaz,
- Abonnements (TVA), 279 *b decies*.
- Comprimé, TVA, 298-2.
- Imposition forfaitaire sur les entreprises de réseaux, 1379-13°, 1379-0 *bis*, 1519 HA.
- Méthanisation, 1387 A, 1387 A *bis*.
- Mines, explorateur, 34, 1463.
- De pétrole, 295-1-6°, 298-2.
- Production et distribution, 1499, 1501 ; Ann. 310 M.
- Redevable, 283-2 *quinquies*.
- Servitudes (enregistrement, timbre), 1045.

Gaz *(suite)*
– Ventes, livraison (TVA), 256-II, 256 B, 269-2 *a*.

Gazole, 298-4-1° *ter*.

Gazomètre, 1381.

GEIE
► V. ***Groupements.***

Gelée
► V. ***Perte.***

Gendarmerie (logements), 82.

Gens de maison,
– Cotisations sociales, 156-II 4°.
– Signe extérieur de richesse, 168.

Gérant de fonds commun de placement, 137 *bis*.

Gérant,
– D'immeubles, 31-I 1° *a*, 31-I 2° *a*.
– Maisons d'alimentation à succursales, 80, al. 2.
– Privilège du Trésor, 1923.
– De sociétés, 62, 211, 885 O *bis*.
► V. ***Associé gérant, Responsabilité.***

Gestion,
– Centres de gestion agréés, 158-4 *bis*, 1649 *quater* C s.
– Frais, déduction, 31-I 1° *e*, 31-I 2° *d*.
► V. ***Frais.***
– Portefeuille, société, gestion exclusive, 208-2°.

GIE
► V. ***Groupements.***

Gisements,
– Valeur locative, 1519.
► V. ***Hydrocarbures, Mines.***

Gîte rural,
– Cotisation foncière des entreprises, 1459-3° ; Ann. III 322 FA.

Golf, 168-1.

Gouvernement (membres),
– Traitement et indemnité de résidence (IR), 80 *undecies* A.

Graines,
– Huiles alimentaires, 278 *bis*.
– Oléagineuses, 298 *quater* ; Ann. III 4, 331 N ; Ann. IV 29 A.

Grandes entreprises,
– Définition, Ann. III 344-0 A.
– Déclaration, Ann. III 41-00 A, 344-0 B, 344-0 C.
► V. ***Télétransmission.***

Grands-parents
► V. ***Ascendant.***

Grange, 1382-6°.

Gratification (déclaration), 89 A, 240.

Greffe
► V. ***Greffier, Succession (droits de mutation).***

Greffier,
– Actes publics, bordereau, 853.
– Affirmation, 1826.
– Bénéfice, 92-3, 100.
– Dépôt d'un acte, 854.
– État de frais, 865.
– Impôt sur le revenu,
• traitement, 92-3.
– Paiement des droits, 1705-3°, 1711, 1840 C, 1840 D.
– Registre,
• répertoire, 867 à 868.
– Tribunaux de commerce, 92, 724, 859, 1684, 1826, 1838, 1840 B, 1840 C, 1840 D.
► V. ***Officier public ou ministériel.***

Grêle
► V. ***Perte.***

Grenier, 1382-6°.

Grossiste,
– Boissons, 257-10° et 11°, 494, 500.

Groupe de sociétés, 223 A à 223 U.
– Cessation du régime de groupe, 223 R à 223 S.
– Cessions d'immobilisations entre sociétés du groupe, 223 F.
– Déficits,
• antérieurs à l'entrée dans le groupe, 223-I.
• des sociétés membres, 223 E.
• postérieurs à la sortie du groupe, 223 K.

Groupe de sociétés *(suite)*

• report en arrière des déficits, 223 G.
– Fiducie, 145-III.
– Intérêts déductibles, 212 *bis*.
– Obligations déclaratives, 223 *quinquies* B, 223 Q.
– Paiement de l'impôt, 223 N, 223 O.
– Plus-values ou moins-values,
• d'ensemble, 223 D.
• des sociétés membres, 223 E.
– Régime des déficits et des moins-values des sociétés membres, 223 E.
– Régimes particuliers, 223 L.
– Résultat d'ensemble, 223 B à 223 C.
– Sortie d'une société du groupe, 223 R à 223 S.
– Sociétés européennes, Dir. n° 2011/96/UE du 30 nov. 2011, **p. 3548.**

Groupements,
– Achats en commun, 257-2°.
– Agricoles,
• d'exploitation en commun [GAEC], 71, 151 *octies*, 730 *bis*.
• fonciers, 793-1-4°, 885 Q.
– Aveugles et handicapés (agréés), 261-7-3°.
– De coopération sanitaire, 206, 239 *quater* D, 1382 C.
– D'employeurs, 1450, 1599 *ter* A-3-3°.
– Fonciers agricoles, 70, 71, 1594 F *quinquies* D I, 730 *ter*, 748 *bis*, 750 *bis*, 793-1-4°, 793 *bis*, 848 *bis*, 885 H, 885 Q, 793 ; Ann. III 281 A à 281 D.
– Fonciers ruraux, 730 *ter*, 748 *bis*, 750 *bis*, 793-1-3°, 793 *bis*, 848 *bis*, 885 H, 885 Q.
– Forestiers, 202 *ter*, 238 *ter* s., 239 *quinquies*, 793, 885 H, 1840 G, 1929-3.
• apports (petites parcelles), 810 *ter*.
– D'intérêt économique, 221-2 *ter*, 238 *bis* K, 239 *quater*, 635-1-6°, 638 A, 677, 809.
• fiscaux, 39 CA (al. 12).
• public, 239 *quater* B ; Ann. III 250 A, 251 A ; Ann. IV 60 A.
– D'intérêt économique européen, 39 C, 202 *ter*, 238 *bis* K, 239 *quater* C.
– D'intérêt public, 202 *ter*, 206 *(g)*, 238 *bis* K, 239, 239 *quater* B ; Ann. IV 22 ; L. n° 2011-525 du 17 mai 2011, art. 101, **p. 3548.**
– De moyens, 261 B.
– De prévention agréé, 244 *quater* D.
– Professions libérales, 1476.
– Sans but lucratif, 261-4-9°.
– De sinistrés, 1462-1°.
– Syndicaux forestiers, 239 *quinquies*.

Guadeloupe
► V. ***Départements d'outre-mer.***

Guerre,
– Bien sinistré, 219 *ter* ; Ann. III 268 à 279.
– Enregistrement, exemptions, 796, 1056, 1058.
– Groupement d'emprunt de sinistrés, 1462.
– Impôt sur le revenu, 81-5°, 219 *ter*, 223 *bis*.
– Monuments aux morts, 261-4-10°.
► V. ***Dommages.***

Guyane,
– Impôt sur le revenu, 197-3.
– Taxe spéciale d'équipement, 1609 B.
– TVA, 294, 278 *ter*.
► V. ***Départements d'outre-mer.***

H

Habitat, 1466 A.

Habitation,
– Domicile fiscal à l'étranger, 164 A, 197 A.
– Immeuble d'habitation,
• plus-value cession de titres d'OPCVM, 257-7°.
• TVA immobilière, 691 *bis*, 1594-0 G A.
– Logement,
• aidé par l'État, 1384 s., 1586 B, 261-5-7°, 261-5-8°.
• crédit d'impôt, 200 *quaterdecies*.
• de fonction, 82.
• de petite surface, 234.
• neuf pour location, 31-I 1° *f* et *g*, 199 *decies* E s.
• loué ou non, 150-VA.
– Résidence mobile terrestre, 1013.
– Résidence principale,
• charges de famille, taxe d'habitation, abattements, 1411.
• taxe foncière, exonération temporaire, 1385 s.
– Résidence secondaire, de plaisance ou d'agrément, 39-4, 223 *quater*, 111 *e*, 197 A *b*, 1385-III, 1459.
• signes extérieurs, 168.
• plus-values, 150-VA.
– Résidence de tourisme,
• cotisation foncière des entreprises, 1459.
• TVA, 261 D 4°, 278 *ter*.
• réduction d'impôt (investissements locatifs), 199 *decies* E.

Habitation *(suite)*
► V. *Crédit d'impôt, Taxe d'habitation, Logement.*

Habitation à loyer modéré,
– Acquisitions d'immeubles (accédants insolvables),
• exonérations (taxes publicité foncière et enregistrement), 1594 H.
• lots de copropriétés en difficulté, 1594 F *quinquies*.
– Acte constitutif ou de dissolution, 1052.
– Actif social, attribution, 827.
– Attribution, 1051-2°.
– Cessions amiables, 716.
– Changement d'affectation,
• de locaux commerciaux, 210 F.
• d'un droit de surélévation, 238 *octies* A.
– Constitution, dissolution, 1052.
– Construction neuve, 1384 ; Ann. III 314.
– Cotisation foncière des entreprises (office public), 1461.
– Dissolution, 827.
– Dons et legs, 795-7°.
– Emprunts, 138.
– Exemptions (taxe foncière), 1384.
– Impôt sur les sociétés (offices publics), 207-1-4° et 4° *bis*.
– Location (attribution, vente), 261-5-7°.
– Publicité des actes, 1049.
– Terrain à bâtir,
• apport et cession à HLM, 261-5-2°.
– Transfert de propriété,
• par départements et communes, 1050.
• entre organismes, 1051.
– TVA (apports), 261-5-2°.
– Vente,
• de logement à locataire, 1594 G.
• maisons individuelles, résolution, 717.
► V. *Logement.*

Handicapé,
– Accueil, 31-I 1° *b bis*, 80 *octies*.
– Aide d'une tierce personne, 231 *bis* P.
– Allocation adultes, 81-2°.
– Appareillage (TVA), 278-0 *bis*.
– Ascenseurs et matériels assimilés, 278-0 *bis*.
– Certificat d'immatriculation, 1011 *bis*.
– Groupement de travailleurs, 261-7-3°.
– Mutation à titre gratuit, 779-II.
– Taxe d'habitation, 1414-I 1° *bis* et 3°.

Hangar à canots de sauvetage, 1382-8°.

Haras, 1382-1°.

Hébergement, 259 A, 260 D, 279 *a*, 302 *bis* Z.
– Personnes âgées, 261-4-1° *ter*.

Héritier,
– Exploitation continuée, 41.
– Obligations, 201-4, 202-3, 204-2, 798, 800 à 802, 885 W.
• impôt sur le revenu, 201-4, 204-2.
– Responsabilité,
• impôts directs, 1682.
• taxe foncière, 1403.
► V. *Succession (droits de mutation).*

Holding,
– Régime sociétés mères-filiales, 146-3 *(abrogation)*.
– Retenue à la source, 187-1.

Honoraires,
– Déclaration, 89 A, 240, 1736 ; Ann. III 47, 47 A.
• défaut, sanction, Ann. IV 28-00 A.
– Rétrocession, 93-0 A, 1467 ; Ann. II 310 HE.

Horlogerie,
– Articles (garantie), 538.

Hospice,
– Enregistrement et timbre, 794-1.
– Impôt sur les sociétés, 206-1 et 5.
– Taxe foncière, 1382-1°, 1394-2°.

Hôtel,
– Bénéfices industriels et commerciaux,
• amortissement dégressif, Ann. II 22.
• assujettissement, 34.
• primes et subventions, 42 *septies*.
– Régime simplifié (limites), 302 *septies* A 1, 302 *septies* A *bis* III *b*.
– Frais (d'), 261 D 4°.
– Investissement dans DOM/COM
► V. *Collectivités, Départements d'outre-mer.*
– Tourisme,
• saisonnier, 1478-V.
• subvention, dépenses d'équipement, Ann. III 10 K.
• TVA, 259 A, 279 *a*.
– TVA, 259 A, 261 D 4°.
– Vente de boissons, 502.

Huiles,
– Alimentation humaine, 1609 *vicies* ; Ann. III 331 N à 331-V ; Ann. IV 159 *ter* A.
– Minérales, 258 A II, 258 B 1-2°, 262 *ter* I.

Huiles ***(suite)***
- Végétales, 278 *bis*, 1609 *vicies*.

Huissier,
- Actes,
  - bordereau récapitulatif, 853.
  - bureau compétent, 650.
  - délais, 635-1-2°, 1840 C.
  - en double, 866.
  - taxe forfaitaire, 302 *bis* Y.
- Cessionnaire (responsabilité), 724, 859, 1684.
- Dispense de formalité, Ann. III 246.
- Droits d'enregistrement,
  - paiement, 1705-2° ; Ann. III 252, 384 *quinquies*.
- Infractions, 1826, 1838, 1840 B.
- Registre et répertoire, 867 à 868 ; Ann. III 282 à 284.
- Taxe forfaitaire sur les actes d'huissier, 302 *bis* Y, 867-7°.
- TVA, 261-4.

Hydrocarbures,
- Gazeux, 298-2.
- Produits pétroliers, 298.
- Sociétés de financement (recherche et exploitation de gisements), 145-6.
- ► V. ***Pétrole.***

Hydromel, 434, 438-1, 520, 1698 C.

Hypothèque,
- Attributions du service, 878.
- Créances hypothécaires (produits), 124.
- Guerre (destruction d'archive), 1125.
- Inscription, 663-1°, 677-5°, 679-2°, 1594 A à 1594 D.
  - exonération, 845.
  - tarif, 844.
- Judiciaire ou conventionnelle, 677, 679, 844, 845.
- Mainlevée, 680.
- Taxe
  - ► V. ***Taxe de publicité foncière.***
- Transcription
  - ► V. ***Transcription.***
- Trésor, hypothèque légale, 1929-2, 1929-3, 1929 *ter*.

Hypothèque légale du Trésor, 1929, 1929 *ter*.

I

Identification, 286 *bis*, 286 *ter* ; Ann. II 242 *decies* (TVA intracommunautaire), 267 *quater* (TVA agricole).

Île-de-France (région d'),
- Taxe sur locaux à usage de bureaux, 231 *ter*.

Immeubles,
- Affectés à l'habitation, 1385 s.
- Amélioration de la rentabilité agricole, 1702.
- Amortissement, 31-I 1° *f*, 39 A.
  - aménagement du territoire, 39 *quinquies* D.
  - construction sur autrui, 39 D.
  - dégressif, Ann. II 22.
  - épuration des eaux, 39 *quinquies* E.
  - lutte contre la pollution, 39 *quinquies* F.
- Apport en société, 257-7°, 809-I 3°, 810-III et IV *a* ; Ann. II 251.
- Collectivités publiques ou locales, 261-5-1°, 261-5-1° *bis*, 261-5-2°, 261-5-6°, 1594-0 G B, 1039, 1040, 1042, 1045, 1962.
- Command (élection ou déclaration), 686.
- Construction,
  - nouvelle, 1385-I et II, 1386.
  - dans zones rurales et urbaines défavorisées, 39 *quinquies* D.
- Disparition (non bâti), 1397.
- Détenu en France par personne morale étrangère, 990 D à 990 G ; Ann. IV 121 K *ter*.
- Domaine de l'État ou des collectivités publiques, 1383-1°.
- Dont le propriétaire se réserve la jouissance, 15-II, 30.
- Échanges, 684, 708, 850.
- Épuration des eaux et de l'air, 39 *quinquies* E s.
- Évaluation des immeubles, 761, 885 S, 1498 à 1500.
- Exploitation agricole, 15, 70, 1383-5°.
- Historiques et classés (patrimoine national), 31-I-1°-b *ter* et h, 156-I-3° et II-1° *ter*, 156 *bis*, 200-2-2°, 238 *bis*-1-*f*, 795 A, 1497.
- Immobilisations (réévaluation), 238 *bis* JA, 171 P bis, 171 P ter.
- Inachevés (vente), 257-7°, 691 *bis*, 1594-0 G.
- Livraison à soi-même (TVA), 257-7° 1 : assiette 266-2 *a* ; Ann. II 245.

Immeubles *(suite)*
• fait générateur et exigibilité, 269-1 *b* et 2 *a*.
• location-attribution ou vente, 261-5-7°.
• obligations déclaratives, Ann. II 244, 250.
• organismes d'HLM, 261-5-8°.
• paiement TVA, 1692 ; Ann. II 245.
– Lotissement irrégulier, 1387.
– Loué, 29.
– Marchand de biens, 35-I 1° et 2°, 257-6°, 268, 1115, 1840 G *ter* ; Ann. II 204 *quater* ; Ann. IV 50 *sexies*.
• vente par lots, 1115.
– Mutation,
• meubles et immeubles, 735.
• à titre gratuit, 793, 677-1°, 761 s.
• réduction de droits et exemptions, 1594-0 G A, 1594-0 G B, 1594 F *quinquies* B, 1026, 1028, 1055 *bis*.
► V. ***Bail, Donation, Échange, Partage, Succession (droits de mutation), Vente.***
– Mutation à titre onéreux,
• droits d'enregistrement, 682, 683, 793, 1055 *bis*, 1594 A à 1594 E (taxes additionnelles) 1584, 1595 *bis*.
• TVA, immeuble bâti, 257-7°, 266-2, 269-1 *c*, 297-I 1-5° ; Ann. II 250.
– National, départemental..., 1382-1°.
– Opérations sur immeubles, 35-I 1°, 257-6°.
– Plus-values, 93 *quater*, 150 A, 150-VH, 1609 *nonies* G.
– Plus-value de cession, 39 *duodecies*.
– Possédés en France par personnes morales, 990 D s. ; Ann. IV 121 K *ter*.
– Réaménagement (zones franches urbaines - territoires entrepreneurs), 156-I, 3° ; Ann. III 41 DP à 41 DR.
– Réévaluation libre, 238 *bis* JA.
– Réhabilitation, rénovation, 39 G, 199 *sexvicies*.
– Remise en paiement de droits de mutation, 1716 *bis* ; Ann. II 384 A *bis* s.
– Restauration, 31-I 1° *b ter* et *quater*, 156-I 3°.
– Revenu, détermination, 29, 31, 35-1-5°, 35 *bis*, 158-2, 164 B, 206-5, 219 *bis*.
– Ruraux, 31-I 2° : échanges 1023.
• ISF, 885 P.
• location, 635-1-9°.
• successions, 793-2-3°, 793 *bis*.
• TVA (exonération), 261 D 1° (option) 260-6°.
– Situés à l'étranger, 714.
– Sociétés (cessions),
• apports,
* enregistrement, 809-I 3°, 810-III, 810-IV.
• droit départemental, 1594 A s., 1595 *bis*.
• enregistrement, 682, 683.
• taxe additionnelle, 1584, 1584 *bis*.
• TVA, 261-5-3°.
• TVA immobilière, 257-7°, 1594-0 G A.
– Surélévation (cession du droit), 257-7°, 1594-0 G A.
– Usufruit et nue-propriété, évaluation, 669, 762 *bis*.
– Titre de propriété (reconstitution), 776 *quater*.
– TVA,
• déduction, 271-I et III.
• prorata, Ann. II 212-2 *b*.

Immobilisations,
– Bénéfices agricoles, 72 D.
– Biens d'occasion (TVA), 261-3-1° *a*.
– Cession dans groupe, 223 F.
– Déduction de la TVA, Ann. II 208, 209, 212 à 216 *ter*.
– Évaluation, Ann. III 38 *quinquies*.
– Registre, 99.
– TVA, Ann. III 78-3 *b*.
► V. ***Collectivités, Départements d'outre-mer.***

Impatrié, 81 D, 155 B.

Impayé,
– Loyers impayés, 31-I 1° *a bis*.
– TVA (récupération), 272-I.

Implantation commerciale ou agricole à l'étranger, 39 *octies* A à 39 *octies* D ; Ann. III 10 GA *bis* à 10 GA *sexies* ; Ann. IV 4 D.

Implantation de services à l'étranger,
– Activité libérale, 39 *octies* D IV.
– Provision, 39 *octies* A II *bis*, 39 *octies* D ; Ann. III 10 GA *bis* à 10 GA *sexies*.

Importation,
– Alcools, 520.
– Droits et taxes,
• paiement par virement, 1698 D, 1804 C (sanction).
– Métaux précieux, ouvrages, 548 s.
– Œuvres d'art, 291-II.
– Riz (DOM), 295-1-2°.
– Rhums et tafias, 520.
– Tabacs, 565 s.
– TVA,
• Corse, 297-I 2.
• DOM, 295-1-2°, 5° et 6°, 295 A ; Ann. IV 50 *undecies*, 50 *duodecies*.

Importation *(suite)*
- exonérations, 262-II 13°, 291-II.
- importation en franchise, 275, 276, 284, 291-II 2° ; Ann. IV 49 à 50 *bis*.
- imposition, 291, 293, 293 A.
- œuvre d'art, 291-I 8° ; Ann. IV 50 *decies*.
- pénalité, 1790.
- perception, 1695.
- produits pétroliers, 298.
- valeur imposable, 292.

– Vins, cidres, etc, 520.

▸ V. *Corse, Départements d'outre-mer.*

Imposition (au profit de),

– Communautés de communes, 1609 *quinquies* C.
– Communes et villes, 1519-I, 1609 *nonies* C.
– Districts,
– Établissements publics de coopération intercommunale à fiscalité propre, 1519-I.
– Syndicats (communes et mixtes), 1609 *quater*.

Imposition (procédure d'),

– Bénéfices agricoles, 64, 69 A s., 76.
– Bénéfices industriels et commerciaux, 51, 55.
– Bénéfices non commerciaux, 93, 98.
– Chiffre d'affaires, 270, 273.
– Personnes physiques,
- revenu global, 176, 181.

– Personnes morales (obligations), 222 s.

Imposition distincte,

– Des enfants, 6-2.
– Des époux, 6-4.

Imposition forfaitaire,

– Impôt sur les sociétés, 239 *octies*.
– Pylônes, 1379-I 6°, 1519 A.
– Sur les entreprises de réseaux, 1519 D à 1519 H, 1599 *quater* A *bis*, 1635-0 *quinquies*.
- électricité d'origine,
  * éolienne et hydraulique, 1519 D, 1519 F.
  * nucléaire ou thermique à flamme, 1519 E.
  * photovoltaïque ou hydraulique, 1519 F.
- gaz, 1379-13°, 1379-0 *bis*, 1519 HA.
- répartiteurs principaux, 1599 *quater* B.
- transformateurs électriques, 1519 G, 1649 A *quater*, 1736-VI.
- transport de voyageurs (réseau ferré), 1599 *quater* A, 1649 A *ter*, 1736.
- stations radioélectriques, 1519 H.

Impôts,

– Déductibles ou non, 31-I-1°-*c* (FONC), 39-1-4° (BIC), 153 (IR), 213 (IS).
– Impôts inclus ou non dans la base d'imposition, 267-I-1°, 292-1° (TVA).

Impôts directs locaux,

– Quartiers prioritaires de la politique de la ville, 1383 C *ter*, 1466 A.
– Taxes assimilées,
- balayage, 1528.
- équipement (taxes spéciales), 1607 *bis*, 1609 B à 1609 D.
- frais de chambres,
  * d'agriculture, 1604.
  * de commerce et d'industrie, 1600, 1602 A.
  * de métiers, 1601, 1602 A.
- gestion des milieux aquatiques et prévention des inondations (pour la –), 1379, 1379-0 *bis*, 1530 *bis*, 1641.
- mines (redevances communale et départementale), 1519, 1587 s.
- ordures ménagères, 1520 s.
- pylônes électriques, 1519 A.

▸ V. *Valeur locative, Départements d'outre-mer.*

Impôt sur la fortune immobilière, 964 à 983.

– Assiette, 965 s.
– Actifs exonérés, 975 s.
– Biens ruraux, 976.
– Biens donnés à bail cessible, 976.
– Calcul, 977 à 980.
– Couples mariés ou pacsés, 964, 982.
– Dettes non imputables, 974-III.
– Domicile fiscal à l'étranger, 983.
– Dons imputables, 978.
– Évaluation des biens, 973.
– Paiement solidaire, 1723 *ter*-00 B.
– Parts ou actions de sociétés, 975.
– Passif déductible, 974.
– Pénalités, 1727, 1728, 1730, 1731 *bis*.
– Personnes assujetties, 964.
– Plafonnement, 979.
– Prélèvement sur les trusts, 990 J.
– Présomption de propriété, 967.
– Redevables (obligations), 982 s.
– Réduction des droits, 979, 1731 *bis*.
– Résidence principale (abattement), 973.
– Tarif, 977.
– Taxe d'habitation (exonération et dégrèvements exclus), 1413 *bis*.
– Valeurs mobilières, 973.

Impôt sur les opérations de bourse
► V. *Opération.*

Impôt de solidarité sur la fortune, 885 A à 885 Z.
– Assiette, 885 E.
– Biens exonérés, 885 H à 885 L.
– Biens professionnels, 885 N à 885 R.
– Biens ruraux, 885 H, 885 P, 885 Q.
– Biens donnés à bail cessible, 885 H, 885 P, 885 Q.
– Calcul, 885 U à 885-V *bis*.
– Couples mariés, 885 A.
– Dettes non imputables, 885 G *quater*.
– Domicile fiscal en France, 885-V*bis*.
– Dons imputables, 885-0-V *bis* A.
– Droits d'auteur, 885-I.
– Engagement collectif de conservation, 885-I *bis*.
– Évaluation des biens, 885 S à 885 T *ter*.
– Loueurs en meublé, 885 R.
– Paiement solidaire, 1723 *ter*-00 B.
– Parts ou actions de sociétés, 885-I *bis* ; Ann. II 301 G à 301 J.
– Passif déductible, 885 Z.
– Pénalités, 1727, 1728, 1730, 1731 *bis*.
– Personnes assujetties, 885 A.
– Plafonnement, 885-V *bis*.
– Prélèvement d'office, 990 A à 990 C.
– Présomption de propriété, 885 C.
– Recouvrement, 1723 *ter*-00 A.
– Redevables (obligations), 885 W à 885-X.
– Réduction des droits, 885-V (jusqu'à l'ISF 2012), 885-V *bis*, 1731 *bis*.
– Rentes viagères (valeur de capitalisation), 885 J.
– Résidence principale (abattement), 885 S, al. 2.
– Souscription au capital de sociétés (titres reçus, exonération), 885-I *ter*, 885-0-V *bis*, 1763 C.
– Tarif, 885 U.
– Taxe d'habitation (exonération dégrèvements exclus), 1413 *bis*.
– Valeurs mobilières, *885 T bis, 885 T ter*.

Impôts et taxes,
– Déduction ou non, 39-1-4°, 153, 203, 204-1 *bis*, 213.
– Rapport des dégrèvements, 39-1-4°.

Impôt sur le revenu,
– Abattements,
  • personnes âgées, 157 *bis*.
  • invalides, 196 A *bis*, 199 *septies*.
  • enfants à charge ayant fondé un foyer distinct, 196 B.
– Activités occultes ou illégales, 1649 *quater*-0 B *bis*, 1649 *quater*-0 B *ter*.
– Agent diplomatique ou consulaire, 5-3°.
– Annualité, 12.
– Arrondissement,
  • base d'imposition, 193, 1657-1.
  • impôt, 1657-1.
– Avantages fiscaux, plafonnement, 200-0 A.
– Barème, 197.
– Base, 12, 13, 156 à 168, 1649 *quater*-0 B *bis*, 1649 *quater*-0 B *ter*.
– Charges, 154 *quinquies*-II, 156-II, 164 A.
– Coefficient multiplicateur, 158-7.
– Compte non déclaré, 1649 A, 1649 AA.
– Comptes épargne d'assurance pour la forêt, 157-23°.
– Contribution exceptionnelle sur les hauts revenus, 223 *sexies*, 1657-1 *bis*.
– Cotisations sociales, 156-II-4°, 10° 11° et 13.
– Crédit d'impôt,
  • cotisations syndicales, CGI, art. 199 *quater* C.
  • dépenses d'équipement de l'habitation principale, 200 *quater*.
  • dépenses d'équipement de l'habitation principale en faveur de l'aide aux personnes, 200 *quater* A.
  • dépenses de remplacement pour congés de certains exploitants agricoles, 200 *undecies*.
  • frais de garde des jeunes enfants, 200 *quater* B.
  • primes d'assurances pour loyers impayés, 200 *nonies*.
  • intérêts d'emprunt afférents à l'habitation principale, 200 *quaterdecies*.
  • intérêts des prêts étudiants en vue du financement de leurs études supérieures, 200 *terdecies*.
– Décès, 6-8, 204.
– Déclaration électronique, 1649 *quater* B *ter*.
– Décote, 197-I-4.
– Déficits, 156-I et I *bis*.
– Disposition (notion de -), 12.
– Dispositions communes, 236 à 248 G.
– Domicile, 4 B.
– Enfants, 6-3, 196, 199 *quater* F.
– Épargne retraite, 158-5-*b quater*, 163 *quatervicies*.
– Études, 199 *quater* F, 200 *terdecies*.
– Évaluation, 168, 1649 *quater*-0 B *bis*, 1649 *quater*-0 B *ter*.

Impôt sur le revenu ***(suite)***

- Exonérations, 81.
- Foyer fiscal, 6, 196, 196 A *bis*.
- Grosses réparations, 156-II-2° *quater*.
- Immeubles historiques et assimilés, 156 I-3° et II-1° *ter*.
- Impayés de loyers, 200 *nonies*.
- Imposition distincte, 6-4 à 6.
- Impôt brut, 193.
- Intérêts payés, 156-I-1°.
- Invalidité, 196 A *bis*, 199 *septies*.
- Inventeurs (ou héritiers d'-), 39 *quindecies*.
- Investissement immobilier locatif,
  - Besson ancien, 31-I-1°-j, 32-2-c.
  - Besson neuf, 31-I-1°-g, 32-2-c.
  - Borloo ancien ou « ANAH », 31-I-1°-m.
  - Borloo neuf, 31-I-1°-l.
  - Borloo ZRR, 31-I-1°-k, 32-2-c.
  - Pinel, 199 *novovicies*.
  - Robien classique, 31-I-1°-h, 32-2-c.
  - Robien recentré, 31-I-1°-h, 32-2-c.
  - Scellier, 199 *septvicies*.
- Lieu d'imposition, 10.
- Nue-propriété, 156-II-2° *quater*.
- Obligations déclaratives, 10, 11,170 à 175 A, 1649 *quater* B *ter*.
- Pensions alimentaires, 156-II-2°.
- Personne à charge, 196, 196 A *bis*.
- Personnes âgées de plus de 75 ans, 156-II-2° *ter*.
- Personnes exonérées, 5.
  - Diplomates, 5-3°.
  - Revenu minimum, 5-2°, 2° *bis*.
- Personne imposable, 4 A, 4 B, 4 *bis*.
- Personnes physiques, 1, 13.
  - catégories de revenus, 14, 155.
  - cessions, cessations, décès, 201, 204.
  - déclarations, 170, 175.
  - exonérations (exercice temporaire d'activité en France), 81 B, 83-1° et 2° *bis*.
  - impatrié, 81 D, 155 B.
  - plus-values de cession, 160, 201-2.
  - prêts aux descendants (exonération des intérêts), 157-9° *sexies*.
  - revenu global, 156, 169.
  - tarifs, 182, 199 *ter*.
- Pièces justificatives, 170 *ter*.
- Plafonnement,
  - avantages fiscaux, 200-0 A.
  - quotient familial, 197.
- Plus-values à long terme professionnelles, 39 *quindecies*.
- Primes d'assurance, 199 *septies*, 200 *nonies*.
- Prime d' activité, 81-9° *quinquies*.
- Produits tirés de la propriété industrielle, 39 *quindecies*.
- Quotient familial, 193, 194, 195, 197.
- Quotient (système du -), 163 *bis* C-II, 163-0 A.
- Rattachement, 6-3.
- Réduction d'impôt,
  - aide apportée à certains créateurs d'entreprise, 200 *octies*.
  - cotisations versées aux associations syndicales chargées du défrichement forestier, 200 *decies* A.
  - dépenses afférentes à la dépendance, 199 *quindecies*.
  - dépenses de préservation du patrimoine naturel, 199 *octovicies*.
  - dépenses de restauration immobilière dans les secteurs sauvegardés, les quartiers anciens dégradés et les zones protégées, 199 *tervicies*.
  - dépenses relatives aux travaux de conservation ou de restauration d'objets mobiliers classés monuments historiques, 199 *duovicies*.
  - dons faits par les particuliers, 200.
  - emprunts souscrits pour la reprise d'une entreprise, 199 *terdecies*-0 B.
  - financement en capital d'œuvres cinématographiques ou audiovisuelles, 199 *unvicies*.
  - frais de scolarité des enfants poursuivant des études secondaires ou supérieures :, 199 *quater* F.
  - intérêts du différé de paiement accordé lors de la transmission d'une exploitation agricole, 199 *vicies* A.
  - investissement locatif intermédiaire, 199 *novovicies*.
  - investissements dans des résidences hôtelières à vocation sociale, 199 *decies* I.
  - investissements immobiliers dans des résidences de tourisme (zones de revitalisation rurales), 199 *decies* E, 199 *decies* EA, 199 *decies* F, 199 *decies* G.
  - investissements immobiliers locatifs (habitat principal)
  V. *investissements immobiliers locatifs (habitat principal)*.
  - investissements ou travaux forestiers, 199 *decies* H.
  - investissements réalisés outre-mer, 199 *undecies* A.
  - prestations compensatoires réglées en capital ou par attribution d'un bien ou d'un droit, 199 *octodecies*.

Impôt sur le revenu *(suite)*
• sommes versées pour l'emploi d'un salarié à domicile, à une association agréée ou à un organisme habilité ou conventionné ayant le même objet, 199 *sexdecies*.
• souscriptions de parts de fonds communs de placement dans l'innovation, 199 *terdecies*-0 A, VI.
• souscriptions de parts de fonds d'investissement de proximité, 199 *terdecies*-0 A, VI *bis*.
• souscriptions de parts de fonds d'investissement de proximité en Corse, 199 *terdecies*-0 A, VI *ter*.
• souscription en numéraire au capital des sociétés, 199 *terdecies*-0 A, 199 *terdecies*-0 C.
• souscriptions au capital d'une SOFIPECHE, 199 *quatervicies*.
• versements de certaines primes d'assurance, 199 *septies*.
– Rente viagère, 156-II-2°, 158-5-b *quater*.
– Retraite mutualiste du combattant, 156-II-5°.
– Revenu différé, 163-0 A.
– Revenu exceptionnel, 163-0 A.
– Salariés détachés à l'étranger, 81 A, 197 C.
– Seuil de mise en recouvrement, 1657-1 *bis* et 2.
– Sociétés de capital risque, 163 *quinquies* C.
– Solidarité, 155 A.
– Taux effectif, 197 C.
– Taux proportionnels, 39 *quindecies*, 150-0 A, 163 *quinquies* C.
– Territorialité, 4 A, 4 B, 81 A à 81 D.
– Tiers de confiance, 170 *ter*.
– Train de vie, 168, 170 *bis*.
– Transferts de capitaux, 1649 A, 1649 AA.
– Transfert du domicile, 166.
– Valeurs mobilières et de droits sociaux, 150-0 A.
– Veuf, veuve,
• taxe d'habitation, 1414-2°.
• exploitation, conjoint survivant, 41.
• guerre (- de), 195-1 *c* et *f*.
• modalités d'imposition, 6-6 et 8.
• quotient familial, 195-1 *c*, *f* et 5, 197-I 2.
► V. ***Contributions exceptionnelles, Crédit d'impôt***.

Impôt sur les sociétés, 205 à 223 VJ.
– Assurances mutuelles (droits d'adhésion), 209-IV.
– Charges financières,
• détermination du bénéfice, 39, 39 *quinquies* GC, 1655 *quater*.
• sur participations, 209-IX, 223 B.
• sur prêt entre sociétés, 212 *bis*, 223 B, 223 B *bis*.
– Contribution additionnelle à l'impôt sur les sociétés au titre des montants distribués, 235 *ter* ZCA.
– Contribution de 5 %, 235 *ter* ZAA, 1668 B, 1731 A *bis*.
– Contribution sociale, 235 *ter* ZC, 1668 D ; Ann. III 366 L, 366 M.
– Coûts de démantèlement, 39 *ter* C.
– Déduction de paiements, dépenses et pertes, 205 D.
– Dispositif hybride, 205 B, 205 C.
– Exonération, 207 à 208 B, 208 *ter* à 208 *quinquies*.
• organismes de logement social, 207-1-4°.
– Intérêts déductibles, 212, 212 *bis*.
– Grandes entreprises (télérèglement), 1681 *septies*, 1738.
– Mise à disposition du personnel d'une flotte de vélos, 220 *undecies* A.
– Paiement de l'impôt, 1668, 1730-3 ; Ann. III 358 à 362, 361 à 365, 366 ; Ann. IV 188 *ter*.
• acomptes, 1668, 1731 A.
– Personnes morales (obligations), 222 à 223 *quinquies* A.
– Personne imposable, lieu d'imposition, 218 à 218 *bis*.
– Réduction d'impôt (incorporation de bénéfice au capital), 219-I *b* ; Ann. III 46 *quater*-0 ZZ *bis* A.
• petites entreprises, 219-I *b* ; Ann. III 46 *quater*-0 ZZ *bis* A.
• petites et moyennes entreprises de croissance, 199 *ter* B, 223 O I s.
• sociétés d'investissement immobilier cotées, 208 C ; Ann. III 46 *ter* A.
– Réserve spéciale, 209 *quater* ; Ann. II 101.
– Taux,
• calcul, 219 à 220 Z *ter*, 220 *quater* à 220 *quinquies*.
• changement, 221-2.
• complément, 219-I, al. 3, *f*, al. 4) ; Ann. III 366 AA.
– Taxe sur les loyers élevés des logements de petite surface, 234 V.
– Titres de participation (plus-values), 219-I, a *quinquies*.
► V. ***Revenus mobiliers et plus-values (unification des régimes)***.

Impôt sur les spectacles,
– Assiette, 1559, 1563.
– Champ d'application, 1559.

Impôt sur les spectacles *(suite)*

- Contrôle et recouvrement, 1700, 1822, 1824 ; Ann. III 96 B à 96 D ; Ann. IV 50 *sexies* B à 50 *sexies* H, 124 à 141.
- Infractions, 1791.
- Obligations,
  - billetterie, 290 *quater* ; Ann. IV 127 à 131.
  - entrepreneur, 1565 ; Ann. IV 124.
  - exploitants, 1565, 1565 *bis*.
- Répartition, 1566.
- TVA, 261 E 1°.
- ▸ V. *Appareils*.

Imputation,

- Du crédit d'impôt,
  - dépenses de recherche, 199 *ter* B, 220 B.
- Impôt et prélèvements étrangers, 209 B, 1763 A ; Ann. II 102 W, 102-X.
- Prélèvement de 50% (profits immobiliers), 244 *bis*.
- Répartition des revenus distribués,
- Retenues à la source, 182 A, 182 A *bis*, 182 B, 193, 197 B, 199 *ter*, 199 *ter* A, 219 *quinquies*, 220, 223-I ; Ann. II 135 à 140.
- Taxe d'apprentissage (dépenses admises en exonération), 1678 *quinquies* II.
- TVA, 271, 273, 278 *bis*.
  - en Corse, 297-I 1.

Incorporation au capital,

- Bénéfices, réserves, 812.
- Réévaluation, réserve spéciale, 812.
- Sociétés étrangères (réserves des), 121-1, 812.
- ▸ V. *Réserve*.

Indemnité,

- Accidents du travail
  - ▸ V. *Accidents*.
- Aide sociale, 81-9°.
- Assistance, assurance
  - ▸ V. *Allocations*.
- Assurances, 39 *quaterdecies* 1 *ter*, 39 *quindecies*.
- Cessation d'activité, 998.
- Clientèle, transfert, 93, 158-4.
- Compensatoire frais de transport, 81-23°.
- Congés payés, 39-1-1°, 236 *bis*.
- Déclaration, 89 A, 240-1 *bis*.
- De fonction (élu local), 204-0 *bis*.
- Délai-congé, 163 *quinquies*.
- Délocalisation, 81-24°.
- Départ à la retraite, 81-22°, 157-19°, 163 A, 998.
- D'expropriation, fixation, 39 *quaterdecies* s.
  - exonération (plus-value), Ann. II 74 F, 74 G.
- Départ volontaire (défense), 81-30° et 30° *bis*.
- Dirigeants de sociétés, 80 *ter*, 231-1 *ter*.
- Dommages aux récoltes, 72 B.
- Dommages de guerre, 219 *ter*, 223 *bis*.
- Frais d'emploi, 80 *ter*, 81-1°, 87 ; Ann. III 51.
- Gouvernement (membres), 80 *undecies* A.
- Hormones de croissance, 775 *bis*.
- Imposition, 79.
- Injection de produits dérivés du sang, 775 *bis*.
- Journalière (sécurité sociale), 80 *quinquies*.
- Kilométrique, 81-19° *ter*.
- Maladie de Creutzfeld-Jakob, 775 *bis*.
- Mise à la retraite, 80 *duodecies* (1).
- Nationalisation, expropr. par gouv. étr, 238 *bis* C.
- Parlementaire, 80 *undecies*.
- De retard
  - ▸ V. *Pénalités et sanctions*.
- Réparation de dommages corporels, 885 K.
- Réparation du préjudice moral, 80.
- Sécurité sociale, 80 *quinquies*.
- Service national (coopération et aide technique), 81-17°.
- Suite de mesures de nationalisation par l'étranger, 238 *bis* C.
- Victimes accidents travail, 81-8°, 157-4°.
- Virus du SIDA, 775 *bis*.
- ▸ V. *Dommages, Presse*.

Indexation (clause d'), 39-1-3°, 124-5°, 125 A IV, 158-3 ; Ann. IV 6 *ter*.

Indicateur, 1825 F.

Indigent,

- Certificat, 1072.
- Mariage, 1072.
- Passeport, 955.
- Taxe d'habitation, 1408-II 2°.

Infirme,

- Enfant, 6-3, 195-2, 196, 196 B.
- Taxe d'habitation, 1414-3°.

Infirmier,

- BNC, 92.
- Cotisation foncière des entreprises, 1464 D.
- Société interprofessionnelle de soins ambulatoires, 8-7°.
- TVA, 261-4-1°.

Information des associés, 243 *bis*, 1767.

Information (fournitures d'), 259 B s.

Ingénieur,
- Des mines (intervention), 56.

Innovation (sociétés financières), 39 *quinquies* A 2, 40 *sexies*.
- Fonds communs de placement, Ann. III 46 AI *ter*, 46 AI *quater*.

Inondations,
- Bénéfices agricoles, 64.
- Prévention (taxe de gestion des milieux aquatiques et de –), 1379-II-4°, 1379-0 *bis*-X, 1530 *bis*, 1641.
- Taxe foncière, 1398.
- ► V. *Perte.*

Inscrit maritime, 1455-2°.

Insémination artificielle, 1031.

Insertion, 885-0-V *bis* A.

Installation,
- Amortissement dégressif, 39 A, 39 AA, 39 AA *bis* ; Ann. II 22.
- Assimilable à une construction, 14-1°, 1381-1°.
- Dotation aux agriculteurs, 73 C.
- Foncière (valeur locative), 1499 à 1501, 1518 A, 1518 B.
- Lutte contre la pollution, 39 *quinquies* E s., 1518 A.
- Professionnelle permanente, 182 B.
- De sécurité (amortissement), 39 AI.

Institut national de prévention et d'éducation pour la santé,
- Contribution (perçue au profit de), 1609 *octovicies*.

Instituteur primaire, 1460-3°.

Institutions,
- De retraite et de prévoyance complémentaire, 999-7-2°.

Insuffisance,
- Déclarations ou actes, 1729.
- Dispositions communes, 1728 s., 1741, 1753.
- Évaluations foncières, 1508.
- Prix ou évaluation, 1508.
  - • droits, 667.
- Procédure de redressement
  - ► V. ***Redressement (insuffisances, inexactitudes, omissions).***
- Taxes locales (directes), 1416.
- Tolérance légale, 1727.

Intégration fiscale,
- Agglomération nouvelle, 1638 *bis*.
- Fusion de communes, 1638 ; Ann. II 327.
- Groupe de sociétés, 223 A à 223 U.
  - ► V. ***Groupe de sociétés.***

Interdiction d'exercer, 1750, 1775, 1777, 1817, 1825.

Intéressement,
- Associés d'exploitation agricole, 77 A.
- Crédit impôt, 244 *quater* T, 220-X, 199 *ter* R, 223 O 1 x.
- Des travailleurs à l'entreprise, 81-18° *bis*, 158-5, 237 *ter* A.
- Participation des salariés aux résultats de l'entreprise, 237 *bis* A.
- Plan d'épargne d'entreprise, 81-18° *bis*, 158-5 *b*.
- Salariés, 81-18° *bis*, 158-5 *b*, 237 *ter* A.
- ► V. ***Associé d'exploitation.***

Intérêts,
- Associés, compte bloqué (abattement), 158-3-6°.
- Bons de caisse, 119 *bis* 1, 125 A, 242 *quater*, 1740-0 B, 1678 *bis* ; Ann. IV 188 B à 188 F.
- Bons du Trésor, 157-2° *bis*.
- Capitalisation, 125, 164, 238 *septies* B s., 242 *quater*, 1740-0 B.
- Compte courant, intérêts,
  - • déduction, 39-1-3°, 212 ; Ann. III 46 *quater*-0 BA.
  - • imposition, 124-4°, 125 A, 242 *quater*, 1740-0 B.
- Compte de développement industriel
  - ► V. ***Compte bloqué d'associé.***
- Compte et livret d'épargne,
  - • créance, dépôt et cautionnement, 124, 125, 125 A, 242 *quater*, 1740-0 B.
  - • caisse d'épargne, 157-7°, 208 *ter a* ; Ann. III 46 *quater*-0 B.
  - ► V. ***Épargne.***
- Comptes d'associés, 39-I 3°, 124-4°, 125 A, 158-3-6°, 212, 242 *quater*, 1740-0 B.
- Créance, dépôt et cautionnement, 124, 125, 125 A, 242 *quater*, 1740-0 B.
- De crédit, de retard

Intérêts (*suite*)

▸ V. *Obligation cautionnée.*
– Déclaration, 242 *ter* 1, 1649 AC, 1736.
– Déduction (Prêt de dettes),
• des revenus, 31-I, 39-I 1°, 39-I 3°, 83-2° *quater*, 83-2° *quinquies*, 156-II 1°, 212, 223 B ; Ann. III 38 *sexdecies* F.
• de l'ISF, 885 G *quater*.
– Emprunts,
• contractés à l'étranger, 131 *quater*.
• déduction des intérêts, 31-I 1°*d*-, 156-II 1° ; Ann. III 43.
• salariés, souscription au capital d'une société nouvelle, 62, 83-2° *quater* et 2° *quinquies*.
– Emprunts émis en euros, 131 *ter* A.
– Épargne-construction et crédit, 157-9°.
• épargne-logement, 157-9° *bis*.
• épargne travailleurs manuels, 157-9° *ter*.
– Épargne-entreprise, 157-9° *quinquies*.
– Établissements de crédit (limitation), 1739 ; Ann. III 406 A16 A à 406 A16 F.
– Excédentaires, 1739.
– Indemnisation des rapatriés d'outre-mer, 157-20°.
– Livret A, 157-7°, 1681 D, 1739 A.
– Obligations souscrites par des personnes domiciliées à l'étranger, 125 A III.
– Organismes sans but lucratif, 206-5, 219 *bis*.
– Perçus à l'étranger, 125 A III.
– Prêt sans intérêt,
• obligations déclaratives, 1649 A *bis*.
• SA de crédit immobilier, 207-1-4° *ter* C.
• sanctions, 1736.
• taxe foncière, 1384 A ; Ann. II 310-0 H à 310-0 H *ter* ; Ann. IV 121-0 AA.
– De retard, 1727 à 1731, 1649 *nonies* A.
– Titres participatifs, 118-1°, 119, 125 A, 242 *quater*, 1740-0 B.
▸ V. *Déclaration.*

Intérêt légal, 199 *ter* B, 220 *quinquies*, 238 *bis*-0-I *bis*, 1663 *bis* ; Ann. III 46 AG *quindecies*, 401.

Intermédiaire,
– De commerce, 34 ; Ann. II 310 HC à 310 HE.
– Financier, 96 A.
– Immeubles ou fonds de commerce, 35-1-2°, 256, 259 A 2°.
– Opérations de bourse, 96 A.
– De presse, 298 *undecies*.
– Prestations imposables, 259 B s.
– TVA, 256-IV, 259 A 3°, 259 B, 259 C, 263, 266-1 *b*, 267-II 2°.

Internet
▸ V. *Communication.*

Invalide,
– Abattements spéciaux, 157 *bis*, 779-II.
– Accès des immeubles (dépenses), 31-I 1° *bis*.
– Allocation adulte handicapé, 81-14° *bis*.
– Charge de personne infirme par infirme, 195-1 *c* s., 196, 196 A *bis*.
– Association de mutilés, 208-4°.
– Emploi de gens de maison, 199 *sexdecies*, 231 *bis* P.
– Frères ou sœurs, 788-I.
– Gens de maison (emploi), 199 *sexdecies*, 231 *bis* P.
– Pension, 81-4°, 157-4°.
– Mutilés de guerre, 782.
– Quotient familial, 195-1 *c*, *d*, *d bis* et *f*, 2 à 5.
– Rente d'invalidité, 81-4°, 81-8°.
– Revenu global, 195-1 *c* à *d bis* et 5, 196 A *bis*.
– Taxe d'habitation (dégrèvement), 1414-1° *bis*, 1414-3°.
– Travailleurs handicapés (groupements agréés), 261-7-3°.
▸ V. *Handicapé.*

Invalidité (pension d'), 81-4°.

Inventaire,
– De biens, 680.
– Bouilleur de cru, 1825 A.
– Dettes (succession), 770.
– Entrepositaires, 494.
– Marchandises en stock, Ann. III 38 *ter* s.
– Meubles, titres et papiers,
• droit fixe, 848.
• enregistrement, délai, 635-2°.
• évaluation, 764-I.
– Succession, 764.

Inventeur,
– Déclaration des droits, 241 ; Ann. III 47, 47 A.
– Frais déductibles, 156-I *bis*.
– Imposition des produits, 39 *terdecies*, 92-2, 93-2, 93 *quater* I et I bis.
• non-domicile en France, 182 B *b*.

Investissement,
– Déduction fiscale, 73 A.

Investissement *(suite)*
- • matériel,
- * amortissement et plus-value, 39 *duodecies* 2.
- Dans les DOM, 44 *quaterdecies*, 199 *undecies* A à 199 *undecies* C, 217 *undecies*, 217 *duodecies*, 257-1 C (16e al.), 1466 F ; Ann. III 46 AG *bis* à 46 AG *nonies*, 46 *quaterdecies* BA, 46 *quaterdecies* V, 46 *quaterdecies* W.
- En Corse, 244 *quater* E.
- Immeubles locatifs
  ► V. ***Impôt sur le revenu.***
- Incitation à investissement productif, 199 *undecies* A, 199 *undecies* B, 199 *terdecies*-0 C, 217 *undecies*, 1465.
  - • amélioration de la compétitivité, 199 *ter* C, 244 *quater* C.
  - • compétitivité, 199 *ter* C, 244 *quater* C.
  - • contribution foncière des entreprises, 1465.
  - • entreprises innovantes, 44 *sexies*-0 A s., 199 *ter* B-II-3°, 199 *ter* C-II-3°, 199 *ter* D-II-3°, 885-0 V *bis*-III, 1466 D.
  - • entreprises nouvelles, 44 *sexies* s.
  - • jeunes entreprises universitaires, 1466 D.
  - • placement à risques, 163 *quinquies* B.
  - • plus-values, 150-0 A-III.
  - • recherche, 199 *ter* B, 244 *quater* B.
  - • société unipersonnelle d'investissement à risque, 208 D.
- Or (d'investissement), 298 *sexdecies* A à 298 *sexdecies* E, 283-2 *quater*, 293 A, 537.
- Outre-mer,
  - • aide fiscale, Ann. II 95 K à 95 W.
  - • financement par Sofiom, 217 *undecies* I, al. 2.
- Parts de PME, 199 *terdecies*-0 A.
- Provision, 237 *bis* A ; Ann. II 171 *bis*.
- Résidences de tourisme, 199 *decies* E.
- Sociétés,
  - • à capital variable, 208-1 *bis* A.
  - • à risque (Société unipersonnelle d'investissement), 208 D.
  - • nationales, 208-1°.
  - • privées, 208-1° *bis* s., 2°.

  ► V. ***Fiscalité immobilière.***
- SOFICA
  ► V. ***Cinématographie, SOFICA (Société pour le financement en capital d'œuvres cinématographiques ou audiovisuelles agréées).***

Iridium, 522.

Irrigation,
- Aménagement rural, 1021, 1022.

Isoglucose,
- Régime économique, Ann. III 219 P à 219 U.

Isolation thermique,
- Réduction d'impôt, 200 *quater* 1, 244 *quater* U.

► V. ***Énergie.***

J

Jardin,
- Association de mutilés, 1394-4°.
- Botanique, 279 *b ter*.
- Public, 1394-2°.

Jardins familiaux,
- Enregistrement et timbre, 1052.
- Foncier, 1394-6°.
- Impôt sur les sociétés, 208-5°.
- Taxe proportionnelle, 1461-5°.

Jeton de présence,
- Déclaration, 89 A, 240.
- Intégration fiscale, 223 B.
- Limitation des déductions, 210 *sexies*.
- Membres des conseils d'administration, 117 *bis*.
- Retenue à la source, 117 *bis*.
- Société étrangère,
  - • actionnaire, 120-5°.
  - • administrateur, membre du conseil de surveillance, 120-4°.

  ► V. ***Taxe sur les hautes rémunérations (2013 et 2014).***

Jeu,
- Création de jeux vidéo, 220-X, 223 O ; Ann. III 46 *quater*-0 YZG à 46 *quater*-0 YZI.
- En ligne, 1012.
- Établissement saisonnier, 1478-V.
- De hasard (TVA exonér.), 261 E 1°.
- Forain, 279 *b nonies*.
- Impôt (appareils automatiques et cercles), 1559 s.
- Maison de jeux, 1559, 1560, 1609 *quatertricies*, 1797, 1802, 1822 ; Ann. IV 126, 146 à 154.

Jeux olympiques, 81 (note ss. l'art.) ; L. n° 2010-1657 du 29 déc. 2010, art. 5, ss. art. 197.

Jeunes entreprises innovantes, 44 *sexies*-0 A, 44 *sexies* A.
- Capital (condition de détention), 44 *sexies*-0 A 4°, *d*.
- Fiscalité directe locale, 1383 D, 1466 D.
- Plus-values de cession de titres, 150-0 A III 7, 150-0 B *bis*, 167 *bis*, 1600-00 C, 1600-0 C II.

Jouissance
▶ V. ***Bail, Usufruit et nue-propriété.***

Journalistes (affranchissement de l'impôt), 81-1°.

Journaux, 39 *bis*, 39 *bis* A, 54 *ter*, 223 *ter* ; Ann. II 17.
- TVA (presse), 298 *septies* s.

▶ V. ***Éditeur.***

Juges
▶ V. ***Arbitre, Jugement et arrêt.***

Jugement et arrêt,
- Certificat délivré par les juges, 1705-5°.
- Droit proportionnel ou progressif, 665, 677, 678, 681.
- Enregistrement,
  - délai, 635-2-1°, 650-3.
  - sur minutes et originaux, 658.
- Exemptions et régimes spéciaux, 1090.
- Extrait, 860.
- Juridiction répressive, 1018 A, 1018 A *bis*.
- Paiement des droits,
  - greffier, 1705-3°, 1706.
  - mention quittance, 855, 857.
  - parties, 1707, 1712, 1727, 1840 C, 1840 D.
  - solidarité, 1707.
- Translatif ou déclaratif de propriété, mention cadastrale, 677, 870.

▶ V. ***Tribunal administratif.***

Jus,
- De fruits et légumes, 278 *bis*, 297-I, 520 A, 1698 C.
- De raisins, de pommes ou de poires, 435, 458-6°.

Justifications,
- Déclarations, énonciations, 54, 98, 204, 223-2.
- Frais et charges, 39-4, 223 *quater*, 83-3°.
- TVA, 286-4°.

L

Laboratoire d'analyses médicales,
- Taxe annuelle, 1600-0 R, 1647-III *bis*.
- TVA, 261-4-1°.

Laissez-passer,
- Essences d'absinthe, 514 *bis*.
- Marcs de raisins, lies et levures, 468.
- Titre de circulation, 444.
- Vins, cidres, etc, 441, 444, 455.
- Voyage à l'étranger, 953.

Lait,
- Animaux, 298 *quater*.
- Humain, 261-4-2°, 291-II 3°.
- TVA, 278 *bis*, 297-I 1.

Landes, 64-3, 1401, 1509-III.

Leasing
▶ V. ***Crédit-bail.***

Légion d'honneur,
- Traitement, 81-7°.

Legs,
- Acceptation, 680.
- Départements et établissements publics, 794.
- Particuliers, 795.

▶ V. ***Don (et legs), Succession (droits de mutation).***

Levure alcoolique, 468.

Libéralités
▶ V. ***Don (et legs).***

Librairie
▶ V. ***Redevance.***

Licence,
- Concession, 40-1, 92.
  - TVA, 259 B s.
- D'exploitation exclusive, 39 *terdecies* 1 et 1 *bis*, 92-2, 93-2, 93 *quater* I ; Ann. II 26 s.

▶ V. ***Débitant de boissons, Débits, Établissement.***

Licenciement,
- Indemnités, 163-0 A, 163 *quinquies*.

Licitation,
- D'immeubles (enregistrement),
  - droit, 750, 750 *bis*.
- De meubles (enregistrement), 750, 750 *bis*.

Lie,
- Sèche, 468.
- Vin, cidre, 435 ; Ann. III 170.

Lieu d'imposition,
- Contrôle, 302 *octies*.
- Enregistrement, 650 à 657.
- Impôt,
  - sur le revenu, 10 s. ; Ann. IV 01.
  - sociétés, 218 A ; Ann. II 140 *bis* ; Ann. IV 23 *ter*.
- Impôts directs locaux, 1399.
- Taxes,
  - foncières, 1399.
  - professionnelle, 1473, 1477 ; Ann. II 310 HR.
- TVA (territorialité), 258 s.

Liqueur,
- Droit de consommation, 401 à 403, 1698 C.
- Imposition, 401 s.

Liquidation,
- TVA,
  - déductions, 270 à 273.
  - régime suspensif, 275 à 277 A.
  - régime simplifié, Ann. II 204 *ter* s.
  - règles générales, 270.

Liquidation (de société),
- Boni, 161.
- Remboursement du capital, 112-3°.

Liquidation judiciaire,
- Achat d'*entreprises, 1717*.
- Frais de poursuite (remise), 1756.
- Opérations impayées, 272-1.
- Pénalités, 1756.
- Plus-values (paiement fractionné), Ann. II 74 R.

Liste des contribuables (impôts sur le revenu et sur les sociétés), 1762, 1772-1-5°.

Littéraire
- ▸ V. ***Production littéraire, scientifique ou artistique.***

Livraison,
- De biens meubles, 256-I et II, 258-I, 258 A, 258 B, 266-1 *a*, 269-1 *a* et 2 *a*.
- Option, 269-2 *c* ; Ann. III 78 à 84.

Livraison à soi-même (TVA),
- Cas général, 257-8°, 266-1 *c* ; Ann. II 173 à 175.
- Par un constructeur d'immeuble, 257-7°, 266-2 *a*, 269-1 *b* et 2 *a* ; Ann. II 244.
- Logements aidés, 257-7° ; Ann. III 70 *quinquies* A.
- Viande (boucherie charcuterie), 257-9°, 269-2 *b*.

Livre,
- Éditeurs (cotisation), 1609 *undecies* s.
- Fonds national, 1609 *undecies* à 1609 *quindecies*.
- Journal, 98, 99, 102 *ter* (note), 1763-2.
- De paye, 86, 1734.
- Recettes, 50-0.
- TVA, régime fiscal, 278 *bis* 6°, 297-I 1-2°.

Livret,
- Développement durable, 157-9° *quater*.
- Épargne-entreprise, 157-9° *quinquies*.
- Épargne populaire, 157-7° *ter*.
- Livret A, 157-7°, 1739 A.

Locataire,
- Dépenses supportées pour leur compte, 29, al. 1er.
- ▸ V. ***Bail, Location, Locaux.***

Location,
- Affichage, chasse (droits d'), 29.
- Amortissement, 31-I 1° *f*, 39 C, 39 *quinquies* I ; Ann. II 30 à 32.
- Bailleurs privés,
  - avantages fiscaux, 31-I *e*, 32 *c* 2.
  - location à ascendant ou descendant, 31-I 1° *e*.
- Bien meuble, 259 B, 259 C.
- Bien non loué, 1389.
- De clientèle, 151 *septies*.
- Établissement commercial ou industriel, 35-1-5° ; Ann. II 193.
- Gîte rural, 1459-3° ; Ann. III 322 FA.
- Location attribution, location-vente, 261-5-7°, 738.

Location *(suite)*
- Locaux meublés, 35 *bis*, 151 *septies*, 156-I 1° *bis*, 260 D, 261 D, 297-I 1-2°, 885 R, 1386, 1459-2° et 4°.
- Logements,
- Loyers élevés des logements de petite surface, 234.
- Loyers impayés, 31-I 1° *a bis*.
- Option d'achat (crédit-bail), 39 C, 39 *quinquies* I.
- Parcelles isolées (déclaration), 78.
- Partielle (habitation personnelle) ou saisonnière (gîte rural) (taxe prof.), 1459-1° et 3°.
- A personnes défavorisées, 31 (I 1° *e* et *g*), 35 *bis* I, 1586 A, 1586 B ; Ann. II 74 T.

▸ V. ***Bail, Bail à construction, Crédit-bail, Locataire, Locaux, Logement.***

Locations occasionnelles,
- TVA, exonération, 261 D.

Locaux,
- Cession en vue de leur transformation en logement, 210 F.
- Communication intérieure, 321, 504.
- Habitation à caractère exceptionnel (châteaux), 1497 s.
- Habitation et professionnel, 1496.
  - commerciaux, 1498, 1501.
- Imposables,
  - cotisation foncière des entreprises, 1473.
  - taxe d'habitation, 1407, 1414.
  - taxe (ordures ménagères), 1521.
- Logement d'élèves, 1407-II.
- Loués en garni
  - ▸ V. ***Garni, Logeur en garni.***
- Professionnels, 1496.
- Vacants, 1389.
  - taxe annuelle, 232.

Logement,
- Aide personnalisée, 81-2° *bis*.
- Avantage en nature, 82.
- Cession, 1594 G.
- Construction de logements (entreprise de), 716.
- Copropriété dégradée, 1384 E.
- Épargne, 163 *bis*.
- Équipement sanitaire, 200 *quater* A.
- Investissements outre-mer, 199 *undecies* A à 199 *undecies* C, 242 *sexies*, 242 *septies*, 257-1 C (16e al.), 1594-I *quater*, 1740 à 1740-00 AB ; Ann. III 46 AG *sexies* à 46 AG *octies*.
- Location, Revenus, Exemption, 31-I 1° *e* ; Ann. III 2 *septies*.
- Logements évolutifs sociaux (DOM), 296 *bis*.
- Logements de petite surface, 234.
- Meublé, 35 *bis*, 260 D.
- Mobile terrestre (Résidence), 1013.
- Plus-value, 150-VA.
- Social à usage locatif, 1384 A ; Ann. II 310-0 H à 310-0 H *ter* ; Ann. IV 121-0 AA.
  - TVA, 257-7° *bis*, 266-6, 269-1 *d*, 278 *sexies*, 284-2°.
  - taxe foncière, 1388 *bis*.
- Sociétés d'économie mixte (construction ou gestion de logements sociaux), 1051.
- Taxation, 1049, 1384 s., 1586 A s.
- Taxe annuelle (logements vacants), 232.
- Taxe foncière, 1384 B.
- TVA, 257-7° *bis*, 261 D, 266-6, 269-1 *d*, 278 *sexies*, 279.
- Usage locatif, contribution annuelle, 302 *bis* ZC.
- Vacant, 232.

▸ V. ***Pass-foncier, Taxe.***

Logements locatifs sociaux (vente de droits immobiliers démembrés), 278 *septies* I 5.

Logeur en garni,
- Responsabilité, 1686.

▸ V. ***Garni.***

Logiciel,
- Acquisition, 236-II.
- Amortissement, 236-II.
- Cession de droits (plus-value), 93 *quater*.
- Conception, 236-I.
- TVA (territorialité), 259 B.

Lot, 118-2°, 119-2°, 120-8°, 157-3°.

Loterie nationale,
- Participations, 208-4°, 1462-2°.
- TVA (exonér.), 261 E.

Lotissement,
- Aménagement, 1054.
- Irrégulier, 1387.
- Procédure simplifiée, 261-5.
- Profit, 244 *bis*, 244 *quater* A ; 35-I 3° et III ; Ann. II 3.
- TVA, 257-6°, 257-7° 1, 261-5-1°.
- De terrains, 35-I.

Loto national, 261 E.

Louage,
– Choses, 150.
► V. ***Bail, Locataire, Location, Loyer.***

Loyer,
– Déclarations
► V. ***Déclaration.***
– Élevés, 234.
– Immeubles affectés à l'exploitation,
• déduction, 39-1-1°, 93-1-1°.
– Impayé, assurance, 31.
– Soumis à la TVA (option), 33 *quater*.
► V. ***Bail, Location, Logement.***

Lyon,
– Métropole (de -), 1396, 1586 B, 1636 B *septies*, 1636 B *octies*-II, 1636 B *decies*-VI, 1648 A, 1651, 1651 E, 1656 ; App., L. n° 2010-1658 du 29 déc. 2010, art. 34-IV et VI à IX ; Ord. n° 2014-1335 du 6 nov. 2014, art. 38 à 42.

M

Machine à timbrer,
– Droits indirects, 633.
– Droit de timbre, 887, 991, 1840 J ; Ann. III 405 B ; Ann. IV 71 à 75.
• régie de recettes de préfecture, Ann. III 313 BG ; Ann. IV 121 KA à 121 KL.
– Réglementation, Ann. IV 164 L à 164 AL.

Magasins de commerce de détail,
– Magasins à grande surface, 39.

Main-d'œuvre,
– Dépenses, 39-1.

Maire,
– Indemnités de fonction, 204-0 *bis*.

Maisons,
– Étrangères
► V. ***Étranger.***
– *Jeux*, *261 E*, 1559 s, 1609 *quatertricies*.
► V. ***Cercles, maisons de jeux.***
– Repos, vacances, 261 D 4°.
– Retraite, 256 B, 261-4-1° *bis*, 261 D 4°, 279 *a*, 1449.
► V. ***Habitation, Immeubles.***

Majoration,
– De 10 % (impôts directs), 1730, 1849.
– De droits,
• bonne foi exclue, 1729.
• déclaration tardive, 1728.
• évaluation d'office, 1732.
• intérêt de retard, 1758.
• non-déduction, 39-2.
• paiement tardif de l'impôt, 1731, 1730, 1750 ; Ann. IV 207 *quater* A.
• sursis à l'application, 1758.
• taxation d'office, 1727.
► V. ***Pénalités et sanctions.***
– De retraites,
• charges de famille, 81-2° *ter*.

Maladies,
– Indemnités journalières et rentes, 79, 80 *quinquies*, 158-5 *a*.
– SIDA et Creutzfeld-Jakob, 775 *bis*.

Malus
► V. ***Véhicules.***

Mandat,
– Intermédiaires (TVA), 256.
– Social (indemnité de rupture), 80 *duodecies*.

Mandataire,
– Affirmation frauduleuse, 1837.
– À titre posthume, 775 *quinquies*.
– TVA, 261-2-8° *ter*, 263, 266-1 *b*.

Manège forain,
– TVA, 279 *b bis*.

Manifestation,
– De bienfaisance, 207-1-5° *bis*, 231 *bis* L, 261-7-1° *c*, 1561-4°, 1562-4° ; Ann. II 242 *octies*.
– Sportive, 207-1-5°, 261 E, 1560, 1561-3°, 1562-5° ; Ann. IV 126 F.

Manœuvre, 1452-2°.

Manœuvres frauduleuses
► V. ***Fraude.***

Manquants,
– TVA, 257-11°.

Manufactures nationales, 1654.

Manutention portuaire (entreprises : TP), 1518 *bis*.

Marais,
– Abandonné, 1401.
– Bénéfices agricoles, 63.

Marais (*suite*)
- Desséché, 1395-2°.
- Salants, 14-2°, 1393, 1450.

Marc,
- A distiller, 315, 320.
- De raisin,
  • circulation, 468.

Marchand,
- Ambulant, forains, 302 *octies*, 1457-1° ; Ann. II 310 HG ; Ann. III 111 *quaterdecies* à 111 *novodecies* ; Ann. IV 50 *quindecies*.
- De boissons en gros, 257-10° *b*, 257-11°, 500, 1821.
  ► V. ***Entrepositaire et opérateur agréé (de boissons).***
- D'ouvrages en métaux précieux, 534 à 539 ; Ann. IV 56 J *quaterdecies* à 56 J *octodecies*.

Marchand de biens,
- Imposition, 35-I 1°, 3° et 4° ; 257-6°, 258-II, 268.
  • acquisition en vue de revente, 1115, 1840 G *ter*.
  • revente dans les ZAC (prorogation de délai), 691 *bis*, 1594-0 G A IV *bis*.
- Marchand sans établissement en France (prélèvement), 244 *bis*.
- Obligations, 286-3 ; Ann. IV 33.
- TVA, 257-6°, 258-II, 268, 286-3 ; Ann. IV 33.

Marchandises,
- Douane,
  • franchise, 293-3°.
  • régime suspensif, 291-II.
- Forain
  ► V. ***Marchand.***
- Marché à terme,
  • opération, 261-1-4°.
  • plus-value, 35-I 8°, 92-2, 150 *octies*.
- Neuves, 723.
- Plus-values, 201-2.
- Société, fusion, plus-value, 210.
- Transports
  ► V. ***Transports.***

► V. ***Vente de meubles.***

Marché,
- D'études, 292-2°.
- D'intérêt national, 260 A.
- Du vin,
  • infractions, 433 A, 1804.

Marché d'options négociables,
- Opérateurs (imposition), 38-6, 150 *ter* à 150 *septies*, 156-1-5° ; Ann. III 2 A à 2 C, 41 *septdecies* H, 41 *septdecies* I.
- Réalisation,
  • à l'étranger, 120-12°, 156-I 6°.
  • à titre habituel, 35-I 8°, 92-2.

Marché à terme,
- D'instruments financiers (MATIF), 35-I 8°, 38-6, 38 *bis* C *(BIC)*.
  • étranger (opération à l'), 120-12°, 156-I 6°.
  • opérateurs (imposition), 38-6, 150 *ter* à 150 *septies*, 150 *nonies*, 156-1-5°et 6° ; Ann. III 2 A à 2 C.
  • opération à titre habituel, 35-I 8°, 92-2.
- Marchandises, 35-I 8°, 92-2-5°, 120-12°, 156-1-5°, 156-1-6°, 261-1-4°.
- TVA, 260 C 6°, 261 C 1°.

Mariage,
- Acquisition de la nationalité (à raison du), 958, 959.
- Charges, 156-II 2°.
- Contrat, 680.
- Contribuables mariés, imposition, 6-5, 194 s., 196 *bis* 2 et 3.
- En cours d'année, 6-5, 196 *bis* 2 et 3.
- Enregistrement, exemptions, 1072, 1129.

Marin,
- Pêcheur, 1455.
  • à la part, 34.

► V. ***Armateurs.***

Marine,
- Caisse de prévoyance, 794-II, 1075.
- Pension de retraite, 1074.

Marque,
- Apposition,
  • sur animaux, Ann. II 267 *ter* s.
  • sur produits, 1649 *bis* B.
- De fabrique, 719, 885-I (concession) 92, 259 B s.

Martinique

► V. ***Départements d'outre-mer.***

Masse des revenus distribués, 109, 115 *quinquies*.

Matelots et pêcheurs de Fort-Mardyck, 1047.

Matériel,
- Agricole ou forestier,
  - cession de gré à gré, 732.
  - livré en Corse, 297-I.
- Amortissement accéléré, 39-2°.
- De recherche (amortissement dégressif), 39 AA *quinquies*.
- Économies d'énergie, 39 AA.
- Installé en cours d'année, 1478-3°.
- Taxe foncière, 1382-II°.

Maternité,
- Indemnités journalières, 79, 80 *quinquies*.

Matières,
- Premières (économie par matériel), 39 AA 3° ; Ann. III 38 *ter* (stocks) ; Ann. IV 02,39-I 5°.

MATIF, 150 *ter*, 150 *septies*.
► V. *Marché à terme.*

Mayotte, Ord. n° 2013-837 du 19 sept. 2013, **p. 3587.**
► V. *Départements d'outre-mer.*

Mécénat, 238 *bis*.
- Acquisition d'œuvres d'artistes vivants, 238 *bis* AB.
- Impôt sur les sociétés, 220 E.

Médailles,
- Frappe, Ann. III 213, 214.
- D'honneur, 157-6°.
- Traitement, 81-7°.

Médaille militaire,
- Traitement, 81-7°, 157-4°.

Médecin,
- BNC, 92.
- Cotisation foncière des entreprises, 1464 D.
- Société interprofessionnelle de soins *ambulatoires*, 8-7°.
- TVA, 261-4-1°.

Médicament,
- Cliniques (TVA), 261-4-1° *bis*.
- TVA, 278 *quater*, 281 *octies*.
- Vente, 1600-0 O, 1647-III *bis*.

Mélasse,
- De canne à sucre, Ann. II 272.

Mensualisation,
- Impôt, 1681 A à 1681 *ter* B, 1681 *ter*, 1681 *ter* A, 1724 *quinquies*.
- Pensions, 158-5 *e*, 204-1.

Mer (fond et sous-sol), 1635 *quinquies*.

Messageries,
- Pornographie, 235.
- Presse (TVA), 298 *octies*, al. 1, 298 *undecies*.

Mesurage des appareils et vaisseaux, Ann. II 267 *nonies*.

Métaux,
- Récupération, 89 A, 1649 *bis*.

Métaux précieux,
- Affineur, marchand, 534, 1823.
- BIC (provision), 39-1-5°, al. 3 ; Ann. III 4 s.
- CRDS, 1600-0 I.
- Droit spécifique, 527 s., 1698 *quater*, 1727-0 A.
- Fabricant, 533.
- Garantie, 521.
  - pénalités, 1794, 1810, 1823, 1825 D.
- Importation, 548, 549.
- Interdiction de vente, 1823.
- Obligations communes, 535, 539.
  - organismes de contrôle agréés, Ann. II 275 *ter* à 275 *ter* P ; Ann. IV 56 J *terdecies*.
- Ouvrage,
  - essai, 527, titre 530, 531.
- Plaquage, 550, 551.
- Plus-value, 150 VI s., 1761.
- Poinçons, 523, 526.
- Professionnels (convention d' habilitation), Ann. II 275 *bis* B à 275 *bis* L.
- Présomption de revenus, 1649 *quater*-0 B *ter*.
- Salles de ventes, 534.
- Taxe sur les ventes, 1761, 1788 A ; Ann. II 74 S *bis*, 383 *bis* E.

Métayage,
- Bailleur, déclaration, 78.
- Bénéfices, répartition, 77.
- Imposition (revenu), 63, al. 1er.
  - TVA, option, Ann. II 260 D, 260-I, 260 J.
- ISF, 885 P.

Métiers d'art, 244 *quater* O.

Métropole (collectivité locale), 1379-0 *bis*.

Métropole (collectivité locale) *(suite)*
- Grand Paris (du -), 1609 *nonies* C.
- Lyon (- de), 1396, 1586 B, 1636 B *septies*, 1636 B *octies*-II, 1636 B *decies*-VI, 1648 A, 1651, 1651 E, 1656 ; App., L. n° 2010-1658 du 29 déc. 2010, art. 34-IV et VI à IX ; Ord. n° 2014-1335 du 6 nov. 2014, art. 38 à 42.

Meuble,
- Bien étranger, 718.
- Meublant, 764.
- Mutation,
  • biens à l'étranger, 718.
  • enregistrement, délai, 635-2.
  • fonds de commerce ou de clientèles, 635-2, 677-2°.
  • meubles et immeubles, 735.
  • à titre gratuit, 677, 758, 764, 776.
  • à titre onéreux, 669, 677, 733, 1133.
  ► V. ***Donation, Succession (droits de mutation), Vente de meubles.***
- Vente publique,
  • déroulement, 871 à 876.
  • enregistrement (délai de), 635-2-6°.
  • imposition, 261-1-3°-*a*, 733, 1584-1-2° et 2, 1595-2°, 1595 *bis* 2°, 1595 *ter*.

Meublé,
- Cotisation foncière des entreprises, exemption, 1459-2°.
- Impôt sur le revenu, 35 *bis*, 151 *septies*, 156-I 4°.
- Location ou sous-location en meublé, 260 D, 279 *a*, 297-I 1-3° *b*.
  • non professionnel, 156-I 1° *bis*.
- Meublé « de tourisme », 1459-4°.
- Parahôtellerie, 261 D 4°.
- Plus-value, 151 *septies*.
- TVA, 260 D, 261 D 4°, 279, 297-1-1.
- Taxe foncière, 1386.

Micro-entreprises, 50-0, 53 A, 60, 95, 96 B, 100, 102 *ter*, 103, 151-0, 158-4, 172, 175, 201, 202-2, 204-1, 206, 221 *bis*, 238 *bis* K, 286, 293 B, 293 C, 293 D, 293 E, 293 G, 302 *septies* A, 302 *septies*-0 AA, 302 *septies* A *bis*, 302 *septies* A *ter*, 1517-II 1, 1647 B *sexies*, 1649 *bis* A, 1649 *quater* G, 1763, 1784.
- Provision pour investissement, 39 *octies* E.
- Provision pour dépenses de mise en conformité, 39 *octies* F.

Mines,
- Amodiataire, 34.
- Bénéfices industriels et commerciaux, 34, 56.
- Cotisation foncière des entreprises, 1463.
- Échange, 699 s.
- Ingénieur
  ► V. ***Ingénieur.***
- Ouvrier (caisse de retraites),
  • exemptions, 1077 s.
- Propriétaire de terrain, 14-2°, 1393.
- Redevances,
  • communale, 1519 ; Ann. II 311 A à 315 ; Ann. IV 121 *sexies*.
  • départementale, 1587 à 1589 ; Ann. II 317 *octies*.
- Revenus fonciers, 14-2°.
- Taxe foncière, 1393.
  • professionnelle, 1463.

Minimum,
- De perception, 672, 674, 886, 1563, 1657-1 *bis*, 1671 A.
- De revenu, 5-2° et 2° *bis*.

Minute, 658.

Mise à la consommation,
- TVA,
  • importation, 219-I 2 *b*, 293 A.
  • produits pétroliers, 298-1-1°, 298-2-1°, 1695.

Mise en recouvrement,
- Avis
  ► V. ***Avis.***
- Des rôles
  ► V. ***Rôle.***

Mistelle, 343, 401 ; Ann. III 118.

Mobil-home
► V. ***Taxe d'habitation.***

Moins-value,
- Option par les salariés de souscription ou achat d'actions, 217 *quinquies*.
- Professionnelle, 93 *quater* I.
  • à court terme, 39 *duodecies* 4, 39 *quaterdecies* 3.
  • à long terme, 39 *duodecies* 5, 39 *quindecies* I 2, 219-I *a*.
  • intégration fiscale, 223 D à 223-I s.
- Réalisation d'actif, 38-1, 93-1.
- Régime fiscal, 39 *duodecies* s., 209 *quater*.
- Salarié, 217 *quinquies*.

Monaco,
– Résidents (déclaration des personnes physiques), Ann. IV 121 Z *quinquies*.
– Transferts de sommes, titres ou valeurs, 1649 *quater* A ; Ann. III 344-I *bis* ; Ann. IV 164 F *novodecies* A.

Monnaie,
– Importation, 291-II.

Monnaies et médailles (administration), 1654 ; Ann. IV 165-2, 167-2.

Mont-de-piété, 534, 537.

Monument,
– Historique (ou inscrit à l'inventaire suppl.), 39-4, dern. al., 156-I 3°, 156-II 1° *ter*, 156 *bis* ; Ann. III 41 E à 41 J, 46 *quater*-0 A, 281 *bis* ; Ann. IV 17 *ter* à 17 *quinquies* A.
• charges déductibles (Fondation du patrimoine), Ann. III 41-I *bis*, 41 J.
• ISF, 885-I.
– Morts de la guerre, 261-4-10°, (TVA) 795-11°.
– TVA, 279 *b ter*.

Moût, 435 ; Ann. III 170.

Moyens de transport (location), 259 A.
– Neufs, 298 *sexies*.

Multipropriété, 261 A, 239 *octies*, 728, 729, 730 ; Ann. III 46 *quaterdecies*.

Mûrier,
– Plantation, 1395-3°.

Musée, 1382-1°.
– Taxe foncière,
• exonération permanente, 1382-1°.
– TVA, 279 *b ter*.

Mutation,
– A titre gratuit
► V. ***Mutation à titre gratuit (droits de)***.
– Cadastrale, 1402 s.
– Taxes foncières, 1404.
• taxe d'habitation (transfert), 1413-II.
– De jouissance et de propriété
► V. ***Bail, Immeubles, Meuble, Succession (droits de mutation)***.
– Présomption de, 1881 à 1883.
– Verbale,
• bureau d'enregistrement, 653.
• déclaration délais, 638, 639, 640, 653, 662-3°.

Mutation à titre gratuit (droits de),
– Abattement,
• en faveur des héritiers ou donataires infirmes, 779-II, 783 ; Ann. II 293, 294.
• en ligne directe et entre époux, 779-I, 783.
– Adoption simple, 786.
– Bijou, pierrerie, objet d'art ; déclaration d'assurance, 798.
– Don manuel, 757.
– Donation antérieure, 784.
– Enfant,
• abandonné, 778.
• adoptif, 786.
– Évaluation des biens,
• bien mobilier, 758 à 760.
• déclaration estimative détaillée, 851.
• immeuble, 761.
• usufruit et nue-propriété, 669, 762 *bis*, 763.
– Exonération,
• association cultuelle et congrégation, 795-10°.
• bail rural à long terme, 793-2-3°, 793 *bis*.
• bien ou somme destiné à une collectivité publique, 795-1° et 6°.
• bois et forêt, 793-2-2°.
• collectivité locale, 794-I.
• conservation de l'espace littoral et des rivages lacustres, 795-12°.
• établissement public charitable, 795-4°.
• immeuble historique, 795 A ; Ann. III 281 *bis*.
• mutuelle, 795-4°.
• office national des anciens combattants, 795-9°.
• organisme,
* d'enseignement, 795-5°.
* d'HLM, 795-7°.
* érigeant des monuments aux morts, 795-11°.
* européen, 795-0 A.
• part,
* de groupement foncier agricole, 793-1-4°, 793 *bis*.
* de groupement forestier, 793-1-3°.
• sécurité sociale et caisse générale de prévoyance des marins, 794-II.
– Paiement des droits,
• par remise d'immeubles, 1716 *bis* ; Ann. II 384 A *bis* s.

Mutation à titre gratuit (droits de) *(suite)*
• par remise d'œuvres d'art, 1716 *bis* ; Ann. II 384 A s.
– Part de fonds commun de placements, 799.
– Pupille de l'État ou de la Nation, 786-2°, 787 A.
– Réduction de droits,
• charges de famille, 780, 781, 783.
• mutilés de guerre, 782, 783.
• renonciation, 756 *bis*.
• tarif des droits, 777, 778.
• territorialité, 750 *ter*, 784 A.
▸ V. ***Donation, Succession (droits de mutation).***
– Terrorisme (victimes), 796-I, 7°.

Mutilés,
– Association, 208-4°, 1382-5, 1394-4°, 1462-2°.
– Guerre,
• dons et legs, 795.
• exonérations, 782, 1382-5°, 1394-4°.
• pensions, 81-4°, 157-4°.
– Travail, 81-8°, 157-4°, 1382-5°, 1394-4°.

Mutuelle,
– Anciens combattants, 1594-I.
– Cotisations, 154 *bis*.
– Dons et legs, 795-4°, 1087 à 1089.
– Réserve spéciale de solvabilité, 217 *septdecies*.
– Taxe sur, conventions d'assurances, 995-2°.
– Taxe sur les salaires, 1679 A.

Mytiliculture, 63, 3e al.

N

Nationalisation,
– Gouvernement étranger,
• indemnités, 238 *bis* C.
– Plus-values mobilières, 248 A s.
– Redevance versée, 248 D.
– Titres en échange, 132 *ter*, 248 A à 248 C, 248 E, 248 F.
– Société nationalisée (redevance), 248 D.

Nature de culture,
– Bénéfices agricoles, 64-2.
– Foncier non bâti,
• changement, 1406.
• contestation, 1512, 1518-II.
• évaluation, 1509.
• tarif, 1510, 1515.

Navigation,
– Maritime ou aérienne,
• convention internationale d'exonération, 246.
• TVA, 262-II.

Navire,
– Cession de navire de pêche,
• plus-value, 39 *quaterdecies* 1 *quater*.
– Copropriété, société, 8 *quater*, 39 E, 61 A, 163 *vicies*, 163 *unvicies*, 163 *duovicies*, 218 *bis*, 238 *bis* HN ; Ann. III 41 ZQ à 41 ZU.
– De mer,
• TVA, 259 A, 262-II 2° et 3°.
• avitaillement, 262-II 6°.

Non-résident
▸ V. ***Domicile fiscal.***

Nord et Pas-de-Calais,
– Société de gestion du patrimoine immobilier des houillères, 207-I-12°, 1384 C-II.
– Taxe spéciale d'équipement, 1636 C.

Normandie,
– Établissement foncier, 1636 B *octies* II.

Notaire,
– Bénéfices non commerciaux, 92, 100.
– Bordereau récapitulatif, 853.
– Déclaration, 150-VG I 2° et III, 885 W III.
– Dépôt des actes, 854.
– Dissimulation de prix, 1754, 1838.
– Expéditions, extraits,
• mentions, 855.
– Impôt sur le revenu,
• comptabilité, 100, 1763-2.
– Infractions, 1826, 1838, 1840 B.
– Lectures prescrites, 863 s.
– Offices (cessions, créations, suppressions), 724, 859.
• responsabilité du cessionnaire, 1684-2.
– Paiement des droits, 1705-1°, 1711, 1840 C.
– Répertoire, 867 ; Ann. III 282, 284.
– Secret professionnel, 100, 1763-2.
– Tiers de confiance, 170 *ter*.
▸ V. ***Acte, Officier public ou ministériel, Registre.***

Note,
– TVA Travaux immobiliers, 290 *quinquies*, 1737.

Notice de décès, 804.

Nouvelle-Calédonie,
– Revenus (en provenance de),
• retenue, 83 A.
• déclarations, 173 ; Ann. III 42.
• capitaux mobiliers, 115 *ter*, 121.
• calcul de l'impôt, 199.
– Impôt sur les sociétés, 210, 217 *undecies* ; Ann. II 140 *quater*.
– Investissements, 199 *undecies* A à 199 *undecies* C, 242 *sexies*, 242 *septies* ; Ann. III 46 AG *duodecies*, 1740 à 1740-00 AB.
– Enregistrement, taxe de publicité foncière, 714, 783.
▸ V. *Collectivités territoriales d'outre-mer.*

Noyer, 1395 A.

Nucléaire,
– Usine, 1518 A ; Ann. II 310 *unvicies*.

Nue-propriété
▸ V. *Usufruit et nue-propriété.*

Nullité (sanction),

O

Objet d'antiquité, d'art et de collection, 885-I.
– Acquisition intracommunautaire, 256 *bis* I 2° *bis*.
– Définition, Ann. III 98 A.
– Franchise, 275.
– Importation, 291-11-8° ; Ann. IV 50 *decies*.
– Imposition sur la marge, 283-4 *ter*, 297 A à 297 G.
– ISF, 885-I.
– Livraison intracommunautaire, 262 *ter* I 1°.
– Plus-value, 150 VI s., 1761.
– Succession, donation, dation,
• contrat d'assurance, 805.
• *don à l'État, 1131, 1840 G bis.*
• évaluation, 764, 776.
• remise en paiement des droits, 1716 *bis* ; Ann. II 384 A s.
– Vente à distance, 258 A III, 258 B III.
– Vente publique (facture), 289.

Objet d'occasion,
– Acquisition intracommunautaire, 256 *bis* I 2° *bis*.
– Amortissement, Ann. II 22.
– Définition, Ann. III 98 A.
– Franchise, 275.
– Imposition sur la marge, 283-4 *ter*, 297 A à 297 G.
– Livraison intracommunautaire, 262 *ter* I 1°.
– Plus-value, 150 VI s., 1761.
– Vente à distance, 258 A III, 258 B III.
– Vente de bien utilisé pour les besoins de l'exploitation, 261-3-1°.
– Vente publique (facture), 289.
▸ V. *Vente de meubles.*

Obligation,
– Alimentaire, 79, 156-II 2°, 158-5 *a*.
– Autorisée,
• lot et prime, 157-3°.
– Cautionnée, 1692, 1926 ; Ann. III 384.
▸ V. *Caution.*
– Cession, 157-3° ; Ann. II 164.
– Convertible en action, 214-3°.
– Émise,
• avec autorisation ministérielle, 157-3°.
• à l'étranger, 131 *ter*.
• en France (étrangères), 131 *ter* 2.
– Nationalisation, 132 *ter*, 248 B, 248 C, 248 E, 248 F.
– Négociable ou non, revenu, 118 s., 120-6°, 124-1°.
– Opération de nationalisation (subrogation), 248 C.
– Remise aux actionnaires des sociétés nationalisées, 132 *ter*, 158-3.
– Revalorisable, 158-3.
– Revenu des obligations,
• abattement, 158-3.
• capitalisation des intérêts, 238 *septies* B, 238 *septies* C ; Ann. II 50 A.
• définition, 38 *bis* B *bis*, 118, 120-6° à 8°.
• détermination, 119, 122.
• lot et prime de remboursement, 157-3°, 238 *septies* B, 238 *septies* C ; Ann. II 50 A.
• obligation émise à l'étranger par une société française, 131 *ter* 1 ; Ann. III 41 *terdecies* à 41 *sexdecies*.
• obligation émise en France par un organisme étranger ou international, 131 *ter* 2 ; Ann. II 51 à 53.
• prélèvement, 125 A, 242 *quater*, 1678 *quater*, 1740-0 B ; Ann. III 381 S.
• retenue à la source, 119 *bis* 1.
• titre démembré, 238 *septies* A.

Obligation cautionnée,
– TVA, 1692, 1926 ; Ann. III 384 ; Ann. IV 192 *bis*.

Obtentions végétales, 63, 164 B, 182 B, 238 *bis* G, 731, 738, 1450.

Occasion
▸ V. ***Objet d'occasion.***

Occupation lucrative, 92.

Œuvre,
– Charitable, philanthropique ou sans but lucratif, 200, 207-1-5°, 261-7-1° et 2° ; Ann. II 242 C, 1562.
– D'intérêt général, dons, 200, 238 *bis* s.
– Œuvres de l'esprit, 182 C, 293 B.
– Phonographiques
 ▸ V. ***Crédit d'impôt.***
– Théâtre, 281 *quater*.

Œuvre d'art,
– Acquisition intracommunautaire, 256 *bis* I 2° *bis*.
– BIC, 238 *bis* 0A, 238 *bis* AB.
– Définition, Ann. III 98 A.
– Don à l'État, 1131, 1840 G *bis* ; Ann. II 310 G.
 • par une entreprise, 238 *bis* 0A.
– Franchise, 275.
– Imposition sur la marge, 297 A à 297 G.
– Livraison (auteur), 278 *septies* 2°.
– Livraison intracommunautaire, 262 *ter* 1-1°.
– Originale,
 • achat d'œuvre d'artiste vivant, 238 *bis* AB.
– Remise en paiement de l'impôt, 1716 *bis* ; Ann. II 384 A s.
– Vente à distance, 258 A III, 258 B III.
– Vente publique (facture), 289.

Offices,
– National (régime fiscal),
 • des anciens combattants et victimes de guerre, 795-9°.
 • des forêts, 1394-2° ; Ann. IV 198 *septies*.
– Public d'aménagement et de construction, 207-1-4° *bis*, 261-5-2°, 1461.
– Public d'HLM, 138, 207-1-4°, 261-5-2°, 1654.

Office ministériel,
– Création, nomination, 724-II.
– Droits,
 • tarif, 724.
 • paiement fractionné, 1717.
 • restitution, réduction de prix, 1964.
– Suppression, 724-III.
 • indemnité (paiement fractionné d'impôt), 1717 ; Ann. III 396-4°, 404 E.
– Transmission,
 • écrit nécessaire, 859.
 • délai d'enregistrement, 635-2-5°.
 • à titre gratuit, certificat de paiement des droits, 859.
 • dissimulation, 1840 B.
 • à titre onéreux,
 * droits, 724, 1584, 1595, 1595 *bis*, 1684-2.
 * non suivie d'effet, 1964.
 • par décès, 859.
▸ V. ***Officier public ou ministériel.***

Office national de la chasse et de la faune sauvage, 1635 *bis* N.

Office national interprofessionnel des grandes cultures, 1619.

Officier public ou ministériel,
– Actes,
 • bordereau récapitulatif, 853.
 • dépôt, 854.
 • enregistrement, délais, 635-2-5°.
 • état de frais, 865.
 • paiement des droits, 1705.
 • pénalités de retard, 1840 C.
– Amendes et peines disciplinaires, 1826.
– Bénéfices, 92, 100, 202.
– Complicité, 1742, 1778, 1828, 1838, 1840 B.
– Comptabilité, représentation, 100, 1763-2.
– Droit de communication, 100.
– Salariés, 44 *sexies*.
– Solidarité, paiement des droits,
 • contribution directe, successeur, 1684-2.
▸ V. ***Avoués d'appel, Commissaire-priseur, Greffier, Huissier, Notaire, Office ministériel, Répertoire.***

Offre public d'échange, 38-7 (actions).

Omission,
– Réparation, 1508.
– Sur rôles, 1413-1, 1416.
▸ V. ***Pénalités et sanctions.***

OPCI
▸ V. ***Organismes de placement collectif immobilier.***

OPCVM
▸ V. ***Organismes de placement collectif de valeurs mobilières (OPCVM).***

Opérateur,
- Agréé
  ▸ V. ***Entrepositaire et opérateur agréé (de boissons).***
- Enregistré, 302 J, 302 O.

Opération,
- Accessoire, 75, 155, 96 B.
- De bourse
  ▸ V. ***Bourse de commerce, Bourse de valeurs.***
- De crédit (provisions), 39-1-5°.
- Facturée en devises, 266-1 *bis.*
- Production ou livraison d'immeubles
  ▸ V. ***Fiscalité immobilière.***
- Résiliée ou annulée, 272-1.

Opposition,
- A fonctions des agents, 1746.
- A titre de perception, 1917.
- Évaluation d'office, 1732.

Option,
- Agent d'assurances (régime des traitements et salaires), 93-1 *ter*.
- Bénéfice agricole, 69, 69 A ; Ann. III 38 *sexdecies* JE s.
- Bénéfices industriels et commerciaux,
  • régime simplifié du bénéfice réel, 302 *septies* A *ter*.
  • régime du bénéfice réel, 302 *septies* A *bis* III.
- Bénéfices non commerciaux,
  • déclaration contrôlée, 96, 97.
- Bons d'option, 35-I 8°, 92-2-5°, 120-12°, 150 *decies*, 156-I 6°.
  ▸ V. ***Taxe sur les hautes rémunérations (2013 et 2014).***
- Élu local, 204-0 *bis*.
- Paiement mensuel,
  • impôt sur le revenu, 1681 A à 1681 E ; Ann. II 376 *bis* à 376 *sexies*.
  • taxe d'habitation, 1681 *ter*.
- Propriété intellectuelle, 100 *bis*.
- Régimes,
  • micro-entreprises, 102 *ter*, 151-0.
  • *réel normal, Ann. II 267 quinquies*, 267 *septies* A.
  • réel simplifié, 302 *septies* A *ter* ; Ann. II 267 *quinquies*.
- Sociétés,
  • régime fiscal des sociétés de capitaux et révocation, 206-3, 239-1.
  • des SARL pour régime sociétés de personnes, 239 *bis* AA ; Ann. III 46 *terdecies* A à 46 *terdecies* D.
  ▸ V. ***Sociétés (particulières).***
- Sport (régime spécial), 100 *bis*.
- TVA,
  • assujettissement, 260, 260 A ; Ann. II 189 s.
  • paiement sur livraisons (travaux immobiliers), 269-2 *c* ; Ann. III 78 à 84.

Options négociables
▸ V. ***Marché à terme.***

Or,
- Importation, 291-II, 293 A.
- D'investissement, 298 *sexdecies* A à 298 *sexdecies* E, 283-2 *quater*, 293 A, 537 ; Ann. III 98 B.
- Livraisons aux instituts d'émission, 262-II 12°, 291-II 4°.
- Matières
  ▸ V. ***Métaux précieux.***
- Plus-value, 150 VI s., 1761.
- Production (Guyane), 1599 *quinquies* B.
- Provisions (fluctuation des cours), 39-1-5° ; Ann. III 4 s.
- TVA,
  • importation, 291.
  • livraison à institut d'émission, 262-II 12°, 291-II 4°.

Ordonnance,
- Sur requête, 1705-5°.

Ordures ménagères,
- Frais d'assiette, 1641, 1644.
- Redevance, 1520, al. 3 et 4.
- Service d'enlèvement, 260 A.
- Taxe d'enlèvement, 1520 à 1526, 1609 *quater*, 1609 *quinquies* C, 1639 A *bis* II ; Ann. II 316, 316 A.
  • taux (vote), 1636 B *sexies* III.

Organes humains, 261-4-2°, 291-II 3°.

Organisateur,
- De circuits touristiques, 262 *bis*, 263, 266-1.
- De compétition sportive internationale, 1655 *septies*.

Organismes,
- A but non lucratif, 206-5, 207-1-5° *bis*, 208 *ter* B, 219 *bis*, 261-4 et 7, 275, 298 *duodecies* ; Ann. II 242 B, 242 *octies*.
- A caractère social ou philanthropique des départements et communes, 1449.
  ▸ V. ***Œuvre.***

Organismes *(suite)*
- Agréés, Ann. II 275 *ter* à 275 *ter* G ; Ann. IV 56 J *terdecies* à 56 J *terdecies* E.
- Agricoles, 207-1, 256 B.
- Aménagement et équipement fonciers, 207-1-6° *bis*.
- Collecteurs des fonds de la formation professionnelle (Enreg. exo. 2012), L. n° 2011-1977 du 28 déc. 2011, art. 156, note ss. art. 879.
- Cultuels, 208 *ter* B II 2°.
- Dons (à), 200, 238 *bis* s., 795.
- Étranger, 131 *ter* 2 ; Ann. II 51 à 53.
- Étude et recherche, 93 *ter*.
- De jardins familiaux, 208-5°, 1461-5°.
- De placement collectif immobilier, 235 *ter* ZC III *bis*, 239 *nonies*.
- Publics,
  - à caractère industriel ou commercial, 206, 1382-1°, 1394-2°.
  - à caractère non lucratif, 206-5, 207-1-5°, 208 *ter*, 219 *bis*.
- Sans but lucratif, 206-5, 207-1-5° *bis*, 208 *ter*, 219 *bis*, 231 *bis* L, 261-4-9° et 7-1° ; Ann. II 242 C, 275, 282 *ter*, 298 *duodecies* ; Ann. II 242 B, 242 *octies*.
  - dirigeants (rémunération), 261-7-1° *d*, al. 2.

Organisme international,
- Emprunt émis en euros, 119 *bis*.
- Exonérations, 131 *quinquies* s.
- Fonctionnaires, 193 *bis*.

Organismes de placement collectif immobilier, 239 *nonies*, 749, 825.

Organismes de placement collectif de valeurs mobilières (OPCVM),
- Évaluation des titres, 209-0 A.
- Revenus distribués ou répartis, Ann. III 41 *sexdecies* H à. 41 *sexdecies* J.
- Titres de sociétés européennes, 125-0 A.

Original d'acte, 658.

Orphelin,
- Pension temporaire, 81-14° et 14° *bis*.

Oseraie, 76, 1er al.

Ostréiculture, 63.

Outillage industriel, 14-1°, 1382-11°, 1499.

Outre-mer,
- Conventions fiscales, 4 *bis* (note).
- Français rapatriés (d'), 157-20°, 1716 A.
- ▸ V. ***Collectivités territoriales d'outre-mer, Départements d'outre-mer.***

Ouverture d'établissement,
- Cotisation foncière des entreprises, 1478.
- Débit de boissons, 502 s.

Ouvrage,
- D'art, 1381-2°.
- Hydroélectrique, 1399, 1475.
- Métaux précieux
  ▸ V. ***Métaux précieux.***

Ouvrier,
- A façon ou pour son compte, 1452-1°.
- Mineur
  ▸ V. ***Mines.***

P

Pacte civil de solidarité (PACS),
- Donations, testaments, 779-II.
- Droits de mutation par décès, 787 B, 787 C.
- Imposition commune, 6-1, 7.
- Impôt sur la fortune immobilière, 964, 982.
- Impôt de solidarité sur la fortune, 885 A, 885 W.
- Licitation
  ▸ V. ***Licitation.***
- Partage
  ▸ V. ***Partage.***
- Plus-value, 150-0 A IV, 150-0 B *bis*, 167 *bis*.
- Solidarité (au paiement), 1691 *bis*.
- Successions, 779-II.

Paiement de l'impôt,
- Contributions directes,
  - cotisation foncière des entreprises, 1679 *quinquies*, 1681 *quater* A, 1681 *sexies*, 1730.
  - cotisation sur la valeur ajoutée des entreprises, 1679 *septies*.
  - impôt sur sociétés, 1668.
  - impôt sur le revenu, 1663 s., 1680 s.
  - paiement différé, Ann. III 357 H.
  - paiement mensuel, 1681 A, 1681 E.
  - acomptes (ou versements) provisionnels, 1664, 1681, 1730.
  - taxe d'habitation, 1681 *ter*.
  - perçus par voie de rôles, 1663 s.

Paiement de l'impôt *(suite)*
• perçus à la source, 1671 A s.
• représentant du contribuable, 1682.
• retard, 1727.
• salarié accomplissant service national, 1663 A.
• taxes,
* apprentissage, 1678 *quinquies*.
* sur les salaires, 1679, 1679 *bis*.
▸ V. ***Retenue à la source.***
– Contributions indirectes, 1698 A à 1700.
• capsules, 444 ; Ann. IV 54-0 A à 54-0 BX.
• droit de garantie, 521, (option) Ann. II 275 *bis* A.
• mode de libération, Ann. IV 193.
– Date d'exigibilité et date limite, 1663-1, 1730-1, al. 1er ; Ann. IV 199-0.
– Défaut ou retard, 1727 s., 1732, 1731 s., 1730 s.
– Différé
▸ V. ***Paiement fractionné, échelonné ou différé.***
– Enregistrement et taxe de publicité foncière, 1701, 1723 *ter*.
• contribution au paiement, 1711, 1712.
• avant enregistrement, 1701.
• en débet, 1090, 1100.
• en valeurs du Trésor, 1715.
• huissier, Ann. III 252, 264, 384 *quinquies*.
• modes particuliers, 1723 *ter*.
• notaire, Ann. III 245, 263, 384 *bis* A, 384 *quinquies*.
• obligation, 1705, 1710.
• paiement anticipé, 1701.
• paiement en débet, 1090 à 1090 B, 1100 ; Ann. II 310 F *bis*.
• paiement différé ou fractionné, 1717 à 1722 *quater*.
• paiement sur état, 1680, 1723 *ter*.
• quittance, 1704.
• rapatriés, succession, 1716 A.
• remise d'œuvres d'art, 1716 *bis* ; Ann. II 384 A s.
• suspension : prohibition, 1702.
• titres d'emprunt, 1715 ; Ann. III 391 à 394.
– Impôts locaux, 1681 *ter* s., 1679 *quinquies*, 1681 A, 1691 *bis*.
– Impôt sur les sociétés, 234 *duodecies*, 1668, 1668 D, 1730.
– Lieu de paiement (grandes entreprises), Ann. III 344-0 A à 344-0 C.
– Mensualisation, 1681 A à 1681 *ter* B.
– Mode de paiement, 1680, 1789 ; Ann. III 382 ; Ann. IV 187, 188, 199 à 202, 204 (par chèques).
– Numéraire (plafonnement), 1680.
– Paiement fractionné, échelonné ou différé,
• droits d'enregistrement et de la taxe de publicité foncière, 1717 à 1722 *quater*.
• impôt sur le revenu, 1663 *bis*.
– Paiement tardif aux comptables de la DGFiP, 1727, 1730, 1724 *quinquies*, 1750.
– Prélèvements du Trésor, 1681 *sexies*, 1681 *septies*.
– Refus,
• collectif, 1747.
• individuel, 1741.
– Retard, 1731.
– Retenue à la source, 1671 A à 1673*bis*, 1681 *quinquies* ; Ann. IV 188 H.
– Taxe d'apprentissage, 1678 *quinquies*.
– Taxes sur le chiffre d'affaires et assimilées, 1692, 1696.
• acomptes provisionnels, 1693.
• exploitant agricole, 1693 *bis*.
• franchise ou taux réduit, 284.
• importation, 1695.
• modes, Ann. III 384 ; Ann. IV 189.
• obligations cautionnées, 1692.
• paiement sur les débits, 269-2 *c*.
• par option sur livraisons, 269-2 *c* ; Ann. III 78 à 84.
• paiement trimestriel, 287-1, 1692.
• paiement solidaire, 283.
• régime simplifié d'imposition, Ann. II 204 *ter*, 383 *ter*.
– Taxe sur salaires, 1679, 1679 *bis*.
– Tiers tenu au paiement, 1682 à 1691.
– Timbre (remise), 887 ; Ann. III 313 BG *bis*.
– TVA, 1692 s.
V. *Enregistrement et taxe de publicité foncière.*
– Virement (initiative du Trésor), 1681 *sexies*, 1681 *septies*.
▸ V. ***Responsabilité, Solidarité. Paiement des droits et des pénalités.***

Panneau réclame, 1381-7°, 1383-III.
▸ V. *Affichage.*

Parrainage,
– Dépenses de (-), 39-7°.

Papier timbré,
– Vente, 261 C-3°, 893, 1840 R.

Parc,
– Décors animés, 279 *b nonies*, 297-I 1 *b* 3°.
– D'exposition, 231 *ter* VI *bis*.

Parc (suite)
- National, création, 1045 *bis*.
- Zoologique, 279 *b ter*.

Parfumerie,
- Produits, 349.
- Subrogation, 1928.

Pari mutuel,
- TVA, 261 E 2°.

Paris
▸ V. ***Ville de Paris.***

Parlementaires
▸ V. ***Indemnité.***

Part,
- Bénéfices, déclaration, 223-2, 242.
- Bénéficiaire ou de fondateur, de commandite, rachat, 111 *b*, 161.
- De créateur d'entreprise (bons de souscription), 163 *bis* G.
- De fondateur, 111 *b*, 158-3.
- De groupements,
  • agricoles (cessions), 730 *bis*, 730 *ter*.
  • forestiers, 885 H.
- Quotient familial, 193, 195.
- Sociale,
  • attribution gratuite,
  * aux associés, 115, 159, 210.
  • au personnel, 81-16°, 1126.
  • biens professionnels, 885 O.
  • fusion de sociétés, attribution gratuite, plus-value, 210.
  • rachat, 161.
  • société coopérative de production, 217 *sexies*.
  • société de développement, 208-1° *ter* s.
  • société de gestion, 208-2°.
  • société d'investissement, cession, plus-value, 208-1° et 1° *bis* A, 210 A.
  • société de personne (transmission à titre gratuit), 41, 54 *septies* II, 151 *nonies* II.
- Société,
  • liquidation, rachat (boni), 161.

Partage,
- Assiette, 747.
- Communauté conjugale, 748.
- Contrat de travail différé, 793-1, 1037.
- Corse (indivision successorale), 750 *ter*.
- Disposition générale, 677-4°, 746.
- Droit,
  • assiette, tarif, 677, 746, 747.
- Enregistrement, délai, 635-1-7°, 636.
- Entre l'État et les particuliers, 1040.
- Groupement foncier agricole, 748 *bis*.
- Soultes ou plus-values, 150-0 A, 150 U, 747, 748.
- Successions, 748.
  • acceptation ou répudiation, 635-2-2°.

▸ V. ***Donation-partage.***

Partage d'ascendant
▸ V. ***Donation-partage.***

Partenariat
▸ V. ***Contrat de partenariat.***

Parti politique,
- Don, 200, 238 *bis* 1 ; Décr. n° 90-606 du 9 juill. 1990, art. 9 à 15, **p. 3389.**

▸ V. ***Élections.***

Participation,
- Dans des sociétés,
  • étrangères, 209 B, 1763 A ; Ann. II 102 S à 102 ZB.
  • de personnes (ou groupement d'intérêt économique), 238 *bis* K.
  • des SARL ou en commandite (plus-value de vente ou d'échange), 160.
- Des employeurs,
  • à l'effort de construction, 235 *bis*.
  • au développement de la formation professionnelle continue, 235 *ter* C à 235 *ter* KM, 1679 *bis* B ; Ann. II 163 *nonies* à 163 *sexdecies*.
- Du personnel aux résultats de l'entreprise, 39-1, 158-5, 214-2°, 237 *ter* A.
- Des salariés aux fruits de l'expansion, 81-18° *bis*, 157-16° *bis*, 158-5 *b*, 163 *bis* AA, 237 *bis* A, 237 *ter* A.
- Provision pour dépréciation, Ann. III 38 *sexies*.
- Société coopérative de production (ouvriers et employés), 214-2°.

▸ V. ***Association en participation.***

Pas géométriques (cinquante),
- Taxe spéciale d'équipement,
  • Guadeloupe, 1609 C.
  • Martinique, 1609 D.

Passavant, 455.

Passeport,
- Étranger, 954, 955.
- Exemption, timbre, 953, 955.
- Prix et validité, 953.

Passeport *(suite)*
- Visa, taxe, 954.

Pass-foncier, 257-I 3 *b*, 278 *sexies* ; Ann. III 70 *quinquies* B.

Passif
▸ V. ***Succession (droits de mutation).***

Pâtisserie fraîche (TVA), 297-I 1-2°.

Patrimoine,
- Architectural, paysager, urbain, 31-1° *b ter*.
- Artistique, 39-1-7°.
- Artistique national, Ann. II 310 G.
- Foncier, 261 D.
- Vivant, 244 *quater* O.
▸ V. ***Fondation du patrimoine, Prélèvements sociaux.***

Péage,
- Péage urbain (expérimentation de –), 1609 *quater* A.
▸ V. ***Taxe sur la valeur ajoutée [TVA].***

Pêche,
- Bateau, 262-II 2°.
- Bénéfice industriel et commercial (détermination), 44 *nonies*.
- Côtière (TVA), 262-II 6° ; Ann. III, 73-I.
- Dépenses non déductibles (pêche de détente), 39-4, 111 *e*, 223 *quater*.
- Engins et filets (TVA), 257-15°, 262-II 2° et 3°, 291-II 5° ; Ann. IV 42 s.
- Entreprise de pêche maritime, 39 *quaterdecies* 1 *quater*, 44 *nonies* ; Ann. II 310 HH.
- Financement de la pêche artisanale, 199 *quatervicies*, 238 *bis* HO à 238 *bis* HU ; Ann. III 46 *quindecies* C à 46 *quindecies* LB.
- Investissement DOM/TOM, 217 *undecies*, 217 *duodecies*, 238 *bis* HA, 238 *bis* HC ; Ann. III 46 *quaterdecies* A s., 46 *quaterdecies* V, 46 *quaterdecies* W.
- Pêche de détente, 39-4, 111 *e*, 223 *quater*.
- Pêche maritime et cultures marines, 44 *sexies*, 75-0 C, 163 *duovicies*, 154 *bis*-0 A (Ann. III 41 DN *bis*, 41 DN *ter*), 1455 (TP), 1600, 217 *decies*, 238 *bis* HA, 238 *bis* HO, 238 *bis* HP.
- Produits (TVA), 278 *bis* 3°, 291-II, 297-I 1-2°.
- Redevances sanitaires, 302 *bis* WA, 302 *bis* WB.
- Régime fiscal, 34, 154 *bis*-0 A (Ann. III 41 DN *bis*, 41 DN *ter*), 261-2-4°, 1455.
- Sociétés de financement (SOFIPÊCHE), 238 *bis* HO, 238 *bis* HP.
  • capital souscrit (amortissement exceptionnel), 217 *decies*.
  • IR (déduction), 163 *duovicies*.
- Taxe pour frais de chambre de commerce et d'industrie, 1600.
▸ V. ***Pêcheur.***

Pêcheur,
- A la part, 34.
- Cotisation foncière des entreprises, 1455.
- Fort-Mardyck (matelots et pêcheurs de-), 1047.
- TVA, 261-2-4°.
▸ V. ***Pêche.***

Pécule, 81-30°.

Peines correctionnelles,
- Contributions directes,
  • agents d'affaires, 1772-1-1°, 1775.
  • complicité, 1772-2.
  • dépôt des titres à l'étranger, 1743-2°.
  • dissimulation de revenus mobiliers, 1773, 1783 B.
  • encaissement de coupons appartenant à des tiers, 1772-1-3°.
  • encaissement de revenus à l'étranger, 1772-1-2°, 1743-2°.
  • pièces fausses ou inexactes, demandes en dégrèvement, 1772-1-4°.
  • publicité des jugements, 1776 s.
  • récidive, 1775.
  • retenues à la source, non-versement, 1771, 1783 A.
  • sociétés et associations, dirigeants, 1777.
  • transfert de coupons à l'étranger, 1743-2°.
- Contributions indirectes, 1810, 1821.
  • circonstances atténuantes, 1800.
  • rébellion, 1815.
  • récidive, 1810, 1812, 1813 *c*.
  • responsabilité, 1805.
  • sursis, 1801.
- Dispositions communes,
  • commission des infractions fiscales, 1741 A.
  • manœuvres frauduleuses (dissimulation), 1741, 1743.
  • mise en demeure (non), 1748.
  • opposition à fonctions, récidive, 1746.
  • publicité du jugement, 1741.
  • refus collectif de l'impôt, 1747.

Peines correctionnelles *(suite)*
• solidarité, 1745.
• ventes sans facture (flagrant délit), 1751.
– Enregistrement et publicité foncière,
• affirmation frauduleuse, 1837.
• destitution, 1840 B.
• fausse mention, 1839.
• officier ministériel, complicité, récidive, 1838.
• successions, 1837.
– Taxes sur le chiffre d'affaires,
• importation, 1790.
• récidive, 1789.
– Timbre, 1840 O, 1840 Q.
► V. *Pénalités et sanctions.*

Peintre (artiste), 1460-2°.

Pénalités contractuelles,
– Pénalités de retard (factures impayées), 237 *sexies.*

Pénalités et sanctions,
PRÉSENTATION GÉNÉRALE,
I. – Dispositions communes,
– A. – Intérêt de retard, 1727 à 1727-0 A.
– B. – Sanctions fiscales,
• infractions relatives aux déclarations et actes comportant l'indication d'éléments à retenir pour l'assiette ou la liquidation de l'impôt,
* défaut ou retard de déclaration, 1728.
* insuffisance de déclaration, 1729.
* application simultanée de plusieurs pénalités, 1729 A.
• infractions relatives aux autres documents, 1729 B, 1729 C.
• infraction à l'obligation de présenter la comptabilité sous forme dématérialisée, 1729 D, 1729 E.
• retard de paiement des impôts, 1730.
* impôts recouvrés par l'administration fiscale, 1731 à 1731 B.
• opposition à fonctions et obstacle au contrôle de l'impôt, 1732 à 1735 *quater.*
• infractions commises par les tiers déclarants, 1736.
• infractions aux règles de facturation, 1737.
• non-respect des obligations de déclaration ou paiement par voie électronique, 1738.
• non-respect des conditions auxquelles sont subordonnés des avantages fiscaux, 1739 à 1740-00 AB.
• délivrance irrégulière de documents permettant à un tiers de bénéficier d'un avantage fiscal, 1740-0 A à 1740 B.
– C. – Sanctions pénales, 1741 à 1753 *bis* B.
– D. – Recouvrement et contentieux des pénalités et solidarité, 1754.
– E. – Mesures diverses, 1755 à 1756.
II. – Dispositions particulières,
– A. – Impôts directs et taxes assimilées,
• majorations de droits, 1757 à 1758 A.
• amendes fiscales, 1759 à 1770 *undecies.*
• sanctions pénales, 1771 à 1783 B.
– Plafonnement des impositions, 1783 *sexies.*
– B. – Taxes sur le chiffre d'affaires et taxes assimilées,
• sanctions fiscales, 1784 à 1788 C.
• sanctions pénales, 1789.
• importation, 1790.
– C. – Contributions indirectes,
• sanctions fiscales, 1791 à 1804 C.
• responsabilité des infractions, 1805 à 1809.
• sanctions pénales, 1810 à 1821.
• autres sanctions et mesures diverses, 1822 à 1825 F.
– D. – Enregistrement et publicité foncière,
• sanctions fiscales, 1826 à 1828.
• sanctions pénales, 1837 à 1839.
• autres sanctions et mesures diverses, 1840 B à 1840 G *ter.*
– E. – Droits de timbre – Autres droits et taxes,
• sanctions fiscales, 1840 H à 1840 J.
• sanctions pénales, 1840 O à 1840 Q.
• autres sanctions et mesures diverses, 1840 R.
– F. – Contribution à l'audiovisuel public, 1840 W *ter* à 1840 W *quater.*
PRÉSENTATION ALPHABÉTIQUE,
– Absinthe et similaires, 1798, 1802, 1816.
– Abus de droit, 1727, 1729, 1729 A, 1754-V.
– Absence,
• de communication, 1734, 1735 *quater,* 1763, 1788 C, 1798 *bis.*
• de déclaration, 1729, 1729 A, 1755, 1763 A, 1788 A.
– Acompte, 1693 *bis* I, 1730 à 1731 B, 1784, 1785.
– Acquéreur de biens dévolus à des étrangers, 1827.
– Acte,
• défaut ou retard de déclaration, 1728, 1729 A.
• insuffisance, 1729, 1729 A.
V. *Droits d'enregistrement.*

Pénalités et sanctions *(suite)*
– Activité occulte, 1728, 1741, 1745.
– Astreinte,
• œuvres d'art, don à l'État (violation de l'engagement), 1840 G *bis*.
– Agrément (non-respect), 1649 *nonies* A.
• investissements outre-mer, 1740, 1740-0 A.
• plus-value (société immobilière), 1764.
• principe général, 1649 *nonies* A.
– Alcool, 1794, 1795 *bis*, 1821, 1825 à 1825 D.
• opposition à contrôle, 1798, 1816.
• présomption de revenus, 1649 *quater*-0 B *bis*.
• sanctions pénales, 1810.
• titre de mouvement (absence, irrégularités), 1825 A.
V. *Vin*.
– Amendes fiscales, 1759 à 1770 *decies*, 1826, 1828.
– Assureurs,
• défaut de représentant en France, 1004.
• solidarité, 1708.
• succession (versement), 1826.
– Attestation mensongère, 1740-0 B.
– Avantage fiscal (indu),
• délivrance irrégulière de documents, 1740-0 A, 1740 B.
• mise sous condition (dons), 1378 *sexies*.
• non-respect des conditions, 1649 *nonies* A, 1739 à 1740-0 A, 1763 C, 1763 E à 1765, 1768, 1840 G à 1840 G *ter*.
• rachat d'entreprise, 1757.
– Bénéficiaire d'apport, 1763, 1764.
– Billetterie, 1791-II, 1822, 1824.
– Casier viticole, 1798 *ter*.
– Changement d'affection (immeuble), 1729 C.
– Changement de consistance (immeuble), 1729 C.
– Chèque,
• émission irrégulière, 1840 J.
• encaissement pour autrui, 1743.
– *Commerce d'animaux vivants, 1754.*
– Commission des infractions pénales, 1741 A.
– Comptabilité informatique, 1729 E, 1735 *quater*, 1770 *undecies*.
– Concepteur de logiciel comptable, 1770 *undecies*.
– Confiscation,
• contributions indirectes, 1791, 1800, 1804, 1805, 1810.
• timbre et papiers timbrés, 1840 R.
– Construction, 1729 C, 1828.
– Contentieux des pénalités, 1754.
– Contrat,
• absence de déclaration, 1766.
• dissimulation de prix, 1729 c, 1754-V 5.
– Contribution à l'audiovisuel public, 1840 W *ter*, 1840 W *quater*.
– Contributions indirectes, 1731-0 A, 1791 à 1825 F.
• commerce d'animaux vivants, 1754.
• entrepositaire agréé, 1798 *bis*.
• intérêt de retard, 1727, 1727-0 A.
• paiement des droits par voie électronique, 1804 C.
• pénalité générale, 1791.
• retard de paiement, 1731, 1731-0 A.
• sursis à exécution, 1801.
• transport (viticulture), 1798 *ter*.
– Contrôle de l'impôt (obstacle au), 1732, 1735 *ter*, 1746.
– Cotisation foncière des entreprises, 1731, 1731 B.
– Cotisation sur la valeur ajoutée des entreprises, 1770 *decies*.
– Débiteur (succession), 1826.
– Décès du contrevenant, 1754-IV.
– Déchéance du bénéfice des avantages fiscaux, 1649 A.
• apport en société, 210 B 1 b, 210 B *bis* 2, 817 A.
• avantages fiscaux (principes), 1649 *nonies* A.
• bénéfice agricole (calamités), 64-5, 1398.
• bouilleur de cru, 1825 A.
• publicité foncière (solidarité), 1594 F *quinquies*.
– Déclaration,
• construction (de), 1729 C, 1828.
• défaut ou retard (de), 1728, 1729 A, 1738, 1741, 1763 A, 1788 C.
• fausse (-), 1799.
• insuffisance (de), 1729, 1729 A, 1741, 1755, 1760, 1763 A, 1788 C.
• omission, 1729, 1729 A, 1755, 1788 A.
• opérations de conseil en investissement (des), 1729 C.
• tiers (par des), 1736, 1743-3°, 1745, 1758, 1758 A, 1759, 1763 B, 1826.
• trust, 1649 AB, 1736-IV *bis*.
– Déclaration des opérations de conseil en investissement, 1729 C.
– Demande d'informations ou justifications,
• groupe, 1735 *ter*.
• transfert à l'étranger, 1735.
• transfert de prix, 1735 *ter*.

Pénalités et sanctions *(suite)*
- Dépositaires,
  • de comptes, 1739, 1788 C.
  • de marchandises, 1805.
- Destitution des officiers publics ou ministériels, 1840 B.
- Destruction d'alambics, 1825 B.
- Diffuseurs et distributeurs de programmes de télévision, 1840 W *quater*.
- Dispositions particulières, 1757, 1840 W *quater*.
- Dissimulation de prix, 1729, 1741, 1754-V.
- Dividendes (publicité et identification), 1767.
- Documents,
  • absence de communication, 1734, 1763, 1798 *bis*, 1788 C.
  • d'assiette (erreur, faux), 1736, 1740.
  * annexes, 1763.
  V. *Insuffisances, Retard.*
  • délivrance irrégulière, 1740-0 A, 1740 B.
  * solidarité, 1754.
  • documents non déclaratifs, 1729 B.
  * absence de tenue, 1734.
  * défaut de production ou production tardive, 1729 B, 1766.
  • facture (et document tenant lieu de), 1737, 1740 A, 1788 A.
  • insuffisances ou omissions des indications, 1729 B, 1766.
  • faux, 1743, 1772.
  • omission, 1743, 1763.
  • transport (de), 1798 *ter*, 1807.
- Documents fiscaux (divulgation), 1753 *bis* A.
- Dons (organismes collectant des), 1762 *decies*.
- Droit de communication (refus), 1734.
- Droit spécifique sur les métaux précieux, 1731-0 A.
- Droit supplémentaire (non-respect des engagements),
  • acquéreur de fonds de commerce, 722 *bis*.
  • enregistrement (exonération, réduction), 1840 G *ter*.
  • groupement forestier, 1840 G.
- Droits civiques, civils et de famille (privation), 1741, 1774, 1837.
- Droits d'enregistrement, 1826 à 1840 G.
- Droits de timbre, 1840 H, 1840 W *bis*.
- Écritures (faux en), 1743.
- Éditeur de logiciel comptable, 1770 *undecies*.
- Enregistrement, publicité foncière et timbre,
  • assurances, 1826.
  • dépositaire de titres, sommes, etc. (succession),
  • dissimulation de prix, 1729 (majoration), 1754 (solidarité).
  • fausse attestation de dettes, 1754.
  • libération irrégulière, 1826.
  • machine à timbrer non autorisée, 1840-I.
  • pénalité générale, 1840 D, 1840 R.
  • publicité foncière, 1840 G *ter*.
  V. *Droit supplémentaire (non-respect des engagements)*.
- Établissement de crédit, 1739, 1826.
- Évaluation foncière, 1729 C.
- Facture,
  • fausse (-), 1741, 1745.
  • irrégularités, 1737, 1751, 1786.
- Fermeture d'établissement,
  • débit de boisson, 1816.
  • délits fiscaux, 1750, 1775.
  • entreprise de spectacles, 1822.
  • vente interdite d'absinthe, 1825.
- Formalité fusionnée, 1728.
  V. *Enregistrement, publicité foncière et timbre.*
- Fraude, 1741, 1742, 1745.
- Identité (non-révélation), 1759.
- Importation, 1790.
- Impôts directs et taxes assimilées, 1757, 1783 B.
- Indemnité ou intérêt de retard,
  • absence ou insuffisance de déclaration, 39 *quaterdecies* 1 *quater*.
  • acompte, 1693 *bis* I, 1693 *quinquies*, 1693 *sexies*, 1730 à 1731 B, 1784, 1785.
  • décharge, 1691 *bis* II 2 d.
  • déchéance, 1649 *nonies* A.
  • déduction pour aléas, 72 D *bis*.
  • insuffisances de déclaration, 1727.
  • non-respect d'un délai de conservation,
  * enregistrement, 793 *bis*, 793 *quater*, 795 A, 1840 G *ter*.
  * immeubles, 210 E.
  * investissements, 217 *decies*.
  * titres de participation, 145-1 c.
  • opérateurs de jeux ou de paris en ligne, 1012.
  • plus-value (pêche), 39 *quaterdecies* 1 *quater*.
  • provisions (utilisation non conforme), 39 *bis* A 7.
  • régime suspensif, 277 A II-3-3°.
  • reprise d'activité, 44 *septies* IX, 1757.
  • retard,
  * de déclaration, 1727.
  * de paiement des impôts, 1727.
  • taxes sur le chiffre d'affaires,

Pénalités et sanctions *(suite)*
* taxe de l'aviation civile, 302 *bis* K.
* taxe sur les nuisances sonores aériennes, 1609 *quatervicies* A VI.
* taxe sur les transactions financières, 1788 C.
V. *Solidarité.*
– Informations,
• apport en capital, 1763 C.
• d'assiette (erreur, faux), 1736, 1740.
• communication (absence de-), 1826.
• détournement, 1753 *bis* B.
• diffuseurs et distributeurs (TV.), 1840 W *quater*.
• divulgation, 1753 *bis* A, 1753 *bis* B, 1762, 1825 D.
• entrepositaire agréé, 1788 A.
• entrepôt agréé, 1798 *bis*.
• OPVCM, 1763 B, 1767, 1788 C.
• viticulture, 1798 *ter*.
– Infractions aux règles de facturation, 1737.
– Insuffisances,
• insuffisances de déclaration (bonne foi), 1727, 1728, 1788 A (TVA, échanges CEE).
• de paiement,
* droits d'enregistrement (complicité), 1754.
* taxes sur le chiffre d'affaires, contributions indirectes, enregistrement et timbre, retenues à la source, taxe sur les salaires, 1731.
– Interdiction,
• d'exercer (commerce des ouvrages en métaux précieux), 1823 (fabricant de billets d'entrée), 1824.
• de participer aux travaux des commissions administratives, 1732.
• de publier ou diffuser la liste des assujettis à l'impôt, 1762, 1772-1-5°.
– Intérêt de retard, 1727 à 1727-0 A, 1731 A, 1731 A *bis*, 1784.
• mention expresse, 1727-II 2, 1727-0 A.
– Insolvabilité (organisation d'-), 1741, 1745.
– Insuffisance de déclaration, 1729, 1729 A.
– Interprétation (de bonne foi), 1727.
– Jeux, 1797,1822.
– Justifications,
– Majoration de droits, 1728 à 1732, 1738, 1754 à 1758 A, 1783 *sexies*, 1784, 1785, 1789.
• insuffisance de déclaration,
* cercles et maisons de jeux, 1797.
* contributions indirectes, 1791, 1794, 1798.
* manœuvres frauduleuses, 1729.
* mauvaise foi, 1729-1 et 3, 1732, 1754 (solidarité).
* organisation du marché du vin, 1804.
• retard de paiement (impôts directs perçus par voie de rôles), 1730.
• taxation ou évaluation d'office,
* après mise en demeure, 1727.
* suite à opposition, 1727.
– Manœuvres frauduleuses, 1727, 1729, 1731 *bis*, 1741, 1786.
– Mauvaise foi, 1727, 1729, 1729 A, 1731 *bis*, 1732, 1754 (solidarité).
– Mention expresse, 1727-II 2, 1727-0 A.
– Mesures diverses, 1755, 1756.
– Métaux précieux, 1731-0 A, 1761-2, 1823.
– Mise en demeure, 1728.
– Mutation par décès, 1728, 1729, 1729 A.
– Non résidente (Entreprise), 1788.
– Numéro d'identité, 1753 *bis* B.
– Officier public ou ministériel, 1826, 1840 B à 1840 E.
– Opérateurs de jeux ou de paris en ligne, 1012.
– Opérations de conseil en investissement, 1729 C.
– Opposition collective, 1746, 1747.
– Opposition à fonctions, 1732, 1735 *ter*, 1746, 1798 (alcool), 1815, 1816 (CI), 1822.
– Paiement des droits et des sanctions,
• négligence des officiers ministériels, 1840 C.
• perte de permis de circulation,
* loueur d'alambic ambulant, 1825 C.
• retard,
* principes, 1727, 1731 A.
• saisie ou séquestre des marchandises, 1788.
• solidarité pour le paiement, 1840 E, 1754, 1840 G.
– Peines complémentaires, 1750, 1753, 1816, 1817, 1825 (CI).
– Pluralité de pénalités, 1729 A.
– Plus-value, 1761.
– Prix, 1840 B.
– Procédure collective, 1756.
– Procédure pénale, 1748.
– Produits des placements à revenu fixe (non-déclaration), 1730.
– Publicité foncière
V. *Enregistrement, publicité foncière et timbre.*
– Publicité de l'impôt, 1762.
– Rachat d'entreprise, 1757.
– Récépissé de consignation, 1788.
– Récidive, 1789, 1800, 1804 A.

Pénalités et sanctions *(suite)*

- Recouvrement des pénalités, 1754.
- Rectification spontanée, 1755.
- Redevance audiovisuelle
  V. *Contribution à l'audiovisuel public.*
- Refus de l'impôt, 1747.
- Registre, 1788 A, 1788 B, 1798 *ter*.
- Responsabilité des infractions, 1805, 1809.
- Retard,
  • de déclaration, 1728, 1729 A.
  • de paiement, 1730, 1731, 1731 A, 1731 A *bis*, 1731 B, 1738, 1784, 1785, 1804 C (CI).
- Retenue à la source (salaires, pensions, bénéfices non commerciaux), 1768.
- Revenus exonérés (déclaration des), 1760.
- Révision foncière, 1729 C.
- Sanctions administratives, 1822 à 1825 D.
  V. *Amendes fiscales.*
- Sanctions pénales, 1741 à 1753 *bis* B, 1810 à 1821, 1837 à 1839.
- Secret fiscal (violation), 1753 *bis* A.
- Secret professionnel (violation), 1753 *bis* B, 1825 D.
- Séquestre, 1751.
- Spectacles, 1791-II, 1822.
- Solidarité,
  • décharge, 1691 *bis* II 2 d.
  • groupe de sociétés, 223 A (dernier al.), 1693 *ter* 6.
  • facture irrégulière, 1786.
  • fraude, 1799 A, 1770 *undecies*.
  • principes, 1754, 1770 *undecies*, 1799 A, 1840 E.
  • taxe sur les conventions d'assurance, 1708.
- Succession, 1826, 1827, 1840 F.
- Sursis à exécution, 1801, 1802.
- Tabac, 1791, 1791 *ter*, 1793 A, 1804 B.
- Taxes sur le chiffre d'affaires et taxes assimilées, 1784 à 1788 B.
  • TVA,
  * agriculture, 1754, 1785.
  * régime suspensif, 277 A II 3-3°.
  • taxe de l'aviation civile, 302 *bis* K.
  • taxe sur les nuisances sonores aériennes, 1, 1609 *quatervicies* A VI.
  V. *Insuffisances, Retard.*
- Tiers déclarants (infractions commises par), 1736, 1743-3°, 1745, 1758, 1758 A, 1759.
- Transfert à l'étranger, 1735, 1743-2°, 1745.
- Tuteurs et curateurs,
  • responsabilité, 1840 F.
- Valeurs mobilières,
  • défaut de bordereau ou de registre des sommes payées, non-représentation de ces documents, 1729 B.
  • insuffisance des retenues à la source, 1731.
- Vin, 1798, 1798 *ter*, 1804, 1818, 1821.

▸ V. *Peines correctionnelles.*

Pensions,

- Abattement, 158-5 *a*.
- Accident du travail, 81-8°.
- Alimentaires, 80 *quater*, 80 *septies*, 156-II 2°.
- Déclaration annuelle, 88, 89 A.
- Domicile fiscal hors de France, 83 A, 182 A, 182 A *bis*.
- Guerre, invalidité, 81-4°, 81-7°, 157-4°.
  • victimes civiles, 81-5°.
- Imposition, 79.
- Joueur de football, 80 *decies*.
- Majoration,
  • charges de famille, 81-2° *ter*.
- Mode d'imposition, 79, 158-5.
- Orphelin, 81-14° et 14° *bis*.
- Perçues par des étrangers, 83 A, 182 A, 182 A *bis*.
- Prestations en capital, 79, 120, 158-5, 163 *bis*, 1417-IV.
- Retraite,
  • contribution déductible, 83-2° 0 *quater*.
  • du combattant, 81-4°, 157-4°, 195-6.
  • mutuelle, 81-12°.
- De source française, 164 B II.
- Temporaires d'orphelins, 81-14° et 14° *bis*.

▸ V. *Rente, Retraite, Traitement.*

Pension alimentaire,

- Déduction, 156-II 2°.
- Enfant majeur, 80 *septies*, 156-II 2°.
- Femme en instance de divorce, 158-5.
- Rentes, 80 *quater*.

Pensions de valeurs titres ou effets, 38 *bis*-0 A, 39-1-5°, 145-1 *c*, 260 C 4°, 261 C 1° *a*, 726.

Pépinières, 1394-2°, 1509-II.

Percepteur

▸ V. *Comptable du Trésor.*

Perception à la source

▸ V. *Retenue à la source.*

Période d'imposition,

- BIC, 36, 37.

Période d'imposition *(suite)*
- Impôts locaux, 1415, 1447.
- Impôt sur le revenu, 12, 36 s., 73.
- Impôt sur les sociétés, 209.
- Taxe proportionnelle (période de référence), 1467 A.
- TVA, 287-1.

Permis,
- De chasser (droit de timbre), 1635 *bis* N ; Ann. II 326 *bis*.
- De circulation (bouilleurs), 327 s.
- De conduire,
  - véhicules routiers,
  - * délivrance du permis, 1599 *terdecies*, 1599 *quaterdecies*.
  - * renouvellement, 1628 *ter*.
  - * suspension, 1750.
  - bateaux, 963.
- De construire (TVA), 269-1 *a*.
- ► V. ***Certificat.***

Personne,
- A charge, 6-1, 86, 174, 196, 196 A *bis*, 199, 1411-III.
- Agée (exonération), 5-2° *bis*, 157 *bis*, 156-II 2° *ter*, 1390 s., 1414.
  - abattement, 157 *bis*.
  - accueil, 80 *octies* ; Ann. II 39 *bis*.
  - TVA prestations (taux réduit), 279.
- Défavorisée (location de logements), 35 *bis* I ; Ann. II 74 T.
- Vivant au foyer,
  - déclaration, Ann. III 41.

Personne morale,
- De droit public, 256 B.
- Domicile hors de France, 4 A, 164 A à 165 *bis*, 750 *ter* 2°.
- Impôt sur les sociétés, 206-1.
  - exonérations, 207 s., 239 *octies*.
- Retenue à la source (liste de l'art. 119 *ter*), Arr. 21 janv. 1992, **p. 3390.**
- *TVA, 261 A.*

Personnel des entreprises,
- Avantages en nature, 54 *bis*, 223-3, 1763-1.
- Construction de logements (Aide à fonds perdu aux HLM), 39 *quinquies*.
- Dépenses (de), 39-1-1°.
- Donation, 790 A.
- Participation aux fruits de l'expansion
- ► V. ***Participation.***
- Prestations de services, 259 B s.

Personnes âgées,
- Hébergement, 261-4-1° *ter*.
- Long séjour (frais de), 199 *quindecies*.

Perte,
- Bétail, 64-5, 1398.
- Frais d'accueil, 156-II 2° *ter*.
- Récolte, 64-3, 64-5, 1398.
- Revenu, 64, 1397.
- ► V. ***Moins-value.***

Pétillant de raisin, 435, 438-2, 440 *bis*, 458, 1698 C.

Petites et moyennes entreprises,
- Bénéfices, 44 *septies*, 199 *ter* B, 199 *terdecies*-0 A, 199 *terdecies*-0 B, 220 *octies*, 238 *bis*.
- Crédits d'impôts, 244 *quater* E, 244 *quater* G, 244 *quater* H, 244 *quater* O, 244 *quater* P.
- TVA, 256 *bis*, 261 D.
- Régime, 50-0, 151-0, 102 *ter*, 302 *septies* A *bis*.
- Enregistrement, ISF, 885-I *ter*, 885-0-V *bis*.
- Impôts locaux, 1464-I, 1465, 1465 B, 1599 *quinquies* B.
- Micro-entreprises, 1647 C *septies*.
- Réduction du taux de l'IS, 219-I *b* ; Ann. III 46 *quater*-0 ZZ *bis* A.
- Zone de restructuration de la défense, 1647 C *septies*.

Pétrole,
- Cotisation foncière des entreprises, 1463.
- Explorateurs de mines de pétrole, 34 (BIC), 1463, 1519, 1587.
- Fluctuation des cours (provision), 39-1-5°, al. 3.
- Produits pétroliers, 298.
- Redevances (royalties), 120-10°.
  - redevances des mines, 1519, 1587.
- Sanctions, 1790.
- Stockage (organismes de), 1655 *quater* (exonération d'IS).
- TVA (perception), 1695.
- ► V. ***Hydrocarbures, Mines, Produits, Redevance.***

Peuplements forestiers, 150-VF.

Pharmacien,
- Livres ou registres,
  - visa, 1628-0 *bis*.

Pierre précieuse et perle,
- Exportation, Ann. III 74-2.
- Ventes, 150 VI s., 1761.

Pinel (Dispositif)
▸ V. ***Investissement immobilier locatif.***

Piquette, 431, 432.

Pisciculteur, 63, 1450.

Place publique, 1400-1°.

Placement,
- A revenu fixe,
  - déclaration, 125 A, 242 *quater*, 990 A, 1740-0 B.
  ▸ V. ***Prélèvement.***
- Collectif immobilier
  ▸ V. ***Plus-values, Organismes de placement collectif immobilier.***
- En report, 124 A.
- Financier, 885 J.
- Produits courus (imposition), 238 *septies* F.
- Provision pour dépréciation, 39-1-5° ; Ann. III 38 *septies.*

Plafond légal de densité, 1723 *octies* à 1723 *quaterdecies* ; Ann. II 317 *septies* A.
- Élément du prix de revient, 302 *septies* B 1.

Plafonnement,
- Impôt sur le revenu,
  - abattement, 158.
  - frais (forfait), 83-3°.
  - quotient familial, 197-2.
- ISF, 885-V *bis.*
- Taxe,
  - d'habitation, 1414 B, 1417.
  - spéciale d'équipement (50 pas géographiques), 1609 C, 1609 D.

Plaisance (résidence de), 39-4, 111 *e*, 223 *quater.*

Plan,
- D'alignement, 1045.
- D'épargne en actions
  ▸ V. ***Dation en paiement.***
- D'épargne d'entreprise, 81-18°, 157-17°, 163 *bis* B, 237 *ter* ; Ann. II 82.
- D'épargne à long terme, 163 *bis* A.
- D'épargne-logement, 157-9° *bis.*
- D'occupation des sols, 1053.

Plan d'épargne en actions, 157, 160, 163 *quinquies* D, 200 A 5, 1765 ; Ann. II 91 *quater* E à 91 *quater* J ; Ann. III 41 ZV à 41 ZZ.
- Destiné au financement des petites et moyennes entreprises et des entreprises de taille intermédiaire (PEA-PME), 150-0 A, 150-0 D, 157, 200 A, 1765 ; Ann. II, 91 *quater* G à 91 *quater* K.
- Moins-values (clôtures après cinq ans), 150-0 A II *bis.*

Plan d'épargne populaire (PEP),
- Produits, exonération, 125 A III *bis* 1°, 157-22° ; Ann. II 91 *quater* à 91 *quater* B.
- Revenu imposable, 157-22°.

Plantations, semis (exonération), 210 A, 1395-1° et 3°, 1395 A, 1395 B.

Plaqué,
- Or, argent, platine, 550, 551.

Plateau continental,
- Impositions locales, 1635 *quinquies.*

Platine
▸ V. ***Métaux précieux.***

Pluripropriété,
- Résidences de tourisme, 261 D 4°,.
- Sociétés, 239 *octies*, 261 A, 728, 729, 730.

Plus-values, 39 *duodecies* s.
- Bail à construction, 151 *quater.*
- Bateaux de la navigation intérieure, 238 *sexdecies.*
- Brevets, 39 *terdecies*, 93 *quater* III.
- Crédit-bail, 39 *duodecies* A.
- Droit de surélévation, 150 U, 238 *octies* A.
- Droits sociaux,
  - boni de liquidation, 161.
  - cession, 150-0 A à 150-0 F.
- Échange,
  - agriculture, 72 E.
  - fait avec l'État, les collectivités territoriales et leurs établissements, 238 *octies* C.
- Emprunts 8,80 %, 157-8° *ter.*
  - entreprises individuelles (transmission à titre gratuit), Ann. III 10 H-0 *bis.*
- Fusion de sociétés, 159, 210.
- Immeubles (réévaluation libre), 238 *bis* JA.
- Impôt sur le revenu, 38-1, 93 (bien du patrimoine privé) 151 *septies.*
- Impôt sur les sociétés, 208 *quater*, 209 *quater*, 219-I.

Plus-values (*suite*)

– Navires de pêche, cession, 39 *quaterdecies* 1 *quater*.
– Parts de créateur d'entreprise, 163 *bis* G.
– Petites entreprises, 151 *septies*.
 • cession et transmission, 238 *quindecies*.
– Peuplements forestiers, 76 A.
– Plus-values de cession de bien ou de droit mobilier ou immobilier, 150 A, 150-VH, 1609 *nonies* G ; Ann. III 41 *duovicies* A.
 • abattement (durée de détention), 151 *septies* B.
 • biens « migrants », 151 *sexies*.
 • déclaration, Ann. II 74 O, 74 P.
 • départ à la retraite, 151 *septies* A.
 • détermination, Ann. II 74 C à 74 L, 74 B, 74-I, 74 J.
 • exonération (habitation en France des non-résidents), 150 U II 2°.
 • expropriation, Ann. II 74 F à 74 G, 74 P, 74 B *bis*.
 • local à usage de bureau commercial, 210 F.
 • moins-values, 219.
 * exonération, Ann. II 74 A *bis*, 74 M, 74 Q.
 * paiement fractionné, Ann. II 74 R.
 * particuliers (réforme), 150 U à 150-VH.
 * personne non domiciliée en France, 244 *bis* A.
 • non-résident, 200 B, 244 *bis* A-III *bis*.
 • prélèvement du tiers, 244 *bis* A, 1761.
 • rédacteurs d'actes, obligations, Ann. II 74 S.
 • valeurs mobilières et droits sociaux, 93 A, 150 A *bis*, 150-0 A à 150-0 E, 167 *bis*, 200 A, 244 *bis* B s.
– Plus-values de cession de valeur et autre titre mobilier,
 • bons du Trésor, 238 *septies* F.
 • échange et conversion de titres, 38-7, 151 *octies* B.
 • nationalisation-privatisation, 248 B, 248 F.
 • *placement collectif* immobilier, 239 *nonies*.
 • placement à risques, 150-0 A.
 • plan d'épargne en actions (retrait), 163 *quinquies* D ; Ann. II 74-0 E *bis*.
 • rachat par salariés, 160 A.
 • report d'imposition, 150-0 C, 151 *octies* B, 150 U, 151 *nonies*, 167 *bis* ; (*exit tax*, transfert de domicile vers UE), L. n° 2005-1720 du 30 déc. 2005, art. 61, **p. 3409.**
 * taux d'imposition, 200 A.
 • sursis d'imposition (territorialité), 150-0 B, al. 2, 167 *bis*.
 • titre coté ou assimilé, 150-0 A à 150-0 E, 157-8° *bis* et 8° *ter*, 244 *bis* C ; Ann. III 39 *bis*, 39 *ter*.
 • titre de créance négociable sur marché réglementé et non coté, 124 B à 124 E, 125 A III, 219 *bis* I ; Ann. III 41 *duodecies* J à 41 *duodecies* P.
 • titres à revenus fixes, 238 *septies* F.
 • titre de société à prépondérance immobilière, 150 A *bis*.
– Plus-values professionnelles (bénéfices professionnels), 38.
 • à court terme, 39 *duodecies*, 39 *quaterdecies*.
 • à long terme, 39 *duodecies* 3, 39 *terdecies*, 39 *quindecies*.
 • atténuation de l'imposition, 158-4, 219-I.
 • cession des charges et offices, mode de calcul, 93-1, 93 *quater*.
 • échelonnement de l'imposition, 163-0 A.
 • exonération,
 * décès, cession ou cessation, 41.
 * réinvestissement, 40-1.
 • diverses, 238 *octies*.
 • fiscalité immobilière (terrains à bâtir), 238 *nonies*, 238 *terdecies*.
 • forfaitaires, 151 *sexies*.
 • rapport aux bénéfices, 40-4.
 • société de gestion de portefeuille, 208-2°.
 • sociétés nationales d'investissements, 208-1°, 1° *b*-1° *bis* A.
 • société de développement régional, 208-1° *ter*.
 • société financière développement économique outre-mer, 208-1° *quater*.
 • société saharienne, 208-1° *quinquies*.
 • société immobilière de commerce et industrie, 208-3° *quater*.
 • sociétés de financement des télécommunications, 208-3° *quinquies*.
– Sociétés,
 • scission, 210 A, 210 B, 210 B *bis*.
– Terrain à bâtir, 238 *nonies* à 238 *terdecies*.
– Terres à usage forestier, 76 A.
– Titres de participation, 219-I *a ter*, 219-I *a quinquies* ; Ann. III 46 *quater*-0 RH.
– Transfert du domicile hors de France, 167 *bis*.
► V. ***Fiscalité immobilière, Lotissement, Prélèvements sociaux.***

Poinçonnement,

– Alambics, 308.

Poiré
▸ V. *Cidres et poirés.*

Politique agricole commune (PAC)
▸ V. *Union européenne.*

Pollution,
– Assurances (provision pour risques), 39 *quinquies* G ; Ann. II 16 A à 16 D.
– Installations contre..., 39 *quinquies* E, 39 *quinquies* F, 1518 A.

Polyculture,
– Bénéfice forfaitaire, 64-2.

Polynésie française
▸ V. *Collectivités territoriales d'outre-mer.*

Pomme (marché de la), Ann. III 143 A à 143 Z.
– Pommeau, Ann. II 364 s. ; Ann. IV 159 AN.

Pornographie,
– Établissement interdit mineurs, 279 *bis* 4°.
– Films, 238 B, 261 G, 279 *bis* 3° *a*, 1605 *sexies* s. ; Ann. II 163 *septdecies* à 163 *vicies*.
– Presse, 39 *bis* 1 *bis* C, 279 *bis* 1°.
– Services d'information ou interactifs, 235 ; Ann. II 159 A à 159 C.
– Support vidéo, 261 G, 1605 *septies*, 1605 *octies*.
– Théâtre, 235 *ter* M, 261 G, 279 *bis* 2°.

Port,
– Autonome
▸ V. *Port autonome.*
– Cotisation foncière des entreprises, 1449, 1518 A *bis* ; Ann. II 310 HM.
– Services portuaires (TVA), 256 B, 262-II 7° ; Ann. III 73 B s.

Portatif,
– Registre, 625 ; Ann. III 350 *quater* I 5°.

Port autonome, 1044 A, 1382 E, 1449, 1654 ; Ann. IV 165-1, 167-1, 170.

Portefeuille,
– Dépréciation, 39-1-5° (8e al.).
– Évaluation, Ann. III 38 *septies*, 38 *octies*.
– Plus-values, 39 *duodecies* 6.

Postes et télécommunications,
– Financement (Sociétés agréées pour le), 208-3° *quinquies*..
▸ V. *Sociétés (particulières).*
– La Poste, 1635 *sexies*.
• bons d'épargne, 125 A II ; Ann. IV 6 *quinquies*.
• frais postaux, 267-I 2°.
– TVA, 256 B.

Pot-de-vin
▸ V. *Corruption.*

Pourboire, 87 ; Ann. III 39 (déclaration).
▸ V. *Corruption.*

Poursuites,
– Contributions directes, annulation ou réduction, remise des frais, 1849.
▸ V. *Sursis.*
– Contributions indirectes,
• correctionnelles, 1805, 1809.
– Correctionnelles, 1741, 1741 A.
– Dispositions communes,
• remise des frais, 1912-3.
* revendication objets saisis, 1917.
• taxe et tarif des frais, 1912 ; Ann. III 415, 416.
– Enregistrement, publicité foncière et timbre ; non-valeur, 1894.
– Non-valeur, 1894.
▸ V. *Livre.*

Précompte,
– Exonération (holdings, participations étrangères), Ann. III 46 *quater*-0 F A.
– Société mère, 146-2.

Prélèvement,
– Assurance en cas de décès, 990-I.
– Bons et titres anonymes, 990 A, 990 C ; Ann. III 49 C, 49 I *bis* ; Ann. IV 23 L.
– Bons ou contrats de capitalisation, 125-0 A.
– Capitaux-décès, 990-I.
– Construction navale, 39-1-4° *bis*.
– Exploitant agricole, Ann. III 38 *sexdecies* JD.
– Fonds salarial,
• prélèvement sur intérêts, 125 A III *bis* 1°.
– Forfaitaire, 125 A s., 244 *bis* B.
– Frais d'assiette et recouvrement, 1647 ; Ann. IV 162 à 164.
– Libératoire (revenus de capitaux), 125-0 A, 125 A.
– Mensuel (impôt sur le revenu), 1681 A à 1681 E ; Ann. II 376 *bis* à 376 *sexies*.
• taxe d'habitation, 1681 *ter*.
– En nature par assujetti à TVA, 257-8° ; Ann. II 178 A à 178 C.

Prélèvement *(suite)*
- Placements à revenu fixe, 125 A, 125 D, 242 *quater*, 1678 *quater*, 1740-0 B ; Ann. III 381 K, 381 S ; Ann. IV 188-I, 188 J.
  - • déclaration, 170.
  - • prélèvement d'office, Ann. III 41 *duodecies* A à 41 *duodecies* P ; Ann. IV 6 *quater*, 6 *quinquies*.
  - • au profit de la Caisse allocations familiales, 1600-0 A.
  - • prime de remboursement et intérêt capitalisé, Ann. II 50 A.
- Pornographie et violence,
  - • prélèvement spécial, 235 *ter* M (théâtre),1605 *sexies* (film), 1605 *septies*, 1605 *octies* (support vidéo).
- Prélèvement social de 1%,
  - • caisse nationale d'allocation vieillesse, 1600-0 F.
- Prêts en monnaie étrangère (écart de conversion), 235 *ter* XA.
- Profits immobiliers (contribuables non domiciliés en France), 244 *bis*, 244 *bis* A.
- Sociaux perçus au profit de la CNAM, 1600-0 O, 1600-0 R, 1613 *bis*, 1635 *bis* AE à 1635 *bis* AH, 1647-III *bis*.
- Sur plus-values réalisées,
  - • à l'occasion de construction et vente d'immeubles, 244 *quater* A.
  - • par des personnes non fiscalement domiciliées en France, 244 *bis*, 244 *bis* A.
- Sur profits immobiliers réalisés par personnes n'ayant pas d'établissement en France, 244 *bis*, 244 *quater* A.
- Sur recettes de certains films, représentations théâtrales et supports vidéo, 1605 *sexies* s.
- TVA (base d'imposition), 267.

▸ V. ***Fiscalité immobilière.***

Prélèvements sociaux, 1600-00 C à 1600-0 S.
- 2 % CNAF et CNAVTS, 1600-0 F *bis*.
- Sur les jeux et paris, 1609 *quatertricies*.

Préretraite, 39 1-5°, 81-22°, 158-5 *a*, 163-0 A, 163 A.

Président-directeur général,
- Biens professionnels (ISF), 885 O *bis*.
- Compte associés (intérêts), 39-I 3°, 212.
- Options sur actions, 80 *bis*, 80 *quaterdecies*, 182 A *ter*, 200 A 6.
- Rémunérations,
  - • exagérées, 39-I 1°, 111 *d*.
  - • indemnité ou allocation forfaitaire pour frais, 39-3, 80 *ter*, 87, 211 *bis*, 231-1 *ter*.
  - • jetons de présence, 210 *sexies*.

Présomption,
- De distribution, 109, 111, 115 *quinquies* (sté étrangère).
- Mutation,
  - • fonds de commerce, clientèle, 1882.
  - • immeuble, 1881, 1883.
- Propriété en matière successorale, 751 à 754 B.
- De revenu, 151, 1649 A, 1649 *quater* A.

Presse,
- Agence de presse, 298 *octies*, 298 *decies* III, 1458-2°.
- Collectivité publique, 298 *duodecies*.
- Correspondant local, 1458-3°.
- Directeur, Ann. IV 5, 5 A.
- Diffuseurs, 1649 A *quater*.
- Entreprises anciennes ou dissoutes (attribution des biens), 238 *bis* B.
- Entreprises de..., 298 *decies*, 1458 ; Ann. III 72, 73.
  - • cession d'élément d'information, 298 *octies*.
  - • provision spéciale, 39 *bis*, 39 *bis* A ; Ann. II 17.
- Imprimerie, 298 *octies*, 298 *decies* III.
- Journaliste (affranchissement de l'impôt), 81-1°.
  - • photographe, Ann. IV 5.
- Messagerie, 298 *decies* III, 298 *undecies*.
- Organismes non lucratifs, 298 *duodecies*.
- Papier de presse, 298 *nonies*, 298 *decies* III.
- Provisions pour acquisition de matériel, 39 *bis*, 201 *ter*.
- Réduction d'impôt, 199 *terdecies*-0 C.

▸ V. ***Journaux.***

Pressoir, 1382-6°.

Pressurage

▸ V. ***Lie.***

Prestations,
- Allouées aux jeunes gens (service national actif, coopération ou aide technique), 81-17°.
- Artistiques, culturelles, etc, 259 A.
- Assistance et assurances, 81-8°, 157-4°.
- Compensatoires (ex-conjoint divorcé), 79, 80 *quater*, 156-II 2°, 158-5 *a*, 757 A.
  - • réduction d'impôt, 199 *octodecies*.
- Continues ou discontinues, 38-2 *bis*.

Prestations *(suite)*
- Familiales, 81-2°.
- Non-résident, 164 B II *b*.
- Revenus de source française, 164 B II.
- Services (TVA), 256, 259 à 259 C, 266-1 *a*, 290 *quinquies*.
- Sociales, 80 *quinquies*, 81, 157-4°.

Prêt,
- Aux associés, 111 *a*, 112-4° ; Ann. III 49 *bis* à 49 *sexies*.
  - aux membres du personnel, 39 *quinquies* H.
- Contrats, déclaration, 242 *ter* 3, 1649 AC, 1736, 1783 B ; Ann. III 49 B ; Ann. IV 23 L.
- Jeunes agriculteurs, (installation des), 1036.
- Participatif, 39-1-3° *bis*.
- Réinstallation ou conversion,
  - intérêts déductibles, 156-II 1°.
- Salarié (fondant une entreprise), 39 *quinquies* H.
- De titres, 38 *bis*, 38 *bis* A, 39 *duodecies* 8.
- ▸ V. ***Intérêts, Obligation.***

Prêt sans intérêt (taux zéro), 199 *ter* T, 207-1-4° *ter*, 220 Z *ter*, 223 O *z bis*, 244 *quater* V, 1384 A, 1649 A *bis* ; Ann. II 310-0 H à 310-0H *ter* ; Ann. IV 121-0 AA, 1649 A *bis*, 1736.

Preuve,
- Mutations, 751, 1881, 1883.

Prime,
- Assurance-vie ou rente survie, 199 *septies*.
- Construction, 42 *octies*, 159 *quinquies* I ; Ann. II 83, 84.
- Création ou rachat d'entreprises, 157-9° *ter*.
- Départ volontaire, 163-0 A.
- Émission et remboursement, 39-1-1° *ter* et 3°, 112-1°, 131 *quater*.
- Épargne,
  - sur livret, 157-9° *ter*.
  - logement, 157-9° *bis*.
- D'équipement, 39 *quinquies* FA.
- Fusion, 112-1° et 3°, 159-2.
- De remboursement des bons ou obligations,
  - émis en France, 118-2°, 119-3°, 119 *bis* 1, 125 D (Ann. III 41 *sexdecies* L ; Ann. IV 188-0 I-II), 157-3° et 3° *bis*, 238 *septies* B, 238 *septies* C (Ann. II 50 A, 164).
  - obligat. émise par personne étrangère, 120-8° ; Ann. III 41 *octies* à 41 *duodecies*.
  - emprunts SNCF (regroupement), 135.
  - titre démembré et à coupon zéro, 119 *bis* 1, 238 *septies* A, 238 *septies* B.

Prisée de meubles, 635-2-4°, 848-4°.

Privatisation,
- Actions, distribution gratuite, délais de paiement, 163 *bis* D, 163 *bis* F.
- Avantages, 157-21°.
- Plus-value,
  - entreprise, 248 E.
  - particulier, 248 F, 248 G.
- Rabais, 163 *bis* F.
- Timbre et enregistrement, 1136.

Privilège,
- Bouilleurs de cru, 315, 317.
- Du Trésor,
  - contributions directes, 1920, 1923, 1924.
  - contributions indirectes, 1927 s.
  - dispositions communes, 1929 *ter* s.
  - enregistrement, 1929-1.
  - subrogation, 1928.
  - taxes sur le chiffre d'affaires et taxes assimilées, 1926.

Prix,
- D'entrée salle de spectacles, 290 *quater*.
- Insuffisance ou dissimulation, 1508.
- Provision pour hausse de prix, 39-1-5°.
- Vente tabacs, 572 ; Ann. II 284.

Prix de revient
- ▸ V. ***Stocks, Travaux.***

Prix Nobel, note ss. 81.

Procédé de fabrication, 39 *terdecies*.

Procédure (actes), 1089 B.
- ▸ V. ***Imposition (au profit de), Flagrance fiscale, Poursuites, Redressement (insuffisances, inexactitudes, omissions).***

Procès,
- Révision (avances de frais), 1109.

Procuration,
- Caisse d'épargne, 1062.
- Indivisions successorales (Corse), 1135.
- Société de secours des ouvriers mineurs, 1080.

Production littéraire, scientifique ou artistique, 100 *bis*.

Produits,
- Agricoles, aviculture, pêche, pisciculture, 278 *bis*, 297-I.
  - vendus par les exploitants, Ann. II 260 A s.
- Alcooligènes (prise en charge), 338, 339.
- Alimentaires,
  - animaux, 278 *bis* 4°, 297-I 1-2° ; Ann. IV 31.
  - humains, 278 *bis* 2°.
- Bons ou contrats de capitalisation de source européenne, 125 D.
- Départements d'outre-mer,
  - de fabrication locale, 295-I 5°, 295 A.
  - produits exonérés (TVA), Ann. IV 50 *undecies* s.
- Destinés à l'exportation, 275.
- Intermédiaires, 401, 402 *bis*, 1698 C.
- Médicaux, 1600-0 O, 1647-III *bis*.
- Parfumerie et toilette, 349, 1647-III *bis*, 1928.
- Passibles d'un impôt indirect, 257-10° *a* et *b*.
- Pêche (TVA), 278 *bis* 3°, 291, 297-I 1-2°.
- Pétroliers,
  - DOM, 295-1-6°.
  - importation, 1695, 1790.
  - stockage (organisme commun), 1655 *quater*.
  - TVA (taux), 297-I 1-6° *b*, 298.
- Pharmaceutiques à base d'alcool, 1928.
- Placements à revenu fixe, 125 D.

Professeur,
- Cotisation foncière des entreprises, 1460-3°.
- TVA, 261-4-4° ; Ann. II 202 A à 202 D.

Profession,
- Cession du droit d'exercer, 93-1, 720.
- Interdiction d'exercer (agent d'affaires, conseil, etc.), 1775.
- Libérale, 44 *sexies*, 92, 1467.
  - ▸ V. ***Honoraires, Rétrocession.***
- Médicale et paramédicale, 261-4-1°.
- Non commerciale,
  - *association de gestion agréée, 1649 quater* I, 1649 *quater* J, 1755.
  - cessation d'activité, 202, 1663.
  - cession, 202, 1684.
  - cotisations sociales, 154 *bis*.
  - définition des bénéfices imposables, 92 à 92 A.
  - détermination des bénéfices imposables, 93 à 93 B.
  - dispositions communes, 103.
  - décès, 1663.
  - épargne retraite, 163 *quatervicies*.
  - extension d'activité, 155.
  - ISF (bien professionnel), 885 O *bis*.
  - organismes d'études et de recherches, 93 *ter*.
  - plus-values de caractère professionnel, 93 *quater*.
  - régime de la déclaration contrôlée, 96 à 100 *bis*.
  - régimes d'imposition, 95.
  - régime spécial, 102 *ter*.
  - salaire du conjoint, 154.
  - solidarité, 1684.
- Non sédentaire, 1457 ; Ann. II 310 HG, 310 HK.

Profit de construction,
- Exonération (conditions de remploi), 209 *quater* D, 238 *octies* ; Ann. III 46 *quater*-0 R.

Profits et pertes (compte de), 54, 223-2.

Profits immobiliers
▸ V. ***Fiscalité immobilière.***

Prohibitions et prescriptions,
- Timbre, 893, 897.

Promotion immobilière,
- Contrat, 680 (*Enr.*).

Propriétaire,
- Déclarations
  - ▸ V. ***Déclaration.***
- Exploitant agricole, 63, 65.
- Fonds de commerce, responsabilité, 1684-3.
- Immeuble,
  - âgé de plus de 75 ans, 1391.
  - contributions directes, responsabilité, 1684, 1686 s.
- Immeuble loué, 29, 78, 1686, 1687.
- Marchandises, responsabilité, 1805-1.
- Titulaires du Fonds national de solidarité (dégrèvement), 1390.

▸ V. ***Propriété.***

Propriété,
- Abandon à la commune, 1401.
- Bâtie et non bâtie,
  - changement d'affectation, de consistance (déclaration), 1406.
- Imposable, 14 s., 1380 s., 1393.
- Industrielle, 885-I.
- Litigieuse, 1404.
- Présomption, 751 s., 1681, 1682.

Propriété *(suite)*
- Revenu,
  - imposable, 14 s., 31.
- Taxes foncières, 1380 s., 1393 s.
  - débiteur, 1400 s.

Prorata,
- Taxe sur salaires, 231-1.

Protection,
- De l'enfance,
  - exemption, 1067.

Protêt,
- Enregistrement, 661.

Prothèse dentaire, 261-4-1°, 261-4-1° *bis*, 291-II 7° (TVA).

Provision,
- Acquisition de matériel,
  - déductibles, 39-1, 54 *ter*, 223 *ter*.
  - éditeur de journal, 39 *bis*, 39 *bis* A ; Ann. II 17.
- Alimentaire à la femme mariée, 158-5.
- Bien amortissable, renouvellement, 39-1-6°.
- Capitalisation, 812-I.
- Crédit à moyen et long terme (opérations de), 39-1-5°, al. 6.
- Crédit-bail, 39 *quinquies* I.
- Déductible, 39-1-5°, 39 *duodecies* 9, 72 C, 74, 223 B, 223 D.
- Devenues sans objet, détournées de leur objet, 39-1-5°.
- Dépréciation,
  - des titres de participation et des immeubles de placement, 39-1-5° ; Ann. III 10 *quaterdecies*.
  - d'immobilisation, Ann. III 38 *sexies*.
  - d'œuvre d'art, 39-1-5°.
  - du portefeuille, 39-1-5°, 9e à 12e al.
- Entreprises,
  - d'assurances (risques atomiques et pollution), 39 *quinquies* G, 39 *quinquies* GB ; Ann. II 16 A à 16 F.
  - de presse, 39 *bis*, 39 *bis* A, 54 *ter*, 223 *ter* ; Ann. IV 4 *octies*.
- Fluctuation des cours, 39-1-5°, 2e et 5e al. ; Ann. III 3 à 10 *septies* ; Ann. IV 1.
- Hausse de prix, 39-I 5°, 3e et 4e al., 72 C ; Ann. III 10 *nonies* à 10 *terdecies*.
- Investissement,
  - à l'étranger, 39 *octies* A à 39 *octies* D ; Ann. III 10 GA *bis* à 10 GA *sexies* ; Ann. IV 4 D.
  - réserve de participation des salariés, 237 *bis* A III ; Ann. II 171 *bis*.
- Prêts au personnel (création d'entreprises), 39 *quinquies* H.
- Pour pertes et charges, 39-1-5°.
- Relevé, Ann. III 38-II et III.
- Risques,
  - atomique, 39 *quinquies* G ; Ann. II 16 A à 16 F.
  - opérations de crédit, 39-1-5° ; Ann. IV 2 à 4 *ter*.

Publication,
- Porno, perverse ou de violence (régime presse), 39 *bis* 1 *bis* C.

Publicité,
- Commerciale sur terrains, 1381-7°, 1383-III.
- Déclarations, 1649 B.
- Dépenses de publicité prohibée, 237 ; Ann. IV 28-00 A.
- De l'impôt, 1762, 1772-5°.
- Mesures de publicité. Affichage,
  - liste des jugements (peines correctionnelles), 1741, 1776, 1789, 1818.
- Prestation (de), 259 B, 259 C (TVA).
- Privilège du Trésor, 1929 *quater* ; Ann. IV 207 *quinquies*.
  - inscription, Ann. II 396 *bis* ; Ann. IV 207 *sexies*.
- Publicité par panneau-réclame, affiche ou enseigne, 1649 B ; Ann. III 344 GA à 344 GC.
- TVA, 259 B s.
- Taxe,
  - sur la publicité radiodiffusée ou télévisée, 302 *bis* KD.
  - sur la publicité diffusée par les chaînes de télévision, 302 *bis* KG, 1693 *quinquies*.
  - sur certaines dépenses, 302 *bis* MA.
- Terrain, 1381-7°, 1383-III.

Publicité foncière,
- Actes et opérations, 663, 665, 681, 689, 1020.
- Assiette et tarif, 666, 669.
- Commission départ. de conciliation, 667.
- Condition suspensive, 676.
- Déclaration, 851.
- Disposition dépendante et indépendante, 670 à 673.
- Formalité dans plusieurs bureaux, 1702 *bis*.
  - gratis, 665.
  - rejet, 647-IV.

Publicité foncière *(suite)*
- Fusion des formalités, 647.
- Imputation, restitution, 1961 *bis*.
- Minimum de perception, 674.
- Payement,
  • avant formalité, 1701.
  • fractionné ou différé, 1717 s.
- Refus du dépôt, 1701, mention de la quittance 1704.
  • minimum, 844.
- Service public (de -), 878 à 881 N.
- Taxe, 663, 676.
  • baux, 742, 744, 846.
  • emphytéose, 689.
  • exonérations et taxations réduites, 1020, 1137.
  • sociétés, 808 A, 809 s., 816 s., 825, 829.
- Taxe départementale, 1594 A à 1594-I *bis*, 1840 G *ter*.

Pupille de l'État ou de la Nation,
- Adoption simple, 786-2°.
- Don et legs, 787 A.

Pylône,
- Imposition forfait, 1379-1-6°, 1519 A.

Q

Quartiers prioritaires de la politique de la ville, 44 *octies* A, 244 *quater* J, 1388 *bis*, 1466 A.
▸ V. ***Impôts directs locaux, TVA.***

Quirats
▸ V. ***Navire.***

Quittance,
- Enregistrement, 855.
- Loyers ou fermages non échus, 846.

Quote-part,
- Frais et charges, 216.

Quotient familial,
- Enfants à charge, 193 *bis*.
- Étranger, 199.
- Parts, nombre, 194, 195, 196 B.
- Plafonnement, 197-2.
- Principe, 193.

R

Rabais (TVA), 267-II.

Rachat,
- Actions, 112-6°, 160 *ter*, 161.
  • par sociétés d'investissement, 160 *bis*.
- Alambics, 310 *bis* ; Ann. IV 51 A à 51 H.
- Associés, droits, 161.
- Entreprise par salariés,
  • crédit d'impôt, 220 *nonies*.
  • enregistrement, 726.
  • impôt sur les sociétés, 220 *quater* à 220 *quater* B.
  • plus-value, 160 A.
  • prime, 157-9° *ter*.
  • sanctions, 1757.
- Part bénéficiaire ou de fondateur, 111 *b*, 161.

Radiodiffusion,
- Installations (évaluation), 1501 ; Ann. II 310 M.
- Opérations imposables (TVA), 256 B, 259 B 11°.
- Redevances, 257-18°, 1501.
▸ V. ***Communication.***

Radoub, 291-III 3°.

Raisins,
- Jus (de), 278 *bis*, 440 *bis*.
  • marcs (de), 468.
- Pétillant (jus de raisin légèrement fermenté), 435, 438-3°, 1698 C.
- Vendange fraîche, 466.
▸ V. ***Alcools.***

Rapatriés,
- D'Algérie et d'outre-mer,
  • acquisitions à l'aide de prêts (payement des droits), 1716 A, fractionné 1717.
  • protection juridique (exemption de droits), 1802.
- Enregistrement,
  • droits de mutation, Ann. III 396-5°, 404 F.
  • droits de succession, 1716 A.
- Reconversion, réinstallation (intérêts d'emprunts), 156-II 1°.
- Titre d'indemnisation, 157-20°.

Rattachement au foyer fiscal, 6-3, 196 B.

Réassurance,
- Entreprises, 223-2.

Rébellion contre agents, 1815, 1816.

Reboisement,
- Acquisitions de bois et forêts (exonération de droits), 1137, 1840 G *ter*.
- Groupements forestiers, 238 *ter* s.

Recel de boissons, 504.

Recensement
▸ V. *Inventaire.*

Récépissé,
- Consignation, 302 *octies*, 1788 ; Ann. III 111 *quaterdecies*à 111 *novodecies* ; Ann. IV 50 *quindecies*.

Réception,
- De biens ou services en franchise ou à taux réduit (TVA), 258, 284.
- Frais, 39-5, 54 *quater*, 1763.

Recette buraliste
▸ V. *Bureau.*

Recettes,
- Abandon ou renonciation, 216 A, 223 B, 223 R.
- Brutes,
  • bénéfices agricoles, 69 A à 70, 75.
  • BIC, 29.
- Cotisation sur la valeur ajoutée des entreprises, 1586 *sexies*.
- Dissimulation, 109-I 1° et 2°, 111 *c*, 1729.
- Foncières à retenir, 29.
- Recettes et dépenses professionnelles, 99, 1467-2°.
- TVA, 266-1, 287 (déclaration).

Recherche,
- Médicale (indemnité de compensation), 81-14° *ter*.

Recherche scientifique ou technique,
- Acquisition de fonds et de clientèle, 1465 ; Ann. III 322 G à 322 L.
- Amortissement exceptionnel,
  • action de certaines sociétés, 39 *quinquies* A 2.
  • dépenses de fonctionnement (déduction), 236-I.
  • dépenses de recherche (crédit d'impôt), 244 *quater* B ; Ann. III 49 *septies* F à 49 *septies* N.
  • développement régional, 1465 à 1465 B ; Ann. III 322 G à 322 L.
  • dons et legs, 795-2°.
  • immeuble, 39 *quinquies* A 1 ; Ann. II 16.
  • immobilisations, 39 *quinquies* GB ; Ann. II 16 G.
  • subventions publiques, 236-1 *bis*.
- Comité consultatif du crédit d'impôt pour dépenses de recherche, 1653 F.
- Taxe sur les salaires (exonération), 231 *bis* U.

Récidive, 1741, 1746, 1750, 1774 s., 1789, 1800, 1800, 1804 A, 1805, 1810, 1817, 1823, 1825, 1838.

Réciprocité,
- Traité, 199.

Réclamation,
- Droits mutation par décès, 1965 A.
- Évaluations foncières, 1507.
  • tarif, 1511, 1512.
- Imposition,
  • à tort, 1404 ; Ann. II 316 A.
- Mutation de cote, transfert, 1404-II.
- Omission au rôle, 1413.
- Taxe,
  • d'apprentissage, 1599 *ter* M.
  • sur les métaux précieux, Ann. II 383 *bis* E II.

Récolement (bouilleurs de cru), Ann. I 56.

Récoltant, 316, 441, 458, 466 s.

Récolte,
- Dommages aux récoltes, 72 B.
- Levée, 64-2.
- Perte, 64-3, 1398.
- Stocks, 72 B, 72 B *bis*.
- Vin, déclaration, 407, 1794-3°, 1799-3°, 1818.

Reconstitution,
- D'acte et registre détruits, 1122 à 1125 *bis*.
- De gisement
  ▸ V. *Provision.*
- Titre de propriété, 776 *quater*.

Reconversion d'activité, 39 *quaterdecies* 1 *bis*, 1465, 1465 B, 1466 ; Ann. II 265.

Recouvrement,
– Accises, 302 R.
► V. *Accises.*
– Contributions directes,
• exigibilité, 1663, 1668.
• obligations des tiers, 1682, 1691.
• paiement, 1663, 1681 *septies.*
• paiement différé, Ann. III 357 H.
• participation au financement de la formation professionnelle (fonds non employés), 235 *ter* HA.
• plus-values : cessions droits sociaux, 244 *bis* B.
• prélèvement du 1/3, 244 *bis* A, 244 *bis* B.
• privilège
► V. *Privilège.*
• responsabilité des percepteurs, 1851, 1702 ; Ann. III 426 à 444.
• retenue à la source, 1671 A, 1673 *bis.*
• tardif, 1730 s.
• taxe d'apprentissage, 1678 *quinquies.*
• taxe sur les salaires, 1679 s.
• versements provisionnels, 1664, 1684 s., 1688 s.
► V. *Exigibilité.*
– Contributions indirectes, 1698 A à 1700.
– Dispositions communes, 1724, 1724 *quinquies*, 1912.
• paiement tardif, 1727.
• procédure, 1918.
– Enregistrement, publicité foncière et timbre, 1701, 1723 *ter.*
– Formation professionnelle continue, 1679 *bis* B.
– Manœuvres frauduleuses, 1741.
– Mise en recouvrement des rôles, 1658, 1659, 1659 A.
– Refus collectif de l'impôt, 1747.
– Taxe sur les métaux précieux, bijoux, etc., Ann. II 383 *quater.*
– TVA, 1692, 1696.
• acomptes provisionnels, 1693.
• exploitants agricoles, 1693 *bis.*
• importation, 293 A, 1695.
• régime simplifié, 1694 *bis.*

Rectification,
– Des déclarations, 55, 72, 98, 175 A, 204.
– Des factures (TVA), 272-1.
► V. *Redressement (insuffisances, inexactitudes, omissions).*

Redevables (TVA), 283, 284.

Redevance,
– Audiovisuelle
► V. *Contribution à l'audiovisuel public.*
– Construction de locaux à usage industriel et de bureaux, 302 *septies* B I.
– Édition des ouvrages de librairie, emploi reprographie, 1609 *undecies* à 1609 *quindecies.*
– Établissements du secteur de l'alimentation animale, 302 *bis* WD à 302 *bis* WG.
– Mines
► V. *Mines.*
– Pétroles ou gaz naturel, nappes (royalties), 120-10°.
– Radiophonie et télévision, 257-18°, 281 *nonies.*
– Reprographie, 1609 *undecies* à 1609 *quindecies* ; Ann. III 331 M ; Ann. IV 159 AD.
– Sanitaires,
• d'abattage, 302 *bis* N à 302 *bis* R ; Ann. III 111 *quater* A, 111 *quater* G à 111 *quater* I, 111 *quater* M à 111 *quater* R ; Ann. IV 50 *quaterdecies.*
• de découpage, 302 *bis* S à 302 *bis* W.
• produits de la pêche et de l'aquaculture, 302 *bis* WA, 302 *bis* WB ; Ann. II 267 *quater* F, 267 *quater* G ; Ann. IV 50 *quaterdecies*-0A, 50 *quater-decies*-0A *bis.*
• substances et résidus (contrôle), 302 *bis* WC ; Ann. II 267 *quater* H ; Ann. IV 50 *quaterdecies*-0 A *ter.*
– Société nationalisée (versement par), 248 D.
– Téléviseurs, 257-18°, 281 *nonies.*
– Tréfoncières, 29, 2e al.

Redressement (insuffisances, inexactitudes, omissions)
► V. *Rectification.*

Redressement judiciaire,
– Cession d'entreprise (reprise), 44 *septies.*
– Frais de poursuite et pénalités, 1735-II.
– Héritiers, 1965 A.
– Pénalités (remise), 1735-II.
– Plus-values (paiement fractionné), Ann. II 74 R.
– Transfert de titres, 223 E, 223 L 6.

Réduction,
– D'activité, 1647 *bis.*
– De capital, 635-5°, 638 A, 814 C ; Ann. III 250 A, 251 A.
– De prix, 267-II.
– D'impôt,
• adhérent de centre de gestion ou d'association agréé, 199 *quater* B.

Réduction *(suite)*
• aide à domicile, 199 *sexdecies* ; Ann. III 46 AO *bis*.
• aide à la création d'entreprise, 200 *octies*.
• conservation d'objets mobiliers classés monuments historiques, 199 *duovicies*.
• contrats d'assurance-vie, 199 *septies*.
• contribuables domiciliés fiscalement en France (différé de paiement accordé aux exploitants agricoles, intérêts), 199 *vicies* A.
• cotisations syndicales, 199 *quater* C.
• défrichement forestier, 200 *decies* A.
• divorce (prestation compensatoire), 199 *octodecies*.
• dons, 200, 200 *bis*, 238 *bis*.
• emploi d'un salarié à domicile, 199 *sexdecies*.
• emprunts souscrits pour la reprise d'une entreprise, 199 *terdecies*-0 B.
• enfants à charge, études, 199 *quater* F.
• financement de la pêche artisanale, 199 *quatervicies*.
• financement des études secondaires ou supérieures, 199 *quater* F, 200 *terdecies*.
• financement d'œuvres cinématographiques ou audiovisuelles, 199 *unvicies*.
• fonds communs de placement (souscriptions), 199 *terdecies*-0 A, (de placements à risques) ; Ann. II 171 AT à 171 AW.
• d'investissement de proximité, Ann. III 46 AI *quinquies*.
• garde des enfants, 200 *quater* B.
• gros équipements, 200 *quater*, 1740 A.
• hébergement établ. de long séjour, 199 *quindecies*.
• imputation, 1731 *bis*.
• investissements forestiers, 199 *decies* H ; Ann. III 46 AGH à 46 AGJ.
• investissements locatifs, 199 *sexvicies* à 199 *septvicies*, 199 *novovicies*.
* résidences de tourisme, 199 *decies* E ; Ann. III 46 AGD à 46 AGG.
* travaux de réhabilitation, 199 *decies* EA.
• investissement réalisé outre-mer, 44 *quaterdecies*, 199 *undecies* A à 199 *undecies* C, 1740 à 1740-A ; Ann. III 46 AG *sexies* à 46 AG *quaterdecies*.
• justificatif irrégulier, 1740 A.
• loyer impayé, 31.
• mise à disposition du personnel d'une flotte de vélos, 220 *undecies* A.
• non-adhérent de centre de gestion ou d'association agréé, 157-1°-7.
• paiement électronique, 199 *novodecies*.
• personnes dépendantes (frais d'hospitalisation), 199 *quindecies*.
• plafonnement des avantages fiscaux, 199 *undecies* D, 200-0 A.
• préservation du patrimoine naturel, 199 *octovicies*.
• prime d'assurance, 199 *septies*.
• réhabilitation immobilière, 199 *sexvicies*.
• remplacement pour congé de certains exploitants agricoles, 200 *undecies*.
• reprise d'une entreprise (emprunts), 199 *terdecies*-0 B.
• résidences de tourisme (zones de revitalisation rurale), 199 *decies* E à 199 *decies* H ; Ann. III 46 AA à 46 AGF *quinquies*.
• restauration d'objets mobiliers, 199 *duovicies*.
• restauration immobilière (secteurs sauvegardés, les quartiers anciens dégradés et les zones protégées), 199 *tervicies*.
• société (apport en numéraire), 199 *terdecies*-0 A ; Ann. III 46 AI *bis*.
• travaux dans logement, 200 *quater*.
– Pour enfants en matière de succession, 780.
– Prix de vente, 39 *duodecies* 9, 214-1-1°, 6° et 7°, 267-II 1°, 292-2°, 272-1 ; Ann. II 242 *nonies* (TVA).

Réévaluation des immobilisations,
– Amortissables, 238 *bis* J, 238 *bis* JA.
– Non amortissables, 238 *bis* I.

Refus,
– Collectif de l'impôt et incitation, 1747.
– De communication, 1734.
– D'information ou documentation, 1735 *ter*, 1735 *quater*.
– Du dépôt,
• droits non payés, 1701.
• enregistrement des actes (délai), Ann. III 406 A27.
• extraits d'actes, 860.

Régies,
– Autonome des pétroles, 1654.
– Municipale et départementale, 1449.
– De recettes des préfectures, machine à timbrer, Ann. III 313 BG.
– Services publics (exonér.), 207-1-6°.
• à caractère industriel ou commercial, 206-1, 1654.
– Usines Renault, 81-20°, 157-18°, 1127.
► V. ***Commune, Département.***

Régime réel d'imposition (micro-entreprises), 50-0 (4, al. 2), 102 *ter* (5, al. 2).
- Option, 302 *septies* A *ter*.

Régime simplifié d'imposition, 175, 287-1 et 3 à 5, 302 *septies* A à 302 *septies* A *ter* A ; Ann. II 204 *quater* s., 267 *quinquies* s. ; Ann. III 38 *sexdecies*-00 A ; Ann. IV 4 LA.
- Déclarations et documents, Ann. II 38 *bis*, 242 *quinquies* à 242 *septies*.
- Exercice comptable, Ann. II 267 *septies* A, 242 *septies* A à 242 *septies* L.
- Exploitants agricoles, 298 *quater* s.
- Liquidation de l'impôt, Ann. II 204 *ter*, 204 *ter* A, 204 *quinquies*, 204 *sexies*.
- Options, 302 *septies* A *bis* III *a*, Ann. II 267 *quinquies* s.
- Plus-values, 39 *octodecies*.
- Transitoire, 69-II, III ; Ann. III 38 *sexdecies* JJ, 38 *sexdecies* RD s.

Région de Corse
▸ V. *Corse.*

Région Île-de-France (taxes d'équipement)
▸ V. *Île-de-France (région d').*

Régions,
- Emprunt, 157-3° *ter*.
- Impositions perçues au profit des régions,
  - impôts directs locaux, 1599 *bis* à 1599 *quater* B.
  - taxe sur permis de conduire, 1599 *terdecies*, 1599 *quaterdecies*.

Registre,
- Achats, 50-0-5, 99, 100, 286.
- Actes, 868, 1119.
- Alcools, 304, 330, 331, 625, 1798 *ter*.
- Batellerie artisanale, 1649 *quater* BA.
- Biens expédiés dans autre État membre de la CEE, 286 *quater* I, 1788 B ; Ann. IV 41 *bis*, 41 *quater*, 41 *quinquies*.
- Bouilleur de cru ambulant, 330.
- Contributions indirectes,
  - de police (garantie), 537, 539.
  - portatifs, 625 ; Ann. III 350 *quater* I 5°.
- Enregistrement, 1072, 1119, 1125 *bis*.
- État civil, 1072, 1119.
- Façonniers (registre spécial), 286 *quater* II, 1788 B ; Ann. IV 41 *bis* s.
- Fiducie, 54 *septies*, 1763.
- Garantie des métaux précieux, 537 à 539 ; Ann. IV 56 J *quaterdecies* à 56 J *octodecies*.
- Greffe, 1125 *bis*.
- Immobilisations et amortissements, 99.
- Métaux précieux, 298 *sexdecies* E, 534, 537 à 539, 545, 625.
- Officiers ministériels, 100, 868.
- Portatif, 625 ; Ann. III 350 *quater* I 5°.
- Présentation, tenue (défaut de,
  - amende fiscale), 1761.
- Recettes et dépenses (déclaration contrôlée), 99, 100.
- Reconstitution dans greffes, 1125 *bis*.
- Stocks, 277 A III 1°, 1788 A.
- TVA,
  - régime suspensif de, 277 A III, 1788 A.
  - franchise, 286.
  - généralités, 286 *quater*, 1788 B.
  - métaux précieux, 298 *sexdecies* E.

▸ V. *Répertoire.*

Registre des métiers,
- Frais (taxe), 1601, 1602 A, 1641.

Registre public des trusts, 1649 AB.

Règlements communautaires
▸ V. *Union européenne.*

Regroupements,
- De communes, 1042 A.
- D'emprunts gérés par SNCF (primes), 135.

Régularisation,
- Des déductions, 271-III ; Ann. II 207 à 210.
- Spontanée des infractions, 1755.
- De la taxe sur les salaires, Ann. II 143.

Régulation du chauffage,
- Réduction d'impôt, 200 *quater*.

Réimportation, 291.

Réitération des enchères, 685, 733.

Relevé,
- Amortissements, Ann. III 38-II et III.
- Caisses de sécurité sociale
  ▸ V. *Sécurité sociale.*
- Frais généraux, 39-5, 54 *quater*, 223 *quinquies*, 1763 ; Ann. II 36 ; Ann. IV 4 J à 4 L.
- Individuels ou collectifs, Ann. IV 17 A s.
- Provisions, Ann. III 38-II et III.
- Spectacles (exploitants de), Ann. IV 50 *sexies* H (recettes).
- Valeurs mobilières, Ann. II 57, 60.
  - opérations bourses de valeurs, Ann. II 39 H.

Relevé (*suite*)
- Ventes en gros, Ann. III 344 H à 344-I.

Remboursements,
- Accises, 302 Q.
- Apports, 112-1° et 3°, 121-2-2°.
- Associés,
  - apports, 112-1°, 121-2-2°, 159.
  - après liquidation, 112-3°.
- Capital, 159.
- Cotisation foncière des entreprises (trop-perçu), 1681 *quater* A.
- De frais,
  - à des tiers, 240-1 *bis*.
  - à dirigeants de sociétés, 80 *ter*, 120-4°.
  - à salariés, 81-1°.
- Dette sociale, 1600-0 G à 1600-0 J.
- Droits indirects, 1965 FA.
- Forfaitaire (exploitants agricoles), 290 *bis*, 298 *quater*, 298 *quinquies* ; Ann. II 263 à 267 *ter* ; Ann. III 65 A, 98 *bis*.
- Impôt sur le revenu (trop-perçu), 1681 C.
- ISF (excédents), 1668-2.
- D'obligations, 248 B.
- Retenue à la source, 199 *ter*.
- Société en liquidation, 112-3°.
- TVA, crédit, 271-IV, 290 *bis* I, 298 *quater*, 298 *quinquies* ; Ann. II 242-0 A s.
  - annulé, Ann. II 242-0 E.
  - assujetti établi hors de France, Ann. II 242-0 M à 242-0 T ; Ann. IV 28-0 A, 28 A.

Remembrement,
- Assoc. foncière urbaine ou assoc. syndicale, 261-5-1° *bis*, 1055.
- Plus-value, 72 E.
- Propriété rurale, 1023.
- Reconstruction-guerre, 1058.
- Terrain pour constr. habit, 1055.

Réméré (vente à), 688.

Remise,
- Bouilleurs de cru (10 %), 324.
- Clients, 267-II 1°.
- Vente,
  - de tabacs, 92-2, 570-3°.
  - de papier timbré et timbres mobiles, Ann. IV 121 KM.

Rémouleur ambulant, 1457-2°.

Remploi,
- Plus-values, 40.

Rémunérations,
- Associés, déclaration, 223-2, 242.
- Différée, 39-5 *bis*.
- Dirigeants de sociétés,
  - allocations forfaitaires, 39-3, 211 *bis*.
  - cotisation foncière des entreprises, 1467.
  - déclaration, 242.
  - gérants majoritaires de SARL et certains associés, 62.
  - jetons de présence, 80 *ter*, 81-1°, 117 *bis*, 120-4°, 210 *sexies*.
  - SARL et autres, 211.
  - sociétés par actions simplifiées, 1655 *quinquies*.
- Excessives, 39-1-1°.
- Membres des conseils des sociétés, 117 *bis*, 120-4°.
- Occultes, 111 *c*, 117, 1759 (amende), 1754 (solidarité).
- Prêts, services ou fonctions, 112-4°.
- ▶ V. ***Honoraires, Revenu, Salaire.***

Renonciation,
- A l'exercice d'un droit ou d'activité, 256-IV 1°, 259 B 9°.
- Communauté ; legs ; succession, 635-2, 756 *bis*, 847.
- ▶ V. ***Société (en général).***

Renouvellement,
- Bail à ferme, 78.

Renseignements à fournir,
- Demandes, 98.
- Employeurs, 87 s., 240 s.
- Entreprises industrielles et commerciales, 54, 54 *quater*, 287.
- Inexactitude ou omission, 1729 B.
- Juridictions, 1753 *bis* A.
- Propriétaire agricole, 78.
- Sociétés, 242.
  - SICOMI, 239 *sexies*.

Rente,
- Arrérages, déduction, 156-II 2°.
  - de rentes sur l'État, 132 *bis*, 157-8° et 8° *bis*.
- Contrat,
  - taxe sur conventions d'assurance, 991, 1000.
- Déductible, 173 ; Ann. III 43.
- Divorce (constitution d'un capital), 80 *quater*, 156-II 2°.
- Orphelin, 81-14°, 81-14° *bis*.
- Pension alimentaire, 80 *quater*, 156-II 2°.
- Réparation de dommages corporels, 885 K.

Rente *(suite)*
- Usufruit et nue-propriété,
  - évaluation, 669, 762 *bis*.

Rente viagère, 79, 81, 8° et 9° *bis*, 88, 89 A, 157, 158-5, 164 B, 182 A.
- Constituée,
  - à titre gratuit, 79, 158-5 *a*.
  - à titre onéreux, 79, 158-6.
  - dans le cadre d'une activité professionnelle, 885 J.
- Crédirentier (domicile hors de France), 182 A, 182 A *bis*.
- Débirentier, 88, 89 A ; Ann. III 39 A.
- ISF (valeur de capitalisation), 885 J.
- Plan d'épargne en actions, 157-5° *ter*.
- Plus-value, 150 VA, 150 VB.
- Revenu de source française, 164 B.
- Substituée à rente perpétuelle, 81-10°, 157-4°.
- Taxe annuelle sur contrats, 991.
- Victime d'accident,
  - incapacité permanente totale, 81-9° *bis*, 157-4°.
  - du travail, 81-8°, 157-4°.

► V. ***Taxe sur les hautes rémunérations (2013 et 2014).***

Réparation,
- Bien meuble (pour pays hors UE), 262-II 1°.
- Dommages de guerre, 1056 s.
- Immeubles loués, 31.
- De navires français à l'étranger (TVA), 291-III, 293.
- Préjudice moral, 80.

Répartition,
- Indemnité délai-congé, 163 *quinquies*.
- Indiciaire de taxe, ordures ménagères, 1525.

Répartiteur

► V. ***Imposition forfaitaire.***

Repas,
- Cantine, 279 *a bis* ; Ann. III 85 *bis*.
- Titre-restaurant, 81-19°, 145 ; Ann. II 39 ; Ann. IV 23 M.

Répertoire,
- Assurances, courtiers et intermédiaires, 1002.
- Des actes, jugements ou procès-verbaux, 867 ; Ann. III 282 à 284.
- Commissaire-priseur ; courtier d'assurances, de commerce, 867.
- Huissier, greffier, 868.
- Métiers, 330, 331, 1600 s., 1649 *quater* BA.
- Notaire, secrétaire des administrations, 867-1.

Report,
- Déficitaire, 156-I et I *bis*.
  - en arrière, 220 *quinquies* ; Ann. III 46 *quater*-0 S à 46 *quater*-0 YC.
  - impôt sur les sociétés, 209-I et II.
- Imposition de plus-value, 150 U.
- Opérations, 124.
- Placement en report, 124 A.

Représentant,
- Du contribuable (paiement de l'impôt direct), 1682.

► V. ***Voyageurs et représentants de commerce.***

Représentant fiscal,
- Contributions indirectes (alcool), 302 *bis* ZC, 302 U *bis*, 302 V *bis*, 1613 *bis*.
- Contribution sur les activités privées de sécurité, 1609 *quintricies*.
- Établissement ou domicile hors de France de personne, 289 A ; Ann. II 242-0 S.
- Impôt sur la fortune immobilière, 983.
- Impôt de solidarité sur la fortune, 885-X.
- Personne physique (domicile fiscal hors de France), 164 D, 244 *bis* A, 885-X.
- Siège social de personne morale hors France, 223 *quinquies* A, 244 *bis* A.
- Taxe sur la valeur ajoutée, 289 A.
- Taxes annuelles perçues au profit de la CNAM, 1001-2° *ter*, 1613 *bis*.

Représentations théâtrales (TVA), 281 *quater*, 296 *bis a*, 297-I 1 ; Ann. III 89 *ter*.

Reprise d'entreprise en difficulté, 44 *septies*, 1383 A, 1465, 1465 B ; Ann. II 310 HB s. ; Ann. IV 121 *quinquies* DB *quater* s., 170 *septies* F.

Reprographie (redevance), 1609 *undecies* à 1609 *quindecies*.

Réquisition,
- Enregistrement, exemption, 1048.
- Livraison de biens, 256, 258, 266, 269.

Rescision de contrat, 1961.

Réseau(x)
► V. *Imposition forfaitaire.*

Réseau ferré de France, 1649 A *ter.*
► V. *Imposition forfaitaire.*

Réserve,
- Capitalisation, 112-1°, 159-2, 219-I *f*, 812-I.
- Clause de réserve, 38-2 *bis*, 256-II.
- Distribution, 112, 121-2-2°, 159-2, 162 s.
- Incorporation au capital, 112-1° et 3°, 113, 121-1, 159-2, 812.
- Plus-values à long terme (réserve spéciale), 209 *quater* ; Ann. II 101.
- De propriété (ventes), 38-2 *bis*, 256-II.
- Réserve sanitaire, 1460-9°.
- Réserve spéciale, 209 *quater*, 210 E ; Ann. II 101.
- Société en commandite, 162.
- Spéciale (incorporation de bénéfice au capital), 219-I *f* ; Ann. III 46 *quater*-0 ZZ, 46 *quater*-0 ZZ *bis*.
- Spéciale de participation, 237 *bis* A II.
- Spéciale des PME, 219-I *f*.
- Spéciales de réévaluation, 238 *bis* I.
  • incorporation au capital, 812.
- Spéciale de solvabilité, 217 *septdecies*.

Réserviste
► V. *Crédit d'impôt.*

Résidence,
- Abandon en France, 167.
- De plaisance, agrément, 39-4.
- De tourisme, 261 D 4° *a* ; Ann. II 176.
  • investissements locatifs, 199 *decies* E, 199 *decies* EA.
- Mobile terrestre, 1013.
- Principale, 156-II 1° *bis* et 1 *quater*, 168.
- Secondaire, 1407 *ter*.
► V. *Domicile, Étranger.*

Résiliation,
- Bail, 738.
- Contrat ou vente, 39 *duodecies* 9.
- TVA (récupération), 272-1.

Résolution,
- Judiciaire, 1961.
- Restitution des droits (non), 1961.
- Vente de maisons HLM, 717.

Responsabilité,
- Cessionnaire, 1684.
- Complice, 1691, 1799, 1819.
- Infractions, 1805, 1809.
- Logeur en garni, 1686.
- Loueur de bureau meublé, 1688.
- Président, directeur général, directeur, 1777.
- Propriétaire de fonds de commerce, 1684-3.
- Propriétaire et principaux locataires, 1686 s.
- Représentants du contribuable, 1682.
  ► V. *Livre.*

Restaurant,
- Contribution annuelle sur les ventes de produits alimentaires, 302 *bis* Z.
- Matériel (amortissement), 39 A ; Ann. II 22.
- Saisonnier, 1478.
- Taxe sur les salaires, Ann. III 52.
- Titre-restaurant
  ► V. *Repas.*
- TVA,
  • départements d'outre-mer, 295-4.

Restauration immobilière,
- Bail à réhabilitation, 33 *quinquies*, 1384 B, 1586 B, 1594 J.
- Dépenses déductibles, 31-I 1° *b ter* et *b quater*, 156-I 3°.
- Loi « Malraux »,
  • déficits, 156-I 3° ; Ann. III 41 DO.
  • réaffectation à l'habitation, 31-I 1° b *ter*.
- Rénovation urbaine, 31-I 1° *b quater*, 156-I 3°, 1594 F *quinquies* B.

Restitution de droits,
- Actes ou contrats annulés, résolus, révoqués (non-restitution), 1961, al. 1er.
- Avances, prêts ou acomptes, Ann. III 49 *bis* s.
- Droits d'enregistrement, 1961, 1964, 1965 C.
- Enregistrement, 1961 *bis*, 1965 E.
- Montant minimum, 1965 L.
- Succession d'absent, 1965.
- Taxe de publicité foncière, 1961 *bis*, 1961 *ter*.
- TVA, affaires annulées, impayées, etc, 272-1.

Restructuration (de sociétés),
- Apports d'actifs,
  • entre sociétés étrangères, 121, 115-2.
  • à société étrangère, 210 C 2.
- Apport-attribution (agrément), 210 B 3.
- Associés participants,
  • attribution de titres, 115-1.
- Échange de titres, 38 (7° *bis*), 93 *quater* V, 151 *octies* B.

Restructuration (de sociétés) *(suite)*
- Intégration fiscale (agrément), 223 A, 223 G (III), 223-I.
  - statut de société mère, 223 A, al. 1er.
- Opérations (définitions fiscales), 210-0 A.
- Plus-values de cession de titres, 39 *duodecies* 6, al. 2.
- Régimes spéciaux,
  - apports partiels d'actif, fusions, scissions (IS), 210 A à 210 C.
  - échanges de titres, 38 (7 *bis*), 151 *octies* B.
  - groupes de sociétés, 223 A à 223 U.
  - report en arrière de déficit, 220 *quinquies* (II, al. 2 et 4).
  - revenus distribués, 112, 120, 115, 121.
  - sociétés civiles professionnelles, 151 *octies* A.
- Scissions (application du régime spécial), 210 B.
  - conservation des titres (engagement des associés), 210 B *bis*.
  - sanction, 1734.

Résultat d'ensemble (sociétés),
- Détermination, 223 B ; Ann. III 46 *quater*-0 ZG.
- Imposition, 223 C.
- Report (limitation), 223 C.

Retenue à la source,
- Bon de caisse, 199 *ter*, 1673, 1678 *bis* ; Ann. IV 188 B à 188 F.
- Distribution de dividendes d'une filiale française à une société mère établie dans un état de la CEE, 119 *ter* ; Ann. III 46 *quater*-0 FB à 46 *quater* 0-FD.
  - personnes non domiciliées en France, 119 *bis* 2, 187.
- Droits d'auteur, 182 B à 182 C, 241, 285 *bis* ; Ann. III 46 A, 47, 47 *bis*, 381 R.
- Élu local (indemnité de fonction), 204-0 *bis*.
- Étrangers, Ann. IV 18.
- Imputation, 199 *ter*.
- Levée d'option, 80 *bis*, 182 A *ter*.
- Paiement par virement, 1681 *quinquies*, (pénalités) 1738.
- Personne domiciliée en France,
  - auteur, artiste, interprète, sportif, 182 C ; Ann. III 46 A, 381 R.
- Personne non domiciliée ou n'ayant pas son siège en France,
  - produit des actions et parts sociales et revenus assimilés, 119 *bis* 2, 187-1, 199 *ter*, 199 *quater* A, 1672-2, 1672 *bis*, 1783 A ; Ann. II 48, 78, 79-4 ; Ann. III 381 A.
    * exonération, 131 *sexies*, 139 *ter*, 143 *quater*.
  - traitements, salaires, pensions et rentes viagères, 182 A, 182 A *bis* ; Ann. II 91 A, 91 B ; Ann. IV 18.
- Personne sans installation professionnelle permanente en France, 182 B, 219 *quinquies*, 1671 A, 1771.
- Prestations artistiques, 182 A *bis*.
- Revenu d'obligation française, 119 *bis* 1, 1672-1, 1672 *bis*, 1673 ; Ann. II 75 à 82 ; Ann. III 381 K, 381 Q (recette compétente) ; Ann. IV 17, 17 A, 188 H, 188 J.
  - exonérations, 130, 131, 131 *ter* à 131 *sexies*, 132 *bis* à 133, 135, 136, 137 *bis*, 138, 139 *ter*, 143 *quater*, 144, 145, 146 *quater*.
  - imputation ou restitution du crédit d'impôt, 199 *ter* ; Ann. II 92 à 95.
  - taux de la retenue, 187-1.
- Société étrangère (bénéfices réalisés en France), 115 *quinquies*, 1673 *bis* ; Ann. II 379.
- Versement, pénalités, 1671 B, 1771.

Retour d'échange, 684.

Retrait d'agrément
► V. *Agrément.*

Retraite,
- Capital (en), 79, 120, 158-5, 163 *bis*, 1417-IV.
- Combattant, 81-4°, 157-4°.
  - mutuelle, 81-12°, 157-4°.
    * versements, 156-11-5°.
- Complémentaire, 83-1° *bis* et 2°.
- Complémentaire facultative, 154 *bis*-0 A (Ann. III 41 DN *bis*, 41 DN *ter*).
- Constitution, retenues, déductions, 83-1°.
- Départ volontaire, indemnité, 163 A.
- Élu local, 80 *undecies* B.
- Maison de retraite, 279 *a*.
- Majoration (charges de famille), 81-2° *ter*, 157-4°.
- Mise à la retraite (indemnités), 80 *duodecies*.
- Ouvriers des mines, 1078.
- Vieillesse, enregistrement,
  - exemption, 998 s.

► V. *Pensions.*

Rétrocession,
– Baux, 738.
– Biens immeubles, 683.
– Biens meubles, 733.
– Coopératives, 257-3°.
– Honoraires, 93-0 A, 1467 ; Ann. II 310 HE.
– Presse (éléments d'information), 298 *octies*.

Réunion (Île de La)
► V. *Départements d'outre-mer, Riz.*

Revente, 683, 733.

Revenu,
– Accessoire, 29, dernier al., 50-0, 75, 102 *ter*, 206-2.
– Affranchi (de l'impôt), 81.
– Cadastral, 64-2, 1388, 1396.
– Capitaux mobiliers, 150-0 A à 150-0 E (unification des régimes).
– Déclaré, 170-3.
– Différé ; exceptionnel (étalement), 163-0 A ; Ann. III 42.
– Distribué (ou non), 109, 117.
• associé (avance, prêt ou acompte), 111 *a* ; Ann. III 49 *bis* à 49 *sexies*.
• communauté européenne : siège social, 115 *quinquies* 3.
• déclaration, 117 *quater*, 223-2-2°, 242-2, 242 *ter*, 242 *ter* B ; Ann. III 48-3 à 6, 381 S *bis* ; Ann. IV 23 H, 23-I.
• définition, 109 à 115 ; Ann. II 40 à 47.
• société concessionnaire de l'État, 112-2° ; Ann. III 41 *bis* à 41 *quinquies*.
– Encaissé ou perçu dans les TOM, les États de la Communauté ou à l'étranger, 151, 165 *bis*, 173-2.
– Exceptionnel (répartition), 163-0 A ; Ann. III 42.
– Exonéré, 157.
– Fiscal de référence, 1417.
• contribution exceptionnelle, 223 *sexies*.
• crédit d'impôt, 244 *quater* J I.
• fiscalité locale, 1414 A, 1417.
• plus-value, 150 U.
• prélèvement, 242 *quater*.
• TVA, 278 *sexies* I 9.
– Foncier, 14 à 33 *quater* ; Ann. II 1 à 1 D.
• bail à construction, 33 *bis*, 33 *ter*.
• logements intermédiaires, 31-I 1° e ; Ann. III 2 *sexdecies*-0 A *bis*.
• régime simplifié (micro-foncier), 32.
• sites « Natura 2000 », 31-I 2°.
• taxe sur les loyers élevés des logements de petite surface, 234-V.
– Forfaitaire, 168.
– Hauts (-), 223 *sexies*.
– Imposable, 156 à 168,.
• année d'acquisition du domicile en France, 166.
• année du décès, 6-6, 204.
• année du mariage, 6-5.
• année du transfert du domicile hors de France, 167, 167 *bis*.
• étranger, personne non domiciliée en France, 164 A à 165 *bis*.
• impôt foncier,
* propriétés bâties, 28, 1386.
* propriétés non bâties, 28, 1396.
• revenu de remplacement, 154 *bis* A.
– Indemnités
► V. *Indemnité.*
– Locatifs (plus-values logements sociaux), 234 *nonies* III.
– Mobilier,
• abattements, 158-3 ; Ann. IV 6 *ter*.
• actions, parts sociales, revenus assimilés, 108, 117*bis*.
* contrôle, 1766.
• bons anonymes, 125-0 A.
• collectivités émettrices et intermédiaires (obligations), 242 *ter* 1, 1649 AC, 1736 ; Ann. II 57, 60, 75 à 79 ; Ann. III 49 D à 49-I *quinquies* ; Ann. IV 7 à 17 D.
• créances, dépôts et cautionnement, 124 s.
• déduction, 216.
• étrangers, 120 à 123.
• exonérations, régimes spéciaux, 130 à 146 *quater*.
• obligations, effets publics, titres d'emprunt négociables, 118 s.
• prélèvement, 117 *quater*, 242 *quater*, 1671 C, 1740-0 B.
• retenue à la source, 119 *bis*.
• société (rachat de titres), 112 (1°, al. 1), 120 (3°).
– Net des diverses catégories, 158.
– Net global, 1.
– Pécule, 81-30°.
– Professionnel
► V. *Bénéfices.*
– Remplacement (de), 154 *bis* A.
– Retraite (indemnité de départ), 163 A.
– De source française, 4 A, 164 B.
• perçu par non-domiciliés en France, 164 A.
– Revenu minimum d'insertion, 35 *bis*, 1414-III et IV.
– Revenu de solidarité active, 81, 200 *octies*.
► V. *Impôt sur le revenu, Indemnité.*

Revenu minimum d'insertion,
– Logement, 35 *bis*.
– Taxe d'habitation, dégrèvement, 1414-III et IV.

Revenus mobiliers et plus-values (unification des régimes), 150-0 A à 150-0 E.

Révision,
– Bilans, 45 ; Ann. III 21.
– Évaluations foncières,
• propriétés bâties, 1502, 1508, 1516, 1518 *bis* ; Ann. III 324 AH à 324 AI.
* première révision quinquennale, Ann. III 324 AK, 324 AL.
• propriétés non bâties, 1510, 1514, 1516, 1518 *bis*.
* révision quinquennale, 1515 ; Ann. II 310 *ter* à 310 *vicies*.
• révision 2012-2014, 1406, 1498 *bis*, 1729 C ; L. n° 2010-1658 du 29 déc. 2010, art. 34, **p. 3515.**
– Procès criminels et correctionnels, enregistrement, exemption, 1109.

Revitalisation rurale
▸ V. *Zone.*

Revue mensuelle ou bimensuelle, 39 *bis*, 54 *ter*.

Rhum,
– Droit de consommation, 403-I, 1°, 1698 C.
• certificat, Ann. III 169-0 A.
– Exportation,
• contingent annuel, 362 ; Ann. IV 52 *ter*.
• préalable, Ann. III 144 *bis* ; Ann. IV 52 *quater*.
– Régime, 362, 363 ; Ann. II 269 A, 270, 272 ; Ann. III 144 *bis*.
– Sanction fiscale (détournement du régime), 1795 *bis*.

Risques
▸ V. ***Provision, Société unipersonnelle d'investissement à risque (SUIR).***

Ristourne,
– Attribution de ristournes sous forme de parts sociales, 38 *sexies* ; Ann. III 2 C *bis* à 2 C *quater*.
– Coopératives de consommation, sociétaires, 214-1-1°, 6° et 7°.
– Facturation, Ann. II 242 *nonies*.
– TVA, 267-II, 292-2°.
– Versée à un tiers, 240 ; Ann. III 47.

Rivière, 1394-1°.

Riz,
– TVA, Réunion, 295-1-2°.

Rôle,
– Auxiliaire, fermiers et locataires, Ann. II 317 B.
– Erreurs d'expédition, 1659.
– Établissement, 1658, 1659 A.
– Extraits, 1506, 1514.
– Force exécutoire, 1658, 1682.
– Homologation et mise en recouvrement, 1658 à 1659 A.
– Inscription, demande, 1413-I.
– Mise en recouvrement, 1659, 1659 A.
– Particulier, 1508.
– Primitif (impôts directs locaux), 1659 A.
– Régularisation (étranger), 197 B.
– Supplémentaire, 1416, 1526.

Rongeur (dégâts), 64-5.

Route, 1394-1°.
▸ V. ***Creux de route.***

Royalties, 120-10°.

S

SAFER (Société d'aménagement foncier et d'établissement rural),
– Destination (engagement non tenu), 1840 G *ter*.
– Enregistrement et timbre, 1028 s.
– TVA, 261-5-1° *d*, 295-2.

Sage-femme, 92, 261-4-1°, 1460-5°.

Saint-Barthélemy,
– Investissements, 199 *undecies* A à 199 *undecies* C, 242 *sexies*, 242 *septies* ; Ann. III 46 AG *duodecies*, 1740 à 1740-00 AB.
– Véhicules, certificat d'immatriculation, 1585-I.
▸ V. ***Collectivités territoriales d'outre-mer.***

Saint-Martin,
– Véhicules, certificat d'immatriculation, 1585-I.
– Investissements, 199 *undecies* A à 199 *undecies* C, 242 *sexies*, 242 *septies* ; Ann. III 46 AG *duodecies*, 1740 à 1740-00 AB.

Saint-Martin *(suite)*
- Véhicules, certificat d'immatriculation, 1585-I.
▸ V. *Collectivités territoriales d'outre-mer.*

Saint-Pierre-et-Miquelon
▸ V. *Collectivités territoriales d'outre-mer.*

Saisie,
- Frais, tarifs, 1912, 1917.
▸ V. *Poursuites.*

Saisonniers (établissements), 50-0, 102 *ter*.
- Cotisation foncière des entreprises, 1478-V.
- TVA, Ann. IV 39-2.

Salaire,
- Abattement, 158-5 *a*.
- Activité à l'étranger, 81 A.
- Apprentis, 231 *bis* I, 1467-1°.
- Artistes du spectacle, 84 A.
- Conjoint, 154.
- Conservateur des hypothèques, Ann. III 285 à 299.
- Différé, contrat de travail, 81-3°, 157-4°, 774.
- Employeur, déclaration, 87, 87 A, 89 ; Ann. III 39, 39-0 A, 39 B à 39 F.
  - enregistrement de la paye, 86.
- Hautes rémunérations (taxe sur les –), App., L. n° 2013-1278 du 29 déc. 2013, art. 15, **p. 3593.**
- Imposition, 79, 158-5 *a*.
- Perçu par étranger, 182 A, 182 A *bis*.
- Personnes domiciliées hors de France (retenue à la source), 182 A, 182 A *bis* ; Ann. IV 18.
- Salaire différé, 81-3°, 157-4°.
- Sportifs, 84 A.
- Taxe,
  - d'apprentissage, 1599 *ter* A s.
  - investissement dans construction, 235 *bis*.
  - professionnelle, 1467-1°.
  - sur les salaires, 231 à 231 *bis* R ; Ann. II 141 à 145 *ter*, 383 ; Ann. III 50 à 53 *quater*, 369 à 374 ; Ann. IV 23 M.
▸ V. *Traitements et salaires.*

Salariés,
- De la Chambre de commerce internationale, 81 D.
- Détachés à l'étranger, 81 A.
- Détachés en France, 81 B.
- Impatriés, 81 B, 81 D.
- Rachat d'entreprise,
  - crédit d'impôt, 220 *nonies*.
  - enregistrement, 726.
  - impôt sur les sociétés, 220 *quater* à 220 *quater* B.
  - plus-value, 160 A.
  - prime, 157-9° *ter*.
  - sanctions, 1757.
▸ V. *Traitements et salaires.*

Saline, 14-2°, 1393.

Salle de vente (garantie), 534, 537.

Salons (TVA), 279 *b bis*.

Sanctions,
- Déduction en charge (non), 39-2.
▸ V. *Majoration, Peines correctionnelles, Pénalités et sanctions.*

Sang humain (TVA), 261-4, 291-II 3°.

SAPO (Société anonyme de participation ouvrière),
- Actions attribuées aux salariés, 81-26°, 163 *bis* E.

Satellites de télécommunication,
- Amortissement dégressif, 39 A 2-3°.

Sauf-conduit,
- Timbre, 953-V.

Saussaie, 76.

Savoie,
- Taxe spéciale d'équipement, 302 *septies* B.

Scellier (Dispositif)
▸ V. *Impôt sur le revenu.*

Science,
- Production scientifique, 100 *bis*.
- Recherche,
▸ V. *Recherche scientifique ou technique.*

Scission de sociétés,
- Apports (rémunération), Ann. II 301 F.
- Échange de titres, 38-7 *bis* (plus-value), 93 *quater* V, 160-I bis, 160-I ter.
- Enregistrement, 817-I ; Ann. II 301 A s.
- Impôt sur sociétés, 210 A, 210 B.
- Revenus de capitaux mobiliers, 115-1, 159-2.

Scission de sociétés *(suite)*
• scission de FCP et SICAV, 115 A, 137 *bis*.
– Sociétés étrangères, 210 C 2.
– Titres (état de propriété), 54 *septies* III.
– TVA (régularisations), 210.
– Valeur locative des biens, 1518 B.

SCOP
▸ V. *Société coopérative.*

Sculpteur, 1460-2°.

Secteur distinct d'activité,
– Collectivités locales, Ann. II 201 *sexies*.
– Organisme sans but lucratif, Ann. II 242 B.

Sécurité (activités privées de),
– Contribution (sur les), 1609 *quintricies*.

Sécurité sociale,
– Caisse d'amortissement de la dette sociale (contribution), 1600-0 G à 1600-0 J.
– Caisses, libéralités, 794.
– Contribution sociale généralisée,
• assiette, 154 *quinquies*, 1600-00 C s.
– Cotisations, 83-1°, 156-II 4°.
– Déduction des cotisations, 83-2°, 156-II 4°.
– Exemptions, 1083, 1085.
– Indemnités journalières, 80 *quinquies*.
– Organismes, 1083 à 1085.
• libéralité, 794.
– Prestations et allocations, 80 *quinquies*, 81-9°, 157-4°.

SEITA (Société d'exploitation industrielle des tabacs et allumettes),
– Privatisation, 163 *bis* F.
– Régime d'imposition, 1654 ; Ann. IV 165-1.

Séjour en France,
– Principal, 4 B 1, *a*.

Sentence arbitrale, 1705-5°, 1707.

Séparation de biens, 6-4.

Séparation de corps,
– En cours d'année, 196 *bis* 2.
– Imposition séparée, 6-4.
– Pension alimentaire, 156-II 2°, 158-5 *c*.

Sépulture,
– Militaires alliés, 1394-2°.
– Travaux (TVA) exonération, 261-4-10°.

Séquestre,
– Facturation (règles, infraction), 1751-2.

Serre,
– Taxes foncières, 1381-4°, 1393.

Services,
– Bénéfices non commerciaux (services réguliers assurés, indication), Ann. III 41.
– De Radiodiffusion sonore et de télévision, 259 B, 110.
– Études d'ingénierie et informatique, 1465.
– Fournis par voie électronique, 259 B 12°, 259 D, 298 *sexdecies* F, 298 *sexdecies* G ; Ann. III 98 C.
• TVA (remboursement), Ann. II 242-0 U.
– Mines, 56.
– National actif, 6-3.
• indemnités, 81-17°.
• suspension de perception de l'impôt, 1663 A.
– Services utilisés hors de France, 263.

Service public,
– Eau (fourniture, évacuation, vente, etc.), 278 *bis*.
– Immeubles, 1382-1°, 1394-2°.
– Laboratoires (essayeurs), Ann. III 204.
– Sociétés d'économie mixte (construction ou gestion de logements sociaux), 1051.
– TVA (opérations imposables), 256 B.

Servitude,
– Production, transport et distribution de l'électricité et du gaz, 1045.

SICA
▸ V. *Société d'intérêt collectif agricole.*

SICAV (Société d'investissement à capital variable),
– Abattement, 158-3 ; Ann. III 41 *sexdecies* H à. 41 *sexdecies* I.
– Actions,
• attribution, 80 *quaterdecies*.
• avoir fiscal et crédit d'impôt, 199 *ter* II.
• société mère, 145-6.
• rachat d'actions, 160 *bis*.
– Apport de bien, 115-3.
– Fonds commun de placement,
• abattement, 158-3 ; Ann. III 41 *sexdecies* H à. 41 *sexdecies* I.
• étranger, 120-11°.

SICAV (Société d'investissement à capital variable) *(suite)*
• gérants (obligations), 137 *bis* ; Ann. III 41 *sexdecies* A à 41 *sexdecies* F (décès) ; Ann. III 280 A (rachat de parts) ; Ann. III 39 *bis*, 39 *ter*.
• mutation de parts, 799.
• rachat de parts, 749.
• revenu distribué, 137 *bis*.
• souscription de parts, 832.
– Fusions ou scissions, 38-5 *bis*, 115 A, 137 *bis*.
– Régime fiscal,
• impôt sur les sociétés, 208-1 *bis* A.
– Transformation en SICAV, 221-2 *quater*.

SICOMI (Société immobilière pour le commerce et l'industrie),
– Crédit-bail, 239 *sexies*, 1594 F *quinquies* H.
– Plus-values, 150-0 A II 3, 150 A *bis*.
– Régime fiscal,
• impôt sur sociétés, 146-6 *d*, 208-3° *quater* et 3° *quinquies*.
• société mère et filiale, 145-6 *d*.

SIDA,
– Indemnités aux victimes, 775 *bis*.

Signes extérieurs
▸ V. ***Déclaration.***

Similaires d'absinthe
▸ V. ***Absinthe et similaires.***

Sinistré,
– Commune, 1053.
– Groupements d'emprunts de sinistrés, 1462.

Situation de famille,
– Impôt sur le revenu, 193 à 196, 196 A *bis*, 197 C, 199.
– Taxe d'habitation, 1411.

SMIA,
– Société mixte d'intérêt agricole, 214-1-1°, 217 *quater*.

SMIG, 5-2°.

SNCF,
– Taxe foncière, 1501 ; Ann. II 310 M.

Société (en général),
– Apport total ou partiel d'actif, 115, 151 *octies*, 210, 210 B, 210 B *bis*, 816, 817 A.
• apport fait à une personne morale passible de l'impôt sur les sociétés, 809, 816, 816 A.
– Augmentation de capital, 812, 814 C, 1717.
• crédit d'impôt, 220 *sexies*.
• de certaines sociétés civiles, 828-I 3°.
– Capital (conversion en euro), 834 *bis*.
– Cession,
• actions, parts de fondateur ou d'intérêt, 718, 726, 730.
– Changement de régime fiscal,
• bénéfices et réserves, 111 *bis*.
• régime des sociétés (apports), 809.
– Chiffre d'affaires > 250 millions €, 235 *ter* ZAA.
– Constitution, 145-6.
• droit fixe (exonérations), 810 *bis*.
– Contribution exceptionnelle, 235 *ter* ZAA.
– Création nouvelle, 44 *sexies*.
– Déclaration d'existence, de modification de pacte social, 222.
V. *Formation.*
– Dissolution, 221-2, 811, 828.
– Division ou scission, 38-7 *bis*, 54 *septies* III, 115, 210 B s., 817, 817 A.
– Droit d'apport, 810.
– Droits sociaux, cession, rachat, 161.
– Enregistrement, délai, 635-1 ; 638 A.
– Étrangère,
• activité en France, 115 *quinquies* I, 1673 *bis*.
• incorporation de réserves, 121-1.
– Exerçant leur activité,
• en France sans y avoir le siège social, 115 *quinquies*, 1673 *bis*.
• dans les départements d'outre-mer, 208 *quater*.
• dans les territoires d'outre-mer, 115 *ter*.
– Extension d'activité, 44 *sexies* III.
– Formation, 635-1-6°, 638 A, 809, 828.
– Fusion,
• actions ou parts sociales (attribution gratuite), 115, 121-1, 145-1, 159-2.
• droit d'apport, 816-I, 816 A, 817 A ; Ann. II 301 A à 301 F.
• échange de droits sociaux, 150 A *bis*, 160-I *bis* et I *ter*.
• impôt sur sociétés, 210 A, 210 C, 221-2, 209-II.
• prime de fusion, 159-2.
• régime spécial, 210 B, 210 B *bis*.
• sociétés civiles professionnelles, 151 *octies* IV.
– Groupe de sociétés, 223 A à 223 U.
▸ V. ***Groupe de sociétés.***

Société (en général) *(suite)*

– Liquidation, boni, 161.
 • remboursements, 112-3°.
– Mères et filiales (frais et charges), 216.
– Nationalisées (échange des actions), 132 *ter*.
– Partage, 828.
– Prorogation pure et simple, 811.
– Rachat de propres titres, 112 (1°, al. 1er), 120 (3°).
– Responsabilité pénale des dirigeants, 1777.
– Résultat d'ensemble, 223 B, 223 C ; Ann. III 46 *quater*-0 ZG.
– Sociétés de capitaux,
 • impôt sur le revenu, 60.
 • rémunérations occultes, 1759 (amende), 1754 (solidarité).
 • sociétés de personnes, option régime sociétés capitaux, 239, renonciation 239-3.
– Sociétés mères et filiales (régime fiscal), 145, 216.
– Souscription d'actions,
– Territorialité, 808 A.

Sociétés (particulières),

– Par actions simplifiée, 1655 *quinquies*.
– Activité libérale (sociétés exerçant une),
 • implantation de services à l'étranger, agrément, 39 *octies* D IV.
 • provision, 39 *octies* D IV.
– A capital variable, 38-5 *bis*, 825.
– Agricole ou d'intérêt agricole, 207-1, 217 *quater*, 1451-1°.
 • droits (transmission ou rachat), Ann. III 38 *sexdecies* U à 38 *sexdecies* W.
– Aménagement foncier agréé, 261-5, 295-2, 1028.
– Anonyme, 108, 145 s., 206-1, 210, 239 *octies*.
 • conseil de surveillance, 117 *bis*.
 • à participation ouvrière, 80 *nonies*, 237 *bis* A.
– Assistance reconnue, 795-4°.
– Assurances, 261 C 2° (TVA) 1065.
 ► V. *Assurances*.
– Bains-douches, 1052, 1461-4°.
– Capital-risque [SCR],
 • actionnaires, 199 *ter* II.
 * produit distribué, 39 *terdecies* 4, 145-6 *g*, 163 *quinquies* C, 199 *ter* II ; Ann. II 60 A.
 • régime fiscal,
 * impôt sur les sociétés, 208-3° *septies*.
 • retenue à la source, 119 *bis* ;
 L. n° 85-695 du 11 juill. 1985, **p. 3385** ; Ann. II 171 AL à 171 AS ; Décr. n° 85-1102 du 9 oct. 1985, **p. 3386.**
– Capitalisation et épargne, 1065.
– Civile, 8, 60, 103, 206-2, 239 *ter*, 239 *septies*.
 • appel à l'épargne publique, 239 *septies*.
 • apports exonérés (TVA), 261-5-3°.
 • constitution, augmentation de capital, etc, 828-1-3°.
 • de moyens, 93-5, 239 *quater* A, 1476.
 • foncière, 828-I 3°.
 • parts (transmission), 93-5.
 • professionnelle, 8 *ter*, 93 *quater* II, 151 *octies* II, 1476.
– Commandite par actions, 206-1.
 • gérants (rémunération), 62, 211.
– Commandite simple,
 • bénéfice, détermination, 60, 103.
 • commanditaires, 108.
 • commandités, 8, 218 *bis*.
 • retenue à la source, Ann. II 138.
 • sociétés de capitaux, option, 62, 108, 162, 206-3, 211 ; Ann. IV 22, 23.
– Communauté économique européenne (adaptation à la), 39 *quinquies* C, 143 *quater*.
 • organismes d'études et de recherche, 93 *ter*.
– Concessionnaire,
 • amortissement du capital, 112-2°, 121-1°.
– Coopérative
 ► V. *Société coopérative*.
– Copropriétaires de navires, 8 *quater*, 61 A, 158-4.
– Corse, 208 *quater* A.
– Crédit,
 • agricole mutuel, 130-2°, 206-6°, 207-1°, 1451-3°.
– Crédit-bail, 39 *duodecies* 7.
– Crédit différé (en liquidation), 1064.
– Crédit immobilier, 207-4°, 261-5, 827, 1051, 1461-4°, 1654.
– De développement régional,
 • produit distribué, 145-6 *a*, 220-1 *c*.
 • régime fiscal,
 * impôt sur sociétés, 208-1° *ter*.
 * précompte, 208-1° *ter*.
– D'économie mixte, d'État, 207-1-7°, 261-5-1°, 1050.
 • chargée de l'aménagement foncier, 207-1-6° *bis*.
– De soins ambulatoires, 8-7°.

Sociétés (particulières) *(suite)*

– Éducation populaire gratuite, 795-5°.
– Élevage, 1451-3°.
– D'exercice libéral à responsabilité limitée,
• apports, 809-III.
• plus-values, 93 *quater*, 202-4.
– Fait (de), 238 *bis* L.
– Famille, 41, 239-3, 239 *bis* AA.
– Filiale, 39 *octies* D.
V. *Mère.*
– Financement des télécommunications, 145-6, 208-3° *quinquies*, 1382-2°, 1394-3° ; L. n° 88-1149 du 23 déc. 1988, art. 75.
– Financement installations et matériel (Économies d'énergie), 145-6, 208-3° *sexies*.
– Financières d'innovation, 39 *quinquies* A 2, 40 *sexies* ; Décr. n° 92-1362 du 29 déc. 1992, **p. 3391.**
– Financières pour le développement des territoires d'outre-mer, 145-6.
– Françaises,
• activité dans les départements d'outre-mer, 208 *quater*.
• possédant des actions de sociétés étrangères, 110.
• possédant des actions nominatives d'une autre société française, 110, 145-1, 216, 220.
– Gestion (immobilière)
► V. ***Fiscalité immobilière.***
– Habitation à loyer modéré, 138, 207-1-4°, 795, 827, 1051, 1461-2°.
– Immobilière, 206, 239 *ter*, 257-6°, 268.
• donnant leurs immeubles en location à leurs membres, 172 *bis*.
• de copropriété, de gestion,
► V. ***Fiscalité immobilière.***
– Immobilières (investissement, gestion), 208-3° *ter*.
• détention de parts de sociétés civiles, 208 B II.
– Immobilières, conventionnées, 40 *sexies*, 43 *bis*, 216 *ter*.
– Immobilière pour le commerce et l'industrie (SICOMI), 145-6 *d*, 208-3° *quater* s., 239 *sexies*.
• cession de titres non cotés, 150 A *bis*.
– Intérêt collectif agricole, 130-1°, 221-6, 295-I 4°.
• impôt sur les sociétés, bonis, 214-1-5°.
• mixte, 217 *quater*.
• ristournes (déduction), 214-5°.
• transformation, 221-6.
– Investissement (Ord. 2 nov. 1945),
• impôt sociétés, 208-1°, 1° *bis* et 2°, 208 A ; Ann. III 46 *quater* A à 46 *quater* C.
• produit distribué, 145-6 *a*.
– Investissement à capital variable, 160 *bis*, 208-1° *bis* A, 208 A.
– Investissements immobiliers (sociétés cotées), 208 C ; Ann. III 46 *ter* A.
– Jardins familiaux, 208-5°, 1052, 1394-6°, 1461-5°.
– Libre partenariat
► V. ***Société de libre partenariat.***
– Matra, 132 *ter*, 158.
– Mère, 145, 212, 216.
– De moyens, 261 B.
– Mutualiste, 795,1087, 1089, 1461-1°.
– Nationale d'investissement, 208-1°, 208 A.
– (En) Nom collectif,
• bénéfice (détermination), 60, 103.
• imposition,
* droit commun, 8, 218 *bis*.
* option soc. capitaux, 62, 108-2°, 162, 206-3, 211 ; Ann. IV 22, 23.
– Non cotées en bourse,
• plus-values, apport, 150 U ; Ann. III 41 *duovicies* A, 41 *duovicies* B.
• plus-values de cession : prélèvement, 244 *bis* A.
– A participation publique, 1136.
– En participation,
• associé anonyme, 206-4, 218.
• bénéfices, 60, 103.
• impôt sur le revenu, 8, 218 *bis*.
• impôt sur les sociétés (option), 62, 108-2°, 162, 206-3 et 4, 211 ; Ann. IV 22, 23.
– De personnes, impôt sur le revenu (transformation), 202 *ter*, 202 *quater* ; Ann. III 46 *terdecies* A.
• perte du statut, Ann. III 46 E.
– Produits pétroliers, recherches et exploitations, financement, 145-6.
– Professionnelles
V. *Civile.*
– Responsabilité limitée (à), 108, 145, 206-1, 210, 216, admission au régime des sociétés de personnes 239 *bis* AA ; Ann. III 46 *terdecies* A à 46 *terdecies* D.
• associé unique (EURL), 8-4°, 62, 162, 206-3, 239.
• gérant majoritaire, rémunération, 62 ; Ann. III 38 *sexdecies*-0 A.
• régime de droit commun, 206, 211.
– Sans installation permanente en France, 182 B.

Sociétés (particulières) *(suite)*

– Télécommunications, financement, Ann. IV 23 *bis*.
► V. ***Fiscalité immobilière.***

Société (selon objet ou spécificité),

– A capital variable, 825.
– A caractère familial, 239-3 ; Ann. IV 22.
– A prépondérance immobilière, 150 A *bis* ; Ann. II 74 A *bis*.
– Agréée pour le financement des télécommunications
► V. ***Télécommunications.***
– Concessionnaire,
• amortissement du capital, 112-2°, 121-2-1° ; Ann. III 41 *bis* à 41 *quinquies*.
– D'aménagement urbain, 691 *bis*, 1594-0 G.
– D'assistance reconnue d'utilité publique, 795-4°.
– D'économie mixte,
• acquisition d'immeuble d'habitation, accédant à la propriété, 1594 H.
• concessionnaire d'aménagement, 207-1-6° *bis* ; Ann. III 46 *ter*, 49 *bis*.
• de construction, 261-5-1° *b*, 1050.
• locale, 1042-II.
– D'éducation populaire gratuite, 795-5°.
– D'élevage, 1451-3°.
– D'enseignement, 1599-3-2°.
– D'études et de recherche, 810-IV *b*.
– D'habitation à loyer modéré, 138-1°, 207-1-4°, 827-1-1°, 845, 1051, 1052, 1461-2°.
– De bains-douches, 1052, 1461-4°.
– De construction de logements, 810-IV *b*, 828-II.
– De copropriété de cheval de course ou d'étalon, 8 *quinquies*, 218 *bis*.
– De copropriété de navire, 8 *quater*, 218 *bis*.
– De crédit,
• agricole mutuel, 130-2°.
• différé, 1064.
• immobilier, 207-1-4° *ter*, 261-5-7° et 8°, 827-1, 1051.
– *De crédit-bail* ou de location d'équipements, 39 *duodecies* 7.
– De fait, 238 *bis* L.
– De gestion d'un portefeuille de titres de participations de sociétés étrangères,
• transfert de crédits d'impôt, 146-3.
– Développement du commerce, de l'industrie et de l'agriculture, 39 *quinquies* C, 93 *ter*, 143 *quater*.
– D'investissements immobiliers cotés, 208 C.
– De soins ambulatoires, 8-7°.
– De transfert gratuit à ses membres la jouissance d'un bien, 239 *octies*, 261 A ; Ann. III 46 *quaterdecies*.
– Exerçant son activité dans département d'outre-mer, 115 *ter*, 208 *quater*.
• déduction pour investissement, 217 *undecies* (IR-IS).
– Exploitation agricole à responsabilité limitée [EARL], 8-5°, 62, 162, 206-3, 239.
– Filiale, 145.
• abandon de créance, 216 A.
• avance par société mère,
• intérêts, 212-1° *b*.
– Financière d'innovation, 39 *quinquies* A 2, 40 *sexies* ; Décr. n° 92-1362 du 29 déc. 1992, **p. 3391.**
– Installation professionnelle non permanente en France (perception de sommes ou produits), 182 B.
– Mère, 145, 146-2, 216 ; Ann. II 54 à 56.
– Mixte d'intérêt agricole, 217 *quater*.

Société anonyme,

– A participation ouvrière, 237 *bis* A II 2 et III.
• déductibilité des dividendes, 237 *ter* A.
• dividende des actions de travail, 80 *nonies*, 158-5 *b*.
• somme affectée à un plan d'épargne entreprise, 81-18° *bis*.
– Impôt sur les sociétés, 206-1.
– Membres du conseil de surveillance, 117 *bis*.

Société de capital-risque (SCR),

– Produit distribué par une SCR, 39 *terdecies* 4, 80 *quindecies*, 125-0 A, 145-6 *g*, 163 *quinquies* C, 199 *ter* II ; Ann. II 60 A.
– Régime fiscal,
• impôt sur les sociétés, 208-3° *septies* ; Ann. II 171 AL à 171 AS.
► V. ***Sociétés (particulières).***

Société civile,

– Acquisition et gestion d'immeuble locatif, 202 *ter*, 239 *septies*.
– Construction d'immeuble en vue de la vente, 238 *decies* I, 239 *ter*.
– De moyens,
• parts sociales, 93-5.
• régime fiscal, 202 *ter*, 239 *quater* A, 1476 ; Ann. III 46 *quaterdecies* F à 46 *quaterdecies* H.
– De placement immobilier (SCPI), 131-I 1° *f*, 239 *septies*.
• déduction à titre d'amortissement, 31 *bis*.

Société civile *(suite)*

- Foncière, 828-I 3°.
- Professionnelle,
  • imposition, 8 *ter*, 1476.
  • plus-value constatée lors de l'apport, 93 *quater* II, 151 *octies* II, IV.
  • restructuration et transformation, 151 *octies* A.
  • transmission à titre onéreux ou gratuit, ou rachat des parts d'un associé, 93-5.
- Régime fiscal des sociétés civiles, 8-1°, 60, 103, 206-2.
  • régime des sociétés de capitaux, 162, 206-3, 211, 239.

Société en commandite,

- Commandite par actions,
  • imposition du bénéfice, 206-1.
  • rémunération des gérants, 62, 211.
- Commandite simple,
  • détermination du bénéfice, 60, 103.
  • option pour le régime des sociétés de capitaux, 62, 108, 162, 206-3, 211 ; Ann. IV 22, 23.
  • régime d'imposition, 8, 206-3 et 4 ; Ann. II 138.
  * commanditaire, 108.
  * commandité, 8 (IR) ; 218 *bis*.
  • retenue à la source, Ann. II 138.

Société coopérative,

- Administration (d'), 1655 A.
- Agricole, 130-1°, 207-1-2° et 3°, 1 *ter*, 1 *quater*, 1 *quinquies*, 1029, 1382-6°, 1451-1°, 1468.
  • d'approvisionnement et d'achat, 207-1-2° ; Ann. III 53 *bis*.
  • certificats coopératifs d'investissement, 207-1 *bis*.
  • imposition forfaitaire sur les entreprises de réseaux (exonération), 1519 G, 1649 A *quater*, 1736-VI.
  • meunerie-boulangerie, 1030.
  • de production, transformation, etc, 207-1-3°, 257-3°.
  • parts (déduction pour investissement), 72 D.
- Artisanale d'entreprises de transport, 207-3° *bis*.
- Artisans, 206-1, 827, 1052, 1454.
- Bateliers, 206-1, 1052, 1454.
- Céréales, 207-1-3°, 1030, 1382-6° *b*.
- Consommation, 206-1, 214-1° et 7°.
- Construction, 207-1-7° et 8°, 261-5-1°, 827, 1378 *sexies*.
  ► V. *Fiscalité immobilière.*
- Distillation, 318, 322 ; Ann. I 54, 55.
- Impôt sur la fortune immobilière (imputation des dons), 978.
- Impôt de solidarité sur la fortune (imputation des apports), 885-0-V *bis*.
- Insémination artificielle, 1031.
- Maritime, 207-1-3° *bis*, 1455-3°.
- Matériel agricole, utilisation, 260-4°, 261-2-2°, 1031 ; Ann. II 201 *bis*, 201 *ter*.
- Meunerie et meunerie-boulangerie, 1030.
- Ouvrière de crédit, 220.
- Ouvrière de production (SCOP),
  • capital (souscription), 83-2° *quinquies*.
  • cotisation foncière des entreprises, 1456.
  • excédents (répartition), 214-1-2°.
  • investissement (provision), 237 *bis* A 3.
  • salariés (parts sociales), 81-17° *ter*, 81 *ter* 2.
  • transformation (société en SCOP, plus-value), 210 D.
- Utilisation de matériel agricole (d')
  ► V. *CUMA (Soc. coop. d'utilisation de matériel agric.).*
- Reconstruction (biens sinistrés), 1056.

Société de développement régional (SDR),

- Produit distribué par une SDR, 145-6 *a*, 199 *ter* II.
- Régime fiscal,
  • impôt sur les sociétés, 208-1° *ter*.

Société d'épargne forestière,

- Parts (amortissement exceptionnel), 217 *terdecies* ; Ann. III 46 *quater*-0 ZZ *quater*, 46 *quater*-0 ZZ *quinquies*.

Société de libre partenariat,

- Bénéfices imposables, 39 *quinquies* D, 44 *sexies*-0 A, 44 *octies*, 44 *octies* A.
- Cession de droits sociaux, 244 *bis* B, 730 *quater*, 832.
- Contribution sociale sur l'impôt sur les sociétés, 235 *ter* ZC.
- Cotisation foncière des entreprises, 1465 B, 1466 A.
- Crédit d'impôt, 244 *quater* E, 244 *quater* H.
- Décès, 990 I.
- Déclarations, 242 *ter* C, 242 *quinquies*.
- Impôt sur le revenu, 163 *bis* G, 199 *ter* B s., 239 *bis* AB, 1655 *sexies* A.
- Impôt sur les sociétés, 239 *bis* AB, 1655 *sexies* A.
- Pénalités, 1763 B, 1763 C.

Société de libre partenariat *(suite)*
- Plus-values, 151 *septies* A, 163 *bis* G, 238 *quindecies*, 244 *bis* B.
- Prélèvements divers, 990 I.
- Terrains à bâtir, 238 *quindecies*.

SOFERGIE (Société agréée pour le financement d'installations ou de matériels destinés à économiser l'énergie),
- Crédit-bail, 39 C al. 4, 1594 F *quinquies* H.

SOFICA (Société pour le financement en capital d'œuvres cinématographiques ou audiovisuelles agréées),
- Avantage fiscal (conditions d'obtention), 46 *quindecies* A à 46 *quindecies* E.
- Dispositions générales, 238 *bis* HE à 238 *bis* HM.
- Souscription au capital,
  - particulier, 163 *septdecies*.

Sociétés financières d'innovation
▸ V. *Sociétés (particulières)*.

SOFIPÊCHE
▸ V. *Pêche*.

Société immobilière,
- Apport, taxation des plus-values, 210 E.
- Conventionnée, 40 *sexies*, 43 *bis*, 216 *ter*.
- D'investissement, 139 *ter*, 208 B, 810-IV *b*.
  - prime à la construction, 159 *quinquies* I ; Ann. II 83, 84.
  - régime des sociétés mères (exclusion), 145-7.
  - souscription d'action, 199 *undecies* C, 199 *septvicies*.
- De copropriété,
  - amortissement des titres, Ann. II 375.
  - cession de droits sociaux, 729.
  - imposition, 8 *bis*, 211-II, 211 *bis*, 218 *bis*, 239-1, 1400-III, 1655 *ter*.
  - obligations déclaratives, Ann. II 373, 374.
  - prorogation, augmentation de capital, attribution d'immeuble, 828.
  - transparence fiscale, 1655 *ter* ; Ann. II 372.
- De gestion, 139 *ter*, 208-3° *ter*, 810-IV *b*.
  - prime à la construction, 159 *quinquies* I ; Ann. II 83, 84.
- D'économie mixte (SEM), 207-1-6°, 302 *bis* ZC, 261-5-1° *b*, 1042-II, 1050, 1594 H.
- De location d'immeubles, 150 A *bis*, 172 *bis* ; Ann. III 46 AB à 46 AG, 46 B à 46 D.
- De multipropriété, 239 *octies*, 261 A, 728, 729, 730.
- De placement immobilier, 131-I 1° *f*, 239 *septies*.
- Sociétés à prépondérance immobilière (réévaluation des titres), 238 *bis* JA.

Société d'intérêt collectif agricole,
- Déduction des ristournes, 214-5°.
- Option pour transformation en société de droit commun, 221-6.

Société d'investissement (Ord. 2 nov. 1945),
- Produit distribué, 145-6 *a*.
- Régime fiscal,
  - impôt sur les sociétés, 208-1° *bis* et 2°, 208 A ; Ann. III 46 *quater* A à 46 *quater* C.

Société d'investissements immobiliers cotés,
- Option, 208 C ; Ann. III 46 *ter* A.
- Réduction du taux d'imposition, Ann. III 46 *quater*-0 ZZ *bis* B.

Société mixte d'intérêt agricole (SMIA),
214-1-1°, 217 *quater*.

Société en nom collectif,
- Détermination du bénéfice, 60, 103.
- Imposition,
  - régime de droit commun, 8, 218 *bis*.
- Option pour le régime des sociétés de capitaux, 62, 108-2°, 162, 206-3, 211 ; Ann. IV 22, 23.

Société en participation,
- Associé anonyme, 206-4, 218.
- Obligations comptables, 238 *bis* M.
- Option pour le régime des sociétés de capitaux, 206-3, 239-3 ; Ann. IV 22, 23.

▸ V. *Société en nom collectif*.

Société de personnes,
- Transmission à titre gratuit, 41, 54 *septies* II, 151 *nonies* II.

Société exerçant une activité libérale,
- Implantation de services à l'étranger,
  - agrément, 39 *octies* D IV.
  - provision pour implantation, 39 *octies* D IV.

Société à responsabilité limitée (SARL),
- Imposition,

Société à responsabilité limitée (SARL) (*suite*)
• option pour le régime des sociétés de personnes, 239 *bis* AA ; Ann. III 46 *terdecies* A à 46 *terdecies* D.
• régime de droit commun, 206, 211.
• rémunération des gérants majoritaires, 62 ; Ann. III 38 *sexdecies*-0 A.

Société unipersonnelle d'investissement à risque (SUIR), 208 D.

Sol de bâtiment,
– COS, 257-7°, 691 *bis*, 1594-0 G A.
– Sol d'autrui (construction), 39 D.

Solidarité,
– Active (revenu de), 200 *octies*.
– Contribution (de),
• territoriale, 302 *bis* ZC.
– Cotisation (de),
• sur les céréales, 564 *quinquies*.
– Internationale (contrat de volontariat de), 81-17 d.
– Pacte de solidarité (PACS)
► V. ***Pacte civil de solidarité (PACS).***
– Paiement
► V. ***Solidarité. Paiement des droits et des pénalités.***
– Personnes âgées (allocation de solidarité aux –),
• impôt sur le revenu, 156-II 2° *ter*.
• résidences mobiles terrestres, 1013-III.
• taxe additionnelle à la cotisation foncière des entreprises, 1601.
• taxe foncière, 1390.
• taxe habitation, 1414.

Solidarité. Paiement des droits et des pénalités,
– Achats sans facture, 1786.
– Actes, écrits, etc., non timbrés, 1754.
– Apports, 210 B *bis*.
– Assurances, 1708.
– Attestations inexactes de dettes, 1754.
– Cessionnaire d'entreprise ou d'office, 1684 ; Ann. III 383 *bis*, 383 *ter*.
– Cohéritier, 1709, 1710.
– Complices, 1691, 1799, 1819.
– Condamnation, 1797, 1799 A.
– Contributions indirectes, 320, 322, 335.
– Décisions judiciaires, 1018 A, 1707.
– Dissimulations, 1729-3 (convention), 1729 (majoration), 1754 (solidarité), 1770 *undecies* (comptabilité informatique).
– Enregistrement, 1708 à 1710, 1837.
– Époux, 1691 *bis*, 1723 *ter*-00 B.
– Établissement de comptabilités inexactes, 1767, 1772-1-1°.
– Facturation (infraction), 1786.
– Fonds de commerce (propriétaire), 1684-3 à 5 ; Ann. III 383 *bis*, 383 *ter*.
– Fraude fiscale, 1691, 1745,1770 *undecies*, 1799 A, 1837.
– Greffier, 1706.
– Groupe (Sociétés), 223 A, 1693 *ter*.
– Impôt sur les spectacles, 1565.
– Manœuvres frauduleuses, 1745, 1799, 1799 A, 1804, 1819.
– Pacte civil de solidarité (PACS), 1691 *bis*, 1723 *ter*-00 B.
– Pénalités, 1754, 1840 E.
– Prestation de services, 155 A.
– Rémunérations de services, 155 A.
– Retenue à la source, 1691.
– Sentences arbitrales, 1707.
– Succession, 1709, 1710.
– Taxe sur la valeur vénale, 990 F.
– Timbre, 1754-V 6.
– Travail clandestin, 1724 *quater*.
– Trust, 792-0 *bis*.
– TVA, 276, 277 A, 279-0 *bis*, 283, 293 A, 298 *sexies*, 298 *sexdecies* D.
► V. ***Pacte civil de solidarité (PACS), Responsabilité.***

Soulte,
– D'échange, 38-7 *bis*, 684 ; Ann. III 76-1.
– De partage, 747, 748 ; Ann. II 74-0 C.
– Régime du rhum, Ann. II 270.

Sous-location,
– Crédit-bail, 93 *quater* III et IV.
– Meublée, 1459-2°.
– Personnes défavorisées, Ann. II 74 T.

Spectacles,
– Billets, délivrance, 290 *quater* ; Ann. IV 50 *sexies* B à 50 *sexies* H.
– Caractère pornographique, 279 *bis* 2°.
– Cercles et maisons de jeux, 1559, 1560.
– Cinématographiques (exonération), 1464 A (4°).
– Cirque, 281 *quater*, 296 *bis*.
– Établissement de spectacles, 1464 A, 1478-V.
– Impôt
► V. ***Impôt sur les spectacles.***
– Manifestation,
• de bienfaisance, 1562-4°.

Spectacles *(suite)*
- • sportive, 302 *bis* ZE *(droits de retransmission télévisée)*, 1655 *septies*.
- Pénalités, 1822.
- Première représentation, 281 *quater*, 296 *bis a*, 297-I 1-1° ; Ann. III 89 *ter*.
- Saisonniers, 1478-V.
- TVA, 261 E, 279 *b bis* et *quinquies*, 290 *quater*.

Spiritueux,
- Stocks, 72 B.
▸ V. ***Boissons.***

Sponsoring
▸ V. ***Parrainage.***

Sports,
- Arbitres, 92-2-6°.
- Bénéfices imposables, 100 *bis*, 155 A, 164 B.
- Centre national pour le développement du sport, 1609 *novovicies*, 1609 *tricies*, 1609 *untricies*, 1609 *duotricies*.
- Charges, 39-7°.
- Compétitions internationales, 1655 *septies*.
- Cotisation foncière des entreprises, 1460-7°.
- Frais professionnels, 83, 93.
- Impôt
  ▸ V. ***Impôt sur les spectacles.***
- Jeux olympiques, note ss. 81.
- Manifestations (droits de retransmission télévisée), 302 *bis* ZE.
- Paris sportifs, 1609 *tricies*, 1609 *untricies*, 1609 *duotricies*, 1609 *quatertricies*.
- Retenue à la source, 182 B, 182 C.
- Réunion sportive, 207-1-5°, 278-0 *bis*.
- Sportifs, 84 A, 100 *bis*, 164 B *g*, 182 B I, 1460-7°.
  • revenus (retenue à la source), Ann. III 46 A, 381 R.
- TVA, 259 A-5°, 259 B-1°, 261 E.
▸ V. ***Association, Don (et legs), Mécénat, Parrainage.***

Stationnement,
- Impositions locales,
  • évaluation, 1501.
  • taxe annuelle, 1599 *quater* C.
- Taxe annuelle sur les locaux à usage de bureaux, 31-I-1°-*c*, 231 *ter*.
- TVA, 261 D, 278 *sexies*-III.

Stations radioélectriques,
- Cotisation additionnelle à l'imposition forfaitaire sur les entreprises de réseaux, 1609 *decies*.
▸ V. ***Imposition forfaitaire.***

Stockage,
- Amortissement dégressif, 39 A ; Ann. II 22.
- Taxe foncière, 1381-1°.

Stock options, 80 *bis*, 150-0 A, 182 A *ter*, 200 A 6.

Stocks,
- Agricoles (modes d'évaluation), 72 B *bis*.
- Déduction pour financement, 72 D.
- Définition, Ann. III 38 *ter*.
- Évaluation, 38-3 ; Ann. III 38 *sexdecies* GB à 38 *sexdecies* I, 38 *nonies*, 38 *decies*.
- Fluctuation des cours
  ▸ V. ***Provision.***
- Produits ou animaux, 38 *quinquies*, 72 B.
- Produits passibles de droits indirects,
  • changement de tarif, 628.
  • profits (changement d'activité ou de régime fiscal), 202 *ter* I.
- Vérification matérielle, 55.
- Vins, 1818.

Structures d'hébergement temporaire ou d'urgence, 257.

Subrogation (au privilège du Trésor), 1928.

Subventions,
- Équipement, 42 *septies* 1 et 2 ; Ann. III 38 *sexdecies* OD.
- Casinos, établ. hôteliers et thermaux, Ann. III 10 K.
- Cinématographie, 39 *sexies*.
- Employeurs (effort de construction), 210 *quinquies*.
- Organisme d'intérêt général ou agréé (à un), 200, 238 *bis*, 794, 795.
- Sociétés intégrées, 223 B.

Successible,
- Continuation de l'exploitation, 41.

Succession (droits de mutation),
- Abattement, 779, 788.
- Agents publics décédés en mission, 796.
- Absent (retour de), 1965 : restitution des droits.
- Acceptation, 635-2-2°, 848-6°.

Succession (droits de mutation) *(suite)*
– Actif
▸ V. *Biens.*
– Actions de société, 787 B.
– Adoption simple, 786.
– Assurances,
• décès, 757 B, 1826 ; Ann. II 292 A, 292 B.
• vie, 806 s., 990-I, 1826.
• vol et incendie, 798, 805.
– Biens,
• à déclarer,
* acquis en commun, 754 A.
• immeubles, 750 *ter*, 784 A.
• sis à l'étranger et indisponibles, 766 ; Ann. III 280.
• valeurs mobilières étrangères, 750 *ter*, 784 A.
– Biens meubles, 758, 764.
• bijoux, 764-II.
• créance, 760.
• meuble meublant, 764.
• valeur mobilière cotée, 759.
– Charges de famille, 779, 783, 788.
– Clause d'accroissement (bien recueilli), 754 A.
– Coffre-fort en location, 754.
– Compte indivis ou collectif, 753, 808.
– Corse, 641 *bis*, 1135 *bis*, 1840 G *ter*.
– Dation en paiement, 1716 *bis* ; Ann. II 384 A à 384 A *ter*.
– Débiteur des droits, 1709.
– Déclaration,
• actif de plus de 3 000 €/50 000 €, 800.
• affirmation de sincérité, 802 ; Ann. III 281 B ; 1837 (fraude).
• biens à déclarer, 750 *ter*, 784 A.
• bureau compétent, 656.
• délais, 641, 645, 760, 1728, 1729 A.
* DOM, 642.
* legs collectivités publiques, 644, 645.
• dispense, 796-0, 800.
• forme, 800.
• mentions obligatoires, 784, 798, 801.
• pénalité, 1728, 1729 A.
• pénalités (hors délai), 1840 F.
• rectificative (rente viagère), 1965 A 2.
• sommes recouvrées postérieurement, 760.
• service compétent, 656.
– Dépositaire, détenteur ou débiteur de titres, sommes ou valeurs, 806 s., 1826.
– Dettes et charges, déduction,
• attestation du créancier, 1754.
• biens exonérés, 769.
• débiteur de rente viagère, 1965 A 2.
• déduction, 768 s.
• non déductibles, 773.
• inventaire, forme, 770.
• frais funéraires, 775.
• justifications, 770.
• maladie de Creutzfeld-Jakob, 775 *bis*.
• pourvoi en restitution, 1965 A 1.
• rémunération du mandataire à titre posthume, 775 *quinquies*.
• salaire différé, 774.
• sanctions fiscales, 1754.
• SIDA (indemnités), 775 *bis*.
– Dissimulation frauduleuse, 1741, 1837, 1839.
– Donation antérieure, 784.
– Engagement collectif de conservation, 787 B, 787 C.
– Entreprise individuelle,
• biens affectés à l'exploitation, 787 B.
• biens meubles et immeubles, corporels ou incorporels, 787 C.
• parts ou actions de sociétés, 787 B.
– Étranger, charges de famille (réciprocité), 783.
– Évaluation des biens,
• biens frappés d'indisponibilité, 766.
• créances, 760.
• fonds de commerce, 758.
• immeubles, 761.
• insuffisances, 1754.
• meubles, 758, 764, 798, 805.
• usufruit et nue-propriété, 669, 762 *bis*, 1133.
• valeurs mobilières, 759.
– Exonération de droits,
• bois et forêts, 793-1.
• contrat de travail à salaire différé, 793-1-6°.
• dispense de déclaration, 796-0, 800-I.
• groupements forestiers, 793-1-4°.
• legs à diverses collectivités, établissements, etc, 794 s., 1071.
• militaires et victimes de guerre, 796.
• œuvres d'art données à l'État, 1131, 1840 G *bis* ; Ann. II 310 G.
• rentes viagères,
* réversion, 793-1-5°.
• réunion de l'usufruit à la nue-propriété, 1133.
• versements en capital prévus à l'art. 294 C. civ. (divorce), 757 A.
• victimes du SIDA, indemnités, 775 *bis*.
• victimes du terrorisme, 796-1-7°.
– Exploitation agricole ou forestière, 69 B, 774, 793-1-3°, 885 H.

Succession (droits de mutation) *(suite)*
– Faillite ou déconfiture, 760.
– Fonds de commerce, 758.
– Frais funéraires, 775.
– Héritier,
• domicilié à l'étranger, acquéreur d'un bien successoral, obligations, 803, 1827.
• infirme, 779-II ; Ann. II 293, 294.
– Legs particuliers de sommes d'argent non existantes, déduction, 767.
• pupilles de l'État et de la Nation, 787 A.
– Libéralités, 778, 787.
– Licitation, 750-II.
– Liquidation des droits,
• abattements,
* pour situation de famille du défunt et conjoint, 779.
• biens imposables en métropole ou dans les départements d'outre-mer, 789.
• donations antérieures, 784.
• frère et sœur, 779.
• héritier infirme, 779.
• mutilés de guerre, 782.
• réduction de droit, charges de famille de l'héritier, 780.
– Obligations, 798, 808.
– Omissions, insuffisances
▸ V. ***Pénalités et sanctions.***
– Paiement des droits,
• débiteurs, 1709.
• hypothèque du Trésor, 1929-2.
• modalités, 1715, 1716 A.
• paiement différé ou fractionné, 1717, 1722 *bis*, 1722 *quater* ; Ann. III 396 à 404 GB.
• privilège du Trésor, 1929-1.
• remise d'immeubles, 1716 *bis* ; Ann. II 384 A *bis* s.
• remise d'œuvres d'art, 1716 *bis* ; Ann. II 384 A s.
• solidarité des cohéritiers, 1709 s.
• sursis, legs aux établissements publics, 644, 645.
• valeurs du Trésor, titres remis par l'État aux sinistrés, 1715 s. ; Ann. III 391, 394.
– Parts de société, 787 B.
– Passif
V. *Dettes et charges, déduction.*
– Pénalité, 1728, 1729 A.
– Présomption de propriété, 751, 752, 754 B.
– Prestation compensatoire (versements en capital), 1133 *ter*.
– Réduction des droits, 780 à 783.
– Régime matrimonial (changements), 1133 *bis*.
– Régimes spéciaux et exonérations, 793, 796.
– Renonciation, biens revenant aux héritiers, 756 *bis*.
– Résidence principale du défunt (évaluation), 764 *bis*.
– Restitution des droits, 1965, 1965 A.
– Tarif des droits,
• général, 777.
• libéralités au profit d'enfants abandonnés, 778.
• régimes spéciaux, 790 s.
– Territoire d'outre-mer, 789.
– Territorialité, 750 *ter* 3°.
– Tuteurs et curateurs, sanctions, 1840 F.
▸ V. ***Pénalités et sanctions.***
– Usufruit et nue-propriété, 669, 762 *bis*.

Sucrage (première cuvée), 422, 1794-4° ; Ann. II 310 HO.

Sucre,
– Déclaration, 422.
– Détention et circulation, 1794-4° ; Ann. III 216.
▸ V. ***Sucrage (première cuvée).***
– TVA, 297-I 1-2°.
– Vin de sucre, 428-2°.

Supports vidéographiques, 261 G, 1605 *septies*.

Suppression d'activité (en cours d'année), 1478.

Suramortissement, 39 *quinquies* FA.

Sûretés et privilèges, 1920 s.

Sursis,
– Peines, 1801, 1802.
– Transfert du domicile hors de France, 167 *bis*.
– Trésor, versement au comptable, Ann. III 429 à 432, 439 à 444.
▸ V. *Livre.*

Surtaxe,
– Eaux minérales, 1582, 1698 A.

Surveillance,
– Frais, remboursement, 343, 412 ; Ann. II 287.

Suspension,
– De droits CEE, 614 A.
– Transport de boissons, 455.

Suspension *(suite)*
- TVA, versement, 275 à 277 A, 298-I 2.

Swap, 38 *bis* C.

Syndic (TVA), 260, 261-4.

Syndicat,
- Agglomération nouvelle, 1379-III, 1609 *nonies* C, 1638 *bis*.
- Agricole, 207-1-2° *bis*, 1451-3° ; Ann. III 53 *bis*.
- Communes, 133-1° à 4°, 207-1-6°, 231-1, 1042, 1382-3°, 1609 *quater*, 1650-4.
- Cotisation syndicale (crédit d'impôt), 199 *quater* C.
- Financier, 8-2°, 13-3, 60, 206-3 et 4.
- Mixte de gestion forestière, 202 *ter*, 239 *quinquies*.
- Professionnel, 208 *ter* B II 3°, 261-4-9°, 677-4°, 809-I 2°, 1679 A.
  • activités lucratives, 207-1-1°, 1461-7°.

Systèmes informatiques sécurisés, Ann. IV 164 AM à 164 AX.

T

Tabac,
- Acheteurs-revendeurs (moyens de transport,
  • aéroports, comptoirs de vente), 568, al. 3, 572 *bis* ; Annexe II, art. 258 A, 285 B, 286 O à 286 W, 289-56°.
- Circulation, détention et commerce, 575 J. s.
- Contraventions, répression, 1793 A, 1802-2°, 1810-10°.
- Contributions indirectes, 564 *decies* à 565, 568, 570 à 575, 575 J, 575 M, 1793 A, 1802-2°, 1810-10° ; Ann. II 276 à 286 G ; Ann. IV 56 AA à 56 AQ.
- Corse, 572, 575 E *bis*.
- Débitants (exonération d'impôts), 163 *bis* F.
- Débitants et revendeurs, 568.
- Définition, 564 *decies* ; Ann. II 275 A à 275 G.
- Droit de consommation, 575, 575 E (DOM), 575 E *bis* (Corse).
- Régime économique, 565, 574.
- Régime fiscal, 575, 575 E.
- TVA, 258 A II, 258 B I 2°, 262 *ter* I, 298 *quaterdecies* s.
  • taux, 297-I 1-7°.

Tafias, 362 s. ; Ann. II 269 A, 270.
▸ V. ***Rhum.***

Tarif,
- Des évaluations foncières, 1510, 1513.

Taux et tarif des impôts, droits et taxes,
- Contributions indirectes,
  • droit de circulation, 438, 1698 C.
  • droit de consommation, 403, 575 A, 1698 C.
  • modification des tarifs, 627, 628.
- Contribution supplémentaire à l'apprentissage, 230 H.
- Droits d'enregistrement
  ▸ V. ***Enregistrement.***
- Droits de timbre
  ▸ V. ***Timbre, dispositions générales.***
- Impôts,
  • directs locaux, 1609 *nonies* C, 1636 B *sexies* à 1636 C, 1638 à 1639 A *ter* ; Ann. II 327.
  • sur le revenu, 197.
  * personnes domiciliées hors de France ; taux minima, 197 A.
  * plus-values : valeurs mobilières et droits sociaux, 200 A.
  * plus-values : cession d'un bien ou droit mobilier ou immobilier, 200 B, 244 *bis* A.
  • sur les sociétés, 219, 219 *bis*, 219 *quater*.
  • sur les spectacles, jeux et divertissements, 1560.
- Participation des employeurs à l'effort de construction, 235 *bis*.
- Participation des employeurs au développement de la formation professionnelle continue, 235 *ter* D, 235 *ter* G, 235 *ter* H *bis*, 235 *ter* KA, 235 *ter* KI, 235 *ter* KK.
- Prélèvement sur les produits de placements à revenu fixe, 125 A III *bis*.
- Retenue à la source,
  • bénéfice des professions non commerciales et produits et rémunérations divers, 182 A *bis*, 182 B, 182 C ; Ann. III 46 A, 381 R.
  • revenus de capitaux mobiliers, 187-1.
  • traitements, salaires, pensions et rentes viagères, 182 A, 182 A *bis*, 182 C ; Ann. III 46 A, 381 R ; Ann. IV 18.
- Taxe,
  • d'apprentissage, 1599 ter A ; Ann. II 140 M.
  • de publicité foncière,
  * taux fixe, 679, 680, 1020.
  * taux proportionnel, 677, 678, 1020.

Taux et tarif des impôts, droits et taxes *(suite)*

• sur la valeur ajoutée, 278 à 278 *septies*, 279 *bis*, 281 *quater*, 281 *sexies*, 284 ; Ann. III 85 *bis*, 89 *ter*.
* Corse, 297.
* DOM, 296, 296 *bis*.
• sur les conventions d'assurances, 1001.
• sur les métaux précieux, les bijoux, les objets d'art, de collection et d'antiquité, 150 VI s.
• sur les salaires, 231-1 et 2 *bis*.
• sur les véhicules des sociétés, 1010.
► V. *Taxe*.

Taxe,
– Accroissement, 1005, 1006.
– Actes d'huissiers, 302 *bis*Y.
– Additionnelle,
• à la cotisation foncière des entreprises, 1600.
• à la cotisation sur la valeur ajoutée des entreprises, 1600.
• aux droits d'enregistrement,
* communes, 1584, 1595 *bis*, 1595 *ter*.
* départements, 1595, 1595 *ter*.
• à la taxe sur les surfaces commerciales, 302 *bis* ZA.
– Aéroport, 1609 *quatervicies*.
– Alimentation du fonds des accidents du travail agricole, 1622, 1623.
– Apprentissage
► V. ***Apprentissage.***
– Autoroutes (concessionnaires), 302 *bis* ZB.
– Aviation civile, 302 *bis* K.
– Balayage, 1528, 1641 ; Ann. II 317.
– Boissons,
• taxe pour CNAM, 1613 *bis*.
– Bureaux, 31-I-1°-*c* (Île-de-France).
– CA des exploitants agricoles, 302 *bis* MB.
– Certificats d'immatriculation, 1599*quindecies* à 1599 *novodecies* A ; Ann. IV 155 *quater*.
– Chambres d'agriculture, 1604, 1641.
– Chambres de commerce et d'industrie, *1600, 1602 A, 1641 ; Ann. III 330, 331.*
– Chambres des métiers, 1600,1601, 1602 A, 1641.
• frais, Ann. II 321 *bis*.
– CNAM (au profit de), 1001-2° *ter*, 1600-0 O, 1600-0 R, 1635 *bis* AE à 1635 *bis* AH, 1647-III *bis*.
– Congrès (locaux), 231 *ter* VI *bis*.
– Convention d'assurance, 991, 995, 998 à 1000, 1001 à 1004, 1708 ; Ann. III 385, 387, 388, 390.
– Espaces naturels sensibles, 302 *septies* B II.
– Établissements publics fonciers, 1607 *bis*.
– Farines de blé tendre, 1618 *septies*.
– Foncière
► V. ***Taxe foncière.***
– Fonds,
• accidents du travail agricole, 1622 s.
• céréales et riz, Ann. II 363 FA.
• national calamités agricoles, 1635 *bis* A, 1635 *bis* AA.
• soutien aux collectivités territoriales, 235 *ter* ZE *bis*.
– Frais d'assiette, de non-valeurs, etc, 1641.
– Gestion des milieux aquatiques (pour la -), 1379, 1379-0 *bis*, 1530 *bis*, 1641.
– Habitation
► V. ***Taxe d'habitation.***
– Huiles, 1609 *vicies* ; Ann. III 331 N à 331-V ; Ann. IV 159 *ter* A.
– Immeubles possédés en France par des personnes morales (valeur vénale), 990 D à 990 G ; Ann. III 313-0 BR, 313-0 BR *bis* ; Ann. IV 121 K *ter*.
– Locale d'équipement
► V. ***Taxe.***
– Locaux à usage de bureaux (Île-de-France), 231 *ter*.
– Locaux vacants, 232.
– Métaux précieux, bijoux, objets d'art, etc. (cession), 150-VI à 150-VM ; Ann. II 74 S *bis*, 74 S *ter*, 383 *bis* E.
– Ordures ménagères (enlèvement), 1520, 1526, 1609 *quater*, 1641 ; Ann. II 316, 316 A.
– Parcs d'exposition, 231 *ter* VI *bis*.
– Parafiscales
► V. ***Taxes parafiscales.***
– Permis de conduire, 1599 *terdecies* ; Ann. III 313 BE II.
– Prestations sociales agricoles (budget annexe) [BAPSA],
• sur les farines, 1618 *septies*.
• sur les huiles végétales, 1609 *vicies*.
– Prévention des inondations (pour la -), 1379, 1379-0 *bis*, 1530 *bis*, 1641.
– Professionnelle
► V. ***Cotisation foncière des entreprises.***
– Publicité, 302 *bis* MA.
– Publicité foncière, 633, 666, 670, 681, 683, 717, 742, 750, 809 s., 816, 829, 844, 846.
– Publicité télévisée, 302 *bis* KA.
– Risque systémique (de), 235 *ter* ZE.
– Sur la cession à titre onéreux de terrains nus rendus constructibles, 1605 *nonies*.

Taxe *(suite)*
- Sur la valeur vénale des immeubles (possédés en France par personnes morales), 990 D à 990 G ; Ann. III 313-0 BR, 313-0 BR *bis* ; Ann. IV 121 K *ter*.
- Sur les bureaux en Île-de-France, 231 *ter*.
- Sur les contrats d'échange sur défaut d'un État, 235 *ter* ZD *ter*.
- Sur les conventions d'assurances, 991, 1004 ; Ann. III 385.
  ► V. *Assurances.*
- Sur les loyers élevés des logements de petite surface, 234.
- Sur les opérations à haute fréquence, 235 *ter* ZD *bis*.
- Sur les résidences mobiles terrestres, 1013.
- Sur le résultat des entreprises ferroviaires, 235 *ter* ZF.
- Sur les salaires, 231, 231 *bis* P, 1679, 1679 A, 1679 *bis* ; Ann. II 141 à 144, 383 ; Ann. III 50 à 53 *quater*, 369 à 374.
  • exonération, 231 *bis* D à 231 *bis* R.
- Sur les spectacles
  ► V. ***Appareils, Impôt sur les spectacles.***
- Sur les surfaces commerciales, 302 *bis* ZA.
- Sur les véhicules des sociétés, 1010.
- Sur les voitures particulières les plus polluantes, 1011 *bis*.
- Syndicats,
  • communes et mixtes, 1609 *quater*.
- Transaction sur devises, 235 *ter* ZD s. *(avant le 1er août 2012)*.

Taxe d'apprentissage
► V. ***Apprentissage, Contribution supplémentaire à l'apprentissage.***

Taxes communales et départementales
► V. ***Fiscalité locale.***

Taxes d'équipement,
- Taxe spéciale d'équipement, 1607 *bis*, 1607 *ter*.
  • de Normandie (établissement foncier), 1636 B *octies*, 1636 C.
  • de la Guadeloupe, 1609 C.
  • de la Guyane, 1609 B, 1636 B *octies*.
  • du Grand Paris, 1609 G.
  • de la Martinique, 1609 D.
  • de la métropole lorraine, 1636 B *octies*, 1636 C.
  • établissements publics fonciers, 1607 *bis*, 1607 *ter*, 1607 A.
  • du Nord-Pas-de-Calais, 1636 B *octies*, 1636 C.
  • du Puy-de-Dôme, 1607 *bis* (note).
  • de la Savoie, 302 *septies* B.
  • de Provence-Alpes-Côte d'Azur : PACA, 1636 B *octies*, 1636 C.
  • zone dite des cinquante pas géométriques, 1636 B *octies*.

Taxe foncière,
- Sur les propriétés bâties, 1380 à 1391, 1399 à 1406, 1586 s., 1641 ; Ann. II 317 *septies* B ; Ann. III 314 à 321 G.
  • agriculture, 1395 A *bis*.
  • copropriété dégradée, 1384 E.
  • déclaration, Ann. III 315 *quater* à 315 *sexies*.
  • dégrèvements spéciaux, 1390, 1391 B *ter*.
  • domaine public (occupation), 1400-II.
  • établissements industriels, 1499 à 1500.
  • exonérations, 1382 à 1387, 1391 D, 1391 E, 1417-I.
  • immeuble vacant ou non exploité, 1389.
  • imposition additionnelle, 1519-I.
  • jeunes entreprises innovantes, 1383 D.
  • locaux d'hébergement d'urgence, 1384 D, Ann. III 315-0 *bis* A à 315-0 *bis* C.
  • logements sociaux, 1388 *bis*, 1384 A I, al. 2, et I *bis* ; Ann. II 310-0 H à 310-0 H *ter* ; Ann. IV 121-0 AA.
  * DOM (abattement), 1388 *ter*.
  ► V. ***Départements d'outre-mer.***
  • performance énergétique, 1383-0 B *bis*.
  • personne âgée, 1391 à 1391 B *bis*.
  • port maritime, 1382 E.
  • quartiers prioritaires de la politique de la ville, 1383 C *ter*, 1466 A.
  • taux (conseils régionaux), 1636 B *sexies* A.
  • taxe additionnelle (Île-de-France), 1599 *quater* D.
  • zones franches urbaines - territoires entrepreneurs, 1383 B, 1383 C, 1466 A ; Ann. III 315 *septies*.
  • zone de restructuration de la défense, 1383-I.
- Sur les propriétés non bâties, 1393 à 1398, 1399 à 1406, 1586 s., 1641 ; Ann. III 321 E à 321 G ; Ann. IV 165, 167.
  • agriculture biologique, 1395 G.
  • communes et groupements à fiscalité propre, L. n° 95-95 du 1er févr. 1995, art. 78, **p. 3392.**
  • dégrèvement,
  * association foncière pastorale, 1398 A.
  • disparition de l'immeuble, 1397.

Taxe foncière *(suite)*
• exploitants agricoles (allégement), 1394 B *bis*.
• imposition additionnelle, 1519-I.
• jeunes agriculteurs, 1647-00 *bis*.
• perte de récolte ou de bétail, 1398.
• plantations en oliviers et arbres truffiers, 1394 C.
• exonération,
* part communale, Corse, 1394 B.
• majoration forfaitaire (coefficients), 1518 *bis*.
• taux (conseils régionaux), 1636 B *sexies* A.
• vergers, 1395 A *bis*.

Taxe générale sur les activités polluantes,
– Décollage des aéronefs, 1609 *quatervicies* A.

Taxe d'habitation,
– Agent diplomatique ou consulaire, 1408-II 3°.
– Assiette, 1409 à 1413.
– Dégrèvement d'office, 1414 (Ann. III 322, 322 *bis*), 1417.
• contribuables modestes, 1414 A.
– Enfants, chômeurs, revenu minimum d'insertion, 1414-IV.
– Établissements publics exonérés, 1382-1°.
– Étudiants (résidences universitaires), 1407-II 5°.
– Fixation des taux, 1638 à 1639 A *quater*.
– Frais d'assiette, 1641.
– Impôt sur la fortune immobilière, 1413 *bis*.
– Impôt de solidarité sur la fortune, 1413 *bis*.
– Locaux imposables, 1407.
– Période d'imposition, 1415.
– Personnes imposables, 1408.
– Plafonnement des cotisations, 1414 A III 2.
– Redevance audiovisuelle, 1605 à 1605 *quater*, 1681 *ter* à 1681 *ter* B.
– Résidence mobile terrestre, 1013.
– Résidence secondaire, 1407 *ter*.
– *Sociétés d'attribution d'immeubles, 1408.*

Taxes parafiscales, 1635 *ter*.
– Frais d'assiette, de non-valeur et de recouvrement, 1647-1.
– Transports (Assoc. pour la formation professionnelle), 1635 *bis* M.

Taxes perçues au profit de certains établissements et organismes, 1600, 1635 *quater*.

Taxe pour frais de chambre de métiers, 1601.

Taxe professionnelle,
– Régime transitoire, 1640 B, 1640 C.
► V. *Cotisation foncière des entreprises.*

Taxe de protection sanitaire
► V. *Redevance.*

Taxe de publicité foncière, 1594 A à 1594 E.
– Assiette, 666, 670 à 673.
– Champ d'application, 663 à 665.
– Exonération, 1594-0 G à 1594 J.
– Liquidation, 674, 675, 676 ; Ann. III 261.
– Tarif, 678 à 680.

Taxe sur les éoliennes maritimes, 1519 B, 1519 C, 1635 *quinquies* ; Ann. II 315 A à 315 E.

Taxe sur la publicité,
– Radiodiffusion sonore et télévision, 302 *bis* KD.

Taxe sur la publicité diffusée par les chaînes de télévision, 302 *bis* KG, 1693 *quinquies*.

Taxe sur les hautes rémunérations (2013 et 2014), App., L. n° 2013-1278 du 29 déc. 2013, art. 15, **p. 3593.**

Taxe sur les salaires, 231 à 231 *bis* R, 1679, 1679 *bis* ; Ann. II 141 à 144, 383 ; Ann. III 50 à 53 *quater*, 369, 370, 374.
– Allocation de remplacement pour l'emploi, 231 *bis* D.
– Associations et syndicats, 1679 A.
– Exonérations, 231 *bis* I, 231 *bis* L, 231 *bis* N, 231 *bis* R.
– Recherche, 231 *bis* U.
– Remise au Trésor, Ann. III 369.

Taxe sur certains services fournis par les grandes entreprises du secteur numérique, 299 à 300.
– Régime spécial, 1693 *quater* à 1693 *quater* B.

Taxe sur les services fournis par les opérateurs de communications électroniques, 302 *bis* KH, 1693 *sexies*.

Taxe sur la valeur ajoutée [TVA],
PRÉSENTATION GÉNÉRALE,
I — Champ d'application,
– Location de locaux destinés au logement en meublé, 260 D.
– Opérations exonérées, 261 à 263.
– Opérations imposables sur option, 260 à 260 CA.
– Opérations obligatoirement imposables, 256 à 257 *bis*.
– Territorialité, 256-0, 258 à 259 D.
II — Assiette de la taxe,
– Chiffre d'affaires réel, 266 à 268 *ter*.
– Fait générateur et exigibilité, 269.
– Prix de revient des terrains ou ensembles immobiliers, 302 *septies* B.
III — Redevables,
– Redevables de la taxe, 283-0 à 285 A.
– Retenue de la taxe sur les droits d'auteurs, 285 *bis*.
IV — Liquidation de la taxe,
– Déductions, 271 à 273 *septies* C.
– Dispositions générales, 270.
– Régime suspensif, 275 à 277 A.
V — Taux d'imposition,
– Taux normal, 278.
– Taux particuliers, 281 *quater* à 281 *nonies*.
– Taux réduit, 278-0 *bis* à 279 *bis*.
VI — Régimes simplifiés d'imposition,
– Régime réel, 266 à 268 *ter*.
– Taxes sur le chiffre d'affaires, 302 *septies* A à 302 *septies* A *ter* B.
VII — Obligations des redevables,
– A — Dispositions générales,
– Déclarations d'existence et comptabilité, 286.
• déclarations de recettes, 287, 302 *nonies*.
• déclaration des échanges de biens intracommunautaires, 289 C.
• désignation d'un représentant en France, 289 A.
• demande de remboursement de la taxe supportée dans un autre État membre, 289 D.
• état récapitulatif des clients, 289 B.
• factures, 289, 289 *bis*.
• identification, 286 *bis*, 286 *ter*.
• tenue des registres, 286 *quater*.
– B - Dispositions particulières,
• agriculture, 290 *bis*.
• établissements de spectacles, 290 *quater*.
• franchise en base, 293 B à 293 G.
• importations, 291 à 293 A *bis*.
• opérations portant sur les déchets neufs d'industrie et les matières de récupération,
• récépissé de consignation, 302 *octies*.
• travaux immobiliers, 290 *quinquies*.
VIII — Régimes spéciaux,
– Biens d'occasion, œuvres d'art, objets de collection et d'antiquité, 297 A à 297 G.
– Départements d'outre-mer, 294 à 296 *ter*.
– Corse, 297.
– Exploitants agricoles, 298 *quater* à 298 *quinquies*.
– Opérations intracommunautaires portant sur des moyens de transport neufs ou d'occasion, 298 *sexies*.
– Opérations portant sur les tabacs manufacturés, 298 *quaterdecies* à 298 *sexdecies*.
– Produits pétroliers, 298.
– Régime de la presse et de ses fournisseurs, 298 *septies* à 298 *terdecies*.
– Régime applicable à l'or d'investissement, 298 *sexdecies* A à 298 *sexdecies* E.
– Services fournis par voie électronique, 298 *sexdecies* F.
IX — Taxes annexes à la TVA,
– Taxe de l'aviation civile, 302 *bis* K.
– Taxe sur la publicité diffusée par voie de radiodiffusion sonore et de télévision, 302 *bis* KD.
– Taxe sur la publicité télévisée, 302 *bis* KA.
– Taxe sur la publicité diffusée par les chaînes de télévision, 302 *bis* KG.
– Taxe sur les services fournis par les opérateurs de communications électroniques, 302 *bis* KH, 1693 *sexies*.
– Taxe sur certaines dépenses de publicité, 302 *bis* MA.
– Taxe sur le chiffre d'affaires des exploitants agricoles, 302 *bis* MB.
– Redevance sanitaire d'abattage, 302 *bis* N à 302 *bis* R.
– Redevance sanitaire de découpage, 302 *bis* S à 302 *bis* W.
– Redevances sanitaires sur les produits de la pêche et de l'aquaculture, 302 *bis* WA à 302 *bis* WB.
– Redevance sanitaire pour le contrôle de certaines substances et de leurs résidus, 302 *bis* WC.
– Redevance pour l'agrément des établissements du secteur de l'alimentation animale, 302 *bis* WD à 302 *bis* WG.
– Taxe forfaitaire sur les actes des huissiers de justice, 302 *bis* Y.
– Contribution annuelle destinée à financer le fonds de modernisation de la restauration, 302 *bis* Z.

Taxe sur la valeur ajoutée [TVA] ***(suite)***
- Taxe additionnelle à la taxe sur les surfaces commerciales, 302 *bis* ZA.
- Taxe due par les concessionnaires d'autoroutes, 302 *bis* ZB.
- Contribution annuelle sur les logements sociaux à usage locatif (Article), 302 *bis* ZC.
- Contribution sur la cession à un service de télévision des droits de diffusion de manifestations ou de compétitions sportives, 302 *bis* ZE.
- Taxe destinée à financer le fonds de garantie des risques liés à l'épandage des boues d'épuration urbaines ou industrielles, 302 *bis* ZF.
- Prélèvements sur les jeux et paris, 302 *bis* ZG à 302 *bis* ZN.

PRÉSENTATION ALPHABÉTIQUE,
- Abattoir public, 260 A.
- Abonnement, 278-0 *bis* B, 279 b *octies* et *decies*.
- Acompte, 269-2-c, 289-I 1 c, 298 *nonies*.
- Acquéreur (obligation), 258 D, 283-2 *ter*.
- Acquisition intracommunautaire, 256 *bis*, 258 à 259 C, 260 CA, 262 *ter*, 266-1 c, 269, 277 A, 286 *bis*, 289-I 1 b, 289 A III, 297, 298 *sexies*, 298 *sexdecies* A 1, 298 *sexdecies* F 10.
- Action sociale, 256 B.
- Actions, 260 C 12°, 261 C.
  V. *Assurance, Banque, Finance.*
- Activité économique (notion d'-), 256 A.
- Activités artistiques, 259 A 5° et 5° *bis*.
- Activités culturelles et éducatives, 259 A 5° et 5° *bis*, 261 G.
- Activités éducatives, 261 G.
- Activités immobilières, 257, 258-II, 260-5° *bis*, 261-5.
- Activités scientifiques, 259 A 5° et 5° *bis*.
- Activités sociales, 261-7.
- Activités sportives, 256 B, 259 A 5° et 5° *bis*, 261-7, 278-0 *bis*, 279 b *sexies*.
- Administrations, 256 B.
- Aéronef, 257-III 1°, 262, 291-II 5°.
  V. *Moyen de transport.*
- Affectation aux besoins de l'entreprise, 257-II.
- Affectation d'un bien,
  • en France, 291 *bis* II 5°.
  • à un secteur d'activité exonéré, 257-II 1-3°.
  • à une opération hors champ de la TVA, 257-II 1-2°.
- Affrètement, 262-II.
- Agence de presse, 298 *octies*.
- Agence de voyages, 259 A 8°, 262 *bis*, 266-1 e.
- Agence immobilière, 259 A 2°.
- Agios, 260 C 4° et 5°.
- Agriculture, 261-2, 261 D 1°, 267 *bis*, 279 b *sexies* et *septies*, 281 *sexies*, 290 *bis*, 291-II 6°, 295-3°.
- Alcools, 256, 258 A, 258 B, 289-I 1 b.
- Alimentation animale, 278 *bis* 4°.
- Amélioration de la qualité énergétique, 278 *ter*.
- Amendements calcaires, 278 *bis* 5°.
- Animaux de boucherie, 281 *sexies*.
- Animaux de grande valeur, 268 *ter*.
- Antiquité
  V. *Objet de collection ou d'antiquité.*
- Appareil automatique, 279 *b bis*.
- Appareillage pour handicapés, 278-0 *bis*.
- Apport, 266-2, 278 *sexies* I 3 et 12, 284-II.
- Architecte, 259 A 2°.
- Arrondi, 270-I.
- Ascenseur, 278-0 *bis*, 279-0 *bis*.
- Assainissement, 260 A, 279 *b*.
- Associations, 261-4-9° et 7.
  V. *Organisme sans but lucratif.*
- Assujetti, 256 A, 259-0, 283-0, 286 *ter*, 298 *sexies* IV.
- Assujetti établi hors de France, 269-2 *b bis*, 283-2.
- Assurance, 259 B 6°, 260 C 2°, 10° et 14°, 271-IV, 292-2°.
- Assurance (frais d'-), 267-I 2°.
- Attestation d'export, 275.
- Attestation (travaux immobiliers), 279-0 *bis* 3.
- Avantages fiscaux (perte des), 302 *nonies*.
- Avitaillement, 262-I 2°.
- Avocat, 293 B III 1.
- Bagages, 262-I 2°.
- Bail à construction, 266-5, 269-2 *c bis*, 278 *sexies*, 284-I.
- Bail immobilier, 260, 261 D 1° *bis*.
- Banque, 259 B 6°, 260 B, 260 C, 261 C, 271-IV.
- Banques populaires, 260 C 1°.
- Bars et buvettes, 256, 258 A, 258 B, 261-7, 289-I 1 b.
- Base d'imposition, 266 à 268 *bis*, 292, 297 A.
- Bateau, 262.
  V. *Moyen de transport.*
- Bâtiments agricoles, 261 D 1°.
- Bien d'occasion, 256 *bis* I 2°*bis*, 289-I 1 d, 275, 297 A à 297 G.

Taxe sur la valeur ajoutée [TVA] ***(suite)***
- Bien meuble corporel, 256-II 2°, 256 *bis*, 258 à 258 D, 260 CA, 283-2 *ter*.
- Bien meuble incorporel, 256-IV 1°.
- Biens d'investissement, 295 A.
- Biens usagés, 261-3.
- Biomasse, 278-0 *bis* B, 279 *b decies*.
- Bois de chauffage, 278 *bis* 3° *bis*.
- Boissons alcooliques, 256, 258 A, 258 B, 289-I 1 b.
- Brevets, 259 B 1°.
- Bureaux d'études, 259 B 4°.
- Cadeau, 257-II 1-1°.
- Caisses de crédit agricole, 260 C 3°.
- Caisses de crédit mutuel, 260 C 2°.
- Caisses d'épargne, 260 C 1°.
- Camp de vacances, 259 A 2°.
- Camping, 259 A 2°, 279.
- Cantine d'entreprises, 279 *a bis*.
- Caution, 276.
- Cessation d'activité, 257-II 1-4°, 287-4.
- Champ d'application (de la taxe), 256 à 263.
- Change, 261 C.
- Chaleur, 256-II 2°, 256 B, 259 B 13°, 269-2 a, 278-0 *bis* B, 278 *bis* 3° *bis*, 279-0 *bis*, 279 *b decies*, 291-II 10°.
- Chevaux de course, 257-III 3°.
- Chiffre d'affaires, 256-IV 2°.
  V. *Base d'imposition*.
- Chiropracteur, 261-4.
- Cimetières, 261-4-10°.
- Cinéma, 279 *b quinquies* et *g*, 279 *bis* 3°.
  V. *Culture*.
- Cirque, 279 b *bis*, 281 *quater*.
- Clause de réserve de propriété, 256-II 3° *d*.
- Climatisation, 279-0 *bis*.
- Collectivité locale
  V. *Collectivités publiques*.
- Collectivités publiques, 256 B, 260 A, 261-4-10°, 279 *g à l*.
- Comptabilité, 286, 297 F, 302 *septies* A *ter* A, 302 *septies* A *ter* B.
- Concert, 279 b *bis* et b *bis* a.
- Conduite de travaux immobiliers, 259 A 2°.
- Conseil, 259 B 4°.
- Consigne, 267-III.
- Construction, 259 A 2°, 261-4-10°.
- Contribution à l'audiovisuel public, 257-III 3°, 281 *nonies*.
- Coopération intercommunale, 256 B.
- Corse, 297.
- Créance irrécouvrable, 272-1.
- Crédit-bail, 256-II 3° *c*.
- Crédits bancaires, 261 C.
- Culture, 256 B, 259 A 5°, 261-7, 281 *quater*.
- Débits, 269-2 *c*.
- Débours, 267-II 2°.
- Déchets, 260 A, 279 *b decies* et h.
  - de bois, 278 *bis* 3° *bis*.
  - neufs d'industrie, 283-2 *sexies*.
- Déclaration, 270, 285 *bis* 6, 287, 298 *sexdecies* F 5 et 6, 302 *nonies*.
  - d'acquisition intracommunautaire, 286 *bis*.
  - d'échanges intracommunautaires, 289 C.
  - de chiffre d'affaires, 285 *bis* 4, 287.
  - d'existence, 286.
  - d'importation, 271-II 2.
  - remboursement forfaitaire, 298 *quater* III.
- Déduction, 271 à 273 *septies* C, 285 *bis* 5, 295 A, 298 *sexdecies* C, 298 *sexdecies* F 8.
  - régularisation, 271-II 3.
- Demande de remboursement (TVA supportée dans un autre État membre), 289 D.
- Déneigement, 279 l.
- Dépôts de fonds, 261 C.
- Désignation d'un représentant en France, 289 A.
- Devise, 261 C, 291-II 3°.
- Discothèque, 290 *quater*.
- Disposition (notion de), 256, 256 *bis* I 3°.
- Distribution d'eau et d'assainissement, 279 b 1°.
- Divertissements, 259 A 5° et 5° *bis*.
- DOM, 294 à 296 *ter* ; 298 *septies*, 298 *sexdecies*.
- Droit à déduction, 271, 286 *ter*, 298-3 à 6, 298 *sexies* V, 298 *decies*, 298 *undecies*.
- Droit d'utilisation des animaux, 279 *b sexies*.
- Droit d'utilisation immobilier, 259 A 2°.
- Droits d'auteurs, 259 B 1°, 293 B III 3.
- Droits de licences, 259 B 1°.
- Droits immobiliers, 257-I 1-1°, 258-II, 278 *sexies*.
- Eau, 256 B, 260 A, 279 b 1°.
- Échantillon, 257-II 1-1°.
- Économats, 256 B.
- Écrits périodiques, 298 *octies*.
- Éducation, 256 B, 261-7.
- Effet de commerce, 269-2 c.
- Électricité, 256-II 2°, 256 B, 258-III, 259 B 13°, 269-2 *a*, 273 *septies* B, 278-0 *bis* B, 279 *b decies*, 283-2 quinquies, 291-II 10°, 297.
- Énergie (économie d'–), 278 *ter*.
- Emballage, 267-I 2° et III.
- Emplacement de stationnement, 261 D 2°.

Taxe sur la valeur ajoutée [TVA] *(suite)*

- Emprunt obligataire, 260 C 12°.
- Enchères publiques, 289-I 1 *d*, 297 A à 297 G.
  - Réitération des enchères, 685, 733.
- Engrais, 278 *bis* 5°.
- Enseignement, 261-4, 278-0 *bis* E.
- Entraide (agriculture), 261-2-3°.
- Entraîneurs (chevaux), 257-III 4°, 278 *ter*, 289-III.
- Entreposage de biens meubles, 256 B.
- Entrepôt
  V. *Régime suspensif.*
- Entrepôt d'importation ou d'exportation, 291 *bis*.
- Escompte, 267-II 1°, 269-2 *c*.
- Espaces verts, 279-0 *bis* 2 *bis*.
- Établissement public, 260 A.
- Établissements de soins, 278-0 *bis* C, 279.
- Établissements de spectacles, 290 *quater*.
- Établissements thermaux, 279 *a quinquies*.
- État récapitulatif des clients, 289 B.
- Exigibilité, 269, 298 *nonies*.
- Exonération, 260 C 6°, 261 à 264, 271-IV, 289-I 1 *b*, 295, 298 *sexies* II, 298 *sexdecies* A 1.
- Expert immobilier, 259 A 2°.
- Expert-comptable, 259 B 4°.
- Expertise mobilière, 256, 259 A 6°.
- Exploitant agricole, 256 *bis* I 2° *c*, 260 CA, 298 *quater* à 298 *quinquies*.
- Exportation, 260 C 6°, 262 s., 271-IV, 275 s., 291 *bis*, 293, 294.
  V. *Régime suspensif.*
- Exposition, 256 B, 259 A 5° et 5° *bis*, 279 b *bis*.
- Facture, 258 D, 283-2 *ter*, 269-2 d, 271-II, 272-2, 289, 289 *bis*, 293 E, 297 E.
  - fausse facture, 283-4.
- Fait générateur, 269, 293 A.
- Fiducie, 256-IV 1°, 257-I 1-3°, 266-1 *f*, 268, 285 A.
- Finance, 259 B 6°, 260 B, 260 C, 261 C, 271-IV.
- Flagrance fiscale, 293 BA.
- Foire, 256 B, 259 A 5° et 5° *bis*, 279 b *bis*.
- Formation professionnelle, 261-4.
- Fourniture de logement, 259 A 2°, 279.
- Fourniture d'information, 259 B 5°.
  V. *Presse.*
- Frais accessoires, 267-I 2°, 292-2° et 3°.
- Franchise, 275 s., 277 A, 284-I, 289 A III, 298 *sexdecies* F 10.
- Franchise en base, 286-II, 293 B à 293 G.
- Franchises fiscales communautaires, 291-II 2°.
- Fraude, 272-3, 293 BA.
  V. *Pénalités, sanction.*
- Froid, 256-II 2°, 256 B, 258-III, 259 B 13°, 269-2 a, 283-2 *quinquies*, 291-II 10°.
- Froid.,
- Gain de course, 257-III, 278 *ter*, 289-III.
- Garde d'enfants, 261-4.
- Garde et de gestion de valeurs, 256-IV 2° b.
- Gaz à effet de serre, 283-2 *septies*.
- Gaz de pétrole, 298-2-1°.
- Gaz naturel, 256-II 2°, 256 B, 258-III, 259 B 13°, 269-2 a, 278-0 *bis* B, 279 b *decies*, 283-2 *quinquies*, 291-II 10°.
- Géothermie, 278-0 *bis* B, 279 b *decies*.
- Gestes essentiels de la vie quotidienne, 278-0 *bis* D, 279.
- Gestion d'un patrimoine foncier, 261 D 3°.
- Groupement de Collectivités locales, 260 A.
- Groupements d'aveugles, 261-4-7.
- Habitation, 279-0 *bis*, 296 *ter*.
- Hébergement, 261-7.
  - pour personnes âgées, 261-4.
  - temporaire ou d'urgence, 278 *sexies* I 5.
- Hospitalisation, 261-4.
- Hôtellerie, 259 A 2°, 261 D 4°.
- Hôtels de tourisme classés, 261 D 4°.
- Huiles minérales, 256, 258 A, 258 B, 289-I 1 *b*.
- Identification des personnes, 286 *bis*, 286 *ter*, 298 *sexdecies* F 3.
- Immeuble, 257, 269.
  - à construire, 269-2 a *bis*.
  - neuf (notion d'immeuble), 257-I 2, 258-II.
  - prix de revient, 302 *septies* B.
- Importation, 262-II 14°, 291 à 293 A *bis*, 294, 295-5°, 295 A, 297, 298 *sexdecies* s.
  V. *Régime suspensif.*
- Impôts et taxes, 266-1 *d*, 267-I 1°, 279 *b* 2°, 292-1°, 302 *septies* B.
- Imprimerie, 298 *octies*.
- Incitation à la violence, 261 G, 279 *bis*, 279 *bis* 3°.
- Indépendance (notion d'-), 256 A.
- Infirmier, 261-4.
- Information, 298 *octies*.
- Informatique, 259 B 5°.
- Ingénierie, 259 B 4°.
- Installation sanitaire, 279-0 *bis*.
- Intérêt, 267-I 2°, 260 C 4° et 5°.
- Intermédiaire, 256-V, 256 *bis* III, 259 A 7°, 263, 266-1 b, 267-II 2°.
- Jeux, 261 E, 279 *b bis*, 279 b *nonies*.

Taxe sur la valeur ajoutée [TVA] ***(suite)***
- Justification, 286-I 4°, 298 *sexdecies* E.
  • remboursement forfaitaire, 298 *quater* IV.
- Lait humain, 261-4, 291-II 3°.
- Licences, 259 B 1°.
- Liquidation de la taxe, 270 à 273 *septies* C.
- Liquidation judiciaire, 272-1.
- Livraison à bord des moyens de transport, 256-III d.
- Livraison à soi-même, 257-I, 258-II, 262 s., 266 s., 269, 270-II, 284-II et III.
  • de terrain, 284-II.
  • de travaux immobiliers, 278 *sexies*.
  • d'immeubles, 257-I, 269-1 b et 2 a.
- Livraison de biens, 256, 257-II, 257 *bis*, 258 à 258 D, 261-4-8° *bis* s., 277 A, 283-0, 283, 286 *ter*, 289 A III, 293 B, 298 *sexdecies* F 10.
- Livraison de travaux immobiliers, 257-I, 269-1 *d* et 2 *a*, 278 *sexies*.
- Livre, 278 *bis* 6°, 279 *g*, 279 *bis* 1°.
- Livre-journal, 286-II.
- Locations, 261 D.
  • de biens meubles corporels, 259 B 2°.
  • de coffres-forts, 259 B 6°.
  • de courte durée, 259 A 1°.
  • de locaux nus, 260-2°, 260 D, 261 D 2°.
  • de meublé, 260 D.
  V. *Meublé*.
  • de moyens de transport, 259 A 1°, 259 C 2°.
- Logement, 257-I 3, 260 D, 261 D 3°, 278 *sexies*, 284-II et III, 296 *ter*.
  • social, 278 *sexies* I 2°, 296 *ter*.
- Loterie, 261 E, 279 *b bis*, 279 *b nonies*.
- Maison de retraite, 278-0 *bis* C, 279.
- Mandataire judiciaire, 261-4-8° *ter*.
- Marché d'intérêt national, 260 A.
- Marques, 259 B 1°.
- Matériel agricole, 297.
- Matières de récupération, 283-2 *sexies*.
- Médecin, 261-4.
- Médicaments, 278 *quater*, 281 *octies*.
- Mention (sur facture), 293 E, 297 E, 289.
- Mention de la TVA, 283-3.
- Meublé, 260 D, 261 D 3°.
- Meublé, 279, 297.
- Mise à disposition de personnel, 259 B 7°.
- Mise à disposition gratuite, 261 A.
- Monuments commémoratifs, 261-4-10°, 279 *b ter*.
- Moyen de transport, 256, 258 A, 298 *sexies*, 262, 289-I 1 *b*, 291-II 5°, 291 *bis* III, 293 C 4°, 298 *sexies*.
- Musées, 279 *b ter*.
- Navires, 262-II, 291-II 5°.
- Numéro d'identification, 286 *ter*, 298 *sexdecies* F 3.
- Objet de collection ou d'antiquité, 256-IV 2° *a*, 256 *bis* I 2°*bis*, 275, 278 *septies*, 289-I 1 *d*, 291-II 7°, 297 A à 297 G.
- Obligation contractuelle, 256-IV 1°, 259 B 9°.
- Obligations des redevables, 286 s.
  • caution, 276.
  V. *Comptabilité, Déclaration, Facture, Justification, Registre*.
- Œuvre d'art, 256 *bis* I 2°*bis*, 275, 278-0 *bis*, 289-I 1 *d*, 291-II 7°, 297 A à 297 G.
- Œuvre de l'esprit, 279 *g*, 285 *bis*, 293 B III 2.
- Opérations,
  • à terme sur un marché réglementé, 261-1-4°, 277 A I 2° *d*, 289 A III, 298 *sexdecies* F 10.
  • bancaires, 259 B 6°, 260 B, 260 C.
  • de façon, 256-IV 1°, 283-5.
  • exonérées, 261 à 263.
  • financières, 259 B 6°, 260 B, 260 C.
  • immobilières, 257, 261-5, 266-2, 278 *sexies*, 295-4°, 296 *ter*.
  • imposables obligatoirement, 256 à 257 *bis*.
  • imposables sur option, 260 à 260 CA.
  • intracommunautaires, 262 *ter*, 289-I 1 *b*.
  • non imposables, 271-IV.
  • sur les moyens de paiement, 256-IV 2° a.
  • sur les valeurs mobilières, 256-IV 2° b.
  • à terme sur un marché réglementé, 261-1-4°, 277 A I 2° *d*, 289 A III, 298 *sexdecies* F 10.
- Options, 260 à 260 AC, 285 *bis* 3, 293 F, 297 A I 4°, 297 B, 297 G, 298 *sexdecies* B.
- Or, 261 C, 262-II 12°, 283-2 *quater*, 291-II 4°, 293 A 2, 298 *sexdecies* A à 298 *sexdecies* E.
  • d'investissement, 298 *sexdecies* A à 298 *sexdecies* E.
- Ordures, 260 A.
- Organes, 261-4, 291-II 3°.
- Organisateurs de circuits, 262 *bis*, 266-1 *e*.
- Organisme d'intervention agricole, 256 B.
- Organisme d'utilité générale, 261-7.
- Organisme sans but lucratif, 261-4-9° et 7, 275.
- Organismes HLM, 278 *sexies* I 1°.
- Ostéopathe, 261-4.
- Outre-mer, 294 à 296 *ter*.
  V. *DOM*.
- Paiement, 298 *sexdecies* F 7.

Taxe sur la valeur ajoutée [TVA] ***(suite)***
• arrondi, 270-I.
• sur les débits (option), 269-2 *c*.
• sur les livraisons (option), 269-2 *c*.
• sur option, 293 F.
– Parc à thème, 279 *b nonies*.
– Parcs zoologique et botanique, 279 *b ter*.
– Pari mutuel, 261 E.
– Pêche, 261-2.
V. *Agriculture*.
– Personne morale de droit public, 256 B.
V. *Collectivités publiques*.
– Personnes handicapées, 278-0 *bis*.
– Politique sociale, 278 *sexies* I, 296 *ter*.
– Pornographie, 261 G, 279 *bis* 2° à 4°.
– Poste, 261 C 3°.
– Prélèvement pour des besoins privés, 257-II.
– Préparations magistrales, 278 *quater*, 281 *octies*.
– Presse, 279 *bis* 1°, 298 *septies* à 298 *terdecies*.
– Prestation de service, 256, 257-II, 259-0 à 259 C, 261-4-8° *bis* s., 262 s., 266 s., 269, 277 A, 283-0, 283, 286 *ter*, 286 *quater* II, 289 A II et III, 290 *quinquies*, 293 B, 298 *sexdecies* F 10.
• continue, 269-1 *a quater*.
– Produits,
• alimentaires, 279 *n*.
• à usage agricole, 278 *bis* 5°.
• de capitalisation, 260 C 14°.
• de la pêche, 291-II 6°.
• d'origine agricole, 278 *bis* 3°.
• officinaux, 278 *quater*.
• pétroliers, 297, 298.
• pharmaceutiques, 278 *quater*, 281 *octies*.
– Professions libérales, 261-4.
– Promesse de vente, 257-I 1-2°, 258-II.
– Prothèse dentaire, 291-II 7°.
– Psychanalyste, 261-4.
– Psychologue, 261-4.
– Psychothérapeute, 261-4.
– Publicité, 259 B 3°.
– Quartiers prioritaires de la politique de la ville, 278 *sexies* I-11 *bis*.
– Rabais, 267-II 1°, 292-2°.
– Radiodiffusion ou de télévision, 256 B, 259 B 11°.
– Réassurance, 259 B 6°, 261 C 2°, 271-IV.
– Récépissé de consignation, 302 *octies*.
– Recherche et du développement, 259 B 4°.
– Rectification (facture), 271-II 3.
– Rectification, 289-I 5.
– Redevable, 283-0 à 285 *bis*, 293 A, 298 *sexdecies* D.
– Réduction de prix, 267-II 1°, 292-2°.
– Régimes d'imposition,
• réel normal d'imposition, 287-2.
• simplifié d'imposition, 287-3, 302 *septies* A à 302 *septies* AA.
– Régime suspensif, 275 à 277 A, 289 A III, 298 *sexdecies* F 10.
– Régimes douaniers, 291 *bis*.
– Régimes spéciaux, 294 à 298 *sexdecies* F.
– Registre,
• des achats, 286-II.
• des biens expédiés ou transportés, 286 *quater* I.
• des opérations, 298 *sexdecies* F 9.
– Régularisation, 271-II 3.
– Remboursement de la taxe, 271-IV, 293 A *bis*, 298 *sexies* V, 298 *sexdecies* F 8.
• forfaitaire, 298 *quater*, 298 *quinquies*.
– Remises, 267-II 1°, 292-2°.
– Remontées mécaniques, 273 *septies* C.
– Représentant en France, 289 A, 298 *sexdecies* F 10.
– Réquisition, 256-II 3° *a*.
– Réseaux de distribution, 259 B 13°.
V. *Chaleur, Eau, Froid, Gaz naturel*.
– Résidences de tourisme, 261 D 4°.
– Restauration, 261-7.
V. *Cantine d'entreprises*.
– Retenue de la taxe sur les droits d'auteurs, 285 *bis*.
– Réunions sportives, 278-0 *bis*.
V. *Activités sportives*.
– Riz, 295.
– Sang humain, 261-4, 291-II 3°.
– Sépultures, 261-4-10°.
– Service à la personne, 279 *i*.
– Service universel postal, 261-4-11°.
– Services,
• bancaires, 259 B 6°, 260 B, 260 C, 261 C, 271-IV.
• fournis par voie électronique, 259 B 12°, 259 D, 298 *sexdecies* F.
• portuaires et aéroportuaires, 256 B.
• postaux, 256 B, 261-4-11°, 261 C 3°.
• publics, 256 B.
– SICAV, 260 C 8°, 261 C.
– Société immobilière, 257-I 1-3°, 258-II.
– Soins médicaux et paramédicaux, 261-4.
– Solidarité, 283-2 *bis* s., 298 *sexdecies* D.
– Soufre, sulfate de cuivre, 278 *bis* 5°.
– Suspension de la taxe, 271-V.
– Sylviculture, 278 *bis* 3° *bis*, 279 b *septies*.
– Tabacs manufacturés, 256, 258 A, 258 B, 289-I 1 b, 298 *quaterdecies* à 298 *sexdecies*.
– Taux, 278 à 281 *nonies*, 293 A.

Taxe sur la valeur ajoutée [TVA] *(suite)*
- • normal, 278, 296.
- • particuliers, 281 *quater* à 281 *nonies*.
- • réduit, 278-0 *bis* à 279 *bis*, 296, 298 *septies*, 298 *octies*.
- – Taxe facturée, 283-3.
- – Télécommunications, 256 B, 259 B 10°, 261-4-11°.
- – Télévision, 259 B 11°, 279 b *octies*.
- – Tenue des registres, 286 *quater*.
- – Terrains, 257, 261-5, 261 D, 295-3°.
- • à bâtir, 257, 258-II, 268, 278 *sexies*, 284-II.
- • non aménagés, 261 D 2°.
- – Terres,
- • agricoles, 261 D 1°.
- • incultes, 295-3°.
- – Territoire communautaire, 256-0.
- – Territorialité, 258 à 259 D.
- – Théâtre, 279 *b bis*, 281 *quater*. V. *Culture*.
- – Théâtre, 279 *bis* 2° et 4°.
- – Timbres, 291-II 7°.
- • fiscaux, 261 C 3°.
- • postaux, 261 C 3°.
- – Titres de créances négociables, 260 C 6°.
- – Tourisme, 256 B, 261 D.
- – Traitement de données, 259 B 5°.
- – Traitement des déchets, 279 *g*.
- – Transfert vers un autre État membre, 256-III.
- – Transmission,
- • de créance, 269-2 *c*.
- • d'une universalité de biens, 257 *bis*.
- – Transports, 256 B, 258-I, 258 A, 259 A 3° à 6°, 259 B 13°, 261-4, 262, 267-I 2°, 286 *quater* I, 289-I 1 b, 292-2° et 3°.
- • de voyageurs, 261-4-11°, 279 *b quater*.
- • intracommunautaires, 259 A 3°.
- • maritime (DOM), 295.
- – Travail de façon, 286 *quater* II 1.
- – Travailleurs handicapés, 261-4-7.
- – Travaux de nettoyage, 278 *sexies* III.
- – Travaux immobiliers, 256-IV 1°, 257-I 3-1°, 258-II, 259 A-2° et 6°, 261-4-10°, 266-1 *f*, 278 *sexies*-III, 279-0 *bis*, 290 *quinquies*, 297.
- – TVA déductible, 271 s. V. *Déduction*.
- – Valeur vénale, 266-2.
- – Valeurs mobilières, 260 C 6°, 261 C.
- – Variétés, 279 b *bis*.
- – Véhicules, 261 D 2°, 273 *septies* A à 273 *septies* C, 297 A, 297 G. V. *Moyen de transport*.
- – Vente à consommer sur place, 259 A 5°, 279 *m*, 297.
- – Vente à emporter, 279 *n*.
- – Villages de vacances, 261 D 4°.
- – Voyages et séjours touristiques, 256 B.

Taxe sur la valeur ajoutée (immobilière)
,
- – Base d'imposition, 266-2 *a*, 266-2 *b*.
- – Déductions, 271.
- – Fait générateur, 269-1 *b* et *c*, 269-2 *a*.
- – Logements locatifs sociaux (vente de droits immobiliers démembrés), 278 *septies* I 5.
- – Opérations,
- • exonérées, 261-5-8°.
- • imposables, 257-6°, 257-7°.
- – Travaux sur immeubles existants, 257-7° 1 *c*.

Taxe sur les véhicules,
- – Véhicules des sociétés, 1010.
- – Voitures particulières les plus polluantes, 1011 *bis*.

Taxe sur les ventes et les locations de vidéogrammes destinés à l'usage privé du public, 1609 *sexdecies* B.

Télécommunications,
- – Satellites (amortissement dégressif), 39 A 2-3°.
- – Sociétés agréées,
- • territorialité, 259 B 10°.
- ► V. *Sociétés (particulières)*.
- – Taxe sur les services fournis par les opérateurs de communications électroniques, 302 *bis* KH, 1693 *sexies*.
- ► V. *Communication*.

Télétransmission,
- – Cotisation sur la valeur ajoutée des entreprises, 1649 *quater* B *quater* IV.
- – Déclaration d'IR, 175, 199 *novodecies*, 1649 *quater* B *bis*, 1649 *quater* B *ter*.
- – Déclaration de résultats (TDFC), 1649 *quater* B *bis*, 1649 *quater* B *quater*, 1649 *quater* E, 1649 *quater* H, 1649 *quater* L, 1738.
- – Grandes entreprises (téléréglement), 1681 *septies*, 1738.
- – Factures, 289 ; Ann. III 96 F à 96-I.
- – Paiement (télé-règlement), 1681 septies, 1738.
- – Système de transfert des données fiscales et comptables (TDFC), Ann. III 344-I *ter* et I *quater*.

Télétransmission (*suite*)
– Télérèglement, 1681 *septies*, 1738.
– TVA, 1649 *quater* B *bis*, 1649 *quater* B *quater*, 1738.

Télévision et radiodiffusion,
– Contribution à l'audiovisuel public, 1605.
– Redevance (droit d'usage), 257-18°.
– Publicité (taxe), 302 *bis* KA.
– TVA, 256 B 11°, 257-18°.
– Valeur locative (installation), 1501 ; Ann. II 310 M.
– Vidéogrammes destinés à l'usage privé du public (Taxe sur les ventes et locations de), 1609 *sexdecies* B.
▸ V. ***Taxes parafiscales.***

Terrain,
– A bâtir
▸ V. ***Fiscalité immobilière, Terrain à bâtir.***
– Agricole et forestier,
• bail cessible, 1594 F *quinquies*.
• cession, 1594 F *quinquies* D.
• jeune agriculteur, 1594 F *quinquies* E, 1840 G *ter*.
• échange, 708.
• plus-value, 151 *sexies* ; Ann. III 38 *sexdecies* GA.
– De camping, location, emplacement (TVA), 279 *a ter*, 1520 (ordures ménagères).
– Communal, 1046.
– Départements, communes et établ. publics, 261-5-1° *a*.
– Incultivables, 64-3.
– Lotis et vendus des collectivités locales, 261-5-1° et 2°.
– Nus ou assimilés, 691 *bis*, 1594-0 G.
– Passible de la taxe foncière, 1381, 1383-II.
– Plus-values, 210 A.
– À usage commercial ou industriel, 1381-5° et 6°, 1383-II.
– À usage de construction, 1509-IV.

Terrain à bâtir,
– Acquisition, 257-7° 1 et 3, 266-2 *b*, 269-1 *c* et 2 *a*.
• acquisition de terrains à bâtir en vue de la construction de logements sociaux, 278 *sexies*.
• acquisition de terrains attenants, 257-7° 3 ; Ann. II 255.
• déclaration, Ann. II 250.
• exonération en cas d'engagement de construire, 1594-0 G A, 1840 G *ter* ; Ann. II 251 ; Ann. III 266 *bis* ; Ann. IV 198 *quinquies*.
• office public et organisme d'habitation à loyer modéré, 261-5-2°.
– Bail à construction
▸ V. ***Bail.***
– Cession à titre onéreux de terrains nus rendus constructibles, 1605 *nonies*.
– Plus-value,
• apport à société civile de construction ou à société de copropriété, 238 *decies*, 238 *terdecies*.
• vente à une collectivité publique, 238 *nonies*, 238 *terdecies*.
• vente et remise d'immeubles, 238 *undecies*, 238 *terdecies*.
• remembrement urbain, 261-5-1° *bis*.
– TVA (suppression, particuliers), 257-7° 1 *a* (option).
• collectivités locales, option, 257-7° 1 *a*.

Terre,
– Abandon à la commune (friches, vaines et vagues), 1401.
– Bilan (inscription), Ann. III 38 *sexdecies* D, 38 *sexdecies* H.
– Enregistrement, exemption, 1594 F *quinquies* F, 1025.
– Friche, 1395-3°.
– Inculte, 1025, 1395-3°, 1509-IV.
• DOM, 295-1-3°.
– Mise en culture, 1395-3°.
– Sous-exploitée, 1025, 1509-IV.
– TVA (DOM), 295-1-3°.
– Utilisée pour la chasse, 1509-III.

Terres australes et antarctiques françaises,
– Revenus (en provenance de),
• retenue, 83 A.
• déclarations, 173 ; Ann. III 42.
• capitaux mobiliers, 115 *ter*, 121.
• calcul de l'impôt, 199.
– Impôt sur les sociétés, 210, 217 *undecies* ; Ann. II 140 *quater*.
– Investissements, 199 *undecies* A à 199 *undecies* C, 242 *sexies*, 242 *septies* ; Ann. III 46 AG *duodecies* ; 1740 à 1740-00 AB.
– Enregistrement, taxe de publicité foncière, 714, 783.
▸ V. ***Collectivités territoriales d'outre-mer.***

Territoire communautaire,
– Définition, 256-0.

Territoires d'outre-mer
► V. *Collectivités territoriales d'outre-mer.*

Territoires ruraux de développement prioritaires, 44 *sexies*, 1594 F *quinquies.*

Territorialité de l'impôt,
– Droits d'enregistrement, 750 *ter*, 808 A.
– Impôt sur le revenu, 4 A, 4 B, 4 *bis*, 155 A.
 • domicile fiscal hors France, 164 B, 165 *bis*.
– Impôt sur les sociétés, 209, 223 *quinquies* A.
– Revenus professionnels, 4 A, 4 B, 4 *bis*, 10, 64, 92, 155 A, 158-1 (2e al.), 164 B, 164 D, 182 A s., 199 *quater* A, 1671 A.
– Sociétés de capitaux (droit d'apport), 808 A.
– TVA, 258 à 258 C, 259, 259 C ; Ann. II 172 ; Ann. III 68.
– Traitements et salaires, 81 A, 83 A.
► V. *Biens, Succession (droits de mutation).*

Terrorisme,
– Victimes,
 • impôt de mutation par décès (exonération), 796-I, 7°.

Testament,
– Dépôt chez notaires, 854.
– Enregistrement,
 • débiteur du droit, 1705-6°.
 • délai, 636.
 • étranger (testament à l'), 655.
 • tarif, 848.

Théâtre,
– Cotisation foncière des entreprises, 1464 A, 1478-V.
– Pornographie, 235 *ter* M ; 261 G, 279 *bis* 2°.
– Première, 281 *quater*, 296 *bis a*, 297-I 1-1° ; Ann. III 89 *ter*.
– TVA, 261 E, 279 *b bis*, 290 *quater*.

Tiers de confiance, 170 *ter*.

Tiers détenteur
► V. *Responsabilité.*

Timbre, dispositions générales, 886.
– Agence nationale des titres sécurisés (droit perçu au profit de l'), 1628-0 *bis*, 1628 *bis*.
– Carte nationale d'identité, 1628 *bis*.
– Certificat d'immatriculation, 1628-0 *bis*.
– Chèque,
 • non barré d'avance, 916 A.
– Débite, Ann. IV 121 KM à 121 KM *ter*.
– Déclarations d'acquisition de la nationalité à raison du mariage, 958, 959.
– Demandes de naturalisation et de réintégration, 958, 959.
– Dématérialisé, 899 s.
– Dispense, exonérations, 890 ; Ann. III 313 BJ.
– Documents divers, 953 s.
– Empreinte (respect), 894.
– Examens (inscription), Ann. III 313 AV.
– Exonérations générales, 1042 à 1044 A, 1046 à 1048 *ter*.
– Machines à timbrer, 633, 887, 891, 1840 J (compétence) ; Ann. IV 164 AL *bis*.
– Mention,
 • portée par le timbre, 888.
– Minimum de perception, 886.
– Modes de perception, 887 ; Ann. III 301, 313 BH.
– Navigation, 963 ; Ann. III 313 AZ.
– Paiement, 887.
 • machines à timbrer, 1840 Q ; Ann. III 313 BG, 405 B ; Ann. IV 71 à 75.
 • paiement sur état, Ann. III 405 H, 405-I, 406.
– Passeports, 953-I et II, 955.
– Pénalités, 1840 P 1.
– Permis de chasser, 1635 *bis* N ; Ann. II 326 *bis*.
– Permis de conduire,
 • taxe (cartes roses), 1599 *terdecies*.
– Prescription
 ► V. *Livre.*
– Prescriptions et prohibitions, 893 s.
– Requêtes administratives, 1089 B, 1090 A.
– Timbre de dimension, 1041 ; Ann. II 302 (huissier), 302 A ; Ann. IV 93 H *bis* à 93 H *quinquies*, 93-I.
– Timbre mobile, 893, 1840 O, 1840 P, 1840 R ; Ann. III 313 BH, 405 C à 405 F.
– Visa pour timbre, Ann. III 313 BI, 405 G.

Timbres (TVA),
– De collection, 291-II 8°.
– Poste et fiscaux,
 • exonération, 261 C 3°.

Tir aux pigeons, 1560.

Titre,
– Alcoométrique minimal
 ► V. *Degré alcoolique minimum (titre alcoométrique minimal).*
– Cotés, 163 *octies* ; Ann. III 38 *septies*.
– De créances négociables, 38 *bis* A, 38 *bis* B *bis*.

Titre *(suite)*
– Détenus par une entreprise, 39 *duodecies* 6 ; Ann. III 38 *sexies*, 38 *septies*, 38 *octies*.
– Donation au personnel, 790 A.
– Échange, 38-7.
– Mouvement, 451, 455.
▸ V. ***Acquit-à-caution (document mentionné au I de l'art. 302 M), Congé, Laissez-passer, Passavant, Permis.***
– Nominatif, mutations, certificat de propriété, 848.
– Non cotés, 1649 *quater* A s.
– Obligataires, 38 *bis* B *bis*.
– Ouvrages et métaux précieux, 521 s., 522, 522 *bis*.
– De participation (évaluation par équivalence), Ann. III 38 B.
– De perception
▸ V. ***Avis.***
– Participatif, 38 *bis* B *bis*, 118, 119, 125 A, 145-1 *c*, 158-3, 242 *quater*, 248 G, 1740-0 B.
– Pension, 38 *bis*-0 A, 39-1-5°, 145-1 *c*.
– Plus-values de cession, 208.
– Prêt, 38 *bis*, 39 *duodecies* 8, 39-1-5°.
– De rente sur l'État,
• arrérages, 132 *bis*, 157-8°.
• plus-values d'échange, 42.
– Restaurant, 81-19° ; Ann. IV 6 A.
– Revenus fixes, 38 *bis* B, 238 *septies* F.
– Universitaire, bénéfices non commerciaux ; indication, Ann. III 41.
– Vins doux naturels, Ann. III 178 *bis*.
– Warrant, 450.

Titre de mouvement,
– Déclaration d'enlèvement, 448, 614.
– Nature, présentation et modalités..., 444 ; Ann. IV 54 A à 54 J.
– Suspension du transport, 455.
– Warrant, 450.

Titres participatifs,
– Définition, 118, 119.
– Prélèvement, 125 A I et III *bis*, 117 *quater*, 242 *quater*, 1740-0 B.

Titre de participation, 219-I *a ter*.

Titre restaurant
▸ V. ***Titre.***

Tolérances, 456.

Tontine,
– Présomption de propriété, 754 A.

Tourbière, 14-2°, 1393.

Tourisme,
– A la ferme, 75, 206-2.
– Étrangers, 261-I 2° ; Ann. III 75 A à 75 G.
– Investissement dans les DOM-TOM, 217 *undecies*, 217 *duodecies* ; Ann. II 140 *nonies* ; Ann. III 46 *quater* 0 ZZ *ter*, 46 *quaterdecies* BA, 46 *quaterdecies* V, 46 *quaterdecies* W.
– Office du tourisme et SI, 256 B.
– Organisateur de voyages et agence, 256 B, 262 *bis*, 266-1 *e*, 279 b *septies*.
– Résidence, 261 D 4°*a* ; Ann. II 176.
– Villages résidentiels (prestations), 261 D *d* (TVA).

Train,
– Biens meubles corporels à bord (livraison), 258-I *d*.
– Transport de voyageurs, 262-II 9° ; Ann. IV 24 A.

Traîneau à chiens, 83.

Train de vie,
– Revenu minimum, évaluation, 168.
– Disproportion marquée, 1649 *quater*-0 B *ter*.

Traitement,
– De données
▸ V. ***Degré alcoolique minimum (titre alcoométrique minimal).***
▸ V. ***Légion d'honneur, Médaille militaire, Salaire.***

Traitements et salaires,
– Définition des revenus imposables, 79 à 81 *quater*.
– Détermination du revenu imposable, 82 à 84 A.
– Dispositions applicables aux impatriés, 81 B, 81 D.
– Dispositions applicables aux salariés détachés à l'étranger, 81 A.
– Exonérations, 80 *duodecies* II, 81 à 81 *quater*.
– Imposables, 79 à 80 *ter*, 80 *quinquies*, 80 *sexies*, 80 *octies*.
– Mesures d'application, 90.
– Obligations des employeurs, 86 à 89 A.
– Personnes détachées en France, 81 B.
– Salariés et dirigeants de la Chambre de commerce internationale, 81 D.

Traités internationaux,
- Liste, 4 *bis*.

Transaction,
- Non-déduction, 39-2.

Transactions financières, 235 *ter* ZD s., 1736-VII, 1788 C *(à compter du 1er août 2012)*.

Transcription,
- Taxe de publicité foncière, 635 s.

Transfert,
- Actif à l'étranger, 238-0 A.
- D'activité (cotisation foncière des entreprises), 1478.
- Bénéfices à l'étranger, 57.
- Biens,
  - communaux, 1042 A.
  - à communauté urbaine, 1043.
  - à un comité professionnel, 1039 A.
  - à un organisme de défense d'une AOC, 208 *septies*, 810.
- Clientèle, concession de licence (atténuation d'imposition), 93-1 et 2.
- Domicile à l'étranger, 167, 167 *bis*, 1663-2.
  - en France, 163-0 A, 166.
- Données fiscales et comptables (TDFC)
  ► V. ***Télétransmission.***
- De fonds à l'étranger, 1649 *quater* A.
- Intracommunautaire de biens, 256-III, 262 *ter* I 2°.
- Siège social à l'étranger, 221-2 et 3.
  - en France, 808 A.
- Sommes, titres ou valeurs à l'étranger, 1735.
  - contrôle, 151.
  - déclaration, 1649 *quater* A ; Ann. III 344-I *bis*.
  - présomption de revenus, 1649 *quater* A.
  - sanction, 1758.
- Taxe d'habitation, 1413-2.

Transfert de compétences
► V. ***Compétence, Douanes et droits indirects, Droits indirects.***

Transformateurs électriques
► V. ***Imposition forfaitaire.***

Transformation de sociétés, 221-2.
- Entraînant création d'un être moral nouveau, 221-2, 221 *bis*.
- En GIE, 221-2 *ter*.
- En GIP, L. n° 2011-525 du 17 mai 2011, art. 101, **p. 3548.**
- En SICAV, 221-2 *quater*.
- Sociétés de capitaux en,
  - comité professionnel de développement économique, 1378 *quater* A.
  - groupement d'intérêt économique, 221-2 *ter*.
  - en SCOP, 160 *quater*, 210 D.
  - SICAV, 111 *ter*.
- Sociétés de personnes, 221-2, 221 *bis*.

Transfusion sanguine, 995-10°.

Transit,
- Communautaire, 262-II 13° *ter*, 291-1-2, II 1°.
- Déclaration, 455.
- Douanier, 262-II 13°, 291-II 1°.
- Exonérations, 262-II 8° à 262-II 10°.
- Importations, 291-I 2, 291-II 1°.

Transition énergétique,
- Crédit d'impôt, 200 *quater*, 200 *quater* A.
  ► V. ***Économies d'énergie.***

Transporteur,
- De boissons, obligations, 451, 455.
- Immunité, 1806.

Transports,
- Abonnement (prise en charge de l'), 81-19° *ter*-a.
- Aérien (TVA), 259 A 1°, 3°, 262 ; Ann. III 73 G 8°.
- Boissons, 406, 441 s., 454 s. ; Ann. II 267 *nonies*.
- Contribution de solidarité territoriale, 302 *bis* ZC.
- Coordination (région parisienne), 1038.
- Entre la France et la Corse, 262-II 11°.
- Ferroviaires, 259 A, 262.
  - évaluation de biens, 1501 ; Ann. II 310 M.
- Formation professionnelle, 1635 *bis* M (taxe pour développement) Ann. II 339 à 341 ; Ann. IV 159 *septies*.
- Frais de transport, 267.
- Immunité, 1806.
- Internationaux, Ann. III 73 A.
- Maritime, 259, 259 A, 262, 295-1-1°.
  - imposition forfaitaire, 209-0 B.
  - taxation au tonnage, Ann. III 46 *quater*-0 ZS *bis*.
  - voies intérieures taxe, Ann. III 384 A *bis*, 384 A *ter*.

Transports *(suite)*
- Moyens de transport, 298 *sexies*.
  • crédit-bail, TVA, 259 A.
- Produits pétroliers (TVA), 298-1-2°.
- Réquisition, 1048.
- Taxe en douane, 1695 ; Ann. III 384 A *bis*, 384 A *ter*.
- Taxe sur le résultat des entreprises ferroviaires, 235 *ter* ZF.
  • taxe additionnelle (2014), L. n° 2014-1655 du 29 déc. 2014, art. 4-I, ss. 235 *ter* ZF.
- Traîneau à chiens, 83.
- Vins (transport), 1798 *ter*.
- Vélos (mise à disposition), 81-19° *ter* a, 220 *undecies* A.
- Voyageurs (TVA), 259 A, 279 *b quater*, 297-I 1° *g*.
► V. ***Contrat de travail, Imposition forfaitaire.***

Travail,
- Clandestin, 1724 *quater*.
- Contrats à durée déterminée, 235 *ter* E.
- Durée hebdomadaire (réduction, crédit d'impôt), 244 *quater* E ; Ann. III 49 *septies* V à 49 *septies* V9.
- Intermittent, Ann. II 163 *nonies*.
- Réorganisation (crédit d'impôt), 199 *ter* D, 220 D, 244 *quater* E.
- Temps partiel, 235 *ter* E ; Ann. II 310 HA.
- Travail agricole (accident), 1033.
► V. ***Accidents.***

Travailleur,
- A domicile, 80, 256 A, 1452-1° ; Ann. II 163 *nonies*.
- Handicapé, 261-7-3°.
- Intéressement, 237 *ter* A.
- Manuel (compte d'épargne, prime, création ou rachat d'entreprise), 157-9° *ter*.
- Non salarié agricole, 1069.
- Sans emploi,
  • allocation spéciale, 158-5 *b*, 231 *bis* D, 237 *bis*.
- Vieux,
  • gratification, 157-6°.

Travaux,
- Démolition, 31-I 1° 6.
- En cours, évaluation, 38-3 ; Ann. IV 4 LA.
- Immobiliers,
  • assiette de la TVA, 266-1 *f*.
  • fait générateur de TVA, 269-1 *a*.
  • grosses réparations,
    * améliorations, 31, 150 VB, 199 *decies* F, 244 *quater* U, 1383 E, 1384 C, 1388 *ter*.
    * note au client, 290 *quinquies*, 1737 ; Ann. IV 207 *quater* A *bis*.
    * taux de la TVA, 278 *sexies*, 279-0 *bis*.
  • option pour taxe sur livraisons, 269-2 *c* ; Ann. III 78 à 84.
- Publics,
  • dommage à propriété privée, 1059.

Travaux publics,
- Dommages causés à la propriété privée, 1059.

Trésor public,
- Bons du Trésor, 118, 125 A II, 131 *quinquies*, 158-3, 242 *quater*, 1740-0 B.

Tribunal administratif,
- Droit de communication, infraction, 1734.
- Jugement,
  • remboursement des frais de procédure, 1849.

Tribunal de grande instance,
- Décisions (délai d'enregistrement), 635-2-1°.
- Frais de poursuites (remboursement), 1894.

Trust,
- Définition, 792-0 *bis*.
- ISF, 885 G *ter*.
- Obligation déclarative, 1649 AB, 1736-IV *bis*.
- Prélèvement, 990 J.
- Registre public, 1649 AB.
- Revenus, 120-9°.
- Sanctions, 1736-IV *bis*, 1754-V-8.
- Solidarité, 792-0 *bis*, 1754-V-8.

TVA
► V. ***Taxe sur la valeur ajoutée [TVA].***

U

Union,
- De coopératives, 207-1 *ter*, 1 *quater*, 1 *quinquies*, 257-1° et 2°.
  • agricoles, 130-1°, 207-1, 2° et 3°, 1382-6°.
  • d'artisans, de patrons-bateliers, 206-1.
- D'organismes HLM, 207-1-4°, 795-7°.
- De sociétés mutualistes, 1089.

Union européenne,
– PAC (régimes de soutien), 63.
– Règlements,
• n° 70/2001 du 12 janv. 2001 (aides aux PME), 39 *quinquies* D, 44 *septies* III, 239 *sexies* D.
• n° 1628/2006 du 24 oct. 2006 (aides à l'investissement régional), 44 *septies* II et III, 239 *sexies* D, 244 *quater* E, 1465, 1465 A, 1466 A, 1466 C.
• n° 1407/2013 du 18 déc. 2013 (aides *de minimis*), 39 AA *quater*, 39 AH, 39 AK, 39 *octies* E, 39 *octies* F, 39 *quinquies* D, 44 *sexies*, 44 *sexies* A, 44 *septies* VI, 44 *octies*, 44 *octies* A, 44 *duodecies*, 44 *terdecies*, 44 *quindecies*, 199 *terdecies*-0 A, 217 *quindecies*, 238 *sexdecies*, 239 *sexies* D, 244 *quater* B, 244 *quater* O, 244 *quater* Q, 244 *quater* T, 302 *bis* ZA, 722 *bis*, 885-0 V *bis*, 885-0 V *bis* A, 1383 A, 1383 C à 1383 D, 1383 E *bis*, 1383 I, 1457, 1464 B, 1464 I, 1464 L, 1465, 1465 A, 1466 A, 1466 D, 1518 A *bis*, 1594 I *ter*, 1602 A, 1647 C *septies*.
• n° 1408/2013 du 18 déc. 2013 (aides *de minimis* dans le secteur de l'agriculture), 199 *terdecies*-0 A, 200 *undecies*, 238 *bis*, 244 *quater* L, 885-0 V *bis*, 1395 G.

Urbanisme,
– Certificat, 1594-0 G A II 1° *bis*.
– Cession gratuite de terrain à collectivités publiques, 261-5-6°, 1594 F *quinquies*.
– Contentieux, 635, 680.
– Secteurs sauvegardés, 31-1 1° *b ter*.

Usines,
– Clefs en main (construction), 38-2 *bis*.
– Cotisation foncière des entreprises, 1467.
– Exonération temporaire, 1383.
– Inexploitation, 1389.
– Nucléaires, 1518 A.
• valeur locative, 1518 A ; Ann. II 310 *unvicies*.
– Taxe foncière, 1389, 1518 A.

Usufruit et nue-propriété,
– Déficit foncier (déduction), 156-I 3°.
– Évaluation, 669, 762 *bis*.
• durée fixe, 761-II.
– ISF, 885 G, 885 O *quinquies*.
– Plus-values, Ann. II 74 SE.
– Réunion, 1133.
– Succession (droits nue-propriété), 1717 ; Ann. III 397-1°, 398 s.
– Taxe foncière, 1400.
– Usufruit,
• de durée fixe, 669-II.
• présomption de propriété, 751 s.
• successif, restitution de droits, prescription, 1965 B.
• usufruitier, date et lieu de naissance, 763, 1965 C.

Utilité publique (Acquisition ou expropriation),
– Exemptions, 1045.

V

Vacations,
– Déclaration (versement à tiers), 89 A, 240.

Vaisseau,
– Certificat de mesurage, Ann. II 267 *nonies*.

Valeur ajoutée
► V. ***Cotisation sur la valeur ajoutée des entreprises, Taxe sur la valeur ajoutée [TVA].***

Valeur locative,
– Abattement (charges de famille), 1411 ; Ann. II 310 H.
– Cadastrale (taxes foncières), 1388, 1396, 1518 *bis*.
– Cotisation foncière des entreprises, 1467, 1468.
– Évaluation, 1494, 1495, 1509 ; Ann. III 324 A à 324 C.
• établissement industriel, 1500, 1518 *bis-g* ; Ann. II 310 J *bis* à 310 M ; Ann. III 324 AE à 324 AG.
• insuffisance, 1508.
• local commercial, 1498 ; Ann. III 324 Y à 324 AC.
* révision 2012 à 2014, 1406, 1498 *bis*, 1729 C ; L. n° 2010-1658 du 29 déc. 2010, art. 34, **p. 3515.**
• local d'habitation, 1496 à 1497 ; Ann. III 324 D à 324-X.
• locaux à caractère exceptionnel, 1497.
• locaux de référence, 1496-I, 1503, 1504 ; Ann. III 324 J, 324 W.
• locaux loués au 1er janv. 1974, 1496.
• procédure,
* propriétés bâties, 1502-I, 1503, 1508 ; Ann. III 324 AH à 324 AI.
* propriétés non bâties, 1510 à 1514.
• rehaussement, 1727-II 2 *ter*.
• réclamation, 1507, 1511, 1512.

Valeur locative *(suite)*

• surface pondérée, 1496-II.
• termes de comparaison, 1498.
• tarif, 1503-I, 1509 à 1513 ; Ann. III 324 K, 324 W.
• usage professionnel, 1496 à 1497 ; Ann. III 324 D à 324-X.
– Impôt sur le revenu,
• résidence principale, déclaration, 170 *bis* 4°.
• éléments du train de vie, 168 (tableau).
– Minimum, 1518 B.
– Mise à jour,
• actualisation triennale, 1516, 1518, 1518 *bis*.
* commission consultative, Ann. IV 121 *quinquies* DC à 121 *quinquies* DF.
• changements, constatation annuelle, 1516, 1517.
• révision générale, 1516.
– Réduction,
• aéroport, usine nucléaire..., 1518 A ; Ann. II 310 *unvicies*.
– Taxe d'habitation, 1409 s.

Valeurs mobilières,
– Cessions à titre onéreux, 150-0 A à 150-0 E, 150 A *bis*, 200 A, 244 *bis* C.
– Cotées (évaluation), 759.
– Créances, dépôts, etc., revenus, 124 s.
– Déclaration des revenus, omission ou insuffisance, 1773.
– Étrangères, 120, 123.
– Évaluation, placement collectif, impôt sur les sociétés, 209-0 A.
– Françaises,
• actions et parts sociales, 109, 119.
– Mutation à titre gratuit, 750 *ter*, 752.
– Paiement des produits,
• précompte, 1672, 1673 *bis*.
– Plus-value par particulier, 150-0 A à 150-0 E, 200 A, 244 *bis* C ; Ann. II 74-0 A à 74-0 O.
– *Régimes spéciaux*, 131 *ter*, 131 *sexies* II, 132 *ter*, 135, 137 *bis* ; Ann. II 51 à 53 ; Ann. III 41 *terdecies* à 41 *sexdecies*.
– Retenue à la source, 119 *bis* ; Ann. II 48, 77 à 79.
• exonérations, 130, 131, 131 *ter* A, 131 *sexies* 1, 132 *bis*, 133, 136, 138, 139 *ter*, 143 *quater*, 146 *quater*.
– Revenu imposable,
• abattement, 158-3.
• attribution d'actions, 80 *quaterdecies*.
• déclaration, 242 *ter* 1, 1649 AC, 1736 ; Ann. III 49 D à 49-I *quinquies*.
• définition,
* action, 109 à 113, 115 à 115 *ter*, 115 *quinquies* à 117, 120, 121, 122.
* domicile hors de France, 123 *bis* ; Ann. II 50 *bis* à 50 *septies*.
* obligation, 118, 119, 120, 121 à 123.
* prélèvement sur produits à revenu fixe, 125 A, 242 *quater*, 1740-0 B.
* exonérations, 131 *quater* à 131 *sexies* I.
– Société gérant exclusivement un portefeuille, 208-2°.
– Sommes mises à la disposition des associés, non-retenue à la source, 119 *bis* (dern. al.).
– Transfert à l'étranger (fraude), 1743-2°.
– Transmission
► V. ***Donation, Succession (droits de mutation).***

Valeur vénale,
– Droits d'enregistrement, 666, 676, 761.
– Taxe (immeubles possédés en France), 990 D.

Véhicules,
– Acquisition intracommunautaire (véhicule neuf), 298 *sexies* ; Ann. II 242 *undecies* à 242 *quaterdecies*.
– Amortissement,
• dégressif, 39 A ; Ann. II 22.
• location, 39 C ; Ann. II 30 s.
• véhicules électriques, 39 AC.
• voiture particulière, 39-4.
– A moteur
► V. ***Taxes communales et départementales.***
– Certificat d'immatriculation,
• Corse, 1599 *quindecies*, 1599 *sexdecies*, 1599 *novodecies* A.
• droit de timbre, 1628-0 *bis*.
• exonération, 1599 *novodecies* A (véhicules non polluants).
• taxe, 1599 *quindecies* à 1599 *novodecies* A, 1723 *ter*-0 B ; Ann. IV 155 *quater*.
– Dépréciation, 83-3°.
– Des sociétés
► V. ***Taxes communales et départementales, Vignette.***
– Enseignement de la conduite, 273 *septies* A.
– Étranger, fonds de garantie, Ann. II 322 D, 322 F.
– Malus,
– Taxe sur certificats d'immatriculation, 1599 *quindecies* à 1599 *novodecies* A ; 1723 *ter*-0 B ; Ann. IV 155 *quater*.
• exonération, 1599 *novodecies* A.

Véhicules *(suite)*

- Véhicules polluants, 1011 *ter*.
  ► V. ***Taxe sur les véhicules.***

Vendange,

- Base de conversion, 339.
- Circulation, 466.

Vente,

- A consommer sur place, 259 A 4°, 297-I 1-1-5° *d*.
- A distance, 258 A, 258 B.
- A domicile, 1457.
- A l'exportation, 262-I, 262-II 12°.
- A tempérament, 256-II 3° *c*.
- Ambulant, 302 *octies*, 1457-1°.
- Annulation ou résiliation, 39 *duodecies* 9, 272-1.
- Aux enchères publiques (objets d'antiquité et de collections importés), 291-II.
  ► V. ***Adjudication.***
- Enchères publiques
  ► V. ***Adjudication.***
- Marchandises neuves (cession fonds de commerce), 723.
- Meuble
  ► V. ***Meuble.***
- Papier timbré
  ► V. ***Papier timbré.***
- Sans facture, 1751, 1786 ; Ann. III 406 A12 à 406 A16.
  ► V. ***Rabais (TVA).***

Vente d'immeuble,

- Affirmation de sincérité, 850.
- Aide sociale, 1066 ; Ann. IV 121-VA.
- Apports en société, 683 *bis*, 809, 810.
- Bureau compétent, 652.
  • mutation verbale, 653.
- Cession de droits sociaux, 726.
- Collectivités locales, 1042-I.
- Commande, 686.
- Construction nouvelle, 257-7°, 266-2, 269-1 *c*, 297-I 1-5° ; Ann. II 244, 250.
- Construction provisoire (État), 1594 F *quinquies* J.
- Crédit-bail, 1594 F *quinquies* H.
- Croix-rouge française, 1071.
- Délai, 635.
- Départements *(droit d'enreg. et de taxe de publ. fonc.)*, 1594 F *ter*, 1594 F *quinquies*.
- Départements d'outre-mer, 295-1-3° et 4°.
- Droits,
  • assiette, 683.
  • exceptions et exemptions, réductions, 1594-0 G A, 717, 1040, 1040 *bis*, 1042, 1046, 1066, 1071, 1115.
  • payements, 1701 s.
  • différé ou fractionné, 1717, 1722 *quater*.
- Droit de surélévation, 691 *bis*, 1594-0 G A ; Ann. IV 198 *quinquies*.
- Échange, 684.
- État, 1040.
- Évaluation, 761, 764 *bis*, 885 s.
- Folle enchère
  ► V. ***Réitération des enchères.***
- Formalité, 635-1-1° et 3°, 647-II.
- Habitations à bon marché, 1594 G.
- Immeubles ayant donné lieu au paiement de la TVA,
  • exemption, 1594-0 G A.
- Immeuble,
  • affecté à l'habitation, 1594 D.
  • domanial, 683.
  • inachevé, 257-7°, 1594-0 G A I ; Ann. III 266 *bis* ; Ann. IV 198 *quinquies*.
  • par nature et par destination, 683.
  • professionnel, 1595 *bis* A.
  • rural, 1594 F *quinquies* D et E.
  • sis à l'étranger, 714.
- Insuffisance
  ► V. ***Expertise.***
- Marchand de biens et assimilé, 1115, 1840 G *ter*.
- Mentions,
  • cadastrales, 870.
- Présomption de mutation, 1881.
- Publication, 687, 879.
- Rénovation urbaine, 1594 F *quinquies* B.
- SAFER, 261-5-1° *d*, 295-2, 1028, 1028 *ter*.
- SICOMI, 1594 F *quinquies* H.
- Tarif, 683 ; 1584, 1594 A à 1594 E, 1595, 1595 *bis*.
- Taxes additionnelles, 1584, 1595, 1595 *bis*.
- Télécommunications, société agréée pour financement, 1594 F *quinquies* H.
- Terrains appartenant aux départements, communes, etc. TVA, 261-5-1° et 2°.
- Terrains nus ou recouverts de bâtiments destinés à être démolis, 1594-0 G A.
- Usufruit et nue-propriété, 669, 1133.
  ► V. ***Fiscalité immobilière, Zone.***
- Zone,
  • d'aménagement différé, 1594-0 G B *b*.
  • d'intervention foncière, 1594-0 G B *a*.
  • prioritaire d'aménagement du territoire, 1594 F *quinquies* E.
  • à urbaniser par priorité, 1594-0 G B *a*.
  ► V. ***Terrain à bâtir, Zone.***

Vente de meubles,
- Agriculture, 732.
- Biens mobiliers étrangers, 718.
- Biens usagés (TVA), 261-3-1°.
- Déchets neufs d'industrie, matières de récupération (TVA), 261-3-2°.
- Droits,
  • assiette, 733.
  • ventes volontaires aux enchères ou en gros,
- Imposition, 733, 1584-1-2° et 2, 1595-2°, 1595 *bis*, 1595 *ter*.
- Meubles et immeubles,
  • prix unique, 735.
- Objets d'antiquité, collection
  ► V. ***Objet d'antiquité, d'art et de collection.***
- Offices ministériels
  ► V. ***Offices.***
- Publique, 871.
  • animaux, récoltes, etc, 1584-2-1°, 1595 *ter*.
  • automobiles et tracteurs agricoles,
  * exonération, 1584-2-7°, 1595 *ter*.
  • courtiers (obligations), 876.
  • délai d'enregistrement, 635-2-6°.
  • liquidation des droits, 733.
  • marchandises avariées par suite de naufrage,
  * exonération, 1584-2-6°, 1595 *ter*.
  • marchandises soumises aux warrants, 1584-2-4° et 5°.
  * objets donnés en gage : exonération, 1584-2-3°, 1595 *ter*.
  • navires et bateaux, aéronefs, 1584-2-9°, 1595 *ter*.
  • procès-verbal, 873 s.
  • véhicules automobiles et tracteurs agricoles, 1584-2-7°, 1595 *ter*.
- TVA,
  • fait générateur, 269.
- Vente à distance, 258 A, 258 B.
- Vente simultanée,
  • meuble et immeuble, 735.
- Volontaire ou forcée, exigibilité immédiate de l'impôt direct, 1663-2.

Vérification,
- Commission des infractions fiscales, 1741 A.
- Déclarations de revenus, 55, 56, 98.

Vermouth, 343.

Versements,
- Aux centres de formation des apprentis, 1609 *quinvicies*-V.
- Aux écoles d'enseignement professionnel, 1609 *quinvicies*-V.
- Au profit d'œuvres, 238 *bis*.
- En capital (divorce), 156-II 2°.
- En faveur de la construction, 39 *quinquies*, 211 *ter*.
- Financement de la formation professionnelle continue, 235 *ter* C, 235 *ter* G, 1679 *bis* B.
- Libératoire (loi fixant les orientations de la politique énergétique - non-déductibilité), 39-2.

Versement provisionnel ou acompte,
- Cotisation foncière des entreprises, acomptes, 1679 *quinquies*.
- Impôt,
  • locaux, 1681 *ter* s.
  • sur le revenu, 1664, 1665 ; Ann. III 357 A à 357 G.
  • paiement différé, Ann. III 357 H.
  • paiement mensuel, 1681 A.
  • sur les sociétés, 1668.
- Paiement tardif,
  • majorations, 1730.
- Privilège du Trésor, 1920.
- Taxes habitation et foncières,
  • paiement mensuel, 1681 *ter*.
- Taxe sur chiffre d'affaires, 1693, 1693 *bis* ; Ann. III 384 A II à IV.

Veuve,
- Artisan, ouvrier à façon, 1452.
- Dégrèvement d'office,
  • taxe d'habitation, 1414-2°.
- Exploitation, conjoint survivant, 41.
- Guerre, 195-1-*c* et *f*.
- Impôt sur le revenu, 6-6, 8.
  • quotient familial, 195-1 *c*, *f*, 195-5, 197-I 2.
- Plus-value professionnelle, 41.
  ► V. ***Succession (droits de mutation).***

Viandes,
- Livraisons à soi-même par non-assujetti (TVA), 257-9°, 269-2 *b*.
- Taxes, Taxes parafiscales,
  • redevance sanitaire d'abattage et de découpage, 302 *bis* S à 302 *bis* W ; Ann. III 111 *quater* A à 111 *quater* R.

Victimes civiles de guerre,
- Enregistrement, successions, exemptions, 796.
- Pensions
  ► V. ***Pensions.***

Vidéo
▸ V. *Jeu.*

Vidéogrammes,
– Taxe sur ventes et locations, 1609 *sexdecies* B.

Vignette,
– Boissons, vins, etc., 444 s., 1810-3°, 1816.
▸ V. *Capsule représentative des droits indirects.*

Villages résidentiels de tourisme,
– TVA, prestations, 261 D *d.*

Villes,
– Communautés de villes, 1609 *nonies* C.
– Titres émis à l'étranger, 133-1°.

Ville de Paris,
– Port autonome, 1044 A.
– Rues (expropriation), 1045-II 2°.

Villégiature (habitation), 1385-III.

Vin,
– Commerce, 500.
– Concentration par le froid, Ann. III 172 à 178.
– De sucre, 428, 431, 432.
– Doux naturel, 416, 417 *bis* ; Ann. IV 55 F.
– DQS, 444.
– Droit de circulation, 302 B s., 438 s., 1698 C.
– Importation, 520.
– Liqueur, 343, 417 *bis.*
– Marchand en gros, 500.
– Stock, 72 B, 1794-3°.
– Taxe parafiscale
▸ V. *Taxe pour frais de chambre de métiers.*
– Transport (documents, infractions), 1798 *ter.*
– Utilisés pour la fabrication de vinaigre TVA, 297-1-1-2°.
▸ V. *Circulation, Récolte, Vinage.*

Vinage, 406-5°, 412.

Vinaigre,
– TVA, 278 *bis*, 297-I 1-2°.

Violence,
– Films, 261 G, 279 *bis* 3° *a*, 1605 *sexies* ; Ann. II 163 *septdecies* à 163 *vicies.*
– Presse, 39 *bis* 1 *bis* C, 1605 *octies.*
– Supports vidéo, 261 G, 279 *bis* 3° *b*, 1605 *septies* s.

Visa,
– Passeport étranger, 954, 955.

Voies de communication, 1381-2°, 1394.

Voies de fait, 1815, 1816.

Voitures de tourisme,
– Amortissement, déductibilité des loyers, 39-4, 111 *e.*
– Déclaration, 54 *bis*, 223-3.
– Train de vie, 168-1.
▸ V. *Déclaration, Taxe.*

Vol,
– TVA, déduction, régularisation, Ann. II 207-4-2°-a.

Voyages touristiques,
– Agence de voyage, 262 *bis*, 263, 266-1 *e.*

Voyageurs et représentants de commerce ,
– Impôt sur le revenu (déduction forfaitaire fixe), Ann. IV 5.

W

Wallis-et-Futuna,
– Investissements, 199 *undecies* A à 199 *undecies* C, 217 *undecies*, 217 *duodecies*, 242 *sexies*, 242 *septies*, 1740 à 1740-00 AB.

Warrant,
– Agricole,
• déplacement des alcools et des vins, 450.
– Alcools et vins, déplacement, 450.

Z

Zone,
– A urbaniser, 146 *quater*, 1529, 1594-0 G B, 1605 *nonies.*
– Bassin d'emploi à redynamiser, 44 *duodecies*, 1383 H, 1466 A I *quinquies* A ; L. n° 95-115 du 4 févr. 1995, art. 42-3 *bis*, ss. 1466 A.
– D'agglomération nouvelle, 1638 *bis.*
▸ V. *Agglomération nouvelle.*
– D'aide à finalité régionale,

Zone (*suite*)
• cotisation foncière des entreprises, 1465, 1465 A IV, 1466 A.
• entreprise nouvelles, 44 *sexies*, 44 *septies*.
• exonération,
* cotisation foncière des entreprises, 1465 A IV, 1466 A.
* imposition des bénéfices, 44 *sexies*, 44 *septies* II 5 et III 3.
* taxe foncière, 1383 H, 1383-I.
• opérations de crédit-bail, 239 *sexies* D.
• pôles de compétitivité, 1383 H, 1383-I.
• recherche et de développement, 44 *duodecies*, 44 *terdecies*.
• taxe foncière (bâti), 1383 H, 1383-I.
– D'aide à l'investissement des petites et moyennes entreprises, 1465 B.
– D'aménagement concerté,
• impôt sur les sociétés, 207-6° *bis*.
* taxe de publicité foncière, 691 *bis*, 1594-0 G A IV *bis*.
* taxe foncière (non-bâti), 1396.
– D'activités économiques, 1379-0 *bis* III, 1464 C, 1465, 1609 *quinquies* C, 1609 *nonies* BA, 1609 *nonies* C, 1635 *quinquies*, 1636 B *decies* II, 1638 *quater*, 1639 A *bis*, 1639 A *ter*, 1647 D.
– Des cinquante pas géométriques, 1609 C, 1609 D, 1636 B *octies*.
– D'aménagement,
• concerté
V. *D'aménagement concerté*.
• différé, 1594-0 G B *b* et *f*.
• d'intervention foncière, 1594-0 G B *d*.
– De développement de l'éolien, 1609 *quinquies* C.
– De montagne, 44 *quaterdecies* III 2°, 1388 *quinquies*-III-2°, 1466 F III 2°, 1515.
– D'entreprises, 208 *quinquies*.
– De préemption, 691 *bis*, 1594-0 G.
– De protection du patrimoine architectural, urbain et paysager, 31-I 1° b *ter*, 156, 199 *tervicies* I 3°.
– De revitalisation rurale,
• *acquisitions de fonds de commerce et de* clientèle, 722 *bis*.
• acquisitions d'immeubles, 1594 F *ter*, 1594 F *quinquies* E.
• amortissement exceptionnel des immeubles, 39 *quinquies* D.
• cotisation foncière des entreprises, 1464 D, 1465 A.
• déduction du revenu brut foncier, 31-1 1° k.
• entreprise nouvelle, 44 *sexies*.
• exonération,
* cotisation foncière des entreprises, 1464 D, 1465 A.
* gîtes ruraux, meublés de tourisme et chambres d'hôtes, 1407-III, 1383 E *bis*.
* taxe d'habitation, 1407-III.
* taxe foncière (bâti), 1383 E.
* taxe foncière (non-bâti), 1383 E *bis*.
• immeubles à usage industriel ou commercial, 39 *quinquies* D, 239 *sexies* D.
• immobilier locatif, 199 *decies* E, 199 *decies* F.
• jeunes agriculteurs, 1594 F *quinquies* E.
• location en crédit-bail, 239 *sexies* D.
• publicité foncière et enregistrement, 722 *bis*, 1594 F *quinquies* E.
• recherche et développement, 44 *quindecies*.
• résidence de tourisme, 199 *decies* E, 199 *decies* F.
• transfert (hors d'une zone), 44 *octies*, 44 *octies* A.
– D'intervention foncière, 691 *bis*, 1594-0 G B d.
– De montagne, 1515.
– De résorption de l'habitat insalubre, 207-6° *bis*.
– De restauration immobilière, 207-6° *bis*.
– De restructuration de la défense, L. n° 95-115 du 4 févr. 1995, art. 42-3 *ter*, ss. 1466 A.
• cotisation foncière des entreprises, 1466 A I *quinquies* B, 1647 C *septies*.
• crédit d'impôt, 1647 C *septies*.
• exonération, 1383-I, 1466 A I *quinquies* B.
• pôle de compétitivité, 1383-I.
• recherche et de développement, 44 *terdecies*, 1383-I.
• taxe foncière (bâti), 1383-I.
– Des cinquante pas géométriques, 1609 C, 1609 D, 1636 B *octies*.
– D'intervention foncière, 1594-0 G B d.
– Forestières de plantation réglementée, 1395.
– Franche (TVA), 291-I 2, 302 D I 1, 302 G II.
– Franche d'activité des départements d'outre-mer, 44 *quaterdecies*.
– Franche de Corse, 302 *nonies*, 1609 *nonies* C V 2°.
• acquisitions de fonds de commerce et de clientèle, 722 *bis*.
• crédit d'impôt, 244 *quater* J.
• établissements de crédit, 244 *quater* J.
• exonération,

Zone (*suite*)

* cotisation foncière des entreprises, 1466 A.
* imposition des bénéfices, 44 *octies*, 44 *octies* A, 302 *nonies*.
* taxe foncière (bâti), 1383 B à 1383 C *bis*.

• publicité foncière et enregistrement, 722 *bis*.

• taxe annuelle sur les locaux à usage de bureaux, 231 *ter* V 1°.

– Prioritaire d'aménagement du territoire, L. n° 95-115 du 4 févr. 1995, art. 42-3, ss. 1466 A.
V. *Bassin d'emploi à redynamiser*.

– Publicité foncière et droits d'enregistrement, 691 *bis*, 1594-0 G A IV *bis*.

– Spéciale d'action rurale (La Réunion), 44 *quaterdecies* III.

– Urbaine sensible, Décr. n° 95-115 du 4 févr. 1995, art. 42, 52-III, ss. 1466 A.
• exonération de cotisation foncière des entreprises, 1466 A ; Ann. III 322 M à 322 P.
• taxe foncière (bâti), 1388 *bis*.

– A compter du 1er janv. 2015,
► V. ***Quartiers prioritaires de la politique de la ville.***

Zoo,

– TVA, 279 *b ter*.

Photocomposé, traité sur ordinateur par :
JOUVE SAS, 561 rue Saint Léonard - 53100 MAYENNE

Certifié PEFC

Ce produit est issu de
forêts gérées durablement
et de sources contrôlées

PEFC
PEFC/18-31-280

www.pefc-france.org

Achevé d'imprimer en avril 2022 sur les presses de
LEGO S.p.A.
Italie
Dépôt légal : mai 2022
721438 – OSB – Px 31 – JOU – (HCH)
Imprimé en Italie

Codes Dalloz

Parution

CIVIL

Code des associations et fondations, *commenté*	août
Code de l'avocat, *commenté*	novembre
Code civil	juillet
Code du divorce	décembre
Code de l'état civil	novembre
Code de procédure civile	juillet
Code des procédures civiles d'exécution, *commenté*	mars
Mégacode civil	novembre

AFFAIRES

Code des assurances – Code de la mutualité, *commenté*	avril
Code de commerce	juillet
Code de la consommation, *commenté*	août
Code des douanes, *commenté*	mars
Code général des impôts	mai
Code monétaire et financier, *commenté*	mai
Code des procédures collectives, *commenté*	mars
Code de la propriété intellectuelle, *commenté*	janvier
Code des sociétés, *commenté*	septembre
Code de procédure fiscale, *commenté*	mai
Code de la protection des données personnelles, *commenté*	novembre
Code des transports, *commenté*	janvier

SOCIAL

Code de l'action sociale et des familles, *commenté*	mai
Code de la santé publique, *commenté en ligne*	mai
Code de la sécurité sociale	avril
Code du travail	mars

dallozcorpus
La doctrine Dalloz
au format poche
Fonction publique
de l'Union européenne
Laure Levi
Stéphane Rodrigues
Audrey Blot
Annabel Champetier
Nathalie Flandin
DALLOZ